国家出版基金项目
NATIONAL PUBLICATION FOUNDATION

海上絲綢之路文獻集成

總主編　陳支平　陳春聲

歷代史籍編 19

主編　范金民

海峽出版發行集團
THE STRAITS PUBLISHING & DISTRIBUTING GROUP
福建人民出版社

「十三五」國家重點圖書出版規劃重大出版工程規劃項目

國家新聞出版改革發展項目庫入庫項目

國家出版基金資助項目

本册目次

海國四説十四卷

〔清〕梁廷枏撰

《海國四説》十四卷，清梁廷枏撰。廷枏（一七九六—一八六一）字章冉，號子章，自號藤花亭主人，廣東順德人。道光十四年（一八三四）副貢，歷官廣東海防書局總纂，后入兩廣總督林則徐幕，因籌辦洋務有功，升内閣中書。著述頗豐，撰有《南漢書》、《夷氛聞記》等，纂修《粤海關志》。所謂「四説」，即《耶穌教難入中國説》不分卷、《合省國説》三卷、《蘭崙偶説》四卷、《粤道貢國説》六卷之合稱。其《合省國説》專記美國歷史、地理、文化、信仰、物産、商貿等；《蘭崙偶説》專記英國之歷史、政治、商貿、外交、銀行及海外殖民情形；《粤道貢國説》則專記暹羅、荷蘭、意大利、葡萄牙等國貿易之情形，書中多載相關諭旨及奏摺等原始史料。據中國國家圖書館藏清道光間刻本影印。

海國四說序

三代後惟漢元聲威所至視周秦唐宋爲遠然亦止西北關塞而外未聞越葱嶺而訖西壖卽歷代市舶駢集廣閩大率來自東南洲島故自元以前尚不知有西洋諸國明初鄭和返命內臣接踵而往費氏天心紀行吳氏朝貢兩錄出張氏東西洋考繼之而後海西島嶼略有稱名其時舟航

梭織所經復有亞非利駕（亦云利未亞）地卽今之所稱曰第三洲合大浪山迤西別爲一區者也萬歷以後西人遵海遠求荒僻又得亞墨利加之北移人實之旣又沿泝而得其南終更冒險以抵極南生火之地雖不可居而墨瓦臘泥加之名緣是起焉然當利瑪竇之來禮臣據會典但知有西洋瑣里尚未知有大西洋陳氏之錄海國聞見在我

朝定鼎之初圖繪大地全形猶不越前三方者蓋明末紀綱失馭無以柔遠貢國日少聲教不通陳氏採掇之疏厥端有在逮奉

聖化覃敷南洋開禁重譯旅來攸關受廛如遊闤闠戶八市之有合省國卽新關亞墨利加之曠野而若荷蘭若咈囒西若嘆咭唎若喘若嗹則統逮於西洋其始皆因貢得市

後則凡其種類與其屬國並得以有易無二百年來所以沾濡美利涵泳

皇仁者可謂極深誠渥浹髓淪肌矣諸國之始至也荷蘭以助勦海逆貢市最先而意大理亞次之博爾都噶爾雅又次之嘆咭唎又次之嘆咭唎雖奉冠帶稍後而貢獻頻數一時恭順實出忱誠未嘗以其使臣之失儀辱命而盡絕之也夫西國之風氣惟利

是圖君民每聚貲合財計較錙銖之末跋涉數萬里累月經年曾不憚其險遠來市雖眾率貿易工技者流習狃夷風方自以稅重貨多日持市道之見與爲窺測大體所在開喻原難故從來馭夷之方惟事羈縻養欲給求開誠相與毋啓以隙而挑以衅是卽千古懷柔之善術蓋其人生長荒裔去中國遠不覩聖帝明王脩齊治平之

道不聞詩書禮樂淑身範世之理所得內地書籍出於市商之手徒求值賤罔禅貫通更畏例嚴購求忙雜又飄棲異域必無淹博紳賢古義邃精豈通解詁彼縱堅心求學而擇師乏術從入迷途薄涉淺嘗罣一漏萬無足以生其悅服啓其機緘夫是以始終墨守舊行之教遞相傳述輾轉附益不知所考則信奉愈堅不知所疑則觸

發無自意五口通商之後固專於牟利亦樂於行教信教之心愈篤斯傳教之意愈殷傳欲其廣信欲其速於是動以語言勸以文字誘以禍福凡可以聳人聞聽者將無乎不至議者極其事之所底有慮其中於風俗人心而無如何相與喟然太息者矣雖然無足慮也其爲言也淺淺則不耐人思索雖質至庸常者亦將異說存之況

聰穎之士乎其爲事也虛虛則徒令人疑惑雖素講因果者猶必空文視之況禮義之俗乎且其教主之種種奇能異蹟姑無論僅從千百年後得諸傳聞就令事事不誣不過中國道流之戲幻彼生長窮荒聖教所不及之地耳濡目染沿遞徵說凡應考筮仕並出於斯里巷常談殆同讀法牢不可破易怪其然誠使明性道之大原聖

賢之彝訓與夫古今治亂興亡之迹日用
倫常之道不啻居漆室而覩日星濯泥塗
而升軒冕其不思而悔悔而轉轉而棄者
無是人更無是理也夫周孔之道洋施本
迹於傳郵特前此西海之外舟車阻之俟
其從容向化勢已緩矣今則招徠旣廣望
光而踵至者未嘗限以工賈之輩邇者
皇上擴天地之仁恩施格外聽其購求典籍延

致中土儒生大地同文兆端於此他日者
設能盡得聖君賢臣孝子悌弟義夫節婦
之見於紀載者有以次第講習牖其愚蒙
引其嚮往將所謂思悔轉棄者直旦暮間
事是蓋聖教普施之漸之有以發其機而
操之劵又安有人心風俗之足害也哉予
以讀禮家居取舊所聞編成四說先詳彼
教之委曲而折衷之以聖道并其所習聞

之說考證焉而明其所出而後其教可聽
與方外竝存曰耶穌教難入中國說次舉
入市之國之所稱貨多稅重者爲之各臚
其風土起滅之由一冠以中國年號自案
牘以逮時賢撰著參以彼所自說誕異者
仍而正之而後始末燎如用資聞見曰合
省國說曰蘭侖偶說而終之粵道貢國凡
貢道之由廣東者紀其年月品物

錫賚筵燕而厚往薄來之義見焉貢道不止粵
東謹就耳目所及不敢濫也粵道不止西
洋附以暹羅諸國從其同也即稱臣納賮
之故可共曉然於
天朝厚澤煦育已深不特思義顧名群安無事
抑更沾濡聖學勉作異域循良之民則
聖代聲教夫豈漢唐以下比哉區區之懷如是
而已不曰記而曰說者以中國人述外國

事稱名自有體制且非足跡之所及安知
其信固不敢援李思聰之百夷傳侯繼高
之日本風土記爲例也編成輒序其大凡
於簡端

道光丙午年正月梁廷枬自序

海國四說目次

耶穌教難入中國說

序

耶穌得以其教行於所近諸國久矣領其教曰鐸德者四布徒衆遞爲勸引往往不遺餘力非若　中國聖人之在宥羣生聞風自起也是故先之以言不入則貲之以利不入則竟刦之以威上好下甚下好上從何怪乎一方百十國之靡然向風影隨而響應哉漢代去秦火未遠遺編日少故老漸凋雖在中朝猶將曲學爭鳴方

且見異思遷遠求佛書於天竺矧僻陋在夷之俗又安識聖帝明王文物聲名之別有所在獉狉蒙昧第率其好爭喜殺互爲雄長之常民生日袵席於鋒鏑死亡中物穉而未得所養也途歧而罔識所歸也一旦而耶穌生於其閒創爲一說開其地從來之所未有復與其門徒弟子各厲其果敢堅忍之志強辯重贅之舌鼓力協心罔憚車航險遠開關以遊於四國家爲之喻

戶爲之曉不啻木鐸之徇道路焉而其爲說也則又專舉人人所必敬共敬之天體使返思而尊崇之確指人人欲識未識之天心爲鑿空而顯釋之斯固有以取諸其人之意中而出諸其人之意外矣其立爲科條也則又寬之以倫常日用而畧限之以持齋戒殺樂行所易自不畏所難矣習之以地獄天堂而卽終之以審判復活因以其常自推信其變矣淺之以啓其可從

又歆之以使其必從而且更惕之使其不得不從而適當聲教未訖之時爭殺相衡之會機觸必動勢在必轉夫是以趨之若騖一發不可復遏以迄於今也然吾固嘗深思其教之所從出與夫所以得行之故蓋有疑而未安者焉夫持齋戒殺佛氏之宗旨也西北酋長素詡仇戮不如是則民無噍類矣天堂地獄佛氏所借以勸善而戒惡者也神道設教過鑿反誣故輪迴受

生儒門不道然今之喇嘛以化身而轉世者蓋有之矣耶穌生佛涅槃二千餘年後宗旨與釋氏畧相等其撰遺經書意質語淺聖母經目似本救度佛母經爲胚胎而佛說諸經多以奉持效驗爲文辭今其教之所謂信經十字經者立意亦猶是耳豈天厭殺亂別增一教於西海窮陬使相爲表裏乎顧何以入主出奴各不相下也回教肇始謨罕驀德所稱幼而神異能自造

經典敬天禮拜者八思巴七歲誦經數十萬言其徒能吐火吞刀其教許娶妻生子與耶穌之生有異質善諸幻術男婦皆可入教者何適相似耶宗喀巴經之言達賴班禪轉生期以六世與耶穌教所引古經預書其降世救人奇蹟者又何適相似耶三者皆後於耶穌豈其事其說偶若轍合耶抑耶穌雖生漢代其書實晚出行世後起者特卽三者之前事彙託之一人以自

相誇大耶不然胡為乎信之者目覩轉不若耳聞之多也不然胡為乎受刑在建武八年月果東行示變而漢志乃竟從缺也姑無論西邦自為文獻紀載所在牴牾無足深辨也就令變水為酒叱風遏浪一切皆實有之要不過師巫一時戲幻之術正佛氏之所謂下乘者中土如葉法善冷謙輩皆所優為即死去旋活當亦與尸解無異其人殆不可勝計然在當時止自證其

道自成其仙初未聞有普招庸衆奉為教主之事而一耶穌乃令人震驚若此信乎少所見者之多所怪而教之傳否必視夫所傳之地為幸不幸矣凡皆不能無疑於吾心者也且伊古以來論盛德大業至五帝三王止矣頌揚五帝三王之德業縱極其推崇亦至稱曰開天曰繼天曰則天配天止矣以雜教言如墨德墨克固葱嶺以西所最信服者也顧羣稱之曰天使以為

無以復加矣今耶穌明明與人同生死乃既名以天主之尊更實以分天之體與援神契之稱太山為天帝孫博物志之稱帝二女居洞庭異矣嗚呼其稱名亦甚矣天分其體禮拜謂何非所謂日褻而忘其高耶夫以是而行善求福亦善其所善矣此尤不能安於吾心者也自來知命者不立巖墻故明哲為保身之要耶穌以一介編氓處父母之邦日以行法聳動於人國招

時所忌不得其死使其先能知幾當不至是今取其所為而懸揣之既慮人疑行教之不免教將緣是中止也於是設為捨死救人之說因以死後復活者明其生有自來歿有所為則雖橫死而不足生向教者之悔矣又慮人疑篤守教而乏近報勢必久而思去也於是設為復活審判之說先以茫無定期者使之預為其地益固其心則雖遲久而不足以絕入教者之望矣所

謂語切則易從勢在則易轉者其故如此自明綱失馭而後利瑪竇龍華民艾儒畧諸人相率踵至粗習中土文字加以儒流爲之潤飾宮中亦燬所奉佛像而偏祟之南都則傾信者以數萬計蓋禮教刑政失於上奇衺詖僻興於下而樞紐之交又在易七日之拜爲朔望隨俗所便故說驟得行

皇朝正學昌明風俗醇厚乾隆間閩粵之相傳習者偶有一二無業游民利其貲用實則陽奉而陰違之自是之後已絕根株邊壖數十年來胥忘其事無所用其操切近日廣亏通商市地旣廣行教者涉險遠來然自求厥福不爲民害如聽其自存一教亦昭柔遠之義爰撰爲此編以告我中華之欲悉其源流巔末者夫飲水而先得中洽卓錫之味有同嗜也鹹鹵在前則止之而毋庸止矣相馬而先得超踔騰越之才有

同愛也駑駘在前則舍之而毋庸舍矣彼懸空預擬善其所善之談今雖盛行西國倘他時聖教所被識見日開必將有辨江心之味思冀北之羣者機勢所在不券而符況生際文治精華雲漢昭回之盛如

聖朝今日者哉

道光二十有四年甲辰十一月朔梁廷枏自序

耶穌教難入中國說

廣東澄海縣訓導順德梁廷枏撰

總論彼教必將爲聖道所化是作說之緣起

夫人抱其一說非其所甚便且安則見有更便安於是者可以浸而移之何也彼固先具一可移之勢而移之者乃會逢其適也今日耶穌之教在西海諸國推行日廣有舍舊所從佛氏而信之奉之者矣然非徒恃耶穌之徒之果足以招之也佛之爲教也空空則惝怳無憑使人并

其父母妻子而棄之於人匪便則其先已不安於心非如中土堯舜禹湯文武周公孔子之道之本乎人情入人至深而不可拔者比特無所以啓其端遂相沿不改耳一旦耶穌之徒舉人人日戴之天勸人尊而事之其爲事較實從其教者問心亦較安而審判復活之說又與世俗樂生畏死免禍求福之心適有以相入而且爲期無定一時難露其隙事匪難行而死有餘望於是因利乘便去如轉環矣夫以堯舜禹湯文武周公孔子之道治孝弟親長之天下視耶穌之所云人死而復活於將來之一旦者其虛實相去何如使信耶穌之教之人得盡讀其書暢明其義必將有較西海諸國之不安於佛教抑又甚焉者今日者其轉環一大機關也而彼顧方欲以其教遍中外而行之則亦未明乎勢之所在之有以驗於後日而兆於幾先耳是不可

以無說

此下溯彼教之源

按天堂地獄之說似與佛氏六道輪迴之旨不謀而合然泰西人守耶穌教者輒指斥佛法爲異端謂漢明帝時耶穌道已先行天竺國爲其人所誤聽誤傳致亂其眞從此乃造出佛教一端適明帝不知其故使往求書幷其徒挈入中國因而中國人亦浸被其惑摶土刻木圖其像而崇奉之以迄於今且謂明帝爲人父而崇無父之教居君位而容不臣之人其所以

詆訶佛法以爲土木皆人手作之物加羅漢菩薩者乞靈無益雖僅指其設像之粗迹者以爲言然觀其與佛相讐眞若有痛深惡絶各主門戸相持不下者其攻擊固已不遺餘力矣故凡尊耶穌者至稱之曰天主其敎亦曰天主敎行其敎者謂之正道謂之善人遵佛法者卽謂之邪敎謂之異端諸國中有先行佛法後變於耶穌者則稱之曰改邪歸正其間亂亡爭戰往往

皆緣於此大抵歐羅巴人之重此敎其來雖遠然實始盛於前明嘉靖閒前此尚疑信參半也溯天主敎之始蓋原於摩西而耶穌後出始則推衍之繼乃漸變之（語詳下）摩西旣死其子孫乃出所遺書以行於世半傳於亞細亞洲之西希伯國半傳於歐羅巴洲之東希臘國合而全之謂之古經亦曰古遺詔書謂摩西得天之默示所言自夏訖漢皆耶穌未生以前時事其曰新經亦曰新遺詔書者謂如大民遷復本國時師士再得天啓之語預指耶穌救世之事兩者並尊之曰聖書曰眞經其摩西後耶穌前諸信奉者所纂兩詔之意則謂之經錄所傳洪荒以前事曰歷史其紀載耶穌之說者曰寶訓曰嘉音耶穌之徒如馬太馬可路加若翰四人各有專書馬太述古聖所預言而舉耶穌之蹟以爲驗馬可多傳奇蹟兩人又互有詳畧路加每詳舉耶穌言論若翰則揣述他日耶穌降世審判時

之情狀此數書者皆意主傳敎統謂之福音自明季以後西士如利瑪竇艾儒納龍華民費奇規輩並通中西文字其所撰著如四字經如諸經解會中規約之屬最多不可枚舉歐羅巴諸國中凡設學敎人所傳所習一以諸編爲牖聰明立性命廣敎化之極則所云聖書者今不可得詳無由盡知其體例惟近日如泰西之英吉

利亞墨理加之合衆國並喜購內地書籍延中土人至彼教以漢字漢語能畧識中土文義繙譯而出所刻傳書籍每援引是書詞未暢達又從譯轉益易淺俚僅可會意而得之所引聖書有小註稱見詩書第一百零十五詩者以是推之則其體例似亦分門別類云詩書者當是門類之目也歐羅巴人嘗盛稱周康王時有大辟王者作咏聖詩垂後又稱穆王時希臘國人馬

和所作之推論列國詩及　國朝順治間英吉利國人米里屯所作之論始祖駐樂園事詩並推爲詩中之冠據此則西人亦尚吟咏所云詩（此下推行）固不自聖書始矣（按新聞紙有律詩格韻一如內地法）原耶穌設（教之意）教意在胥天下萬國而遵行之故信之者必遞相傳引日以廣行其教爲事年來泰西所月行之新聞紙譯出傳入內地固半屬勸人持教邀福近復有習讀中土書者自刻其所得聖書中

要旨詮繹而序行之遣人於粵東會城市集之地按戶遺送其自序稱幼學師訓於眞經奧義頗覺通曉深悉聖書情理眞確知　中國人向未得聞是以不遠數萬里重洋至此學　中國語言文詞意在傳道奈例禁嚴不能入內地兹擇聖書最要數款刻之云云今就予所見西國書及所傳送書之援引聖書者并耶穌教原遺諸書各撮其大意爲之條理其說而薈萃縷晰

著之於後而後再加以論斷俾知其教之難行於此地以爲他年符劵焉其說以爲未有天地（此下詳列彼教之說）（所謂先引後論得其曲折乃足服之也）先有天主天主卽天道之主宰天地人物之所從生故爲人之大父母其初始造物之功凡六日而備具第一日生最高之天（西洋人陽瑪諾撰天問畧自序稱第十二重不動之天爲諸聖之所居天堂之所在奉天主者乃得升之　欽定四庫全書總目提要謂其欲動下愚欲借推測之有驗以證天堂之不誣）無數天神共經緯九萬里之地地有四大穴一曰永苦二曰

煉獄三曰孩所四曰靈薄卽古聖之所並爲地獄永苦者人犯大罪不知痛悔而死則罰入於此與魔鬼同受蟲咬火燒之苦不可復生靈魂無形而地獄中別有火可以燒之譬如胃火可燒化禽獸血肉而不可化人肝腸樟腦火於水中燃之益熾地獄火亦然非凡火也又別有一種毒蟲蛇專能食人之靈魂者煉獄者信敎之人悔罪而未能以善全補故以獄火煉淨其罪然後使升於天堂也孩所則幼殤之有原罪而無本罪者居之人有原罪本罪之不同說見後靈薄者凡

古聖已死宜升天然必俟耶穌補贖人罪其功完滿日乃得挈之而升故咸集於此以待之也第二日生九重天土接水水接氣氣接火火接天謂之四元西洋利瑪竇撰乾坤體義以水火土氣爲四大元此則據四字經不知其所出也　欽定四庫全書總目提要謂此與佛經同佛經所稱地水風火地卽土風卽氣也天包乎地地四面可居自地而仰望者皆氣也第三日生山海草木五穀第四日生日月星辰第五日生水族羽族第六日生毛族百獸

第七日造物已畢帝亦自是安息天主敎七日一安息行瞻禮不工作然後摶土作人由是配合生育凡人血肉之體生於父母而靈魂則賦於天主魂在身則生離則死身雖死而魂長存有始無終故謂天主爲天地萬物之本其體爲獨神無形與聲自有萬萬美善萬萬榮福論性則有一無二而其位則分之爲三焉一曰罷德勒華言父也二曰費畧華言子也三曰斯彼利多三多斯彼利多華言神也三多華言聖也合之謂神聖也亦稱神聖風謂凡人新信入敎皆此風感之皆爲天主第一位

罷德勒於無始之時生第二位費畧明照自己本性遂生本性之像如鏡中能照本身也故罷德勒爲父而費畧爲子卽耶穌也兩者又彼此相愛而發斯彼利多三多是爲第三位天主如日有輪有光輪能生光輪與光合而發暖熱三者如日之分合也所謂相愛而發其譬如此三位無前後無大小統尊之曰天主而已自開天二千四百五十餘年西人古今紀事錄云自開天至天與摩西諭飭世人時有二千五百十四年其諸說參差多類此世

忘聖敎天乃令聖每瑟下降造古經使人爲善復至一千五百五十年聖每瑟之古經又亡故第二位天主耶穌緣是降生救世耶穌之遠派此卽明史所引六千年史書在其國者則直自有人類以來一一可次其世代而追溯焉其始也地本空曠無物水漲地面上帝浮水面以造萬有隨賜人以形如帝之像以地塵甄陶之吸活氣於其鼻而賦之以靈魂令海之魚空之鳥田之獸土之蟲凡生生之類人盡得而

有之物之各有一名皆自人呼之遂以爲定者也東方有樂園者川水流其中木之良楛美惡咸植焉使所造之人守之以無偶不可廣生也爰伺其睡損彼肉而益於此令相配偶葢女從男出視之曰其必蕃滋至滿大地是卽天下人人之始祖也男名亞大麥卽亞坍譯言土也以土而生也女名依活譯言活也萬人所賴以活者也一云男名亞當女名厄襪爲人類之宗見解信經問答註當奉帝命同

居樂園時戒勿食園中所樹木實謂食則必死當時園中並造百類惟蛇屬最狡獪欲紿女違帝戒遂勸以能食木實則兩目淸明可以辨物善惡如神天然女既垂涎果實之味聞言遽採食之並分食其夫兩人者果一時並能開目見物覺己裸裎可羞亟編木葉自蔽其體時氣候正涼上帝方來遊於園夫婦自知違戒罪匿影林中帝呼其夫曰若安在應曰在此胡不出曰

聞帝至恐露體得罪不敢見帝詰之曰誰告汝以露體者且我誡汝勿食果實其食之否答曰婦實使我食之帝詰婦婦曰蛇實誘我食之帝謂蛇當令汝受咒詛過於他物行必以腹終其生食塵土汝類世與女子爲仇女子亦見必仇汝又謂女當令汝孕育艱苦且心恆愛戀其夫而夫每嚴密閑汝又謂夫當令汝自食其力勞苦終身但以田所生草爲養必泥塗手足而後

得食因汝始以塵賦生故令死仍歸塵土夫婦於是愧赧逃去葢人之初生其心本善迨變而之惡沾染物欲遂羅罪網今之夫勞苦而婦難產實受天罰而忌嫉煽惑致人於災禍如蛇者禍人適以自禍也夫婦既以違戒被擯樂園又别設神守不復可入乃棲止别地以永生育生二子長曰設是爲第二世業農少爲牧感神天恩各以其業所出者祭帝而供之帝不享其兄

之祀而歆其弟之犧牲兄愧甚遷恨其弟欲殺之神天早知其意輒問以弟所在答曰我豈弟之護身耶帝因力戒兄勿含蓄仇怨因詛令飄零四海葢謂後世凡浮踪浪跡於他鄉者皆不友於弟所受罰也天下五大洲夫婦實生亞細亞洲之西方其裔乃遍中外生息日漸蕃滋年亦極壽自六百以至九百有餘歲散處九垓民物雖較昌盛而人世之惡與日俱生天於是造

爲律條凡禽獸鱗介蟲魚悉聽人用且食之惟人爲同類其受形賜自上帝一有仇殺是傷同類而壞帝像也故首戒殺人又凡一夫一婦自爲匹配有以一身而娶至二三女子者及蓄養奴僕役使其同類如犬豕者祀土木神偶致敬天不專者皆爲背律神天則罰之而凡誠志尊崇上帝不僞不二者則福之（耶穌教有妻無妾無奴婢禮拜外不祀他神每勸人棄土木偶意皆本此）設生以挪士爲第三世以挪

士生該南爲第四世該南生馬利列爲第五世馬利列生雅烈爲第六世雅烈生以諾（一云以諾革）爲第七世以諾能嚴遵天律奉祀最虔帝悅其謹愿提之升於天堂使永存不死生米土撒拉爲第八世米土撒拉生拉滅爲第九世拉滅生挪亞爲第十世（即諾厄譯音異也）當洪水之先人多爲惡犯天怒將大懲創之念諾厄不可與其難乃命預製一檟（一云命爲一舟）中爲三重置己及三子三

子婦於中諸用物悉備於是大發洪水四十日殄滅人物水退諾厄父子復得居陸地三子長名閃次名哈麥一云長名生次名岡三名雅彿德後子孫分居天下諸大洲居亞細亞洲者生之後也利未亞岡之後也歐羅巴雅彿德之後也三人之裔遍於諸國蕃庶之餘慨念先世溺於洪水輒惴惴恐復丁其患相勉共守神天禁律毋稍違犯上帝憐之於是與其人約自今以往不復再

生洪水使百姓得永免災害因設一虹蜺於雲端每收雨即出以為識別無論霖雨盛霪人望見虹蜺即知上帝示人以晴霽不畏積水泛溢羣藉欣慰矣洪水後百年挪亞子孫尚居亞細亞之西家既相近口音尚能畫一慮諸族將日益分衍不能不散處四方欲建一墖高與雲齊使散處後得望之以為準的上帝不悅故令其人各殊其土語令彼此語音不通則難以聚謀

墖無從建於是及半而廢已四千四十有四年於茲矣紀事錄云自開天地至二千八百零五年人作事不合天打亂其口音至今共四千四十四年蓋謂自開天地至今計五千八百四十八年既無據證諸書亦復參差說詳後由茲而後人自為族各遷地以居惟亞細亞洲則漢人猶守其故土焉閃為十一世生亞法撒按亞法撒似即雅彿德之異音而世次不同其不便考證多類此為十二世亞法撒生該南為十三世該南生撒拉為十四世撒拉生以伯耳為十五世以伯耳生比列為十

六世比列生流為十七世流生西鹿為十八世西鹿生拿鶴為十九世拿鶴生提喇為二十世提喇生亞伯拉罕為二十一世行事亦能凜遵帝命年已百歲其妻撒喇已絕孕帝許以有子後果生一子曰以撒革為二十二世帝欲試之俟其祭使以子為祭品亞伯拉罕欣順帝旨挈以撒革登山將殺而舉祭以撒革不知已之將殺也問祭何不備犧牲父答以帝已有所命

之矣語次方欲操刄帝急止之曰勿害爾子爾雖獨子尚知捨以敬我洵可嘉尚當增爾苗裔使如天之星宿海之沙塵且使爾後戰則勝敵而伯必服仲亞伯拉罕受命率其子還求積善之家之女曰哩別迦者爲之婦奉亞伯拉罕壽至百七十五而終以撒革生二子次爲耶哥伯爲二十三世不能和其兄逃於遠方事其叔爲僕爲之牧養生畜長娶二妻生十有二子少者

名約弗色爲二十四世溺愛於父衣以美衣諸兄潛嫉之會約弗色夢與兄收穫先已後兄兄亦力爲之斂也已復夢太陽太陰并十一星伏而拜己具告諸兄兄怒曰然則我將事爾乎自是恨益甚約弗色偶以父命出埸視諸兄牧羊兄觸前忿謀殺之懼後禍乃相與禁於山穴俟商販者過鬻以爲奴取他血塗弟衣歸告父謂弟爲獸食父雖痛傷終意上帝所命無如何也

商挈約弗色轉鬻於麥西國（麥西卽埃及多國亦卽厄日多譯音異也）主者才之使理家務輒能盡力所事主益喜主婦故淫蕩將招與歡約弗色畏帝律不敢萌慾念一日主他出獨遇於閨主毋復逼之約弗色逃避遺其下衣婦羞極成怒夫還則以僕戲己愬且出遺衣實之主不能察遽禁約弗色於獄司獄者察其無辜令權司獄事先是同禁二人並官侍御而被罪者獄中各感夢莫能自解

約弗色爲占之得一吉一凶未幾一人復官一被戮占盡驗至是麥西國王亦得異夢索解無當意者侍御乃薦使試占焉謂兆宜先豐後荒勸王多積穀備凶歲王從之命主倉廩麥西地無雨雹藉泥祿河泛潤田土苗隨長穀產甚豐時四方大旱卽商湯未禱桑林得雨前也諸國粟盡麥西以餘糧濟之存活甚衆庫藏亦驟充盈於是王賢約弗色立以爲相約弗色旣貴會

其父使諸兄至麥西告羅相見各悔罪約弗色不之校盡徙其屬七十人來居焉麥西初名麥西喇音創自虞舜時其君爲挪阿之孫後阿細曼塔喇嗣當夏時徙其都居南方地舊崇陰陽奉牛犬猫豺鱷鷹爲神祭日牛前焚香自約弗色心敬上帝雖被囚非其罪而未嘗稍形怨懟卒蒙帝祐由僕隸升於顯位如此約色弗亦名猶大娶大馬氏生法哩士（一云撒拉）爲二十五世法

哩士生以士崙爲二十六世以士崙生亞蘭爲二十七世亞蘭生亞米拿撻爲二十八世亞米拿撻生拿遜爲二十九世拿遜生撒門爲三十世娶拉合氏生破亞斯爲三十一世娶路得氏生阿別爲三十二世阿別生耶西爲三十三世耶西生大辟王（一云大五得王）爲三十四世大辟王當周康王三年攻服蠻族驅之出以其地之耶路撒冷爲都（卽耶穌被執之地）民歸之文風蔚起王實號

文魁撰聖詩贊詠上帝且立禮儀崇拜焉乃矢志建殿堂上帝遣聖神傳諭禁之曰王曾以戰鬬染惡習不可妄建堂殿時鄰國新喪王遣使賀嗣君卽位嗣君不道拘其使大辟王命將伐之師旣出而王畱偶窺見沐浴女子有豔色遂召而淫焉已受孕侍臣有言其夫爲營兵方在陣者王立召還令仍歸與妻處其夫恥之不從竟露宿終夕次日趨返營王密諭其帥派於前

鋒旋戰死王聞喜甚卽置婦於宮掖生子猶日宣淫不已上帝震怒謂其罪甚重律無可逭時有聖神奉帝命見王設諭曰今有兩人同居一邑一人富有畜牧其一貧止養一羔愛之甚食以其子之食而飮以自奉之器也會富者忽饗遠客具饌乃自惜己畜而奪貧者之獨羔王以爲何如王曰誅之耳聖神曰王卽其人也王宮妾不可勝數乃以勢而強奪他人之婦玩視帝

律他日王宮妾亦爲人淫新產子且亡不可救矣王大悔飲泣茹齋獨宿禱天求垂憫未幾新產子果殤時朝綱紊亂世子以淫汚其外妹之故畏罪逃出旋矢悔王宥之復旋都遂結黨逐王王跣足奔勤王師與世子戰殺之得復辟益上帝赦而脫其厄也既而復萌驕侈下令編民戸籍其臣力諫不從編戸計得壯民百三十萬猝遘疫癘王又悔罪祈天除禍帝復矜而赦之

在四十年及老常病寒以處女同衾溫焉彌留之際遺囑謂儲君瑣羅門曰速遵上帝正律毋自陷邪行以蹈罪惡倘崇拜誠敬則奕世咸休言訖而瞑益觀王之始終可知犯罪者能痛悔終邀上帝垂憫也瑣羅門一云拿單出於大辟繼妻本烏嘿亞之婦者爲三十五世生羅被暗一云馬大太爲三十六世羅被暗生亞庇亞一云買南爲三十七世亞庇亞生亞撒一云米利亞爲三十八世亞撒

生耶河沙法一云以利亞金爲三十九世耶河沙法生約蘭一云約南爲四十世約蘭生烏西亞一云約色弗西國往往祖孫父子同名者必有一號別之耶穌父約色弗固與祖同卽母馬利亞當其時亦多同之者爲四十一世烏西亞生約淡一云猶大爲四十二世約淡生亞哈斯一云西面爲四十三世亞哈斯生希洗家一云利未爲四十四世希洗家生馬拿西一云馬達爲四十五世馬拿西生啞們一云約琳爲四十六世啞們生約西亞一云以利以設爲四十七世約西亞

生耶哥尼亞一云約西爲四十八世遷居巴別倫地耶哥尼亞生撒拉帖一云耳爲四十九世撒拉帖生瑣羅巴別一云耳摩但爲五十世瑣羅巴別生亞庇欲一云歌三爲五十一世亞庇欲生以利亞金一云亞底爲五十二世以利亞金生亞槊一云麥基爲五十三世亞槊生撒督一云尼哩爲五十四世撒督生亞金一云撒拉帖爲五十五世亞金生以律一云瑣羅巴別爲五十六世以律生以利亞薩一云哩撒爲五十七世

以利亞薩生馬但一云約亞拿爲五十八世馬但生耶哥伯一云猶大爲五十九世耶哥伯生約色弗耶穌祖父名並與以撒之子及孫兩世重同不可解約色弗一云若翰一作若瑟爲六十世約色弗生耶穌蓋始生人類者亞坍之六十一世孫也路加福音約色弗後尚有西米至約色弗凡十六世以行論要畧傳證之云自亞伯拉罕至耶穌四十二代則路加所增者無著矣今據馬太福音自亞伯拉罕歷十四世爲如大國之大辟王在周武王時一云大辟王以周康王三年嗣位由武王代紂之年至康王三年已閱四十八年矣今姑各按

各書敘之此據行論要畧又歷十四世至耶哥尼亞在周簡王時再歷十四世而至耶穌則爲亞伯拉罕之四十二世孫也按行論要畧稱亞伯拉罕在夏芒王在位之年今由夏后芒元歲推至周康王三年已閱九百四十九年郎至武王十三年代商亦九百又六年而自康王三年推至簡王元年止四百九十二年是亞伯拉罕至大辟之十四世其年幾倍於大辟後至耶哥尼亞之十四世矣卽自周簡王至漢哀帝二年耶穌生中閱七百八十五年是耶穌以上之十四世亦視亞伯拉罕以下之十四世長短相懸動以數百年情事亦不可解帝之愛此言彼敎之始摩西若翰實先之亞伯拉罕也實以諸厄裔久忘帝恩而奉事菩

薩緣是擇而取之與結約如大俗每立契約奉事從摩西者爲舊約耶穌者爲新約載之者名其器曰約箱設爲割損之禮是爲夏后芒在位之年以地中海東隅距　中國西向萬有餘里後稱如大今爲以至比多國者賜亞氏後使居之正當商湯禱旱時也按自夏后芒元歲推至商王湯二十有八祀以大旱禱桑林之年相去凡二百五十四年去亞伯拉罕之受天眷乃遠甚旣而以至比多王虐遇其民下令民棄所生男有摩西者亦亞氏裔生有神容三日棄諸河濱一

貴人見之撫以爲子及長每念其宗族旣苦王虐輙爲兄弟手刄怨家又以勸止爭鬭故爲鬭者所斥辱於是率民出其國時亞氏子孫已六十萬人矣摩西旣出則爲旅於米田之地生二子居於曠野凡四十年商祖辛之十有四祀按紀事錄云自開天地至天與摩西在西乃山論世十誡時二千五百十四年自摩西後至今三千三百三十五年書作於道光甲辰逆推卽祖辛時矣摩西在西乃山上見雷電霹靂烟焰滿山天神聖每瑟以帝命諸書竟有

云上帝親臨者諭以十誡書於山後兩石其前四誡屬天事者爲一石一曰惟事天不可祀別神二曰凡日月星及人獸昆蟲鱗介之像皆不可造而拜之三曰不可用眞神聖名四曰安息日以聖潔守之前六日眞神造化天地海山凡在其日內者可勞力工藝惟第七日眞神安息不可作工後六誡屬人事者別爲一石一曰孝敬父母二曰毋殺人三曰毋犯姦四曰毋偷竊五曰毋

妄證六曰毋貪想他人財物妻女屋宇僕婢牲口摩西既得此十誡又自爲聖書以勸其國人人皆守而信之謂之神天律例創造殿堂以祀上帝堂有主其祀事者前堂曰聖所祭司守之後堂曰至聖所惟祭主乃得入其下有書士有長老七日一聚拜拜日即不事工作取牛羊血調水以紅絨及牛藤草灑而書之以示淸淨謂之契約之血契約即亞伯拉罕所結之約以奉事者謂灑血則罪

得赦也又設敎師以所傳天律敎民初入堂祀必以水潔其額曰領洗其以油傅胸者曰基督譯言受聖油惟王嗣位得行之民既咸信摩西於是逐去土番設官如　中國按察司者治其地即後所名如大者是也未幾民復事偶像天乃罰之遂有異族侵服其國如大民悔罪自是復漸強盛迨周室初興時其王自背天律招民怨國遂亂歷三紀而後分國爲二曰以色耳以

勒曰如大如大之名始此兩國人時自爭戰簡王時爲蠻族所勝如大舊民移於外邦七十年始復還故國師士又得天預示救世主降生於亞氏時方與諸鄰戰自周靈王迄漢元帝年然後如大之王曰希羅得者爲羅馬國所服屬之至哀帝元壽二年庚申而耶穌生按諸書稱哀帝二年生耶穌於如德亞國惟錢氏景敎考云生當隋開皇之世與西人所撰行論要畧云生漢孝成帝年並異此據明史如大即耶穌時之猶太國也亦謂之如

德亞耶穌生後數百年并於亞拉比亞國後西域土番據之名土爾其今則爲以至比多人所據矣地在亞細亞洲之西亞非利加洲陸地之東北長六百餘里廣二百五十里北極出地三十一度至三十三度半東界亞拉比亞國西瀕地中海南界以士買北至王嫩山中分三省西曰加利利所屬有拿撒勒北曰非尼基所屬有撒馬利亞南曰如氏亞城曰耶路撒冷大辟王

所居也所屬有伯利恆其東有約耳但河入死海北有加利利湖耶穌所生則伯利恆郡也時聖書已盛行而守聖書者復各以己意發揮爲聖錄大抵言亞氏後必有受聖油爲基督者歷時既久傳習遂分兩教一曰法利西教一曰撒吐西教於時羣喙雜起論愈離奇故自漢建始元年以來如大人自以亞氏就衰日延頸企足以望其族屬之復創祖業起而得受聖油逐去

敵人而興其本國蓋聖書故預言將有救世基督者出也華言救者希比利俗謂之耶穌亦謂之基利斯督或從省曰基督即所云受油傳聖經特借此名救世者謂如王之得位救民而解者相傳遂沿是而誤迨若翰生而後知救世者在傳教不在得位也颯加利亞此下自耶穌始生至死後諸時皆彼教語爲若翰之父娶以利撒革一云名意撒約爾司教殿堂始終不倦偶於拜日天神伽伯烈示現謂爾當生子爲救世者

之先驅爲之開路而確證焉以利撒革聞即瘖不能與人語未幾果生子受割損禮後始復能言名其子曰若翰譯言有福寵仁慈也耶穌之母曰馬利亞若亞敬之女也娶婦曰亞納居拿撒勒屬加利利省無子止馬利亞在室許字五得王裔即大辟王約色弗待年未嫁一云天神默示許配若瑟今據行論要畧及馬太等福音又一作若色弗若翰母以利撒革即馬利亞姪女一云若翰母爲馬利亞中表姊今據行論要畧年長先嫁孕若

翰時年已老矣而馬利亞方年十四有天神嘉俾阨爾者報之謂天主費畧選爾爲母將以童身不感而孕又告以以利撒革亦老得異妊將來爲爾子證明救世之蹟故馬利亞聞亟至颯加利亞家訪之會以利撒革孕若翰已六閱月口不能言其故其腹中兒則已知馬利亞至從胎躍動聲出自腹言馬利亞今已受胎所產爲救世天主言已復向稱賀馬利亞聞益自喜留居三月至若翰生乃還所居從此漸覺懷有胎娠約色弗以聘妻未嫁而孕疑欲休之旋夢如天神言卽娶馬利亞同居如大時已臣屬羅馬國羅馬王曰奧古士都（一云奧斯多）令所屬國民無論男女老幼有僑寓別地者皆親詣其本籍報名約色弗本大辟王族遷居加利利省（一云尼亞利利）拏撒勒邑至是偕其婦馬利亞歸耶路撒冷城寓於旅邸遂生耶穌以客次無隙地裹以常衣

置之馬槽而乳之生時衆星交光天神環衛空中聞樂音故夫婦亦伏而拜之有牧童方守夜見異光羣起遇天神示以故相與跡至兒所拜兒於槽出語人以所見於是喧傳邑境如大王希羅得（一云黑落得譯音異也）性極猜忌適有賢士三人至自東方見王問曰聞有生爲猶大國王者安在吾等於東識其星應今願得一見也希羅得遽召耶路撒冷祭司與書士議僉言聖錄預載其事復召三人詢以星應期日亟令往伯利恆驗之時生已八日約色弗已偕婦子歸行古割禮矣生十有三日三人以王命至無導者隨星光遽止所居入見兒遽俯伏行禮出所攜黃金乳香爾臘（卽沒藥也一云蘇合）三品獻之（四字經云有三王來朝蓋謂鄰國酋長也今據馬太福音）其夕三人同夢神誡使勿復返見希羅得三人遂從他道去如大俗自摩西後凡初生男者獻於天以雙鴿代之生四十日馬利

亞抱之入殿堂祭獻有耆年曰西默及節婦曰亞納者爲國人所敬禮見耶穌至觸古經語爲讚頌不已舉國遂多傳述其事者希羅得既怒三人之戲已又懼古經將驗謀殺之以絶其禍天神以告馬利亞使避於厄日多國（即麥西亦稱以至比）乃偕約色弗挈子出走希羅得大索伯利恆凡嬰孩生二年者悉殲焉而終不得耶穌所在厄日多舊俗惟事魔像先是有神曰日勒彌亞

者爲謠語其衆曰童女抱子忽來至此千萬魔像盡成粉虀及耶穌隨父母至衆憶神謠悉毀所奉魔像而別畫母抱子圖供禮焉越七年希羅得死神復告之使返其國乃復隨父母歸如大知希羅得子亞基老士嗣立懼仍不免乃還遷加利利省之拿撒勒居焉（一云納雜勒譯音異也）其俗凡男子稍長令其歲至所都城殿堂瞻禮耶穌年十二隨父母往行禮畢還至半途失之詢之

同行無知者時行已一日矣乃復入城遍覓三日得諸殿堂方與教師輩辨論謂其母曰吾在父所何覓爲蓋殿堂所以祀天帝已隱然謂天爲父矣羅馬既服如大益循天律其民乃多背犯者若翰自垂齡逮三十皆隱村野不與民接既病民俗紛歧乃服駝毛圍皮帶餐螞蚱野蜜出而勸導爲民行領洗以除罪惡民頗信之有問聞救世者已出豈即爾耶若翰曰否其人將

後我至而所能較我超蓋律例自摩西立而眞理則由彼而成也偶領洗約耳但河濱耶穌亦行教到此而當河適相値欲求若翰爲其行洗若翰辭曰吾將求洗於爾而爾乃求洗於我乎耶穌終領其洗洗甫畢聞若有聲自天來者云此吾愛子也若翰洗耶穌後他處傳教每直言招人怨忌會如大國王奪其弟非利百之妻以爲婦（諸說並云希羅得時事然既云希羅得欲殺耶穌故避於厄日多七年俟其死而後）

（歸歸久而後遇若翰行洗若翰之諫又行洗後事豈非矛盾乎其說往往如此）怒若翰直諫置之獄偶飲其羣下使其婦舞以侑觴娛客王喜誓如其意而賞之問所欲其婦遽請若翰之首不得已遂殺之若翰既枉死而耶穌專行其教自近而遠矣年三十神引之適野不食不飲凡四十晝夜饑甚有魔戲之曰若果天之子何不化石爲餅以自飽乎強挾之登殿堂使立屋脊上曰盍自投下神必扶爾無傷也既又擕之登高嶺使之四望戲之曰若拜我當以所見山河爲贈耶穌正拒辦閒尋見天神來衞魔遠遁去三十一決意他出行教於外先至加利利海濱有兄弟爲漁者曰彼多羅（即西門）曰安得路（即安得烈一云安得烈買）並從之遊復有曰耶哥伯曰約翰（耶哥伯本約色弗之父然夷俗祖孫父子往往同名即約翰亦稱若翰一說兄若翰弟雅各伯即耶哥伯蓋譯殊而傳聞又異也）亦兄弟同業漁者爲西庇太之子與腓利百皆棄家從之五人既從耶穌

相與入城瞻禮殿門外多商賈市牲畜者塵不可入耶穌以鞭逐之曰若輩何忍以我父之堂爲市哉當是時衆已識其妄矣彼多羅妻母病瘧耶穌按之而愈自是所在求醫者踵相接凡跛者瘖者瞽者治之病頓失偶以安息日爲人治病爲如大人所不容謀殺之耶穌罕譬百端謂若翰不過一燈光耳尚爲衆所信況我行教之功出彼上哉故本地人目覩其蹟而不測其所言信而復疑之而聲名則已傳播於遠邇矣每過城邑從行者衆不便講說則登山而坐集從者講至終日復爲人所逐避而獲免一日挈弟子渡海將抵革加撒中流颶驟作舟幾覆耶穌方寐弟子懼呼之耶穌叱風風旋息及岸有鬼附二人居荒塚者不使前旁有羣豕耶穌令鬼入諸豕隊豕驟奔突相逐入海溺死牧者走告城中人共出止耶穌勿入其境遂歸鄉里一

宦家女已死延耶穌至執其手卽活又途遇送葬者其婦哭之哀耶穌憐之止喪車啓視亦活其時法利西教徒尙衆每守其師說與耶穌爭適瞻禮日（卽安息日）巡行田壠弟子之從行者饑採禾穗食之法利西徒以爲犯律欲挾以告於官會其日有患癱瘓者來就醫旋痊法利西徒輩愈不平耶穌曉之謂瞻禮日當作善戒惡醫人善事也律何害乎事遂寢而疑謗終未息書士

語耶穌曰彼見醫治靈異猶且不信何不使見天上證驗以折服其心乎耶穌曰彼惡類也我不欲以他靈異示之時已有十二弟子爲彼得羅安得路耶哥伯約翰腓利百五五人同時及門其次第至者曰巴多羅買（一云巴耳多羅茂）曰多馬（一云多馬士）曰馬太（一云馬賨）舊爲關吏捨役入教曰耶哥伯（前耶哥伯爲西庇太之子此爲亞勒非之子名同而族異也）曰利未（一云利此五士姓大氏阿士）曰西門（彼得羅亦稱西門此爲迦南人）曰猶大士

（迦掠人）此十二人者日與耶穌俱耶穌乃使分行本國以色列人家戒令勿入異邦勿行撒馬亞邑且諭之曰此去人或不信則執爾於官吾臨時使神附爾言其毋畏凡接爾者猶之接我且猶之接所遣我之天也從此十二弟子各遊他鄉耶穌自與其他徒行教方集衆講論其母偕其兄弟適至或告之曰爾母兄弟俟於門外耶穌曰吾母爲誰兄弟爲誰凡奉天者皆吾母吾

兄弟姊妹也旣而歸教本邑偶作變水爲酒諸戲而不甚者其靈蹟人皆疑之耶穌曰聖人類尊貴惟居本家族則不然此常情也於是又去而之他所至民隨行者五千人嘗日暮不得食其徒腓利百五出錢二百治具不足供耶穌乃以五餠二魚祝而分之人盡果腹斂其餘尙可實十二筐夜令弟子先登舟遭風耶穌步水面及船風隨止旣渡湖至其尼撒烈地有以當飯

不先濯手爲犯律詰之者耶穌不可與爭棄之往士羅及西頓又渡湖至加利利從之者四千人亦以魚餅飽之至覘立城與弟子私登高山變其容如陽光衣如雪皓覩古聖摩西及以利亞咸來見須臾而隱旣復語弟子曰我不久當赴耶路撒冷城必爲祭主書士所害然第三日必復活矣彼得羅執手勸勿往耶穌曰此我將流血以救人也凡從我者必克己忍難如欲保

全生命我不救之爲我捐命者我救之衆中有爲我而捨其父母兄弟妻子田宅者吾登天後必十倍償之倘生前富有而死後沉淪地獄將何益哉抵迦百拿翁關吏索稅錢耶穌令彼得羅詣海濱釣取魚先上鈎者口中所啣錢子之如大人素知約色弗爲人傭木工貧困甚而耶穌生又未嘗就學識字且法利西撒吐西兩教之徒並恃舊爲衆信合力攻擊而耶穌又往往

於駁論間語侵其衆於是加大人益憤怒見則以石擊之旣屢謹避之矣然當瞻禮日男婦必咸集每求治病益爲所藉口耶穌恨其天堂之說不行於本地而十二宗徒恐不足敷宣佈也遂廣選七十人爲徒再廣之爲百二十人將使普遍天下授其教於異國其信之篤而不在弟子之列者復五百人所謂五百弟兄者是也嘗集徒爲之設喻以明本地人將不得入天國之

故曰某甲爲具延賓賓託故不至甲乃令其僕入市遇殘疾者揖之客筵復延郊野人充賓數蓋憾先召之賓不能嘗我一臠也旣入耶路撒冷城遇撒吐西徒相與難之曰爾言死後可復活今以摩西傳兄死弟可娶嫂之法推之設弟兄七人以次各娶其故兄之妻矣然則復活之後誰得此妻者耶穌以復活無嫁娶爲解其徒亦終無所據以破之也耶穌所交拉撒路者死

其妹馬耳大遣人來告急往弔之死四日已葬矣耶穌令除墓石出之則已活闔城閧傳不已如大人報教師以耶穌所行事教師曰彼所為至於能起死人若此他日必為人所堅信將奪吾職吾教廢吾國亡矣與其祭司書士長老輩謀僉曰死衆人孰與死一人哉兩教之黨亦羣起附和將誘殺拉撒路以杜衆口而祭司殺耶穌之意愈決以屆節期恐民因作亂不敢發耶

穌知而潛匿不得其所密購其可與謀者得猶大士即十二弟子之一也賂以三十金相約伺隙為應時耶穌由伯大尼再入耶路撒冷城使門人設瞻禮宴將食耶穌呼水遍為弟子濯足曰爾輩皆潔矣獨一人不潔奈何蓋爾中有人將賣我者衆問賣師者誰耶穌曰吾納餅於湯與之者是已隨以湯付猶大士猶大士竟食之席畢猶大士先出耶穌擘餅食其徒曰此吾體

也又酌葡萄酒飲之曰此吾血也自今登天而後復飲食矣與十一人出城相將登橄欖山渡基得崙溪至日色馬尼之園（一名睯西馬尼）所常遊處也語衆曰我復生必先往加利利彼多羅曰師果死吾願捐生耶穌曰此夜雞未鳴時爾將三言不識我矣於是對天三次祈免弟子咸熟睡耶穌醒之曰時至矣言未已如大士率衆跡至呼曰夫子衆遂就縛之彼多羅揮劍拒祭司之

僕墮其耳耶穌叱令退去取耳合之解於教司（一云解之四司）徒衆逃逸惟彼多羅隨行至署寒甚就火二婢子先後自內出並戲曰爾豈耶穌黨耶役閽亦詰之三以不識對正雞鳴時也祭司之首曰該亞法詢以傳教之意與門徒之數耶穌對曰問聽我者即知我所傳何語矣又招告者證之不得其情又證以彼嘗言欲毀殿堂三日復作之語蓋耶穌前實為此言欲自炫其術也

至是不辨祭司曰爾眞上帝之子乎曰是也觀者又唾而擊之蒙其目問誰實擊爾一時兵役共戲笑之爻早獄未決則解諸羅馬所命官之守耶路撒冷曰彼拉多者（一云般雀所辣多）定之如大人隨往懼入署汚濁他日不能與禮食則閧於門彼拉多出諭以所告無大罪宜立釋之衆不服彼拉多入問耶穌曰爾爲如大之王否答曰吾爲此而生也彼拉多亦不能決以送如大國

王（行論要畧云卽希羅得不知其死已久矣）王習聞耶穌事奇亟欲試之而耶穌不爲作一靈異還以付彼拉多彼拉多終欲釋之故事每遇瞻禮日必縱一囚遂取他囚與耶穌並立問衆曰誰當縱者祭主及法利西徒疊呼請放他囚而以十字架釘耶穌彼拉多因其妻以夢勸欲銷民怒縛於石柱鞭之五千血流遍地兵役褫其衣而被以敝王服織棘爲冠箍其首謂其僭王故戲辱之衆因復

大譁曰釋僭王者叛臣也彼拉多迫於人言乃拘耶穌於鋪磚處希伯來土音所稱高臺者也至午衆聚噪如初乃令自負十字架至崿峨大釘手足架上以希伯來希臘羅馬三國書分題曰如大之王拿撒勒人耶穌祭司謂宜云自稱如大王彼拉多不肯易書當負架時耶穌已力乏行甚艱所褫服又分於守卒受釘益覺痛苦同釘二賊夾其左右其一謔之曰曷不自救以救我其一正色責之因目耶穌謂他日登天國

勿忘我耶穌答曰今日卽偕往矣其母馬利亞及其從母爲革沐法妻又抹大拉之女亦並名馬利亞者久從耶穌來與弟子若翰同立架側耶穌目若翰謂母曰此卽爾子又目母謂若翰曰此卽爾母將以母託之也渴甚不得飲或以緜浸醋置於草上予之耶穌吮訖厲聲呼曰㕥唻㕥唻啦嗎嘞嘇吠呢譯言上帝上帝何爲棄

我也言已氣絶一卒以戟刺其右胸血如注年三十有三時自午至申大地昏暗（一云時月東行掩蔽日光）（一云太陽如夜地震石破此據馬可所傳福音）殿堂帳帷無故自裂有富人（一云達官）私信耶穌者亦名約色弗（一云其徒尼畧得若瑟二人葬之）求其屍裹以布與兩馬利亞葬之死之日爲預備節即安息之先一日也猶大士目覩死狀忽大悔擲所賄還於祭司出而自縊祭司議曰是固賣血者歸諸庫非所宜乃買地爲義

冢後人稱之曰血田安息後一日而馬利亞及撒羅米具香將爲塗屍至則墓石已開一白衣者語曰耶穌已三日復活在加利利矣諸婦歸述於諸徒彼得羅親往驗之惟殮衣獨存適弟子革流法偕他徒往馬烏鄉途遇一人問胡爲憂形於色革流法以耶穌死不見屍諸婦遇天神告以復活一切語具告之其人曰基督以受苦登天矣隨援聖錄解之既暮去鄉漸近二人

留與宿入室飯其人擘餅與之二人恍惚間擘餅者殆耶穌也頃刻不見歸以述於諸徒諸徒亦舉耶穌夜至彼得羅室以所傷示徒衆及爲設魚蜜食之事還告之相與太息時弟子多馬士他出未嘗目見以爲妄耶穌忽與見使摩其釘跡皆死後八日事也四十日再與諸徒見重申天國之理與他時大加審判人人復活之事囑令傳教始於如大撒馬利亞次及異族遍於

諸國擇彼得羅掌教稱曰鐸德使主教事尋率諸徒出郭外至阿利物篤山（一云阿裏山）與先死候於靈薄所之古聖靈魂耶穌於死後所入而領之來者同時昇天坐於罷德勒之右矣（西國以左右分貴賤蓋以爲位在諸天神上也）時門徒瞻望之不肯去有白衣天神二降對衆言曰後耶穌從天國依然下來審判生死言訖而去後十日百二十門人頌經祈禱天神復降衆人首皆見光耀如火焉耶穌

所預囑將來復下人間審判語諸國咸習聞之未幾遂有惡徒冒耶穌名出煽惑世人多爲所愚者其人無神異不過恃有魔鬼附其身由是倡民爲亂因起諸國爭戰以至凶年饑饉地震後復遭瘟疫有二聖人一曰阨諾格者生於洪水前開闢後之六百二十年一曰阨里亞生開闢之三千三十年兩人異世同居人未之知也及是病邪魔壞耶穌之教出而抉之證惡徒妄

託之非如是三年旋遭魔難加以酷刑棄其屍於市遍地大震房屋頽圮壓死者七千人衆聞空中有神言命兩人升天者於是兩人殘軀復活乘雲而去惡徒復假魔力僞稱歸天與人定約時日期至果能升空耶穌遣宗神敗其術魔遠隕落地中張一巨口吞魔及惡徒收入永苦獄矣所遺經一（此下教中事）曰聖號經（凡耶穌諸經多者止數行其末必有亞孟二字故諸書有謂耶穌名啞們者惟一說作眞實深信解一說云致囑之意）凡三十

五字敎人以十字爲號者一曰天主經凡三十七字一曰聖母經聖母者卽馬利亞謂未有天地之先天主已簡定其母其福德非衆女所及耶穌死後其母年至六十三而死入教者欲求天主赦罪增福必求之於其母故有是經也一曰信經凡百六十二字以所行事析分節段令人思而信之皆所以持誦者謂信之則升天堂謗之則墮地獄也凡此皆耶穌所自造傳於其

徒使後持教人與衆守之者也又有七蹟一洗滌二堅振三聖體四痛解五終傳六品級七婚配皆稱聖事之蹟謂天主欲賦寵佑於人因託有形象者以通之洗滌云者葢人生必有原罪本罪原罪者初生人類之祖名亞坍者違背天命其罪永傳於子孫本罪卽本身自犯十誡之罪耶穌死遺令後來掌教者於世人入教日以清水誦經爲之洗滌卽除夙業盡赦原本二罪

引進者稱曰代父謂有罪者先如已死今入教乃復生如父之生我也又各取先入教有顯蹟稱古聖者之名易其名次食之以鹽謂天主加其神味男子則以油傅其胸與背與頂謂開其心加其力如油之浮而不沉也盖以白帨示潔淨照以燭示光明也堅振者飲聖水後靈魂猶弱或遇艱難便移心志故以油擦額上以求堅固心神也聖體者耶穌死前一夕手執麵餅酌

酒謂此即我體我血凡食之者彼與我同入教不領聖體他日即不能復活痛解者進教後偶有過失法不能再領聖水故令其省察痛悔能自告解而贖則赦之終傅者賦聖寵於病人使臨終而輕其形神之困苦又以油傅其五官以望救也品級者有主教有鐸德入教者先習教禮後從主教考取爲鐸德其權可代天主赦罪過而分處之又得主行大祭禮所謂彌撒也婚

配者謂初生人類一男一女自爲配偶故其教不許娶妾而終身亦不得休離其妻也又有八眞福一以己財盡施於人而甘貧者爲神貧二有仇不報爲良善三涕泣悔己罪及切代求赦人罪四嗜義如饑渴五哀矜困乏善誘愚蒙六心口中清淨七與人和睦八患難中守誠不失身八福皆可登天堂者又以肉身世俗魔鬼爲三仇謂徇耳目四肢之欲囿風俗習染之非皆

當猛省至魔鬼尤能害人靈魂別以十字聖號爲退魔器械其後世所定之會規亦有四一主日暨諸瞻禮日宜與彌撒二遵守所定齋期齋有大小大齋不食禽獸之肉午止一餐小齋不限餐數三解罪至少必年一次四領聖體至少亦年一次會名曰厄格肋西亞（華言聖教會也）諸弟子（此彼教流行之故）當時亦各撰爲福音馬太所傳者凡二十八章馬可所傳者凡十六章路加所傳者凡二十四

章約翰所傳者凡二十一章凡外出傳教者必自稱曰聖差稱耶穌曰主而自稱曰僕分地而出恐異地人驟難信奉則必先寄以書反覆推明其教之始終今所傳者有保羅寄羅馬人書凡十六章寄哥林多人書上凡十六章下十三章寄伽拉太人書凡六章寄以弗所人書亦凡六章寄非利比人書凡四章寄哥羅西人書凡四章寄帖撒羅尼迦人書前凡五章後三章寄

提摩太書前凡六章後凡四章寄提都書凡三章寄非利門書一章寄希伯來人書凡十三章耶哥伯爲書凡五章彼得羅爲書上凡五章下三章約翰爲書上凡五章中下各一章復別爲一傳曰天啓之傳卽猶大士亦有書一章似悔其所爲轉念生畏以是補過也復有聖差言行傳五卷歷敘傳教宗徒始末宗徒本十二人同門以猶大士致死其師擯不與列故分行傳教

時籤掣得馬提亞補足其缺耶穌所招諸徒大率傭工貧苦之輩惟保羅（卽掃羅）出身書吏先以祭司命拘執耶穌之徒耶穌死後自謂目見之遂入其教故立說勸人獨多而不在十二宗徒之內耶穌未死使其徒各出治病驅鬼恆不驗葢非有符籙咒語爲之傳授但令其堅心信奉而已其訓徒語言亦多隱躍其詞然大旨則由摩西之教再轉一層如古律禁殺人而耶穌則

謂以忿怒加人怒聲叱人卽入地獄古禁邪淫而耶穌則謂見色而慾心生卽心已行姦又目有邪視手有邪作不如折其手剜其目猶爲傷在一體與全身受罪者殊古例可休妻而耶穌則謂休之是致其妻與娶之者皆得姦罪古云以眼報眼以齒報齒愛爾者愛之惡爾者惡之而耶穌則謂人毆爾右面宜轉向左面以待之人迫爾同行一里宜倍兩里仇爾者宜加其愛

惡爾者宜加以恩咒詛爾者反祝之又謂摩西以諸血獻天不能救人惟耶穌自流其血而後人得其救其立教大旨如此厥後諸徒傳教人既衆所至之地漸廣其信者輒鬻其家業爲賙濟貧徒之費其爲書招人從教雖言詞叢遝然所稱說較之耶穌所口述者爲獨詳故動人尤易顧因是復招時忌被獲四者雖迄於死猶堅守不少悔而保羅之被禍尤慘當耶穌之自言

三日必活也祭司輩恐其死後復生他奇幻請於官以卒守其墓及墓開稱再生者喧傳萬口官潛賞防卒使以其徒私移屍骸播於衆如大民信之故至今耶穌教遍西海而其土人反有盜屍之說而諸徒之行教也亦斤斤以異族類爲辭所寄書亦專爲他國而作而不敢先於本土者有由也蓋當日兩黨皆摩西之支流餘裔入人已深故耶穌之爲說止推而稍變之其所

以大異於摩西者則在人人將來有復活之日而復活則緣自審判此在如大固以爲明明異於摩西而在諸國則與摩西說同一聞所未聞奇則必動是以難易判然也然據猶大士之書云亞坍（即生人之始者）七代孫以諾預言上主必臨帶其萬聖以定罪衆然則斯說之果創自耶穌抑古有此說而耶穌特以已當之是皆未可知耳今但即其所云復活之言而敷衍之以爲人死（復活審判教中所最不同者故別著之）

靈魂終不消滅凡善者之所以善皆聖神風爲之感化而後得生其靈必守教而升天堂以永享其福其惡者不能信從止慕虛華卒受無量苦蓋人一生善惡定於死日如恃釋氏之經懺齋醮可以超度紙錢冥楮可以賄縱則凡富貴者皆天堂中人貧賤者皆地獄中人矣況人世行賄尚有例禁豈宰制萬物之天能容之乎若如所云惡者轉輪入畜生道即抵其前生罪業

恐塵世造孽者多將飛走之屬遍滿大域矣且果以今生罪惡不使之受罰當世乃移而罰於他生是使他生無罪受罰於理亦未公平又人之靈魂目不得見所云如刀山劍樹種種陰刑安能施於無形之鬼耶如謂近報在己遠報在兒孫不知帝王制法尚罰不及妻孥矧以至大至仁之天道轉有如是之慘酷者乎當羣疑不決之時賴耶穌由天降地示人以地獄之苦謂

如蟲咬不死火燒不滅此特借人間極難受者以形容之耳天堂之樂亦非如世人所豔羨之仙媛環侍飽飫天廚之謂也蓋一遊其境卽身爲天官不須飲食婚配自然無災無害優遊暢快與萬萬天官同贊助上帝於無窮也其審判之目有二曰小審判曰大審判小審止於人死時天主審其善惡定其靈魂之賞罰至大審判則於普天下人復活之日集而公讞之其期爲

天主臨時所定雖他天神不能知也將行大審期前其在上則諸天失序日晦月冥星辰隕墜黑雲滿布雷電轟烈火焰飄飛暴風四起在下則海湧濤洶江川泛濫如血諸畜死滅山邱震裂地體大動耶穌於是降火焚燒民人殆盡而後十字聖架現於空中耶穌駕雲而下舉人類中之貴賤賢愚其生前所行善惡之具載簿籍者盡分攜而覆核之當時其母其徒與萬萬天

使擁護於如大國首令四大神吹鳴號器於是已死之骨骸無論腐壞散失之不同者至此施以全能悉令其與未散之靈魂相爲附合一一復存譬如農夫播種先朽腐而後萌芽前生爲血肉之身再活爲靈神之體自此一活其質永不再壞而耶穌乃各按其善惡而審判之凡有罪者至是乃昭彰顯露於萬耳咸屬之前不復可絲毫隱匿時以左右區分善惡兩類耶穌將

謂右列善者曰爾嘗爲我設飲食居室衣服及疾病監獄皆爲我料理善者方茫不省記耶穌乃徐曉之謂爾以施我至小之徒衆卽與施我同矣又將謂左列惡者曰爾不爲我設飲食居室衣服及疾病監獄皆不爲我料理惡者亦茫不省記耶穌乃徐曉之謂爾不施於我至小之徒衆卽與不施於我同矣當時一賞一罰雖父子兄弟夫婦子孫離別於頃刻不復能相爲贍顧其惡者卽入地獄同受永禍而善者別予以神光使七倍於日光又能穿堅透石凡一切有形之物不能碍其出入且萬里一息必有所願身卽至之從此不畏寒熱不倦亦不饑在火不燒在水不溺永無死法但善與善同快處於兩大之中其時天地再新星如月月如日日光視前七倍焉（所引彼說止此）所謂復活之說得其曲折如此是以彼教專勸人乘未死之先誦經進教及身悔其

不信之罪預以備他時之大審判庶不致臨時生悔然信非空信必致必誠一禮拜殷勤常以十誡自警一入其教終身不得改易其諄諄勸人者固謂傳之廣遠方足感耶穌之心而救之赦之然究亦同出愛人如己之一必泰西人類多智巧之士愈智愈堅守其說以爲己身他時再活之根源蓋童而習之稍長而入學讀書所見所聞師傳友講耳濡目染竭一生必思才力咸萃於是無他載籍以啟牖其識見及其偶一涉獵中國之書則又未有時賢爲之指授未得其綱領乃反處處舉詩書中所載事天者以爲之證故入主出奴牢不可破其端固有自來也（此下歷援史傳見彼教支流先自岐出）行教之徒雖極力鋪張然遲之又久遞相傳述源遠而末益分矣於是而大秦教末尼教祆神斯卽彼教雜出於隋唐之間雖舒元輿有言合天下三夷寺不足當釋寺一小邑（語見重巖寺碑）然三者

之來異軌殊趨莫可窮詰大秦即景教也宋敏求長安志載波斯寺貞觀十二年爲大秦胡僧阿羅斯立（在義寧坊街東之北）儀鳳二年波斯三卑路斯請建波斯寺（在醴泉坊之東）神龍中宗楚客占爲宅移於祆祠之西（在布政坊西南隅）册府元龜載天寶四載九月詔曰波斯經教出自大秦久行中國建寺因以爲名示人必循其本其兩京波斯寺改爲大秦寺州郡宜准此此是大秦教之原於波斯也

明萬歷中長安民掘地得唐德宗建中二年景教流行中國碑頌（按來齋金石刻考畧明崇禎間西安守晉陵鄒靜長先生幼子化生能行便解合掌禮佛病逝葬崇仁寺南掘得一石乃景教流行碑也既埋千年今始出三世因緣此兒其淨頭陀再來耶字完好無損者所稱得石年代異）其云三一妙身无元眞主阿羅訶判十字以定四方鼓元風而生二氣暗空易而天地開日月運而晝夜作匠成萬物然立初人語與古史所紀天帝六日造物語畧同其云三一分身景尊彌施訶戢

隱眞威同人出代神天宣慶室女誕聖於大秦景宿告祥波斯覩耀以來貢及權輿造化起地立天分身出代救度無邊語與降世救民童身感孕及三王指星象而來朝語同而三一之義即天主分而三合而一之說也其云圓廿四聖有說之舊法設三一淨風無言之新教及魔妄於是乎悉摧能事斯畢亭午昇眞語與摩西以後兩得天示重立新教逐除魔鬼白日升天語

同其云印持十字（金石萃編十字已泐今據家藏本）及不畜臧獲均貴賤於人不聚貨財示罄遺於我七日一薦洗心反素語與奉持十字禁用奴婢散財爲神貧七日一禮拜語全同碑以阿羅訶爲景教之主云大秦國阿羅本（長安志作阿羅斯）於太宗貞觀九年至長安十二年七月詔立大秦寺度僧二十一人（按長安志初建寺尙稱波斯天寶四年乃易名大秦今碑去其原名所以誇其國耳）高宗詔於諸州各置景寺仍以阿羅本爲鎭

國大法王元宗時大秦僧佶和至詔於興慶宮修功德肅宗時詔靈武等五郡立景寺至建中二年而後立碑此大秦景教入中國之緣始故金石錄補與潛研堂金石文跋尾並以爲即今歐羅巴之天主教然其徒未嘗謂教主爲耶穌也又祆神一教即波斯教與大秦不同其字从示从天說文云關中（說文蓋統西域言之）謂天爲祆廣韻亦曰胡神西國尊天君曰天可汗山曰天山

凡尊者輒以天冠之考長安志祆祠唐武德四年立（即在布政司西南隅宗楚客移波斯寺於其鄰者）祠有薩寶府官以胡人主其祀王溥唐會要波斯西與吐蕃康居接西北拒佛菻（即大秦）俗祀天地日月水火西域事火祆者皆詣波斯受法波斯以摩醯首羅爲教主號蘇魯支弟子各元眞大總長如火山（此據錢氏景教考引宋人姚寬之言）景教碑所謂三百六十五種肩隨結轍競織法羅或空有以淪二或禱祀以

邀福茫然無得積昧之途於是三一幻身出代以碑繹之則所指三百餘種皆非其教正宗知波斯原與大秦亙異無如波斯教久流內地建寺在先是以阿羅本初至不得不假波斯之名後既自立宗乃請改名以示異否亦沿流溯源從既異之後而追稱之耳而波斯之自爲一教則以此爲明證矣末尼亦曰摩尼志磐統紀引開元二十年敕云末尼既爲西胡師法其徒自

行不須科罰大歷六年回紇請荊揚等州置摩尼寺（並見志磐統紀）元和初回紇再朝始以摩尼至（見新唐書回紇傳）二年正月請於河南府太原府置摩尼寺許之（見舊唐書憲宗紀）其徒咸白冠戒葷酒夜聚淫穢畫魔王踞坐佛爲洗足蓋白靈白蓮之流原與耶穌之教無涉特以其教因回回以入中國凡回回所奉之默德那國王穆罕默德既以生而靈異尊爲天使（其國語稱別諳接爾）設教復專取事天

而天方古史又稱阿丹（即亞坍）奉眞宰明諭定分定制傳千餘載洪水泛濫有大聖努海治世使其徒衆治水因而有人一與摩西耶穌所傳之說所行之蹟若合符節且後世回人之稱清眞教者祀天禮拜所事胥同又景教碑一曰常然眞寂再曰戢隱眞威三曰亭午昇眞四曰眞常之道五曰占青雲而載眞其以眞立教最爲明晰而今之清眞寺人稱之曰回回堂其自稱則

曰眞教寺合觀諸說則末尼本同回回而回回本同景教是二是一似皆從耶穌而來仍與耶穌相混其變亂於後人耳目同而實異異而實同未可爲之一一剖其端而理其緒矣（按天方古笏沖地亦名天堂又名西域與回回爲鄰明宣德間始入貢今之清眞寺蓋爾而一之且更自衍其說謂阿丹傳施師師傳努海海傳易卜剌欣欣傳易司馬儀儀傳母撒撒傳達五德德傳爾撒爾撒不得其傳六百年而後穆罕默德生命曰哈德國中有佛經三十藏自阿丹至爾撒得百十有四部其經之降與母撒者名如討剌特降與達五德者名則逋爾降與爾撒者名引支納皆經之大者自穆罕默德按經六千六百六十有六章名曰甫爾加尼其餘則今清眞教所誦者其說雖誕然即此可見其與景教天主教各別源流顧所守諸蹟則又確同一鼻孔而出眞令人不可推測矣）總而論之（至此乃暢加論斷）其所云天堂地獄原與釋氏同宗其福善禍淫之說即儒家作善降祥不善降殃之理亦即後儒天堂無則已有則君子登地獄無則已有則小人入之意惟是釋氏之始其宗旨本尚寂滅意主清修而其徒之勸人信奉乃增出拜禱嗪誦之事已失之遠矣耶穌

之教則但就日用所行之有益無害於人者爲善而尤以禮拜爲尊崇其勸人信奉之心則視釋氏尤切惟切故殷遂不計其地其勢其人之可傳與否而必專心致志無所不用其勸矣然則其傳教之心迹仍與釋氏小異大同所不同者釋氏以輪迴受生爲賞罰之究竟善惡之出路猶是隨造化爲消長事之有無未可知顧小說家時有魂遊地府者未可執理而驟窮之但

爲儒者之所不道耳此則以復活期在一旦又取死後已化之骨骸至此各賜以靈神使相與永存不壞明知人葬久則骨化塵土且有銷毀於水火猛獸當時已并骨無存者但歸於天能造物何死人之不可起白骨之不可肉則姑舍其事而論其理矣除至善至惡仍各歸天堂地獄外餘則並存世間人類至此無死無生聽此數千萬億不鬼不仙之靈魂充塞天壤無論造

而不化異彼蒼消息盈虛之常且宇宙內亦安得有如許廣大幅幀載此開闢至今如恆河沙之衆將使齊其貴賤親疏於一致乎抑此中復爲之區別其等次乎豈日日羣居聚處安於無所事事得逍遙翱翔於空虛廖廓之表乎抑既各與以神通復責以職守乎將使生前之父子兄弟夫婦朋友遇之而漠不相識乎抑仍以類聚乎君父至尊舊爲之臣子者乃等諸陌路其

魂也而謂之靈乎且第即其說而問之天果將來有齊集審判之日是生人之類自此終靈魂之軀自此始矣無論審判不知遲至何代而後舉而自耶穌至今已千餘年矣何以不一行審判乎即以今論　中國生齒數千萬逆推至自有生人以來更合以數大洲之死去見在者斷斷乎不可以數計明矣然則靈魂遍滿寰區之內必待審判而後登者登而入者入也今未登

未入之前自散諸浮闊世界矣果將何地以處之耶雷爲天聲爲響最巨然震驚止百里耳試問分列左右候判之魂當時加以問答能使遍聽而共喻耶不敢知也又釋氏絕去父子婚偶使無爲其徒者則人道立絕其說已立窮矣今所傳十誡中所言孝父母止在能養而必以不勸人教爲不孝又以一夫一婦居室同於始生人類之男女而以娶妾傳嗣爲犯天父之誡故

雖聽絶嗣而不許人有妾媵是又與釋氏同爲内地難行之事矣　中國先聖後聖一中相傳人率性而爲善而希賢希聖皆善也溺於物欲乃漸積於惡矣有善不伐豈望其報爲惡不改難逃於法故朝廷之爵祿車服卽所以待君子也五刑之屬三千所以待小人也至於不孝之子往往殛於震雷又風雹水火癘疫地震動戕百萬生靈有事後之賑恤無事前之防範此又

在聖道治化之外其賞善罰惡之偶驗偶不驗則天道主之竊爲之窺測其端倪似大有以一儆百之微旨寓於其中天地之大雖聖人有所不知則歸於造物之不可測所謂六合之外聖人存而不論六合之内聖人論而不議也故但曰陰陽不測之謂神而已惟王者事天明事地察大君爲天地宗子天子之所依稱也古聖賢所謂畏天敬天不敢褻天者初無日事禱告之

文也天生地成覆載同功禮並尊焉故大禮大工大役之舉各隨其時而昭告之至歲祀之典則冬至祭天於圜邱夏至祭地於方澤馨香上達天地亦鑒觀於有赫而眷祐以命之申重以保之雖諸侯亦止得祭其封内山川不敢設祀天之典以紊其分况百姓乎所謂敬而不敢褻者固在此詩之言昊天有成命帝謂文王書之言皇王上帝穹蒼之表固自有主宰綱維其時

行物生之權於無極者然則助襄盛化發育萬有豈無日星風雲雷雨山川岳瀆之靈森列昭佈於兩間有是神斯有是禮故王者朝日夕月及風雲雷雨五岳四海四瀆各舉其祀皆神祇也前代帝王師相凡開物成務及有大功德於民者則祀之能爲一方禦災捍患顯然可據者則祀之忠於國家捐軀効死者則祀之皆人鬼也皆朝廷典禮之所以報也而非一人一事私

禱獻媚而祈其福庇者可同年而語矣至於人死則魂升天而魄降地子孫以時舉祭則魂魄一聚所謂合漠也祭畢而散焄蒿悽愴之中洋洋如在而已其有無祀而求食者枉死而精氣不息者皆可以爲厲國家於是設壇以祭而安之今泰西人知尊天而不知尊地舉國無貴賤皆得入堂禮拜守其教讀其書積久已沿爲風俗何足深辨惟彼中人意釋教既入　中國已

遍延郡邑合　中國之賢愚長幼無不合掌祈拜於土木偶像之前於是舉一至尊至大至顯之天以相形而伸其勸阻彼蓋習見其俗之七日行拜以爲　中國之人之溺於釋教者當復如是又其所識皆內地商賈者流徒知求利無所據以袪其疑彼之爲此過慮厥有所以殊不知佛門蔓延至今其徒衆之繁已難屈指合之適成天下一大養濟院齊無父子無家室之衆

散置於禪房紺宇俾與蚩蚩之氓並生並育不耕而食不織而衣聽其自爲祝禱不責效亦不禁止及其犯法則官懲之編其所居隸諸保甲與凡民等所以待之者如是蓋此輩信之不能利人聽之亦不能損人可杜絕於芽蘖之初萌而不能斬刈於枝條之既蔓設一旦痛加禁絕亦安能取此數千萬人強移於畎畝村落而保其必帖然就安乎且孤老瘋疾育嬰之所經費

皆籌於官獨僧尼全資布施近且多自食其田租於公無害也若夫紅教起於元之八思巴黃教起於明之宗喀巴同源異派更無關於釋教之初宗然西北行國每視爲嚮背焉不過即其化身轉世之奇以優其廩給名號之錫而沿邊數百萬互相雄長鷙悍難馴之僧俗因以綏靖安衛藏即以安邊境服黃教即以服番民此又所以示羈縻之大權神銜勒於驅策蓋觀於南

北朝西域之迎法師求舍利者動至數十國各以兵爭而後知函夏無塵方隅有謐皆因勢利導之所致而然夫豈元代尊崇帝師擾攘國是者可足比數哉　中國士大夫間有晚年遁入禪悅歸宗清淨譬諸膏粱飽饜之後偶思疏水又譬諸色伎雜進豪華已極則必轉嗜夫骨董書畫養性情而消清晝其勢然也要亦假其機鋒游戲筆墨爲文字禪甚或借其明心見性之

旨以啟靈明以除煩惱已耳一切如舍宅入寺設食齋僧則前代少有今更弗尚至於淨髮披緇焚香燒頂之事雖在唐代譯經興教之世猶斷斷乎無之有一於此則當代儒流羣起而相爲指摘不齒於縉紳士林中觀於村氓婦女入廟燒香皆爲觸法而謂儒林碩彥覥然衣冠之族乃肯乞靈土偶生此愚願哉唐虞三代以來周公孔子之道燦然如日月麗天江河行地歷代諸儒衍其支流相與講明而切究者簡册班班可考凡政治之本拜獻之資胥出於是焉其入人也方且浹肌膚淪骨髓甚深且久斯即有背道不遠者日參其側終不能搖而奪之易而移之況毫釐千里者哉泰西人既知讀　中國書他日必將有聰慧之人翻然棄其所學而思從堯舜禹湯文武周孔之道如戰國之陳良者然則今日欲以彼教行於　中國閧子言其亦

此睫餘枝而附會說口

可以返思矣至耶穌所生國曰如大其徒所傳教諸書則自稱猶太自利瑪竇來中土始有耶穌生如德亞國即古大秦之說且謂自開闢以來六千年史書所載世代相嬗及萬事萬物原始無不詳悉爲天主肇生人類之邦明史引之故職方會覽四夷圖說諸書因之亦稱大秦即如德亞今爲西多爾云然如德亞之與如大譯音可通而漢書犂軒條支臨西海後漢書大秦

一名犂鞬在海西故曰海西國地方數千里四百餘城其民長大平正類中國故曰大秦欲通漢爲安息遮闌不得達延熹九年其王安敦遣使自日南通貢晉書亦稱東西南北各數千里城周百餘里魏書云都安都城從條支渡海一萬里其海傍出猶渤海東西與渤海相望地方六千里居兩海之間舊唐書拂菻一名大秦所稱王無常人有災異輒廢而更立語與晉書合

其餘殿以象牙爲門香木爲棟所產夜光璧明月珠並與晉魏兩書及新書合今按其教書所謂耶穌行蹟不出加利利撒馬利亞如氐亞三省此外即指謂異國矣幅幀固不如大秦廣其王父子世及亦不聞有擇賢代立事而海國聞見錄則稱哪嗎爲天主王國由民哖呻沿東南地中海至西多爾民哖呻亦天主之族類其所附圖哪嗎民哖呻南鄰東西兩多爾此與其教

書所云如大歸屬羅馬即哪嗎合會覽圖說所云今爲西多爾即其教書滅於土番之所更名今且爲以至比多所有矣意其地爲古大秦國之一隅故大秦景教所謂判十字以定四方者與耶穌死於十字架情事尙在同異之間而不能盡歸脗合也觀新舊兩書無一語及景教入中國事可知矣若云開闢六千年史書並存則說本無稽明史已譏其誕謾今亦畧爲考證蓋

自萬歷九年利瑪竇始來中土之歲逆推至黃帝元年凡四千一百七十八年年代可考而知者止此前此則荒遠難稽據春秋元命包以天地開闢至春秋魯哀公十四年中閱十紀八十三君凡二十六萬七千年而據邵子皇極經世所稱元會運世之說推之自開天迄消天爲一元統十二萬九千六百年十二會各得萬八百年則由開天之子會推至唐堯甲辰之午會凡

歷四萬五千餘年而所謂天地人三皇乃已歷八萬一千六百年矣三墳之紀已亡諸說紛陳於何徵信今云開闢六千年自據其聖書所載洪水以前天帝下與世人問答者初但藏其家久之乃抄傳諸國漸傳漸廣共信爲眞而轉相傳述此與近日西人所纂東西洋每月統記之稱造天創地起至道光十四年爲六千五百四十七年者同爲據其所據艮由海邦舊少紀載一有所聞無從辨證總視爲枕中鴻寶耳非眞其國別有史書紀開闢後事如三墳者留傳至今也豈惟書非僞託卽此殷殷舉以勸人之意亦出於視人如己之一念眞誠而不自憚其煩也予故樂爲之說以援之

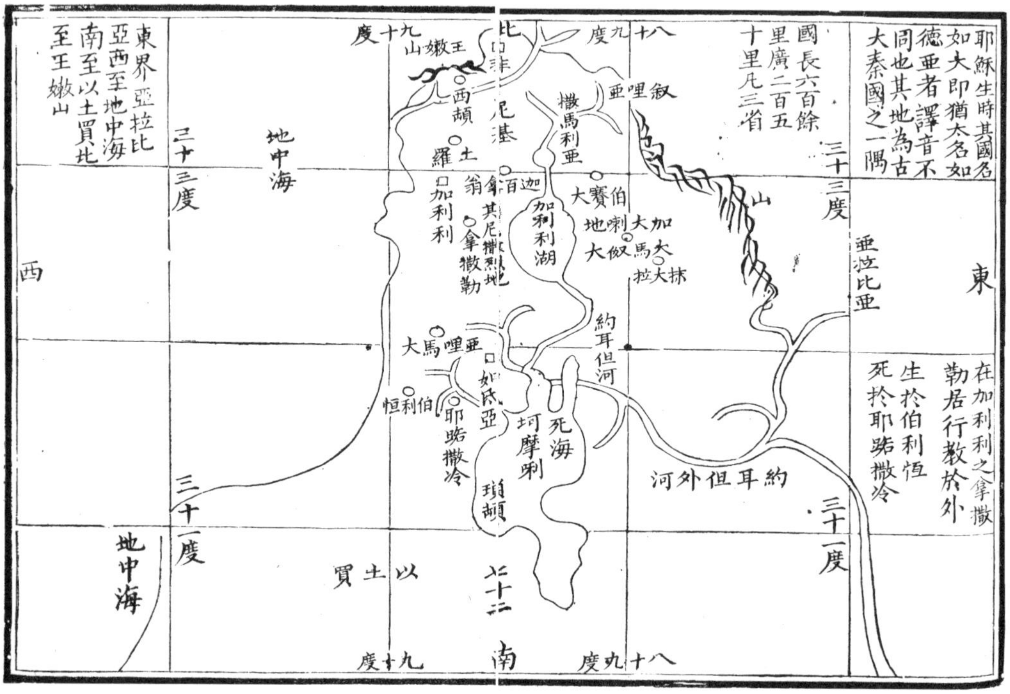

合省國說

合省國說序

六合內外自中華以迄夫海隅出日之鄉使鹿使犬之地無處居國行國窮涯僻島氊帳部落凡有血氣者莫不奉一君主柄其賞罰禁令而齊之其間雖禪繼舉奪之不同而君治於上民聽於下則一也予益觀於米利堅之合衆爲國行之久而不變然後知古者可畏非民之未爲虛語也彼自立國以來凡一國之賞罰禁令咸

於民定其議而後擇人以守之未有統領先有國法法也者民心之公也統領限年而易殆如中國之命吏雖有善者終未嘗以人變法既不能據而不退又不能舉以自代其舉其退一公之民持鄉舉里選之意擇無可爭奪無可擁戴之人置之不能作威不能久據之地而羣聽命焉盍取所謂視聽自民之茫無可據者至是乃彰明較著而行之實事求是而証之爲統領者

旣知黨非我樹私非我濟則亦惟有力守其法於瞬息四年中殫精竭神求足以生去後之思而無使覆當前之餗斯已耳又安有貪侈兇暴以必不可固之位必不可再之時而徒貽其民以口實者哉雖然是必米利堅之地之時之人而後可何也地處荒僻非英吉利所固有皆民力之自爲闢除會無櫛風沐雨締造艱難之實之少足動其念慮而去國旣遠鞭長不及惟恃

夷目爲之駕馭一旦有事其志易離其衆易合今統領之立不過如向者之稟命夷目習爲故常一也其始必得請乃敢至謂酋尊也數傳而後恩不知懷矣威不知畏矣乃力耕則稅之市物則稅之祖父手闢之地則又稅之已幾幾乎莫識所從來況忽焉而加以橫征刼以兵力則相待不啻敵國矣民一動而不可復止者勢爲之也二也其人喜謀利往往耗智巧於製器成

物心無所用獲擁厚貲以自奉所願已足又不讀書聞於近時者大率會與會爭實不知有擁立割據之事故雖有豪富不敢窺伺釁隙揭竿而起苟可以衛其身家無使侵盜輒相安焉三也以是觀之地旣有所憑恃以自立時又迫之不遑他計而人人復安愚賤泯爭端三者相乘夫是以創一開闢未有之局而儼然無恙以迄於今也其來市於　中國也適當其國有故之

日驟至數十年來不設市官不爲桀驁毋亦以主君未立稟承無自而統領方自以柄輕期促不欲身露瑕隙其商人因能共體其意故市利外無他求歟然要非我
朝撫柔遠之仁爲之防盜賊減課稅有足以懾其來者之痞痳而樹其居者之風聲不及此矣予奉纂粤海關志分載貢市諸國而在廣東海防書局亦曾採集海外舊聞凡島嶼强弱古今

分合之由詳著於篇獨米利堅立國未久前賢賔鈌紀載案牘所存又多繫市易禁令間有得於通事行商所口述者亦苦紛雜難爲條緒欲專著一篇不可得則仍置之兩年憂居耳不復聞夷事有以其國人新編合省志畧冊子見示者蓋初習漢文而未悉著述體例者之所爲因合以前日書局舊所採記稍加考訂薈萃成帙畧如五國故事吳越備史而詳覈有加焉仍其

今稱題曰合省國說用廣異聞而備外紀顧或者謂西洋遠隔中夏文制迥殊今所稱省稱府州縣皆倣　中國彼十三省之肇次其目也尚在入市受廛之先於前代改道稱省之故未有前聞憑何循倣緣是疑國人所自志者不盡足徵然而熱爾瑪尼亞國之以合勒未祭亞爲省
皇朝職貢已載入焉他若細亞州之有嘉畧省有弗俗府歐羅巴州之有嘉亞省利末亞洲厄日多國之有孟斐府並見南懷仁坤輿外紀然則所稱固不自其國始矣又何不可信之有哉
道光二十有四年秋八月晦日廣東澄海縣訓導梁廷枏識

合省國說

廣東澄海縣訓導順德梁廷枏著

地形如球其說著之史冊久矣而方輿分合之處與夫名目之所繫則諸說紛陳難歸一是六合之內論而不議今但臚舉異聞以引其端而已陸次雲譯史紀餘謂中國者天下八十一分之一名赤縣內有九州中國外如赤縣者又復有九亦曰九州一州環一稗海九州共環一大

瀛所謂八極而天下際焉是皆懸揣之詞茫無紀實按中國九州外復有九州則合之中國天下已十州矣中國外之九州作何區名陸氏未能詳言之然就中國之九州論已居天下十分之九應云中國一州天下九十分之一方可自完其說不得云中國爲天下八十一分之一也其說蓋出鹽鐵論然論原云中國天下八十一分之一名赤縣神州而分爲九州川谷阻絕陵陸不通乃爲一州有八瀛海圜其外此所謂八極而天下際焉又史記孟子傳騶衍以爲中國外如赤縣神州者九乃所謂九州也於是有裨海環之大瀛海環其外陸氏乃合兩說而一之而不知其爲數之參差也米利堅人自撰其合省國志畧自謂其國地廣七千里昔天下分爲二十一分合省居其一然則我　朝輿圖萬里合以西陲二萬餘里已得大地五之一矣卽此愈知陸氏所引之謬明萬歷二十九年泰西利瑪竇按自稱大西洋人以九年至粵獻萬國圖始以天下分五大洲一曰亞細亞洲二曰歐羅巴洲三曰利未亞洲四曰亞墨利加洲五曰墨瓦臘泥加洲自云曾經歐羅巴洲七十餘國其後艾儒畧南懷仁湯若望並同其說近日米利堅國人有以漢文自志其本國事者曰合省國志畧或自稱曰合衆國其言與利瑪竇大同小異所知

者止四洲而亞細亞歐羅巴外別有亞非利駕洲以亞墨利加爲亞墨利格無墨瓦蠟泥加名今諸洲之市於其國者見在其言似可援証然利瑪竇之說傳述已久故仍之按兩說並與元道士邱長春所註之西遊記稱四大部洲不同記以四部洲區分四方曰東勝神洲曰西牛賀洲曰南贍部洲曰北俱蘆洲前人謂是書皆憑空設喻以明金丹大旨重解詮不重考據利瑪竇說雖後出不能執以相病然考辨機西域記有贍部洲之中地者阿那婆荅多地也之語則西遊記之所云四洲又似非憑空造矣又按道光甲午西洋人自稱愛漢者所刻東西洋每月統記傳中有列

國地方總論一條云亞細亞洲長二萬有餘里
寬二萬四千有餘里爲五分之更大亞細亞西
方神天至上帝造化萬物之始祖由亞細亞普
天下之宗支起而布散在各處也亞細亞東邊
爲日本諸嶼洲高麗國與琉球嶼兼臺灣及瓊
州亞細亞東山有　中國南有安南暹羅老撾
緬甸嘜咻啪列國等兼南洋諸州西南有一西
藏標標界尼波利國天竺國錫蘭州北耳西亞
國亞拉比亞國土耳幾屬國兼大布加利亞國
等東北有滿州西北有蒙古沙漠塔爾巴哈待
科布多皆　中國之屬國等兼鄂羅斯屬國西
有新疆地方伊犁喀什噶爾等清海及西番達
子庫庫淖爾厄魯特西域回部大沙海歐羅巴
洲南有土耳幾國以大里亞國西班呀兼葡萄
呀國等中方有佛蘭西國荷蘭國帕理治國及
者耳馬尼亞波路西亞兼阿士氏拉國等北有

蓮國及蘓以天國西有英吉利國東有鄂羅斯
國亞非利亞洲南有大浪山英吉利之屬國兼
荒地北有馬羅可國三巴巴利亞國兼佛蘭西
屬國及以至比多國西有葡萄呀英吉利及佛
蘭西各屬地方中有大沙漠回回列國兼無數
之尼厄勒或烏面人的邦西有葡萄呀的屬國
嗎里呀大洲回回列國及亞味西尼亞國亞墨
利加洲有至長分南有巴大我農地知利國百
路國武那愛來國哇西利國兼古倫味亞及土
番之邦並英吉利荷蘭兼佛蘭西各國之屬地
微地叫做巴那嗎與南亞墨利加北亞墨利加
上下相連北方有默是科國兼亞墨利加列省
合國英吉利屬地加納大兼土番之邦至北方
因冰雪之多無人可居西有數州稱之西郎度
東北有鄂羅斯兼英吉利之藩國澳大利亞洲
爲曠荒土番無帝君但英吉利挪移新民在東

南方及西方矣按所稱五大洲前三洲並與利
瑪竇之説合其稱亞非利加亞墨利加二洲與
志畧合志畧稱亞非利駕亞墨理格此云亞非
利加亞墨利加者聲近而譯異耳惟第五洲爲
澳大利亞志畧所無此與利瑪竇之稱墨瓦蠟
泥加洲不符其於亞細亞洲東北西北各地有
云　中國之屬國者則見聞荒遠尚未知西鄙
之盡歸　聖代版圖無足深辨也至所列歐
羅巴諸國謹按　大清一統志云據利瑪竇
及南懷仁等所經歐羅巴之地共七十餘國其
大者曰以西把尼亞拂郎察意大里亞熱爾瑪
尼亞大西洋國其屬有合勒未祭亞省佛蘭地
亞波羅泥亞翁加里亞大泥亞厄勒察亞莫斯
哥未亞諸國據此又與所列諸國不同然尚有
按譯音而知其誤者如以大里亞即明史之意
大里亞也　本朝康熙九年十七年雍正三年

五年並入貢會典所稱意達里亞者是也拂蘭
地即佛蘭西者耳馬尼亞似即熱爾瑪尼亞波
路西亞即波羅泥亞皆譯音偶異以西把尼亞
陳倫烱海國聞見錄無之豈即西班呀轉聲而
合呼之歟餘則今昔異名自利瑪竇至今已二
百餘年其中諸國分合更易者多豈能一一據
舊稱而鑿指乎至拂郎察疑即意大里亞國所
轄之福楞察見粵海關志或前明萬歷間尚別
自爲國後乃屬於意大里亞仍其舊名而分城
以轄之此以譯音之偶同疑之耳然徐朝俊高
厚蒙求稱意大里亞周萬五千里而拂朗察已
周萬一千二百里則别自一國矣又蒙求稱以
西把尼亞古王亞豐肅能研諸天之運今考會
典載康熙九年十七年西洋國王阿豐肅並入
貢阿亞同音是以西把尼亞即今大西洋而西
洋人統紀傳有云葡萄雅即西洋與葉鍾寄味

（山房雜記同然則八又改葡萄雅矣）曰坤輿之內亞細亞洲在東方西起邪多理亞離福島六十二度東至亞尼俺峽離百八十度南起爪哇在赤道南十二度北至冰海在赤道北七十二度此第一洲也歐羅巴洲在西方南起地中海北極出地三十五度北至冰海出地八十餘度南北相距四十五度徑一萬一千二百五十里西起西海福島初度東至比河九十二度徑二萬三千里此第二

洲也利未亞洲（按志畧作亞非利駕洲）在東南方其西南至利未亞海東至西紅海北至地中海極南南極出地三十五度極北北極出地三十五度東西廣七十八度此第二洲也亞墨利加洲（按志畧作亞墨理格）地分南北中一峽相連峽之南起墨瓦蠟泥海峽南極出地五十二度北至加納達（按即加邪大今爲英吉利地）北極出地十度有半西起二百八十六度東至三百五十五度峽之北南起加納達

南極出地十二度有半北至氷海西起一百八十度東盡福島三百六十度此第四洲也第五洲墨瓦蠟泥加界域風土未詳（語見後註）凡中國幅幀之外如日本朝鮮琉球高麗越南暹羅賓童龍眞臘占城呂宋三佛齊紅夷彭亨百花大食勿斯離木蘭皮訶陵婆登俄羅斯韃而靼回回印第亞莫臥爾百爾西亞度兒格如德亞則意蘭蕉門答剌爪哇勃泥馬路古細密里野地

中海諸島（按島大者曰哥阿曰羅得曰際波里皆有國土）皆亞細亞洲地凡以西把尼亞拂朗察意大里亞亞勒馬尼亞法蘭得斯波羅尼亞翁加里亞大泥亞諾而勿惹亞雪際亞鄂底亞厄勒祭亞法蘭西荷蘭葡萄呀（按即澳門之祖家）西班呀（按即呂宋之祖家）羅馬泥亞（按即天主王國）莫斯哥未亞地中海諸島（按島大者曰甘的亞舊有百城）西北海諸島（按島大省曰諳厄利亞曰意而蘭大曰格落蘭得餘小島並有國土）英吉利本國（按英吉利本在歐羅巴之西屬於荷蘭後自夸强攻據北亞墨

利加地故稱加那英吉利而稱歐羅巴舊地爲本國舟車見聞錄載之甚詳說當可據又按諸書無西班雅名當即以西把尼亞也說已見前按阿里曼瑞典皆歐羅巴洲地凡馬邏可按即麻羅哥譯音偶異安遮耳都尼士埃岌多按即厄入多弗沙亞費利加奴米弟亞亞昆心域諳哥得馬拿英大把西爾得工鄂井巴福島利未亞七島之總名聖多黙島意勒納島聖老楞佐島古俚崑崙層期大浪山皆利未亞洲地而今之米利堅又別在亞墨利加洲北境洲所屬諸國名詳後自明

中葉以前其洲之名尚未著也按道光年修廣東通志外蕃列傳案語云利未亞洲在歐羅巴洲之西南今之大英吉利米利堅等國皆利未亞也云云是以米利堅屬之利未亞洲內矣又於米利堅國下註云北亞米利加與大英吉利接壤考職方外紀諸書利未亞爲五大洲之一其地內有亞非利加即亞米利加有陸路通小西洋之如德亞今分南北南之亞米利加中有巴拉西巴大我尼亞國近火地西有利馬地至利地北之亞米利加其地甚大大英吉利之北蠻人所居大英吉利之南爲米利堅之西亦蠻人所居云云據此則亞米利加一地中分南北英吉利米利堅皆在北亞米利加內其說與諸書合惟以亞米利加爲利未亞洲內之地而非別爲一洲且以亞非利加即亞米利加今按亞非利加即亞非利駕之轉亞米利加即亞墨利格之轉以是推之明明混志畧所稱三洲爲一洲其說當時止得自局中採訪未可爲據詳見下文案語而所云在亞米利加之北境則與明史意大里亞傳所云亞墨利加地更大分南北二洲及舟車聞見錄語並同此故從之先是普魯西國按即單鷹國與雙鷹爲兄弟患難相恤海舶來粵以白旗畫鷹粵人即所畫之雙單分別呼之人名個班匮固者居恆善思索謂地形既同圓球意極東極西兩地之間其中當別有國土人民何以僅有亞細亞歐羅巴利未亞三洲是必得一不憚篤遠者鼓勇窮涉其境證以

所見而後斯疑可釋此言出遞相傳述近地諸國皆習聞其說矣有意大理國民哥倫布者西洋記事錄名個倫而蒙求云閣龍西國大臣傳聞異也亟欲親往驗之乞船國王不得則轉詣葡萄呀國見酋請之亦勿許也最後積八年之久展轉費盡心力乃得請於西班雅酋酋既深然其說遽給大船一小舟三皆百有餘人咸載與俱於宏治五年八月初三日望西發按西洋諸國並以漢哀帝元壽二年庚申教主耶穌始生於如德亞國之

歲爲其國紀年之首凡奉天主敎者無論其國創始何年總由是順推以紀年數盖西洋不設年號代立者無紀元積數相承故諸國動稱千有餘年非其國歷年果如此也宏治五年爲西洋諸國一千四百九十三年亦猶回人以唐高祖武德六年癸未派噶未巴爾始生之歲爲初元推至　國朝嘉慶二十四年爲回人千二百三十三年明史載耶蘇生元壽二年庚申閱一千五百八十一年至萬歷九年利瑪竇抵廣州今由萬歷九年辛巳逆推至漢孝平帝元始元年辛酉已符千五百八十一年之數而乾隆五十九年荷蘭國入貢表文末云一千七百九十四年七月二十六日又六十年英吉利貢表云一千七百九十五年六月二十日嘉慶九年再貢表云一千八百四年五月二十二日以兩國三次表文計之並逆推至元始辛酉即爲第一

年與明史所稱生庚申不合然其來自數萬里所備表文例先入貢一年是乾隆五十九年之表備於五十八年六十年之表備於五十九年嘉慶九年表備於八年各除一年則數適符合知明史所云閱若干年云者從耶穌生後一年起算也又西洋諸國俗以冬至後三日爲冬節冬至後十日爲歲首見寄味山房雜記今澳門及西洋諸商之市於廣州者皆然按宏治五年八月即中國之六月而乾隆五十八年之先一年冬至在十一月初八日則是月十八日爲歲首表稱七月二十六日者即中土之六月十四日也五十九年之先一年冬至在十一月十九日則是月二十九日爲歲首表稱六月二十日者即中土之五月十九日也嘉慶八年之先一年冬至在十一月二十八日則是年十二月初八日爲歲首表稱五月二十二日者即中土四

月三十日也又香山縣志載乾隆十二年澳門唐人寺查封澳夷每年清明前十日各持齋四十九日名曰封齋是年二月二十日封齋期滿其俗開齋前二日不鳴鐘放礮謂耶穌死而復生之日云云按是年二月二十六日清明則封齋期滿當在二月之十六日開齋前二日當爲是月十四日今云二十日與所引夷俗語不合且耶穌如果死後復生宜有一定月日今但云清明前十日封齋期滿前二日爲復生日是每歲清明節既無定日則耶穌復生亦因之無定日矣志當有誤 九十日 志畧云二十一日按其國去新地八十度自當以紀事錄之說爲長 絕無畔岸同舟人懼水食不繼咸怨之弗恤同舟相與密約將縛沈於海轉舵而還哥綸布

知之曲爲解喻疑信半焉又前忽見空際鳥飛遠岸漸滋青草喜極遂泊舟有人烟處 即今米利堅所居亞墨利格洲地 居五閱月次年正月乃還西班雅以告所近諸國傳爲異聞又五年爲宏治十年 西洋諸國一千四百九十七年 其國亞墨理哥者再督舶循故道往留居最久地荒陋乏土名無以舉述因即以亞墨理哥名其地謂從西方新覓而得也別名之曰新地亦曰西方而總指亞細亞歐羅巴亞

非利駕三洲並為舊地統號東方云【按志畧云地球之証有歐羅巴人於明正德間西行由新地經中國印度還國亦有東行先過印度中國而後至新地由新地返國者計行八九月週行全地】既而葡萄呀國主亦用其國人馬其蘭請令駕五大舶往探焉未至新地當界小呂宋之南不悉其名者為其土番所拒與其人鬥死不得還乃別選船督曰嘉奴者使繼往並令圜週大地細察之必得其詳而後返返則具以所歷告酋酋喜命鑄銀為地球形刻

字其上曰始圜地而旋者其嘉奴乎語賜焉葢欲旌其能且記所緣起後百年而英吉利乃繼得之【按高厚蒙求云亞墨利加分南北其地平分天下之半土人不知航海亦不知海外有人初西土僅知亞細亞歐羅巴利未亞三大洲於大地全體止得十之三餘十之七悉云是海至西國有大臣名閣龍者素深格物窮理之學慮海外有國不通於是行遊西海嗅海中氣味忽有省悟謂此非海水之氣乃土之氣也自此以西必有人烟國土因聞諸國王資以舟航糧糗器具貨財且與將卒以防寇盜珍寶以備交易閣龍遂率衆出海展轉數月茫茫無得路既危險復生疾病從人咸怨欲還閣龍志堅決促令前行忽一日舶上望樓中大聲言有地矣衆共歡喜亟取道前行果至一地初時未敢登岸因土人未嘗航海亦但知有本處不知海外復有人物且彼國舟向不用帆乍見海舶既大又駕風迅疾發大礮如雷咸相訝異皆驚竄莫敢前舟人無計與通偶見一女子遂遺之美物錦衣金寶裝飾及玩好器具而縱之歸明日其父母同衆來觀又與之寶貨土人大悅遂欵留西客與地作屋以便往來閣龍命來人一半留彼一半還報國王致其物產其明年國王又命載百穀百果之種併攜農師巧匠往教其地人情益喜居數年頗得曲折然猶滯於一隅其後又有亞墨利哥者復至歐羅巴西南海尋得赤道以南之大地即以其名名之故曰亞墨利加數年又有哥爾德斯者國王仍賜海舶命往西北尋訪復得大地在赤道以北即北亞墨利加其地從來無馬土人莫識其狀適舟人乘馬登

岸彼人見之大驚以為人馬合為一體急告本處官長以達國王遣人來視亦錯愕不辨為人但齎兩種物來一是雞豚食物等云爾若人類則享此一是香花鳥羽等云爾若天神則享此既而嘗其食物方明是人從此往來不絕據此則亞墨利哥所先往者地在今亞墨利加洲之南哥爾德斯繼往者地在今亞墨利加洲之北即合省國所有之地也而閣龍之行但云循海而西不知所至為洲之南北徐氏固未能考據亦不知閣龍為何國人不如志畧以本國人述本國事尤為親切然志畧固不言哥爾德斯繼往事今但依其曲折以潤飾之而已其稱馬其蘭即蒙求所稱墨瓦蘭尋得第五洲者紀事錄作呀咪嘣其云英吉利以泰昌間往則後百年矣】地南北廣長相等中幅較狹形如呂字名巴

邪嗎南北兩亞墨利加合爲一洲各有所屬諸
國其南亞墨利加之國曰索露在南亞墨利加
之西廣袤萬餘里中間平壤沃野亦萬餘里按蒙
求云地肥磽不一肥者不煩耕治布子自能生
長穀果皆上品鳥獸之多羽毛之麗聲音之美
天下第一地出金鑛國王宮殿皆以黃金爲板
飾之不產鐵兵器用燒大銛石今通貿易鐵尚
至貴餘物皆金銀銅爲之有數國從來無雨地
中自濕有樹生脂膏極香烈名拔爾撒摩傅諸
傷一晝夜復合塗痘不瘢塗屍千年不朽有異
羊可當騾馬倒臥雖鞭至死不起以好言慰之
即起肝生一物如卵可療諸病海國甚貴之天
鵝鸚鵡甚多有鳥名厄馬最大長脛高足翼頷

極美麗通身無毛不能飛足若牛蹄善走馬不
能及卵可作杯即今番舶所市龍卵也產棉花
甚多織爲布專易大西洋布帛及利諾布或剪
馬毛織爲服江河極大有泉如脂膏人取燃燈
或塗舟砌墻又有泉出石罅離數十步即變爲
石有土可當炭用多地震一郡一邑常沈墊無
遺或平地出山阜或移山別地故宮室上葢薄
板以備震壓無文字結繩爲識或以五色狀物
形以當字算用小石子其飾以金玉嵌面金銀
爲環穿唇鼻臂腿或繫金鈴國都萬里鑿山爲
坦途傳命則數里一更三日夜可達二千里人
似淳古之風因金銀任意可取故無竊盜貪吝
不自知其富或反作細微無益之事以當業向
時殺人祭魔驅人殉葬今不復然亦有惡地產
薄人拾蟲蟻爲糧以網掛樹而臥因地濕有毒
蛇恐嚙之也土音各不同有正音可通萬里外

惟　中國與孛露而已按國都萬餘里之說恐
傳聞之誤又按陸次雲八紘譯史翁加里亞有
水噴地中凝
爲石與此同曰亞老歌在南亞墨利加西與孛
露相近按蒙求云人強毅果敢善用弓矢及鐵
杵不立文字一切政教號令皆口傳說
辨論極精出兵大將戒諭不過數言無
不感激流涕願効死者他談論皆如此曰伯西
爾在南亞墨利加之東以多蘇木亦稱蘓木國
有山界孛露按蒙求云地融和人壽長無疾病
他方病不療者至此即療肥磽多
奇異鳥獸江河爲天下最大有山產白糖嘉木
有獸名懶面爪如人鬃如馬腹着地一月不踰
百步喜食葉緣樹取之亦須兩日又有獸前狸
後狐人足梟耳腹下有房納子其中乳方出之

虎餓時百夫莫當飽後一人可制人善射前矢
中的後矢即破前筈連發數矢如貫俗多躶體
婦人以髮蔽前後鑿頤及下唇以猫睛夜光嵌
入生子即起作務其夫坐蓐調養不產米麥不
釀酒草根磨麪作餠當飯能居水中一二時捉
大魚名都白狼騎之以鐵鈎魚目曳之轉捕他
魚無君長書籍喜啖人肉西土常言其地缺三
字王法文也南有銀河嘗湧溢平地水退地皆
銀沙銀粒河身入海處數百里尚爲銀泉不入
鹵味北有大河名阿勒戀亦名馬良溫曲折三
萬里兩河俱天下第一
有山甚高可見天體曰智加在南亞墨利加
之南即長人國按蒙求云地方頗冷人長丈許
遍體皆毛曾掘地得人齒濶三
指長四指餘好弓矢矢長六尺每握矢插口
至没羽以示勇男女以五色畫面爲文飾　曰

金加西蠟在南亞墨利加之北按蒙求云其地出金銀天下稱
首鑛有四坑深者二百丈以牛皮軟梯下之役
常三萬人王十取其一日約課三萬兩山麓有
銀城百物俱貴獨銀至賤貿易銀錢五等大者
八錢小者五分金錢四等大者十兩小者一兩
歐羅巴自通道交易獲金銀甚多故西土金銀
漸賤而米穀用物漸貴又按西人東西洋每月
統記傳云大西洋古者銀難得當下洋船未到
南方未赴　中國明朝成化間西班呀船尋五
印度水路揚帆偏西不上一月到亞墨利加後
查見居民許多金銀攻土番服之銀山地方北
有黙是科國南有白露國西班呀人勒土番掘
厰官員理其事自宏治至嘉慶八年西班呀王
收金銀四千八百五十一兆二十萬圓葡萄呀
王收八百五十五兆五十五萬圓英吉利荷蘭

兼列國商賈到西班呀葡萄呀埠頭貿易載出
其財令兩國鉠帑空民貧外國積財疊寶道光
年間亞墨利加屬國南北弄權逐西班呀人黙
是科百路等百姓任意與外國貿易本船載銀
赴　中國據此則西班雅葡萄呀兩國所至盡
卽此地其云黙是科卽墨是哥白路卽孛露而
白百又同音也本船者英吉利人自謂
也以此知統記傳之撰於英吉利人矣隸於南
亞墨利加者凡五國其北亞墨利加之國曰墨
是哥在北亞墨利加之南按蒙求云境內有大湖甘鹹各一不通海
鹹者消長若潮以熬鹽甘者多鱗介四面環山
多積雪山下舊都城容三十萬家他國兵來戰
者十餘萬其國守城亦三十萬人今建都城周
四十八里堅木密植湖中上加板承城廓宮室

太名獨鹿入水千年不朽王寶藏極多重金銀
鳥羽奇彩者以供神或輯爲畫光彩生動國內
今已能讀書有嚮書者其業務農工面目秀美
自言有四絶一馬二星三街衢四相貌也昔役
人祭魔多至二萬魔多手多頭祭以綠石爲山
置人背於上持石刀剖人心以擲魔面肢體則
分食之人皆取於隣國故戰鬥不休今不復祭
魔食人矣其中有大山野人一可當百善走馬
不能及又善射人一彼三百發百中啖人肉鑿
腦骨爲飾今亦漸習於善商客予以一衣則一
歲力爲防守曰墨古亞剛在墨是哥迤北地不過千
里按蒙求云地極豐饒人強力多壽有穀一歲三熟牛羊駱駝糖蜜絲布之屬尤多曰
古古里亞加納按蒙求云地極陋人皆露臥以漁獵爲生曰寡斯大

並在墨古亞剛之北按蒙求云人性善良亦以漁爲業山出二泉一紅一
白稠膩如脂膏曰花地按蒙求云地富好戰不尚亥事裸體以木葉獸皮蔽前後間飾
以金銀纓絡牧鹿若羊飲其乳曰新拂郎察按蒙求云地曠而險峻稍生五穀土
瘠民貧嗜食人肉曰抜革者按蒙求云一作瓦革了本魚名因海產此魚甚多販
他國恆數千艘故以名其地土瘠人愚純沙不
生五穀造魚臘時取魚頭數萬布沙中頭種穀
二三粒魚腐地肥穀生暢茂收倍於常土曰農地按蒙求云山出異獸人強力果敢搏
戰取皮爲裘爲屋以金銀爲環鉗項穿耳近海
有大河濶五百里窮四千里不得其源如中土
之黃河曰加那英吉利按寄味山房雜記卽紅毛在中國西北百餘度東

西馬行約三日南北六日餘地散處各洲島嶼與隣國分治相距有萬里者悉航海以通荷蘭在其東佛蘭西在其東南俄羅斯在其東北瑞國及米利堅在其西大西洋即葡萄呀在其西南初甚微至明始昌大其王所居城名蘭墩跨海造橋上行車馬下過帆航其同夷貿易中國者曰港脚用英吉利旗駕船亦用其測度**並在北亞墨利加之西南曰既未蠟曰新亞比俺曰加里伏爾尼亞三國地勢聯屬並在北亞墨利加之西**按蒙求云風俗畧同衣羽毛虎豹熊羆裘以金銀飾地多大山最大者高六七十里廣八百里長三四千里山下極熱山半溫和山巔極冷雪盛深六七尺出泉極大滙爲大江數處松實徑數寸松腐者蜂就作房蜜白味美獨少鹽得之如至寶獅象虎豹成羣皮甚賤雉大者十五六斤地多雷電有小鳥於枯樹作小孔于數每孔藏一粟爲冬月之儲**南北兩地附近各有海島島各有民居其大者曰小以西把尼亞曰古巴曰牙賣加**按蒙求云氣候多熱草木終歲花實不斷有草食之殺人去其汁甚美可爲糧有毒木人過其影持其枝葉即死中毒者沉水中可免有鳥夜張翼發光自照人善走能負重足力竭針刺股出黑血則如初取黃金歲定限幾日有一島女人善射生數歲即割右乳以便弓矢又一島泉水甚異日未出時取以洗面百遍老復如少**曰百而謨達**按蒙求云魔叢其上近海無風恆起大浪舟至此甚險一海船過彼有魔鳶登其舟舵師

詰問何物魔言舟中有工作當代汝舵師指授所爲魔輒相反因顚倒命之海道三百里三日而至**曰無福島**按蒙求云墨瓦蘭過此不見人物因名此又按墨瓦蘭者以西把厄亞臣也閤龍既覓得亞墨利加洲後以西把尼亞王復念地既爲圓體徂西自可達東向至亞墨利加而海道遂止必有西行入海之處於是治船累糧備金寶鎧甲兵命一強有力之臣載而往訪即墨瓦蘭也遂沿亞墨利加之東偏紆迴數萬里展轉經年忽得海峽亘千餘里海南大地又恍一乾坤率衆閒關而進祇見平原無際夜則燐火星流瀰漫山谷因命爲火地或名之曰鸚鵡地者則以地產鸚鵡故也既踰峽遂入太平大海自西復東知大地已週其半竟直抵亞細亞洲之馬路古界度小西洋越利未亞洲之大浪山而北折遵海以還報本國遍遶大地一週四過赤道之下歷地三十萬餘里以墨瓦蘭實訪得此地因以其名名之曰墨瓦蠟尼加爲第五大洲亞墨利加之無福島則奉王命過此時名之者也**曰珊瑚島以多生珊瑚得名曰新爲匿島亦名人島其西北土番不知其種所自無城廓君長事皆決於頭目分排而居自成聚落者甚衆**語詳後**北地亦十有餘國南爲墨是哥極北則分屬加那英吉利鄂羅斯而米利堅一國則在英吉利之北**按粵海關志米利堅與加那英吉利接壤英吉利之南爲米利堅米利堅之西亦蠻人所居惟寄味山房

雜記云米利堅在英吉利之西是東與接壤非北界相屬矣說似誤粵人呼爲花旗者以其入市船旗必繪綵花其上俗遂指是名之按來市諸國其船必入泊番禺縣之黃埔至即於桅上高豎一旗以自識別其商居廣東省城西門外之十三行後樓樓外立高杆亦各樹一旗故見其旗即知何國貨至及開行返國時即捲除之杆無橫旗即知某國商已回帆矣其自稱則爲合省國復先繫以亞墨理格洲謂必如此乃爲正名蓋亞墨理格即船王亞墨利哥之轉音其曰亞麥利加者加格爲四聲之通亞麥即亞墨利即理

譯語對音本無定字也曰米利堅者米即亞墨合呼而急讀之則爲米堅加又復以轉而誤也近年粵商久於海外操西洋土音別呼之曰㖂哩千㖂與米無異聲而與亞墨同爲開口之音亦緣急呼致省其曰哩千則明爲利堅之轉矣按音通字異如諸蕃志賓瞳史作賓同之類譯求聲不求字也同音而字數異者如漢書烏孫昆莫獵驕靡合呼昆彌呼有重輕故字有多寡也又按粵人呼曰米利堅是誤以洲名其國矣核其來市在合省爲國之先一年時洲名久定意其人初來自述止舉洲名而未及細晰粵人因以呼之相沿不改耳曰合省國者知中國分省以治故亦自稱其國內所分之地爲省前分後合從質即以合省名歐羅巴洲人之至是地也實始於有明之百二十五年按自宏治五年至萬歷四十三年凡百二十四年其明年即國朝之天命元年矣由是年而推至乾隆四十一年合省立國凡百五十一年自得地至立國中間相去二百七十五年矣其後遂漸開闢大率皆英吉利法蘭西荷蘭三國人而英吉利爲最多他如意大理西班雅瑞典諸國則時來時去不常

厥居也諸國人初至時其地已先有土著如中國之苗者十數萬人今且三倍之矣不能自言先代所從來歷世聚居其地無外出者惟俟市船來出土物相易以資其用語詳後各國商者始不過以貿易至貨盡即行繼偵知其力弱謀拙無能爲又人少土曠謂可奪而有之會歲荒其人方他出就食留者餓莩相屬於道各國遂先後刼以兵而分裂其地土番莫可如何則俯聽

其逼處披荆斬棘各成聚落不復與爭至萬歷中（年不可考）英吉利方以女酋主國頗慈和會有請挈其徒侶出新地居者女酋欣然許之至則自闢一境曰費治彌亞即華言貞節女地自慶樂土首遷不忘故主爰以名其地者頌之然地故與國隔海教令所不及治至占士王用其臣言即所闢地為省築城衛居者選設七人治之一正六副所屬員弁並聽辟舉而稱其城曰占士城亦意在歸美其酋也（按歐羅巴人凡鑄銀並肖其生王貌為文似即此意）自耶穌創教後其徒尊之曰天主死後遍歐羅巴人皆習之（語詳後）爭為堂奉祀泰昌中英吉利國酋令民奉教者必歸畫一不得以私意別立堂戶違者刑之令下而徙居來者數百人謂居遠禁弛得隨己意處設堂祀也時方嚴寒土番適患痘疹多不救數百人者至為如法治之立起絲是與其土頭目馬沙雪相得歡甚建拜

堂設官如占士輩以長辭故土念啟續日自其國之玭理某埠下舟以行故名所居曰玭理某縶別思焉其後分省乃更其名曰馬沙諸些實馬沙雪之轉並溯所由也由泰昌初元（西洋諸國一千六百二十年）迄天啟九年凡十年間至者已積有三千餘人人既稠眾復分而遷於新韓賽於囉底島於緬雖地名以數易雜出然猶通謂之新英吉利前此萬歷間甫有費治彌亞時荷蘭國人亦踵至居新英吉利之南曰新荷蘭人少於英吉利然猶兩不相害也崇禎初有瑞典國人來止於新荷蘭之南曰烏遮些（即新遮些）烏遮些之南曰底拉華並與新荷蘭近已而盡併於荷蘭崇禎五年（西洋諸國千六百三十二年）英吉利國人有探悉新地之極南暖燠可生聚者試請於其酋酋竟聽之定居後名其地曰馬理蘭番言馬理者后也謂后之地示不敢私也　國朝順治五年（西洋諸國

(千六百四十八年)英吉利國人繼覔一地曰駕囉連在費治彌亞之南疆里稍廣復自分南北二區由是所在多英吉利人康熙三年(西洋諸國千六百六十四年)新荷蘭爲英吉利敗逐旋據之更其地名曰鳥約基(即新約基)遂并其先後所得於瑞典者亦有之初英吉利有臣曰衛廉邊其父先督水兵至是論獲盜功賜之金不受二十年(西洋諸國千六百八十一年)請得新地酋乃給印使往自擇以居是爲邊西耳文邊爲衛廉姓西耳文者番言野地蓋賜地專屬之而仍繫以其姓也其後雍正十年(西洋諸國千七百三十二年)復拓地名磋治亞自萬歷至此百有餘年凡得地十有三並稱曰省一曰費治彌亞二曰馬沙諸些三曰羅底島四曰新韓賽五曰于尼底吉六曰新約基七曰新遮些八曰底拉華九曰邊西耳文十曰馬理蘭十一曰北駕羅連十二曰南駕羅連十三曰磋治亞凡繫名者

十有三省省各有城人近百萬分設總制官曰督曰撫皆泒於英吉利酋各給印命之俾得以國法治其衆時各開各地省自爲風氣常以小故互起爭端而附近諸國聞輙垂涎而不可得惟法蘭西國人竟以衆來居新地稍北自名所居曰新法蘭西旋更其名曰于拿大漸迤而南築室居民使將軍瞞鑒主其事終慮英吉利人覬覦且自計衆寡勢將不敵乃就要隘創設礮臺英吉利雖省設總制但止令各制其省見法蘭西人設臺置礮意不慊其所爲然尚懷觀望制費治者自以最初闢處責無旁貸急使其屬華盛頓齎書抵瞞鑒調礮臺多設則彼此疑忌兩邦必從此失和請止勿終作不聽具以聞於其酋且遍告十二省之官總制者使咸自設備此康熙二十年事也酋遣其臣吳里富督水兵數千船十逾年至費治彌亞與總制合議主爭

戰新法蘭西亦嚴兵自守前後戰於貴壁迭有勝負相持不決者又三年瞞鑒吳里富並爲礮傷死而英吉利卒以勢盛勝之毀礮臺而逐奪其地二十五年（西洋諸國千六百八十六年）始引兵還國（按佛蘭西與英吉利世爲仇敵據乾隆六十年英吉利入貢表文其王嚾哈具銜自稱管佛蘭西並嘜喻等處地方而嘉慶九年表銜則已除去管佛蘭西字矣表內自述與佛蘭西前已修和今伊國强橫凌辱不能忍又於海口設兵顯有歹意我國已用兵船圍住伊不能出佛蘭西國內已亂了十三年老國王竟被國人弒害云云又二十一年英吉利由天津入貢其國夷官咖啦

喊嚧先來粵齎其國相嘟唥喊唅寄呈總督禀件云我老國王年老有病交長太子掌管自攝政以來一向與佛蘭西戰爭今將佛蘭西假王嘏哪嗶吔捉獲另立舊王親人做眞王是以來入貢此兩國不和爭戰所由也）自是得相安無事閱七八十年生齒繁息闢地遼闊市易諸貨亦漸饒裕稅課因以充牣爰是有易稅加征用兵禁遏激動省衆之事

合省國說卷之一終

合省國說卷二

廣東澄海縣訓導順德梁廷枏著

初英吉利酋出貲合其國之富有力者取所產貨販於他國又轉易他國所產貨而歸許專其稅三十年謂之公司而國人之自爲船客曰散商者不與焉設二十四頭人領其事名所居曰公班衙所市國亦設官曰大班者司之由來舊矣自雍正間通市　中國歲載所屬孟阿臘孟

買東印度之物合以土產市於粵易茶還則轉鬻於所近諸國之不能通市者當亞墨利加新地未設船入市之先所需茶亦與轉買舊例征其貨於船賣者之所輸也稅規之重畧與茶價等乾隆四十一年（西洋諸國千七百七十六年）酋以國所征稅出於公司是無異自輸而自征之非計也爰下令茶至新地盡改舊制使買者隨貨輸其稅數而永除按征賣者之例土番及新英吉利人

皆待茶而食價已不貲又苦於輸稅亟請照故例行酋執不可適公司茶船分泊馬沙諸些省之波士頓新約基省之新約基邊西耳文之費拉地費儰羅連南省之查士頓其費拉地費與新約基兩處茶船同時並逐於土番不令入口別船甫抵波士頓居民易裝服蒙假臉具一擁登其船擲茶水中惟查士頓船泊久無過問者不得已權寄於棧舍待售積二三歲所寄茶色

枯味淡盡傾棄之耗公司貲無算當時省相傳約有不改復舊規仍征稅買者則此地永戒茶食之語國酋聞之怒其抗制欲懲以威力遣兵船至更次第升征他物稅眾愈譁然酋以民不遵約遷怒總制遽欲收前所給印所命官亦解體新地舊俗凡出自省學館士子有進士舉人皆稱曰衿語詳後及老者洽　中國故事合稱衿者有事則先集其人於公使會議而官定之當乾隆三十九年

西洋諸國千七百七十四年　諸省各以其衿者咸集費拉地費會商止兵策僉以事宜婉求毋遽肇衅乖好相與合詞請酋撤兵而仍執舊制為言復致書國人謂本同一國不可稱戈自殘囑諭酋前善為勸止并徇於省眾使各安業無動勿以阻兵故憂疑別滋事端酋既積怒猝不可解得詞反增遣弁兵巨艘掠貨船燬城壁衿者知勢難遽已姑再求罷而陰自為計時華盛頓在費治彌

亞方得眾心他省亦聞而悅之請罷之詞甫發即共推華盛頓為兵首備糧置艘自衛按西洋如米利堅等國例有軍事始治兵皆出召募立國後乃定設水陸兵額耳　計始事至此已首尾三越年所益乾隆四十有一年也西洋諸國千七百七十六年　七月初四日按即中國之五月也　華盛頓乃榜曉居民曰凡不遵王法而自創邦國者叛逆所為豈欲冒此不韙名哉奈王加征又非法苦我始設新政自守疆域非得已也隨詳舉其再

三請命不得非復可忍今議立首領永不受英
吉利節制之故分訴遠近諸國使知其萬不得
已所列欵狀大率以其酋近所改劍選官增祿
調兵加餉皆不令議於衿耆又武員權過重縱
兵侵住民舍勒民盜刼別艘及唆省眾與土人
相爭害而禁遏新來求寓者凡十有八條自是
合諸省爲國其自稱曰合省國英吉利酋憤其
自專也則嚴促兵戰華盛頓率眾力拒之合省

人慮禍深一敗必入皆得罪用是人有固志相
持益力兵餉月約二十圓故使戰甚得力雖英吉利不時增以
兵終歲未能决勝敗平時墾地多而人食少歲
以所餘穀分濟近國値且賤自軍事起征賦於
田畝穀遂翔貴諸國之舊受接濟者病之法蘭
西亦緣是不直英吉利酋因出兵數十艘來助
三國兵合計數十萬拒戰至六七年陣亡將士
指不勝屈英吉利酋恐終不得志而軍費又將

無所底止且合省方禁糶民食亦驟困勢不可
更爭也以四十九年西洋諸國千七百八十四年使其臣來
議和會合省人亦厭苦兵革請先撤兵船與英
吉利使臣盟於費拉地費謝遣法蘭西兵按嘉慶十
三年兩廣總督　奏稱英吉利夷兵擅入澳門
遷延不去適東莞縣營盤獲夷人嘁咻唧啷嘁
咻吐嘰二名據供係米利堅國人從小法蘭西
販貨來粤泊伶仃洋面駕三板上岸汲淡水見
英吉利戰船三隻駛來恐被搶奪鳧水逃避小
艇撈載登岸不識路逕隨意行走被獲米利堅
原係英吉利管轄後來小法蘭西叫我國人不
服英吉利經管二十多年我船貨係向小法蘭

西買來是以英吉利見我船即便搶奪英吉利
與大西洋係屬姻親緣法蘭西現佔奪西洋地
方國王走向英吉利躲避英吉利將其送至囉
拉哂喱地方居住仍發兵在彼防守云云據此
則乾隆四十一年米利堅之拒絕英吉利本聽
法蘭西所使所云已二十餘年者自乾隆四十
一年推至嘉慶十三年適三十年年事並符故
是役法蘭西竟肯出兵相助後復與和議使其
自開一國勸英吉利罷兵則法蘭西
始終一意同謀志畧特不載其事耳華盛頓隨
解兵柄歸里其時戰塵甫息國事尚散無統紀
旋於五十三年西洋諸國千七百八十八年自春迄首夏按即
中國之十一月至十二月也集各省衿耆會議於費拉地費

先起華盛頓隨宜權理相與議定立國規條行於國者曰國例行於諸省者曰省例曰府例曰州縣例曰司例議訖仍各還告其省使無有參差明年再集而後常例至此乃永定焉通國設一統領又設一副統領為之佐使總理各省之事週四年則別舉以代之是為一次正副同其為衆所悅服不欲別議者得再留四年雖賢不能逾八年兩次以外就以華盛頓即真為初次統

領購費治彌亞與馬理蘭兩省適中界河距河口百有餘里之頗多麥地築為國城按米利堅地皆闢於荒曠今築京城而地轉出價買者意先有土番居此也週圍三十餘里使偕其副及諸有職於國者居之凡水陸武弁得節制文員亦禀命焉自交際鄰國接待客使及歲所議定一切事皆由總領示諭而後行故年非三十五以上或非生長其地者不與選副領事無專掌而名位稍尊每於議事時推為議首

其下則為議事閣官省各二人又下為選議處官省各數人歲以十二月第一次禮拜按歐羅巴人奉耶蘇教曰天主教七日一禮拜語詳後日咸集國之公所凡國內農桑工藝兵糧市易賞罰刑法及賓客往來修築基橋諸務悉於是日議之議雖定慮猝有更正故與議官有即返其省者有留數月者次年復以期至率以為常議事閣官計五十有二人按初合國時尚止十三省省各二人計不過二十有六人而已其後漸次開闢至道光十六年

後始合成二十六省故有五十二人之數今就其現例言之其二十六省名次詳後分三等每等閱六年為一任以二年輪退其三之一退則補新者再二年舊者亦還補至六年乃全退先後不得不畧有參錯選議處則多至二百四十有三人按此亦就現例言之初設時無此數也凡統領未及四年或死或緣事自退不復集議即以副統領代副統領辭則推議事閣之首首辭則以選議之首者亦辭乃再議選舉次為六部部各有首

曰吏部首其下數人佐之遇統領缺出先由部首書致各省首領遍示召民間衿耆議擇焉曰戶部首佐者以數十人曰兵部首佐者直多至數百人大小有差曰水師兵部首止專理兵船弁丁糧食礮械事宜亦以數十人爲佐曰禮部首事最簡佐者不過數人別有郵驛一部總理發收書札設驛於各省衝途以遠近別程貲豊嗇歲之四季封給驛夫部首主之又有主訪察違犯審理訟獄者曰察院國省皆有之在國曰京察院凡七人一人爲正而六人副之以歲之正月糾察民間不遵法者集而訊之訊畢留一二月乃各還其家或因事因病不能至則集必四人乃得會審其國員而設於省者曰巡按察院亦凡七人分地設院一察緬及新韓賽馬沙諸些囉底島計四省合一人二察干尼底吉及華滿新約基之南計二省有半合一人三察新

遮些及邊西耳文之東計一省有半合一人四察馬理蘭及底拉華計二省合一人五察駕囉連北及費治彌亞之東計一省有半合一人六察駕囉連南及磋治亞計二省合一人七察建大基及典尼西呵嘻呵計三省合一人凡七人各自察其所屬之省按巡按察院七人其分屬之地止十有八省他如亞喇罷麻累斯安美士細比美蘇理伊理奈引底安美是千新約基之北邊西耳文之西費治彌亞之西等地則以地浮於人其事甚簡可以巡撫察院兼理之不復隸於七人也又按二十六省中惟駕囉連分南北省今所稱新約基南北者就其地之偏界言非別爲省也餘可類推又分置巡撫察院署三十有三所所設一人凡三十三人巡按巡撫聽斷不公許民詣京察院巡按察院再控而審正之京察院不公則統領可正定之巡按察院每聽獄必以一京察院爲之監督否則不成信讞事稍重大則監以京察二人巡按察院一歲集審二次巡撫則歲審四次按志畧稱巡按七人每年會審四次又云二次審判語自矛盾今更正猝遇要

務仍集無定期如巡按所屬犯法得隨時自理之不俟會集也察官專司案牘按制讞斷既事歸審理則不令與議國事而會議國事者亦不復能出兼審詰也又設律例院無職官惟延師教習律條聽民間子弟入院習讀期限三年責以全通過此則不復留合國省凡數十所按此國內通融之數故不能以地定數也此國城自統領而下分設官師之大畧也諸省亦各設首領一副領一其下會同議事者曰議擬無定員又下則擇民有識者使與議曰民選或十餘人或數十人亦無定人省設公堂爲首副領及議擬民選議事所次爲省察院即京察院所分得自讞其所分省之獄者省所屬爲府府有府主府所屬爲州爲縣州有州主縣有縣主縣所屬爲司司有司官各得自理其府若州縣若司之事司之屬有鄉府州縣亦各設察院在府者曰府察院在州縣者曰

州縣察院並給以書役其聽斷同省察院如兩造中有愚民不諳訴語則以一識例文通言語者代自具詞迄堂質均許旁爲剖訴不以事非切己爲嫌惟訟者戚屬避之餘聽自擇每屆審期必擇其地衿耆先未知有此事者二十四人或半之多不越二十五人少亦必得十一人就所見以例權其曲直所見合則筆於爰書呈察院令先散出而後察院採以定斷焉事小未控理者則別設若干人使預爲隨事處息如中國之保甲然一縣所設自縣官外如掌收歲課者必并責以週知其縣一歲中生齒戶口丁數及田宅買賣其總理數欵者將縣內歲所出納旁及所議所行事詳書册檔此外復有分理借欠竊盜濟貧等件者省府官各司其事非所司者亦必令知之不爲越俎濟貧院之設取民不能存活又難藉助於宗親戚故與無招留工作者則收養之分以

事業以所得値入官所遺子女亦延師教之自省而府州縣咸設焉或捐於富者或公爲建置皆董於官律例院無定數省府州縣並如國城其立學廣教法由鄉以達於國各異其等差鄉設學一所歲聘男婦之有學者爲之師其經費捐自富室鄉無富者迺假於所隸省之官助之無論男女三四歲胥令就學分教以書算地理經史女師則並教刺繡惟縣學館延師經費多

資於學童所致束脩其建設則或捐自官或由衿者得請而建無定章也省學館則或捐或建以會項設會而以其貲息建之而助成於公館設司事者數人使定其條約告同學者守之別有大學館所業三日聖文聖文說詳後曰醫治曰律例規條計省學不下八九十所學延師五人多者三十人按折中計之每省一二所三四所不等所延師每所約畧十人受業者約二三百人今曰五人三十人舉至少至多者言也復有聖文大學館合各省計三

四十所館延教聖文師四人受業者約七八十人又醫治大學館所數畧比聖文館師七人徒約數十人醫館師徒人數與律例館畧相等監獄省府並設各專官掌之其獄中教囚徒者曰牧師大凡事必分隸於官官必實任其事非任事官雖賢能衆著富有貲財者概不得假以虛銜封贈此省府州縣司鄉額設官師之大畧也是時新定條例十有七欵條欵詳後凡事無大小緩急必集議而後

行議必按例否則雖統領不自專故凡統領初受事輒誓於衆曰我必循例自正其身而後盡力民事云故例外一毫不敢稍存私見亦不敢以已意自創一事蓋稍涉偏私則舉國必不服而議事官先不會議卽議亦斷不可行也省之正副首領若府州縣主其初受事誓衆亦如之首禁貪墨有饋遺雖統領必使議於其屬而後敢受歲於省官集國會議時統領者盡舉一年

征課度支及原議已行與現在應議各事詳晰示衆官各省官議畢散歸後忽有事非例所常有不能即决俟再議乃定者輙示召省官令來復議省首領於府州縣府於州縣並同惟縣之去省府州遠者使自商於其縣以節迻勞所定但統舉大綱他仍予以變通聽各省府官因地制宜自爲科條鈐束其衆惟不得以省例犯國例以府犯省推之州縣司悉視此時新議國例十七條　一

歲征糧餉所有動支各項皆於餉內撥發　一國帑不敷議擬及民選各臣相議預爲籌辦免有枯据之虞　一宜與各國貿易并各省相交即本土苗人皆同一體　一流民准其寄居入籍以免流離失所　一設局鑄銀務權衡輕重多寡以歸畫一　一嚴禁僞造番銀　一設驛傳遞公文書信時常修築基橋以便往來　一出示諭人學習六藝如六藝中有能超衆者則示以獎賞並能於各器用中自創新樣發前人所未及爲今人所樂效者亦獎賞之　一在省立察院以判民間之事或三省立一或二省立一看省分之大小酌議　一宜防海剿刼如有捕獲無論本國外邦必照例治罪或有謀反叛逆及在外國滋生事端尤必照例嚴辦　一如遭外國欺凌統領必先曉諭萬民倘未便請和至有干戈之變務必踴躍向前若兩相盟會即

可戢兵奏凱　一當以錢糧招民爲陸路之兵　一當以錢糧招民爲水路之兵　一水陸兵士務守範圍不得放肆　一大兵臨境萬民務必踴躍効勞　一萬民肯爲國出力即議給口糧　一宜專設法以治京城　前後如有不遵者設法引導之國人宜以律例爲重不徒以統領爲尊

凡國事既與民共議議事之民必愼選之選之則自縣始縣選於衆年未二十一者不與也先期縣榜所宜議事並是日集議所在届期耆老與衆先舉一人司選事謂之領事一人錄寫而後各以欲保者書於紙封識之既盡乃啟

以保人多者遞送之州府省國而與議焉如縣官缺人自其縣與舉省府州官皆先集衆選舉封識啟視如保與議人例領事接前官所備文曰須知冊者對衆誦訖俾咸悉其由隨對衆揚言問誰合選有起答仍請領事自擇者則令衆舉手爲號舉過半則可否則須循故事惟國員六部之首例歸統領選擇又正者得自擇其副庶官遇有升調降革選定代者必請於統領給

發印文然後執以抵任為驗所儲養人才一出於學館歲集鄉縣學生而考試之試例止一場取錄者得入省學不與取者仍還其鄉肄業俟明年再考省學課習限以四年期滿者為舉人散館被舉可為官為師或各隨所學為士農工商皆令各終其業大學館惟省學期滿者得與肄習三年者為進士以次而升而必自鄉學始入館後或犯律條則所司隨時擯逐之以故國

人頗知重行誼無頑梗者刑法之通行國中者三一曰縊死二曰收監三則罰銀無梟首充發笞杖等刑犯法之次十有一曰反叛自立國後無之相傳一官謀叛察院審無實據即放還不問二曰殺人三曰打刼四曰放火犯者最少就現在計歲約五六起耳五曰強姦犯者亦少歲約二三起六曰情姦七曰冒名偽造八曰竊盜為非九曰相鬥相爭十曰醉後胡為定罪之法凡反叛及海盜者並擬縊死殺人者定以縊罪按縊死與中國絞立決同定縊罪似與絞監候同矣然不聞有擬緩減者強姦者打刼者放火者或擬縊或永遠監禁似視其情之輕重而臨時分別議之餘或收監或罰銀以贖則以時議之而已最鄭重監獄牆圍巨石令不可鑽越房舍極精潔內通風牖外仍欄以木使得散步以仁會之費仁會詳後為經費衣食不得雜以汚穢令管者時以善言開導察其安靜者遷居大舍兇惡未除則始終以狹室處之彼此不能相見又各責以工業以

所值資管獄官牧師守獄兵役飯食及囚犯衣糧有餘則存諸公編勸善書使就禮拜日誦焉其犯法監禁者所在多有不可勝計然專就馬沙諸些一省十餘年言之道光元年七十一人二年八十四三年九十一四年百有七五年八十六六年九十六七年八十一八年八十九年百有四十年七十九十一年一十五十二年七十一十三年七十六十四年百十九再就十四年所犯言之殺人者二竊盜者八十八冒名偽造者十打刼者四放火者一爭鬥者五情姦者六強姦者二脫逃捕獲者一又十五年該省犯人以工業所得值除一切監費外尚存銀七千二百九十六圓他省可以類推　國費歲有常經悉以市舶出入

所征之餉及田野常賦爲官祿賓客之需總其成於統領連歲防拒英吉利軍餉預支至二十餘萬按國中銀以圓計不以兩凡歐羅巴諸國悉同下倣此於歲餉勻攤還欵謂統領尊不便給以祿俸歲謝以二萬五千曰酬金副者五千亦因之按副統領事簡故殺其五之四其下則統謂之祿俸縣所屬官自有生業及非常任者不與於是定設各部首歲俸六千禮部事省殺其三之一餘各有差省學酬師者曰束脩歲自千至三千每受業者各送一二百不等鄉學則男師月二三十女則六至十餘各有差華盛頓之籌創立國規模也首立諸國通商法爲簡明章程三分致於所往來之國三條中大約謂四海當視同一致往來無分彼此遇他國互爭必主勸和處已從謙不宜自恃按原文一視四海如一家凡事不可自恃二兩國往來無分彼此三別國爭戰勸和爲尚今雖未能盡出大公然在粵夷商遇他國稱戈力爲勸解有由來也由是三大洲之內如法蘭西荷蘭瑞典葡

萄呀西班雅鄂羅斯大尼呵理曼麻囉哥安遮耳都尼士都耳基阿黎米暹羅貨船之爲招徠者梭織不已卽英吉利亦時以貨來市焉國人歲常貿易於諸國輒派使官往司市事惟尊中國故於粵東止設貿易領事及商人而已至嘉慶二年西洋諸國千七百九十七年華盛頓已於統領四年例滿後再終一次矣當時雖戴之者衆格於成例不得已乃擇阿丹士繼之法蘭西以統領新易意隙有可乘遽出兵攻奪其貨船阿丹士素知兵士肯用華盛頓命請復出主軍柄駐舟師海口防之法蘭西終怯其威德不敢逞二年事定而華盛頓隨以嘉慶五年卒西洋諸國千八百年爲人公正自矢不事威福不辭勞瘁既貴常以暇日率官紳人士與農並力耕作國中人傳爲美談卒之日舉國傷悼思其保障功羣尊之曰國父至今言及若有餘思焉七年西洋諸國千八百有二年阿丹士退遮費遜繼之十有

五年（西洋諸國千八百有十年）馬底遜又繼之甫兩載歐羅巴諸國各恃雄強輙鬩爭會英吉利船缺主舵者以計誘擄國中梢人充其數馬底遜率兵奪之仇衅復啟亦兩年而後罷以功越二次始傳之瞞羅又二次而傳之阿丹士之子（名缺）期滿卽傳之查其遜亦二次推至道光十有七年正月二十有八日（西洋諸國千八百三十有七年按是日爲三月初四日蓋中國先一年十一月十五日冬至也）已盈八年矣繼者爲泛標倫先

後八人而屆期復留者且過半矣八統領相繼代位並能廣貿易普事招集幅幀亦以次漸開視立國時又增一倍其間若華滿則增於乾隆五十有六年（是爲華盛頓統領之次年）逾年（華盛頓之三年）卽墾建大基將退位之前一年而典尼西復繼闢焉皆刈榛除萊取他處生息之民移而實之八年間手開三省而非得自力征經營所事洵非易易也遮費遜以嘉慶七年初領亦開呵嘻呵而若

累斯安若引底安若美士細比若伊理奈若亞喇罷麻若緬若美蘇里七省者則自十九年迄二十五年歲開其一若美是于阿干蘇則並開於道光十六年（西洋諸國千八百三十六年）一歲而開其二固人力滋生之速亦可見繼盛頓者皆知擘畫焦勞未嘗以受任日促自甘讓美如此以新闢之半合之舊所有者實爲省二十有六舊省積年數百而後漸次成之而新省之增不出五十

年間其遲速難易相去懸殊雖其間人稀地僻然要非西洋諸國之力爭彈丸旋奪旋棄者所同矣今爲之彙而次其目（按以地之大小定先後不以得之先後定次第）一曰緬二曰新韓賽三曰華瞞四曰馬沙諸些五曰囉底島六曰千尼底吉七曰新約基八曰新遮些九曰邊西耳文十曰呵嘻呵十一曰引底安十二曰伊理奈十三曰美蘇理十四曰底拉華十五曰馬理蘭十六曰費治彌亞十七

曰建大基十八日駕囉連北十九日典尼西二十日駕囉連南二十一日磋治亞二十二日亞喇罷麻二十三日美士細比二十四日累斯安二十五日美是干二十六日阿千騷二十六省中先得者費治彌亞十三省首焉至是乃改首緬國南北與加那英吉利壘是哥爲鄰壤（詳見前）東西界盡汪洋就界內統舉大勢而三分之自界東之壓蘭的洋迤西至中東之亞罷拉既俺

山爲東一分又自中東之亞罷拉既俺山迤西至中西之治臂外嶺爲中一分又自中西之治臂外嶺迤至界西之太平海爲西一分亞罷拉既俺山東距壓蘭的洋數十里山勢自南而北絕似畫中遠岑平抹無盡治臂外嶺西距太平海數百里遥望長直如線近則萬峯環抱巒脈起伏界連數省蓋東中西分則山在東（亞罷拉既俺也）而嶺（治臂外也）在西東西界皆抵洋海爲盡境也亞

罷拉既俺山之東北山與海相爲聯絡中無曠地由東北再折而南沿海行地勢漸擴至東南則平衍中川原交錯瀑出山巔下注爲河由基泥伯小河稍下爲美里麥干尼底哈地逕底拉華蘇貴哈拿頗多麥囉晏屋奴細比底卸番亞等河瀠繞四布其源同出亞罷拉既俺山一帶附近諸山而諸山所出之泉則逕基泥伯河析分其支派而衍爲羣流也治臂外山脈勢蜒蜷

至高者約百丈西距太平海千五百里（按志畧云西離太平海數百里有治臂外嶺又云治臂外山約百丈高與太平海隔一千五百里兩說似自矛盾惟一云山一云嶺且其士産門有治臂外二嶺之語意其山勢聯接廣袤數百里統爲一名所云高百丈之山爲山之東故去海千餘里而就其西界盡處言之實去海數百里也今姑各從之而誌疑焉）其山所出諸泉並逕山下異流各趨西注而入於太平海其河流最勁者曰美士細比自山之北直貫於南與山同行無少紆曲故一路波涵黛影節節水中皆藏峯巒別有同源異

派澌流而南趨至鄰壤之墨是哥國而達諸其海灣者是爲美蘇里河爲呵嘻呵河二河同起同止復同流所不同者經過地耳又北有大湖曰素比哩耳曰美是千曰胡瓏曰伊里曰安大里曰珂瑳治曰仙玭璉凡七皆瀦蓄諸水使有所受不致泛濫爲害者東海中有島曰西氤地亞不與國地連屬通國地無道里可計以天文度數証之（按每度二百五十里）南北圖地週圍三百六十

度中合省國得三十餘度所居頗多麥城去北極五十二度北界去北極三十五度其南至赤道相去二十九度至南之中赤道相去二十五度益凡得天度三十（按此皆據志畧）南北計七千餘里

合省國說卷二終

合省國說卷三

廣東澄海縣訓導順德梁廷枏著

西海有名摩西者歐羅巴洲人所共稱爲聖人者也爲耶蘇天主教所自相傳有神降授以聖書謂帝命黙示之摩西錄而抱守於其家未出以教人也（按寄味山房雜記云耶蘇生有天授通各國土音生東漢時始知以三百六十五日爲一年創教勸人爲善忌者釘其體於十字架而斃其徒號其教曰天主國酋初不信禁習頗嚴後與他國相攻不勝祈於其寺忽雲中現一十字架遂以十字架爲前鋒克敵因

大信奉卽造禮拜寺供十字架海國聞見錄云大西洋尊天主而辟之者惟英圭黎據舟車聞見錄英圭黎卽英吉利而據統記傳禱耶穌以十字架勝敵者爲千士但天考其在位時當在西晉愍元二帝之間則其國之信奉耶蘇教久矣）摩西既死子孫乃出所遺書半傳於亞細亞洲之西希伯國半傳於歐羅巴洲之東希臘國遂得傳播其書所紀皆自夏終漢之事故尊曰聖書（按明史云萬歷間大西洋人至京師言天主生如德亞國其國自開闢以來六千年史書所載及萬事萬物原始無不詳悉陸氏八紘外史亦載其說所謂史書者似卽摩西所傳之聖書故西洋人近年紀述多及之大率皆洪

水前後事常有天帝下與人問答者所云自開闢至今凡六千餘年亦與皇極經世春秋元命包諸說不合其緣始固無足深辨惟耶穌生如德亞西行其教於歐羅巴而摩西則與耶穌同祖西洋人書稱摩西在西乃山得天十誡爲殷祖辛十三年事摩西受上帝靈神所默示得此書而西人之引是書者又多紀前聞史事則人與書之同出如德亞明矣 後漸傳漸廣士人大學者必熟習之其說有三以爲上帝先天地萬物而生無從窺其端倪惟至正至大至智至誠知能無所限量天文物曲皆覆載所創始故名上帝曰天父曰救世曰聖神一也人

禀受於天則首宜尊天次則父母兄弟推及天下故知敬天敬親方爲守分良善二也 按敬天之說甚正然惟天子得郊過數反褻之故實有精意存乎其間厥典綦重今據志畧稱合省之民惟知崇拜上帝外無祈禱無耶穌即天之子捨死救人之說是七日禮拜非專敬其教主矣諸書所未詳也 人死而魂常在善者賞福天堂惡者罰禍地獄三也 按此與佛氏之言正同而耶穌本教尚有審判復活之事今志畧無之 中又分載新舊遺詔謂其一已歷二千餘年一已三千年大旨以存公去私遠佞除猛救難懲

爭禁盜爲訓尤戒誑言使酒而終以不妄求不倦惰爲庶民定則用意似竊　中國經訓之餘緒惟緣起未免不經耳鄉所在有禮拜堂七日一至集衆拜之曰禮拜日亦曰安息日無跪拜儀以摘帽爲敬 謹按　皇清職貢圖大西洋夷僧男女見之跪捧足則其俗亦知跪拜但不以爲見禮耳 是日不事工作惟讀聖書擇能解者講明意義拜畢環聽所奉止於天主別無神祇仙佛禮拜外別無祈禱禳祭以故國中無

和尚道士 謹按　皇清職貢圖大西洋夷僧天主耶穌教夷人敬信之削髮留鬚出入張蓋樹旛女夷以白布纏頸夷人敬奉尤甚云云今米利堅無之則風俗稍異矣 通行皆英吉利文字 按國人什九爲英吉利人故文字相同 與法蘭西荷蘭二國文同語異與　中國日本越南暹羅則文語並異其字爲馬羅可國所遺諧聲比附謂之拉丁字亦曰拉體納字國人自謂切音與諸國同故所用二十六字母行於法蘭西諸國 按二十六字母一曰A音喉二曰B碑三曰C颸四曰D兜五曰E依六曰F鴨符七曰G

芝八日丑嚁九日工矮十日丁遮十一日ㄖ咖十二日匚嘵十三日M唵十四日𠄐燕十五日〇軻十六日P丕十七日𠃊麭十八日𠃍鴉十九日S㖃時二十日T梯二十一日U嘍二十二日V非二十三日W喀布如二十四日X鴟時二十五日ㄨ威二十六日乙思字母雖止二十六然連類相生變化而出有以二字連成一句或三字至九字不等從左起橫讀合則無窮散則有限其中之A字者一也工者我也〇者歎詞此三字無別字貫之亦能獨用書籍印刷皆鎔鉛爲之有活字鉛板有全字鉛板按書籍既非木刻則稱板非宜今姑沿其舊稱也活板止二十六字母如中國之點畫撇鉤每印以磨櫃推之成書較手印

爲捷雖千百萬字可一時並得其書橫列無直行筆以鉛錐爲之隨其身之所至攜以記所得異聞自經史詞賦外最重而通行者曰新聞紙按其紙遞長至五尺濶至三尺始於利打爾亞國歐羅巴八行之已三百餘年紙不釘裝兩面皆有字或日一出或七日出三四紙或半月一紙每出多者二萬少亦數百紙人閱看者收其工料之貲每歲自一員至十二員有差所載皆船貨來往期日市價及買賣田廬租稅房舍之値並官員士子兵丁所言所作事廣及海外一切聞見又有月新聞紙載歷監醫生樂工律法所得學問及勸善各事宜又有一季一出者多約一二百篇如　中國之時憲書所載則日月出沒日食月食之故迄於本年士農工商所業之宜與各國人數增減凡輿地古事前言往行天文音樂辭章並雜著焉盎已編成卷帙而國中人則通謂之新聞紙而已惟本數多寡無定故價値亦因以參差自半員至數十員不等　傳播於市舶所至之國如　中國之邸報故一事作而遠近週知客外者不俟其家報也士人家藏書每至一二千本省學藏至一二萬本富者設書齋購書其中便人繙閱但不令攜出鄉曲別集貲爲書會禮拜工停日羣就會所假之下次拜日繳復再假以

次輪易其專刻聖書之院恒擇無力購求者贈之婚姻有妻無妾妻無幼聘者男子年十五自訪所配先諧其父兄訂約焉按寄味山房雜記云男三十女二十九始議婚說與艾儒畧職方外紀同葢通指歐羅巴而言此從志畧越數年男女各長成性質生業互相伺察既各媣悉然後面訂婚期或爲書告其父母無親迎與聘物屆期攜手登堂延尊者有官者及宗族之長者書男婦名且備書此出意願非勒婚至老不得悔離語畢有官

者盡以官印族長以私印存之爲後証既婚乃得列名丁冊謂之成丁其俗母嚴於父幼爲父溺愛必受母呵叱時以出告反面早起整潔衣服數端爲蒙訓二十後卽聽所之志有欲爲不之禁卽遠出亦不強留也弟聽命於長兄事必曲從無稍違者重然諾以拉手爲定久不忘悔土番體極高健膚色如紅銅雙目漆黑髮粗而長男女皆喜飾髮垂耳觸之則以爲大辱然必

頗明晰處友能信會議本用其舊俗每議事則老者嚴肅無慢容平居則以鬥爲戲每相賭以牛羊偶受人欺侮當時能忍之轉念則矢以必報戰陣勇往被擒至死不屈其膝凡戰盡攜所寶物以行示不反顧意男出戰其家咸持齋以祈禱勝則迎賀斷敵首男者用以築牆每戰初行老者輒指牆首相勗女則以連指骨爲飾得人肉三分之一祭魔一賞戰者一分遺齋禱者

獲大仇琢骨二寸許鑿頤入之露其手以自表冬衣皮毛夏則自乳至膝圍以獸皮有五色塗面首插鳥翎者欲示人威武也食惟菓木瓜菜飲血茹毛不喜熟食病無醫藥但合能叱法人禳之自來不知有文字日事釣獵善弓箭暇則焚樹跳歌爲樂家計一主於其婦男子不問也女子亦多力有遷徙則器物子女共爲一馱負以行登山如平地居惟篷寮四壁無他物門戶

卑隘以備敵也行用不以銀錢但採樹皮或珠石（詳見後文）與商人交易婚無定法既娶又恒逐之死不以棺殮葬地所祀惟日月星辰祈晴雨取石似物形者祭之不驗則再取偶驗卽報焉雕木搏土爲像昔極信邪魔齋時不語日食菽一握飲水一杯每戰及漁獲必齋耕者祀兔鹿獵者祀大鹿角求多獲新穀必先供巫乃不傷稼自合省立國後教以法制風俗漸改嘗糾合排

衆欲與國人爭合省人讓而勸之委曲開導遽能聽受性喜施予每作熟食施行道者蓋俗既富足而㹮彼之性又未盡漓故能與耦居無猜忌卒相合成國也合省人最體䘏貧乏故城村皆少乞食與鬻子女者須聚貲立仁會先施監獄詳見前次則延師以訓子弟之無力從學者又設館收聾啞殘廢擇可習之藝手調音而教之盲者造凸字書令手揣讀就地設院曰養育以收幼無父母者按西洋博爾都噶爾雅國俗有仁會恤孤寡煢獨商舶至或有死而無子者收其行李訪其戚屬還之國王隨處遣官爲孤子治家長則還所有且加益焉語見粵海關志其規條與此大同小異意西洋諸國皆有之不惟此合省一國也隨其質性所近教以四民之業富者將死預自籍記其貲財或分贈交遊或全施仁會其子女視爲故常無與爭者土俗故嗜酒因別創一會曰節飲聽願戒飲者入書姓名於籍既入毋許再犯計不下五千所戒及二百萬人酒家別業者四五千家以店賣人而

別處貿易者約七八千家每城置醫士七十五人考舉酖酾流弊詳爲論說挨戸勸焉故酒費日少他復有所謂勸和會者其人其費專爲和事息爭而起子弟幼即諳禮拜與父母分衾卧四五歲即異榻道逢老者必讓行親友則立待其過非所識或年相若則彼此疾趨尤尚交友往還者無論男婦常留共食女未嫁者從父兄以出嫁乃隨夫稍閒每向人誦新書俾廣人見聞有期約輒指禮拜日計時無節氣日無吉凶人死爲沐浴殮止汗衫疊其掌納於柩三日除服四五日即葬以鐵或錫圍其穴覆土後亦蒙以鐵錫墳上下並立石碑紀其生終年月塋外欄石拒樵牧會葬服尙黑衣服之制帽以灰色呢爲之高七八寸矮者或圓或角角有八有六前垂片皮使不受日光繫以帶帽價歲可得千三百萬圓寒則裁氈爲短小無領內衣用法蘭仁氈襲以單衫極窄而領極高

頸繫以巾其外別覆以前夾後單之半臂曰背心者褲有大小亦氈爲之（小褲在內大褲在外）上下各至腹脚衫前後鈕扣接褲帶（兩扣以十字交加褲帶過膊弔扣）復單以長袖緊袂長衣（四圍纏緊光滑無縐紋）前長齊背心後僅至臀襪亦以氈製以羊毛爲之自膝止皮鞵（牛皮爲之）面底皆單有底厚四五倍者帶繫其面（鞋價視帽）靴厚底不過膝皮褲蓋之凡衣扣鈕皆在中不尚左右衽居常日三食早食必辰巳間止

牛羊豬魚（多燒炙）飯麵謂之早茶未至申酉則飛走雜陳並精講庖製食必具茶酒恣其醉飽謂之大餐晚食則以酉戌所食同早餐大餐必舉家同案男女自爲東西案覆以布人置空器於前備載食物無箸惟用刀匕及叉酷嗜牛乳鷄子煎牛膏爲茶凡架非（炒豆爲末水調代茶）生菓或糖製之皆常用不離者器尚金銀玻璃日用食飲較之中土人爲奢居無地稅屋則論架賦之樓居

者輒疊五六層以避賦白灰堊其內外壁出稍遠卽乘車大者駕四馬小者二官民亦以爲差（按艾儒畧職方外紀歐羅巴諸國駕車王八馬大臣六次四或二今米利堅人旣遷別洲不知尙仍舊俗否統領并官非民未悉所依何制也）物稍重卽負以馱驢牛馬惟輕者以人舟具一同　中國銅礮亦沿歐羅巴舊制極堅利兵械惟弓箭長鈃藤牌手鎗大抵諸國皆同獨鎗末必加小劒差異俗好歌唱童而習之禮拜日及迎待賓友皆用樂故有

吹彈敲擊諸器軍中惟吹笛擊鼓響角三者而已畫有別格在六法之外并雲情雨態水中倒影繪之故幅無空紙以遠近別其濃淡皆有定則最精界畫疊隔二鏡睨之近可使遠小可使大無論地理山川人物花鳥宮室器皿靡不精妙染色尤工印畫雕銅爲板細逾毫髮丹青能千幅一律　中國士夫多購爲雅玩而雕刻刀鐫之工次之瓷器又次之有出新意造橋梁樓

臺器物人所未見而樂效者其倡造之人官爲奬勵奇器之作往往有因人力需費而代以物力者其中又分以水力火力獸力之不同先是棉布織少而價昂嘉慶中始於嘉慶二十年始以水運車數十紡車監以一女工而足織亦水輪轉動自能成匹製易而工省故棉布市於他國賤而且多有紡織所設紡車一萬五千架日得布四千丈按所內計五百人男一女七一女月工銀十二圓至二十圓不等總理者歲三千圓

司工者二千圓商主更以所入價十一酬之從前種棉者少無一年産至三萬八千斤者至道光五年則多至二萬七千萬斤估値二千七百萬圓以五之一留用餘皆販於他國六年至今價又減於二十年前三之二而商利反增盎水織日多也當棉未盛時以苧蘿布代之其明證矣又按尺曰碼約如中國二尺五寸各國仍有不同斤曰磅約十二兩呢疋有大小皆擣羊毛爲之牧者視其年値增則多畜以翦其毛否則殺以充食其先造法遜於英吉利故所銷亦遠不逮今以解用水力故流通極廣火輪舩尤始自近年附近諸國每倣爲之中立銅柱空其腹設機焚煤火激輪走其快如風日夜可行千里借五行之力是以駛力較猛但近火不便藏藥且火力稍懈轉不及人力得爲輪換故用以通急訊實爲奇捷三十七日由其國可抵粤若以載貨載兵則兩非所宜矣玻璃器與時辰鐘表銷售之數畧相等而玻璃礶彌通行焉就工藝之大概言則鑄字製紙印書三者多於他工蓋心思專用於製造因而日趨新巧有自來也其

始至但流寓以舩來市雖有地不知耕種人之乃壟朠曠爲田壤築基界按修培基圍爲歲議之首務必行者經其溝洫四野皆叢樹伐而留其四邊卽以爲田圍獸不得入木伐隨焚灰於中故始播便能蕃茂又勤於力作往往積餘穀以待諸鄰近之凶荒英吉利尤時與告糴所樹首粟次麥次蕎蕎麰麥黍及大小豆蕎等隨各省風土所宜人食之外以供禽獸稻惟南方地有之與甘蔗同又種麻細爲

布粗爲纜索爲帆烟葉止製鼻烟捲筒碎葉三種棉則以時採其花紡紗以成布曠野所在種者遍焉近有桑可供織衽青黛可作染料蔬有薑芥葱蒜薤黃瓜冬瓜胡瓠菘葵萵薯薢藿之屬果有柚橙柑梨桃櫻桃梅葡萄莓李核桃有十種沙梨苹菓胡桃栗之屬花有葵花紅花山丹薔薇鷄冠柳絮人參之屬按人參以入花類據志畧說似別有種也樹木百三十種有奇橡木高至八九丈舟料室

柱皆資之凡四十四種楓可煎糖歲可十萬斤有圍四丈六尺者在美蘇里樺皮可葢瓦製箱籃舟舫土番以作三板小舟負至海濱而渡歸亦負還次爲榆松柏杉柳山石以亞罷拉旣俺治臂外二山所產供堤築街舍之用色別青赤白石山中有金銀銅鉛鐵錫金出最後駕囉連北南省及磋治亞典尼西亞喇罷麻諸處並有產金以道光四年所得計之估價不過五千圓五年則萬七千六年二萬七年二萬一千八年四萬六千九年十四萬十年四十萬六千十一年五十二萬十二年六十七萬八千十三年八十六萬八千十四年八十九萬八千葢開採者多故日有增益也銀銅水銀間出錫及諸珍寶石亦差少惟鐵至盛產煤之地以邊西耳文爲最鹹水環三面可煮煎又有鹵石山中亦有鹽海子故鹽足用魔鬼山按以所產物異常理故俗稱魔鬼山中有水可作藥土人稱曰藥水且可作油燃用凡鹽煤及金銀鉛銅鐵皆聽民自取無禁獸之屬有黑熊豺狼狐狸海虎水獺野狸猫鼬鹿牛馬虎按海錄山多奇禽異獸無虎豹麋鹿葢得自耳聞今據志畧驢犹兎

禽之屬有鶻鷲鷹梟鸚鵡杜鵑啄木鷄烏燕鳩鷗鶘山鷄鸛鷸鵝雁鳧鶬鶴庚鳫鷄鴨孔雀鱗介之屬有大口魚鰱民魦鮒鱷鼈及倒蛇蟲昆蟲之屬有蝘蝶螢蠶蜂蜻蜓蚱螳蜋蟋蟀蚊蛭蟻蚇蠖農蓺穀爲上菓木次之然國實以貿易爲本務所入視農工遠甚統領之所獎勸者固在此葢稅之所出國用攸資也國商之販貨市外國者不過魚油獸皮牛羊豬馬烟棉花五穀

及工作中之鐵器瓷木器耳舉至旺之年計出
凡五千八百八十艘有奇以乾隆五十二年入
市　中國後船逐漸增歲且數十幾與英吉利
相埒其船每較他國差小隨時可抵粵非如他
國之必期以八九月也　按入市始於乾隆五十
二年據粵海關志廣東
通志則以爲始於乾隆四十二年當時據採訪
冊其誤有因也志畧乃云乾隆四十八年始彼
國最重貿易其敂關初至之年當有紀載撰志
畧者必所習聞不應舛錯至是予總纂粵海關
志時凡由局弔查關署所存檔冊榷使每令關
吏按類錄摺送局備纂如各國始至之年並詳

註之予尚慮其一時抄錄偶有舛誤因以前所
纂辦廣東海防彙覽時書局錄存自總督至布
政司署一切抄發案牘覆核之兩無參差方據
纂入今其國乃自謂四十八年始入口所以不
符之故則不可解矣又按米利堅入市以來除
所有統同禁令如入口硝磺軍器礮位金銀錢
銅鐵鉛米穀書史及大黃茶葉土絲綢緞之私
買者向與各國均同遵守外其專爲彼國事見
案牘者今並著之乾隆五十四年以粵地多通
洋面若任各國市買大黃出洋勢必輾轉入於
俄羅斯　奏定西洋各國照琉球例每年每國
販賣不得過五百斤俾其得藉療疾至五十七
年因其國夷商與英吉利夷商求免限定五百
斤數并求海龍等項皮張一體進口售賣　奏
奉　恩旨准行又嘉慶十五年英吉利大
班嗌咙咂列欵以米利堅與伊國不睦所有英

吉利貨船常被米利堅在夷洋拏獲稟請掠過
貨物不容隨便售賣經廣東布政司會議各國
貨船來粵惟以該國批照爲憑是以船至萬山
驗明看過實有貨物卽行引進黃埔其貨物來
歷本難稽考至該夷等互相爭執係外夷之事
內地無從查考毋庸置議又二十二年米利堅
船來粵至香山外洋停泊被蛋民李奉廣等詐
搶拒捕殺傷米利堅人五命總督閻卽嚴飭拏
獲匪犯並傳齊彼國在粵商人環視行刑分別
斬梟　奏請將夷人量加賞恤奉　旨以
唉吔違例私販烟泥免其治罪不得再加賞恤
又道光元年總督監督會奏鴉片烟來路一係
大西洋一係英吉利一係米利堅大西洋住居
澳門赴本國買貨回帆夾帶英吉利水手私置
米利堅因少國王鈐束係船主自帶總商徇隱
請摘去頂戴又二年廣東省西關失火延燒洋

行夷館據各國夷商稟明大呢嗶嘰等物既被
燒焚所有尚未分散各行應由夷商交出之稅
銀十四萬二百四十三兩　奏奉　恩旨
全行豁免又十年以西洋夷船分一二三等征
稅自康熙年間減定一等船征銀一千一百餘
兩至二千一二百兩不等二三等船一征銀八百
餘兩至四百餘兩不等米利堅或三十餘船暨
二十餘船其中一等船不過十之一二而二三
等船則居十之八九　奏准將各國船規各減
去十分之二又十一年以夷船例自五月收泊
九十月回國米利堅船來去無定其一人名下
每年至粵船隻或一二號或三四號或本人無
船將貨附載別船售銷該夷商均在省經理年
久相安不必拘定九十月間回國列欵　奏定
量爲變通一俟貨銷事竣不論何時卽行隨船
回國或前往澳門居住以上皆見諸案牘者益

自其入市至此已五十餘年　中朝懷柔之仁有加無已如此其國商人亦素稱恭順在粵中人暨久客於粵者每能言之寄味山房雜記云道光三四年間英吉利國公司以緬甸西南叺姑港土產甚盛發兵船欲據之爲所敗來粵取餉碇零丁洋面本新安縣屬有兵上岸用鳥鎗擊斃數人官責大班回稱此係過往兵船未入口不能約束時適有米利堅船搭坐法蘭西夷人在黃埔灣泊以砂煲擊賣水果小艇民人落水死船主將兇夷送出正法又道光七八年英吉利於夷館前立大馬頭牆柵圍之官爲毀拆遂約來船俱泊零丁洋面以八事稟挾求准乃入口各國多附和者惟米利堅人不從謂如我國船至汝國貿易亦必遵汝制度今來此但圖利耳如無利即請汝亦未必來矣後卒以貨霉食乏始開艙據葉氏之言則米利堅猶知守

法可以一事推之矣又二十四年其國使臣顧盛偕嘅唎吐嘧等至粵以貿易條約四十七款呈請大吏逐款覆核分別准駁刪增定爲三十四款給以印冊仍代爲轉　奏其中如稅餉俱照現在例冊如日後更變須與該國議允又准帶家眷赴廣州福州廈門寧波上海五口居住貿易五口外不得一船駛入別港遊奕與沿海居民交易又五口所設領事與地方官交涉事件須兩得其平倘有欺藐准領事申訴　中國大憲查辦又其所納船鈔載貨百五十噸以上者各納銀五錢不及數者納銀一錢所有丈量各舊規全行裁革已完船鈔後載往別口海關註明船牌及行文別口止納貨稅又該國三板附搭行李書信及例不納稅之食物均免輸稅若雇內地艇隻并不在按噸納鈔之例又凡雇引水跟隨買辦及通事書手工匠廝役水手其

工價均聽其自行定議又該國商起貨下貨日報領事轉報海關會酌遲則不爲准理又五口各給領事丈尺秤馬一副照粵海關部頒式發領事以免流弊又進口領牌起貨時即交清船鈔其進口貨於起貨時完稅出口於下貨時完稅又每船帶進後海關派役管押聽該役或搭商船或自雇其食用由海關給發不得索商船絲毫又船進口二日將船牌貨單呈領事領事即將船名人名及噸數貨色照會海關方准領牌開艙未領牌而擅行起貨者罰其洋銀五百大圓其貨概歸　中國入官止起一分貨者按一分輸餉餘貨准載賣別口未開艙者限二日准其他往逾限即照輸稅又船泊口內有駁貨過別船者由商報領事轉報海關驗明方准搬運倘不稟明候驗即將駁運之船歸　中國入官又洋行名目裁撤准與　中國商民交易以

杜包攬又　中國商人拖欠貨項誆騙財物該國商自向討取若由領事照會地方官即查明催追倘實已身亡產絕或逃匿無踪不得執洋行代賠舊例呈請著賠華商亦照辦理領事亦不保償又五口准租賃民居或租地自建并設定醫館禮拜堂及殯葬之處領事同地方官體察民情聽其公平議租或被掘墳墓地方官嚴拏照例治罪其商人水手不准遠赴內地鄉村閒遊亦不得赴市鎮貿易應議定界址以期永久又聽該國延請各方士民教習語音帮辦文墨并准買　中國書籍又內地不法匪徒逞兇焚搶領事報地方官查拏嚴辦又納稅後運往別口領事報海關驗明填照一面行文別口查驗符合准免重納影射夾帶者入官又　中國人與該國詞訟　中國民人由地方官訊照中國例治罪該國由領事訊照本國例治罪但

不得各存偏護又如中國禁阻别國交易聽該國自與别國貿易或販其國貨前來亦准入港惟不得私帶别國一兵進口及受别國囑換旂號代爲運貨入口又每年終五口領事將一年船貨及估値數目詳報本省總督咨部又該國人有事要辦訴者先稟領事查明卽轉行地方官查辦中國人亦先稟地方官查明卽轉行領事查辦又該國人在五口自行因財涉訟由領事訊辦該國與别國在五口因事爭論各照其本國所立條約辦理中國官員不過問又該國貨船在中國内洋被盜刼地方文武官卽嚴拏治罪贓交領事轉給或正盜不獲或有盜無贓及贓起不全地方官例有處分不能賠還贓物又該國船在中國洋面遭風觸礁擱淺遇盜或在外洋飄至沿海致有損壞地方官卽拯救撫䘏一切米糧淡水均不得禁阻又

五口地方官不得强取該國貿易船財物及封船公用等事又該國人有逃匿内地者地方官拏送領事治罪中國人有逃匿該國寓館商船者地方官行文領事拏送其商民水手均歸領事約束倘有滋事兩國官員均應執法嚴辦又中國大臣與該國大臣公文往來用照會領事與中國地方官用照會申大憲用申陳字樣平民稟官仍用稟呈兩國不得互相徵索禮物又該國若有國書達朝廷者應由中國辦理外國事之欽差各大臣兩廣閩浙兩江總督代奏又該國有兵船巡查貿易至各港口者其水師提督大員與文武大憲均以平禮相待買食汲水不得禁阻如兵船損壞不准修補又該國携帶鴉片及違禁貨物至中國者聽地方官自行辦理治罪若别國冒該國旂號做不法貿易者該國自應設法禁止又

各口情形不一應俟十二年後各派員公平酌辦此次條約奉批准後該國不得遣員到來異議其使臣原呈之四十七欵内有各口領事官有事請准其向都察院申訴者葢該國審判全歸察院也有洋樓偶被焚燒請官爲修復者有洋貨三年不銷請發還稅銀者有請官設棧房代爲貯貨者有天朝敵國與國均准往來貿易者有商船進口停泊請中國統轄護理遇别國凌害仍請中國代爲報復者有貨船被敵兵追襲請中國助擊者有兵船到港口與礮臺互相放礮以將敬意者又有請定在京中或内閣或部院收受其國中文書者有若値兩國用兵仍須准予商人搬回貨物免遭殃害者其請租地建堂並殯塟及延士人教習採買書籍各欵均先駁斥後據夷使稱大西洋之在澳門英吉利之在香港均得建堂殯塟

俾生者種福歿者藏骸伊國貿易人不多不敢求賞塟地若再不准建設實屬向隅至延請士人採買書籍原屬舊有之事祇求載入條約等語經大吏核與辦法無碍准之而其中擅赴五口外私行交易及走私漏稅携帶鴉片及各違禁貨物聽中國治罪係屬增入該夷使亦卽樂從其歲終彙報咨部則該國原議所有尚足見其恪守天朝法度惟洋鉛爲該國所出稅例比較鐵斤加至三倍今據求減准其每擔減去銀一錢二分葢洋鉛原非大宗貨物所減無多也以上皆入市後見諸案牘者故附紀焉

他國之來市於其地者多近南諸國而他洲亦時有至者如英吉利法蘭西荷蘭葡萄雅西班雅破魯西瑞典鄂羅

斯以上諸國並同屬歐羅巴洲者埃岌多在亞非利駕州內者都耳基回回印度噶喇吧小呂宋暹羅皆在亞細亞洲內者各以其土所産貨或轉運別地之貨以往而　天朝近洋各省之商人亦間有駛船抵其國者旺年多至三千九百五十餘艘載其土貨回帆者乃四千艘有奇按據志畧其年出口者乃多於入口之數或置貨過多就租其船以去猶爲情事所有而船數之多則異甚或并國內口岸自爲來往者計之誇示他國未可知也以入司之爲檔籍其出入之數道光十四年出口之貨變價約

一萬萬有奇如山物四百五十餘萬屠人物二百餘萬農圃物八百餘萬烟六百餘萬工作器七百餘萬以棉花爲最凡得五千餘萬十五年一百三十六萬餘包十六年一百六十三萬餘包包值七十圓計得銀一萬一千四百五十五萬有奇乾隆五十五年商本止千九百萬至嘉慶元年則多至六千七百萬矣由外國回帆貨值亦一萬二千五百萬有奇按貨輸稅設關榷之中有免者當立國之始于戈擾商賈中疏越六年是爲乾隆五十九年所徵餉尙僅得四百七十七萬有奇耳其後餉以貨增度支不匱戶籍丁口之數凡爲人民爲婦女爲奴僕各就

其縣歲書於冊週十年而統核之生息雖漸蕃衍然未有過千三百萬者未立國以前無十年計口之例畧舉大數則康熙二十八年約存丁十有二萬乾隆二十一年一百萬四十年三百萬自五十五年戶冊始設是年得三百九十二萬一千三百二十有八五十九年得三百九十二萬一千三百二十五爲奴者六十九萬五千六百五十有五逾六年爲嘉慶五年得五百三十一萬六千五百七十有七次年得五百三十一萬九千七百六十有二又十年得七百二十三萬九千有三又十年得九百六十三萬八千一百八十有一又十年得一千二百八十六萬六千九百二十爲奴者二百萬按戶丁既逐年遞增而於乾隆五十五年至五十九年越四年而丁口反減理不可

解意此四年方與英吉利戰生齒不敵死亡也其地南極暑北極寒然近北反可依時耕耨南方濱臨巨洋遇海水泛溢泥濁浮潡耕者往往失時以通國三分三分詳見前近北一分一歲中有四五月飛雪成片堅氷上可馳馬者中一分雪甚稀近南一分則終歲和暖國人每製寒暑針較其分數淺深而一歲風信亦按年月日備記之其測雨之法則以先一年每月日備記星辰雲霧爲驗如馬沙諸些省波士頓城

每年北風三十日西風四十九日西北風六十四日東北風四十三日東風三十二日東南風十六日南風三十七日西南風八十八日華盛頓省城則北風五十六日西北風八十七日東北風三十五日東風十六日東南風二十四日南風四十日西南風五十五日西風五十六日累斯安省巴頓而碌城則十一月内北風三十九日西風七日東北風十一日東風五十九日東南風十六日南風七十一日西南風十五日西風百四十六日若測雨亦就一二省計之則馬沙諸些省波士頓城每年約有二百二十日晴八十日雲三十五日雨二十二日雪華盛頓省城每年約二百二十二日晴五十八日雲七十二日雨十三日雪累斯安省巴頓而碌城十一月内百六十二日晴七十六日雲九十七日雨無雪按以上並據志畧所稱各省風雨晴雪日月之不同其爲南北異宜本屬常理然所測一省中每年相同則不可解然明史稱柯枝國二三月小雨五六月大雨八月後不復雨歲歲皆然則此似非無據至累斯安一年止有十一月更不知其說矣

或曰其地本英吉利罪人所流竄益傳聞之誤按寄味山房雜記云米利堅郎中國所稱花旗也初亦英人投竄於此地沃宜五穀週亦數千里或曰國爲英吉利所分封則指其初至者言之猶未得其審也按海錄云咩哩千在英吉利西亦海中孤島疆域稍狹原爲英吉利所分封今自爲一國即來廣東之花旗也自大西洋至咩哩千統謂之大西洋以海舶貿易爲生自王至庶人無二妻者山多奇禽怪獸莫知其名而無灰豹

麋鹿凡來　中國皆南行過峽轉東南經地問噶喇叭置雜貨北入噶喇叭峽過茶盤郎地盆經紅毛淺而來若不泊噶喇叭則由地問北經馬神崑甸而至茶盤北經紅毛淺而來九月以後則由地問借風向文來𥡴祿小呂宋東沙而來其往小西洋貿易者則由噶喇叭西北行經蘇祿之西呢是之東又西北經呢咕吧拉而往由小西洋復來　中國則東南行經亞齊東北麻六呷西南入白石口轉茶盤而來遇北風則由白石口東南行至細利窪入小港經蘇祿小呂宋東沙而來內港船往來則必乘南北風其蘇祿呂宋一道從未有能借風而行者此其大畧也據此則米利堅亦在大西洋之內其云王與庶人無二妻則猶未悉其國之但設有統領而無王也楊氏海錄之語葢於嘉慶庚辰聞之謝清高所口述者謝爲賈於海十四年所至習其言語記其島嶼風俗當時所述悉操西洋音故以米利堅爲咩哩千他無所據其以轉音而誤則詳見前矣

合省國說卷三終

蘭崙偶說

蘭崙偶說序

入市之有嘆咭唎惟利是務雖其酋亦且與民合貲爲之故凡市事之便於獲利者謀無弗至其內擾也畏市易之中絕而就欵也幸市易之仍通無他技也其人近粗習中華文字間有譯梓成帙流入市屋賓卽所舊行之新聞紙有考證天文者有紀述風土者其言往往歸重耶穌教意有在也西洋陽瑪諾之撰天問畧稱不動之天爲諸聖所居奉天主者乃得升之

欽定四庫全書總目著錄其書而摘指其謬未嘗因人廢言也其國遠處西隅奉冠帶未及百年土俗攸殊原無可述惟積歲斂關入市疊貢

天朝案牘所存足資稽索當世立言之彥偶記見聞亦堪薈萃然大率詳今畧古究未得其立國之所由來故譯字紛歧且動稱千有餘年未免羣疑滿腹爰卽所聞之偶及遠古名氏者爲之繫

以中土朝代而後知其相尋倣擾自昔爲然蓋
所述自羅馬國以遞於哪耳慢中歷各因兩撤
孫千餘年來屢經爭易皆無關於今之英吉利
其言襃譏參半或不至盡屬子虛採附羣編以
見
聖朝懷柔之仁邁越前代彼國之因貢得市沾濡樂
利所宜涵泳
皇仁者已非一朝一夕之故而已

道光二十有五年端午梁廷枏識

蘭崙偶說

廣東澄海縣訓導順德梁廷枏撰

西洋諸國如英吉利紀年動云千八百有奇矣
固緣奉耶穌教而溯其始生然其國土之闢則
實已閱千有餘年但其間展轉屢易其姓今可
各按以　中國朝代層遞考證焉東漢以前不
可得而詳矣其有名號可指及其有國之年次
足紀述者則自加力牛拉始得位後民苦其虐
四年弒之當漢哀帝時如德亞國有耶穌者衍
其國摩西遺書別創天主教使徒衆遍傳諸國
勸人奉教爲善耶穌死其徒繼出者以所遺經
傳教入天竺值漢明帝遣使求法西域釋教方
盛故其教不得行英吉利去如德亞遠以舊屬
於荷蘭緣是而從教也灾爲華老氏五立十有
三年而至尼囉弒母殺妻焚民居爲嬉戲立十
有四年爲腓得利五所滅一年而腓士薇西安

時繼之羅馬即哪嗎海國聞見錄云天主王國誤蓋地在如德亞之西臣屬之而未據其國也人入隳其所居色耳城凡奉教建堂都邑使人以時瞻禮者曰禮拜堂盡燬於火拒戰被殺者十萬人遂爲所屬立弟多日以行善自警嘗謂一日不行善如其日喪亡由是賢聲著遐邇在位甫二年至多米弟安復暴虐立十有五年至尼耳瓦有大度而過行寬縱臣下謀逆反賜之官以安之亦二年至得拉然東向用兵以威服隣國立十有九年至亞得利安政尚慈惠民逋賦至十六載者蠲除之而焚銷其籍頗信耶穌欲與他神同祀其徒以意不專法不受祀止之立二十有一年至安多尼悲五能愛其衆居常自言與其滅百敵不若救一民所行多見德事立二十有三年至馬耳哥安多謹身寡過喜讀書自製文告以戒其下皆感受焉立二十九年至哥毛道殘忍縱慾好漁色兼狎頑童

立十有三年至彼耳地那士改紀弊政除其不便於民者國利所在雖散財不少惜立數月竟戕於亂兵西非路繼立善用兵屢勝外敵立十有八年至加拉加拉性悖忍就其母懷殺弟且禁母不使啼哭事起波及無辜死者數萬立六年弒於馬華利自立甫數月至希流加巴羅亦不道立四年至亞華山得疾惡嚴雖小必罰時號嚴者立十有三年而馬華西民起自牧羊兒驟得立饕餮過甚日食肉四十斤飲酒十八礶立三年至哥耳氏安爲治有法度能考究天文是時始知日食之故又星見於晝羣以爲異立六年腓利百弒之自立五年至氏西五最惡傳耶穌教者時假他事苦而殺之立二年至加路士三年死於亂卒至法禮利安巽懦無志氣立六年至加利以奴淫昏殘酷立八年至華勞氏五極能治兵賦殺敵人多至不可計立二年至

阿禮利安以善政聞立五年至大西多立數月
至佛羅利安亦數月至百羅布殺敵極多立六
年至加羅性好戰立二年至大阿革利西安殺
傳教者毀其堂立二十年至千士但氏五立二
年至千士但天相傳不尚耶穌教偶與他國戰
不勝試禱之仰視雲際作十字架形旁有文曰
以此勝敵異之試爲架象十字者置於前鋒驅
兵繼進敵遂大敗十字架者耶穌行教拘於官

以架釘手足而死其徒因奉十字架如耶穌者
也自此遂與其臣民傾心信服刻其遺書流佈
多設拜堂先是國人每祀土木偶像常詣林藪
叢麓殺人而禱之至是專事禮拜不設他祀耶
穌教亦緣是大行於歐羅巴洲地矣立三十有
一年遺命以國分封三子長爲千士但氏五號
第二者立後其二弟相繼殁國仍歸焉立二十
有三年至如利安自其少時已虔奉教旣立則

又背之及與敵戰中矢死垂絶呼曰耶穌已得
勝我矣相傳謂其目有所見也立三年至瓜非
安與復教法立一年至瓦憐天焉與其弟分國
而治以東與弟而自取其西其弟立一年而卒
國復合立十有一年至厄拉氏安亦奉教惟謹
立八年至瓦憐天焉號第二者立九年爲有至
尼五所篡自立二年至河哪利五儒甚事皆決
於其臣旋病腹脹死立二十有七年至瓦憐天

焉號第三者生無纖毫善國人日詛其早死立
三十有一年弒於馬革西母甫一年而亞非都
繼之亦一年至馬瓜利安創制新法立五年至
西非路國中目爲小人立六年至安地米五立
五年蠻人弒之至阿利百利五立一年至厄利
西利五立三年至尼波亦三年爲土蠻所滅由
加力牛拉以來至是凡四十有八王歷二百又
九年當自漢明帝迄宋齊間而繼接可數者惟

此而已自腓士薇西安時屬於羅馬其國自是遂爲羅馬所據時雖受轄羅馬仍自爲國積而滋生卽史所稱之紅毛番羅馬舊國反屬焉已四百年矣其後日浸微弱不能保其屬國於是羅馬本國亦背之勢既孤立北方敵人遂乘間而侵時撒孫方號强盛遂向乞師兵甫出而敵退撒孫窺其弱而可奪也忽動貪念乘勢遂圍之逐其王而分地爲七名其大者爲西撒孫以

舊國爲南撒孫此羅馬所屬國滅後十有九年事也由此又爲撒孫所據曰西耳得乃者卽襲破分地初立之西撒孫王也時國人咸念撒孫來救已而反見逼也則力爲拒戰互有勝負撒孫爭之益力增兵遝將期以必得會其隣有亞耳得耳人稱之曰猛君者旁觀不平助遏撒孫兵使不獲長驅進相持至久而後得故事定已在十餘年後西耳得乃立三十有九年傳長子

堅力國人仍不時反側立二十有六年中屢設防於其國與其民爭至基阿隣乃一戰而服之復併有國南之地心志滿假欲藉以圖霸諸隣諸隣不服亦時與戰爭甫息遽死在位二十年至求以華勒米理國事與兄古得文共之立十有三年至幾阿巳勒得佺立十有八年死凡七王歷百十有六年爰考其時大率起梁初迄隋大業義熙之際也由唐以來則爲開尼義勒篤

信耶穌遺教重布於國令其國人無貴賤皆虔爲奉事爲之禁絶神像專事禮拜蓋耶穌教之微而復興推而彌廣者則千士但天開於前開尼義勒振於後也其時民稍殷富在位三十有九年傳堅瓦勒華無子立二十有二年遺命以其妻色布耳加代理國事者二年傳以士權亦二年至堅得爲因立九年至華得瓦拉勇而喜戰在位僅四年出兵據其故國南撒孫之地後

自悔其爭殺謂違耶穌戒律於是刻意奉事至死不變傳以哪能以兵威服諸隣爲治亦有法度國人義之上下百年間之最得聲聞者立三十有七年至亞地拉耳得卽以哪之妻兄也緊以異姓嗣理國事人心疑貳爭欲爲亂聚集兵力而後平之立十有五年至舊得勒毋與隣封戰輒獲大勝一時武力卓然立十有九年至西幾八得立及五年不爲衆所推服民遂倡亂相

與擁立幾怒勒百而西幾八得遂爲亂民所廢不復能自振拔其兄恨幾怒勒百甚將伺隙報之不得後偶於黑暗處與值殺之在位十有九年百利得勒繼之溺信其所寵婦事無大小言悉聽從無或稍逆會臣下有忤婦意者怒欲酖殺之已置毒於酒百利得勒不知也見酒輒先自飲因中毒死立十有五年至以厄百好與隣戰戰亦輒勝自襲位二十八年間以次盡得界

外近地其後疆域日稍增廣實基於此內治國事尤得民心東北隔海有客因國（卽領墨今黃旂）有舊怨及聞其國地尤忌之密率舟師猝舉入侵其境國中無備乃大亂尋卒立三十有九年以得勒武勒繼之或言羅馬有神降且靈甚者欲邀其福祐輒捨棄國務親至其地禱焉還復日以所拜爲事立十有九年至以得勒巳得與其兄同理國事並在位八年至以得利得立客因復

向侵悉力拒守僅而後免立六年至亞勒弗勒能文章立未幾客因再潛師至境深入守禦不支旋被廢爲民匿跡農家切思所報時客人方結寨自守招羅聲伎爲樂偵知乃密募勇士飾作樂工已亦隱身隊內入寨奏技出不意羣起呼殺客人未之備遽爲所擊盡降之赦不殺遍以善言撫慰難遂平終其世客人不敢向窺既復位則設學校興教育自爲文勸民重四業馴

至艾安立三十年而卒凡十八王歷二百九十有六年大率終唐之世矣其在五代時則有以得荃者甫嗣位卽與北敵構釁連歲爭戰立二十有四年至亞得勒士但其臣有被首謀逆者獲而訊之跡未著不承也讞甫訖其人忽倒地而斃衆咸駭之以爲神祐立十有六年死子以得門尙幼嗣立五年荒飲無節爲臣下所弒至以得勒立信耶穌教過篤遇教徒建寺必豐其

賄給國人稱行教者曰教師法得娶婦至是而益加禮重謂旣虔誠持教卽不宜與女子同居實力嚴禁之教師以爲苛己然理直無如何也在位九年至以得爲先是國法禁同姓婚配逮王始取其宗女爲妻教師相與切諫不從藉以爲亂舉兵直入後室搜其妻殺焉立三年至以得加耳愼保疆圉造戰艦配兵哨巡海道隣國聞不敢正視然性喜漁色立十有六年至以得

荃號第二者早喪母爲後母所不容朝於母所母嗾人殺之立四年至以得勒耳得當亞勒弗勒時客因人敗降者編其户生齒日有增益偶念他族偏處旣衆慮他日終爲國患下令將盡殲之其閒而先逃免者怨同輩無辜遭慘戮相率爲亂奮力逼所居難作遂死立三十有八年至以得門號鐵脇者立甫一年猛力自矜臣有謀逆召客人爲助者客因王加怒地卽加納威平三年事

以積怨故悉師入攻以得門爲客因人所殺國隨滅凡九王歷百十有六年大率始五代至宋眞宗天禧乾興之間矣自西耳得乃至此大凡相繼四十有四王統計五百二十有八年撒孫所據之國於是終此後遂爲客因所據矣然爲時固未久也加怒地旣以應其亂臣之招至卽獲勝乘便據有其國不復別立王自以客因王兼理之號令一聽於加怒地得國後十有八年

死以夏耳阿勒繼立善走故國人稱之曰兎脚爲人極殘忍嗜殺戮立四年至加恕地號堅者者甫立而死無子國人以撒孫傳世久思念遺澤共立其王子主國各人亦無以難也各因自加恕地至是凡三王歷二十有四年而各因所據之國亦於是終此後復爲撒孫所有矣舊撒孫王之子立二年以得空號認者者繼之在位二十有四年死亦無子時有名夏耳阿勒者即壹

賀頗得衆心其父故受撒孫舊王封爵於是群臣集議舉立之立一年哪耳慢國王未廉者方以威力自逞窺其國無王以兵六萬與爭夏耳阿勒率衆拒之力戰爲所敗遂被殺未廉乃自立爲王凡三王歷二十有七年而後撒孫所復有之國亦於是終此後遂爲哪耳慢所據矣未廉號勝者者之先在哪耳慢也不知其年既得志於撒孫所據國而自取其地以爲聲威既震

人必貼服無他虞可使之稟己政令而遥制之於是稍留兵戍而自還故國然當夏耳阿勒之得立實擁戴於其臣民猝爲未廉所乘羣相側目特畏威莫敢發俟其行乃相與密謀誘殲哪耳慢戍兵而復其所陷地別立新王以拒之有成約矣會謀洩未廉趣返臣民畏不敢動遽還怒國人奪首變者田宅以分給其族國人莫可如何久亦安之在位二十有一年既以所得國

傳其子矣未廉號紅毛者年少不得立乘父喪逐其兄而奪之耶穌生如德亞國在亞細亞洲而其教乃西行於歐羅巴洲故西洋人稱其所生國日本地至是有回回侵據之難未廉聞遂備艦遠出逐回回人平之立十有三年至賢利號第一者即顯利既知民思撒孫爰擇其故王女爲配所生子即以爲嗣會其子長遊海中溺死不得立賢利在位三十有五年無子其甥士地

便乘喪遽自立賢利所遺女意不能平率衆攻之與戰勝負未决士地便慮終失利乃與女盟聽士地便爲王終其身而後以女之子繼遂罷兵在位十有九年至賢利號第二者國中傳法教師自以得爲時優加尊待其徒日肆豪横不可制發兵攻之戮一人教師故爲民信奉而居以耳蘭者信尤甚慮餘黨煽惑爲亂因乘勢攻勝其地教徒頓歛跡立三十有五年至利茶耳

得號獅心者耶穌本地復爲回人所侵載兵援之立十年至若翰性暴戾虐遇其衆教師因民情不忍聚衆困迫之國内舊受封爵者亦羣起圍所居不得已與民約凡事聽民自專不問沿爲風俗（此卽棄加特力而尊波羅特士者蓋爲所迫也）立十有七年至賢利號第三者先是諸有封爵者挾權勢久爲民病莫可控訴雖訴而法亦不行也於是求民中有才能者量擇一二人置之左右爲輔事必與

議而後决議定羣貴亦無以易也則咸受約束無敢復逞者民大便之立五十有六年至以得空號第一者嗣爲人有力好戰侵伐必親行嘗集兵舶西出滅哇利士以長子留居其地又北取斯葛蘭與戰凡三捷然徒恃威力其人非心服行卽背焉再挈兵往死於道立三十有五年以得空號第二者繼之柔懦荒淫喜用所嬖私人諸臣但備員各擁虛職諸封爵者因共謀造

逆廢之隨爲所弒立二十年以得空號第三者爲衆爵所擁立時佛蘭西國方亂乘隙舉兵伐之連獲勝俘其王以歸蓋是役以大礮接戰故佛蘭西不能拒國人之能施火礮於巨舶上者始此立五十年凡十王歷二百九十年由加怒地至此合三百四十有一年大率自宋乾興以來迄元順帝至正之末矣利茶耳得號第二者以幼年嗣立制法甚嚴征民稅亦過重百姓苦

之因謀作亂有業鐵工者爲之倡首號召亂兵驟至十萬犯所居蘭墩城聞變遽自迎戰親八賊陣刃殺首者而撫從亂之衆曰余爲爾首從我當得富貴賊先以年少輕之至是乃共異其膽畧相與釋兵隨其所止片言竟平大難後卒爲其叔所篡立二十有二年至賢利號第四者勤理國事設讞訟獄官曰審司其子少豪横不恤教與羣宵小爲友導之爲非法因事輙責辱

審司審司立置之獄然後以事聞王嘉其不屈法也大喜賞之立十有三年傳賢利號第五者卽向辱審司者也嗣位後勇於悔過遷善嘗率九千人與佛蘭西戰勝其九萬人奪而據有其地立十年至賢利號第六者性畏懦時佛蘭西雖爲舊王有而其民常懷變亂再往平之佛蘭西以婦女編兵與戰男軍失利地復陷急返國有國戚者合謀要攻廢之旋復得理國事凡失

位者三最後爲所禁歿於獄立三十有九年至以得坴號第四者立二十有四年至以得坴號第五者立不半年至利茶耳得號第三者立二年至賢利號第七者初嗣位舉國多背叛卒以次治服之立二十有四年至賢利號第八者兇殘素著嘗手刃其婦再娶則又殺之又好誅戮其重臣惟於教師之恃權者禁之使不得爲民害立三十有七年至以得坴號第六者幼年居

位知向善凡俗染深者華之國事咸就緒立七年而馬利以女子繼之嗜殺戮民之行善者尤不免人血常流溢故當時惡之號曰血馬利在位五年凡十一王歷百八十有九年大率當明初至嘉靖之中矣由未廉至此葢皆哪耳慢之舊也沿至萬歷間女王依里薩陌以慈惠清潔著民有請渡海西闢地居者稱所闢爲費治彌亞華言貞節女地頌之繼者占士能制法區新地爲部

落遷民慼戴假王名為地重而後馬里阿復以女王嗣自崇禎初迄於明末區壤愈闢擇能教者董率其眾即馬里蘭地也 皇朝定鼎以來由康熙年以逮雍正其王曰查爾士曰若治阿相繼有國又得數壤始求市中土名今地曰查爾士頓曰若治阿皆欲延美譽也語詳後其後三世相傳並以雅治名者曰弗氐京雅治傳子昔斤京雅治又傳子非立京雅治老而內禪嘉慶十七八年事

勤修職貢其名始達於 天朝今王曰或亦多厘里亞為前王烏連之姪以女子嗣嗣國在道光十八年年十有九夫死再贅去國五百里之乍審國王子名雅哪博者於官同視朝而不理國事

蘭崙偶說卷一終

蘭崙偶說卷二

廣東澄海縣訓導順德梁廷枏撰

其名國曰英吉利按明史有曰丁機宜者據海國聞見錄丁機宜在南海不過音偶相似其稱英機黎者在西海方為今之英吉利而職方外紀之諳厄利陳昂之稱英圭黎皆譯異耳非別出名目也亦曰英倫初但荒島佛蘭西始闢處焉後稍生聚居西方者為墨士厄北為木利菴斯南為西魯力斯中為薩濩為埂底伊居糯爾和者為委力斯為矮西尼性皆蠻野而以

居彌特色斯者為尤大小析分三十有六種射生獵食未諳耕稼既而居脉士厄者漸知務農制器通國因而效之頗成風俗遂為意大里亞所據然叛服不常隨撫隨亂迨漢孝桓帝和平元年西國百五十年按以耶穌生年紀歲皆後來逆推之詞此時尚未以紀年也肇區其地為七各成部落一曰景二曰疏色司三曰依俺邪司四曰委屑司五曰落藤馬蘭六曰伊耳什七曰麻可臘按東西洋考每月統紀傳則分地為七者為尼波滅

於撒孫時其時英吉利已不爲羅馬國所服因北隣之侵求救於撒孫遂爲所分以七部中最大者爲西撒孫云以時代考之當在蕭齊間而圖志以此事繫於漢時謂從此不復爲意大里亞所屬兩說互異相去遠至三百五十餘年然諸王雖託始於加力牛拉究不知屬何年但知爲西漢時人而已卽彼國書亦未能實指其年也今按羅馬卽意大里亞其云不屬意大里亞時卽爲撒孫分地爲七是兩書事原符合而志畧既明書年次似可信但與諸王世次未免稍涉歧疑耳倘志畧之說信則加力牛拉且在周赧王之末矣彼國從無此說按之情事亦非今兩存之至唐德宗貞元十五年西國八百年委屑司部落有伊未者始復併合之英吉利之名實始於

此從此自理其國不復爲意大里亞所屬矣宋真宗咸平三年領墨國加納王卽加怒地以兵來攻又屬焉後誘殲領墨留卒屢叛屢撫公舉一王曰壹貨者卽夏耳阿勒傳顯利卽賢利再傳卽賢利號第二者乃先後得愛倫卽耳蘭地斯葛蘭卽士各蘭兩地時耶穌教已分爲二一曰加特力曰波羅特士頓先是屬領墨時領墨王駕盧特令行特力教至四傳卽若翰遂棄而尊波羅特士凡新嗣位者必自背加

特力而後卽位七傳卽第一以得空娶依來西白刺爲婦彼國稱王妃曰郡始華世爵而專用考取開港通商蓋肇於此按國中之戈倫瓦出產佳錫故商船往市已在耶穌未紀歲前佛蘭西人闕居時矣又按每月統紀夏耳阿勒爲衆所舉年代與壹賀符其爲一人無疑夏耳阿勒爲哪耳慢國之未廉所殺并有其地傳諸其子死後而後賢利立中隔二王而畧志云壹賀傳顯利者去他國入據之二王不計也然則賢利卽夏耳阿勒子矣其云顯利二代王先得愛倫次得葛斯蘭亦以第一賢利女所生子按算而不計士地使之介在其中也取葛斯蘭爲第一以得空時事畧志統於顯利二代王誤國在歐羅巴極西之地三島

並懸於領墨荷蘭佛蘭西間本國四面距海南與佛蘭西隔一港東近荷蘭羅馬邊臨海與士千里邪威耶對峙由散爹哩北少西往西洋呂宋佛蘭西二月乃抵其地界以內平蕪數百里西抵蘭的多大嶺高山北至北極洋廣五萬七千五百六十方里按夷書地里並以方里計蓋彼國量度之法非方一里也又按魏源英吉利小記惟東隔港西陸餘海東西長千六百里南北橫六七百里葉鍾進記畧東西馬行三日南北六日人千四百十有八萬有奇凡領部

落五十有三首曰彌特色司東界伊什西墨經含南舍利北赫治卽蘭崙國都在甘河北岸東西距八里南北五里所屬小部三八百四十七萬四千兵四千四百曰落藤司蘭東界海西南斯葛蘭北特爾含屬十有七曰艮馬倫東界特爾含西海南蘭加北斯葛蘭屬二十有三曰育社東界海西蘭加社南那彌北特爾舍屬四十有三曰委士摩含東界育社西北艮馬倫南蘭加社屬七曰蘭加社東界育社西海南支社北委士摩含屬十有七曰支社東界那彌西佛淩南佘勒社北蘭加社屬七曰那彌東界訥鼎含西士達賀南利洗達北育社屬七曰訥鼎含東界領戈吾社西那彌南利洗達北育社屬八曰領戈吾社東界海西訥鼎含南感客利治北育社屬二十有二曰勒倫東北界領戈吾社西斯達南落社屬三曰利洗達東界勒倫西洼臨南落爾頓北訥鼎含屬六曰斯達賀東界那彌西佘勒社南窩洗斯達北支社屬七曰佘勒社東界斯達賀西悶俄脉里南希里北支社屬九曰佛淩東界支社西領糜南領彌北海屬二曰領彌東界佛淩西格那完南悶俄脉里北海屬五曰格那完東界領彌西敖厄里南麻里垣北海曰敖厄里西島東界格那完東西北海曰麻里垣匿社

東界悶俄脉里南加里凝西北海並屬四曰悶俄脉里東界佘勒社西麻里垣匿社南那落社北領彌曰加爾裡東界墨力諾西海南格爾廷北麻里垣匿社並屬三曰拉落社東界希里賀西加里凝南墨力諾北悶脉里屬四曰希里賀東界窩洗士達西墨力諾南滿孑治北佘勒社曰洼洗士達東界洼臨西希里賀南俄羅洗士達北斯達賀並屬五曰窩臨東落爾含西窩洗斯達南惡斯賀北斯達賀屬七曰落斯含頓東界韓鼎含西洼臨南墨經含北洗利達屬五曰韓鼎倫東界感客力治西北落含頓南脉賀屬二曰感客力治東界薩蔆西韓鼎倫南赫賀北領哥吾社屬四曰落爾和東北界海西感客力治南薩蔆屬十有五曰伊什東界海西赫賀南景北薩賀屬三十曰薩蔆東界海西感客力治南伊什北落爾和屬七曰赫賀東界伊什西北墨經含南敏特塞司屬四曰脉賀東界感客力治西墨經含南赫賀北韓鼎倫曰墨經含東界赫賀西惡斯賀南脉社北落含頓曰惡斯賀東界脉經含西俄羅洗斯達南脉含北洼臨並屬五曰俄羅洗斯達東界惡斯賀西滿孑治南稔社北窩洗斯達屬八曰墨力諾東界希厘賀西格爾馬廷南厄拉磨凝北拉落曰格爾馬廷東界墨力諾西賓目鹿南海北加里疑並屬三曰賓目鹿東界格爾馬廷西南北海

屬四曰額臘磨凝東界滿矛治西格爾馬延南海北墨力諾屬七曰滿矛治東俄羅洗斯達西厄臘磨凝南海北希里賀屬三曰戈倫和爾東界里完西南北海屬十有七曰里完東界疏馬什西戈倫和爾南北海屬二十有三曰疏馬什東界稔社西海南落爾什北俄羅洗斯達屬十有四曰落爾什東界含社西里完南海北疏馬什屬十曰稔社東界含社西疏馬什南落爾什北俄羅洗斯達屬十有一曰含社東界舍利西稔社南海北豚社其首部最近蘭崙曰疏色司東界景西含社南海北舍利並屬十有六曰景東界海西舍利南疏色司北伊什屬十

有七中落洼之新圭博在國之南距近蘭崙渡海即佛蘭西故爲最衝要之地水師多聚泊渣咸及此而礮械則全貯渣咸曰舍利東界景西含社南疏色司北蘭崙屬七曰豚社東北界惡斯賀西稔含北含社屬五曰特爾含東界海西艮馬倫南育社北落藤馬蘭屬九曰萌島四至皆海與艮倫對峙屬四凡五十三部皆本國舊地也此外復有績據兩地其與蘭崙同島而界以港者曰斯葛蘭別出一島者曰愛倫皆近國舊壤分部置

官一如本國斯葛蘭東南並界本國土壤平曠西北距海而多山形勢三島相接中貫一河始亦荒島愛倫人首闢處之繼而斯葛司與華斯各據其東南名其地曰斯葛司而後士特那臘果律復據其西北當南齊永元二年即西國五百年爭斯葛司而有之建部落於阿果律山越二百五十餘年滅於塞循之根尼剌遂易名曰斯葛蘭其後宋之中葉有布魯士者與巴利葛互爭不

決英吉利歐羅巴人原撰圖志以爲英國之壹賀王時事其總記則稱宋真宗咸平三年英屬領墨舉壹貨爲王貨賀同音而年代互異且與他書所紀不合今缺之助巴利葛立爲王傳至士都軋不得部衆心明萬歷三十三年即西國千六百有三年英吉利乘其亂滅之設官通貿易更置部落廣二萬九千六百方里人二百三十六萬有奇按新嘉坡人撰英國論畧云倫墩蘇各蘭兩島共名英吉利延長二十六萬一千方里耳蘭島九萬六千方里並與志圖不符可見難以傳信也凡領部落三十首曰伊隣麻社東界哈領頓社西領利俄社南

界北墨爾社北海所屬小部七曰領利俄社東南界伊隣麻社西斯達凌北海屬三曰葇斯麻社東南界英吉利舊地西攬緋里斯社北麻威壹社屬九曰攬緋里社東界葇斯麻社西埃野社北邪納社屬十有四曰加爾格墨利社東界攬緋里社西稔達溫社南海北埃野社屬七曰稔達溫社東界如格墨西南海北埃野社屬五曰埃野社東界攬緋里社西海南稔達溫社北凌埠流社屬十有七曰凌埠流社東界邪納社西海南埃野社北攬緋麻頓社屬四曰邪納社東界斯達凌西北阿埃爾社南凌埠流社屬十有二曰比墨司社東界西爾格社

西邪納社南攬緋里社北依隣麻社曰西爾格社東南界葇斯麻社西比墨司社北依隣麻社並屬三曰麻壹社東界海西依隣麻社南葇斯麻社北哈領頓社屬十曰哈領頓社東北界海西依隣麻社南麻壹社屬五曰斯達凌社東界領力俄社西攬麻頓社南邪納社北扳社屬八曰攬麻頓社東界斯達凌社西北阿埃爾社南凌埠流社屬二曰阿蘭島界千代耶東埃野社西屬一曰阿埃野社東界扳社西南海北英哇爾社屬三十有七曰扳社東界和化社西阿埃爾社南斯達凌社北英哇爾社屬二十有四曰噶利滿蘭東界邑匪社西北扳社南海屬四曰

邑匪社東南界海西噶里滿蘭北扳社屬十有三曰和化社東南界海西扳社北麻領社屬十有二曰經加邪引社東南界海西和化社北阿麻領社屬七曰阿麻領社東北界海西曼付社南和化社屬二十有九曰曼付社東界阿麻領社西北麻立社屬八曰麻立社東南界曼付社西尼倫北海屬五曰泥倫東界麻立社西羅士社南英哇泥北海屬一曰英哇呢斯社東界阿麻領社西海南阿埃社北羅斯社屬三十有八曰羅斯社東西南界英哇呢社北沙特蘭社屬二十有六曰沙特蘭社東界結尼司社西北海南羅斯社屬十有

三曰結尼司社西界沙特蘭東南北海屬十有一凡三十部皆斯葛蘭地也愛倫又名以耳蘭在國舊地之西少北獨峙一島佛蘭西始墾其荒壤治以頭目唐季即西國九百年屬於領墨又二百餘年而為英吉利所據以臘墨領為首部施令嚴土物止許懋遷蘭崙通他國者禁於是部人咸怨明崇禎十有三年眾共起出不意殺英國人四萬餘盡驅諸島外蘭崙兵旋平復之自是稍除苛法

設總理官駐臘墨領地廣三萬方里八七百七十六萬有奇凡領部落三十有二首曰領東界海西北峇南溫羅所屬小部六曰吉爾那厘東界溫羅西虧引斯加溫遞南加樓北峇屬十有三曰奄特林東北界海西倫頓那厘南那溫屬十有六曰倫頓那厘東界峇特林西倫俄爾南帶倫北海屬十有二曰俄倫爾東界帶倫西北海南化蠻那屬二十九曰帶倫東界羅頓那厘西南摩那寒北羅尼俄爾曰臘溫東南界海西阿馬北奄特林並屬二十曰阿馬東界那溫西摩那寒北帶倫屬八曰摩那寒東界阿馬西化蠻那南峇北帶倫曰化蠻那東界摩那寒西里特臨南峇北化蠻那並屬九曰里特臨東界加完西色里俄南朗賀北海屬七曰色里俄東界里特臨西麻約南羅斯感門北海屬十有一曰麻約東界色里俄西北海南牙爾衛屬十有九曰牙爾衛東界羅斯感門西海南吉利野北麻約屬三十有六曰羅斯感門東界朗賀西麻約南牙爾衛北色里俄屬十有二曰朗賀東南界衛色峇西羅斯感門北里特臨屬六曰衛色峇東界峇西羅斯感門南經士加溫北加完屬八曰峇東界拉墨領西衛色峇南吉爾拉里北摩那寒屬十有六曰律東界海西

摩那寒南峇北阿麻屬七曰經士加溫東界吉爾拉里西牙爾衛南虧引斯加溫遞北衛色峇屬八曰格引野東界底比那里西海南里敏利北牙爾衛屬十有六曰加里東南界郭西北海屬二十有一曰郭東界哇達賀西加里南海北離敏里屬三十有二曰離敏里東界底比那里西加里南郭北吉列野屬十有四曰底比那里東界吉爾景尼西離敏里南哇建賀北牙爾衛屬二十有三曰哇達賀東界溫斯稔西郭南海北底比那里屬十曰吉爾景厄東界加樓西底比那里南哇達賀北虧引斯加溫遞屬十有一曰虧引斯加溫遞東界吉爾那厘西底比那里南吉爾景厄北經斯加溫屬七曰加樓東南界溫斯賀西吉爾景尼北吉爾那里屬五曰溫羅東界海西吉爾那里南溫斯賀北那墨利斯屬十有二曰溫斯賀東南界海西哇達賀北溫羅屬十有六凡三十有二部皆愛倫地也自此而西隔重洋爲亞墨利加洲洲分南北兩地而中以小壤聯屬之與歐羅巴別爲一洲從古不通於諸國始有呂宋戈攬麻士者泛舟尋得其地立佛羅里達部落宋祥興十五年事至明成化宏治間意大里亞國有達官曰閣龍者偶嗅海氣知

西去尚有國土以船往至亞墨利加之南區居焉別有船督曰亞墨利哥者繼往得其北區遂統名其地爲亞墨利加卽利哥之轉音也其土番蠻野而銀礦特盛不知航海貿易自西人得其海道視爲利藪而意大里亞佛蘭西西班雅荷蘭英吉利人歲載貨易其金錢旣而乘其飢饉先後各以兵分其地而英國人至者視他國爲多萬歷十二年（西國千五百八十四年）女王依里薩栢

者使國人就其海岸開墾爲呂宋人先至者拒敗別遣兵往得地曰費治尼亞繼遣二臣并墾出阿羅來而後王名占士者設官曰甘巴尼二人分理之（一蘭崙甘巴尼一勃列茂甘巴尼）分列部落部置一官曰岡色爾六人副之聽自選舉而轄於蘭崙之岡色爾復以三船舶載百有五人築城瀕海名曰占士三十五年總領官與土番（皆因底阿生番）色哈但爭爲所執自是始與土著互結姻好天啓元年（西國千六百二十一年）蘭崙令民同奉波羅特士頓教而向奉額加與加特力二教者禁之民懼欲出避且便堂祀也於是二百餘人同徙於此謂行時自玭理某啓舟也遂名焉未幾居者與其土目馬沙雪習更名曰馬沙諸些（圖志是年禁者特士頓教斯教逃出百人由荷蘭駕舟至彌利堅開墾城邑曰紐英蘭崇禎元年復得沙廉之地卽今馬沙諸碩與美理哥合省國志畧所云禁額加及加特力教異按英俗棄加力尊波羅教已久其說與亞墨利格合省志畧合從之按英吉利與荷蘭國同在歐羅巴洲內其始爲荷蘭所屬然

魏氏云爲歐羅巴屬國今考魏源小紀云英吉利闢天主教不供十字架而書稱千八百年者舊爲歐羅巴屬國猶隨其稱也其國教王曰葛尼名巴底行距今千六百二十六年神有鬚髮一爲立而合掌仰天之像一爲跪而合掌仰天之像在人家奉之僧則供佛像曰巴底利按闢天主教一說出海國聞見錄而葉鍾進記畧則云前闢而後信之殆指大阿華利西安殺傳教者毀其堂至千士但天仍不尚耶穌後與他國戰試禱之雲際作十字架形有文曰以此勝敵乃置十字架於前鋒卒以戰勝葉氏所云前闢後信之說當指此事而言天主一教久分爲加特力波羅特士頓二支其一不設神像魏氏所云有像者似爲彼教之別支而統於耶穌者云作跪而合掌今按英吉利俗無跪拜儀雖見王不拜豈教主拜天而民不可拜王耶說尚俟考）

又美理哥志畧云英國書稱美理哥原英吉利罪人充軍至此所衍苗裔其言荒謬云云今按奉加特力教逃者止二百餘人卽未得請而往先非流遣於此況居合省者非盡二百餘人之後未免傳訛失實然合省之北今爲英吉利屬地者七部外尚有小島名馬蒙勒士爲罪人流放之所然則所云充軍之說似亦有因海錄亦載有其說則傳聞之誤幾遍海洋矣歷泰
昌天啓來愈衆展界愈廣英人至者三千餘崇禎五年
得新韓賽而還之九年遂闢羅底島緬在其內十五
年志畧作三年然不及圖志詳今從之律官卽守加特力教律者按英俗立王令棄加特力教而尊波羅特士教今禁是教不久又有律官且令治地於外知西教尊棄本無一定也

麻爾底摩者請於女王馬里阿挈二百人闢其
南部至是以王名名曰馬里蘭按美理哥志畧萬歷間奏准女王往闢地名馬理蘭而亞墨理格志畧則事在崇禎三年志圖部落云初至開墾父子相繼崇禎六年值馬里阿女王時告成而總記又云崇禎十五年馬里阿勅律官來治此地自相矛盾且與兩志畧不合今按馬里蘭之闢後於緬與新韓賽自在崇禎五年之後其律官何時命往則不可考其云父子相繼則志畧萬歷間語不謬初新韓賽三地之繼
開也統曰新英吉利萬歷間先有荷蘭人墾於
其南而荷蘭之南則瑞典人以崇禎間來居之

旣而荷蘭人逐瑞典而有其地　國朝康熙三
年始盡爲英吉利所有曰鳥約基卽荷蘭所得
舊地也曰鳥遮些曰底拉華卽荷蘭所得於瑞
典之新地也先一年王名查爾士者亦遣其臣
墾得查爾士頓亦以王名名之擴而至駕囉連區分南
北十九年水師官衛廉邊以故父捕盜功封以
邊西耳文志畧開邊西耳文在康熙二十五年今從圖志雍正十年盡
徙國中貧民墾及海濊爲之設兵置防曰磋治

亞凡十有三區皆今合省國之東部落也雖區
設總領然大事必禀諸其王佛蘭西舊墾北隅
之地曰加那達商此者百年矣其隣磋治亞者
爲佛羅里達志畧稱于拿大卽加那達也亦曰加納大今英國所存合省國北屬地七部一曰阿巴加那達羅阿加那達卽其地佛羅里達則宋時爲呂宋所有不知何時歸佛蘭西矣迤北至南並有民居其將曰瞞鑒者慮英
人偪處築臺列礮自衛時費治彌亞總領得綜
諸部事爲書止之瞞鑒未之聽總領以聞於王

遣兵帥吳里富率水軍來瞞鑑亦嚴兵以待戰於貴壁不相下者又數年兩兵帥皆歿於陣事始乾隆二十一年閱八年遂為英吉利所逐而據其地志畧康熙二十年事云五年而後得圖志則在乾隆二十一年至二十八年按當時所得十餘部落除荷蘭瑞典所墾必須爭據外餘多自為開墾且皆荒壞惟兩地久成聚落歲收貨稅嚴兵戍守爭勝不易故最後方得云爭至八年之久情事似並可信又按圖志云合省未立國前英吉利凡得亞墨利加地十八區盎就初得時分合未定者言之自立國後各歸各部故志畧云十三區者實以今定之名計也不十年王懷侈志欲

加征稅餉民已離心既又令改征買者之稅盎其公司船自　中國易茶還稅銀幾與買價等舊惟賣者輸其稅至是驟易新例買者不能堪是時土番亦資茶為養遂慝土息番相約自後共戒茶食茶船至馬沙諸些地之新約基及邊西耳文費拉地費駕羅連諸地者並國積至二三年色味枯淡卒不能售而費拉地費新約基兩地為土番所拒船不得入其馬沙諸些地之

波士頓城居民竟偽易盜裝乘夜突上其船舉茶悉投於水王怒甚遽遣兵至且勒加他稅三十九年諸區合請停止加稅撤兵不許則又致國人書謂彼此本同一氣不可啓兵自殘王盎憤恨增兵困之四十三年十三區民合議奚自稱曰合省國議立首領四年一易不受英吉利節制議定仍合詞求罷兵詞出即還華盛頓為帥出兵自保其疆域條列英吉利之凌虐其國

者十八事告於衆聞於鄰邦而後專力與英吉利戰互有勝負殺傷過當時開墾未久地廣人稀歲得以餘糧濟隣近諸國即英吉利本國亦恃以為食釁既啓禁所產穀不令出境四隣苦之佛蘭西舊與英吉利不睦合省國之初拒英吉利也小佛蘭西人實勸成之至是復出兵船為助王知人心公憤勢必不相下而連年血戰兵費日形支絀近自合省國遏糴後米值頓貴

慮終無以取勝不得已遣其臣議和佛蘭西亦力勸之於是與合省民盟於費拉地費聽其自立一國不復相與爲難自是所闢之十三區遂與英吉利稱敵不復受其轄屬矣合省既自立國其地之未叛附合省者東界阿蘭底海西俄羅斯所屬地南合省國亦名育奈士迭北冰海今統名新地凡七部並在合省國北曰阿巴加那達華言上部落也東界羅阿加那達西荒蕪南育奈士迭北冰海屬小部十有八首曰諾即多倫多曰羅阿加那達華言下部落也

東界阿蘭底西阿巴加那達南育奈士迭北荒屬二十有六首曰龜麥曰紐墨蘭士埝東界勃林士遏島西育奈士迭南阿蘭底海那洼士葛底阿北羅阿加那達屬十有四首曰佛里達力頓曰那洼士葛底阿東界甲墨里頓島西南海北紐墨蘭士埝南林士遏島屬十有七首曰哈里法正曰甲墨里頓東界勃林士遏海島北那洼士葛底阿屬三首曰西尼曰勃林士遏島東界紐方蘭北那洼士葛底阿屬三首曰查羅氏當曰紐方蘭島在甲墨里頓島之東北屬二首曰鮮閏士自明宏治十年西國千四百九十七年佛蘭西人開部落聚居於此入　國

朝康熙三十九年西國千七百年英人以後至而襲奪之八十餘年中歷有開墾而他國之先闢者復悉爲所有徒以横征致叛說見前惟此七部者猶循佛蘭西舊約故人心安堵不變七部外尚有島曰馬蒙勒土孤懸海角距合省國東六百里小島環之爲罪人流放之地民居此者自萬歷四十年英國內亂遊地始自西海至南海凡大小島嶼二十有六皆便貨稅者雖彈丸亦設戍焉意不在其土地也其界近後藏及緬甸廓爾喀者曰印度海所

云孟阿臘即東印度其西南曰孟買即南印度瀕印度河北上爲温都斯坦即中印度温都者印度之轉音也再北爲克什彌爾即北印度古之罽賓國河西岸凡巴社各白頭回國即西印度也五印度皆在西域葱嶺西南惟北印度未爲英吉利所據初明建文二年西國千三百九十八年摩底阿滅已且王所得於莊麻墨之地莊麻墨合印度可臘山達達里爲一國地甚廣閲百餘年而歸於賽馬兒罕既而

部衆各懷反側　國朝乾隆四年馬拉他據西
北諸部如溫大壓山麻臘耦特爾希阿俄臘等部哈達阿里據麻疏
部阿客沙據加補爾部馬拉他與阿客沙爭戰
各部大亂結荷蘭佛蘭西爲外援先是英吉利
與佛蘭西同商其地以築臺設礮久肇爭釁至
是英吉利乘間據其東隅留兵官曰賀威廉者
守之孟阿臘則以賀族乞守之大開市埠惟哈
達阿里不服於是蘓拉札道臘與英人力爭二

國助之收賀威廉衆[illegible]錮諸黒獄會二國軍資告
匱二十四年英國別遣律記利挈兵來收復三
十年西國千七百六十五年部衆復叛悉殺英人英帥曰
薩依姑底者自本國統舶至卒勝之自是東南
中三印度中屬於英者凡十有三部曰孟阿臘
東界緬甸西界麻哈南界海北界西藏本東印度地屬小部二十有一以
加爾格達爲首周數千里西南諸番所會處也
其港口曰葛支里港外沿海千餘里水色並渾

濁他國高舶至者不敢遽入必施礮爲號土番
乃棹小舟出導之設礮臺於港口入港二日復
對築二臺如大牙謂之交牙臺又三四日至咕
哩噶嗟設官挈敘跋兵駐其城他官及富商別
居城外之漲涙居曰曼達臘薩即厘加那特東南界海西特臘
彎戈北麻臘耦南印度地屬二十有一在孟阿臘西少南由
葛支沿海陸行二十餘日可至有城亦駐敘跋
兵其商多呵哩敏人即來粵之三角帽者內山曰嘵包補越亞英

加在嘵包補之西北固貞在亞英加西北隔瀝骨底在固貞北少西馬
英在隔瀝骨底北少西惟去馬英數十里曰打拉者屬焉
由此而西即嗎喇也其海邊分三國曰小西洋曰孟婆囉曰麻倫呢麻倫呢北少西爲盎幾哩
又北少西數十里即孟買水路北行三日即蘇喇矣曰孟買圖志孟買屬阿蘭牙墨九
小部之一爲南印度地與所稱十三部之一自爲矛盾在溫都西本荒嶼
初爲葡萄呀所有後以歸英順治二年以給公
班衙初至三年人多染病乃火烈山澤開墾建
城當時二城並築馬大喇在其東歲産不足供一月用以故人

皆事貿易又善製舟楫英吉利舟恒造於此塔
剌瓦墩底君墩南之亞美搭拔北之該喇及蘇
剌布羅古時喇諸區隸焉南曰嗎喇他其地濱
海赤沙窮髮山川乏秀麗英民來居者絕少北
曰榜葛喇自蒙古逐其酋設頭目治之久而橫
甚英吉利荷蘭之市其地者每爲所苦乾隆二
十一年英吉利逐其頭目設兵守之地頗蕃富
而終不能使變其婆羅門舊俗曰彌那東界尼路阿那

西阿蘭牙墨南海里那墨北摩那南印度地曰歐尼東界麻哈西阿尼那南阿那哈
默北尼保爾地並屬六曰澀東界麻爾洼西刮治南海北臘赤布薩南印度地
屬十有六曰麻疏東界麻那耦西加那臘南歌壬麻都北麻臘耦南印度地
屬十曰薩達臘東界歐尼西臘赤布達南阿臘哈墨北特爾希南印度地曰
稔哇里戶疆域未詳曰特那灣戈東界厘加那特西南海北果真南印度地
屬二曰果真東界戈灣都西海南特那灣高北馬那麻南印度地屬二曰
那治勃東界吾治瀝西南海北茅爾且南印度地屬四曰西倫島黎加
那特東南屬九廣四十七萬二千六百七十三方里

八萬二千一百四萬有奇圖志十三部名前後兩見後以瀝爲吾治
瀝薩達臘爲阿尼臘那治爲刮治譯音歧也按此十三部中多南印度地恐有誤又果真海錄
作固貞云荷蘭轄地與圖志異孟阿臘東鄙與緬甸國之麻古
爾接壤物產頗饒道光六年西國千八百二十六年英吉
利以印度兵攻之葉鍾進記畧云攻叱沽港爲道光三四年事緬甸
自恃木柵堅銳有輕敵意而英兵航海遠涉一
時主客互有勝負値嵐瘴氣盛英軍沾染生疾
且以地險餉運難繼將退矣又慮緬人襲其後

乃反聲言尅期直取阿瓦緬國都此緬人不知其詐
遂亟與議和割阿臘千麻爾古達阿依底尼色
領沿海地歸之南亞利未加洲有山曰雪山山
之南北凡三國其濱曰果羅里東界加富臘厘阿西南海北雪
山山陸八海迴風碍舟故名峽阿付舟北司華言
暴風山西國改曰峽兀賀謂景可觀也長凡五百八十里廣二百
餘里依山濱海夾岸茂林荷蘭先得其因里阿
海岸以此地可爲市埠順治七年西國千六百五十年建

城設部落領小部七十有九以峽達稔爲首官以守之遂成聚落乾隆六十年西國千七百九十五年英人以舟師來爭荷蘭拒之退數年復至連戰遂據其地初但居峽達稔近且闢及額利非駛河兩岸荷人則分處四郊廣十二萬方里人十五萬有奇西亞利未加洲有阿爾厘島北隅地名色黎安彌阿其南爲根峩明宣德五年西國千四百三十年布路亞人航海得其地沿海置埠越十餘年

爲英吉利所據設公司市於菴彌河口其地東西距七百餘里南北距二百五十里東界蕪厘麻西海南安彌阿河北色黎雅爾河腹地凡九國所據者邊隅而已佛蘭西在色黎雅爾河口立埠各立礮臺相約訪其內地形勢以兩國搆兵而止其布路亞尙有俄爾戈地爲荷蘭所奪旋收復矣九國中最近海者曰馬臘在安彌阿之北有市埠曰尼利弗里亦英人奪於布路者築礮臺於安彌河口沿流四十里部落曰比沙復於此開市又安彌河迤南亦凡十有四

國一曰夫達雅羅國領部落四一曰西耶臘厘阿那地濵海亦英市處一曰阿寒氏國自領四部落首曰吉戈司多英商所寓東五十里爲依爾彌那即荷蘭市地兩國並築臺先是英國例禁販賣人口每以巡舟查摟其年十月於海邊獲一泊舟過布路亞埠其守官强索販人及船彼此礮擊英舟返本國出舟師與戰此近年事也南洋島有柔佛國舊日所城在彭亨後曰息辣者地方數百里柔佛既徙而空之英吉利遂於　國朝嘉慶中闢以貿易耕種稱之曰新州其西北

曰麻六甲舊屬於荷蘭舶過必就市物而行自息辣開而此地遂浸荒廢麻六甲之西北曰沙喇我又西北曰布魯檳榔即檳榔士也爲海中小島周可百餘里一山孤峙海心由紅毛淺東南風三日可至其島土番居者少乾隆中英吉利集商人於此駐兵三百入又敘跛兵千餘即孟阿臘土番招以爲兵者閩粵人多就植胡椒者稱曰新埠無他土產凡釀酒轉運鴉片設場集賭皆稅之歲得銀錢十有餘萬

東南海中有島曰地問西北行皆亂山中各有民（數百數十里不等）其一曰唵門舊爲荷蘭所轄亦襲奪之地問之南爲葛喇巴南洋貿易要區也明萬歷間荷蘭誘服其土番建城設公班司其稅

國朝嘉慶初總領者以事返國會本國方爲佛蘭西所勝并易葛喇巴官英吉利故佻佛人遽助攻呀瓦（葛喇巴所屬）復之然英實覬覦其利十四年秋率舶往爭不克逾年夏再往以天礮環攻荷蘭人不能守旋委去其後復屬爭今則仍歸荷蘭矣由地問西行至峽又北少西而至散爹里（周百里）凡英舟過必泊而汲泉故留兵戍之

按道光二十一年臺灣總兵官達阿兵備道姚瑩奏獲英夷顛林長律隨奉諭旨訊供覆奏稱據顛林供蘭崙城周六十里東南陸行半日許即海南行十五晝夜至彌爹喇更南五十晝夜至急卜碌轉東北行五十晝夜至望邁即孟買東行二十五晝夜至新地坡更東行七晝夜至廣東三晝夜至浙江順風或百五十餘日可至有遲至半年者蘭崙外所屬島二十六處皆其埠頭多他國地據爲貿易之所一曰埃倫即愛倫二日彌爹喇三日急時烟士四日那古士哥沙五曰間拿達即加那達六曰的賒士七曰散達連八曰金山九曰士嬌亞十曰急卜碌十一曰馬利加時架十二曰馬哩諭十三曰息賒厘十四曰士葛達喇十五曰炮十六曰望邁十七曰士郎十八曰袜達喇沙十九曰孟呀喇即孟阿臘二十曰磨面二十一曰檳榔嶼二十二曰馬功恪二十三曰新地坡即新嘉坡二十四曰路士倫二十五曰班地文二十六曰璞士爹厘耶　又顛林自繪其國圖說稱愛倫南爲彌爹喇自蘭崙至此舟行十五日至西北之急時烟士又西北爲那古士哥沙又西南爲問拿達彌爹喇之西南隅即米利堅其東爲的賒士設一市埠其隔海相對一山爲散達連其東爲金山並設埠三處相爲犄角始來粵領事義律者即的賒士人自散達連而南爲士嬌亞自金山而南爲急卜碌即海國聞見錄所謂呷也海中大地西南一角之盡處由彌爹喇至此之五十日皆自西而南以後則轉向東北初爲麻利加時架更東北爲麻里諭又東北爲息賒厘又北爲士葛達喇又北爲烟其東北爲望邁自急卜碌至此凡五十日其南爲士郎又東北爲袜達喇沙北爲孟呀喇又東爲磨面又南爲檳榔嶼即新埠又東爲麻那格即麻六甲英吉利取其南之孟姑倫與荷蘭易之設埠於其西隅其東爲新地坡自急卜碌至此皆奪於黒夷望邁至新地坡二十五日東北即安南東行七日即廣東今諸小島不復詳載

蘭崙偶說卷二終

蘭崙偶說卷三

廣東澄海縣訓導順德梁廷枏撰

凡官武多而文少文職則令先納貲而後試之授以職不能稱者立黜武職則以火器考試入伍俸重者六人月各二千五百員其千五百員者三十餘人餘自三百至二百六十其下復以次遞減所設官制分事而理事各有署署各有官其總理各署事者爲律好司凡大訟獄胥歸審决設官凡四百二十有六人爲

羅壓爾錄司官四人爲阨治彌索司二人爲愛倫阨治彌索司一人爲錄司二十有一人爲馬詭色司十有九人爲耳彌司百有九人爲委爾高文司十有八人爲彌索司二十有四人爲愛倫彌索司三人爲馬倫司百八十有一人爲斯葛蘭比阿司十有六人爲愛倫比阿司二十有八人兩官並在斯葛蘭愛倫本部落所屬內選充三年一易凡官斯職者有事去得薦人自代家人犯法得免收禁其會

同議國事署曰巴里滿凡王新立先集官民於署議其可否大事則王與官民同入署議會議必三年爲期非錄用大臣及刑殺職官雖兵事亦必下署議准乃行一切創刱置官及增減稅餉行用楮幣皆由本署轉行甘文司分布王處斷或謬誤例責奉行者由署議所罰職官則於歲終會覈別其功過而黜陟之其中專轄兵丁者曰甘彌底阿付撒布士一人專司賦稅者曰

甘彌底阿付委士菴棉士一人有事則甘文好司官與各部民咸集此會議焉其理部落事爲甘文好司設官凡六百五十有八舉於國都者四百七十有一其中轄大部落者百四十有三人小部落三百二十有四人管教讀及各技藝館者四人舉於委爾士者五十有三其中轄大部落三十人小者二十有三人舉於愛倫者百有五其中轄大部落者六十有四小者三十有

九教讀技藝者二人皆各由各部舉其殷實老成者充之有事則傳集部民至巴厘滿署會議（部民不能俱至許部舉一二人議畢各回其後定以所舉八議之人常住本署給以薪水費）其理機密事者爲布來勿罔色爾受事先令立誓其管庫印口岸諸事者爲加審列色爾設官凡十有二管庫者曰法士律阿付厘特利沙利管印者曰律布來阿付西爾管口者曰律占色拉曰不列士頓阿付罔色爾曰色吉力達厘士

迭火厘火倫厘援盟曰色吉另達厘阿付士迭火哥羅尼士奄窩曰占色拉阿付厘士支厥曰法士律阿付押彌拉爾底曰馬士達依尼羅付厘曷南士曰布力士頓阿付離墨阿付覲特羅爾曰占色臘阿付離律治阿付蘭加司達其專司審理案牘者爲占色利官之掌印判事者曰占色臘一人司判事者曰委士占色臘一人曰馬士達阿付離羅士十有一人（每判事以二人輪值週而復始）司算法者曰扼罔頓依尼拉爾其專司審理民控案牘者爲經士晃治官曰知付質治一人布依士尼質治三人專司審理職官訟事者爲甘文布列官曰知付質治專理婚姻田戶者爲溢士知加官曰知付馬倫一人布依士馬倫三人審訊國都人罪者爲阿西士菴尼西布來阿士設官十有二分六撒夂每撒夂曰質治二人（歲審二次）審訊部落人罪者爲依尼拉爾戈達些孫阿付

厘比士（歲審四次）凡出察諸部者爲歷官曰馬落凡百人歲分出稽察地方安否歸必責之結保此外復有舍臘達文（職掌未考）其職値宿宮衛者曰律占麻連專司馬政者曰馬士達阿付厘駿士司掌文件者曰色吉力達厘押窩司水師船者曰特里舍厘阿付利尼微司貿易者曰勃列士頓阿付厘墨阿付特列其副曰委士勃列士頓阿付厘墨阿付特列司支放各錢糧者曰比馬士

達阿付厘畧士司郵遞文報者曰陂率馬士達依尼拉爾協理火礮者曰流底南依尼拉爾阿付厘曷南士司田土徵收者曰法士甘靡孫拿阿付厘蘭利委奴總兵者曰多尼依尼拉爾其副曰疏利西利多依尼拉爾王宮管馬者曰士底赫管家者曰麻司達阿好司護衛者曰班侍阿勒爾其駐劄愛倫者曰律底南阿付愛倫曰律占色臘曰甘曼那阿付厘賀些士曰知付色

吉力達厘曰委士土厘沙臘曰押多尼依臘爾曰疏利西達依尼臘爾各一人設於斯葛蘭者為色孫官十有五人以聽訟獄為葢士知加以收徵賦稅為甘文好司官四十有五人設於印度之孟阿臘理餉鹽貿易曰加稔那者一分理者四曼達那薩孟買各一均受轄於孟阿臘又各設靡宿一執連七十有六北亞墨利加之七部落亦部設治事之官曰總領與佛蘭西人參

半而用其署為岡色爾王所命也為甘文好司（即合省國之勃里先好司）會推於部衆四年而代（凡部人有賦八年至四十者或客民納賦至五棒收租息至十棒者皆得舉人）羅阿加那達之岡色爾其官三十有四人甘文好司執事者八十有八人阿巴加那達副總領一岡色爾官十有七人甘文好司五十八人（奉行之法有六一英國巴厘滿署議行者一向定舊例一加那達相沿舊規一佛蘭西舊頒條款合以羅馬國律一英吉利所定例一總領與岡色爾署所定例一本部落之岡色爾甘文好司議定例遇有獄由總領參用英佛兩國法）

他如紐墨蘭士埝那洼士葛底阿勃林士遏島紐方蘭島甲墨里頓島五部並各設總領凡通國市埠大者設文職曰羅落堅中者曰沙外廉吻落堅小者曰末士落武職視文較尊曰比利呢布曰顛第依彌所戍兵皆得節制之次曰贊你留主船官曰押米婁曰善用吻彌沙曰善用哈沙凡船内各設管累夷者皆有定人三桅大船一正五副二桅者一正二副小者一副正曰

沙爷副曰墩低理貿易船官曰甲畢丹王宮設女官亦各分等次一等曰麻左尼士者凡三人曰加稔底士者八人人各承行一大部落事次等十五人分理宮內事按英國論畧云貴臣十二人爲管帑審辦持璽戶部內國務宰相外國務宰相管印度國務尚書水師部臣貿易部臣兵部大臣與畧志互異此設官之大畧也額設戰船百有五十管駕者曰甘彌孫百六十人水師兵萬人水手二萬二千人本國陸路兵八萬一千二百七十有一孟

蘭崙偶說　卷三　七

阿臘等處兵共萬有九千七百二十此據圖志然志又云孟阿臘等統設敍坡兵十八萬一千五百十七名英吉利各八百名蘭崙王家兵雙糧者二萬則二十萬一千有奇矣數固矛盾理亦未可信當以前數爲確也每兵歲餉七十二員禮拜日給之葉鍾進記畧云一人需洋錢十員八員不等計一月人二十餘兩盐自有身賦與其酋也按此當指東印度召募言之守國師船百艘分布市埠或數十或十餘統計五百三十配水師三萬五千並水手共九萬戰船礮百二十次七十小六十護貨巡船自十至二十人值宿者管馬

者管家者歲需銀七十七萬員護衛官三十七萬五千別有羅壓爾喳士達唔官里士曼各官歲津貼八十五萬王宮歲支五百九萬五千國開金銀礦皆出於各部諸山礦各有課其課與贓罰兩事所出之欵並以貲宮費甘文好司歲輸二百五十萬員王歲需三十萬郡減六之一西海諸國咸以市易爲正務故國中多市地大者爲倫墩即蘭崙利未埔里胡里新堡牙爾木牙

蘭崙偶說　卷三　八

臘士莪力亞比耳亭伯利未木可耳奇士比林比利法諸處近海設關五征出八之稅凡貨值千員以上者稅五十員無地丁錢米俸餉皆資於稅與中國貿易還歲得稅約千五百萬員因商而立法者四曰銀票王時其出納環轉不令失信曰銀館亦設於王以寄存項而支發亦取給焉始於康熙三十二年初止收一百萬後增本至萬萬五千萬各國商多存銀其中者出納各有子息約百金歲息八金凡市集之地各有私館殷富甇獨咸寄以貲貧商則出

子貨以謀生曰挽銀票商將出貿遷先以票鄭致所抵之地則居者如數應之或與他商易貨可指定貨所屯地給票使自收焉曰擔保會航海涉險者自計舟貨所值月納銀於會百金約納二錢為公費舟損則會償之貨全失則半償之蘭崙二十一會本銀自三萬至八萬又居宅自議其值歲納於會者百之一災則會償其半或富者逆慮死後妻子無依亦歲納五十員他日由會歲給千員贍其妻

孥有生計則否市舟所至必有兵船護貨無論貿易稅課其貲悉令載運遇盜則商船先駛入港以兵外拒之非是則會不償所失凡各屬地關稅留支經費外歲但報銷於國而不解所餘按小記云凡貨出洋回國每年稅二百五十餘萬屬國千二百餘萬而孟塔拉居六百萬孟邁三百萬又志畧云斯葛蘭歲稅銀二千三百八十五萬愛倫二千二百萬四百七十六員湖公司之設肇始荷蘭以明萬歷二十一年市印度獲厚利遂於南洋創為總局曰公班衙會意

大里亞人居澳門以貨歸售英商羨之二十七年遂倣置焉初尚與荷蘭合旋以爭衅自為一局其始不過合貲十五萬次年稍增以十一萬而已既而獲利三倍又掠荷蘭葡萄牙商舶遂據印度海濱新開地時商本尚止三十五萬國人已有散局之請王令他商於孟買別立新局兩局又相軋至　國朝康熙四十年復合而一之貸以帑銀千萬歲收其息八十萬再貸以五

百萬而免其息厥後遂至三千萬為極旺益廣東並設局時也初議三十年為限期滿則散而當時主局者二人每商例捐二千五百員資其歲用緣是不肯遽散會與佛蘭西搆兵藉助餉為詞請再展限三十年而大班等歲支浮冒貨亦居奇踴貴國之散商病之屢請仍為所阻無如何然公司貿易亦日衰道光十年入國帑一萬五百萬員而局費已至九千萬員浮靡日多而不能節又欠項千五百萬十二年貨價計值三千萬員而賣價僅

得千六百萬員於是決計散局收繳帑本聽散商自爲載運而但征其貨之去來者按貿易通志云合本銀千五百萬員與圖志異云公司者王與國之富人合并擇二十人通悉遷者司其事謂之公班衙歲載運土產及轉易東印度各國物來粵總理者數人曰大班曰二三班最卑有稱四班者茶師寫字醫生咸備易茶歸則轉鬻於鄂羅斯諸國大小舶歲以數十計其在東印度各國採買者亦設大班海

洋過往處所凡一有可乘隙公司得自備糧餉募駕兵舶占踞請吏目往治之名曰監督凡所得孟阿臘新地坡新加步其兵費皆出於公司而所徵稅則公司得於三十年期內專收之期滿而後歸於國故有餘力窺伺荒島而驟衰之由亦緣於此焉康熙間始來通市中斷不至迨雍正十二年後乃來市不絕每抵外洋虎門口外繳臺鈔帆驗實報官官令引水帶入泊黃埔

繳械先起之而後入去仍還之其商人則寓以廣東十三行樓歲必七八月至乘北風回帆其候賬不去者令居澳謂之住冬設公司大班掌之語詳後入市以來屢被　天朝懷柔凡絲斤綢緞准其展限配帶行商有欠貨價者先於關稅盈餘給還令其早得回國夷館偶災內商未分其貨內地總散凡十三商公司呢羽至必立股分之買茶即以股爲則有一商而三四股者例由其國商納稅者全予豁免又船規

征鈔歷有定則亦因其國商之請一二三等船各減去十之二故來市者咸頌　皇仁其王亦恭順自矢國舊受轄於荷蘭旣與爲敵乾隆初佛蘭西欲以力服西洋而英吉利屢與抗衡將藉　天朝爲重乾隆五十七年故王⿰口雅咍遣使由天津入　貢方物使臣呈請於直隸天津浙江貿易並懇賞給附近珠山海島及附近廣東省城地方一處居住留人於　京師理貿

易並　敕戒之其後道光十一年國商遂
駛船由福建浙江江寗山東各外洋遊奕刻送
通商字說復駛至朝鮮不納則駛　盛京者皆
執此意也六十年復備　貢由駐粤大班呈督
部代爲　奏請表文自言一次大將軍兵至的
密彼國兵船亦曾相助蓋大兵征廓爾喀時聞
其南界忽有兵患至是方知其故也嘉慶九年
復備物八　貢其前兩年西洋居澳門夷目㖟

嚟哆書寄其國人之當差　京師者言英吉利
戰船泊澳恐其覬覦澳門隨經管理西洋堂大
臣以　聞奉　諭旨查詢故九年貢
表有與佛蘭西爭恐其謠言疏間語二十一年
仍由天津八　貢正使囉啞啊咹吐嚒副使卽
以在粵之大班呵噹喇者充之屆期兩使並稱
病不能瞻　覲卽日立遣回國　敕諭其
王此八貢之始末也乾隆六十年貢表自稱管佛蘭西愛倫等處至嘉慶

九年表銜則已去佛蘭西字蓋先勝之而未得據而有之也若乾隆五十九年其總目咟嚧呈詞有本國王管呀蘭地啠吨佛蘭西愛倫三處地方語則溯而夸大之詞而已護貨兵
船毋隨貨舟至內地使椗外洋而後引貨舟以
八　中國自唐訖明代行市舶抽分之例　國
初懲海寇撲岸閩粵迴設界墻嚴行洋禁澳夷
得專其利久爲諸國垂涎於時邊境又安大開
關市於澳門漳州寗波雲臺四處設官榷稅時
寗波之舟山尚未置縣英舟每泊此乾隆三十

七年　奏准移關舟山以就商船建紅毛館寓
其水梢已而粵關清釐陋規改正歸公後又漸
增規費先是二十年英商華茵殊泊定海請收
餉定則逾二年閩浙總督疏請增餉奉
旨嚴飭其商洪任輝赴天津訐粵關積弊仍求
市寗波　欽差按驗得實罪監督如律洪
任輝亦圈禁澳門三載釋還照會國王收管公
司貨舟內市既日有增益故護貨船亦絡繹至

貨盡回去散商無之乾隆七年英人佻刧呂宋國船取其貨貨而擄其二百九十八人順風達澳門官詰之其總兵亦恐食盡聽大吏以所俘人還呂宋受賞去逾年呂宋人遣兵數千來泊澳前十字門揚言欲修怨於英將泊而待其來船與戰官數其負恩呂宋人内愧居數日遽遁又明年英人在粤者復糾合佛蘭西巨艦伺呂宋船至圖報復適佛蘭西商船南來英船一時驟

起碇將邀截之官遣澳目勸止始散嘉慶七年兵頭嚟嘣哋求市糧食稱舊與佛蘭西呂宋有隙恐貨來被其中途攔阻故以兵衛行至而乏食例禁私市爰請於官遂如所請給焉其年復載兵數艘來泊雞頸洋面欲遂居老萬山大吏諭之不聽則斷其買辦食物懼而後退十三年大西洋國為佛蘭西攻陷國王投依英吉利因處之以附近米利堅國之嚾喇哂喇地兵以防

之會英吉利兵亦敗於佛蘭西其時市埠之近呂宋國界者並為所據尋以兵九艘至粤稱其國與大西洋姻好慮佛蘭西來攻據澳門則在澳西洋人貿易立為所制故挈兵來助守泊船雞頸洋而率其兵三百人居澳内之三巴寺龍嵩廟復分守東西望洋礮臺官止其開艙互市

宣諭　威德而後震懾開行行後始知其大班喇咈偵知越南東京内訌親至孟阿臘結

其掌兵者駕兵十船圖襲越南其副以七船深入富良江越南出不意以小船火之悉燼焉潰兵遁至粤喇咈匿不敢見兵目懼此行無名欲因奪澳以償所失終畏不敢登（按越南小舟名軋船人二十四兩頭可棹如游龍每攻大舶底使沉故西海舶相戒避之）兵目度路利雖明知無濟然猶遷延不遽去而澳之理事夷目亦懼罪詭云國王有書許為安置九月遂駛三舶入虎門泊黃埔以三板船沿省河入夷館軍官

擊之退封艙令下喇咈始出貲自犒其兵具詞輸欵王聞嘿喇咈而擢四班嗌嘩喊者代之嘉其據澳時不從署名也明年商船至大班卑詞求請大吏陳　奏方許八當道光初年公司襲緬甸時旣爲緬酋所敗遁至粤取餉泊零仃洋其兵試放鳥鎗擊斃新安縣民數人遽駛去王聞亦以縱兵滋事褫大班職歲冬貨盡商未返者則例遷於澳寓澳者欲於所寓前立馬頭監

其國號旂西洋夷目不可乃止七年公司官之在粤者設馬頭於寓舍前而柵圍之行者不利於渡大吏以　聞遂奉有毀拆之　命大班部樓頓遽令來船咸出泊外洋貲其食費不介復八又約諸國和之惟介省國商不從部樓頡潛附去十三年公司散局督部令大班旋者言於國王仍以官來約束其散商於是夷目嗶嘮嗶至自稱監督欲設審判署司官十二人而

移文督部不自言其來意還其文則以巡船撲八內河拒擊礮臺兵旋悔罪出將還國未行輒忿死而後領事義律繼之詳見後此兵船節次內擾之始末也其人喜兵革衽席鋒鏑久已成爲風俗宋理宗寶慶二年西國千百十年佛蘭西之路易王新立英吉利舉兵襲之爲所拒大破英軍路易卒嗣王復與英人戰又敗之以下皆與諸國爭戰事其得勝而據有其地者已見前卷此則就所知書之　國朝康熙二十七

年西國千六百八十五年王蘊以天者或云查爾士出兵侵領墨即大尼遂侵波林即綏林與國隣者逐其王而別立乘勝攻日耳馬尼即耶馬尼與佛蘭西隣者諸國勸息不聽又沿地中海攻俄羅斯會風勁兵苦凍不能戰敗走王急由土爾幾即土爾扈特與俄羅斯隣遁還國旣又侵那耳瓦以火器互擊戰既酣王遽遇礮遂卒於軍當乾隆嘉慶間佛蘭西自恃强力欲服諸國而英吉利屢與抗衡時英吉利王已老病將使其

長子代理國事先是佛蘭西故王以兵取彌爾尼王（與荷蘭同地異國者）遂侵及荷蘭據其好司阿蘭治地英吉利與俄羅斯合兵謀復之不勝時佛蘭西內亂已十有餘年矣軍帥那波利稔（圖志作那玻里雲同是一人而譯殊也）者善用兵嘗攻服以比多國又攻印度頗得部下心以功為故王所忌懼禍及領所部航海至以比多曠野（即麥西今伊揖國）將圖開墾土人拒敗之英吉利出兵船十四艘使尼理遜

將以助之沿地中海遇於以比多之泥祿河濱輪船拒戰士多受傷尼理遜亦中於皷傷頗甚醫者遽捨所治兵亟來視之尼理遜令以次受治軍心益踴躍適佛蘭西船自失火燬藥戰暫止以小舟渡救之已復合戰佛蘭西敗死傷五千餘人英軍死者五之一那波利稔旋為其黨擁戴弒故王而自立隣近諸國聲罪討之那波利稔出奇兵繞山道襲其後咸驚潰旋以重兵握

港口禁絕商旅出入以困英人英人慮其乘勢來偪亦以兵船困諸海口再三合戰焚其軍艦佛蘭西懼遂結俄羅斯募兵號五十萬萬給餉六萬聚攻英軍卒議和而散佛蘭西再結呂宋舟師至亦為英人拒敗時呂宋王子悖逆不道那波利稔召其父子因遂執之而自立其弟呂宋不附招英吉利入戍其疆英商之聚巖士達覽者（佛市埠）為其守港兵所拒不得入市盖嘉慶

初事也既而佛蘭西以兵力降呂宋復乘勝侵耶馬尼（即阿里曼今分廿四國）鄂羅斯諸國十八年諸國合兵逐那波利稔於小嶼別立故王親支而去那波利稔乘兵退驟以殘旅返國逐諸國所立王英吉利聞復與普魯社（即破路斯國）連兵擊走之禁諸荒僻故王子之妻又招國人助已而自主國事未幾旋亦被獲亂數月卒如和議（按嘉慶元年英吉利國貢表稱與佛蘭西前已修和因和之後伊國强横今復與戰爭於海口設立重兵顯有

歹意恐被伊國佔奪無奈亦設兵防守圖佳伊不能出口該國內已亂了十三年老王爲人甚好竟被伊國人弒害今伊國有一人做了國長存心無道云云又二十一年八頁前夷官先至粤呈其國相禀作稱國王年老事務交長太子掌管一向與佛蘭西戰爭無時止息今因將佛蘭西假王嘅哪嗶哋捉獲另立舊王親人各國俱安靜無事云云時督部詢據夷官覆稱該國太子攝政已有四年則雅治退位當在嘉慶十七八年間而佛蘭西內亂當在乾隆之四十六七年間矣貢表所云篡國者雖未明指其名字而以夷禀按之當是嘅哪嗶哋矣然圖志稱爲那波利稔而統紀傳又以爲那波里雲爾書情事既小異大同而譯音尤爲相近爲人同名異無疑即夷禀所云捉獲另立事亦相符仍爲一人可知矣从之歐塞特厘乃

取荷彌二國合而爲一更其名曰彌達蘭道光十年（西國千八百三十年）兩地自生戰釁隣國並起而和之仍合按分爲二推斯哥麥王子名厘阿波爾者爲彌爾尼王國王英吉利實與議焉嘉慶二年（西國千七百九十八年）領墨慮英吉利見侵先以舟師聚泊所都港內英軍亦乘船礮擊之領墨力戰會英船柁壞還退七年佛蘭西寄緒領墨合攻英地英人奪其巡船沿領墨圍其都王子驅其舟二十有三出議和而罷十二年（西國千八百有七年）佛蘭西王曰摩那巴底者與布路亞（卽西洋今澳門之祖家）有隙使其臣禹諾領兵襲之布路亞猝不及防棄所都義斯門走保於摩那洛爾英國聞之出兵拒退佛蘭西復所失故都別立其王子於所保部落留兵帥助其訓練自是荷蘭諸國畏其强悍推爲盟主以時通聘問數年一至其國以申盟約輙讌飲累月而後散惟米利堅不相下

英吉利亦自以爲勢在諸國上凡他國有故者必出兵助之呂宋內亂無子宜立女故王之婦以女幼代權之國人不與弟遂乘間起兵爭民被禍甚慘英吉利助拒之終不能勝道光十三年土耳幾國爲以比多攻敗求救於鄂羅斯鄂羅斯欲遂乘勝逐土耳幾英吉利與佛蘭西不許鄂羅斯乃以兵衛土耳幾國城拒以比多於是英吉利佛蘭西兩國相約各以戰艦巡地中

海爲之聲援（土爾幾即都魯機南北二國皆濱臨地中海）且以兵脅以比多使連和未幾英吉利以事至土耳幾使臣之屬官爲經歷者方挾前功爲土耳幾權臣所辱遽囚之英吉利人商是地者歸請雪其耻會土耳幾王亦畏悔自黜其臣以謝事遂已荷蘭與帕理治國互相仇殺既和而彼此含恨不釋英吉利與佛蘭西力禁之使終守和約不得再起爭釁兩國畏而聽之方英吉利之窺印度也實慮鄂羅斯强而偪必與之爭然是時鄂羅斯方搆兵於西北之普魯社未暇南顧也當大兵底定西域温都斯坦尚與巴達克山互相攻拒旋併於愛烏罕而鄂羅斯兵方自黃海攻服黑海各部復沿加士比俺海（即裏海亦名死海）日事南侵故英吉利得并力吞温都斯坦復溯印度而北自是凡夾印度河及南洋之城廓回國半屬於英吉利凡近裏海之游牧回部號韃韃里

者皆屬於鄂羅斯矣兩國新界既近而中隔回國尚數百里彼此猶未得聯接也道光十八年温都斯坦之北有阿付顏尼部與沙蘇野部戰沙蘇野敗求援於英吉利始英吉利既得印度即駐兵防守遂於明年七月使副兵頭曰沙機尼者悉起孟阿臘孟買温都斯坦三部兵將之以出沙蘇野酋亦自率所部兵爲嚮導時阿付顏尼酋自居加模爾城別使其子以兵三千五五百守牙尼士城城堅而險外復增設濠墻嚴守禦又使其長子以兵數千守加布爾城英吉利軍先陣於近郊誘戰不肯出乃分三路進偪之一礮以馬背負者曰馬礮軍二以駝背負者曰駱駝礮軍三以人運者曰步礮軍迫城而營而以仰發飛墮之礮曰天礮者墜彈城中如雨又分軍扼加布爾援兵來路阿付顏尼酋長子領千五百騎步兵三千由所守加布爾城赴援

夾攻後路尋被沙蘇野兵擊卻次日乃會聚各營專力攻城更番而進守者亦嬰城鏖戰卒破於天礮相率潰遁歷兩日夜城始拔獲其次子仍兩路並進攻加布爾城阿付顏尼酋同長子率其衆萬三千人退保格麻關軍士怯敵無鬥志遂棄關走保麻緬英吉利因得盡據二城令沙蘇野酋自返其國議留本國兵及溫都斯坦舊防兵同新得阿付顏尼降卒協守之阿付顏尼酋既遁麻緬亟使人乞救於鄂羅斯鄂羅斯兵官之守韃韃里者久垂涎南印度富腴苦爲回部所隔不得逞使至知各部內亂頓觸所欲乃定謀從巴社人已至其東部落希臘地與巴社人立約欲恢復阿付顏尼舊部以直取印度巴社者回回之祖家粵人稱之曰白頭番亦即入市　中國之港腳也船用英吉利旗號稱屬地故告急於英吉利時兵頭爲律屋蘭出兵助

之且拒且守鄂羅斯詐爲查收逃奴襲破游牧回之近阿付顏尼曰機注曰大哈臘二部進據沙蘇野所屬袞都斯麻爾格模特散三部落之在興都哥士山北者兵力銳甚英吉利兵頭沙阿力山偕馬約里治據險力拒乃駐兵荷薩士河與英吉利中印度接界由是二國邊境僅中隔興都哥士山阿沙兩部皆在山南機木兩部在山北境界愈逼仇衅愈深戰爭無有止息而鄂羅斯人復日習印度中之文字語言又多購木哈臘人與立約備嚮導欲隨時取阿付顏尼以窺伺印度故英吉利常屯兵阿付爾顏界備之議還阿酋於所居加模爾城故地以消外釁且藉爲前薇又議乘勢逼興都哥士山取沙蘇野所失之三部落葢英吉利得印度後與鄂羅斯交惡構兵未嘗少息如此

蘭崙偶說卷三終

蘭崙偶說卷四

廣東澄海縣訓導順德梁廷枏撰

英國稅皆資於市貨多故稅亦日蕃國用咸出於是初但以土產之物售於印度遠至　中國而已近年則自西海達於南海凡他國市舶經行之地必設市埠易出　中國茶葉絲觔大黃輾轉販諸埠埠各征稅出入均有例額航船四出懋遷流徙歲羨悉歸公而支發亦因以浩繁

自畢波銷行日廣他國並受其害而英國遂獨專其利焉實則蘭崙本不產是物也波畢者卽罌粟花中冉本也俗謂之鴉片以吸烟於火曰鴉片烟上者麻哈默哪次麻爾洼孟買加爾吉達皆東印度地所產以官地聽民栽種而按征其地稅旣而花開時征之取液再征之及製成出口又征之凡四次征收而地稅較重近歲旺者可四百萬花液逮出口可五百萬員孟阿臘歲稅九

百六十八萬四千餘員孟買百餘萬員除留充經費外歸本國者三百萬北亞墨利加所屬七部羅阿加那達歲稅八十萬員經費五十萬阿巴加那達以修路濬河故虧至三四百萬那洼士葛底阿收四十七萬費五十三萬四千三百有奇紐墨蘭士域收三十四萬費十九萬五千紐方蘭島收八萬費十三萬五千勃林士退島收三萬八千四百費六萬八千七百有奇道光十四年津貼兩加那達文事費三萬武事百二十萬六千各部合計文事費十萬武事七十萬按合印度稅已足千萬而孟阿臘僅居印度之一隅乃云九百六十餘萬其數見澳門月報未免矛盾可疑矣今以道光十九年出納之數計之所入共四千八百十二萬八千棒所出還欠及雜費四千九百九十八萬八千計是年實欠一萬二千棒無着二十年所入四千七百八十四萬二千棒所出還揭二千九百四十三萬九千又雜費二百四十一萬官俸等千七百四十五萬一千合計所出凡四千九百三十萬除揭入文學舘用者百萬愛倫和尙用者二十六萬並已歸入還揭項內是年實欠十九萬八千棒二十一年計還欠並利息三千一百八十七萬七千棒兵船軍庫一千六百八十八萬兵費十萬海上設官費七萬五千加那達地公費三十五萬又兵費用一十五萬所出計四千九百四十三萬以上據蘭崙新聞紙云二十年甘文好司派員甘客底清查國庫其中雖多懸擬之費然大要彼國入不少而出尤多以前後三年計之皆入不敷出也又與佛蘭西爭戰欠商民銀四十二萬四千百有四十一萬有奇息銀萬有六千九百二十七萬由蘭崙銀號給票按年支取

每載以咯粒巴船箱

二滿滿六十七棒棒十有二兩價自千三百曾碑至五百每船三百躉始至尚少　中國以爲藥材與他物同征其稅後積漸而多則售於澳門迨奉禁約澳夷之索費者奢遂遷泊伶仃洋躉船逐漸入內地源源銜尾而至船甫空而隨實之伶仃地屆重洋在老萬山外或夾雜於米石或與他貨並載至必先運諸躉而後詣守口臺汛驗無禁物給引水以入虎門如例自道光

二年始也　中國例入市但許易貨而出其易銀者禁而波畢不入稅課於是私買者以紋銀歲出不貲（聞壬寅前計來者已三十三萬餘箱箱五百圓爲數已多矣）　廷議禁之　欽差大臣駐粵令私販呈繳頒新例以絶來源以頒事不能具結則罷其市易諸國聞罷市大黃茶葉不肯售值大起而所繳烟價及關稅各有虧缺繳烟事起義律還報其國未至而蘭崙已先知之甘文司官衆皆驚動銀

號息驟長（長至六分）貸於佛蘭西銀號者四百萬棒合省國銀號以十萬棒支發茶值亦驟加（按茶自內地正稅洋行抽費及沿海各稅外合以蘭崙自稅已倍於買價而運費在外今再加二分則翔貴甚矣）　繼聞市易禁止且聞有兵事值復再長積不肯售黑綠茗值如上茶（是歲十一月販回蘭崙者七萬包先售五萬八千存者萬二千）湖絲大黃諸物無不昂貴而鴉片棉花之存孟買者計虧銀六百萬棒盖與內地互市歲得稅不下千五百萬國用有資故當公司

未散大班亦常慮及停市輒積茶爲兩年之備迨局散不復議及而散商意主營運侔利但求速售無存蓄者民俗嗜茶而土不宜種植惟印度阿山頗有出產其臣嘗請免試種之稅（道光十九年事）所出少而製法未善（其年得茶百九十箱所種者白毫五種小種三種其國茶師謂此茶中有烟氣味苦有傷茶性每株止值六七先士而已故欲得　中國人在種之近又欲於樸定地試種）　大黃尤印度且久所必需故一時周章至是乃募孟阿臘人爲兵倉皇至粵八

擾内河求香港爲市地當事令給還夷欠又去而分擾江浙　奏奉　恩旨許以廣州福州厦門寗波上海五口爲市而核裁從前關口陋規之不在則例者遂就款聞時廓爾喀使請於駐藏大臣自謂與里底所屬地鄰近受侮今里底與京屬構兵願率所部攻其屬地所稱里底即英吉利京屬即廣東里底屬地即指印度駐藏大臣未之知也爰以蠻觸相爭　天朝向不

過問却之而當時復有傳聞鄂羅斯遣其陪臣來　中國請出兵由緬甸夾攻印度使臣已自其國東藩屬之比革爾地起程由韃韃里八都者後雖不果而英吉利人已聞而畏之蓋廓爾喀介西藏鄂羅斯之間世與英吉利爲仇故乘其不能兼顧欲以兵襲其印度而鄂羅斯則更不能一日忘印度先既連年血戰後又伺隙而謀之皆將欲一伸其夙怨也所都蘭墩城在

古之但西河畔相傳漢明帝時海賊八河上縱横刼掠故擇地建城居而控制之至今不改王宮二並在城外謂環以城則畏人示弱也舊者在山後方四里朝賀於此新者在山前面河方二里則遊幸處也築礮臺山上城在宮左逾河距宮十五里外爲醫院（官數十就醫日千計）作運渠（横六丈）以馬牵舟自城以達於海（歲修費征諸行旅）居民富庶每苦癘疫元順帝十五年疫作死至五萬人未

幾國有黨叛其臣有襲封爵者備兵出戰遂殉國難明成化十九年疫又作逾三十年再疫死三萬餘人　國朝康熙三年王以好色死民隨染疫死者數至十萬明年遭火焚燬民居萬餘間道光二年又災不數年已建復如舊觀其富貴人家皆起園囿聽民遊玩夜則道盡懸燈王所居亦聽民及他國人隨時入觀無禁穴墻爲筒以火貫之使夜光如晝皆蘭墩城事也城長

三十里闔三之土地平衍宜麥禾果豆之屬有山名聞允產黑鉛最盛聽民自開採而徵其稅距近之地左有㖿郇右有加釐皮申村並設礮臺二村皆濵海以舟往來葢要區也蘭墩去兩村各百餘里由海口八百餘里爲國中市鎮守以官者曰論倫匹於國城有三橋曰三花爲輸激水以次三日遍於民居無出汲者凡農器進口免其稅其民能栽種可爲靛料者及開墾荒

地者並獎之種架非樹者亦按數獎勵合兩家種至六萬株者賞銀八千員四萬五千株者六千員三萬株者四千員出口時並免其稅桂茶桑同例椰視架非等有加每等加賞二千玉桂丁香倍之仍各聽其就地開埸鬥鷄不征稅種蔗同地狹生齒繁孳故務農少而經商多所至如故鄉有終身不返者每得荒壤輒相率挈其妻孥而往或由王指派移民以實其中所得必力爲開墾用能漸次生聚無論去國近遠雖萬里不憚

險阻如亞非利加之大浪山即峽兀賀說詳前彼以兵得之此則徙民而開墾其空曠也所稱獅虎叢生土番蠻野者亦以市船八中土印度所必經率其民人披荆斬棘歷千辛萬苦而闢其磽壤肇端於道光初元先有令青城減價二人者挈衆初抵其地爲開墾之始今已積成村落矣他如澳大利亞洲即西人所稱天下第五洲者即墨瓦蠟尼加洲自古不通人跡之處獸蹄鳥爪地野人稀無君長城郭宮室倫理者亦聽民駕船徙家於洲

之東南西三方凡願遷者官資其費而經其界焉先是國中諸河不能直達海港後疏濬阨蘭特泠河九十里歷士河百二十里又濬依爾力斯糜耶河阨蘭精河阨蘭王尼河於是貨運始便所屬斯葛蘭五河曰大臘出邊羅晃山逕付利剌阿港入海曰海坷來底曰度稔並出攬緋里斯社一逕臘納社一逕麻邑入海曰底岀和化至拔社入海其支曰泗比分於拔社繞曼付

祉八海愛倫三河曰麻羅出領塞逕瓦達賀港八海曰杉冷出阿蘭山曰摩目受湖水來滙逕利墨里港八海北亞墨利加河凡十有七曰鮮羅倫士曰荷多洼並長千有餘里曰薩歸尼曰額列曰先毛里斯曰馬撻瓦斯曰特連曰玷士曰敖西曰里治流曰佛蘭西士曰特召里曰先閏里士底曰俄支曰比地千底阿曰蘇比耶加底曰洼里步爾此凡十五河者各有所注而均

不逮鮮荷兩河源流之遠湖七界合省國者曰蘇比里阿周三萬五千丈曰伊里曰休倫在七部內者曰安達厘荷曰召特里曰深戈曰額蘭印度三河曰安治士（卽恒河）出謙麻那壓山曰希臘特河出阿山並逕孟阿臘八海曰興都士（卽新地河）出西藏逕數千里至達岱八海溫都斯坦之西有巨澤圍數千里澤中有山曰索各里麻臘達喇斯高八雲際歐羅巴洲諸國大率世爲姻

好能各通其有無男三十女二十臨時議婚不預聘屆期於教王廟會親族僧各與以二燭使男女互易而熄之聽經畢而歸居恒男受女制生子甫成立卽分以家業使自治生故配合多以財產較析產必均於女嫁則婿受其貲止夫婦居室無妾媵違者流之女恒贅男亡則他贅官女得子亦歸諸其郡而不得稱嬪御子亦不得有庶母無奴婢十五以上則供役於王六十

乃止男婦各雇一人司爨多者及雇他國者賦之盎守耶穌教婦女皆與人往還如朋友諸國並以耶穌漢哀帝庚申始生之年爲其國之始年計越千八百有餘年矣自耶穌始知以三百五十五日爲年不知閏故不以月繫年歲以冬至後三日爲冬節後十日爲歲首月有三十一日以五金爲幣鑄銀爲錢衣有出蠶絲者有出羊羢者布有麻有棉麻布敝則搗以爲紙男子

冠三角短衣色尚青白無棉夾裘大衣則貴者長其後幅愈貴愈長有至丈餘者以數人在後提挈之富者以金緣帽及領袖女則珠玉錦繡其人咸白肌睛如貓而高鼻髮卷微紅與荷蘭佛蘭西同故並稱紅毛黑者不貴也不薙不束不辮剪之使留寸許女在閨則束髮左右作小辮而挽之惟婦女長髮僧則緇衣大袖而無髮女多艷色尚細腰必以帶固束之衣長袍而腰

襭百結臂如之衣長及地上窄下寬肩絡花繡以紅綠白爲吉武弁必紅衣相見免冠爲禮無跪拜儀駕車馬王八臣六次四次二王出或乘大馬平鞍旁翼扶欄後有倚背民遇王於道則免冠拔額毛投地示敬王臨朝執象杖以辮金鑲之宗室貴臣則並坐而議國事羣臣入見則屈一膝執王手鼻之女王出必冠金絲冠四綴以珠衣紅長袍以多羅呢或羽爲之胸繫金珠

爲飾在孟阿臘理糧餉稱嘜者視他官尊出以六騎前四騎後則左右人各一皆衣紅衣從坐用棹椅同　中國他洲所未有也民居有賦以架爲額而高聳則非所計有累六七層高十餘丈者蓋地促則貴而賦重也室以白石爲墻次磚次土皆白灰堊之其賦一歸王一設巡守界段一養瞽目廢疾治兵時乃再賦之英吉利自開國時已有五等之爵職最尊與王共治國事

統稱之曰國政公會兵役稅餉必集民議之而以五爵爲首由來已久（例自宋代始）民俗安之凡封爵有世祿土地者傳諸長子荒土聽告官往墾三十年則還於官復召投以價多者得之故無地稅工藝分木石塑畫能造奇物者得專利三十年募兵必於亞勒馬呢國以忠實可用也若用於印度各國則募滿剌加人其法亦五人爲伍伍有長四伍爲隊令嚴少退者給餉重（詳已見前）

故兵能用命日食早曰飲茶所食惟乾餱午曰小食晚曰大餐禽畜燒烤皆備飯以麵飽後乃飲酒消之各國土語外別有官語可行於一洲鄉國各設天王堂各有教王尊如長官七日一禮拜男女並唱詩稱頌刑法輕者鐐銬手足置暗室禮拜下期卽釋之富者贖重者竄荒地驅令開墾死罪而後弔頸斃之大逆則製物如鼓內藏鋒刃納以罝通衢過者蹴而滚之官孟阿

職者居常服八卦衣聽訟則易黑召客長十八同聽焉禁令嚴雖水亦納稅無盜取者國多娼妓雖姦生者必育之五爵各有獵場嚴冬以火烘其室則百花盡放富貴家競尚苑囿遇良晨禮拜日遊者紛至夜演雜劇爲樂晝則禁有盛宴則令女子歌舞富貴家亦幼而習之凡傳召以竹竿爲符節至卽隨行有怨不釋者各延証人背放鳥鎗互擊不中卽解凡士農工商咸世

守其業農首穀次粱次牧畜設學選師教國人子弟師之貴等於五爵必通數國語精歷法明測驗者始以充選鄉有小學所學曰文科一古賢名訓二各國史書三各種詩文四文章議論自七歲至十七八學成本學師試其優者進於國之中學所學曰理科初年辨是非察性理二年察性理以上之學學成則又試之優者進於大學所學亦四科聽人之自擇曰醫科主療疾

病凡病死醫不得其故者則剖其骸以驗其病端所在著書示人曰治科主習吏事曰教科主守教法曰道科主興教化學成又各嚴考之每試則師聚於上生徒北面一師問難畢又輪一師能對答如流然後取中卽許任事學道者專務化民不與國事治民者秩滿後王遣官察核定其功罪而遷罷之又有度數之學數立算法家度立量法家數在音相濟爲和立律呂家度

在天迭運爲時立歷法家皆設學立師而不以取士作畫亦用度數故遠近分明但求其似不尚筆意繪容尤爲逼真自女王伊來西麻戒除烘託黑影法又一變所設教讀之舍蘭崙之漏斯賀（今貯書十二萬卷）感彌利赤斯葛蘭之隣麻社愛倫之臘墨頓（各貯書十萬卷）各一博物館惟蘭崙有之別於新埠設英華書院商人子女咸習書算出必載筆異聞則記之約事拉手卽定卽記於簿

日出新聞紙事無大小悉載之例禁綢紗與佛蘭西小帶烟葉及國中所造之比酒仁酒墨蘭地酒（一爲薏仁所作一爲穎立所作皆害人惡物）今民間飲葡萄酒白酒然不能禁絕始以斯葛蘭以耳蘭並喜飲濃酒乃重其稅以杜貧者而私販愈多徒漏稅而無益於禁令渣治時（卽也治其名同遂以第一二別之）止許給牌零賣不能設鋪凡杯酒稅未足者罰銀百棒賞報者於是濃酒悉歸無業游民共起而逐報者犯禁日衆（兩年間犯者萬有二千人）緣是減稅而開其禁守口官聞佛蘭西出使者在其近哆洼地攜有小帶怒其違禁拘諸礮臺繳出而後釋之以火蒸水作舟車輪轉機動行駛如風舟曰火輪船初但以郵遞書件後則隨兵船爲驚人開路之用然火熱不便設礮火蒸車用以運載貨物不假人馬之力而馳行特速可省運費然必夷平險路凡山石碍輪之物不得少留又鑄鐵爲

轍迹按運道之遠近而鐵迹隨之工費甚巨（自蘭崙至海港九十里費至四百萬雖運費省八十餘萬而修理之費不貲）其地不能行車者亦作鐵槽以省馬力他如紡車織具並以水火力代之機動而布自成故成製多而用力省（按凡沾熱氣其物必稍漲大而水氣尤捷大抵水一分煮至熟滾則其氣須千八百分之地始足容之試以罐載水滿封其蓋使氣不能出及滾其罐必迸爛則水之漲布可知今西人造舟車者以蒸水熱氣感動機關卽其理也西人以甲乙註爲圖說甲爲大鐵罐滿貯以水乙在下爲爐熾火極旺水滾則變氣而橫注於丙筒氣過筒再分上下歧作二筒而達諸直豎之

大丁筒丁筒上下並塞惟恃一癸之小筒使水氣由下進至於壬壬爲大盤至此而氣已復冷還爲水而出其丙筒歧處卽爲子由此分上下而二之上筒爲己氣從此入丁筒之上層下筒爲庚從此入丁筒之下層而子之當中歧處又有小扇作門可轉移於己與庚兩小筒之間此開則彼閉故此氣通則彼氣塞其大丁筒內別藏有片銅爲戊者密合於筒使水由丙至子之小門以上己筒而入丁筒則戊之銅片迫下子之小門既封塞己筒則水氣由庚筒下而入丁筒戊之銅片復激上至子之小門則封塞庚筒銅片不時上下則氣不復由己庚二筒出而必由庚後之癸筒至壬而復成水矣丁筒內所藏戊之銅片既受水氣蒸激激上則迫下其動甚速再於辛號立條鐵使與戊之銅片相爲聯合上出丁大筒之外机關湊合於是辛條所觸卽

卽能動舟車所設之機牽機則輪轉輪轉則駛行皆水氣之受蒸爲之也醫用草木十之一二不診脈與中國及回回二十四脈異　凡事不擇日舟行擇星日定羅經量刻漏對洋圖地產牙硝倭磺以沙藤灰和而爲藥力甚烈每戰佛蘭西以飛礮勝英軍故英人亦倣爲之卽天礮用彈不過十二三棒棒十二兩藏藥兩棒半於內近聲少而遠聲大　航海舟以鐵力木爲之底厚尺許包以銅凡一重謂之夾板有長三十餘丈寬六七丈者入水出水均二丈　桅各三節有橫

出者而帆因之帆以布上寬下仄逆風則風自前帆間入觸後帆則折而順初航海舟輙千人後以道熟遞減至三四百量地大者以方里計小者以忽計八寸爲忽千六百八十斤爲蔥尺曰碼中國之二尺五寸　銀以先士魯碑計五十五先士值一魯碑兩魯碑值一員交易用大呂宋達剌洋錢俗喜施予無鬻子女爲奴婢者所在有濟貧恤孤寡治疾病之地優其資給合其費曰仁會王

與大家合力成之月以一貴人領其事死時每預籍其資財施仁會或親友子女無爭者海舶遇人溺者必救而濟以貲否則國有罰凶喪尚黑服三日而除死日卽殯所親送者掩土而散喪家則閉戶泣七日不火食皆受饋於人是又皆英吉利之風俗亦西洋諸國之大較也所產呀囒米金銀銅錫鉛鐵白鐵藤哆囉絨嗶嘰羽紗製鐘表玻璃器無虎豹麋鹿餘與諸國同

按英吉利國土雖出而海洋隔涉非能聯屬一處也其在歐羅巴洲本國則由漢迄今並居蘭崙城自腓士薇滅於羅馬歷四百年而西耳得乃以撒孫兵破據之遂爲西撒孫有歷五百二十有八年而加怒地以㕘因兵破據之歷二十有四年而舊撒孫王子爲國人擁立遂復爲撒孫有歷二十有七年而未廉以哪耳慢兵破據之遂爲哪耳慢有大率始

漢明帝迄明嘉靖間千餘年來可按年而數今斷自加力牛拉始加力牛拉至尼波相去計四百年今但各舉其在位之年故統四十八王在位年數計之僅二百有九年其中廢曠之年已不可考又自幾阿巴勒得位之末年逆推至加力牛拉始立之年凡三百三十有四年以隋末逆推之不過在晉泰始之初去漢明帝尚二百年當撒孫併立後傳代無

多年分似可遞按即其初與國人拒守以而後定之十九年亦可聯按而計愈知廢曠空缺者在羅馬據立時也其由明中葉至今年代雖近而其歷傳之名氏世次年歲反不得其詳而其間爭據開墾之事則猶得以薈萃諸書所紀述者而悉其起訖也至其設立公司大班名目先見於乾隆十五年其國商臯牘之存粵海關署者已八十餘年而據其國

之新聞紙則順治二年已有公班衙之稱矣今道光十年始據大班等稱十三年以後即已期滿散局未幾果歸國此後來市者皆散商其國別設領事來粵止理船梢滋事不能管及貿易然則公司之合散已屢更其期矣葉鍾進寄味山房雜記論公司既散則易於管束然二十年內擾之事皆出領事嘆律所爲以是觀之似猶未爲通論矣

蘭崙偶說卷四終

粵道貢國說

粵道貢國說目錄

粤道貢國說卷一

澄海縣訓導臣梁廷枏謹編

謹案我
朝威德覃敷遠無弗屆朝鮮一國率先效順厥後琉球越南日本相繼款關咸稱屬國同奉正朔久列藩封方物貢期胥歸定則此外則西海窮陬從古未通之國靡不向
化輪誠梯費航琛來

庭恐後入貢道路例按海洋遠近分隸沿邊各省宗伯掌之由廣東入貢者惟暹羅荷蘭西洋所屬意大里亞博爾都噶爾雅以逮暎咭唎諸國每届使舟至境大吏以
聞輒奉
俞旨燕勞有典伴送有官厚往薄來
恩施優渥臣海邦生長耳濡目染縷牒難書然往籍可徵卽方隅典故已足覘
一統無外之規
聖德懷柔之遠與前代遣使招致者迥殊彼世沭
皇仁所爲感激歡欣當不知如何鼓舞其有吐蚩尤之霧而煽鯨鯢之波者使天良未泯靜念將何以爲心是用溯考舊章就諸國貢道之例出廣東者各舉其入貢之期奉貢之物
勅詞之褒奬

賜予之便蕃悉著於篇俾共知
昭代同文之盛至若越南接壤廉瓊依光更近民夷牙錯咨會爲多顧其貢道自出粤西兩不相越今不載焉

入貢通例

順治元年定外國朝貢以表文方物爲憑該督撫查照的實方准具題入貢

又定凡外國人送該督撫禮物永行禁止

又定貢使到京所貢方物會同館呈報禮部提督該館司官赴館查驗分撥員役管領該部奏
聞貢物交進內務府象交鑾儀衛馬交上駟院腰刀鹿皮青黍皮等物交武備院凡進硫黃者留交該督撫收貯又定外國貢使在途病故禮部具題令內院撰祭文所在布政司備祭品遣堂官致祭一次仍置地塋立

石封識若同來使臣自願帶回骸骨者聽若到京病故給棺木紅緞遣祠祭司官
諭祭兵部應付車輛人夫其應賞衣服緞疋等物仍付同來使臣領回頒給若進貢從人在京病故者給棺木紅紬在途病故者聽其自行埋葬

凡進貢員役順治元年定每次不得過百人入京員役止許二十人餘皆留邊聽賞其進貢船不得過三隻每船不得過百人

又定凡外國進貢除定例船隻外其接貢探貢等船一槩阻回不許放入

順治八年題准凡外國進貢正副使及定額從人來京沿途口糧驛遞夫馬船車該督撫照例給發差官伴送及兵丁護送到京其貢使回國沿途口糧驛遞夫船兵部給與勘合其留邊人役該地方官照例給

與食物嚴如防守俟貢使回國時同送出境

康熙五年題准凡外國奏疏不得交付遣往使臣帶來合專差官交該督撫轉奏

六年定外國投文到該督撫該督撫即開閱原文議題

又題准凡督撫提鎮等官不許擅自移文外國

乾隆三十六年六月禮部奏奉

聖諭據諾穆親奏南掌國遣使貢象到滇即照向例派員伴送起程復檢查乾隆三十五年部議嗣後外國入貢俱令按省派員伴送更換交代毋許一人長送乃並未詳查新例仍照上屆辦理實屬錯悞請交部嚴加議處等語已批該部議奏矣此事禮部新定之例未爲妥協該部因福建伴送琉球貢使到京逾期議令派出伴送

之員按省更替毋許一人長送意在防其沿途稽滯而未能切當事情福建之於琉球雲南之於南掌貢使初至該省皆有應行照料事宜既派有承辦伴送之員即當終始其事而派員與貢使伴行日久一切與之相習途中屢易生手亦覺非宜若慮派員在路托故遷延止須於經過各省添派妥員護送儹行自不虞其任意遲緩若以此而論議停長送專員何異因噎廢食

所有外國貢使來京及由京歸國派員伴送及各省添員護送之例着該部另行定議具奏諾穆親雖未照禮部新例而所辦未爲錯悞毋庸交部議處欽此臣等伏查乾隆三十五年　月

臣部因琉球貢使自福建起身行走四月有餘直至正月二十一日始行到京有悞

元旦

朝賀當查福建撫臣所委伴送官僅一試用舉人

王紹曾既不足以資彈壓任意稽延經過地方官又不爲趲送以至沿途逗遛濡滞是以奏請嗣後貢使到省該撫於同知通判中遴委一員伴送一面知照前途亦按省派委同知等官一員更換交代毋須一人長送以免隔省呼應不靈之弊并請嗣後各省凡有外國入貢者俱照此畫一辦理奉

旨允准通行在案茲因南掌遣使慶賀
萬壽貢象到滇該署撫諾穆親業已派員伴送起
行旋以未照新例辦理請
旨交部嚴加議處奉
硃批該部議奏欽此復奉
諭旨禮部新定之例未爲妥協着另行定議具奏
諾穆親所辦未爲錯悞毋庸交部議處欽此臣
等伏讀

聖諭諄詳開示仰見我
皇上加惠遠人辦理周密之至意伏思長遞伴送
夷使原須彼此相習若屢經更換誠覺非
宜從前所定之例未爲詳盡臣等酌議嗣
後各省貢使到境該撫即於同知通判中
遴委一員應用武弁者并酌派守備一員
伴行長送至京俾沿途足資照料彈壓并
一面知照經過各省預定添派妥員護送

儹行挨省更替庶不致委員逾省呼應不
靈其回國時仍令原派委員長送經過各
省亦仍遴委妥員護送出境如此則既有
長伴熟習之人照看經理復有沿途添派
之員護送儹行自不至稽延貽悞而於柔
遠之道益昭周密矣至琉球蘇祿安南等
貢使回國向例臣部揀選司員引
見派出伴送嗣後應請停止以歸畫一奉

旨依議欽此
五十六年奉
旨嗣後外藩各國賫表來京貢獻方物所有安南
緬甸暹邏南掌等國來京使臣及隨從人等應
行照料事宜俱著內務府經理仍著禮部派委
司官二員幫同照應欽此

暹羅國一

謹按明史及東西洋考並云暹羅即古赤

土國後分爲羅斛暹二國羅斛爲暹所併明賜以暹羅國王印始稱暹羅地在越南之西緬甸之南占城之西北其西即榜葛喇海也據隋書云赤土國扶南别種在南海中水行百餘日而達所都土色赤因以爲號其王姓瞿曇氏名利富多塞不知有國遠近稱其父釋王位出家傳位於利富多塞其俗敬佛煬帝即位募能通絶域者

大業三年屯田主事常駿虞部主事王君政等請使赤土齎物五千叚賜赤土王其年十月駿等自南海郡乘舟晝夜二旬至蕉石山而過東南泊陵伽鉢拔多洲西與林邑相對又行二三日西望見狼牙修之山於是南達雞籠島至赤土界其王遣婆羅門鳩摩羅以舶三十艘來迎進金鏁以纜駿船月餘至其都王遣其子那邪迦請

與駿等禮見先遣人送金盤貯香花并鏡鑷金合二枚貯香油金瓶八枚貯香水白疊布四條以供使者盥洗其日那邪迦又將象二頭持孔雀蓋以迎使人并致金花金盤以藉詔函男女百人奏蠡鼓婆羅門二人導路至王宮駿等宣詔訖奏天朝樂事畢還館又遣婆羅門就館送食以草葉爲盤其大方丈因謂駿曰今是大國中人

非復赤土國矣飲食疏薄願爲大國意而食之後數日請駿等入宴王前設兩牀牀上並設草葉盤有黄白紫赤四色之餅牛羊蝳蝐之肉百餘品延駿升牀從者坐於地席各以金鍾置酒女樂迭奏禮遣甚厚尋遣那邪迦隨駿貢方物并獻金芙蓉冠龍腦香以鑄金爲多羅葉隱起成文以爲表金函封之令婆羅門以香花奏蠡鼓而

送之既入海見綠魚羣飛水上浮海十餘日至林邑東南並山而行其海水濶千餘步色黃氣腥舟行一日不絕云是大魚糞也駿以六年春與那邪迦於宏農謁帝帝大悅賞各有差又元史云成宗元貞元年進金字表欲朝廷遣使至其國比其表至已先遣使葢彼未之知也賜來使素金符佩之使急追詔使同往以暹人與麻里予

兒舊相讐殺至是皆歸有旨諭暹人勿傷麻里予兒大德三年其國王上言其父在位時朝廷嘗賜鞍轡白馬及金縷衣乞循舊例以賜帝以丞相完澤答刺罕言彼小國而賜以馬恐其隣忻都輩譏議朝廷仍賜金縷衣不賜以馬又明史云即隋唐赤土國後分爲羅斛暹二國暹土瘠不宜稼羅斛地平衍種多穫暹仰給焉元時暹常

入貢其後羅斛强併有暹地遂稱暹羅斛國洪武三年命使臣呂宗俊等齎詔諭其國四年其王參烈昭毘牙遣使奉表與宗俊等偕來貢馴象六足龜及方物詔賜其王錦綺及使者幣帛有差五年貢黑熊白猿明年其王之姊參烈思寍別遣使進金葉表貢方物於中宮却之已而其姊復遣使來貢仍却之而宴賚其使時其王懦而

不武國人推其伯父參烈寶毘邪嗯哩哆囉祿主國事遣使來告貢方物宴賚如制已而新王遣使來貢謝恩又遣使賀正旦貢方物獻本國地圖七年使臣沙里拔來貢言去年舟次烏猪洋遭風壞舟飄至海南賴官司救護尚存飄餘兜羅綿降香蘇木諸物進獻廣東省臣以聞帝怪其無表既言舟覆而方物乃有存者疑其爲番商

命却之世子蘇門邦王昭祿羣膺亦遣使
上箋於皇太子貢方物命引其使朝東宮
宴賚遣之其舊明臺王世子昭孛羅局亦
遣使奉表朝貢宴賚如王使十年昭祿羣
膺承其父命來朝帝喜命禮部員外郎王
恒等齎詔及印賜之文曰暹羅國王之印
併賜世子衣幣及道里費自是其國遵朝
命始稱暹羅比年一貢或一年兩貢二十
八年昭祿羣膺遣使朝貢且告父喪命中
官趙達等往祭勅世子嗣位永樂元年賜
其王昭祿羣膺哆囉諦剌駝紐鍍金銀印
其王卽遣使謝恩二年其王以帝降璽書
遣使來謝貢方物賜賚有加并賜列女傳
百册使者請頒量衡爲國式從之時暹羅
所遣貢使失風飄至安南盡爲黎賊所殺
止餘孛黑一人後官軍征安南獲之以歸

帝憫之七年使來祭仁孝皇帝命中官告
之几筵時奸民何八觀等逃入暹羅帝命
使者還告其王毋納逋逃其王卽奉命遣
使送八觀等還命張原齎勅幣獎之十四
年三月波羅摩剌劄的賴遣使告父之喪
命中官郭文往祭別遣官齎詔封其子爲
王賜以素錦素羅隨遣使謝恩十七年命
中官楊敏等護歸以暹羅侵滿剌加遣使
責令輯睦王復遣使謝罪景泰四年命給
事中劉洙行人劉泰祭其故王波羅摩剌
劄的賴封其嗣子把羅蘭米孫剌爲王天
順元年賜其貢使及鈒花金帶成化九年
貢使言天順元年所頒勘合爲蟲所蝕乞
改給從之十七年貢使還至中途竊買子
女且多載私鹽命遣官戒諭諸番先是汀
州人謝文彬以販鹽下海飄入其國仕至

坤岳猶天朝學士也後充使來朝貿易禁物事覺下吏十八年遣使朝貢且告父喪命給事中林霄行人姚隆往封其子國隆勃剌略坤息剌尤地爲王宏治十年入貢時四夷館無暹羅譯字官閣臣徐溥等請移牒廣東訪取能通彼國言語文字者赴京備用從之正德四年暹羅船有飄至廣東者市舶中官熊宣與守臣議稅其物供

軍需事聞詔斥宣妄攬事柄撤還南京十年進金葉表朝貢館中無識其字者閣臣梁儲等請選留其使一二人入館肄習報可嘉靖元年暹羅占城貨船至廣東市舶中官牛榮縱家人私市論死如律三十二年遣使貢白象及方物象死於途使者以珠寶飾其牙盛以金盤并尾來獻帝嘉其意厚遣之隆慶中其隣國蠻牛求婚不得

慙怒大發兵攻破其國王自經擄其世子及天朝所賜印以歸次子嗣位奉表請印予之嗣王勵志復仇萬歷間敵兵復至王整兵奮擊大破之暹羅由是雄海上移兵攻破眞臘降其王從此歲歲用兵遂霸諸國六年遣使入貢其後奉貢不替崇禎十六年猶入貢其國周千里風俗勁悍習於水戰大將用聖鐵裹身刀矢不能入聖鐵

者人腦骨也王瑣里人官分十等自王至庶民有事皆決於其婦其婦人志量實出男子上婦私華人則夫置酒同飲恬不爲怪曰我婦美而爲華人所悅也崇信釋教男女多爲僧尼亦居菴寺持齋受戒衣服頗類中國富貴者尤敬佛百金之産即以其半施之地卑濕人皆樓居男女椎結以白布裹首富貴者死用水銀灌其口而葬

之貧者移至海濱卽有羣鴉飛啄俄頃而盡家人拾其骨號泣而棄之於海謂之鳥葬交易用海䝨是年不用䝨則國必大疫其貢物有象牙犀角孔雀尾翠羽龜筒六足龜寶石珊瑚片腦米腦糠腦油腦柴薔薇水碗石丁皮阿魏紫梗藤黃硫黃藤竭沒藥烏爹泥安息香羅斛香速香檀香黃熟香降香乳香木香丁香烏胡椒蘇木豆寇華茇烏木大楓子撒哈剌西洋諸布其國有三寶廟祀中官鄭和又

大清一統志云其國在占城西南東連大呢西接蘭場北界大海國周千里有大庫司九府十四縣七十二又

皇朝職貢圖云其官制九等四等以上戴銳頂金帽嵌以珠寶五等以下則以絨緞爲之衣錦繡及織金或花布短衣繫錦帶婦人

以金銀爲簪釧約指上衣披五色綵緞下衣五綵織金花緞拖地長二三寸足履紅革靴鞋其選舉皆引至王前咨以民事應對得當卽授官服候用文字橫書有事則具書文朗誦呈之地卑濕民皆樓居坐卧卽以樓板上藉以氊席其風俗勁悍習於水戰崇佛齋僧飼象取牙以奉夷目男白布纏頭衣短衣曳革履佩刀劍婦女椎髻上衣披青藍布緞下衣五色布短裙性善游冶亦下紡績俗重女輕男又海國聞見錄云尊敬中國用漢人爲官屬理國政城郭軒豁從海口至國城溪長二千四百里水深澗洋船隨流出入通黃河支流岸夾大樹田疇饒廣農時闔家棹舟耕種事畢而回無俟鋤芸穀熟仍棹舟收獲而歸粟稾長二丈許以爲入貢土物蓋播秧畢而

黃河水至苗隨水以長水尺苗尺水丈苗丈無旱澇之患水退而稻熟矣米價石可三星以銀豆爲幣大者重四錢中者一錢次者五分小者二分五釐其名皆王鑄字法不得剪碎零用找以海螺巴今臚採諸書詳其風俗云

國初定貢期三年一貢由兩廣總督廣東巡撫代題

敕部議准後知照該督撫令其入貢其貢使來有正使二使三使四使其下爲從人赴京者不過百二十六人其貢物爲馴象備象龍涎香幼噀香犀角象牙荳蔻降香滕黃大楓子土桂皮息木蘇木蓽撥樟腦兒茶皮樹膠皮硫磺檀香冰片翠鳥皮孔雀尾潤紅布大荷蘭氈氷片油薔薇露又貢物一分其數減半或有加進之物聽其隨宜進獻題准收受交內務府象交鑾儀衛表用金葉貯以金筒錦袱錦袋袋上有金鈕金圈加盛以螺鈿盒一貼金盒一並有花緞盒套套上各有金圈其

頒賞賜國王錦八匹織金緞八匹織金紗八匹織金羅八匹紗十二匹緞十八匹羅十八匹

賜王妃織金緞四匹織金紗四匹織金羅四匹

緞六匹紗六匹羅六匹貢使各織金羅三匹緞八匹羅五匹裏紬二匹布一匹通事緞五匹羅五匹絹三匹從人各絹三匹布八匹伴送官彭緞袍一件如貢使係微員視職分酌減通事從人等俱一例酌減

賞給所

賞國王王妃物件及

特恩加賜物件俱禮部移內閣撰入

敕內交貢使齎回
順治九年十二月遣使請貢並換給印敕
勘合
十年廣東廵撫奏暹羅國遣使請貢
十六年兩廣總督題准暹羅國再來探貢
所帶壓船貨物就地方交易其抽丈船貨
稅銀淸册移送戶部察核
康熙二年暹羅國正貢船行至七洲海面

遇風飄失止有護貢船一隻來至虎門仍
令遣回
三年七月平南王尚可喜奏暹羅國來餽
禮物却不受
是年題准進貢正貢船二隻令員役二十
名來京補貢船一隻令六人來京准該國
貿易一次其年暹羅入貢方物凡十三種
有孔雀六足龜

謹案是年定制孔雀六足龜後俱免進
四年十一月國王遣陪臣握坤司吝喇耶
低邁禮等齎金葉表文航海入貢表稱暹
羅國王臣森列拍臘照古龍拍臘馬嘑陸
坤司由提呀菩埃誠惶誠恐稽首謹奏
大淸皇帝陛下伏以
新君御世普照中天四海沾恎幪之德萬方被教
化之恩卑國久荷

天朝恩渥未傾葵藿之心今特躬誠朝貢敢效
輸欵敬差正貢使握坤司吝喇耶低邁禮
副貢使握坤心勿吞瓦替三貢使握坤司
敕博瓦綈大通事揭帝典辦事等臣梯航
渡海齎奏金葉表文方物譯書一道前至
廣省差官伴送京師進獻用伸拜舞之誠
恪盡遠臣之職伏冀
俯垂寬宥不棄微臣瞻

天仰
聖慈勝屏營之至謹具表稱奏以
聞
聖祖仁皇帝命從優賞賚
御前方物龍涎香西洋閃金緞象牙胡椒藤黃荳蔻速香烏木大楓子金銀香蘇木孔雀龜
凡十有三種
皇后前方物並同各減半

賜國王緞紗羅各六織金緞紗羅各四王妃各減二正副使每人正賞采緞羅各四絹二布一衣緞表裏各一加賞織金羅采緞各二韈一雙通事從人緞羅絹布韈有差
又議准該國正貢船二令員役二十人來
京補貢船一令六人來京
是年題定暹羅國貢期三年一次貢道由
廣東例於常貢外有加貢無定額

又覆准進貢船不許過三隻每船不許過百人來京員役二十名其接貢探貢船概不許放入
謹按暹羅貢道據雍正年修會典議在康熙四年嘉慶年修會典議在六年年各異
又按是年暹羅進貢正貢船一隻護貢船一隻載象船一隻故有是議
五年十一月國王遣陪臣握坤司吝喇耶

低邁禮等來貢部議以所貢物與會典不符應令後次補貢得
旨暹羅小國貢物有產自他國者與會典難以相符所少貢物免其補進以後但以伊國所有者進貢欽此時貢物內有神幔一條以非進奉
天朝之禮交來使帶回
賜國王王妃與四年同正副使每人緞七羅四織金羅絹各二裏綢一布一韈一雙通事從

人及留邊人給賞各有差

九年遣使入貢如例

十一年三月國王遣其陪臣來貢得

旨貢使所攜貨物願至京師貿易則聽其自運或願在廣東貿易督撫委官監視之欽此

十二年二月國王遣陪臣奉金葉表文入貢表稱暹羅國王臣森烈拍臘照古龍拍臘馬嘑陸坤司由提呀菩埃誠懽誠忭稽

首頓首啟奏

大清皇帝陛下伏以

天生聖君嗣登寶位剛明果斷國治民安聲聞海外澤及諸彝卑國世荷

皇恩微臣纘襲踐祚遠霑

九重德化莫能瞻仰

天顏幸遇貢期敢效輸款嵩差正貢使臣握坤司吝喇耶低邁禮二貢使臣握坤司殊噶剃耶西三貢使臣握坤押派瓦耻通官握坤心物邁知理揭帝典辦事文司叨申理嘑等梯航渡海齎捧金葉表文方物譯書前至廣省差官伴送

京師朝貢進獻代伸拜舞之誠恪盡遠臣之職恭祝

皇圖永固

帝壽遐昌伏冀

俯垂鑒納庶存懷遠之義微臣遵

旨再陳明季舊頒敕銀印卑國以憑進京朝貢前因宮殿火煨燼無存今進京朝貢無可為憑微臣以表文内不敢瑣瀆委握耶大庫具文呈部轉奏

聖旨特賜敕銀印以便進京奉貢康熙九年三月内貢使回國禮部奉

旨咨文到暹羅内開使臣具表題請伏望

聖恩頒賜敕印以光屬國庶朝貢有憑按古例貢
船三隻到廣貢使捧表進
京朝貢其船置辦國需隨汎回國庶臣早知
聖體興隆於次年再至廣省迎接
聖敕回國伏乞
俞旨賜依古例特
敕禮部行文廣省各衙門遵照施行微臣不勝膽
天仰

聖懽忭踴躍之至謹具表朝貢以
聞後開貢物
皇帝方物金葉表文一道譯字表文一道龍亭一
座（安奉金葉表文）馴象一隻孔雀四隻六足龜四
隻龍涎香一觔盌石一觔沉水香二觔犀
角六座速香三百觔象牙三百觔安息香
三百觔白荳蔻三百觔籐黃三百觔胡椒
三百觔大楓子三百觔烏木三百觔蘇木
三千觔胡椒花一百觔紫梗二百觔樹皮
香一百觔樹膠香一百觔翠鳥毛六百張
孔雀尾十屏兒茶一百觔鮫綃布六匹雜
花色大布六匹褪天四條紅布十匹紅撒
哈喇布六匹印字花布十匹西洋布十匹
大冰片一觔中冰片二觔片油二十瓢樟
腦一百觔黃檀香一百觔薔薇露六十礶
硫黃一百觔

皇后方物一樣減半（內止少馴象）奉
聖諭暹羅國航海遠來抒誠進貢其蟲蛀短少等
物免令補進嗣後各國皆照此例欽此四月
冊封暹羅國王
頒鍍金駝紐銀印
賜誥命令使臣齎回
誥曰來王來享要荒昭事大之誠悉主悉臣國家
著柔遠之義朕纘承鴻緒期德教暨於遐陬謳

撫多方使屏翰躋於康乂彝章具在渙號宜頒
爾暹羅國森烈拍臘照古龍拍臘馬嘑陸坤司
由提呀菩埃秉志忠誠服躬禮義既傾心以向
化乃航海而請封礪山帶河克荷維藩之寄制
節謹度無忘執玉之心念爾悃忱朕甚嘉焉今
封爾爲暹羅國王賜之誥命爾其益矢忠貞廣
宣聲教膺玆榮寵輯乃封圻於戲保民社而王
纂休聲於舊服守共球之職懋嘉績於侯封爾

其欽哉無替朕命
貢使事畢禮部堂官司員朝服在
午門前恭設几案鴻臚寺官引貢使等行三
跪九叩首禮跪領
誥印移咨該國王令王出城恭迎
誥印
二十三年國王遣正使王大統副使坤字
迣列瓦提從人三十名具金葉文入貢奉

旨覽王奏航海遠來進貢方物具見悃誠可嘉知
道了餘著議奏欽此又奉
聖諭暹羅國進貢員役回國有不能乘馬者官給
夫轎從人給舁夫欽此
是年國王附奏言貢船到虎跳門地方官
阻滯日久迨進至河下又將貨物入店封
鎖俟部文到時方准貿易每至毀壞乞
敕諭廣省嗣後貢船到虎跳門具報之後卽放入

河下俾貨物早得登岸貿易又本國採辦
器用乞
諭地方給照置辦下部議尋經議准應如該國王
所請行
又奏准暹羅國照例頒賞其輦皆折絹
又覆准貢使回國除護送來京官外特差
本部司官筆帖式各一人伴送
二十四年題准暹羅國王原

賞緞三十四今加十六共表裏五十
四十七年國王森烈拍臘照古龍拍臘馬
嘑陸坤司由提呀菩埃遣陪臣恭進金葉
表文進到貢物外加進貢物九件其副貢
船被風漂至安南地面續到粵東省仍差
官伴送至京進馴象二隻外添進金絲猴
二隻
賜國王王妃及貢使均照二十四年議定之例其

副貢人員等照從人賞例絹各二布各七
廣東伴送經歷亦照例賞彭緞袍一領
又覆准暹羅國進貢船壓艙貨物如願在
廣東地方貿易照例免其收稅
五十九年國王遣陪臣恭奉金葉表文貯
以金桶裹以錦袱上飾金珠三金圈七盒
三重內盒飾螺鈿外盒飾金紫梗牌二入
貢馴犀二隻又貢使呈稱國王命加貢西

洋金緞二疋大西洋闊宋錦一疋
六十一年四月國王遣使恭進金葉表文
於貢物外獻金筒一螺鈿盒一貼金盒一
金珠三金圈七錦袱二紫梗牌一馴犀一
又貢使呈稱奉國王命加貢大西洋金緞
二大西洋濶宋錦一俱交總管內務府奉
旨覽王奏傾心向化遣使航海遠來進貢方物具
見悃誠歷久彌篤深爲可嘉欽此

又議准暹羅國入貢照安南國例加
賜國王緞八紗四羅八織金緞紗羅各二王妃緞
織金緞紗織金紗羅織金羅各二貢使四
人每人加緞羅織金羅絹各一裏一通事
四人二人加緞羅絹各一裏一二人加緞
羅絹各一從人二十一名加絹布各一
又覆准暹羅國奏稱彼國有二紅皮船前
因禁洋被留令廣東督撫查明交貢使帶

回其在廣駕船水手人等係内地者各撥原籍安插係暹羅夷人令隨船回國

又奏進貢使回國遣禮部漢司官一人伴送

又覆准暹羅國進貢後補進犀牛貢使係微員比具表進貢之使酌減

賞緞六羅三織金羅二絹三裏二布一通事緞三羅三絹二從人四名絹各二疋各六件送

驛丞

賞彭緞袍一領奉

旨朕聞暹羅國米甚豐足價亦甚賤若於福建廣東寧波三處各運米十萬石來此貿易於地方有益此三十萬石米係爲公前來不必收稅禮部問暹羅使人定議具奏欽此遵

旨會問來使據稱該國米用内地斗量每石價值二三錢今議定載米到時每石給價五錢除爲公運三十萬石不收稅外其帶來米糧貨物任從貿易照例收稅

粵道貢國說卷之一終

粵道貢國說卷二

澄海縣訓導臣梁廷枏謹編

暹羅國二

雍正二年十月二十八日廣東巡撫年希堯題報暹羅國運米併進穀種等項奉

上諭暹羅國欽遵

聖祖仁皇帝諭旨不憚險遠進獻穀種果樹及洋鹿獵犬等物最爲恭順殊屬可嘉作何奬賞著

定議具奏所奏穀種鹿犬已經差官送京各種果樹俟來歲春和另行委解知道了運來米石令地方官照粵省現在時價速行發賣不許行戶任意低昂所奏每米一石定價五錢則賤買貴賣甚非朕體恤小國之意著行文浙閩此次已到之米與該國現經發運續到者皆照粵省一體遵行嗣後且令暫停俟有需米之處候朕

降旨遵行其壓船隨帶貨物本當照例徵稅但該國王既能輸誠向化冒險遠來此次應輸稅銀著一槩免徵來船梢目徐寬等九十六名雖係廣東福建江西等省人民然住居該國歷經數代各有親屬妻子實難勒令遷歸著照所請免令徐寬等回籍仍在該國居住以示寬大之典欽此

御前貢物龍涎香一觔銀盒裝西洋閃金花緞六疋象牙三百觔胡椒三百觔荳蔻三百觔

藤黃三百觔蘇木三千觔速香三百觔烏木三百觔大楓子三百觔金銀香三百觔

皇后前貢物並同數目減半

又議准暹羅國入貢照康熙六十一年加

賜之例船長照通事例番梢照從人例加賞緞羅絹布有差其船長雖非貢使可比但載運米糧向化遠來於原賞布十疋外再各加賞十疋又

特賜國王各色緞二十松花石硯玉器瓷器琺瑯
器等物差司官齎賞物一併送至廣東交
與該撫付船長領回
四年覆准暹羅國前經奏
旨暫停運米所差探貢二船帶有米石貨物伊等
由該國起行尙在未奏
旨之先既已涉險遠來聽其就近發買俟風訊回
國

六年禮部議覆福建巡撫常賚疏言暹羅
國王誠心嚮化遣該國商人運載米石貨
物直達厦門請聽其在厦發賣照例征稅
委員監督嗣後暹羅運米商船來福建廣
東浙江者請照此一體遵行應如該撫所
請奏
旨依議米穀不必上稅著爲例欽此
七年六月該國載米船艘因風飄泊其撈

回壓船貨物並免其征稅
七月國王遣陪臣朗微述申黎呼等齎金
葉表文貯以金筩錦囊與康熙五十九年
同入貢
御前方物馴象龍涎香幼鐶石冰片沉香犀角孔
雀尾翠鳥皮象牙速香安息香紫降香荳
蔻藤黃胡椒大楓子烏木蓽撥紫梗桂皮
兒茶皮樟腦硫黃檀香樹膠香織金頭白

袈裟桃紅袈裟幼花布闊幼花布織金頭
白幼布闊紅布花布幔大荷蘭氈冰片油
薔薇露
皇后前方物不進象餘物減半又加貢寶劍伏劍
金地交枝柳條板帶奏
旨暹羅國王遣使遠來貢獻方物具見悃誠朕念
該國遠隔海洋齎送不易欲酌量裁減以示恩
卹遠藩之意但此次貢物既齎送前來難以帶

回著照往例收納其常貢內有速香安息香袈裟布疋等十件無必須用之處嗣後將此十件免其入貢永著為例欽此遵
旨議定免貢速香安息香胡椒紫梗紅白袈裟白幼布幼花布闊幼花布花布幔等物
皇后前照此免貢
又奏請
召見貢使奉
旨著大貢使於同來貢使內選一人合二人進見
時貢使呈稱
京師為萬國所景仰國王意欲令伊等觀光
上國遍覽名勝回述以廣見聞奉
旨不必禁止著賢能司官帶領行走仍賞銀一千兩若所喜物件聽其購買欽此又呈稱奉國王
命本國所產馬匹甚小久慕
天朝所產馬駝驘驢之高大請各買三四匹回

國奉
旨著照所請准其購買所買價值著內庫支給欽
此照康熙六十年加賞例
賜國王緞羅各十有八紗十有二錦緞織金緞羅紗各八王妃緞羅紗各六織金緞紗羅各四來使四人每人各緞八羅絹五織金羅三裏二布一通事各緞羅五絹三從人各絹三布八
特賜國王
御書天南樂國四字內庫緞二十玉器八件琺瑯器一件松花石硯二方玻璃器二種共八件瓷器十四種共百四十六件貢使內造緞八銀百兩
又十一月三十日奉
上諭暹羅國遠隔重洋輸誠向化恭順修職歷有年所其所請採買物件著行令該撫採買賞給

以示朕嘉惠遠人之意欽此
乾隆元年六月國王森烈拍照廣拍馬嗲
陸坤司由提呀菩埃以嗣立故遣陪臣朗
三立哇提等齎表及方物例貢象一隻因
航海故增一以備又加進金緞二匹花幔
一條並咨禮部言往時
欽賜蟒龍大袍藏承
恩亭上歷世久遠難保無虞懇再邀
恩賜一二襲經據情代奏奉
旨暹羅遠處海洋抒誠納貢除照定例給賞外可
特賞蟒緞四匹欽此禮部奏稱暹羅昭丕雅大
庫呈稱伊國造福送寺需用銅斤奉禁之
後無從採辦懇請准其赴粵採買查銅斤
關係鼓鑄禁止出洋定例已久今若准其
採買恐日後奸商藉此為由越境滋弊應
毋庸議奉

旨暹羅遠處海洋抒誠納欵採買銅斤一項該國
王稱係造福送寺之用部議照例禁止不許令
其採買固是今特加恩賞給八百觔後不為例
欽此
又議奏暹羅國陪臣朗三立哇提等四人
入貢來京或
召見大貢使一人或四人或令其選一人同大貢
使二人進
見或停其進
見之處請
旨遵行奉
旨皆令進見
又奏朝鮮國來使
召見
賜坐
賜茶原因其該國王族人稱君者與我

國內大臣位次不甚相懸故相待如此之優
至琉球安南暹羅等國差來陪臣若係該
國王兄弟世子來朝自應如朝鮮之例若
尋常貢使乃伊國陪臣與內大臣相去懸
遠其儀注似不宜照朝鮮國稱君來使之
例令暹羅國貢使朗三哇提等
召見之日
皇帝御乾清宮
升寶座應入班之內大臣侍衛等照例排班序立
禮部堂官引來使隨帶通事一人由
乾清門西門入於丹墀西邊行三跪九叩禮
畢禮部堂官由西階引至
乾清宮中門外跪通事在來使西邊稍後跪
皇帝慰問畢引出候
旨賜茶或賜飯畢引至
午門外謝

恩其議政大臣等會集
賜坐
賜茶之處似應停止嗣後琉球安南等國來使皆
照此例遵行奉
旨所奏是此次仍照
世宗憲皇帝召見例行欽此
七年福州將軍兼管閩海關事務新柱奏
本年七月內有暹羅國商人方。永利一船
載米四千三百零又蔡文浩一船載米三
千八百石並帶有蘇木鉛錫等貨先後進
口查該番船所載米石皆不足五千之數
所有船貨稅銀未便援例寬免得
旨該番等航海運米遠來慕義可嘉雖運米不足
五千之數著免船貨稅銀十分之三以示優恤
欽此八年奉
聖諭上年九月間暹羅商人運米至閩朕曾降旨

免徵貨船稅銀聞今歲仍復帶米來閩貿易似
此源源而來其加恩之處自當著爲常例著自
乾隆八年爲始嗣後凡遇外洋貨船來閩粵等
省貿易帶米萬石以上者著免其船貨稅銀十
分之五帶米五千石以上者免其十分之三其
米聽照市價公平發糶若民間米多不需糶買
卽著官爲收買以補常社等倉或散給沿海各
標營兵糧之用俾外洋商人得沾實惠不致有
糶賣之艱該部卽行文該督撫將軍竝宣諭該

國王知之
十三年八貢方物外附洋船貢黑熊一隻
鬬雞十二隻太和雞十六隻金絲白肚猿
一隻
十四年國王遣陪臣朗呵派提等齎奉金
葉表文八頁
御前方物象二龍涎香一觔犀角六沉香二觔土
璇石十一両二錢象牙紫降香大楓子荳
蔻藤黃烏木各三百觔胡椒花桂皮榼樸
鹵舌皮樟腦檀香硫黃各百觔蘇木三千
觔上冰片一觔冰片二觔冰片油二十瓢
翠毛六百副孔雀尾十屏紅布幔十疋荷
蘭氊二塊
皇后前不貢象餘物各減半又附洋船貢到黑熊
鬬雞金絲猿令其進獻

又奏准暹羅國使臣朗呵派提等奉表來
京恭遇
聖駕巡幸於
啟鑾之日禮部滿堂官引來使等四人並通事一
人至
圓明園宮門外於
聖駕啟鑾之先行三跪九叩禮
恩賞該國王物件於

宮門前賞給隨率至王公百官送
駕排班之末跪候瞻仰如儀
慰問來使跪聆畢禮部堂官領回
又是年照康熙六十一年加
賜之例
特賜國王
御書炎服屏藩四字蟒緞片金緞粧緞閃緞各二
錦緞四各色緞八玉器六瑪瑙器二琺瑯

爐餅一副松花石硯二方玻璃器五種共
十件瓷器二十三種共百四十六件又因
續進黑熊白猿等物
特賞國王庫緞十二疋
十六年奉
聖諭朕閱潘思榘摺內稱本年六月內收入厦口
暹羅商船一隻買回米四千石等語閩浙各處
現在需米孔殷若官爲辦理豈不於民食更有

裨益但慮官辦或致外人多疑或聞內地官爲
購覓即乘勢居奇多方措勒必致價值日益昂
貴並使商船來往亦不能隨便攜帶著傳諭喀
爾吉善潘思榘令其會同酌量若無此慮可於
暹羅等國產米之處官爲購運或先行試買看
其嗣後可以源源接濟不致啟番人措勒之弊
抑或應仍聽商人陸續運帶一一詳籌奏聞欽
此尋經總督喀爾吉善等奏稱該國地土廣不

過百餘里戶口無幾每年餘米有無多[illegible]
並無一定官赴採買番情趨利如驁難免
居奇昂價急官爲購運止宜聽商自行買
運尚可資其緩未便舉行得
旨俞允
十八年奏准暹羅國使臣郎損呑派沛等
奉表來京恭遇
駕幸南苑已令使臣道旁瞻仰應照例停其

召見
是年喀爾吉善奏暹羅地方近年雖有商
船帶回米石於民食不無裨濟但欲採買
補倉勢須委員領帑前往買運若向商船
招買過洋之米止可隨到隨糶不能日久
貯倉今復加籌酌與其官買補倉不如仍
聽商販帶運隨其多寡皆足有濟民食奉
旨允行其年二月入貢方物加進西洋金花緞番
袍金花緞夾褲各一條西洋金緞帶三條
並懇
賜人薓纓牛良馬象牙及通徹規儀內監部議不
可並請飭使臣於歸國後曉諭國王恪守
規制益勵敬恭得
旨方物照例收受其筵宴賞賚著加恩照上次例
行
加賜人薓四觔錦緞共六二十疋及玉器瑪瑙器琺

瑯器玻璃器磁器銅暖硯
二十二年入貢
特賜國王蟒緞錦緞各二疋閃緞片金緞各一疋
八絲緞四疋玉器瑪瑙各一件松花石硯
二方琺瑯器十有三件瓷器百有四件
二十六年議准暹羅國貢船在粵遭風飄
失龍涎香桂皮荳蔻兒茶皮樹膠香五件
免議
二十七年議准暹羅國上年貢物沉溺免
其補進復遣探貢船呈請代謝
天恩所有餘艙貨物因多霉濕准其先行發賣免
徵稅銀
特賜國王物件與二十二年同
三十一年國王森烈拍照廣勅馬嘑陸坤
司由提雅普埃遣陪臣奉金葉表文入貢
御前方物馴象犀角沉香上冰片中冰片降眞香

大楓子膽黃烏木象牙荳蔻土璇石蘇木
樟腦檀香硫黃華撥兒茶皮樹膠香土桂
皮翠毛孔雀尾龍涎香冰片油紅布幔荷
蘭氈凡二十六種
中宮前不貢象餘物減半
特賜國王物件與二十七年同適因該國為鄰番
所破經兩廣總督奏明將原
頒賞賜繳還

謹按鄰番為花肚番即緬甸也
四十六年正月暹羅國長鄭昭遣使朗丕
彩悉呢霞握撫突等二人入貢並奏稱自
遭緬匪侵陵雖復土報仇紹裔無人茲羣
吏推昭為長遵例貢獻方物奉
旨國長遣使航海遠來具見悃忱該部知道原表
並發欽此
賜宴使臣於
山高水長所貢之物
賞收象一隻犀角一擔其象牙洋錫膽黃胡椒蘇
木准其在廣省自行變價併壓艙貨物一
體免稅
特賞國長蟒緞錦緞閃緞片金八絲緞玉器瑪瑙
器琺瑯器瓷器松花石硯
是年入貢暹羅國長鄭昭恭進例貢外加
進馴象犀角象牙洋錫膽黃胡椒六種奉

旨據奏暹羅國長鄭昭豫備正貢一分具表懇請
代奏并備象牙犀角洋錫等物以為副貢等語
該國長輸誠納貢備具方物所有正貢一分自
應照例送京收納至所備副貢若概令齎回致
勞往返轉非所以體卹遠人著於副貢內祇收
象隻犀角二項同正貢一併送京交禮部於照
例賞給之外查例加賞以示厚往薄來之意其
餘所備貢物准其在廣省自行覓商變價併將

伊等壓艙貨物均一體免其納稅欽此
五十年暹羅國長鄭華遣使奉金葉表文
入貢
御前方物龍涎香金鋼鑽沉香冰片犀角孔雀尾
翠皮西洋氈西洋紅布象牙樟腦降眞香
白膠香大楓子烏木白荳蔻華撥檀香甘
蜜皮桂皮籐黃蘇木馴象二
中宮前方物不貢象餘物減半奉

旨覽國長奏繼嗣父業恪承先志遣使航海遠來
進貢方物誠悃可嘉知道了該部知道欽此
又正月初二日
紫光閣筵燕賞暹羅正使錦緞四疋絨緞二
疋各樣花緞十疋荷包大小十個二使三
使四使錦緞各二疋花緞各六疋荷包大
小各六個
謹案此次

紫光閣筵燕賞暹羅正副使與五十二年悉
同
五十一年奉
聖諭據穆騰額奏稱暹羅國每年正副貢船到關
其隨帶之船至十餘隻之多又有藉名探貢船
隻俱屬內地商船所帶貨物甚多該監督查明
應征稅銀若干報明該督撫具題概行寬免殊
非杜弊防奸之道請將正副貢船各一隻照例

免其納稅其餘船隻俱按貨征稅等語暹羅國
修職輸誠遣使呈進方物其正副貢船自應免
其征納稅銀豈容內地商船藉名影射希圖免
稅此等商船到關時該監督原可逐船履勘除
貢物之外若有私帶船隻無難一望而知自應
按貨征稅該監督即當商之督撫分別辦理何
得概予具題邀免此係該督撫監督等分內應
辦之事何必形之章奏俟朕降旨始奉行即除

就近傳知穆騰額遵辦外著傳諭富勒渾孫士
毅於該國貢船到關所有正副貢船各一隻仍
照例具題免稅其餘若果查係夾帶客商私船
俱逐一查明按貨納稅以杜奸商取巧通同弊
混之計將此傳諭知之欽此

五十二年入貢

賜宴紫光閣

賞正副使有差

五十三年該國長遣使入謝

五十四年正月初五日

紫光閣筵燕賞暹羅正使錦漳絨各三疋小
卷八絲緞五絲緞各五疋大荷包一對小
荷包四對賞副使錦漳絨各一疋小卷八
絲緞五絲緞各三疋大荷包一對小荷包
二對

五十五年暹羅國王具表遣陪臣進貢並

萬壽加進壽燭沉香紫膠香冰片燕窩犀角象牙

因慶祝

通大海哆囉呢凡九種奉

上諭據奏暹羅國王遣使進貢祝釐於七月十一
日正貢船甫到副貢船尚未抵粵等語該國王
情殷祝嘏恭進方物閱其表文歡欣踴躍具見
悃忱但現屆八月初旬該國貢使抵粵較遲既
未能如期到京隨班慶祝自毋庸郎令趲緊行

程著將該國前後抵粵貢使人等俱酌量令其
緩程行走於年底到京隨入燕賞以示朕體恤
遠人至意欽此

加

賜暹羅國王

御筆福字一玉如意一玉器二瓷器玻璃器八福
字方百幅絹箋四卷硯二方筆三匣墨三
匣雕漆盤四

五十六年入貢正月初九日
紫光閣筵燕賞暹羅正使一員大卷緞大卷
宮綢各四疋大荷包一對小荷包三對副
使一員大卷緞大卷宮綢各三疋大荷包
一對小荷包二對又
特賜正副使八絲緞各一疋筆墨各一匣箋紙各
一卷
六十年入貢方物龍涎香沉香檀香白膠
香降真香金鋼鑽冰片樟腦孔雀尾犀角
象牙西洋氈西洋紅布翠鳥皮甘蜜皮桂
皮華撥大楓子荳蔻籐黃烏木蘇木恭進
皇宮方物其數減半除夕
賜燕保和殿
嘉慶元年恭進
太上皇帝
仁宗睿皇帝漢番字金葉表文並方物正月初四

日舉行千叟燕暹羅使臣在
寧壽宮入燕
特賜正使
聖製千叟燕詩一章玉如意壽杖各一錦緞洋花
緞雲緞大卷緞各二福字箋一卷絹箋二
卷湖筆二十枝硃墨十錠硯一鼻煙一瓶
鼻煙盒瓷牙籤筒洋漆茶盤各一副使錦
緞洋花緞各一絹箋一卷湖筆十枝硃墨
四錠餘賞與正使同
又燕於
紫光閣
正大光明殿
山高水長
加賞有差
其年又遣使齎金葉表文慶賀
太上皇帝歸政恭進龍涎香上冰片中冰片沉香

金鋼鑽孔雀屏犀角象牙荷蘭毯紅毛氊
布翠鳥皮白檀香白膠香樟腦甘蜜皮桂
皮華撥降眞香大楓子白荳蔻臙黃烏木
蘇木凡二十四種恭進
皇宮前貢物減半又慶賀
仁宗睿皇帝登極並進
皇后貢物均與慶賀
歸政貢同

二年正月初十日
紫光閣筵燕
三年使臣在京
特賞暹羅使臣與元年同
重華宮筵燕賞正副使荷包芽茶鼻煙壺火
鐮玻璃椀福橘等物
四年入貢
召入
賜宴如例
五年國王遣使齎祭文儀物恭詣
高宗純皇帝前進香並進獻方物經廣東巡撫遵
旨令該使臣毋庸進京所有呈獻儀物方物令齎
回欽此
六年入貢
賞使臣羊裘纓帽奉
聖諭暹羅國第二貢使帕窩們孫哞哆呵叺奕在

廣州南海地方患病身故情殊可憫現已飭地
方官妥爲照料著加恩再賞銀三百兩遇有該
國便船即令先行帶回將銀兩給伊家屬不必
等候此次貢船回國轉致稽緩嗣後如遇有此
等外國使臣在内地身故之事著照此例辦理
欽此
七年正月十二日賞暹羅正副使與二年
同

八年十二月二十八日賞暹羅使臣四員
從人十九名衣帽鞾襪均與六年同通事
二員與賞貢使同二十九日
重華宮筵宴
特賞三貢使四貢使各瓷盤一件玻璃器二件小
荷一對茶葉一瓶瓷器一件
九年入
重華宮筵宴

加賞使臣通事有差
十年正月初十日
特賞暹羅大貢使錦三疋漳絨三疋大卷八絲緞
四疋小卷五絲緞四疋大荷包一對小荷
包四對二貢使錦二疋漳絨二疋大卷八
絲緞三疋小卷五絲緞三疋大荷包一對
小荷包四對三貢使四貢使各錦二疋漳
絨二疋大卷八絲緞三疋小卷五絲緞三

疋大荷包一對小荷包二對
十年十二月二十九日暹羅貢使於
重華宮入燕加賞貢使玻璃瓶二個玻璃鼻
煙壺一個瓷帶鈎一個茶葉二瓶橘子一
盤荷包二對二貢使三貢使四貢使各玻
璃椀二個荷包一對餘俱正貢使同
十二年暹羅貢使於
重華宮入燕加賞二貢使四貢使各玻璃椀

一對玻璃鼻煙壺一個瓷帶鈎一個茶葉
二瓶福橘五個瓷碟一個荷包一對副通
事一員荷包一對
九月奉
聖諭外洋諸國夷人自置貨船來廣貿易自應專
差夷目親身管駕不得令內地商人代為販運
今金協順陳澄發皆以內地客商領駕暹羅國
船隻載貨販賣雖詢明委係該國王所遣並無

假冒揑飾及夾帶違禁貨物但該國王何以遽肯造船交伊等管帶情節不無可疑且恐日久相沿必致奸徒潛往外夷賒欠誆騙或竟冒爲夷貨代盜銷贓不可不防其漸吳熊光請敕下禮部於該國貢使到京時傳知飭禁恐該貢使回國傳述未能詳切現已另降敕諭申明內外體制所有金協順等船二隻既已駛至內地姑准其起貨納稅另置新貨給照回帆自此次飭禁之後如再有代駕夷船進口即查明懲辦欽此又

敕諭暹羅國王鄭華嘉慶十二年九月據兩廣總督吳熊光奏稱有船商金協順陳澄發裝載暹羅國貨物來粵貿易並請於起貨後裝載粵省貨物回赴暹羅經地方官查明金協順係福建同安縣人陳澄發係廣東澄海縣人飭傳暹羅國貢使丕雅史滑鼇詢問據稱金協順陳澄發二船委係由該國新造來粵因該國民人不諳營運是以多僱福潮船戶代駕並非冒揑呈遞譯書稟結等情天朝綏懷藩服准令外域民人赴內地懋遷貨物惠逮遠人恩至渥也惟是中外之限申畫釐然設關譏禁古有明訓我朝撫御諸邦如朝鮮越南琉球等國各以本地物産來中土貿易皆係其本國民人附朝貢之便齎帶前來從未有中國之人代彼經紀者今金協順陳澄發以閩廣商民代暹羅營運即屬違禁

中土良民謹守法度斷不敢越制牟利其私涉外域者此中良莠不齊設將販運貨物隱匿拖欠致啟訟端亦於該國諸多未便本應將金協順等飭法治罪念其船隻係由該國製造給令代駕從前未經嚴立科條此次且從寬免究並施恩准其起貨售兌仍給照令其置貨回帆特降敕諭知該國王宣明例禁嗣後該國王如有

自置貨船務用本國人管駕專差官自帶領同
來以爲信驗不得再交中國民人營運若經此
次赦禁之後仍有私交内地商民冒託往來者
經關津官吏人等査出除不准進口起貨外仍
將該奸商治罪該國王亦難辭違例之咎柔遠
能邇寬既往以示含宏之義宅中馭外申明禁
以嚴踰越之防爾國王其凛遵毋忽特諭
十三年暹羅貢使入蒙古包燕加賞大貢
使與乾隆六十年朝鮮正使同二貢使三
貢使四貢使與朝鮮副使同
十四年暹羅國遣使祝
嘏進貢壽燭十對金鋼鑽一觔冰片二觔燕窩十
觔沉香二十觔犀角二十觔孔雀尾五十
屏翠鳥皮五百張檀香一百觔降真香一
百觔砂仁米一百觔紫梗一百觔象牙二
百觔荳蔻二百觔胡椒二百觔籐黄二百

觔荷蘭氈二領
加賞正副使筵宴
重華宮如儀其國王表請倩僱内商駕船奉
旨不准表文給還夷目帶回欽此
暹羅國世子鄭佛遣使進貢請
封在洋遭風沉失貢物九種奉
聖諭據百齡等奏暹羅國齎貢使臣抵粤一摺該
國貢船在香山縣屬荷包外洋突遇颶風擊壞
沉失貢物此實人力難施並非使臣不能小心
防護其沉失貢物不必另行備進用昭體䘏所
有鄭佛懇請勅封之處著該衙門照例査辦俟
該使臣回國卽令領齎欽此
十月初一日暹羅貢使於
重華宮入燕加賞正使一員洋瓷帶鈎一個
玻璃鼻煙壺一個玻璃椀一對紅橘一碟
茶葉一瓶荷包二對副使一員荷包一對

餘與正使同

十五年

封世子鄭佛為國王照例給與

誥命銀印交該國使臣祇領恭齎回國

正月初十日暹羅貢使入蒙古包燕加賞

正副使均與乾隆六十年朝鮮正副使同

十六年正月初四日暹羅貢使於

紫光閣入燕加賞正副貢使四員均與乾隆

六十年朝鮮正副使同

十七年十二月暹羅國進貢方物貢使於

重華宮入燕加賞正副使二員各玻璃瓶一

對茶鍾一個玻璃鼻煙壺一個茶葉二瓶

大荷包二對

十八年十二月奉

聖諭前據蔣攸銛奏暹羅國正貢船隻在洋失火

所載貢使人役及表文方物等件俱無下落僅

有副貢船抵粵當經降旨將該國副貢使及所

存貢品十種派員送京無庸補備正貢今又據

蔣攸銛奏該副使喞拔察哪丕汶知突因在海

船感冒風寒又聞正貢船失火焚燒致受驚恐

現在患病難以起程請俟醫治痊愈再行護送

入都等語該副貢使患病受驚正需調理長途

跋涉甚非所宜現已屆年節不必再令進京著

加恩令將所存貢品十種就近交貯粵省藩庫

由該督委員解京其副貢使令在粵休息妥為

調治該國王抒忱納贄其正副貢使適因事故

不能到京而航海申虔即與齎呈無異所有例

賞該國王及貢使人役物件著禮部查明奏聞

將賞件發交該督轉行頒給該副貢使令其於

病痊之日齎領回國並將此旨傳知該國王以

示懷柔遠人之意欽此禮部遵

旨將例

賞物件併

敕書交兵部發交兩廣總督頒給

十九年該國遣使補貢正貢船遭風漂至越南副使在粵患病該國王聞遭風之信復補備貢物遣使來京

賜宴紫光閣

賞正副使有差

二十年九月奉

聖諭蔣攸銛等奏暹羅國王聞上年貢船被風損壞復備副貢船遣使補備方物到粵一摺暹羅國所進嘉慶十八年正貢船在洋焚燒其副貢船所齎貢品業經進呈十九年該國王敬補方物分裝正副船入貢適遇颶風漂散現在正副船已先後收泊其表文方物由該貢使齎送赴京該國王因聞貢船遭風之信復備補貢方物來粵其恭順實屬可嘉該國向係三年一貢明年又屆八貢之期著加恩即將此次齎到方物作爲嘉慶二十一年例貢交粵省藩庫存貯俟明年委員解京其使臣巧鑾紋是通留於粵省俟本年進京各貢使旋粵時一體筵宴俾令回國並傳知該國王明年無庸另備表文方物航海遠來以示懷柔至意欽此貢使到京八

同樂園聽戲

賞正副貢使有差國王復表請用內地水手駕駛

船隻經禮部奏駁奉

旨依議欽此

二十四年副使至京進

萬壽貢大壽燭五對小壽燭五對冰片二兩金鋼鑽一觔沉香二十觔燕窩十觔犀角二十觔檀香一百觔荷蘭氈二領降眞香一百觔荳蔻二百觔砂仁二百觔胡椒二百觔翠鳥皮五百張孔雀尾五十屏象牙三百

勅緞黃二百觔紫梗二百觔又貢方物如

例

加賞副使玉如意仙果獻瑞花普洱茶膏人薓膏

蜜餞荔支哈蜜瓜

賜宴正大光明殿入

同樂園聽戲

道光二年遣使入貢方物如例

三年遣使恭進

萬壽貢

賞賜有差

七年九年並入貢方物如例

十年恭進

萬壽貢

十一年十四年十七年並入貢方物如例

十九年三月奉

上諭向來暹羅三年一貢著改爲四年遣使朝

貢一次用示朕綏懷藩服之至意

暹羅國入貢儀注事例

貢使人等到省委員備辦牛酒米麵筵席

等項俟起貯表文方物後前赴犒賞

起貨通事船主先期將壓艙貨物呈報廣

州府轉報委員查明其貨物數目觔兩冊

彙同表文方物由司詳候督撫會疏題報

俟題允日招商發賣其應納貨餉候奉部

行分別免征

貢使入京通事將起程日期具報廣州府

轉報布政司移會按察司頒發兵部勘合

一道驛傳道路牌一張並請院憲委護送

官三員隨同伴送將上京貢使人員廩給

口糧夫船數目塡註勘合内經過沿途州

縣按日辦應其在省看守貢船人等以奉

旨准貢日移明糧道每名每日支米八合三勺

貢使入京伴送官文職應委道府大員武職應委叅副大員並委丞倅一員隨往長途護送進京外自省起程前抵韶州府例委分巡廣州府之督糧道護送彈壓自韶州府至南雄州度嶺委該管之南韶連道護送彈壓出境仍飭各屬照例應付不准絲毫濫應京旋之日一體照辦

貢使進京貢使通事先將起程日期報府轉報預行取辦祭江猪隻吹手禮生應用然後起程

貢使委員自京護送

勅書大典回廣船到河下迎請安奉懷遠驛館遵

奉筵宴一次等候風汛便日上船回國

貢使京回廣州府即諭令各船修葺候風帆順便回國所買回國貨物除一切違禁物件不許買帶外其應買貨物俱照定例聽其買回應委官一員監督盤運下船毋得違禁夾帶并令護送該船出口俟其揚帆回報

會驗暹羅國貢物儀注

是日辰刻南番二縣委河泊所大使赴驛館護送貢物同貢使通事由西門進城至巡撫西轅門停放貢使在頭門外帳房站立候兩縣稟請巡撫開中門通事行商護送貢物先由中門至大堂簷下擺列通事復出在頭門外候兩縣委典史請各官穿禮褂掛朝珠至巡撫衙門通事引貢使打躬迎接各官會齊陞堂開門各官正坐司道各官傍坐通事帶領貢使由東角門報進至大堂簷下行一跪三叩首禮賜坐賜茶各官即起坐驗貢畢將貢物仍先從中門送出西轅門通事引貢使由西角門出

至頭門外站立候送各官囘將貢物點交
通事行商貢使同送囘驛館貯頓
貢使貢畢囘國在廣東省筵宴一次額支
銀一十七兩五錢又貢使船隻在省守候
梢目水手等每名日給口糧米八合三勺
於奉
旨准貢之日起支貢使囘廣之日住支伴送之委
員自省赴京往囘額給盤費銀五十兩均

於廣東存公銀内并地丁項下額支米内
動支
暹羅貢使坤匣㳇柏紗來謁列貢船數以
上具言船名烏頭夾板舵正貢船長九丈
九尺中廣二丈五尺三寸深一丈五尺四
寸頭廣八尺尾廣一丈四尺桅名打馬樹
大者長七丈五寸圍九尺次長五丈九尺
五寸圍七尺象船長八丈二尺四寸中廣

一丈八尺深一丈四尺頭濶四尺八寸尾
濶一丈大桅長六丈六尺圍五尺五寸次
桅長五丈三尺八寸圍四尺正船空時食
水七尺裝載食水一丈一尺五寸象船空
時食水五尺裝載食水一丈二寸以康熙
二十二年五月初二日發本國正船於閏
六月二十日抵虎門象船於六月初十日
自廣南外暹失風漂至廈門九月二十一

日始至虎門
謹案該國貢船大畧如此此見杜榛粵閩
巡視紀畧附引之俾得其槩云

粵道貢國說卷二終

粵道貢國說卷三

澄海縣訓導臣梁廷枏謹編

荷蘭國

謹案荷蘭卽明史外國傳所稱之和蘭又名紅毛番地在今歐羅巴洲卽熱爾瑪尼紅夷在博爾都噶爾雅之東意大里亞之東北暎咭唎咈蘭西之東乾隆五十九年奉

旨嚽囒國改寫荷蘭國明史云地近佛郎機其人深目長鼻髮眉鬚皆赤足長尺二寸頎偉倍常萬歷中福建商人歲給引往販大泥呂宋及咬𠺕吧者和蘭人就諸國轉販未敢窺中國也自佛郎機市香山據呂宋和蘭聞而慕之二十九年駕大艦攜巨礮直薄呂宋呂宋人力拒之則轉薄香山澳澳中人數詰問言欲通貢市不敢爲寇當事難之稅使李道卽召其酋入城遊處一月不敢聞於朝乃遣還澳中人慮其登陸謹防禦始引去駕二大艦直抵彭湖遂伐木築舍爲久居計總兵施德政令都司沈有容將兵往諭有容負膽智大聲論說酋乃悔揚帆去然是時佛郎機橫海上紅毛與爭雄復汎舟東來攻破美洛居國與佛郎機分地而守後又侵奪臺灣地海上奸民

闌出貨物與市崇禎中爲鄭芝龍所破不敢窺內地者數年十年駕四舶由虎跳門薄廣州聲言求市其酋招搖市上奸民視之若金穴蓋大姓有爲之主者當道鑒濠鏡事議驅斥或從中撓之會總督張鏡心初至力持不可乃遁去已爲奸民李葉榮所誘交通總兵陳謙爲居停出入事露葉榮下吏謙自請調用以避禍爲兵科凌義

渠等所劾坐逮訊其本國在西洋者去中華絶遠華人未嘗至其所惟恃巨舟大礮舟長三十丈廣六丈厚二尺餘樹五桅後爲三層樓旁設小窗置銅礮桅下置二丈巨鐵礮發之可洞裂石城震數十里世所稱紅夷礮卽其製也然以舟大難轉或遇淺沙卽不能動而其人又不善戰故往往挫衂其桅後置照海鏡大徑數尺能照數

百里其人悉奉天主教所產有金銀琥珀瑪瑙玻璃大鵝絨瑣服哆囉嗹其國遠在西南海

大清一統志云荷蘭國在西南海中亦曰紅夷俗稱紅毛國明萬歷三十二年佛郎機橫海上紅毛與爭雄攻破美洛居國與佛郎機分地而守後因咖𠺕吧假臺灣之地於日本築安平赤嵌二城倚夾板船爲援戰久留不去又泊舟風櫃仔求互市海濱郡邑爲戒嚴崇禎中爲鄭芝龍所破不敢窺內地者數年

本朝順治初爲鄭成功攻安平城戰敗去

皇朝職貢圖云其人黑氊爲帽見人則挾之以爲禮著錦繡絨衣握鞭佩劍夷婦青帕蒙頭領圍珠右肩披巾緩敝衣露胸繫長裙以朱革爲履其地有咖喇吧爲南洋之會

又析其名曰喘曰嘆咭唎

凡荷蘭入貢其貢使有正使副使或專以正使一員其下爲從人凡入京者不得過二十名其貢物大尙馬珊瑚珠照身鏡琥珀丁香檀香冰片鳥鎗火石哆囉絨嗶嘰緞織金氊自鳴鐘凡十三種皆無定數使臣有自進方物者俱照例題明准其收受其

頒賞賜該國王大蟒緞三疋糚緞三疋倭緞三疋片金一疋閃緞五疋帽緞五疋藍花緞五疋青花緞五疋藍素緞五疋衣素緞五疋綾十四疋紡絲十四疋羅十疋絹二疋銀三百兩正使大蟒緞二疋糚緞二疋倭緞二疋帽緞一疋藍花緞四疋青花緞四疋藍素緞三疋綾六疋紡絲六疋絹四疋銀一百兩標官糚緞一疋藍花緞二疋青花緞一疋藍素緞一疋紡絲二疋絹二疋銀五十兩副使同庫官掌案官倭緞一疋藍花緞一疋青花緞一疋藍素緞一疋紡絲一疋綾一疋紬一疋絹一疋銀四十兩夷目官掌書記官同從人紬二疋絹二疋銀十五兩通事及伴送官各彭緞袍一件所

賜國王物件禮部俱移內閣撰入

敕內交來使齎回

順治九年鄭成功寇鎮江敗歸謀取臺灣會荷蘭通事何斌逋負逭鹿耳門說成功以水師從鹿耳門乘漲入與荷蘭相持久克赤嵌城荷蘭戰敗棄臺灣十年使至廣東請貢兼請貿易巡撫具奏經部議駁十二年廣東巡撫奏荷蘭國遣使齎表文方物請貢經禮部議准該國從未入貢今重譯來朝誠

朝廷德化所致念其道路險遠准五年一貢貢道由廣東入至海上貿易已經題明不准在館交易照例嚴飭違禁等物該督撫量差官員兵丁護送來京貢使不過百人其到京人數不得過二十餘留住廣東俟進京人回一同還國仍令該督撫擇請曉荷蘭言語三四人偕來奉

旨荷蘭國慕義輸誠航海修貢念其道路險遠著

八年一次來朝以示體恤遠人之意欽此使臣進貢方物哆囉絨倭緞各二匹嗶嘰緞六疋西洋布二十四疋琥珀十塊琥珀珠珊瑚珠各二串鏡一面人物鏡四面白石畫二面鍍金刀鑲銀刀各一把鳥鎗長鎗各二桿玻璃杯雕花木盒石山匣各二個纓帽一頂皮小狗二個花鸚哥一個四様酒十二瓶薔薇露二十壺奉

旨賞伴送官巡海道鑲領蟒袍一件護送兵丁緞袍一件貢使歸國特降

敕諭賜其國王曰惟爾荷蘭國墨投爲也甲必丹物馬綏掘僻在西陲海洋險遠歷代以來聲敎不及乃能緬懷德化效慕尊親擇爾貢使杯突高嘀萯諸皆色等赴闕來朝虔修職貢地逾萬里懷忠抱義朕甚嘉之用是優加錫賚大蟒緞二疋倭緞二疋閃緞四疋藍花緞四疋青花緞四疋藍素緞四疋帽緞四疋衣素緞四疋綾十匹紡絲十疋羅十疋銀三百兩以報孚忱至所請朝貢出入貿易有無雖灌輸貨貝利益商民但念道里悠長風波險阻舟車跋涉閱歷星霜勞勩可憫若朝貢頻數猥煩多人朕皆不忍著八年一次來朝員役不過百人止令二十人到京所攜貨物在館交易不得於廣東海上私自貨賣爾其體朕懷保之仁恪恭藩服愼乃常賦

祗承寵命

十三年荷蘭貢使嗶嚦哦啘啷哈哇嘘等到京貢鑲金鐵甲一副鑲金馬鞍一副鑲金刀鑲銀劍各六把鳥銃十三口鑲金鳥銃四口短銃七口細銃二口銃藥袋三個玻璃鏡四面鑲銀干一鏡八角大鏡各一面琥珀五十觔珊瑚珠琥珀珠各二觔珊瑚樹二十枝哆囉絨五疋嗶嘰緞四疋西

洋布一百疋被十二牀花被面六牀大氊一牀中氊二牀毛纓六頭丁香五箱共二百觔番木蔻一箱重三百六十觔五色番花三包共三百五十觔桂皮二包共二百一十觔檀香十石共一千觔恭進

皇后鏡一面玳瑁匣玻璃匣烏木飾人物匣各一個珊瑚珠琥珀珠各三串琥珀四塊哆囉絨二疋嗶嘰緞三匹西洋布十八疋白倭

緞一疋花氊一牀花被面二牀玻璃杯四個花石盒三個白石畫二面薔薇露十壺

賜國王大蟒緞二粧緞二倭緞二閃緞四花緞八藍緞四帽緞四素緞四綾十紡絲十羅十銀三百兩

賞使臣二員每員大蟒緞一粧緞一倭緞一花緞六藍緞三綾四紡絲四絹四銀一百兩

賞標官粧緞一倭緞一花緞三藍緞一綾二紡絲二絹二銀五十兩通事從人緞紬絹銀各有差

康熙二年荷蘭國王遣其臣稱出海王者統領兵船至閩安鎮助勦海逆三月遣其戶部官老磨軍士丹鎮總兵官巴連衛林等朝貢請貿易奉

旨准二年貿易一次

三年大兵渡海攻鄭錦等進克廈門荷蘭

國率舟師助勦以夾板船乘勢追擊斬首千餘級遂取浯嶼金門二島事由靖南王耿繼茂入奏

賜國王文綺白金等物

頒勅諭二道褒獎遣官齎至福建令給付本國人帶回

賜出海王銀一千兩大蟒緞四粧緞四錦四綵緞表裏各二十四疋

賜國王銀二千兩大蟒緞五糚緞五倭緞五閃緞
五片錦五絲緞表裏各三十五
五年國王耀漢連氏甘勃氏遣陪臣賓先
巴芝奉金葉表入貢大尚馬四匹鞍轡具
鍍金鑲銀馬銃起花金刀各八把鑲金小
銃六把大哆囉呢大嗶嘰緞各十六疋中
哆囉呢嗶嘰緞各八疋小哆囉呢一疋嗶
嘰緞各四疋荷蘭絨大花緞各六疋荷蘭

五色大花緞三疋大紫色金緞紅銀緞各
一疋大珊瑚珠二百零二顆五色絨氈五
色毛氈各二領西洋花布三十六疋西洋
白細布西洋小白布各一百疋西洋大白
布六十疋西洋五色花布褥十五領照身
大鏡二面小車一張西洋白小牛二隻琥
珀四塊共五觔八兩牡丁香白胡椒各五
百又恭進珊瑚珠四串琥珀一塊沉香六

塊密蠟金匣銀盤盛珠銀盒各一個火雞
蛋四個二眼長鎗二眼馬銃小鳥銃各二
把鐵甲一領白爾善國緞褥一條哆囉絨
十疋海馬角二塊小馬銅獅各一個小狗
二個銅山一架銅礮二對刀二把照水鏡
四面薔薇露二十罐
賞正使親男一名係閒散照從人例
賞給伴送守備三等馬一匹照磨官及土通事各

緞袍一件護送兵丁彭緞袍一件奉
旨荷蘭國既八年一貢其二年貿易永遠停止
謹案此次表文有云外邦之丸泥尺土乃
是中國飛埃異域之勺水蹄涔原屬天家
滴露見澳門記畧據紀畧云康熙初征臺
灣平其王耀漢連氏甘勃氏遣賓先巴芝
入貢即是年也然考
大兵勦鄭逆平臺灣在康熙三年今二十五

年貢使同一人此據紀畧補書其名耳
六年五月國王噶嘍吧王油煩馬綏極遣
陪臣奉表文入貢方物大尙馬鞍轡具鑲
金鑲銀荷蘭五色大花緞大紫色金緞紅
銀緞大珊瑚珠五色絨毯五色毛毯西洋
五色花布西洋白細布西洋小白布西洋
大白布西洋五色花布褥大玻璃鏡玻璃
鑲燈荷蘭地圖小車大西洋白小牛並進

大琥珀丁香白胡椒大檀香大象牙並琉
璃器皿一箱又使臣進貢方物珊瑚珠四
串琥珀一塊沉香六塊密臘金匣銀盤盛
珠銀盒各一個火雞蛋四個二眼長槍二
眼馬銃小鳥銃各二把鐵甲一領白爾善
國緞褥一條哆囉絨十疋海馬角二塊小
馬銅獅各一個小狗二個銅山一架銅礮
二對刀二把照水鏡四面薔薇露二十罐

奉
旨照順治十三年例加
賜國王大蟒緞粧緞倭緞片金緞閃緞帽緞藍緞
素緞各一花緞綾紡綵各四絹二疋使蟒
緞大緞各一
又題准荷蘭國違例從福建來入貢除今
次不議外嗣後遇進貢之年務由廣東道
入別道不許放進

謹案此次貢物有刀劍八皆可屈伸馬四
鳳鷹鶴脛迅速異常
二十五年國王耀漢連氏甘勃氏遣陪臣
賓先巴芝表貢方物哆囉絨十疋烏羽緞
四疋倭緞一疋嗶嘰緞二十疋織金花緞
五疋織金大絨毯四領白紡軟布二百十
九疋文彩紡織布十五疋大紡布三十疋
白紡毛裹布一百疋大珊瑚珠六十八顆

琥珀十四塊照身鏡江河照水鏡各二面照星月水鏡一面自鳴鐘一座琉璃燈一架聚耀燭臺一懸琉璃盃五百八十個象牙五枝鑲金鳥銃鑲金馬銃小馬銃起花佩刀各二十把馬銃鳥銃鑲金刀劍利闊劍各十把彩色皮帶二十佩繡皮帶十佩起花劍六把火石一袋雕製夾板船大小三隻丁香三十石檀香二十石冰片三十二斤肉荳蔻四甕丁香油薔薇花油檀香油桂皮油各一罐葡萄酒二桶

又覆准荷蘭道路險遠航海艱辛嗣後進貢方物酌量減定令貢珊瑚琥珀哆囉絨織金毯嗶嘰緞自鳴鐘鏡馬丁香冰片鳥鎗火石餘均免貢

又荷蘭使臣進貢方物銀盤銀瓶各一個西洋刀頭六柄荷蘭花緞哆囉呢羽緞各

一疋哆囉絨四疋倭絨織金線緞嗶嘰緞各二疋西洋哨馬氏布西洋毛裏布西洋沙喃麭布西洋佛咬嘮布各二十疋

賜國王及正使均照六年加賞例副使照順治十三年賞標官例夷目官掌書記伴送官通事從人各賞綢緞絹袍銀有差

賜敕諭曰朕惟柔遠能邇盛化之嘉謨修職獻琛藩臣之大節輸誠匪懈寵賚宜頒爾荷蘭國王屬在遐方克抒丹悃遣使齎表納貢忠藎之忱良可嘉尚用是降敕獎諭並賜王文綺白金等物王其祗承益勵忠貢以副朕眷

又議准荷蘭國進貢之期原定八年一次今該國王感被

皇仁更請定期應五年一次

又定荷蘭國貢道改由福建

謹案該國請定貢期以船入廣東路近而

險福建路遠而穩部議如所請
又定減貢額嗣後荷蘭貢物止令進大尙
馬珊瑚等十三種其織金緞羽緞倭緞及
各樣油小箱腰刀劍布琉璃鐙聚耀燭臺
琉璃盃肉荳蔻葡萄酒象牙皮袋夾板樣
船俱免其進獻由是職貢彌謹
乾隆元年
特命減荷蘭稅額
諭曰朕聞外洋紅毛夾板船到廣時泊於黃埔地
方起其所帶礮位然後交易俟交易事竣再行
給還至輸稅之法每船按梁頭徵銀二千兩左
右再照則抽其貨物之稅此向例也乃近來夷
人所帶礮位聽其安放船中而於額稅之外將
伊所攜置貨現銀另抽一分之稅名曰繳送亦
與舊例不符朕思從前既有起礮之例此時何
得改易至於加添繳送尤非朕嘉惠遠人之意

著該督查照舊例按數裁減並將朕旨宣諭各
夷人知之欽此
二十七年准荷蘭國夷商每船配買土絲
五千觔二蠶湖絲三千觔是年十月荷蘭
商人許力等呈稱彼國無織紉之工求量
帶紬緞經兩廣總督蘇昌奏准每船千觔
扣帶紬緞八百觔著爲例
五十八年十月奉
聖諭據蘇楞額奏凡紅毛貨船進口與各國夷船
一律丈量收稅等語前因𠸄咭唎遣使航海遠
來輸誠納賮是以格外加恩將攜帶貨物免其
納稅係指此次貢船而言外省辦事往往膠柱
鼓瑟或因有此旨意存拘泥竟將該國別項貿
易商船概行免稅轉致西洋各國心生冀望紛
紛籲請一體免稅成何事體著傳諭蘇楞額務
遵前旨固不可例外浮收亦不得於貢船之外

槪行減稅惟當按照定例收納以昭平允欽此
五十九年荷蘭國王喊咻嘩噸咥哪嘍遣
陪臣余悚第生奉表入貢表稱和蘭國王
勃嶙氏委吧國公勃沙里仁直嘮兼管牛
嶼暨公班衙等處地方事務泥律帽祿沃
力丁勃里穡哖時袂力等頓首書奉
皇帝陛下以德臨御宜履四海之福以仁恤衆將
來無疆之壽溯自

聖祖仁皇帝以至於今敝邑在粵東貿易永承
聖澤之廣被而遠邇無不向化者也來歲恭逢
國壽天下咸慶之期萬民樂德之秋歷稽開古以
來未有我
皇上聖神建極之盛也勃嶙屬在遐陬歷受
惠澤敢不聞風而致慶焉謹遣來使余悚第生恭
赴
闕下謹行朝貢兼賀

皇太子來年踐祚慶萬國之咸寍叶千齡之廣運
來使倘禮法疏畧萬乞
包容仍懇速
賜旋棹曷勝激切仰慕之至伏惟
聖慈垂鑒謹奉表以
聞又奏稱
至大普惠仁慈中外洋溢
天朝

大皇帝陛下呢嘘唦啡呢嘡嘛吐嚜喇吋嚨啤嚦
四人專主辦理嗊嚗國事務恭代國王喊
咻嘩嚗咥哪嘍具奏保佑
天朝
大皇帝萬事遂心吉祥如意
天降徵祥從心所欲因爲聲敎覃敷天下一人
聖明睿智天下無不感頌再嗊嚗國來廣東貿易
感沐

天朝
列祖大皇帝
天朝
大皇帝格外施恩緣本國王同公班衙世代沾恩
感激本國王久有心輸誠命專主國事呢
德啵四人在叭喇味就近探聽得明年
恭逢
天朝

大皇帝六十年大慶普天同慶本國王同公班衙
十分歡喜一面啟知本國王一面專差貢
使嘚勝賫表到京叩賀務求
天朝
大皇帝賞臉今貢使嘚勝恭代國王來京虔誠叩
首恭賀千載難逢之盛典即如本國王親
來叩賀一樣貢使叩見
天朝

大皇帝面奏惟願
上蒼庇祐歲歲天下太平長生萬萬歲將來
天朝
大皇帝親見
皇太子受
天庇祐萬事如意均同
天朝
大皇帝一樣貢使嘚勝來京叩賀定邀

天朝
大皇帝喜歡優容惟願貢使回國時面述
天朝盛典更加舞蹈歡呼末書千七百九十四年七月二十六日
九月二十二日總督長麟會奏本年九月
十六日據洋商稟稱有荷蘭國使臣嘚勝
恭賫表貢到粤叩祝明年
大皇帝六十年大慶船隻已抵虎門懇求代奏等
語臣等當即派員將該貢使照料到省據

該貢使呈出表文譯出漢字詞意極爲誠
敬臣等當即會令貢使嘚勝進見據該貢
使先向北望
闕行三跪九叩頭禮并跪稱國王嘁啉嘩囒咥
哪嘍仰慕
大皇帝仁德傾心已久因相距
天朝甚遠每遇
慶典得信較遲且係海外遠夷不諳
天朝體制是以未敢造次冒昧國王原吽專主
國事之呢嘚啵等四人在叭咑味地方就
近採聽知遇
天朝慶典即一面啟知國王一面預備表貢遣
官赴粵不許稽遲本年呢嘚啵等探知明
年係
大皇帝六十年普天大慶若俟回國修表備貢叭
咑味地方相距本國來往十幾萬里勢必

遲悞是以一面啟知國王一面遵奉國王
命代繕表文恭備貢物遣大頭目即貢使
嘚勝由叭咑味地方起身來粵籲求臣等
代奏懇
恩准其進京叩祝等情臣等察其詞色亦甚恭順
除查照向例先行敬宣
諭旨賞給筵宴併將該貢使妥爲安頓外恭摺請
旨倘蒙
聖恩准其赴
闕瞻
覲或應於本年十月內令其由粵起身赶於本年
十二月到京隨同各國外番輸誠叩祝抑
或令其在廣東暫住恭候來年
萬壽之前再行到京或將其表貢即由臣等代進
毋庸貢使進京之處恭候
諭旨遵行　又片奏臣等伏查自上年𠸄咭唎進

貢回國之後各國在廣貿易夷人無不感
皇上如天恩威較前倍覺恭謹且見暎咭唎使臣
得以進京瞻仰
天顔亦無不共生仰慕引爲榮幸今荷蘭國遣使
進貢臣等查其表文係公班大臣呢嘧啵
等恭代國王出名似與體制不符但經臣
等再三盤詰據稱該國王實在誠心早要
納貢呢嘧啵等因得信已遲計算日期不

及回國繕表屬實並非呢嘧啵等敢替國
王擅作主意等語尚屬
聖恩准其趨詣
闕廷隨班叩祝不惟該國君臣幸叨
恩寵即在廣貿易之各國夷人亦必更深欽仰共
戴
寬仁合併陳明十月初九日奉
聖諭長麟等奏荷蘭國遣使賫表納貢懇求進京

叩祝一摺此係好事披閱長麟等譯出原表該
國王因明年係朕六十年普天同慶專差貢使
賫表到京叩賀情詞極爲恭順長麟等因其表
文係公班大臣呢嘧啵等代伊國王出名與體
制稍有不符復加盤詰何必如此深論自應准
其來京瞻覲遂其向慕之忱著長麟等即傳諭
該使臣等知悉並派委妥員護送起程祗須於
十二月二十日封印前一二日到京俾得與崇

古王公及外藩諸國使臣一體同邀宴賚並著
知會沿途經過省分令各督撫一體派員按例
照料以便如期到京再荷蘭國所進表文在京
西洋人不能認識並著長麟等於住居內地之
西洋人有認識荷蘭字體兼通漢語者酌派一
二人隨同來京以備通譯欽此
貢使至京恭進萬年如意八音樂鐘一對
時刻報喜各式金表四對鑲嵌金小盒一

對鑲嵌帶版四對珊瑚珠一百八顆琥珀珠一百八顆千里鏡二枝風鎗一對金銀線三十觔琥珀四十觔各色花氈十版各色羽緞十版各色大呢十版西洋布十匹地毯二張大玻璃鏡一對花玻璃壁鏡一對玻璃掛燈四對燕窩一百觔檀香五百觔荳蔻一百觔丁香二百五十觔檀香油三十瓶丁香油三十瓶

賜該國王例賞物件内銀三百兩折玉器二件貢使銀百兩外加五十兩大班一名銀八十兩緞疋照庫官掌案官之例咈囒哂番人二人名寫字人二名醫生一名緞銀俱與庫官掌案官例同加

賜國王玉如意一大紅龍緞大紅蟒緞百花糚緞錦緞各三綾羅紡絲春綢各十疋

御筆福字一龍緞漳絨各二玉器琺瑯器各二雕漆器文竹器各四瓷器八貢使一名石青蟒緞藍糚緞綠閃緞紫錦緞各一綾羅紡絲春綢各四疋大卷八絲緞錦緞各一瓷器四茶葉四瓶大荷包二小荷包四疋大卷緞閃緞各二鼻煙壺一瓷器三大荷包二小荷包六大班一名糚緞錦緞大緞宦綢各一綾紡絲各二疋大卷五絲緞錦緞各一瓷器二茶葉二瓶大荷包二小荷包

四疋大卷緞閃緞各一鼻烟壺一瓷器二大荷包二小荷包四咈囒哂番人二名糚緞錦緞大緞宦綢各一綾紡絲各二寫字人二名醫生一名與咈囒哂番人同跟役跟兵十八名彭緞綢各二布各四

十二月奉

聖諭上年暎咭唎國遣使來京恭進表貢所有經過各省曾令各該督撫給與筵宴此次荷蘭國

遣使來京本日據陳淮具奏未經給宴但該國慕化輸誠航海遠至自因知上年嘆咭唎使臣到京時得蒙天朝恩錫優渥宴賚駢蕃是以聞風踵至今該使臣等在途經過省分未預筵宴是同一西洋進貢使臣轉似區分厚薄失中國正大之體該貢使等聞知未免稍覺觖望除俟該使臣等到京後一體酌加賞賚外著傳諭各該督撫將來該使臣等回程經過時俱仍仿照嘆咭唎使臣之例酌給筵宴時並宣諭該使臣等此次爾等慕化遠來大皇帝鑒爾恭順從前爾等進京時原應筵宴但因爾等趕於年內到京沿途行走期限緊廹恐躭延時日是以未經筵宴今爾等回程舒徐仍遵旨賞爾等筵宴等語向其明白宣示該使臣等聞知自必益臻歡感也欽此

又奉

上諭據奏荷蘭國貢使搭坐商船來粵船商咭時現已裝貨完畢放洋業據咭時將入口出口船料稅銀等項全數交納荷蘭國貢使遠來納賮恭順可嘉所有該貢使搭坐商船除進口貨物照例納稅外其應納船料及出口買帶貨物著加恩免其交稅今此項出口船料等稅業據全交著俟該貢使回國時仍令給還以示柔遠懷來至意欽此

粵道貢國說卷之三終

粵道貢國說卷四

澄海縣訓導臣梁廷枏謹編

西洋諸國

謹案雍正年修會典統稱西洋諸國而以意達里亞等國附其後各按年月分載今從其例然據徐朝俊高厚蒙求稱以西把尼亞國王亞豐肅能研天運其王名與康熙九年貢表同則入貢之國似爲西洋之以西把尼亞矣又葉鍾雜記稱西洋即今葡萄雅與西洋人書同即澳門之祖家豈兩國分貢當時並止自稱西洋而未云來自何國歟

謹案西洋在西南海去中國極遠於古無可稱明初使中官鄭和遠使西洋其時始知有西洋各國而未盡詳至萬歷九年西洋有利瑪竇者至廣州之香山澳二十九年以其方物進獻其徒繼來者益衆士庶多與遊者崇禎初歷法疏舛禮部尚書徐光啓請令西洋人羅雅谷湯若望等以其國新法相參校開局纂修書成未上旋遭

鼎革

本朝建元採用其說命若望等理欽天監事曆學亦間用之據利瑪竇及南懷仁等稱所經歐邏巴洲地七十餘國其大者曰以西把尼亞拂郎察意大里亞熱爾瑪尼亞拂蘭地亞波羅泥亞翁加里亞大泥亞厄勒察亞莫斯哥未風俗尚天主教通歷數善製造歐羅巴洲大小諸國皆奉行其教其婚娶男子三十女子二十通國之中一夫一婦居室無買妾生子者產五穀以麥爲重出五金以金銀銅鑄錢爲幣衣服黼黻者有天鵞絨織金緞之屬羊絨有毯罽鎖哈剌之屬又有苧麻之類名利諾者爲布絕細而堅輕而滑敝則擣爲紙極堅韌相見以免冠爲禮概衣青色兵士勿論文人以金寶爲飾服御羅綺佩帶諸香酒以

葡萄釀成可積至數十年膏油之類味美者阿利襪是樹頭果熟後即全爲油其生最繁以法製之最饒風味其核又可爲炭滓可爲蘇葉可食牛羊飲食用金銀玻璃及磁器天下萬國坐皆席地惟歐羅巴諸國用椅桌其屋三等最上純以石砌其次磚爲牆其下土爲牆石屋磚屋築基最深上可累六七層高至十餘丈地中亦有一層旣可容藏亦可除濕瓦或用鉛或石板或陶瓦凡磚石壁皆千年不壞牆厚而實外氣難通冬不寒而夏不濕其工作如木工石工畫工塑工繡工之類皆知度數之學製造精巧其駕車國王八馬大臣六馬其次四馬或二馬乘載騾馬互用戰馬皆用牡騸過則弱不堪戰矣良馬止飼大麥及稈不雜他草及豆食豆足重不可行此

歐羅巴飲食宮室之大畧也諸國皆尙文學廣設學校分爲四科一曰道科主興教化一曰教科主守教法一曰治科主習政事一曰醫科主療疾病官祿皆厚在處皆有貧院養鰥寡孤獨又有幼院以育小兒有病院養疾病各城邑遇豐年多積米麥饑歲以常價糶之又小西洋去中土萬里屬於大西洋遣吏目守之衣冠狀貌與大西洋略同夷婦靑帕蒙首著長衣圍錦幅於前摺袖草履習針黹

又案西洋諸國前有治世王有教化王諸小國皆聽命焉就中尤重教化凡貿遷者皆治世類也康熙間來貢尙稱教化王

康熙六年廣東巡撫奏稱西洋國遣官入貢正貢船一隻護貢船三隻

又議准西洋貢道由廣東

七年題准西洋進貢以後船不許過三隻每船不許過百人

八年題准令正副使及從人二十二名來京其留邊人役該地方官給與食物仍加防守

九年六月西洋國王阿豐肅遣陪臣奉表入貢方物國王畫像金剛石飾金劒金珀書箱珊瑚樹珊瑚珠琥珀珠伽楠香哆囉

絨象牙犀角乳香蘇合油丁香金銀乳香花露花幔花氈大玻璃鏡等物奉

旨西洋地居極邊初次進貢具見慕義之誠可從優賞賚欽此

又西洋國貢使嗎噶吻薩喇嗟噫到京具

表進貢

賞賜筵宴畢差司賓序班一員伴送至廣東交該督差官護送出境

賜國王大蟒緞糚緞倭緞各三閃緞五片金緞一花緞十帽緞藍緞青緞各五綾紡絲各十有四羅十紬二銀三百兩使臣大蟒緞一糚緞一倭緞二帽緞一花緞六藍緞二綾紡絲各四紬二銀百兩護貢官從人緞綢綾絹銀各有差

又貢使嗎噶吻薩喇嗟噫行至江南山陽地方病故禮部題准內院撰祭文所在布

政司備祭品遣本司堂官致祭一次仍置地營葬立石封識若同來使臣願帶囘骸骨聽從其便

十七年八月西洋國王阿豐肅遣陪臣本多白壘拉奉表貢獅子並奏言凡在所屬瞻仰巍巍

大清國咸懷尊敬願率諸國永遠沾恩等日月之無窮云云

聖祖仁皇帝召見於
太和殿宴賚遣歸
御前貢物國王像一幅金剛石飾金劍一柄金珀書箱一座珊瑚樹一枝琥珀珠六串伽楠香二段哆囉絨三疋象牙一枝犀角四隻乳香六桶蘇合油一桶丁香一籠金銀乳香二籠花露一箱花幔四端花氈一鋪
皇后前貢物大玻璨鏡一面珊瑚珠一串琥珀珠十串花露一籠丁香一籠金銀乳香一籠花幔四端花氈一鋪

又西洋國入貢賞例照九年外加
賜國王大蟒緞粧緞倭緞片金緞閃緞帽緞藍緞青緞各一花緞二綾紡絲各四綢二共百

加賞貢使綾紡絲羅各二絹一共三十護送官從人各加賞有差

又西洋國貢使回國兵部給口糧驛遞夫船部仍差官伴送至廣東交該督撫差官護送出境

二十四年監督宜爾格圖奏言粵東向有東西二洋諸國來往交易係市舶提舉司徵收貨稅明隆慶五年以夷人報貨奸欺難於查驗改定丈抽之例按船大小以爲額稅西洋船定爲九等後因夷人屢請量減抽三分東洋船定爲四等
國朝未禁海以前洋船詣澳照例丈抽但往日多載珍奇今係雜貨今昔殊異十船不及一船請於議減之外再減二分東洋亦照例行奉
旨俞允

謹案海禁之開在是年之前一年沿海民人得以五百石以下船出洋貿易其海口內橋津舟車等物停止徵收據此則是舊

例丈抽已行議減是年因再酌減也
五十九年西洋國王遣陪臣斐拉里奉表
來貢是日設表案於
暢春園九經三事殿階下正中
聖祖仁皇帝御殿升座禮部鴻臚寺官引貢使奉
表陳案上退行三跪九叩禮仍詣案前奉
表進
殿左門升左陛膝行至

寶座旁恭進
聖祖仁皇帝受表轉授接表大臣貢使興仍由左
陛降出左門於階下復行三跪九叩禮入
殿
賜坐
賜茶畢謝
恩退
乾隆十八年西洋國王遣陪臣巴哲格等
奉表來京令來使候於
後左門恭候
高宗純皇帝御乾清宮
升寶座禮部堂官一人率領在京居住西洋人一
人引來使進
見進表儀同雍正五年是日會集之大臣咸補服
議政大臣八內大臣班不
賜茶豹尾班侍衛照常隨進扈衛如儀

謹案雍正五年西洋意達里亞博爾都噶
爾雅兩國並入貢分載於後
賜國王及正使均照雍正五年例其副使總理官
每人蟒緞帽緞各一糚緞釆緞藍花緞青
花緞藍緞各二綾紡絲各四綢二護送官
每人潞綢紡絲各四絹二銀五十兩從人
每名潞綢紡絲絹各二銀五十兩又加
賜國王龍緞四糚緞十二糚花緞線緞各八綾紡

緞各二十二羅十三絹七冊頁一瑪瑙玉器六件珐瑯器二種十二件漆器十九種四十八件瓷器三十三種共二百八十八件及紫檀木器畫絹香袋香餅紙墨扇茶等物正使糚緞二花緞線緞四玉器二珐瑯器二漆器三種五件瓷器八種共三十三件及畫絹紙墨扇茶等物又隨

勑書賜國王龍緞片金緞各二蟒緞倭緞各三糚緞七花緞六閃緞花緞藍花緞青花緞藍緞青緞帽緞線緞各四綾紡絲各二十二羅十有三絹七又五月初一日於

圓明園

賜國王紗四十葛百及香囊香串宮扇藥錠等物正使紗三十葛四十副使總理官紗十有二葛十及香囊香串宮扇藥錠等物各有差從人紗五十葛百

三十一年覆准嗣後西洋人來廣遇有原進土物及習天文醫科丹青鐘表等技情願赴京効力者在澳門令告知夷目呈明海防同知在省令告知行商呈明南海縣隨時詳報總督具奏請

旨護送進京僅帶書信物件由海防同知南海縣交提塘轉遞

意大里亞國 即意達里亞

謹案即會典所稱之意達里亞東與啉嗎接壤地在博爾都噶爾雅之南稍西佛囒西之東荷蘭之東南並居大西洋中明史云自古不通中國萬歷時其國人利瑪竇言歐羅巴諸國歷奉天主耶穌教而耶穌生於如德亞其國在亞細亞洲之中西行教於歐羅巴其始生在漢哀帝元壽二年庚申閱一千五百八十一年始汎海抵廣

州之香山澳至二十九年入京師中官馬堂以其方物進獻自稱大西洋人禮部言會典止有西洋瑣里國無大西洋其眞僞不可知又寄居二十年方行進貢則與遠方慕義特來獻琛者不同且其所貢天主及天主母圖既屬不經而所携又有神仙骨諸物夫既稱神仙自能飛昇安得有骨況此等方物未經臣部譯驗徑行進獻則內臣混進之非與臣等溺職之罪俱有不容辭者及奉旨送部乃不赴部審譯而私寓僧舍臣等不知其何意但諸番朝貢例有回賜其使臣必有宴賞乞給賜冠帶還國勿令潛居兩京與中人交往别生事端不報帝嘉其遠來假館授粲給賜優厚公卿以下重其人咸與晉接瑪竇安之遂留不去以三十八年四月卒於京賜葬西郭

外其年十一月朔日食歷官推算多謬朝議將修改明年五官正周子愚言大西洋歸化人龐廸莪熊三拔等深明歷法其所携歷書有中國載籍所未及者當令譯上以資採擇禮部侍郎翁正春等因請倣洪武初設回回歷科之例令廸莪等同測驗從之自瑪竇入中國後其徒有王豐肅者來居南京專以天主惑衆士大夫暨里巷小民間為所誘禮部郎中徐如珂惡之其徒又自誇風土人物遠勝中華如珂乃召兩人授以筆劄令各書所記憶悉舛謬不相合乃倡議驅斥四十四年與侍郎沈漼給事中晏文輝等合疏斥其邪說惑衆且疑其為佛郎機假託乞急行驅逐禮科給事余懋孳亦言自利瑪竇東來而中國復有天主之教乃留都王豐肅陽瑪諾等煽

惑羣衆不下萬人朔望朝拜動以千計夫通番左道並有禁令公然夜聚曉散一如白蓮無爲諸教且往來濠鏡與澳中諸番通謀而所司不爲遣斥國家禁令安在帝納其言至十二月令豐肅及廸莪等俱遣赴廣東聽還本國命下久之乃遷延不行所司亦不爲督發四十六年四月廸莪等奏臣先與利瑪竇十餘人涉海九萬里觀

光上國叨食大官十有七年近南北叅劾議行屏斥竊念臣等焚修學道專奉天主豈有邪謀惟聖明垂憐俟風便還國若寄居海嶼益滋猜疑乞並南都諸處陪臣一體寬假不報乃怏怏而去豐肅等尋變姓名復入南京行教如故其國善製礮視西洋更巨既傳入內地華人多效之而不能用天啓崇禎間用兵數召澳中人入都令

將士學習其人亦爲盡力崇禎時歷法益疏舛禮部尚書羅光啓請令其徒羅雅谷湯若望等以其國新法相叅較開局纂修報可久之書成即以崇禎元年戊辰爲歷元名之曰崇禎歷書其法視大統歷爲密其國人東來者大都聰明之士意專行教不求祿利其所著書多華人所未道故一時好異者咸尙之而士大夫如徐光啓李

之藻輩首好其說且爲潤色其文詞故其教驟興時著聲中土者更有龍華民畢方濟艾如略鄧玉函諸人華民方濟如略及熊三拔皆意大理亞國人玉函熱而瑪尼國（即荷蘭國）人龐廸莪依西把尼亞國（即以西把尼亞）國人陽瑪諾波而都瓦爾國（即博爾都噶爾雅國）人皆歐羅巴洲之國也

雍正三年西洋意達里亞國教化王伯納

第多遣陪臣噶嗟都易德豐奉表謝
聖祖仁皇帝撫恤恩并賀
世宗憲皇帝登極貢方物使臣至京貢厚福水五
十瓶綠玻璃鳳壺一哩阿嘞波羅盃一蜜
蠟盃一小蜜蠟盃一對蜜蠟小瓶三琺瑯
小員牌三蜜蠟小刀柄二銀纍絲四輪船
一小銅日規一連銀纍絲瓶二纍絲花二
水晶滿堂紅燈一架各寶玩器共十八件

咖石喻鼻煙礶一對各色玻璃鼻煙壺十
二各寶員球八十二各寶鼻煙壺十六銀
纍絲大小花盤四寶地銀花盤一連座銀
纍絲船二銀花匣一連銀纍絲小花瓶一
對鑲寶石花二枝銀絲小漏盤一線花畫
五張皮畫九張皮扇面畫十二張繡花紙
盤四面小銀礶二十九花石片大小十八
塊鐵花盆二巴爾薩嗎油二盒咖石喻蓋

盃一對鍍金皮規矩一對鑲牙片鼻烟盒
十一銀花素鼻煙盒一對鑲銀花砂漏一
對咖石喻綠石鼻煙盒各一阿噶達片四
塊番銀筆一封咖石喻帶頭片大小二十
四塊瑪瑙刀柄一瑪瑙鼻烟壺一各色石
鞭頭六小石盒一對珊瑚珠二串瑪瑙珠
四串各寶素珠十四串花紙盤七面香枕
囊六顯微鏡一套石頭火漆印把一對火

字鏡一玻璃棋盤棋子共二盒火漆八包
大紅羽緞四週天球一鼻煙五十罐照字
鏡二架使臣歸國令齎
勅諭其王曰覽王奏並進方物具見悃誠我
聖祖仁皇帝怙冒萬方無遠弗屆
龍馭升遐中外臣民悲思永慕朕纘承大統勉思
紹述
前徽教化王遠行陳奏感

先帝之垂恩祝朕躬之衍慶周詳懇至詞意虔恭
披閱之下朕心嘉慰使臣遠來朕已加禮優待
至於西洋寓居中國之人朕以萬物一體為懷
時教其謹飭安靜果能慎守法度行止無愆朕
自推恩撫恤茲因使臣歸特頒斯勅並賜糚緞
錦緞大緞六十疋次緞四十疋王其領受悉朕
惓惓之意
賜國王大蟒緞糚緞倭緞各四片金緞二閃緞藍

花緞青花緞帽緞藍緞青緞各六綾紡絲
各十有八羅十絹四銀三百兩使臣大蟒
緞糚緞倭緞帽緞藍花緞青花緞藍緞各
二綾紡絲各六絹四銀二百兩又
特賜國王貂皮人參各色糚緞錦緞大緞次緞洋
漆器瓷器芽茶紙墨絹扇等物又奉
旨其來使賜燕畢差司賓序班一人伴送至廣東
該督撫差官護送出境欽此

四年六月初五日
諭意達里亞國教化王覽王奏請撥釋放德里格
之例將廣東監禁之畢天祥計有綱一體施恩
釋放等語查德里格於康熙五十九年因傳信
不實又妄行陳奏
聖祖仁皇帝念係海外之人從寬禁錮及朕即位
後頒降恩詔凡情罪可原者悉與赦免開以自
新德里格所犯與赦款相符故得省釋彼時廣

東大吏未曾以畢天祥計有綱之案入大赦冊
內具題上聞今據王奏請朕查二人所犯非在
不宥之條即王不行陳奏朕亦必察出施恩今
特降旨與廣東大吏將畢天祥計有綱釋放以
示朕中外一體寬大矜全之至意茲因使臣回
國再賜人參貂皮等項用展朕懷王其收受故
茲敕諭
五年其國又遣使貢方物大珊瑚珠寶石

素珠金鑲咖石喻瓶金珐瑯盒金鑲蜜蠟盒銀鑲咖石喻盒金鑲瑪瑙盒銀鑲藍石盒銀鍍金鑲雲母盒銀鍍金鑲玳瑁盒玻璃瓶貯各品藥露金絲緞金銀絲緞金花緞洋緞大紅羽毛緞大紅哆囉呢洋製銀柄武器洋刀長劒短劒鍍銀花火器自來火長鎗手鎗上品鼻煙石巴依瓦油聖多默巴爾撒木油璧露巴爾撒木油伯肋西

理巴爾撒木油各品衣香巴斯第理葡萄紅露酒葡萄黃露酒白葡萄酒紅葡萄酒咖石喻各色珐瑯料烏木鑲青石桌面烏木鑲黃石桌面烏木鑲各色石花條桌織成各種遠視畫

博爾都噶爾雅國、

謹案地居唤咭唎之東南佛蘭西之東北意大里亞之南稍東曰雅者即譯音之亞也在歐邏巴極西境周七百里西濱大洋地分五道四方商船皆聚國城有大河曰德若經由城西入海通海大市凡六水泉二萬五千國有二學曰陁物辣曰哥應拔歐邏巴高士多出此學土產果實絲棉多水族善釀葡萄酒即過海至中國不壞園囿有周數十里者禽獸充牣異國名王過其地往射獵焉俗有仁會恤孤寡煢獨商

船至或有死而無主者收其行李訪其戚屬還之國王隨處遣官為孤子治家長則還所有且加益焉明以前未通中國

雍正五年西洋博爾都噶爾國王若望遣陪臣麥德樂等具表慶賀恭請

聖安進獻方物大珊瑚珠一串寶石素珠一串金鑲咖石喻瓶一金珐瑯盒一金鑲蜜蠟盒一銀鑲咖石喻盒一金鑲瑪瑙盒一銀鑲

藍石盒一　銀鍍金鑲雲母盒五銀鑲金鍍
玳瑁盒一　玻璃瓶貯各品藥露五十四瓶
金絲緞一　金銀絲緞一　金花緞一　洋緞三
大紅羽毛緞二大紅哆囉呢二洋製銀柄
武器一具洋刀一柄長劍一柄短劍一柄
鍍銀花火器一具自來火長鎗一口手鎗
二柄上品鼻烟十二瓶右巴依瓦油四瓶
聖多黙巴爾撒木油四瓶璧露巴爾撒木

油二瓶伯肋西理巴爾撒木油二瓶各品
衣香十二瓶巴斯第理十二瓶葡萄紅露
酒十二瓶葡萄黃露酒十二瓶白葡萄酒
十二瓶紅葡萄酒十二瓶咖石喻二大塊
各色法瑯料十四塊烏木鑲青石桌面二
張烏木鑲黃石桌面二張烏木鑲各色石
花條桌二張織成各種遠視畫九張來使
呈稱國王蒙

聖祖仁皇帝撫恤多年兼慶
皇上御極仍一視同仁感戴
洪恩敬備方物願得恭捧至
宫親身進獻庶得達國王敬奉
皇朝之誠心其表文由內閣繙譯貢物由禮部
摺奏恭呈
御覽奉
旨准其進獻

頒勑一道付來使齎回
賜國王大蟒緞糚緞倭緞各六片金緞四閃緞藍
花緞藍緞帽緞素緞各八綾紡絲各二十
二羅十三絹七貢使大蟒緞一糚緞倭緞
各二帽緞一藍花緞青花緞藍緞各三綾
紡絲各六帽三銀百兩護貢官十八每人
倭緞一藍花緞青花緞藍素緞綾各二紡
絲三綢二絹一銀五十兩從人三十名每

名綢紡絲三絹二銀二十兩廣東伴送把
總彭緞袍一領又
特
賜國王人參四十觔內庫緞二十五匹瓷器百
三十件洋漆器六十六件荔枝酒哈蜜瓜
松糕茶糕芽茶紙三百張墨二十匣絹一
百張燈扇香囊等物來使亦加
賜倭緞瓷器漆器紙墨扇等物
又西洋國遣使臣進表慶賀儀與康熙五

十九年同
又議准西洋博爾都噶爾雅國王感被德
化遣使來京不比尋常進貢所帶貢物令
其由水路來京其來使從人願帶來京者
聽願留粵省者令該地方官從豐撥給房
舍食物
又奏准該國初次進貢遣內務府郎中一
人同在京居住西洋人一人往迎來使至

回國時仍遣前往迎之人伴送由水路至
廣東交該督撫護送出境
乾隆十八年三月西洋博爾都噶爾雅國
王若瑟遣陪臣巴哲格等進貢方物自來
火鳥鎗琺瑯洋刀銀裝蠟臺赤金文具伽
什倫文具螺鈿文具瑪瑙文具綠石文具
赤金鼻煙盒咖什倫鼻煙盒螺鈿鼻煙盒
瑪瑙鼻煙盒綠石鼻煙盒銀裝春夏秋冬

四季花金絲花緞銀絲花緞金絲表緞銀
絲表緞各色哆囉呢織人物花氈露酒白
葡萄酒紅葡萄酒巴爾撒木酒鼻煙洋糖
果香餅凡二十八種貢使進
御前方物銀盤玻璃瓶銀架玻璃瓶意大石文具
銀圓香盒銀長香盒蜜蠟香盒翦子各一
對意大石牙簽玻璃牙簽各一異石鼻煙
盒一

命欽天監監正劉松齡前途導引至京
召見巴哲格等
賜宴並
賜敕諭博爾都噶爾雅國王曰覽王奏並進方
物具見悃忱洪惟我
聖祖仁皇帝
世宗憲皇帝恩覃九有光被萬方因該國王慕義
抒誠夙昭恭順是以疊沛

溫綸並加寵錫今王載遴使命遠涉重瀛感
列聖之垂慈踵闕廷而致祝敬恭式著禮數彌虔
披閱奏章朕心嘉悅既召見使臣遂其瞻仰之
願復親御帳殿優以宴賞之榮西洋國人官京
師者晋加顯秩慰王遠念茲以使臣歸國特頒
斯敕其錫賚珍琦具如常儀加賜彩緞羅珍玩
器等物王其祗受悉朕眷懷又
特賜該國王龍緞四匹粧緞花緞線緞各八匹百
花粧緞十二匹綾紡絲各二十二匹羅十
三匹杭紬七匹册頁一付瑪瑙玉器六件
琺瑯器二種漆器十九種磁器三十三種
及紫檀木器畫絹香袋香餅紙墨扇茶又
加賞正使畫絹紙墨扇茶及文綺又隨
敕書賜國王龍緞片金緞各二匹蟒緞倭緞各三
匹粧緞七匹花緞六匹閃緞花緞青花緞
藍緞青緞帽緞線緞各四匹綾紡絲各二
十二匹羅十三匹絹七匹又因端陽節

加賞國王紗四十匹葛百匹香囊香串宮扇藥錠
等物並正副使紗葛香囊香串藥錠等物
益念其遠道涉險而來故錫予優厚如此

粤道貢國說卷四終

粵道貢國說卷五

澄海縣訓導臣梁廷枏謹編

暎咭唎國一

謹案暎咭唎本國在咈囒西之北博爾都噶爾雅之東北為荷蘭屬國服飾相似國頗富男子多著哆囉絨喜飲酒婦人未嫁時束腰欲其纖細披髮垂肩短衣重裙出行則加大衣以金縷盒貯鼻烟以自隨海

國聞見錄云英機黎一國懸三島於吝因黃祁荷蘭佛蘭西四國之間大西洋尊天主者惟干絲蠟是班牙葡萄牙黃祁為最而辟之者惟英機黎一國今亦奉教惟謹產生銀哆囉呢羽毛緞嗶吱玻璃等類又舟車聞見錄云明史之丁機宜職方外紀之諳厄利海國聞見錄之英機黎以輿圖核之即英吉利蓋對音翻譯無一定之字也其國本在歐邏巴之西初屬荷蘭後漸逞強與荷蘭搆兵遂為敵國復據北亞未利加之地稱加邪大英吉利稱歐羅巴國為本國其地產麥所貿易屬地稱港腳用其旂號來舶甚多距廣東界程五萬餘里國中土地平衍宜麥禾果苴有一山名間允產黑鉛民為開採輸稅入官國人出入處左有邪郵右有加蘿皮串村皆設立礮

臺二村中皆有大海駕船往來海邊多產火石王所居名蘭侖有城距村各百餘里北亞墨利加（即亞未利加）地明成宏間意達里亞人首先開闢咈囒西荷蘭繼之暎咭利人又繼之益萬歷年中事也未幾暎咭唎人至益多乃逐諸國之先至者而盡有之開地十有三區設官以治使遥奉王命

本朝乾隆四十一年以王改茶稅於買者於

是十三處人併力拒之自立爲合省國(即今來市之米利堅也)暎咭唎自創設公司使專貿易之事凡海洋要道輙據而守之如孟阿臘孟買新埠之屬皆以次據焉然相隔每萬里至數萬里合算之雖遼廣而不能聯屬也其本國自漢以來屢易其姓並居蘭墩城(即蘭崙)可考者自加力牛拉始旣而胼士薇滅於羅馬(即哪瑪)歷四百年而

西耳得乃以撤孫兵破而有之歷五百二十八年而加怒地以客因兵破而有之又歷二十四年而撤孫故王子擁立於國人遂復爲撤孫有又歷二十七年而未廉以哪耳慢兵破而有之大率始漢明迄明嘉靖間也其王近者爲弗氏京也治傳子昔斤京也治又傳子非立京也治(其名姓往往有重同者如嘉慶九年表文國王自逮名嗺咍即也治之譯音也)

國朝康熙間始來通市後數年不復來至雍正七年以後則互市不絕其時碣石鎮總兵官陳昂奏稱(臣)偏觀海外諸國皆奉正朔惟紅毛一種莫測其中有英圭黎諸國種類雖分聲氣則一請

飭督撫諸臣防範則當時已出沒海上矣

乾隆七年十一月暎咭唎巡船遭風飄至澳門海面遣夷目至省城求濟兩廣總督

策楞令地方官優給貲糧修整船隻俟風便歸國先是其互市處所或於廣或於浙二十二年部議暎咭唎不准赴浙貿易於是皆收泊廣東每夏秋交由虎門入口其土產則有大小絨嗶嘰羽紗紫檀火石及所製時辰鐘表等物精巧絕倫二十四年方嚴絲斤出洋之禁兩廣總督李侍堯奏言近年暎咭唎夷商屢違禁令潛赴寗波

今絲斤禁止出洋可抑外夷驕縱之氣惟

本年絲斤已收請仍准運還奏入報

可是年暎咭唎夷商洪任輝妄控粵海關陋弊訊

有徽商汪聖儀者與任輝交結擅領其國

大班銀一萬三百八十兩按交結外國互

相買賣借貨財物例治罪

二十七年奏

上諭據奏暎咭唎夷商咱囒以絲斤禁止出洋夷

貨難於成造籲懇代奏酌量准其配買情詞迫切一摺前因出洋絲斤過多內地市值翔踴是以申明限制俾裕官民織紝然自禁止出洋以來並未見絲斤價平亦猶朕施恩特免米豆稅而米豆仍然價踴也此蓋由於生齒日繁物價不得不貴有司恪守成規不敢通融調劑致遠夷生計無資亦堪軫念著照該督等所請循照東洋辦銅商船配搭紬緞之例每船准其配買

土絲五千斤二蠶湖絲三千斤以示加惠外洋

至意其頭蠶湖絲及綢綾緞疋仍禁止如舊欽

此

謹案此次因該國夷商白蘭等求仍照前

通市兩廣總督蘇昌請照東洋銅商搭配

紬緞之例酌量配買得

旨每船准買土絲五千斤二蠶湖絲三千斤其頭

蠶湖絲及綢綾緞疋仍如舊禁止不得影

射取戾自是暎咭唎來廣互市每船如額

配買歲以爲常其明年并准帶紬緞成疋

者二千斤

五十七年九月初七日署總督郭世勳會

奏本年九月初三日有暎咭唎國夷人啵

啷啞哩晚嚽哐等來廣臣等會同傳見據

呈該國字稟二紙隨令通事譯出稱係該

國王因前年

大皇帝八旬萬壽未及叩祝今遣使臣嗎嘎爾呢
進貢由天津赴京懇求先為奏明等語臣
伏思前年恭遇
皇上八旬萬壽中外臚歡凡邊塞夷王酋長駢集
都下今暎咭唎國王涉歷重洋遠道祝
嘏具見凡有血氣莫不尊親惟是外夷各國凡遇
進貢俱由例准進口省分先將副表貢單
呈明督撫奏奉

允准之後委員伴送使臣賚帶貢物赴京呈進而
暎咭唎國歷來在粵東通商今欲赴天津
進口該國王又無副表貢單照會到臣所
遞禀札僅據該國管理買賣頭目啲嚨哂
呧咟嚧差遣賫投據稱該夷人起程之時
貢船尚未開行約於八月自本國起程明
年二三月可到天津至貢物尚在倫辨伊
等不知是何名目又貢品繁重由廣東水

陸路程到京紆遠恐有損壞此時已由洋
海徑赴天津夷人等無從查探各等語臣
等思夷船進口向例定有停泊省分若任
由擇地收泊於事非宜現在若再照會該
國王令其至粵候
旨遵行則洋海遼濶往返無時該國王旣稱感戴
悃忱理合據實具奏并將譯出底稿一并
送呈

御覽如蒙
聖恩准其在天津進口則所歷閩浙各省海道誠
恐有風帆收泊各口岸之事請
敕下浙閩及直隸省各督撫飭令所屬查驗放行
由天津進京是否如斯伏候
皇上聖明訓示謹奏

附兩夷禀暎咭唎國總頭目官管理貿易事咟嚧謹呈　天朝大人恭請　鈞安我
本國國王管有呀嚩哋嘚吨咈嚩哂嘤喻等三處地方發船來廣貿易聞得　天朝

大皇帝八旬大萬壽本國未曾着
人進京叩祝萬壽我國王心中十
分不安我國王說稱懇想求天朝
大皇帝施恩通好凡有我本國的人
來廣與天朝的人貿易均各相好但
望生理愈大餉貨豐盈今本國王命本國
官員公輔國大臣嗎嘎爾呢差往天津倘
邀天朝大皇帝賞見此人我
國王即十分歡喜包管嘆咭唎國人與
天朝國人永遠相好此人即日揚帆前
往天津帶有進貢貴重物件內有大件品
物恐路上難行由水路到京不致損壞并
冀早日到京另有差船護送同行總求大
人先代我國王奏明天朝
大皇帝施恩准此船到天津或就近地方
灣泊我惟有虔叩天地保佑天朝大

人福壽綿長　又稟請天朝大人鈞
安敬稟者我國王自管三處地方向有夷
商來廣貿易素沐皇仁今聞
天朝大皇帝八旬萬壽未能遣使
進京叩祝我國王心中惶恐不安今我國
王命親信大臣公選妥幹貢使嗎嘎爾呢
前來帶有貴重貢物進呈天朝
大皇帝以表其恭順之心惟願
大皇帝恩施遠夷准其永遠通好俾中國
百姓與外國遠夷同沾樂利物產豐盈我
國王感激不盡現在嗎嘎爾呢即自本國
起身因貢物極大極好恐由廣東進京水
陸路途遙遠致有損壞今其往赴天津免
得路遠難帶為此具稟求代奏
大皇帝懇祈由天津海口或附近地方進
此貢物想來必蒙大皇帝恩准謹

稟

十月二十日奉
上諭郭世勳等奏嘆咭唎國夷人啵嘲啞哩晚嘖
咥等來廣稟稱該國王因前年大皇帝八旬萬
壽未及叩祝今遣使臣嗎嘎爾呢進貢由海道
至天津赴京等語並譯出原稟進呈閱其情詞
極為恭順懇摯自應允其所請以遂其航海向
化之誠即在天津進口赴京但海洋風帆無定

或於浙閩江蘇山東等處近海口岸收泊亦未
可知該督撫等如遇該國貢船到口即將該貢
使及貢物等項派委妥員迅速護送進京毋得
稍有遲悞至該國貢船雖據該夷人稟稱約於
明年二三月可到天津但洋船行走風信靡常
或遲到數月或早到數月難以預定該督撫等
應飭屬隨時稟報遵照妥辦再該貢船到天津
時若大船難於進口着穆騰額預備小船即將

貢物擬送起岸派員同貢使先行進京不可因大船難以進口守候需時致有躭延也將此傳諭各督撫等知之欽此

又正月十八日奉

上諭上年據郭世勳奏嘆咭唎國夷人啵啷啞哩晚嚝啞等來廣稟稱該國王因前年大皇帝八旬萬壽未及叩祝今遣使臣嗎嘎爾呢由海道至天津赴京等語並譯出原禀進呈閱其呈詞極為恭順懇摯因俯允所請以遂其航海向化之忱並以海洋風信靡常該貢使船隻或於閩浙江南山東等處近海口岸收泊亦未可定因降旨海疆各督撫如遇該國貢船進口卽委員照料護送進京因思乾隆十八年西洋博爾都噶爾國遣使進貢係由廣東澳門收泊其時兩廣總督阿里袞會於海岸處所調派員弁帶領兵丁擺齊隊伍旗幟甲仗等項皆一體鮮明以

昭嚴肅此次嘆咭唎國貢船進口泊岸時自應仿照辦理此等外夷輸誠慕化航海而來豈轉虞有他意但天朝體制觀瞻所係不可不整肅威嚴俾外夷知所敬畏現在海疆盛靖各該督撫皆未免意存玩忽近海一帶營伍可想而知著傳諭各該督撫等如遇該國貢船進口時務先期派委大員多帶員弁兵丁列營站隊務須旗幟鮮明甲仗精淬並將該國使臣及隨從人數併貢件行李等項逐一稽查以肅觀瞻而昭體制外省習氣非廢弛因循卽張大其事甚或存畏事之見最為陋習此次承諭辦理務須經理得宜固不可意存苟簡草率從事亦不可迹涉張皇方為妥善也欽此

是年貢方物天文地理音樂大表地理運轉全架天球地球指引月光盈虧測看天氣晴陰探氣架子運轉氣法西瓜礮銅礮

椅子火鏡玻璃燈印圖絲毛金線毯大氊
毯馬鞍涼暖車成對相連鎗自來火金鑲
白來火銀鑲鎗自來火小鎗小火鎗大火
鎗鋼刀早晚運動能長人精神巧益架子
西洋船樣千里眼各色哆囉呢羽紗凡二
十九種

特賜國王玉如意一龍緞三蟒緞二糚緞七百花
糚緞六倭緞三片金緞二閃緞袍緞藍緞

綵緞青花緞衣素緞線緞帽緞各四綾紡
絲各二十二羅十三杭綢七玉雙解瓶一
戰圖一盒紅雕漆桃式盒九朱漆葡瓣盤
四絹箋蠟箋各五十掛燈四對繡錦香袋
八盒繡香袋連三香袋各四盒宮扇十三
扇百香餅四盒普洱茶團四十茶膏柿霜
各五盒哈密瓜乾香瓜乾各一盒武彝茶
六安茶各十瓶藕粉蓮子粉四盒正使龍

緞糚緞藍緞醬色緞素緞各二倭緞八絲
緞各一綾杭綢紡絲各四瓷椀六瓷盤八
霽青白裏瓷盤六扇二十普洱茶團六六
安茶六瓶茶膏二盒哈密瓜乾二盒副使
龍緞糚緞倭緞藍緞醬色緞素緞各一綾
杭綢紡絲各二瓷椀二瓷盤八霽青白裏
瓷盤四扇十普洱茶團四六安茶四瓶茶
膏哈密瓜乾各一盒副使之子龍緞糚緞

素緞八絲緞錦漳絨羽緞綾各一花緞紡
絲各二瓷椀瓷盤各四十錦扇十普洱茶
團四六安茶四瓶茶膏氷糖各一盒雕漆
盤一大荷包二小荷包四代筆官總兵官
二員每員閃緞糚緞倭緞藍緞綾各一瓷
椀瓷盤各二十錦扇十普洱茶團二六安
茶二瓶茶膏哈密瓜乾各一盒大荷包二
小荷包二副總兵官管兵官聽事官管船

官等七員每員糚緞閃緞藍緞各一瓷椀
瓷盤各二扇二盒普洱茶團二大荷包二
小荷包二又於
如意洲賞正使大卷緞大卷紗各三大荷包
二小荷包四瓷鼻烟壺一五彩雞尊一對
副使大卷緞紗各二大荷包二小荷包四
瓷鼻烟壺一五彩滷壺二副使之子大卷
緞二大卷紗一大荷包小荷包各二瓷鼻

烟壺一瓷四足香爐二總兵等官九員每
員緞紗一大荷包一小荷包二瓷鼻烟壺
一八月十三日
萬壽聖節該使臣等行慶賀禮於
含青齋賞正使大卷八絲緞錦緞各二瓷茶
桶瓷椀瓷盤各二宜興器一副使大卷八
絲緞三錦一瓷茶桶瓷椀各二瓷盤一副
使之子八絲緞二錦一皮茶桶瓷椀各二

瓷盤一副使之子繪畫呈
覽賞大荷包二通事總兵等官九員每員八絲緞
二瓷椀二十四日於
清音閣賞正使
御筆書畫册頁一玉盃一瓷盤瓷瓶漆桃盒葫蘆
瓶各二副使玉盃一瓷器漆桃盒葫蘆瓶
各二小荷包一副使之子瓷器四漆桃盒
二瓷瓶一小荷包一通事總兵等官九員

每員漆桃盒二瓷器四二十九日於
太和門頒給
敕書賜該國王百花蟒緞二袍緞線緞各四紫檀
彩漆銅掐絲琺瑯龍舟仙臺一玉器八瑪
瑙盂盤一瓷器二百有二十漆器三十七
葫蘆器十四文竹掛格棕竹漆心炕格各
二花卉册頁二畫絹二十洒金五色字絹
箋紙白露紙高麗紙各二十墨六匣各樣

扇四十普洱茶團八六安茶八瓶武彝茶四瓶茶膏柿霜四盒哈密瓜乾香瓜乾各四盒藕粉蓮子各二盒藏糖三盒又隨

敕書賜國王龍緞三蟒緞二粧緞七百花粧緞六倭緞三片金緞二閃緞袍緞藍緞彩緞青花緞衣素緞線緞帽緞各四綾紡絲各二十二羅十三杭綢七畫絹白露紙各百灑金五色絹五十五角箋紙高麗紙各二百宮

扇十三十錦扇百連三香袋四盒十錦香袋八盒錦香袋四盒香餅四盒普洱茶團四十茶膏柿霜各五盒哈密瓜乾香瓜乾二盒武彝茶六安茶各十瓶藕粉蓮子各三盒文竹炕桌二雕漆炕桌二掛燈十二墨二十匣正使龍緞帽緞各一粧緞倭緞各二藍緞青花緞綵緞杭綢各三綾紡絲各六茶葉二瓶茶膏二盒甎茶二塊大普

洱茶團二刮膘吉慶一架青玉全枝葵花洗一瑪瑙葵花捥一瑪瑙葵花碟一藏糖二匣副使龍緞帽緞各一粧緞藍緞倭緞青花緞綵緞縐綢各二綾紡絲各四茶葉四瓶茶膏一盒甎茶二塊女兒茶十白玉全枝葵花洗一花瑪瑙菊花瓣捥一葫蘆器藏糖二匣副使之子龍緞粧緞倭緞青緞藍緞錦漳絨帽絨各一綾紡絲各三縐

綢二茶葉二瓶甎茶二塊茶膏一盒女兒茶八藏糖一匣總兵官副總兵官二員每員龍緞粧緞倭緞藍緞青緞帽緞錦各一綾紡絲各三縐綢二茶葉三瓶甎茶二塊茶膏一盒女兒茶八藏糖一匣通事管兵等官四員每員龍緞粧緞漳絨錦藍緞綵緞各一綾紡絲各二茶葉二瓶甎茶二塊代筆醫生等官九員每員龍緞粧緞錦漳

絨藍緞彭緞綾紡絲各一　茶葉二瓶甎茶
二塊貢使從人七名每名綾綢各二布四
銀十兩吹樂匠作兵役等六十七名每名
綾綢各二布四銀十兩内地護送官二員
大緞各二貢船留存管船官五名每名同
子布高麗布波羅麻兼絲葛各二留存貢
船兵役水手共六百十五名各高麗布回
子布小噌城葛波羅麻各一

其時貢使在京妄有陳請所司代奏奉
旨以該貢使越例干瀆斷不可行
頒給該國王
勅諭曰暎咭唎國王知悉爾國遠在重洋傾心嚮
化特遣使恭齎表章航海來庭叩祝萬壽並備
進方物用將忱悃朕披閱表文詞意肫懇具見
爾國王恭順之誠深爲嘉許所有齎到表貢之
正副使臣念其奉使遠涉推恩加禮已令大臣

帶領瞻覲錫予筵宴疊加賞賚用示懷柔其已
回珠山之管船官役人等六百餘名雖未來京
朕亦優加賞賜俾得普沾恩惠一視同仁至爾
國王表内懇請派一爾國之人住居天朝照管
爾國買賣一節此則與天朝體制不合斷不可
行向來西洋各國有願來天朝當差之人原准
其來京但既來之後即遵用天朝服色安置堂
内永遠不准復回本國此係天朝定制想爾國

王亦所知悉今爾國王欲求派一爾國之人住
居京城既不能若來京當差之西洋人在京居
住不歸本國又不可聽其往來常通信息實爲
無益之事且天朝所管地方最爲廣遠凡外番
使臣到京驛館供給行止出入俱有一定體制
從無聽其自便之例今爾國欲留人在京言語
不通衣服殊制無地可以安置若必似來京當
差之西洋人令其一例改易服色天朝亦從不

肯強人以所難設天朝欲差人常住爾國亦豈爾國所能遵行況西洋諸國甚多非止爾一國若俱似爾國王懇請派人留京豈能一一聽許是此事斷難准行豈能因爾國王一人之請以致更張天朝百餘年法度若云爾國王爲照料買賣起見則爾國人在澳門貿易非止一日原無不加以恩視卽如從前博爾都噶爾亞意達里亞等國屢次遣使來朝亦曾以照料貿易爲請天朝鑒其悃忱優加體䘏凡遇該國等貿易之事無不照料周備前次廣東商人吳昭平有拖欠洋船價值銀兩者俱飭令該管總督由官庫內先行動支帑項代爲清還並將拖欠商人重治其罪想此事爾國亦聞知矣爾國又何必派人留京爲此越例斷不可行之請況留人在京距澳門貿易處所幾及萬里伊亦何能照料耶若云仰慕天朝欲其觀習教化則天朝自有

天朝禮法與爾國不相同爾國所留之人卽能習學爾國自有風俗制度亦斷不能效法中國卽學會亦屬無用天朝撫有四海惟勵精圖治辦理政務奇珍異寶並不貴重爾國王此次齎進各物念其誠心遠獻特諭該管衙門收納其實天朝德威遠被萬國來王種種貴重之物梯航畢集無所不有爾國之正使等所親見然從不貴奇巧並無更需爾國製辦物件是爾國王所請派人留京一事與天朝體制既屬不合而與爾國亦殊覺無益特此詳晰開示遣令貢使等安程回國爾國王惟當善體朕意益勵款誠永矢恭順以保乂爾有邦共享太平之福除正副使臣以下各官及通事兵役人等正賞加賞各物件另單賞給外茲因爾國使臣歸國特頒敕諭並賜賚爾國王文綺珍物具如常儀加賜綵緞羅綺文玩器具諸珍另有清單王其祗受

悉朕睠懷特此敕諭並

諭署總督郭世勳密行防範毋任潛行佔住郭世勳覆奏稱暎咭唎夷人貿易廣東歷年既久目睹西洋夷商居住澳門未免心生歆羡且同一夷人而暎咭唎國人投澳居住必向西洋人出租賃屋形勢儼成主客是以籲請賞給附近一地方以爲收存貨物之地與西洋人澳門相埒溯查西洋人住

澳已二百餘年已往者不必驅之使去暫寄者豈可許其常留況廣東附近各處濱臨海洋尤不容任聽外國夷人紛投錯處誠如

聖諭海疆一帶戒備宜嚴欽此欽遵辦理再查夷人到廣不在澳門居住卽在黃埔泊船往來出入俱由該管官給票照驗不容任意行走現在密飭地方官嚴行查察倘有洋行通事引水及地方無籍之徒串通該夷人詭圖佔住卽密行拏究

又十月二十八日奉

上諭長麟奏管帶暎咭唎貢使趨出浙境日期及該夷等悅服恭順情形一摺覽奏已悉又據奏該貢使向護送之道將等稱該國王此次進貢實是至誠我們未來之前國王曾向我們商議此次回去隔幾年就來進貢一次是早經議定的惟道路太遠不敢定准年月將來另具表文

再來進獻若蒙恩准辦理卽將表章貢物呈送總督衙門轉奏也不敢强求進京只求准辦就是恩典等語此尚可行著長麟卽傳知該使臣以爾國王此次差爾航海遠來輸誠納貢大皇帝原爲嘉許賞賚優加嗣因爾等不諳中國體制冒昧瀆請天朝定例綦嚴應准應駁無不按例而行爾等所請於例不合是以未准大皇帝

並無嗔怪爾等之心爾等不必害怕今據爾稟稱將來尚欲另具表文再來進貢大皇帝鑒爾國王恭順悃忱俯賜允准但海洋風信靡常亦不必拘定年限總聽爾國之便貢物到粤天朝規矩凡外夷具表納貢督撫等斷無不入告之理屆時表貢一到即當據情轉奏大皇帝自必降旨允准賞賜優渥以昭厚往薄來之義爾等回國時可將此意告知爾國王以此次爾國所

請未邀允准係格於定例大皇帝並無怪意爾國王儘可安心將來具表進呈亦必恩准從優賞賚如此明切曉諭不特該使臣聞知益加悅服將來回國告知該國王亦必彌深欣感也至此次該國貢船因其初次効忱是以將所帶貨物免其稅課嗣後該國進貢除貢船裝載物件外其餘應納應免惟在該督等會同監督查照定例臨時酌辦固不可於例外加征亦不可例寬免使夷人等多得便宜妄生覬倖也欽此

六十年暎咭唎國王[口雅][口治]具表文方物由該國駐粤司理貿易之大班啵[口朗]稟請總督代為奏進表稱暎咭唎國王[口雅][口治]管[口佛][口蘭]哂國嗳[口倫]等處地方呈

天朝

大皇帝我國宗室議政大臣嗎甘呢由

天朝京都回到本國帶有

大皇帝書信所諭情由

恩典我心中十分感謝歡喜所差貢使進的禮物

蒙

皇上賞收此貢物不過表相好之心并望同

大皇帝永遠通好之意多謝

大皇帝賞臉與貢使及隨從人等因貢使恭順誠

敬進貢已沾

大皇帝恩典我也看得他重他賚到

大皇帝御賜各物當即拜領足感
大皇帝記念的心卽如
大皇帝賞收我的貢物記念一樣中華外國的物
件均是要緊合用之物但至貴重的是彼
此相通的心事我彼此雖隔重洋但俱要
通國太平無事百姓安寍是以彼此都要
通好相依相交蒙
大皇帝諭我稱凡有我本國的人來中國貿易俱
要公平恩待這是
大皇帝最大的
天恩雖然
天朝百姓不能來我國貿易若有來的我亦要
盡心一樣看待我已吩咐在港脚等處地
方官員遇有
天朝百姓兵丁人等務要以好朋友相待為此
從前有一次

天朝差大將軍到咱嘧地方我的兵總也曾相
助前貢使到京時未得我們咽嘟吐吶地
方音信是以將此事奏明
大皇帝得見我們誠敬的真心但將來亦有機會
可以表我們的誠心彼此通好卽如貢使
未起程時亦曾奉
上諭恩准貢使再到廣東候
旨進京將來或再差使叩見
大皇帝以表遠夷的誠心據貢使回稱
大皇帝萬壽康寍並稱我將來年壽仰托
大皇帝鴻福均同一樣我心實在感激惟望
大皇帝天下太平中華同外國永久共沐
天恩順具本國些須土物伏乞
大皇帝賞收十二月初六日經總督朱珪會奏洋
商稟據嘆咭唎大班啵嘲稱伊國王倫具
恭進

大皇帝表文方物由本國夷船寄粵令伊面見總
督關部大人將表貢賚呈轉求代奏等語
臣等當卽傳見該大班據將夷字正副表
二件伊國自書漢字副表一件貢物一方
呈出臣等公同閱驗其漢字副表雖係中
華字書而文理舛錯難以句讀隨令通曉
該國字書之通事將夷字副表與漢字表
核對另行譯出臣等核其文義緣該國王

因前年貢使進京仰蒙
皇上懷柔體恤
賞賚渥優不勝喜歡感激是以備具表文土物呈
進以表悃忱且聲明前年
天朝差大將軍帶兵到哷嗌地方伊國曾發兵
相助此事在從前貢使起身之後他們不
曾得知是以未在
大皇帝前奏明等語臣等詢問該大班哷嗌是何

地方據云在中國西北地方與本國海道
毗連等語是哷嗌似卽係廓爾喀地名其
所稱曾經發兵相助之語措詞極爲恭順
而又意存見好外夷慕化輸誠益仰
聖王德威廣被惟是各國進貢向係專遣使臣賚
奏今該國並無貢使來粵止係該大班接
到表貢求臣等轉奏於例未符謹繕錄貢
單同原表恭摺奏呈

御覽其貢物如准
賞收候
命下委員賫京又片奏稱再臣等傳見大班啵朙
時據稱伊國夷官啤吀吐總管公班衙等
尚有寄送總督長大人監督蘇大人禮物
二分等語臣等告以長大人蘇大人俱已
調任別省禮物難以轉寄且
天朝大臣官員例不與外國夷官交際長大人

蘇大人卽在廣東亦斷不收受禮物竟可
毋庸呈出據該大班云嘗卽禀知本國寄
回原物等語合併奏
聞十二月二十五日奉
上諭朱珪奏暎咭唎國呈進表貢一摺該國王因
前年貢使進京賞賚優渥特具表文土物呈進
具見悃忱雖未專使來粵有何不何已准其賞
收並發給勅書一道及賞賜緞疋等件朱珪接

到後可卽交與該國大班啵嘲轉送回國俾該
國王益加感戴恭順以示懷柔至天朝官員例
不與外夷交際其致送前任總督監督禮物朱
珪飭令寄回所辦極是欽此

粵道貢國說卷五終

粵道貢國說卷六

澄海縣訓導臣梁廷枏謹編

暎咭唎國二

嘉慶元年暎咭唎國恭進貢物黃色大呢
醬色大呢嗶嘰嘣大呢新様大呢各六版
九年十二月暎咭唎國王嘽咍具表文方
物由該貿易商船恭齎至粵禀請總督代
爲奏進表稱暎咭唎國王嘽咍管嗳噏等

處地方呈
天朝
大皇帝從前
太上皇帝恩威遠播四海昇平今
大皇帝仁慈威武天下太平均同一德我十分喜
歡
天朝同本國往來通好定蒙
大皇帝照

太上皇帝一様永遠通好從前凡有本國的人來
中國貿易俱蒙
太上皇帝公平恩待今聞近來本國的人到中國
貿易均蒙
大皇帝一體公平恩待我因
天朝百姓不能來我本國貿易我已吩咐在港
腳等處地方官員如與中國相連地方有
天朝百姓兵丁人等務要加意相待卽遇有別

項事情要我出力我亦十分喜歡效力我
與咈囒哂國前已修和因和之後伊國强
横無理是以我今復與伊國戰爭我本意
欲和好無事豈料伊國强横凌辱至我不
能忍受又於海口地方設立重兵顯有歹
意我恐被伊國佔奪無奈亦只得設立重
兵防守並非意存好鬬我雖然與伊國爭
戰仍可照舊來

中國貿易通好並無阻碍郍咈囒哂國海口雖
有重兵我已用兵船圍住伊不能出口此
外又多派兵船護送是以我貿易船隻可
保無虞又幸遇
大皇帝聖明卽使咈囒哂國有着人到
中國謠言疎間我國我想
大皇帝必不聽信再伊國不獨存心想占奪我國
並欲占奪我之屬國伊國若兵力不能相

敵伊必另設陰謀卽伊國恃强設計我國
均能設備提防可保無虞查該咈囒哂國
内已亂了十三年一切事宜毋庸我細陳
定邀
大皇帝洞悉卽如咈囒哂老國王爲人甚好竟被
伊國人弑害料想
大皇帝早已聞知深爲可憫可恨如今伊國有一
人做了國長存心無道意欲惑亂人心使

通國之人不顧五倫不畏天地我想伊斷
不能惑
中國
大皇帝英明素著定然洞察其奸恭祝
大皇帝長享四海昇平之福萬壽康寍我將來戰
爭平定身體強健中華同外國天下太平
我心實在歡喜順具本國些須土物伏乞
大皇帝賞收其貢物洋花地氈五張醬色嗶嘰呢

一疋太平貂呢一疋山羊絨一疋新樣黃
緣藍呢三疋新樣黃嗶嘰一疋新樣紅嗶
嘰一疋絲呢一疋花袈裟布七疋花洋布
十疋紅小呢一疋圓鏡一對高二尺四寸
餘圓鏡一面高二尺五寸餘洋花露水一
箱鼻烟五埉金鑲洋刀十二把洋剪刀十
二把新樣洋刀三把十二月二十六日總
督倭什佈會奏據洋商稟據暎咭唎國夷

目哆啉吆稱伊國王嘛咍倫具恭進
大皇帝表文方物交本國貿易夷船恭賫到關令
伊面見奴才等轉求代奏等語當卽傳見
該夷目哆啉吆據將夷字正副表二件貢
品一分呈獻隨令將夷字副表譯出表文
詞義俻陳仰荷
天朝懷柔至優極渥以及該國王歡欣感激之
意極爲敬謹恭順惟外藩進貢例應專遣

使臣今止據附賫來粵令該國夷目求奴
才等代奏恭查乾隆六十年該國呈進表
貢亦交該國夷船附賫到粵經前署督臣
朱珪等據情代奏蒙
高宗純皇帝俯賜賞收並加
恩賚今此次呈進表貢可否
准令代爲轉進之處奴才等未敢擅便謹將原正
副表二件并譯出漢字表文一件貢單一

件一并恭呈
御覽如蒙
恩准賞收俟
命下之日卽委員賫京呈進同日片奏再暎咭唎
國王表內所稱與咈囒哂國爭鬭及咈囒
哂國有着人到中國謠言疎間等語查係
嘉慶七年八月間有在澳居住之夷目嘍
嚟哆寄信與在京居住之西洋人索德超

言暎咭唎國有大戰船六隻相近澳門停
泊恐有覬覦澳門情事轉呈管理西洋堂
大臣蘇楞額具奏欽奉
諭旨查詢經前督臣吉慶查明暎咭唎國護貨兵
船均已陸續回國其在澳門外灣泊時並
未滋事因該國向來恃强住澳夷人是以
驚疑等情奏蒙
聖鑒在案今該國王表文所稱謠言疎間之語自
係指前事而言本年該國亦有護送貨物
兵船四隻來廣隨卽護送貨船回國並未
絲毫滋事且貿易夷船暎咭唎國貨物最
細較別國買賣殷厚該國夷目夷商均稱
恭順因與咈囒哂蠻觸相爭恐爲離間有
妨貿易故表內特陳其事再據該夷目禀
稱該國宰相囉咖嗶哩有寄呈
天朝中堂書一封總督書一封并禮物各一分

又該國公班理事官咖吔咟有寄呈總督
關部書各一封關部禮物一分當諭以該
國王表貢不敢壅於
上聞至
天朝國法森嚴大臣官員不准與番國交接不
但中堂書信禮物不便轉寄卽我等亦不
便接閱收受令其毋庸呈出遇便帶回本
國

十年二月初七日奉
聖諭該國王重譯輸誠情詞恭順從前乾隆六十年間該國曾經附進表貢蒙
皇考高宗純皇帝俯賜賞收加以錫賚賜之勅書此次既據該國王備進方物交夷船恭賫到關自應照例賞收着那彥成等即行查照辦理並將貢品委員賫京投遞彼時再行頒給勅書賞件俾遂忱悃而示懷柔至另片所奏該夷目禀

稱該國宰相有寄呈天朝中堂書一封總督書一封禮物各一分又該國公班理事官寄呈總督關部書各一封呈關部禮物一分業據倭什佈等以天朝法制大臣官員不准與外夷交接諭令毋庸呈出帶回本國等語所辦甚是但外番呈進表貢例由總督關差轉奏寄書通問尚屬有因至寄呈天朝中堂之書必係該國王因從前進貢時知有和坤在朝且管理西洋堂事是以此次專函備禮看來所寄之書未必係徧致大學士公函現在倭什佈等已將原信發還不妨向該夷目等將該國王所寄中堂之書究係寄與何人之處訊問明晰遇便覆奏至該國與咈囒哂國搆釁興兵不過蠻觸相爭儘可置之不問惟所稱該國有護貨兵船四隻來廣一節近聞外洋貨船到粤各該國均有兵船護送亦不獨暎咭唎國為然必係因洋面不能肅清

自為守衛之計各國貨船在外洋行走恐遇盜刦自設護衛原與天朝無涉迫駛至澳門已近內地口岸或致有竊掠之事豈不貽笑外夷該督等當嚴飭地方文武整飭巡防使澳門一帶商船停泊得以安靜無虞至伊等護貨兵船向來自必定有灣泊處所總當循照舊規申畫界限勿令任意越進為要再閱該督譯出該國原表內稱遇有別項事情要我出力我亦十分歡

喜効力等語此言似非無因自係閙洋面時有
盜警或需伊國兵力帮同緝捕是以隱躍其詞
亦未可知海洋地面番船往來原應內地官兵
實力查緝焉有借助外番消除奸匪之理那彥
成到任後惟當遵照節次諭旨修明武備整頓
營伍使奸徒聞風自遠以懾外夷而靖海疆方
爲不負委任欽此旋經總督那彥成監督延豐
覆奏臣等欽遵

諭旨傳諭夷目諭以該國王呈進表貢業荷
大皇帝賞收併諭以
大皇帝君臨萬國恩被四表無論內地外夷均係
大皇帝百姓即如汝國鐘表大呢羽毛等物原非
中國必需之物所以准汝國貿易通商者
皆出
大皇帝垂憐外夷子民一視同仁之恩此次汝國
王恭進表貢
大皇帝鑒汝等恭順之心
諭令賞收
諭令我等大人們好生恩待汝等併管束內地商
人平允交易汝國來此貿易之人亦須安
分謹遵禁令毋得有違俟將進到表貢委
官恭送進京再
降恩旨至汝國王子大臣等與中國中堂大人們
書信禮物

天朝法度森嚴大臣從無外交之事汝等帶來
禮物斷不必送出惟所帶書信必須交出
我大人們也不敢私自拆閱將原封恭呈
大皇帝御覽再請
發回至汝國管理貿易頭人不過專爲汝國貿易
事務並無別項面見稟議事件只須在此
好好管束汝國之人不得違禁生事自來
中國大人從無私謁私見之例我大人們

謹遵
大皇帝恩旨體恤夷商管教內地民商公平貿易
汝等須知
天朝法度感
大皇帝之恩等語明白曉諭該夷目等人人歡抃
叩頭感服伏查外洋各國夷人見小圖利
中國布帛茶葉等物亦其日用急需各夷
又互相讎觸是以生恐別夷國閒其往來
貿易其書信因從前未經收受是以帶回
澳門令臣等明白宣諭伊等呈出原封書
信禮單臣等又將副本令人譯出淸稿一
併呈
覽查各國洋船向來灣泊均有一定處所澳門離
省三百餘里係西洋夷人常川居住向止
准西洋夷船二十五隻更替貿易其餘各
國夷船例應收泊黃埔欲收泊黃埔必須

先進虎門虎門離省一百六十里山岸陰
沙自然天險其護貨兵船祇准在虎門外
之潭仔零丁等洋面灣泊而黃埔虎門潭
仔零丁等處層層礮臺常川均有兵船巡
防該夷船收埔時臣等兩衙門仍派武弁
關役彈壓稽查立法極爲周備至各國夷
船俱無兵船惟暎咭唎國貨船有兵護送
而該國商船亦無兵船惟其國王貨船始
有兵船四隻護送其兵船在虎門外交易
後隨同貨船回國不准少有逗遛其餘各
夷國貨船內均有礮火器械自資防範於
例原准攜帶至該國原表稱歡喜効力等
語隱躍其詞誠如
聖諭自係聞洋面不靖或需伊等出力之意查夷
人不過沾沾計利卽如上年澳門夷目願
備兵船二隻幇同師船出洋緝捕臣延豐

即以體制不符且不能得力與倭什布議以後停止夷船協捕而此二隻洋船迄今無蹤亦實無遭風失事等事細揣其情形不過藉協捕爲名可以免此二船出入納稅而暎咭唎國自亦得聞此事希冀効尤免稅又恐澳門夷船出力有功或待彼國冷淡其意不過如此至各該國夷船船隻既大多載礮火向來洋盜俱不敢搶刼澳

門等要處又有師船廵防不敢少有疎失可以毋廑

聖念奉

聖諭那彥成等覆奏暎咭唎國呈進貢表一摺覽奏俱悉暎咭唎獻表輸誠呈進方物前已降旨加恩賞收現在那彥成等奏明專員齎京俟到京時頒給敕書賞件用示懷柔至摺內稱澳門夷目願留兵船協同緝捕之處延豐以體制不符且不能得力與倭什布商議停止所見甚是緝捕洋匪內地自有兵船豈有天朝藉資外夷之理且安知伊等不窺探虛實因此生其輕視之心乃倭什布三義助上年於夷船請往協捕時冒昧允准今該夷船已查無蹤跡可見並非認眞出力那彥成延豐能見及此較之倭什布三義助有識多矣至各國洋船向來灣泊既有一定處所自當仍循其舊那彥成等自當督率

所派員弁隨時留心稽查彈壓勿稍疎懈又據覆奏譯出暎咭唎貢使所帶該國宰相寄呈天

朝中堂大人書信一節那彥成等諭以禮物不必送出惟所帶書信必須交出我們也不敢私拆將原封呈覽等語此語甚是但看所譯寄與

天朝中堂書信其語氣似專向一人而言並非公信那彥成等當再加以詢問究竟書內所指中堂係屬何人若該使臣係寄呈天朝中堂之

公信則當明白告知以總督關部俱駐劄粵省經管各國夷船𠸄國等寄呈書信尙無不合至於天朝大學士不止一人皆隨大皇帝在朝辦事從無外交𠸄國宰相不應寄呈書函禮物此後不必再有呈遞那彥成等詢問時看該使臣如何登覆著隨時具奏欽此總督那彥成奏據

該夷目覆稱本國僻處重洋不知

天朝有幾位中堂亦不知中堂名姓以不過照

常辦理是以所寄書函並無專指等語奏

硃批覽欽此

二十一年五月十一日總督董敎增會奏

本年五月初九日據洋商稟稱暎咭唎國

王遣夷官咖啦嘁𡅏帶同貿易公班司事

哯咖咐咀㖲唎嗎𡅏𡁠三名持有夷稟懇

求面遞臣等當飭率同司道在大堂傳見

據該夷官呈遞夷字稟一扣譯出漢文查

關係因該國太子攝政思念

高宗純皇帝恩德仰慕

大皇帝仁聖遣使進獻以輸誠敬並鋪張征服咈

囒哂功績聲明貢使於一月後起程查照

二十三年前經由之路由州山一路水程

入都等情臣等當諭以該國太子何年攝

政所貢係何品物使臣幾人隨從幾人乘

坐幾船何時由該國起程由州山一路水

程入都州山是何處地名貢船因何徑赴

天津不由廣東行走旋譯據該夷官覆稱

該國太子攝政已有四年現因戰爭寍息

欽仰

大皇帝德威遠播誠心進貢夷官上年九月間由

本國起程時貢使尙未登舟所貢何物使

臣及隨從共有幾人乘坐幾船均不知道

州山是浙江地名貢船於上年十一月由

本國赴天津須由浙江洋面經過從前進
貢即係由此路行走約本年五六月間可
到天津等語臣等隨將該夷官等安頓驛
館恭候
諭旨並犒以茶布等物該夷官等免冠俯首歡感
形於顏色臣等伏查暎咭唎國夷人在粵
貿易歷有年所仰沐
天朝德化涵濡至優極渥該國曾於乾隆五十

八年由天津進貢一次又於乾隆六十年
恭賫方物至粵由前任督撫臣代爲呈進
二次玆因該國太子攝政復遣使臣航海
納賮其恭順向化之心實出至誠惟該國
貢船果否於上年十一月間起程何時可
抵天津曾否經由浙江洋面粵省無從查
採既據稱五六月可到天津誠恐差弁賫
摺行走稽遲臣等謹合詞恭摺由驛四百
里馳奏並將夷字稟及譯出漢文一併恭
呈
御覽再海洋風信靡常該國貢船或漂泊別省事
未可定請
旨飭下直隸江蘇浙江福建山東各督撫臣一體
查探防護並候
聖裁

附夷稟暎咭唎國宰相啷喨喊啥奉本國
王命率同通國官員恭請兩廣總督大人

金安今因奉命將本國情由詳述與總督
大人知悉我老國王撫有一國地方遼濶
今因年老有病將通國地方事務全交與
長太子掌管我太子時常恩念　天朝
乾隆　太上皇帝英明恩德萬邦欽
服我太子自攝政以來一向與咈囒哂國
戰爭無時止息今因將咈囒哂假王嗷哪
嗶呲捉獲另立咈囒哂舊王親人做咈囒
哂國眞王本國與各國俱安靜無事我太
子是以專差大臣敬詣　天朝叩見
大皇帝并賫呈書函及各方物駕駛
巡船於一個月後自本國起程於二十三
年前經由州山一路水程行走入都叩見
天朝　大皇帝仁心聖德天下
太平萬邦頌揚四海歡騰奉本國太子命
肅具此書寄與公班衙在粵辦理貿易事

務頭人轉呈兩廣總督大人得悉本國太
子專差使臣入都情由伏祈按例照料一
切以上皆係奉本國攝政太子之命唤咭
唎國一千八百一十五年十月初七日

又六月十九日總督董教增奏本年六月十
五日奉
聖諭董教增等奏唤咭唎國遣使入貢一摺唤咭
唎國納賮輸誠情詞恭順自應准其入貢其入
貢船由天津登岸現已降旨諭知那彥成廣惠
妥協辦理該撫等因恐天津等處口岸無熟悉

夷情之人飭商選派諳曉夷語夷字者二人分
送直隸浙江督撫衙門以備繙譯之用辦理甚
爲周妥至該國王所遣夷官咖啦嘁嚧現在粵
東省城該撫即傳諭該夷官以爾國王輸誠納
貢業經奏明大皇帝仰蒙允准爾國貢使到京
定邀恩賚其夷官先行照例遣回本國可也欽
此臣董教增當即欽遵
諭旨逐一傳諭夷官咖啦嘁嚧令其先行回國據

夷官覆稱渥蒙
大皇帝允准貢使赴京得邀
恩賚並令夷官先行回國俟有便船夷官即附搭
回國敬謹宣布
聖慈不但本國王感激榮幸即舉國臣民無不頂
戴
大皇帝恩德等語察其歡欣鼓舞出於至誠臣祥
紹現已選派諳曉夷語夷字妥協之人捐

給盤費遴委妥員兼程分送直隸浙江督
撫衙門以備繙譯之用至唤咭唎國貢船
前據夷官咖啦嘁嚧稟稱由彼國駕駛經
過浙洋直達天津臣等溯查乾隆五十八
年該國貢船曾由粵省老萬山外洋乘風
駛過此時或仍經由粵洋亦未可定當飭
香山縣及巡洋舟師留心查探旋據香山
縣具稟風聞在澳西洋夷人修葺夷館似

爲欵接暎咭唎國貢使又暎咭唎國王以在澳夷商哃噹𠹺粗知漢語漢字曾於乾隆五十八年隨從貢使入都諳習禮節有諭令附搭貢船進京之語正在批飭確查間據洋商等代哃噹𠹺遞具禀詞內稱奉伊國太子命充副貢使臣現赴外洋迎探貢船同行並據香山縣探報哃噹𠹺帶同在澳貿易夷商啵咀嗎嚹嚏呀嗑喘嗲咇

嗨一共六人乘坐船隻出洋等情臣等查暎咭唎國王以夷商哃噹𠹺曾經入都諳習

天朝禮節諭令充當副貢使進京係屬外藩臣服敬事之誠即哃噹𠹺禀明起程亦屬小心恭順現在該國貢船並未經過粵洋哃噹𠹺是否已經迎赴貢船事在外洋無從探悉其西洋夷人擬留暎咭唎國貢使在澳居住一節臣董教增現嚴諭西洋夷目以各國貢使至粵

大皇帝恩禮優加無庸該夷人代爲欵接且暎咭唎貢使奉

旨准由天津上岸即不應繞道逗遛澳門本係

天朝地方

恩准西洋夷人寄居貿易藉資生計所以仰承

皇仁者至優極渥其偶將夷館賃與各國夷商暫

寓不爲深究已屬

格外施恩如果擅留暎咭唎貢使居住則是私行交結任意妄爲一經奏明

大皇帝即不能長承

恩澤並飭行水師各營協於要隘口岸密行防範查西洋夷人久居內地懷

德畏

威經此番飭諭之後斷不致有違

禁令倘嘆咭唎貢船或因風漂泊粵東外洋自應
仍遵
諭旨令其駛赴天津或尚需修葺船隻躭延時日
應否由粵進京臣等當妥為防護一面另
行馳奏請
旨遵行刻下嘆咭唎貢船馳抵何處查探並無確
信洋面風信靡常事難懸揣臣等不敢不
先事熟籌籲懇

聖訓俾有遵循
又七月十五日奉
上諭此次嘆咭唎國貢使到天津時謝筵不遵禮
節至通州已稱叩跪必能如儀迨至御園朕將
次陞殿正副使臣俱托病不能瞻覲是以降旨
即日遣回但念該使臣雖有失禮之愆該國王
萬里重洋奉表納貢其意至為恭順未便絕之
已甚轉失字小之意因將該國王貢品內擇其

至輕微者地理圖四張畫像二張銅板印畫九
十五張加恩賞收仍賞給該國王白玉如意一
枝翡翠玉朝珠一盤大荷包二對小荷包八個
交該貢使領賫回國以示厚往薄來之意該貢
使等領到賞件極為欣感亦頗形悔懼現已自
通州啟行俟到粵後着蔣攸銛等仍照例給與
筵宴一次並諭以爾等福分淺薄已至宮門不
能瞻仰天顏大皇帝憐念爾國王慕化輸誠仍

酌收貢件並賞爾國王貴重品物爾等應感激
天恩迅速回國俾爾國王敬悉恩意其未收貢
件均妥為照料上船勿令損失倘曉諭之後該
貢使等復將未收貢件懇乞賞收總以業經奉
有明旨不敢瀆請正言拒絕欽此
又七月二十日
敕諭嘆咭唎國王曰爾國遠在重洋輸誠慕化前
於乾隆五十八年

先朝
高宗純皇帝御極時曾遣使航海來庭維時爾使
臣恪恭成禮不愆於儀用能仰承
恩寵瞻
覲筵宴
錫賚便蕃本年爾國王復遣使賫奉表章備進方
物朕念爾國王篤於恭順深爲愉悦循考舊典
爰飭百司俟爾使臣至日瞻覲宴賚悉倣

先朝之禮舉行爾使臣始達天津朕飭派官吏在
彼賜宴詎爾使臣於謝宴時即不遵禮節朕以
遠國小臣未嫻儀度可從矜恕特命大臣於爾
使臣將次抵京之時告以乾隆五十八年爾使
臣行禮悉跪叩如儀此次豈容改異爾使臣面
告我大臣以臨期遵行跪叩不致愆儀我大臣
據以入奏朕乃降旨於七月初七日令爾使臣
瞻覲初八日於正大光明殿賜宴頒賞再於同

樂園賜食初九日陛辭並於是日賜遊萬壽山
十一日在太和門頒賞再赴禮部筵宴十二日
遣行其行禮日期儀節我大臣俱以告知爾使
臣矣初七日瞻覲之期使臣已至宮門朕將御
殿爾正使忽稱急病不能動履朕以正使猝病
事或有之因祗令副使入見乃副使二人亦同
稱患病其爲無禮莫此爲甚朕不加深責即日
遣令歸國爾使臣既未瞻覲則爾國王表文亦

不便進呈仍由爾使臣賫回但念爾國王數萬
里外奉表納賮爾使臣不能敬恭將事代達悃
忱乃爾使臣之咎爾國王恭順之心朕實鑒之
特將貢物内地理圖畫像山水人像收納嘉爾
誠心即同全收並賜爾國王白玉如意一柄翡
翠玉朝珠一盤大荷包兩對小荷包八個以示
懷柔至爾國距中華遥遠遣使遠涉良非易事
且來使於中國禮儀不能諳習重勞唇舌非所

藥聞天朝不寶遠物凡爾國奇巧之器亦不視
爲珍異爾國王其輯和爾人民愼固爾疆土無
間遠邇朕實嘉之嗣後毋庸遣使遠來徒煩跋
涉但能傾心效順不必歲時來朝始稱向化也
俾爾永遵故茲敕諭
九月初七日總督蔣攸銛奏本年八月二
十六日承准軍機大臣字寄奉
聖諭蔣攸銛等奏詳查暎咭唎國入貢情形一摺

朕覽奏甚爲欣悅該督等於數千里外所論事
理與朕前後飭辦情形無一不相符合實能深
知朕心遇事能見其大可嘉之至現在暎咭唎
貢使已由內地回粵該督即遵前旨派員接護
不必問及京中之事若有干求總以正言杜絕
不可姑息示以嚴肅仍照例筵宴一次令其乘
坐原船回國並諭知該正使以呞噹嗹既在粵
充當大班即不應派充副貢使本係爾國錯悞

呞噹嗹此次既已承充貢使則不應復令留粵
即令該正使帶回本國永遠不准再來澳門至
啵啞等五人該督查明如係夷人令該貢使等
一併帶回若係內地商人即分別安置此後不
許仍在澳門居住並諭知該使臣等現在天津
口岸已奉大皇帝諭旨不許爾國船隻再至該
處收泊如有違禁到彼者該處官吏必立即驅
逐不准登岸爾國船隻總應照向例在粵洋收

口以遵定制將該貢使等禮遣回國如一二年
後該國王復遣使來貢該總督遵昨降諭旨將
表貢據情轉奏由粵送京頒賞之件亦由京發
往其貢使令其在粵守候由彼筵宴遣回毋庸
令其復來京師等因欽此伏念臣等識淺才庸
仰蒙
簡畀海疆重寄凡遇外夷交涉事件防範中不可
驟啟其疑覊縻之尤須預杜其漸仍時時

凛遵
聖訓慎密持循以冀辦理得臻妥協迺以管蠡之
敷陳特蒙
綸綍之褒獎寸忱縷感彌切慚惶遵查暎咭唎國
駛往天津貢船五隻業有三隻駛回粵洋
並該國貨船每年在海關納稅數目及酌
議辦理各緣由均經臣等先後具摺奏蒙
聖鑒現聞未到二船遭風漂泊呂宋如果屬實約

計九月內該二船亦可駛回粵洋尚在貢
使未到粵之前可飭隨同回國臬司明山
南韶連鎮總兵何君佐現已遵
旨前赴與江西交界之南雄州接護貢使臣等札
飭沿途營汛弁兵甲仗務須一律整肅以
壯聲威而崇體制倘貢使到粵後妄有干
求臣等定當嚴詞杜絕斷不姑息查東粵
向來筵宴暹羅國貢使係於未入宴之先

臣等會同將軍都統海關監督率同司道
等在巡撫衙門大堂帶領該貢使行三跪
九叩之禮望
闕謝
恩然後入宴茲暎咭唎國貢使在天津筵宴時謝
宴已不能如儀且查乾隆五十八年粵東
並未給予筵宴應遵
旨頒賞使臣筵席三桌仍照例賞給牛羊等物以

皇仁至該國來粵管理貿易大班係該國王選派
廣
數年一換向不知會粵省該國夷情貪詐
如從前充當大班之喇咈嗌咙哐呵噹啾
及現在代辦之嘅咖哷等數人內惟嗌咙
哐人稍誠實餘俱性情詭譎大率恃其船
堅礮利貨衆稅多誇耀於在粵貿易之各
國而又妄思干請以圖遂其壟斷牟利之

心凡夷商來粵貿易多年每有能通漢語粗識漢字者隨從呵噹嗹入都之啵啞等五人均係夷人內嗎禮噝一名係其書記該五人俱不過隨侍之人無足重輕非呵噹嗹可比若概責令貢使一併帶同回國轉恐滋其疑懼此時該貢使如或將五人一起帶回或留一二人隨後回國似可聽從其便更足以昭

覆幬之仁蓋夷情多詐而復多疑駕馭在經權並用

國體宜崇而尤宜慎措置宜寬猛兼施臣等惟有隨時隨事悉心籌度期歸妥善以仰副

聖主諄諄垂訓之至意又片奏稱再暎咭唎國大班呵噹嗹曾隨同前次貢使入都又在粵年久習知

天朝禮節乃此次奉使到京不克成禮欽奉

諭旨飭令隨同正使一并回國頃閱邸抄恭讀

上諭以此次暎咭唎國貢使至天津筵宴不能如式又將原船私行駛去係蘇楞額廣惠之咎其至通州不能演禮迨行至宮門復藉詞延宕不克成禮係和世泰穆克登額奏對未明之咎交部嚴議通行中外仰見

聖明至公無私中外一體之至意第夷人愚昧無知萬一悞會

綸音轉疑咎在大臣陳奏不明竟以朝服未到為口實而臣等節次所奉

諭旨並未明發恐其藉詞延宕彼時再行奏明請

旨往返須遲至月餘辦理不無窒礙蓋暎咭唎夷人固屬狡悍不知禮義其是非之心亦未盡泯如果直揭其非正言駁詰未嘗不理屈詞窮可否仰懇

天恩再行頒發
明諭令臣等轉發行該貢使知照不特伊等無可
置喙而各國共凛然於
朝儀不可稍紊益生其敬畏之誠計貢使十月
初旬始可行抵粤省裝載貢物及置買茶
葉尚有旬日躭擱至速亦須十月望間放
洋回國如蒙
俞允仰祈

聖恩頒發
諭旨勅部由驛五百里遞發到粤尚不為遲俟貢
使由虎門出口後謹將
上諭刊布曉諭各國夷商一體遵照
謹案該國自雍正十二年入市其以暎咭
唎名來市自乾隆八年始

粤道貢國說卷之六終

談瀛徵實八卷（卷一）

〔清〕方朔纂

《談瀛徵實》八卷，清方朔纂。朔字小東，安徽懷寧人。以理學、金石聞名。咸、同間與西人往來，獲知海外各國地理大略。因參稽艾儒略、南懷仁所撰之書，及歷代正史外國傳、《天下郡國利病書》、《讀史方輿紀要》、《海國聞見録》、《海島逸志》、《澳門紀略》、《海録》、《高厚蒙求》、《癸巳類稿》、《四洲志》、《康輶紀行》、《海國圖志》等，撰成是書。自謂「曰談瀛者，皆言海外；曰徵實者，皆印以彼土之人自述，不空談也」。卷一總論、地圖、亞細亞，卷二亞細亞，卷三、四歐羅巴，卷五阿非利加、亞墨利加，卷六中外異同，卷七中外律約，卷八雜論。書中詳述各國之物産、制度、器藝，又備載邊界形勝等，搜羅宏富，體例謹嚴，論敘得宜。書成未刻，僅存稿本。據中國國家圖書館藏清方氏枕經堂稿本影印。

著纂搜羅宏富者亦精詳，書四卷，卷而包括古今海外事迹上下五千年，兩千年通商之事，尤其於形勢，明裁合法論斷，尤宜今之讀者，閱者瞭如指掌耶，余歎爲前書。昔人謂作史須具三長，才學識，闕一不可，要於是書亦云。寵懷柔識過人，爲者當奉爲經世秘編，豈僅以備聞見、資譚噱而已耶。[illegible]年如月廿二日

南豐里如弟劉[illegible][illegible][illegible]謹跋

中國自通商以來番族僑集內地多肆閒千古未有之奇局而彼中情事亦欲知之較詳從前日拘於篇帙譬之比如犹丁拘守海國圖志瀛寰志略所云以為不失銖黍然陋矣茲編所譯雖不越海國圖志等書而事之印證西人務得其實識為洋務者之津筏近日不可少之書亟付剞劂以廣流傳余悖拙用俟之　癸酉八月楚南吳大廷識於秦淮小館

自來言海外者多涉無稽惟我　朝聲教四訖故如瀛寰志畧海國圖志見聞錄等書皆能詳載方隅要害風土美惡俾閱者如身歷其境可謂有用之書矣而究係得之傳聞者居多未盡徵實也近年以來各口悉予通商開同文館使中外之人語言文字互相傳習復遣使往遍赴各國游歷交涉既日益親見聞乃日益擴畧嘗欲編近來所得海外各情事以續海國圖志諸書所未備而未逮也今觀　談瀛徵實一書固已舉上下三千年

縱橫九萬里包括靡遺且於通商戰守之畧講求精晰可謂集海國之大成矣　愚嘗謂四海之形勝在印度中夏之形勝在南洋蓋中夏惟東南濱海自臺灣以迄廣南萬里洋面島嶼環佈此天然華夏之門户也使南洋盡為我有則西舶不敢逕入廣海而羊城乃退處於堂奧於以控制四海而無難矣

少東刺史磊落英才必為世用異日出而言者起

而行懷柔戡定，建不世之偉烈，請即以是書爲券，豈徒談論之快，爲能先得我心而已哉。謹書於後以誌欽佩。

己巳夏五宗弟炳金拜讀於金陵旅次

原書奉繳，明年筮仕，倘獲同方，當分任校刊之勞也。

談瀛徵實

鑒定諸公爵氏

大學士侯湘鄉曾老夫子滌生先生

大學士伯合肥李老夫子少荃先生

兵部侍郎長白崇地山先生

侍郎善化徐壽蘅先生

工部侍郎吳縣潘伯寅先生

直隸提督男合肥劉省三軍門

給事中南豐劉澍氏給諫慶

內閣中書桐城吳摯甫舍人汝綸

山東候補道閔鄉張石渠先生文林

拔貢生曲阜孔經之明經憲銓

貢生海甯州王笈甫上舍鴻笈

江蘇記名道秀水杜小舫方伯文瀾

侍讀學士同邑楊禮南學士秉璋

按察使銜六安李采臣方伯元華

記名道吳縣潘玉泉方伯曾瑋

按察使南昌梅小巖廉訪啟照

江南鹽巡道甯津龐省三觀察際雲

布政使開縣李雨亭方伯

給事中歸安周縵雲先生

總督菏澤馬穀山制府新貽

江南候補道瑞安孫琴西先生衣言

江甯京口將軍長白魁時若先生玉

總督何[illegible]小宋先生 璟

兩淮鹽運使定遠方子箴方伯 濬頤

候選道陽湖劉愷孫廉訪 翰清

江蘇候補道定遠凌小南方伯 煥

前臺灣道同邑丁述安方伯 日健

前臺灣道沅陵吳桐雲方伯 大廷

總督新甯劉峴莊先生 坤一

江蘇候補道歸安張岜堂方伯 富年

序

承䁆以視户窔不能測也布指以度觚㮚其終隅也此猶志乎博之説也聽於鈔爲能聞未極睎於新爲能見未形則非徒志乎博也是故善學者有深思焉粤昊綷之亭毒睢盱者常樂雋傑者常憂事變蕃賾若與之讐唯慮之周以老我謀是以扁鵲先見夫癥結而曲突預告以欝攸吾盖於談瀛徵實一書受讀卒業而嘆爲審時之䦨鑑制遠之共球也青羌之野攢樹之所播天之山隸首不能詳狄鞮所未紀萍國蜎蛓孽牙其間浸淫達於上都狤語猩言布賨載瑰熵誘我蚩氓蚩氓嚮利雲合而鶩趍患有甚於此者乎不得其情奚以制其命不洞其勢奚以中其病吾悲夫世之所嗜非所用所用非所習製錦而裂之庸愈於挈瓶而碎之矣小東刺史今之偉人也七該九能靡不宣

轃嘗以軍咨參蕩節黄龍清酒之誓磨盾而書之鳴沙滂玉之酋纓袵而接之博諮默識昌昌大明如矑擘而趼履也退綜群籍纂為此書例嚴以精勢洞以審事繁用博而文則省也吾窺其旨有寄乎書之外者矣古之善制敵者揣景而知聲毋與禍鄰禍乃不存故夫人之趍嗜土之華離器之工窳罔不矚焉此乃知形者也知形不若知能知能不若知意意得而兵不試矣使小東而為將鞭撻海外如其家奴料之夙而抉其隱也使小東而為相衡攬垓埏如其寢處計之熟而用無拂也量澥以尺誌里以鼓其於夷牒也將無同師鼠制禮師蟻制兵其於夷器也將無同顧不得爾徒與吾徒商榷以傳於書蓋於此不能無少概且行自悲焉抑又聞之儲艾必七年成山基一簣泉之沈者終不匱志之宏者終必遂蓄極則通為光為龍是書也庸知

非小東異日資乎抑亦將有待也雖然刻舟以求劍謚為至愚執方以愈疾十俞跗不能治小東其知之矣動入九天潛入九淵莫之方闚執其大圜綠純玉簡之書神禹得之而底績方須洞時安知山用隨木用刊也洪惟

聖皇之壽育何遠不覆窮海斗絶聲教不通我漸我摩歸於大同金鵝旅瞰於庭寶銅虵請吏而率職攬彼遐荒編諸郡邑何道以致此曰太上貴德

同治四年歲在旃蒙赤奮若月旅夾鐘日躔降婁之次古鹽官王鴻朗譔

序

從來綏服遠人之道莫先於審察情勢情勢明而綏服之道在其中矣中國之民五方風氣尚有不同剛柔緩急各隨其宜好惡取捨咸從其俗善為治者皆熟察其地之風土人情而因勢利導乃收化民成俗之功又況海外諸國之人言語不通性情迥異較之中國之民情更大相逕庭哉方今英法諸國航海遠來市舶雲集與我中國之民通市交易非稔悉其情勢民間何能彼此無嫌猜而馴習相安有司又未便以中國之文法繩治邊壤竟有他族逼處之虞其將何以戢戎心安我民而固吾圉也小東刺史以綜今博古之才留心經濟實學考鏡乎海國圖志海國聞見録諸書廣採博蒐且下及於澳門月報靡不貫串於胸中其於海國情勢朗如列眉瞭如指掌爰著成談瀛徵實

桃谿堂方氏本

一書紀受而讀之其書體例謹嚴援據精確翦裁有法論敘得宜不蔓不支一折衷於瀛環志畧尤徵識見之高信非紙上空談以耳為目者可比書中於諸國之物産制度器藝皆備載其邊界形勝縷析條分語焉必詳而於爭印度一事尤三致意焉蓋印度為中外關鍵亦諸國通市之樞紐元時隸蒙古別部後為莫卧爾攻取中印度以立國明時蒲萄牙航海至印度西界之孟買始開海港建城池海船往來通市獨擅利權荷蘭亦攻取其地立埔頭通市英國復擊走兩國而據其地並於東印度之孟加拉建市館築砲臺以為久計蠶食南中諸部五印度歸英轄者十之七権稅養兵日益富强法國又於南印度之東界立埔頭俄國則以兵威脅降布哈爾由陸路進窺印度誠以由東印度之孟加拉趨粤東水程兼旬可達利藪所在故諸國爭

之如鶩豈知西藏之南界滇省之西界均壤接印度蠶叢路險地據上游俯瞰印度有高屋建瓴之勢批吭擣虛足制其命鄧士載緣崖攀木飛渡陰平制勝方畧於是焉在至於諸國之人各有嗜好亦咸有畏忌皆登記載纖瑣弗遺操典屬之權者知諸國之嗜好則知所以懷柔知諸國之畏忌則知所以控馭德威兼用庶可期長治久安綏服之道莫善於此從此鯨鯢向化海不揚波是書也實等於不龜手藥不僅供洴澼之用以為海國風土記可即以為戡定海國方略亦無不可固非如海客之談徒涉乎烟波微茫間也是為序

同治甲子孟夏月上浣長白慶紀拜撰

談瀛徵實自序

孔子删書斷自唐虞其後論疆域者皆不出十二州九州之境即山海一經詭言荒恠按之道里方向亦均在是良以三代聖王不勤遠略不貴異物故遐方異域俱如六合之外存而不論也然自周穆王好長巡漢武帝通西域其後局勢迭變光景日新由漢唐而至我
朝凡所謂入貢互市東西南洋者直如古之侯甸要荒矣宋元以前不具論自明萬歷年間西洋人利瑪竇以歷算入中國而著萬國圖志艾儒略著職方外紀
國朝康熙南懷仁著坤輿圖說而後知天下無奇不常無遠不近也獨是儒略分天下爲五大州而墨瓦蠟加之地寂無人居則是仍判以四余于咸豐戊午冬初奉花文定公師檄赴上海

晤英官李太郭略知彼土端倪辛酉于役福山海口晤英官馬禮遜談論數次深悉彼土鉅細余言各國地理之書當以近日吾華魏源海國圖志爲最富馬云中有差以毫釐失之千里處若書本外洋譯由內地事文簡確其惟徐松龕中丞所著瀛環志略乎余謹識之不忘前在吳門曾購一冊比卽手撮各要連年需次時見彼土之人來往於道我國男婦有驚異者有讚羡者有猜疑畏忌者不識其情久恐陷溺其心亦恐激成事變因取舊藏利艾南所傳諸帙及歷代正史外國列傳天下郡國利病書讀史方輿紀要海國聞見錄海島逸志澳門紀略海錄高厚蒙求癸巳類稿四州志康輶紀行並海國圖志各種分地摘纂一綴於志略之下間有鄙見因類坿之略仿宸垣志略之本日下舊聞非鶩遠也非好恠也欲使中國之人盡識彼土之形

勢情狀將來有可驚異者不必驚異有可讚羨者不必讚羨有可猜疑畏忌者亦更不必猜疑畏忌矣周禮有象胥之官所以通四方夷狄之言語又有外史掌四方之志如晉乘楚檮杌此書亦此志耳曰談瀛者皆言海外曰徵實者皆印以彼土之人自述不空談也服官海邦及家居通商之地者當請一味余言

同治三年歲在甲子立夏日懷甯方朔書于濟南之枕經堂

談瀛徵實目錄

懷甯方朔小東纂輯

歐羅巴日耳曼列國
歐羅巴瑞士
歐羅巴土耳其國東土猶太
歐羅巴希臘
歐羅巴意大里亞列國
歐羅巴荷蘭
歐羅巴比利時
歐羅巴佛郎西
佛郎西讀書尚武
佛郎西志在聲名
顧炎武論佛郎西
歐羅巴西班牙

卷四 歐羅巴

卷五阿非利加 亞墨利加

卷八 雜論

設立總理各國通商事務衙門諭咸豐十年

張斯桂萬國公法序

起用徐繼畬四諭同治四年五諭年六年

總理各國王大臣議習天文算學疏同治六年

方炳奎閲瀛寰志略偶跋

方炳奎答友人論景教書

斌椿乘槎筆記

董恂格物入門序

書既編成客有謂予曰各國已通商和好矣中有議戰議守毋乃與條約有背歟予曰否否予不覩咸豐八年五月三十日美國全權大臣列在天津時照會桂文端花文定二公曾言凡有自稱領事官而實無約必欲干

犯制例者中國必須購造外國戰艦火輪船用強禁阻云云是外國亦有匪類並欲吾地方極力治之也譬之中國果皆良民何用武功況髮撚二逆竄擾十數省洋將戈登華爾畢乃爾呂嘉皆同以自來火鎗開花礮助勦立功後洊擢中國提鎮並入江南戶籍戈華二君效命疆場予未識若畢呂在銘字軍時固常共宴飲談笑未嘗以中外自限也然則用測量用機器爲制中國亂民耳或議戰或議守亦爲制彼國匪類耳若中外永爲和好永無亂民與匪類又何必斤斤於測量機器又何必或議戰或議守哉客曰唯唯予之意是中外一家矣則此書誠不可不編誠不可不陸續隨時一編再編而至於三五編客卽退予爲識一時問答用心之不同於

此越五年戊辰閏月吳門梅雨樓朔又記

談瀛徵實卷一

懷甯方朔小東纂輯

天下四大土說（四大土之名乃泰西人所立）

大地之土、環北氷海而生、披離下垂、如肺葉凹凸參差不一、其形、泰西人分為四土、曰亞細亞、曰歐羅巴、曰阿非利加、（一作利未亞）此三土相連在地球之東半、別一土曰亞墨利加、在地球之西半、

亞細亞者、北盡北氷海、東盡大洋海、南盡印度海、西括諸回部、西南抵黑海、在四土中為最大、中國在其東南、卦兼震巽、壤盡膏腴、秀淑之氣、精微之產、畢萃於斯、故自剖判以來、為倫物之宗祖、而萬方仰之如辰極、我

朝幅員之廣、曠古未有、東三省之東北隅、地接峩羅斯、正北之

桃縚堂方氏本

内外蒙古諸部悉其庭幕編入八旗為臣僕西南之青海兩藏置侯尉而安枕西北之新疆回疆包漢志西域諸國之大半而卡外之哈薩克布魯特諸部歲以牲畜供賦役東海之朝鮮琉球南裔之交阯暹羅緬甸南掌廓爾喀諸國修貢職無愆期是亞細亞一土未奉我朔者僅有東海之倭奴北裔之峩羅斯極西之弱小諸回部南荒之印度諸國耳則中國之在亞細亞固不止得其半也

歐羅巴者亞細亞極西北之一隅地形與海水相吞齧比之亞細亞不過四分之一部落甚多就其大者言之約十餘國其人性情精密工於製器長於用舟四海之内無所不到越七萬里而通於中國凡中國之所謂大西洋者皆此土之人也

阿非利加在亞細亞之西南當羅經坤申之位東西南三面皆

大洋北面兩內海界隔紅海地中海僅一綫與亞細亞相連其地廣莫約得亞細亞之半迤北有回部餘皆黑夷天時炎酷土脈粗頑人類混沌在四土中為最劣

亞墨利加在地球之西半與三土不相屬地分南北兩土中有細腰相連北亞墨利加之北界直抵氷海其西北一角與亞細亞東北一角相近中隔海港數十里東面與歐羅巴諸國隔大西洋海遥對西面大洋海直抵亞細亞之東方見畔岸南亞墨利加與北亞墨利加一綫相續其極南地盡之處已近南氷海兩土合計約與亞細亞袤延相埒其地自剖判以來未通別土歐羅巴人於前明中葉始探得之

四土皆從北極紛披下垂南黃道之南僅有島嶼再南則汪洋一水直至南極無片土矣土在上而水在下亦坤輿自然之理

也、

米利堅人雅裨里云、道光乙巳年、佛郎西、英吉利、米利堅、西班牙四國曾遣四舟向南探之、近南氷海一帶、尚有國土、其廣狹未能詳也、

按明西洋人艾儒畧有五大州總圖、或直剖之為一、或橫截之為兩、故全圖設為二種、一長如卵形、南北極居上下、一圓如盤形、南北極為心、赤道為界、又於二全圖外另各設為一圖、曰亞細亞、曰歐羅巴、曰利未亞、曰亞墨利加也、而墨瓦蠟加則國土未詳、圖不另立、故天下以四大州為定、

又考明西洋人利瑪竇所繪萬國地圖、及　國朝西洋人南懷仁之坤輿圖說、皆以地為圓體、故分前後二圖、其一南抵五印度海、北至鄂羅斯氷海、東盡日本朝鮮、西兼葱嶺以西

是為中國阿細亞洲一作亞細亞一作阿細阿其西北之歐羅巴洲西南之利未亞洲、則皆以地中海為界、地中海以北為歐羅巴洲、南抵地中海北負氷海廣萬有千二百五十里長二萬三千里地中海以南為利未亞洲、北起地中海至南大浪山海廣十度東西長七十八度兩洲之西、皆盡西洋大海、兩洲之東、則皆與阿細亞洲相連、利未亞之東、則以西紅海與阿細亞洲為界、歐羅巴洲之東、則以阿被河及北高海與阿細亞洲為界、此第一圖也、又有南墨利加洲、北墨利加洲、墨利加今譯為米利堅二洲一峽相連、中分南北、其地東南相距百有八十度、南洲南北四十二度、北洲如之、此第二圖也、余見圖分為二州、仍分為四、天下四大土、當為千古定論云、

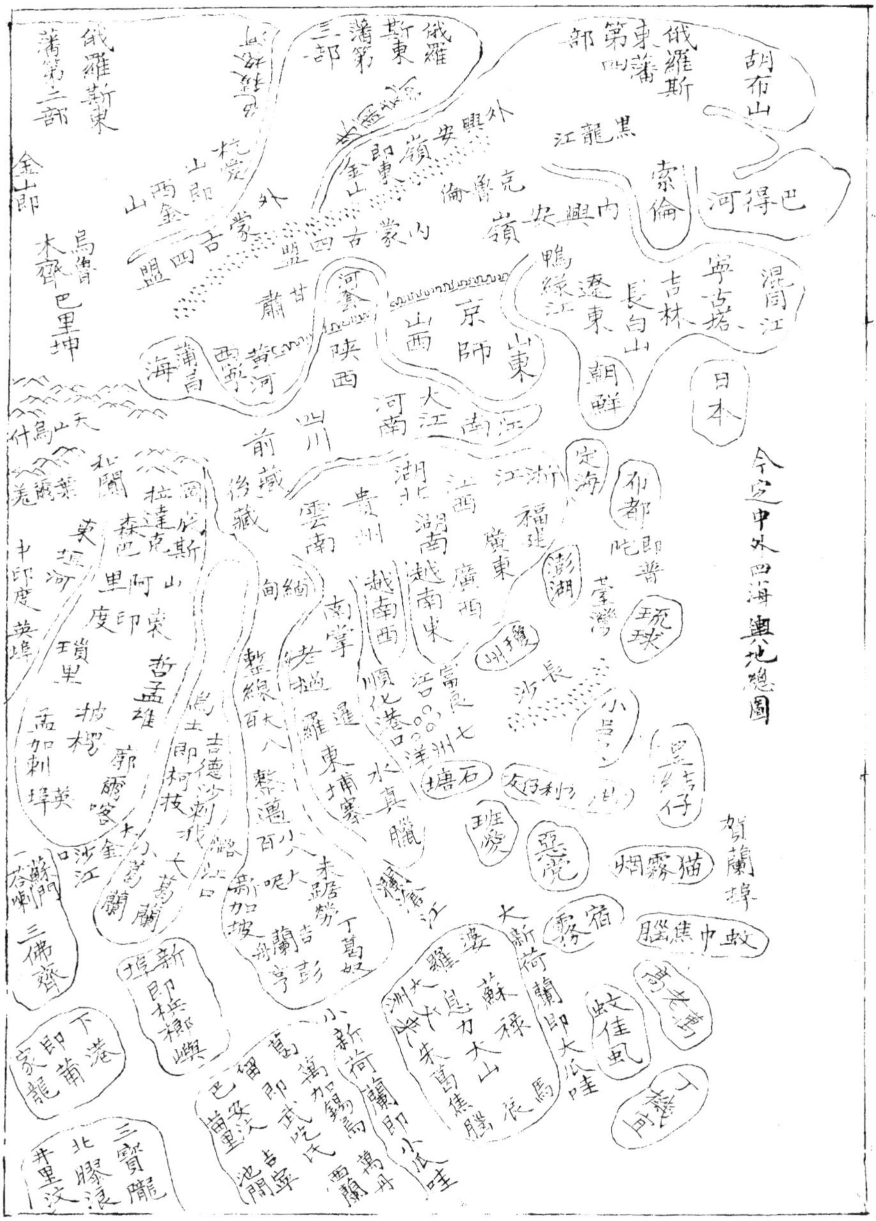
今定中外四海輿地總圖
俄羅斯東藩第二部
俄羅斯東藩第三部
俄羅斯東藩第四部
胡布山
巴得河
黑龍江
索倫
外興安嶺
内興安嶺
克魯倫
外蒙古四盟
内蒙古四盟
京師
山西
山東
陝西
河套
甘肅
黄河
青海
吉林
長白山
遼東
鴨綠江
朝鮮
日本
河南
大江
江南
四川
前藏
後藏
雲南
貴州
湖北
湖南
江西
浙江
福建
廣東
廣西
定海
彭湖
臺灣
琉球
越南東
越南西
南掌
暹羅
緬甸
天山
什烏
英吉利
蘇門答臘
三佛齊
新加坡
大新荷蘭
小新荷蘭
蘇祿
賀蘭埠

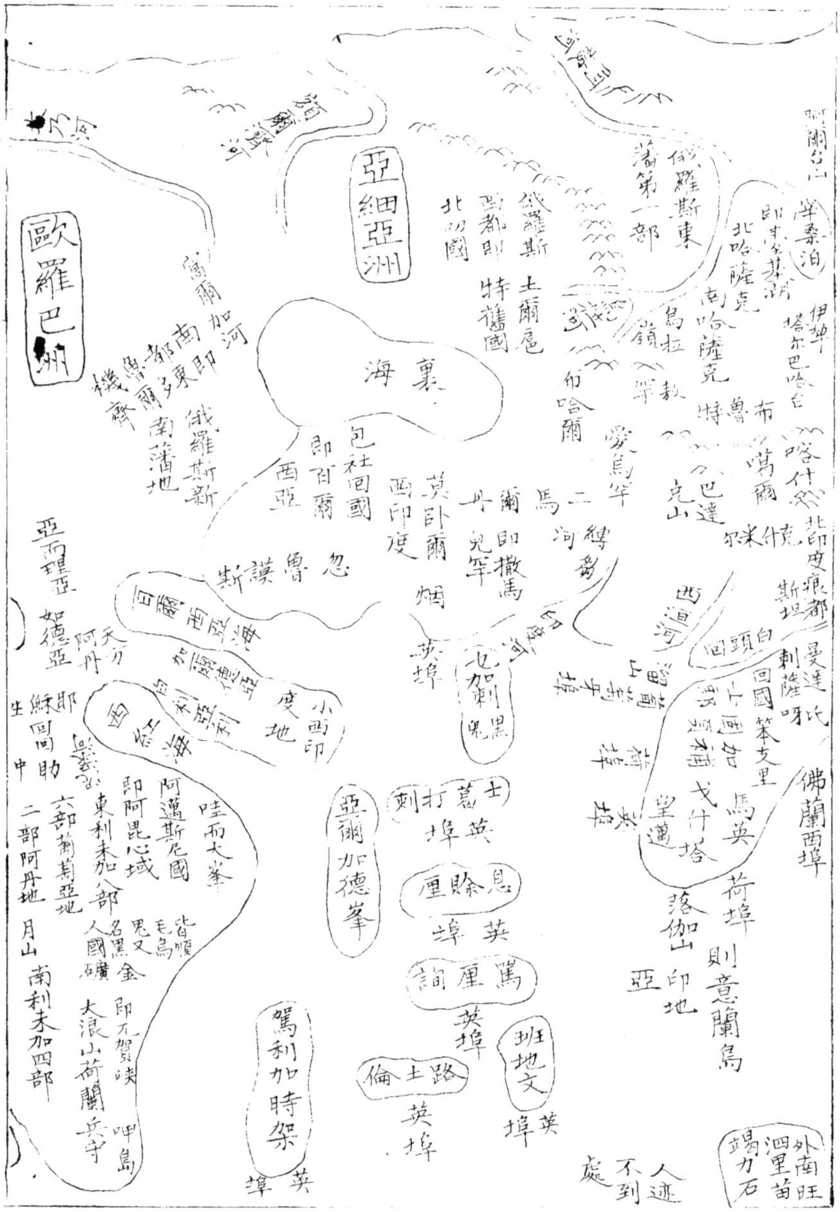
亞細亞洲
歐羅巴洲
海裏
俄羅斯東藩第一部
俄羅斯西都即土爾扈特舊國
北哈薩克
南哈薩克
布魯特
鳥拉嶺
布哈爾
愛烏罕
巴達克山
喀什米爾
忽魯謨斯
英吉利
英埠
亞爾加德峯
荷蘭西埠
荷埠
錫蘭島
印度
則意蘭島
佛蘭西埠
英埠
佛蘭西埠
人迹不到處
外南旺
錫力石

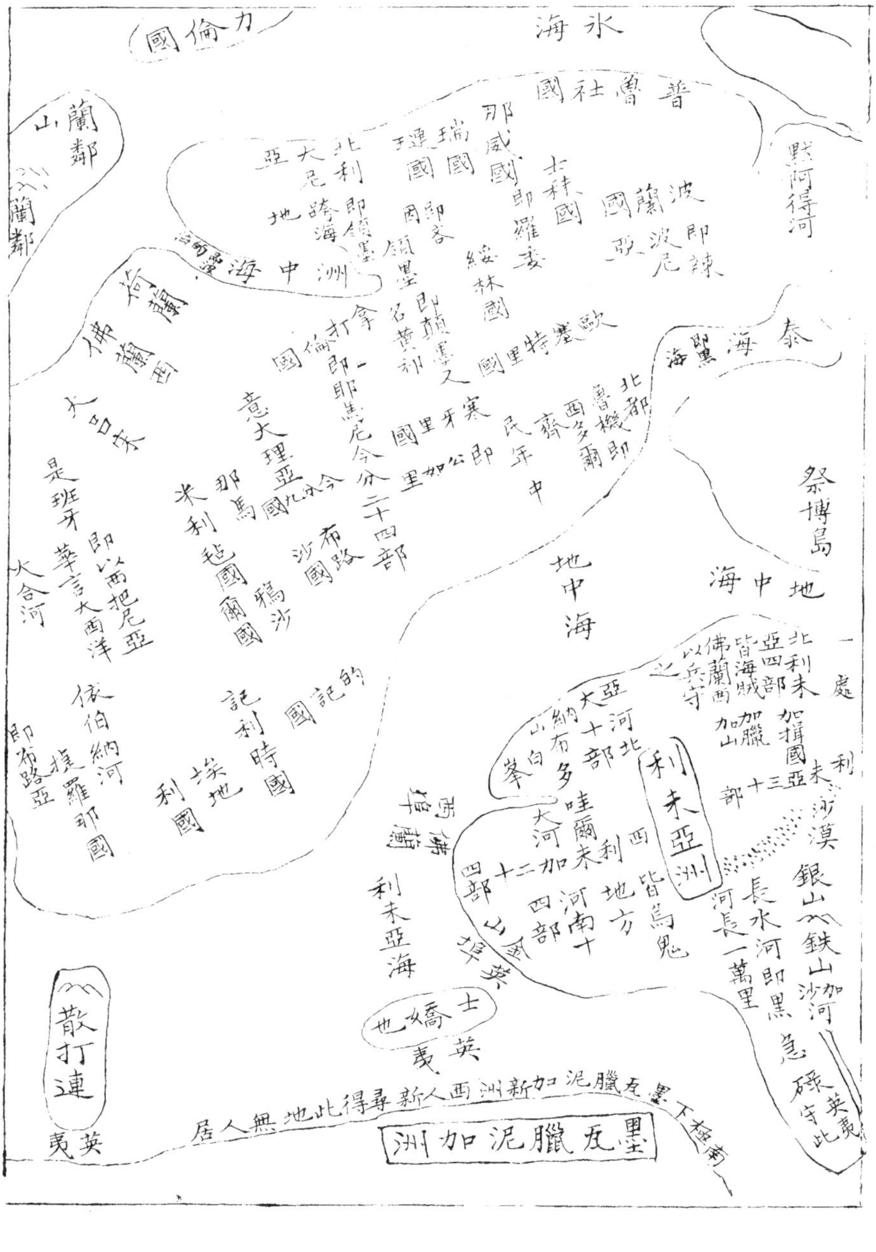
力倫國
冰海
普魯社國
瑞國
那威國
地中海
黑海
泰海
祭博島
意大理亞
大呂宋
佛蘭西
荷蘭
利未亞洲
利未亞海
墨瓦臘泥加洲
南極下墨瓦臘泥加洲西人新尋得此地無人居
散打連
英夷
士嬌也
長水河即黑急
河長一萬里

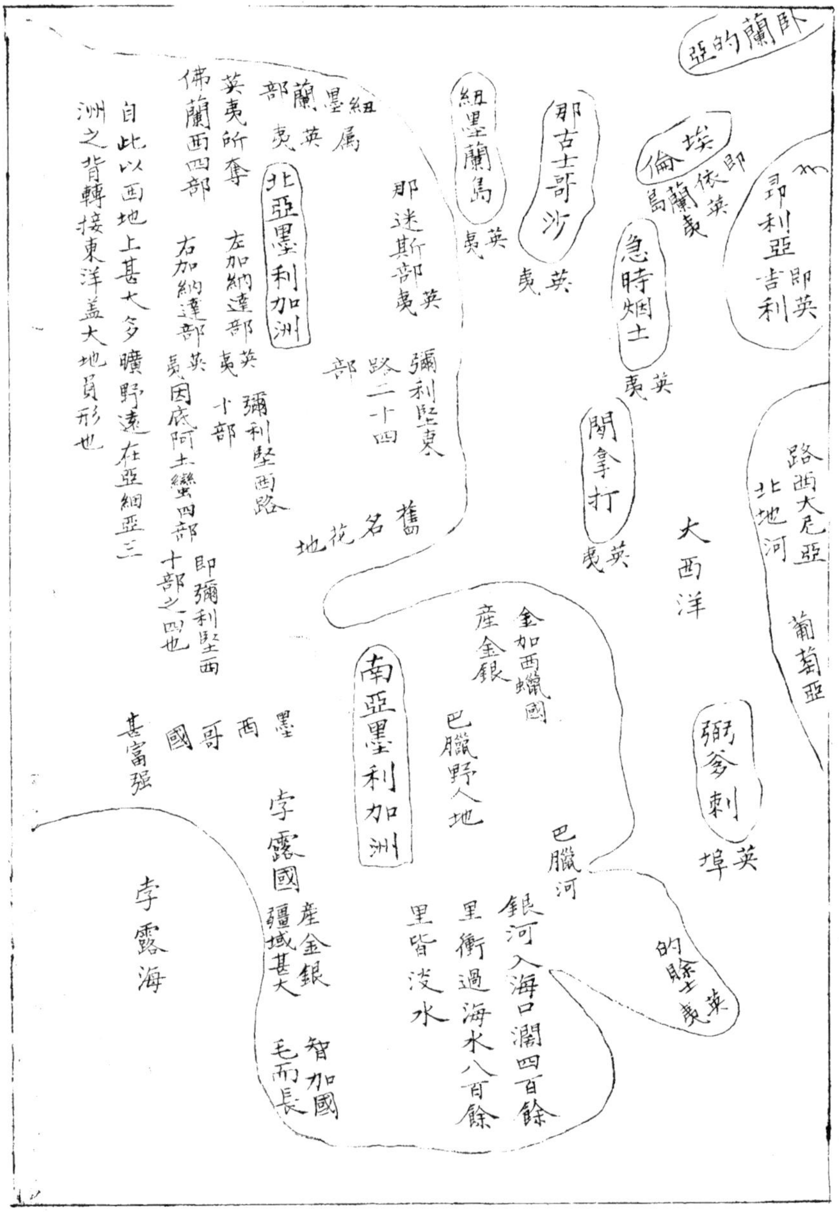
阿蘭的亞
昂利亞
即英吉利
埃倫
即依蘭島
英夷
紐墨蘭島
英夷
那古士哥沙
英夷
急時烟土
英夷
閉拿打
英夷
北亞墨利加洲
紐墨蘭部
屬英夷
英夷所奪
佛蘭西四部
那迷斯部
英夷
左加納達部
英夷
右加納達部
英夷
彌利堅東
路二十四
部
彌利堅西路
十部
因底阿土蠻四部
即彌利堅西
十部之四也
舊名
花地
自此以西地上甚大多曠野遠在亞細亞三
洲之背轉接東洋蓋大地員形也
大西洋
路西大尼亞
北地河
葡萄亞
彌爹剌
英埠
的壁
英夷
墨西哥國
甚富强
南亞墨利加洲
金加西蠟國
產金銀
巴臘野人地
巴臘河
孛露國
產金銀
疆域甚大
孛露海
銀河入海口闊四百餘
里衝過海水八百餘
里皆淡水
智加國
毛而長

姚瑩今訂中外四海輿地總圖說（姚繪此圖之前本有艾湯南陳顛李六圖茲不載）

前載諸圖方位大畧彷彿而國名地名互有異同或此有彼無余更取魏默深書以今時地名參互考訂之作此圖其不備者可按原書明乎此然後四海萬國具在目中足破數千年茫昧異時經畧中外者庶有所裁焉

南懷仁圖有地中海東自如德亞西至布路亞橫亘幾及萬里歐羅巴洲在其北岸利未亞洲在其南岸蓋大西洋海水之橫入地中者也西洋入地中海其口外有巴爾德大峽海舟至地中海出入皆經此峽惟如德亞在其東盡聯貫二洲陸地東西約二千里如德之東即西紅海則南洋海水之汊也大西洋諸國海舟至東南二洋諸國須遶利未亞一大洲道遠二萬餘里故每以如德亞之間隔為恨又有洲中海者在歐羅巴洲西北

豁 有此字否

境内。小於地中海。寒牙里耶馬尼領墨荷蘭佛蘭西諸國在其南岸。綏林耶威瑞國跨海地領墨國跨海地踵國皆在其北岸此洲中海。更東盡於南都魯機爲泰海歐寒特里國在其北岸。翁加里國南都魯機在其南岸。又有裏海者。在亞細亞洲境内。四面不通外海。俄羅斯在其北。敖罕在其東。巴社回國在其南南都魯機在其西。明乎二洲境内有此三海。然後沿海諸國可得而求矣。亦猶中國言地理者當明四瀆也。

按康輶紀行第十六卷有艾儒畧萬國全圖湯若望地球剖圓圖南懷仁坤輿圖畧陳倫炯四海總圖英茵顛林繪圖李明徹地球正背面圖六種。又極推魏默深新出各圖。以爲考訂沿革。分别岸島自漢迄今首末具備。中外地輿形勢以全此云前載諸圖即艾湯以下諸圖也。參互考訂皆以今時地名標之可云盡善徐松龕中丞云地理非圖不明圖非履覽不悉泰西人善於行遠其圖獨為可據桐城葉棠云圖所以輔書之成也書非圖不顯圖非書不明默深亦云縱三千年圖九萬里經之緯之左圖右史善哉言乎可謂精於讀書著書矣余纂談瀛名曰徵實因取茲圖以冠首云

枕經堂方氏本

姚瑩考訂海國古今沿革圖録 康輶紀行

西南諸夷自漢迄明載於正史者略備矣大抵皆入貢之國焉貴與四裔考、亦與史相出入而不及元以後自明成宣二帝屢遣内侍遍歷洋島、由是華人益造海船逐利、至今數百年聞見益真、而諸蕃亦自攻奪相仍、國名今昔互異、制度風俗由樸而華、古時奉佛諸國、自歐羅巴耶穌以後多已改奉天主之教、又翻譯語言文字、時有訛誤、欲指今時某地即古之某國、誠茫然也、講地理者、於中國古今郡縣猶多未能確指、況外夷乎、雖然宇内之事無非以漸而開、其始莫不荒渺、必有人焉留心採訪、隨時紀載以貽後人、積久考訂、可以得其梗概、故商賈之言時裨正史、國家或有事邊海、時亦有需於此、豈徒夸學人之博物哉、以余所見正史外夷傳、魏法顯唐元奘佛國記、及趙汝适諸著志、艾儒略職方外紀、馬端臨四裔考、南懷仁坤輿圖說、陳倫炯海國聞見錄、王大海海島逸志、七十四西域聞見錄、松相國綏服紀略數種、稍得其概、欲論著之未果、近歲邵陽魏源字默深、得林尚書所譯歐羅巴人四洲志、更以舊聞異域之書十餘種、遍加考證、作海國圖志六十卷、通中外之異言、訂地名之沿革、諸國崇奉佛教回教天主教之異同源流、大山巨澤之原委分合、五天竺俄羅斯英吉利佛蘭西彌利堅利未亞各域內區分之部落、貿易攻戰之所長、金銀貨貝之所出、無不詳哉言之、如指諸掌、皆有據依、非憑臆說、余數十年之所欲言所欲究者、得默深此書、可以釋然無憾矣、默深有海國古今沿革圖、余略為考訂之、今錄於此、古今異名可以一覽瞭然、

東南洋諸島國

日本古曰倭、

琉球古曰中山、

臺灣古曰毘舍耶、曰鷄籠山、

小呂宋一曰蠻里剌、

苗里霧一作貓里霧、

萬老高無異稱、

丁機宜無異稱、

美洛居一作木路各、一作馬路古、一作米六合、

吉利門一作西里米、一作筆尖闕、

大新荷蘭古曰婆羅島、曰婆泥、曰大瓜哇、內有息利大山、各國環之為馬辰國、一作馬神文萊國一作文郎、與蘇禄國朱葛焦剌國而四、

新埠古曰梹榔嶼、曰交欄山、一作勾欄山、

小新荷蘭古曰呀瓦、曰小爪哇、曰葛留巴、一作交留巴、一作加畱巴、

蘇門答剌古曰婆利、曰亞齊、

三佛齊古曰勃林、曰舊港、曰干陀利、曰萬古屢、

下港古曰闍婆、一作社婆、曰訶陵、曰順塔、曰莆家龍、

東南洋岸國

朝鮮古曰高句驪、曰高麗、曰新羅、曰百濟、

越南東都古曰象郡、曰交阯、越南西都古曰越裳、曰日南、曰林邑、曰占城、越南西都濱海之地曰龍奈、一作農耐、一作祿賴、古曰賓童龍、一作賓陀羅、又曰賓龍盧、明以來入貢中國曰港口、英夷稱之曰干陀底阿、

暹羅古本二國曰扶南、

暹羅之東瀕海地曰柬埔寨、自稱曰甘孛智、古曰真臘、一陸真臘曰名蔑、一水真臘曰本底、

南掌國車里國老撾國皆介暹羅之西緬甸之東古史無考、

整線整邁即古大小八百息婦國八百息婦之東南斗入大海各國環錯、一曰末腒朥、亦作宋卡、一作宋脚、亦曰大泥、亦作大年一曰吉蘭丹、一曰丁葛奴、亦作丁加羅、一曰彭亨、亦作邦項一曰新加坡亦作新忌利坡、亦作新州府、古舊柔佛國也、亦曰烏丁焦林、一曰滿剌加、古曰頓遜、亦曰哥羅富沙、亦曰麻六甲

緬甸古曰驃國、曰朱坡、今稱之曰烏土、

又有吉德國沙剌我國大葛蘭小葛蘭國、皆在東印度大金沙江東岸疑古之柯枝國盤盤國也、

東印度之北境曰廓爾喀、即哲孟雄洛敏湯作木郎三部、又并古巴勒布及布魯克巴二國地、

東印度一作東天竺、其河曰東恒河、大金沙江入之英夷稱之曰安日得河、一作安市治河、一作潡治新河、

西南洋諸岸國

西洋古里西洋瑣里坎巴、皆見明史、今無聞、地在東印度東恒河北岸、

北印度克什彌爾國、一作乞石米爾、一作伽濕彌羅、古曰罽賓、

北印度之北境巴達克山、古曰烏秅、曰覩貨羅、曰梵衍羅、

北印度之西境愛烏罕國、古曰罽迦試、曰喀布爾

機洼國一曰東夕爾其、又作土爾其、即小白頭回國也、

中印度即中天竺、亦作身毒、亦作痕都、亦作溫都斯坦、亦作忻

都古曰舍衛國摩竭陀國烏戈山離國元代曰額納特珂克南懷仁圖説之莫卧爾國海録之金眼回子地皆指此也

東印度孟加剌國明史作榜葛剌夷曰孟阿剌夷曰明阿剌夷曰明絞甞在東印度東恒河南岸今為英吉利大埠

南印度曰曼達剌薩古分数國見大唐西域記在印度南横隅恒河斗入海中今則西洋各國市埠環之英埠曰笨支里佛蘭西埠曰馬英曰固貞荷蘭埠曰加補曰西嶺曰即社匍匐牙埠曰淡項英吉利埠曰孟邁一曰望邁一作孟買又一埠曰馬剌他匍匐牙又埠曰戈什墖古曰補陀落伽山

西印度古曰安息曰大食曰巴社一作報達一作高奢一作包社坤輿圖謂之伯爾西亞明史謂之忽魯謨斯即大白頭回國也其水曰乾陀衛大江亦名枝扈黎大江

裏海古曰雷翥海亦曰北高海亦曰鹹海亦曰滕吉斯湖亦曰格騰里澤英夷謂之加士比唵海

東紅海一曰遏達水

南都魯機古曰西女國曰度爾格國曰惹鹿惹亞坤輿圖謂之東多爾其

西印度之如德亞古曰拂林曰大秦即耶穌本國

西印度之天方古曰條支曰波斯明史曰阿丹曰默德那坤輿諸圖謂之亞剌伯曰亞辣波亞曰亞黎米亞

小西洋諸岸國

伊揖國坤輿圖謂之麥西曰厄日多一作阨入多元史曰馬八爾

阿邁斯尼國坤輿圖曰亞毘心域元史曰俱藍地跨泥淥河兩

岸即黑人域也
東利未加八國俗謂順毛烏鬼一作馬黑牙斯
中利未加三十國古無稱是否黑人未詳
大浪山古無稱今日兀賀與荷蘭英吉利分兵守峽即海國聞
見録之呷也
南利未加四國俗謂闍年烏鬼
危黎彌安河貫利未加洲其河南十四部皆卷毛烏鬼曰工鄂
蘇麻勿其葡萄牙埠曰西霸得曰彌黎只郎今英吉利埠
西利未加河北十部皆卷毛烏鬼有英吉利埠
北利未加四國曰馬羅可一作摩羅果曰弗沙一作苗利苗亞
古本二國今分為四皆海賊佛蘭西以兵守之
大西洋諸岸國

俄羅斯國都元史曰阿羅思一作鄂羅斯一曰羅剎一曰羅車
一曰莫哥斯未亞一曰葛勒斯一曰縛羅答一曰斡羅思一曰
兀魯思顛林圖作北肋思又曰羅沙國
黑海坤輿圖曰黑阿底湖
波蘭坤輿圖曰波羅尼曰麻底阿
黃海坤輿圖曰死海
普魯社一曰埔魯社一曰埔魯寫異域錄曰圖理惟英夷謂之
破路斯坤輿圖曰比阿爾彌亞西域聞見錄誤為控葛爾乃汗
名非國名也
北都魯機古曰窮力西一作厄勒祭曰度爾日哯年呷坤輿圖
曰西多爾其
綏林坤輿圖曰匪爾馬與那威本一區而以論佛釐尼斯山為

界
那威坤輿圖曰波的亞顛林圖作那委
璉國坤輿圖曰雪祭亞曰蘇尼祭曰吝因
瑞國一作瑞士國坤輿圖曰綏亦古曰大馬爾齊粵人謂之藍
旗英夷謂之綏沙蘭亦曰赫底委爾唵司在洲中海南
領墨坤輿圖曰盈黎馬祿加曰大泥亞海國聞見録曰黄祁粵
人謂之黄旗
耶馬尼坤輿圖曰熱爾麻尼亞一作亞勒瑪尼一作亞洋里隔
一作阿理曼一作日爾曼一作亞勒墨尼亞今分二十五國
歐塞特里坤輿圖曰中莫爾大未亞曰粵地剌亞粵人謂之雙
鷹以其旗名之
寒牙里坤輿圖曰博厄美厄曰班那里阿

意大里亞一作意達里亞一作伊達里亦曰羅問國又曰羅馬
國今分為九國
瑞丁在洲中海北一名諾爾勿惹與海南之瑞士國各别
荷蘭古曰法蘭得斯又曰和蘭
彌爾尼壬與荷蘭連一作北儀國
大呂宋坤輿圖曰以西把尼亞一曰是班牙一曰斯扁亞
佛蘭西即明史之佛郎機又作佛郎機一曰法蘭西一曰拂郎
祭祭一作察刻本之誤也
布路亞一作博爾都噶亞一作葡萄牙即澳門之大西洋也顛
林圖曰布度基
英吉利一作諳厄利一作英圭黎一作英機黎一作鷹吃黎坤
輿圖曰昂利亞又曰斯可裔亞

都魯机今称土耳其
伊楫今称埃及

葛斯蘭島坤輿圖曰思爾齊亞今屬英吉利
意爾蘭大島坤輿圖曰喜百尼今屬英吉利

枕經堂方氏本

魏源海國沿革圖原叙

古有表沿革無圖沿革者圖經表緯圖橫表縱左之有之互相體用然以表書史所習足目所及之中國可也以表侏儒不經汗漫莫窮之外國則表自表圖自圖自非專門之士鮮不一齟而一齬千舛而千躓矣且利馬竇艾儒略南懷仁及近日英夷漢字之圖雖方位度數有準有則然詳海口疏腹内沿土語荒古名如適異國聞羣咻有聲無詞莫適誰主陳倫炯莊廷旉之圖據彼藍本各各不相貫串至明太監鄭和下西洋之圖僅至西南洋五印度尚未至小西洋甚乃圖柯枝古里小葛蘭為一島而列于榜葛剌錫蘭山之西又圖忽魯謨斯為一島圖舊港小爪哇與蘇門答剌為同洲奚翅迷途之子指東謂西適郢之夫南轅北轍葢閣尹不識圖史柁工舟師紆折行駛以其舟行

三

所至之先後爲國地之方位又凡柯枝西岸之恒河與忽魯謨斯兩岸之東西海港即西圖所謂西紅海東紅海也皆混同大海遂致岸國圖成島國彼身歷之人尚如是又何責王圻以下之扣槃捫燭乎焉乎必觀元史明圖之荒唐麻代諸史之明昧與利氏艾氏南氏諸圖之紛錯而後知斯書斯圖之必不可已

魏源海國圓圖橫圖總敘

繞地一周皆有英夷市埠則籌夷必悉地球全形故觀圖而但觀英夷本國之圖非知考圖者也讀志而但閱英吉利本國数卷非善讀志者也卷卷皆有西洋夷埠卷卷皆關西洋夷防故先之圓圖橫圖而後次以沿革各圖又次以本國各圖其經緯度數本之利氏艾氏南氏惟畫易以本志國名其今昔互歧則別圖于沿革沿革之圖無度數度数之圖無沿革

枕經堂方氏本

亞細亞

亞細亞本土耳其買諸古時地名。（土耳其西土國名。有東中西三土。其中土名買諸。今稱小亞細亞。）泰西人於此土之東。統名曰亞細亞。幅員之廣。為四土之最。居是土者。為中國之十八省。東三省。內外蒙古諸部。新疆。回疆。青海。前後藏。其北際海。為峩羅斯之東境。其東濱海藩國曰朝鮮。海中三島曰日本。又小島曰琉球。其南與中國之滇粵諸省毘連者。曰安南。暹羅。緬甸。南掌。散布南海之中者。曰南洋羣島。其西北與新疆回疆毘連者。曰西域諸回部。其西南與兩藏毘連者。曰廓爾喀。曰五印度。再西為阿富汗。俾路芝。波斯諸回部。再西南為阿剌伯回部。再西北為土耳其之東土。（即猶太諸部）再西為土耳其之中土。買諸所謂小亞細亞者也。北距北冰海。東距大洋海。（即東海）南距印度海。（即南海及小西洋海）西距紅海。地中海。黑海。

桃谿堂方氏本

是為亞細亞之全土、

按峩羅斯境土在亞細亞者十之六、而其國都在歐羅巴之波羅的海隅、土耳其東中兩土在亞細亞、而其建都之西土亦在歐羅巴、兩國分圖、俱歸之歐羅巴、紀其實也、

東洋二國 日本 琉球

東洋浩渺一水直抵亞墨利加之西界數萬里別無大土附近中國者止有日本琉球二國蓋神州之左翊也

日本古稱倭奴其國在東海中平列三大島北曰對馬島與高麗南境相直一夜可達明季關白為亂者是也中曰長崎土較大與浙海普陀山相直內地商船互市於此南曰薩峒馬與浙之溫台相直人強健刀最利兼產馬明嘉靖年間擾閩浙之倭寇薩峒馬也三島之外小島甚多王居長崎之東北地名彌耶穀譯曰京官皆世祿仍漢制稱刺史二千石文字同中國讀以倭音國事柄於上將軍王不干預僅食厚糈受方物上將軍有時展覲而已歷代以來不爭王而爭上將軍故上將軍第宅時更新主而王無易姓以寬永為年號歷世不改立法嚴人少鬭

爭犯法者輒走山谷自殺呼童僕鳴掌則應竟日不聞人聲好佛敬祖先得香花佳果必供佛或走獻祖墳俗尚潔街衢時時掃滌男女皆大領闊袖女加長以曳地繪染花卉褌裏帛幅著短襪曳絲履男髡鬚而薙頂額留鬢髮至腦後闊寸餘綰為髻髮長者翦之女多美髮日洗滌薰以楠沈前後挽髻插玳瑁簪其男女眉目肌理髣髴華土信東方秀氣之所鍾也長崎與普陀東西對峙水程四十更六十里為一更橫洋翦渡風浪極險廈門至長崎水程七十二更由臺灣雞籠山之北渡米糠洋香蕈洋北風從五島門進南風從天堂門進前明中葉大西洋之葡萄牙嘗欲據其海口又以天主教誘其士人日本與之戰荷蘭以兵船助日本葡萄牙遁去故其國與通商者中國與荷蘭而已所產者紅銅硫磺海菜之類節海國聞見錄

顧亭林天下郡國利病書云倭奴隣三韓而國故名韓中倭後自惡其名更號日本在東南大海中依山島而居地方數千里爲畿五曰山城曰太和曰河内曰攝津曰和泉共統五十三郡爲道七曰東海統一百十六郡曰南海統四十八郡曰西海統九十三郡曰東山統一百二十二郡曰北陸統三十郡曰山陽統六十九郡曰山陰統五十二郡爲島三曰伊岐曰對馬（按海國聞見録稱日本平列三大島其迤北者名對馬島而此所云對馬島止統兩郡蓋對馬本北境小島之名後來遂以爲北境總名余嘗見日本人所作廣對馬島賦倣選體極瑰麗自注云島小不足賦故廣言之亦一證也）曰多褹各統二郡地皆依水附奠郡之大者不過中國一村落戶可七萬課丁八十萬有奇國王一姓歷世不易初號天御中主居築紫宮其子號大材雲尊自後皆以尊爲號傳世三十二至彦瀲尊第四子號神武天皇徙太和州强原

宮傳至守平天皇凡四十一世復徙都山城國其國文武僚吏皆世官自兩漢時始通中國魏晉以後得五經佛教於中土於是沙門之教盛行唐貞觀間嘗遣使往諭宋初遣國僧奝然浮海貢獻太宗賜紫衣厚存撫之其傳國已六十四世矣按後漢書倭在韓東南大海中依山島為居凡百餘國自武帝滅朝鮮後通漢者三十許國大倭王居邪馬臺國男子皆黥面文身男女無別飲食以手俗皆徒跣云云是日本在漢時并非一國土俗與諸番島無異其文字官制自是兩漢通中國後始學得之此所云六十四世溯之當在商周其國王一切名號當係通華文後增飾為之耳又元史世祖至元間遣的黑由高麗往諭日本日本不納又命祕書監趙良弼往日本始遣使臣彌四郎來然良弼再往皆僅至其太宰府未至王京十一年命經略忻都等以舟三百載兵一萬五千人征之入其國敗其兵矢盡而還十八年命范文虎阿塔海將兵十萬以戰船九百征日本至平壺島大風破

舟文虎等乘堅船遁還棄十餘萬衆於山下盡爲日本所殲得還者三人而已後再議征討以劉宣言而止又明史洪武四年日本國王良懷遣僧祖朝來貢七年以後屢寇山東浙江沿海備之永樂元年國王源道義遣使入貢賜以金印仍寇抄不已十七年總兵劉江大破倭於望海堝俘斬二千餘人由是稍斂迹嘉靖初國王源義植幼闇不能制命羣臣爭貢僧宗設與僧瑞佐在甯波爭坐次相仇遂大肆殺掠屢寇甯台徽人汪直爲倭船渠魁奸民徐海陳東毛烈並引倭爲寇沿海騷動王忬督師至浙薦材勇將俞大猷等大有斬獲既而罷去以張經督軍務大破倭於王江涇因趙文華讒構論死倭遂犯蘇松諸郡縣所至殘破胡宗憲爲總督以計誘殲徐海俘麻葉陳東復誘汪直內渡斬之賊渠畧盡而汪直

餘黨趨閩海，大肆殺掠，屢破郡邑。宗憲尋被逮自殺，命戚繼光、劉顯、俞大猷協力剿閩廣賊，屢戰克捷，擒斬畧盡，倭患始息。萬歷二十年，倭酋平秀吉寇朝鮮。秀吉者，薩摩州人，販魚為業。關白信長關白日本官名收養之，能畫策。會信長為其下所殺，秀吉平其亂，遂居關白之位，以誘刦降六十六州。朝鮮之釜山與日本對馬島相望，時朝鮮王李昖湎於酒，秀吉謀取其國，遣其渠行長、清正率舟師數百艘逼釜山鎮，朝鮮望風潰。王奔平壤，復奔義州，倭遂入王京，剽府庫，八道幾盡沒。王復奔避愛州，遣使告急，朝議救之。前軍失利，兵部尚書石星議遣人探之。嘉興無賴子沈惟敬應募往。尋以李如松為東征提督，襲平壤，大捷，斬級千二百餘，皆焚溺死。行長遁還龍山，官軍乘勝輕進，敗於碧蹄館。已而封貢之議起，石星主之，為倭所給、乃再議東征、以邢玠總督薊遼楊鎬駐天津倭渠清正攻南原、守將楊元棄城遁、官軍退守王京、麻貴攻尉山垂克而遽收軍、官軍尋大潰、死者萬餘、時劉綎以川兵至約行長為好會、行長以五十騎來綎伏兵欲擒之行長馳去、無何平秀吉死、諸倭引兵歸、劉綎等邀擊之有斬獲、倭遂揚帆去、諸帥以大捷聞、論功有差、沈維敬以通倭棄市云、余嘗謂日本一國耑耑大海之東、制倣周漢、文同斯邈、非以寇攘為俗者、自通中國以來雖共球不時至、而未嘗西向遺一矢、付之度外、何損華威、元世祖雄心夸肆、忽欲强以臣妾招諭不從威以兵力、無端舉十萬之師坑之海外、輪臺旋悔、不謀再舉、倭人自是遂有輕中國之心、有明一代、寇掠頻仍、馴至東南半壁蹂躪無完宇、而朝鮮亦幾遭蠶食、皆由元人為之禍始

也、我
國家龍興遼瀋、聲靈先播暘谷、扶桑片土、讋慄有年、故靜守東隅、不敢箕踞向漢、又禁絕貢舟、我之估帆往、而彼之市舶不來、二百年中、遂相安於無事、信籌邊自有良策矣、

元王惲汎海小錄云、由對馬島六百里、踰一岐島、又四百里入容浦口、又二百七十里、至三神山、其山峻削、羣峯環繞、海心望之、鬱然為碧芙蓉也、上無雜木、惟梅竹靈藥松檜杉羅等樹、其居民多徐姓、自云皆徐福之後、海中諸嶼、此最秀麗、方廣十洲記所云、海東北岸、扶桑蓬丘瀛洲、周方千里者也、余按三神山本方士夸誕之說、用以欺誑人主、果即係日本附近小島、則當日船交海中、何為求之不得、後漢書倭國傳稱會稽海外有夷洲及澶洲、秦始皇遣方士徐福將童男女

數千人入海求蓬萊神仙不得徐福畏誅不敢還遂止此洲世世相承有數萬家人民時至會稽市王惲小録所云或即夷洲澶洲之類至三神山之名其為傅會無疑也泉州陳資齋提軍倫炯少時嘗附商船遊日本言其風土甚悉云日本人皆覆姓單姓者徐福配合之童男女也徐福所居之地名徐家村其塚在熊指山下云徐家村熊指山不知在日本何地葢華人入倭自徐福始其遺民年久繁衍遂散布於通國倭人通中國文字當係君房教之特海外遠夷輙車罕至往來者皆商賈之流無由探悉其原委耳

琉球在薩峒馬之南東洋小國也周環三十六島皆海中拳石其國都之島較大南北四百餘里東西不足百里舊分山南山北中山三國後并入中山為一故稱中山王王尚姓自紀載以

來一姓相傳無改步國小而貧逼近日本屬役良苦自前明世修貢職我
國家煦育寰瀛體卹尤至其貢舟三年一至許其販鬻中土之貨免其關稅舉國賴此為生王薨則世子遣使請
命例遣文臣二人為正副使
賜一品服持節航海册其世子為中山王故其國之風土多有能言之者由福州之五虎門放洋用卯針約四十餘更至孤米山其國之大島也再東即至其國國分三路曰首里曰久米曰那霸由内地往收泊必於那霸其地商賈萃集為大都會王居首里山之脊也國與中國同文官之最尊者為金紫大夫歲得俸米百石以次遞殺守土之官曰按司一按司所轄約六七里土磽瘠產米絕少以地瓜為食即番薯非官與耆老不食米地無

麻絮、以蕉為布、類織蒲頁戴者圍下體、餘皆裸露、海風最烈、屋瓦常飛、故搆屋甚卑、簷與肩齊、王居與使館較軒昂、以大繩繫柱而釘於地、防海風也、其士大夫以黄帛為冠、似浮屠氏之冠大領博袖繫帶、

周海山尚書嘗使琉球、著中山志云、琉球自古未通中國、隋時有海船望見之、始知有其地、因其島嶼紆蟠如虬龍流動之形、故稱為流虬、後乃改為琉球字、唐宋以後漸通中土、明初入貢、太祖賜以閩人善操舟者三十六姓、修貢職甚謹、封舟頻往、後為日本所滅、王被虜、不通音信者數十年、已而遣使來言、王被執不屈、倭送還復國、由是修職貢如常期云、余按琉球東洋小島、受役於倭、貧弱不能自存、惟賴貢舟販鬻、稍得餘貲以餬口、貲本皆貸於日本、販回之貨、運往日本者

八九。國人貧甚不能買也。其國比之南澳平潭差大。而不及臺灣之半。蓋滄海之一粟耳。然累世效貢職。受正朔。遂爲東海藩臣。比於朝鮮交阯。國貴自立。豈不信哉。

南洋濱海各國 越南○暹羅 緬甸○南掌

亞細亞大地、由中國之西南斜伸入海、迤邐漸削、至彭亨息力而盡、東為中國之南洋、西為小西洋、中間大國三、曰越南、曰暹羅、曰緬甸、小國一、曰南掌、四國內附多年、南掌彈丸地不濱海、越南即安南、古之交阯、秦以後唐以前皆隸版圖、南界之林邑、漢末即自立為國、後稱占城國、安南至後五代時乃列外藩、今并占城為一國、復兼真臘北境、安南故地、南境占城真臘故地、稱曰廣南、北界廣東廣西雲南三省、西界暹羅、東南面大海、都城曰順化、在富良江之南岸、衣冠仍唐宋之制、坐則席地、貴人乃施短榻、取士用策論詩賦、設鄉會科、士大夫皆好吟詠、詩或劣不成句、而人人喜為之、國分四十餘省、一省所轄止數縣、文武官名畧同內地、總督皆阮姓、王之族也、貴官坐堂皇或解衣捫蝨、其簡陋如此、宴客設銅盤置蔬肉各少許、無醯醢、以醃魚汁代之、鴉片之禁甚嚴、犯者立寘重典、東南臨海、有都會曰祿奈（或作祿賴一作龍奈一作農耐）占城之故都也、南境臨海有都會曰東埔寨真臘之故都也、閩廣商船、每歲往來貿易、別國商船入港、譏防甚嚴、榷稅亦重、諸國惡其煩苛、故市舶罕有至者、所產者、番木沉楠諸香、鉛錫桂皮象牙燕窩魚翅之類、其入　貢由廣西之太平府入關、不由海道（安南本中國地諸書言之綦詳故不多贅）

顧亭林天下郡國利病書云、安南古交阯也、秦開嶺南、以交阯隸象郡、漢武帝置交阯九真日南三郡、光武中興、以任延錫光為交阯九真守、教耕種、制冠履、始知婚娶、立學校、女子徵側徵貳反、馬援討平之、建安中、改為交州、前五代並因之、唐初改安南都護府、安南之名始此、五季梁貞明中為土豪曲承美所據，自是迭相奪。管內大亂，有丁部領者平之。宋乾德初上表內附，詔以部領為安南郡王，自是始為外夷矣。部領傳子璉及璿，大校黎桓簒之，傳二十年至子龍廷，為李公蘊所簒。李氏傳八世，二百二十二年，至李昊旵無子，女昭盛立，遜位于夫陳日照。詔封日照為安南國王，傳至日烜，元世祖召使入覲，不奉命，大發兵討之，尋遣使謝罪，修職貢。陳氏傳十二世，凡一百七十年，至明洪武二十一年，陳煒為其國相黎季犛所弒，季犛子蒼更名胡奆，改國號曰大虞。永樂二年，老撾送日烜孫陳天平至，諭奆迎還故主。奆陽奉命，天平至，伏兵刦殺之。命朱能、張輔、沐晟等率兵討之，生擒黎季犛、黎蒼，即胡奆。遂復安南為郡縣，立都布按三司，分為十五府五州。後因中官馬騏貪黷誅求，盜賊蠭起，土官黎利乘之為亂，

謂之林邑國爲字誤

宣德元年、命王通柳升討之、柳升敗死、王通棄地與利盟約而退、宣宗由是決意棄安南、黎利尋奉表謝恩、命利權署國事、黎氏傳十世、一百十年、嘉靖元年黎譓為其臣莫登庸所篡、命仇鸞毛伯溫討之、登庸面縛降、以為安南都統使、自是來貢不絕云云、按莫氏之後、復為黎氏所奪、兼并占城為一國稱占城為廣南、以大酋阮氏世守之、漸成尾大、我
朝乾隆末年、黎維祁為廣南大酋阮光平所逼、棄國來奔、大兵征之、光平初拒命、尋乞降入　朝受封、傳子光纘、為黎氏之甥阮福暎所滅、福暎請更國名、改封越南國王、至今世修貢職焉○又天下郡國利病書云、占城曰越裳氏地、在交州之南、秦為象郡林邑縣、漢末大亂、功曹子區連殺縣令、自號為王、為之林邑國、數世後其王無嗣、甥范熊代立、傳子逸、晉咸

康二年逸死夷奴范文篡立都典衝侵擾交州進寇九德傳子佛孫胡達屢寇日南九真交州遂至虛弱至胡達孫文敵為扶南所殺大臣范諸農平其亂自立為王傳子陽邁孫咄宋元嘉二十年使宗慤檀和之討之乃遣使朝貢隋初未賓服遣劉方爲長真伐之其王梵志遣使謝罪于是朝貢不絕唐貞觀中王頭黎死子鎮龍被弒立頭黎女為王國人不服更立頭黎姑之子諸葛地為王妻以女國乃定周顯德五年王釋利因德漫遣使朝貢始自稱占城國有宋一代屢入貢時時與交州搆兵乾道四年占城以舟師襲真臘入其國都慶元五年真臘大舉伐占城殺戮殆盡俘其王以歸國遂亡其地悉歸真臘因名占臘云其後國王或云真臘人或云占城恢復無可據者元世祖至元十五年遣使貢方物奉表降

十九年以其國王孛由補剌者吾既內屬即其地立省而其子補的負固不服遣唆都征之自廣州航海至占城港分遣陳仲達等由瓊州三道攻之入其國其主逃入山遣使來歸順復潛殺使臣唆都轉戰至木城下阻隘不得進遂引還後雖歸款終無順志明洪武元年遣使入貢二年遣行人吳用賜以璽書自是常修貢職迄嘉靖年間朝貢不絕云云余按占城自漢末自立為國相傳千有餘年後為安南所并名其地為廣南今王安南之新阮舊阮皆由廣南藩封得國蓋江黃之不祀久矣○又天下郡國利病書云真臘一名甘孛智一作甘莫惹又作澉浦只又作干波底阿俗稱東埔寨又曰吉篾本扶南屬國隋時始通中國唐貞觀初并扶南而有之唐人虬髯客傳疑是寓言扶南即狼⿰月荒腂國其先女子為王號曰葉柳柳音聊其南有徼國人名混溃

來化葉柳遂以為妻惡其躶教著貫頭國內效之男子下體著橫幅曰水幔其後天竺僧橋陳如有其國教國人事天神每旦誦經咒故易世既久真臘重僧云唐永徽初并有鳩密富那伽乍武令僧高等國神龍以後國分為二其南近海號水真臘其北多山阜號陸真臘後復合而為一及滅占城號為占臘役屬參半真里登流明蒲甘（蒲甘即緬甸）等國各領聚落大者十餘地方七千餘里元元貞中遣使招諭之乃始臣服明洪武永樂年間累次朝貢又云真臘城周二十里戶口二萬餘石濠廣二十餘丈屬城三十各數千戶王宮及官舍皆面東城門上有石佛頭五飾其中者以金當國中有金墖金橋王宮正室瓦用鉛歲時相會則羅列玉猿孔雀白象犀牛於前飲食用金盤金盌故俗稱富貴真臘云又陳資齋海國

聞見録云、東埔寨介居兩大之間、東貢安南、西貢暹羅、稍有不遜、水陸各得并進而征之、余按據顧書、則真臘在明初尚稱富盛、據陳録則真臘在　國初尚存小國、今則為越南之嘉定省、不知何時夷滅、蓋安南雖累世通貢、而蠻觸相吞、向無入告之說、故占城真臘之亡於何時、竟未有能言之者。○陳資齋海國聞見録云、安南以交阯為東京、以廣南為西京、由厦門赴廣南、取道南澳、見廣之魯萬山、瓊之大洲頭、過七洲洋、取廣南外之咕嗶羅山、而至廣南、計水程七十二更、赴交阯、則由七洲洋西繞北而進、計水程七十四更、七洲洋在瓊州府萬州之東南、往南洋者必經之路、中國商船行海、以望見山形為標識、至七洲洋則浩渺一水、無島嶼可認、偏東則犯萬里長沙、千里石塘、偏西則流入廣南灣、舟行至此、周

不惕惕風極順利亦必六七日方能渡過七洲洋有神鳥似海鴈而小紅嘴綠脚尾帶一箭長二尺許名曰箭鳥行舟或迷所向則飛來導之

俗傳紅毛船最畏安南不敢涉其境其人善於泅水遇紅毛夾板則遣數百人背竹筒攜細縷没水釘於船底從遠處登小舟牵曳之俟其擱淺乃火焚而取其貨又或謂安南人造小舟名曰軋船能攻夾板船底故紅毛畏之以今考之皆不甚確蓋占城之北海形如半月海水趨灣其勢甚急海船或溜入灣內無西風不能外出紅毛夾板入溜擱淺曾敗數舟故至今歐羅巴人涉海以望見廣南山為厲禁商船入安南內港土人皆用小船繫繩牵引乃慮其擱觸礁淺藉為嚮導即中國各港之引水船反用之以碎敵船理或有之惟没水

而釘船底則事涉杳茫矣至軋船之製曾有繪圖倣造者施之海面仍無異常船耳食之談施之實事往往鑿枘正不獨此一事也

澎湖有蔡進士名廷蘭者為諸生時渡海遭颶風飄至安南廣義王從陸路遣送歸自廣義至諒山歷安南十四省所至之地必有閩粤人聚處各有庯長司其事閩則晉江同安人最多蓋不下十餘萬也所著安南紀程言之甚悉

暹羅南洋大國也北界雲南東界越南南臨大海西南連所屬各番部西界緬甸西北一隅界南掌其地古分兩國北曰暹南曰羅斛暹多山艱食羅斛傍水有餘糧暹乃降於羅斛合為暹羅國國有大水二一曰瀾滄江發源青海歷雲南入暹羅之東北境至東埔寨入海一曰湄南河發源雲南之李仙把邊等河

至暹北境，會諸水成大河，至羅斛南境入海。海口曰竹嶼，由竹嶼入內港，至曼谷都城，一作萬國。長一千數百里，水深濶，容洋艘出入。大城皆在河濱，最著者曰湛地門，曰萬巴曬。故都曰猶地亞，在湄南河上游。沿河一帶居民皆架屋水中，華人搆瓦屋樓閣相望，土人所居皆蘆蓆。湄南河勢緩而散，田疇藉以肥沃。農時棹舟耕種，插秧畢而河水至，苗隨水長，不煩薅溉，水退而稻熟矣。米極賤，每石值銀三星，時載往粤東售賣。王衣文彩，佛像體貼飛金，用金皿，乘象輦，以閩粤人為官屬，理國政，掌財賦。俗崇佛，僧沿門募食，各施精飯，食餘則餉鳥雀，蘭無舉火者。又信番僧符咒。一種人善咒法，刀刃不能傷，名為共人，王養以為兵衛，犯事應刑，令番僧以咒解之，方與施刑。西界有大城曰馬耳大萬，南界有大城曰剌郡，皆著名富庶之地。國之西南有斜仔六坤宋卡大哖吉連丹丁噶奴諸番部皆其屬國所產者銀鉛錫沉香束香降香象牙犀角烏木蘇木氷片翠毛牛角鹿筋籐席佳紋席籐黃大楓子豆蔻海參燕窩海菜其入貢由海道抵粵東

天下郡國利病書云暹羅國本暹與羅斛二國地古赤土及波羅剎也暹國土瘠不宜耕藝羅斛平衍而多稼暹人歲仰給之隋大業三年屯田主事常駿等自南海郡乘舟使赤土至今訛傳為赤眉遺種元元貞初暹人嘗遣使入貢至正間暹始降於羅斛而合為一國明洪武初遣使朝貢進金葉表七年九年二十年皆入貢二十八年遣內臣趙達宋福等使暹羅祭故王賜其嗣王文綺永樂元年遣使賀即位自是入貢不絕十七年遣使諭其國王俾與滿剌加平即麻喇甲十九年

遣使貢方物謝侵滿剌加之罪自正統至嘉靖間入貢如常
期云云按暹羅自我
朝定鼎之後修貢職尤恭謹乾隆中國為緬甸所滅旋恢復故
王無後推立大酋鄭昭為長（昭中國人）子華嗣立
詔封為暹羅國王相傳至今焉暹羅為蠻方大國隔以安南緬
甸與中國地界相接者僅滇省邊徼之一隅故自古無擾邊
之事而恪修貢職自元明迄我
朝五六百年無改易可謂不侵不叛之臣矣
海國聞見録云厦門至暹羅水程過七洲洋見外羅山向南
見玳瑁洲鴨洲見昆侖偏西見大真嶼小真嶼轉西北取筆
架山向北至竹嶼港口計一百八十八更入港又四十更乃
抵萬國都城共水程二百二十八更而由厦門至東埔寨僅

水程一百十三更、何以相去甚遠、蓋東埔寨南面之海、盡屬爛泥、名曰爛泥尾、下接大横山小横山、是以紆迴外繞而途遠也、

暹羅流寓閩粤人皆有之、而粤為多、約居土人六分之一、有由海道往者、有由欽州之王光十萬山穿越南境而往者、其地土曠人稀、而田極肥沃、易於耕穫、故趨之者衆也、然其國多蠱、崇信符咒、風俗政治遠遜安南、蓋安南夙隸版圖、漸被車書之化、而暹羅則終古荒服、僅達梯航、故宜其相逕庭也、

緬甸一名阿瓦（種人之名）蠻部大國也、北界野夷、東北界雲南南掌、東界暹羅、西南距印度海、西北連東印度、其都城距雲南省三十八程、山曰小豹、水曰怒江、一名潞江、又稱大金沙江、發源前藏、歷雲南入緬界、濶五里、緬人恃以為險、其俗剽悍、性多詐、有

室廬以居，象馬以耕，舟筏以濟。其文字進上者用金葉，次用紙，次用檳榔葉，謂之緬書。男子善浮水，綰髻頂前，用青白布纏之，婦人綰髻頂後。事佛敬僧，有大事則抱佛說誓，質之僧，然後決。國有五城，以木為之，曰江頭，曰太公，曰馬來，曰安正國，曰蒲甘。緬王城，王所居也。其王稱達喇瓦底。向由雲南入　貢。先是英吉利蠶食東印度諸部，將及緬界。道光四年，緬王率大兵迎擊之，英師敗績。已而英人以兵船入內港，（即怒江口）緬人奮力搏戰，為炮火所轟而潰。英師將逼都城，王不得已議和，讓海濱曠土為英埔頭。其西南曰馬爾達般，曰達歪，其西北曰阿喀喇。緬人時懷報復之志，尚未動也。（英吉利有新闢之地，曰阿薩密，在緬甸西北，本土夷地，英人從東印度跨割有之）

南掌（一作纜掌，即老撾）北界雲南，東界暹羅，西南界緬甸，地甚褊小，本

緬甸別部、國朝內附貢馴象、

天下郡國利病書云、緬人古朱波也、漢通西南夷後謂之撣、唐謂之驃、宋元謂之緬、自永昌西南山川延邈、道里修阻、因名之曰緬也、漢和帝永元五年、撣國王雍繇調重譯奉珍寶、賜以印綬、安帝永甯元年、遣使朝賀獻樂及幻人、唐德宗十八年、驃國王雍羌遣其弟悉利移來朝獻國樂、其曲皆梵音經論、憲宗元和元年、懿宗太和六年、皆遣使來貢、宋徽宗崇甯四年、緬甸貢白象、五年蒲甘入貢、今緬王城甸高宗紹興間俱來貢、元世祖至元中、由吐番三討之後、於蒲甘緬王城置邦牙等處宣慰使司、明洪武間始歸附、永樂間遣翰林張洪使其地、正統間宣慰莽次箚縶麓川叛夷思任思機來獻、益以地、嘉靖初、孟養思倫猛密思真連兵侵緬、殺莽紀歲、緬訴於朝委官往勘不聽、嘉靖中、紀歲支子瑞體起洞吾、復有其地、東破纜掌、即南掌南取土啞、暹羅地攻景邁、服車里、因思個臘罕拔、號召三宣、為西南雄、瑞體死、應裏繼之、萬歷十三年、其族弟莽灼來歸、應裏怒攻之、灼奔騰越、自是屢為邊患、滇南為之騷然、後為暹羅所攻、乃不暇內犯云、余按滇南諸蠻部、即漢之徼外西南夷、種類甚繁、明初置六宣慰使司、曰車里、曰木邦、曰八百大甸、曰老撾、曰孟養、曰緬甸、所謂滇南六慰者也、後又增而為十此外則孟定、孟艮、威遠、灣甸、鎮康、置土府州、南甸、千崖、隴川、耿馬、孟密、蠻莫、潞江、置宣撫司、芒市、孟璉、茶山、里麻、鈕兀、置長官司、其後諸蠻蠢動、屢煩征討、麓川之役、二思授首、武功雖赫、而勞費半天下、緬甸則莽氏創霸之後、頻歲窺邊、烽燧時舉、蠻人好反、其性固然、武鄉侯之攻心、至於七

縱七擒、馴擾殆非易易也我
朝德威遠播、悉主悉臣、自西林相國建改土歸流之議、草薙禽獮、經營八九年而後定、由是諸蠻部盡入版圖、熙熙耕鑿、無復帶牛佩犢者、其南荒列外藩者、僅有南掌緬甸兩國、南掌弱小不足言、緬甸則依山負海、疆土遼濶、我
朝定鼎之初、助剿明孽、首先效順、乾隆中、崛强犯邊、旋仍賓服、今且間隔印度、爲南海之屏藩、關係亦非淺鮮矣、

按南荒諸蠻部、安南暹羅緬甸國勢相埒、歐羅巴諸國自前明中葉即航海東來、南洋各番島處處占立埔頭、三國地皆濱海、豈無繁盛之區、動其盼羡、安南雖有廣南灣之險、而內地商船時時販鬻、我能往、彼豈不能往、暹羅則內港深通、駛行甚便、乃歐羅巴於此二國、皆未嘗措意、即緬甸亦僅於海

濱荒曠之土草刱一壥而未嘗深入割據者何也若謂因其貧瘠不屑經營則又不然安南最貧然物產未必遜於諸番島暹羅緬甸則夙稱豐饒謂西人概從唾棄非情也蓋西人以商賈為本計其沿海設立埔頭專為牟利若處處留兵護守則得不償失南洋諸島大小不同皆四面環海不相聯絡其人則巫來由番族性既愚懦復不知兵地形可以周覽而盡伎倆可以一試而知震以炮火即鳥驚獸駭竄伏不敢復動故西人坦然據之而不疑至安南等三國地雖濱海而境土則毗連華夏山川脩阻丁戶殷繁進可以戰退可以守與各島之孤懸海中者形勢迥別又立國皆數千百年爭地爭城詐力相尚戰伐之事夙昔講求其意計之所至西人不能測也設強據其海口即一時倖勝能保諸國之甘心相讓乎

留重兵則費不貲無兵則恐諸國之乘其不備聚而殲旃市舶雖往而埔頭不設殆為是耳

南洋各島

坤輿四大土、皆周迴數萬里、惟中國之南洋萬島環列、星羅碁布、或斷或續、大者數千里、小者數百里、或數十里、野番生聚其間、榛狉相仍、自為部落、其種人統名巫來由、（一作無來由）又有稱為繞阿（即爪亞）武吃者、（一作蕪吉）西漢時諸番始通貢獻、唐以後市舶麕集於粤東、明初遣太監鄭和等航海招致之、來者益衆、迨中葉以後、歐羅巴諸國東來、據各島口岸、建立埔頭、流通百貨、於是諸島之物產充溢中華、而閩廣之民造舟涉海趨之如鶩、或竟有買田娶婦留而不歸者、如呂宋噶羅巴諸島、閩廣流寓殆不下數十萬人、則南洋者亦七鯤珠崖之餘壤、而歐羅巴之東道主也、

按南洋各島、泰西人所繪圖最為審細、而其說不甚詳、譯寫

地名、亦多舛異、歷考諸家雜說、各有短長、陳倫烱海國聞見録、得其大致、而方向界址大半迷誤、其所云水程更數、亦多舛錯、（如息力至麻剌甲僅二三百里而陳録云厦門至息力一百八十更至麻剌甲二百六十更大誤）王大海海島逸志言噶羅巴事最詳、彼僑寓其地者十餘年、所履覽自不誣也、其餘半涉影響、惟謝清高海録、於暹羅諸屬國暨婆羅洲蘇門答臘兩大島、縷悉言之、確鑿可據、蓋曾游覽其地者、其餘各島則有乖有合、此外史籍官書、半由採輯、僅可志其沿革、不能據為典要、

呂宋二字上宜加一小字以別之

南洋呂宋

呂宋在臺灣鳳山縣沙馬崎之東南由厦門往水程七十二更北面高山一帶望若鋸齒俗名宰牛坑即呂宋之北境也地形似魚振尾南北約二千餘里西界濱海一帶多腴壤迤東山嶺錯雜林莽深阻有火峯時時地震山内野番黑面拳毛結茅寮衣樹皮與臺灣内山生番相似地本巫來由番國前明隆慶年間歐羅巴之西班牙國遣其臣咪牙蘭駕巨艦東來行抵呂宋見其土廣而腴潛謀襲奪萬歷年間以數巨艦載兵偽為貨船餽番王黃金請地如牛皮大陳貨物王許之因翦牛皮相續為四圍求地稱是月納税銀番王已許之不復校遂築城立營猝以炮火攻呂宋殺番王滅其國西班牙鎮以大酋漸徙國人實其地其國負東向西有内中外三湖各廣三百餘里西人建城

於外湖西海之濱，名曰龜豆，又於城之左角曰庚逸嶼者，作炮臺以控扼之。建城之地，名馬尼剌，一作哩喇蠻人稱為小呂宋，而以西班牙本國為大呂宋云。或謂西班牙本名呂宋，故以馬尼剌為小呂宋，殊不知西班牙之據此島在萬歷年間，而洪武七年入貢，其國即名呂宋，本係客襲主名，反謂主借客名，蓋亦未考其緣起耳。馬尼剌帆檣輳集，百貨流通，埔頭之盛，甲於諸洋。土肥濕宜稻，產米最多，又產白糖、棉花、麻、煙草、加非、可可子、加非似扁豆，青黑色，炒而煮之，味苦香似茶，西洋人用以代茶，或沃糖酥飲之。可可子亦果名，即藥料中訶子，西洋人亦以代茶。金珠、玳瑁、冰片、燕窩、海參、烏木、紅木。○呂宋迤南大小十餘島，閩人稱之曰利仔犮，曰甘馬力，曰班愛，曰惡黨，曰宿霧，曰貓霧煙，曰網巾礁腦，一作蚊巾焦老，又名澗仔低泰西人稱之曰撒馬，曰馬隣得，曰把拉灣，曰泥鄂巴，曰尼末巴地，曰西武，曰馬埊，曰邦閔，曰多羅來地，曰民答那峩，皆巫來由土番族類，天時與呂宋相倣。中國商船由呂宋分往貿易，所產鹿麂牛皮筋脯蘇木烏木降香速香黄蠟燕窩海參之類，島番愚蠢無蓄積，須中國布帛以蔽形，大半歸西班牙管轄。海國聞見録云，呂宋下接利仔友，水程十二更，至甘馬力二十一更，至班愛十更，至惡黨二十三更，至宿霧二十四更，至網巾礁腦五十八更，其圖附於四海總圖，以意為之，殊不足據。泰西人所繪圖呂宋迤南大小凡十餘島，而其地名與聞見録全不同，蓋以閩音譯番語，已多恍惚，而以漢字書番語，尤言人人殊，且歐羅巴人多隨意命名，不盡係各島本名。今就各島地名詳譯之，甘馬力似即馬隣得，班愛似即把拉灣，惡黨似即泥罚巴，宿霧似即西武貓務煙，似即馬塗最南一島，較大，海國聞見録稱為網巾礁腦，似即歐人所云民答那峩，海島逸志稱為澗仔低者，究亦未知其是否也。

邵星巖大緯薄海番域録云明洪武七年呂宋同瑣里諸國貢方物萬歷四年助討逋賊有功尋入貢取道福建先是華人販呂宋既夥留居澗內名壓冬積至數萬人萬歷三十年有妄男子張嶷稱呂宋機易山生金豆時礦務方殷詔遣漳州郡丞王時和偕嶷往勘是時呂宋已為西班牙所據（原文誤為佛郎西今更正之）守土者乃西酋時和至酋陳兵問山各有主何得越採且金豆生於何樹時和不能答酋自是疑華人以兵圍而坑之死者二萬餘僅餘三百人華船遂絕迹臺官奏劾嶷坐誅時和悸死三十三年遣商船諭呂宋無生事西酋亦悔前事復厚遇華人估帆稍稍復集其後留者復成聚云又海國聞見録云呂宋原係土番今為是班牙（即西班牙）據轄漢人娶本地土番婦者必入其教禮天主堂用油水畫十字於印堂名

曰澆水、焚父母神主、老終歸天主堂、空坑土親膚而埋之、富者納貲較多寡埋堂上基內、貧者埋牆外、三年一清、棄骸骨於深澗、所有家貲、天主妻子作三股均分、土番善為蠱、毋傳女而不傳子、如牛皮火腿咒法縮小如沙、令人食而脹斃、又有蝦蟆魚蠱之類、彼能咒解從口躍出成盆、晨鳴鐘為日、方許開市、午鳴鐘為夜、闔市寂閉、不敢往來、昏鳴鐘為日、燈燭輝煌如晝、夜半鳴鐘為夜、以閉市肆、晝夜各以三時辰為日為夜、日方午而禁夜、亦異俗也、又黃毅軒可垂呂宋紀畧云、呂宋為干絲蠟、一作干絲臘干絲蠟在海西北隅、地多產金銀、產於南北亞墨利加墨西哥秘魯諸國乃干絲臘屬藩非其本國也與和蘭即荷蘭勃蘭西即佛郎西紅毛即英吉利相鼎峙、俗呼為宋仔、又曰實斑牛、即西班牙轉音人之狀貌類中華、帽高角、衣狹袖、飲食器用畧同於和蘭、閩廣所用銀餅、肖其國王之貌而鑄者也。閩海之東南數千里即呂宋在焉。東界萬瀾澗仔低大海，西界閩廣大海，南界蘇禄大海，北界萬水朝宗大海，計其地三千里有奇，南北東西相去各千餘里（此不甚確，其地南北長而東西狹）。土番戶口不下數十萬餘，金珠玳瑁冰片燕窩海參烏紅木魚鹽之利甲於海外。前明時千絲蚋據其國，設巴禮院（即天主教），行禮拜之教。巴禮者，番僧也（天主教之師），以濂水為令，不祀先祖，所奉之神惟阡氏而已（即耶蘇）。即濂水者，以巴禮王（即羅馬教王）之尸煎為脂膏，將奉教之時，令人自誓其身為阡氏所出，巴禮將脂水滴其頭，故曰濂水。娶妻謂之牽手，親迎之日，教父（即教師）以鍊環男女之頸，每七日至院乞巴禮改罪，曰看彌卅。有女尼院，專司財賄以供國用，其院封鎖甚嚴，男子絕跡，日用所需之物，壁上用轉斗傳進。女子有欲進院修行者悉入焉余按呂宋一島在閩海東南距臺灣不遠地形風土俱相似臺灣頃為荷蘭所據鄭氏奪還遂歸版籍呂宋稍遠西班牙以詭謀取之倚為外府者數百年矣陳黄兩書所記大半皆天主教規乃西班牙本國之俗其以一晝夜為兩晝夜相傳為防變而起惟種蠱之說泰西向無此事當是土番舊俗耳地近閩疆漳泉兩郡之民流寓其地者不下數萬其例内地客民每年輸丁票銀五六兩方許居住當臺灣未開之前呂宋之米時時接濟閩中近廈門通商呂宋之米復至較之珍奇玩好其為利益也大矣

近年諸番來粤東者多聚於馬尼剌米利堅佛郎西遣酋來通市其船皆會集於此蓋其地為七洲洋之東岸轉柁北行即入長沙頭門而抵粤東諸番倚為東道之逆旅薪水糗糧

皆取辦於此、故近來小呂宋之繁盛、為南洋諸島之最、又黃毅軒呂宋紀畧云、乾隆年間西北海之英黎（即英吉利）猝造甲板船十餘、直溯呂宋、欲踞其地、化人巴禮納幣請解、英黎乃返、余按化人巴禮、即天主教之師、泰西人皆奉天主教、每用其人以解紛、然英人之遽肯收兵、亦非信巴禮之說也、西班牙之有呂宋已二三百年、不特市船流通、資為外府、而國勢之所託、儼然東西兩境、若為英人所奪、則干絲臘亡其半矣、彼即中衰、究係西洋大國、命脈所關、勢且背城借一、英國雖強、豈遽能滅此朝食、割土於重譯之外、延敵於門闥之間、非計也、故呂宋之不可奪、英人亦明知之、特脅之以威力、待其哀請而罷兵、使之畏我德我不敢抗我顏行、然後我之市舶東來、即以彼土為東道主、而彼不敢靳、噶羅巴之已奪而

復還亦同此意皆情勢之顯然可見者
張汝霖澳門紀略云澳中凡廟所奉天主有誕生圖被難圖飛昇圖其說以耶蘇行教至一國國人裸而縛之十字木架釘其首及四肢三日甦飛還本國更越四十日而上昇年三十有三故奉教者必奉十字架每七日一禮拜至期男女分投諸寺長跽聽僧演說歲中天主出遊三巴則以十月板樟以三月九月支粮以三月大廟則二月五月六月凡三出遊率先夕詣龍鬆廟迎像至本寺然燈達旦澳衆畢集黑奴舁被難像前行番童誦咒隨之又以番童象天神披髮而翼來往騰躍諸僧手香獨步其後又用老僧抱一耶蘇像上張錦棚隨從如前儀歲三月十五日為天主難日寺僧皆瘖越十七日復鳴諸番徹酒肉三日雖果餌啜不至飽番僧不一類

三巴寺僧削髮披青冠斗帽司教者曰法王由大西洋來澳酋無與敵體者有大事疑獄兵頭番目不能決則請命命出奉之惟謹其出入張蓋樹旛幢僧雛擁衛之男女見者輒前跪捧足俟過然後起法王或摩其頂以為大幸婦女尤信嚮之龍鬆廟僧亦削髮蒙氈內衣白而長外覆以青板樟廟僧不冠曳長衣外元內白復以白布覆其兩肩噶斯蘭僧服麤布衣帶索草屨不冠不韈出入持蓋是二廟僧有盡削其髮者有但去其頂髮者他如大廟風信花王支粮諸廟則係本澳自行焚香禿頂而圓被長青衣無妻室而左右列侍番女于廟于家惟所便蓋火居衲子之流其通曉天文曾遊京師者皆留髭鬚解華語分住各廟中諸僧往來番人家其人他出徑入室見其婦以所攜藤或雨繖置諸戶外其人歸見而

避之惟三巴戒律綦嚴番婦入寺者爲之持咒禳解寺僧不苟出入即出必以人伴之書其名於版以爲志尼曰聖母其敬奉尤甚於法王一女爲尼其家人雅重辟得女尼片紙立宥之然必捐千金致諸公故入寺者鮮寺中尼凡四十有奇

三巴寺在澳東北依山爲之高數尋屋側啟門制狹長石作雕鏤金碧照耀上如覆幔旁綺疏瑰麗所奉曰天母名瑪利亞貌如少女抱一嬰兒曰天主耶蘇衣非縫製自頂被體皆采飾平畫障以琉璃望之如塑旁貌方論脫狀鬚眉豎者如怒揚者如喜耳重輪鼻隆準三十許人左手執渾天儀右叉指若動目若矚口若聲

又曰天主教者西土曰天主耶蘇漢哀帝元壽二年庚申生於如德亞國爲天主肇生人類之邦西行教至其國奉之至

今甚且沾染中土誘惑華人在明則上至公卿下逮士庶邇日奉　詔禁而博士弟子尚有信而從之者其徒著書闡述多至百餘種士大夫又為潤色其文詞以致談天言命幾於亂聰今就澳門取其書觀之所云五經十誡大都不離天堂地獄之說特陋劣較之佛書尤甚閒嘗取求其故西洋諸國由來皆崇佛教回回教觀其字用梵書歷法亦與回回同源則意大里亞之教當與諸國奉佛奉回回者無異特其俗好奇喜新聰明之士遂攘回回事天之名而據如來天堂地獄之實以兼行其說又慮不足加其上也以為尊莫天若天有主則尊愈莫若蓋其好勝之俗為之不獨史稱歷法云爾也昔西人有行教于安南者舉國惑之王患之逐其人立二幟于郊下令曰從吾者立赤幟下宥之否則立白幟下立殺之

竟無一立亦幟下者、王怒、然礮殺之盡、至今不與西洋通市、至則舉大礮擊之、西人亦卒不敢往、倭亦然、噶羅巴馬頭石鑿十字架於路口、武士露刃夾路立、商其國者必踐十字路入、否則加刃、雖西人亦不敢違、又埋耶蘇石像於城閾以蹈踐之、蓋諸番嚴惡之如此、中土人士乃信而奉之如恐弗及、明臣蔣德璟序破邪集、且為調停其間、夫逃楊歸儒歸斯受之、猶可說也、援儒入墨援而附之、不可說也、必如　聖朝用其歷法而放斥其邪教、庶乎兩得之矣、

吳長元宸垣識略云、天主堂在時憲局東、明萬歷二十八年建、本朝順治間修、乾隆四十一年重建、蓋構于西洋利瑪竇、自歐羅巴航海九萬里入中國、崇奉天主、堂制狹以深、實正面向外、而宛若側面、其頂如中國捲棚式、而覆以瓦、正面

止啟一門，牕則設於東西兩壁之巔，中供耶蘇像，繪畫而若塑者，耳鼻隆起，儼然如生人。左右兩軟樓夾堂而立，左貯天琴，日向午則樓門自開，琴乃作聲，移時聲止，樓則閉矣。右聖母堂，以供瑪利亞，作少女狀，抱一兒，耶蘇也，衣無縫，自頂被于體。所印書冊，以紅白一面反覆印之，字皆傍行，其書裝法或宋板式，外以漆革護之，用金屈戌鉤絡。所製有簡平儀、龍尾車、沙漏、遠鏡、候鐘、天琴之屬。按此當是叙萬歷初建時事

趙翼簷曝雜記云：天主堂在宣武門內，欽天監正西洋人劉松齡、高慎思等所居也。堂之為屋圓而穹，如城門洞，而明爽異常。所供天主，如美少年，名耶蘇，彼中聖人也。像繪於壁，而突出似離立，不著壁者。堂之旁有觀星臺，列架以貯千里鏡，鏡以木為筩，長七八尺，中空而嵌以玻璃，有一層者，兩層者

三層者、余嘗登其臺以鏡視天、赤日中亦見星斗、視城外則玉泉山寶塔近在咫尺間、磚縫亦歷歷可數、而玻璃之單層者所照山河人物皆正、兩層者悉倒、三層者則又正矣、有樓為作樂之所、一虬鬚者坐而鼓琴、則笙簫磬笛鐘鼓鐃鐲之聲無一不備、其法設木架於樓、架之上懸鉛管數十、下垂不及樓板寸許、樓板兩層、板有縫、與各管孔相對、一人在東南隅鼓鞴以作氣、氣在夾板中盡趨於鉛管下之縫、由縫直達於管、管各有一銅綫繫於琴絃、虬鬚者撥絃則各綫自抽頓其管中之關捩而發響矣、鉛管大小不同、中各有竅、竅以象諸樂之聲、故一人鼓琴而衆管齊鳴、百樂無不備、真奇巧、又有樂鐘并不煩人挑撥、而按時自鳴、亦備諸樂之聲、尤為巧絕、按此當是叙乾隆重建以後事俞正燮癸已類稿云西域有叢神謂之天祠有主祠者如巫覡至其教成其徒惟奉本師不復奉天神勢則然也佛藏賢愚因緣經云過去提婆令奴王將至天祠泥木天像起身為禮前王五百子中設至天祠自禮天像諸餘泥木天像悉不作禮又云恒河邊有摩尼跋羅天祠毗沙門王白帝釋言我有一臣摩尼跋羅有轉相從其祠求子是所謂天神者事火事日又雜兼衆神所謂主者廟祝如馬韓各立一人主祭天神名之曰天君也其人非一惟耶蘇能成大宗耶穌亦作爾息亦作爾撒對音字不能審也佛時乾闥婆阿修羅皆其教傳之耶穌其教始盛耶穌生當漢哀帝元壽二年景宿告祥在如德亞地唐建中二年大秦寺僧景淨立景教流行中國碑言大秦寺始貞觀十二年七月碑稱三一妙身无元真主

阿羅訶、又稱其母為三一分身景尊彌施訶、云室女誕聖於大秦、又言阿羅訶存鬚削頂七時禮讚七日一薦、則兼摩尼法、唐以後宋元不見於史、明萬歷九年、其人復至廣東、二十九年至京師、明史云、禮部郎中徐如珂召天主教二人授以筆劄、所記舛繆不相合、回回斡爾塞經則云爾撒聖人者亦阿丹聖人之後、立教敬天為主、傳徒繁盛、戰勝攻克、或通其妻、託求異術、爾撒告妻畏人縛髮、妻於是夜暗繫其髮、仇至遭擒便被殺害、其徒憤恨、天不垂佑、乃奉天主、不復事天、天主教則言耶穌行教國王磔之十字架上、其徒所傳艾儒略萬物真源、馮秉正聖言廣益全編、及其詮自證等經、冗鄙無可採語、十字架者、景教碑所言判十字以定四方者也、賢愚因緣經優婆鞠提緣品云、梵志或事日月翹卻向之、或復事火朝夕然之，即通典注言大秦胡事火咒詛也。西域記云，鉢羅那迦天祠人露形，旦上高柱，一手執柱端，一足躡傍杙，一手一足虛懸向外，視日影求出生死，所謂裸形求仙，是尼犍法。然則十字架者，高柱及杙，後不事日，猶留其式，耶穌裸體張十字架上者，耶穌以他事被殺，而遺像具生時露形上高柱，翹手脚視日也。其徒文言之則曰定四方，妄言之則曰耶穌磔於十字架。耶穌誠磔死架上，何忍寶其受慘刑具而頂禮之。且耶穌母何為以弄其兒哉。大唐西域求法高僧傳云，諸外道先有九十六部，今但十餘部，每會聚集，各為一處，是彼時猶與佛教同趣齋請，其截然分判，不知始於何時。今天主教皆力拒佛，其自言知識在腦不在心，蓋為人窮工極巧，而心竅不開，在彼國為常，在中國則為怪也。乃好誘人為之，而自述本師之事、亦不求所本、然則耶穌在西洋為持世之人、而他部之人入其教則亦無心肝之人矣、按耶穌磔死十字架湯若望書有之不應湯若望不知天主事蹟也

楊光先闢邪論上篇云、歷官李祖白、天主教之門人也、著天學傳概一卷、其言曰、天主上帝、開闢乾坤而生初人、男女各一、初人子孫聚居如德亞國、此外東西南北並無人居、當是時事一主、奉一教、紛岐邪說無自而生、其後生齒日繁、散走遐逖、而大東大西有人之始、其時略同、考之史冊、推以歷年、在中國為伏羲氏、即非伏羲亦必先伏羲不遠為中國有人之始、此中國之初人、實如德亞之苗裔、自西徂東、天學固其所懷來也、生長子孫、家傳戶習、此時此學之在中夏必倍昌明於今之世矣、延至唐虞三代君臣告誡於朝聖賢垂訓於

後往往呼天稱帝以相警勵其見之書曰昭受上帝天其申命用休詩曰文王在上於昭于天曾論曰獲罪於天無所禱也中庸曰郊社之禮所以事上帝也孟子曰樂天畏天事天何莫非天學之微言法語乎審是則中國之教無先天學者噫小人而無忌憚亦至此哉不思今日之天下即三皇五帝之天下也祖白謂歷代之聖君聖臣是邪教之苗裔六經四書是邪教之微言將何以分别我　大清之君臣而不為邪教之苗裔乎而弁其端者曰康熙三年柱下史毘陵許漸敬題噫吁異哉以史臣以諫官而亦為此言耶雖前明之季學士大夫如徐光啟李之藻李天經馮應京樊良樞者多為天主教作序然或序其歷法或序其儀器或序其算數至進天主書像圖說則罔有序之者實湯若望自序之可見徐李

諸人猶知不敢公然得罪名教也、若望之為書也、曰、男女各一、以為人類之初祖、未敢斥言覆載之內盡是其教之子孫也、祖白之為書也則盡我中國而如德亞之矣盡我中國古先帝聖師而邪教苗裔之矣盡我歷代之聖經賢傳而邪教緒餘之矣、豈止妄而已哉、天主教不許供君親牌位不許祀祖先父母、真率天下而無君父者也、而許侍御序之曰、二氏終其身於君臣父子而莫識其所為天、即儒者或不能無弊、噫、是何言也、二氏寺觀供奉龍牌、是尚識君臣、佛經言供養千辟支佛、不如孝堂上二親、是尚識父子、況吾儒以天秩天序天倫天性立教乎、惟天主耶穌以犯其國法釘死、是莫識君臣、耶穌之母瑪利亞有夫名若瑟而曰耶穌不由父生、及皈依彼教人不得供奉祖父神主、是莫識父子、許君顛倒之

甚至謂儒者言天有弊是先聖乎先賢乎不妨明指其人與
衆攻之如無其人不宜作此非聖之文自毀周孔之教也楊
墨之害道也不過曰為我兼愛而孟子亟拒之曰楊墨之道
不息孔子之道不著傳概之害道也苗裔我君臣學徒我周
孔祖白之意若曰孔子之道不息天主之教不著孟子之拒
恐人至於無父無君祖白之著恐人至於有父有君而許君
為祖白作序是拒孔孟矣遵祖白矣儒者不能無弊許君自
道之也邪教開堂於京師宣武門之內東華門之東阜城門
之西山東之濟南江南之淮安揚州鎮江江寧蘇州常熟上
海浙之杭州金華蘭谿閩之福州建寧延平汀州江右之南
昌建昌贛州東粵之廣州西粵之桂林蜀之重慶保寧楚之
武昌秦之西安晉之太原絳州豫之開封凡三十窟穴而廣

東之香山嶴盈萬人盤踞其間、成一大都會、以暗地送往迎來、若望籍歷法以藏身金門、而棋布邪教之黨羽於　大清十三省要害之地、其意欲何為乎、明綱之所以不紐者、由廢祖宗之法弛通海泄漏之律、徐光啟以法歷薦利瑪竇等於朝、以數萬里不朝貢之人來而弗識其所從來、去而弗究其所從去、行不監押之、止不關防之、十三直省之山川形勢兵馬錢粮靡不收歸圖籍而弗之禁、古今有此款待外國人之政否、　大清因明之待西洋如此習以為常不察伏戎於莽、萬一竊發、百餘年後將有知予言之不得已者。

其下篇云、天主教所事之像名曰耶穌、手執一圓象問為何物、則曰天、問天何以持於耶穌之手、則曰天不能自成其為天、如萬有之不能自成其為萬有、必有造之者而後成、天主為萬有之初有、其有無元、而為萬有元、超形與聲、不落見聞、乃從實無造成實有、不需材料器具時日、先造無量數天神、無形之體、次及造人、其造人也、必先造天地品彙諸物、以為覆載安養之需、故先造天造地造飛走鱗介種植等類、乃始造人男女各一、男名亞當、女名厄襪、以為人類之初祖、天為有始、天主為無始、有始生於無始、故稱天主焉、次造天堂以福事天主者之靈魂、造地獄以苦不事天主者之靈魂、人有罪應入地獄者、哀悔於耶穌之前、並祈耶穌之母、以轉達於天主、即赦其人之罪、靈魂亦得升於天堂、惟諸佛為魔鬼在地獄中、永不得出、問耶穌為誰、曰即天主、問天主主宰天地萬物者也、何為下生人世、曰天主憫亞當造罪禍延世世苗裔、許躬自降生、救贖於五千年中、或遣天神下告、或托前知之口代傳降生在世事蹟、頂題其端載之國史、降生期至天神報童女瑪利亞胎孕天主、瑪利亞怡然允從、遂生子名曰耶穌、故瑪利亞為天主之母、童身尚有未壞、問耶穌生於何代何時、曰生於漢哀帝元壽二年庚申、噫荒唐怪誕亦至此哉、夫天二氣之所結撰而成、非有所造而成者也、設天果有天主、則覆載之內四海萬國無一而非天主之所宰制、必無獨主如德亞一國之理、獨主一國豈得稱天主哉、既稱天主、則天上地下四海萬國物類甚多、皆待天主宰制、天主下生三十三年、誰代主宰其事、天地既無主宰、則天亦不運行、地亦不長養、人亦不生死、物亦不蕃茂、而萬類不幾息矣、天主欲救亞當、胡不下生於造天之初、乃生於漢之元壽庚申、天主造人當造盛德至善之人、以為人類之初祖、猶恐後人之不善繼述、何造一驕敖爲惡之亞當、致子孫世世受禍、且其子孫中又有聖有賢有智有仁不盡肖亞當所爲、又何人造之哉、天主下生救之、宜過化存神型仁講讓以登一世於皞熙其或庶幾、乃不識其大而好行小惠、惟以瘳人之疾生人之死、履海幻食天堂地獄爲事、又安能救一世之雲礽去惡而還善以還造化之固有哉、釋氏銷罪、必令懺悔、彼教則但崇事耶穌母子者即升之天堂、不奉之者即下之地獄、使奉者皆善人、不奉者皆惡人、猶可說也、苟奉者皆惡人、不奉者皆善人、不皆顛倒賞罰乎、謂佛墮地獄中永不得出、誰則見之、而耶穌生釘十字架、則現身劍樹苦海、豈有主宰天地萬物之人而不能自主其一身之性命者乎、以造化世界之上帝、而世人能戕之戮之者乎、剽竊釋氏天堂地獄之唾餘、而反脣謗佛、則雖道教方士之剽佛謗佛不如是甚也、且又援儒而謗儒、歷引六經之上帝而斷章以證、其爲天主曰蒼蒼之天、乃上帝所役、使或東或西、無頭無腹無手無足、未可爲尊、況於下地乃衆足所踐污穢所歸、安有可尊之勢、夫不尊天地而尊上帝猶可言也、尊耶穌爲上帝則不可言也、耶穌而誠全天德之聖人也、則必一言而爲法後世、一事而澤被四海、若伏羲文王之明易象、堯舜之致時雍、大禹之平水土、周公之制禮樂、孔子之明道德、斯萬世之功也、耶穌有一于是乎、如以瘳人之病起人之死爲功、此華佗良醫祝由幻術之事、非大聖人之事也、更非主宰天地萬物者之事也、苟以此爲功、則何如不令人病不令人死之功更大也、以上帝之聖神廣運、一一待其遇病瘳之、遇死起之、則已不勝其勞、遇耶穌者一二、不遇耶穌者無量無邊、其救世之功安在也且利瑪竇之書、止載耶穌救世功畢復升歸天而諱其死于王難、至湯若望黠、不若利瑪竇、乃并其釘死受罪圖寫而直布之、其去黃巾五斗米之張道陵幾何、而世尚或以其制器之精奇而喜之、或以其不婚不宦而重之、不知其儀器精者兵械亦精、適足為我隱患也、不婚宦者其志不在小、乃在誘吾民而去之、如圖日本取呂宋之已事可鑒也、詩曰、相彼雨雪先集為霰、傳又曰、鷹化為鳩、君子猶惡其眼、今者海氛未靖譏察當嚴、揖盜開門、後患宜毖、寍使今日詈予為妬口、毋使異日神予為前知、斯則中國之厚幸也夫、案福音書耶穌自稱為上帝之子而稱上帝為神父、未嘗謂耶穌即上帝也、此所論稍未中肯、其餘大概得之

魏源天主教考上篇云、天學初函、諸書未之見也、所見者、西

夷述救世主耶穌新遺詔書用漢文譯刊凡十餘卷、曰馬泰傳福音書第一、馬可傳福音書第二、路加傳福音書第三、約翰傳福音書第四、皆述耶穌降生行教靈蹟始末也、聖徒言行傳第五、述耶穌死後諸大弟子傳教事迹也、聖徒保羅奇人書十篇、聖徒約翰奇人書三篇、又聖徒耶哥伯書、彼得羅猶大士書、皆其門人闡揚師教、猶中土人論學之書也、又聖人約翰天啟之傳、則言天地刼毀、天主重造人物之事、計自開闢至今將六千年、自耶穌降生千有八百三十餘年、再耶穌為基督、其先世自亞伯喇罕至大辟十四代、自大辟至流巴庇倫十四代、自流巴庇倫至基督亦十四代、其四十二代其母曰馬里亞、童女有身、徵兆奇異、言是上帝之子降生、代天行化、及長能使病者愈、死者生、聾者聰、瘖者語、盲者視、跛者行、能履海濤、能服邪鬼、能榮槁木、能以七餅分給四千人之食、能通各國語言、遣其十二門人行化各郡國、言上帝為神父、耶穌為神子、敬其子即敬天、年三十有二、為猶大國異教所嫉、毀之國王、禽而釘之十字架、死後三日復活、母子重逢、生於天上、坐于上帝之右、其現身酷死、所以代衆生之罪故惟敬耶穌、可以免罪獲福、免地獄生天上、萬麻中馮馬諾著天問略曰、天有十二重、最高之十一重、為天主上帝諸神聖處、永靜不動、廣大如此、即天堂也、其內第十一重、為宗動天、其第十第九重為東西歲差天、南北歲差天、其動極微、僅可推算而甚微妙、又其內各重為日月諸星本動之天、皆自西而東、宗動天自東而西、故先論九重、未及十二也、福音書曰、元始有道、道即上帝、萬物以道而造、其造生者人類之光也、光輝耀於暗、而居暗者不識、有上帝所遣之人、名約翰、來為其光所證、令衆得信真光照世、即耶穌也、其身非由私欲而生、乃上帝之子也、耶穌之教、始于阿細亞州、而西行于歐羅巴、近則并行于墨利加、其西洋人發揮彼教之書曰、大西各國、惟知崇拜一上帝、此外無所祈禱、此教何所始、曰、有一舊遺聖書、乃上帝指示摩西聖人所錄、而摩西子孫傳於後世也、其一言上帝之出没、其二言萬民之本分、其三言後世之永福永禍、夫上帝先乎天地萬物、不可得知其所由來、惟無所不知、無所不能、無所不在、至正至大至智至誠、則人人可信、故風雷雲雨日月星辰草木花卉飛禽走獸鱗介昆蟲、凡天地所覆載、莫非上帝創造、故名之曰天父、曰救世、曰聖神、其實一上帝而已、此當知者一、人生于世、莫不稟受于天則此身心皆上帝所生、上帝即人之親矣、為子者可不愛敬其大父母乎、次則生我之父母、亦當報罔極之恩、推及同氣與天下同類之人、此當知者二、且人莫不有靈魂、常不息不滅、故信上帝而為善、則死後其靈永享天福、違上帝而為惡則死後其靈永受苦罰此當知者三、上帝無形無聲、恐人不知、故留書以教世、其聖書始于夏、終于漢前者已閱三千年、後者已閱二千年餘矣、其書半是亞細亞之西希伯來人所錄、半是歐羅巴之東希臘人所錄、又有神理論曰、天地內有神為極大全能造化萬物、管理萬物、人不能自生、物不能自造、日星何以循環、山川何以凝載、草木何以榮落、飛走潛介何以視聽鳴動、曰靈曰魂曰心曰性皆神之所為也、是神獨一無二、最始無前倘有對待有後起、即非神天之神也、莫大于天地然、天地有形可見神天無形、天地有終、始神天無終始、天地乃受造之物、所造之者神也、天地乃運動之機器、所以運之者神也、天地尚不可稱神、而世人常敬數神千百神、如日月雲雷山海社稷、則以其尊大顯赫而神之、古人有文武出衆功德在人者、則神之、不知天上地下、止有一神所管、更無二神可抗、故專言神恐鄰于祇鬼、專言天恐泥于形氣、惟合言神天乃足該至大至靈之宗、即儒書所謂造化、所謂上帝、非世俗玉皇大帝之謂者也、謂神曰靈亦可、但有人靈有仙靈有天靈、人靈與身體相結、不脫于物、亦神所造非神也、仙靈乃神之使者、無麤重之身而有細妙之身、亦神所造、非神也、惟天靈即神天、全無身體、無方所、無在無不在、故易曰、陰陽不測之謂神、妙萬物之謂神、不疾而速、不行而至之

謂神、

其中篇云、天主垂世、為十大誡、十大誡者、當中國商朝時、神天降於如大國之西奈山、文留石碑、又以大聲音宣其命令、惟召聖人摩西上山受上帝之命、藏在金匱、千年至耶穌興、始以其法示人、凡戴天履地、皆宜祗遵、其一神天曰除我外不可有別神也、凡人手所作之木偶土石及山川祖宗等神皆不可奉葢拜祭之禮止可施于神天不可施于他人以分此心宜全心一意以敬神天也其二神天曰不可為我而造雕畫之像、不可立廟設位、陳牲酒、施鼓樂、讚誦而事神也、禮拜之日雖耶穌及聖母之像十字之架皆不可設葢無形之聖神有形則非神矣其三神天曰爾不可輕用神名、古時以色耳國民受神遺詔述神名曰耶何瓦漢譯言自然而然之神也凡發願發誓祈禱閒語時不可泛稱神名必至誠用之其四神天曰撒巴日宜守禮、其前六日可兼營爾業、惟第七日不可務別業、並爾子女婢僕牲口門內之客皆然、

痛

蓋六日内神主造天地海、第七日乃神主安息日、故宜守之撤已即禮拜日也第七日不惟罷外事乃亦息内念已往未來一切閒事勿念一心專念神天或拜神或讀聖書或省察已心或勸化他人皆所以保靈魂體造化以上四誡皆屬敬天、以下六條乃及五常、其五神天曰敬爾父母、六曰不可殺人、不但害人靈魂不可即自戕者其靈魂陷入地獄故臨難可死不可自戕最為大罪七曰不可姦人妻、不惟禁外淫并不許養妾凡富貴之人可用婢僕無數惟不可置妾無子亦聽于命不可違戒八曰不可盜人物、九曰不可妄證及爾鄰者、十曰不可貪人之所有、上數戒皆外事此則并心內貪念戒之耶穌曰、爾以全心全靈魂全明悟而愛爾主爾神、此乃第一大誡、其第二則必愛爾鄰如己焉、此耶穌述十誡大意歸此敬天愛人二者、然敬天則無不愛人、故二者中又以敬天為要、聖徒保羅曰、惡報有三、一者今世諸難、二者死亡大痛、三者死後永苦、凡有罪者不能脫免、惟信耶穌可得救之、何者、耶穌在世成全律法有大功勞信之則其功歸我又耶穌曾受艱苦代我當罪信之則我罪歸他大哉盛哉施舍生命以免我苦以其痛苦我得平安以其死亡我得生活以其禍害我得永福天上神仙其力有限其位非高不如耶穌力大尊極貴為神子位為參天自棄天光降此紅塵代人受苦以救萬世不信之者雖善人以墮落能信之者即罪人立升天堂至萬萬年還有餘祥焉

其下篇云天學初函諸書四庫全書列諸存目今略録其提要曰二十五言一卷明利瑪竇撰西洋人之入中國自利瑪竇始西洋教法傳中國亦自此二十五條始大旨多剽竊釋氏而文詞尤拙蓋西方之教惟有佛書歐羅巴人取其意而變幻之猶未能甚離其本厥後既入中國習見儒書則因緣

假借以文，其說乃漸至蔓衍支離，不可究詰，自以為超出三教上矣。附存其目，庶可知彼教之初所見不過如是也。又天主實義二卷，明利瑪竇撰。是書成于萬歷癸卯，凡八篇。首篇論天主始制天地萬物，而主宰安養之；二篇解釋世人錯認天主；三篇論人魂不滅，大異禽獸；四篇辨釋鬼神及人魂異論，天下萬物不可謂之一體；五篇排辯輪迴六道、戒殺生之謬，而明齋素之意在于正志；六篇解釋意不可滅，并論死後必有天堂地獄之賞罰；七篇論人性本善，併述天主門士之學；八篇總舉泰西俗尚，而論其傳道之士所以不娶之意，并釋天主降生西土來由。大旨主于使人尊信天主，以行其教。知儒教之不可攻，則附會六經中上帝之說，以合于天主；而特攻釋氏以求勝。然天堂地獄之說與輪迴之說相去無幾，特小變釋氏之說而本原則一耳又畸人十篇二卷附西琴曲意一卷明利瑪竇撰是書成于萬歷戊申凡十篇皆設為問答以申彼教之說一謂人壽既過誤猶為有二謂人于今世惟僑寓耳三謂常念死候利行為祥四謂常念死後備死後審五謂君子希言而欲無言六謂齋素正旨非由戒殺七謂自省自責無為為尤八謂善惡之報在身之後九謂妄詢未來自速身凶十謂富而貪吝苦于貧窶其言宏肆博辯頗足動聽大抵攝釋氏生死無常罪福不爽之說而不取其輪迴戒殺不娶之說以附會于儒理使人猝不可攻較所作天主實義純涉支離荒誕者立說較巧以佛書比之天主實義猶其禮懺此則猶其談禪也末附西琴曲意八章乃萬歷庚子利瑪竇覲京師所獻皆譯以華言非其本旨惟曲意僅存

以其旨與十論相發、故附録書末焉、又七克七卷、明西洋人龐廸我撰、書成于萬歷甲辰、其說以天主所禁罪宗凡七、一謂驕傲、二謂嫉妬、三謂慳吝、四謂忿怒、五謂迷飲食、六謂迷色、七謂懈惰于善、廸我因此作書發明其義、一曰伏傲、二曰平妬、三曰解貪、四曰熄忿、五曰塞饕、六曰防淫、七曰策怠、其言出于儒墨之間、就所論之一事言之、不為無理、而皆歸本敬事天主以求福、則其謬在宗旨、不在詞說也、其論保守童身一條、載或人難以人俱守貞、不婚、人類將滅、乃答以儻世人俱守貞、人類將滅、天主必有以處之、何煩過慮、其詞已遁、又謂生人之類、有生必有滅、亦始終成毀之常、若得以此終以此毀、幸甚大願、則又詞窮理屈、不覺遁于釋氏矣、尚何闢佛之云乎、又辨學遺牘一卷、明利瑪竇撰、是編乃其與虞淳熙論釋氏書及辨蓮池和尚竹窓三筆攻擊天主之說齊固失矣楚亦未為得也又交友論一卷明利瑪竇撰萬歷已亥利瑪竇遊南昌與建安王論友道因著是編以獻其言不甚荒悖然多為利害而言醇駁參半如云友者過譽之害大于仇者過訾之言此中理者也又云多有密友便無密友此洞悉物情者也至云視其人之友如林則知其德之盛視其人之友落落如晨星則知其德之薄是導天下以濫交矣又云二人為友不應一富一貴是止知有通財之義而不知古禮惟小功同財不概諸朋友一相友而即同財是使富者受無差等而貧者且以利合又豈中庸之道乎王肯堂鬱岡齋筆塵曰利君遺余交友論一編有味哉其言之也使其素熟于中土語言文字當不止是乃稍刪潤著于篇則此書為肯堂

所黙甯矣、又西學凡一卷、明西洋人艾儒略撰、儒略有職方外紀已著録、是書成于天啟癸亥、天學初函之第一種也、所述皆其國建學育才之法、凡分六科、所謂勒鐸理加者文科也、斐録所費亞者、理科也、黙第濟納者醫科也、勒義斯者法科也、加諾搦斯者、教科也、陡禄日亞者、道科也、其教授各有次第、大抵從文入理、而理為之綱、文科如中國之小學、理科則如中國之大學、醫科法科教科者皆其事業、道科則在彼法中所謂盡性致命之極也、其致力亦以格物窮理為本、以明體達用為功、與儒學次序略似、特所格之物、皆器數之末、而所窮之理、又支離神怪而不可詰、是所以為異學耳、又靈言蠡勺二卷、明西洋人畢方濟撰、而徐光啟編録之書、成于天啟甲子、皆論亞尼瑪之學、亞尼瑪者、華言靈性也、凡四篇一論亞尼瑪之體、二論亞尼瑪之能、三論亞尼瑪之尊、四論亞尼瑪所同美好之情、而總歸於敬事天主以求福、其實即釋氏覺性之說、而巧為敷衍耳、明之季年、心學盛行、西士慧黠、因據佛經而變幻之、以投時好、其說驟行、蓋由于此、所謂物先必腐而後蟲生、非盡持論之巧也、又空際格致二卷、明西洋人高一志撰、西法以火氣水土為四大元行、而以中國五行兼用金木為非、一志因作此書以暢其說、然其窺測天文、不能廢五星也、天地自然之氣、而欲以强詞奪之、烏可得乎、適成其妄而已矣、寰有詮六卷、明西洋人溥汎際撰、書亦成于天啟中、其論皆宗天主、又有圜滿純體不壞等十五篇、總以闡明彼法、案歐羅巴人天文推算之密、工匠製作之巧、實逾前古、其議論夸詐迂怪、亦為異端之尤、國朝節取其技能、而禁傳其學術、具存深意、其書本不足登冊府之編。然如寰有詮之類、明史藝文志中已列其名、削而不論、轉慮惑誣、故著于錄而闢斥之。又明史載其書于道家、今考所言兼剽三教之理、而又舉三教全排之、變幻支離、真雜學也、故存其目於雜家。

魏源曰、西域三大教、天主天方皆闢佛、皆事天、即佛經所謂婆羅門天祠、其教皆起自上古、稍衰于佛世、而復盛于佛以後。然吾讀福音諸書、無一言及於明心之方、修道之事也、又非有治歷明時制器利用之功也、惟以療病為神奇、稱天父神子為刼制、尚不及天方教之條理、何以嵐行雲布、橫被西海、莫不尊親、豈其教入中土者、皆淺人拙譯、而精英或不傳歟、神天既無形氣、無方體、乃降聲如德之國、勒石西奈之山、殆甚于趙宋祥符之天書。而摩西一人上山受命，遂傳十誡，則西域之王欽若也。印度上古有婆羅門事天之教，天方、天主皆衍其宗支，益之譎誕。既莫尊于神天，戒偶像，戒祀先，而耶穌聖母之像、十字之架，家懸戶供，何又岐神天而二之耶？斥佛氏之戒殺，而力言禽獸異于人之靈魂，萬物不可為一體，以濟其口腹庖宰之欲，是上帝果不好生而好殺乎？人之靈魂最貴，故人不可殺，亦不可自殺，即殉難自殺，亦必陷地獄，則申生、扶蘇、召忽、屈原皆地獄中人，反不如臨難苟免之人乎？謂上帝初造人類時，止造一男一女，故人各一妻，妻即無道不可議出，即無子不可娶妾，則何以處淫悍不孝？且何又許富貴人婢僕無數，豈陰許其實而陽禁其名乎？謂人一命終，善惡皆定，受報苦樂，永無改易，更無復生輪回之事，則今生皆初世為人人皆天主所造何不但造善信毋造邪惡乎耶穌自身受罪可代衆生之罪則佛言歷刼難行苦行舍頭目腦髓若恒河沙功德當更不可量耶穌又曷亦之乎謂孔子佛老皆周時人僅閱二千餘歲有名字朝代但為人中之一人不能宰制萬有則耶穌詎非西漢末人又安能代神天以主造化且聖人之生孰非天之所子耶穌自稱神天之子正猶穆罕默德之號天使何獨此之代天則是彼之代天則非乎歷覽西夷書惟神理論頗近吾儒上帝造化之旨餘皆委巷所設君子勿道又其書皆英夷所刊布而英吉利舊傳不奉天主教見海國聞見錄及浮夷安突得口供及考每月統紀傳則又言英吉利民遷墨利加洲新地不服水土疫氣流行皆赴神天之堂籲救得息於是國人奉事天主七日禮拜又以耳得蘭

島距國數里結黨抗教國王勒之歸順且禁買黑奴亦以耶穌之道豈昔闢之而近日奉之歟抑遵波羅士特之天主教而不遵加特力之天主教門戶不同旨歸小異歟董子曰道之大原出于天故吾儒本天與釋氏之本心若冰炭乃天方天主亦皆本天而教之冰炭益甚豈辨生於末學而本師宗旨或不盡然歟周孔語言文字西不逾流沙北不暨北海南不盡南海廣谷大川風氣異宜天不能不生一人以教治之羣愚服智羣嚚訟服正直文中子曰西方之聖人也中國則泥莊子曰八荒以外聖人論而不議九州以外聖人議而不辨或復謂東海西海聖各出而心理同則又何說焉道光二十五年廣東總督奏佛蘭西國夷呈請天主教勸人為善非邪教請弛漢人習天主教之禁奏交部議准海口立天主堂華人入教者聽之惟不許奸誘婦女誆騙病人眼睛違者仍治罪查西洋之天主教不可知若中國之天主教則方其入教也有

吞受藥丸，領銀三次之事，有掃除祖先神主之事，其同教有男女共宿一堂之事，其病終有本師來取目睛之事，其銀每次給百三十兩為貿易資本，虧折則復領，凡領三次則不復給，贍之終身。曩京師有醫某者，歲終貧困，思惟入天主教可救貧，而卯教又不可入，乃先煎泄藥升許，與妻子議言，俟我歸如惛迷者，急取藥灌我。于是至天主堂，西洋人授以丸如小酥餅，使吞之，予百餘金，歸至家則手擲神主，口中喃喃，妻子急如前言灌藥，良久暴下而醒，見廁中有物蠕動，而視之則女形寸許，眉目如生，乃蓋之藥瓶中。黎明而教師至，手持利刀索還原物，醫言必告我此何物，乃以相予，教師曰，此乃天主聖母也，入教稍久則手抱人心，終身信向不改教矣，乃予之而去。又凡入教人病將死，必報其師，師至則妻子皆跪室外不許入，良久氣絕，乃許入，則教師以白布囊死人之首，不許解視，蓋睛已去矣。有偽入教者，欲試其術，乃佯病數日不食，報其師至，果持小刀近前將取睛，其人奮起奪擊之，乃踉蹌遁。聞夷市中國鉛百斤可煎文銀八兩，其餘九十二斤仍可賣還原價，惟其銀必以華人睛點之乃可用，而西洋人睛不濟事，故西洋病中無取睛之事，獨華人入教則有之也，亦猶鴉片不行于夷，而行于華之類也。

姚瑩康輶紀行論復設天主條云，道光二十五年三月十四日，伊濂江出示，奉文准西洋人設天主堂行教粵中，奏言西洋人自前明入中國奉天主教無非勸人為善因習教者假此誘淫婦女取人死後目睛嘉慶中禁止今佛郎西在五處馬頭設天主堂請弛中國習教之禁倘有誘淫婦女取人目睛者仍如例治罪係西洋人交夷目辦理

按在京天主堂明萬歷二十八年建　本朝順治間修而東華録載康熙八年天主教除南懷仁等照常自行外所有直省復立堂入教仍着嚴行禁止是直省三十天主堂當亦建自萬歷而停於嘉慶矣近有人問余濟南及各省天主堂建於何時廢於何時余因考論彼教各書而特表之

甯波海商謝占壬云道光六年江蘇海運出力保奏巡檢　呂宋距關最近其疏濬海口之法中國似可仿行蓋二十年前呂宋內河入海之雞峙口洋面計長三百六十里闊二百餘里因内河流沙入

海口門淤淺，舟行阻滯，而汪洋一望，難從水底施工。會英吉利番船至彼，不能進口，英吉利人固多巧技，精於樞紐轉旋之法，遂置轉盤器具，設法疏濬，縱橫數百里淺沙，不半年悉皆通暢，從此大船揚帆直入，均無阻礙。其法皆借轉輪之力以代人工，所用器具，以長方式船若干隻，自船腰以至船頭分開兩叉，如四，叉中横插車盤一，如水車式，車邊離水底數寸，深淺仍可伸縮，船面横眠轉輪一道，若干人踏之，使車盤轉動，再用大播箕一，可裝土數千觔，箕底設車輪兩道，箕口鑲鐵，如耕田之犁，再用兩鐵索，長數丈，一頭繫於車盤，一頭縛於箕口，車輪轉動，則播箕拉近船邊，鐵犁耕過，則沙土捲入箕内，面上另設鶯架車，起播箕，將沙傾入小船，剗往他處。其船四面拋定錨纜，不令移動，專在中洪，逐節挑深，使河溜奔激中洪，自能逐漸深闊，既省人力，又易成功。此某昔游閩中，與呂宋舵工交好，覽其所記海道鍼譜內附此法，惜未目覩一切器具為恨。近在天津，偶與海船舵工談及，方知有鎮海王思高者，昔為呂宋舵工，今因年老退歸，曾親見此項工程，言之尤備。近聞南河舊有混江龍鐵笓箕，用以疏刷河底，迄今用之，不效，其故由於黃河屢次決口，分洩河流，溜緩沙停，以致海口河身一例平坦，河面尚有溜勢，河底卻同平水，雖用鐵笓箕挑刷，無奈隨刷隨停，非如昔年河身高下懸殊，溜勢徹底奔騰，河底積沙稍為挑動，即能挾溜遠行也。因憶昔年航海，常遇泊船錨纜並無風浪，忽然移動，舟人亦不解其故，今始悟及海口潮溜小則面溜底平，大潮則徹底奔流，要知錨齒插入沙中，則錨柄錨纜皆能布水下趨，沖開海底泥沙無恠錨齒露出因而移動勢使然也竊復進而思之方今河底溜勢平緩不能挾沙入海可否即仿布水冲沙之意用船千數隻舵尾皆掛一披水板兩邊再加鑲板闊數尺長數丈以外洋硬木為之加以石墜使一頭沉入水中其式如削爪之鑗其板下置車輪一道使板離水一二尺輪在河底轉動水從板下布出涯冲河底再掛鐵笓箕於船腰且笓且冲自下而上逐節疏通船隻衆多乘風而上順流而下使河底沙水刻不停緩冀可挾沙入海或亦節省人工之一法歟布水冲沙之法如果試有成效可至浙江寗台兩府雇募釣船一二千隻航海入淮其船尖頭闊尾河海並行善於掉戧但非頂頭逆風稍得傍風便能逆流而上乘春夏東南風順利大小統計每船五人足以應用每日給與工食並船價銀

二兩之數所費尚屬有限事非經驗不敢自信惟值當事大人念切河漕不揣鄙陋謹述所聞參以臆見用備芻採源案此說疏濬海口法專在中洪逐節濬深使河流奔激中洪自能逐漸深闊蓋先仿河工混江龍鐵掃帚之法以引水歸槽繼即用對棋偏溜之意以水力攻沙非全恃船輪人力即能浚深數百里海口于半載之中也其船四面拋定抽纜不令稍動亦非浚船來往梭織之謂

南洋西里百

由呂宋正南視之有大島踞於巳方曰西里百（一作失勒密士又作細利窪）島分四支如人臂股汊港尤為奧曲北一支曰馬拿多（一作茫拿陀）東向兩支曰多羅曰摩尼南向一支曰馬加撒（一作芒佳風又作望加錫又作茫加薩）荷蘭於南北兩支各立埔頭建砲臺戍以兵馬加撒土番在巫來由中別一種類稱曰蕪吉（或作武吃氏）剛猛好武技擊最精男女自童時即習之一人持短刀可敵數十人每揚帆海上海賊望而引避聞其名無不辟易者其種人散布諸島國人皆重之獲利則歸養其親舊本噶羅巴屬國魁處馬甲撒山中自稱骨喏如爪亞之稱巡欄不受荷蘭約束與盟約為兄弟而已又一種番名武敦剛猛類武吃氏居於馬甲撒之南諸島物產與呂宋畧同幼布海參最良

按燕吉在島番中別一種類，泰西人稱為南海之傑，其人武勇且知孝養，得此輩數萬可以固圉，可以創霸，而惜其僻處荒島，無奇傑以為之倡也。果有其人，泰西諸國何遽能得志於南洋耶。

南洋蘇禄

呂宋羣島之西南、婆羅洲之東北、有小國曰蘇禄、接連三島、島俱渺小、而戶口頗繁、本巫來由番族、悍勇善鬬、民多習為海盜、西班牙既據呂宋、欲以蘇禄為屬國、蘇禄不從、西人以兵攻之、反為所敗、其海産明珠玳瑁、山産蘇木荳蔻降香籐條、又産鸚鵡、戶口繁多、地磽瘠、食不足、糴於別島、厦門商船時由呂宋往貿易、由厦至蘇禄、水程一百一十更、海國聞見録謂蘇禄與吉里問文萊共一土係屬錯誤今更正之

薄海番域録云、蘇禄分東西峒、有三王、明永樂十五年、東王巴都葛巴叭答剌、西王麻哈剌吒葛剌麻丁、峒王巴都葛巴剌卜、並率其屬三百餘人來貢方物、各給印誥封為王、東王歸次德州卒、命葬以王禮、令其子都麻含還國、留次妃葛本

甯次子安都禄等守墓，歲支米七十五石，萬歷中裁，其五世孫安守孫，奏復之，我
朝雍正六年，遣使至閩貢物，求内附，以其險遠，未之許也，余按蘇禄南洋小國，獨喁喁慕義，累世朝宗，當西班牙荷蘭虎視南洋，諸番國咸遭吞噬，蘇禄以拳石小島，奮力拒戰，數百年來，安然自保，殆番族之能自强者哉，

南洋噶羅巴

由廈門趨七洲洋、用未針指西南、過昆侖、越茶盤、歷水程二百八十更、而抵噶羅巴、或作噶刺巴、又稱咬𠺕巴、又稱呀瓦、即爪哇國噶羅巴者、南洋大島、西界與蘇門答臘、隔一海港、峽口曰巽他、峽兩岸即舊港地為泰西諸國東來必由之路、其國東西橫亘約千餘里、背負南海、以火燄山為屏障、左曰萬丹、即古闍婆地右曰井裏汶、其北兩山夾峙如巷曰狹内、狹内南諸嶼羅列、有王嶼、夾板嶼、鼎馬嶼、白嶼、草嶼等名、謂之嶼城、歷嶼城而抵其國、門戶重疊、形勢甚壯、舊本繞阿番部、或稱爪亞、又作爪鴉、又作耀亞、皆繞阿之轉音、乃亞來由別種、元史稱猧哇、明史稱爪哇、哇即亞之轉音、猧爪又爪之轉音也其王稱巡欄、居於山中、地名覽内、各部之渠稱史丹王、官有雙柄伽頭山海美色葛内外淡板公杯突公勃壠諸名目、史丹官屬有把智淡板公把低等名、自古為南洋名國、附近諸番島、半歸統轄、前明中葉、荷蘭兵船避風入巴地、見其土地雄闊、可建城池、乃入萬丹、餌以卑辭厚幣、借海岸片土修船、又以設立木柵蔽內外為請、繞阿貪利從之、遂襲破萬丹、并取巴地、繞阿震慴不敢爭、荷蘭與盟約、每歲納租銀、其沿海一帶之地、并歸荷蘭統轄、巴王由是為荷蘭所制、惟命是從、王死、王子非荷蘭命不得立、除授官職、亦聽命於荷蘭、荷蘭鎮以大酋、於海口建城邑、設市廛、街衢方廣、貨物充牣、閩廣之海船、大小西洋之夾板、每歲往來以千百計、遂為南洋第一都會、其地當赤道之南、炎熱異常、隆冬如內地之初夏、花木四時相續、春雨秋旱、歲止一收、而土田肥沃、米價極賤、閩廣之民流寓其地者以數萬計、荷蘭擇其賢能者為甲必丹、（歐羅巴官名、如中國州縣之類）專理華人詞訟、近年因華人把持行市、禁新到唐人不准留住、（諸洋番稱中國為唐人、猶西北諸部之稱漢人其部落并裹汶之東南為北膠浪、北膠浪之東北有大埔頭曰三寶壠、商船萃集之地、富盛不亞巴城、再東為竭力石、又極東臨海為士里莫、東北臨海為外南旺、巴城以西之萬丹古稱闍婆國、荷蘭據其濱海之地、立埔頭、繁盛亞於三寶壠、巴地所產者米穀白糖加非燕窩近年學種闍茶、味頗不惡、但不甚多、附近諸番島以噶羅巴為總匯之地、貨物畢萃於斯、

天下郡國利病書云、瓜哇國、即噶羅巴古訶陵也、一曰闍婆又名莆家龍、在真臘之南海中洲上、其屬國有蘇吉丹打板打網底等國、即史丹淡板公把低之訛誤以官名為國名有文字、知星歷、宋元嘉九年始通中國、後絕、至唐貞觀二十一年、與墮和羅墮婆登皆遣使入貢、天寶中自闍婆遷於婆露伽斯城、宋淳化五年入貢、元時始稱瓜哇、世祖大舉兵征之不克、後命將史弼破其國

擒酋長以歸、尋放還、明洪武二年、遣行人吳用錫以璽書隨入貢、封其王昔里八達剌為國王、三佛齊（即舊港見後）其屬國也、八年二月、令三佛齊爪哇山川之神附祭於廣東山川之次、後分為東西二國、永樂年間、並遣使朝貢、東王尋為西王所滅、天順四年復入貢、自是不可考云云、按噶羅巴為南洋大國、劉宋時即通中土、西包三佛齊、東括數十番部、筐篚迭貢、儼然海外雄藩、乃一旦為荷蘭所紿、門庭戶牖、悉滋他族、奄然跧伏、幾於陳蔡不羨、彼西人炮火之威、抵禦固非易易、然馬辰以毒流獲全、蘇祿以血戰自保、而噶羅巴乃獨以貪餌釀禍、繞阿素、黠竟智出兩部下乎、荷蘭據巴國海口、年月不可考、大約在明之中葉、自是粵海無爪哇片帆矣、鯨鯢既已横絶、鰈鶼無效順之路、可哀也夫、海島逸志云、嘪剌巴、海中澤國、由廈門往、水程二百八十更、四季皆如夏候、炎風暴厲、觸之生疾、河水甘涼、浴之卻病、米價平賤、人民富庶、貨物皆各處屬國輻輳、以赴貿易者、非巴中所產也、地本爪亞之國、和蘭即荷蘭所居邊海之地、十不得一、爪亞之人數百倍於和蘭、俗尚質樸、人愚蠢、性柔怯、畏懼和蘭、聞其名則合掌、主僕之分最嚴、見主人必屈膝合掌、名曰占巴、春雨後田水平滿、拋種於田、不煩耘鉏、自然暢茂、米價極賤、其米粒長而軟、內地不及也、家計生產皆婦人主之、生女為貴、贅壻於室、生男則出贅於人、室如亭、四面開窗、無椅榻、席地而坐、地皆鋪席、施帷幄、男女盤膝雜坐、見客以握手為禮、俗重檳榔、客至則捧以為敬、食不設箸、以手摶之、啖牛肉、不食豬犬、女子不施脂粉、不簪花、衣無領、裙而不袴、男子則衣有領鬢簪花身有袴百花四季不凋百果相續不絶味皆美於閩廣蔬菜價倍於雞鶩緣米價賤人不肯竭力灌園也巴國以風為鬼以水為藥凡感冒風熱浴於河則愈産婦及小兒出痘皆浴於河雖盛暑不敢露體扇風卧必密室施帷幙少冒風則病立作所以窗戸皆用玻璃取不透風而光亮也（以上皆言爪亞土俗）自明初迄今四百餘載閩廣之人留寓者生齒日繁富商大賈獲利無窮因納賄和蘭求其推舉為甲必丹華人口角鬬毆皆質之於甲必丹長揖不跪自稱晚生是非曲直無不立斷至犯大罪并嫁娶生死皆申報和蘭水旱來往皆給與文憑使不得濫相出入人命惟重見證見證必斬雞發誓方敢花押定案所以殺人往往無償無敢作見證故也巴城地勢平坦人居稠密出鑒光（城也）市皆為園地而

和蘭園林相接聯絡數十里其中樓閣亭臺橋梁花榭曲盡精巧每七日一禮拜於巳刻入寺講經念咒拱聽者或低首垂涙似能感發人心也者約半時許散去是日不理事入園林遊賞盡一日之歡云此言荷蘭制度風俗○三寶壠一作三巴郎巴國所屬之區百貨所聚賈帆湊集甲於東南諸洲北膠浪暫森其左右翼也嘮呐吽其倉廩也堤埔二胞縿其門戶也所轄上下數百里土田肥沃人民殷富為諸邦之冠天氣清涼人少疾病遠勝巴國米價尤賤市無饑者風俗質樸道不拾遺夜不閉戶和蘭有官駐守職名鵝鑾律又有杯突大寫財副新蟯咞嗹等屬分司各事凡推華人為甲必丹必申詳其祖家巴中甲必丹權分而利不專三寶壠甲必丹則利權獨擅煮海為鹽大田為租皆甲必丹有也故得膺其職者則富逾百

萬矣禮拜寺有高樓鐘聲四達丑未之初為一點鐘至十二點而止未正丑正為二點鐘則家家閉戶而卧路無行人是一日如兩日一世如兩世矣（此與呂宋同俗或泰西本有此俗也）〇北膠浪巴國東南之區面山背海列屋而居南北限以柵華人萃處其中俗呼為八芝蘭（番言街衢）厦屋連延危樓高聳西向者為甲必丹第有園數畝樹木亭沼幽雅特絕迤北有澤海真人祠柵門外為泊面（番言稅館）徵往來之稅隨河而北約半里為外泊面稽查偷漏又四五里達於海口有聖墓極靈舟楫往來必具香楮拜禱浪中有和蘭宮杯突駐守有城有兵城與八芝蘭隔一河城之南園林深邃傑閣巍峩者杯突居焉浪中為巴國山僻之地景色天然不假修飾夕陽在山漁歌互答有似楚江音節河水不深不淺茭芡縱橫彷彿蘇杭景象俯仰之

間皆足以遊目騁懷者也。○萬丹古稱闍婆國，在巴國之西，爪亞所居。地方寬廣，土田肥沃，貨物繁多，人皆富裕。所產佳紋席、幼席，為南洋最。和蘭據海邊，招集諸夷往來交易，納其租稅。史丹（爪亞之主）處於山中，居第極壯麗，第外築一小城，和蘭官十二人、兵百人居之，名曰護衛，史丹實鈐禁之。史丹歿，其子非和蘭命不得立也。爪亞四處散處，雖有國主，惟知畏和蘭而已。○噶羅巴漳、泉之人最多，有數世不回中華者，語番語，衣番衣，食番食，讀番書，不屑為爪亞，而自號曰息坔（南字去聲）。其寄居未久，及時往來者，服食語言仍華俗。和蘭專設甲必丹，以理華民。為甲必丹者皆漳、泉人，或以此致富，則滿載歸來，不復往。漳人陳曆代其堂兄映為三寶壠甲必丹，番官淡板公往候之，隊馬數百，整肅而來，至柵門外則下馬，入門則

膝行而前、聽危坐、俟其至、乃少久身、爪亞之敬畏和蘭如此、

王柳谷居噶羅巴十年、贅於甲必丹某之家、巴國境內遊覽殆遍、故言巴事最為詳覈、今摘錄數則於此

按海南饒沃之土、以噶羅巴為最、荷蘭以詭謀取之、遂致富强、明季甲板四出、侵擾閩浙、實倚巴地為巢穴也、其後漸以掊克為事、華人販鬻其地者、許置貨不許攜銀、貨又産於別島、不能時至、華船守候過時、歸途多遭颱颶、以此咸懷怨咨、嘉慶年間、荷蘭王為佛郎西拿破侖所逼、走死荒野、國為佛郎西所并、英吉利恐佛人之兼有巴地也、嘉慶十四年秋、以舟師逼巴城、荷蘭酋堅守不下、逾年復往、以天炮環攻、荷蘭酋遁去、地遂為英所有、除荷蘭苛法、商旅便之、一時轟傳荷蘭為英吉利所滅、即此事也、後數年拿破侖敗、荷蘭復國、其王以卑禮厚幣請於英、英復以巴地還畀之、然英船視巴地

為東道主，荷蘭不敢逆也。

国家出版基金项目
NATIONAL PUBLICATION FOUNDATION

海上絲綢之路文獻集成

總主編　陳支平　陳春聲

歷代史籍編 20

主編　范金民

海峽出版發行集團
THE STRAITS PUBLISHING & DISTRIBUTING GROUP
福建人民出版社

本册目次

談瀛徵實八卷（卷二至卷五）

〔清〕方朔纂

談瀛徵實卷二

南洋諸論

懷甯方朔小東纂輯

泰西人萬國地理書云、南洋諸島、沿海土人皆巫來由番族、黑面長髮、頭纏布、赤足、腰圍花紋布、穿裩插短刀、多駕船捕魚、或為海盜、皆奉回回教、內地有黑面土番、居山穴樹林、如中國苗猓之類、中國流寓甚衆、廣州嘉應州之人為工、潮州之人為農、泉州漳州之人為商、獲利多者為泉漳人、閩粵游手謀生無策、往往自投絕域、不復首邱、或娶番婦生子女、遂化為異族、南洋一水、萬島環生、補巽維之空缺、其種人名為巫來由、黑醜無慧、蠢蠢如豕鹿、漢平南越後、諸番稍通貢獻、唐宋兩朝、番舶乃聚於粵東、明成祖好勤遠畧、特遣詔使遍歷各番島、開讀於是諸番島喁喁内嚮、效共球者數十族、如呂宋瓜哇婆羅洲蘇門答臘之類、幅員差廣、可稱為國、亦有蕞爾洲島、戸不盈千、仰慕威靈、攜孥求覲、遂至漁獠蜑戸、概錫王封、雖云盛事、抑未免夸而濫矣、中葉以後、歐羅巴諸國航海東來、蓄謀襲奪、番族愚懦、不能與校、於是呂宋羣島遂為西班牙所據、而蘇門答臘以東大小數十島、處處有荷蘭埔頭、萬歷後、諸番國朝貢之舟無復抵香山墺者、以為遠人之日久寖踈、而不知其流離瑣尾地已為他族有也、自泰西據南洋諸島、城池堅壯、樓閣華好、市廛繁富、舟楫精良、與前此番族之荒陋氣象固殊、而中土之多事亦遂萌牙於此、英吉利諸埔頭在息力以西、南洋諸島非其有也、然國勢既强、西班牙荷蘭非其匹敵、莫敢迕視、其視南洋諸島若己有之、修船炮、備糗糧、諸島皆奉承唯謹、不必涉息力以西而後能辨應也、昔之南洋為侏儒之窟宅、今之南洋乃歐羅之逆旅、履霜冰至、豈伊朝夕、事勢之積漸、蓋三百餘年於茲矣、天下郡國利病書云、漢時朱崖之南、有都元諶離夫甘都盧黄支等國、近者十餘日、遠至四五月程、前後遣使入貢、多異物、武帝時、遣應募人與其使俱入海、市明珠璧琉璃奇石異物、賚黄金雜繒而往、所至國皆廩食為耦、蠻夷賈船轉送致之、夷珍貨流入中國始此、桓帝時、扶南之西天竺（即五印度）大秦（即羅馬）等國、皆由南海重譯貢獻、而賈胡自此充斥於揚粵矣、其貢玳瑁象齒古貝（樹名可以作布）沈水香琥珀、獸則馴象元犀猩猩之屬、多不可殫紀、三國時吳孫權遣宣化從事朱應中郎康泰使諸番國、其所經及傳聞有數百國、康立傳記、謂之扶南土國、曰蒲蘆中、曰優曰横趺、曰諸簿、曰北欘、曰濱那專、曰烏文、曰斯調、曰林陽、曰馬五洲、曰薄歎洲、曰䑸蘭洲、曰巨延洲、晉武帝平吳後入貢者林邑扶南之外、曰牟羅、曰横蘆、曰末利、曰皐離、曰滿都、曰纏余、曰沙樓、曰蒲林、皆昔所未聞者也、劉宋蕭齊時入貢者有師子毗加梨、(即孟加拉)干陀利、(即三佛齊)闍蒲、(即噶羅巴)婆黄、阿羅陀、(即麻剌甲)阿羅單婆使狼牙修、(即錫蘭)盤盤、頓遜等十餘國、梁武帝時通貢者有婆利、(即蘇門答臘)丹丹、(即萬丹)毗騫、(即噶羅巴)等國、隋時入貢者益多、有投和邊斗之屬、其貢大抵金寶香藥等物、亦有獻佛牙舍利者、皆奉婆羅門教故也、余按以上諸番國歷代異名重譯之餘、展轉淆訛、莫可究詰、其為今何國何島、有可考有不可考、大約近者為南洋諸番、遠者至五印度而止、海外諸番之通貢實萌牙於兩漢、歐羅巴諸國市舶之來粵、則始於前明、今南洋印度諸島國、皆變為歐羅巴諸國埔頭地、則猶是也、而主者非其舊矣、又云、置嶺南市舶使始於唐、以嶺南帥臣監領之、設市區、令蠻夷來貢者爲市、稍收利入官、貞觀十七年、詔三路舶司、番商販到、龍腦沉香丁香白荳蔻、四色並抽解一分、武后時、都統路元叡、冒取番酋貨物、酋不勝忿、殺之、後於廣州設結好使、每番舶至、則審事宜以聞、貞元間、嶺南奏請移番市於安南、陸贄在中書奏議駁之、宋開寶四年、置市舶司於廣州、以知州兼使通判兼判官、湻化二年、始立抽解二分、凡諸番之在南海者並通貨以金錫緡錢易其犀象珊瑚琥珀珠琲鑌鐵鼊皮玳瑁瑪瑙水晶番布烏樠蘇木香藥等物、太宗立榷務於京師、詔諸番貨至廣州、非出官庫不得私相貿易、其後又詔非珍奇物皆聽市、後又詔他物之良者亦聽市、其半、大抵海舶至徵其什一、而給其餘價、值、歲入以數十巨萬計、縣官經費有助焉、熙甯中廣州市舶歲課虧折或以為市易司擾之故令提舉究詰以聞於是務官呂邈以闌取番物劾免後以言者罷杭州市舶諸司皆隸廣州元豐三年中書言廣舶已修定條約宜選官推行詔廣東以轉運使孫迥罷帥臣兼領大觀元年復置廣浙福建三路市舶提舉司三年詔番商欲往他郡者從舶司給劵毋雜禁物其防船兵仗給之建炎二年詔市舶多以無用之物枉費國用取税権自今以後篤耨香指環瑪瑙貓兒眼睛之類博買前來及有虧番商者重治其罪惟賜臣寮象笏犀帶可者量令輸送紹興二十七年詔廣南經略市舶司察番商假託入貢隆興中臣寮以象齒珠犀比他貨最重請十分抽一罷博買乾道初臣僚又言福建廣南皆有市舶宜置官提舉淳熙二年詔廣州市舶除権貨物他物之良者止市其半宋自南渡後經費困乏一切倚

辦海船、歲入固不少、然金銀銅錫錢幣亦用是漏泄外境、而錢之泄尤甚、法禁雖嚴、奸巧愈密、其弊卒不可言、元世祖嘗立提舉司、尋罷、至英宗治平六年、遣使榷廣東番貨、乃復立之、聽海商貿易、歸征其稅、順帝元統六年、罷廣東提舉二司、至正二年、復立廣東提舉司、申嚴市舶之禁、三年、總海商貿易、歸征其稅、明制、諸番例三年一貢、世見來王、准互市、立市舶提舉司、以主諸番入貢、應入貢番、先給以符簿、及至三司、與合符、視其表文方物無偽、仍送入京、若國王王妃及陪臣等附至貨物、抽其十分之五、其餘官給之直、暹羅爪哇二國、免抽、其番商私賚貨物入為市易者、悉封籍之、抽其十二、乃聽貿易、然閩廣奸民、往往有椎髻耳環、效番衣服聲音、入其船中、導之為奸、因緣鈔掠、傍海甚苦之、初洪武三年、須科舉詔於安南占城、以其通中國文字也海外諸番自是朝貢不絕永樂改元遣行人聞良輔內臣侯顯鄭和等招諭西南諸番暹羅瓜哇以至西洋古里諸國諸番貢獻畢至奇貨重寶前所未有乃命內臣監鎮市而設公館於城南水濱後改建於郡西仙湖永樂四年置懷遠驛於廣州城蜆子步刱居百二十間以居番人隸舶市所提舉司然內官總貨提舉官吏惟領簿而已成化宏治之世貢獻至者日盛有司惟容其番使入見餘皆停留於驛往來設宴管待方許入城衣服詭異亦有帽金珠衣朝霞者老稚咸競觀之椒木銅鼓戒指寶石溢於庫市番貨甚賤貧民承令博買多致富正德十二年西海夷人佛郎機亦稱朝貢突入東莞縣火銃迅烈震駭遠近殘掠甚至炙食小兒（詳佛郎西圖說）海道奉命誅逐乃出境自是海舶悉行禁止例應入貢諸番亦鮮有至者貢舶乃往漳泉廣城

市貿蕭然、非舊制矣、於是兩廣巡撫都御史林富稽祖訓會典、奏上得允、於是番舶乃通焉、嘉靖中、諸夷市舶抵粵内臣乘船至澳、遣知縣有廉幹者往船盤抽、提舉司官吏亦無與焉、余按南按南海諸番之通中國自漢始、而嶺南之榷番稅自唐始、唐以以前之通番、不過求珍異之貨、誇王會之儀、其重在貢、而唐唐以後則榷其貨稅以益國用、其重在市、由唐至明中葉、閩廣廣之所謂番舶者、不過南洋小西洋諸島國、非今日歐羅巴之之番舶、亦無所謂鴉片毒物也、然南宋時已有錢幣漏泄之憂、前前明時已有奸民假冒之弊、殆所謂勢有必至、理有固然者者歟、古聖人不貴異物、不寶遠物、豈惟謹節制度、杜侈汰之萌而而防患未然之意、亦可謂深切著明矣、顧亭林海外諸番貢貢市一篇、頗為詳核、故採録之、以資考鏡焉、清河蕭令裕粵東市船論云、康熙二十三年、臺灣鄭氏平、海禁大開、二十四年從疆吏之請、設江海關、浙海關、閩海關、粵海關、於是內地商船兼通南洋、荷蘭助順、先請互市、他島夷望風景附、莫不詹戴斗牛、梯航歲至、英吉利最後款關、其國皆在大西洋、荒遠莫測、而自漢以來、所通西域、僅至西南洋而止、然以漢書前後西域二傳考之、則知西域之與西洋、地雖相遼、俗不甚遠也、班書稱罽賓國王治循鮮城、其民巧、雕文刻鏤、治宮室、織罽刺文繡、好酒食、有金銀銅錫以為器、市列以金銀為錢、文為騎馬、幕為人面、其風氣物類與罽賓同者、有烏弋安息之屬、烏弋之王獨文為人頭、幕為騎馬、安息亦以銀為錢、文獨為王面、幕為夫人面、今英吉利佛蘭西荷蘭諸國、善製鐘表、窮極工巧、織罽之屬、精妙絕倫、所用洋錢、一以銀鑄、幕為人面、或為王面、

為須髯
為字誤

斯其俗相近一矣、班書稱安息國畫革旁行為書記、師古謂今西方胡國及南方林邑之徒、書皆橫行不直下、今西洋諸國書旁行斜上、皆拉體納字、今欽天監有書拉體納字文鳥跡蛛絲、由左以達右、斯其俗相近二矣、班書自宛以西至安息國、雖頗異言、然大同自相曉知、其人皆深目、多須頔、善賈市、爭分銖、貴女子、女子所言、丈夫乃決、正今西洋諸國善賈爭利、家事取決于女子、媍主貲財、夫無妾媵、微不同者、深目鮮須耳、斯其俗相近之三矣、蓋大西洋之地、在漢書惟大秦國足以當之、范書言大秦國、亦云海西國、以金銀為錢、銀錢十當金錢一、其王常欲通使于漢、而安息欲以漢繒綵與之交市、故遮閡不得自達、至桓帝延熹九年、大秦王安敦遣使自日南徼外獻象牙犀角玳瑁、始乃一通焉、直至明代萬歷中、利瑪竇入中土、而大秦人始通于中國、縱以佛郎機荷蘭戈船相繼至粵間故大西洋之通自明代始若天竺國一名身毒則西南洋非西洋也亦于明季　國初為西洋諸國據其海口設礮臺立市埠今來粵貿易港脚白頭夷附英吉利旗號者即古之天竺國于是大西洋與西南洋始混而為一徵諸漢時西域之俗既如彼驗之今日南洋之船又如此豈非向背之故振古如茲懷誘之方無遠不屆者哉夫象胥達志情欵非易通也漲海浸天帆檣非樂赴也而黃支獻見漢以來始不絕書番禺都會唐以後船乃雲萃可知殊裔之貢珍視中華為天府諸蕃之懷化求市賈以自封也昔之聖王稔其風尚故結以恩信招以貨賄蠻夷竭歡衆來致福減戍守之費兵革不興收征榷之羸軍儲是賴遠覽古今因時之制得失之林斷可識已是故趨利如騖者種人谿壑之常因勢要約者函夏

可得凝乎
凝字誤否

金湯之固、孟堅所謂漢多財物、必市乃得所欲、及罽賓實利賞賜賈市、其使數年而一至者、真為得其情實也、知其情實而御之有道矣。

其二云、或曰聖王分九州、制五服、務盛內、不求外、漢之蠻夷通市貨買、好辭為詐、多求使者護送、以事絕遠、故孟堅謂盛德在我、無取於彼也、今南洋諸船、抵我邊境、什百為羣、連檣相接、器則火礮蠻刀、人則趫捷狙獷、設有伏莽坐見披猖、漢之已事、可得凝乎。應之曰、此未足以為虞也、軍旅之事、必權衡於主客、洲島之俗、惟利益於貿遷、凡夷之必我資者二、而我之不夷患者二、番人性耆乳酪、膠結腸腹、惟大黃茶葉蕩滌稱神、一不得食立致困病、異時恰克圖口不與俄羅斯通市、西洋各國市大黃於粵、每國限以五百斤、防其漏入俄羅斯也、比開關如故、紅毛花旗諸酋、合辭籲請毋限定數、是知疵癘之祲、非藥罔濟、旗槍之用、在彼同需、今茶斤出口、歲計四五十萬、頻年交易之有積存、然茶之為物霉變易生、三歲以後、不可復食、如聞英夷誇詐、謅有三十年之蓄、此其欺罔、不辨自明、設有禁斷、鷙攫內作、其必我資者一也、番人近利尚功、以海商為世業、沿海埠頭競思壟斷、轉相販鬻、䘵及毫釐、其有别部雜港、思商中國、率為遮閡、用擅專利、又攸關之船、珍貨山積、來自本國、例幾重稅、國主藉有稅入、用供餉俸、住澳門者為大班、總其貿易、厚資本者為船主、統曰公司、他夥長水稍附貨載艙、無不希收餘羨、用裨生計、舉國上下、皆以中華為利藪、其必我資者二也、英夷窟宅、濔隔重洋、惟澳門租住、是其頓宿之所、澳夷雖甚貧薄、未易全以賄通、其米利堅、佛蘭西諸國、夙與仇讐、不能統壹、如有跳梁使相

上計誤作工計

攻擊，以夷伐夷，正可撫為我用，故佛郎機之寇新會，卒以成擒。明嘉靖中和蘭番之寓臺灣，終歸敗遁，老巢既遠，持久為難，其不夷患者一也。民非水火莫能生活，番船之來，商梢百數，近時洋米載自呂宋，轉餉無之，誠難與爭。然萬山以外，颶風堪虞，一入萬山，糧道立斷，加海水味澀，秋冬變鹹，潭洲迤北之洋，春夏清甘可飲，蓋北江之所從入也，秋冬水涸，海氣上浮矣。夷來下碇，每在秋冬，涓涓之滴，不堪入口，是故守礮臺之險，絕奸民接濟之路，斷桅檣之泉，截大嶼龍穴之汲，以守岸為工計，不交鋒於大洋，我逸彼勞，彼客我主，其不夷患者二也。去彼二患，守我二資，交易坦途，番客大至，航三萬里之海，但有牽來譏四十柁之徵，都無檢閱，茲非柙藩之善政、欽賢之遺規與？且尤有說焉：凡夷之狡焉生心者，皆漢奸之導誘也。而漢奸之敢于煽惑者，皆執事之侵漁也。往夷貨之來，有稅有鈔，

面牌照誤作回牌照

一寄于商寄字誤

有進口出口之規，有分頭足頭之算，箱包漆木，動輒規例之收，呢羽鐘表，咸入彤廷之貢，此取之在上者也。商保之船，必資規費，貨銷之數，按抽行用，黄埔一進泊，而丁胥之事例已多，省澳一往來，面牌照之取求又夥，吏役之生活，仰給唯於船來，蔬米之日需，翔貴由于買辦，此取之在下者也。取得其道，則受吏樂輸，而荒服有出塗之願；取失其道，則商胡斂怨，而奸豪售貪狡之謀。何者，商行資用，類皆取自夷中，一奇于商，即商因而厚斂，一斂于夷，即夷從而忮求。厚斂者以官為市，而商或潤其餘，忮求者引商為援，而夷斯逞其慾。始則規制弁髦，傲然而違犯，繼則言語慢易，哤然而上侵，小則礮械森陳，陽為防護將牢之說，大則兵船飄忽，陰懷恫疑虛喝之謀。欲懲奸而畏首畏尾，欲大創而籌餉籌兵，蓋貪縱侵凌於無事之日，不得不彌縫姑息于

有急之秋也、蘇軾謂絜廉哲人之細事、而古今邊患常生於貪、守邊得廉吏、則夷夏乂安、諒哉言乎、

其三云、市舶之通、人多同異、自英吉利橫海上、驕嫚日聞、於是有爲封關罷市之議者、應之曰、市舶者、島夷嚮化之誠、沿海居民之利也、得其所欲、則瀛渤晏安、失其所營、則奸豪反側、善謀國者、但當自計利害、不足與論是非也、方嘉靖時、海寇大作、毒東南者十餘年、其始因倭船至閩浙互市、諸大姓及商賈多負其直、倭糧匱爲盜、諸大姓脅將吏捕逐之、兵且出、又泄斯期令去、約他日至償其直、他日至負如初、倭大怨恨、而內地奸民復煽爲亂、遂焚掠州縣、巡撫朱紈至、首嚴通番禁、犯者寘重典、又憤閩浙勢家多庇賊、上疏言過激、中朝士大夫與爲難、爭掣其肘、劾紈至死、中外莫敢言海禁事、於是徐海汪直內訌、而倭亂

成矣。鄉使互市之倭不虧其直，洋來之船不禁其通，則徐海、汪直，公然貿易之商；日本、佛郎機，長比朝宗之集也。挾倭之賊以脅官，即挾官之兵以脅倭，譸張爲幻，負直不償，金鼓一振，毒逋四海。當時商賈釀禍，萬死莫辭，而市舶既革，利權在下，港外交通，走險不擇。朱紈通番之禁，殆亦因噎而廢食者哉。鄭曉稱倭禍起于市舶，禮部遂請罷市舶，而不知所當罷者市舶太監，非市舶也，可謂深切著明矣。今粵關通市百有餘年，假令奏罷，停其來船，洋行貨直類多賒貸，一時殷商墊給，既所不甘，疲商責償于何取辦，勢必遠夷怨咨，要遮不去；而買辦、引水、漁船、快蠏之徒，沙文、馬占、（沙文者僱于夷，馬占通夷語者也）通事、洋貨鋪之屬，懼于失業，潛爲教誘。椎髻之俗，好亂由于性生；飛鴞之音，集林忘其懷化。未形隱患，可勝言耶？且防邊之策，尤貴招徠，漢書謂匈奴貪尚

多訛雲誤
許雲
綱首誤
存

樂關市嗜漢財物漢亦通關市不絕以中之故知撫綏遐服非財賂無以欵通懷畏遠人必貿販乃能要結也夫中行說衛律之謀主是漢患之內生也賣馬邑交易之無功由釁端之自啟也如彼英夷不同冒頓自為海賈何暇遠圖但使關市持平夷商親附脫有奸猾隱為許虞屏之遠方肆諸朝市百蠻慴伏豈敢動哉然而體順夷情主平市價必有以大服其心乃使其無所藉口必先外藩無輕節府之意而後欵塞謹功令之遵其要在於行禁肅清綱首難以賄進而無取乎閉關封港俾番商裹足而望洋也後漢書張奐傳遷安定屬國都尉羌性貪而貴吏清前有八都尉率好貨財為所患苦及奐正身潔己威化大行班超謂任尚曰蠻夷難養易敗宜蕩佚簡易寬小過總大綱而已夫小過之糾不肯為其簡易財貨之好乃甘為其患苦抑何

齊末誤作齊人

方寸岑樓不揣本而齊人之甚乎君子是以知君卿之導和推本信誠盧奐之清白用懷遠俗也

其四云鴉片煙一名阿片一名阿夫容出英吉利屬國種紅罌粟花葉如靛青子如茄每根灌結子二三顆熟時夜以刀劃皮分許膏液流出晨收而浸于水俄頃出之貯諸器取葉暴乾為末雜揉其中視葉末多少以定成色葉末半則得膏半然後揑為團葉裹之（見海錄）有公斑有白皮有紅皮公斑為上白皮次之紅皮最下前代無此物明時始入中國龔雲林醫鑑用阿片泥和糯米為丸治百病名一粒金丹李時珍本草綱目云俗人房中術用之雍正中年希堯刊集驗良方鴉片屢見而不言其吸食也鑲竹為管或磁或銀挑烟於盒如粒如丸就燈而吸倚枕側眠蓋自乾隆末年始嘉慶初食者漸多特奉明禁至今日而

蜑戶

家喻戶曉、俗不可挽、凡食煙之人、燃燈在榻、必兩兩對卧、左右移易、薜荔論心、用除嫌恨、名曰開燈、日久中病、應時而食、名曰煙引、引至而不得食、則四肢頹然、涕泗交下、刻不能支、吸煙數口、精神頓回、名曰過引、引深者日須三四錢、引少者以數分計、盛年柔脆、先零何早、筋力乍衰、髓竭乃槁、此食煙之狀也、煙土之入、始在澳門、繼歸黃埔、　今上初元、森嚴設禁、乃移泊于新安縣屬之零丁洋、其地水路四通、凡福建天津浙江之泛外海者、皆必由焉、島民萬餘家、皆蛋戶漁艇、販私為業、道光三四年、來躉船五六舶、前總督阮元密奏、請暫事羈縻、徐圖禁絕、近則約十七八船、經歲逗遛、接遞新煙、洋船駛進鹿門、轉入蛟門、以所載之土運黃埔深井、地名有窟宅為與援、有快蟹為護送、分售於會城之窑口、其送煙匪艇、一名扒龍數十健兒、搖漿如飛、列礮械而行、比年澳門之押冬夷、往來省城、自覓各船交易、窰口之利又分而天津閩浙船大率在省議價、到躉交土、他大吏之貢船差船私攜過嶺者、歲又不知幾許、此販煙之衆也、鴉片煙惟公班行於粵、各省類白皮、每白土一包、合三斤、值洋銀二十一二圓、去窰口之沾潤規費之花銷、番夷約得銀八九圓、每歲以一百萬包計、番夷實得銀千三百萬圓不等、自餘價銀尚七八百萬四五百萬圓、大抵水師有費、巡船有費、關役有費、營汛有費、差保有費、以窰口為授受、以煙價為取償、世盡奇貨之居、人競染指之望、此售煙之利也、其害深、其習錮、其來遠、其利溥、其人夥、其勢橫、法令之設、祇同於具文、根底之深、遂蟠於天下、說者謂番舶來貨、亦貽躉船、異時禁之、稅額將虞短絀、然關稅之贏百数十萬、鴉片之耗千萬有餘、豈貪其至輕、而忘其至重耶、夫貲財銷竭踰其人心風俗之閑鴆毒晏安惰我堅甲利兵之氣職謀國是不得不挽救力操也然而有所操即有所遺操其末者遺其本操其僞者遺其誠惟末是趨而以僞相市更及十年而其效可覩矣

其五云粵東濱海之區耕三漁七幅員遼濶民食不敷歲仰廣西桂柳梧潯諸府之接濟設遇粵西年荒諸郡閉糶則粵東米價翔貴小民粒食維艱惟洋米產小呂宋國地在閩粵之南土沃水膏不耕而穫稻米一石值銀數錢由海道來廣不過六七日粵關市舶每載入口乾隆八年欽奉

諭旨凡遇外洋貨物來閩粵等省貿易帶米一萬石以上者免其船貨稅銀十分之五帶米五千石以上者免其船貨十分之三其米聽照市價公平發糶仰見

聖謨廣遠軫切民依灼知開禁南洋爲控

制外蕃起見、

國家富有四海、並非需此稅銀、與其以茶葉大黃、易呢羽鐘表無用之物、不如助籌足食、利賴閭閻、

訓典煌煌、勝算操而垂裕遠也、自司榷者專利自封、多以此為便、奉行日久、舊制漸湮、嘉慶十一年以後、續來米船、粵關止于免鈔、飭令空船出口、由是夷商無利、來米頓稀、道光四年、總督阮公奏請各國夷船、專運洋米來粵、免其丈輸船鈔、所運米穀起駁洋行糶賣、原船載貨出口、一體徵收稅課、得

旨允行、一時黃埔澳門、歲增米十餘萬石、然各國來粵米船、均係零星小販、並非資本充裕之夷、每船載米三四千石、及一二千石不等、雖有出口貨物、其數不甚相懸、洋米之獲利既征、出口之稅銀仍納、所免進口鈔規、始猶抵敷關稅、漸且不足取償、緣阮公入告之時、僅據縣稟議行、其乾隆八年寬免米船貨稅之

恩

旨未經查明聲叙、是以但能導夷船之歲至、而不能使洋米之積餘、可以收效於會城、而未得推行於全省、本年早稻收穫僅及六成、秋冬亢旱、晚稻不足三成、來歲青黄不接之際、即查照乾隆嘉慶年間成案、飭商採買洋米回粤糶賣、將來平其市價、非不可轉歉為豐、而暫時舉行、究非永久之善策、似應奏援乾隆八年舊例、嗣後凡遇外洋夷船並無别貨攜帶、專運洋米來粤、五千石以上者、免其出口貨税十分之三、一萬石以上者、免其出口貨税十分之五、其載米不過五千石以上者、仍照道光四年成案、止免進口鈔規、不寬出口貨税、以廣　皇仁而昭限制、如此則外洋米穀進口愈多、以闢市之征、資積貯之益、然而議者或曰、　天朝民食豈藉外洋、權貨免征、且將虧税、夫茶馬者、西北之利也、以内茶易番馬、不得謂中國之戰騎取給

四五十兩十字疑誤

稅止港、沿十之五六、闔境民文俱疑誤、流二之誤

關稅稍絀誤作稅紬

于夷也、通其地之有無、使所產不歸紅腐、收其土之蓄育、使所積皆我邊儲、神明之用、因應無方也、若粵關正額盈餘歲需銀九十萬兩、比年奏銷常溢收四五十兩、其中進出貨物、以英吉利公司夷船為大宗、英吉利風俗、向來精勤織作、所製呢羽洋布紗線等物、非中國無以流通、洋米產小呂宋等處、不過一隅之地、又距英吉利國都方萬餘里、使進口洋米、出口減稅止港則花旂諸夷聞風興販、亦無沿十之五六、英吉利闔境民文必不容廢其織作、專以販米牟利、是進口之呢羽如常、即出口之貨稅無減、粵關正餘之數、歲終豈慮懸絕耶、且即關稅稅紬而藏富於民、備戶口之流二免司農之賑貸、以下益之有餘、補上損之不足、經國之遠猷、綏邊之至計、詎與夫頭會箕斂者較短絜長耶、或者又謂米非洋產、買自邊郡、船若暢來、盡攜鴉片此

皆參隨巡攔之屬造為飛言阻撓善政以自殖其私不知內米洋米味各不同市價番價豈甘折閱況零丁躉船自販煙土即洋米不通而貨船獨不賫夾耶夫洪範八政一食二貨因貨通而食足交易而退各得其所裁成輔相之方莫善於是是在當路君子之勤求民隱而已謹議源按此議洋米但知小呂宋而不知暹羅及新嘉坡葛留巴港脚諸地皆歲歲運米入口又不知運米一二千石者亦准免稅十之一且有賞給米商頂戴自康熙至乾隆疊次恩旨且載皇清通考四裔門

南海顏斯綜海防餘論云廣東有通洋之利恐有通洋之患諸國熙熙皆為利來而英夷有專為奇技淫巧以易取中國之財彼國無稅畝之徵行什一之法首務商賈稅課特重其人深謀遠慮好大誇功號令甚嚴從無寬貸用兵機警國內人少多募他國雜番而督以本國武官愛惜士卒知難即退即如商船舩

主、御下甚嚴、彷彿軍法、水手人等有過犯、與頭目應議鞭多少立案、生死不計、其俗謀奪人地、非必出自國主之意、所謂港脚者、不止殑迦孖三處地方、散處海外、皆有大小兵船、時常巡徼往來遊奕、頭目多有携眷三五富人羣居諮議、欲占據某國之某地、告之國主、許往湊合錢糧、即抽撥各處之兵船、令往攻取若戰勝得地、其地利益、國主與出資之人均分、自有章程、前者夷兵到澳門、登岸進至黄浦、乃夷商公司所為、其明徵也、各夷常説天下富庶無如中華、諸國所來船多、不覺其多、所來少不覺其少、無賣不盡之貨、又買不盡此地之貨、為海内第一、是天下更無大於中華、英吉利久有覬覦之心、常謂濠鏡澳西洋人可居、我輩不可居耶、其覬覦久矣、次則大嶼山貨物艱於來往若老萬山則孤懸海外、皆非其所屬意、英吉利嘗欲稱帝稱可汗、諸國不服、仍王號、其本國船俗呼祖家、以別於港脚白頭港脚番、志在牟利、雖為所轄、不樂戰爭、船上船主、必是英吉利愚以為若有貪民陷夷、宜開一面網、許其自拔立功、加之重賞、足以疑惑其心、彼之伎倆、專務震動挾制、槍上懸礮、登岸放火、占據各處地方、多用此法、然未敢嘗試於大國之邊疆、恐停貿易、則彼國之疋頭港脚之棉花何處銷售、茶葉等貨何處購買、彼之國計民生豈不大有關係、彼若并阻諸國之來船、肆彼劫奪、則與之爭鬥者當不止一國、彼能無慮及此哉、馭夷者必先得其情、而後有以消其桀驁之氣、折衝萬里之外、芻蕘之語、聊備采擇、

按顧祖禹讀史方輿紀要云、紅毛海夷、饒財寶、於東西洋別為種落、往往舟船彭湖、購姦民為販鬻、議者謂當與日本特

嚴防禁杜其亂階云余謂景范採此係在　國初所論實為上策然今非昔比既已通商互市當悉夷情勿畏勿疑是在智者

東南洋澳大利亞

澳大利亞，一名新荷蘭，在亞細亞東南洋巴布亞島之南，週迴約萬餘里。由此島泛大洋海東行，即抵南北亞墨利加之西界。其地亘古窮荒，未通別土。前明時，西班牙王遣使臣墨瓦蘭由亞墨利加之南西駛，再尋新地，舟行數月，忽見大地，以為別一乾坤。地荒穢無人迹，入夜燐火亂飛，命名曰火地，又以使臣之名名之曰墨瓦蠟尼加。西班牙人以此侈航海之能，亦未嘗經營其地也。後荷蘭人東來，建置南洋諸島，展轉畧地，遂抵此土，于海濱建設埔頭，名之曰澳大利亞，又稱新荷蘭。旋為佛郎西所奪。佛人尋棄去，最後英吉利得之。因其土地之廣，堅意墾闢，先流徙罪人於此為屯田計。本國無業貧民願往謀食者，亦載以來。他國之民願受一廛者，聽之。地在赤道之南，天氣炎燥，海濱多平土山嶺高者不過三十丈江河絶少雜樹荒草灌莽無垠鳥獸形狀詭譎與別土異土番黑面披髮裸體食草根山果結巢於樹予之酒一飲即醉臥泥中如豕負塗男役女若畜怒輒殺之英人流寓者墾海濱濕土種麥與粟草肥茂牧羊孳乳甚速毛毳細軟可織呢絨現居民不足十萬每年運出之羊毛值銀二百餘萬兩百物未備日用之需皆從別土運往英人於東境海口建會城曰悉尼居民二萬捕鯨之船時時收泊貿易頗盛而流徙之户本莠民飲博蕩佚相習成風流寓良民亦頗染其俗南境濱大南海英人新徙人户已成聚落西境亦創置一廛在江河之濱北境近赤道天氣酷熱產海參海菜燕窩英人派陸兵駐守以防侵奪計澳大利亞一土英人四境所耕收僅海濱片土不過百之一二其腹地則奧草叢林深昧不測土

番如獸、老死無往來、不特風土無從探訪、即山川形勢亦無由乘軺歷覽、英人謂此土雖荒曠、而百餘年後、當成大國、南海諸番島當聽役屬、如附庸也、近命名曰南亞細亞、

按澳大利亞、即泰西人職方外紀所云、天下第五大州、陳資齋海國聞見録、繪四海總圖、東南隅有片土、署曰人迹不到處、即此土也、地之廣莫、為東南洋諸島之冠、野番獸處、亘古昏蒙、西班牙既探得亞墨利加兩土、侈心不已、展轉西尋、忽見此土、以為搜奇天外、而不知地球圜轉、已至亞細亞之東南洋也、荷佛為鷸蚌之爭、旋以窮荒棄之、英吉利惜其廣土、極意經營、欲收效於數十百年之後、亦可謂好勤遠畧哉、

魏源海國圖志敘東南洋云、天地之氣、其至明而一變乎、滄海之運、隨地圜體、其自西而東乎、前代無論大一統之世、即

東晉南唐南宋齊梁偏隅割據、而航琛獻賮之島服卉衣皮之貢、史不絕書、今無一登於王會、何為乎、紅夷東駛之船遇岸爭岸、遇洲據洲、立城埠、設兵防、凡南洋之要津、已盡為西洋之都會、地氣天時變則史例亦隨世而變、志南洋、實所以志西洋也、故今以呂宋荷蘭佛郎機英吉利布路亞五國綱紀南洋、其越南暹羅緬甸日本四國雖未并於洋寇、亦以事涉洋防者著於篇、而朝鮮琉球洋防無涉者不及焉、

五印度

緬甸之西、兩藏之西南，有廣土突入南海，形如箕舌，所謂印度者也。漢書謂之身毒，又稱天竺，六朝以後，釋典皆稱印度，今稱溫都斯坦，一作痕都，又作忻都，又作興都。身毒、印度、溫都、痕都、忻都、興都，本一音，以華文譯之，遂人人殊，凡外國地名皆類此。印度有五，地形入海之處為中南兩印度，東印度東界緬甸，北連後藏，北印度雪山拱抱，東為後藏之邊徼，西為西域之札布。即布哈爾東南部落西印度跨印度河，與西域之阿富汗俾路芝接壤，東西約五千餘里，南北約七千餘里。境內名水二，東曰安額河，發源西北，東南流至孟加拉，雅魯藏布江從東北來會之入海。印度人稱為聖水，佛書所謂恒河者也。西曰印度河，發源後藏之阿里，西行繞雪山之背，至北印度之西北界，轉而南行，北印度諸水會之，至信地入海。此外西有逆埔他答地諸河，南有莪他惟利吉那加惟利諸江，北境倚雪山南境沿海，有連山環繞，中間數千里皆平土。西北界有沙磧，餘多沃壤。迤北寒暑適平，迤南近赤道，炎歊特甚。土宜五穀，宜棉花，宜鶯粟花。山水之所産者，金剛鑽、黄玉、寶石、青精、瑪瑙、明珠、珊瑚、藥材、香木、海味，又產獅子、馴象、大鳥。其人多黑面青脣，（迤北稍皙，迤南黑甚）以白布裹頭，故粤東呼為小白頭國。地本雕題種類，貴人額塗日光花卉，或以粉點面如星，庶人額刺紋，胷臂務烙卦畫形，皆雕題遺俗也。男裸上體，耳掛環，下著圍裙，女加上衣，穿耳鼻，掛金銀環，臂脛俱帶釧鐲。人習技巧，金漆雕鏤皆精絕，所製玉器薄如蟬翼。其地為佛教所從出，故自古著名。自後漢通中國，唐時屢入貢，趙宋時為回部所侵割。元起北方，括地西南，太祖征服西北印度，世所傳遇角端而迴兵者。至憲宗朝復征服中印度，以宗王駙馬分王其地，東南諸部皆聽役屬由是五印度為蒙古別部元末駙馬帖木耳王撒馬兒罕威行西域、印度諸部皆臣服明嘉靖間、撒馬兒罕別部莫卧爾攻取中印度地立國、勢張甚、力尚回教、黜佛教、（蒙古在葱嶺西者至元末皆入回教）諸部皆納貢為藩屬、久而陵夷、弱肉強食、時時搆兵、先是明宏治八年、歐羅巴之葡萄牙、航海至印度西南界之孟買、開鑿海港建立城邑、市舶通行、以此致富、荷蘭忌之、以兵船相攻、亦攘其地、立埔頭、設公班衙、擅印度海之利權者數十年、迨英吉利東來、驅除兩國而有其地、佛郎西亦於南印度之東界立埔頭、康熙七年、英吉利在東印度之孟加拉、買地建館、築炮臺、造屋七十所、帆檣雲集、百貨流通、埔頭日益富盛、乾隆十七年、孟加拉酋長毀其居、囚其人、英人以大兵攻之、遂滅孟加拉、乘勝兼南中諸部、諸部合縱、禦之心力不齊、紛紛潰敗、有為英所滅者、有聽其置吏僅擁空名者、有受役屬為藩國者、由是五印度全土、歸英轄者十之七、僅餘西北數部尚未服也、英人於沿海立藩部三、曰孟加拉、曰麻打拉薩、曰孟買、內地立藩部一、曰亞加拉、孟加拉、或作旁葛剌、又作網加拉、又作孟加臘印度極東之地、其會城曰加爾各搭、或作甲谷他在安額支河之濱、溝壕深廣、城垣鞏固、城內館舍閎敞、逵衢矢直、高樓對起、皎如白雪、城外萬艘鱗集、百貨所萃、富盛為五印度之最、英吉利有大酋統轄印度全土、駐於此城、額兵英軍三萬、土軍二十三萬、謂之敘跛兵、文職皆幼年從英國來、學習土語、職以洊升、祿甚厚、加城之東有城、曰勢他加、織工所萃、布帛山積、昔為孟加拉大酋駐札之地、轄三部、西北曰巴哈爾、一作八拿、即米圖之麥哈爾西南曰岡都亞那、即米圖之工窪納西南濱海曰苛黎薩、一作八拿力、即米圖之阿力色巴哈爾戶口繁密、人多造硝、種罌粟、青款又種玫瑰醾醾造香露痾黎薩佛教最盛之地也○阿薩密一作向三又作亞桑又名徹地缸在孟加拉之東北緬甸之西北前藏之東南距雲南邊徼不遠西北與布魯克巴相連東西約一千一百里南北約五百里北面高山綿亘迤南平衍膏腴雅魯藏布江由兩藏來折而南下經此土西行入孟加拉地本土夷部落俗崇佛教英人既取孟加拉溯藏江漸拓而東遂據其地立為別部會城曰若爾合德其土宜茶近年英人試種每歲得二十餘萬觔性寒苦飲之多作泄阿薩密不在五印度界內因英人由東印度跨割與孟加拉藩部相連故附記於此

按西藏志布魯克巴之東工布之南為戳猓烏魯爾兔族稱為狢㺄野人國其種人名老卡止嘴割數鈌塗以五色穴室巢屋獵牲為食阿薩密之東北境即在狢㺄稍南東與雲南

騰越徼外之猓夷、㹮夷相接，其東與前藏接壤者隔於狢㺄與布魯克巴，東與滇省接壤者隔於猓夷、㹮夷，然距兩處邊界均不甚遠。

麻打拉薩（或作馬搭剌，又作曼噠喇薩，又作馬達拉斯大）在孟加拉之西南，城建於海濱沙坡之上，波潮衝激，登岸最險。英人設會城於此，專為控扼南方。其人面多純黑，肢體便捷，工百戲。部名曰加爾那的（即米圖之噶納的），轄五部。迤北曰北西爾加耳（一作西令牙巴坦），迤西曰巴拉加（一作北剌利），西南曰哥英巴都爾（一作班牙樂），再西曰馬拉巴爾（一作骨他巴），再西濱海曰加那拉（一作骨他羅利）。北西爾加耳本印度大國，嘗募兵欲逐英人，英人進攻，割其國三分之一。嘉慶三年，再搆兵，為英所滅。巴拉加城建山頂，路惟蜿蜒一綫，一夫可以當關。哥英巴都爾礮臺堅固，街衢方廣，內有故王之宮，英所滅也。屬邑曰撒林民多織布造硝、馬拉巴爾山嶺崎嶇、爲流徙罪人之地、加拉那沿海一綫、其城内萬廈整潔、頗稱饒裕、麻打拉薩之南有本地治里城、一作奔的支黎又作笨支里爲佛郎西埔頭、未能辟土、止據一城而已、

孟買一作網買粵東稱爲港脚在印度西界、沿山傍海、地形狹長、其民勤於生計、供太陽火神、死者不葬、以飽烏鳶、明初葡萄牙初開海港建設埔頭、康熙初年、爲英人所奪、其地所産者棉花胡椒椰子珊瑚之類、海船甚巨、有載二萬二千五百担者、粵東最大之洋艘皆從港脚來也、部名曰疴隆加巴、一作亞麥大巴舊有同部大城、居民逾十萬、遭地震而殘毁、故以孟買爲會城、轄三部、東北曰根的士、即米圖之甘勒士西北曰古塞拉德、南曰北日不爾、孟買之北海濱舊有蘇踈城、昔爲商賈雲集之地、城内有禽獸院、養犬牛之

老邁者自市舶移於孟買此城日益蕭索根的士界内有埔拿城本馬剌他之都城（米圖作馬爾窪一作馬盧襪）嘉慶年間英人滅之其地産鴉片最多北日不爾之南濱海有地名菏襪（一作俄亞）俗稱小西洋長一百二十里濶六十里明正德五年葡萄牙取之建城設險役屬鄰藩自葡萄牙衰而其地貿易亦微又荷蘭有城在海濱曰可陳（一作固貞）近年亦為英人所取

亞加拉（米圖作亞爾名拉又名額納特珂克）在五印度東西適中之地元時蒙古初據印度全土以此為都城所謂中印度也殿閣宏整百官之署畢具城内有墖陟其頂可周視九十里城外有蒙古故王塚亦作墖形週圍數十丈工作極奇麗城四面築炮臺俱棱形勝民皆回回不崇佛教舊時本大都會自蒙古衰廢荒殘久矣近年生聚漸繁貿易復盛道光十三年英人於其地立藩部稱為

地内省未考
有脫字否

地内省轄四部、東南曰阿拉哈巴、(即米圖之阿拉哈板特)迤北曰德列、(即米圖之聶離)極北曰古爾瓦勒、(即米圖之威聊)迤西曰亞日迷爾、(一作亞北得希)亞日迷爾本回回大部、明嘉靖五年、撒馬兒罕蒙古別部、(即莫卧爾)取其地立國、歷二百三十餘年、當其盛時、印度諸國皆入貢、後權臣專政、四鄰内侵、國王孱弱、不能自立、乾隆二十五年、求援於英、英師未至、王已為敵所虜、矐其目、使自尋導者、以為笑樂、英人以勁兵破敵、乃免、然從此地歸英轄、王僅居宮殿、食俸糈、足以養其宗族而已、

按五印度別國埔頭、尚有數處、屬佛郎西者、本地治里之外、曰加黎架爾、(在加爾那的部内)曰牙那安、(在北西爾加耳部内)曰商德爾那哥耳、(在孟加拉部内)曰馬黑、(在馬拉巴爾部内)屬葡萄牙者、疴襪之外、曰達蒙(在古塞拉德部内)曰的玉、曰奔達、曰加那哥納、曰比這、靈曰薩達利

曰比爾凝、曰阿斯德拉加爾、曰巴黎曰英巴爾巴升、曰順達拉瓦的、曰加哥剌、皆海濱小聚落屬嗹國者、曰西林不爾、在孟加拉部内曰達郎給巴爾、在加爾那的部内大約不過一城一邑、或海濱一廛、藉以僑寓客商、居積財貨、非裂其壤土而有之也、則亦不足著録矣、

錫蘭錫倫○西崙○僧伽剌○楞伽山○寶渚○則意蘭○則意拉在南印度之東南海中大島也、周迴千餘里、中有崇山高阜、近海窪下、地多雨、多迅雷、山川靈秀、花木繁綺、禽聲歡樂、風景足怡、林内多象、土人用之如牛馬、居民皆崇佛教、云佛生於此土、生齒繁多、穀不足、仰食印度諸部、山出寶石、海濱出明珠、所産桂皮最良、勝於粤西、前明中葉、葡萄牙據錫蘭海口立埔頭、尋為荷蘭所奪、嘉慶元年、英吉利驅逐荷蘭、盡有海濱之地、時錫蘭酋殘虐失民心、其都城

考城名可倫
英人屢進攻

在海濱名可倫破英人屢進攻內潰而亡全島遂為英有英以大酋鎮守海船屯集之地名停可馬里

天下郡國利病書云錫蘭山國古狼牙脩也自蘇門答刺順風十二晝夜可至其國地廣人稠貨物多聚亞於瓜哇中有高山上産鴉鶻寶石每遇大雨衝流山下從沙中拾取之隋常駿至林邑極西望見焉番語謂高山為錫蘭因名相傳釋迦從迦藍輿來登此山猶存足迹山下有寺中貯釋迦涅槃真身及舍利子明永樂六年遣太監鄭和等詔諭其王亞烈若奈兒賚供器寶旛布施於寺建石碑賞賜國王頭目有差亞烈若奈兒負固不服擒之以歸擇其支屬賢者亞巴乃那立之十四年偕占城瓜哇滿刺加蘇門答刺等國貢方物正統十年天順三年復入貢云云余嘗聞米利堅人雅裨理云

錫蘭為天竺本國今稱五印度為天竺乃世俗相沿之誤按後漢書即以天竺為身毒似非以一島之名概全土雅裨理所云不知何所據也

五印度中東南諸國大半為英所夷滅分隸四部尚有十餘國納款稱藩僅存故號者英人各派大酋駐札代理國政○德干又名尼桑（一作尼散米圖作海特爾拉蠻乃其都城之名又米圖之彌勒爾係其屬部）在南印度腹地幅員之廣為中南諸部之最國無政而好戰民多怨畔四鄰并侵英人助以兵力乃免於亡遂降於英為屬國其地天氣炎熱物產豐饒風俗邪淫最甚地分五部曰海德拉巴（米圖作海特爾拉蠻）其都城也曰比德爾曰比拉爾（米圖作彌勒爾）曰亞瓦郎加巴曰北作不爾○那哥不爾（一作納不那）在德干之東北幅員半之素以盜刦為俗飛騎四出剽掠諸鄰英人力征降之今為屬國其都城與

國同名所屬通商之地曰罷架爾曰卽德各曰昭布爾曰拉登不爾曰馬合罷曰列不爾曰古達曰威拉合爾○剌日不德（卽米圖之爾勒土布他拉）又名澳地在西印度幅員遼濶西境沙磧居多東境土田最沃江河足資灌溉舊本大國夙稱富饒以力不敵而降英地分九部曰日宜不爾曰哥達曰奔的曰府代不爾曰入德不爾曰當克曰日薩爾迷耳曰比加尼爾曰巴的○賣索爾（一作買素又作邁蘇耳卽米圖之買若爾）在南印度南界素稱強國地多沃土農功甚力其王好戰侵伐四鄰連年不息英人力戰取其地散其兵乃降為屬國都城與國同名所屬通商之地曰邦加羅爾曰幾那巴登曰幾德爾德拉克曰賽拉曰哥剌爾○烏德（米圖作烏訥西藏稱為盆烏子）在東印度北境與尼泊爾為鄰力不敵英降為屬國都城曰盧各腦所屬通商之地曰非薩巴爾曰幾拉巴曰巴來支曰丹

達○西林德在北印度隆德勒至河之左本塞哥國左部降於英為屬國地分四部各有酋長曰巴的亞拉曰達內薩爾曰拉的亞納曰翁巴拉○邦德爾干波保爾曷爾加那皆中西印度小國與新的亞犬牙相錯孱弱不能自立降附於英○曰瓜爾又名古宜加瓦爾在西印度西南隅三面懸海素以寇掠為俗印度人稱為賊渠為强敵所廹降於英都城曰巴羅達一作巴羅他○薩達拉英之屬國在德干之西南都城同國名所屬通商之地曰馬合比里昔爾曰美黎至曰般德爾不耳曰合達尼○達拉王哥爾亦英屬國在南印度極西南海角都城曰的里鸞德棱所屬通商之地曰達拉王哥爾曰波爾架曰固蘭曰安任加○哲孟雄一作者木雄在東印度北境介尼泊爾布魯克巴之間北連前藏壤地最狹人戶止五六千降於英為屬國○此外中西

印度尚有數小部皆屬於英

按印度中東南諸部皆已屬英內德干等十餘部因納土歸降未幾九縣然各國皆有英酋駐札代理國政名號空存塊然守府介於若存若亡之間亦終歸於絕滅而已

布魯克巴（一作不丹）在前藏之正南其北境與前藏之帕爾接壤東南界英人新闢之阿薩密西南界孟加拉西界哲孟雄與孟加拉東西約一千五六百里南北約六七百里為紅教喇麻總持之地與兩藏之奉黃教同舊分布魯克噶畢兩族雍正年間兩族相仇殺先後赴藏投誠貝勒頗羅鼐為和解之各遣使奉表貢方物後噶畢合於布魯克為一國其地時序和平類中國遠勝兩藏土田肥沃湖河交貫五穀蔬菜瓜果皆宜戶口極繁產棉花大黃黑金紋石地分二部曰德白拉乍（即布魯克巴）曰比斯尼

即噶畢都城在德白拉作、曰達西蘇敦、西藏志作札什曲宗乃國王避暑之地國王所居名坪湯距札什曲宗二百里西藏喇麻、往來五印度、率取道於此、按布魯克巴在廓爾喀之東、中間僅隔哲孟雄一小部、泰西人地圖附見於五印度、而其書則別稱為不丹國、不列五印度諸國之中、蓋其地勢偏東、不在五印度界內也、今附錄於此、

廓爾喀一作庫爾卡本名尼泊爾、一作尼巴爾又作尼博拉又稱巴勒布、一作巴爾布或稱白布廓爾喀、乃其別部城名、當孔道而貿易繁、故其名獨著、猶西域浩罕之稱安集延也、在東印度北境、東西南皆界英人孟加拉亞加拉屬部、東界哲孟雄、北境毘連後藏、東西約一千六百里、南北約四百里、舊分葉楞布顏庫庫木三部、雍正九年、各以金葉表文貢方物、後併為一國、乾隆五十六年侵擾後藏、陷札什倫布、大掠而去、相國福文襄公率索倫勁旅征之、懸軍深入、累戰克捷、逼其都城、先是英人既滅孟加拉、東印度諸

部皆降、獨廓爾喀血戰保疆、未遭蠶食、且數數攻英屬部、至是英人聞中國進兵、亦興兵擾其邊、廓夷震恐、赴大軍乞降、獻還所掠、并獻首禍沙馬爾巴之尸、

詔許其內附、五年一貢、由四川北上、其北境連雪山、淩摩霄漢、終年積雪、土肥沃、產二麥黍稷各豆甘蔗棉花丹參肉蔻、其人短身强狠多力、戶口約百餘萬、嘉慶二十年、與英人交訌、搆兵累年、近年復相攻、互有勝負、其國亦雕題種類、彩衣塗額、與印度諸部同、面色尚不甚黑、俗崇佛教、紅黃喇麻趾相錯、惟不能操大權、國分九部、曰尼泊爾、首城名加德滿都、一作甲曼土又作陽布其國都也、曰念四汗、首城名廓爾喀、曰念二汗、首城名齊伊利、曰馬各王不爾、首城名同、曰幾拉德斯數、酋分據首城非一、曰加當首城名希當、曰札言不爾、首城名同、曰薩巴帶、首城名那剌

加利、曰麼隆首城名那剌加利爾、

按廓爾喀地形狹長、幅員非廣、當英吉利破滅孟加拉、席卷長驅、諸部望風瓦解、獨廓爾喀自保疆圉、不失寸土、其陰鷙多謀、習於戰攻、實為印度諸部之最、然輔車無鄰、獨支大敵、亦岌岌之勢矣、廓夷稱英人屬部為披楞、又稱為里底

西藏志附録稱距後藏塞爾地方十日程、係白木戎界、管九部、曰納噶爾汗、曰雜納、曰餘隆巴、曰拉不立、曰額即細、曰隘巴、曰立巴、曰雜不立、其地稱為小西天、東與朱巴連界、南至大西天盆烏子、西至白布、北至後藏曰蓋子、又云由白木戎西去十日、交大西天界、再行十日、始到小西天不爾牙王子住處、從此上船、由海中行半月、即至大西天云云、余按大小西天本番僧夸誕之稱、大約以印度之東北一帶為小西天

而餘則稱大西天、與前後藏接壤者、東有布魯克巴、西有廓爾喀、中間止有哲孟雄小部、別無大國、此所云白木戎、東至朱巴、朱巴不知為何地、西至白布、白布實即廓爾喀、南至大西天、盆烏子、似即廓爾喀南隣之烏德、然則所云白木戎者、仍即白布、仍即廓爾喀耳、兩藏與印度以雪山為界、雪山嶔嵜谽谺、中藏川谷、原非一帶、齊截橫亘如垣、中間夾雜之番戎小部、容或有之、然斷無極大部落、而人皆茫昧之理、又所云白木戎、行二十日至不爾牙上船、入海至大西天云云、今攷印度東界入海之處、惟孟加拉最近、此所云不爾牙、應即是孟加拉、由廓爾喀至孟加拉、約千餘里、似白木戎之為廓爾喀無可疑也、至番部地名、本多恢詭、重譯之餘、言人人殊、固亦不足怪耳、

大权誤作大楝（大楝亦或作大柄）

塞哥（一作悉哥又作西剋）國，北印度大國，西域稱為克什米爾（一作加治彌爾又作加支迷爾又作夾氏米里），乃其別部之名，（其國自古以此部為國名，新唐書謂之箇失密，又謂之迦溼彌羅，宋史謂之迦溼彌勒，元人謂之乞石迷耳，皆克什米爾之轉音也）猶尼泊爾之稱廓爾喀，浩罕之稱安集延也。東北雪山環抱，與後藏西徼毘連，西北隅接西域之札布，西界阿富汗俾路芝，西南界信地，東西約千里，南北約二千五百里。其地時序和平，山水明秀，沙磧雖多，而土田極沃，農功甚勤，戶口約三百萬，商賈善於行遠。西域回疆後藏處處有之。國舊分左右部，以隆德勒至河為界，河左之西林德部已降英吉利為屬國，餘諸部皆在河右，各有酋長，不相統屬。乾隆末，勞爾（即剌合）酋長林日星兼并河右諸部為一，又逾印度河，割阿富汗數城，繼立之王尤雄武，以歐羅巴人為將，戰勝攻取，四鄰畏服。道光十九年，王卒，宗孫嗣立，信任讒佞，大楝旁落，國勢頓衰先是英吉利攻滅孟加拉乘勝脅降諸部值塞哥兩世得賢主國治兵強故英人止戈修好未嘗措意至是昏庸在位閒隙可乘遂連年大舉深入侵割其疆土過半其所失為何部尚未得其詳也國分九部首曰本若都城建於拉維河岸曰勞爾一作剌合米圖作勒懷貿易繁盛為通國大都會曰固宜斯丹首城名拉德如爾曰克什米爾首城同名曰着這首城名亞德各曰亞薩勒曰北朝咸爾曰幾爾加爾不耳曰木耳丹曰勒亞曰德勒義斯馬伊爾汗曰德拉合西汗曰巴合瓦爾不耳首城皆同名道光二十年粵東譯出英人新聞紙有英軍攻阿付顏尼峩羅斯約木哈臘欲取阿付顏尼之說意在爭北印度也二十六年傳聞英人用兵於北印度有取得西刻之加治彌爾與後藏接壤欲赴藏通市之說西刻即塞哥加治彌爾即克什米爾據西人所刻地圖克什米爾在塞哥極北界英人果割地至此則已樹塞哥之背不止喪地實多抑且危如朝露矣新的亞一作地亞新在中印度地形曲折迴環與英人屬部屬藩交

錯素以剽掠為俗飛騎出沒屢與英人搆兵地分三部各有酋長不相統屬曰亞加拉（亞加拉舊都已為英屬此蓋其西南部落）首城名瓜利爾其王都也曰千德宜至首城名不即不爾曰馬盧襪（即米圖之馬爾窪一作馬剌他其都城已為英屬此蓋其東北部落）首城名痾日音馬盧襪為鴉片總聚之地每年運出二萬餘箱

信地（即米圖之阿布爾信）在西印度極西南隅北界塞哥西界俾路芝南臨印度海印度河由此入海南北約千里東西約五百里都城曰海德拉巴其國未歸英轄

按以上五國惟布魯克巴偏東不在五印度界內然東西南三面皆介英人新闢之土亦可危也廓爾喀強悍能自立且狡焉思啟實英人東面勍敵塞哥地大兵強新的亞剽輕善戰信地遠在邊隅勢異魯縞又逢弩末故三國徼幸未亡也

然近年塞哥境土已亡失過半，而新的亞包括英土之中，四面受敵，卧榻之旁，難容鼾睡，安陵之能否獨存，尚未可知。倘竟不支，則脣亡之信地，取之有如拾芥，五印度之全為英有，固意中事耳。前藏以布魯克巴為屏蔽，後藏以廓爾喀為屏蔽，兩部藩籬一撤，則兩藏直與之接壤矣。

五印度在亞細亞一土，正當午位，北面雪山綿亘，南境斗入溟渤，袤延蓋萬餘里。漢武帝欲由身毒通大夏，斷匈奴右臂，西南夷之役由此而興，然單車之使卒未能度恒河即安額河而西。後東漢時，顯宗求佛法，始一遣使，由是漸通朝貢。唐代往來尤頻數。北宋時亦屢來貢獻。元太祖起於漠北，未削金源，先開西土，由印度之西北轉戰而南。憲宗繼之，五印度遂全歸囊括。亘古蠻荒之域，使以鞭箠顛行莫逆，功烈可謂奇矣。惜乎有其土莫能變其俗，宗王國戚遠授蠻封，魋髻箕踞，囂佗自泰、迨元政既衰、聲靈隔絶、諸部之酋、雖强半蒙古苗裔、而與昔日之蠻荒亦無大區別也、歐羅巴諸國之居印度、始於前明中葉、倡之者葡萄牙、繼之者荷蘭、佛郎西、英吉利、皆以重貲購其海濱片土、營立埔頭、蠻人憒憒、不察、葡萄牙、英吉利漸於各海口建立炮臺、調設兵戍、養銳蓄謀、待時而動、迨孟加拉一發難端、遂以全力進攻、諸蠻部連雞棲桀、等於拉朽折枯、於是五印度諸部夷滅者十八九、哀哉、英人自得五印度、榷稅養兵、日益富强、其陸地與西藏之南界、滇省之西界、雖壤地幾於相接、而梯度繩懸、往來不易、水程則自孟加拉至粵東、兼旬可達、邇年英人貨船自印度來者十之六七、昔日之五印度、求疏通而不得、今日之五印度、求隔絶而不能、時勢之變、固非意料所及矣、英吉利印度埔頭孟加拉最盛孟買次之麻打拉薩又次之英吉利本國商船與歐羅巴諸國之船每歲往來以數千百計其稅銀每歲得千餘萬養兵太多支銷之外所餘亦無幾中國之布從前皆以麻織自元太祖征印度乃得棉花之種棉花初稱吉貝流傳中土至今衣被九州功駕桑麻之上其利溥矣乃鴉片之毒亦出於此五印度諸部皆產此物而最多者為馬剌他川南滇西地近印度故亦有栽種罌粟者鴉片分兩種成團者為大土其價昂聚於孟加拉麻打拉薩成片者為小土其價廉聚於孟買五印度貨物惟棉花鴉片最多近年竟以鴉片為主每歲出運數萬餘箱宇宙浮孽之氣乃獨鍾於佛國何其怪也

回疆葉爾羌等城時有克什米爾溫都斯坦兩處之人往來貿易西域聞見録謂兩部皆回部大國由葉爾羌南行六十

餘程至克什米爾又四十餘程至溫都斯坦以今攷之克什米爾即塞哥為北印度大國溫都斯坦則五印度總名部落既多西域不能辨識自克什米爾之外概稱為溫都斯坦耳又云兩廣福建之物往往由溫都斯坦販至回疆此無足怪溫都斯坦之孟加拉孟買皆英吉利大埔頭閩粵之貨山積由兩處至回疆皆商賈通行之熟路轉運固甚便矣

謝清高海錄云明呀喇（即孟加拉）土番有數種一曰明呀哩一曰夏哩一曰吧藍美明呀哩種較多而吧藍美種特富厚明呀哩食牛不食豬夏哩食豬不食牛吧藍美則俱不食富者衣食居處頗似英吉利以華麗相尚貧者家居俱裸體以數寸寬幅布圍其腰又自臍下絆至臀後以掩下體男女皆然謂之水幔（此與巫來由風俗相同）出門所圍布幅稍寬有吉慶則穿長衣

窄袖、其長曳地、用白布二丈纏其頭、以油徧搽其身、所居屋盡塗以牛糞、俗以螺殼有文彩者為貨貝、交易俱用之、娶妻皆童養、夫死婦不再嫁、鬅髮而居、各種不相為婚、男子胸胳小印數處、額上刺紋、女人皆穿鼻帶環、吧藍美死則葬於土、餘皆棄諸水、有老死者、子孫親戚送至水旁、聚而哭之、各以手撫其尸而反掌自舐之、以示親愛、徧則棄諸水、急趨而歸、以先至家者為吉、明呀哩間有以火化者、更有伉儷敦篤者、夫死婦矢殉、先積薪於野、置夫屍於上、火之、婦則盡戴所有金銀珠寶玩飾、繞火行哭、親戚亦隨哭、極慟、見屍將化、婦則隨摘諸飾分贈所厚、而跳入火、衆皆嘖嘖稱羨、俟火化而後去、每歲三四月、羣聚賽神廟門外、先豎直木一、再取一木、度其長之半、鑿孔橫穿直木上、令活動可轉、橫木兩端各以繩繫鐵鉤二有數人赤身以長幅布圍下體手綰一籃籃內裝各種時果立其下衆先取兩人以橫木兩端鐵鉤鉤其背脊兩旁懸諸空中手足散開狀如飛鳥觀者舉橫木推轉之其人取籃中果分撒於地羣爭拾之果盡復換兩人衆皆歡笑不以為苦也得果者歸以奉家長及病者以為天神所賜云土產棉花鴉片煙硝牛黃白糖海參瑇瑁訶子檀香鴉片有二種一為公班皮色黑最上一名叭第咕喇皮色赤稍次皆華人所謂烏土也出於明呀喇屬邑地名叭旦拿（即八拿）其出曼噠喇薩者亦有二種一名金花紅為上一名油紅次之出馬拉他及盎叽哩者名鴨屎紅皆華人所謂紅皮也出孟買及唎肚者則為白皮○曼噠喇薩（即麻打拉薩）在明呀喇西南由葛支里沿海陸行約二十餘日水路順風約五六日亦英吉

利大埔頭有城郭其地客商多阿哩敏番即來粤戴三角帽者是也土番名雪那哩風俗與明呀哩畧同土產珊瑚珍珠鑽石銀銅棉花訶子乳香沒藥鴉片魚翅猴棱𧴩棱𧴩形如小洋狗又有金邊洋布價極貴一疋有值洋銀八十枚者內山為嘵包補番嘵包補華言大也本回回種類其間國名甚多〇笨支里即本地治里一作房低者里在曼噠喇薩西南為佛郎機所轄地由曼噠喇薩陸行約四五日水行約日餘即到土產海參魚翅訶子棉花猴棱𧴩〇呢咕叭當即海國聞見錄所云尼顛八達舊為荷蘭埔頭在笨支里西嶺介中疆域甚小土番名擺亞即繞阿一作爪亞〇西嶺又名咕嚕慕由笨支里水路約六七日可到土番名高車子風俗與明呀哩畧同土產海參魚翅棉花蘇合油以上各地名皆東印度及中南印度東畔沿海各埔頭〇打冷莽柯即達拉王哥爾在西嶺西北順

風約二三日可到。疆域甚小，土番極貧，而性頗淳良，風俗與上畧同。屬邑有地名咖補，西洋客商皆居此。土產海參、魚翅、龍涎香、訶子。○亞英咖，在咖補西北，順風約五六日可到。土俗與上畧同。土產棉花、燕窩、椰子、訶子。○固貞（即可陳）在亞英咖西北，順風約日餘可到。本荷蘭埔頭，近亦為英吉利轄。土產乳香、沒藥、魚翅、棉花、椰子、蘇合油、血竭、砂仁、訶子、大楓子。○隔瀝骨底，在固貞北少西，順風約二日可到。土俗與上同。產胡椒、棉花、椰子，俱運至固貞售賣。○馬英，在隔瀝骨底北少西，順風約二日可到，為佛郎西所轄地（即馬黑），風俗物產與上畧同。○打拉者，在馬英西北，陸路約數十里，土俗與上同。產胡椒、海參、魚翅、淡菜。○馬剌他（即馬盧襪，一作馬爾窪，本印度大國，英人滅之地，產鴉片最多）在打拉者西，疆域甚長，沿海分為三國：一小西洋，一孟婆囉二麻倫呢為回回種類凡拜廟廟中不設主像唯於地上作三級各取花瓣徧撒其上羣向而拜或中間立一木樁每月初三各於所居門外向月念經合掌跪拜稽首土產棉花胡椒魚翅鴉片○小西洋（即俄亞）在馬剌他西北境為大西洋（即葡萄牙）所轄地土番名盈丢奉蛇為神所畫蛇有人面九首省婚嫁與明呀哩同死則葬於土每年五月男女俱浴於河延番僧坐河邊女人將起必以兩手掬水洗僧足僧則念咒取水醮女面然後穿衣起又有蘇都嚕番察里多番咕嚕米番三種多孟婆羅國人西洋人取以為兵其風俗與盈丢畧同○孟婆囉在小西洋北山中由小西洋順風約日餘可到王都在山中以竹為城風俗與小西洋同土產檀香犀角○麻倫呢在孟婆囉北順風約日餘可到風俗與孟婆囉同土

産海參魚翅鮑魚二國貨物多運至小西洋售賣○盎叽哩在麻倫呢北少西順風約一二日可到風俗與小西洋畧同土産瑪瑙棉花鴉片洋葱洋葱之白寸餘熟食味極美○孟買在盎叽哩北少西相去約數十里為英吉利大埔頭有城郭土番名叭史顏色稍白性極淳良家多饒裕土産瑪瑙大葱棉花阿魏乳香沒藥魚膏魚翅鴉片番鹹棉花最多○蘇辣（即蘇刺）在孟買北水路約三日可到土番名阿里敏物産同上○淡項（讀平聲）在蘇辣北水路約日餘可到土産同孟買○唧肚在淡項北疆域稍大順風約二日可到風俗與盎叽哩諸國畧同土産海參魚翅俱運往蘇辣孟買販賣（以上各地名皆中南印度西畔沿海各埔頭）自曼嗟喇薩至唧肚土番多不食猪牛羊犬唯食雞鴨魚蝦男女俱帶耳環自明呀喇至唧肚西洋人謂之

哥什塔、一作戈什塔中國稱為小西洋土人多以白布纏頭、所謂白頭番也、遇王及官長、蹲身合掌上於額、過然後起、子見父母亦合掌於額、平等相見亦如之、其來中國貿易、俱附英吉利船、本土船從無至中國、中國船亦無至小西洋各國者。

余按此錄所載乃東中南三印度沿海大小各埔頭、其腹地國土疆域、謝清高均未涉歷、故不能言其詳、因其敘述諸番風俗物產頗為明備、故附錄於此、

印度為佛教所從出、晉法顯北魏惠生唐元奘皆遍歷其地、訪求戒律、大乘要典紀載特詳、其所謂恒河者、即今之安額河、印度人稱為聖水、諸佛菩薩羅漢繪塑之像、多裸上體、或耳帶環、脛束釧、乃印度本俗、至今未改、所衣袈裟、即印度人外著之沙郎、僧人為禮合掌膜拜、亦皆印度土俗也、佛法自

後漢入中國至南北朝而達摩航海東來演教外別傳緇流遂布滿中國紅衣喇嘛教起於烏斯藏其地本毘連印度至前明中葉宗喀巴別唱宗風演為黃教內外蒙古暨瓦剌各部靡然從風其教可謂盛矣然自回教興於唐初由天方漸傳東北不特玉門以西多花門種類而佛法最盛之五印度亦大半舍牟尼而拜派罕（派罕巴爾即摩哈麥回教之祖也）元起北方最崇佛教太祖憲宗取印度建為外藩乃其地已半從回教不特不能改革而蒙古居其地者亦改從回教蓋自宋元以後五印度佛教已不如回教之多至今日而印度各國備歐羅巴之東藩又參以耶蘇教而佛教愈微矣慧光照於震旦而淨土轉滋他族物莫能兩大想佛力亦無如之何矣

近刻有將巴社阿丹兩回國稱為西印度并極西之如德亞

條支誤作條条，下同

亦隸之西印度者。其說甚奇。不知何所本。五印度者。漢之天竺身毒也。巴社即波斯。漢之安息也。阿丹即亞剌伯。漢之條条也。說詳回部四國圖說。如德亞即拂箖古羅馬之東境。漢之大秦國也。漢書列安息為一國。條条為一國。大秦為一國。天竺為一國。今曰皆西印度。則是有天竺而無安息條支大秦也。夫天竺自古之弱國也。幅員雖廣。而怯懦不善鬬。西北諸胡取而代之者屢矣。東漢時。大月氏方強。嘗殺其王而置將。令統其人。唐時亞剌伯回部方強。屢侵割其境土。趙宋時半為回部所割據。至元明而五印度全為蒙古所囊括。是他國之兼有印度者。代有之矣。未聞印度之兼有他國也。漢書天竺傳稱月氏高附國以西南至西海。皆身毒之地。或者因此傅會歟高附不知為今何地。其國介天竺罽賓安息之間。大約在印度河左右、南至西海者、指印度海、非指地中海也。唐沙門元奘訪求釋典、遍歷五印度、各有紀載、其記西印度諸國、總不離印度河左右。而曰自此西北至波剌斯、非印度之國也。西北接拂懍、西南海島有西女國、並非印度境。波剌斯即波斯所謂巴社也。拂懍即拂箖、（泰西人稱猶太國、其都城曰耶路撒冷、轉音為拂懍拂箖。）所謂如德亞也。（如德亞之北曰西里亞、西女即西里之訛、有女無男之說、世俗所附會也。）元奘親歷其地、而斷其非印度境、今乃無端而隸之印度、義何取乎。如曰其國在印度之西、不妨名為西印度、則葱嶺東西之城郭諸國以及烏斯藏衛皆可名為北印度、滇池緬甸暹羅安南真臘皆可名為東印度乎。廣印度於天下、其意何居。為此說者當代博雅名流、或其別有所本、而非予之所及知也。書之以質所疑。

魏源西南洋五印度國圖志總叙

西南洋為印度海惟西北二印度尚各自為國其中南東三印度並據于西洋東印度為英夷駐防重鎮凡用兵各國皆調諸孟加臘每卒月餉銀約二十員又與我屬國緬甸廓爾喀鄰近世仇故英夷之偪中國與中國之籌制英夷其樞紐皆在東印度南印度斗出南海有佛蘭西彌利堅葡萄亞荷蘭呂宋各國市埠環列而英夷之市埠曰曼達薩喇曰孟邁皆產鴉片煙與孟加臘埒各國不得分其利恒外睦內猜故我之聯絡佛蘭西彌利堅及購買船礮其樞紐皆在澳門與南印度中印度為英夷與俄羅斯相拒之所中惟隔一興都哥士大山俄羅斯踰山則可攻取溫都斯坦英夷設重兵扼守之故我之聯絡俄羅斯其樞紐在中印度不悉東印度之形勢則不知用廓夷雖有犄

甬擣批之策而不敢信也不知南印度之形勢則不知用佛蘭西彌利堅欲行購造兵船之策而末由決也不知中印度北印度之情形則不知聯俄羅斯方詢俄羅斯國都與英夷國都遠近不知其相近者在印度邊境而不在國都也昔唐太宗在貞觀中王元策用吐番之兵以擣印度即廓爾喀攻孟加臘之路元太祖兵至北中二印度而返及憲宗命諸王旭烈先攻取西印度而後回取五印度即今俄羅斯侵佰温都斯坦之路明三寶太監鄭和以舟師破錫蘭山俘其國王歸獻諸朝即今粤夷兵船赴南印度之路具載往牒近徵商舶事異鑿空形同肘腋指示發蹤誰端銜策志西南洋實所以志西洋也故以東南中三印度冠其前而以西印度之天方教天主教附其後五印度沿革又附其後

聖武記三則　魏源撰

西藏後記云滇南師範有言中國赴天竺佛國亦有兩道一自雲南騰越州而南由緬甸城轉西以至東天竺凡三千五百里再至中天竺又千有六百里共五千有百里一自雲南麗江而西進藏至東天竺北界二千里又千有二百里而至中天竺僅三千有二百里視南道徑千有九百里以地望準之雲南之騰越州正與天竺東南相值止因其間赤髮野人隔之故一則迂道南行千有七百里至緬甸然後轉西至東天竺又西北至中天竺檀那國計三千八百里一則迂道西行入藏然後轉南亦至檀那計三千二百里使能取道野人逕直西上則免由緬由藏兩迂途而自騰越達天竺不過千有九百里野夷若入版圖則與天竺境壤相接昔漢武開西南夷欲由梁州達大夏俾矣

哉西藏記曰由後藏塞爾地方西南十八程至宗里又八日至白木戎部落其地北接後藏西接白布南至小西天北界至小西天界南行十日至其國都布爾牙部落始上海船行半月至大西天小西天為東天竺大西天為中天竺又曰後藏札什倫布西南與布魯克及白布等部交界白布即贊普取白布國王女之地布魯克即往天竺之路也又一路由阿里西南二千餘里入厄納特珂克即中天竺其中藏前藏東南則以怒江為界江以南即狢㺄野人每藏中有死罪則驅之過江聽野人殘之以上西藏記然則怒江南岸逾野夷西境即布魯克部與東天竺近而怒夷自雍正中內附歲輸皮貢於騰越界非不可闢之區則天竺與中國亦非不可接之境惟是東天竺即今南洋孟加臘地久為西洋英吉利所據專產鴉片煙流毒中國誠能募騰越

土勇萬人渡江而西南長驅擣其背腋，通絶域為鄰壤，實制西夷之一奇。或曰大金沙江自藏經緬，其入海之口，即東天竺界，其水闊於大江，造舟藏地，順流建瓴，尤倍捷於陸，然有舟師之便，而又有緬夷之梗，利害亦適相當也。

乾隆征廓爾喀記云：四川雲南之西為烏斯藏，烏斯藏之西南為廓爾喀，廓爾喀之西南為五印度，印度古佛國，在葱嶺西南，瀕大海，去烏斯藏尚遠，或以烏斯藏即古佛國者非也。自四川打箭爐西行二十餘驛至前藏，四十二驛至中藏，又十二驛至後藏，又十二驛至濟隴，又三十驛至石宿堡，為後藏極邊地，踰橋而西，則廓爾喀矣。廓爾喀本巴勒布國，舊分葉樗部、布顏部、庫木部，於雍正九年，各奉金葉表文貢方物，後三部并吞為一，遂與後藏鄰，自古不通中國，其與中國搆兵，則自乾隆五十五

年內犯西藏始、初後藏班禪剌麻以四十六年來朝、祝
高宗七旬嘏中外施舍海溢山積、及班禪卒於　京師、資送
歸藏其財皆為兄仲巴呼圖克圖所有、既不布施各寺廟與唐
古特之兵、又擯其弟舍瑪爾巴為紅教不使分惠、于是舍瑪爾
巴憤愬廓爾喀藉商稅增額食鹽糅土為詞興兵闖邊、唐古特
兵不能禦、而　朝廷所遣援剿之侍衛巴忠將軍鄂輝成德
等復調兵賄和、陰令西藏堪布等私許歲幣五萬千金、按兵不
戰、遂以賊蹙乞降飾奏、而誣廓爾喀酋入貢受封國王、廓爾喀
既侮藐內地、次年藏中歲幣復爽約、於是廓爾喀以責負為名
再舉深入後藏、札什倫布西南、左有曲多江輦、右有彭錯嶺、峭
壁連岡、咽喉天險、賊步卒數千、自聶拉木入、其時蕃漢官兵若
分兩路、一抱曲多江輦遏其前、一繞赴彭錯嶺截其後、則廓爾

喀深入無援，可不戰潰也。駐藏大臣保泰一聞賊至，則移班禪於前藏，并請移達賴班禪于西甯，欲以藏地委賊。且札什倫布寺負山面江，形勢翬峻，剌麻數千乘墉，可守以待援。而仲巴呼圖克圖挈資先逸，剌麻濟仲札蒼等復託言卜諸吉祥天母不宜戰，眾遂潰。賊大掠札什倫布，全藏大震。兩大喇麻飛章告急。侍衛巴忠扈　駕熱河，聞變畏罪，自沉水死。時鄂輝為四川總督，成德為四川將軍，因盡以罪委之，謂巴忠解唐古特語，故私議皆其一人所為，已二人不知也。及奉命赴藏剿禦，又按程緩進。　上知二人不足恃，乃　命嘉勇公福康安為將軍，超勇公海蘭察參贊，調索倫滿兵及屯練土兵進討。其軍餉則藏以東川督孫士毅主之，藏以西駐藏大臣和琳主之，濟隴邊外則前川督惠齡主之。賊犯于上年賄和之役，半運所掠歸國半屯界不去鄂輝成德等遂奏賊退欲即以藏事　上切責不許明年二月將軍參贊由清海至後藏四月連敗其屯界之賊盡復藏地六月遂大舉深入恐賊繞襲後路遣領隊大臣成德岱森保及總兵諸神保各出左右一路以分賊勢而大軍出中路海蘭察將三隊為前軍福康安將二隊繼之賊據木古拉山阻水拒險將軍議令護軍統領台斐英阿與賊相持而大軍別趨間道海蘭察繞山後出賊營之上福康安由間道合衝賊營克其木柵石卡數十追奔至雍野雅而成德諸神保亦克鐵索橋進會利底廓夷舉國震懾遣使詣軍前乞降將軍參贊嚴檄斥之七月再進六戰六捷殺賊四千涉賊境七百餘里將近其國都陽布之地隔河大山賊以十營踞山嚴守水深山斗絕山後即其國都也福康安欲遶橋攻之海蘭察力持不可福康

安自引兵渡橋仰攻果不利賴海蘭察接應退賊方是時其國境南鄰印度之地久為英吉利屬國與廓夷積釁聞廓夷受兵於中國則亦出兵攻其邊鄙廓夷兩支强大敵洶懼無計且恐我軍聞而氣奮也再遣人詣軍卑詞哀乞將軍參贊議以賊境益險而踰八月即大雪封山不可老師乃允其降盡獻還所掠藏中財寶及塔頂金冊印歸前被執之丹津班珠爾并獻沙瑪爾巴之尸貢馴象番馬工樂請永遵約束班師　上本欲俟事平裂其土授諸土司而酬福康安以郡王爵及聞已受降乃允其請留番兵三千漢蒙古兵一千戍藏是為官兵駐藏之始後藏至廓爾喀故有孔道賊嚴守之故我師覓間道入其峭絶處左壁右湍不容一騎將軍參贊亦時步進故所貢象竟不能達而烏拉嶺上下百二十里必窮一日之力踰之稍昏黑即不

能覓路。且有雪城若門洞。深數十丈。人往來者不敢語。否輒有雪大如屋壓而殪之。廓爾喀寇藏時。運貲歸國者二千人。過嶺凍死殆盡。蓋葱嶺之南脊。天所以限中西也。險倍金川。遠踰回部。為漢唐兵力所未至。幸其士卒皆跣足。每戰仿古法先約期而後交戰。我軍不顧。輒先發擣襲。往往猝為我乘。自大創以後至今貢獻不絕。其國西南與五印度相鄰。其南海號印度海。近日印度之孟加臘。及孟買等國。為西洋英吉利所據。乾隆六十年。英吉利使臣入貢。自言前歲大將軍率兵至西藏西南之的密部落時。彼國兵船亦曾相助。倘嗣後有需用西洋兵者。情願效力。　朝廷始知前此廓爾喀之役。其南界亦有邊警外患也。道光二十年。英吉利夷人入寇粤浙。廓爾喀亦遣人稟駐藏大臣。言小國與里底所屬披楞相鄰。每受其侮。今聞里底與京屬搆兵京屬屢勝臣願率所部往攻里底屬地以助天討時駐藏大臣未知所稱里底即英吉利所稱京屬即謂中國之廣東省所稱披楞屬地即印度答以蠻觸相攻　天朝向不過問卻之蓋英吉利國都雖遠在大西洋而其屬國印度則與廓爾喀接壤世仇搆釁故我攻廓則英夷乘之我攻英則廓夷亦願助之云

臣源曰廓爾喀界西藏及鄂羅斯攝兩大國之間故內貢中國亦兼貢鄂羅斯近日英夷西與鄂羅斯搆兵東與中國結釁故廓爾喀欲乘兩大國之勢以攻印度云印度地產鴉片煙英吉利關稅歲入千萬計其兵船入犯中國者十九皆孟加臘之人誠能聽廓夷出兵之請　獎其忠順擾彼腹疆擣其空虛牽其內顧使西夷失富強之業成狼狽之勢亦海內奇烈也鄂羅

斯地袤二萬里、與中國首尾相接、地大兵强、西洋所畏、其與我互市之地、則有陸而無海、英夷之與我互市、則又有海而無陸、近日鄂羅斯屢與英夷爭韃韃里之地、其地橫亘南洋、鄂羅斯得之、則可以圖并印度、故與英夷連年血戰、雍正五年俄羅斯攻取西藏西南五千里之務魯木以地尚佛教遣人至中國學剌麻當即廓爾喀相近之地若能許鄂羅斯海船赴粵貿易、連絡彌利堅佛蘭西等國、皆英夷仇敵、則英夷之兵船不敢舍其境而遠犯中國、英夷在印度大兵船止百艘以其半入寇中國其餘皆分守各境不敢遠離恐他國乘其虛也夫以夷攻夷之效、咫見者視為迂圖、乾隆嘉慶間一封暹羅、遂足以西制緬甸、東制安南、善奕者或一間著、而全局皆生、況以宅中馭外之勢、制仇釁四結之夷哉、此篇互詳俄羅斯國後記

俄羅斯與印度構兵記云、大海南洋曰印度海、與後藏緬甸相鄰、而廓爾喀介其中、其鄰廓夷之孟阿臘則東印度也、再西南

之孟邁等部則南印度也溯印度河北上為溫都斯坦則中印度也溫都一作興都一作痕都即印度之音轉再北為克什彌爾古罽賓國則北印度也印度河兩岸比巴社各白頭回國則西印度也白頭即其白帽回國皆在葱嶺西南接中國西域近日西洋英吉利自稱管理五印度蓋惟北西印度未為所據其東中兩印度半屬英夷而南印度則分據於西洋諸夷此皆近日事也方康熙雍正間英夷僅據有孟阿臘孟邁二埠未窺印度全境而鄂羅斯亦方與西北普魯社構兵未遑南牧凡葱嶺以西瀕地中海東岸皆統於天方之回教故乾隆中西域甫平溫都斯坦尚與巴達克山搆兵雖旋為愛烏罕所并愛烏罕即古大月氏亦回教非西洋教及乾隆嘉慶以來鄂羅斯兵由黃海攻服黑海各部又日沿裏海南侵而英吉利亦吞并溫都斯坦泝恒河北上于是葱嶺以西自布哈

爾愛烏罕諸大國外、凡近裏海之游牧回部號韃韃里者、皆弁於鄂羅斯、凡夾恒河及南洋之城郭回國半屬於英吉利矣、裏海即加士比唵海亦名鹹海亦名北高海明史謂游牧之蒙古曰韃靼西洋人謂游牧之回部曰韃韃皆音近其英鄂二境之中、尚隔有數回國、彼此各距數百里、及道光十九年、温都斯坦北境有阿付顔尼部者、與沙蘇野部相攻、沙蘇野酋請救于英吉利、英吉利遂起各印度駐防之兵攻滅阿付顔尼部阿付顔尼酋亦走愬于鄂羅斯、鄂羅斯復起駐防韃韃之兵南攻巴社、取機洼取木哈臘、欲恢復阿付顔尼部、以直攻印度、英吉利兵據險力拒、于是英鄂二邊境僅隔興都哥士一大山、而血戰無虛日矣、興都即印度二字音轉山界北中二印度之間其阿付顔尼及沙蘇野二部皆在是山之南、機洼及木哈臘皆在是山之北、而沙蘇野之部落亦有軼出山北者、是為英鄂交惡之由、與交兵之界、沙蘇野王以道光十八年為阿付顏尼破走投援印度時英吉利鎮守印度之大兵師曰口口口副兵師曰沙機尼遂于十九年七月起孟阿臘孟邁溫都斯坦三部之兵使沙機尼將之而沙蘇酋自以所部兵鄉導時阿付顏酋自都於加模爾城遣其次子以兵三千五百守牙尼士城長子以兵數千守加布爾城牙尼士城本險固于其城門前復增重濠重牆守營甚固英吉利軍先營近郊誘戰不出乃督馬礮軍駱駝礮軍步礮軍三路進攻此三軍謂以馬負礮以駱駝負礮以人扛礮也又開天礮擊之天礮者仰空發礮飛墮城中遂偪城而營并以兵扼加布爾援軍之路阿付顏尼酋遣其長子領千五百騎步兵三千由加布爾城赴援夾攻後路為沙蘇野部兵擊退次日遂會各營專攻城門更番迭進城內兵亦死力鏖戰既而天礮從空而下城中震虩爭潰遁凡二晝

夜拔其城、禽其次子、乘勝兩路進攻加布爾城、阿付顏尼酋同其長子率兵萬有三千守格麻闊、而軍士奪氣、望風解體、父子率三百騎走保麻緬、棄芻糗火藥輜械山積、英吉利遂據二城、遣沙蘇野王復國、酌留歐羅巴兵溫都斯坦兵及阿付顏尼新降兵助守其地、此英夷侵北印度之事也、阿付顏尼既遁麻緬、則遣使乞師於鄂羅斯、鄂羅斯鎮守韃韃里之兵帥久豔東南印度之富、特隔于各回部、至是乘各部自鬩、謀由巴社以圖印度、巴社者、回回祖國、即來粵貿易之白頭番所謂港脚者也、小白頭為溫都斯坦、大白頭為巴社、巴社雖不屬英吉利、而與英吉利睦、故英帥律屋蘭者以兵助巴社拒之、鄂羅斯復以收逃奴為名、襲破機洼及木哈臘二回部、又攻取沙蘇野所屬三部之在興都哥士山北者、遂駐兵荷薩士河、與英吉利中印度接

鄂羅斯即俄羅斯餘仿此

界并使人習印度法律言語又購木哈臘人鄉導無一日忘印度而英吉利亦嚴兵阿付顏尼界為備且議還阿付顏尼酋于故地以息外搆而增藩蔽議未定而廣東之事起是年

大清怒西洋鴉片煙之耗蠹中國　欽差大臣赴廣東嚴禁鴉煙并罷英夷互市聲其罪惡布告諸國諸國如佛蘭西彌利堅讐英夷者咸稱快廓爾喀亦白駐藏大臣願所部兵收東印度又傳聞鄂羅斯使臣已自比革爾國都起程赴　北京約中國兵由緬甸西藏夾攻印度事雖未行而英夷則惴惴甚或欲乘鄂羅斯使臣未至　京師之前速行入寇或料中國疑鄂羅斯更甚於疑他國未必遽信其言是時南洋西洋諸國聞罷市之信各埠茶葉大黄皆不肯售踊貴價倍而英夷國中繳煙價罷關稅各缺銀千餘萬員諸銀肆皆不肯出貸銀價復

翔貴、借貸鄰國銀肆數百萬充兵餉、而彌利堅佛蘭西先後在粵請助兵船為中國效力、亦屢見於粵中督撫及將軍之章奏事則可徵也、時則可乘也、前廓爾喀記中以夷攻夷之議、尚或迂之而不察、故復述是篇而以澳門探報附其後、

臣源曰、由近事溯之乾隆則準酋阿睦爾薩納之來投請兵也盈廷喙拒、獨　高宗排羣議用之、遂一戎衣而定伊犁矣、土爾扈特之棄鄂羅斯來附也、盈廷喙拒、獨　高宗排羣議受之、并移檄鄂羅斯剖明曲直、卒盡臣瓦剌四大部矣、由遠事溯之、康熙則俄羅斯所部東偪黑龍江、　聖祖附書荷蘭轉達鄂汗海道往還半載得報、遂擴索倫地數千里矣、準噶爾請授兵六萬于鄂羅斯、　聖祖移書宣示利害、絕其糾約、噶爾丹敗無可投、卒潰竄死矣、　聖祖籌運於廊廟之間、而指麾喉

使於數萬里之外豈不在識夷情洞敵勢哉西藏一隔於準噶爾再隔於廓爾喀彼時氛惡熾孰不畏道遠勞師而

兩朝深維利害不惜深入撻伐恢域犁庭是以北懾準夷西震印度奕世而後尚有願效馳驅之廓夷夾攻印度之鄂部請助海艘之島國待我驅策同我敵愾故曰天下有道守在四夷此擊則彼應威立則令行事會之來間不容髮哉

附澳門月報即所謂新聞紙

道光二十年七月澳門接印度五月十四日來信即中國四月十三日論及鄂羅斯欲攻打印度之事蓋我英國之印度兵攻取與都哥士山近已社國南邊各部落而鄂羅斯邊境在此山之北三年前尚有回回四五國亘隔英吉利與鄂羅斯屬國之間各遠數百里今止隔一大山而已鄂羅斯近日直

攻至韃韃里之機洼韃韃里謂游牧回部如哈薩克布魯特之類東起葱嶺西至裏海南界印度北界鄂羅斯皆是也機洼乃韃韃里南方部落皆因我等攻取阿付顏尼部此部原屬巴社今為英吉利所據在印度之西巴社之東北韃韃里之南故鄂羅人亦攻至荷薩士河韃韃里地近機洼已約木哈臘亦韃韃里南方部落近阿付顏尼同取阿付顏尼部以攻打印度為我英國兵頭沙阿力山及馬約里治堵禦故計不行鄂羅斯前在布臘巴社國東方部落近阿付顏尼與巴社人立約欲收服阿付顏尼以攻取印度亦因我兵頭律屋蘭所拒巴社即白頭回國南抵海西界都魯機北界韃韃里後詭稱收回逃散奴僕突攻取機洼及木哈臘人皆謂鄂羅斯既得此二地當必退兵乃又日日使人學習印度事務又與木哈臘人立約同取阿付顏尼不知鄂羅斯人要到何地方肯住手現聞鄂羅斯使者已自比特革起程由韃韃里到中國此韃韃里

謂喀爾喀蒙古蓋凡各游牧部皆謂之韃韃也必慫慂中國人與英國人爭鬬并欲得　北京出　諭與緬甸人使前來攻擊不知何時使臣能到得　北京我等切不可閉目不理鄂羅斯人曾以兵威自黄海攻至黑海一帶地方以廣其國境所以今日必要隄防其在荷薩士河駐札之兵前來攻擊倘我將阿付顏尼防兵撤回則鄂羅斯人必帶領木哈臘之兵同攻阿付顏尼矣我等今年若將阿付顏尼王復立于加模爾城阿付顏尼舊都即應帶兵過興都哥士大山取回沙蘇野所失去之三部落一曰衮都斯一曰麻爾格一曰模特散皆在阿付顏尼之北木哈臘之南然我兵到彼必定遇鄂羅斯兵與木哈臘兵約會夾攻我兵我兵恐即擾亂而回亦或與鄂羅斯人相持大抵英鄂二國在阿細亞洲交戰之事不久即至我等宜先預備出

兵矣、

印度以西回部波斯

波斯（白西○包社○巴社○高奢○百爾設○法耳西○北耳西亞○巴爾齊亞○伯爾西亞○伊蘭○哈烈○黑魯○塞克）回部大國粵東呼為大白頭呼印度為小白頭兩地皆有白布纏頭之俗因以為名者也東北連沙漠界布哈爾東界阿富汗俾路芝西接東土耳其北抱裏海與峩羅斯接壤南抵阿勒富海（俗稱東紅海）與阿剌伯毘連一隅其國地界遼濶長約四千餘里廣約三千里雄富多寶貨與中國貿易最早所謂碧眼波斯胡也立國在有夏之初春秋時居魯士由馬太開基稱雄一時後與歐羅巴之希臘諸部時時搆兵迨羅馬既興猶太以西囊括無遺獨波斯未入版圖其俗舊奉太陽火教（古時內地有火祆祠由此而來）唐初回教興於阿剌伯波斯與之鄰國為所奪由是為回回大部唐宋兩朝屢貢方物元末駙馬帖木耳據撒馬兒罕富強無

敵、（今葱嶺以西裏海以東諸回部皆撒馬兒罕所屬）遣其子沙魯哈據波斯、稱哈烈國、明永樂間嘗入貢、為西域諸部之首、後為土耳其部人所奪、傳二百餘年而衰亂、廢弒頻仍、尋為阿富汗所兼并、康熙三十三年、故王後裔達馬斯募兵攻畧、恢復舊土、大將那的爾沙本盜渠、達馬斯倚以集事、賞不酬勞、遂舉兵反弒達馬斯、代其位、攻阿富汗滅之、乾隆十二年、那的爾沙為其下所殺、國又大亂、東境復為阿富汗所據、那的爾沙部將給靈據西境立國、惠愛其民、稱為賢主、在位三十年而卒、弟薩的謀鴆嗣王、外戚亞里木拉以討亂為名、起兵攻陷都城、殺薩的并弒嗣王、遂僭位、亞里木拉死、大酋日非爾代之、奇人馬何美攻滅日非爾、據王位、馬何美死、姪巴巴塞爾達耳繼立、今有國者不知為誰、都城周十四里、極鞏固、王宮壘石為屋、平方若高臺、不用梁柱瓦甓、中敞虚空數十間窗牖門扉悉雕刻花文繪以金碧宏麗無比别有園林池沼尤極幽奇國王最尊嚴刑賞任意視臣工如奴僕土肥沃節候多暖少雨產良馬紅棗白鹽銅鐵金銀琉璃珊瑚琥珀珍珠翠羽又產獅子獅子生阿木河（即阿母河漢書稱為媯水上游在布哈爾境内）蘆林中初生目閉七日始開土人於目閉時取之調習其性稍長則不可馴其民强健男女多美姿容風俗繁華好修服飾國尚武功交戰殺敵必割耳以為信嘉慶十八年與峩羅斯搆兵敗績割北境之日爾日部道光初年波斯欲窺印度虔磧圍札布（即布哈爾）之希辣城英人以兵拒之乃引還〇波斯地分十一部中地之部曰以辣亞日迷爾（一作以辣）地多山阜都城曰德黑蘭建於北境之平原北方三部極西北曰義蘭（一作伊蘭又作倚蘭）稍東曰馬即德蘭（一作馬散地蘭）兩部皆背負裏海前阻連山膴原衍沃林密草

芳。河流足資灌溉。耕牧皆宜。義蘭在西域最著名。昔有大城極富庶。今廢。東南曰達巴利斯丹。建有大城。商賈所萃。西方三部。極北曰亞塞爾拜然。迤南曰古爾利斯丹。一作古爾的斯丹巴爾三再東南曰古西斯丹。三部土甚沃。水利足資灌溉。惟西鄰土耳其。時被寇鈔。民恒苦饑。南方二部。曰法爾斯。在以辣之南。山水最為清勝。其東曰給爾滿。一作克爾曼地多沙磧。有草場。羊馬蕃息。土人以羊毛造氈帕。極精緻。法爾斯之東南臨海。曰剌郡。又名法南地褊狹多沙。所產惟紅棗。東方二部。北曰哥剌森。北界布哈爾。東界阿富汗。土甚沃。而北方游牧者時侵掠之。居民不得安業。迤南曰古義斯丹。與阿富汗俾路芝為鄰。法爾斯之西南有海口。曰亞不支爾。為通國大埔頭。東南隅有惡未與者。古時海舶互市於此。久已荒廢。瓦礫之場。有古殿。太陽火神祠也。

上古時、波斯天竺皆事火神、拂箖（即猶太）以西、皆事天神、事火神者、拜旭日、或燃柴薪向之禮拜、民非火化不生、非白日則宇宙無睹、故兩地之夷、上古即有此俗、義起報本、非邪神也、事天神、始於摩西時在有商之初、（沃丁年間）託言天神降於西奈山、（在阿剌伯境內）垂十誡以教世人、七日安息禮拜即起於此、距耶蘇之生尚隔一千數百年、乃天主教之所自出、非即天主教也、天竺自佛教興而祀火之俗改、今西域之乾竺特南印度之孟買、仍有拜火之俗、是其明證、波斯則自唐以前尚未改、後其國為回部所奪、始改從回教、然至今禮拜仍兼拜火神、故末惡嶼有太陽火神古殿也、中國自前五代時、有祆神祠、又有胡祆祠、火祆祠、唐時有波斯經教、天寶四年、詔改兩京波斯寺為大秦寺、又有景教流行中國碑、建中二年、大秦寺僧景淨述、今考祆字从示从天即天神、其教起於拂菻、即猶太齊西初建此國耶蘇乃其裔孫、本大秦國之東境、大秦即意大里之羅馬國漢人因其人長大平正有類中國故稱為大秦其本國並無此名謂胡祆之即祆神、祆神之即天神、祆字本中國人所造西土不同文安得有此等字而屬之大秦似也、拂菻自漢初隸羅馬至唐時乃為阿剌伯所奪是即耶蘇教之嚆矢也、若火神教則出自波斯、與大秦無涉、謂為火祆、則已混火神於天神、謂波斯教出於大秦、則又遡本支於異姓、景教一碑、尤為荒誕、景教即火教、中間景宿告祥、懸景日以破暗府、亭午昇真云云、皆指太陽火也、又云判十字以定四方、七日一薦云云、又牽涉天主教、其所謂三一妙身无元真主阿羅訶者、不知何人、而一切詞語、又皆緣飾釋氏糟粕、非火非天非釋、竟莫名為何等教矣、蓋波斯之祠火神、本其舊俗、而佛教行於天竺、乃其東鄰、天神教行於大秦，乃其西鄰。至唐代則大秦之天主教，又已盛行。胡僧之黠者，牵合三教，而創為景教之名，以自高異。中國不知其原委，遽從而崇信之。正昌黎所謂惟怪之欲聞者耳。又碑中云：貞觀十二年，大秦國大德阿羅本遠將經像來獻上京。阿羅德果自大秦來，其為天主教無疑。其經當即歐羅巴所傳之聖書福音，其像當即耶穌被釘十字架之像。乃當時不聞有此，而其所謂景教者，依傍於波斯之火神，潤色以浮屠之門面，是不可解也。自唐以後，佛教盛行，胡祆火祆之祠，波斯大秦之教，俱不復見。據泰西人所紀載，惟阿非利加北土之阿北西尼亞尚有大秦教名，亦仍是波斯之火神教耳。

印度以西回部阿剌伯

阿剌伯（亞拉彼亞○亞拉鼻亞○阿爾拉密阿○阿辣波亞○阿黎米也○阿丹○阿蘭○天方○天堂）回教初興之國也。北界東土耳其，東界波斯及阿勒富海，南距印度海，西抵勒爾西海（俗稱紅海），長四千餘里，廣三千餘里。其地西南濱海一帶有腴壤，中央皆戈壁（沙磧也），商旅必結隊以行，否則虞盜刦，且慮風沙埋沒。物產唯棗最多，人與畜皆食之。產名馬，牧者愛養如兒子，能一日行五六百里。駝尤良，負重行遠皆賴之。又產加非、香料、沒藥之類。其地古時為土夷散部，恒役屬於波斯。陳宣帝大建元年，有摩哈麥者（或作摩哈默，又作瑪哈穆特），生於麥加（一作默伽，又作美加），少年為商，往來西國，娶富商之寡，遂致大富。不識字而性聰敏，以佛教拜偶像為非，而泰西諸國耶蘇教已盛行，思別創教門以自高異，入山讀書數年，著書曰可蘭，宣言於衆，謂獨一真主上帝命聖者教化世人、初命摩西、次命耶蘇、兩人之教雖行、然不能遍及也、復命摩哈麥立教以補其缺、入其教者焚香禮拜念經、禁食猪肉、唐高祖武德四年、逃難於麥地拿、一作默德那又作美的納土人靡然從教、即以是年為元紀、今回教稱一千二百幾十年即本於此歐羅巴則以耶蘇生年為元年故稱一千八百幾十年其後徒黨日衆、不入教者率衆攻之、兵敗徒散、收合復起、遂滅大敵、據阿剌伯全土、布其教於四鄰、鄰部皆畏而從之、回教遂蔓延西土、當其盛時、嘗翦滅波斯、荐食羅馬、猶太、買諸諸部據阿非之北境、紅海地中海南岸諸部裂歐羅之西垂、西班牙葡萄牙縱橫三土、亞細亞、阿非利加、歐羅巴幾於無敵、後為土耳其所攻、屬藩盡失、日就衰微、卒乃納貢於土耳其、稱藩國焉、西域稱摩哈麥為派罕巴爾、華言天使也、其苗裔稱和卓木、華言聖裔也、巴達克山塔什干皆其支派、而霍集占兄弟稱大宗、回部以為貴種、所至輒擁戴之黠虜藉其名以號召回衆數數犯邊遂為西鄙長患云麥加麥地拿皆在紅海之濱摩哈麥生於麥加其地有黑石上作大殿周一里許麥地拿為摩哈麥葬處斂以鐵棺每歲諸回回來兩地禮拜南洋西域泰西阿非利加近者數千里遠者數萬里接踵膜拜以數萬計○阿剌伯地分六部首部曰黑德傒斯都城曰麥加建於山谷之中夏屋雲連街衢潤直海口甚大出運之貨以加非為主販行歐羅巴各國次曰也門曰亞達拉毛曰阿曼曰剌沙曰內德惹其海口在西方者曰熱他富商所萃在東方者曰木甲與英吉利米利堅定約通商以兵船巡海護之○亞丁小島也在紅海口門之外現為英人所據

按阿剌伯古條支國也回教既興乃有天方天堂等名皆花門誇耀之稱比其國於天上其實本無此名其國在波斯之

西南前明時累次朝貢多由西域陸路來明初鄭和等由海道使西洋至天方而至稱為西洋盡處彼蓋由印度海駛入紅海遂以為海盡於此而不知小西洋之外尚有所謂大西洋也

佛教興於印度以慈悲為主以寂滅為歸中土士大夫推闡其說遂開禪悅一派摩西十誡雖淺近而尚無怪說耶蘇著神異之迹而其勸人為善亦不外摩西大旨周孔之化無由宣之重譯彼土聰明特達之人起而訓俗勸善其用意亦無惡於天下特欲行其教於中華未免不知分量摩哈麥本一市儈忽起而創立教門其禮拜與天主教同所別異者僅不食猪肉一端而其獸處無倫則又為泰西諸國之所唾棄乃自李唐以後其教漸行於西域今則玉門以西盡亞細亞之

西土周迴數萬里，竟無一非回教者。鴟梟嗜鼠，蝍蛆甘帶，孰為正味？正難深求於侏儒之俗矣。

西域、回部 浩罕 布哈爾

西域廣莫、兩漢以來、諸部弱肉強食、時合時分、地名國號、變更以數千百計、元起北方、先開西土、歷代史籍所稱西域諸部、幾於囊括無遺、元氏既衰、諸部紛紛割據、內多蒙古苗裔、亦有回回種族、我

朝定鼎之後、準噶爾噶爾丹恃其兵力侵擾喀爾喀蒙古部落、我

聖祖仁皇帝、親統六師、犁庭掃穴、漠北肅清、烽燧息警、其後策旺阿拉布坦餘燼復燃、并兼坐大、據伊犁為巢穴、游騎四出、鄰部咸被侵噬、易世內訌、阿睦爾薩納款關請討、

高宗純皇帝神幾獨運、命將西征、電掣星馳、拓地萬里、其後阿睦爾薩納霍集占相繼畔亂、應時戡定、於是天山以北之準部

天山以南之回部、遍列戍屯、凡漢志所云西域諸國、隸版圖者十六七、峩羅斯當元氏之衰、崛起西北、其國都在歐羅巴之波羅的海隅、漸拓地東南至亞細亞黑海之東岸、再拓而東南至亞細亞裏海之北之西、泰西人所刻地圖、新疆回疆後藏之西、峩羅斯之南之東、波斯阿富汗印度之北、統名之曰達爾給斯丹、又謂之韃韃里、（或作達達雨即韃靼之轉音）韃韃里者、游牧行國、無城郭室廬、歐羅巴人罕涉其地、故不詳其部落之名、綜其大勢、東起葱嶺、西抵裏海、（泰西人稱爲喀爾士畢安一作加斯比約）不過四五千里、南起波斯阿富汗印度、北抵峩羅斯界、亦不過三四千里、其間部落之大者不過六七、東北多行國、西南多城郭國、

浩罕（一作敖罕又作豪罕又作霍罕）俗稱安集延、回部城郭之國也、地在葱嶺之西、有四大城、俱當平陸、最東爲安集延、與布魯特毘連、其人

長於心計，好賈遠游，南北各城處處有之，故西域盛稱安集延，今遂為浩罕種人之名。從安集延西百有八十里，為瑪爾噶朗城。又西八十里，為納木干城，一作奈曼又西八十里，為浩罕城，其汗居四城，皆濱那林河岸。又所屬小城三：曰窩什，在東南；曰霍占在西南；曰科拉普，在西北。近年塔什干亦附之，故浩罕又稱八城云。元人所置撒馬兒罕城，在浩罕城西，今成廢墟。浩罕風俗畧同南路諸回城，而鷙勇過之，性最陰狡，習於攻掠。西南與布哈爾毘連，世為勍敵。乾隆二十四年，大軍追霍集占，霍集占欲投安集延，安集延不納，其酋額爾德尼旋奉表貢馬。其後霍集占兄弟為巴達克山所殲，波羅尼都次子薩木薩克逃赴浩罕，故浩罕有逆酋遺孽云。

按西域卡外諸回部，哈薩克最剽擾，布魯特好鈔掠，而部落瓜分不相統一其餘或寡弱或荒遠俱不能為邊患獨浩罕一部毘連布魯特附近吾圉其人長於服賈心計精密卡內之南北各城卡外之回部各國足迹無不到之地性貪而狠狡焉思啟子女玉帛之所在刻刻垂涎逆酋波羅尼都遺種於茲浩罕藉其和卓之名居為奇貨和卓或作霍卓華言聖裔也其初祖摩哈麥創立回教稱派罕巴爾華言天使也其子孫分布西域稱為和卓木以其為教祖貴種回人皆敬信之迺遂擁逆裔張格爾誘脅布魯特攻陷四城括其蓄積捆載而去嗣復擁玉素普鈔掠喀城蓋其虎狼之性蹻跖之謀乘機即發而布魯特愛曼聚落也散處本以寇鈔為俗聽其驅役嘗為先導是此時邊防之最亟者惟此廓爾

布哈爾布噶爾○札布○笨札布○甲不布哈拉○木哈臘○黑拉德回部大國也東接拔達克山諸部東南連北印度之克什米爾南界阿富汗西南界

波斯北境、與浩罕接壤、包浩罕西界、抱鹹海而達裏海、幅員之恢闊、諸回部殆無與比、東境多山嶺、西界有大戈壁、沙磧也有城郭而兼游牧、戶口不繁、部落甚多、屬城有鄂勒推帕、巔即西域聞見錄之郭罕濟雜克拜爾哈噶斯呢等名、匝阿母河兩岸、皆布哈爾境土、元人所置行省者也、其地氣候頗炎、冬無大雪、產五穀瓜果、又產骨重羊、俗長騎射、與浩罕時時搆兵、鄂勒推帕部山徑斗絕、人強悍、尤浩罕所忌云、或云已為浩罕所破乾隆二十九年、因巴達克山請內附、道光十九年、峩羅斯欲窺印度、密差頭人至布哈爾使與英吉利印度屬國搆兵、英人率兵入險、講和而罷、

按西域諸國、布哈爾最大、其地西接波斯、東連印度、為西南回部之樞紐、道光二十年、粵東譯出英人新聞紙即月報有云五月十四日、接印度來信、論及峩羅斯欲攻打印度之事、蓋

我英國之印度兵、攻取興都哥士山（即雪山）南邊各部落，而俄羅斯邊境在此山之北，三年前尚有回部四五國亘隔，今止隔一大山而已，（因布哈爾已附俄羅斯，故云止隔一大山）俄羅斯近日直攻至韃韃里之機窪，（韃韃里即游牧回部，機窪一作基瓦，又作其穖，當在鹹海之西，裏海之東）皆因我等攻取阿付顏尼部，（即阿富汗尼士丹，又作愛烏罕，已詳前圖）故俄羅斯亦攻至荷薩士河，（即阿母河）已約木哈臘（即布哈爾）同取阿付顏尼部以攻打印度，為我兵頭沙阿力山及馬約里治堵禦，故計不行，俄羅斯前在布臘（即額里士歐羅巴小國）與包社人（即波斯）立約，欲收復阿付顏尼以攻取印度，亦因我兵頭律勿蘭所拒，後詭稱收回逃散奴僕，攻取機窪及木哈臘人，皆謂俄羅斯得此二地，（布哈爾不聞有并入俄羅斯之事，大約歸附為屬國耳）當必退兵，乃又使人日日學習印度事務，又與木哈臘人立約同取阿付顏尼，不知俄羅斯人要到何地方肯住手峩羅斯人曾以兵威自黃海即波羅的海攻至黑海即勒必西海一帶地方以廣其國境所以今日必要隄防其在荷薩士河駐扎之兵云云又英人所著萬國地理書云道光十九年峩羅斯私差奸人至甲不即布哈爾兜攬事情遍滋事端云云即此事也余按峩羅斯近年疆土日廣其國之南境已盡裏海之西北兩岸由裏海之北岸直趨東南中間所歷之韃韃回部如機窪之類皆冗弱無足比數戎馬往來如若無人布哈爾較大實為東道關鍵故峩羅斯脅而降之以為進窺印度之計也英人之取印度也由海峩人之窺印度也由陸論巧則峩不如英量力則英不如峩兩國之在西土可稱勍敵數十年後當不知作何變動矣

魏源各國回教總考、

按阿丹默德那皆天方也、而明史分三傳、蓋方其盛時則巴社等國亦皆并於天方、其後分為數國、而教仍一教是一國不足以該回教回教亦不專屬一國故別為總考于後、

杭世駿景教續考云、西域三教、曰大秦、曰回回、曰末尼、大秦則范蔚宗已為立傳、末尼因回回以入中國、獨回回之教種派蔓衍士大夫且有慕而從之者、其在唐時史固稱私創邸第佛祠、或伏甲其門、數出中渭橋與軍人格鬥、奪含光門魚契走城外而摩尼至京師、歲往來西域商賈頗與囊槖為姦、李文饒亦稱其挾邪作蠱浸淫宇內、則其可絕者、匪特非我族類而已、作景教續考、回回之先即默德那國、國王穆罕默德（四譯館考作生二罕驀德）

生靈異、臣服西域諸國尊爲别諳援爾、華言天使也、而天方古史稱阿丹奉真宰明諭定分定制傳及後世千載後洪水泛濫有大聖努海受命治世使其徒衆四方治水、因有人焉此去阿丹降世之初葢二千餘歲、後世習清真教者乃更衍其説曰、阿丹傳施師、師傳努海、海傳易卜剌欣、欣傳易司馬儀、儀傳母撒撒傳達五德、德傳爾撒、爾撒不得其傳、六百年而後穆罕默德生、命曰哈聽、猶言封印云、具見天方古史、又言國中有佛經三十藏自阿丹至爾撒凡得百十有四部、如討剌特（降與母撒之經名）則逋爾（降與達五德之經名）引支納（降與爾撒之經名）皆經之最大者、自穆罕默德授經六千六百六十六章名曰甫爾加尼、此外爲今清真所誦習者又有古爾阿尼之寶命真經、特福西爾噶最之噶最真經特福西爾咱吸堤之咱希德真經、特福西爾白索義爾之大觀真經、密邇索德之道行推原經、勒瓦一合之昭微經、特卜綏爾之大觀經、侏儒昧任不可窮詰、而其隸在四譯館者、回回特為入館之首、問之則云書兼篆楷草、西洋若土魯番天方撒馬爾罕占城日本真臘瓜哇滿剌加諸國皆用之、今考其教之入中國者、自隋開皇中國人撒哈八撒阿的幹思葛始、故明初用回回曆、其法亦起自開皇、至唐元和初回紇再朝獻、始以摩尼至、其法日晏食飲水茹葷屏湩酪、見新唐書回紇傳二年正月庚子、請於河南府太原府置摩尼寺許之、見舊唐書憲宗紀明洪武時、大將入燕都、得秘藏之書數十百册、稱乾方先聖之書、中國無解其文者、太祖敕翰林編修馬沙亦黑馬哈麻譯之、而回回之教遂盤互於中土而不可復遣矣、至於天方則古筠冲地亦名天堂、本與回回為鄰、明宣德間始入貢、而今之清真禮拜寺遂合而一之、

念禮齋拜朝互之類、月無虛夕、異言奇服、招搖過市、而恬然不以為怪、其亦可謂不齒之民也已、道古堂文集

每月統紀傳云、亞非哩加東北對面隔紅海、有長地稱為亞剌伯、三邊及海、縱橫遼闊、荒蕪沙漠、天氣甚熱、飛沙走石、士民游牧、不知農務、乳酪為食、虜掠行旅、其南方肥茂、宜五穀多果實、古時居民崇太陽星辰以為神明、猶太民亦遷移立國、耶穌之徒廣布教、然道理不正、經初差毫厘、後謬千里、陳宣帝大建元年、有穆罕默德生其地、為回回開基之祖、儀容俊偉、少時家貧、服賈遠游、徧交異國人、廣擴見識、體察人物之性、不舍晝夜、推窮義理、累入深幽無人之處、將本地所崇教門千思百索、默尋根原、竟捕風捉影、水中撈月、立新教、其妻并家人拜服、視之若聖、言已奉上帝之命、教化天下、上帝獨一位、而穆乃其聖差、衆

人信服、戒犬豕酒醴、不崇偶像而拜天地之主、各人進教、宣割元陽之皮為號、欲言天樂、必須洗身清潔、每日三次念經、施濟貧人、每年一次連日守齋、家有力者、一生必一赴穆之墓行禮拜神、有不遵教者、立攻伐戮殺、凜循法度者、為教除害、不顧生死者、身後升天堂、言天樂、國人有不信其教、戲笑譏訕者、穆潛身穴內、假與神使對晤、奉天命以聳衆、唐高祖武德四年、密計露出、城中人歃血欲殺之、穆潛竄山洞、其讎遍訪至洞、但見蛛網塞口、遂返、穆既免難、益自負、入城復宣前教、衆漸信從、久遂尊為聖人、敵國恨而攻之、領萬衆圍其城、穆立排柵、築重城、深壕塹、守禦甚嚴、敵拔寨退兵、穆引軍而出、左衝右突、盡虜敵人、威振西海、遠近皆敬之如神、日增倨傲、性耽安逸、奪其繼子之妻、托言奉天之命、辯駁者立斬示儆、起兵強服猶太國人、牽兵千四百名佯稱拜神於本邑之廟、乘機誘說鄉人信從、後率衆取其邑、盡壞偶像、獨留黑石、令人於此處拜神、兵强國富、西征東討、廣布教化、遂奪亞剌伯全地為游牧之處、其時隔地之羅馬國地廣大、與亞喇伯交界、穆發兵乘虛入羅馬境、不復戀戰而退、自覺死在旦夕、勸其黨羽固執其教、無改、案西洋人崇耶穌闢回教故詆皆詆斥今去其已甚存其大概惟言穆罕默德生于陳宣帝大建元年足補諸書所未備

廣東通志云、南徼外占城以至西域默德那國、其教專以事天為本、而無像設、其經有十三藏、凡三千六百餘卷、其書體旁行有篆草楷三法、今西洋諸國皆用之、又有陰陽星歷之類、其地雖接天竺、而與佛異俗、牲非同類殺者不食、不食犬豕肉、無鱗魚、謂之回回色目教門、今懷聖寺有番塔創自唐時、輪囷直上凡十六丈五尺、每日禮拜者是也、然亦有占城諸國人雜其間

謝氏註

外榭居

宋岳珂程史云，番禺有海獠雜居，其最豪者蒲姓，本占城之貴人也。既浮海而遇風濤，憚于反復，乃請于其主，願留中國，以通往來之貨。歲益久，定居城中，屋室稍侈靡踰禁。使者方務招徠，以阜國計，且以其非吾人，不之問。故其宏麗奇偉，益張而大，富盛甲一時。紹熙壬子，先君帥廣，余年甫十歲，嘗游焉，今尚識其故處。層樓傑觀，晃蕩綿亙，不能悉舉矣。番性尚鬼而好潔，平居終日相與膜拜祈福。有堂焉以記，名如中國之佛，而實無像設，稱謂聱牙，不知何神也。堂中有碑，高袤數丈，上皆刻異書如篆籀，是謂像主。拜者皆跪嚮之。旦輒會食，不置匕箸，用金銀為巨槽，合鮭炙粱米為一，灑以薔露，散以冰腦。坐者皆置右手于褥下不用，曰此為觸手，惟以溷而已。羣以左手攫取，飽而滌之，復入于堂以謝。居無澳匽，有樓高百餘尺，下瞰通流，謁者登之以中金為版、施機蔽其下、奏廁鑑然有聲、樓上雕鏤金碧、莫可名狀、有池亭、池方廣數丈、亦以中金通甃、制為甲葉而鱗次、全類今州郡公宴燎箱之為而大之、凡用鋌錠數萬、中堂有四柱、皆沉水香、高貫于棟、曲房便榻不論、常有四柱欲班于朝、舶司以其非嘗有、恐後莫致、不之許、亦卧廡下、後有窣堵波、高雲表、式度不比宅塔、環以甓為大址、累而增之、外圜而加灰飾、望之如銀筆、下有一門、拾級以上、由其中而圜轉焉、如旋螺、外不復見其梯磴、每數拾級啟一竇、歲四五船將來、羣番入于塔、出于竇、啁哳號呼以祈南風、亦輒有驗、絕頂有金雞甚巨、以代相輪、今亡其一足、他日郡以歲事勞旻之、迎導甚設、家人帷觀、余亦在、見其揮金如糞土、輿皂無遺、珠璣香貝狼籍坐上、以示侈、帷人曰、此其常也、後三日以合薦酒饌燒羊以謝、龍麝撲鼻、奇味不知名皆可食迥無同槽故態羊亦珍皮色如黃金酒醕而甘幾與厓蜜無辨獨好作河魚疾以腦多而性寒故也余後北歸見藤守王君興翁諸郎言其富已不如曩日池區皆廢云

西域圖志云回人尊敬造化之主以拜天為禮每城設禮拜寺始生教主曰天主也天主再世號曰派噶木巴爾每日對之誦回經五次初次寅時二次未時三次申時四次酉時五次戌時拜畢則宣讚其義略云至尊至大起無初了無盡無極無象無比無倫無形無影大造化天地主兒凡有職之人與夫誠心守教法者莫不如是每七日赴禮拜寺誦經一次務集四人合誦不論貴賤貧富皆然回人通經典者曰阿渾為人誦經以禳災迎福每遇大年小年（詳見歲時條）阿渾誦阿伊特瑪納斯經為衆祈佑衆人醵贈衣帽一襲遇青草當生時有牲畜之家每十羊出

一牽、三十牛出一頭、送阿渾為敬天禮、阿渾代衆誦經祈佑牲畜蕃滋、倘有贏餘牛羊、即以之濟給貧乏、不自私也、一歲之中、富貴者有大事、則大餽阿渾、日千金值物至數千金不等、於派噶木巴爾前誦哈提密爾蘇爾經一次、謂之大布施、餘物亦以濟給貧乏、其好善敬天之人、隨時致禮、阿渾、浼其誦經派噶木巴爾來世先立祠堂奉香火名曰瑪咱爾、每年兩次、衆人赴瑪咱爾禮拜誦經、張燈於樹、通宵不寐、瑪咱爾有香火田畝以供祭祀之需、又回國前有得道者、如哈帕體和卓布楚爾哈爾和卓輩共有七人、每月四次衆人餽送阿渾、向七和卓像禮拜誦經、貧富貴賤皆然、遠行則致禮物於阿渾、令其誦經保佑疾病、其所禱請亦如之、回部西有默克默德納為回回祖國、回人凡終身必親往禮拜一次、以答鴻庥、辦裝裹糧往還期以三年、惟

富者能酬其願貧無力者不能也亦有附香火之資於富室以偕往者

西域聞見録云回地之始立教者曰噶哈木竒回人稱之曰烏魯克（大也）牌罕帕爾（聖賢也）謂去今時乾隆三十七年凡一千一百七十餘年所傳經一卷曰闊爾罕凡三十篇經內皆教人積福行善禁服紅赤謂招兵刼之患男服白女服黑謂火勝金水克火也其行教者清晨禮拜畢即登高喚醒衆人為工作役晚則登高作樂向西送日無畫像設奉教傳法者曰阿渾不受職不戰陣不飲酒不吸烟其講誦勸化回人咸尊敬之以三百六十日分十二月有十二支無天干每月以初見新月上次日為朔單月為大建雙月為小建無閏月每十二月畢再加六日以補足小建之數不知推算日月交食也其經類佛說咒語談因果

性命之旨阿渾僅能粗講大意其深微亦莫能曉也其經云天地日月乃覆載循環當為上祭山川水土乃資養萬物利于人者當為中祭家堂墳墓乃人之根本為下祭每家門外築土為壇坐西向東名曰瑪雜木爾為禱祝禮拜天地日月及向西誦經之所此其上祭也喀什噶爾之北八千里有雪山名圖書克塔克高峻無路可上惟石罅一徑盤旋七八里其上有平岡周三十餘里草肥水碧境界靈秀四面懸崖可望而不可即遥望其西有大孔穴曰圖書克洞土人言此洞乃牌罕帕爾之大弟子羅賀滿梯入其中修心學道升天之處人若虔心往拜尚能現形曾有見者故回酋布拉尼墩每新年第一日必親往禮拜至今回人常往望山叩拜以山中多熊虎蛇蟲故不敢深入也又山雪冬積夏融乃先聖人因其地無雨澤且聖蹟神山恐人

踐蹈故常存不化之冰雪滋育生靈同人每秋收後備糧作餅餌望祭此酬山酬水之中祭也每日三餐每未食之先必往家堂望叩先祖是謂下祭同人無姓氏三世之内曰近族兄弟之子女互相婚配三世而外則無倫序惟以長幼分坐次年長者爲尊年幼者爲卑每年終前一月即把齋據牌罕巴爾經云此一月乃先聖人等避難之月大衆應日則把齋夜則念經日出之前早食月出以後晚食如此一月則聖人之難可脱各人先祖亡魂盡可出離災難其持齋衆人亦假聖人之力而脱災難又一日曰庫爾板阿依特經云是日當念經禮拜迎禧送祟又一日曰鄂舒爾係牌罕帕爾之外孫依瑪木哈散等被賊殺害之日牌罕帕爾于是日作樂誦經超度亡魂故同人依制亦於是日誦經以超度父母早生天界又一日曰都瓦係牌罕帕爾

超度一切冤䰟孽鬼歸塋各言烟火之日故回人于此日各上墳哭祭又一日曰巴拉特係上天鑒察人過惡之日故俱誦經贖過喀城東約五里餘有墳園土人名曰瑪雜爾乃回酋布拉尼墪等先祖嗎哈木嗇敬之墳內有空亭一座高圓而央中植一木回人敬奉如神回人文字有醫藥之書有占卜之書有堪輿之書有各代紀載之書有各國山川風土之書其說以天高覆我地厚載我日月明照臨我皆當禮拜戒貪淫奸詐當敬謹敦厚正人之氣死而不散為神靈其性命清淨之理大者宗諸釋氏而得其糟粕亦非無至理無如阿渾陋者多通者少如內地之冬烘腐爛徒以惑愚誘財可太息也

天方教考上　魏源

維初太始萬物未形無方無似天地既闢乃集氣火水土四行

之精造化人祖阿丹于天方之野、天方居崑崙之陽、處二洲之極中、為聖賢首出之地、天方輿地經曰、地為圜體、乃水土相合而成、土居水面四分之一、地之半面分為三、東土西土中土、自東至西作一直線、自南至北作一橫線、兩線相交為十字形、天方當其十字交處、為天地之樞紐、故萬方環向焉、阿丹生育子孫、聖聖相承、其修道立教之規、皆阿丹奉真宰明諭定制傳世、無一出于肊造、阿丹千餘載後、洪水泛濫、人民漂沒、三月而洪水退、有大聖努海受命治水、使其徒衆分往四方、去阿丹降世之初蓋二千餘歲矣、四方地氣不齊、故人之散處四方者、語言文字風俗不能一致、去古近者其教猶存、去古遠者其教遂失、故四方之教、多非古教、惟天方得上古真傳、阿丹受真宰命傳與施師、師傳努海、海得易卜剌欣、欣傳易司馬儀、儀傳母撒、撒

一日剛經日當作曰剛字疑誤

傳達五德，德傳爾撒，撒死不得其傳，綱紀墜落，異端鋒起。又六百年而後穆罕默德生，以天方帝胄生而神靈，以大德王天下，西域諸國共上尊號曰倍昂伯爾。（即派巴爾）罕凡天方受命行教同是聖人而有四等，行教而徵有徵兆者曰聖人，如脫魯持郁實父是也。行教有徵兆而教之以經音曰欽聖，如施師，葉爾孤白素來馬尼是也。行教敕以經旨而能因時制宜損益先聖之典者，謂之大聖，如努海易卜剌欣母撒達五德爾撒是也。其受命行教特受大典總革前聖之經為天下萬世率由之準者謂之至聖，惟穆罕默德一人而已。其未生也，父額有珠丸之相，既生而胸有天使之文，及長入山得元石之瑞，其生平靈異材藝不可殫述。其功之大者一日剛經，經即真宰降與前聖凡百十有四部，如詩剌特經（降與母撒之經名）則逋爾經（降與達五德之經名）引支勒經（降與爾撒經名之皆經之最古者、自穆罕默德出、眞宰悉命裁革、乃授之以甫爾加尼經、六千六百六十六章、共三十冊、包括前古經文於其中、甫爾加尼者、華言寶命眞經也、蓋自爾撒去世六百年異端紛擾、古經訛謬、是以聖人奉命刪定、存眞去僞、由博返約、而後蕩蕩平平、萬古不易、二曰定制、如齋拜婚喪律度權衡、大而朝廟禋祀、小而飲食起居、以及天地山海禮樂文章醫卜術數之類、皆總前聖之德徽、而集其大成、如一日五禮、晨禮始於阿丹、晌禮始於易卜剌欣、晡禮始於郁納息、昏禮始於爾撒、宵禮始於母撒、至穆罕默德始兼而用之、一日五禮、七日一聚、一年二會、一齋會一祀會晨禮四拜、晌禮十拜、晡禮四拜、昏禮五拜、宵禮九拜、聚禮十拜、會禮二拜、惟大人有明禮、有夜功、有禮親之禮、禮親二拜、明禮夜功無數、穆罕默德以其教傳子孫、傳弟子、分適殊域，廣行教化，其為教也，以默識主宰為宗，以敬事主一為功，以歸根復命為究竟，敬服五功，天道盡矣，敦崇五典，人道盡矣。五典同儒，五功者，一念真，二禮真，三齋戒，四捐課，五朝覲，天闕也。時念真宰，（有口念有心念）日禮五時，（有散禮有聚禮）歲齋一月，（盡絕葷肉）歲捐課財，（謂施舍于寺中）終身一覲天闕，天闕即天方，凡修教之人無論何國，終身必往天方瞻禮聖墓，親撫元石，以示歸敬，是謂借有形之朝覲，以寓無形之朝覲。

天方教考下

天方經，以甫爾加尼經為最大，諸大弟子發明之者，如曰噶最真經，曰咱希德真經，曰大觀真經，曰昭微經，曰費隱經，曰研原經，曰道行推原經，曰真光經，天方諸賢，若查密爾氏暨阿補德歐默爾輩，皆著有成書，如密邇索德勒瓦一合額史爾等經，既行於天方。又傳之東土。文義聱牙。詰屈不能通於儒。康熙中有金陵劉智者。彼教中人也。會通東西之文。譯為天方性理天方典禮二書。因經立圖。因圖立傳。冠以五章。首以言大世界理象顯著之敘。及身心性命所藏之用。聖凡善惡之由。末章總合大小世界分合渾化之理。而歸於一真。大都天分七重。氣分七行。地分七洲。人分七等。其禮拜亦以七日為期。七天者。即七政天。惟其上第八庫爾西天。第九阿爾實天。總包諸天之外。華言無可譯。則仍其舊名。然各重天皆有廣輪里數。愈上愈廣。即阿爾實庫爾西亦各有若干萬里。則仍即歷家之恒星天宗動天而已。人分欽聖衆聖大賢智慧廉介庸常冥頑七等。分配七政。而有至聖大聖以配阿爾實庫爾西二天。至聖惟穆罕默德一人。七行者。於金木水火土外。增氣為一行。凡風雲雷電皆是也。靈活為一行凡動走飛潛皆是也七洲之說未詳其目諒亦取西洋五洲而增之其教以真宰為主真宰者生天生地生人生物綱維理數宰制萬有人之性命皆所賦予故必生時以主宰為趨向而後沒時歸根復命仍還于主宰其諦言篇曰我證一切非主惟有真主止一無二我證穆罕默德是主差使我信主本然以其妙用尊名我承主一切法則我信真主信一切天神信一切經書信一切聖人信後世信善惡有定自主信死後復生清哉真主世讚歸主萬物非主惟有真主其主至大無時無力惟以尊主民常篇曰維造物皇恩誕敷寵錫加我愚氓品類時出五室以居木竹石土革五鑛以用金銀銅錫鐵五服以衣棉絲麻葛裘五食以食穀蔬果肉飲五食各五五穀五蔬五果以五肉五飲共二十五品利民事以宏道績老得以終幼得以育嗚呼皇恩厚哉寵錫般

哉惟造物皇德大垂眷顧重我生民張陳萬物民用是足我民不智亂厥置位聖人明聰無忤無拂審形辨義以物付物順物材物以不貿物物乃乂義乃成民期利益集義利而成德以德報德是為至德嗚呼皇德深哉仁愛淵哉名無可名意無可意

居處篇曰居近仁處近義非其隣不宅穆民忌野居（穆民猶言信士）野近愚城近智先隣而後宅以親賢正不危居不孤處不坐卧於寺不久寓於遠譯之鄉墳原不寺園囿無家禁地之中無敢私舍淫亂之家不過其門非我族類必有表記凡我城中不容歐若堂不容祝虎院不容佛室道觀以不眩亂于吾民（歐若堂天主教也祝虎院俗謂挑筋教也）

冠服篇曰服有常制非其位不服其服王用弁冠冠上着頂頂之數不一視所屬王國多寡為定掌一王者一頂掌二王者二頂掌四五王者四五頂頂皆重寶為之天方稱大國

者九十有四、稱王者五十餘、（方言稱王曰蘇魯檀）稱帝者七、（方言云墨利奇）而統屬于魯密之一君、所謂帝之帝、君之君也、其冠但一頂無二王、衣金絲織繡、略如東土、惟不用鳥獸龍鳳為章、惟以山水藻卉、相臣銀繡金素、百官銀素、以職異制、士緣帛、民素布、狹其袂、冠一以巾、以職異制、吏奴短褐、民不衣帛、不以金銀飾、惟婦女金帛無忌、男子不衣艷色、禮官尚白、刑官尚墨、聖王尚綠、庶民土黃、吏役青靛、毋着異冠異服、惟適異國、遵其國制、飲食篇曰、飲食惟良、必慎必擇、良以作資、乃益性德、禽食穀、獸食芻、畜有純德者良、若雞鳧雁雉、穀食者也、若鹿麋獐麝、芻食者也、穴屬有兎、潛屬有魚、蠃蟲之屬、有蠡、兎食之可、魚食之常、蠡食之變、利於大歉、牛馬作膳、馬驢乘負、駝曰大牲、宜祀宜負、祀則不以負、非大祀不宰駝、非賓會不宰牛、市有牛屠、聖化不入、若草與木有良有毒若鳥暨獸有善有惡金鸁狼宕厥性毒鷙鳥攫獸厥性惡唯毒戕生性惡賊性賊性惟大皆勿食用其羽革毛皮可也介蟲之類黿鼈蠏蛤蛇蟻蜂蠶皆勿食勿喫犬豕勿飲酒犬豕汚酒亂勿食自死肉勿食浮水魚凡宰牲必誦主名異教之人不知主名宰者勿食禽畜有性良而或食汙穢者則駝宜畜于家飼草四十日雞鶩飼草三日乃可宰食天方人舊不禁酒穆罕默德初禁酣飲繼禁于禮拜之時而究不能遵禁乃絕不許飲凡祭祀賓燕皆代以花露雖終日飲之不亂

魏源曰天方教之事天同於儒之事上帝而襲取釋教禮拜齋戒持誦施舍因果淺近之說以佐之大旨亦無惡于世教其以天地日月為上祭山川水土為中祭宗廟墳墓為下祭不廢神祇人鬼亦勝天主教[illegible]惟既以阿爾實天庫爾西天最上

無外而又各有廣大[illegible]之數不知從何測量從何起算是其言天也近褻聖為天口言合天心而經必皆託於真宰之所降則其稱天也近誣中國有周以前同姓昏姻不禁然穆罕默德以女妻其兄之子不避期親則其于倫也太瀆誦主名殺者可食不誦主名殺者不可食則主名不以止殺而適以濟殺牲畜必純良者乃食性不純良者不可食則是專宥狠而戕良且不食犬豕惡其汚穢而同一啗穢之駱駝雞鶩則又飼穀旬日即可宰食何獨不可施諸犬豕或難劉智曰同教事天當體天心好生惡殺何不概禁不食劉氏不能援上帝以解之則援中土先王之制以自遁嗚呼同教何事遵於先王獨於殺生乃援先王豈先王亦教人誦主名而殺乎先王亦教人但禁犬豕專殺純良乎鴻荒草昧禽獸偪人蹄迹交於中國人無爪牙鱗

介以自衛，故庖犧作網罟，教民畋漁，以捍暴而衛患，非利其養也。沿習既久，弱肉强食，又以人而賊物，聖人有憂之而勢不能塞寒也，爰制令曰：魚禁鯤鮞，獸長麑麛，鳥翼鷇㲉，鳥獸之肉不登于俎，則公不射，數罟不入污池。於是一食戕無數生命者免矣。又制令曰：天子諸侯大夫士無故不殺牛羊犬豕，庶人無故不食珍，豺不祭獸不田獵，賜生必畜，餽生必畜，不網不射宿，不獵較。國君春田不圍禽，大夫不掩羣，士不取麛卵，孟夏毋大田獵，昆蟲未蟄不以火田。於是一物可供數人數日之食者，亦非秋冬、賓祭、養老不用矣。先王之好生惻死，曲全萬物若此，酌中制去已甚若此，乃從計較於物性之純不純、污不污、利養不利養，而物命死生漠然不問乎？且回教不食豕之人，果否純良智慧？他教亦食豕之人，果否皆不良不慧？乃以一豕之食不食為出教入教之大防、幾視蛩殺生妄為尤屬乎、既斥佛氏概不食肉為非、而回教概禁飲酒又同於佛氏、毋乃舍其難而禁其易、舍其大而禁其細乎、為回教者曰、衆聖猶長月之月、穆罕默德出、則中天之日也、衆聖自阿丹至母撒、猶木自根而幹而枝而葉而華、穆罕默德出則其果也、嗚呼、大聖必全天德、全天德必體天心、天心果偏仁於不純物、而偏忍於純良之物乎、穆罕默德適墨瓦底納國、見市屠牛者謂之曰、曷改業、其人曰無以為生也、穆罕默德曰、有羊乎、遂舍牛而業羊、其人曰、無以中土回人襲齊宣釁鐘之權詞、而不察牛羊之何擇、且齊宣詎大聖耶、其言果合於阿爾寶之天心耶、抑合於庫爾西之天心耶、刪經定制、集羣聖大成、而所定之制若此、所　繳之儒教僅如此、又何暇與議五倫、何暇與議六合、

談瀛徵實卷三

懷甯方朔小東纂輯

歐羅巴

歐羅巴（或作友羅巴）一土、在亞細亞極西北隅、以烏拉大嶺為界、（詳載羅斯圖說）中國之所謂大西洋也、絕長補短、約得亞細亞四分之一、西距大西洋海、海水由西北灣環注入大地曰波羅的海、（一作八得海、俗名黃海）轉注東北、分兩汊、約三四千里、波羅的海之南、海水由正西注入大地曰地中海、（泰西名墨力特爾勒尼安、一作美的德拉虐）由西而東、約七千餘里、再分小汊注東北、成巨浸曰黑海、（泰西名勒必西）周迴約二三千里、環波羅的海、南盡地中海、黑海之北岸、為歐羅巴全土、其地自夏以前、土人游獵為生、食肉寢皮、如北方蒙古之俗、有夏中葉、希臘各國初被東方之化、耕田造器、百務乃興、漢初意大里亞之羅馬國創業垂統、疆土四闢、成泰西一統之勢、漢史所謂大秦國也、前五代之末羅馬衰亂、歐羅巴遂散為戰國、唐宋之間、西域回部方强、時侵擾歐羅巴諸國、蒼黃自救、奔命不暇、先是火炮之法創於中國、歐羅巴人不習也、元末有日耳曼人蘇爾的斯始倣為之、猶未得運用之法、明洪武年間、元駙馬帖木耳王撒馬兒罕、威行西域、歐羅巴人有投部下為兵弁者、攜火藥砲位以歸、諸國講求練習、盡得其妙、又變通其法、創為鳥鎗、用以攻敵、百戰百勝、以巨艦涉海、巡行西闢亞墨利加全土、東得印度南洋諸島國、聲勢遂縱橫於四海、現大小共十餘國、

波羅的海之東岸有大城、曰彼得羅堡一作必特爾士木爾峩羅斯之都城也、波羅的海之西岸與大西洋海相表裏、地形如葵扇下垂

曰瑞國從南岸突出如臂亘波羅的海之門闥與瑞國作凹凸之勢曰嗹國嗹國之南曰日耳曼列國為歐羅巴之中原日耳曼之東北臨波羅的海曰普魯士日耳曼東南曰墺地利亞墺地利亞之東南臨地中海曰土耳其土耳其有三土此其西土中東兩土在亞細亞界内土耳其之南地形如人掌拊於地中海曰希臘日耳曼之南曰瑞士再南如人股之著屐入於地中海曰意大里亞列國日耳曼之西北臨海曰荷蘭荷蘭之南曰比利時比利時之南曰佛郎西佛郎西之西南曰西班牙西班牙之西臨大西洋海曰葡萄牙佛郎西之西北有三島雄峙海中曰英吉利

歐羅巴諸國之名諸書異說幾難辨識有一國本有數名者有本係一國而譯寫轉音遂致言人人殊者今採輯於後以資考核

峩羅斯 俄羅斯○鄂羅斯○厄羅斯○阿羅思○斡魯思○兀魯思○羅剎○羅車○葛勒斯○縛羅答○莫哥斯未亞○薩爾馬西亞○魯西亞○汲壽啡

瑞國 瑞典○蘇以天○瑞丁○綏林○瑞西亞○綏亦古○西費耶斯科○里都亞尼亞○匪馬爾如○波的亞○藍旗

嗹國 嗹馬○領墨○吝因○丁抹○大尼○丹麻爾○大馬爾齊○雪際亞○蘇厄祭○盈黎馬祿加○低納馬爾加○黃旗

日耳曼 阿勒曼○阿里曼○占曼尼○耶馬尼○熱爾麻尼○亞勒墨尼亞

普魯士 普魯社○部魯西亞○埔魯寫○圖理雅○破魯西○比阿爾彌亞○單鷹國

奧地利亞 奧斯的里亞○阿士得釐亞○阿士氏拉○歐塞特里阿○莫爾大未亞○東國○雙鷹國

土耳其 土耳磯○都耳基○多爾其○特爾濟○都魯機○杜爾格○控噶爾○痾多馬諾○阿多曼

希臘 額里士○額力西○厄勒祭○厄肋西亞

瑞士 瑞子○束色楞○綏沙蘭○蘇益薩○黑爾威西亞

意大里亞以他里○以他利○伊達利○羅問○羅汶○那嗎○薩都爾尼啞○厄諾地里啞○奧索尼啞

荷蘭和蘭○賀蘭○法蘭得斯

比利時比勒治○惟理儀○北義○比爾暗喀○比爾日加○密爾閏○彌爾尼壬○比利閏

佛郎西佛蘭西○法蘭西○佛郎機○佛朗機○拂朗祭○奧盧○奧祿○牙里亞

西班牙是班牙○斯扁亞○士便○干絲蠟○義斯巴尼亞○以西把尼亞○大呂宋○意卑里亞

葡萄牙葡萄駕○葡萄庫耳○布路亞○波耳都欺○博爾都噶亞○伯爾都牙里○大西洋○盧西達尼亞

英吉利英機黎○英圭黎○膺吃黎○諳厄利○英倫的○及列的不列嚬

按以上各國惟峩羅斯與中國互市、在西北陸路、不由海道、其至粤東貿易者、英吉利船最多、居各國十分之六、西班牙之船大半、自呂宋來、粤東稱大小呂宋、不稱西班牙、船之多幾過於英吉利、西洋米之外少別貨、此外則墨地利亞普魯士次之、嗹國荷蘭又次之、瑞國又次之、佛郎西貨船每歲來粵多不過三四隻，少則一二隻，所載皆呢羽鐘表諸珍貴之物。葡萄牙即居澳門之大西洋，其本國商船來者甚稀。日耳曼之翰堡一作昂不爾厄北閔一作不來梅兩埠閒有貨船來粵。比利時現求通商，船尚未來。意大里亞近分四國，商船無來者。土耳其係回回，希臘新造小國，向未通商。

泰西人有歐羅巴列國版圖說：一曰峩羅斯國，王主治地三百二萬正方里，居民四千一百萬人，每年進帑五千二百萬圓洋銀皆以圓計，重者七錢二分，輕者四五六錢不等。國家欠項二萬萬圓，額兵六十萬，戰時百萬餘，師船三十六隻。○二曰英吉利，女主主治地三十萬正方里，居民二千二百萬人，每年進帑二萬二千八百萬圓，欠項三十五萬萬圓，額兵九萬，戰時三十七萬，師船六百十隻，戰時千餘隻。○三曰佛郎西國，王主治地六十三萬正方里居民三千二百萬人每年進帑一萬五千七十萬圓欠項四萬八千萬圓額兵二十八萬戰時三十二萬師船三百五十隻〇四曰墨地利亞國王主治地七十五萬正方里居民三千二百萬人每年進帑五千二百萬圓欠項二萬萬圓額兵二十七萬戰時七十二萬師船三十一隻〇五曰普魯士國王主治地三十萬正方里居民一千二百萬人每年進帑三千萬圓欠項一萬一千四百萬圓額兵十五萬戰時五十二萬師船未詳〇六曰西班牙女主主治地四十一萬正方里居民一千三百萬人每年進帑二千六百萬圓欠項二萬三千餘萬圓額兵四萬六千戰時十七萬師船今無〇七曰土耳其國王主治地六十萬正方里居民九百餘萬人每年進帑一千一百萬圓欠項三千六百萬圓額兵八萬

戰時二十萬師船百有餘隻○八曰瑞國國王主治地六十七萬正方里居民三百八十萬人每年進帑七百萬圓欠項一千七百萬圓額兵四萬五千戰時十三萬師船三十隻○九曰嗹國國王主治地一十五萬正方里居民二百萬人每年進帑四百萬圓欠項四千萬圓額兵三萬八千戰時七萬四千師船一百隻○十曰葡萄牙女主主治地一萬八千正方里居民三百七十萬人每年進帑八百七十萬圓欠項二千四百萬圓額兵四萬戰時七萬師船二十三隻○十一曰荷蘭二王分南北主治（北曰荷蘭南曰比利時）共地七萬七千正方里居民六百九十餘萬人每年進帑一千二百萬圓欠項一萬七千八百萬圓額兵四萬三千戰時六萬九千師船一百餘隻○十二曰拿破里（一名揑不爾士又作那不勒斯意大里亞所分國）國王主治地一

十二萬正方里居民七百四十萬人每年進帑一千二百萬圓欠項八千四百萬圓額兵二萬八千戰時六萬師船十二隻〇十三曰撒地尼一作沙力尼阿又作薩爾的尼亞亦意大里亞所分國國王主治地七萬四千正方里居民四百一十萬人每年進帑八百七十四萬圓久項三千四百萬圓額兵二萬八千戰時六萬師船八隻意大里亞本分四國兩國之外尚有羅馬突加拿二國此說遺之〇十四曰瑞士無國王民自推鄉長理事地三萬二千正方里居民二百萬人每年進帑二萬五千圓鄉兵三萬三千丁〇十五曰希臘國係新造地域稅入兵額未詳〇十六曰日耳曼分四國一曰巴華里一作拜焉又作巴威也拉有國王地九萬正方里居民四百萬人每年進帑一千四百萬圓欠項四千四百萬圓額兵五萬三千戰時七萬一千二曰漢那華一作漢挪瓦又作亞諾威爾有國王地四

萬二千正方里居民一百五十萬人每年進帑四百六十八萬圓欠項一千二百萬圓額兵一萬二千戰時二萬六千三曰味耳典白（一作威丁山又作瓦爾敦巴耳）有國王地二萬正方里居民一百五十萬人每年進帑三百三十四萬圓欠項一千萬圓額兵四千戰時二萬七千四曰撒遜（一作撒孫又作薩克索尼亞又作塞緍）地一千五百正方里居民一百四萬人每年進帑八百七十四萬圓欠項一千二百萬圓額兵一萬三千戰時二萬四千別有大小侯國二十餘不在此內云○余按此説各國地域之正方里與中國開方法不同不知其如何折算其所列進帑兵額師船之數與別書多不合殊不足據所謂欠項者乃國所欠於民之數西土之例國有兵事則聚鄉紳於公會令其籌辦兵餉皆貸於富商大賈而歲償其息愈積愈多或盈一歲

之入而不足以償則加稅額以取盈焉民之怨畔國之衰弱半由於此

歐羅巴一土以羅經視之在乾戌方獨得金氣其地形則平土之中容畜滄海數千里迴環吞吐亦與他壤迥別其土膏腴物產豐阜其人性情縝密善於運思長於制器金木之工精巧不可思議運用水火尤為奇妙火器創自中國彼土倣而為之益加精妙鑄造之工施放之敏殆所獨擅造舟尤極奧妙篷索器具無一不精測量海道處處誌其淺深不失尺寸越七萬里而通於中土非偶然也

西北之耀武功始於漢故稱中國為漢人嶺南之聚番舶始於唐故稱中國為唐人然唐時之番舶亦不過南洋小西洋諸島國王涯之胡椒八百斛故南洋產也後來盛稱波斯胡波斯即

今之包社在印度之西中土統謂之小西洋歐羅巴諸國之東來先由大西洋而至小西洋建置埔頭漸及於南洋諸島然後內嚮而聚於粵東萌芽於明中濫觴於明季至今日而往來七萬里遂如一葦之杭天地之氣由西北而通於東南倘亦運會使然耶

歐羅巴之人長大白皙隆準深眶黃睛（亦有黑睛者）鬚多連鬢或繞頰有條直似中土者有拳曲如虬髯者有全薙者有全留者有分別留髭髯如中土者不關乎老少也髮留二三寸許長則翦去鬚與髮多黃赤色（明季稱荷蘭為紅毛近年稱英吉利為紅毛皆因其鬚髮之黃赤然歐羅巴人皆如此非獨兩國為然也）間亦有黑色者（髮黑者睛亦黑）女子髮與睛亦然或云居中土久則鬚髮與睛漸變黑其男女面貌亦有半似中土者男子冠平頂圓筩窄簷高三四寸或氊或帛見客則釋冠以為禮皆

闊領及領窄袖束身長僅及腹袴亦緊束於股外襲之衣略寬長可及膝敞其前襟其衣內用布外用呢冬不裘夏不葛履鞾並著以革為之女人髮全留挽髻略似中土衣亦窄袖貼身而無領前露胸與肩之半後裸背之近項者約五六寸出門則襲闊領之衣掩蔽之下著裳長拂地腰皆襞積約五六層男女皆好潔日就浴盤

歐羅巴諸國迤南者在北黃道之北寒暑略似中原迤北者在北黑道之南積雪至五六尺堅冰至三四尺俗傳西洋人畏冷誤矣冬月室皆熾炭衣氈數重無著皮者所傳畏冷者乃黑夷黑夷皆印度或南洋各島人與赤道相近亘古未見冰雪其遇祁寒而瑟縮也宜矣

歐羅巴五穀之種皆備極北嚴寒多種油麥日耳曼以南以小

麥大麥莜麥為主、峩羅斯南境、及土耳其以粟米黍米高粱為主、種杭稻者、惟意大里西班牙、地處極南故也、果實則桃杏李柰檸檬柑橘葡萄櫻桃橄欖桑葚無花果甘蔗、皆有之、蔬菜多種以番薯為重、食以麥麪燒作餅餌、牛羊豕皆炙熟、沃以醯醢、食用刀匕、不用箸、飲用加非煮湯、和以酥糖、油以橄欖為之、清香不減胡麻、釀酒以葡萄、間有用櫻桃果仁大麥為之者、不如葡萄所釀之醕、羽緞用犍牛之毛、大呢用綿羊之毳、棉花由五印度米利堅販運、用火機織布、工省而價廉、五金之鑛、各國多有之、而峩羅斯產鐵最多、諸國皆取給焉、銀鑛舊資日耳曼之撒遜、近年取之南亞墨利加、材木隨處成林、橡松樫榆椵為多、紋緻而質堅、中國牲畜皆備、牛與豕極大、

歐羅巴諸國來粵東、皆從大西洋海開行、沿亞非利加之西岸、

南行至盡頭之岌阿穩曷朴、一作好望，俗名大浪山乃轉而東北、舟行至此、風濤最惡、彼土人慣於浮海、亦罔不慄慄危懼、過此乃額手稱慶、浮印度海東北行、入蘇門答臘噶羅巴之㬰他海峽、又東北而至粵東、計程約七萬餘里、俗稱來三去五、蓋由大西洋來中國約三月程、回國則須五月程、往返同途、而遲速不同者、非盡由風信之順逆也、四海之水皆東趨、至尾閭而入大地、又從萬派源泉分流而出、由歐羅巴至中國、則為順流、由中國西旋則為逆流、故遲速不同耳、

歐羅巴諸國皆善權子母、以商賈為本計、關有稅而田無賦、航海貿遷、不辭險遠、四海之內、徧設埔頭、固由其善於操舟、亦因國計全在於此、不得不盡心力而為之也、

歐羅巴諸國、自漢以後皆奉天主教、教王居於羅馬、操列國興

廢之權、明初日耳曼人路得別立耶蘇教、自是諸國從天主教者半、從耶蘇教者半、君民之相仇戮、列國之相攻伐、半由爭教而起、然所謂天主者、即耶蘇、其書同而講解異、天主教供十字架肖耶蘇像、而耶蘇教無之、其餘教規大致相同、詳意大里圖說

歐羅巴諸國紀年皆稱一千八百幾十年、非其傳國之年數也、各國皆奉耶蘇教、以耶蘇降生之年為元年、至今凡一千八百餘年耳、至各國祚數或修或短、惟佛郎西傳世最久、其餘多者亦不過數百年、且時立女主、族姓潛移、俗傳西洋諸國自古未易姓者妄也、

歐羅巴所刻通書、不置閏、有三十一日為一月者、有三十日二十九日為一月者、

西洋諸國語言文字相同者、普魯士、奧地利亞、與峩羅斯地相

接也、英吉利與米利堅、西班牙與墨西哥以南諸部、葡萄牙與巴西、本三國之所分也、餘皆不相同、

魏源大西洋歐羅巴各國圖志總敘

恭讀康熙五十有　年十月壬子　聖祖諭曰、海外如西洋等國、千百年後中國恐受其累、此朕逆料之言、夫康熙之世、荷蘭劾戈船、定貢期、意大里國備臺官、佐歷算、四海賓服、而大聖人已智周六合、慮深萬世、何哉、地氣自南而北、聞禽鳥者知之、天氣自西而東、驗海渡者知之、大秦之名聞中國、自漢世始、大秦之通中國、自明萬歷中利瑪竇始、大秦者西洋之意大里亞國也、凡佛郎機葡萄亞之住澳門入欽天監、皆意大里開之、為天主教之宗國、代有持世之教皇、代天宣化、至今西洋各國王即位、必得教皇冊封、有大事咨決請命焉、又請其大弟子數十分掌各國教事、號曰法王、教皇猶西藏佛教之達賴剌麻、而法王則猶住持蒙古之各部之胡土克圖、今澳門市埠屬葡萄亞國而其法王

上恭讀係覩[illegible]生口氣、點涉
此又案當之覩口氣語

則亦意大里國人故自昔惟意大里亞足以綱紀西洋、自意大里裂為數國、教雖存而富強不競、於是佛郎機英吉利代興、而英吉利尤熾、不務行教、而專行賈、且佐行賈以行兵、兵賈相資、遂雄島夷、人知鴉煙流毒為中國三千年未有之禍、而不知水戰火器為沿海數萬里必當師之技、而不知饟兵之厚練兵之嚴馭兵之紀律為綠營水師對治之藥、故今志于英夷特詳、志西洋正所以志英吉利也、塞其害師之長、彼且為我富強、舍其長甘其害、我烏制彼勝敗、奮之奮之、利兮害所隨、禍兮福所基、吾聞由余之告秦繆矣、善師四夷者、能制四夷、不善師外夷者、外夷制之、

又案明萬歷二十九年、意大里亞國人利瑪竇始入中國、博辯多智、精天文、中國重之、自稱大西洋之意大里亞人、

未嘗以大西洋名其國。時佛郎機築城室于濠鏡，及明季亦旋棄澳西去，皆非今澳門大西洋。澳門大西洋者，明末布路亞人以歷法聞于中朝，禮部尚書徐光啟奏用其法，并居其人于澳門，至今相沿呼澳夷為大西洋國。明史外國傳自當專立布路亞國一傳，乃僅十語以著中歷用西法之始，及澳門有大西洋之始，乃僅一語附見意大里佛郎機傳中，遂至今如墮雲霧。其實大西洋者，歐羅巴洲各國之通稱，澳夷特其一隅，不得獨擅也。以其洲言之，則各國皆曰歐羅巴；以其方隅言之，則皆可曰大西洋；以其人言之，則皆可曰紅毛。至澳門紀畧以今澳夷為意大里亞國亦誤。意大里但行教于澳，其市舶兵船礮臺洋樓及歲輸地租，則皆布路亞國主之，無與意大里。

歐羅巴與利未亞之分洲也，以地中海界之。而歐羅巴一洲，復中亘一海，其袤幾與地中海相埒。海北爲瑞璉、大尼、綏林四國，北界氷海。西史稱別一天下，而是海獨無專名。隨國立稱，難以舉似。今以洲中海名之，猶朝鮮、遼東之與登萊中隔渤海矣。

俄羅斯國

俄羅斯國、俄羅斯○鄂羅斯○厄羅斯○阿羅斯○斡魯思○兀魯思○羅刹○羅車○葛勒斯○縛羅答○莫哥斯未亞○魯西亞○沒壽啡據亞細亞歐羅巴兩土之北境、復跨海據亞墨利加之西北隅、拱北氷海、如玦環、長約二萬餘里、外夷第一大國也、其西土西界瑞典普魯士奧地利亞、南界土耳其波斯、東界西域回部、其東土南界哈薩克回部喀爾喀蒙古黑龍江、綜其全土在亞細亞者十之六、在歐羅巴者十之四、然其新舊兩都城皆在歐羅巴、其富盛之部落、雄麗之城邑、萃於西偏、迤東之地、雖廣莫、乃荒寒不毛之土、其會盟戰伐、亦皆與歐羅巴諸國爲緣、國勢在西而不在東、故隸之歐羅巴、其國古稱薩爾馬西亞、自唐以前爲西北散部、受役屬於匈奴、唐懿宗咸通年間、有酋長禄利哥者、招引族類、肇造邦土、傳至烏拉的米爾訐羅斯訝、兩世立國、始有規模、周世宗顯德年間、有王后理國政、始崇希臘天主教、其嗣位之王有十二子、分國為十二部、由是兄弟鬩牆、互相攻伐、日就衰亂、宋理宗年間、元太祖西伐滅阿羅思阿速欽察三部、（皆今峩羅斯地）立長子术赤為汗、由是為蒙古別部、元衰、峩羅斯故王後裔乃稍稍振起、明嘉靖初、借瑞典兵力驅逐蒙古、復其土宇、後有國王號以萬者、（一作伊挽、又作宜萬）有雄畧、辟地日廣、達於東海之隅、性殘忍、好殺戮臣民數萬人、由是羣下離心、傳至波利斯後、國勢寖弱、內訌四起、時波蘭方強、日見侵削、國人恟懼、思得賢王以靖國、康熙四十年、立彼得羅為國王、（一作伯多羅、又作彼達王、即別書所云察罕汗）彼得羅幼時、其姊貪權欲據王位、彼得羅避禍隱寺內、為僧、既為衆所推立、卑禮招致英賢、與圖國事、躬教士卒騎射、兼習火器、悉為勁旅、由是政令更新、國俗為之一變境內既平，乃巡行邊界，開通海口。嘗以我人不善駛船，變姓名走荷蘭，投舟師為弟子，盡得其術，乃歸治舟師，與瑞典戰，勝之。瑞典割芬蘭以講，遂建新都於海濱，曰彼得羅堡，（一作山特爾士木爾，又作比特革，又作桑比斯德爾不爾扼）疏通波羅的海道，水陸皆據形勢，戰勝攻取，疆土愈闊，我羅斯近世之強大，實自彼得羅始也。彼得羅歿，其后嗣位，敏慧有權謀，所任大將名震隣國，疆土益廣。乾隆二十年，王后加他隣（一作加達利納，即他書所云和肯汗）嗣位，淫蕩多嬖，而精於理事，招致他國百工，厚給廩餼，教國人以藝事，廣延文學，兼修武備。南隣之土耳其回部大國，與我構兵數十年，后累挫其鋒，割其北境，又分割波蘭三分之二。后死，嗣王即位，見弒，子亞勒山德黎繼立，與佛蘭西連兵數年，講和而罷。弟尼歌拉士嗣立，（一作尼哥勞）伐土耳其，大捷。波斯來侵，擊退之，割其日爾日等屬部，咸聲甚著即今在位之王也、其國大畧分四部、在歐羅巴境內者、曰波羅的海東部、曰波蘭部、在亞細亞境內者、曰高加索新藩部、曰西伯利部

波羅的海東部西柢波羅的海東至烏拉嶺烏拉嶺北起北冰海南至白爾摩長約四千里歐羅巴亞細亞兩土以此嶺為界北距北冰海南盡黑海南北約七千餘里東西約五千餘里莪羅斯本國之全土也地形平坦東方始見山嶺大勢分五域曰東莪曰大莪曰加匽莪曰小莪曰南莪

○東莪在國之西北境因據波羅的海東岸故稱東莪地分五部首部曰彼得羅堡其故王彼得羅建新都於此因以為名者也沿海一帶平野蒼茫松榆茂密間有狹田地氣寒甚冬氣居六月之久都城在尼瓦河口近偪海港西風起則水湧入城街衢泛溢城內多廣廈傑構王廷長四十五丈闊三十八丈金彩

耀目宏麗為西國之最（泰西人造屋皆層樓疊架繞以迴廊外無牆垣院落雖王宮亦如此）居民四十二萬五千內水陸兵五萬五千客民二萬五千別有藏軍器之城曰立冕彼得羅堡之西南曰斯多尼亞部再西南曰里窩尼亞部兩部內港有大埔頭曰利牙每年出入商艘千餘再南曰孤爾蘭的亞部彼得羅堡之北曰芬蘭部本瑞典東北境峩戰勝割得之地極廣莫而氣候寒冽人戶貧乏○大峩峩之中原毘連北地幅員遼闊故稱大峩地分十九部首曰墨斯科部（一作木吉）在四境適中之地峩之舊都也規制鉅麗百官之居皆飾以金銀嘉慶十六年佛郎西拿破侖新得國勢方張欲混一西土以大兵伐峩圍墨斯科城將陷峩人恐其據之也燒之而走火旬日不息佛師退乃次第修復王殿廣七十七丈長二百一十大宇內宮闕之高大殆無與比墨斯科之左曰瓦拉的迷

爾部曰尼内諸烏疴羅部舊為國之大市今已衰廢曰赫阿匽部墨斯科之右曰加婁牙部百工萃集之地曰斯摩棱斯科部墨斯科之南曰都拉部其民冶鐵鑄造各器曰當波弗部曰疴勒爾部曰窩羅尼日部曰古爾斯克部墨斯科之北曰哥斯德羅罵部曰日羅斯拉部曰的威爾部曰北斯哥弗部再北曰疴勒内部曰窩羅疴達部曰諾弗哥羅部三部地氣皆寒冽極北臨北冰海曰亞爾千日爾部廣莫倍芬蘭而荒寒不可耕人戶甚稀多以捕魚為業加匽諸部之粟時由内河往糶極北濱海之民皆短小以犬為馬以鹿為牛有天使頭城在白海内港之濱冰消之時商船可以出入○加匽峩在大峩之東本回部地明嘉靖間峩攻得之分為五部地腴坦宜稼産穀甚豐又産木材銅鐵番鹼其民善於硝皮首部曰加匽加匽之南曰新比耳

斯克部新比耳斯克之西曰奔薩部加匽之北曰維亞德加部再東北曰白爾摩部○小峩在大峩之西南舊本峩地為波蘭同部所侵割尋復奪還其地氣候温和川原清曠緑柳垂楊相望葡萄柑橘皆繁生其民耕田熟皮造番鹼各勤本業分三部曰究部曰厄加德黎諸斯拉部曰者爾厄苛弗部○南峩在大峩小峩之南土脈膏腴、產穀最多、分羅諸國、地分五部、曰加的勾巴爾的哥部、曰給爾孫部、曰比薩拉比亞部、在黑海中者、曰擣里達部、小山疊秀、地氣温煦、稱樂土、加的勾巴爾的哥之東曰薩拉德夫部、其種人曰可薩、悍勇善戰、馳騎如飛、峩人每用以破敵、稱為勁旅、其開拓西伯利廣土皆此部兵力也、西伯利部戍守之兵亦皆此部人

波蘭部一作破蘭又作波羅尼亞又作葸鹿葸也在海東諸部之西南先是有查遮

爾倫國者與波蘭隣其王贅於波蘭女主遂與波蘭合後為峩羅斯所取稱為西峩其人白晳又稱白峩迨後波蘭衰亂峩羅斯與奥地利亞普魯士瓜分其國峩得三分之二道光十二年波蘭遺臣據地起兵與峩軍戰潰敗而逃其地卒歸於峩合前所得白峩地統稱波蘭部白峩地廣闊平坦草茂土肥宜耕宜牧其民修潔屋宇整峻分六部曰威德比斯科部曰摩宜勒威部曰明斯克部曰維里納部曰哥羅德諾部曰窩黎尼亞部曰波多里亞部波蘭地蕩平如砥林茂草芳穀果俱豐兼產材木煤炭蠭蜜分八部曰馬索維亞曰加拉哥維亞曰三多迷爾曰加利斯曰魯伯林曰波羅咯曰波達拉給亞曰亞烏斯多窩八部地界原圖未分畫

高加索新藩部一作告甲俗在海東諸部之東南亞細亞極西之土

也南境有高加索山西壓黑海東抵裏海綿亘蜿蜒千峯矗起其北境環抱裏海地勢平闊達於加匽部之白爾犘舊本游牧回部峩羅斯以兵力取之迤南在高加索山南北者皆土番種類獷悍異常舊屬土耳其波斯兩國近年俱為峩羅斯所割置新藩五大部極北者曰痾倫不爾厄部（一作阿隣堡）地接西域回部豐草鋪原蒙回各部互市於此以馬牛羊易布疋痾倫不爾厄之西南曰阿斯達拉干部（一作逕大罕）為五藩部之都會窩瓦河從西北來由此入裏海兩岸草場豐美牧畜蕃庶（即土爾扈特舊居游牧之地西域聞見録謂烏巴錫因河氷未合幸河南戶口內附而遺其河北今考窩瓦河自西北而東南烏巴錫之東徙蓋携其河東戶口而遺其河西也）其地通衢四達西域游牧各部互市者絡繹於途故富饒為五部之最女子絕美各部爭買為婢妾價極貴有才能者或為妃后裏海產鱣魚龍土人長於釣捕販行甚遠阿斯達

拉干之南曰薩加社（一作色爾各設又作額勒阿西）在高加索山之陰種人居巖谷不事耕作貧甚而性特悍猛習於剽刦鄉皆土堡自練丁壯為兵梗令揭竿時時有之峩軍收捕往往挫衂僅羈縻以固邊圉不能使之馴擾也薩加社之南曰諾尼阿部（一作額里）在高加索山之陽本屬土耳其後稱兵叛土峩羅斯征服之收為藩部其地山嶺崎嶇戶口繁而貧販鬻男女為奴婢民俗悍獷甚於薩加社諾尼阿之東曰日爾日部（一作熱阿義）東距裏海跨高加索山之南北本屬波斯嘉慶十八年峩羅斯戰勝割取之民俗與諾尼阿同男女多美姿容會城曰得勒甚卑陋峩人修飾之漸改觀矣（薩加社諾尼阿日爾日三部近年又分為八部曰日爾日曰是爾彎曰亞爾美尼亞曰義米勒多曰明哥勒里亞曰達曰斯丹曰西爾加西亞曰亞巴西亞八部之外又別立高加索省原圖皆未分晝）

西伯利部（一作西卑里亞又作悉比釐）亞細亞之北境也西起烏拉嶺東距

大洋海、北距北氷海、南抵外興安嶺界黑龍江索倫喀爾喀烏梁海蒙古哈薩克回部、長約一萬三千里、寬約五千餘里、地處窮髮之北、限以峻嶺崇山、自古輶車之所未至、歷代行國之所不居、在大地為別一區宇、其地氣候極寒、迤南猶見草木、迤北句萌鮮茁、僅有矮松白楊、一年中氷雪凝結者九閱月、其人種類各殊、戶口甚稀、游牧者或偶至焉、寒冽不可久留、故庭幕不傳於紀載、元代有漠北藩王、嘗探悉其地、欲跨嶺割據之以險遠而止、前明中葉、峩羅斯既興、有商船於氷消時駛至西伯利海岸、以洋貨易皮貨、日漸狎熟、盛誇峩之富強、其頭人有率戶口至峩者、睹其國都市廛宮殿之壯麗、傾心歸向、各部競相傳播、咸貢方物為藩屬、峩建炮臺於烏彌河口、扼險要以控制之漸徙罪人供力役、築城戍、於是西伯利西方諸部、不費兵力咸為栽有尋復展轉東畧阻於氷雪獨薩拉德夫之兵能躡氷前進遂征服東方諸部達於東海之隅（峩羅斯與我爭雅克薩城即此時事）至加他隣后時遣其臣墨領向東北探尋知亞細亞與亞墨利加一土不連中隔海峽數十里遂名其峽曰墨領峽因跨海據亞墨利加之一隅綜西伯利全土東部所產惟皮貨狐狸兎貂鼠獺之類皆備專售中國西部兼產金銀銅鐵各鑛鐵尤多每歲得百餘萬担泰西諸國皆仰給焉地分八部曰德波爾斯科曰多木斯科曰也尼塞斯科曰苛慕斯科曰義爾古德斯科曰亞古德斯科曰苛哥德斯科曰岡札德加○德波爾斯科與海東部之亞爾干日爾苛勒內白爾摩等部相連以烏拉嶺為界地氣寒甚產金銀銅鐵鑛○多木斯科（一作多僕）在德波爾西南與海東部之白爾摩苛倫不爾厄等部接壤其南與西域之哈薩克回部

毘連游牧者時來侵掠雖有防兵不能禁也歲有大酋駐此總理東方兼督鑛務○也尼塞斯科（一作云益士）在德波爾之南多木之東有草場出各鑛南境與哈薩克毘連駐兵四千以防侵擾○痾慕斯科（一作東色）在也尼塞之東地頗豐饒善釀酒人多沈湎南境抵外興安嶺與烏梁海各部接壤○義爾古德斯科（一作耳谷）在痾慕之東地極廣大出銀鉛鑛兼產皮貨每年所得鉛與皮甚多足助國用其人多美丰姿頗講文學南境抵外興安嶺與喀爾喀蒙古土謝圖汗車臣汗兩部接壤南界有甲他城即內地所稱恰克圖中國與俄人互市於此庫倫辦事大臣司其事彼以皮來我以茶往○亞古德斯科（一作牙谷）在義爾古德之東南境抵外興安嶺與黑龍江接壤康熙年間議定疆界立有界碑其地寒甚冰雪之消融者每歲止得三四月人戶稀少射獵之

外無生計峩人取其所得之皮以當賦稅○痾哥德斯科（一作阿谷）在亞古德東北地盡亞細亞之東北隅寒冽過於亞古德土人亦以獵獸為生峩設官以賦其皮城建海濱與海東各島通商以收皮貨○罔札德加（一作堪察加）在痾哥德之東東界斜伸入海形如大刀頭其地終年寒冽草木稀疎海鳥翔集如蠅蚋居民捕魚為食穴地而居（即東省所謂魚皮韃子）峩人設口收皮朝臣有重罪者流竄於此○自亞細亞極東北至亞墨利加海中各島稱亞律羣島迤南接日本各島稱古利羣島皆產皮峩船往來收皮鬻於中國○北亞墨利加之西北隅曰監札加峩人逾痾德之墨領海峽跨而有之地寒凍無他產所得者皮貨而已

峩羅斯雖分四大部而大勢則東西兩土西伯利其東土也海東波蘭二部其西土也高加索新藩部地雖在亞細亞而與海

東部牙錯亦西土也東土曠邈無垠雪窖氷天自古爲不毛之土境内有勒拿葉尼賽阿比等大河大半發源漠北流入北氷海湖之大者曰蘇米曰排半土人户口稀踈雜以流寓亦甚寥落種族難稽土俗亦無可言物産則東皮西鑛皆獲無窮之利亦外府之一奇也西土三部周迴萬餘里半皆平土立國雖在北境沃壤則多屬南方河流之最長者曰窩瓦東南流七千餘里而入裏海地尼伯河南流入黑海頓河西南流入亞速（即阿速）海灣土味拿河西北流入波羅的海隅阿尼牙河北流入白海西北多大湖曰剌多牙曰阿尼牙曰西峩其海口之可通舟楫者北方則白海之隅澤加牙之灣西北則芬蘭利牙之灣西南則亞速之灣港汊四通舟行似便惟因地氣嚴寒海水之不氷者歲不過六七月或四五月船不能以時往來其南界之黑海

由他大尼里海峽與地中海一綫相連海道不如他國之通利是以遠涉為難其民各分種族一曰薩剌瓦族居齊民之大半曰力丁族居波羅的沿海曰芬族即芬蘭土人居西北方曰韃韃里族游牧於南方奉回教即西域回部種類曰甲才族亦游牧奉佛教蒙古種類曰日耳曼人墾種新地曰猶太散民務百工地之所產者五穀之外麻與皮為多麻織帆布售於各國皮轉售於中國其木多橡榆松由海道運於各國南方多馬北方多牛牛之油與皮運出無窮東界之山產金銀銅鐵金鋼石其民衣長衫冬著羊皮食物最粗以大麥粉為湯粉水為飲人多嗜酒身體不浴冬月嚴寒卧爐上以取温其俗重希臘教門亦天主教別派京師有總教主大有權勢其各教師散居各部有廟七十萬間僧一十六萬人男寺四百八十所女寺一百五十六所

峩羅斯有宰相莬政事、有大事、王召貴者一百二十人議於公會、其部有八署、如中國之六部、益以宗人理藩、每年關稅田賦雜稅共銀七千八百萬兩、陸路額兵六十一萬、長於馬隊火器、亦精水師、大兵船四十隻、戰船三十五隻、兵船二十八隻、小船三百隻、水手四萬丁、軍法嚴、每排陣軍士屹立如磐石、無敢移步者、用刑最酷、榜掠之刑慘於死、俗尚畜奴僕、貴官富商每人所畜以數十百計、通國奴僕凡百餘萬、浮於兵額、

按峩羅斯舊國在秦漢為渾庾屈射堅昆丁零諸部、受役屬於匈奴、在唐為黠戛斯骨利幹等國、宋末元太祖起北方、拓地西域、以阿羅思等（即峩羅斯轉音）三部分其長子、乃東峩大峩兩部地、非今日峩羅斯之全土也、元氏既衰、峩羅斯故王後裔再燃餘燼、假隣國西費耶忒兵力、（今瑞典國）驅逐蒙古、恢復疆土

迨後日益强盛沿北海漸拓而東繞出西域回部外蒙古諸部之北直達黑龍江東北徼外名曰西伯利部我
朝順治年間築城於雅克薩侵擾索倫諸部稱為羅刹屢遣兵毀其城輒復據之康熙年間兩致國書復由荷蘭附書諭其國王其王乃遣使上書乞撤雅克薩之圍分定疆界立碑為志通貿易於車臣汗部之恰克圖并遣人來　京師學習漢文每十年更易沿為常例其西境自彼得羅崛起日益恢拓西割瑞典之芬蘭南兼高加索迤北諸部西取白峩諸部又割波蘭三分之二土耳其波斯北境亦多被侵割於是峩羅斯境土北環北氷海西據波羅的海東距大洋海即東海又跨海據北亞墨利加之一隅長約二萬餘里其南北之勢則西土較闊約六七千里東土較狹約四五千里宇內疆土之恢

閭無過峩羅斯者宜其強大莫與京矣然在歐羅巴諸國中亦不過比肩英佛而未能定霸於一方者何也嘗以詢之雅裨理曰彼所有者多北裔窮荒之土其東部層氷積雪草不繁牲不育不可游牧故漠北諸部棄而不居峩人得之收其皮鑛之利所謂人棄我取非力能驅除而據為己有也迤西入歐羅巴界戶口稍盛再西至大峩東峩之南不乏名都大邑然較之英佛諸國總覺土滿舟楫之利火器之精心計之密又遠遜於諸國逐鹿海隅往往瞠乎其後特因其疆土之廣究係海內大國故諸國亦未敢輕視之比權量力不過齊秦晉楚相為匹敵已耳

峩羅斯都城臨海亦有巨艦數十然水戰究非所長故不能在大海中與諸國角勝其貨船亦止往來西洋諸國未嘗涉

大洋，而至粤東，蓋其國物産之最多者，曰銅鐵，曰麻布，曰木料，曰牛馬，隣近諸國皆仰給焉，不必求售遠方，最珍貴者皮貨，如狐貂海龍駱駝絨洋灰鼠之類，專以供中國之用，入海船而載至炎方，計無不朽敗者，通市之在陸而不由海，職是故也。

魏源峩羅斯彙考

澳門新聞紙云己亥歐羅巴洲各大國兵丁戰船之多寡當以俄羅斯為最多俄羅斯戶口五千萬戰船一百三十隻兵一百餘萬内有一半在各處防守邊疆以及在屬國其次即算歐色特厘阿戶口三千三百萬兵四十萬另有蘭威阿兵在外佛蘭西戶口三千三百萬戰船二百二十隻兵三十五萬另有國中各處防守兵在外英吉利連愛倫戶口二千四百萬戰船五百三十隻兵十萬別有印度各屬國之兵在外所有戰船共載大礮二萬三千門普魯社戶口比以上各國更少兵只二十五萬連蘭威阿兵共有三十五萬乃耕種之國並無戰船

每月統紀傳云康熙二十七年間英吉利國之穌以天王登位立志分侵敵國始侵大尼王勝之方罷戰又侵伐波林國逐其

惟見于每見
[illegible]錯

舊王，別置新王鎮撫之。又攻日耳馬尼國，列國皆震，莫不勸和。穌以天王不息干戈，復強侵俄羅斯國，烈風刻骨，英軍不戰敗走，穌以天王匿身土耳其地，逃歸本國，又霸侵那耳瓦鄰國，被彈擊而死。案此英吉利與俄羅斯交戰之事，志中無之，惟見于每見于統紀傳。所謂土耳其國者，一作土爾嘰，即北都魯機國。英吉利與俄羅斯陸地不接，蓋兵船由地中海往侵，故戰敗，則由土爾幾國遁歸也。

又云：道光十三年，土爾嘰國被北方迤志比多諸侯攻伐，奪去亞細亞內各部落，今土爾嘰國王遣臣籲救於鄂羅斯汗，其汗坐視顛危不救不扶，在俄羅斯汗之意，恨不得驅逐土爾嘰出歐羅巴，歸中國新疆本地。但英國與佛蘭西國王不允，強使彼此平安。俄羅斯忽遣兵幾萬人往守土爾嘰國都，又命師船數隻防範迤志比多艨艟，英國與佛蘭西國之宰相見此光景，立諭兩幫戰船，巡地中海，免致迤志比多諸侯圍土爾嘰國都，并免俄羅斯軍駭愕土爾幾國王倘迤志比多諸侯不肯即議和則以兵力勒令平安源案此謂俄羅斯欲逐土爾幾歸中國新疆本地者即第三十二卷中北都魯機回回國于元代被蒙古軍驅竄西域之事故譯者以本朝之新疆稱元代之回疆也或謂土爾扈特分牧俄羅斯之額濟勒河兩岸其南岸部落于乾隆時歸中國而北岸部落十餘萬尚留俄羅斯此或指河北之土爾扈特然土爾扈特北部在裏海左右去地中海及英佛諸國甚遠且土爾幾乃回教而土爾扈特則剌麻佛教亦判然不倫此土爾幾仍當是北都魯機國而兵船巡地中海一語尤可證英鄂二國行兵道路

貿易通志云俄羅斯國康熙年間始興前此居民不知文學近日始奉天主教出口之貨為材木五穀麻油牛油粗帆麻布皮貨銅鐵白蠟魚肚進口之貨與西洋各國同其國都曰彼得羅堡貿易極盛道光十年國都進口之貨計價萬萬員出口之貨七千四百萬員船進口者千有二百三十八隻其南北他港進口貨價計三千三百萬員出者亦千六百萬員百餘年前未有

今日之十一、其國之興隆崛起、可謂驟矣、其與中國貿易、惟準在蒙古地方、不準在南海、

異域録云、俄羅斯國之西北諸國、名曰圖里耶斯科、(凡言斯科者皆部落之謂、案圖里耶一作普里社、即與俄羅斯爭戰之空科爾汗也、空科爾一作控噶爾)曰宜大里牙、(即意大里亞)曰式費耶忒、(案在俄羅斯之西北連年爭戰未知于西洲志中何國)曰博爾托噶里牙、(案一作博爾都噶亞即布路亞大西洋國)曰雅爾馬尼牙、(案即耶馬尼)曰付蘭楚斯、(案即佛蘭西)曰宜斯巴尼牙、(案一作以西把尼亞即大呂宋)曰狄音、(未詳)曰和爾斯提音、(未詳)曰布魯斯苛、(斯苛即斯科也未詳)曰博爾斯苛、(未詳)曰別穆斯苛、(未詳)曰賽薩林穆斯苛、(案賽薩林即綏沙蘭也即瑞國)曰昂假爾斯苛、(未詳)曰賀蘭斯苛、(即荷蘭)曰博玻林穆斯苛、(即波蘭)曰肆班斯苛、(案一作是班牙即大呂宋也與前重出)其南面所有諸國部落名目、曰土爾扈特、曰哈薩克、曰布魯特、(此三國今已屬)曰哈拉哈爾叭、(疑塔爾巴哈台)曰策旺拉布坦、(即準夷酋名)曰莽武特、(疑是教罕)

酋名曰布哈爾（一作布噶爾，在敖罕西）曰哈薩兒巴什（未詳）曰伊爾欽（即葉爾羌）曰哈什哈爾（即喀什噶爾）曰庫策（即庫車）曰阿克蘇（今同）曰吐爾們（未詳）曰沙障（即尼納特赫國之汗名，在裏海東）

國朝俄羅斯盟聘記　魏源

俄羅斯國至明始大，其地袤絡滿洲、蒙古、新疆之西北境，與中國相首尾。其國都在大西洋，而東接蒙古、黑龍江者，特其邊鄙云。自古不通中國。至元太祖始滅之，并滅其北之欽察國、南之阿速國，合為一國，以封其長子木赤。其地皆在葱嶺西北，未至東方也。其阿羅思裔族逃于北海，計由之地，臣服于元。及元亡後，俄羅斯族姓亦內爭，其部長乞援于西費雅國，假其兵八千以平內亂，而割那爾瓦城賂之。自立為汗，其國寖強，盡驅元裔蒙古出境，恢復舊疆。距康熙初，察罕汗三百五十餘年矣。數傳至明嘉靖時，南滅庫程汗、阿斯坦拉汗，遷其人于阿爾泰山北，遂與韃靼瓦剌鄰。有大斯科四：曰計由斯科，其北海舊部也；曰莫斯克窪斯科，其新都也；曰喀山斯科，則葱嶺迤西南抵裏海界，西哈薩克地也；曰悉畢爾斯科，則葱嶺以東，復分四部：東抵額爾齊斯河，南界雅爾科布多為一部；東抵色楞格河，南界阿爾泰山為一部；又東抵朱爾克河，南界車臣汗蒙古為一部；又東抵海，南界黑龍江索倫為一部。四部皆名悉畢爾斯科，乃其新藩屬地也。閱百有三十餘年，而至康熙世之察罕汗，故梟雄，兒童時好戰鬬戲，及即位，同戲諸人皆為將，日事攻戰，曾由地中海、黑海之間攻服諸游牧部落，闢地至西印度。又與圖理雅國之控噶爾汗爭阿藻城，大戰破之，控噶汗請和，乃還其城，西盡奪阿藻東北千餘里地。于是又增斯科三：曰司馬康斯科，曰

長火器誤
作火氣

郭羅多阿爾哈連斯科、曰佛羅尼斯科共有大斯科七、又遣使索其先世所割之那爾瓦部于西費雅國不與連戰數載、竟并其城數千里、以己名名之、曰散丕特里普爾斯科而自遷都之于是有大斯科八其七道置噶噶林鎮守之、而都城置大臣四總八道之治斯科者、若中國省治、一大斯科所屬小斯科數十若府治柏輿數百若縣治也、每大斯科設總管官一曰噶噶林猶中國總督、每小斯科及柏輿設頭目猶守令、其疆域東北際海、東西二萬餘里、南北六千里、其東西之中以烏拉嶺分界、即葱嶺北幹亦名大里布山、橫抵氷海、烏拉嶺以東水皆入北海、烏拉以西水皆西南入裏海地中海、其山川城郭人物畜牧、種植瘟疫五方風氣、部類別處、師兵羅衛、與中國大同、其地產名馬、兵長騎戰、長火氣甲堅可禦銃彈、其國奴僕浮于兵額、大部

以佐領誤
作の佐嶺

落之奴僕有至十二萬者、其奴僕一備戰、一司農、每農給田五十畝、養一兵一馬、無餉兵之費、其敎崇耶穌以紀年、其書橫行、自左而右、東合拉提諾、西合托忒烏珠克、而轉譯蒙古清漢文、拉提諾者、西洋字體、托忒者厄魯特字體、烏珠克者、唐古特字體、康熙四十四年、俄羅斯貿易使至、　上閲其文字、謂兼三體云、初俄羅斯東邊接黑龍江者以外興安嶺爲界、當明末年我　大清方定黑龍江索倫達瑚拉、及使犬使鹿各部、東北際海、而俄羅斯東部曰羅剎者、亦踰外興安嶺侵偪黑龍江北岸之雅克薩尼布楚二地、樹木城居之、兩師相值各罷兵、既又南向侵掠布拉特烏梁海、奪四佐嶺、崇德四年、　大兵再定黑龍江、毀其木城歸、而未及戍守也、兵退而羅剎復城之、順治十一年、遣兵於黑龍江逐之、十五年、調高麗兵逐之、又數遣大臣督兵、以餉不繼、半途返、順治十二年、十七年、俄羅斯兩附貿易商人至京奏書、絶不及邊界事、康熙十五年、貿易商人尼果賚等至、聖祖召見之、貽察罕汗書、令約束羅刹毋寇邊、久之未答也、而羅刹復東略人畜於赫哲費雅哈地、數我逋逃、阻索倫貂貢、將割據黑龍江東北數千里甌脱地、上以其密邇留都、不可滋蔓、又重開邊釁、乃于二十一年、遣都統彭春等以兵獵黑龍江、徑薄其郛、偵形勢于黑爾根及齊哈爾、各築城戍之、置十驛、通水運、又令喀爾喀車臣汗斷其貿易、令戍兵刈其田稼以困之、二十四年四月、官兵乘冰解、水陸並進、克其城、縱其人歸雅庫舊部、二十五年正月、羅刹復以火器來據城、我師圍攻之、死守不去、時荷蘭貢使在都、稱與俄羅斯鄰、乃賜書付荷蘭轉達其汗、特察罕汗已卒、新察罕汗嗣立、知中國東方距已遼遠且限以行國非若西北之西費雅西南之圖理雅近在肘腋所必争也海道往還迅速九月復書即至言中國前屢賜書本國無能通解者今已知邊人構釁之罪即遣使臣詣邊定界請先釋雅克薩之圍明年使由此方陸路至喀爾喀士謝圖汗境文移往復二十八年十二月始與我大臣索額圖等會議于黑龍江一循烏倫穆河上游之石大興安以至于海凡山南流入黑龍江之溪河盡屬中國山北溪河盡屬鄂羅斯一循流入黑龍江之額爾呼納河為界南界盡屬中國北岸屬俄羅斯乃歸我雅克薩尼布楚二城定市于喀爾喀東部之庫倫而立石勒會議七條滿漢拉提諾蒙古俄羅斯五體文于黑龍江西岸于是東北數千里化外不毛之地盡隸版圖初準噶爾之擾喀爾喀及中國也動言借俄羅斯火鎗兵六萬以張聲

勢、然俄羅斯方西用兵、無南侵意、噶爾丹敗往投、亦不受、及康熙三十五年、噶爾丹死、五十年、土爾扈特使由俄羅斯至、土爾扈特者、本與厄魯特為四厄剌之一、于明季與厄魯特不睦、西越哈薩克投俄羅斯、俄羅斯以其行國也、指裏海額濟勒河之南、圖里雅之東、哈薩克之北、無城郭地與之、使游牧已七八十年、至是聞準夷敗滅、來貢、聖祖欲悉其要領、乃使兵部郎中圖理琛等往報之、假道俄羅斯、經西悉畢爾及喀山兩斯科、往返行三載、以五十四年三月歸、繪圖呈御覽、又為異域録數萬言、記其所經河道、大者曰色棱格河、曰厄爾齊斯河、皆發源中國、流入北海、其近北海處、夏至無夜、色棱格河在土謝圖汗部、受鄂爾昆河土臘河之水、經俄羅斯境為楚庫河、又北為昂可剌河、以入北海、使命往來皆由此出入焉、我使臣過境時邊臣以察罕汗命厚致禮餽以兵護行時察罕汗春秋四十有一在位二十六年矣其後汗卒子幼其妃代臨朝為叩肯汗華言女主也雍正五年其使臣薩瓦復與我喀爾喀親王策凌議喀爾喀北界自楚庫河以西沿布爾穀時山至博穆沙嶺為兩國邊境而定市于恰克圖議定陳兵鳴礮謝天立誓俄羅斯國在大西洋崇天主教其南境近哈薩克者崇回教其東境近蒙古者崇佛教故嘗遣人至中國學剌麻經典以綏東方之衆并遣子弟入國子監習滿漢語言文字居于舊會同館十年更代為例乾隆十九年土爾扈特使復由俄羅斯入貢二十二年我師定西域叛賊阿睦爾撒納逃入俄羅斯　朝廷命理藩院移文索之俄羅斯以渡河溺死聞既而患痘真死乃于明年移尸恰克圖請大臣往驗之而厄魯特叛賊舍楞害我副都統

也一句土尔扈特兵攻之误否

復逃於俄羅斯我使索之又不與 上怒絶恰克圖貿易而舍楞于三十六年誘土爾扈特全部十餘萬衆趨伊犁來降時俄羅斯與圖理雅國兵爭圖理雅以其先世控葛爾汗失地故世仇不服俄羅斯屢徵土爾扈特兵攻之土爾扈特兵攻之土爾扈特兵不善戰憚于征役叛逃投中國 廷議諸臣恐以收納逃亡啟邊釁 高宗命理藩院移文其邊吏告以伊犁本我地土爾扈特本中國部落舍楞乃我叛人歸斯受之無爽盟約俄羅斯無他言亦不問土爾扈特所往四十四年開市五十四年復以納我叛人閉市嚴禁茶葉大黃出界逾三年復通市時汗位已數傳夫死妻立妻死子立恰克圖辦事大臣松筠于五十六年言女汗之子已長成年三十餘將來嗣母位云其聘中國未嘗遣正使皆貿易人來附請 大皇帝安朝廷亦

因其人答之、嘉慶十年、女汗之子嗣立、特遣正使來至邊界議禮、不合而返、故會典禮部載朝貢之國九、俄羅斯貿易之事、與東西兩將軍會商、皆行文于其國薩那特衙門、不直達其汗也、俄羅斯既地廣物阜、凡諸國至俄羅斯市者、則衛藏以西沙章汗愛烏罕各部、其外市則西至安集延伊犁哈密喀爾喀、東至黑龍江、秋高馬肥、被氈相貸而至、面白微赬、高準采鬢髯紅、氈帽油鞾帳居者布列恰克圖及黑龍江西岸、恰克圖迤東為車臣汗部、十四卡倫、地稍平衍、迤西則高山密林、中通峽溝、即色楞格河東岸、緜亘至庫倫八百餘里、天然險隘也、方準噶爾強時、曾以兵窺俄羅斯境、由額爾口城深入六百里、不見一人、疑俄羅斯設伏誘己、遂遁還、然自準噶爾滅于中國、俄羅斯亦震我兵威、故二百載無邊患、始俄羅斯在明初立國時、俗尚椎悍、未識西洋技藝，至比達王才武奇傑，離其國都，潛遊他國船廠火器局，講習工藝，返國傳授，其所造戰艦火器，反為他國最。其境與英吉利、佛蘭西中隔數國，惟舟行由地中海可相往來。自俄羅斯日强大，大西洋各國忌之。康熙二十七年，英吉利蘇以天王以兵船由地中海攻之，俄羅斯縱其登岸，而截其歸路，會天大雨雪，敵軍多凍死，英吉利王由北都魯機國逃歸。嘉慶十三年，佛蘭西波利稔王選兵十三萬，并約諸國兵五十萬攻之。俄羅斯舉國遷避，空其都城，待佛蘭西深入，乘風雪夜潛同縱火，風烈火猛，佛蘭西兵大潰遁。自是威震大西洋。近日復與英吉利爭中印度，別詳後記。別記載五印度志内

臣源曰：俄羅斯古不通中國。漢書康居西北二千里，有奄蔡國，控弦十餘萬，與康居同俗，臨大澤無涯，即北海。其今俄羅斯西

域哉、又言丁令在北海上、唐書骨利幹國、居瀚海北地、北距海、其今俄羅斯東域哉、魏書烏洛侯國、從難水北行二十餘日、有于己尼大水、即北海、皇清通考、據此疑烏洛侯即俄羅斯、然魏史列高麗國百濟勿吉契丹諸東夷間、又稱為拓拔先世舊墟、且難水今黑龍江、則所稱有于己尼大水者、蓋塞外得水謂海之例、非俄羅斯北之大海明矣、盛京通志云、今黑龍東北有大泊、即于己尼大水、又一統志、斡難河即黑龍江之源、故黑龍江亦名難水、舊唐書曰、烏羅渾國、即後魏之烏洛侯也、亦謂之烏羅護、在長安東北六千三百里、東與靺鞨、南與契丹、北與烏桓相接云云、是烏洛侯即今索倫錫伯之地、非俄羅斯益可證、官書四裔考之誤、況原書作烏洛侯、而徑改侯為俟、以叶斯音、亦涉牽强、今并不取、元史稱阿羅思地、南去大都萬餘里、元太宗時有其地、然欽察阿速諸國、及嶺北諸部、皆不屬阿羅思、則初境狹小、尚不及今俄羅斯地十之二、至近日乃橫絶東西北海、又南侵及印度界、其興勃然、方乾隆中、土爾扈特之棄俄羅斯而來也、以俄羅斯與圖理雅國之控葛爾汗搆兵、圖理雅一作普魯社控葛爾一作空科爾一作洪豁爾土爾扈特方恨其上國征役之迫、播遷之勞、

故其愬告中國也、皆貽察罕而張控葛謂控葛爾汗國在俄羅
斯之北、征討俄羅斯察罕汗幾為其所覆城環萬里、富雄八溟、
而中國縉紳、亦輙信之、筆諸載籍荒矣哉、夫圖理琛之奉使也、
稱所經地距北海僅一月程、其海濱夏至前後不夜、而康熙六
十年俄羅斯人至、稱其地去北極二十度以上為氷海、人不能
至、
聖祖始信古記北方層氷冬夏不化之言為不誣蓋夏
至不夜、則冬至不晝、故市舶但有東西南洋、從無至北海之人、
是其國已極北、迫近氷海、安肯得復有大國在其北乎、俄羅斯
與荷蘭英吉利大西洋諸國接壤、環峙構兵通市、而利瑪竇南
懷仁諸地圖、開方計里、眉燦星臚、何地更位置此數萬里之控
葛爾、商船從未通、人迹從未至乎、今西洋互市數十國、有普里
社者、偪俄羅斯西界、蓋即異域録所稱圖里雅控葛爾汗與俄

羅斯構兵之國、是汗名非國名。粵人為普魯社為單鷹、以市舶桅旗所畫稱之。其國商船歲至粵互市、並非荒渺絕域。聞見錄妄傳妄聞、則好奇輕信之過。乾隆末、庫倫辦事大臣松筠撰綏服紀畧、亦闢控葛爾大于俄羅斯之夸誕。黟縣俞正燮亦辯正趙氏翼謂鄂羅斯無火鎗、其汗通我侍衛之誣妄。然又謂利瑪竇地圖不知有俄羅斯。今考利瑪竇圖、以鄂羅為縛羅、日縛羅答、日縛羅得秣、日縛羅得没、三地相連甚大。又有葛勒斯國、皆在地中海之北、歐羅巴東境、正當俄羅斯國都。南懷仁圖說則曰、歐羅巴州東北有莫哥斯未亞大國、東西萬五千里、南北八千里、中分十六道、兵力甚强、日事吞併。其地極寒、冬至晝僅二時。皆即鄂羅斯之明證。不可謂佛蘭西非佛郎機、英吉利非英圭黎、榜葛剌非孟加臘、彌利堅非墨利加也。今掬臚其事涉中國者於篇、餘詳海國圖志。

附録澳門月報道光十九年十二月報曰我等聞俄羅斯之權柄陰謀有大害于我等東邊之印度巴社等國蓋俄羅斯書館在北京中國事情悉知中國已知英吉利印度之稅餉皆由鴉片並茶葉多得中國之利益而俄羅斯亦欲奪我等印度之貿易稅餉令公司所屬之地不能安靜亦已足矣又何必再用別法來相害耶千八百三十七八年我等所屬印度各地方出兵攻取印度西北直到干箸哈又至加布爾英國兵馬已近西藏之西界相距葉爾羌戈什哈地方不遠邊疆上駐札有大兵在此幾座城與達機士賴並附近各國貿易極大中國看我等先時在印度不過只有貿易行而已後來卻全勝印度地方又見我等再得新奇坡又見我等好似有暗謀澳門小呂宋之意又見好似有犯中國之意故此中國將自己之各埠頭塞閉只準在廣東貿易不肯待我等與大西洋俄羅斯一樣今又兼有俄羅斯人挑動故用此膽大之法我等今要中國待我與大西洋俄羅斯一體相同

爾　應作邇

所　應作能

魏源北洋俄羅斯國志叙

俄羅斯與英吉利爭印度情事，已具西南洋志矣。恭讀康熙平定羅刹方略，俄羅斯兵守南薩尼布楚二城者，每城兵僅數百，我黑龍江兵數千攻之，何難一舉摧拉，而 聖祖兩致書察罕，一寄書荷蘭，往返數萬里，始定疆界，何哉？其時喀爾喀準噶爾未臣服，皆與俄羅斯接壤，苟狼狽犄角，且將合從以撓我兵力。自俄羅斯盟定，而準夷火器無所借，敗遁無所投，即乾隆阿逆土爾扈特之事，亦無所掣肘。於是西北版圖開闢萬里，皆遠交近攻之力，經營于耳目之前，而收效于數十載數世之後，豈咫見爾圖所測高深萬一哉。故具載本末，俾知 兩朝聖人御邊柔遠，貽來世之深意。語曰：上兵伐謀，其次伐交，其次伐國，志北洋亦所以志西洋也。作俄羅斯志。

嗹國　即丹馬國

瑞國

瑞國瑞典○蘇以天○瑞丁○瑞西亞○綏林○綏亦古○西費耶斯科○里都亞尼亞○匪馬爾如○波的亞○藍旗歐羅巴極西北境、舊分瑞典挪耳瓦一作訥為又作諾魯威呀二國、今并為一國、東南距波羅的海、西北距大西洋海、北負北冰海、南北約三千餘里、東西約一千餘里、地形如葵扇下垂、中有連山脊起、瑞立國在山之東、西則挪耳瓦故地也、地極廣莫、而荒寒特甚、土復磽瘠、故民食鮮薄、戶口稀疎、古時為野番部落、兩漢時流入日耳曼界內、散處各國、趙宋初有大酋尼里哥招集部人、建造城邑、是為瑞典立國之始、是時挪耳瓦亦推大酋合羅爾德為王、數傳後挪耳瓦為嗹國所兼并、明洪武年間、嗹王后馬里加爾達有權畧、以術招誘瑞民隸大尼即嗹國為一國、嗹國由是日強、再傳至后孫殘忍好殺、瑞民多怨畔、瑞有王孫曰撒瓦一作

（古斯達卧）英果不羣、隱圖恢復、嗹人縶之獄、易服逃回瑞地、嗹使吏逐捕、撒瓦走北地匿僧舍乃免、因涕泣募土人誓以除虐復仇、引兵伐嗹、累戰皆捷、故土全復、嘉靖二年、撒瓦即王位、威惠並行、瑞國大治、王卒、世子嗣位、荒淫無政、為國人所囚、仰藥死、萬歷三十八年、王俄世答嗣位、時日耳曼王（即奧地利亞）尚天主教、諸國遵耶蘇者、咸被攻伐、瑞素崇耶蘇教、王救諸國之同教者、帥師伐日耳曼、中礮殞於陣、其大將卒戰勝乃班師、後有女主基利斯的那、癖好文學、厭苦兵事、遜位於外戚加爾禄斯、之羅馬游學不復反、加爾禄斯以康熙三十八年嗣位、（加爾禄斯一作查理第十二、加爾禄斯即查理、譯音之不同也）年十八、血氣方剛、銳於戰伐、以兵侵波蘭、割其境土之半、波蘭大呢峩羅斯連兵來伐、王擊敗之、威聲震一時、後再攻波蘭之烏哥來納部、全軍盡覆、親赴土耳其求援、五年不得請乃歸、復引兵攻挪耳瓦之非德黎沙爾、戰死城下、裁羅斯因以大衆蹙之、嗣王累戰皆北、割東境之芬蘭以講、裁兵乃罷、當裁兵之方急也、諸酋各懷去就、或專擅自恣、王銜之、事定之後、王與諸大邦聯盟、將討諸酋之不軌者、諸酋懼、謀弑王、禮拜日、伏客以火鎗擊殺之、王子嗣位、性卞急、好用兵、師屢撓敗、括餉愈急、國人噪變、逐王、嘉慶十四年、國戚加爾祿斯攝王位、其養子伯爾拿多的佛郎西人、曾為大將、智畧過人、攝王委以政柄、修武備、結會盟、用兵謀定而後戰、所向克捷、攝王因傳以位、亦更名加爾祿斯、即今在位之王也、西境之挪耳瓦本屬嗹國、嘉慶二十年、各國公使會議於維也納、以瑞地之附近於嗹者歸嗹、而以挪耳瓦歸瑞、

瑞典本國、氣候極寒、迤北沙磧低窪、皆不毛之土、南界土稍沃

而濱海多淖泥、農作甚艱、恒苦乏食、富者啗餅薯、貧者屑樹皮雜醃魚噉之、所産者木料銅鐵、舉國以此為生計、亦産銀鉛磬礦獸皮、境內小河甚多、皆自西而東入波羅的海、其流湍急而短、舊分四大部、

挪耳瓦在瑞國大山之背、地形狹長如帶、北抵冰海、西面大西洋海、山腳椏牙入海如蠏爪、波濤蕩激、礁石嶙峋、海舟誤觸立麋、南界有腴壤、稼穡四旬即熟、迤北多沙磧、且寒凍不毛、民多以魚為穀、舊分六部、

瑞典之臘巴蘭、挪耳瓦之那蘭斯肥引墨、背負冰海、非人所居、稍南夏日長九時、冬夜長九時、極北冬有夜無晝、不見日者七十五日、夏有晝無夜、不見月者七十五日、五六兩月暴暖、蚊蚋密如塵沙、過此雪霰飛集、皆寒凍之日矣、居民身不逾四尺、有

野獸，形似鹿，繫之以當牛馬，乘騎馱載皆用之，斃則食其肉，剔其筋以為弓。

按瑞國處窮髮之北，在歐羅巴諸國中最為貧瘠，而能發奮自保，不為强隣所并兼，安樂者禍之萌，憂患者福之基，雖荒裔亦如是也。其商船時有來粤東者。

嗹國　即丹馬國應改正下仿此

嗹國

嗹國嗹馬○領墨○吝因○丁抹○大尼○丹麻爾○大馬爾齊○雪際亞○蘇厄祭○盈黎馬祿加○低納馬爾加○黃旗歐羅巴小國也，其商船常掛黃旗，故粵東稱為黃旗國。地形從日耳曼北出，如人之握拳伸臂於海中者，與瑞典南境相對，作凹凸之形。北西東三面皆海，南界日耳曼列國。南北約千里，東西闊處四五百里，狹處二三百里。古時為土番部落，性波羅非內塞各種居之。後為戕特族所據，與瑞典、挪耳瓦合稱斯干的挪瓦國。地瘠食不足，沿海之民皆捕魚為糧，因操舟學泛海，漸刦掠為海盜，諸國患之。趙宋初，有大酋哥爾摩者，衆推為王，突以兵船攻英吉利，英人蒼黃避之，遂據國都。英以厚賂緩兵，尋以計殲其衆。嗹舉兵復仇，連年侵擾不已，英許歲賂與之和。是時諸國以海寇目之，不齒數於列國也。後其王有駕奴特者一作加敦度能修國政、賞罰嚴明北伐挪耳瓦滅之、伐英吉利破倫敦、遂兼王英土、駕奴特死其子繼立、為英北族威廉所殺、嗹國幾危、後復有賢主嗣位、四境乃安、明洪武十年、女主馬里加爾達嗣位、號賢明、內修政事、外聯與國、於是瑞典亦納土為北藩威權大振、嗣王能守其法、擴疆土、創科條、四隣威服、其子嗣立、性酷虐、多內寵、戮酋長九十人、復欲盡滅諸酋之家、諸酋乃集議廢王、立大酋基利斯的亞奴為王、時瑞典已立故王之裔、兩國搆兵數十年乃罷、嘉慶二年、英吉利師船至波羅的海、嗹欲耀威、列巨艦陳大礮扼之於港口、英人以師船攻之、英師勝而船多損、乃講和而退、嘉慶九年、佛郎西拿破侖以大兵伐嗹、嗹與之和、拿破侖密約嗹以舟師襲英、英人偵知、先以大衆攻嗹、圍都城、燔郭外四百椽、城垂陷、乃乞盟、復搆兵六年、國虛耗不

可支近年貿易頗盛元氣漸復嗹舉國奉耶蘇教迤北語音近瑞典迤南近日耳曼所産惟五穀牲畜每歲賣馬萬餘匹牛七千穀有餘糶於英吉利

嗹國分五部西四部與日耳曼相連為波羅的海之門戶橫亘如帳西面沿海窪下築長隄以捍海潮大風起則飛沙覆田壠畝全沒故多種樺以壁其沙極北曰人德蘭地極廣莫多沙磧有大湖七迤南曰勞英不爾厄再南曰菏爾斯德音再南曰石勒蘇益克後兩部地連日耳曼公會應出防兵三千六百名（說詳日耳曼）南界有大埔頭曰亞爾多納與日耳曼之昂不爾厄相近時有釁爭又有大書院曰基里東北有大島曰低納馬爾加又名曰倫都城建於此島之東北隅曰哥卑納給（一作可品哈音）為國之大埔頭城內街衢繩直屋宇軒敞居民十萬諸國貨船出入波

羅的海、必經由此港峽口名加的牙、闊僅數里、嗹設關榷稅、不則搕之使不得過、諸國無如之何、亦遂安之、其國之富强以此。日倫之南有兩島相連、人德蘭之東南有大島曰非俄尼亞、西界海中多小島、民乏生計、以魚為糧。西北大海中有大島曰義斯蘭地亞、一作西哀爾蘭嗹所屬也、地在英吉利三島之北數千里、氣候寒洌、同於瑞典之北境、有火山曰挨哥辣、時迸流火漿焚廬舍、地震最烈、往往山陵陷為坎窞、其民善捕長鯨、取其油、獵海犬剝其皮以為衣、

按嗹國之在歐羅巴壤地甚褊、未堪與諸大國比權量力也、而加的牙一港扼波羅的海數千里之喉、嗹人實掌其筦、遂翹然為一方之傑、國之强弱豈盡在乎疆土之廣狹哉、

墨地利亞

墨地利亞（阿士得鰲亞○墨斯的里亞○阿士氏拉○歐塞特里阿○莫爾大末亞○東國○雙鷹國）歐羅巴大國也、其商船初抵粵東時、旗畫雙鷹、遂訛稱為雙鷹國、北界普魯士、峩羅斯、南界土耳其、抵亞得亞海隅意大里亞各國、西界瑞士暨日耳曼各國、東西三千一百餘里、南北一千八百餘里、其地古時為勒西亞諾力加巴訥尼亞等國、羅馬征服之、後為北狄所據、唐貞元間佛郎西取其地、立為別部、元初日耳曼有酋羅爾德福者、號聰敏、攻獲墨地、日耳曼各部推立為王、稱為東國、然疆土褊狹、無大權、傳至阿爾麥、配匈牙利女主、匈牙利因合於墨、驟益疆土數千里、遂為大國、明正德十四年、國內亂、時西班牙王查理第五賢能得民譽、日耳曼諸部招之來墨、奉以為日耳曼王、王治軍行法、聲威大著、佛郎西來攻、王與戰破之、禽佛王從之西班牙、佛人以金贖之乃放還、嘉靖四年復得伯閔地、即不威迷亞疆土愈廣、查理第五歿、其弟嗣位、明於法律、簡任廉能、國大治、時意大里衰亂、帥師伐之、割其北境、圜羅馬一年、城幾陷、意大里諸部皆臣服、由是日耳曼稱霸西土、萬歷四十六年、王匪耳地難嗣位、先是查理第五尚天主教、禁耶蘇教、至是臣民復有從耶蘇教者、王禁之甚力、違者加以刑、臣民合黨攻王、王誅滅之、遂舉國奉天主教無敢異、康熙三十九年、日耳曼各部皆自立為王、從此東國稱奧地利亞、不復稱日耳曼、時西班牙王歿無子、奧王以為其宗國也、欲立其子、而佛郎西王欲立其孫、兩國構兵十餘年、佛王卒立其孫為西班牙王、康熙四十九年王查理第六嗣位、委政臣下、尋歿無子、傳位於女、女聰敏能持國柄、治軍嚴整、隣不敢侵、女主歿、王約色弗第二嗣。時波蘭衰亂。王與峩羅斯普魯士瓜分其國。由是幅員之大。遂洸洋於西土。王好耶蘇教。廢天主教。天主教之黨欲為亂。王恃殁。嘉慶年間。佛郎西拿破侖得國。恃兵力征伐四隣。日耳曼列國皆納款。塁屬藩比利時亦被侵割。詳比利時圖說而不為之下。佛無如之何也。拿破侖既敗喪。嘉慶二十年。歐羅巴諸國各遣公使赴維也納塁地利都城會議。凡佛郎西摧破各國。皆申畫疆圻重定盟約。以日耳曼列國雖各復故土。而散弱不能自立。乃議立公會聯結為與國。以塁為會盟之長。日耳曼列國之主。時來朝議國事。塁嘗與土耳其搆兵三十年。講和而罷。其國大勢分四部。曰日耳曼地。塁之故土也。曰意大里地。曰匈牙利地。曰波蘭地。後來之所割據也。

按日耳曼全國時。以塁地利為共主。諸部如畿內之侯。當查理第五之代興也檮佛王服羅馬兼荷蘭聲靈赫濯幾於霸矣惜乎力崇天主教而仇視耶蘇教詳荷蘭圖說啓累代之兵端開殘殺之刼運則貽謀之不善也厥後日耳曼列侯皆自王其國無復臣主之分墺地利疆土之恢闊雖數倍昔時而聲威則遠遜矣今西土論國勢者英吉利第一佛郎西第二峩羅斯第三墺地利第四

普魯士國

普魯士、普魯社○蒲魯士○部魯西亞○不魯西亞○埔魯寫○破魯斯○破魯西○圖理雅○比阿爾彌亞○單鷹國亦歐羅巴大國、亞於墨地利亞、粤東稱為單鷹國、亦因其商舶所畫之旗而得名也、北距波羅的海、東界峩羅斯、南界墨地利亞、西雜日耳曼列國界、荷蘭比利時、東西約二千一百餘里、南北約一千一百餘里、其地古時為北狄所據、南宋時日耳曼人征服之、立為別部、後為波蘭所兼并、明萬曆間、日耳曼之巴郎德不爾厄部復取其地立國、奉職忠謹、日主悅之、屢益以地、康熙三十九年、乃自王其國、其王長於韜畧、節衣嗇食、積藏豐盈、子菲哩特第二嗣位、雄武有大志、屢勝強敵、擴地益廣、王卒、姪嗣位、淫泆無度、沈湎於酒、國勢驟衰、時佛郎西拿破侖得國、嘉慶十一年以大兵伐普、王咈哩特威廉第三初嗣位、力不能禦佛人割其境土之半普遂削弱後六年普民不悅佛政思故主王因民之怨佛也與諸國合縱攻之佛師潰而棄地普遂復其故土王乃增修國政勤農工設學館惠商旅由是百姓親附隣國之民皆喁喁慕義遂為西土顯國其國大勢分東西兩土共八部有在日耳曼界内者有侵割他國得之者其制民及歲者工入肄秀入學否則罰其父母年二十以上男丁皆入伍學藝三年放歸每歲秋操閱賞罰之故其國兵多而强額兵計十六萬五千内宿衛一萬八千騎兵一萬九千炮手一萬五千七百步兵十萬四千別有民壯三十五萬九千二百舉國尚耶蘇教

歐羅巴人皆稱普魯士為善國强大不如墺地利而修政睦隣不事摟伐則遠過於墺啡哩特威廉第三遭强隣之難轉

敗為功，有衛文大布大帛之風，其治軍亦得古人寓兵於農之意，豈可以荒裔而忽之哉。

日耳曼列國

日耳曼（阿勒曼○阿理曼○亞里曼○占曼尼○耶馬尼○熱爾麻尼○亞勒墨尼亞）歐羅巴古大國也、其地縱橫皆數千里、北枕波羅的海、南踐地中海、為歐羅巴之中原、上古時五方之民雜處、分數十小部、羅馬盛時征服之、尚未盡入版圖、佛郎西既興、其王甲利泰甫、（一作加爾祿斯馬哥奴）攻滅日耳曼諸部、地隸佛版百餘年、梁乾化元年、部人畔佛、復推佛郎哥尼亞酋長官拉多為王、王不世及、惟衆所推、薩克索尼亞、佛郎哥尼亞、蘇亞維亞、三部之酋、先後據王位、元初奧地利亞酋長羅爾德福為王、能服衆、由此繼序、不復推立、明初日益强盛、聲威四播、幾與羅馬代興、康熙三十九年、各部皆自王其國、不相臣屬、奧地利既并兼坐大、普魯士亦拓地稱雄、兩國皆自有名、不復稱日耳曼、所餘迤西一片土、分三十六部、稱王者四、餘以次遞降、如中國之公侯伯、大者千餘里、小者乃數十里、東界墺地利亞普魯士、西界荷蘭普魯士佛郎西、北界嗹國暨波羅的海、南界瑞士意大里、南北約二千四百里、東西約二千二百里、嘉慶十一年、佛郎西拿破侖以兵脅日耳曼列國皆降之、部落多所更易、後八年、拿破侖敗、日耳曼列侯各復爵土、嘉慶二十年、各國公使會議於維也納、墺地利都城以墺地利普魯士本日耳曼所分、而嗹國荷蘭與日耳曼牙錯、合四國於日耳曼列國、稱同盟四十國、以墺地利為盟長、各按戶口多寡定兵數、每百人應出額兵一名、每二百人出援兵一名、共三十萬四千餘、各國公使皆駐佛郎渡、即佛郎克佛爾有大事則會議、防兵分十二隊、畫地立營、總帥一人、各國公舉、然為帥者多墺地利人、他國人不敢當此任也、各國語音皆同、有奉耶蘇教者、有仍奉天主教

者、地氣北寒南暖、多腴壤、五穀百果皆宜、花卉亦繁、産金銀銅鐵錫鉛、寶石玉石花石赭石滑石磁石陽起石黑礬白礬硝磺硇沙磁粉、

日耳曼界内江河最長者、為來因河、由南而北轉西至嗹國界入海、河濱土脈腴潤、産葡萄最良、沿河多名山古蹟、風景清美、時有遠客來遊、多惱河亦大水、在日界内横流如帶、北方則易北河、其名水也、其居民北方者多强健、性湻良、好學術、南方民風奢侈、日惟醉飽、無遠圖、西南一帶民多勤苦謀生、力作不倦、界内列侯壤地雖小、而與諸大國婚媾往來、用敵體禮、其同盟公會條約雖甚堅明、然分土既衆、不免蠻觸之争、遇大敵則心力不齊、難於制勝、幸維也納歃盟之後、佛郎西止戈保境、未發難端、或亦慮衆怒之難犯耳、

按日耳曼為歐羅巴適中之地，似中國之嵩雒，其人聰明闓達，西土以為貴種，其分土列爵似三代封建之制，自各部擁土自王，壘地利雖疆土日擴，共主之名不復存，然小侯數十傳爵土於子孫，而諸大國無吞噬之謀，則猶有古意存焉。又佛郎西、英吉利立國之祖，皆日耳曼人，諸國每遭喪亂，輒招致日耳曼列侯或世子為王。大國如英吉利，小國如比利時、希臘，皆是也。殆西土王氣之所鍾歟。

瑞士國

瑞士（瑞子○東色楞○綏沙蘭○蘇益薩）在日耳曼之南、墨地利亞之西、佛郎西之東、意大里亞之北、東西約五六百里、南北約三四百里、萬山疊峙、中峯高接霄漢、常積氷雪、歐羅巴大河多由此發源、其地山水清奇、甲於歐土西境、有官斯丹薩大湖、圜以密林、縈以清澗、豐草芳縟、麋鹿羣游、尤為幽勝、地產五穀藥材、所造奶餅極甘香、居民大半以牧畜為生、夏月驅牛羊入山、秋冬乃返、國無苛政、風俗儉樸、淳良、數百年不見兵革、稱為西土樂郊、古時地屬羅馬、羅馬衰亂、北狄不爾給農人據之、旋為佛郎西所有、後為日耳曼所奪、其民驍勇、日耳曼選為親軍、臨陣皆効死力戰、元大德年間、日耳曼王亞里伯爾多苛斂無藝、濟以酷刑、瑞士人不能堪、逐日耳曼守土吏、各推頭人據險畫疆、告絕於日耳曼其地斗絶人健鬬日耳曼不能收復亦遂聽之初分三部後分為十三部皆推擇鄉官理事不立王侯如是者五百餘年地無嗚吠之擾西土人皆羨之嘉慶三年佛郎西攝王拿破侖時拿破侖尚未即位以兵力强取入版圖改為十九小部拿破侖既敗各國公使會議於維也納十九部之外益以牙錯之日內巴拉牛弗砂德爾本屬普魯士瓦來斯本屬墨地利亞三部共二十二部為瑞士國仍其舊俗自推鄉官理事酌地勢按戶口抜壯丁禦侮諸大國不得鈐制

按瑞士西土之桃花源也懲碩鼠之貪殘而泥封告絶主伯亞旅自成卧治王侯各擁强兵熟視而無如何亦竟置之度外豈不異哉花旗人甘明者嘗遊其地極言其山水之奇秀風俗之湻古惜乎遠在荒裔無由漸以禮樂車書之雅化耳

土耳其國東土猶太

泰西人紀猶太古事云猶太古名迦南有夏帝芒之世西土有至人曰亞伯拉罕生於兩河之間（阿付臘底斯河、底格里士河）遷於迦南其苗裔稱以色列族傳數世至耶哥伯有十二子最少者曰約色弗聰慧過人諸兄忌之賣於麥西為人奴（麥西一名挨及多一作厄日多或作以至比多又作伊齊不托在亞非利加之東北境詳阿非利加圖說）麥西王立以為相以色列之族羣徙歸之初至時七十人年久繁衍至六萬人麥西王忌其強宗欲除之時迦南以色列族有至人曰摩西生而神異學識過人報仇殺人逃於荒野四十年夢神人使赴麥西救本宗至則麥西王方張網羅欲收以色列族坑之摩西密告宗人約期同發至海港潮退變陸渡畢而潮大至麥西軍追者皆溺死摩西率衆至迦南之耶路撒冷遂王其地示十誡以訓民敎以事神天敬父母、勿殺勿姦勿盜勿妄證勿貪他人之財、七日禮拜、肖過愆、是爲西土立教之始、泰西人相傳天神降於西奈山石上現文字摩西拜受垂爲十誡以教民蓋託於神道以起人之崇信耳後來耶蘇教即本於此西奈山在今亞剌伯西北境摩西卒、約書亞繼之分以色列族爲十宗、裂地封爲小部、統於耶路撒冷、周武王元年、有措母耳者嗣位、德量過人、能察民枉、稱爲賢主、周成王二十五年、王掃羅嗣位、好用兵、不恤民命、國人棄之、立大闢爲王大闢以周昭王十年嗣位、敬畏上帝、稱爲聖人、在位十六年卒、王撒門或作瑣羅門嗣位、亦稱令辟、周穆王年間、王羅破暗嗣位、始稱猶太國、羅破暗卒、亞庇雅繼之、三年卒、亞撒繼之、號爲賢能亞撒之後有何沙法者、亦賢主、周孝王二十一年、王耶何蘭嗣位、王后擅權、大戮宗黨、羣臣誅后、國乃安、王烏西亞嗣位、在位五十二年、猶國稱治、亞哈斯嗣位、招異族來國助戰、遂爲國患

迂於民於
疑另誤字
應是其字

王希洗家繼之、驅除異族、境復安、周莊王十年主馬拿西嗣位立、在位四十三年、王亞們繼之、荒淫無道、二年而卒、周襄王十年、王約西亞嗣立、內修政事、外攘寇虐、威聲振於西土、王禦敵殞於陣、王耶何雅金嗣立、先是巴庇倫為亞細亞大國、猶太夙備西藩、巴庇倫侈汰、遇諸侯無禮、猶太王怒、絕朝貢、周簡王元年、巴庇倫以大兵攻之、城破、王自殺、遷於民於巴庇倫、猶太遂亡、周景王八年、波斯滅巴庇倫、釋猶太民歸國、以色列族復立故國傳三百餘年、西漢時降羅馬、為屬國、後復叛、為羅馬所滅屠耶路撒冷都城、羅馬衰、亞剌伯回部據之、猶太為耶穌生長之地、歐羅巴人時往拜其墓、既為回部所據、禁不得通、諸國皆怒、合兵攻回部、從軍者縫十字於衣、血戰二百餘年、卒奪回猶太地、重立為國、戍以兵、未幾戍兵思故土、各散歸、尋為土耳其所據、其部民散之四方、西土各國多有之、以數百萬計、而總稱為猶太族、與別族不相混云、近嘗聞之英官李太郭、猶太人最講文字、西國各種書籍、多猶太人所譯、解、故其國紀載獨詳、歐羅巴文士游學者、不於希臘即於猶太、蓋泰西絃誦之區也、又云、猶太女人姿姣好而性靈慧、與別部迥異、娶婦得猶太女、則以為戚施在室也、猶太自唐以後中國稱為拂箖即撒冷之轉音初轉為拂懍再轉為拂箖唐書直以拂箖為大秦蓋拂箖在羅馬東部中最著名遂誤為大秦別名猶西域稱浩罕為安集延也宋明史因之則沿唐書之誤耳

希臘國

希臘（額里士○額力西○厄勒祭○厄肋西亞）古名國也今為新造土耳其西土之南界地形如臂入地中海其盡處槎牙似人掌是為希臘國縱約五百里橫約七百五十里疆土褊小海灣繚曲汊港四通洲嶼星列產棉花南果羊毛葡萄乾橄欖油五穀煙草當上古時歐羅巴人草衣木食昏濛未啟有夏中葉東方列國已向化義納孤（一作枯木）從迦南抵希臘（迦南即猶太）始教土人以構屋營居耕田播穀有商中葉灑哥落從厄日多來（即麥西）立國於雅典始織羊毛為衣釀葡萄為酒取橄欖為油鑄金鍛鐵作刀刃耒耜又以文字傳其土人歐羅巴之開濬闢通文學實自希臘始希臘當商周時分十二國結為同盟周敬王年間波斯以大兵攻希臘希臘各國合縱禦之波斯敗績遁去後希臘有馬基頓王亞勒

散得者合列國之兵伐波斯乘勝直抵印度王卒於軍部將分其所得之土各自王由是希臘之語言文字布於西土西漢時意大里亞之羅馬方强征服四方希臘各國亦歸版圖後羅馬分東西希臘故地屬東王爲亞刺伯回部所侵日就衰弱土耳其既興滅羅馬東王以兵力取希臘全土地屬土耳其者四百年近年土政苛虐雅典之民不能堪嘉慶二十五年逐去土酋土人以兵攻之雅典堅守不下英吉利佛郎西峩羅斯三國壯希民各以兵擁護之土耳其無奈何乃聽其自立爲國即今之希臘國也其地關河迴隔九曲盤繞羣峯競秀望若列屏名勝甲於西土士女儀容多秀美男好華冠麗服女子美髮髻樣巧幻多式藏書之富甲於西土人多博覽各操鉛槧述事立言其宫殿古蹟爲泰西創造棟宇之初式國王名阿多本日耳曼列

俵世子希民推擇立之、王賢明、勤於政事、國雖小蓋方興未艾云、

按希臘新分十部、首部曰雅典、英官李太郭云、雅典最講文學、肄習之精、為泰西之鄒魯、凡西國文士未游學於額里士則以為未登大雅之堂也、

意大里亞列國

意大里亞、以他里○以他利○伊達利○羅問○羅汶○那嗎歐羅巴古一統之國、漢書所謂大秦國也、東北界墨地利亞、北界瑞士、西北界佛郎西、其餘全土斜伸於地中海、似人股之著屐者、中有大山綿亘如脊、其地天時和正、土脈膏腴、穀麥昌茂、花木馨芳、幽谷名園相屬、西土羨為福地、自周以前為土番散部、周幽王時羅馬崛起、國勢漸强、其後武備日精、疆土四闢、至西漢時北拓日耳曼諸部、至波羅的海、南服阿非利加北境各國、西辟佛郎西、西班牙、葡萄牙至大西洋海、又跨海建英吉利三島、東并希臘諸部、括買諸西里亞、縱橫千萬里、跨歐羅巴、亞細亞、阿非利加三土、邊外弱小諸部皆修貢職、為臣妾、居然大一統之勢、建都城於羅馬、諸國仰之如周京、西域聞見録所稱控噶爾都城務魯木即羅馬之轉音東晉時又建東都於黑海之峽，稱為君士但丁一作公膽廷，又作康思坦胎諸格爾，西域聞見録稱為控噶爾其後傳世既久，嗣王多淫辟敗度，內亂迭生，廢立屢見，西北諸部皆擁土自王，不復為臣。東晉孝武帝二十二年，國分為二，以羅馬為西王，君士但丁為東王。東王至明景泰間始為土耳其所滅。西王居意大里故地，劉宋時為北狄峩特族所滅。峩特族立國三百餘年，佛郎西取之，以羅馬都城奉教王。後復分裂，有伯棱日爾者，嘗并兼諸部為一，旋以苛暴為國人所廢。墺地利亞征服之，割北境之米蘭、威內薩兩部。自是之後，諸部時合時分，日尋干戈，雲擾尤甚。嘉慶十年，佛郎西王拿破侖畧定其地為佛藩部。拿破侖敗，諸國公使會議於維也納，分其地為九，大國四：曰羅馬，曰多斯加納，曰薩爾的尼亞，曰那不勒斯；小國五：曰巴爾馬，曰摩德拿，曰盧加，曰摩納哥，曰勝馬里虐。猶總稱意大里亞其地物產豐饒兼有蠶桑之利每歲所產絲棉價值三千餘萬葡萄酒橄欖油橙柑櫞栗諸果亦皆繁碩其民身體纖弱外寬柔而內陰賊往往昏夜刺殺仇人好談論游戲喜謳歌有稷下之風各國皆崇天主教而羅馬為最盛

羅馬一稱教宗國古羅馬舊都也當全盛時文物聲名為西洋第一大都會至劉宋時為北狄峩特族所據故王宮闕大半殘毀書冊舊典亦掃蕩無遺由是民變夷俗非其舊矣天主教自東漢時傳播西土羅馬人崇信尤篤故國既為狄所據天主教之徒乘機招誘黨羽日繁大權歸其掌握佛郎西既滅峩特族遂以其地歸天主教師號曰教王教王歿則大會各教主僉議推老成者一人嗣位略如前後藏喇嘛坐牀之俗其教傳布各國有不遵者輒挑釁搆兵夷滅之或教其民叛主佛郎西之創

覇也教王為之加冕英吉利北族之起兵也請於教王教王封以英主其權如此至前明時日耳曼人路得別立耶蘇教稱為正教斥天主教為異端邪說於是諸國半歸耶蘇教而教王之權頓衰所據之羅馬都城古蹟最多天主教堂極崇宏光彩射目入教之徒如蟻各食教王俸糈別國之祭司（禮拜主事者）遠方之信士焚香禮拜者踵相接也天主之外所崇奉者耶蘇之母馬氏稱為天后籲禱尤虔其民惰於農事野多曠土山內多藏宄盜捕急則逃入天主堂無復過問者

泰西人所刻耶蘇之書甚多其敘述謂上古之世有至人摩西者受神天教於西奈山（在阿剌伯西北境）垂十誡以教世人其先有哲人曰亞伯拉罕十四世而生大辟兩人皆西土名賢能教化人大辟十四世為巴別倫巴別倫又十四世而生耶蘇

基督、（基督如中國之云神靈）耶蘇之父曰約色弗、母曰馬利亞、馬利亞感神而孕、漢哀帝五年、生耶蘇於猶太國之伯利恒邑有異人從東方來云有星降於猶太為國王、其王希羅得潛使人物色殺之約色弗夢神人告使避難、抱兒逃於麥西希羅得死乃回、以色列地又還於加利利之拿撒勒、耶蘇既長、神異特甚、時有先耶蘇聞道者、曰約翰、耶蘇就而領洗禮（洗謂澡身領洗禮蓋受業之意）約翰知耶蘇為至人、不敢自居先輩、遍告人使師耶蘇、由是耶蘇宣傳教法戒殺戒淫戒盜戒誣證、謂天為父、己為上天之獨子、降生以拯濟世人、謂人之生也靈魂為重、軀殼為輕軀殼時至而毀、靈魂歷劫不磨、修道之人、升靈魂於天國、與天無極、受業者十二弟子、最著者、為西門彼得羅、為耶哥伯、為馬太、耶蘇能以神術醫人、疾痢者瘧者癱者聾者魔者以手撫摩之立愈所至男女數千人隨之喧傳耶蘇爲猶太之王有祭司元魁主持禮拜之人該亞法與衆謀欲擒而殺之耶蘇預知數不可逃語門人以後事門人有猶大士者受賄賣其師密導人往執之送於大吏彼拉多彼拉多審其無罪欲釋之衆怒噪謂彼拉多縱畔民堅請釘之十字架彼拉多不得已從之耶蘇遂被釘死葬之明日失其屍其後門人數數形見云耶蘇死後彼得羅與諸弟子往來各國傳布其教有士提反者聞而篤信以傳道自任猶太人以石擊斃之有保羅者初與耶蘇之徒爲仇攻之甚力後悔悟入教進道最勇所著之書亦最多云云余嘗翻閱其書文義詰曲而俚蓋彼土學漢文者所譯其中有帶機鋒似禪語者而義則粗淺其所謂洗禮七日安息禮拜之類自摩西以來即有之非始

於耶蘇也奉耶蘇之教者不祀別神不供祖先以耶蘇為救世主而以身命倚之謂可獲福佑有得禍者則謂靈魂已升天國勝於生人世揆其大致亦佛氏之支流別派歐羅巴遠在荒裔周孔之教所不及耶蘇生於其間戒淫戒殺忘身救世彼土崇而信之原無所謂非而必欲傳其教於中土則亦未免多事矣

按耶蘇生於猶太其教之盛行則起於羅馬自教王擅權之後諸國王侯聽其頤指有不從者國輒被兵主輒被弒數百年無敢違異其教稱為天主教天主者以耶蘇為上天之主宰也明初有日耳曼人路得者起而攻其說謂天主教解耶蘇之書皆謬誤以刑戮強人入教乃異端邪說非耶蘇本旨於是取耶蘇之書重加譯解別立教規稱耶蘇為救世主名

其教為耶蘇教諸國之奉天主教者多翻然從之教王大怒令諸王捕殺耶蘇教人然其教已盛行不可遏止由是君與民因分教相殺國與國因分教相攻數百年來西土之民肆市朝膏原野者不知幾百萬皆因爭教而起也今歐羅巴從天主教者曰意大里亞曰佛郎西曰比利時曰西班牙曰葡萄牙從耶蘇教者曰英吉利曰荷蘭曰嗹國曰瑞國曰普魯士曰米利堅此外兩教參雜者曰墨地利曰日耳曼列國天主教規立十字架作銅人肖耶蘇被釘受難之形旁有女人像肖耶蘇之母馬利亞耶蘇教不設十字架不肖像其餘七日禮拜安息之類皆從同又別有希臘教者亦天主教別派額里士峩羅斯尚之與兩教教規又不同近泰西人稱天主教為公教稱路得等教為修教余謂耶蘇之立教以救世也

乃諸國因分教之故，而殘殺不已，耶蘇而有知也，其謂之何。

荷蘭國

荷蘭、和蘭○賀蘭○法蘭得斯歐羅巴小國也、東界日耳曼、南界比利時、西北距大西洋海、縱約六百五十里、橫約三百五十里、壤地褊小、夷坦無山、歐羅巴地形此最低陷、海潮衝齧、劃為洲渚、港道縱橫交貫、其地沮洳卑濕、而土脈最腴、民習水利、善築隄防開溝洫、又善於操舟、能行遠、故歐羅巴海市之通行自荷蘭始、其地古時為土番部落、種人名曰巴達卧、漢時意大里擴地至佛郎西、荷蘭土番悍不聽命、意大里兵阻水不能進、因置為荒服、不復爭、後為日耳曼之弗郎哥人所據、蕭齊時佛郎西取之、置酋長分領其衆、佛有內亂、諸酋擁地自擅、分為十七小國、後有不爾痾尼亞酋長復并諸部為一、自立為侯國、北宋時海潮決隄數百里居民皆沒、都城幾陷、潮退之後、積水匯為巨浸、曰亞爾零海、經營數十年、戶口繁滋、商賈通行、完富過於曩時、明初佚查理侵佛郎西、圍其都城、耀兵而還、時荷蘭富民多恃財犯科律、佚以峻法繩之、刑戮過當、衆怨怒、有畔志、佛郎西乘勢伐之、佚震恐、納賂請盟、佛兵乃退、荷蘭舊分南北部、佚政苛虐、南部（即比利時）畫疆不聽命、佚與戰敗績、墮溝中死、正德季年、西班牙王查理第五、新為日耳曼所推立、（已詳墨地利亞圖說）有大權、擊佛郎西、擄其王、西土諸國無敢逆顏行者、遂下令兼王荷蘭、荷蘭不敢抗、時荷蘭富甚、王減稅以悅其民、而悉令入天主教、有尊耶蘇教者、積薪燔之、已而查理第五令其子西班牙王非立第二兼王荷蘭、禁耶蘇教尤急、南部本習天主教、無梗令者、而北部夙崇耶蘇教、堅不肯改、非立第二以峻法繩之、凡戮數千人、荷蘭人憤甚、有阿蘭治者、智勇過人、衆推為王、起兵距西班牙、西班牙以大衆攻之、荷蘭人人死戰、屢敗而氣不衰、佛郎西英吉利嘗引兵救之、已而退去、阿蘭治激其衆曰、西人以我供刀俎當塗肝腦決死戰、幸而勝國之福也、不濟則決海隄挈妻子為波臣、不死者乘舟逃萬里外、誓不為之氓、衆皆曰諾、遂引軍獨進與西班牙鏖戰數十年屢挫西軍、西班牙遣客刺殺之、其子繼統其衆雄武過父、奮力擊西軍大破之、西班牙乃斂兵議和、由是荷蘭復立為國、晏然安富、承平者二百餘年、當前明中葉荷蘭航海東來至中國之東南洋、據爪哇海口、即噶羅巴迤東迤北各島國皆建設埔頭、通東西七萬里之海市、故國雖小而富饒甲於西土、明季嘗以兵船擾閩浙墾臺灣而據之、後為鄭氏所逐、小西洋各埔頭亦頗為英佛諸國所侵削、而南洋數大島則依然荷蘭有也、康熙二十七年王威康第三有雄畧、英吉利人招之渡海奉以為王、幾霸西土、嘉慶初佛郎西拿破侖侵伐四國、兵及荷蘭、荷蘭王走死荒野、地歸佛郎西、英吉利乘荷蘭之亂也奪其瓜哇埔頭、拿破侖既敗、荷蘭復立故王之裔、英人乃還其埔頭、先是荷蘭南部與北部相仇、當北部與西班牙搆兵、南部附西班牙不相助、嘉慶十九年南部與荷蘭合、道光十一年南部復絕荷蘭立他族為王、稱比利時國、荷蘭地形平衍、有水無山、東偏僅有卯阜、亦甚寥落、北境出燕麥、（中國稱油麥）又出胡麻、（形似壁蝨紫黑色可以為油山西省北有之非脂麻也）西北境出大麥、中土出麻與顏料、南境出小麥、俗喜吸絲烟、故種烟草者多、草塲豐廣、便於牧牛、所製奶餅極佳、又善造火酒、二者通行各國、所織羽毛緞最良、中國貴之、其民俗樸實耐勞、節衣嗇食、治生最為勤苦、無游民、無盜賊、利之所在、不遠數千萬里、性喜潔、房屋時時掃滌、街衢有汚穢必洗刷淨盡，稅餉頗重，聽紳士籌辦，王不得專。地分十一部。○北荷蘭西距大西洋海，東環亞爾零內海，都城曰亞摩斯德爾登（一作俺莫士特爾坦，又作安特堤），建於義河之濱，架木水中，上起樓閣，以河道為街衢，居民二十萬，貿易之盛，為歐土大都會。又有別部曰合其，在海濱，國王所居，殿廷制頗卑狹，而民居極整潔。來丁烏特兩城有大書院，文儒所萃。○南荷蘭在北荷蘭之南，西面大海，南界內港，隔斷成兩洲，會城曰海牙，所屬鹿特堤城，內通舟楫，殷商所萃，街市華潔。

按荷蘭為歐羅巴澤國，與魚鼈錯處，受水患最甚，言水利亦最優，隄防溝洫，猶易易耳。刳木為舟，而通行於數萬里之外，則習於水之明效也。勝國季年，閩浙兩洋時見侵軼，嘗踞舟山（定海道頭地方尚有紅毛馬頭之名），燬普陀（普陀巖有萬歷年間宮塑佛像，荷蘭以巨礮摧之，收其寶藏而去鼓棹月港、即海澄縣從前海港深通大船可直抵城下荷蘭船時來遊奕後港漸淤淺乃移市舶於海門又淤乃移於廈門寄跡澎湖、崇禎三年荷蘭據澎湖閩撫南居益以樓船航海擊之荷蘭遁去卒乃據臺灣而有之、彼時概稱為紅毛、即荷蘭也、鄭成功長江之敗、金廈不能守、適荷蘭通、事何斌負逋稅逃內地、獻謀取臺灣、成功悉銳渡海、奪鹿耳據安平、相持一年、荷蘭大困、成功乃縱之去、由此絕意中國、不敢復覬片土、先是鄭芝龍受撫、後嘗以小舟狹荷蘭三艘殲後成功抗之於臺灣幾致片帆不返、以彼橫肆如鯨鯢、遇鄭氏父子而弱焉、亦足為遠夷侵淩中國之炯戒矣、

歐羅巴諸國皆好航海、立埔頭、遠者或數萬里、非好勤遠畧也、彼以商賈為本、計得一埔頭、則擅其利權而歸於我、荷蘭尤專務此、其航海而東來也、亞非利加印度麻喇甲蘇門答

臘即已遍設埔頭、噶羅巴（即爪哇）一島大小西洋入中國之門戶、富盛甲於兩洋、為諸島國之綱領、荷蘭以詭謀據其海口、建設城邑、流通百貨、由是迤東迤北諸島國如婆羅洲（一名蟠尼）阿西里百（一名失勒密士）摩鹿加（一名失羅洛）巴布亞（一名那吉尼）之類、大小凡數十處、（說見南洋圖）皆巫來由繞阿武吃番族、荷蘭以次據口岸立埔頭、有租賃其地者、有侵脅得之者、大約近年以來、小西洋諸島國以英吉利為主、東南洋諸島國、除呂宋屬西班牙、餘皆以荷蘭為主、地本彈丸、而圖國計於七萬里之外、歷數百年無改、亦可謂善於運籌者歟、

鄭芝龍焚荷蘭船、見閩人所著臺灣外紀、其書雖小說、而事多實錄、非盡荒唐、維時荷蘭夾板擾閩浙、芝龍已受撫為裨將、奉軍門令往剿、荷蘭船堅炮猛不能勝、乃募死士善泅者

以小船堆柴薪、澆以油、中藏火藥、前置引線、船首施短鐵鍊綴利錐、死士一人持斧坐船頭、數人從旁乘風潮急棹傍夷船、以斧釘錐於船舷、燃藥線、投水覓回、藥燃、火發、風又猛烈、荷蘭夾板被焚三艘、餘悉遁去云、余按芝龍本海中劇盗、所養皆亡命之徒、其權譎能得人死力、以此出奇制勝、理或有之、他書言火攻者紛紛、有謂用千百木筏積薪順風潮而縱之者、有謂鎖千百小舟積薪艤港面而圍之者、大約皆江河火攻舊說、否則攻海盗舊說、施之夾板鑿枘甚矣、海面寬闊夾板皆相地散泊、近者相隔一二里、遠者三四里、木筏小舟雖多、豈能塞滿汪洋、如牆而進、又豈能引鍼拾芥、無端而使之相著、此自焚舟、何與彼事、不如芝龍之釘船、事雖難而尚有實際耳、

比利時國

比利時（比勒治○惟理儀○北義○北爾日加○比爾百喀○密爾閭○彌爾尼士○比利閭）歐羅巴小國也北界荷蘭西北距大西洋海西南暨正南俱界佛郎西東接普魯士西部縱約五百里橫約三百里古時本荷蘭南部荷蘭多水而比利時多平陸明初荷蘭侯查理好用兵徵調煩苦比利時不聽命查理引兵突入其境掩殺八百人比利時結大隊復仇查理敗死後西班牙王非立第二兼王荷蘭兩部荷蘭人阿蘭治起兵拒戰相持數十年比利時隸西班牙未敢貳康熙五十三年西班牙以比利時歸墨地利亞為墨藩屬者七十餘年嘉慶初佛郎西拿破侖兼并諸國先取比利時次滅荷蘭拿破侖破荷蘭再立國嘉慶十九年比利時復與荷蘭合先是荷蘭崇耶蘇教因此與西班牙構兵數十年卒獲勝復國而比

利時昆近佛郎西，顧獨從佛俗，尚天主教，又夙隸西班牙、奧地利，皆天主教國。既與荷蘭合，不肯從荷俗，兩部之民不相能，時時搆釁。而荷蘭以比利時夙附仇國，不與恢復之師，素薄其人，不令居顯秩，又不肯收教其幼學，比利時人積不能平。道光十一年，遂逐荷蘭守土吏。荷蘭伐之，比利時諸部合兵拒戰，相持數月，伏屍遍野。佛郎西舉兵助比利時，荷蘭乃斂兵退。比利時人遂招日耳曼之薩克撒各不爾厄小侯畱波爾多來國，奉以為王，自立為國。比利時境內大河有二，曰義斯加爾達，曰米干塞，下游皆在荷蘭境，貨船由此出運。既絕荷蘭，荷蘭遏其港口，使不得通，乃造鐵轣轆路，以石鋪路，鎔鐵汁灌之，使平如砥，以利火輪車之行，歐羅巴各國皆有之。以火輪車由陸轉運，以達於海。

比利時平原坦闊，南界僅見岡陵，氣候溫平，土膏腴潤，宜穀果烟葉多草場便牧畜兼產煤鐵地分九部○巴拉班的在八部適中之地都城曰不魯捨拉斯一作木蘭洛士爾士又作北律悉建於塞內河濱宮廷高大潔而不華其民工於紡績所織呢布皆精良城內外多植嘉樹為園囿供士民遊賞○安都厄爾比亞在南巴拉班的之北壤接荷蘭會城同部名向為水運大埔頭近年淺口為荷蘭所封舟楫不行○東發蘭德斯在南巴拉班的之西會城曰干的織工所聚呢布由此出運○西發蘭德斯在東發蘭德斯之西西距大海南界佛郎西會城曰不魯日係水運海口○海腦德在南巴拉班的之西南與佛郎西接壤會城曰蒙肆係內地埔頭○那慕爾在海腦德之東南界佛郎西會城同部名○列日在那慕爾之東與日耳曼接壤會城同部名○靈不爾厄在列日之北東界普魯士北界荷蘭會城曰賣士的里至

此與荷蘭之靈不爾厄相連會城名亦同蓋一域分為兩地也○盧森不爾厄在列日之南東界普魯士南界佛郎西會城曰亞爾倫此與荷蘭所轄之盧森不爾厄同名而會城名不同蓋地界亦相近也

按比利時本荷蘭南部、兩土合併、猶不敵諸大國之半、其初分也、因查理之妄殺西班牙之侵荷北部、日尋干戈、南部遂羈縻強敵、其再分也、則由於天主耶蘇兩教之角勝、於虖立教以止殺也、今乃因教而相屠、豈不愚哉、

比利時於　國初時曾來粵東貿易、絕迹多年、佛郎西其姻鄰也、近復為之代請通市、　朝議許之、

佛郎西國

佛郎西、佛蘭西○法蘭西○佛郎機○佛朗機○拂朗祭○荷蘭西歐羅巴强大之國也、東北界比利時、西北與英吉利隔海港相對、東界日耳曼瑞士、東南界意大里亞暨地中海、西抵大西洋海、西南界西班牙、縱約二千二百五十里、橫約二千六十里、其地古名墨盧、又名牙里亞、為塞爾達野番部落、漢孝元元初年間羅馬大將愷撒征服之、愷撒一作畧塞薩爾人命大臣鎮守、墾田播穀、漸化其俗、由是為意大里亞西境、後羅馬衰亂、南境為北狄維西哥多人即戎特族所據、西境為北狄不爾給農人所據、東北境為日耳曼之佛郎哥人所據、齊高帝建元三年、佛郎哥酋長哥羅味有雄畧、始驅除北狄據其全土、改國號曰佛郎西、是為佛人立國之始、傳三百餘年至給爾北里哥為國人所廢、唐天寶十一年立國相北比諸為王一作鍵北比諸聽敏好學，奮起修政，佛國以康。其孫甲利泰甫一作加爾禄斯馬哥奴有文武才，於唐德宗六年嗣位。時東方日耳曼之撒遜部屢犯邊，泰甫征之，禽其王，斬四千五百人，因畧定日耳曼諸部，并兼羅馬。羅馬教王為加冠，時天主教王有大權，加冠者立為霸主之意加羅馬東王約為上交。泰甫乃開館第，招致文學之士，城邑宮室道路，創造閎整，規模極一時之盛。泰甫傳數世，後宗支爭權，各部亦擅兵相攻，國又衰亂。宋太宗雍熙四年，國人立大酋武額加頒多為王，傳數世，嗣絶，更立氐羅義斯為王。宋理宗二年，王路易一作義斯盧嗣位，長於吏術，尤精名法，嘗帥師伐麥西，戰已勝矣，而三軍染疫不能起，乃納賂全軍歸，而增修國政，簡任賢能，號為中興。國與英吉利隔一海港，世為姻婭。當佛王嗣絶，英吉利王義都亞爾多一作華義都第三自以佛故王之甥，當得分地，佛人不與英吉利遂起兵相攻，兩國從此搆釁，隔數年或數十年輒交鬭，稱為勍敵。元順帝年間，國為英吉利所滅，有幼女年十六，號召餘燼，擊退英軍，恢復境土。明萬歷二十五年，王顯理被弒，一作給英黎顯理第四一作英黎給第四由旁支嗣位，發奮自修，廣布仁惠，百姓歸之。時有天主教之魁欲誅鋤異己，王不聽，魁恨之，謀弒王。萬歷三十七年，王中刺客死，百姓哀哭如喪父。嗣子愚孱，用小人，國政亂。傳至路易第十四，一作盧義斯第十四好武佳兵，諸國來朝者偃蹇淩侮之，由是皆怨畔。乾隆三十八年，王路易第十六一作盧義斯第十六嗣立。時華盛頓一作兀興騰據亞墨利加起兵，英吉利攻之不克，佛人以全軍助華盛頓，英不能支，遂與華盛頓和，而佛亦由是虛耗。王好漁色，內寵擅權，擾民，民不能堪。乾隆五十四年，國大亂，尋廢王弒之，立領事官三人攝王政，以拿破侖為首，一作拿破利翁又作那波良拿破侖者佛國將用兵如神征麥西有大功王忌之置散地國人既弒王拿破侖乘勢鼓衆得大權嘉慶八年國人推戴即王位恃其武畧欲混一土宇繼羅馬之蹟滅荷蘭廢西班牙取葡萄牙兼并意大里瑞士日耳曼諸小部割普魯士之半奪墨地利亞屬藩侵嗹國圍其都城戰勝攻取所向無敵諸國畏之如虎嘉慶十六年以大兵伐峩羅斯圍其舊都墨斯科峩人燒之而走佛方旋師而天驟寒軍士凍死者十七八諸國乘其敝也合力攻之佛師大潰故所得土全失嘉慶二十年各國遣公使會議於維也納墨地利亞都城凡拿破侖所侵地各歸故主其間有分析有合併立盟約不相吞噬拿破侖既敗喪魄而避位復立故王之裔路易一作盧義斯仍握兵柄嘉慶二十一年與英吉利戰於北境兵敗被禽英人流之荒島道光二年死路易即

位數年卒、弟查理立(一作加爾祿斯)愚戇不任事、在位九年、國人廢之、擇立支屬賢者、路易非立(一作盧義斯非里卑)、即今在位之王也、以道光九年嗣位立、性寬仁好納諫、有賢聲。

佛郎西地形平衍、東境與諸國接壤之處有連山斷續、南界與西班牙、隔比里牛斯大山、餘皆平土、境內河道縱橫、著名者二十有二、最大者、曰羅尼、自北而南入地中海、曰塞納、曰羅亞爾、曰日倫、大皆自東而西入大西洋海、佛人多開支河為運道、(佛人水利最精、其國以此為專門之學)處處可通舟楫、又多開溝洫資蓄洩、以故壤地之腴、甲於西土、田畝得六、園林得二、牧場得一、人授田不過數畝、而農功最力、故戶口多而食常足、西北氣候頗寒、土卑濕、宜稼穡果實、東南溫燥多草木、宜葡萄、物產之最豐者為葡萄酒、南方之民多以釀為業、味極醕、(色淡黃微赤極清味似中國北方黍米所釀斟之起沫)

一餅有值洋銀數十圓者、西土良醪皆取給於佛、歲得價銀六千餘萬圓、又造熱酒歲得價三百萬圓、產橄欖油極多、種萊菔造糖味同於蔗、所織大呢羽緞皆精緻、又能織花紋絲緞、本國歲產蠶絲十萬餘担、不足供機杼、仍由意大里販運益之、其人心思精敏、工於製器、自來火之鎗、火輪之車、船、大半皆其所創都城有鐘表匠二千人、每歲造時辰表四萬件、自鳴鐘一萬八千架、其法時時變易、奇幻出人意表、他國亦有倣造者、而終遜於佛、山產石炭鐵鉛白礬、僅供國用、其民俗豪俠自喜、氣高亢終日歌舞無戚容、貴賤皆衣裳都麗、不惜費、喜交遊、善遇遠人每年收各項稅銀約一萬二千九百萬兩、國舊分三十三部、因其廣狹不均、近年改為八十六府。○壹里亞德佛蘭薩部在北境東西適中之地、今分五府、首曰塞納、都城在其中、曰巴勒、作一帕爾勒士又作巴黎斯建於塞納河兩岸城垣方廣居民九十餘萬王居殿闕巍峩層樓複閣相望文彩精麗西土殆無其比城外離宮別苑歷代陸續修建凡數十處其街衢盤繞環匝列肆密如蜂房往來者轂擊肩摩晝夜不絕每歲京都所收稅銀計九百萬兩歐羅巴都會之盛推為第一城內有大書院藏印本書三十六萬冊鈔本書七萬冊遊學之士許住院借讀又設醫院十四所選名醫居之每歲收療病者一萬四千人各國學醫者皆裹糧赴巴勒三年或五年學成然後歸又有繁術院居各項藝術之師如學兵法開河道造器物之類學者各就所願羣居講肄焉次曰疴瓦斯在塞納之北首邑名波威曰哀斯尼在疴瓦斯之東首邑名拉安曰塞納疴瓦斯在塞納之南首邑名威爾塞列斯曰塞納馬爾內在塞納之東首邑名美倫

日波尔多疑作曰波尔多

顛斯徐海防餘論云、佛蘭西地廣人多、旗號純白、可與英吉利抗衡、自古有大仇不能解釋、每二三十年爭戰一次、每戰輒數年而後各國爲之講解罷息、近來與荷蘭連結、改旗號紅白藍三色、而豎用、荷蘭國旗則三色橫用、

海島逸志云、勃蘭西居於西北海、與和蘭英圭黎鼎峙爲鄰、其狀貌衣服器用並同、惟字跡言語則異、性甚强悍、少經商之徒、所以罕至、葛留巴者、和蘭每受紅毛欺凌、則倚以爲助、勃蘭西國大人衆、英圭黎所畏懼也、

貿易通志云、佛蘭西國、其西港口日波爾多每年商船出口二千九百三十八隻、道光八年貨價三百七十八萬員、其南港口日馬耳西利、道光十二年海關徵稅六百萬員有奇、通計國中大小各船插佛蘭西旗者、共計八萬二千三百九十

八隻、載三千餘石、水手三十五萬八千人、外國船進其口者三千三百八十二隻、道光十一年、國中進口貨價萬四千七百萬員、出口貨價萬二千九百萬員、

萬國地理全圖集云、佛蘭西國、南至地中海、東南連以大里北及英吉利海峽、連北義國、東與日耳曼國交界、西及是班牙海隅、北極出自四十二度四分至五十一度十分、偏東自八度二分至偏西四度四分、廣袤方圓六十二萬七千方里、其居民三千三百萬丁、其中男一千六百萬丁、女一千七百萬丁、娶妻者六百二十一萬名、寡婦一百六十九萬名、於道光十五年媾姻共計二十七萬五千、生子男女九十九萬三千丁、人死者八十一萬六千名、其中自盡者二千二百三十五名、國家定死罪四十一名、三軍不下三十萬丁、大小兵船

二百九十隻、水手五萬、其中最大船載七十二礮至一百二十名、火輪船巡駛於地中之海、每年收銀約一萬二千九百萬兩有餘、收國帑萬二千九百六十六萬兩、欠項五萬八千萬兩、西北兩方平坦少山、西南一帶山嶺、與是班牙國交界、東南一最高之峯、與以他里隔界、其江不多亦不長、自北直流入地中海、名羅尼江、由東至西者名曰羅亞利、中間多開運河、故內地交通、山出石炭鐵鉛白礬、專資國用、不得運出他國、惟西南各方多葡萄、出售各國、尚有橄欖油及種蘿蔔以造糖、五穀亦有、而民惟食麪、佛蘭西國民最精神、好禮厚待遠客、男女會集歌舞、惟樂目前、不慮久遠、危時敢作敢為、寧死不居人下、其女巧言如簧、甚悅人意、但不甚守禮、其民輕諾寡信、豪興喜武、是以常與各國肇釁、致死勇戰、漢朝年

日佛郎机將作
曰佛郎机

閒居民尚野得羅馬國征服、漸漸教化通其語言文字同于名國、三百年後遂驅逐羅馬之官而自立國始稱日佛郎機、於唐順宗之年、有甲利王者、攻勝蠻夷有功自立其後裔不明、是以數百年無治、及元朝年間人類再悟、而佛國漸得操權、然與英夷累次交戰、當危急時、忽有童女統軍驅敵如此、國家再得加力教演士卒、嗣後國王好色、妾婦弄權、及乾隆五十四年、庶民怨之、廢戕其主而自擇君、於是有將軍名曰那波侖、即位十有餘年、百戰百勝、各國震怒、故於嘉慶十七年同心協力禦防、並力攻擊、那波侖敗喪、暫時退位、復回再戰、佛國王約英國及普魯社國助援、礮火迫急、那波侖登英國兵船求避、英國待同俘虜、見流在大西洋孤嶼、自後其王再歸本國、產最豐盛者、乃葡萄酒、每年價值銀六千九百萬兩、別有三百萬兩之熱酒售與天下各國、又出胡絲每年十萬有餘石、然不敷內地織造之用、別由意大里國運來、國地作五十三分計之、其二十三分係耕田、十分園林、七分牧場、其餘係野路水澤、居民實巧、其絲緞大有名、每月變新樣、以悅四方之意、所織售價銀每年千五百兩、不但由海與列國交易、亦由陸路交市、各港口所據船萬五千二百四十九隻、

佛蘭國大半崇加特力教、不信波羅士特教、國家重儒、有才能者即速官之、其藏書院內印本三十六萬冊、寫本七萬冊、准各人隨便往來勤讀、又有繁術院、內居各藝師及諸項文藝傳其徒、凡學兵法開河道及造物之術、種種過人、國中昔分三十部、各部分府、今改為八十六部、其王都曰巴勒、居民九十萬九千丁、宮殿廣大光耀、其街四方貨物充積、都民每

車異超
卓異

年納餉稅銀九百萬兩、所有養濟醫院十四間、每年療痊者萬四千名、故此西國列方之士多赴巴勤學醫術、其金銀匠皆車異超羣、共計二千名、歲造時辰表四萬、自鳴鐘一萬八千、于丁部民造粗麻布部內有五萬人等以造織度生中地之阿耳蘭士耳破羅亞等城及南方里翰士路士等城皆大有名、務織通商、南海邊有廣港口與地中海沿、各國互市、一曰馬耳西里、一曰士侖、戰艦所造之處、其西海邊最廣大之海口曰破耳多、乃運出葡萄之馬頭、另有羅治利辟勤馬羅恩口等港、遍通海路貿易、其北海峽之地、有補羅義加者近英國之南境、及東末口佛軍屢由此港侵寇英國、英國周建礮臺敵船難入佛國之南可耳西加島本屬以他里國居民二十萬丁、內地嶺磽石產物不多、佛蘭西話音、衆儒所學、其書亦所共讀，列國大臣皆用以會議而辦外國之事。

佛郎西讀書尚武

佛郎西頗重讀書，學優者超擢為美官。其制宰相一人，別立五爵公所，又於紳士中擇四百五十九人立公局。國有大政，如刑賞征伐之類，則令公所籌議，事關稅餉，則令公局籌辦，相無權，宣傳王命而已。國有額兵三十萬，戰船大小二百九十隻，水兵五萬，船之大者，載砲七十二門至一百二十門，亦有火輪船數十隻，巡駛地中海。其俗人人喜武功，軍興則意氣激揚，面有矜色，臨陣跳盪直前，議不返顧，前隊橫尸，雜遝後隊，仍繼進不已。獲勝則舉國歡呼，雖傷亡千萬人不恤，但以崇國威全國體為幸。其酋長沈鷙好謀，知兵者多，水戰陸戰之法，無不講求，又好用縱橫之術，故與諸國交兵，常十出而九勝。

按佛郎西在歐羅巴諸國中傳世最久，自哥羅味開基至今已千餘年，中間雖迭遭變故，而代立者皆其宗黨，未滋他族，未立女主，較他國之弈棋置君者固有間矣。立法駿厲，賢君復六七作，危而不亡，殆有由也。

歐羅巴用武之國，以佛郎西為最，爭先處强，不居人下，偶有淩侮，必思報復。其民俗慷慨喜戰，有小戎鐵駟之風。其用兵也，仗義執言，不似諸國之專於牟利，故千餘年中，侮亂迭生，而虎視泰西，國勢未嘗替削。至拿破侖之百戰百勝，終為降虜，則所謂兵不戢而自焚，又可為瀆武者之殷鑒矣。

佛郎西志在聲名

佛郎西屬地在別土者、亦有數處、如南印度之本地治利、南亞墨利加之丕阿那、亞非利加之阿爾、及耳印度海之不爾奔、得之不甚經營、棄之亦不甚惜、蓋不以此為重也、

歐羅巴各國皆以販海為業、如英吉利米利堅呂宋之屬、每歲商船至中國多者百餘艘、少亦三四十艘、所販鬻者多棉花洋布粗重之物、至如洋米胡椒蘇木海參之類、皆從東南洋轉販並非西產、獨佛郎西商船最少、多則三四艘、少則一二艘、入口之貨、皆羽毛大呢鐘表諸珍貴之物、蓋其國物產豐盈、製作精巧、葡萄酒大呢綢緞之類、售之歐羅巴各國、即已利市十倍、不必遠涉數萬里而謀生、其航海而東來也、意在於耀聲名、不專於權子母、國勢既殊、用意迥別、其情勢可揣而知也、

顧炎武論佛郎西

顧亭林天下郡國利病書云：佛朗機（即佛郎西）古無可考，素不通中國。正德十二年，駕大船突至廣州澳口，銃聲如雷，以進貢請封為名。撫按查無會典舊例，不允，遂退泊東莞南頭，徑自蓋房樹柵，恃火銃以自固。有至都者，不行跪禮，朝見欲位先諸夷。御史邱道隆、何鰲皆言其殘逆稱雄，先年潛遣火者亞三假充滿剌加國使臣，風飄到澳，往來窺伺，熟我道途，略買小兒烹而食之。近日滿剌加國王奏其奪國讐殺等情，宜即驅逐，嚴禁私通，將所造房屋城寨盡行拆毀。詔皆從之。誅其首惡火者亞三。海道汪鋐以兵逐其餘黨，反用銃擊敗我兵。或獻計使善泅者入水鑿沈其舟，盡擒之，餘乃遁去。汪鋐由此得佛朗機銃式，請頒於邊鎮，至今三邊實賴其用。嘉靖中，黨類更番往來，私舶雜諸夷中

刻下揚人販目睛
掠小兒佛蘭[illegible]子
斷心已見矣是忘禁
法之如下印揚島竣之
刑一條烹食小兒不
於不設最高森[illegible]
探賣小兒一條使天下
永無惡功德不小

首領人皆高鼻白皙廣人能辨識之又云佛朗機人好食小兒其國惟國王得食之臣僚以下皆不能得至是潛市十餘歲小兒食之每一兒市金錢百文廣之惡少競掠小兒往賣居二三年兒被掠益衆遠近患之云云按佛郎西之至粵在正德年間是為大西洋至粵東之始明人不知有大西洋以為其國在爪哇之南誤矣當時亶臣以會典所無絕其封貢言官復請驅逐童牛之牿所慮未嘗不遠而鑿舟之役事殊杳茫嘉靖以後更番來粵又何嘗能禁絕之也至烹食小兒非人類所為即有獻媚之易牙未必遂沿為故事佛國之在西土稱雄已千餘年果有此事諸國當視為豺虎誰甘以牛耳相讓又我

朝通市二百年佛人每歲來粵何以不聞有此似當時之傳聞亦未必盡確也或云佛郎西人好買小兒教織起花紬緞此則近似泰西諸國惟佛人能織花緞也烏鎗

之制由此傳入中土實為水陸利器靖潢池之反側肅冪庭之嗚呼星馳電掃利賴何窮而不知此技之由來乃即從中國之火礮變化而出論者乃謂火器創於泰西蓋亦不考之甚矣已詳歐羅巴圖說泰西人書言之鑿鑿足知其不誣也

徐松龕中丞云鑿舟之說自來以為奇策謂募善水之人伏於船底用利斧鑿孔其船立沈又聞善水之人能伏水底七晝夜能於水中食餅餌兼操作嘗以詢之竇升堂提軍振彪提軍云此技余少時嘗學之未成也而知其梗概凡人入海水必閉目否則為鹹水所侵目且盲必閉氣否則流隨吸入轉瞬而腹彭亨年少力壯者閉氣稍久亦斷無逾刻許者其能不浮不沈特手足之運動運動少停則隨波湧出水面斷無在水中尚能施力運斧之理且海水波浪最勁愈深愈勁能

浮江河之水者、入海水則敗、能浮内港之水者、入大洋則敗、善水之人、在大洋落水、得片板可不死、若徒手浮沈大浪中、力盡氣微、亦未有不死者、此技即使至精、斷不能化其身為魚鱉、世俗所傳大半得之耳食、資談柄則奇創可喜、竟欲施之實事則愚矣、又守備吳金魁（水師勇士殺海賊無算為賊傷斃得旨優卹）亦嘗習此技、余問之亦云然、閱天下郡國利病書所記佛朗機事、有鑿舟之説、因附記於此、

歙縣葉鍾進寄味山房雜記云、嘉慶十一二年間、有大班喇弗者、探知我屬國安南之東京地居海隅、時有内訌、乘隙可取、（時阮福映滅仇立國方新之故）遂親往孟甲剌、約其兵頭駕大船十號、直趨安南富良江海口、先令其副兵頭駕七艘入、以討舊欠索馬頭為名、安南聞之、先飭漁艇商船盡藏内港、故入口數百

里無阻、直至東京下碇、不見一人、及夜、忽有小艇無數各載乾柴火藥四面圍至、急發大礮轟之、小艇皆乘上風、火發風烈、七艘俱燼、有黑鬼善泅者、遊水出報兵頭駭遁、不敢再入、

武林郁永河裨海紀遊云、紅毛船用板兩層、斲而不削、製極堅厚、中國人目為夾板船、其實整木為之、非板也、其帆如蛛網盤旋、八面受風、無往不順、較之中國帆檣、不遇順風則左右戧折、傾險迂艱者、不翅天壤、然巧於逆風者、反拙於乘順風、若與中國舟航並馳順風中、彼反後矣、故遇紅毛追襲、即當轉柁順風揚帆、可以脫禍、若仍行創風、鮮不敗者、況彼船大如山、小舟方畏其壓、安能仰攻、紅夷恃船大帆巧、橫行海外、輕視諸國、所至侵奪、顧兩敗于交趾、交趾拒敵之法、創造小舟、名曰軋船、長僅三丈、舷出水面一尺、兩頭尖銳、彷彿端

陽競渡龍舟以二十四人操檝飛行水面欲退則反其棹變尾爲首進退惟意儼然游龍船中首尾各駕紅夷巨礮附水施放攻其船底底破即沉雖有技巧無所施設於是大敗至今紅毛船過廣南見軋船出即膽落而去中國東南半壁皆大海日與西夷互市軋船之製亦所宜講

按鑿舟之事荒渺無憑而焚船攻底情理實有可信正也而以奇破之大也而以小乘之亘古兵機如是如是

阮芸臺相國揅經室集記任昭才云任昭才鄞人善泅海余撫浙治水師時募用之昭才入海底能數時之久行數十里之遠嘗言海水十餘丈以上有浪撼人再下則水不動湛然而明冬日甚温海底之沙平淨無淤亦無他異浙海有珊瑚但不若南海之堅在海底視之甚鮮采之出水則嫩萎無色

魚不一類、過泗者之旁、不相駭而去、惟大魚能吞人、當避之、大魚之來、其呼吸動及數里之水、水動知有大魚來矣、宜急避之、余所獲安南大銅礮、重二千餘斤、甚精壯、甚愛重之、兵船載礮嘗遭颶、沈於温州三盤海底、深二十丈、不可起、余命昭才往圖之、昭才用八船分為二番、一番四船、空其中一番四船、滿載碎石、自引八巨繩入海底、繫沈船之四隅、以四繩末繫四石船為一番、繫既定、乃掇其石入第二番之空船、是石船變為空船、浮起者數尺矣、復以二番四繩之末繫二番之石船、繫既定、復掇石入第一番空船、是浮起者又數尺矣、如此數十番、數日之久、船與礮畢升於水面矣、余命昭才入水師食兵餉、擢為武弁、以病卒於官、

按松龕中丞所論如彼、芸臺相國所論如此、皆係一時所見

非空言也、然賓吳之技不如任矣、所望有海防之責者善於
求才耳、

西班牙國

西班牙、是班牙○實班牙○斯扁亞○士便○干絲臘○義斯巴尼亞○以西把尼亞○大呂宋亦歐羅巴大國、東北與佛郎西接壤、東南距地中海、西界葡萄牙、北距大西洋海、西南至東北約二千四百五十里、東南至西北約二千八十里、國有大山數疊、皆自東而西、橫亘如垣、劃分三土、北土山嶺錯雜、溪澗交流、中多腴壤、便於農作、中土高廣、天時炎燥雨水難得、民多以牧羊為業、南土山川秀發、風景清美、產各項果實、羊馬驢騾皆良、勝於他國之產、其地古名意卑里亞、五方之人雜處、非尼西亞人居多、古商賈之國後為加爾達額人所據、亦非尼西亞人所立國在地中海南岸漢初意大里大將奔匏師師征服之、遂為羅馬西境、越六百餘年羅馬衰、西境為汪德羅隋窩亞拉奴皆北狄種類三部之人所據、東晉安帝十三年、峩特一作哥度又作維西哥多又作尼都亦北

（狄別種）酋長留維即的約率大隊自東方來攻羅馬守臣不能禦棄地而逃東地遂為峩特族所據尋翦滅西境諸部以隋文帝開皇季年立國傳一百餘年至羅德黎哥性苛暴其臣有人良者為羅德黎哥所摧辱時亞刺伯回部據亞非利加北境（即摩樂哥）（阿利額諸同部）兵力方強唐睿宗大極元年人良引回部入寇西班牙望風奔潰王奔北鄙國為回部所奪僅餘亞斯都里亞斯比斯加亞納氏拉三部降為侯國歷七百餘年亞刺伯衰弱守土回酋各裂土自擅日尋干戈亞斯都里亞斯侯伯拉納誓衆興師攻回部大捷衆推立為王尋攻獲加斯德辣地稱加斯德辣王令峩特人自戰其地得即封之回部或降或竄故土全復而國已數分然姻婭相聯無釁爭加斯德辣傳至女主依撒伯爾贅亞拉岡侯非爾難多明成化十五年諸部仍合為一是為西班

西有廣下當
有一土字或
字

牙復建之始，依撒伯爾聰敏過人，能修國政，疑大海之西有廣宏治初年，遣其臣可侖（一作閣龍又作哥隆波）駕巨艦裹糧探之，果得亞墨利加之可侖比亞，驅逐土番，徙國人實其地，漸拓而南北墨西哥、祕魯、智利、拉巴拉他等部（詳亞墨利加圖說），皆聽役屬。諸部産銀鑛極旺，每歲得數百萬觔，西班牙以此致富，西土稱為金穴。嘉靖年間，復遣其臣米牙蘭航海東來，至亞細亞東南洋之呂宋，據其海口，建設埔頭，帆檣湊集，百貨流通，由此愈益富饒。先是正德十四年，日耳曼內亂，時西班牙王查理第五有賢聲，日耳曼各部迎以為王，西班牙立其世子非立第二，（泰西人所編綱鑑敘述如此。近閱大西洋人所著地理備考，則云粵地利公爵非里卑第二非立娶先王之女若亞納，遂即君位，二說不同，未知孰是。然綱鑑專紀各國興亡世系頗為詳核，必有依據，故仍從彼說。）兩國聯為唇齒。傳子加爾羅斯，國益富強。西隣葡萄牙，本西班牙西部，趙宋時驅逐回部，別立為國。

萬歷中、葡萄牙王禦敵殞、無子、西班牙遂收復其地、越六十載復分裂、（詳葡萄牙圖說）方西班牙之恢復舊土也、回民之未逃者、皆降附為編氓、歲久復繁衍、逾數十萬戶、西班牙以其族類殊異、終為後患、勒兵驅逐之、回民皆破家攜孥狼狽渡海、轉徙入亞非利加北境、（即阿利額等回部）失業者因剽掠、餬口地中海、從此多盜、西班牙戶口驟減、貿易漸微、日益貧寡、論者頗譏其失計、康熙三十九年、西班牙王查理歿無子、墺地利王（即日耳曼王時日耳曼列國俱已稱王故墺地利復稱日耳曼王）不欲立其子、佛郎西王欲立其孫、搆兵累年、卒立佛王之孫、非立第五為西班牙王、王英果、能立政、休養生息、西國再康、乾隆末年、佛郎西內亂、西班牙始攻佛、後與佛約結攻英吉利、戰船遭風、大半沈失、已而佛郎西拿破侖即位、時西班牙王加爾羅斯與其世子不睦、嘉慶十二年、拿破侖約其父子

隆火不煬
火費解

為好會於馬也納，云為調協，至則數其罪而兩因之，自立其弟為西班牙王，西民不服，招英吉利兵合攻之，交戰五年，遂拿破侖之弟，復立故王世子非爾難多，自是以後，內訌四起，日就衰亂，王歿無子，立幼女，依撒伯爾，母后擅權，王弟煽旧部遺民為亂，蓋岌岌乎危亡之勢焉。亞墨利加諸藩國皆畔，僅存古巴片土、詳亞墨利加海灣羣島圖說與呂宋埔頭而已。

西班牙北境負比里牛斯大山，地氣頗寒，南境臨地中海，夏令酷熱，賴海氣滌暑氣，中土距海面一百四十丈，為歐羅巴極高之地，四時多風，隆冬不煬火，河道之大者十二，尤著者曰米虐，曰斗羅，曰德人，曰瓜達爾幾維爾，皆入大西洋海，曰厄波羅入地中海，土多膏腴，五穀之種皆備，木多橡，果多葡萄，山產各礦，金銀近已空竭，銅錫鉛尚有之，惟鐵與煤採之不竭，又產鑽石寶石、五色玉、瑪瑙、水晶。其民俗膽氣粗豪，專務報復，好逸憚勞，惰於農作，早餐後必午寢，以此鄉戶多貧瘠，半居棚寮。俗儉嗇，杯酒一果之外，無他求。男女並好彈琴跳舞為樂。又好為鬬牛之戲，聚觀者如堵牆，或縱狂牛於場，勇者挾刃搏而刺之，獲勝則千萬人歡呼迎賀。舉國奉天主教，教師有大權，違異者以火焚之。貿易之繁盛，在海濱各埔頭，稅餉歲入一千八百萬兩。養兵太多，軍興用不足，恒貸於富民，償其息。近年主計者多失信，不償富民，閟不肯借，每敵兵壓境，輒因缺餉撓敗。國舊分十三部，近年改為四十九部，（合二島在內）分上中下三等。

按西班牙境土恢闊，埒於佛郎西，其俗長於泛海，善於行遠，自得亞墨利加墨西哥諸部之後，其國有金銀氣，西土視為陶猗。至今歐羅巴各國行用之洋銀，大半稱呂宋番，宜其富强莫與京矣。然近年衰弱日甚。且貧苦者何也。富而無政。雖秦隋不免覆亡。况區區之夷國乎。

呂宋在中國東南洋。與歐羅巴相去絶遠。西班牙於前明中葉探得之。立為埔頭。由是其商船來粤東者。率稱大小呂宋。或稱宋仔。而西班牙之名轉隱。

葡萄牙國

葡萄牙（葡萄駕○葡萄庫耳○布路亞○波耳都欺○博爾都噶亞○大西洋）歐羅巴小國也、地形狹長、縱約一千三百里、橫約五百里、東北兩面界西班牙、西南兩面距大西洋海、其地古名盧西達尼亞、本西班牙西境、自唐以前沿革與西班牙同、當西班牙恢復舊土、有臣曰英黎給佛、即西之王孫也、善將兵、戰功最多、加斯德辣王（即西班牙王時故土尚未全復亦未歸一故不稱西班牙王）亞豐蘇妻以女、以所克盧西達尼亞數城封之、爵如伯、其子亞豐蘇英黎給襲位、伐回部、大破之、擴地漸廣、宋哲宗紹聖元年、國人奉以為王、是為葡萄牙立國之祖、其後嗣征服回部、盡有盧西達尼亞之地、遂與西班牙並立、明嘉靖間有賢王曰以馬努、以利能立制防、國稱極治、子約翰第三嗣位、聯昏於西班牙、西境乂安、倉庫充實、子英黎吉嗣位、亞非利加囘部來侵、出戰敗沒、無子、西班牙乘勢并其國、由是隸西班牙六十年、西政貪殘、葡人患倒懸、崇禎十三年起兵逐西班牙守者、復立故王支屬約翰第四、西班牙屢來侵、搆兵二十餘年、葡王脩好於英吉利、英吉利助以兵力、時擁護之、乃免於亡、先是歐羅巴諸國自閉關至元時、自相往來、鮮通別土、葡萄牙人精於算數、習天文、用儀器測量日出入、并星躔度數、知水陸之方向遠近、明初其國王遣善操舟者駕巨艦南行、由亞非利加之西境、轉而東歷亞非利加之東境、抵五印度之西境、復轉而東至麻喇甲、又從蘇門答臘噶羅巴之海峽、遍歷東南洋諸島國、所至輒留、葡人營立埔頭、隆慶初抵粵東香山縣之濠鏡、即澳門、請隙地建屋、歲納租銀五百兩、畺臣林富代請許之、葡萄牙人遂立埔頭於澳門、是為歐羅巴諸國通市粵東之始、其後西班牙荷蘭接踵東來、佛郎西英吉利繼之、葡萄牙所立小西洋東南洋埔頭、咸被侵奪、僅餘澳門一廛、為諸國東道之逆旅、嘉慶初佛郎西拿破侖侵伐四隣、兵及於葡萄、不能禦、王棄國航海逃於巴西、一作巴拉西利巴西者南亞墨利加廣土、葡人於明中葉探得之、建為藩部者也、詳亞墨利加圖記已而拿破侖為英吉利所禽、王乃歸國、尋卒、其世子留王巴西、兼王葡、巴西民謂王貪王兩地不肯服、王不得已自王巴西、而遣幼女歸王葡、時王弟已自立不肯避位、王在巴西不習其俗、國人迫王致位、王狼狽歸國、與女合兵攻弟、英吉利助以兵滅王弟、王女乃定位、尋贅日耳曼世子為壻、夫卒、再贅、女慈惠愛民、國人安之、

葡萄牙壤地褊小、外臨大西洋海、境內萬山盤亙、平原甚少、大河三、曰米虐、曰斗羅、曰德人、皆發源西班牙、由葡西境入海、西

北氣候頗寒，東南則夏苦炎熱，穀以小麥、莜麥為主，大麥、油麥、高粱、粟米、秔稻、蠶豆、豌豆亦皆有之。土田最沃，而農功疎惰。木多松、柏、栗、橡、槐、楊、楓、椵，果有黎、橘、桃、梅、櫻桃、核桃、杏仁、波羅、佛手、檸檬、無花果、阿利襪（即橄欖，其仁可以為油），最多者為葡萄，用以釀酒極甘（色赤味甜，內有雜櫻桃者），販行遍於西土。亦解種桑養蠶，產絲無多。山產紅藍寶石、水晶、五金各礦、黑礬、硫磺、磁石。鹽田則沿海皆是，取之不竭。舉國崇天主教，財貨半歸教師，民恒貧乏。國舊分六部，後分為八部，各有所領小部。

按粵東之居夷，自葡萄牙之居澳門始。維時尚方珍玩皆取辦於粵，或不時給，輒為中涓所嬲。適葡人有濠鏡之請，當事利其居積貨寶，便於供辦。又所謂歐羅巴者，爾時不知為何地，以為不過南洋諸夷之類，一枝暫借，無足重輕，非必貪其五百金之利也。葡萄牙本西洋小國，得此奧宅，如登天上。以其餘資廣築樓館，綿亘萬廈。歐羅巴諸國來粵者，倚為東道主人。其留粵收逋久者，皆租其房屋，久居不去。諸夷之浸淫狎熟於粵東，則由澳門為之權輿也。林富一代名臣，而謀國之踈若此。語云：涓涓不絕，將成江河，可不慎哉。

葡萄牙初至澳門，其本國商船來者甚多，極為饒裕。迨後印度南洋各埔頭多為諸大國所侵奪，本國估帆遂致絕迹，生計日益貧窘，僅以屋租為養命之源。其居澳門者長子孫，已數百年，粵人謂之土生仔。生齒既繁，憂貧特甚。

澳門之夷，俗呼為大西洋，又稱為意大里亞。當其初來中土，不詳其部落之名，彼謂從大西洋來，則稱為大西洋，而不知葡萄牙之在大西洋，不過滕薛之類也。至稱意大里亞，則以意大里為彼土一統之朝，猶之稱中國為漢人唐人耳。又利瑪竇南懷仁之屬，以歷學名中土，皆意大里之羅馬人，而其來也，皆居澳門，訛誤相仍，有自來矣。

英吉利國

英吉利〔英機黎○英圭黎○膺吃黎○諳厄利○英倫的○及列的不列顛〕歐羅巴强大之國也。地本三島，孤懸大西洋海中。迤東兩島相連，南曰英倫〔一作英蘭〕，北曰蘇格蘭〔一作斯哥西亞，又作師古泰〕。兩島南北約二千餘里，東西闊處五六百里，狹處三四百里。迤西別一島曰阿爾蘭〔一作耳蘭，又作壹爾蘭大〕，南北約七八百里，東西約五六百里。英倫南境與荷蘭、佛郎西皆相近，舟行半日可達，距佛尤近，海港狹處止六七十里，兩岸可以相望也。其地古時為塞爾達土番部落，後為北狄戕特族所據。漢宣帝五鳳三年，羅馬大將愷撒〔一作人畧塞薩爾〕畧定西北諸番，渡海平英倫，建為別部，屬意大里者數百年，至今猶有羅馬城闕遺址。前五代時，羅馬衰亂，戕特族卑勒敦人據英倫，後為據蘇格蘭之斯各多比德斯兩部所攻，孤弱不能自立，求援於安各羅安各羅者亦莪特種寄居撒遜比利時界内兵素强而偪仄無立國地既為卑勒敦人所邀則大喜悉衆渡海破走蘇格蘭兩部因脅降卑勒敦人陳後主元年據英倫立國後分為七部如列國小侯時相攻伐有厄伯德者娶佛郎西王之女女奉天主教招教師來其國為制禮儀由是其國漸强唐德宗貞元十六年滅六部歸於一是時大尼國（即嗹國）方刦掠海上突以舟船入英倫據都城英人以厚賂緩兵尋以計焚其船自是大尼寇抄不已居民逃竄田野荒蕪王子有亞腓烈者智畧過人幼時嘗兩赴羅馬與文士遊方嗣王位而大尼以大衆來攻王乃僞為樂工抱琴造敵營請奏伎侑酒因得縱觀虛實進兵決戰破其連營是時佛郎西已陷北地大尼迭侵擾王枕戈寢甲五十餘戰而外患平乃墾田勸農招徠商旅開學堂以譯異書立

保約以弭盜賊，境内大治。王卒於唐昭宗年間，嗣王孱弱，大業遂衰。先是英倫以尚天主興，久之教師擅大權。王娶后，教師禁不令同室，王不聽，教師刦后，以鐵烙毁其容，尋斃之。王嘿不能仇，由是王僅守府，國勢不振。大尼復來侵擾，許以歲賂，始給銀一萬七千觔，後增至二萬四千觔，而兵不止。宋真宗十九年，大尼大舉來伐，破倫敦都城，遂兼英。其王曰駕奴特，立治粗有條理，英人安之。其子嗣位，苛斂好兵。先是英北族（英倫北部）有酋曰威廉（一作給列爾美），常仕佛郎西，守西北大郡。大尼既滅英，威廉欲圖興復，請於羅馬教王，教王以英土封之。宋英宗治平年間，威廉率舟師伐英，大尼王禦之，兵敗被殺。威廉進攻，據倫敦，遂王英。北族淩英民，英民多反側，王怒，驅英民十萬衆於林中，皆凍餓僵死，以其田宅賜北族，既而悔恨卒。王顯理第一嗣，宋高宗二十七年、王顯理第二立、有智謀、時天主教魁參預國事、王有所拔擢、教魁輒阻撓之、羣臣怒、殺教魁、王懼教王之加罪也、自守齋拜其墓、乃已、附近有伊琳大洲、即阿爾蘭王征服之、其世子剛猛好戰、欲伐居猶太之回回族、先往聘修好、歸途為他國所擄、以金贖回、後戰死、其弟約翰嗣位、性强狡、好田獵、百姓疾之、又侮天主教師羅馬教王、怒棄絕英民、息禮拜、閉殿堂、廢其婚葬、禁飲酒食肉、薙鬚、民皆怨恫、咎王、王不得已、納貢教王、由是權遂下移、民自擇鄉紳議政、不復關白、王憤甚、欲誅諸紳、諸紳欲招佛郎西世子為王、會王歿、華義都第三一作義都亞爾多嗣立、有權畧、平內難、與佛郎西搆兵、累年互有勝負、其子嗣位、權復為紳民所侵、英有別部之酋、忽起兵攻王、奪其位、明建文帝元年、國人立顯理第四、募兵恢復、滅僭位者、國乃定、顯理第五立、伐佛郎西勝之顯理第六立年尚幼大臣攝政時王宗分二派一曰紅玫瑰派一曰白玫瑰派（因初分之第宅植此兩種花因以得名）兩宗爭欲據王位自相屠攻國大亂者數十年藩屬皆叛明憲宗成化年間顯理第七嗣位削平內亂四境乂安王性機敏長於吏治稱為賢主顯理第八立性強傲尚豪華喜怒不常娶西班牙王女為后因助西班牙伐佛郎西后無子出之再娶少艾已而失寵殺之再娶又殺之王有佞臣委以大權偶迕意立賜死忠言至計如充耳四國皆稱為無道主先是日耳曼人路得者著書譯解耶蘇教旨人多信之王不謂然手著一書駁詰之王殁嗣王崇信耶蘇教寬惠愛民教士有法舉國喁喁望治立未幾卒其姊馬利（一作馬理）嗣位贅西班牙王子為壻禁耶蘇教國人不悅明嘉靖三十六年女主以利撒畢即位賢明知大體勤於政治英民頌之是

時荷蘭不肯從天主教為西班牙所攻英女主以兵助荷蘭西班牙因移兵伐英師船泊英港忽大風激浪船觸礁石半沈壞英人以小舟圍而殲之片帆無返者國勢益振先是斯哥西亞別為一國（一作師古泰即蘇格蘭地）元初英人取之明中葉斯哥西亞人布魯斯復自立為國有女曰馬理姿絶世初嫁佛郎西王為后佛王早卒馬理歸母家父卒嗣王位選羣臣美丈夫為夫夫有別寵馬理妬之夤夜遣客殺夫焚宮以滅其迹而贅殺夫者為夫時國人已競尚耶蘇教而馬理仍執天主教又殺夫有邪行國人圍馬理將因之越城而逃募兵決戰兵敗降於英英女主謂馬理犯倫肇亂下之獄馬理在獄十八年復與獄吏姦因逃去英人捕得之斬於市萬歷三十一年英女主卒無子斯哥西亞王熱給斯者（一作惹米士）女主之姻也英人奉以嗣王位斯哥西亞

復與英合為一國、熱給斯辨給有才、好講禮制時天主教之徒結黨謀反、窖公會殿下藏火藥、候王至將轟殺之、會發覺、悉誅死、萬歷四十二年、查理第一立、性拗癖好戲狎、不恤民隱、由是士民怨畔、公會皆散、稅餉無所出、王將與佛郎西戰、授甲無應者、師船未戰而退、順治四年、王募兵誅梗命者、國人與王戰、虜王弑之、時有大紳負才望、攝王政、以定國、自稱保護主、申明法制、參以變通、英人稱便、與西班牙荷蘭戰、皆勝之、攝政數年、倉庫充實、乃致位於先王世子曰查理第二、為人淫侈多內寵、惰於聽政、常與荷蘭戰、師師者國之名將、入荷蘭內港、燬其戰船王由此愈汰忽倫敦大火焚宮室民居殆盡、已而瘟疫盛行、死者相枕藉、國勢頓衰、其弟嗣位、素習天主教、強民相從、民習耶蘇教久、不肯變、慮王之相難也、渡海招荷蘭王為主、荷蘭王率兵至王奔佛郎西康熙二十七年荷蘭王入倫敦即王位號曰威廉第三雄武有大畧法度嚴明百司任職積粟如邱山蒐討軍實悉成勁旅由是威聲大振方欲席卷西土會嬰疾歿無子時日耳曼之漢挪瓦王若耳治第一有賢聲康熙五十二年國人招若耳治第一來英奉以為王王初蒞英不諳其俗后為英故王之女習於英事相助為理民大和前王兩宗苗裔尚存起兵欲圖恢復王戔滅之是時英商船通行四海日益富强與佛郎西交兵屢戰勝王卒子若耳治第二立修法度別等威定親疎平訟獄國稱大治伐西班牙獲全勝又伐佛郎西割其藩屬之在亞墨利加者乾隆二十三年若耳治第三立舉動好循禮法亦稱賢主先是前明中葉英人泛海覓新地得北亞墨利加腴土徙國人實其地日漸墾闢遂成沃壤英人倚為外府後英

國軍興，連年徵稅餉於亞墨利加，倍其常額。亞墨利加人不能堪。有華盛頓者，（一作兀興騰，又作瓦乘敦）據地起兵，英人以大衆攻之，八年不克。佛郎西與英世仇，舉傾國之師助華盛頓，英不能支。乾隆四十七年，與華盛頓和，聽其自立為米利堅國，（亞墨利加之轉音，即花旗國）沃土盡為米利堅所割，僅餘北境荒寒之土。英國由是虛耗。已而五印度貿易日盛，英富厚過於昔時。五印度者，一名溫都斯坦。乾隆中年，東印度之孟加拉因虐英商，英以大兵攻之，滅孟加拉，乘勝脅降東中南印度諸部，設四大部，（孟加拉、麻打拉麻薩、孟買、亞加拉）喇甲、息力諸番族皆歸統轄。英人遍設埔頭，帆檣雲集，百貨流通，富饒遂為西國之最。嘉慶年間，佛郎西拿破侖得國，侵伐四隣，廢西班牙王，而以其弟王西班牙。故王求援於英，英起兵伐佛郎西，血戰累年。嘉慶二十一年，破佛郎西舟師於海峽，以九萬人登陸進攻、拿破侖率十萬衆禦之於窩德斯祿、約期大戰、自昧爽至日暮、鎗炮之聲震天地、數十里烟氣迷漫、佛師大潰、英人乘勝逐北、斬首二萬級、禽拿破侖以歸、流之荒島、西班牙王復其故國、由是英國威振西土、王晚年得狂疾、世子攝政、王卒、世子嗣立、有賢聲、早卒、道光九年、其弟嗣立、曰威廉第四、初為水師總統、以厚德御下、不沽名譽、及即位、安民和衆、不喜兵爭、論者謂才能不越衆、而德量有餘、道光十八年四月卒、無子、有女不慧、遺命立兄女維多里亞為王、即今在位之女主也、立時年十八、贅日耳曼撒可堡侯世子博雅那為壻、

英吉利三島、以英倫為主、其立國之本境也、南北約千里、東西廣狹不齊、西界稍見山嶺、而平地為多、河道十餘、皆不甚長、田土膏腴、為歐羅巴之上壤、地分五十二部、○東方之部六、首曰

迷德勒塞斯建都於達迷塞河濱、名曰倫敦、一作蘭墪東西南北皆七十里、無城郭、居民一百四十餘萬、殿闕巍峩規模閎鉅、離宮别苑綿亘相屬、文武百官之署、各有方位、街衢縱横、穿貫、百貨山積、景象之繁華、人戶之湊密、為西國第一大都會、都中有保羅殿堂、耶蘇弟子又有西殿、祀耶蘇教名師、兩殿營構最奇崛、有大書院曰屋度文儒所萃、有大肆曰北明翰、鐵工聚焉、城外内港通海口埔頭最大、每歲别國商船來者千餘、本國出入者三千餘、次曰諾耳佛爾克、曰素佛爾克、曰黑爾德佛爾、曰厄塞斯、曰岡比黎、曰諾耳克佛爾、為織造呢布之地、岡比黎、有大書院

○南方地氣較暖、岡阜紆蟠、帶以清流、蔭以茂樹、每春夏林花嫣然、風景極清、分十部、曰根德、曰薩塞斯、曰蘇勒、曰北爾克、曰蘇當波敦、曰烏義爾德、曰索美爾塞、曰多爾塞、曰的彎、曰哥爾

奴瓦里斯根德為大教師所駐、殿堂甚鉅、別有邑曰緑威、養軍士水手之受傷而年邁者、又有邑曰風素耳、有別館極幽雅、居王族之隱逸而習靜者、南界有港口甚寬大、兵船商船皆修造於此、檣立如林○北方地形漸狹、別一區宇、分六部、其大部曰約爾克、有屬邑曰曼識特、為洋布總聚之地、外通港口曰里味池、居民二十萬、米利堅販棉花之船皆收此港、在英國埔頭為第二西北列五部、曰蘭加斯德爾、曰威斯德謀爾蘭、曰岡比爾蘭曰達爾、曰諾爾東北爾蘭北境有邑曰新堡、係石炭即中國之煤聚集之處○中央之部十八、多平衍膏腴之土、曰支斯德爾、曰德爾比、曰諾定昂、曰林哥爾內、曰捨羅波、曰斯達佛爾、曰雷塞斯德爾、曰魯德蘭、曰氣耳佛爾、曰窩耳塞斯德爾、曰窩爾維克、曰諾爾桑波敦、曰恒丁敦、曰瞞昌、曰哥羅塞斯德爾、曰痾哥斯佛爾、曰巴京咸、曰比德佛爾。○西方地形入海別一區宇總名曰威爾勒士、一作瓦勒其地山嶺重疊、為英倫之後戶、居民皆古時土番遺種、與英倫言語不同、多以牧羊為業、人皆散處、城邑甚少、地產石炭、分十二部、曰非林德、曰敦比各、曰該拿爾彎、曰安哥勒塞、曰美畧內、曰蒙德痾美里、曰拉德諾爾、曰加爾的安、曰奔不羅各、曰該爾馬爾敦、曰北勒各諾克、曰加拉摩爾安

蘇格蘭一作斯哥西亞又作師古泰在英倫之北、南北約八百餘里、東西廣狹不齊、古時別為一國、明萬歷三十一年合於英為一國、迤南土田肥沃、迤北磽瘠、多鹵斥、其民習勤耐苦、善於謀生、俗儉嗇不妄費、經商遍四海、積貲多在數萬外、故地雖寒瘠而多素封、產石炭最多、每歲收炭稅百餘萬、地分三十三部。○南方十三部曰壹丁不爾危一作丁堡以蘇格蘭之舊都也、今為會城、在內海

之南岸街衢整潔萬廈雲連為北方大都會曰林利德厄曰合丁敦曰北爾維克曰棱非律曰哀爾曰烏宜痾敦曰拉拿爾克曰比波勒斯曰塞爾給爾克曰羅哥斯不爾厄曰當非利斯曰給爾加德比里至○中央十四部曰亞爾日勒曰比干德曰內壹爾那曰慕來曰邦弗曰亞北爾嚬曰迷牙爾曰安孤斯曰白爾斯曰發壹夫曰見羅斯曰加拉克馬南曰斯德爾零曰當巴爾敦加拉克馬南為洋布總聚之地出運別國每歲得價千餘萬○北方六部曰爾哥內曰該內斯曰蘇塞爾蘭曰羅斯曰哥羅馬爾的曰音威爾內斯

阿爾蘭一作耳蘭又作壹爾蘭大在英倫蘇格蘭之西海港隔斷別為一島南北約七八百里東西約四五百里古時為土番部落英人於南宋時收服之地多豬澤河流甚短土亦磽瘠產石炭甚富又

産鉛錫銅鐵其民俗粗豪闊爽飲酒歡會無遠圖英人募以為兵臨陣敢於衝突以退縮為恥故英之水陸將領半皆阿爾蘭人俗尚天主教不肯從耶蘇教英人惡之而不能使之改革也地分三十二部○東方十二部曰都伯林（一作土北林）其會城也建於但士河濱下接海口水深便於泊船城內外居民十萬餘貿易繁盛景象極豪華曰勞斯曰壹斯德迷曰烏宜哥婁白威哥斯佛爾曰幾爾給尼曰加爾婁曰幾爾德壹耳曰固音斯高翁的曰威斯德迷曰卽佛爾○西方五部曰勒德靈曰斯黎各曰羅斯哥滿曰馬約曰加爾威○南方六部曰哥雷宜爾曰里摩黎克曰給黎曰哥爾克曰窩德爾佛耳曰的卑拉黎○北方九部曰安德靈曰刀尼曰亞爾罵痾曰的倫曰倫敦德黎曰德內加爾曰非爾馬那痾曰加彎曰摩那安

英國附近海島甚多迤南最大者曰威地風景極清近佛郎西海中兩島曰額西曰額耳西在西方者曰萌島附近蘇格蘭曰撒多島地氣寒甚穀麥不登迤北羣島尤寒冽積氷雪者歲居其半其民捕魚為食

英吉利物産

英吉利三島物產、石炭之外、兼產銅鐵錫鉛啇宅硇砂馬牛羊最多、土宜二麥、收穫甚豐、然人滿食不足、資運糴於他國、織布者四十九萬餘人、其機以鐵為之、激以火輪、關捩自能運動、是以工省而價廉、每年用棉花四十餘萬担、皆從五印度米利堅運入、織造大呢羽緞嗶嘰最多、又能織絲緞、亞於佛郎西、絲由中國意大里運買、鎗炮刀劍鐘表、以及日用各項器皿之工、約三十萬人、每年各項貨價、約值一萬萬餘兩、街市之中、祇帷汗雨、晝夜往來如織、其商船四海之中、無處不到、大利歸於商賈、而工則貧、

英吉利制度

英國之制、相二人、一專司國內之政、一專司外國之務、此外大臣一管帑藏、一管出納、一管貿易、一管訟獄、一管璽印、一管印度事務、一管水師事務、各有佐屬襄助、都城有公會所、內分兩所、一曰爵房、一曰鄉紳房、爵房者有爵位貴人及耶蘇教師處之、鄉紳房者、由庶民推擇有才識學術者處之、國有大事、王諭相、相告爵房、聚衆公議、參以條例、決其可否、復轉告鄉紳房、必鄉紳大衆允諾而後行、否則寢其事勿論、其民間有利病欲興除者、先陳說於鄉紳房、鄉紳酌覈上之爵房、爵房酌議可行則上之相而聞於王、否則報罷、民間有控訴者、亦赴鄉紳房具狀鄉紳斟酌擬批上之爵房核定、鄉紳有罪、令衆鄉紳議治之、不與庶民同囚禁、大約刑賞征伐條例諸事、有爵者主議增減課稅、籌辦帑餉、則全由鄉紳主議、此制歐羅巴諸國皆從同、不獨英吉利也、又英國聽訟之制、有証據、則拿解到官、將訊、先於齊民中選派有聲望者六人、又令犯罪者自選六人、此十二人會同訊問、辨其曲直、然後聞之於官、官乃審訊而行法焉、

英吉利藩屬埔頭

英吉利本國境土止三大島，其藩屬埔頭皆在數千萬里之外。北亞墨利加一土，英人於前明萬歷年間探得之，生聚墾闢，經營二百餘年，後南境為華盛頓所割據，僅餘北境六部。（詳亞墨利加圖說）乾隆初年，復得五印度數千里膏腴之土。（詳五印度圖說）由印度海之東岸漸拓而南，在緬甸之西界，有阿喀喇等埔頭，迤南為麻喇甲，再東南為息力。（俱詳南洋圖說）又由緬甸之西北開阿薩密部，南洋之極東南有大島，曰澳大利亞，（又名新荷蘭）別有兩島，曰搦日倫敦，（又名新西蘭）皆英人新開之土。（另有圖說）此外則阿非利加之西界有獅山諸地，（詳阿非利加圖說）南亞墨利加有特墨拉拉諸地，（詳亞墨利加圖說）其餘所屬小島不可勝數。

按英吉利負嵎三島，不過西海一卷石，揆其幅員與閩廣之

此中国識
誌得者之而貴
在以此

臺灣瓊州相若、即使盡為沃土、而地力之產、能有幾何、其驟致富强、縱横於數萬里外者、由於西得亞墨利加、東得印度諸部也、亞墨利加一土孤懸宇内、亘古未通聲聞、英人於前明萬歷年間探得之、遂益萬里膏腴之土、驟致不貲之富、其地雖隔英倫萬里、而彼長於浮海、視如一葦之杭、迨南境為米利堅所割、所餘北境、雖廣莫而荒寒類中國之塞北、燕支既失、英國幾無顏色矣、五印度在中國西南、即所謂天竺佛國、英人於康熙年間在孟加拉購片土、造屋宇立埔頭、乾隆二十年滅孟加拉、乘勝蠶食印度諸部、諸部散弱不能抗、遂大半為其所役屬、其地產棉花、又產鴉片烟土、自中國盛行之後、利市十倍、英人所收稅餉、五印度居其大半、失之桑榆而收之東隅、抑何幸也、英人既得五印度、漸拓而東南印度

攫

中国不当
二庄落

海之東岸，遍設埔頭，阿喀剌、達歪，取之緬甸、麻喇甲、息力，（即新奇坡）易之荷蘭、小西洋，（即印度海）利權歸掌握者八九矣。再東則中國之南洋諸島國，惟呂宋屬西班牙，餘皆荷蘭埔頭，繁盛如噶羅巴，（即爪哇）衝要如馬尼剌，（即小呂宋）英人未嘗不心豔之，而他人我先，無由憑空攫取。然往來東道，以兩地為逆旅，西與荷不敢少迕也。澳大利一島，孤懸巽維，廣莫無垠，野番如獸，英人亦極意經營，欲收效於數十年數百年之後。至如亞非利加之獅山，（又名西爾拉里阿尼）辟荒穢而取材，南亞墨利加之特墨，踐塗泥而耕作。蓋四海之內，其帆檣無所不到，凡有土有人之處，無不睥睨相度，思朘削其精華，而目前之倚為外府，而張其國勢者，則在於五印度。其地在後藏西南，由水程至粵東不過兩三旬。蓋英人之屬地，久已近連矣。徽而論者止知其

本國以為在七萬里之外也

英吉利本國地形褊小、而生齒最繁、可耕之土、不足供食指之什一、北亞墨利加未分割之前、英民無業者、率西渡謀食、追米利堅割據之後、英所餘北境之土、寒、不可耕、雖得五印度廣土、而其地本有居人、並無曠土、英人流寓雖多、終不能反客為主、故汲汲於尋新地、近年得新荷蘭大島、誅鋤草萊流徙罪人於此、貧民無生業者、亦載往安插、移民於八萬里之外、其為生聚之謀、亦可謂勤且勞矣、

英吉利稅餉

英吉利歲入稅餉除還商民利息外每年約得二千餘萬兩所出亦二千餘萬兩本國額兵九萬印度英兵三萬土兵二十三萬謂之敘跛兵兵船大小六百餘隻火輪船百餘隻其兵水師衣青陸路衣紅重水師而輕陸路專恃鎗炮不工技擊刀劍之外無別械

歐羅巴人四州志載英吉利軍伍云額設水師戰艦百有五十甘彌孫百六十人管駕水師戰艦水師兵九萬人水手二萬二千英吉利陸路兵八萬一千二百七十一名阿細亞州内屬國兵丁萬有九千七百二十名魏默深謂此所述軍伍之數毫無夸張最可信蓋此書本夷字非翻成漢字者比也惟無養兵餉數是爲疏漏之大者今觀松龕中丞所紀竟有

餉、数而軍伍之數又不同、豈中丞所訪英人人各異詞歟存之以備叅考、他日或親見英人而叩之、

英吉利兵船式

英吉利兵船極大者安砲一百二十門次一百次九十次七十四次六十中等者安砲四十四次三十六次二十八小者安砲二十次十次六其船大者三桅長十五六丈次者二桅長約十丈船形平直兩舷高六七尺船腹入水深者三丈餘淺者兩丈餘小者丈餘包以銅片厚一二分防蠔蟲蝕船也船底有三龍骨正中者高三尺許平而直兩旁者相距尺許低於中龍骨尺許船底厚約七八寸表裏兩層故謂之夾板釘極密以銅為之長尺許舵甚小在中龍骨之尾長與中龍骨齊桅三節在根者圍約三尺餘長約十丈入船腹者三丈餘直抵龍骨在外者七丈餘中一節圍約尺餘長約二三丈上一節圍不及尺長止丈餘每節相接處有木架可坐數人持儀器審方向又可懸炮擊

遠帆分三幅以布為之卷舒極速繩索密如蛛網桅兩旁有繩梯用以登桅船首有桅長二三丈其勢斜立亦施篷以兜風謂之頭鼻砲位少者一層多者兩層至三層上一層在船面下兩層於船旁開砲洞人在船腹其船行大洋中不畏風浪其篷闊換靈巧能收八面之風惟入水過深最畏礁石一閣淺即立敗矣船料皆番木或黄色或赤黑色皆極堅紉船之内外時時拭滌皆極光澤繩索拭以油使其柔紉隔數日輒重拭之

英吉利砲式

俗傳西洋砲皆銅鑄非也、銅砲亦有之、而不如鐵砲之多、其鐵砲鎔鑄精凝、內外滑澤、形粗而短、三千觔者長纔五尺許、砲架不用輪、上下兩盤、施鐵條進退、左右拽之以繩、極其靈便、砲彈極圓滑、亦時時以油拭之、防綉澀也、每砲一門、兵六人司之、鳥鎗皆自來火、另有利刃長尺餘、以鞘插之於腰、敵迫不及放鎗、則套刃於鎗梢以當戟刺、

英吉利火輪船式

火輪船大者如三桅船，小者如兩桅船。船之後半上為水櫃，下列火門，或五或九。火門之內以柴燃煤。水櫃之上兩銅管，粗尺許，彎折而下至船底，承以兩木桶，高五六尺，圍七八尺。木桶之前又接以雙鐵管，曲折彎環達於輪軸（管內貯水銀，不知如何運用）。火燃水沸，熱氣從銅管入桶，桶蓋扇動，熱氣貫入雙鐵管，宛轉達於輪軸，以激動之。輪在船之兩旁，為鐵圈三層，橫施鐵板，略如南方灌田之水輪，外以木匣護之，望如半月。船面有大鐵筒，高二丈餘，出黑烟以透火氣；又小鐵筒一，高丈餘，出白蒸以透水氣。船將行，先燃火約兩三時，候水沸而開船。船內有銅尺二，施於兩柱，推之向前則輪前轉，推之向後則輪倒轉，推之依柱則輪不行。船之行也，輪激水如飛，瞬息不見，一晝夜約千餘里。船面立小桅二遇順風則施篷以助輪風不順則專用輪而不用篷船面設砲與夾板同惟船腹不開砲洞耳火輪船之製四五十年前始創為之先是歐羅巴諸國織布多用火輪機能者推廣其法遂造為火輪船近年米利堅又推廣其法造火輪車而鎔鐵為路以速其行亦可謂精能之至矣

英吉利性情文字

英吉利之人，身材長大，白皙，鬚髮與睛或黑色，或黃赤色。心計精密，作事堅忍，氣豪胆壯，為歐羅巴諸國之冠。其語音雜佛郎西、日耳曼。其文字用二十六字母（佛郎西用二十四字母，英益其二，餘二十四字母與佛同），或二三字合為一音，以漢字譯之，斷不能脗合也。舉國尚耶穌教，耶穌之書名為聖書，人藏一帙於懷袋。

英吉利服飾

英吉利官員常服之冠圓筩平頂窄簷燕居多用軟胎貼簷畧如中國之如意巾禮服之冠以黑羢為之厚一寸許頂如斧刃前後伸出長近二尺畧似中國之雨帽雖盛暑亦著此然入門即免冠不能久戴也武職有武功者頂上綴白羽數十莖貼身之衣束革帶外襲之衣長過膝用天青呢窄袖敞前襟文職領袖與袴皆以銀線盤作花紋武職兩肩掛銅獸面貴者以金下綴金線纓絡職大者獸面之下拖金絲繩長數尺綰結盤於獸面職卑者僅一肩掛獸面文職帶劍武職帶刀鞘皆用白鐵飾以金珠象牙鏤製絶精刃雪亮如敷汞柔可盤圍腰間伸之則直禮服之刀劍皆無鋩謂之太平刀武員革舄踵後有銅釘上屈長寸許

英吉利風俗

英吉利之俗，男女婚配，皆自擇定，然後告父母，至婚配之日，即蘇教師，誠以善言為之祈福，男以戒指約於女指，親賓送之，入房歡宴而散，其俗男女皆分父母之產，男不得娶妾，犯者流之七年，男恒聽命於女，舉國皆然。

英吉利禮制

英俗賓主相見以脫帽為恭各伸右手相握為禮除跪拜天帝救世主外見君王亦無叩頭之禮尊卑雜坐無上下左右之分每宴會合座先立起持杯祝君王壽頌以好詞一飲而盡然後輪流相敬敬是人則是人不飲內一人頌好詞致祝合座擊節呼贊之贊畢合座皆釂

余於咸豐辛酉夏于役燕臺海口晤英吉利領事官馬禮遜諸君見即脫帽握手答拜至彼館每以茶攙葡萄酒致敬以加非代茶而加非之中亦沃白糖坐次實不論上下左右

英吉利飲食

英俗早餐皆餅餌饅頭，沃以牛油，飲茶與加非，參以牛乳白糖。午飯謂之大餐，牛羊肉或燒或炙，飲葡萄酒，蔬菜不甚用，惟重荷蘭薯。

談瀛徵實卷四

懷甯方朔小東纂輯

謝清高論英吉利 海錄

英吉利國即紅毛番在佛朗機西南對海由散爹里向北少西行經呂宋佛朗機各境約二月方到海中獨峙周圍數千里民少而豪富房屋皆重樓疊閣急功尚利以海舶商賈為生涯海中有利之區咸欲爭之貿易者徧海內以明牙喇曼達喇薩孟買為外府民十五以上則供役於王六十以上始止又多養外國人為卒伍故國雖小而强兵十餘萬海外諸國多懼之海口埔頭名懶倫由口入舟行百餘里地名蘭倫國中一大市鎮也樓閣連亘林木葱鬱居人富庶匹於國都有大吏鎮之水極清甘河有三橋謂之三花橋橋各為法輪激水上行以大錫管接

注通流、藏于街巷道路之旁、人家用水俱無煩挑運、各以小銅管接於道旁、錫管藏於牆間、別用小法輪激之使注於器、王則計戶口而收其水稅、三橋分注三方、每日轉運一方、令人徧巡其方居民、命各取水、人家則各轉其銅管小法輪、水至自注於器、足三日用、則塞其管、一方徧則止其輪、水立涸、次日別轉一方、三日而徧、周而復始、其禁令甚嚴、無敢盜取者、亦海外奇觀也、國多娼妓、雖姦生子必育之、男女俱衣白、凶服則衣黑、武官俱服紅、女衣其長曳地、上窄下寬、腰間以帶緊束之、欲其纖也、帶頭以金為扣、兩肩以絲帶絡成花樣、縫於衣上、有盛宴則令年少美女盛服歌舞、宛轉輕捷、富貴家女人亦幼而習之、以為樂、軍法五人為伍、伍各有長、二十人則為一隊、號令嚴肅、無敢退縮、唯以連環鎗為主、其海艘出海貿易、遇覆舟必救、三板拯救得人則供其飲食資以盤費俾得各返其國否則有罰此其善政也其餘風俗大略與各西洋同土產金銀銅錫鉛鐵白鐵藤哆囉絨嗶嘰羽紗鐘表玻璃牙蘭米酒而無虎豹麋鹿

葉鍾進英吉利夷情記畧 寄味山房雜記

英吉利不見明史入本朝始通於中國考地圖在中國西北百餘度其國東西馬行約三日南北六日餘地散處各州島嶼與鄰國分市相距有數萬里者悉航海以通往來荷蘭在其東佛蘭西在東南俄羅斯在東北瑞國及米利堅在其西大西洋即葡萄亞在西南小西洋則在利未央之東其餘小國無算半環地中海統名曰歐羅巴州州人皆遵耶穌教耶穌生東漢時始知以三百六十五日為一年今稱一千八百三十幾年以中國冬至後三日為冬至十日為年節耶穌生有天受能通各國土音創教勸人為善後被惡人釘其體於十字架剖割以斃其徒號其教曰天主國酋初不信禁習頗嚴後與他國相攻不勝祈於其寺忽雲中現一十字架遂以十字架為先鋒克敵因大信

奉於是造禮拜寺供十字架自郡國至鄉閭在在皆有男女七日一禮拜無跪拜儀以除帽為大禮禮拜日停工作許嬉遊不知閏故不以月繫年即以禮拜期為數貴女賤男自王至民率一夫一婦無妾媵不分內外婦亦與人往還大約男以三十歲後女以二十歲後自相擇偶臨時議婚王則與鄰國世互婚嫁生子女成立後即分以業俾自治生故配合多以財產較亦有終身不嫁不娶者聽凡交遊至問其妻不及父母知俯育不知仰事交易鑄銀為錢大小不等以便市鬻死時須記貲財於簿或施入仁會或分交遊親戚子女咸無爭競三日除服不知祭祀鄉國以仁會貲立貧院幼院病院舉公正之人董理故通洲無鬻子女者亦禁蓄奴婢士農工商各世其業國立太學郡中學鄉小學延師以教讀字橫列不直行筆以鉛錐為之分科以

稼穡句上誤作爲　下閲看誤作閲看

習書醫士各有字彼此不相通曉商之子女皆習書算仕有土地世祿傳付長子農以稼穡爲士次果木收畜土地皆屬於王荒土呈官註籍往墾以三十年爲期滿則歸官出示招投各書願出價目封貯定期閲看多者得將價呈繳始聽耕作期未滿亦聽轉投已滿亦許接投以是無地稅屋有賦以架爲額高廣不計窓櫺外亦賦之賦有四一歸王一設巡邏兵分段瞭守一養聾自廢疾治兵再賦每男婦許各僱一人司爨役不有賦僱他國人賦倍之工分藝木石塑畫不許攙越能出一奇物得專利三十年他人學作有禁有測度家專看羅經行海商則自小歷風濤習操楫泅水居室以白石爲牆壁木爲梁棟高壘五六層以避賊次用磚下用土以白灰塈壁使極光明男短衣色尚青白冬呢夏羽居常以布毯單無棉夾裘大衣長其後兩幅愈

肯用命
误作背
恐当作误写
恐当作俾

貴愈長甚至丈餘者數人在後提挈以行稱為禮服富者以金線緣帽及領袖以自表女則珠玉錦繡為飾極其華艷男受女制凡食早則飲茶食乾餱午小食晡大餐牛羊雞鴨咸燒炙飫則麥麵飽後始飲酒食水果不以箸用刀叉起器用金銀玻璃為上尺曰碼每碼約中國二尺四五寸各國不一斤曰磅約十二兩零隨身帶筆簿遇異聞異事則記然諾以拉手為定亦登於簿無遺忘無翻悔遇軍事治稅賦於亞勒馬尼國選兵（即耶瑪尼國所謂紅面兵也）其人忠實背用命備宿衛置巡邏悉募於此各國皆然不以民也若在東印度各國用兵則在滿剌加招募（滿剌加恐當俾孟加臘）兵餉極厚每於禮拜下日關領一人需洋錢十元八元不等計一月人需銀二十餘兩蓋自有身賦與其酋也有官諳通行一州之地無奴婢故無責打罵詈亦無笞杖之刑有犯鐐銬

手足閉置暗室視輕重定期滿始釋甯者贖重者竄荒地役使開墾死罪以繩吊頸斃之大逆不道則有器如鼓狀內藏鋒刃納人置於通衢過者蹴使滚此為極刑凡傳召以竹竿為符節至即隨以行有深怨不解者各請證人至廣場架鳥鎗於肩約藥力所及背立發火互擊中不中皆息凡病死醫者不得其故則剖其臟腑頭顱考驗病之所在著書示後益以既死則無所惜此歐羅巴各夷情之大略也

其下云英吉利國前明始大自大西洋葡萄亞通中國乞得澳門以居置買茶葉大黃等物歸售各國各國慕之聞風踵至乾隆年間大開洋禁以粵東為市易所設洋商通事西南各國麕至惟俄羅斯船不許開艙蓋其國與我北方蒙古毘連向有榷場互易若再開東南市舶恐礙蒙古生計也至是澳夷始不得

仍來誤
作仍夷

獨擅其利。乃以澳門夷屋賃與各國居止。澳夷向有番差一人以約束理詞訟。司達一人治賦稅。英吉利既常來。遂於乾隆四十幾年間創立公司。公司者國中富人合本銀設公局。立二十四頭人理事。於粵設總理人。俗謂大班二班三班四班。外有茶師寫字醫生及各家子弟來學習者共數十人。每年七八月夷船到時。始至十三行夷館。許雇唐人買辦食用。年終事畢船歸。各夷仍往澳棲止。駕船者有船主。統管一舟人。有大二三四夥長。測星日看羅經量刻漏對洋圖以掌舵行舟。有寫字人登記數目出入。有醫生治疾病。有兵衛掌鎗礮。有水手管風帆。以及搭客等。初年每舟不下千餘人。牛羊犬馬皆備。至澳報同知衙門。派漁船引水入泊黃埔。洋商僱西瓜艑船駁貨出入。關海道日熟。遞次減少。今每舟不過三四百人。大西洋既不得專利。來船日少佛蘭西幅員濶人民衆然富者始飲茶貧者以炒豆代故船久不來荷蘭貲本薄無多船他如單鷹雙鷹黃旗等國間有至者惟英吉利公司商船最盛然所市皆非本國土産皆採買他國尤以萬達剌沙即東印度各國採買最衆易茶絲等貨以歸各國及俄羅斯西境皆就近至彼國轉販每年三四月間英國海船雲集其初不過數船近年增至大船二十隻益以小船其茶葉收賦極重約將中國買價又禁他人不得置即船主夥長等人置者到日交公司酌領價值由是富强日盛有大二三四等頭人以治政事其酋所居城名蘭墩跨海汊造橋上行車馬下過舟航富貴家皆有苑囿春秋佳日禮拜之期聽男女游玩夜則街巷遍懸油燈行者無庸燭其費出於仁會亦有詼諧雜劇夜始演作晝有禁恐妨工作也人性强悍好上人荷蘭

等國皆畏之推為盟主以時聘問數年一會各酋長至其國以申盟約讌遊累月方各登航以歸惟米利堅夷不與相下米利堅即中國所稱花旗者沃衍宜五穀周亦數千里人勤力作常以餘糧濟各國設十二酋長以理事一酋死復公舉之必衆服而後立故其人最重行誼無梗化無催科有軍事方治賦英夷常起兵攻之十餘年不能勝又禁穀麥不糶與英兵英兵益困各國力為和解始罷兵米夷常指英夷為山狗性如稍畏讓彼必追來一返身相向反曳尾而去故兵雖解終不往還也其在東印度各國採買亦設大班諸人遇有可乘隙即用大礮兵船占踞海口設夷目為監督以收出入稅先後得有孟剌甲新地坡新加坡等處即葛剌巴本荷蘭在前明所踞者英夷亦曾奪之近始仍歸荷蘭其用兵餉費出於公司各港所征稅公司得

酋長誤作奠長

收三十年期滿始歸其國王凡用兵只稟命而自備資粮以故到處窺伺所恃惟鎗礮礮子用生鐵鑄重者至三十斤故所向無不披靡至東印度皆回民仍各有奠長英夷雖據其海口亦未深入其內地其回夷貿易中國暗搭駕船亦需英夷測度以行故用英夷旗號名曰港腳嘉慶十一二年間有大班喇佛者約孟剌甲兵頭以兵船十艘窺伺安南為安南所燼無顏返國以所餘三艘順抵粤洋喇佛又與內奸說合欲占澳門不果喇佛不能回覆兵頭遂潛匿不出不能開艙此十三年秋冬間事也其兵頭竟趨澳占踞礮臺西夷僅保守大礮臺發稟告急時總督吳熊光巡撫孫玉庭調兵戒嚴飭澳門文武驅逐夷兵雖回船然不去也直待十四年春喇佛給與金銀帶歸以恤死難方回喇佛以此被革改用四班益華成為大班益議欲占澳時

惟伊不肯署名、嘉其有識也、喇佛旋以憂死於澳、益華成之後有大班吐丹東者、冀我大嶼山為居止、寄信回國求奇異物入貢、自粵趨天津口、天津鹽政以聞、奉准入都朝見、該夷使等不能行跪拜禮、　詔將貢物發還、即飭塩政護送回粵、此嘉慶二十二年秋事也、時總督蔣攸銛亦將就從事、不能如各國使臣儀、其初設公司、所來呢羽立股分售與洋商、總商有三股四股者、散商有兩股一股者、所買茶即以股分為則、其茶價照客價明加、每石有銀十兩八兩不等、名曰餉磅、以此重咲洋商收茶時用以上下其手、洋商媚夷者茶多溢額、如近年東裕行兩股呢羽交茶、適怡和四股之數、此明驗也、洋商中賢愚不一、每每互相傾軋、倘有泄外夷之短者、該夷公司必知、遇事挑斥、故洋商遇地方官詢以夷事、皆謬為不知、而中國用人行政、及大吏一舉一動彼夷翻無不周知聞嘉慶年間夷船到口、該大班等恭請紅牌來省館、詰朝穿大服佩刀劍到各洋行拜候稍有名望之商、必辭以事不見、俟其再來然後往答、迎送如禮、一惟洋商言是聽、邇年來船益多、銷茶益盛、洋商仰其厚潤、於是夷船將到、洋商托言照應過關、即出遠迎、又復常踞十三行之英夷、知漢字、能漢語、常矜其出入口稅餉、每年幾及百萬而澳夷貨來甚少、稅餉極微、翻得坐享澳門市易租賃之利、每欲效之遇班中人新來多方播弄、如道光七八年、於夷館前立大馬頭置圍牆柵欄、其地為對河居民來往渡口、稟控大憲屢禁不遵迨奉　廷寄巡撫朱桂楨親督拆毀、該夷又將來船碇泊零丁洋面、不入口開艙、以八事入稟、要挾、又糾各國夷隨聲附和、惟米利堅夷不從、回稱如我國有船至汝英國貿易、必遵如英國制度今來中國圖覔利耳、如無利、即請汝亦不來、何須喋喋也。維時各船主爭譟、向例到即開艙、起貨下貨、不過一二月、即開帆回。今久碇於外、不但貨物霉蒸、一船數百人食用何出。大班部樓頓庸懦無能、聽二三四班許供給各船食用、自七八月相持至下年正月。大班見不能了、潛附便舟而去。適洋商以所定茶不交、一年費用無出、再約齊至澳解說、始於是月十四五日入口開艙。三月初間、忽有火輪船自孟甲喇來、乃該港坐班及駐巡夷目專信申飭、令其作速開艙、毋悞一年貿易。火輪船者、中立銅柱、空其內、燒煤、上設機關、火焰上即自運動、兩旁悉以車輪自轉以行、每一晝夜可行千里、自該處至粵僅三十七日。據夷人云、道光初年始創造、不能裝貨、以通緊急書信而已、斯奇也。是年秋、夷船到、三班邊司大班事、益以肆、竟帶夷婦寓十三行出入必乘肩輿翻不許洋商乘轎入館種種故為干犯大憲怵以言遂架大礮於夷館兩旁設兵守護居民憤慍即他國夷亦謂　天朝懷柔過甚其肩輿乃東裕行司事謝治安所送被官拏究瘐死於獄嗣通事頭人蔡剛往諭蔡剛有膽識善語言厲聲辯詰始有畏意撤去兵礮夷婦仍不肯遽回蓋洋商於奉諭飭查時已具禀謂大班患病需人乳為引故帶以來俟稍愈即遣回澳故該夷得延抗也先是道光三四年間公司以緬甸西南必姑港土產甚盛發兵船占踞為緬酋所敗兵船來粤取餉碇零丁洋面本新安縣屬有兵上岸滋事用鳥鎗擊斃數人大憲責令洋商向大班索兇手據稱此係過往兵船未經入口非我能約束且帶兵人如中國官長我乃貿易民人豈敢往諭回覆適是時又有米利堅船載佛蘭西夷商在黃埔以砂斗擊

賣水果人落水死報驗船主將夷送出正法而新安數命迄無以償後聞其兵船不回國在外三年始歸該國仍革去職事以其不能約兵丁也近年該班等又欲於澳門寓館前立馬頭豎旗杆商之澳夷澳夷初答以此中國地方非我所主繼思英夷在省如此横行倘洋商迎合為之營幹朦准是澳為彼有矣次日向該班攺說此地乃中國畀我居住已數百年汝等來貿易暫賃以居現有十餘國在此如皆各立馬頭豎旗杆是此澳為汝各國之地矣該班妄念遂止澚旁高山西夷建一望海樓面零丁洋用大千里鏡遠觀可見數日後所到船並能認知何國旗號山後向有小路可上原許一切人登眺至是西夷不許該班登眺翻將山後小路鏈去大路設卡彼亦無如何時有英夷在葛剌巴犯事潛逃來粤原告蹤至控於澳夷目將該夷拏禁

驅逐誤
作驅遂

礮臺議罪、該班爲之緩頰不聽及令他夷往視又爲守者拒不得入、因相口角、一併拏禁諸班啞忍不能致辭、以上聞之通事頭人蔡剛、定非虛妄、然十四年間、英夷曾占踞礮臺、西夷僅得大礮臺以守、幸大吏親飭文武員弁驅遂、英夷始俯首而去、今此雖夷目裁抑、未嘗非藉中國威靈也、又各夷嘗頌中國之盛實無比倫、他港貿易貨物、每有售有不售者、至於置貨、更非經年累月不能集、惟粵港無論何貨、即壓船之石、已爛之鐵、及翦棄之碎呢片羽、一至即售、所置貨値數百萬、一二月即齊、立可開航、此雖繞大地一周、無此港口也、故英夷來船、皆有木榜橫列數十款、開係申戒之詞、蓋不獨彼國土產來此銷售、而茶葉大黃、實彼生命攸關、況彼國賦餉所出、時虞封港、故告戒嚴極、無如夷性好強、又貪三十年之專利、而聽積久盤踞奸夷之慫亂、以至屢行悖妄、苟非大憲鎮静待之、幾何不釀成事端也、近聞該公司之期久滿、後日富商不得續入、屢屢控爭、該國商貪其重利、日事因循、適以兵燹費重、加之在事頭目各懷己私、虧折支絀、再二三年、亦必散歇、公司一散、海疆可保永綏、蓋黨羽衆多、勢力始橫、善治者必先設法解散、而後易於制馭、公司之夷、適來橫甚、散後則各管各船、各自牟利、此為易制、然恐不知者翻以為憂、因備記之、俾見者知所去取焉、

又曰、澳門所謂新聞紙者、初出於意大里亞國、後各國皆出、遇事之新奇、及有關係者、皆許刻印、散售各國、無禁、苟當事留意探閱、亦可覘各國之情形、皆邊防所不可忽也、源按、公司散則易制、此語甚扼要領、不料十四年散後、粵督反行文英吉利、索其專派公司來粵、總司貿易、其來人即義律也、誤聽洋商簧惑之謀、遂啟邊防無涯之禍、惜哉、探閱新聞紙亦馭夷要策、

英吉利入貢舊案

乾隆五十八年、勅諭前一道、

皇帝勅諭英吉利國王知悉、咨爾國王、遠在重洋、傾心嚮化、特遣使恭賫表章、航海來廷、叩祝萬壽、並備進方物、用將忱悃、朕披閱表文、詞意肫懇、具見爾國王恭順之誠、深為嘉許、所有賫到表貢之正副使臣、念其奉使遠涉、推恩加禮、已令大臣帶其瞻覲、錫予筵宴、疊加賞賚、用示懷柔、其已回珠山之管船官役人等六百餘名、雖未來京、朕亦優加賞賜、俾得普沾恩惠、一視同仁、至爾國王表内懇請派一爾國之人住居天朝、照管爾國買賣一節、此則與天朝體制不合、斷不可行、向來西洋各國有願來天朝當差之人、原准其來京、但既來之後、即遵用天朝服色、安置堂内、永遠不准復回本國、此係天朝定制、想爾國王亦所知悉今爾國王欲求派一爾國之人住居京城既不能若來京當差之西洋人在京居住不歸本國又不可聽其往來常通信息寔為無益之事且天朝所管地方至為廣遠凡外藩使臣到京譯館供給行止出入俱有一定體制從無聽其自便之例今爾國若留人在京言語不通衣服殊制無地可以安置若必似來京當差之西洋人令其一例改易服飾天朝亦從不肯强人以所難設天朝欲差人常住爾國亦豈爾國所能遵行況西洋諸國甚多非止爾一國若俱似爾國王懇請派人來京豈能一一聽許是此事斷難行豈能因爾國王一人之請以致更張天朝百餘年法度若云爾國王為照料買賣起見則爾國人在澳門貿易非止一日原無不加恩視即如從前博爾都噶爾亞意達里等國屢次遣使來朝亦曾以照料貿易為請天朝鑒其

悃忱優加體䘏凡遇該國等貿易之事、無不照料周備前次廣東商人吴昭平有拖欠洋船價值銀兩者俱飭令該管總督由官庫内先行動支帑項代為清還、並將拖欠商人重治其罪想此事爾國亦聞知矣、外國又何必派人留京為此越例斷不可行之請、況留人在京、距澳門貿易處所幾及萬里、伊亦何能照料耶、若云仰慕天朝、欲其觀習教化、則天朝自有天朝禮法與爾國各不相同、爾國所留之人、即能習教爾國自有風俗制度、亦斷不能效法中國、即學會亦屬無用、天朝撫有四海、惟勵精圖治、辦理政務奇珍異寶、並不貴重、爾國王此次賫進各物、念其誠心遠獻、特諭該管衙門收納、其實天朝德威遠被萬國來王種種貴重之物、梯航畢集、無所不有、爾之正使等所親見然從不貴奇巧、並無更需爾國製辦物件、是爾國王所請派人留京一事。于天朝體制既屬不合。而于爾國亦殊覺無益。特此詳晰開示。遣令貢使等安程回國。爾國王惟當善體朕意。益勵款誠。永矢恭順。以保乂爾有邦。共享太平之福。除正副使臣以下各官及通事兵役人等正賞加賞各物件。另單賞給外。茲因爾國使臣歸國。特頒敕諭。並錫賚爾國王文綺珍物。具如常儀。加賜綵緞羅綺文玩器具諸珍。另有清單。王其祗受。悉朕眷懷。特此敕諭。

乾隆五十八年敕諭後一道。

皇帝敕諭英吉利國王知悉。爾國王遠慕聲教。嚮化維殷。遣使恭賫表貢。航海祝釐。朕鑒爾國王恭順之誠。令大臣帶領使臣等瞻覲。錫之筵宴。賚予駢蕃。業已頒給敕諭。賜爾國王文綺珍玩。用示懷柔。昨據爾使臣以爾國貿易之事稟請大臣等轉奏。

皆係更張定制、不便准行、向來西洋各國及爾國夷商赴天朝貿易、悉于嶴門互市、歷久相沿、已非一日、天朝物產豐盈、無所不有、原不藉外夷貨物以通有無、特因天朝所產茶葉磁器絲斤為西洋各國及爾國必需之物、是以加恩體卹、在澳門開設洋行、俾得日用有資、並沾餘潤、今爾國使臣于定例之外、多有陳乞、大乖仰體天朝加惠遠人撫育四夷之道、且天朝統馭萬國、一視同仁、即廣東貿易者亦不僅爾英吉利一國、若俱紛紛效尤、以難行之事妄行干瀆、豈能曲徇所請、念爾國僻居荒遠間隔重瀛、于天朝體制原未諳悉、是以命大臣等向爾使臣詳加開導、遣令回國、恐爾使臣等回國後稟達未能明晰、復將所請各條繕敕逐一曉諭、想能領悉、據爾使臣稱爾國貨船將來或到浙江寍波珠山、及天津廣東地方收泊交易一節、向來西洋各國前赴天朝地方貿易俱在澳門設有洋行收發各貨由來已久爾國亦一律遵行多年並無異語其浙江寧波直隸天津等海口均未設有洋行爾國船隻到彼亦無從銷賣貨物況該處並無通事不能諳曉爾國言語諸多未便除廣東嶴門地方仍准照舊交易外所有爾使臣懇請向浙江寧波珠山及直隸天津地方泊船貿易之處皆不可行又據爾使臣稱爾國買賣人要在天朝京城另立一行收貯貨物發賣倣照俄羅斯之例一節更斷不可行京城為萬方拱極之區體制森嚴法令整肅從無外藩人等在京城開設貨行之事爾國向在澳門交易亦因澳門與海口較近且係西洋各國聚會之處往來便益若于京城設行發貨爾國在京城西北地方相距遼遠運送貨物亦甚不便從前俄羅斯人在京城設館貿易因未立恰克圖以

前、不過暫行給屋居住、嗣因設立恰克圖以後俄羅斯在該處交易買賣、即不准在京城居住、亦已數十年、現在俄羅斯在恰克圖邊界交易、即與爾國在澳門交易相似、爾國現有澳門洋行發賣貨物、何必又欲在京城另立一行、天朝疆界嚴明、從不許外藩人等稍有越境攙雜、是爾欲在京城立行之事、必不可行、又據爾使臣稱欲求相近珠山地方小海島一處商人到彼即在該處停歇、以便收存貨物一節、爾國欲在珠山海島地方居住、原為發賣貨物而起、今珠山地方現無洋行、又無通事、爾國船隻已不在彼停泊、爾國要此海島地方亦屬無用、天朝尺土俱歸版籍、疆址森嚴、即島嶼沙洲亦必畫界分疆、各有專屬況外夷向化天朝交易貨物者亦不僅爾英吉利一國、若別國紛紛效尤、懇請賞給地方居住買賣之人、豈能各應所求、且天朝亦無此體制、此事尤不便准行、又據稱撥給附近廣東省城小地方一處居住爾國夷商、或准令嶴門居住之人出入自便一節、向來西洋各國夷商居住嶴門貿易、畫定住址地界、不得逾越尺寸、其赴洋行發貨夷商、亦不得擅入省城、原以杜民夷之爭論、立中外之大防、今欲于附近省城地方另撥一處給爾國夷商居住、已非西洋夷商歷來在嶴門定例、況西洋各國在廣東貿易多年、獲利豐厚、來者日衆、豈能一一給撥地方分住耶、至於夷商等出入往來、悉由地方官督率洋行商人隨時稽察、若竟毫無限制、恐內地夷人與爾國商人間有爭論、轉非體卹之意、核其事理、自應仍照定例、在嶴門居住方為妥善、又據稱英吉利夷商自廣東下嶴門由內河行走貨物、或不上稅、或少上稅一節、夷商貿易往來納稅皆有定則、西洋各國均屬相同、此時自不能因爾國船隻較多、征收稍有溢額、亦不便將爾國上稅之例、獨為減少、惟應照例公平抽收、與别國一體辦理、嗣後爾國夷商販貨赴粵門、仍當隨時照料、用示體卹、又據稱爾國船隻請照例上稅一節、粵海關征收船料向有定例、今既未便于他處海口設立交易、自應仍在粵海關按例納稅、毋庸另行曉諭、至于爾國所奉之天主教、原係西洋各國向奉之教、天朝自開闢以來、聖帝明王垂教創法、四方億兆率由有素、不敢惑于異說、即在京當差之西洋人等居住在堂、亦不准與中國人民交結、妄行傳教、尤屬不可、以上所諭各條、原因爾使臣之妄說、爾國王或未能深悉天朝體制、並非有意妄干、朕于入貢諸邦誠心向化者、無不加之體卹、用示懷柔、如有懇求之事、若于體制無妨、無不曲從所請、况爾國王僻處重洋、輸誠納貢、朕之錫予優加倍于他國今爾使臣所懇条條不但于天朝法制攸關即為爾國代謀亦俱無益難行之事茲再明白曉諭爾國王當仰體朕心永遠遵奉共亯太平之福若經此次詳諭後爾國王或悞聽爾臣下之言任從夷商將貨船駛至浙江天津地方欲求上岸交易天朝法制森嚴各處守土文武恪遵功令爾國船隻到彼該處文武必不肯令其停留定當立時驅逐出洋未免爾國夷商枉勞往返勿謂言之不預也其凜遵毋忽特此再諭

奏英夷貢表轉進摺乾隆六十年十二月粵督朱粵關舒奏

奏為英吉利國呈進　表貢奏明請　旨事據洋行商人蔡世文等稟稱據英吉利國大班披朗稱伊國王備具恭進大皇帝表文方物由本國夷船寄粵令伊面見總督關

部大人將表貢賫呈轉求代奏等語臣等當即傳見該大班
據將夷字正副表二件伊國自書漢字副表二件貢物一分
呈出臣等公同閱驗其漢字副表雖係中華自書而文理舛
錯難以句讀隨令通曉該國自書之通事將夷字副表與漢
字表核對另行譯出臣等核其文義緣該國王因前年貢使
進京仰蒙　皇上懷柔體卹　賞賚渥優不勝喜歡感
激是以備具表文土物呈進以表悃忱且聲明前年　天朝
差大將軍帶兵到的密地方伊國曾發兵相助此事在從前
貢使起身之後他們不曾得知是以未在　大皇帝前奏
明等語臣等詢問該大班的密是何地方據云在中華西北
地方與本國海道毗連等語是的密似即係廓爾喀地名其
所稱曾經發兵相助之語措詞極為恭順而又意存見好外

夷慕化輸誠益仰德威廣被惟是各國進貢向係專遣使臣
賫奏今該國並無貢使來粵止係該大班接到表貢求臣等
轉奏與例未符謹繕録貢單同原表三件恭摺奏呈　御
覽其貢物如准　賞收俟　命下臣等另行委員齎送京師
乾隆六十年譯出漢字夷表
英吉利國王雅治管佛蘭西並受倫等處地方呈　天朝
大皇帝我宗室議政大臣馬甘尼由　天朝京都回
到本國帶有　大皇帝書信所諭情由恩典我心中十分
感謝歡喜所差貢使進的禮物蒙　皇上賞收賫到
御賜各物當即拜領足感　大皇帝記念彼此雖隔重洋
但俱要望通國太平無事百姓安寍蒙　大皇帝諭稱凡
有我本國的人來中國貿易俱要公平恩待此是最大

天恩、雖　天朝百姓不能來我國貿易、若有來的、我亦要盡心一樣看待、我已分付在港脚等處地方官員、遇有天朝百姓兵丁人等、務要以朋友相待、從前　天朝差大將軍帶兵到的客地方、我國兵總亦曾相助、前貢使到京時、未得我們因都士丹地方音信、是以未曾將此事奏明、將來如有機會、亦可以表我的誠心、據貢使回稱　大皇帝萬壽康寍、並稱我將來年壽、仰託　鴻福、均同一樣、我心寔在歡喜感激、惟望中華同外國永久共沐　天恩、順具本國些須土物、伏乞　賞收、自英吉利國本都呈一千七百九十五年六月二十日、（按因都士丹即溫都斯坦譯音不同蓋言貢使未接印度兵總之信息也）

嘉慶九年譯出漢字夷表、

英吉利國王雅治管曖倫等處地方呈　天朝　大皇

帝、從前　太上皇帝恩威遠播、四海昇平、今　大皇
帝仁慈威武、天下太平、均同一德、凡有本國人來中國貿易
俱蒙一體公平恩待、我因　天朝百姓不能來我本國貿
易、我已分付在港脚等處地方官員、如與中國相連地方、遇
有　天朝百姓兵丁人等、務要加意相待、即遇有别項事
情要我出力、我亦十分歡喜効力、我與佛蘭西國前已修和、
因和之後、伊國强和無理、是以我今復與伊國戰爭、我本意
原欲和好無事、豈料伊國强横凌辱、致我不能忍受、又於海
口地方設立重兵、顯有歹意、我恐被伊國佔奪、無奈亦只得
設立重兵防守、並非意存好鬬、我雖然與伊國戰爭、仍可照
舊來中國貿易通好、並無阻碍、那佛蘭西國海口雖有重兵、
我已用兵船圍住、伊不能出口、此外又多派兵船護送、是以

我貿易船隻可保無虞又幸遇 大皇帝聖明即使佛蘭西國有着人到中國誑言疎間我國我想 大皇帝必不聽信再伊國不獨存心想占奪我國並欲占奪我之屬國伊國若兵力不能相敵伊必另設陰謀即伊國恃强設計我國均能設備提防可保無虞查該佛蘭西國內已亂了十三年佛蘭西老國王為人甚好竟被伊國人弒害深為可憫可恨如今伊國有一人做了國長存心無道意欲惑亂人心使通國之人不顧五倫不畏天地我想伊斷不能惑中國 大皇帝英明素著定然洞察其奸恭祝 大皇帝長享四海昇平之福具本國些須土物伏乞 大皇帝賞收自英吉利本都一千八百四年五月二十二日

粵督倭闕廷奏片稿 嘉慶九年十二月

兵船四隻誤作四集

查英吉利國王表內所稱與佛蘭西國爭鬥及佛蘭西國有
着人到中國謠言踈間等語查係嘉慶七年八月間有在澳
居住之夷目委黎多寄信與在京居住之西洋人索德超言
英吉利國有大戰船六隻近澳門停泊恐有覬覦澳門情事
轉呈管理西洋人大臣蘇楞額具奏欽奉　諭旨查詢經
前督臣吉查明英吉利國護貨兵船均已陸續回國其在澳
門外灣泊時並未滋事因該國向來恃強住澳夷人是以驚
疑等情奏蒙　聖鑒在案今該國王表文所稱謠言踈間
之語自係指前事而言本年該國亦有護送貨物兵船四集
來廣隨即護送貨船回國並無絲毫滋事且貿易夷船英吉
利國貨物最細較別國買賣殷厚該國夷目夷商均稱恭順
臣等窺測其隱因與佛蘭西釁觸相爭恐為離間有妨貿易

故於表内特陳其事、密詢洋商潘致祥等、亦僉稱委係此意、該二國僻居東北海外、去粵東甚遥、斷無虞别滋事端等語、似屬可信、可以仰慰聖廑、

粵督那關延覆奏（嘉慶十年三月）

奏為英吉利國呈進表貢接奉廷寄、恭摺覆奏事、伏查外洋各國夷商俱無兵船、惟英吉利國貨船有兵護送、而該國商船亦無兵船、惟其國王貨船始有兵船四隻護送、其兵船在虎門外、交易後隨同貨船回國、不准少有逗遛、臣等亦派有兵役防送、其餘各夷國貨船内均有礮火器械、自資防範、於例原准携帶、至該國原表稱歡喜効力等語、隱躍其詞、自係聞洋面盜賊不靖、或需伊等出力之意、查夷人不過沾沾計利、即如上年澳門夷目、顧備兵船二隻帮同師船出洋緝

捕。臣廷即以體制不符，且不能得力，與倭議以後停止夷船協捕。於本年正月會奏在案。而此二隻洋船迄今無踪，亦實無遭風失事等事。細揣其情形，不過藉協捕為名，可以免此二船出入納稅。而英吉利國自亦得聞此事，希冀効尤，免稅。又恐澳門夷船出力有功，或待彼國冷淡，其意不過如此。至各該國夷船，船隻既大，多載礮火，向來洋盗俱不敢搶刦。澳門等要處又有師船巡防，不致少有疎失，可以無廑

聖念。

嘉慶二十一年七月奉

上諭：此次英吉利國貢使到天津時，謝筵不遵禮節，至通州已稱叩跪必能如儀。迨至御園，朕將次陞殿，正副使臣俱託病不能瞻覲，是以降旨即日遣回。但念該使臣雖有失禮之愆，該國

小荷包二個
小荷包八個
……一誤

王萬里重洋奉表納貢其意至為恭順未便絕之已甚轉失字小之意因將該國王貢品內擇其至輕微者地理圖四張畫像二張銅板印畫九十五張加恩賞收仍賞給該國王白玉如意一枝翡翠玉朝珠一盤大荷包二對小荷包二個交該貢使領賫回國以示厚往薄來之意該貢使等領到賞件極為欣感亦頗形悔怯現已自通州起行俟到粵後著蔣攸銛等仍照例給予筵宴一次並諭以爾等福分淺薄已至宮門不能瞻仰天顏大皇帝憐念爾國王慕化輸誠仍酌收貢件並賞爾國王貴重品物爾等應感激天恩迅速回國俾爾國王敬悉恩意其未收貢件均妥為照料上船勿令損失俟曉諭之後該貢使等復將未收貢物懇乞賞收總以業經奉有明旨不敢瀆請正言拒絕

敕諭英吉利國王知悉爾國遠在重洋輸誠慕化前於乾隆五

曾遣时
航时字
衍误

豈宫改异
旨字错
宫字应是司字

十八年　先朝　高宗純皇帝御極時曾遣時航海來
庭維時爾國使恪恭成禮不愆于儀用能仰承
覲筵宴　錫賚便蕃本年爾國王復遣使賫奉表章備進
方物朕念爾國王篤於恭順深為愉悅循考舊典爰飭有司俟
爾國使臣至日瞻覲宴賚悉倣　先朝之禮舉行爾使臣始
達天津朕飭派官吏在彼賜宴詎爾使臣於謝宴時即不遵禮
節朕以遠國小臣未嫻儀度可從矜恕特命大臣於爾使臣將
次抵京之時告以乾隆五十八年爾使臣行禮悉跪叩如儀此
次豈宮改異爾使臣面告我大臣以臨期遵行跪叩不致愆儀
我大臣據以入奏朕乃降旨於七月初七日令爾使臣瞻覲初
八日於正大光明殿賜宴頒賞再於同樂園賜食初九日陛辭
並於是日賜遊萬壽山十一日在太和門頒賞再赴禮部筵宴

副使入見の誤作人

十二日遣行、其行禮日期儀節、代大臣俱以告知爾使臣矣、初七日瞻覲之期、使臣已至宮門、朕將御殿、爾正使忽稱急病不能動履、朕以正使猝病、事或有之、因祇令副使人見、乃副使二人亦同稱患病、其為無禮、莫此之甚、朕不加深責、即日遣令歸國、爾使臣既未瞻覲、則爾國王表文亦不便進呈、仍由爾使臣賫回、但念爾國王数萬里外、奉表納賮、爾使臣不能敬恭將事、代達悃忱、乃爾使臣之咎、爾國王恭順之心、朕實鑒之、特將貢物內地理圖畫像山水人像收納、嘉爾誠心、即同全收、並賜爾國王白玉如意一柄、翡翠玉朝珠一盤、大荷包兩對、小荷包八箇、以示懷柔至爾國、距中華遥遠、遣使遠涉、良非易事、且來使於中國禮儀不能諳習、重勞唇舌、非所樂聞、天朝不寶遠物、凡爾國奇巧之器、亦不視為珍器、爾國王其輯和爾人民、慎固爾

疆土無間遠邇朕實嘉之嗣後無庸遣使遠來徒煩跋涉但能傾心效順不必歲時來朝始稱向化也俾爾永遵故茲敕諭

趙翼外番借地互市論云海外諸番與中國市易必欲得一屯駐之所以便收泊明初暹羅占城爪哇琉球浡泥諸國皆在廣州互市正德中移於高州電白縣嘉靖中始移香山之壕鏡歲輸課二萬金即今澳門也佛郎機人因得混入其中後佛郎機併呂宋滿剌加二國勢力獨强諸國人之在濠鏡者皆畏之遂為其所專據築城建寺焉大西洋人來亦樂居此故市易益廣今番人皆立家室長子孫不下數千家從無不軌之謀蓋其志在市易取利無別意也然海外諸番不一壕鏡所居大約只數國之人而他國不與焉故往往各欲乞地以為永業如嘉靖中林道乾遁於臺灣後去而荷蘭人即

據之。萬歷中荷蘭人又賄稅使高寀，求築城於澎湖。都司沈有容往諭之，始去。其在臺灣者，亦為鄭芝龍所逐。芝龍降後，荷蘭又據之。鄭成功又奪其地。本朝取臺灣後，始不復為外番所佔。可見諸番互市，必欲得一屯泊之所也。近日英吉利國遣使入貢，乞於甯波之珠山，及天津等處僦地築室，永為互市之地。皇上以廣東既有澳門，聽諸番屯泊，不得更設市於他處，所以防微銷萌者至深遠矣。

歐巴有一羅
字君

蕭令裕記英吉利 道光十二年

英吉利一名諳厄利、一名英機黎、一名英圭黎、在粵東貿易曰英吉利、蓋對音翻譯無定字也、自古未通中國、明天啟時、始有聞、據職方外紀 本荷蘭臣屬、後漸富強、與荷蘭搆兵、遂稱敵國、舟車聞見録 國在歐巴之西、其王所居曰蘭墩、東西廣而南北狹、周數千里、歐羅巴者、明泰西利瑪竇所稱五大洲之一也 聖祖仁皇帝謂中國西洋俱在赤道北四十度內、海洋行船、中國論更次、西洋論度數、自彼國南行八十度至大浪山、始復北行入廣東界、東華録 又謂西洋至中土有陸路可通、為鄂羅斯諸國所遮、改由中路而行者是矣、天時寒暖與北方諸國略同、地多田少、駕馬以耕、多種豆麥、國俗急功尚利、以海賈為生、凡海口埔頭有利之地、咸欲爭之、於是精修船礮、所向加兵、其極西之墨利

加邊地與佛蘭西爭戰屢年始得又若西南洋之印度及南洋
瀕海諸市埠與南海中島嶼向為西洋各國所據者英夷皆以
兵爭之而分其利乾隆末已雄海外嘉慶中益强大凡所奪之
地曰徹第缸曰茫咕嚕曰唵門曰舊柔佛曰麻六甲此二地今
為新嘉坡此皆南洋瀕海之市埠也曰新埠曰亞英曰舊港國
之文都曰蘇門達拉曰彼古達里曰美洛居曰葛留巴此皆海
中島嶼也曰孟呀剌曰孟買曰曼達喇薩曰馬喇他曰盎几里
曰即肚此皆印度之地也分兵鎮守歲收其貢稅若唐時西突
厥之於西域回鶻之於奚契丹各有吐屯監使之官以督其征
賦焉惟大海之海曰印度海唐天竺國居葱嶺南幅員三萬里
分東西南北中五天竺南天竺瀕海北天竺距雪山東天竺際
海與扶南林邑接西天竺與罽賓波斯接中天竺在西天竺之

加額誤作如

會都城曰茶錞和羅城、英夷在粵自稱轄天竺國五印度地、其東印度之來粵懋遷者、又名為港腳國。即卿肚也粵人知港腳不知即東印度也、印度與後藏緬甸相鄰、距英吉利之本國絕遠、而奉其命令惟謹、若新埠沃野五百里新嘉坡與麻六甲相連、廣袤二千數百里則海道順風至廣東之老萬山或六七日程、或十餘日云、英吉利人高準碧眼、髮黃紅色、多拳生、婚嫁聽女自擇、女主貲財夫無妾媵、自國王以下莫不重女而輕男、相見率免冠為禮、至敬則以手如額、雖見王亦植立不跪、西洋國皆奉天主耶穌教、故紀年託始於漢之元壽二年、英吉利荷蘭諸國、均稱一千八百餘年、蓋其地在歐羅巴仍大西洋之例也、顧世傳英吉利闢天主教、海國聞見錄今麻六呷所嘉坡所刊書多尊信耶穌、殆屬藩之地、本非英吉利部落、仍其舊俗故有紛岐、抑濡染日久其王亦從而和之耶、英吉利字體旁行斜上、相傳為馬邏可所遺用二十六字母、諧聲比附以成、謂之拉丁字、亦謂之拉體納、今欽天監有書拉體納字人粵海關選送大抵各國畧同、而英吉利商粵久、效慕華風、多通漢文書漢字、蓋自順治來欽天監用西洋歷法、西土如湯若望南懷仁之屬、皆入仕於　朝、百數十年漸染同文之治矣、考舊檔乾隆二十四年廣督李侍堯奏夷商於內地土音官話無不通曉即漢字文義亦能明晰嘉慶中廣州府知府楊健詳定英吉利國夷稟許用漢字麻六甲者、明史之滿剌加也、不知何年建華夷書院、凡英夷學漢字者居之、又於新嘉坡建堅夏書院、凡彌利堅夷學漢字者居之、經史子集備聚其中、才秀者入院漸業、以閩粵人為導師、月刊書一種、謂之每月統紀傳、或錄古語、或記鄰藩、或述新聞、或論天度地球、詞義不甚可曉、而每月皆有市價篇取入口出口各貨分別等差而詳其價目焉、蓋善價市爭分

銖誤作珠

珠而王之俸餉經費一皆於此取辦尤所措意也凡他國互市皆船商自主獨英吉利統於大班名曰公司其國中殷富咸入貲居貨雖王亦然歲終會計收其餘羨公司限三十年期滿續三十年近聞來粤之大班多所乾没國人咸怨限滿將散公司矣粤中採訪民十五以上役於王六十免役養他國人為兵印度最强軍法五人為伍伍各有長二十人為一隊戰艦適百勝兵十餘萬號令嚴整無敢退縮據海録或謂番船在洋日與海波上下一履平地即蹣跚無主又或謂夷以布縛兩髈屈伸不便所曳革履尤蹇於步夷登陸則技窮然廣州商胡出遊登山亦殊趫捷涉淺水則一縱即過此所目驗也且夷性沉鷙多巧思所製鐘表儀器中土所重而船礮尤至精利船以鐵力木厚一二尺者為之底皆二重大者三十餘丈寬六七丈入水出水均二丈

有奇入水之處用銅包不畏海水鹹爛其帮檣灌以松脂桐油堅硬若鐵船面四平大者三桅小者兩桅前後左右俱有横桅以掛帆帆用白布上濶下尖望如垂天之雲隨風增減一帆無慮千百緪番人理之皆有緒以前兩帆開門使風自前入觸於後帆則風折而前雖逆風亦可戧駛每桅間置二盤為望斗可容二三十人分作三節每節横一杆帆自杆下掛多則九帆少或四帆也艙由面梯而下一艙一梯大者三艙次者二艙小者一艙艙皆以牕眼為礟眼平時上嵌玻瓈三艙之船安大礟八十餘門其下尚有二艙貯礟子什物及牛羊淡水也上船容千人中者數百惟商船艙大而礟少皆有柁師歴師其轉柁用柁輪而不用柁壓輪有銅有木輪之前置兩羅經罩以玻瓈蔽風雨桅間復有一經羅三針相對而後行登桅照千里鏡見遠舟如豆則不

二三十斤
十字误
疑應字

及若大如拇指即繢長其桅而楔之益左右帆而追之數百里之遥一時許達矣以上據粵中採訪及定海縣志澳門紀略大礮重五六千斤輕者二三十斤或以銅或以精鐵鳥銃有長鎗有短鎗有連環鎗發時多自來火自來火者小石如豆度函外鐵牙摩戛則火激而銃發澳門紀畧大礮門子四十餘斤小亦二十餘斤每一發火崩石摧山又其發時以銃尺量之測遠鏡度之無不奇中其船頭有車輪銅礮約重一千餘斤拉以皮革隨勢低昂自云陸路亦可用之國中本產牙硝又有倭磺粵人謂之苎黄製以杵和以沙藤灰迅利猛烈藥力乃倍既發復裝再接再厲澳門紀畧及粵中採訪坤與外紀熱爾馬尼國有大銃能於二刻間連發四十次恐涉於夸然亦可見其概矣英吉利恃其船礮漸橫海上識者每以為憂顧其人素貧無遠畧所併海外諸國遣官鎮守取其貨稅而

倒奴
誤

已非有綱紀制度為保世滋大之計漢書謂匈奴貪尚樂關市嗜漢財物英吉利正其倫比誠如漢之廟畧通關市不絕以中之則鶩馬戀豆棧即窮廬買於城郭擅罽美於章紱古所云匈奴安於所習心不樂漢是亦無窺中國者英夷亦殆有然矣然必中國馭以誠信無相侵漁番船交易斯百年無虞詐若關市譏征例外求索或以細故與為計較蠻夷桀驁挺險易動則不可知也或謂英吉利專販鴉片以蠱中國鴉片流行自嘉慶十年以後其人精勤織作商粵東已數十年呢羽罽布之貨走天下初非全資於鴉片故中土之人無吸食彼亦莫能為也或又謂船礮之精中國無難仿效明史外國傳正德中副使汪鋐進佛郎機火器（即佛蘭西）小者二十斤遠可六百步大者七十斤遠可五六里凡塞上墩臺城堡悉置此礮然將士不善用此則存乎

涖訛作泣

其人也、今英吉利銅礮大至數千斤、無機括運用轉恐將以資敵、是在講求用器之人、與行軍之紀律、尤制禦之要云、

又康熙二十三年臺灣平議開海禁、於是設榷關四、於廣東澳門、福建漳州府、浙江寍波府、江南雲臺山、署吏以泣之、姜宸英湛園集

寍波在宋元明三朝均置市舶司、海外諸番莫不習知其地、顧設關時、舟山尚未置縣、康熙二十七年設定海縣今夷人知舟山不知定海也商船出入寍波、往還百四十里、水急礁多、往往回帆徑去、英吉利時名英圭黎、往來於澳門廈門、復北泊寍波之舟山、監督寍波海關屢請移關定海、部議不許、三十七年監督張聖詔以定海澳門寬廣、水勢平緩、堪容外番大舶、亦通各省貿易、請捐建衙署以就商船、當歲增稅銀壹萬餘兩、　詔可、乃於定海城外道頭之西、建紅毛館一區、安置夾板船之水梢、此英吉利番船來定海

之始也、其入粤貿遷、據舟車聞見録、以為雍正十二年、今考之定海縣志則來粤已先、顧粤關通市久、官吏多所求索、洋商通事規費漸增、雍正中廣東巡撫楊文乾等、節次清釐、奏報充餉、名曰改正歸公、乃歸公未幾、規費又漸如故、轉多一歸公正餉、由是所取無藝、夷商知浙稅較粤為輕、而浙之商販牙行又爭相招致、乾隆二十年、英吉利夷船收定海港、總商喀喇生通事洪任輝、船商華茵殊、請於寧紹台道、歇餉定海、運貨寧波、其明年復來數船、二十二年、閩督廣督上言、浙關正稅、視粤關則例酌擬加征一倍、部議從之、得　旨洋船向收廣東口、粤海關稽察征稅、浙省寧波不過偶年一至、今奸牙勾結漁利、之寧波者甚多、番舶雲集、日久留住、又成一粤之澳門矣、海疆重地、民風土俗、均有關係、是以更定章程、視粤稍重、俾洋商無所利而不來以示限制意初不在增稅也今戶部則例浙海關稅則未加當由番船未至故不加收俄而英吉利洪任輝等必欲赴寗波開港既不得請自海道駕船直入天津仍乞通市寗波並訐粵關陋弊二十四年七月命福州將軍新等來粵按驗訶勒有狀監督李永標家人七十三等擬罪如律代作訟呈之劉亞匾以教誘主唆伏法夷商洪任輝　上命押往澳門圈禁三年滿日釋逐回國於是粵關規費又復裁改歸公總督李侍堯奏防範外夷五事一曰禁夷商在省住冬二曰夷人到粵令寓居洋行管束三曰禁借外夷貲本並僱倩漢人役使四曰禁外夷僱人傳信息五曰夷船收泊黃埔撥營員彈壓皆報可二十六年英吉利船來粵携夷官公班衙番文懇釋洪任輝疆吏飭駁二十七年九月三年屆滿釋夷囚洪任輝交大班附船載回兩廣總督照會英吉利國王收管

而華民
誤作西
華民

約束每任潛入內地、英吉利來粵商夷、由是知所歛戢矣、然英吉利諸番本聚香山之澳門、自去澳門移泊番禺之黃埔、有鉛塌而無夷樓、獨以澳門屬大西洋聽回易哥斯達諸島常鞅鞅生覬覦心、澳門前明所謂濠鏡也、嘉慶中佛郎機得寓居焉、久之為西洋所據、歷　國朝不改、歲輸租銀五百於香山面華民之錯居澳地者澳夷徵租不啻倍蓰、澳船額二十五、雍正中來奏定澳止輸船鈔、貨則聽入夷樓、有買者為出稅、非若英吉利諸夷商船貨並稅之比、澳夷挈家定居長子孫澳地、得以自主、英夷或索逋未清、下澳押冬、住冬者曰押冬必監督給照、逗遛則驅之歸國、押冬夷賃廡澳門、又須交租西洋之司達、西洋官名自二十四年後至乾隆之末閱三十餘年、向之海關規費、所謂裁改歸公者、又復强取如故、或加甚焉、在廣州夷商尤大以為不便、故其艷羨澳門窺得寍波之隱意迄未已也、乾隆五十七年九月、英吉利夷船入粵、以其王雅治命稟陳督府前年　大皇帝八旬萬壽、未申祝釐、遣使臣馬戛爾尼將由天津入貢、廣督奏聞、五十八年六月一日、貢舟自浙江定海洋北行、使臣馬戛爾尼息黨東都、同行者四舟、大舟長三十二丈、濶五丈五尺、吃水五丈五尺、三桅三蓬、大桅約十三丈、圍一丈一尺、頭桅約十二丈、圍一丈、後桅約八丈、圍六尺、安鐵礮四十二、銅礮三十二、鳥鎗腰刀各六百餘、柁水兵役六百餘、小舟長十丈、濶二丈二尺、雙桅雙蓬、鐵礮四、水梢十四、其年七月抵都、後獻見事畢、使臣出其王表請留一人居京師理貿易事、　高宗以都城距澳門將萬里、何由顧及懋遷、且語言服制全殊、事不可行、特　勅諭其王止之、使臣復言請於浙江寍波珠山、珠舟音近珠山即舟山也暨直隸天津、維舟通市、並依俄羅斯故事、於都門別立一行交易、仍給附近珠山一小島附近廣東省城一小地、俾有定居、或令澳門寓居之夷得出入自便、又自廣州城下澳貨物由內河行走、或不稅、或少稅、

上以寧波天津無通事洋行交易未便、且俄羅斯自立恰克圖以後、久不在京寄寓、都下為萬方拱極之區、豈容外藩開設行店、若夷商抵廣、例不得入省城、以杜民夷之爭論、立中外之大防、今欲居珠山海島並廣東附近省城地、華夷參錯、尤不可行、其諸番出入往來、亦應地方有司督洋行隨時稽察、不得全無限制、至貿易納稅、皆有定則、不能以其國夷船多、使稅則獨為減少、所請均屬格礙、使諭使臣於　朝、並作

勅告戒其王、九月三日、貢使回國時先乘貢舟已還泊定海、

上令使臣由內河至定海放洋、軍機大臣戶部侍郎松筠

遠夷嚮慕
比貢使誤作北

伴押實行貢使於路要求請寓寧波市茶絲各物松筠爲奏懇免稅既而到杭州以行李從人上定海貢舟使臣仍請道内河達廣　上降意從之飭松筠回京　改命兩廣總督長齡督帶過嶺十一月十七日貢使抵粵十二月七日乘貢舟返國先是　上以遠夷嚮慕誠款可嘉使人之來　燕賚優渥北貢使越分干請罔知大體既未遂所求虞有勾結煽誘開邊釁或回至澳門誘他國夷商壟斷牟利　特簡重臣護行計以兵力彈壓所過提鎮陳兵接護　聖慮周詳無微不至以故諭旨覆奏多用六百里馳遞大票牌單朝夕絡繹顧英吉利藉貢陳丐雖未渠包藏叵測較夷酋洪仁輝益多非望其本謀在立馬頭減關稅如西洋澳門事例不必欲舟山未嘗不意望舟山　宸令宣照陰相制馭未訟言其效尤澳門之隱然

已大沮夷氣矣五十九年　上念英夷貪狡恐日久生心復
以所頒國王　勅諭二道宣示兩廣總督入於交代俾後來
者知所從焉英吉利既貢之三年為乾隆六十年初貢使將歸
有　旨許其再來欵貢是歲在粵之大班波朗上事國主備
貢物交商船寄粤請代進署兩廣總督朱珪譯其副表以前年
貢使入都　賞賚優渥藉表悃忱又言　天朝大將軍前
年督兵至的密英國曾發兵應援所謂的密者在中土西北與
英吉利海道毘連蓋即廓爾喀也大將軍者大學士公福康安
也五十七年福康安用兵西藏英國自表其誠以明效順奏入
勅書賜賚如例嘉慶七年春英吉利來兵船六泊雞頸洋
淹留數月有窺澳門意協辦大學士兩廣總督吉慶飭洋商宣
諭回國以是年六月去去之曰特遣其夷陳謝謂佛蘭西欲侵

澳門故輙舉兵來護也詭言請勿輕信意將以掩其迹也會西洋人索德超等居京師者言於工部侍郎管西洋堂大臣蘇楞額 上聞馳詢吉慶以英夷開帆日奏事遂寢以上均兩廣總督署舊檔

十年英吉利國王雅治復遣其酋多林文獻方物仍附商船來粤總督倭什布譯漢表云佛蘭西與之搆兵播謠中國以間我蓋指七年來粤六兵船之事恐為佛蘭西中傷妨其通市故也復云遇有事情要我出力我亦喜歡効力云云時海洋不靖澳門之西洋夷目請備兵船二協剿海賊當事者以無借助外番理巽詞拒之至是英吉利來護貨兵船四泊虎門外意將以入洋捕盜故以効力為言 上命賫貢入京按例頒賞並以澳門已近內地倘有刦掠貽笑遠人 諭新任總督那彥成整飭戎備其護貨兵船申畫疆界勿令逾越後三年而有度路利

之事、

又嘉慶十三年秋七月、英吉利來廵船三、曰家賫曰拉曰簡敦家賫船番梢七百、拉船番梢二百、簡敦船番梢一百、他鎗礮劍刀火弾稱是故事英吉利護貨兵船例泊十字門外其年貨船未至即紿言護貨既而兵頭度路利揚言法蘭西侵據西洋國主遷於亞美利加洲、英吉利與西洋世好慮佛蘭西入澳滋擾因以兵力來助其實英夷敗于安南覆其七艘、故以餘艘抵粤駐粤大班喇佛乃唆令占澳門為補牢計、澳夷不敢校也、然英夷懼中國不從亦未敢顯言據澳兩廣總督吳熊光飭洋商於大班俾兵船旦夕回帆度路利不聽議登岸入澳定居、澳夷理事官委黎多服從詭云國主有書許令安置八月二日、以二百人入三巴寺、一百人入龍鬆廟、以二百人踞東望洋、一百人踞

入字疑
誤入告

西望洋其在三巴寺者十二日復移於西洋市樓澳民驚怖紛紛逃匿熊光與監督常顯會諭洋商挾大班赴澳慰遣督不肯行十六日乃下令封艙禁貿易斷買辦移駐澳左翼碣石二鎮師船五十紅單船三十六自虎門晉省防護方還延集議間而英吉利復續來兵船入每船番梢六七百泊雞頸九洲洋虎頭門者在東莞縣為中路海洋進口要隘也左翼鎮駐兵於此建礮臺馬頭守禦單弱未可以抗夷船九月一日遂駛三兵船入虎門進泊黃埔越三日總督飛章入　告撤香山虎門兵回營自衛二十三日度路利率其兵目十餘夷兵四十水梢二百自黃埔乘三板船三十餘直抵會城入館寄寓二十六日又載三板船十餘以禁斷買辦為名云至十三行公司夷館取其素所儲蓄碣石總兵黃飛鵬方統師船駐省河飛礮擊之斃夷兵

一傷夷兵三始懼而退顧其已入夷館者自若也初封艙令下大班請還累年夷帳載所已市茶出口或退茶洋行而價銀息銀全償監督常顯嚴詞飭駁續來貿易夷船皆泊零丁洋停其帶引入埔會英吉利祖家所謂歐羅巴之本國也至船主一人以封艙懟大班曰犯中國而絕市雖得澳門不如已時兵總統船十餘徵餉於來粵之商船每一船銀數萬圓大班已不支先時夷船七月抵廣換貨後十月即回帆至是泊澳外數月貨不得起各國夷商亦咸怨十月十日前奏回奉抗延劉辦之　諭旨各路官軍雲集二千六百名距澳門八里之關閘二十里之前山寨復留重兵防守英夷大恐慮其貿易之停也始議遷賄澳夷約以番銀六十萬圓犒軍澳夷輸欵英吉利之兵總悅大班乃具狀歸誠請給買辦復開艙以入埔入澳夷兵陸續回歸國熊光許焉

十一月七日、英夷兵船起椗出洋、十一日復開艙驗貨、上以熊光辦理遲緩、又未親莅澳門、耀兵威、雖開艙在夷兵既退之後、而許其開艙、則在夷兵未退之先、嚴旨切責、下部議奪職、代者永保、卒於途、特簡百齡為兩廣總督、十四年三月抵任、承命確核英夷來去之由、受事第二日、馳赴澳門詢訪、盡得英夷覬覦實情、遂劾熊光示弱失體、畏葸有狀、上震怒、下熊光於獄、論戍伊犁、調任巡撫孫玉庭以諱匿不陳、並勒回籍、鎮廣之將軍都統等均罷所支鹽菜口粮銀三萬二千二百、熊光責償二萬、玉庭責償一萬一千一百、是役也、英吉利來船十一、淹留三四月之久、蠻帆颷忽、烽及會城、於時人心駭怖、寢息不安、而市井無賴之子、號召徒衆十餘、露刃張拳、伺夷兵一動即刦掠城外、巨室素封之家、屏息待盡、熊光恇怯不知所出、一切惟玉庭部署、顧粤東水師實未足以當捕擊、其調虎門兵回營自衛尤失策方是時蔡牽朱濆之餘孽蹂躪海上無虛日、外洋商船頻肆擄鈔、遇夷船則不敢動、一夷船之利、足抵十商船、而卒無相侵奪者、自知其力不足以制也、水師不能禦艇匪、而艇匪乃深畏夷船、故夷船之入虎門晋省河、水師林立相顧動色而已、賴英吉利貪賈市、雖涎澳門、於中國未有釁谿壑已盈、逡巡遂去、而英夷亦旋革大班之職、以圖占澳門非國王意也、是歲前山寨設遊擊守備水師千總各一、把總外委額外外委各二、募馬步兵四百、分左右哨為前山營、一把總率兵六十、防關閘汛、關閘外里許之望廈村、並派弁兵協防、其虎門亭步汛之新埔山添建礮臺以壯聲援、蕉門之海口、排釘椿木沉石其中以杜繞虎門進獅子洋之路、層疊鈐東、捎春扼吭、蓋

皆為控制英夷故也、次年改左翼與總兵設水師提督、統五營額兵四千五百餘、鎮虎門、以上均舊檔及粵中採訪

又嘉慶二十一年夏五月、英吉利夷官加拉威禮來粵、由洋商遞番字稟函、譯云、英國太子攝政已歷四年、感念　純皇帝恩德、仰慕　大皇帝仁聖、於上年九月遣使起程來獻方物、仍循乾隆五十八年貢道、由海洋舟山一路至天津赴都請見、懇總督先奏、時兩廣總督蔣攸銛方入朝、廣東巡撫董教增權總督事、許夷官晉見、以上檔冊故事粵督撫大吏見暹邏諸國貢使于堂皇、貢使皆拜伏如陪臣禮、加拉威禮不肯、迫洋商白總督議相見之儀、往復再四、教增不得已許之、其日署兩廣總督廣州將軍左右副都統粵海關監督畢集、大陳儀衛、坐節堂、加拉威禮挾通事上謁、免冠致敬、通事為達其意、如稟函言、教增離

座起立問英吉利國王好復坐乃詢貢使行日程途允為入告加拉威禮徑出此即前所議相見之儀也當教增立詢時將軍以下皆振衣起副都統張永清獨據案坐不少動意殊拂然以上採訪教增奏入俄而貢使羅而美副貢使馬禮遜乘貢舟五已達天津六月　上命戶部尚書和世泰工部尚書蘇楞額往天津率長蘆鹽政廣惠料理貢使來京一晝夜馳至圓明園車奔石路顛簸不堪又貢使衣裝輜車皆落後未至請朝　上升殿受朝會正貢使已病副貢使言衣車未至無朝服何以成禮和世泰恐以辦理不善獲譴遂飾奏兩貢使皆病　上怒却其貢不納遣廣惠伴押使臣回粵逾日事上聞　上始譴和世泰而酌收貢物復　賜其國王珍玩數事以答遠忱云初粵人貪紅毛番之財橫索欺凌又長吏縉紳夷夏之辨太嚴持

天津誤作天涪

之過急而視之甚卑一買辦一僕使皆官為制置尺寸不能踰越夷性獷悍深苦禁令之束縛粵海關之官商吏胥于歸公規費之外又復强取如故或加甚焉英吉利積不能平故欲改圖請互市于寧波天涪又幾倖如俄羅斯國留居京師蓋不甘受侮將自表異於諸藩也既三修職貢未如所望而舉兵來澳門又不得逞十五年大班喇佛等乃稟訴於廣東巡撫韓崶其畧曰始時洋商行用減少與夷無大損益今行用日黟致壞遠人貿遷如棉花一項每石價銀八兩行用二錢四分連稅銀約四錢耳茲棉花進口三倍於前行用亦多至三倍每擔約銀二兩即二十倍矣他貨稱是是洋行費用皆由祖家貿易攤還其何以堪巡撫韓崶咨總督監督飭布政司核議久之竟寢不行所謂行用者始時每兩奏抽三分以給洋商之辛工也繼而軍需

出其中、貢價出其中各商攤還夷債亦出其中、遂分内用外用名目、此外尚有官吏之誅求與遊閒之款接則亦皆出於入口出口長落之貨價、以故夷利漸薄、而觖望彌深至是仍思藉貢輸忱、以布　恩澤、顧其貢表失辭抗若敵體復鋪張攻伐佛蘭西戰功、有要挾意、又值理藩院諸臣迓接不如儀、　上故疑其使人之慢、絶不與通、羅爾美等既出都、　上始知不盡貢使之罪也、復　降諭　錫賚、追至良鄉及之、仍　勅諭其王、交兩廣總督俟貢使至粵頒發、以上檔冊　睿廟懷柔之意、度越千古矣、十一月二日、英吉利貢使抵粵、讌賚如常、仍免其歸舟茶稅、十二月四日、貢使放洋回國、溯行兩廣總督蔣攸銛宴使臣於海幢寺、曉之曰、　大皇帝不寶異物、後可勿勞貢獻、如必欲入貢、廣東為爾國貿易之所、貢舟應收泊廣東毋徑赴天津，致馭回。使臣唯唯。攸銛復曰：爾國通市廣州，于今百年，凡爾之俸餉經費，一惟於市取辦，市之貲每歲以數千萬計，其利溥矣。中國之裨益於爾尤大矣。繼今以往，宜効順毋自悞。使臣應聲曰：凡市中國，與本國兩利，毋徒為我計也。以上採訪

是歲設天津水師，置總兵官，未幾復省。

新嘉坡人英吉利論畧

英吉利國乃海中二方嶼也其南大島曰倫墩國北島曰蘇各蘭國兩國其名英吉利又有小島稱為倚耳蘭鼎足環峙道光二十二年英夷在江寗與當事議欵其文書曰英國之以耳蘭墩云云蓋其兵帥濮定渣乃以耳蘭墩人也南及英海峽隔佛蘭西國北及大北海西至大西洋海東距荷蘭國不遠英島延袤二十六萬一千方里戶千有五百萬口耳蘭島延袤九萬六千方里戶七百萬口本國雖褊小而除本國外所割據他洲之藩屬國甚多若地中海島則有十四萬戶口若亞非利加海濱新地則有二十五萬三千戶口若五印度各藩屬則有八千四萬口在北亞墨利加接花旗國地則有百五十萬口并其洲東羣島白黑居民八十二萬口別有新荷蘭島當中國南洋萬餘里人戶歲歲增益此等屬國互相離遠無陸可通惟以

舟船聯絡本國生齒殷繁歲有幾萬離家開墾新地建邑造船故其人散布天下無論何埠皆有英商貿易其人肌膚白髮則自黄白紅黎各色皆具中多有紅毛故以紅毛稱之剪髮留短其瞳睛或藍或綜或黑其女美艷聞四海男四時衣呢戴氊内襯汗衫外罩背心短衫内外二褲冬則外套長袍足躡皮靴女衣用綢緞及各洋布隨風俗依時式百變千式首戴大帽面掛薄帕身衣長衫三四重最好潔首飾珠寶不計價值歸必購各國之珍以貽女奩民日三餐早飲茶加菲等暨麵包餅餌牛乳油午後大餐牛羊雞豚魚菜惟荷蘭薯甲乎各國居宅高廣數層壁飾精麗牆貼華紙板鋪花氊戶垂帷帳周懸山水之圖庭民惟拜天主盡絶道釋不奉異神其教有二一日洗禮一日聖餐城邑鄉里各派教主每七日一禮拜老幼男女聚集殷堂唱

詩讚美教主耶穌之德祈福懺罪而後聽教教主尊若官府英國近北海故甚寒其天氣不定今日晴霽明日霧霾夏暑而不熱水果佳甚國有良馬綿羊其毛以造呢羽獵犬以捕野牲國內約計馬百二十五萬隻牛驢五百五十萬隻田二百有七萬三千頃有麥無米不贍於食必由外國運至山多石炭錫鐵銅百貨皆來自外國國中無論男女皆習文藝能詩畫兼工刺繡婚姻必男女自願然後告諸父母不用媒妁惟拜教主祈上帝壻則以戒指插新婦之指即為夫婦因上帝原初止造一男一女故不能娶二婦亦不許出妻多有男終身不娶女終身不嫁者父母產業男女均分不能男多女少嫁則壻受其貲焉倘違禁娶兩女者其罪流國人相接除帽示敬尊坐卑立惟跪拜上帝即見國王亦不拜也英人有三品一曰五爵二曰紳士三曰

庶民五爵惟其長子世襲其餘皆爲紳士不論何等人皆可供職其教士之長大者等於五爵下者如中國塾師必學三四國語音通經能文精歷法明測驗推步然後可以教人其醫皆有考試考中方許治病其訟師學法律亦有考試畫師畫山水林泉及塑像皆以逼眞爲貴不似中國白描寫意虛多實少農夫共計九十七萬八千有餘戶田地瘠磽故設奇器引水以溉之園以籬笆有似園圃英人最好花園果林五爵皆有獵場冬月則蓋煖室內排各種蔬菓樹及遠方異種草木溫養發芽故故四時常有異果名花機房織造不用手足其機動以火烟可代人力以羊毛與棉花紡成洋布大呢羽毛皆自然敏速道光十八年所製出絲綢布帛銅器百貨計價銀三百萬兩有餘綿布計銀萬有二千四百萬兩綿線計銀二千七百六十萬兩鐵

多一故字

條與鐵器計銀九百四十萬兩、麻布計銀九百六十萬兩、羽呢等貨計銀千有三百八十萬兩、共計一年運出之貨價銀二萬一千六百四十萬有餘兩、而國內所用貨物不在此數、皆務工勤商早夜經營之致、由人烟稠密、戶口繁滋、田園不足於耕、故工匠百有三十五萬戶、多於農夫三之一、不止貿易一國一地乃與天下萬國通商也、所運進廣州府之貨物、如海菜沙血蝎洋蜡檳榔海參燕窩氷片血珀阿魏息香牛黃烏木紅銅珊瑚瑪瑙綿花綿紗兒茶青石火石象牙犀角白米魚翅魚肚檳榔膏玻璃器錫鉛鐵鋼沒藥乳香胡椒蘇木木香紅木檀香沙藤自鳴鐘時辰表大呢羽緞嗶嘰小絨洋布花布手巾、所有運出者、茶葉湖絲綢緞手巾紫花布夏布翦絨縐紗紋布花幔綵絹繡綃牙器銀器漆器雲母草蓆磁器白礬笠竹棚砂樟腦桂皮桂油桂子硬飯頭銅萡雄黃牛膠膙黃澄茄紙墨鉛粉麝香大黃白糖冰糖糖果薑黃銀硃等貨、一年間所出入之貨價值不下銀二千二百萬員、而鴉片不在此數。除　大清國貿易外尚有與花旗列國貿易之貨、在道光十六年、共價銀三千六百萬兩、其外國貨運入本國海口者相仿、所用商船大小萬有四千五百餘隻、水手十四萬八千名、道光十七年、外國船到英國埠頭者、大小七千四百餘隻、每年所納稅餉共計銀六千六百萬兩、按此數不可信、考上文每年貨價出入不過數千萬、稅餉不過稅其十一、安有竟與價貨銀數相埒之理、是爲夸誕不情其廣推貿易之法、有火輪船、航河駛海不待風水、又造轣轆路用火車、往來一時可行百有八十里、虞船貨之存失不定、則又約人擔保之設、使其船平安抵岸、每銀百兩給保價三四圓即如擔保一船二萬銀、則預出銀八百員、船不幸沉淪、則保人給償船主銀二萬兩其通國行寶爲金每金三兩分作銀價二十二塊其銀再分銅錢兼用銀票錢鈔楮幣與金銀同價當中國漢朝時英民猶未向化游獵林中值羅馬國兵來侵降服大半按羅馬國亦作羅汶國即意大里亞也東國野族蜂起攻擊士人逃匿山林英地盡爲各國所據漸奉耶穌教始知風化宋朝年間有鄰部那耳曼者渡海力據英境强役土民不及二百年兩族合成一國勤勞速興當明之季英百姓盡崇正教通文字自棄舊俗權勢益增民人敢作敢爲兵船出巡四海屢拒退外國之兵且文藝大興博覽經典法術武藝不可勝數但其語音與漢語大不同其言長切字多正字少只二十六字母是以讀書容易數日間即可學之故此學者無不通習文藝如國史天文地理算法不曉者則不齒於人目前王后國主年尚少聰慧英敏衆民悅服

貴臣共十二人、為管國大臣、審辦大臣、持璽大臣、戶部大臣、內國務宰相、外國務宰相、管印度國務尚書、水師部大臣、貿易部大臣、兵部大臣、此外尚有議士協辦大臣等、皆理政事者也、設有大事會議、各抒己見、其國中尊貴者曰五爵、如中國之公侯伯子男、為會議之主、且城邑居民、各選忠義之士一二赴京會議、國主若欲征稅納餉、則必紳士允從、倘紳士不允、即不得令國民納錢糧、若紳士執私見、則暫散其會、而別擇賢士、如有按時變通之事、則庶民擇其要者、敬稟五爵鄉紳之會、大眾可則可之、大眾否則否之、每年稅餉田賦入國帑者共銀萬一千一百萬兩、除國用外、所餘不及百萬兩、若越於此數、則減稅餉、國之欠項、共銀二十三萬六千七百萬兩有餘、每年利息、八千八百二十四萬有餘、施及閭閻每年銀二千五百萬兩、利息及施濟兩項銀

艦誤作鑑

数皆不近情不足信其銀乃各屋主良民所捐，又教師抽國產十分之一，每年銀共四百萬兩，弁兵十九萬丁，此據地里志及新聞紙数目原本作九十萬非誕即謬此外另募於五印度國若干萬丁，以鎮守邊境。水師兵船大小六百有十隻，水手四萬名。中有大鑑每隻載大礮百有二十，或一百或九十或七十四或六十門，其中等者或四十四或二十八門，其小者或二十或十或六門也。自嘉慶十九年，西方列國大臣會議結和戢兵，以後兵船惟巡海護貨而已。

魏源英吉利小記 道光二十一年

英吉利，在荷蘭佛郎機兩國西界，斗入海中，西南北三面皆大海，惟東面近陸，亦隔海港，東西長千六百里，南北橫廣六七百里，略肖中國臺灣瓊州形勢，本歐羅巴洲之小國也。國中產豆麥少稻，不給於食，皆仰給鄰國，以瀕海專事貿易，故舩礮講求至精，與荷蘭佛郎機相等，於是凡商船所至之國，視其守禦不嚴者，輒以兵壓其境，破其城，或降服為屬藩，或奪踞為分國。若西海之亞默利加邊地，若西南海之亞非利加邊地，之甲城，之孟邁之孟搭拉，皆其屬藩；若南海之新嘉坡，之新埠，之美洛居，之三佛齊，皆其分島也。其所屬之國地，往往大於英吉利，其海道或距本國十餘日，或一二月，三四月，五六月，皆築城據其險要，駐兵防守，設官收稅，其中間以他國土地，不相聯屬，全以兵

共五測
候作其

船往來聯絡之國中無地丁錢糧凡兵餉官祿皆取給於關稅本國海口其五關凡貨出洋回國者值番銀千圓之貨上稅五十圓每年計二百五十餘萬其各屬國之關稅則隨處支用報銷不解回本國每年計千二百餘萬而孟搭拉地居六百萬孟邁地居三四百萬以鴉片煙土惟產二國孟搭拉產大土孟邁產小土其行銷中國最廣故其稅最多餘各屬國合計每年不過二百餘萬而已英吉利不產鴉片亦不食鴉片而坐亯鴉片煙之利富强甲西域養兵十有九萬每兵歲餉番銀七十二圓武官以火器考試入伍月俸多者番銀三百圓次二百六十圓以次遞減其每月俸番銀二千五百圓者六人千五百者三十餘人今在舟山之伯麥即月俸二千五百布爾利月俸千有五百一如中國之將軍一如中國之總兵也文官則皆無論大小

皆先納貲而後試之、得官後不能稱職、乃黜降之、國都地名倫墩、距海口二百里、有河通海、河廣、三十丈、王宮皆在城外、示守在四方之意、若環以城垣、則四方不畏服以為示弱、其山後為舊王宮、山前而建者為新王宮、舊宮方四里、為朝賀之所、新宮甫營四十餘年、方二里、為遊幸之所、左隔河為城、距宮十五里城外為太醫院、醫官數十、國中就醫者以千計、右三十里則先王之墓在焉、河橋五道、河中多火輪舟、過橋則倒其桅而過、火輪舟行最速、所以通文報、蓋王宮依山阻水、山上有礮臺、以師兵為營衛、故不必城中而後固也、英吉利與荷蘭佛蘭西其髮皆卷而黴紅、不薙不髻不辮、惟翦留寸餘、不使長、其長髮者惟婦人耳、故中國以紅毛呼之、佛蘭西即佛郎機、與荷蘭呂宋皆英吉利之鄰國、富強亞之、未嘗為所滅、惟東南海中有葛留巴洲、方數千里、荷蘭據之、名新荷蘭、又有洲方千餘里、呂宋據之、名小呂宋、曾為英吉利所爭、分其稅餉、旋亦不果、然距西洋之荷蘭呂宋祖國水程四月有餘、而華人妄謂荷蘭呂宋滅於英吉利云、西洋國皆奉天主教、故其紀年以天主耶穌生於如德亞當漢哀帝元壽二年庚申為託始、今英吉利闢天主教不供十字架、而其書稱一千八百四十年九月二十日、即道光二十年八月二十五日者、以舊為歐羅巴屬國、猶隨歐羅巴之稱也、其國所宗教主曰葛尼、其神名曰巴底行、距今千有六百二十六年、神有鬚髮、一為立而合掌仰天之像、一為跪而合掌仰天之像、在家人奉之、亦有佛像、曰巴底利、出家僧供之、僧尼緇衣大袖無髮、以三月九日祭先、無木主、惟入廟誦經追薦而已、尊卑相見、重則免冠、輕則以手加額而擴之、皆立不跪、惟祭神乃跪，亦無拜禮，嫁娶擇配皆女自主之，如男女有成議，則及期會親族入巴底行廟，男女皆跽神前，僧為誦經，問男問女願否，皆以願對，則與二燭各執其一，男授女，女授男，而吹熄之，復聽誦經畢而歸男家。女束髮左右各為小辮而挽之，畧如總角，尚細腰，故帶束甚固，衣長袍而腰襋百結，兩袖臂間亦各細襀如腰襀之狀。國中女子之權勝於男子，富貴貧賤皆一妻無妾，妻死乃得繼娶，雖國王亦止一妃，女官有姙者，生子亦歸正嫡，止可謂私幸，不得有嬪妾名號，其子亦不得稱庶母也。今國王乃女主，名域多喇，年二十有一，登位二載餘，前所贅夫已死，去冬復贅所屬鄰國之二王子為壻。其國名乍密，在海中，距英利國都五百里。王子名雅那博，年與女主同，左右侍從皆宮女，無男子，每臨朝聽政，二王子亦坐女主之後，國中宗室大臣皆坐而議政、凡國王臨朝、手執金鑲象牙杖、羣臣進謁、屈一膝、以手執國王手而嗅之、是為其國中見君父最敬之禮、初前王名烏連沒後無子、有一姪、而不及姪女之才、故遺命以國傳姪女、他日女主有子傳子、有女傳女、如女子俱無、則大臣公擇親族中有才者嗣位、今女主生母尚在、此道光二十年秋、浙江寧波府獲白夷安突德所供也、道光十九年正月初八日子時、女王與色西哥麥國俄達王之子阿爾墨成婚於羅壓爾先占土廟內行禮、鄰國哈那注國王執柯、其鄰近國王之姑姊亦有特來觀禮者、各官議送王子禮銀三十萬棒、每棒五員、凡百五十萬員、宮中女官第一等八人、曰麻左尼土者三、曰加隱底士者五、皆各承行一大部落之事、蓋英國舊分七大部落、并鄰部塞循而八也、其次等女官十五、有人名、無官名、殆專理王宮事歟、一等女官每人俸銀三千五百圓，次等千五百圓。王宮女官俸銀共四萬一千五百圓。此皆見於澳門月報者。其女王之出，戴金絲冠，四面綴珠，身衣紅色多羅呢長袍，或羽毛為之，胸前繫金珠為飾。出則乘車，或乘大馬，上用平鞍，後有倚背，左右有扶欄。從騎則皆跨鞍，以此別等威。國人見王不跪，惟免冠手拔額毛數莖投地為敬。其國人白肌猫睛高鼻，類在京之俄羅斯，而髮拳黃，故稱紅毛，亦有肌白而髮黑者，不貴也。其在粵在浙，皆有馬禮遜，乃官名，非人名。初奉佛教，後奉天主教，淨髭鬚。此臺灣擒獲白夷顛林等所供者。初二十年，欽差大臣伊里布視師寗波時，源為友人邀至軍中，親詢夷俘安突德，爰錄梗概，而旁采他聞以附其後。

臺灣進呈英夷圖說疏　總兵達洪阿　兵備道姚瑩

道光二十二年四月初六日奉　上諭據達洪阿姚瑩馳奏遵旨嚴訊夷供一摺覽奏均悉昨據奏稱逆夷復犯臺灣經該總兵等生擒白夷十八人紅夷一人黑夷三十人漢奸五名該逆夷中必有洞悉夷情之人究竟該國地方周圍幾許所屬國共有若干其最為強大不受該國統屬者共有若干又英吉利至回疆各部有無旱路可通平素有無往來俄羅斯是否接壤有無貿易相通此次遣來各偽官除僕鼎查係該國王所授此外各偽官是否授自國王抑由帶兵之人派調著達洪阿等逐層密訊譯取明確供詞據寔具奏毋任諱匿欽此查二次獲紅夷頭目顛林夥長律比及漢奸黃舟等前經臣等提訊供情業同起獲夷書圖信具奏其前奏所未及者謹督同各委員復提

顛林等逐層隅別究詰據供該國王城地名蘭鄰在大地極西北隅海中其國本不甚大王城東西南北周六十里後枕大山其名哀鄰近蘭鄰之西海中一地名埃倫自王城東南陸行半日許即登海舟南行十五晝夜至彌叅喇更南五十晝夜至急卜碌轉東北行五十晝夜至望邁再自望邁東行二十五晝夜至新地坡其地東北即安南更東行七晝夜即至廣東復三晝夜而至浙江凡一百五十餘日極順風一百二三十日夜亦可至不順風亦有遲至半年以上者蘭鄰外自西北而西南更轉東北而至廣東海中所屬島二十六處皆其埠頭多他國地據為貿易聚集之所一曰埃倫二曰彌叅喇三曰急時煙士四曰那古士哥沙五曰間拿達六曰的賒士七曰散達連八曰金山九曰士嬌亞十曰急卜碌十一日馬利加時架十二日馬哩詢

十三日息賒厘、十四日士葛達喇、十五日煙、十六日望邁、十七曰士郎、十八日袜達喇沙、十九日孟呀喇即孟加剌、二十日磨面、二十一日梹榔嶼、二十二日馬叻格、二十三日新地坡、二十四日路士倫、二十五日班地文、二十六日璞士參厘耶、以上諸島皆英吉利埠頭、設官主之、海中相去或一二千里、數千里不等、遥相聯絡、諸島左右復有别島、或自為國、或有荷蘭别國埠頭、非其所屬、亦有不能詳者、前供實叻即息辣同望結仔二處皆荷蘭埠頭、因荷蘭亦有紅毛之稱、同一貿易、故併雇用其黑夷、非英屬也、吽勝油者、黑夷之通稱、即華言無來由也、西海諸國最强大而為英吉利所畏者、一曰米利堅、華言稱為花旗、在的賒士之西、二曰佛蘭西、皆地土大於英吉利、而船礟如之、亦好貿易、與荷蘭黄祈大西洋俱在廣東通市、頗恭順、佛蘭西船少近年來至此其海路之情形也其陸路自蘭鄰外並無土地東北東南隅海之國甚多顛林所知者曰士祿國羅委國叻倫國顛麥一名黃祈國付卑厘國達地厘國皆在其東北土壤相接北即北海氷厚二三丈極寒人不敢往又有荷蘭國拿達倫國米利堅國佛蘭西國大西洋國鴉沙爾國布路沙國記利時國埃地利國大呂宋國的記國皆在其東南國亦相接問以俄羅斯及回部皆茫然不知惟隅荷蘭黃祈之東有羅沙國又東南有北叻思國似即俄羅斯地而字音別也荷蘭黃祈二國最近英吉利隅海相距一千二百里諸國皆不相統屬荷蘭頗為英吉利欺凌每倚佛蘭西為援則與英吉利固外好而陰忌之未必聽英吉利越其國而與俄羅斯貿易此英吉利以東隅海諸國之情形也其王現為女主議政之大臣曰馬倫侍其在浙

江之統帥人名沙連彌僕鼎查其官為比利尼布顛第依彌一切兵聽其調派其次主兵官為贊你留其人名沙有哥哈即吧噶又主船政官為押米畏其人名沙外蔗巴加即思啞勅力巴敦時僕鼎查係一等官年得俸銀一萬圓以下分等遞減其在厦門者官為善用勒彌沙人名時莪又稱士勿乃主船政之官其在廣東之香港者文官為馬厘士列即馬禮遜其人名贊臣武官為善用哈沙其人名禮亞時皆授自國王而聽命於僕鼎查又有甲畢丹亦主船政又稱急敦亦授自國王或有自貴官授之而報名於王者凡三桅大船黑夷以六頭目管之一正五副二桅中船黑夷頭目三人一正二副小船黑夷頭目二人一正一副正頭目夷言沙冷副頭目夷言燉低此次大小夷船百餘隻實在兵船連火輪船七八十隻內多即貿易之舟配以夷

共仍誤作其何

官改作兵船其兵皆黑夷雇自各島其約四五萬人每月工資番銀二三員至十員不等至同來兵船見顛林被獲是否逃回浙江抑往廣東無從追問臣等伏思逆夷兵船半即商舟人衆數萬月費工資數十萬金夷酋俸銀夷衆口糧軍裝火藥月費亦數萬金船本貨本又數百萬計犯順已逾二年費亦不下二千萬夷以貨財為命今閉關其貨不行所在私售無多價亦大減主客異形逆夷雖富何能久支僕鼎查始冀為義律故智思得所欲及不可得且人船喪失所耗益多其情勢必繼飢而撲食乃更揚言繼師大舉竊恐其衆將離未必復能久持也然賊窮必有變計臣等防守不可不益加嚴其餘各條皆如前供地名人名翻譯殊難漢人或通其語而不通其文顛林能畫乃令圖其國所屬及各國形勢惟東北旱路伊所未至又回部絕遠

故不得其詳，漢奸五人中惟鄭阿二最通夷語，黄舟能漢字，乃使鄭阿二傳顛林之言，以廣東土音翻譯出之，間有誤者，顛林似亦覺之，而每指正其誤，更使律比等觀所繪圖點首察其情形，言似可信。謹遵

旨覆奏，并將圖說進呈

御覽。

为疑作又为

英吉利地圖說 兵備道姚瑩進呈

英吉利國又稱英機黎、或作膺乞黎氏、通稱紅毛、在大海極西北隅、四面皆海、其國都名蘭鄰、北枕大山、名哀鄰、隅海而南、與荷蘭佛蘭西大呂宋鄰近、相去皆千餘里、又有米利堅在其西南海中、相距約萬餘里、國皆强大不相統屬、惟大呂宋稍弱、近中國之屬島名小呂宋者、人為英吉利所據不能爭、近七十年英吉利謂其地少利、呂宋始以金贖回、荷蘭亦常為英吉利侵凌、倚佛蘭西為援、佛蘭西大於英吉利也、然佛蘭西人不善經商、今廣東貿易之夷、自大西洋外有英吉利米利堅荷蘭黄祈佛蘭西諸國、惟英吉利船較多、常年六十七艘、諸國無公司、獨英吉利有之、公司者其國王自以本錢貿易、故名、諸國至廣東十三行商公建樓屋居之、如客寓、諸夷商去來無定、非如大西

土 他本作煙士

洋之常住澳門也、英吉利通商廣東、自云二百餘年矣、英吉利王城東西南北周六十里、東南城外車行半日即海、本國雖不甚大、人精巧善製器械、以其强黠脅制海中小國、皆爲屬島、自王城稍西海中一島名埃倫、又南爲彌爹喇、王城至此舟行十五晝夜、彌爹喇之西北一島名急時煙土、又西北爲那古士哥沙、又西南爲間拿達、皆其所轄、彌爹剌之西南隔海一大洲名米利堅、即華言花旗國之北境也、其北至南境陸也、大於英吉利數倍、船礮如之、英吉利入中國、必由其海面、故畏之、而據米利堅東之一小島名的賒土、設埠頭、又於的賒土隔海相對一高山名散達連、亦設一埠頭、又於散達連之東名金山、設一埠頭、三處相望、聲勢犄角、義律即的賒土人也、自散達連而南爲土嬌亞、自金山而南爲急卜碌、即海國聞見錄所云呷也、蓋海中大地西南一角之盡處由猠爹喇至急卜碌舟行五十日夜皆自西而南自此以後則舟行轉向東北初為麻利加時架更東北為麻里詢又東北為息賒厘又北為士葛達刺又北為煙其東為望邁自急卜碌至望邁舟行五十日夜更自望邁而南為士郎又東北為秣達刺沙北為孟呀喇即孟加剌又東南為磨面又南為檳榔嶼一名新埠又東為麻那格即明史所云麻六甲也前明本滿剌加國為佛郎機所滅後歸荷蘭英吉利有地在其南名孟姑倫與荷蘭互易而有之乃於其地之西新開檳榔嶼為大埠頭又東為新地坡自急卜碌至此本皆黑夷地而英吉利據之總稱咩勝油華言無來由是也自望邁至新地坡舟行二十五日夜其東北即近安南更舟行向東七日夜即廣東明史西洋利瑪竇言其國至中國九萬里英吉利又在其

北海道可知矣、馬里詢之極南又有路士倫、又東北有班地文、又東北有璞士參厘耶、皆英吉利屬島、奪自他國以為聚積貿易之埠頭、自埃倫至新地坡凡二十六島、皆設官主之、諸島在海中相去或千里或二三千里、勢相聯絡、其左右復有別島或自為國、或為荷蘭及他國所屬者、尚數十、而以英吉利為最、此其海路之形勢也、其陸路自本國外並無土地、國之東北隔海而地相連者、為士袜國、羅委國、叻倫國、顛麥國、一名黄祈國、更東為什卑厘國、又東為達地厘國、其北即北海極寒冰厚二三丈、盛夏不解、人無敢往者、其國之東南隔海而地相連者最近之東為荷蘭國、自此而南為耶達倫國、米利堅國、佛蘭西國、揑羅耶國、布度基國、布度基即廣東澳門之大西洋國也、荷蘭之東迤南為鴉沙爾國、布路沙國、記利時國、埃地利國、大呂宋國、又東為的記國、自西洋以東如大呂宋埃地利記利時布路沙至的記諸國、皆沿地中海、此其國以東陸路之情形也、問以俄羅斯及回部、其人皆茫然不知、惟言賀蘭之東北為羅沙國、又東稍南為北叻思國、與海國聞見錄載俄羅斯隔普魯社即係黄祈荷蘭之境相似、乾隆年間俄羅斯女王即西洋國之女、則其相去當不甚遠、特地名字音各別、或即所云羅沙及北叻思也、顛林未至東北諸國、故不能明、然其所繪圖與康熙年中西洋人南懷仁之坤輿圖說、乾隆年中總兵陳倫炯之海國聞見錄形勢大畧相同、可以參考、故大學士臣松筠嘗為臣姚瑩言俄羅斯大臣多西洋人、乾隆五十八年、英吉利貢使瑪葛爾言今俄羅斯之哈屯汗、本大西洋國女、乃前哈屯汗之外孫女也、其表兄襲汗、娶以為妃、然則俄羅斯與大西洋世為婚姻、英吉利本近大西洋、婦人為王其俗同人之狀貌又同、則其近可知、俄羅斯人有在京者、傳詢當得其實、然英吉利既隔海、而俄羅斯尚隔黄祈荷蘭佛蘭西諸國、未必與英吉利交結、故顛林及律比皆不知之、若回部則以南懷仁及陳倫炯之圖考之相去甚遠、所隔國尤多矣、至的記之東為巴羅、又東為茂加、又東南為也加剌、又北為亞巴賒、又東北為煙你士丹皆烏鬼地、其自的記轉南沿中海而西者、為衣接埠頭、為禮卑厘、為埃治亞、為都利土埠頭、亦皆烏鬼地、正與海國聞見錄形勢相同、顛林言伊船內本有四海各國全圖、船破失水、不知所在、今據所能記憶者圖之、其言或可信也、至其立國自稱一千八百餘年、本無稽、然國俗王死無子則傳位於女、其女有子俟女死後立之、實已數易其姓、而國人猶以為其王之後、足見夷俗之陋道光十八年、其國王死無子復無女、乃傳位於姪女名役多厘里亞、今二十二歲、招夫兩次、阿不爾稱為邊連士亞𤤽、猶華言駙馬、生一子、今年二歲、畀時女王死、即位為國王、邊連士亞𤤽不理國事、大政則有三大臣在女王左右議決之、其第一者名馬倫侍極貴、次二人不知其名、其國文官少、武職多、大埠頭設文官名羅洛堅、如中華督撫、中埠頭設文官名沙外廳叻落堅、如中華知府、小埠頭設文官名未士洛云、如中華知縣、諸埠頭俱有大武官名馬凝接、如中華總兵、其餘武官不可悉數、此次統兵至定海之統師、其人名沙連彌僕鼎查、其官為比利呢布顛第依彌最貴、一切由其調度、各官雖授自國王、有事故則僕鼎查遣代、其次主兵之官為贊你留、其人名沙有哥哈、即巴噶、又主船政之官為押米要、其人名沙外廳巴加、即思亞勒力巴敦、時皆在浙江其厦門管船者官為善用叨彌沙人名時箋又稱士勿在廣東香港者文官為馬厘士列華言馬禮遜其名賛臣武官為善用哈沙其人名禮亞時凡管理貿易及船政官皆名甲畢丹即明史所稱加必丹末又稱急敦如華言船主也船上管黑夷者頭目有正副正名沙冷副名墩低大船一正五副中船一正二副小船一正一副此次至內地夷船名百餘隻其實不過七十餘隻且多貿易之船配以夷官非盡兵船也又火輪船亦不過十隻用以急遞信息為諸船導引黑夷皆雇自諸島月給工資番銀二三員至七八員其官自僕鼎查年給俸銀一萬員次等遞減小者亦數百員凡造一船費數萬計砲械火藥資用尤多又閉市後洋貨不售有私售者貨價大減用兵日久復多喪失亦自苦之其產鴉片煙土者凡三處一為的記二為孟邁皆

出小土、每塊重六七兩、惟孟加剌出大土、每塊重四十五六兩、而孟邁孟加剌皆英吉利埠頭、故其國船貨此物獨多、各國人皆不食、即英吉利亦自不食、惟華人及黑夷多嗜之、凡貨易諸船皆商賈自為之、王收其稅、亦有領國王本錢者、謹據夷因顛林律比供及圖證以諸書如此、

康輶紀行又云、嘉慶之末、余令龍溪、得邑人王大海所著海島逸志、嘉慶初年刻本也、載東南洋及西洋海國風俗地圖遠近甚詳、自琉球小呂宋噶喇巴至英吉利諸國悉備、至道光十八年、余至臺購之、則已非原刻、其原書言英吉利蓄心叵測、製為鴉片煙土、以毒中國、既竭我之財、又病我之人、而於其本國夷人立法甚嚴、食之者死、其說甚長、王葢隨其鄉人賈於噶喇巴之巴寶瓏、贅於呷必丹、久之乃歸、故習諸洋

夷國情事也、後刻之本、不知出何人手、凡言鴉片煙事皆全削去、原刻無從得之、

談瀛徵實卷五

阿非利加

懷甯方朔小東纂輯

阿非利加（一作亞非里加，又作利未亞）一土、在亞細亞之西南、以羅經視之、正當坤申之位、其地極廣、約得亞細亞三分之一、南北一萬八千里、東西闊處一萬六千里、東距印度海、西距大西洋海、南抵大南海、東北距紅海、北面距地中海、中間有陸地一綫、（地名蘇爾士，一作蘇葉係，麥西回部地）與亞細亞回部相連、地雖廣而沙磧居半、又當赤道南北、炎熇特甚、瘴癘尤毒、天時地氣人物、在四大土中為最劣、其北境古多名國、今皆回部、東境沿印度海、迤北回族與黑夷雜居、迤南皆黑夷、有葡萄牙埔頭、南境銳入大南海、地盡處之岋朴、（俗名大浪山）為歐羅巴東來必由之路、有英吉利埔頭、西境沿大西洋海、迤北大漠、桓亘、迤南皆黑夷、有英佛米蘭荷嗹諸國埔頭、其中央迤北皆沙漠間有回族、沙南乃見壤土有黑夷部落統計阿非利加一土、迤北多回部、皆從亞細亞轉徙而來、迤南皆土番、其種人或稱尼刻羅、或稱合丁突、一作痾丁多的或稱星阜巴斯、其人黑而蒙、諸國多買為奴、泰西人地圖三土皆有分圖獨阿非利加分圖止有北境數國餘皆缺畧蓋其地氣毒芬歐羅巴人亦不能遍歷部落之名大半得之傳聞各部地界之廣狹亦約畧計算不甚確也

魏源小西洋阿非利加各國圖志總敘云小西洋利未亞洲與歐羅巴隔地中海、其地之廓、人之庶、皆與歐羅巴埒、乃語教化、則無持世之哲、語富強、則無統一之王、四分五裂、惟產黑奴以供掠賣何哉今東六部則布路亞國服之、北四部鄰地中海、為海賊、則佛蘭西服之、西二十四部、瀕西海、則布路

亞荷蘭英吉利佛蘭西各國分踞之、南則斯溜墨大雪山斗入南海、其極南之兀賀峽、即大浪峯、南極出地三十六度、北極入地三十六度、與中國反對、為大西洋商船必遶過之地、亦英吉利荷蘭兵戍守之、皆據海口立礮臺設市埠、而土人供其驅使、今志小西洋、實所以志大西洋也、魏源又曰、水隨山脈行、山逆則水逆、逆則回環而氣鍾焉、葱嶺以東水皆東流、故相陰陽觀流泉者、皆以西流為逆、葱嶺以西水皆西注、則又以東流為逆、利未亞洲之泥祿河、自西至東逆行八九千里而入地中海、蓋山脈東起如德亞峽、南遶伊揖及亞毘心域、及至南利未加而後折西轉北、東行復至伊揖、周環萬餘里、而水從之、故中利未亞各國四周環山、不與海國往來、而西洋商船所通者、皆其山背四隅磽礦之地而已、外邦既從未深入其腹地其肢地又自守不通外域是以麥西亞毘心域國之聲名文物雖熚然於中而闇然於外將地氣之孕靈必久而後亨歟抑天氣之闢宣有待于後歟是洲之天文麻算靈奇瑰傑烏知異日不横被六合與歐羅巴埒歟中利未洲其人稍晳西南利未洲則皆黑奴為歐羅巴艘役之而來華人不知其産二地也則或謂歐羅巴人種有黔晳云

直布羅陀 即支布勞登

麥西 應作 埃及

亞丁

由西印度西行、有小島曰亞丁、英吉利之所據也、由此入紅海西北行四千里而港盡、至麥西之蘇爾士、行旱路一百七十里、即地中海之東南隅、再舟行七千里、出直布羅陀海口、即大西洋海、較之紆迴南向、繞阿非利加之西境、至極南之峽朴而始轉柁東北者、計里約減二萬、計程約近一月、惟蘇爾士隔旱路一百七十里、舟楫不能通行、海國聞見錄謂恨不用刀截斷者即指此也、近年英吉利製火輪船遞送文書、由印度海駛至亞丁、入紅海至蘇爾士、行旱路至地中海東南隅、彼處有火輪船接遞、西駛出直布羅陀海口、火輪船行駛甚速、不畏風浪、而計程又近二萬里、故五十日可達英倫國都、自明以前、歐羅巴通中國皆由此路、

阿爾及耳

阿爾及耳、亞爾日耳○阿利額在突尼斯之西、舊亦土耳其屬國、今為佛郎西藩部、長二千一百餘里、廣一千八百里、山巖嶄峭、岡阜紆蟠、東南峯巒插霄漢、常積冰雪、沿海山坡斗削、躋攀不易、境內多沙磧、而土最膏腴、自回族割據之後、農功疎惰、田多荒蕪、先是阿剌伯回族據西班牙七百餘年、生齒逾數百萬、明初西班牙北部起兵恢復、回族多逃回阿爾及耳、後西班牙復驅逐降回百餘萬出境、大半亦轉徙入阿爾及耳、回民失業流離、攘胠餬口、習為盜俗、陸則飛騎馳騁、剽掠行旅、水則飛艇出沒、截刦商船、數百年來、為地中海之大患、佛郎西英吉利米利堅嘗會舟師勦之、登岸攻畧、戮其人不取其貲、回族震讋、斂迹數十年、已而復肆、道光初、佛郎西以大兵征之、破其都城、回族逃遁沙野、佛以大酋鎮之、治其民以佛法、盜蹤稍斂、回族之在沙野者、時時飛騎侵掠、佛以重兵防守、所費甚鉅、近年回酋復聚大衆來攻、欲圖興復、為佛所破、戮其酋、其地戶口三百萬、舊分七部、曰阿爾及耳、其都城也、建於山坡、曰岡士丹的納、曰馬斯加拉、曰的德利、曰薩布、曰卑爾北耳、氣候溫平、多地震、產五穀果實、又產金銀鐵錫礬硝珊瑚、

尼給里西亞

尼給里西亞、又名蘇丹、在撒哈拉大漠之南、南接岳山、亞非利加之中原也、長約六千里、廣約四千二百餘里、地形坦闊、湖河與沙磧相間、河濱田多膴腴、穀宜稻黍、材木果實蔬菜皆備、地近赤道、炎氣蒸為瘴癘、多毒蟲惡豸、他國人到輒病死、故自古未通別土、英吉利嘗遣人探之、或染瘴死、或為土番所殺、迄不得端耗、又用火輪船從尼日爾河下游駛入、水手半死亡、無所聞見而歸、地分二十二部、曰波爾奴、曰巴也爾美、曰北爾古、曰桑加拉、曰不勒、曰岡干、曰窩那蘇勒、曰上耶巴拉、曰下耶巴拉、曰曰馬昔那、曰巴難、曰的勒南、曰丁不各都、曰牙烏利、曰尼非、曰波爾古、曰牙黎巴、曰北凝、曰瓜、曰公、曰加拉那、曰達公巴、諸部各有酋長、不相統轄、時時相攻、獲俘則以為奴、土番皆黑面、奉

同教、男好逸、耕作貿易皆女為之、娶數婦則致富、其酋各有婦數百、土產麻棉烟靛象牙金沙皮革、

按阿非利加中土迤北沙中兩回部、皆由北方轉徙而來、與北土之的黎波里諸部同、沙南地沃而廣、黑番各分部落、而水土毒惡、人類粗頑、好事如英吉利、舟車數往博望無功、竟不能得其詳也、

莫三鼻給

莫三鼻給、摩散北磨山宻。在桑給巴爾之南、長約四千四百里、廣約一千里、岡阜重疊、叢林環繞、象多如牛馬、金礦、金沙取之不竭、土田膏腴、穀果豐碩、惟地多瘴癘、不便居棲、居民皆黑番、奉回教、其部落有馬古阿蒙如木新卑等名、冗雜零散、不相統攝、內有葡萄牙所辟之地、凡七處、曰莫三鼻給、駐有大酋、總轄諸處、曰給林卑、曰幾里馬內、曰塞內、曰索發拉、一作所服剌曰義能巴內、曰羅林索馬爾給斯、近年葡勢衰弱、貿易無多、惟以販賣黑口為事、墨門各夷館所用黑奴、皆從此土販來、

阿非利加西土

阿非利加西土由地中海口門之外地形折而南下面大西洋海數千里盡屬沙漠過此地形鈌折而東又轉而南漸斜削而趨南土其迤北沙漠之地曠無人烟迤南當赤道南北壤土廣厚瀦澤迴環茂草轇轕叢林陰翳毒霧蒸為瘴氣曉夜昏濛異國人久居輒病死不死亦成痼疾其土人面黑如墨染高顴扁鼻厚唇鬚髮拳縐似骨重羊毛混沌無知近禽獸衣好華彩半裸其體不蔽陰陽用金珠象牙遍身懸綴以為美觀相聚則婆娑跳舞男女隨意雜配種族無別耕作者少掘食草根如芋薯土肥沃自生長居草寮或結巢於大樹藉草席器用瓦壺杞樹木禽獸為神每殺仇人祭之有能作妖術者無銀錢以貨易貨值饑乏族類自相攻擄獲生口賣以為奴各國之船往來販鬻

每船輒二三百人如貨豕畜諸國所用黑奴皆此土人取其愿樸且黑醜無艾豭處販往亞墨利加者尤多用以灌園耕田種加非造白糖如牛馬然終身力作不怨不逃其地物産甚多土人不解捜採出各項果實又有樹油可造番鹼林内獴猜猿猱玃玃往來跳擲虎豹獅象時時遇之蛇尤多大者如巨楠能吞人畜歐羅巴諸國心豔其土而畏瘴癘不敢深入僅在海濱設立埔頭期於日漸墾拓就其物産爲地名有穀邊象邊金邊奴邊等名黑番部落甚多大勢分三域曰塞内岡比亞曰幾内亞曰公額

阿非利加總論

阿非利加一土，以八卦方向視之，正當坤位，其氣重濁，其人類顢愚，故剖判已歷千萬年，而渾悶如上古，風氣不能自開。歐羅巴諸國好尋新地，帆檣周於四海，獨於亞非利加一土，僅劃一廛於海濱，而不能深入腹地，一洗山川之昏濁，蓋有故焉。亞非利加一土，中間正當赤道，其南北亦去赤道不遠，炎歊既甚，瘴癘尤多，非生長其地者，殆不能堪。異土之人，艱於托足，其北土與亞細亞接連，東西兩內海，（紅海、地中海）處處可以泊船，故地雖沙磧，而東方夷族，早已擇土而居。其東西南三面，塊然平直，土與海齊，無凹凸灣環之勢，故無深澳。凡舟行大洋中，無深穩之港澳，不能寄椗，故諸國海船時時經過，而無由隨處登攀，其地之不能開拓，實由於此。若從北方旱路往，則平沙數千里，較之沙海尤艱，南方瘴癘由昏蒙之未開，未必地氣之獨芬烈，山澤而驅毒物，誅草萊而播嘉穀，穢墟且變爲腴壤，而惜乎番族之無此智能也。土番形貌黑醜，蠢如豕鹿，以畧賣人口爲俗，强半爲諸國之奴，亦可憫矣。然其人愿而馴，豢之終身無逃叛者，其又得坤土之柔順者歟。

亞墨利加

亞墨利加（一作亞墨理駕）一土、與三土不相連、地分南北兩土、北土形如飛魚、南北似人股之著肥褌、中有細腰相連、北距北氷海、南近南氷海、計長二萬八千餘里、東距大西洋海、與歐羅巴阿非利加兩土相望、水程約萬里、西距大洋海、直抵亞細亞之東境、無別土、極西北之一隅、與亞細亞之極東北隅隔一海港、以地球大勢言之、三土在東、亞墨利加在西、三土在地球之面、亞墨利加在地球之背也、

亞墨利加別一區宇、自剖判以來、未通別土、其人五官肢體近似中國、而面色紫赤如紅銅、如櫻色、翦髮留數寸許、歸於頂而總束之、蒙茸如散花、北亞墨利加之極北境、終年寒凍、捕魚而食、稍南以獵獸為生、衣其皮、畧如漠北蒙古之俗、再南皆野番

散處、再南自墨西哥、至南亞墨利加之可侖比亞、秘魯、玻利非亞、智利諸部、古時即分國土、有城邑、前明宏治年間、西班牙之臣有可侖者、一作閣龍又作個倫又作哥倫波駕巨艦西尋新地、始抵加勒海灣羣島、知有亞墨利加廣土、先取可侖比亞、正德十四年、西班牙人哥爾德斯、探聞墨西哥富饒、率兵攻之、奪其國、再拓而南、南亞墨利加西偏各國、以次蠶食、西班牙人漸流布雜居、開山掘銀礦、以此驟富、其時葡萄牙有海船遭風、飄至南亞墨利加之巴西、見其土地空闊、徙國人墾種之、佛郎西、英吉利聞之、亦駕巨艦西尋、至北亞墨利加、佛據其南北、英據其中、荷蘭、嗹國、瑞國之人、亦接踵西來、各事墾闢、後佛與諸國所得之土、多為英所并、阡陌雲連、城邑相望、尤為富盛、自是亞墨利加兩土、西班牙、葡萄牙得其南、英吉利得其北、倚為外府者數百年矣、乾隆中、米利堅畔英吉利、英人不能收復腴壤盡失僅餘北境荒寒之土、嘉慶年間、西班牙王為佛郎西王拿破侖所廢國大亂墨西哥以南諸部皆畔、葡萄牙王為拿破侖所逼逃至巴西、留子王其地巴西人逐去之此時南北亞墨利加、僅英人尚據北地片土、餘皆擁地自擅不受歐羅巴約束矣、

北亞墨利加之西北境、有高山綿亘、曰落機、自西北而東南東偏有山、曰押罷拉既俺、由東北而西南、餘皆平土、有大河曰密士失必、發源西北、由東南入海、浩瀚如中國之黄河、此外有馬更些桑羅棱索德拉瓦勒波多馬哥北河諸水縈迴穿貫於平壤之中、故迴環萬餘里、土多膏腴、南亞墨利加之西境、有大山曰安達斯、綿亘如脊、由北而南長一萬七千里、其山出銀礦、號為金穴、多火峯、山之東平原廣坦、有大河曰亞馬孫、大如中國

之長江、曰疴勒諸哥、曰多干定、曰桑方濟各、曰馬達勒那、曰銀河、皆南土名水、其居民分四種、曰土人、面紫色、即亞墨利加土著、曰白人、皆歐羅巴各國流寓、曰黑人、皆從阿非利加買來之奴、曰雜人、内分三種、或土母白父、或黑母白父、或黑母土父、三種人氣色各不同、其土人亦種族各別、風俗語音殊異、其地舊無牛馬羊豕犬貓、西班牙人初到時、騎馬登岸、岸上人望見以為馬與人一也、皆惶駭奔避、今則蹄角遍野、五穀舊惟黍稷、今則各種皆備、甘蔗葡萄橙柑加非胡椒芋薯之類、皆從歐羅巴移種、亦俱繁碩、煙葉棉花尤為大利、近又興蠶桑之法、木多松柏橡栗榆椵槐楊、藥材顔料香料極多、五金之外、兼產鑽石寶石水銀煤與鹽、隨處有之、

北亞墨利加英吉利屬部

北亞墨利加一土、自米利堅以北、本皆佛郎西所墾闢、英吉利既得米利堅之地、以兵力爭其北土、與佛交戰八年、佛棄其地、英人括而有之、乾隆末年、華盛頓據地起兵、米利堅諸部盡為頓所割、惟北土用佛例、稅額甚輕、其民未畔、故仍為英轄、北至冰疆、南界米利堅、東距大西洋海、西距大洋海、其地大半平坦、溪河錯雜、河之最長者、曰桑羅棱索、又有伊爾釐休侖等大湖、地氣嚴寒、畧如中國之塞北、西偏林木蓊翳、毛蟲所宅、英人窮險極幽、獵野獸而取其皮、貂鼠騷鼠洋灰鼠海龍海駝之類皆有之、或失路困冰雪中、凍餓死、又以火酒氊絨與土人而易其皮、土人得酒輒沈醉、往往腐腸而斃、所得之皮、由峩羅斯轉鬻中國、大利尤在林木、英人結隊入林伐木、而投之河、順流達於海港、或在海濱造船、或販往英國、新著島一帶海面多魚、夏季尤旺、諸國漁船蟻集、捕魚醃之、販往天主教各國、（天主教各國齋戒食醃魚）計每年五穀木料皮張醃魚各項值價銀數百萬兩、居民約一百二十餘萬、英吉利三島之民、年年有西渡謀食者、地分六部、曰上加拿他、曰下加拿他、曰新不倫瑞克、曰新蘇格蘭、曰散約翰島、曰新著大島、六部總名新北勒達尼亞、附近小島皆屬焉、駐有大酋總理六部之事、五穀皮張木料之外、兼產銅鐵鉛煤水銀烟葉、其西北荒地遼邈無垠、尚未墾闢、

上加拿他、在桑羅棱索河之上游、伊爾釐兩湖之北、長約千餘里、溪湖之水、匯集其流湍急、小洲星列、瀑布一落九十丈、英國無業貧民、來此墾種荒地、勤者往往致富、惰者或困餒死、其會城曰給卑克、

下加拿他，在上加拿他之東，長約千里，居民大半佛郎西人，尚天主教，謀生不勤，故恒産無多，又不服英官，時時揭竿，英人以兵力靖之。土女面紫色，而眉目端好，不解沐浴，英人惡其不潔，故娶之者少，會城曰多倫多。

新不倫瑞克，一作新本土威。在下加拿他東境之南，南北約八百里，東西約六百里，東臨大海，南北臨内港，港極深，海船駛入無沙淺。土田最腴，而居民務農者少，皆結隊入林伐木，春水生，木料順流達海港，貨之得善價，沽酒爲樂，日在醉鄉，金盡歸山林理故業。大城邑皆在水濱，會城曰弗勒德里克，係大埔頭，英國商船往來販買木料。三島無業貧民，每年遷來者約六千人，然地仍空闊，再數百年，亦不患人滿也。

新蘇格蘭，在新不倫瑞克之南，三面懸海，僅一隅與新不倫瑞

百五十里似可
三百餘里

克相連、東西約一千里、南北約三百五十里、天氣嚴寒、自十月至三月、積雪不消、產銅鐵煤、海中多魚、居民勤苦治生、最為安分、會城曰哈勒法、係大埔頭、海濱大港尚多、因戶口不繁、城邑未建、故商船之停泊者、

散約翰島、在新蘇格蘭之東北、長約三百里、廣約百里、老兵移駐之地、專務農功、穀麥堪出糶隣部、會城曰加爾羅德、

新著大島、在新蘇格蘭之極東北、長約一千三百里、廣約九百里、其海產魚最旺、居民皆以捕魚為業、夏時漁舟如蟻、網罟蔽於海面、土雖肥沃、不務農功、僅種荷蘭薯與蔬菜、穀麥皆買自隣封、會城曰桑若漢、

北亞墨利加米利堅合衆國

米利堅（米一作彌，即亞墨利加之轉音，或作美利哥，一稱亞墨理駕合衆國，又稱兼攝邦國，又稱聯邦國，西語名奈育士迭）亞墨利加大國也，因其船掛花旗，故粵東呼為花旗國。（其旗方幅，紅白相間，右角另一小方，黑色，上以白點繪北斗形）北界英土，南界墨西哥、得撒，東距大西洋海，西距大洋海，東西約萬里，南北闊處五六千里，狹處三四千里。押罷拉既俺大山環其東，落機大山繞其西，中間數千里，大勢砥平，江河以密士失必為綱領，來源甚遠，曲折萬餘里，會密蘇爾釐大河南流入海。此外名水曰哥隆比亞，曰阿巴拉濟哥利，曰磨比勒，曰德拉瓦勒，北境迤西有大湖分四汊，曰衣羅乖（一作翕大羅），曰休侖（一作胡侖），曰蘇必力爾，曰密執安，迤東又有兩湖相屬，曰伊爾釐（一作以利），曰安剔衣釐阿，諸湖為分界之地，北為英土，南則米利堅地也。初英吉利探得北亞墨利加之地，驅逐

沒其功誤作沒其功

土番據其膏腴之土徙三島之人實其地英人趨之如水赴壑佛郎西荷蘭嗹國瑞國無業之民亦航海歸之日漸墾闢遂成沃壤英以大臣居守沿海遍置城邑榷稅以益國用貿易日益繁盛以此驟致富强乾隆中英與佛郎西構兵連年不解百方括餉稅額倍加舊例茶葉賣者納稅英人下令買者亦納稅米利堅人不能堪乾隆四十年紳耆聚公局欲與居守大酋酌議酋逐議者督征愈急衆皆怒投船中茶葉於海謀舉兵拒英有華盛頓者（一作兀興騰又作瓦乘敦）米利堅別部人生於雍正九年十歲喪父母教成之少有大志兼資文武雄烈過人嘗為英吉利武職時方與佛郎西構兵土蠻寇鈔南境頓率兵禦之所向克捷英帥沒其功不録鄉人欲推頓為酋長頓謝病歸杜門不出至是衆皆畔英强推頓為帥時事起倉卒軍械火藥糧草皆無頓以

義氣激厲之部署既定薄其大城時英將屯水師於城外忽大風起船悉吹散頓乘勢攻之取其城後英師大集轉戰而前頓軍敗衆恇怯欲散去頓意氣自如收合成軍再戰而克由是血戰八年屢蹶屢奮頓志氣不衰而英師老矣佛郎西舉傾國之師渡海與頓夾攻英軍西班牙荷蘭亦勒兵勸和英不能支乃與頓盟畫界址為隣國其北境荒寒之土仍屬英人南界膏腴之土悉以歸頓時乾隆四十七年也頓既定國謝兵柄欲歸田衆不肯捨堅推立為國主頓乃與衆議曰得國而傳子孫是私也牧民之任宜擇有德者為之仍各部之舊分建為國每國正統領一副統領佐之（副統領有一員者有數員者）以四年為任滿（亦有一年二年一易者）集部衆議之衆皆曰賢則再留四年（八年之後不准再留）否則推其副者為正副或不恊人望則別行推擇鄉邑之長各以所推書姓

名投匭中畢，則啟匭視，所推獨多者立之，或官吏，或庶民，不拘資格。退位之統領，依然與齊民齒，無所異也。各國正統領之中，又推一總統領，專主會議戰伐之事，各國皆聽命。其推擇之法，與推擇各國統領同，亦以四年為任滿，再任則八年。自華盛頓至今，頓以嘉慶三年病卒。開國六十餘年，總統領凡九人，今在位之總統，勿爾吉尼阿國所推也。初華盛頓既與英人平，銷兵罷戰，專務農商，下令曰：自今以往，各統領有貪圖別國埔頭、朘削民膏、興兵搆怨者，衆共誅之。留戰艦二十，額兵萬人而已。然疆土恢闊，儲偫豐饒，各部同心，號令齊一，故諸大國與之輯睦，無敢淩侮之者。自與英人定盟，至今已六十餘年，無兵革之事。其商船每歲來粵東，數亞於英吉利。

按：華盛頓，異人也。起事勇於勝廣，割據雄於曹劉，既已提三尺劍開疆萬里，乃不僭位號，不傳子孫，而創為推舉之法，幾於天下為公，駸駸乎三代之遺意。其治國崇讓善俗，不尚武功，亦迥與諸國異。余嘗見其畫像，氣貌雄毅絕倫，嗚呼，可不謂人傑矣哉。

米利堅全土

米利堅全土東距大西洋海、西距大洋海、合衆國皆在東境、華盛頓初建國時、止十餘國、後附近諸國陸續歸附、又有分析者、共成二十六國、西境未闢之地、皆土番、凡闢新土、先以獵夫殺其熊鹿野牛、無業之民任其開墾荒地、生聚至四萬人、則建立城邑、稱爲一部、附於衆國之後、今衆國之外、已益三部、總統領所居華盛頓都城、不在諸國諸部數內、計國二十六、部三、其丁口至道光二十年、計一千七百一十六萬九千餘、

按米利堅二十六國內地各國大小不甚懸殊、惟東北濱海數國壤地甚褊、如紐罕什爾洼滿的麻沙朱色士干捏底吉紐折爾西馬理蘭已不及諸大國三分之一、而洛衣倫特爾拉華二國周迴皆不過百餘里、乃不及諸大國十分之一、此

非其分地之不均也當歐人之初闢此土也人戶先棲託於海壖各成聚落後乃漸拓而西日益墾闢其國之三大埔頭（摩士敦紐約爾非勒特爾非爾）又皆萃於東北富商大賈之所聚地雖褊小氣象固殊內地各國皆資耕作幅員易廣而財力不如海濱之盛其勢然也迨華盛頓倡義拒英各部之豪皆起兵相應功成之後舉事者凡十餘部因即分為十餘國其後有續附者有新分者遂成二十六國皆仍其舊而安之非裂地而定封也洛哀倫人戶止十餘萬特爾拉華止八萬餘不能因其彈丸黑子并歸大國齊魯之不兼邾莒亦初制則然耳東方通商諸國紐約爾最富厚麻沙朱色士賓夕爾勒尼安次之緬與勿爾吉尼阿又次之倭海阿土沃人殷阡的伊田納西地處中原沃野千里南方諸國濱海西方諸國傍河地利之

産、運行較便、故國多富饒、計兩湖之南、密士失必大河之東、已無不闢之土、河西止魯西安納、阿甘色、密蘇爾釐三國、近益以威士干遜、衣阿華二部、其迤西數千里、密林奥草、野番所宅、開墾不易、然生齒日繁、何慮土滿、數百年後、當亦阡陌雲連、直抵西海之濱矣、數千萬里稼穡之土、剖判歷數千萬年、閟而不發、地不愛寶、固如是乎、然至今日而篳路啟疆、固亦莫能終祕矣、

美理哥國志畧云、新國邊地有一類人、言談舉止、皆出類拔萃、不知其始自何來、惟見其行藏有如亞細亞之土蠻、方歐羅巴人始到之時、土人約有十數萬、今則三四十萬矣、計其地則有數十社、體膚赤而眼髮黑光、其髮長而麤、其身高而力、其心明且信、議事則知敬老、臨戰有進無退、惟遇有仇恨

輒若不共天、或受人欺負、慍坐不言、審思良久、起即赴湯蹈火、務必雪之、倘被敵擒、則束手受戮、斷無屈膝求免、此土蠻之性情也、惟無書籍、不知文字、亦不識耕織炊汲、茹毛飲血、及啖菓木菜瓜而已、平日惟業漁獵、或歌跳賭博、病無方藥、惟求吡法之人、餘事則皆付之婦人也、炎夏腰圍獸皮、冬寒、則全衣皮毛、又有面塗五色、頭插鳥翎、意示人以威也、雖有房舍、棲身不過蓬寮、無金銀銅錢諸幣、但以樹皮珠石相交易、惟立總理頭目以議事、至道光元年、有新國人至其地定章程、導以士農工商之事、風俗漸開、方英吉利據十三部時、間唆土蠻騷擾內地、及與新國交兵、英吉利欲募土蠻使為前驅以攻新國、奈語言不通、土蠻不為其所用、而新國西邊居人多與土蠻相習者、於是購募土蠻、授以兵器、教以隊伍、

機落應作落機

墨西果果應作哥

別立一軍以助兵鋒土蠻踴躍用命盡力屢敗英兵故新國之勝英吉利土蠻亦不為無助焉地在新國之西機落大山之東墨西果國之北英吉利屬地之南按此土番米人已約其地形分為三部曰威斯頓達多里曰威斯頓底特力日阿里顏達多里

米利堅物產

米利堅各國天時和正，迤北似燕晉，迤南似江浙，水土平良，無沙磧，鮮瘴癘，南方微有瘴氣，亦不甚毒。其土平衍膏腴，五穀皆宜，棉花最良，亦最多，英佛諸國咸取給焉。蔬菜果實皆備，煙葉極佳，通行甚遠。山內所出者，石炭、鹽、鐵、白鉛，境內小河甚多，米人處處疏鑿以通運道，又造火輪車，以石鋪路，鎔鐵汁灌之，以利火輪車之行，一日可三百餘里。火輪船尤多，往來江海如梭織，因地產石炭故也。火輪船必須燃石炭，木柴力弱不能用也。英吉利火輪石炭皆自蘇各蘭帶來

米利堅稅餉

米利堅政最簡易、榷稅亦輕、戶口十年一編、每二年、於四萬七千七百人之中、選才識出衆者一人、居於京城參議國政、總統領所居京城衆國設有公會、各選賢士二人居於公會、參決大政、如會盟戰守通商稅餉之類、以六年為秩滿、每國設刑官六人、主讞獄、亦以推選充補、有偏私不公者、羣議廢之、合衆國稅入約四千萬圓、文職俸祿四百七十六萬圓、陸路官兵俸餉四百三十萬圓、水師官兵俸餉四百五十七萬圓、雜費三百八十萬圓、開墾土費一千三百萬圓、統領雖總財賦、而額俸萬圓之外、不得私用分毫、衆國舊亦有欠項、道光十七年、一概清還、不復丐貸於民、然緣此公私銀號多歇業、而國家或有不虞之費、無從取給、亦頗受其累云、

米利堅兵制

米利堅合衆國額兵不過一萬，分隸各炮臺關隘，其餘除儒士醫士天文生外，農工商賈自二十歲以上四十歲以下，一概聽官徵選，給牌効用，爲民兵，餱糧器械概由自備，無事各操本業，有事同入行伍，又設隊長領軍等官，皆有職無俸，每歲農隙集聚操演，其民兵約一百七十餘萬丁，與古人寓兵於農之法蓋暗合焉。

米利堅習俗

米利堅合衆國白人皆流寓歐羅巴各國之人皆有之而英吉利荷蘭佛郎西爲多三國之中英吉利又居太半故語言文字與英同其制土番各畫地授田不准遷徙貿遷工作皆白人其人馴良温厚無鷙悍之氣謀生最篤商船通行四海衆國皆奉耶蘇教好講學業處處設書院其士類分三等曰學問研究天文地理暨耶蘇教旨曰醫藥主治病曰刑名主訟獄

米利堅總論

南北亞墨利加袤延數萬里、精華在米利堅一土、天時之正、土脈之腴、幾與中國無異、英吉利航海萬里跨而有之、可謂探驪得珠、生聚二百餘年、駸駸乎富溢四海、乃以掊克之故、一決不可復收、長國家而務財用、即荒裔其有幸乎、米利堅合衆國以為國、幅員萬里、不設王侯之號、不循世及之規、公器付之公論、創古今未有之局、一何奇也、泰西古今人物能不以華盛頓為稱首哉、

北亞墨利加南境巴拿馬

危地馬拉之東南，為南北亞墨利加連界之地，名巴拿馬，（地屬可侖比亞）以一綫界隔兩海，闊僅六十里。泰西人謂能將此土開為海道，則東西兩洋混為一水，掛帆而西，直抵中國之東界，便捷甚矣。然地梗山脊，疏鑿不易，泰西人亦僅存其説，未能興此大役也。

按歐羅巴至中國，道途之紆遠，阻於阿非利加紅海地中海之間，隔蘇爾士旱路一百七十里，若疏為海道，則水程減二萬里。米利堅至中國，道途之紆遠，阻於巴拿馬片土，若疏為海道，則西行而抵中國之東，水程當減三萬餘里。兩土之人謀疏鑿者非一日矣。然開河道易，開海道難，且兩地之限隔，天地之所以界畫東西也，今欲以人力鑿之，不亦慎乎。

南亞墨利加祕魯

祕魯、或作庇魯一作孛露又作佰路又作北盧南亞墨利加名國也、舊與玻利非亞合為一國、今分、北界可倫比亞、東界巴西、南界玻利非亞、西距大洋海、長約五千三百里、廣約二千六百餘里、安達斯大山自西北來、環國之西界如帶、山以西浮沙浸海、斥磧不毛、山以東橫嶺錯出、拓為平原、或高於平地百餘丈、故山下炎蒸、而嶺上恒積氷雪、其間膏腴之土、蔬穀皆宜、因地產金銀、舉國以攻礦為業、農事全荒、恒苦饑饉、其地自古為土番建國、風俗與墨西哥可侖比亞同、西班牙既得可侖比亞、聞祕魯銀礦尤王、嘉靖三年、命比薩羅亞爾馬哥羅等懸軍深入、軍士或顛墜層崖、或失路餓死、顧以大利所在、堅不肯舍、已而抵其國都、番王不識戰鬬、懾於炮火、竄伏不敢與爭、國遂為西班所據、西人羣來攻礦生聚日繁鎮以大酋歲收金銀益國用所得多於墨西哥嘉慶十三年西班牙為佛郎西所困屬藩多畔祕魯欲畔而畏西班牙兵多猶豫不決道光元年與智利合兵逐西班牙守者遂自立為國推擇長官理事不立國王居民皆西人苗裔善待遠客溫藹可親惟好逸好賭與可侖比亞同俗貿易諸事倩他國人為之土人為西土所制艱於衣食能釀酒終日沈醉其物產金銀之外兼產銅鉛水銀胡椒甘蔗棉花藥材樹膠顏料香料地分七部曰利馬都城建於利馬河濱與部名同曰阿勒基巴曰不諾曰古斯各會城皆同名曰阿牙古說會城名瓜忙加曰入凝會城名華奴哥曰利卑爾達會城名都盧詩羅

玻利非亞一作摩里威那又作波里維亞又名高祕魯在祕魯之東南東北界巴西東南隅界巴拉圭南界拉巴拉他西南隅界智利西距大

洋海、縱橫皆約三千里、安達斯山大幹走西界、別支分歧入東界、在西界者、火峯不熄、在東界者、峭削參天、常積氷雪、土壤西瘠東腴、地氣風俗物產與祕魯同、其地與祕魯舊本一國、俗名高祕魯、而呼祕魯為下祕魯、道光五年、乃別立為玻利非亞國、自推擇長官、不立國王、分六部、曰朱基薩加、都城建於平原、名乍爾加斯、曰巴斯、會城名巴斯達牙古叔、曰苛魯羅、曰波多西、曰哥沙邦巴、曰三達古盧斯、會城皆同名、波多西銀礦最王、自西人初開至今、得銀七萬二千萬有奇、

按孛露（即祕魯）為南亞墨利加著名之國、泰西人著書、早豔稱之、以其為金穴也、其民謂地中有寶、不屑耕稼、故土壤鞠為茂草、有懷金而啼饑者、米利堅產穀棉而以富稱、祕魯諸國產金銀而以貧聞、金玉非寶、稼穡維寶、古訓昭然、荒裔其能

或異哉、

南亞墨利加智利

智利、一作濟利又作治里在玻利非亞之西南，東阻安達斯大山，隣拉巴拉他，西距大洋海，東南接巴他峩拿。地形狹長如帶，南北約四千五百里，東西約四百餘里。東面峻嶺横雲，高處常積氷雪，有火峯數處，多地震，海岸高下時時易形。山産金銀銅礦，每歲得銀八十餘萬兩，得黄金值銀五十餘萬兩，紅銅尤多。山西沿海一帶土田肥沃，五穀蔬菜果實皆宜。其民雖多攻礦，而以農功為重，故夙稱富庶，異於祕魯之荒本逐末。初西班牙既獲祕魯，嘉靖十五年，命亞爾馬哥羅進攻智利，土人拒戰不肯降，越四載，復命瓦爾的維亞進攻，得地無幾。嘉靖三十年，瓦爾的維亞為阿老干人所殺。西班牙以其所得之地附祕魯。阿老干者，智利別部之最强者也。乾隆三十八年，西班牙始滅智利，得其全土、而阿老干一部始終未附、智利幅員褊小、非祕魯諸國比、然土沃鑛旺、西班牙獨珍視之、嘉慶十五年、西班牙爲佛郎西所困、亞墨利加諸藩部皆畔、智利亦閉境自專、後西班牙以大隊伐之、智利兵敗、求援於拉巴拉他、拉巴拉他助以兵力、西班牙始退去、其民俗溫和好客、女有姿容、善音樂、地分八部、曰散地牙峩、都城建於多坡加爾馬河岸深林之中、與部名同、曰阿公加瓜、會城名桑非里卑、曰哥固英波、會城同名、曰哥爾乍瓜、會城名古黎各、曰卯勒、會城名高給尼斯、曰公塞桑、曰瓦爾的維亞、會城皆同名、曰濟盧哀、會城名桑加爾盧斯、

按西洋諸國、行用番銀、成色高者、歐羅巴印度所鑄、其常行者、分四種、曰墨西哥、曰祕魯、曰玻利非亞、曰智利、成色高下不同、粤東人能辨之、閩人不能辨也、但稱爲呂宋番、又稱鷹

仔番。

南亞墨利加巴他峩拿

巴他峩拿一作八的哥尼阿，又作智加，又作巴羅彌那南亞墨利加之極南境，即世所傳之長人國。地形如襪，北界拉巴拉他、智利，東距大西洋海、西距大洋海、南距南海。南北約三千餘里，東西半之、其地草木荒穢、人皆野番、肢體長大，如常人一身有半、遍體生毛，攫食野獸、不成部落，亦不與他國往來、地氣嚴寒、如北亞墨利加之北境、又別無物産、故歐羅巴諸國拓地至此、未嘗過而一問也、極南臨海之地、冰雪常凝，對峙一島曰鐵耳聶離依休勾、中隔一港、曰麥哲論。昔時商船駛往智利、祕魯者、由麥哲論港西行，因港内多礁、近年率取道於鐵耳聶離之南，狂風迅烈、昏霧迷漫、濤瀧之猛惡倍於大浪山、舟過人人額手、喜若更生、

按泰西人所記四大土、人民惟巴他峩拿土番肢體長大異

於別種，然亦不過高於常人一身之半，較長狄之身橫畝，眉見軾者，猶相懸萬萬也。此外黝黑如阿非利加，醜怪如東南洋各島野番，亦不過白黑妍媸之別，而五官四體，要無大異。乃知長耳比肩之民，飛頭貫胸之國，古人故為恢奇之說，而世或從而信之，不亦傎乎。

南北亞墨利加海灣羣島

北亞墨利加之南、南亞墨利加之北、細峽相連、自西北而東南、作灣環外向之勢、其東北有大小數百島、星羅碁布、西北起米利堅佛勒爾勒釐部之東南隅、東南迄可侖比亞之東北隅、作灣環内向之勢、兩灣中間之海、名曰加勒、前明中葉、西班牙遣可侖駕船覓新地、地無主名、夙聞海外有五印度國、即云欲到五印度、西行數月、忽睹羣島、譁然以為抵印度矣、遂稱之曰西印度、而不知印度在東方、與羣島無涉也、西船初到時、擇羣島腴壤、闢設埔頭、誘交土番、謀墾闢、後察知土番昏憒、又强不可使、遂以兵力勦鋤無孑遺、別買阿非利加黑奴、墾田播穀、農務漸興、其後復得墨西哥秘魯諸大國、歲致金銀數十百萬、視羣島如敝屣、不屑經營、久之為海盜所據、出没剽掠、商旅患之、已而歐羅巴諸國接踵西來，紛紛爭據，羣島遂各有所屬。西班牙之外曰英吉利，曰佛郎西，曰荷蘭，曰嗹國，曰瑞國。羣島氣候極温，與亞細亞南海諸島相似。島之大者多有火峯，火燄時時迸流，地震頻仍，每秋冬暴風驟起，沙石俱飛。所産者棉花、酒、白糖、加非、可可子。

西班牙屬島曰古巴，在佛勒爾勒釐之南，地形狹長，東西二千七百里，南北約五百里，羣島之最大者。岡陵重疊，土壤腴厚，物産豐盈。西人昔時不甚措意，近來藩國皆叛，僅餘此島，乃珍重培護，倚為外府。居民七十萬，内黑奴二十八萬。産白糖、加非、酒、煙、金、銀、銅、鐵、水晶、吸鐵石。每年運出之貨值二千萬圓。地分三部：曰西部，會城曰哈瓦那，居民十萬，所造之煙最香烈，諸國爭購之；曰中部，會城曰三達馬里亞；曰東部，會城曰三的牙額。○

又一島曰波爾多黎各、又名貴港口在海地島之東、長約五百里、廣約一百五十里、地不廣而物產尤豐、力作皆白人、黑奴甚少、每歲運出之貨、值銀二百四十萬兩、

英吉利屬島、牙買加較大、在古巴之南、島有山、山下溪澗縱橫、足資灌溉、土又膏腴、故其地農功最盛、舊會城遭地震風災而毀、新立會城曰京敦、迤西有巴巴突島、白人所居、其土磽瘠。○東方之島、總名安的列斯羣島、曰安地畧亞、曰吉、英人舊所據守、曰多米尼加、曰多巴戢、英人新創、又特尼答島較大、附近可侖比亞東北隅、此外附近各小島尚多、英人擇要戍守、各島物產饒裕、居民多有餘資、競起樓閣、時時宴飲。○北方有巴哈麻羣島、又迤東有百爾慕他羣島、大小凡數百島、氣候溫晴、而物產殊少、無可貿遷、故英人不甚重之、

佛郎西屬島在安的列斯羣島之中曰馬耳的尼加曰瓜他鹿兩島最大此外尚有八島物産豐饒貿易最盛每年出入貨價約二百餘萬兩其地山青水澈多名花異鳥風景之佳為海西羣島之冠

海地島在古巴之東東西約一千五百里南北約五百里明宏治五年西班牙遣可侖探尋新地初抵此島名曰義斯巴尼約拉後西班牙據其東偏佛郎西據其西偏多買阿非黑奴力作年久繁衍黑奴凡四十餘萬口而佛人僅萬餘佛人待黑奴寡恩黑人怨之乾隆五十六年佛有内難黑奴黠者約期同發各殺其主佛人萬餘殲戮無遺西班牙人居西偏者亦逃竄别土黑人遂推雄者為酋佛以其窵遠亦未暇西討也地分六部曰波爾德比其都城也曰加也斯曰亞爾的波尼的曰加不挨顛

日三的亞額曰三多明各斯道光二十二年都城地震壓斃數千人其地物產豐厚農作不力每歲運出貨價值二百七十萬兩

按阿非利加黑夷好畧賣人口歐羅巴諸國以其慣而馴能力作競買為奴迨歐人西辟亞墨利加諸島國苦於土滿本國流寓不足資耕作土人又悍不受役於是多買黑奴驅之攏畝如牛馬然葡萄牙尤以販買黑口為利相沿數百年矣黑人雖混沌然與歐人雜居日久七竅亦已漸鑿西葡諸國待之有恩故未生變佛人性高亢視黑奴如草芥踐踏無忌黑奴之悁悁含忿欲傳刄於其腹中者非一日矣一聞內變操戈並起萬戶聚殲不遺噍類語云蠭蠆有毒信哉近年英吉利嚴申厲禁以多金贖放黑奴為民前後費銀數千萬圓

且以兵船巡海上，捕販賣者，米利堅亦多所贖放，並於黑奴故土買地安插，固兩國之好，行其德，抑亦有懲於佛人，不欲斂怨於異族，沽慈惠之聲，弭肘腋之變，其為謀誠深遠矣。

荷蘭屬島在安的列斯者有七，地褊狹，無大權，每遇諸國兵爭，不暇榷稅，各島乘機販鬻，恒獲倍蓰之利。

嗹國屬島在安的列斯者有三，近年效英米以釋放黑奴為德政。瑞國有小島在安的列斯羣島中，曰桑巴爾多羅美，地褊狹，貿易甚微。

按亞墨利加兩土縱橫數萬里，海灣羣島，一拳石之多耳。然古巴、海地兩大島比中國之臺、瓊，其餘各島亦多腴壤，歐羅巴人極意搜求，得片土即經營墾拓，遂使萬古窮荒之僻島無不獻之精華，其能事曷可少哉。

高理文米利堅國志畧

圜地周圍三百六十度以天測地則美理哥地屬七十餘度中國亦屬七十餘度若以南北圜地而計周圍亦三百六十度内三十餘度屬美理哥國三十餘度屬中國中國之京城與北極相去不過五十度而美理哥國之都城與北極相去亦不過五十二度所以美理哥國之北甚寒而中國之北亦然自赤道至中國之南相去不過二十度而美理哥之南至赤道亦不過相去二十九度中國之東有大洋而美理哥之東亦然可知二地東南北皆無異惟中國之西皆列國為交界而美理哥西則茫茫無際焉美理哥北有英吉利附庸之國南有墨息哥國案墨息即墨西西科亦作墨是可東有壓瀾的海西有太平海然以普天下分為二十一分而兼攝邦國僅屬一分矣原夫創國之始即有伊大里

法蘭西西班雅英吉利荷蘭等國人迨遞而至貿易至今、不然、三四百年外國至者亦年來年返、後見其無國主民散俗樸、無不欲奪其土地、適值年荒民多就食於別國、勢益渙散、各國遂加之以師旅、新國不能自立、迨明萬歷年間、有英吉利人稟其女主請開新國、遂創費治彌亞之地、及占土王遂建城令七人管治、內一人為首、六人助之、大小文武官吏任其選用、以王名名之曰占土城、其後泰昌年間、英吉利王嚴諭庶民奉上帝者畫一同歸波羅士特教、不得任意奉額利教加特力教、違者加刑、由是國人願請徙居新國者二三百人、蓋奉加特力教欲隨意事上帝也、初至北方玭理某之地、即以此名新洲、後又名之曰新英吉利、時有土人頭目名馬沙雪、厚待英吉利人、為之地主、其後分茅列土、有馬沙諸些部、蓋為此頭目而名也、自泰昌天啓間英人到新國者三千餘人，因人衆始分居新韓賽羅底島緬部等地。惟總名則曰新英吉利矣。前英吉利人至新方者，特欲得隨意奉教，故一年後即起殿堂以事上帝，設官職，立學校。萬歷年間，有荷蘭人至新地之南方，名其地曰新荷蘭。其後康熙三年，英吉利人逐荷蘭，改其地名曰新約基。崇禎年間，新荷蘭之南有瑞典人居此，名之曰新遮些。其南亦有瑞典人居其地，稱曰底拉華。既而皆爲荷蘭人奪之，英吉利又逐新荷蘭而盡有其地。康熙二十年間，有英吉利人衛廉邊者，其父前爲水師帥，禽賊極多，王賜以金不受，求賜一新地，於是王授以印信而往，名其地曰邊西耳文也。邊者姓也，西耳文者野地也，謂邊姓之野地也。崇禎五年，有英吉利人稟女王，欲居新國之極南，遂名其地曰馬理蘭。馬理者后也，蘭者地也，謂王后所賜地也。順治五年，有英吉利人至新方費治彌亞之南、稱其地曰駕羅連內又分南北二都、自萬歷年間始有貴治彌亞部、越百數十年後漸次而有十三部也、其一貴治彌亞其二馬沙諸些其三羅底島其四新韓賽其五千尼底吉其六新約基其七新遮些其八底拉華其九邊西耳文十馬理蘭十一南駕羅連十二北駕羅連十三磋治亞十三部人口、共約百數十萬、各部首領皆由英吉利國除授而以英吉利國例治之維時有法蘭西國人亦開墾新地之北名為新法蘭西後亦名干那大於是漸次自北而西而南皆有民居、建礮臺意以防虞新英吉利人也由是英吉利鎮守費治彌亞之總制、修書於法蘭西之將軍、令毋庸多設礮臺法蘭西將軍不允其往來傳信者、則本地人華盛頓也、於是總制傳檄鄰部、並奏於王於康熙二十年、王遣大將率兵船數十、軍兵數千、至費治彌亞交戰、三載勝負未分、迨二十四年、法蘭西之大將曰滿鑒、英吉利大將曰吳里富、對壘於貴壁、兩將皆受礮傷回營皆死旋英吉利取勝、於是逐客民毀礮臺奪其土為附庸、於康熙二十五年、班師回國、此其吉利初據美理哥地之原始也、自康熙二十五年、干戈既息、又數十載至乾隆間滋日繁田日闢貿易日盛、英吉利王之心日侈、遂欲加重稅餉屢與人勒爭、時英吉利有公司商船、自中國販茶回西國、例賣貨者納稅、英吉利王改諭令買茶者納之、土人不服、於是南駕羅連部則相約不買公司之茶、囤積二三年、變為廢物費治彌亞與新約基之茶船、皆被驅逐不許進口、而波土頓之茶夜為土人投諸海、於是新國人互相傳約英國若征買稅者、我國一人亦不許買、英吉利王大怒、遣兵至新國將別項餉稅皆強勒倍收民死不肯從、時乾隆三十九年、新國各部衆衿者至費治彌亞會議欲客民與土民仍前和好、復其舊制收回新令於是稟王請不加征稅餉、並撤兵回國、英吉利王不聽、反增兵艘入境掠貨船、焚垣壁、國人弗忍其虐、如是、衿耆復議密約各部落皆出壯丁、整戰艦、立華盛頓為帥、於乾隆四十一年七月初四日、檄告各國曰、上帝生民、萬族同體、各畀性命、使安其分、又恐民之强凌弱、衆虐寡、蠢頑之無教、故又立國主以範圍之扶植之、非使其朘削之也、我國舊無渠長、及英吉利來王我地、臣我民、我民亦懽然而奉之、曰庶覆幬我乎、庶不災厲我乎、然其政非甚有害、則民尚可忍而不變、乃英吉利王之凌虐我國、一而再、再而三、我衆亦忍、至經年屢月、而英吉利王終無悛悔、其勢不可再坐視矣、故不得不議立首領、備兵甲以自扶傾而救危、至英吉利王凌虐我國之事、各國或不盡知、今條列十二端、告白天下、知變動非我之罪、

多一先字

一舊例增改律例須與國中衿耆合議、從民之願、乃英吉利王
徑改新例不與衿耆相議、及新例不便、再三稟改、不允所請、
一每歲各部衿耆來集會城、欲至議事廳商酌一切、英吉利王
乃驅逐之、既逐散後、不許復聚商議、
一土曠人稀、原望歐羅巴各國人至、庶農商日盛、乃英吉利王
禁止各國之人入境、不欲户口日繁、惟英人獨擅其地、
一舊例本處理刑官先先由衿耆選舉、或先由王擇定、再采公
議、茲英吉利王自專、不令衿耆預聞、
一舊例各部文武官、各有定額、俸祿皆出自民、乃英吉利王擅
加官額、派民供給、不與衿耆同商、
一舊例各省弁兵、亦有定數、糧餉亦出自民、茲英吉利王擅自
增設、調派糧餉、亦不商之衿耆、

一舊例文武員弁、或本土、或外人、不定、有事、必文武同議、英吉利王不然、武員則必專用蘭墩人、有事不與文員商議、惟武員擅權、任武而不任文、

一英吉利王、刻剝錢糧、多於前制、禁停貿易、大異常規、民之所欲必違之、民之所患必興之、專以厲下而奉上、刻他國之人、以私己國之人、

一英吉利王所調各水路巡兵、惟有刦掠貨船、及毀拆城池、縱焚房屋、奉此為王、與奉寇仇何異、

一英吉利王使弁兵常居民舍、以便時行欺侮、

一被刧之良民、勒令從其為賊、往刧別艘、如有不從、即行加害

一英吉利大官諭唆各部、使自紛爭、並唆土蠻使害居民、使各不相安、

以上各事我國衿耆屢諫而英吉利王不聽國人無如之何不得不自創立邦國新國既立英吉利王亦其如我何

英吉利王見檄知十三部合為一國益怒復增兵船入境新國拒戰經年勝負未分又得法蘭西國人出兵相助于是彼此鏖戰六七年之久時三國戰艦百十艘將士數十萬陣亡者固不勝數乾隆四十九年英吉利王知新國終不可勝乃遣大臣來西講和結盟罷兵國中衿耆議曰我國之兵皆民也今既相和則衆兵盡散棄甲歸農法蘭西兵船亦返華盛頓亦歸田里矣倘英國再敗盟興師何以備之且國中有訟獄誰為處斷必立君長定法制乃可久安長治立君而繼嗣不賢或至暴虐國亦終亂將何以善後于是乾隆五十三年春各省衿耆會議于費治彌亞共推華盛頓為首身後公舉賢者更代不世及不久任

議四月畢，及散歸，各執所議章程回告部内之人，再議一年，復至貴治彌亞再議，然後定，並公舉文武各員。其戰陣所費公項尚缺二十餘萬，以每年所收之餉漸次償補。乾隆五十九年，計新國之民不過三百九十二萬一千三百二十五口，内為奴者六十九萬五千六百五十五口。是年共征收餉銀四百七十七萬一千員。時尚無都城，衿耆共議，欲買貴治彌亞與馬理蘭交界之頗多麥河周圍三十五里，以築都城。其河口至城之地約有百餘里。由是國内規模律例已備，乃立與鄰國相通之制，以絶後世邊釁，令民視四海如一家，視異國同一體，遇列國紛爭，勸和為尚。此與歐羅巴内法蘭西、荷蘭、瑞典、英吉利、葡萄亞、西班雅、鄂羅斯、大尼、阿理曼等國，及亞非利加洲内麻哥、安遮耳、都尼士等國，亞細亞内都耳基（即都魯機）、阿黎米（白頭回國）、暹羅等國相

于是误
于月

通各國皆有使至獨大清粵東則無惟有貿易領事商人來往而已此新國建立之本始也

國制首領之位以四年為限華盛頓在位二次始末八年傳與阿丹士時歐羅巴內有法蘭西國奪新國貨船新國遂設艟艨兵士復請華盛頓為帥二年然後事靖嘉慶五年華盛頓卒國人呼之曰國父以其有大勳勞於國故也按康熙二十年英吉利與法蘭西爭議時已稱華盛頓往來其間彼時年至少亦必二十外至乾隆四十年新國起兵拒英吉利時華盛頓為帥已相距百二十餘歲矣若嘉慶五年始卒則百四十餘歲矣蓋二人同名非一人也嘉慶六年間阿丹士在位四年傳與遮費遜其時戶口有五百三十一萬九千七百六十二丁遮費遜在位八年遂傳與馬底遜迨至嘉慶十七年歐羅巴內列國干戈未息時英吉利梢人不足用乃捉新國船上梢人以補之於月兩國復相鬬二年後始靖嘉慶二十二年馬底遜在

位八年、傳與滿羅、滿羅在位八年、傳與阿丹士之子阿丹士之子、在位四年、傳與查其遜、計至道光十七年春正月二十八日、彼國則二月初四日也則在位八年、今又傳位與泛標倫矣、立首領設國法之時、止有十三部、見第三章至乾隆五十六年、增華滿部、五十七年、建大基部、嘉慶元年、增典尼西部、七年增阿嘻阿部、十九年增累斯安部、二十年增引底安部、二十一年增美士細比部、二十二年增伊理奈部、二十三年增亞喇罷麻部、二十四年增緬部、二十五年增美蘇里部、道光十六年增美是干及阿干蘇部、通計二十六部、戶口約有千三百餘萬矣、部落之名即本書中亦多不同本無定字新國中原無亞細亞內中華日本暹羅越南各國人至、惟有歐羅巴內伊大理法蘭西荷蘭英吉利西班雅瑞典等國之人而已、各國亦不過年來年返、其久同處者、惟英吉利為多、故新國人物規模體制皆不異於英吉利其後法蘭西荷蘭等國三五成羣而居由是新國戶口日盛一日康熙二十八年約有十二萬丁乾隆二十一年約百萬丁乾隆四十年約三百萬丁乾隆五十五年計三百九十二萬一千三百二十八丁（前未設計戶口之法故更大數而言至此而始立十年一計之法也）嘉慶五年五百三十一萬六千五百七十七丁嘉慶十五年七百二十三萬九千九百零三丁嘉慶二十五年九百六十三萬八千一百八十一丁道光十年一千二百八十六萬六千九百二十丁（內為奴者約二百萬）生齒雖日繁終未憂人稠地狹中華已過三萬萬況新國之未過一千三百萬者乎近見英吉利國著書稱美利哥國原是英吉利罪人充軍至此所衍苗裔其言荒謬無稽之甚不過英吉利人遷於喬木矣惟其風教技藝實賴歐羅巴人始開耳（按英吉利禁奉加特力教之人故加特教中三百餘人遷

目山抵海當
是自山抵海

往新地而英吉利因造為罪人流謫之說以試彌利堅人其實彌利堅國豈盡此三百餘人之裔即此三百餘人亦因不肯改教而遷他國並非謫戍罪人也

新國地勢共列為三分東離壓的海數十里有亞罷拉既俺山由南而北其景如畫目山抵海是為一分西離太平海數百里又有治臂外嶺由北而南其形如線從嶺抵亞罷拉山亦為一分自治臂外嶺至西之太平海復又為一分所謂三分也由亞罷拉既俺山之東北轉而往南沿海而行漸次廣大其東北角山海相連毫無餘地東南則有平陽山河相間山頂有瀑布由基泥伯小河下流為美里麥河干尼底河哈地遜河底拉華河蘇貴合拿河頗多麥河羅晏屋河奴細北底河卸番亞河其西之治臂外山高約百丈與太平海相隔約千五百餘里凡流注於太平海者無不經過此山中有一美斯細比大河由北而貫

至南且有美蘇里河呵嘻呵河出墨息哥國海口其北則有素比里耳湖美是干湖胡瓏湖伊里湖安大里珂湖磋治湖汕玭璉湖南北寒暑不同北方甚寒愈南愈暑由南而北熱亦漸減田地亦然北地可以依時而耕南地近水時患潦由北邊界與北極相去不過三十五度若在北極至國之南界則相去六十五度在國之南界至南之中赤道則相去二十五度可知國內之地三十度無疑矣以三十度列為三分而近北極之一分每歲中有四五月盡是冰雪中央一分每歲雪霜漸少近南方之一分陽和晴暖時須納涼一年之四時不同每月之寒暑亦異故萬物之生產自不齊其大略也欲知土地之美惡必先知寒暑風雨之候故設一寒暑針用年月日較之則可知其寒暑欲知風信必須以年月日紀之方可知其大略如馬沙諸些部之

波士頓城每年有北風三十日西風四十九日西北風六十四日東北風四十三日東風三十二日東南風十六日南風三十七日西南風八十八日在華盛頓城北風五十六日西北風八十七日東北風三十五日東風十六日東南風二十四日南風四十日西南風五十五日西風五十六日在累斯安部之巴頓而碌城十一月內北風則三十九日西風七日東北風十一日東風五十九日東南風十六日南風七十一日西南風十五日西風一百四十六日土地美惡亦可知矣欲知雨之多少須在上年每月日紀天之星辰雲霧考驗知之在馬沙諸些省波士頓城每年約有二百二十四日天晴八十四日興雲三十五日下雨二十二日降雪在華盛頓城每年天晴二百二十二日興雲五十八日下雨七十二日降雪十三日在累斯安之巴頓而

碌城十一月内天晴百六十二日興雲七十六日下雨九十七日降雪則無

世間日用之物無不從地產而至要者莫如金銀鉛銅鐵錫之類曩時金礦甚少邇來始知亞羅拉既俺山之東北駕羅連南駕羅連磋治亞典尼西亞剌罷麻等部皆有之計道光四年所取之金估價銀不過五千員五年則一萬七千員六年二萬員七年二萬一千員八年四萬六千員九年十四萬員十年四十萬六千員十一年五十二萬員十二年六十七萬八千員十三年八十六萬八百員十四年八十九萬八千員銀與銅及水銀則或有或無鐵則各處繁多不勝用惟錫及各項珍寶甚稀煤炭則邊西耳文等部良而且多其始地曠人稀樹木叢茂人只取木而不取煤今則煙火日繁樹木不減於前而煤炭愈旺於

昔鹽則三面煮海且有山中鹽池及鹵石亦可為鹽更有一山其水可作藥中有油氣竟可然燈焚物此乃土產物性之異者也凡金銀鉛銅鐵煤鹽中華例禁不許私開惟西國人人准取樹木約有百三十餘種高者約三丈餘而至高者則莫如橡木間有八九丈者以之作船作柱甚美其木則有四十四樣次則核桃亦有十樣次則楓樹高茂其汁甘可煎糖每年約糖數千石美蘇里部內有一株最大身圍四丈六尺次則樺樹尤壯觀瞻其皮可代瓦蓋屋作舫渡河土人用作小舟輕捷異常出入背負渡水既迅攜帶又便亦有蠶桑以為綢緞其餘飛潛動植他國所有者新國皆有之

開國之初無知無識不諳工作之事或有人力而無物本或有人力物本而無知識皆難成器必三者兼備而物始成即如中

華之綢緞磁器、既有人力物本、又有知識、何怪其精美、如中華之匹頭、已有人力知識、獨無物本、何怪其不成、至中華之時辰標、雖有人力物本、而無知識、亦何所用、新國則不然、如有物本而無知識、則延他國知識者以教習、或有知識而無物本、亦往別國運載、或有知識物本而無人力、則以物力代之、如水力火力獸力皆是、昔新國之南方棉花稀少、且一車一機、及一人紡織成就不易、故棉價最高、迄嘉慶二十年間、國人知識日廣、每地置車數十架、不用人力、而以水力運行、紡數十車之花、一女兒監之而已、織布每地置機數十張、不用人力、而以水力旋繞數十機之布、亦惟一女兒督工而已、茲有一紡織所、內有紡花車萬五千架、每日能織布四千丈、共計八百人、男一百、女七百、一女每月工銀十二元至二十一元不等、內一總管理所有出入之買賣其工銀每年二千元至商主所贏之息則十之而已故近日棉價日賤乾隆五十五年前每年棉花從未有三萬八千斤者至道光五年間每年多至二萬七千萬斤估價銀二千七百萬元留五分之一在本國自用餘皆販賣別國自道光六年間至今棉花日增比之二十年前之價則已減三分之二然今之為商者得利反重於二十年前是以織布日多前此多用苧蘿布自棉花日增苧蘿日減至大小呢則資羊毛故牧羊者亦不少此物始自英吉利而國人效之究不如英吉利之精故故土人不買本國之呢至今則用水力為之益巧益多並流販於別國亦有用人力而為之者留以自用其水力為者則賣與人也若磁器國內雖有其泥惟不能制如中華之巧今始畧有焉書板則極多皆不用刊板而用鉛字活板故鑄字制紙印書

三等人甚多

美理哥出商外國者，其始極少，今已蕃盛。乾隆五十五年，共計外商本利銀一千九百萬員，至嘉慶元年，則六千七百萬員。其貨物不過魚油獸皮牛羊猪馬煙棉花五穀等類，工作則有鐵器磁器木器玻璃器而已。國中關稅甚少，無論入貨出貨，皆無重斂。然在本國交易者，則不過南洲數國，在歐羅巴洲內，則有英吉利、法蘭西、荷蘭、葡萄雅、西班雅、破魯斯、瑞典、鄂羅斯等國，在亞非利加洲內，則有埃及多國，在亞細亞洲內，則有都耳基、回回、印度、葛剌巴、小呂宋、暹羅、大清等國。究其初至大清，則在乾隆四十八年，始由此日盛一日。道光十四年，本國入口船五千六百二十八隻，外國入口船三千九百五十三隻，本國出口船五千八百八十六隻，外國出口船四千零三隻，每

五百五十五
九千物品誤
字

年增減皆有冊報道光十三年一千百八十八隻内大船六十五隻一所載之貨道光十四年變價銀約二百餘萬山中之物變價銀約四百五十餘萬屠宰牲口變價銀約有三百餘萬農圃之物變價銀約八百餘萬棉花變價約五千餘萬煙變價約六百五十餘萬工作之器變價約七百餘萬共計變價銀約一萬萬餘通計出口之貨惟棉花為最道光十五年售出百三十六萬六千五百九十九包十六年百六十三萬六千五百五十九包每包約價銀七十員其銀萬有一千五百五十五九千一百三十員上年每包約六十五員本年價稍昂以二年相比則十六年多於十五年二十七萬包俱在外運回之貨約銀一萬二千五百餘萬員首領最喜貿易日繁故有數款貨物出入關口毋庸稅餉者

廣疑庫字之誤

美理哥國有都城之官有各部落之官各部落內一首領一副領議擬人員無定數公選議事者或十餘人或數十人無定各省設一公堂為首領副領及士人議事之所事無大小必須各官合議然後准行即不咸允亦須十人中有六人合意然後可行本省之官由本省之民選擇公舉都城內有一統領為主一副領為佐正副統領亦由各人選擇每省擇二人至都城合為議事閣又選幾人合為選議處統領每年收各省餉項除支貯廣不得濫用外每年定例享祿二萬五千圓若非三十五歲以上及不在本地生者皆不能任此職例以四年為一任期滿別選如無賢可代者公舉復任若四年本滿或已身沒或自解任則以副統領當之副統領不願則推議事閣之首若亦不願則以選議處之首護理設終無人願當此職則吏政府移文於各

部首領遍示士民速舉焉統領三職文武官皆聽其號令若遣使於鄰邦或迎使別國皆統領主之副統領亦由民選舉亦四年一任享祿每年五千圓所司無事不過議事居首而已至議事閣與選議處皆以每年十二月內之初禮拜一日齊集都城公所會議議事閣之職每部有二人計二十六部共五十二人選議處共二百四十三人以議事閣五十二人分為三等以二年為期輪退後復擇新者是以每等以六年為一任不過或先或後而已又定例年未及三十以上者不能當此職議事處則以二十五歲以上為例二年為一任期滿別選以十二月初禮拜之一日齊集會議凡國中農務工作兵丁貿易賞罰刑法來往賓使修築基橋之事皆此時議之吏政府首領每年俸六千員亦有左右佐事者幾人戶政府如之兵政府之首則有幾百

人以佐之廉俸亦如之別有水師兵部惟專理兵船亦有佐事數十人每年廉俸亦如之禮政府不過數人佐之每年廉俸四千圓驛政府總理各部落來往文書設驛於各部衝要如有書札寄某處則以路之遠近計程費之多寡其銀以每四季包封送驛工食銀亦由驛政府發給政府廉俸每年亦六千圓國之大政有三一則會議制例二則諭衆恪遵三則究問其不遵者是以國都有一察院院内共七人以每年正月齊集究人因何不遵法律之故審畢或二三月然後回家其各部亦分設七院每年以四季齊集究問不守例者但為審官則不能會議制例會議制例官亦不能兼攝審問也新國制例有五一曰國例為二十六部所通行二曰部落例各部不同三曰府例每府亦不同惟生於斯者守之四曰縣例各縣自立其規各民自遵　制

五曰司例、亦由司白例、惟所屬者遵之、此五例中又小不能犯大、如司則不得犯縣例、馮國例乃都城議事閣會議分發各部令將各大典悉列於左、

一歲征糧餉所有動支各項、皆於餉内撥發、

一國帑不敷、必會議預為籌辦、免致臨時拮据、

一與各國貿易、各部交通、即木土蠻人皆宜同一體、

一流民准其寄居入籍、以免失所、

一設局鑄銀、務權衡輕重多寡以歸畫一、並嚴禁偽造番銀

一設驛傳遞公文書信、以時修其橋路、

一教人習學六藝、如六藝中有超衆者、則別予奬賞、或能自創新制、開前人所未及、為今人所樂效者、亦奬賞之、

一各部立察院、以審判民間之事、或三部立一、或二部立一、

視部分之大小酌議、

一宜防海賊剿劫、如有捕獲、無論本國外邦、必照例治罪、或有謀反叛逆、及在外國滋事、尤必照例嚴辦、

一如遭外國欺凌、統領必先曉諭萬民、倘未便講和、致動干戈、務必踴躍向前、若兩相盟會、即可戢兵、

一以錢糧招民、為陸路水路之兵、必嚴核其技勇、

一水陸兵士、務遵約束、不得騷擾、

一國有攻戰、除國中官兵而外、凡民有肯同仇敵愾者、即議給口糧、

一專設法以治都城、與治各外部不同、

前例十四條、如有不遵者、則設法以引導之、除此例外、首領亦不能任意自為、凡統領遇饋送、當受者、亦必商之議

事閣及、選議處、使大小文武皆得傚行、國人以律例為重、不徒以統領為尊、此外則由各文武自立例款、以約束其民、但不得以部例犯國例、其各府文武、各自立例以治、因地制宜、惟亦不能以府例犯部例耳、下至縣司亦如之、

立一國之首曰統領、其權如國王、立各部之首曰首領、其權如中國督撫、一部中復分中部落若干、如知府、再分小部落若干、如知縣、其國都內立六政府、如六部尚書、惟無工部而有驛部、凡公選公舉之權、不由上而由下、通國水陸兵事、則推統領為主、兵有不遵者懲之、都中六政府之首、必聽統領選擇、副者則由正者擇焉、設有升調革降、皆請命於統領、給文蓋印、然後莅任、國內刑獄事、如察院審判不公、統領亦可更正之、設與外國相爭、外邦求和、統領必會議而後定計、或外國使來、或本國使

往皆統領所理也、每年各省官會議之際、統領將一年收支各項言行各事出示於衆、並本年未行各事亦示之於各部官、若各部官散後、復有要事或與例不符、統領不能決者則出示白各官復至、議焉、所有條例、統領必先自遵行、如例所禁、統領亦斷不敢犯之、無異於庶民、而後能為庶民所服、至各部落亦有例、其首領初立例時、亦如統領自誓、即部內各事亦如統領國內之事、府州縣司皆倣此、惟部府州道阻且長、居縣者或艱於往返、故如有事會議、亦惟商之於縣也、議事人例非三十一歲以上不得預、常例以三四月為期、如有要事、則無論何月、每年議事多少幾次、亦無定數、前期縣官示諭某日某所公議何事、至期者老通知於衆、各將所欲公舉之人書名紙上、置甌內、後開甌以人多於舉者為之選官、選人之時、領事人亦先質於衆或有人起、對請領事自行裁奪、則領事再語於衆曰、如衆中有欲吾選者、則舉手為號、如舉手過半者則可、如未過半則不可、又如都中府中州中有要事會議、則各縣各應選人赴會、領事則謂衆云、今選人往城會議、當令何人往、衆亦將保薦之人錄名紙上、置甌啓甌如前例、凡縣官之職、一則以選人為首、所有縣内一切諸事、皆必盡知、即非其所管者、亦必周知、二則在縣内收餉、必悉知縣内人丁多寡、何人有田若干、何人有地有屋若干、三則總理縣主一年收支各數、言行各事、登錄存檔、不能苟且、漏入漏出、其外則有總理揭借拋欠偷竊捕盜濟貧等數人、如非常任事者、則别治生業、如常任事者、則各有俸祿、

國中察院有三、管理都城者曰京察院、管理二三部落者曰巡按察院、管理一部半部者曰分巡察院、在都城者、衙門共七人、

一正六副每年正月齊集會審各案一次如有因事不至者四人亦可審不及四人不能審都城之內若有不遵例者亦京察院審之若巡按察院審事不正任其轉告於京察院巡按察院衙門有七其一管緬新韓賽馬沙諸些羅底㠀四部其二管千尼底吉華滿二部及新約基之南半部其三管新遮些部及邊西耳文之東半部其四管馬理蘭底拉華二部其五管北駕羅連及費治彌亞之東半部其六管南駕羅連磋治亞二部其七管建大基典尼西阿嘻阿三部惟亞剌罷麻累斯安美士細比美蘇理伊理奈引底安美是干新約基之北邊西耳文之西費治彌亞之西等部人數無幾故以分巡察院兼理之惟每巡按察院審事時如無京察院在則不能審若有要事則必有二巡按而後可又每年齊集二次審判如此數部內有人在他巡按

察院所屬地犯法則即由巡按察院審之至分巡察院衙門共三十有三每院内一分巡察院每年審事四次若有要事則無定次倘審不公亦可轉告於巡按察院此皆國察院也其外又有數部察院部内犯法則部察院審之府州亦如是凡察院内有各科房各工役以聽差遣凡原告被告有愚蠢者則有人代為書狀並同上堂代訴人犯既齊察院兼擇本地衿耆以助審衿耆少則十二人多則二十四人除本犯之親友兄弟外即先知有此事者亦不能預既審後出而會議遂定曲直衆衿耆將情由寫明送呈察院而退察院觀其是非照例定罪每縣中亦有地保幾人勸和小事國内立一律例院有室數十餘間每間有一師掌教凡進院習讀者以三年為滿皆訓告規條律例使人知遵守

國中犯法大者爲反叛殺人强劫放火立國以來告反叛者未之有也殺人則每年多少不定强劫每年終不能無放火則六十六部中每年不過五六次其强姦每年亦有二三次情姦亦時有之其餘或冒名僞造或竊盜爲非或相鬥相爭或醉後逞凶今以馬沙諸些一部言之其犯法監禁者道光元年則有七十一人二年則八十四人三年則九十一人四年則一百零七人五年則八十六人六年則九十六人七年則八十一人八年則八十人九年則百零四人十年則七十九人十一年則百有十五人十二年則七十一人十三年則七十六人十四年則百有十九人是年内竊盜者八十八人冒名僞造者十人强劫者四人放火者一人爭鬬者五人情姦者六人强姦者二人脫逃復捕獲者一人殺人者二人以上各年監犯以十四年截計除

審後放出監外尚存一百七十七人刑法則有三一絞死二則監禁三則罰贖並無梟首充軍拷打等刑凡反叛海盜皆絞死殺人强姦强刦放火等如之或永監禁焉其餘或監禁或罰金隨情輕重各省各府皆有監獄監内左右上下皆用大石為之或數人一房或一人一房皆極潔淨亦有小窻通風房外四圍有欄杆餘地可以散步管監官體恤其衣食勸戒以善言約束以事業今計道光十五年馬沙𢓜監内犯人所作工銀除管監官教師並看門兵丁等工食並各犯衣食所用外尚存銀七千二百九十六圓盡撥充公

新國之濟貧也未貧預防其貧既貧則防其愈貧如其防火燬則多以磚石疊築並設水車水筒以備不虞防雷閃傾頹則立一長鐵杆於門以拒之雷見鐵杆即自頂旋繞至杆下而去貧

人收作傭工，倘無人收用，則本縣設濟貧院以居之，各分以事業，所得之項，全數入官，倘生子女，則有塾師教之，府省亦然，至會城村族，不許有一丐食流離之人，然非先立一濟貧之法，又安能禁人之乞食乎，凡有國者所宜留意。

每鄉設學館一所，鄉中富者科銀延師，教一鄉子弟，若鄉中無富者，則在會城中官員處借助，其就學之童，每夕回家，男女皆可以為師，若女師束脩銀每月不過六員至十員，教女童讀書外，並教刺繡，男師則二三十員不等，亦有專教一家者，又有縣中學館，有無多少不定，惟鄉學館不拘貧富，縣學館無束脩者不可入，因以此項延師故也，其館本處人稟縣官而後建，或縣官公同建造者亦有之，其中所學，比之鄉學又略大，更有會城中學館，多少無定，城中富者建之，或設會而以會項建之，或官

假三三百通融
一百十五错

員助之館中條例、擇幾人議之、並司其事、然後遍告同學、學者每年考試一場、取中者入館內、如中國之秀才、習學以四年為例、不遵律戒、不待四年亦可以逐之、既習四年、則如中國之舉人矣、散館後或為官為士為農為工為商、而各司其事、別有大學館、惟許已中舉者進焉、所學有三、一聖文、二醫治、三律例規條、二者不可兼得、又以三年為期、期滿則猶中國之進士矣、會城學館、每部一二所不等、三四所不等、惟進部者、通融計算、約八九十所、每所延師五位至三十位不等、截長補短、每所約十位、其師每年束脩銀一千至三千餘圓不等、受業者每年每位送束脩銀一二百員不等、每館之徒、二三百不定、通融牽算、不過百四五十人、分析言之、聖文大學館國內約三四十所、每所師四五位、受業者約七八十人、又醫治大學館約三四十所、每

一日不能閒
閒誤作開

所為師者約七位其徒數十人習律例之館師徒多寡亦與醫館大同小異

新國器械與中華異不但船隻之桅帆槳櫓即築屋建樓鋪設以及兵器皆然火礮能用彈子數十斤手鎗之口則有小劍但無弓箭長矛籐牌而已國人皆好音樂歌唱故有吹彈敲戛各器童蒙即有樂師教之又有畫地理山水人物花卉鳥獸之工次則雕刻之工又其次則建華屋築高橋等工或有能創新出巧如火輪船及水火織布之類則地方官獎勵之

新國立仁會以濟在監之犯昔監內弊端甚衆由監出之犯為惡甚於前由是會中遂改各監之規模分布二十六部監內分善惡兩途善者居寬廣之所惡者居淺狹之所俱不能相見前收監者無事業今則一日不能開並有善書於禮拜日使誦故

今之犯法收監者、出監後即痛改前非、且前此監中所費極多、今犯人作工營生、故每年除支外、反有餘貲、見十七章又聾盲啞者原屬無用、今國內立仁會、設館訓習、如聾啞者亦以手調音而教之、盲者即有凸字書、使他以手揣摩而讀、至幼失怙恃者亦有育嬰之院、若醉酒亂性、難以强禁、乃設一節飲會、館內藏一簿、登戒飲者姓名、願戒不願戒、各從其便、既進戒館後、則不能再犯、共計各部此館約有四五千間、其登戒酒簿者約二百萬人、其造酒之舖、變為他項貿易者、約四五千間、將酒舖賣人別尋生理者、亦約七八千間、故酒費日少、戒飲之人日多、又城中設醫生七十五人、訪察酒之損益、今則皆知其無益而有損、故戒而不飲者大半、至于水手輩、多是貧乏之人、故會內亦濟之、並及其妻兒也、凡無力延師訓習者、亦設院延師以訓之、國人於禮拜日、皆不作工、故設一會所、逢禮拜日教人、內藏書極多、如不在者、亦可借回家自習、至禮拜日復送回、又不至學館誦習者、亦延師至家而教、亦有刊刷小書、分贈令人學善者、亦有一院專刊聖書出售、如無力買者、亦可贈之、別有一會名曰勸和會、如兩人相爭、或鄰省相鬬、兩國不和者勸之、每會中所用多者、每年不過二十萬、少者不下數百圓、

開闢之始、未有人類、上帝既造一人為萬物之主、又立一女子以配之、夫婦之禮自此始、歷代相傳無異、但無立妾及少年預聘之例、年十五以上者、訪求淑女、若非親誼、則踵府謁其父兄、結好往來三五載、彼此賢愚皆已知之、或面訂佳期、或各告父母、並無奠雁迓輪及聘定之禮、娶之日、男女升堂攜手、有一官或族正書二人名、蓋之以鈐記印信、其後報丁冊內列夫婦姓

名、自後必終身偕老、國中二十六部、無君臣之名、惟有上下之分、國領部領府領縣領之不同、各首領起居飲食衣服、亦無異平民、但事權屬之人、人皆敬之而已、其兄弟父子朋友三倫與中國略同、

新國衣服之制、帽高至七八寸不等、或以黑絨灰色絨為之、其矮者或圓或六角八角、帽前有皮簷一片以遮日光、常有帽帶繫之、冬寒則以法蘭仁氈為內衣、短小無領、外加一汗衫、四圍纏身、不甚寬大、其領高出至頷下、有一頸巾繫之、其外蓋一背心、前夾後單、高至頸膊、下則用法蘭仁氈為短小之褲、外則蓋大褲、汗衫在裏、前後有兩鈕扣、以十字交加帶過膊弔扣、後蓋一長衫、四圍纏身、光滑無紋、袖長至掌、領包至枕後、前長如背心、後長至臀、以羊毛氈為襪、長不過膝、鞋以牛皮為之、底面皆

然但底厚不過五層薄則一層面亦有帶繫之靴亦長不過膝底厚者多上下皆用牛皮穿時以大褲腳蓋之所有衣服鈕扣皆開在正面無左右開也飲食則每日三餐早膳或飯或麪及肉亦有牛奶雞蛋牛油茶架菲（架菲者將青豆炒焦研末水煎或白滚水冲隔渣）自七點鐘至十點各隨其便惟不多食名曰早餐至一點鐘及五點後所食則雞豚魚鴨牛羊多用燔炙自割而食並有生果糖果牛奶雞蛋等物或茶或酒合家同一檯檯面用布鋪蓋後置各物其上男女各一便每人以一碟盛物不用箸惟用刀叉調羹等隨人暢飽故名大餐晚上六點鐘至九點不等所食者與早餐同此日用飲食之常規也至於出外則車馬或一車一馬至四馬不等每年月中並無節氣每日亦無吉凶惟七日一禮拜而已餘與中國無異喪事始死則有一人為之沐浴止穿一汗

衫斂手合掌置棺内、逾三五日葬焉、山地内或以石以鐵以錫圍之、然後放棺、親朋送葬、素服不用白而用黑、墳之上下皆有石碑、碑上錄亡者之生辰死忌、又圍石欄杆以防牛羊踐踏。原志

序曰、予生於美理哥國之馬沙諸些部中、以地珠格之、則與中華上下相對焉、可謂一天一淵也、今年三十有七、竟得渡海繞地而及中華、歷見英吉利、法蘭西、荷蘭、西班亞、利未加、暹羅、日本、中華等國之土、與各國之文藝、豈不奇哉、回憶小年在本國舍農業、儒登大學之堂者三年、始進會城書院而肄業於各國古今文史、地理、天文、律例、規條、四時土產、悉欲博覽研求以應每歲掌院臨場彙考、毋得踰等、在内四年、文憑給領、由是出而進於大院、習古聖經文、亦幸上等、三年別換文憑、時年二十有八、家無内顧、遂欲遊覽異鄉之風俗、兼以予國所見聞傳播異土、幸於葛留巴、新埠、麻六甲、新嘉坡得逢唐人、領畧華書七八載、歎華人不好遠遊、至我西國之光采規模、杳無聞見、竟不知海外更有九州、或者上帝之啓予心乎、將使宣而播之、聯四海為一家也、不揣固陋、創為漢字地球圖及美理哥合省國全圖、又以事迹風俗分類略書、百年而後、流入中土、或有不恥下觀者、其將擊節歎喜乎、抑拉雜摧燒之乎、雖然、馳觀域外之士、必不方隅自封而笑我已、道光十八年、歲次戊戌孟夏、高理文題於新嘉坡之堅夏書院。

魏源外大西洋亞墨利加圖志總敘

嗚呼、彌利堅國非有雄材梟傑之王也、渙散二十七部落、渙散數十萬黔首、憤於無道之虎狼英吉利、同仇一倡、不約成城、堅壁清野、絕其饟道、遂走強敵、盡復故疆、可不謂武乎、創開北墨利加者佛蘭西、而英夷橫攘之、憤逐英夷者彌利堅、而佛蘭西助之、故彌與佛世比、而仇英夷、英夷遂不敢報復、遠交近攻、可不謂智乎、二十七部酋、分東西二路、而公舉一大酋總攝之、匪惟不世及、且不四載即受代、一變古今官家之局、而人心翕然、可不謂公乎、議事聽訟、選官舉賢、皆自下始、衆可可之、衆否否之、衆好好之、衆惡惡之、三占從二、舍獨狥同、即在下預議之人、亦先由公舉、可不謂周乎、中國以茶葉大黃歲數百萬濟外夷之命、英夷乃以鴉片歲數千萬竭中國之脂、惟彌利堅國鄰南洲金礦充溢、故以貨易貨外、尚歲運金銀百數十萬以裨中國之幣、可不謂富乎、富且强、不横凌小國、不桀鶩中國、且遇義憤請效馳驅、可不謂誼乎、故不悉敵勢、不可以行軍、不悉夷情、不可以籌遠、魏源又曰、彌利堅與英夷所據皆北洲、其南洲之孛露國金加西蠟國、至今未踞於西洋、亦未通市於中國、而金銀則甲四海、東不足者西有餘、以其所有易所無、氣運貿遷、烏見失諸此者不可償諸彼乎、夫惟有度外之人、則能通自古未通之絶域致自古未致之貨幣、外大西洋亦所以志大西洋也、彌利堅即墨利加、特譯音之轉、其國則為育奈士迭國、士迭者部落、育奈者總攝部落、西人或譯曰兼攝邦國、或譯曰合省國、則亦皆非地名、故今人相沿呼洲曰墨利加、呼國曰彌利堅、沿習成真、吾亦從而沿之、

国家出版基金项目
NATIONAL PUBLICATION FOUNDATION

海上絲綢之路文獻集成

總主編　陳支平　陳春聲

歷代史籍編　21

主編　范金民

海峽出版發行集團
THE STRAITS PUBLISHING & DISTRIBUTING GROUP
福建人民出版社

本册目次

談瀛徵實八卷（卷六至卷八）

〔清〕方朔纂

談瀛徵實卷六

懷甯方朔小東纂輯

南洋西洋各國教門表邵陽魏源撰

敘曰：天祐下民，作之君，作之師，君長一國一時，師長數十國數百世，故自東海以至西海，自北極以至南極，國萬數，里億數，人恒河沙數，必皆有人焉魁之，禁之，綱之，紀之，離之，合之。語其縱，則西域自佛未出世以前，皆婆羅門教，以事天治人為本，即彼方之儒。自佛教興而婆羅門教衰，佛教衰而婆羅門教復盛，一盛為耶蘇之天主教，再盛為穆罕默德之天方教，皆婆羅門之支變。婆羅門教，游方之內者也；佛教，游方之外者也。語其橫，則自中南東三印度而緬甸、暹羅而西藏而青海、漠南北蒙古，皆佛教，自西印度之包社、阿丹，四西之利未亞洲，而東之葱嶺左右哈薩克布魯特諸游牧而天山南路諸城郭皆天方教、其大西洋之歐羅巴各國外大西洋之彌利堅洲各國則皆天主教、與中國安南朝鮮日本之儒教離立而四、語其支派則佛教分為三、一墨那敏教、即印度國舊教、一名與杜教一大剌麻教、即西藏之黃教、一墨魯赫教、即西藏之紅教、一名墨低蘭教天方回教分為三、一由斯教、即婆羅門舊教、一馬哈墨教、即穆罕默德所創行于阿丹者、一比阿厘教、則其兄子所傳行于巴社都魯機者、天主教總名為克力斯頓教、亦分三、一加特力教、乃意大里亞所行天主舊教、一額利教、一波羅特士頓教、則諸國所後起、大都有不供他神而尚供天主偶像、畫像及禮拜前賢生日者、有一切不供惟敬天者、有供十字者、有不供十字者、世傳西洋惟英吉利一國獨闢天主教、不知英夷所闢者加特力教爾、故英夷國

王將立則國人必會議約新王背加特力教而尊波羅特士頓
教始即位英夷何嘗盡闢克力斯頓教哉又有道教散處各國
孑身修鍊名巴柳士民教歐羅巴利未亞洲皆有之特不及各
教之紀年建朔云自道術分裂儒分八墨分三釋道亦各分數
支同中立異鬬諍堅固于一教中且自相胡越況欲并包殊族
泯其畛域會其大同此必不然之數廣谷大川異俗民生其間
剛柔輕重遲速異齊　皇清能并回部不能使天山南路舍回
教而被儒服能服番蒙不能使西藏漠北舍黃教而誦六經鄂
羅斯兼并西北英吉利蠶食東南而不能使白帽黃帽之方盡
奉天主故曰因其教不異其俗齊其政不異其宜作南洋西洋
各國教門表

東南洋海岸之國安南湅儒沸二教今不列表

暹羅　佛教

緬甸　佛教 南掌老撾整線各國並同

東南洋海島之國 日本琉球兼儒佛二教今不列表

小呂宋島　加特力教 舊本土番無教門明以來西洋據此地行教

大瓜哇島 即蘇祿文萊等　舊佛教今回教

小瓜哇島 即葛留巴　舊佛教今回教

亞齊島 即蘇門答剌三佛齊　舊佛教今回教

餘小島無教門不録

西南洋五印度各國 西藏及蒙古皆剌麻黄教以非海國今不列表

東印度榜葛剌　墨那敏佛教

南印度孟邁等地 錫蘭山島同　墨那敏佛教

中印度溫都斯坦　墨那敏佛教 溫都斯坦今稱爲小白頭回子據此志尚

屬佛教

西印度包社　舊佛教今比阿厘回教或曰即巴柳士民教

西印度阿丹　舊佛教今馬哈墨回教　由斯回教

北印度克什彌爾　舊佛教今馬哈墨回教

南都魯機兼有加特力教　舊佛教今阿比厘回教　由斯回教

此外若葱嶺以西之哈薩克布魯特巴達克山愛烏罕布哈爾敖罕葱嶺以東之八城回部自明以來并改佛教為馬哈墨回教以非海國不列表

小西洋利未亞洲各國利未亞洲亦有道士教見阿邁司尼國志

東方伊揖國國內兼有佛教　由教　額利教　加特力教

東方阿邁司尼國　由教　加特力教

東利未亞八部其六部屬葡萄亞教門未詳其二部屬阿丹馬哈墨回教

北利未亞四部　馬哈墨回教

婆羅士特頓處未知与特士頓倒否

係我國同

西利未亞二十四部 小國土蠻祀鬼不知教門

南利未亞四部 小國土蠻祀鬼不知教門

中利未亞二十五部 馬哈墨同教

大西洋歐羅巴洲各國 歐羅巴亦有道士教原志未分析各國故不列表

葡萄亞國 加特力教

荷蘭國 婆羅特士頓教

彌爾尼壬與荷蘭同國而別奉加特力教

佛蘭西國 加特力教

英吉利國 婆羅士特頓教

意大里國 加特力教

耶馬尼國二十七部 半加特力教半波羅特士頓教

歐塞特厘阿國 加特力教 婆羅特士頓教

塞牙里與同國亦兼有二教

波蘭國　加特力教

綏林國　婆羅士特頓教

領墨國　加特力教

瑞國　加特力教

普魯社國　或由教或魯低蘭教或加特力教或波羅特士頓教

北都魯機國　阿比厘回教

北洋俄羅斯國各部

大俄羅斯十七部　額利教

西俄羅斯八部　額利教

東俄羅斯五部　額利教

小俄羅斯三部　額利教

南俄羅斯五部　額利教

加戛俄羅斯四部　額利教

西南新藩俄羅斯五部馬哈墨回教（本回部故）

東北新藩俄羅斯四部剌麻佛教（近蒙古部落故）

外大西洋墨利加洲各國

北洲彌利堅國二十七部　加特力教　婆羅特士頓教

北洲智利國　加特力教　婆羅特士頓教

其餘北洲內墨西科等國南洲內孛露國金加西蠟國伯西爾國智加國教門未詳

西洲志載加特力教萬有千六百萬人額利教七千萬人婆羅特士頓教四千二百萬人由教約四五萬人（亦作由斯教）馬哈墨教萬有二千萬人巴柳士艮教七千三百萬人（即道士教）墨耶敏教七千萬人大剌麻教五千萬人墨魯赫教四

千萬人共計各教六萬七千一百萬人案克力斯頓乃西洋本教或能悉其多寡至西藏蒙古之佛教新疆南路之回教與各洲之道教英夷何由籍其人數耶又志中惟克力斯頓教三派分載最詳至天方教則阿丹志中既言回教中分為二一曰色底特士教一曰比阿厘教阿厘者穆罕默德兄子傳教而小別其宗乃各國志中但概稱馬哈默教無一曰比阿厘者今惟巴社及都魯機知其為比阿厘回教餘國則亦無從區別當俟質諸天方之士

趙翼各國教門總論云意大理亞國在大西洋中萬歷中其國人利瑪竇至京師為萬國全圖言天下有大洲五第一曰亞細亞洲凡百餘國而中國居其一第二曰歐羅巴洲凡七十餘國而意大理亞居其一第三曰利未亞洲亦百餘國第

四曰亞墨利加洲、第五曰墨瓦蠟泥洲、而域中大地盡矣。大抵歐羅巴諸國悉奉天主教、天主耶穌生於女德亞、即古大秦國也、其國在亞細亞洲之中、西行教於歐羅巴、其始生在漢哀帝元壽二年庚申、閱一千五百八十一年至萬歷九年利瑪竇始泛海九萬里抵廣州之香山澳、其教漸行二十九年入京師、以方物獻并貢天主及天主母圖、禮部以會典不載大西洋名目駁之、帝嘉其遠來、假館授餐、公卿以下重其人咸與交接、利瑪竇安之、遂留居不去、三十八年卒、其年以歷官推算日食多謬、五官正周子愚言大西洋人龐廸我熊三拔等深明歷法、其書有中國所不及者、當令採擇、遂令廸我等同測驗、自利瑪竇來後、其從來者益衆、有王豐肅陽瑪諾等居南京、以其教倡行、官民多從之、禮部郎中徐、如珂惡之奏請逐回四十六年廸我等奏臣與利瑪竇泛海九萬里觀光上國臣等焚修行道尊奉天主豈有邪謀敢墮惡業乞賜寬假帝亦不報而其居中國如故崇禎時歷法益舛禮部尚書徐光啟請令其徒羅雅名湯若望等以其國新法相參較書成即以崇禎元年戊辰歷為歷元其法視大統歷為密焉其人東來者大都聰明特達之士意專行教不求祿利所著書多華人所未道故一時好異者咸尚之其徒又有龍華民畢方濟艾如略鄧玉函諸人皆歐羅巴國之人也統而論之天下大教四孔教佛教回回教天主教也皆生於亞細亞洲而佛教最廣亞細亞洲內如前後藏準噶爾喀爾喀蒙古等部悉奉佛教中國亦佛教盛行亞細亞洲外如西洋之古里國錫蘭國榜葛剌國沼納朴兒國南洋之白葛達國占城

國賓童龍國暹羅國真臘國東洋之日本國琉球國皆奉佛教俱見明史外國傳又增迦剌國馬八兒國俱有佛鉢舍利見元史亦黑迷失傳其餘海外諸番則皆奉天主教矣回回教亞細亞洲內惟烏什葉爾羌喀什噶爾和闐郭酣巴達克山拴噶爾克食米爾退木爾沙等國奉之見椿園氏異域瑣談外洋則祖法兒國阿丹國忽魯謨斯諸國奉之亦見明史外國傳孔教僅中國之地南至交趾東至琉球日本朝鮮而已是佛教所及最廣天主教次之孔教回回教又次之孔子集大成立人極凡三綱五常之道無不該備乃其教反不如佛教天主教所及之廣蓋精者惟中州清淑之區始能行習麤者則殊俗異性皆得而範圍之故教之所被尤遠也試觀古帝王所制禮樂刑政亦只就倫常大端導之禁之至於儒者所言身心性命之學原不以概責

之庸衆然則天道之包舉無遺固在人人共見之麤迹而不必深求也哉、

按余同邑潘子慎孝廉（慎生）常言天主一教、竟遍薄海內外、可畏之至、余云天主教各書不過假佛家天堂地獄之說、勸人為善、以動愚民、讀書明理之大夫士、不能惑也、儻其行於中國、無害孔子之道、今觀雲松觀察所論、蓋精者惟中州清淑之區始能行習、麤者則殊俗異性皆得而範圍之諸論、可以了然、此教之行、不及彼教之廣之由矣、惜乎子慎讀書雖多、未見此論、未明此理耳、

又康輶紀行書天主教源流各條後云、瑩按福善禍淫雖本天道、然此不過天道之一端耳、至天道之精微廣大與人道之、所以參贊化育、克配天地為三才者豈可以禍福言哉此

義不但吾儒、即釋老二氏亦皆知之、彼回教天主教者、大旨精微止于敬事天神、求福免禍、正西域之婆羅門耳、佛法未興時即有之、彼所謂傍門外教也、以其粗淺鄙陋、愚人易于崇信、故行之最易、而何足以當明智之論辨哉、今此二教横行、恐吾人不知其所以為教、故詳紀之於此、

中國西洋麻法異同表

邵陽魏源撰

敘曰西域麻法傳中國者唐有九執麻元有萬年麻回回麻九執如天竺麻法也天竺以望後一日至次月望為一月故有白半月黑半月之名今西夷歐羅巴洲及彌利堅洲各國麻法則與天竺異而與回回麻略同皆以中國冬至後十日為元旦蓋取太陽過宮最卑行最疾之日為贏縮起算之端與中國冬至太陽在赤道最南之日者殊科然太陽之有南北寒暑所由生也耕斂所由節也是為欽若授時之本必當顯然布告非若贏縮之事特臺官逐日推算以定二十四氣七十二候及晦朔弦望交食之時刻百姓則可日用而不知也且最卑有行分約六十年行一度即差一日其始年在中國冬至前二十日約計道光五十年後即在冬至後十一日再積三千餘年以中國春分

日為元旦矣萬年而後元旦將在炎夏矣中國與歐羅巴同在赤道以北中國以太陽在赤道最南晝極短夜極長之日為冬至冬日太陽在赤道南則斜照中國故恒寒夏日太陽在赤道北則正照中國故恒暑以此節耕斂頒政事奚不可行于歐羅巴乃不以寒暑為歲時不與物候民事相關應何哉或謂中土居國也囿於一方獨成其是西夷行國也日航大海繞地一周舟行日日千餘里無庸候風三日可更裘葛今日至一地而省民耕明日至一道即省民斂不必以寒暑為歲時此沉溺西法曲狥之論夫西農各耕本國不隨市舶為遷移西商逾鶩重溟何預耕斂之省視豈有人君頒厤不據本國之時令而任無定之舟航　國朝曾取其人供職欽天監考制儀器而不用其厤法蓋知其與民事無涉也今華夷通市正朔相通姑表其異

同以便稽覽其法足三百六十有五日為一年每四年十三月内閏一日其各月内大小日數則正月三月五月七月八月十月十二月各三十有一日四月六月九月十一月各三十日惟二月止二十有八日

今表兩年為例如左

道光十八年戊戌 西曆千八百三十八年	道光十九年己亥 西曆千八百三十九年
正月小建甲寅 西曆正月日然收兩厘	正月小建丙寅
初一日 西曆正月二十六日	初一日 西曆二月十四日
初六日 西曆正月三十一日	十一日 西曆二月二十四日
十一日 西曆二月初五日	十五日 西曆二月二十八日月盡
二十一日 西曆二月十五日	二十一日 西曆三月初六日
二月大建乙卯 西曆二月日飛普兩厘	二月大建丁卯

初一日 西夷二月二十四日
初五日 西夷二月二十八日月盡
十二日 西夷三月初六日
二十二日 西夷三月十六日
三月小建丙辰 西夷三月日嗎治
初一日 西夷三月二十六日
初六日 西夷三月三十一日月盡
十一日 西夷四月初五日
二十一日 西夷四月十五日
四月大建丁巳 西夷四月日族悖厘爾
初一日 西夷四月二十四日
初七日 西夷四月三十日月盡

初一日 西夷三月十五日
十一日 西夷三月二十五日
十七日 西夷三月三十一日月盡
二十一日 西夷四月初四日
三月小建戊辰
初一日 西夷四月十四日
十一日 西夷四月二十四日
十七日 西夷四月三十一日月盡
二十一日 西夷五月初四日
四月小建己巳
初一日 西夷五月十三日
十一日 西夷五月二十三日

十一日 西曆五月初四日

二十一日 西曆五月十四日

閏四月小

初一日 西曆五月二十四日

初八日 西曆五月三十一日月盡

十一日 西曆六月初三日

二十一日 西曆六月十三日

五月小建戊午 西曆五月日咩

初一日 西曆六月二十二日

初九日 西曆六月三十日月盡

十一日 西曆七月初二日

二十一日 西曆七月十二日

十九日 西曆五月三十一日月盡

二十一日 西曆六月初二日

五月大建庚午

初一日 西曆六月十一日

十一日 西曆六月二十一日

二十日 西曆六月三十日月盡

二十一日 西曆七月初一日

六月小建辛未

初一日 西曆七月十一日

十一日 西曆七月二十一日

二十一日 西曆七月三十一日月盡

七月大建壬申

六月大建己未 西曆六月日潤

初一日 西曆七月二十一日

十一日 西曆七月三十一日月盡

二十一日 西曆八月初十日

七月大建庚申 西曆七月日如來

初一日 西曆八月二十日

十一日 西曆八月三十日

十三日 西曆八月三十一日月盡

二十一日 西曆九月初九日

八月小建辛酉 西曆八月日阿九士

初一日 西曆九月十九日

十一日 西曆九月二十九日

初一日 西曆八月初九日

十一日 西曆八月十九日

二十一日 西曆八月二十九日

二十三日 西曆八月三十一日月盡

八月小建癸酉

初一日 西曆九月初八日

十一日 西曆九月十八日

二十一日 西曆九月二十八日

二十三日 西曆九月三十日月盡

九月大建甲戌

初一日 西曆十月初七日

十一日 西曆十月十七日

十二日 西曆九月三十日月盡

二十一日 西曆十月初九日

九月大建壬戌 西曆九月日涉點麻

初一日 西曆十月十八日

十一日 西曆十月二十八日

十四日 西曆十月三十一日月盡

二十一日 西曆十一月初七日

十月大建癸亥 西曆十月日多屋麻

初一日 西曆十一月十七日

十一日 西曆十一月二十七日

十四日 西曆十一月三十日月盡

二十一日 西曆十二月初七日

二十一日 西曆十月二十七日

二十五日 西曆十月三十一日月盡

十月大建乙亥

初一日 西曆十一月初六日

十一日 西曆十一月十六日

二十一日 西曆十一月二十六日

二十五日 西曆十一月三十日月盡

十一月大建丙子 是月十七日己酉戌刻冬至

初一日 西曆十二月初六日

十一日 西曆十二月十六日

二十一日 西曆十二月二十六日

二十六日 西曆十二月三十一日歲終

十一月小建丙子是月初六日甲辰未刻冬至。西夷十一月日躔民麻

二十七日西夷一千八百四十年正月初一日

初一日西夷十二月十七日

十二月小建丁丑

十一日西夷十二月二十七日

初一日西夷正月初五日

十五日西夷十二月三十日歲終

十一日西夷正月十五日

十六日西夷一千八百三十九年正月初一日

二十一日西夷正月二十五日

二十一日西夷正月初六日

二十七日西夷正月三十一日月盡

十二月大建乙丑西夷十二月日躔森麻

初一日西夷正月十五日

十一日西夷正月二十五日

十七日西夷正月三十一日月盡

二十一日西夷二月初四日

道光二十年庚子西夷一千八百四十年二月逢閏一月

正月大建戊寅
初一日　西曆二月初三日
十一日　西曆二月十三日
二十一日　西曆二月二十三日
二十七日　西曆二月二十九日月盡　係有閏之年故多一日
二月小建己卯
初一日　西曆三月初四日
十一日　西曆三月十四日
二十一日　西曆三月二十四日
二十八日　西曆三月三十一日月盡
三月大建庚辰
初一日　西曆四月初二日

七月小建甲申
初一日　西曆七月二十九日
初三日　西曆七月三十一日月盡
十一日　西曆八月初八日
二十一日　西曆八月十八日
八月大建乙酉
初一日　西曆八月二十七日
初五日　西曆八月三十一日月盡
十一日　西曆九月初六日
二十一日　西曆九月十六日
九月小建丙戌
初一日　西曆九月二十六日

十一日西曆四月十二日
二十一日西曆四月二十二日
二十九日西曆四月三十日月盡
四月小建辛巳
初一日西曆五月初二日
十一日西曆五月十二日
二十一日西曆五月二十二日
五月小建壬午
初一日西曆五月三十一日月盡
十一日西曆六月初十日
二十一日西曆六月二十日
六月大建癸未

初五日西曆九月三十日月盡
十五日西曆十月初六日
二十一日西曆十月十六日
十月大建丁亥
初一日西曆十月二十五日
初七日西曆十月三十一日月盡
十一日西曆十一月初四日
二十一日西曆十一月十四日
十一月大建戊子是月二十九日乙卯辰刻冬至
初一日西曆十一月二十四日
初七日西曆十一月三十日月盡
十一日西曆十二月初四日

初一日西夷六月二十九日

初二日西夷六月三十日月盡

十一日西夷七月初九日

二十一日西夷七月十九日

二十一日西夷十二月十四日

十二月大建己丑

初一日西夷十二月二十四日

初八日西夷十二月十一日歲終

初九日西夷一千八百四十一年正月初一日

十一日西夷正月初三日

二十一日西夷正月十三日

三十日西夷正月二十二日

烏程陳杰曰西法云足三百六十五日為一年四月閏一日恐亦言其略耳蓋如其言推之每年歲實適合三百六十五日四分日之一中國漢賈逵四分法也西洋有太史第谷定為三百六十五日二四二一八七五用此數推之每一百二十八年閏三十一日則差一日矣四年閏一日則一百二十八年應閏三十二日又最卑有行分不及六十年即行一度又應閏一日最卑之行古小今大約略計之一百二十八年當閏兩日以此懸揣西法當以百二十八年而閏三十三日一千八百四十年應

閏四百七十四日乃以三百六十五日與一千八百四十年相乘得六十七萬一千六十日加四百七十四日得六十七萬二千零七十四日是自英國奉耶蘇教之年之元旦日起至其第一千八百四十一年之元旦前一日止之日數也其第一千八百四十一年之元旦前一日為我中國道光二十年庚子十二月初八日甲子日以中國歷朝歲實遞有增減約略計之道光二十一年辛丑年前冬至日上距漢平帝元始元年年前冬至日得六十七萬二千零五十日兩數相減餘二十四日再減去十二月初八日係在冬至後九日餘十五日是奉耶蘇教之年之元旦日在漢平帝元始元年前冬至之前僅十五日耳惟中國于太陽最卑至元郭守敬始發之尚未知有行分至明季始知有行分我朝康熙乾隆年間兩改其行漢晉唐宋實不可致則當兩漢之末哀平之年或在冬至前二十餘日亦未可知梅文鼎據康熙戊辰瞻禮單算得耶蘇降生在哀帝庚申年冬至前二十餘日竊疑是日為奉耶蘇教始年之元旦日非耶蘇天主降生之日也又曰哀帝元壽二年庚申十一月之冬至距唐高祖武德元年戊寅年前之冬至六百一十七年再距宋太祖建隆元年庚申年前之冬至又三百四十二年再距元世祖至元年七年庚申年前之冬至又三百二十年再距明太祖洪武元年戊申年前之冬至八十八年再距順治元年甲申年前之冬至二百七十六年再距道光二十一年辛丑年前之冬至一百九十七年通計自漢哀帝元壽二年庚申十一月冬至起至道光二十年庚子十一月二十九日乙卯冬至日止凡一千八百四十年約計六十七萬二千零五十日以現行歲差及今道

光二十一年前冬至日冬至時在箕初度五十六分計之漢哀帝元壽二年庚申十一月冬至日在斗十八度又今最卑過冬至十度十分漢哀平之交應在冬至前二十度三十分英夷當于冬至前二十一日除歲

附天竺回回厤法考

俞正燮曰釋迦文佛之生也以中土二月既望為角宿直日數至鬼宿直日當中土三月八日即佛生日若以厤法言之則當曰春分後二十三日佛生也佛本行集經上記兜率品俯降王宮品並云取鬼宿日然後入於母胎迦葉三兄弟品云北沙門鬼宿日生今鬼宿明不為餘星所逼其龍門決勝此旁出之言並可為確徵佛國月月與中土不同以宿直日真佛日也若樹下誕生品云春初二月八日鬼宿合時生過去現在因果經云二月八日生四月七日降魔瑞應經云四月八日夜明星出時生其佛羅安國渤泥國或以為六月十五日佛生佛西土人安

得以中憲論月日哉佛說灌佛經四月八日以期灌佛摩訶剎頭經佛告天下人民十方諸佛皆用四月八日夜半時生為春夏之際殃罪悉畢萬物發生毒氣未形不寒不熱時氣和適以今為佛生日又漢末交州牟子博理惑論佛四月八日生孟夏之月仲呂之時此並中土之妄言或宏明集所附益也佛所行讚則云三月八日生元李翀日聞錄云元初杭城每歲二月八日迎佛或新至番僧猶有所受唐元奘西域記佛國云菩薩誕靈以舍佉月後半八日藍摩國剃髮窣堵波云佛以吠舍佉月後半八日出家摩揭陀國菩提樹東土人云佛以吠舍佉月後半八日生成等正覺此並三月八日之明徵惟加毘羅代窣堵國云菩薩降神母胎當此中土五月十五日諸部則以此月二十三日夜降母胎當此五月八日此並指其入胎之時非出胎

時佛國上座部云菩薩誕靈吠舍佉月後半十五日此則一以為佛生三月十五日小有不同晉法顯傳云舍衛城年年常以建卯月八日行像于闐國四月一日至十四日行像西域記又云屈支以秋分行像是西土作佛事月日無有言佛以巳月八日生者長阿含經阿闍世王二月八日沸星出時佛生二月八日沸星出時出家二月八日沸星出時成道八月八日沸星出時取般涅槃無垢施菩薩分别應辨經音義云依諸經言佛以鬼宿生日成道出家皆用二月八日鬼宿合時依日藏分經用二月九日曙以夜分屬九日故遼史禮志云二月八日為悉達太子生辰金史海陵紀云正隆元年十一月癸巳禁二月八日迎佛其致誤有由經云二月後半八日者佛國以中國望後一日至中國次月望為彼土一月開元占經有九執法唐僧瞿雲

悉達治唐憲以明慶二年二月一日起算唐志云開元二年誤其本術則云白博乂二月春分朔於是曜躔婁以起算然則春分本中法二月中鬼宿當春分起算角直之二十三日合白黑博乂言月自望至望白半月黑半月則鬼直為後半八日謂黑博乂之第八日節氣中氣不能齊則當朔望範之取一歲之第一鬼宿日就西法以春分言由中法二月十六日起角直數之則西域記所稱佛國吠舍佉月後半八日生者於諸說中為獨合佛本行經佛苦行六年二月十六日善生村主二女作糜至二十三日供佛十五日為一半則二十三日是後半八日也分別應辨音義言二月八日者在西土一月之後半當屬西土之二月而譯者以中土二月當之名差半月實差一月是說也吾思之十年頃開元占經而始知之源案俞氏考佛生年甚辨而考佛生日則是故分別存之

附明史回回歷論回回歷法西域默狄納國王馬哈麻所作其地北極高二十四度半經度偏西一百零七度約在雲南西八千八百餘里其歷元用隋開皇己未即其建國之年也洪武初得其書于元都十五年秋太祖謂西域推測天象最精其五星緯度又中國所無命翰林李翀吳伯宗同回回大師馬沙亦黑等譯其書其法不用閏月以三百六十五日為一歲歲十二宮宮有閏日凡百二十八年而宮閏三十一日以三百五十四日為一周周十二月月有閏日凡三十年月閏十一日歷千九百四十一年宮月日辰再會此其立法之大概也按西域歷術見於史者在唐有九執歷元有札馬魯丁之萬年歷九執歷最疎萬年歷行之未久惟回回歷設科隸欽天監與大統參用二百七十餘年雖於交食之有無深淺時有出入然勝於九執萬年

遠矣但其書多脱誤葢其人之隸籍臺官者類以土盤布算仍用其本國之書而明之習其術者如唐順之陳壤袁黄輩之所論著又自成一家言以故翻譯之本不行於世其缺殘宜也今為博訪專門之裔攷究其原書以補其脱落正其訛舛為回回歷法著於篇案默狄納即默德那之轉音

中國西洋紀年通表　邵陽魏源撰

敘曰自生民以來際天所覆大一統之國惟中國萬里一朔故正繫王王繫春以時改元紀號整齊天下編垂史冊各不相襲此外九夷八荒自為風氣則皆各君其國各子其民矣茍各自為朔將棼然雜出奚從綱紀條貫矣故印度西藏蒙古則以佛涅槃之歲後紀年葱嶺東西各回部則以天方穆罕默德辭世之歲紀年大小西洋及外大西洋則皆以天主耶穌降生之後紀年皆合數百十國數萬里為一教正朔不係君而係師豈得已哉隋書經籍志言佛說滅度以後正法五百年象法一千年末法三千年耶穌生漢哀帝元壽間上距周莊王十年恒星不見佛生閱八十歲涅槃當周匡王六年凡六百有二歲而天主耶穌生方距佛教此正法五百餘年之應漢元壽下距開皇十

四年回教穆罕默德辭世之歲共五百九十四年內除其生世數十載正五百餘年驅僧毀寺變西北諸印度為回教此像法千年之應是則自周至漢至隋佛教東流而天主與天方迭據印度代興持世入主出奴各乘氣數皆懸記於千載之前而符合乎千載以下天時人事有開必先不翅五德迭王文質遞尚焉而近日黟縣俞正燮作釋迦文佛生日論獨謂佛生於漢成帝元延元年四月丁丑沸星四面下至地之日與耶穌同時至隋世回教興始為正法五百之歲由其說則佛生距漢明帝永平三年感夢之時僅七十二歲是佛與明帝同時遽已名聞漢廷光徵帝夢而白馬馱經之使竟當親覲金容面聆口授乎俞氏於漢永平之夢則欲減佛壽為六十七歲以就之（以明帝永平入夢必在佛滅後故）于像法千年又以旃檀像至宋太平興國始移東都當

之不以其離西土之歲而以其在中土遷移之歲則此像至今尚存燕京旃檀寺不將謂像法二千年耶俞氏以佛授記旃檀像于佛滅度千年後像往震旦即使果如所論而旃檀佛像以梁天監十年四月五日至揚都距周匡王六年佛滅度時千有百載亦正合千年之讖若佛滅于漢章帝時則至梁天監僅四百餘年耳佛滅四百載旃檀佛像已離西竺適中土安得謂西方像法垂千年乎辨證彌勤踳盩彌遠天方教闢佛天主教豈不闢佛乃以正法之替獨歸之回教乎計道光二十有二年距周匡王五載佛滅度之歲凡二千有四百四十四年距漢元壽初天主耶穌降生之歲千有八百四十二年距隋開皇十四載回教主辭世日千有二百五十年今列西洋年表而以回教佛教年歲綴其後

中國西洋紀年通表

漢哀帝元壽二年庚申冬至西洋耶穌降生上距周匡王五年佛涅槃之歲六百有二年

漢平帝元始元年凡五年　西洋耶穌第一年

大清道光元年凡三十年　西洋千八百二十一年

按默深此表係按各代紀元兩相考註余則摘漢元始元年起至道光元年止以例其餘

附回國教主辭世年月攷

梅文鼎曰據西域齋期江甯至鴻堂刻單以康熙庚午五月初三日起是彼中第九月一日謂之勒墨藏一名阿咱而月也至六月初三日開齋是彼中第十月一日謂之紹哇勒一名答亦月是為大節再過一百日至九月十三日為彼中第一月第十日謂之穆哈蘭一名法而幹而丁月其日為阿叔喇濟貧之期謂之小節鼎嘗以回回歷法推本年白羊一日入第六月之第八日與此正合又據齋期云本年庚午聖人辭世共計一千零九十六年此太陽年攷本單開聖人生死在本年十一月十四日在彼為第

三月謂之勒必歐勒教勿勒又名虎而達查西域阿剌必年是開皇乙未距今康熙為一千零九十二算減一為一千零九十一乃開皇己未春分至今康熙庚午春分之積年又查己未年春分在彼為太陰年之第十二月初五日以距算一千零九十一減聖人辭世千零九十六相差五年逆推之得開皇十四年甲寅為聖人辭世之年約計甲寅至己未此五年中節氣與月分差閏五十五日則甲寅春分當在彼中第十月之初聖人辭世既是第三月則在春分前七箇月為處暑月即今七月也自開皇甲寅七月十四日聖人辭世至今康熙庚午七月十四日正得一千零九十六年故曰共計一千零九十六年也據此則開皇十四年甲寅是彼中聖人辭世之年薛儀甫謂回回歷葢以此而誤又按教主以第三月辭世而其年春分則在第十月

今彼以第十月一日為大節蓋為此也

西域水道記曰喀城外回教和卓祠堂門外刻石柱紀年一年一晝以派噶木巴爾初生為元年派噶木巴爾於四月初十日成道六十三歲而卒嘉慶二十四年六月初二日為彼中第一千二百三十三年之終按回回術有太陽年（彼中謂之宮分）有太陰年（彼中謂之月分）齋期以太陰年為準數至第十二月則齋齋滿日相慶為正旦（齋月即彼中十二月）所謂月一日又不在朔以見新月為准歷十二月為一歲有閏日無閏月故歲首無定月大率每閏二年遞早一月（如元年歲首在十月三年則在九月五年則在八月之類）今以初二日為歲除是用太陰法見新月為歲首也明史曰三百五十四日為一周周十二月月有閏日凡三十年閏十一日言太陰年也准此論之計三十年應有一萬六百三十一日則一千二百三十三年積四

十三萬六千九百三十四日又十分日之一以回回歲實三百六十五日一百二十八分之三十一約之得一千一百九十六年又一百四日半弱從嘉慶二十四年六月初二日逆數之當託始於唐高祖武德六年三月初三日也源案此所攷與梅文鼎互異然自昔皆稱回教始于隋開皇初則梅文鼎所考是也此石柱所紀或回教第二世教祖托始之年非穆罕默特之年歟

附佛生滅年歲

俞氏正燮謂道家有老子化胡成佛之說謂佛生周敬王二年滅于考王三年在老子出關西逝之後僧徒力避此謗故推而前之曰周莊王九年恒星不見時生魏書釋老志隋書經籍志又推而前之曰周桓王時生釋道安二教論宋史律麻志又推而前之曰平王時生費長房歷代三寶記及法苑珠林又推而前之曰穆王時生道麻云佛以孝王元年入涅槃又推而前之曰昭王時生一唐僧智深續集古今佛道論衡引周書異記二法苑珠林三宋僧契嵩傳法正宗記

又推而前之曰殷末生晉法顯佛國記佛涅槃至晉義熙十四百九十七年滅度當周成王時則生當殷武乙時又推而前之曰夏時生唐僧道宣感通記又蒙古源流述唐太宗文成公主嫁吐蕃時距佛涅槃二千七百五十餘年元太祖距佛涅槃時三千三百餘年皆當生于夏初誕不可信源案唐元奘西域記云佛滅之歲諸部異議言佛没至大唐龍朔三年經千二百年或云千三百年或云千五百年或云未滿千年此諸說惟初二條庶近詳實蓋唐高宗龍朔三年當耶穌之六百六十三年距周匡王佛滅之歲千二百六十五年此乃質諸佛經正法像法之懸記沸星下降之符驗印度相傳之年數信而有徵非避化胡之誚而推諸前也佛滅度距耶穌生六百零二年但除三四歲即在五百餘年限內經舉大數不以三四載為損益且佛母泥洹經言正法當住千年以度女人出家減五百年是則正法本自贏而縮故佛力餘慶稍延數載不足為異若如道家化

胡之說謂佛生周敬王二年（南史顧歡傳引道經元妙篇）則滅度于考王三年距漢元壽初耶穌之歲僅四百四十二年而正法五百更少決不可合矣故正史所載佛生當周莊王恒星不見星隕如雨之歲一則與佛經沸星出時降生王宮之符應合二則與佛經正法五百像法千年之懸記合三則與印度相傳佛滅度至唐龍朔千有二三百年之傳聞合請以息道釋之訟決今古之疑

各國自論一　論中國○道光十九年二十年澳門月報即新聞紙也兩廣總督林則徐譯出

中國人民、居天下三分之一、地廣產豐、皆土著、少習駕舟之事、才藝工作甚多、我皆不奇、所最奇者、惟中國之法度、自數千年來皆遵行之、在天下諸國中或大或小、無有一國能有如此長久之法度也、額力西國之梳倫與孔夫子同時各立法度、然額力西國已經數易其主、法度亦多更變、羅問國亦在孔子之時、當日强盛、平服天下一半地方、然今所剩之地甚微少、阿細亞西邊諸國前曾强盛過、迄今衰敗、變為曠野、而今中國仍遵行其法度、現今西方諸國皆立國不久、只欲以兵戈相勝、一國欺奪一國、皆因其法度規矩不定、不遵約束也、中國非無變亂、不過暫時受害、乃有一主、即復統一如前、即平服中國之金朝元朝、必用中國之風俗律例、此可謂勝中國以力、而中國反勝之

以文也、中國法律與由斯教之法律相同、中國人與外國隔別
又不習以兵火剿滅鄰國、以為自己係上等之人、由斯教亦自
負上等人、而遵守摩西土之法律、嚴拒外國人、正與中國同、皆
是保守自己、免雜風俗、正似羅問國加特力內之教師、終身不
娶、不作差事、努力扶持教法、至耶穌一千年時、遂令通歐羅巴
俱行遵敬此教、羅問教內之規矩亦極嚴肅、其治罪之律例、正
與中國律例相等、故中國惟自謂王化之國、而視外國皆同亦
身蠻夷、

若論人民之多、即無一國可與中國比較、即如俄羅斯有一百
四十一萬四千四百四十六方里、城池亦寬大、人烟亦稠密、然
戶口不過一百九十二萬五千名、而中國只湖廣地方、寬不過
十四萬四百七十七方里、即已有戶口四千五百零二萬名、佛

蘭西地方寬有二十一萬三千八百三十八方里、戶口三千二百零五萬二千四百六十五名、而江南地方寬九萬二千九百六十一方里、戶口即有七千二百萬名、歐色特厘國寬二十五萬八千六百零三方里、戶口三千二百一十名、中國河南山西兩省寬十二萬方里、戶口即三千七百零六萬名、英吉利國寬十二萬七千七百八十八方里、戶口二千二百二十九萬七千六百名、廣東一省寬不過七萬六千四百五十五方里、戶口即有一千九百十四萬七千名、是中國一省即可抵西洋三大國之人民、俄羅斯設立陸路兵丁六十萬名、佛蘭西陸路兵丁二十八萬一千名、歐色特厘陸路兵丁二十七萬一千名、英吉利國陸路兵丁九萬名、在中國設立陸路兵丁七十六萬四千名在數國之中為最多、惟論及中國海上水師之船、較之西洋各

國之兵船則不但不能比較乃令人一見即起增恨之心、
中國不肯與外國人在海面打仗惟有關閉自己兵丁在礮臺
内又斷絶敵人之火食此或者是最好之法、亦係將來必行之
法、然此法實難行、蓋因各處人煙布滿、居民只欲賣火食所以
在尖沙嘴銅鼓洋各處火食亦甚易得但要好待土地人方好、
或者中國必用舊時待鄭成功法子、將其沿海各岸人民驅入
三十里内地、不遵命者殺、我思此法今亦難行、因徧處海岸皆
係富厚城池、當日所以能行者、以　開國得勝之兵威也、
中國之火鎗、係鑄成之鎗管、常有炸裂之虞、是以兵丁多畏施
放、中國又鑄有大礮、每一門可抵我等大礮四十八門尚有許
多大小不等礮火惟中國只知鑄成礮身、不知作礮鐘、且礮身
又多蜂眼、所以時常炸裂、又引門寛大、全無算學分寸施放、那

能有準、又用石頭鐵片各物為礮彈、并用羣子封門、子皆粗笨無力、兵丁或以五人十人為一排、百人為一隊、不同我國分派之法、又中國兵丁行路、亦不同我等隊伍密密而行、皆任意行走、遇緊急時、誰人向前趨走極快者、即是極勇之人、中國兵丁多用兵丁之子充之、以當兵為汚辱、凡體面人不肯當兵、其錢糧甚少、遇征調便乘機勒索擄掠居民、見兵過無不驚懼、由行伍升至武官、只要善跳善射、并無學問、尤要有銀錢、就可買差使、買缺推陞、各省皆然、現在中國人買甘米力治船、又要扣留黄旂兩船入官、此事不久可見一番新世界、今暹羅安南亦學別國製造兵船、故中國亦用此法、然有兩種阻礙、一係中國水手愚蠢、難得明白精熟之人、必尋別國之人方會駕駛、一係工價太賤、若雇外國人不敷養贍、不肯為中國用、安南國船亦仍照舊製、只比中國師船稍好看、然亦不甚利便、暹羅國尚有西洋式樣船數隻、不過用以貿易、況其船艙製造不好、現在都魯機人曾有西洋人指點裝造好船樣、然總不及歐羅巴、若中國人欲學外國之式製造師船、必尋外國人指點、如何駕駛、凡有外國人肯為中國人所用者、初時必定應許多少工價各樣恩典、迨後定必被驕傲官府騙其工價、并且淩辱、如荷蘭人在日本國、務與西洋人相反、事事遵從日本法律、并助日本國捕陷西洋之人、畢竟得何好處、現在荷蘭在日本之貿易、已減至兩隻船而已、

西洋人留心中國文字者、英吉利而外、即馬尼國為最、普魯社次之、順治十七年、則有普魯社之麻領部一士人著書談中國現貯在國庫內、又有普魯社之摩希彌阿部落教師亦曾譯出

嘉慶五年間有一人何国之人宜查

中國四書一部、又有普魯社之般果羅尼部落一名士曰阿旦士濆著書論中國風土人情、但用其本國文字、嘉慶五年間、有人曰格那字羅、熟諳中國文字、但恃才傲物、又有耶馬尼國之紐曼曾到廣東、回國著一書、論佛教、一書論中國風土將帶回許多書籍、與耶馬尼諸國人考究、又繙出詩經一部、又有力達者、著中國地里志一本、說中國如極樂之國、令耶馬尼人人驚異、又有耶馬尼之包底阿、現在佛蘭西國雕中國活字板、普魯社人亦出財助成其事、又有歐色特厘阿一人曰庵里查亦著一書論中國錢糧、

又曰、中國官府全不知外國之政事、又不詢問考求、故至今中國仍不知西洋、猶如我等至今未知利未亞州內地之事、東方各國、如日本安南緬甸暹羅則不然、日本國每年有一抄報、考

依溼
溼字錯否

求天下各國諸事、皆甚留神、安南亦有記載、凡海上游過之峽路皆載之、暹羅國中亦有人奮力講求由何路可到天下各處地方、于政事大得利益、緬甸有頭目曰彌加那者、造天地球地里圖、遇外國人即加詢訪、故今緬甸國王亦甚知外國情事、中國人果要求切實見聞亦甚易、凡老洋商之歷練者、及通事引水人皆可探問、無如驕傲自足、輕慢各種蠻夷、不加考究、惟林總督行事全與相反、署中養有善譯之人、又指點洋商通事引水、二三十位官府四處探聽、按日呈遞、亦有他國夷人甘心討好、將英吉利書籍賣與中國、林係聰明好人、不辭辛苦、觀其知會英吉利國王第二封信、即其學識長進之效驗、

道光十八年澳門有依溼雜說、乃西洋人上羅所印、由英吉利字譯出中國字、以中國木板會合英吉利活字板同印在一篇

甚遠
遠字錯否

序云數百年前英吉利有一掌教僧將本國言語同訥體那言語同印、今仿其法、所言皆用中國人之文字、此書初出時、中國人爭購之、因其中多有譏刺官府之陋規、遂為官府禁止、中國居天下人中三分之一、其國又居阿細洲地方之半、周圍東方各國皆用其文字、其古時法律經典、皆可長久、其勇敢亦可與高加薩人相等、性情和順靈巧、孝親敬老、皆與歐羅巴有王化國分相等、惟與我等隔一深淵、即是語言文字不通、馬禮遜自言只畧識中國之字、若深識其文學、即為甚遠在天下萬國中、惟英吉利留心中國史記言語、然通國亦不滿十二人、而此等人在禮拜廟中尚無坐位、故凡譔字典譔雜說之人、無益名利、只可開文學之路、除兩地之坑塹而已、

姚瑩康輶紀行云、七椿園謂回人文字有醫藥之書、有占卜

之書、有堪輿之書、有前代紀載之書、有各國山川風土之書、余嘗至英夷舟中、見其酋室內列架書籍殆數百册、問之所言亦與回人相似、而尤詳於記載、又各國山川風土每册必有圖、其酋雖武人、而猶以書行、且白夷泛海、習天文算法甚衆、似童而習之者、蓋專為泛海觀星、以推所至之地、道里方嚮遠近、必習知此、乃敢泛海船、縱所之也、吾儒讀書自負問以中國記載、或且茫然、至於天文算數、幾成絶學、對彼英人、能無泚然愧乎

又云、余嘗得英夷圖書數部、皆方志也、苦無人翻譯、覽之茫然、英酋顛林言伊國海船無不賫方志以行、蓋備風飄至未經之國、以所見天文度數及人物山川稽之、可知其為某國也、

前土羅此土羅必有一誤

又云、古今異勢、非可拘談、三代王畿、不過千里、其外自侯甸以逮要荒、屏藩以次鞏固、自無事於遠求、及秦漢以來、天下一統、則昔之所謂要荒者、今皆吾接壤、直侯甸耳、豈勤遠略哉、謂固我屏藩、不勞師於異域、可也、若坐井觀天、視四裔如魑魅、闇昧無知、懷柔之術、坐致其侵淩、曾不知所憂慮、可乎、甚矣拘迂之見、誤天下國家也、平居大言、謂一事不知為恥、乃勤於小而忘其大、不亦舛哉、觀英吉利普魯社耶馬尼之留心中國文字、日本安南緬甸暹羅之講求記載、是彼外夷者、方孜孜勤求世務、而中華反茫昧自安、無怪為彼所訕笑輕玩、致啟戎心也、然如西洋土羅所印說英吉利留心中國史記言語、亦不過十二人、禮拜廟中尚無坐位、豈葉公好龍、中外有同慨耶、余於外夷之事、不敢憚煩、今老矣、頗有志君

子、為中國一雪此言也、

各國自論二 論茶葉

貿易中貨物之利於人并利於稅餉、舍茶葉外、斷無勝於此者、中國每石茶葉收稅餉二兩五錢、又洋行會館各費每石抽銀六員至九員不等、先日公司與洋商交易時、每石茶葉納餉并費皆係六兩七錢、比今減少、除中國省城稅餉外、海中沿途尚有關口七八處、亦須俱納稅餉、俟到英吉利國、每棒稅餉又納銀三錢七分五厘、統計茶葉稅餉、較之原值已加一倍、再加水腳各費、運至英國、賣值與武夷山買價、豈止加數倍耶、惟米利堅國稅餉減少、故各埠茶價較賤、

茶葉銷用極廣、故我等於各地盡心栽種、欲敵中國獨行之買賣、印度之阿山地方出茶、僅敷本地用度、後人於阿山上面尋出地方栽種茶樹、近已裝茶出口、道光十九年、蘭頓已有阿山

茶葉均以為奇其茶小種有三種白毫有五種後經茶師考察此茶有傷原性致有煙氣苦味皆由工人製造不善須得盡用中國工人栽種即與武夷無異近年荷蘭亦於所屬葛留巴用力栽種道光十八年已有兩種茶葉因此島福建人居半故所種茶樹茂美此外如新埠等島及西洋之汲拉濟爾亦用心栽種徒費工錢而地土不宜今皆廢棄

英吉利之外米利堅人銷用綠茶最多一千八百三十三四兩年道光十三四年米利堅船由中國裝出茶葉不下一千八百六十八萬八千五百三十三棒從前并無此數也歐羅巴內地銷用茶葉以荷蘭俄羅斯兩國為最荷蘭每年要銷二百八十萬棒即麻尼每年銷用一百八十萬棒或二百萬棒佛蘭西在廣東出口時茶葉雖多然沿途分售及到本國進口時數已減少只銷

二十五萬棒、然只用之以作醫膽經之藥材、因佛蘭西酒多便宜、故不甚銷中國之茶也、俄羅斯茶在北邊蒙古地方買去、在一千八百三十年、（道光十年）買去五十六萬三千四百四十棒、在一千八百三十二年、（道光十二年）買去六百四十六萬一千棒、皆係黑茶、由喀克圖旱路運至擔包、再由水旱二路分運挪阿額羅、其黃旂船綏領船普魯社船所運茶葉皆不甚多、其印度各埠銷用之茶、每年有英國六七船前去售賣、其阿支比拉俄各島中茶葉係中國福建商人裝出販賣、中國人海船放到蘇祿文萊路哥尼阿新奇坡附近各處、係順西北風駛去、英吉利人亦有在新奇坡買中國茶同國者、其茶均是上等、現在各島每年銷茶之數、年增一年、總而計之、中國每年出口之茶葉有七千餘萬棒、與鴉片貿易可以抵對、現在中國人阻止貿易、故我國人皆盡心在東印度之阿山地方栽種茶葉、前此雖亦知其地宜茶、尚未甚盡心、今已奉聞蘭頓本國請免賦稅、奉到示諭、設法鼓勵、今已做出茶葉百九十箱、若更加多本錢、可以多種百倍也、近日英吉利攷服模定地方其土亦宜茶、再請中國工人製造、即可得利、聞阿山茶樹第一年每株可值先士六七箇、自此遞年加增、及至六年後即遞年減少、約計五萬二千六百忽地方每年產茶可值勞碑銀二百二十箇、

我國王以小呂宋耕種不甚起色、下令凡有農器進口免稅、凡有人肯栽洋靛等貴物、議公項如何獎賞、又肯墾荒栽種各物之人、如何賞給、令各官商議定奪、若有兩家合栽加非樹數至六萬株者、給頭等賞銀八千員、四萬五千株者、給次等賞銀六

千員、三萬株者、給三等賞銀四千員、並於加非出口時免稅、凡栽種桂皮茶葉桑樹者同之、凡栽種椰子樹者、較加非樹三等每等加賞二千員、其栽玉桂丁香者、賞格較加非加倍、凡栽種洋靛及糖蔗及以上各樹之人、準其自開鬭雞場、永不納稅、現在中國人及印度人本地人會合不過二十家、其耕種產業上好糖不過二萬棒、或產洋靛不過一萬棒者、方其栽種時、即不收地稅、若有人代官府盡心耕種各樹、五年之後不但免其地稅、並將五年內所納稅餉加三倍給回、

各國自論三（論禁烟）

鴉片製造、一在八達拏、一在默拏、皆孟阿拉地方、而孟阿拉各官設法加工、總要引中國人嗜好、此物在加爾吉達（孟阿拉首部落）稅簿上即可查出每年鴉片到中國多少、到別處多少、無不列明、近來六年間、孟阿拉出產七萬九千四百四十六箱、內有六萬七千零三十三箱到中國、故鴉片乃是中國最銷流之物、今將其數目開列於下、一千八百三十三年、（道光十三年）中國七千五百九十八箱、各處一千八百一十箱、三十四年、（道光十四年）中國一萬二百零六箱、各處一千七百九十箱、三十五年、（道光十五年）中國九千四百八十五箱、各處一千五百一十箱、三十六年、（道光十六年）中國一萬三千零九十四箱、各處一千七百五十七箱、三十七年、（道光十七年）中國一萬零三百九十三箱、各處二千二百十三箱、三十八年、

孟阿臘与拉字异写下仝
孟買即孟邁居

道光十八年中國一萬六千二百九十七箱、各處三千三百零三箱、此但係孟阿臘一處鴉片數目、除孟邁等處所發賣在外、每年印度所收鴉片稅餉、自五百萬至一千萬員不等、故巴厘滿遂以印度爲屬國中之第一、以近來論之、鴉片運到中國者從古以來實無多過於今日、總因孟阿臘官府貪心所致、故孟阿臘港口貿易、較之孟買尤大、計所納稅餉多於地租、每年解至英國之銀、約六十三萬九千棒、合三百一十五萬員連存留在印度以及各官所用之銀、大約有二百萬棒、合一千萬員故英國受鴉片之利益不少、亦以此招中國人之忌、

在印度鴉片之稅、英國多年得孟阿拉地稅銀四百二十二萬九千七百十二員、地稅外又徵收餉銀、現在常例外再加四款、稅餉、第一款種波畢之時即須上稅、第二款波畢成熟之時以

実在難去

估價之多少上稅、第三款於取波畢汁之時亦須上稅、第四款於出口之時又要上稅、合計收餉銀連地稅共收銀九百六十八萬四千餘員、除公司貿易外、餘地皆禁止不準栽種、以免走私漏稅之弊、但除英國所轄地方外、他國亦有出産鴉片者、如麻爾洼地方亦種波畢、且製作好、價值昂、先年麻爾洼鴉片有公司包攬時、三分中只有一分由孟邁出口、二分由布路亞國所轄之拏孟出口、及近二年去此包攬貿易之後、今卻有十分之九由孟邁出口、只一分由拏孟出口、因此英國逐年得孟邁鴉片稅餉銀百萬員、此法度之好無窮、故今鴉片之稅餉在英國實在難去、

一千八百年間中國準鴉片進口以藥材上稅、及後奉旨禁止、而廣東官府仍準鴉片躉船長灣在黄埔距省有十二里、至一

千八百二十年鴉片進口太多道光二年故令躉船出口不準灣泊黄埔由是灣零丁洋及澳門急水門等處又議定規銀每箱若干自總督衙門以及水路文武官員皆有之惟關口所得最多或在船上來取或在省城交收皆逐月交清亦有將鴉片準折每次自一箱以至百五十箱為止卻無定數此走私之光景着實可痛正猶西洋人好飲辣酒都魯機及印度無來由人好食生鴉片皆害人性命之物而爭食不已以致印度及麻爾洼亦印度自主之國未屬英吉利者各相爭種若想印度人不栽波畢除非中國人不食鴉片若想中國人不買鴉片除非印度不栽波畢二者皆所不能

鴉片乃印度各官養成後又得巴厘滿甘文好司示諭允準而印度之官利其稅餉於二十年間每年有七百五十萬員稅餉

多一翁字

近來數年已至一千餘萬在英吉利屬國中最爲貲財之藪自廣東公司散後其公司之人即作鴉片買賣又將賣鴉片之銀買茶葉回國而英國之茶葉餉亦甚大故國中所受鴉片利益不少今義律繳銷二萬餘箱如此英國豈不破費一千二百五十萬員此刻我等可爲販賣鴉片之人賀喜緣鴉片買賣原是一件就要崩倒極危險之事久在其頭上西邊之善人老實人久已爲之痛哭茲竟如此平安收場實意想不到故我等爲其喜不可言

前在一千七百三十七年乾隆三年戊午帶來鴉片不過四千餘箱前前時鴉片準納稅進口至一千七百九十六年纔禁止嘉慶元年丙辰一千八百三十六年道光十六年丙申又欲如前納餉進口奏而未允其時已多至三萬餘箱因恐外國以鴉片易換紋銀又必多開

銀礦致竭中國之財源、中國乃天下生齒繁盛出產最豐之國、若以鴉片易紋銀、猶如拔取其國中之精華、如中國之綢紗佛蘭西之小帶及煙葉皆中國所禁、又如英國之尼頭為陷麥所禁、陷麥乃耶馬尼國部落中國禁鴉片、猶如佛蘭西之波利稔王禁英人不準至本地貿易相同、雖是嚴禁皆不能行、緣鴉片躉船泊在外洋、外國人未嘗自帶進口、係中國走私船執其所買之鴉片單、駛至躉船、憑單交土、而中國人帶進內地者、用重銀賄賂官府、求其佯為不知、所以有鴉片貿易罪過論、係麻爾洼於一千八百三十九年、道光十九年在蘭頓所作、以為不獨壞中國人之風俗、且使中國人猜忌英吉利人令兩國通商事情有礙、且有走私之惡名、

特爾達說零丁洋係中國荒地、并無兵房營汛保護、可以任外

國人停泊、然憶在一千八百二十八年、娜威額達船上水手為人所殺、中國亦將凶手捉獲施刑、又一千八百三十五年、英吉利多羅頓船被劫之事、亦係一件證見、是中國人在相近自己海岸上施行其政治、以保護他國之旂號、故亦可在彼處地方行其所立之章程、不得謂在零丁洋面販賣鴉片係合法之事、只好說販賣鴉片之船隻比中國水師船布置更好、格外堅固而已、

鴉片貿易、英國人帶至中國每年約有一千二百餘萬棒、銀計六千餘萬員、鴉片係印度之波畢所作、即如我國比酒仁酒係薏仁所作、墨蘭地酒係額立所作、皆惡酒也、有智之人恐受其害、多不敢飲、而飲葡萄酒白酒、然飲仁酒比酒之人、亦不能禁絕、如英國人要彌利堅人除去黑奴、及要俄羅斯人除去其耕

田之奴僕、并要中國人除去婦人裹足之事、改換其法律、準人遵從各樣教門、懲治溺死兒女、待外國人如本國人等事、中國其肯從之乎、又如英國禁止濃酒之事、其始斯葛蘭愛倫蘭墩銷售濃酒、其酒稅爲國中稅餉之最、其後因濃酒害人、加重其稅餉、俾其昂價、則窮人飲之者少、乃走私日多、飲者亦日多、徒漏稅餉而無益於禁酒、當英吉利國王渣治第一管國時、定例每棒濃酒收稅餉時令兩箇半、只準領牌零賣、不準開設館、又出賞格、凡有一小杯酒未納足稅、罰銀一百棒、給與報信之人、讀此例者、皆滿身汗流、凡有自家之人、皆知禁止、而濃酒貿易遂落於下等不堪之人、此等人無產業可罰、放膽走私、且將報信之人滿街驅逐、兩年間積案萬有二千人、每年國中銷流濃酒尚不下五千六百萬棒、一千七百四十二年始、仍準人領牌

開濃酒館減少稅餉、與中國禁鴉片事無異、
中國人若以鴉片貿易同英國講論、英吉利國王定皆禁止販運鴉片到中國、即印度栽種波畢之事、亦定可停止、而栽種別物、國家之稅餉及衆人之利益、仍可再得、況現在鴉片貿易不十分大行、以致各處貿易利息亦皆減少、看此時勢、惟有等候中國之事情定奪而已、今將繳與中國及存下鴉片之數目、開列在下文義律繳與中國鴉片、共計二萬零二百八十三箱、值魯碑二千五百萬箇、麻爾洼存舊鴉片一萬二千箱、值魯碑七百二十萬箇、存新鴉片二萬三千箱、值魯碑一千一百五十萬箇、孟阿拉存舊鴉片八千箱、值魯碑三百二十萬箇、孟阿拉新鴉片二萬二千箱、值魯碑八百八十萬箇、總共值魯碑五千五百七十萬箇、該五百五十萬棒有奇、方繳鴉片時，義律立意賠補之，給與各船收單，并問各人要在印度收回鴉片，抑或要會單在國庫內收銀。時鴉片客商皆願得會單回國收銀，義律遂寫會單十七張，寄與國中管庫官支銀，並付回國中文書，限十二箇月，由本國庫給還所繳鴉片之價。今年廣東圍公司館，勒繳鴉片之事，正如我英國監禁佛蘭西使者在職臺上，因我等關口官府，聞佛蘭西使者在近哆洼地方攜佛蘭西小帶上岸，故將佛蘭西使者監禁，待他繳上違禁貨物後，方纔釋放，與今廣東事一樣。

聞義律望國王之命，四箇月即可回來，必待接到回信，方準船隻進黃埔。近日所到之依里沙士地挖船，係八月初二日，中國七月十三日。自蘭頓開船，云廣東繳烟之事，蘭頓於七月十三日，中國六月二十日。即已知道，國中之人皆搖動，自律衙門及甘文好司之官府俱各相問，尚未接到義律之信，蓋義律之信，係交阿厘爾船帶往蘭頓，大約總要十月間，即中九月國纔能到，又有蘭頓所接孟邁及中國商船家信，說及繳烟之事，英國各皆驚動，即買賣亦不甚好，銀鋪利錢長至六分，又向佛蘭西銀鋪借銀四百萬棒，又向花旗銀鋪借銀八十萬棒，交與銀店支發，真是從未聞過如此之緊，茶葉價長至加二分，而各莊茶葉尚不肯賣，所有東邊貨物遂一長價。

十二月到蘭頓之茶七萬包，當賣去五萬八千包，存下一萬二千包未賣，所存下之茶，內有一半係帶茶葉進口之人貯起，李價甚高，賣出之茶葉，比十月間價更貴，後因買者日少，價錢漸已減落，前月十六日接得印度信來說，自七月間廣東已將英國貿易停止，遂致茶葉價值又復長價，至前月下旬，傳說國家要與中國打仗、茶葉價更增長、自後市上賣茶之人皆囤積不賣、買茶之人到外購買毫不能得、以致下等之黑茶綠茶亦如常時好茶幷工夫茶一樣價值、

中國圍守夷人繳烟之信、七月三十一日（即六月二十一日）已到蘭頓之因底阿好司都內各衙門及貿易店銀店俱有擾亂、是日在蘭頓天色昏慘、米價亦昂貴、國中甚苦缺銀、銀價即已增長、湖絲前時價值不好、現今已大改變、所有茶葉盡皆起價、蘭頓各物件無不昂貴、在此季內孟邁地方要到中國鴉片棉花存下未去者、共計虧銀六百萬棒、真是大有害於利益、若再遲延不理、必倒塌許多貿易地方窮困、

中國與英國貿易、而英國庫中每年所得之稅餉、不下四百五十萬棒、（約一千五百萬員）若一經停止數月之間、國中定必困乏、前時

有公司時、各大班亦常慮及停止貿易之事、常要蓄積茶葉以備兩年之需、因散公司後、即無茶葉存蓄、緣散商貿易茶葉到國立圖即銷、何能存積、現在英吉利并米利堅二國亦已鼓動禁鴉片、并即出告示定販鴉片及食鴉片之罪、又出賞格求人做極好之告示、以禁止鴉片、又有鴉片貿易罪過論、係地爾洼於一千八百三十九年、道光十九年在蘭頓所作、以為鴉片不但壞中國人之風俗、并令中國人猜忌英吉利人、令兩國通商有嫌恨、現在有許多仁愛之人立為一會、欲禁止此貿易、其哲付里士係此會著名之人、在孟阿拉建立醫館、同律山頓及沙渣治士當頓共立此會、欲先講明與衆人感動其良心、然後遞禀回國求律好司甘文好司及巴厘滿衙門各官府助理此會、立定章程、必要巴厘滿開口分付東印度公司禁止不準栽種鴉片

方可禁止變作他項正經貿易、

蘭頓新聞紙內載云、律士丹合遞一禀講論中國停止貿易皆由鴉片犯禁起見、請國王將鴉片貿易停止、中國人禁止鴉片、係為風俗政事稅餉、外國人即應遵其法律而行、現在衆人皆說中國官府受規、不管禁止、有名無實、又說中國拘禁我等使者、殊不思受規乃官府之事、而　朝廷一知立即究辦、安得說禁止有名無實、況義律並非使者、不過係代理人而已、若按英國律例、即應按各客商所有之鴉片更加三倍罰銀、今中國不過只將其鴉片收繳而已、然因致累我國正經貿易亦受虧缺、所以不能任人再賣、

我等自知以鴉片貽害中國之故、為中國之人所憎惡、常欲自解於中國、因思惟醫道有益於人、於嘉慶十年有醫生俾臣者

至粤教種牛痘、一年收所種小兒數千、道光七年、有醫加厘赤者在澳施設眼科、五年中醫愈華人四千餘、費去施藥銀千有八百餘棒、皆衆人捐助、道光十五年、復有彌利堅國名醫伯駕者亦開外科、數年間醫愈七千餘人、一切下證皆來就醫、其餘輕證難以數計、所費銀亦三千兩、亦衆人捐助、此皆伯駕不貪利不厭煩一片誠心所致、

各國自論四　論用兵

現在蘭頓國都中有助官兵要打仗之人、有助民人不欲打仗之人、互相爭論三晝夜、決以紙鬮、各大官得九分戰鬮、方免衆人爭論、現在東印度各英國所屬地方、已皆預備船隻即在國中各部落亦已出令各船裝定軍器前往東印度會合、又甘文好司分付、不準糊亂擾害中國地方、又云打仗之事、宜長久不宜短速、然試問我等應將鴉片貿易拋棄乎、抑或與中國長久打仗以保全鴉片乎、如此看來中國究沒有行過一樣事情、足為我國攻打之緣故、

中國海島約分三段、一廣東海島、其最大者在省之西南、其省之極東即有南澳、若論泊船適中之地、莫好過尖沙嘴、二福建海島、大者曰臺灣、甚是富厚、有淡水雞籠二港口、其對面彭湖

地甚瘠瘦、然為臺灣必要之區、次即海壇、不及二島之大、然人民居彼甚多、三浙江之海島、舟山甚小、然形勢甚好、以之作貿易必更興旺于别處、因係中國中央地方、如甯波杭州上海蘇州等處往來必由之路、故亦緊要、我等若得如此一處地方在彼立定、再得一處如新奇坡海岸、可招集鄰近地方到來貿易、又必其地所産足敷居民之用、且為貿易往來必經之港口、則所獲利益不少、

廣東謠傳中國官府欲將省城外房屋拆毁、以為城池之保障、此不足信、廣東省城高有十忽、周圍亦有礮眼、并無城濠、如歐羅巴各國無城牆之郭落一樣、凡工作手藝棧房貿易多在城外、較城中更為蕃庶、豈能盡行拆毁、若行此法、則受害之人更多、

道光己亥十一月、即中國九月三十日新聞紙曰、得忌喇士船主遵義律之命、去攻打九龍山礮臺正在出力時已經衰敗、被中國打退、又另有三板幾隻趕前幫助、亦皆退回陸續歸尖沙嘴、次日又預備有軍器之杉板船再去攻打、衆船至亦皆覺得昨日之敗若不報復、英吉利旗號必定受辱、于天未明時鼓勇而去、豈知所預備之事皆屬枉然、是日又收回尖沙嘴、義律所事辦理大錯、無一件錯事可以比之、諸事軟弱、可悲可憐、此舉原係保護我國旗號之體面、及我等自己之聲名、理應極力攻打、燒毁師船、拆毁礮臺、以除所受之凌辱、今卻如此收煞、我笑義律意見錯、又能忍受也、

道光己亥九月十二日、即八月初五日有大呂宋墨爾咩那兩支桅船灣泊在潭仔、清早五點鐘時被中國數船攏近、似是兵船、呂宋

水手即扯起旗號，不久即見有兩火船駛來，水手即放椗鍊以避火勢，後又有大艇兩隻，一在船頭，一在船尾，縱火大燒。時又有許多小兵船攏來，滿船俱是手執軍器之人，躉船上人驚慌齊下水，又被中國人撈起衆人，遂搜取船上物件，連水手衣服、夥長路程圖取去，割下旗號，復放火燒船，約共值銀二萬餘員。將夥長、水手及撈起多人俱帶同去。此躉船被逐未同國者

道光己亥十月二十八日，即九月二十二日英國兩隻兵船自澳門洋面起椗，至虎門因風被阻，延至十二月初二日早纔到，共走五日方至虎門。兵頭士密一到穿鼻洋，即稟求不要燒燬尖沙嘴灣泊之船，容在彼等候國王回信，或另設法卸貨，遞稟後退出三里聽候批示。及至次早，提督發回并未啟視，諭速交出兇犯，旋見提督師船出洋將近英國兵船，士密先放大礮攻打，即有師船四隻

一同放礮回擊打了兩點鐘之久、因提督顯其大勇扶持船隻致未大傷、我們華倫船上被提督礮傷船頭并繩索等件、人亦受傷、速即退出回到澳門洋面、義律士密馬禮臣隨即上船赴尖沙嘴趕同保護矣、

前時船主士密在尖沙嘴退出外洋、中國即以為是害怕他、緣中國是順風順水、直來奔擊、英船彷彿就要全燒燬我等船隻士密等因在礮臺下打仗恐有危險我等不能退步所以及早退出近聞九龍礮臺新修更堅固、又聞多出師船并裝滿引火之物、明是要圍兩隻兵船、待灣泊着即向船放火現在我等船灣泊銅鼓洋、潮水甚急、難於灣泊、卻利於中國人順流火攻、甚于尖沙嘴不知士密何故在此灣泊、

道光庚子七月初二日、即六月初四日香山縣會同澳門同知出一告

示言奉總督之命、英國兵船近來離出海岸、足見不敢攻敵中國兵威、不過保護鴉片走私貿易、諭令師船封禁大小河口、以免英國兵船進來、除師船裝載火礮器械出外洋、毀滅夷船外、并令漁船蛋家出洋攻打、其家屬官為資給養贍、所賞之銀亦比前時賞格上所說最多、不知可能準給否、然中國人預備攻打、封港兵船之事、甚是勇壯、又聞有船百隻由虎門出來、

道光庚子新聞紙曰、二月二十八日、（即正月二十六日）有廣東師船二隻及許多小火船、燒然向金星門之船吹來、幸被風水淌近岸邊燒了中國許多小艇、及外國底威爾大杉板船頭桅被燒不久救息、又有哥洼支麻里船避火擱在淺灘、久方駛脫、其寫拉尼兵船上當遣杉板將火船撥至岸上、離去各船、以免于險、閒各船上裝有噴筒、不見開礮、是晚又有火船到來、皆不得順遂、

所喜是晚潮小風軟、中國人若放得各火船得法、我等船必大受其害、此算是第一次、後來恐中國人若一練熟、駛火船有準、即更有危險之事、切當小心隄防之、

道光庚子六月十三日、即五月十四日新聞紙云、早上有十隻火船乘着猛流向金星門來、我等灣泊許多船皆起椗以避其害、并放下在兵船上之杉板、將火船驅至岸上、惟聞炸裂之聲、不能為害、當火船衝來時、有許多中國官艇攏來、欲望有着火之船即行攻打、後見火船不能成功、遂即駛回、只跳過兩桅之特威爾船上殺死水手幾名、即跳下水去、火船樣子皆甚好、滿載引火之物、一對一對用鍊鍊起、以上皆林制軍督廣東事

道光庚子五月二十二日、即四月二十二日有希爾拉士船主穰西在福建南澳島之西北、遇見八隻中國商船、三隻大桅船、外看全

似買賣船、毫無分別、漸駛漸近、船主纔起疑心、分付預備、尚未停妥、那船已貼着我船右後梢、施放鳥槍、此時風静、又在打魚洞中、我船不能離開發礮、亦只得放槍同拒、乃我之槍火放去全不中用、因中國船用皮蓆遮蔽甚好、彼水手在蓆後地放槍火甚穩、定有準、又用火料數次燒着、皆救滅了、不致延燒船上繩索、良久風纔起、我船方能轉動開礮、海賊始行逃去、我船上水手五十名、被傷十五名、而船主穰西受傷甚重、下腮及眼周身及腿皆受重傷、心中甚可憂愁、（此福建鄧制軍所募水勇攻剿之事、夷不知以為海賊也。）

又九月十九日、（即八月二十四日）新聞紙曰、福建泉州來信云、布林麻兵船幫同阿厘牙達兵船在廈門與中國打仗、我之彈子穿過中國師船、直打至岸上、共打沉師船數隻、中國人遂連夜將各師船駛回港口內、次日中國又擇選師船裝上大礮二百零四門、其中有極重大之礮、再與我等打仗、我兵因不能上岸、遂將兵船駛開、至礮彈不及之處、然中國打至兵船之彈子亦不少、其礮彈有重至十八棒者、（十二兩為一棒）兵船大桅之帆竿已被打折、中國又在港口及對面海島建礮臺數座、以為防守、前時派設兵船數隻封厦門港口、惟現在兵船遇了勇敢之後、大抵必去再請兵幫助矣、（此亦福建鄧制軍時事、以後新聞紙無考、）

蘭頓付來新聞紙云、現在甘文好司派設甘密底去查察倉庫、併立定倉庫之法、將去年所得之稅餉、併去年國中之費用、民間所拖欠之稅餉、一併列明、在一千八百四十年、（道光二十年）按大概情形看來、所收之稅餉錢糧、約有四千七百六十八萬五千棒、另在印度公司所收之稅餉錢糧已有十五萬七千棒、合共算來、已有四千七百八十四萬二千棒、計開本年還賬之銀二千九百四十三萬九千棒。此外別樣大庄使費銀二百四十一萬棒。其餘各官俸銀之類。約有一千七百四十五萬一千棒。總共算來。約費用銀四千九百三十萬棒。若將所收錢糧稅餉之數與費用之數比較起來。即見得所入不敷所出。查前任管庫官為國中費用不足。故由庫中出單揭下銀一百萬棒。以為文學館之費用。此項已歸于雜項大庄費用之數內。再去年庫中曾出單揭下銀二十六萬棒。以為在受倫地方各和尚之費用。此項亦係前任管庫官拖欠下來之賬。俱已歸于雜項費用數內。除此兩項之外。尚差一十九萬八千棒。此數係歸在本年費用之數內。現在尚未查清。所以不能得知是虧空不是去年所收得之錢糧稅餉。約有四千八百一十二萬八千棒。去年費用銀四千九百九十八萬八千棒。除去所揭下為文學館用之項短少銀八十六萬棒後又提出為軍需費用銀七萬五千棒、合共算來短少費用銀九十三萬五千棒、在去年共計虧空銀一百四十五萬七千棒、然除卻在上文所載為愛倫地方各和尚費用銀二十六萬棒之外、虧空銀一百一十九萬七千棒、又除卻為付寄書信費用銀二十五萬棒之外、虧空銀九十四萬七千棒、又除去為軍需等項費用短少銀九十三萬五千棒之外、實虧空銀一萬二千棒、併無着落、此係去年所收稅餉併費用之數也、在本年所算清之數、論及各款費用即有賠還賬目、和息銀三千四百八十七萬七千棒、奉兩好司衙門之命、給出兵費銀為水師用六百萬棒、為軍器庫用五百六十五萬九千棒、為武備雜項費用銀一百八十八萬五千棒、其中多已出了銀單、只存二百七十三萬六千棒、未曾出單、為各官俸銀一千六

俱与中国
俱字似错

百八十八萬棒總共費用銀四千八百七十五萬七千棒此外尚有數款費用銀一係水師費用并各兵之工食定必要豐致可令兵力强勇為此項已經提出一十萬棒後又為派設官府費去銀七萬五千棒第二係加拿達（係在北阿米利堅洲英屬地方）之費用因本年查倉庫之時候比往年更早所以尚未得知前年加拿達之費用銀係五十萬棒去年加拿達費用銀一百萬棒本年加拿達之費用銀雖未得知然就最少之數且算三十五萬棒第三係與中國行兵之使費皆係印度國家先支然後國中給回前時與瓜哇（係噶啦吧地方）打仗時尚可以預料所用之銀故能先出銀單俱與中國行兵之事未知何時方能歇止所以不能定其數目況印度兵丁之費用甚大所以更不敢預先料定現在按東印度公司付來之數自起兵後至五月初一（即三月三十日）已經費

去銀五萬四千棒、若再行兵六箇月之久、其費用必致有一十六萬二千棒、連以上所用五萬四千棒算來、即有二十一萬六千棒、然其中有運載船之費、若打仗得久、即不必用運載船、如此看來、大抵一十五萬棒即可以足、餘為打仗之費、除卻自起兵後至五月初一、即三月三十日所用之銀外、即可留下一十萬棒以為再打仗六箇月之費、此項兵費、乃係東印度公司先行支給、待至再查庫時給回、此去年幷本年查庫各款之數也、再推算下年國中費用之大概數目、計還賬目利息銀約要三千一百八十七萬七千箱、為水師併軍器庫各項零碎銀、約要一千六百八十八萬棒、合共費用銀四千八百七十四萬七千棒、再加上水師費用銀一十萬棒、武備及水上派設官員費用銀七萬五千棒、為加拿達費用銀三十五萬棒、為與中國行兵事費用

銀一十五萬棒、大概下年查庫時、其費用必致有四千九百四十三萬二千棒之多、此係一定必須之數、其餘尚有許多未曾列出、

各國自論五（論各國夷情）

俄羅斯係與中國素和好之國、俄羅斯近來屢欲攻擊東印度、今此中國停止英國貿易之事、大抵亦係俄羅斯之陰謀、在京都内慫慂所致、然中國亦可發二萬兵由緬甸入孟阿拉驅我等出海、

我等聞俄羅斯之權柄陰謀、大有害于我等東邊之印度西邊之巴社等國、俄羅斯有書館在北京、中國情事俄羅斯可以知悉、而我等并無人與北京來往、中國已知英吉利印度之税餉皆由鴉片及茶葉棉花、故俄羅斯亦欲奪我等印度之税餉、令公司所屬之地不能安靜、亦已足矣、又何必再用别法來相害耶、一千八百三十七八年、（道光十七八年）我兵攻取印度西北直到干拿哈又至加布爾、已近西藏之西界、距葉爾羌戈什哈地方不

遠、邊疆上駐有大兵在此幾座城與達機士頓并附近各國貿易極大、中國見我等先在印度不過貿易、後卻全得了地方、又得新奇坡、又似有謀澳門小呂宋之意、又似有犯中國之意、故中國將各埠頭門塞、只準在廣東貿易、又兼有俄羅斯人挑動故用此膽大之法、中國向來不肯待我等與大西洋俄羅斯各國一樣、我今要中國待我等與大西洋俄羅斯各國相同、（其俄羅斯爭印度一篇已錄印度卷內此不重出）

印度付來之信、聞得俄羅斯已帶兵攻打機注、（係自主之韃韃里國）數仗皆勝、又聞俄羅斯使者二三日內已離比特革（俄羅斯東都）往北京、不知此使者係學習中國文字十年照例替換之人、抑係講論英國之事、縱係講論英國之事、亦必數月方可到得、大抵俄羅使者未到中國以前、我與中國事已鬧開矣、凡中國人之思疑

俄羅斯比思疑別國更甚、斷不肯聽從俄羅斯人之言語、然我等亦必隄防俄羅斯人之陰謀詭計、

新奇坡新聞紙云、暹羅國王聞我等攻敵中國之事、甚非笑輕忽我等、以一撮之多而攻打　天朝無數之兵丁、現在暹羅國王將所有赴中國貿易之船、盡收回船廠、而在曼果（暹羅國都）貿易之中國人、與新奇坡貿易之中國人、亦皆戲笑我等、可見中國如何恃其人民之衆、又曰、國中新得作飛礟之法、可與佛蘭西人鬬勝、蓋佛蘭西人初用飛礟之時、英吉利人即十分留心學之、而佛蘭西人于打仗時、用兵船少而能勝英人者、蓋因其火藥勝于英吉利之火藥、現在喏付厘亦說英吉利飛礟與佛蘭西飛礟一樣、在英國試飛礟之法、乃建一隻大堅固之船、無論船隻相距遠近俱可拖及、直飛至大船上、礟即裂開、將此船打

成碎片、僅剩船底未壞、而片刻即沉海矣、用火藥不過十一二棒、彈子內又包藏火藥兩棒半、亦少有煙、落下時亦無聲、而遠方聞之、如放八十棒火藥之大礮、此亦國家之新鮮強勇、故國家封密不令人知、惟佛蘭西有此、

米利堅駁英吉利新聞紙曰、爾屢次爭論、不過結上有云若查出船上有一兩鴉片、甘願將犯人交中國官府正法、船貨入官等語、爾豈不思英國屢次示知義律云、凡到中國貿易之人、皆應遵守中國法律乎、我等若不夾帶鴉片、中國人亦不能加以刑法、儻我等船隻人民到英國、若有違犯英國法律、豈能不按英國法律治罪、何以到中國遵中國律例、即以為有辱本國之尊貴、前英國噶船色循船均具結進口、皆係公衆道理、

又曰、米利堅旗號已被英國鴉片貿易所污、因數月前有走私

鴉片之船扯米利堅旗號在中國海岸來往且有英吉利人口說必要盡心盡力以陷害米利堅人等語、幸中國官府識破其奸米利堅人方免受害、我今請問爾英吉利船扯米利堅佛蘭西黃旗各國之號為公正道理乎、抑為不顧私利乎、又如繳煙時鴉片價值每箱不過洋銀二百五十員、何　國人將烟賣與義律呈繳之時、又索價每箱五百員之多、欲望英國庫中償補之、我並非欲揭出英國人之短處、但果係如此、必更有許多不堪說之事、故不得不畧陳之、

澳門西洋兵頭覆英吉利兵頭士密信曰、英吉利人不要想我留英人在此居住、我亦必守中國人所定章程不肯違背之、只是中國與英國兩邊之事、我皆不理、爾但說英吉利人不在澳門居住之難、不思及西洋五千人為英人亦受重累所有貿易

皆要停止、爾若不念朋友之情、我即將近來幾箇月內所有之事、宣布與通天下人知道、求各國公議、判斷爾所行之事、不獨犯我國法律、乃亦有犯于英吉利國家之法律、

設欲停止正經貿易、不許外國通商、如日本近來二百年不與外國往來之事、此必不能、彼時日本人之機智與歐羅巴各國相等、即國中之强勇、亦與歐羅巴各國相同、況彼時歐羅巴人已得中國之利益、故視日本之貿易不甚要緊、今二百年來西洋各國行船之法、勇敢之心、及國中財帛、俱已大增于前、在日本貿易之日淺、在中國貿易之日久、所以中國貿易之日即難停止、

育乃士跌國（即米利堅國名）定必無打仗之意、其信內云、無論米利堅人在中國如何吃虧、育乃士跌國家定必盡心調停、平安而已、

前因歐羅巴各國時常打仗、大呂宋各部落亦屢擾亂、所以米利堅凡事俱能忍耐、不肯同别國打仗、

英國人離省城後、因行為有不是之事、故中國人以此罪英國人、米利堅人係恭順中國、得以照常貿易、前月間我等已議定暫在港外貿易之章程、獨花旗不與和心、此係外國不能齊心會合之大害也、

米利堅人從前只欲作兩邊俱不管之人等語、觀去年米利堅人繳鴉片時、只當係英吉利人之物、難道英吉利國家便不賠補米利堅人所代繳之鴉片價值乎、但米利堅人如果欲作兩邊不理之人、即應停留在虎門外洋方得平安、不應具結進口、米利堅人若果能長長兩邊不理、即可免卻我等許多憂愁之事、

英吉利歐斯特里俄羅斯普魯社四大國已經同都魯機國立定章程、又將此章程寫寄與伊揖國之巴渣官、但未曾會合佛蘭西國、恐此事將來令佛蘭西與英吉利兩國不相睦、巴厘滿衙門已命水師軍添二千水手、又命即速整頓船隻、佛蘭西亦增添其兵丁、此事係兩邊錯會了意、我等望其相友愛而定奪之、

各國自論六 華事夷言錄要。此書亦兩廣總督林則徐譯出

火藥外國未用時、中國已有之、羅鍼亦由中國海船行至西洋、磁器則近日西洋各國亦設窰仿造、而普魯特之壘林部落尤多、終不及中國之泥細而精潔、惟種牛痘一法、係由西洋傳至粵也、

中國之畫惟重寫意、虛多實少、不如西洋之工細、而洋畫人物又是一片黑影、不獨中國人嫌之、即西史載英國前代女王伊來西麻于寫容時、亦不許寫此黑影、

外洋有歌舞而無演戲、有火燎而無燈籠、蘭墩國都街市皆以煤火通于牆筒、互相貫通、光明達晝、絕無紗燈紙燈、前此貢使律馬加尼至北京、同經沿河各鎮市、燈光燦若繁星、歸國夸述以為大觀、

又中國藥材多是草木，外國藥材草木僅居十之一二。西洋醫不診脈，而中國及回回醫皆信脈理，有二十四樣脈，診之即知其病何證。又西洋不擇日，而中國欽天監凡舉事必擇吉日，西洋絕無此說。

前此西洋耶窑等在京作欽天監，曾帶西醫與各官府往來，借行克力斯頓教，是以教師必先曉醫道，方能為人所說。

粵省火燭一起，將夷館及各街道燒成白地，與道光二年蘭頓國都之火燭無異。

西洋人皆短衣窄袖，惟白頭回人長衣寬帽，時常薙髮與中國人無異。

中國最重文墨，多由寒微至貴，紅曼譯出中國之書，言其政事極好，通阿細亞州無此善政，即歐羅巴洲之羅問克力斯頓各

大國政均不及故稱王化之國惟武勇不及西洋若中國兩兼西洋之武勇我等敬中國尤當不同

前時有羅問國之耶密奉使至北京授欽天監著有許多書籍道中國之風俗現在佛蘭西各國多有藏貯使我等得知中國之風俗皆應感耶密也中國音語最難學習近有波羅士特之教師勤力學習是以馬禮遜米爾尼麻士文三人俱能通中國語言文字

佛教與回回教克力斯頓教亦有分別中國稱為佛日本稱為釋迦蒙古稱為剌麻印度稱為密他緬甸稱為偶麻西藏稱為麻哈母尼暹羅稱為波納分教其實一也佛生于加治麻國在克力斯頓教一千年之前如謂人死復生為禽獸鱗介互相輪回皆各教所無而克力斯頓教中又分出二教曰額力教曰加

特力教皆以淨水教化、現仙佛鬼魔及地獄、皆一例觀之我思佛教之道理、未必能勝于加特力教額力教之道理、

昔年多麻士至中國傳加特力教時、中國從教者仍信奉鬼神、以加特力教中不禁人奉鬼神之像也、及耶密至中國、觀前所行之教皆非正道、始刪去許多敬奉鬼神之事、

孔夫子書、係耶述用拉提納字體譯出、甚少精理、我等若信其不甚明白之書、以為中國儒教道理止于此、恐為耶述所誤、

中國有回回之馬黟墨頓教、各處建廟禮拜、又有由教其人甚少、只散在鄉間單身修煉、

中國人以歐羅巴為夷、皆由不通歐羅巴之語言文字、是以于麻六甲設書院、教師以教化中國之人、中國人之聰明靈變、除英吉利外他國皆不及、

各洋商名浩官、茂官、啟官、敎官、經官、明官、海官、三官、貞官、各通事名亞担、亞東、亞江、亞蘭、細亞周、亞欽、

十三間夷館、近在河邊、計有七百忽地、（每忽八尺）内住英吉利、彌利堅、佛蘭西、領脈、綏林、荷蘭、巴西（即巴社白頭回）歐色特厘阿、俄羅斯、普魯社、大呂宋、布路牙等國之人、

廣東走私之船曰快艇、曰蜈蚣艇、（以其多槳形似得名）排列槍械、每于黑夜由小河魚貫而出、分赴各岸售私、專與官船相避、粵東汊港紛歧、熟習港歧、易于趨避、倘遇官船邀截、不及走避、即持械拒捕、

鴉片船皆下椗于伶仃洋、其島高尖獨峙、頗有居民、山可禦東北風、若風暴將起、則駛往對面之金星門、否則被風吹出大洋外矣、

賈當作賣

西洋種罌粟花曰波畢、其上等者在麻哈默那、次等者在麻爾洼孟買加爾吉達（即孟阿臘首部落）皆英吉利所轄東印度地、每箱載兩滿、每滿各重六十七棒、（十二兩為一棒）合中國秤每箱百斤有零、其價自一千三百魯卑至一千五百魯卑不等、（五十五先士值一魯卑、二魯卑值一番銀）裝箱後用格粒巴船運至各國售賣、除印度外、又有回教之都魯機亦產鴉片、每年亦有千餘箱運至中國、多是彌利堅船運之、凡裝載鴉片之船、每船約載三百擔、（每千六百八十斤為一擔）俟過七洲洋後到伶仃洋、即有軍器之船在彼灣泊、將鴉片移入有軍器船內、至夜有內地蜈蚣艇來接載、運至省城、此等船常有二三十隻與官船抗拒、其格拉巴船在伶仃洋守候鴉片賣完時揚帆回去、中國始由穿鼻洋跟至老萬山、空放響礮回稱夷船盡已驅逐遠颺、

畫受畫当作盡

粤省與外國交易、番銀俱是用大呂宋之達剌洋錢、故外夷各帶達剌番銀以買中國之貨、近則出口之銀、比入口更多、以鴉片年增一年、煙價多于茶價也、

廣東礮臺外砌有圍牆、以防敵人上岸攻我礮臺後路、而牆皆硊薄、只好圍其兵丁不令外走、若以禦敵即不能、夷船禁燒酒、同于中國之禁鴉片、水手好酒同于中國之嗜煙、蓋水手在船盡受炎熱、夜卧風露、加以燒酒之力、一飲則必醉、醉則必發寒熱、往往不治、禁令雖嚴、而水手以酒為命、時時盜買、多藏于水桶、船主望見但見是水、而不知皆酒也、

黄埔在水中央、周圍皆洋貨船、而內地尤帆檣如林、以外國貿易船比之外國、所納稅餉不過本地百中之一、所以中國不甚希罕外夷在粤之貿易、

外夷雇中國人供役曰沙文故、華夷有事、官府輒先以禁買辦火食、及撤退沙文為首務、嘉慶十二年、夷兵頭特魯厘帶兵上澳、及嘉慶十九年英兵頭那列士到澳門時、道光十九年律勞卑到省城時、均即封港停止貿易、驅逐沙文、打破夷館、提拏通事、必待事定、始開艙發沙文也、

中國戶口之數難考、即征收地丁人數亦難信、完錢糧時只家長一人出名、中國以六人為一戶、西洋以五人為一戶、如廣東省城、衆即百萬、古時戶口、煬帝時共有八百九萬戶、一千一百二十二年海壯帝時、（宋徽宗宣和四年）有二千零八十八萬二千戶、一千二百九十年急賴閒為帝時、（元世祖至元二十四年）有一千三百十九萬六千戶、一千五百零二年（明孝宗宏治十四年）有五千三百二十八萬二千戶、一千六百四十四年、（順治元年）清朝初減至二千七百二十

四萬一千戶、乾隆間會共一萬五千萬人以孟阿拉之戶口方里比較中國、中國約二萬二千八百萬阿彌干、乾隆四十二年、住燕京依官書計算中國戶口、連無錢糧之人、共二萬萬人、佛達阿拉士譯出部錢糧戶册、亦有一萬四千八百二十一萬四千餘人、與前二數比較、尚不甚相遠、至近年人數日增更可想知、

中國産米不敷日食、故準洋米進口、並免米船之稅、近年米利堅英吉利由小呂宋葛留巴新奇坡運至米不下二萬二千八百十六萬、（每萬一千六百八十斤）而鴉片貨物寄放伶仃洋則不僅米船也、印度之人民極多、不須外米接濟、而反運米出口接濟東西洋各埠、何以彼有餘而中國反不足、且工作則中國更勤苦飲食則中國更愛惜、（印度凡食餘之物他人即不食之）設印度地面、而以中國人

居之獲利尤倍、可見中國之蕃衍稠密更勝于印度矣、按央馬禮遜之數、馬禮遜官名非人名也父子世習漢文其子曰秋馬禮遜秋者小也中國幅員一百三十萬方里戶口三萬六千四十四萬三千人其地之遼闊人之蕃盛自古鮮有、

中國商久固多、亦有外夷不清粵店之帳、即開帆回國者、粵店既不能稟官追還、而外夷不法亦不能稟官處治、

俄羅斯不準船到粵、只準陸路帶茶六萬六千箱、計五百萬棒、因陸路所歷風霜、故其茶味反佳、非如海船經過南洋暑熱致茶味亦減、然俄羅斯亦托外國船隻帶貨至粵貿易、

每年中國與各國貿易、并中國出口與外國貿易者、約值銀八千萬員、以英吉利米利堅為最大、

自公司散後、無人管事、洋商有再著大班來粵之請、英國遂派

首字誤脫
首有誤衍

領事一人律勞卑于道光十四年至粵管理貿易欲在粵設立審判衙門一所、并如英國設主里十二人以助審案、七月二十四日、律勞卑并未經洋商通報、突然闖進省河、中國總督大怒、遂停貿易、禁火食、預備火攻、于是委船押同律勞卑下澳、律勞卑到澳即氣忿死、道光十六年、英國義律至澳、由廣督奏稱各國貿易、惟英吉利設有公司四首商管束曰大班二班三班四班、其船定于七八月到廣、以貨換貨、至次年二月出口、維時各大班請牌下澳、至七月間請牌上省、自公司散後、事無專責、前督盧曾奏請　敕令夷商寄信回國、再遣大班來粵管理貿易、今十六年十一月、接據夷人義律攜一妻一子至澳、約束商人水手、惟不管貿易、

西洋飲中國之松蘿茶、熙春茶、頗覺有損、疑中土人以害人之

物轉綠茶為黑茶、何以我等飲此種茶便覺有損、安南日本瓜洼（即葛留巴）等亦產茶而不多、近則印度公司所轄之阿山（在緬甸北雲南之西西藏之南）產茶頗旺、

廣東洋貨稅餉甚重、夷商屢稟官憲、且洋行會館抽分、每百兩抽內地賣家三分、公貼以備洋行倒塌欠款無着者、即以此代償、近因洋行欠項太重、公項不敷、遂仍各欠各還、第公項代賠之例雖改、而抽分如故、名為抽內商、而內商必增貨價、則亦仍出自外夷貿易中矣、夷船進黃埔裝載七百萬者、計其官費及引水通事一切使費銀、將近五千圓、故非大船不能堪此重費、

康熙初鴉片準作藥材進口、每擔納稅銀三兩、後又每包加稅銀二兩四錢五分、至乾隆年間吸食日多、廣督奏請奉旨嚴禁入口、嘉慶間禁益嚴、初枷杖後軍流、

鴉片私躉船初在澳門後因住澳之布路亞人索費太多業此者遂議改他地、于道光二年設立躉船、安設軍器、拋椗伶仃洋、由葛留巴之船載至伶仃洋過載、躉船即卸載回帆、商人在省講定價值、即先交銀寫立發票、付與快蟹船、扒龍船、付伶仃洋運入省城所過地方水師官均已受賄放過、故近數年多至數倍、

嘉慶二十三年、印度鴉片進口者、只有三千二百十箱、道光六七年、九千九百六十九箱、道光十二三年、有二萬三千六百七十箱、道光十六七年、即多至二萬四千箱、計印度接濟中國鴉片居其大半、雖亦有銷售別處者、總不若此地之多、此外都魯機亦有千箱能以入口、除鴉片外、亦有他税重之貨、亦泊于伶仃洋、由快艇潛運貨物至岸、偷漏税餉、此由道光五年加增海

口稅餉始有此弊、後因廣東洋米接濟、奉旨免米船進口之稅因此鴉片及重貨多暗寄于未甚滿載之米船入口、

有人言情願斷止鴉片一物、另開南邊港口貿易可乎、我恐未必能行、蓋天朝只準在粵貿易者、畏惡外夷拒而遠之不許深入腹地也、

蒙古在西北之地、與歐羅巴相近、故飲食性情頗近歐羅巴之人、

中國文字、天下聞名已數千年、才能迭出甲于天下、許多道理規矩、皆與歐羅巴之國畧同、只是疲懦不善于戰、故為外國人所輕、若以中國人之才能而兼外國之剛強、則歐羅巴人視中國又不同、想因承平日久剛氣已退、自知不善戰故每事只用柔治、其防守之兵、有事只聞礮聲而已、水師船遇西洋并無軍

器之商船尚秖當不住、何況兵船、且軍器亦多廢鐵造成、年久并未修理整新、火藥則煙方出口、子即墜地矣、水師之無用、亦由不善調度之故、我見廣東岸上粗工力作之人、甚是勇壯、即如中國水上之人、歐羅巴人尚不能及、若以歐羅巴人與岸上粗力人比、自更不能及、若揀此等强壯之人充當兵丁、真可謂精兵、昔有大呂宋人到廣日記云、中國之人若善調度、即為第一等勇壯之兵、言誠不謬矣、

談瀛徵實卷七

懷甯方朔小東纂輯

貿易通志

英吉利國四面環海、以師船環守本國者百艘、其餘分布各國市埠、每埠或數十艘、或十餘艘不等、共計兵船五百三十艘、水師兵三萬五千丁、連水手梢工共九萬、佛蘭西兵船三百有十艘、俄羅斯國百有二艘、彌利堅國五十四艘、其兵船大者載大礮百二十位、又次者七十位、此之謂陣艦、小者自六十位至三十位、又小者自二十位至十位、此以之出奇制勝、無事則以之護送商船、巡羅海賊、有事則以攻敵、

夾板船、順風逆風皆能駛駕、而無風則不能行、爰有智士深思天地間空中運動流轉之物、惟風水火三者、今風力水力皆無

可恃、惟有火力可借、火藥之力、能裂金石、震虛空、愈悶之則力愈大、豈不可以火輪代風輪水輪乎、于是以火蒸水、包之以長鐵管、插柄上下、張縮其機、借炎熱鬱蒸之氣、遞相鼓激、施之以輪、不使自轉、既驗此理、遂造火輪舟、舟中置釜、以火沸水、蒸入長鐵管、繫輪速轉、一點鐘時可行三十餘里、翻濤噴雪、溯流破浪、其速如飛、不論風之順逆、風之有無、潮之長落、溜之上下、借陰陽之鞲鞴、施造化之鹿盧、巧矣極矣、彌利堅與歐羅巴隔海數月程、五印度與歐羅巴遠地數萬里、而火輪遄駛、不過四五旬、大則軍旅、小則貿易、往返傳命、有如咫尺、不疾而速、不行而至、非天下之至神、其孰能與于斯、且火機所施、不獨舟也、又有火輪船車、車旁插鐵管、煮水壓蒸、動輪其後、豎縛數十車、皆被火車拉動、每一時走四十餘里、無馬無驢、如翼自飛、欲施此車、先平其險路鋪以鐵轍無坑坎無紆曲然後輪行無滯道光十年英吉利國都兩大城間造轍路九十餘里費銀四百萬員其費甚鉅故非京都繁盛之地不能用近日西洋各國都多效之此外又有火輪機凡布帛不假人力而自成織巧奪天工矣然地有紆曲高下不可行火輪者惟在填平道路將碎石墁地使其平坦兩旁軌轍以鐵為槽行時溜轉如飛則一馬之力牽六馬之重

西洋貿易不但航海即其在本國水陸運載亦力求易簡輕便之術一曰運渠一曰鐵路運渠者如中國之運糧河荷蘭瀕海多沙船易淺擱沿岸而行程途紆遠國人議開運渠自國都至海長百五十餘里闊五丈四尺深二丈火艦往來無礙直抵都城避險就安費銀五百萬員各商舟行此渠者納餉補費以備

歲修又其國內支河四通八達畫舫安坐晝夜遄行沿岸村莊綠楊穿映有同江浙其溝大抵闊六丈深六尺磚鋪兩岸以馬牽舟雖不如火輪之速而安穩如衽席也佛蘭西國亦開大渠通湖入海長二百二十里費六百五十萬員英吉利水渠亦多然近嶼不長所至通海掘不甚費彌利堅國其始地廣人稀近日各國輻輳四方流寓墾闢日廣物產殷阜乃大開六渠以通貨第一渠長千餘里掘費二千二百萬員闊六丈深六尺每年納餉二百餘萬員第二渠長千有八十里掘費九百萬員每年納餉百餘萬員第三渠長百八十里掘費百十九萬員歲納餉十萬員其餘以漸短小通計每年國帑關稅入多出少共計三千餘萬員皆運河通市之益至于無水可通山險泥滯運貨維艱之處則亦為石衢鐵轍以利車輪雖不及火輪之速然過紆

同高下之地火輪無所施則此又通其窮矣故西洋貿易但求一勞永逸不為惜費苟安而行渠行路之人皆令納課以備歲修則又一舉而上下兩利至海口停泊之所若無天生形勢拱抱則風潮澎湃舟易觸礁西洋各國于此險港則外築石塘以護其外而海船環泊其內又築礮臺以禦賊則皆中國所無亦中國所當法

中國以農立國西洋以商立國故心計之工如賈三倍其國所立規制以利上下者一曰銀票二曰銀館三曰挽銀票四曰擔保會前二者國王與商民分立之後二者則商民自設之銀票如中國之楮幣國王出之以時收納循環不失信故外便商而兼利國銀館者如中國之銀店收銀代為生息但彼則國王自設之或寄存銀或支借或出票荷蘭國銀館始于萬歷三十七

年章程公正各國取信佛蘭西國銀館嘉慶間因軍餉支用過當所收銀二千萬員一時倒敗其後更立章程再開銀館能收銀九百萬員而止銀館最大者推英吉利國都始于康熙三十二年初止收七百萬員後至乾隆五十年增本至萬萬五千萬員內借支國王四千餘萬員公信無欺故各國商旅皆願存銀其中特以無恐賦稅之出納皆存于銀館彌利堅亦開銀館道光十二年本銀七千九百萬員嗣後十七年其私館敗銀有出無入近日復興人復取信矣其他西國皆有之而此三國為最不獨國都有之其各城通市私館亦多故銀館者民之庫國之帑商賈之源商民煢獨有所寄賄則免其經營貧商得以借貸則資其轉運挽銀票者如中國之會票凡西洋本國之商欲赴廣東貿易挾重資涉險遠甚為艱難但寄票與駐粵之商會

銀交易又如英商欲向花旗商買貨而無現銀則亦出票會銀于售貨之某地而彼商欲買英貨者即于某地收兑其銀焉此三者中國皆有此例惟擔保會則中國無之其會有三一曰船擔保舟航大洋難保沉覆假如船價二萬員載貨五萬員出海每月納會中銀每百兩納二三錢設使船三月到岸平安無失所納銀存爲會中公費如或船貨有失視其損失之分數如僅桅折貨濕會中按數償補如或全船沉溺則會中即償其半但必實報實驗衆力恤災從無推卻英吉利國都二十一會其本銀或八萬或五六萬或三四萬員不等同休戚共利害歲終會計有利均分有害分受要之利多害少二曰宅擔保城市稠密回禄堪虞假如本屋價銀二千每年納會中銀二十員不幸被災則會中亦代償其半三曰命擔保假如老妻弱子身後恐無

生計每年于會中入五十員死後如後嗣成立無需賙卹則已如貧不能自存則會中贍其家每年一千員此四者皆西國恤商之政而尤要者則曰以兵船保護商船之法如商船在海遇仇國及海賊來攻則國之師船迅駛而來或護其前或殿其後待商船各駛去收港而師船列陣交戰以退敵凡交戰之際商船皆不得出港倘擅動蹈危則擔保會中不償其所失凡各埠貿易之銀皆由師船遞寄故師船寄課為萬全無失之策

滑達爾各國律例

米利堅醫生 伯駕譯出

嘗思各國皆有當禁外國貨物之例其外國不得告訴委曲而違此禁亦不得以仁情推辭若他告訴委曲是不過欲利而已該國必不以他得利而違自己之禁試思凡國有禁皆有所謂而然也

第三十七章

一禁立之後如有犯禁船貨物夾帶出口或夾帶入口或帶貨漏餉則變價充公

第二百九十二條

打仗者是我們出於不得已強逼而應有此事也蓋打仗者有公私之分或兩國交戰或二主相爭所事皆出于公而兵權亦出于公此是也私自兩人相敵此是性理之常此之謂也

予詳審有應戰有不戰者若情有可原固無論人人皆欲戰豈不欲自保其身自護其地而於當戰之日而竟不戰者乎然戰合於人心事自合乎天理如匪盜打刼村塲誰不與之抗拒是理所必然勢當如是是故應戰應不戰者皆以合義為貴非可苟焉而已也今我說此應想一想於自己但如英吉利國王不與大臣同行事雖用錢銀不逼迫百姓守兵械他們為打仗據實是必議大臣同行與索軍糧

一當者　如父母打不孝順之子女此是應當也但別人因我子女不孝之事他將我子女打所論之理亦不應當打我之兒子也

二職　如琉球人往別國忽遇大風打爛船隻失水往中華去此琉球人並無錢財亦不能糊口不能回國則要稟明此縣或日後方可回國此是人情之職

三武　如外國帶鴉片往者流毒射利該本國不準他進口亦不能告訴一說之事此是理也

四守法　往別國遵該國禁例不可違犯如違犯必有罰以該國例也

五公法者　但有人買賣違禁之貨物貨與人正法照辦

六或　或各花旗人各司其事花旗之事別國之人往花旗去亦不能做此處兵丁也

七不論　不論別國人在此該國

八或　如若英吉利國女王欲與佛冷西國打仗但大臣思想無道理此大臣之不願發一將不發一銀何得戰也

法律本性正理所載第三十九條　袁德輝譯

各國有禁止外國貨物不準進口的道理貿易之人有違禁貨物格於例禁不能進口心懷怨恨何異人類背卻本分最為可笑若不分別違禁不違禁以及將本求利均不準進口可以含怨即如甲國貨物而至乙國並不見有違礙而乙國禁之此謂之不是好意亦可含怨已無違礙而又無實在明白説出其所以不準之理立此等例禁令人難以推測算是與人隔别斷絶往來也所立例禁即如走私出口入口有違禁貨物并例準貨物偷漏不上税餉情事有違犯者將船並貨入官充公

一百七十二條

中國日本國無有照會某處之船準進某處之船不準進皆禁止外國人不許進口在歐羅巴洲中各國除與有仇敵之數國此外人人皆可遊行國國可以進口一經準其進口就當遵順其律例我思律例之設原為保存身家性命起見非關遵其例即子其民之理國家立法應須如此而外國人一入其地即該凛然遵順國家撫有天下治理億兆而律例亦不止此自法制一定普天之下莫不遵守故外國有犯者即各按各犯事國中律例治罪其治罪之意不過令人保全身家性命也

二百九十二條

兵者是用武以伸吾之道理有公鬬私鬬公鬬係兩國所與之兵私鬬乃二家所懷之忿以妥當道理而論凡保護自身及保

全自己道理自然可以有用武之道理此等道理常在人心中亦人人所共知有些迂儒用經典上義理如己身已被人殺害猶曰只好任他殺去而已總不任殺人之名此等錯意見終怕行不開原其故無非為避害保身此亦人之常情然兵亦不是亂用若知夫天性所賦之理不得已而用兵總合夫道理以仁義之律法而節制之國中權柄是決斷爭辯鎮壓傷害禁止我們私自所欲伸之義理欲與外國人爭論先投告對頭之王或有大權之官設或都不伸理可奔回本國稟求本國王保護核其可行則行可止則止若概而準之與外國人理論相對則國中無一人不連累其中人人亦可擾亂何以保全兩國和氣此係大危險之事先要審定虛實有何怨的道理或是應該興兵或是應該不興兵或是須要用兵國中方纔太平迷聽國王裁

奪無此法度何能一國太平

如此惟國王有興兵的權但各國例制不同英吉利王有興兵

講和的權綏領王無有此權

英吉利王無有巴厘滿衙門會議亦不能動用錢糧不能興兵

要巴厘滿同心協議始可

英吉利通商稅則條款

謹按天津條約原訂在上海兩國各派委員酌議各口及內地稅則現今面為商定彼此分送　大清欽差大臣東閣大學士正白旗滿洲都統總理刑部事務桂　欽差大臣經筵講官吏部尚書鑲藍旗漢軍都統稽察會同四譯館花　欽差大臣太子少保兵部尚書都察院右都御史江南江西總督何　欽差大臣二品頂戴武備院卿明　欽差大臣五品卿銜軍機處行走刑部員外郎段　大英欽差世襲額羅金並金喀爾田二郡伯爵額　逐欵核定並另行酌定章程俾得申明條約更為周備所有稅則及後開各章程兩國官民與條約一同遵守為此本大臣等親筆畫押蓋用關防以昭信實合將新定稅則開列於左

甲、寫進口貨物稅則 著利

計開

進口貨物稅則 均係外國出産

進口油蠟碁磺類

蠟日本 每百觔陸錢伍分

蘇合油 每百觔壹兩

硝 只准按章程發賣 每百觔壹兩

黃蠟 每百觔壹兩

硫黃 只准按章程發賣 每百觔貳錢

進口香椒類

安息香 每百觔陸錢

安息油 每百觔陸錢

檀香 每百觔肆錢

白胡椒 每百觔伍錢

黑胡椒 每百觔叁錢陸分

沉香 每百觔貳兩

降香 每百觔壹錢肆分伍厘

進口藥材類

阿魏 每百觔陸錢伍分
上冰片 每觔壹兩叁錢
下冰片 每觔柒錢貳分
丁香 每百觔伍錢
母丁香 每百觔壹錢捌分
牛黃印度 每觔壹兩伍錢
兒茶 每百觔壹錢捌分
檳榔膏 每百觔壹錢伍分
檳榔 每百觔壹錢伍分
參美國 每百觔陸兩
揀淨參鬚參美國 每百觔捌兩
乳香 每百觔肆錢伍分
沒藥 每百觔肆錢伍分
荳蔻花即肉果花 每百觔壹兩
肉果荳蔻 每百觔貳兩伍錢
白荳蔻 每百觔壹兩
木香 每百觔陸錢
犀角 每百觔貳兩
水銀 每百觔貳兩
洋藥 每百觔叁拾兩
檳榔衣 每百觔柒分伍釐
砂仁 每百觔伍錢
肉桂 每百觔壹兩伍錢
虎骨 每百觔壹兩伍錢伍分

鹿角　每百觔貳錢伍分　血竭　每百觔肆錢伍分
大楓子　每百觔叁分伍厘

進口雜貨類

火石　每百觔叁分　雲母殼即珠海殼　每百觔貳錢
銅鈕釦　每壹百肆拾肆粒伍分伍厘　漆器　每百觔壹兩
縐呂宋　每百觔叁錢伍分　傘各樣　每柄叁分伍厘
香柴　每百觔肆錢伍分　煤外國　每頓伍分
火絨　每百觔叁分伍厘

進口醃臘海味類

上燕窩　每觔伍錢伍分　中燕窩　每觔肆錢伍分
下燕窩　每觔壹錢伍分　黑海參　每百觔壹兩伍錢
白海參　每百觔叁錢伍分　白魚翅　每百觔壹兩伍錢

黑魚翅 每百觔伍錢　柴魚即乾魚 每百觔伍錢

魚肚 每百觔壹兩　鹹魚 每百觔壹錢捌分

魚皮 每百觔貳錢　海菜 每百觔壹錢伍分

牛鹿筋 每百觔伍錢伍分　蝦米 每百觔叁錢陸分

淡菜 每百觔貳錢　鯊魚皮 每百張貳兩

進口顏料膠漆紙劄類

呀囒米 每百觔伍兩　大青 每百觔壹兩伍錢

蘇木 每百觔壹錢　紫梗 每百觔叁錢

水靛 每百觔壹錢捌分　魚膠 每百觔陸錢伍分

皮膠 每百觔壹錢伍分　籐黃 每百觔壹兩

栲皮 每百觔叁分

進口竹木籐椰類

沙籐　每百觔壹錢伍分　烏木　每百觔壹錢伍分

桅重木長不過肆拾幅地　每根肆兩　桅重木長不過陸拾幅地　每根陸兩

桅重木長過陸拾幅地　每根拾兩　桅輕木長不過肆拾幅地　每根貳兩

桅輕木長不過陸拾幅地　每根肆兩伍錢　桅輕木長過陸拾幅地　每根陸兩伍錢

梁重木長不過貳拾陸幅地四方不到拾貳囙制　每根壹錢伍分　板重木長不過貳拾肆幅地寬拾貳囙制厚叁囙制　每百根叁兩伍錢

板重木長不過拾陸幅地寬拾貳囙制厚叁囙制　每百片貳兩　板輕木各樣　每四長濶千幅地柒錢

板麻栗樹長濶方圓　每幅地叁分伍厘　紅木　每百觔壹錢壹分伍厘

毛柿　每百觔叁分　呀㘓治木長不過叁拾伍幅地寬壹幅捌囙制厚壹幅地　每根捌錢

進口鏡鐘標玩類

自鳴鐘　每值百兩抽稅伍兩　時辰表　每對壹兩

珠邊時辰表　每對肆兩伍錢　千里鏡雙眼千里鏡掛鏡穿衣鏡掛屏　每值百兩抽稅伍兩

八音琴　每值百兩抽稅伍兩

進口布疋花幔類

麻棉帆布 長不過伍拾碼 每疋肆錢

棉花 每百觔叁錢伍分

布 原色白色 無花斜紋 寬過叁拾肆因制 長不過肆拾碼 每疋捌分

布 原色白色 無花斜紋 寬過叁拾肆因制 長過肆拾碼 每拾碼貳分

布 美國原色白色 無花斜紋 寬不過叁拾因制 長不過肆拾碼 每疋壹錢

布 美國原色白色 無花斜紋 寬不過叁拾因制 長不過叁拾碼 每疋柒分伍厘

布 原色白色 無花斜紋 寬不過叁拾肆因制 長不過肆拾捌碼 每疋捌分

布 原色白色 無花斜紋 寬不過叁拾肆因制 長不過貳拾肆碼 每疋肆分

色布 有花無花 寬不過叁拾陸因制 長不過肆拾碼 每疋壹錢伍分

花布白提布白點布 寬不過叁拾陸因制 長不過肆拾碼 每疋壹錢

印花布 寬不過叁拾壹因制 長不過叁拾碼 每疋柒分

袈裟布 寬不過肆拾陸因制 長不過貳拾肆碼 每疋柒分

袈裟布 寬不過肆拾陸因制 長不過拾貳碼 每疋叁分伍厘

袈裟布 稀即洋紗 寬不過肆拾陸因制 長不過貳拾肆碼 每疋柒分伍厘

袈裟布 稀即洋紗 寬不過肆拾陸因制 長不過拾貳碼 每疋叁分伍厘

緞布 寬不過叁拾陸因制 長不過肆拾碼 每疋貳錢

柳條布 寬不過肆拾因制 長不過拾貳碼 每疋陸分伍厘

毛布各色 寬不過貳拾捌因制 長不過叁拾碼 每疋叁分伍厘

絨線布各樣 長不過叁拾壹碼 每疋貳錢

棉線 每百觔柒錢貳分

棉紗 每百觔柒錢

麻布細 長不過伍拾碼 每疋伍錢

蔴布 粗 即蔴竹布棉縧布 長不過伍拾碼 每疋貳錢　回絨 長不過叁拾伍碼 每疋貳錢

羽布 寬不過貳拾肆因制 長肆拾碼 每疋貳錢

進口綢緞絲絨類

手帕 四方長濶不過壹碼 每拾貳塊貳分伍厘　金線真 每觔壹兩陸錢

金線假 每觔叁分　銀線真 每觔壹兩叁錢

銀線假 每觔叁分　哆囉呢 寬伍拾壹因制至陸拾肆因制 每丈（壹百肆拾壹寸為壹丈）壹錢貳分

嗶嘰 寬叁拾壹因制 每丈肆分伍厘　羽緞 荷蘭國 寬叁拾叁因制 每丈壹錢

羽紗 英國 寬叁拾壹因制 每丈伍分　羽綢 每丈叁分伍厘

小呢畨絕等類 每丈肆分　絨線 每百觔叁兩

床氊 每對貳錢　花剪絨 長不過叁拾肆碼 每疋壹錢伍分

羽綾 寬叁拾壹因制 每丈伍分　小羽綾 寬叁拾肆因制 每丈叁分伍厘

下等絨 即至粗絨 每丈壹錢　剪絨 長不過叁拾肆碼 每疋壹錢捌分

進口酒果食物類

橄欖無論乾鮮　每百觔壹錢捌分　鼻烟外國　每百觔柒兩貳錢

進口銅鐵鉛錫類

生銅如銅磚之類　每百觔壹兩　熟銅如銅扁銅條之類　每百觔壹兩伍錢

生鐵如鐵磚之類　每百觔柒分伍厘　熟鐵如鐵條鐵板鐵箍之類　每百觔壹錢貳分伍厘

鉛塊　每百觔貳錢伍分　鋼　每百觔貳錢伍分

錫　每百觔壹兩貳錢伍分　馬口鐵　每百觔肆錢

日本銅　每百觔陸錢　鉛片　每百觔伍錢伍分

白鉛只准按章程發賣　每百觔貳錢伍分　黃銅釘黃皮銅　每百觔玖錢

商船壓載鐵　每百觔壹分　鐵絲　每百觔貳錢伍分

進口珍珠寶石類

瑪瑙　每百塊叁錢　瑪瑙珠　每百觔柒兩

玳瑁　每觔貳錢伍分　　玳瑁碎　每觔柒分貳厘

玻璃片　每箱四方每壹百幅地壹錢伍分　　珊瑚　每觔壹錢

進口纓皮牙角羽毛類

牛角　每百觔貳錢伍分　　生牛皮　每百觔伍錢

熟牛皮　每百觔肆錢貳分　　海龍皮即海虎皮　每張壹兩伍錢

大狐狸皮　每張壹錢伍分　　小狐狸皮　每張柒分伍厘

虎皮豹皮　每張壹錢伍分

貂皮　每張壹錢伍分　　獺皮　每百張貳兩

狢獾皮　每百張貳兩　　海騾皮　每百張伍兩

灰鼠皮銀鼠皮　每百張伍錢　　海馬牙　每百觔貳兩

象牙不碎的　每百觔肆兩　　象牙碎的　每百觔叁兩

兎皮鹿皮　每百張伍錢　　犀皮　每百觔肆錢貳分

翠毛孔雀毛等類　每百張肆錢

出口貨物稅則均係中國出產

出口油蠟礬磺類

白礬　每百觔肆分伍厘

八角油　每百觔伍兩

薄荷油　每百觔叁兩伍錢

柏油　每百觔叁錢

蓖蔴油　每百觔貳錢

青礬　每百觔壹錢

桂皮油　每百觔玖兩

牛油　每百觔貳錢

油芝蔴油荳油棉油茶油桐油各等　每百觔叁錢

白蠟　每百觔壹兩伍錢

出口香料椒茶類

茶葉　每百觔貳兩伍錢

麝香　每觔玖錢

時辰香　每百觔貳錢

八角　每百觔伍錢

八角渣　每百觔貳錢伍分

出口藥材類

三奈　每百觔叁錢
樟腦　每百觔柒錢伍分
信石　每百觔肆錢伍分
桂皮　每百觔陸錢
桂子　每百觔捌錢
土茯苓　每百觔壹錢叁分
澄茄　每百觔壹兩伍錢
良薑　每百觔壹錢
石黃　每百觔叁錢伍分
大黃　每百觔壹兩貳錢伍分
美黃　每百觔壹錢
高麗日本參上等　每觔伍錢
高麗日本參下等　每觔叁錢伍分
鹿茸嫩　每對玖錢
鹿茸老　每百觔壹兩叁錢伍分
牛黃中國　每觔叁錢陸分
班貓　每百觔貳兩
桂枝　每百觔壹錢伍分
陳皮　每百觔叁錢
柚皮上等　每百觔肆錢伍分
柚皮下等　每百觔壹錢伍分
關東人參　每值百兩抽稅伍兩

薄荷葉 每百觔壹錢　甘草 每百觔壹錢叁分伍厘
石羔 每百觔叁分　五棓子 每百觔伍錢
蜂蜜 每百觔玖錢

出口雜貨類

料手鐲即燒料鈪 每百觔伍錢　竹器 每百觔柒錢伍分
假珊瑚 每百觔叁錢伍分　各色爆竹 每百觔伍錢
羽扇 每百柄柒錢伍分　料器 每百觔伍錢
各色料珠 每百觔伍錢　雨遮即紙傘 每百柄伍錢
雲石 每百觔貳錢　蒲紙畫 每百張壹錢
紙扇 每百柄肆分伍厘　珍珠假 每百觔貳兩
古玩 每值百兩抽稅伍兩　葵扇細 每千柄叁錢陸分
葵扇粗 每千柄貳錢　駱駝毛 每百觔壹兩

棉羊毛　每百觔叁錢伍分　山羊毛　每百觔壹錢捌分
罈碎　每百觔壹錢　紙花　每百觔壹兩伍錢
土煤　每百觔肆分

出口顏料膠漆紙劄類

銅箔　每百觔壹兩伍錢　紅丹　每百觔叁錢伍分
錫箔　每百觔壹兩貳錢伍分　銀硃　每百觔貳兩伍錢
油漆畫　每件壹錢　鉛粉　每百觔叁錢伍分
黃丹　每百觔叁錢伍分　硃砂　每百觔柒錢伍分
紙上等　每百觔柒錢　紙次等　每百觔肆錢
油紙　每百觔肆錢伍分　墨　每百觔肆兩
漆　每百觔伍錢　樓　每百觔壹錢
蔴　每百觔叁錢伍分　燈草　每百觔陸錢

綠膠 每觔捌錢
索廣東 每百觔壹錢伍分
索蘇州 每百觔伍錢
漆綠 每百觔肆錢伍分
蠣殼 每百觔玖分
綠皮 每百觔壹兩捌錢
土靛 每百觔壹兩
坑砂 每百觔玖分

出口器皿箱盒類

牛骨角器 每百觔壹兩伍錢
磁器細 每百觔玖錢
磁器粗 每百觔肆錢伍分
紫黃銅器 每百觔壹兩壹錢伍分
木器 每百觔壹兩壹錢伍分
象牙器 每觔壹錢伍分
漆器 每百觔壹兩
雲母殼器 每觔壹錢
籐器各樣 每百觔叁錢
檀香器 每觔壹錢
金銀器 每百觔拾兩
玳瑁器 每觔貳錢
皮箱皮楨 每百觔壹兩伍錢
皮器 每百觔壹兩伍錢

窑貨　每百觔伍分　黄銅器　每百觔壹兩
銅鈕釦　每百觔叁兩　銅絲　每百觔壹兩壹錢伍分
生銅　每百觔伍錢　舊銅片　每百觔伍錢

出口竹木藤椰類

各色竹竿　每千根伍錢　籐肉　每百觔貳錢伍分
木椿梁舵柱　每根叁分

出口衣帽靴鞋類

衣服布　每百觔壹兩伍錢　衣服綢　每百觔拾兩
靴鞋皮緞各色　每百雙叁兩　草鞋　每百雙壹錢捌分
綢帽　每百頂玖錢　氊帽　每百頂壹兩貳錢伍分
草帽緶　每百觔柒錢

出口布疋花幔類

夏布細 每百觔貳兩伍錢 夏布粗 每百觔柒錢伍分

土布各色 每百觔壹兩伍錢 舊棉絮 每百觔肆分伍厘

棉被胎 每百什貳兩柒錢伍分 棉花 每百觔叁錢伍分

出口綢緞絲絨類

湖絲土絲各等絲經 每百觔拾兩 野蠶絲 每百觔貳兩伍錢

絲帶欄杆桂帶絲線各色 每百觔拾兩 綢緞縐綢紗綾羅剪絨繡貨等類 每百觔拾貳兩

絲綿雜貨如絲毛之類 每百觔伍兩伍錢 四川黃絲 每百觔柒兩

同功絲 每百觔伍兩 川綢山東繭綢 每百觔肆兩伍錢

緯線 每百觔拾兩 各省絨 每百觔拾兩

絨廣東土產絲做成 每百觔肆兩叁錢 蠶繭 每百觔叁兩

亂絲頭 每百觔壹兩

出口氈絨毯蓆類

席子各樣　每百張貳錢　地席　每捲肆拾碼貳錢

皮毯　每張玖分　氈毯　每百尺叁兩伍錢

出口糖果食物類

蜜餞並各色糖果　每百觔伍錢　醬油　每百觔肆錢

白糖　每百觔貳錢　赤糖　每百觔壹錢貳分

冰糖　每百觔貳錢伍分　烟絲各樣如黃烟水烟之類　每百觔肆錢伍分

烟葉各樣　每百觔壹錢伍分　鼻烟中國　每百觔捌錢

大頭菜　每百觔壹錢捌分　粉絲　每百觔壹錢捌分

酒　每百觔壹錢伍分　海菜　每百觔壹錢伍分

火腿　每百觔伍錢伍分　皮蛋　每千個叁錢伍分

欖仁　每百觔叁錢　杏仁　每百觔肆錢伍分

香菌　每百觔壹兩伍錢　金針菜　每百觔貳錢柒分

木耳 每百觔陸錢　桂圓 每百觔貳錢伍分
桂圓肉 每百觔叁錢伍分　荔枝 每百觔貳錢
蓮子 每百觔伍錢　芝蔴 每百觔壹錢叁分伍厘
花生 每百觔壹錢　花生餅 每百觔叁分
瓜子 每百觔壹錢　荳（牛莊登州不准出口） 每百觔陸分
荳餅（牛莊登州不准出口） 每百觔叁分伍厘　米麥雜糧 每百觔壹錢
蒜頭 每百觔叁分伍厘　栗子 每百觔壹錢
黑棗 每百觔壹錢伍分　紅棗 每百觔玖分

第一款

一此次新定稅則凡有貨物僅載進口稅則未載出口稅則者遇有出口皆應照進口稅則納稅或有僅載出口稅則未載進口稅則者遇有進口亦皆照出口稅則納稅倘有貨物名目進

出口稅則均未賅載又不在免稅之列者應核估時價照值百抽五例征稅

第二欵

一凡有金銀外國各等銀錢麵粟米粉砂穀米麵餅熟肉熟菜牛奶酥牛油蜜餞外國衣服金銀首飾攙銀器香水碱炭柴薪外國蠟燭外國烟絲烟葉外國酒家用雜物船用雜物行李紙張筆墨氊毯鐵刀利器外國自用藥料玻璃器皿以上各物進出口通商各口皆准免稅除金銀外國銀錢行李毋庸議外其餘該船裝載無論淺滿雖無别貨亦應完納船鈔倘運往内地除前三項仍毋庸議外其餘各貨皆每百兩之物完納稅銀貳兩伍錢

第四欵

一凡有稅則內所算輕重長短中國壹担即係壹百觔者以英國壹百叁拾叁磅零叁分之壹為準中國壹丈即拾尺者以英國壹百肆拾壹因制為準中國壹尺即英國拾肆因制又拾分因制之壹英國拾貳因制為壹幅地叁幅地為壹碼肆碼欠叁因制即合中國壹丈均以此為例

第十欵

一通商各口收稅如何嚴防偷漏自應由中國設法辦理條約業已載明然現已議明各口畫一辦理是由總理外國通商事宜大臣或隨時親詣巡歷或委員代辦任憑總理大臣邀請英人帮辦稅務並嚴查漏稅判定口界派人指泊船隻及分設浮椿號船塔表望樓等事毋庸英官指薦干預其浮椿號船塔表望樓等經費在於船鈔項下撥用至長江如何嚴防偷漏之處

俟通商後察看情形任憑中國設法籌辦

通商大臣照會

欽差大臣東閣大學士桂　吏部尚書花　二品頂戴武備院卿明　五品卿銜段　為照會事照得天津和約內載　貴國人民若有盖印執照准聽前往內地各處惟此項印照務由各領事察看請領之人實係體面自愛者方准填發不可誤給有關緊要是以不得不備文照會　貴大臣等商酌究應如何妥辦方免滋事希為詳細示覆其無和約之國本不應與有約之國視同一律秖以本大臣等未悉外國情形不肯遽行立法防弊合先奉商再為定見查　貴國商民如或犯案可交領事懲辦此外各國領事皆係商人本屬無權管束且自已走私作弊事所恒有豈惟不能服衆反使衆商效尤誤事非淺本大臣等

公同商議各該國欲設領事必須各國特放一員方准管事不得以商人作為領事以致有名無實至　貴國新開通商口岸自須每口設一領事官俾得妥為管束而昭慎重但領事官名下尚有數事本大臣等合并爽快言之蓋向來領事官屢於關礙和好事件不稟本國上司無情無理膠執己見擅自專主特強妄為實於和好大有窒礙應行特請　貴大臣轉飭各口領事嗣後有與地方官意見不合彼此辯論之事各稟大憲請示遵行不得仍前由領事官自出主見務使恪遵條約以重久遠共敦友誼又如中國官憲本末輕慢領事而領事官每指為輕慢則品級一層先當明定章程以杜爭論查三國條約領事官與道臺同品又查法國條約大憲與中國京外大憲俱用照會二等官員與中國省中大憲公文往來用申陳中國大憲用劄

行兩國平等官照相並之禮等語援照此意領事官既與道臺同品總領事應與藩臬同品如此定明方免爭端以臻妥協又查上海近有中國船戶由各國領事給發旗號計船三十餘隻日漸增添殊多不便此等船戶向係不安本分然無外國號旗猶不敢玩法為匪今恃旂號為護符地方官因外國有號旂欲加之罪躊躇不決諸多掣肘遂致無所不為犯案纍纍流弊無窮上海如此各口諒均不免尤慮煽成巨禍致啟中外爭端萬不能不立法禁絕擬請　貴大臣即飭各口領事官嗣後永不准以　貴國旂號發給中國船戶如有從前已給者一概撤銷本大臣一面出示曉諭如有中國人擅領外國旂號張掛駕駛者應行查拏從嚴究辦俾加警戒以上各層本大臣等均為永全和好兩國有益無弊起見合併照會　貴大臣請煩查照

示覆施行除照會法英美國大臣外為此照會

英吉利照覆

大英欽差世襲額羅金並金喀爾田二郡伯爵額　為照復事前於九月三十日准貴大臣等來文內請本大臣將數層皆關中外交涉之件公同法美兩國各大臣會議等詞文到之日因亟行啟程前赴漢口之際其中諸節實屬緊要俱當熟商難得直行出見故暫停置未及率覆惟以再四虛心籌酌外從來文所指亦同法美兩國各大臣會議若以本國官民而論來文所敘礙難各端本大臣則易為置詞萬保毫無過慮一則天津條約定准英民進入內地通商遊行之議本國切願盡心勸辦防其借此美舉稍致反為妄行定必嚴飭各領事官凡非體面和厚之人萬不許給照一則英國旗號其例甚嚴核該任載頓數

必滿定額則有英人或爲資主或爲船主方給旗號以表秉持
如有　貴國船艇未遵此例擅敢升竪英旗一經查出止須直
行知會領事官必能設法懲究杜絶此弊一則所稱領事官名
下數事凡本國派員出境常以已到各邦當待官民必以公平
和洽爲準幸在辦事之間亦有　貴國官員恒同此心一體行
辦則在各口彼此官員和誼自必永存勿絶偶有不合意見之
處即據來文各宜早報上憲此誠良法實爲妥協嗣因爾國大
憲往來咨遞則有事直提奏　聞致免兩邦爭執釁舋興戎之
禍至於未立條約各國民人貴大臣來文詢以作何辦理此語
揆之本大臣似難置答何則因有不歸本國所屬民人諸凡作
爲本國不任其責除此當立將茲欵轉報秉政各大臣奏候御
覽外合爲先奏一詞果在各口海關派員曉暢練習著名誠實

之人徵餉皆從一律辦理相待商民毫無偏袒諒貴大臣所指
情弊定必大半消除來文所稱因貴大臣等不明外國情節是
以行文詢訪思　貴國原為大邦貴大臣職推大員本大臣中
懷敬慎敢問中土大員何以必措不明外事之詞泰西各邦並
無難達秘密之景各國都城人皆可履其地蒞遇　大皇
帝特派稱任大員前往西土　命以凡有益於國體保其
無礙應知之學必得明了本大臣不論別國而本國則必以實
心友誼接待如有意博訪審察各節任便咨詢通徹由此兩邦
永存和好之據日見增廣保全周妥矣為此須至照會者

咸豐八年十二月初十日

降生一千八百五十九年正月十七日

法蘭西通商稅則條款

計開

進口貨物稅則 均係外國出產

進口油蠟礬磺類

蠟 日本 每百觔陸錢伍分

蘇合油 每百觔壹兩

硝 只准按章程發賣 每百觔伍錢

黃蠟 每百觔壹兩

硫黃 只准按章程發賣 每百觔貳錢

進口香椒類

安息香 每百觔陸錢

安息油 每百觔陸錢

檀香 每百觔肆錢

白胡椒 每百觔伍錢

黑胡椒 每百觔叁錢陸分

沉香 每百觔貳兩

降香 每百觔壹錢肆分伍厘

進口藥材類

阿魏　每百觔陸錢伍分　上冰片　每觔壹兩叁錢

下冰片　每觔柒錢貳分　丁香　每百觔伍錢

母丁香　每百觔壹錢捌分　牛黃印度　每觔壹兩伍錢

兒茶　每百觔壹錢捌分　檳榔膏　每百觔壹錢伍分

檳榔　每百觔壹錢伍分　參美國　每百觔陸兩

揀淨參鬚參美國　每百觔捌兩　乳香　每百觔肆錢伍分

沒藥　每百觔肆錢伍分　荳蔻花即肉果花　每百觔壹兩

肉果荳蔻　每百觔貳兩伍錢　白荳蔻　每百觔壹兩

木香　每百觔陸錢　犀角　每百觔貳兩

水銀　每百觔貳兩　洋藥　每百觔叁拾兩

檳榔衣　每百觔柒分伍厘　砂仁　每百觔伍錢

肉桂　每百觔壹兩伍錢　虎骨　每百觔壹兩伍錢伍分

鹿角　每百觔貳錢伍分　血竭　每百觔肆錢伍分

大楓子　每百觔叁分伍厘

進口雜貨類

火石　每百觔叁分　雲母殼即珠海殼　每百觔貳錢

銅鈕釦　每壹百肆拾肆粒伍分伍厘　漆器　每百觔壹兩

緇呂宋　每百觔叁錢伍分　傘各樣　每柄叁分伍厘

香柴　每百觔肆錢伍分　煤外國　每噸伍分

火絨　每百觔叁錢伍分

進口醃臘海味類

上燕窩　每觔伍錢伍分　中燕窩　每觔肆錢伍分

下燕窩　每觔壹錢伍分　黑海參　每百觔壹兩伍錢

白海參　每百觔叁錢伍分
白魚翅　每百觔壹兩伍錢
黑魚翅　每百觔伍錢
柴魚即乾魚　每百觔伍錢
魚肚　每百觔壹兩
鹹魚　每百觔壹錢捌分
魚皮　每百觔貳錢
海菜　每百觔壹錢伍分
牛鹿筋　每百觔伍錢伍分
蝦米　每百觔叁錢陸分
淡菜　每百觔貳錢
鯊魚皮　每百張貳兩

進口顏料膠漆紙劄類

呀囒米　每百觔伍兩
大青　每百觔壹兩伍錢
蘇木　每百觔壹錢
紫梗　每百觔叁錢
水靛　每百觔壹錢捌分
魚膠　每百觔陸錢伍分
皮膠　每百觔壹錢伍分
籐黃　每百觔壹兩
栲皮　每百觔叁分

進口竹木藤椰類

沙藤 每百觔壹錢伍分　烏木 每百觔壹錢伍分

桅 重木 長不過拾貳邁當零拾玖桑的邁當 每根肆兩　桅 重木 長不過拾捌邁當零貳百捌拾柒密理邁當 每根陸兩

桅 重木 長不過拾捌邁當零貳百捌拾柒密理邁當 每根拾兩　桅 輕木 長不過拾貳邁當零拾玖桑的邁當 每根肆兩伍錢

桅 輕木 長不過拾捌邁當零貳百捌拾柒密理邁當 每根肆兩　桅 輕木 長不過拾捌邁當零貳百捌拾柒密理邁當 每根陸兩伍錢

梁 重木 長不過柒邁當零玖百捌拾伍密理邁當 四方不到叁百零伍密理邁當 每百根叁兩伍錢　板 重木 長不過柒邁當零捌百柒拾柒密理邁當 寬叁百零伍密理邁當厚柒拾柒密理邁當 每百根叁兩伍錢

板 重木 長不過柒邁當零叁拾壹桑的邁當 寬叁百零伍密理邁當厚柒拾柒密理邁當 每百片貳兩　板 輕木 各樣 每四方長闊玖拾貳邁當零捌百貳拾柒密理邁當 柒錢

板 麻栗木 長闊方圓 每叁拾桑的邁當零肆密理邁當 叁分伍厘　紅木 每百觔壹錢壹分伍厘

毛柿 每百觔叁分　呀喃治木 每根捌錢

進口鏡鐘標玩類

自鳴鐘 每值百兩抽稅伍兩　時辰表 每對壹兩

珠邊時辰表 每對肆兩伍錢　重鏡雙眼千里鏡 掛鏡穿衣鏡插屏 每值百兩抽稅伍兩

八音琴　每值百兩抽稅伍兩

進口布疋花幔類

麻棉帆布　長不過肆拾叁邁當零捌拾捌桑的邁當　每疋肆錢

棉花　每百觔叁錢伍分

布　原色白色　無花斜紋　寬過捌拾陸桑的邁當　長過叁拾陸邁當零伍拾柒桑的邁當　每疋捌分

布　原色白色　無花斜紋　寬過捌拾陸桑的邁當　長過叁拾陸邁當零伍拾柒桑的邁當　每玖邁當零拾肆桑的邁當貳分

布　美國　原色白色　無花斜紋　寬不過柒拾陸桑的邁當　長過叁拾陸邁當零伍拾柒桑的邁當　每疋壹錢

布　美國　原色白色　無花斜紋　寬不過柒拾陸桑的邁當　長不過貳拾柒邁當零肆拾叁桑的邁當　每疋柒分伍厘

布　原色白色　無花斜紋　寬不過捌拾陸桑的邁當　長不過肆拾叁邁當零捌拾捌桑的邁當　每疋捌分

布　原色白色　無花斜紋　寬不過捌拾陸桑的邁當　長不過貳拾壹邁當零玖拾肆桑的邁當　每疋肆分

色布　有花　無花　寬不過玖拾壹桑的邁當　長過叁拾陸邁當零伍拾柒桑的邁當　每疋壹錢伍分

若皇布白點布　寬不過玖拾壹桑的邁當　長過叁拾陸邁當零伍拾柒桑的邁當　每疋壹錢

印花布　寬不過柒拾捌桑的邁當　長不過貳拾柒邁當零肆拾叁桑的邁當　每疋柒分

袈裟布　寬不過壹邁當零拾陸桑的邁當　長過貳拾壹邁當零玖拾肆桑的邁當　每疋柒分

袈裟布　寬過壹邁當零拾陸桑的邁當　長不過拾邁當零玖拾柒桑的邁當　每疋叁分伍厘

袈裟布　稀　即洋紗　寬不過壹邁當零拾陸桑的邁當　長不過貳拾壹邁當零玖拾肆桑的邁當　每疋柒分伍厘

袈裟布　稀　即洋紗　寬不過壹邁當零拾陸桑的邁當　長過拾邁當零玖拾柒桑的邁當　每疋叁分伍厘

緞布　寬過玖拾壹桑的邁當　長過叁拾陸邁當零伍拾柒桑的邁當　每疋貳錢

柳條布　寬不過壹邁當壹桑的邁當　長不過拾邁當零玖拾柒桑的邁當　每疋陸分伍厘

毛布各色　寬不過捌拾壹桑的邁當　長不過貳拾柒邁當零肆拾叁桑的邁當　每疋叁分伍厘

絨綿布各樣　長不過貳拾捌邁當零叁拾肆桑的邁當　每疋貳錢

棉線　每百觔柒錢貳分

棉紗　每百觔柒錢

麻布粗　長不過肆拾叁邁當零捌拾捌桑的邁當　即麻竹布棉絲布　每疋貳錢

回絨　長不過叁拾貳邁當　每疋貳錢

麻布細　長不過肆拾叁邁當零捌拾捌桑的邁當　每疋伍錢

羽布　寬不過陸拾壹桑邁當　長叁拾陸邁當零伍拾柒桑的邁當　每疋貳錢

進口綢緞絲絨類

手帕　四方長濶不過玖百拾伍寳理邁當　每拾貳塊貳分伍厘

金線真　每觔壹兩陸錢

金線假　每觔叁分

銀線真　每觔壹兩叁錢

銀線假　每觔叁分

哆囉呢　寬壹邁當零貳拾玖桑的邁當至陸邁當零陸亘貳拾伍寳理邁當　每丈叁邁當零伍拾伍桑的邁當為丈　壹錢貳分

嗶嘰　寬柒拾捌桑的邁當　每丈肆分伍厘

羽緞　嗬囒國　寬捌拾叁桑的邁當　每丈壹錢

羽紗　英國　寬柒拾捌桑的邁當　每丈伍分

羽綢　每丈叁分伍厘

小呢番紀等類　每丈肆分

絨線　每百觔叁兩

床氈　每對貳錢

花剪絨　長不過叁拾壹邁當零捌拾伍寳理邁當　每疋壹錢伍分

羽綾　寬柒拾捌桑的邁當　每丈伍分

小羽綾　寬捌拾伍桑的邁當　每丈叁分伍厘

下等絨即至粗絨　每丈壹錢　剪絨長不過叁拾壹邁當零捌拾伍密理邁當　每疋壹錢捌分

進口酒果食物類

橄欖無論乾鮮　每百觔壹錢捌分　鼻烟外國　每百觔柒兩貳錢

進口銅鐵鉛錫類

生銅如銅磚之類　每百觔壹兩　熟銅如銅扁銅條之類　每百觔壹兩伍錢

生鐵如鐵磚之類　每百觔柒分伍厘　熟鐵如鐵條鐵板鐵箍之類　每百觔壹錢貳分伍厘

鉛塊　每百觔貳錢伍分　鋼　每百觔貳錢伍分

錫　每百觔壹兩貳錢伍分　馬口鐵　每百觔肆錢

日本銅　每百觔陸錢　鉛片　每百觔伍分伍厘

白鉛只准按章程發賣　每百觔貳錢伍分　黃銅釘黃皮銅　每百觔玖錢

商船壓載鐵　每百觔壹分　鐵絲　每百觔貳錢伍分

進口珍珠寶石類

馬瑙　每百塊叁錢
馬瑙珠　每百觔柒兩

玳瑁　每觔貳錢伍分
玳瑁碎　每觔柒分貳厘

玻璃片　每箱四方每壹百幅地壹錢伍分
珊瑚　每觔壹錢

進口纓皮牙角羽毛類

牛角　每百觔貳錢伍分
生牛皮　每百觔伍錢

熟牛皮　每百觔肆錢貳分
海龍皮即海虎皮　每張壹兩伍錢

大狐狸皮　每張壹錢伍分
小狐狸皮　每張柒分伍厘

虎皮豹皮　每張壹錢伍分
貂皮　每張壹錢伍分

獺皮　每百張貳兩
貉獾皮　每百張貳兩

海騾皮　每百張伍兩
灰鼠皮銀鼠皮　每百張伍錢

海馬牙　每百觔貳兩
象牙不碎的　每百觔肆兩

象牙碎的　每百觔叁兩
兕皮麂皮　每百張伍錢

犀皮　每百觔肆錢伍分　翠毛孔雀毛等類　每百張肆錢

出口貨物稅則均係中國出產

出口油蠟礬礦類

白礬　每百觔肆分伍厘　青礬　每百觔壹錢

八角油　每百觔伍兩　桂皮油　每百觔玖兩

薄荷油　每百觔叁兩伍錢　牛油　每百觔貳錢

柏油　每百觔叁錢　油芝蔴油荳油棉油茶油桐油各等　每百觔叁錢

蓖蔴油　每百觔貳錢　白蠟　每百觔壹兩伍錢

出口香料椒茶類

茶葉　每百觔貳兩伍錢　八角　每百觔伍錢

麝香　每觔玖錢　八角渣　每百觔貳錢伍分

時辰香　每百觔貳錢

出口藥材類

三奈　每百觔叁錢
樟腦　每百觔柒錢伍分
信石　每百觔肆錢伍分
桂皮　每百觔陸錢
桂子　每百觔捌錢
土茯苓　每百觔壹錢叁分
澄茄　每百觔壹兩伍錢
良薑　每百觔壹錢
石黃　每百觔叁錢伍分
大黃　每百觔壹兩貳錢伍分
姜黃　每百觔壹錢
高麗日本參上等　每觔伍錢
高麗日本參下等　每觔叁錢伍分
鹿茸嫩　每對玖錢
鹿茸老　每百觔壹兩叁錢伍分
牛黃中國　每觔叁錢陸分
班貓　每百觔貳兩
桂枝　每百觔壹錢伍分
陳皮　每百觔叁錢
柚皮上等　每百觔肆錢伍分
柚皮下等　每百觔壹錢伍分
關東人參　每值百兩抽稅伍兩

薄荷葉　每百觔壹錢　　甘草　每百觔壹錢叁分伍厘

石羔　每百觔叁分　　五棓子　每百觔伍錢

蜂蜜　每百觔玖錢

出口雜貨類

料手鐲即燒料釧　每百觔伍錢　　竹器　每百觔柒錢伍分

假珊瑚　每百觔叁錢伍分　　各色爆竹　每百觔伍錢

羽扇　每百柄柒錢伍分　　料器　每百觔伍錢

各色料珠　每百觔伍錢　　雨遮即紙傘　每百柄伍錢

雲石　每百觔貳錢　　蓪紙畫　每百張壹錢

紙扇　每百柄肆分伍厘　　珍珠假　每百觔貳兩

古玩　每值百兩抽稅伍兩　　葵扇細　每千柄叁錢陸分

葵扇粗　每千柄貳錢　　駱駝毛　每百觔壹兩

棉羊毛　每百觔叁錢伍分　山羊毛　每百觔壹錢捌分
氈碎　每百觔壹錢　紙花　每百觔壹兩伍錢
土煤　每百觔肆分

出口顏料膠漆紙劄類

銅箔　每百觔壹兩伍錢　紅丹　每百觔叁錢伍分
錫箔　每百觔壹兩貳錢伍分　銀硃　每百觔貳兩伍錢
油漆畫　每件壹錢　鉛粉　每百觔叁錢伍分
黃丹　每百觔叁錢伍分　硃砂　每百觔柒錢伍分
紙上等　每百觔柒錢　紙次等　每百觔肆錢
油紙　每百觔肆錢伍分　墨　每百觔肆兩
漆　每百觔伍錢　椶　每百觔壹錢
蔴　每百觔叁錢伍分　燈草　每百觔陸錢

綠膠　每觔捌錢　　索廣東　每百觔壹錢伍分
索蘇州　每百觔伍錢　　漆綠　每百觔肆錢伍分
蠣殼　每百觔玖分　　綠皮　每百觔壹兩捌錢
土靛　每百觔壹兩　　坑砂　每百觔玖分

出口器皿箱盒類

牛角骨器　每百觔壹兩伍錢　　磁器細　每百觔玖錢
磁器粗　每百觔肆錢伍分　　紫黄銅器　每百觔壹兩壹錢伍分
木器　每百觔壹兩壹錢伍分　　象牙器　每觔壹錢伍分
漆器　每百觔壹兩　　雲母殼器　每觔壹錢
籐器各樣　每百觔叁錢　　檀香器　每觔壹錢
金銀器　每百觔拾兩　　玳瑁器　每觔貳錢
皮箱皮槓　每百觔壹兩伍錢　　皮器　每百觔壹兩伍錢

窑貨　每百觔伍分　　黄銅器　每百觔壹兩

銅鈕釦　每百觔叁兩　　銅絲　每百觔壹兩壹錢伍分

生銅　每百觔伍錢　　舊銅片　每百觔伍錢

出口竹木籐椰類

各色竹竿　每千根伍錢　　籐肉　每百觔貳錢伍分

木椿梁舵柱　每根叁分

出口衣帽靴鞋類

衣服布　每百觔壹兩伍錢　　衣服綢　每百觔拾兩

靴鞋皮緞各色　每百雙叁兩　　草鞋　每百雙壹錢捌分

綢帽　每百頂玖錢　　氊帽　每百頂壹兩貳錢伍分

草帽緶　每百觔柒錢

出口布疋花幔類

夏布細　每百觔貳兩伍錢　夏布粗　每百觔柒錢伍分

土布各色　每百觔壹兩伍錢　舊棉絮　每百觔肆分伍厘

棉被胎　每百件貳兩柒錢伍分　棉花　每百觔叁錢伍分

出口綢緞絲絨類

湖絲土絲各等絲經　每百觔拾兩　野蠶絲　每百觔貳兩伍錢

絲帶欄杆桂帶絲線各色　每百觔拾兩　綢綃縐紗綾羅剪絨繡貨等類　每百觔拾貳兩

絲綿雜貨 絮絲毛之類　每百觔伍兩伍錢　四川黃絲　每百觔柒兩

同功絲　每百觔伍兩　川綢 山東繭綢　每百觔肆兩伍錢

緯線　每百觔拾兩　各省絨　每百觔拾兩

絨 廣東土產絲做成　每百觔肆兩叁錢　蠶繭　每百觔叁兩

亂絲頭　每百觔壹兩

出口氊絨毯席類

席子各樣 每百張貳錢　地席 每捲肆拾碼貳錢

皮毯 每張玖分　氊毯 每百足叁兩伍錢

出口糖果食物類

蜜餞並各色糖果 每百斤伍錢　醬油 每百斤肆錢

白糖 每百斤貳錢　赤糖 每百斤壹錢貳分

冰糖 每百斤貳錢伍分　烟絲各樣如黄烟水烟之類 每百斤肆錢伍分

烟葉各樣 每百斤壹錢伍分　鼻烟中國 每百斤捌錢

大頭菜 每百斤壹錢捌分　粉絲 每百斤壹錢捌分

酒 每百斤壹錢伍分　海菜 每百斤壹錢伍分

火腿 每百斤伍錢伍分　皮蛋 每千個叁錢伍分

欖仁 每百斤叁錢　杏仁 每百斤肆錢伍分

香菌 每百斤壹兩伍錢　金針菜 每百斤貳錢柒分

木耳　每百觔陸錢　桂圓　每百觔貳錢伍分
桂圓肉　每百觔叁錢伍分　荔枝　每百觔貳錢
蓮子　每百觔伍錢　芝蔴　每百觔壹錢叁分伍厘
花生　每百觔壹錢　花生餅　每百觔叁分
瓜子　每百觔壹錢　荳（牛莊登州不准出口）　每百觔陸分
荳餅（牛莊登州不准出）　每百觔叁分伍厘　米麥雜糧　每百觔壹錢
蒜頭　每百觔叁分伍厘　栗子　每百觔壹錢
黑棗　每百觔壹錢伍分　紅棗　每百觔玖分

第四欵

一凡有稅則內所算輕重長短中國壹担即係壹百觔者以法國陸拾吉羅葛稜縻零肆伯伍拾叁葛稜縻為準中國壹丈即拾尺者以法國叁邁當零伍拾伍桑的邁當為準中國壹尺即

法國叁百伍拾捌寗理邁當均以此為例

第十款

一通商各口收税如何嚴防偷漏自應由中國設法辦理條約業已載明然現已議明各口畫一辦理是由中國總理通商事宜大臣或隨時親詣巡歷或委員代辦任憑總理大臣邀請法人帮辦税務並嚴查漏税判定口界派人指泊船隻及分設浮樁號船塔表望樓等事其浮樁號船塔表望樓等經費在於船鈔項下撥用至長江如何嚴防偷漏之處俟通商後察看情形任憑中國設法籌辦

法蘭西照會

大法國特派頭等欽差全權大臣世襲男爵葛　為照會事照得本大臣前准照會二件理應即時回覆奈忙不得暇又兼繙

譯官為稅則之事不能撥忙所以遲延至今現本大臣接奉本
京都來文內云和約業已接到其所立條款甚屬得當等情本
大臣諒本國同英國諸件俱要即速相商以求完結但本京都
發此來文時仍知廣東兇惡之事日日加增嗣後有文行至本
京都者尚未接回文本大臣諒至回廣東或至香港時或能接
到本京都來文如回文不到本大臣亦必於回本國之前知會
全權大臣布會同英國欽差並中國官員商量妥協一並辦妥
各樣事件本大臣不數日即欲起程所蒙　貴大臣諸般厚情
筆難盡書所辦諸事悉皆允和皆大　貴大臣之鼎也自今以
後中國與法國各遵和約一切有礙之事盡行消除　貴國諒
信法國真無二意可永結同心之好矣為此合行照會須至照會者
咸豐捌年拾月貳拾日

美理駕通商稅則條款

謹按前經　大清國會同　大亞美理駕合衆國酌定和好條約各款當於咸豐捌年伍月初捌日即我主降生後壹千捌百伍拾捌年陸月拾捌日在天津海光寺面同鈐印畫押至伍月貳拾叁日即柒月初叁日復蒙　大皇帝批准在案現已將此約賚呈　大伯理璽天德既得選舉國會紳耆議允批准後自當永昭信守按該約條款內有云往來買賣所納稅餉惟照粘附在望廈所立條約例冊除是別國按條約有何更改即應一體均同因　大合衆國人所納之稅必須照與中華至好之國一律辦理等因今自和約鈐印畫押後稅則之中不無稍有變通更正之處當經　大清英法欽差大臣委員會議妥定仍要　大美國允行當經　大美國欽差大臣核定

准將附粘之冊與原立條約一體恪守施行嗣後通商各港於
後開附粘蓋印貿易章程稅則直至按條約所定修改之日均
當奉以為式茲由　大清欽差大臣東閣大學士正白旗滿
洲都統總理刑部事務桂　欽差大臣經筵講官吏部尚書鑲
藍旗漢軍都統稽察會同四譯館花　欽差大臣太子少保兵
部尚書都察院右都御史江南江西總督何　欽差大臣二品
頂戴武備院卿明　欽差大臣五品卿銜軍機處行走刑部員
外郎段　大亞美利駕合衆國欽命駐劄中華便宜行事全
權大臣列　一同畫押蓋印以昭信據須至附粘冊者
咸豐捌年拾月初叁日
降生壹千捌百伍拾捌年拾壹月初捌日

計開

進口貨物稅則均係外國出產

進口油蠟礬磺類

蠟日本　每百觔陸錢伍分

蘇合油　每百觔壹兩

硝只准按章程發賣　每百觔伍錢

黃蠟　每百觔壹兩

硫黃只准按章程發賣　每百觔貳錢

進口香椒類

安息香　每百觔陸錢

安息油　每百觔陸錢

檀香　每百觔肆錢

白胡椒　每百觔伍錢

黑胡椒　每百觔叁錢陸分

沉香　每百觔貳兩

降香　每百觔壹錢肆分伍厘

進口藥材類

阿魏　每百觔陸錢伍分

上冰片　每觔壹兩叁錢

下冰片　每觔柒錢貳分　丁香　每百觔伍錢

母丁香　每百觔壹錢捌分　牛黃印度　每觔壹兩伍錢

兒茶　每百觔壹錢捌分　檳榔膏　每百觔壹錢伍分

檳榔　每百觔壹錢伍分　參美國　每百觔陸兩

揀淨參鬚參美國　每百觔捌兩　乳香　每百觔肆錢伍分

沒藥　每百觔肆錢伍分　荳蔻花即肉果花　每百觔壹兩

肉果荳蔻　每百觔貳兩伍錢　白荳蔻　每百觔壹兩

木香　每百觔陸錢　犀角　每百觔貳兩

水銀　每百觔貳兩　洋藥　每百觔叁拾兩

檳榔衣　每百觔柒分伍厘　砂仁　每百觔伍錢

肉桂　每百觔壹兩伍錢　虎骨　每百觔壹兩伍錢伍分

鹿角　每百觔貳錢伍分　血竭　每百觔肆錢伍分

大楓子 每百觔叁分伍厘

進口雜貨類

火石 每百觔叁分　雲母殼即珠海殼 每百觔貳錢

銅鈕釦 每壹百肆拾肆粒伍分伍厘　漆器 每百觔壹兩

繩呂宋 每百觔叁錢伍分　傘各樣 每柄叁分伍厘

香柴 每百觔肆錢伍分　煤外國 每頓伍分

火絨 每百觔叁錢伍分

進口醃臘海味類

上燕窩 每觔伍錢伍分　中燕窩 每觔肆錢伍分

下燕窩 每觔壹錢伍分　黑海參 每百觔壹兩伍錢

白海參 每百觔叁錢伍分　白魚翅 每百觔壹兩伍錢

黑魚翅 每百觔伍錢　柴魚即乾魚 每百觔伍錢

魚肚　每百觔壹兩　鹹魚　每百觔壹錢捌分
魚皮　每百觔貳錢　海菜　每百觔壹錢伍分
上鹿筋　每百觔伍錢伍分　蝦米　每百觔叁錢陸分
淡菜　每百觔貳錢　鯊魚皮　每百張貳兩

進口顏料膠漆紙劄類

呀囒米　每百觔伍兩　大青　每百觔壹兩伍錢
蘇木　每百觔壹錢　紫梗　每百觔叁錢
水靛　每百觔壹錢捌分　魚膠　每百觔陸錢伍分
皮膠　每百觔壹錢伍分　籐黄　每百觔壹兩
栲皮　每百觔叁分

進口竹木籐椰類

沙籐　每百觔壹錢伍分　烏木　每百觔壹錢伍分

桅重木　長不過肆拾幅地　每根肆兩

桅重木　長不過陸拾幅地　每根陸兩

桅重木　長不過陸拾幅地　每根拾兩

桅輕木　長不過肆拾幅地　每根貳兩

桅輕木　長過陸拾幅地　每根肆兩伍錢

桅輕木　長過陸拾幅地　每根陸兩伍錢

梁重木　長不過貳拾陸幅地　四方不到拾貳因制　每根壹錢伍分

板重木　長不過貳拾肆幅地　寬拾貳因制厚叁因制　每百根叁兩伍錢

板重木　長不過拾陸幅地　寬拾貳因制厚叁因制　每百片貳兩

板輕木各樣　每四方長濶千幅地柒錢

板麻栗樹　長濶方圓　每幅地叁分伍厘

紅木　每百觔壹錢壹分伍厘

毛柿　每百觔叁分

呀囒治木　長不過叁拾伍幅地　寬壹幅地捌因制厚壹幅地　每根捌錢

進口鏡鐘標玩類

自鳴鐘　每值百兩抽稅伍兩

時辰表　每對壹兩

珠邊時辰表　每對肆兩伍錢

千里鏡雙眼千里鏡　掛鏡穿衣鏡掛屏　每值百兩抽稅伍兩

八音琴　每值百兩抽稅伍兩

進口布疋花幔類

麻棉帆布長不過伍拾碼　每疋肆錢　棉花　每百觔叁錢伍分
布原色白色無花斜紋　寬過叁拾肆因制長不過肆拾碼　每疋捌分　布原色白色無花斜紋　寬過叁拾肆因制長過肆拾碼　每拾碼貳分
布美國原色白色無花斜紋　寬不過叁拾因制長不過肆拾碼　每疋壹錢　布美國原色白色無花斜紋　寬不過叁拾因制長不過叁拾碼　每疋柒分伍厘
布原色白色無花斜紋　寬不過叁拾肆因制長不過肆拾捌碼　每疋捌分　布原色白色無花斜紋　寬不過叁拾肆因制長不過貳拾肆碼　每疋肆分
色布有花無花　寬不過叁拾陸因制長不過肆拾碼　每疋壹錢伍分　花布白提布白點布寬不過叁拾陸因制長不過肆拾碼　每疋壹錢
印花布　寬不過叁拾壹因制長不過叁拾碼　每疋柒分　袈裟布　寬不過肆拾陸因制長不過貳拾肆碼　每疋柒分
袈裟布　寬不過肆拾陸因制長不過拾貳碼　每疋叁分伍厘　袈裟布稀即洋紗　寬不過肆拾陸因制長不過貳拾肆碼　每疋柒分伍厘
袈裟布稀即洋紗　寬不過肆拾陸因制長不過拾貳碼　每疋叁分伍厘　緞布　寬不過叁拾陸因制長不過肆拾碼　每疋貳錢
椰條布　寬不過肆拾因制長不過拾貳碼　每疋陸分伍厘　毛布各色　寬不過貳拾捌因制長不過叁拾碼　每疋叁分伍厘
絨綿布各樣　長不過叁拾壹碼　每疋貳錢　棉線　每百觔柒錢貳分
棉紗　每百觔柒錢　蔴布細　長不過伍拾碼　每疋伍錢
蔴布粗即蔴竹布棉絲布　長不過伍拾碼　每疋貳錢　回絨　長不過叁拾伍碼　每疋貳錢

羽布 寬不過貳拾肆因制 長肆拾碼 每疋貳錢

進口綢緞絲絨類

手帕 四方長闊不過壹碼 每拾貳塊貳分伍厘

金線真 每觔壹兩陸錢

金線假 每觔叁分

銀線真 每觔壹兩叁錢

銀線假 每觔叁分

哆囉呢 寬伍拾壹因制至陸拾肆因制 每丈壹百肆拾壹寸為壹丈 壹錢貳分

嗶嘰 寬叁拾壹因制 每丈肆分伍厘

羽緞 荷蘭國 寬叁拾叁因制 每丈壹錢

羽紗 英國 寬叁拾壹因制 每丈伍分

羽綢 每丈叁分伍厘

小呢番紀等類 每丈肆分

絨線 每百觔叁兩

床氈 每對貳錢

花剪絨 長不過叁拾肆碼 每疋壹錢伍分

羽綾 寬叁拾壹因制 每丈伍分

小羽綾 寬叁拾肆因制 每丈叁分伍厘

下等絨 即至粗絨 每丈壹錢

剪絨 長不過叁拾肆碼 每疋壹錢捌分

進口酒果食物類

橄欖無論乾鮮　每百觔壹錢捌分　鼻烟外國　每百觔柒兩貳錢

進口銅鐵鉛錫類

生銅如銅磚之類　每百觔壹兩　熟銅如銅扁銅條之類　每百觔壹兩伍錢

生鐵鐵磚之類　每百觔柒分伍厘　熟鐵鐵條鐵板鐵箍之類　每百觔壹錢貳分伍厘

鉛塊　每百觔貳錢伍分　鋼　每百觔貳錢伍分

錫　每百觔壹兩貳錢伍分　馬口鐵　每百觔肆錢

日本銅　每百觔陸錢　鉛片　每百觔伍錢伍分

白鉛只准按章程發賣　每百觔貳錢伍分　黃銅釘黃皮銅　每百觔玖錢

商船壓載鐵　每百觔壹分　鐵絲　每百觔貳錢伍分

進口珍珠寶石類

瑪瑙　每百塊叁錢　瑪瑙珠　每百觔柒兩

玳瑁　每觔貳錢伍分　玳瑁碎　每觔柒分貳厘

玻璃片　每箱四方每壹百幅地壹錢伍分　珊瑚　每觔壹錢

進口纓皮牙角羽毛類

牛角　每百觔貳錢伍分　生牛皮　每百觔伍錢

熟牛皮　每百觔肆錢貳分　海龍皮即海虎皮　每張壹兩伍錢

大狐狸皮　每張壹錢伍分　小狐狸皮　每張柒分伍厘

虎皮豹皮　每張壹錢伍分　貂皮　每張壹錢伍分

獺皮　每百張貳兩　貉獾皮　每百張貳兩

海騾皮　每百張伍兩　灰鼠皮銀鼠皮　每百張伍錢

海馬牙　每百觔貳兩　象牙不碎的　每百觔肆兩

象牙碎的　每百觔叄兩　兔皮麂皮　每百張伍錢

犀皮　每百觔肆錢貳分　翠毛孔雀毛等類　每百張肆錢

出口貨物稅則均係中國出產

出口油蠟礬礦類

白礬　每百觔肆分伍厘　　青礬　每百觔壹錢

八角油　每百觔伍兩　　桂皮油　每百觔玖兩

薄荷油　每百觔叁兩伍錢　　牛油　每百觔貳錢

柏油　每百觔叁錢　　油（芝蔴油 荳油 棉油 茶油 桐油 各等）　每百觔叁錢

蓖蔴油　每百觔貳錢　　白蠟　每百觔壹兩伍錢

出口香料椒茶類

茶葉　每百觔貳兩伍錢　　八角　每百觔伍錢

麝香　每觔玖錢　　八角渣　每百觔貳錢伍分

時辰香　每百觔貳錢

出口藥材類

三奈　每百觔叁錢　　樟腦　每百觔柒錢伍分

信石 每百觔肆錢伍分　桂皮 每百觔陸錢

桂子 每百觔捌錢　土茯苓 每百觔壹錢叁分

澄茄 每百觔壹兩伍錢　良薑 每百觔壹錢

石黃 每百觔叁錢伍分　大黃 每百觔壹兩貳錢伍分

姜黃 每百觔壹錢　高麗日本參上等 每觔伍錢

高麗日本參下等 每觔叁錢伍分　鹿茸嫩 每對玖錢

鹿茸老 每百觔壹兩叁錢伍分　牛黃中國 每觔叁錢陸分

班貓 每百觔貳兩　桂枝 每百觔壹錢伍分

陳皮 每百觔叁錢　柚皮上等 每百觔肆錢伍分

柚皮下等 每百觔壹錢伍分　關東人參 每值百兩抽稅伍兩

薄荷葉 每百觔壹錢　甘草 每百觔壹錢叁分伍厘

石羔 每百觔叁分　五棓子 每百觔伍錢

蜂蜜　每百觔玖錢

出口雜貨類

料手鐲即燒料鈪　每百觔伍錢　竹器　每百觔柒錢伍分

假珊瑚　每百觔叁錢伍分　各色爆竹　每百觔伍錢

羽扇　每百柄柒錢伍分　料器　每百觔伍錢

各色料珠　每百觔伍錢　雨遮即紙傘　每百柄伍錢

雲石　每百觔貳錢　蒲紙畫　每百張壹錢

紙扇　每百柄肆分伍厘　珍珠假　每百觔貳兩

古玩　每值百兩抽稅伍兩　葵扇細　每千柄叁錢陸分

葵扇粗　每千柄貳錢　駱駝毛　每百觔壹兩

棉羊毛　每百觔叁錢伍分　山羊毛　每百觔壹錢捌分

氈碎　每百觔壹錢　紙花　每百觔壹兩伍錢

土煤　每百觔肆分

出口顏料膠漆紙劄類

銅箔　每百觔壹兩伍錢　　紅丹　每百觔叁錢伍分

錫箔　每百觔壹兩貳錢伍分　　銀硃　每百觔貳兩伍錢

油漆畫　每件壹錢　　鉛粉　每百觔叁錢伍分

黄丹　每百觔叁錢伍分　　硃砂　每百觔柒錢伍分

紙上等　每百觔柒錢　　紙次等　每百觔肆錢

油紙　每百觔肆錢伍分　　墨　每百觔肆兩

漆　每百觔伍錢　　椶　每百觔壹錢

蔴　每百觔叁錢伍分　　燈草　每百觔陸錢

緑膠　每觔捌錢　　索廣東　每百觔壹錢伍分

索蘇州　每百觔伍錢　　漆緑　每百觔肆錢伍分

蠣殼　每百觔玖分
綠皮　每百觔壹兩捌錢
土靛　每百觔壹兩
坑砂　每百觔玖分

出口器皿箱盒類

牛角骨器　每百觔壹兩伍錢
磁器細　每百觔玖錢
磁器粗　每百觔肆錢伍分
紫黃銅器　每百觔壹兩壹錢伍分
木器　每百觔壹錢壹錢伍分
象牙器　每觔壹錢伍分
漆器　每百觔壹兩
雲母殼器　每觔壹錢
籐器各樣　每百觔叁錢
檀香器　每觔壹錢
金銀器　每百觔拾兩
玳瑁器　每觔貳錢
皮箱皮槓　每百觔壹兩伍錢
皮器　每百觔壹兩伍錢
窑貨　每百觔伍分
黃銅器　每百觔壹兩
銅鈕釦　每百觔叁兩
銅線　每百觔壹兩壹錢伍分

生銅 每百觔伍錢 舊銅片 每百觔伍錢

出口竹木籐椰類

各色竹竿 每千根伍錢 籐肉 每百觔貳錢伍分

木椿梁舵柱 每根叁分

出口衣帽靴鞋類

衣服布 每百觔壹兩伍錢 衣服綢 每百觔拾兩

靴鞋皮緞各色 每百雙叁兩 草鞋 每百雙壹錢捌分

綢帽 每百頂玖錢 氈帽 每百頂壹兩貳錢伍分

草帽緶 每百觔柒錢

出口布疋花幔類

夏布細 每百觔貳兩伍錢 夏布粗 每百觔柒錢伍分

土布各色 每百觔壹兩伍錢 舊棉絮 每百觔肆分伍厘

棉被胎　每百件貳兩柒錢伍分　棉花　每百觔叁錢伍分

出口綢緞絲絨類

湖絲土絲各等絲經　每百觔拾兩　野蠶絲　每百觔貳兩伍錢

絲帶欄杆桂帶絲線各線　每百觔拾兩　綢緞綃縐紗綾羅剪絨繡貨等類　每百觔拾貳兩

絲綿雜貨如絲毛之類　每百觔伍兩伍錢　四川黃絲　每百觔柒觔

同功絲　每百觔伍兩　川綢山東繭綢　每百觔肆兩伍錢

緯線　每百觔拾兩　各省絨　每百觔拾兩

絨廣東土產絲做成　每百觔肆兩叁錢　蠶繭　每百觔叁兩

亂絲頭　每百觔壹兩

出口氈絨毯席類

席子各樣　每百張貳錢　地席　每捲肆拾碼貳錢

皮毯　每張玖分　氈毯　每百尺叁兩伍錢

出口糖果食物類

蜜餞並各色糖果 每百觔伍錢

白糖 每百觔貳錢

冰糖 每百觔貳錢伍分

烟葉各樣 每百觔壹錢伍分

大頭菜 每百觔壹錢捌分

酒 每百觔壹錢伍分

火腿 每百觔伍錢伍分

欖仁 每百觔叁錢

香菌 每百觔壹兩伍錢

木耳 每百觔陸錢

桂圓肉 每百觔叁錢伍分

醬油 每百觔肆錢

赤糖 每百觔壹錢貳分

烟絲各樣 如黃烟水烟之類 每百觔肆錢伍分

鼻烟 中國 每百觔捌錢

粉絲 每百觔壹錢捌分

海菜 每百觔壹錢伍分

皮蛋 每千個叁錢伍分

杏仁 每百觔肆錢伍分

金針菜 每百觔貳錢柒分

桂圓 每百觔貳錢伍分

荔枝 每百觔貳錢

蓮子　每百觔伍錢　　芝蔴　每百觔壹錢叁分伍厘

花生　每百觔壹錢　　花生餅　每百觔叁分

瓜子　每百觔壹錢　　荳牛莊登州不准出口　每百觔陸分

荳餅牛莊登州不准出口　每百觔叁分伍厘　　米麥雜糧　每百觔壹錢

蒜頭　每百觔叁分伍厘　　栗子　每百觔壹錢

黑棗　每百觔壹錢伍分　　紅棗　每百觔玖分

第四款

一凡有稅則內所算輕重長短中國壹担即係壹百觔者以美國壹百叁拾叁磅零叁分之一為準中國壹丈即拾尺者以美國壹百肆拾壹因制為準中國壹尺即美國拾肆因制又拾分因制之壹美國拾貳因制為壹幅地叁幅地為壹碼肆碼欠叁因制即合中國壹丈均以此為例

美理駕照覆

大亞美理駕合衆國欽命駐劄中華便宜行事全權大臣列
爲照覆事准 貴大臣九月三十日來文内開各等因本大臣
留心細爲察閱其中所問所論俱屬歷練爲友好起見深欽仰
本國向與中華只有和睦今仍此心詳爲覆達於後
一美國商民之進内地也按天津所立條約有云中國有何利
益施及他國准美國一體均沾等語是則美國人之進内地既
同他國所有請執照等情均應一體遵行當如英法兩國一般俟
大伯理璽天德既得國會紳耆議允批准和約之後定必
明立律例交給領事官禁止不請執照或强請執照等事本大
臣自當呈明 國家設立章程襄助中華致免美國商民違犯
貴國憲典可也

一整理有約無約各國之法也本大臣身為和好大國奉使之員向知此事自應變通然因稍有難行今請將中國所能行者略為陳列首應與討問欲立約之國定立條約也前大呂宋即西班牙國來求立約而中國不允今大西洋即葡萄雅爾亦已求取矣使中國肯同定約自當稍減無約之國今姑無論即任其仍前如是本大臣尚有一法可稍通融按泰西各國公使凡此國領事奉遣至別國者若不得所往之國準信延接者即不得赴任今凡有稱領事而中華　國家或省憲地方官不肯明作準信延接者彼即無權辦事是則中國於此等兼攝領事立即可以推辭不接凡已延接者照理亦可刻即聲明不與交往設有美國人兼攝無約領事藉此作護身符以國已益者既屬美國之人地方官可以直卻不與延款遇有事故著彼投明美

國領事自應隨時辦理間或美國人兼攝領事而代無約商民討求地方官幫助申理等情地方官礙於情面代為辦理者亦可以對彼說明並非職守理所當然乃只由於情面而已又若此等自稱領事有與海關辦理船隻餉項事宜者地方官可卻以必須按照條約遵行之語倘彼固執已見干犯制例者中國或出於不得已地方官自應用強禁阻當五月三十日在天津時本大臣照會桂中堂花冢宰以中國必須購造外國戰鑑火輪船隻者特為此故足徵所言非謬也

一領事不得干預貿易也現美國業經定制凡干涉買賣者不得泒作領事官矣

一領事與地方官爭論也前此果有等情動多牴牾本大臣深為怨憤亦與 貴大臣同心今既奉本國 大伯理璽天德

命簡為使臣之職業經設法將一切事宜妥為辦正誠願嗣後無致齟齬果有仍前事欵請照知本大臣定當修正若領事官有何不合之處地方官按理據實直斥其非不與共事本國國家並使臣斷無可控之端但最善之法地方官將已職守攸關並合理之處照尊貴之法據直善言論列自可申理矣

一按定品級總領事之說也總領事之設美國奉使駐劄中華者從無此制可毋庸議

一發給旗號也本大臣曾經面詢領事官據稱從無給發迨細查底冊亦向無此事本大臣復嚴諭領事嗣後無致有此也

以上業已據問直達猶有管見當須照知者以本大臣之意貴大臣似宜上奏　大皇帝定立國家號旗各省咸皆遵守俾中國公私船隻盡行升用蓋美國制度凡屬本國之人必用

本國旗號即泰西各國莫不皆然今中華貿易之盛無號旂以保護何不亦如他國之法使商船與盜賊有所區别而免商民之借用與假冒外國號旗哉茲本大臣現已將奉使職守之事全行妥辦一俟護理有人再行照知即當起程返國惟願　貴大臣於一切諸事順適咸宜至天津約内所云永久和好及遇有要事襄助之語美國固以友好為心中華有何需用美國之處美國定當以和平之法竭力襄辦但請　貴國亦謹守約欵所載及訂定各事務使一言一字不脱漏是本大臣與美國之厚望也為此照覆須至照覆者

咸豐捌年拾月初伍日

俄羅斯陸路通商章程

大清欽命總理各國事務王大臣
大俄欽差全權二等御前大臣把
前因議定北京和約兩通商章程及稅務條款並未核定茲擬
行會議彼此酌定所有陸路通商章程條款如左

第一款

兩國邊界貿易在百里内均不納稅其稽查章程任便兩國各
按本國邊界限制辦理

第二款

俄商小本營生准許前往中國所屬設官之蒙古各處及該官
所屬之各盟貿易亦不納稅其不設官之蒙古地方如該商欲
前往貿易中國亦斷不攔阻惟該商應有本國邊界官執照内

用俄字漢字蒙古字鈐印並註商人姓名貨色包件駝牛馬匹數目若干如無執照前往查明除貨入官外將該商接照北京和約第十條被逃獲送之法辦理該領事官嚴查不准未領執照商民前往貿易

第十九款

俄商不得包庇華商貨物運往各口

第二十一款

凡有嚴防偷漏諸法按照各國總例任憑中國官隨時設法辦理

同治元年二月初四日

一千八百六十二年二月二十日

俄羅斯由漢江等口運土貨陸路回國專條

俄商由漢江等口裝載土貨遵照長江章程第五款即在裝貨之口先將正半兩税一併完清該貨抵上海時除由水路運行回國不至天津再轉陸運仍照章與各國一律辦理外如有轉運天津由陸路回國其復進口半税應照俄國陸路章程第十款在天津完納所有漢江等口已收復進口半税由該商將前在江口完税單據赴江海關驗明批註寔係俄商之貨在三個月期內其貨色包件亦無拆動抽換等弊隨即填給江海關執照作為該貨已往天津之寔據聽商持照呈交裝貨關口查明完税月日號數相符則將前完復進口半税發給存票一紙以抵日後應完之税倘給發存票之後該商並不赴津回國應照內地例逢關納税遇卡抽釐再該商貨物或逾限未出口即將

前納半税入帳日後再要運津不准再請給發執照或限内轉
運出口有拆動抽换情形除漢江等關所徵半税入帳外仍由
江海關另納出口一正税以符定章

天津新議通商條欵

咸豐十年九月十五日内閣奉　上諭恭親王奕訢奏互換和約一摺本月十一十二等日業經恭親王奕訢將八年所定和約及本年續約與英法兩國互換所有和約内所定各條均著逐款允准行諸久遠從此永息干戈共敦和好彼此相安以信各無猜疑其和約内應行各事宜即著通行各省督撫大吏一體按照辦理欽此

英吉利通商條欵

大清國　皇帝　大英國　君主因視兩國情意未洽今願重修舊好俾嗣後得永遠相安是以　大清國特簡大學士桂尚書花　大英國　特簡伯爵額各將所奉全權大臣便宜行事之　上諭互相較閱俱屬妥當現將會議商定條約開列於左

第二欵

一　大清皇帝大英君主意存睦好不絕約定照各大邦和好常規亦可任意交派秉權大員分詣　大清大英兩國京師

第三欵

一　大英欽差各等大員及各眷屬可在　京師或長行居住或能隨時往來總候本國　諭旨遵行英國自主之邦

與中國平等　大英欽差大臣作爲代國秉權大員覲
大清皇上時遇有碍於國體是不可行惟　大英君主每
有　派員前往泰西各與國拜國主之禮亦拜　大清皇
上以昭畫一肅敬至在京師租賃地基或房屋作爲大臣等
員公館　大清官員亦宜協同勷辦僱覔夫役亦隨其意毫
無阻攔待　大英欽差公館眷屬隨員人等或有越禮欺藐
等情弊該犯由地方官從嚴懲辦

第五欵

一　大清　皇上特簡内閣大學士尚書中一員與　大
英欽差大臣文移會晤各等事務商辦儀式皆照平儀相待

第六欵

一　今兹約定以上所開應有　大清優待各節日後　特

派大臣秉權出使前來大英亦允優待視此均同

第七款

一　大英君主酌看通商各口之要設立領事官與中國官員於相待諸國領事官最優者英國亦一律無異領事官署領事官與道臺同品副領事官署副領事及繙譯官與知府同品視公務應需衙署相見會晤文移均用平禮

第八款

一　耶蘇聖教暨天主教原係為善之道待人如己自後凡有傳授習學者一體保護其安分無過中國官毫不得刻待禁阻

第九款

一　英國民人准聽持照前往内地各處游歷通商執照由領事官發給由地方官蓋印經過地方如飭交出執照應可隨

時呈驗無訛放行僱船僱人裝運行李貨物不得攔阻如其
無照其中或有訛誤以及有不法情事就近送交領事官懲
辦沿途止可拘禁不可凌虐如通商各口有出外遊玩者地
在百里期在三五日内毋庸請照惟水手船上人等不在此
列應由地方官會同領事官另定章程妥為彈壓

第十一款

一廣州福州厦門寧波上海五處已有江寧條約舊准通商
外即在牛莊登州臺灣潮州瓊州等府城口嗣後皆准英商
亦可任意與無論何人買賣船貨隨時往來至於聽便居住
賃房買屋租地起造禮拜堂醫院墳塋等事並另有取益防
損諸節悉照已通商五口無異

第十三款

一英民任便覓致諸色華庶勦執分内工藝中國官毫無限
制禁阻

第二十一款

一中國民人因犯法逃在香港或潛往英國船中者中國官
照會英國官訪查嚴拏查明實係罪犯交出通商各口倘有
中國犯罪民人潛匿英國船中房屋一經中國官員照會領
事官即行交出不得隱匿袒庇

第二十七款

一此次新定税則並通商各款日後彼此兩國再欲重修以
十年為限期滿須於六個月之前先行知照酌量更改若彼
此未曾先期聲明更改則税課仍照前章完納復俟十年再
行更改以後均照此限此式辦理永行弗替

第三十二款

一通商各口分設浮樁號船塔表望樓由領事官與地方官會同酌視建造

第四十七款

一英商船隻獨在約內准開通商各口貿易如到别處沿海地方私做買賣即將船貨一併入官

第四十八款

一英國商船查有涉走私該貨無論式類價值全數查抄入官外俟該商船賬目清後亦可嚴行驅除不准在口貿易

第四十九款

一約內所指英民罰欵及船貨入官皆應歸中國收辦

第五十二款

一英國師船別無他意或因捕盜駛入中國無論何口一切
買取食物甜水修理船隻地方官妥為照料船上水師各官
與中國官員平行相待
大清咸豐戊午年五月十六日
大英降生後一千八百五十八年六月二十六日

英吉利通商續增條款

茲以兩國有所不愜　大清大皇帝與　大英大君主合意修好保其嗣後不至失和為此　大清大皇帝特派和碩恭親王奕訢　大英太君主特派內廷建議功賜佩帶頭等寶星會議國政世職上堂內世襲額羅金並金額爾田二郡伯爵額爾金公同會議各將本國恭奉　欽差全權大臣便宜行事之　上諭敕書等件互相較閱均臻妥善現將商定續增條約開列於左

第一款

一前於戊午年五月在天津所定原約本為兩國敦睦之設後於己未年五月　大英欽差大臣進京換約行抵大沽砲臺該處守弁阻塞前路以致有隙　大清大皇帝視此失好甚為惋惜

第四欵

一續增條約畫押之日　大清大皇帝允以天津郡城海口作為通商之埠凡有英民人等至此居住貿易均照經准各條所開各口章程比例畫一無別

第五欵

一戊午年定約互換以後　大清大皇帝允於即日降諭各省督撫大吏以凡有華民情甘出口或在英國所屬各處或在外洋別地承工俱准與英民立約為憑無論單身或願攜帶家屬一并赴通商各口下英國船隻毫無禁阻該省大吏亦宜時與　大英欽差大臣查照各口地方情形會定章程為保全前項華工之意

第六欵

一前據本年二月二十八日　大清兩廣總督勞崇光將
粵東九龍司地方一區交與　大英駐紮粵省暫充英法總
局正使功賜三等寶星巴夏禮代國立批永租在案茲
大清大皇帝定即將該地界付與　大英大君主並歷後
嗣并歸英屬香港界內以期該港埠面管轄所及庶保無事
其批作為廢紙外其有該地華民自稱業户應由彼此兩國
各派委員會勘查明果為該户本業嗣後倘遇勢必令遷別
地　大英國無不公當賠補

大清咸豐十年九月十一日

大英一千八百六十年十月二十四日

法蘭西通商條欵

今　大清國　大皇帝　大法國　大皇帝切願將所有兩國不協之處調處和平與前立和好貿易船隻事宜復為申明諧適往日妥為處置保護懋生以敦永久因此議定重立和約章程俾兩國均獲裨益用是兩國特派全權大臣以便辦理　大清國　大皇帝欽差便宜行事全權大臣東閣大學士總理刑部事務桂吏部尚書廂藍旗漢軍都統花　大法國　大皇帝欽差頭等全權大臣御賜勳勞大星俄羅斯大救帶大西洋降生大星世襲男爵噶囉嘶吠嗟嚱噶囉前來彼此既將所奉便宜行事之　上諭及　欽奉全權之　詔勅公同較閱查核俱屬善當即將議立條欵開列於左

第一欵

嗣後　大清國　皇上與　大法國　皇上及兩國商民毋論何人在何地方均永遠和好友誼敦篤彼此僑居皆獲保護身家

第二款

茲兩國幸然復舊太平欲垂之永久因此兩國　欽差大臣議定凡有　大法國特派　欽差大臣公使等予以詔勅前來　中國者或有本國重務辦理皆准進京僑居按照大西各國無異又議定將來假如凡與中國有立章程之國或派本國　欽差公使等進京長住者　大法國亦能照辦凡進京之　欽差大臣公使等當其暫居京師之時無不按照情理全獲施恩其施恩者乃所有身家公所與各來往公文書信等件皆不得擅動如在本國無異凡欲招

置人通事服役人等可以延募毫無阻攔所有費用均由本國自備中國　大皇帝欲派　欽差大臣前往大法國京師僑居無不各按品級延接全獲恩施照大西各國所派者無異

第四欵

將來兩國官員辦公人等因公往來各隨名位高下准用平行之禮大法國大憲與中國無論京內京外大憲公文往來俱用照會大法國二等官員與中國省中大憲公文往來用申陳中國大憲用劄行兩國平等官員照相並之禮其商人及無爵者彼此赴訴俱用稟呈大法國人每有赴訴地方官其稟函皆由領事官轉遞領事官即將稟内情詞查核適理妥當隨即轉遞否則更正或即發還中國人有稟赴領事官

亦先投地方官一體辦理

第十欵

凡大法國人按照第六欵至通商各口地方居住無論人數多寡聽其租賃房屋及行棧存貨或租地自行建屋建行大法國人亦一體可以建造禮拜堂醫人院周急院學房墳地各項地方官會同領事官酌議定大法國人宜居住宜建造之地凡地租房租多寡之處彼此在事務須按照地方價值定議中國官阻止内地民人高擡租值大法國領事官亦謹防本國人強壓迫受租值在各口地方凡大法國人房屋間數地段寬廣不必議立限制俾大法國人相宜獲益倘有中國人將大法國禮拜堂墳地觸犯毀壞地方官照例嚴拘重懲

第十一欵

大法國人在通商各口地方聽其任便僱買辦通事書記工匠水手工人亦可以延請士民人等教習中國語音繕寫中國文字與各方土語又可以請人帮辦筆墨作文學文藝等工課各等工價束修或自行商議或領事官代為酌量大法國人亦可以教習中國人願學本國及外國話者亦可以發賣大法國書籍及採買中國各樣書籍

第十三

天主教原以勸人行善為本凡奉教之人皆全獲保佑身家其會同禮拜誦經等事概聽其便凡按第八欵備有蓋印執照安然入內地傳教之人地方官務必厚待保護凡中國人願信崇　天主教而循規蹈矩者毫無查禁

第三十二款

凡大法國兵船商船水手人等逃亡領事官或船主知會地方官實力查拏解送領事官及船主收領倘有中國人役負罪逃入大法國寓所或商船隱匿地方官照會領事官查明罪由即設法拘送中國官彼此均不得稍有庇匿

咸豐八年　月　日

降生後一千八百五十八年　月　日

美里駕通商條欵

第五欵

一大合衆國大臣遇有要事不論何時應准到北京暫住與
內閣大學士或與　派出平行大憲酌議關涉彼此利
益事件但每年不得逾一次到京後迅速定議不得躭延往
來應由海口或由陸路不可駕駛兵船進天津海口先行知
照地方官派船迎接若係小事不得因有此條輕請到京至
上京必須先行照會禮部俾得備辦一切事欵往返護送彼
此以禮相待寓京之日按品預備公館所有費用自備資斧
其跟從大合衆國　欽差人等不得逾二十人之數僱覓
華民供役在外到處不得帶貨貿易
咸豐八年五月

俄羅斯通商條欵

大清　大皇帝　大俄羅斯國　自專主依本丕業拉托爾明定兩國和好之道及兩國利益之事另立章程十二條

第一條

大清　大皇帝　大俄羅斯國　自專主今將從前和好之道復立和約嗣後兩國臣民不相殘害不相侵奪永遠保護以固和好

第二條

議將從前使臣進京之例酌要更正嗣後兩國不必由薩那特衙門及理藩院行文由俄國總理各國事務大臣或逕行大清之軍機大臣或　特派之大學士往來照會俱按平

等設有緊要公文遣使臣親送到京交禮部轉達軍機處至
俄國之全權大臣與　大清之大學士及沿海之督撫往來
照會均按平等兩國封疆大臣及駐紮官員往來照會亦按
平等俄國酌定駐紮中華海口之全權大臣與中國地方大
員及京師大臣往來照會均照從前各外國總例辦理遇有
要事俄國使臣或由恰克圖進京故道或由就近海口預日
行文以便進京商辦使臣及隨從人等迅速順路行走沿途
及京師公館派人妥為預備以上費用均由俄國經理中國
毋庸預備

第三條

此後除兩國旱路於從前所定邊疆通商外今議准由海之
上海寧波福州府厦門廣州府臺灣瓊州府等處海口通商

若别國再有在沿海增添口岸准俄國一律照辦

第九條

中國與俄國將從前未經定明邊界由兩國派出信任大員秉公查勘務將邊界清理補入此次和約之内邊界既定之後登入地册繪為地圖立定憑據俾兩國永無此疆彼界之争

第十條

俄國人習學中國滿漢文義居住京城者酌改先時定限不拘年分如有事故立即呈明行文本國核准後隨辦事官員逕回本國再派人來京接替所有駐京俄國之人一切費用統由俄國付給中國毋庸出此項費用駐京之人及恰克圖或各海口往來京城送遞公文各項人等路費亦由俄國付

給中國地方官於伊等往來之時程途一切事務要妥速辦理

第十一條

為整理俄國與中國往來行文及京城駐居俄國人之事宜京城恰克圖二處遇有來往公文均由臺站迅速行走以半月為限不得遲延耽悞信函一併附寄再運送應用物件每屆三箇月一次一年之間分為四次照指明地方投遞勿致舛錯所有驛站費用由俄國同中國各出一半以免偏枯

一千八百五十八年伊云月初一日

咸豐八年五月初三日

俄羅斯通商續增條欵

大清國　大皇帝與　大俄羅斯國　大皇帝詳細檢
閱早年所立和約現在議定數條以固兩國和好貿易相助
及預防疑忌爭端所以　大清國　欽派内大臣全權和
碩恭親王奕訢　大俄羅斯國派出　欽差内大臣伊格
那替業福付與全權該大臣等各將本國　欽派諭旨互
閲後會議酌定數條如左

第一條

議定詳明一千八百五十八年瑪乙月十六日即咸豐八年
四月二十一日在愛琿城所立和約之第一條遵照是年伊
云月初一日即五月初三日在天津地方所立和約之第九
條此後兩國東界定為由什勒喀額爾古納兩河會處即順

黑龍江下流至該江烏蘇里河會處其北邊地屬俄羅斯國
其南邊地至烏蘇里河口所有地方属中國自烏蘇里河口
而南上至凱湖兩國以烏蘇里及松阿察二河作為交界其
與二河東之地屬俄羅斯國二河西屬中國自松阿察河之
源兩國交界踰興凱湖直至白稜河自白稜河口順山嶺至
瑚布圖河口再由瑚布圖河口順琿春河及海中間之嶺至
圖們江口其東皆屬俄羅斯國其西皆屬中國兩國交界與
圖們江之會處及該江口相距不過二十里且遵天津和約
第九條議定繪畫地圖內以紅色分為交界之地上寫俄羅
斯國阿巴瓦噶達耶熱皆伊亦喀拉瑪那倭怕啦薩土烏等
字頭以便易詳閱其地圖上必須兩國　欽差大臣畫押
鈐印為據

上所言者乃空曠之地遇有中國人住之處及中國人所占占漁獵之地俄羅均不得占仍准中國人照常漁獵從立界牌之後永無更改並不侵占附近及他處之地

第二條

西疆尚在未定之交界此後應順山嶺大河之流及現在中國常駐卡倫等處及一千七百二十八年即雍正六年所立沙賓達巴哈之界牌末處起程往西直至齋桑淖爾湖自此往西南順天山之特穆爾圖淖爾南至浩罕邊界為界

第三條

嗣後交界遇有含混相疑之處以上兩條所定　界作為解證至東邊自興凱湖至圖們江中間之地西邊自沙賓達巴哈至浩罕中間之地設立界牌之事應如何定立交界由兩

國派出信任大員秉公查勘東界查勘在烏蘇里河口會齊
於咸豐十一年三月内辦理西界查勘在塔爾巴哈台會齊
商辦不必限定日期所派大員等遵此約第一第二條將所
指各交界作記繪圖各書寫俄羅斯字二分或滿洲字或漢
字二分共四分所作圖記該大員等畫押用印後將俄羅斯
字一分或滿或漢字一分共二分送俄羅斯收存將俄羅斯
字一分或滿或漢字一分送中國收存互換此記文地圖仍
會同具文畫押用印當為補續此約之條
咸豐十年十月初二日
一千八百六十年諾卜爾月初二日

布路斯國暨德意志通商稅務各國和約章程

大清國　大布路斯國暨德意志通商稅務公會各國並模令布而額水林　模令布而額錫特利子兩邦　律百克伯磊門　昂布爾　三漢謝城和好貿易船隻事宜和約章程

茲　大清國　大皇帝　大布國　大君主為本國並為德意志通商稅務公會各國拜晏　撒遜　漢諾威　威而顛白而額　巴敦　黑辛加習利　黑里達而未司大布倫師額　阿爾敦布爾額　魯生布而額　撒孫外抹艾生納　撒孫麥寧恩　撒孫阿理延部而額　撒孫各部而額大　拏掃　寃得克比而孟地　安阿而得疊掃郭定安阿而得比爾你布而額　立貝　實瓦字部而魯德司答

實瓦字部而孫德而士好遜　大支派之各洛以斯　小支派之各洛以斯　法郎格缶而德　昂布而士　並模令布而額水林　模令布而額錫特利子二邦　以及律百克伯磊門　昂布爾三漢謝城切願與中國及前開各國立定友睦之誼以敦永久因此議定修釐和好通商和約章程俾兩國民人均獲裨益用是兩國特派全權大臣以便辦理

大清國　大皇帝欽差總理各國事務全權大臣倉場總督部堂崇侍郎銜辦理三口通商事務特加全權大臣大理寺少堂崇　大布國　大君主欽差內廷大臣御賜紅鷹大星聖喏嚩大帯世襲伯爵斐悌理阿理丕艾前來彼此既將所奉便宜行事之　上諭及　欽奉全權之　詔命公同較閱俱屬妥善即將議立條款開列於左

第四款

現已議准通商各口布國暨德意志通商稅務公會和約各國任憑設立總領事一員領事副領事署領事等官每口一員前往辦理本國商民交涉事件中國官員於該領事等官均應從優款待如相待諸國領事官最優者無異凡別國所邀優恩之處德意志官員一律相邀遇有領事等官不在該口德意志國商民可以相託與國領事代為料理否則逕赴海關呈明設法妥辦使本國商得沾章程之利益

第五款

凡大布國秉權大臣以及德意志通商稅務公會和約各國領事官有公文照會中國大憲暨地方官均用德意志字樣書寫惟暫時仍以漢文配送漢文內有旨義不合之處仍以德意志字樣為正中國官員有公文照會亦以中國文字

為正不得將繙譯文字以為正也至於現定和約章程用中
國文字並德意志字樣合寫兩國公同較對無訛因法國文
字係歐羅巴人所通習是以另備法國字樣稿本各一分倘
日後中國與布國有辨論之處即以法文稿本為證以免舛
錯而昭公允

第四十款

兩國議定中國　大皇帝今後所有恩渥利益施於別國
布國及德意志通商稅務公會和約各國無不一體均沾實
惠日後如將稅則關口稅噸稅過關稅出入口貨稅無論何
國施行改變一經通行布國及德意志通商稅務公會各國
商民船主人等亦一體遵照無庸再議條款
咸豐十一年七月二十八日即

降生後一千八百六十一年九月初二日

三漢謝城附列條款

大清國與　大布國既經議定德意志通商税務公會和約各國並模令布爾額水林模令布爾額錫特利子兩邦和約章程所有附入之律伯克　百磊門　昂布爾　三漢謝城議事廳亦准自派領事官前往通商口岸辦理本城事務附此條款與前定和約章程一體信守既經　批准仍由

大清國　大布國欽差畫押蓋印

咸豐十一年七月二十八日即

降生後一千八百六十一年九月初二日

布路斯國暨德意志通商稅務各國稅則條約

第四欵

一凡有稅則內所算輕重長短中國壹擔即係壹百觔者以布國暨德意志公會各國壹百貳拾柒嘩嘓壹咕噟嘓捌嗻嘓即法國陸拾吉羅葛稜麼零肆百伍拾叁葛稜麼是為中國壹百觔中國壹丈即拾尺者以布國暨德意志公會各國拾壹呋嘶叁胙哩零玖分即法國叁邁當零伍拾伍桑的邁當是為中國壹丈中國壹尺即布國拾叁囙制零柒分即法國叁百伍拾捌密理邁當照此為例

丹國通商條約

現因　大清國與　大丹國彼此意存睦好不絕擬定
和約通商章程以昭深願其歛友誼内外商民交易相安永
遠不替是以　大清國　大皇帝特簡　欽差大臣
總理各國事務頭品頂戴工部左侍郎鑲紅旗蒙古副都統
恒　會同　欽差辦理三口通商大臣兵部侍郎鑲紅旗
漢軍副都統崇　大丹國　大君主特派原任駐劄
大美國京都代國大臣功賜佩帶丹波羅格三等寶星准
帶　大法國五等寶星步軍總兵拉斯勒福窪地瑪羅多
羅福　各將所奉各國　上諭詔書等件互相較閲俱屬妥協
現將會議商定條約開列於左
第四款

一　大丹君主欽差大臣並各隨員等皆可往來內地各處所有收發文件行裝囊箱無論沿海何處皆可送文不得有人擅行拆啟專差同　大清驛站弁兵一律保安照料凡有大臣並各眷屬隨員等各項費用皆由丹國支領與中國無涉總之丹國大臣入華當照泰西各國於代國大臣向爲合宜優待之處同一優禮相待

第五十款

一　大丹國大臣並領事官等員所有行知　大清國大臣官員等公文各件俱用英字書寫仍以漢文譯錄暫為配送俟中國學習英文熟習通徹即不必配送漢文惟遇日後設有文詞辯論之處丹國總以英文作為正義此次定議漢英文字詳細較對以期無訛

第五十一款

一　大清國所行各式公文無論京外內敘　大丹國

官民嗣不得提書夷字以消眇睋

癸亥年五月二十八日

一千八百六十三年七月十三日

丹國通商稅則章程

第四款

一凡有稅則內所算輕重長短中國一担即係一百觔者以丹國一百三十三磅零三分之一為準中國一丈即十尺者以丹國一百四十一因制為准中國一尺即丹國十四因制又十分因制之一丹國十二因制為一幅地為一碼四碼欠三因制即合中國一丈均以此為例

比利時國通商條約

第八款

大比利時國大臣並領事官等員所有行知 大清國大臣官員等公文各件俱用法字書寫仍以漢文譯錄暫為配送中國官員有公文照會比國官員亦用漢字書寫儻日後有辨論之處各以本國文字為正此次議定條約漢法文字詳細校對以期無訛亦依此例

第九款

兩國職員來往行文各應按照品級官階定式比國大憲與中國大憲公文往來俱用照會比國二等官員與中國省中大憲公文往來用申陳中國大憲用劄行兩國平等官員照相並之禮其商人及無爵者彼此赴訴應用具稟字樣以示

區別

第十五款

天主教原以勸人行善為本凡奉教之人皆全獲保佑身家其會同禮拜誦經等事概聽其便凡按第十款備有蓋印執照安然入內地傳教之人地方官務必厚待保護凡中國人願崇信　天主教而循規蹈矩者毫無查禁皆免懲治向來所有或寫或刻奉禁　天主教各明文無論何處概行寬免

第四十五款

兩國議定中國　大皇帝今後所有　恩渥利益施於別國比國無不一體均霑實惠日後如將稅則關口稅噸稅過關稅出入口貨稅無論何國施行改變一經通行比國商

民船主人等亦一體遵照無庸再議條欵

同治四年九月十四日

一千八百六十五年十一月初二日

比利時國通商稅則條約

第四款

一凡有稅則內所算輕重長短中國一担即係一百斤者以比國一百三十三磅零三分之一爲准中國一丈即十尺者以比國一百四十一因制爲准中國一尺即比國十四因制又十分因制之一比國十二因制爲一幅地三幅地爲一碼四碼欠三因制即合中國一丈均以此爲例

同治四年九月十四日

一千八百六十五年十一月初二日

比利時國照會

大比利時國欽差特簡前往中華便宜行事大臣金
為照會事照得兩國既定和約通商章程各節已臻妥善嗣
後比國所派駐劄各口領事副領事各等官如有辦理不按
條約有不協之處貴國即行照會比國　欽差大臣或代
國大員一准來文一面即將該領事官撤任該口另設別員
按辦一面抄錄原文繕摺　奏請查辦另派領事官來華至
於所託別國領事副領事各等官代辦事務一有不協之處
亦應一例同辦為此照會須至照會者　右照會　大清
欽差大臣總理各國事務戶部右侍郎董　欽命總
理三口通商事務大臣崇
一千八百六十五年十一月初二日

談瀛徵實卷八

懷甯方朔小東纂輯

西洋器藝雜述　邵陽魏源集

海島逸志曰、西洋行舟不專用指南車、以量天尺量之、則知舟行幾許里、又能按圖知海中沙礁泥濘之處、毫無差錯、其形畧似紙箑、能開闔、有一横尺、一斜尺、尺中有分有寸、俱書西洋字、每量必於午刻日中之際、其横者以定均平、其斜者以觀道途之遠近、海中之淺深、然明其尺量、而無海圖、亦無益於事、故海圖為體、量天尺為用、二者不可缺一、

察天筒、以玻璃筒二式、如筆管、長一尺餘、内實水銀、置之匣中、旁書西洋字、其水銀自能升降、大約晴明則水銀下沉、陰晦則水銀上浮、然浮沉有高低、覩其旁字以察風雨晦暝、未嘗不驗、

定時鐘一日十二時分為晝夜二周子正十二點丑初一點午正又十二點至未初又一點合一日為九十六刻每刻十五分是亦一道也其鐘大小不一小者盈寸大者高數尺又有串連小鐘十餘事聲如八音鏗鏘可聽以應時報刻者又有預撥某時支字及其時則鳴鐘不已令人警覺者名曰鬧鐘

天船短小其式如亭可容十人內置風櫃極其巧如渾天儀用數人極力鼓之便能飛騰至極高之處自有天風習習欲往何處則揚帆用量天尺量之至其處乃收帆聽其墜下相傳曾有被日火燒毀并曝死者所以不敢頻用也

風銃狀與炮相似有二式一另用銅毬裝氣令滿螺旋於銃之底面一即連於銃筩用鐵條貫皮為鞴極力鼓氣令入實鉛子或泥彈撥機放之聲不甚響亦能傷人每裝氣一次可放數十

銃能透五分杉板於三十步外

西洋行船指南車不用針以鐵一片兩頭尖而中濶形如梭當心一小凹下立銳以承之式如雨傘而旋轉面書西洋字用十六方向曰東西南北曰東南東北西南西北曰東南之左東南之右東北之左東北之右西南之左西南之右西北之左西北之右是亦一道也唐帆欲往何方則旋指南車之字向以準船洋帆欲往何方則旋船以依指南車之字向製度雖異其理則一

葛留巴城海口有甲板嶼因和蘭建造甲板船之處故名曰甲板嶼其船二十五年則拆毀有定限也其船板可用者用之無用者焚之而取其鐵釘船板厚經尺横木駕隔必用鐵板兩旁夾之船板上復用銅鉛板連片編鋪桅三接帆用布船中大小

帆四十八片其旁紐繂絆悉皆銅鐵造成所以堅固牢實鮮有悞事其船艘如女牆安置大礮數十船大者礮兩層小者礮一層水手每人各司一事雖黑夜雨暴風狂不敢少懈法度嚴峻重者立斬船主主之所以甲板船洋寇不敢近也

千里鏡能觀遠景者無足稱奇有屈曲管者能覩其室之徧隅房中隱微之處無不遍及其佳者每管值數千金用以禦敵可望敵營中能周知其虛實女牆衣壁人數多寡洞見底裏誠鬼工之奇技也（按近日西洋竝無此器或傳聞太過之詞）

西洋禦敵多用天礮而英圭黎之技較之和蘭又精巧礮用銅鑄每礮尺寸長幾何圍大若干能及其遠近幾許皆有定限也譬如敵營遠近幾許用量天尺量之用屈鏡觀之則舉礮差中其處不踰尺寸礮必向上而舉到其處銃子即能墜落而旋滾

周徧焉因冲天而舉故名天礮今英夷攻城攻岸之炸彈下即此也然可以驚人而不能取準故廣東省城其礮悉落池塘空地具見章奏無命中不踰尺寸之事

西洋奇器如水琴風琴風鋸水鋸風磨水磨弔橋城門弔橋重數千斤早晚開閉一人可挽千斤稱式如筩以鐵為之中用螺銓一人可銓雖廈屋巨舟銓之立即欹斜顯微鏡自鳴鐘自來火自轉雄飛禽走獸自能鳴動木偶如生不可畢舉

番語寫字曰銖厘和蘭寫字用鵞毛管削尖作筆濡墨橫書自左而右紅毛和蘭色仔年諸國皆同瓜亞無來由息覽則用竹片削尖而書亦橫書則自右而左武吃貓里番把實番里貓柔番則又各別閩有種番寫字自下而上者鮮到巴國未之目覩也

和蘭鑄圓餅銀中肖番人騎馬持劍名曰馬劍有半者名曰中劍有小而厚者鑄和蘭字名曰帽盾有半者名曰小盾有小而

薄者中肖甲板船名曰搭里又有黄金鑄者中肖番人持劍而立名曰金鈁其馬劍中劍大小帽盾皆有金鑄者以兩為斤每員當十六員之用又有紅銅鑄者中肖雌虎名曰鐳以當錢文之用紅毛國不產金銀無所鑄和蘭西鑄圓餅銀中肖雙鷹名曰搭耶有半者小者中肖獅子亦名搭里有小而薄者中鑄番字名曰鈁以當十文之用干絲臘國最富多產金銀鑄圓餅銀中肖其國主之面名曰洋錢有半者二當一之用有四當一者有八當一者有十六當一者有三十二當一者中肖一朶花亦稀見矣亦有金鑄者大小皆如之作十六倍用又有紅銅鑄者中作十字形名曰爪以為錢文也

澳門雜録曰米利堅洋錢七錢二分每圓值先士百箇先士係紅銅所鑄中無方孔每先士值銀七厘二毫英吉利洋錢重十

九邊呢十三額連以中國稱之重八錢一分每圓值時令五每時令值邊呢十二以中國銀計之每時令值銀一錢六分四厘每邊呢值銀一分四厘二十時令為一棒每棒計銀三兩二錢七分一厘布路牙即大西洋國洋錢有老格魯色值里士一千新格魯色值里士四百每老格魯色值新格魯色二箇半老者值銀九錢五分七厘六毫新者值銀三錢八分三厘零四絲又有他國用勞碑其勞碑與格魯色同值未知老即新里巴社國所用之洋錢曰多曼與大呂宋之洋錢同值每金洋錢值銀十一兩五錢二分

又曰華人視外夷國地人名多嫌其俚、不知試以外夷轉翻中土對音之字、亦猶是也。如西洋稱廣東曰諫黨、福建曰蔫酒、即建州二字安南曰故占車那、虎門曰博低、架濠鏡曰昔今巴、澳門曰

加註作山

雙高前山曰加查白領古港口曰耕地里老萬山曰蘭東弄愛倫（蘭東亦廣東二字音）其間有對音者有不對音者總之以異國之音翻本國之字欲其雅馴必須加漢書唐書西域傳之稍加潤飾乃可

謝清高海錄曰西洋木工多用風鋸其製先為一板屋令四柱皆活可隨意遷轉取大木一長于板屋數尺圓以為軸橫穿左右兩壁鐵環之以軸納其中兩端出于壁外以一端為輪輪十六幅分兩層環植于軸內層與外層各八相間尺餘其長數尺編竹篾以為帆帆有八斜張于內外輻上以乘風兩輻則張一帆其長視輻寬則較內外輻之縱而定其尺寸上復幕以布帆帆乘風而輪轉則軸隨之而轉布帆則視風之疾徐以為舒卷疾則卷徐則張屋內軸上環以數鐵鋸架木于鋸端以石厭之

隨軸轉則木自斷矣所以活屋之四柱而任意遷徙者欲以乘八風也

西夷火輪船圖說曰火輪船上安大鐵缶盛水欲滿書甲字二下為火爐以熾炭書乙字二缶旁開一口為丙字筒由丙字橫斜至子字筒分為二其上己筒其下庚筒由己入丁為丁字筒與己庚平列丁止一筒分為上下中安雙鐵片夾皮綰於一鐵柱為戊字而子字筒中復設一銅片作小門轉移於己庚兩小筒之間此通則彼塞密合其筒而鐵片與鐵柱從之上下焉庚之下一小筒為癸癸之下一大盤為壬而戊字鐵片所連一鐵柱上出筒外為辛字即船面所突之白氣管也凡火熾水沸氣從丙字出至子字小門上己筒進丁筒戊字鐵片則迫下子字小門封塞己筒水氣由庚筒下進丁筒戊字鐵片復激上子字

小門封塞庚筒鐵片常時上下而所進之氣不更由己庚二筒而出乃穿庚後之癸筒出壬字之大盤仍化水矣水氣蒸激往來不已戊之鐵片與辛之鐵管牽挽互動在船輪機無不周轉矣其船上機輪別有圖說

西洋奇器述武進李兆洛曰、氣鎗者、為銅球大如拳、上為螺旋孔、一筒長二尺許錫為之圓孔徑寸餘、以銅挺梢其中、而帛纏其端、令周密如鞴、筒之端亦為螺旋以合於球、乃使有力者出入而致之使其噓吸之氣納於球、久之氣漸滿、鼓之不能入球如火熱、幾不可着手、乃退螺旋而下之以合於鳥鎗之火門處、火門處亦為螺旋而竅其中、附球於上而內閉之、啟其機、球中之氣激入火門而丸出矣、其及遠中深、不減於藥、約可十餘發、過此則氣微而不能及遠矣、洋法之絕奇者能取氣而制使之、云氣有三、凡所取者皆三氣雜、又有機器別之為三、其氣了然有色可辨、一氣微紅色、一氣白、一氣即火也、三氣之中別去一氣、其二氣即殺氣、人中之立死、云天地之氣充塞兩間、木石等物皆不能隔、惟玻璃器能隔絕天地之氣而不透漏、故製用氣之機必以玻璃為之、有一火法不知其名、為玻璃圓罌周尺許、四面無孔竅、罌中有二小鏈錘、着其半腰、一鏈絲細於髮、着錘旁而出罌外、人立一玻璃几上、以手指拈鏈絲、則其人髮鬚皆植立、以一指他指、則隨指有光如電、殷然作雷鳴、旁人或以指着其人、即亦然、響時人皆心神震怖、云彼國製此以治陰寒、痰瘀頑痺難治之病、若更大則光與聲亦益大、極大則聲如霹靂、或殺人、其響之發、無論遠近、聞者心皆振動、天下之至疾者莫如風、而雷火則比風更疾、彼國置此器試之響發時數十里内同刻皆聞也蓋所制使者龍雷之火隨地氣輒奮枯錢絲之人立玻璃器上所以隔絶地氣不着其身故着地之人指之即震本人所指之氣着地亦即隨指而震也予瀕行時見易君山始言及之匆匆未及一覩其器深以為恨其理甚可思雷雹之發因陰陽閉隔近擊成聲於此尤可信

樂櫃高可四尺濶二尺厚半之周閉之如書櫥藏風輪於中以一機出外而轉之中排管數十風入管而嗚嗚嗚如吹鐘鼓方響等器皆具一圓筒植立隨機而轉筒上綴小釘無數高下疎密無一齊者近筒左右銅絲如網筒轉而釘牽其絲即擊鼓撞鐘之節也奏之凡五六節巨細疾徐各自不同先開一機而轉其風輪樂即隨轉而作既畢則閉此機而復開一機其音節又

異矣所奏即其國之樂編作之可四五刻也所排之管以鉛為之長短參差不齊其外圓可徑半寸管管相同其內孔圓徑亦、即各異此與古人製律之法似可參校欲購其一具析視而細審之惜力未能也

源按西洋有雷盒者形如鏡箱前列兩銅環而以一銅絲屈繞兩環之端人試以手握左環則其右環着手震顫如痛若兩人各一手分握一環則其所空手指着人即痛蓋左手握之則氣達右手右手握之則氣貫左手以治風痺麻木之證立效與此所述氣器畧同曾見之粵中每一具價百餘洋今海口通市可購買也

美理哥國志畧曰西國書籍或以鉛字擺板或以鉛字刊板其擺板不過二十六字如中華之點畫鈎剔所印除經史詩詞歌

賦外竝新聞紙其紙各家不同約千餘樣始知歐羅巴刊刷録見聞布告四方其紙長至五尺濶至三尺其紙不訂裝底面皆印字或每日一出或七日出三四張或半月出一張不等每一出多者約有二萬張少者約有五百張每年收看新聞銀一圓至十二圓不等内載船隻往來時日貨物價值增減買賣田地租賃房屋時價竝官員士子兵丁言行及天下一切事物此外亦有每月新聞書書内載欽天監醫生樂工律例學問勸世文等事其書有一季一出者約二三百篇亦有如中華之時憲書一年一出者約三四百篇内載日月出没薄蝕之原由士農工商本年應如何營作各國本年人數增减惟無吉凶趨避之日然亦不過史傳輿地志先賢言行記畧竝天文音樂大小學文章勸世文等書其書有一本為一套數十本為一套竝有來自

各國者其價或半元數十元不等爲士之家或藏書一二千書院或藏書一二萬亦有富家立一書齋置各書于内任人觀覽又曰美理哥國之文字皆同英吉利國雖有法蘭西荷蘭等國之人而新國獨效英吉利者因國初地廣人稀雖各國皆來貿易惟英吉利居十之九從其語音者較多至今則與英吉利無異此外則或文字相同而言詞獨異如法蘭西荷蘭者是亦有文字不同而言詞亦異如滿漢日本安南暹羅者是雖文字言語不同而切音未嘗有異滿漢固不異乎日本日本亦無異于西洋且新國不過倣英吉利國二十六字母耳其一曰A 音唉 二曰B 音碑 三曰C 音颸 四曰D 音哋 五曰E 音依 六曰F 音鴨符 七曰G 音芝 八曰H 音咽 住 九曰I 音矮 十曰J 音遮 十一曰K 音跏 十二曰L 音唉 見 十三曰M 音唵 十四曰N 音燕 十五曰

○音軻十六曰卫音丕十七曰⊗音魏十八曰民音鴉十九曰S音唉時二十曰丅音梯二十一曰U音嘤二十二曰V音非二十三曰W音嗒布如二十四曰ㄨ音鴟時二十五曰卫音威二十六曰乙音思其中有三字能獨用無別字貫之者如△工ㄥ是也△者一也工者我也ㄥ者歎詞字母雖止二十六乃相連相生變化無窮連字之法有以二字連成一句或三字至九字不等從左手起橫讀至右非如漢文從上至下也二十六字母散之則無窮合之則有限其用不測然雖三尺童子亦可學習凡天下事物皆賴二十六字詳說之其始歲歷幾百稿三易而始成故雖盈千累萬之書亦不外此二十六字母也此字母西洋各國皆同

天下山水方里數目

山四千八百五十七萬零八百二十五里

水一萬五千零三十二萬三百方里

共一萬九千八百八十九萬四千一百二十五方里

四洲音語四洲音語不知何自辨之考康熙乾隆中皆曾命欽天監偕西洋人徧往各省各邊測北極高度偏度及太陽出入早晚或彼時徧歷各地曾辨其語言歟

阿細亞洲音語及南海島音語九百九十一音

墨利堅洲音語一千二百一十四音

歐羅巴洲音語五百四十五音

阿末里加洲音語二百七十六音

共三千零二十六音

量天尺較量算法每起加五度

初起度　六十九里　二十

二起五度	六十八里	九十三
三起十度	六十八里	十四
四起十五度	六十八里	八十四
五起二十度	六十五里	二
六起二十五度	六十二里	七十一
七起三十度	五十九里	九十二
八起三十五度	五十六里	六十八
九起四十度	五十三里	一
十起四十五度	四十八里	九十三
十一起五十度	四十四里	四十八
十二起五十五度	三十九里	六
十三起六十度	十四里	六十

十四起六十五度　二十九里　二十四
十五起七十度　二十三里　六十六
十六起七十五度　一十七里　九十一
十七起八十度　一十二里　一
十八起八十五度　六里　三
十九起九十度

疇人傳、湯若望、字道未、明崇禎二年入中國、國朝順治二年六月、若望上言臣於明崇禎年間、曾用西洋新法製測量日月星晷定時考驗諸器、連遭賊燬、臣擬另製進呈、今先將本年八月初一日日食照新法推步、京師所見日食分秒、並起復方位圖象、與各省所見不同之數開列呈覽、及期學士馮銓同若望赴臺測驗、與所算密合、有旨行用新法、十一月以若望掌欽天監事、累加太僕太常寺卿、 勅賜通微教師、十四年四月、回回科秋官正吳明烜、疏言若望所推七政書、水星二八月皆伏不見、今水星於二月二十九日仍見東方、八月二十四日又夕見、又言若望舛謬三事、一漏紫炁、一顛倒觜參、一顛倒羅計、 命内大臣等公同測驗、水星實不見、議明烜詐妄之罪、援赦得免、康熙四年、徽州新安衛官生楊光先上言若望新法十謬、及選擇不用正五行之誤、下王大臣等集議、若望及所屬各員俱罷黜治罪、於是廢西法、仍用大統、至康熙九年復用新法、康熙十七年若望卒、武進趙氏翼簷曝雜記曰、余年二十許時、閱時憲書、即有欽天監正湯若望、副南懷仁姓名、皆西洋人、精天文、後閱蔣良騏東華錄、則湯若望當我 朝定鼎之初、即進所製渾天星球一牀、地平日晷窺遠鏡各一具、其官曰修政立法、順治九年、湯若望又進渾天星毬地平日晷儀器、康熙七年、治歷南懷仁 奏監副吳維烜所造八年時憲書十二月、應是九年正月、又一年兩春分兩秋分、種種錯誤、遂革維烜職、授南懷仁為監副、按 國初至余二十許時已一百二十餘年而二人在　朝中已能製造儀器必非少年所能當亦在三四十歲則余識其姓名時益已一百五六十歲矣後閱明史徐光啟傳以崇禎時歷法舛訛請命西洋人羅雅谷湯若望以其國新法相參較書成即以崇禎元年戊辰為歷元是崇禎初已有湯若望則又不止一百五六十歲嗣後又不知以何歲卒也○源案阮氏疇人傳據新法算書及四庫書總目言湯若望卒於康熙十七年距崇禎初亦止五十餘載安得有乾隆年間尚存之事至南懷仁則疇人傳但言其康熙初入中國不言卒於何時然考蔣友仁以乾隆二三十年間入中國進增補坤輿全圖奉　旨翻譯圖說　命禮部侍郎何國宗檢討錢大昕詳加潤色又　命在養心殿造水法又　命友仁同何國宗携儀器徧測新疆度數節氣早晚增入時憲書是其時南懷仁亦久卒矣趙氏少時所見時憲書列湯南二人姓名恐係康熙初年時憲而誤記為乾隆初也又考海島逸志言荷蘭人處西北寒地人多百歲及居葛留巴炎暑澡浴終日發泄至五六十歲即為上壽是西人壽考亦不過百歲從無一百五六十歲之事趙氏追憶少年之詞並無實據

疇人傳楊光先字長公徽州歙縣人也恩廕新安衛官生告湯若望傳天主邪教且其造時憲書有十謬一不用諸科較正之謬二一月有三節氣之謬三二至二分長短之謬四夏至太陽

行遲之謬、五移寅宮箕三度入丑宮之謬、六更調參觜二宿之謬、八顛倒羅計之謬、九黃道算節氣之謬、十曆止二百年之謬、於順治十七年呈禮科不准、又於康熙三年、狀告禮部曰湯若望陽假修歷之名、陰行邪教之實、散布邪黨於濟南淮安揚州鎮江江寧蘇州常熟上海杭州金華蘭谿福州建寧延平汀州南昌建昌贛州廣州桂林重慶保寧武昌西安太原絳州開封、并京師共三十堂、每堂一年六十餘會、每會收徒二三十人、各給金牌繡袋妖書會単以為憑驗、請照大清律左道妖言二條治罪、　旨下禮部會吏部同審、湯若望等及傳教之歷官李祖白擬大辟免死、其作序之給事中許之漸罷黜、四年特授光先欽天監右監副、旋授監正、光先以但知推步之理、不知推步之數、且以攻罷邪教、為邪黨所忌、潛伏殺機、恐遭陷害、力辭新職疏凡五上、卒不准辭。乃輯前後所上書狀論疏為上下卷名曰不得已、光先在監三年、謂戊申歲當閏十二月、尋覺其非、自行檢舉時來年憲書已頒行、乃下 詔停止閏月、交部治罪、議大辟免死歸卒、康熙九年、復起湯若望為監正用新法十七年若望卒、錢大昕曰、光先于步天之學本不甚深其不旋踵而敗宜哉、然摘謬十論、譏西法一月有三節氣之失移寅宮箕三度入丑宮之失則固明于推步者所不能廢也、吾友戴東原言歐羅巴人以重價購不得已而焚燬之、蓋深惡之云。此篇據疇人傳原本參以楊氏不得已二卷

安、南誤作南安

南洋令嚴政行

余文儀臺灣志云、交𠺕巴國人本輕捷善鬬、紅毛製造鴉片誘使之食、遂疲羸受制、其國竟為所據、紅毛人自有食鴉片者、其法集衆紅毛人環視、繫其人於桅竿上、以礮擊之、故紅毛各國祇有造煙之人、無一食煙之人、又聞夷船由孟邁赴廣東、必先經安南邊境、初誘南安人食之、安南覺其陰謀、下令嚴禁、犯者死無赦、一國卒不受其害、

澳門紀畧云、昔西洋夷有以天主教行於安南者、國人惑之、國王盡拘其人、立二幟於郊、下令曰、不從教者立赤幟下、宥其罪、如守教者立白幟下受誅、竟無一人肯出教立赤幟下者、王怒舉礮殲之、至今不與西洋通市、至則發大礮擊之、西夷卒不敢往、此已據入南洋呂宋國後、今則別有命意、故重節之、

又云、日本國禁天主教最嚴、其海口葛羅巴馬頭石鑿十字架於路口、武士露刃夾路立、商其國者必踐十字路入、如迴避者立斬之、又揑耶蘇石像於城閾、以踏踐之、故西洋夷船不敢往商其國。

董含蓴鄉贅筆云、曾監國航海時、其臣阮進欲乞師日本、遣使齎補陀藏經以往、有僧湛微者、前自日本來、因與同載、阮抵日本、其國初聞有藏經、往喜甚、及聞湛微名、大驚曰、此僧復來則速死耳、因不受敕護經而歸、叩其故、則以湛微曾入天主教、捕逃回也、先是西洋人以天主教誘其國人、各授以秘術、民間閨閫多為所亂、一入其教、死生不易主者、遂肆奸術、糾衆怙亂、其國大發兵撲滅之、自是痛絕西人、以銅板鏤天主形置通衢、凡各國人往者、必使踐踏而過、衣囊或攜西洋一物、或西洋畫冊

掇得二船皆誅見張遴白奉使日本紀畧

鴉片來中國統計若干列見英夷所刊漢字日月刻度通書

丙辰年一千零七十箱
丁巳年二千三百八十七箱
戊午年一千九百八十五箱
己未年一千七百一十八箱
庚申年一千八百六十七箱
辛酉年三千二百二十四箱
壬戌年一千七百四十四箱
癸亥年二千零三十三箱
甲子年二千一百一十六箱
乙丑年二千三百二十二箱
丙寅年二千一百三十一箱

乙亥年二千九百九十九箱
丙子年二千七百二十三箱
丁丑年三千三百七十六箱
戊寅年二千九百一十一箱
己卯年三千五百七十五箱
庚辰年一千四百四十一箱
辛巳年三千五百九十一箱
壬午年一千九百三十六箱
癸未年三千二百零七箱
甲申年三千九百二十三箱
乙酉年五千三百六十五箱

丁卯年二千六百零七箱	丙戌年四千六百二十七箱
戊辰年三千零八十四箱	丁亥年五千八百六十一箱
己巳年三千二百二十三箱	戊子年七千三百四十一箱
庚午年三千零七十四箱	己丑年四千九百零三箱
辛未年三千五百九十二箱	庚寅年七千四百四十三箱
壬申年二千七百八十八箱	辛卯年五千六百七十二箱
癸酉年三千三百二十八箱	壬辰年六千八百一十五箱
甲戌年三千二百一十三箱	癸巳年七千五百九十八箱
甲午年七千八百零八箱	己亥年三萬二千五百五十箱
乙未年一萬二百零七箱	庚子年二萬八千四百四十四箱
丙申年一萬二千六百六十箱	辛丑年二萬六千二百五十箱
丁酉年一萬九千六百零五箱	壬寅年二萬六千六百五十箱

戌戊年三萬七千零九十箱

合共計三十二萬零三十七箱譬如每箱五百員計共銀一千六百萬零一千八百五十員　自丙辰年起至壬寅年止

交易買賣番人番要現錢不用貨易貨以上皆英夷原文

俞正燮鴉片煙事述 附戒煙方 癸巳類藁

明四譯館同文堂外國來文入册有譯出暹羅國來文云那侃備辦金葉表文差握坤大通事衆頭目到廣東布政使司給文赴北京叩頭皇帝乞討紅紗二十匹綠紗二十匹紅羅二十匹青羅二十匹那侃進皇帝蘇木二千斤樹香二千斤馬前二百斤鴉片二百斤進皇后蘇木一千斤樹香一千斤馬前一百斤鴉片一百斤此不知何年文今暹羅貢龍涎香象牙閃金香緞胡椒滕黃蘇木豆蔻速香烏木大楓子金銀香無鴉片明人國朝典故星槎勝覽瀛涯勝覽俱不言暹羅鴉片然大明會典九十七九十八各國貢物暹羅瓜哇榜葛剌三國俱有烏香即鴉片繙文與會同館册合知三國明時已有鴉片且入貢品盖藥物也入中國曰烏香或曰烏煙就其本名還音曰鴉片亦曰阿

片、亦曰亞榮、亦曰阿芙蓉、亦曰合浦融、至明時始錯見於諸家文字、古人則止謂之藥煙、唐譯毗耶那雜事律云、在王城嬰病吸藥煙瘳損、苾芻白佛有病者、聽吸煙、佛言以兩椀相合、底上穿孔中著火置藥、以鐵管長十二指置孔吸之、用了用小袋盛挂杙竿上、後用時置火中燒以取淨、不應用竹、不應水洗、此則西域古有之、明徐伯齡蟫精雋云、成化癸卯、令中貴收買鴉片、其價與黃金等、其國自名合浦融、是成化時市廛已有貨賣者、萬歷時、李時珍本草綱目穀部云、鴉片前代罕聞、近方有用者、是已行於民間、近朱仕玠海東賸語云、鴉片出外洋咬𠺕吧呂宋、瓜哇煙筒以竹為管、圍八九分、中實椶絲頭髮、側開孔、以黃泥做成葫蘆、空其中以火煆之、則今鴉片槍、與唐微異、槍以精木、斗以陶土、導槍以長籤、取煙以煙籤、剔斗以平箆、以彎箆皆鐵也、有煙燈有煙合、不著火置藥椀內矣、其為藥則本草綱目云、阿芙蓉、是罌粟花津液、其結苞時、午後以針刺外青皮、勿損其裹皮、刺三五處、次早津出、以竹刀刮入甆器陰乾、今市者猶有苞片在內、王氏醫林集要云、是天方紅罌粟花汁、又傳一方、凡罌粟未開時、皆有承萼青瓣、花開即落、收之亦可用、方以智物理小識云、罌粟津液收入甆器、用紙封口、暴二七日用之、其方流傳如此、或以治泄痢、或用為房中藥、性煖而濇、未為大害、古方貢藥料之鴉片也、今廣福鴉片、則別有所謂鴉片土、自西洋紅毛荷蘭人製者、澳門紀畧澳蕃篇、西洋語鴉片為亞榮、而不詳其物、黃叔琳臺海使槎錄云、鴉片煙、用麻葛同鴉片土切絲、於銅鐺內煮成、伴煙用竹筒、實以棕絲、吮之、吸此則煖氣直注丹田、竟夜不眠、土人吸此為導淫具、肢體萎縮、藏腑潰出、鴉片土出咬嚁巴云、余文儀臺灣府志云、咬嚁巴本輕捷善鬪、紅毛製鴉片煙誘使食之、遂疲羸受制、其國竟為所據、所謂鴉片土者、死人骨骴、紅毛即咬嚁巴取之、而禁紅毛自食、集衆紅毛環視、懸其人竿上、以礮打之入海、海東賸語亦云、瓜哇男女皆喫鴉片、而荷蘭法則食之者死、其物之見於舊籍者如此、向讀康熙會典、雍正會典、禮部主客司朝貢俱云、荷蘭在東南海中、按荷蘭寔在西北遠海、與俄羅斯近、其云東南海者、以鴉片土謀占咬嚁巴之寄巢也、是鴉片貽害之切證、嘉慶十四年八月、閩浙總督奏蔡牽事、言詢之弁兵、皆謂牽船碎落水、該逆素食鴉片、身體羸弱、不能扶板浮其溺斃深洋、道光十二年八月、廣東奏猺事、言調至連州軍營、戰兵多有吸食鴉片煙者、兵數雖多、難於得力、經兩次鄧襲立禁、已有專例、中土自愛之士、造止鴉片方或多費亦不能得效今考鴉片藥料本澀肺加以鴉片土人汁力猛澀肺愈甚久之則火氣送藥著肺不去故食鴉片者有[illegible]說文云[illegible]瘶也灼肺成瘶仍以鴉片攻之如以火熯皮能柔之稍通暢不食則肺瘶挈搐肺主皮毛皮毛淅淅然洒洒然若中寒者疲飢矣肺發十二脈久之手足指甲十二脈起訖處皆痛手足無力就畏寒狀頸縮肩聳又食之則肺液盡此病之情也嘗以得其情為處一方研白芨末煉梨汁為糕常食之乃神效何由使咬嚼巴人知之也

辨藥性在形色氣味鴉片由煎熬成形無可辨色黑當入腎味酸當入肝澀主收濇沈能達下熱為煙則下行極而上化味為氣由陰達陽可概見也人之呼由心肺吸由肝腎今煙注肝腎以酸澀收斂人之所斂養偕煙氣揚之於上故初吸

精神煥發、適其常度、展轉探支、久且不敷、故至常吸之期、精
神困頓、所謂癮也、肝主謀慮、腎主作強、吸煙久、其人必畏葸
庸瑣、激之亦不怒、由其精華竭也、肝腎既竭、脾亦陷、房事不
男、終至後泄、其命必傾、理初治此、意主治肺、使肺氣下降、肝
腎受廕、癮未深者、其效必速、第受病有淺深、素稟亦寒熱不
同、故癮深必主補下、而視寒熱所以為輔佐、究之升提既久、
下必虛寒、藥宜於煖、且癮久脾胃必弱、宜先治中權、使納食
氣壯、漸減其煙、以至禁斷、仍可延年生子、至修合有罌粟汁
由海舶來者、分大土小土、相傳大土為向日葵汁、近內地亦
學之、葵向日而寒、理初言陰極求陽、此物性也、葵寒而滑、人
受病與罌粟之澀者同、理初言此寒藥熱用、無微不入、故鴉
片癮成、先前升而卒後泄也、有服生鴉片過一錢而死者、尸

身無可驗惟軟如綿為異然寔非死也收斂斗其精神氣血
皆閉塞氣復則蘇不復而氣絕則軟而不僵也先君子宦陝
時檢一尸骨言服鴉片死其骸骨中凝髓如蓮搖之有聲蓋
久服提澀可補洗冤錄所未及也初服生煙者以蕹菜汁灌
之立愈以其味甘質滑中空與酸澀收澀正相反附其說於
此李維鏞記

鴉片為害使民貧尚可通變其使民弱則所關甚大今得一
方白茅根五錢鴉片灰三錢甘草三分羯末糖八兩煎漉汁
至八分加川貝末五錢煎成膏入甲瓶別用羯末糖八兩漉
汁煎成膏入乙瓶為一單每服至冲服甲瓶膏約三四錢再
將乙瓶膏如數對入甲瓶藥漸淡服漸輕一單畢服去矣如
未盡去加一單必效此神方也程尚甄記

魏源籌海議守篇上

自夷變以來、幃幄所擘畫、疆場所經營、非戰即款、非款即戰、未有專主守者、未有善言守者、不能守何以戰、不能守何以款、以守為戰、而後外夷服我調度、是謂以夷攻夷、以守為款、而後外夷範我馳驅、是謂以夷款夷、自守之策二、一曰守外洋不如守海口、守海口不如守內河、二曰調客兵不如練土兵、調水師不如練水勇、攻夷之策二、曰調夷之仇國以攻夷、師夷之長技以制夷、款夷之策二、曰聽互市各國以款夷、持鴉片初約以通市、

今請先言守

今議防堵者莫不曰禦諸內河、不若禦諸海口、禦諸海口、不若禦諸外洋、不知此適得其反也、制敵者必使敵失其所長、夷艘所長者外洋乎、內河乎、吾之所禦賊者不過二端、一曰礮擊、一

此其註
其字誤

曰火攻、夷之兵船大者長十丈闊數丈、聯以堅木、澆以厚鉛、旁列大礮二層、我礮若僅中其舷旁、則船在大洋、乘水力活、不過退卻搖蕩、不破不沉、必中其桅與頭鼻、方不能行駛、即有火輪舟牽往別港、連夜修治、惟中其火藥艙、始轟發翻沉、絕無泅底鑿沉之說、其難一。若以火舟出洋焚之、則底質堅厚、焚不能然、必以火箭噴筒焚其帆索、油薪火藥轟其柁尾頭鼻、而夷船桅斗上常有夷兵遠鏡瞭望、我火舟未至、早已棄椗駛避、其難二。（夷船起椗、必須一時之久、故遇急則斬纜棄椗而遁、）夷船三五為幫、分泊深洋、四面棋布、並非連檣排列、我火船攻其一船、則各船之礮皆其環擊、并分遣杉船小舟救援、縱使晦夜乘潮能突傷其一二艘、終不能使之大創、而我海岸緜長、處處防其闖突、賊逸我勞、賊合我分、其難三。海戰在乘上風、如使風潮皆順、則即雇閩廣之大梭船大米艇外裹糖包，亦可得勝。鄭成功之破荷蘭，明汪鋐之破佛郎機，皆偶乘風潮，出其不意。若久與交戰，則海洋極寥闊，夷船善駕駛，往往轉下風為上風，我舟即不能敵。即水勇水雷，亦止能泅攻內河淡水，不能泅伏鹹洋，其難四。觀於安南兩次創夷片帆不返，皆誘其深入內河而後大創之，則知欲奏奇功，斷無舍內河而禦大洋之理。賊入內河，則止能魚貫，不能棋錯四布。我止禦上游一面，先擇淺狹要隘，沉舟絙筏以遏其前，沙垣大礮以守其側，再備下游樁筏以斷其後，而後乘風潮，選水勇，或駕火舟，首尾而攻之。沉舟塞港之處，必留洪路以出火舟。或仿粵中所造西洋水雷，黑夜泅送船底，出其不意，一舉而轟裂之。夷船尚能如大洋之隨意駛避、互相救應乎？倘夷分兵登陸，繞我後路，則預掘暗溝以截其前，層伏地雷以奪其魄。夷船尚能縱橫進退自如乎？兩岸兵礮水陸夾攻，夷礮不能透垣，我礮可以及船，風濤四起，草木皆兵，夷船自救不暇，尚能回礮攻我乎，即使向下游沉筏之地，豕突衝竄，而稽留片時之間，我火箭噴筒已燼其帆，火罐火斗已傷其人，水勇已登其艙，岸上步兵又扛礮以攻其後，乘上風縱毒烟，播沙灰以眯其目，有不聚而殲旃者乎，是口門以內守急而戰緩，守正而戰奇，口門以外則戰守俱難為力，一要既操，四難俱釋矣。或曰，門戶失守，則民心驚惶，縱賊入庭，則必干罷戾，倘賊方入口，即分夷兵登岸夾攻我後，或進攻我城，則如之何。曰，所謂誘賊入內河者，謂兵礮地雷水陸埋伏，如設穽以待虎，設罾以待魚，必能制其死命，而後縱其入險，非開門延盜之謂也。奏明兵機，以縱為擒，何失守之有，賊雖入口，尚未至我所扼守之地，何驚惶之有，然海口全無一兵，尚恐賊疑未敢長

二十頁之二 千之湲

奇伏疑倚伏

驅深入必兼以廢破羸師佯與相持而後棄走引入死地即如粵之三元里非內地乎若非夷兵登岸肆擾安能成圍酋截敵之舉松江府城非內河乎尤提軍於上海失守之後整兵二十以待夷船駛入放礮相持二日而退使先備火攻塞去路安在不可奏殄敵之功傳曰不備不虞不可以師易曰王公設險以守其國夫險者非徒據口拒守敵不能入之謂謂其口內四路可以設伏口門要害可截其走寇能入而不能出也自用兵以來寇入粵東珠江者一入甯波甬江者一入黃埔松江者一皆惟全力拒口外而堂奧門庭蕩然無備及門庭一失而腹地皆潰使舍守口外之力以守內河守口外兵六七千者守口內兵不過三千得以其餘為犄角奇伏之用猾賊知兵必不肯入如果深入送死一處受創處處戒心斷不敢東闖西突而長

江高枕矣，何至鯨䮍石頭之磯，霆震金焦之下哉。故曰守遠不若守近，守多不若守約，守正不若守奇，守闊不若守狹，守深不若守淺。

請繼言浙江。浙海島嶼林立，而舟山居其一，以險則非門戶，以富則非沃壤，以大則僅彈丸。明湯和經理沿海，并未收入內地。（明之定海，今之鎮海縣也。康熙初移定海於舟山，而改舊衛稱鎮海。）始順治八年，議政王大臣奏言舟山乃　本朝棄地，守亦無益，其令副都統率駐防滿兵回京。此皆開國老成瞻言百里，故康熙以前皆棄化外。蓋城偪海濱，船抵城外，礮及城內，迥非臺灣、瓊州、崇明之比。（崇明雖最小，而四面沙灘，兩港曲折數十里，非小舟不能入。）乃甯波瀕海連岸之南田山墾成沃壤者，反禁不許開，而重兵以守孤懸之島，使外夷得以挾制，此不得地利者一。然則如之何？曰：棄定海，移其兵民於南田，嚴守甯波，佯退鎮海招寶山以誘入之，而後於甬江下游狹港塞其去路，乘風火攻者上策，專守鎮海不使入者次之，分守定海者為下。請縱言廣東，香港與尖沙嘴、裙帶路三嶼相連，周百餘里，堪避風浪，而孤懸海面，亦粵之舟山耳。夷與我通商，則必入虎門方能貿易，不與通商，則夷雖孤處香港無益。其地距廣州四百餘里，距虎門二百餘里，何預咽喉利害。次則沙角、大角礮臺遠隔虎門之外，江面寥闊，大礮僅及中泓，不足遏夷艘，適足招夷礮，何必守。所宜守者，虎門之橫檔三門，與虎門內烏涌，再進曰獵得，曰大黃滘。蓋廣東外城卑薄，而城外市廛鱗次，必應扼其要口以為外障。至四方礮臺踞省城後山，俯視全城，乃 國初王師破城所設，是攻城之要，非守城之要也。事平後早宜毀拆，而阻其上山之徑，乃不嚴守省河要口，而反守四方礮臺，即使不失守其礮能遥擊夷船乎抑將俯擊城中之人乎其失地利者二然則如之何曰拆去四方礮臺增修外城沉舟筏於獵得大黃滘倚山近水堅築土城守以兵礮使夷兵斷不能闖省城而後潛遣人椿塞烏涌上下火舟乘夜夾攻者上策棄沙角大角固守虎門者次之弛內備而徒爭香港者為下

請縱言福建福州泉州諸河溜急皆潮至通舟潮退淺閣則一潮不能直達故賊大艘不敢闖入所守者惟廈門廈門有鼓浪嶼障其外大舟進港可至虎頭關小舟可至稅關舊設礮臺於口門不足制賊僅足自守上年反於口外大檣小檣峿嶼青嶼等紛增礮臺備多力分故為夷所破其失地利者三然則如之何曰以精兵重礮內伏虎頭關盡藏火舟於內港佯以廢礮疲兵守口棄走誘入內港而後水勇火具四面殲之者上策固守

口門舊礮臺，不使入者次之，紛增多臺自相牽制者為下。

請縱言江蘇。寶山城倚海塘，三面寥闊，潮頭浪花高濺雉堞，故國初李成棟軍至此，驚為絕地。見寶山縣續志且以財賦文學之邦，而城中無千金之產，無一命之士，即承平尚且內移於江灣、羅店，或與嘉定、上海同城，乃以重兵多礮守洋面，即使不失守，亦何能出奇制勝。此失地利者四。然則當如之何？曰棄寶山，專守上海，沉舟筏阻江灣，而後誘其入江灣，以椿筏塞東溝下游，而火舟水勇攻殲之者上策；固守東溝，毋使深入者次之；守寶山海塘者為下。

請并言天津。天津府城直沽河，距海口二百里，潮退淺闊，且外有沙洪為門戶，中通大艘，可以舟筏沉塞，倘夷艘敢北犯，但內徙礮臺於近城，縱其深入，截其出口，而火舟水雷夾攻之者上

策設兵礮於沙洪伏地雷于近岸者次之遠設礮臺于口外者為下

然則浙之錢唐江蘇之揚子江廣濶浩瀚既不能沉舟筏以截其前後而火攻又易於駛避若何曰錢唐江西岸潮落沙灘十餘里夷船即入止能東擾蕭山斷不能西犯杭城且海口龕赭二山近皆漲淺猾夷早已探明故不肯駛入揚子江口外有君山圌山兩重門戶江陰鵝鼻嘴即君山之麓也斗入江中與對江之劉文沙相距四五里圌山與對江之東新河相去二三里

國初張名振鄭成功動輒闖入大礮遠則無力本難恃為門戶故凡言守圌山者皆道聽耳食之譚也若既闖入以後非北窺揚州即西犯江甯揚州寶塔灣回腸曲折最便于伏火舟斷去路惟運河淺狹夷大艦不能入其入者不過火輪杉板四五

舟夷兵六七百人即燼之亦無能大創惟江甯有會則大兵艘環集於石頭城（即下關也）其外界沙洲數十里江面極狹而城內秦淮可藏火舟可出火舟夷船惟火輪無風能行其兵船貨船皆無風不能動攻之之法宜乘無風之夜潮退之時以大舟水勇出水西門順流而下以數小舟攻一舟夷船首尾無礮其同幫各船之礮恐自擊其鄰舟則不敢開火烈具舉船各自救亦不暇開我兵或泅或伏出沒如意亦不畏其開其尾大不掉之兵艦有不帆焚索斷柁燼鼻壞者乎四者去則船不能行人船可以立獲其奏功之小大則視火舟之多不多水勇之練不練火舟多水勇練以數百火舟攻數十兵艘即有散椗於下游他岸者亦有下游大艇由運河出由瓜洲出由中閘出各攻各艦但使一夕無風夷艘必無噍類若得粵中水雷百具水勇黑夜泅

火具

送各艘之底，一舉而燼之，尤萬全策。若彌旬連日大風，竟無風息之時，則以火舟攻其上風，而以石油、江豚油之火箭噴筒從下風夾攻之，專攻帆索，亦必可焚其半。夷若乘東風駛往上游，則不能出海，仍是檻籠中物；若乘西風駛往下游，則驅偪出海，縱不可殲敵，而可以走敵，永不敢再窺內江矣。或曰：此皆謀之在預，備之於先，若既不能拒之口外，又未嘗備諸口內，一朝夷艘闖入，倉卒風鶴，無火具可購，無小舟可雇，無水勇可募，其若之何？曰：調度不得其人，雖謀之朞年，亦潰之一旦；若調度有人，則龍關六閘乃木簰所集，沿江洲地為薪荻所藪，上海之閩廣水手、儀徵下河之私梟匪艇，出沒風濤，亾命騖利，視死如歸，一呼數千可集。至火藥、火毬、火箭、奇油、毒藥，軍興防堵局購辦所費鉅萬。夷自六月初破寶山後，七月朔日始抵江甯，九月始出江口前後將及三月但一面羈縻一面備戰何事不可立辦順治十七年海寇鄭成功百萬之衆破瓜洲破鎮江沿江郡縣望風納款其時江寧防兵調征雲貴守備空虛東南全局皆震其岌岌豈但今日而梁化鳳且款且守突出陸戰以挫之火其百艘以走之彼豈備之於先謀之於豫哉千兵易得一將難求粵東初年有殲夷之備而無其機近日江浙有殲夷之機而無其備機與才會事功乃出或曰圌山君山之隘說者皆謂可沉舟以斷其去路子何獨謂其不能火攻必乘順風子何以必待無風若夷舟不能動則大洋無風亦可攻之無風何又患其駛避豈夷船能無風駛動於大洋而不能駛動於長江耶曰況舟塞江之事即使施諸珠江甬江黃浦江淺狹之處尚必深下木樁厚聯竹纜加以大樹大石始可禦潮汐而免漂散況長江近海

之處，至狹亦必數里，江愈狹則洪愈深，溜愈急，又樁不能下，纜不能聯，如以無樁無纜高僅丈許之舟，深沉於數丈之底，橫亘於數里大溜之間，以當千里潮汐之衝，何異以朽株遏奔駟。荷蘭沉二甲板船於鹿耳門，有渾潮而無內水，故淤沙愈漲愈積尺以紆束港口。若內水與外潮互相撞擊，即盡沉夷船百十，尚不足填天塹，況能截其去路。是沉舟之策，斷不可施諸長江。我順風而火之，夷亦順風而避之，惟有無風，則大艘寸步難動，而小舟槳櫓如飛，此安南札船所以制勝也。夷艘雖稱能轉風勢，然亦止能駛三面之風，而不能駛迎面猛烈之風，尤不能駛行無風。觀上年夷帥士密之兵船，自澳門至虎門，五日方至，其證一。穰西之兵船在閩洋南澳，為我水勇所攻，以無風不能開動，良久風起始起椗，其證二。均見新聞紙 韓世忠以海舟邀金師於黃天蕩使船如使馬兀朮鑿破海舟之策以小舟載土鋪板乘無風火其帆索海舟不能避烟焰漲天其證三蓋赤壁鄱湖之役千艘絙聯萬檣林立故順風一火勢若燎原若夷船不過數十艘分泊各岸無所牽制乘風棄椗誰執驚鷗若非沉舟截之則必以無風覆之但大洋無風無浪之時極少蓋無論順風逆風微風皆難制者大洋無論順風逆風無風皆可攻者內河長江形勢比之內河則不足比之大洋則有餘故有風不可攻而無風則可攻

英吉利夷艘兩碎於安南人遂以為安南水戰無敵於西洋札船且勝於洋舶請試詰之曰安南船礮果無敵也則嘉慶入寇閩浙之艇匪即阮光平所遣烏艚船百餘艘宜乎橫行海外何以敢劫商船而不敢劫夷艘又何以屢被摧於閩粵被颶碎於

浙江乎殊不知安南勝英夷者在縱其深入内河而非馳逐於外洋拒守於海口也其所用札船狹長多槳進退捷速如競渡之龍舟如粤東之快蟹扒蜈蚣艇特多一尖皮頂及左右障板以避銃礮以小勝大以速勝遲若大洋則不能使槳是鬥艦大攻之具非樓船水犀之軍也富良江廣南港江面廣闊與錢唐江揚子江等一則誘至灘淺潮落而閣之一則預備火舟晦夜而乘之以馳驟大洋則不足以犄角内河則有餘鬬智不鬬力也夷船横行大洋則有餘深入堂奥則不足爲客不如爲主也安南界連閩粤民習水戰同於漳泉惠潮故夷船始至則畏閩粤而不敢攻繼則兩次闖入虎門廈門皆棄之不守而惟滋擾於江浙使得調度閩粤水勇之人則夷船凡入粤河入浙河入吳淞入長江同於安南可乘之機者凡四交臂束手而惟歸咎

於船礮之不如夫安南之創夷其為洋船洋礮者安在惠潮漳泉間其為安南之人何限其為札船之技何限或又謂倭寇專騷內地故舍外洋禦海岸舍海岸禦城外者禦倭寇之法非禦英夷之法不知此又適得其反也倭夷長於陸戰短於水戰由其入寇皆窮島亡命無力置大艘大礮惟恃其膽力渡洋恃其刀鎗豕突故登陸則不可敵使以倭船遇閩粵之船則如石碾米也使其倭船遇大礮大器則如狼驅羊也明代剿倭名將亦惟知角諸陸戰雖間或擊其惰歸亦已傷深瘡痏惟唐順之俞大猷始惓惓於擊賊海中且謂擊歸船不若擊來船深得治倭要領而戈船水犀之備亦未及見施行夫倭之所長在陸擊之外海在攻其所短英夷所長在海待諸內河待諸陸岸則失其所長乃明人禦倭者不若禦之於外而今日禦英者又不設

伏於內、故天下實效之事必與庸衆之議論相反、

或曰、專守內河、誠可制夷艘之橫突、而不能制夷礮之猛烈、則我兵猶懾虛聲奪銳氣、其若之何、曰大礮者水戰之用、非陸戰之用也、即水戰亦我師擊沉敵舟之用、非敵舟擊傷我兵之用也、且沉舟亦攻海面遠舟之用、非內河近岸近舟之用也、西北平原大磧、陸戰用礮、必先立戰車以制敵騎、然後駕礮於車以破敵陣、東南江濱海澨、夷若以輪推礮上岸、則有灘塗沮洳之險、有塘陡岸峭之險、有港汊橫縱之險、大船不能近岸、小舟不能載大礮、故自用兵以來、夷兵之傷我者、皆以鳥鎗火箭、從無攜礮岸戰之事、惟我兵之扛礮扛銃、則跋涉奔馳、所至可用、且較彼鳥鎗火箭更遠更烈、其可無懼者一、若夷從船上開礮、則無論數千斤之礮、數十斤之彈、遇沙即止、而我兵得於沙垣中

礮擊其舟故廈門定海寶山屢為我礮擊破夷船而廈門定海之土城寶山之土塘皆未嘗為礮破即鎮海鎮江之城牆亦未嘗為礮破松江夷船開礮兩日我兵列陣城外伏而避之礮過後起卒竟未傷一人其破城者皆小舟渡賊登岸攻我背後我兵望風輒潰及夷至則城中已無一人何嘗與礮事哉但使近塘近城之地兼伏地雷則我礮可傷夷夷礮不能傷我其可無懼者二夷船在大洋去岸數里鎗箭所不能及故非數千斤大礮不能遥擊闖入內河則舟岸相去不過半里數丈而我之扛礮必可及半里火箭噴筒可及十數丈但沿岸先築土垣則我之火器可及夷夷礮不能及我其可無懼者三或謂內河上游要隘我可預沉舟筏築礮城備兵勇其下游縱敵入隘之處預設之則敵疑不前不備之則倉卒無及不知惟大礮笨重難運

至樁木筏材可伏近村囊沙塗泥散亂堆野敵一望無可疑俟敵舟已過之後分遣兵勇一面運筏下樁一面壘沙成垣頃刻可就而我扛礮之兵亦頃刻可集不特大礮而用扛礮出奇設伏其利無窮可無懼者四然有一宜防者則曰飛礮非謂懸桅上之號礮而謂仰空墮彈之炸礮也我之礮臺雖堅而彼以飛礮注攻炸裂四出迸射數丈我將士往往擾亂雖攻粵城時所放飛礮火箭非墮空地則黏池塘以隔城而不能有準見章奏而厦門則以飛礮而衆潰寶山則又以飛礮而衆潰惟是內河水勢深淺不能一律即使夷船冒險駛入必須時時測量以防淺擱斷不能數十艘一齊擁進其飛礮能及垣內者不過偏近塘岸之數艘急用大礮扛礮注攻其火藥之艘拉蓬索扶頭鼻之人是為急策更有預備之策先于土垣內橫挖淺田鋪磚貯水

我兵可以往來飛礮火箭墮水即熄或為斜坡前高後低使飛礮轉落深坑此須預先歷試不可臨時僥倖由此觀之夷之長技曰飛礮我之長技曰扛礮扛礮又不如扛銃若能講求益精於輕礮中藏用炸彈則且兼有飛礮之長詳五十五卷誠能出奇設伏則多造大礮不如多造扛礮輕礮鑄製易演練易運負易挾攻追剿易橫放直透可傷數十人可及百餘丈視笨重不靈之大礮得力十倍乃張夷者競曰夷礮之利禦夷者亦曰鑄大礮之利曾不問所施何地試問用兵以來定海總兵以扛礮連戰數日殲夷千計而大礮則擊破一舟之外無他效也大寶山以扛銃三十擊死夷兵四百而招寶山所列大礮不曾一用至去冬以來浙江鑄礮益工益巧光滑靈動不下西洋而效安在也甚至沙角大角之戰陳連升以地雷扛銃擊死夷兵三四百而

虎門左右所購列西洋夷礮二百餘未聞足以拒敵而適以資敵也不講求用礮之人施礮之地與攻礮守礮之别陸礮水礮之宜紛紛惟以畏礮為詞鑄礮為事不過祇藉兵而資寇故曰城非不高也池非不深也兵甲非不堅利也委而去之是器利不如人和也

兵無利器與徒手同器不命中與徒器同自軍興以來各省鑄大礮不下二千門虎門廈門定海鎮海之陷寶山鎮江之陷每省失礮約四百餘此皆重八千斤至一千斤先後遺敵者千五六百門夷初攻廈門之役我軍開礮二百餘僅一礮中其火藥艙大艘轟烈沉海夷船遂退是數百礮僅得一礮之力也再攻定海時葛總兵開礮數日相持僅一次擊中其火輪頭桅即欹側退竄是數百礮僅得一礮之力也攻廣東省城時惟中其一

火輪一、兵船頭桅及杉板數舟。攻寶山時，陳提軍礮中其大藥艙，況翻者二，擊破其頭鼻頭桅者二，夷遂繞攻小沙背。是亦僅各得數礮之力也。使發而能中，則我礮亦足以破夷船；發而不中，即夷礮亦成虛器。中則一礮亦足威敵，不中則千礮徒費火藥。其至，礮力也；其中，非礮力也。夷兵艘五十，火輪艘十，大小杉板舟數十，但使我軍開數百礮，內有數十礮命中，即可傷其數十舟，大者翻沉，次者損折。況一船可殲數百人，傷一船可傷數十人，尚何敵之不摧？如發而不中，則虎門所購西洋夷礮二百位，其大有九千斤者，何以一船未破，一礮未中？是知礮不在大，不在多，并不專在仿洋礮之式，惟在能中與不能中。不能中之弊有三：礮臺依山者前低後高，依水者四面受敵，皆易受飛礮，是建置不得地，難中一；山礮陷於石洞，臺礮陷於垣眼，陸礮木架不能運轉左右、是以呆礮擊活船、難中二、兵士施放不熟、測量不準、臨時倉皇、心手不定、難中三、夷船大礮不過重三千斤、我守城守岸之八千斤大礮、本夷船所極畏、止以蹈前三弊、故夷船得以先避我礮路、施其炸彈、誠使臺得地勢、垣可藏身、架可機轉、別伏奇兵以防後路、礮眼分作兩層、高者準夷之中艙低者準夷之船底、測以儀器、演以標的、臨時手眼合一、心膽俱壯、夷船雖堅桅雖大、能當一二千斤礮、不能當八千斤之大礮、烏有中而不裂者、其火輪船杉板船、則二三千斤礮亦足以破之、其船面拉篷索扶頭鼻之人、則千斤礮亦足殲之、烏有中而不摧者、至夷之礮架、均用車輪、裹以鐵葉、其數百斤及千斤之礮、亦可推挽登岸、然泥塗坡坎、即不能行放、定海慈谿兩次陸戰、均無推礮、鎮江曾推數礮上岸、以地勢不便而退、英夷又有馬礮車駱駝礮車惟用於西洋本國、去冬、粵東奏夷船四艘共載馬二百匹、皆高大於內地之馬、曾至定海、蓋將為陸戰之用、然安南緬甸皆以象負礮而戰、傷其象鼻則反奔、況馬與駱駝乎、

方夷寇初興、人皆謂其僅長舟戰、一登岸則無用、及浙粵屢北、則又謂夷兵陸戰亦不可敵、陸兵敗矣、而所以致敗之由、終未明於天下、夫沙角礮臺之戰、副將陳連升以兵六百當夷數千、殲夷數百、以無援救而敗、大寶山之戰、副將朱桂以兵六百當夷二千、殲夷數百、以無策應而敗、三元里之戰、以區區義兵圍夷酋斬夷帥殲夷兵、以款後開網縱之而逸、孰謂我兵陸戰之不如夷者、至定海之守甚嚴、戰甚力、何亦敗陷、其所以敗陷之由、則至今未明於天下、方夷寇之未還定海也、三鎮以兵五千

往防堵。善後首議修城。其地三面環山。前面瀕海。城外二三里為紅毛道頭市長里許。三鎮議築外城包道頭街於城內。左右抵山。其三面則以山為城。有諍者曰。天下無一面之城。此海壖非外城也。賊一翻山入。即在城內矣。備多則力分。山峻則守勞。請前勿包埠。左右勿倚山。但環舊城再築外郛。庶城足衛兵。兵足守城。而議者皆謂市埠不可棄。且左右高山。我兵踞高臨下。仰攻不入。時主兵者未渡海。但據圖指揮。遂從之。嗚呼。山雖高峻。而外非峭壁徑路坡陀可上。但知白日晴明之可守。而不知晦冥風雨之難守也。但知一二日之可守。而不知旬久師疲之難守也。夷兵攻城退後。回舟安息。我無舟師水勇以擾之。而我兵則時時處處晝夜設防。山高嶺峻。寢食無所。天下有此守城之法乎。是秋夷艘至。果乘大風雨晝夜攻擾。至第五日乘我守疲、兼值風逆、遂以小舟渡兵、撤舟死戰、火氣炎上、下擊無力、遂登山入陷之、烏乎、定海本不必守之地、而所修築者又必不可守之城、城陷久矣、而所以致陷者終未明於天下、不戒前車、仍踵覆轍、恐將來倒柄授敵者未有已也、然則當如之何、曰兵無常形、地無定勢、要之凡戰者必先謀敵之所以敗我、至於六七竭智共攻、其無可敗也、乃可以行、凡守者必先謀敵之所以攻我、至於六七竭智共攻、其無可入也、乃可以守、

孰為正、孰為奇、節制紀律不可敗、堅壁清野不可犯、正也、出奇設伏、多方誤敵、使不可測、奇也、今禦外夷、請先言外夷之兵法、緬甸用兵、遇強敵、則專用大木樹柵、為不可拔、有時守禦堅固、雖英吉利軍亦為所拒、四洲志 故李定國攻阿瓦都城之役、其城三面環水、緬於一面陸地復鑿為湖、而樹木城於其前、出兵守

之俄於木城外復立一木城亦出兵守之如此漸偪定國營始出兵大戰雖因象陣被傷反走而據栅為固終不可敗劉健庭聞録乾隆征緬之役緬守老官屯先據高坡竪立木栅栅外三壕壕外列鹿角官兵大礮火箭地雷百道攻之終不可拔此即步步為營以守為戰之法暹羅軍栅亦然所謂正也英吉利康熙中以兵船由地中海攻俄羅斯俄羅斯斂兵縱其登岸而奇兵絶其歸路天大風雪英軍飢凍不戰自潰此一奇也佛蘭西嘉慶初合列國兵數十萬由陸地攻俄羅斯俄羅斯傾國遷避佛蘭西兵長驅入其國都俄羅斯兵乘大風雪夜潛回縱火佛蘭西兵焚凍死各半敗績而遁此二奇也準噶爾康熙中以兵三萬由色楞格河攻俄羅斯兩岸高山中通一峽深入六七百里不見一人準噶爾疑其設伏誘陷急班師遁去此三奇也俄羅斯

之待強敵、與安南之待英夷、如出一轍、夫緬甸安南之待英軍豈皆有洋艘洋礟、而一勝以陸兵之節制、一勝以水戰之誘伏今師出無律、是不知有正也、臨出無謀、是不知有奇也、以無律無謀之兵、即盡得夷礟夷艘、遂可大洋角逐乎、不知自反、而惟歸咎於船礟之不若、是疾誤庸醫不咎方而咎藥材之無力也、噫、

魏源籌海議守篇下

夷事無所謂用兵也、但聞調兵而已、但聞調鄰省之兵而已、夷攻粵則調各省之兵以赴粵、夷攻浙則調各省之兵以赴浙、夷攻江蘇則又調各省之兵以赴江蘇、兵至而夷已就撫、則供客兵者又逆歸兵、兵甫旋而夷或敗盟、則又調歸兵以為戰兵、夫國家各省養兵、原以備各省緩急之用、而沿海尤重兵所在、江

蘇五萬、浙江逾四萬、福建六萬、廣東將及七萬、若謂本省不皆精銳、而避調客兵必皆精銳乎、則何以夷初至閩粵時、未嘗調他省一兵、而守禦屹然、及徵兵半天下、重集於粵、而粵敗塗地、重集於浙於江、而江浙又敗塗地、若謂英夷强寇、非一省所能抵禦乎、則夷兵艦大小不過五十艘、其攻城上岸不過二三千人、豈一省養兵數萬、無數千可用之兵、沿海民風强悍、豈無數千可團之義勇、若謂閩粵民兵雖可用、而多通外夷、江浙雖無漢奸、而民多柔弱、則何以廣東之斬夷酋、捐戰艦者皆義民、兩禽夷舶於臺灣、火攻夷船於南澳者亦義民、而明人平倭寇皆處州義烏之兵、近日戰定海、保松江者皆壽春之兵、然則各省之勇民、原足充各省之精兵、練一省之精兵、原足捍一省之疆圉、所要者止在募練之得法、所難者止在調度之得人、不在紛紛多調客兵也、前代錢氏有吳越、王氏有閩、劉氏有粵、各通番舶、倘有海警、豈能借助於鄰援、又豈能合從以禦侮、況防海宜習水戰、而多調陸兵、舍長用短、以短攻長、不利一、在籍有安家、在途有傳食、事竣有回遞、縣縣傳送、驛驛供張、則累在官、來如亂虎、敗如鳥散、則騷在民、每土兵四五而贍一客兵、曷若省客兵之費以練土著、不利二、故曰調兵者、選調本省之兵而已、募兵者、選練本省之人而已、遠調不如近調、遠募不如近募、或曰賊如舍沿海而專攻一省、他省有兵無賊、此省賊多兵少、則如之何、承平恬嬉、水陸弛懈、即有可用之兵、而無訓練、有可募之勇、而無紀律、安能俟數月訓練之成、以應倉卒之敵、則如之何、曰、一巡撫提督所轄則本省之兵也、一總督所轄則近省之兵也、賊少專用本省、賊多兼用近省、如寇攻粵、則募本省水勇為水師、而廣西出陸兵以佐之賊攻浙、則練金處溫台勁兵備陸戰、而福建選水勇以佐之夷攻蘇、則練淮揚松江水勇與徐州兵備戰、而安徽壽春兵佐之合兩省之兵勇、豈尚不足禦一面之賊、故曰、要在募練之得法、難在調度之得人、不在紛紛多調客兵為也、

問曰、遠調不如近調則然矣、至募勇則當糾合四方精銳、而曰遠募不如近募何耶、曰、挑選土著之利有三、一曰服水土、二曰熟道路、三曰顧身家、計調兵一、而當募勇之費十、當土著之兵五、以十丁之費募一丁、以五兵之費養一兵、練益精則調益寡調益寡則費益省、以所省者練兵、兵何患不精、費何患不給、或曰、戚繼光論選兵之法、除城市柔猾奸巧之人必不可用外、必選氣力、選武藝、選身軀、選靈警、而尤必以膽為主、無膽則氣力

入捍舟疑

武藝偉岸靈警皆無所用、又曰、選淅兵處州為上、義烏次之、台州次之、紹興又次之、此外雖韓白復生不可用、選兵若是之難、矍相之圃幾何人乎、曰、此言專為杭嘉湖蘇松之人而發、又為福建上四府而發、至漳泉惠潮之民、械鬥則爭先赴敵、頂凶則視死如歸矣、舟戰則出沒風濤如履平地矣、江北潁亳壽泗徐沛之民、家家延教師人人佩刀劍、或一人能負放大礮矣、儀徵下河販鹽小舟、入捍舟持械冒險莫敢誰何矣、此其膽何待選武藝何待教、故選精兵於杭嘉蘇松、是求魚於山、求鹿於原也、選精兵於海南於江北、則求柴胡桔梗於沮澤也、不可以勝收也、一省且有可調不可調、可募不可募、況紛然徵調於數千里外哉、故選兵先在選地、

募水勇之事、天津山東不如江淅、江淅不如閩廣、以福建言之、

是否疑誤

當夷艘初犯廈門，大吏激厲水勇，人人思奮，故出洋立功。及款議興，俘夷釋，軍賞遲延，而氣一挫。是秋所募赴浙水勇八百，皆人人精悍，及至浙而定海款議成，水勇空往空返，而氣再挫。次年又募精鋭千人赴粵，及至粵而前數日款議成，水勇空往空返，而氣三挫。顏制軍召募本省水勇八千，聞粵東款議，漫然散遣，不擇其精鋭撥補水師，而氣四挫。自是水勇人人離心。及夷船再至，無暇號召，其猾者甚且內應，而廈門不守矣。廣東初年水勇五千，前後出洋，燒夷艇、匪艇，逆夷望風畏竄。及款議興，一朝散遣，而氣一挫。新至諸帥，誤疑粵民盡漢奸，無一可信，又不約束客兵，騷擾居民，而氣再挫，于是鹿門不守，而省城畏卵矣。及夷兵淫掠，激民之怒，于是一戰于三元里，而夷酋大困，一截燒於虎門橫檔，而夷艘煨燼，見可閩粵民風之勁悍，各省所無

蜑戶誤
作蛋戶

外夷所懾、而水戰火攻、尤其絶技、斷不可望於山東天津漁鹽之戶、蓋東南長水、西北長陸、遷地弗良、得人者昌、今日沿海所患安在乎、必曰械鬥之民也、煙鹽私販也、海盜也、漁艇蛋戶也、今日陸地所患安在、必曰囘匪也、鹽匪也、捻匪紅湖匪、曳刀匪也、官吏切齒為亂民、有事則目為漢奸、其中有一二人能號召數百二三千人者、非有烏獲之力、猗頓之財、而信義意氣能豪一方、其人皆偏裨將才、其所屬皆精兵、而自文法之吏視之、則且謂亂民之首也、夫兵者毒藥、藥不毒則不能攻毒、故易之師曰、以此毒天下而民從之、華事夷言曰、（英夷所著書）中國之兵若善調度、即為第一精兵、現在廣東岸上力作之人、與水中漁販之人、其技勇皆歐羅巴人所不及、若挑練此等人為兵卒、可謂一等勇壯之兵、雍正中西虜未靖、詔各省選技勇送

巨刀誤作巨
力千百疑誤

京師、得數千人、其最者能挽鐵弓及二十力弓、以鳴鏑射其冑鏜然而墮、舉巨力千百斤、號勇健軍、總督命史貽直領之、屯巴里坤、故一時北省盜賊絕蹤、此先朝牢籠猛士之成效、道光回疆之役、伊犁將軍奏選南北路遣犯為死士、屢挫賊鋒、惜事平盡赦回籍、未能收入營伍、如雍正故事、尚有待於推廣焉、嘉慶中海賊蔡牽犯閩、詔安有知縣某者、傳回鄉總四人、各予銀千圓、令團鄉勇、日甫夕而每總理各以二千五百人至、鎗械籐牌畢具、一日而得精兵萬、賊望風遁、其人即皆械鬥之民也、蔡牽又與朱渥窺臺灣後山、地本化外、有泉人吳沙者、集四社棚民與熟番拒之、一戰其前、一攻其後、牽大敗走、事聞、始 詔即其地立葛瑪蘭廳、捍賊、不煩官兵、何以文法吏不肯收以為用然、此輩亦不肯為用、蓋綠營之餉、不足以贍其身家也、英夷攻粵東時募漢奸三千人、每人給安家銀三十圓、每月工食銀十圓而我守虎門兵月餉不及三兩、提督關天培憫兵之窮苦、自捐賞卹每兵銀二圓、而議者且劾水師兵挾制提督要賞、尚望其出死力乎、閩廣水師、每省三萬有奇、江浙水師每省二萬有奇、虛冒半之、老弱半之、未必有數千之可用、誠能汰虛冒冗濫之缺、并兩兵以養一兵、廣東約萬五千、福建約萬五千、專巡惠潮漳泉四府、精訓練而嚴節制之、以此推諸浙東江北、豈但國家增無數之精兵、而且沿海銷無數之械鬥、中原收無數之梟匪、精氣化疾、疾化精氣、豈二物耶、烏喙附子以毒攻毒、毒去而藥力亦銷、顧用之者何如耳、精兵出其中、李長庚羅思舉之驍將亦出其中、不此之圖、而惟竊竊然曰無將無兵、古人詎借才於異地哉、言調兵言籌餉者、動慮兵單費絀、而今言并兵并餉、則兵不愈少餉不愈費乎、不知一省之兵、本足守一省之地、一省之餉、本足養一省之兵、即有軍興、一切格外之費、而一省之財亦總足供一省之用、請詳破其惑、夫兵之多少視其實不視其名、養兵數萬而無數千之可用、視一千有一千之用者則不倍矣、視一千可當數千之用者更不倍矣、調外省之兵而置本省之兵于不練、則本省之餉皆濫餉、外調之費皆冗費、今以額餉養額兵而不增一餉、以全餉養半兵亦不裁一餉、兵減而實多、餉增而實省、其可無惑者一、戚繼光鴛鴦陣法、或謂其止可馭三千不可馭十萬、夫十萬皆三千所積也、一鎮練三千、十鎮即練三萬大陣包小陣、大營包小營、豈數萬人之節制、有異於三千人之節制、且連大陣闘戰塲決勝負者、惟開創草昧之時、及西北平

原之地若承平東南剿寇溝洫縱横坡坎交錯則用三千之處
為多英夷兵艘所在為數幾何若各省有百練敢死之卒數千
再團練沿海之漁船蛋戶以絶其羽翼何煩更調外兵其可無
慮者二練兵之費取諸并餉團勇之費將何出東南沿海殷富
甲天下計自軍興以來粵閩江浙每省商捐紳捐各數百萬以
本地之富民養本地之勁民衛本地之身家但使用得其宜尚
可樽節贏餘為造船械修垣壘懸購賞之費何嘗盡煩外兵外
餉此可無慮者三沿海之利莫大魚鹽前此寧波試行票鹽兩
月銷至七萬引及停止後歲銷僅二萬引閩鹽派發殷戶充商
有甘出十餘萬金求免發者潮州之鹽運同歷任賠累虧空鉅
萬皆出官費胥役費捆工費層層蠹蝕不能減價敵私儻沿海
皆行票鹽盡省浮費匪獨化私為官以助餉并可化梟為良以

助兵、他若浙江之南田山、福建之封禁山、許民屯墾、沿海之銀鑛山、許民開采、境内自然之利、用之不窮、此無可惑者四、至于兵分見寡之由、由無戰艦、別詳下篇、

魏源籌海議戰篇

内守既固，乃禦外攻。岳飛曰，以官軍攻水賊則難，以水賊攻水賊則易。攻江湖之盜且如是，何況數萬里海外之寇。以海夷攻海夷之法如何，籌夷事必先知夷情，知夷情必先知夷形，請先陳其形勢。英夷所憚之仇國三，曰俄羅斯，曰佛蘭西，曰彌利堅。所憚我之屬國四，曰廓爾喀，曰緬甸，曰安南。其攻之之法，一曰陸攻，一曰海攻。陸攻之法，在印度偪壤。印度者，曰俄羅斯與廓爾喀。俄羅斯國都與英夷國都中隔數國，陸路不接，而水路則一由地中海，一由洲中海，朝發夕至。康熙三十年間，英吉利國王曾以兵船由地中海攻俄羅斯，敗績逭歸，自後兩國不相往來，而兵爭專在印度。印度者，在蔥嶺西南，與我後藏、廓爾喀、緬甸接壤，去英夷本國遠數萬里。英夷以兵船據其東南中三印度而俄羅斯兵則由黃海裏海之間攻服游牧諸部亦與西中二印度接壤止隔一雪山各以重兵拒守自東印度之孟阿臘之麻爾洼南印度之孟邁之曼達喇薩鴉片盛行英夷歲收其稅銀千餘萬俄羅斯久覬覦之及英夷調印度兵艘入犯中國深恐俄羅斯乘其虛以擣溫都斯坦（中印度）又傳聞俄夷使者已自比華特起程入中國（比華特其東都也）惴惴懼其犄角蓋康熙中用荷蘭以款俄羅斯又聯俄羅斯以偪準噶爾故英夷之懼俄羅斯者不在國都而在印度此機之可乘者一廓爾喀者亦在後藏之西與東印度偪處方乾隆中我師往廓夷時英夷印度兵船亦乘勢攻其東境故上年英夷罷市後廓夷亦即稟駐藏大臣願出兵攻擊印度當時若許廓夷擾其東俄羅斯擣其西則印度有瓦解之勢寇艘有內顧之虞此機之可乘者二故可乘

而不乘非外夷之不可用也需調度外夷之人也海攻之法莫如佛蘭西與彌利堅佛蘭西國偪近英夷止隔一海港彌利堅與英夷則隔大海自明季　國初之際佛蘭西開墾彌利堅東北地置城邑設市埠英夷突攻奪之于是佛夷與英夷深讐及後英夷橫征暴歛于是彌利堅十三部起義驅逐之兼約佛蘭西為援三國兵船數百艘水陸數十萬不解甲者數載彌利堅斷其餉道英軍飢困割地請和彌利堅遂盡復故地二十七部英夷止守東北隅四部不敢再犯即印度地亦荷蘭佛蘭西開之而英夷奪之乾隆初印度土酋約佛蘭西荷蘭二國合拒英夷連兵數載始分東印度屬英夷而南印度屬西洋諸夷立市埠此各國之形也其互市廣東則英夷最桀驁而佛彌二國最恪順自罷市以後英夷并以兵艘防遏諸國不

荷蘭西疑佛蘭西之誤

許互市、各國皆怨之、言英夷若久不退兵、亦必各回國調兵艘與之講理、去年靖逆出師以後、彌利堅夷目即出調停、于是義律來文有不討別情、只求照例通商之請、并煙價香港亦不敢索、此機之可乘者三、乃款議未定、而我兵突攻夷館、反誤傷彌利堅數夷、于是彌利堅夷目不復出力、而荷蘭西于英夷再次敗盟之後、是冬有兵頭兵船至廣東求面見將軍、密稟軍務、自携能漢語之二僧、請屏去通使、自言願代赴江浙與英夷議款必能折服、不致無厭之求、儻英夷不從、亦可藉詞與之交兵、乃自正月與大師賠商、始則不許代奏、及奏又支離其詞、反以叵測疑佛蘭西、延至六月間、浙江奏請欵撫、始許其行、時英夷兵船已深入長江、犯江甯、于是佛蘭西船駛至上海、請我舟導其入江、而上海官吏又往返申請稽時、迨佛蘭西易舟入江、則款

三刻字疑誤

事已定數日盡飽谿壑佛蘭西悵然而返此機之可乘者四故可乘而不乘非外夷之不可用也需調度外夷之人也今日之事苟有議徵用西洋兵船者則必曰借助外夷恐示弱及一旦示弱數倍於此則甘心而不辭使有議置造船械師夷長技者則曰糜費十倍於此則又謂權宜救急而不足惜苟有議繙夷書刺夷事者則必曰多事（嘉慶閒廣東有將漢字夷字對音刊成一書者甚便於華人之譯字而粵吏禁之）則一旦有事則或詢英夷國都與俄羅斯國都相去遠近或詢英夷何路可通回部甚至廓夷効順請攻印度而拒之佛蘭西彌利堅願助戰艦願代請款而疑之以通市二百年之國竟莫知其方向莫悉其離合尚可謂留心邊事者乎漢用西域攻匈奴唐用吐番攻印度用回紇攻吐番　聖祖用荷蘭夾板船攻臺灣又聯絡俄羅斯以偪準噶爾古之馭外夷

者惟防其協寇以謀我不防其協我而攻寇也止防中華情事之泄於外不聞禁外國情形之泄於華也然則欲制外夷者必先悉夷情始欲悉夷情者必先立譯館繙夷書始欲造就邊才者必先用留心邊事之督撫始

問曰既款之後如之何曰武備之當振不係乎夷之款與不款既款以後夷瞰我虛實藐我廢弛其所以嚴武備絶狡啟者尤當倍急於未款之時所以懲具文飾善後者尤當倍甚於承平之日未款之前則宜以夷攻夷既款之後則宜師夷長技以制夷夷之長技三一戰艦二火器三養兵練兵之法請陳國朝前事康熙初曾調荷蘭夾板船以勦臺灣矣曾命西洋南懷仁製火礮以剿三藩矣曾行取西洋人入欽天監以司厤官矣今夷人既以據香港擁厚貲驕色於諸夷又以開各埠裁

各費德色於諸夷，與其使英夷德之以廣其黨羽，曷若自我德之以收其指臂。考東中二印度據於英夷，其南印度則大西洋各國市埠環之，有荷蘭埠，有呂宋埠，有葡萄亞埠，有佛蘭西埠，有彌利堅埠，有英吉利埠。每一埠地各廣數百里，此疆彼界，各不相謀。各埠中皆有造船之廠，有造火器之局，並鬻船鬻礮於他國，亦時以兵船貨船出租於他國。其船廠材料山積，工匠雲輳，二三旬可成一大戰艦，張帆起柁，嗟咄立辦。其工匠各以材藝相競，造則爭速，駛又爭速，終年營造，光燭天，聲殷地，是英夷船礮在中國視為絕技，在西洋各國視為尋常。廣東互市二百年，始則奇技淫巧受之，繼則邪教毒烟受之，獨於行軍利器則不一師其長技，是但肯受害，不肯受益也。請於廣東虎門外之沙角、大角二處置造船廠一、火器局一，行取佛蘭西、彌利堅二國各來夷目一二人、分攜西洋工匠至粵、司造船械、并延西洋柁師、司教行船演礮之法、如欽天監夷官之例、而選閩粵巧匠精兵以習之、工匠習其鑄造、精兵習其駕駛攻擊、計每艘中號者不過二萬金以內、英夷有軍器之躉船、每艘值銀二萬餘員、大兵船三桅者每艘值銀四萬員、見澳門新聞紙、凡修言每艘需十萬金者皆妄也、現在廣東義士請彌利堅人造二桅兵船、果僅費銀萬九千兩、計百艘不過二百萬金、再以十萬金造火輪舟十艘、以四十萬金造配礮械、所費不過二百五十萬、而盡得西洋之長技、為中國之長技、每艘配兵三百人、計百艘可配三萬人、靖逆將軍奕山奏夷三桅大兵船三百人、二桅中號兵船二百餘人、火輪船八九十人、杉板船大者六七十人、小者二三十人、廣東一萬、福建一萬、浙江六千、江蘇四千、其所配之兵、必憑選練、取諸沿海漁戶梟徒者十之八、取諸水師舊營者十之二、盡裁并水師之虛糧、以為募養精兵之費、必使中國水師可以駛樓船於海外、可以戰洋

一器誤作大器

水師不敵誤作之敵

夷於海中不增一餉一兵、而但裁并冗濫之兵餉、此其章程可推廣者、尚有六焉、我有鑄造之局、則人習其技巧、一二載後、不必仰賴於外夷、如內地鐘表、亦可以定時刻、逮二十五年大修之期、即可自行改造、一也、夷艘例二十五年一修有鑄造之局、則知工料之值、工食之值、每艘每礮有定價、然後可以購買、凡外夷有願以船礮售官抵税者、聽、閩商粵商出販南洋、有購船礮歸繳官受值者、聽、不致以昂價曆物受欺、二也、沙角大角既有船廠大器局、許其建洋樓置礮臺、如澳門之例、英夷不得以香港驕他夷生觖望、而我得收虎門之外障、與澳門鼎峙、英夷不敢倔强、廣東從此高枕、嘉慶中澳夷曾備兵船二、英夷備兵船四、助剿海盜、今更得佛彌二夷效順、彼貪市舶之利、我收爪牙之助、守在四夷、折衝萬里、三也、鴉片躉船敢於躉延者、欺我水師之

已槿 误樘字

敢攻剿，今水師整飭，鴉烟自不敢來，紋銀自不透漏，以用財爲節財四也。官設水師米艇，每艘官價四千已槿洋艘五分之一，層層扣蝕，到工又不及一半，靖逆將軍奕山奏言水師例修之船，新造二隻，覆以藤棉，加以牛皮，外施魚網，七層演試千斤之礮，打穿兩面，不能適用。今製海艦，不拘例價，若不善立章程，則將來修造之期，必仍有名無實。考洋艘所以堅固，皆由駛犯風濤，遍行萬里，今官艘終歲停泊，會哨徒有具文，自後即無事之期，而戰艘必歲護海運之米，驗收天津，閩廣則護運暹米、呂宋米、臺灣米，江浙則各護蘇松杭嘉湖之米，凡承造之人，即皆駕駛之人，凡內地出洋之商，願稟請各艘護貨者聽。凡水師提鎮大員入京陛見，必乘海艘，不許由驛陸進，其副將參游以下入京引見，或附海運之舟北上，總禁由陸，其文吏願乘海艘入京者聽，惟不許承辦船工五也。國家試取武生武舉人武進士專以弓馬技勇、是陸營有科、而水師無科、西洋則專以造船駕船、造火器奇器取士掄官、上之所好、下必甚焉、上之所輕、下莫問焉、今宜於閩粵二省武試增水師一科、有能造西洋戰艦火輪舟造飛礮火箭水雷奇器者為科甲出身、能駕駛颶濤、能熟風雲沙線、能鎗礮有準的者為行伍出身、皆由水師提督考取、會同總督拔取、送京驗試、分發沿海水師教習技藝、凡水師將官必由船廠火器局出身、否則由柁工水手礮手出身、使天下知 朝廷所注意在是、不以工匠柁師視在騎射之下、則爭奮於功名、必有奇材絕技出其中、昔李長庚勦海賊、皆身自持柁、雖老於操舟者不及、故知水師不能舍船械而空談韜略、武備不能舍船礮而專重弓馬、六也、

天下有不可強者三、有其人無其財一難也、有其財無其人二

難也、有其人有其財、無其材（謂材料）三難也、自用兵以來、所糜費數千萬計、出其十之一二以整武備有餘、則財非不足明矣、海關浮費數倍正稅、皆積年洋商與官吏所肥蠹起家不貲、其費皆出自鴉片、豈不當派數百萬之軍餉、則財又非不足明矣、中國智慧無所不有、麻算則日月薄蝕閏餘消息不爽杪毫、儀器則鐘表晷刻、不亞西土、至羅鍼壺漏則創自中國而後西行、（羅鍼始自中國見華事夷言）穿札扛鼎則無論水陸皆擅勇力、是人才非不足明矣、船桅船艙所需鐵力之木油木櫁木柳木皆產自兩廣、蓬帆浸以晉石、火不能焚、出自山西、火藥配以石油、得水愈熾、出自甘肅、（關外玉門縣赤金衛迤南之石油河本年二月陝甘總督解至石油三千六百斤）火箭參以江豚油、逆風更猛、出自四川、軍符所下、旦夕可至、硝提數次而烟白、鐵經百鍊而鋼純、皆與西洋無異、則材料又非不足明矣、飛礮火器皆創自佛蘭西而英夷效之以及船械相等之葡萄亞荷蘭呂宋彌利堅等國皆仰我茶黃貪我互市欲集衆長以成一長則人爭效力欲合各國以制一國則如臂使指誠欲整我戎行但得一邊才之兩廣總督何事不可為哉或曰五十艘之船械且造且購一年而可集百艘之船械且造且購二年而畢集即其制造施用之法以我兵匠學之亦一年而可習二年而可精是二年後已無鑄造之事尚遠重修之期更何局廠之設乎曰是何言也夫西洋惟英吉利國兵船五百餘艘佛蘭西國兵船三百餘艘蓋為分守各國埠頭而設其餘各國戰艦亦各不過數十艘而皆有船廠火器局終年不息者何哉蓋船廠非徒造戰艦也戰艦已就則閩廣商艘之泛南洋者必爭先效尤寧波上海之販遼東販粤洋者亦必羣就購造而內地商舟皆

可不畏風颶之險矣。西洋火輪舟之受數千石者，止為遠越重洋。其在本國内河内港之火輪舟，皆不過受五百石至九百石而止。以通文報，則長江大河晝夜千里，可省郵遞之類。以驅王事，則北觀南旋，往還旬日，可免跋涉之苦。以助戰艦，則能牽淺滯損壞之舟，能速火攻出奇之效，能探沙礁夷險之形。誠能大小增修，詎非軍國交便。戰艦有盡，而出鬻之船無盡，此船廠之可推廣者一。火器亦不徒配戰艦也，戰艦用攻礮，城壘用守礮，況各省綠營之鳥銃、火箭、火藥皆可於此造之。此外量天尺、千里鏡、龍尾車、風鋸、水鋸、火輪機、火輪車、自來火、自轉碓、千斤秤之屬，凡有益民用者，皆可於此造之。是造礮有數，而出鬻器械無數，此火器局之可推廣者二。古之聖人刳舟剡楫，以濟不通，弦弧剡矢，以威天下，亦豈非形器之末，而睽渙取諸易象，射御登諸六藝，豈火輪火器不等於射御乎。指南制自周公，挈壺創自周禮，有用之物，即奇技而非淫巧。今西洋器械，借風力水力火力，奪造化，通神明，無非竭耳目心思之力，以前民用。因其所長而用之，即因其所長而制之。風氣日開，智慧日出，方見東海之民，猶西海之民，雲集而鶩赴，又何暫用旋輟之有。昔漢武欲伐南越，爰習樓船水戰於昆明湖。乾隆中以金川恃碉險，爰命金川俘卒建碉於香山，又命西洋人南懷仁制西洋水法於養心殿。而西史言俄羅斯之比達王聰明奇杰，因國中技藝不如西洋，微行遊於他國船廠火器局，學習工藝，反國傳授，所造器械，反甲西洋，由是其興勃然，遂為歐羅巴洲最雄大國。故知國以人興，功無倖成，惟厲精淬志者，能足國而足兵。

人但知船礮為西夷之長技，而不知西夷之所長不徒船礮也。

每出兵以銀二十員安家、上卒月餉銀十員、下卒月餉銀六員、贍之厚故選之精、練之勤故御之整、即如澳門夷兵僅二百餘而刀械則晝夜不離、訓練則風雨無阻、英夷攻海口之兵、以小舟渡至平地輒去其舟以絕反顧、登岸後則魚貫肩隨、行列嚴整、豈專恃船堅礮利哉、無其節制、即僅有其船械、猶無有也、無其養贍、而欲效其選練、亦不能也、故欲選兵練兵、先籌養兵、兵餉無可議加、惟有裁并之而已、粤省水師將及四萬、去虛伍計之不及三萬、汰其冗濫、補其精銳、以萬五千人為率、即以三萬有餘之糧養萬五千之卒、則糧不加而足、以五千卒分防各口礮臺與陸營相參、以萬人分配戰艦、可得三十餘艘、無事日令出哨外洋捕海盜緝烟販、有事寇在鄰省則連艐赴援、寇在本省、則分艘犄角、可以方行南海矣、或曰、粤洋綿長三千餘里水

以客待主似宜以主待客　不均上當有力字

師數萬尚虞不周、今裁汰大半、不彌形單寡乎、曰水師多而不敷、以無戰艦也、無戰艦出洋、則口岸處處出防、以水師當陸師之用、故兵以分而見寡、今以精兵駕堅艦、晝夜千里、朝發夕至、東西巡哨、何患不周、是兵以聚而見多、英夷各處市埠自大西洋至中國首尾數萬里、何以水師不過九萬、即能分守各國、又何以入寇之兵不過五十艘、而沿海被其騷動、況水師外尚有本省綠營兵數萬、何患其無兵分守、前年楊參贊有請水師改為陸兵之奏、吾謂不如并岸上之水師為船上之水師、用力少而收效廣、

問西洋與西洋戰、亦互有勝負、我即船礮士卒一切整齊、亦何能保其必勝、曰此為兩客相攻言之、非為以客待主言之也、夫不均、技不等而相攻、則力强技巧者勝、力均技等而以客攻主

以主待客則主勝攻勞守逸請言其狀夫海戰全爭上風無戰艦則有上風而不能乘即有戰艦而使兩客交鬬於海中則互爭上風尚有不能操券之勢若戰艦戰器相當而又以主待客則風潮不順時我艦可藏於內港賊不能攻一俟風潮皆順我即出攻賊不能避我可乘賊賊不能乘我是主之勝客者一無戰艦則不能斷賊接濟今有戰艦則賊之接濟路窮而我以飽待饑是主之勝客者二無戰艦則賊敢登岸無人攻其後若有戰艦則賊登岸之後船上人少我兵得襲其虛與陸兵夾擊是主之勝客者三無戰艦則賊得以數舟分封數省之港得以旬日徧擾各省之地有戰艦則賊舟敢聚不敢散我兵所至可與鄰省之艦夾攻是主之勝客者四故歷考西洋各國交兵凡英吉利往攻彌利堅本國則彌利堅勝以英吉利往攻俄羅斯本

國則俄羅斯勝若英吉利與各國互戰於海中無分主客則枪師能得上風者勝

問曰船廠火器局設於粵東矣其福建上海寧波天津亦將仿設乎戰艦百艘果足敷沿海七省之用乎曰沿海商民有自願倣設廠局以造船械或自用或出售者聽之若官修戰艦火器局則止需立於粵東造成之後駛往各岸無事紛設蓋專設一處則技易精紛設則不能盡精專設則責成一手紛設則不必皆得人戰艦既成以後內地商艘仿造日廣則戰艘不必增造何者西洋貨船與兵船堅固同大小同但以軍器有無為區別貨船亦有礮眼去其鐵板即可安礮內地平時勦賊尚動雇閩廣商艘況日後商艘盡同洋船有事立雇何難佐戰艦之用惟水師則必以閩廣為主而江浙為輔何則福建之役夷船泊於

南澳港鄧制軍所募水勇，佯作商舟，乘無風攻之，夷艘甫覺，我水勇已偪其後艄，焚其帆索，傷其柁師水手，夷艘無風不能起椗，偪近不能開礮，且小舟外障濕幔，銃彈不能入，良久風起，夷船始遁，此江浙水勇所不能也。粵東之役，官軍方失利於城外，而我武舉梁體羣夜以火舟三隊，從穿鼻洋截攻其後，乘潮至虎門橫檔，夷船甫開一礮，而我火舟已偪其後梢，火藥鎗轟發，兩桅飛起空中，全艘俱燬，佛山義勇又圍截夷兵於廻岡礮臺，遶出上風，縱毒烟以眯夷目，盡殲夷兵，并擊破其應援之杉板舟，此江浙水勇所不能也。靖逆將軍奏言，粵中水勇以小舟八人盪槳，旋折如飛，將及夷礮所近之處，即覆舟入水，戴之而行，及至夷船，仍翻舟而上，以火毬噴筒焚其帆索，得勢即躍上夷船，不得勢即仍下水，覆舟而行，銃礮皆不能及，已募得二百餘人此江浙所無也夷船犯乍浦時餘艘留踞鎮海招寶山有委員雇閩勇三百餘以大舟易使賊覺獻策用大油簍各裝火藥二百斤載以小竹筏以鐵索拴筏四角套於項頸手扶簍筏貼水潛行遠望不見及至夷船後潛挂柁上火發轟烈全船立燬既而有尼之者飛檄中止此亦江浙所無也此皆在無戰艦之時可用若是況配入戰艦用其所長外夷尚且畏之豈他省所及故江浙舟師宜專護海運而閩廣舟師宜專剿海寇漢口瓜洲錢唐江亦有没水之人能伏行江底然每處僅二三十人不能多也

問子於議守篇專守内河守近岸使夷船夷礮失其所長已可收安南創敵之功則又何艘械之足學而厰局之足設耶曰夷兵之横行大洋者其正也其登岸及入内河者其偶也夷性詭而多疑使我岸兵有備而彼不登岸則君之何内河有備而彼

不入內河則若之何、觀其初至也、以結怨之廣東而不攻、纔以結怨之廈門而不力攻、及突陷舟山、排徊半載而不敢深入、是猶未測內地之虛實、尚有所畏也、自廣東主款撤防、破虎門闖省會而夷始肆然無忌矣、再破廈門定海、駛入寧波而益無忌矣、再破乍浦寶山上海、駛入長江而益無忌矣、使夷知內河有備、練水勇、備火舟、如廣東初年之事、其肯深入死地哉、故廣東初年有殲夷之備而無其機、江浙近年有殲夷之機而無其備、且夷兵船五十艘、貨船二十餘艘、火輪舟十艘、其闖入珠江入甬江入黃埔江者、皆不過兵艦七八艘、火輪二三艘、杉板小舟十餘而已、其餘仍寄椗大洋、即使殲其內河諸艇、而奇功不可屢邀、狡夷亦不肯再誤、且夷貪戀中國市埠之利、亦斷不肯即如安南日本之絕交不往、此後則非海戰不可矣、鴉片躉船仍泊外洋無兵艦何以攻之又非海戰不可矣夷船全幫數十艘駛入者惟長江、江面雖狹於外洋、而倍闊於他港、夷艘散泊各岸不聚一處、即用兀术之火攻、而天時風色難比亦不過殲、其三分之一、究恐有竄出大半之艦、則亦非追剿不可矣苟夷畏我內河、專肆驚擾、聲東擊西、朝南暮北、夷人水行一日可至者、我兵陸行必數日方至夷攻浙則調各省之兵以守浙、夷攻江則又調各省之兵以守江、即一省中而有今日攻乍浦、明日攻吳淞、後日又同擾鎮海、我兵又將雜然四出應接不暇、安能處處得人、時時設備、況戰艦火器乃武備必需之物、二三百萬乃軍需十分之一、何憚不為而見輕於四夷、況有洋艦洋礮之後亦非漫然浪戰也、客兵利速戰、主兵利持重、不與相戰而惟與相持、行與同行、止與同止、無淡水可汲、無牛羊可掠、無硝藥可配、無鐵物可購、無蓬纜可補、煙土貨物無處可售、柁檣無處可修、又有水勇潛攻暗襲、不能安泊、放一彈即少一彈、殺一夷即少一夷、破一船即少一船、而我之沿海腹地既有戰艦為外衛、則內河近岸高枕無虞、所至接濟策應、逸待勞、飽待飢、衆待寡、是數十艘可當數百艘之用、況夷兵以大艘為身、以杉板小舟為四足、但多募漁舟快艇、專燬其杉板小舟、小舟盡則大舟亦可為我有、在得人而已、在得人而已、

鴉片誤作鵶牙

保惡少誤作日少

魏源籌海議款篇

我患夷之強、夷貪我之利、兩相牽制、俾可無事、非今日主款者之秘畧乎、鵶牙歲耗中國財數千萬計、竭我之富、濟彼之強、何以處之、則曰但禁內地吸食、試問持議之人、果嚴禁內地吸食乎、則又曰宜緩不宜急、急之恐觸外侮而生內變、嗟乎、強鄰日少日設賭博於門、誘我子弟、罔我基業、敗我教化、一朝絕不與通、攻門索鬬、婞婀調停者曰、姑聽其仍開博場、一日賭博、一日無事、百年賭博、百年無事、我產之耗不耗勿計也、我業之完不完勿計也、我子弟之敗類不敗類勿計也、欲制夷患、必籌夷情、請先陳夷情而後效其說、

中國以茶葉湖絲馭外夷、而外夷以鴉片耗中國、此皆自古所未有、而　本朝有之、茶葉行於夷洋、自康熙始、而鴉片之入

中國亦自康熙始初准以藥材上稅乾隆三十年以前歲不過二百箱及嘉慶元年因嗜者日衆始禁其入口嘉慶末每年私鬻至三千餘箱始則囤積澳門繼則移於黃埔道光初奉
旨查禁復移於零丁洋之躉船零丁洋者在老萬山內水路四達凡中外商船之出入外洋者皆必由焉夷艘至皆先以鴉片寄躉船而後以貨入口始躉船不過四五艘其煙至多不過四五千箱可用火攻而大吏密奏請暫事羈縻徐圖禁絶于是因循日甚其突增至二十五艘煙二萬箱者則在道光六年設巡船之後巡船水師受月規放私入口于是藩籬潰決及道光十二年始裁巡船而積習已不可挽道光十七年復設巡船議定每千箱以若干箱送水師報功而鴉片遂歲至四五萬箱矣今以道光十七年廣東與英夷貿易出入之數計之湖絲價銀六

百五十九萬員、茶葉價銀千有四百萬員、白礬串珠樟腦桂皮磁器大黄麝香赤布白糖冰糖雨繖百二十二萬六千員、共計英吉利船所購出廣東之貨二千一百八十一萬六千員、其入口者、棉花八百二十二萬員、（六十七萬七千石）洋米二十三萬八千員（二十一萬石）大呢百五十五萬員、羽紗四十萬員、嗶嘰八十萬員、羽緞五萬員、洋布七十萬員、棉紗七十三萬員、（千有八百石）水銀二十三萬員、（二千石）錫二十九萬五千員、（萬五千石）鉛八萬九千員、（萬四千石）鐵四萬八千員、（萬六千石）硝七萬五千員、（共萬石）檀香烏木象牙珍珠胡椒沙藤檳榔魚翅魚肚花巾洋巾計七十一萬員、共英夷進口貨千四百四十七萬八千員、少於出口貨價銀七百餘萬員、使無鴉片而以貨易貨、則英夷應歲補中國銀七百餘萬員、乃是歲鴉片價銀反出口二千二百萬員、計銷鴉片四萬箱、此數之確然可考者彌利堅國是歲出口之貨綢緞價七百五十萬員茶葉五百十九萬八千員（十二萬餘石）絲棉葛布磁器蓆糖五十七萬九千員共計千有三百二十七萬七千員入口洋貨三百六十七萬員（內有洋米八十六萬員洋布四十五萬員白銀四十二萬員價最鉅）計少銀九百六十萬員何以不聞補銀蓋亦鴉片價內開除之數（英夷所運者印度鴉片彌夷所運者都魯機鴉片）他西洋諸國出口入口者約計二百萬員共計外夷歲入中國之貨僅值銀三千十四萬八千員而歲運出口之貨共值銀二千五百有九萬三千員以貨易貨歲應補中國價銀千四百九十四萬五千員價無鴉片之毒則外洋之銀有入無出中國銀且日賤利可勝述哉綜計英夷所購出之貨莫大於茶而湖絲次之所售入中國之貨莫大於鴉片而棉花次之至大黃則蒙古所需非西洋所急故每歲出洋大黃不過值五萬

餘員即俄羅斯市大黃歸亦僅用以染色非用以治病見松筠綏服紀畧茶葉雖西洋所盛行而佛蘭西國不甚需之、以其本國皆飲白酒、不甚飲茶、故佛蘭西到粵之船較少、然前代市舶從不聞茶葉出洋、茶葉出洋自明季荷蘭通中國始、及康熙二年、英吉利商又自荷蘭購歸百斤、飲而甘之、國人飲者歲增一歲、康熙四十九年至十四萬斤、雍正二年至二十八萬斤、乾隆二十四年二百二十九萬斤、三十七年五百四十七萬斤、五十年遂至千三百萬斤、嘉慶十八年二千一百二十八萬斤、道光二年二千三百七十六萬斤、十年後三千餘萬斤、及英夷公司散後、各商自運銷茶愈廣、十七年廣東出口茶葉三十餘萬石、共價銀千有四百餘萬員、又彌利堅國、道光十七年購茶價銀三百六十九萬兩、共茶十二萬餘石荷蘭歲需茶二百八十萬斤不等、佛蘭西二十三萬斤不等、佛蘭西茶沿途售與各國其到本國者無幾此外西洋各國大約二百萬斤惟俄羅斯由蒙古運往茶葉歲六百四十餘萬斤是西洋之飲茶亦猶中國人之吸鴉片雖損益懸殊皆始自近日非古昔所有故知洋錢流入內地皆鴉片未行以前夷船所補之價至鴉片盛行以後則絕無貨價可補而但補煙價洋錢與紋銀皆日貴一日矣漕務鹽務邊務皆日困一日矣使非養癰於數十年之前潰癰於設巡船之後何以至是今但歸咎割癰之人而養癰潰癰者不問故至今益以養癰為得計此邊患宜溯其源者一

西洋互市廣東者十餘國皆散商無公司惟英吉利有之公司者數十商輳資營運出則通力合作歸則計本均分其局大而聯散商者各出己貲自運自售利害皆一人獨當之其勢專而散方其通商他國之始造船礮修河渠占埠頭築廛舍費輒巨

萬非一二商所能獨任故必衆力易擎甚至借國王貲本以圖之故非公司不爲功及通市日久壟斷他商之路揮霍公家之帑費愈重利愈微國計與民生兩不利則又懲公司流弊而聽散商自爲之以中國比例公司如廣東十三家洋行而散商則如各省赴粵之客貨也公司如淮南鹽法之滚總之整輪而散商則如票鹽如散輪也道光十三年以前粵東貿易一出公局其局初立於印度繼立於廣東初議公司止設三十年及限滿而公司欲專其利不肯散局復以助本國兵餉爲詞請再展三十年而糜費開支浮冒乾没且運回之貲居奇踊貴百物滯銷國人皆不服屢控國王請散公局各自貿遷皆爲大班數人把持與通商散商爲怨敵其公司貲本銀三千萬員主事二十四商首領二人專司機密每商捐銀二千五百員以贍之道光十

年、本國會計入公帑銀萬有五百萬員、公使費銀九千萬員、公欠項銀千七五百萬員、公司貿易無利、道光十二年載貨出本國出印度國者、置價共三千萬員、而所售回之價、僅千有六百萬員、公司不如散商者六倍、故道光十三年遂散公司之局、國王盡收帑本、任商自運、而第征其稅、此粵中公司合散之情形也、方廣東公司未散時、各大班恃其勢大多金、凡抗衡中國官吏、皆公司大班所為、公司散則勢渙易制、而盧制軍蒞任未久誤聽洋商言、以英夷公司雖散、而粵中不可無理夷務之人、反飭令彼國派領事來粵、十四年始來者曰勞律卑、突入省河、罷市調兵而後退、十六年再至者即義律也、祇便洋商一日之私圖、豈期邊疆今日之戎首、試問粵中互市西洋十餘國、何嘗有夷官駐粵、若謂英夷貨多事賾、則彌利堅國每年貨艘至粵之多、亦亞於英吉利、何以二百載從無桀驁、觀禁煙新令初頒各國遵令、即英國新至貨船、亦遵例具結、而義律馭兵船阻其入口、苟當時無公司領事、則英夷各商亦不過隨同各國具結、惟恐卸貨之不早、鶩利之不先、何暇抗文法、爭體制、何至開兵釁、停貿易、又何至愬國王、請兵艦、連兵萬里、搆衅數年、故馭邊在先悉夷情、公司散局、此海疆一大機會、而中國邊臣失之者二、

禁鴉片之議有二、一內禁、一外禁、自夷船犯順、人皆謂外禁必不可行、果必不可行乎、又以夷變歸咎於繳煙、果由於繳煙乎、何以五月繳煙之後、旁徨半年而未動、何以尚肯出船貨充公之給、何以尚懸購告犯之賞、何以逐出老萬山外、復尚有願遵　大清律乞回澳門之禀、是其激變絕不由於煙、而由於停貿易明矣、英夷國禁濃酒小帶、有佛蘭西者者至其國、英夷

攜帶禁貨作違[illegible]

聞其攜違禁貨物、因監禁其使、令禁繳出禁物始釋之、與廣東之勒繳煙土何異、又英夷國律例、凡他國商攜違禁貨物入境者罰其貨價三倍、是即科以彼國之法亦無可辭、其非因繳煙而由停貿易又明矣、然則不停貿易固可免用兵、亦可禁鴉片使不來乎、曰奚不可之有、請先陳夷情而後效其說英夷之說曰、若要印度人不栽波畢、除非中國人不食鴉片、若要中國人不買鴉片、除非印度不栽波畢、中國人若以鴉片貿易同英夷講論、英吉利國王定肯禁止販運、即印度栽種波畢之事亦可停止、而栽種別物仍可得稅餉貿易之利、澳門月報又曰、有人言情願斷止鴉片一物、別開南邊港口貿易可乎、我恐未必能行、華事夷言是外禁之事、英夷亦未嘗不籌畫及之、但外夷惟利是圖、惟威是畏、必使有可畏懷、而後俯首從命、故上者嚴修武備彼有躉船則我能攻之彼有夾私應停貿易則立停之使我無畏於彼彼無可挾於我自不敢嘗試次者代籌生計使彼即停鴉片而上無缺稅下無缺財則亦何樂走私之名而不趨自然之利請得而詳之夷煙產自印度而銷於廣東其東印度種鴉片之地皆官地如中國鹽場置官收稅不得私煎除鴉片地稅銀四百餘萬員外加以栽種時開花時取汁時出口時四次收稅又凡五百餘萬員共計孟阿臘歲稅九百六十八萬四千餘員又南印度之孟邁鴉片稅亦百餘萬員除印度兵餉支用外歲解英吉利國都者三百餘萬員此其國最大之利藪考康熙乾隆中准商船運呂宋暹羅米入口者每米萬石入其船貨稅十分之五米五千石以上免稅十分之三即不及五千石亦免稅十分之二並許商人運暹羅米二千石以上議敘頂戴此二國產

米不產鴉片、有利無弊、自後港腳夷船援例歲運印度新嘉坡葛留巴米入口者、不下四十萬石、多以鴉片寄躉船而以米入口、由是粤海關裁抑之但免入口米稅不免出口貨稅、令與夷約、果能剗除鴉片之地改種五穀者、許其多運洋米入口、並援例酌免其貨稅則夷喜於地利之不荒其必樂從者一、粤東出口之貨、則洋行會館每百兩抽內商三分、而三分必增諸貨價其入口之貨、則每一大洋艘至黃埔、官費及引水通事使費約需銀五千員皆在正稅之外、雖不明取於鴉片、而夷則失諸彼者償諸此、我則收其實而避其名、令與夷約、果鴉片不至則盡裁一切浮費、舉以前此貢使所屢求大班所屢控者、一旦如其意而豁除之俾歲省數百萬、夷必樂從者又一、彼國入口之貨莫大於湖絲茶葉、出口之貨、莫大於棉花洋米呢羽、令中國既裁浮費免米稅、商本輕省則彼國不妨於進口之茶絲出口之棉米呢羽酌增其稅、以補鴉片舊額此外鉛鐵硝布等有益中國之物亦可多運多銷、夷必樂從者又一、威足懾之利足懷之、公則服之有不食桑葚而革鴞音者乎水師之通賄不懲商胥之浮索不革戰艦之武備不修、而惟外夷操切是求、縱獲所求、且不可久、矧乃河潰而魚爛、鳥驚而獸駭、尚何暇議煙禁哉、張奐之服西羌、班超之告任尚此機會可乘、反以過急失之者三、

此皆未變以前事也、既變以後則不獨以夷攻夷、當以夷款夷、國初俄羅斯爭黑龍江地、搆兵連年、聖祖命荷蘭寄書俄羅斯而獻城歸地、喀爾喀兩部爭鬨搆兵、詔令達賴剌麻遣使往諭、而喀部來庭緬甸不貢、聞暹羅受封而立貢廓爾喀未降、聞英吉利助兵而即降、故款夷之事、能致其死命使俯

首求哀者上、否則聯其所忌之國居閒折服者次之、上年靖逆將軍未至粵時、彌利堅夷目即出調停講款、於是義律來文有不討別情、只求照例通商、倘帶違禁貨物、船貨充公之語、並許退出虎門之說、夫命將出師、不過因夷之索煙價、索埠地、踞虎門今三事皆不敢逆命、是不戰屈夷亦足以徵　朝廷折衝千里之威、非彌利堅居閒、豈能有是、而利害未能陳明、章奏未能剴切、于是而英夷要盟、又于是而英夷敗盟、是冬佛蘭西兵帥復以兵艘至粵求面見將軍、密陳軍事、請代款請助兵、以夷攻夷、以夷款夷在此一舉、而又遲疑之支詘之、延及半載始令赴江甯、則英夷款議已成數日、視彌利堅原議相去天淵、故不款於可款之時、而皆款於必不可款之時、此機會可乘不乘者四

此四機者、謹其始機則鴉片不至流毒、乘其二機則公司不

致桀驁，乘其三機，則不以罷市興兵，乘其四機，則不致款議失體。一誤再誤三誤於事前，四誤於事後，經此四誤，而鴉片之外禁不可行矣。令日之事非內禁不可矣，內禁之不效有三，一曰不許告發也，二曰不速限期也，三曰不先類後僇也。不許告發之故在防誣陷，夫吸煙有癮，販煙有土，告不實有反坐，何患其誣。且有告發之令，則雇工鄰右人懷戒心，大廈深堂，皆無固志，雖有貪慾貪利之徒，不敢再為嘗試，其必效一。限期不速者，恐死刑太多也，不知期愈寬犯愈衆。昔宋臣宗澤守汴京，承兵燹之後，百物昂價倍蓰，深念小民所急惟食，乃梟一餅師之首，下令平價，不三日而市價盡平。夫速則梟一人而萬人肅，遲則刑千百而四海玩，果不果之異也。且煙癮有限期，販煙有何限期。但使沿海各郡縣每城立梟販煙之首一二人，以令下之日為始、不俟限期、風行雷厲、其必效者二、吸煙未至限期、罪不至死奈何、曰、有大清律刺面之法在、今再下令三月不戒者黥、黥後再三月不戒者死、以下令為始、十七省各出巡煙御史一人專司有犯必黥之事、其縉紳富户哀求免黥者、許以金贖、不黥面而仍黥手、黥手逾期不戒、毋得再贖、如此則法易行、法必行、且在前次限期之外、豈得更議其期迫乎、此必效者三、總之法信令必、雖枷杖足以懲奸、法不信令不必、雖重典不足儆衆、飲食不已、釀為訟師、小刑之刀鋸不肅、釀為大刑之甲兵、聖人垂憂患以詔來世、豈不深哉、豈不深哉、

方熊飛請造戰船疏

英夷犯順、荼毒生靈、所以猖獗日盛者、以我軍徒守於岸、無戰船與之水戰耳、海口城市、居民稠密、綿亘數里、防守弁兵叢集海岸、夷礮轟擊、不必審準、發無不中、房屋傾頽、兵民傷斃、無膽者相率而逃、有勇者不免於死、於是議者動謂逆夷船堅礮利、其鋒莫當、不知逆夷之礮固利、我軍之礮何嘗不利、但夷船在水、進退左右四面皆能自如、我軍只有退後一路、其餘三面皆受其制、蓋在岸者其勢聚、聚則易於中、在水者其勢散、散則難於中、此勝負所由分也、夫邊疆有警、則戰場在陸、沿海有警、則戰場在水、我軍若有戰船散布水面、夷船不過三四十隻、其來必乘風濤之便、不能一時俱到、乘其大幇未至、纔到數船、即放礮轟之、隨來隨剿、既可省力、即使大幇全至、我軍但能預先提向上風壓而擊之則火彈火箭火罐固可因風施爲即風色或轉逆風不利攻擊則游弈趨避沿海港汊皆我内地可以寄椗而夷船不能也戰船定係兩旁有木架高下兩層遇賊即用綿絮漁網浸海水掛之賊礮雖猛以柔制剛以水尅火不能爲害夷船高大如山體勢笨重非風不行海上亦有數日無風者皆夜暗令善水者數人乘無風時伏其舵後用斧鋸斷其繫柁巨纜舵必上仰而不得力一遇風作其船自覆即不覆亦不能動此時若用漁船連環堆載火薪油硝夜往焚之漁船底小夷礮不能下及夷船底面雖有銅片包裹而船上之篷蓆繩索一燒船亦坐困此時再以戰船逼之殆如斧中之魚將焉逃哉而且將士在船四圍皆水不比在岸之一人先逃衆即相率而潰也既絕逃生之念自萌敢死之心此時勇氣百倍何患攻之不力

戰艦說作

截擊手

戰之無功、愚昧之見、各海口用戰船數十隻、雇漁人之素習風濤慣駛船舵者、以充水勇、在船訓練、每船以百人為斷、以武弁數人領之、巡防海洋、自是有備無患之勝算、何也、各處沿海城市、如前此所失之鎮海、寧波諸處、以及後之失守等處、皆海港以内之地、非即海濱、其距海濱或百餘里、如天津之距海濱百二十餘里是也、至近亦有數十里、皆非海船之夷礮所能及、惟逆夷知無戰船以襲其後、故敢直入内港、攻陷城池、搶奪無忌、若有戰船散寄外洋、彼必不敢直入港内、而懼戰船之截擊港口、斷其歸路矣、則港内地方何至有失守之虞、不但此也、凡有漢奸與逆夷通水米販煙土者、即以戰船阻截、攻礮擊之、逆夷之粮食無從而給、煙土無從而賣、財物無從而掠、水戰無從而勝、計窮勢蹙、坐而待斃矣、此一勞永逸之道、而議者概不及此蓋因承平日久，額設之戰船例價甚輕，監造者不肯賠累，板薄釘稀，一遇風濤顛播，必至破壞，不堪適用。若得新造戰船，每船必需萬金，方能堅實，修造計百萬金，恐耗經費，故隱忍而不言。不思逆夷之患何時能休？軍餉之需伊於胡底？以防守無益之費，作造船練兵之資，當時之所費相當，後日之所省甚大。如曰造船必待時日之久，緩不及急，則一面修造戰船，一面僱大商船以應之，且雇大漁船以助之，但能善乘風潮，亦可出奇制勝。至戰船成，則無虞矣。請以地勢之所宜，酌為船數之多寡而詳定之。奉天、天津、粵之虎門、閩之廈門，皆最大海口也，各宜二十隻；浙之定海宜十五隻，其乍浦宜十隻，以為策應；江蘇之崇明宜十五隻，其上海宜十隻，以為策應；福建之福州、山東之登州二處海口最狹，防守猶易，各宜十隻。凡十處，共船百五十隻，無事各巡海口一有警報福州厦門相近可以互援江蘇浙江可以互調赴援山東天津奉天亦可以互調赴援外洋乘風乘潮行船瞬息千里應敵者相與暫阻於前赴敵者不難隨蹤於後我軍前後夾攻逆夷腹背受敵將見守無不堅戰無不勝是在水之百五十戰船遠强於在岸之數十萬雄兵尚何逆夷之足云况戰船一造即操必勝之權有明徵矣前此李提督之以三十隻船破粤東艇賊三百餘船又破台灣巨盜蔡牽八百餘船及姚總督之破鄭芝龍皆以船減賊以少勝多又况逆夷聞修戰船諒必心驚膽喪不俯首求欵即望風而潰不戰而自遁矣豈非策之最上者哉戰船之修宜及此時亡羊補牢三年蓄艾未為遲也迨夷匪盪平即以此船巡洋緝盜武備張而不弛遐方畏而胥懷長治久安在此一舉

丁拱辰鑄造洋礮圖說

西洋鑄礮之法、首在煆練之工、而圍徑之大小長短、又須俱合算法、且藥膛為礮身吃重之處、尤須堅厚得力、方無炸裂之患、是以西洋礮身尾粗而頭細、至于銅鐵之性、各有不同、銅則性柔、鐵則性剛、鑄銅礮則工本甚鉅、鑄鐵礮較為省費、果能煆練精純、即鐵亦勝於銅、各省之鐵、惟粵省所產者為佳、其中又有荒山及新舊黑蔴鐵、洋蔴鐵數種、所謂洋蔴鐵者、係產自外洋、其荒山鐵者、係在荒山採礦煉成新片鐵也、又從而煆之謂之新黑蔴尖鍋鐵、此鐵性較純、鑄礮匠工初只用三成、而用荒山新片鐵七成合鎔鑄成礮位、多有蜂窩、後經改新黑蔴尖鍋鐵加至八成、取其堅實、配以荒山新片鐵二成、或以新黑蔴尖鍋鐵七成、配以洋蔴鐵三成、加丁煆煉、鑄成質體內外一律光潤、始無蜂窩之患、至於頭尾之粗細、藥膛之大小、亦須配造合式、其礮耳安置、更要合宜、轟震可期穩固、耳若偏前、礮發則礮身仰、耳若偏後、則礮頭下覆、要在輕重衡平、置耳自宜微後、又須偏下、不宜過高、方為合法、其泥模務須焙乾、否則火氣下激、水氣上蒸、水氣大則蜂窩亦多、多則有炸裂之患、故須礮口朝上灌鑄、則後尾之鐵較為堅實、其安引門更要得法、若引門直大、則火氣透洩、發火必遲、偏前則必後坐、其孔必須自後微斜前透入藥膛底、不可分毫向前、烘藥一燃、礮即發出而不動搖、至於礮膛、為礮身之主宰、而受藥之處、貴乎圓堅、方免澁滯、須按圍徑大小、另鑄一生鐵藥膛、其引門用熟鐵打就、貫入膛底、將鐵心先用青蔴或籐皮裹住、後用泥滾圓晒乾、先用沙漿、次用白土泥漿數上、用木矩板限住、轉圓俱合圍徑之數、晒乾用火焙透外用烏煙擦之貫入生鐵藥膛內上用泥條頂住使礮心居中不移將泥模逐層安上其合縫處用泥蓋護又用鐵箍束住使其不脫用火燒紅俟冷時內用烏煙擦之周圍用乾土舂實築之以固其模鑄時其鐵水務須鎔煉純熟去淨渣滓接續傾鑄不宜延緩間斷至滿為度俟過三四日火氣稍退將土撤卸去其模則礮形自露矣更俟冷透卸下取出礮心再用炭火燒過俾鐵性一律純熟然後令工匠打磨礮身務要內外光滑鑽通引門刻鐫字號試驗演放響亮穩固即可合用今繪圖式以備參考

鑄礮彈法

凡鑄礮彈無論大小務要取其光圓堅實圍徑尺寸須合膛口不宜過大過小大則藥力閉塞恐有澁滯小則藥力洩氣彈出

無力而彈子又有數種如實心及通心等類大抵三五千斤小礮可用實心彈子若八千斤至萬餘斤之大礮近則實心彈子亦可用遠則彈子重大恐難得力又不若用通心彈子較為輕捷所謂通心者係彈子中心上下鑄時即通一圓孔用木塞住兩頭外仍取圓用油灰彌補光平譬如一萬一千斤大礮用實心彈子約重七十餘斤若通心即可減去一二十斤分量用木塞住亦不過五十餘斤其體輕可以擊遠至於鑄彈子之法若用兩模配合鑄出則中腰必露線痕不能光滑必須先用蠟作彈形圓徑取圓再用泥包外模上留一眼用火焙其模則蠟自鎔瀉而出而模中自空然後從眼內傾鑄開模則其彈光圓無痕若鑄通心彈子先作泥心一條將蠟配成彈子圓形再用泥包外模亦如前法洩蠟灌鑄則模開彈出中虛一孔而圍徑亦

光圓此鑄彈子之大畧也

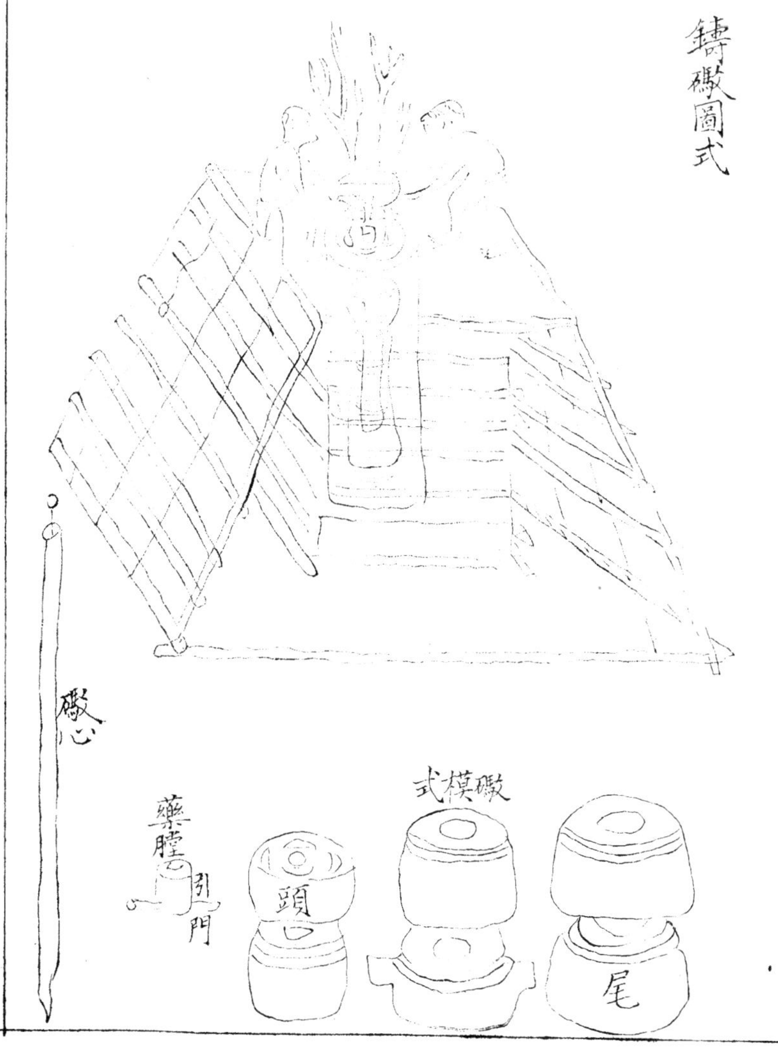
鑄礮圖式
礮心
藥膛
引門
礮模式
頭
尾

三千觔鐵礮式

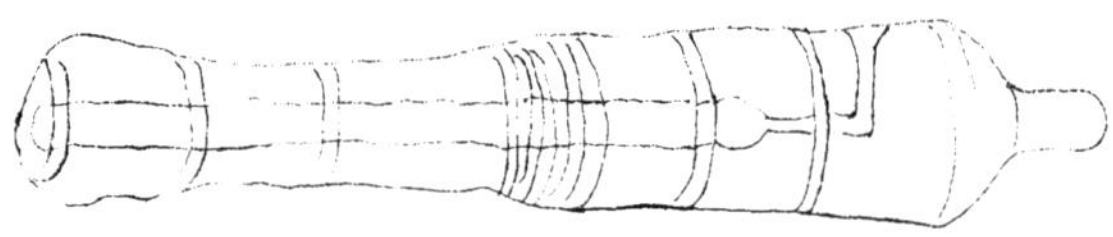

二千觔鐵礮式

四千觔鐵礮式

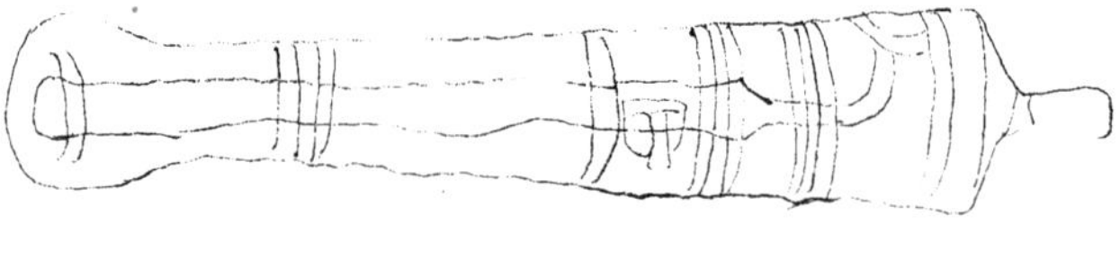

一千四百觔銅礮式

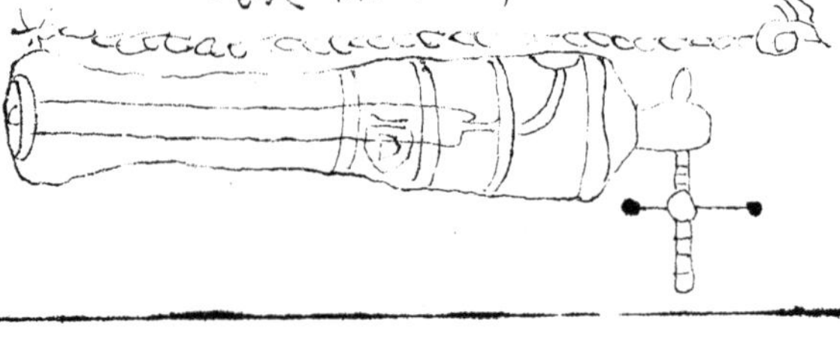

林則徐炸礮法

臣前次奏時仿照洋礮之法製備應用等因謹已捐資集匠將現有之礮位先造轉輪車架以利推運而便旋轉又封口礮子一項向來俱用實鐵彈於致遠攻堅已屬得力但一礮只斃一賊多亦不過數賊而止臣曾見洋礮有空心彈子之法名為炸彈因密授匠人做法即在臣行署督令試鑄虛其中而留一孔此中半裝火藥雜以尖利鐵稜仍將其孔塞住納於礮口將孔向外一經放出其火力能到之處彈子即必炸開彈內之藥用磺較多可以橫擊一二百步其彈子炸成碎鐵與內貯之鐵稜皆可橫衝直撞穿肌即透遇物即鑽一礮可抵十數礮之用近日鑄成試放已向遠處裂開附近民人觀者如堵不知所用何法而竟詫為未有之奇是此種炸彈實為行軍利用現就礮口

尺寸，多製土模鑄造應用。其前派遊巡將弁，疊據稟報，自舊臘下半月至今，各於沿山隘逐加搜捕，實已全無賊蹤。即荒僻山梁積雪深厚之處，亦無人馬行跡。臣復密加查訪，均屬相符。據兵民僉稱，總因礮火猛烈，賊番聞風遠遁。

大礮用滑車絞架圖

此礟棚以粗木為架上用三合土築之外蓋白灰以防滲漏

丁拱辰大礮須用滑車絞架圖說

礮法貴乎精又貴神速便捷則單架之法不可不講如八千斤至萬斤至大礮其礮架須用堅木製就架之前後兩傍用粗鐵環各二箇前面礮門下用櫶木橫限一條鑲入石壁內上亦安粗鐵環二箇後面安絞架一具左右立二柱上架絞架橫木軸二柱之下亦安二鐵環另製滑車二對前面左右各一對每對兩箇前滑車內連鑲二小輪後滑車內鑲一小輪俱釘用鐵環配用光滑油繩如欲推出將左右前滑車一對鉤在礮門橫限上二圈內後滑車二對鉤在礮架後環內然後將二繩引於絞架之上繞之以手用力絞轉則礮自然前進矣務使礮頭伸出礮眼之外方可施放否則恐轟震礮牆如欲挽回將後滑車鉤在礮後木柱二圈內前滑車釘在礮架前面鐵環內前後互易

而用將前滑車二繩引於絞架之上繞之如前用力絞轉則礮自挽回矣將礮門掩閉用濕透礮刷子掃淨礮膛然後下藥用木棍送入膛內次下彈子又用紫就蔴毬如膛口大小塞入膛內使藥不四洩彈出有力裝畢再放放畢如前法挽回再裝連發四五礮後須少停片刻以防礮身透熱其礮臺下石板須鋪平磨細使其光滑車輪行動無礙方能輕便大抵三二千斤之礮只用滑車即可扯動無須絞架蓋用滑車一副人力可省三分之二譬如八千斤之礮架有四輪按一人扯一百斤計之須用八十人如用滑車只須二十四人即可扯動若再加用絞架其省力加倍只用八人絞之便可輕輕行動是用力省而成功多如欲使礮高下左右用堅木棍橇起墊之挪之轉之不過二三人之力足矣至於戰船上礮尤宜倣製車架現在粵省內河

各臺均經安用滑車絞架其新修戰船亦俱安設滑車演放甚為得法若僅以木棍橇轉不特多用人力且重而難移而礮架時被橇動不無損壞究不若用滑車絞架之靈便得用也今繪圖於後

倣製西洋舉重滑車絞架圖

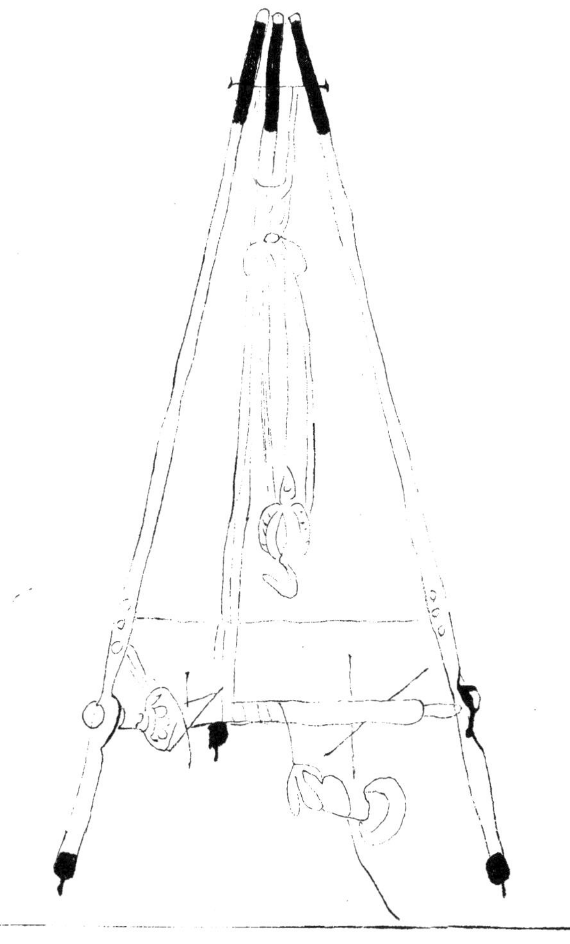

附大滑車圖

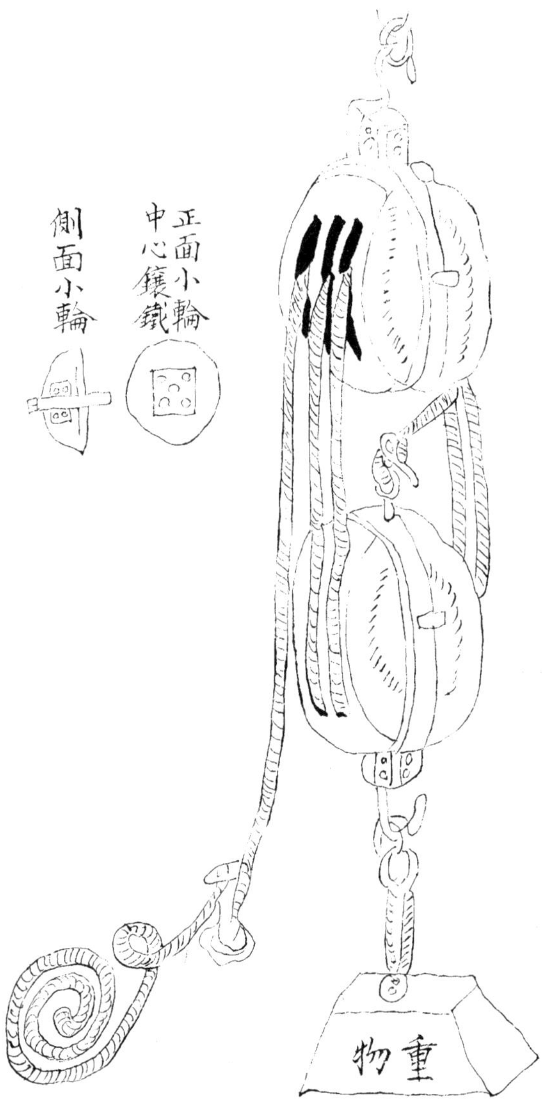

舉重大滑車絞架圖說

前圖所論用滑車絞架之法係就平地扯礮而言且礮架下又有四車輪轉旋故易於運動至若憑空舉重如大礮上架等類則其輕重懸殊與平地迥不相同尤須藉滑車絞架之力方可舉起是以兩器互相為用其力更大單用則其力倍減大抵空物空懸有垂壓之勢滑車絞架並用則縱或脫手其繩必不能驟開免致下墜即如粤省現製三萬斤大銅礮一位其質體甚重難以舉動曾令工匠倣西洋滑車絞架式製就一具如法舉起挪動上架甚為便捷大凡製造滑車絞架必須用堅木為之大滑車外加鐵箍復加粗鉤內鑲三輪或二輪不等又製舉重絞架每具用堅木柱三根頭尾包鐵下安鐵錐使著地不移上貫鐵橫梁箍住中懸一鐵環使三柱上合而下分支撐左二右

一如鼎足而立其左柱二根中間用横鐵條一道以限之使其穩固下安絞架横軸以使運動旁附鐵齒輪一箇形如菊葩外圓内方貫入軸端上垂鐵尺一條其形如鑿軸順轉則無碍輪行若逆轉則格住輪齒軸便不動繩力不懈使其有進無退此製器之最巧者也如欲絞起大礮前後各置舉重架一具先將三輪滑車鈎住上鐵圈下二輪滑車鈎住重物圍繩每架用十餘人力絞之後用數人扯住繩頭以免滑脱若後面再用一絞架更省人力此現製滑車絞架之式考諸西洋人南懷仁所著靈臺儀像志内載運用滑車絞架各圖説大畧相同

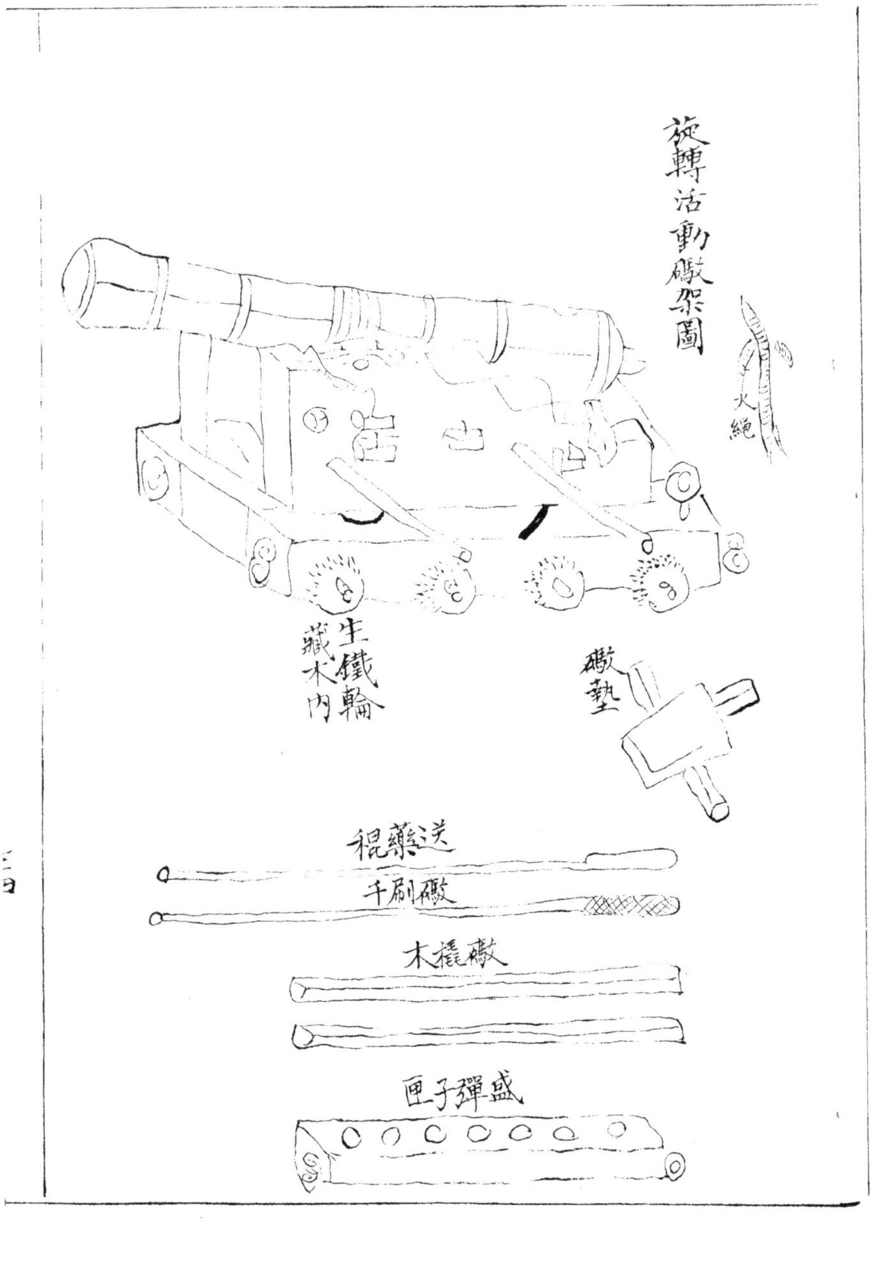
旋轉活動礮架圖
火繩
生鐵輪藏木内
礮墊
送藥棍
礮刷千
礮撬木
盛彈子匣

七十四

旋轉活動礮架圖說

此旋轉活動礮架又謂之磨盤架用堅木製就凡交接著力緊要之處皆鑲鐵板以固之所有一萬二千斤八千斤大礮須用此架方能靈便而其工價較鉅視礮之大小酌量礮架架分上下兩層其下層比上層四旁畧大上架下藏生鐵轆轤小輪左右各三箇下露十分之二聯絡下架合而為一進退旋轉自易架之前後安二鐵圈為施滑車之用內有十字木前後二道前一道安鐵磨心須要堅粗貫於上架旁及後而有二溝其周圍下鑲鐵板以利輪行此二溝皆承上架轆轤鐵輪得以左右旋轉上架前有橫鐵板一道橫木四道貫緊旁加大釘貫下之使堅固不脫其前橫木二道上下相加中心鐵板包固中有一孔對入下軸如磨之有樞而旋轉之全在兩旁轆轤鐵輪三箇加

以架旁四孔插木棍推挽之故覺靈便如萬斤八千斤大礮只用四人可推旋轉左右甚不費力現在粤省礮臺各大礮均製此架甚爲得用今繪圖於後

輪車架舉重等第

向者所製礮架木脆而輪細不堪演放兼且遲重難移匠人惟知有輪必轉大小則一殊不知輪大則輕快小則重滯有天淵之差也試言乎舟上絞車中安一枝絞柄其長三尺以絞重物如重一千斤手自絞柄之末用力絞之得一百斤之力原有定額若移而至一尺五寸之處其用力必當三百斤再移而至於一尺則甚重或至五寸則任出多力而不動矣以此比輪形異而法同今之礮架製輪必當配合庶得輕快便捷如架長六尺者按十分之三折之配輪徑一尺八寸架長四尺者配輪一尺二寸餘可倣此內外加鑲鐵箍如恐大木難求二三斤合亦可用之如此則架上安礮用力十分之一可扯之行若用銅鐵製輪又再加輕每百斤用力三斤八兩而已又如製滑車之法如

圖倣製一對上輪比下輪遞小酌量繩之大小而留其竅以穿繩以不壓下繩為度每個內藏小輪三個逐竅如式穿絡麻繩扯物如單用一小輪二百斤之物用力四十七斤二小輪用力四十斤三小輪用力三十六斤四小輪用力三十三斤五小輪用力三十斤六小輪用力二十五斤如扯萬斤亦依此算法假如大礮一位重八千斤落架用力八千斤再用滑車一對內藏六小輪止用二百斤力扯之又再加絞架一個絞之得用力二十斤絞架之上安二絞柄其一插入軸中上下對分長與絞輪之全徑等旁安撥柄長與絞輪半徑均若手對撥柄撥之或對絞柄絞之又或對絞輪扯之此三者力均十分之一另上一枚絞柄上出軸心過半而手由柄木絞之則倍輕若由後復用一絞架糾纏手中所扯之繩又再用力十分之一聞者不之信觀

於時辰鐘機械內藏大小四五輪下懸銅葫蘆至重七八斤遂輪牽連遞相減力至擺尺之際以一小箋阻之可止七八斤之力於此可知也又如撬物之木柄長七尺撬物百斤過物至地平之上一尺二寸手對二尺之處舉之用力一百斤舉至三尺用力五十六斤四尺用力三十八斤五尺用力二十九斤六尺用力二十四斤七尺用力二十斤又如挨磨輪軸面徑一尺二寸亦用絞柄長七尺穿入轂中一尺二寸手對二尺之處挨之用力一百斤對四尺挨之用力三十八斤其輕重等第與撬柄同今將移大礮之高低用六尺之撬柄其輕重與六小輪滑車等二者取便皆可擇之至於滑車之用不但輕快兼且敏捷觀象臺儀器重數千斤窺測星辰轉運不容以稍緩皆恃滑車功力不然夜測星辰四分之久星已移度而測礮猶測星辰不容

稍遲獨八千斤礮位非滑車不能便提利用小者可免耳

丁拱辰西洋用礮測量說

前代制礮之法原于佛郎機佛郎機即佛蘭西也初佛郎機與巴社回人戰制火器大破回人回人不知其名遂以其國號名之上古初未有以礮戰者至北宋廣州始效其法西洋制物恒遵勾股立表測影期于必合夷礮之多中者非恃千里鏡也其制造演放皆準乎法也曾遊海外諸邦遇精于數學者輙為諮訪且聞其制礮演礮動合度數心竊誌之今者英夷肆擾率土共憤而水戰莫先於火器謹即素所見聞者筆之于書以備當道之採擇如圖所繪礮形而論之以小挈大以寸作尺以尺作丈如礮重二千斤身長五尺尾徑一尺頭徑八寸口徑四寸設若用刀切為上下兩半截論之彈發出去必由中間一線直出不待智者而後知也其下半截可置弗論而上半截尾徑五寸

頭徑四寸以五尺之長而尾至頭已差一寸猶目中所視上面之靶線與礮中所發下面之當線出至礮口漸合一寸若出至一丈漸合二寸發至二丈五尺已合五寸則靶線與彈線已相交會合發至三寸則靶線轉在下面而彈線反在上面兩線相距已差二寸由此而漸遠至一百二丈五尺彈與靶上下已差二丈又如佛山所鑄生鐵大礮身長一丈尾徑二尺頭徑一尺四寸切去下半截不論而上半截尺徑一尺頭徑七尺以一丈之身而尾至頭自上面之靶線與下面之彈線漸差三寸若二丈則漸合六寸至三丈三尺三寸漸合一尺則靶線與彈線相交會合再發去四丈三尺三寸則靶線又轉而在下彈線又反而在上兩線相距上下已差三寸至一百零三丈三尺三寸上下已差三丈若至二百零三丈三尺三寸則差六丈如彈發至

四里每里約一百丈計共四百零三丈三尺三寸則上下積差十二丈三尺三寸如再鑄之中銅礮重三千斤身長六尺尾徑一尺二寸頭徑九寸五分至四里亦差八丈如欲中他船底而彈反高越桅尾不論大小礮位皆有高越之差此法按圖細心檢視瞭如指掌為今之計已成之礮不論萬斤至百斤各先度尾之徑若干尾之徑圍若干尺寸于礮頭製一乾堅木圈周圍與礮尾一樣大不容毫髮之差將木圈套附礮頭與礮口平齊木圈勿伸出便符勾股度數如此則自引門後正中一線直視至礮頭正中與敵船相對然後施放雖使童稚亦能中的矣或恐木圈經久銷縮有破裂之變則用鉄板鑲固雖久不壞而新鑄之礮立令匠人于礮頭外皮漸漸加厚如花瓶口圍至與尾一樣大便合用矣至于礮頭上面正中要起一珠為表礮尾大

圜之處上面正中亦當起一珠為表與前表相對更為細微如前有珠後無珠無可相對反致生疑不如前後皆無珠較為妥協久而精熟得其變通制造演放動中肯綮克敵制勝可操掌握矣

礮圈圖說

按照礮頭之圈如式製就束之礮頭勿緊勿鬆制法內外圈務要極圓內圈居中勿偏四旁方合度數茲又繪副圈圖一個形矗三角高與圈厚等後稍放長前後皆要刻一線痕以為中標識用時方不偏斜如恐一時木圈遺失或逢損壞則用此三角形縛之礮頭由引門後上面正中向礮頭上面正中直視對繩然後開礮其法亦同其照視之法如礮圖後入目所視前後均平如水面向敵直去為度勿使前後高低不均致有微差已成

之礮加此木圈已合法度若再加珠為表其法益密繪明珠式以便安置前珠可釘在木圈上面正中後珠可安在引門後上面正中安後珠之方法如銅礮可鑽一螺螄竅旋轉八竅如是鐵礮堅剛難鑽可用松香煑蠟粘之或用牛皮膠均可如恐脫落再粘亦易測準之法如式由兩表尖峯對正均平為準

總之已成之礮不外加圓木圈及三角形二法未鑄之礮不離頭徑加大如花瓶口頭之圍至與尾之圍等前後如圖安珠為表斯為萬全夫制度之法必當因時變通整理合度以垂久遠似乎不必拘泥舊章也果能如是則雖有夷礮百種新奇不出此範圍之中

佛郎機子母礮安表式

製礮始於佛郎機故回人謂礮為佛郎機今中華為子母礮尚

存舊號粤人謂之搭提閩人謂之板槽以其身有一槽中加鉄板塞緊各其其意而名之也大礟而外禦寇破敵無逾于此輕快便捷頃刻可疊發數出連環不斷兵録最取此種為第一得力惟當安照星照星即立表也葢其腰間廣大無可作準必當如圖立表如頭徑四寸尾徑五寸則尾徑大於頭一寸對半折之得五分則頭應加高五分今頭上立表高二寸而尾後立表可高一寸五分前後表各製一小孔如管中窺物狀從二小孔窺之對靶直擊發無不中也今之子母礟多不立表立亦不符尺寸演放不能十分準的未製之子母礟切不可不加表也如已造就亦可安之

中西用礟論

凡中西大小礟位自五百斤至五千斤止每百斤用營製火藥

四兩而礮彈用薄棉先裹外加紅布包縫周密用廣東排錢尺引繩度地礮頭加三角形礮口高一度半平放演試不拘大小礮位皆至百丈便墜地即試八千斤礮遠亦如是而止若不包棉不包布礮腹不滿藥力旁洩兼彈子與礮腹相嗟澁而不滑則尚不能及如是之遠觀於木噴筒吹泥彈滿腹則力大而遠彈小則氣洩易墜理甚易明也若欲使彈强發百丈以外至百五十丈先於彼處立靶然後此地安礮向天邊空際高六度半放去則能至百五十丈之遠如向空廿度至三十度高擊去可期二三里然彈線如彎弓不能徑直斜墜而下雖遠無用萬一能中亦已無力矣世俗傳聞之說謂大礮響如霹靂聲震三百里彈子可擊三四十里一遭轟擊山崩地裂屋宇被擊坍塌平地此皆未經演試之談殊不知礮響小大一樣極大者聲震五

十里大小礮皆發里許擊沙袋擊山麓千百丈遠僅入土三四尺而已惟至五六十七十丈之處入土六尺至八尺之深擊磚墻僅洞穿一孔連透數重墻壁擊三合土墻則堅不甚壞惟擊石則碎裂擊杉木船隻可穿三四重若牛皮幔緊亦可穿五六重懸牛皮間綢紗七八層三十丈還不能貫穿若擊夷人戰船堅木厚三寸者可貫穿二層太遠則不入至力窮之處蓆帆不能穿惟染灰跡而已所以夷人交鋒如在一里內外不甚開礮必在相距五六十丈極八十丈之內彼始開礮十可中七八也若至一里之遠彈子多墜無力難準雖可加高相補究是無力兼夷船上礮式不長皆自二尺至四尺最長七尺止六七尺者發多中三四尺者彈雖到靶或高或下或偏而口自徑二寸至六寸此外未見矣其彈子所發亦僅符一里內之用今就英吉

利佛蘭西亞墨利加三樣礮式與中華生鐵礮銅礮同用營藥演放比較遠近相等獨是藥料較勝墜數較減耳我軍若不惜加貲再加工料均是一樣得力何必拘執用彼籐炭法惟是彼船在洋進退活動且嫻習日久熟知礮性擊八十丈以外礮口加高量高補墜有量天尺插在礮口以定遠近加高度數折為尺寸以補墜數兼礮架活動上下四旁多繫滑車輕快便捷皆中國營兵所不習即彼此礮彈遠近相均尚難制勝而況藥有美惡乎今當鑄就新礮之式再加長腹用上料火藥光滑大彈礮身漆綠色安置樹林青草間偃旂埋伏使彼千里鏡不能窺出安礮之處而我軍遠窺測準乘其無備必可制勝更於波羅浴日亭向獅子洋之處就地鑄就每位二萬斤三萬斤長大大礮四位安置向外遠擊此處設哨屯兵稽查奸細時刻戒嚴以

制其大艘内犯然其施放亦必待一里以内葢礮腹愈大用藥愈多則其彈子亦隨之遞增重大所以大礮擊遠僅能與小礮均非大礮及遠小礮及近也譬如射箭大小弓箭相差不遠弓大箭大而鏃亦重其射遠仍是六十步即如子母礮雖小亦可至百丈也

凡立靶演練只可度地五十丈及七十五丈先將此二靶試準再立百丈之靶終日如法演練無不多中若如燕塘立靶之處自平地至半山脚靶比平地加高四丈其遠百二十三丈而試靶平放不能到位必當斜向靶上空際用量天尺自地平測至高六度半計十有四丈演放墜落方在靶上無異即夷人放天礮不惟無準難中而中亦無力凡彈子所去至百五十丈已漸低落如强弩之末不能穿魯縞也必當以百丈内為用按算所

墜若干加高相補如測視紅心至百丈加高二丈四尺亦可中此外即不可用若新更加長火藥頂真定可加遠不在此論燕塘演練雖年年有期無如立靶之處高懸半嶺四丈之高演放惟認前面山石以為標準使有素習此處地勢者礮準加高亦只能中此處之靶若移之他處或使擊船固執舊方誠有萬難且舊製礮位頭小尾大多有彈子差高每至三丈左右姑作絕長補短以墜下抵高越殊不知墜下之數比高越之數有不同且高越有限度而墜下無根涯舊製即使可用以高越之數補墜下在百丈以外姑許其中若在百丈高越三丈而墜下只二丈四尺相除尚高越六尺如敵在七十五丈高越二丈二尺五寸墜下只一丈二尺則相除高越一丈零五寸矣如敵在五十丈高越一丈五尺墜下只七尺則相除尚高越八尺矣敵在二

十五丈高越七尺五寸墜下二寸則相除高越五尺五寸矣更加測視者多照不到位高越愈多使現敵人交鋒已久盡知其弊所以迅速直廹而來使我利器竟成虛設試立一靶遠五十丈用舊製礮位不加圓圈不加三角等法與之測視正對紅心定必高越成丈無移此法與西法相同宜製三角準頭練試準繩使知礮藥彈子之性相距道里遠近量高補墜之數則發自多中

至於舊法測視數端有用錫片鑽三空安在礮尾上面窺之者有用木版二片各開二孔前後懸葫蘆者有或懸垂珠分安前後二形相切對線演放者此二式謂之星斗僅可以定偏正而不可以定高低惟有用竹管窺者不拘定對靶能知變通上中下轉移斯可權用今燕塘立靶之處急宜改移進前廿三丈木

範加濶加高各二尺便合演練而五十丈及七十五丈為對炮之常經更當演熟不然縱使此處練至百中移至他處則不合用矣或問既能平放百丈何以不能斜放向上百二十三丈之遠何以加此二丈之高二十三丈之遠即如此大差乎假使敵據高臺我豈不能高中乎不知彈子出口其力甚剛設若擊礮臺上當在地平斜斜向上六七八十丈之遠彈子有力始能得中如至百丈以外是謂强弩之末再欲使其就下之重體凌空勉力而上譬諸少年之人血氣方剛登山甚疾老大氣衰之人平行尚難何况登高以人喻礮物理可推也

至若擊夷船之法夾板船上每桅三節相續全靠左右偏摘摘緊前後四桅牽連相依為用若擊壞空中桅盤四枝搖動寬鬆傾側不堪駕駛必當退出修理又最忌攻擊尾後因夕窒檽木

板脆薄一擊裂散若火輪船上面與夾板無異惟身加長而無中桅内藏機械包裹蒸氣處處緊秘張縮冲動經過各輪始達船旁潑水大輪其質薄輕始能越淺水故易於擊壞壞其一機則蒸氣泄出不能行動擊破煙筒則滿船昏暗迷目難堪若壞其長筒則當駛回外國方能修理觀彼船上惟安頭尾兩礮位每重千餘斤至二千斤而止其脆薄可知也惟測視攻擊之法尤當變通其夾板順大風日夜行六百里火輪船順逆流晝夜行千二百里以時辰表與人脉息呼吸較準推算人脉一呼一吸之間二船皆行二丈二尺夾板船逆風對我軍面前經過一呼一吸船行一丈如對面前斜去斜來一呼一吸能行七尺其礮自點引門一呼一吸始響又一呼一吸彈始到攻擊時當如數按算加量進前則不大差

至防夷船桅礮懸放之法彼船桅盤上所安小礮甚長自高擊下其勢倍順比之地平演放倍遠礮臺內火藥宜藏僻處以防火彈墜落其礮臺內兵房比墻宜低四尺倒水傾落房後使無所施其大夷船桅安礮之盤約高四丈距臺十丈用勾股法推算似偏中長房曲折及圓形二臺前墻高一丈二尺後面兵房高八丈桅尾彈擊來皆落後池矣

壓礮之物向多用砂袋重至五六十斤演時礮身或退後或抑起惟有五穀一壓不動計用紅粬米一斤小麥十二斤綠豆二斤芝蔴二斤粟十五斤用紅布袋盛之演時先入藥彈舂足實測準即將五穀壓在礮耳適中上面然後點引門響後用蔴掃浸水洗盡灰燼方可再演凡撬柄扒掃引門錐水桶夾方礮枕一切演放之具皆當備足庶免一物不備臨時束手無策

以上所陳彈子自二十五丈五十丈七十五丈至百丈四處墜下之數係就中上營藥為率若用上料好藥則墜數較少而下等之次藥其墜無所底也皆不在此論

用火藥法

中華礮式如礮身重每百斤用火藥四兩如夷礮四千斤乃四千磅實重三千斤用藥七斤八兩中有身短而口大者則加用十分之二亦無妨惟演放時聽聲用藥臨演之際預用紅布袋每包二斤或三斤可以寫明用時送入礮腹逐包舂實用引門錐用力插看以實為度

用礮彈法

凡礮口配彈子以九折為率如口徑六寸配彈徑五寸四分口徑二寸配彈徑一寸八分餘可做此試彈之法用銅板或紙皮

規一孔周圍符之便知圓否又當先滑腰間一線宜敲平貼先用薄棉裹之次用木紅布包縫周密送入礮腹大彈入後加羣彈一包十二個每個就礮口之徑二折如口六寸每彈徑一寸二分口二寸每彈徑四分餘皆倣此羣彈已入再用舊蔴繩解散扎成圓毬與礮口緊合再舂入礮腹使彈有力自高擊下亦不輾出彈勿過細恐洩氣無力不能及遠或偏左右

經試墜數

昇平日久向來大礮入彈演練亦非常事而放亦不求其中中亦不知其差高之度與墜下之數今獨立靶高一丈二尺濶八尺上畫橫線日日演試細驗彈至二十五丈墜二尺至五十丈墜七尺至七十五丈墜一丈二尺至百丈墜二丈四尺止此外至百十丈墜三丈二尺至一百二十三丈墜十丈皆不合用玆

特據實數彙列明晰以便逐處加高補墜不論遠近皆有準繩

測準亦有不中論

凡演練大礮必當礮好藥佳彈圓其架便捷架下地方平坦不偏左右安靶之地不宜太高亦不可過遠有一不合便不能中如礮已舊腹中生鏽凸凹不平引門寬大演放無方或引門在礮腹底面進前二三分者必能退撞竝有一經演放礮口仰高或連架跳起或偏左右以致不中此可加米壓重亦有火藥不純打不到靶礮彈不圓及過小者或腰間起線不平礮架不得其宜地有不平礮身欹斜左右偏左者彈必偏左偏右者彈必偏右皆不能中靶若四者皆得其宜發無不中也

中華用礮變通轉移法

西人鑄礮用礮之法極盡精微不同於中華之草率若示華人

以西法在智慧者一聞曉暢其不解者必謂歷來演放皆如用鳥鎗打鳥但用目力由尾視頭對靶何嘗不中乎不知大礮與鳥鎗大有不同鳥鎗所擊只十丈而頭小尾大至十丈只差五六寸八彈又非一丸故所差不知而大礮之差則動論尋丈必知變通轉移方合演放若就數種度數不同之礮執定一樣演放安能命中即如用竹管窺視一法較之各款星斗較為相近然當有分上中下轉移之法方能中靶若執定管窺不知轉移難期多中轉移之法先將礮位度量如身長八尺頭徑一尺一寸尾徑一尺五寸比頭徑大四寸對半折得二寸為母以身長八尺為除除之每十丈彈子差高二尺五寸如相去五十丈差高一丈二尺五寸如彈墜七尺尚差高五尺五寸如用竹管欲打紅輪正中當測視紅輪下五尺五寸六折形三尺三寸若打

七十五丈彈子差高一丈九尺此處墜下一丈二尺彈尚差高七尺此處五折半形三尺九寸竹管當向紅輪下四尺左右又如在相去百丈差尚二丈五尺墜下二丈四尺相除尚差高一尺五折算形只五寸竹管當向紅輪下五寸亦有每百丈差高一丈八尺者在五十丈差高九尺扣墜數七尺尚高二尺六折算形只一尺二寸當向紅輪下一尺二寸演放如相去七十五丈差高一丈三尺五寸扣墜下一丈二尺相除尚差高一尺五寸六折算形只在九寸左右也當向紅輪下一尺左右便合如相去百丈差高一丈八尺而墜下二丈四尺相除尚多墜下六尺五折算形只三尺當向紅輪上三尺演放均是佛山新鑄礮位而測視有上下之不同使執管窺之見將前礮與後礮一同演放均是百丈之紅輪前礮向下一尺後礮向上六尺其上下

之差計有七尺誠有天壤之別凡用竹管者能如法轉移便與所用三角形相符

西人鑄礮用礮法

西人鑄礮其鐵皆經百煉鎔淨先用蠟製成一礮絲毫無異次用泥封密陰乾鑄時用火烘模開孔洩出蠟油然後將鐵灌入四五日後始開模取出置之荒野人跡不到處將礮實滿火藥用長心引火繩一點各人盡遠避藏跡一經礮響騰躍空中跌落不壞以不炸裂為度使無後患其鑄法合度多以引門上長方形為表或安頭上或安尾後或頭尾皆安亦合度數而火藥較之中華又更精細墜數較減如中華火藥至五十丈彈墜七尺至百丈彈墜二丈四尺用西人火藥五十丈墜四尺百丈墜二丈左右而已其彈子乃用蠟模鑄就渾圓如地毬腰間並不

起徵線演時或用千里鏡或就引門測視對靶自一十丈至百丈左右皆有逐處加高補墜高低轉移如擊七八十丈及百丈製一象限儀插入礮口如上段所述方法加高一度至五十丈高八尺七寸四分至百丈高一丈七尺四寸八分攻擊甚準竝繪一圖以便考証此法靈臺儀象志有圖可據也

用礮遠近釋疑

或曰子所著前編演礮差圖每百丈差高二三丈設若四里差高十丈左右其變通加三角表之法善鉤股者亦稱合度向聞大礮擊遠二三十里姑不之信意者或有十里其彈子彎者不計直者想有六七里可用若據今日在燕塘演試中西大小礮位皆在百丈左右而直彈大約不過六七十丈此外則漸漸墜低其用法當如何安置耶應之曰用礮之法不論彈發十里以

至一里皆當取其彈子直去者用之彎墜者舍之如彈發十里而直者有六七里今僅發一里為百丈而直彈有六七十丈當以此為用加三角表之法誠不可無雖六七十丈之中畧有小墜此處有力可用此外至八九十丈百丈左右彈漸漸墜下不甚合用矣而用者當漸加高以補其墜如弓箭射靶其理則一現在賢良祠西洋礮式三位可據也或曰若然則已合西法設使不加三角表定然高越但見燕塘演練百丈之靶雖多有高越過靶亦有不高越中靶者何耶曰礮製不一律其中有尾過大而頭過小者每百丈差高至有三丈餘至靶高越必多若如頭稍加大則每百丈差高三丈四尺者至此彈子墜落亦恰在二丈四尺可以恰中而旁觀者以為不加三角表亦可遠近一律中靶殊不知惟可中此百丈之靶若自二十五丈至五十丈

七十五丈三處各有高越安能適中或曰加三角表三處既已各有墜數不加此表反有高越亦有法可繩之否曰凡礮位不同一位自有一位度數彈發高低其性不同所差惟在礮頭之徑數差一寸者至百丈即差丈餘雖同一廠所鑄一時一式皆非一律其用法當未經演放先度定此幾位尺寸度數逐位度量身長及頭尾之徑如上法算定差高補墜之數記載一紙謹記在心上架竹管放低轉移窺測則與加三角表同法加三角表加高補墜數架竹管放低就差高隨彈高下均可互用若無分等第不知度數孰定一律演放而不察者以為不加三角表擊百丈亦時有中靶不知擊近又有不同耳或曰子所論是矣惟所云擊至六七十丈之遠恐夷船之礮比我較能遠及以七十丈為用竊恐不敵曰夷人製礮之時已預配遠近用礮之時

有知遠之方先於船上用千里鏡窺視人形大小以定道里遠近測視準頭遠近不可約量彈子可到兩地相去窺視人形明晰在六七八十丈左右彈放出去直而有力可中然後開礮遠則不開也然亦有時特意虛發者如兩處交鋒相距曠遠竊恐彈發不到先駕火輪船迅發一礮探之不能中則不開放二十年以前曾在澳門聞海上夷人戰船交鋒對礮駛得甚近約在六七十丈始肯開礮方今演試始覺所言皆合或曰若此所云夷礮亦不甚遠何以自河下擊上鄉村有三四里之遠耶曰凡礮安高一度半平放可至百丈若高六度半可至百五十丈高十度可至二百丈高二三十度擊上空中墜落便有三四里不見夷船安礮其口仰上乎此乃攻擊城池恐嚇居民不能有準也要之夷人用礮考試猶中國科場之考箭倘推廣其法則海

內之善於用礮者到處皆是比禦寇之大助也

用礮摘要

一凡擊敵之法當首先審視人形長短以知遠近方能命中若就現時之礮無分遠近不知加高放低執定一律演放彈發無準若知遠近擊遠加高擊近放低發必多中不致高越加高補墜放低就差高用量天尺較之便知對靶高低尺寸大約擊大船高約一丈相去二十五丈及五十丈七十五丈三處測對船底比外至一百丈測對船底之上一尺擊百十丈測近船面如小船高約五尺者自二十五丈至七十五丈比大船再低一尺惟一百丈及百十丈當再低五寸所謂低一尺或低五寸乃見水面離船底大概之形此就現時所鑄之礮總論大畧十位有六七位如是其中亦有不盡如此者若

未曾用量天尺較對猝遇交鋒就比權用不特多中且不高越船上比就不加三角表而論也

一凡礮位準頭盡在礮頭之徑當知算差之法不知算法雖知遠近亦難有準若如編中算法算出差高之度除起彈墜之數尚差高若干轉移演放發無不中

一凡鑄礮如中華所鑄每多頭過小而尾過大能中遠不能中近近則高越西人鑄礮頭尾相差無幾能中近不能中遠中華之礮能中遠只在一百丈至百十丈若自七八十丈以内彈多高越西人鑄礮能中近自出口至七八十丈皆可中比外至百十丈測之正對多不能中當加高補墜中西二礮比較擊近者勝於擊遠近者易中其力甚剛遠者難中其力甚微凡礮位能中遠者恒不能中近能中近則又不能中遠故

算法不可不知若欲鑄就遠近一律測正皆可中靶即西人之善鑄礮者亦不能兼今就歐邏巴各國礮式度量推算演試較合惟佛蘭西有一式頭徑比尾徑小無幾使彈不墜每百丈差高一丈七尺自彈出口直至七八十丈所墜柢補差高恰能相近所差只在一二尺若敵船相距八十丈以内測正攻擊皆可命中惟八十丈以外至百丈及百十丈當漸加高補墜較之僅能中遠者不同但敵船之大者長十丈高一丈至百餘丈之遠視之短且低矣且水上渺茫彈自空中斜墜擊之難中中亦無力蓋敵船迫近其形甚大彈子直貫易中若欲擊遠則加高補墜所以離遠不甚開礮也今用一算法不論大小礮先算後鑄如佛蘭西式為有準

用象限儀測量放礮高低法

此象限儀即渾天儀四分之一也按周天三百六十度一限計分九十度每度本作六十分今因製具狹小以每度權作十分算此儀俗謂之量天尺為其用也甚廣測視七政躔度與夫量山度雲霄壤之高下皆可推算而西洋人用之測驗礮差尤為精微蓋礮之高下各有不同而加落之數亦屬無定要在有所準繩非可臆揣故用此儀以較之其法無論有表無表之礮先將礮口安平然後將此儀插入口內使垂線不偏左右其礮身中線自與之俱平如欲擊百丈以內之靶則先以線平試演一礮視彈去到靶或高或低低則加高高則落低加高則用右儀視垂線偏右幾度低則用左儀視垂線偏左幾度其加落若干度若干分均須隨時記清以後施放即為準繩如欲擊二百丈

之靶又須較之百丈量為加高如欲擊三百丈則又須倍加總期中肯為率餘可類推平時司礮者果能按礮一一演試得法各自記明雖未必礮礮皆中靶然亦必不離上下左右之間不然彈飛如隕星一閃而過又奚能遠視測量高下之尺寸至若大礮固能擊遠然過遠則彈去究竟無力大約三百丈之內一百丈以外方能有勁也蓋礮力近則猛烈可以摧堅破鋭至左右儀高下之數只須左右各十度測量即可足用故將左儀十度附於右儀之左以便運用此用儀之大畧也然礮之食藥分量之多寡彈子之輕重大小均須合式平時一一配定方能有準若彈子小而膛口大則藥力四洩彈出無力而不能擊遠倘彈子稍大不合膛口又恐有澁滯之虞必須詳慎親為檢點比乃就平地設靶而言若夫由高而擊低自下而攻上須將儀柄

執之手中與礮身比平從柄上前後兩銅圈孔內測視彼處或高幾度或低幾度高則遞加低則遞減須知陸地設靶與水面不同如敵船來自水面則進退無定又在臨時相度遠近測看敵船駛來或乘風力或順潮信更須視風力之緩猛潮信之長落以察其船行之遲速然後從容施放如果審度得宜不患礮發之無準矣

演礮須知中線準則論

夫演礮須對靶而目線與中線互有參差立靶既有遠近之分則彈去即有高下之殊要必有所準繩而後可融會變通蓋礮有大小頭尾粗細之徑固有不同而其形質渾圓自百斤至千萬斤大小雖殊用法則一由中心測直而畫其中線當為準則以較高下之差然後用限象儀以記其加高落低之數庶幾稍有把握今於後幅繪二圖以論之如無表之礮其尾粗而頭細若從引門上用目線對礮頭測平則礮頭較礮尾必高而礮口自與之俱高其中線亦與之愈遠而愈高假如礮口中線與上線相距一尺出至二三丈之外則中線漸遠漸高及至到靶必高越目線之上而過又如有表之礮其頭已加表與尾徑相等若從引門上用目線對礮頭測平則礮口內中線亦與之俱平

假如礮口中線與上線相距一尺則對靶上相去自亦一尺此兩礮口線雖同而中線彼此高下迥殊設以此兩礮下子演數如擊百丈以內之靶可知無表之礮有高越之差有表之礮有彈墜之失然中線差高之數其遠近丈尺各有不同而算差之法不可不知譬如前論無表之礮作身長二尺頭徑二寸八分計之上下分中得半徑一寸四分尾徑四寸得二寸則頭較尾小六分即以六分為母以身長二尺歸之計每尺差三分如一丈則差三寸十丈則差三尺百丈則差三丈若彈子由中線發出至百丈之遠有漸墜之勢譬如彈至百丈約墜二丈四尺除墜數外計尚差高六尺則彈子仍越靶而過葢因不知礮頭尾徑粗細之差及加高落低之法故兩礮俱不得中此一定之理也如能知中線高下之差高測則低低則加高用象限儀測量

合度此兩礮又何嘗不中靶耶此算遠近差高提便之法與勾股算數相同故附其說俾司礮者得以易曉

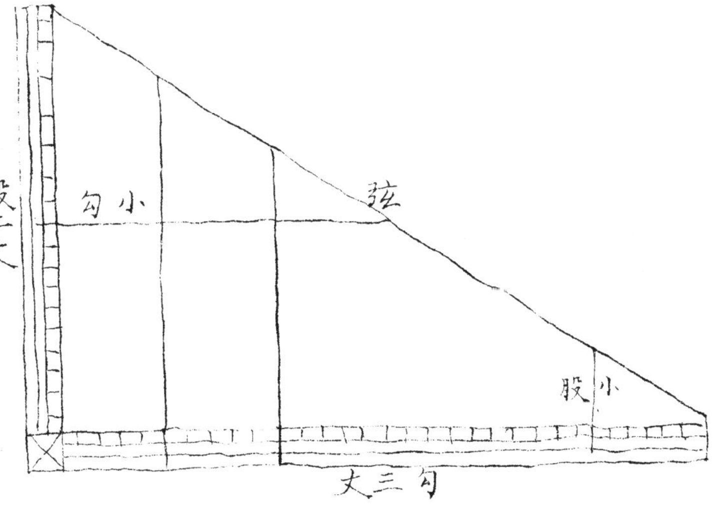
股二丈
小勾
弦
小股
勾三丈

九十五

勾股相求算法圖說

按勾股之法其用甚廣以之測影推度山川之高深平原之廣遠非勾股莫由而知今畧舉一端以明其法如圖所繪直線為股橫線為勾斜為弦譬如大股高二丈大勾長三丈以股求勾問小股一尺該小勾幾何法置大勾長三丈為實以大股二丈為法除之則每尺之股得小勾各一尺五寸若股一丈則得小勾一丈五尺若大股二丈則得大勾三丈又以勾求股問小勾一尺得小股幾何法置大股二丈為實以大勾三丈為法除之則每小勾一尺得小股六寸六分六厘如問小勾五尺該小股幾何法以小勾五尺與大股二丈相乘得一丈為實以大勾三丈為法除之得小股三尺三寸二分三厘若勾二丈則得股一丈三尺三寸三分勾二丈五尺則得股一丈六尺六寸六分若

勾三丈則得股二丈恰符原數餘可類推此勾股相求算法之大畧與前篇礮位中線差高算法相同因恐司礮者不諳勾股算法難於洞曉是以中線準則論內附陳便捷算法俾人易曉今仍附此圖以備叅考

量頭尾徑圖

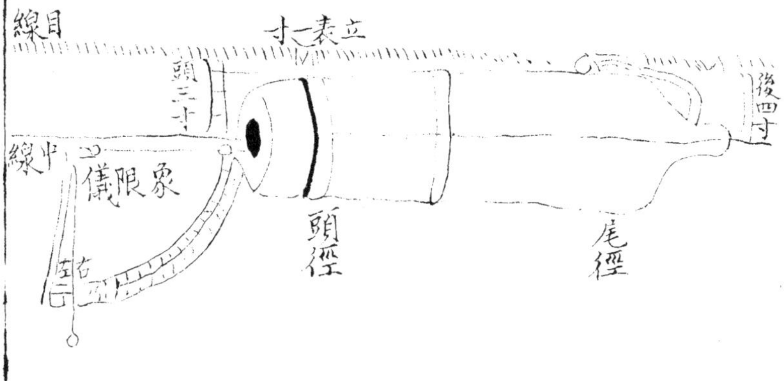

量礮頭尾徑捷便法

前篇所論演礮須知中線準則、然猶慮司礮者不諳測視頭尾徑之法、仍恐不甚瞭然、故又立以捷便較法、使人人可以易曉、假如有一礮尾粗而頭細、其形質渾圓、必須量頭徑尾徑之數、方能得中線之準、其法以尺先自礮尾後帶分中而上用橫線與尾扯平量直有若干尺譬如測得四寸、則上下可知計八寸矣、上下分中而算下四寸可置勿論、計僅得上半四寸再用測礮頭譬如測得六寸、分而計之則上下各得三寸、下三寸可置勿論、以礮頭上三寸與礮尾上四寸測平相較、計礮頭周徑各短一寸、故須立表補一寸、前後各得四寸之數、使其勻平分中測視、方得其正、此猶就一礮而言、其他各礮前後粗細、又自不同、如較短一寸則補一寸、短二寸則補二寸、視短數之多寡定立表之高低、方為合式、葢立表之意、無非欲使頭尾之徑高低相等、取其平直而已、以之測正可為標準、擎近視高低亦可用、擎遠則礮口加高難以取準、若臨時揣摩、則必失矩度、此又不若用象限儀則之平時記明尺度、較有準則、俾倉猝施放不致失所憑依、今繪圖於左、

奕山進呈演礮圖說疏

道光二十二年七月二十二日奉　上諭有人奏近得一書名演礮圖說係丁拱辰所著此人曾在廣東鑄礮演試有準亦曉配合火藥之礮著奕山祁𡎴查明是否實有丁拱辰其人現在曾否在粵所製礮臺礮位果否堅固適用據實具奏又聞廣東造得火輪船亦頗適用著即繪圖呈進並將是否內地匠役製造每船工價若干一併詳悉查明具奏欽此伏查丁拱辰係福建監生前來軍營投效呈獻象限儀一具測量演礮高低之法當經　臣等于上年冬月間親往燕塘地方用象限儀測視演放尚為有準該監生頗知急公曾賞給六品軍功頂戴該監生著有演礮圖說係講求演礮準則而於配合火藥以及修築礮臺鑄造礮位亦只有論說未經親為製造前經署督糧道西拉

本即就原書詳加考校、復於團練壯勇之時、或在平地低處、或於礮臺高處、先立靶於水面、用象限儀測視、演放大礮、往往中靶者多、該道與丁拱辰互相參酌、擇其演礮要法、別擬圖說數則、言簡意括、刊掛礮臺、俾人人易曉、現在駐守各臺壯勇俱能深明其法、其臺上礮架、一律製造滑車絞架、推挽亦極靈便、除別製象限儀二具、交齊摺差弁帶京呈進外、茲將丁拱辰所著原書、及該道西拉本更訂數條、各繕一冊、先附報便咨送軍機處進呈、至於火輪船式、曾於本年春間、有紳士潘世榮雇工匠製造小船一隻、放入內河、不甚靈便、緣該船必須機關靈巧、始能適用、內地匠役往往不諳其法、聞澳門尚有夷匠頗能製造、而夷人每造一火輪舟、工價自數萬員不等、將來或雇覓夷匠倣式製造、或購買夷人造成之船、隨時酌量情形　奏明辦理、再查本年六月間紳士潘仕成獨力報効不惜重貲雇覓米利堅國夷官壬雷斯在僻靜寺觀配合火藥又能製造水雷據該紳士聲稱所製水雷一物尤為精巧利用曾派人在彼學習技藝俟將來造成後如果演試有效該紳士自行派人齎送到京聽候閱驗合併陳明

源案火輪船大小不一如欲載多兵多礮航大洋之火輪船自非價數萬員不可若行內河之小火輪舟其輪不在兩旁而在船底如磨磐式者現在粵東城外珠江有之詢彼夷人製造不過數千員每日亦可行八百餘里由珠江至香港即有二百里洋面則寧海上海內洋亦可遍行中國製造火輪舟但須仿此磨磐式之小火輪是矣至此奏所云試造不靈便者乃由粵商師心仿造未延夷匠指授之故倘肯出貲延夷匠為師不旬日而可成矣又大火輪船有頭號二號三號不等去年上海夷曾以三號火輪船出售于寧波製造極其精工索價僅二萬員則所稱每舟需十萬員者尤妄說也

丁拱辰　西洋低後曲折礮臺圖說

西洋國礮臺形勢、可拒天礮火礮大礮火箭、使逆寇無所施其技、據稱礮臺最忌前低後高、以及臺內構屋建塔、高出墻頭之弊因英夷別有一種天礮、斜發空際墜落、炸裂亂滾、又有學佛蘭西製一飛礮、將大彈入在大礮內、對陣直擊彈子炸裂火迸敵營、倘轟擊只在墻外、不致焚燒、若臺內行兵之處後有屋宇、及後有高墻、則一被轟擊、火光飛濆、立足無地、且能焚燒火藥尙其彈徑四五寸、形如蠟丸、上畱一口、腹中空虛、内藏許多小彈、每彈皆用染蠟棉紗線札之、各通一引、總結於口、内實火藥着處破裂、火光一發、小彈帶火亂噴、四處延燒、其利害甚於天礮對陣轟擊、若墻內屋宇高聳、以及礮臺後墻枕山高於前墻一遭礮擊、瓦石飛揚、亦難立足、所以前宜高而後宜低、而形勢莫便於曲折、堅固莫勝三合土、收彈莫愈於網喉、如圖所繪墻高一丈二尺、厚上八尺下一丈二尺、頂如覆竹形、墻內路濶一丈、各竅掛網、唯一丈或四方、或斜方、形略如酒漏樣、網喉長九尺、每網之下各開一井、將網尾入井一尺、使大礮自空中墜落由喉入井、着水必熄矣、其路後築兵房高八尺、比前墻低四尺而房後高只四尺、倒水斜傾落屋後之地、屋脊愼勿用瓦、亦用三合土、厚一尺、前後有門以通人、兵房之後、留一路濶三尺、路之後開一長池、若夫礮之彈墜在網喉、必落井中、如墜在屋背必輾轉落池、而礮墻既高於兵房、梳礮彈子不能中入矣、臺築河旁兩岸對峙、各築一臺、略朝向外、凸如八字樣、仍於礮臺之內相去半里、由河邊陸地塡出一堃、直出中流、盡處漸廣、如出水蓮花、堃之兩旁各築一墻、扶翼中道、以護來往接應者、於水中塹盡處築一臺，長方形勢，向外安礮，共成鼎足形，三面攻擊，聲威雄壯。仍於臺前河中多立品字木樁，名梅花樁，中泓留一水道，甚狹，逶迤曲折，如之字樣，使敵艘不得直入，若循道曲折而進，則兩岸中流三臺合攻，豈能飛越？至若海外孤懸，或海口三面環海，一面枕山者，則用圓臺，大略如是也。

西洋圓形礮臺圖說

上所陳曲折礮臺式，乃是內河兩岸形勢。他如虎門橫檔孤懸海中，或兩山對峙，半面環海，半面枕山，則當稍異此，則不用曲折之字樣，可用圓形臺式，就其山麓形勢，循環周築，或拱抱山後，就地築造，勿似大角沙角，後枕山，面甚高，前臨海港甚低，如圈椅樣，一遭礮擊，碎石炸裂，飛火噴燒，立足無地，何暇顧及交鋒？夷礮來攻，最喜尋此形勢，便彼攻擊。若前高後低，并空其後一面不築墻則彼雖有許多奇礮皆無所施其巧今繪一圖半面環海就山麓環抱開一平壤濶四尺內臺墻厚上八尺下一丈二尺墻後路濶二丈路後兵房立房之前後墻身濶一丈兵房後用一坑濶六尺深丈餘墻高一丈二尺路張網喉每喉下開一井兵房高八尺坑愈深愈好若有山上流泉導入坑塹可使天礮墜落遇水必滅如無泉水已落坑底其火亦不能噴高矣兵房之制亦與陸地河旁臺式相異前有門而後不開門其山巔可剷平以築小臺臺墻略低只用大礮中礮數位過山礮子母礮十桿弓箭手十人前助擊敵後防間道小臺之門向後開一小徑曲折而下直達大臺之右入於大臺之內臺內開一偏門以通行人臺墻後近山處剷去山土一層環抱周圍高與墻等使其山脚壁立而從間道者亦不得越登矣此抱山後之

法勝於枕山而向。聞澳夷云，中華礮臺既不合式，況加石砌，更易迸裂。西洋各國礮臺皆就山勢掘平，或掘山分為二三層，依山築臺，隨式而成，率用三合土築成。觀澳門三巴門外城垣東西望洋礮臺皆三合土為之，二百餘年不圮，是其明證。至若山如屏障，或如木梳形，可就此法變通，亦難板執耳。以上二臺俱開三角礮眼，勝於方圓礮眼。礮架下鋪細石，或堅木板，或三合土，不可用泥土，致礮架陷於土中，難以移動也。其木樁或三枝相近，連而為一，中下用橫門交連，一齊打落水底，上加大小石塊壓之，使不能絞起。因夷人有舉重算法，及一應舉重挨磨車、絞車、絞架、滑車、螺旋轉諸器，拔之甚易，若如此法，絞拔扯鋸皆無所施也。

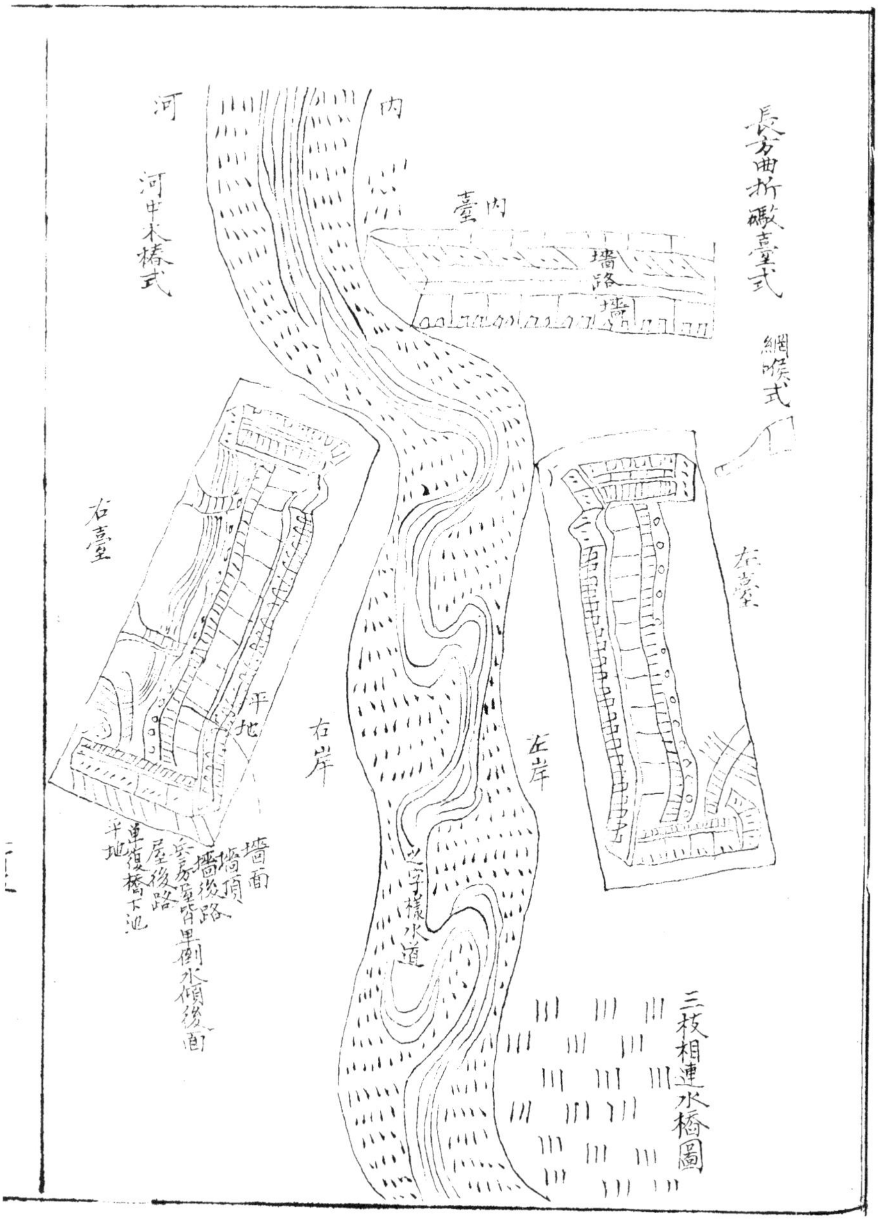
長方曲折礮臺式
網喉式
內臺
墻路墻
河
內
河中木樁式
右臺
平地
右岸
左岸
左臺
之字樣水道
三枝相連水橋圖
墻面
墻頂
墻後路
客房屋背里倒水傾後面
屋後路
單復橋下池
平地

圓礮臺式

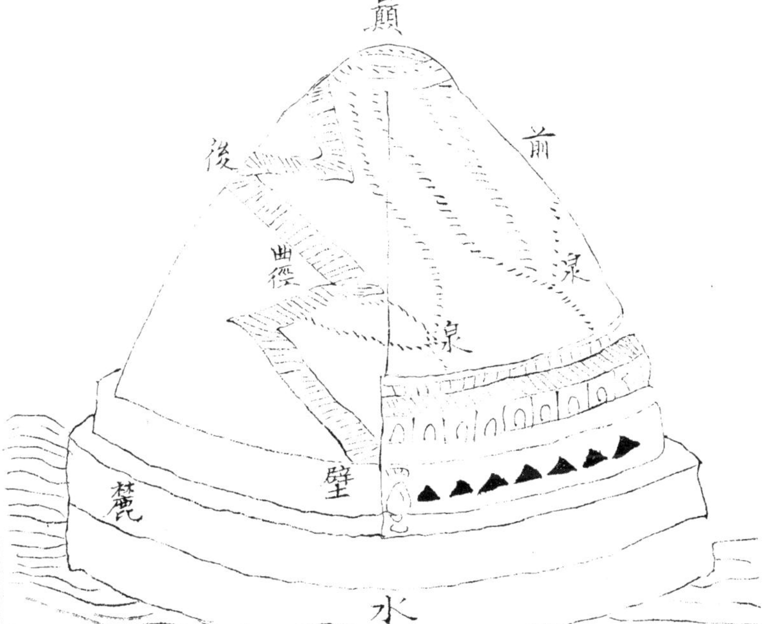
巔
前
後
曲徑
泉
泉
壁
麓
水

潤土礮臺圖說

猝遇寇警囊沙為墻厚一丈隙安礮位其法最妙厦門用此法敵人礮彈擊來只入沙二三尺惟是可暫不可久沙袋月餘朽腐則不能得力易成可久者莫如潤土礮臺不時潑水可期數年不壞可自水口至內河擇險要兩岸鍫錘潤土築礮臺墻排列各略朝外如八字樣上墻百堵或地方狹窄就地酌量墻高五尺五寸內藏数千斤大礮每墻隙安置一位外口潤二尺二寸內口潤七尺安五六七八千斤大礮餘留外口潤一尺八寸內口潤五尺安二三四千斤大礮酌量礮位之大小挨留墻隙作礮眼敵礮直來柔能勝剛得其彈可用而墻內可留一路潤三尺以便行兵路邊可開一池深潤長與墻高潤長等就所鍫起之土恰敷臺墻之用然後引水入池如此則大礮火礮直來

不能中傷天礮自空際斜墜必落池中若在池後尤不為害墻高五尺五寸外邊上下長二丈內邊長一丈六尺五分及一丈七尺五分二款照配上厚八尺下厚一丈二尺墻頂勿作平坦當凸起如覆竹形礮架下及後面共長二丈濶七尺當打木樁作基上鋪維石板或鋪堅木方堪演放礮架之輪方不沉陷土內致難轉動自海口至內河各險要可用此法大小礮位當有千餘方能禦冦比是有定位不能移動可守不可戰若欲出洋追逐制勝之方莫如造堅固夾板或恐緩不及事則如靖海侯施將軍克復金厦二島之策著有成效餘無他策

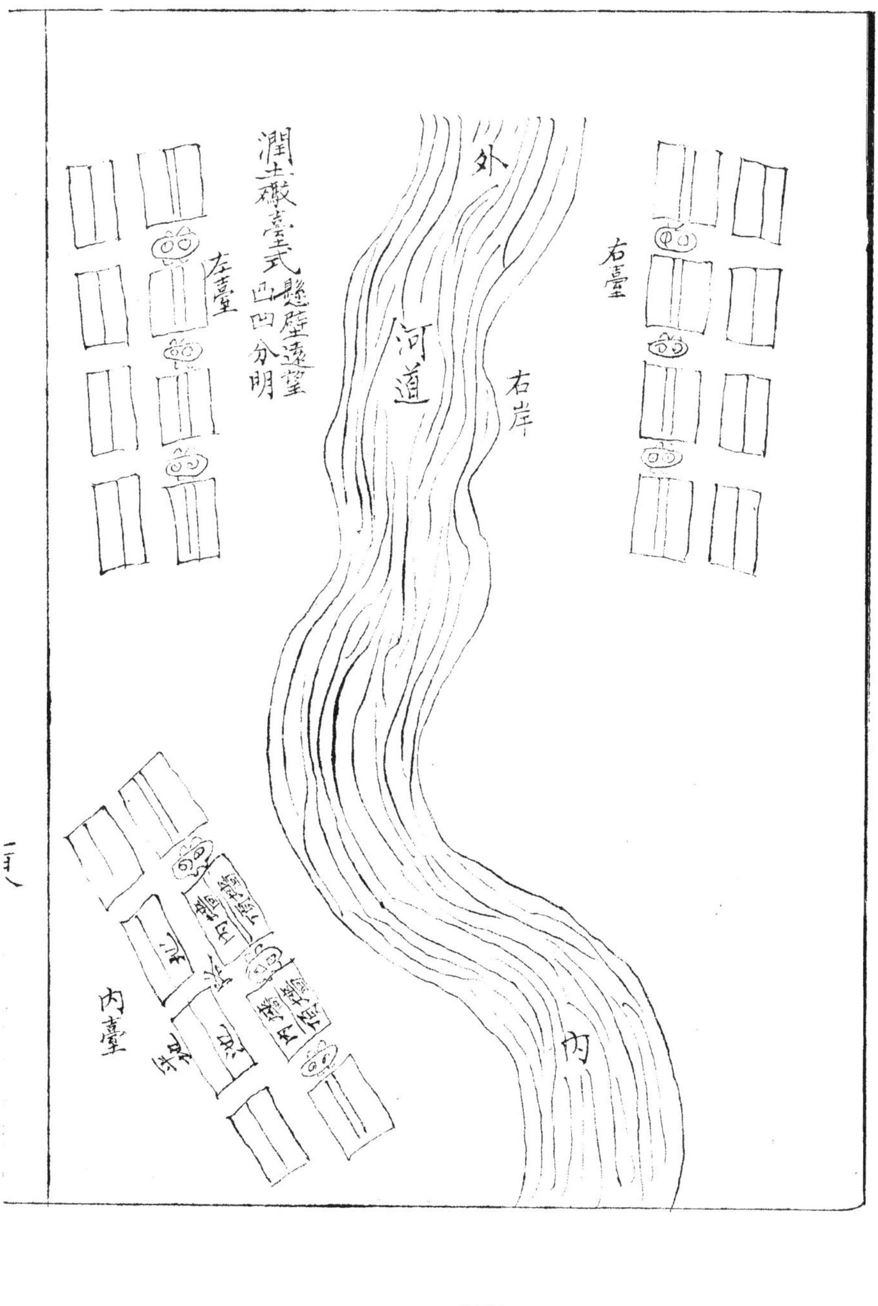
潤土礮臺式
懸壁遠望
凹凸分明
外
河道
右岸
右臺
左臺
内臺
内

設立總理各國通商事務衙門　諭

咸豐十年　月　日奉　上諭惠親王等奏會議恭親王奕訢等奏辦理通商善後章程一摺據稱恭親王奕訢等籌議各條均係實在情形請照原議辦理等語京師設立總理各國通商事務衙門着即派恭親王奕訢大學士桂良户部左侍郎文祥管理並着禮部頒給欽命總理各國通商事務關防應設司員即於内閣部院軍機處各司員京内滿漢挑取八員即作為定額毋庸再兼軍機處行走輪班辦事侍郎衔候補京堂崇厚着作為辦理三口通商大臣駐紮天津管理牛莊天津登州三口通商事務會同各該將軍督撫府尹辦理並頒給辦理三口通商大臣關防毋庸加欽差字樣廣州福州厦門甯波上海及内江三口潮州瓊州臺

灣淡水各口通商事務着署欽差大臣江蘇巡撫薛煥辦理
新立口岸除牛莊一口仍歸山海關監督經管外其餘登州
各口着各該督撫會同崇厚薛煥派員管理所有各國照會
及一切通商事宜隨時奏報並將原照會一併呈覽一面咨
行禮部轉咨總理各國通商事務衙門並着各該將軍督撫
互相知照遇有交卸專案移交後任其吉林黑龍江中外邊
界事件並着該將軍等據實奏報一面知照禮部轉咨總理
衙門不准稍有隱飾欽此

起用徐繼畬四　諭

同治四年閏五月山西巡撫沈桂芬奏　上諭前太僕寺少卿徐繼畬如年力尚健該撫即令其來京陛見候旨錄用欽此十月初三日抵京　召對奉　上諭前任太僕寺少卿徐繼畬着以三品京堂候補在總理各國事務衙門行走欽此旋以在晉省團防　賞給二品頂戴五年六月奉旨補授太僕寺少卿欽此六年正月二十一日奉　上諭總理各國事務衙門奏請派員充總管新設同文館事務大臣等語太僕寺少卿徐繼畬老成望重足為士林矜式着仍在總理各國事務衙門行走充總管同文館事務大臣惟寺務恐難兼顧着開太僕寺少卿缺以專責成而資表率欽此

茉咸豐辛酉夏日余于役山東煙臺海口與英國四品領
事官馬里遜常見渠自述少時在粤東讀書十二年與之
談論知其於中國經書綱鑑皆曾誦習惟自稱極愛中國
詩文時欲學而不能甚講地輿之學屢道山東地脈以鄒
縣孟林為上曲阜孔林次之余問吾中國記載外國之事
以何書為可信渠言以前福建巡撫徐中丞繼畬所纂瀛
寰志略為最蓋是書圖說皆吾外國底本中丞倩人重譯
以中華文字潤色而出之也故所載皆確實而殊可據憑
又言中丞所論皆通達治體中國何以永遠見棄余言
朝廷聖明用人自有權衡今聞此四
諭亦見小臣臆測不爽且聞志略版片已入總理各國事務
衙門印行中外老成望重文獻足徵差可慰遠人期望已

丁卯三月初五日朔書於河南周家口軍次

總理各國王大臣議習天文算學疏

臣奕訢等跪 奏為酌議學習天文算學章程並推廣招考人員恭摺具陳仰祈 聖鑒事竊臣等前因製造機器火器必須講求天文算學議於同文館內添設一館招取滿漢舉人恩拔副歲優貢生五項正途出身之五品以下京外各官考試録取延聘西人在館教習並聲明一切章程俟奏

旨允准後再行詳細酌定奏請施行等因於十一月初五日具奏奉 旨依議欽此欽遵在案臣等伏查此次招考

天文算學之議並非矜奇好異於西人術數之學也蓋以西人製器之法無不由度數而生今中國議欲講求製造輪船機器諸法苟不藉西士為先導俾講明機巧之原製作之本竊恐師心自用徒費錢粮無裨於實際是以臣等衡量再三

而由此奏、論者不察、必有以臣等為不急之務者、必以舍中國法而從西人為非者、甚且有以中國之師法西人為深可恥者、此皆不識時務之論也、夫中國之宜謀自強、至今而已亟矣、識時務者、莫不以求西學製洋器為自強之道、疆臣如左宗棠李鴻章等、皆能深明其理、堅持其說、時於奏牘中詳陳之、上年李鴻章在上海設立機器局、留京營揀派兵弁前往學習、近日左宗棠亦請在閩設立藝局、選少年穎悟子弟延請洋人教以語言文字算法畫法、以為將來製造輪船機器之本、由此以觀、是西學之不可不急為肄習也、固非臣等數人私見矣、或謂雇買輪船購買洋鎗各口均曾辦過、既便且省、何必為此勞瀆、不知中國所當學者、固不止輪船鎗炮一事、即以輪船鎗炮而論、雇買以應其用、計雖便而法終在人講求以得其源法既明而用將在我蓋一則權宜之策二則長久之謀孰得孰失不待辯而明矣至以合中法而從西人為非　亦臆說也查西法之根源實本於中術之天元彼西土目為東來法特其人性情縝密善於運思遂能推陳出新擅名海外耳其實法固中國之法也天文算學如此其餘亦無不如此中國創其法西人襲之中國倘能駕而上之則在我既已洞悉根源遇事不必外求其利益正非淺鮮且西人之術我　聖祖仁皇帝深韙之矣當時列在春官垂為時憲兼容並包智周無外　本朝掌故亦不宜數典而忘況六藝之中數居其一古者農夫戍卒皆識天文後世設為厲禁知者始鮮我　朝康熙年間特除私習天文之禁由是人文蔚起天學盛行治經之儒皆兼治數各家著述考

證俱精語曰一物不知儒者之恥士子出戶舉目見天顧不知列宿為何物亦足羞也即今日不設此館猶肄業及之況乎懸的以招哉若夫以師法西人為恥者其說尤謬夫天下恥莫恥於不若人查西洋各國數十年來講求輪船之製互相師法製作日新東洋日本近亦遣人赴英國學其文字習其象數為仿造輪船張本不數年後亦必有成將來亦必雄長海邦各不相下無論矣若夫日本蕞爾國耳尚能奮發為雄獨中國狃於因循積習不思振作恥孰甚焉今不以不如人為恥時因蘄至其人將來或可突過其人而獨以學其人為恥將安於不如而不學遂可雪其恥乎或謂製造乃工匠之事儒者不屑為之臣等尤有說焉查周禮考工一記所載皆梓匠輪輿之事數千百年黌序奉為經術其故何也蓋匠

人習其事儒者明其理理明而用宏焉今日之學學其理也乃儒者格物致知之事並非強學士大夫以親執藝事也又何疑乎總之學期適用事貴因時外人之物議雖多當局之權衡宜定臣等於此籌之熟矣惟是事原創始立法宜詳大抵欲嚴定課程必須優給廩餼欲期鼓舞必當量予升途謹公同酌擬章程六條繕呈　御覽恭候　欽定再查翰林院編修檢討庶吉士等官學問素優差使較簡若令學習此項天文算學程功必易又進士出身之五品以下京外各官與舉人五項貢生事同一律應請一並推廣招考以資博采是否有當伏乞　皇上聖鑒訓示遵行謹奏奉　旨依議單併發欽此

明史歷代曆法沿革論云西洋人之來中土者皆自稱甌

羅巴人、其歷法與回回同而加精密、嘗考前代遠國之人言歷法者、多在西域、而東南北無聞、唐之九執歷、元之萬年歷、及洪武間所譯回回歷、皆西域也、蓋堯命羲和仲叔分宅四方、羲仲羲叔和叔則以嵎夷南交朔方為限、獨和仲但曰宅西、而不限以地、豈非當時聲教之西被者遠哉、至於周末疇人子弟分散、西域天方諸國、接壤西陲、非若東南有大海之阻、又無極北嚴寒之畏、則抱書器而西征、勢固便也、歐羅巴在回回西、其風俗相類、而好奇喜新競勝之習過之、故其歷法與回回同源、而世世增修、遂非回回所及、亦其好勝之俗為之也、羲和既失其守、古籍之可見者、僅有周髀、而西人渾蓋通憲之器、寒熱五帶之說、地圓之理、正方之法、皆不能出周髀範圍、亦可知其源流之所自矣、夫旁搜博採以續千

百年之墜緒亦禮失求野之意也故備論之、

番禺張維屏聽松廬文集云、明萬歷中、西洋人利瑪竇始入中國、利瑪竇兼通中西之文、其所著書、實有功於歷學其國奉耶蘇為天主、利瑪竇既以歷法授徐光啓李之藻諸人、遂并欲人從其說、而其徒陽瑪諾王豐肅等、盛稱天主以歆動愚民、誘人傳習、其居心殊為詭譎、而當時受其誑惑者、竟不下萬人、其意皆因測天有驗、遂敢挾其術以自高、不知西法實中法所流傳、至是而復還於中國、非至是而始行於中國也、今略舉數端證之、太史公言幽厲之時、疇人子弟散入殊方、一也、西洋歷所言寒煖五帶之說、與周髀七衡合、而周髀算經、漢趙君卿已為之註、二也、立天元一法、利瑪竇不得其解、而宋秦九韶元李治皆能言之、三也、利瑪竇撰經天該其星名與中國同、而丹元子步天歌、隋時已著、四也、西法言各省節氣不同、即中國里差之法、是里差之法實為西法所自出、五也、西洋有借根法、名阿爾熱巴拉、阿爾熱巴拉者、華言東來法也、是尤為中國流傳至西之明證、六也、且用西法者、第取其測算之精而已、至紀日于午、何如紀于子之善也、紀月于望、何如紀于朔之善也、是西法有不及中法者、而中法固在西法之前者也、我 朝 聖 聖相承、先後同揆、御定歷象考成、御定儀象考成、研究理數、酌古準今、集中西之大同、建天地而不悖、而梅文鼎、王錫闡、胡亶、游藝、薛鳳祚、江永諸臣、於天文歷算之學、皆能覃思精究、洞悉源流、愈推愈密、使利瑪竇、陽瑪諾輩生於今日、亦第

循循然列監臣之班備疇人之掌又曷敢逞其管蠡之私智也哉

方炳奎閱瀛寰志畧偶跋

山右徐松龕先生官福建時參稽輿志博訪西儒成瀛寰志畧一書載各國之山川形勢風土人情較海國圖志見聞錄等書尤為徵實閱之瞭如指掌燦若列眉迥非從前閉戶著書者可同年而語予向疑天地無一定之元會久矣今讀是書而益信也夫四海之外自來史傳雖言之而未詳或荒誕不經固由聲教未通學士見聞不廣抑亦其地草昧未開狉狉獉獉無所表見以自達於中國也泰西各國分布歐羅巴一大部洲雖隔裏海及地中海實與南贍壤地相接其裏海以東葱嶺以西自漢唐以來早有使者往來至 本朝則半隸版籍矣若南北亞墨利加以地球攷之適當華夏之背所謂其人與我足抵足者志稱其地近世始為英吉利所闢嗣因苛歛不堪其酋華聖頓乃

枕綠堂方氏本

率衆拒英、自立為花旂二十六國、其君長定為四年一任、賢者再任、至八年則退位歸紳、不得再留、有大事則各君長會議、用兵則官主調遣、而紳籌經費、立法之善、至今相安焉、竊謂大西洋各國自羅馬創霸而後、俱已釋怨聯和、各保疆圉、罔敢侵越、其有凌弱暴寡、則衆興問罪之師、有似春秋世界、即號稱強大如俄羅斯英吉利者、亦不過如桓文之遞為盟主而已、獨美利堅遠居北海、擁北亞墨利加萬里腴壤、而推位傳賢、居然有古揖遜風焉、豈彼處開闢最後、故風會所趨、猶然上世歟、於此益信世運升降自為循環、此自叔季、彼自鴻荒、而初無一定之元會也、然非西洋風氣漸開、無由自達於中國、德能及遠、則書生不出戶庭、又曷由得知六合之內哉、上元甲子春正月月樵記

元會初無一定此自叔季彼自鴻荒此非洞究天人窮極理

數不能道

方炳奎答友人論景教書

來書以近日各省俱有夷人傳習景教深為人心之患並示闢邪紀實一書勗以廣為刊佈用意良善然遂慮及用夷變夏愚竊不以為然景教之入中國不自今日始也外教之入中國亦不自景教始也其入中國最早而言人最近理者宜莫如佛氏佛氏之書多至五千餘卷視聖經奚啻倍蓰凡天下名山勝地罔不為寺以奉佛漢唐以來自天子以至於庶人罔不布施供養而尊禮之蓋數千年於茲矣然而天下之士依然誦法孔子未嘗援儒入墨也天下之民依然農工商賈各安其業未嘗盡緇而髡也所以然者人同此心心同此理孔孟之教之入人深者以此心理之同也反是雖欲立異以惑世誣民而世卒不可惑民卒不可誣者亦以此心理之同也彼西洋者教雖有異人

心無異、彼惟未見孔孟之書、故信奉耶蘇、彼耶蘇者、亦惟未見孔孟之書、故自以為是而居之不疑、今其徒既習我文字、通我語言、且能繙譯其書而思為流播、此必非不智者所能為也、夫既為智者、豈有不能辨孔孟之言為是、而耶蘇之言為非耶、既心知其非、豈有不思抛迷而就悟、棄邪而歸正者耶、故吾謂今日景教之東行、非景教之盛、乃景教之衰也、非景教之果將東行、乃我儒教之將西行也、往者初聞西人分赴各省遊歷傳教亦甚駭異、及見所刊福音新約諸書、其荒誕不經、雖婦孺亦能知之、然後歎其不足關也、然後歎此固天之將振興乎斯文、非天之將喪斯文也、蓋西土風氣漸開、故將使彼漸摩濡染、有以化其荒陋而變為禮俗、且自茲始也、豈真欲用夷變夏哉、夫景教與天方小有異同、天方自唐時已入中國、今回民清真之寺雖布滿天下、亦徒存其名、微特儒者不過而問、即夙習其教者亦仍然誦法孔孟、服儒服、行儒行、以儒術為宗、此其明驗也、今之景教即使自茲盛行、將來亦不過天方等耳、又況自前明利瑪竇初入中國、當時頗見尊寵、待以陪臣、增其秩俸、使之考正歷數、使其教可行、當早行之矣、豈俟今日乎、夫西儒之學、以格致為先、其學依數以求理、其人務實而無文、今頗有悅我文辭而購求我書集者、以聖賢設教之心衡之、亦當在來者不拒歸斯受之之列、故吾謂其書不但不足闢、其教不但不足為患、且將有盡棄其學而學我所學之一日、即可於今日決其為向化之機、而孔孟之教、且將西行之漸也、數百年後、必有以吾為知言者、

往者有論天主教徧行中國、以為可慮、予謂此竊釋道緒餘

愚人信之若讀書明理之士大夫知其淺陋無不鄙而薄之
也今月樵觀察謂其書不但不足闢其教不但不足為患且
將盡棄其學而學我所學之一日即可於今日決其為向化
之機而孔孟之教且將西行之漸也此創論實至論理既如
此數當從焉數十百年後吾儒之書且當徧行泰西各國已
咸豐十年天津議欵時英吉利諸國向通商大臣崇地山侍
郎厚索中國近賢所著書侍郎以符南樵孝廉葆森選刻
國朝正雅集予之其集皆乾嘉以來新詩也其後各國在京搜
購百餘部十一年夏日予于役煙臺英國領事官馬里遜言
予中國詩文甚好欲學而未能曾問予有著作否予以舊刻
之詩古文詞贈伊亦細叩作之之法予亦略告後見伊等所
過書肆必訪買地輿水利及經集諸大部書以歸亦可知其

近日好尚矣正雅集中有覼察與予少作近晤談及尚各稱
笑著作竟各流傳海外也己巳六月金陵牛市水榭記

斌椿乘槎筆記

同治五年正月初八日接奉
總理衙門行知斌椿奉
命往西洋各國遊歷飭將經過之山川形勢風土人情詳
細記載繪圖貼說帶回中國以資印證等因
初十日在署謁見
恭親王暨　各堂憲是日各國使臣均赴署賀歲知有差赴外
國之行舉欣欣然有喜色
十一日徐松龕憲賜所著瀛環誌畧董蘊卿憲賜隨軺載筆各
一部
十二日桑樸齋侍郎贈海國番夷録一册
十四日署中賜餞隨同恒子久憲往各國駐京使臣府第辭行

二十日法國伯大臣送來過馬塞海口照據一函

二十三日過天津城北浮橋至東門外斜街恩裕店公館未刻往拜崇大臣並至紫竹林暨梁家園拜客

二十六日往紫竹林看輪船已到南潯行如飛折蘭三隻皆精巧絶倫兼拜領事孟君名甘是日地山侍郎招飲

二十九日黎明開行四十二里過大沽兩岸炮台形勢雄壯誠北海之門戶辰刻出大沽十里許為攔江沙所阻舟不能行俟至午末潮長始行洋人用鐵砣試水半時許至深一丈八九尺乃得暢行無礙在船樓四望烟水茫茫渺無涯涘海天空濶之中但見檣帆沙鳥數點而已

三十日寅刻舟行尚有淺阻處卯刻忽聞船作霹靂聲者三舟客皆起登樓大霧瀰漫舟觸于石幸船底尚堅得無恙然亦危

矣午刻過廟島相距不甚遠兩山相連形最峭拔者雙島也舟折而西見人家屋舍高下列於山之陽者之罘島也漸南見檣帆林立廛市參差有亭翼然高峙者烟台島也對海遠見望表甫成者崆峒島也棟宇高聳雄踞一方者觀海樓也樓為潘偉如觀詧霨所建邀予小坐其間談次甚洽酉刻還舟已見滿街烟火光映海濱矣

初二日午後風漸平登舵樓四望海天空曠波濤無際遠望數十里外有淡烟一縷約長二三寸許舟人以遠鏡窺之乃三桅輪船也自大沽口至此水程逾二千里僅見此一船可見行海之不易也酉刻風息甫見新月戌刻海中霧作駐舟計水程烟台至此已一千五百里而遥

初三日卯正三刻陰霧漸開始起錨行辰刻過沙尾島至此折

向西北行楊子江入海口已刻望見吳淞口自沙尾島進口水程計二百四十里皆揚子江也廻憶道光戊申春自雙姑駛帆過安慶采石建業石頭城燕子磯黃天蕩各處雖日長江天塹較此殊不及半耳入口四十里泊上海黃浦江兩岸洋樓鱗次櫛比夾板洋船暨大小輪船一望如林誠泰西十七國洋人之大聚處也寓洋涇浜平陽里乾記絲茶棧

初七日晴未刻登法國拉布得內輪船長二十七丈六尺寬三丈深一丈八尺容二千礅每礅合十七石火輪器具居其大半佔一千二百礅貨物止容八百墩船主一人司船者十一人水手三十人管水火器具者四十人庖丁六人共一百有三人房艙共四十間每間住三四人中桅以後爲飯廳飯桌長六七丈可坐三四十人皆上等客也中等客皆在船艙器具精潔肴饌豐美皆外洋風味然適

口晚則燈燭輝煌兩傍住屋十五間每間各嵌玻璃燈二大穿衣鏡一燭光照耀入其中者目迷五色不啻千門萬户矣中桅以前爲火輪器具及厨屋兩傍有長巷二每門各懸燈爲司事及中客住屋計四五十間晚則到處光明其餘厨竈厠屋前後十餘處無不精美司船者披圖以攷疆域測影以計道路前後左右暨桅中用針盤五各二人司之以定方向用鉛砣以量淺深用繩板以驗遲速其餘考寒燠測風雨以至張帆挨柁皆精巧異常舟行晝夜不息飲食充備如入市肆如居里巷不覺其爲行路也尤奇者行海以淡水爲要輪船則以火灼水藉水氣之力以運船即用氣化之水以供用舟之上下四旁皆有銅鐵管貫注數百人飲食洗濯無缺乏之憂也

初八日卯刻開行已刻出江口而南山島數處舟人云島形多

如馬鞍土名鞍子島距吳淞口已三百三十里未刻晴過浙之舟山普陀山在其南峯島重疊如列屏

初九日陰午後微雨未刻過海壇島詢之舟人云閩海已過風順可至粵洋也晚間順風大作舟中甚覺顛簸矣

初十日晴辰刻過潮州計吳淞開船兩日行二千五六百里非輪船之神速焉能如是早飯罷登柁樓四望波濤際天渺無涯涘惟見漁舟十數挂席出没洪波巨浪之間然大洋幾三千里至此始見有舟

十一日陰辰刻至香港遥見峯巒重疊入港數十里樓屋參差依山傍麓較上海又别有景象也已刻換船名康拔直船船身内艙分三層頭等艙十七間可住二十九人又有二十九間可住九十二人二等艙二大間可住三十六人船主名得剖比思

與司船者七人法國水手三十九人麻六甲人皆黑人八名管器具者法國十三人阿非利加人皆黑人五十九名伺候飯食者法國四十四名中國二十名船身長三十八丈寬四丈六尺深四丈二尺可容三千三百礅每日燒煤六十礅合中國一千零二十石計十萬二千斤船頂後半支布帳長二十餘丈晴雨皆宜午後駕小舟登岸一覽申刻開行

十三日晴卯初即起見海日初出氣象萬千正午舟人窺日影云自昨至今爲時十二計一千二百有七里距安南海口僅一千一百八十里有奇然自辰刻起已見越南山島綿亘於西面百里外矣是日熱甚舟中懸風扇十以五人搖拽坐中習習生風百餘人食飲不覺酷熱也

十四日晴熱甚換夏衣未刻入港口曲折東北行兩岸花樹叢

襍青翠無際濶不過三四里狹處止數丈如入江南荻蘆洲又疑入武陵桃源行一百八十里酉刻始泊舟岸左新造洋樓十餘座法國水師提督駐兵三千起造埔頭公所已三年矣兵房及屋宇粗有規模闔廣人居此貿易者聞有五六萬人土人用漢文郡縣名與中華同此地為嘉定省新平府平陽縣轄士民吧嗺洲王居東京距此半月程國之為省者三十有三幅員不廣約中土一二省地耳四五年前與佛郎西人搆兵不勝議與十年歲幣每年銀錢四十萬計四百萬始罷兵嗣議割三省予之收租稅以當歲幣地無他產惟產米華人販運者絡繹不絕天時極熱甫仲春青橘丹荔璀璨可觀晚香玉夜來香芳馥可人居民僅以單衣蔽體之半男子畜髮挽髻無鬚女子赤足無簪珥所見莫辨雌雄民居茅屋寢坐皆以木不施茵褥不須布

帛云春冬無雨四月後則風雨大作瓦屋皆飛故雖王宮亦極卑也

十五日早粤人張霈霖賈於此聞中土遣官來求見旋登岸往拜法國去督兼遊中國城回舟約舉行所見聞者書之是日駐舟

十六日晴寅刻放船向正南行亥正見西面二山名波羅嵩東一山相離十里許舟出其中距東山止里許舟子指圖相示與之吻合連日熱甚

十八日卯刻西向行辰刻至新嘉坡已初泊舟計行六百八十里登岸買車作竟日遊英國砲台在其麓周歷一過形勢雄壯午間坐客舍洋樓頗宏整飲茶小憩晚歸查新嘉坡古名息力因重譯不同書寫各異今則人人稱為新嘉坡小船剳木為之

銳其兩端小兒鼓棹啾啁客皆以銀錢擲海中則羣躍没水少頃握錢出蓋洋船至必以爲戲故兒童見舟皆拍手笑樂如拾韓嫣彈丸也車制與安南小異御者亦麻六甲人肌黑如漆唇紅如血首纏紅花布則皆同十餘里至市廛屋宇稠密彷洋製極高敞壯麗市肆百貨皆集咸中華閩廣人也歸舟有頂帽補服者來謁閩省水師都閫陳鴻勳貿易於此云此間較本鄉易於謀生故近年中土人有八萬之多不憚險遠也山多虎每出覓人食且有渡水者猿猴小者不盈尺凡珍禽尤夥五色俱備舟人購畜者以百數計大可悦目惟土人則黑肉紅牙獉獉狉狉殊堪駭人使柳子厚至此必曰異哉造物靈秀之氣不鍾於人而鍾於鳥

十九日晴已刻過羅波羅離哈距新嘉坡八百餘里山形團圞

樹本叢茂如揚子江之焦山至午正計程九百三十六里是日所見飛魚極多

二十一日晴巳初過勾勒發山又歐拉番山午刻北面有山名波羅圍南面綿亘數百里者蘇門答臘也午刻計行八百四十里飛魚大者丈餘躍水面以數百計且有排列如隊伍式者真奇觀也

二十四日晴午正行七百九十六里申正泊舟錫蘭酉刻陣雨土人統名之曰印度考瀛環志畧錫蘭在南印度之東南海中之大島也周千餘里中有崇山高阜近海窪下地多雨多迅雷花木繁綺林內多象山出寶石所產桂皮最良前明時葡萄牙據立埔頭後為荷蘭所奪嘉慶元年英人盡有其地天下郡國利病書云大狼牙修也自蘇門答臘順風十二晝夜可至相傳釋迦從迦

藍嶼來登此山猶有足跡山下有寺中貯釋迦涅槃真身及舍利子明永樂六年遣太監鄭和等賫供器寶旛布施于寺建石碑云云

二十五日陰小雨即止卯初起雇划子登岸乘雨輪車迴異車形御者坐車上高處沿海濱約七八里潮漱石岸浪花高丈餘不減曲江之濤北入山六七里樹木陰翳景象殊幽花木多不知名問土人語不能解遂見豹一一村人押以求售者旋登山入古刹有番僧數人臥佛長三丈許寺前後無碑碣是釋迦像歟抑明世所建歟不可考也所過茂林修竹大似山陰道上至客舍小憩持象牙瑇瑁各器來售者極夥貨寶金剛鑽者盡僞耳是日戌正開出外洋長行船客增至一百七十有奇無餘地矣計二十七國人言語不同者十七國而形狀服飾之詭異亦人殊殊有傾

而長者有碩大無朋者有鬚鬢交而髮蓬蓬者衣裙多用各色花布似蘭部之扮演武劇又如黃教之打鬼都非意所能道也惟泰西各大國則端正文秀者多婦女亦多姿容麗麗所謂輕綃縠(輕)尤工麗每起則披登船樓偃臥長藤椅上而夫日伺其側頤指氣使若婢媵然兩餐後或擁以行百餘武倦則橫兩椅並臥耳語如梁燕之呢喃如鴛鴦之戢翼天真爛漫了不忌人

二十六日午陰閱各國地圖錫蘭有云為天竺本國地廣人稠亞於瓜哇大約古時佛教起於印度盛於中土晉法顯北魏惠生唐元裝皆遍歷其地紀載特詳諸佛菩薩繪塑各像多裸上體或耳帶環脛束川所衣袈裟即外着之沙郎至今多未改也自紅衣喇嘛教興嗣後演為黃教元起北方取五印度建為外藩乃以半從回教今則備歐羅巴之東藩而佛教愈微瀛環志

畧云慧光照于震旦而淨土轉滋他族盛衰之感詢不虛也今則市肆樓宇之繁盛皆泰西及中土人村居尚有土人售魚蝦菓蔬者或棲居或板屋近岸三五里樓宇相望皆宏敞至白土半頹圮矣聞盛時多係娼樓有著名如古稱燕子章臺者十不存一耳瞥見酒家女搴帘倚門螺髻絳唇面淡墨色見過客笑靨露齒赤足欲駭人詢輿夫亦娼面勸客入飲者嘻菩薩以天摩魍魎變相警悟大千歟世有沈湎於此者惜不遇之是日舟行極穩因考天竺緣起補錄於此自此以西則自古不通中國載籍不能考證惟據各國所譯地圖參酌攷訂而宗以瀛環志畧耳

初二日晴熱舟中有印度回教中人欲往土耳其國拜教中祖師墓以修福者登舟病不能起今晨圓寂舟例客死則墜石投

海中舟子查其行篋有書以遺金十二萬金予其子任某處者聞之有感赫公屬予賦詩吟五古一章亥未過一島聞是島多怪風發無定時自香港來縱横數萬里茫無津涯風静波平每日能作細楷二十餘日同舟諸人皆以為難遇椿奉差初往外洋非仰賴

聖天洪福曷克臻此

初四日晴午初至亞丁山在右面亘數十里若口門然舟泊其中山形突兀怪石嶙峋數十里皆不毛岸上土屋十餘處係英國兵房屯煤以備海船之用自錫蘭至此六千四百餘里非有此埔頭則煤與水不能繼故英人設兵於此東西往來必由之路以供困乏之制甚善也惟地無產需用牛羊食物煤炭皆自他處運來耳是夜亥末開船

初八日晴午正行七百三十九里申刻遥見海中一塔高矗近視高七級計十丈許以鐵爲之中掣紅旗一舟人云彼處沙淺膠舟故爲此誌駐人其中見海船則懸旗夜則懸燈使知遠避誠善舉也

初十日晴子正二刻又行三百八十七里泊舟寅正即起卯正束裝換輪船行十餘里登岸入寓館樓宇高敞飯桌四行坐百五六十人飲饌一如舟中惟酒須自沽耳食次樂聲大作樂工男女八人樂器形狀詭異節奏尚可聽詢爲日曼耳國人三奏女以玻璃盤挨座一過客各予銀錢一二枚嗣八音迭奏女子歌喉清越宛轉可聽一二時許始畢申刻登大輪車前車爲火輪器具燒石炭儲水繳輪後車接續三四十輛不等每輛如住屋一所分爲三間間各有門啟門入兩面小炕可坐八九人炕

上下儲行囊數十件每間大窗六扇有玻璃木槅以障風日啟閉隨人油飾鮮明茵褥厚軟坐卧飲食起立左右望皆可隨意次者裝貨物箱隻再次裝駝馬數頭摇鈴三次始開行初猶緩緩數武後即如逸馬不可遏車外屋舍樹木山岡阡陌皆疾馳而過不可徧視炊許停車道旁村舍中有屋一所男婦皆下車入沽飲食屋内回教人壁繪佛像徧懸鼉鼓大魚豹鹿于兩梁柱間畫鏡五六面皆中華戲齣也食畢開車明月皎然矣又一時許戌刻始見樹木陰翳中屋宇漸多蓋埃及國（即麥西國）都城改羅也計兩時行陸路三百七十八里入客舍燈燭爍然飲饌俱備屋舍精美子刻乃就寢計行海一月餘今始登陸甫解衣同人有入山遊覽之約

十一日晴寅刻裹糧買車西北行十餘里渡小河同人僱驢六

頭登岸策驢疾行驢亦甚健奔馬不及也又十餘里至古王陵相連三座北頭一陵極大志載基濶五里頂高五十丈信不誣也方下鋭上皆白石疊成石之大者高五六尺濶七八尺不等北向有石洞一蛇行入土人篝燈前導窄處僅容一人曲折上下窮極幽險中有石棺一扣之作磬聲云古石棺也洞口高十餘丈横石刻字計十行約百餘字如古鐘鼎文可辨者十之二三餘則苔蘚剝蝕不可識必有好事者搨其文攜至中國與古金石文一一考核不難辨認而確知為何時制作洞之上下兩旁雖有石刻然皆泰西文字似此為中土三代以前制作可必其非偽造山下有大石砌若方池者想古時未竟之工旁豎奇石如浙江西湖大佛寺像洵稱鉅觀土人有持古銅錢及殉葬小翁仲石人與觀者未刻往街市一遊市廛稠密禮拜堂高居

山巔規制宏壯無比堂廣濶約二十丈高倍之四壁與柱皆天成雲飾文細賦光澤玻璃燈極大插燭萬枝實非常鉅工也

十二日晴辰刻起程見有火輪車二金漆輝煌云係國王之車也巳刻開車西北行時麥正熟徧野黃雲田家刈麥收穫及耕耘各情事與中土大概同車行更速直如雲中飛過也未正至三它呀海口計陸路四百八十九里申刻坐小輪船登地中海船即開船船小於康拔直船規模少異而飯廳寬濶勝之長桌三各可坐百五六十人兩面明窗間以細畫晚間懸玻璃燈四十四盞四面光明如畫自紅海至此氣候漸涼早晚須厚棉衣間有披裘者

十六日丑刻泊舟墨西拏一時許係意大理亞國埔頭也售珊瑚者皆至船列樓板上果蔬甚佳飯時朱櫻紫椹覺可人櫻桃

如蠶豆春橘之大者如木瓜辰刻尚見山島綿邈且有奇峭非
凡者内有大山數處與志悉合
十八日晴北風寒甚舟行極顛簸計巳刻可到海口惟逆風竟
夜遲一時許未初至馬塞里海關免驗行李買車至客寓街市
繁盛樓宇皆六七層雕欄畫檻高列雲霄至夜燈火光明如晝
各巷皆燃夜遊無須秉燭也聞居民五十萬人街市相聯鋪家
燃燈密如繁星他處元夕無此盛且多也煤氣燈之佳可謂鉅
觀客寓樓七層梯形如旋螺屢上則不便另有小屋可容六七
人用火輪法可升至頂各屋有暗消息手一指則櫃房即知某
房換入傳語亦然實意想不到帳幔鋪設皆極華美
十九日晴坐輪車往看造船器具處距寓舍八九十里往返僅
兩時許穿山嶺十餘重大者有五皆如深洞長三五里不等車

疾馳入黑暗如漆車數十輛各有燈俄頃即見山外天光而過矣平原花木可觀橋梁道路皆修整麥穗方青下午遊海濱花園數處

二十一日陰至織機各處能織人物各國君王大臣像皆織成出售嗣觀火輪車法更巧極

二十三日晴駐巴黎海關免驗行李街市繁華氣局濶大又勝於里昂聞里昂人民六十萬都城則百餘萬人陸兵有三十萬街市到處碁布星羅皆黑花紅褲持杖鵠立看街之兵往來梭織無間衣帽鮮明無一舊者車聲磷磷行人如蟻皆安靜無譁

二十四日美稅司名里登告假回籍者偕往公所閱繪圖係各國在巴黎修造屋宇事宜又至玻璃巨屋高三十丈寬廣亦如之內裝名畫無數真繪水繪聲之筆又西行七八里爲官家花園花木繁

盛鳥獸之奇異者更難於僕數尤奇者海中鱗介之屬均用玻璃房分類畜養其中藻荇水石皆海中產也介蟲之奇數十種房二三十間分養之人由旁觀纖介洞見洵奇構也夜戌刻觀劇至子正始散扮演皆古時事臺之大可容二三百人山水樓閣頃刻變幻衣著之鮮明光可奪目女優登臺五六十人美者居其半多裸半身跳舞劇中能作山水瀑布日月光輝倏而見佛像或神女數十人自空中降祥光射人奇妙不可思議觀者千餘人咸拍掌稱賞

二十五日晴早起往城西南閱各國造屋處未刻拜相國杜大臣頗投洽亥刻赴飲兼見夫人届時門內外燈光如晝侍者排立入內廳夫人坐談詢及中土與此情形不同各官夫人續至無不長裾華服珠寶耀目皆袒臂及胸羅綺盈庭燭光掩映疑

在貝闕珠宮也飲茶酒兩巡回寓漏已三下矣

二十六日拜英國大臣皆駐巴黎者夜赴戲園看馳馬較中國解馬更爲便捷有婦人能於馬上跳躍馬疾馳身於馬上跳圈中過仍躍至馬背有能令馬人立而舞又有鐵柵大字屋用輪推至中蓄獅子五吼聲震耳如銅鉦人入其中與鬥用刀劍及施大銃獅子怒觀者無不咋舌

二十七日拜俄國丹國大臣並閱造書寄信各處夜德侯名理文請觀劇

二十八日命廣英等往看造錢及電車各處

二十九日德侯贈譯唐詩一本

初三日陰得火輪車式樣一具王承榮代購也

初四日晴辰正出寓巳初乘火車車行六百三十里未刻至布

輪海口登輪船過海七十餘里申刻至英國都登海口又乘輪車行二百五十里戌初至輪敦都城寓館

初五日晴總稅司赫公來狄稅司（名安瑪係告假回國者）休稅司（名士）漢稅司（名南均同上）先後來談及倫敦人民之盛都城中三百萬有奇地形四面環海陸兵十餘萬水師不過六萬人足數防守非若法國三面界鄰地需兵較多若征調則數十萬可集也都會廣四五十里人烟稠密樓宇整齊多四五層街道潔淨車轂擊人肩摩為泰西極大都城街衢弁兵皆紅衣黑褲服飾新鮮馬匹雄壯各持仗巡守無閒

初六日晴廣英等商往看花園鳥獸奇異者甚多獅子四極大者二吼毛虎豹犀象之屬不可勝紀巨蟒長二三十丈皆豢養極熟

初十日往照像申正謁相國賈大臣哈總辦酉刻往書院一覽所繪人物山水絕非凡筆各國新聞紙稱中國使臣将至兩月前已喧傳矣比到時多有請見者繪像在巴黎照像之處人人爭購聞有售一像得銀錢十五枚大獲其利幾於團扇家家畫放翁矣實佳話也

十一日微陰至大花園杜鵑花高丈許月季高五六尺花朶大倍於常紅紫芬菲聞自中土來培養之工甚深其餘花卉之盛甲泰西水法之妙玻璃房之高敞為泰西所罕見夜至茶園觀雜劇神妙不測

十二日至海關收稅驗貨處聞歲金錢二千六百萬磅入至各棧茶三百萬箱皆中土字號酒一百萬桶收地窖中窖深遠燃燭十餘枝始見酒氣醞釀其香可人使劉倅入其中當云死即

埋我無須錘隨也又至造錢各局金銀銅三等皆用火輪法不費人力精妙異常

十四日往鳥獸花園見虎豹熊獅象龍蛇海畜無不備具異鳥怪魚皆目所未睹耳所未聞者園圃之大以此為最矣

十七日詣包軍門公所亥刻相國勒君約往會其夫人淑善各貴官夫人皆至羅綺滿堂極人物宮室之美女客有鼓琴者歌聲繞梁音韻動人疑董雙成下蕊珠宮而來倫敦也

十八日陰微雨至古天主堂高一百二十尺皆石柱穹窿數十仞極為工細惟閱千餘年多剝蝕矣古君主大臣皆葬其下刻石肖其形申刻至公議廳高峻宏敞無比各鄉公舉六百人共議地方公事夜觀戲法奇絕不可思議

二十日漢稅司邀飲旋拜總理各國雷君及哈總辦承約後日

往宜敦大書房暨文札喀什拉（即君王行宮）游覽是夜將坐佛君邀至家夫人各命婦咸集如前

二十一日晴往游至思爾巴累思譯言水晶宮也在都南二十五里宮在山上地勢至高建大厦高二里廣三里南北各一塔北十一級高四十丈皆玻璃為之遠望一片晶瑩其中造各國屋宇人物鳥獸皆肖其國之象司宮者啟開導予徧覲且備小車代步表裏洞明憑欄遠眺能見六十里之外旋邀至宮座小樓三層精彩照人穿廊咸罩玻璃繞廊紫藤甚鬧紅藥杜鵑皆大于中土間以雜色花草綠茵鋪地璀璨可觀夫人備茶酒出名畫與觀款洽甚殷

二十二日陰已初乘火輪車行五十里至文思爾咳十爾（譯言即君主行宮也）廳宇高廣有云周三千六百間凡三層則誠廣厦萬間也

司宮者導觀各處座落內裝儲珍寶甚夥有碧玉瓶高六七尺偏作札翠花紋光彩奪目云俄羅國王所贈真不讓七尺珊瑚矣又列國寶器各裝儲一間內有惲壽平花卉冊頁一本又一扇書留香集古意七律三首皆中國物也壁皆名筆畫像陳設之富麗甲東西矣園周三十里蒙贈余御廐車馬俾得徧覽園景樹木之大者何啻千章皆百餘年物山花秀麗溪水迴環鹿鳴呦呦鳥聲格磔花之嬌豔者藏以玻璃屋有窗啟閉以障風日司花者云地氣尚寒非此即凍從入其中五色璀璨香氣襲人可識者秋海棠高二尺許丰韻嫣然紅白茶花似江右産月季杜鵑芍藥魚兒牡丹皆大倍中國也又至菓屋亦如之桃李杏共數十間蒲萄將足皆以銅管盛熱水其中溫和如中土莫春氣候諸菓有始開花者甫結蒂者初實與漸熟者云備隨時

取用不使缺乏耳為予摘紫蒲萄一枚實大於雀卵纍纍然方熟甘美無比廐中御馬大者高八尺又有小駟八匹如蜀產為君主乘御予所乘駟馬高車星飛電掣周歷四面真如李長吉詩云春風得意馬蹄疾一日看徧長安花又至大書館掌教者留備茶食夜歸來君係侯爵招赴公所夜飲肴饌精美夜半復至來君家中女客咸集不下三百人羅綺叢中女居停應接不暇矣

二十三日早起掌宮官以名帖稱奉君主命請赴晏舞宮讌會亥初三刻委員暨繙譯官備禮服佩刀至晚始齊霎時均赴宮門下車將士百餘人執戈排隊皆衣赤門內將弁持戟按隊鵠立其餘每門四人入門左轉過長廊四五折間段燒爐火至階咸鋪氊毹兩傍徧值鮮花芳菲洒砌燈火照耀無纖毫幽暗處

地上堦百餘級命婦入朝者踵相接間每月兩次朝主君禮也予隨導者數轉始至宴舞宮殿宇之大縱五六大廣十餘丈高亦過五丈頂上及四面懸燈罩以玻璃計八千五百餘盞近數年主君多不見客遇他國典禮命太子及妃代是日入宮者公侯大臣四百餘人命婦六百餘人太子與妃南面坐兩旁設坐三層各官坐立皆聽坐予與隨委員升于對面樂人于樓上奏樂男婦跳舞十餘次武職衣紅文職衣黑皆飾以金繡婦人衣紅綠雜色袒肩臂及胸珠寶鑽石纍纍項下成串五色璀璨光彩奪目美麗華膴至斯嘆觀止矣迨子刻太子及妃起赴別殿衆皆兩傍立旋有宮官稱太子請見隨往太子及妃皆立詢予觀此地景象如何惜距中華太遠往來不易此行尚安妥否非游御苑佳否妃詢中土天時較此處如何所見景象佳否予一

一應答且云中華使臣從未有至貴國者此次奉命游歷始知海外有此勝境且蒙君主太子恩遇非常感幸無似皆含笑讓旋赴晏席美酒佳肴極多且旨膳宰皆衣金繡持盞授餐幾疑此身在天上瑤池所與接談者皆金甲天神蕊珠仙子非復人間世矣俄頃傳君主命于次日進宮見比返寓漏已四下

二十四日晴申刻二次進宮門內外儀仗將弁與昨夜同惟多樂器朱衣數十人宮官衣金繡者導予至一所坐候宣召申正內宮數十人來導入門數重至內宮君主向門立予入門側立稱謝主君問來此幾日矣此處土俗與中國不同所見究屬何如予對曰來已兼旬得見倫敦屋宇器具製造精巧甚于中國至一切政事好處頗多且蒙君主恩待非常得以游覽勝景感幸無似君主諭此處遊惟願同至中華兩國愈加和好予俯首

稱謝始出竊以羈旅之臣迭荷優禮且承兩見溫諭周至何幸如之

二十五日陰巳初一刻啟行巳正乘火輪車北行一百八十里至阿（讀作敖克）忠佛（弗爾的）看大書院數處掌院者名勒得富邀至家夫人幼隨父任香港總兵樓宇列中土器皿甚夥留備茶點夫人稱幼在中國八年今尚記憶見中土人頗洽午飯設餚果均佳申刻赴北名罕亦一百八十里其俗各鄉鎮皆公舉一人司地方公事如古治郡者然有也姓者當其選知予來款待甚周留晚飯

二十六日也君陪往造作處一覽未刻又北十餘里至造輪車處閱看每車大者板屋六間每間可坐十人印度運來堅木文理細膩匠用火輪解木巧捷非常木之長丈許者向鐵輪推之

皆五分厚板片一人頃刻已推十餘片較兩人扯鋸之勞何啻霄壤又閱造鐵板輪及農具各處後至造衣鈕處皆巧極可喜是晚也公請觀馳馬戲男女各于馳騾特作種種戲能令人拍掌叫絶

二十七日晴往拜也公及夫人園亭幽雅花卉甚繁嗣往造玻璃處詢至以海岸沙及鉛與城鹹土窑中納巨爐燒之傾出融水如金銀入模成塊又有用鐵器搓成團以長鐵筩貫而吹之即如水泡旋燒旋輪漸長至三尺許中空而大如瓜匏矣以火炙齊其兩端直作一劃置暖火中燒半刻許即開以鐵尺于火中摸研之則平如紙矣是日晚飯罷戌初二刻乘火輪車行三百餘里亥正三刻至瞞者思志書曼識時時天上西北角尚有光東方曉明時蓋赴倫敦北六七百里日落已在亥初時也遠見繁

星密布燈火相望二十餘里駐車時已子刻候吏備車馬送至
寓舍
二十九日陰微雨往織布大行徧覽樓五重上下數百間工匠
計三千人女多于男棉花包至此始開由彈而紡而織而染皆
用火輪總輪有四百匹馬力分于各處小輪以萬計其聲震耳
覿面語不能聞也棉花分三路原來泥沙攙雜不淨彈六七過
則白如雪柔於棉矣又以輪紡由粗卷而為細絲凡七八過每
過皆用小輪數百紡之頃刻成軸細于髮矣染處則在下層各
色俱備入浸少時即鮮明成色至織處則機萬張刻不停梭聲
尤大作每機三張以一人司之計自木棉出包時至紡織染成
不踰晷刻亦神速哉夜間有約遊園者兒輩往觀子刻歸述知
烟火花炮之奇妙實聞所未聞云此會三日一次可為繁華之

至耳

三十日雨午刻雨止看演馬隊未刻照像酉刻包君夫婦請觀劇亥正三刻起程登火輪車如廣厦四圍木炕可卧十餘人子刻開行就枕寐比天明已至倫敦計六百餘里不過三時也

五月初一日卯刻再至倫敦街市漸熟仍赴乂耳思之忒力忒寓舍女主人及僮僕皆殷殷有熟習意瓶花笑客籠鳥喚人杜詩云犬迎曾宿客不虛也居屋在三層樓上頗甚敞高飯食精美與初住相埒寓屬中等然上下五層每層數十間夜則燈火晶瑩迴梯玉檻無不洞明徹夜不息飯廳大者十數處住屋一百三十餘間壁上均有消息喚人以指按之櫃房即知某層某屋呼喚也浴室有銅管二水由管中出一熱一涼隨意增減廁屋亦用水法時時洗潔之極精潔凡此則處處皆同也

初二日晴議定往荷蘭各國行期賈相國約申刻晤談並稱君主獎許知予將往他國承寄照會俾到時有東道主情意殷諄可感也旋赴伯爵德君約高朋滿座夫人欵待甚周旋赴園中觀女客擊球戲伶工奏樂翠袖紅裙芳菲滿眼詢可觀也

初四日晴有約赴美都威海口看英國極大輪船乘車行二百餘里甫至海口聞尚須小輪船一時方到乃先歸鳳夔九德往觀戌刻始歸云船有五烟筒現載電机銅綫赴英國已滿載矣

初六日雨聽評書一句不解

初九日雨公爵白君邀至公會所觀跳舞男女數逾千人各官皆禮服如在宴舞宮時婦人白髮者十有二三姿容少艾詢係染白不知者幾以令妻為壽母矣聞蘇格商人居多丑刻回寓

十四日陰拜總理各國包公並各國公使兼往花園行宮游覽

街衢潔淨樓宇高者四五層頗修整河道甚多皆直而長樹木繁密民居質朴志載非虛

二十四日陰雨巳正二刻起程登輪船出海口時正晴霽水天一色茫無崖岸一時許行百里至瑞典海口乘輪車未正東北行亥正一刻九百餘里至云居平湖濱大樓住宿湖長三百里至子刻行人皆可辨色旋見東北旭光透露天色微明蓋距北極止二十餘度已至半年為晝之地矣

二十五日卯正三刻啟行風寒衣用重棉婦女來觀者有衣貂皮面容娟好聞此國鍾秀女子誠然酉初三刻至斯大克呵喇搠即瑞國都城計云居云至此一千四百里距丹都一千四百里行程未及九時其神速大可快意然飲食皆不遑耳

二十六日瑞典國王遣官至寓照料並約二十九日入宮燕見

已正往水晶宮閱各種出產器用金木石各工制造精巧皮貨甚夥午後往公所觀畫所繪人物鳥獸花果儼然如生其山水瀑布日月光華酷肖真繪水繪聲之筆晚遊大花園蒼松怪石洵足遊目騁懷即于花園中觀劇詭異不可名狀舞女美麗不亞他國也子刻歸寓天色黎明行人衣可辨色夜遊誠無須秉燭

二十八日陰瑞國太弟約往水晶宮晤談甚謙藹承贈印像銀錢一枚請換予像並名片法國使臣來答拜告示有以顯微鏡照壁見各異物者往觀乃以水一滴如黍火映兩丈壁上皆作水紋中有蟲如大蝎千百隻往來如穿梭又滴醋照壁上作蝦蠏行真金鐵鑛中水變化各種形狀奇異不能盡述然則蠻觸之鬥殆非莊生寓言人第不能見耳俄頃雨作往園亭小飲賞

玩片時歸夜劇皆著名女優演本國昔年君主之事惜不甚解耳又觀公所鳥獸各骨有取于山石及海中者骨化為石而可辨認珊瑚高六七尺與各石之異者咸萃於此樓

二十九日晴雨無定未刻觀大魚海濱人能捕魚獲巨魚長六丈有奇好事者取皮空其中嵌以門框几榻可坐百餘人登樓度橋入口中少坐儼然巨艦旋往園亭樓宇十數間幽潔可人詠詩為樂王及后往園中距都會二十里約酉正往見入門侍衛森列入宮中王及后皆立待慰勞甚切后云使君在荷蘭詠詩甚佳前于新聞紙内得見佳句敝國有光矣后荷蘭公主故云予謝不敏王命遊覽各樓舍后指示各處陳設皆精妙壁間繪昔年戰陣事暨歷代王后君主圖像弈弈如生王命備酒予舉觶立飲因取尊以酌王及后后見余摺扇甚喜係沈鳳祥畫

采芝圖楊簡侯所書謝莊月賦倩余讀一過并解大意甚欣愛因以贈后且詠絕句一章王喜握手謝贈烟捲歸寓詠詩書扇交安委員代呈亥刻俄國副使穆拉鞴撒招飲人極慷慨甚相得

六月初一日瑞國太坤（西國稱后為坤太坤如華言太后也）前期遣官約見午正乘輪船西行海港中碧水灣環山島羅列約四十里峰廻路轉始見瓊樓十二高矗水濱翠栢蒼松一望無際真仙境也登岸侍臣導登樓數十級至宮太坤迎見云中華人從無至此者今得見華夏大人同朝甚喜聞歷過西洋各國景象如何予對曰有此勝境且蒙主與太坤優待異常感幸無似回國後必當徧揚盛德也太坤喜形于色命徧觀各樓舍復賜宮輿入御園遊覽備酒食瓜桃諸品北地寒鮮果絕罕非大官不辦也予吟一

絶爲太坤壽云西池王母住瀛洲十二珠宫詔許遊怪底紅塵飛不到碧波青嶂護瓊樓乃歸有約予戌刻聽樂唱采甚衆苦不解亥刻登輪船連日夜不辨昏黑子正極南見疏星三五點丑初則東方明矣

初三日晴寅正開船行波蘭的海酉初至芬蘭都會名亨沁佛可思本係一國後爲瑞國屬邑今歸俄五十九年矣樓屋稍多人民三萬五千園亭頗幽勝有奏樂之舉銀號富姓者居園側邀至家樓宇整潔可望海天光帆影遠景極佳告予迤北即冰海也

初四日晴寅刻開船行玻羅的海北面傍山島東南望則水天一色見遠船一二微露檣帆繼而止見桅尖計遠去百里外矣足證地球之圓非臆說也三日皆東行稍北晝日愈長而氣候

益冷現已入伏當午正晴尚衣重棉早晚須披裘也

初五日晴無風辰正出海港波平如鏡水天一色令人心曠神怡申刻過克龍斯大的大炮臺三座鼎峙海中有虎跳龍蟠之勢聞咸豐四年英法兵船至此不能進攻始回又六十里至彼得堡乃俄國郡城也人烟湊集街衢寬濶周五十餘里樓閣高峻宮殿輝煌足稱各國郡城之冠都中人民五十三萬六千酉初登岸進寓

初八日陰雨晤總理相國國公王爵詞氣和藹約往各處遊覽是日至王宮殿宇宏大陳設寶石器皿極壯麗畫圖滿壁皆能象生王往城北行宮是以宮內皆得瞻仰錦繡金碧璀璨奪目樓上妝王與后冠王冠正中大金剛鑽石一如龍眼云值千百萬百年來未能定價每歲予銀三萬金至今未止也亞此者數

十粒至如黃綠豆者攢滿冠無數矣冠前紅寶石一大如鴿卵藍寶石一大如雀卵皆透明無纖澤后冠珍珠大者如龍眼次者數百外珠寶花朵盛盤布樓上幾滿室宇大者六百餘間長巷復室不計也又有金孔雀立樹上金鷄鴒鷚在其下按時飛鳴各國宮殿皆得遊覽而規模濶大瓊瑤碧玉無出其右

初九日晴辰刻出郭乘輪車西行六十里值操兵一萬六千人鎗炮連環演進攻陣式頗整暇王弟與太子在軍中聞予來曠野立談且承款留少住未刻往彼得爾行宮見殿宇鋪設華麗耀目國中水法三十餘處皆用鐵管百十枝埋地中汲水上騰高十餘丈如水晶柱濺玉跳珠池中滿而不溢有如玻璃罩下垂者有如匹練懸崖者有如珍珠簾挂于方亭四隅者巧甲天下矣雖未及見王后而賜輿遊覽晚復備宴公所遣官款待感

且不朽
初十日孔君來送行代照料行李並代定車臨行有惜别意車制極大中分小屋六七間走巷二廁屋三十餘人居之綽然入夜机榻安眠無行役苦午刻行
十一日雨未刻至俄布兩國交界換車行一千三百里名汗大昆又行至馬林博爾鐵橋長三里許高四丈兩傍作花帳形闌彼處河水甚溜費一百五千萬金始成
十三日陰英國司使臣答拜約次日早飯於其家戌刻往茶園戲劇甚夥園中燈火通明樹二株花葉皆五色玻璃燈光燦爛間以水法又有亭用玻璃作冰山形内罩蟲鳥照耀可觀
十四日小雨往英國館途中園林幽静司公夫人贈名畫二幅答以摺扇甚喜邀同車遊王陵園内桔樹數百盆高過屋檐花

香襲人陵寢工石精美玉后石像如生是日總理答公來拜告以王在軍中后聞使君來請見戌正二刻入宮燈火輝煌后云寡君在軍中聞中國使君到此願永好無間知行期匆促故請見俟王歸向述也余以遊歷各國均未久任蒙賜面見溫諭周至感后德無已矣是日申刻英國使臣邀飲副使各卓祺曾至中土

十六日雨己刻過酣爾國（普吾士三十七國之一）申刻至可輪（布國西都）產煤鐵與銅客婁姓開局鑄銅炮極大者重二萬斤價五萬兩次者五六千兩外國多在局定鑄各炮均有火輪法大錘重二萬斤一擊其聲震地炮子重百斤形長首尖內實火藥敵船包鐵厚六七寸者能通之通局工匠二萬三千人觀畢設席客婁夫婦陪坐戌刻換車前進計行一千六百里

十九日（以上晴雨無定故不書）歐公答拜早起往公所看各國軍器嗣閱本國雙筒鎗及刀劍各器此律悉（都城名）銅鐵為西洋著名利器非虛也

二十一日晴英國王佛爾大臣招飲陳設富麗餚饌精美夫人美而賢蓄異花甚夥係由南英里駕及他國來者一一指示且云聞中國風俗甚嘉極為傾慕惜尚未親到耳

二十四日晴申初看馳馬戲園內三里許男子扮演各國服飾及戰鬪狀新奇悅目又有猴走繩狗馳馬皆未曾見

二十六日晴遊生靈苑苑中樓藏奇石數十種各鳥獸魚龍骨大者專車又一所裝各國人骨大畧相似惟所雕塑偶像各具怪異其小兒胎骨自一月至彌月及數者各有標識異骨如一身二首者甚多夜看馳馬戲有立馬上擲木毬毬大如斗兩手

換抛三毬觀者拍掌女子馳馬跳鑽紙圈如車輪大糊以紙縱馬疾馳人躍起破紙過圈仍立馬上馳如故周遭連破二十圈者真如飛矣

七月初一日前回回國總領事伯公招飲屋宇陳設多仿回製憑欄望園中卉木幽靜可喜是日見電機寄信神速不測數千里外問答可立待也

十四日晴午正行八百里連日天朗氣清波平如紙至夜月明如畫同人請吹簫以賞之時夜將半有少婦憑欄望月若有所思法人德善以同鄉故如為來西國商之婦少從父在中華今由馬塞同來者倩作歌歌聲悽惋動人想廣寒宮羽衣曲不是過也因江州司馬琵琶行有此情景為作長留吟一章

二十七日大風陡凉易夾單午正行行七百二十里入夜海水

皆亮如積雪千里一色舟人汲起清澈無所見置暗處内有亮絲縷縷皆不解

初四日仍往客樓飽看大潮披錫蘭為五印度極南大島長千餘里近為英人之埔頭設炮臺以衛之島前數十里大石森列潮激其上如宮花高數丈噴薄四散較浙江龕赭兩山束潮之勢更覺淜湃無既店婦子官印度堉亦見贈自書姓名日月其上述彼處情形甚悉　于島中以錫蘭全圖

十一日午正行五百九十五里辰刻見山島孤立樹木青葱午後海中水母甚多千百成羣浮游波際夜雨極大昏黑不能辨方向停舟兩時申刻始到新嘉坡

十二日登岸往客舍一遊悟二月中旬過此憑欄啜茗觀海中遠景甫及半年而往返八萬餘里已帆歸天外矣酉刻回船即開

国家出版基金项目
NATIONAL PUBLICATION FOUNDATION

海上絲綢之路文獻集成

總主編　陳支平　陳春聲

歷代史籍編　22

主编　范金民

海峽出版發行集團
THE STRAITS PUBLISHING & DISTRIBUTING GROUP
福建人民出版社

本册目次

中外輿地彙鈔十三卷圖二卷（圖上至卷八）

〔清〕馬冠群撰

《中外輿地彙鈔》十三卷圖二卷，清馬冠群撰。冠群字良伯，武進（今屬江蘇常州）人，精輿地之學。是書撰於光緒間，凡四十餘篇，概述國内及朝鮮、琉球、越南、大東洋、東南洋、南洋、南洋東、西南洋、小西洋、大西洋、北洋、外大洋等地之地理位置、四鄰、經緯度、山川等。所附圖三十九幅，採用西法繪製。據中國國家圖書館藏清光緒二十年（一八九四）石印本影印。

中外輿地彙鈔

吳縣錢人龍

地略　地記

府廳州縣沿革表　兩漢地理今釋

兩漢東南海防攷　兩漢西北邊防攷

記數類編

蘇州文瑞樓石印

序

兩漢地志以降著錄者殆數十百家而修陳名勝附贅瑣聞事同游記既乎乙部體例無當且枝葉蔓羅仍多遺漏地志之不能詳備固由篇幅所拘然徒求詳而以缺略終則何如略所當略之爲得其詳也焉又良伯好讀史書鈎稽參校尤究心于地學謂夫一地數名淆空懸揣之不足據依也又鄉曲私稱之志不勝志也則一切證諸史文以古之所經爲今之所經以千百年人之所經爲已之所經舉夫版築所屬都邑所治攻戰所在悉件繫而條記積成十數萬事蓋自癸酉至今已閱二十餘年矣當其杜門寂處丹墨紛陳卷軸縱橫畫圖環列每至參橫月落一燈熒碧猶隱身短几據紙疾書雖斗室數椽而海內外之廣六合八荒之遠重洋絕壁大沙荒漠之奇險悉叢集於尺案之上訪以駕馭攻守之機要洞矚熟揣神馳而言無會此則不僅以體例謹

家為餘而亦非歷來地志之足語也屬稿未竟公車及使軺諸友次第假錄行將與九萬里中之審勢言事者同把臂而上下其論議也矣

光緒二十年孟夏月

清卿吳大澂序

地畧例言

古今之省并沿改不一古地已不得而詳一山川一里巷一村鎮僅尺咫而名目已三四變或五六變今地尤不易言詳加以方音歧異傳述錯誤志地之難詳即地志之難信將何以捄其弊失則曰當證諸史傳今日之寸土尺地本皆昔人所版圖所經遊循成迹以考里方則孰隘塞孰都會孰海險江防不啻躬歷而親涉信諸已即可信諸人并可為經營締造之前導雖造次稱述或不同無用之陳言前志之鉅細兼收意固主于賅備然方里之內可指名者數十徒費蒐稽仍貽挂漏況沿龍陳文未親履勘遂致今昔混淆東西更改偶一涉足大異前聞此則以地志為據未以史傳為據也地志但言地一人之才力不能周行天下必取資于傳聞故雖兩漢之精覈尚不免于猶病史傳專言事自其至其一一翔實前古所經過何異今日之閱歷將用以堵防用以征進用以興建用以轉輸用以杜內奸用以禦外侮按籍以得地并因地以監其得失徵引雖有未詳而不詳正其可信故曰畧也

乾隆府廳州縣志于沿革始末至為詳悉業已風行無事贅入

前代郡縣省并更改滄桑既變陳迹亦湮是編于建置始末一一分載即草莽倉卒興築亦必備記以為都邑增重阨塞形勝史傳特詳故是編蒐取較多非以言事實設險守國之義

江津海島昔為行旅所經今為戎莽所伏凡帆檣所至之地即備禦當籌之地別從江防海防諸書采摭附入以當津問

是編以地繫史以史證地史傳所不數見即是書所不多及有一縣獨畧有數縣並畧者初非脫軼

攟引史傳有僅引一條者有同引數條者有時引前條有時引後條一取辭簡義達一為他地附見原稿本一地數條或數十條芟薙時細加斟酌並非拉襍無法

山川名勝別有記載鋪張景物于地無涉是編概從缺如不敢闌入

在東在西頗有更定雖亦憑空臆決然必會萃衆說確有依據纔敢黜竄其疑而未決者仍用原文

龍氏方輿郡國刻成即擬從事外裔而有志未逮雖曰謙牧亦見域外之不易言方今萬國會同使車遠出將欲奉揚威德保護商民必先熟于風土形勢乃能扼要建節況新地日開捷足先得豈得憚勞畏難坐視人收其利故志海洋諸國以備采風不得謂六合之外存而不論八荒以外論而不議也

鴃舌鳥音本無正言輾轉繙譯易成燕說地理備考外國史畧諸書文字各異僅可通轉是編首標俗稱閒及異名其詭者概不闌入

土蠻窮裔荒島遠海梯航所不易及者詳其大地畧其僻小

風后受圖九州始布周官職方司書司險俱以地圖周知險阻辨正名物戰國策士據圖而言險要如指掌如聚米昭晰

可據蓋方里徑易形勝封域分毫之間相距已數百里望空指點終若辨析不清證諸圖畫則山川之起止彊理之交錯瞭然在目即昭然在心是固地之綱領繪圖為言地之首務雖有疏畧較足據依故自廿一行省及外洋悉繫以圖以便考驗

癸酉甲戌之間舉二十四正史中地名與事實條條疏記繼復益以通鑑正續注明鑑綱目九通及大清一統志會典積成數萬條至今蓋廿餘年變重複訂譌誤補闕遺次第綴輯都為四十二卷名之曰地畧大要地之外不置一辭史之外不收　地力求簡括以避繁蕪雖若地志中別立一幟然中外險易十得四五較繁蕪者之求詳而蹈于畧猶不如安于畧之　小畧也

引用書目

二十四史　資治通鑑　地理通釋　資治通鑑補　通鑑外紀

續資治通鑑　明紀　長編　通鑑綱目釋地　左傳紀事本末

通鑑紀事本末　宋紀事本末　遼金紀事本末　元紀事本末　明紀事本末

聖武紀　通考　續通考　皇朝通考　通典

續通典　皇朝通典　通志　續通志　皇朝通志

明一統志　大清一統志　大清會典　乾隆府廳州縣志　內府本一統輿圖

輿地經緯度里表　李氏輿圖　董方立輿圖　萬國輿圖　直省分圖

海道圖說　長江圖說　航海圖　海道圖　海運圖說

尚書地理今釋　禹貢錐指　禹貢集釋　禹貢會箋　毛詩地理釋

春秋土地名　春秋地名考畧　春秋地理考實　國語韋注　國策高注

國策地名考　國策釋地　越絕書　吳越春秋　竹書紀年

趙水經注　張水經注　水道提綱　東漢會要　西漢會要

唐會要　地理志校本　地理志稽疑　地理志補注　新斠注地理志
地理志水道圖說　漢志水道疏證　西越傳補注　西越圖考　三國疆域志
晉書地理志　東晉疆域志　十六國疆域志　十六國春秋　補梁疆域志
新五代史補注　九國志　吳越備史　十國春秋　南唐書合刻
南漢書　西夏書事　西夏國志　契丹國志　大金國志
歸潛志　元秘史　松漠紀聞　長春西遊記　東南紀聞
平臺述畧　臺灣紀畧　臺灣襍記　臺灣使槎錄　稗海紀遊
番境補遺　平臺論　番社采風圖考　臺灣番社考　臺北道里記
臺灣新志　埔裡社紀畧　噶瑪蘭紀畧　澎湖紀畧　括地志
元和郡縣志　寰宇記　九域志　方輿紀要　三省邊防
邊防考　九邊考　東北邊防論　東三省邊防　東陲道里形勢
皇輿西域圖志　西域水道記　皇朝藩部要畧　八旂通志　開國龍興記
奉天形勝　甯古塔紀畧　柳邊紀畧　龍沙記畧　黑龍江外紀

卜魁紀畧　雅克薩考　庫葉諸島考　俄羅斯疆界碑記　中俄交界記
吉林勘界記　出邊記程　絕域記畧　艮維窩集考　北徼彙編
松亭行紀　西北邊域考　外藩疆理考　外藩列傳　蒙古吉林風土記
蒙古沿革考　東蒙古形勢考　蒙古邊防　外蒙古記　内蒙古記
喀尒喀風土記　五十二旂考　河套畧　青海考畧　青海事宜論
征厄魯特記　平凖部記　戡定回疆論　新疆紀畧　新疆後事記
新疆行省議　回疆雜記　天山南北路考畧　衛藏志畧　烏斯藏考
前後藏考　西藏紀畧　西藏後記　七十九族番民考　三十一城考
察木多西諸部考　西藏要隘考　保慶記　錫金考畧　印度考畧
印度志　印度劄記　波斯考畧　阿剌伯考　俾路治考
阿富汗考　土耳其考　英屬地志　萬國地理全圖集　萬國地志
中外地說　東西洋考　地理備考　外國史畧　瀛寰志
海錄　地理新志　每月統紀傳　海道編　海防總論

海防篇　沿海形勢錄　沿海形勢論　防海形勢考　海防考
海國圖志　澳門形勢論　澳門記　澳門圖說　潮州海防記
越南志　安南志　越南疆域考　越南考畧　越南山川畧
越南道路畧　交界各隘卡畧　金邊國記　朝鮮考畧　高麗論畧
高麗形勝　八道記要　風土記　朝鮮疆域記　朝鮮諸水道編
使琉球記　中山記畧　琉球說畧　流球形勢畧　緬甸志
緬甸考畧　入緬路程　暹羅考　暹羅志　東南洋記
東南洋鍼路　海島考　東南洋島記畧　南洋記　南洋島國論
南澳記　呂宋記畧　柔佛畧涉　檳榔嶼記　海島逸志
海外羣島記　婆羅洲記　新金山記　三得維枝島記　牛西蘭島記
大西洋記　西方要記　通商諸國記　英吉利志　英地圖說
泰西城鎮記　使西紀程　英法日記　小西洋記　阿利非加各國志
亞非理駕各國總記　亞美理加諸國記　美國記　埃及記　舊金山記

會

墨西哥記　祕魯記　地中海記　阿比西尼亞國述畧　東洋記
日本史記　日本考　日本疆險要　日本近事記　日本山表說
日本河渠志　俄羅斯志　異域錄　俄羅斯附記　綏服記畧
亞洲俄屬考　俄海口記　中亞西亞始末記　西伯里記　俄述日記

輿地彙鈔　引用書目　三

校印

順天府

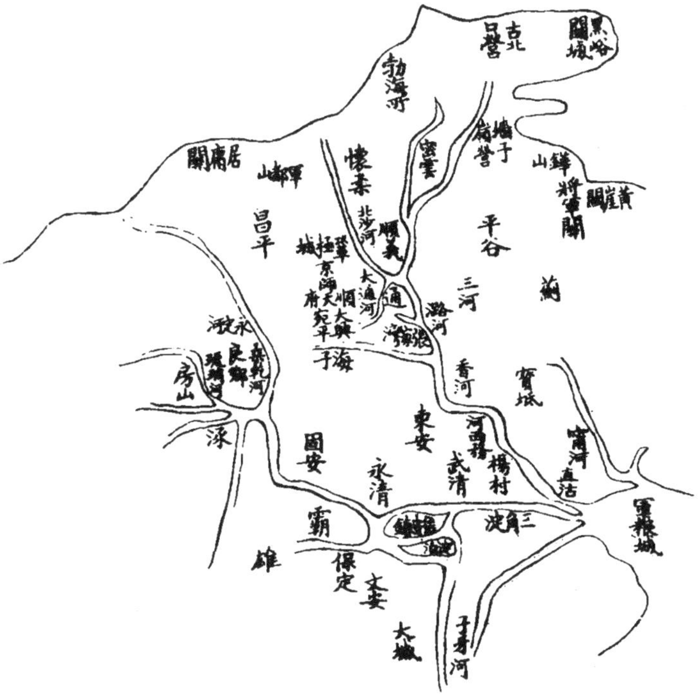
黑峪關
古北口營
渤海所
居庸關
軍都山
懷柔
密雲
牆子嶺營
將軍關
黃崖關
昌平
平谷
順義
三河
通
京師順天府
大興
宛平
海子
張家灣
潞河
香河
寶坻
永定河
良鄉
房山
涿
固安
東安
永清
武清
楊村
直沽
三角淀
霸
雄
保定
文安
大城
子牙河

直隸省

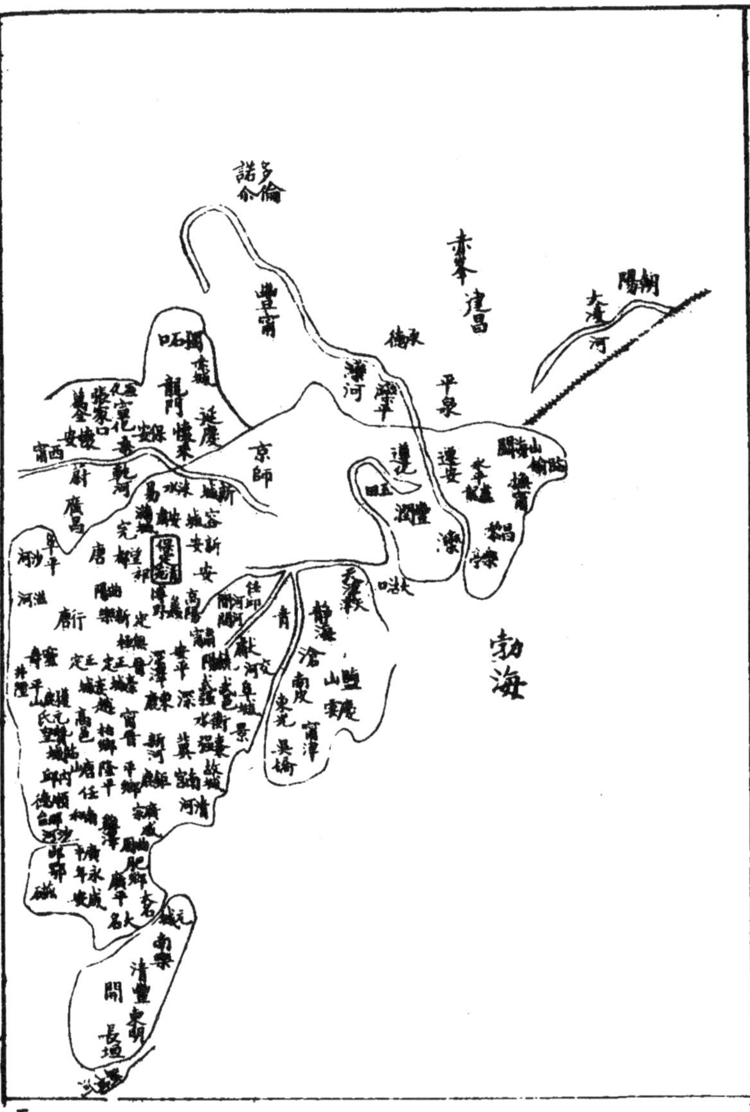

二

輿地彙鈔　圖上　盛京　黑龍江

二

盛京

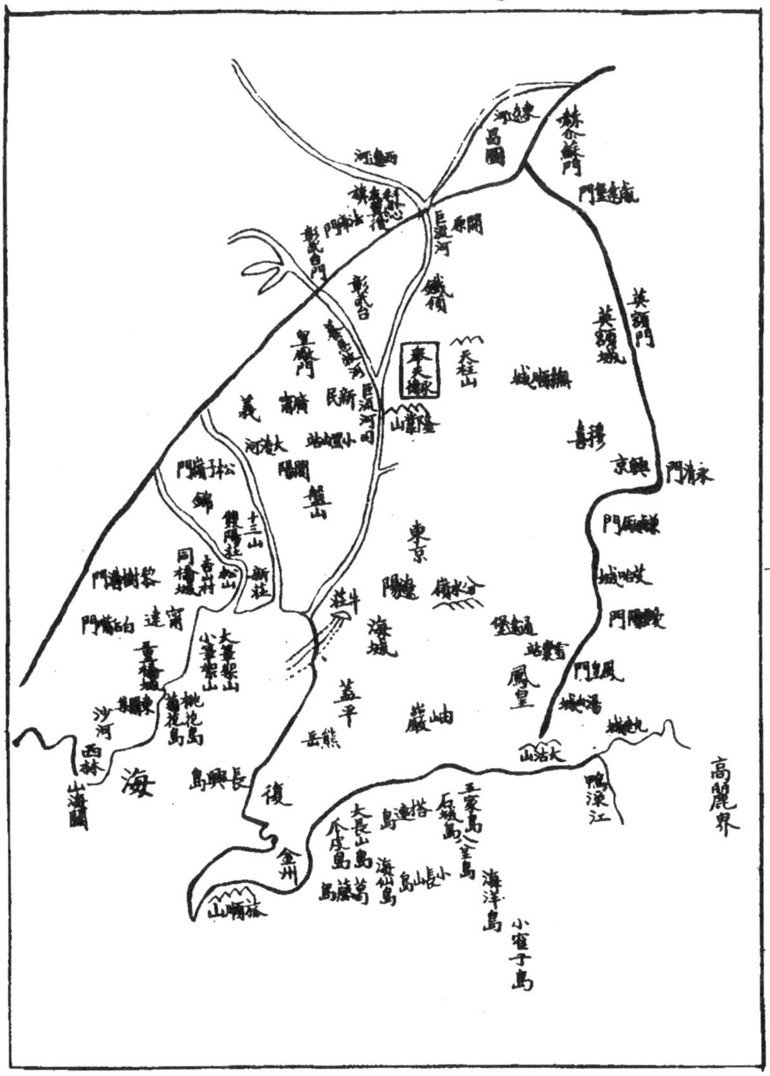

三

黑龍江

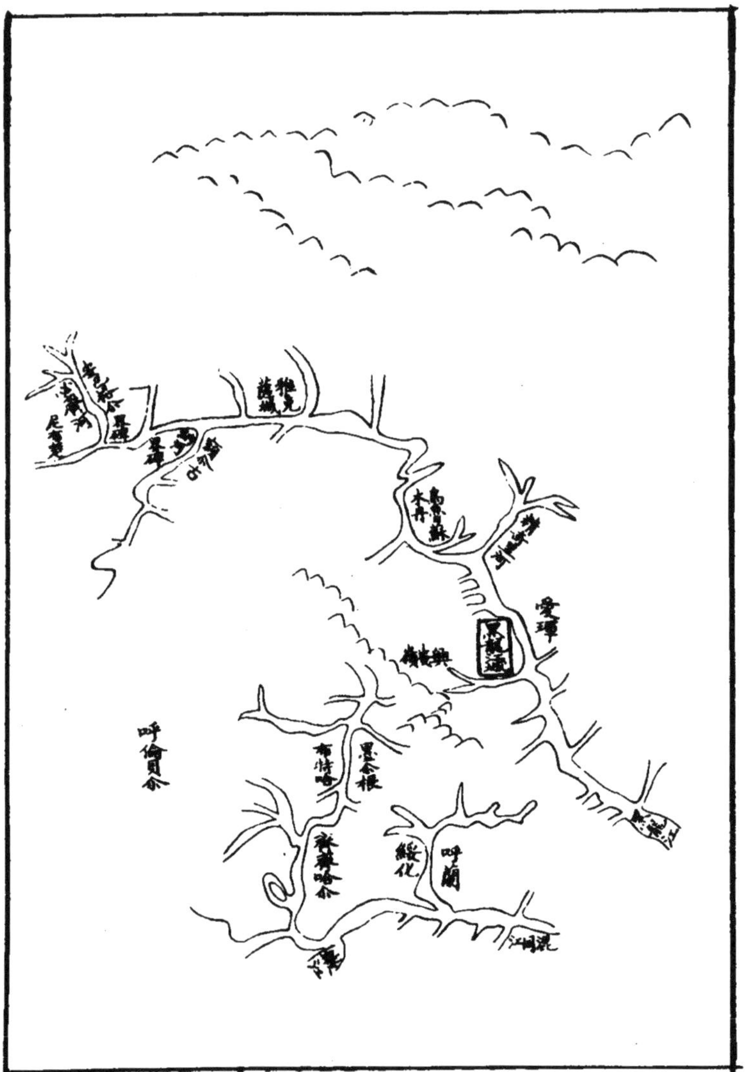

四

吉林

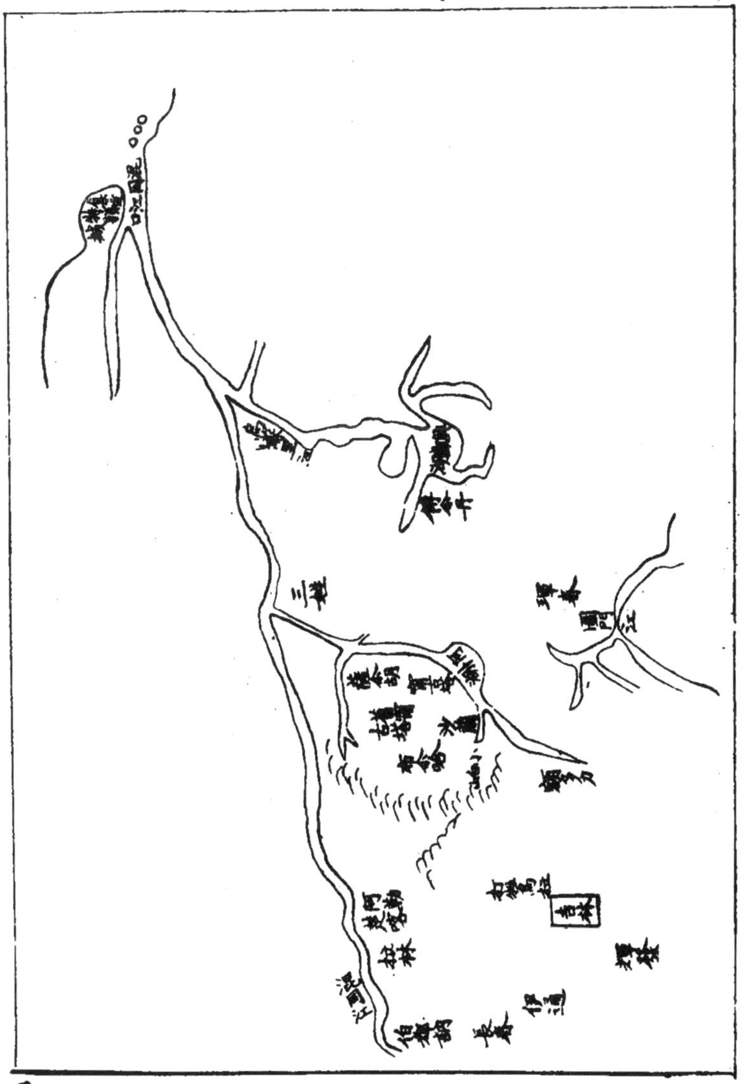

五

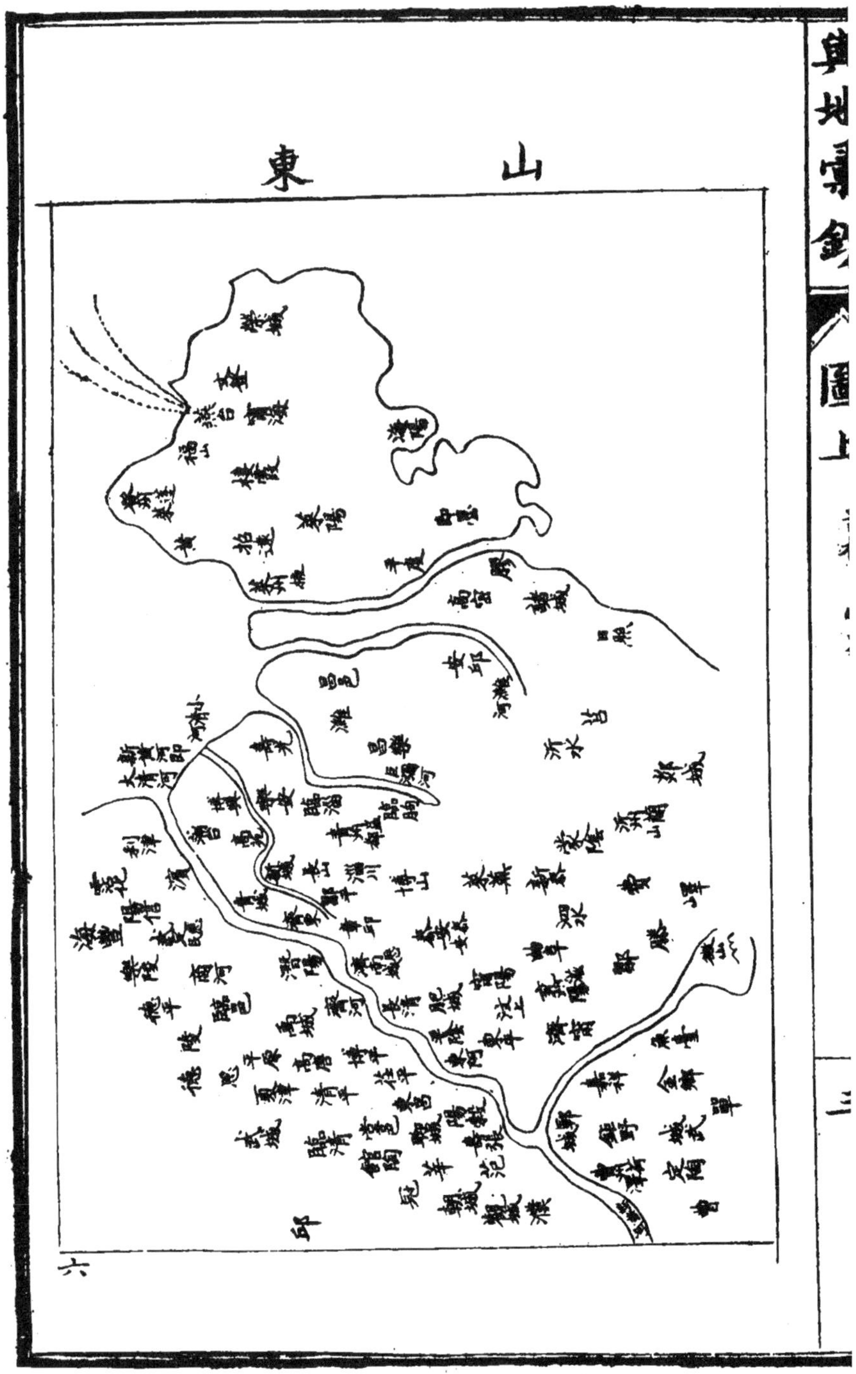
山東
六

河南

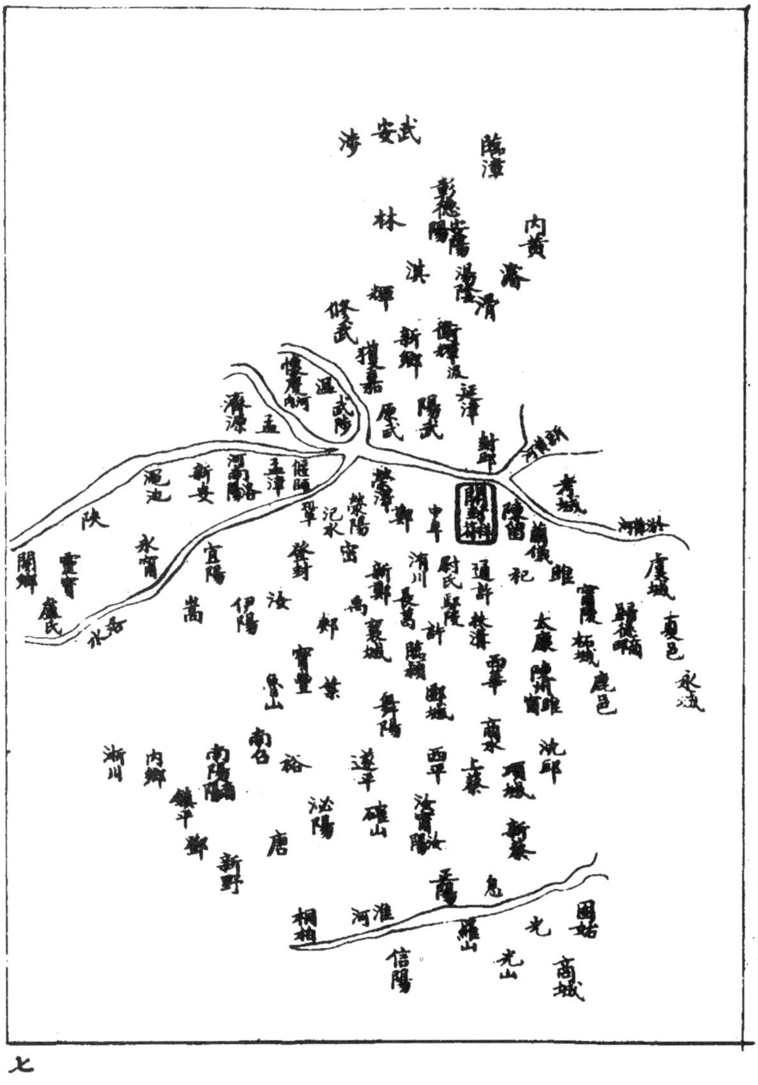
武安
涉
臨漳
林
彰德
安陽
內黃
湯陰
淇
輝
濬
滑
修武
新鄉
獲嘉
延津
陽武
原武
武陟
孟
濟源
開封府
考城
陝
新安
孟津
鞏
汜水
滎陽
鄭
中牟
陳留
睢
虞城
靈寶
永寧
宜陽
登封
密
新鄭
洧川
尉氏
通許
杞
盧氏
嵩
伊陽
汝
郟
禹
長葛
許
太康
柘城
夏邑
永城
葉
魯山
襄城
西華
鹿邑
舞陽
郾城
沈邱
淅川
內鄉
南陽
南召
裕
遂平
西平
上蔡
項城
鎮平
泌陽
確山
新蔡
鄧
唐
新野
息
桐柏
河淮
羅山
光
固始
信陽
光山
商城

七

山西

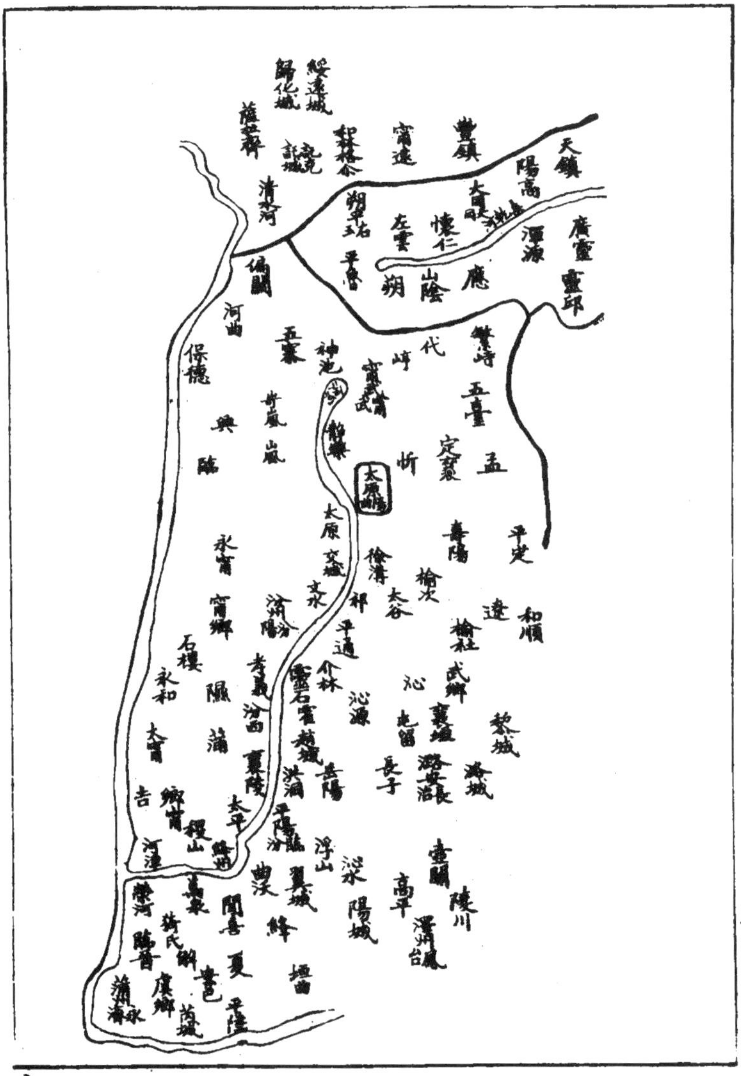

天鎮
陽高
大同
懷仁
左雲
寧遠
豐鎮
歸化城
綏遠城
清水河
渾源
廣靈
靈邱
應
山陰
朔
偏關
河曲
保德
五寨
神池
代
崞
繁峙
五臺
定襄
忻
盂
岢嵐
興
臨
太原府
太原
交城
文水
平定
壽陽
榆次
太谷
祁
平遙
和順
遼
榆社
沁
武鄉
汾陽
孝義
介休
永寧
寧鄉
石樓
永和
隰
蒲
大寧
吉
鄉寧
稷山
河津
沁源
屯留
長子
襄垣
潞城
黎城
洪洞
岳陽
浮山
翼城
曲沃
絳
聞喜
夏
垣曲
高平
陽城
陵川
鳳台
猗氏
臨晉
榮河
虞鄉
蒲
永濟
芮城
平陸

陝西

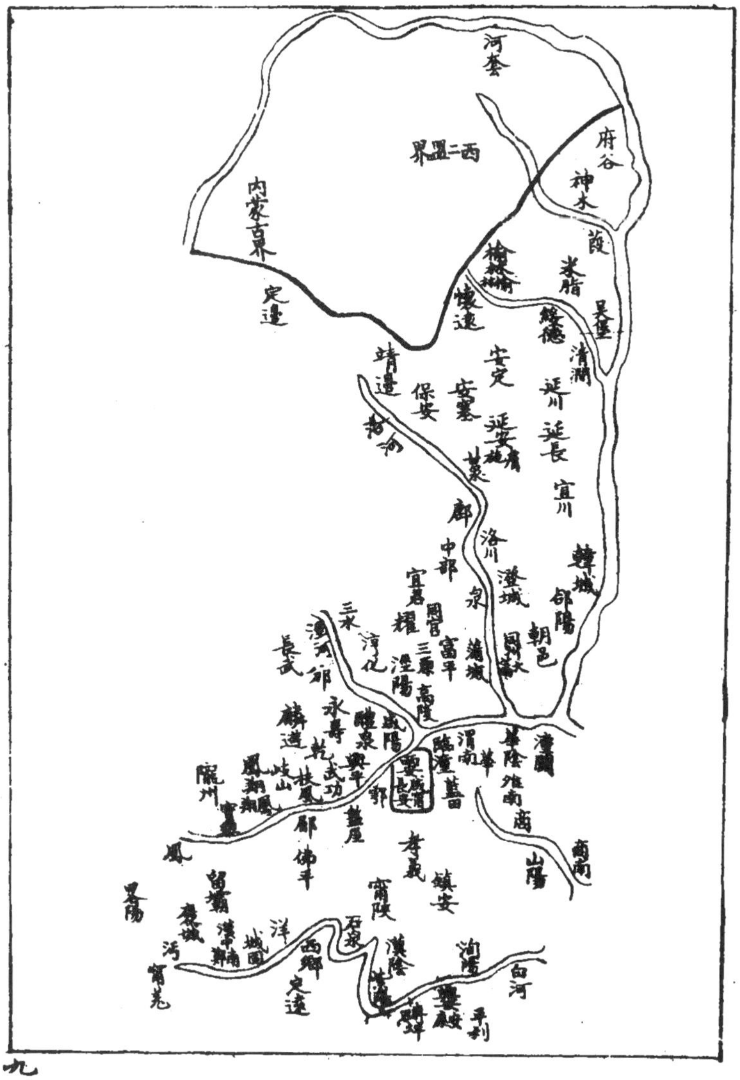
河套
西二盟界
內蒙古界
府谷
神木
葭
米脂
吳堡
榆林
懷遠
綏德
清澗
定邊
靖邊
安定
保安
安塞
延川
延安
延長
宜川
鄜
洛川
中部
韓城
澄城
郃陽
宜君
同官
耀
三水
淳化
長武
涇陽
三原
富平
蒲城
朝邑
永壽
醴泉
咸陽
高陵
麟遊
乾
興平
渭南
臨潼
華陰
潼關
隴州
鳳翔
岐山
扶風
武功
鄠
藍田
華
商南
盩厔
孝義
鎮安
山陽
鳳
佛平
寧陝
留壩
略陽
洋
石泉
城固
西鄉
漢陰
洵陽
白河
沔
寧羌
定遠
平利

九

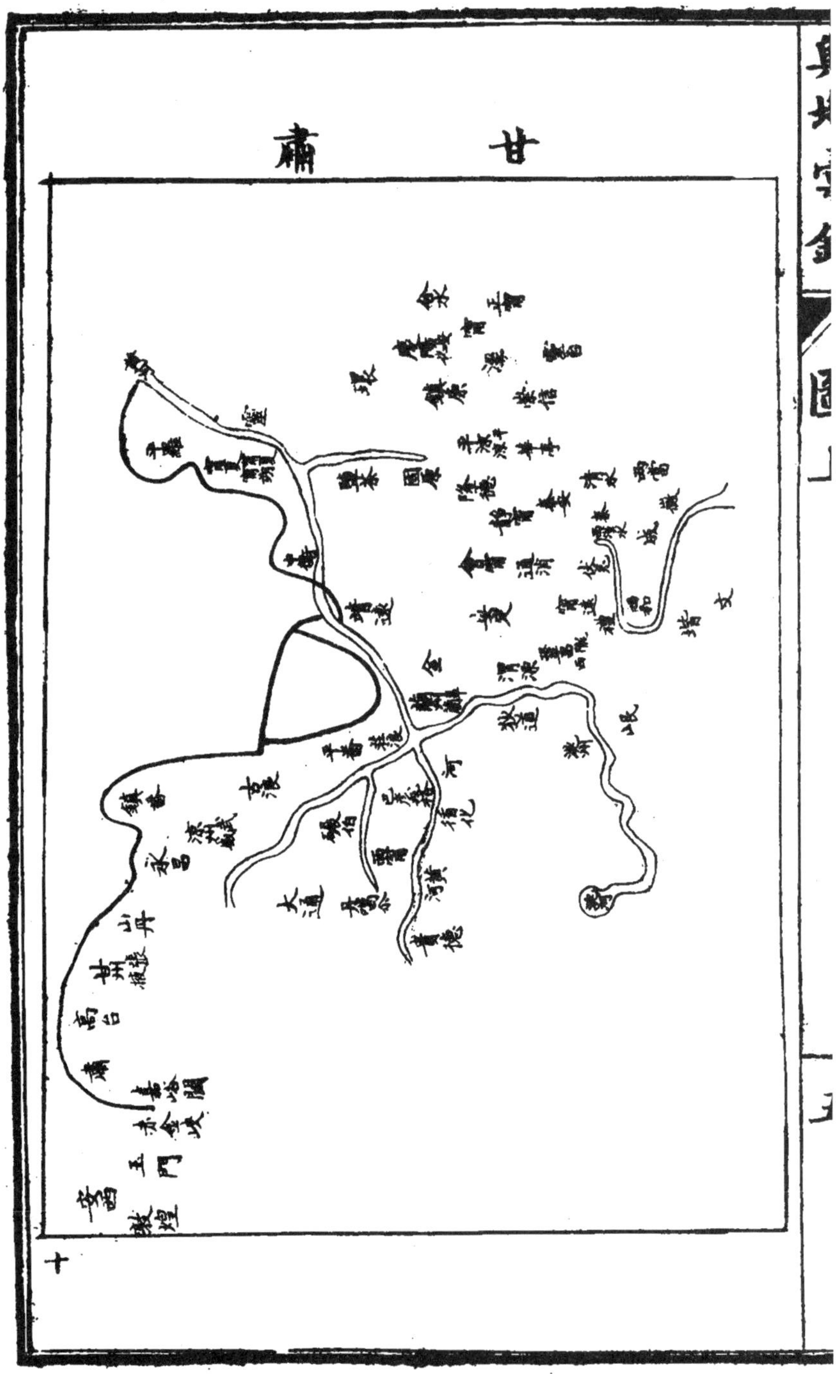
甘肅

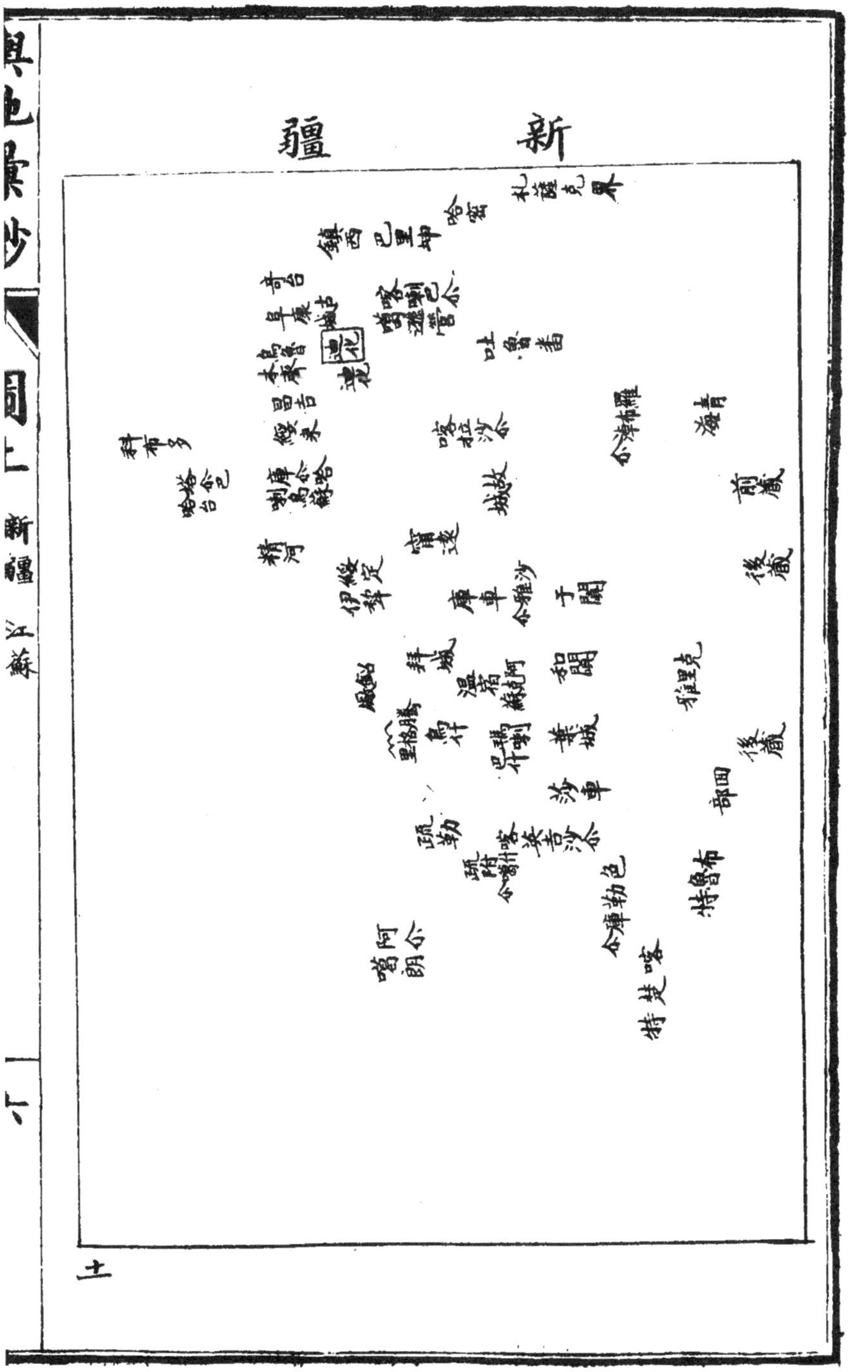
新疆
哈密
鎮西
巴里坤
吐魯番
庫車
于闐
和闐
精河
綏定
青海
前藏
後藏

江蘇

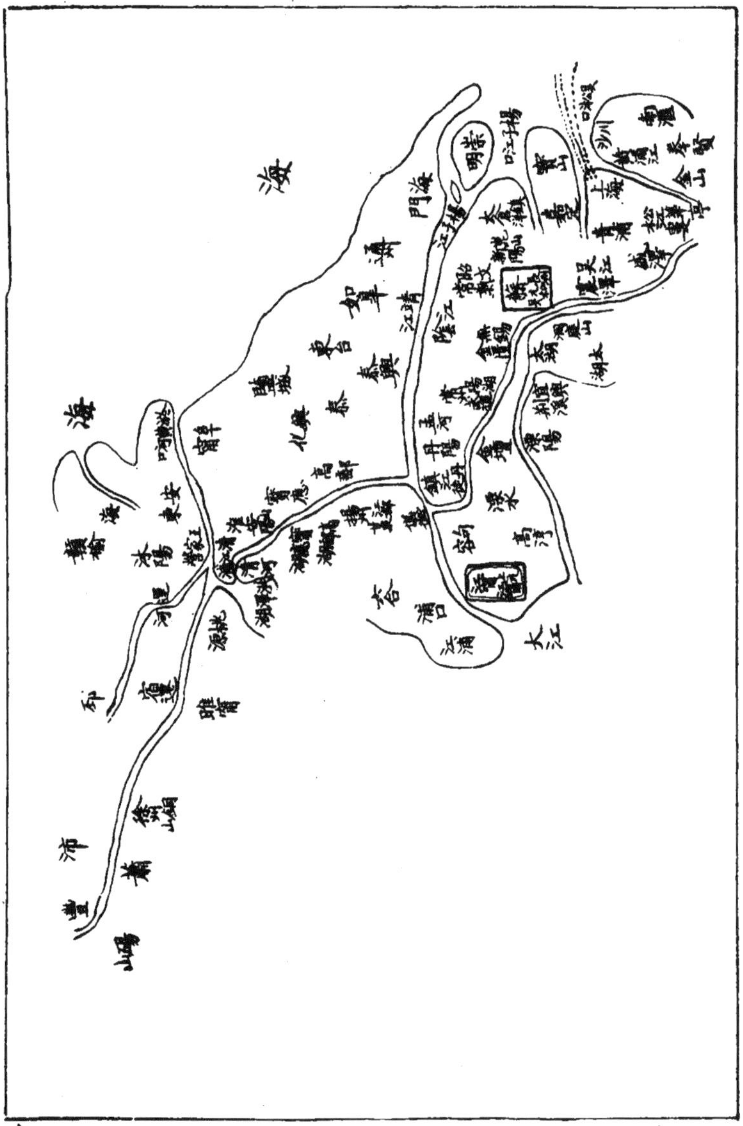

安徽

宿
亳
靈璧
泗
洪澤湖
五河
盱眙
渦陽
蒙城
懷遠
鳳陽
太和
來安
天長
潁州
阜陽
潁上
定遠
滁
淮河
壽州
鳳臺
全椒
霍邱
廬州
合肥
巢
和
揚子江
六安
含山
巢湖
舒城
無為
太平
當塗
霍山
廬江
蕪湖
桐城
安慶
懷寧
繁昌
銅陵
建平
南陵
寧國
宣城
廣德
英山
太湖
潛山
池州
貴池
大通
青陽
東流
石埭
太平
旌德
宿松
望江
建德
黟
休寧
績溪
徽州
歙
祁門
婺源

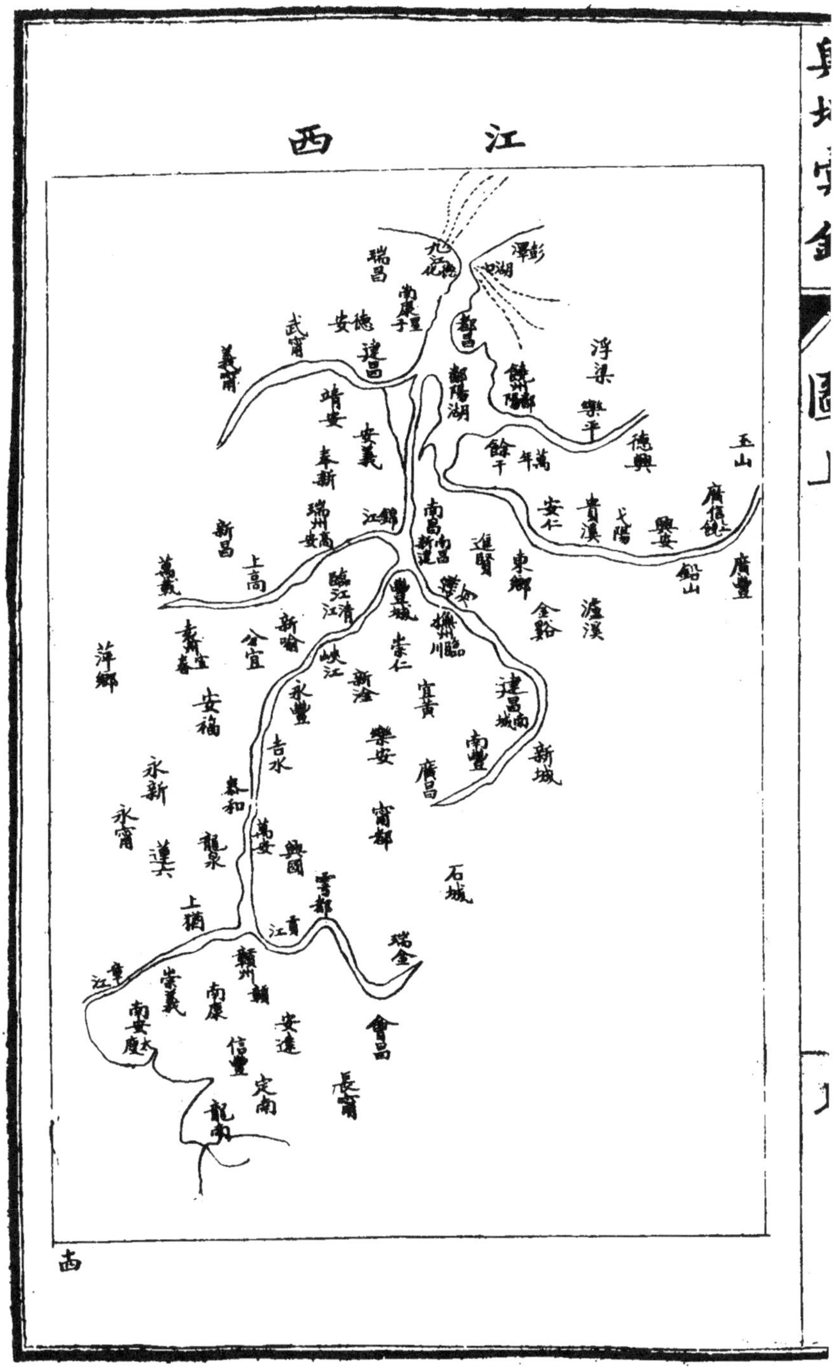
江西
九江
瑞昌
德安
武寧
義寧
建昌
彭澤
湖口
都昌
浮梁
鄱陽湖
饒州
鄱陽
樂平
德興
玉山
廣信
上饒
餘干
萬年
安仁
貴溪
弋陽
興安
鉛山
廣豐
靖安
安義
奉新
瑞州
高安
南昌
新建
新昌
上高
萬載
臨江
清江
進賢
東鄉
金谿
瀘溪
撫州
臨川
豐城
萍鄉
宜春
分宜
新喻
峽江
崇仁
新淦
宜黃
南城
南豐
新城
永豐
安福
吉水
樂安
廣昌
永新
泰和
永寧
萬安
龍泉
興國
寧都
石城
上猶
雩都
瑞金
崇義
南康
贛州
南安
大庾
信豐
安遠
會昌
定南
長寧
龍南

福建

浦城
崇安
松溪
政和
壽寧
福安
福鼎
建陽
光澤
泰寧
將樂
順昌
建寧
沙
寧化
歸化
尤溪
閩清
羅源
連江
長樂
福清
清流
永安
大田
永福
連城
寧洋
漳平
永春
仙遊
惠安
龍巖
安溪
南安
晉江
同安
永定
南靖
長泰
平和
海澄
漳浦
雲霄
詔安
廈門
金門
海
澎湖
海壇

浙江

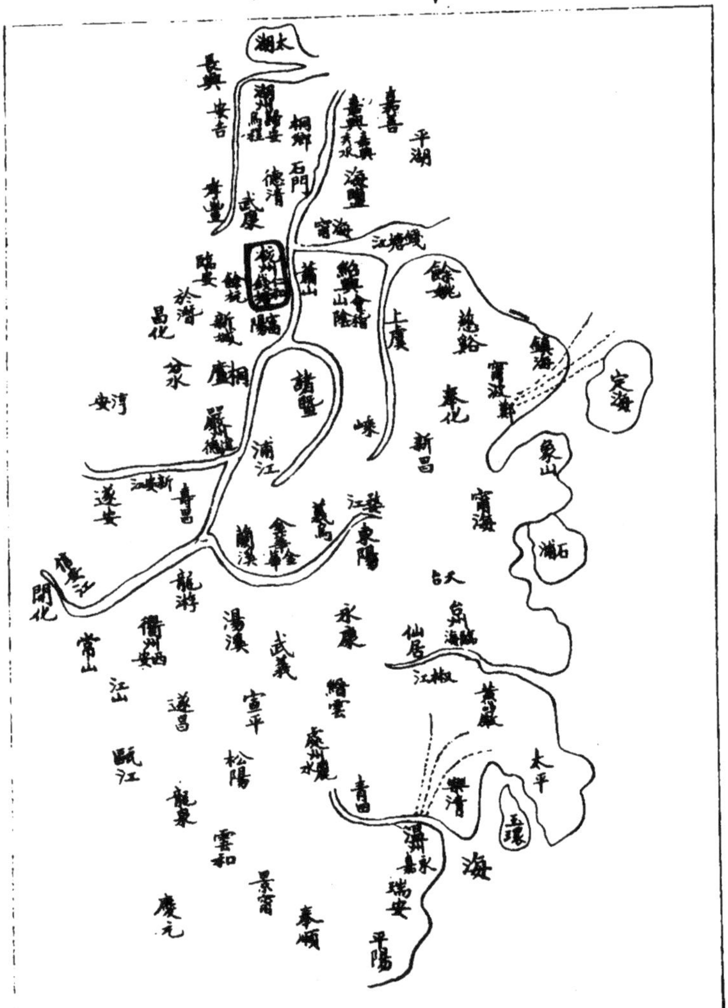

太湖
長興
安吉
湖州
烏程
歸安
桐鄉
嘉興
秀水
嘉善
平湖
石門
德清
海鹽
孝豐
武康
海寧
錢塘江
杭州
臨安
餘杭
蕭山
紹興
會稽
山陰
餘姚
於潛
昌化
新城
富陽
上虞
慈谿
鎮海
分水
桐廬
諸暨
寧波
鄞
奉化
定海
淳安
嚴州
建德
浦江
嵊
新昌
象山
新安江
遂安
壽昌
義烏
東陽
寧海
蘭谿
金華
石浦
天台
開化
龍游
湯溪
永康
仙居
台州
臨海
衢州
西安
常山
武義
椒江
黃巖
江山
遂昌
宣平
縉雲
太平
甌江
松陽
處州
麗水
青田
樂清
玉環
龍泉
溫州
永嘉
海
雲和
景寧
瑞安
慶元
泰順
平陽

十六

廣西

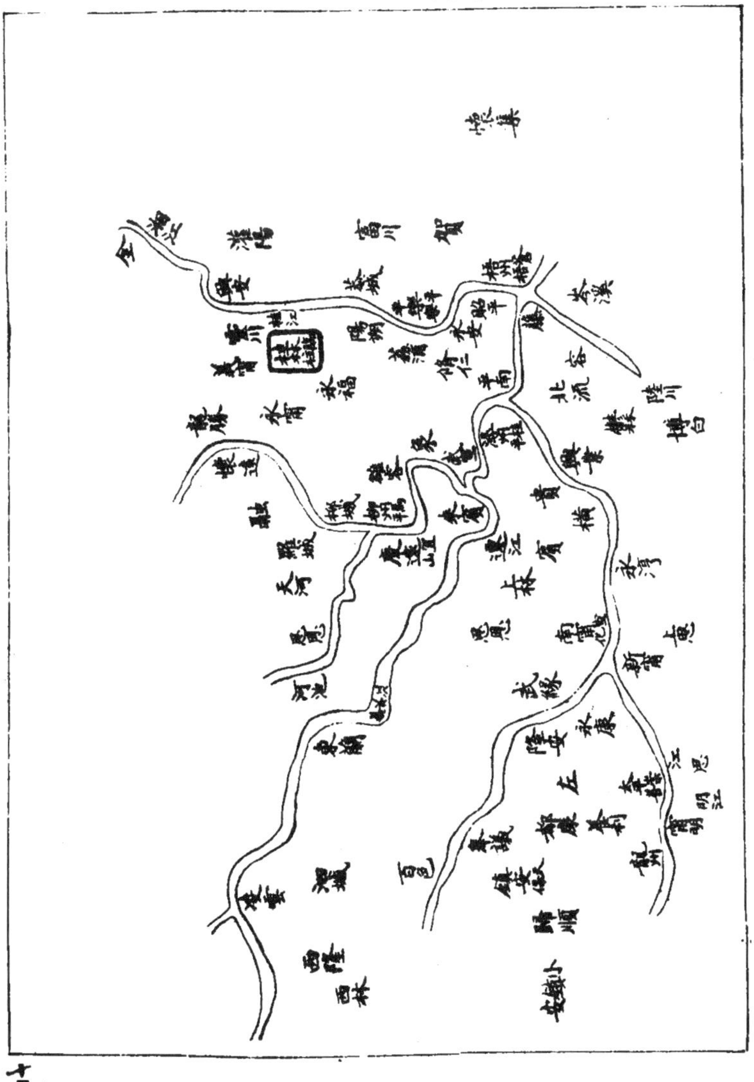
桂林
全
灌陽
富川
賀
恭城
昭平
平南
北流
陸川
博白
永淳
上思
武緣
永康
隆安
左
太平
明江
寧明
龍州
歸順
百色
西隆
西林
天河
河池
東蘭

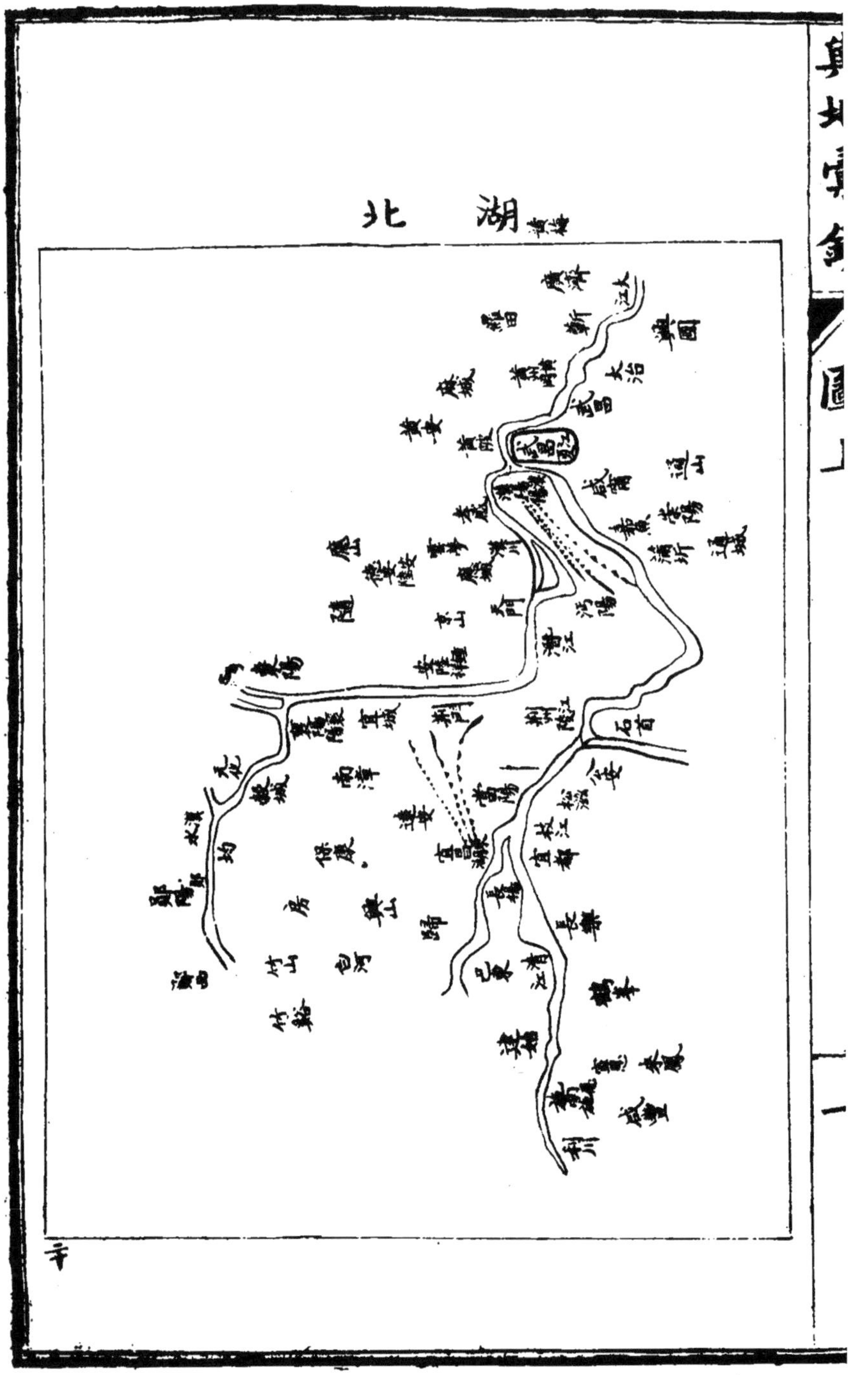
湖北
大冶
興國
武昌
荊門
石首
宜城
南漳
潛江

湖南

澧
石門
桑植
龍山
永定
慈利
安福
永順
常德武陵
華容
安鄉
大江
洞庭湖
臨湘
岳州巴陵
湘陰
平江
桃源
龍陽
益陽
沅陵
保靖
永綏
乾州
瀘溪
湘
江
寧鄉
長沙善化
瀏陽
安化
資江
辰谿
鳳皇
湘潭
湘鄉
醴陵
漵浦
麻陽
沅州
晃州
沅江
新化
黔陽
衡山
攸
寶慶邵陽
衡州衡陽
清泉
會同
武岡
祁陽
耒陽
安仁
茶陵
酃
靖
綏寧
城步
新寧
東安
永州零陵
常寧
桂東
永興
通道
湘江
桂陽
新田
郴
興寧
道
寧遠
藍山
嘉禾
宜章
桂陽
江華
臨武
永明

廿

四川

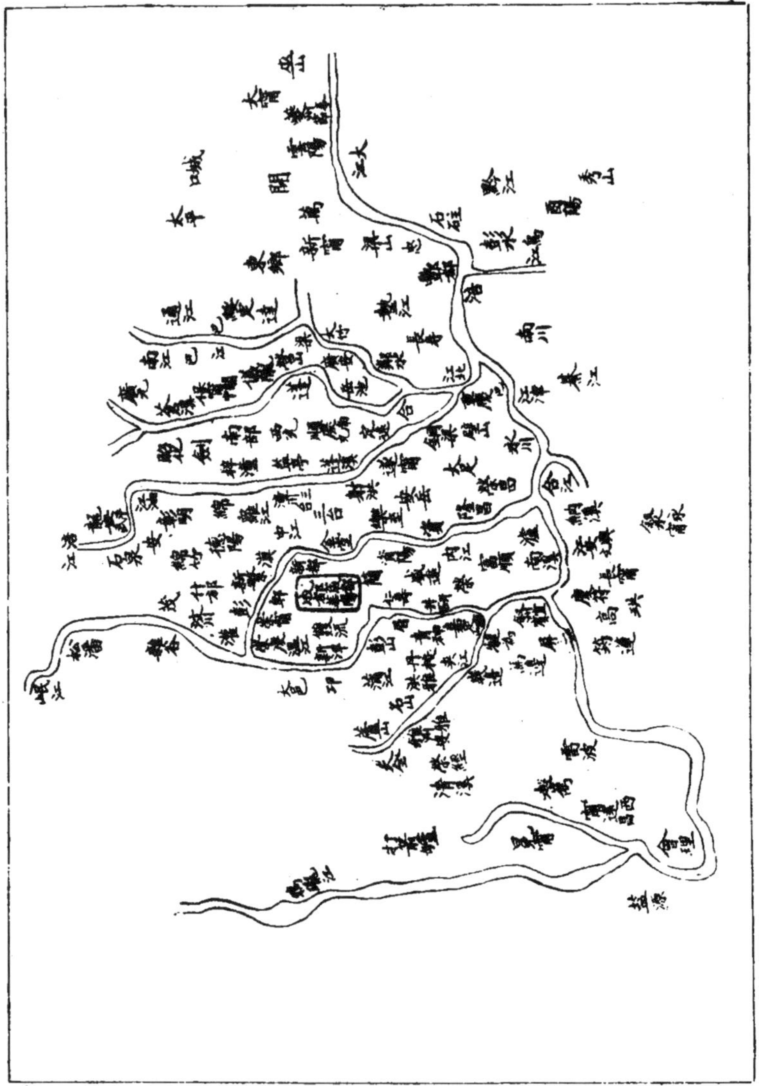

雲南

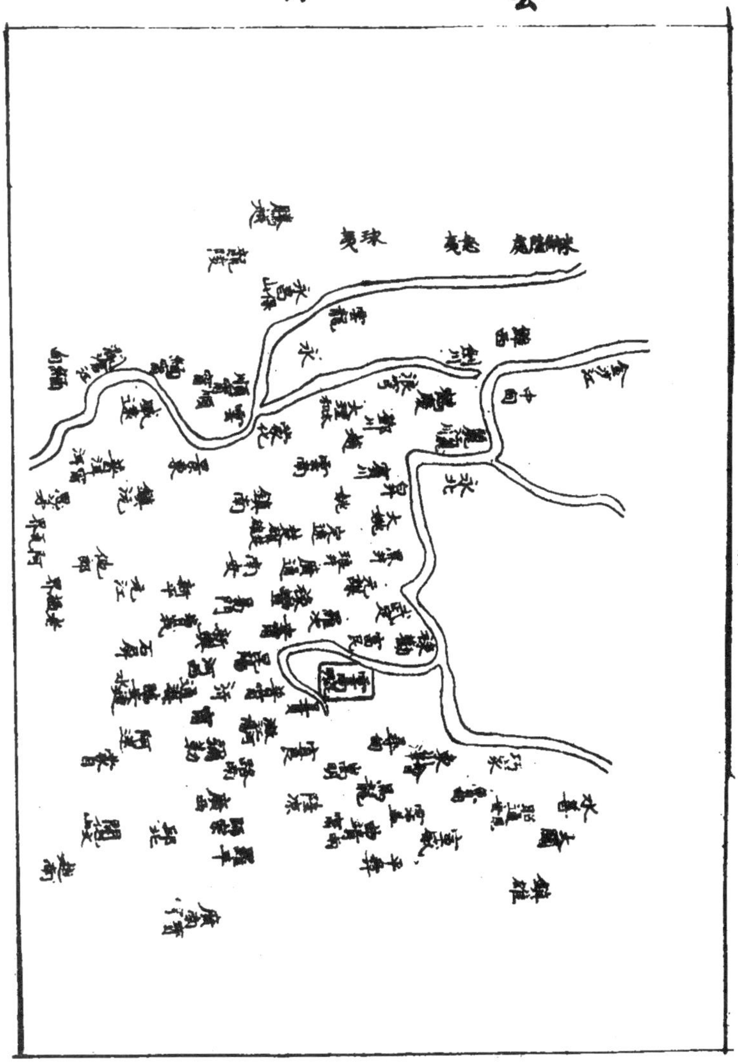

十三

貴州

安
印江
松桃
仁懷
仁懷
桐梓
綏陽
龍泉
湄潭
銅仁
遵義
石阡
思州
畢節
大定
黔西
開
餘慶
清溪
威寧
修文
平越
天柱
水城
平遠
貴陽
清鎮
貴定
麻哈
清江
安平
龍里
下江
永寧
定番
八寨
古州
普安
安南
廣順
長寨
歸化
都江
永從
荔波
興義
興義
苗

内外蒙古

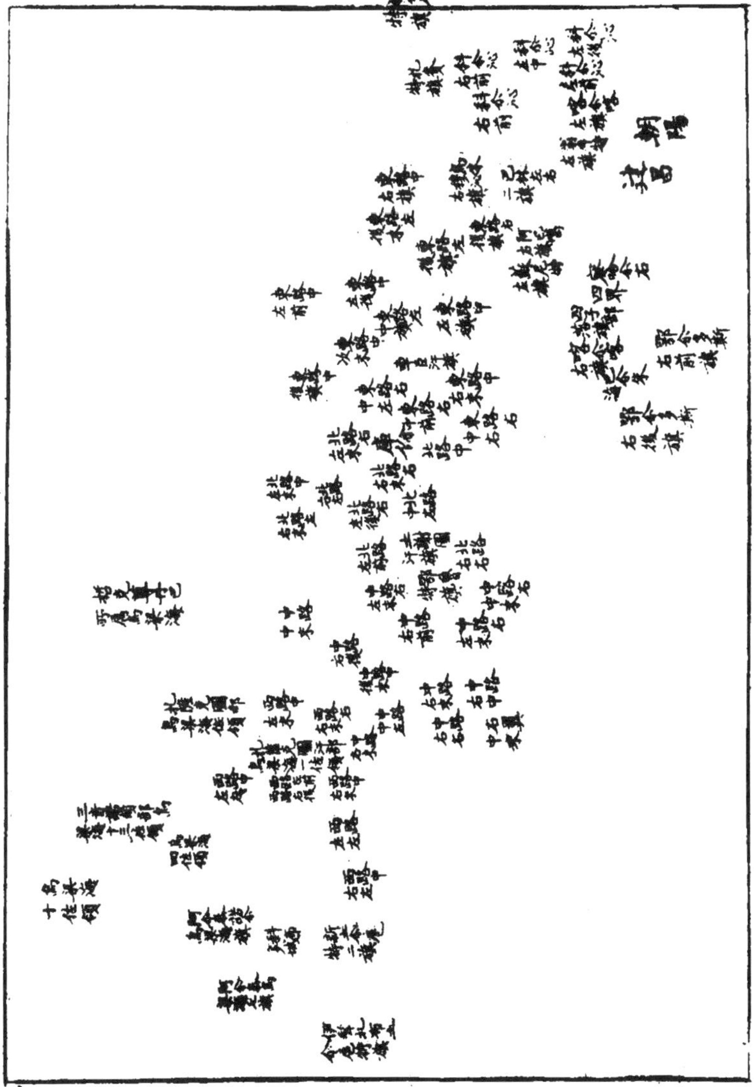

青海

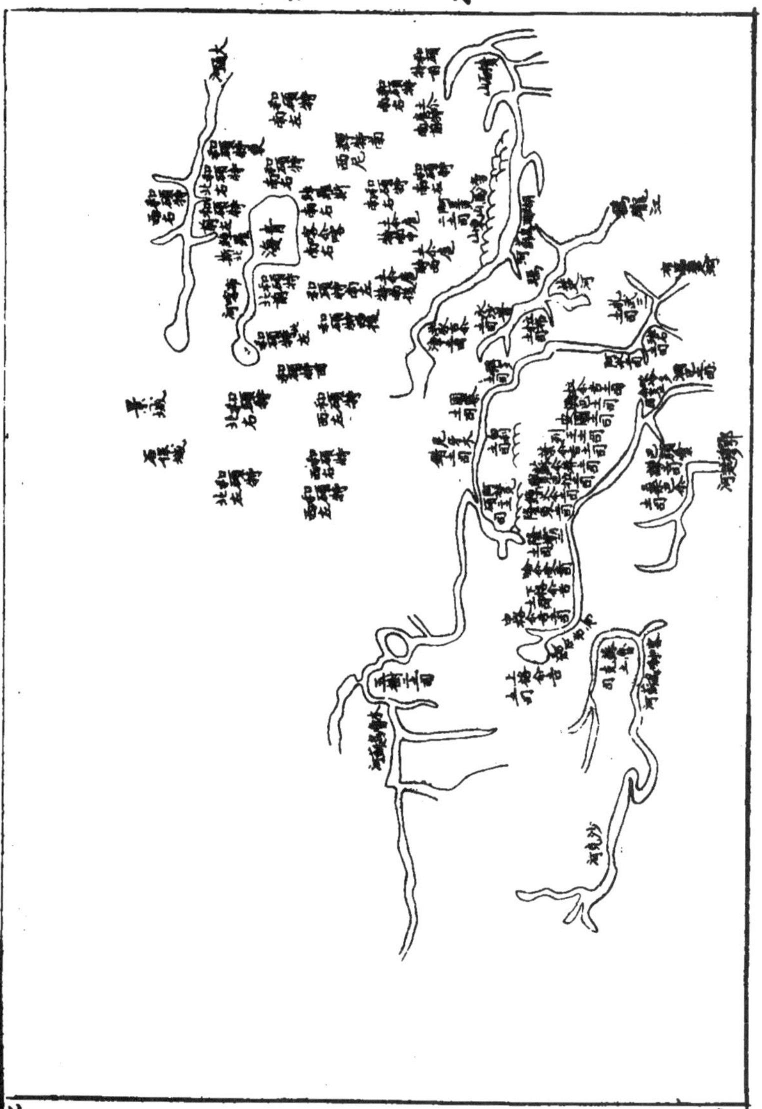

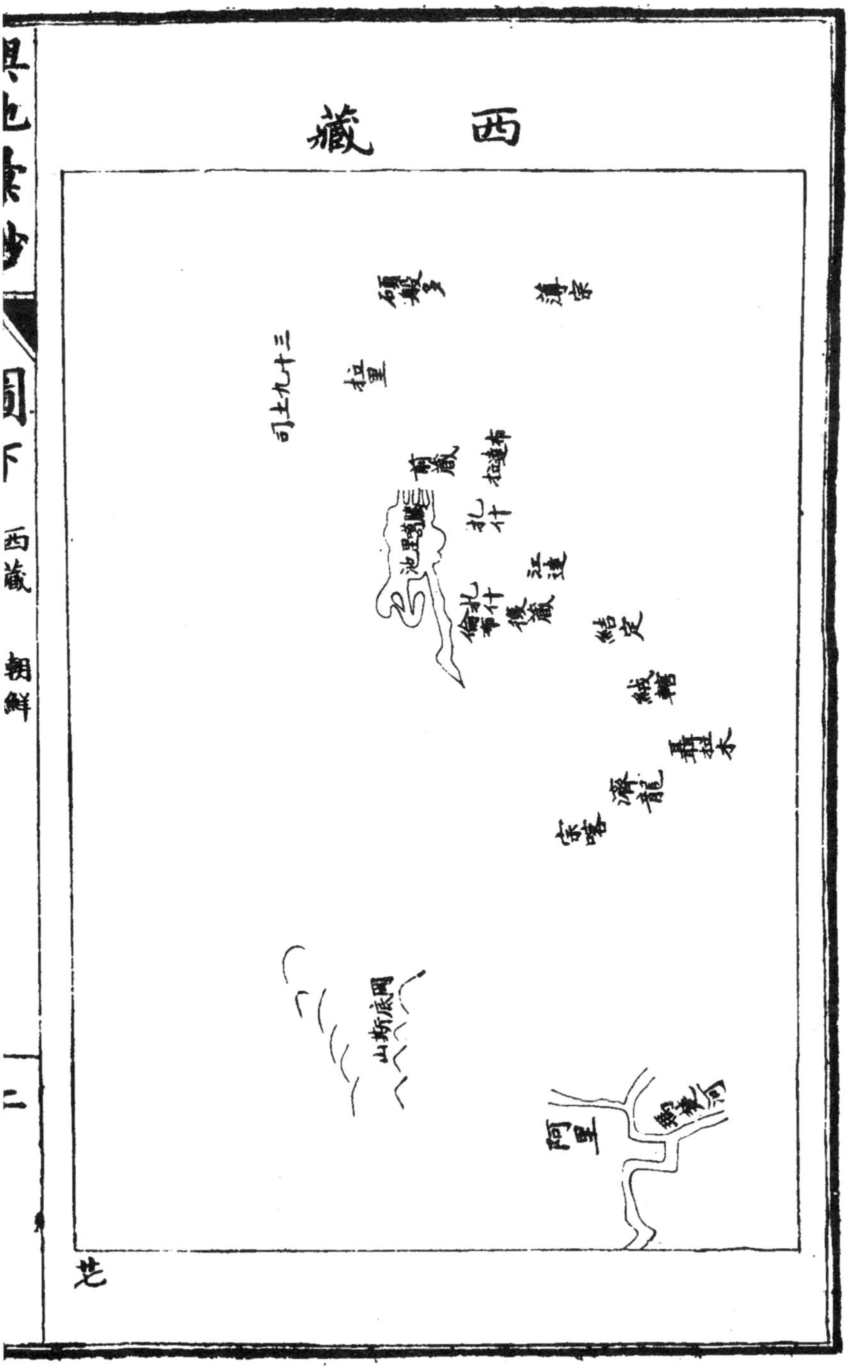
輿地彙鈔
圖下
西藏
朝鮮
西藏
三十九土司
拉里
前藏
扎什
江達
後藏
扎什倫布
岡底斯山
阿里

朝鮮圖

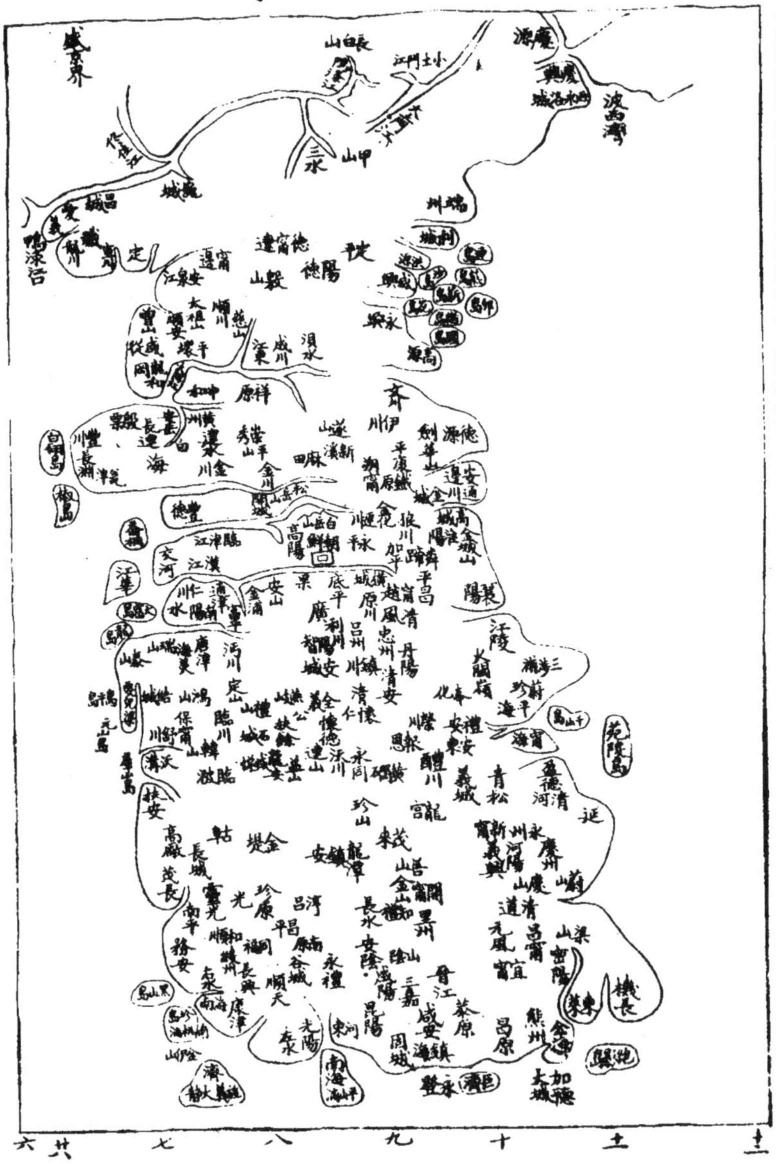

琉球圖

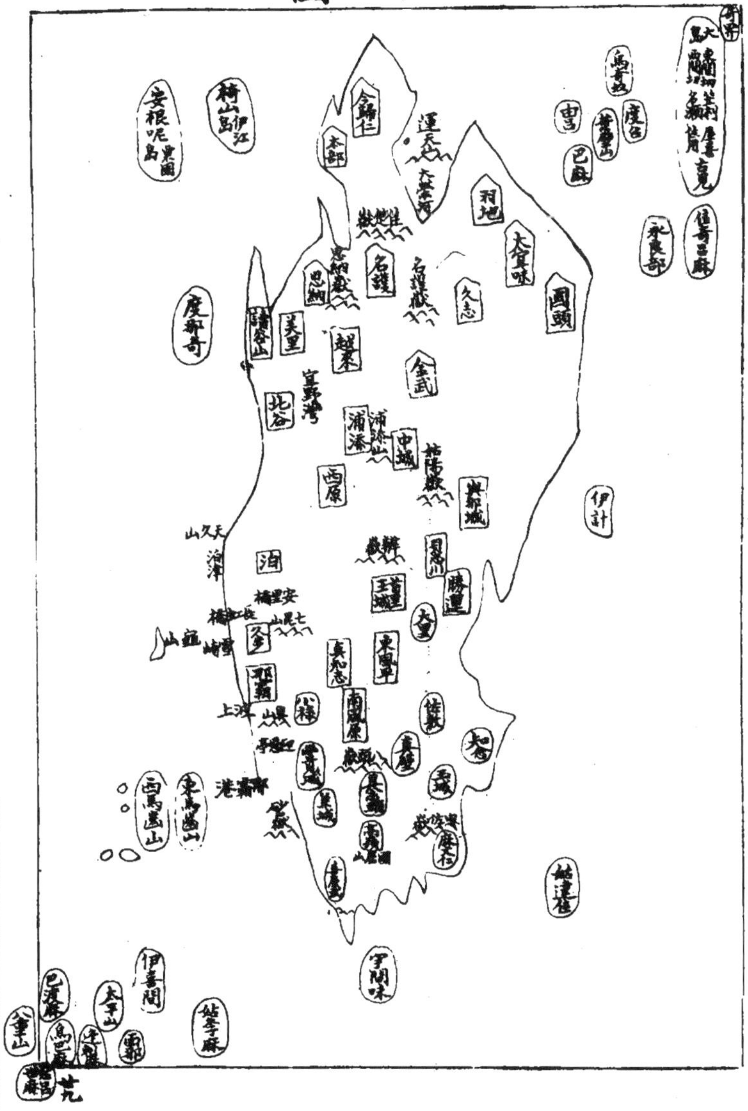
安根呢島
椅山島
伊江
今歸仁
本部
運天
羽地
大宜味
國頭
名護
久志
度那奇
讀谷山
美里
越來
金武
北谷
宜野灣
浦添
中城
西原
伊計
泊
首里
王城
具志川
勝連
大里
那覇
東風平
南風原
佐敷
知念
玉城
摩文仁
姑達佳
宇閒味
伊是閒
姑李麻
八重山
太平山

安南國全圖

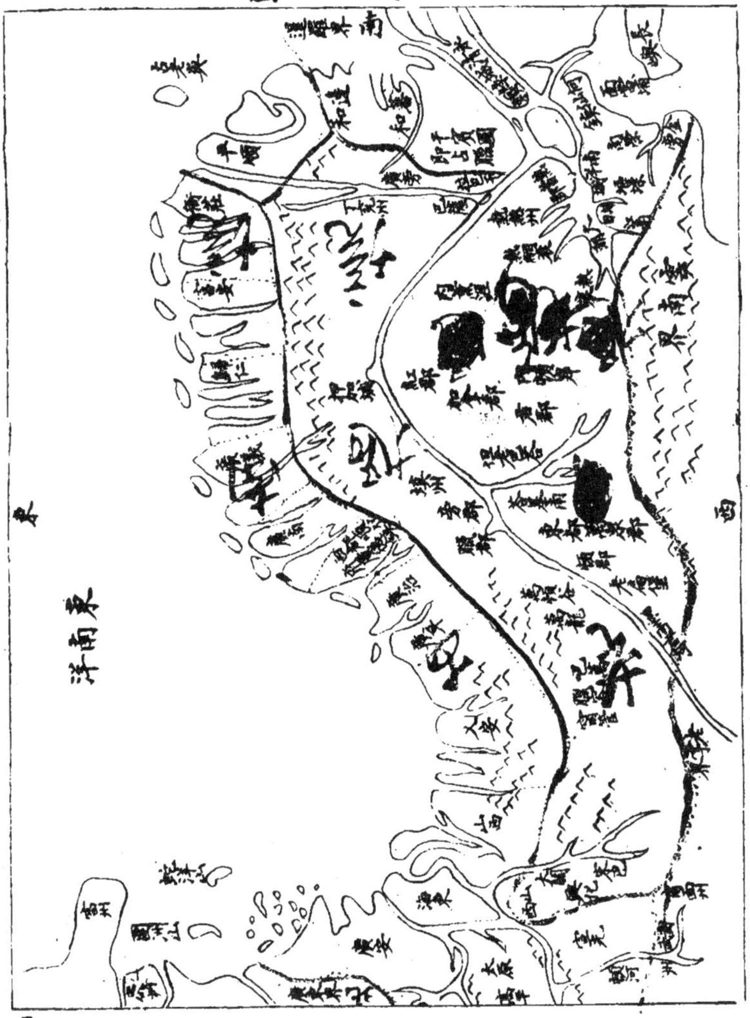

三十

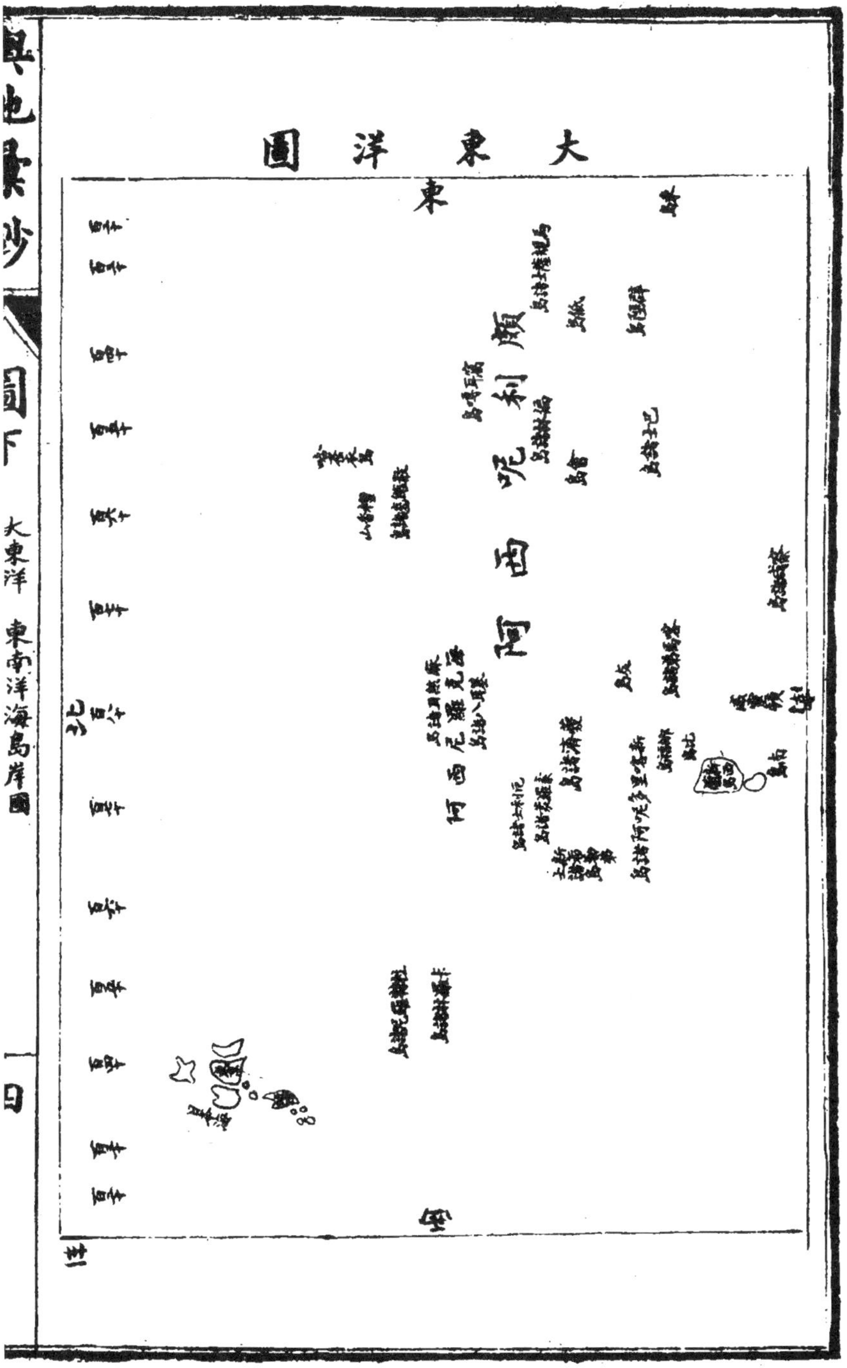
大東洋圖
東
北
輿地彙鈔
圖下
大東洋　東南洋海島岸圖

東南洋沿海島岸國圖

南洋東島邑圖

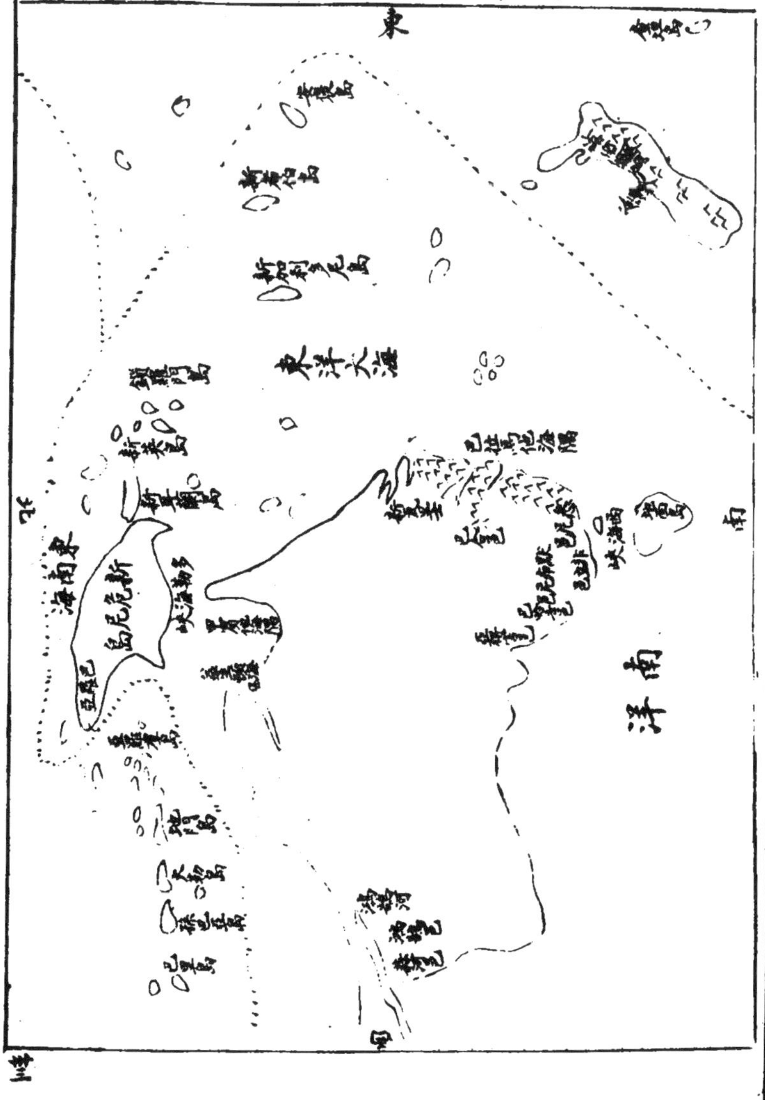

西南洋圖

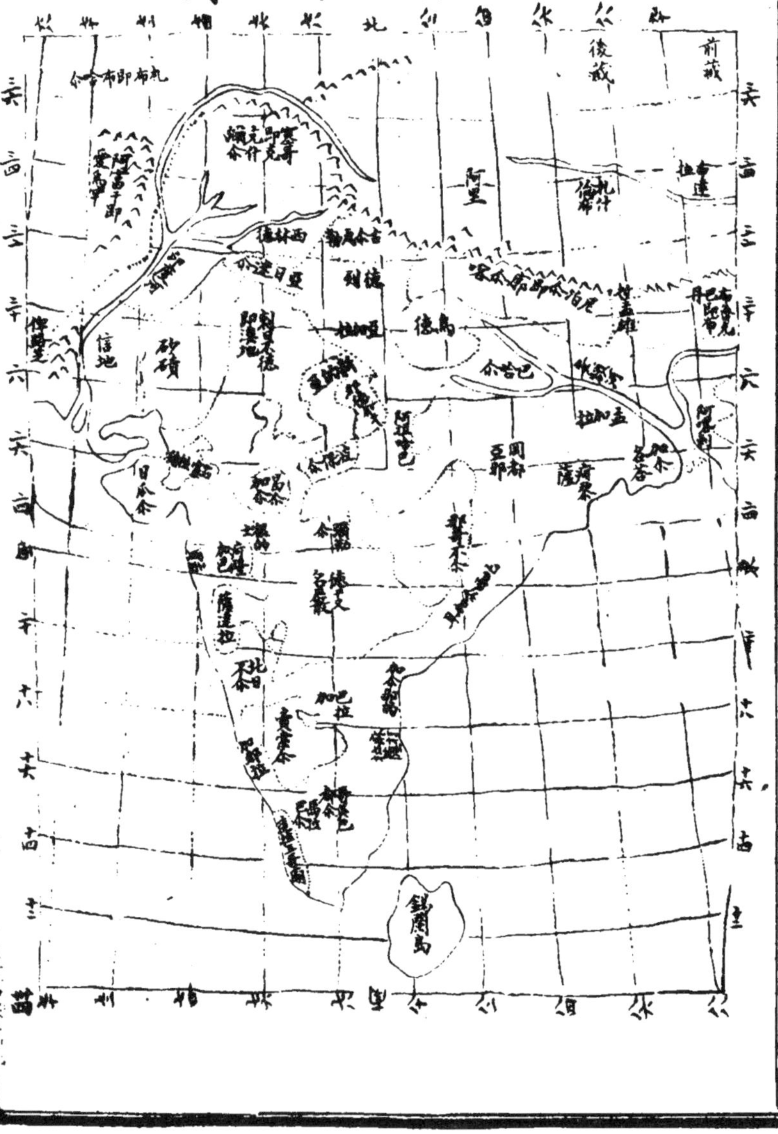

輿地彙鈔　圖下　小西洋　歐羅巴

小西洋利未亞洲圖

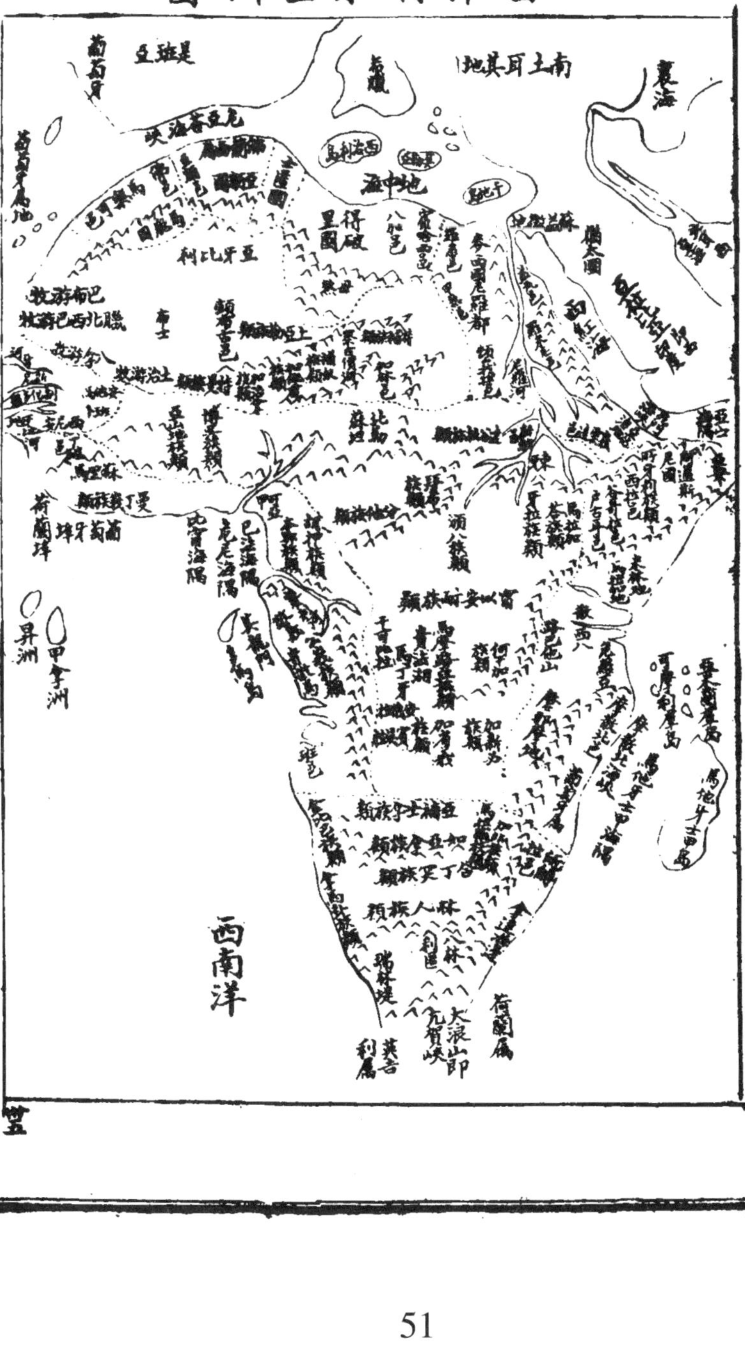

廿五

歐羅巴州全圖

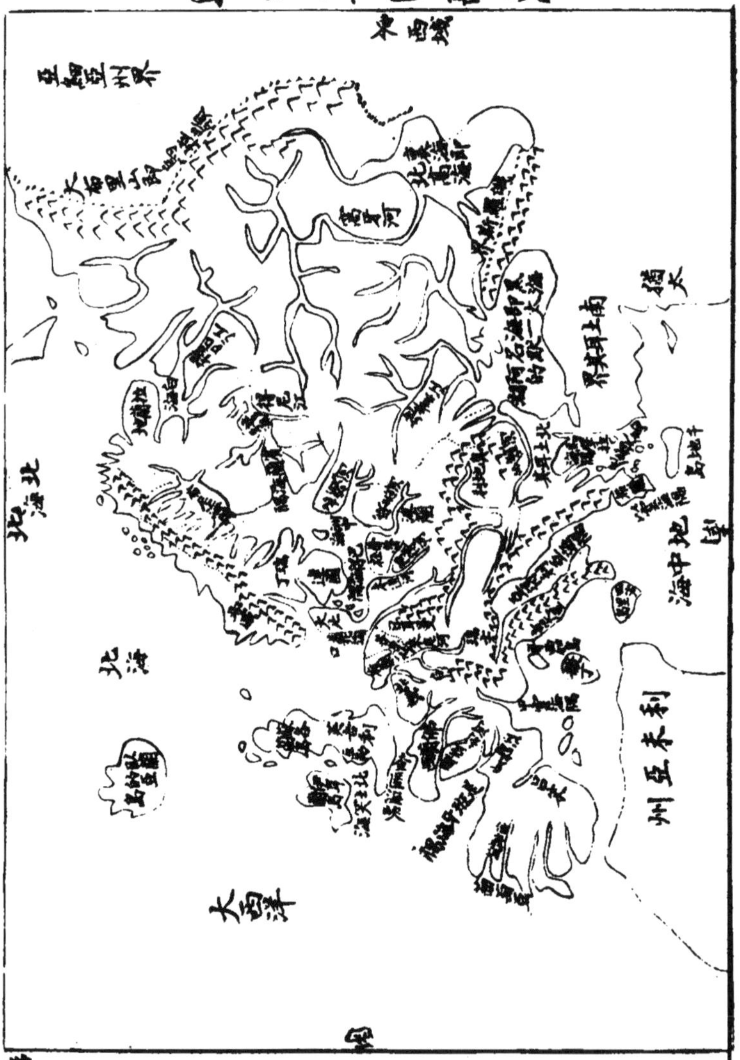

外大洋南州全圖

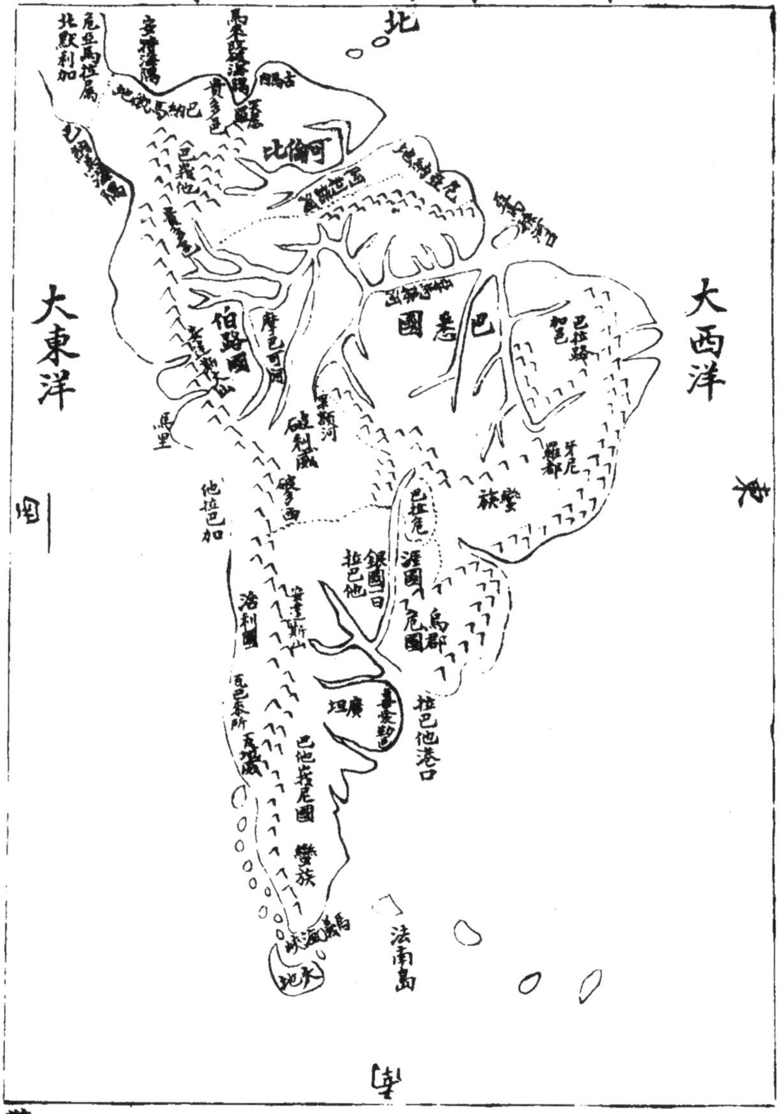

外大洋北州全圖

俄羅斯全國圖

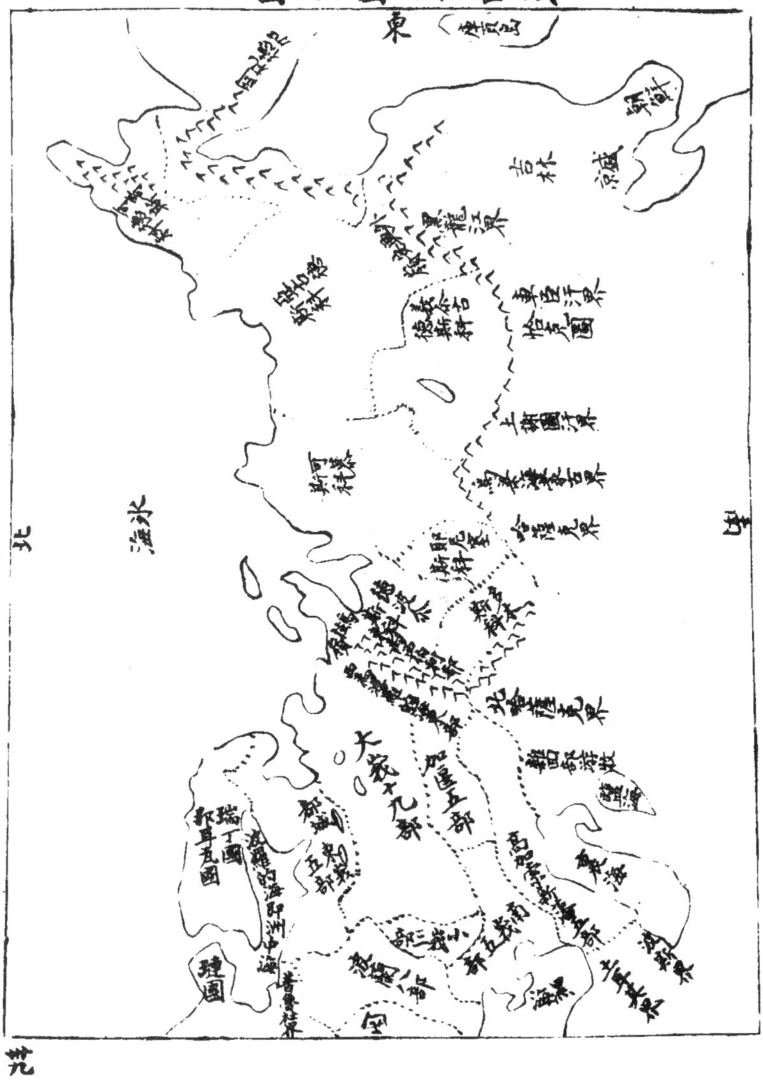

順天府

順天地畧

武進馬冠羣良伯甫輯

漢陰鄉廢縣在府西南二十五里俗謂之龍火城唐武德三年高士興攻羅藝於幽州不克退軍龍火城即此

征北小城在順天東初平四年公孫瓚築小城於薊城東劉虞攻之反為所敗晉置征北將軍嘗治此因名征北小城建興三年劉琨自太原奔段匹磾別屯征北小城是也

納降城在順天西唐會要幽州城內有經畧軍有納降軍本納降守捉城故丁零川也後置納降軍使居此西南又有安塞軍

赫連城

土城在順天西北八里唐時戍軍屯舍處或以為元置正統十四年也先奉上皇車駕登土城詔廷臣王復等出謁即此

玉河縣在順天西五代時劉仁恭置明省

順州在順天南五栁戍後寄治幽州城內

龍頭岡在順天西北四十五里梁乾化二年晉周德威擒單廷珪於龍頭岡即此舊志以為在幽州東南者誤

高梁河在順天城西自昌平州沙澗東南流經高梁店又東南入都城積水潭宋太宗伐遼與耶律沙等戰於高梁河即此金人謂之皂河上有高梁橋蒙古兵入居庸至皂河欲度高梁橋為胡沙虎所敗是也　水經注高梁水至潞縣八路河今大通河蓋即高梁下流也

沙河在順天北六十里即榆河水經注謂之濕餘河遼史作温榆河有二源一出昌平西南龍泉寺合西山諸泉東流為南沙河一出昌平西南四家莊經雙塔村東流為北沙河二河至沙河店東南賈家莊合為一入通州白河沙河店在二河之間永樂十二年北征駕次清河明日次沙河又明日次龍虎臺是也

清河在順天北二十里源出玉泉山北流入沙河元至正二十四年孛羅鐵木兒入居庸關至清河太子東走後孛羅入居庸太子將兵禦於清河即此

車箱渠在順天西北曹魏嘉平二年劉靖督河北諸軍事遵高梁河造戾陵堰開車箱渠依北岸立水門景元二年謁者樊良更制水門自薊西北經昌平東盡漁陽潞縣凡四五百里

王平口在順天西百二十里明初華雲龍言自王平口西至易州西北之官坐嶺隘口有九相去約五百餘里俱衝要地宜設兵屯守是也

鄭村壩在順天東二十里明建文初李景隆攻北平結營鄭村壩以待其還即此

元福宮在順天西北二十里永樂以後車駕巡幸駐頓之所宏治十七年築宮俗呼曰龍觀又北十八里至沙河店即昌平州之鞏華城是也

臨朔宮在順天西南隋置大業七年伐高麗至涿郡之臨朔宮將發類上帝於宮南

望京館在順天東北三十里遼時南北使餞息之所宋王曾上契丹事出燕京北門至望京館即此　沈括云幽州東北三十里有望京館又東北十餘里出古長城又二十里至中頓踰孫侯河又二十里至順州又東北七十里即檀州

憫忠閣在順天西南十五里唐太宗征遼作以祀陣歿將士後為憫忠寺明改名觀音閣宋靖康二年金斡離不劫上皇自青城由滑州至燕山館於延壽寺繼又居憫忠寺即此　延壽寺在府西南舊燕京城内

歸義州在良鄉東八里故漢廣陽城唐總章中以新羅降户置開元中李詩降賜爵歸義王歸義州都督徙部落於幽州境内即此金置廣陽鎮上元三年史朝義自歸義東奔廣陽歸義即此地廣陽乃密雲郡之廢燕樂縣後魏時廣陽郡又為燕樂

陽鄉鎮在良鄉西北建武四年祭遵屯良鄉劉喜屯陽鄉是也晉置長鄉縣高齊省魏收志作萇鄉

閻溝河在良鄉南源出西北龍門關口東南入廣陽水唐長興三年趙德鈞鎮盧龍城閻溝而戍之即此一名鹽溝水

琉璃河在良鄉南四十里金史志謂之劉李河古聖水也自房山流經縣界至霸州入拒馬河元延祐四年於盧溝橋澤畔店琉璃河並置巡簡司即此

天津關在良鄉北百餘里一名天門關口一云天津口亦名大口宋嘉定六年蒙古破金人瀛莫等州自大口偪中都元致和元年上都諸王梁王　禪等破居庸遊兵至大口天歷二年明宗和世㻋即位於和林北南還文宗圖帖睦介迎之發京師明日至大口皆此地

臨鄉城在固安東南漢置後漢省

拒馬河在固安西南二十里本盧溝河一名安陽河周顯德六年至安陽水作橋謀取幽州明靖難初燕王駐兵固安渡拒馬河即此

韓寨營在固安南即古韓城水經注方城故城東南有韓城詩鄭注韓為獫夷所偪稍稍東遷王肅云涿郡方城縣有韓侯城世謂為寒號城

常道城在舊州頭西五里故漢鄉亭魏燕王宇之子璜封常道鄉公北魏宇文英封常道鄉公皆此地魏收志作萇道城

石梁城在舊州頭東南五十里南北朝戍守處又有崧州城遼古喇王所置

龍灣河在香河縣南有大小龍灣夏秋之際二水合流經寶坻入永平昌黎之七里海遼時海運故道

平谷城在通州北漢置晉省

安樂城在通州西北更始初吳漢為安樂令曹魏景初元年滅蜀封後主禪為安樂公即此

孤山在通州東四十里靖難初李景隆攻北平燕王自大甯還至孤山列陣於白河西即此

白河在通州東二十里東南經武清入直沽合衛河入海一名潞河亦曰沽水水經注鮑邱水出禦夷鎮北塞中俗謂之大榆河南過潞縣為潞水後漢建武二年鄧隆討彭寵軍於潞水南唐萬歲通天二年契丹孫萬榮寇掠河北諸州敗走潞水東明

嘉靖二十九年俺答自古北口入犯王忬馳至通州收漕舟悉艤潞河西俺答屯河東孫山泇口諸處阻水不得渡嘉靖末劉燾以密雲歲運由通州陸運至牛欄山費多乃疏白河下達通州更小舟轉抵密雲志云河兩岸皆白沙不生青草故名白河

虹橋在通州南元至正二十五年姚伯顏不化拒也速至通州河溢乃營虹橋以待即此

通州有烟墩五名里店在州東十里烟郊在州東二十里東留村在州西十里大黄莊在州西二十里高麗莊在州西十二里

臨泃城在三河縣南石趙置一名臨渠晉永和六年燕慕容霸伐趙出徒河收樂安北平兵糧與其主儁會於臨渠即此

泉州城在武清東南漢縣魏真君七年省

泉州渠在武清縣南漢建安十一年曹操將擊烏桓鑿渠自呼沱入泒水名平虜渠又從泃河口鑿入潞門名泉州渠以通海

三角淀在武清南即古雍奴水水經注雍奴藪澤之名四面有水曰雍不流曰奴范甕口王家沱河掘河越深河劉道口河魚兒里河皆聚於此東會於直沽港入海一名笥滿水

直沽在武清東南衛河丁字沽白河合流又東南名海口一名三會海口元延祐三年置海津鎮明天順三年自小直沽開河四十里達薊州即此

河西務在武清東北三十里元至元二十五年設漕運司於此領接海運明初大軍由直沽敗元人於河務即此隆慶六年築城以備守禦

楊村驛在武清南五十里建文三年平安敗燕兵於楊村進攻通州不克宣德初征高煦駐於陽村即此

霍堡在武清西唐武德初竇建德攻幽州不克分兵掠霍堡等即此

棗林在武清西北元致和元年上都兵破通州燕帖木兒與戰於檀子山之棗林敗之至正十八年山東賊田貴等攻漷州至棗林敗元兵遂略柳林偪畿甸

柳林在武清西北元至元十八年如漷州又如柳林後遂以柳林為遊畋之地建行宮焉

秦城在寶坻南十里秦始皇并燕築城置戍唐太宗征高麗駐蹕秦城即此

梁城今梁城所在寶坻東南唐末劉仁恭築劉守光為燕王屯兵於此

紅心堤在寶坻東南二百里偪近海口秦始皇時築

信安城在霸州東本唐淤口關後入契丹周顯德六年收復置淤口寨宋太平興國六年置破虜軍景德二年改信安軍金大定七年改縣元光初改鎮安府元省

漢平曲城在霸州東公孫渾邪封平曲侯即此

莫金山在霸州南十八里宋設莫金口寨俗名口頭村

益津關在霸州東本永清縣地唐置關金大定二十七年置益津縣明初省周顯德六年周主自乾寧軍獨流口泝流而西至

益津關契丹將以城降乃舍舟進至瓦橋關是也
永濟渠在霸州東宋志信安軍有永濟渠咸平中置東起乾寧軍西至永濟渠合鵞巢淀陳人淀燕丹淀大光淀孟宗淀諸水横廣百二十里縱三十里或五十里深丈餘以為邊備
水紋淀在文安縣西宋咸平中置塘濼東自永濟渠西至霸州莫金口合水紋淀得勝淀下光淀小蘭淀李子淀大蘭淀為一水横廣七十里縱十五六里
武平亭在文安北今名渭城趙惠文王二十一年徙漳水武平西二十六年徙漳水武平東即此
安平寨在文安西北宋志縣有劉家渦刁魚阿翁雁頭黎陽喜渦鹿角等寨政和三年改劉家渦曰安平阿翁曰仁孝雁頭曰和寧喜渦曰喜安是也
蘇家橋在文安東靖難初燕王自故安渡拒馬河駐師蘇家橋即此
平陵城在大城東北漢蘇建封平陵侯即此
玉帶河在保定縣北東南入磁河宋咸平中置塘濼自莫金口至保定軍父母砦合粮料淀回淀諸水為一横二十七里縱八里其深六尺
桃花砦在保定軍有桃花父母二砦政河三年改父母曰安寧金省
懔州在涿州境唐天寶初於放陽縣界置懔州以處降人即此
獨鹿山在州西十五里下有鳴澤漢元封四年自回中北出朝那蕭關歷獨鹿鳴澤即此
挾河一名挾活河在州西北二十里本涿水自大同得勝堡外入至老班溝一入涞水一入涿州沙水俱活東西不定故謂之挾活水又謂之聖水北魏之文偉修為陂以資灌溉民賴其利一名巨馬水
范水在涿州南自涞水縣流入州境下流合巨馬河范水之名本此
北涉溝即故洹水南涉溝即故督亢水並在州北良鄉東
岐溝在州西南四十里亦曰奇溝祁溝唐天設關天祐十年晉周德威出飛狐攻燕與鎮定兵會於易水進攻祁溝關下之宋雍熙三年曹彬米信等與契丹耶律休哥戰於岐溝關即此宣和中設關以拒金
督亢陂在涿州東南十里北魏時幽州刺史裴延儁築舊迹修陂溉田萬頃北齊初平州刺史嵇曄開陂置屯田歲收稻粟四十萬石有督亢亭
范村在涿州西南宋宣和四年童貫伐遼至高陽關种師道總東路兵趨白溝辛興宗總西路兵趨范村即此
大房山在房山西十五里一名大房嶺梁貞明三年李嗣源自易州北踰大房嶺循澗而東距幽州六十里與遼遇敗契丹口於山口即此

大安山在房山北八十里唐天祐末幽州帥劉仁恭築館其上名曰天安館即此
泰軍都城在昌平東軍都山南一名渾都魏天平中置東燕州治尋省
萬年城在昌平西南魏天平中置隋省
漢居庸縣在昌平西北周省
廣武廢縣在昌平西後魏武定初置偏城郡領沃野廣武二縣治廣武縣即此
三城在昌平界晉咸和九年後趙石斌擊叛羌於關中還屯三城是也
鞏華城在昌平東南本名沙河店永樂中建行宮正統時圮於水嘉靖十七年築城置戍亦曰鞏華臺
天壽山在昌平北十八里本名黃土山正統十四年也先入犯于謙遣軍分屯天壽山宏治十三年火篩自大同入遣大臣守衛天壽山嘉靖二十九年俺答犯州東門官軍潛伏林內奮出擊卻之皆此地○山有十口自州西門而北八里為大紅門門東三里曰中山口又東北曰東山口又北而西十里曰老君堂口又西十五里曰賢莊口又西三里曰灰嶺口又西十二里曰錐石口又南十二里曰雁子口又西南三里曰德勝口又東南十里曰西山口又東二里曰榨子口
軍都山在昌平西西北二十里太行八陘之一後漢永平中朔騎經軍都耿舒襲破其眾斬匈奴兩王晉建興中殺四禪欲擁其眾徙保上谷阻軍都之險
白浮山在州東南元致和初燕帖木兒與上都兵戰於白浮之野敗之又敗之於白浮山西上都兵走昆山即此○昆山即駐蹕山在州西南
榆河在州南一名濕餘河或名溫榆河源出軍都山南流而伏又南復出為榆河元致和初燕帖木兒禦遼東之師次三河聞上都兵入居庸乃還軍次榆河戰於河北敗之追奔至紅橋
居庸關在州西北自南口城上歷上關彈琴峽青龍橋八達嶺至北口城凡四十里亦名軍都關北齊改為納款關唐十道志作薊門關漢建武十五年遷代上谷諸郡民於居庸關以東晉咸寧六年慕容皝自蠮螉塞直抵薊城破武遂津入高陽大掠而還蠮螉居庸轉音即居庸塞永和六年慕容儁使慕容霸自東道出徒河慕容輿自西道出蠮翁塞自將中道出盧龍塞關之南口又曰幽州下口北齊書謂為夏口天保七年北巡至達速兒嶺行視險要將起長城自幽州下口至恒州下口九百餘里宋嘉定二年元祖攻居庸不下札八兒請自北口黑樹林中間道銜枚疾馳以出乃自暮入谷黎明已在平池疾趨南口金人駭潰名其地曰札八兒道洪武二年壘石為南口城三年徙山後諸州民於關內三關之守惟居庸險而實易
黃花鎮在昌平北有城當居庸古北二關之中北連四海治為京師後戶城西有垣一重曰頭道關二重曰二道關關西南曰撞道口堡又西曰鷂子峪堡西水峪堡堡西即八達嶺
白楊口在昌平西北四十里距居庸南口二十里亦曰白羊城南小城曰白羊新城正統九年也先由白羊口入犯宏治十一

年火篩自大同入京師戒嚴分遣大臣守潮河川天壽山居庸紫荆倒馬楊白諸關
横嶺口在白楊口西嘉靖中俺答入犯從横嶺口逸出即此
慕田峪堡在昌平東北百有五里有慕田峪城萬秝初移渤海所於慕田峪關即此
皇后店在昌平西元至正二十四年秃堅帖木兒入居庸太子逆戰於皇后店敗還即此
呼奴山在順義東北亦曰狐奴北麓鳥道而上有小石城即故狐奴縣城西南麓又有二城後漢鄧訓與上谷太守任興將兵屯狐奴時築
牛欄山在順義北宋主曾上拜丹事順州至檀州漸入山牛欄是其要地明改名順義山
桃山在順義西北即桃谷山元致和初燕帖木兒擒擊上都兵於白狼河追至桃山降其衆燕樂遂潰
石槽砦在順義西北有南北東三石槽元致和初上都兵入古北口遊兵掠石槽撒敦擊敗之追至牛頭山出古北口即此
黍谷山在懷柔密雲交界處亦名燕谷山一名寒谷山南有高齊時長城東北有華林天柱二莊
三角城在懷柔北本名三角村明初徐達敗元兵於三角村即此
燕樂故城在密雲東北漢厗奚地後魏延和九年置燕縣太平真君九年改廣陽郡五代廢為燕樂莊乾化三年晉周德威伐燕樂被擒即此
行唐故縣在密雲東遼志太祖阿保機掠定州破行唐驅其民北至檀州擇曠土居之置十寨仍名為行唐縣即此
要陽縣在密雲東南漢縣高齊省
漢厗奚縣在密雲東南後漢曰傂奚晉省魏密雲郡治提携城即此
方城縣在密雲東北晉時慕容燕置魏延和省皇興二年置安州治故方城晋泰初復置縣高齊省
安市縣在密雲東北後魏僑置延和初置交州治真君二年改置安樂郡隸領土垠縣高齊省土垠周悉省
共城在密雲東北一作龔城
白檀山在密雲南漢建安中曹操伐烏桓從盧龍口越白檀掩不備即此
大峪錐山産鐵在密雲北元至元十三年立四冶後省
密雲山在密雲南十五里一名横山晉咸康四年石虎攻段遼於令支遼奔密雲山唐時於山下置横山城為守禦處
霧靈山在密雲東北二百里一名萬花臺水經注云孟廣硎山絕項可瞰塞内正德中撫臣王大用以山錯在朶顔部地界請如唐受降大順故事出不意築城守之以扼其險
捧捶崖在密雲東北隆慶二年三衛夷勾土蠻犯邊折牆而出至捧捶崖迷失道即此
潮河川在密雲東南自古北口入縣界西南合於白河宋景定二年蒙古忽必烈由檀順州駐潮河川嘉靖中邊民哈舟兒者

導俺荅自潮河川入京東偪古北口即此川東有鐵門關下有小城名北關營
武列水在密雲東北一名三藏川西中東三派合處曰三藏口晉咸康四年慕容皝伏兵三藏口敗趙將麻秋是也○水經注要水武列水三藏水並入濡水濡同灤
古北口在密雲東北兩崖壁立中路僅容一車亦曰虎北口名留斡嶺元致和初脫脫木兒自古北口逆上都兵戰於宜興宜興興州屬縣也在古北口外明洪武二十二年燕王出古北口襲乃兒不花於迤都降下之永樂八年塞古北口小關口及大關外門僅容一人一騎嘉靖二十九年俺荅至古北口別遣精騎從關左黄榆溝出官軍後軍遂潰自古北口至京師十七舍漫衍無衛戍敵長驅而南復東循潮河川由古北口出
白馬關在石塘嶺東北四十里東距潮河川九十里萬秝中朵顔犯石塘嶺攻白馬關及高家堡即此　關北七十里有湯河又北百里為滿套兒賊衝也自湯河上南行順白河至石塘嶺二百里山惡水深稱為天險
墻子嶺關在古北口東南嘉靖二十四年朵顔自墻子嶺關入大掠通州即此
李家莊在墻子嶺三十餘里本朵顔別部嘉靖二十二年總兵郤永出塞襲李家莊隆慶初三衛入薊州塞總兵李世忠擊李家莊不敢出救至乃解即此
北平城在薊州東漢舊治此
保要鎮城在薊州東唐書檀州有三乂横山米城等三城臨河黄崖二戍大王北來保要鹿固赤城邀□石子䶵七鎮是也
獷平故城在薊州西建安十年烏桓攻漁陽太守鮮于輔于獷平即此晉省
雄武城在薊州東北廣漢川地天寳六載安禄山築以貯兵器禄山平後置軍使於此會昌二年回鶻南趣雄武軍窺幽州張仲武擊敗之即此
安遠城在薊州西北唐末置
漁山在薊州西北故漁陽郡在山南故名漁陽下有漁水即今城南之龍池河明成化後盤山水發合砂河窑河五里河同入沽水
藥兒嶺在薊州北唐廣明初李克用自雄武軍還韓元紹邀擊於藥兒嶺大破之即此
沽河一名鮑邱水又名潞水後漢興平二年鮮于輔等破公孫瓚於鮑邱水即此　志云沽水在通州東曰西路在薊州南曰東路今海濱有二沽一曰水套一曰新開天順初開通以便薊漕
平魚渠在薊州南唐神龍中滄州刺史姜師度開以運漕避海險屯政考州北黄厓營州西白馬泉鎮國莊州東馬中橋夾林河以及別山鋪陰流淀皆可疏渠是也
石門鎮在薊州東六十里漢中平五年孟溢敗張純於石門宋宣和五年遼蕭幹敗宋兵於石門鎮遂陷薊州掠燕城

雞蘇岩在薊州西北梁開平二年劉守文攻其弟守光戰於雞蘇岩即此

滑鹽縣在平谷西北世謂之斛鹽城北魏時有斛鹽戍守孝昌三年安州石離穴城斛鹽三戍兵反杜洛周自松硎赴之即此

夏謙澤在平谷東北晉隆安初慕容寶自中山至薊盡徙府庫北趣龍城石河頭引兵追之及於夏謙澤〇今縣東北有海子即故澤也

保定府

直隸地畧

武進馬冠羣良伯甫輯

漢樊輿縣在保定東南後漢省晉復置屬高陽郡魏太和中改扶輿縣高齊省

樂鄉縣在保定南後魏僑置高齊天保七年省　又西漢廣望城後漢省

廣養城在保定東南有河數

高陽城在保定府東南六十里古顓頊時築

壁陽城在保定府西南晉開運二年符彥卿敗契丹于壁陽即此　又西南二十里有白城宋咸平六年王繼忠與耶律瓜奴戰于康村傍西山而北至白城是也

清苑河在保定府西一名沉水宋置緣邊塘濼起安肅廣信軍南至保州西北蓄沉河為塘曰沉苑泊又自保州西合雞距泉尚泉為稻田曰西塘泊

徐河在保定府北唐武德五年劉黑闥攻幽州總管羅藝于鼓城戰于徐河宋興國六年八作使郝守濬開徐河雞距河五十里入白河以濟關南之漕咸平六年知保州趙彬決雞距泉分徐河水南注運渠置水陸屯田即此

方順河在滿城南一曰順水建武初光武追銅馬五幡于北平乘勝至順水即此

北新城故城在安肅西南本燕督亢地漢置縣晉隆安初魏長孫肥等追慕容寶至范陽不及破北新城戍而還即此後僑置新昌縣

長城在安肅東北戰國時燕趙分界處晉開運三年李守貞軍至望都次長城遇寇敗之即此○城舊址一名黑盧堤宋太平興國四年遼入寇劉延翰禦之于徐河別將崔彥師潛軍出黑盧堤北緣長城躡其後即此

桑邱城在安肅西南一名敬城燕之南界史記魏武侯七年魏伐齊救燕至桑邱漢東平思王子頃封桑邱侯即此

武遂津在安肅北本易水武遂南至此故名晉咸康六年慕容皝伐後趙自薊門進破武遂津即此津北對長城門名汾門趙世家孝成王十九年以汾門與燕又曰梁門五代周置梁門口砦是也

鮑水在安肅西北今為鮑河渡一名雹水亦曰南易水宋咸平五年自靜戎軍東引鮑河開渠入順安軍西通威虜軍置營田于渠側以隔胡騎通糧運是也

遒闌河在定興西北下流與梁村水白楊嶺水馬跑泉水合流入拒馬河一名沙河宋雍熙三年曹彬等敗于岐溝夜渡拒馬河賴沙河而飯即此

固城鎮在定興南四十里宋遼分界處

白溝河在新城南三十里亦曰拒馬河宋遼分界處亦曰界河晉開運二年契丹敗于陽城遂踰白溝而去宣和四年伐遼种師道總東路兵趨白溝遼擊敗先鋒楊可世于蘭溝甸靖難初李景隆與燕王大戰于白溝河即此

易京城在雄縣北後漢建安中公孫瓚所築晉建興四年石勒以李回為高陽太守回旋居易京咸康四年段遼襲趙幽州李孟退保易京即此
亞谷城在雄縣東漢景帝時盧它之來降封亞谷侯即此
瓦橋關在雄縣南易水上唐大秝九年討魏博盧龍留後朱滔軍瓦橋關唐光化二年劉仁恭自乾甯軍退保瓦橋關周顯德六年伐契丹趙匡允兀至瓦橋關契丹守將以城降建為鎮○亦名瓦子濟橋本無關河宋咸平中始因陂澤為寨慶秝中復增置熙甯中又開徐村柳莊等濼於是自保州西北沉遠濼東盡滄州泥沽海口凡八百里悉為渚濼大姑雙柳紅城新垣大渦木場張家三橋共八砦並五代周及宋時所置
中山城在唐縣西北峭嶺上載記慕容垂都中山即此一名中人春秋昭十二年晉荀吳侵鮮虞及中人史記趙敬侯十一年韓魏趙伐中山戰于中人一曰中陽趙孝成王七年齊田單將趙師取燕中陽是也
左人城在唐縣西北一曰左城魏孝昌三年五原降戶鮮于修禮等帥北鎮流民反于左城即此
灌城在唐縣西北唐河西岸與河東岸王陵城對晉太和五年苻堅追慕容暐至灌城即此
倒馬關在唐縣西北即鴻之塞戰國策趙武靈王伐中山取爽陽鴻之塞史記作華陽鴟之塞徐注一曰鴻上關今名鴻城博物志作唐關酈注以為鴻山關漢時亦名常山關建武十三年徙鴈門代郡上谷民置常山關居庸關以東關當常山嶺道故名晉太原中拓跋珪自鄴還中山治直道自望都鐵關鑿恒嶺至代鐵關即今倒馬關沈括通志飛狐路在大茂西自銀冶寨北出倒馬關卻自石門冷水鋪入瓶形枚回兩寨間可至代州胡注此非直道今自蔚州廣昌縣東南山南出倒馬關至中山上曲陽縣關山險隘尤為扼要關有二城稍北為上城明洪武初建正統十四年北部寇犯倒馬關景泰中復于城南三里築下城南跨橫岡北臨巨水屯戍防守自關而東北凡三口歷六十里接唐縣之周家堡自關而西南凡十四口歷百十里接阜平縣之金龍洞口
八渡關在唐縣西北漢時置金置軍城鎮明有軍城驛
赤岸鎮在唐縣北唐武德六年高開道入寇自易州而南掠赤岸鎮
柳宿城在望都東南漢元朔三年封中山靖王子蓋為柳宿侯即此後省訛為六畜堡
馬安關在望都西訛為馬溺關有馬溺水東合寇水
白牛邏在博野東南魏孝昌二年葛榮至白牛邏掩殺元融即此
清梁城在蠡縣西石趙時置一作清涼晉永和六年趙棄薊城走保魯口慕容儁追至清涼七年慕容評攻王午于魯口至南安斬午將鄭生是也○南安城在縣南亦趙置
曲逆城在完縣東南春秋晉逆時秦置縣後漢改蒲陰隋大業省

易州

陽城在完縣東南晉隆安初慕容麟攻陽城晉開運二年契丹與晉戰于陽城一名陽城淀宋景德元年契丹攻定州宋兵拒之于唐河契丹退駐陽城淀
夏屋城在完縣西北竹書紀年魏殷臣趙公孫哀伐燕還取夏屋城曲逆是也
苟梁在完縣東南竹書紀年趙敗燕師於苟梁即此一名三梁水經注博水自望都東南旋伏旋見東南逕三梁亭是也
水谷砦在完縣西北宋嘉定十三年金使易水公靖安民戍守水谷權谷東安等砦即此
白團衛村在完縣南晉開運二年敗契丹於陽城師還至白團衛村即此舊史作白檀衛村
漢西梁城在束鹿南廣川戴王子闕兵封西梁侯即此後漢省
漢安定縣在束鹿西燕刺王子賢封安定侯即此　後省
貰城在束鹿東南後漢初光武自堂陽擊貰降之是也尋省
晏城在束鹿西隋開皇十六年分鹿城置唐武德五年桑顯和擊劉黑闥於晏城破之即此尋省
黃邱在束鹿南晉永和七年孫威拒石琨于黃邱即此○又有青邱牛邱馳邱靈邱　共為五邱
唐興城在安州東南唐神龍初改武昌縣置五代省宋太平興國七年高稻關鎮將敗契丹于唐興口因置唐興砦淳安三年建順安軍金省
易水在安州城北欒史謂之南易水合曹河徐河石橋河一畝泉河滋河沙河鵝兒河唐河共九河于此合流名易水至雄縣南為瓦濟河
徐河在安州西宋端拱二年契丹邀李繼隆于威虜尹繼倫潛乗其後至徐河突入其軍即此宋史誤作唐州徐河
邊吳泊在安州西南宋置沿邊塘濼東起雄州西至順安軍合大蓮花淀洛陽淀牛横淀康地淀疇淀白羊淀為一水
漢安都縣在高陽西南文帝十六年立安都侯志為濟北王即此
高陽關在高陽東三叉口社一名草橋關周顯德六年收復三關建高陽關砦
武陽城在易州東南本燕下都古燕城在州南
五迴城在易州西南五回山下唐開元廿三年置明年徙治五公城析故地置樓亭板城二縣天寶後省○山一名五回嶺有五回道訛為武夫一名廣昌嶺
長安城在易州東南土名斗城漢置
荊軻城在易州西荊軻山下　漸離城在州東南
范陽城在易州東南秦縣史記蒯通說下范陽令後漢初世祖追尤來等于北平兵敗還保范陽即此高齊徙治城北十里之伏圖城謂之小范陽

河間府

龍逆山即龍兒在易州西南山西麓谷中有大坑中有四穴春時風出東夏風出南秋風出西冬風出北史記趙孝成王十九年以龍兒與燕漢六年酈商擊臧荼戰於龍脫先登即此

齋眉山在易州西南一名峨嵋山明建文三年平安救房昭于西水砦與燕兵戰于齋眉山即此

紫荆嶺在易州西嶺上有關元致和初上都諸王忽剌臺入紫荆關明景泰初乜先自大同入犯紫荆從間道攻關破之○關東有柏梯連泉大寒八砦唐胡退魚佛兒諸嶺關北有拒梯耽遲鞍頭箔兒駱駝諸嶺關南有接天嶺關西有犢兒嶺地記名蒲陰陘為太行第七陘漢書謂之五阮關一作五原後漢建武二十一年烏桓入寇使馬援出五阮關擊之水經注謂之子莊關易水與子莊灣水合北出子莊關是也宋史謂之金坡關

易水源出易州西山谷中始皇二十年秦軍破燕易水之西即此○易水有三出州西山流經定興西合拒馬河一名白溝河至容城北合濡水為中易水出州西北窮獨山東南流為聖女水入容城界合中易水經新城雄縣霸州東安永清之三角淀又東南至小直沽與衛河合達于海為北易水一曰濡水出州西南石虎岡為雹水一名鮑水經安肅新安為長流河又歷任邱文安東合虖沱同入海為南易水宋何承矩議引易水為塘濼既可限敵騎又可利耕屯然自宋人作塘之後而川流之故道益亂或曰易水本無正流附合支川以達于海故言易水者多莫能得其詳

西水砦在易州西南萬山中明建文三年大同帥房昭入紫荆關駐兵水西砦即此

金臺在易州東南燕昭王所築東晉時慕容垂定燕置戍守于金臺宋太平興國四年帝自將伐契丹次金臺即此

清風店在易州西南正統十四年伯顏帖木兒奉上皇出紫荆關石亨追至清風店大破之即此

板城在淶水北漢高帝征匈奴時經此所築唐開元二十四年盧暉分五回故地置板城縣

白石嶺在淶水東唐長慶元年易州刺史柳公濟敗幽州兵于白石嶺即此

淶水在縣東北一名拒馬水渠水晉永嘉中劉琨守淶水以拒石勒梁開平四年劉守光屯淶水侵易定即此

束州城在河間東北如林鄉漢置高齊省隋開皇置束城縣周顯德五年成都帥郭榮攻契丹束城拔之即此金省

州鄉城在河間東北漢縣河間獻王子禁封州鄉侯即此後漢省

小陵城一名蕭陵城石趙置在河間西北　乞活城在河間北六里

滹沱河在河間西南建武十三年匈奴寇邊使馬武屯滹沱河以備之建安中曹操自饒陽北引滹沱河為平虜渠唐開元二十五年刺史盧暉引滹沱河由東城以通漕溉田○周禮曰滹池禮記曰惡池

君子館在河間西北宋雍熙三年劉廷讓趣燕耶律休哥逆戰于君子館即此

康良鎮在河間北宋咸平二年田紹等敗虜于康良路即此

單家橋在獻縣南明建文三年燕王敗平安等于單家橋宣德初征高煦還駐單家橋即此

景城縣在獻縣東南漢縣後漢省後魏徙成平縣治此隋開皇改景成宋熙甯省○成平在景城南二十里漢縣獻王子禮封
成平侯即此○漢建成縣在景城東南卅里後漢省
中水縣在獻縣西北易滱二水之中漢縣高齊省
阿武城在獻縣西北漢縣後漢省
漢蒲領縣在阜城東後漢省又滄州魯城北有故蒲領城後漢末蒲領人流寓其地築
漢高郭縣在任邱西阿陵縣在任邱東北俱後漢省
長豐城在任邱東北唐開元十九年置宋熙甯省
鄚城譌為謁城在任邱南
濡水在任邱西東入易水左傳昭七年齊侯伐燕盟于濡上即此今與易水合流不復分別
通利渠在任邱南唐武德中鑿開元中魚思賢復浚自城南至城西北注于滱水名魚君陂
清源栅在任邱西南唐長慶初義武帥陳楚攻拔莫州清源三栅是也
月漾橋在任邱北易水上明靖難初燕王破雄縣伏兵月漾橋敗莫州兵即此
景城南鎮在交河東北金置鎮金志交河置十鎮曰大樹劉解穆家寨軍貫河北望夾灘策河沙渦景城是也
安陵城在景州東晉置東陵石趙改安陵高齊省隋為宣府鎮唐武德復置縣宋省
漢弓高城在景州東北晉省隋開皇復置宋初省　城西北有侯井縣城後漢省
漢龍頟城在景州東後漢省
漢脩市縣在景州西北後漢省
歷縣在景州西南後漢省
長河城在景州西南故廣川縣隋仁壽改唐元和四年移置于永濟河西岸十年又移置於河東岸小胡城是也
胡盧河在景州東北五代時導胡盧河于深冀景滄間紆回曲折以限敵騎即此今湮塞
白家屯在景州北天啓中牛朝利退保白家屯掘深濠伐木為塹以固守即此
重合城在吳橋西南漢縣馬通封重合侯即此高齊時省
順成城在東光西南漢置封鉤弋夫人父為侯邑今為順成鄉
西光城在今東光西後魏孝昌二年葛榮畧取其地築城據之對東光故名西光
胡蘇河在東光東有胡蘇亭水經注清水至東光經胡蘇亭世謂羌城即此
半壁店在東光北正德中流寇犯境官軍邵之于半壁店即此

天津府

白橋在東光西南永濟渠上唐元和十二年王承宗入東光斷白橋路即此
東武垣在故城東北　又北有南蔡城俱唐初置
金堤在故城西南漢永平中築
軍糧城在天津南元海運時屯糧所
呂彭城在天津西北
大直沽在天津東南又東即小直沽南受衛河北受白河西受三角淀水又東南百餘里至大沽口入海通與三會海口即此
丁字沽在天津東北自武清滙白河注直沽今有丁字沽渡
鹽水沽即豆子䴚在天津東隋大業十二年格謙據豆子䴚稱燕王即此
新開沽水套沽俱在天津東一名新河明天順初開海濱二沽通薊州運道即此
信安灣在天津西北即漕河曲折處明正德中劉六犯天津賀勇敗之于信安灣即此
獨流口在青縣北本黃御河支流北入易水名獨流水周顯德六年征契丹自乾甯軍北至獨流口泝流至益津關是也
堅固砦在青縣南唐太和二年柳公濟討李同捷拔其堅固砦是也
當城在靜海北宋咸平中置當城砦又十里為里堡城地名稍直口北距小直沽二十里
渤海在靜海東北與山東奉天接境明嘉靖卅八年開遼海道自海口歷曹泊店月沱桑沱姜女墳桃花島至河通堡即此
劈地口在靜海東北小直沽東宋元豐四年河決澶州入東西兩塘界河至劈地口入海即此
參戶城在滄州西漢縣後漢省一名木門城春秋襄廿七年衛侯之弟鱄奔晉木門即此宋元符三年張商英請開木門口泄
徒駭河東流是也
饒安城在滄州東北故齊地漢置千童縣中平中改置饒安縣唐貞觀十二年徙治故浮水城宋熙甯省○浮水縣城在州東
隋開皇置大業省
魯城縣在滄州東北隋開皇置唐乾符中改乾符宋省為鎮
定縣城在滄州東漢置後漢省
燕留城在滄州東北春秋時燕置
無棣河在滄州西南一名無棣渠無棣溝唐永徽初薛大鼎濬無棣河疏長蘆橫漳三渠即此
合口鎮在滄州西漳水會滹沱別河故瀆又東北入清河名合口晉隆安二年魏定河北置行營于中山使拓跋遵鎮勃海之
合口即此
盟亭在滄州南古燕齊分界處二國嘗結盟于此亭故名

真定府

灶兒垛在滄州東北靖難初燕王自博朶兒灶兒坡至滄州一日夜兼行三百里即此
高樂城在南皮東南漢縣後漢省
臨樂城在南皮南漢縣王莽更名樂亭晉太康改新樂縣後省
漢合騎城在鹽山北公孫敖封合騎侯即此今譌為邪堤城　平津鄉亦在縣北漢公孫宏封邑
漢柳縣在鹽山東後漢省有柳亭訛為辟亭
鹽山在縣東南地產鹽晉太興初段匹磾奔樂陵石越邀敗之於鹽山即此
漂榆津在鹽山東北晉咸康四年石虎擊段遼于令支使王華帥舟師出漂榆津即此○漂榆故城俗名角飛城趙記石勒使王述煮鹽于角飛是也
常山城在真定西南隋開皇置大業初省
新市城在真定西北漢置縣隋大業省唐武德置新市鎮
滹沱河在真定府城南五里唐天寶末史明思自常山夾滹沱河而陣光化三年朱全忠侵鎮州逾滹沱攻南門焚關城龍德二年李存進攻鎮州夾滹沱為壘相持于東垣渡○舊有中渡橋跨河上
白馬關在真定西滹沱河上有白馬關金大定中滹沱河决白馬岡明永樂四年修滹沱河白馬口堤即此
醴泉驛在真定南唐置天寶十四載顏杲卿襲執何千牛于醴泉驛即此
葦澤縣在井陘西北隋開皇置貞觀省
漢樂陽縣在井陘東北後漢省
天威城在井陘東北宋初置天威砦改天威軍金初置威州今一名威州堡井陘店
秀林城在井陘東南後魏時築
靈真城在井陘西南一名回星城
井陘山在井陘縣東北一曰陘山硎山史記始皇十八年王翦攻趙下井陘漢三年韓信東下井陘擊趙晉太元二十一年魏伐後燕潜自晉陽開韓信故道遂出井陘趨中山○呂氏春秋地記又謂之土門關周建德五年齊高孝珩以幽州兵入土門趣并州
城山在縣東南一名障城明洪武初大兵下井陘别將費聚取城山砦
故關在縣西為井陘西出之道唐長慶初裴度出故關討王庭湊明初徐達度故關使别將取亂柳寨而還即此
承天鎮在縣西北即承天寨一名娘子關乾元初置承天軍光化二年葛從周自土門攻河東拔承天軍○鎮州通河東兩路一曰飛狐路在大茂山西自銀冶寨出倒馬至代州石晉與契丹以大茂山為界銀冶寨已不通行矣惟北寨西出承天軍可

至河東
縣境諸砦環列明初大軍定山西降下東子城山鐵山七朶等砦盡皆土豪據險自守處
漢綿曼縣在獲鹿西後漢省
抱犢山在獲鹿西本名萆山史記韓信伐趙使人從閒道登萆山○金末恒山公武仙置抱犢砦據險自守是也
靈山縣在元氏西北隋開皇置大業省
封龍山在元氏西北本名飛龍有龍首熊耳華蓋諸峯史趙武靈王伐中山取封龍邑因山名晉永嘉三年幽州王浚遣石勒
于飛龍山即山
九門城在藁城西北史記趙武靈王十七年出九門為野臺文王十九年龍城北九門大城是也漢置縣晉永和七年慕容恪
狥常山軍於九門
宜安城在藁城西南史秦始皇十四年伐趙取宜安又趙李牧破秦軍取宜安即此隋義甯初置宜安縣唐武德省
柏肆城在藁城北本漢藁城地晉永嘉中置柏肆塢隋開皇置柏肆縣唐武德省
新豐城在藁城東北隋義甯初置　信義縣在縣西北唐初置俱唐武德省
肥纍城在藁城西南本肥子國史趙王遷三年秦攻赤麗宜安李牧與戰于肥下却之孔氏曰肥纍之下也即此
殺虎林在槀城北晉開運末契丹耶律德光自汴北還至殺虎林死即此
新城在無極西本漢貰亭後魏太武南侵築城名曰新城唐光啓初李克用敗成德兵于無極進拔新城又追至九門梁龍德
初契丹圍定州晉王存勗自晉州馳救至新城北出桑林契丹驚走
苦陘城在無極東北漢縣後漢建初改漢昌曹魏改魏昌隋改隋昌唐武德改唐昌天寶改陘邑宋初省
康城在無極北一名康王臺慕容燕時築
安鄉城在無極南曹魏明帝時甄逸封安鄉侯即此
康臺在無極西晉永和八年冉閔走常山慕容恪追至魏昌之康臺即此
桑中城在平山東一名桑壁晉永和六年後趙故將楊羣據桑壁即此俗名石勒城
房山在平山西後漢元和三年章帝祠房山一曰西山梁貞明中王鎔自西山還宿鶻營莊即此
叱日嶺在平山東南唐景福二年李克用攻天長鎮敗王鎔于叱日嶺訛為赤石嶺亦名青石嶺
蒲吾渠在縣西一名都盧後漢永平中治滹沱石臼河從都盧至羊腸倉通漕船即此
大茂山在阜平東北一名神尖石即恒山之嶺晉與契丹以此分界
龍泉關在阜平西下門正統二年建上關在下關西北景泰二年建嘉靖二十五年兩關改築關城設兵戍守雞子嵓以下二

定州

十四關口為龍泉中路十八盤嶺以下二十一口為龍泉南路陡撞溝以下二十一口為龍泉北路俱宏治嘉靖間築城置戍守焉

次溝村在阜平西北吳王口外南接龍泉東連倒馬村南有扒背銀河村胡家莊樹柳莊天橋蓮子嶺等處山產礦砂流民相聚開鑿名礦徒嘉靖二十五年設巡司

木刀溝在新樂東南唐元和四年河東易定兵討王承宗破其兵于木刀溝○寰宇記滱水出平山縣之房山一名石臼水即鹿水出行唐東入新樂為木刀溝一名裳裘水後漢永平中引石臼滹沱河以通漕即此水

田湼鎮在新樂西南唐時鎮定分界處元和四年河東將王榮討王承宗拔其田湼鎮即此

滋陽城在行唐南隋開皇置又析置王亭縣大業初省王亭唐武德初省滋陽五年置王城縣尋省

廉平縣在晉州西南隋開皇置大業省

臨平城在晉州東南漢縣尋省

昔陽亭在晉州東南春秋鼓子都○肥子都昔陽在今樂年

田車城在贊皇南李左車築一名左車城

五馬山一名西山在贊皇東宋建炎初相州防禦馬擴奔五馬奉信王榛總制諸砦即此

安險城在定州東唐水西漢縣建初更安憙諱為安喜後燕改不連縣隋大業省唐大秝三年復置五代省

固城在定州東

新處城在定州東北漢縣後漢省　唐城在州東北一曰堯城故堯都

樂陽城在定州南

嘉山在定州西唐天寶末郭子儀敗史思明于嘉山即此

狼山在定州西北與恒山接梁龍德初王思同戍狼山南以拒契丹晉開運三年孫方簡保狼山故砦契丹攻之不克即此

沙河出繁峙縣東白坡頭口經新樂至定州南宋景德初自嘉山東引唐河至定州為渠至蒲陰東會沙河又東經邊吳泊入界河以通漕即此

委粟關在定州北委粟山下與唐縣接

清風店在定州北正統十四年寇薄都城石亨追敗之于清風店即此

承營在定州東南晉太元九年丁零翟真趣中山屯承營十年慕容農攻拔承營外郭

狼牙山在定州西北倒馬西南宋嘉定十一年金張柔會兵趣中山與蒙古戰于狼牙口即此亦曰狼牙嶺

丹邱城在曲陽西北丹邱山下趙世家武靈王二十年合軍曲陽攻取丹邱華陽鴟之塞即此

冀州

白道安口在曲陽西北西連狼牙口自白道安口東北歷岳領口小關城口夾耳安口接倒馬關自狼牙西歷梧桐樹亂樹林黄草安等口接阜平之落路口

扶柳縣　安定縣在冀州西南俱漢置

漢昌成縣在冀州西北永平改阜成晋省　漢桃城亦在州西北後漢省

漢辟陽城在冀州西後漢省晋太元九年後燕慕容楷屯于辟陽即此一曰辟陽亭水經注絳故瀆東北經辟陽亭是也○泽一名枯泽

澤城縣在冀州東隋開皇置大業省

長蘆水一曰長蘆瀆即漳水支流又名蘆水晋永和六年姚襄自灄頭救襄國至長蘆敗還即此○灄頭在棗强東北晋咸和八年姚弋仲徙居灄頭是也

堂陽城在南宫西南堂水南漢縣晋改蒲澤後復故金爲鎮

鵶城在南宫西北唐元和十一年田宏正攻拔固城鵶城即此

漢廣川縣在棗强東北永初改廣川國後燕置廣川郡尋省後魏復置廣川縣太延初畋于廣川即此隋改長河

棘津城在棗强東北大河津今名李倉口

平堤縣在棗强西北一名雍氏鄉城　復陽城在縣西南俱漢置後漢省

索盧城在棗强東東晋置高齋省○索盧水一名黄盧河自縣南折東北合劉麟河

漢𦿆棗在棗强西北世稱河北𦿆棗山東曹州有𦿆棗名河南𦿆棗

歷城在棗强東一名歷亭東有歷口渡晋太元十年慕容麟屯歷口即此

觀津戰國趙邑在武邑東南漢置縣後魏曰灌津隋大業省金置鎮

昌亭縣在武邑東北隋大業置唐貞觀省

深州

靜安城在深州東南本名李晏口有李晏鎮周顯德二年置寘城

樂鄉城在深州東漢縣後漢省

甯葭在深州東南史記趙武靈王卅年攻中山地至甯葭一作曼葭

下博橋在深州東胡盧河上梁乾化二年李存審軍趙州抵下博橋即此

漢穀邱在安平西南　後省爲穀邱亭一名博陵亭晋諸葛攸封博陵亭侯即此

蕪蔞城在饒陽東漢更始二年光武自薊馳至饒陽蕪蔞城即此隋開皇置縣唐貞觀省

饒河在饒陽西南本滹沱支流漢建安中因饒河故瀆决滹沱令北注新溝名平虜渠于渠口置虜口鎮譌爲魯口

趙州

交津口在武强東漳水入横漳處北魏孝昌二年元深擊葛榮自交津引兵追之即此
宋子城在趙州東北戰國趙邑漢置縣後漢省後魏永和二年復置隋大業省
欒城在趙州西北春秋欒氏邑
洨河在趙州南下流入胡盧河宋咸平五年引洨河自鎮州至趙州以通漕即此
鄗城在柏鄉北春秋哀四年齊伐晉取鄗趙世家武靈王三年城鄗是也漢置縣建武初世祖即位鄗南改高邑北齊改省
漢南欒縣在柏鄉東北高齊省
野河在柏鄉西北一名槐水源出贊皇西黃沙嶺梁開平四年李存璋以步騎陳于野河之上梁軍大敗即此一名槐武河又名沙河
大陸澤一名廣阿澤在柏鄉東北北有肖莊泊東北有小泊俱與大陸連接晉太和四年慕容垂請戰于大陸因微服出亡即此
安陽城在臨城南趙世家惠文王十四年拔魏房子又攻安陽即此
龍尾岡在臨城西北唐大順二年李克用大破王鎔于龍尾岡即此
泜水出元氏封龍山至臨城西柏暢亭伏流東出經釣盤山入沙河俗名二斷綠楊河漢初韓信敗成安君于泜水上即此
漢癭陶縣在甯晉西南後漢改王國曹魏分置癭遥縣高齊省
大陸城在甯晉東南隋開皇置今名魚臺村
漢歷鄉縣在甯晉東後漢省
薄洛水即横漳亦即大陸澤胡盧河國策趙東有河薄洛之水即此

順德府

青山城一名青山口又名黑山在順德西北光昭三年葛從周設伏青山口大敗晉兵追至張公橋即此○張公橋爲青山口
夷儀城在順德西夷儀山南春秋僖元年邢遷夷儀即此俗譌隨宜城至邢洺之要道
封山在順德西西接太行亦名西山梁開平五年徐仁溥自西山夜入邢州助保義帥王檀城守即此
馬嶺在順德西北有馬嶺口地極險唐天祐三年張筠設伏馬嶺敗李嗣昭即此
黃榆嶺在順德西嶺北有陳宋口上有黃榆關梁乾化五年鄴鄉潛出黃澤嶺西襲晉陽晉周德威救之至土門鄴已下山自邢州陳宋口踰漳水而東屯于宗城即此
琉璃坡在順德南西山垂盡岡脉起伏處唐龍紀初李克用敗孟方立于琉璃坡進攻邢州即此
苑鄉城在任縣東北本漢南䜌地後爲閑廄名苑鄉晉永嘉末廣平游綸等據苑鄉石勒使夔安攻敗之置苑鄉縣又改清苑

廣平府

後魏時省
渚鄉城在任縣西南本漢張縣地俗名渚鄉晉永嘉末王浚攻石勒于襄國屯渚鄉即此
石門塞在内邱西北晉永嘉末石季龍據石門因取襄國即此
堯山在唐山縣西東麓一名宣務山唐置宣務栅會昌三年王元逵守臨洺掠堯山拔宣務栅進攻堯山城即此
棘原在平鄉南史記項羽破章邯于鉅鹿南棘原即此
濁漳河在平鄉西南即禹貢之横漳俗名柳河史記項羽軍于漳水南朱梁時魏博楊師厚救邢州屯于漳河即此今縣東二十餘里為舊漳河又東十二里有新漳河舊漳久湮每漲溢則西入滏陽東入新漳與沙洺諸流泛為一壑
白起城在鉅鹿西南故趙地唐武德初置白起縣屬起州四年省
柴城在鉅鹿東周顯德中築
漢經縣在廣宗東高齊省隋開皇置經城縣宋熙甯省
府城縣在廣宗東南隋開皇置唐武德省
建始城在廣宗西南後趙置建興郡領建始興德等五縣
上白城在廣宗南晉建興初石勒攻乞活帥李惲於上白永和五年張對謀誅李農農走廣宗率乞活數萬保上白對攻之不能克
五橋澤在廣宗色晉太元十年劉牢之追慕容垂于董塘淵又疾趣二百里至五橋澤即此〇董塘淵一名董塘坡在曲周縣西北
桑林在廣宗南唐興元初王武俊救貝州設伏桑林朱滔大敗即此
曲梁故城在廣平府東北漢縣地永嘉末劉聰將趙固王桑自河内歸平陽桑引其衆奔青固追殺之于曲梁即此
漢易陽城在廣平西後魏省入邯鄲尋于廣平郡之北中府城復置後齊省入襄國周復置易陽縣開皇中改邯鄲十年改臨洺屬洺州武德初改置紫州四年省州宋熙甯省為鎮
洺水在廣平北西至臨洺鎮入沙河唐貞元十年昭義將元誼叛據洺州王虔休引洺水以灌城即此
黃龍鎮在廣平西南唐光化三年葛從周自鄴渡漳水營于黃龍鎮即此
漢平恩城在曲周東南許廣漢封平恩侯即此金省為平恩鎮
漢南曲城在曲周東後漢省
康臺澤在曲周東晉太元九年慕容農起兵使蘭汗取康臺牧馬即此
漢邯溝縣在肥鄉西北俗名桓公城　邯會城在西南俱後漢省

大名府

葛孼城在肥鄉西戰國趙邑俗名葛鶩城
清漳城在肥鄉東南隋開皇置唐初省
列人城在肥鄉北三十里列人堤上　漢縣高齊省隋大業末竇建德據廣平置列人營
新興城在肥鄉東南晉太元九年慕容垂改苻丕于鄴築新興城以置輜重二十一年拓跋珪攻鄴敗走新城即此俗呼白塔
營
洹水城在成安東南周建德六年置唐乾元初史思明自范陽救安慶緒由洹水趣相州建中二年馬燧自臨洺進夾洹水而
軍為三橋日逾洹水挑戰即此
定陵壘在威縣西北晉建興初王浚使田徽保定陵即此
五氏城在邯鄲西一曰寒氏　王郎城亦在縣西漢王郎屯聚處俗名郎村
鄉城在邯鄲西隋開皇置大業省
武始城在邯鄲西南漢縣後漢省
雙岡在邯鄲西北一名盧家疃唐建中二年田悅救朝光柵李自良等拒之于雙岡即此
牛首水出邯鄲西堵山東入城經故溫明殿叢臺又東出入貫葛滭一名渚沁水東南入拘澗水又東入白渠漢景帝七年圍
邯鄲引牛首拘水灌城即此一名西河
滏陽河在邯鄲東元至元初自磁州東北漳滏合流處引水由滏陽下經雞澤合澧河即此
甘陵城在清河西北本厝縣之廣郊地後漢改甘陵建和二年又改清河北齊改貝邱隋省入清陽○清陽縣漢置唐永昌初
治孔橋開元徙永濟渠西宋熙甯省○貝邱亦漢縣齊并清河入貝邱隋改清陽
漢信鄉縣在清河西北後漢改安平後趙改置水東縣名水東城　信成縣亦在縣西北漢置後漢省
末括城在清河東北晉建興初段末括築
清河舊在清河縣西水經注淇水自館陶清淵東北行為清河又東北合張甲故瀆國策齊師渡清河軍邯鄲之東是也
鳴犢口在清河東南漢永光五年河決靈鳴犢口屯氏河絶即此
魏縣在大名西隋末宇文化及據此稱許帝後省唐名魏店梁龍德二年戴思遠自楊村襲魏州至魏店知有備西渡洹水去
即此
五鹿城在大名東南古衛地　幾城亦在東南戰國時魏伐齊取幾是也
馬陵城在大名東南隋開皇置大業省　武侯城在府南十里魏武侯置
陽狐城在大名東北齊世家田莊子伐晉取陽狐即此

御河在大名府城南一曰通濟渠永濟渠隋大業中引淇衛諸水為渠自衛輝經小灘鎮又北合新漳水亦名南白溝唐咸亨中李靈龜鑿永濟渠通新市開元二十八年盧暉移永濟渠自石灰窯引流至城西注魏橋夾渠置樓以貯江淮之貨亦名西渠○小灘鎮在魏河濱自元以來為轉輸要道

漳河在大名府西北舊漳自魏縣東南經府西南入衛河後徙從魏縣東北經府北下流至館陶入衛為新漳

屯氏別河在大名府東漢書武帝塞宣防後河復決于館陶分為屯氏即此亦名王莽河　唐建中三年朱滔夕壅永濟渠入王莽故渠明日水深三尺即此

沙亭在大名東一名瑣春秋定七年齊衛盟于沙即晉太和五年秦王猛圍鄴慕容桓自沙亭屯內黃即此

金波亭在大名城內梁乾化五年王彥章將騎入魏州屯金波亭魏軍亂圍金波亭即此

漳陰城在大名縣西隋開皇置唐貞觀省

葛蘖城在大名縣西史記趙魏遇于葛蘖即此有蘖亭

白龍潭在大名縣西北漳水會流處唐乾甯三年李克用攻魏州敗魏兵于白龍潭追至觀音門門為魏州西門

李固鎮在大名縣西唐文德四年朱全忠自白馬濟河攻下黎陽臨河李固三鎮即此

繁水城在南樂北隋開皇置唐貞觀省

平邑城在南樂東北戰國時趙地東魏天平二年置平邑縣隋大業省

昌城在南樂縣南古昌意所築晉永和六年趙將張賀度等會于昌城將攻鄴冉閔擊之戰于倉亭即此○倉亭在縣西或誤為苑縣之倉亭津

二股河在安樂南大河故道一名四界首河以流經魏恩德博四州之界而名宋嘉祐中河決浚二股渠分流入金赤二河并浚五股河大河從魏州第六埽溢入二股河東至滄州入海熙甯中復決自大名第四第五埽開直河使大河還二股故道并浚清水鎮河塞退背魚肋河熙甯末河溢衛壇二股諸河悉堙廢

漢西安縣在清豐西北高齊省隋末為頓邱治一名頓邱古城

觀澤城　平剛城俱趙地俱在清豐西南

顓頊城在開州東古昆吾氏築臺其地隋開皇置昆吾縣唐武德省

故戚城在開州北河南岸古衛邑漢高十二年李必封戚侯梁貞明五年李嗣源敗梁王瓚于戚城即此

東黎縣在開州西魏永安初置隋開皇改臨河縣唐大順初梁丁會等侵魏博渡河取黎陽臨河即此

清邱在開州東南春秋宣十二年同盟于清邱即此唐置清邱驛同光初李紹興敗梁游兵于清卯驛是也

鉼子故渠在開州西南二十五里○水經注濮陽北十里即鉼河口亦曰鉼子堰宣房堰

宣化府

黃河故道在開州南唐末河失故道宋慶曆中河自澶州東北三十里商胡河口趨恩冀大名鄆澶開封等俱受害至和二年又決大名館陶李仲昌請自商胡東南開六塔渠引河東注橫隴故道明年六塔復決元年後河自州北決入御河靖康後河益南徙商胡六塔盡成平陸明正統十三年河決開封之滎陽陽武循故道至州南又東至濮州過張秋入海
白沙渡在開州西舊大河津渡處宋景平初魏從白沙渡河屯濮陽南即此
土樓鎮在開州西宋永初末北魏奚斤等拔宋滑臺擒翟廣於土樓遂進偪虎牢即此
匡城在長垣西南唐大曆十一年田承嗣救靈曜敗永平淄青兵于匡城即此　春秋衛邑隋置匡縣
漢長羅縣在長垣北後漢省
漢平邱縣在長垣西南與封邱接晉省
漆城在長垣西故衛邑竹書紀年邯鄲伐衛取漆即此
漚麻岡在長垣西北宋紹定六年金主自黃陵岡向河北濟河次漚麻岡進攻魏樓村即此○村在縣西
漢廣甯縣在宣化西北晉省一曰大甯城晉義熙十三年魏主如大甯長川即此魏太和十六年置大甯郡孝昌省
陽門城在宣化西唐置戍守邊置陽門鎮金改陽門縣元省
德勝堡城在宣化西明洪武中置永樂改萬全右衛城本朝省
沙嶺在宣化西宋元祐四年契丹主如沙嶺遂至奉聖州明永樂四年北征次沙嶺是也
炭山在宣化西南接懷安界一名陘頭灤水發源處宋雍熙五年契丹主如炭山至梨園即此
翠屏山在府西北宋嘉定四年蒙古敗金胡沙虎于翠屏山遂取西京○西京今大同府
野狐嶺在府西北宋景祐四年契丹主獵于野狐嶺嘉定四年蒙古破金撫州金完顏九斤駐野狐嶺以備之明洪武三年李文忠自萬全北伐出野狐嶺敗元兵于察罕腦兒○察罕譯言白也故名白海子一名長水海子相近又有苦水海子
西陽河在宣化西北柴溝堡北東洋河在柴溝堡西北南洋河在堡西南至堡東七里而合　如燕尾俗名燕尾河至府東南合泥河入灤河明永樂二十一年征阿魯台次西陽河進次上莊堡使人追之于宿嵬山○
柳河川在宣化北卅里源出大白陽堡西流入長峪口金大定十年如柳河川即此
威甯縣在懷安北蕁麻嶺旁本新城鎮地金承安二年改置後省為蕁麻林堡
禦夷鎮城在懷安西北濡源北後魏置
水溝口山在懷安南水溝口河自西甯東流山下一名託台谷水
良山在懷安西舊名狼山魏天賜二年如狼山至延水即此
廣邊軍城在懷來北唐置一曰廣邊軍梁乾化三年李嗣源畧山北地克武州燕元行欽敗走廣邊軍即此○唐會要云故白

雲城地
甯武軍城在懷來西唐置乾符五年李克用據大同擊甯武軍即此
懷來軍城在懷來西唐先天初置
唐家嶺在懷來東南景泰初上皇北還自懷來行一日至唐家嶺即此○嶺有唐兒菴嘉靖二十四年敵從唐兒菴嶺入犯即此
殷繁水在懷來北晉義熙十二年魏主大臨于牛川臨殷繁水即此
馬蘭溪在懷來東北一名上蘭水漢初周勃擊破盧綰軍于上蘭即此
榆林驛堡在懷來東南元置榆林驛致和元年上都兵至榆林驛燕帖木耳襲敗之追至懷來明永樂十二年北征自龍虎臺次榆林即此
大松山在龍門縣西遼開泰九年如鴛鴦濼次于松山即此
三岔口在龍門東東北接赤城南通鵰鶚堡明嘉靖廿八年置堡
上谷故城在延慶州北史匈奴傳燕築長城自造陽至襄平置上谷漁陽右北平遼西遼東郡以拒胡即此
隆鎮衛城在延慶南元大德中指揮使哲言不花所建致和元年燕帖木兒奉燕王于大都隆鎮衛將斡都蠻襲上都諸王于陀羅臺大敗之○陀羅臺今州東北之古臺
岔道口在延慶南明宣德北巡駐蹕岔道明日獵于岔道即此自八達嶺而北至岔道有二路一自懷來保安州歷榆河土木雞鳴三驛至宣府為西路一自永甯衛四海治為北路○八達嶺在州南卅里東南去居庸上關十七里為居庸喉吭岔道又八達藩籬也
東川即嬀川在延慶東即古阪泉今名韓家川與天壽山咫尺險要可屯十萬衆西流至保安入桑乾河俗名清水河宋淳化二年契丹主至儒州獵于東川即此
安陽鎮在延慶西南高開道所置唐武德六年高開道所部安陽統漢二鎮來降即此○統漢鎮在安陽西五十里遼主嘗遊幸張大幙于此因改統幙訛為土幕又為土木正統末車駕自大同還駐此敵自麻峪口入挾駕北出雷家店
沮陽城在保安東漢上谷郡治史記漢十一年周勃擊破盧綰軍于沮陽追至長城即此後省
甯縣城在保安西北漢縣為西部都尉治一曰甯城建武二十五年復置護烏桓校尉于上谷甯城晉時縣廢謂之甯川義熙四年魏主珪如豺山宮遂至甯川又謂之小甯城土名西吐勃城
安塞城在保安西丁零川西南唐乾甯四年李克用攻安塞軍幽州將單可及赴救使楊侃伏兵木石澗即此
礬山縣在保安州西南唐置唐書新州治永興兼領礬山懷安龍門三縣是也金興定四年以蒙古南略命中都西路靖安民

為易水公涿易安肅奉聖州君氏川李鹿三堡河北江礬山社青白口朝天岩水各懽谷東安岩肆馬元省
磨笄山一名雞鳴山在保安西南唐貞觀十九年北巡幸雞鳴山元至元三年如雞鳴山將獵于渾河不果明正統十四年虜刺也先犯大同親征次雞鳴山即此

遵化州

徐無城在遵化西漢縣後周省
俊靡城在遵化東漢縣晉末省
平安城在遵化西南唐太宗征遼遘疾經此旋愈因名
鹿兒嶺在遵化北塞外明洪武初常遇春出遵化度鹿路嶺至會州即此訛為路兒嶺
灤河在縣東北自塞外經圍亭寨流入內地唐開元二年幽州帥薛訥出檀州擊契丹至灤水山峽中即此
清水河在縣西南自道濟峪經玉田寶坻入潮河明建文三年遼東兵圍遵化燕兵敗之于清水寺橋即此
馬蘭峪關在遵化西北正德四年朶顏入寇自鮎魚石毀垣入馬蘭峪嘉靖三十四年俺荅自鮎魚石入犯馬蘭峪即此○鮎魚石馬蘭東第二關
潘家口在遵化東北四十里嘉靖三十八年朶顏導把都兒入犯度灤河由潘家口而西大掠薊州即此
喜峯口在遵化東北七十里明宣德三年車駕由喜峯口大敗三衛眾于寬河嘉靖十年三衛連兵入犯喜峯口即此
松亭關在喜峯口北百三十里明洪武三十年馮勝出松亭關討納哈建文初大寧帥劉貞等出松亭關至沙河攻遵化即此
徐無山在玉田東北漢建安十一年曹操伐烏桓令田疇為鄉導上徐無山即此
燕山在玉田西二十五里晉咸康四年石虎攻段遼北平相陽裕登燕山以自固即此
沙流河出豐潤西黨峪山下西南會于還鄉河元致和初懷王襲位上都自遼東入撒敦等征之于薊州東沙流河是也
沙河在豐潤南明永樂中北征三衛還駐驛沙河即此

永平府

漢海陽縣在永平南高齊省梁乾德初契丹改置望都縣金大定改海山縣元省
孤竹城在永平西
遼西城在永平東後魏時置唐開元初安東都督府治五代時契丹置遼興府旋省
柳城在永平東北唐天寶後柳城郡治此
令支城在永平東北史記作離支漢置縣晉省永嘉中遼西鮮卑段遼都于令支咸康四年置營州治慕容雋又置遼西郡魏太平真君七年省
樂安城在永平東南石趙時置鎮晉咸康六年石虎欲伐燕合兵具舟自河通海運穀數十萬斛于樂安城即此晉書作安樂
部落嶺在永平東唐初海水部居此因名明建文二年燕自小河拒遼兵于十八里鋪追敗之于定流河及部落嶺遂克兔耳

山寨即此○定流河在欒亭縣即灤河下流小河即漆河十八里鋪在府東兔耳山在撫甯西
三陘在永平東北晉永安六年燕慕容霸出徒河軍至三陘趙鄧恆棄樂安遁即此
黃礨谷在永平東南與碣石西麓相近唐萬歲登封初曹仁師至黃礨谷與契丹戰于硤石谷即此○古平州有西硤石東硤
石二戍硤為碣之偽
濾河即古卑耳溪自遵化東南行入永平又東合漆河入海元大德五年灤河肥如河漆河並溢即此
盧龍塞在永平府西北漢建安十一年曹操攻烏丸出盧龍塞塹山堙谷五百餘里人名為長塹晉永和五年慕容霸自東道
出徒河慕輿干自西道出蠮螉塞儁自中道出盧龍以伐趙十年燕步渾治盧龍道今通方軌
萬軍城在遷安東有山一名帳房山唐貞觀中置
龍紀城楊買驢城俱在遷安北遼置
黃山在遷安西魏太安三年將東巡起行宮于黃山即此
都山在遷安北一名馬都山唐開元廿一年郭英傑與契丹戰于都山即此
劉家口關在遷安縣東北東接盧龍縣桃林口關凡四口為大甯路要隘明建文初燕王從劉家口北向大甯嘉靖卅六年蒙
古犯冷口轉攻劉家口陷桃林營大掠雙望堡
冷口關在遷安北關內有建昌營嘉靖十年三衛部長阿堆哈利赤數掠建昌營及喜峯口太平砦一帶○建昌營東至燕河
營五十里西至太平砦六十里口外十五里曰趨角山又北曰黃岳山逃軍山西北曰擦都嶺北曰龍王廟奚河川沙嶺小盤
場○太平砦在城子嶺關內
河流口關冷口東第一關口嘉靖卅六年蒙古把都兒陷河流口尋引去即此
青山口關在遷安西北西接遵化之大喜峯口嘉靖廿一年三衛部犯青山口○關東即太平砦北接遵化之董家口
臨渝故城在撫甯東北漢縣東南近海隋開皇初營州刺史高保甯與突厥沙鉢畧合軍攻陷臨渝鎮大業中置臨渝宮十年
復議伐高麗自涿郡幸臨渝○城北臨渝山高千餘仞下臨渝河故縣以名
漢驪成縣在撫甯南後漢省
五花城在撫甯東連環五座　大人城亦在縣東洋河城在縣東南俱唐貞觀中築
茶盆山在撫甯東北石門北即箭笴嶺唐同光二年契丹阿保機襲叛奚軍于箭笴山宋宣和五年遼臣奚回離保據箭笴山
稱奚帝是也
牛頭厓在撫甯東舊為海軍偵探處有牛頭營
山海關本名渝關在撫甯東百里隋開皇三年置十八年命漢王諒將兵伐高麗出臨渝關唐貞觀十九年征高麗還至臨渝

承德府

○故關本元遷民鎮在縣東二十里明初始徙而東治今關又於舊關置驛郵關東臨海北有兎耳覆舟山皆斗絶東北有路狹僅通車唐置東硤石西硤石綠疇米磚長楊黄花紫蒙白娘温溝白望昌黎遼西十二城戍以扼之

界嶺口關在撫甯北嘉靖卅七年土蠻犯界嶺口官軍拒郤之是也○口東有十八盤嶺牛心山北有李花山苂兒山紅石嶺皆冲要地

一片石關在撫甯東董家口東第十二關口也一名九門水口嘉靖卅九年朶顔衛影克勾致把都兒犯一片石即此○關西鐵廌崖極險要自關南至山海關凡五關曰寺兒角三道關角山關旱門關北水關

柳城軍在昌黎西南唐永泰初置元曰静安堡明嘉靖卅一年置静安社

溟海在昌黎東南有黑洋河明嘉靖中運天津倉米從黑洋河一帶抵昌黎達山海關即此

石城縣在灤州南唐萬歲通天置遼徙置故城南元省

馬城縣在灤州西南唐開元廿八年置元至元省

漢陽樂縣在灤州東東魏省

清水河在灤州南上流為龍溪河源出州西菓子山一名五子洞伏而復見故秦漢時運渠元時海運自遼東三岔河分三道一由天津遷白河至通州一由娘娘宫經糧運河至薊州一由蘆臺經黑洋河蠶沙口清河至灤州明洪武八年傅友德通永平運道由清河合灤河達府城北灤陽營萬林初行海運自州東十八里灤河西岸王家閘引灤水入清河導入王家坨再道使接靳家河通交流河入黑洋海口歷建河海口堂兒上海口大沽海口入通州白河至天津衛○蠶砂口即蠶叢口

榛子鎮在灤州西金大定初自遼陽趣燕京次海濱縣至榛子鎮即此

温泉棚在灤州東北舊戍守處唐廣德初史朝義敗走奚契丹至温泉棚追兵及之即此

漢且居城在承德北後漢省遼置利民縣金省為寨元置興安縣

桓州在承德西金置治清塞縣元初省

宜興城本興化縣之白檀鎮在灤平西北金泰和二年置元致和初脱脱不花守古北口與大都兵戰于宜興是也明初省

大青山在灤平西南即青嶺宋宣和四年金乜斜出青嶺即此

陽武縣在平泉南魏正光末置高齊省

漢土垠縣在平泉北後省遼改置澤州領神仙灤河二縣金承安改惠州元省

黑山在豐甯東唐顯慶中薛仁貴破契丹于黑山即此

捺祿山在豐甯南唐開元廿二年張守珪破契丹于捺祿山即此

惠和城在建昌東北遼置為惠州治金省州明省縣

愼州城在建昌東唐初置載初二年分置黎州新黎縣遼置渝州和衆縣金省州明初省縣

建州城在朝陽西靈河南五代初契丹置後徙靈河北元省

白狼山在朝陽南一名白鹿山漢建安中曹操伐烏桓登白狼山望營州即此有白狼水今名大凌河

奉天府表

武進馬冠羣良伯甫輯

	奉天	承德縣
漢	東北挹婁北扶餘南沃沮東南遼東東元菟樂浪郡及朝鮮地漢末公孫度據遼分遼東為遼中遼西郡自號平州牧	挹婁地
三國	平州初平中分遼東昌黎樂浪元菟帶方五郡置平州後還并入幽州	
晉	平州晉初高勾麗畧據遼東咸甯中復分五郡屬平州泰興二年慕容廆據之太和中屬苻堅太元中屬後燕光始後歸高麗	
後魏	營州遼河以東遼東元菟地屬高麗遼河以西為營州東界	
齊周	屬高勾麗	
隋	營州	
唐	勃海大氏置定瀋二州屬定理府	瀋州
遼	初置興遼軍後改瀋州昭德軍屬東京道	樂郊縣初名三河；靈源縣屬瀋州集州懷德軍
金	瀋州顯德軍屬東京路	樂郊縣；奉集縣省州改屬
元	初為安撫高麗總管府元貞二年置瀋陽路屬遼陽行中書省	瀋州；省
明	瀋陽中衛洪武二十年置屬遼東都司	瀋陽中衛領蒲河撫順二千戶所

遼陽州順治四年設府十四年改遼陽縣康熙四年改州

遼東郡

襄平縣 郡治

遼東郡

襄平縣 郡治兼置東夷

遼東國 泰興初慕容廆據其地

襄平縣 國治

屬高句麗

治奉集縣 貴德州

廣州 開泰七年置治昌義縣 章義縣 州省縣改名改屬瀋州

遼州始平軍 遼濱縣 州省改屬 省

治遼濱縣 瀋州

崇州隆安軍 省

治崇信縣

東京遼陽府 東京遼陽府 遼陽路 定遼左右前後四衛

遼州 貞觀十九年置上元三年置安東都護府於遼東故城儀鳳二年徙新城又開元初徙後省乞乞祚榮稱震國都名忽汗州

遼陽縣 府治

遼陽縣 府治

遼陽縣 路治

省

校尉治此

居就縣前漢屬遼東郡後漢省遼陽縣前漢屬遼東郡後漢屬元菟

居就縣屬遼東國

海城縣初屬遼陽府十四年改屬奉天

元菟地後改屬樂浪都尉東漢置都尉以封沃沮

屬平州

屬高勾麗

屬蓋州勃海南京南海府領沃晴椒三州六縣

鶴野縣屬遼陽府衍州安廣軍

治宜豐縣屬遼陽府巖州治白巖縣屬瀋州

興遼縣屬遼陽府湯州治靈峰縣海州南海軍屬東京道臨溟縣州治

析木縣初屬遼陽

鶴野縣省

宜豐縣州省仍屬遼陽府石城縣改白巖省州屬遼陽府興定三年復置巖州後省

省

省

澄州南海軍天德三年改臨溟縣

析木縣省同州改

省

省

省屬遼陽路

省

海州衛洪武九年置屬遼東都

蓋平縣

西蓋馬縣屬元菟郡

屬平州地

高勾麗蓋馬城

蓋州勃海後改辰州

建安城勃海杉盧郡

府尋置同州屬利軍屬東京道

屬澄州

司

耀州領巖淵縣

省

屬海州濱州柔遠軍

屬海州辰州奉國軍屬東京道

蓋州奉國軍明昌六年改

蓋州路後改蓋州屬遼陽府

蓋州衛洪武九年改屬遼東都司

建安縣州治

建安縣

鐵州建武軍治湯池縣屬東京道

湯池縣省州改屬蓋州

省

盧州治熊岳縣屬東京道

熊岳縣省州改屬蓋州

省

歸州尋省統和十九年復

省州降歸勝為鎮

省

開元縣　扶餘國地

置治歸勝縣屬東京道

黑水都督府勃海改扶餘府又改上京龍泉府

龍州屬東京聖宗更通州安遠軍領通遠安遠歸仁漁谷四縣

秀巖縣明昌四年升大甯鎮為縣屬蓋州

歸仁縣州省并省三縣入歸仁屬咸平府

開元路初設開元南京二萬戶府四年改遼東路總管府至元二十三年改開元路

三萬衛洪武二十一年改開原尋置衛二十六年徙遼海衛於此屬遼東都司永樂七年置安樂自在二州後徙自在州於都司城內

				同州鎮安軍治東平縣兼領永昌縣屬東京道	銅山縣州省屬咸平府大定二十九年改	省	
				祺州佑聖軍初置檀州兼置密雲縣後改祺州慶雲縣屬遼州	慶雲縣州省改屬咸平府	省	
				肅州信陵軍治清安縣屬東京道	清安縣皇統三年省州屬咸平府	省	
鐵嶺縣	挹婁地	屬越喜國	勃海置富州屬懷遠府	銀州富國軍治延津縣兼領新興永平屬東京道	新興縣皇統三年省州省延津永平入新興徙新興治故延津屬咸平府	省	鐵嶺衛洪武二十一年置治古鐵嶺城二十六年徙今治在故

興州興中軍治常安縣改屬東京道

挹婁縣州省大定二十九年改縣屬瀋州

城東南五百里故銀州地訛為懿路城置中左二千戶所

雙州保安軍治雙城縣屬東京道

雙城縣皇統三年省州屬瀋州章宗時并省縣

復州

屬元菟

屬平州

屬高句麗

復州懷德

治永寧縣兼領德勝縣屬東京道

復州明昌四年降軍為刺史大定七年改永康縣為治兼領化成縣

初屬益州後屬遼陽路

復州衛洪武十四年置屬遼東都司

寧海縣雍正五年設金州巡檢十二年

屬元菟

屬高句麗

金州勃海屬杉盧郡

蘇州安復軍治來蘇縣兼領懷化

化成縣州省改來蘇縣并省懷化後改金州

初屬益州路後屬遼陽

置縣

鳳凰城　屬元菟　屬平州　高麗慶州地　高麗安東都護　勃海為東京龍泉府　開州鎮國軍　治開遠縣　屬東京道　石城縣　州省屬東京　屬東甯路　鳳凰城堡

奉省北至內蒙古游牧東北至吉林西西南至直隸界東南至朝鮮南至海　盛京南界東京東界興京西界錦州北界邊門
府治承德　東為興京直隸廳屬縣二懷仁通化　南為遼陽州　鳳凰廳屬縣二安東寬甸　岫巖州　牛庄　蓋州即
蓋平　熊岳　復州　金州故甯海縣熊岳城南　凡八城　北開原城南為鐵嶺　北邊外昌圖府屬縣三懷德奉化康平
樂郊故縣今承德縣治本挹婁地唐睿宗時勃海置瀋州屬定理府遼初置三河縣後改樂郊為瀋州治
奉集故城在承德東南古陴離郡地遼東之西境漢屬險瀆高麗為霜巖縣勃海為集州遼置奉集縣明為奉集
章義故城在承德西南古襄平地高麗當山縣勃海鐵利郡遼祖初置鐵利州開泰七年以漢户置昌義縣金皇帝三年改奉
義明為章義站　今章義站城在承德西南七十里又西南行七十八里有舊章義站城
遼濱故城在承德西北遼河西岸今有遼濱塔為承德廣甯交界地　遼志誤為古拂涅地又因東平誤為勃海東平府又誤
為高麗之遼城新城其實拂涅為靺鞨最東地去承德廣甯尚遠遼俘東平民於此置縣軍非即東平也
崇信故縣在承德東漢長岑地勃海置崇州領崇山為水淥城三縣遼置崇信縣
北豐城在承德西北公孫度置豐城司馬懿伐遼豐人南徙其留者曰北豐城
襄平故城在遼陽北漢遼東郡治慕容時名遼東城隋大業八年度遼水圍遼東城貞觀十九年拔遼東城以為遼州儀鳳初
移安東都護於遼東故城後復移新城即此
遼陽故城今遼陽州治遼初置神州四年修葺金元因之　漢遼陽縣在今州西北承德遼陽之間梁水渾河交會之處
居就故城今遼陽西南晉咸和九年慕容皝擊其弟仁於遼東克襄平居就新昌即此
巖州故城今遼陽東北本高麗白巖城唐太宗以為巖州後省遼復置　志在今州東北石城山上
西安平故城在遼陽城東孫權使謝宏陸恂拜勾麗王宮為單于恂等至安平口晉咸康七年石虎將王華帥舟師自海道襲
安平破之即此　高麗為泊汋城唐地志安東府北至泊汋城七百里故安平縣也
鶴野故城在遼陽西漢居就地款海為雞山縣遼改
紫蒙故縣在遼陽東漢鏤芳地拂涅置東平府領蒙州紫蒙縣後徙遼城并入黃嶺縣勃海復為紫蒙縣

興遼故城在遼陽西南漢平郭地勃海為長甯縣遼改興遼
宜豐故城在遼陽西南遼置
石城故縣在遼陽東石城山下遼初巖州地置
故陽州在遼陽西北漢襄平地勃海置
故沓氏在遼陽西北邊吳志嘉禾初孫權欲攻公孫淵陸瑁曰沓氏去淵道里尚遠時吳師航海自沓渚往淵居襄平當今鐵
嶺地自遼陽西北踰承德始至故云遠
舡城在遼陽西
東京城在遼陽東北太子河東天命七年建
故新昌在海城東後漢永甯二年高句麗鮮卑寇遼東蔡諷敗歿即此晉咸和九年慕容仁自平郭趨新昌都護王寓擊走之
遂徙新昌入襄平金地志臨溟縣有新昌鎮即漢縣舊地
故遼隊在海城西魏景初元年毋丘儉擊公孫淵至遼陽天雨遼水大漲引還明年司馬懿軍至淵屯遼隊圍塹二十餘里懿
佯出其南而潛軍濟水出其北徑指襄平即此遼地志仙鄉縣本漢遼隊地勃海為永豐縣
海州故城今海城治故沃沮地高麗沙卑城渤海南海府遼置海州　後漢書東沃沮在高勾麗蓋馬大山之東蓋馬即今蓋
平今海城西南至蓋平界八十里形勢正合
故耀州在海城西南本勃海椒州領椒山貂嶺澌泉尖山巖泉遼改耀州領巖淵縣　東界新羅西南接今襄城東北至
海州一百二十里
故析木在海城東南遼初置　遼志誤為漢望平地按望平在襄平北今遼陽北近遼河之上流去海城東南已遠
故嬪州在海城西北本勃海晴川領縣五天晴神陽蓮池狼山仙巖遼改置嬪州
沙卑城在海城境一曰卑沙訛為卑奢自登萊海道至高麗平壤必先出此隋大業十年來護兒出海道至卑奢城敗高麗將
趨平壤唐貞觀十九年張亮程名振自東萊渡海襲沙卑城耀兵鴨淥江上即此
平郭故城在蓋平南晉大興四年慕容廆使子翰鎮遼東仁鎮平郭咸和八年仁據平郭叛咸康二年皝襲平郭自昌黎東踐
冰而進三百餘里至歷林口舍輜重輕騎趨平郭七年皝使子恪鎮平郭魏太延二年北燕馮宏奔高麗處之於平郭尋徙北
豐城後高麗改名建安城唐貞觀十九年張儉度遼水趨建安城又李世勣言建安在南安市在北安市先下乃向建安儀鳳
初徙熊津都督府於建安故城
故安市在蓋平東北唐貞觀十九年攻安市不克引還咸亨三年高麗餘衆復叛高侃敗之於安市城
蓋州故城今改平治故高麗蓋牟城在朝鮮東唐取為蓋州　遼以其地通辰韓置辰州金初置曷蘇館路後復為蓋州

故熊岳在蓋平西南本勃海杉盧郡領縣五山陽杉盧漢陽白巖霜巖遼置熊岳縣以傍海熊岳山名今為熊岳堡
故歸州在蓋平西南今為歸州城堡
故秀巖在蓋平東本大甯鎮金明昌四年為縣今為新秀巖城又東四里為舊秀巖城　今作岫巖
故開元城在三萬衛西門外金末蒲鮮萬奴據遼東元平萬奴置萬户府明初改開原路後改衛　按後漢書挹婁在扶餘東今開原本古扶餘開原東南界鐵嶺為古挹婁地說正符合
故黃龍府在開原西本勃海扶餘府遼主平勃海還至此龍見故更名晉出帝降遼後處此　金收國元年太祖攻黃龍府次混同江無舟乘馬徑涉改濟州利涉軍大定改隆州貞祐為隆安府今名農安城在吉林西北伊通河西　博屯山在東南與吉林交界上有金婁室墓
故銅山在開原南本漢襄平地勃海為東平寨遼同州金置同山縣今名銅館驛
故慶雲在開原西南四十里遼置縣　北至合里賓凡三十八驛今地名慶雲屯
故清安縣在開原東北三十里遼置
故歸仁縣在開原東北吉林烏喇界本扶餘故都遼置通州安遠軍領歸仁等四縣金省州存縣今開原北陸路第三站曰歸仁站即其地
故玉山縣在開原東吉林烏喇界承安三年以烏速集平郭林河之間置縣　縣西遼河西岸有金榮安故縣
故銀州今鐵嶺治本挹婁地遼置銀州明洪武二十一年在今縣東南故鐵嶺城置衛二十六年徙今治
故咸平在鐵嶺東北開原南本高麗銅山縣地勃海銅山郡遼初號郝里太保城開泰八年置咸州治咸平縣天德二年升咸平府領韓州今開原地在混同江西
挹婁故城在鐵嶺南六十里本海溟地勃海置興州領咸吉鐵山蒜山二縣遼置興州金廢州大定二十九年改挹婁縣訛為懿路城今為懿路站
故信州在鐵嶺東北界本越喜地遼置懷遠府治懷福縣開泰初以地隣高麗置信州彰聖軍治武昌縣
貴德故城在鐵嶺東南遼置貴德州甯遠軍治貴德縣　城東有奉德廢縣
雙城故縣在鐵嶺西本挹婁地勃海安定軍漚里僧王從太宗南征俘鎮定民建雙州治雙城縣
故永康城今復州治本遼永甯縣今改永康
化成故城今甯海治故遼來蘇縣今改化成貞祐四年改金州　蘇州本高麗南蘇以縣有南蘇水名縣東又有懷化故縣金省
大黑山城在甯海東大黑山上金州城東十五里鳳皇山左山頂有古城

故開州在鳳凰城東南遼陽東三百餘里今鳳凰山堡本濊貊地勃海東京龍泉府一曰柵城府領慶鹽穆賀四州永安龍原烏山壁谷熊山白楊六縣叠石為城周二十里薛仁貴征高麗與溫沙門戰熊山擒善射者於石城即此遼初省開泰三年遷雙韓二州民實之號開封府開遠軍更開州鎮國軍治開遠縣在今朝鮮東界東南瀕海即日本道

撫順 在承德東與興京接界明洪武二十一年置所

蒲河城 在承德北明置所

大片嶺關在承德東百里

牛庄城在海城西

梁房口關在海城西南七十里與蓋平接界

永甯監在蓋平南一百二十里明永樂五年設遼東苑馬寺監六曰昇平新昌遼河長平安市永甯苑二十四曰甘泉安山河陰古城夾河龍台耀州駝山黃山沙河馬鞍石城平川新安廣安平山南豐高平長川名山復州龍潭清河深河

連雲島關在蓋平西五十里　石門關在蓋平東七十　青石嶺關在蓋平北七十里

廢范河所鐵嶺西南三十里舊名汎河所

得利嬴城在復州東八十里得利山上明初遼東衛治此

樂古關在復州南今存古堡

旅順口關在甯海南一百二十里有南北二城　蕭家島在甯海東北

來遠城在鳳凰城東本熟女直地遼統和中伐高麗建城屬東京

九連城在鳳凰城東近朝鮮界金史幹魯子合懶甸之地築九城與高麗出戰入守即此

連山關在鳳凰城西北以山名

邊墻南起鳳凰城北至開原折而西至山海關周一千九百二十餘里又自開原威遠堡而東歷永吉州至發特哈長六百九十餘里插柳結繩以定內外名為柳条邊凡邊門二十山海關外自西而東曰明水堂白石觜梨樹溝新臺松嶺子九官臺河白土廠彰武台發庫威遠堡折而南曰英額興京鹻廠愛哈鳳凰城威遠堡而東曰布尒德庫蘇巴尒漢蘇尒蘇衣屯發特哈

東州堡大堡在承德東南泆榆蛇堡在承德西南沙嶺堡即明之沙嶺墩在承德西十方寺堡遼濱塔堡在承德西北川成堡平洛堡在承德北惠遠堡在承德東北

八里庄堡首山堡沙河堡餘唐馬寨堡在遼陽西南黃泥窪堡在遼陽西

鞍山驛堡在海城北三河堡在海城西

頂山堡在蓋平南鐵嶺屯堡在蓋平北白家寨堡在蓋平東北
尚陽堡舊名靖安堡在開原東黃泥岡中固城俱永樂中置撫順站松山堡在開原南呼濟堡在開原東南樣鋪堡八寶屯堡
慶雲堡在開原西
唐王營堡撫安堡譜巴堡在鐵嶺東南丁字泊堡在鐵嶺西南柴河堡在鐵嶺東北曾十堡在鐵嶺西史家堡鎮西堡在鐵嶺
北
楊官堡在復州西南五十里寨堡在州北
石河堡在甯海北木場堡在甯海西紅嘴堡歸服堡在甯海東北
鎮江堡鳳凰城與朝鮮分界處在城東黃骨島堡在城西南通遠堡草河堡在城西北石城堡薩馬吉堡靉陽堡孤山堡一堵
墻堡在北
天柱山鶯落山甲邦山札克丹山德庫山四臺山前山城山八角嶺俱承德東　參子山黃山塔山山上有城架板山岡大山
小尖山望女兒山高素屯山香爐山前山臺山大甯臺山老虎臺山盤頭嶺龍鬚嶺漢兒嶺王千戶嶺偏嶺老堂郝家峪俱
承德東南　團山雙臺子山東山口山烟籠山紅寶石山俱承德南　隆業山長山在承德西十方寺山在承德西北輝山一
名灰山水甲山興隆嶺俱承德東北
華表山土名一擔山一名横山官馬山寒坡嶺羅陀洞俱遼陽東　眼甲山浪子山石灰嶺大石門嶺小石門嶺俱遼陽東南
石門山有石門跕李如松救朝鮮師經處千山沙河發源處通明山土名窟窿山梨花嶺黃山峪黑峪俱遼陽南　參山首山
一名駐蹕山魏景初二年司馬懿征遼東八月丙寅夜大流星長數十丈從首山東北墜襄平東南遼志唐太宗征高麗駐蹕
嶺山故名俗稱手山以山頂平石上有手指狀在遼陽西南　石城山上有古石城即高麗白崖城唐置岩州曹千戶嶺柳河
發源處俱遼陽東北　磨石山在海城新城內　南雙山東水泉山石羊山馬方屯山朝陽嶺東分水嶺穆察嶺俱海城東
繡嶺山贏城山白山三角山金塔山鵓鴿山上有城姑嫂山上有城城山雲泉山松嶋山黑山白沙山砥柱山嵮峒山南分水
嶺五重河發源處缸窯嶺片石崖華剌峪俱海城東南　南山泉山天馬峯俱海城南　魚山一名迎駕山訛為甯家山平頂
山俗名浴盆山一名車駕山唐望山塔山妙山老虎山雪梨山關山聖水山淤泥河發源處迷真山大孤山小孤山寒蕭嶺俱
海城西南　麻崖山柳河山駱駝山鐵石山鞍山湯岡俱海城北　北奴山大圍山騎馬營山猪窩嶺俱海城東北
白谷山方家山大黃寨山哈達山清河發源處鐵塔嶺石門嶺上有關七盤嶺貓兒嶺畢立河發源處連雲峪俱蓋平東　窟
突山雁窩山上有高麗城布霧山俗名步步山畢山河發源處雞冠山沙河發源處蓮花山俗　山蓉華山陽關嶺上有高麗城
滾馬嶺水峪俱蓋平東南　清涼山饅頭山石棚山鐵場山燕子峪　熊岳河發源處俱蓋平南　伴仙山望海山即遼史之熊
岳山望海臺山聖井山火石山冷水河發源處兔兒島俱蓋平西南　白狼山清風山連聖島上有山俱蓋平西　平山在蓋

平西北　野狐山觀家山博羅山碭石山青石嶺俱蓋平北　官帽山石城山盤山俱蓋平東北
塔山在開原東　閻王鼻山蓮花泊山大黄山小黄山拐磨子山碩賓河發源處英額口山黄泥岡在開原東南　威遠堡山
在開原東北　黄龍岡岡上插柳為邊謂之新邊在開原北　松山堡峯在開原南
龍骨山小棗山雙山老古洞山小波羅紅山大波羅紅山俱鐵嶺東　駐蹕山帽峯山大青山大寶山遼志在貴德州小寶山
老鸛臺山龍潭口山氷窪裡山松獻陽山吉雅穆呼山范河發源處盤道山哈西馬嶺分水嶺碩賓河柴河發源處薩哈立延
峯窩集峪俱鐵嶺東南　香山王家林山懿路河發源處俱鐵嶺南　小猪兒山即黄山大猪兒山在鐵嶺西南　刀蹕山土
名貂皮山蛇山寮罕齊老山俱鐵嶺西　碩倫科昂阿山保山俱鐵嶺西北
東屏山明山高麗王子東明莫處耙犂山俱復州東　欒古山在州南　北汎口山南汎口山在州西南　西屏山駱駝山窑
河發原處在州西北　碧山一名黑山五十寨山花山鉛鑛山復嶺在州　大龍口山德立山上有得利北城安博羅山即復
州河發源處　老虎峪在州東北
蕭家山泉水河發源處大黑山上有古城小沙河發源處鳳凰山城子山豹山一名豹子島蓮花島蕭家島金線島骷髏島馬
鞍島光禄島刮皮島葛藤島海山島大長山島小長山島舍哩島八义島石城島王家島鳥蒲島獐子島海洋島塔連島大耗
子島小耗子島俱甯海東　鞍子山夏家河發源處團屏山沙河發源處金龍山泥河發源處棗羊山鹽場口山新旅順山鐵
山一曰鐵山島南關島即南嶺關和尚島羅家島蒸島沙河島樟櫨島零水島一名葵角灣過島小平島猪島雙島海猫島俱
甯海西南　平山龍鳳口山小黑山駱馬澄沙二河發源處狼虎山五湖觜山欒古嶺博羅島俱海甯北　石門口山鸛山大
北山望簪清水二河發源處獨山衣拉塔山歸服堡河發源處臺輝山官架萬太山望海渦地高可駐兵洪武初耿忠永樂中
劉江先後築堡其上青山島俱甯海東北　長生島一名長興在甯海西北　小海青島大海青島在甯海東南　三山島小
三山島在甯海南　杏園島馬延島在甯海西　鹿島蓊麥島花椒島在甯海西北
鳳凰山上有古石城可容十萬衆在城東南　鵰鶚山長山額林山龍頭河發源處在鳳城南　帽盔山六道河發源處鵰立
山松子山砥塔山將軍石在鳳城西南　小横山大横山青良山在鳳城西　龍鳳臺山一名龍鳳山大蟲江發源處連山小
黑山細河發源處大黑山拉門河發源處摩天嶺一名高嶺狗兒嶺分水嶺響水河通遠堡河發源處桃樹峪俱鳳城西北
青雲山一名平頂山柰磨嶺俱鳳城北
海在奉天府南自鳳凰城鴨涤江以西遶海甯三面歷復州熊岳蓋平海城西接錦州　唐地志安東都護府西南至都里海
口六百里遼地志遼陽府東至北烏魯呼克四百南至海邊鐵山八百六十西至望平海口三百六十三面抱海舊志海在蓋
州衛西十里又西為歸州莘子套險惡不測又復州衛西有白沙洲最險惡南為南信口海道考自金州旅順關口南抵海中
洋嶋黄城二島約三百里又三十里抵欽島鼉磯島又七十里丹島又百三十里沙門島又二十里登　新河水岸

奉天　七

遼河在府西一名句麗河今作巨流河有二源東源出長白山西北吉林烏拉西南庫勒納窩集為赫尒蘇等河合而北流至開原西北邊外西源為西喇穆楞河出克西克騰界內之白尒克和尒果東流經蒙古牧地北受哈喇穆楞河南合羅哈河又東南至開原合赫尒蘇河入邊為遼河南歷開原鐵嶺承德遼陽海城入海　漢地志大遼水出望平塞外水經大遼水出衛白平山注出砥石山皆指西源言通典大遼水出靺鞨西南山乃指東源言唐貞觀二十一年李勣破高麗還至頗利城渡白狼黃巖水怪其淺狹問契丹云此二水合而南流即遼水源今口外羅哈河下流與西喇穆楞河合羅哈即古白狼西喇穆楞即黃巖古潢水也遼河自開原明安貝勒屯東入邊經鐵嶺北合清河入雙峽口分為內遼河外遼河西南流合為一至開城為巨流河又分流至海城合太子河為三岔河入海河左右即遼東遼西所由分　河東岸至開原西南至黃泥窪牛庄三岔河南至蓋州復州金州旅順轉而東至紅嘴歸黃骨島鳳凰城鎮江鴨淥江口西南至山海關東至中前所前衛後所沙河甯遠連山塔山杏山松山錦州大凌河北面皆邊南面皆海又自廣甯城南至閭陽驛十三站右屯衛海口相去百里北至新插之邊東至盤沙驛高平沙嶺三岔河之馬圈

渾河在承德南源出長嶺子納魯窠集曰納魯河西入英額邊門會嘮桑阿河為渾河經　興京界合碩賔河蘇子河達盛京城南至遼陽州西北王大人屯合太子河又西合遼河為三汊河　古名小遼水漢地志高勾麗遼山遼水所出西南至遼隊入大遼水水經注小遼水出遼山經襄平為淡淵晉永甯三年涸又南入大梁水

高素屯河出高素屯山喇蛄峪河出小孩兒嶺衣尒屯河出高臺嶺大甯台河出大甯台嶺小峽河出郝家峪俱承德東南北入渾河　馬官橋河出水田山在承德東　白塔鋪河出老堂峪沙河出王千戶嶺瀋水出東關觀音閣至騾子圈南入渾河舊名小瀋河瀋州瀋陽路俱因水名俱承德南　八角泊蓼角泊蓮花泊俱承德西南　蒲河出香山在承德西北

十里河舊名稠柳河出廟兒嶺河北為承德界柳河出曹千戶嶺龍潭俱遼陽東北　太子河即大梁水一名東梁水出薩穆禪山自葦子峪東入邊至州西北合渾河入遼河　金地志東梁河國名兀魯忽必剌明統志太子河出幹羅山方輿紀太子河即古衍水燕丹匿此因名在遼陽北　湯河出分水嶺漢地志居就縣室韋山即分水嶺室韋水即湯河又達喇河出海城黑山俱遼陽東南　沙河出千山在遼陽南

土可一出分水嶺一出猪窩嶺西北至沙河鋪合流鞍山河出雙塔嶺下流曰新開河俱海城北入三义河　楊柳河出南分水嶺土名沙河在海城南　穆祭河在海城東　淤泥河出聖水山西至迷真山西散漫河之南為蓋平界遼志作泥河又名軒芋濼捌戟河俱海城西南

清河出哈達山至連雲島入海冷水河出火石山北荒甸泉熊岳河出蘇子峪浮渡河一名鐵場河出萬家嶺新安河出新安鋪南俱蓋平南　畢立河一源出布霧山一出猫兒嶺南至金州歸服堡東入海唐乾封初伐高麗劉仁願由畢列道金合住傳曷速館苾里海水人苾里即畢立金初置曷蘇館路於蓋州英納河出冰峪俱蓋平東南　五重河出分水嶺東南合杓子

河入芊河土名五道河在蓋平東

復州河舊名沙河出得利嬴城山下麻河出耙犁山在復州南　窑河出駱駝山在州北

小沙河出大黑山龍鳳口河出雙山在甯海北　望簪河出大北山澄河出小黑山沙河出鸛山清水溝出大北山俱甯海東

北　駱馬河出小黑山夏家河出鞍子山沙河口河出團屏山泥河出金龍山俱甯海西南　鴻臚井在甯海南旅順口

細河出小黑山響水河通遠堡河俱出分水嶺拉門河出大黑山在鳳城西北　靉河出邊外分水嶺三义子河出奈磨嶺薩

馬吉河出黃渡羅峪草河出桃樹峪俱鳳城北　陽山汀出岳克托畢漢山永安河出雕窩山在鳳城東南　六道河出帽盔

山在鳳城西南　龍頭河出額林山在鳳城南

大清河一源出吉林西南香嶺一源出諳巴和托峯北流至興克山合為瞻河又西南會葉赫河入威遠堡邊至開原為大清

河一曰扣河又至開原東南合小清河入遼河　小清河出達揚阿嶺曰哈達河西合覺羅阿曾十八里等河為小清河至縣

東南合大清河總名清河又西入遼河　覺羅河呼濟河俱出吉林城西南分水嶺阿曾河十八里河俱出諳巴和托峯華家

溝河出邊外嘉色山俱開原東南　馬鬃河出吉林雅秦峰亮子河出吉林雅克薩畢漢山西嶺俱開原西　金線河在開原

城東北隅

柴河出鐵嶺在松山之西金地志銅山縣南新興縣北有柴河即此　老古洞河出哈西馬嶺在鐵嶺東　范河出吉雅穆呼

山經黃山塔山北流入遼河金地志新興挹婁二縣有范河即此懿路河出王家林山西流至大猪兒山散漫舊名小清河金

地志挹婁有清河國名叩嘪必刺即此俱鐵嶺南　凌湖在鐵嶺北　宋家泊在鐵嶺西

錦州府表

武進馬冠羣良伯甫輯

	錦州府　康熙三年置廣寧府治廣寧縣四年攺	錦縣
漢	古孤竹國東北境屬遼西西南境屬遼東後漢兼隸遼東屬國	徒河縣屬遼西郡後漢攺屬遼東屬國
三國		省
晉	永嘉後屬慕容氏西樂郡治西樂	慕容氏後置徒河縣
後魏	營州東境與高麗接界	真君八年并入廣興縣
齊周		
隋	遼西郡東境	
唐	營州	
遼	錦州臨海軍治永樂縣屬中京道	安昌縣屬錦州　神水縣開泰二年置屬中京大定府　金源縣屬中京大定府　安德縣統和八
金	錦州臨海軍治永樂縣屬北京路	安昌縣　永德縣初省州
元	錦州軍省屬大寧路并省縣	省
明	廣寧中左二屯衛洪武二十四年置	廣寧右屯衛洪武二十六年置

甯遠

州康熙二年東劃塔山所地入錦縣西并前屯衛

徒河地

遼西郡柳城縣地

營州東北地

瑞州貞觀十年以烏

年置屬興中府尋改安德州化平軍閭山縣宜州來州建州保靜軍治永霸縣屬中京道東京之顯州乾州遼州俱在今府境嚴州保肅軍治興城縣屬錦州

來州歸德軍治來賓

大定二十九年改永德屬興中府

建州保靜軍治永霸縣屬北京路

興城縣州省屬興中府

瑞州歸德軍天德三

瑞州省縣入州屬大甯路

甯遠衛宣德三年分廣甯前中屯地曾庄瀋地北置

廣甯前衛洪武二十

地爲州三年屬廣甯府四年屬錦州府		廣甯縣康熙三年設廣甯府縣附四年省府縣屬錦州
		無慮縣屬遼東郡後漢分屬遼東屬國
	慕容皝置集甯縣	
		營州東境
突汗達干部落置威州後改瑞州治來遠縣		巫閭守捉城屬營州勃海顯德府
縣屬中京道	濕州平海軍治海濱縣屬來州	顯州奉先軍治奉先縣領山東縣屬東京道
年改宗州明昌六年改縣曰宗安太和六年改瑞州并改縣曰瑞安	海濱縣州省屬瑞州	廣甯府天會八年改鎮甯軍天德二年屬咸平後省軍屬東京大定二十九年
	省	廣甯府路初移治臨潢立總管府至元六年降爲郡十五年復分爲路
六年置		廣甯衛洪武二十七年改置又置廣甯中左右衛

望平縣屬遼東郡

望平縣 一

望平縣改屬元菟郡後省

乾州廣德軍統和三年置治奉陵縣屬東京道又有閭州順州後省

徙治山東縣地改名廣寧泰和元年屬北京路鐘秀縣本遼奉先縣天會八年改

至元六年省入望平

閭陽縣天會八年改縣省州屬廣寧府

閭陽縣

廢為驛

望平縣大定二十九年升梁魚務為縣屬廣寧

望平縣

險瀆縣屬遼東郡後漢屬遼東屬國

險瀆縣

房縣屬遼東郡後漢屬遼東屬國

房縣

省

川州甯軍初名川州後省為川州領宏理咸康宜民三縣屬中京道

府

宜民縣大定六年省州軍屬懿州太和四年屬興中府

川州屬大甯路

省

懿州甯昌軍初隸上京名慶懿軍改廣順又改甯昌治甯昌縣兼領順安縣後改屬東京又有壕州渭州後

懿州甯昌軍初屬咸平太和末屬北京路治順安縣兼領雲山縣

懿州初為路至元六年降為東京支郡并省縣入州

初置廣甯後屯衛永樂八年徙廢

義州康熙十五年設巡檢屬廣甯縣十九年設城守尉六十一年徙錦州通判駐札雍正十一年設同知十二年升州

省

宜州崇義軍
義州崇義軍天德三年改義州屬北京路
義州省縣入州屬大甯路
義州衛洪武二十三年置

海北州廣化軍治開義縣屬乾州
開義縣皇統三年省州屬義州
省

成州興府軍初名長慶軍屬上京後更興府屬中京道治同昌縣
同昌縣州省初屬川州大定六年屬懿州泰和四年屬義州
省

遼西州阜城軍領長慶縣屬顯州
省為遼西鎮

錦州府東界奉天北西界内蒙古哈尒喀土默特喀喇沁之左翼旂西界直隸承德西南界直隸永平
紫荊山白雲山十三山五代史胡嶠等東行過一山名十三山西南去幽燕二千里遼史燕王討武朝産至乾州十三山即此
十三站嶺俱在錦縣東　望海山乳峰山卧龍山一名卧牛山長山牤牛山山麓插海小淩河經其陰平山一名團山上有土
城俱在錦縣東南　呂翁山一名呂洪山松山舊松山所城在其西俱在錦縣南　杏山小筆架山大筆架山塔山有明塔山
所江土山一名平土山壺盧島小壺盧島俱在錦縣西南鷹窩山陽河發源處卧佛山一名龜山小紅螺山高橋河七里河發
源處大紅螺山連山河發源處涼水泉山涼水磯子山駱駝嶺長江稠柳河發源處千家峪俱在錦縣西　孤山老虎關山松
嶺門山俱在錦縣西北　翠幕山一名眼馬山二郎洞山牛山牛心山龍嶈山梯子山亂石山二道河發源處龍頭山了八石
山松嶺俱在錦縣北　唐帽山磯子山望高山高黃山破臺河發源處聖水山五臺河發源處碌碡山香爐山三臺西河發源
處灰山義州王巨河發源處金剛山寨子山寶林山乾柴嶺頭臺河三臺東河發源處金源洞俱在錦縣東北
三首山望海山在甯遠東　釣台山在甯遠東南　卧牛山張家山小海山碧霞山一名廟兒山望夫山在甯遠西南　龍彎
嵛山曹莊河發源處鐵帽山大團山大頭山東沙河發源處鷹窩山曲尺河東關驛河發源處偏山偏山河發源處小磯子山
沙河站河源處官帽山涼水河發源處萬松山東西四百餘里五指山楊家山葉家墳河發源處三山遼志作三州山長嶺
山蛇山破山洞山大孤山小孤山松嶺臺山雞冠山馬鞍山欒子山漫頭山護城河發源處小三山小黑山雙山九門山急水
河發源處三道關山荊条河發源處角山歡喜嶺一名懽惶嶺俱在甯遠西　棗山王寶山鎮山九龍山一名高黃山磨盤山
雙山荊条山榮家山女兒河發源處茨兒山刺榆陀山石梯山毛家山烟臺河發源處烟籠山嘎喇河發源處將軍石山背陰
峰在甯遠西北　火燒門山湯沙河發源處在甯遠北　磯子山首山河乾柴嶺河雙樹鋪河發源處鞍山在甯遠東北　覺
華島桃花島在甯遠南
萬紫山一名萬翠又名萬字在廣甯城内　蛇山大黑山小黑山在廣甯東　駝房山寶珠山盤山在廣甯東南　醫巫閭山
在廣甯西一名六山　韓口山羣馬嶺在廣甯西北　古城山分中山分水北山團山鎮北山三尖山鷹窩山鎮邊堡山白土
山在廣甯北　狼虎山羊腸河山公諸兒山青子山白雲山在廣甯東北
杵頭山青山小籽粒山雲霧山在義州東　班石山七里河發源處在義州南　出山八塔山牛心山石廠山石河發源處大
安堡山一名江石磯子大安堡河發源處長山帽兒山楊樹溝河發源處在義州西南　萬佛山一名福山石門山嘉福山在
西北駱駝山在義州北　隘口山白臺山中路山魏家嶺馬市河發源處在義州東北　女兒河源出土默特名烏譽河入邊
為女兒河湯河出鷹窩山俱在錦縣西　小哈喇河出郭家臺冷泉河出義州班石山名七里河入境為冷泉大哈喇河大定
河出義州石廠山破臺河五臺河三臺河一源出香爐山一源出乾柴嶺頭臺山俱在錦縣東北　小淩河源出土默特明安
喀喇山名水壘河入邊名小淩遼府城西名錦川一名錦水　大凌河源出喀喇沁尾蘇圖山名敖木倫東流自九官臺門入

邊爲大淩河在錦縣東　七里河高橋河連山河稠柳河飲馬河五里河長嶺河在錦縣西南
乾柴嶺河出句家屯雙樹舖河湯沙河土名美女河出火燒門山首山河寨兒山河在甯遠東　甯遠河一名女兒河一名三
女河出紫家山長帽河出磨盤山黑水河出喀喇沁左翼名額類河入邊名黑水嘎喇河偏山河在甯遠西　曹莊河中左所
東沙河烟臺河曲尺河東關驛河六州河一名六股河蒙古名遂濟河馬家河出西大石臺山沙河站河葉家墳河高兒河涼
水河出官帽山石子河王寶河中前所河一名東沙河急水河一名老軍屯河出九門山荆条河曼水河一名窰河出吳家山
護城河出饅頭山在甯遠西南
板橋河出醫巫閭山合蘆溝及雙峯河入海在廣甯東南又東沙河南沙河並出醫巫閭至城東南合流又三汊河在城東南
雙峯河出醫巫閭背陰寺泥河出醫巫閭青巖寺至廣甯西南合流曰西沙河　石佛寺河馬寺河在廣甯北　羊腸河出
白雲山經鐮刀湖合潮河至廣甯東為路河又莽獐湖走坎湖俱在廣甯東
珠子河一名錐子河出廣甯東北白雲山楊檉木河出邊外沓漢和碩岡邊河古老無名泉南入東沙河俱在廣甯東北
楊樹溝河湯泉河在義州西南柳河川河一名崑齊老河出土默特神應山在義州西　東沙河西沙河細河一名衣馬圖河
出土默特邁達里山在義州東北　泥河出大安堡北王巨河出錦縣灰山在義州南
徒河故城在錦縣西北相傳虞舜時已有此城劉恕外紀周惠王三十三年齊桓公救燕破屠河即徒河也晉太康十年慕容
廆以遼東僻遠遷於徒河之青山元康四年徙居棘城通典徒河青山在營州城東一百八十魏真君八年并徒河入廣興縣
永樂廢縣今錦縣治本慕容西樂縣遼置為錦州治
安昌故縣在錦縣西九十里有古安昌縣之永和村即古城址東有塔塔下有金大定碑
神水故縣在錦縣西北本漢徒河地遼開泰二年置　城北有淄石山堡金末降將致據錦州元木華黎遣兵急攻淄石山堡
而使别将屯永德西十里數出救淄石永德軍斷其歸路木華黎馳至神水敗之
永德故縣在錦縣西北又西北至神水五十餘里東北至興中城百里遼統和八年置
故建州在錦縣西北本唐昌黎縣遼初置聖宗遷於唐崇州故城
故廣甯右屯衛在錦縣東南本元閭陽之臨海鄉明洪武二十六年初置於十三堡明年移此葺公主寨故址以為衛治
無慮故城今廣甯治漢西部都尉治所後漢屬遼東屬國唐置巫閭守捉城遼改山東縣金為廣甯府治廣甯縣
望平故城在廣甯東北東遼河之東晉末省金大定廿九年以渠漁務為縣屬廣甯在遼河西
險瀆故城在廣甯東南濱海遼河西岸
房縣故城在廣甯東南濱海遼河西岸
鍾秀故城在廣甯西南三里本遼奉先縣地金天會八年置元省入閭陽

閭陽故城在廣甯西南五十里本遼乾州奉陵縣大會八年改

川州故城在廣甯西北蒙古土默特界本唐青山州地遼初置白川州後曰川州長甯軍金大定省入宜民縣為東川州城西南去義州一百五十里金承安二年復置川州今為西川州城南至義州九十里

歸義故城在廣甯東北

故懿州在廣甯北界外本遼慶懿軍元初置義州路明初為廣甯後屯衛永樂八年徙衛治義州遂廢為界外站道

故閭州在廣甯東北近醫巫閭

故壕州在廣甯東北　遼地志州在顯州東北二百二十順州在顯州東北一百二十渭州在顯州東北二百五十原州在顯州東北三百

古通定鎮在廣甯東百八十高麗於遼水西置軍營察渡遼者名武厲邏隋大業八年取其地置遼東郡及通定鎮唐貞觀十九年李世勣自通定濟遼水趨玄菟即此

故廣甯衛在廣甯城內元廣甯路舊址

瑞州故城在甯遠西南百三十唐貞觀十年以烏突汗達干部置威州於營州境後改瑞州治來遠縣

海濱故城在甯遠西南前屯衛城西古集甯遠地遼聖宗置海濱縣為隰州治金封遼主天祚為海濱侯　遼志以隰州所領為海陽潤州所領為海濱與金志異

興城故縣在甯遠南四十里海中覺華島山遼聖宗置興城縣為嚴州治通志作桃花島

故和州在甯遠北元初置屬大甯路至元二年并入利州為和永鄉在今邊外

故甯遠衛在甯遠城內本瑞州錦州地永樂初大甯淪沒紅螺山入外境乃割瑞錦閭地於曹莊驛池之北建衛治名甯遠又於城東五十里別置中左千戶所於城西四十里小沙河別置中右千戶所

宏政故縣今義州東北二十五里遼置宏政縣為宜州治金改名義州移今州治

開義故縣義州南四十里遼置開義縣為海北州廣化軍治

同昌故縣在義州北一百六十遼置

故義州衛在義州城內洪武二十三年初設衛於十三山尋移治義州

故廣甯後屯衛在義州城內洪武二十五年置初治舊懿州永樂八年徙治州城

大棘城在義州西北慕容廆都此魏景初二年鮮卑莫護跋从攻公孫淵有功伐拜率義王始建國棘城之北晉元康四年其孫慕容廆徙居大棘城　魏真君中并入龍城縣

松嶺子邊門錦縣西北

長嶺山邊門夾橋塲巡司杏山堡塔山堡大興堡椴木衝堡長寧堡沙河堡連山堡高橋站城在錦縣西南　小凌河城高山堡團山堡在錦縣東南　大凌河城十三山站城在錦縣東　松山堡在錦縣南　錦昌堡鷹手堡在錦縣西　大茂堡大勝堡在錦縣北　流水堡營城子堡石家堡臧家堡齊家堡閭州堡在縣東北　中後所城中前所城中右所城鹽場堡曲尺河堡高兒鋪堡涼水河站在寧遠西南　雙樹堡在寧遠東　楊安堡團山堡仙靈寺堡黑莊窩堡錦川堡劉臺音堡三道溝堡高臺堡瑞昌堡平川營堡三山營堡背陰峰堡在寧遠西　興水縣堡鎮安堡鎮邊堡在寧遠北

中安堡高麗坂堡羊腸河堡小黑山堡大黑山堡在廣寧東　高平堡平安橋堡傅家堡莊墾嶺里堡鐵場堡在廣寧東南

壯鎮堡在廣寧西　馬市堡鎮邊堡皐厰堡鎮安堡在縣北　巨流河堡在縣東北

永寧堡土堡安新站堡在義州東　得勝堡大康堡太平堡在義州西　八塔堡團山堡大安堡孫凌堡大定堡在義州西南

營城堡大寧堡大清堡瓦子峪堡大靜堡鎮夷堡接廣寧界在義州東北

興京表

武進馬冠羣良伯甫輯

興京	漢	三國	晉	後魏	齊周	隋	唐	遼	金	元	明
本名赫圖阿拉肇祖始居此順治五年尊為興京今城為太祖癸卯年建	元菟郡	元菟地		高句麗地	高句麗地		安東都護府	東京南信城貴德等地	東京東南咸平路地		建州右衛

在盛京東南二百九十、東至吉林烏拉界三十五西至奉天界一百九十南至鳳皇城界一百八十北至開元界一百十

舊城在今城南八里　太祖丁亥年建

高句麗故城在城北漢元封四年開朝鮮地置高句麗縣為元菟郡治○高句麗國去遼東千里元菟郡去遼東四百里縣非高句麗地特借其名耳

南蘇城在城東北高句麗置縣有南蘇水故名晉永和元年燕慕容恪攻高麗拔南蘇置戍而還隆安二年慕容盛襲高句麗拔新城南蘇二城開地七百餘里隋大業七年伐高麗段文振出南蘇道唐乾封二年薛仁貴破高麗拔南蘇木底蒼巖諸城顯慶置南蘇州彝嚴○通鑑注南陝在遼東之東南蘇木底又在南陝之東賈耽謂新城在遼東東北則南蘇木底當在新城東南

木底城在城東北

新城在城北　晉咸康五年慕容皝攻高句麗至新城受降而還隋大業九年王仁恭出扶餘道進至新城攻之不克唐乾封二年伐高麗李世勣曰新城高麗要害不先得之餘城未易取也乃壁西南山臨新城下拏一十六城悉拔之注新城西南旁山東北接南蘇木底等城東北當作東南　頭道關即雅尒哈關二道關即達敏關三道關即札哈關俱在城西　轆轤舊城新城俱在城南　界藩城在城西北鐵背山上天命三年建　薩尒呼城在城西北天命五年建

啟運山本長白西麓吉雅拉庫山烏林山大黑山諳巴尼雅尒馬山阿濟克尼雅尒馬山幽葫蘆山蓮花山鐵背山稱花嶺十八道嶺櫃子峯馬庫峯喜布索峯勒富峯通山谷俱城西北　哈尒薩山車山高麗城山青龍洞山和穆吉雅山鵂鳴臺山記和羅嶺望蘭嶺兩嶺八盤嶺馬呼嶺費葉勒庫峯曹子峪望城岡俱城西南　東舍哩山西舍哩山哈尒漢嶺堂子岡圖克善

陂德立石俱城西　挫草嶺在城北
蘇子河即南蘇水出邊外呼倫嶺西流會尼馬蘭章京馬家哈當阿立發諸河逕啟運山南西北經水手堡至界藩入渾河哈當阿河馬家河章京河尼馬蘭河立發河俱城西北　吉雅拉庫河渾河俱城北
金木新河出王嵐子溝立吉雅河出邊外盤嶺吉雅哈河出邊外偏嶺俱城東南　索尒和河哈尒薩河金口峪河託和羅河西裹河費雅朗阿河小峽河鹻厰河青龍洞河一名水洞清河俱城西南　布尒哈圖河温都河札庫穆河曹子峪河舍哩河馬哈丹河俱城西

黑龍江表

武進馬冠羣良伯甫輯

漢	三國	晉	後魏	齊周	隋	唐	遼	金	元	明
挹婁	挹婁	挹婁	勿吉國黑水部		黑水靺鞨	開元中置黑水州又置黑水府後屬勃海	黑水部在南者屬遼在北者不屬	蒲與路及肇州北境	開元路後省	黑龍江等五十八衛屬都司

黑龍江

康熙十八年將軍治艾暉卅二年治墨尔根卅八年治齊齊哈尔即卜奎屬城五墨尔根黑龍江呼倫貝尔布特哈呼蘭

東南東至甯古塔界南至吉林西至車臣汗部界西南接烏朱穆沁科尔沁札賴特旂北至鄂羅斯界本遼金舊國遼起江北呼倫貝尔地後為上京金起江南白都訥東三里國語謂黑龍江為薩哈連烏喇今通稱曰愛呼以江東岸有愛暉古城轉暉為呼也東南為呼蘭綏化廳　北布特哈城墨尔根城　東北黑龍江城　西呼倫貝尔城

齊齊哈尔城一名乞察哈里本諾尼江北打虎尔部所居庄名康熙三十一年築城時因以名城○城本卜奎站地在甯古塔新城北八百里距七站南至混同江五百里東北西皆以內興安嶺為界○卜魁因舊有大力人為布枯即布庫居此故名又云有達呼里人名卜奎居此故名又云元萬戶府孛苦江地故名孛苦卜奎方言也國語奎克伊切育音無字因以奎代亦作魁武誤作博克伊

齊齊哈尔屯在今城西南十餘里初議築城屯種以中隔嫩江不便而止

墨尔根城在齊齊哈尔城北四百二十里諾尼江南岸墨尔根河西岸城因河名西至訥墨尔河一百六十東西北俱界內興安嶺

黑龍江城在齊齊哈尔城東北黑龍江西岸

呼倫貝尒一作呼倫布雨兒通稱海蘭兒以凱拉尒河名音轉也本呼倫貝尒兩泊軍屯其閒因為一地遼史太祖取天梯必魯等三山之勢於葦甸射金齪箭以識之謂之龍眉宮神冊三年城為皇都會同元年稱上京號曰臨潢府今名圖尒根
伊查里在齊齊哈尒城西北八百四十東至吉尒起克山三百五十西南至喀尒喀西北至喀尒古納河二百二十與俄羅斯接壤○呼倫古俱倫泊唐室韋傳西有烏素固部當俱輪泊之西即此明曰潤濼海子源出貍特山陽東流為克勒倫河古名臚朐河至總管駐所之西二百五十里會烏孫河之水為池自池東北流出為額尒古納河流入黑龍江北俄羅斯地貝尒國語作布雨尒池古名捕魚兒海源出蒙古之喀尒喀河
布特哈譯言虞獵故有打牲處之稱在齊齊哈尒城北三百四十○總管駐伊倭齊有土城因山起伏西去直達木蘭上人謂之烏尒科流人逃亡不識蹊徑者循此遂可入關
呼蘭以呼蘭河名一作霍倫在齊齊哈尒東南八百四十毗連吉林山岡雄峻○新分綏化廳
故蒲與路在齊齊哈尒城東南金初置南至上京六百東至胡里改一千四百北至邊界火魯火疃謀克三千里
故黑水府在黑龍江境內唐開元十四年置
愛暉城在黑龍江城東北一名艾滸言可畏也又作愛呼艾暉在齊齊哈尒城東北八百里又西千里為雅克薩城舊址又西千里為康熙時邊界
雅克薩城前明蒙古席白達呼里紅呼里索倫之地崇德初博穆博果尒等據城以叛崇德四年討平之墟其城順治初羅刹竊距其地築城以居康熙廿五年克平城遂廢
尼布楚一作尼布抽尼布潮泥朴處本布拉特烏梁海諸部地俄羅斯强盛遂并吞之○尼布楚南即古烏洛侯國魏書世祖紀真君四年三月烏洛侯國來朝貢四夷傳烏洛侯在勿吉西北從難水北行二十餘日有於已尼大水貢使言其國有先帝舊墟石室靈徵志先世居幽都鑿石為宗祖之廟於烏洛侯國西北舊唐書烏羅渾即烏洛侯亦云烏羅護東與靺鞨南與契丹北與烏桓相接寰宇記謂之烏護北史昌意之少子受封北國有大鮮卑山因以為號統幽都之地廣漠之野俗謂土為託后為跋故以為氏其孫始均逐女魃於弱水受命為田祖歷三代至漢不交南夏是元魏之先亦以鮮卑為號在今錫伯利境錫伯即鮮卑也史又言先帝南遷大澤當即今柏海尒湖在錫伯利東南史又言聖武帝南移山谷高深九難八阻歷年始出居匈奴故地即今喀尒喀境柏海尒湖北曰額尒庫城繞至湖東曰穆尒古錫穆城又東即尼布楚城城南黑龍江南岸即烏洛侯地史又云烏洛侯西北有完水東北流合於難水完水即今黑龍江難水即嫩江尼布楚西北二十日行有葱尼色河會色楞格河諸水入北海葱尼色當即於已尼下游入北海非即北海也四裔考云烏洛侯為侯之形譌斯則侯之聲轉即今之俄羅斯職方外紀說同龍沙紀略云俄羅斯古大食國元太祖與弟滅俄羅斯即以封之曰察罕汗元入中土沿腦温黑龍江置驛與通問慰江岸殘址猶有存者其王都曰脫博斯奇城近邊曰泥朴處城色楞額城尼尒苦斯城入內地通市皆泥朴處

人元祕史云兎兒年成吉思汗命拙赤領右手軍征林木中百姓斡亦剌種之忽都哈別元先來歸附遂引拙赤往征萬斡亦剌至失黑失惕斡亦剌禿巴思諸種皆來降至萬乞兒吉思處其官人也迪亦納勒等來歸附自失必兒等種以南林中百姓皆收捕之恭讀康熙三十九年　聖祖諭旨尼布楚等部以捕貂為業人稱之曰林中人是祕史所謂林中百姓　即其地也是時元祖居斡難河距尼布楚最近故先取之乞兒吉思即吉利吉思在謙河之濱今俄羅斯阿木哈拜商以南地雅庫乃中俄交界之所俄羅斯之雅克薩部一曰亞谷斯科一曰亞古德斯科亦曰牙谷內府圖惹鞥斯歸即其地尼布處雅庫所轄也

齊齊哈尒境內廢城可考者納嚴城梅楞屯之郭勒歡城綱安屯之克伊特城哈彌雅臺屯之果多城鄂吉岱城勒布圖尒城綽納城阿齊口城喀木齊賚城口延城額尒伯克伊河之古城○黑龍江城東有濟噶蘇城徹赫特城德勒德尼城在德文蘇蘇福魯蘇蘇之間奇塔特城眾安城城東薩哈連部故壞額蘇里城口城穆魯蘇蘇城烏魯蘇蘇城城北庫尒喀故地呼瑪尒城多陣城阿蘇魯城多鄰城烏庫勒城

布克伊站在齊齊哈尒城內南歷特木德黑站溫託輝站多耐站塔尒哈站古魯站烏闌腦兒站默興站至白都訥城

塔哈尒站在齊齊哈尒城北又北至甯年站拉哈站入墨尒根城界

伊拉喀站在墨尒根城南又南至喀木尼喀站布尒德站拉哈站

黑龍江站在黑龍江城西南又西南至額雨兒站庫木尒站喀尒喀尒吉站和魯尒站至墨尒根

龍眉宮遼祖建神册三年築城曰皇都天顯十三年號臨潢府○唐貞觀三年以契丹地置元州設松漠都督府建八部州刺史德齊部曰峭落州縣伯部曰彈汗州都呼部曰無逢州芳阿部曰羽陵州圖勒彬部曰日連州芮奚部曰徒河州卓津部曰萬丹州富部曰匹黎州赤山州以達呼哩庫克為使持節十州軍事遼太祖以德呼勒部代起臨潢更為達尒結部伊斯瑾部舍瓘部諾尒威部石勒摩部訥古濟部濟勒錦部賓襄部○遼上京臨潢府在今開原廣甯北邊外

喀尒喀尒圖山在齊齊哈尒城東　超哈尒山雅克山磨克託里山在齊齊哈尒城西　魁山木葉山今名穆克圖尒山將尒庫峯在齊齊哈尒西北　額黑鹿耳山圖庫尒山在齊齊哈尒北　察哈拉庫峯在齊齊哈尒東南

烏塔立山和尒東吉山在墨尒根城東南　扎克達齊山伊黑郭克多山在墨尒根西北　望安山在墨尒根北　額勒克尒山伊尒虎立山諾尼江發源處在墨尒根東北

博科里山陀林峯喀木尼峯在黑龍江城南庫木尒山在城西南　阿喇尒山多四峯察哈岩峯一作查哈顏在城北　朱德赫山圖勒尒山蘇克都里奇山達尒梯沙山在城東北　茂峯在城東南

諾尼江一名嫩江古名難水北史作難河唐流鬼傳作那水那河明史作腦溫江腦溫土音碧也一名忽喇溫江出興安嶺下宜呼尒山外紀作伊勒庫里經查克達奇山東額勒克山西循墨尒根城北西與松阿里河合○河之來入者東郭羅河發源

興安嶺與江源斜對故誤為諾尼有兩源喀筭河孫疊鏗河訥都兒河多布科尒河謳鏗河甘河雞窩兒筭敏河必膳河格尼
河阿倫木河庫尒奇魯河杼兒河機勤河哈岱坎河扡心河納玉兒河喀魯兒河倭多河密奇尒河墨陸尒河木訥尒河阿魯
尒河墨尒根河羅拉喀河訥木尒河塔葛尒河〇唐書那河或云他漏河之訛考他漏河今拖尒河源流並在蒙古境內至齊
齊哈尒南始與嫩江合唐書蓋誤　孥敏河出北新安嶺必拉河葛尼河阿魯木河出西北興安嶺達尒濱泊在齊齊哈尒北
　雅尒河出西安嶺喀尒喀河出磨克託里山納木尒黑河濟沁河哈達衣肯河出雅克山庫尒奇祿河綽尒河託辛河布伊
尒湖一作布雨尒國語布雨貝也舊名捕魚兒海喀尒喀河西北流至此合為大河㳘內泊俱齊齊哈尒西　拖羅河即古他
漏河志作洮兒河在齊齊哈尒南　呼潔尒河湖倫河通肯河納民河厄渾河呼拉庫河薩林河霸蘭河呑河出呑泊雅魯河
札里河洪古河哈魯河查克達木圖河烏莫洛河哈木齊河和河木孫河圖魯河阿西竟灘河德倫河五屯河杜魯河蘇尒白
合河即黑龍江支流在齊齊哈尒東　開拉里河衣朱河愳河西尼克河額尒古納河金河特尒布勒河屑里尒肯河牛尒河
伊木河漠河西尼克葛集泊喀喇湖集尒泊烏藍布拉克泉在齊齊哈尒西北　枯倫河古名俱倫泊明時為濶灤海子源出
肯特山南流為臚朐河今名克魯倫河至城西合五順河又東北流出為額尒古納河入黑龍江唐書室韋傳極西有烏素固
部與回紇接當俱倫泊之西北征錄濶灤海子周千餘里斡難臚朐凡七河注其中即此
花札哈他尒哈泊呑泊在齊齊哈尒東南
董果洛河納魚兒河喀納河喀魯里河古隆愳河敖多河納都尒河多博科尒河敖肯河黑魯尒河米沁河伊克車勒克齊泊
在墨尒根城北　合倫河在墨尒根東北　木納尒河墨尒根河塔嚮尒河在墨尒根城東　甘河在墨尒根西　吉窩尒河
在墨尒根西北　訥墨尒河羅喇喀河在墨尒根南　五得倫河出烏塔立山在墨尒根東南
黑龍江古名墨水一名完水即烏桓水唐時室韋依河建室而居又名室建河有二源一出肯特山東南名喀魯倫河一名臚
朐河室建河一出肯特山正東名敖嫩河一作鄂倫河亦名斡難河二河合流東合科勒蘇河又東北合衆流為黑龍江　北
會泥朴楚河經城東南至昂班格里必齊河界碑入省一作格尒畢齊河源出興安嶺合額尒古納河東至察哈鹽峯又東南
經多斯峯呼麻故墟之間至額蘇里與精奇尼江合過新災暉城經抱里尒峯博枯里山至蘇尒喜峯之北又東經茂峯　至
葉尒白黑河與松阿里江合為混同江入吉林境合烏蘇里及恒衮格林諸水同入海〇江在俄境受巴尒楢河哈尒楚河他
尒巴哈泰河圖魯泰河他拉巴尒集河特楞河俄克碩河俄裔河昂衣德河扑拉訶集河𠚳里格河温多河自界碑而東受阿
集格格里必齊河卓尒克奇河昂班格里必齊河倭尒多昆河烏里蘇河博倫穆達河額尒格河必勒鼎河鄂尒姑納河河為
俄羅斯界河小河來會者十一衣木河牛耳河墨里兒肯河特尒布尒河根河開拉里河伊密河特納客河愳河莫勒根河札
敦河末河厄牧勒河旁庫河自　哈鹽峯以南受呼麻拉河小河來會者四他哈河呼集里河窩勒科河呼蘭河摸林河墨勒
尒河枯丁河昆河孫河出博枯里山占河墨里尒克河出朱德赫山博呑河自蘇尒喜峯以東受牛滿河小河來會者四卧敎

斿河五耳噶尒河西林母地尒河西鴉蜜河哈拉河吉林河在茂峯左枯木孥河在茂峯右朱春河枯育魯河必占河擴尒芬河五音河嘉里河富河債河葉尒白黑河○山海經幽都之山浴水出焉郭注浴水即黑水北史作完氷魏書作貌水貌本作皃形近完字故譌誤唐書謂之室建河遼史始稱黑龍江道宗本紀太康三年夏四月泛舟黑龍江又地志大祖陵有黑龍門祖州有黑龍殿並在上京又似遼初即稱黑龍江陵殿因以為號者一稱烏龍江　福陵神功聖德碑北暨嫩烏龍江罔不臣服吳兆騫長白山賦出乎松花之陬注乎烏龍之外蓋本碑文也一稱烏江　聖主汎松花江詩源分長白波流迅支合烏江水勢雄又稱龍江盛京志濱瀛海以帶龍江又龍江合流而左注金史誤為混同江不知混同江流自南而北黑龍江流自北而南黑龍歷二千五百里之遙與混同合則非本為一江明矣

精奇尼江一作淨涇里出北興安嶺察哈曨峯北流至千里江形如弓彎又東流折西至額蘇里與黑龍江合○河之來入者納尒赫蘇喜河抡喀河阿尒集河窩尼河西里母底河額尒格河烏能河烏拉喀河勤都河帖牛河陰鏗河畢沙河陽奇尒河那拉河鄂尒模尒科河木鮑河翁額河烏尒格河託莫河貝敦河

大格尒必齋河分界石碑在河東卓洛克齋河格尒必齋河俄尒河俄尒多昆河烏尒蘇河額木里河平庫河博洛木達河俄尒格河巴尒坦河塔哈河在黑龍江城西北　呼馬尒河庫尒喀河窩勒克赫林河黑勒尒河即黑龍江分流庫丁河託克河納尒蘇喜河烏尒格河阿尒吉河厄尒格河烏納河烏尒哈河窩泥河欽都河鐵牛河昂古里泊吳魯素灣即黑龍江中流回環之彎在黑龍江城北　西林木的河英悉河碧沙河俄羅奇河五尒噶河西里木達尒河夏尒滿河納喇河俄尒摸拉庫河木敏河翁額河出蘇克都里奇山託莫河博尒和里泊在黑龍江城東北　牛滿河出東北興安嶺吉麟河庫木弩河朱春河枯興尒河蘇魯河加里河福河寨河在黑龍江城東南　昆河孫河占河科尒芬河五音河在黑龍江城南　默尒敏河博屯河哈拉河在黑龍江城東

巴延窩集庫穆尒窩集巴蘭窩集吞窩集俱黑龍江境

吉林部表

武進馬冠羣良伯甫輯

吉林	兩漢	三晉	晉	後魏	齊周	隋	唐	遼	金	元	明
吉林康熙十五年移甯古塔將軍治吉林烏拉雍正四年於烏喇設永吉州	古肅愼地挹婁			勿吉	勿吉	靺鞨	燕州邊地勃海大氏置中京顯德府及長嶺扶餘定理諸府	甯江州屬東京道	省		初置建州右衛
								混同軍			
								黃龍府屬東京道	隆安府天眷三年改濟州大定末改隆州貞祐初升府屬上京利涉軍	初置開元路後省	
								信州屬東京道	信州屬上京路	省	
								韓州屬東京道	韓州屬咸平路	省	
								賓州舊曰懷化軍屬東京	省		

治吉林府[illegible]一北為打牲烏喇城又北白都訥廳拉林城阿勒楚喀城東為三姓城[illegible]甯古塔城東南琿春城西為長春府[illegible]一城西北邊門二西曰伊通門與赫尒蘇門接東曰巴延鄂佛囉門與大山接西南至奉天府北至黑龍江城呼蘭城西至郭尒羅斯科尒沁旂界南至朝鮮東東北至海

烏喇即遼之寧江州混同軍金史太祖克寧江州降移懶益海路大轡照撒等敗遼兵於婆剌趕山趨達魯古城進攻黃龍府
遂克顯州又云十月朔克寧江州次來流城松漠紀聞云來流河去混同江百十里來流城在寧江州西是時金師自東而西
故乘勝直至黃龍府顯州○大烏喇虞村去船廠八十餘里○洪忠宣路程紀上京卅里至會寧頭鋪卅五里至二鋪卅五里
至阿薩鋪卅里至來流河卅里至報打孛堇鋪七十里至賓州混同江是金東京在金寧古塔西混同江東今色出窩稽嶺上
土城址尚在土人指為金時關門即金東京也　船廠始於順治十八年昂邦章京薩兒吳代造船征阿羅斯萬季野云本永
樂時船廠陳季尹云初至小吳喇尚無造船之事而穿井輒得敗船板鏽鐵釘是萬說可信
故賓州在長寧南勃海故城遼政和十七年於混同鴨子二水間置賓州金初敗遼軍於斡鄰濼東取賓祥威三州進薄益州
即此州西南有遼祥州端聖軍治懷德縣州南有威州武寧軍俱屬黃龍府
長白山土名歌介民商堅阿隣通志作果介敏善延阿林古名不咸一名太白亦名白山在烏喇南六百里五峯環峙南一峯
稍下如門中有潭周二十五里潭水南流入海者三曰土門江鴨渌江佟家江北流者五曰賽因訥因河額黑訥因河昂邦土
拉庫河孃木孃庫河阿脊革土拉庫河總滙於混同江○葉隆禮遼志云長白山在冷山東南百餘里白衣觀音所居黑水發
源處即此康熙十八年於寧古塔西南九里溫德恒山致祭今改祭於船廠城外
衣蘭茂山在混同江東上有衣蘭茂城衣努山額敦山富介呼河飛虎河發源處勒富善岡俱在吉林烏喇城東南　佛介門
山佛斯衡山費德哩山勒克山黑林嶺黑嶺青嶺盛音吉林峯俱在城南　望祭山即溫德恒山衣蘭穆哈立延山拉新河發
源處壽山白石山烏魯哩山烏魯哩河發源處愛新山達喜穆魯山古城山勒富山札克丹山烏雅富山即威遠堡納魯山達
揚阿山烏立山阿魯山薩穆禪山太子河發源處三股泉山活絡惶子山費雅朗阿山馬察山倭團山即和薺昆穆哈立延山
近鳳皇城邊外之窴城諳巴和羅山樓房山長嶺子土名果介敏朱敦為眾水分流之地東北流為遼吉善發輝等河西北流
為英額瞻河哈達葉赫赫介蘇等河香嶺呼魯河發源處達揚阿嶺呼倫嶺喀巴嶺長白山南分水嶺之支幹吉林峯一名雞
冠山衣巴丹河發源處額赫峯呼蘭峯衣車峯有哈達新城昂阿西峯有烏蘇哩堡諳巴和訖峯富介哈等河發源處阿濟格
和訖峯札克丹峯朱魯穆克善峯峯東為鴨渌江西為佟家江蒙古峪俱在城西南　雅呼達山阿介坦額墨介山明志作阿
兒千山赫介蘇山葉赫山雅克薩山有青陽南城蒲泊山一名鄂克濟哈鄂摩山朱魯穆哈立延峯蘇瓦延岡朱魯喀介畢庫
岡俱在城西　馬額山呼蘭山額蘇烏蘭山博屯山勒克山布介德庫蘇巴介漢山在城西北　巴延鄂佛羅山在城北　拉
林山拉林河發源處摩林山札松阿山在城東北
納穆窩集塞齊窩集城東諸河寧古塔諸河多發源於此在城東　納秦窩集州南諸河發源處在城南　庫勒納窩集城西
諸河發源處納魯窩集興京諸河發源處在城西南　西蘭窩集和倫窩集在城東北
混同江古粟末水一作速末亦名鴨子河東源出長白山頂潭水土名圖喇庫二派分流東曰諳巴圖喇庫西曰阿濟格圖拉

庫東流合尼雅穆尼雅庫河赫通額河北行西源二派東曰額赫納音河西曰賽音納音河北流與東派會遶州城東南出邊
折而西北遶白都訥城西北會嫩江呼尒哈河黑龍江烏蘇哩江遶奇勒尒赫哲費雅喀諸部入東海○魏書勿吉有大水闊
三里餘名速末水唐書粟末靺鞨依粟末水以居遼史聖宗太平四年詔改鴨子河曰混同江營衛志鴨子河濼在長春州東
北三十五里本大小二水同名大水改混同江小水仍稱鴨子河
鴨渌江古馬訾水源出長白山西南流與朝鮮分界合鹽難水至安平城入海一名益州江鹽江
佟家江一名通吉雅江大蟲江即古鹽難水出長白山西南合哈尒敏等河會鴨渌江入海一名大蟲江
塞朱倫河哈蟾河永安西庫河達呼河吉朗吉海蘭河五里河俱出納秦窩集赫通額河出勒富善岡富尒呼河塞勒河薩穆
西河穆陳河噶魯河衣西白陳河俱出塞齊窩集飛虎河出額敦山佛多和河雅門河出納穆窩集拉發河愛呼河出納魯窩
集俱在城東南　衣漢河西蘭河札尒古齊河在城北　摩克託舍哩河尼堪河五河出黑嶺溫水河西尒門河哲松額河卓
隆果河奇雅庫河理河札哈河舍哩河俱出勒克山納尒渾河出佛斯衡山瓦穆呼河法河輝發河上流為遼吉善河一名灰
扒江圖門河託津河覺哈河索尒和河布尒堪河三屯河奇尒薩河德佛河馬延河佛尒門河俱在城南　朱敦河出長嶺子
巴延河諳巴梅赫河富尒哈河溫德衡河呼魯河尼西哈河庫瓦蘭河科多河哈尒敏河喀尒敏河吉雅尒圖庫河吉雅渾河
在城西南　遂哈河搜登河衣拉齊河衣尒門河出庫勒納窩集北合薩倫勒富都代河出邊會衣屯河入混同江金史溫敦
姑瀚刺始居長白山阿不辛河徙隆州移里閔河即衣尒門之轉音也衣屯河又名一禿河蘇瓦延河衣巴丹河諳巴雅哈河
阿濟格雅哈河俱城西　拉林河和倫河摩林河喀薩哩阿尒楚喀河海勾河岳喜河俱城東北　勒富善河堪濟哈河在城
東南　朱魯多渾河山壁河在城東　吉雅渾河出薩穆當阿山薩穆當阿河王成河俱出納魯山呼勒河衣寍葉孫河俱出
康薩嶺葦苦河馬奇河俱出馬察山章京河尼馬蘭河馬家河哈當阿河通西庫河金木新河立吉雅河吉雅哈河阿西漢河
出背磴山瓦尒喀西河出託和羅山尼雅達河諳巴雅尒呼河董鄂河出鈕尒門山阿濟格雅尒呼河大鼓河小鼓河和齊昆
穆哈立延河活洛惺子河破城子河白馬朗河諳巴和羅河俱城西南
和尒託和山在白都訥城東阿尒楚喀東南　呼蘭山在阿尒楚喀東南　索克託庫山在阿尒楚喀南　哈尒哈山在阿尒
楚喀西南　西尒門山在阿尒楚喀東北
馬淵河出札松阿山在阿尒楚喀東　費克圖河札巴蘭河在阿尒楚喀東北
喇母烏稽在松花江（北當是混同江混同松花互稱志）東百里許一曰小烏稽（稽言大林）自厄黑木站至喇伐木站四十餘里皆林徑又東六十里
曰昂邦朶江（猶言漢口）又東四十里曰塞赤烏稽即大烏稽也又東四十里曰曷木遊邏（有鐵莫賀索落站）又東北二百餘里曰小白山即
宋洪皓所徙之冷山松漠紀聞亦云冷山去甯江州百七十里地極苦寒自曷木遊邏東行百里曰烏黑法喇有黑色巨石橫
亙十餘里車經其上作硜磕聲相傳下為海眼又二十里曰必喇汗必喇又七十里曰松林又東南十五里即上京會甯府

席伯一作席帛錫伯又作西伯在船廠邊外西南五百餘里陀喇河歸剌里河相會之南岸土著自言與滿洲同祖而役屬於科佘沁

庫頁島屬三姓副都統所轄為混同江口外大護沙明關原志作苦兀一統圖作兀列特林碑作苦夷會典分為三姓所屬海以外圖島中打牲部落曰庫葉曰費雅喀曰俄倫春島地北控俄羅斯南控日本○一說庫島中有庫頁雅丹蒿潤洛社瓦狼五部

寧古塔表

武進馬冠羣良伯甫輯

寧古塔　順治十年設昂邦章京康熙元年設將軍十五年將軍移吉林烏拉城改設副都統雍正五年設泰寧縣七年省

漢　古肅愼漢為挹婁

三國　挹婁

晉　挹婁

後魏　勿吉

齊周　勿吉

隋　靺鞨

唐　先天中封粟末靺鞨大氏為勃海郡王置上京龍泉府東北為黑水靺鞨部

遼　女直諸部地

金　上京會寧府初建都城天眷元年號上京貞元二年都燕改稱會寧府大定十三年復名上京

會寧府初為州太宗時升府治會寧縣領肇隆信三州

曲江縣初名鎮東大定七年改

宜春縣大定七年置

合懶路

元　合蘭府水達達路志作海蘭府碩勒達達路領桃溫呼里改斡朵憐脫斡憐孛苦江五軍民府志作屯和嘩嘴鄂多思托果琳布固江

（曲江縣）省

（宜春縣）省

明　建州毛憐等衛

寧賓府
領華蓋建
三州

寧賓府

一曰曷懶
合蘭海蘭
恤品路
本遼寧賓
府天會二
年移耶懶
路於此一
名耶懶速
頻

鶻里改路

一作胡里
改金史作
瑚尒喀

東至海西至吉林烏拉界二百五十南至土門江與朝鮮會寧府近北至黑龍江界東北至混同江　自開原出威遠堡而東
北有七鎮曰吉林烏拉曰寧古塔曰新城曰伊蘭屬寧古塔将軍轄由新城之伯都訥渡諾尼江而北曰卜奎曰墨尒根曰艾
暉屬黑龍江将軍轄
寧古塔城在虎尒哈河北岸康熙五年是　舊城在今城西北五十里海瀾河南今呼舊街上
覺羅城在東北八里
俄多里城在今城西南三百三十里勒福陳河西岸地名俄漠惠　本朝遠祖始居於此國號滿州
上京故城在城西忽汗河東金初亦都此水側有皇武殿為校射之所又有宴錦亭臨漪亭故址
古肅慎城在上京西南三十里
會寧故城在城西六十里混同江西本海古地金之舊土國初稱為内地東至鶻里改六百三十北至蒲與路七里東南至恤
品路一千六百至曷懶路一千八百扈從錄名曰火茸城在沙林東南十五里　舊有會平州本契丹周特城天會二年築
廢合蘭路在城東南今圖們江北海蘭河海蘭城　西北至上京千八百里
廢恤品路在城東南今綏芬河雙城子本遼寧賓地天會二年以耶懶路都孛堇所居地瘠徙此海陵置節度使因名速頻

西北至上京千五百七十里東北至胡里改千一百北至邊界幹可阿憐二千里

廢胡里改路在城東三姓南一百七十里土名小巴彥蘇蘇　西至上京六百三十北至合里賓忒一千五百

五國頭城在城東北槍頭街木剖阿里國盆奴里國與里米國越里篤國越里吉國地與虎兒哈近遼志作胡里改松花黑龍二江於此合流遼志五國部博和哩國博諾國鄂羅穆國伊埒圖國伊埒希國又大金國志宋二帝自韓州徙五國城在西樓東北千里西樓故臨潢今錫伯城也又五國城遼屬黃龍府金屬瑚尒喀路或云三萬衛北或稱朝鮮北境者皆非

沙蘭站在城西　又西七十里必尒漢必拉站又西百四十里俄莫賀索落站入吉林烏喇界

新滿洲在甯古塔東北六百里名虎兒哈部又六百里名黑斤部又六百里名費雅哈部統曰新滿洲一名伊徹滿洲依徹也

三姓城土名伊朗哈喇在甯古塔東北

雞林哈答在城西門外三里許石壁臨江長十五里又東為首陽哈答極高險又東為衣朗哈喇今設土城戍守與五國城相近又東北為呼兒喀又東六百里為黑斤部又六百里為非牙哈總名烏稽又名魚皮

木克阿里哈山西木納山笊籬山通墾山渾春河發源處烏尒渾山夏查山希喀塔山烏蘇里江一津河喜祿河發源處碧奇山輝賀洛峰窩黑集峰壹蘭峰舒圖烏山勒福烏山俱甯古塔城東南　希占山在城南　俄漢惠昂愛山布臘山阿克善山牛彔山商堅峰虎克圖峰紅字巖俱城西南　漢達山小白山一名冷山又名冷陘唐書契丹兵敗阻冷陘以自固即此後為避暑處五月上陘八月下陘在城西北　阿木蘭虎勒山在虎尒哈河南壁郎吉山在混同江南莪尒滾兒山木里哈山哈尒渾山烏鎗山陡色山卓尒岐山折野尒墾山孟額山庫勒克山殿山陽山庫尒倍山陽武喀山九文山楚查琹山馬庫山瞰西克特山甯搵神山庫木納神山廟灣山額尒奇勒山木岱山白庫山催馬山在城東北　吉林峰德林石金史烏春傳作德鄰石在城西　查哈喇峰在城北

高堅必尒漢窩集花蘭窩集阿庫里窩集泥滿窩集筆興窩集僧奇勒窩集必林窩集克尒門窩集必尒渾窩集在城東　塔克通阿窩集虎思喀里窩集蹋黑窩集忒林窩集模棱窩集渾托和窩集壹蘭窩集勒富窩集烏尒磬窩集俱城東南　佛能窩集翔尒賀綽窩集馬尒虎里窩集俱城南　米占窩集海瀾窩集必尒漢窩集西接永吉州色齊賀蘭等窩集俱城西北　加木屯窩集福大密窩集薩尒布窩集舒蘭窩集阿木蘭窩集昂邦必拉窩集挪洛窩集阿思漢必拉窩集阿尒哈窩集巴拉窩集吞窩集溫吞窩集奇木甯窩集賀洛窩集庫魚窩集米坑葛里窩集莊鵠窩集庫勒克窩集俱城東北

混同江詳吉林表

松花江一名宋瓦松阿里土名松阿哩烏喇源出長白山北經吉林鎮城出法達哈邊折而西逵白都訥城合諾尼江東北流合北來之黑龍江南來之烏蘇里江為混同江江南屬甯古塔地江北屬黑龍江地康熙十五年移甯古塔將軍駐此統新舊滿兵修造戰艦又名舡廠江　河之來入者拉林河阿尒楮庫河非克圖河奇普拉河馬滲河呼蘭哈河亦肯河希非勒河博

訶里河發兒圖渾河敎乾河音達母河阿母巴河呼輪河通鑑河納民河額渾河題集米河呼拉庫河碩羅河富特庫河木淋
河集格富拉渾河昂邦富拉渾河西林河昂班烏那渾河西帛河昂班呼特亨河巴蘭河團海　團海發源汪濊出坎會烏莫
盧河哈木奇河依春河查里河必罕河窩集河活河吞河洪烏河木孫河圖河哈羅河阿西克灘河同入江
烏蘇哩江即古胡里改江出西喀塔山北流合烏龍精奇尼諾尼松阿里共爲混同江　河之來入者奇母尼阿枯魯河努雪
必兒特河克赤富達兒他拉哈河莫兒奇他拉哈河格林河勾根河科兒古河卓羅河多林河赤克圖哈河必占河犀陳河梅
枯河亨滾河齊林依河喀圖米河約𣎴河里赤河法特海河朶索米河哈達烏尒河尼米勒河敦敦河巴拉兒河必兒古河　由
特河哈尒集河希拉河拈達哈河合力河刀彎河希兒巴希河訥母登忒河敎梯河約民河葵馬河夏里河馬哈兒赤河赫
勒里河發停河器甯河阿科起河巴喀河敎達里河科齊河
商堅河花蘭河兵色河出阿尒哈峰額倫河僧奇勒河必林河克尒門河托木津河模棱河金史臘醅據慕稜水保固險阻即
此挪洛河阿庫里河泥滿河筆興河賀洛河俱城東　土門江一名統門徒門又名阿也苦河出長白山嶍哈里河虎眷河艾
米大河哈孫河布尒哈圖河英額河和土河海蘭河俱城南　虎尒哈河出吉林烏拉界名勒福陳河唐時名忽汗河忽汗海
金稱按出虎河一名金水金源明稱忽兒海河新滿洲諸部居河兩岸塔克通阿河薩奇庫河福尒哈河渾春河出通墾山金
史作渾蠢水勒時河漢達河出烏尒渾山英愛河密占河遂分河俄尒滚遂分河書番河福尒單河渾綽渾河煙楚河濟聲河
哈齊密河額濟密河蒙古河出阿番山渚倫河喜綠河出希喀塔山南勒富勒河烏尒馨河一津河額圖窩河額壺河范圖河
福齊河虎野河勒福河出查奇里岡門河烏札虎里河都忒黑河撒里母河松阿查河即興凱湖東北流之水興凱湖明志作
鏡泊大巴庫湖費雅達池岱都洲塔揚古洲媽媽洲俱城東南
福尒加哈河松飲河阿布河馬尒虎里河必尒滕湖即虎兒哈之上流俱城西南　佛多賀河沙蘭沙爾克滕河阿蘭河塔蘭
河必尒漢河扼虎河海眼每日三潮與海水應石頭甸子俄漠惠池俱城西　虎思喀哩河躡黑河忒林河齊克滕河烏黑連
河烏思虎河翁飲河巴蘭河吞河溫吞河都尒河必占河奇木甯河庫魯河端端河嶭臘尒河查克蘇里河草林河出折野尒
墾山托索密河必津河夏里河亨滾河出卓尒齊山達尒哈河出庫尒倍山薩木甯河出九文山衣母河出陽武喀山魯庫河
出楚查琹山衣𥿋勒河出甯搜神山葛尒必河出傲西克特山阿馬尒河出馬庫山圖乎魯河牛瓦塔河出庫木納神山塔林
河出廟灣山木泥克河米密勒河俱出木岱山二格墾河出催馬山葛音湖混同江口海中大洲即唐書之流鬼國俱城東北
海瀾河米占河在城西北　加木屯河舍黑河俄克托河福大密河撒尒布河舒蘭河阿木蘭河昂邦河阿思漢河俱城北

終

濟南府

山東地畧

武進馬冠羣良伯甫輯

東平陵在濟南東古譚國漢置縣高齊省唐武德二年復置爲譚州治貞觀改屬齊州十七年改全節元和十年省

平臺在濟南東北漢縣後漢改臺縣劉宋爲東魏郡治北齊省

巨里在濟南東一日巨合漢城陽頃王子發爲巨合侯即此建武五年耿弇上岡阪乘高合戰斬費邑遂下巨里即此後爲龍山鎮明置驛

歷山在濟南府南即靡笄山靡歷字近春秋成二年晉師從齊師至靡笄之下逐之三周華不注即此○華不注在府東北

大清河即濟水在濟南西北四十里上源與會通河合流至東平安山牐漸分流西北至魚山東歷東阿平陰長清齊河至府北合聽水經華不注下濼堰與濼水合　小清河即濼水爲濟之南源名趵突泉經城北大明湖又東北經華不注山陽合華泉入大清河舊名濼口宋南渡後濼水分流入章邱界爲小清河明永樂後漸湮成化九年浚治嘉靖中又塞復浚博興以西至歷下三百里小清河通後復湮今仍自華不注東北入大清河○趵突泉一名爆流泰山北諸水西北滙于黑水灣柏崖灣至渴馬崖止又北至歷城西伏流湧出故名趵突大明湖在城內合北珍珠濯纓諸泉北流連鵲山湖

陽邱在章邱東南漢縣後漢省

菅城在章邱西北臨濟鎮南漢縣晉省○又西北卅里爲朝陽故縣漢置後漢曰東朝陽隋開皇改臨濟縣別分置朝陽縣大業省朝陽入臨濟宋咸平省爲臨濟鎮

營平在章邱西漢侯國今名水寨

猇城在章邱西漢縣後漢省

亭山在章邱西南宋元嘉置山國縣隋改亭山唐元和省

長白山在章邱東跨鄒平長山淄川三縣界一名會仙山繡江漯河淯河俱發源山北隋大業七年鄒平民王薄據長白山九年左才相自號博山公據長白山即此

黃巾固在章邱北漢末黃巾築一名黃巾城晉太元十二年燕慕容紹自歷城退屯黃巾固燕因置徐州于其地使紹鎮守齊天保七年移高唐治黃巾城

平原縣在鄒平東北漢縣後漢省○縣西南有趙臺城漢唐鄒平治此宋景德徙今治爲故濟陽治

平原縣在鄒平東劉宋僑置今爲平原莊

濟南縣在鄒平北十五里漢濟南郡城南三里故長山縣西北隋開皇置大業省○又北廿五里爲漢梁鄒縣晉省宋置梁鄒戍孝建二年置平原郡及幽州治泰始三年幽州刺史劉林宥守梁鄒不附魏是也隋省

般陽在淄川治西般水南漢縣劉宋改貝邱縣兼置東清河郡一作盤陽磐陽泰始二年清河廣川二郡太守王元邈據盤陽

三年房靈寶戍盤陽○隋開皇十六年于臨朐西南置般陽縣大業省
土鼓城在淄川西漢縣北齊省譌為土穀水經注百脉泉出土穀城西即
逢陵縣在淄川西南劉宋置北齊省○又西南有新峇縣城曹魏景初三年以峇氏縣吏民來歸僑置
昌國城在淄川東北本名昌城趙世家惠文王廿五年攻齊昌城高唐即此漢置縣高齊省
原山在淄川南益都西萊蕪東北一名岳陽山淄水出山北汶水出山南又名馬耳山有關晉義熙三年慕容超母妻自秦還
超迎于馬耳關是也
於陵在長山西南漢縣晉改烏陵尋省
廣川城在長山東南東晉僑置北齊省
會城在新城東北接高苑境一名高會城隋置縣
新市城在濟陽西故郭國南北朝時僑置縣
祝阿在禹城西南春秋時祝柯一名督揚漢縣建武五年費邑軍歷下分屯祝阿即此唐改禹城乾元二年徙治遷善鎮即今
治○又西有轅城春秋哀十年晉伐齊取犂及轅即此漢置瑗縣後漢省
鍾城在禹城東南漢建武中費邑于泰山鍾城列營待耿弇即此
羖口戍在禹城南斗城東南晉太元中張願屯羖口慕容隆擊破之願走保三布口是也○三布口在肥城東
著城在臨邑東南秦縣史記曹參戰濟北郡攻著即此北齊省
漯陰在臨邑西十里漯水南本齊犂邱一名隰漢置縣後漢曰隰陰建安八年劉詢起兵漯陰以叛袁譚即此宋省○又西為
唐歸化縣元和十三年分臨邑安德地置太和四年省
阿陽在臨邑南漢縣後漢省
馬防城在長清西南漢臨邑治此宋武帝置東魏郡初治此○又西南為盧縣在博關南故名博陽史記田安為濟北王都博
陽即此漢置縣為濟北國都後魏兼置濟州唐天寶中州縣俱省
碻磝城在長清西北一作敲鬲有碻磝津晉永和八年姚襄屯碻磝津即此宋永初四年魏置濟州中城元嘉七年到彥之取
魏碻磝為河南四鎮之一魏正光四年濟州刺史刁宣築外城後周平齊又築第二城置濟州關唐天寶十三載圮于河
山茌在長清東北漢茌縣晉改山茌隋省唐天寶改豐齊縣元和并入長清五代梁置豐齊驛今為豐齊鎮○又東北為升城
晉義熙中僑置太原縣宋元嘉十年為太原郡治兼置并州泰始三年并州刺史房崇吉守升城肥城垣苗麋溝等戍皆不附
魏即此○垣苗城麋溝城皆在縣東北界
南沙河在長清南源出隔馬山西北入大清河一名沙溝水經注中川水與賓溪水合北入濟俗名沙溝宋大明二年魏攻清

泰安府

濟南之陵州等

武定府

口麗孟蚌敗魏于沙溝即此
光里即廣里在長清西南防門北東魏侯淵自齊州罷還至廣里高歡復以淵行青州事即此
重邱在陵縣北春秋襄廿五年諸侯同盟重邱即此漢置縣後省
三汊城在縣東南唐貞元初李納于德州南跨河築城以守名三汊八年王武俊至德州將取三汊是也
奉高在泰安東北十七里漢縣隋開皇改岱山大業并入博城唐初置岱縣貞觀省
嬴城在泰安東南春秋桓三年公會齊侯于嬴即此漢置縣建安中為嬴郡曹操表糜竺領嬴郡太守是也後魏徙治廢萊蕪城
長城嶺在泰安西北長城南為魯北為齊齊威王時增築自平陰緣河歷泰山北岡上東至海以備楚齊世家威王十一年趙侵長城即此
汶水在泰安南源出泰岳北仙臺嶺經州東名塹汶又西南經徂徠山至靜封鎮合萊蕪境之汶水名大汶口述征記汶有五北汶嬴汶牟汶柴汶浯汶皆源別流同又臨朐東南有汶水出郚山東北入安邱境合濰水入海為汶水別一源齊有三汶入濟之汶見禹貢入濰之汶見漢書入沂之汶見水經
蜀亭在泰安西春秋成二年楚侵魯至蜀即此
東平陽城在新泰西左傳宣八年城平陽即此漢置縣晉改新泰
牟城在萊蕪東二十里春秋桓十五年牟人來朝是也漢置縣北齊省隋開皇分嬴縣置牟城縣大業復省
龍湊城在德州東北河側河津置戍處漢初平三年公孫瓚至龍湊為袁紹所敗
鬲縣在德平東十里古鬲國漢置縣高齊省
般城在德平東北漢置縣後魏置安德郡高齊省
重平在德平西北接滄州界漢縣後漢省
繹幕在平原西北漢縣晉永和八年石趙故將段勤稱趙帝于繹幕即此高齊省
鍚盧在平原北漢縣晉省
大河故瀆在平原西北絕屯氏瀆又北經繹幕故城東入篤馬河漢鴻嘉四年孫禁請決平原金堤開通故篤馬河今入大河是也○篤馬河一名土河明初徐達攻樂安師至土河填壩以進即此
平原津在平原西南黃河津渡處津西有張公故關俗名張公渡秦始皇自海上還至平原津而病即此
蛤蟆城在武定州南有鹽池唐時屬淄青建中初築城戍
馬嶺城在陽信東河曲處後魏時徙厭次治此

兗州府

高津城在樂陵西南隋開皇置大業初省唐武德四年又分饒安地置貞觀初省
杕縣在商河西北與德平接界漢縣後漢省今名杕鄉城
海在濱州東北八十里古千乘海口漢永平中王景修治河渠堤自滎陽東至千乘海口千餘里即此
昌平在兗州東南本魯昌衍邑後為昌平有驛
乘邱在兗州西北漢縣後漢省
檀城在兗州東北周檀國一曰檀鄉東漢初刀子都餘黨與賊會檀鄉號檀鄉賊一曰檀邱晉大興三年蔡豹破徐龕于檀邱是也
泗水在兗州東源出泗水縣陪尾山四泉並發故名泗水西經曲阜合沂水入金口牐貫城而出西南至濟甯入運河東魏天平二年婁昭堰泗水灌瑕邱即此
高吳橋河即洸水在兗州西北三十里汶水經甯陽堽城壩分流為洸水西南至高吳橋又西南至濟甯東合泗水入天井閘○堽城壩在甯陽東北春秋齊剛壽漢剛縣晉改剛平後省俗譌剛為堽
奄城在曲阜城東二里古奄國一名奄至鄉
汶陽在曲阜東北漢縣水經注漢章帝東巡立行宮于汶陽世謂之闕陵城即此北齊省
鉅平在甯陽東北春秋成邑漢置縣北齊省
蛇邱在甯陽西北魯蛇淵囿漢置縣北齊省○又西北有鑄鄉城故鑄國
郰城在鄒縣東南本邾婁國秦置騶縣一名鄒山宋元嘉廿七年魏自東平趣鄒山即此
南平陽城在鄒縣西卅里春秋哀廿七年越后康來盟于平陽即此漢置縣劉宋改平陽北齊省今名平陽社
嶧山在鄒縣東南故邾山一名邾嶧鄒嶧㠑嶧史記始皇廿八年上鄒嶧山晉建興末郗鑒避嶧山琅邪王就用為兗州刺史鎮鄒山是也
卞城在泗水東古卞國漢置縣晉永和十二年燕慕容蘭屯卞城即此北魏省
梁父縣在泗水北梁父山下北接泰安界漢置唐貞觀省
郚鄉縣在泗水東南魯郚邑漢置縣後漢省
滕城在今滕縣西南秦置縣漢改公邱縣晉省○今滕縣漢蕃縣地
薛城在滕縣南薛河北秦置縣北齊省一名邳城上邳竹書惠成王卅一年邳遷于薛謂之上邳又改名徐州史記宣王八年與魏會徐州諸侯相王即此又名舒州後漢志春秋之季亦曰舒州左傳哀十四年齊陳恒寘其君于舒州即此
郳城在滕縣東南梁水東古郳國後為小邾○南梁水出縣東北荊溝村一名西瀄水

昌慮在滕縣東南春秋濫邑漢置縣建安五年析置昌慮郡北齊省
戚城在滕縣西南秦置縣晉省
桃山縣在滕縣東漢置後漢省○又東二十里馬山北薛河南又堌城一名五固齊建元二年徐兗民聚衆保五固即此
狐駘山在滕縣東南有狐駘亭春秋襄四年臧紇敗于狐駘即此
代陂在滕縣東晉永和中褚裒與李農戰于代陂即此
承城在嶧縣西北漢縣隋大業改蘭陵唐復為承縣宋曰承城元省
蘭陵在嶧縣東本魯之次室邑入楚改蘭陵漢置縣隋大業省入承縣尋改承為蘭陵○又東二十里為鄫城古鄫國漢置縣晉省唐初復置貞觀省
偪陽在嶧縣南春秋偪陽國漢置傅陽縣晉省
君山在嶧縣北一曰抱犢山又為抱犢固齊建元三年淮北民桓磊磈破魏于抱犢固即此又名固城梁天監五年擊魏兗州拔固城是也
青石山在嶧縣東一名石城山晉咸和中劉續據蘭陵石城即此
渣口戍在嶧縣東南春秋柤地有柤水名柤口譌為渣梁大通二年魏泰山太守羊侃南奔至渣口即此
東緡縣在金鄉東北本夏有緡漢置縣晉省入金鄉
昌邑在金鄉西北秦縣隋大業省
防城在金鄉西春秋宋邑一名西防後漢置縣晉省
甲父亭在金鄉西北古國春秋昭十五年徐人賂齊以甲父之鼎即此
重鄉在魚臺西北魯重館地
費亭在魚臺西南春秋魯費伯食邑
穀亭鎮在魚臺東春秋甯毋亭一名泥毋水經注名穀庭城一曰谷亭泗水經此名穀亭河明建文三年燕使人至濟甯穀亭盡焚軍興以來儲積
離狐城在單縣西北漢縣北齊省唐初復置天寶改南華縣金大定六年圮于河
平樂在單縣東漢縣後漢省
郜城在成武東南古郜國漢置郜城縣一名北郜城又南二里有南郜城
秺城在成武南漢縣後漢省
亢父在濟甯南秦縣北齊省水經注黃水又東經亢父故城西即此

桃鄉在濟甯東北春秋魯邑襄十七年齊圍桃即此漢置縣後漢省○又北有漢樊縣城

會通河在濟甯南元至正中所開泗水自兗州西流洸水自甯陽南流至天井牐入河以通漕自分水閘出北至臨清達漳衛地降九十尺南至沛縣達河淮地降百十六尺而南旺湖地勢特高置牐以時蓄洩自濟甯至魚臺十二牐天井魯橋南陽棗林為最著稱

爰戚在嘉祥西南秦縣曹參攻爰戚及亢父即此後漢省

焦城在嘉祥南青山東周武王封神農後于焦即此今名焦城村又南卅里有武城魯二武城之一漢齊悼王子賢封武城侯即此

高平在鉅野東南高平山北本漢橐縣王莽改高平建武復故章帝仍曰高平劉宋置高平郡北齊省○又東南為乘邱縣隋開皇置唐貞觀省

鉅野澤在鉅野東一名大野漢元光中河決瓠子東南注于鉅野晉太和四年桓溫伐燕鑿鉅野三百里引汶水合清水引舟自濟入河濟水自此北注隋以後濟流枯竭鉅野漸微元末河徙遂涸為平陸

高魚城在鄆城東北春秋襄廿六年齊襲我高魚即此譌為高梧唐乾甯二年朱友恭敗鄆兵于高梧是也

濉水黃河支流自曹州夾河灘入縣西受廩邱諸陂水經壽張故范城東至張秋南沙灣小牐入會通河俗名西裡河

須昌縣在東平州西北十五里隋開皇十六年分置改故須昌為宿城唐初徐圓朗置昌州于須昌太和六年省宿城來附後唐改須城宋咸平三年以河患徙治故宿城地

無鹽在東平東二十里春秋宿國齊為無鹽邑漢置縣北齊省○又東四十里為古鄣城有鄣城集

赤河在東平西北本黃河支流周顯德初治楊劉決河不復故道者離為赤河及游金二河宋史所云游金赤三河是也

安民亭在東平州西南安民山南又西南為濟亭漢建安六年曹操就穀于安民即此後為安山鎮明初克東阿至安山鎮守者以州迎降是也

馬家口在東平西北又西南為鄒家口又西即東阿之楊劉鎮唐同光初梁王彥章攻楊劉扼河津以絕援兵唐郭崇韜自楊劉夜趣博州至馬家口渡河築城東岸彥章退保鄒家口

中都縣在汶上西本魯中都邑後名致密城唐天寶初置中都縣治此同光初王彥章襲鄆州不克還保中都即此

平陸在汶上縣北戰國齊邑漢置東平陸縣晉徙治致密城

南旺湖在汶上西南卅五里會通河之西岸地極高謂之水脊本鉅野澤之東偏宋時與梁山濼混為一亦名張澤濼宋熙甯十年河道南徙東會于梁山張澤濼明永樂九年開會通河遂分為二堤中為漕渠渠東岸蜀山湖謂之南旺東湖堤北馬踏湖謂之南旺北湖南旺湖口水分四派謂之四汶口湖中有南旺上下閘又設四水櫃以濟漕渠汶上曰南旺東平曰安山濟

附曹州

甯曰馬陽沛縣曰昭陽

桃城在東阿西南安平鎮東古桃邱

馬頰河在東阿西本濟水支流自陽穀經安平鎮又東至魚山合大清河一名馬家河小鹽河唐乾甯二年龐師古敗鄆兵于馬家河元末堙塞復山東自鹽河揭東平克之是也○魚山在縣西北一名吾山大清河土名鹽河

安平鎮在東阿西南本名張秋宋曰景德鎮元至元廿七年置都水分監官于景德鎮即此明宏治初河徙汴北分一支東下張秋入漕河合汶北行六年河決東岸截流奪汶入海乃疏月河于上流西岸築滚水壩于決口南改名安平鎮

尹卯壘在東阿西北魚山南濟水側宋永初末魏渡河軍于碻磝兗州刺史徐炎弃尹卯南走即此○碻磝山在縣南有關城

榆城在平陰西北榆山下隋置榆山縣

薛陵在陽穀西南史記齊威王七年衞取薛陵即此

張城在壽張南史記周勃襲臨濟攻張即此

梁山濼在壽張梁山南汶水壓梁山東北與濟水滙迴合成濼晉開運初滑州河決浸汴曹單濮鄆五州環梁山與南旺蜀山湖連即此宋南渡後河南徙梁山濼漸淤金明昌中河失故道梁山濼水退使安置屯田遂成平陸

高梁亭在壽張東北宋元嘉八年檀道濟自壽張轉戰至高梁亭即此

呂都城在曹州西南二十里漢高后割濟南郡為呂國封呂台後因置呂都縣後漢為呂都亭○又西南二十里為寃句縣城漢置宋大觀二年改宛亭金圯于河省

都關城在曹州東北秦縣後漢省○又東北接濮州境為成陽故縣秦紀昭襄十七年成陽君入朝即此一曰郕陽城陽漢紀沛公西畧地道陽至城陽是也北齊省隋開皇改置雷澤縣

氾水在曹州西南接定陶界濟水之別支漢初高祖即位氾水之陽即此

濟陰縣城在曹縣西北黃河東十里左山南漢濟陰郡治一名左城北魏名孝昌城興和二年僑置沛郡領考城巳氏新安三縣北齊省隋改濟陰縣為曹州治金徙治乘氏故縣明初徙安陵鎮二年又徙盤石鎮即今治○乘氏在縣東北本春秋乘邱漢置縣金大定六年省安陵在縣西北本戰國齊桂陵秦為安平陵今名安陵集

楚邱在曹縣東南春秋戎州巳氏邑隱七年戎執凡伯于楚邱即此漢置巳氏縣隋開皇改楚邱明初省○又西北有安陽城史記宋義救趙行至安陽即此

莘城在曹縣北古莘仲國今有莘仲集　又北十里有句陽縣城漢置

黃陵岡在曹縣西南岡下即黃陵渡宋嘉定十三年蒙古陷濟南金屯黃陵岡即此元至正十一年賈魯開黃河故道自黃陵岡南達白茅黃堌哈只等口又自黃陵西至楊青村凡二百八十里一名賈魯河

沂州府

陶城在定陶西古堯始居國策侵剛壽以廣其陶邑即此秦置定陶縣
即邱在沂州東南本春秋祝邱漢置即邱縣劉宋為琅邪郡治隋省
開陽在沂州北十五里春秋鄅國入魯為啓陽哀三年城啓陽是也一曰開陽荀子楚人有襄賁開陽以臨吾左是也漢置啓陽縣後改開陽劉宋省入即邱
魏其城在沂州南漢縣後漢省
中邱城在沂州東北春秋隱七年夏城中邱即此○又東北有鄫城故縣東晉初僑置永和十二年燕冠鄫城是也
蘭山城在沂州西唐武德四年置蘭山臨沭昌樂三縣六年省
枋水在沂州北二里源出費縣大崑崗東南流至沂州北合沂水名兩河口春和鄭以泰山之枋易許田即此
亶邱戍在沂州東北梁普通五年彭寶孫克魏琅邪拔亶邱即此
南武陽在鄒城西北蒙山下漢縣劉宋去南字隋開皇改顓臾縣唐貞觀省○顓臾故城在武陽西北十里
東陽城在鄒城西南春秋哀八年吳克東陽而進舍于五梧即此後為關陽鎮明置關陽川巡司○又西南二十里為南武城春秋襄十九年城武城即此漢置南城縣亦曰南成城陽共王子貞為南成侯是也晉咸寧置南城郡尋改南武城縣劉宋復為南城縣北齊省
華縣城在鄒城西北六十里漢置後漢省
蒙山在鄒城西北跨蒙陰沂水界山下有蒙城宋泰始七年垣崇祖自鬱州入魏境七百里據蒙山即此

東昌府

夷儀城在東昌西南春秋僖元年邢遷于夷儀即此
武水縣在東昌西南隋開皇中分清邑縣置周廣順二年河圮省宋為武水鎮○武水即漯水在府西南四十五里
攝城在東昌西北故聊城西
重邱城在東昌東北接茌平界漢縣後漢省
蓬關陂在東昌北晉太元十一年燕慕容垂屯聊城之蓬關陂即此
李家務在東昌南運河自府東至南有周家店李家務通濟橋三牐元至正六年盜扼李家務閘河即此
發干在堂邑西南漢縣南燕僑置幽州北齊省
清城在堂邑東南齊清邑漢置縣後漢建初改樂平即此晉永嘉中茍晞擊汲桑于平原陽平間桑奔馬牧石勒奔樂平北齊省
剛成城在莘縣西秦封蔡澤剛成君即此
黃城在冠縣南以黃溝名史記齊宣公卌三年伐晉毀黃城即此漢置黃縣後漢省○漢燕西郡之外黃魏郡之內黃與此黃

臨清州　東昌之冠縣　曹州府之濮州　壽

縣俱近大河國策蘇秦說齊趙襲魏河北燒棘蒲隊黃城即魏之內黃為河北黃城蘇代說燕決白馬之口魏無黃濟陽即外黃為河南之黃城

清水堡在冠縣東北唐初置清水縣貞觀初省為堡

清淵縣在臨清東南漢縣唐省

沙邱在臨清西隋開皇析臨清置大業初省

永濟縣在臨清西南永濟渠東唐大曆七年置興元初朱滔入魏畧取平恩永濟即此○衛河本漢屯氏河自大名館陶東合汶河亦名清河隋大業疏白溝入屯氏河遂名永濟渠大業十二年楊義臣據永濟渠為營是也

漳河在館陶西南自河南臨漳縣分流一北入直隸濬縣一東入館陶經南館陶鎮又東北經邱縣合衛河本屯氏河故道萬曆初北徙由魏入曲周之滏陽河

歷亭縣城在恩縣西永濟渠南本漢鄃縣地隋開皇分置唐武德四年劉黑闥舉兵漳南陷鄃縣及歷亭是也萬歲登封初徙治盤河○鄃縣城在夏津東北漢故治天寶後徙治孫生鎮

東陽在恩縣西北大行山東春秋昭二十二年苟吳畧東陽即此楚漢間置東陽郡漢改縣後省隋開皇六年分鄃縣清平地復置東陽縣十八年改漳南宋至和省為漳南鎮

高雞泊在恩縣西北漳水匯處隋大業九年孫安祖入高雞泊為盜即此

侯城縣在武城西北後魏置周省

鄄城在濮州東大河南岸春秋莊十四年會于鄄即此漢置縣晉永嘉四年石勒自白馬渡河襲鄄城是也隋開皇置濮州明初省縣入州景泰二年徙治王村即今州治

臨濮在濮州南古城濮隋開皇置縣金省為臨濮鎮一名小濮○唐武德四年分臨濮置長城縣尋省

雷澤在濮州東南隋置縣金省為雷澤鎮○唐武德四年分雷澤置廩城縣貞觀八年省

洮城在濮州西南春秋僖八年盟於洮即此一曰桃城亦名姚城以舜生姚墟而名

胡柳坡在濮州西梁貞明四年晉王西營于胡柳陂即此

麻家渡在濮州東北大河經過處一名麻家口梁貞明四年晉王軍于麻家渡梁賀瓌屯濮州北行臺村相持不戰明年王彥章破德勝南城進攻潘張村麻家口景店諸砦悉拔之○潘張村在河南岸景店在麻家渡東

盧津關在濮州西河北岸一名高陵津唐同光元年梁段凝營于王村自高陵津濟河至頓邱即此

廩邱在范縣東南本齊邑漢置縣三國時為兗州治隋大業省

顧城在范縣東南夏商時顧國春秋哀廿一年盟於顧即此

青州府

倉亭津在范縣東北漢光和末皇甫嵩敗黃巾于倉亭即此
秦亭在范縣西北春秋莊卅一年築臺于秦魏志東平郡治范縣之秦城即此
臨黃在觀城東北後魏分畔觀地置宋端拱初省○隋開皇十六年分置河上縣治故河牧城大業初省
廣縣城在青州府西南瀑水澗側漢縣劉宋省後魏置青州治此俗名古青州
柳泉城在青州西漢縣後漢省晉隆安二年崔誕戍薄甸固陽谿戍柳泉即此○薄甸固在府西北
治嶺山在青州西南即堯山別阜山麓有五龍口北陽山所經晉義熙中劉裕攻廣固塞五龍口城中病足弱城遂下即此
南洋河即南洋水源出石膏山東北貫益都南北二城間合建德水入巨洋水元至正二十年察罕圍益都決洋河以灌城即此○北洋水一名北洋河源出九迴山東北經五龍口又北經廣固故城東陽城石槽城合女水入巨洋水一名濁水長沙水澠水○巨洋水即瀰水一作洱水國語為巨水袁宏以為巨昧王韶以為巨蔑又名朐瀰巨沫後漢書云鉅昧魏書云洰液在府東北源出沂山西麓東北經臨朐受熏治泉又東北經覆釜山委粟山合逢山石溝水至府城東北合建德水南陽水康浪水又北經壽光下黑冢泊入海
安平在臨淄東漢東安平縣後魏曰安平北齊省
西安縣城在臨淄西時水南春秋齊渠邱漢置縣北齊省
重合在臨淄北宋泰始中僑置為浡海郡治高齊省
時水縣在臨淄西北三十里本宋高陽縣隋開皇分置時水縣大業省
營邱以邱名在臨淄縣北百步外故齊城內淄水經其南及東以臨淄上故名臨淄○孔穎達言獻公徙臨淄猶晉之深翼居絳其實一城也顧氏曰班志云臨淄名營邱猶晉遷新田仍名絳楚遷鄀仍名郢因臨淄城中有小邱而繫以舊名非即古營邱也按古營邱即營陵縣在昌樂東南古太公始封地春秋時名緣陵漢以後名營陵唐武德初營邱民汲嗣率鄉人拒賊遂權置杞州二年改營邱縣尋省名營邱社
時水在臨淄西南伏淄所發俗名矮槐樹春秋酄邑襄三年盟于酄外即此泉出平地時涸故名乾時色黑又名烏河黑水源水自矮槐樹西北經黃山愚山杜山合澅水又北經西安城西合系水歷新城縣之索鎮博興之灣頭與小清河會下流與澠水合故水經注名為時澠水時如音近故漢志注謂之如水
天齊淵在臨淄東南八里南郊山下五源並發土名龍池史封禪書齊所以為齊以天齊也蘇林曰當天中央齊也小顏曰謂其中神異如天之腹齊齊記補引晏子曰吾聞江深五里海深十里此淵與天齊小司馬曰齊回水如磨齊也以其衆泉並出旋流如齊而名
利縣城在博興東南漢縣晉曰利益尋省○又東為漢高昌縣城漢董忠封邑後漢省

平安在博興西南春秋平州漢置縣後漢省
臨濟在高苑西北二里故狄邑漢置狄縣後漢改臨濟隋省入高苑別改朝陽曰臨濟○又西北為漢建信城婁敬封邑後漢省
千乘在高苑北廿五里秦縣漢為千乘郡治晉省宋復置為樂安郡治隋省郡徙千乘縣治廣饒金改曰樂安即今縣○宋元嘉中析千乘僑置樂陵縣
高陽在高苑東南宋元嘉中分樂安地置縣為高陽郡治高齊省
濟陽在高苑北唐景龍初分高苑置元和省
琅槐在樂安東北漢縣後漢省○又西為漢延鄉縣地李譚封邑後漢省俗名從城
新河城在樂安西南隋開皇置大業省
馬車瀆在樂安東一名馬常坑首受鉅定水東北至故琅槐城入海一名皮邱沱今名高家港明置戍守○鉅定澤即清水泊一名巨澱湖在壽光西北淄水北陽水東西嶽龍泉水俱匯流于此漢征和四年耕于鉅定是也
劇城在壽光東南一曰劇南城春秋紀地漢置劇縣為菑川國治北齊省又昌樂西北有漢劇縣屬北海郡後漢時省從北海治菑川劇縣
平望城在壽光西北二十里漢縣後漢省○又西北為漢鉅定縣以鉅定澤名後漢省
益都縣在壽光北二十里漢縣菑川懿王子胡侯邑又西十里為漢益縣後漢并益都入益縣北齊徙益縣治齊郡城北
南豐城在壽光西二十里曹魏時置
劇魁在昌樂西北漢縣後漢省
白狼河在昌樂南一源出縣南擂鼓山一源出臨朐丹山合流經濰縣東寒亭北入海唐長安中北海令竇炎于故營邱城東北穿渠引白狼水溉田即此
臨源城在臨朐東漢縣臨衆侯邑後漢省又東北為朱虛城漢縣北齊省○朱虛城東十三里有拔亭漢城陽頃王子雲侯邑
大峴山在臨朐東南一名破車峴左右有長城書案二嶺極險峻晉義熙五年伐南燕疾過大峴即此上有穆陵關
火星埠在臨朐西南元至正二十一年擴廓圍益都劉福通自安豐赴援至火星埠敗走即此
昌安在安邱西南十里漢縣隋省入安邱縣唐乾元徙治故昌安城改輔唐縣天復三年楊師厚邀淮南軍于輔唐即此宋徙今治○又西南十三里牟山北有牟鄉城隋開皇十六年置牟山縣大業初改安邱省昌安來附三年徙治平昌城唐乾元徙治故昌安○平昌城在牟山西南漢縣曹魏置平昌郡北齊省
淳于在安邱東北古淳于國後屬杞一名杞城漢置縣北齊省

萊州府

郚城在安邱西南六十里峿山下春秋紀地與酅城近漢置梧城縣後漢省北魏置平昌郡北齊省置琅邪縣隋大業改郚城縣尋省

姑幕在諸城西莒州東北漢縣魏永安二年置東武郡北齊悉省

昆山在諸城西南漢縣後漢省又西南為析泉縣漢置後漢省

橫城在諸城東南四十里盧山北漢橫縣後漢省○又東南為梁鄉縣北魏永安中置後省○又東南為琅邪縣本齊琅邪邑秦置琅邪郡治北齊省隋開皇改置豐泉縣大業初復曰琅邪唐初省

昌城在諸城東北盧水東漢縣後漢省○盧水出盧山北入濰水一名台山

扶淇城在諸城西北魏永安中置尋省

東安在沂水縣南漢縣曹魏置東安郡晉悉省高齊改沂水西北漢東莞縣為東安郡隋改為東安縣治故蓋城十六年改沂水徙今治

鄆城在沂水東北一名東鄆亦作員亭南燕置團城鎮宋為東莞郡治泰始三年東徐州刺史張讜守團城即此魏太和改為南青州仍治團城周省

蓋縣在沂水西北漢縣晉惠帝時分置東安郡治高齊省

陽都在沂水南春秋陽國漢置縣晉永和九年段龕置徐州治此尋省

曲成縣在萊州東北漢縣北魏曰西曲成分東境置東曲成縣北齊悉省

當利在萊州西南漢縣北齊省○又南有漢陽石故縣後漢省

陽樂在萊州北漢縣後漢省○又北有漢東萊郡之臨朐縣

曲臺縣在萊州東南唐武德四年置六年省

小沽河出萊州東南卅里馬鞍山東南經平度州合大沽河至即墨入海○大沽河出登州黃縣南蹲犬山東南至故即墨城合小沽河通名沽水大沽即姑水小沽即古尤水

海倉口鎮在萊州西北九十里即膠河入海之口

盧鄉在平度州西北漢縣北齊省入膠東縣○又西北十里為漢平度縣治後漢并入膠東

即墨故縣在平度州東南漢縣北齊省

新河出高密縣至平度州東南分流南自膠州麻灣口入海西北自掖縣海倉口入海元至元十七年開新河由膠西縣東陳村海口西北達膠河出海倉口由海達直沽以通漕謂之膠萊新河即此

下密在濰縣西隋開皇六年分下密西境置濰水縣大業初改下密別改故下密為北海縣唐武德省俗名西下密漢下密治

平度州西五十里
平壽在濰縣西南漢縣北齊省
東丹河即溉水一曰東于水出濰縣東南塔山西北合壽光之丹河東北入海西丹河一曰西于河出縣西几山西合昌樂西之丹河會東丹河入海
都昌在昌邑西漢縣建安初管亥圍北海相孔融于都昌即此唐武德省○又西有營城唐武德二年置營亭縣六年省俗名瓦城
密鄉在昌邑東南十五里漢縣後漢省有密鄉亭又西南有漢平城縣後漢省
計斤在膠州西南五里一作計基即莒介根漢縣後漢省○又西南為漢祓縣後漢省
石臼島在膠州南百里海中宋紹興卅年李寶自石臼島因風便敗金于唐島即此
黃島在膠州東南六十里海中又東南卅里有薛家島又東南有古鎮島靈山與青泥桃林陳家李家皆濱汶要地
大海在膠州東卅里海在山東東北境者皆名勃海又名少海濟南東北當一面之險青州府北及東南當兩面之險登州萊州當三面之險海豐霑化蒲臺皆東北濱勃海博興壽光北濱勃海日照東南濱大海甯海文登之北面膠州即墨之南面濱大海登州萊州昌邑濰縣北濱渤海自登州之大嵩東南至鼇山靈山至青州境之安東盡南面海險有雄崖膠州大山浮山夏河石臼乳山行村捞挠島古鎮逢猛南龍灣信陽夾倉以及海中之唐家灣大任陳家島鸂兒捞挠天井灣顏武周嚝松林全家灣青島徐家莊等而海道之險自安東以北有勞山赤松竹竿旱門劉公之罘八角沙門三山及白蓮頭槐子口橋雞鳴嶼金嘴石倉廟諸處○春秋哀十年吳徐承奉舟師自海入齊隋開皇十年自東萊泛海趣平壤金明昌三年近海諸處置倉以通漕運元至元中海運取道登萊從利津至直沽即此
稆縣在高密西南濰水堰側漢置後漢省
柜縣在高密南漢置後漢省有柜城河出縣南土子山西北入丸穴泊
黔陬城在高密西膠水西岸漢縣北齊置平昌郡隋大業省一名西陬○膠水東有黔陬城一名東陬
高陽城在高密西北漢縣後漢省一名膠陽亭
不其在即墨西漢縣晉咸甯置長廣郡宋泰始三年劉桃根署長廣太守戍不其城即此北齊省
壯武城在不其西古夷國漢置縣劉宋省北魏房法壽封壯武侯
皋虞在即墨東漢縣後漢省
勞山在即墨東南海濱有大勞小勞兩山一作嶗山牢山又名勞盛山史記始皇登勞盛山望蓬萊是也
田橫島在即墨東南海中去岸二十五里魏永熙中楊愔以疑懼避于田橫島即此田橫所保為今海州東高山○縣東南海

登州府

島有青島福島管島白馬香花顏武及塔沙竹棧嶢島陰島香島句島赤島

海自西南金家灣海口起有大任海口天井灣口東家灣口松林浦口陳家大川口鶖兒口周幢口止

年平在登州東南漢縣北齊從治黃縣東北馬嶺南隋復從治廢東牟縣今甯海州

沙門島在登州西北海中五代置沙門砦相連屬者有鼉磯牽牛大竹小竹四島沙門西為廟島西北為欽島與鼉磯對峙北百餘里為高山島又北為黃城島黃城砣磯廟島三島為登萊門戶黃城東北有御林山砣磯南有井島宋乾德元年命免沙門島民税即此

烏湖島在登州東北海中一名烏湖戍舟行自大謝島龜歆島淤島至烏湖島北度烏湖海至馬石山東之都里鎮東傍海濱過青泥浦桃花浦杏花浦石人江槖駝灣烏骨江又南傍海濱過烏牧島貝江口椒島長口鎮秦王石橋麻田島古寺島得物島至鴨渌江唐恩浦口

海在登州北東西三面北為新開海口石落口西為西王莊口欒家口孫家口西山口東為灣子口劉家汪口平陽口盧洋口

海道自新開海口西北至沙門島又北至砣磯又北至欽島又北至南半洋北半洋雙島洋頭漥黃洋川平島和尚島至奉天鐵山旅順口通計五百五十里緣海諸島東為抹直石落灣子劉家寨平暢盧洋西為西王莊西山欒家孫家海洋山後八角城後之界首島海中自崆峒半洋西抵長山蓬萊沙門砣磯三山芙蓉桑島北接遼陽

惤縣在黃縣南漢置北齊省

海洋山後海口在福山縣東北又北有城後口之界口又西北有八角口又北海中有海洋宮家潘家胡家韓家諸島

觀陽在萊陽南觀水南漢縣晉省後魏及隋復置唐貞觀省

挺城在萊陽南七里漢縣北齊省

長廣在萊陽東漢縣北齊省

清陽在甯海東唐武德六年置東牟置廓定縣貞觀省

育犂在甯海西北漢縣後漢省

莒島海口在甯海北口外有崆峒島拷栳島浮山島相連東青西清竹島鹿島黃島連屬環列

不夜城在文登東北漢縣王莽改夙夜後漢省

腄縣在文登西秦置史記始皇廿八年並勃海以東過黃腄窮成山即此後漢省○成山在縣東北海濱一作盛山

劉公島在文登北海中相近有鐵鄒海牛五里元直蘇心雙島栖島環列左右

開封府

河南地畧　　　　武進馬冠羣良伯甫輯

浚儀縣在開封城西北故夷門外新里東浚水北漢武元年省新里置浚儀縣魏為陳留郡治一名大梁城永安二年陳慶之送元顥北入洛元天穆等攻拔大梁即此隋徙浚儀在今開封北卅里

開封縣在開封府南五十里本魏邑史記韓釐王二十一年暴鳶救魏敗走開封漢初曹參西至開封擊秦趙賁軍破之是也漢置縣東魏廢置開封郡齊省郡唐貞觀省縣後復置明省入祥符

新里城在開封西南隋開皇置縣唐武德省

青城一在南薫門外名南青城一在封邱門外名北青城宋靖康末粘没喝自河陽趨汴屯于青城攻朝陽門紹定□年元速不臺攻汴至青城金崔立以汴降盡送后妃諸王于青城

駝牟岡在開封西北郭外宋靖康初金據駝牟岡天駟監即此

赤岡在開封東北水經渠水東南經赤城即此今名霍赤岡唐光啓三年秦宗權分屯赤岡及板橋列卅六寨石晉末契丹主至汴駐赤岡晉百官伏路側請罪

葛家岡在開封西南宋嘉祐二年自祥符西葛家岡開新河直城南好草陂北入惠民河今河湮没

黄河舊在城北四十餘里自汜水達虞城明洪武中決原武黑陽山故道遂淤河去城北僅五里正統十三年決滎陽過開封西南自陳州項城入亳州渦口經蒙城懷遠入淮而汴城遂在河北嘉靖後河患移徐沛汴南之害稍紓崇禎十五年賊決城西北朱家砦灌城潁亳並受其害

汴水古灉水春秋邲水一名阪水避反字改卞漢志作浪蕩渠水平中為滎陽漕渠後湮廢劉裕平秦自洛入河開汴渠而歸後復塞隋大業初更開名通濟渠在府城西南唐末汴水潰決埇橋東西悉淤周顯德五年浚汴口達淮宋時東南漕運悉由汴達汴流舊自滎陽東南流經府城東入歸德界今則合須鄭京索之水自中牟北徑入河不復東注○汴水自故滎陽東南分二渠一經陽武中牟臺下為官渡一至浚儀為鴻溝王賁斷故渠引河東南灌大梁謂之河溝即鴻溝一名陰溝

蔡水在開封東南本莨菪渠東至浚儀分為二水南流曰沙東流曰汴孔氏讀沙為蔡東流至歸德鹿邑合潁河名蔡河口周顯德六年自大梁城東導汴入蔡以通陳潁之漕宋建隆二年浚蔡渠導閔水自新鄭與蔡水合南歷陳潁達壽春以通淮漕以西南為閔河東南為蔡河祥符二年自許州長葛浚滅水河及棗村舊河以入蔡河元祐四年浚八丈溝分蔡河由潁壽入河大觀初又開濮河入蔡明洪武八年大河南決挾潁入淮而蔡河之流漸絶○支流為琵琶溝自戴樓門入城由宣化門出東南經鹿邑界蔡河口入潁今朱仙鎮東南有水道經西華南頓沈邱以達潁壽即蔡河故道

五丈河在開封城北故禹貢荷澤周顯德四年疏汴水北入五丈河東經定陶北入濟齊魯舟楫悉達大梁六年浚五丈渠過曹濟梁山泊以通青鄆之漕宋建隆二年浚五丈河于城西夾汴河造斗門自滎陽鑿渠引京索二水通城濠東滙五丈河以

通東北漕開寶六年改為廣濟河熙寧七年自通津門汴河東岸開河下通廣濟明正統後大河決塞不一潁蔡五丈諸流盡失故道

金水河在開封城西上源即京水宋建隆二年鑿渠引金水過中牟絕汴入浚溝通城濠東滙五丈河乾德三年引金水達皇城後苑內元豐五年金水河阻碍上下汴舟摟視自板橋為一河引水北入汴尋改由副堤河入蔡賜名天源後又導洛通汴自城西引洛水由永豐門立堤入禁中而金水河槽廢○蔡水五丈河金水河汴河為漕運四河

浚水舊在城北後為汴水所奪汴水經大梁北亦名浚水漢永明中王景作浚儀渠即汴渠一名渠水

金明池在城西宋初置神水衛軍以習舟師興國元年鑿池引金水河習水戰祥符六年選江淮習水卒于金明池試戰棹立虎翼軍營于池側

蓬陂在城東南古逢澤有逢陂塢一名逢關晉大興初蓬陂塢主陳川以浚儀叛降石勒祖逖攻川于蓬關勒救之使桃豹守川故城據西臺逖攻拔其城分居東臺約宵遁逖自鎮雍丘使韓潛屯封丘馮鐵屯二臺

陳橋驛在開封東北長垣縣南一曰陳橋鎮明洪武初徐達攻汴梁至陳橋鎮元左君弼等迎降

八角鎮在順天門外唐光啓三年秦宗權敗朱全忠於八角鎮即此

七里店在城北二十里今圮于水漢隱帝末郭威至封丘漢使侯益屯赤岡慕容彥超屯七里店拒之兩軍遇于柳子陂郭威進營于皋門村

小黃城在陳留東漢縣北齊省一名下黃今名小黃村

臨濟城在陳留西北故秦邑史記秦章邯圍魏王咎于臨濟即此

牛首城在陳留西南春秋鄭邑俗名車牛城

倉垣城在陳留西汴水上一名石倉城晉永嘉三年石勒畧魏郡至黎陽王堪退保倉垣五年荀晞請遷都倉垣不果洛陽陷秦豫章王置行臺于倉垣尋自倉垣徙蒙城

莘城在陳留東北

外黃城在杞縣東北春秋左氏傳魯惠公季年敗宋師于黃即此秦置外黃縣魏延和三年僑置徐州皇興初州縣並省齊復置唐貞觀六年省左近有大齊城小齊城莠倉城科稟城皆汴水所經○有黃溝今屬考城

高陽城在杞縣西一名高陽聚高陽亭史記沛公兵過高陽即此

圉城在杞縣南春秋鄭邑漢置圉縣後魏改圉城縣北齊省今為南圉鎮

成安城在杞縣東考城東北漢縣後漢省魏孝昌中復置為北梁郡治隋省今名利望亭

陽樂城在杞縣東北符秦置

桃陵在杞縣東南唐至德初張巡破賊衆于白沙渦還至桃陵敗賊援兵○白沙渦在寗陵西

康陵城在尉氏東南隋末置唐貞觀省

向城在尉氏西南故長社東北春秋鄭邑○又西為蔣城與新鄭接界古蔣國

陵樹亭在尉氏東北一曰陵樹鄉漢建安中荀攸封陵樹侯即此○又東為少曲亭一名少城水經注康溝東經扶溝之白亭又東經少亭是也

新汲城在洧川南春秋時曲洧漢神爵三年置新汲縣北齊省

匡城在洧川東北春秋文元年衛孔達侵鄭綿訾及匡定六年公侵鄭取匡即此

安陵城在鄢陵西北本鄭地後入魯史記齊宣公四十三年伐魯葛及安陵魏襄王弟安陵君封于此一名安陵鄉陳留風俗傳尉氏安陵鄉故富平是也後漢志征匡侯國有安陵亭杜佑云在今鄢城東南七十里

扶樂城在扶溝東南本漢扶樂鄉隋開皇中置縣唐貞觀省今名大扶城又北有小扶城少水經二城間東南流即蔡河

雍氏城在扶溝西南本鄭雍梁入韓為雍氏

桐邱亭在扶溝西鄭地

清池縣在中牟西唐初置縣屬管州貞觀省

官渡城在中牟東北即中牟臺下臨汴水漢建安中曹操袁紹相持于官渡口即此

萬勝鎮在中牟東圃田澤北一曰萬勝寨唐長慶二年韓充為宣武軍使自滑州入境軍于萬勝

曲遇聚在中牟西史記沛公破秦將楊熊于曲遇即此

博浪城在陽武東南故浚儀西北一名博浪沙亭

卷縣在原武西北史記蘇秦說趙據魏取淇卷即此漢置縣北齊省

垣雍城在原武西北春秋時鄭衡雍入韓為垣雍秦昭王四十八年韓獻垣雍是也

安城在原武東南故周地史記昭王十三年秦拔安城兵至大梁是也明初置安城驛

黄池在封邱西南　有黄亭國語吳掘深溝于商魯之間以會晉于黄池即此

中欒鎮在封邱南大河北岸元時運道中頓處明初徐達下汴駐軍中欒後率步騎入虎牢復自中欒渡河下衛輝

東昏城在蘭陽東北春秋戶牖鄉秦屬陽武縣史記陳平陽武戶牖人後改置東昏縣晉魏省

濟陽城在蘭陽東本宋地漢置縣漢書昌邑王初徵至濟陽求長鳴雞後漢紀光武生于濟陽宮即此唐初省

賈魯河在蘭陽北二十里東入儀封經黄陵岡南至曹縣梁進口下通歸德丁家道口明宏治中劉大夏浚賈魯舊河即此○

陳州府

黃陵岡一名黃陵　元末察罕使舟師出汴東略曹南據黃陵渡是也梁進口一名梁靖口西距黃陵岡八十里

苑陵縣在新鄭東北本秦邑漢置縣隋開皇省○唐武德四年徙治尉氏西南古山氏城○苑陵東有制城古制澤春秋成十六年諸侯之師次鄭西遷于制田是也

林鄉城在新鄭東本鄭棐林一名北林入魏為林鄉國策信陵君曰自林鄉軍以至于今秦七攻魏是也

華城在新鄭東南一曰華陽亭古華國史記赧王四十二年趙魏伐韓華陽即此

陘山在新鄭南自陘山西南達于襄鄧連山綿亘春秋時楚以為塞春秋僖四年齊伐楚次于陘是也

大騩山在新鄭西南與密縣接界一名具茨山東魏元象初侯景攻廣川敗魏援軍于大騩山即此

長平城在陳州西西華東南本魏邑漢置縣北齊省今為長平鄉

臨蔡城在陳州北隋開皇初析宛置大業省

新平縣在陳州東北唐初置貞觀初省

擊城在陳州西北一名檉城春秋僖元年會于檉即此城北有谷水

百尺溝在陳州東本沙水下流上承濄陂東南注潁為交口有百尺堰魏嘉平三年司馬懿襲王凌自水道掩至百尺堰一名八丈溝宋熙甯二年陳世修經度陳潁州八丈溝故迹元祐四年胡宗愈浚八丈溝分蔡河由潁壽入淮河成名新河

思陵戍在陳州西北二十里宋元嘉三年謝晦以荊州叛魏王慧龍援之拔思陵戍進圍項城是也○又西北為固陵聚史記漢王追項羽于固陵即此

溵水縣城在商水西隋開皇置唐貞元十五年韓全義討淮西自五樓敗保溵水遂走陳州即此宋改商水縣元末徙治南頓故城遂廢○又西為和城縣東魏初置北齊省○五樓在縣西南

汝陽城在商水西北漢置縣東晉兼置汝陽郡北齊省郡隋省縣

博陽城在商水東北漢置縣王莽更名樂嘉東漢省

扶蘇縣在商水東南隋末越王侗置唐初省

淩雲柵在商水西北郾城東南唐元和中李光顏破淮西兵于淩雲柵又進拔石越柵

秣陵縣今項城地東魏置縣為北揚州治隋改項城省郡

互鄉城在項城北一名合鄉唐中和四年朱瑄敗秦宗權于合鄉

項關在項城西北晉永嘉五年王彌自洛陽東屯項關是也今名南頓關

沈邱在沈邱縣南一名寢邱楚封孫叔敖子于寢邱史記秦始皇廿二年破楚軍于寢邱

許昌城在許州東故秦許縣魏黃初改許昌晉為潁川郡治東魏天平初分置許昌郡北齊省郡後唐改許田縣宋熙甯省入

許州

開封之禹州等

許田鎮

濦彊縣在許州西南漢置晉省隋開皇中改置陶城縣大業復曰濦彊唐省

洧倉城在許州東即洧水邸閣俗以洧水為汶水故一名汶倉漢建安末棗祗屯田許下此其倉城

濁澤在許州西水經注名皇陂水出胡城西北史記齊會諸侯于濁澤求為諸侯即此○胡城潁陰之狐人亭一曰狐宗鄉

繁昌城在臨潁西北本名繁陽亭漢延康元年曹魏築壇受禪改繁昌縣唐省宋為繁城鎮

小濦水在臨潁西南本潁水支流水經注潁水至臨潁小濦水注之又東經西華汝陽南頓大濦水從西來注之唐貞元十五年諸道軍討淮西潰于小濦水即此○大瀙水在郾城南

汜城在襄城南春秋鄭汜邑一名南汜周襄王居此亦名襄城

汾丘城在襄城東北春秋襄十七年楚伐鄭治兵于汾國策楚北有汾陘之塞是也○陘山在新鄭

西不羹城在襄城東南春秋昭十一年楚大城陳蔡不羹即此

白草原在襄城東唐元和十三年裴度過白草原淮西以輕騎邀之即此

司州城在郾城西北宋元嘉中改汝南為司州治此隋開皇十六年兼置道州治今縣西南五里別有道州城

召陵在郾城東楚邑漢置縣隋大業省

征羌城在郾城東南後漢初置晉省

青陵城在郾城西南唐元和十二年李光顏度溵水圖青陵以絕郾城歸路即此

洄曲在郾城東商水西南一名時曲澧河自舞陽至縣東螺灣渡北合汝河回曲處唐元和中吳元濟使董重質以重兵守洄曲即此

沱口鎮在郾城東南譌為鮀口唐元和中裴度築連城于沱口董重質自五溝出兵邀截李光顏扼其溝中路敗之○連城一作赫連城五溝在沱口南

長社城在長葛東漢縣晉置潁川郡治宋元嘉廿九年魯爽自汝南向許洛取長社敗魏兵于大索即此○大索在滎陽東南去小索城四里一云滎陽治即大索城

潁陰城在禹州東南潁水北漢縣魏武定省并

黃臺縣在禹州東北魏興和元年分陽翟置隋大業省今有黃臺岡

康城在禹州西北曹魏時康鄉後魏孝昌中置康城縣隋仁壽省今為康里

三峯山在禹州西南一曰三封嶺嵎水出其下山西五里有黃榆店宋紹定四年金完顏合達等援汴至黃榆店阻雨雪又前至三峯山為蒙古所敗

密故城在密縣東南春秋新密漢置密縣晉永嘉中洛陽陷建行臺于密隋大業徙治法橋堡即今治
鄶城在密縣東北故鄶國
衍氏城在鄭州北國策魏北有卷衍史記曹參破衍氏還攻武彊是也○武彊城在州東
故市城在鄭州北漢縣晉省
滎陽故城在今滎陽北滎澤西殷敖地春秋時名北制入韓曰滎陽隋末徙治大索城五代時徙今治
京城在滎陽東南漢二年與楚戰滎陽南京索間即此後置縣北齊省
宅陽城在滎陽東一名北宅戰國魏惠王五年與韓會于宅陽又芒卯入于北宅即此
平桃城在滎陽東北一名平咷有號亭魏太和十九年魏主自滑臺濟西還洛陽太子恂出迎于平桃城即此
須水城在滎陽東唐初置縣貞觀省宋名須水鎮
京水在滎陽東源出嵩渚山經鄭州東北入鄭水水經注黃水出京縣之黃堆東南流俗名京水一名祝龍泉後唐天成二年自滎陽至京水遂入大梁即此○索水在滎陽南亦出嵩渚山北入京水即春秋之旃然水唐同光二年詔朱勍浚索水通漕
○嵩渚在縣東南一名小陘山水經注以為黃堆山
鴻溝在滎陽東南楚漢分界處○尉氏有鴻溝鄉鴻溝亭睢陽東有鴻口亭蕭縣西有鴻溝亭
廣武山在河陰東北敖倉西一名三皇三室敖鄗東廣武一曰楚王城西廣武一曰漢王城史記秦昭王四十三年攻韓汾陘拔之因城河上廣武漢四年漢王渡河復取成皋軍廣武就敖倉食○敖倉在敖山上秦時置
牛口峪在河陰西北一作牛口渚唐武德中太宗與竇建德戰于虎牢建德敗走牛口渚即此
石門渠在河陰西滎陽山北一里滎瀆受河處一曰滎口滎澤口有石門故稱滎口石門秦始皇二十六年斷故渠引水灌大梁謂之梁溝漢建甯四年于敖城西北壘石為門以遏浚儀渠口魏黃初中河濟泛溢開石門以通之晉初石門復壞造沉菼堰於是兖豫無水患六朝時名汴口堰隋開皇九年梁濬增築漢古堰遏河入汴一名梁公堰大業初開通濟渠自板渚引河歷滎澤入汴周顯德五年浚汴口導河流達于淮江淮舟楫始通○沿河積石為堤名金堤史記孝文十三年河決酸棗東潰金堤是也○板渚在汜水東一名板城渚口
河口倉在石門西一名武牢倉唐時江淮轉運至此輸倉更用河舟運至東都陝州倉
成皋城在汜水南唐武德四年分汜水置貞觀省
虎牢城在汜水西舊戍守處北臨黃河有關宋永初末毛德祖守虎牢城魏攻圍二百餘日即此○虎牢關一名成皋關即古崤關一名車從關西關門一曰玉門
罌子谷在汜水西即成皋關口唐天寶十四年封常清拒安祿山于虎牢賊至敗走葵園罌子谷

河南府

竹蘆渡在汜水東宋建炎二年岳飛敗金于汜水關至竹蘆渡復與金遇即此
黃馬關在汜水西黃馬阪又東為旋門阪有旋門關晉咸和三年劉曜聞石勒濟河增滎陽戍杜黃馬關即此
洛陽故城在河南府東北二十里周顯王以後所都顯王三年秦敗韓魏于洛陽即此晉永嘉五年劉聰陷洛陽悉焚宮闕城郭魏太和中復營建築洛陽三百二十三坊魏大統四年東魏侯景圍獨孤信于金墉城悉燒宮寺民居隋開皇初徙洛陽縣治河南郭下
河南故城在今府城西北去洛城四十里本周王城漢置河南縣東魏改宜遷縣兼置河南郡隋省郡仍名河南縣唐垂拱改合宮縣宋復曰河南金省○唐垂拱四年分洛陽置永昌縣治都內道德坊天授三年分洛陽置來庭縣治都內從善坊未幾均省
金墉城在故洛陽西北隅魏明帝築兼置西宮嘉平六年司馬師廢其主芳遷於金墉延熙二年魏禪位于晉出舍金墉城永康二年趙王倫遷惠帝于金墉改曰永昌宮宋元嘉八年到彥之下河南留杜驥守金墉為河南四鎮之一唐初洛陽縣治金墉貞觀六年徙入郭下金墉遂省○城西有凌雲臺魏黃初築晉太元八年丁零翟斌克秦凌雲臺戍是也
伐惡城在今府城東齊天寶五年于洛陽西南築伐惡城新城嚴城河南城即此
新城在河南府南故周邑國策秦攻新城以臨周郊即此漢惠帝四年置縣東魏置新城郡隋省郡改伊闕縣大業二年發江都自伊闕入東京是也宋宣和省為伊闕鎮
前城在河南西南伊闕山北本泉皋戎地泉訛為前左傳司徒醜敗于前城即此
穀城在河南府西北穀水東左傳定八年單子伐穀城即此漢置縣晉省○又西北有穀城山一名替亭山接孟津界
北邙山在河南北十里一名北山邙山左傳昭廿二年王田北山晉太安二年帝軍邙山以拒成都王即此○山東北垂曰白司馬阪魏孝昌三年蕭贊出走趣白馬山即此
闕塞山在河南西南一名伊闕山闕口山山東曰香山西曰龍門對立如闕伊水歷其門左傳昭廿六年女寬守闕塞即此
大石山在河南東南一名大石嶺萬安山魏永熙末西遷關中裴寬不附高氏逃于大石嶺即此
瀍水在河南北源出穀城東與千金渠合又東入洛魏永熙末魏主宿于瀍西遂西奔即此
千金堨在府北漢永平作以堰穀洛會瀍水魏黃初開渠五因名五龍渠晉元康中更開西渠曰代龍渠一名九龍渠九曲瀆
鴻臺陂在府東北水東合七里澗一名鴻池漢永興元年幸鴻池即此
皋門闕在府東北穀水上一曰皋門橋唐志作高門
天津橋在府西南洛水上本名洛水橋橋北有穀水橋黃道橋南有重津橋為洛中四橋後魏正光中于橋南道東作金陵燕然扶桑崦嵫四館道西作歸正歸德慕化慕義四里

夾馬營在河南城東北梁開平初置宋太祖生于夾馬營即此真宗時建為應天寺
白馬寺在府城東北漢明帝時建唐垂拱初復興修乾元二年史思明陷洛畏李光弼在河陽退屯白馬寺南唐末置白馬頓
亳城在偃師西古西亳即尸鄉一曰尸氏左傳昭廿六年劉人敗子朝于尸氏即此
緱氏城在偃師南古滑國春秋末為緱氏昭廿二年晉師軍于緱氏即此漢置縣宋熙寧省又南有緱氏山一名覆釜堆○城
西南有鄔聚西北有劉亭一名劉聚左傳隱十一年王取鄔劉之田于鄭即此
通濟渠在偃師南故陽渠一曰通津渠隋末王世充至偃師營于通濟渠南即此
柏谷塢在偃師南晉義熙十二年秦使趙元屯守柏谷塢即此
訾城在鞏縣東一名訾聚東訾左氏傳昭廿五年尹圉涉鞏焚東訾是也
鄩城在鞏縣西南左氏傳昭廿三年王師晉師圍郊郊鄩潰是也
永安城在鞏縣西南宋初置　永安軍　紹興二年楊邁復南城軍張憲復永安軍即此金改芝田縣元省○南城
軍在鞏縣西
轘轅山在鞏縣西南國策秦下兵三川塞轘轅緱氏之口即此上有關
洛汭在鞏縣東北洛水至此入河一名洛口一名什谷口隋以前洛水西為鞏東為成皋隋築洛口倉兩界始相錯太康五弟
徯于洛汭即此○什谷又名尋谷尋水出鞏縣西南為南尋一曰上鄩至鞏洛渡北東入洛為北尋一曰下尋
五社津在鞏縣北大河過此為鞏河一名五社渡五渡津漢建武初耿弇等屯五社津備滎陽以東是也
平陰在孟津東春秋周陰邑史記沛公北攻平陰是也後置平陰縣曹魏改河陰東魏分置河陰郡隋郡縣並省唐開元中割
汜水滎澤地別置河陰縣
小平城在孟津西北一曰小平津漢靈帝時河南八關之一又曰河陽津
武濟城在孟津東東魏置成周建德四年伐齊拔武濟圍洛口拔東西二城是也
回洛城在孟津東河陽關南隋大業二年置回洛倉
河橋在孟津北河上一名富平津晉泰始中作後魏泰和十七年更作河橋河北側岸有二城相對置北中郎府守之因名北
中城大象三年築中潬城及南城為河陽三城唐建中二年置河陽三城節度光啓三年張全義襲河陽入三城是也河津一
曰陶河津西有陶渚河平侯祠旁有二渚為河中三渚
高渚在孟津西亦河津一名溼陂津魏武泰初于攸自高渚濟河潛會尒朱榮于河陽即此
壽安城在宜陽東南本魏甘棠縣隋改壽安徙治九曲城金省○九曲城在縣東一名九阿唐武德二年王世充與唐戰于九
曲是也

興泰縣在宜陽東南隋大業置唐神龍省
洛水城在宜陽西北本東魏南澠池縣後周改昌洛隋開皇改洛水旋省
一泉塢在宜陽南洛水北原上又名一合戍晉永嘉末魏浚屯洛北石梁塢族子該屯一泉塢即此唐初徙新安治此改曰福
昌
金門山在宜陽西一名律管山後漢置金門亭東魏天平初因山置金門郡金門縣
同軌城在永甯東西魏置同軌防後周改同軌郡隋徙熊耳縣治此義甯二年又徙熊耳別治永固城唐武德初徙永甯治此
兼置函州後省州移縣治沙栅城遂廢
崤縣在永甯北魏太和置隋省唐武德初復置貞觀十四年徙治硤石塢改硤石縣舊崤縣省為石壕鎮○硤石塢在陝州東
南今有硤石關東通澠池西通函谷
回谿在永甯北俗名回坑更始初王莽使九虎將至華陰回谿據隘自守即此漢以前入崤皆由此漢末更開北道
東垣城在新安東晉太元十一年苻丕敗奔東垣謀襲洛陽即此義熙中劉裕入洛置東垣西垣二縣後省北周復置東垣縣
兼置中州後省州隋并入新安
缺門山在新安西一名扼山唐置缺門營開元八年契丹攻營州發關中卒援之宿缺門營谷水上即此
八特阪在新安東水經注澗水自新安東經函谷東阪謂之八特阪晉大甯三年劉黑敗石聰于八特阪是也
函谷新關在新安東漢元鼎中徙置周保定五年以函谷關城為通洛防置中州鎮函谷郡
蠡城在澠池西南對金門曹魏時為縣治晉義熙中毛德祖擒秦尹雅于蠡城即此隋徙縣治大塢城蠡城省為驛
陽城在登封東南本周潁邑入鄭為陽城史記韓伐鄭取陽城即此秦置縣魏孝昌二年置陽城郡隋開皇省郡置嵩州後省
州唐登封初改縣曰告成五代周省
潁陽城在登封西漢縣建初八年幸潁陽是也晉省後魏復置周又省唐載初元年分河南伊闕嵩陽地別置武臨縣開元改
潁陽金省為鎮
綸氏城在登封西漢縣晉省
堙陽亭在登封西漢置鄉亭一名堙陽城北魏以亭名縣
負黍聚在登封南俗名黃城春秋定六年鄭伐周負黍水經注潁水東南經負黍亭是也
陸渾縣在嵩縣北本春秋伊川地陸渾戎居此因名漢置縣建安廿四年陸渾民孫陸等南附關羽是也北魏置防豐都督府
治東魏以此為北陸渾別分南陸渾縣為伊陽郡　治故伏流城北周省北陸渾隋初改南陸渾曰伏流縣大業初復曰陸渾
五代時省

陝州

三塗山在嵩縣西南伊水所經周書南望三塗春秋昭十六年晉使屠蒯請有事三塗是也
陸渾山在嵩縣東北伊水上一名方山隋大業中李密從間道西出陽城北逾方山即此
長水縣在盧氏東南摩谷西沙渠谷東後魏南陝縣地西魏改長淵唐改長水
王城縣在盧氏西後魏置縣為石城郡治西魏省唐初别分盧氏地置王城縣宋熙寧四年省為鎮
欒川縣在盧氏東四十里宋崇寧置縣金省為鎮
高門在盧氏東有高門水宋元嘉中伐魏入盧氏進達高門木城即此
陰地在盧氏東北春秋哀四年蠻子赤奔晉陰地即此
熊耳山在盧氏西南洛水上東連永寧南接内鄉史記黄帝南至于江登熊湘熊即熊耳宜陽陝州皆有熊耳與此為三
貲谷在盧氏南山中宋元嘉中伐魏龐季明自貲入盧氏說諸士民即此
上陽城在陝州東南故虢邑亦名北虢春秋僖五年晉圍上陽即此
曲沃城在陝州西南有曲沃水因名史記梁襄王五年秦圍焦曲沃與秦河西地唐至德二年廣平王出關至曲沃又東敗賊於新店即此○焦城在州南故焦國新店在州西
砥柱山在陝州東南黄河中一曰三門山河水至此分三派流出俗名人門神門鬼門漢鴻嘉四年鑿底柱魏景初晉太始隋開皇並修鑿唐顯慶鑿山為梁通陸運貞元中鑿集津倉山西徑為車道十八里宋乾德初改鑿三門政和五年鑿大伍三山兩河洞天成聖功二橋
大陽津在陝州西北北即古大陽縣故名大陽又北對茅城故名茅津一名陝津左傳文三年秦伐晉自茅津濟公羊傳晉敗入大陽漢建安十一年衛固等絶陝津杜畿不得渡譌道自洹津濟有大陽關○洹津在靈寶西北
恒農城在靈寶西南漢置宏農縣為宏農郡治即故函谷關城王莽更曰右隊後復曰宏農避諱改恒魏太和置西恒農郡隋蔡帝改鳳林郡唐初置鼎州改虢州天寶復曰宏農郡宋改虢畧縣為虢州治元省○北魏恒農郡即今陝州故漢陝縣
朱陽城在靈寶西南五十里北魏置黄水縣為朱陽郡治周省郡改朱陽縣宋曰朱陽監元省
函谷故關在靈寶南十里横嶺上秦置
務鄉在靈寶西南更始時赤眉敗蘇茂于枯樅山又敗李松于務鄉即此
湖城在閿鄉東秦湖關漢置湖縣隋省唐初復置乾元初改太平縣後復故元省
盤豆城在閿鄉西南魏置大統三年于謹攻拔盤豆進克宏農即此
邘城在懷慶西北史記文王伐邘即此今為邘臺村
平皋城在懷慶東南接温縣界一名邢邱春秋宣六年赤翟伐晉邢邱是也入韓為韓皋漢置平皋縣北齊省有平皋陂

懷慶府

武德城在懷慶東秦置晉省唐武德城在懷慶東南五十里本周州邑漢曰州縣北魏置武德郡隋省郡改縣曰邢邱又改安昌唐武德二年改武德兼置北義州宋熙甯省為武德鎮
紫陵縣在懷慶西北今為紫陵村○忠義縣在懷慶西南今為崇義鎮○大行縣在懷東北皆唐武德三年置四年省
大行山在懷慶城北一曰五行山西山大刑山自懷慶至昌平連十三州有軹關大行白陘滏口井陘飛狐蒲陰軍都八陘山麓曰大行南阪山北為碗子城山有關元至正中察罕擊汝潁賊自澤州塞碗子城即此
向城在濟源西南竹書魏襄王四年鄭歸晉陽及向更晉陽為衛雍向為高平是也
軹城在濟源西南國策秦下軹道則南陽動即此漢置縣唐貞觀省今名軹村又西為軹關
王屋城在濟源西王屋山下北魏蓋平縣周改王屋為懷州治後省州置王屋郡隋省郡元省縣
沁水城在濟源東北沁水南沁臺西漢置縣北齊省今名王寨城
西濟州在濟源西北城東南隅即唐時濟源城唐武德二年置兼在東南置湨陽縣北置燕川縣西置邵源縣四年悉省
齊子嶺在濟源西六十里周齊分界處魏大統十二年高歡圍玉壁使侯景趣齊子嶺即此
湨水在濟源西俗名白㵎水有三源一出琮山一出陽城西南山一出陽城南溪俱東南會瀧水合流入河春秋襄十六年會于湨梁晉永康二年成都王與孫會戰于湨水即此
甯城在修武東古甯邑秦稱修武韓非子秦越長平西伐修武漢書二年定河內軍于修武後置修武縣後魏分修武南境置北修武以故縣為南修武北齊省○小修武在修武東四里漢三年自成皋北度河宿小修武傳舍是也
山陽城在修武西北大行山南秦始皇五年伐魏拔山陽城即此漢置縣北齊省
南陽城在修武北大行山南大河北左氏傳晉始啓南陽即此修武本南陽地故亦稱南陽水經注修武故甯一曰南陽國策赧王卅二年魏割南陽與秦實修武是也
懷城在武陟西南左氏傳隱十一年王以隤懷與鄭宣六年赤狄伐晉圍懷即此漢置縣建武初幸懷後魏景明三年自鄴還至懷與宗室近侍習射北齊省
永橋鎮在武陟西近河陽北齊置永橋大都督周大象二年永橋城為尉遲迥守隋大業十一年移修武縣治永橋
河陽在今孟縣西南卅里大河南岸左氏傳僖二十年天王狩于河陽即此漢置縣北齊置河陽關周乾德六年置河陽總管府唐建中二年置河陽三城節度會昌中置孟州金大定中徙今治土人名上孟州名故城為下孟州○城東南有冶阪津宋景平初魏師還至孟津造河橋于冶坂津即此
河清在孟縣西南五十里河北岸春秋晉陰漢平陰晉河陰唐武德二年置大基縣先天二年改河清宋徙治白坡鎮金徙治河南岸改孟津○城側有野水渡一名野戍唐乾元二年段秀實率公私輜重自野戍渡河待命于河清即此

衛輝府

柏崖城在孟縣西南故河清城西三里隋末懷州僑治此唐武德二年置懷州治此四年徙治野王咸亨四年置敖倉名柏崖倉
集城縣在孟縣西南唐初置尋省
無辟城在孟縣南一名無鼻無比魏太和中廢太子恂置于河陽無鼻城即此
白坡鎮在孟縣西南一名白坡谷漢中平五年黄巾起于河曲白坡谷宋紹定中蒙古由河清白坡渡河是也
汲故城在衛輝西南漢置縣東魏興和二年分河内汲郡二郡界扶風之地置義州治汲縣陳城領伍城義寧新安黽池恒農宣陽金門七郡北齊悉省入伍城隋開皇改伍城為汲縣徙今治
鄘城在衛輝東北十三里又東北為邶城
隋興城在衛輝北二十里隋開皇置尋又析置陽源縣唐初悉省
延津在衛輝東南國策名垝津漢建安中于禁渡河守延津即此有關一名延津城今在新鄉
淇門鎮在衛輝東北唐太順初麗師古等下淇門衛縣元時運道自封邱中灤鎮陸運至淇門即此
東燕城在胙城西漢南燕縣東漢燕縣晉省光熙初進東嬴公騰爵為東燕國治此城石勒置東燕郡慕容德改東燕縣隋改置胙城縣
文石津在胙城東北臨河枋頭東南晉永嘉四年石勒自倉垣敗走退屯文石津即此
比濟在胙城東北河水經東燕故城北濟水自北來注之故名宋元嘉廿七年垣護之師百舸屯石濟魏太和十七年將遷洛自河南如虎牢舍于石濟十八年表石濟以西河内以東距河凡十里為牧場○棘津亦名石濟渠在縣北
臨滑關在新鄉東河北岸隋仁壽四年發民掘塹自龍門抵臨清關即此
齊州在獲嘉西南廿五里今名齊州村
朝歌城在淇縣東北接濬縣界古紂都漢置縣隋改衛縣縣西南又有朝歌砦
臨淇城在淇縣西北接林縣界東魏天平初置屬林慮郡北齊省
魏德城在淇縣東東魏天平置北齊省
凡城縣在輝縣西南故凡國唐初置縣屬共州尋省
重門城在輝縣北曹魏主芳降為邵陵公築宮于河内重門即此有重門山即蘇門山之别名又名百門山
侯趙川即蘇門北麓木無川在輝縣西北接湯陰界宋建炎初岳飛敗金于侯趙川又敗之于大行即此舊有關
相城在彰德西洹水南岸隋開皇分安陽置縣大業省
安陽城在彰德東南魏甯新中邑秦曰安陽始皇十六年桓齮取鄴安陽即此晉置安陽縣在府西南魏天平初省隋開皇徙

彰德府
治

治洹水南
永定城在彰德東接內黃界本晉長樂縣隋開皇改堯城唐天祐改永定宋天聖避真宗陵名改永和熙甯七年省為鎮
靈泉縣在彰德西南北周置唐武德省
韓陵山在彰德東北俗名七里岡北魏泰常八年自代至鄴畋于韓陵山即此
藍嵯山在彰德城西一名藍口祁連漢建安中袁尚救鄴傍曲漳為營退保藍口即此
安陽河在彰德北四里本洹水出林縣西北林慮山中東流經彰德歷臨漳內黃入衛水一名安陽水唐乾元二年九節度師
潰于安陽河北即此
萬金渠在彰德西本魏天平渠唐咸亨復浚治自寶山而東分注東南至金鳳臺側名金鳳渠
鄴城在臨漳西管子築五鹿中牟鄴以衛諸侯即此魏文侯七年改曰魏尋復為鄴漢十二年置魏郡治鄴縣建安十九年建
鄴都晉永嘉初汲桑石勒攻鄴焚鄴宮咸康初石虎都鄴升平初慕容儁都之魏太和十七年築宮于鄴西徙居之天平二年
作鄴南城元象二年又作鄴北城周建德六年平齊置六府于鄴大象二年毀鄴城徙其民南四十里以安陽城為鄴縣改故
鄴縣為靈芝縣隋復改鄴縣為安陽靈芝為鄴縣治故鄴都之大慈寺宋熙甯省入臨漳
平陽城在臨漳西史記秦始皇十三年桓齮敗扈輒于平陽即此
漳水在臨漳西有二源一出長子發鳩山曰濁漳東經林縣至縣西一出樂平少山曰清漳歷遼州潞安涉縣磁州至縣西合
流處名交漳口漢建武二年吳漢擊檀鄉賊于鄴東漳水上即此又漳渠在鄴西紫陌橋下名天井堰亦名西門渠
三戶津在臨漳西一名三戶峽秦二世三年蒲將軍引兵渡三戶即此
蒲池在故鄴城外燕慕容儁與羣臣宴會于蒲池即此
榆林店在臨漳西南晉開運二年皇甫遇等覘賊至鄴將度漳水契丹數萬奄至遇且戰且卻至榆林店布陣力戰乃免
混橋在故鄴城西漳水上姚弋仲自灄頭率衆討冉閔軍于混橋即此
中年城在湯陰西春秋定九年晉車千乘在中年國策趙攖綏以中年入梁即此俗稱河北中年
淇陽城在林縣南隋初置大業并入林慮
輔巖城在林縣東本安陽之水冶村金興定三年置縣元省
隆慮山在林縣西北一名黃華山有黃華谷更始時謝躬擊尤來于隆慮山大敗走鄴即此
倚陽山在林縣西北俗名蟻尖山金置蟻尖砦宋寶慶三年蒙古攻金武仙高公抱犢諸砦復取相衛蟻尖馬武等砦即此
臨水城在磁州西北滏口側晉置縣唐初省廣德初改置昭義縣宋省
梁期城在磁州西南漢縣晉初省俗名兩期城一名武城

輿地彙鈔　卷三　河南　七

歸德府

固鎮城在武安西一作故鎮唐光啓二年晉師自潞州而東敗邢州兵于焦岡拔固鎮武安諸城鎮即此
滏山即滏口陘在武安西南晉太元中慕容垂自滏口入天井關攻西燕魏永安三年高歡統并肆聞六鎮降户自晉陽出滏口
沙亭在涉縣東南故沙國地晉太元十八年慕容垂攻西燕于沙亭即此胡氏誤作在鄴西南
睢陽縣在歸德治南三里秦置漢為梁國治隋改宋城縣宋建東京徙入郭內
蒙城在歸德東北一曰大蒙城有蒙澤本宋地漢置蒙縣晉永嘉五年苟晞奉豫章王自倉垣西屯蒙城即此北齊省府南小蒙城
亳城在歸德西北故湯都一曰薄春秋哀十四年桓魋請以鞍易薄即此漢置縣晉省○穀熟之亳曰南亳湯所都偃師之亳為西亳湯所遷此為北亳湯始興地
穀熟城在歸德東南漢置縣晉省隋開皇復置元省為穀熟鎮○城西有新城春秋文十四年諸侯盟於新城即此
㶏堤在歸德西北一作蒙堤梁孝王築周末子仲文擊檀讓軍至㶏堤去梁郡七里即此
趙渠在歸德東南即賈魯所開大河故瀆自商邱虞城東達蕭縣至徐州嘉靖末始北徙
巳吾縣在甯陵西南故甯陵之徙種龍鄉後漢永元置縣典畧魏武初起兵于巳吾即此晉省
沙隨在甯陵西北一曰沙陽亭亦名棠陽城堂城梁大通三年陳慶之送元顥北還自銍城進拔棠城胡氏云棠為堂城之譌
苦縣在鹿邑東楚地漢置縣北魏改谷陽唐乾封初改真源載初元年改仙源宋祥符改衛真元省
甯平城在鹿邑東沙水北漢縣晉省
鄲縣在鹿邑東北漢置北齊省為鄲城鎮
下邑在夏邑西南本楚邑漢置縣景帝三年吳楚攻梁走條侯軍會下邑即此
栗城在夏邑東秦縣後漢省
酇縣在永城西南秦縣陳勝初起攻酇下之即此晉義熙中置馬頭郡治北齊郡縣俱省
太邱城在永城西北春秋襄元年鄭侵宋取太邱即此漢置敬邱縣東漢改太邱晉省東晉初祖逖自蘆州進屯太邱即此今有太邱集
建平城在永城西南漢縣晉省俗呼馬頭城今亦曰馬洧城
渙水在永城東南睢水支流一名濊水圖纂楚救趙取睢濊之間唐咸通九年康承訓屯柳子之西自新興至鹿塘壁壘相屬賊渡睢水圍承訓于鹿塘○新興鎮在縣南
廣樂城在虞城西建武二年蘇茂據廣樂降即此隋改長樂

汝甯府

承匡城在睢州西春秋文十一年會于承匡即此秦置縣後以地卑濕徙治襄陵城遂廢一曰匡城
平輿在汝甯東南汝水南岸春秋沈地入楚為平輿史記秦始皇廿二年攻楚平輿即此漢置縣晉同一名懸瓠城與甯二平
燕李淇等攻汝南敗晉兵于懸瓠是也高齊縣省
宜春縣在汝甯西南漢置東漢改北宜春晉省　又西為富波故縣漢置晉省
安成縣在汝甯東南汝水北漢置高齊省
汝南城在汝甯東汝水南北魏興和置高
保城縣在汝甯南劉宋孝建置寶城縣魏改保城隋省
練水在汝甯西即練江源出確山縣之樂山西合斷濟河寨河冷水諸川又西北入汝宋端平初孟珙會蒙古攻金蔡州珙決
柴潭蒙古決練江即此又名黃酉河
鴻郤陂在汝甯東淮北諸水匯為大陂一曰鴻隙陂鴻池陂漢成帝鴻嘉中決壞建武中修復永初三年以陂假貧民遂廢水
無歸宿散漫為患
白苟城在真陽東南一名白苟戍城白苟堆梁置兼置西淮州淮川郡領真陽梁興二縣入北齊置齊興郡尋省為白苟縣隋
改縣曰淮川大業省唐元和十二年李愬攻蔡州下白苟棚即此
新陽在真陽西南新水南漢縣晉省
安陽在真陽東接息縣界春秋時江國漢置縣晉改南安陽隋省
建安縣在真陽南五十里東魏僑置又南卅里有臨淮城今為朱家店
蔡城在上蔡西南十里故蔡國後遷新蔡名此為上蔡一名蔡陽秦昭襄卅三年取魏蔡陽即此漢置上蔡縣隋大業改汝陽
縣為汝南郡治別改故臨汝縣為上蔡
武津城在上蔡東劉宋置高齊省
定潁城在上蔡北漢永初二年分上蔡置晉省
銅陽在新蔡北漢縣北齊省今為銅陽村
永康縣在新蔡東南北齊置爾陂澺水隋省○澺水上承汝水經葛陵故城又東南入汝葛陵城在縣北
葛陂在新蔡西北漢中平五年破黃巾于葛陂即此
青陂在新蔡西南上承淇水經縣入息縣為𤄊陂即古青陂史縣布復擊秦破之青波即此一曰青龍陂
武陽縣在西平西南北魏置隋開皇改吳房大業初省唐初置北武縣貞觀省○故吳房今遂平治
朗陵在確山西南漢置晉省梁置安昌縣隋改朗山唐貞元十五年于頔拔吳房朗山即此

澧陽在遂平東南漢縣北齊省
查牙山在遂平西南一曰嵖岈山嵯峨山東南十里曰馬鞍山唐元和十二年李愬攻淮西下馬鞍山別將馬少良下查牙山
文成柵在遂平西一曰鐵城唐元和十二年置行吳房縣于文成柵權隸溵州是也柵西南為新興柵元和十一年淮西圍新
興柵即此柵東為張柴村與鐵橋柵李愬自文成柵東行六十里至張柴村據興橋柵斷洄曲諸道橋梁即此
義陽在信陽州南石城山下本漢平氏縣之義陽鄉曹魏置縣宋元嘉中為司州治梁天監二年魏攻義陽司州刺史蔡道恭
拒守即此北魏改置郢州周改宋安郡平陽縣隋復曰義陽省郡宋改信陽縣為信陽軍治明初徙今治
平陽在信陽東南本漢平春縣晉太元中改平陽北齊省
仁順城在信陽南晉移義陽郡治此謂為仁頓城
安昌城在信陽西北漢縣曹魏分南陽立義陽郡治此魏延昌置南荊州北齊省
鍾武在信陽東南漢縣齊省
鍾山在信陽東南十八里本高齊齊安縣隋改宋省
環水在信陽東南宋泰始中置為宋安郡治齊省
淮源在信陽西北本北齊慕化縣隋改唐初淮安土豪敗朱粲于淮源即此
鑿峴在信陽南梁天監三年王僧炳救義陽將兵據鑿峴即此一名峴山
龍山在信陽東北宋嘉定中金敗宋于龍山遂渡淮犯光州中渡鎮即此
溮水在信陽南源出大隋山又北經賢首山一曰師水宋泰始二年魏兵至師水將救壽陽即此
三關在信陽東南一曰平靖關即古冥阸一曰武陽關亦名澧山關大寨嶺即古大隧一曰黃峴關亦名百雁九里即古直轅
總名城口齊永元三年吳子陽等出三關與魏戰于長風城梁天監七年三關降梁梁使馬廣屯長簿胡文超屯長峴以固三
關○長風在光州南
禮山城在羅山西南本宋東隋左郡地大明八年改置宋安縣又改宋安郡齊曰宋安左郡魏兼置東隨縣隋改禮山大業末
省○唐初別析樂甯故地置宋安縣為谷州治貞觀初省
樂甯在羅山南齊置周省
高安在羅山西南齊置隋省
大勝關在羅山宋寶祐末蒙古自光山度淮南入大勝關即此
弋陽在光州東北漢縣魏分置南北二弋陽高齊改定遠
陰山關在光州西南麻城東北陰山下一曰南關梁天監中北魏攻義陽直指南關對抗甑頭有陰山戍天監初魏奇道顯取

光州

陰山白菉二戍
仙居縣在光山西本宋樂安縣隋省唐天寶初改仙居宋建炎省
黃川郡城在光山南後魏置入梁省
茹由城在光山南晉置北魏改置邊城郡治高齋省
豐安郡城在光山西本魏永安郡新城縣高齊改豐安隋省
木陵關在光山南麻城北木陵山上梁天監初張囂之取魏木陵戍魏普通八年梁夏侯夔攻拔魏平靖木陵陰山三關
五關在光山西南與麻城分界宋紹興中江州都統趙撙建五關以拒金嘉定十四年金圍光州犯五關○五關白沙土門才
木嶺黃土嶺修善衝一云木陵虎頭黃土白沙大城
中渡鎮在光山北淮水側宋金以淮為界設榷場于此嘉定中金渡淮犯光州中渡鎮毀榷場官吏即此
期思縣在固始西北古蔣國漢置縣魏正光置邊城郡隋省
建安戍城在固始東齊置東魏改縣後省
鐵山在固始東唐元和十年李文通敗淮西于固始拔鐵山戍即此
春河在固始南源出商城馬鞍山東入淮明崇禎九年流冦自光州掠春河而東即此
息城在息縣卅里古息國漢置縣壽南徙為新息宋置北新息于此以新息為南新息高齊省
陽安在息縣西南十里古道國漢置縣東魏改陽安郡領永陽一縣北齊省
城陽在息縣西漢縣後省魏太和中置城陽郡兼置殷州治定安縣入梁改楚州改縣曰城陽一曰楚城中大通二年陳慶
圍懸瓠破魏師于楚城即此隋州縣悉省
廣陵城在息縣西南淮水北岸本魏戍太和十九年置東豫州于新息廣陵城以田益宗為刺史興和中置廣陵郡兼置宋安
縣後郡治周省
長陵郡在息縣東北梁置領長陵等縣隋省
褒信城在息縣東北東漢析鄎縣地置一曰苞信唐初改包孚壽復曰褒信宋開禧二年忠義人孫成復褒信縣是也元省為
鎮
殷城在商城南梁分苞信縣置義郡及建州兼領高平新蔡新城三郡東魏為南建州領高平新蔡陳留等僑郡隋悉省改殷
城縣
金剛臺山在商城南一名石額山宋紹興初義師首領張昂結砦金剛臺山以拒金紹熙初築石城金剛臺山南為光州寓治
○商城泰蘇下馬回道麻埠五河並出山北合史河入淮

南陽府

武城在南陽北俗名武延城一名西城春秋楚地稍東有棠城俗名東城
育陽在南陽府東淯水南漢縣晉改云陽西魏置濛州隋改淯州大業初改淯陽郡又改縣為武川後悉省
博望城在南陽東北漢縣劉宋省
西鄂城在南陽北五十里漢縣劉宋省○又北十里為向城縣西魏置為雉陽郡治五代省○又北二十里為漢雉縣後魏改北雉縣屬北清郡西魏改雉陽郡隋省又北即三鴉路
杜衍城在南陽西南廿三里漢縣晉省又西南六七里為安眾城漢縣晉省
南鄉城在南陽西南百里本安眾之沙堰地後漢置縣姚秦分置南鄉郡西魏兼置淅州隋大業改州為淅陽郡尋省又有龍泉湖里白亭三縣俱西魏置周省○後魏置左南鄉縣為左鄉郡治西魏改秀山郡安山縣隋大業省
三鴉在南陽北周置三鴉鎮在魯山西南十九里一名平高城第一鴉名百重山一曰石川路中有鹿鳴武陽亂石鯉魚柘禽五山最高第二鴉名分水嶺水南北流名鴉河第三鴉名魯陽關水北流入汝南流入淯魏孝昌初元彧東趣葉城裴衍出武關通三鴉路以救荊州即此○魯陽關為南召魯山分界處即三鴉路口
淯水在南陽城東俗名白河舊有上石谷馬渡港蛯鄉堰沙堰皆召信臣所置○沙堰即沙堨在府北齊建武二年魏篩其度引兵向襄陽軍于沙堨即此
小長安聚在南陽府北更始時光武攻宛至小長安戰敗
夕陽聚在南陽西北後漢建武初賈復擊鄧奉追至夕陽聚○東有爪里津即淯水津
安國城在鎮平東北漢王陵封邑
陽在唐縣南故蓼國入楚為湖陽竹書楚共王會宋于平陽即此漢置縣晉省魏太和復置為西懷安郡南襄州治後改南平州西魏改昇州又改湖州後周曰昇平郡金貞祐省置鎮宋嘉定中孟宗政敗金于湖陽即此
柘林縣在唐縣南本北魏順陽郡西魏改柘林周降為縣隋省
比陽在唐縣東漢縣後魏初省為樂陵鎮太和三年樂陵鎮將韋珍渡淮畧七千餘戶表置城陽剛陵義陽三郡即此後置西郢州西魏改鴻州周改置真昌郡隋初省郡大業改饒良曰比陽故比陽城省○又東為昭越縣城[illegible]延興二年置屬初安郡隋大業改同光尋省
慈邱在唐縣東七十里本後魏江夏縣隋改慈邱唐屬唐州元和十年嚴綬敗于慈邱走入唐州即此五代時省
勞州城在唐縣東南後魏置永熙二年勞州刺史曹屬東荊州刺史雷能勝降梁即此
唐子山在唐縣南一名西唐山有唐子亭唐子鄉西漢末劉縯自新野屠唐子鄉殺湖陽尉即此
此水在唐縣南源出大胡山南會澧水為泚水又南經南陽新野入淯更始初甄阜梁邱賜破漢軍于小長安遂南度潢淳臨

沘水阻兩川為營即此○大胡一作壺山在縣東北
召渠在唐縣西一曰召堰宋嘉祐二年唐州守趙尚寬修復又名趙渠熙寧五年陳世修于唐州西橋南北岸累石為橋架淮
水入東西召渠灌九千等陂即此
舞陰城在泌陽北漢縣姚秦置舞陰郡東魏改臨舞縣唐省
上馬城在泌陽南後魏置石馬縣訛為上馬唐天寶省
鍾離縣在泌陽東南後魏置為西淮郡治兼置洞州及洞川郡隋改洞川縣大業初省
平氏城在桐柏西北漢縣北魏置漢廣郡宋開寶省
復陽在桐柏東本湖陽之樂鄉元延二年置縣治大復山陽因名晉省
澧陽在桐柏西澧水北齊永明六年魏築城澧陽即此
宜秋聚在桐柏西北西漢末下江兵至宜秋劉縯說以合從即此
宜陽柵在桐柏西唐元和中李愬自唐州徙屯宜陽柵即此
東岐州在南召縣東北後魏置○東北十里有北召故城
穰縣在鄧州東南二里漢置明省
冠軍城在鄧州西北漢分穰縣盧陽鄉宛縣臨洮聚置唐貞觀省○又西北卅里為新城縣魏太和分冠軍地置西魏改臨湍
唐武德二年徙治虎遮城五代漢改臨瀨宋建初省
東陽在鄧州東與淯陽接漢建武三年延岑自穰走東陽即此
湟陽在鄧州東漢縣唐省
馬圈城在鄧州東北後魏置鎮齊永元初陳顯達攻拔馬圈魏主自梁城至馬圈命元嘉斷均口梁普通六年董當門破魏晉
城又拔馬圈雕陽二城○均口在穀城縣晉城在州東南唐武德中置平晉縣治此六年省
六門陂在鄧州西漢建昭五年召信臣斷湍水立穰西堨石更開三門為六石門一名六門堨又于穰南造鉗盧陂旁門六石
門以節水勢
千金鎮在鄧州西宋靖康二年范致虛以陝西五路師　至千金鎮為金所敗即此
淅陽在內鄉城西楚白羽地一曰析春秋僖廿五年秦晉伐鄀過析昭十八年許遷于析實白羽是也秦置中陽縣漢改析縣
後魏置析陽郡領東西二析陽此為西析陽
酈縣在內鄉東秦邑二世二年沛公攻析酈下之是也漢置縣後魏分南酈北酈周復并隋改菊潭五代周省今名下酈○北
酈在縣北

武關縣在內鄉西魏太和中僑置東恒農郡領西城等縣西魏改武關隋省
丹水在內鄉西南丹水北古鄀國又為商密地秦置縣晉屬順陽郡晉建元初桓宣前趣丹水敗還即此後魏置丹川郡唐省
商於在內鄉西七里有於村亦曰於中商即商州自內鄉至商州凡六百里皆古商於唐上元末淮西運阻劉晏使由襄漢越商於以至京是也今為商於堡
三戶在內鄉西南春秋哀四年晉執戎蠻子以畀楚師于三戶即此
修陽在內鄉北後魏置為析州及修陽郡治周省○又北有蓋陽城譌為葛陽屬修陽郡亦周省
馬蹬山在內鄉西南山東南有石穴山岵山王子山宋紹定六年金武仙走保馬蹬山孟珙攻拔離金砦王子山砦進圍馬蹬砦敗仙于沙窩砦西分兵破默候里岵山兩砦進軍小水河急攻石穴山破之追至鮎魚砦銀葫蘆山
棘陽在新野東北棘水南古謝國一名黃棘楚懷王廿五年秦楚盟于黃棘即此漢置縣後魏置漢廣郡治南棘陽兼領西棘陽西魏改郡曰黃岡省西棘陽改南棘陽為百甯周省元置棘陽鎮○又東北為汀南城宋大明中分沔北地僑置河南郡河南縣梁天監五年宛州刺史雷豹狼襲魏河南城即此
東鄉在新野東本新野之都鄉漢置新都縣王莽改新林東漢省為東鄉○又東有黃郵聚
朝陽在新野西朝水南漢縣晉省劉宋改置廣平郡廣平縣領酇陰比陽等縣
棘水在新野東土源即赭河經故棘陽城黃郵聚入清名棘口
順陽在淅州東北本析縣之順陽鄉哀帝置博山縣建武初名順陽四年延岑復冠順陽是也永平中改博山為順陽縣晉改順陽郡咸康四年改南鄉永和十年桓溫水軍自襄陽入均口至南鄉即此唐武德省宋興國復改順陽鎮為縣金仍省為鎮○又東有清鄉城劉宋僑置鄭縣西魏改清鄉隋省
堵陽在裕州東一曰赭陽漢縣宋省齊改置北襄城郡建武初魏攻堵陽敗蕭曾北襄城太守成公期拒守是也魏孝昌中改置襄州又省堵陽置方城縣○東魏又析方城置建城郡建城縣齊並省
真昌在裕州東南本魏北平縣隋開皇改真昌唐貞觀省
青臺鎮城在裕州東南唐縣北唐元和中方城鎮將李榮宗攻拔淮西青臺即此
方城山在裕州東北連接南陽鄧葉楚置城于山上以為要隘一曰長城山曹魏太和二年張郃伐吳屯于方城是也○堵水出山南至唐縣入泌水
定陵在舞陽北漢縣後魏改北舞陽縣為定陵郡治隋省入北舞縣
紅陽在舞陽西南紅山南漢縣後漢省
東不羮城在舞陽西

汝州

北舞鎮在舞陽西故縣治
昆陽在葉縣北魏邑漢置縣晉省○城北為昆陽關一名昆陽鎮亦名陽關更始時世祖以數千兵邀莽兵于陽關即此
定南郡在葉縣東南東魏置周改縣隋省
仙息縣在葉縣南唐開元四年置屬仙州尋省
汝濆城在葉縣東北高齊置縣隋省○汝水經奇額城西北為濆水世稱大㶏水
南安在葉縣西南後魏太和十三年置郢州十八年改南中府天平初改南安郡南安縣高齊省
奇額城在葉縣東北後魏置為南潁川郡治
滍水在葉縣東北一里源出魯山縣堯山東南經昆陽故城北入沙河春秋僖卅三年楚晉夾泜水而軍即此
梁縣在汝州西本周邑國語惠王以梁與魯陽文子即此戰國為南梁一名上梁三梁史記魏伐趙戰于南梁又梁惠王伐趙戰勝三梁是也漢置縣唐貞觀省
汝北郡在汝州西南汝水南魏孝昌二年置治陽仁城領石臺等縣天平初省武定初復置治梁崔塢五年徙治楊志塢
注城在汝州西汝水北史記魏文侯卅三年敗秦于注即此譌為治城北魏置治城縣高齊省
成安城在汝州西漢縣後省俗名白泉城
臨汝縣在汝州西六十里唐先天初置貞元徙治石壕驛五代時有宋建炎中翟興守西京置鎮汝軍于此紹興六年岳飛復鎮汝軍及長水縣即此
鳴皋山在汝州西南一曰狼皋山西山汝水自山東流出峽名汝阨唐貞觀十四年作襄城宮于汝州西山即此
廣成澤在汝州西源出鳴皋山合汝水一名黃陂旁有廣成聚漢置廣成苑永初元年以廣成地假與貧民隋大業中置馬牧于廣成澤
榆關在汝州東史記楚悼王三年歸榆關于鄭即此
霍陽聚在汝州東南春秋哀四年楚襲梁及霍即此漢建武二年祭遵攻新城蠻柏華蠻破霍陽聚是也
犨城在魯山東南楚邑漢置縣建武初下犨葉等十餘城即此後魏改翼陽西魏改犨陽周兼置武山郡隋省郡改湛水縣大業初復曰犨城縣唐省○又東南為河山縣城魏太和置隋省
汝南城在魯山東南魏永安初置汝南郡治符壘縣領汝南縣齊省郡及符壘隋省汝南
滍陽縣城在魯山東滍水南王世充置唐貞觀省
應鄉在魯山東古應國史記魏惠王六年與秦會應即此魏太和中置山北縣高齊省
父城縣在郟縣西本楚城父漢置縣

河南　十一

期城縣在郟縣西南本魏南陽縣隋開皇改大業省
扈澗水在郟縣西源出扈陽山唐建中四年神策將劉德信敗于滬澗即此
摩陂在郟縣汝水所滙漢建安廿四年曹操救曹仁駐軍摩陂魏太和七年青龍見摩陂井中即此
太和城在伊陽西南後魏置戍

太原府

山西地畧　　武進馬冠羣良伯甫輯

陽曲故縣在太原府西北大河南後漢徙太原縣北後魏徙治府北狼孟城西南隋徙治故木井城在汾水東有陽曲川金徙今府治謂木井為故縣城○後魏長廣王初高歡破紇豆陵步蕃于秀容介朱兆德之許以統六鎮降眾歡因宣召鎮兵集汾東受今建牙陽曲川即此

狼孟在太原府北七十里史秦莊襄二年攻趙狼孟是也秦置縣北魏省俗名黃頭砦○又北二十里為汾陽縣城漢置後漢省

洛陰府在太原府東北隋置唐武德改置羅陰縣貞觀省○又東北十里為漢孟縣北魏謂之大祁城隋開皇復置孟縣大業省

三交城在太原府北有三交驛路通忻州宋時遼人多取道于此太平興國中潘美屯三交口潛師拔三交城積粟屯兵即此

白馬府在太原府西北五十里隋置○又西北二十里為燕然城唐貞觀六年以蘇農部落置燕然縣十七年省

天門關在太原府西北宋靖康初孫翊援太原由甯化憲州出天門關敗歿即此

石嶺關在太原府東北路通忻州唐武德三年突厥寇晉陽石嶺以北皆留兵戍宋興國二年郭進為石嶺關都部署以斷契丹之援是也

百井鎮一名柏井在太原府北唐大和中河東留後鮑防禦回紇大敗于百井周顯德六年李重進自土門敗北漢兵于百井

虎北口在太原府西北唐清泰三年張敬達攻河東使戍虎北口

平晉城在太原縣東北汾水東宋平河東毀舊城置城于此名平晉軍兼置永利監雍熙二年改平晉縣熙甯三年省

龍山縣城在太原縣西北北齊改置于故晉陽城隋開皇復改晉陽別改汾水東之晉陽為太原縣宋省

天兵軍府在太原縣東北故太原城中唐開元五年先姝內屬置府鎮之十一年改和戎軍薛訥為和戎大武等軍州節度使是也○城內有竹馬府唐初置後省

蒙山在太原縣西北五里一名北山西山晉永嘉六年劉曜等棄晉陽踰蒙山而歸後周保定二年楊忠會突厥自北道伐燕至恆州從西山而下唐清泰三年張敬達陳于北山下戰于汾曲是也今平定州別有一蒙山

晉水出太原縣西南懸甕山一名龍山知伯遏晉水以灌晉陽因分為二北瀆即知氏故渠東北注晉陽城又東南入汾一名晉渠俗名北派南瀆經南城入汾俗名南派一曰南河又有中派一名中河會流為清水河今入城之流已涸餘流分南北中渠

晉安寨一名晉安鄉在太原縣東北唐清泰三年張敬達退保晉安寨契丹圍之援兵屯團柏谷不敢進即此○團柏在祁縣東南宋開寶二年北漢置寶興軍于此一名團柏鎮

山西　一

銅壁戍在太原縣西南汾水上晉升平初符堅自將擊張平至銅壁平敗降

中都城在榆次東十五里漢縣文帝為代王都此隋省平遙西有晉中都城一名西都春秋昭二年執陳無宇中都是也○又東三里有信都城南北朝時僑置

武館城在榆次西南陳侃村一名武館城晉時名故鄔盧諶征艱賦經武館之故鄔是也

洞渦水在榆次西一出木瓜嶺一出沾嶺一出大廉山一出原過祠下四水合流故曰同過自壽陽縣西南流至榆次合涂水又西合渦水又西入汾唐光化五年汴師分道侵河東出石會關營于洞渦驛即此

洛漢城在太谷西北水經注涂水出大嵰山西南經蘿磐亭即此俗名蘿摩亭譌為洛漢城

馬嶺在太谷東南有關唐光化二年汴將氏叔琮自馬嶺入拔遼州即此

隆舟城在祁縣東南一名隆州城為河東十二州之一

平陶在文水西南廿五里漢縣北魏改平遙

柵城在文水北廿五里文谷口北魏築今名開山村又北五里有雲州城北魏末僑置今名雲州村

鴻唐砦在文水南北漢置宋乾德四年北漢石盆砦鴻唐砦來降是也○石盆在交城山下

遮虜城在岢嵐州東南一曰遮虜平唐乾符五年李國昌陷遮虜軍攻克岢嵐軍羅城敗官軍于洪谷即此○洪谷在州南有洪谷堡隘

巨麓嶺在岢嵐州西南與興縣接境一名萬松山松子嶺宋靖康初折可求援太原道出松子嶺為金所敗即此

合會城在嵐縣西南唐武德四年分宜芳地置九年省

石樓山在興縣東北一名通天山後漢陽嘉中張耽擊烏桓于通天山高齊天寶五年自離石道討山賊遂平石樓即此

合河縣在興縣西北　唐貞觀初置宋元豐徙治蔚汾水北即今治又西北十里有合河關唐開元九年張說出合河關擊破叛衆于銀城連谷是也蔚汾水西與黃河合故曰合河有合河津宋慶秝初豐州陷議棄河外保合河津即此○合河東有蔚汾關

高梁城在平陽東北故楊城東南竹書晉出公二十年智伯城高梁周建德五年周主救平陽齊師退守高梁橋

西平城在平陽西北晉永嘉五年劉聰以子驥為征西將軍築西平城居之即此

柴壁在平陽西南汾水東岸一名子奇壘今有柴村柴莊晉元興初魏救乾壁圍秦姚平于柴壁據天渡以築重圍敗秦師于蒙坑即此○乾壁一名乾城在襄陵東南天渡在汾水西岸蒙坑在曲沃東北與喬山連接

潏水在平陽東源出浮山縣東南龍角山西北合高梁水澇水入汶唐永徽二年李寬自城東夏柴堰引潏水溉田復治百金泊引潏水入之乾封二年堰壞乃西引晉水○龍角山在浮山縣南本名羊角山百金泊在城東晉水即平水

平陽府

匈奴堡在平陽西南晉義熙十一年并州胡攻秦姚成都于匈奴堡即此
西河縣在洪洞西南後魏孝昌僑置西河郡治永安縣隋開皇初省郡改縣曰西河唐貞觀省
臨汾城在太平南廿五里汾水北接絳州境一曰汾城漢縣魏貞君七年省入太平隋改平陽曰臨汾而故城遂墟
冀氏在岳陽東南魏建義初分禽昌襄陵地置冀氏縣為冀氏郡治高齊省郡唐會昌三年陳夷行以兵守翼城及冀氏即此元至元中省入岳陽今有冀氏里
合陽縣在岳陽南後魏末置齊省
和川縣在岳陽東魏建義初分禽昌地置義甯縣隋改和川宋熙甯省元祐復置元省
絳城在曲沃西南一名新田漢絳縣在此城南
陘庭在曲沃東接翼城界一名熒庭陘城
皮牢在翼城東北澮水側史記魏惠王十年取趙皮牢即此
小鄉縣在翼城西南後魏末置隋初改汾東縣唐武德省
烏嶺在翼城東又東北接沁水境山南北有長嶺東西相對曰東烏西烏澮水出東烏嶺一名黑山唐會昌三年石雄討澤潞踰烏嶺破五寨即此
新城縣在汾西縣西北周置唐貞觀省
申村堡在汾西縣南唐武德初徙縣治此
北屈故縣在吉州東北漢置晉建興初劉琨據藍谷使拓跋普根屯北屈升平初姚襄將圖關中自北屈渡河進屯杏城即此魏神麚初省北屈置禽昌縣
南汾州在吉州南東魏置周改汾州
仵城縣在吉州北蒲縣西南魏太和中置五城縣為五城郡治隋省郡改伍城縣唐武德改仵城宋省為仵城鎮金興定復置元省
文城縣在吉州西北魏置唐顯慶三年徙治仵城東北文城村宋熙甯省為鎮
壺口山在吉州西北連孟門山東魏初高歡自壺口趨蒲津擊宇文泰即此
牛心寨在吉州北宋嘉定十五年蒙古據吉州金僑置吉州于牛心寨是也
騏縣在鄉甯南漢置東漢省
長甯城在鄉甯西後魏末置永甯縣後省今名西甯村
呂香故縣在鄉甯東南魏太和廿一年改刑軍縣曰平昌隋開皇改蒲川唐貞觀初因呂香鎮改名呂香後周顯德中省一作

代州

呂鄉
雁門縣在代州西句注山東南雁門山南漢廣武縣地曹魏黄初徙雁門郡治廣武故城隋開皇改雁門縣元省故雁門郡治句注山北陰館城一名下館城在今代州北四十里本漢初樓煩鄉東魏武定三年高歡娶于柔然親迎于下館即此曹魏青龍後移雁門治故上館城內即今州治嘉招繕治陘北故上館城置屯戍是也

原平在代州西漢縣北齊省

善無城在代州西北秦縣始皇十三年徙樓煩治善無縣即此漢建安中省東魏天平二年復置為善無郡治後周省

神武軍城在代州北本名大武改大同調露改神武天授二年曰平狄○軍城西有天安軍天寶十二載置一日天寧景福初李克用北巡至天寧軍是也

黄嵬山在代州北宋熙寧八年遼使來議疆事索黄嵬不許更以天池請即此

豺山在代州西北故善無北晉元興初柔然侵魏自參合陂至豺山及善無北澤是也

勾注在代州西北一名西陘山東接雁門山亦曰雁門介雅北陵西隃雁門是也國策蘇厲謂趙惠王秦反陘分先俞于趙陘分即陘山先俞即西隃亦曰陘嶺自雁門以南名陘南以北名陘北晉永嘉四年拓跋猗盧從劉琨求陘北地徙樓煩馬邑陰館繁峙崞五縣民于陘南是也西陘關在雁門山上一曰雁門關在代州北東陘關在代州南卅里唐天寶十四載郭子儀拔馬邑遂開東陘宋興國五年契丹寇代州楊業自西陘出至雁門北口南向擊之明雁門關與寧武偏頭為山西三關一名外三關關北即廣武站有十八隘口東起水峪迄平刑西自太和嶺至蘆板口

樂安鎮在代州北唐大順初李存信攻幽州營于渾河川之田村戰于樂安鎮即此

鹵城縣在繁峙東漢置建安省又東有齊城東魏時僑置齊郡

葰人在繁峙北漢縣即霍人漢七年周勃擊韓王信于代降下霍人破胡騎于武泉北即此○武泉在大同府

滹沱河出繁峙東北泰戲山有三泉並導西南流合玉斗泉即青龍泉又西至沙澗東合北樓口水華巖嶺水歷代州忻州平定州界達直隸靜海縣入海

平刑嶺關在繁峙東通靈邱縣一名瓶形寨沈括言飛狐路有道自倒馬關出却白石門子冷水鋪入瓶形投回兩寨間至代州即此

雲中郡在崞縣西南後魏永熙二年僑置領延民雲陽二縣東魏僑置恆州後省為盧扳寨城南至忻口二十里

唐林縣在崞縣南唐證聖元年置武延縣景雲初改唐林乾符五年李國昌焚唐林崞縣入忻州即此梁改白鹿石晉改廣武宋省

石鼓山在崞縣東南福壽山之左魏長廣王初高歡大破紇豆陵步蕃于石鼓山即此

保德州

忻州

揚武谷在崞縣西一作羊武谷唐大秝十三年張光晟破回紇于羊武谷是也後唐清泰三年契丹將兵自揚武谷而南其地為雁門西之要隘宋為揚武寨後為揚武峪口堡有揚武上下關南至揚武村卅里西至盧板寨四十里
芭州城在保德州東北河北岸近府谷界元初置至元初省
偏頭關在河曲北百十里古武州地東連鵶角山西近黃河宋置偏頭寨元置關明洪武中始建城大邊在關北百廿里起丈同之崖頭至黃河二邊在關北六十里起老營鵶角墩西至黃河岸老牛灣三墻在關東北卅里起石廟兒至石梯墩四橋別在關北二里起鷹窩山至教場○宋置雄勇偏頭董家橫谷桔槔護水六砦屬火山軍後省元豐中止領下鎮一砦
廣牧城在壽陽縣北漢縣建安中移治涇南後省
方山在壽陽東北一名神福山壽陽山晉永嘉六年拓跋猗盧敗劉曜于藍谷因大獵壽陽山即此北史作牢山
鵶兒谷在壽陽東南一名鵶鳴谷唐乾符五年昭義餘衆自鵶鳴谷走歸上黨是也
西張寨在壽陽西北五代時置金興定四年置晉州後省
烏河縣城在盂縣西隋義寧初置撫城縣唐武德初改烏河貞觀省
沾縣在樂平西南漢置晉建興四年石勒圍樂平太守韓據于沾城即此隋省入樂平
昔陽在樂平東春秋昔陽邑俗譌為夕陽
東山縣在樂平東隋開皇初置大業省
秀容城在忻州西北五十里名南秀容又北朔州界有北秀容晉太原末拓跋珪東渡河屯秀容以救燕秀容川酋長尒朱羽健世居尒朱川因以為氏皆北秀容又隋開皇十年省平寇縣徙秀容縣治其地即今忻州治魏永興二年置秀容郡領秀容等縣立秀容護軍于汾水北徙北秀容之人居之尒朱羽健孫代勤官肆州刺史新興及榮世為秀容酋長皆此秀容為南秀容
九原縣城在忻州西九原山下漢京陵縣地後漢改建安末置新興郡曹魏置肆州治
平寇城在忻州東十五里魏真君七年省并三堆朔方定襄地置隋開皇改
銅川縣在忻州西隋開皇置大業省
雲中山在忻州西北十五里下有雲中水山北即崞縣界晉置雲中縣治山下
忻口砦在忻州北忻口山上隋大業十一年突厥圍帝于雁門援軍至忻口始解圍去即此
肆盧城在定襄西北本新會城後魏置肆盧縣治此真君七年省三會城入肆盧是也○三會在肆盧西南
漢樓煩縣在靜樂北汾水西後漢末省後為牧苑地後魏和平六年如樓煩宮唐開元四年築樓煩監城龍紀初李克用表置憲州仍置樓煩縣為治所兼領天池元池二縣宋咸平徙治靜樂元省○天池城在樓煩西南初治孔河館乾元後徙安民谷

蒲州府

口道人堡下宋省〇元池城在樓嶺東宋省
汾陽在静樂東北唐武德四年分静樂置汾陽六度二縣六年省
甯化軍城在静樂北北漢置宋興國改甯化縣崇甯省爲鎮金大定復爲縣兼置甯化州元省
天池在静樂北管涔山北原上汾水之源一名祁連泊齊天保九年如晉陽至祁連池皇建初自將伐庫莫奚至天池是也池旁有隋汾陽宫故址
馬陵戍在静樂北東魏武定元年築長城于肆州北山西自馬陵東至土墱即此
蒲阪在蒲州城外東南隅春秋河曲地漢置縣建武十八年幸蒲阪祠后土即此晉義熙十四年置并州鎮周爲河東郡治隋大業初省
永樂在蒲州東南河北岸樓閣鄉境後周置永樂縣爲永樂郡治後省唐初復置縣金省爲永樂鎮
風陵堆在蒲州南河曲中南岸直對潼關一曰風陵山風陵津有風陵關又曰封陵史記魏襄王十六年秦拔蒲阪陽晉封陵魏永熙末高歡克潼關使庫狄温守封陵
陶邑鄉在蒲州北唐置陶城軍府貞元二年馬燧敗懷光于陶城即此
武壁在蒲州北元至正末自蒲州至滎河河津築汾陰胡壁趙村薛戍薛堡連柏西倉禹門八寨以薛堡居中可制諸營更名武壁
解城在臨晉東南春秋時晉解梁城漢置解縣後魏改南解縣西魏省〇北解城在臨晉西三十里魏太和十一年置周省
桑泉縣在臨晉東北隋置〇温泉縣唐武德三年分桑泉地置九年並省
脽邱在滎河北一曰脽上亦曰魏脽漢汾陰縣初治此元狩四年得大鼎于魏脽后土祠旁即此
胡壁鎮在滎河東萬泉西唐光化初李嗣昭敗汴兵于胡壁鎮又敗之于張店梁乾化二年李存審敗梁兵于胡壁鎮追至白徑嶺即此〇張店在平陸西北白徑嶺在解州東南即中條支嶺自檀道山東南出白徑嶺至陜州大陽津渡
陽晉在虞鄉西南一名晉城史記魏襄王十六年秦拔陽晉是也
王官城在虞鄉城南二里南原上俗名王城又東七八里即王官谷
東張城在虞鄉西北一名張楊城漢二年曹參攻孫遫于東張水經注涑水西南經張楊故城即此
高安在虞鄉西北趙世家成侯四年與秦戰高安是也
阜筴戍在虞鄉西西魏大統中宇文泰自蒲坂至阜筴閒高歡退渡汾追之即此
今狐城在猗氏西今名狐村
石錐山在解州西南即中條支峯魏武泰初楊侃北渡據錐石壁悉降薛脩義之衆即此

解州

絳州

司鹽城在安邑西本鹽氏城秦昭襄王十一年齊韓魏趙宋中山攻秦至鹽氏而還即此漢為司鹽都尉治因名一名路村
巫咸城在夏縣南巫咸山下一曰巫咸頂巫咸谷
大陽在平陸東河南岸西接吳山漢置縣周省改河北縣徙今治
下陽在平陸東北一作夏陽春秋虢邑元至正十六年察罕帖木兒自陝州追汝潁賊扼之于下陽即此
虞城在平陸東北虞山上一曰吳城秦昭王五十二年伐魏取吳城即此○山一名吳山亦曰虞阪吳阪又曰顛軨
河北縣城在芮城東北故魏國城一名魏城漢置河北縣姚秦置河北郡周改大陽為河北縣此城省
襄邑堡在芮城東晉義熙十三年檀道濟自陝北渡河拔襄邑堡即此
柏壁城在絳州西南後魏為東雍州治周為絳州治又為聞喜縣治唐初太宗自龍門渡河屯柏壁大破宋金剛于美良川即此○川在城東北
長脩在絳州西北漢縣後漢省後訛為長秋周天和五年韋孝寬請于汾北築華谷長秋二城即此今為長秋鎮○華谷一名秦葭谷出華水西與汾合今名華谷村
龍門城在絳州北本後魏龍門縣後省改高涼徙治汾水北周天和五年斛律光築以據汾北
鼓堆泉在絳州北九原山下分二派東曰清泉西曰灰泉自州城以入汾一名古水古堆唐初義師克臨汾進次古堆絳郡守不下即此
玉壁城在稷山西南魏大統四年築十二年高歡攻玉壁用孤虛法聚攻其北周保定初置勳州總管府于玉壁
車箱城在絳縣東南魏大統五年僑置建州十二年侯景趙齊子嶺魏建州刺史楊標鎮車箱恐其寇邵郡率師邀之十六年宇文泰自宏農濟河至建州即此○齊子嶺在河南濟源縣
邵城在垣曲東即郫邵古周召分陝處有邵原祠
亳城縣在垣曲西北周置唐武德五年省
陽胡在垣曲東南峪谷北岸春秋壺邱襄元年晉以宋五大夫寘之瓠邱即此一曰陽壺周安王元年秦伐魏至陽壺是也後魏為邵郡治永脩三年源子恭守陽胡以防高歡即此
清廉故縣在垣曲西後魏置唐貞觀省
蒲源故縣在垣曲東後周置唐武德改長泉縣旋省
乾河在垣曲東北即鼓鍾川分流南出之水源出絳縣峭山西南入河一曰乾澗秦昭王十四年取安邑以東至乾河唐會昌四年官軍攻澤州過乾河立寨即此
寘關在垣曲東北一曰濩關濩水出王屋西山濩溪東南流經濩關城南入河漢建武初鄧禹至寘關擊河東都尉是也

鼓鍾鎮在垣曲北一曰鼓鍾城水經注教水出垣縣北教山南歷鼓鍾川川西南有宮邑世稱鼓鍾城周建德五年攻晉州分守鼓鍾鎮即此

裴氏堡在垣曲東南晉永和九年秦備置幽州治十一年燕慕輿長卿入軹關攻秦幽州刺史強哲于裴氏堡即此

萬春鎮城在河津東北南與河南魯山縣接周齊分界處周建德四年自三鵶以北萬春以南廣事屯田即此唐武德四年置萬春縣貞觀中省

龍門關在河津西北龍門山下周置關下即禹門渡

岸頭亭在河津南古岸門史秦孝公廿四年與晉戰岸門即此

赤壁在河津北劉淵置戍晉太興初劉曜自長安進軍赤壁即此

燕熙城在聞喜北晉太元十一年慕容忠自臨晉而東築燕熙城居之即此

周陽城在聞喜東漢趙兼侯邑景帝三年田勝為周陽侯

涑水出聞喜東華谷至故周陽與洮水合分為東外喬寺觀底蔡薛四渠西至夏縣入河周建德四年周主如河東涑川明年齊攻晉州使宇文憲屯涑川為聲援

含口在聞喜東南一曰含山路唐大順初張濬自含口踰王屋從河陽渡河還長安即此

霍州

呂城在霍州西故呂鄉隋因置呂州唐武德二年破尋相于呂州即此今有呂阪故永安縣治此一名永安城

霍城在霍州西故霍國魏世家悼子徙治霍即此

雞棲原在霍州東北即霍山高平處周建德五年齊主分軍向千里徑攻克汾水關自將大軍向雞棲原周人引還即此○千里徑在州東北通汾州太原汾水關在靈石西南

賈胡堡在霍州東北霍山蛉蝶嶺上隋大業十三年李淵自太原至西河入雀鼠谷進軍賈胡堡即此

高壁嶺在靈石東南一名韓信嶺北連雀鼠谷周建德五年高阿那肱退守高壁餘衆保洛安社即此○雀鼠谷在孝義縣南

陰地關在靈石西南唐大順初張濬會諸道兵于晉州出陰地關光化五年朱全忠以慈隰晉絳兵入陰地取汾州

陽涼南關北關在靈石東宋靖康末粘沒喝自太原趨汴平陽叛卒導入南北關是也

隰州

溫泉城在隰州北接孝義縣界北魏置新城縣為南吐京郡治唐武德改置溫泉縣為北溫州治金省今為溫泉鎮○城東南十五里有高唐縣城唐武德置貞觀省

楚岳城在隰州東北故離石南周保定初築

龍泉城在隰州北二里周龍泉郡治此又北為常安縣城唐初置貞觀省

大寧縣在大寗北唐初置又分西北置白龍縣貞觀中省

汾州府

樓山城在永和南本周歸化縣隋開皇改樓山唐貞觀省城南有南樓山東南有北樓山
石羊城在永和西南魏太武置石羊軍後省
石城故縣在蒲縣西本定陽縣地魏太和廿一年改周兼置石城郡後省
昌原縣在蒲縣西唐武德初置貞觀省
隰城縣在汾州西漢置魏延和三年如美稷遂至隰城即此東魏僑置靈州于其地周省
茲氏在汾州南十五里漢縣一名甄子城晉省魏太和八年置西河郡于故茲氏孝昌中吐京五城定陽等郡悉寄治其地後省今名鞏村
八門城在汾州北十五里劉淵使喬嵩攻西河屯營處
牧師城在汾州西北漢西河郡牧苑故牧師城在府西北邊中平中以亂內徙○美稷城在府西北亦中平中南徙後省故美稷在府西北五百餘里今牧廠地
中陽在孝義西北一曰西陽趙世家武靈王九年秦取西都及中陽秦紀惠文王後九年取趙西陽是也漢置縣晉永嘉省
六壁城在孝義西南勝水北魏置六壁防離石諸部真君五年討叛賊于六壁永安中置顯州治六壁城領定戎建平真君等郡周省唐置六壁府○貞壁白壁賈壁卦壁柳壁六壁共六所真君郡治東多城在乾北二十里
吳城在孝義西南吳起築明崇禎中賊據吳城從向陽峽窺汾州即此
團城在孝義西北魏孝昌中置武定中為武白郡治
京陵城在平遙東漢建安徙置晉省唐置京陵府故京陵縣在今太原北忻州西
清世縣在平遙南隋開皇置大業省
蔚州城在平遙西北一名屈頓城漢時于汾堤側屈曲為頓魏因之僑置蔚州周省
鄔城在介休東北春秋晉邑漢置縣高齊省○有鄔城泊一名萬澤東入汾隋仁壽初漢王諒拒楊素于萬澤是也
開遠軍府在介休西北八里唐置又東北為華夏府
漢土軍縣在石樓西北圁圁山下後漢省訛為吐京晉義熙九年吐京離石二部降夏夏置吐京護軍于此○土軍川出圁圁山西入河譌為統軍川周建德五年使達奚震守統軍川即此
長壽縣城在石樓東唐武德初置貞觀省為長壽村周廣順初隰州將孫繼業迎擊北漢軍于長壽村即此○又東為臨河縣唐初置貞觀省
上平關在石樓西北下臨黃河接陝西綏德州梁開平二年胡敬璋攻上平關敗還即此
脩化城在臨縣南周置窟胡縣為窟胡郡治隋省郡改脩化縣唐省又南為盧山縣周置隋大業省

潞安府

車突谷在臨縣東北魏太和二十年元彬追擊吐京部于車突谷即此
定胡城在永甯州西周置定胡縣爲定胡郡治隋省郡唐初置西定州貞觀省州金明昌改孟門縣元省○城西有孟門故縣
唐貞觀三年分定胡地置七年省
藺縣城在永甯西故趙邑國策謂爲蔡智伯請蔡皋狼地是也漢置縣曹魏省
皋狼在永甯西北漢縣一作皋狼曹魏省
方山城在永甯西北方山下隋義甯初置縣唐武德置方州貞觀省州金貞祐三年徙治縣北積翠山元省
漢穀羅縣在永甯北後漢省一作穀城永和六年張耽率鮮卑至穀城擊烏桓即此城西北有武澤即虎澤
左國城在永甯東北晉永興初拜劉淵爲北單于淵自鄴還至左國城
赤洪山在永甯東北即離石山一名赤洪嶺胡公嶺魏末竇泰自晉陽襲破尒朱兆于赤洪嶺是也
黃爐嶺在永甯西北故烏突戍東接臨縣界齊天保三年自黃爐嶺起長城北至社平戍置三十六戍○社平一作社子在今
朔州
壺關山在潞安東南即壺口關亦名崞口漢建安八年高幹舉兵并州守壺口關晉永嘉二年劉悖率鮮卑攻壺關唐天寶末
李萼說顏真卿開崞口出程千里之師
潞水在潞安西南即濁漳水一名潞川源出長子西發鳩山東北流入境後漢初平二年張燕與南單于於扶羅自上黨屯于
漳水即此
黎亭在潞安西南黎侯嶺上晉永興二年劉淵以離石大飢徙屯黎亭就邸閣穀即此
梁侯驛在潞安西北周顯德初北漢自團柏趣潞州屯梁侯驛昭義李筠分兵禦之自率大軍屯太平驛是也○團柏在祁縣
太平驛在梁侯驛南二十里
樂陽城在長子西南北魏置高齊省
麓谷在長子西與發鳩山連接一名長子西谷唐大順初李存孝伏兵西谷擒孫揆追擊餘衆于刁黃嶺即此○刁黃嶺一作
雕黃嶺
江猪嶺在長子西南路通雕窠嶺嶺南即高平界長平關在南麓武紀嶺上梁開平初尹皓攻晉拔江猪嶺寨周顯德初北漢
主自江猪嶺趣雕窠嶺遁入晉陽
余吾城在屯留西北春秋晉邑漢置縣後省
猗氏在屯留西南漢縣晉省一作猗氏北魏復置寄氏縣齊省
高河壁在屯留東南即絳河梁開平初晉周德威壁于高河即此

澤州府

沁州

韓城在襄垣北戰國韓邑後周置韓州治此
安民城在襄垣北晉永嘉三年置大興中石勒寇上黨陷安民城即此燕慕容儁徙上黨郡治安民又徙壺關
湼水在襄垣西北源出武鄉覆甑山東會小漳水至縣西南甘村合濁漳水晉太和五年秦王猛伐燕陳于湼源而誓之即此
○小漳水在縣西北
虒亭在襄垣西北接沁州界周廣順初潞州陳思讓敗北漢兵于虒亭宋置虒亭鎮○一名下虒聚又名傾城沁州東北上虒亭一名斷梁城
三垂山在潞城西晉永嘉中平北將軍王廣敗喬秉于三垂梁開平二年晉王救潞州伏兵三垂岡下乘大霧直抵夾寨大敗梁兵○夾寨在潞安城外
臺壁在潞城北漳水北岸晉太元十九年慕容永聚糧臺壁以拒後燕即此
羊昜阪在壺關縣東南一名羊頭山王莽傳羊頭之阨北當燕趙是也
吴兒峪在黎城東又東北接涉縣一曰吾兒峪太行山隘口唐清泰三年趙德鈞將盧龍兵由土門路至吴兒峪趣潞州即此
有吾峪關
丹谷在澤州東太行山麓魏永安三年源子恭出鎮太行丹谷即此
白水出澤州城西南胡泌水東南歷天井關合丹水晉太元十五年朱序自河陰北濟河破慕容永于太行進至白水是也○
天井關在府南太行絶頂
長平城在高平西北趙地晉永嘉三年王曠等拒劉聰至長平戰敗即此
陽阿在高平南漢縣晉省西燕置建興郡北齊省
磨盤砦在高平西北明初馮宗異取澤州破磨盤砦即此
安平郡城在沁水東魏置○又東卅里為端氏城趙世家成侯十六年分晉君以端氏是也漢置縣北魏為安平郡治隋省郡
後周徙晉城縣治此元省
閼與在沁州西北始皇十一年王翦攻閼與及轑陽即此一名嗚蘇城俗名烏蘇村
甲水城在沁州北北魏陽城縣隋開皇改甲水唐武德六年省
亂柳寨在沁州東北梁開平二年周德威解潞州圍退屯亂柳是也
綿上縣城在沁源北綿山南隋置宋屬威勝軍元省
昭遠故縣在沁源北唐武德二年置三年省
圐鎮砦在沁源西南唐會昌四年用降將高文端言進偪圐鎮砦至青龍砦是也

遼州

大同府

漢涅縣在武鄉西後魏省
昂車關在武鄉東北一作卬車關芒車關唐會昌三年劉沔以兵守昂車關光化五年氏叔琮由天井關進軍昂車關是也
平城在遼州西北本趙平都城東魏武定末高洋謀受禪自晉陽擁兵而東至平都城即此隋開皇置平城縣宋熙甯省為鎮
金貞祐四年改儀城縣元至元省
交漳城在遼州東南隋開皇置大業省
黃澤嶺在遼州東南太行山上唐光化三年周德威出黃澤攻邢洺梁乾化五年晉王自黃澤嶺東下與李存審會于臨清是
也有黃澤關
偃武縣城在榆社東北唐武德二年置六年省
鼓腰嶺在榆社西接武鄉界唐會昌三年康良佺自石會關敗退守鼓腰嶺〇石會關在縣西北西與昂車關接
唐定襄城在大同西北恒安鎮唐貞觀十四年徙朔州北之定襄縣及雲州治此
燕昌城在大同東北晉太元廿一年慕容垂疾篤頓平城西北三十里築燕昌城而還即此
東安陽在大同東南漢縣後漢省晉義熙五年肥如侯賀護舉烽安陽城北賀蘭部人赴之即此魏永熙中置高柳郡治其地
平齊城在大同西宋泰始五年魏徙升城歷城民于桑乾置平齊郡東魏武定初改齊郡領昌國安平二縣三年篡置武州後
省高齊改置太平縣兼置安陽臨塞威遠臨陽等縣于境內周悉省改置雲中縣隋曰雲內
白登山在大同北有白登臺漢高帝圍困處晉隆安二年魏主如繁峙宮田于白登山齊建元二年魏主如白登山又如火山
是也〇火山在武周川東南白登南
雷公山在大同西北唐清泰末雲州軍亂節度使沙彥珣走西山據雷公口收兵入城討定之是也
紇真山在大同東北一名紇干山
武州山在大同西一名北山有武周塞宋元嘉十一年魏主如北山齊建元二年魏主如方山遂如武州山即此〇方山在大
同北如渾水上
如渾水在大同東北一名御河源出關山口經大同城東又南合武周川入桑乾河〇武周川即武州川俗名合河源出武州
山西白羊山谷中桑乾水出馬邑洪濤山東北流經山陰應州至府界下流即盧溝河自應州東一名灅水晉建興初代築新
平城于灅北即此
鴻池一名旋鴻池在大同東北東山下水經注梁城郡旋鴻縣東山下水積成池即此魏太和八年如鴻池
班氏城在渾源西北如渾水西漢縣後漢省俗名去留城
漢狋氏城在渾源東濕水南接陽高境俗名苦力干城

㶟水即嘔夷水源出渾源州東南攙峯嶺東經靈邱廣昌出倒馬關山經云出高是山

汪陶在應州西南池北漢縣晉徙治陘南

新平城在應州西山陰北晉建興初代城氏樂為北都修故平城為南都更南百里灅水南黃瓜堆東南築新平城名平南城一名小平城魏元興二年如南平城規度灅南建新邑即此高齊置朔州遼屬應州

黃瓜堆在應州西北卅里山陰北卅里即黃華嶺一名黃花山神堆趙武靈十九年北至無窮西至河登黃華山魏孝昌初斛律金自雲州南出黃瓜堆唐元和四年朱邪執宜自鹽州徙定襄川保神武川之黃瓜堆修新城居之景福初李克用伏兵神堆擒吐谷渾邏騎是也一名神堆柵在故雲州西南九十里

大石口在應州南卅里接繁峙境宋雍熙三年潘美敗于飛狐楊業欲領兵出大石路直入石碣谷以避敵鋒即此○小石口在州西南

白水濼在應州北　宋宣和四年金師出嶺遼主遂趨白水濼五年遼主自應州率兵邀戰于白水濼即此

安邊鎮在應州東與城南大羅鎮城西司馬鎮城北神武鎮為四鎮又城東趙霸岡西黃花岡南鴛鴦岡為三岡

黃昏城在山陰北一曰日沒城水經注武州水經日沒城南又東日中城又東早起城一曰食時城在黃瓜阜北曲中

桑乾城在山陰北漢縣後漢末省城西十里桑乾川晉太元初劉庫仁徙庫狄部置之桑乾川即此北魏復置桑乾郡高齊改廣甯周省隋為桑乾鎮

梁城郡城在山陰東即梁川魏真君十年大獵梁川是也天平二年置郡領參合旋鴻二縣後省

奉義縣在陽高北遼分雲中地置金省

當城在陽高北桓都山口漢縣晉省

白登在陽高西南十里有白登臺遼置長青縣金改宋嘉定四年蒙古拔烏沙堡烏月營破白登城遂攻西京明洪武二年李文忠出朔州攻元于白登又及于三不剌川順甯陽門

參合在陽高南漢縣後漢省城西北有參合坡一名參合陘蒼鶴陘晉元康中拓跋祿官分一部居參合坡北

蟠羊山在陽高東晉太元中慕容寶擊魏還至參合坡營于蟠羊山南水上魏泰常六年北至蟠羊山是也

且如在天鎮北漢縣中部都尉治此後漢省一作沮洳晉義熙十一年魏主如沮洳城即此

柔元在天鎮東北邊牆外魏太和十八年如柔元鎮孝昌初柔元鎮民杜洛周反于上谷圍燕川鎮是也○魏六鎮東始禦夷次懷荒柔元撫冥武川懷朔自直隸蔚州至山西朔州地延千里

榆林城在天鎮東北邊牆外一名黑榆林故契丹牧地明宣德置縣正統省

長川城在天鎮東北邊牆外故柔元西北晉隆安三年魏拓跋遵從東道出長川拓跋樂真從西道出牛川即此有白黑二漢

黑在東白在西

箭笴山在天鎮東北宋宣和五年遼奚回離保據箭笴山稱奚帝即此

長川即于延水在天鎮北故柔元鎮西一名修山

羊城濼在天鎮北宋宣和四年金分兵出青嶺敵嶺期會羊城濼襲遼即此

陽原城在廣靈西北漢縣水經注濕水東經道人縣又東經陽原縣俗名北鄉城今順聖西城是其地

平舒在靈邱西故燕邑漢置縣晉徙代郡治平舒升平初單于賀賴頭降燕處代郡平舒城是也高齊省

莎泉在靈邱東北元魏置太延二年發定州兵通莎泉道是也高齊省

平邑在靈邱西北戰國趙邑漢縣王莽曰平湖後漢省水經注道人縣有澤俗名平湖

大昌在靈邱南周置隋省

定西砦在靈邱西後唐置宋雍熙三年賀令圖敗于定西南奔五臺即此

宣寧城在朔平東北漢桐過地高齊置紫阿鎮後省名西德店唐會昌中置宣德縣為德州治金置昭聖軍省州大定八年改宣寧明省

平地在朔平西北邊牆外本名平地裊元至元三年置縣明省

牛川在朔平北邊牆外一名牛都晉太元十一年代大會于牛川即代王位又自弩山至牛川屯於延水南出代谷以會燕師十六年燕蘭汗率龍城兵破賀染干于牛都

威寧海子在朔平西北邊牆外明天順中議置城于威寧海成化十六年王越敗蒙古于威寧海即此

武州在左雲南戰國趙武州塞訛為武周漢置武州縣後省遼置神武縣重熙九年置武州一曰宣威軍金省縣入州明省

神武城在左雲東南桑乾水上魏置神武郡領尖山樹頹二縣高齊改太平郡周省郡隋改尖山曰神武縣唐省入鄯陽〇樹頹縣城在縣南高齊省〇一統志作神武郡領太平大清永寧三縣在寧武縣東北

拷栳山在平魯西北明景泰初郭泰自水顯遇敵追至拷栳山即此

七介山在平魯西北魏太延五年柔然乘虛入魏至善無七介山平城大駭拒之于吐頹山

金河在平魯西北邊牆外一曰金川上承紫河之水南入河齊天保五年邀柔然于金川隋大業三年北巡發榆林歷雲中泝金河韋啟民牙帳唐置金河縣

紫河在平魯西北邊牆外一曰紫乾河隋大業三年築長城西距榆林東至紫河唐天寶初王忠嗣擊奚怒皆于紫乾河即此

奄遏下水海在平魯西北邊牆外合大凋小凋大瀘小瀘四河及銀海水入黃河

寧遠縣在朔州西本宋寧遠寨遼改縣元省

寧武府

鎮遠在朔州西南宋遼分界處一名鎮威城宋築靖康初夏攻陷鎮威城

駱城在朔州北漢置後漢末省俗名大洛城晉義熙九年魏主如定襄大洛城即此

翠峯山在朔州西南東連石碣峪北接馬駿山南界寧武山口西至陀羅臺山亘二百餘里一名西山晉太元十二年後燕擊劉顯于雁門顯奔馬邑西山即此

㶟水在朔州東南故馬邑縣西一名漯水治水源出州東洪濤山有上源玉泉三泉司馬洪濤金龍池小盧小浦七源合為一流為桑乾上源東南入山陰懷仁界晉咸康五年代大會于參合坡議都㶟原川元熙元年觀魚于㶟水是也○洪濤一名㶟頭山

管涔山在寧武西一名燕京山南接靜樂東汾水出山南

寧遠城在偏關東本名唐隆鎮遼置寧遠州鎮西軍石領縣金增寧遠縣為州治元省

遮虜城在五寨西唐乾符五年李克用陷遮虜軍即此

西安府

陝西地畧　武進馬冠羣良伯甫輯

霸陵城在西安東霸川西阪上本秦穆公霸宮地悼襄王時名芷陽宮一稱霸上漢文置霸陵因置縣魏曰霸城景初元年徙銅人于洛重不可致留之霸城是也晉亦曰霸城縣永康初封趙王倫子詡霸城侯是也周省〇唐武德二年置芷陽縣七年省

奉明城在西安東漢置以奉悼園後漢省

杜陵城在西安東南故杜伯國秦置杜縣漢宣帝葬于杜東原上名杜陵改杜陵縣一名下杜晉名杜城縣後魏改杜縣周省　又東南十里有南陵城在霸陵南漢文帝七年置後省　又東南二十里有山北城後魏置周省

阿城在西安西咸陽縣東故秦阿房宮漢武帝籍阿城以南除為上林苑晉建興初麴鑒自阿城馳救是也

子午谷在西安南北谷口曰子自谷南達漢中洋縣谷口曰午通名子午道一名蝕中漢王從杜南入蝕中即此元始五年王莽通子午道從杜陵南直絶南山經漢中置子午關于谷内

細柳原在西安西南漢周亞夫屯兵處舊有細柳觀細柳聚一名柳中漢初樊噲從入關攻下柳中是也　又西南十里為少陵原一名鴻固原唐貞觀七年校獵於少陵原是也

長樂坡在西安東北滻水西岸本名滻阪隋改唐建中四年涇原軍至滻水作亂姚令言自禁中出馳至長樂坡即此一名三陵坡明洪武二年徐達取奉元渡涇渭軍于三陵坡是也

霸水在西安東廿里源出藍田南山谷中合藍谷傾谷諸水西經白鹿原名霸上漢十一年太子監關中兵軍霸上晉建興四年華輯監京兆馮翊宏農上洛四郡兵軍霸上義熙十四年赫連勃勃築壇霸上稱帝是也本名滋水晉太元十年符秦將竇衝據滋川是也有霸橋

滻水在西安東十五里亦出南山谷中與霸同源而異流至霸陵城西復合隋開皇三年引滻水北流入苑名滻渠一曰龍首渠唐太極初幸滻水東耕籍田開元廿六年迎氣于滻水東〇灞滻澧澇潏鎬涇渭為關中八川上林賦作灞滻涇渭豐鎬潦潏

御宿川在西安西南樊川西本名御羞一名華嚴川唐廣德初郭子儀自御宿川循山東趨商州即此〇樊川本故杜縣之樊鄉潏水經此與昆明池合

昆明池在西安西南地名鶴鵲莊漢元狩三年穿昆明池以習水戰唐武德九年幸昆明池貞元十三年引交河及豐水合流入昆明池是也〇交水一名福水上承樊川西至石堨分為二一注澧水一入昆明

曲牢堡在西安東故杜縣東北晉太元十六年符登攻克范氏堡段氏堡進據曲牢向馬頭原即此〇范氏堡在渭水北段氏堡在曲牢東北馬頭原即龍首山南麓

中渭橋在西安西北故長安城北本名横橋石柱橋貞觀十年作唐至德二載王伯倫攻破中渭橋康德初土蕃入寇萊城鄠縣及中渭橋以備之○漢渭橋南接長樂宮北接咸陽宮在唐太極宮西太倉北

東渭橋在西安東北霸水合渭處漢景五年作通高陵道唐咸亨三年運晉絳粟于河渭增東渭橋倉永泰初李忠臣以淮西兵屯東渭橋是也　西渭橋在西安西北一名便橋便門橋漢建元三年作通茂陵道唐時名咸陽橋唐武德末突厥寇涇州至渭水便橋北至德二年郭子儀自西渭橋進屯灃西是也○通名三橋唐興元初車駕自興元還李晟等迎謁于三橋乾甯三年李克用遣騎駐三橋為備禦是也

王橋在西安西王渠上唐中和初官軍與黃巢戰于王橋即此○王渠自昆明池東經河池陂又東合泬水一曰漕渠今涸

臨皋驛在西安西唐元和初神策軍領劉闢等自臨皋驛至闕下景福二年李茂貞陳于臨皋驛是也

米倉村在西安北故苑城東光泰門外唐興元初李晟移軍米倉村又分軍抵苑牆神麚村夜拔柵入即此○神麚村一作神麚倉在故苑城北

安陵城在咸陽東漢高后時置縣魏省又東十里為長陵城高后六年置後漢省

零武城在咸陽東本零武鄉苻秦置零武縣周省　一曰靈武晉建興三年麴允去黃白城軍于靈武是也

景陵縣在咸陽東北漢初曹參將兵守景陵即此

畢原在咸陽北一名畢陌咸陽原咸陽北阪故秦池陽原漢曰長平阪晉咸和中石勒置縣于此又名石安原

陳濤斜在咸陽東一名咸陽斜唐至德初房琯復西京遇安守忠于陳濤斜興元初李晟會軍于咸陽西陳濤斜一名陳濤澤

秦雲陽縣在涇陽西北始皇廿五年蒙恬通直道自九原至雲陽漢永康初東羌先零掠雲陽是也周置雲陽郡隋省郡唐貞觀初改池陽縣八年復曰雲陽元至元初省入涇陽

石門縣在涇陽北唐武德初置三年置泉州領石門溫秀二縣貞觀初省州改石門曰雲陽八年省

宜秋城在涇陽西北晉咸和八年故趙將張居據宜秋稱秦王是也

嵯峨山在涇陽北一名巀嶭山北山唐廣明中宦官曹知慤集壯士據嵯峨山為堡是也

甘泉山在涇陽西北一名石鼓原磨石原車盤嶺山下有甘泉國策范雎說秦北有甘泉谷口之固漢七年幸甘泉以備匈奴太初元年受計于甘泉是也○谷口在縣西北五十里一名治谷雲陽谷漢置縣後漢省魏孝昌初稽胡劉蠡升居雲陽谷稱天子即此西魏置甯夷溫泉二戍近治谷口有覆車原抵洪門監曰西域原治谷水東岸曰百頃原西岸曰豐樂原南岸白清涼原地勢連接隨在異名

涇水自永壽縣歷谷口入涇陽又至咸陽東入渭史鄭國說秦鑿涇水自中出西抵瓠口為渠名曰鄭國渠漢元鼎六年穿六輔渠在鄭渠上流之南太始二年引涇水起谷口入櫟陽注渭中為白渠在鄭渠下流之南北曰太白渠中曰中白渠南曰南

白渠宋熙寧七年自仲山下截涇河築洪口堰引入白渠至涇陽北白公斗門立三限閘分上限中限南限以引水名豐利渠又下二十里為彭城閘○瓠口在仲山西即古焦穫

治谷水在涇陽西北治谷中經嵯峨武康青龍等鄉入渭有上王公渠下王公渠磨渠上北泗渠下北泗渠仙里渠大津渠高門渠廣利渠海西渠海河渠暢公渠共十二渠　又清谷水一名清水自三原入縣合治谷水分原成公進下五木丈廣惠廣濟六渠

梨園寨在涇陽西北車箱阪下唐乾寧二年李罕之攻克梨園等三寨即此

文學城武學城在興平東十五里秦章邯築　又東為舒邱城漢興平中封皇甫嵩舒邱侯即此

茂陵城在興平東北本槐里茂鄉漢建元二年分置曹魏省

馬嵬城在興平西晉太元十一年苻麟保據馬嵬十九年後秦姚詳據馬嵬堡以拒苻登唐置馬嵬驛景龍四年中宗送金城公主至馬嵬驛○城北有馬嵬坡下有馬嵬泉東入白渠

始平原在興平北亦曰北芒綿長數百里北芒西原即黃山

六陌在興平西晉元康七年周處攻齊萬年于六陌太元十九年苻登自六陌趨廢橋是

馬牧澤在興平東南長安志名四馬務即飛龍務大馬務小馬務羊牧務也

櫟陽城在臨潼北渭北岸故晉櫟邑秦獻公二年置城漢初都櫟陽七年分置萬年縣同治建武二年省入萬年唐復曰櫟陽元省○周別徙萬年于故長安隋改大興唐復改萬年唐櫟陽在漢櫟陽西南廿五里

彰縣在臨潼東北魏太和廿二年置景明初分縣北置廣陽縣隋省彰縣改廣陽曰萬年

陰盤城在臨潼東本新豐之都鄉建寧三年封段熲為都鄉侯後徙陰盤治此晉置陰盤縣永寧二年齊王遣李含屯陰盤是也魏真君七年省太和十一年復於新豐東零水西戲水東司馬村置陰盤縣有陰盤驛後魏孝昌三年蕭寶寅殺關右大使酈道元于陰盤驛是也○零水一名泠水出肺浮山經新豐陰盤兩原間一名陰盤水又北絕漕渠溝入渭名零口唐天授二年置鴻州治零口兼置鴻門縣大足二年省

驪戎城在臨潼東故驪戎國秦始皇十六年置麗邑

鴻門阪在臨潼東有鴻門亭一名蕞城撮城趙世家悼惠王四年龐煖入函谷攻秦蕞更始二年赤眉將入關李松軍撮以拒之即此後省

戲水在臨潼東源出驪山鴻谷東經戲亭北入渭宋元嘉廿三年魏討蓋吳自渭南向長安至戲水即此

下邽城在渭南北五十里秦武公伐邽戎置縣後漢省桓帝時復置晉永嘉末劉聰敗賈模于潼關長驅至下邽是也後魏置延壽郡隋省郡元省縣　又北廿里為漢蓮勺縣隋大業省

霝源城在渭南西南　中源縣在縣南俱西魏置
甘泉城在渭南東北夏赫連勃勃築
明光原在渭南東四里一曰新豐原後魏置南新豐縣于原西偏隋徙
青泥城在藍田南晉永和十年薛珍攻上洛進擊青泥破之唐置青泥驛
思鄉城在藍田東南一名柳城晉義熙中入關時築
白鹿縣在藍田西周置隋省唐武德二年復置三年改寧人縣貞觀省
玉山縣在藍田南周置唐貞觀省
七盤山在藍田南十里唐建中四年尚可孤以神策軍保七盤即此
秦嶺在藍田東南即南山別出之嶺越嶺達漢中東出即藍田關晉義熙中伐秦使沈林子將兵自秦嶺往是也
石門谷在藍田西南唐有石門鎮乾甯二年邠岐犯闕上晚出幸南山莎城尋徙石門鎮李克用使史儼詣石門侍衛是也
長水在藍田西北源出白鹿原西北合狗枷川入霸水漢置長水校尉即此避姚萇諱改荆溪
藍田關在藍田東南即秦嶢關一名嶢柳道藍田道漢初引兵攻嶢關未下踰蕢山擊秦軍大破之即此亦名青泥關
鐘官城在鄠縣東北廿五里唐貞觀十八年幸鐘官城是也
酆城在鄠縣東故崇國文王伐之作豐邑
牛首山在鄠縣南與雞頭五牀諸山皆終南支阜通名南山唐武德七年校獵鄠南山是也　舊有庫谷唐置庫谷關
終南縣在盩厔東西魏置周省宋為清平鎮大觀初置清平軍後置終南縣元省
倉城縣　温湯縣俱周置尋省
沈嶺在盩厔南蜀景曜初姜維出駱谷經沈嶺向長安即此
駱谷在盩厔西南自谷南達漢中洋縣儻谷名儻駱道谷長四百廿里唐武德七年開駱谷道通梁州置關貞觀初移入故關
東北相距九里至德二年崔光遠敗賊于駱谷即此有駱谷水經長城戍西北注渭
黑水在盩厔西南出南山黑谷北合就水魏正光末秦州莫折天生東侵岐雍軍于黑水魏崔延伯屯馬嵬以拒之
司竹園在盩厔東芒水曲一名芒竹晉永和六年故趙將杜洪張琚屯司竹九年秦胡陽赤起兵司竹即此魏置司竹都尉宋
有司竹監明有司竹局大使
長城戍在盩厔西南晉永和五年司馬勳出駱谷破趙長城戍壁于懸鈎即此○懸鈎在長城東　又東為賀城戍
陽陵城在高陵西南本秦弋陽漢景帝五年改營陵邑曹魏時省
鹿苑縣在高陵南唐武德二年置貞觀初省　又西五里為鹿苑原上有鹿臺祠元至正廿一年張良弼營于鹿臺是也

同州府

懷德城在富平西南漢建安中徙置此後省縣舊治在今朝邑界
頻陽城在富平東北頻山南秦厲公時置始皇廿一年王翦歸頻陽即此周省○頻山南有頻水今爲大石小石二澗
土門城在富平東北頻陽城北符秦置土門護軍魏景明初改土門縣隋大業初省唐咸亨初分置美原縣天祐二年置鼎州
梁開平改裕州後唐州省元省縣
永安城在三原北魏永安元年置北雍州因以年名城唐改建忠郡旋省
黃白城在三原西南本秦曲梁宮地後改漢興平二年車駕次池陽黃白城即此
堯門山在三原西北一名石門山周赧王五年秦敗三晉師于石門即此唐于山南置石門縣
留運橋在三原東南白渠上唐至德二載僕固懷恩等伏兵白渠留運橋即此
黃洛堡在三原東北晉升平初姚襄自杏城進據黃洛堡是也
仲橋城在醴泉東仲山下晉咸和四年劉曜子允自上邽趨長安軍于仲橋是也金有仲橋鎮今爲泔北鎮
九嵕山在醴泉東北南麓即咸陽北阪山北爲嶺北晉以後爲新平北地安定諸郡晉義熙三年赫連勃勃掠嶺北諸城戍唐
武德四年大獵于九嵕
馬蘭山在同官東北晉元康六年馬蘭羌反攻北地太守咸和九年北羌王薄句大奔馬蘭山即此
神水峽在同官東北舊設金鏁關司宋建炎三年金人鄜延攻康定王庶斷河橋守神水峽扼其歸路即此
安公谷水在同官南入耀州合沮水晉太元九年秦擊姚萇于趙氏塢塞安公谷堰同官川水以困之即此○趙氏塢在縣北
元里城在同州東北史記魏世家文侯十六年築臨晉元里即此
雒陰城在同州西洛水北岸史記魏文侯十七年築雒陰合陽城即此
黃堆山在同州西唐廣德元年郭子儀敗黨項于黃堆山即此
赤岸澤在同州西南周天元初如同州自應門至赤岸澤旂旙相蔽隋大業三年自洛陽北巡頓赤岸澤
沙苑在同州南渭水北一名沙阜俗名馬坊頭西魏大統四年自渭南浮渡至沙苑據渭曲破東魏高歡令戰士于沙苑各種
一柳數及七千名曰忠武園唐置沙苑監于沙苑城金省
李潤鎮一名李潤堡在同州東北晉太元十五年雷惡地攻李潤應魏揭飛即此　又南有邢望鎮晉義熙十一年姚宣棄李
潤南保邢望諸羌據李潤以叛是也
懷德城在朝邑西南渭水北秦邑漢置縣晉省俗名高陽城
河西縣城在朝邑東唐上元初置貞元初馬燧進軍河西平李懷光是也後省
香城在朝邑東渭水北蒲津口姚秦置晉義熙十三年秦姚難自杏城引兵而西王鎮惡追之是也

通靈陂在朝邑北唐開元七年姜師度引洛水灌朝邑河西二縣閑黄河灌通靈陂收棄地置十餘屯是也
臨晉關在朝邑東北一曰蒲津城春秋時名蒲關隋末李淵自河東渡河靳孝謨以蒲津中潬二城降
莘城在郃陽南二十里古莘國
夏陽縣在郃陽東唐乾元三年改置中和二年李克用自夏陽濟河軍于同州是也宋熙甯四年省為夏陽鎮
劉仲城在郃陽東北漢高十一年代王劉仲走還洛陽廢為郃陽侯築城居此水經注徐水自梁山東南經劉仲城又經姚武壁南是也○姚武壁苻秦時姚萇築
繁龎城在韓城東南史魏文侯十三年使子擊圍繁龎即此
籍姑城在韓城北史秦靈公十二年城籍姑即此
龍門山在韓城東北渡河即山西河津縣山南即梁山故一名梁山魏永熙末高歡破潼關屯華陰龍門隋大業十三年王長諧自梁山濟營于河西即龍門山有龍門關周置
新城在澄城東北春秋梁新里文四年晉伐秦圍邧新城是也
長甯縣在澄城南唐初置貞觀八年省
漢衙縣在白水東北本春秋彭衙地永初五年羌亂徙上郡寄治此永建復舊晉省
姚谷縣在白水東魏太和二年置隋省
武城在華州東北春秋文八年秦伐晉取武城即其地漢置縣後漢省一名武平城光武城
彤城在華州西南周彤伯國
沈陽城在華州東南沈水北沈一作沉漢置縣後漢省　又東南有古長城接華陰界
鄭城在華州西故鄭邑一作蕃契始居此一曰蕃城水經注渭水又東經蕃都城北是也
石積山在華州西南馬嶺山西水經注作積石山晉義熙中伐秦姚泓使胡翼度分屯石積即此
廣鄉原在華州西晉太元十五年馮翊人郭質起兵廣鄉移檄討姚萇即此
赤水在華州西大赤水即竹水出竹山一名箭谷水小赤水一名灌水高谷水俱北入渭魏永安三年赤水蜀賊斷渭北路賀拔岳破之唐天復初朱溫自同州故市南渡渭西趨赤水即此
羅文寨在華州東南羅文渠上梁貞明六年梁劉鄩退保羅文寨即此
船司空城在華陰東北渭水入河處漢縣後漢省○隋開皇三年置廣通倉大業改永豐受黎陽河陰常平三倉之粟以給京師十三年李淵引軍西濟華陰令以永豐倉降至德中郭子儀據永豐關陝之路始通
平舒城在華陰西南十里即秦平舒道

商州

乾州

定城在華陰東渭水南漢末築魏永熙三年置定城縣尋省　又東為潼津城唐天授初置縣長安二年省為潼津驛有石橋名潼津橋

敷西城在華陰西魏太和十一年置隋省

楊氏壁在華陰東北龍門西岸魏永熙末薛修義渡河據楊氏壁即此

貫城在蒲城西南古貫國

乾坑在蒲城西北唐中和二年李克用自沙苑進軍乾坑敗黃巢衆于梁田陂即此

故潼關城在潼關廳南四里

禁谷在潼關南一名禁坑平日禁人往來以榷征稅故名唐廣明初黃巢陷虢州急攻潼關度禁坑縱火焚關樓即此

商縣在商州東商洛山北一里古商邑漢置縣後魏皇興四年置東上洛郡周改商洛縣金貞元省為鎮〇商洛山一名商山

商阪西魏大統三年高敖曹自商山攻上洛克之是也

丹水在商州城南東南合清池水又東出武關史記漢高入秦王陵起丹水應之即此今水側有王陵城故阯

蒼野聚在商州南春秋哀四年楚左師軍菟和右師軍野蒼即此〇菟和山在商洛東

陽亭城在山陽西南古楊亭聚後魏太延五年僑置魏興郡太和五年置陽亭縣為郡治隋省

安業縣在鎮安北唐置後為乾元縣五代漢曰乾祐元至元省有乾祐關

豐陽縣在鎮安東南晉太始三年置治豐陽川永和九年苻秦置荆州金貞元三年省為鎮鎮與上津縣接界宋紹興中割秦商之半與金以劉嶺為界止存豐陽上津是也

好時城在乾州東南本泰文公祭上帝處漢置縣後省後魏太和十一年改漢西隋開皇復為好時大業省唐武德二年分醴泉地復置四年徙于好時是也貞觀二十年改上宜後復曰好時唐城在漢故治北十三里

上宜縣在乾州西隋開皇置唐貞觀八年省

莫谷在乾州北一曰漠谷道路險狹唐天復二年李懷貞破鳳翔軍于莫谷梁開平二年劉知俊敗岐兵于幕谷〇有莫谷水西南入武功界為武水

美陽城在武功西北中水鄉泰縣漢永初五年羌亂徙安定寄治周建德三年省一曰美陽關太王避狄時居此一曰太王城周城

雍原在武功西即周原一名西原有東原在縣東縣城半附雍原之麓循原有十二城明洪武九年耿忠築唐至德二年分遣郭英乂屯東原黃難得屯西原即此

分水嶺在武功南與沉嶺衙嶺為三嶺蜀延熙五年費禕據三嶺以截曹爽即此

中亭川在武功西武水圍川水合流又東合武亭川入渭晉元康九年孟觀大破氐衆于中亭是也
清溝在武功東唐至德初郭子儀收復西京敗于清溝即此
右扶風城在仁壽東南四十里後漢時治此
齊雞城在仁壽西姚秦將齊難築
南幽城在仁壽北後魏時築
温秀山在仁壽東南漢時温宿人内附田牧于此因名西魏置温秀護軍唐武德初置温秀縣貞觀省

邠州

白土縣在邠州西南魏置隋開皇省○有白土川東北流經白土原東陽原入涇
清溪在邠州西南下合磨遊水入渭宋紹興中宋田晟拒金于清溪即此
胡空堡在邠州西南又西為徐嵩堡二人皆符秦故將築堡自守因名晉太元十二年符登據胡空堡戎夏歸之十餘萬秦姚方成攻拔徐嵩堡魏延和二年休屠金崖退屯胡空谷即此
雲陵城在淳化北甘泉山西漢始元中置元始省
黄嶔山在淳化東南有黄嶔水東南注宜君水唐初稽胡犯宜君竇軌敗之于黄嶔山即此
淺水縣在長武北五里後魏置有淺水原又東為高蹠城唐初薛舉敗唐于淺水原遂拔高蹠是也
鶉觚原在長武北宋元嘉七年魏敗夏于安定夏主走鶉觚原即此
宜祿川在長武北一名宜祿水唐初隴州刺史韋達敗薛仁杲于宜祿川即此

鳳翔府

杜陽城在鳳翔北漢縣晉省○城東北有杜陽山杜陽谷唐武德十年柴紹破突厥于杜陽谷即此
虢城在鳳翔南故虢國漢置縣後漢省魏太延中置武都郡西魏又于郡西置洛邑縣隋省郡改虢縣元省
横水縣在鳳翔東南卅里横水側魏真君六年築西魏省○横水一名横渠唐天復二年朱温自横渠軍于鳳翔是也
東安鎮在鳳翔西唐清泰初守東安鎮以備蜀即此
岐陽縣在岐山東北唐貞觀七年置元和二年省宋為岐陽鎮
周公城在岐山北九里　名亭在縣西八里今名邵公村
岐山一名天柱山高處為箭筈嶺在岐山縣東北西魏大統十三年狩于岐陽唐貞觀十六年校獵于岐陽
五將山在岐山北一名武將山晉太元十年符堅奔五將山即此
龍尾坡在岐山東有龍尾堡唐武德七年徙岐山治龍尾驛城中中和初鄭畋敗黄巢于龍尾坡是也
苑川城在寶雞東十五里符秦時僑置後魏徙治陳倉故城○故苑川在今甘肅靖遠境
桃虢城在寶雞東本桃虢二城相距十餘里俗名桃虢川唐廣德二年李崇容破賊桃虢川是也

三交城在寶雞西曹魏築晉建元二年涼張瓘攻後趙于三交城即此符秦時置武都郡治此

石鼻城在寶雞東北汧水北諸葛亮築一名石鼻寨唐光啓三年朱玫圍寶雞石鼻軍潰一名石壁宋紹興十年金犯石壁寨是也今為武城鎮

益門城在寶雞西南益門山東元末李思齊築以備川蜀

姜水城在寶雞南姜水上

大散嶺在寶雞西南與鳳縣接界有散谷水出嶺下上置關漢建武初延岑引兵北入散關宋元嘉十九年魏皮豹子等督關中軍自散關西入即此

大蟲嶺在寶雞東渭水西宋紹興十年吳璘置軍大蟲嶺即此

和尚原在寶雞西南大散關東宋紹興初吳玠保和尚原積粟立柵為死守計即此

箕谷在寶雞東有箕谷水出其下蜀建興六年趙雲鄧芝為疑兵據箕谷是也

模壁寨在寶雞西南漢乾祐初蜀師趨模壁設伏竹林誘敗漢兵即此

鳳泉城在郿縣東南隋義寧二年置唐貞觀八年省

斜城在郿縣西渭水南周保定中築置雲州建德中省

武功故城在郿縣東太白北漢縣治此

斜谷在郿縣西南入谷二百二十里抵鳳縣出連雲棧又百五十里出谷口至褒谷中皆穴山架木為棧閣始自戰國時范雎相秦棧道千里通于蜀漢是也漢元狩中作褒斜道五百餘里延光四年罷子午道通褒斜路後魏正始四年開斜谷舊道達梁州即此五代後斜谷道廢以散關為衝要

五丈原在郿縣西渭水南西接岐山界蜀建興十二年伐魏由斜谷至郿軍于渭南五丈原是也一名渭水南原又渭水北有積石原一曰北原距五丈廿五里魏郭淮屯北原武侯爭之不得即此

斜水在郿縣西南卅里出衙嶺山經斜谷北過五丈原入渭一名武功水

成國渠在郿縣東魏青龍初開成國渠自陳倉至槐里築臨晉坡引汧水溉地即此

臨汧城在汧陽西北唐太和初築尋省

隃麋城在汧陽東漢縣晉省永嘉六年南安赤亭羌姚弋仲東徙隃麋即此

箭括嶺在汧陽南有箭筈關梁貞明六年蜀陳彥威出散關敗岐兵于箭筈嶺漢乾祐初安思謙擊破漢箭筈安都寨是也○

安都寨在嶺下

普潤城在麟遊西細川谷隋大業置縣唐乾元置隴右軍貞元中以神策軍屯守名普潤鎮元和改保義軍元省

漢中府

郁夷城在隴州西大震關口漢縣建武二年赤眉自隴底大掠而東鄧禹擊之于郁夷是也○晉置隴關縣

南由城在隴州西南後魏置縣唐武德初置含州尋省大中六年改築安戎關後省

長蛇城在隴州東南長蛇水北魏和平四年置長蛇鎮西魏改縣隋省唐貞觀初置吳山縣治吳山堡上元初徙治龍盤城金省為吳山鎮○唐志吳山縣有龍盤府龍盤城在龍盤山下

龍黎城在隴州西晉永和九年苻雄敗涼于龍黎即此

秦城在隴州東南廿五里古非子封邑

隴安城在隴州南宋開寶置金省為隴安寨

永信城在隴州西南平戎川唐貞元十三年置

囬城在隴州西北四十里一名囬身囬中建武初來歙開囬中道即此又西北有秦囬中宮

白環谷在隴州西南宋紹興中置白環堡嘉定十年金破白環堡偪黃牛堡即此

方山原在隴州西南二百里晉隆安初武都氐屯據方山即此

番須口在隴州西北即隴山口建武初赤眉至陽城入番須中逢大雪凍死即此

白雲城在漢中東北西魏時置縣唐武德省

下桃城在漢中東南北魏戍守處宋元嘉十一年薛健退保下桃城即此

米倉山在漢中西南百四十里又南接四川巴州一名米倉道

赤崖在漢中西北一名赤岸蜀建興十二年司馬懿追至赤岸不及而還即此

萬石城在褒城東南一名流雜城東晉時築水經注漢水東經萬石城下即此

武鄉城在褒城西十七里魏延昌初置周省　又南有廉水縣亦魏延昌置梁大同省宋紹興四年復置嘉定省

褒谷在褒城北十里連雲棧南一名南谷蜀建興十二年魏延先據南谷口即此

黃草山在褒城北四十里有黃草坪即連雲棧諸山舊設青橋驛又北五十里為馬道山舊設馬道驛

山河堰在褒城南橫截黑龍江漢初築宋乾道四年修復山河堰並修六堰引褒水溉田○黑龍江即褒水出衙嶺山東南經大石門即斜谷口懸棧道下谷又東南經三交城小石門即褒谷口又南經褒城東南入漢六堰俱在城東南高堰金華堰舞珠堰大小斜堰第三堰也

雞頭關在褒城北八里一名雞頭棧自此入連雲棧　又北為虎頭關棧武曲關棧為自褒達鳳縣之路

黃沙戍在褒城南五丈溪側蜀建興九年伐魏圍祁山十年勸農于黃沙即此

馬盤寨在褒城西北唐天復二年王宗播攻興元又攻克馬盤寨即此

漢陽城在城固西北後魏延昌初置周省
斗山在城固西北明初下漢中傅友德徑趨黑龍江夜襲木槽關攻斗山砦即此
黑水在城固西北即黑龍江水經注黑水出北山南流入漢諸葛武侯牋云朝發南鄭暮宿黑水魏元英據襄陽之城斷黑水之路宋牟子才在接華陽黑水右通陰平秦隴皆是也唐置黑水砦光啓二年王建戍三泉晉暉屯黑水修棧道以通往來天復二年王宗播攻興元破黑水褒城等寨
龍亭縣在洋縣東十八里龍亭山西故漢時龍亭元光二年蔡倫封龍亭侯是也後魏置縣為晉昌郡治周悉省
華陽縣在洋縣東六十里唐開元十八年置天寶八年改真符元省今名桑平店
黃金縣在洋縣東南西魏時置宋乾德四年省
興勢山在洋縣北一曰興勢阪中有大谷建安廿四年作營為重鎮
龍亭山在洋縣東卅里入子午谷之口一名赤阪蜀建興八年曹真從子午谷司馬懿從西城漢水侵漢武侯次城固赤阪以待即此○子午谷舊道在縣東百六十里蕭梁時別開乾路自龍亭山入谷　又谷東山上上有鐵城戍極險峻
黃金谷在洋縣東一名黃金山有黃金峭漢初置戍守張魯築城一名張魯城亦曰關城
青谷在洋縣東北一名清水谷晉甯康初楊亮拒秦于青谷即此唐開元中置華陽縣治此天寶中開清水谷路得玉冊是也宋元嘉十一年蕭承之攻拔鐵城戍進拔黃金戍據之即此
洋源城在西鄉南唐武德七年置寶林初省
定遠城在西鄉南一名平西城後漢班超封邑
木馬縣在西鄉南巴嶺下　入同置縣為東巴州治
懷昌郡在西鄉西西魏置居改縣隋大業省
清京山在西鄉北山南有清涼川唐興元初車駕幸梁洋梁震迎謁于清涼川是也
饒風嶺在西鄉東北漢江北有饒風關宋紹興三年金自商於陷上津金州趨洋漢吳玠自河池馳援饒風關即此
黃花城在鳳縣北唐武德四年置寶林省
鳳武城在鳳縣東北梁貞明初蜀王建置
龍安城在鳳縣西商樂城亦在鳳縣西俱魏置周省
仙人關在鳳縣南有二路自成州經天水出皁郊堡抵秦州為左路自兩當趨鳳縣直出鳳翔大散關至和尚原為右路宋紹興四年吳玠守仙人關使弟璘別營壘于關右殺金坪是也
武休關在鳳縣西南宋嘉定十二年金敗吳政于黃牛堡乘勝攻克武休關是也○黃牛堡在縣西北近隴州界

馬嶺關在鳳縣西一曰馬嶺寨周顯德三年蜀據馬嶺寨分兵一出斜谷屯白澗一出鳳州北唐倉鎮及黃花谷絕周糧道是也○唐倉在縣北

置口戍在鳳縣西南即沮口宋開禧二年吳曦叛降金自散關退屯置口即此

固鎮在鳳縣西青泥嶺東北梁乾化四年蜀攻固鎮破細沙長城關等寨貞明初蜀出青泥嶺克固鎮與秦州兵戰于宜陽川是也○青泥嶺一名泥公山魏太和中楊靈珍據泥公山歸欵于齊即此

金牛縣在甯羌東北唐武德二年置寶秝初省為鎮天復二年蜀攻破金牛黑水西縣褒城四砦即此

白水城在甯羌西南漢縣蜀炎興初姜維自陰平退趨白水遇廖化張翼同守劍閣是也晉兼置白水郡西魏省

魚籠山一名天池山在甯羌東南宋紹定四年蒙古入漢中分東軍趨饒風西軍別入沔州開魚籠山渡嘉陵江即此

白水在甯羌西一曰葭萌水源出洮州西傾山至昭化北合嘉陵江宋元嘉十一年收漢中故城置戍葭萌水即此有白水關建安十六年蜀楊懷高沛戍白水關是也白水陽平江關為蜀三關白水仙人陽平為漢中三關

陽平關在甯羌東北一曰陽安關亦名關城西北隔濜水對張魯城自晉以後謂之濜口城劉宋僑置華陽郡治後名白馬城齊建元初李烏奴引氐兵陷白馬戍是也

華陽城在沔縣東南後魏置後省

西城縣在沔縣西白馬山下一名白馬城晉永和二年置晉昌郡治宋元嘉十一年楊難當破白馬獲晉昌太守是也後魏置嶓冢縣隋大業改西縣唐武德二年置褒州治尋省大復二年蜀改置安遠軍後唐仍曰西縣元初省

西樂城在沔縣東南東山上城側有容裘谷道通蜀中蜀建興七年築本名漢城在樂城西故名西樂晉甯康初楊亮守西樂城為符堅所敗○又蜀延熙中築西安建威武衛石門武城建昌臨遠諸圍戍俱在沔縣左右

石馬城在沔縣東一名諸葛壘諸葛城武侯屯戍處建興五年伐魏至漢中屯于沔北陽平石馬即此

三泉縣在沔縣西南後魏正始中置唐武德四年置南安州治尋省光啓二年使王建帥步兵戍三泉宋乾德中史進德敗蜀于三泉砦平蜀後改直隸京師至道二年置大安軍嘉定十二年金破大安軍是也明初省今為大安關

定軍山在沔縣東南宋紹興三年金偪興元劉子羽邀吳玠同守定軍山即此

龍門山在沔縣西南有雞冠隘龍尾坡諸險宋端平三年曹友聞設伏流溪馳至龍尾頭使弟萬自雞冠隘來會即此

石圌砦在沔縣西北孟蜀置以守劍北宋乾德二年王全斌下興州乘勝拔石圌魚關白水等寨是也

魚孔隘在沔縣西宋淳祐三年蒙古破大安軍楊世安守魚孔隘孤壘即此

長舉城在畧陽西後魏置縣為盤頭郡治唐同光二年伐蜀李紹琛等至長舉是也

鳴水城在畧陽南後魏置落叢郡領武都明水二縣西魏改落叢縣隋開皇初省郡改廚谷縣八年改鳴水唐寶秝初省

興安府

仇池縣在畧陽西北西魏置後改靈道隋大業初省
平洛縣在畧陽西魏太和中置爲修城郡治西魏改廣長縣周省郡隋改修城縣後省
柏樹縣在畧陽境亦後魏置周省
青野原在畧陽北宋紹興三年金攻黃牛堡吳璘自河池馳至殺金坪駐青野原分援黃牛卻之是也○殺金坪在縣西北
嘉陵江在畧陽南一里又南入甯羌合西漢水唐元和中自長舉縣西二百里通漕饋成川戍卒是也
一百八渡河在畧陽東下流合嘉陵江明初徐達下秦州遂南出一百八渡河由畧陽入綿州是也
乾渠在畧陽北唐長興中馮暉為興州刺史以乾渠為治所宋乾德二年伐蜀收復乾渠渡克萬仞燕子二砦是也
廣城縣在興安西東晉置周省
平陽縣在興安東曹魏置爲魏興郡治晉太康中改晉興縣周省
魏山在興安西南晉太元三年吉挹築壘山上名吉挹城
漢長利縣在平利東北晉改錫縣劉宋分置豐陽縣後魏改豐利縣梁大同中置南上洛郡治西魏改豐利郡周省郡宋初省
縣
熊川縣在平利東　陽川縣亦在縣境西魏置周省
魏甯縣在石泉西南魏置周省
淯陽城在洵陽東晉置淯口戍魏大統置淯陽縣爲淯陽郡治周改長岡縣又改黃土縣唐天寶中省
秦石縣在洵陽北西魏置隋省
洵城縣在洵陽西北唐武德初與驢川縣同置貞觀省
木蘭塞一名倢陵城在洵陽西曹魏太和初孟達謀以新城歸蜀吳漢各遣軍向西城安橋木蘭塞救達
長沙平在白河東宋建炎四年王彥趨長沙平設伏敗桑仲即此

延安府

高奴城在延安西北楚漢時翟都漢置縣晉省魏真君十年置唐洛縣金明郡隋省郡改金明縣唐武德二年置北武州領開遠金義崇德永定安義五縣尋復置金明縣貞觀二年省州及五縣入金明宋熙甯五年省爲金明砦慶曆初趙元昊寇金明砦特破甯夏砦是也
永豐縣在延安西魏真君十三年與啓明縣同置隋省
廣武縣在延安東魏初僑置太和兼置偏城郡治隋省郡改豐林縣唐武德四年僑置雲州又分置雲中榆林龍泉三縣八年省并宋熙甯五年省爲豐林鎮
魏安人縣在延安東北隋改古萬縣大業省唐武德二年置西和州領安人修文桑泉三縣貞觀二年省并爲修人縣廿三年

改宏風神龍初改延水宋熙甯省爲延水鎮
周門山縣在延安東南隋大業省唐武德復置治宋斯堡總章二年徙治庫利川元省
三城在延安東南曹魏時置晉元興中姚興欲以三城朔方襍夷配赫連勃勃守高平義熙中勃勃置朔州牧鎮三城即此
因城縣在安塞西南後魏置唐武德二年徙治金城鎮改金城縣兼置永州領金城洛盤新昌土埏四縣貞觀八年省幷入金城天寶初改敷政縣元省
石門縣在安塞西後魏置周省
土門山在安塞北一名蘆子上有蘆關南入塞門名金明路舊有蘆關砦唐長興四年藥彥稠討夏州進屯蘆關即此○塞門砦在山南十五里熙甯二年夏請以安遠塞門二砦易綏州是也
萬安砦在安塞北一名萬安鎮宋康定初趙元昊破安遠塞門永平諸砦至延州城下劉平等自慶州趨土門至萬安鎮又至三川口西止營是也○三川口在萬安東宜川延川洛川也
臨真縣在甘泉東北魏大安中置西魏兼置神水郡及真川縣隋大業幷入臨真元省
龍泉縣在甘泉南唐武德四年置八年省
黑城在甘泉東庫利川口赫連勃勃置魏孝昌二年源子邕自東夏州進平黑城破楊氏堡赤沃堡解白水之圍是也
野猪峽在甘泉北當鄜延二州衝要唐武德二年突厥寇延州營于野猪嶺即此明嘉靖中與保安石門鎮延川禪梯嶺同築城置戍
丹頭城在安定　東南本宋丹頭砦地元至元初置縣四年省
白洛城在安定西北明洪武中置後省又西北廿里有故御謀城宋崇甯置尋省
天降山新城在安定北宋崇甯置政和改制戎
黑水在安定北舊有黑水堡宋元豐五年曲珍攻安定黑水堡與夏人遇即此又金以李顯忠爲蘇尾九族都巡司駐黑水堡
龍安塞在安定西南宋慶秝初狄青築招安寨周美取承平寨王信築龍安塞即此宣和二年改德安塞○招安在安塞西北橋子谷旁
金湯城在保安西北本宋金湯砦元豐五年曲珍敗夏人于金湯是也元符二年改　又西北有鐵鞭城通慶城俱宋置爲榆林峽險○又北有瑣地五谷等城亦宋置
石堡塞在保安北本蕃砦旁有洑流一名城底河夏人近河築城置守宋政和五年克其城建威德軍尋復爲寨
順甯砦在保安北四十里西至故金湯九十里宋紹興四年夏入寇西自順甯招安東自黑水安定中自塞門龍安金明以南至延州北五里陷金明砦是也

榆林府

鎌刀砦在保安南宋慶曆四年夏請以栲栳鎌刀南安承平故地畫中爲界處
魏安平縣在宜川東七十周改汾川隋徙治土壁堡宋熙甯省
魏永寧縣在宜川東百里西魏改太平縣隋開皇改咸甯治白水川唐景龍徙治長松川宋興國省
雲巖城在宜川西北雲巖山西西魏置爲樂川郡治隋省唐武德初復置治迴城堡宋熙甯省
義門城在延川西唐武德二年置爲南平州治四年省
義鄉城在延長西南西魏置隋省唐初復置更置齊明縣貞觀二年省
平定城在榆林東南漢縣後漢爲西河郡治永和五年徙治離石
魚兒河在榆林南西北與亂峯墩野猪峽連接明時爲榆林轉輸要地舊有堡
長樂堡在榆林東明成化中置隆慶六年寇攻康家砦轉入榆科澗又入長樂堡敗去即此
西嶺在葭州西葭蘆河旁宋韓義敗夏于葭蘆西嶺即此
神泉砦在葭州西廿五里本名榆林川宋元符初置砦
通秦砦在葭州西北本名昇羅嶺宋元符二年置砦金末置通秦縣元至元二年省
甯河砦在葭州西北本名窟薛嶺　甯河堡地名哥崖嶺俱宋元符二年置
連谷縣在神木北本隋連谷鎮唐貞觀八年改縣開元九年張說出合河關擊叛胡于銀城連谷追至駱駝堰胡衆走鐵建山是也宋政和省○駱駝堰在神木西北禿延水側
石城縣在神木南後魏置周改銀城宋政和省
濁輪川在神木西北即曲源川宋熙寧二年王侁出銀州破悉利諸砦入濁輪川即此
柴溝紫陌溝在神木西明成化中寇入神木堡犯紫陌溝官軍敗之于柴溝是也
豐州在府谷北邊外蘿泊川宋嘉祐七年置政和五年改甯豐郡領永安保甯二砦金省○隋唐豐州在今榆林邊外套內遼金豐州在今歸化城界
震威城在府谷北鐵鑪川堆宋宣和六年置
芭州城在府谷東北九十里元初置至元省
建甯堡在府谷西北宋慶曆中張亢于府州東焦山石巖穴置東勝堡下城傍蕨睚築金城堡威北沙坑築安定堡守之大敗夏人于兔毛川築清塞百勝中候建甯鎮川五堡即此金置建甯縣元省
奢延城在懷遠西漢縣後省
烏延城在懷遠南烏水上一名烏城烏水城唐武德八年突厥入塞圍烏城長慶四年于蘆子關北築烏延宥川臨塞陰河陶

鄜州

子等五城以衛塞外是也
夏州城在懷遠西黑水南朔方水北晉義熙九年夏置一名統萬城魏置統萬鎮太和十一年改夏州隋大業改朔方郡唐初復改夏州廣明初置定難軍以後拓跋思恭家為西夏元省
甯朔縣在懷遠西南周置唐武德六年置南夏州治後省
漢三封縣在懷遠南後漢省魏太和十三年置山鹿縣為闡熙郡治西魏分置長澤縣為大安郡長州治所隋州郡悉省宋時入西夏
新圖城在懷遠東後魏置隋省
契吴山在懷遠東北赫連勃勃置吴城于山下隋置白城鎮
横山在懷遠南宋熙甯中用种諤策規取横山即此
肅家平在懷遠西南宋元豐中种諤破石堡駐軍肅家平即此
黑水出懷遠西南黑山與紅山之水合流為大川河又西入奢延水魏始光三年襲統萬軍于黑水即此○奢延水出縣西南赤沙阜一名朔方水無定河
長城縣在鄜州南苻秦置魏改三川以華池黑水洛水同會也宋省為三川鎮　又南為利仁故縣後魏置西魏省
直羅城在鄜州西魏置唐武德二年置縣元省有直羅關唐貞觀中北征時所開道
漢鄜縣在洛川東南後漢省苻秦置敷城縣一名敷陸太元十一年苻纂自涇陽退屯敷陸即此魏兼置鄜城郡隋省郡改敷城縣唐末李茂貞置翟州治梁改禧州元省
漢定陽縣在洛川東定水南曹魏省苻秦復置晉義熙六年夏援後秦定陽是也
直路城在中部西北漢置後漢省
杏城在中部東南漢初置晉置杏城鎮升平初姚襄自北屈進屯杏城即此魏太和十五年置東秦州尋改北華州領中部敷城二郡隋省　又東南為和甯城晉泰元十二年蘭櫝自頻陽入和甯謀攻長安即此
貳城即貳縣在中部西北苻秦置晉興甯三年苻堅以匈奴曹轂死分其子璽主貳城西寅主貳城東宋元嘉四年魏娥清攻拔夏貳城是也
石保縣在中部西與長城縣俱後魏置屬中部郡周省
昇平縣在宜君西北唐天寶置宋熙甯初省
玉華山在宜君西南唐貞觀建玉華宮于鳳皇谷金置玉華鎮
安甯縣在綏德東南西魏置為安甯郡治隋省

綏德州

良卿城在綏德東周置隋省
延陵城在綏德東北西魏置隋改延福唐武德六年置北吉州領歸義洛陽二縣又置羅州領石羅開善萬福三縣匡州領安定源泉二縣貞觀二年三州及縣俱省入延福宋初省
魏魏平縣在綏德西南唐初梁師都置魏州唐武德二年段德操破魏州即此貞觀二年省有魏平關
城中縣在綏德西南百七十里魏神䴥初置隋改城平唐武德置南平州後省
大斌縣在綏德西南西魏置為安政郡治隋省　朔方縣和政縣亦在州西南俱後魏置周省
開光縣在綏德西北西魏置為開光郡治唐省宋元符初名開光堡
開疆縣在綏德西西魏置為撫寧郡治唐初省　又西為撫寧縣宋省為砦雍熙二年李繼遷自三族砦進攻撫寧即此撫寧舊治無定河川中後北遷滴水崖下臨定水土名囉兀城
義合城在綏德東夏人置金為義合砦後置縣元省
克戎城在綏德西南接故撫寧砦本夏之細浮圖砦宋元豐中收復改名嘉定十四年蒙古攻綏德破馬克戎兩砦是也　又西卅里臨夏城本名羅嚴谷嶺宋元符築城金為臨夏寨元省　又西四十里為威戎城本名昇平塔宋紹聖四年築威戎威羌二城
春上郡城在綏德東南
古長城在綏德西故秦魏分界處隋開皇三年築長城東距河西至綏州即此
大理水在綏德西北下流入無定河宋治平四年种諤夜渡大理水軍綏州西即此
銀州城在米脂西北本漢圁陰縣後入戎周保定二年置銀城防三年改置銀州治儒林縣隋省州唐貞觀復置州宋至道二年畀趙保吉宗寧四年仍置銀州五年省為銀州城金省
永樂城在米脂西橫山下故永樂川宋元豐五年築後廢
嗣武城在米脂西北本名囉兀城宋熙寧五年种諤自青澗出師取囉兀城之名嗣武金置嗣武縣元省
靜邊城在米脂西唐貞觀末置至德省五代時置靜州漢乾祐初以靜州隸定難軍即此
綏平縣在清澗西本宋綏平寨金置縣元省
懷寧在清澗北本宋懷寧寨金置縣元省

蘭州府

甘肅地畧

武進馬冠羣良伯甫輯

永登縣在蘭州府西晉永嘉末涼置為廣武郡治永和二年裴恒拒麻秋於廣武太元末南涼據廣武攻後涼金城即此後魏省唐初置廣武縣寶應中入土番

允吾縣在蘭州西南漢始元六年置為金城郡治晉省前涼復置西魏改廣武縣隋改邑次又改允吾唐省　隋改縣在府西北接今平番界與漢故縣異

漢河關縣在蘭州西南蜀延熙十七年姜維自狄道攻拔河關是也晉省

漢榆中縣在蘭州西晉為金城郡治魏為建昌郡治周省

河會城在蘭州西湟河合大河處故允吾地晉太元初張天錫自青石津濟攻河會城即此

西市新城在蘭州東南宋元豐四年李憲敗夏於西市又追襲於女遮谷即此　女遮谷在府東

大定城在蘭州北夏人置元豐中與宋分界處

臯蘭山在蘭州南漢書霍去病屯兵臯蘭山下即此

嵻峎山一名可狼山俗名熱薄汗山在蘭州西晉義熙四年乞伏熾磐築城嵻峎山據之七年置武威郡鎮嵻峎城以木奕于為武威太守鎮之即此

沃干嶺一名沃干阪在蘭州南洮水西北大河南晉建興末張寔使賈騫踰嶺入援即此

捫天嶺在蘭州南晉隆安中利鹿孤使弟吐雷屯捫天嶺宋元嘉六年乞伏奇珍執王伐於捫天嶺是也

葵園峽在蘭州西漢初平二年羌分屯葵園峽斷周慎糧道即此

金城河即大河自河州東流至蘭州城北洮灕湟三水同入河漢元狩初渾邪王降自金城河西並南山至鹽澤空無匈奴神爵初擊羌至金城欲渡河即此

阿干河出金縣西馬寒山至分水嶺分東流入閤門河北流入蘭州阿干峪為阿干河入溥惠渠灌府西田有阿干鎮關在府南故阿干縣地

石城津在蘭州西境即河州之積石渡晉太元初秦梁熙濟自青石津苟萇濟自石城津會攻纏縮城即此

漢金城關在蘭州北黃河西北山要隘處宋紹聖四年築城

定遠城在金縣西北唐初置寶應閒入土番宋築城戍守金大定置定遠縣元省

一條城堡在金縣東宋置又東歷平灘堡至靖遠

安鄉城在河州東北本土蕃城橋關宋元符二年改安鄉關元改安鄉縣後省

漢大夏縣在河州東南涼蕙置大夏郡唐廣德後入土番會昌三年論恐熱屯大夏謀并鄯州是也

金劍縣在河州南金劍山下前涼置　疊蘭城亦在州南前涼時置晉義熙七年乞伏乾歸徙羌衆于疊蘭以兄子阿柴為興國太守鎮之是也

漢白石縣在河州西永元十年耿譚屯白石即此前涼改永固縣後魏省隋末李軌復置唐貞觀七年改烏州十一年改安鄉縣天寶初改鳳林縣後入吐蕃有鳳林關

治城在河州西北前涼置宋元嘉六年沮渠興國攻定連暮末敗之於治城即此周省　定連城後涼時築在州東南宋元嘉三年熾磐自枹罕保定連六年暮末自枹罕保定連是也

列渾城在河州西南宋永初二年西秦以乞伏是辰為校尉築列渾城於汁羅即此　汁羅即羅川

武成郡在河州南前涼置後入土谷渾　赤水城亦在州南一名臨洮東城晉義熙八年西秦擊吐谷渾於赤水即此周省

臨津城在河州西北大河南前涼時置隋曰臨津關大業五年自將出臨津關渡河至西平即此

石泉城在河州西北晉義熙十二年西秦攻强川沮渠蒙遜攻石泉以救之

天成城在河州西索恭川唐天寶十三年置又西置雕窠城至德初入土番

鹽泉城在河州西唐開元二十六年奪土番河橋築城河上置鎮西軍後入土番

甯河城在河州南即土番香子城宋熙甯六年置甯河砦崇甯四年改甯河縣元省明初復置後省　又南三十里阿諾城宋熙甯六年王韶破土番阿諾木藏城是也改定羌城元置定羌縣後省　木藏城在定羌西南

講朱城在河州南本番地又錯鑿一公當標俱番地在州南元符二年收復崇甯二年改一公為循化當標為安疆又來羌城在州西北三十里懷羌城在州西南九十里俱崇甯開邊置

踏白城在河州北亦番地熙甯八年王韶循西山繞踏白城後燒賊廬帳即此　城東有銀川站大河經過處

平彝城在河州西南唐開元二年置平夷守捉後省

歷精城在河州西境宋治平中董氈與其母居歷精城即此

葵谷在河州東一名奴葵谷晉太和二年涼常璩敗李儼於葵谷義熙八年乾歸至奴葵谷彭利髮南走即此

罕幵谷在河州西宋元嘉六年西秦翟承伯據罕幵谷以應河西即此有罕幵渡

曲柳戍在河州東北前涼時置晉永和三年石趙進軍河南略地晉興廣武武街至曲柳即此

南川砦在河州西南宋熙甯七年置元符二年羌攻宋南川砦是也元省砦東有甘撲堡崇甯中改名來同

東谷堡在河州東唐會昌四年論恐熱攻鄯州退保東谷走薄寒山即此宋熙甯七年置東谷堡

漢枝楊縣在靖遠西南晉省前涼復置隆安三年西秦攻涼枝陽鸇武允吾三城克之是也　鸇武即漢鸇陰縣在縣西鸇陰河上後魏改徙治平涼境

會川城在靖遠西南七十里宋元符二年築金末僑置會州名新會州元省
苑川城在靖遠西南故漢牧苑有東西二苑城晉咸安中乞伏國仁據勇士城苻登封為苑川王乾歸自金城遷於西城即苑川西城尋又遷東城宋元嘉三年夏攻苑川及南安　勇士漢縣在苑川西南晉省咸安初秦攻乞伏司繁于度堅山置勇士護軍太元十年國仁築勇士城都之後魏省隋改健士城
烏蘭城在靖遠南烏蘭山上周置關唐武德末改烏蘭縣後入土番　山一名南山晉義熙三年禿髮傉檀自陽武下峽奔南山是也山上有烏蘭關關外黃河上有烏蘭橋一名鴐蘭津西魏大統初可朱渾道元帥所部西北渡烏蘭橋至靈州
麥田城在靖遠北麥田山東北晉咸和四年乞伏述延自苑川遷麥田即此
新泉軍城在靖遠西北唐大足初置後省宋元符置新泉砦金省
德威城在靖遠西清水河側宋政和五年置
渴渾川在靖遠西南晉太元十二年乞伏國仁襲鮮卑三部於六泉敗沒奕於渴渾川
顛耳關在靖遠西南宋元符初築名通會改會甯金改會安關
宋靜勝堡在靖遠西南黃河南石觜上與河北西夏車羅監軍地相對政和六年築
迭烈孫堡在靖遠北夏所置明初元賀宗哲自固原之六盤山北遁復由迭烈孫渡河即此
武始郡城在狄道北前涼置宋元嘉四年武始羌叛是也魏真君八年置勇田郡尋改勇田縣又析置陽素縣隋開皇省
漢臨洮縣在狄道西南南部都尉治此魏真君六年改臨洮郡置龍城縣為治所周省　又西南有俱城晉太元十一年涼自西郡入臨洮掠民保守俱城是也
漢安故縣在狄道西南百六十里晉省前涼復置為安固郡治魏省唐改置安固縣久視初吉頊為安固尉是也尋省為鎮又西南為桑城一名桑壁水經注洮水東北經桑城又東經安固晉大興三年晉王保自秦州遷桑城永昌初休屠石武以桑壁降劉曜是也
巽令城在狄道西南邊土番所置宋熙甯六年景思立自南甲趨巽令城即此南甲城在狄道南又鳴鶴城三是城皆在縣西南唐至德後土番置宋省
安樂城在狄道西唐武德中置乾元改長樂縣後省宋熙甯置康樂砦金改縣元省　又西為安羌城本溢機堡地宋宣和中置金省
長城在狄道西北秦築唐置長城堡開元二年王晙破土番於長城堡即此
抹邦山在狄道南宋熙甯五年王韶自通遠軍攻西羌還趨抹邦山即此有抹邦河流經山下
常家山在狄道西南西傾山北宋元祐二年羌與夏相結夏聚兵天都山羌駐常家山

鞏昌府

竹牛嶺在狄道東宋熙甯中王韶築乞神平堡引兵度竹牛嶺破抹耳等兵遂城武勝即此　乞神平在渭源西南
洮河自岷州經西傾山常家山鎖林峽蓮花山夏牟山等至狄道城南始大又北經石井峽合湟水宋熙甯八年自熙州南關
以南開渠引洮水並東山直北道下至北關是也
晉武街縣即武階在渭源西狄道東白石山西北涼張駿收河南地置武街石門侯和漒川甘松五屯護軍與後趙為界晉永
初二年石趙襲武街即此
南谷山在渭源西上有高城嶺蜀延熙十八年魏陳泰從隴西潛度高城嶺即此
大來谷在渭源西北唐開元二年吐蕃冦渭源屯大來谷是也
漢豲道城在鞏昌東南中平中為南安郡治西秦熙置東秦州宋元嘉三年夏攻西秦南安拔之即此後魏改南安陽郡桓道
縣隋省
新興城在鞏昌西南漢中平五年置隋省通典靈帝分漢陽郡置南安郡領豲道中陶新興三縣是也
武城山在鞏昌東南蜀延熙中姜維自董亭趨南安鄧艾拒之於武城山即此後魏置武城縣於山下水經注渭水經豲道南
又東經武城縣西武城川水入焉是也
高田谷在鞏昌東三十里名妙娥谷宋元嘉七年西秦慕末東如上邽至高田谷為夏所拒即此
赤亭水出鞏昌東山赤谷西南入渭一名赤亭川赤水晉太元十一年姚碩德據冀城隴城及南安之赤亭義熙十一年西秦
以王孟堡為畧陽太守鎮赤水宋元嘉四年置梁州治此
五谿聚在鞏昌東漢建武中來歙破羌於五谿是也
安西城在安定北本汝遮堡地宋紹聖三年置金貞祐改安西縣元省
通西城在安定南本宋通西砦金置縣元省
青石峽在安定北宋紹聖四年築平西砦明洪武三年徐達至平西擴廓退屯車道峴即此
甘谷城在通渭東宋熙甯初置金置甘谷縣元省
堡川城在通渭東北宋政和置又東北十五里有甘泉城元豐中置金省
來遠砦在甯遠西南宋元豐七年改來遠鎮開禧二年金完顏璘出來遠是也
黃衣縣在伏羌東南後魏置隋省
漢平襄在伏羌西南天水郡治此初平四年置永陽郡領平襄清水畧陽等縣曹魏改廣魏郡後魏省　唐武德九年置鹽泉
縣貞觀初改儀賓二年省
永甯城在伏羌西宋崇甯三年置金為永甯寨元省

狨槃谷在伏羌東漢光和末羌圍夏育於畜　蓋勲馳救至狨槃敗還即此
三部谷在伏羌谷本名三府谷水經注渭水又東洛門水三府谷水注之是也宋祥符九年西蕃寇伏羌寨曹瑋敗之於三都
谷囤城伏羌南市即此
落門聚在伏羌西一作雒門蜀延熙十三年姜維攻狄道陳泰自上邽馳救至雒門即此
定邊砦在伏羌東北宋建隆中置嘉定十二年宋寶俊自下城充來遠鎮敗金於定邊城是也下城在岷州北
綿諸道在西和東北秦綿諸戎地漢置道後漢省後魏置綿諸縣西魏省
潭水縣在西和西南西魏置為潭水郡治唐廣德省宋建隆置大潭縣後省
水南縣在西和西南二十里魏真君二年置周省
鹽官城在西和東漢置唐時名鹽官鎮
祁山在伏羌北後漢末置城山上建安十八年趙昂據祁山攻馬超蜀景曜六年魏諸葛緒自祁山趨武街橋頭即此
獨頭嶺在西和東南境宋開禧三年李好義進兵獨頭嶺大敗金人七日而至西和即此
石營在西和西北蜀延熙十六年姜維自武都出石營圍狄道即此
祐川城在岷州東西魏置治基城縣唐初置祐川府屯先天二年避諱改祐川縣後省宋崇甯復置元省
洮城郡在岷州東八十里周初置尋省保定初置和政縣唐時入土番
當夷縣在岷州西周置為洪和郡治唐神龍省　相近有博陵郡城周置領博陵甯人二縣隋省入當夷
宕州在岷州南古宕昌國周天和初置宕州宕昌郡唐天寶改懷道郡懷道縣乾元後入土番宋熙甯六年王韶拔宕州通洮
山路置宕昌堡
陽宕城在岷州東南周置隋改良恭縣唐大中間改良恭鎮元省　又東南和戎城亦周置唐省入良恭
堦陵縣在岷州東南邊魏真君四年置周省
索西城在岷州東北漢建初二年破羌於索西築城為南部都尉治一名臨洮東城又名赤城
麴城在岷州東百里本名翅上一名烏翅譌為麴蜀延熙十二年因麴山築二城後入魏尋省
鐵城在岷州東北宋熙甯七年置元置鐵州屬脫思麻路後省
梅川城在岷州東北三十里又東北十里有酒店城又南有顛角城志稱梅川酒店顛角三古城設戍是也
牛頭山在岷州東南東北接麴山蜀延熙中姜維救麴城引兵出牛頭山是也
普魯嶺在岷州東即左要嶺宋紹興中關師古敗於普魯嶺以洮岷地降劉豫明有普魯嶺砦
望曲谷在岷州西漢建初二年豪布橋等屯望曲谷不下即此

階州

庲川砦在岷州南宋元豐二年岷州之庲川荔川及通遠軍寨置牧養十監是也

石門縣在階州北魏眞君九年置西魏改安育周改將利元至元省　又北有東平城亦眞君七年置周省入將利漢羌道

城在州北晉省魏收志石門有故羌道城是也

南五部郡城在階州東北魏太和四年置尋改爲縣西魏改盤提縣唐省

孔提城在階州東北仇池所置魏眞君九年置孔提縣西魏蕪置孔提郡周省

建威城在階州東北邊後漢末戍守處蜀延熙中姜維請置建威諸圍戍即此魏眞君九年置白水郡治尋改白水縣西魏蕪

置白水郡改綏戎郡周省郡改建威縣唐貞觀省

赤土縣在階州東魏太和十一年李崇襲武興進據赤土是也　洪化縣亦在州東西魏置廣白水郡周省

葭蘆城在階州東故戍守處齊昇明初魏以楊廣香爲陰平公葭蘆戍主齊建元初葭蘆鎮主楊廣香請降魏置葭蘆縣爲武

陽郡治周省

黄堦嶺在階州東北晉天福九年秦州兵出黄堦嶺敗蜀兵於西平即此

平定關在州西北宋時於福津西界置峯貼峽砦武平砦沙灘砦及海灿上故人定關以禦羌人

建昌縣在文縣西西魏置爲盧北郡治隋省郡改長松縣唐貞元六年省

正西縣在文縣西南西魏置唐貞觀初省

安昌城在文縣東北故戍守處後魏置安昌郡西魏廢帝時蕪置甯州後省

同昌縣在文縣西北唐爲扶州治廣德後入土番

武進郡在文縣西北西魏置尋改尚安郡隋改尚安縣治刺利村唐長安二年徙治黑水堡至德二年改萬全縣後省唐貞元

八年嚴震敗土番于芳州及黑水堡即此

帖夷縣在文縣西西魏置爲昌甯郡治隋省郡唐萬歲通天二年改武進縣後入土番

鉗川城在文縣西鉗川山下西魏置縣唐省

鄧至城在文縣東白水北麻關谷口一作鄧艾城水經白水經鄧至城南即鄧艾屯軍處

孔函谷在文縣西北蜀延興中姜維聞魏已塞道屯橋頭乃從孔函谷入北道即此

黑水出　文縣西素嶺山下流合於白水宋元嘉二年西秦南擊黑水羌酋邱檐大破之即此

夫白水在文縣西北即羌水一名白龍江南至陰平合白水明初傳友德渡白龍江破五里關遂入文州是也

漢上祿縣在成縣西晉省魏太和四年置倉泉縣爲仇池郡治又分置堦陵豐川建平城堦四縣周悉省隋初省郡大業改上

祿縣爲漢陽郡治大秣後入土番

秦州

駱谷城在成縣西晉永嘉末仇池置魏正始初置南秦州治後省唐太和初為上祿縣寄治咸通省
建安城在成縣西本漢歷城後改建安魏太和改建平周省
仇池城在成縣西北仇池山上晉永和三年置仇池郡北秦州魏真君七年置仇池鎮太和十二年改梁州正始初置南秦州
西魏省郡周省州　山在倉谷洛谷間一名瞿堆仇夔上有池百頃池左右悉白馬氐山北有鷲峽一名塞峽晉太和六年苻
雅伐仇池戰於鷲峽中是也
武都城在成縣西北仇池東南漢元鼎置後漢曰武都道後魏置落叢郡西魏省
白馬城在成縣西南白馬氐所居晉太和二年秦克略陽羌斂岐奔白馬即此太元十年西秦置白馬郡後魏省
蘭倉縣在成縣東後魏置西魏省唐為同谷縣地後唐置栗亭縣元初省
鍾提城在成縣西北蜀延熙十八年姜維圍狄道不克退屯鍾提是也
樂鄉城在成縣東北宋元嘉二十年魏皮豹子等自散關西至樂鄉即此
泥功山在成縣西齊建武四年楊靈珍據泥功山歸款是也唐貞元五年僑置成州于山下
鹿玉山一名鹿臺山在成縣東梁貞明初蜀兵敗於泥陽川退保鹿臺山是也　泥陽川出天水谷南至泥陽鎮合栗亭水東
南入嘉陵江後魏置泥陽縣治此西魏省入同谷
蘭皋城在成縣南宋元嘉十九年楊難當使苻宏祖守蘭皋是也
濁水戍在成縣西南宋元嘉二十年胡崇之守仇池與魏戰于濁水即此　濁水即白水江
天水縣在秦州西南唐初置宋紹興初分南北二天水縣嘉定初并為天水軍元省
顯親城在秦州東南十里漢建武中置邑封竇友晉太元十九年休官權於成據顯親稱秦州牧魏孝昌二年莫折念生據顯
親川降魏是也周省
西縣在秦州西南古西犬邱非子都秦置西縣一名西城漢建武八年岑彭塹谷水灌西城是也晉改始昌縣後魏改楊廉縣
周省　又西北為戎邱城建武八年隗囂將王捷別守戎邱即此
漢望垣縣在秦州西南中平二年羌圍董卓於望垣即此晉省有望垣峽
漢罕开縣在秦州南　後省
麥積山在秦州東南一名麥積崖魏正光末隴右叛李苗固守隴東使出麥積崖以襲其後即此
大寒嶺在秦州西晉太元十九年秦姜乳敗西秦於大寒嶺即此
射虎山在秦州西漢建寧二年討叛羌於凡亭山羌衆復聚射虎谷是也　凡亭本瓦亭之譌瓦亭水東歷長離川名長離水
建安末夏侯淵擊長離諸羌即此

木門谷在秦州西南蜀建興九年張郃追蜀至木門中飛矢卒即此
金沙谷在秦州東南梁貞明初蜀敗秦兵於金沙谷乘勝至上染坊是也
段谷水在秦州西南水經注段溪水出西南馬門溪東北合籍水是也蜀延熙十九年姜維爭武城山不得夜渡渭趨上邽與
魏戰於段谷即此
皁郊堡在秦州西南宋置嘉定十年金犯皁郊堡破天水軍即此
劉家圈在秦州東北宋紹興十一年金吳蓋屯劉家圈敗保臘家城是也
地網在秦州西南縱橫為渠每闊八尺深丈餘連綿如網宋紹興中吳璘建
漢畧陽道在秦安東北晉省魏永安三年尒朱天光擊平水洛城屯兵畧陽即故畧陽也
臨渭縣在秦安東南曹魏置為廣魏郡治後魏省
漢戎邑道在秦安東後漢省後魏置安戎縣周省
漢阿陽縣在秦安北晉省後魏復置周省
新陽城在秦安西曹魏置晉大興初涼救南陽王保軍至新陽是也水經注渭水東出岑峽入新陽川即此
興國城在秦安西北漢初平中畧陽氐居此自號興國氐王晉太元中乞伏乾歸以兄子阿柴為興國太守後魏省
漢街泉縣在秦安東北後漢省蜀建興六年馬謖敗於街亭即此
安陽縣在秦安西北魏置為安陽郡治兼領烏水縣西魏置交州隋改紀州又改縣曰長川唐貞觀省
雞川縣在秦安西北本宋雞川砦金改縣元省有雞川谷雞川水出焉
南安隘在秦安南晉隆安四年後秦姚碩德伐西秦入自南安峽即此
松多川在秦安東魏真君七年畧陽人王元達聚衆屯松多川即此
柏陽縣在清水西南後魏置隋改秦嶺唐貞觀省
冶坊縣在清水北本宋冶坊砦金置縣元省
白石城在清水西有白崖堡白沙鎮晉義熙六年夏寇秦隴右破白崖堡九年秦破休官夷于白石川進據白石城即此
柏陽谷在清水西南董亭東有柏陽水經故柏陽城南名柏陽川晉隆安四年姚興伐西秦一軍屯柏陽一軍屯侯辰谷義熙
七年西秦攻姚龍於畧陽堡
安化峽即隴山峽口在清水東唐貞元三年土番掠汧陽吳山華亭丁壯悉送安化峽西即此
隴坻即隴山一曰隴坂隴首在清水東五十里建武六年隗囂叛使王元據隴坻晉義興八年姚興擊仇池與諸將會於隴口
是也有隴關即大震關一名故關漢永和中羌入武都燒隴關唐武德五年突厥入原州陷大震關大秝三年李晟出大震關

破土番是也大中六年徙築又東十里名安戎關為新關梁貞明二年蜀自秦州出故關攻隴州漢乾祐初蜀出新關軍於隴
州宋建炎四年金踰隴關取秦鞏諸州
思安縣在徽縣東南後魏置隋大業省
永甯縣在徽縣東元初置尋省
仇鳩戍在徽縣西魏正光末楊柏年攻仇鳩河池二戍即此　仇鳩水出鳩溪西南注濁水又東南與河池水合
尚婆城在兩當西南北魏故道郡治此　有尚婆川本名盤石水下流入嘉陵江
侯和城在洮州廢南蜀景曜末姜維侵洮陽與魏戰於侯和魏太和十五年吐谷渾修洮陽泥和三城置戍長孫百年攻拔之
置洪和郡領水池藍川潭川等縣周改美相縣唐天寶省　水經注洮水經洮陽城又東經共和山南迷和城北迷和泥和
洪和即侯和土音轉譌
水池郡在洮州北魏真君四年置後改縣神龜初河州羌反自稱水池王即此周改覃川唐省又北有覃川縣城魏延興四年
置西魏省入水池縣
金城縣在洮州北本河州南之雞鳴防周置為旭州治兼置通義郡隋開皇省郡改美俗縣大業改洮源唐武德五年土谷渾
寇洮旭疊三州即此貞觀省
五香郡在洮州北周武成三年置尋又置疊州治疊川縣隋大業省
合川縣在洮州西北周置為西疆郡治隋省郡唐初置疊州治天寶初曰合川郡乾元復改疊州後入土番　後周置樂川縣
唐貞觀五年置安伏縣和同縣尋俱省入合川
三川縣在洮州北周武成三年置建德改常芬縣為恒香郡治隋省郡唐武德初置芳州兼分置恒香丹領二縣神龍初悉省
封德縣在洮州西南西魏置為芳州深泉郡治隋省州郡唐初縣省　又西為理定縣西魏置隋初省
甘松城在洮州西南甘松嶺下洮水西蜀景曜末鄧艾自狄道趨甘松沓中以綴姜維即此前涼置甘松護軍後秦置甘松郡
魏置甘松縣後省
漒川城在洮州西境晉義熙十一年西秦攻彭利和於漒川元熙元年置益州鎮漒川謂之南漒宋元嘉七年入土番
廣恩城在洮州西周置為廣恩郡治隋初省郡改洮河縣大業初又改洮陽唐省為廣恩鎮天寶中於磨環川地置洮陽郡神
策軍後入土番　又西有洮潭縣亦周置隋改臨潭唐初省
東龍山在洮州東明洪武十八年平十八族番築城山南川
哥龍峪在洮州東北宋元祐二年种誼自洮東哥龍峪宵濟壁青藏峽遂克洮州即此
長柳川在洮州西南即洮水支流隨地異名晉義熙九年西秦擊破土谷渾支旁於長柳川又擊破別部於渴渾川泣勤川堯

平涼府

扞川是也
鶉陰縣在平涼西南九十里後魏置平涼郡治周省
漢朝那縣在平涼東南花石川文帝十四年匈奴入朝那蕭關遂至彭陽即此周徙置城東南今隴州境
漢陰槃縣在平涼東宋元嘉六年夏保平涼敗於陰槃即此後魏置平原郡治隋省郡唐天寶改潘原縣大𥝠後改彰信堡貞元中復置潘原縣中和四年僑置武州後省州元省縣
黃石縣在平涼西北本秦黃石固夏置長城護軍魏置長城郡黃石縣西魏改長城縣隋省郡改百泉縣五代時省
安邱城在平涼東晉太元十四年姚萇襲苻登于大界登邀敗萇於安邱即此
安武城在平涼東北漢置後漢省後魏復置西魏蕭置安武郡治隋開皇省
可藍山在平涼西南一名都盧山宋元嘉六年夏主定敗於陰槃登苛藍山即此
开頭山在平涼西崆峒山西一名雞頭山牽屯山漢建武七年使王孟塞雞頭道魏永安三年万俟道洛門入牽屯山據險自守即此
彈箏峽在平涼西即都盧峽魏永熙三年宇文泰馳赴平涼令杜朔周先據彈箏峽唐貞元三年土番陷華亭及連雲堡掠人畜置之彈箏峽西即此
孫邱谷在平涼東南晉太元十一年秦敗姚方成于孫邱谷即此
敕奇堡在平涼西北晉義熙五年夏攻秦敕奇堡黃石固我羅城拔之
峽石鎮在平涼西北唐元和中王潛自原州逾硤石敗土番築歸化潘原二壘是也　歸化在府西故歸化堡地
赤城在崇信西南宋置金為西赤城鎮
銅城在崇信西銅城山東宋初置銅城軍慶𥝠四年來儀州黃銅置博濟監即此
安化縣在華亭西宋置熙甯五年徙縣治西北制勝關金改化平縣元省
永信城在華亭北唐貞元十三年築
安民縣在華亭西本呼他苑地漢永始二年置後漢省　陽城在安民左近漢建武初赤眉至陽城入番須中即此
漢涇陽在華亭東後漢省晉元康六年秦雍氐羌立齊萬年為帝圍涇陽即故城咸和四年置隴東郡治涇陽縣姚萇僑置天水郡太元十五年苻登攻故秦天水太守于隴東即此周省　後魏別分故成陽縣地置涇陽縣在渭水北
支磨原在華亭東北唐大𥝠十年土番略潘原西至石門白草川又下朝那川至百里城支磨原入華亭即此
瓦亭關在華亭西北境一名東瓦亭唐至德初肅宗幸靈武牧馬于瓦亭宋建炎四年劉錡退屯瓦亭金遂取渭州鎮戎軍即此
瓦亭川出隴山東北關在瓦亭川首金為瓦亭砦秦安有瓦亭山一名西瓦亭唐貞觀二十年踰隴至西瓦亭觀牧馬是

固原州

也

水洛城在靜甯西南晉義熙七年西秦攻南平太守王愷於水洛城魏永熙三年賀莫陳悅留兵守水洛退保畧陽宋慶曆三年築水洛城以扞西夏金置水洛縣元省

治平城在靜甯南本宋治平砦地金置縣元省

威戎城在靜甯西南本宋威戎堡金置縣元省

水洛川在靜甯南源出隴山西經奴櫝川口又西經水洛亭又西南經石門峽一名石門水入畧陽界一名洛口唐貞元二年韓遊瓌奏詔屯洛口即水洛口　唐以平涼川蔚茹川洛門川為三川大中十一年尚延心言唐人多內徙三川即此

得勝砦在靜甯東南宋元豐中任福將兵自懷遠趨得勝砦至羊牧隆城出敵後是也

懷遠城在隆德東南宋明道三年鎮戎軍新修之委羌城名懷遠即此金為懷遠砦元省

好水出固原六盤山西南合莊浪之苦水宋慶曆初任福敗夏人於張家堡南自捺龍川進屯好水川別將屯籠絡川相距五里即此

東山縣在固原東南本宋東山砦金置縣元至元改廣安明初省　又東南有陽武縣西魏置周省

三川城在固原東南宋天聖置三川砦金置縣元省

豫望城在固原北宋時與夏分界處明宏治中築豫望城縣子川獅子川石峽口及甯夏之韋川即此

六盤山在固原西南三十里宋寶祐三年蒙古蒙哥侵宋次六盤山開慶初使渾都海守六盤即此上有關為原州十關之一

馬屯山在固原四十里一作馬毛山晉太元十九年苻登奔平涼收遺衆入馬毛山即此

天都山在固原西北接海城界宋元豐四年李憲自熙河趨興靈復蘭州屯天都山焚夏人南牟內殿次葫蘆河即此山北十里有天都砦宋元符初置金省

大黑山在固原北北合小黑水經甯夏入河一名黑水口有黑水苑堡明嘉靖十九年周尚文敗套寇於黑水苑堡即此

西安所在海城西本夏之南牟會新城宋元符初建西安州元省明置所

甜水堡在平遠東北明嘉靖中寇入甜水等堡即此

涇州

烏氏城在涇州東秦縣西魏省為烏氏驛唐武德九年突厥入塞圍烏城即此

漢爰得縣在涇州東南後漢省後魏復置周省

圻墲城在涇州東北十四里唐初薛舉據圻墲城即此

漢撫夷縣在涇州東北後漢省

故縣城在涇州南漢初置安定治此後漢省因名故縣晉太元十年姚萇自故縣如新平是也

青石嶺在涇州西北一曰青石原晉義熙三年夏敗姚秦張佛生于青石原唐大秝七年土番下青石嶺軍於那城即此
青溪嶺在涇州西南宋建炎中金犯涇原吳玠敗之於青溪嶺即此
馬鞍阪在涇州西晉義熙十二年姚紹擊夏於馬鞍阪破之是也
彭坑谷在涇州西北魏孝昌初万俟醜奴寇涇州城北當原城進屯安定彭坑谷即此
連雲堡在涇州西界唐貞元三年土番陷連雲堡即此
陰密城在靈臺西古密國秦名陰密漢置縣後漢省晉復置大興二年晉王保使張須據陰密義熙十二年夏攻拔後秦陰密置雍州鎮周省
良原城在靈臺西北隋大業初置唐貞元四年李元諒築良原故城鎮之名良原鎮元省
百里城在靈臺東一曰百城唐大秝八年渾瑊將兵趨朝那土番至百城而還十年馬璘表置行原州後省為百里鎮
白石原在靈臺西北一名西原唐永泰初郭子儀破土番於西原即此
細川水在靈臺東北源出細川谷東北合三交川唐初薛仁杲自南原馳下與劉感戰於百里細川即此
漢臨涇縣在鎮原東後漢為安定郡治北魏兼置涇州周省隋大業初置湫谷縣尋改臨涇唐元和後為原州治元至元省
漢彭陽在鎮原東八十里晉省後魏平夏復置為西北地郡治隋省郡改彭原縣唐武德初置彭州貞觀初省州宋復為彭陽縣慶秝中景泰遇夏于彭陽依山為陣是也元至元省
豐義城在鎮原東近故彭陽舊有豐城西魏置雲州隋改豐義城戍唐武德三年置縣貞元二年土番寇豐義城四年遊瓌築豐義城即此五代時省
侯廉縣在鎮原東北晉省　又東北漢三水縣亦晉省水經注高平川經廉城東北又東北經三水縣是也
他樓城在鎮原北晉太元十六年沒奕干奔他樓城即此唐貞觀六年置他樓縣兼置緣州神龍初省
侯尼城在鎮原東北宋元嘉六年赫連定謀復統萬引兵東至侯尼城即此
蕭關城在鎮原西北本漢蕭關地唐高宗時置地捷縣神龍初改蕭關縣廣德後入土番大中五年復置為武州治周顯德中省
又北蔚茹水西有白草軍城唐開元中置後廢
平夏城在鎮原西葫蘆河川外本唐石門關地亦曰石門城宋紹聖四年築二砦於石門峽江口好水河陰名平夏城靈平砦尋改懷德軍後省　城東結溝堡西石門堡南靈平砦北通峽砦
水谷在鎮原西大隴山北麓漢建武八年征隗囂從高平第一城若水谷入　若水即苦水一名高平川出山北下合葫蘆河晉隆安五年後魏襲破沒奕干高平川即此
胡盧河一名大胡河出鎮原西南頹沙山至縣西北一名蔚茹水北注黃河宋治平中夏人集胡盧河蔡挺擊敗之即此分流

慶陽府

為屈野河宋祥符二年於屈野河東置橫陽神堂緣城三砦是也
長澤川在鎮原西北唐大秝十一年土蕃寇原州石門入長澤川即此
木峽關在鎮原西南隴山口隋開皇二年突厥自木峽石門兩道入寇即此
摧沙堡在鎮原西北唐置廣德二年柏文達擊下摧沙堡及靈武進攻靈州大秝中土蕃戍摧沙堡是也
延慶縣在慶陽東北三十里後魏置旋省唐武德六年置白馬縣天寶初改延慶寶秝省
漢歸德縣在慶陽東北百里後漢省後魏復置西魏兼置恒州唐初省　又東北隋洛源縣大業置尋省宋為洛源堡
懷安城在慶陽東北百八十里本隋柳谷城地唐武德六年置縣開元十年兼置芳池州都督府管靜獯王濮林邑位長寶甯
十小州俱黨項部落至德中州省宋省縣為懷安鎮
同川縣在慶陽西八十里本故防戍地唐武德三年改三泉縣為同川徙治此寶秝省
漢參巒縣在慶陽西北曹魏末省
大順城在慶陽東北後橋川口本名馬鋪砦宋慶秝初築城　又東為白豹城宋康定初任福攻克白豹城是也城東四十里
即金湯城東南四十里即安疆砦南五十里為柔遠砦
定邊城在慶陽北宋元符二年置尋改定邊軍領定邊縣金皇統六年省為砦南三十里為通塞堡
鎮安城在慶陽東北宋置金省
安定州都督府在慶陽北唐僑置管黨州橋州烏州西戎州野利州米州還州　安化州亦在府北唐僑置管永利州威州旭
州莫州西滄州儒州琮州俱黨項部
東槃縣在慶陽南後魏置周改周槃尋省隋開皇二年達奚長孺與突厥遇於周槃即此
包山在慶陽北周廣順三年殺牛族羌誘張建武軍過包山擊之即此
青山在慶陽西北漢建武中安定屬國人叛屯聚青山晉泰始七年鮮卑圍牽宏於青山即此
驛馬關在慶陽南宋紹定初蒙古入大昌原金完顏陳和尚大敗之是也
大昌原在慶陽西南唐置興元初朱泚自涇州北趨驛馬關夏侯英拒之是也
落蟠城在合水西南後魏時置西魏置蔚州治此隋義甯初改置樂蟠宋熙甯省為鎮　鎮東北五里有漢略畔道故城鎮北
有漢月氏道故城
華池縣在合水東北西魏置唐武德三年置林州五年梁師都引突厥寇林州是也貞觀初省宋熙甯省縣為華池鎮七年改
東西華池寨元省　寨東北有庫多汗城隋初縣治此
宏化縣在合水西南本周長城鎮隋初改縣後置宏州大業初省州唐武德九年徙入慶州為附郭縣

平戎川一名平川在合水東北南流入華池水唐貞元二年韓遊瓌陳於平川潛使人鼓于西山冠驚遁是也
崇岡鎮在合水西北唐武德八年突厥入大震關將還宏州宇文歆敗之於崇岡鎮即此
漢方渠縣在環縣南七十里後漢省唐景龍初復置元和十四年土蕃冠慶州營於方渠即此石晉置威州兼領馬領木波二
縣宋省為方渠寨馬嶺在方渠南六十里漢縣後漢省隋大業復置治天家堡貞觀徙新城後省貞元十三年楊朝晟築方渠
三城引還土蕃追至馬嶺即此石晉省為馬嶺鎮　木波在方渠西三十里唐置木波堡貞元九年城鹽州楊朝晟統軍屯木
波堡十三年城為木波縣石晉省
烏崙砦城在環縣北烏崙山下東臨大河宋置砦　又北十里需源城又北二十里洪德城俱宋置咸平六年夏人冠洪德寨
是也
安邊城在環縣西北本徐丁臺地宋崇甯初築城元省
合道城在環縣西唐貞元中置城後省為鎮九城志方渠有木波馬嶺石昌合道四鎮是也　又西細腰城接平原界宋慶秝
　年築
興平城在環原東北　清遠城在環縣北俱宋置元豐四年高遵裕出環慶復清遠軍是也
曲子城　祐城俱在環縣南明永樂初築
青岡峽在環縣北一名青岡嶺唐開元四年張知運縱突厥叛戶於青岡嶺天成四年康福至青岡峽遇野利大蟲二族大破
之遂至靈州即此　聚米圖經環州宏德砦西北青岡川本靈州大路自此過美利砦浦樂河旱海至耀德清邊鎮入靈州是
也浦樂河一名浦洛河旱海即旱江俱在靈州南
板谷在大環縣南唐大秝十二年土蕃軍於原州北長澤澗破方渠板谷即此
泥陽縣在甯州東南漢置後魏省
定平縣在甯州南唐武德二年置貞元中以神策軍分屯名定平鎮大中間置衍州周顯德五年省為定平鎮宋初復為縣元
省　又南歸義故縣亦唐武德二年置貞觀中省
弋居城在甯州南漢縣後周省
漢大要縣在甯州城東建武初鄧禹徵兵引穀歸至大要是也後省有要關鎮即故城
漢襄洛縣在甯州東後漢省後魏置襄樂縣為襄樂郡治西魏兼置燕州後周省州郡宋建炎二年曲端自三水與吳玠會於
襄樂即此元省
宏靜縣在甯夏西南黃河北岸隋開皇三年置唐神龍初改安靜至德改保靜天成四年李匡賓據保靜鎮作亂即此元省明為屯
軍居所

寧夏府

清遠軍城在寧夏東宋置咸平中趙保吉陷清遠軍丟書信龍鎮即此　唐龍在府西南宋祥符二年社慶族依唐龍鎮侵擾別部即此

新昌軍城在靈夏東北唐志靈州有豐安定遠新昌等軍豐寧保寧等城時稱塞下五城大林十一年增朔方五城戍兵是也

赤木峽在靈夏西即賀蘭山麓明嘉靖中寇從赤木口折墻闌入即此

峽口山在靈夏西南兩山夾峙河經其中一名上河峽峽石俗名青山大石山青銅峽唐武德八年李靖與突厥戰於靈州之峽石長慶初李進誠敗土蕃於大石山即此

三岔河在靈夏東南河西岸明成化中劉聚敗寇于三河口即此

靈洲城在靈州北漢縣西魏置臨河縣臨河郡隋開皇初改新昌郡三年省　城北有河奇苑號非苑

漢富平城在靈州西南中平中羌亂徙縣治彭陽界故城省　有神臯障為北部都尉治渾懷障為渾懷都尉治

漢眴衍縣在靈州東南後漢省北魏置大興縣為大興郡治　西魏改五原縣隋置鹽州元省

興寧縣在靈州東隋置唐龍朔改白池縣宋入夏

龜茲城在靈州東漢置為上郡屬國都尉治晉省

鐵角城在靈州東即三角城

胡城　上河城一名漢城　呂城俱在靈州西漢馮參為上河典農都尉分屯治農處

豐安城在靈州北隋開皇置縣大業省唐武德四年復置為迴州治貞觀省萬歲通天初置豐安軍後省

丁奚城在靈州南漢元初二年司馬鈞攻拔丁奚城三年任尚擊破先零羌於丁奚城即此

薄國律鎮在靈州北河南岸赫連夏果城後置鎮

臯蘭州　高麗州　祁連州俱在靈州西唐貞觀十二年置永徽初省調露初置魯麗塞含依契六州於其地開元初省尋置東臯蘭燕然燕山雞田雞鹿燭龍六州至德後省

囉龐嶺在靈州西宋乾道六年夏分西南路及靈州之囉龐嶺與其相即此

磨哆隘在靈州南宋元豐四年劉昌祚伐夏次磨哆隘即此

方山在靈州東明正德九年寇入花馬池尹清追之戰於方山即此

上河在靈州北河水自漢眴卷故縣別出東至故富平縣北入河名上河馮參為上河典農都尉是也　眴卷故城在靈州西南河東岸

花馬池在靈州東南與馬槽李羅濫泥鍋底等池相近明宏治十二年火篩從花馬池入西北大擾正德四年寇自花馬池犯固原塞即此

西甯府

鹽池在靈州東南一名大鹽池又南二十里有小鹽池自慶陽至靈州池為中頡所晉太元十六年魏破劉衛辰於鹽池唐元和十五年土番入冦軍於烏白池即此

七級渠在靈州城南唐大秝八年土番入冦郭子儀敗之於七級渠

長城關在靈州東明正德置隆慶三年王崇古從花馬池長城關出邊擊套冦於白城子即此

洪門鎮在靈州東南唐貞元八年張獻甫請復鹽州及洪門洛原鎮兵即此

輝德鎮在靈州南一名耀德石晉開運二年馮暉過旱海至輝德遇黨項擊敗之遂入靈州即此

清水營在靈州東河東岸明宏治十八年套冦襲清水營即此營西北即橫城堡

鎮遠關在平羅北明初建嘉靖中王瓊築花馬池新邊棄鎮遠關即此關北二十里即黑水營永樂初建

打硙口在平羅北四十里鎮遠南明嘉靖十六年冦犯打硙口官軍却之即此

温池縣在中衛東南唐神龍初置廣德後入土番大中間收復

鳴沙城在中衛東南後魏置戍周保定三年徙置會州建德四年改鳴沙鎮隋開皇置環州　鳴沙縣唐武德四年改西會州咸亨改置安樂州神龍二年徙縣治豐安城　宋入夏元復置鳴沙州明初省

沙山在中衛西媼圍水東北即萬斛堆晉泰始六年胡烈討樹機能至萬斛堆兵敗即此　媼圍一作温圍水以媼圍縣名宋元嘉十六年魏伐涼州自媼圍水西至姑臧即此

裴家川在中衛西南接靖遠界明隆慶五年自甯夏扯木峽舊堡河口至五方寺塔兒灣白草川墩增築邊墻裴家川置永安營即此

漢安夷縣在西甯東北東漢初護羌校尉治此晉隆和三年南涼以利鹿孤鎮安夷即此後省有安夷川東合勒姐水入湟

樂都城在西甯東北前涼時置後涼置樂都郡晉隆安二年禿髮烏孤自西平徙治樂都即此十年西秦置涼州後入土谷渾城廢　水經注湟水經樂都南又東經破羌南

震武城在西甯東北山峽中本名古骨龍城宋政和五年劉法敗夏於古骨龍城建震武留丁宣和初夏破劉法於統安城乘勝攻震武即此　統安在震武北　通德城亦在震武北土蕃名聤令古城宋政和七年改

廣武郡城在西甯東北前涼分西平置後省

宣威城在西甯北唐天寶十三載置入土蕃名甕牛城譌為貓牛宋元祐二年夏攻土蕃佃牛城及宗哥青唐等城即此崇甯三年復置宣威軍城後省　又北有仁多泉城夏置宋政和五年攻援夏仁多泉城是也

湟中城在西甯西北本小月氐地一名小湟中永初末羌豪叛據湟中建安十九年張郃渡河入小湟中即此　水經注湟水經湟中城又東經臨羌破羌允街枝陽金城合於大河

廉川城在西甯西北晉太元二十年禿髮烏孤築廉川堡都之隆安三年烏孤使從弟洛四鎮廉川即此
漢臨羌城在西甯西部都尉治此後魏省隋大業四年宇文述出西平至臨羌土谷渾西遁即此土番謂　臨江有臨江砦
長甯城在西甯西晉置後魏省
大漠門城在西甯西近故榆谷唐景龍初土番得河西九曲地置洪濟大漠門等城即此　洪濟在城西南本周洪濟鎮地土
番置城唐天寶十三載置金天軍又土番置漁海遊奕等軍在洪濟橋東天寶初河西節度王倕攻破土番漁海遊奕等軍是
也
歸義城在西甯西南逢留大河北漢置元和三年燒當迷吾退居河北歸義城永元中開置歸義建威屯田東西邯屯田逢留
二部屯即此永初中省
赤水城在西甯西南積石山下土谷渾築隋大業四年宇文述至臨羌拔頭曼赤水二城置河源郡治赤水城領遠化赤水二
縣尋省唐貞觀八年討土谷渾分軍出赤水道是也唐儀鳳二年復置河源軍乾元入土番　河源軍西六十里爲臨番城開
元初置又西六十里爲白水軍開元五年置又西南六十里爲定戎城天寶十三載置又南隔澗七里爲石堡城即土番鐵仞
城開元十七年置振武軍二十九年入土番天寶八年克之一神武軍一名天威軍
白土城在西甯南河北岸白土嶺東晉置晉天和二年涼攻隴西使常璩自左南張統向白土即此後涼置三河郡治義熙八
年西秦攻三河太守吳陰于白土克之是也後魏郡縣俱省
湟河郡在西甯南河北岸前涼置後入土谷渾周改置澆河郡廓州隋初省郡唐開元二十六年置甯塞郡天寶初改甯塞郡
乾元後稱廓州上元初入土番宋元符收復置甯塞城後改廓州崇甯後省　後涼澆河郡在城西南澆河西曲處賀蘭山下
晉隆安二年澆河太守王稚以郡降烏孤是也魏延興後省周置達化縣達化郡隋初省郡唐上元後入土番　綏遠城在澆
河西南亦周置隋初省入達化
結羅城在西甯南土番置宋崇甯改廣公城
石城縣在西甯西南後魏初置西隆改化隆周改廣威隋志澆河郡領澆河廣威安戎三縣是也後省唐先天改化成縣天寶
初復曰廣威後入土番
積石城在西甯西南河南岸本隋河津縣地後入土番唐貞觀十三年置靖邊鎮儀鳳改濟石軍尋入土番名溪哥城宋元符
二年瞎征挾據溪哥城即此大觀二年置積石軍金改州明省　元貴德州在積石西南本名必赤里至元十七年都實自崑
還至貴德州即此
宛秀城在西甯西南唐天寶中收九曲地置洮陽郡築神策宛秀二　軍尋入土番
綏和城在西甯西南唐開元二年置綏和守捉至德後省

邯川城在西甯東南故漢東西邯屯田涼置邯川護軍水經注河自西平郡東澆河城北石城南又東經邯川城南即此
米川城在西甯東南故澆河城東唐貞觀五年置兼置米州後入土蕃宋崇甯置米川城
拔延山在西甯南隋大業五年大獵拔延山即此
勒姐嶺在西甯東故勒姐羌居其地晉義熙十一年涼敗西秦于浩亹秦折斐等據勒姐嶺截其歸路即此
峽口山一名湟陿在西甯東南地極險狹漢神爵初趙充國治湟陜以西道橋至鮮水即此唐修閣道宋築者章城一名綏遠關
星嶺在西甯東北隋大業四年征土谷渾於星嶺而北是也土蕃置城名帶星嶺城宋元祐二年夏攻宗哥城帶星嶺城即此
榆谷在西甯西即唐之九曲地隋大業四年築長城自榆谷而東以拒土谷渾唐景雲初入土蕃置獨山九曲兩軍
窩谷在西甯西東觀記作雁谷漢章和二年鄧訓敗迷唐於窩谷即此
木乘谷在西甯西漢章和初司馬防敗羌迷吾於木乘谷即此
逢留大河即黃河經大小二榆谷至西甯漢永元中貫友破迷唐榆谷夾逢留大河築城造河橋渡兵即此
良非川在西甯西南唐儀鳳中土蕃冠河源軍屯兵良非川即此
若厚塢在西甯北晉義熙九年沮渠蒙遜敗南涼於若厚塢又敗之於若涼是也
浩亹城在碾伯東漢縣晉永甯中涼置晉興郡義熙十年西秦以王基為晉興太守鎮浩亹是也周省
令居城在碾伯北漢元鼎五年築令居塞始元中置縣護羌校尉治此神爵初義渠安國至浩亹為羌所敗還令居即此晉省
此當是浩亹川經鮮谷塞至浩亹城南故在令居塞外
龍支城在碾伯南以城西龍支堆名永元中曹鳳為金城西部都尉屯龍耆即此城後魏置北金城縣西魏改龍支縣唐儀鳳三年李敬元敗土蕃于龍支即此後入於土蕃名宗哥城宋崇甯三年收復後省
左南城在碾伯南河北岸名左南津前涼置縣後魏省
四望山在碾伯東即土樓山一名四望陿漢神爵初擊西羌渡河候四望夜引兵上至洛都即此洛都在山東漢永平初馬武破羌於洛都谷追至東西邯即此
三堆在碾伯東南晉隆安四年傉檀敗後涼于三堆即此
宗哥水一名宗水在碾伯東南源出青海經龍支城東入湟河水南有宗谷口譌曰宗哥土蕃因以名其城宋崇甯三年王厚復湟鄯進軍宗哥川逾宗水克其城進下青唐入廓州是也
羅吼抹通城在碾伯東東接蘭州境之通川砦宋元符三年改通湟砦
隴朱黑城在碾伯南宋元符改安隴砦又東即赤砂嶺

涼州府

曼頭山在大通西北隋置曼頭城山下屬河源郡宋泰始六年長孫觀西擊土谷渾於曼頭山唐貞觀八年李靖自庫山趨北道敗土谷渾於曼頭山即此

湟水出大通北祁連山下一名樂都水東合龍駒川晉昌川長甯川牛心川又東經四望山南入河漢元康四年先零抵胃渡湟水欲結匈奴即此

休屠城在涼州東北漢縣北部都尉治晉省降安初涼張掖等反于休屠以應郭馨即此

顯美城在涼州西北漢縣魏黃初二年張既擊盧水叛部于顯美即此周省

武興郡在涼州西北晉永甯中前涼置領晏然休屠馬城三縣西魏省唐武德八年涼州睦伽陀冠武興即故郡

宜盛縣在涼州西涼置為武安郡治後魏改治襄武縣西魏省

赤烏鎮城在涼州西西魏置一名赤烏唐置赤水軍開元十六年因大斗拔谷山改大斗軍　隋大業五年伐土谷渾東還經大斗拔谷山路狹險魚貫而出唐武德初西突厥寘於達斗拔谷開元十四年土蕃自大斗谷攻甘州即此

交城在涼州西唐開元中置交城守捉

白亭城在涼州西北唐長安初置開元中置白亭守捉

石頭城在涼州東晉大甯初劉曜軍河上張茂屯石頭以拒之即此

清塞城在涼州東南晉太元初秦敗涼兵於洪池遂入清塞張天錫自金昌出戰敗還即此　金昌城在涼州南

天梯山在涼州南晉大興二年京兆劉宏容居涼州天梯山以妖言獲衆即此

洪池在涼州東南姑臧二嶺南曰洪池西曰刪丹後涼楊穎所謂崎嶇二嶺間即此隆安二年禿髮烏孤擊破渠鐵取嶺南五郡即洪池嶺南廣武西平樂都湟河澆河也刪丹嶺西名嶺西　張掖酒泉建康晉昌皆稱嶺西四郡

可落峽在涼州東南隋開皇二年賀樓子幹敗突厥于可落峽即此

白亭海在涼州東五澗谷水自西南來注一名小澗端海子宋高居誨記自靈州過河涉細腰沙神樹沙三公沙黑堡沙踰沙嶺渡白亭海至涼州即此　五澗一出涼州城東西北入馬城河晉義熙二年傉檀軍於五澗遂入姑臧是也一出洪池嶺南宋永初二年沮渠成都耀兵嶺南遂屯五澗是也

武始大澤在涼州西晉永和十一年宋琨起兵武始澤攻姑臧是也

胡坑戍在涼州西晉隆安五年禿髮傉檀攻後涼耀兵姑臧壁於胡坑即此

武威縣在鎮番北漢縣晉省

豬野澤在鎮番東北一名休屠澤涼澤禹貢原縣底績至於豬野晉元興初禿髮傉檀攻後涼至昌松徙涼澤段冢民五百餘戶而還即此

甘州府

彰縣在永昌西魏志番和領彰縣馬支縣隋開皇中并力乾安甯廣城彰馬支入番和即此
鸞鳥城在永昌西漢縣建光初馬賢自金城令居追叛羌於鸞鳥即此晉省唐分其地置神鳥嘉麟二縣後入土番
金山在永昌北接山丹界山西為烏啼部晉隆安初沮渠蒙遜攻拔臨松郡屯據金山即此周置金山縣尋省
恩宿川在永昌西晉太元初秦伐涼使馬驊等西出恩宿即此
茖藋戍在永昌西晉義熙七年南涼傉檀自樂都伐北涼至番和茖藋掠五千餘户而還九年沮渠蒙遜自姑臧西如茖藋襲
卑和部即此
漢倉松縣在平番西後漢作倉松前涼置昌松郡後涼改東張掖郡周省為昌松縣隋開皇初改永世後復稱昌松大業三年
常仲興擊李軌戰於昌松即此唐乾元後入土番宋時夏置洪州元省
漠口城在平番西南一名昌松漠口晉義熙四年後秦襲姑臧自金城濟河進至漠口即此
漢允街縣在平番東南麗水側一名麗水城神爵二年置延熙二年羌圍允街即此後魏省
街亭城在平番南後涼置晉隆安初竇苟戰於街亭大敗水經注逆水出允吾縣參街谷東南經街亭城即此
長最城在平番東南金城河北晉永和三年石趙麻秋濟河城長最隆安初呂光擊乞伏乾歸軍於長最即此　纓縮城在東
南與蘭州故廣武城相近晉太元初苻秦伐涼攻纓縮城拔之即此　振武城亦在東南近故廣武城晉咸和二年趙敗韓璞
於沃干嶺濟河據振武永和二年涼謝艾出振武擊破麻秋兵即此
南山在平番南漢志南山松峽起自羌中連西平金城界東出秦雍至終南皆曰南山即此
分水嶺在平番西有泉南流為莊浪河北流為古浪河明嘉靖中姜奭敗敵於分水嶺北至平嶺伏兵嶺南岔口敵大敗即此
洪源谷在平番西北唐聖曆二年土番論贊普來降使將其衆守洪源谷即此
楊非亭在平番東南晉太元初涼馬建拒秦于楊非秦濟河攻纓縮建自楊非退屯清塞即此譌為楊妃谷五代時有楊妃谷
首領水經注逆水東南經衝亭又東逕楊非亭至廣武城西即此
揖次城在古浪西一作且次揖次魏黃初二年張既討盧水部潛由且次出武威晉太元十一年魏安人焦松迎故涼張天錫
之子大豫於揖次攻拔昌松郡是也後魏置魏安郡治後周省尋改置白山縣尋又省
扒沙城在古浪西明正統中築城
侯官城在甘州北漢置屬國都尉治後漢張掖屬國別領五城侯官左騎千人司馬官千人官也晉省
受降城在甘州北漢太初元年築塞外受降城魏真君九年伐柔然至受降城無所見即此
石城在甘州北明正統初　古據亦集乃路犯甘涼任禮破之於石城追至梧桐林即此
居延城在甘州西北漢縣張掖都尉及屬國都尉治所後漢置居延屬國興平二年置西海郡晉省宋時夏立威福軍元至元

肅州

二十三年置亦集乃路明初省

建康城在甘州西高臺西南祁連山北前涼置後魏省唐嗣聖末置建康軍後入土番　又西百二十里有蔡泉城晉義熙十三年沮渠蒙遜伐蓼泉誘西涼追破之於鮮支澗即此唐置蓼泉守

弱水城在甘州西南邊外晉元熙初西秦破土谷渾覓地於弱水南置弱水護軍即此

漢陰縣在甘州西南祁連山下晉永興中前涼置改祁連郡後省唐開元十六年杜賓客破土番於祁連城下即故城

臨松城在甘州南臨松山東前涼置太元中呂光置中田護軍鎮臨松隆安五年南涼襲蒙遜至萬歲臨松即此後魏亦為臨松郡領安平和平二縣尋省并為臨松縣周省　萬歲城在山丹東南晉置隋省

西安城在甘州東後涼置晉隆安二年沮渠蒙遜求為西安太守即此後魏省

祁連山在甘州西南漢元狩二年霍去病至小月氐攻祁連山即此

合黎山在甘州西北一名蘭門山要塗山羌谷晉隆安五年北涼沮渠蒙遜謀攻段業約其兄男成同祭蘭門山即此

三木樓山在甘州東北邊外永平十六年耿秉擊匈奴於三木樓山即此

川巖在甘州西南宋永初元年北涼潛師川巖以誘西涼大敗之於懷城即此　懷城在川巖北都瀆澗東

黑水在甘州西三十里即張掖河支流

居延澤一名居延海即古流沙在甘州西北漢太初三年使路博德築遮虜障于居延澤唐垂拱初劉敬同出居延海討同羅僕固部

均石戍在甘州東晉義熙三年南涼伐沮渠蒙遜戰于均石即此

漢日勒城在山丹東南建安中置西郡治晉隆安二年後涼段業據建康使沮渠蒙遜攻克西郡即此後魏改永甯縣西魏改弱水縣周省

馬支城在山丹東南馬支山下後魏置隋省　山一名刪丹嶺丹嶺隋大業五年伐土谷渾還出張掖至燕支山西域二十七國來謁即此

同城在山丹北河東岸一曰同城守捉唐垂拱初置安北都護府天寶改甯寇軍

涼甯城在肅州東北後涼置晉隆安五年沮渠蒙遜所部酒泉涼甯二郡叛降西涼魏涼甯郡領園池貢澤二縣西魏省

金塔寺城在肅州東北六十里一名金佛堡與魏城魏里城鉢和寺近明嘉靖中以鉢和寺境外地給哈密種人即此　威鹵城亦在州東北明嘉靖間築又有天倉墩白烟墩等城接亦集乃城嘉靖間築

威遠城在肅州北唐志肅州有酒泉威遠二守捉城是也又北有胭脂城西夏時置

漢綏彌縣在肅州西後漢改安彌諱為安珍晉義熙二年沮渠蒙遜襲李暠於酒泉至安珍即此後魏省　今志誤作肅州東

漢延壽縣在肅州西南晉省

嘉峪關在肅州西嘉峪山下明宏治七年閉嘉峪關絕西域貢即此

漢樂涫縣在高臺西北前涼分屬建康郡晉義熙初西涼以張體順為建康太守鎮樂涫即此周省

會水城在高臺西北漢縣晉省有堰水障為北部都尉治東部鄣為東部都尉治

鎮彝所城在高臺西黑河北明洪武二十九年置後省　黑河即張掖河有黑水渡流經峽口入居延海

漢廣至縣在安西州西西涼置廣夏郡治後魏省郡周省縣

涼興縣在安西西前涼置晉隆安五年北涼段業分敦煌之涼興烏澤晉昌之宜禾為涼興郡西魏省為涼興縣周置常樂郡

宜禾在州東北本漢崑崙障地舊為宜禾都尉治曹魏置宜禾縣晉元康五年改晉昌郡後省　常樂在州西本漢冥安縣涼置常樂郡治周并涼興廣至冥安淵泉四縣為涼興縣仍為常樂郡治隋開皇初省改為常樂縣唐武德四年改晉昌縣五年又分漢廣至縣置常樂縣開元十五年土番陷瓜州悉兵敗常樂是也後入土番

龍勒縣在敦煌西龍勒山北漢置周省　陽關縣昌蒲縣俱在龍勒西晉置後省

漢效穀縣在敦煌東北晉隆安中李暠為效穀令為眾所推據有敦煌即此周省

壽昌縣在敦煌西後魏置周省

新鄉縣在敦煌北晉置西涼置新城郡後魏省唐置新鄉鎮

大同城在敦煌西南土番置唐開元十七年張守珪擊破土番大同軍即此

三危山在敦煌東南二十里一名卑羽山西涼羽山東置長樂鎮宋元嘉二十二年魏杜豐擊土番度三危至雪山即此

漢沙頭縣在玉門西南晉元康五年分置會稽縣西涼改會稽郡周省郡并會稽新興延鄉三縣為會稽縣隋改玉門縣唐貞觀省　騂馬城在縣西亦晉置

漢乾齊縣在玉門東南有西部鄣都尉治所晉省

白山在玉門北土名析羅漫山漢永平十七年出敦煌崑崙塞破白山冠於蒲類海上即此

新疆地畧

武進馬冠羣良伯甫輯

烏魯木齊漢車師後王地唐初置庭州後改北庭都護府設後庭縣元為回鶻五城本準噶尒東境乾隆中於紅山嘴築城定今名今廸化府

所屬二十八城東路惠來堡（六道灣中營屯堡）屢豐堡（七道灣中營屯堡）輯懷堡（古牧地中營屯堡）阜康堡（今阜康治）惠來堡（吉林三台）育昌堡（雙岔河）時和堡（柳樹溝）愷安城（吉木薩今縣丞治）保惠城　古城　靖寧城（今奇台治）木壘城　鎮西城（今宜禾治）樂全堡

西路宣仁堡（中營頭工治）懷義堡（二工屯）頭屯所堡　寧邊城（今昌吉治）寶昌堡（左營屯工）樂全堡　蘆草溝所堡　景化城（呼圖壁）康吉城（瑪納斯今綏來治）綏寧城（興康吉南北相對中設晴遠闢名陽巴尒喀遜）綏來堡　遂成堡　豐潤堡　安阜城（精河西拔伊犁）

南路嘉德城（喀拉巴尒喀通土魯番路）

蒲昌城在廸化西南本高昌之始昌城唐貞觀中改蒲昌縣屬西州

蒲類城在廸化西南唐貞觀中置縣永徽二年西突厥沙鉢羅陷蒲類縣即此咸通七年改後庭縣尋荒棄

浮圖城一名可汗務圖舊務塗谷漢車師後王治譌為浮圖在廸化西南唐貞觀十四年葉護阿史那賀魯屯浮圖城與高昌相應即此

金蒲縣在廸化西唐貞觀二十年平高昌置為庭州治

金山在廸化西少南一名金嶺金沙嶺金娑山唐貞觀中置金嶺城戍永徽二年西突厥寇庭州陷金嶺城開元中沙陀金山入貢是也○開元中改西州曰金山都督府以此山名西突厥處月種居金娑山之陽蒲類海之東有大磧石沙陀因號沙陀

貪汗山一作貪于在廸化西南山北即故鐵勒部地

博克達山一名博克塔班在城東南山頂有潭數十里俗呼為海嶺最高處曰七丁達坂路通土魯番為軍台孔道唐書西州交河縣北行經柳谷度金沙嶺至都護城杜詩注自交河北行八十里至龍泉館北入谷百三十里經柳谷度甞沙嶺經石會漢戍至都護府此達坂即沙嶺也　福壽山在城南與博克達連本名靈應山後賜今名　紅山在城東南山色赤上建玉皇廟以赤土壘壁故土名烏魯木齊為　紅廟子　烏魯木齊河自東山流出滙合北流經鞏寧廸化滿漢二城之間　温泉庫介濟勒河察罕果尒河特納格尒河皆在城東　昌吉河洛克倫河呼圖壁河圖古里河塔西河瑪納斯河皆在城西　鹽池在城南

瓜州總管府今鎮西廳東唐武德五年置天寶初改晉昌郡乾元復曰瓜州　本朝初名布隆吉一作卜隆吉雍正初置安西鎮五年改安西衛乾隆廿五年改淵泉縣後省

杜尒伯津今安西泊地雍正五年置安西廳乾隆廿五年改州二十七年升府後復故今為安西廳

晉昌城在安西東晉元康五年置西凉爲常樂會稽二郡地西魏復名晉昌隋初省唐武德五年晉昌縣爲瓜州治乾元後入土番宋時西夏置晉昌縣元復置沙州後省徙其民于肅州

常樂城在安西東本漢冥安縣地西凉時置常樂郡周并凉興廣至冥安淵泉四縣爲凉興縣隋開皇改常樂縣唐武德四年改晉昌縣五年又于故廣至縣西置常樂縣後入土番

凉興在安西東前凉分冥安地置晉太元十二年呂光自酒泉進攻凉興即此隆安二年北凉分敦煌之凉興烏澤及晉昌之宜禾爲凉興郡西魏仍省爲凉興縣周又改爲常樂郡治

廣至在安西西北漢縣西凉置廣夏郡後周省入凉興

蘇賴河一作蘇勒在安西西源出故靖逆衛之南大山自十道溝西流至安西

卜朗吉河出卜隆吉西南平地滙爲河一名柳湖又曰七星泉西注哈拉池即古籍端水

三道溝水即昌馬河在安西東九十里皆草地出泉北入蘇賴河

合密衛今廳治古昆吾地漢名伊吾在敦煌北磧外後漢永平十六年置宜禾都尉爲屯所後魏太和十二年置伊吾郡旋爲突厥屬地唐貞觀四年内附置西伊州天寶初曰伊吾郡乾元初復曰伊州領伊吾納職柔遠三縣五代號胡盧磧元末封納忽里居此明永樂初封安克帖木兒爲忠順王四年設哈密衛成化後入土魯番　本朝康熙三十六年授額貝都勒爲一等札薩克編入旗分今置直隸廳○曹魏于敦煌北界僑置伊吾縣晉改伊吾都尉俱在哈密東隔胡盧大磧非漢伊吾地

伊吾縣在哈密西本伊吾屯地隋大業四年薛世雄出玉門引軍度磧伊吾請降遂于漢伊吾城東築新伊吾後屬突厥唐貞觀四年伊吾城主入朝置伊吾縣

柔遠縣在哈密東南唐貞觀置以縣東柔遠故鎮爲名神功初省

納職縣在哈密西南本漢宜禾尉地唐貞觀置縣故城爲鄯善人築鄯善爲納職故以名縣開元省○唐地志自縣西經獨泉東華西華駝泉以其水神泉有羅護守捉又西南經達匪草堆至赤亭守捉與伊西路合自羅護西北上乞驢嶺至赤谷長泉龍泉有獨山守捉又經蒲類至北庭都護府宋史伊州次歷益都次納職城城在大患鬼磧之東南望玉門甚近凡三日至鬼谷口避風驛澤田寺又西至高昌即西州

嘉峪關至哈密中道自關西至大草灘黑山兒回回墓扇馬城赤斤城苦峪城王子莊布隆吉河土名川邊河芬來泉茨泉郝南那只令紅柳泉哈剌骨五个井泉口古墩子也帖木兒泉口哈密城　一道由嘉峪南稍西經瓜州西阿丹掀沙州卯罕東左衛逾鉢和寺至哈密　一道自嘉峪稍北至羽寂密經阿赤至哈密

本朝道由沙州城東北庫庫沙克舒至硤口博羅川井博羅圖肯鎖鎖林蘆杆泉苦水哈什布剌哈密水尾至哈密共六日程

天山在哈密北百二十餘里元和志名時羅漫山寰宇記西河舊事名白山漢之祁連山俗呼雪山自哈密東北西經土魯番

入準界又西南接蔥嶺土名不一在哈密曰西喇拖羅海山都孫布里克山查魯母罕山山北即拖拉庫池巴顏珠里克山查噶馬哈山栖漢哈馬兒山山東即巴里坤池在舊土魯番者曰波克多山　西域傳謂之南山在河西四郡之南北祁連為巴里坤之鹽池山西南至土魯番謂之北山　城西有烏克克嶺畢柳達坂皆要隘

但密山一作拘密在哈密西北故納職縣北　查魯母罕山在哈密東北統志云即趙充國所至之候山

往巴里坤軍營必由此嶺土名濶石圖上有唐碑　碑嶺在哈密城北

瀚海東至安西州西至土魯番界數百里皆沙磧一名旱海今呼戈壁漢書云車師伊吾在瀧沙西廣志流沙在玉門關外東西數百里有三斷名曰三隴通志前庭縣有大沙海在柳中縣東南九十里亦名旱海即此

黑水河畏吾兒河那清河在哈密城東　搭拉河在城東南　柳谷水元和志源出柔遠縣東北天山南流　汳其水唐地志在納職縣西　甘露川元和志在持羅漫山北　娘子泉土名可敦卜剌在畏吾兒東　鹽池海元和志在伊吾縣南三百里唐地志云南二里今哈密南並無此水　巴里坤池在天山北哈密西北三百里許

土魯番本漢車師前庭又名前部壁戊己校屯田處以其地勢高敞人物昌盛因名高昌晉咸和中張駿置高昌郡唐貞觀十四年置西州安西都護天寶初改交河郡乾元復為西州領前庭柳中交河大山蒲昌五縣後入土番宋初仍名高昌亦稱回鶻元初號輝和尒即畏吾兒一作畏兀兒置萬户府又設達魯花赤於火州明初與柳陳俱屬火州　本朝順治三年內附編旗駐塔尒納沁雍正十年徙居瓜州去其本地一千五百里乾隆十九年封郡王今城名廣安舊城為額敏和卓世居之地俗稱安樂縣今直隸廳

舊屬回莊六曰土尒番與鎮城毗連　曰色更木　曰喀喇和卓一作哈拉火卓在鎮城東元火州故治元地志謂之合剌火又東為魯克沁漢柳中地　又東曰闢展通鑑作皮禪回語草積也又東為齊克騰木又東至下梧桐窩皆砂磧無水草有三間房十間房等地多怪風土名風戈壁闢展西有連木沁亦小回莊東南為古樓蘭即鄯善今皆戈壁唐名莫賀延磧宋名大患鬼魅磧　曰託克在鎮城西漢交河地

沙州春秋瓜州戎地漢地志中部都尉治步廣候官杜林云古瓜州地十六國春秋晉咸康元年凉張駿分敦煌晉昌高昌及四部都尉戊己校尉玉門大護軍三營為沙州永和十年兼置商州後魏改瓜州治敦煌郡隋省郡唐武德二年改沙州五年改西沙州後入土番大中三年張義潮以沙州歸朝置歸義軍宋祥符六年沙州曹賢順入貢授歸義節度是也元初置沙州尋為沙州路明永樂三年置沙州衛正統十一年徙入敦煌縣　本朝初置瓜州營十年為土魯番地○此古瓜州唐瓜州即今安西境之晉昌地元和志沙州東至瓜州三百里西至伊州七百里是也

交河故城在土魯番西二十里土名崖兒城以交河繞斷巖下故名

柳中城在土魯番東故漢縣宋以後譌為柳陳城明宣德五年柳陳城萬户瓦赤剌入貢即此

天山縣在土魯番西唐貞觀十四年置以近天山名又置天山軍
南山即雪山在土魯番南大宛傳張騫還並南山注山接終南山從京南至葱嶺眦連萬餘里又云金城河西西並南山至鹽澤漢西域傳西限葱嶺其南山東出金城與漢終南山連屬今此山自塔里母河沙磧南色終噶斯地東經沙州安西肅州甘州涼州南為祁連山又東南盡于苦水堡幾三千里其東南一支南包青海繞河源入岷州界繞渭水而東為武功太白太乙太華幾五六千里　北祁連山在故土魯番城東北一名白山土名天山交河水源出山谷漢永平十六年竇固出酒泉塞破匈奴於天山明年復出玉門破北山降車師即此
火山在土魯番城東一作火燄山自土魯番東至哈拉和卓諸回城山皆赤色似火焰故名魏志高昌郡東西三百里南北五百里四圍多火山舊有八城多石磧北有赤石山即此
高梧谷在土魯番西北晉太元十年呂光自西域還高昌太守楊翰守高梧谷口要之即此
柳谷在土魯番北自磧以南為往來要口唐志交河縣有柳谷即此
羅卜淖尒一作賀諾尒在城東南周數千里自闐展西至和闐南四五千里自和闐南至後藏東四五千里有回莊二島居各四五百戶漢書作蒲昌海鹽澤水經注作泑澤括地志作輔日海一名牢蘭一名臨海或謂之醬俗池回疊之水悉注其中潛行地下其南砂磧數百里時有小水上泛伏流之磧顯然東南阻大山不通至西甯噶達蘇赤老山復出為黃河經星宿海即元史所云火敦腦兒也黃河之源實出星宿海之上星宿海並非河源古謂河出昆侖墟蓋天山葱嶺及穆蘇尒冰嶺一帶蒙古語呼為昆都侖急呼則為昆侖羅卜諾尒所滙之水自天山等嶺來注伏流地中至噶達蘇老赤始出為河源古所云河有重源注於鹽澤也或以羅卜諾尒即星宿海誤矣
喀喇沙尒回語黑色城也古焉耆地唐貞觀十八年置焉耆府二十一年置碎葉鎮為安西四鎮之一屬安西都護宋為西州回鶻明為準噶尒牧地今改置直隸廳
庫尒勒回城在西南　布古尒城一名玉古尒在西　珠勒都斯山在城北　博尒圖達巴罕在東北　白山在城北隋西域圖名阿羯山即天山之別名在葱嶺東　總名白山常有火及烟為出硇砂之所　熱海周數百里土名亦息渴兒
開都河在城西俗名通天河訛為海林河源出白雪山中東北流為大澤曰博斯騰淖尒
葦湖在布古尒境湖中僅一橋往來西域者必經此橋別無路可通漢焉耆傳有葦橋之險絕不令漢兵入國即此
庫車一名柳陳又名魯陳元史作庫徹庫謂此地車謂眢井以地有眢井故名一說衚衕也漢龜茲國地唐貞觀二十一年徙安西都護於其都統龜茲於闐碎葉疏勒四鎮後入土番明屬火州今置直隸廳　以魏書道里計之今哈密為伊吾地西為土魯番即漢車師前部又西為哈拉沙尒即焉耆又西為庫車即龜茲又西為阿克蘇烏什即溫宿疏勒皆都天山之陽沙雅尒屬城在西南有鄂根河　額城長五里許在東南俗稱漢時兵屯

丁谷山在城北上有寺多唐碑　白山在城北
赫色尒河在城西源出額什克巴什山西入渭干河為渭干東源唐地志俱毗羅磧即此地
賽里木在拜城東舊回城
阿克蘇回語白水也古溫宿地元明為巴什伯里舊爲烏什嘉慶二年分為專城今置溫宿直隸州
穆蘇尒達巴尒猶言氷嶺也在城北嶺北為伊犂嶺南為阿克蘇由嶺北噶克察罕尒垓度雪海山行二十餘里至嶺南行八十里至塔木哈塔什臺渾巴什河源出此嶺　山有徑直通喀什噶尒兼可越過阿克蘇直至庫車木札特河俗名通長河分三支東一支經賽里木東西二支經拜城西入渭干河　渭干源出穆素尒河西南經瑚斯圖托海軍臺圖巴拉特軍臺滴水崖砂磧北又經拜城賽里木之南合赫色尒河過沙雅尒城入塔里木河隨地異名曰木咱拉特河曰西川水曰鄂根河滴水崖地盡砂磧唐西域傳自龜茲踰小砂磧即此
烏什猶言峰巒飛峻也古尉陀國隋疏勒地唐置尉頭州元為巴什伯里即別失八里憲宗封合丹於此世祖立宣慰司明稱亦力把力准噶尒時名圖尒瑞今改直隸廳
貢古魯克山在城北山自西而東綿亙無極西北有巴克塔山口庫車山谷雅滿素山谷皆通布魯特游牧
巴什雅哈瑪山在城西南　屯珠素山在城南接葉尒羌界
瑚什奇河自城西畢底里卡倫東流至察哈尒克出境
樹窩子在西北卡倫外布魯特游牧地通喀什噶尒北通伊犂
葉尒羌猶言地寬廣也漢沙車地北魏為渠莎國或謂古罽賓地又以為大食月支地唐以後并入于闐明稱葉尒奇木或稱葉尒欽所屬回城十曰葉尒羌曰哈拉噶里克巴托古斯堪曰三珠一作桑珠曰契潘一作莫格奇盤曰塔克曰克可牙尒玉拉里克一作庫庫雅尒巴什里克曰火沙拉克一作和什拉布曰巴里楚克曰賽瀾羅今改置莎車直隸州
密尒岱山一名木勒台又名闐勒山編山皆至玉河自山流出經城西南東流又名塔里木河
葱嶺在城西南土名塔尒塔什達巴罕分二支一東南達和闐為南祁連之祖脉一西北達喀什噶尒為北祁連之祖脉顏西域傳注引西河舊事云葱嶺山悉生葱故名今西南卡倫外有善塔斯領山生野葱即此山分支
喀喇呼蘇河在城南　葱嶺北河俗名渾河經喀什噶尒境名烏蘭烏蘇阿東流至巴尒楚克海那木橋入烏什葱嶺南河一為澤普勒善河一為聽雜布河回名呼梯子納普二水至城東北莫克里特莊合流西北至愛吉特虎臺為玉河
罽賓治循鮮城不屬都護隋為漕國唐顯慶二年置修鮮都督府元封駙馬帖木兒東有養夷沙鹿海牙賽蘭達失干西有渴石迭里迷諸城屬焉明為撒馬兒罕國在亦力把力西
和闐漢于闐國任尚護西域時遣衆於此回人謂之黑台一曰赫探訛為和闐唐置于闐都督府今置和闐直隸州

所屬回城六曰和闐一作伊里齊曰哈喇哈什一作噶拉噶什曰克里雅一作噶尒雅曰玉隴哈什元史卓齊等改鄂托落尒
玉隴哈什等城即此曰車埒一作齊喇曰克實一作他賀卜伊
雪山在城南俗名桑谷樹雅東南達西藏東抵青海之庫尒坤山東麓為巴延克達巴罕北即星宿海
哈拉哈什河在西　玉隴哈什河在東　哈琅圭塔克河在南三河皆産玉自雪山發源漢書所謂河多玉石也流經城北合
為一河與葉尒羌之玉河合東流入羅卜淖尒
克里雅河源出南雪山　車埒河源出西南雪山　塔克河源出東南雪山
英吉沙尒猶言新城也漢依耐國地本名英阿雜尒又名英噶薩尒
庫森塔斯琿河出城西羌琿山東北流遇沙而伏
喀什噶尒猶言各色磚房也一云初創也漢疏勒國地唐置疏勒都督府其地為南路極邊又稱哈什哈尒今置疏勒直隸州
所屬回城九曰哈什哈尒與鎮城毗連曰英阿薩尒在南曰牌斯巴特曰別什克里木並在東曰塔什伯里克曰玉素納尒土
什曰揑帕什並在西北曰阿尒圖什曰阿尒古並在東北
玉斯圖阿尒圖什山穆什山在城西北釜里山在西上三山連接至葉尒羌　霍斯庫魯克嶺阿尒楚尒山並在西南卡倫外
伊蘭烏瓦斯河在東北　圖舒克塔什河在西北　烏蘭烏蘇河源出布魯特境入喀琅圭卡倫之北南流名雅瑪雅尒河
霍色尒河源出城西喀卜喀山流經城南一名七里河　春里布楚克河托庸河圖巴里克河並在城南
伊西洱庫尒諾尒在西南卡倫外巴達喀山界
巴里坤漢蒲類國地本名巴尒庫勒
天山在城東舊稱南山達坂今呼為松樹塘山頂有漢永和裴岑碑唐貞觀姜行本碑　鹽池山在城東天山至此　止伏入
地中附近有鹽池故以名山
海子在城西北沙山下即蒲類海一名婆悉海後漢書張璫言匈奴呼衍王常展轉蒲類秦海之閒元和志言伊州納職縣直
抵蒲類海即此
古城唐北庭都護府所領金滿輪台蒲類海西四縣中之一
吉木薩河在城西流經木薩城　察罕烏蘇河在城西時和堡　雙岔河在城西育昌堡　木壘河在城東流經木壘城西
庫尒喀喇烏蘇準噶尒故地後改今名今置直隸廳
哈什山在城西南山之陽即伊犂哈什河源所出　濟尒噶朗河敦穆河並在城西南　奎屯河博尒峒古河並在城東南
精河鹽海並在精河城西北
鄂勒霍楚尒山茂海柯陵山賽里山一作霍博克薩里山南地名和博克薩里並在城東　巴克圖山在城西　烏里雅蘇圖

山在城北　珠尒呼珠山在東北　巴尒魯克山達尒達木圖山在城東南　綽諾庫圖勒山格德蘇山沁達蘭山在城西南接伊犂界

額密尒河在城南西入阿拉克圖琥勒　裕勒雅尒河在城東　額尒齊斯河在東北近科布多源出城東南山中經齊桑淖尒入俄界　齊桑諾尒札噶蘇諾尒札噶尒巴什諾尒在城東北　額賓格森諾尒阿拉克圖琥勒諾尒在西南卡倫外　特伊犂諾尒在東南戈壁中

舊屬城八曰惠寧在東北曰熙春土名城盤子在東並巴彥岱地曰綏定地名呼哈尒里克在北曰廣仁土名烏克尒博羅素克俗呼大草灘曰膽德地名察罕烏蘇土名清水河曰拱辰土名霍尒果斯曰塔尒奇並在西北曰寧遠土名固尒札在東南

格登山在城西南　額林哈畢尒罕山塔尒奇山山頂曲折路一綫名果子溝與庫隴癸赤山隘口接空郭羅鄂博山莫懷圖山擠拉噶朗山庫色木克什山哈布他海山山南有巨澤曰賽里木淖尒阿拉瑪圖山山南水為烏哈拉里河皆在城東北　阿勒坦額墨尒都圖山在城西北　博羅布尒噶蘇山在城東　那拉特達巴罕在城東南通喀喇沙尒嶺西至察林河為厄魯特游牧

塔尒巴哈臺本準噶尒北境地其種人曰打什達瓦亦阿魯特之屬曰雅尒又曰楚呼楚即阿睦尒薩納游牧處乾隆二十年平伊犂置城城北有塔尒巴哈臺山故名今為塔城直隸廳

伊犂古烏孫國北魏時為悅般國地尋并入蠕蠕唐初為西突厥地今伊犂城即射匱可汗故庭附近東境為嗢鹿州都督府地西北境沿河下流為絜山都督府地東南境裕勒都斯左右地為鷹娑都督府地貞觀時俱省顯慶二年置濛池昆陵二都督府後入土番元為阿勒睦尒明為阿剌即衛拉特之訛乾隆二十年取唐書伊犂水改今名為新疆北路今置伊犂府

赤谷故城在伊犂西北故烏孫大昆彌治所漢西域傳烏孫治赤谷城即此

呼揭故城在伊犂西北一名烏揭漢黃龍初郅支單于擊破烏孫北并烏揭堅昆丁令是也

悅般故城在伊犂西北唐初名石汗那國龍朔初于其國所治盤城置悅般都護府尋省

賀邏嶺在伊犂西北故碎葉城東北唐開元二十八年磧西節度使蓋嘉運攻吐火仙　之子賀邏嶺即此

伊犂河一名伊列水伊麗水源出哈什丕尒沁山哈什河自圖場至博羅布尒噶蘇合空吉斯河特克斯河為伊麗河西北入哈薩克界過沙而伏唐志自弓月城過思渾川蟄失密城渡伊麗河至碎葉界貞觀十二年西突厥分其國為二以伊列水為界即此○伊列西城故國漢陳湯傳北擊伊列西取安息是也

伊麗河即曳咥河在伊犂河東唐顯慶二年蘇定方破阿史那賀魯于曳咥河西即此

碎葉川在伊犂西故碎葉城北一名細葉川唐志勃達嶺北行千里得細葉川顯慶二年分突厥地置二都護府一濛池府居碎葉川西一昆陵府居碎葉川東

薩瑪尒河策集河奎屯河察罕烏蘇河和尒霍斯河特博尒津喀拉烏蘇諾尒俱在伊犂西北　闢里沁河在伊犂東北　察布察尒河在伊犂東南　特穆尒里克河格根河哈尒奇拉河察林河俱在伊犂西南

善塔斯達巴罕在西南卡倫外又西南為特穆尒圖諾尒周六百餘里由諾尒南岸越巴尒渾山渡塔尒垓河西南過察尒奇圖山經穆蘇尒達巴罕西麓踰鐵里治克山南折東至喀什噶尒

哈薩克古康居國魏隋為康國隋末屬突厥唐永徽中置康居都督府漢時有蘇薤附墨窳匿奥鞬罽五小王後漢時有粟葉國嚴國奄蔡國三屬魏以後居薩竇水上阿祿迪城有米國史國曹國何國安國小安國那色波國烏那賀國穆國唐時分九姓安治烏滸河阿濫謐城東安治那密水南喝汗城西曹治瑟底痕城中曹治迦底真城石治拓折城即窳匿故地米治鉢息德城何治附墨故地火尋治烏滸河南戊治奥鞬故地史治獨木水南蘇薤故地皆游牧無常居後分左右西三部北距伊犂北西二面伊犂為烏孫故地漢書西域傳云烏孫西北與康居接是也舊志誤作大宛國按漢書大宛有城郭與哈薩克俗異晉書大宛南至月氏北接康居似其地當在伊犂西南邊外

東布魯特在阿克蘇烏什西北及伊犂西南　西布魯特在喀什噶尒北與西及葉尒羌西南與外番安集延霍罕諸部接漢休循捐毒地漢書修循涓毒皆在葱嶺西西北當大宛宛有城郭居修循捐毒塞種無城郭今安集延為古大宛地有城郭居布魯特無城郭與隣接是也唐為大小勃律天寶六年勃律叛以其地為歸仁軍

外番有安集延瑪尒噶朗那木干霍罕塔什罕博洛尒巴達克山愛烏罕痕都斯坦布哈尒皆古大荒地詳皇朝通典

西域諸國条支最遠自都護治所西南行六十日踰罽賓至烏弋山離又西行百餘日至条支臨西海自玉關出南道歷鄯善南至烏弋山離南道極矣轉北而東至安息又東四十九日至大月氏又東北六百九十里至大宛又東南九百二十里至休循又東二百六十里踰葱嶺至捐毒行登谷又東千三百里徑道又馬行二日至尉頭又東三百里至温宿又東二百七十里至姑墨又東六百七十里至龜茲又東三百五十里至都護治所烏壘

伊犂起至嘉峪關台站伊犂惠遠城烏哈爾里克台塔爾奇阿滿台博勒齊爾台鄂爾折圖博木台胡素圖布拉克台托霍木圖台托里台精河台托多克台固爾圖台墩木達台布爾噶濟台庫爾喀喇烏蘇底台奎屯台安集海台烏蘭烏蘇台瑪納斯台圖尒里克台呼圖壁台洛克倫台烏魯木齊鄂倫拜昇底台昂吉尒圖台哈喇巴勒噶遜台哈必爾罕布拉克台根忒克台土魯番底台勝金台里雅木沁台闢展台蘇魯圖台齊克騰木台鹽池台梧桐窩台奎賴泉台肋巴泉台橙槽溝台瞭墩台鴨子泉台三堡台頭堡台哈密底台黃蘆岡台長流水台格子烟墩台苦水台沙泉子台星星峽台馬連井子台大泉台紅柳園台白墩子台安西台小灣台卜隆吉台三道溝台玉門縣台赤斤峽台惠回堡台嘉峪關　庫尒喀喇烏蘇起至塔爾巴哈台十二軍台庫爾必喇台沙喇烏素台鄂倫布拉克台沙爾札克腰站台烏爾圖布拉克台坤都倫烏蘇腰站台雅瑪圖台托里布拉克腰站台沙喇霍羅素台阿布達爾莫多腰站台色德爾莫多台千齊罕莫多腰站台塔爾巴哈台底台　喀什噶爾至

土魯番各軍台喀什噶爾底台庫森塔斯渾台英吉沙爾台托布拉克台察木倫台喀拉布扎什台葉爾羌底台愛吉特虎台頼里克台邁那特台阿郎格爾台阿克薩克瑪拉勒台皮產里克台海南木橋台巴爾楚克台庫庫車勒台恆阿喇克台烏圖斯克滿台伊勒都台都奇特台河阿里克台渾巴什台阿克蘇底台札木台哈拉玉爾滾台密爾齊克台鄂玉斯塘台拜城賽里木台河色勒台庫車底台托和奈台阿爾巴特台布古爾台洋薩爾台策遠雅爾台車爾楚台喀喇布拉克台庫爾勒台哈爾哈阿滿台哈喇沙爾開都河底台特伯爾古台烏沙克塔爾台喀喇河色爾台庫木什阿哈瑪台阿哈爾布拉克台蘇巴色台托克遜台布幹台土魯番　伊犂起至阿克蘇十四軍台巴圖蒙克台海努克台索果勒台博爾台霍諾海台特克斯台沙圖阿滿台噶克察哈爾海台他木哈他什台胡素圖托海台圖巴拉特台亮噶爾台阿爾巴特台札木台阿克蘇　阿克蘇起至烏什三軍台察哈喇克台阿察塔克台烏什底台　葉爾羌起至和闐六軍台坡斯喀木台洛伏克梁噶爾台咽嗎台滾得里克台披雅勒滿台哈喇哈什台和闐　精河至哈密營塘精河底塘托多克塘古爾圖塘墩木達塘布爾噶濟塘廬爾喀喇烏蘇塘奎屯塘安濟海塘烏蘭烏蘇塘瑪納斯塘土古里克塘呼圖壁塘昌吉塘迪化底塘紫窩鋪塘噶遜底塘烏魯木齊迪化底塘黑溝塘阜康塘大泉塘清水塘三台塘濟木薩塘古城塘奇台塘木壘塘阿克他斯塘烏浪烏素塘色必塘噶順塘烏兔水塘肋巴泉塘蘇吉塘巴里坤底塘　奎素塘松樹塘羊圈溝塘南山口塘黑帳房塘哈密底塘　黃蘆岡塘長流水塘格子烟墩塘苦水塘沙泉子塘星星峽塘

新疆北路之塔爾巴哈台與科布多毗連以額爾齊斯河為界河東卡倫地名和尼邁拉虎隸科布多河西卡倫地名輝邁拉虎隸塔爾巴哈台自輝邁拉虎至塔爾巴哈台夏季設大小卡倫十三處（霍哈拉布哈　干齊漢英多　喜昵烏蘇　萊克德克果勒　札哈蘇淖爾　烏里雅蘇圖　輝邁拉虎　烏瑪爾達巴罕哈達板　崇嚴溝　特莫博綽洛爾呼）冬季設卡倫八處（錫伯圖　博勒齊爾　布爾噶素台　果勒圖　烏里雅素圖　克鄂倫布拉克）此外俱哈薩克游牧塔爾巴哈台西南一帶卡倫八處（巴圖克　巴圖爾　瑪尼圖　沙剌布拉克　察罕托輝　英多　巴爾普克　阿蘭沁達爾）界連伊犂卡倫以外亦哈薩克游牧伊犂東北七百餘里與塔爾巴哈台接界之處由哈布塔海沁達蘭一帶而南設大小卡倫二十三處（博爾圖爾古齊　阿倫勒　哈達鄂　瑪爾勒　爾達齊　木圖　博圖）察哈爾領隊大臣專轄卡倫以外俱哈薩克游牧又西而南尾至伊犂河北岸設大小卡倫八處（鄂托克　沖庫　塔木克　哈烏奇　阿蘭州安　布烏達　拉車　鄂爾　博輝　阿倫勒　古爾圖博　齊爾斯羅圖拉　濟齊托　布哈沙海　托斯布海　安托　鄂達海圖）索倫領隊大臣專轄卡倫以外俱哈薩克游牧自伊犂河南而西設大小卡倫十六處（霍依圖　察罕烏蘇　塔木哈　察罕托海　博羅圖　瑪納斯　沁布克　莫多　哈喇烏蘇　色奇蘇音圖　察林木　多歡）錫伯領隊大臣專轄卡倫以外隔河與哈薩克接壤其錫伯屯牧西南因有回子屯所每年夏秋卡倫於達爾達木圖以資巡察（果勒珠布哈克　顧爾奇喇）由錫伯卡倫接連迤西轉南而東大小卡倫十七處（沙里雅斯　那林哈布哈克　特克斯沁　敦達哈布哈　特穆爾黑克　額爾格圖　札拉圖　特穆爾里克　哈爾奇喇渡口　雅巴爾布拉克　庫圖勒格根　鄂博　鄂爾圖）額魯特領隊大臣專轄卡倫以外西北係哈薩克游牧西

南係厄魯特游牧　又厄魯特屯牧東南設卡倫八處（埃爾巴特拜布拉克博木花赤老圖昌曼　烏努古特納樹枚博爾克阿晏）界連喀喇沙爾之土爾扈特和碩特游牧亦係厄魯特領隊大臣專轄　伊犂城北塔爾奇一帶及伊犂河渡口設有卡倫七處（沙喇布喇克　塔爾奇千珠　罕庫庫哈瑪爾庫庫鄂囉木鄂　博勒齊爾圖爾扎濟口）專為貿易哈薩克并稽察逃入而設　惠寧城領隊大臣專轄　自伊犂及塔爾巴哈台所屬大小卡倫方向皆將軍統轄　自伊犂南越穆蘇爾達巴罕至回疆烏什城西北一帶設卡倫六處（巴什雅哈瑪畢底　爾沙土雅滿奏　貢古魯克　畢得克里）外通布魯特　烏什辦事大臣專轄　自烏什而西經草池布魯特游牧地名樹窩子直達喀什噶爾地城由城東北而西轉南設大小卡倫十七處（巴爾昌伊爾烏瓦斯沖布爾罕鄂七里克阿爾哈布拉克圖舒克塔什勒沁烏瓦　斯喀狼圭喀爾畔蔵巴什爾吉罕玉都巴什烏蘭烏蘇烏帕拉特克　博都魯克　未奇特）外通布魯特西達霍罕安集延　喀什噶爾參贊大臣專轄　喀什噶爾東南行至英吉沙爾城由城西北而南設大小卡倫十二處（絨外克爾滿克烏魯克達綫爾多蘇空伊布拉克喇花　紳達雅奇特爾格齊克卜薩圖木野克汗達克　伊洛克特比斯）外通布魯特西南數百里以外至巴達克山　英吉沙爾領隊大臣專轄　自英吉沙爾東至葉爾羌城由城西南轉而東北設卡倫七處（梁喀爾伏什　咧卜庫庫雅　爾玉喇黑克　桑珠賽里克）西南一帶外通布魯特東北卡倫向為稽察逃人　葉爾羌辦事大臣專轄　自葉爾羌東南至和闐城和闐東西河設卡　二處向為稽察採玉又札瑪爾卡倫一處通阿克蘇為稽察逃人而設　和闐領隊大臣專轄　自葉爾羌東北至阿克蔡　東北通著勒土斯卡倫二處（阿爾通伏什塔　克辦爾阿）稽察喀喇沙爾所屬之土爾扈特游牧　阿克蘇辦事大臣專轄　自阿克蘇　北至庫車城由城西北而南設卡倫五處（喇勒奇爾渭空塔什里克沙爾達朗　沙雅爾特里木賽拉里克）專稽察逃人　庫車辦事大臣專轄　自庫車東北至喀喇沙爾城由城東北設卡倫二處（察罕通格　沙札蓋圖）稽察逃人　喀喇沙爾辦事大臣專轄　自喀喇沙爾東北至土魯番城由城西南而東設卡倫六處稽察逃人土魯番領隊大臣專轄　自土魯番東北至哈密城由城東北設卡倫四處稽察逃人哈密辦事大臣專轄

江寧府

江南地畧　武進馬冠羣良伯甫輯

吴都城在今上元治北覆舟山側去秦淮五里漢建安十六年孫吳築初曰苑城晉曰臺城咸和三年蘇峻入臺城遷帝于石頭使匡術守苑城術以苑城來歸遂推陸瞱督苑城軍毛寶守南城鄧岳守西城是也亂時宮闕焚毀五年復于臺城內作新宮名建康宮遂稱宮城○城東有闕名臺闕宋蒼梧王與左右于臺闕蹋跳仍往青園寺晚至新安寺是也○東晉無外城惟于臺城外設六籬門齊建元二年改築都牆仍俗謂為籬門永元初始安王遙光舉兵東府城詔左興盛屯東籬門明年崔慧景作亂左興盛拒之于北籬門蕭衍東下至新林使陳伯之等據西籬門是也○梁天監七年于朱雀門外渡淮五里樹國門以示觀望名望國門侯景入犯使羊侃領千騎頓望國門是也○隋平陳悉毀唐光啓三年徐州將張雄屯揚州東塘使趙暉據上元暉治南朝臺城居之雄平後又廢

秣陵城在今府東南十五里秦縣建安十七年孫權改稱建業孫皓寶鼎初山賊施但自秣陵偪建業諸葛靚迎擊之于九里汀○故秣陵北抵句容西抵建康東遶秦淮南即九里汀宋置秣陵鎮在今秣陵橋東今為秣陵關宋義熙九年移治京邑之闘場元熙初省揚州禁防參軍移縣治其地在今西州橋治城之間

建康城在今府治南孫吳徙秣陵時析置建業縣晉省入秣陵太康三年分秣陵淮水北置建鄴縣為丹陽郡治建興初改建康隋省

石頭城在今府治西二里石頭山下北緣大江南抵秦淮口去臺城九里今清涼寺地漢建安十七年孫吳城石頭貯寶貨軍器晉永昌元年使周札督石頭軍事守石頭義熙六年盧循入寇劉裕自南燕馳還發民夫治石頭城伐樹柵石頭渡口宋元嘉卅七年魏人至瓜步欲渡江詔太子劭守石頭統水軍徐湛之守石頭倉城承聖初王僧辯討侯景自張公洲乘潮入淮景塞淮口又緣淮作城自石頭至朱雀桁十餘里中樓堞相望僧辯于石頭西落星山築柵連次八城　出石頭東北景恐西州路斷亦于石頭東北築五城以遏大路僧辯進軍石頭城北招提寺大敗景軍敬帝初陳霸先自京口襲王僧辯使侯安都率水軍趣石頭至城北舍舟登岸石頭城北接岡阜不甚危峻軍人捧安都投于垣內眾隨之入遂克石頭隋開皇九年平陳毀建康于石頭置蔣州唐武德八年建揚州都督府治蔣州明年徙治江都城遂廢建中四年韓滉築石頭修塢壁起建業抵京峴元和二年李錡謀據江左復修築石頭○石頭倉與太倉常平倉為三倉梁天監初江州別駕鄧繕說陳伯之作亂云臺城府藏空竭三倉無米是也

廿江寧城在府治西南去新亭十里南為江寧浦晉太康初分秣陵立臨江縣二年更名江寧大寧二年溫嶠等破王敦追至江寧梁敬帝時徐嗣徽據石頭迎齊援軍于采石陳霸先使據江寧險要嗣徽水步不敢進屯于江寧浦口宋為江寧鎮元至元十六年明太祖自太平取集慶至江寧鎮攻陳兆先營克之遂拔集慶

治城在今府西石城門外故吳冶鑄處王導移治于石頭東髑髏山下太元十五年建治城寺桓元罷為西苑亦曰冶亭義熙

十一年劉裕以高陽內史劉鍾領石頭戍事屯冶亭梁敬帝初徐嗣徽據石頭陳霸先立柵冶亭以拒之自西明門出擊破嗣徽軍遂對冶城立航悉度衆軍攻拔石頭水南二柵隋開皇十年移江寧治冶城○西冶亭本楊吳紫極宮宋為天慶觀今為朝天宮東冶亭在半山寺後自建康東門往蔣山至此半道因曰半山晉太元中謝安領揚州袁宏為東揚州祖道冶亭宋元嘉六年王裕之東還車駕幸東冶餞送是也

越城一名越臺亦名范蠡城在秦淮水南今長干橋西晉太寧二年王含錢鳳自于湖奄至江寧詔段秀乘夜渡水擊之大破王含等于越城

東府城一名東城在皇城西安門外清溪橋東淮水北本晉會稽王道子故宅道子領揚州宅在東故曰東府自後領揚州者輒居此安帝時宋武領揚州始築城元嘉中義康更開拓之作東西塹景和中嘗改為東宮隋平陳廢○元興三年劉裕平桓元自石頭還鎮東府宋元徽五年迎立安成王于東府入居朝堂道成出居東府沈攸之舉兵江陵道成入守命其子嶷代鎮東府○司徒府在東府側宋元嘉中彭城王義康為司徒時築永元初始安王遙光舉兵集于東府東門詔蕭坦之等率臺軍討之圍東城三面燒司徒府

西州城在今上元治西三里晉揚州刺史治所在臺城西故曰西州元帝時築城宋大明時以東府為諸王邸西州為丹陽尹治所齊永明二年竟陵王子良為揚州刺史鎮西州永元初陳顯達與臺軍戰于西州敗走烏榜村○今朝天宮西有西州橋宋曰望仙橋景定中改曰武衛橋即其地

丹陽城在府西南五十里又西即太平府一名小丹陽秦置縣隋開皇九年省入溧水○晉咸和二年蘇峻濟自橫江陶回欲伏兵小丹陽南道步邀之宋昇明三年蕭道成廢帝為汝陰王築宮丹陽故縣梁紹泰二年齊兵由蕪湖入丹陽至秣陵步上○丹陽郡城在府東南四里西去長樂橋一里今武定橋東南長樂巷即其地郡本治宛陵漢安廿五年孫權自建業徙武昌以呂範為丹陽守治建業晉太康二年築城大興初改丹陽尹治

白下城在石頭東北臺城西本名白石陂故江乘之白石壘陶侃討蘇峻用李根言築白石一宿而成敵萬騎攻圍不克梁紹泰中陳霸先與齊戰于幕府山使侯安都自白下橫擊其後齊人大敗追奔至臨沂陳大建十一年江北州縣悉入周使楊寶安鎮白下唐武德九年改金陵為白下縣治白下城貞觀七年還治郭下今靖安鎮有白下城故址○齊永明初徙南琅邪郡治白下城六年如琅邪城講武九年魏李彪來聘還齊主親送至琅邪城是也○臨沂城在上元西北晉咸康初分江乘地僑置為南琅邪郡治

江乘城在府東北句容縣北六十里今名琅邪鄉秦置縣孫吳省為典農都尉治吳黃武三年曹丕至廣陵徐盛植木依葦為疑城自石頭至江乘一夕而成○金城在上元北江乘蒲洲上孫吳時所築晉咸康初桓溫出鎮江乘之蒲州金城求割江乘地立南琅邪郡太元八年謝石敗秦于肥水師還謝安勞于金城

湖熟城在今上元縣東淮水北高橋門外漢縣建安中孫策破劉繇于梅陵轉攻拔湖熟江乘進至曲阿晉義熙九年罷臨沂湖熟脂澤田以賜貧民隋為湖熟鎮宋淳化中改淳化鎮今亦曰淳化關○梅陵一名梅岡在聚寶山麓

鍾山在朝陽門外一名蔣山金陵山紫金山齊永元二年崔慧景自京口向建康據竹里王瑩據湖頭築壘蔣山西巖以拒之慧景夜使人魚貫緣山自西巖下鼓叫臨城中臺軍驚潰遂入北籬門屯樂遊苑宮門閉東府石頭白下悉潰陳禎明末隋師濟江斷曲阿之衝入據鍾山敗陳兵于白土岡乘勝至樂遊苑夜燒北掖門遂入臺城○西陵鍾山南麓一名松陵岡

覆舟山在太平門內東連鍾山北臨元武湖晉咸和三年蘇峻敗臺軍于陵口進至蔣陵覆舟山元興三年劉裕破桓元于江乘進至覆舟山宋元嘉中名元武山陳大建改龍舟山○山東麓名東陵

幕府山在府西北神策門外濱江有五馬渡元帝初與彭城王等渡江處宋元嘉廿七年魏師至瓜埠文帝登幕府山北觀望形勢○居人多于此煆石取灰因名石灰山明初陳友諒侵建康太祖使常遇春伏兵石灰山即此

師子山在府西北金川門外西臨大江一名盧龍山明初大軍駐師子山陳友諒自江東橋轉向龍江至山下登岸立柵大戰敗去後建閱江樓

方山在府東南一名天印山秦鑿金陵疏淮水為瀆處宋元嘉末何尚之致仕退居方山齊武帝欲立方山苑即此

牛首山在府南本名牛頭山一名僊窟山雙峯與宮城對王導以為天闕故名天闕山宋大明三年立郊壇于牛首山西趙宋建炎中兀朮開老鸛河趨建康岳飛設伏牛頭山待之

烈山在府西臨江一名溧洲洌洲晉哀帝末會稽王昱聞陳祐弃洛陽會桓溫于洌州共議征討齊建元初魏人入寇於三山烈洲慈姥各置軍備之今舟行自采石東下未至三山江中有山即洌山下有洌山洲洌山港有磯突出曰亂石磯自洌洲過白土磯入慈湖夾○三山在江甯夾東一名護國山一名下三山江甯鎮西有上三山

落星岡在府西北故石城西一名落星墩齊永元初陳顯達自新林以眾據落星岡新亭諸軍皆潰即此

武帳岡在臺城北石灰山側六朝時仿洛陽舊制置宣武場于岡因名宋元嘉廿二年以衡陽王義季為南兗州刺史餞于武帳岡又廿五年大蒐宣武場

長干里在聚寶門外與越城接有大長干小長干東長干宋開寶初曹彬下江南登長干北望金陵問其處曰伏龜案也督軍攻之城垣遂陷

大江在府城北一名揚子江江水自武昌以下漸北自江甯望尋陽武昌皆直南望歷陽壽陽皆直西故謂歷陽皖城以西曰江西而江西謂江甯曰江東府境之江南岸自慈姥鋪而東為鐮刀灣烈山港亂石磯白鷺洲大勝河響水溝燈盞溝上中下新河又東為草鞋夾夾外為道士洲江心營中洲口焦家嘴觀音山港燕子磯歷濤山唐家渡袁家河東陽港黃天蕩龍潭斜䑌洲太子洲老鴉夾天甯洲白家溝楊家港雙溝港羅泗港邪溝下蜀港接鎮江界江之北岸自浮沙口以下為芝麻河穴子

河王家套八字溝長洲白沙梅子句容秀才火藥等洲浦子口瓜步攔江洲工部官洲老洲柳洲趙家洲扁擔洲滁河口新洲礬山西溝東溝黃天蕩接六合界○宋嘉定五年王度言大江自采石至瓜步共六渡一烈山二南浦三龍灣四東陽五大城堽六岡砂吳表臣言自荊鄂至常潤十郡扼要不過七渡上流為荊南之公安石首岳之北津中流為岳之武昌太平之采石下流為建康之宣化鎮江之瓜洲紹興二年置沿江烽火八所褐山東采石慈湖繁昌三山馬家渡大城岡鵲頭山王應麟言塞建平之口使自三峽者不得下據武昌之津使自漢水者不得進守采石之險使自合肥者不得渡據瓜步之衝使自盱眙者不得至此守江之策唐順之言江口蓼角嘴營前沙為江防第一門戶周家橋圌山為江防第二門戶京口瓜洲為江防第三門戶

秦淮水在上元治東南舊名龍藏浦一源句容北之華山南流一源溧水東南之東廬山北流至方山合流西經石頭入江舊說秦掘斷連岡接石頭城處今水勢屈曲自然不類人功疑所傳附會六朝前都城皆去秦淮五里吳時夾淮立柵故稱柵塘梁天監九年作緣淮塘北岸起石頭迄東治南岸起後渚籬門迄三橋又作兩重柵皆施行馬時稱馬柵楊吳時改築始貫秦淮于城中○晉隆安末孫恩奄至丹徒詔劉襲柵斷淮口司馬休之戍秦淮南岸齊永元二年崔慧景圍臺城蕭懿自采石入援頓越城慧景渡淮南岸懿擊敗之乘勝渡北岸

元武湖在府城北太平門外一名蔣陵湖西陵湖後湖故桑泊地晉太興二年創為北湖以習舟師明年築長堤以壅北山之水東自覆舟山西至宣武場凡六里餘宋元嘉中築北堤南抵城東之七里塘以習舟師廿三年黑龍見乃立三山于湖上改名元武大閱水軍號昆明池上名飲馬塘宋熙寧八年王安石開十字河立四斗門以泄水湖遂廢為田又跨河為橋以通往來舊迹遂盡廢惟城北十三里僅存一池餘為後軍塞明初復開湖中有舊洲新洲及龍引蓮萼等洲○齊永泰初王敬則軍至曲阿詔沈文季屯湖頭地京口路湖頭即元武湖旁地東接蔣山西巖西抵元武湖堤

婁湖在府東南孫吳婁侯張昭所浚因名宋時築湖為苑齊永明初或言新林婁湖東府西有王氣正月甲子築青溪宮作新林婁湖苑以厭之陳大建十年立方明壇于婁湖

青溪在上元東源出鍾山入秦淮逶迤九曲吳赤烏四年鑿東渠北塹以洩元武湖水名青溪其入秦淮處有青溪閘口楊吳改城青溪分為二在城外者緣城濠以達淮在城內者自太平門下由潮溝南入舊內又出西安門外之竹橋入濠又繞出舊內旁至淮清橋與秦淮河合○晉咸和元年蘇峻敗卞壼于西陵攻青溪柵隋開皇九年平陳斬張麗華孔貴嬪于青溪柵下

新開河在府西南自通濟門外與秦淮分流南經聚寶門外長干橋至三山門外與秦淮復合此楊吳時舊城濠也自三山門外歷石城定淮門達草鞋夾入江復自三汊河南經江東橋與府西南之陰山運道合出大城港入江此宋元新開河也江東門外有上中下三新河皆明初開陳友諒趣江東橋舟師欲出新河口路詔趙德勝跨新開河築虎口城以守即此○蕃人河一在治城西南一在上元東北亦名新河新開河即老鸛河故道宋建炎四年兀朮困于黃天蕩開蘆場地大渠二十餘里上

接江口又傍治城西南開渠逐趨建康

竹篠港在府東北句容北西通靖安東達石步南至直瀆北臨大江有竹篠鎮在竹里山下一名竹里晉隆安初王恭舉兵京口王國寶使兵戍竹里即此

查浦在府西南大江南岸北去石城南去新亭各十里晉義熙六年盧循泊蔡洲劉裕築查浦樂園廷尉三壘以拒之

蔡洲在府西石頭西岸一名蔡家洲晉咸和二年陶侃等入援直指石頭次于蔡洲齊建元初詔置五軍于蔡洲又遊邏上自于湖下接蔡洲

新洲在府北京口西大江中晉隆安二年孫恩至白石欲襲建康聞劉牢之軍新洲不敢進而去○一名金珠沙宋末賈似道軍潰魯港夜駐金珠沙

倪塘在府東南晉大甯中王敦敗于越城王含屯倪塘置五城如郄月勢梁敬帝初齊師至秣陵故治自方山進屯倪塘陳霸先拒之于白城○建康在六朝時西至石頭東至倪塘南至石子岡北至蔣山相距各四十里戶凡二十八萬

横塘在府西南石頭西陶家渚緣淮南岸至江口孫吳時築一名南塘晉義熙七年劉裕拒盧循于石頭出陳于南塘

方山埭在府東南吳赤烏八年使陳勳發屯兵于方山南絕淮立埭即此齊武帝為太子時自晉陵武進拜陵還晚進方山埭

馬家渡在府西南一名馬家洲馬家步東連碙砂夾西去采石磯六十里江面狹而平易宋建炎三年金由馬家渡陷太平長驅之建康即此

樂遊苑在覆舟山南故晉之芍藥園義熙中築藥園壘元嘉中闢為北苑後改樂遊為禊飲地元嘉廿二年築北堤浚元武湖于樂遊苑北大明三年作正陽林光等殿于苑內今城北土橋南小教場即其處○梁大寶初侯景請梁主禊飲樂遊苑帳飲三日

南苑德陽堂在宣陽門內梁置大通二年封魏汝南王悅為魏王餞于德陽堂大同二年賀拔勝還西魏餞之南苑太清二年侯景入城收諸寺庫公藏錢藏之德陽堂以充軍實

中堂在府治南舊都城宣陽門外一名南皇堂孫吳建每歲暮習元會儀于此晉大甯二年王敦復反帝屯于中堂自是凡有警則以親貴屯中堂又云朝堂陳禎明三年隋兵渡江豫章王叔英屯朝堂

儀賢堂在宮城北華林苑內本名延賢宋元嘉三年帝臨堂聽訟改聽訟堂每歲于此三訊梁天監七年策孝秀于此改儀賢侯景入宣陽門據臺城門外公車府奉蕭正德即位于儀賢堂

新亭近江渚在石頭查浦南新林板橋列洲北晉甯康元年桓溫自姑熟入朝謝安等迎于新亭宋元嘉末武陵王駿至新亭即帝位改新亭為中興堂宋建炎四年兀朮趣龍灣岳飛邀敗之于新亭○梁太清初從新亭開渠通新林浦又通瀆西為江潭苑

臨滄觀在新亭南勞山上本孫吳望遠樓宋元嘉中改名臨滄後名勞勞亭元嘉二年休範攻新亭白服肩輿登城南臨滄觀即此

大勝關在府西南大城鎮有大城港合板橋新林諸水入江明初置大勝關一曰大勝關港○明初楊璟駐大勝港友諒至見港水淺即退出大江改趨江東橋

靖安鎮在府西北有龍灣故名龍安北與六合宣化鎮分江為界自宣化至盤城竹墩上下瓦梁皆泗州間道有靖安河宋建炎四年金掠建康自靖安渡宣化而去岳飛邀敗之于靖安鎮

朱雀桁在孫吳宮城朱雀門南跨秦淮南北岸本孫吳南津橋一名南航大航今聚寶門內鎮淮橋晉大　二年王含奄至江寧南岸溫嶠燒朱雀航以挫其鋒自是以泊船為浮航長九十步廣六丈有警則撤之宋元徽中丁文豪別趣臺城自阜莢橋至朱雀桁南杜黑騾攻新亭不克亦北趣朱雀桁遂渡淮太清初侯景至朱雀桁南庾信守朱雀門帥衆開航始除一舶景軍哭至信奔走景遂入宣陽門悉燒南岸廬舍

流首橋在宮城東南青溪上一名走馬橋梁太清初李遷仕等援臺城自青溪深入至菰首橋東為侯景伏兵所敗

華山在句容北一曰花山元至正七年集慶路花山賊三十六人作亂官軍萬數反為所敗即此

下蜀港在句容北東北至鎮江府六十土名官港唐上元初劉展屯軍白沙設疑軍于瓜步偽向北固潛自上流濟江襲下蜀遂入京口明年田神功討展亦分軍自白沙濟西趨下蜀擊破展

破岡瀆在句容東南一曰破嶺破墩破岡埭吳赤烏八年鑿句容中道至雲陽西城以通運道凡一十四埭宋元嘉末隋王誕兵向建康劭決破岡埭以絕東軍

大業壘在句容北晉咸和三年陶侃討蘇峻使郗鑒屯京口築大業曲阿庱亭三壘以分峻兵即此

永世城在溧陽南孫吳分溧陽置永平縣晉太康更永世宋太始初晉安王舉兵尋陽會稽義興諸郡應之兵至永世宮省危懼即此隋省

平陵城在溧陽西北晉大興中分永世溧陽置以縣南平陵山名

岳山在溧陽東北洮湖上一名岳姥峯為常潤二州分界處宋德祐初蒙古陷建康趙淮起兵溧陽宜興閒屯據岳山阻長蕩湖為固

瀨水在溧陽西北源出丹陽湖一名陵水即永陽江之上源江南岸之水多聚于此有瀨渚故又名瀨水東流為瀨溪俗稱瀨溪東入長蕩湖○永陽江一名潁陽江古名中江又稱九陽江

洮湖在溧陽北一名長蕩湖西通石臼丹陽等湖東通太湖中有大坯小坯二山漢十一年英布敗走江南漢別將追擊之于洮水南北皆大破之即此宋泰始二年庾業與劉延熙合於長蕩湖口築城遥相應援即此一名延陵湖晉咸和三年蘇逸自

淮安府

延陵湖將入吳興王充之追獲之于溧陽是也
廣通鎮在溧陽西百十里西北至高淳六十里有下壩舊稱東西二壩今總名東壩一曰銀樹東壩春秋時吳開河以運糧東通太湖西入長江因名胥溪河後漸湮没唐景福二年孫儒圍楊行密于宣州行密將臺濛作魯陽五堰輕舸饋糧故得不困宋改東西二壩明初以蘇浙糧道自東壩入可避江險洪武廿五年復胥溪河建閘啓閉始名廣通鎮五壩分水銀樹壩河上下壩五堰銀樹分水苦李何家余家○宋德祐初元兵偪臨安詔逍淮戍銀樹東壩阿剌罕攻破東壩遂陷廣德軍四安鎮
胭脂河在溧水西十里有胭脂岡明洪武中議通蘇浙糧運命崇山侯李新鑿開胭脂岡引石臼湖水會秦淮以為運河
固城在高淳南春秋時吳築為瀨渚邑漢置溧陽縣治此後徙宋置固城鎮有固城湖
東葛城在江浦西北蕭梁僑置為臨淮郡治○又西北為西葛城魏置為臨滁郡治兼領懷德縣
棠邑城在六合治東故楚棠邑漢置縣三國時吳魏分界處晉永興初立棠邑郡太安四年秦寇淮南使毛安之率衆屯棠邑即此安帝改秦郡又改尉氏縣梁稱新秦侯景兼置西兗州使郭元建為北道行臺鎮新秦後改秦州北齊又置氐梁郡陳改義州周改方州又改郡為六合郡隋初省并改尉氏縣為六合縣南唐兼置雄州後尉省明初徙今治城廢為棠邑驛
秦縣城在六合西北晉安帝時僑置為秦郡治梁省
懷德城在六合西宋大明五年置齊省
胡墅城在六合東六十里南岸對石頭城梁敬帝初齊人據石城使崔子崇等于湖墅渡米濟之陳霸先夜襲胡墅燒其船陳大建五年吳明徹伐齊克秦郡瓜步胡墅二城皆降○瓜埠城在瓜埠山側齊建元初自鬱州徙齊郡治瓜步城是也
瓜步山在六合東廿五里一曰瓜埠東臨大江宋元嘉廿九年魏主至六合登瓜步隔江望秣陵才數十里因鑿山為盤道設壇殿于山上陳大建十一年閱武大壯觀山命陳景帥樓艦出瓜步江振旅而還
桃葉山在六合南隋初置六合鎮開皇九年伐陳晉王廣屯六合桃葉山
滁河在六合西南即古滁水源出合肥東北廢梁縣西東過滁州為三义河又東至六合界為瓦梁河東南經瓜埠口入江宋紹興十一年金南侵屯重兵滁河造三牐儲水塞瓜埠口虞允文敗金人于采石使張深守滁河口扼大江之衝開禧二年金僕散揆屯瓦梁河控真揚諸州之衝
瓦梁壘在六合西即孫吳所築滁塘一名瓦梁城吳王城東接姜家渡明初與元兵相持于瓦梁壘即此
長蘆鎮在六合南滁河西南近長蘆江有長蘆寺齊建元初魏南寇分軍守長蘆即此
淮陰城在淮安西北漢置晉建興末祖逖渡江屯淮陰治鑄募兵而前永和五年荀羨鎮淮陰始營立城池八年以荀顗監青州軍鎮淮陰泰始五年淮北地盡亡以淮陰為重鎮置北兗州治淮陰梁末改淮州置淮陰郡東魏改縣曰淮恩周改縣曰壽張僑置東平郡隋初省郡縣復曰淮陰宋紹興卅一年劉錡次于淮陰列兵運河岸敵不敢進嘉定八年移治八里莊元至

元廿年省入山陽

新城在淮安西宋咸淳五年置新城縣元至元二十年省○又西有韓信城元至正中劉甲守以禦張士誠

君城在淮安東南隋開皇中伐陳修築故倉城儲積餘百萬石

𥘵塘城在淮安西南有三城周各里許隋大業末煬帝幸江都時聚糧處所

清江浦在淮安西自城外達淮凡六十里舊為沙河一名烏沙河宋雍熙中開通自楚州至淮陰避淮河之險明永樂中陳瑄開清江浦引水由管家湖入鴨陳口達淮設河口壩新莊閘以時啟閉隆慶五年王宗沐于府西南築高家堰堤北自武家墩經大小澗至阜甯湖以扞淮水東侵于府北堤新城自清江浦經缽池山至柳浦灣以扞河南溢○高家堰在府西南漢陳登築以防淮

山陽瀆在淮安東古刊溝其入淮處名末口隋開皇九年伐陳開山陽瀆以通漕大業元年以邗溝水道屈曲發民開治自山陽至揚子入江

老鸛河在淮安西周顯德四年欲自淮入江阻北神堰不得度因開楚州西北鸛水以通其道旬日而成亦謂之鸛口○北神堰一名平水堰在府城北即古末口

故城河在淮安東南一名壽河東入射陽湖西南連黃浦唐景福初淮南將張訓敗時溥于壽河遂取楚州○射陽在府東南一名射陂博支河唐大秫中置官屯後省

管家河在府西望雲門外一名西湖宋嘉定中應純之開新河與運河接于管家湖北築壘以限湖水自馬家灣西至陳文莊與老鸛河相接楚州西北成巨浸

馬邏港在淮安東北陸路通廟灣明初敗士誠援兵于馬邏港遂拔淮安

吳城在清河縣西大清河測有東西二城宋南渡初置紹興五年罷為吳城鎮

故清河城在今清河西　大清河口宋咸淳末置清河軍及縣元泰定中河決遷甘羅城大秫初徙小清河口西北為今治

清河在清河縣西北即泗水下流一曰南清河源出泗水縣東之陪尾山西流至濟甯城東分北流入會通河南流經魚臺沛縣徐邳宿遷桃源至清河縣西北三叉河口分為大小清河大清河由縣東北小清河由縣西南入淮一名清口泗口淮口漢景帝三年弓高侯等將輕騎出淮泗口絕吳楚兵後塞其餉道義熙五年伐南燕舟師自淮入泗十三年伐秦自淮泗入清河梁天監五年魏邢巒敗藍懷恭于睢口進圍宿預懷恭復于清南築城宋紹興中金李通造浮梁于淮上將自清河口入淮東以舟運糧至清口劉錡移軍清口拒之金人改由渦口渡淮

洪澤鎮在清河南大河北岸一曰洪澤驛唐咸通九年郭厚本率淮南兵救泗州至洪澤鎮不敢進即此

海州

射陽城在鹽城西漢置後漢陳登為廣陵守治射陽劉宋僑置於江南縣遂廢隋末韋徹據鹽城置射州於故縣地又分置新安安樂縣唐悉省
喻口鎮在鹽城西北有喻口渡水路通廟灣宋紹定三年李全據楚州襲鹽城誘射陽湖人造浮橋喻口以便往來
金城在安東東北唐武德四年分漣水置貞觀初省為鎮
僮縣在沭陽南劉宋置梁置潼陽郡東魏改沭陽郡隋省今名舊縣城
下城縣在沭陽南魏武定七年置廣沭陽郡陳大建五年吳明徹伐齊淮南沭陽守弃城走遂省下城入懷文○周改懷文縣曰沭陽
厚邱城在沭陽北漢縣劉宋省為戍所齊建武二年桑係祖攻拔魏建陵驛馬厚邱三城復置厚邱縣唐武德省○建陵在縣西北一曰中城古郯國漢置縣晉宋為戍所
陰平城在沭陽西北漢縣晉省
朐山縣今海州治秦朐縣地齊時稱朐山建元四年徙青州治朐山又僑置東莞琅邪二郡治梁天監十年琅邪民萬壽引魏據朐山詔馬仙琕圍朐山城張稷據頓六里以督饋運○漢朐縣在州西南
海西縣在海州南漢置晉省宋泰始七年置鬱縣為西海郡治齊建元二年魏南侵白吐頭出西海元泰出漣口即此永明中改鬱縣為都昌魏又改安流○魏武定七年分襄賁地置海西縣屬海安郡梁承聖末吳明徹圍海西不克引還是也北齊省安流入海西周又省海西入朐山
懷仁縣在海州北本宋文塘戍泰始三年垣崇祖云文塘義人已破魏是也魏改置黃郭戍齊建武四年黃曇給攻魏南青州黃郭戍敗歿是也魏武定七年改置義塘郡治義塘縣兼置懷仁縣尋并義塘入懷仁隋初省郡唐元和中楚州刺史李聽討李師道克懷仁縣即此
龍沮城在海州西梁置龍沮縣為東彭城治北齊省今為龍沮鎮
青山城在州東北青山麓唐武德四年置青山縣八年省
鬱洲山在海州東北海中即田橫島一名郁州鬱州又名蒼梧山晉隆安五年孫恩襲建康不克浮海走郁州七年置東海縣僑治青冀二州齊兼置齊郡永明徙齊郡治瓜步改治北海郡梁省
石闥堰在州西南即石湫河上游宋天禧四年王貫之導石闥堰水入漣水軍以溉田是也○石湫河至州城為石湫堰今名為九洪橋有石湫鎮
北關在州北五里南宋初築紹興末魏勝拒金于北關金從間道渡河趨關後勝斂兵入海州金欲越沙堰圍城為營勝據堰拒之敗金人于新橋○沙堰在州東北新橋在州北二十里

淮安之邳州等

紀鄣城在贛榆北故春秋莒地一名紀城近海南北朝時為戍所齊建武二年王洪範襲克魏紀城即此

祝其城在贛榆西漢置宋省

虎坑城在贛榆西北齊建武二年杜僧護攻魏拔虎坑馮時即邱三城

武陵城在贛榆南梁初僑置高密縣為齊郡治東魏武定中改武陵郡領上鮮洛要二縣

艾不城在贛榆東南故蔡海縣北廿五里漢艾不追田橫築晉初為贛榆治

利城郡在贛榆西本漢縣建安三年析置郡後省

荻水鎮在贛榆東北有荻水源出莒州東入海五代漢乾祐二年密州刺史王萬敢攻唐荻水鎮大掠而還

下邳今邳州東古邳國漢置縣晉永興二年琅邪王睿監徐州軍事留守下邳魏孝昌初置東徐州永熙二年梁改為歸政縣兼置武州陳太建十一年置邳州宋置淮陽軍金元復為州明初省縣入州

武原城在邳州西北漢縣宋初省泰始二年張永等攻彭城軍于下磕分遣王穆之守輜重于武原東魏武定八年復置武原郡周省

良城在邳州北春秋良地漢縣晉曰良城唐貞觀省

泇河在邳州西北源出山東嶧縣合蛤蟃連汪諸湖東會沂水從周湖柳湖及宿遷之黃墩湖落馬湖由董陳二口入黃河有泇口鎮一名泇口集明隆慶中翁大立議開泇河不果萬秝初劉光國復請開夏鎮至泇河口入河亦未行廿一年舒應龍始挑徐州北韓莊中心溝通彭河入黃河廿五年劉東星開良城侯遷莊萬莊黃泥灣至董家口試行運卅五年李化龍開夏鎮至直口避黃河險泇河之利始備

源雀鎮在邳州東北金保大中弃山東地戍邳州之源雀鎮以拒蒙古即此

高遷亭在邳州東漢延熹中以誅梁冀功封尚書令周承為高遷亭侯

宿豫故城在宿遷東南六十里春秋鍾吾地秦為下相漢為厹猶晉義熙中置宿預縣東臨泗水南進淮水常為重鎮魏泰始三年孔伯恭攻拔宿豫置南徐州齊永元初魏南徐州刺史沈陵帥宿豫之衆南奔遂廢為鎮梁天監七年魏成景儁以宿豫來降改置東徐州太清末入東魏改置東楚州陳大建五年魯廣達攻克南徐州改北徐州以廣達鎮其地尋改安州周又改泗州隋大業改下邳郡唐初復置泗州開元廿三年徙治臨淮寶應初改縣曰宿遷

下相城在宿遷西北秦縣魏孝昌三年置盱眙郡武定八年改臨清郡治尋省

角城在宿遷東南淮水北去淮陽縣十八里一作甬城晉義熙中為淮陽郡治齊建元三年魏寇淮陽圍成買于角城不克而去李安民追敗魏兵于孫溪渚東魏武定七年改梁臨清天水浮陽三縣為角城縣齊改文成周改臨清隋省入淮陽縣○孫溪渚在縣東

揚州府

柵淵城在宿遷西南魏武定八年分宿預置一名高柵陳大建六年樊毅克齊下邳高柵等六城即此
泗陽城　魏陽城　淩城皆在宿遷東南皆漢縣
司吾城在宿遷西北司吾山下古鍾吾國漢置縣晉末省　梁普通五年魏東海守韋敬欣以司吾城來降後為峒峿鎮漢乾和初成德欽敗皇甫暉于峒峿鎮
濟岷城在宿遷北東晉初以蜀西濟北流人置濟岷郡咸和三年濟岷太守劉闓以下邳入後趙是也
樊增城在宿遷東一作樊諧宋太始三年魏孔伯恭造火車攻宿預沈攸之退保樊增城齊建元中拔樊諧城即此
江都故城在揚州西南四十里濱江漢縣唐末圮于江
邗溝城在揚州西蜀岡上本吳城後荒圮謂之蕪城
廣陵故城在揚州府北十八里楊吳時分江都地置徙後
興縣在揚府西漢縣宋元嘉并入江都
齊寧城在府東南齊永明初置建武五年遏艾陵湖水立裴塘屯徙縣于萬歲村中興元年省
新城在府北晉太元十年謝安出鎮廣陵步邱築壘曰新城宋德祐二年李庭芝守揚州博羅懽拔新城以偪之
寶祐城在府北七里隋迷樓故址宋寶祐四年賈似道築并築新寶城二城相連名夾城
瓜州城在府南四十里江濱故瓜州村接揚子江口一名瓜埠洲瓜州步唐末築城宋建炎二年金自揚州馳至瓜州步得小舟濟江二年少帝太后北去李庭芝使姜才夜擣瓜洲以邀之元人避去才追至浦子市
蜀岡在府西北西接儀真六合東北抵茱萸灣一名西山唐光啓二年楊行密自廬州攻廣陵軍于揚子並西山以偪之遂克揚州周顯德三年南唐陸孟俊自泰州進攻揚州屯于蜀岡
揚子江在府南自黃天蕩西牛步沙由瓜步下小帆山經儀真東鐵丁港鷟鋼艦與鎮江分界東北趨江都經泰興如皋通州海門入海唐以前自揚子鎮渡江相距四十餘里唐立伊婁埭江闊猶廿餘里宋時瓜洲渡口猶十八里前明瓜洲渡至京口僅七八里今則僅三四里矣自瓜洲東為沙河港與焦山相對一名沙壩河與白塔芒稻二河俱洩水通江處又東為深港寶塔灣三江口一曰新港又東周家橋與圌山相對中有順江洲自新港登岸則為卞家墳周家墳至揚州○伊婁埭唐開元中齊澣開一名伊婁堰今瓜洲至揚子橋運河
官河在府南古吳邗溝一名邗江合瀆渠今為漕河江南之漕上江至儀真下江至瓜洲會于揚子橋東北過府東入邵伯湖又北經高郵界首寶應湖黃浦入山陽瀆○孫吳嘉禾中分道伐魏孫韶等入淮向廣陵淮陰太平二年文欽等自江都入淮泗以圖青濟即此
茱萸灣在府東吳王濞開邗溝通海運至海陵倉以地有茱萸村名一名灣口灣頭周顯德四年韓令坤克揚州敗唐兵于灣

頭堰宋紹興四年毀灣頭港口牐以遏金兵今不得積水通舡○一名東塘唐中和初黄巢入長安高駢出屯東塘光啓三年張雄馮宏鐸自蘇州敗入海引樓舡泝江而西泊于東塘宜陵鎮南舊有山洋河通大江府東沙河亦接運河通江皆在府東故名東塘不專屬灣頭

大儀鎮在府西西接天長宋建隆初討淮南李重進次大儀遂克揚州紹興四年劉豫以金入犯韓世忠分軍守承州自率兵至大儀伐木為柵自斷歸路勒五陣設二十餘伏金人大敗

皁角林在府南宋紹興中劉錡鎮瓜州使王佐等設伏皁角林中大敗金人

揚子縣在儀真東南唐永淳初分江都地置廣明初高駢奏揚子院留後為發運使南唐改永貞宋興國復故祥符六年兼置真州建炎初升揚子軍後復故明初省入儀真

白沙鎮在儀真南濱江一名白沙洲齊建武初魏入寇詔于白沙置一軍長蘆分置三軍○唐同光二年楊溥如白沙觀樓舡徐溫自金陵來朝因改名迎鑾鎮宋建隆初討李重進于揚州令諸軍習戰艦于迎鑾鎮南唐大帽乾德二年置建安軍祥符改真州政和改儀真郡元至元改真州路尋省入揚州路

歐陽戍在儀真東北十里齊延興元年王廣之襲安陸王子敬至歐陽戍使陳伯之先驅入廣陵

胥浦橋在儀真西北宋紹興末邵宏淵退保胥浦橋以拒金

柴墟在泰興西宋建炎三年岳飛駐泰州退保柴墟渡百姓于沙上縣得完全○泰興舊治在今縣西北濟川鎮宋乾德三年徙柴墟紹興初徙延令村即今治

范蔡港在泰興東南明初張士誠援泰州使舟師出江次范蔡港別以小舟于江中孤山往來○今港已湮孫山與靖江分界

臨澤廢縣在高郵東北宋大豫初置隋省○梁析高郵置竹塘三歸等縣亦隋省

北阿鎮在高郵西一名三阿以鎮南平阿湖下阿谿名東晉初僑置幽州太元四年秦圍幽州刺史田洛于三阿謝元自廣陵馳救○平阿湖在平阿縣側梁置周省為平阿村

安宜城在寶應西南漢縣梁為平陽郡治太清二年侯景改北滄州隋省

石鼇城在寶應西曹魏鄧艾築晉永和中荀羨鎮淮陰屯田石鼇齊建元二年改泰清縣為石鼇徙陽平郡治隋省

陵亭鎮在興化南唐大順初龐師古略淮南下天長高郵引兵深入敗于陵亭鎮

鈔子角在興化東南明初徐達攻興化以兵扼鈔子角興化遂下

建陵縣在泰州東北晉義熙中僑置隋省改江浦縣大業初復省○州東有東陽故縣又東有長洲澤又東有扶海州

海安城在泰州東宋泰始七年置海安縣屬新平郡齊永明五年省新平入海安陳大建五年徐敬辨克齊海安城即此唐開元十年省明初徐達圖泰州使孫興祖留鎮海安以斷援軍今為海安鎮

胡逗洲在泰州東南海中梁承聖初侯景自滬瀆下海欲向蒙山其下羊鯤乘景晝寢還舟向京口至湖逗洲景覺大驚即此

會盟原在如臯東春秋哀十二年衛侯會吳于鄖杜注鄖發陽也海陵縣東南有發繇口縣本海陵地即是此原舊誤作吳楚會盟處

臨江縣在如臯南晉安帝置周省

甯海縣在如臯東北晉安帝初置唐省

白蒲鎮在如臯東南本白蒲堰宋紹興四年毀堰以拒金明嘉靖末倭寇江北撫臣李遂馳至如臯遇賊于白蒲即此

蒲濤縣在通州西晉義熙中置周省

狼山在通州南與塔山軍山馬鞍山劍山連接一名狼五山山外大江名狼山江唐乾符二年狼山鎮遏使王郢等據狼山作亂攻陷蘇常入海掠二浙及福建梁貞明五年吳越舟師自東洲擊敗淮南狼山江〇塔山一名黃泥山下有沈雁灣通濟閘兩石門即元張瑄朱清海運故道

布洲夾在通州南海中南布州即金沙場東布洲即大安鎮周顯德五年唐師舡自東布洲將趨海口扼蘇杭路使慕容釗循江下擊破之

西亭河在通州西北有西亭場貴魚灣明嘉靖末倭自海門七星港登岸劫西亭金沙等場參將邱升敗之于鄧家莊賊沿海覔舟又追敗之于劉家橋白駒沙七竈莊茅花墩

蘇州府

越城在蘇州西門外越築以偪吳

吳城在蘇州西南橫山下訛為魚城旁有山岡吳築以控越

橫山在蘇州西南中有五塢一名五塢山亦名踞湖山隋開皇九年平陳江南未服楊素討之追至蘇州移郡橫山下空其舊城今山東麓有新郭鎮一曰新城〇山一名薦福山以薦福寺名山西北為姑蘇山西為峨山尭峯花園諸山南為寶華山東為吳山卑猶山桃花塢白洋灣接吳江界東北為上方山一名楞伽山

光福山在府西南太湖旁本名鄧尉山在光福里因名唐乾甯二年楊行密攻蘇州嘉興救董昌錢鏐擊破淮南兵于烏墩光福因置砦戍守

包山在府西南湖中山西北麓曰夫椒土稱西洞庭隋滅陳吳州刺史蕭瓛據州不下兵敗保包山明嘉靖中倭犯府城自閶門奪舟入太湖泊洞庭山下

莫釐山在包山東相去二十里一名胥母山俗名東洞庭明初張士誠結砦于東西兩山明師自常州入太湖經洞庭山口趨湖州士誠兵不敢出

太湖在蘇州府西南一名震澤具區笠澤南接湖州北接常州周三萬六千頃唐武德三年杜伏威自京口東走太湖收亡散襲敗沈法興于吳郡○一名五湖

黃天蕩在府東葑門外一名皇天蕩上接瀘臺諸湖東滙潰墅王墓朝天三湖又東接尹山湖唐乾甯三年楊行密敗吳越于黃天蕩進圍蘇州梁開平三年淮南兵圍蘇州敗走黃天蕩

許墅在府西北一曰許市亦曰鄗墅唐上元初淮南副使李藏用與劉展戰于鄗墅敗奔杭州即此又名畛關

唐家湖在吳江縣南西連盛墩湖及夾馬路為太湖委流東注運河嘉靖中倭從嘉興至唐家湖塘路為官兵截斷不　得渡遂走平望官兵又截盛墩與戰大敗之改曰勝墩

吳江在吳江縣東門外長橋下分太湖支流東出經瀫山湖合五浦又東北合上海黃浦入海名吳淞江古名笠澤江一曰松陵江松江齊明帝末吳郡守張瓌拒王敬則于松江梁承聖初侯景東走王僧辯追及于松江即此

鶯脰湖在吳江南四十里上流受爛溪荻塘諸水出平望安德橋滙流成湖南連汾湖北接太湖為四達之地明嘉靖中倭寇屢據此

婁城在崑山東秦縣孫吳張昭陸遜迭封婁侯晉咸和六年石勒將劉徵浮海南寇婁縣即此

信義縣在崑山西梁天監六年析婁縣地置為信義郡治隋省為信義村俗名真義鎮進義鎮

南沙縣在常熟西北本吳縣司鹽都尉治孫吳名沙中晉初為南沙都尉治咸和中劉徵殺南沙都尉許儒陷海虞即此咸康七年置縣隋省入常熟今奚浦三丈浦黃泗浦西接江陰猶名南沙鄉

興國縣在常熟東梁置隋省元末張士誠開白茅港因故址築支塘城今為支塘浦

海陽縣在常熟北東晉初分海虞北境置東海郡領郯朐利城三縣齊改置海陽縣隋省入常熟

福山在常熟北近江本名覆釜山唐天寶改金鳳山天祐初吳越築城名金鳳城梁乾化三年改福山設福山鎮寨宋建炎三年韓世忠守福山以遏金海道之師○福山港一曰福山塘福山浦

許浦在常熟東北近江宋時以苗涇下張七鴉白茆許浦為崑常五大浦又以苗涇下張七鴉楊林掘浦顧涇為崑山六浦以梅李塘白茆浦崔浦福山浦黃泗浦為常熟五浦乾道五年以許浦戍為御前水軍六年分置前後中三軍於許浦

海在嘉定東北自黃姚港南至上海俗名海泖

鹽鐵塘在嘉定西從外岡中分南鹽鐵塘接陸皎鋪至吳淞江北鹽鐵塘貫練祁塘經葛隆鎮達于劉河又名西橫瀝元季海運總道明永樂十三年罷海運以北鹽鐵西練祁為運河

青龍江在嘉定西合白鶴江入吳淞宋建炎四年兀朮自廣德窺臨安韓世忠以前軍駐青龍江中軍駐江灣後軍駐海口待其至邀之

太倉州

松江府

劉河在太倉南古婁江入海之口北抵崇明百二十四里一名劉家港元至正十四年方國珍入劉家港至半涇董搏霄擊破之明永樂初中使鄭和出劉河使海外諸國○宋置水砦于港口元行海運置分鎮萬戶府于江北岸又于南北岸各立萬戶府凡三區

𩕐子橋在太倉西十八里與崑山接境元至正十六年方國珍犯太倉張士誠使呂珍守𩕐子橋

崇明故城在今崇明治東北唐武德間海中始有東西二沙楊吳時置崇明鎮于西沙宋天聖中續漲一沙與東沙接名姚劉沙靖國初沙西北湧一沙名三沙又名崇明沙紹興初部青據崇明沙犯江陰劉光世討平之嘉定中始置天賜鹽場元至元十四年因崇明鎮置州治至正中徙故治北十五里之東沙明初改縣永樂中又徙故城北十里秦家村嘉靖八年徙馬家濱西南廿九年又徙平洋沙萬秝十四年又徙長沙

蘇州洋在縣東南東沙外即大海北接大江口南入嘉興境

前京縣在松江東南梁分婁縣置隋省

胥浦城在松江南胥浦側梁大通六年築

金山故城在松江南海濱吳越築南與金山接城東十里有周公墩明嘉靖卅四年倭攻青浦南滙登周公墩即此

崑山在松江西北梁大同中置崑山縣于山北唐天寶十年析置華亭縣徙崑山于馬鞍山南為今治土名故治為小崑山

海在松江東及東南亦曰蘇州洋自獨山至小湯窪二百四十八里皆海境自金山東北為柘林青村又北為南滙川沙吳淞江劉河七鴉港又東為崇明西為白茆港福山楊舍江陰江北岸則自料角嘴大河口至呂四等場沿楊樹港至故海門又北則為徐步營掘港新插港金沙鹽城廟灣劉莊姚家蕩蛤蜊港麻線港大海口春秋哀八年吳徐承帥舟師自海入齊國語夫差會晉于黃池越師沿海泝淮以絕吳路隋開皇八年伐陳使燕榮等由東海道入吳擊敗吳州刺史蕭瓛于包山宋紹定三年李全習舟師于射陽湖及海洋放舟自蘇州洋入平江嘉興欲窺臨安

泖湖在府西一曰三泖本華亭水源出華亭谷一曰華亭泖西北抵山涇水形圖書曰圓泖一曰上泖南近泖橋水瀾者曰大泖一曰下泖自泖橋而上亘百餘里曰長泖一曰中泖谷泖宋宣和初提舉趙霖浚白鶴滙又議圍華亭泖為田

柘林鎮在府東南柘山側與青村金山相接明嘉靖中倭據柘林四出焚掠由亭林鎮渡黃浦至瓜涇西犯府城

朱涇鎮今金山治所宋元時置大盈務明洪武初改置泖橋司明嘉靖中倭自吳淞至嘉善胡宗憲使徐海擊之敗倭于朱涇

羊山在金山東海中環抱十八嶼南接定海北至吳淞明置會哨所

滬瀆城在上海東北故滬瀆壘淞江東瀉海曰滬海一曰滬瀆舊有東西二城近蘆子渡一名蘆子城東城已圯西城旁有東西蘆瀆水入滬瀆江晉永和中虞潭修滬瀆壘以防海寇隆安四年袁山松築滬瀆壘以備孫恩

茶山在上海東南海中與陳錢山接明嘉靖中倭據補陀山敗走茶山官軍一由東北淺步沙進一由嬰哥嶴進一由中路進

常州府

即此

黃浦在上海東一名春申浦上流一自嘉興秀州塘一自蘇州澱山湖同注三泖東流合衆水入吴淞江以建海浦口極濶大志以為即古東江○浦口即南蹌浦一名蹌港

青龍鎮在青浦東北瀕滬瀆口舊為海舶湊集之地唐置鎮以在青龍江上亦名龍江鎮宋政和改通惠明嘉靖廿一年置縣萬秝初徙治唐行鎮

武進故城在常州西北七十里奔牛萬歲青城間本漢丹徒句曲二縣地孫吴改丹徒曰武進晉太康初復稱丹徒為毘陵郡治别置武進縣梁省入蘭陵縣唐武德三年復置屬常州治郭内○晉咸和六年劉徵浮海南掠武進諸縣即此

蘭陵城在常州西北晉大興初分武進地置為南蘭陵郡治在武進東故曰東城今名千秋鄉萬歲鎮又名阜通鎮蕭道成高曾以下皆居東城里大同十年幸蘭陵謁建寧諸陵

古青城在常州西北萬歲鎮東南城南為圜壇西為方壇蕭齊郊祀之所唐大順初楊行密屯青城使安仁義擊敗孫儒于武進即此

姑幕城在常州西南譌為傳落城東晉初僑置隋省

胥城在常州東南東晉初僑置莒縣為南東莞郡治譌莒為胥隋省○府西有南彭城郡亦明帝置隋省

淹城在常州東南卅里古淹君地毘陵縣初置治此

三山在常州東北明初張士誠攻常州吴良自江陰取間道敗其援兵于無錫三山

芙蓉湖在常州東橫山南山北曰上湖即古射貴湖北注大江宋元祐中堰為田湖流湮没

孟瀆在常州西南接運河北入揚子江唐元和八年孟簡浚故渠引江水南注通漕溉田因名明洪武廿九年置閘于孤陳山西北臨大江閘西即宋之小河村嘉靖卅二年倭亂入孟瀆口因置孟河營戍守

東洲在常州東南太湖濱五代梁開平二年吴越張仁保攻拔東洲淮南將陳璋馳救大破仁保于魚蕩復取東洲乾化三年淮南攻衣錦軍錢傳瓘帥水師攻東洲以救之

奔牛鎮在常州西有奔牛堰一曰奔牛塘宋泰始二年會稽諸軍西應子勛軍于九里連築五城沈懷明拒之至奔牛築壘自固即此

遊塘營在常州西南一作牛塘明初徐達攻常州敗張士誠于牛塘即此

庱亭在常州西與丹陽分界晉咸和三年郗鑒守京口築大業曲阿庱亭三壘以分蘇峻兵勢隋開皇十年江南復亂楊素討之使麥鐵杖潛渡覘賊深入至庱亭即此

五牧橋在常州東南唐末吴越自江陰入與楊行密戰于五牧橋

鎮江府

新安城在無錫東南元初置新安司至正中張士誠築城屯兵于新安溪南通太湖東入運河
慧山在無錫西山陽有九隴若龍故名九龍山冠龍山古名華山西神山梁貞明五年淮南敗吳越軍于無錫山南即此
望亭鎮在無錫南孫吳時御亭晉咸和中顧颺討蘇峻築壘御亭以拒之是也唐改望亭光啓初置屯光化初顧全武敗淮南周本于望亭○有望亭堰宋淳熙九年知常州章冲言望亭堰始于唐至德廢于本朝之嘉祐至元祐七年復置後又廢此堰有三利潦不淫溢田可灌溉河通舟楫宜時修治
國山城在宜興西南國山西麓孫吳天璽初國山石裂成室孫皓行封禪禮晉永興初分陽羨地置縣宋泰始二年吳喜討劉延熙自永世至國山破東軍進屯吳城斬楊元遂圍義興隋省○吳城在縣西南二十里一名太伯城
臨津城在縣西五十里南臨荆溪晉置唐武德八年省
綏安城在縣西南宋永初三年分廣德長城陽羨地置梁末兼置大梁郡治陳省
義鄉城在縣東南晉置
函山在縣西北七十里與溧陽接界有故函鄉亭漢建武中封蔣澄為函鄉亭侯
暨陽縣在江陰東四十里本漢莫龍築以扞海寇名莫城晉太康二年置暨陽治此隋省唐武德三年復置為暨州治九年省入江陰
利城縣在江陰西晉安帝初析海虞地置永和中徙京口梁末又置唐省今有利城鎮
梁豐縣在江陰西南梁置隋省
艦浦城在江陰西陳至德初江陰郡守倪啓徙江陰治夏浦築此城一曰夏城○縣東有陶城閭城郭城皆南唐戍所
香山在江陰東近大江梁貞明五年徐溫使陳璋以水師下海門敗吳越于香灣
大江在城北上自武進桃花港下至常熟界渡中有青草沙蒲沙唐沙三沙之中有巫山門一名巫子門○宋元嘉廿七年設戍江濱自采石至暨陽六七百里宋隆興二年以江陰通泰海命范榮專一扞禦自江陰至通州之料角一帶明初張士誠出馬䭾沙泝流侵江南太祖自鎮江東追敗之于巫子門○馬䭾沙今靖江縣地東西二沙同在江中明天啓後北岸沙漲為平陸與泰興縣界河為界
北固山在鎮江治北下臨長江蔡謨起樓其上以貯軍資宋元嘉廿七年分屯北固蒜山西津諫壁焦山以防魏梁大同十年武帝登望改北顧
銀山在鎮江城西江口舊名土山俗名監土山別阜曰玉山臨江聳立上有龍王廟與金山對峙宋建炎四年韓世忠屯焦山邀兀朮歸路使伏龍王廟中及岸側賊至廟覘宋軍伏發擒兩騎元皇慶二年敕鎮江路建銀山寺
蒜山在鎮江西江中一名算山晉隆安五年孫恩奄至丹徒鼓譟登蒜山即此

徐州府

金山在府西北今西南岸漲接平陸一名浮玉氏父獲符伏牛頭陀巖唐建中四年揚州陳少游臨江大閱鎮海韓滉至京口應之會于金山寺

焦山在府東北江中一名譙山宋德祐張世杰舟次焦山碇江中阿术登石公山望之曰可燒而走也世杰敗走圌山○圌山屹立江濱外有順江匾擔諸沙環護江流至此自東而西而北轉屈湍激北岸與周家橋對為鎮江之咽喉

潤浦在府東一曰東浦東接茆浦隋大業中劉元進攻潤州自茅浦將渡江吐萬緒邀敗之

談家洲在府西北六里江中新漲沙洲

徐陵亭在府西南本徐陵鎮後為京口孫吳置徐陵督華覈封徐陵亭侯齊建元初沿江置戍分置一軍于徐浦

延陵城在丹陽南卅里本曲阿延陵鄉晉太康二年置縣唐熙甯五年省為延陵鎮置延陵砦鎮南運河南岸有雲陽東西二城相距七里孫吳時置

呂城在丹陽東南宋開寶中吳越助宋攻常州克呂城江南平置堰閘通運紹興二年呂頤浩開府鎮江前鋒趙延壽叛自呂城犯金壇頤浩擢移疾不敢進

彭城故城在徐州東北宋彭城地楚項都邑漢置為彭城國治晉為徐州治義熙七年分為北徐州元徙徐州省縣

武安城在州南五里元至正十三年芝麻李據徐州脫脫擊平之改武安州徙治此

呂城在州東春秋宋呂邑漢縣隋省○城臨泗水積石為梁故稱呂梁今城東十里呂梁洪上有二城一曰雲夢一曰梁王又又高齊築三城一在水南一在水北一在水中潭上以防陳

南陽平城在州西宋分沛郡南界僑置陽平郡領館陶陽平濮陽三縣入魏改南陽平梁普通六年王希聃拔魏南陽平郡即此周省○濮陽在州西北後周省

垞城在州北今譌為茶城

雲龍山在州西一名石佛山唐景福二年朱友裕敗徐兖兵于石佛山下龐師古攻拔石佛山寨即此

寒山在州東南晉大興二年周撫叛降石勒劉遐討之斬撫于寒山梁中梁大同二年蕭淵明堰泗水以灌彭城軍于寒山魏慕容紹宗馳救至橐駝峴淵明大敗

百步洪在州東南泗水所經一名徐州洪中分三道中曰中洪西曰外洪東曰月河一名裡洪宋元祐中置月河呂堪及上下閘明嘉靖中再闢遂成安流

呂梁洪在州東南有上下二洪晉太元九年謝元克兖州用聞人奭謀堰呂梁水植柵立七埭為派擁上流以利漕運遂克青州時稱青州派梁太清初蕭弄璋攻拔東魏磧泉呂梁二戍明初擴廓屯徐州東陵子村傅友德引舟泝流至呂梁登陸擊卻之

蕭故城在今蕭縣西北土名北城秦置縣北齊改承高縣隋開皇六年改龍城十八年改臨沛大業初復為蕭縣明萬秝五年徙今治名南城

杼秋城在蕭縣西漢縣晉省

扶陽城在蕭縣西南漢縣後漢省

永固城在蕭縣東南永固山下元至大中置縣尋省為鎮

龍城縣在蕭縣東卅里即水經之歷龍城隋初置縣

厥城在蕭縣北一名厥固梁大同中蘭欽攻拔魏蕭城厥固即此

留城在沛縣東南秦縣宋元嘉廿七年魏拓拔建自清西屯蕭城步尼公自清東進屯留城即此唐省今為運道所經

廣戚城在沛縣東北漢縣晉省

湖陵城在沛北與魚臺縣接界秦縣王莽改湖陸漢建武三年蓋延劉永軍于沛西永走保湖陸尋復曰湖陵建武五年幸沛進幸湖陵章帝又改湖陸苻秦置兗州治宋元嘉八年到彥之自東平南走兗州刺史竺靈秀棄湏昌奔湖陸

泡河在沛西上流即豐水自單縣來經豐縣北又東南至泗亭驛合于泗一名苞水舊有橋名苞橋宋元嘉中魏師自留城與宋稽元敬軍遇趙苞橋欲渡清西沛民夜燒苞橋于林中鳴鼓魏師大驚爭渡苞水溺死大半明正德四年河溢西南接泡水出飛雲橋隆慶六年于泡泗會處開築接鴻溝東北由留城入運

夏鎮在沛縣東北明萬秝十六年築夏鎮城卅二年開泇河自夏鎮經徐州東北彭家口至邳州東直河口避黃河險

留桑亭在沛縣西南戰國周赧王四十六年秦張儀及齊楚之相會于留桑漢建武初王梁攻佼彊蘇茂于楚沛間拔大梁留桑即此

吳康鎮在沛南唐文德初朱全忠欲置戍于楚州時溥屯吳唐鎮拒之今有吳康里

麻城在碭山東北漢麻鄉地魏孝昌二年置安陽縣治麻城隋省今為麻城集

狐父聚在碭山南一作狐父城史記曹參擊司馬尼于碭東取碭狐父是也

安慶州府

安徽地界

武進馬冠羣良伯甫輯

唐皖城縣在安慶西皖水北武德初分懷甯地置又于府北三十里置皖陽城後俱省入懷甯

梅城在安慶北北齊天保三年盧潛屯兵于此築時龍鳴城內故一名龍鳴城唐武德置梅城縣治此旋省

安樂城在安慶西梁天監七年築城一名武功城唐武德置縣後省入懷甯

大龍山在府北東與小龍山接南倚大江

大江在城外西南上流自小孤涯潯陽彭蠡而東入宿松界經望江下至安慶城東北入無為界南岸自東流池州至銅陵折東北為蕪湖太平西北為含山和州

皖口鎮在府西十五里皖水入江處吳嘉禾六年諸葛恪屯廬江皖口陳永定六年使徐度戍南皖口又使臨川王子南皖口築城今為山口鎮

石牌市在安慶西一曰石牌口宋開寶七年樊若水請用浮梁濟采口先試舟于石牌口

大勝磯在府西江濱明季史可法敗賊于大勝磯即此

樅陽漢縣在桐城東南江濱後漢省梁復置太清末蕭範以合肥兵屯濡須泝流屯樅陽元至正十九年趙普勝在安慶結寨樅陽即此今為樅陽鎮東十餘里接三江口有鐵板州羅塘洲木鸞洲皆江濱地

陰安城在桐城東南八十宋初僑置縣隋省入樅陽

同安城在桐城南本舊城隋初置縣後省

北硤山在桐城北兩崖相夾如關山南十餘里為西硤山通名硤石山漢建安十九年吳攻皖張遼自合肥馳救至硤石聞皖已破築壘硤石南謂之南硤戍吳黃武六年陸遜敗曹休于石亭追至硤石壽州有北硤石故此　山又名南硤石

浮山寨在桐城東浮山下元至正中徐達自無為州登陸夜至浮山寨擊敗敵兵又敗郭泰於沙河進克潛山即此

呂亭在桐城北宋元嘉廿五年置呂亭左縣屬晉熙郡尋省今為呂亭驛

青城縣在太湖東唐武德中置後省　又東五里為荊陽故縣亦武德置

東城縣在太湖東南齊置陳大建五年省

松茲縣在宿松北晉初僑置

小孤山在宿松東南大江中與彭澤縣接界山南為彭浪磯馬當山北為蛾眉洲大江經此分流東下元至正中佘闕守安慶倚小孤為扞蔽明正德十四年宸濠犯小孤沿江焚掠即此

雷池在望江東一曰雷港雷江口大雷江晉咸和二年溫嶠欲自江州入衛庾亮止之戒使無過雷池一步義熙六年劉裕自雷池進軍大雷分兵持火具屯雷江西岸有雷港鎮

太平府

于湖城在太平府東三十八里本吳督農校尉治晉太康二年置縣咸和初僑置淮南郡宋大明六年省淮南入宣城改宣城郡
治隋俱省
采石山在太平府北大江東岸西接和州江橫江渡北接江甯一曰采石圻南里許連牛渚山一名牛渚圻舊時有戍城漢興
平初孫策渡橫江攻劉繇牛渚營盡得邸閣糧穀戰具孫皓建衡二年大舉伐晉從牛渚西上以何植為牛渚督作橫江塢亦
曰南洲津梁普通六年置南津校尉於此承聖初侯子鑒據姑孰南洲以拒王僧辯隋置牛渚圻鎮唐改戍
青山在太平東南一名青林山唐武德七年輔公祏以舟師屯博望山步卒屯青林山李孝恭擊破梁山之兵二屯悉潰
褐山在太平西南臨江一曰昌山東接東梁山唐光啟三年楊行密謀取宣州敗其兵于昌山即此
大江在府西北五里上流自繁西為荻港驛入境東北經宗三廟至蕪湖又東北經東梁山至采石磯又東北六十里即江甯

鎮

大信河在府西南本大江自天門山南分為夾河下達采石入江一名南浦宋孝建初龐法起趨南浦掩王元謨後元謨擊破
之即此今為大信港
黃池河在府南東接固城湖南至黃池鎮與宣城分界西接蕪湖縣河入江唐大順二年楊行密攻孫儒敗于黃池河天復三
年臺濛攻破田頵於黃池即此
慈湖在府北一名慈湖夾晉咸康初石虎南侵詔分屯慈湖諸處即此
青堆沙在府西南即青墩有青墩河梁敬帝初周文育自湓城趨援齊人列舟青墩至七里磯以斷文育歸路　即此
上黨城在蕪湖西南東晉太元中僑置上黨郡襄垣縣後省
中江在蕪湖南俗名蕪湖縣河東達黃池入丹陽石臼等湖至銀林堰蘇常承中江下流常病漂沒自五堰築江不復東宣歙
之水由縣西以達江宋宣和七年詔開江東古河自蕪湖宣溪溧水至鎮江渡楊子循中江故流東北達於大江
春穀城在繁昌西南漢縣晉元帝初僑置襄城郡後省郡改陽穀縣
赭圻城在繁昌西南江東岸西接濡須口北接高安戍故孫吳赭圻屯晉哀帝中桓溫築城梁為南陵縣治唐長安四年徙
宋泰始三年孫冲之據赭圻臺軍自虎檻洲進攻破之冲之還軍鵲尾與劉胡等合據濃湖以拒臺軍張興世潛率輕舸越鵲
尾宿景壙浦徑趨錢溪立砦據之胡自鵲尾來攻船入回狀為興世所敗沈仲玉自南陵載糧至貴池口亦為興世所要截即
此　虎檻洲在縣東濃湖在縣西南鵲尾在西南大江即楚鵲岸一名鵲洲與江南岸鵲頭山相對錢溪即梅根港以歷代鑄
錢所故名又為梅根渚貴口即貴池口一名杜塢河
南陵戍在繁昌西北江濱六朝時江州東界止此晉義熙六年盧循南還尋陽使范崇民據南陵梁承聖初王僧辯軍于大雷
使侯瑱襲取南陵鵲頭二戍　今南陵縣本梁武因舊戍置治赭圻城去南陵戍一百三十里

池州府

石城縣在池州西七十里東西兩石山夾河如城故名漢置縣梁置南太原郡治大同中省隋改秋浦縣楊吳改貴池徙今治
漢建安四年孫策以程普爲丹陽都尉屯石城即此
虎林城在池州西故石城東孫吳置虎林督太平二年朱異自虎林襲夏口至武昌夏口督孫壹奔
大江在池州府北五里上流自湓浦至東流西香河口入池州境至吉陽河雁汊鎮北折而東經李陽河烏沙夾池口又東經麻布蓼梅根五埠溝至大通河又東過銅陵折北經丁家湖錢家灣胭脂夾荻港接繁昌境中有古夾洲烏落州官洲新洲上荷葉洲武梁洲欄江磯羅汊磯黃龍磯劉婆磯皆近府濱江處下荷葉洲橫港曹韓洲白沙洲千斤洲新湧洲小無洲鐵溪丁溪羊山磯石礲磯皆銅陵縣濱江處
烏石山寨在池州西南唐永泰初方清據烏石山寨絕江爲寇始置池州于秋浦以扼要害
臨城縣在青陽南五里孫吳赤烏中置隋省又南五十里漢陵陽縣晉咸康二年避杜后諱改廣陽隋改南陽尋省今爲陵陽鎮
九華山在青陽西南本名九子山唐龍紀初楊行密圍趙鍠於宣州敗援兵於九華山即此有九華寨
銅官城在銅陵東本唐義安縣省爲銅官治一名法門場今爲順安鎮有銅官山
定陵城在銅陵東晉義熙中僑置隋省
丁家洲口在銅陵東北源出東南儀鳳嶺東會棲鳳湖通鳳心閘合胡城順安諸水一自洲上口一自洲下口入江宋德祐初賈似道使孫虎臣爲前鋒軍丁家洲自將後隊軍魯港即此
太原城在建德南舊名堯城一名舜井城梁武時僑置太原郡今有太原鄉
吉陽磯在東流北江濱唐天復三年李神福自鄂州敗王壇於陵陽磯追至皖口即此
大江在東流西北二里自馬當山東北經香口吉陽諸鎮至黃盆河口接貴池界沿江有蓮花洲閣牌洲白沙洲雁落洲七圍洲鬼頸洲雀料洲大新磯師子綱林麓賈祝家黃石諸磯

寧國府

遂道城在寧國府北晉咸和初僑置隋省
宣城故城在府西六十里青弋江上後漢省建安三年孫策定宣城以東即故城
句溪在寧國府東三里上流即東西二溪合諸水至府城東爲東溪又西三里爲句溪又北至三沙河與宛溪合經敬亭山東爲敬亭潭十里至油榨溝與雙溪合又北愛青草湖至石頭溝東合南湖水北出爲沙水灣慈溪高淳之水至此合句溪又北至水陽鎮爲龍溪又西北入黃池西至蕪湖入大江唐大順二年李從立奔至宣州東溪楊行密使臺濛屯句溪西拒之即此
歙州城在涇縣西唐武德三年置八年省
安吳城在涇縣西藍山南孫吳建衡中置唐武德八年省今有安吳市安吳渡　武德中又于今旌德西北十五里改置安吳

徽州府

縣一名沙城後省
蘭石鎮在涇縣東南晉咸和中俞縱守蘭石以拒韓晃敗死星潭即此　藤溪西合楓村溪經蘭石為星潭
枚田鎮在涇縣東唐武德七年權文誕破輔公祏于歙州授枚四等四鎮
懷安城在寧國縣南漢建安中孫吳分宛陵置以防山越隋省又南五十里槃山北有唐烏石城
石壁山在旌德北宋宣和中王可誠敗方臘於石壁即此
歸德縣在徽州西南唐永泰初置大秝省
北野縣在徽州北三十五里唐永徽五年置大秝二年省
新安江在徽州南有四源一出績溪大彰山合揚之水西流一出休寧率山一出婺源浙嶺一出黃山合而東南流為浙江
黎陽在休寧西北孫吳分歙縣置陳省今為黎陽鄉
萬安山在休寧東本名萬歲山宋宣和中改一名古城巖隋大業末汪華徙新安郡治此有城及故宮
清華鎮在婺源北唐開元分休寧回玉鄉鄱陽懷金鄉置婺源縣治此天祐中徙治弦高鎮
三吳鎮在婺源東唐乾符中汪道安使子演戍三吳鎮即此
梅鋗城在祁門西十五里
林歷山在黟縣西南漢建安中山越陳僕祖山據林歷山即此
大鄣山在績溪東即三天子鄣山今名玉山浙水出其下

滁州

建陽城在滁州東秦置後漢省
葛城在滁州東南五十五里與江浦接界梁置臨滁郡治此隋省今有西葛城市
赤湖城在滁州西魏置新昌郡領赤湖荻港薄陽頓邱四縣今有赤湖及赤湖橋　荻港在州北薄陽墟在州南
琅邪山在滁州南下有琅邪溪源出兩山間謂之釀泉山南別阜曰鵝頭宋建炎初向子堅據琅邪山為城寇從鵝頭山下瞰
城中盡銳攻克之即此
清流山在滁州西北亦名清流關山有清流河周顯德三年唐兵敗於正陽退屯清流即此
阜陵城在全椒東南漢縣後漢淪為麻湖梁為南梁郡治天監二年南梁守馬道根戍阜陵陳大建十一年周韋孝寬侵淮南
北譙南梁之民皆自收歸江南周省　宋建炎三年金破和州軍士多潰圍四出保麻湖水砦即此
南譙城在全椒西北南桑根山之陽梁大同三年分北徐州之新昌郡譙州之北譙郡置譙州治山桑梁又置譙州及南譙郡
治蘄在巢縣界而以此為北譙別於渦陽之譙謂之南譙北齊徙治新昌為今滁州治隋省郡改州為滁州　北譙郡城在縣

和州

西北二十五里

豐樂城在全椒西梁置隋省

高塘城在全椒北梁置高塘郡領平阿盤塘石城蘭陵等縣周改郡為高塘隋省今有高塘鎮

酇湖在全椒西南宋元嘉八年僑置酇縣治此下流通滁河

烏江縣在和州東北本秦烏江亭晉太康六年置縣永嘉初揚州刺史劉準討陳敏敏屯烏江以拒之宋大明六年校獵於烏江即此梁置臨江郡又為江都郡治北齊曰齊江郡周曰同江郡隋初省郡明初省為烏江鎮

雍邱城在和州南裕溪河口東晉初僑置縣周省今訛為雍家城明洪武初置驛

穀孰城在和州西北東晉初僑置梁末省

湖白城在和州西南湖白口即巢湖白石水合流入江之口宋泰始二年孫冲之築

梁山今在和州南六十里一曰西梁山與太平府博望山一名東梁山相對如門之闕亦曰天門山口入名蛾眉山楚獲吳乘舟餘皇處晉初王濬自武昌東下吳張象以梁山降宋元嘉二十七年魏至瓜步詔分軍守衛置戍博望　山下為梁山鎮

雞籠山在和州西北明初元分屯高望新塘青山雞籠山諸處來爭和陽即此

柵江在和州西南古濡須口與無為州分江流為界梁末齊蕭軌出柵口向梁山陳天嘉宋南渡置柵口寨

當利浦在和州東南本名揚浦亦名沙口堰漢興平初劉由使張英屯當利口以拒吳景晉咸和二年斷阜陵守江西當利諸口以拒蘇峻

裕溪河在和州南源出巢湖自無為南注於江明初元師　釆石窺太平不克退屯裕溪即此今為裕溪鎮

白石水在和州南柵江橫江之間源出白石山西南流入柵水晉咸康五年石虎敗晉兵於白石隆安三年桓元破官軍於白石進至橫江即此

楊林渡在和州東與西釆石接一名萬柳提楊柳河宋紹興末虞允文敗金人於釆石別遣舟師截金於楊林河口嘉定十一年金自濠州趨和州之石　遊騎至釆石楊柳渡即此

銅城堰在和州西南含山縣南銅城鄉受天河黃洛河支流東至閘口為牛屯河南為三义河明初太祖率舟師出巢湖口至銅城閘元兵猶塞馬腸河口用黃墩水兵破之盡督諸軍出尋陽橋入江　馬腸河在無為州東北黃墩湖在盧江東南

斗焰關在和州西北有斗焰山一名陡陽關明初張天祐以奇兵出陡陽關薄和陽小西門遂克之即此

楊荷橋在和州東南晉咸寧六年吳張悌堰江圍張喬於楊荷橋即此

龍亢城在含山南東晉初僑置後省

大峴在含山東北一名赤踆山小峴在含山北一名昭關梁承聖初齊南侵侯景使郭元建帥步軍趨小峴侯子鑒帥舟師向

廣德州

濡須齊人引退宋紹興十一年王德克和州兀朮退屯昭關
練固在含山北和州西北晉元興三年豫州刺史魏詠之擊斬楊秋於練固即此
故鄣城在廣德東北接長興界秦鄣縣漢改故鄣隋省

鳳陽府

梁城在鳳陽府西南一曰南梁城晉太元中僑置南梁郡於睢南宋大明六年始析壽春城北地為治所即此城齊永元二年入魏別置梁郡治北譙梁天監五年陳伯之自梁城來歸昌義之遂據梁城十五年昌義之泝淮救峽石魏守下蔡斷淮流義之屯梁城不得進隋省今淮河中有梁城灘東至洛河口二十五里
小東城在鳳陽東秦築以鎮濠口
樂平城在鳳陽東南漢縣東晉初僑置宋泰始二年薛安都從子索兒自石梁溪走樂平即此
淮河在鳳陽縣北齊建武二年魏濟淮攻鍾離不克築城邵陽洲上柵斷水路夾築二城梁天監五年曹景宗救鍾離屯邵陽洲尾值暴風引還鍾離北阻淮河魏人於邵陽兩岸為橋樹柵跨淮通道南岸攻城別據北岸立城以通糧運　邵陽洲在縣東北淮水上
荆山城在懷遠北三里荆山下一名舊城梁天監十四年魏以梁堰淮水因築城荆山置戍高齊置荆山郡周顯德四年破唐援軍於紫金山周主自趙步循北岸馳至荆山洪夜宿鎮淮軍宋寶祐五年賈似道以渦口上連荆山下連淮岸險要可據遂置荆山縣懷遠軍改軍為縣省荆山入懷遠　荆山連壽州東北界一名紫金山趙步在壽州東北淮河北岸　梁荆山堰城在縣北淮水上北對荆山天監十五年堰成時築以守堰
當塗在懷遠東七里塗山北麓下古塗山國漢置縣東晉時淮南民多南渡乃於江南立淮南郡及當塗縣等故當塗縣遂廢
馬頭郡城在懷遠西南淮河側晉安帝初置并僑置虞縣宋元嘉二十七年魏長孫真趨馬頭拓跋英趨鍾離齊建元二年魏拓跋深拔馬頭戍徙馬頭郡治已吾旋以已吾屬沛郡徙馬頭郡治蘄縣故馬頭城省　又西二十里有梁時置馬頭新城下有新城淮河渡在今壽州西北
渦口城在懷遠東北今謂為蕭城齊建武末裴叔業攻渦陽敗還保渦口唐于渦口對岸築兩城刺史常帶兩城使建中二年李正已扼埇橋渦口江淮進奉船千餘泊渦口不敢進周顯德三年周主至濠州時渦口新浮梁成遂如渦口置鎮淮軍明年夾淮水為二城徙下蔡浮梁於其間以扼壽春應援之路宋嘉定十二年李全至渦口敗金於化湖陂追北至曹家莊　渦水汴河之支流自鹿邑入亳州受黃河經亳城北合馬尚河東南經蒙城至縣東入淮今黃河橫決上源已湮埇橋在宿州北一

名符離橋永濟橋
平阿城在懷遠北淮水西漢縣晉永嘉後省　梁於今天長界復置平阿縣
龍亢城在懷遠西北渦水南漢縣東晉初僑置于今和州境內省故縣為龍亢戍齊建武末裴叔業攻魏渦陽拔龍亢戍即此
梁普通六年趙景悅拔魏龍亢置龍亢郡領龍亢縣等隋初俱省入蘄縣　北魏分龍亢戍西南地置馬頭郡治蘄縣在今壽
州東北
向城在懷遠東北漢縣魏省
考城在懷遠東南東晉僑置梁省
塗山在懷遠東南八里與荆山對峙二山本一脉禹以桐柏之流泛濫為害鑿為二以通之今兩山間有斷接谷山南有禹墟
及禹會村
荘眉戍在懷遠西北魏置齊建元二年崔仲文渡淮攻拔荘眉戍即此
東城在定遠東南漢置縣建安三年袁術以魯肅為東城長梁天監中魏以蕭寶寅都督東揚州軍事屯東城土人蔡豐據東
城來歸詔改豐城縣以旌其功尋省
曲陽城在定遠西北漢縣後漢曰西曲陽以別於下邳之曲陽晉省後魏置彭沛二郡及南陽縣治曲陽城梁普通六年曹世
宗拔魏曲陽又拔秦墟即此北齊省
陰陵城在定遠西北漢縣初平四年袁術保陰陵集兵淮北進向壽春即此宋省梁徙北譙郡治陰陵故城天監五年王伯敖
與魏元英戰於陰陵是也後周省
下蔡城在壽州北三十里淮水北岸古州來地哀公二年蔡遷都於此謂之下蔡漢置縣齊建元三年徙下蔡戍於淮東建武
二年魏置下蔡郡梁天監中別於硤石山下築城拒魏謂之下蔡新城大通中梁得下蔡城置汴州及汴郡因名汴城齊省郡
州唐武德四年置渦州八年州省周顯德二年徙正陽浮梁于下蔡發陳蔡丁夫築下蔡城壽州降遂徙治下蔡宋政和改壽
春府乾道三年改安豐軍徙治壽春縣元末省下蔡縣明為下蔡司
硤石城在壽州西北硤石山上山兩岸相對淮水經其中在西岸者為西硤石屬下蔡在東岸者屬壽春晉太元八年胡彬救
壽春退保硤石梁天監十四年趙祖悅襲西硤石以偪壽陽十五年浮山堰成淮水泛濫魏揚州刺史李崇作浮橋於硤石戍
築魏昌城於八公山南以備壽陽陳大建五年吳明徹伐齊克硤口北岸城
安豐城在壽州西南霍邱東漢縣曹魏置安豐郡宋紹興十二年升安豐軍領六安霍邱壽春三縣隆興二年以軍使兼知安
豐縣事明初省今為安豐鄉又南為漢博鄉縣王莽改都陸後省
陳留在壽州西南故安豐城東北梁置陳留縣為陳留郡治隋省

安徽　四　十四

安城縣在壽州南梁置為新興郡治
蒼陵城在壽州西淮水南岸故楚置
義昌在壽州東北晉置宋省
黃城在壽州西晉小黃縣地梁置黃城戍尋為潁川郡治東魏武定六年改下蔡郡治陳大建五年攻克魏黃城郭默城置司州於黃城
八公山在壽州東北肥水北淮水南一名肥陵山北山魏甘露初吳文欽等救壽春從北山乘險突入城梁天監十二年壽陽久雨大水入城衆欲棄城保北山　山北峯麓與紫金山接
潁口在壽州西北一名潁尾淮水自霍邱經正陽鎮合潁名潁口又東至壽州北合肥水名肥口統名淮口魏黃初五年循蔡潁浮淮如壽春晉太元八年秦使苻雄引軍先至潁口陳大建五年齊皮景和救壽陽屯於淮口唐元和十一年置淮潁水道以餽淮西諸軍揚子等院米皆自淮陰泝流至壽州入潁口　肥水源流斷續有東肥河自州城東北西流入淮西肥河自州城北東流入淮
芍陂在壽州南近故安豐城一曰安豐塘期思陂渒水經白芍亭東積為湖西自六合北騶虞石東自濠州南橫石水皆來注北經孫叔祠下為芍陂瀆又北分一水東注黎漿一水北注淝水漢建安五年劉馥鎮合肥修芍陂茹陂七門吳塘諸堨以溉稻田十四年曹操引水軍自渦入淮出淝水屯合肥開芍陂屯田宋元嘉七年長沙王義欣鎮壽陽因舊溝引渒水入芍陂溉田開皇中趙軌更開三十六門灌田五千餘頃
八疊灘在壽州西北淮水旁宋開禧初金冦潁壽潛自八疊灘遂奪潁口下安豐霍邱
正陽鎮在壽州西夾淮東正陽屬壽州西正陽屬潁州唐天祐二年朱全忠自光州侵壽壽人堅壁清野汴軍無林木可為柵乃退屯正陽渡淮而北元至元九年董文炳築兩城於正陽以遏宋兵
黎漿亭在壽州東南芍陂瀆水東注黎漿水又東經黎漿亭注肥水　梁普通五年裴邃拔荻城覆城進屯黎漿七年元樹等自道攻黎漿夏侯亶自南道攻壽陽
荻城在霍邱南一名荻邱
尉武亭在壽州北宋元嘉中劉康祖自虎牢還守壽陽至尉武亭遇魏師
符離故縣在宿州北故楚南塞地秦置縣晉末省梁置淮陽縣為沛郡治東魏武定改睢南郡縣曰斛城北齊復為符離縣隋省郡唐咸通九年龐勛自徐城西走崔彥曾使宿軍出符離泗軍出虹縣拒之宋隆興二年張浚北伐邵宏淵等潰于符離
銍城在宿州南故宋邑秦置縣劉宋省梁改置臨渙郡領白禪丹城兩縣北齊改郡為臨渙縣隋省白禪丹城入臨渙唐貞觀十七年徙臨渙治故譙州治在今州西南　梁於南譙郡別置銍縣後入魏大通二年陳慶之送北海王顥還襲銍城而據之

潁州府

渙北縣在宿州西南梁置北齊省
竹邑城在宿州北漢置竹縣後漢改竹邑晉省魏置竹邑戍齊建元二年徐州刺史崔仲文拔魏竹邑戍即此梁大通初置睢州治其地東魏武定五年改置南濟陰郡領頓邱定陶二縣北齊復曰竹邑隋省入符離
相城在宿州西北古相土所居秦置縣後周省訛為襄城唐咸通十年朱邪赤心擊破王宏立自鹿塘至襄城伏尸五十里康承訓又敗襄城賊於柳子遂克臨渙拔襄城留武小睢諸砦
蘄城在宿州南故楚邑秦置縣二世二年陳勝起兵於蘄即此梁改蘄郡隋省郡元省縣又西北為漢靈壁故城
赤坎城在宿州南虹縣西南梁天監八年置赤坎戍大同二年改仁州隋大業省唐武德四年復置仁州於夏邱貞觀八年省
渙水在宿州西南經亳宿二州間東南至泗州峴　石山西南入淮一名澮水國策楚救趙取睢澮之間梁天監二年韋叡破魏軍於鍾離遂北至澮水上
洨城在靈壁南漢縣晉末省
穀陽城在靈壁西北穀水南漢縣晉省魏太和置穀陽鎮尋置平陽郡武定改穀陽郡隋省郡為縣唐省縣入蘄
胡城在潁州西北二里古胡國晉咸康五年趙夔安據胡亭即此又西北為細陽城本楚鉅陽訛為細陽漢置縣晉省
樂昌城在潁州西本細陽之地陽鄉呂后封張敖子壽為侯邑南北朝置縣旋省
新鄭城在潁州東故秦鄭邱漢置縣晉改宋縣梁大通末改置陳留縣為陳留郡及陳州治隋省州郡改縣曰潁陽大業末省今亦名潁陽城又東五十里潁水北岸為清邱城梁中大通初得淮北地僑置許昌縣為北陳留潁川郡治隋初省郡改縣曰清邱唐貞觀省
財州城在潁州西南東魏置北齊改置包信縣隋初省今有二土城土名東才城西才城
永安城在潁州西汝水北岸唐武德四年置尋省
朱臯鎮在潁州南淮水側有朱臯渡元至正十一年劉福通破潁州據朱臯攻羅山上蔡即此　汝水自桃花店東至朱臯入淮名淮口
李村在潁州北宋紹興十一年金圍順昌不克退屯李村即此
慎縣在潁上西北楚邑漢置縣魏正元二年毋邱儉自項走慎晉太和六年桓伊破苻堅于石橋秦兵退保慎城即此劉宋改置慎縣於今合肥境此城遂省
鄭城在潁上南潁水上水經注謂之蜩蟟郭梁普通六年裴邃拔魏鄭城汝潁間皆響應隋大業三年省改潁上舊城
潁河在潁上城東門外一曰沙河東南至正陽鎮入淮為潁口魏嘉平二年司馬懿襲王淩于壽春至邱頭淩降懿沿潁東下

唐元和十一年江淮運米自壽州西四十里入潁口又泝流至潁州而西入溵河以供行營諸軍是也
原鹿城在太和西宋鹿上地漢置縣晉省
梅城縣在亳州南隋開皇六年分小黄縣置大業省入譙縣
城父城在亳州東南本陳焦夷昭九年楚遷許居之為城父秦二世二年殺陳勝於城父即此漢置縣宋僑置浚儀縣後省城父入浚儀梁普通六年魏元琛救鄭城軍於城父不敢進是也隋復曰城父唐中和末改焦夷梁龍德初改夷父後唐復曰城父明初省
下邑城在亳州東北五十里後魏僑置齊省又東北三十里有漢建成城訛為建平魏天平中復置馬頭郡治建平城即此隋志鄼縣有魏馬頭郡即此城
長垣城在亳州東劉宋分譙縣地僑置為陳留郡治後魏省
百尺口在亳州東南一曰百尺河北流入渦水宋寶祐二年元張柔以渦水隘淺百尺口為宋往來之路築甬道一自亳而北一自亳而南由是糧運悉達
王家市在亳州北宋紹定六年忒木䚟圍亳州金使簿察官奴僞與和潛自歸德南行登舟由東而北殺守堤卒徑至王家市掩敗忒木䚟
松滋城在霍邱東漢縣一名祝松祝兹晉咸和置松兹郡後省唐初復置旋省入霍邱
義成縣在霍邱北東晉初僑置旋省又北為宋史水縣元嘉中置北齊省
成德城在霍邱東南漢縣後省又南有荻城即荻邱梁置陳留郡治魏李神為陳留太守領荻邱戍是也
雩婁城在霍邱西南本楚邑漢置縣宋元嘉二十五年置邊城左郡領雩婁等縣梁改西邊城郡周省開化故縣亦在西南宋置唐貞觀省
安風城在霍邱西北二十里漢縣曹魏置安風郡有安風津魏置安風都尉正元二年毋邱儉自項敗走安風津即此後省又西北為古蓼國漢置蓼縣後　省
陽泉在霍邱西漢縣晉省後魏僑置汝陰縣尋亦省　梁普通中改置臨水縣決水東以臨水山名又西有決口戍
陽石城在霍邱東南廬江西北一曰羊石梁天監二年後魏以陳伯之為江州刺史屯陽石四年楊公則出洛口與魏戰於羊石不利退保馬頭
義州城在霍邱西南梁普通二年義州刺史元僧明邊城太守田官德叛降魏裴邃討之從邊城道出不意至檀公峴　檀公峴即大別山一名巴山巴水出馬決水亦出於此又名分水山下靈山安陽山
東陵在霍邱西故廬江金蘭縣西北梁天監五年韋叡克合肥進至東陵時魏守甓城去東陵二十里　今為東陵鄉有大蘇

泗州

山接商城界　水所出
高唐店在霍邱西北一曰高唐市宋紹興初金由潁壽渡淮敗宋于高唐市進攻固始不克即此
秋柵在霍邱北唐興元初李希烈攻壽州及江都張建封使守霍邱秋柵賊不能過即此
山桑城在蒙城北漢縣晉永和九年殷浩追姚襄至山桑為襄所敗太元中僑置南譙郡治魏太和十八年省一名北平城
隋大業初別改渦陽縣曰山桑為今蒙城治
渦陽城在蒙城東北渦水北蕭齊馬頭郡魏為南兗州治梁大通初陳慶之敗魏兵于駝澗攻拔渦陽置西徐州
蒙縣在蒙城西南有南北二城北魏置梁置北新安郡大通四年魏樊子谷圍譙分兵攻取蒙縣等五城以斷援師譙城復陷
東魏置蒙郡隋初省
垂惠城在蒙城西北故垂惠聚漢建武三年蓋延破劉永于睢陽蘇茂周建奔垂惠是也
徐城縣在泗州西北漢徐縣宋省梁分置東平陽平清河歸義四縣東魏改高平縣為高平郡治隋省郡改徐城縣宋建隆省
為徐城驛　州北一百里有大徐城即古徐國後為徐城鎮唐上元初劉展自宋州東下鄧景山拒之於徐城咸通九年龐勛
等行及徐州乃西北入宿州皆為大徐城
淮平城在泗州西宋紹興二十一年析臨淮地置元省
淮陽城在泗州東北晉義熙中置魏高閭言角城去淮陽十八里是也梁析淮陽地置綏化呂梁二郡東魏武定改置綏化縣
周改縣曰淮陽隋省郡唐貞觀省淮陽入宿遷
朱沛郡在泗州西北梁置以朱沛水名魏武定改朱沛縣周省又西北三十里隋南重岡城大業置
竹墪鎮在泗州東南宋建炎中金撻懶屯泗州兀朮屯竹墩鎮欲南侵即此
睢陵城在盱眙西六十里漢縣東晉初僑置濟陰郡治宋泰始二年濟陰守申闡據郡應子勛是也魏省郡北齊改縣曰池南
周改招義隋大業改化明宋為招信元至元省
濟陰縣在盱眙西五十里唐武德初置貞觀省　漢贅其縣亦在縣西後漢省
淮陵城在盱眙西北漢縣永嘉省梁天監二年魏分攻東關大峴淮陵九山拔焦城進陷淮陵　焦城在淮陵西九山灣水北
南直淮陵一名九山店
彭城在盱眙東北三里晉末僑置後省又東北漢富陵城高祖十一年荆王賈走死富陵即此齊省
直瀆城在盱眙南晉義熙中析盱眙地置隋省
陽城　考城俱在盱眙西南晉末僑置隋省
魯城在盱眙東南北魏僑置齊省

廬州府

東山在盱眙東南宋元嘉二十七年臧質救彭城軍至盱眙使胡崇之屯東山毛熙祚屯前浦
龜山在盱眙東北一名下龜山禹鎖淮渦水神巫支祈於此宋寶慶三年李全襲據楚州敗金完顏訛可於龜山即此　上
山在縣治西南
都梁山在盱眙東南閒臨淮水隋大業二年起都梁宮十年翟讓自長白山轉掠至盱眙據都梁宮　山東北古盱眙城
浮山洞口在盱眙西一名臨淮山北臨淮水周顯德四年破唐水軍於洞口克泗州唐援師退保清口即此
洪澤浦在盱眙北一名破斧塘與白水塘連接宋乾道七年浚洪澤至龜山淺澁處以通運元至元二十三年淮南立洪澤屯
陂兩處屯田
東陽城在天長東漢縣東晉後省今故城址名屈城
石梁城在天長北東晉戍所宋太始二年薛安都敗于廣陵退保石梁即此陳大建十一年後周置石梁縣唐貞觀初省
橫山城在天長西南橫山西梁置縣後周省
鵶口橋在天長東南宋紹興初韓世忠敗金人於大儀追逐至鵶口橋
安淮城在五河北二里澮河北岸宋咸淳六年置安淮軍及五河縣俗名故軍城一曰五河城淳祐四年呂文德敗蒙古兵於
五河復其城即此
漢虹縣在五河西晉末省為戍所一曰絳城陳大建五年吳明徹克淮南絳城來降是也唐武德四年復置虹縣貞觀四年徙
治故夏邱城明省
漢取慮縣在五河北
僮城在五河東漢縣北周省唐為僮城鎮金元光初開長直瀆由萬安湖入汴至泗以運粟於靈璧僮城鎮設倉都監監支納
是也
蒲姑陂在五河北春秋昭十六年左氏傳齊伐徐至蒲隧即此
梁縣在廬州府東北宋僑置慎縣東魏置平梁郡陳曰梁郡隋郡省宋紹興末改梁縣明初省又東北四十里有滁陽城曹魏
築以備吳後省
浚遒城在廬州北漢置晉改逡遒咸和初石聰攻祖約於壽春遂寇逡遒阜陵即此後省
肥水在廬州東源出紫蓬山自洗馬灣黃連門來二河異源而下流相合故名合肥吳嘉禾二年吳師謀圍合肥新城魏伏肥
水西岸待之即此　新城在雞鳴山北魏太和六年置一名界橰城今為謝步鎮
巢湖在廬州東一曰焦河漅湖占合肥舒城廬江巢四縣地吳嘉禾三年自巢湖口向合肥新城不克即此
頡羮城在舒城西北

六安州

龍舒城在廬江西漢縣東晉末省

襄安城在無為州南漢縣梁改置蘄縣隋復故唐省

臨湖城在無為西南漢縣東晉省為臨湖鎮

開城縣在無為州西唐武德分襄安置開城扶陽二縣七年并入巢縣今為開城鄉　扶陽在州西北

大江在無為東南上自安慶六丈墊經楊子磯石灰河鯉魚套宋家灣三江口糝潭灣薛家灣奧龍墩至和州裕溪口　江道凡二百三十餘里　三江口即楊林洲信服洲白沙洲三口糝潭一作省潭

羨溪在無為東北一名中洲吳黃武初曹仁攻濡須分兵東襲中洲敗還即此

安樂柵在州東北一名安樂棚梁太清末鄱陽王範自東關屯濡須使世子嗣守安樂柵攻破侯景軍於三章

譙郡城在巢縣東南魏太和中置齊天保六年立蕭淵明為梁王攻克譙郡居之陳大建五年克齊蘄城又克譙郡即此周省

晉陵在五河西北魏武定六年置縣為臨潼郡治齊改睢陵兼改郡曰潼郡周省

橐臯城在巢縣西北漢縣後漢省魏黃初四年曹仁使子泰攻濡須自將屯橐臯為後援唐為橐臯鎮訛為柘臯宋紹興十一年兀朮陷廬州屯兵柘臯即此

徐塘在巢縣南濡須水東一曰徐堨魏嘉平四年吳諸葛恪作東興大堤夾濡須塢築兩城戍之魏人攻城丁奉等據徐塘緣堨擊破魏人

東關在巢縣東南四十里濡須水口一名柵江口有濡須七寶二山對峙關西十里有西關東關南岸有吳舊城西關北岸魏舊置柵建安十七年吳作濡須塢一名偃月城十八年曹操至濡須月餘不克黃龍二年于濡須塢築東興堤以遏巢湖東晉咸和三年毛寶攻祖約東關拔合肥城陳大建五年吳明徹軍於東關克齊東西二城齊州郡望風降下十一年周侵淮南樊毅率水軍自東關入焦湖唐省宋置戍　濡須水源出巢湖東南經濡須山間又東經柳港河三溪河入江

應城在六安西南隋置縣唐省

灊城在霍山東三十五里楚潛邑漢置縣齊省

淠水縣在霍山東梁置新蔡縣為北沛郡治陳大建五年吳明徹伐齊克新蔡是也隋省郡改縣曰東水唐省

頹川縣在霍山西北梁置縣為北頹川郡治兼領邵陵天水縣天監初魏拔關要頹川大峴三城白塔清溪牽城皆潰即此

武

柵
侯

南昌府

江西地畧

武進馬冠羣良伯甫輯

豫章故縣在今南昌府城東黃城寺漢灌嬰築一名灌嬰城　春秋豫章在大江北淮南今光壽間與漢縣地異
椒丘城在南昌府北漢建安四年孫策自沙羨還徇豫章軍於椒丘即此
蹠口城在南昌府西南陳永定初傅泰據蹠口城與周文育相持是也
南昌故縣在南昌西北唐武德五年析豫章地置為孫州治八年省
梅嶺在南昌西自府城西濟江十里為石頭津又西為梅嶺以梅福得名漢梅嶺在今南安府西南
東湖在南昌城東南舊通章江漢永平中築塘通南路名南塘宋景平初蔡興宗更築小塘於塘上唐元和二年韋丹於南塘築扞江堤派湖入江俗名南塘港　晉義熙六年鄧潛之欲決南塘守二城以拒盧循即此
武陽水在南昌東南源出盱江自豐城東北流經府城為武陽渡一名辟邪渡又東北達宮亭湖明初太祖與陳友諒戰于鄱湖先調信陽兵守武陽渡即此
象牙潭在南昌南章江西曲處一名象牙江下有金口亦曰金溪口梁開平三年危全諷攻洪州屯象牙潭不進即此　金口近奉新界與三陂接
生米潭在南昌西一曰生米渡有生米市晉義熙六年何無忌擊徐道覆敗歿於生米渡即此
蓼洲在南昌西里餘南塘灣外兩洲相間水自中流入章江一名蓼子洲水經注作谷鹿洲
石頭驛在南昌西章江西岸石頭津一名石頭渚亦曰投書渚陳永定中置南昌縣於其地　隋省唐復置後省為石頭驛今為石步鎮
樵舍驛在南昌西北近故昌邑王城明正德中宸濠自安慶移軍嬰子口先鋒至樵舍即此
龍馬洲在進賢北軍山湖旁一曰龍馬坪宋德祐三年蒙古寇撫州州將密祐逆戰于進賢坪至龍馬坪敗歿即此　軍山湖日月湖為進賢二大湖
新吳城在奉新西漢初徙塗山氏居此名新吳屬海昏後漢中平中分置縣陳初余孝頃立城柵於此拒陳梁以孝頃為南江州刺史後省
太史城在奉新西漢建安中建昌都尉太史慈築西南有城角山東南有盤山北枕江水地勢險固隋大業中徙建昌縣治此
欒王山在奉新西北一作越王山亦曰越王嶺明正德二年胡雷二等據越王嶺瑪瑙寨即此　龍溪水發源山西至馮田渡與華林水合北注馮水
西安故縣在武甯西二十里漢建安中分建昌地置晉末改豫甯宋王僧綽封豫甯侯即此陳為豫甯郡周迪統南川八郡豫甯及南康宜春安成廬陵臨川巴山豫章也隋省

瑞州府

艾城在甯州西地名龍岡坪本吳艾邑漢置艾縣隋省
華陽故縣在瑞州府西唐武德五年置八年省
華林山在瑞州西北奉新西南一名浮雲山浮邱巔相近有主嶺南北嶺三寶嶺等明正德中指揮周憲攻拔仙女寨雞公顛
進薄華林山即此　山有李八百洞與高安郡圖之八百洞相通
蜀江在瑞州東一名錦江錦水水經注謂之蜀水源出萬載之龍安渡經上高縣淩江口合新昌鹽溪貫瑞州城東出滙象牙
潭而入章江　鹽溪一名若耶溪
上蔡故縣在上高西漢中平中置晉改望蔡隋省
宜豐故縣在新昌北三十里孫吳時置劉宋省
康樂城在新昌東孫吳黃武中置陽樂縣晉太康初改康樂劉宋時謝靈運封康樂即此隋省

南康府

廬山在南康西北九江西南本名南障一名障山匡山匡廬在南康境者五老石鏡紫霄淩霄鐵船漢陽在九江饒者雙劍蓮
花香鑪石耳大林上霄皆最高峻天池鐵船二峯對峙如門又名石門
鞋山本名大孤在南康北九江東南明初陳友諒敗于康郎山退保鞋山即此　康郎山在餘干西北鄱湖南本名枕浪山
宮亭湖在南康府東即彭蠡湖一名東都湖梁承聖二年豫章太守蕭尹至宮亭湖軍潰即此　湖西北有落星湖一名落星
灣宋建炎三年隆祐太后如洪州過落星灣暴風覆宮人舟即此
彭澤故城在都昌北漢晉故治
左里城在都昌西北楊瀾湖北彭蠡湖東一名左蠡晉義熙六年盧循敗于大雷將趨豫章悉力柵斷左里是也
鄱陽湖在都昌西南本名彭蠡隋煬事時以近鄱陽山故名東至餘干康郎山西至新建荷陂里南至進賢北山大業十二年
劉子翊討鄱陽賊林士宏戰於彭蠡湖即此
修水在建昌南一名帽帶水自甯州東流經建昌入彭蠡逕達章江故名修土名西河水本名繚水亦名上繚譌為上牢漢建
安三年華歆為豫章太守海昏上繚不受發名即此一名海昏江
龍安故縣在安義東北唐武德五年置八年省今有龍安鎮驛
永修故縣在安義西南漢中平中置唐武德八年省

九江府

尋陽縣故城在九江府北今蘄州界古蘭城一名尋水城九江從縣南東合大江漢元封中南巡自尋陽浮江射蛟江中建安
十四年孫權以呂蒙領尋陽令晉永嘉末琅邪王睿使周顗屯尋水城皆此城晉永興初分廬江武昌豫章地置尋陽郡治柴
桒是為江南之尋陽咸和中徙江州寄治義熙八年省尋陽縣入柴桒孟懷玉增築尋陽郡城一名懷玉城梁兼置汝南縣寄
治隋改柴桒為尋陽縣　柴桒城漢故縣在九江府南九十里唐武德五年分置楚城縣貞觀八年省為楚城驛

湓口城在九江府西一里故戍守地宋昇明初蕭賾自郢州還至尋陽留鎮湓口即此隋江州治此又徙尋陽縣寄治大業初
改湓城縣唐武德四年改湓城為尋陽縣別分置湓城縣八年省為湓口戍　湓水出瑞昌清湓山至此入大江故名湓口一
名湓浦口有湓浦港今淤塞不復通江
半洲城在九江府西九十里晉初築咸康五年梁州刺史庾懌自魏興徙屯半洲八年褚裒為江州刺史鎮半州即此
松滋故縣在九江東晉初僑置松滋郡後省為縣齊省
新蔡在九江北東晉初僑置宋曰南新蔡郡領苞信等縣齊省
尋陽江在九江北即大江本尋水自江北南流入江漢因以尋陽名縣後遂并以尋陽名江
桑落洲在九江東北大江中晉義熙三年何無忌西追桓元於桑落洲宋太始初晉安王子勛舉兵江州建牙桑尾即此
鶴問塞在九江府西南近鶴問湖故尋陽縣治宋置砦
博陽山在德安南十二里敷淺原西禹貢孔注作敷淺原一名博陽山蓋誤
漢彭澤城在湖口縣東興平二年揚州刺史劉繇泝江西上駐彭澤即此建安十四年孫權置彭澤郡尋省梁置太元郡領彭
澤晉陽和城天水四縣陳悉省　太原在今彭澤東北五十里又東北一百四十里有晉陽故城又東北三十里有和城故城
天水在今彭澤東
鈎圻城在湖口西水經注貢水經南昌椒邱城又經鈎圻閣下至彭澤宋時南江運米皆積于鈎圻是也
禁江在湖口東北大江北岸下接小孤上通九江一名涇江涇港明初太祖救南昌師至湖中先遣兵屯涇江口即此
龍城故縣在彭澤治西二里陳置隋省
浩山在彭澤東九十里唐武德五年置浩州于山西南麓領彭澤都昌樂城三縣八年州縣悉省　樂城在浩山西四十里
小孤山在彭澤北大江中相近有毛葫州花洋鎮沙灣角等洲渚又北有彭浪磯小孤洑魏家洑等
廣晉故縣在饒州北本孫吳廣昌縣地晉太康初改梁省
鄡陽在饒州西北漢縣宋永初省
武陽故縣在饒州東北南和鄉漢置又北有黃金采
鄱江在饒州城南門外一源自安徽婺源經德興樂平一源自安徽祁門經浮梁至城南合西北入鄱湖一名雙港宋紹興二
年置孳生監於雙港是也
白沙在饒州西有小水入湖名白沙湖又東南八十里有武陽亭又東南三十里有武林為閩越之衝道漢元鼎中東越入武
林白沙即此　武林一作武陵武塘
五亭故縣在餘干東南唐武德四年置七年省

銀城故縣在德興東陳置隋省
樂安故縣在德興東漢建安中孫吳置隋省
長城故縣在安仁北唐初置尋省
封禁山在廣信東南一名銅塘山東有銅孛山西南有擇子嶺與高洲鐵山一帶相接明景太中鄧茂七據山盜冶銅鐵事平始嚴禁
草平驛在玉山東一名草平鎮明初陳友諒據草平鎮遏浙東援兵胡大海敗之於東津橋即此
寶豐故縣在弋陽東軍陽山下本寶豐場宋淳化五年置縣慶栋三年省
鎖山門在鉛山西宋時為浸銅之所有溝槽七十二處有膽水礬水黃礬水各積為池
鳳山堡在建昌北鳳凰山麓宋開慶初築并置鳳山寨元初省
永城故縣在新城北孫吳時置隋省
東興故縣在新城東北孫吳時置陳天嘉五年周廸復出東興宣城太守錢肅以城降即此隋省　東興嶺在縣東三十里

撫州府

臨川故城在撫州西汝水東臨水西孫吳時置唐寶應中徙治連樊小溪之西
定川故縣在撫州北梁分臨汝西北境置一名毋城隋省
西豐故縣在撫州西南孫吳時置西平縣晉太康初改西豐隋省
工塘城在撫州東南梁末周廸起兵臨川據工塘即此
新建故縣在崇仁西孫吳時置梁省
西甯故縣在崇仁南梁大同二年置隋省
大豐故縣在崇仁西北梁置隋省
臨水在崇仁南本名定水一名巴水源出巴山東北流至嚴陀合寶唐水東至官洲合西甯水至左港合羅山水經神前渡白鷺渡入臨川境
巴山故縣在樂安西南南江西梁置敬帝末分江州之臨川安成豫甯巴山四郡置高州治巴山隋悉省　又西南三十里為吳安浦故縣隋省
興平故縣在樂安西孫吳時置隋省

吉安府

高昌故縣在吉安府西孫吳時置隋省
東昌故縣在吉安南孫吳時置隋省入西昌今為永和鎮
大皐城在吉安南泰和北贛水上有大皐渡

方石嶺在吉安府南宋景炎二年蒙古追文天祥及於方石嶺即此
白石城在泰和南膓江一名白下今有白下驛
禾水在泰和西一名草禾江源出禾山合永新江安福江至廬陵合神江山水
安成故城在安福西漢縣隋省
新茨山在安福西漢末豫章太守賈萌與張普戰於新茨之野即此
草江口在萬安南源出贛縣三龍山徑上造下造入贛江一名造口宋建炎初金人追隆祐太后至造口即此
朝山隘在萬安西南朝山下大江側南距龍隘五里兩山壁立中通一線為往來要道明正德五年置朝山保安鐵山龍橋蓮花五寨集民戍守
廣興城在永新西北晉太康置唐武德省
南平故城在永新西唐初州治此
永新江在永新南源出禾山一名禾江東合琴亭勝業諸水又東會牛吼江入贛江　禾山在縣西北一名秋山接湖南茶陵者名雲陽山

臨江府

新淦城在臨江東漢縣一名上淦漢書南海降處之上淦即此隋徙西南樟樹鎮一名鹿渚即今治
清江在臨江城南即贛袁合流處贛水自吉水縣流經峽江新淦北至府南萬石洲袁水出萍鄉之盧溪至新喻為喻江東北流至府南合為清江又十里經清江鎮入豐城界為劍江明成化末贛水北衝蛇溪不復　西折府城止臨袁江
吳州城在新喻北唐初置復省　又北四十里為唐治平故縣又北十四里為唐廣豐故縣皆武德置尋省
吳平故縣在新喻東漢中平中置漢平縣孫吳時改吳平隋省
石陽故縣在峽江南漢永元八年置宋省廬陵入石陽隋復改石陽為廬陵
沙坑寨在峽江東北明初常遇春至臨江平沙坑麻嶺牛皮諸山寨即此麻陵在新淦東

袁州府

萬勝岡在袁州東梁乾化四年楊渥敗崇景於萬勝岡即此
黎源村在萬載北有山洞與奉新之百丈新昌之黃岡靖安之雙坑武甯之黃竹五洞俱通大溈山明萬秝二年楊青山遁入黎源洞天井窩依山為險事平置黎源哨即此

贛州府

贛水在贛州北上源為章貢二水貢水一名東江出福建長汀新路嶺西經瑞金會昌至府城東章水一名西江出南安聶都山東經崇義大庾南康至府城西北合為贛水北至萬安有白澗天柱小湖鱉灘大湖銅盆落瀨青州梁口九灘又經崑崙武朔昌邦小蓼大蓼綿津曉灘漂神惶恐九灘至萬安其上流在新豐甯都者名贛石尤險梁大寶初李遷仕自臺城還至大皐口遂遣兵入贛石即此　東橋在城東建春門外貢水上舊名東津渡宋紹興中始敝浮梁西橋在城西西津門外章水上舊

南安府

名知改渡宋熙甯中始造浮梁明宏治中立關征資軍餉兩橋皆官掌

固石洞在雩都東北宋紹興三年彭南餘黨退據固石洞即此

雩水在雩都城南源出雩山西南流甯都江挾石城水自東北來會昌江挾安遠瑞金水自東南來合流出峽興國江自西北來信豐江挾龍南水自西南來合經府東入章水所經有葛瀲八瀨井州鸕鷀灘口大傅車頭小方苦竹長灘率口牛牯十二灘

桃江在信豐東一名信豐江源出龍南冬桃山北入貢水有烏漾枯木三摺梓木石瀨龍江圖潭上寒下寒上智咽人三港下順劍門車輪斷龍十六灘

九渡水溢在信豐西南接保昌界明嘉靖中土人開河通行為行鹽捷徑

平固城在興國北孫吳置平陽縣屬南部都尉晉太康初改平固晉安帝時桓元封帝平固王即此隋省

空坑在興國北宋景炎二年文天祥敗於方石嶺至空坑軍潰即此　相近為鍾步鎮

陂陽故縣在甯都南孫吳置尋省晉太康初徙揭陽治其地後改陂縣宋又曰陂陽陳省

梅嶺在甯都北一名修嶺漢元鼎中楊僕屯梅嶺即此　梅川在嶺下經寧源梅口東南會白沙白鹿水東會鸕鷀溪小溪水為東江西北會龍溪桃溪為西江經雩都為甯都水

楊梅山在定南北明嘉靖四十五年賴清規等據下歷撫臣吳百朋督兵破楊梅牌奪神仙嶺賊退保鐵爐城奔樟木嶺走入粵即此

岑岡在定南西與龍南和平接境明嘉靖三十年李鑑保據岑岡官兵討之敗賊于東坑青草洲梅子山五花峰諸處即此

藤嶺隘在長甯東南南橋保與縣南八村保之員子石隘相應縣東項山保有分水坳與腰古保之容嶺隘茲溪保之馬戰嶂相應

水南城在南安府南隔江南門外即梅嶺

新田城在南安東又北為鳳凰城稍西楊梅村有楊梅城又北為小溪城稍東為九所城俱嘉靖築

崎頭城在南安府東章江岸曲梁大寶初陳霸先破蔡路養於南埜修崎頭故城居之即此

大庾嶺在南安西南一名漣溪山在五嶺最東一名東嶠上有故橫浦關一名蠻門梁楚南塞屬門史記趙佗移檄告橫浦諸關是也一名南康山晉義熙中徐道覆使人伐船材南康山即此古路在今安里之遊仙徑唐開元四年張九齡開新路上多植梅又名梅嶺一名紅梅關又南為南雄府城嶺　小梅關一在府北與梅關對一在府西南由此渡章水灘

南埜故城在南康西南漢縣隋省

桶岡在崇義西南接郴州界明正德初王守仁破橫水左溪賊進攻桶岡賊聚鎖匙橋請降守仁分兵一入茶坑一入西山界

一入十八磊一入訪盧洞
聶都隘在崇義西南聶都山下明嘉靖中岑溪賊由火徑隘過遊仙隘掠關田至聶都大困即此

杭州府

浙江地畧

吴山在杭州治南一名伍山胥山宋建炎三年兀朮陷臨安將還斂兵于吴山七寶山大掠而去〇七寶山在吴山西南支峯

龍山在杭州城南本鳳凰山支麓山北即包家山宋紹興十七年建玉津園于山北淳熙十二年大閲于龍山

靈隱山在杭州西本名武林山漢時錢唐縣治于山麓晉咸和中改名靈隱一名靈苑仙居有靈隱寺西北[illegible]峯曰北高峯寺

前澗南有飛來峯一名靈鷲又南為天竺三峯宋建炎三年金陷臨安游騎入靈隱至天竺山

定山在杭州東南江干一名獅子山宋泰始初會稽太守孔覬舉兵臺軍擊破之于定山唐光啓二年錢鏐[illegible]定山出海附[illegible]

潤州

皋亭山在杭州東北一作牛頭路通海門宋德祐二年元兵從長安鎮次皋亭山即此

臨平山在杭州東北六十里一名邸山唐置臨平監于山下後為臨平鎮梁開平三年高澧以湖州附淮南焚掠義和臨平鎮

吴越討平之宋建炎三年苗傅作亂使苗瑀將重兵扼臨平拒勤王兵負山阻水中流植鹿角以梗行韓世忠舍舟力戰破之

〇山東南有臨平湖

葛嶺在杭州西北寶石山寶雲山之西宋建炎二年金陷臨安金勝等退保葛嶺編竹覆泥為塗北騎至踐之而踣勝等乘勢擊之金人大敗

浙江在杭州城東即錢塘江有三源西源為新安江一曰徽港出徽州黟山至嚴州城南合東陽江東南源為東陽江一名婺港出金華大盆山至蘭溪西南合信安江西南源為信安江一名衢港出衢州百際嶺至蘭溪合東陽江又東北至嚴州合新安江過桐廬為桐江又東北至富春為富春江又東為錢唐江夾岸有山南曰龕北曰赭謂之海門又東為三江海口一曰浙河漸江羅刹江三國時功曹華信以江濤為患築塘禦之唐咸通二年潮衝入城刺史崔彥曾開外沙中沙裡沙三沙河以決之名沙河塘近南曰霸頭在城東曰扞海塘梁開平四年錢氏以強弩矢射潮潮水漸向西陵乃築塘建候潮通江二門宋景祐四年張夏置扞江兵采石修塘立為石堤皇祐中砌石為龍山堤政和七年築湯村巖門白石等處石岸上自六和塔下至艮山門並有石塘自草橋門外江西岸渡者曰浙江渡對蕭山西興自六和渡者曰龍山渡對蕭山漁浦

鹽橋河在杭州治北宋元祐四年蘇軾浚茅山鹽橋二河分受江潮及西湖水俗名大河

市河在杭府治東俗名便河一名小河元至大末江浙行省康里脫脫復開浚

柳浦在杭城東南候潮門外江干有浙江亭跨浦橋六朝時名柳浦埭宋泰始二年吴喜自柳浦渡取西陵擊斬庾業齊永明二年富陽民唐寓之敗錢唐令劉彪于小山進至柳浦彪棄城走〇隋自餘杭徙州治錢唐又徙柳浦倚山築城

清河堰在杭城北今有清河閘北關內有清河坊宋宣和三年方臘自秀州敗還據杭州官軍追至清河堰賊棄城走

海昌城在海甯南孫吳時置為都尉治隋大業省

海安城在海甯西北隋大業築唐永徽中徙省

石墩山在海甯東外通大洋西與赭山相望明嘉靖中倭據石墩犯嘉興參將盧鏜擊之久而後克

赭山在海甯西南臨江對岸與蕭山龕山對峙兩山横截海口名海門外即大洋遠接乍浦有八山陳錢壁下山等

尖山在海甯東南臨海一名大尖又東一里有黄灣山一名盈山有黄灣浦與澉浦接北通硤石袁花明嘉靖中倭據尖山轉掠黄灣等處即此

海在海甯縣南十里西接浙江有扞海塘長百二十四里始東南鹽塘北至袁花塘西南鹽塘北至淡塘

長安鎮在海甯西有長安堰上接臨平下接崇德宋德祐二年元伯顔軍至長安鎮自皋亭山進屯湖市遂入臨安

東安城在富陽北孫吴黄武四年置東安郡七年省

蓧嶺在富陽北廿五里又廿五里至餘杭明初李文忠自嚴州下桐廬至富陽由蓧嶺北趣餘杭潘源明以杭州降

獨松嶺在餘杭西北嶺上有關東南通臨安西北通安吉廣德宋德祐元年元阿剌罕自建康分兵出廣德四安陷獨松關臨安震懼○縣西北百丈嶺有百丈關幽嶺有幽嶺關為獨松三關

雙溪在餘杭西北一源出天目山一源出高陸山合流東入徑山港有雙溪鎮為三關南要路元至正十二年徐壽輝犯杭州攻三關董摶霄先守雙溪又分兵出三關會擣遂乘勝復安吉廣德平徽州

天目山在臨安西於潛北一名浮玉山峯頂有兩東為東天目從臨安入西為西天目從孝豐入

新溪即南溪在臨安西有新溪渡元至正十二年徐壽輝自昱嶺關東寇於潛董摶霄擊之軍于臨安新溪敗賊于叫口及虎檻遂復於潛

青山鎮在臨安東青山下唐天福元年淮南李神福攻杭州不克詐引還設伏青山路顧全武追之伏發被擒

石鏡鎮在臨安東以石鏡山名唐乾符四年臨安人董昌以土團討王郢有功補石鏡鎮將同邑錢鏐補石鏡都知兵馬使○鎮一名安衆營光化三年改曰衣錦營天祐四年升安國衣錦軍

昬城今於潛治故秦時昬地漢置於昬縣東漢改於潛唐武德七年置潛州治今縣東七里地名城嶺

紫溪城在於潛南唐垂拱二年析於潛地置萬歲通天中又分置武隆縣大秝三年省

千秋嶺在於潛北西天目之西麓接甯國界有千秋關梁乾化三年淮南李濤出千秋嶺攻衣錦軍嶺道險隘吴越斷其軍後

南新縣在新城唐昭德縣地宋乾德六年置場淳化七年改縣熙甯五年省為鎮

葛溪在新城西一源出漁洲曰西溪一源出回源池曰盆源溪一源出靈隱洞曰盤石溪至新城而三水合流為三溪口明初張士誠據分水新城間之三溪李文忠擊敗之即此

東安鎮在新城東近富陽界唐光啓初錢鏐置東安等都將分屯沿江二年由海道攻潤州發東安浙江靜江三都將將其兵

以行
昱嶺山在昌化西介徽杭閒其水南流為順溪北流為蘧溪下會于柳溪嶺上有關元至正十二年徐壽輝陷昱嶺關攻杭州董摶霄擊卻之十七年李克魯會軍昱嶺關敗賊兵于關西遂復徽州

嚴州府

建德江口在嚴州東新安江自黟山東流合東陽江又東合胥口江名建德江梁太寶末侯景將劉神茂據東陽襲取建德江口營于下淮或教之進據七里瀨不從景攻破之陳天嘉二年沈恪襲留異于東陽至下淮敗還異遂戍下淮建德以備江路○下淮在桐廬東與富陽接界

胥口溪在嚴州府東廿五里自胥嶺發源至胥口逆流十里達江一名胥口江明初張士誠軍屯大浪灘李文忠西出烏龍嶺至胥口擊破之追北至分水○烏龍嶺在城北

牛山在桐廬西外臨大江宋建炎中金入寇錢塋率民兵三千因險設伏大敗之于牛山

始興城在淳安西孫吳分歙縣華鄉地置縣為新都郡治晉改新安郡隋省郡改縣曰新安大業初徙雉山下在今縣南二里改名雉山為遂安郡治唐開元二十年改還淳永貞初改清溪宋宣和三年平方臘改淳化徙今治紹興中改淳安

威平洞在淳安西一名青溪洞幫源洞宋宣和三年方臘據洞諸將莫知所入韓世忠潛入溪洞閒擒臘以出洞口有威平鎮

清溪即新安江在淳安南唐光化三年淮南將康儒攻睦州食盡自清溪遁還宣州

新昌城在壽昌西永平鄉孫吳分富春地置隋省

昭德縣在分水西北嘉德里唐寶應二年析分水地置大林省宋置昭德驛

嘉興府

檇李城在嘉興府西南卅五里夾谷中秦始皇卅五年置長水縣卅七年改由拳孫吳黃龍四年改禾興○晉時名紫壁城徙府東南晉咸和中顧衆討蘇峻敗保紫壁是也

鴛鴦湖在嘉興城南兩湖相麗故名亦稱南湖長水蕩諸水滙成至城東會彪湖亦名馬腸河北與秀水合

杉青堰在嘉興東北舊有杉青牐官舍宋建炎初孝宗生于舍中

驛亭埭在嘉興西唐乾寧四年淮南田頵攻嘉興屯于驛亭為顧全武所敗奔還宣州

東顧城在嘉善縣北蘆墟東北與西新南於北主共四城皆吳越戰爭時築

何城在石門西晏城在東北萱城在東南管城在南四城皆吳築以拒越

語溪在石門東南語兒鄉國語作禦兒今名語兒中涇一名沙渚塘有吳南亭

石門塘在石門東北一曰石門涇石夷門運河所經曰石塘灣唐有石門驛上元二年劉展使張景超攻杭州敗李瓖于石夷門即此

皁林鎮在桐鄉北一名皁林市本在故崇德市南宋建炎中徙此明初張士誠救湖州常遇春擊之于皁林俘其衆六萬嘉靖

湖州府

卅五年徐海圍撫臣阮鶚于早林官軍力戰始郤
故邑城在平湖東南故邑山下漢永建時海鹽縣陷為湖寄治于此晉咸唐七年徙馬嘷城此城遂廢隆安二年孫恩北趣海鹽劉裕拒之築城于海鹽故治即此〇故邑一作顧邑馬嘷城一名吴禦城
雅山在平湖東南一名乓山葱山有葱山鋪下為南涇塘明嘉靖中官軍敗倭于潘港又追敗之乓山即此
當湖在平湖東王莽時海鹽陷為柘湖因徙治武原鄉永建二年又陷為當湖今當湖自月河南浦口澉浦口達于海
東泖在平湖東北華亭鄉與華亭接一名長泖谷泖接于横泖為三泖之上流
鱳城在海鹽西北晉袁山松築明置砦
秦駐山在海鹽南海濱一名秦追山明置寨嘉靖中官軍敗倭秦駐山即此
長墻山在海鹽南横截海中嘉靖中設東西寨于上又南為黄道山宋置水砦
青山在海鹽西南海中明置寨又西南為鳳皇山俱與澉浦連接
衢山在海鹽東南海中一日大衢山與小衢山連接又東南為茶山外為大洋明嘉靖俞大猷敗倭于茶山洋即此
海在海鹽南有西海口東海口南海口東海口與乍浦接内有白馬廟圍圩等地西海口南通大洋
澉浦在海鹽南唐開元五年置鎮宋開禧初置水軍明洪武中置所
乍浦在海鹽東北明洪武中置所
龍王堂在海鹽東東關外外即大洋對浙東臨觀等衛南即白塔山
孤城在湖州南楚春申君築秦置烏程縣初治此
東遷縣在湖州東晉太康三年分烏程東鄉地宋元嘉更東安隋省并唐開元末置太湖館大林九年改東遷館今為東遷鎮
永縣城在湖州西北漢興平初分烏程地置
何山在湖州南一名金蓋亦曰何山嶺明初徐達攻湖州自洞庭至毘山張士信屯何山上望風遁去
衡山在湖州南一曰横山春秋襄三年左氏傳子重伐吴克鳩兹至衡即此
苕溪在湖州東北一源出天目山陰經孝豐安吉至湖州西為塔渚滙又北至毘山下土名苕溪一源出天目山陽經錢唐德清至湖州南為江渚滙又東北今苕溪土名餘不溪苕溪正流從大錢湖口入太湖支流為横涇港從小梅湖口入太湖分流東出曰運河〇餘不溪即山塘溪自德清沿山北過峴山至湖州城南支流曰霅溪自德清分流經南尋入運河〇大錢一名大全港
宜堰在湖州北太湖口明初克宜興分兵出太湖破張士誠于舊館又平宜堰口卅六砦還築宜興城守之即此
烏鎮在湖州東南一名烏墩唐乾甯二年淮南圍嘉興顧全武救之破烏墩光福二砦即此

紹興府

南亭在湖州西南下臨苕溪宋泰始二年孔覬使孔璪屯吴興南亭以拒吴喜喜自義興引軍至義鄉璪棄軍走錢唐
長城在長興西戍山下吴夫槩築晉太康三年置長城縣在長興東南十八里富陂村〇戍山一名夫槩山
義鄉縣在長興北義鄉山晉太興初分長城置隋省
三城三圻在長興東北太湖旁春秋時吴屯戍所吴城與斯圻連彭城與石圻連邱城與盧圻連
餘干山在長興西南六里縣南有餘䲦溪東北有餘吾浦一作餘𩵋浦通為三餘梁武帝因王氣在三餘之言在餘干餘姚餘
抗為厭勝法
四安鎮在長興西南四安山下隋大業九年置鷹揚府宋亦曰四安鎮德祐初使徐垓等戍四安鎮元兵攻克之遂趣獨松關
即此
上下蘭山在德清北五里南臨餘不溪唐天授初置武源縣治此
封山在武康東十八里唐改名防風山又東南二里為禺山防風氏都此一云禹殺禺南廵駐此因名
覆舟山在武康西南一名馬頭塢晉咸和七年石勒使韓雍浮海寇吴興中郎將趙引敗之馬頭塢即此
故鄣城在安吉西北秦置鄣縣為鄣郡治漢改故鄣隋省
玉磬山在安吉東北唐開元二十六年徙縣治山東南
邸閣山在安吉東北東南與廩山接孫吴時修故鄣邸閣即此下有邸閣池唐聖林初縣令鉗耳知命浚以溉田
原鄉縣在孝豐東漢中平二年置隋省
越王城在紹興東南會稽山北越王敗還棲䪨處秦山陰縣治此
石城在紹興東北石城山下一名石頭城唐乾甯二年董昌據越州僭號分兵守石城顧全武攻拔之
苦竹城在紹興東十八里唐為苦竹館〇越絶書句踐伐吴還封范蠡為苦竹子
會稽山在紹興東南本名苗山茅山塗山禹更會稽一名防山鎮山衡山覆釜山東西連接秦望望秦雲門法華宛委皆山之
支麓
卧龍山一名種山東麓為紹興府治南麓為山陰縣治
亭山在紹興南唐乾甯中錢鏐攻董昌克亭山砦即此
若耶山在紹興東南漢元鼎末戈船將軍嚴討閩越出若耶梁大寳初張彪起兵若耶討侯景攻拔浙東諸縣〇有若耶溪流
入鏡湖
白洋山在紹興西北濱海本名烏風山一名龜山明置白洋海口巡司
三江海口在紹興北曹娥錢清浙江三水會處吴越春秋范蠡止三江之口即此〇舊注浙江浦陽江剡江

錢清江在紹興西北本浦陽下流自浦江流入諸曁為浣江又西南經紀家灣為錢清江又東北入海明天順初建白馬山閘以遏三江口潮閘東盡淤為田江水不通于海江亦湮塞一名西小江唐乾甯三年顧全武克越州獲董昌于小江南即此

曹娥江在紹興東本剡溪下流自嵊縣東經曹娥廟又北至上虞龍山下名舜江又西北入海亦名東小江府東北有小舜江源出浦陽東北滙曹娥江一名東小江唐咸通中鄭祗德討裘甫屯兵郭門及東小江即此

鑑湖在紹興南一曰鏡湖長湖南湖南並山北屬城漕渠東距曹娥江西距西小江漢永和五年馬臻築塘納環山卅六源之水以溉田分為二自會稽五雲門東至曹娥江為東湖自山陰常禧門西至西小江為西湖西起唐陵斗門東抵曹娥斗門亘百六十里為鑑湖塘一名南塘官塘宋初民盜湖為田湖漸廢

平水在紹興東南源出大木山南合剡溪有平水塘沿剡溪東至曹娥埭唐光啓初錢鏐討劉漢宏自諸曁趨平水鑿山開道五百里出曹娥埭進屯豐山即此

邢浦在紹興東北晉隆安四年孫恩陷上虞進至邢浦即此譌為塹浦隔岸與海甯縣石墩山對峙明嘉靖中倭自西滙渚入犯官軍敗之于塹浦是也

黃山浦在紹興西宋太始二年吳喜至錢唐使任農夫向黃山浦擊破東軍一名臨浦黃山里

三江鎮在紹興東北浮山北麓東臨大海與三江所城南北對峙

西陵城在蕭山西本越之固陵六朝時名西陵牛埭宋元嘉末隨王誕討元凶劭屯兵西陵齊永明中西陵牛埭稅官格日三千五百杜元懿請與浦陽南北津柳浦四埭同加倍是也陳末名奉公埭隋開皇九年陳亡東揚州刺史蕭巖不下隋燕榮以舟師出東海平吳郡至奉公埭巖降○吳越改西興今為西興鎮

海在蕭山東北東自龕山至蘭風石堰鳴鶴松浦蟹浦定海皆名海浦有海塘自長山閘歷龕山至定海凡五百餘里

查瀆在蕭山西南九里一名查塘浙江東流經其地亦曰查浦春秋吳伐越次查浦即此漢建安中孫策攻固陵不克遂分軍趨查瀆道襲高遷屯○高遷屯在縣東北一名高遷亭柯亭劉宋時褚淡之破沈法亮于柯亭賊走永興是也

黃嶺鎮在蕭山西南一曰黃巖鎮唐中和三年劉漢宏謀并浙西分屯黃嶺巖下貞女三鎮錢鏐自富春渡江破三鎮兵○巖下女貞在黃嶺西南

吳甯城在諸曁西南漢興平二年孫吳置隋省

義安縣在諸曁東北宋乾道二年置淳熙初省為楓橋驛明置楓橋鋪明初胡大海克諸曁自楓橋趨紹興即此

浣江在諸曁南本浦陽江一名豐江青弋江流經苧蘿山北曰浣渚浣浦上源一為上東江亦名洪浦江自東陽西北來注一為上西江自浦江東北來注合流經城東太平橋北行一為下東江一為下西江至三港口合流北至山陰紀家灣為錢清江

四明山在餘姚南連餘姚上虞嵊縣界由白水山而入為西四明由鄞縣小溪鎮入為東四明由奉化雪竇山入直曰四明凡

甯波府

二百八十峯東號驚浪峯西號奔牛隴南號驅羊峯北號走蛇峭
大蘭山在餘姚南東連四明南接天臺接慈溪界處一名署門山東有九曲分水諸支麓唐咸通初王式擒裘甫于嵊縣餘黨
逸入大蘭山即此
海在餘姚北有海塘始于宋慶曆自慈谿至上虞百四十里名蓮花塘成化中於海口築塘曰新禦湖塘北有臨山港
勝山港東有泗門港海中要險有西霍山黃山勝山長横山扁樵山球山茭杯礁柴排礁
江橋在餘姚南明嘉靖中胡宗憲擊倭于江橋追破之于後梅○後梅在縣東北梅溪山
始寧縣在上虞西南漢永建四年分上虞南鄉置隋省
夏蓋山在上虞西北南臨夏蓋湖北枕大海西接三江口明嘉靖中敗倭于夏蓋山及三江海洋是也
剡城縣在嵊縣南十二里唐武德四年分剡縣地置為嵊州治八年省
嵊山在嵊縣東北剡溪口嶀浦之東與嶀山對峙山南有嵊溪源出東北覆卮山合流至花山下入剡溪沃州山在新昌東下
遶大溪北通四明與天馬山對峙唐咸通初王式討裘甫拔其沃州寨又拔其新昌寨即此
關嶺山砦在新昌東南明初朱亮攻方國珍至新昌克其關嶺山寨遂至天臺攻台州
鄮城在甯波東卅里秦縣一名官奴城唐開元中為鄮縣治大林六年始移縣于今治
句章城在甯波南晉隆安四年劉牢之討孫恩時築宋句章縣治此唐開元省○故句章城在慈谿界漢元鼎吳永安中浮海
皆經其地
海在甯波東南北東至石馬山洋東南至蹈門山洋北至蘇州洋東北至大海
鄞江在甯波東北一名甬江源出四明諸山東北經它山長塘堰又東經臨江堰坊橋會于奉化江又北經銅盆浦林郎嶴桃
花渡會慈谿江又東北為定海大浹江一名三江口
鳴鶴山在慈谿西北六十里有鶴鳴鹽場北為廟山瓜誓桑嶼日嶼大忌小忌諸山又西北為向頭泥横東向莫嶼黃牛諸山
俱在海中
海在慈谿北東緣岸龍山所東北金家嶴與邱家洋連東對烈港海洋北接洋山三姑大洋龍山所東為古窯港伏龍山金墩
浦外為漁山海洋馬跡洋○伏龍山在鎮海西北去龍山十里
鄮城在奉化東赤堇山下古堇子國秦鄮縣漢東部都尉治隋省
奉化山在奉化東南東麓為桃花嶺明嘉靖中倭敗于郡縣由桃花嶺南遯
結埼山在奉化南有結奇亭明置結奇司嘉靖中倭走嶺阻水奔入結埼趨大嵩官軍擊破之
招寶山在鎮海東北本名候潮山東與巾子山對峙潮水出入二山為之郭宋德祐二年元入臨安張世杰亡之定海元使卞

彪說之降世焉裂彪巿子山即此山東南有小山名昌國明嘉靖卅九年築城招寶山麓名威遠城
金雞山在鎮海東與招寶山對峙海口又東為虎蹲山又東為蛟門山一名嘉門山山外即大洋
金塘山在鎮海東南海中本昌國縣之金塘鄉山北洋曰清港洋又東南為烏崎頭山下為崎頭海洋又東南為大謝山小謝
山西南即穿山所南臨黃崎港北由大貓海洋至金塘鹿山
海在鎮海東西北三面東北為灌門海東自蛟門外有霍山馬蹟馬墓錢山龜鼊小春等洋又東南有分水礁石牛港崎頭孝
順烏沙門橫山雙塘六橫雙嶼亂礁等洋抵象山之錢倉所〇浙江海洋要害有鳳皇山南鹿山大陳山大佛頭山韭山舟山
陳山錢山高蹟山烈港羊山許山等處濱海各口自溫州之飛雲橫陽館頭台州之松門海門甯波之定海大浹湖頭渡紹興
之三江泗門杭州之龕山赭山嘉興之乍浦澉浦與江蘇之崇明寶山接沿海避風之嶴有馬跡兩頭洞長塗高丁港沈家門
舟山前港岑港烈港定海港黃岐港梅港湖頭渡石鋪港猪頭嶴海門港松門港蒼山嶴玉環山梁嶴楚門港黃華水砦江口
水寨大嶼女兒嶼二十三處為最上次為馬來港長白港滃門觀門竹齊港石牛港烏沙門桃花門梅閘門九山爵谿嶼牛關
基亘門大陳山大床頭鳳皇山南麂山霓嶼十八處可避兩面颶風
大浹江在鎮海南虎蹲山外有大浹渡一曰大浹口上名定海關自蛟門海洋分支江西流經三港口又西南經它山堰至上
虞通明州通名大浹港晉置浹口戍隆安四年孫恩寇浹口入餘姚破上虞五年自浹口攻句章不克遁入海〇小浹江自竹
嶼山海口分為支江西至鄞縣東之五鄉碶合鄞江瀉東錢湖內通東江出穿山所至甯波明嘉靖中倭由小浹江入犯縣令
宋繼祖設東岡碶于東山下堰以遏田江流中斷
烈港在鎮海西北海中西接金塘山明嘉靖中汪直自定海關移泊烈港督臣王忬分二哨一由烈表門一由西後門進剿遣
俞大猷營木嶼與賊隔一山出奇攻之賊敗走馬蹟潭〇木嶼在烈港東
翁山城今定海治本越甬東地唐開元廿六年置翁山縣宋熙甯六年改昌國元至元十五年為翁州明復為縣
舟山在定海西海中故昌國城南一名觀山山北為關山雙髻山東有青雷頭山與西曉峯山對峙又東南有石衕門山一名
十六門山通謂之舟山
桃花山在定海東南海中又東南有雙嶼雙塘六橫等山縣東有石門黃公塔嶺等山東北有蘭山秀山劍山岱山玉峯東廓
壁下馬蹟陳錢兩頭洞漁山徐公東西霍蓬萊大小衢洋山等山
普陀洛迦山在定海東百五十里本梵名華言小白華一名梅岑山西有石牛港西北有巡簡嶼
柯梅嶺在定海東海中出浦則為魚山外洋烏山門外洋〇烏山門一曰烏沙縣山亦曰朱家尖山〇又南為天同嶼紫皮嶼
奇嶼在定海西北本名大沙西為郎家嶼又西為沙嶼一名袁家嶼又西為馬嶼
岑港在定海西北海口明嘉靖中胡宗憲討倭分路進攻中由小河嶺右由碇礄左由小嶺並進倭遁走〇碇礄隘在縣西與

台州府

外港對

螺峯寨在定海治西南十五里與縣西北之岑江東北之岱治臨東南之寶陀為前明舟山所四司又合鎮海之長山穿山霞嶼太平管界共九巡司皆海防要地

沈家門寨在定海東內有趙嶴南嶴蘆花嶴大嶴以大嶺口為扼要由沈家門經蓮花洋石牛港鉢盂山七十里至補陀

姜嶼山在象山西北海中又西北為横山白石山孫嶼山與奉化鄞分境

韭山在象山東南自縣東雙泉山歷小睦大睦西殊東殊至韭山又東南為大韭山皆在大洋稍南為三蒡山一名三仙山明嘉靖中倭船據三蒡山官軍力戰始克之又南為天門大門擔子石壇即壇頭下有南北礵壳萊藍等嶼又南為雞籠嶼

大佛頭山在象山南百五十里海中一名南田有斗底蝦嶼鳥頭青饅城壺底等嶼西與台明嶼接兩山中為台明二州分界處又南為金齒山有金齒門港又南為朱門山稍東為林門山又南為秋蘆門楊士嶼等山與東甌接界

北港在象山東北東接大洋西達奉化結綺山有陳山渡一潮至方門再潮至鳥崎三潮至府城下

牛欄基港在象山西南石浦北稍東為下灣門港外即壇頭大洋與大爐頭山對峙西南為洞下門港

石浦所在象山西南青山上接石浦關口與壇頭韭山相接甯波海口以石浦昌國為最南道必由三門林門下灣門東門四路入東道必由牛欄基洞下門入

章安縣在台州東漢回浦縣建武中改章安吳為臨海郡治建興二年孫峻廢齊王奮為庶人徙章安即此隋并入臨海為章安鎮宋建炎初金陷明州帝自昌國次台州之章安鎮

大固山在台州西北一名龍顧山西南二里為小固晉隆安初孫恩寇台州辛景休于大固山掘塹守之今山上有城

金鼇山在台州府東南海濱與海門山對立如闕又東南為赤山翠環山與白山高麗頭山相接

玉峴山在台州府東海中本名黄石山一曰黄礁與令拆山掘門山錯列又東為東彪山西彪山龍符山一名覆釜山臨溪山一名臨海山又東為芙蓉山

三山在台州東椒江南岸故海門衛西南北連城門嶺海門外別無山嶼可灣泊三山亦削小故台海防視定海尤難○海門港一名椒江渡

柵浦在台州府東海門衛東南明嘉靖倭由柵浦入海門港犯松門衛即此

新橋在台州東南明嘉靖四十年倭自桃渚登岸戚繼光擊破之又追至新橋黄沙白水洋

天台山在天台北一名桐柏山大小台山支麓有瓊臺雙闕瀑布紫凝石橋寒石天柱諸名上有桐柏觀唐咸通初裘甫敗官軍于桐柏觀前即此

王愛山在甯海西接天台界唐咸通中王式擊破裘甫于海口上畊海游甫遁入甯溪洞又敗從王愛山遁走剡城○上畊村

金華府

在縣西北有上寮山海游嶺在縣南有海游鎮甬溪在天台楢溪東三門山在寧海東海中南接大佛頭北接林門西接壘懸
山為海舟出入必經之地
紫溪洞在寧海東北一曰紫溪嶺與象山通唐寶應初李光弼擊破袁晁晁弟瑛走入紫溪洞
海在寧海東海中與海門馬筋相對有健跳港長洛渡出海即茅頭洋上接查盤鏈陀諸處下接青嶼黃毛嘴牛頭桃渚諸處
明嘉靖卅九年官軍敗倭于貓頭洋又追破之于青門洋○茅頭洋一作貓洋青門洋即青門港見在象山縣
松門山在太平東南海中一曰松門島明置松門衛有松門港又東南十里為石塘山又東南為朱門山積穀山下洋大陳山
外即大洋直抵日本北往化嶼龍王堂鯉港橫門大潭深門諸處與新河二汊港接南往雞籠鈎柵洞礁鹿頭片嶼甌洋邳山
諸處與盤門接
玉環山在太平西南楚門港中西與雲山對峙如門海舟由此出入東北海中有雞籠山
處溫嶺在太平縣北路通溫嶺訛為魚嶺明嘉靖中倭敗于新河遁走漁嶺即此○溫嶺一名中嶠山溫嶠嶺嶠嶺有大小西
峯名大嶺小嶺
大閭港在太平東南海口外為大閭洋南有甌洋元至正十一年孛羅帖木兒擊方國珍至大閭洋敗還
唐山縣在金華東唐武德四年置八年省
金華山在金華北一名長山孫吳緣此置長山縣
銅山在金華南一名白沙下臨南溪明景太中張鍇討處州礦賊駐師銅山寺即此
永昌鎮在蘭溪西北古三河戍有三河渡為金衢徽嚴四郡之衝
穀水驛在蘭溪南宋置蘭皋驛在縣西元為蘭江水站在河東後皆圮于水明洪武初徙城南門卜名蘭溪驛十四年改　穀水
吳寧縣在東陽東孫吳分諸暨地置隋省
烏竹嶺在東陽東北明嘉靖卅七年置　北連鸕鶿嶺至諸暨之烏巖南連高嶺大小嶺　為興東總路
綢州在義烏北黃蘗山下山北五里有綢巖
華川縣在義烏西南唐武德四年置一名繡川城七年省
烏孝縣在義烏境內唐武德四年置七年省
茭道市在武義東北舊有道山驛明洪武中改茭道隆慶改茭道公館一曰茭道口
豐安縣在浦江西南漢興平二年孫吳分諸暨置隋省
信安城在衢州西漢初平三年分秦大末地置新安縣晉太康初改信安宋宣和三年方臘作亂徙

盈川縣在衢州南本刑溪地陳時留異改盈川唐如意初置縣元和省
姑蔑城在龍游北穀溪南越古蔑地秦為大末
白石縣在龍游南唐武德四年析大末置八年省○南為武安故縣唐證聖三年置尋省
穀波亭在龍游北穀水亭唐武德四年置穀州治後省宋建亭于坡上一曰谷坡巖○穀江南舊有穀波驛明宏治六年徙溪北後徙溪南之泥灣名亭步水馬驛
定陽縣在常山東南孫吳置隋省今名三岡
信安嶺在常山東一名長山湖山陳天嘉初留異據東陽時王琳據有江郢二州與異自鄱陽信安嶺潛通往來即此○唐常山縣在山麓
甘露鎮在常山西北梁開平二年淮南攻危仔昌于信州吳越攻甘露鎮救之即此
仙霞關在江山南仙霞嶺上嶺即古泉山唐乾符五年黃巢破饒信因刊山開道七百餘里直趣建州即此○嶺北為窯嶺嶺南為茶嶺又南為小竿嶺一名楓嶺又南為梨嶺合仙霞為六嶺嶺東南為安民關通處州遂昌嶺西南為六石關黃塢關木城關路皆通永豐又西南為二渡關路通上饒永豐合仙霞關為六關
百際嶺在開化北與風嶺連明初元李克忠自徽州退屯浙西北溪源明兵至界首百際嶺元兵大敗

處州府

小括山在處州西一名蓮城山九盤嶺唐末盧約據州徙治山麓○大括山在處州東亦曰括蒼山一名少微山
馮公嶺在縉雲西南一名木合嶺桃花隘桃枝嶺與青田之老鼠梯皆極險處○馮公嶺則冦無從上守老鼠梯則冦無從下○陳天嘉三年侯安都自諸暨出永康留異奔桃枝嶺遂奔晉安明初耿再成屯黃龍山石抹宜孫分屯桃花嶺葛渡樊嶺及龍泉以拒之胡大海自金華南出樊嶺與再成合間道拔桃花葛渡二砦宜孫敗走○樊嶺在宣平葛渡在縣西南
金石巖在遂昌北唐乾符中邑簿張郁率義兵駐金石巖以拒黃巢即此
鮑村寨在宣平北本名後陶景太中徙鮑村司治其地嘉靖後省○景太初葉希八據雲和山自朱湖進掠府城結寨鮑村即此○朱湖在雲和東

溫州府

孤嶼山在溫州城北江中與城對東西有二峯宋德祐二年益王廣王走溫州陸秀夫會于孤嶼山奉益王為都元帥即此
鐵場嶺在溫州西即岷岡山一名天長嶺宋宣和中方臘自處州東犯白沙隘踰鐵場嶺攻城今其地名寨下
大羅山在溫州東南一名泉山山東水為姚溪入永甯江山西水為杜與溪入慈湖漢書朱買臣傳越王居保泉山即此
青奧山在溫州東海中兩山對峙如門一名青澳門唐天祐末錢鏐傳瓘攻溫州盧佶率水軍拒于青澳傳瓘別自安固舍舟間道襲據溫州宋德祐二年陳宜中遁歸青澳　山東為東洛鹿西諸山又東有中界山與靈昆山並峙海中
雙崑海口在溫州東

永甯江在溫州北一名甌江鹵江愼江永嘉江源出括蒼諸溪東流入海江南岸自北門西歷永清迎恩門經吳崎桑浦嶼頭巖門竹浦塔山臨頭吳渡上戍浦口張巖外村西州嶧頭殿溪桑溪至茭洋渡自北門東歷蒲洲甯村沙城梅頭至瑞安界江北自羅浮西歷河田鋪泥塗馬嶼魚頭梅嶼雞口嶼小荊荊溪江口白壤菰溪口淩福白沙茭洋至安溪港入青田界自羅浮東歷華蓋嶺溝溪港強嶼揖搽山象浦口館頭青嶼鹿西抵樂清界

遮浦山在瑞安西南一名柘浦接平陽界明嘉靖中倭犯平陽將自坑嶺入邑人守柘浦山天門埭以拒之

飛雲渡在瑞安南近海口有飛雲關水寨外接鳳皇山

東山寨在瑞安東北故海安所外與媽寨東西分峙寨東為東山港

眉石北隘眉石南隘在瑞安東南故沙園所東東臨大洋接鳳皇山與西近仙口寨

窑嶼鎮在樂清東窑嶼山下南臨海

章嶼寨在樂清西章嶼山下近海口東接塔頭西接鹽盤稍南為沙角山舊有寨又南為黃華水寨

黃華水寨在樂清西南故磐石衛東東接大海大小門霓嶴南接港口水寨東為黃華山有山砦山外為下馬海洋與鄢山大麂山接

白巖塘水砦在樂清東北故蒲岐山東北接松門楚門南接黃華又南為後塘寨李嶼

仙壇山在平陽東本名橫嶼亦號嶺嶼孫吳置橫嶼船屯又東為陽嶼一名仙口山又東為南麂山北接鳳皇山外臨大洋別綑山島

犬巖頭山在樂清東南海中自南麂鳳皇霓嶼蒲岐楚門玉環海行必經此山

海在平陽東自榆木浦經陡門仙口江口大嶴蒲門俞山抵福建烽火寨凡三百餘里

江口水寨在平陽南故金鄉衛東接五嶼等嶴外接琵琶長腰陌城洋嶼等大洋明嘉靖中倭犯前倉徑口諸處從江口港入南至肥艚炎亭北至瑞安飛雲鳳皇舊有江口關北為汶路口寨又北為眉石南北寨

大小濩寨在平陽南近故蒲門所西臨大海

鎮下門水寨在平陽東南有關東接官嶴出嶴為臺山外洋南接烽火流江北近江口水寨

福州府

福建地畧　　武進馬冠羣良伯甫輯

侯官故城在福州府西建安初分治縣置梁并改東侯官唐武德中析閩縣別置侯官縣在今治西北臨江貞元五年没于水徙入州郭今名其地為侯官市一曰侯官閘晉開運二年南唐陳覺自劍州緣江東下敗李仁達于侯官進攻福州西關即此

懷安在福州西北宋興國六年析閩縣九鄉置初治芊原江北咸平徙石岊廣故寨明萬林省

越王山在福州北半在城內東聯治山一名屏山平山泉山東南麓名將軍山有唐時左衙宣　廣節諸營址西麓曰馬牧山晉開運三年南唐軍自馬牧山拔寨而入至善化門橋是也

釣臺山在福州南九里一名南臺山建江經此號南臺江周顯德三年南唐建州帥陳誨敗吳越于福州南臺江明初陽和自明州渡海攻福州奄至五虎門駐師南臺○五虎山在府東海中

海在福州東南沿海有閩安鎮東定海閘下娘媽宮濂澳鑑江館顧小埕牛田東營後瀛松下大小社諸處皆通海要口

閩江在福州西南上流自建寧經古田閩清東南流至府西北白沙驛曰馬瀆江一曰螺女江合雪峯山以東諸水南流分二派一東歷侯官市芾原驛至石岊山曰石岊江又南為洪山江一曰洪塘江又南為金鎖江又南經釣臺山曰南臺江一名白龍江又東南經鼓山東為馬頭江一西南經高蓋山至方山北曰陶江一名瀨江黃江黃岸江又南至仙琦山曰仙琦江陽琦江折東流曰峽江又東南接馬頭江為琅琦江至五虎門入海

白蝦浦在府南即白龍江漢初唐閩福州吳越將余安自海道赴援至白蝦浦海崖泥淖登岸奮擊大破唐兵

新寧城在長樂南唐武德六年析閩縣地置是年改長樂元和三年省入福唐五年復置徙今治

海在長樂東南東北广石梅花所突入海中與連江定海所相對自梅花至松下中歷十一澳皆東沿大海東南為海壇有觀音澳蘇澳可停舶

馬頭江在長樂西北半里東北與大海接一曰馬江口舊名吳船頭明永樂中鄭和改太平港

梅花江在長樂東一名梅江梅花澳明嘉靖卅八年倭自洪塘江出洋尹鳳敗之于梅花外洋即此

广石江在長樂北一名广石澳宋末陸秀夫張世杰奉二王從广石入閩安鎮即此

松下江在長樂東南東通大海一名松下澳與大社小社壠下等澳相接明嘉靖廿七年倭自松下突入海口澳登陸攻福清鎮東衛至郭盧山戚繼光擊破之追北至東營山○東營山在福清東海中

海壇山在福清東南海中一名東嵐山本唐牧馬地山南曰黃崎紫關牧上岾頭沆頭大小鱉網舊有卅六泒湖宋宣和後决入海近媽有大小塲滸頭及錢藏澳迤東為軍山有淡門獺步廣州埕流水小牆十二藍焦東牆鷓鴣門為極東之島北曰白兵焦大桑小桑南為南匿里草嶼唐嶼山西為水馬山霸前金崎頭

白嶼山在福清南海濆一名陳田山南與雙嶼連接

興化府

福寧府

遻江在福清南一出興化金支大澤合漁溪一出黄蘗山北過鐵場達北流並漁溪合遻港南至綿亭東抵烏嶼門又南至雙
嶼頭東出白嶼西出後嶼南流復合由迎仙港入海明嘉靖卅八年倭自海壇入犯移屯上遻官軍擊破之即此
北茭鎮在連江東北羅源東南元荻蘆廵司明洪武二十年改北茭明嘉靖廿七年倭刼北茭官軍却之即此○鎮與上下竿
塘大小亭山桑嶼關鎮岭沙俱東北海濱
小埕寨在連江東海中北連烽火南連日明嘉靖卅五年倭自流江突至小埕水寨遂犯會城
南鎮在古田西晉天福三年王延政據建州攻破南鎮軍福州以西戍卒悉潰
水口驛在古田西南宋嵩溪驛興國中為縣治端拱徙還舊地今為水口鎮
興化縣在興化府東北游洋鎮宋興國五年析莆田仙游永福福清地合游洋百丈二鎮置縣元皇慶中徙縣治莆田西北廣
業里之湘溪村明正統三年省
南日山在興化府東海中北連海壇山與琉球隔海相對一名南匿明初設寨景太後移砦于吉了仍名南日舊南日弃為番
舶停頓之所○吉了與湄州嶼隔海相望下有東西二彎一名擊蓼
海在興化府東及南沿海有吉蓼平海三江甲嶶頭青山東為峯頭澳明嘉靖中官軍擊破倭于峯頭澳又追敗之于野馬外
洋
崎頭鎮在興化府東明初置司後改為城堡明嘉靖中倭陷興化走平海衛結巢崎頭城擊敗官軍遂陷平海○衛舊有小澳
石獅礪前新浦三江埕口崎頭澄港湖邊石城蔡山石井十二座墩臺
長溪縣今福寧州治唐武德六年析温麻地置旋省為寧遠鎮長安二年復置元改福寧州
温麻縣在福寧南晉太康三年分侯官温麻船屯地置隋開皇省唐武德復置治連江北後改名連江
松山在福寧州東下有松山港明正統九年徙置烽火砦東南連屏風嶼明嘉靖卅八年倭犯福寧黎鵬舉擊之于屏風嶼追
敗之于鎮下門三沙海洋
嵛山在福寧州東南本名孟山下有卅六澳旁有艮山日嶼七星山臺山官澳山屏風山筋竹山四瀧山並在海中明嘉靖中
官軍敗倭于孟山即此
桐山在福寧州西北接浙江平陽界明嘉靖卅九年倭自福寧至桐山指揮盧鏜擊敗之又追敗之于銅坑蒲岐
海在福寧州東南北三面自三沙海洋沙埕砦蓁嶼泥坪松山桐山閭峽下滸皆海濱要地
金甌山在寧德東南一名覆釜山與酒嶼猿毛大小金崎橄欖諸嶼聯絡大海中又南為梅溪山楊溪山城澳山
雙巖嶺在福安東南宋建炎中范汝為據建州韓世忠討之屯兵雙巖嶺即此
東甌城在建寧東南十里漢吳世子駒發兵圍東甌即此○府東南三里有故府城漢會稽南部都尉治所

建甯府

黃華山在建甯東北宋元嘉初太守華瑾之徙郡治山西麓元至正二十年陳友諒列營黃華山下守將阮德柔築城山頂下屬舊城以拒之

鳳皇山在建甯東北一名茶山晉天福三年福州兵攻建州王延政敗之于茶山宋紹興二年范汝為入建州韓世忠率師直抵鳳皇山大破之

建溪即建江一曰閩江有二源一為西溪自浦城崇安西派下合建陽諸溪至建甯西南臨江門外一為東溪自松溪政和下至建甯城東南政和門外合流名大溪晉天福五年潘師逵吳行真攻建州潘軍城西吳軍城南皆阻溪結營

富沙驛在建甯臨江門內舊在府西平政門外曰富沙館宋紹興十年徙城北有夫伏州閩王封弟延政為富沙王

大潭城在建陽縣西閩越王築以拒漢今有大潭山史記吳王以六千人屯大潭即此

蒼石山在建陽西一名大林谷宋末謝枋得自信州敗走入唐石山寓逆旅中賣卜于建陽市即此

蓋竹鎮在建陽南晉開運初唐查文徽攻建州自建陽進屯蓋竹

朝天橋在建陽南門外舊名濯錦南橋橫跨雙溪上拱辰橋在城北駐簡門外舊名濯錦北橋一名畫遊橋

分水嶺在崇安西北為入閩第一山上有分水關有二水一入江西一入福建即崇溪上源○明時崇安有八關分水温林岑陽桐木焦嶺谷口寮竹觀音也

赤嶺在崇安南晉開運初南唐攻建州自崇安進屯赤嶺王延政列柵水南拒之今有赤石廢驛

漢陽城在浦城北漢元封初故粵衍侯以兵七百反攻粵軍于漢陽即此

漁梁山在浦城北水南流為建溪北流為信溪宋置漁梁驛建炎三年韓世忠追苗傅自衢信至漁梁驛賊驚潰

松源城在松溪東本處州東鄉地閩置松源鎮周廣順初南唐置松源縣宋改松溪徙今治

關隸縣在政和南本甯德縣地閩王潮置關隸鎮宋延平三年升為縣政和五年改政和徙東岸口即今治

延平府

龍津縣今延平府治本漢南平縣地晉太康初改延平劉宋省晉天福八年閩置龍津縣為鐔州治又析西北地別置延平縣南唐改龍津曰劍浦省延平縣

湖頭嶺在延平東山前有浮梁宋建炎中郡守張觷設伏破張徹于湖頭嶺即此

黯淡灘在延平府北東溪中自汾灘竹林後灘高桐灘鑿灘黯淡灘下至劍津接西溪曰石柱三門小黃口大黃口張巖虎口樟槎口蘿坑口星窟大湍小湍城門將軍黃墩頭慈浦下接南溪曰劍鞘萬口大傷小傷五港天柱鳩道同場龍窟共二十三灘通名港灘

蒼峽鎮在延平南蒼峽口五代時為靜江軍宋置蒼峽砦

王臺驛在延平府西宋淳祐中置王臺站明初改驛一曰王臺館正德中鄧茂七等據王臺館遂陷沙縣即此

汀州府

清風鋪在延平東南又東南十里為武步鋪明正統末官軍破鄧茂七餘黨于武步及清風鋪又截其舟于水口驛即此
瀨口關在將樂縣東宋紹定三年汀寇邱文直據瀨口招捕使陳韡奪關遂降今為高灘隘
陳山在沙縣西南明正統中鄧茂七聚衆陳山名陳山營犯建甯延平官軍攻之分伏後坪後洋及沙灣南賊至敗死鄧伯孫復聚後洋官軍擊平之
尤口在尤溪北一名湖頭溪北流至此會建溪晉天福中閩王曦兵屯尤口將攻建州為建州所敗
宰城關在尤溪縣後崇嶺上嶺北接高源南抵小村宋建炎二年范汝為自沙縣入寇邑人守嶺擊破之
徘徊嶺在順昌縣南十里一名烹龍嶺下有徊村一名徊源洞宋建炎中范汝為自建州敗遁走死徊村
貢川山在永安東北明正統中鄧茂七據貢川山為寨鄧伯孫復據之官軍自沙縣進破貢川掛口陳山諸砦伯孫被擒即此
安砂鎮在永安西明景太三年以浮流鎮為縣治徙浮流巡司于此改名浮流司
新羅城在汀州東南晉置劉宋省
鄞江在汀州城東一曰正溪大溪左溪源出甯化界南流經湘洪峽東莊嶺又南至高灘角經上杭達潮州大埔縣會三水入海。臨汀大溪有四曰東溪西溪南扳溪橫溪
汀關在汀州北宋景炎二年元破汀關文天祥欲據城拒敵汀守黃去疾有異志天祥乃移屯漳州
九磜隘在汀州西北又府東有大息鎮明二隘東南有桃陽隘南有黃峯隘西南有長橋分水龜龍三隘西有古城隘共為九隘。古城有宋砦一曰古城里
黃連城在甯化東本黃連鎮唐開元廿四年開山洞置黃連縣天寶初改甯化後唐同光初徙治城西竹篠窩即今治乾甯初黃連洞蠻圍汀州王潮使李承勳擊破之追至漿水口畧定閩地
潭飛漈在甯化南宋紹定中晏頭陀犯建甯劉純等擊破潭飛漈又諭降連城七十二砦賊遂平即其地置南平砦
上杭故城在今上杭東南本龍巖縣胡雷下堡唐大林四年置上杭場南唐保大中徙藝梓堡宋淳化中升為縣至道徙治鱉沙一名白沙里咸平徙語口市天聖徙鍾寮場乾道徙郭坊為今治
小溪隘在上杭西南與潮之大埔接壤有上下二水明設撫民館。縣東北有羊蹄桃排采眉東有當風蘆豐板寮大王壩上南坪南有新長嶺軍營荷樹岡西有葫蘆通橋西北有河溪漕嶺等隘
懸繩巡司在武平西南明正德中劉廷選據懸繩峯事平因置巡司
南安鎮在武平南唐開元廿四年置鎮五代閩時省并入武平
屏山在清流北一名沙帽南砦山元末陳友定起義兵據南砦山為城
夏陽鎮在歸化東一曰夏陽墟明成化六年徙明溪司治此。明溪一名明江又名黃溪水流入將樂

烏坂城在邵武城東三里越王所築拒漢六城之一
黄土砦在邵武西南一名黄土關在黄土嶺上通江西之廣昌南豐有黄土鹽場元至正十九年陳友諒侵邵武陳友定大破之于黄土即此
杉嶺在光澤西北閩江分界處有杉關明洪武三年徙大寺砦駐此嶺南十里有豪居寨廿五年使胡琛攻陳友定克浦城松溪分兵一自廣信出鉛山一自建昌出杉關會兵討之廿七年胡廷端收江西自建昌入杉關克邵武路
梅口寨在太寧西梅口堡宋紹定五年劉純分忠武軍駐海口鎮羅源翁竹之寇
綏成縣在建寧西南晉義熙中分邵武地置隋省唐乾符二年置黄連鎮南唐改永安鎮

泉州府

泉山在泉州東北八里一名清源山北山齊雲山漢書傳東越王居保泉山即此○山南連鳳山一名皇績山明嘉靖卅七年倭掠鳳山清源山犯南安即此
海在泉州東南東自惠安接莆田界西至同安接海澄界有五通列嶼白瀨語嶼大登小登大擔小擔處嶼炳洲嶼嘉禾嶼小岞大岞黄崎淨山獺窟嶼岱嶼皆海濱山島自城東海道正東行二日至高華嶼又二日至黿鼊嶼又二日即琉球國
晉江在泉州城南德濟門外上源為黄龍江東流至城西臨漳門外曰筍江又東為浯江又東南為溜石江又東至法石石頭聖姑建岱嶼入海一名蚶江
圍頭鎮在泉州南宋嘉定十一年海寇冲突圍頭真德秀徙寶林兵戍圍頭立砦名寶蓋
安海鎮在泉州南本名灣海宋初改名安海市西曰新市東曰舊市海船至此榷稅號石井津建炎置石井鎮一曰安平鎮
五通嶺在同安東宋末幼主至泉聞蒲壽庚叛遂止城北法石寺登舟過五通嶺
浯洲嶼在同安東南海中一名五嶼最高峯曰太武明初設浯澳水砦嘉靖中倭自浙江舟山南泊浯嶼福建大震廿七年倭攻沙頭澳衛大擔外嶼官軍擊敗之賊因轉劫羅浮北茭諸處○又東為列嶼中有十數山最高者曰吳山牧山樓山湖山明洪武廿七年徙高浦砦頭田浦官澳峯上陳坑列嶼七司于浯嶼置浯嶼水砦與福州之烽火興化之南日為三寨景泰間又增漳州之銅山福州之小埕為五砦
大岞山在惠安東南海中又東為小岞山北與黄崎山對縣境諸山東趨于海至此三山而止明嘉靖卅八年倭自祥芝石湖烏潯分道出海王麟追敗之于大岞山○明永樂中築沿海五城曰崇武獺窟小岞黄崎峯尾
白水鋪在惠安北有白水砦一名陳同寨土名寨嶺明正統中盜起土人據砦抵拒與東坑砦並為縣北要地
九龍岡在安溪西北明嘉靖中陳日暉據覆鼎山大小尖白葉坂九龍岡等亘數百里尋討平之

漳州府

蘭水縣在漳州南梁置隋開皇省
柳營江在漳州東上有虎渡橋一名江東橋九龍江水自華峯來注九江山下經香州渡又南經蓬萊峽為柳江六朝後戍閩

者阻江為界插柳為營故名柳江唐總章中陳元光征蠻黎陰使人北就上流結筏連渡間道襲擊之遂結砦柳江西統轄其地名唐化里元末陳友定攻漳州度柳營敗漳人于馬岐山遂下漳州

高安砦在漳州西北元至元中陳桂龍據高安砦高興以計焚其山桂龍遯入畲洞

綏安城在漳浦西南晉義熙九年置齊改為義安郡治隋省入龍溪

懷恩縣在漳浦西南唐垂拱二年置開元廿二年省為鎮

盤陀嶺在漳浦南梁山西路出潮州漢蒲葵關道宋名葵岡嶺唐儀鳳中陳元光開拓柳江以西地追寇至盤陀嶺盡殲之永隆二年元光移鎮漳浦阻盤陀山為塞漸闢西北諸山洞因請置州是也

岐島在漳浦東北明洪武中置鎮海衛東南有東鎮嶼西南有鴻儒嶼

魚陽嶼在漳浦東南海中又東南為竹嶼石城嶼菜嶼將軍嶼亂石叢雜舟船不通

青山在漳浦東南一名鼇山明置六鼇所北連大澳山東為對面山東北為虎頭山古雷山東南有雙洲一名洲門自廣入海要道

雲霄鎮在漳浦南八十里梁山下漳水出其南唐垂拱二年置漳浦縣為漳州治開元四年徙元置雲霄驛

南勝城在南靖西南九圍磜山東元至治中置至元三年畲寇李勝亂平徙小溪館山南至正中徙雙溪即今治改名南靖

古雷鎮在南靖西漳浦東南鼓雷山下元置古雷司後省明洪武中徙小溪司駐古雷鎮

蘆溪山在平和縣西北北與流恩山接正德中信豐龍南諸賊敗走象湖山王守仁擊破之又攻拔何塘洞山砦及長富村等處置漳汀司于蘆溪○象湖山在漳平東南

南詔城今詔安縣治本漳浦之南詔地宋置南詔場後為臨海寨明初為南詔把截所嘉靖九年析置詔安縣

梅嶺在詔安東南與元鐘山接明嘉靖四十四年戚繼光敗吳平于梅嶺即此

大帽山在詔安東海濱宋末帝昺泊舟處又東為川陵山山南為虎仔嶼南村嶼崎嶼犬眠嶼皆在海中

銅山在詔安東南一名東山明洪武中置所北自金山據浯嶼南自梅嶺連廣東相近有東門嶼鐵釘嶼五嶼南嶼井仔澚黨堯澳

元鐘在詔安南距南澳三十餘里相近有內嶼外嶼蛤洲猶洲敏洲紅洲距岡洲陳洲

海在詔安東南田海口西出為饒平之南澳與元鐘所對峙又東南為黃芒山相近有蠘嶼洋嶼又南入潮之澄海潮陽界

走馬溪在詔安東南有東澳為海口距元鐘二十里明嘉靖中倭自廣東突入走馬溪官軍擊破之追至廣東南澳大洋

圭嶼在海澄東土名龜嶼明隆慶六年從海門濠門二司築城其上又東為長嶼嵩嶼又東與同安之浯嶼嘉禾嶼連接佳嶼西為紫泥洲西接烏礁許茂諸洲又西北即柳江一名三汊河河口名澳頭即福河北岸

台灣府

武進馬冠羣良伯甫輯

臺灣地畧

臺北府本艋舺地南界北大溪東北界攏接十三莊同治中建置府治光緒二十年奏改省會
紅毛小城在臺北西今圯城西至海口極平衍名虎尾今置淡水營
新莊在臺北西南北大溪南舊置巡司○舊圖誤在武勝灣據臺北道里記更正
淡水在臺北北南連南嵌北接雞籠外為淡水港港南八里分山港北圭柔山兩山對峙中有南北二河南河源出武勝灣北河源出楓仔嶼至大浪泵合流出干豆門入淡水港○淡水出大屯山北外北投磺山下西南流經淡水城出港入海
八里分麻少翁内北投外北投雞洲山大洞山小雞籠大雞籠金包里南港瓦烈擺折里末武溜灣雷里荖蟄繡朗巴浪泵奇武卒荅荅攸里族房仔嶼麻里折口凡二十三社舊統歸淡水總社管轄
竹塹埔今新竹治自臺北至彰化要地有九十九溪竹塹溪即其一
香山在新竹東有香山塘通欽仔口溪舊設營汛
雞籠社今基隆廳在臺北東北舊名小雞籠社
紅毛石城在雞籠港口高二丈圍五十餘丈
雞籠山在基隆西北隅去岸十里
三貂嶺在基隆北極高峻海在嶺南觀音嶼燭臺嶼八尺門清水澳跌死猴坑卯裏鼻諸險自嶺上視之皆在咫尺嶺東三十餘里為三貂大溪西淡水界東宣蘭界
噶瑪蘭一名蛤仔難在臺灣後山今宣蘭縣治嘉慶十一年海寇蔡牽至烏石港謀取蛤仔難十二年朱濆泊蘇澳謀奪蛤仔難溪南地即此自大里簡以南　舊有十九隘地　梗枋　烏石港　金面山　白石湯圍　柴圍　三圍　四圍一給　四圍二給　四圍三結　旱溪　大湖　叭哩沙喃　鹿埔　清水溝　崩山　員山　馬賽　施八坑
西勢在烏石至濁水溪北舊分二十社哆囉美遠社打馬煙社奇立板社麻里目罕社擺離社珍仔滿力社抵美福社流流社麻仔鎮社仔罕社抵美抵美社踏踏社高東社打那岸社奇武暖社奇蘭武蘭社辛仔羅罕社綦立丹社抵巴葉社抵美簡社皆嘉慶十五年開墾道光元年加留沙埔自烏石港至濁水溪止存沙地四百九十五甲○
東勢在濁水溪南至蘇澳凡十六社加禮宛社流流社掃笏社芭荖鬱社歪仔歪社貓里武煙社南搭吝社一作馬魯煙社武罕社打那美社打那岸社一作打郎巷社猴猴社其澤簡社奇武巷社里腦社婆羅新仔宛社珍珠美簡社皆嘉慶十六年開墾
崇爻山在後山宜蘭縣東東跨大洋自北至南綿亘數百里舊有上下八社　筠椰椰　斗難　竹腳宣　薄薄　芝武蘭　機密　牡丹　丹朗

台南府

半綫社在彰化城東彰化治即半線半地

岸裡山在彰化北牛罵沙轆二山間中有阿裡史烏牛欄埽揀岸裡朴仔籬五社

埔裏社今廳治在彰化東越山東北行即抵宜蘭界舊有二十四社埔裏　決裏　毛咩　貓丹　社仔　木扣　大武郡

子黑　子希　倒咯　巒巒　田仔　貓蘭　田頭　思順　挽蘭　外斗截　水眉裏　內斗截　內眉裏　平來萬　致

霧　哆咣唧　福骨○入社二道南自水沙連沿觸口大溪東經獅子頭山集集鋪廣盛莊柴圍又北歷雞胸嶺竿蓁林竹仔

林水裏頭社水社本社貓蘭社沈鹿硿口至埔裏大社北自北投北經草鞋墩內木柵阿發埔渡溪至火燄山過太平林內龜

洋至外國勝埔更渡溪至埔裏

水沙連今臺灣縣地水廣八九里中峙一嶼名珠仔山衆番繞嶼以居番俗六考云山徑崎嶇惟南北二瀾沿岸堪往來外通

斗六門竹腳寮按南北兩瀾即觸口與烏溪斗六門當是萬斗六隘故斗六門隘在水沙連南去竹腳寮觸口更遠不合

斗六門汛今雲林地東有斗六東隘斗六門隘

虎尾溪在雲林西源出水沙連從牛相觸二山間北流為東螺溪又東匯阿拔泉溪為西螺溪阿拔泉純清虎尾水純濁螺溪

清濁不定

臺南府故臺灣府古稱昆舍耶國前明時稱大琉球天啟初荷蘭人據其地築城以居本朝順治初鄭成功逐荷蘭居之置承

天府名曰東都鄭錦改東甯康熙廿三年定臺改置臺灣府光緒初改臺南

安平鎮城在臺南西南海邊東抵灣街渡頭西南沙墩土人名紅毛樓

赤嵌城在臺南西南二十里與平安城相對

大岡山在臺南東南卅里狀如覆舟舊時國有大事山輒先鳴又南有小岡山

鹿耳門在臺南西北即北綫尾中有海翁崛多浮沙名鐵板沙

崑身嶼在臺南西沙綫灣抱七起八伏自一崑身至七崑身漸南旋可行而通

新港加留灣麻豆歐王四大社在臺南北

嘉義在臺南北鄭成功初置天興縣康熙廿三年分置諸羅縣乾隆五十二年改嘉義

鹿仔港在嘉義西沿海有蟯港鹽水港八掌港笨港海翁港大甲西港二林港三林港中港竹塹港蓬山港凡十二處皆可通

舟師

鳳山縣在臺南南鄭成功置萬年縣康熙二十三年改鳳山縣

打狗港在鳳山西南源出打狗山西流由港入海又西南為東港皆通舟大港

攝上番十一社在鳳山東南上下淡水力力加藤放索大澤機阿猴答樓為平地八社輸賦應徭茄落堂卓馬南琅嶠三社惟

輸賦不應役今悉編丁
沙馬蹄在恒春南為全臺南盡處凡舟赴呂宋者必由此東放大洋有澳名龜那禿北風時大船可泊
澎湖廳在臺南府西大洋中號澎湖灘水分東西流西達漳泉東達呂宋有六十四島澳曰南天嶼草嶼西嶼坪貓嶼布袋澳
布袋嶼八罩山東嶼坪水按尾西吉化嶼鋤頭插馬鞍嶼東吉將軍澳虎井嶼船坑嶼岑雞嶼猪母落水桶盤嶼月眉後鼻西
嶼頭風櫃尾雞籠嶼鐵線灣紅毛城四角嶼雙頭挂暗嶼案山仔林投仔牛心嶼蠘仔灣天妃澳鎖管港有城銃城有城迎檢
司小菓葉漳邊嵋仔灣小池角龍門港大果葉大池角鯢鯨港沙港底中敦嶼竹篙灣鼎灣嶼吼門陽嶼雁埥嶼赤港小門嶼
陰嶼土地公嶼椗鉤嶼姑婆嶼雞善嶼籃飯嶼馬嶼員貝嶼吉貝嶼墨嶼

廣州府

廣東地畧　　武進馬冠羣良伯甫輯

南武城在廣州城東二里南海故事錄有楚亭越人公師隅因築為城名南武任囂初治瀧口西岸俗名萬人城在今府城西後徙番山下因楚亭築為城時號任囂城漢平越號越城

熙安縣在廣州東又東為綏寧縣俱宋元嘉中置梁省

懷化縣在廣州東北晉義熙置梁省

咸寧縣在廣州西北梁貞明四年與常康縣同置宋開寶省

雙女山在廣州西十里土名鳳山宋乾德四年伐南漢師次瀧頭劉鋹使請和遂挾其使捷行度馬逕屯雙女山下即此馬逕即馬鞍山在府北

石門山在廣州西北兩山對峙如門漢元鼎末伐南越先陷尋陿破石門宋德祐三年元狥廣東徐直諒拒之于石門即此

海在廣州南自府東八十里古斗村又東南二百里至南海衛又南六十里出虎頭門又南百里至南頭城廣海防舊分三路廣州為中路備在屯門雞棲佛堂門冷水角老萬山虎頭門等澳虎門東南頭澳尤為要隘自東莞之大鵬迤西為峽門望門大小橫琴山零丁洋仙女澳九竈山九星洋等處而浪白澳與香山澳尤為要地又西為崖門寨門海萬斛山硐洲等處而望峒澳尤為要地左路為惠潮柘林南澳最為要地自柘林西為大城海門靖海蓬州又西為甲子門碣石平海西路為高雷廉與安南暹羅西貢相接高州之蓮頭港汾洲山兩家灘廣州灣雷州之遂溪湛川圍洲樂民海安海康黑石清道徐聞錦囊瓊州之白沙石矍埕頭文昌並為沿海要地又增城東莞之茶窖十字窖番禺之三曹波羅海南海之仰船岡茅窖順德之黃頭涌香山新會之白水分水等處皆海濱要地也

西江在廣州西北上流為廣西之黔鬱桂三江過肇慶合賀江一名南江又名晉康水出黔羊峽經順德名龍江東會北江至廣州府城合東江入海西江兼南江之名南齊書西南二江廣遠特置西江都護梁太清末西江都護陳霸先起兵討侯景是也

北江上流為窩遠九疑山之湟水南雄大庾嶺之湞水至清遠二水合流曰滙口洸口陳大建二年歐陽紇出頓滙口宋開寶三年劉鋹使邵廷琄屯洸口是也又經三水會西江出石門而東南行○東江源出江西安遠南經龍川為龍江至河源為槎江又西南經博羅東莞增城會西江入海一名三江宋元嘉十年或告人欲于三江口篡取謝靈運即此

朝亭在廣州西本名朝臺後為西侯津亭宋泰始四年羊希使劉思道于朝亭即此

涌頭營在順德南四面環海舊設戍守有仰船岡三歷沙等哨

石桶鄉在順德南本石蕈城漢元鼎中呂嘉築石蕈金斗二城以拒漢即此

安懷故縣在東莞東南晉咸和中置陳省

虎頭山在東莞西南海中有大虎小虎二山俗號虎頭門一名秀山宋景炎二年張世傑自淺灣退保秀山明初廖永忠下東莞次虎頭關即此

三門海在東莞西南海中有三洲潮自東南來至洲分三道過洲復合故曰門○東莞濱海有南頭屯門雞棲佛堂門十字門冷水角老萬山伶仃洋等澳又西南有烏豬洋七州洋獨豬洋交趾洋接占城界

杯渡山在新安東南舊名屯門山海路離南頭城二百里唐天寶二載吳令光作亂屯門鎮兵討平之即此

梅蔚山在新安南海中又西南八十里有官富山山東有官富場宋景炎二年正月帝幸梅蔚山四月舟次官富場即此

大奚山在新安南大海中一名老萬山民居以鹽為生宋慶元三年山民以私鹽致亂

佛堂門海在新安南牂洞水經官富山西南入海分二門左為佛堂門右為急水門潮自東南大洋西流經官富入急水門又西南曰合連海○海水連深澳梟濟柬下諸山滙合于此故曰合連

合蘭洲在新安南百八十里大步海南與龍穴洲相接南漢時置靖康場采珠

崑都山在三水東南古三水鎮宋置戍

北臺山在香山南四十里又南二十里曰南臺山兩山相對北臺山北有壽星塘宋端宗葬處梅花水出山之西下流入海

浮虛山在香山北海中山嘗隨渡上下山海經南海有浮石之山即此下有浮虛海

金星門在香山南海中又南百里有大小橫琴山山下即井澳宋景炎二年帝至井澳颶風舟敗元謝深襲井澳帝至謝女峽入海至九星洋○謝女峽一名仙女澳九星洋在井澳西有九曜山如九星

三竈山在香山南三百里海中元海寇劉進據三竈山即此山東為烏沙海明成化中番舶侵擾設防三竈山

零丁洋在香山東宋末文天祥敗走零丁洋即此

平夷縣在新會西孫吳時置晉太康初改新夷隋省又西卅里為晉封平縣唐貞觀省

義寧故縣在新會西北劉宋置宋興國初改信安建炎省又西北為封樂故縣宋元嘉中分新夷盆允邊界置唐開元省

宋安故縣在新會東北宋元嘉九年與新熙永昌始成招集同置廿七年改宋元齋省○陳改新熙為新建始成為熙潭招集為懷集又改故宋安為化名縣隋開皇省

始康故縣在新會西南宋元嘉置又西南為宋初賓故縣隋開皇十年同省

厓山在新會南海中與奇石山對立如門潮經其間故曰厓門山又南有湯瓶嘴山雙髻山九曲山皆極高峻宋末帝昺自閩州移駐厓山即此

熊海在新會南以海中有鼠熊馬鞍熊東熊長熊四山名東經香山為小梁海西經峴岡折北至厓山為厓門海通名南海海濱有望峒澳舊為海軍哨所

連州　肇慶府　廣

臨江臺堡在新會東南濱海與順德界接又東南濱海為仰船岡又南濱海為長沙又西南濱海為企宮雙煙整潭灣企頭橫山寨門舊時設把截所八
上川山下川山在新甯南海中山下有海晏村明洪武四年鍾福泉挾倭寇海晏下川官兵追擊至陽江即此舊有海晏鹽場
紫霞海在新甯西南紫霞山下又南為大牌海在大隆山南又南為銅鼓海在銅鼓山下又南為大小金門在上川山南又西南為寨門海
石鼓寨在新甯東石鼓山上又有茅舍荅村石人硎峒橫嶺蓮塘洋公徑倉下那西東爪冲上峒萬羅岡雞頭懷甯等寨明嘉靖卅年討平叛猺設東鼓那西三合水金雞頭諸營即此
政賓故縣在清遠西北梁置為東官郡治唐武德六年省
峽山在清遠東一名中宿山東支麓名觀峽山一名尋峽漢元鼎中樓船將軍出尋峽即此明置峽口營
岡溪故縣在連州西北宋泰始置為宋安郡治大豫初省
梁樂縣在陽山南梁置為梁樂郡治隋省郡改縣曰宣樂大業末省又西南為梁游安故縣隋省
湟谿關在陽山西北湟水南茂溪口秦置漢伐南越兵出桂陽下湟水即此
陽山關在陽山北騎田嶺南秦始皇廿六年置史記尉佗移檄湟溪陽山關即此
尚安縣在連山西孫吳置晉太康改熙平隋大業省又南有撫武化縣亦大業省
崇州在肇慶東南劉宋元嘉置尋省
博林故縣在肇慶西南梁與撫納縣同置隋大業省撫納入博林唐貞觀省博林
高峽山在肇慶東與爛柯山對峙江流經此夾東而出一名高要峽零羊峽水中有亞婆項釣魚臺最險漢建安末蒼梧人衡毅拒步隲于峽口即此○爛柯山在山南十五里一名端山江水經此名端溪蒼梧水出山東
九坑山在肇慶東北出泉九派舊有茶園四十四所
湘峽山在肇慶西東五里為小湘峽小湘大湘二水俱經峽中入江宋皇祐四年李寶臣欲伏兵小湘峽擊儂智高即此
平興故縣在高明東南黄村都宋元嘉十八年置宋熙郡領昌國義懷綏甯新建四縣廿七年改置平興為宋隆郡治領初甯建甯招興崇化熙穆崇德等縣隋省郡并諸縣入平興宋省平興
梁泰縣在高明東梁置為梁泰郡治隋改清泰唐貞觀省
清泰水在高明東南梁時以水名縣又名獅子水楊梅水出皁幕山東流合黄沙羅漢倉步諸水入大江
宋崇水在高明東南本名宋隆唐改崇西北流至宋崇渡口合鸕鷀峽水入江
樂昌故縣在四會北宋置為樂昌郡治兼領始昌宋元樂山義立安樂等縣齊省樂昌隋并省始昌等縣

化成故縣在四會西北宋元嘉置尋省今地名岡谷
綏江在四會西一名綏建水古綏建郡以此名上源自廣西懷集縣懷溪南流至縣東陶冶山下分流一由高步出清溪入西江一由金釵灣出南津入北江〇縣境西綏水東古津水湏水北龍江四水皆會故名四會
新招故縣在廣甯西新招村宋元嘉十三年分四會官細鄉地置為綏建郡治隋省
化蒙故縣在廣甯東南太平都東鄉水口宋元嘉十三年分四會古蒙鄉地置尋兼置化穆化注等縣隋省〇化穆在縣東南五十里化注在縣西四十里
威成故縣在廣甯西南蕭齊置為晉康郡治隋大業省
企岡營在廣甯北與花山營連俱明嘉靖卅九年置防顧水及螺殼等地
索盧縣在新興南二十里梁置唐乾元省又南五十里為漢臨允縣隋省
新昌故縣在新興東唐武德置貞觀省又東十餘里為晉單牒縣亦貞觀省
南興故縣在新興東北東晉置隋省
黃三坑砦在新興西與鐵場石人背山棗坪皆巖谷險峻明嘉靖卅七年盤永賢據黃三坑巢即此
腰古驛在新興北五十里明宏治八年以猺亂城腰古戍守兵防考縣境增置茅田逕腰古東利迴龍四營又添冷水營守西北雙橋諸處藍坑營守西南天塘諸處
銅陵故縣在陽春北本宋龍潭縣梁改銅陵唐武德四年置勤州五年省州宋熙甯省縣又北廿里為富林峒唐武德置富林縣宋開寶省
流南故縣在陽春西北梁置隋改南流大業初省
西城故縣在陽春西南梁置隋大業省又西二十里為唐羅水故縣宋省
廣化故縣在陽江西北孫吳置為高興郡治梁置西平縣宋元嘉九年分置宋康郡隋省郡改縣為宋康隋開皇又改義康大業省
永甯縣在陽江西梁置為永甯郡治隋省又西為杜陵縣亦梁置為杜陵郡治隋省郡改杜原宋初省
北津山在陽江南海口南與南津山對峙山南有銀坑山有十八井宋南恩州知州余久大鼓冶處
海陵山在陽江西南大海中本名羅洲羅島中峯名草黃山東峯名平章山西南為馬鞍山下即戙船澳西北為鶴洲山麻龍渡山明洪武四年官兵敗鍾福全于海陵山即此
三汲山在陽江東南大海中又東有小鑊中鑊大鑊三山皆在大洋中
海在陽江西南由雙魚城海陵山北津港至海朗城接電白界由大澳而東經柳渡三洲大金門上下川皆海中要地明嘉靖

廿七年以後以北津砦為中路東至芒洲上下川與廣海砦會哨西至吳川限門與白鴿寨會哨後又以戙船澳豐頭澳為中
新寧寨門海為左哨電白蓮頭澳為右哨萬秫中自廣海砦娘澳起至雙魚馬柵石連頭寨北額港止以海朗所分守
丹陽水丹城俱在陽江西同出梅峒山東流經大墟渡滙豐頭港入海
信安故縣在恩平東北即舊義寧縣地
金臺山在恩平南南達灣雷海又南通大洋海中有覆船山舟人惡其名改曰金臺岡

羅定州

元溪故縣在德慶東晉置隋省又東為晉龍鄉縣齊威城縣
樂城故縣在德慶東八十里晉置兼置悅城文招二縣隋開皇省并為悅城縣宋初省為悅城鎮
賓江故縣在德慶東南晉置陳省
古蓬洞在德慶東南一名古蓬山本猺地明洪武中勦平永樂中歸服始入版圖
封興故縣在封川東北晉置隋省
賀江在封川西一名封溪封江源出廣西賀縣自開建南流至靈洲會東安江入西江唐天成三年蘇章救封川至賀江沉鐵
緪于水築長堤隱之誘楚師入堤大敗之即此
石研山砦在封川北明正德中封川之石研大和雞峒猺糾合開建之大玉小玉大臺賀縣之崗金上崗下崗封川之歸仁文
德大滑朏洪秋南吉大賀黑石麒麟白馬蓮花諸猺同叛
漢謝沐縣在開建北隋省
安遂故縣在羅定北宋置兼置建州廣熙郡隋省州郡唐武德置南建州貞觀改藥州尋省至德改晉康縣宋初省為晉康鎮
明置晉康司

韶州府

開陽故縣在羅定南梁置為開陽郡治隋省
羅陽故縣在羅定西南梁置為羅陽郡治隋省郡改縣曰正義唐貞觀省
安南縣在羅定北梁置隋省入永熙縣唐武德復置至德改鎮南宋省又東為梁永業縣唐貞觀省
雲際崗在羅定西雲致山唐開元十六年陳行範兵敗逃入雲際盤遼二峒即此雲際為雲致之譌
永順故縣在東安東唐武德四年置宋開寶省
永熙隋縣在東安西唐武德五年改永寧天寶初又改建水宋省為建水鎮
都城故縣在西寧西晉置宋開寶省為都城鎮
臨瀧縣在韶州西唐武德置貞觀省又南有良化縣亦武德置貞觀省
蓮花峯在韶州南五里宋開寶三年潘美破南漢兵于蓮花峯下即此

南雄州　惠州府

韶石山在韶州府北古名曲紅岡紅江古通故縣初名曲紅有鳳闕左右球門大小香罏太平等卅六石中惟左闕右闕二石在斜斗旁水間如雙闕對峙極高

湞水在韶州東南與武水合流名相江抱城迴曲故名曲江又流經城東亦曰東江西南經英德為始興江○武水源出臨武西至府東南合湞水為北江本名虎溪避唐諱改亦名瀧水

含洭故縣在英德西漢置梁兼置衡州及陽山郡隋省郡改洭州貞觀初省州宋開寶改含光縣元省明置含光司

湞山在英德北湞水北岸尉佗築萬人城于此

皋石山在英德西南湞水西崖一名圖山又西南有香罏峽一名太尉山兩山間曰湞陽峽由峽南出至清遠峽晉義熙中鑿湞陽峽架閣以拒徐道覆宋嘉祐四年開峽至洸口作棧道七十餘間

瀧頭水在英德南源出翁源翁山故名翁水西流合瀧水湞水故兼名瀧水宋開寶三年潘美克英州雄州次瀧頭劉鋹使請和即此

跌牛石在英德西縣境舊有金早口虎尾逕魚梁埠燕石麻埠丹竹逕六營明嘉靖卅六年置營跌牛石悉并省

平石縣在樂昌南梁置隋省

監豪山在樂昌西接曲江界一名瀧中有新瀧腰瀧垂瀧名三瀧水一曰韓瀧湍溜險急環繞縣西境一云星瀧垂瀧崩瀧腰瀧金瀧白茫瀧為六瀧

冷溪水出樂昌東北冷君山晉太元十八年山崩水灌入瀧水

建福故縣在翁源東宋宣和三年置建炎省

安遠郡在南雄北梁初置隋省為大庾縣開皇十六年省唐置安遠鎮在大庾嶺上

正堦故縣在南雄西南本豫吳斜堦縣齊改正堦梁省

大庾嶺在南雄北五嶺中最東故又名東嶠上有梅關即秦橫浦關明時稱嶺南第一關湞水長圍水出嶺東南○嶺東南有小庾嶺

小梅關在南雄東北小梅嶺上有山徑通三洲五渡龍南信豐等處

梁化郡在惠州東南梁置隋改循州一名鷲州

阜民監在惠州城內宋治平置又有西平流坑二銀場永吉信上永安三錫場三豐鐵場淡水鹽場皆元省

懷安山在惠州南一名鼓角山唐置懷安戍開元十四年賊劉崇署為循州安懷戍主即此

涌船澳在惠州南海濱濁水坑山下一名船澳宋祥興初文天祥移師船澳表請入朝即此○山一名乾溪山

羅陽故縣在博羅西齊置唐貞元初省○羅定別有梁羅陽縣

潮州府

閑廣嶂在永安東本名篆廣紫嶂宋末文天祥屯篆紫嶂夜聞廣鳴遂徙南嶺即此
陸安縣在海豐西北齊置隋省
五坡嶺在海豐北宋祥興初文天祥敗走海豐至五坡嶺方飯元兵追至即此
麗江浦在海豐南即長沙海口麗江合龍津蛟溪諸水東流入海處長沙汛即南海一名灘海
甲子門水在海豐東海口大陂龍溪諸水俱由此入海有甲子關宋祥興二年張宏範出潮陽港至甲子門遂趣厓山即此○
又東為碣石明置碣石衛
齊新豐縣在河源東隋開皇改休吉大業省
石城縣在河源東北唐武德置貞觀省○又東北有龍川故城趙佗為龍川令時築漢以後為龍川縣治唐貞觀省
浰頭山在和平北八十里一曰和平洞與龍南縣接近龍南者名上浰嶺兩名中浰和平洞名下浰明正德中平池仲容徙巡司于浰頭○浰頭水山北
磊口在潮陽東南海口招收山下南為錢澳廣澳北為馬耳磊石外為牛田洋有海門所明嘉靖卅八年倭自磊門登陸攻海門所即此○錢澳即淺澳近南澳山
揭陽山在揭陽西北一曰揭嶺嶺南為瘦牛嶺西為飛泉嶺
南澳山在饒平西南海中距福建元鍾澳口卅餘里為長沙海尾山東為青澳一名青徑口風濤最險又東為深澳有蠣嶼赤嶼環其外南為隆澳共為四澳旁又有獅郎洲牢猪澳後澤澳等地左右有灣曰白沙灣明嘉靖初倭移船南澳建屋而居萬曆初作三城戍守一在雲蓋寺一在龍眼沙一在深水澳
大尖峯在饒平東南有高埕柵東有大埕柵近鳳凰山又東為獅嶼虎嶼西有大港柵近煙樓山南有柘林柵近柘林澳東南有鯉魚山紅羅山中有紅旗山舊時四柵之中設大城千户所
赤沙澳在惠來南海舟聚處相近有石井澳鉛錫澳
義招故縣在大埔南清遠都湖寮村晉義熙九年分東官五營地置隋大業改萬川唐初省
潯洄山在澄海西海中接潮陽界
小萊蕪山在澄海東海中一名留子山又東二十里有大萊蕪山一名雙髻山
鮀浦鎮在澄海西南明洪武中置巡司嘉靖卅七年倭犯鮀浦攻蓬洲千户所即此所治石埕村
齊昌縣在興甯北洪塘坪齊置唐貞觀省五代南漢置齊昌府宋開寶省
寶山在興甯東一名石馬洞明嘉靖中猺據石馬峒即此
通海河在興甯西合吴田溪西溪東溪許陂溪凉溪洋步溪逕安溪通海橋溪黄田溪篤陂溪湯口溪淡坑溪三水滙于城西

高州府

爲水口又合長樂溪上保溪中保溪博溪之水共十六溪東南經潮州入海有水口鎮明洪武八年置水巡司
南巴縣在高州東梁置爲南巴郡治宋省
潘水縣在高州西北唐武德置唐貞觀分置毛山縣尋省潘水入毛山開元改曰潘水南漢曰潘川宋省
高涼山在高州東北本名高梁山漢高凉郡在此山下
海在高州南沿海有蓮頭港汾州山兩家灘廣州灣皆要地
良德故縣在電白西北陳初置務德縣後改良德宋省
海昌故縣在電白北梁置爲海昌郡治隋省
連江故縣在電白東梁置爲連江郡治唐初改保安開元改保甯至德又改保定宋初省今有上下保甯鄉
梁德縣在信宜東北梁初置爲梁德郡治隋開皇改懷德宋初省
潭峩縣在信宜西北唐初與特亮縣同置宋初悉省特亮在縣北
羅竇洞在信宜南唐貞觀五年馮盎討平洞獠置竇州以此名
陵羅縣在化州北唐初置宋初省
慈廉縣在化州西　羅肥縣在化州西北唐武德五年同置貞觀初省
禽禾嶺在化州西猺人以爲禽田明成化二年梁定據禽禾嶺即此○平樂水出嶺東
羅州縣在吳川西北陵羅江口宋置隋省
翔龍縣在吳川南海中碙州上宋景炎二年衛王居此置
特呈山在吳川南海中與遂溪縣平樂海嶺相近山北有茂暉鹽場
限門港在吳川南受吳川水浮山水等入海
招義縣在石城西招義山東唐初置天寶改幹水宋省又南有零祿縣在石城西南以零祿水名唐初置宋省有零祿鎮舊有
零祿關○水出縣西零洞山一名零洞水零則水東流入海

雷州府

雷川縣在雷州府西梁置隋大業初與椹落羅阿二縣同省
虎頭山在雷州東海中又北有麻黛山
東洋海在雷州東十里南通瓊崖西通對落揚梅二珠池中有恩靈島　西洋海在府西南中有卵洲
椹川縣在遂溪東南隋改椹縣置唐天寶省有椹川村元至元置巡司
扇沙縣在遂溪東梁置唐初省
潿洲山在遂溪西南海中一名大蓬萊中有三珠池山南有蛇洋洲一名小蓬萊

調雞門在遂溪東南海中東與吳川碙州僅隔一港
倭官故城在徐聞南七里漢置
老鴉州在徐聞東南海中抵瓊州界僅四里
東場鎮在徐聞西南海濱明洪武中徙邁谷村巡司治此
杏磊浦在徐聞西南雷海水道灘急惟浦可通舟行

廉州府

常樂州在廉州東北南漢咸亨初置領博電零祿鹽場三縣宋開寶五年悉省改置石康縣明成化省○常樂故治在府東北
鹽場在府東南
漳平縣在廉州東一作鄣又作瘴以瘴江名宋泰始七年置臨漳郡領漳平丹城勞石容城長石都井綏端七縣齊徙郡治漳平陳悉省
龍蘇縣在廉州東宋置為龍蘇郡治唐初省○安昌縣亦在府東南唐武德置貞觀省
大廉縣在廉州南梁置宋初省又南為珠池縣唐貞觀六年置十二年省
安金縣在廉州西南齊初置為封山郡治梁改封山縣蕭正表封封山侯是也唐武德于縣置姜州貞觀十二年省州宋初省
○廉昌縣亦在府西南梁置隋省入封山
蔡龍縣在廉州西北唐初置宋初省
高城縣在廉州西唐武德置貞觀省
東羅縣在廉州南唐初置天寶中省
冠頭嶺在廉州南海濱一名冠山涉海乘北風一二日可至交阯海東府
珠母海在廉州東南海中有七珠池東曰斷望對達二池無珠西曰烏泥白沙近亦塞惟平江楊梅青鶯三池有珠南漢置媚川都采珠宋開寶五年省
康江一名合浦江南流江晏出容縣大容山至廉州北境川江口分州江王屋屯江白沙塘江大橋江新村江環府西南入海

欽州

烏雷縣在欽州西南梁置安平縣為黃州及甯海郡治隋改烏雷縣唐上元二年置陸州天寶曰玉山郡宋省
海安縣在欽州西南界外隋置為玉州治大業省州唐武德四年改安海至德改甯海縣宋省
玉山縣在欽州西南邊梁置天寶初改華清宋省○梁海平縣亦在州西南唐貞觀省
安京山在欽州西北似羅浮山故一名西羅浮梁安京縣以此名
烏雷山在欽州西南海中入安南要道唐烏雷縣以此名
分茅嶺在欽州西南接交趾界漢時馬援立銅柱嶺下古森峒唐馬總亦立二銅柱其側

瓊州府

龍門海在欽州南六十里海西南岸即交州潮陽鎮自海門黎母山西歷海寶山折北至雞鳴門入雲屯鎮直達新安府及安邦州兩地○州西南有淡家水口黃標水口藏涌水口西陽水口大灣水口大亭水口並入海道

欽江出靈山縣洪牙山至欽州府東南東會平銀江防城江西會漁洪江鳳皇江入海

龍門江出安京山北名涌淪江南流曰羅浮水至欽州南名龍門江又西經湧淪周墩至交阯永安州明嘉靖中安南范子儀哭至龍門港口即此

如昔砦在欽州西如昔都思勒村有如昔峒相近為博是峒在子葛村鑑山峒在羅浮村時羅峒在時羅都貼浪峒在貼浪都思牙村澌凜峒在澌凜村又西為古森峒在分茅嶺共七峒地連左右兩江西接交阯宋置峒長管時羅貼浪七峒即此明洪武置如昔巡司○州西南那蘇隘東南稔均隘東那隆隘皆接交阯境

千金鎮在欽州西南唐長慶中黃峒蠻破欽州千金鎮刺史奔石南砦即此又西為如洪鎮即漁洪之譌明永樂中交阯掠欽州漁洪村是也

鹿井砦在欽州西南宋置控象鼻沙大水口海道又東為宋三村砦控寶蛉灣至雷州遞角場海道

思稟管在欽州西即澌凜之譌宋嘉祐四年交阯寇思稟管即此

天涯驛在欽州東明永樂中以天涯驛起歷貓尾港涌淪佛陶萬甯至交路近設防城佛陶二水驛甯越涌淪二遞運所佛陶巡司

宋廣縣在靈山西宋置梁置宋廣郡治隋初省郡開皇十七年改新化又改內亭唐武德置南亭州宋省

遵化縣在靈山南隋置宋省

西靈山在靈山西北一名豐子嶺亦名石六峯唐貞觀十年徙南賓治峯子嶺宋治平三年徙靈山治石六峯即此

洪崖江在靈山東北洪崖山下別源出羅陽山至縣西合流為欽江上源中有羊儉滑石雞冠大冠四灘

舍城縣在瓊州東南隋置宋熙甯省稍西有勤連鎮南漢時崖州治此

顏盧縣在瓊州南隋置唐貞觀改顏城開元省

容瓊縣在瓊州東南唐貞觀十二年置貞元省又南有顏羅縣貞觀十三年置後省

海口港在瓊州北十里一名海口渡南岸有神應港舊名白沙津白沙口宋祥興初元暑海外趙與珞拒之于白沙口即此

曾口縣在澄邁南唐貞觀置南漢省今名博羅村

西峯砦在澄邁東南宋政和中置并于臨高置定南砦

新安三家木落烏石博白黃龍呂灣白頓八海港俱在臨高縣北

五指山在定安南本名黎婺山一名黎毋山山下東南有陽春縱横斬兑等峒南有滿他香根竹茂竹攤諸峒西南有萬家雁

活磨岸磨魁等村東有思河峒唐咸通五年平蔣璘等置忠州師還即廢元至元廿八年平叛黎勒石五指山
七里山在文昌北大海中一名七洲洋下出淡泉
毘善縣在儋州西南隋置唐武德改富羅南漢省
洛場縣在儋州東南黎峒中唐乾元中置宋省○又南為洢陽縣唐天寶初置尋省
龍門嶺在州西北海濱
吉安縣在昌化北隋置唐乾元省
富雲縣在萬州西南　又南博遼縣俱唐貞觀五年置後省
獨洲山在萬州東南海中一名榜山
都封水在萬州西南訛為多崩明嘉靖中官軍敗績于多崩江即此
鎮南營在萬州東南明置又有南港蓮塘蓮岐大塘新潭諸港俱海中要地
小五指山在陵水西南有溫郎嶺腳二峒明嘉靖中攻叛黎鄭廷鵠請分攻溫郎嶺腳二峒即此
雙女嶼在陵水東大海中上有淡水
吉陽縣在厓州西北唐置宋熙甯省為藤橋鎮○漢樂羅縣在州西今為樂羅村
落屯縣在厓州東唐天寶置南漢省又南為隋臨振縣開皇十八年以臨振縣賜洗夫人即此唐改臨川南漢省
南山在厓州南海濱元更名鼇山又南為釣臺山有大洞天巖小洞天巖俱臨海
龍棲灣在厓州西大海中
延德縣在感恩東南白沙鋪西南隋置以延德水名南漢省宋崇甯復置大觀增置延德兼置通遠縣政和初悉省置通遠鎮
六年復置延德砦元省明置延德巡司
鎮州在感恩東宋大觀初置兼置鎮甯縣靜海軍治尋省
九龍縣在感恩東九龍山下漢置後省
石排港在感恩西南海濱

桂陽林府

武進馬冠羣良伯甫輯

廣西地畧

秦城在桂林北八十里秦置始皇二十三年築城以限百越即此

福祿故縣在桂林東唐武德四年置貞觀省

灕山在桂林城外東南灕江中一名沉水山宜山土名象鼻山明初圍靜江朱亮祖屯東門象鼻山下即此

灕江在桂林東源出興安海陽山南流經伏波巖至灕山北合陽江又南合相思江入平樂名府江又南經梧州西北合左右二江為三江口東經封川番禺入海一名癸水　陽江出靈川思磨山經分界山馬公嶺受杉木蓮花諸塘水東出灕山合灕水

臨源嶺在興安北三里即越城嶺一名始安嶠五嶺中最西漢時交趾七郡貢獻皆從東冶泛海鄭宏奏開零陵桂陽嶠道遂為通路一名全義嶺唐光化初靜海劉仕政使屯全義嶺備馬殷即此

靈渠在興安北秦戍嶺時史祿鑿以通運土名秦鑿渠一名螓渠水經注湘水自零陵西南謂之澪渠唐咸通五年嶺南用兵諸道餽運泝湘江入澪渠是也

嚴關在興安西南漢置宋景炎初馬曁守嚴關元攻之不克即此

歸義故縣在陽朔西寨山下唐武德初置貞觀省今為歸利鄉

樂州故城在陽朔南白面村山下唐武德四年置後省

金寶堡在陽朔南府江上與莊頭鬼子等地相近明隆慶五年置金寶大水田二堡

洮陽漢縣在全州北洮水南宋永初中蕭卓為洮陽令元嘉中宗慤封洮陽侯即此隋省　洮水出州西文山下東注湘水漢十二年漢追破英布軍於洮水即此

零陵故縣在全州北漢置為零陵郡治建安徙郡治泉陵因名小零陵隋省

恭化故縣在永甯東唐武四年置純化縣永貞初改恭化梁開平初改歸化宋省

都狼山在永甯北一曰都狼嶺舊與三隘山同為險道唐末於向破溪山同壘於都狼山進至洛陽陂敗歿即此

牛河營在永甯東北與三陁營接明隆慶三年俞大猷屯古田三陁進至古州連破東[illegible]鳳凰大巖澗水滌里古城諸巢即此

理定故縣在永福西南梁置興安縣為梁化郡治隋省唐至德初更置理定縣明正統五年省

宜風縣在永福南唐武德置貞觀省

廣明縣在義甯東北唐末湖南置宋省

沙亭在平樂東南唐武德置貞觀省今為走馬坪

永平在平樂東北歷塘村唐貞觀中置　故永平在今梧州藤縣東時改為鐘津縣

平樂府

孤州在平樂東南即唐古州天冊萬歲初置尋省
開建砦在平樂東南宋開寶中潘美克賀州進次昭州破開建砦即此
馮乘故縣在富川東漢置宋開寶四年省今名雲亭鄉
萌渚嶺在富川東北一名臨賀嶺白芒嶺桂嶺與北藏逢頭二嶺相接水道皆南北分流晉建興初陶侃破杜弢於萌渚嶠即
此唐徙桂嶺縣于嶺下
封陽故縣在賀縣東南漢置宋開寶四年省
蕩山故縣在賀縣南梁置為樂梁郡治隋省　又南為梁綏越故縣亦隋省
桂嶺故縣在賀縣東北本孫吳建興縣晉太康改興安隋開皇改桂嶺元末省
賀江在賀縣東源出富川石龍山東南流至縣東合臨水明宏治中建浮橋賀江上以榷商旅是也　臨水出桂嶺下一名桂
嶺江
芳林鎮在賀縣東北有芳林渡芳林鋪宋開寶中潘美軍至芳林進圍賀州即此
崇仁故縣在荔浦西南唐武德置尋省
永寧故縣在荔浦西北唐武德置永豐縣長慶三年改豐水五代梁時改永寧宋熙寧四年省為鎮
華蓋營在荔浦東與葫蘆夾板富林五墩龍肚銅鼓橫木界牌羅門長崗南源江帶諸地舊皆要隘經畧志華蓋營鎮壓諸巢
是也
武龍故縣在修仁西北唐貞觀初置尋省
石墻隘在修仁西南舊為猺地明萬麻中置石墻營即此
豪靜故縣在昭平南梁置為開江武城二郡治陳改逍遥郡隋省
博勞故縣在昭平西南梁置隋省
歸化故縣在昭平西北隋置　又西為隋安樂故縣同時置唐武德末省
開江故縣在昭平東南梁置唐長慶三年改馬江宋開寶省　又北為思勤故縣唐乾元初置宋初省
北陀山在昭平縣東一名峽口塘有北陀砦在山東南明萬麻二十八年築白陀城戍守是也
純義故縣在永安南唐武德五年置永貞初改正義宋熙寧五年省
東區故縣在永安東北唐武德置宋熙寧省　又北為嶺政故縣西北為常安故縣俱唐初置後省仙迴營在永安東南有仙
迴洞一曰仙迴山明宏治十一年鄧廷瓚以仙迴洞田給昭平堡即此
古西巖口隘在永安東北接荔浦昭平界明隆慶中官兵討三崗克古西巖口木魚青靛諸巢即此

梧州府

猛陵故縣在梧州西北漢置唐貞觀改孟陵宋開寳省
戎城故縣在梧州西南江南岸本晉遂成縣隋開皇改宋熙甯四年省爲戎墟鎮有戎墟渡上通長洲
甯新故縣在梧州東南齊置隋省
豦城故縣在梧州西南晉置劉宋省
大雲關在梧州東大雲山下明成化六年督臣韓雍築　又府西掃雲關又西下岸關關北楊威關府南火山上鎮南關府西
南耀武關共六關皆同時置
瀬水關在梧州西南漢志蒼梧郡瀨水關即此今湮没
安沂故縣在藤縣東晉升平五年置爲永平郡治梁改安基縣建陵郡唐貞觀悉省尋改置安昌縣至德二年改義昌宋開寳
省
長恭故縣在藤縣西七十里唐貞觀二年置爲燕州治兼置泰州池陽龍陽共四縣五年增置新樂甯風淥石羅風四縣改池
陽曰承恩省長恭八年悉省諸縣　又西三十里爲甯風故縣宋初省
感義故縣在藤縣西百二十里隋開皇置淳民縣唐武德七年改感義宋初省
隋安故縣在藤縣南　賀川縣在藤縣東南俱隋開皇置唐貞觀省
藤江在藤縣東北黔鬱二水合流經此有龍潭名鐔津一名鐔江又名瀰江劍江合衆鏞諸川入蒼梧界
宕昌故縣在容縣西唐武德四年置因舊蕩昌改蕩爲宕末年省　又北有新安故縣亦唐武德置貞觀省
渭龍故縣在容縣西南唐武德置宋初省
欣道故縣在容縣東北隋開皇十五年置安人縣十八年改甯人唐貞觀改欣道宋初省
大容山在容縣西北北流興業諸縣鬱林高滕諸州並分據其麓
永業故縣在岑溪東梁置爲永業郡治唐初改置安義縣至德中復改永業宋省
連城故縣在岑溪東北唐武德五年分龍州之正義地置宋省
義城故縣在岑溪東南唐武德置乾元中省
下七山在岑溪西北舊有平田黎嵑白板孔密等巢東南爲六十三山有孔亮陀田桑園古櫳魚脩白碟等巢與粵東羅旁相
接明嘉靖中應檟韓雍破七山賊萬䢿初平羅旁乃於大嵑鎮設城戍守又設連城北科七山六雲諸鎮
溽水故縣在懷集西西水里斤水渡本漢封陽地隋大業末蕭銑改溽安唐武德五年置齊州又分置宣樂宋昌二縣貞觀初
省并入溽安至德改溽水宋初省
永固縣在懷集東南務本里唐置開元省

鬱林州

興平縣在懷集東唐武德置為威州治兼置霍清威成貞觀初悉省
定川故縣在鬱林州西本隋縣後省入北流唐武德復置宋初省今有定川下渡又有定川上渡在州北又西有宕川故縣唐貞觀十一年分南流池置宋省
容山故縣在鬱林西北唐永淳初置安淳縣二年分置平琴州兼領懷義福陽古符三縣天寶改平琴郡至德改安淳曰容山宋初省
善勞故縣在鬱林北本西甌地唐永淳初開古黨洞置黨州領善勞撫安善文甯仁四縣天寶初改甯仁郡宋初省
南流江在鬱林南源出容縣大容山西南流合羅望江入海舊南流縣以此名
建甯故縣在博白東唐武德四年置兼置郎平周羅淳良三縣宋初省　郎平在縣北周羅淳良俱在縣東南
南昌故縣在博白東南本隋舊縣唐初更置為南宕州治宋初省　又南為都大故縣亦唐初置貞觀十二年省
龍池故縣在博白西南唐貞觀置并置山州及盆山縣建中中悉省
綠珠江在博白西源出綠羅山下流合南流江唐咸通中開白州西南北戍灘通南流江至廉州道即此
海門鎮在博白東南舊為入安南之道唐咸通三年南詔攻安南蔡襲退屯海門四年置行交州於海門鎮六年高駢治兵海門鎮復安南
陵城故縣在北流東南唐武德四年置宋初省　又東南為故羅總洞梁置陸川縣改羅辯宋初省
峩石故縣在北流東百十里唐乾封二年分白辯竇容四州地置為東峩州治辯章二年改禺州宋初省
扶萊故縣在北流南唐武德置宋初省
豪石故縣在北流東唐武德置貞觀省
馬門灘在北流西南即綠藍水經過處雙石峙立如門下為北戍灘過灘出馬門江渡海至安南唐咸通四年安南都護蔡襲幕僚樊綽攜印渡江即此
天門關在北流西南本名桂門關訛為鬼門關元改名魁星關明宣德改天門為越南往來要道
龍化故縣在陸川東南唐武德五年置大秝八年分禺羅辯白四州地置順州治此一曰順義郡宋初省　又東南七十里為南河故縣亦武德置宋省
龍豪故縣在陸川西南唐武德置宋初省
永甯驛在陸川南接石城界與程記由廻龍流埇麻陂猛洞尾流茶六等河達石城三河驛是也
興德故縣在興業西北梁蕭銑置後省　又西北四十里為梁鬱林縣宋省别改鬱平曰鬱林
鐵城山在興業南山北舊為鬱林州治

潯州府

阿林故縣在潯州南漢置宋初省　又南為羅修故縣唐武德分阿林地置宋初省今為羅繡里
皇化故縣在潯州西南隋開皇九年置宋初省　又西南為盧越縣唐初置貞觀七年省
常林故縣在潯州西南百五十里唐武德四年置為林州治六年改繡州宋省　又西南為唐歸誠故縣貞觀六年省
陵江故縣在潯州東北唐貞觀七年置十二年省
大賓故縣在潯州東南隋開皇置唐末省
武靖故州在潯州東北三十里明成化三年置初治碧灘地後徙藤水北岸崇姜大宣二里間為紫荊竹踏梅嶺大衝要道萬
稼東省為武靖鎮
大藤峽在潯州西北武宣南夾潯江西南為象州修仁永安荔浦平樂武宣桂平諸地峽以北舊盡猺洞峽口有大藤如梁明
成化三年韓雍定諸崗斷其藤因名斷藤峽正通十二年改永通峽
潯江在潯州東上源一為黔江又名北江經柳象諸州至府東一為鬱江又名南江經邕橫諸州至府東銅鼓灘合流為潯江
經藤梧番禺入海
弩灘在潯州西北大藤峽口明嘉靖中猺酋侯勝海據弩灘為亂即此
碧灘在潯州西北峽江上上為勒馬灘下為獻俘灘中為碧灘舊有碧灘堡成化初徙思隆司於碧灘靖甯司於獻俘灘周冲
司於勒馬灘府志思傍灘砍水灘碧灘弩灘銅鼓灘為府境五灘
登武城故縣在平南東宋元嘉改武林唐貞觀三年置燕州七年改置龔州宋初省　又東為隋隋建縣亦宋初省
陽川故縣在平南西唐初置陽建縣貞觀改陽川宋初省
大同故縣在平南北唐貞觀初置宋初省　又東為秦州故縣亦貞觀初置宋初省
西平故縣在平南西唐貞觀八年與歸政縣同置後省
武郎故縣在平南西北唐永隆二年分龔蒙象三州地置思唐州領武郎平原二縣天寶初曰武郎郡長慶三年改平原曰思
和南漢改州為思明州宋悉省
仙臺崗在平南北與花相白竹古陶羅鳳諸崗相接明嘉靖七年王守仁平仙臺花相諸崗即此
東西王崗在平南北唐貞觀八年龔州道總管張士貴平東西王崗反獠即此
懷安故縣在貴縣南孫吳置梁改置懷澤縣宋初省
鬱馬度在貴縣北唐武德改馬嶺天寶改置義山縣宋初省
潮水縣在貴縣西唐武德置宋初省
龍山在貴縣北唐置龍山軍府即此沙江出其下

柳州府

五山鎮在賓縣東北明萬曆中于五山適中之謝村設堡又西置馬鞍堡東北置金箱堡
武熙故縣在柳州東南孫吳時置隋省
新平故縣在柳州南唐武德四年與文安縣同置貞觀省
柳江在柳州城南一名古州江源出貴州西山陽洞名福祿江南流歷懷遠融縣東為融州江至柳州名柳州江東經江口鎮合相思埭永福洛容之水入潯州一名黔江潯江宋景德四年澄海軍校陳進渡柳江遂陷柳城即此
魚窩寨在柳州西南明嘉靖二十四年張岳破雷巖同銀平田落滿都博高挽馬窩諸巢遂圍魚窩即此
象縣在洛容東南隋置宋嘉祐四年省
橋鄧隘在洛容北一作橋屯明萬曆二年平托定洛斗金洞古龍黃塘諸巢分屯扼塞一守橋屯隘一守都勒隘一守平經隘即此
柳嶺故縣在柳城西南唐武德四年置隋省
上油崗在柳城東北明萬曆中楊照攻上油連破板橋姚崗青鳥黃泥常安蒲巖諸巢叛衆遁走里廂下良即此
允州在懷遠西本安口砦地崇甯四年改為縣置允州又西樂古砦崇甯四年改樂古縣置格州六年改從州政和中並省
文村堡在懷遠北宋置東連臨溪潯江融江諸堡宋崇甯四年王江古州納土建懷遠軍分融州之融江文村潯江臨溪四堡砦屬焉即此
武陽故縣在融縣西北梁置黃水縣為黃水郡治兼分置臨牂縣隋大業省唐初復置天寶改武陽縣宋熙甯七年省崇甯初置武陽砦　又西北為安修故縣唐武德置貞觀省
撫水故縣在融縣西北三百里唐垂拱中置撫水州領撫水古勞多逢京水四縣宋祥符九年改州為安化軍縣為歸仁縣元省
樂善故州在融縣北宋紹興中置後省
板江村在融縣西明成化中懷遠賊據板江村即此　板江出懷遠北扶勞山經牛頭上寨逢田諸村南入古州江
歸化故縣在來賓南晉義熙中置宋初省
修德故縣在來賓東南五十里古郎山下一名古郎城唐初置歸德縣後改循德乾元改修德宋省又東南三十里唐武化縣宋熙甯省又東有長風故縣亦唐武德置大庥省
桂林故縣在象州東南漢置縣吳時分置桂林郡名縣為小桂晉建興三年陶侃執劉沈於小桂即此大興初分置晉興郡兼領晉興等縣唐乾封省　晉興縣在州西
武德故縣在象州南唐武德四年置為象州治天寶初省又南為西甯故縣亦武德四年置貞觀省

慶遠府

淮陽故縣在象州西南梁置隋開皇改陽甯大業省

象臺驛在象州城南州舊治此自驛沿江而北有金灘麻子灘皆江中極險處至洛容江口驛凡七十里

洛曹故縣在慶遠東唐初置洛封縣元和改洛曹宋嘉祐省　又南為崖山縣唐貞觀置宋景祐省

述昆故縣在慶遠西南唐置述昆州領夷蒙等縣宋改州為縣熙甯八年省

富安監在慶遠南宋時與富仁監同置後省

龍江在慶遠城北自貴州獨山州流經天河縣折而南合金水諸川至府北東南流經柳城合融江明洪武二十九年拓府城北倚龍江為險即此

東璽故縣在天河東唐置五代時省

澄海軍城在天河東南宋置景德後省

富力故縣在河池東北五代時馬氏置宋省

智州在河池西智州山下唐貞觀中開生蠻置宋時為羈縻十州之一後省又西南有三旺州明初省為三旺里

金城江在河池東源出貴州界下流入都泥江宋於江北置金州城明置金城司

安遠砦在河池西宋大觀置宣和徙平安山下今為安遠里

故環州在思恩西北唐貞觀十二年置治正平縣兼領福零龍源饒勉思恩武石歌良蒙都七縣天寶初改正平郡後入蠻宋為羈縻州一曰南環州慶秝四年南環州蠻區希範陷本州破鎮甯州即此　鎮甯在縣西宋置熙甯八年省鎮甯之禮丹縣入思恩是也後省

溪州在思恩北帶溪上本帶溪砦大觀初置州四年仍省為砦

普義砦在思恩南宋置元省明正德中南丹酋莫提於茅灘築二堡於普義六傳川山三疃築四堡即此

文州在東蘭東宋崇甯五年置大觀初改綏南砦紹興復置州明洪武十二年省安習忠文三州入東蘭

隆州在東蘭南宋政和置治興隆縣宣和改威遠砦又南東有兌州亦政和置治萬松縣宣和改靖遠砦元初俱省

觀州在南丹東本高峯寨地宋大觀四年置州紹興省為砦

永州在南丹東南元置永順福延四州長官司明洪武初省

中平故縣在南丹北宋置大觀初改靖南砦宣和省

孟英山在南丹西明永樂十五年使內臣開礦孟英山即此

那州在那地南宋崇甯置明初省

孚州在那州東本地州之建隆縣宋大觀初分置孚州倚郭設歸仁縣四年省

南甯府

紆州在忻城西唐置領東區等六縣又西有歸思州亦唐置宋慶曆三年並省入忻城
思順州在忻城東唐置領羅蕇等五縣又東有歸化州亦唐置宋慶曆四年省入馬平
古陽縣在永順司境宋置熙甯八年省爲懷遠砦
邕州城在南甯南二里唐貞觀六年改南晉州爲邕州天寶初改朗甯郡乾元復故宋皇祐四年徙今府治　又南爲如和縣
唐武德置宋景祐省
郎甯故縣在南甯西唐武德五年分宣化置宋初省
橫山故縣在南甯東橫山下唐武德置乾元省宋置橫山砦開慶元年蒙古自交趾破橫山陷賓州象州趨靜江寨即此又封
陵故縣在　府東唐乾元後開山洞與思籠縣同置宋初省思籠在隆安縣南
瀼州在南甯南二百八十里隋劉方始開置尋廢唐貞觀十二年復開置以達交趾治臨江縣領波零鵠山宏遠等縣天寶初
改臨潭郡乾元復故唐末省
懷化州在南甯西本懷化洞地宋元祐初改置紹興末省
崑崙山在南甯東北上有關宋皇祐四年狄青自賓州次崑崙關熙甯七年交趾分三道入寇一自廣府一自欽州一自崑崙
關
鬱江在南甯城西南本牂柯河即駱越水一名溫水灕水土名鬱林江上流自奉議州經歸德隆安至府西南合左右二江又
東經永淳名橫槎江唐時廣桂容三道共發三千人戍邕州左右江
合江鎮在南甯府西左江自交趾廣源州右江自交趾峩利州俱東北流至此會合宋皇祐中儂智高敗於歸仁鋪自合江口
遁入大理即此唐時沿江有左江右江二鎮長慶三年黃峝蠻寇邕州破左江鎮是也
樂山故縣在橫州東南本晉平山縣梁爲樂陽郡治隋改樂陽縣又改樂山宋初省又東南五十里爲吳連道縣晉改興道隋
省
昌平故縣在橫州東孫吳時置劉宋省又東北爲淳風縣唐武德四年置永貞初改從化宋初省
簡陽故縣在橫州西南晉太康七年置宋作潤陽梁置簡陽郡隋省　始定縣亦在州西南晉太康置齊改安廣陳省
蒙澤縣在橫州西唐武德置貞觀省　吳安縣亦在州西孫吳時置齊省
嶺山故縣在橫州西北梁置爲嶺山郡治隋初改嶺舜開皇復故唐貞觀省
烏滸山在橫州東與貴縣接一名烏浦烏蠻山烏蠻灘漢建興三年鬱林守谷永招降烏滸人開置七縣即此
武羅故縣在永淳北唐初與靈竹縣同置俱宋初省靈竹在縣東
南里故縣在永淳南唐初置尋省明置巡司

思恩府

武勒故縣在新甯東唐置為籠州治兼領武禮龍　羅扶南龍賴　武觀武江六縣後入蠻宋置武黎縣元省明為武黎洞
華陽故縣在新甯西南元置至元二十九年上思州酋黃聖祥陷忠州江州及華陽縣即此
西原州在新甯西南接太平界唐大秝六年置領羅和古林羅淡三縣
黃峝在新甯西一名黃橙峝唐元和末裴行立攻破黃同蠻即此
古磴隘在安平北又西北有兜零隘兜零洞又西有那營洞皆與交趾接境明時為戍守所
萬形州在萬承西北唐置宋省
上懷恩州在龍英西南元置明初省
鳳化縣在思恩北明正德七年置嘉靖七年徙治上林三里明年省
都陽山在思恩西北舊有都陽寨明宏治中岑濬作亂焚都陽寨等石城十八所即此
八仙堡在思恩東北即元八仙屯亦曰八仙峝堡東五里即靖遠寨
樂昌故縣在武緣東南劉宋時置為樂昌郡治隋省唐武德改置晉興縣宋初仍為樂昌景祐二年省
羅波城在武緣東又東二十里有鎮鄧石城俱正統中岑瑛築
梁安城縣在賓州東南唐至德二年改保城宋初省
思干故縣在賓州西唐武德置貞觀十二年省
古漏山在賓州西上有關宋咸平中燒石鑿崖開通關路有古漏水出山下南合賓水
無虞故縣在上林南唐武德四年與止戈賀水二縣同置宋初省　止戈在縣東南賀水在縣東北
周安堡在上林東北東連柳州三都阜嶺北四諸洞西連東蘭思江諸峝南連銅盤淥毛諸峝北連東歐八仙諸峝與思吉古卯古蓬古鉢都者羅墨剥丁為上林八砦後又益龍哈咘咳為十砦明嘉靖七年徙南丹衛治此一名周安鎮萬秝二十一年黃關據周安鎮作亂即此
來宇路在田州西元置明洪武七年省又為元唐興州明初省
婪鳳故州在田州東宋置元省
上隆州在田州北宋置又北為唐思城州俱明省
工堯隘在田州東南一曰共堯村明嘉靖初岑猛以勁兵屯工堯隘即此
十八土巡司在田州境明嘉靖七年罷田甯府治改置陵時司大田子司萬岡甲司陽院司思郎司累彩司泊河司武隆司拱甲司狀甲司婪鳳司下隆司砦桑司思幼司侯周司縣甲司篆甲司
感馱巖在鎮安西一名盤石巖有鎮安峝宋元時為鎮安治

泗城府

武林故縣在向武東北元置明初省又東三十里為富勞故縣元置明省程縣在泗城東北明洪武初置正統後廢

利州在泗城西宋置明正統中為土酋所陷

貴陽府

武進馬冠羣良伯甫輯

貴州地畧

章龍縣在貴陽府北廿里元至元中與章龍州同置後省又北廿里爲元甕蓬縣今爲甕蓬堡
洪邊州在貴陽府北八里元置後省乖西府在府北八十里乖西山下本名大乖西元皇慶初置
大羅州在貴陽南俗名大羅街　又南有小羅縣俗名尒溪街俱元置尋省
骨龍司在貴陽北六十里　高橋司在貴陽北百六十里　底窩紫江司在貴陽東北百五十里　曾竹司在貴陽西北八十里俱元置
木閣箐山在貴陽西北有道通畢節大定上有龍潭
石門山在貴陽東山頂二石對峙如門唐志牂柯有高連石門二山是也
烏江在貴陽北源出黔西州與遵義分界北岸有烏江關
陸廣河在貴陽西北源出苗彊爲三水江上源有水口若江口西岸有陸廣司城明天啓初討水西賊屯陸廣以偪之即此
墨特川在貴陽西北元大德五年大破宋隆濟于墨特川即此
蔡家關一名響水關在貴陽西北五里又西北有潤水關明洪武廿年征水西破潤水進克宋那革貫毋龍等關是也
青巖堡在貴陽南青巖下明天啓初安邦彥使其黨督四十八莊兵圍青巖即此四十八莊亦名四十八馬頭
龍場驛在貴陽西北五十五里明洪武中奢香開貴州東北赤水烏撒道以通烏蒙立龍場九驛即此龍場西北爲平壩驛又西北爲水西驛即陸廣驛又西北爲奢香驛金雞驛閣鴉驛歸化驛畢節驛龍場東南爲威清驛
甕城司在貴定西南元置明初省洪武廿三年置甕城關　有甕城河出故平伐司界下流入清水江
噥隘古平司在龍里東十里元置明初省
蓮花堡在龍里西又西爲高砦明天啓三年克龍里破蓮花堡燒上中下三牌賊砦進奪高砦七里街是也
定遠府在定番南元置領桑州等五州朝宗等十一縣明省
都泥江一名牂柯江又名剛水濛水出定番西北亂山中名濛潭南流經破鹽入廣西南丹州
木宮里在定番南百四十里元木當司地明改置里與克度通州爲三里
克度里在定番東南元雍郘容都司地明改置里有克度關接廣西境
通州里在定番東南元貴州司地明改置里有通州關接貴定丹平丹行二司境
古筑縣在廣順南元置俗譌爲古羊明省今諸地志誤作古筑
舊城山在安順西北一名馬頭山舊治在此山麓有石關
思臘河在安順北接黔西界明天啓初黔兵由普定渡思臘河徑趨賊巢即此

安順府

都匀府

寗谷寨在安順西南元置明改司本朝省
何買砦在安順北明洪武十年楊文擊破何買等砦是也
打罕坡在永甯北舊名達安坡有打罕砦州初治此
鴨池河在清鎮西北一名延江水自黔西州流入境即陸廣河上流下注烏江元置鴨水縣治河南十里
大壩洪在清鎮西北明天啓初張彥方敗賊羊耳追至鴨池河入大壩洪紅岡島即此
的澄關在清鎮西的澄河上路通滇南
十二營司在鎮甯北本元十二營砦明洪武改司本朝省
元習安州在西堡北浪伏山下明省
阿驢砦在西堡北與阿得砦近明洪武中破西堡援阿驢等砦即此
陳蒙州在都匀東南宋置元改陳蒙司明初省又東南百五十里為宋合江州元志作峽江州後改合江司明省
定雲府在都匀東元置後省
都鎮麻乃司在都匀北七十里元置明省
都雲桑林獨立司在都匀西元置後省
平州六洞司在都匀西南平州河上本元六洞柔遠司明洪武改置本朝省
平定關在都匀北關南有平定橋
擺沙寨在都匀西北四圍皆夷寨明天啓初官軍由間道襲破擺沙大砦進攻甕岳等寨即此
恭漢望城崖領司在清平東南元置明省為望城堡
香鑪山在清平東明正德中阿向等據香鑪山舊巢結都蔡都蘭大潦大壩龍對諸苗為援即此
清平驛在清平城南一里初名翁甕驛後改自興隆經黃安周洞重　安羅冲落蹬至清平驛凡七亭又歷雞場胡資楊老羊
場三郎至平越凡五亭
黎樹寨在清平東北明景泰中攻童苗一自龍場一自萬朝山一自重安江破黎樹翁滿等三百餘寨即此
樂平司在麻哈西北樂平溪南明洪武置本朝省
董家堡在葛波南近南丹界明萬秝八年南丹酋謀侵縣地毀董家堡即此
邦水河在邦水司東南本名板水譌為邦一名板水塘南至都匀司南為都匀河一名都匀江馬尾河羊狸諸苗夾河居又南
至獨山州為獨山江
三坡地蓬司在平越東南元置今為地蓬鋪

黃平州　黎平府　思南府

凱里司在平越東北元置本朝省
清水江在平越西自貴定入境北經乖西巴鄉諸苗地入烏江明天啓初王三善從清水江馳救貴陽即此
重安司在黃平東南明洪武置萬秝省又西南為丹章砦舊爲苗屯聚處
葛浪峒司在黃平西元置明初省
七里谷在黃平東一名七里衝兩山壁立中通一徑明萬秝中楊應龍屯據七里衝以窺黃平是也
白泥司在餘慶東北白泥河北岸元初置司至正末改白泥州明洪武中復為司萬秝省
走馬坪寨在餘慶東南明嘉靖廿四年播州之三度關餘慶之走馬坪石阡之龍泉司各立哨堡是也
草塘司在甕安東元舊州草塘司地明洪武改置萬秝省
黃灘關在甕安西明萬秝中李應溪自平越破四牌乾溪等砦直抵黃灘關即此○乾溪吴地司元置在縣東明初省為乾溪砦
飛練堡在甕安東北有飛練泉明萬秝中播酋圍飛練攻東坡爛橋諸砦楚黔路梗即此
容山司在湄潭東元置明萬秝中省
誠州富盈司在黎平西北元置明初省
五開洞司在黎平東元置明初省
銅鼓司在黎平東北近銅鼓巖元置明初省
羅團堡在黎平東又東為甯溪堡有土城又東為鐵爐堡有城周三里又東為平茵堡名苗坡堡
宋允州永從南　從州在永從西
容江巴黃司在曹滴洞東南宋置明省
銀賴山在曹滴洞南舊有銀賴洞砦明初討古州蠻克銀賴洞及三門會水古州蒲洞銅鑼龍里洒洞上黃洪州迷洞楊潮三達龍洞即此
思王縣在思南府南三百里思王山下唐武德三年置後省
扶歡縣在思南西南扶歡山西唐貞觀十六年開山洞與營懿縣同置後省
多田縣在思南西北四十五里唐武德四年置　又西北四十里有扶陽縣隋仁壽四年置唐貞觀末省　又西北七十里有城樂縣唐武德四年置貞觀八年省
涪川縣在思南東北後周置為費州治唐天寶初改涪川郡後㒺省
牂柯縣在思南西隋初置為牂州治大業初改牂州為牂柯郡唐武德二年復故改縣曰建安四年改州為柯州

石阡府　鎮遠府　銅仁府

新興縣在思南西南唐武德三年置
寳化縣在思南西隋初置唐省
充州在思南西北唐武德三年置領平蠻等七縣○播州下五十三州在今黎平都匀境内充州炎州媫州莊州明州牂州矩州應州清州每年朝貢河州蘘州蕺州以下四十四州皆羈縻州莊州在思南西北本牂牁地貞觀三年置南壽州四年改莊州領石牛等七縣尋增置清蘭縣州南有桂嶺關應州在思南西北充州東莊州北貞觀三年置領都尚等五縣明州在思南西南充州東南貞觀廿一年置
蠻州在思南西邊唐貞觀置領巴江一縣尋入蠻
水德江司在思南東南一里水德江側元置水特姜司明洪武廿二年改本朝省○水德江一名內江源出烏江
烏江自石阡北流至思南南十里鮎魚峽又北歷香爐灘白鷺洲獅吼洞潮底泊龔灘袁灘入彭水界為黔江
安夷縣在婺川南宋正和八年置元省
野雞坪司在黃道司西　又務程龍鼇坪司　岳溪都坪司俱元置明洪武中省
田壩坪在黃道司西北與平溪萬山黃道鄰接嘉靖中築城以防大壟山苗
思邛縣在鎮遠東南思邛水西唐開元中省
定安縣　永安縣俱在鎮遠東元置後省
曉愛瀘洞赤溪司在鎮遠東　又東為旱帶洞大小田司俱元置明初省
楊溪公峩司在鎮遠西　德珉司在鎮遠南俱元置明省
中和山在鎮遠東元鎮遠府治此
油榨關在鎮遠西又西二十里為爂遠關在爂遠洞東又西廿五里為爛橋關在鎮陽江西岸長坡上萬曆中楊應龍焚東城爛橋楚黔路梗即此
岑麓山在施秉治所北四面陡立舊有岑麓堡明正統十四年苗毀岑麓等四堡是也○成化八年築蕩洞堡嘉靖築岑麓得民八弓三堡
小坪寨在天柱西　明洪武卅年伐山開道二百里抵天柱苗境營小坪別分師由渠陽零溪西山徑直抵洪州泊里福祿永從諸洞大破之是也
墨溪寨在天柱西　明天順元年自天柱克天堂小坪墨溪等寨即此
常豐縣在銅仁西南接鎮遠境唐置後省
洛浦縣在銅仁東北唐置

普安州

德明司在銅仁西北元置明初省
勒舍司在銅仁東南元置尋省
大萬山司在銅仁南大萬山北本元大萬山蘇葛辦司明洪武五年改置
銅仁大江出烏羅司西九龍山東經銅仁城南與銅仁小江合名雙江渡○九龍山一名辰山俗名梵淨山即古之三山谷小江出府西北甕濟洞一統志誤作出九龍山
龍勢關在銅仁東北又東北有石榴關　倒馬關在銅仁北又北有清水塘關芭蕉寨梅關倒水關皆舊守禦要地
孟溪堡在銅仁西宋時置龍泉葛彰司明初省置
烏葉營在銅仁西北一名烏泥營又西北有河界營一作河碧明嘉靖廿七年征叛苗自銅仁進屯烏泥營又至河界營是也
屯江在烏羅司南上流為烏羅溪羊溪下入辰江舊為宋攏諸苗所據不通人跡
地架堡在平頭司東北苗疆防守要地接孟溪堡平南關冠帶河焦坡園龍十砦張家砦四十八旗提溪省溪諸隘南通亞砦東通鴉剌關亞砦堡接毛白砦石子澳黃蠟灘白水洞諸隘鴉剌關接銅信溪小坡水草坝水打田石羊頭諸隘邊界地架亞砦鴉剌為三省連接地明嘉靖廿七年貴州河界龍勢黍三營勒龍塘鬼堤江口小茶菌參地都摩罵勞桐木坪上下中地所見老條新江口十四砦湖南鴉剌眉亮二營勒田坪旦逞栗凹飽頭參冲狗腦坡六砦四川地架平茶二營勒塘砦地根地運地界呂喝新砦抱木普杓八砦是也
唐洋川縣在石阡西南洋溪山下屬夷州後省又西南為唐夜郎縣武德四年置後省
隋都上縣在石阡西南元改置葛彰葛商司本朝省
明苗民司在石阡西南洪武中置本朝省
松明關在石阡東又東為凱斜關與鎮遠接
唐綏陽縣在龍泉西南綏陽山下　雞翁縣在西南雞翁山下
隋牢州在龍泉東北義陽山下
唐夷州在龍泉西北貞觀初省
附唐縣在普安州南黃草壩唐貞觀初置與平夷盤水同屬盤州平夷在普安西百二十里盤水在普安東盤江上俱天寶後省
羅山縣在普安西香羅山下又西為永山縣石梁縣俱元置明初省
陽邪山在普安東南舊置安南所者卜河出山下
夾牛山在普安西舊置樂民所

遵义府

格孤山在普安東北連接川滇明洪武十四年傅友德自曲靖循格孤山南擣烏撒即此
大方城在黔西西偏與畢節近夷疆要隘明天啓三年討水西入大霸洪江烏江直偪大方即此
織金城在黔西西北地極險一名織金堡明天啓三年安邦彥走入織金即此又西北為果勇底城
火灼城在黔西北地極深險
比喇大箐在黔西西與隴跨箐木泥箐相近皆夷酋險地
十萬溪大箐在黔西東貴定西　杓裏箐在黔西東北近遵義皆險峻舊為夷寨
閣鴉洞在黔西西南近畢節之閣鴉驛俗名牛鼻子洞最險峻
角溪洞在黔西東　又北有阿足洞一名阿腳洞皆奇險難入與紅巖洞比喇箐近
六歸河在黔西城西澗數十丈下流入烏江夷人以閣鴉江為外險六歸河為內險
明赤水司在畢節北洪武廿二年置本朝省
木稀山在畢節東陡峻僅容一人上有木稀關
雪山在畢節北上有關
赤水河在畢節北一名赤虺河大涉水自鎮雄入境經紅土川東流入永甯名永甯河有赤水河關
紅崖囤在畢節東北故水西蠻巢明天啓初川兵克永甯連克紅崖天台二砦是也
帶水縣在遵義西唐貞觀九年置河盈縣十四年改帶水咸通省
鐔封縣在遵義東南漢置晉省
養馬城在遵義北楊氏據播時築明萬秝中川師入婁山關屯白石口追逐至養馬城連破龍爪海雲諸險即此○婁山關在
府北大樓山上
三峒在遵義北南為三陽峒簡臺峒北為楠木峒極深險明萬秝中川師由綦江而進力破三峒
湘江在遵義東一曰穆家川四裔傳宋遷遵義于穆家川是也與洪江仁江為三江
三度關在遵義東有上度中度下度三關萬秝中自平越進兵攻克四牌乾溪旋水天邦三百落等寨直抵疆界河屯袁家渡
灘出小溪黃灘關追逐至西平張王壩及三度關即此
落濛關在遵義西萬秝中水西兵由西路克沙溪馬站石壁花毛田進奪落濛關至大水田焚桃溪莊即此
海龍囤在遵義北卅里四面斗絕明萬秝中楊應龍於海龍屯前築九關以拒官軍是也
漢談指縣在桐梓西南漢書作談指齊省
漢平夷縣在桐梓西北蜀建興初為庲降督治晉永嘉五年分立平夷郡咸安改平蠻梁省

漢營縣在桐梓北梁省

營德縣在正安西南四十里唐置爲珍州治後省

麗臯縣在正安西卅里　又西四十里有樂源縣俱唐貞觀十六年開山峒置元和後入蠻

榮懿縣在正安東南唐貞觀十六年置爲溱州治天寶改溱溪郡乾元復故咸通後入蠻宋熙甯置榮懿寨大觀二年改溱溪縣復置溱州宣和又省爲砦

樂來縣在正安東唐貞觀置咸亨初省

羅蒙山在正安南唐時遵義縣以此名

思義寨在正安東南唐初思義縣治此後省州境五堡麗臯思義皆因故縣置白崖安定壽山則擇險置○芙蓉江自烏江分流經寨東北入涪陵江

義泉縣在綏陽西南隋置唐武德二年以信安義泉綏陽三縣置義州五年改智州十一年改牢州後省宋大觀復置宣和省

○信安在縣南

甯夷縣在綏陽東唐武德四年置宋宣和省

隋明陽縣在綏陽西北隋爲明陽郡唐貞觀省

高富縣在綏陽東北唐武德置

宜林縣在綏陽南境唐武德初置貞觀省

胡刀縣在仁懷西南唐貞觀九年置釋燕縣後省十四年改置胡刀縣以胡刀水名開元省又西南百六十里爲邪施縣貞觀九年置十四年改羅爲縣顯慶省

胡江縣在仁懷東南唐貞觀九年置以胡江名又東南五十里有唐高山縣貞觀九年置十三年改舍月縣顯慶省

雲南府

雲南地畧

武進馬冠羣良伯甫輯

苴蘭城在雲南府北莊蹻築漢置穀昌縣因名穀昌城　陳省
漢建蛉縣在雲南府西北晉永安二年分建寧置益州郡治此永嘉末改晉寧郡梁時入蠻
益寧縣在雲南西唐置為昆州治後省
元官渡縣在雲南府東南後省
高嶢關城在雲南府西雲津橋北俗名高橋與碧雞山對峙　橋在城東銀棱河本名大德
金馬山在雲南府東西距碧雞山五十餘里有金馬關元至順二年攻禿堅戰於金馬山至正末蔔勝攻雲南梁王孛羅走金
馬山即此　碧雞山在府西南滇池西有碧雞關
滇池在雲南城南一名昆明池又曰滇南澤滇海上流為積波池俗名草海子亦曰青草湖西湖合盤龍江黃龍溪諸水入池
又西南由海口滙於廣翅塘入金沙江元至元中張立道疏海口以洩滇池積潦明制藏瀦滇池謂之海夫
伽橋在雲南西北元至順初躍里迭水兀牧復雲南擊敗賊於伽橋古壁中即此
螳螂川在富民南源出滇池北經武定入金沙江晉大寧二年姚兵敗李遐於螳螂川即此
扶邪城在羅次南南詔置
大甯城在晉甯南二十里元至正中置尋省
天女城在晉甯西晉大安中李毅女秀築
忽納寨在晉甯西明初破曲靖瓦尒密走入忽納寨即此
伽宗城在呈貢西大理段氏時上官伽宗所築因名
歸化縣在呈貢東南本名安江城以吳氏居此又名大吳龍元至元中置縣本朝省
江東縣在安甯州東南
青龍城在安甯北舊蠻酋據險自守處
大井石井河中井大界井新井在安甯西古阿甯地新井新設故舊稱四井
祿脿驛在安甯西一曰祿螺地
驥宗籠城在祿豐東北驥宗籠山上　顛東城在祿豐南
蘭谷關在祿豐西入楚雄要道與六里箐並險峻
望水縣在昆陽西南唐武德置為南龍州治貞觀改鈞州兼領唐封縣尋省
河西縣在昆陽河西鄉元至元中置尋省

曲靖府

三泊縣在昆陽西北故郍龍城元至元中置縣本朝省　三泊溪在縣西即望洋鳴矣利資三河合流處下流入滇池

渠濫川在昆陽東南東北入滇池隋開皇中史萬歲自蜻蛉川至渠濫川破三十餘部即此

禄益惡危山在易門西今名禄益山上有關依主城故蕃關遂成地

金城在嵩明西南漢時築城南有諸葛武侯與夷誓盟臺元於誓盟府以此名

邵甸城在嵩明西本名東甸元初立所至元改縣明省

楊林城在嵩明東南本相斗車廢四蠻所居元初置羊林所至元改楊林縣明成化省為楊林驛有楊林澤周百餘里一名楊林海子羅婆澤嘉利澤

集興龍城在嵩明南南詔時與葛龍蒙琛龍白龍同築

石城在曲靖北唐貞觀中南寧州督爨歸居大秝中南詔置石城郡晉天福二年段思平偕東方諸爨兵盟於石城即此

漢味縣在曲靖西建興二年分益州地置建寧郡治此又為庲降督治晉泰始中置寧州治梁省唐貞觀八年改南寧州為郎州治味縣兼領同樂升麻同起新豐隴堤泉麻六縣天寶入蠻郡

漢朱提郡在曲靖東北建興中分犍為置齊改南朱提郡梁省隋置恭州唐武德八年改曲州天寶末陷入蠻

晉夜郎郡在曲靖東北漢夜郎縣故地永嘉五年置隋改協州唐武德分置靖州天寶末陷入蠻

悅州在曲靖南石堡山西唐武德中置領甘泉等縣後入蠻為普靡部元至元改越州明洪武省為衛今名南城村

龍和城在曲靖西南唐開二爨地自昆川西䡔晉寧喻獻安寧至龍和通名西爨白蠻自彌鹿升麻二川南至步頭通名東爨黑蠻

丹川城在曲靖西晉咸康六年李壽攻拔丹川即此

紫溪山在曲靖東南明洪武二十六年沐春討阿資至紫溪山直抵龍窩即此

白石江在曲靖北源出馬龍州又東南合瀟湘江明洪武十四年沐英乘霧抵白石江即此今有白石江橋

白水關在曲靖東舊為白水蠻地唐永徽三年郎州白水蠻反是也

交水縣在霑益州南本摩彌部地名易陬龍元至元十三年置縣明永樂省天啟四年築交水城　州南炎方城西南松林城俱天啟四年築

羅山縣在霑益東南平夷鄉落蒙山下本摩彌部東境元置縣明永樂省

石梁縣在霑益東北石梁山下本五勒部地元置縣明永樂省

盤江城在霑益南晉永嘉五年盤南爨平分盤江南如南寧三縣置西平郡即此　霑益州在二盤江間北盤即可渡河南盤即東山河一名中延澤西平郡地在州東

臨安府

同並縣在霑益北漢置後省

壘水鋪在霑益南天啓初永邦彥陷畢節平夷炎方松林園普安伏兵壘水鋪敗官軍即此

倘塘驛在霑益北昭通往來要地明天啓二年霑益土婦設科焚劫倘塘炎方松林交水白水驛凡六站即此

河納縣在陸涼南蔡村蒙氏置陸郎縣元至元改河納明永樂省

芳華縣在陸涼西部封山下本落溫部地土名忻歪一名部封元至元改芳華明永樂省

鄨縣在陸涼北漢置以鄨水名梁省

附康縣在陸涼東南唐置為盤州治兼領平夷盤水二縣後入於蠻

西昌城在陸涼西南中延澤之尾　木㭱義城在中延澤中洲上　騎思龍城在洲南皆大理築

通泉縣在馬龍西南元初置易龍所至元十二年改通泉明初省

晉西安縣在馬龍東齊為興古郡治梁省又南有耶城尚贊城皆蠻酋築

麻州在馬龍北唐貞觀二十一年置後省

磨盤山在馬龍西北明天啓五年安效良敗于磨盤山自尋甸遁走即此

羅犴侯山在馬龍西北邊唐永徽二年白水蠻攻郎州趙孝祖敗于羅犴侯山即此

易龍堡在馬龍西南一曰易龍驛亦曰木密關自堡經會婆伽嶺下板橋古城堡小關索嶺至楊林驛

東龍石城在羅平南明萬秝十二年者繼榮修東龍石城分兵四出攻劫即此

亦佐縣在羅平北本夜苴部地元置縣本朝省

為美縣在尋甸北本仁地故部元至元置縣明初省

歸厚縣在尋甸西本名易浪浦籠元至元中置㒓俸縣旋改歸厚明初省又西有九彎九層城在米花洗馬山下

安樂城在尋甸西南落龍雄山上土人築

慫勤峰在尋甸東接霑益界上有沙必郎折璫則千按羊怒勤納甕六寨

額吾峰在尋甸南上有清水塘有額吾竹圭東那沙黑額峯五寨

曲江城在臨安北曲江上

段氏古城在臨安南瀘江鄉今為無据寺址一在城西蓮花池

漢賁古縣在臨安東南東晉省

漢勝休城在臨安南梁省

納更山寨在臨安東南舊有土巡司明嘉靖十二年安南使人覘伺至莫更山被擒即此

澂江府

異龍湖在石屏東中有孟繼龍小末束和龍三島東流為瀘江元至順初朱寶守和龍島拒禿堅島城漢名水城
楊廣城在阿迷東南通安橋宋皇祐初楊文廣追儂智高屯兵處又一城在市平鋪一城在石頭寨
交岡在阿迷南與交趾分界明天啓二年安效良入雲蓋抵交岡即此
合江口寨在阿迷東盤江與衆水合流處一名三江口宋皇祐初儂智高自合江口遁入大理即此
多奠鋪在阿迷南自教化三部北行經夜苴河箐口教化河瑣羅城歪頭山至多奠鋪入州治
西沙城在甯州東老寨後大箐内土名西沙籠元至元置至治二年省
武侯城在甯州東三里今名辛州古城
秀山在通海南一名青山下有長河土名海子一名通海湖杞麓湖宋開禧初段智祥建啓祥宮於山上
曲蛇關在河西北蒙氏置一曰萬松營元至元中立元帥府明初省
節洲縣在嵋峨西北元初置後省縣舊有節洲洞因名
蓮花灘在蒙自南瀾滄江下流交趾洮江之上流至安南東都五日程為入安南要道明永樂初沐晟出蒙自蓮花灘入安南
大窩關在蒙自西南一曰大窩子地極險又東南曰打巫白箐又南曰矣吝母渡江至勒古溥入交趾界
八寨在蒙自南自老寨霧露結箐灑哈至八寨又南至江底猛撒箐渡江即交趾者蘭州
賀謎寨在蒙自東南山極多中曰慢老左曰磨莫右曰八灑俱近安邊江自泥底渡三岔河至賀謎又南至江底江南為龍陸山入交趾界
羚羊洞在納樓北中產礦舊有中場蘆黄摩柯三場今封閉
西古城在澂江西元置
陽宗縣在澂江東北明湖南本強宗部地元至元置縣本朝省
黑相城在澂江東北土名輪納龍
羅藏山在澂江北十里漢時名裝山元名梁王山南有泉為羅藏溪入撫僊湖北有泉為錦溪西有泉為彌勒石溪下流俱入明湖明初破曲靖梁王走入羅藏山即此　撫仙湖一名羅伽一名清魚戲月湖在府南東入盤江明湖一名夷休湖陽宗湖
碁坪山在澂江東北一作寨和山上有磨屯名梁王屯
雙龍縣在江川北即故部椿城元置縣今名雙龍鄉
研和縣在新興州南本百麽些徒蠻部地元至元置縣又南有昌人城西南有祿匡城俱漢置後省
元畔龍縣在新興西至元置後省又西有中古城北有黑村馬橋二城俱元置後省
白城在新興西北故部嵝普舍二城西漢時築　普舍縣土名普札龍在州北元置縣明初省

廣西州　廣南府　開化府　昭通府　鎮雄州　元江州

邑市縣在路南東北元至元分邑市彌盃二城置明初省
彌沙縣在路南東南元至元分彌沙等五城置後省又東南有漢河頭城
達子城在路南東自曲靖至廣西州亘三百里土名底伯盧
元維摩城在廣西東南本朝省
法土竜城在廣西南蠻人置又南有邱北城三鄉城明萬秫中築
大維摩山在廣西東南舊土官皆居此稍北有小維摩山
奐邦池在廣西西南一名龍甸海乾海有二源一出阿廬山一出彌勒州吉雙鄉南入盤江明宏治十二年李韶言府有乾海水利可開屯田是也
龜山在師宗西南明萬秫末築土城其上名督捕城
卜龍山在彌勒南舊部龍部所治此
阿欲山在彌勒西舊阿欲部所治此
元富州在廣南東至元中置本朝省又東北為元羅佐州明初省
安甯州在廣南西南元置明初省
牛羊箐在開化南與交趾接壤自枯木箐南歷斗嘴三關又南即牛羊箐
木底河箐在開化東南又梭羅洞鎖狸城洞黑打洞弄弄山箐俱設險處
馬鞍山在東川西南十里舊時府治此
周泥站在路通東南自烏撒站歷瓦甸站黑章站至周泥站一百八十里一名周泥驛元至順初擊烏蒙酋祿余自永甯進陳泥驛即此
芒布城在鎮雄西南明洪武中鄭祥駐兵芒布築土為城即此
阿赫關在鎮雄南明洪武建
步日城在元江西蒙氏築名步日瞼元為步日部明初省
奉化州在元江西南　又西南為恭順州明置後省
魚復寨在元江西近鎮沅界明嘉靖三十年攻那鑑克魚復寨即此
明新化城在新平西北本馬龍他郎二甸地元至元置馬龍部所明宏治置州
馬龍山在新平西舊名馬龍蠻酋駐此名馬龍部
摩沙勒江在新平西北即馬龍江一名鹿滄江至元江境為禮社江之上源馬龍諸山在江右迤阻諸山在江左夾峙如峽狀

輿地彙鈔　卷七　雲南　三十二

楚雄府

元至元中平緬結寨馬龍他郎甸之摩沙勒明洪武二十一年思倫發結寨於摩沙勒
富民縣在楚雄東又東為淨樂縣俱元至元中置後省
呂閣驛在楚雄西古名合關灘元至正末梁王孛羅擊敗萬勝於關灘又敗功進兵至呂合敗明玉珍於關灘江追至古田寺
回蹬關七星關是也今有呂合驛
高登山在廣通東一名鹽倉山元置鹽司今廢
捨資河在廣通東源出武定府東經南安元江入交趾有舍資司舍資驛阿陋井猴井俱在舍資村中產鹽　自祿豐經高石
飽南平坡六里箐響水橋響水鋪至舍資驛又經十八灣坡清川橋至路甸驛
南窗城在定遠南本名黃蓬䢕元至元置縣尋省
會基山在定遠南上有關一名會溪關舊設戍守與廣通接界
羅平關在定遠南訛為羅那關元至大二年梁王老的至羅那關殺大理將高蓬
健林蒼山在南安東訛為阿姑娘山黑爨祖瓦晟吳居此
和子城在鎮南東唐上元中閤羅鳳侵東爨戎碌取和子城即此
石鼓城在鎮南東三十里石鼓山下舊名雞和城閤羅鳳置石鼓縣元至元二十四年省
英武關在鎮南西一名鸚鵡關舊有巡司
瀘南縣在姚州東北唐垂拱置長城縣天寶更瀘南　又南為唐長明縣天寶後同入南詔
澄川城在姚州東唐開元中置後省
于巽州在姚州東唐武德四年置姚州府領于巽五陵宙和往舍利范鄧野共洪郎日南眉鄧邉邁洛誥共十三州後悉省
東山在姚州東一名飽煙蘿山山南有古城唐天寶初築以拒南詔
白鹽井在姚州北有觀音井舊井界井中井灰井尾井白石谷井阿拜井小井共九井舊置鹽司明洪武中官軍敗自久於白
鹽井即此
髳州在大姚北天寶中入南詔　岐星銅山二縣屬髳州俱天寶中入南詔
楊波縣在大姚東唐武德四年置褒州領楊波強樂二縣後悉省
西豫州在大姚西北唐武德四年置貞觀三年改靡州領靡豫七部二縣　又西曰利州唐武德四年置貞觀改㒽州領深利
十部二縣後俱省
馬西縣在大姚北與髳州接唐武德四年置為尹州治蕉領天池鹽泉甘泉涌泉四縣
赤石崖在大姚西北接大理界明嘉靖中置通判駐守萬秝省

武定州　景東廳　鎮沅　大理府

鐵索箐在大姚西北險隘橫亘千里明萬秝初討鐵索箐力些夷七十二村悉平即此
南甸縣在武定東土名裹陋籠一名瀼甸元至元中置縣明嘉靖省
元和曲州在武定東十五里土名叵邁甸至元中置州本朝省
宗居縣在武定西北唐武德十一年置為西宋州治焉領石塔河西二縣後省
三臺山在武定西北明隆慶初鳳繼祖築砦臺山拒守即此
元石舊縣在祿勸東本名掌鳩甸與法塊林捻曲厳為四甸至元中置縣明正德省
易龍縣在祿勸北地名倍場元至元中置明初省
烏蒙山在祿勸東北與東川接境一名江雲露松外龍山一名絳雲露山又名松外北臨金沙江有烏龍泉下流為烏龍河唐
貞觀二十一年梁建方平松外諸蠻松外首領蒙羽請入朝即此
景董山在景東治西本蠻寨洪武中建衛城于山上
邦泰山在景東治東一名陶猛山土官世居其麓
蘭津橋在景東西南瀾滄江上漢永平建明永樂修古稱巨險
案板山在鎮沅北元以名寨
者章硬寨在鎮沅西南明正統五年麓川酋屯孟羅大掠據者章硬寨即此
東河陽縣在大理府東晉永嘉中置為東河陽郡治梁末省
勃弄縣在大理東百里一曰勃弄州本蠻部唐貞觀中置匡州領勃弄匡川二縣後入於蠻　勃弄在弄棟西又西即黃欣葉
榆西洱河隋開皇十七年史萬歲自青蛉川經弄棟小勃弄大勃弄至南中渡西洱海
史城在大理北隋開皇中史萬歲入南中過諸葛武侯碑屯師此地置唐大秝十四年異牟尋立初遷史城即此元初置喜州
後省今名喜瞼村
點蒼山在大理西龍骨龍尾西關之間一曰靈鷲山雪山蒙氏封為中嶽唐天寶九年鮮於仲通師至漾濞江分軍自點蒼山
西腹背攻太和城貞元十年韋皐使崔佐時與異牟尋盟於點蒼山神祠是也點蒼山佛頂峰麓有金剛城南詔時築
西洱河出浪穹北罷谷山合點倉十八川又西南會漾濞江即黑水伏流別自西北來會至大理城東為洱河一名渪河榆葉
河榆水洱水洱海昆瀰川唐武德四年韋仁壽循西洱河開地置七州十五縣梁建方平松外自巂　州卷至西洱河蠻酋楊
盛及西洱河楊棟東洱河楊斂俱入朝
龍首關在大理北點倉山背兩崖壁立若門一名上關城石門關又名河首關即唐時石門南道接四川清溪關名天威逕府
南三十里有下關城一曰龍尾關河尾關自河尾順流而下有石門號河尾橋一名天橋石馬橋唐天寶中鮮於仲通下兵南

溪石門道遂閉貞元中韋臯復治石門道由黎州出邛部直抵雲南晉天福二年段思平自石城起兵至河尾遂入關明初藍玉自品甸分兵由洱水東趨上關自率衆夜由石門間道度河出點蒼後緣巖上立旂平明抵下關拔大理城遂出上關畧鶴慶麗江又出巨津州西石門關下金齒自上關外出石門北皆名天威逕　石門關在麗江西北

白崖城在趙州東南古彩雲城一名文案洞城漢建興中丞相亮斬雍闓於白崖州命龍佑那為酋長乃於白崖西山下築城蒙氏名白崖瞼宋淳祐中蒙古置白崖所元至元改建寧縣後省

安東城在趙州東蒙氏時安東將軍李專珠築

定西嶺在趙州南本名昆彌山明初平西侯沐英過此更名上有關波羅江出其下

唐匡川縣在雲南縣東南後省

雲平縣在雲南縣東晉咸寧五年置梁省

饒州在雲南縣東唐置領夷郎等縣後省

安南陂在雲南縣東南土名小雲南自故鎮南州普淜驛經桃樹陂金雞廟孟獲箐至安南坡舊有巡司

品甸陂在雲南縣西一名清子川甸唐初置陂州後省

甯北城在鄧川北蒙氏置唐貞元中異牟尋謀攻土番修澄川甯北等城是也

曾縣在鄧川東境唐武德置為曾州治蕭領三部神泉龍亭長和四縣後省

鍾山在鄧川北唐開元中澄賧酋據大釐為南詔所攻走鍾山自守即此

佛光砦在鄧川北三十里接浪穹佛光山漢建興中孟獲自豪豬洞被擒得縱還走佛光砦明初大理普顏篤據佛光砦先不華據鄧川是也

鳳羽縣在浪穹西南鳳羽山北蒙氏置元末省為鳳羽鄉

安甯城在浪穹北蒙氏置唐天寶中何履光定南詔安甯城及五鹽井復立銅柱是也又西北有石和城唐開元末施浪酋長據此以拒南詔

蓮花山在浪穹東北又北連蒙次和山故施浪詔居此山下名蒙次和村開元末南詔設三營於此　宋寶祐三年元取大理置三營萬户明洪武十五年藍玉攻克三營萬户是也

漾備江本漾備二水合流以名一名黑會江濞溪江黑惠江源出西番可跋海一云出劍川州之劍川湖南流至浪穹西羅坪山下有上江嘴下江嘴相去十五里又南合洱海入趙州名神莊江又南順甯洋山下合瀾滄名順甯江唐景龍初土番以鐵亘梁樣備水通西洱蠻築城戍之即此明置上下江嘴巡司

五鹽井在浪穹南名洛馬井石縫井河邊井石門井山井明洪武中置五井提舉又曰上五井

麗江府

漢遂久縣在賓川東北金沙江北岸近古白果國故名白門

金龍湫在賓川西洱河東一名紅雀龍潭引為新渠東注楊梅谷溉田　在趙州乾海子者曰乾龍潭在鄧川州鍾山寺雞足石側者曰大龍潭與此為大理三龍潭

漢比蘇縣在雲龍西晉咸和中為西河郡治梁省　漢嶲唐縣在雲龍南晉省

諾鄧鹽井在雲龍西北有鹽大使兼轄石門井

大井在雲龍東南與山井天耳井師井順盪井舊屬五井提舉萬秫末省

元通安州在麗江東本漢定筰縣土名三賧漾渠頭唐改昆明縣元初置三賧所至元改通安州本朝省

元保山州在麗江東二百里本漢邪龍縣後入麼些部元至元置寶山縣十六年改州本朝省

蘭州在麗江西南本漢博昌縣後入盧鹿部名羅眉川宋時大理置瀾滄郡元至元置蘭州本朝省

巨津州在麗江西唐時羅婆九賧地元至元置巨津州本朝省

臨西縣在麗江西北土名羅裒閒元至元置縣明正統入蕃部名剌縹郡今為他照和村

阿那山在麗江西南上有阿那和故寨

華馬山在麗江東南本麼些詔所居自名花馬國宋寶祐中蒙古滅大理并破鐵橋之花馬國即此

金沙江即麗江出塔城東共龍川犛牛石下本名犁水訛為麗東南流環府城又東經鶴慶受漾共諸水又東經姚州受青蛉大姚龍蛟諸水又東經楚雄武定受龍川元謀西溪滇池螳螂諸水又東經東川滴慮部受尋甸牛瀾江谷壁川諸水又東合瀘水唐貞元五年南詔破土番于神川宋寶祐三年蒙古過大渡河至金沙江乘革囊濟

大匱寨在麗江東與羅邦羅寺磁場卞頭場當波羅場當將郎為麼些部七寨宋寶祐初附蒙古置察罕忽魯罕寨

鐵橋在麗江西北金沙江上故麼些九賧地唐天寶初南詔置以通土番貞元十年異牟尋破土番于神川取鐵橋十六城十五年土番襲南詔屯鐵橋即此

副州　木按州在鶴慶北俱元置明省

望德城在劍川南段氏築後為水寨村又南十里為唐羅魯城今為瓦窯村

峎峨城在永北南蒙氏築今名峎峨村城東有峎峨海

元順州在永北東本名牛賧至元十五年置本朝省

蒗渠州在永北北本名羅共賧至元十六年置本朝省

瀘沽海在永甯土府東一名魯窟海子中有三島舊時土官築木寨於島上

永昌府

騰越

不韋縣在永昌東北漢元鼎中通博南山置梁省
漢哀牢縣在永昌西牢山下永平中與博南縣同置後省
金齒城在永昌西北邊瀾滄江西銀生崖甸元初置後徙治永昌城内
密諸城在永昌西南明萬秝十五年緬酋陷密堵速松二城即此
鳳溪司在永昌東鳳溪山西明洪武置
施甸司在永昌南摩蒼山西段氏廣夷州元至元置石甸司訛為施甸明萬秝十一年緬入姚關焚掠施甸是也
瀾滄江一名鹿滄浪滄蘭倉出土番嵯和歌甸鹿石山南經麗江大理至永昌東北羅岷山下兩巖壁峙一名博南津漢建興初南征架橋濟師以索為之元至元中名曰霽虹橋明宏治十四年鑄鐵索為橋一曰瀾滄橋
潞江一名怒江出土番雍望甸東南經永昌又南入海明正統三年麓川酋作亂斷潞江立柵以守四年沐昂自潞江進抵瀧[illegible]走也
清水關在永昌西北卧佛山西清水河上元置明設清水驛
天馬關在永昌南邦欠山明萬秝二十一年陳用賓擊走緬人遂城天馬漢龍二關是也又有銅壁鐵壁虎踞馬面等關皆接緬境
沙木和在永昌東北沙木河上明置巡司及驛自永平經鐵楊坡花橋哨蒲蠻哨一名蒲驃驛丁當丁山關至沙木和驛凡七亭
博南山在永平西南一名金浪顛訛為丁當丁舊為蒲蠻出没之所山下有關花橋河出山北麓下流入銀龍江
越甸縣在騰越東北元置後省
順江州在騰越南元至元置尋省
西源城在騰越西二里西山平原中段氏置又西百里古勇甸有古湧縣元置尋省有古勇關
大盈江一名大車江出騰越西土番界南入境合赤土　山之馬邑河龍從山之高河羅生山之高盈場河南經南甸千崖合檳榔江又東南至隴川合麓川江經孟養東境名金沙江入緬甸經江頭太公蒲甘諸城入南海為西南境大川與東北境之金沙江異流同名
龍川江即麓川江出永昌東北莪昌蠻七藏甸經越甸至高黎共山北夾象石江南經南甸為孟乃河又經芒市合潞江入隴川合大盈江　夾象石在江東岸土名下江又東南近隴川為上江明正經南征麓川自夾象石度下江徑抵上江賊巢即此
鎮姚所城在潞江司西老姚鳳山麓明萬秝十三年建
細甸故城在潞江司東南明正統中征麓川分兵從細甸取孟定合木邦車里軍為東路即此

普洱府

景罕寨在潞江司西南明洪武末破平蠻於南甸還降景罕寨復擊破崆峒寨蠻正統三年破麓川賊于潞江西岸賊走景罕寨即此
元平緬路在隴川司東北舊名驃賧羅必四莊小沙摩弄驃賧頭至元十三年置平緬路明洪武十七年省
通西府在隴川司西南本蒙陽甸地元大德初置明省
沙壩在隴川南舊蠻人守險處明正統八年再征麓川郭登守沙壩即此又西為栗柴壩
諜粘路在孟定東南元至元中置後省
景杏城在孟定東相近有馬援營
孟賴寨在孟定東南明正統二年思任發犯景東孟定破孟賴寨即此
南牙山在南甸南官道經其上夷人據以為險明正統八年再征麓川開南牙山斷賊走路是也山下有泉合小梁河名南牙江
羅卜思莊在南甸南明萬秝三年木邦酋襲陷千崖守備退保羅卜思莊口即此又西南　有景東宋盞西兩地
南賧在千崖西北本阿寨賧牛真賧地元至元十五年置南賧　元志金齒司領柔遠芒施鎮康鎮西平緬麓川六路及南賧是也明初省
箐口新城在蒙化東北一名蒙化箐口
元定邊縣在蒙化東南本名南澗至元中置縣本朝省
螺盤山在蒙化東上有自普關
龍屽圖山在蒙化西北唐貞觀中蒙氏自巍山徙居此高宗時授巍州刺史遂建城山上名龍屽圖城自稱蒙舍詔
慶甸縣在順寧東稍北　元大秝九年置明洪武初省
右甸城在順寧西南矣渚十三寨中右甸川西山麓明萬秝三十年築
把邊山在順甯南兩山對立中通窄徑上有把邊關
牛街驛在順甯北漠溪江上路通蒙化與順甯觀音水井錫鉛右甸枯河為六驛舊置土驛丞
小徹里在普洱東本車里別部
普洱山在普洱北府以山名山旁有光山舊為車里頭目所居自景東歷經者樂甸鎮沅達車里至普洱山凡七日程
谷實江在普洱北自遮邏甸南至境一名威遠江明正統中思任發走威遠刁蓋敗之威遠江即此
八百土司在普洱西南

武昌府

湖北地畧

武進馬冠羣良伯甫輯

曲水城在武昌府東北本宋齊時祓禊地梁初曹景宗築一名曹公城

汝南縣在武昌府西南金水北岸晉咸和中僑置後入西魏置戍守隋初省金水即塗水入江處一名金口塗口又南即嘉魚之薜洲鎮

高冠山在武昌東南一名高觀即黃鵠之東麓明初圍武昌漢兵屯高冠山傅友德拔之即此

洪山在武昌府東本名東山宋大觀改明初張必先援武昌至洪山常遇春擊敗之即此

青山磯在武昌府東北南江岸又東三十里江北岸即黃州之陽邏鎮宋端平中黃陂縣寄治處咸淳十年蒙古由青山磯渡江即此

大江自臨湘東入嘉魚境歷大小二軍山至府城西夏口浦合沔水又東入武昌縣齊永元二年薛元嗣等屯夏口浦間西師至入郢城即此

黃金浦在昌武府南鸚鵡洲下本名黃軍浦宋昇明初沈攸之軍至夏口黃金浦柳世隆於西渚挑戰是也　西渚在射堂南江渚東一曰南堂西渚齊永元末鄧元起自夏口進據南堂西渚即此

白楊浦在武昌府北有白楊壘齊永元末唐修屯兵白楊浦即此

吳王城在武昌縣東一里孫吳故宣城　又東二十里有黃石城建安末劉勳築

梅城在武昌縣西平川中孫吳黃武時築　又西二十里有城塘縣隋大業末置

樊山在武昌縣西濱大江一名西山樊岡舊名袁山水經注吳孫權徙鄂於袁山是也又名來山孫皓出登來山是也吳末設樊山戍唐置樊山軍府南唐置樊山砦　山西南麓寒溪之水北流為樊溪一曰袁溪入江處名樊口在縣西北五里建安末劉備自夏口進屯樊口唐乾甯四年翟章保武昌汴軍跨江為浮梁抵樊口攻拔之是也

神人山在武昌縣西江濱下有白鹿磯與黃州新生磯相對宋開慶初蒙古自黃州楊邏洑橫橋梁至白鹿磯進薄鄂州是也

陽邏堡在縣南黃州府西為江漢斷黃要害處

西塞山在武昌縣東大冶東北東濱大江宋昇明二年桓敬等據西塞山為柳世隆援即此　山下有故流沂城漢建安四年劉勳敗於彭澤走保流沂即此齊梁於山下置西陵縣隋省

大江北自府界來分為三江過中洲雙柳夾崢嶸洲邐磯至大洲為三江口又經陽磧赤壁至樊口又經白田洲楊葉洲蘭溪至西塞側之散花灘東入興國境　大小回即大江回曲處大回在樊口小回在釣臺下

崢嶸洲在武昌縣西北江中半屬黃州水經注江水東通武口又東李老浦北對崢嶸洲晉元興三年劉毅敗桓元于崢嶸洲即此

蘆洲在武昌縣西三十里與黄子磯接一名羅洲邏洲梁大寶三年徐文盛克武昌軍于蘆洲即此
魚嶽山在嘉魚西北二里江濱一名江島山下有楊子洲西北曰灌磯山又北為百匹山山下即練子口水經注江水又東合練口是也
赤壁山在嘉魚西江南岸北對烏林建安中曹操自江陵至巴邱遂至赤壁即此　江漢間有五赤壁嘉魚江夏黄州漢陽也黄州赤壁本名赤鼻山下有赤鼻磯
白面山在嘉魚南十里下有白面洲唐以前蒲圻縣治此一名蒲
陸水在嘉魚西一名雋水淥溪出巴陵界歷蒲圻至縣西入江處名陸口一曰蒲圻口陸溪口淥溪口自岳州沿江東北行過侯敬港神林港象湖港新打口石頭口至淥溪口漢建安十五年孫權以魯肅為漢昌守屯陸口即此
麻屯口在嘉魚西北水經注江水過陸口而東左得麻屯口南直蒲圻洲水北入百有餘里是也建安十年孫吳擊山賊麻保二屯平之即此
長山砦在通城南南唐置周顯德二年湖南王逵拔鄂州長山寨即此
永興縣在興國南闔閭山下本名闔閭城梁置永興縣隋開皇省入富川
漢下雉縣在興國東南晉省
舂新縣在興國西南孫吳時置　安昌縣在興國西北梁置隋悉省
鳳山洞在興國東北上有城南唐時屯兵於此
銀山在興國北一名大銀山元時置銀場　又州西二里黄姑山舊時亦置銀場後悉省
富池湖在興國東北受州境諸水北注大江明置河泊所又於湖北置富池驛及富池鎮司為濱江往來要道州境二十餘湖惟富池及海口漳源三湖為最大
古龍關在興國西北舊屯戍處下有朝天堤明永樂築一名樊公堤
花油樹堡在大冶西南猴兒山上接江西瑞昌界明嘉靖中置寨隆慶中增置堡
魯山城在漢陽東北大別山上孫吳置戍守處蕭齊置鎮與郢城為犄角陳置魯山郡隋末蕭銑置鄂州於魯山唐武德四年鄂州刺史雷長穎以魯山降是也　大別一名魯山翼際山江水經山南漢水東行會于山東北
却月城在大別山下沔水口左與魯山城對峙建安十三年孫權奪沔口城晉元興末桓振使馮該守東岸孟仙圖據魯山城桓仙客守偃月壘是也　又却月城西有馬騎城今名長棚
梁城一名漢口城在大別山下南史鄧元起築漢口城以守魯山是也今大別山横頂城是其舊址
漢陰城在漢陽西漢水北漢陰山下

漢陽府

沌陽城在漢陽西臨嶂山下晉置建興初陶侃為荊州刺史屯沌口大興二年周訪進至沌陽杜曾敗遁即此水經注沔水經沌陽縣北又東經臨嶂故城是也一作沔陽晉永嘉六年王貢襲沔陽梁初置沔陽郡治隋省

灄陽縣在漢陽北本安陸東境地晉置齊永元末汝南民胡文超起兵灄陽應蕭衍是也周省

漢水自天門縣東流至漢陽東北與大江會名漢口一曰漢曲即春秋之夏汭有漢陽渡舊時漢水從黃金口入排沙口東北折抱牯牛洲至鸚公口又北至郭師口對岸從襄河口下漢口明成化初排沙口下郭師口上忽通一道漢水直從此下襄河口道遂塞

江水自大別山東合漢江轉煙波灣四十里入黃州界　煙波灣在漢陽東北土名白沙灣

沔水在漢陽西南源出襄水東北合漢水入江襄本在沔陽亦漢水之支流三國以前多言漢不言沔三國以後多言沔不言漢故或以漢沔為一惟書疏引應云沔水下尾與漢合乃入江為是又夏水入沔東流至漢陽謂之南沔

沌水在漢陽西南通沔陽之太白湖又東南經故沌陽入江名沌口自沌口至下港五十餘里下港南對金口又東即竇家沙　太白湖在府西九真山南一名九真湖潛水自西北沱自南西湖李老泗港沙湖直步黃蓬陽明諸水悉注於湖春泛時與楊孟池新灘馬影蒲潭沌河混為一

淪水在漢陽北自孝感入黃陂界通大江宋咸淳末蒙古襲奪陽邏堡西沙蕪口自漢口開壩引入淪河轉沙蕪口以達江即此　陽羅堡西即武湖沙蕪口即沙武口在黃陂東南

蔡店在漢陽西宋咸淳末蒙古大會蔡店刻期渡江即此

鐵錢監在漢陽東北大別山下一名靜江營宋紹熙二年置元省

梁槃城在漢川南五里　又南十里有郝城俱周宣政中築以主者姓名名

和公城在漢川東北亦周築隋末和操拒賊于此因名

鍾離城在漢川東春秋時蔵尹宜咎城鍾離是也

雞鳴城在漢川西雞鳴山下建安中曹操築土名張家城

小別山在漢川南一名甑山東晉初王廙退保甑山朱伺拒杜曾於揚口敗走甑山即此

陽臺山在漢川南一里下有陽臺渡訛曰羊蹄山陳光大初裴寬請從城于羊蹄山以避水是也

劉家隔在漢川北漢江入境一由張池口一由竹筒河出劉家隔復合流出漢口明宣德中設巡司

溳岳郡在孝感東西魏置隋省唐武德置溳陽縣貞觀省

義陽城在孝感北梁置西魏改南司州尋省

黃草山在孝感東北九嵕山東上有鎮陽城陡絕僅通一徑

黃茅嶺在孝感北與白楊嶺接勢極險險要說孝感黃茅應山高貴隨州栲栳與信陽三關聯絡是也九里關在孝感東北一
名黃峴即古直轅
石陽城在黃陂西一名石梵建安十五年文聘別屯沔口止石梵自當一隊孫吳嘉禾三年襲擊江夏新市安陸石陽斬獲而
還是也晉太康改曲陵宋太始省
武城在黃陂東南一名武口城水經注武水南至武城入江是也城西有漁湖城齊永元末吳子陽自巴口進軍武口築壘加
湖以自固蕭衍使梁天惠屯漁湖城唐修期屯白楊壘是也
冶城在黃陂東南十五里齊末梁武攻郢修戰俱於冶城即此
灄口城在黃陂南武口上對岸即夏涌陳大建五年李綜克齊灄口城即此
木蘭山在黃陂北黃岡有木蘭縣以此山名
長岐戍在黃陂西南晉延興二年陶侃破錢端於長岐即此
延頭在黃陂西宋元嘉二年謝晦走至安陸延頭為戍主光順之所執即此
建興城在沔陽北梁置沔陽營陽州城三郡西魏省州陵惠懷二縣改置建興縣後周置復州治省郡隋大業改沔陽縣宋寶
元中省為沔陽鎮一名楚王城亦名七里城
青林城在沔陽東十里又東四十里有魚復故城　州西十里有石樓城
黃蓬山在沔陽南江濱上有城名卻月城山下有黃蓬湖元末陳友諒起兵黃蓬應徐壽輝即此
大江在沔陽南自監利白螺山南經烏林茅埠口又東過竹林灣新灘口水洪口北接沌口舊有長官堤西南起龍淵東止王
沙
長夏河即夏水在沔陽南襄水為漢之潛夏水為江之沱首入江處為夏汭一名夏浦夏洲自監利東為大馬長川過沙口又
東北過柴林河至直埠與漢水合入沔之口名睹口一名堵口瀦口又名七里沔在州城東一里漢自襄河而入江夏自西南
而入三水同會於此下流六十里名滄浪舊有滄浪驛　大馬長川在監利東南東流為魯洑江
侯埠關在沔陽東有侯埠驛　又范濮關在州西北　荆江口關襄江口關在州西為沔陽四關
木蘭縣在黃州西北齊置屬安蠻左郡梁改梁安縣為梁安郡治隋復曰木蘭唐省
永安縣在黃州北本楚黃歇故城梁置縣為永安郡治隋省唐興元初伊慎敗淮西將于永安即此
齊興郡城在黃州北齊永明三年置後周省　又北為邊城郡梁普通二年田守德以邊城降魏魏置西豫州即此
華山在黃州西北江東岸近陽邏鎮東與武磯山接
大江自三江口受漢水勢益盛至黃州西北過赤鼻磯入蘄水境

黃州府

巴河出蘄水板石山西南流入江為巴河口一曰巴口宋元嘉末沈慶之討五水蠻屯巴口即此

舉水出麻城龜峯西北經蒙龍城又西南經湖陂城歷赤亭下為赤亭水南至黃州西入江名舉口水經注江水東過邾縣又東經白虎磯貝磯黎磯北岸有烽火洲即舉洲北對舉口梁大寶初徐文盛破任約進軍舉口是也　龜峯東北有柏子山即春秋柏舉

新生洲在黃州西一曰新生磯宋景定初蒙古作浮橋於新生磯即此

鹿城關在黃州西北近故木蘭縣梁置北江州治此隋初置鹿城縣尋省

大活關在黃州北一作大治關梁置湘州治此領安蠻梁甯永安三郡高齊改置戍守曰大活城

齊安砦在黃州北舊齊安鎮梁置郡梁大寶初任約襲破定州刺史田祖龍於齊安即此宋端平二年孟珙更置鎮淮齊安二砦以處屯軍

團風鎮在黃州西北江東岸一曰團風口明正德中劉六等據陽邏驛及團風鎮即此

北西陽縣在麻城西北梁置陳省　唐陽城縣亦在縣西北武德初置八年省

建甯左郡在麻城西宋置大明八年省為縣隋志麻城有建甯陰平定城三郡開皇初與亭州俱廢是也

蒙龍城在麻城北梁天監置定州治此入魏為南定州治領弋陽汝陰安定新蔡北建甯諸蠻郡隋省

竹墩城在麻城北梁天監三年置

赤亭城在麻城東南本赤亭蠻地為西陽五水蠻之一有赤亭河宋元嘉置十八蠻縣之一

木陵山在麻城西北接光山界上有關一名穆陵關梁普通中夏侯夔攻克平靖木陵陰山三關唐元和中李道古出木陵關即此一名五關虎頭黃土白沙木陵大城也宋嘉定中金圍光州犯五關即此　虎頭關在麻城東北七十里接商城界宋淳祐六年蒙古史權攻拔虎頭關開慶初張柔趨虎頭關敗宋兵於沙窩關在五關中形勢最險黃土關在麻城北九十里接光山界宋嘉定中金敗宋兵於淨居山追至洪門山下殲黃土關守卒驚潰金遂南入梅林關即此白沙關在黃土西東北接光山界梁置沙州治此領建甯齊安二郡周省州　大城關在白沙西接羅山界宋嘉定中金破黃土白沙由小徑犯大城入關趣陰山關即此陰山關在麻城東北六十里陰山上梁置陰平縣於山下後省為城戍魏長風戍主奇道顯破梁陰山戍即此

長嶺關在麻城北接商城界明嘉靖中盜起西山九龍灣建營於此

臺山寨在麻城西宋開慶初蒙古侵淮西取臺山寨是也

龍集縣在黃安東隋置後省

岐亭縣在黃安東宋置十八蠻縣之一後為岐亭鎮西與桃花鎮接

雙山關在黃安北距木陵關十里形勢險於五關

安陸府

蘭溪在蘄水東源出苦竹山下之苦竹港下流合浠水入江唐以此名縣入江處有蘭溪鎮

伍洲一名五洲在蘄水西大江中宋元嘉末武陵王討西陽蠻軍於五洲即此

岐嶺在羅田東與多雲山接形勢極險有上岐嶺關下岐嶺關栗子關甕門關　羅田八關鳳凰平湖石門爲次險甕門栗子青苔松子銅鑼最要害

羅田九寨光山周家石龍在縣北鼓陽熊巖猴猪在縣西觀音望英班竹在縣東南皆依山據險盜賊出沒之所

潯水城在蘄州東一名蘭池城古潯陽治建安十四年孫權以呂蒙領潯陽令晉建興初杜弢攻周顗於潯水城即此

江夏城在蘄州西晉江夏王築

呂王城在蘄州東北呂王山上以山名

蘄水出蘄州東北三角山西北至蘄水境面曲入江名蘄陽口一曰蘄口隋開皇八年王世積出九江敗陳于蘄口即此宋置蘄口鎮

五水在蘄州北蘄水巴水浠水赤亭水西歸水也蘄水出蘄州北山南歷蘄山出蠻中水側蠻户名五水蠻宋元嘉二十九年西陽五水蠻反即此

翻車水在蘄州東北八十里有翻車河城漢初英布築

大陽戍在蘄州西北劉宋時置秦豫初大陽蠻桓誕擁沔水以北溳葉以南萬餘户入魏即此

大江自蘄州東入廣濟經黄石磯積布磯皆臨江要地又自盤塘歷武家穴抵揚家穴有江堤

義豐縣在黄梅南唐武德四年與長吉塘陽新蔡同置尋省

蔡山在黄梅南唐建中四年李希烈據蔡山險不可攻即此

蓮勺縣在安陸西南本編縣之藍口聚宋元嘉僑置處三輔流民西魏改藍水縣爲漢東郡治唐貞觀省

漢東縣在安陸南漢水東岸本北齊上蔡縣隋開皇改漢東大業省今名漢城

管城在安陸西北激水北岸晉太元六年桓石虔破秦於激水拔管城即此

激水縣在安陸西本宋高陸縣魏改激水隋大業省

沔東城在安陸西北梁初所置荒郡天監四年雍州蠻沔東太守田青喜叛入魏即此

新郢城在安陸西南漢江南岸故郢在漢北岸二郢隔漢水相對俱南宋咸淳中重修築

豐樂水在安陸北源出京山縣大洪山經盤石嶺南入漢江明嘉靖十八年南巡駐豐樂河即此

漂水在安陸西北本漢水支流宋咸淳十年蒙古陷襄樊趣郢至漂水麾軍徑渡是也

藤湖在安陸東南漢北諸水所溢宋咸淳中蒙古取黄家灣堡由河口入藤湖轉入漢江出二郢間即此

荊門州

盤陂縣在京山西盤石嶺下西魏置隋大業省

溠水出京山西磨石山合縣前河入漢江春秋吳敗楚於雍溠即此縣境有汊溠漳溠蓮溠即禹貢之三澨

潛水在潛江東本漢水自石城分流為蘆洑河又東南復入漢故名潛入漢處名上新口下新口又東南自排沙渡東流為潔江南流為恩江

高氏堤在潛江西北自荊門緣麻山至潛江南沱埠淵亙百三十里以障襄漢二水潛江八堤高氏堤莫家潭夜汊口白洑垸江汊垸班家灣車者垸太平垸皆衝決要口

綏安郡在荊門北晉隆安置尋省為縣宋初省

樂鄉城在荊門北本漢鄀縣地晉隆安五年以沮漳降蠻為武甯郡置樂鄉縣為治隋省郡唐武德四年復置鄀州八年省州五代周省縣宋為樂鄉鎮

綠麻縣在荊門東北西魏置為上魏郡治隋省郡改章山縣後省唐復置章山尋省

基州在荊門東內方山東北西魏置豐樂鄉縣為基州治後省

漢編縣在荊門東梁省一名編鄀城

梁安居縣在荊門東隋開皇改昭邱大業初改荊臺尋省

宛城在荊門南六朝時僑置後省

李家池城在荊門東南五代時高氏築

那口城在荊門東南故楚那處地一名權國城

長坂在荊門西南當陽北一作櫟林長城漢建安十三年曹操一日夜行三百里追及當陽長坂即此

建水在荊門北一名漣水建陽河楊水大漕河梁太清末杜崱謀叛襲襄陽蕭詧棄軍資於漣水而還即此

沙陽鎮在荊門東南一曰新城鎮宋末邊居誼築新城於此因名漢水自綠麻口直衝沙洋北岸有提接連青泥湖新城鎮沈家灣至潛江凡二十餘里

麥城在當陽東南沮漳二水間水經注漳水又南逕麥城東是也

麋城在當陽東南六十里春秋麋地今名八渠

玉泉山在當陽西北本名覆船山漢末改隋以山名置玉州宋咸淳末襄陽陷張夢發請城玉泉山即此

綠林山在當陽東南王莽天鳳中新市人王匡等藏於綠林山中即此

漢雲杜城在天門東南王莽地皇二年綠林王匡等敗莽兵于雲杜即此　又東南有鄖城楚鄖邑

京山城在天門北蕭齊置高齊置建安郡治西魏改光州隋省京山縣別入竟陵又改角陵為京山縣

德安府

楊水在天門西南北入沔名揚口一名中夏口晉建興中王廙留長史鎮揚口壘齊永元二年蕭衍攻郢次於揚口是也今亦名楊林口

齊永陽縣在德安北西魏改吉陽隋省

章山在德安東一名障山春秋定四年伐楚舍舟淮汭自豫章與楚夾漢豫章即章山晉太安二年華宏討義陽蠻張昌敗於障山即此一名立章州

黃花谷在德安南晉天福五年馬全節敗唐李承裕於黃花谷追至雲夢澤獲之即此

溳水出隨州大洪山黑龍池東南經應山至德安城西一名石潼俗稱府河古名清發春秋定四年吳敗楚柏舉及於清發晉太安二年皮初與張昌戰於清水即溳水

漳水出隨州大洪山入德安合溳水名漳口陳大建十二年周元景山敗陳樊毅於漳口毅退保甑山鎮是也

雲夢澤在德安南夢在江南雲在江北地極廣春秋左傳昭二年楚子以鄭伯田江南之夢定四年楚子避吳入於雲中是也

淙頭鎮在德安西北一曰潼頭即溳水梁大寶初魏楊忠襲敗柳仲禮於潼頭即此今名石淙村

三連戍在德安西晉義熙十一年江夏太守劉虔之將屯三連即此

晉江夏城在雲夢東南十四里

蒲騷城在應城北春秋桓十一年鄖人軍蒲騷是也後魏置浮城縣隋省

唐城在隨州西北漢上唐鄉晉置灄西縣梁置下溠戍太清末楊忠至義陽太守馬伯符以下溠城降是也西魏改下溠縣并增置司州尋改唐州隋改唐城大業末省唐開元復分棗陽置唐城縣元省為鎮

土山城在隨州東北五十里梁置龍巢縣為土州治領東西永甯及真陽三郡隋省郡改真陽縣大業改土山縣唐初省

平林城在隨州東北八十里晉置平林縣唐武德省俗名將陂城又東北五十里有洛平南縣西魏置開皇改上明大業省

齊安化縣在隨州東南魏改新化周又改光化宋熙甯中省為鎮別置光化縣於襄陽　西魏安化縣在隨州北隋開皇改甯化大業省

石武縣在隨州東隋開皇改官城大業省

宋闕西縣在隨州東梁兼置曲陵郡西魏改灄西為下溠改此為灄西縣兼置灄西郡隋大業省又東為梁阜林縣周改漳川亦大業省

北隨安左郡在隨州北蕭齊置梁改北隨郡西魏改南陽郡又分置淮南郡領屬城順義二縣兼置翼州尋改順州隨省州郡改并屬城為順義縣唐省

梁定陽縣在隨州西為北郢州治西魏改安貴縣歘州尋改溳水郡隋省郡唐省縣又西為平昌城齊建元二年司州蠻引魏

冠平昌是也
梁安縣在隨州西南梁置為崇義郡治周改遂安郡隋開皇省郡改清騰縣大業省
厲山在隨州北山下厲鄉即春秋厲國唐興元初曹王皐圍安州擊走康叔夜於厲鄉即此
青林山一名青山在隨州東南元至正中明玉珍集鄉兵屯青山結砦自固即此
溠水在隨州西春秋莊四年除道梁溠即此
麻張新寨在隨州東北明初鄧愈克隨州平麻張新寨及信陽玲瓏寨光州石腦山寨即此
沔陰戍在隨州西南晉置咸康五年趙夔安敗晉師於沔陰陷沔南是也
梁平陽縣在應山東南梁僑置汝南郡治此西魏改董城郡京池縣周武城初置澴州尋省州郡隋大業改吉陽縣宋省
平靖縣在應山北西魏置為平靖郡治隋大業省
東隨左郡在應山東北劉宋置大明省為宋安縣齊改宋安左郡魏改東隨縣隋開皇改禮山縣唐武德省
平靖關在應山北六十里即古黽阨又北百雁關即古直轅一曰黄峴關九里關又東武陽關即古大隧一曰禮山關亦曰行者坡行者關通名義陽三關

荊州府

郢城在江陵東北楚平王時所城漢置郢縣後漢省
紀南城在江陵北本紀郢二城楚文王自丹陽徙此國語遂遷紀郢是也陳光大初吳明徹攻江陵梁主出頓紀南避之即此
冶父城在江陵東南三里餘又東南十里有沙市城一名沙頭市本楚故城梁開平二年許德勲軍至沙頭高季興懼而請和即此沙市南即江津戍南岸即馬頭岸
新興郡在江陵西北東晉初僑置領廣牧定襄雲中九原宕渠新豐六縣宋省雲中九原宕渠改郡治廣牧縣梁改新豐為安興隋初省郡又省安興入廣牧仁壽初復改廣牧曰安興縣唐貞觀省
魏華陵縣在江陵南周改紫陵唐省
方城在江陵西北孫吳時築取故方城以名東晉時徙南蠻校尉治此趙宋末諺曰萬城有萬城堤
大江在江陵西南沿岸江堤南自松滋至巴陵之城陵磯北自當陽至沔陽之茅埠堤各長六七百里舊有九穴十三口元大德中尚有郝穴赤剝楊林采穴調絃小岳六穴明僅存郝穴嘉靖後復湮塞
柞溪在江陵北東注船官湖晉隆安三年桓元自巴陵至零口去江陵二十里殷仲堪走柞溪獲之即此零口靈溪水入江處
龍洲在江陵西南江中一名龍川龍陽洲龍陂龍泉晉元興三年何無忌破桓蔚於龍泉陳大建二年章昭達決龍洲甯湖堤引水灌江陵是也洲東有寵洲宋昇明二年沈元炎棄江陵奔寵洲即此
百里洲在江陵西南江中一名中洲接枝江界江至此分流洲北為北江南為南江至江陵之江津後合魏黄初四年圍南郡

吳孫咸據江陵中洲為外援是也

枚回洲在江陵西南高沙湖之西大江自枚回洲分南北二江北江有故鄉洲通志江陵三洲首枚回中景里下燕尾魏黃初中夏侯尚作浮橋以渡景里洲齊永明八年胡諧之至江津築城燕尾洲是也

三海在江陵東北孫吳時引諸湖及沮漳水為淺號為北海周顯德二年自西三分江流築大堰亦曰北海宋紹興三十年李師夔櫃上下海遏敵開禧三年再築上中下三海俗名海子

江津戍在江陵東南一曰江津口津鄉南對馬頭岸一名江陵南岸晉元興三年何無忌破桓謙於馬頭義熙元年桓振挾帝出屯江津即此

破冢戍在江陵東大江東岸晉義熙六年徐道覆自湓口奄至破冢劉道規拒之於豫章口即此　豫章口在府東南即夏水口

虎渡口在江陵西南龍洲南大江至此分流注澧江入洞庭一名穴口宋乾道七年李燾修虎渡堤是也

沙橋在江陵北晉義熙初劉懷肅自雲杜引兵敗桓振于沙橋

漢孱陵城縣在公安西孫吳封呂蒙為侯邑隋省　城東五里有孫夫人城

倉城在公安東北大江經其東今名倉堤龍城在縣西南

大江在公安北沿江堤岸起江陵上灌洋至石首新開堤中間搖頭鋪艾家堰竹林寺狹堤淵沙堤鋪諸處最為要害宋端平三年築五堤以泄水　五堤趙公堤在東斗湖堤在南油河堤在西倉堤在東北橫堤在北

油河在公安西北又東北入江名油口東晉置南蠻校尉於江陵自油口以東悉屯兵地梁開平四年馬殷攻荊南軍于油口是也油水東有景口又東有淪口

涔陽鎮在公安西南涔水南周太和初巴峽蠻連結涔陽為聲援即此

建甯縣在石首東宋乾德三年與萬庾縣同置熙甯省　萬庾本故萬庾巡院地

大江自石首山北又東經赭要洲揚子洲江南岸自公安沙堤至調絃口北岸自江陵洪水淵至監利金果時堤中經揚林瓦子灣藕池袁家長剅諸處皆要害

澆港在石首東北梁開平二年淮南攻石首敗于澆港即此

漢華容城在監利東晉太康初省後復置永嘉初分華容州陵監利豐都四縣置成都王國治華容尋省　豐都在監利西南

州陵在縣東春秋州國漢置縣梁改州城郡周省

白螺山在監利東南山下有白螺洲陳光大初華皎以湘州入周軍于白螺是也

涌水在監利東南入江處名涌口春秋莊十八年閻敖游涌而逸晉元興三年桓振匿於華容之涌中

宜昌府

上明城在松滋西一里晉太元二年桓沖築一名桓城齊永元二年魯休烈敗荊州兵於峽口進至上明是也
南河東郡在松滋東五十里東晉咸康三年置領八縣宋孝建二年以安邑并入永安宏農臨汾并入松滋廣戚并入聞喜與
譙縣為四縣隋悉省入松滋
樂鄉城在松滋東七十里孫吳時築城北有砂磧對岸踏淺可渡晉太康初牙門管定二千奇兵夜渡江襲樂鄉起火巴山即此
巴山在縣西南下有巴復村一名麻山
大江一曰川江在縣北一里岷江至此分三派復合為一東流有上菜洲余家潭邱家湖孫黃渡諸要害
丹陽城在枝江西一曰丹陽聚楚自秭歸之丹陽徙此仍名丹陽
旌陽縣在枝江北孫吳時置宋元嘉省
沱江在枝江北四里江水自縣西別出為沱又東流合於江自百里洲楊林洲賽碑灘蔣斗灣窰子口至流店驛轉北自董灘
口土臺古城腦鑵嘴灘流店湖折南至漸洋洲觀音寺抵松滋之朱家埠皆江流要害
適洲在枝江東北十餘里一曰延洲水經注江水經荊門虎牙之間荊門下為延洲是也又東江中有涮洲下為瀨洲關洲灄
洲洩洲
津鄉在枝江西春秋楚津邑漢建武四年岑彭分屯江關夷陵夷道諸處自引兵還屯津鄉即此
下沱市在枝江東沱江上宋度宗初蒙古攻下沱急即此
荊門鎮城在宜都西北荊門山下陳置隋開皇九年楊素伐陳克荊門唐武德三年蕭銑戍荊門鎮是也荊門山在大江南岸
江北岸有虎牙山相對一曰武牙下有虎牙灘
安蜀城在宜都西南峽口南岸陳大建二年周人置以拒陳陳攻拔之置信州
陸抗城在宜都西三里一名大城
猇亭在宜都西蜀章武二年伐吳自江南緣山截嶺軍於夷道猇亭
潼陽城在遠安北晉義熙初與汶陽沮陽高安同置屬汶陽郡周省　沮陽在縣西北沮水東南
南襄城郡在遠安北七十里晉末置蕭齊時屬南襄府後省為南襄堡縣西有齊沒陽郡今為預備倉
下牢城在宜昌西北下牢溪上隋峽州治此有下牢關一曰下牢戍
臨江城在宜昌南漢建安中曹操築為臨江郡治尋省梁置臨江縣周復置郡陳大建克周臨江郡及拓州城是也隋省
陸抗城在宜昌南江對岸吳鳳凰初陸抗攻西陵築城自赤谿至故市　故市在縣東南故城洲上步隲築洲北有郭洲　赤
谿在府西北一名東坑
石鼻山在宜昌西南江濱與故下牢城近一名石牌山周隋峽州治此相近有馬鞍山俱臨江要害

襄陽府

峽口山在宜昌西南兩岸壁立蜀江西來旋渦最惡

西陵峽一名夷山在宜昌西合瞿唐巫峽為三峽又合巫峽歸峽為三峽又合明月黃牛為三峽宋太始初巴東任叔兒阻守三峽益州兵不敢進陳禎明二年隋自永安下三峽至流頭灘攻狼尾灘克之即此　明月峽在府西二十里一名扇子峽黃牛峽在府西九十里下有黃牛灘大江經流頭狼尾黃牛三灘出西陵峽東南至步闡壘流頭虎角狼尾三灘在峽中最險又西使君灘洞惡蛇尤惡

古直城在長陽西北

巴山縣在長陽南本梁宜昌縣隋開皇改唐天寶省

清江一名夷水在長陽東南源出思州界東經建始入境又東入大江唐武德四年李孝恭敗女士宏於清江合口即此

古捍關在長陽南一名楚關水經注江水經弱關捍關漢建武二年任滿從閬中下江州東拒扞關建安十三年甘甯說孫權據夏口鼓行而西據楚關以據巴蜀是也　關南舊有紅崖寨風入寨小城寨山寨珍珠寨

丹陽城在歸州東南七里江北岸一名屈沱楚王城楚熊繹居此後徙枝江西

夔子城在歸州東二十里古夔子國

信陵城在歸州西孫吳永安三年分宜都置建平郡領信陵等縣建衡二年陸抗督信陵西陵夷道樂鄉公安諸軍事即此宋省梁初別置信陵郡於今巴東縣西建平郡在州東故秭歸地

吳城在歸州東南孫吳置以備蜀隋置大清鎮以拒蠻

萬户谷在歸州西宋嘉熙三年蒙古入蜀孟珙增守歸州峽口萬花谷是也

白狗峽在歸州東又東五里馬肝峽又東十里空舲峽一名空峽灘又東北四十里建陽峽水經其間曲折四十八渡

高陽城在興山西故楚城縣舊治此

平城在巴東南二十里　又南有新化城　又縣西北六十里有羅平州城皆北周時蠻人保聚處

門扇峽在巴東西三十里又東為東奔峽又東為破石峽通名巴東峽

東瀼溪在巴東西北西瀼溪在縣西夾大江東西兩岸下為萬户沱又西五里為雲沱皆漩流覆舟

火峯山寨在巴東西北明初伐蜀克歸州取火烽山寨即此

樊城在襄陽北漢江北岸隔江與襄陽城對峙漢末為戍守處初平二年黃祖拒孫堅於樊鄧間建安十三年曹操至宛樊城入於操晉咸和五年郭敬冠襄陽軍於樊城是也西魏置樊城縣兼置安養縣為河南郡治周省樊城唐天寶改安養為臨漢縣貞元復為樊城後省

鄧城在襄陽東北二十里秦鄧縣晉改鄧城後僑置京兆郡周悉省唐貞元末復為鄧城縣元省宋末蒙古圍襄陽築牛首安

陽古城紅崖白河沙河漁浦新城湾河滾河十城于鄧城南自鄧城南過新河即至樊城　鄧塞故城在府東鄧城南鄧塞山下淯水西南臨宛口古鄧國建安中孫堅破黄祖于鄧塞山下即此

偃城在襄陽北五里古鄾子國　又北五里為鄾城古鄾子國

杜縣在襄陽西東晉僑置魏省

山都縣在襄陽西北秦置魏省又西北義安縣齊置為義安郡治渠省

常平縣在襄陽西南周改置唐貞觀省

華陰縣在襄陽東南巖洲上劉宋置為南天水郡治齊末省　又東南有新城宋咸淳中蒙古圍襄樊時築夏貴趨新城至虎尾洲敗還是也

峴山在襄陽南一名南峴峴首山晉建元二年桓宣敗于丹水移戍峴山宋嘉定十年金圍棗陽孟宗政午發峴首遲明至棗陽是也上有桓宣城明置鳳林關　山西麓即馬鞍山一名望楚山宋孝建初朱修之斷馬鞍山道據險自守即此

萬山在襄陽西漢水南譌為方山宋咸淳五年蒙古圍襄樊築萬山斷西援柵鑵子灘絶東援是也　鑵子灘在鹿門南漢江西岸

鹿門山在襄陽東一名蘇嶺宋景定四年蒙古開榷場於樊城外築墻鹿門山以護貨物即此

團山在襄陽西北宋嘉定中金自團山犯襄陽即此

漢江在襄陽北一名夏水沔水春秋昭十三年王沿夏入郢即此江南北又稱沔南沔北齊永明十一年魏徙襄陽蠻雷婆思於沔北是也江堤舊自萬山歷檀溪土門龍池東津渡繞城北老龍堤復至萬山麓止

白河在襄陽東北又東南入沔漢末置團屯魏青龍二年吳陸遜自襄陽還經白團即此宋興國中開白河為襄漢漕渠以通湘潭之漕渠成而白河水不行宋咸淳三年蒙古築白河城以偪襄陽河口一名三洲口孫吳時司馬懿救樊追吳至三洲口大獲是也

清泥河在襄陽西北東入漢陳大建二年蕭巋聚舟於章陵之青泥章昭達謀襲之是也

潺溝在襄陽北梁天監八年魏元志冦潺溝羣蠻悉度漢來降是也

呂偃在襄陽北宋紹定六年孟珙敗金於呂堰進攻順陽是也

下笮戍在襄陽東北沔水北一作下迮齊永元二年魏桓暉拔下笮戍梁中大通五年魏冦雍州拔下迮戍即此

陰谷口在襄陽西唐天祐二年楊師厚作浮橋於陰谷口遂引兵渡漢即此

秦邔縣在宜城北沔水西南王莽地皇二年邔人秦豐起於黎邱是也水經注作騎城　黎邱城在邔城東

鄀陽縣在宜城東南劉宋僑置渠蕪置德廣郡西魏改上洪唐貞觀省

鄀城在宜城東南九十里春秋定六年遷郢於鄀即此秦置若縣後漢改鄀宋元嘉六年僑置馮翊郡處三輔流民周悉省
又東南有湫城春秋莊十九年楚文王伐黃還及湫是也
襄城在宜城南古鄾子城　又南八十里渠旌陽縣後改惠懷陽武甯郡西魏改武山隋大業省
華山縣宋大明初置在宜城北三十里地名東洋有古堤一名大堤村大堤城西魏改漢南縣唐初王世充僑置華州貞觀悉省
羅州城在宜城西春秋羅國
蠻水在宜城西南南至破河脳入漢本名鄢水夷水桓温改蠻水唐建中二年李希烈敗翟暉於蠻水又追至疏口遂入襄陽
疏水在縣北東北入漢名疏口
沶水在宜城西一名沶溪東合夷水名沶口晉永嘉四年王澄援京師至沶口衆散而還
木里溝在宜城東一名木渠木里水曹魏時夷王梅數兄弟聚居其地號祖中在八疊山西北
漢中廬縣在南漳東北春秋楚廬邑後漢改中廬梁改穰西魏省入義清縣隋避諱名次廬村今為中廬鎮　周省左安閑南歸仁三縣入義清
上黃城在南漳東南晉初置治軨鄉周省　宋孝建中省綏甯入上黃
新安在南漳西北齊初僑置為新安郡治魏省　又西為安武城梁置西魏并新安武昌平武安武縣改置重陽縣　又西為唐荆山縣武德二年置又置重州領荆山重陽平陽渠陽土門歸義六縣唐開元十八年省
司空山在南漳西北連接荆山西山要口宋咸淳末蒙古濟江一由棗陽出司空山一由老鴉山狥荆南一趨郢州即此
舂陵城在棗陽南漢初元四年分蔡陽白水鄉徙舂陵治此建武六年號章陵魏黃初二年改安昌縣唐初曰舂陵縣貞觀省大業初以封良縣并入安昌
南陽縣在棗陽東南西魏分棗陽地置後改雙泉隋大業省
瀴源縣在棗陽西南西魏置為千金郡治隋初省
清潭縣在棗陽南六十魏置唐武德省
白水出棗陽東北大阜山西合滚河入漢宋嘉定中許國自隨州援棗陽至白水與孟宗政合敗金人于滚河追至馬磴砦
扶風郡在穀城東北筑口晉太元中僑置領筑陽酈汎陽三縣西魏省
漢涉都城在穀城東七里後漢省又東為洛陽城劉宋時僑置
均水在穀城東又東北入沔名均口一名汮均口晉永和十年伐秦水軍自襄陽入均口齊東昏初以馮道根為汮均口戍副
固封山本名崇山唐改在光化西北十里山東有晉順陽城

鄖陽府

廣福縣在均州西梁置為廣福郡治隋省郡改安福縣唐貞觀省
梁均陽縣在均州西北唐武德八年省
平陵縣在均州東北隋義甯二年置唐武德七年省
堵陽縣在鄖陽府西唐初置貞觀省
錫城即春秋錫穴在鄖陽西界漢置縣魏太和置錫郡西魏時省
齊興城在鄖陽東蕭齊永平七年分魏興郡東境置為齊興郡治隋省
古塞山在鄖陽東南均州北一名大塞山俗名古寒山明成化初官軍敗賊于雁坪追至大塞山即此
大洪縣在房縣東西魏置周改永清宋初省
洀鄉城在房縣南晉太康中置宋曰祁鄉縣周省
昌魏城在房縣西南魏置周省　又西南有綏陽縣曹魏置後改秭歸晉太康復曰綏陽梁置綏州隋悉省
白碏山在房縣西北宋建炎中王彥敗桑仲于白碏山即此
筑水出房縣西南界流至城北為髙槐河一名馬欄河又東入穀城境一名彭水春秋桓十二年楚師分涉於彭即此
漢武陵縣在竹山西後漢省曹魏復置唐貞觀省
魏建始縣在竹山西北晉太康改微陽義熙六年微陽令龍襲據西城郡是也周省　唐初改置受陽縣武德七年省宋初復置
受陽元省明成化中官軍追房縣西山賊欲走受陽出硤西即此
白馬山在竹山西南即新城山一名白馬塞
吉陽城在竹溪西東晉初置為晉昌郡治宋改新興郡周省俗名上土城
東關城在竹溪北東晉初置西魏省俗名下土城
淅上津縣在鄖西縣西魏大統改上州隋義甯上津郡宋悉省明洪武復置本朝省
黄土城在鄖西東周置
九斤城在保康北五十里
掌口河在保康北一曰蔣口河譌為浪口河明成化初劉千斤等據豆沙河浪口河諸處分為七屯即此

施南府

鹽水縣在施南東周置蒸置亭州資田郡大業初改庸州唐武德四年省
周烏飛縣在施南北隋改開夷唐麟德初省
賀山在施南西明初胡海自九谿大庸渡天火嶺六古卑洞大敗蠻兵還次賀山分勦散毛諸洞即此
尖木砦在施南西南宋咸平六年置宋志清江縣有歌羅永甯細沙甯邊尖木寨平六峝是也元豐三年省永甯置行廊安確

二砦

暗利砦在施南南又南為七女寨宋乾興初順州蠻謀寇暗利寨史方發擊之退至七女砦是也

長沙府

湖南地畧

武進馬冠羣良伯甫輯

龍喜城在長沙東五代漢乾祐三年築宋建隆四年改長豐開寶六年省

南津城在長沙城南　北津城在城西北五代漢末馬希廣使水軍屯城北津屬于南津又屯楊柳橋以絶湘西之路即此

關山在長沙東一名龍回關唐乾甯初劉建鋒馬殷自洪州至醴陵遂入龍回關襲潭州

瀏陽水在長沙北源出瀏陽大圍山西入湘江一曰瀏江有瀏口戍唐天祐四年黄璠率戰艦屯瀏陽口即此大圍山一名首禪山瀏江口有駱駝嘴一名駝口馬希廣屯駝口扼湘陰路是也

橘州在長沙西湘江中梁太清末鮑泉攻河東王譽于湘州戰于石椁寺譽走橘州即此湘江中有橘洲直洲誓洲白小洲四洲

石椁寺一名石鄘口在湘水西東與麻溪水口對

喬口鎮在長沙西北喬江口周　順二年王逵克益陽進陽進克喬江是也

南岳市在長沙西南嶽麓山南開慶初王輔祐視蒙古師遇于南岳市即此

玉山城在湘陰北梁置隋省

赤竹城在湘陰南十七里宋紹興中爲縣治

秦羅縣在湘陰東北梁置羅州陳改羅郡唐武德六年省一名羅川隋末蕭銑爲羅川今是也

湘濱縣在長沙東北梁置隋開皇省

青草湖在湘陰北磊石山旁北連洞庭一曰重湖梁太清三年蕭譽撥壘城軍于青草湖不進即此

車輪洲在湘陰北梁承聖二年王僧辯自巴陵進軍車輪擊敗陸納

建甯在湘潭北孫吳時置唐貞觀省

湘南城在湘潭西衡山西北漢縣孫吳太平中置衡陽郡治齊省

空靈灘在湘潭西南一作空靈峽湘水經此奔迅同三峽通鑑作空靈城承聖初李洪雅討陸納敗保空靈灘即此

淥江在醴陵西南本名漉水出縣東漉山西入湘名漉口梁承聖初陸納襲破丁道貴于淥口即此有淥口鎮

大霧山在甯鄉南宋建炎間劉廷佐駐兵大霧山即此

白水溪一名掩溪出益陽西北七尖山出峽口下流爲古溪東北入資江漢乾祐三年馬希萼攻益陽陳璠拒之敗于野溪即此

平津亭在益陽西北周顯德中張文表自衡州取潭州軍于平津即此

陰山縣在攸縣西北孫吳時改置唐貞觀省

安樂縣在攸縣南唐武德四年與新興縣同置貞觀初省

梅山在安化西南接新化界新化為上梅山安化為下梅山有梅山洞蠻唐乾寧四年蔣勛結梅山蠻冠湘潭宋太平興國中置五寨防梅山蠻西梅子口寨東南七星寨東北首溪寨元祐三年置博易場西北白沙渡寨西南浮游寨
古茶王城在茶陵東漢元朔中茶陵節侯築

常德府

司馬錯城在常德城西隋置郎州治後省
索縣在常德東後漢陽嘉改漢壽孫吳
沅水在常德南自辰州經桃源至府境又東入洞庭一名龍陽江鼎江唐貞元十一年朗州江溢即沅水梁開平二年雷彥恭據朗引沅江環城自守
朗水自辰州東　常德南又東北入沅名朗口梁開平初准南令業救澧州自平江進至朗口
枉水出善德山自龍井西流至府南入沅一名蒼溪又名枉渚即沅水分支
社木寨在常德東宋時戍守處紹興四年楊太冠鼎州破社木寨即此
沅南城在桃源西南本名臨鄉漢建武置隋省
壺頭山在桃源西沅水北接沅陵界漢建武廿五年馬援討武陵蠻軍次下雋從壺頭山入即此
洞庭湖在龍陽東接沅江界盜賊出沒處明初置洪沾沅江明山三哨
赤沙湖在龍陽東南接沅江界漢乾祐初馬希萼攻潭州軍敗自赤沙湖遁還即此
黃城砦在龍陽東南宋紹興五年縣治此　縣境舊有橫山黃港龍渡鳳橋羅平黃公梅溪城陂周欒陶堤武坪純陽濠州美勝十四堡
下雋在沅江東漢縣陳省
梁重華縣在沅江東南隋省
橫龍橋在沅江西即橫橋隋開皇九年行軍總管劉仁恩破鄒居業于橫橋是也

衡州府

漢承陽城在衡州西百七十里後漢曰烝陽晉太元省一名烝城梁王琳自廣州援江陵由小桂至烝城是也
漢鍾武縣在衡州西八十里後漢永建改重安唐武德省又西六十里梁黃楊故縣
陳新城縣在衡州東唐武德七年省
湘西城在衡山北孫武時置宋為衡陽郡治隋省
觚溪在衡山西東入湘一名西溪唐中和　初觚溪人周岳據衡州即此
桂陽郡城在來陽東漢建武中置
金州城在來陽北南北朝時僑置

新平城在常寧南孫吳時置劉宋省

桂陽州

楊梅峯寨在安仁西北五代時馬殷將歐陽顏置
宮市縣在桂陽州北東晉置尋省一云五代時馬氏置
大湊山在桂陽西宋天禧三年置大湊山大板源龍岡毛壽九鼎小白竹水頭石笋大富九坑後悉省九鼎山在州西北毛壽
山在州南
華陰山在藍山東南跨臨武界宋慶曆二年桂陽蠻寇華陰峒即此

永州府

應陽城在永州西北應水東南晉置隋省東五里有舜墟
湘江在永州北中有古壇巴州冷水七里等灘一名西江東北至湘口合瀟水明初楊璟圍永州造浮橋于西江是也有湘口
關及水驛
永昌縣在祁陽西孫吳置隋省
馬符山在祁陽北元成宗時平蠻一仔置馬符清化白蒼三屯清化在衡州白蒼在武岡
蔣居山一名大尖嶺在道州南地名四眼橋舊為苗洞明正德中設濇水靖邊周堂中營四營于山上以守要害山内有盤容
洞周廣順三年道州盤容洞蠻自稱盤容州都統即此
漢冷道縣在寧遠東南隋省　蕭銑改置梁興縣唐初更唐興後徙治營道
大秝城在寧遠北故舂陵城北唐大秝三年置宋乾德省
舂陵城在寧遠北漢侯國後徙治南陽孫吳時置舂陵縣隋省
演口在寧遠東南江寧明嘉靖中置演武營又有望墩振膽大富銅鈴勇敢三斗平定七營同時置
錦田寨在江華東宋初置與楊梅勝岡為道州三砦熙寧六年省
白象鎮在永明南本白象堡即白霞宋開寶三年潘美自道州進次于白象即此

寶慶府

新城縣在寶慶東孫吳時置晉省
建興縣在寶慶西晉太康初置隋省
建州城在寶慶北隋治此唐徙
茱萸灘寶慶府北資江上水勢險惡俗稱五十三灘四十八灘此為第一一名三百里灘梁承聖末劉棻擬江陵至三百里灘
為下所殺　又西有白羊灘孔雀灘皆資江險處
十五寨在寶慶境宋太平興國中平大猺洞置武岡真田白沙水竹界岡三堂羅尾盆溪塘兒占限沓水新縣安定三門砂口
十五寨又在新化置惜溪柘溪滕溪深溪雲溪五寨

高平縣在新化南孫吳時置隋省今名石腳里
武陽城在新化東北宋熙寧五年與開峽城同置
夫夷城在武岡東北漢縣隋省
武岡山在武岡北接武陵界左右二山對峙一名同保巖唐元和中黔巫蠻寇武岡潭帥柳公綽招降之勒銘岡上即此
風門山在武岡西即風陽山漢乾祐二年楚徐進敗蠻于風陽山即此

岳州府

麋城在岳州東春秋定五年吳師居麋楚人焚之即此
竹城在岳州東仙明洲東岸宋建炎中府治此
巴邱山在岳州西南吳置巴邱邸閣建安十五年使魯肅以萬人屯巴邱蜀建興三年增巴邱守萬人即此
君山在岳州西南洞庭湖中一名湘山洞庭山史記黃帝南至于江登熊湘湘即湘山始皇廿八年南游浮江至湘山唐天復二年淮南李神福敗荊南于君山
隱磯在岳州東北南與彭城磯對峙江出磯之間中流東江浦有巨石當磯口世稱白馬口一名白馬磯宋元嘉三年到彥之敗于彭城退保隱磯梁大寶二年侯景自隱磯濟江攻巴陵
城陵山在岳州西北蜀江西來洞庭東注至此合流山下有城陵磯磯東有白石翟家二湖滙合明宏治中築永濟堤于城陵磯南
荊江口在岳州西北城陵磯下一名西江口三江口岷江為西江澧江為中江湘江為南江至此迴合晉隆安三年桓元自夏口西上殷遹拒　于西江口梁乾化末荊南與楚會于荊江口宋乾德初武懷節趣岳州大敗賊兵于三江口
灉湖在岳州東南一名瀰湖春秋楚雍澨湖在洞庭角又名角子湖唐天成三年楚許德勳潛軍角子湖分屯楊林浦絕　吳歸路即此　楊林浦即楊葉洲在荊江口北岸
白田鎮在岳州北唐天成三年高季興敗楚兵于白田
道人磯在臨湘西南江濱中有二洲南名黃金瀨北名黃金浦唐天成三年吳兵會荊南攻岳州進至道人磯即此
赤亭城在華容南赤亭湖濱梁大寶二年胡僧祐援巴陵至湘滽更由他路潛引兵至赤亭湖即此　湘浦在縣東一名三湘浦
羅城在平江南古羅子國

澧州

臨澧城在澧州西晉太康四年置隋省
宋玉城在澧州南六十里長樂鄉　中鳴城亦在府南
新城在澧州東卅里唐元和中築元置新城鎮

永順府

辰州府

白抵城在慈利西北宋 建炎中土寇廖辛據此一名廖城
白公城在慈利東五里 又東茶林山頂有蠻王城
崇山在慈利西國語夏之興融降崇山即此隋因山置崇州元置崇山衛于山下明改所尋省
九度山在慈利西三十里下有九度水九度蠻居其地明初九度蠻亂即此
溫陽關在慈利西明洪武六年伐蜀周德興取龍伏隘進奪曹屋溫陽關即此 龍伏隘有關在永定西北
崇義縣在安福西故充城西南隋開皇置唐麟德初省
漊中城在安福西漢建初三年武陵漊中蠻反即此孫吳置漊中縣隋省
桃花洞在安福西宋熙寧中郭逵破蠻于桃花洞是也
羅城峒在安福西本蠻峒宋嘉祐二年羅城峒蠻寇澧州即此
大鄉縣在永順西南梁置唐天授改置溪州五代時為下溪州城宋熙寧九年溪酋以誓下州歸附築下溪州城是也明省入
永順
明溪城在永順東南宋康定中雷簡夫討辰州築明溪烏下二寨即此
宋施溶州在永順東南元為會溪施溶地明洪武二年置州本朝省
宋南渭州在永順西元省明洪武復置本朝省
黔安戍在永順西茶灘南岸黔江旁宋熙寧九年置
三亭縣在保靖西唐貞觀九年分大鄉地置五代時入蠻
洛浦縣在保靖南唐天授置五代時入蠻為洛浦蠻
五寨司在保靖南本唐時宋沱洞烏引洞蘆荻洞杜望洞白巖洞五寨地明洪武初歸附置司本朝省
筸子坪司在保靖南明永樂三年置本朝省
茅岡在桑植西一名茅岡隘明洪武六年伐蜀周德興攻克茅岡覃垕寨即此
十八峒在桑植西及西北桑植美坪朝南那歩人土黃河焦龍夾爭若南捍坪燬黜遼全藏柘山棚巖黃家板山龍潭書洛也
漢酉陽城在辰州西北酉水南隋省 黔陽城在府西北酉水北岸孫吳置
辰水在辰州東一里源出三嶠山西南經辰溪入沅江漢地志水經言辰出辰陽三山谷東南流與今水道不合一名辰溪與
明溪酉溪雄溪潕溪為五溪 酉溪一名酉水北江宋泰豫初酉溪蠻王田都等畔是也
辰龍關在辰州東 國初吳三桂使羅羅守之總督蔡毓榮潛從黃竹村入守關卒驚潰遂進克辰州
會溪鎮砦在辰州西北晉天福四年黔南溪州刺史彭士愁以溪獎錦三州降楚徙溪州治此西南隔江鑄銅柱立之

沅州府

招諭縣在瀘溪西南唐垂拱三年置後入蠻宋興國復置後省為砦
建昌縣在辰溪西梁置隋大業省
夜郎縣在辰溪西南梁置為夜郎郡治隋省郡改靜人縣尋省
龍門砦在辰溪西龍門澗旁熙寧七年省尋復置元省
白霧隘在溆浦北六十里一日白霧團宋天禧初李守元攻破蠻兵于白霧團即此
潭陽縣在沅州西唐先天二年置宋初入蠻
唐夜郎縣在沅州西百里貞觀五年置長安四年置舞州治開元初改鶴州二十年改業州又改峩山縣天寶初改州曰夜郎郡大秝改奬州五代後入蠻為奬州砦　又西百五十里有峩溪城宋初蠻酋築
龍標縣在沅州西南梁置五代時入蠻
渭溪縣在沅州西南百八十里唐天授二年分夜郎地置五代後入蠻
舞陽城在沅州東南本漢無陽縣蕭齊改通典巫州在巫山陽即無山也潕溪一名巫溪巫水通
便溪砦在沅州西一作使水奬州地宋崇寧三年置砦
若溪砦在沅州西二十里若溪西宋至和中溪州蠻據若溪作亂即此崇寧置砦
鎮江砦在沅州西南雙髻山下宋初蠻置富州名富州新城熙寧中改置鎮江砦
安江砦在沅州東南接黔陽界宋初蠻置峽州新城謂為洽州熙寧中章惇取懿洽即此尋改砦有安江
銅安蠻砦在沅州東北宋熙寧省宣和復置有銅安驛舖
洪江砦在黔陽東南沅水側宋元祐五年與托口砦同置
盧陽縣在麻陽西三十里唐垂拱二年開蠻洞置為錦州治天寶初日盧陽郡乾元後入蠻為錦州砦熙寧八年省為舖
渭陽縣在麻陽西唐垂拱置後入蠻
萬安縣在麻陽西南唐垂拱置天寶初改常豐縣後入于蠻
蠟介山在麻陽西北俗譌作蜡山東北為瀘溪云鎮溪保靖之彎子坪地山西為銅仁之銅仁平頭地連接鎮草洞平諸山為苗蠻巢穴明嘉靖初蠟爾山酋龍求兒叛稱苗王即此
黃岑山在郴州南接宜章界一名上嶺山客嶺山騎田嶺五嶺中東第二嶺南麓曰摺嶺郴江桂水寒溪水俱出山北史漢置桂陽郡于上嶺山後漢書郴有客嶺山即此宋慶秝七年桂陽蠻遁入黃岑山由趙洞轉寇英韶是也
蠔石鎮在郴州東南周廣順二年湖南攻郴州戰于蠔石即此
安陵城在永興西南唐開元十三年置天寶改高亭尋省

靖州

莽山在宜章西南接廣東韶連界宋乾道初劉珙破宜章盜于莽山即此
桃油坪在宜章西宋慶秝中討桂陽蠻克桃油坪熊家原諸寨是也
八面山在興寧東有上洞中洞雷家洞皆深險明隆慶二年平八面山猺置堡戍守是也
馬山在桂陽東南明正德十二年烏春山賊龔福全遁保烏山禾倉石寨即此　烏春在桂東縣南
故渠陽城在靖州東渠江東岸與今州城對
飛山在靖州西北土名勝山舊時飛山蠻保其下梁開平五年飛山洞酋寇暑武岡是也環山有濠塹俗呼馬王城宋大觀初置飛山堡
石家堡在靖州南宋元豐四年與滙村多星大田天村五堡同置
西樓驛在靖州南六十里宋淳熙中中峒猺亂州兵守州西南之密崖及西樓驛以斷寇路即此
豐山堡在會同西南宋時蠻置元豐三年改豐山砦八年省崇寧復置
臨岡城在綏寧西南宋元豐四年省置臨口寨崇寧五年改臨岡縣紹興初復為寨

成都府

四川地畧　　武進馬冠羣良伯甫輯

西平縣在成都南晉安帝時以秦雍流民僑置懷寧郡領西平縣周省　始康郡領始康等四縣晉熙郡領晉熙等三縣俱晉安帝時置　宋興郡領南漢等三縣宋寧郡領欣平等三縣俱宋元嘉十一年置周悉省

犀浦縣在成都西唐垂拱置大順初陳敬瑄分布寨于犀浦郫導江等縣是也宋熙寧省為鎮有故始興郡城及晉興縣城晉末僑置

東陽縣在成都東唐久視初置天寶改靈池天聖改靈泉元省

星宿山在成都北一名昇仙山梁開平二年蜀王建講武星宿山即此

學射山在成都北八里一名威鳳山石斛山山東南有蠶此鎮唐光啓三年王建攻拔漢州進軍學射山又敗勾維立于蠶此鎮即此

雞鳴原在成都南宋咸平三年楊懷忠攻敗王均乘勝砦于雞鳴原即此

郫江即大江支流一名汶江永平江土名北江內江自灌縣分流經郫縣至成都城西折而南又東合流江即外江晉永寧初羅尚自郫江南達大江緣水為營七百里即此一名石犀渠唐因置犀浦縣

流江亦大江支流一名清遠江土名走馬江又名外江自灌縣東經新繁至成都城北折而南合郫江宋咸平三年雷有終敗賊于昇仙橋進至清遠江浮橋而渡至城北收羊牧城即此○二江舊皆從城西入唐高駢築羅城從西北作縻棗堰塞故瀆更鑿新渠導外江繞城北而南內江繞城西而南合于舊渚即故合江亭

大江自松潘疊溪入茂州西南歷威州汶川又東南經灌縣出灌口過新津入眉州者汶江正流也一曰南江其自灌縣西北離堆導灌城歷新繁郫縣至府城南會于新津之大江者李冰所鑿石犀渠也一曰北江北江又分為兩自灌縣東北寶瓶口穿三泊洞北經崇甯彭縣新繁入漢州雒水東南流為金堂河者湔水也自寶瓶口東入五斗口經崇甯溫江郫縣新都過府城折南會府城前江經雙流入眉州合大江者一名內江李冰于離堆都江口置大堰疏水為三東曰外應口即北江東北曰三石洞口即外江東南曰馬騎口即內江下流分十四支外應下曰保堂曰倉門三石洞下曰將軍橋曰灌田曰雒原馬騎口下曰石址曰鼓蟲曰道溪曰東穴曰投龍曰北曰樽下曰石徙外內江有三一自蜀言大江為外水涪為內水一自成都府言湔水入雒為外江流江入江為內江一自成都城言大江為北江郫為南江流江為外江郫為內江

摩訶池在成都城內隋開皇中伐陳鑿以教戰唐咸通十一年南詔入寇成都無濠乏水民取摩訶池泥汁澄而飲之即此

笮橋在成都城西萬里橋西一名夷橋夷里橋晉永和四年桓溫敗李勢于笮橋遂入少城即此

萬里橋在成都中和門外本名七星橋南有篤泉一名篤泉橋唐天寶中元宗經此問橋名曰昔一行言更二十年國有難朕當遠遊萬里之外此是也遂駐蹕西南兩江有七橋李冰作上應七星直西門郫江上曰沖治橋西折北出曰長昇仙橋城南

門曰江橋又南曰萬里橋橋西夷里橋西南曰市橋城東南曰唐橋一名觀音橋
貴平縣在雙流東西魏置為仁和郡治隋省郡宋熙甯六年省為貴平鎮
瞿上城古蠶叢都在雙流東一名商瞿里今為瞿上鄉
宜城在雙流東南漢建武築
野橋箐在雙流西南唐中和二年阡能立五寨于雙流西伏兵野橋箐以邀官軍即此
魚鳧城在温江北古魚鳧都此又北五里方便城漢朱遵築
沱江驛在新繁南唐咸通十一年南詔戰毘橋不勝趣沱江驛為伏兵所敗即此○毘橋在新都南毘橋河上
金水縣在新都東南唐置宋改淮安軍
始康縣在新都南晉末僑置為始康郡治西魏省
彌牟鎮在新都北有八陣圖一名八陣鄉譌為牛頭鎮明萬秝中官軍敗奢崇明于牛頭鎮即此○八陣有三在彌牟者一百二十八當頭陣法也在夔者六十四方陣法也在棊盤市者二百五十六下營法也
雞蹤橋在新都北唐長興三年孟知祥援漢州至彌牟鎮陣于鎮北雞蹤橋即此
濛陽縣在彭縣東濛江北唐儀鳳置龍紀初山行章自新繁敗屯濛陽即此明初省今為濛陽鎮
堋口縣在彭縣西北本唐朋笮守捉城宋熙甯二年置縣四年省今為堋口鎮
彭門山在彭縣北兩峯對立一名天彭門天彭闕後改丹景山水經注江水自羊膞嶺東南至白馬嶺西歷天彭闕亦名天谷山明嘉靖十九年大水自丹景山溢歷崇甯四縣即此一名灌口山後魏于山下置灌口鎮
漢江源縣在灌縣南青城山西蕭齊改齊基縣梁兼置齊基郡周省郡改清城縣唐開元改青城元至元省
青城山在灌縣西南一名青城都丈人山晉元康末范長生率衆保青城山太安中李流屯郫長生自青城山資給之即此山下有赤城山後曰大面山山西南為便旁山舊為土番與蜀交界處
觀坂在灌縣西湔堰上一曰觀江陂蜀建興十四年幸湔登觀坂觀汶水即此○湔堰即離堆口一曰都安堰湔堋今為犍尾堰元至元初因故址興修以鐵石為堤
蠶厓關在灌縣西臨江周天和置後省熙甯二年重置關外設蠶厓市為中外市易所
羊灌田戍在灌縣西唐置守捉城元和初高霞寓追劉闢至灌田擒之即此又西有白沙守捉城繩橋守捉城俱唐開元中置
金淵縣在金堂東南西魏置并置金淵郡周省郡唐改金水縣宋乾德置懷安軍元改懷州省縣至元二十年省
白牟縣在金堂東西魏置周省
石城山在金堂南唐天寶改雲頂山宋淳祐三年余玠城雲頂為利州治所以備外水寶祐六年蒙古入劍門克靈泉山進圍

茂州

雲頂山即此

白芀鎮在金堂東南唐同光二年伐蜀王宗勳等西走至白芀鎮合謀送款即此

婆閏縣在簡州西南西魏置隋開皇改平泉徙治賴黎池元省

赤水在簡州南一名絳水東合雁水亦名牛鞞水晉太安二年羅尚守成都夜出牛鞞水東走唐長興三年董璋擒潘仁嗣于赤水即此○雁水即雒水上承金堂河下為資江

永康縣在崇慶西王蜀時置元省今名四界鎮

漢原縣在崇慶西北李成時置今名橫原鎮

晉樂縣在崇慶西南晉末置譌為晉康西魏省

乾溪鎮在崇慶西周時為晉原縣治唐中和二年阡能敗官軍于乾溪即此

新穿水在新津東北二江經過處唐咸通十一年南詔走雙流阻新穿水造橋未成偽乞和即此

灘陽城在漢州西南東晉末置戍所

西遂甯郡在漢州北蕭齊置周改懷中縣隋省

南陽縣在什方西李成時南陽流民居此西魏省

漢湔氐道在茂州西北晉省　晉廣陽縣在州西北五十里周徙

安戎城在茂州西唐儀鳳二年置永隆初入土番至德初改平戎軍後廢　春祺縣在州西南宋政和四年置為祺州治宣和三年省

七盤城在茂州西唐貞元初曲又救劍南拔取七盤城威武軍維茂等州即此○威武軍在州西北本土番新城唐開元廿六年改置一作威戎軍

雞棲城在茂州西北土番置唐貞元十九年韋皐攻維保松州及雞棲老翁城即此

蓬州城在茂州西北唐永徽二年置○貞觀中置維翼芊塗炎徹向冉穹九州永徽又分為蓬曹等三十二州宋初為當真時塗遠飛乾可向居十羈縻州

土門城即土門堡在茂州東明正德中破叛羌于土門堡即此又東四十里即壩底城一名壩底堡正德十三年撫臣宋滄克壩底白草諸寨是也

雞宗山在茂州西南宋熙甯九年平静州番置雞宗關及鎮羌寨一作雞蹤

蓬婆嶺在茂州西南近安戎城唐開元廿六年王昱于安戎左右築兩城頓兵蓬婆嶺下即此

乞習山在茂州西南邊外唐貞觀十九年裴行方討叛羌西至乞習山臨弱水即此

桃坪關即桃關在茂州東北梁普通初置繩州治其地關北即白草青片番地有繩橋

壽甯砦在茂州西南旱江外本羈縻直州地宋政和六年置壽甯軍宣和三年省為堡又南為威戎軍宋熙甯中置政和改延甯宣和三年省為砦

漢廣柔縣在汶川西劉宋省有石紐村在石紐山下

七盤山在汶川北有七盤坡路土番築城于上唐大秝十四年官軍敗土番　于白壩追至七盤遂克維茂二州即此○一名玉壘山下有玉輪坂汶江經此名玉輪江

石門鎮城在保縣東周置隋開皇六年改置金川縣仁壽初改通化明初省○唐金川縣在縣南武德六年置後省咸亨二年置小封縣改通化軍宋治平三年省入通化縣

定廣城在保縣南唐置廣德初入土番貞元九年韋皐出西山破定廣城即此大中間改歸化宋省

定廉城在保縣西北唐武德七年置開元置泰州天寶初改雲山郡東至風流嶺四十里西至天保軍百二十里天保八年徙治天保軍更名天保郡乾元初改保州貞元後又東徙更名古州復曰保州領歸順雲山二縣宋為蠻地○天保軍在縣西北二百里故平戎城東八十里雲山縣在故保州西天寶八載置

恭州城在保縣西北唐開元廿四年分故廣平地置恭州和集縣兼置博恭縣烈山縣後入蠻博恭烈山在恭州東南

當狗城在保縣西唐廣德二年嚴武破土番當狗城又拔鹽川城即此鹽川即鹽溪縣在當狗西北貞觀中置永徽初省

嘉會縣在保縣西宋政和四年置為亨州治宣和改霸州尋省改為嘉會砦

望漢城在保縣西邊外西山上土番置大秝十二年崔甯破土番于望漢城即此

籠山城在保縣北唐置戍守廣德初土番陷維州籠山城是也

龍溪城在保縣西北唐貞元初置七年威戎軍使崔堯臣出龍溪石門伐土番是也

柔遠城在保縣南唐太和中築尋省

通鶴軍城在保縣西唐初置後入土番　鶴州在城西土番置

高碉山在保縣北卅里上有姜維故城一名無憂城隋置薛城戍

雪山在保縣西南與乳川白狗嶺連接隋大業四年土谷渾南奔雪山即此

蛇浴嶺在保縣西宋乾道四年風流部亂張文禮閉絕蛇浴嶺路即此

乾溪堡在保縣西北唐置乾溪守捉○唐維州通化軍有乾溪白望暗桶赤鼓溪石梯達節鴉口贊壹駱駝九守捉城西山南路有通耳爪平乾溪保儒箭上谷口六守捉城

鎮安關在保縣西北一名鎮彝關關外即番地

平康縣在松潘西南蜀漢置延熙九年平康夷反姜維討平之是也晉省周復置唐天寶後省
霸州在松潘西南唐貞觀置儀鳳後省天寶初改置靜戎郡信安縣乾元改霸州
龍水縣在松潘西南周置為清江郡治隋開皇初省郡改清江縣十八年改翼水
雞川縣唐先天二年置　昭德縣天寶初置俱在松潘西南天寶五載分二縣地置真符縣為昭德郡治乾元初改真州尋省
漢蠶陵縣在松潘西南蠶陵山下晉末廢周改翼針縣隋徙治[illegible]項城唐武德初為翼州治貞觀徙七里溪唐天寶改衛山徙
今疊溪營西五里後省明洪武置疊溪所本朝省
廣年縣在松潘西南周置并置廣年左封二郡隋開皇省郡仁壽初改左封縣唐咸亨徙悉州治此載初元年徙治匪平川天寶改悉州為歸誠郡乾元復為悉州唐末省　歸誠縣在縣西南唐垂拱二年分左封置後入番地
悉唐縣在松潘西南地名悉唐川唐顯慶初置縣兼置悉州咸亨初改置南和州天授改靜州又分縣之靜川地置靜居縣天寶初改靜川郡後省　靜居縣　清道縣俱在縣南
通軌縣在松潘西南周置并置覃州及覃川滎鄉二郡隋開皇悉省唐貞觀廿一年置當州治利川鎮儀鳳二年徙治蓬白橋天寶初改江源郡乾元復當州後省
柘州在松潘西南故靜州西卅里唐顯慶初與拱州同置天寶改蓬山郡領柘喬珠二縣大秣後徙　瀾州諾州麟州俱貞觀五年置在松潘西南邊　劍州亦在廳西南唐永徽五年置
白岸城在松潘西南唐貞元中韋皋破土番克峩和城進屯白岸即此○唐書翼州有峩和白岸都護祚鼎四城合江穀堆三谷三守捉城隴東益登清溪衛藩吉超五鎮峩和縣唐武德初置在疊溪西南
峉州在松潘西北唐貞觀中以黨項地置峉奉宕遠等州
潘州在松潘治北邊外漢時羌置唐為土番潘羅支治所宋崇甯三年堦州生番納土得邦潘疊三州即此又分為三上潘州今阿失寨下潘州今班斑簇中潘州為故州治去廳治二百五十里
小龍山在松潘西南即小聾山與大聾山近唐置牙利縣舊有歸化縣城號苻堅城
甘松嶺在松潘西北一名松桑嶺松子嶺魏甘松縣唐松州皆以嶺名唐開元十九年土番請互市于甘松嶺即此
野狐峽在松潘西境唐貞觀八年李道彥至闊水黨項屯野狐峽拒之即此
岷江出故臨洮木塔山頂分東西流由甘松嶺至漳臘經鎮刀灣達松潘由下水關入紅花屯至疊溪
翼水在松潘南汶江與黑水至此合流如張兩翼故州因以名一名合水合江唐置合江守捉
三舍關在松潘東又東為鎮遠堡小關子堡松埡堡三路堡師家堡四望堡接小河所
歸化關在松潘南自廳至疊溪關為中道

平蕃關在松潘南即平夷堡舊爲四十八寨歃盟之地又南爲金瓶堡鎮平關鎮番堡靖夷堡平定堡永鎮堡
漳臘堡在松潘北舊治下潘州明景泰後南徙有寒盻口上中潘州上下羊洞等隘口萬秝廿八年番自寒盻黄勝草場分道
馳入圍漳臘張良賢擊破之又敗之于思答弄
赤磨鎮在松潘東北唐武德七年擊土谷渾于松州赤磨鎮即此

綿州

魏城縣在綿州東北西魏置元至元省　又東五十里爲鹽泉縣唐武德三年置元省
鍾陽鎮在綿州東北唐景福初西川將敗楊守忠于鍾陽鎮又别破之于錮鉾即此
南武都縣在綿竹西梁置周并爲晉熙縣後省
石亭水在綿竹東南晉永康二年趙廞據蜀叛斷北道屯綿竹之石亭即此
石碑鎮一名石碑谷唐元和初嚴秦破劉闢于綿竹石碑谷即此
萇楊城在德陽西北東晉置後以陰平流民僑置南陰平郡陰平縣治此宋元嘉中許穆之攻殺巴興令逐陰平太守即此周
省
晉熙縣在德陽西東晉置爲晉熙郡治周省
鹿頭山在德陽北上有關唐建中四年張朏據成都鹿頭戍將叱干遂討平之元和初劉闢城鹿頭關拒守又置栅于關東萬
勝堆即此
西昌城在安縣東唐永淳初置宋省今名花家鎮
曲山關在安縣北與雎水小壩爲縣境三關明成化十四年自松潘移師疊溪擊破曲山三寨即此
陽沔戍在梓潼北晉永甯二年李特襲敗衛博于陽沔即此

資州

月山縣在資州西隋義甯二年與銀山縣同置宋乾德俱省銀山在州東今爲銀山鎮
丹山縣在資州西北唐貞觀置宋乾德省
龍水縣在資州西南隋義甯二年置宋宣和二年改資川淳祐二年省
龍泉隘在資州東北明萬秝中奢崇明陷椑木鎮龍泉隘等敗官軍于九泉山即此○九泉在資陽東
雁江在資陽東一名中水齊永元初劉季連襲中水蠻不克即此
牛鞞縣在内江東北隋末置唐天寶改清溪宋乾德省
䣛郡在仁壽北梁置訛爲籍西魏置籍縣後爲漢陽戍元初省
石矩山在仁壽東北一名石城山西魏末陵州獠衆叛因石矩山爲城即此
始建縣在井研東隋開皇十一年置後省唐武德四年置始建鎮明年改縣宋咸平省

保甯府

掌天郡在保甯西梁置西魏改金遷周兼置西水縣元省
金遷郡在保甯西北梁置隋省唐改置晉安縣宋熙甯四年省
小甯州在保甯西元保甯路領新得小甯二州後省
恭忠山在保甯東南唐武德初置恭忠縣于山下兼置辨丹縣七年省
嘉陵江在保甯南一曰漢水閬水渝水巴水巴渝蠻皆夾水居亦名板盾蠻漢光和二年板楯蠻叛即此
奉國城在蒼溪東南梁置為白馬郡治元至元省
義陽縣在蒼溪東梁置為義陽郡治隋省
岐坪縣在蒼溪北晉置宋省隋復置宋熙甯省
大獲山在蒼溪東宋紹定中築城山上名大獲城淳祐三年余玠築為閬州治
新安縣在南部東北晉置為新巴郡治梁省唐武德初改置新井縣元省又東北有漢充國故城
新城縣在南部東南唐武德四年分南部相如二縣地置後改新政縣元省
南山在南部南一名跨鼇山漢建安中張魯奔南山入巴中即此
葭萌縣在廣元西北古苴國秦置縣晉省後魏復置梁天監中魏葭萌民殺晉壽太守以城來降是也壽改晉安縣隋開皇復曰葭萌元省
興樂縣在廣元東北劉宋置為宋熙郡治梁改嘉川縣宋乾德三年伐蜀敗蜀兵于三泉砦遂至嘉川破金山砦及小漫天砦是也元省
義城縣在廣元東南西魏置隋改義清唐武德七年置西平州天寶初改允山縣宋初改平蜀縣熙甯四年省
烏奴山在廣元西嘉陵江岸一名烏龍山上有烏奴城齊永泰初置東晉壽郡治
潭毒山在廣元北上有潭毒關宋紹興二年劉子羽退守三泉以潭毒山斗拔有水築壘其上即此
大漫天嶺在廣元東北一名藁本山又北為小漫天嶺唐清泰初山南西道及武定降蜀蜀屯利州及大漫天嶺迎之即此
深渡在廣元北大小二漫天之間即嘉陵江宋乾德中伐蜀崔彥破小漫天砦至深渡奪其橋即此
龍門閣在廣元北嘉陵江東岸明洪武廿四年開鑿石崖壘石為岸棧道記自城北至大安軍橋閣萬五千三百六十一間惟石闌龍門稱絕險即此
石亭戍在廣元西北梁天監四年晉壽太守王景允據守石亭戍魏擊破之置石亭縣尋省
平興縣在昭化西宋元嘉時置齊建元初置沙州梁改置北益州平興郡天寶初省西魏置沙州周大象二年沙州氐帥楊永安叛即此隋開皇初改白水縣為平興十八年又改景谷唐武德四年置沙州實秝省今為白水鎮有故城俗名沙州城○城

西有景谷魏景元初鄧艾自陰平景谷道懸車東馬入蜀是也
東洛城在昭化西北東晉時置戍梁天監十四年任大洪破魏東洛除口二戍是也西魏置東洛縣周省
魚盤城在昭化西北蕭齊置魚石洞戍西魏改魚盤縣隋省唐置魚老鎮
白壩城在昭化西北唐置鎮大秝中土番自扶文過方維白壩即此
長寧山在昭化西南宋寶祐六年蒙古自劍州圍長寧山攻拔鵞頂堡即此
白衛嶺在昭化西南與劍門山接唐長興初伐蜀自白衛嶺人頭山後過小劍路出漢源驛還擊劍門克之即此
泥溪河在昭化西下流入嘉陵江梁乾化初蜀王建自泥溪如利州援安遠軍即此
桔柏津在昭化東嘉陵白水二江合流處唐同光三年蜀兵敗于三泉遂西走斷桔柏津浮梁
劍閣縣在劍州東北小劍山北即小劍故城蜀漢初置晉省桓溫平蜀復置劉宋省唐聖秝置劍門縣治方期驛元至元省
華陽縣在劍州西南蕭齊僑置梁改梁安西魏改黃安兼置黃原郡隋省郡唐改普成縣元省
相原縣在劍州南蕭齊置隋改臨津宋省今為香城壩有龍爪驛
武都郡在劍州西劉宋置兼置下辨縣梁改武功縣輔劍郡西魏改安都郡武連縣隋省郡元省縣
白水縣在劍州東南蕭齊僑置西魏改永歸宋初省
大劍山在劍州北有劍閣由閣道東北卅里至小劍山尤險唐置劍門關及大劍小劍二戍唐長興初董璋又于小劍下隘路置小劍關名永定關周顯德二年蜀人聚兵糧于劍門白帝以守宋乾德三年自益光江東越大山入來蘇狹徑渡江出劍門南至青彊店擊破劍閣〇大劍溪由關北出為漁子溪又北至大倉嶺入黃沙江小劍溪東過涼水溝曝布崖至兩溪口合大劍溪一名水會渡
漢陽山一名北山故壘山在劍州北與南山環繞州治唐長興初麗福誠夜襲敗唐軍于北山分軍屯南山唐軍敗還劍門即此〇州西普翠山東卧龍山鳴鶴山連接通名南山
龍飛山在劍州西本名龍鬚山梁普通六年樊文熾圍魏小劍樹龍鬚山以防歸路即此
深杭戍在劍州北梁天監四年孔陵戍深杭魯方達戍南安任僧褒戍石同以拒魏魏破之遂入劍閣即此
苦竹隘在劍州北小劍山頂宋寶祐中蒙古渡白水次劍門拔苦竹隘圍長寧山即此
木馬砦在劍州東南木馬嶺上唐長興初拔劍州董璋自閬川率兵屯木馬砦即此
其章縣在巴州東梁置唐寶秝初省大中復置一曰奇章太和中牛僧孺封奇章公是宋熙寧省
宣漢縣在巴州東後漢置梁分置始寧縣遂寧郡隋省郡宋乾德省縣
曾口縣在巴州東南梁置唐初治戴公山神龍初徙治曾溪元省

順慶府

七盤縣在巴州西南唐久視初置宋初省
義陽縣在巴州西梁置隋改恩陽元至元省
伏灃縣在巴州西梁置為木門郡治隋省郡改清化縣唐武德初置靜州領清化大牟地平三縣貞觀省靜州宋熙甯省為清
化鎮　大牟在州北宋初省
平梁城山在巴州西宋淳祐中張實築平梁城于山上
黃城關在巴州東南山中明嘉靖中達州築龍船關并于巴州之雲城漏明兩地築關為犄角
太平縣在通江南唐開元廿三年置天寶初改東巴宋省　又南為廣納城唐武德置亦宋省
平州縣在通江西南梁置周改同昌隋開皇改歸仁宋乾德省
符陽縣在通江北符水南梁置西魏兼置奇章郡隋省郡牛宏封奇章郡公即此宋省縣
得漢城山在通江東萬山中石壁如城宋淳祐中余玠使張實築壘山上又東山頂上有石城名擂鼓城三國時築
曲細縣在南江南周置隋開皇末改長池唐貞觀省
平桑縣在南江西南唐武德初置貞觀省
秋平縣在南江西北唐武德初置明年改地平永泰初改通平寶曆省
南宕渠郡城在順慶北一名石苟壩城西魏平蜀置隋省
流溪縣在順慶西南流溪水側唐開耀初置元至元省
徽州城在順慶東南蜀王建初置唐長興初董璋以東川叛陷徽州即此
清居山在順慶南嘉陵江西北宋淳祐中築清居城徙府治此景定初蒙古置征南都元帥府治
梁安固縣在達州東北一名恒陵周天和三年恒陵獠叛即此唐天寶更良山元至元省
梁綏安縣在蓬州東南隋改咸安唐至德改蓬山宋熙甯省
梁大寅縣在儀隴南初治于子山後徙關壇口唐開元廿七年徙蓬州治其地廣德初更蓬池縣元省
宣漢縣在儀隴東梁置為伏虞郡治隋開皇初省郡十八年改伏虞縣元至元省
金城山在儀隴北一名金粟山隆城山梁置隆城郡山上唐方州亦治此天寶中何滔舉義兵營于金城是也
豐樂縣在廣安西北唐武德初置八年省
大良平在廣安東北宋淳祐三年余玠築城為廣安軍治所咸淳改甯西元至元徙還舊治
唐新明縣在岳池南武德三年置　和溪縣在岳池西宋開禧三年置俱元省
賓城縣在渠縣北唐武德初與義興縣同置八年省

夔州府

八濛山在渠縣東北大江環山下漢□安中張郃進軍濛頭盪石張飛襲破之自題山石云漢將張飛大破賊首張郃于八濛山下即此
鹽泉縣在鄰水南唐武德初置八年省
榮城在大竹東仙門里
水遁城在夔州東大江北周天和初冉令賢攻陷白帝固守水遁城陸騰攻拔之分屯牢坪以圖石墨城即此　石墨城在夔州東北境
白帝山在夔州泉峽中北緣馬嶺接赤甲山四面峭絶故巴東郡治此
大江自雲陽東經夔州城至瞿唐名峽江蜀中二百八十江會于峽閻都四百五十灘夔城東龍脊灘城西虎鬚灘最險惡
江關舊在赤甲城後徙江南岸對白帝故城一名扞關下關城漢建武十一年岑彭破荆門長驅入江關宋大始三年置三巴校尉鎮江關○江南岸即瞿唐峽有瞿唐關灔澦堆正當峽口自瞿唐以下名峽江一名鎖江唐天祐初萬州刺史張武作鐵絙絶江中流立柵兩端謂之鎖峽明初夏以鐵索横斷關口又北倚角山南倚南城寨鑿兩岸壁引繩為飛橋湯和克夔州大溪口自白鹽山閒道至稀牌坊溪趨夔州抵瞿唐關潛使奇兵舁小舟踰山度關出上流黑葉渡分攻遂下瞿唐關即此峽口一名鐵鎖關三鈎鎮
西津口在夔州西大江渡口西南有水磨渡東有東瀼渡小江渡宋淳化四年白繼贇敗蜀衆于西津口即此
南陵縣在巫山南大江南岸北對陽臺山東晉初置縣劉宋初省今名南陵渡
江陰縣在巫山西周天和初置建德中省
北井縣在大昌東南晉泰始初置周省
周永昌郡城在大寧東
永寧縣在大寧西東晉初置劉宋初省譌為永安
雲安監城在雲陽西北唐末置唐長興初雲安大昌南浦皆有鹽官屬東川孟知祥請分隷西川宋熙寧四年分置安義縣元省入雲安軍
源陽縣在萬縣西周置并置南州及南都郡尋改懷德郡武寧縣隋省州郡明初省縣
西柳關在萬縣西北宋寶祐初蒙古渡漢江寇萬州入西柳關即此今省
巴渠縣在開縣東宋置為巴渠郡周改萬世縣萬世郡隋省郡唐貞觀改萬歲縣宋初改清水縣元省
宋新浦縣在開縣西南周兼置周安郡隋省郡宋慶曆省縣
漢興縣在開縣西北後魏置西魏改西流兼置萬安江會二郡周隋省郡唐貞觀省縣

重慶府

石鼓縣在達州東梁置西魏兼置遷州周省州置臨清郡隋省郡宋熙甯省縣　又東唐巴渠縣永泰初分石鼓置元省
閬英縣在達州北唐天寶置宋乾德三年省　思來縣在州北唐武德置貞觀初省
永康縣在達州西梁置爲萬榮郡治隋省郡改永穆縣宋改永睦縣元省
太平縣在達州西南唐武德初與恆豐縣同置貞觀初省
明通縣在太平東北宋紹興中置元省
三岡縣在新甯西北梁置宋熙甯省
萬春縣在重慶西南唐武德三年置明年改萬壽宋乾德省
多功城在重慶西宋淳祐中築　又西有東陽縣蕭齊置周省
南平縣在重慶東南唐貞觀四年置南平州領南平清谷周泉昆川和山白溪瀛山七縣八年改霸州十三年州省
古灘城在重慶東江岸有津渡古巴子築
涪江自合州城南合嘉陵水渠水又東南經夔州城北又東入岷江明萬秝中秦良玉潛度重慶營于南坪關扼賊歸路分兵襲兩江燒賊船即此○南平關在城南隔岸
佛圖關在夔州西巴岷二江中地昔李嚴欲鑿山使汶江通巴江未成明萬秝中官軍攻奪佛圖二郎兩關　進偪重慶即此
扶桑壩在重慶東宋景炎三年張珏與元戰于扶桑壩潰走即此
山坪在江津西南明正德中林俊敗江津賊追至山坪伏子岸即此
靜南縣在大足東南唐乾元置五代初省
綦江即夜郎溪一曰東溪南江明萬秝中楊應龍犯南川諸縣與官軍戰于東溪即此
丹溪縣在南川東南唐武德初置南州領隆陽扶化龍巫丹溪靈水南川六縣貞觀悉省入隆陽
隆化縣在南川東南唐貞觀十一年置先天初更賓化元省
三溪縣在南川東唐貞觀五年置以樊溪東溪葛溪合流于縣名宋省　又有當山嵐山歸德汶溪四縣俱貞觀五年同置八年省
崔子岡關在南川南明正德中方四等攻南川馬頸崔子岡等關及東鄉壩永澄堡即此
永安縣在長壽南唐武德二年置開元省　温山縣在縣西亦唐初置宋省
赤水縣在合州西北隋開皇置元省　漢初縣在赤水西北蕭齊置梁置新興郡西魏改清居郡宋寶祐省
巴子城在合州南五里　巴川城在州南七十五里唐開元置元省
釣魚山在合州東涪江北嘉陵江南宋淳熙三年余玠城釣魚山以備內水即此

忠州

馬騣山在合州東北宋咸淳九年蒙古自青居進築馬鬉虎頭二山張珏潛渡陽灘火其資糧即此
漢平曲城在定遠西建武中岑彭自墊江攻破平曲即此
漢葭縣在涪州東建安中劉璋置○漢復城在涪州南蜀初置俱周省
黃草峽一名黃葛峽在涪州西唐大秝四年王守仙伏兵黃草峽即此
橫石灘即黃石灘一名石梁水在涪州西大江中建武十一年岑彭破侯丹于橫石即此
陽關在涪州西蜀延熙中鄧芝以江州都督治陽關是也○關與魚復江關巴山扞關為巴子所置三關
藺市在涪州西宋開慶初蒙古攻合州造浮橋于涪州之藺市以杜援兵即此
龍渠縣在忠州東南宋紹興中置元初省
石城在忠州東岷江北岸一名巴子城東晉末巴西郡治此
南賓縣在酆都東北唐武德置明初省古治南賓河南入江
清水縣在墊江東唐武德置天寶初改以桂溪宋熙甯省
容山縣在墊江西南西魏置隋省

酉陽州

小平茶砦在秀山南明嘉靖廿七年征叛苗分屯平茶地架勦小平茶地崩岑沙地龍庹地龍箐五砦是也
盈隆縣在彭水西南巴江西唐武德二年置先天初改盈川天寶改洋水宋嘉祐八年省
都濡縣在彭水南唐貞觀中分盈隆置宋嘉祐省
永甯縣在彭水南境建安末劉璋置蜀初改萬甯
洪杜縣在彭水南唐武德初置宋嘉祐省

敘州府

漢郁鄢縣在敘州西南後漢省蜀初置郁鄢戍晉改存鄢縣梁省隋復置唐天寶改義賓縣宋改宜賓熙甯省
漢朱提縣在敘州西南朱提山北建安改朱提郡齊改南朱提郡後入蠻
漢堂琅縣在敘州西南堂琅山下蕭齊省
開邊縣在敘州西南隋開皇置唐貞觀四年以石門開邊朱提三縣置南通州五年又分置鹽泉縣八年改賢州旋省州并石門朱提鹽泉為撫夷縣天寶初省宋初省開邊
宣化縣在敘州西宋興國初置明初省
殷州在敘州西北唐咸亨三年與敦州總州同置　敦州在府南總州在西南
石城山在敘州西南漢元光初唐蒙開以通建甯唐貞元九年崔佐時由石門趨雲南南詔復通十九年崔堯臣出石門南路攻土番即此山下有石門鎮○石門龍騰和戎馬湖移風伊祿儀賓可封泥溪開邊平寇為戎州十一鎮

青衣江在南溪南又北入大江一名龍騰溪○蜀中有三青衣江一在漢嘉即大渡河公孫述僭據青衣是也一在青神以蠶叢氏衣青教民而名此以古青衣國名

來附縣在慶符西北宋政和三年置宣和省今為來復鋪

歸順縣在慶符北唐聖秝二年置宋省

支江縣在慶符東南唐置宋為羈縻定州元為豕蔱夷地至元十二年置四十六囤蠻夷所明省

來鳳縣在富順東唐武德初置九年省

虎頭山在富順西南宋咸淳初築城山上徙富順監治其地元省改

婆員縣在長甯東南唐置宋初蠻名婆娑寨熙甯改安彝寨嘉定改安甯縣元省

武甯在長甯東小溪口宋熙甯置武甯砦政和改縣元省

新定縣在長甯西北唐久視初置為淯州治兼領淯川固城居牢等縣宋省

清井在長甯北一名雌雄井宋置淯井監祥符六年瀘戎蠻寇淯井監七年築城

梅洞堡在長甯東宋政和置梅洞砦元省明置堡并設梅洞司

三江砦在長甯東宋置慶秝四年叛夷犯三江砦是也皇祐改甯遠

柯巳縣在高縣南唐久視初置高州領柯巳移甫徙西三縣元省

宋水縣在高縣西宋水側唐置宋州領狪龍狪支宋水盧吾四縣元省

唐川縣在筠連南唐置筠州領唐川盬水雲山等縣尋省元改置騰川縣明初省

哆樓縣在珙縣西南唐儀鳳二年置莘州領哆樓都擅等縣置納州領羅圍播羅等縣天寶初改都甯郡置薩州領黃池播陵二縣天寶初改黃池郡宋熙甯俱省

思晏縣在興文西南晏峯山下唐置晏州領思峩柯陰新賓思晏哆剛等縣後省

甘泉縣在興文北唐置悅州領甘泉臨川悅水等縣後省

凌霄城在興文東宋置明隆慶中劉顯分兵下落豹砦遂抜凌霄城即此事平改名拱極

九絲城在興文東南明萬秝初叛蠻固守雞冠嶺及九絲城結內官鈞猴諸砦為援官軍一由黑帽山入其西一由印壩入其南一由得屹麥易口入其東北一由穀爆洞入其北襲據城旁鳳頭山遂攻抜之事平改平蠻城○鈞猴山改名降蠻雞冠改名金雞內官改名武甯砦別置建武所

李子關在興文東南明成化四年毛榮由李子關李用由渡船鋪攻破落崖落魏及鐵鑪勇墻等寨

馬湖城在屏山西唐乾符初高駢築號平夷軍元初置馬湖路徙彝部溪口馬湖南岸明初改府本朝省

潼川府

長樂浪州在屛山西南馬湖江岸唐初置開元中長樂浪州刺史楊盛顚為邊患即此後省貞元十三年韋皋表置浪川州領浪滚河渡等縣又于縣西置康馴州領馴禄天池等縣驃州領斛木羅相等縣㵒州領拱平等縣柯連州領柯連等縣元初俱省

馬湖江即金沙江自烏蒙入屛山南至敘州入江宋慶元二年地震馬湖界山崩江水不通寶祐中蒙古渡馬湖江入蜀即此

新鄉鎮在屛山北南接大凉山明萬秝十六年築城設安邊同知鎮北水池一帶界老鷹山鎮南大河壩一帶界大凉山雷波黃郎等處界分水嶺

沐川出屛山西北彝都山至嘉定界入江唐咸通十年南詔掩至沐源川渡江陷犍為即此乾符初高駢築沐源川城

始平縣在潼川西北梁置為始平郡治西魏改涪城郡潼縣周改安城郡隋省郡改安城縣又改涪城縣元至元省

黃虎城在潼川北涪水側東晉李成時置戍義熙四年劉敬宣泝涪江而上至黃虎即此

富國監在潼川南五代時置明置華池課司

張把鎮在潼川南唐乾甯四年王建攻梓州軍于張把寨即此

平陽鄉在潼川西北漢建武中臧宮破延岑于沈水乘勝至陽鄉即此

廣漢縣在射洪東南漢置漢建武中公孫述悉兵廣漢資中以拒漢即此蜀初置東廣漢郡魏稱廣魏水經注涪水自涪縣南至小廣魏與梓潼水合即此西魏省

德陽縣在潼川東南晉太康中自龍安府東徙此大安初張微為廣漢太守軍德陽即此魏省

通泉縣在潼川東北通泉山東南蕭梁置為西宕渠郡治西魏改湧泉郡隋省郡改通泉縣元至元省　光漢縣亦梁置隋省

飛烏縣在中江東南隋開皇置唐乾亨二年王宗侃畧地至飛烏即此元初省

銅山縣在中江西南唐調露改鑄錢監地置元省

中江有二源一南江一東江至中江縣東元武山下合流又東南會郪江名五城水晉義熙初譙縱出涪水至五城水口遂作亂即此一名元武江唐太和五年元武江漲高二丈溢入梓州是也

永泰縣在鹽亭東南唐武德四年置元初省　又東南有東關縣宋乾德置元至元省

高渠縣在鹽亭西西魏置隋大業省

晉興縣在遂甯西北東晉置西魏改始興尋改青石縣兼置懷化郡隋省郡宋省縣

郪江在遂甯北至廣山下合涪江名郪口宋元嘉十三年討程道養軍至郪口帛氐奴請降即此

箭灘渡在遂甯南即涪江津濟處宋寶祐六年劉整據遂甯江箭灘渡以斷東路即此

倒流鎮在遂甯西南倒流溪上明萬秝中奢崇明據重慶官軍與戰于倒流鎮石橋永清鋪克之○石橋鋪在安岳東永清鋪

邛州

嘉定府

即永興在樂至東
巴興縣在蓬溪西晉永嘉中李雄置西魏改長江元省
明月山在蓬溪西涪水上一名鼓樓山唐天成孟知祥董璋連兵侵遂州次明月池即此
永康縣在安岳南周置隋從治伏強城改隆康唐先天初改普康宋熙甯省
石羊縣在安岳東元置明初省
龍臺鎮在安岳東唐置天復初龍臺鎮使王宗侃討杜從法是也
多業縣在樂至東北周置兼置普慈郡隋省郡改普慈縣宋乾德縣省
綿水縣在彭山東南劉宋置周改白水隋省
鼎鼻山在彭山東北訛為打鼻晉義熙中伐蜀蜀譙小苟塞打鼻山以禦之即此
彭望山一名彭漢彭亡在彭山東晉永和中桓溫伐蜀至彭模直指成都即此水經注江水自武陽東至彭亡聚名平模水一曰外水
六水門在彭山西南李冰擁江水為六堰灌田開六水門漢建武初公孫述僭號功曹朱遵拒戰于六水門
魚鳧江在彭山東北即魚涪津漢建武中吳漢破魏黨于魚涪津遂圍武陽是也
熊耳山在青神西漢河平中熊耳山崩江水逆流即此
依政縣在邛州東西魏置兼置邛州元省
火井城在邛州西南周置鎮隋改縣元省○火井在城西南相臺山下
安仁縣在大邑南唐武德三年置元初省
臨溪縣在蒲江北西魏置宋熙甯省
蒲水在蒲江南一名蒲江漢地節中穿蒲江鹽井置鐵官即此
平羌縣在嘉定北周保定置宋熙甯省
烏牛山在嘉定東九頂山東明初元軍屯嘉定之大佛寺明玉珍劫烏牛山砦攜嘉定是也○大佛寺在揵為東南
三龜山在嘉定東上有城戍宋德祐初元攻嘉定昝萬壽籍境內三龜九頂紫雲諸城以降即此○紫雲城在犍為東南一名子雲城
通江即大江南經烏牛山下為三江會流處中有洲曰黑水尾青水沫水從西南來注之名合水晉永和三年桓溫循外水西上伐蜀蜀李福自山陽趨合水
滎樂城在峩眉西隋初置綏山縣宋乾德省

瀘州

雅州府

陁和城在峩眉西南周置戍唐麟德二年置羅目縣沐州宋乾德四年省為羅目寨西南有羅目江
漢南安縣在夾江西北周省
南安峽口在夾江西北青衣水合大江至此名夾江蜀章武三年漢嘉守黃元東下陳曶等于南安峽口邀擊得之是也
雪坡在洪雅南即峩眉山麓一名寶子山坡唐咸通十年南詔闢道逾雪坡奄至沐源川渡江即此○沐源川在犍為西南
玉津縣在犍為西北隋大業置宋乾德四年省
沈犀城在犍為南周保定初置沈犀郡隋省又南沈犀山近大江
羅水縣在榮縣南唐初置景龍二年省
治官縣在榮縣西南晉義熙十年置隋改資官元省
和義縣在威遠東南隋末置宋乾德省　至如縣亦在縣東南唐貞觀初與婆日縣同置八年省
涇南縣在瀘州西南唐貞觀八年置尋省
九支城在瀘州西南宋大觀二年置純州領九支安溪二縣置滋州領承流仁懷兩縣宣和三年省○安溪縣在合江西南
思峩州在瀘州西南唐天授二年置領多溪洛溪二縣宋省
神臂山在瀘州東北臨大江宋淳熙三年余玠徙州城于山上名鐵鑪城
南壽山在瀘州南本名博望山宋政和中平晏州叛夷改有博望砦
白芀砦在瀘州西南宋皇祐初發白芀子弟討叛夷即此
綿水縣在江安西綿水溪口汶江中洲上晉太元中置縣宋乾德省　又西有施陽縣唐貞觀初與思隸思逢同置後省
柯陰縣在江安西南唐置宋熙甯改歸梂州
樂共城在江安南小龜山上宋元豐四年置領江門寨鎮溪堡梅嶺堡大洲堡政和五年晏州夷反攻樂共城是也
漢徙縣在雅州西元鼎中置晉改徙陽尋省
羅巖州在雅州西屬和川路　讓川州亦在府西屬夏陽路俱雅州管又有和川始陽靈關安國四鎮晏山遝臨統塞集重代謀制勝龍游尼陽八城唐初分置蒙陽長松靈關陽啓嘉良大利六縣
旄牛城土名牛頭城在清溪南漢縣天漢四年省沈黎為西部置兩都尉一居旄牛是也後荒塞蜀延熙中復通旄牛道蕭齊省
陽山縣在清溪東南大渡河北唐武德初置天寶改通望宋慶曆省
飛越縣在清溪西北飛越山東唐儀鳳二年置宋省○飛越山下有唐三碉城謂為三交城
大渡城在清溪北唐儀鳳二年置大足二年省乾符二年高駢築大渡城列戍守即此

龍安府

琉璃城在清溪南大渡河南唐太和五年築
潘倉城在清溪東邛崍關南唐太和築梁乾化四年王宗範敗南詔兵于潘倉嶂又敗之于山口城拔武侯嶺十二砦追敗至大渡河○武侯嶺在山口南有武侯城一名安靖寨唐書黎州有定蕃飛越和孤三鎮武侯廓清銅山肅寧大定要衝潘倉三碉伏義琉璃和孤十一城是也貞元五年劉彰彩出銅山道吳鳴鶴出清溪關道鄧英俊出定蕃柵道偪臺登城即此
葉州在清溪西南大渡河西唐長壽初置尋改米川州
大田山在清溪西南山東有大田壩下有大井水田明萬秝二十四年置土千戶所
清溪關在縣南大渡河外即清溪鎮唐太和中徙關于中城尋僑置甯州于此自關南經大定城達仕城菁口至永安城當滇笮要衝
黑崖關在清溪西明洪武十六年置所轄一為上七支蠻一自椒子岡冷磧寨直抵長河為西藏貢道
松平砦在清溪東南所轄下七枝夷名落凶咩哄沙直俺立母姑阿輝他他
碉門砦在天全州東砦西為柘木場明洪武五年開道自碉門出柘木場徑抵長河西通襍道長官即此
劍山屯在天全西南唐貞元中韋皋攻土番下羊溪等三城取劍山屯即此
百丈縣在名山東北百丈山下唐貞觀置明初省
雞棟山即古名山舊有名山戍在名山縣西南一名金雞山置金雞關
鄧通城在滎經東
禦侮城在滎經西唐大和中李德裕作伏義城以制大度清溪關作禦侮城以控滎經作柔遠城以扼西又于雅州築伐謀制勝等八城
靜寇城在滎經西境唐乾符二年于雅州置金湯軍靜寇軍即此
銅山在滎經東北宋初全師雄餘黨據銅山即此
邛崍坂一名邛筰亦曰邛棘山隋大業置關唐太和三年南詔入寇伊擢保邛崍關咸通二年南詔寇巂州攻邛崍關即此一名大關山
漢靈關道在盧山西北晉省今置臨關史記司馬相如通靈關道橋孫水以通邛都唐貞元中韋皋分兵出西山靈關即此
飛仙閣在盧山南即古漏閣俗名漏天
泰興縣在龍安東北西魏置為建興郡治隋省郡改方維縣唐貞觀初省
德陽城在龍安東後漢置晉徙
陰平城在龍安東北漢置宋永初後分置南北陰平郡後魏兼置龍州周改靜龍郡隋省郡宋省縣○晉永嘉末置南陰平郡

甯遠府

屬益州宋永初後亦分南北陰平郡後省
馬關山在龍安東北一名十八隴山蜀炎興末鄧艾路經江油修作棧閣即此自左擔路上涪水有青崖蠶頭石田七里東閣
石城六關道又猿臂黃林亦關道險峻處
石門山在龍安東南梁大寶中楊乾運援劍閣楊法琛退保石門即此有石門戍石門關
白馬砦在龍安北明嘉靖初白馬番叛分五路進討一由松潘鐵龍堡一由三舍堡一由黃楊關一由北雄關一由陝西階文同進
白草砦在龍安西南一名白草壩明成化十四年勦白草壩及西坡禪究諸寨嘉靖中擊平壩底白草諸砦增置曼溪人原永平番遠諸堡即此
北川縣在石泉西周置唐永徽二年省
威蕃城在石泉西本唐威蕃柵一曰威蕃亭唐土番有兩道一由龍安青川一由綿州威蕃柵抵棲雞城即此
顯武縣在彰明西南唐武德三年置神龍初改興聖開元中省
漢臺登縣在甯遠北周置白沙郡唐貞元四年韋臯破土番于臺登北谷克嶲州即此太和入蒙詔爲落蘭部元至元十五年置瀘沽縣明省
寶安州　里州　中州在甯遠東元至元置後省　北舍縣亦在府東元末置明改碧舍縣尋省
漢遂久縣在甯遠西南元初五年封離等反殺遂久令是也晉省唐武德七年置西豫州貞觀改靡州後省
可泉縣在甯遠西北周置兼置宣化郡隋省郡唐天寶更西瀘縣後入南詔
瀘州本唐嶲州沙野城地土名沙城瞼在甯遠西南瀘水南元至元置州明省
隆州本蒙氏邊府瞼大隆城姜州本龍納城烏蠻阺絳部俱在甯遠南元至元置州明省
新安城在甯遠南境唐開元中置唐書嶲州有新安三阜沙野蘇祈保塞羅山西瀘蛇勇遏戎九城是也
漢蘇祈縣在甯遠北後省周復置唐貞元十四年劉希昂使南詔出清溪關由臺登蘇祁南行即此
鹿角山在甯遠東譌爲木託山元至順初躍里帖木兒敗諸蠻于木託山即此
瀘水在甯遠西有瀘川橋唐貞元五年東蠻斷瀘水橋攻土番即此
打冲河在甯遠西土名黑惠江納夷江下流合金沙江一曰大冲河明初討月魯帖木兒破雙狼砦及託落等砦又破水砦關上圖寨進至大冲河即此
昆明縣在鹽源西南本周定莋鎮地唐初置縣天寶置昆明軍後入土番貞元十五年土番謀襲南詔昆明又分兵屯西貢川即此　又西南有鹽城諾濟城開元十七年張審素拔昆明及鹽城貞元十五年土番自諾濟城攻嶲州是也

叙永廳

金州在鹽源北土名利竇揭勒元至元置州後改縣明省

琵琶川在鹽源南唐貞元七年討勿鄧酋至琵琶川遂通雲南之路即此

漢三絳縣在會理東南華陽志作三縫一名小會無晉省　水經注若水自會無經三絳西又經古復北是也

漢姑復縣在會理南宋改古復有東西二古復縣梁末省

歸依城在會理西唐置南詔置會同府唐改會同軍元至元改永昌州　又西和集縣唐貞觀八年置

昌明縣在會理西本松外蠻地唐貞觀置牢州領松外尋聲林開三縣永徽省入昌明天寶省

黎溪州蠻黎㠇地　麻籠州蠻棹羅能地俱在會理南元至元置

斜山在會理西唐永徽六年曹繼叔破蠻子斜山拔十餘城即此

漢卑水城在越巂東南近馬湖江蕭齊省

平樂縣在越巂東晉永嘉中置兼置平樂郡建興省

䚡經山在越巂東北上有關東北歷李子坪火燒營鎮蠻堡出峽口北臨大渡河與河北羊膊山對峙為大小冲番往來之所

青山在叙永西南元至順初討禿堅四川軍一自永寧一自青山進是也

獅子山在叙永東南赤水河北明天啓初安邦彥兵過赤水河至獅子山即此

羅付大河在叙永東接遵義界下流入烏江明天啓初官軍克遵義敗奢寅于羅付大河是也

海上絲綢之路文獻集成

總主編　陳支平　陳春聲

歷代史籍編

23

主編　范金民

国家出版基金项目
NATIONAL PUBLICATION FOUNDATION

海峽出版發行集團
THE STRAITS PUBLISHING & DISTRIBUTING GROUP
福建人民出版社

本册目次

中外輿地彙鈔十三卷圖二卷（卷九至卷一三）

〔清〕馬冠群撰

牧廠地畧　武進馬冠羣良伯甫輯

楊檉木牧廠在錦州府廣甯縣北二百十里彰武臺邊門外五十里本漢遼東郡地遼金元懿州地明初置廣甯右屯衛永樂八年徙衛治義州遂廢為邊徼

杜尒筆山即廠地廠東南五里有杜尒筆城　大藍拖羅海山在廠西南　齊老圖花坡在廠南　納喇蘇台山噶克乂木多山包尒古冷拖羅海山俄羅拖倫海坡拜圖海坡俱在廠西北　伊克西魯蘇忒山在廠北　巴漢西魯蘇忒山烏蘭喀喇岡俱在廠東北

楊檉木河一名虎尒几在廠東一里源出喀尒喀左翼之查漢和邵岡經廠東南至廣甯入遼河　冲古尒河在廠東北　庫崑河一作呼渾河烏剌尒齊老河蘇巴尒哈河樂洋河俱在廠西北

御馬廠一名上都牧廠在獨石口東北一百四十里博羅城漢上谷北境唐奚契丹地金桓州元初開平府後升上都路明初置開平衛宣德五年徙衛治獨石遂為邊地

萬歲山土名尒几圖阿尒賓俄藍山盤羊山土名烏虎尒几圖洛圖山巴漢五藍峰伊克五藍峰永安岡土名哈達馬尒嶺俱在廠東　富谷山土名巴顏晃克格勒莫多嶺伊克嶺俱在廠東南　狗牙山土名多克新喀喇諾海烏鴉峰土名克勒鐵幡竿嶺土名麻尼圖俱在廠南　野狐山土名烏納格忒白鹿山土名蒙虎圖山他賁駱駝海山方山土名賀尒賀俱在廠西南馬魯尒圖山寬山土名斗尒格五蘭哈尒哈山即紅螺山明洪武三年李文忠敗元兵於駱駝山進克紅螺即此在廠西榆木山土名烏里雅蘇台在廠西北　大呼尒虎山在廠北　小呼尒虎山巴漢呼尒虎山當兆奈曼蘇默城北伊克呼尒虎山在其西北二山即古臥龍山元志上都北枕龍岡即此獨石山布虎圖尒山牛心山土名巴顏朱尒克白廟兒山一名布珠土名插漢根兒邊人謂之三間房哈納峰俱在廠東北　巴漢多用岡伊克多用岡在廠北

灤河土名上都河訛為商都即古濡水源出雲州堡北之炭山冰井至廠西折而東南入承德界至喀喇河屯合宜孫河熱河至永平遷安始為灤河　撻魯渾河在廠南　克蚌河一作克衣綳河在廠東北　額尒通河榆河蒙古名海拉蘇台在廠東提頭河土名大藍兎祿河白河裡遂黑河土名額伯里遂黑外遂黑河土名阿祥遂黑並在廠東南

金蓮川本曷里滸東川金大定八年改在廠南故桓州地庫勒泊伊黑大壩泉並在廠南　布珠泊即白廟兒泊鮮泊烏尒圖布泉並在廠東　博碩岱泊在廠西北　烏默黑泊在廠北　魁蘇泊多倫泊土名多倫諾尒呼黑烏素泊水流出為木虎尒衣札河哈柳圖泉俱在廠東北　烏孫土祿泉獨石泉土名烏可尒七老泉伊黑大壩泉噶尒達蘇台泉俱在廠東南

開平故城在廠東北九十里本扎剌兒部兀魯郡王營幕地憲宗五年世祖居之命劉秉忠相宅於灤河北岸巴哈呼尒虎之麓土人名兆奈曼蘇默城中統元年為開平府五年進號上都明洪武二年常遇春置衛於此二十七年設馬驛八東曰涼亭沈河賽峰黃崖接大甯西曰桓州威虜明安隰甯接獨石

桓州故城在廠北五十里土名庫尒圖巴尒哈孫城本烏桓所居故名有二城北為金桓州故城南為元至元二年復置新城
相距三十里
威寧廢驛今廠地土名博羅城一名李陵臺
明安廢驛在廠南稍西土名五藍城城西有西涼亭址又西即白海子
隰寧廢驛在廠南麻里圖嶺之北土名齊龍巴尒哈孫城
涼亭廢驛在開平城南元時巡幸駐蹕處此為東涼亭
禮部牧廠在張家口西北二百三十里查喜尒圖插漢池漢代郡北境明天成衛邊外地
查喜尒圖插漢池在廠東希巴尒台河布墩河二水俱注其中
太僕寺左翼牧廠在張家口東北一百四十里喀喇尼墩井漢上谷郡地元雲州及興和路東境
烏納根山拉麻馬拉哈圖俱在廠東南　大烏鴉山土名伊克克勒山在廠南　山西南有巴漢克勒山小烏鴉山也哈尒哈
納台在廠西　哈特虎蘭台山在廠北　西喇峰在廠東
小紅池土名巴漢五藍池廠東二十里
太僕寺右翼牧廠在張家口西北三百十里齊齊尒漢河漢雁門疆陰地明為大同邊外
和尒和山古尒板拖羅海山俱在廠西南　方山土名敖尒白金喀喇山希巴尒台喀喇　和郘山俱在廠西　色尒蚌山插漢
峰俱在廠西北　齊納尒嶺席喇鄂波岡俱在廠東南
齊齊尒漢河即廠地古如渾水也源出色尒蚌山東南平地會和尒和河入邊城經得勝堡東宏賜堡西為御河至大同東南
入桑乾河　色尒蚌河廠西北
科克烏素泊在廠北　他拉泉在廠南　額布尒布巴尒台泉在廠西南
疆陰故城在廠南
鑲黃四旂牧廠在張家口北百里控果羅鄂博岡漢上谷地唐新州金置撫州治柔遠縣屬西京路元為興隆路改興和路明
初置興和守禦千戶所永樂中徙治宣府廢為邊地
七鷹山蒙古名頹倫拖羅海哈伯他海山俱在廠東　虎巴海山登拖羅海山俱在廠東南　雅岱山阿魯圖拖羅海山額古
德山俱在廠西北　伊克哈達圖山在廠北　伊克鄂布山巴漢哈達圖山俱在廠東北
魚兒泊故興和城西金地志柔遠縣在大魚濼即此宋嘉定八年蒙古鐵木真屯撫州駐軍魚兒泊使三哥拔都自西夏趣京
北攻金童關是也　科克布祿郝池廠西北　哈畢尒漢泉在廠西　鹽池在廠北　獨石泉蒙古名烏黑尒齊老泉在廠東
南　博羅柴汲泉在廠南四十里泉東又有阿祿十八兒台泉　布林泉在廠西南四十里又西南十里有布尒哈蘇台泉

興和故城土名喀喇巴尒哈孫城在廠西南遼秦國長公主建爲撫州金明昌三年爲桓州支郡治柔遠承安二年升鎭寗軍節使元中統三年升隆興路總管治高原○金史撫州有旺國崖大定八年更名寗靜山有麻達葛山大定二十九年更名胡土白山有氷井燕子城國言吉甫魯彎苑北羊城國言火唵榷場柔遠縣在燕子城初隸宣德州明昌三年來屬

沙城土名插漢巴尒哈孫城即元中都在廠西北三十里興和城北十里

正黃四旗牧廠在張家口西北二百里諾莫渾博羅山漢代郡北境金撫州集寗地元集寗路明天成衛邊外

諾莫渾博羅山即廠地　七鷹山土名伊克西喇西賓台山猶言大黃鷹山也廠南九十里又南有昝楚渾西喇西賓台山猶言退鈿黃鷹也　諾海拖羅海山虎拖羅海山呼努克拖羅海山俱在廠西南烏納根山黑山土名喀喇圖布魯齊老圖坡俱在廠西　漢會圖拖羅海山布伯黑坡俱在廠西北　英圖山布當圖山得尒峯俱在廠北　滚金喀喇山拜圖喀喇山俱在廠東北　哈柳台河在廠東南八十里東北入昂古里池　蘭尒札河在廠南　布巴尒台河在廠西　布敦河在廠西北

集寗海子土名昂古里腦兒廠東六十里舊有集寗城在池西金地志柔遠昂吉濼一名鴛鴦濼朔漠圖鴛鴦泊在興和即此

查喜尒圖插漢池在廠北　他尒朗泉在廠東南

集寗廢縣在廠東金明昌三年以春市場置

豐利廢縣在興和城西金明昌四年以泥濼置

外藩蒙古地畧

武進馬冠羣良伯甫輯

科尒沁秦漢遼東郡北境後漢爲扶餘鮮卑地南北朝隋唐爲契丹鞑靼地遼上京東境及東京北境金上京北京咸平路元開元路北境明初置福餘外衛以兀良哈酋領掌衛事後自立國曰科尒沁

右翼旂駐巴顏和部本鞑靼地遼爲黄龍府北境金屬上京路本朝崇德元年封巴達禮爲和碩土謝圖親王

右翼前旂駐席喇布尒哈蘇本鞑靼地金置肇州隸會甯府承安三年升節鎮軍名武興領始興縣元遼王乃顏分地本朝天聰十年封布達齊爲多羅札薩克圖郡王

右翼後旂駐恩馬圖坡本鞑靼地遼置衍州安廣軍統宜豐一縣元爲乃顏分地本朝崇德元年封達尒漢土梅之子拉馬什希爲鎮國公

左翼旂駐伊克唐噶里克坡本契丹地遼置信州彰聖軍領武昌定武二縣金屬上京本朝順治十年封滿朱習禮爲和碩達尒漢親王

左翼前旂駐伊克岳里泊本契丹地遼長春州金爲縣屬泰州本朝崇德元年封孔果尒爲多羅氷圖郡王

左翼後旂駐雙和尒山本契丹地遼鳳州本朝順治六年封奇塔特爲多羅郡王

鮮卑山土名蒙格在右翼西　孤峯土名郭圖和朔烏尒圖岡巴雅鼐插漢岡俱右翼西南土母達插漢拖羅海坡布哈坡漢惠圖坡俱右翼南　阿達金插漢拖羅海坡烏拉達漢坡巴郎奇喇坡俱右翼東南　羖攤山土名伊克衣馬圖寒山土名魁屯岳粟山達喜圖插漢拖羅海坡俱右翼西北　温山土名哈祿納胡凱山土名伊克呼巴海俱右翼北　大牢古山土名布古折榆木山土名海喇蘇台綽尒海山磨尒托山俱右翼西北五藍峯納哈台坡俱右翼東　喀喇阿几尒漢山魁勒庫山俱右翼前旂西北　神山火山土名葛尒齊七俱右翼前旂北插漢碧老岱坡卓索圖坡俱右翼前旂南　他奔拖羅海坡綽兑坡俱右翼前旂西南　羊山土名衣馬圖駱駝山俱右翼前旂東北　西伯圖山朱尒噶岱山卓索台山俱右翼後旂北　納几山達喜圖坡在右翼後旂東北叟黑台坡在右後旂東南　鼐滿烏里堵坡在右後旂西南　哈祿尒坡在右後旂西　牛頭山土名伊克圖虎尒几白鹿山大射山土名伊克哈尒巴尒烏喇達漢岡噶木呼尒岡俱左翼東南　巴漢哈尒巴尒山在左翼南　吉里岡在左翼西南　阿坦岡在左翼西　巴烟朔龍山水精山土名吉尒巴尒蛇山土名莫惠朔龍小房山土名巴漢查克朵尒俱左翼西北

五峯山土名他奔拖羅海饅頭山土名索諾圖葛勒尒温都尒山大房山土名伊克查克朵尒俱左翼北　黑山土名阿巴哈喀喇大石山土名葛倫齊老太保山土名圖斯哈尒圖羖羊山土名五虎尒几台俱左翼東北　龍門山土名阿會圖布敦山朔龍峯俱左翼前旂東南　寬山土名巴虎阿南達岡俱左翼前旂東巴漢他木呼岡在左前旂西　阿几呼岡在左前旂西

北巴漢巴虎山鷹納岱岡俱左翼後旂西南得石拖羅海山在左翼後旂東北　奚王嶺土名蒙古尒拖羅海花當岡俱左翼後旂東　噶尒岡在右翼後旂北　巴煙岱岡在左翼後旂東南

阿尒達尒阿鶴五岭俱右翼北　鹽池土名博羅呼尒几德尒赫楞貴池俱右翼東南　榆河土名海拉蘇台在右翼前旂西北洮兒河一作洮里一作拖羅在右翼前旂西金遼志洮兒河在開源城西及肇州西東流入松花江遼史上京有他魯河金史長春縣有撻魯古河聖宗四年改為長春河皆即此水　貴勒尒河駱駝河土名特門河佗新河俱右翼前旂北因沁搯漢池在右翼後旂東南　几伯圖泉在左翼西北遼河卓索河俱左翼東南　潢河土名西喇木倫在左翼西南　中天河土名都母達圖騰噶里阿祿崑都倫河合河土名和尒俱左翼西北　東天河土名準騰噶里額伯尒崑都倫河俱左翼北地拉泉佟噶拉克插漢池俱左翼東北　鴨子河土名冲古尒在左翼前旂南　巴漢岳里泊在左翼前旂東南　札拉圖池在左後旂東　羊城濼土名伊几哈台在左翼後旂東南金史完顏希尹與宗翰至奚王鑽期會于羊城濼即此

西伯城在右翼前旂東南　信州故城在左翼東南本渤海懷遠府遼置信州彰聖軍西南距開原三百十里　阿拉馬圖城即舊韓州城在左翼東南近盛京開元邊外

郭尒羅斯本契丹地遼置泰州昌德軍屬上京金承安二年移州於長春縣以故地為金安縣隸之元為乃顏封地明屬科尒沁為郭尒羅斯本朝順治五年封古木之弟阿尒寨為輔國公掌前旂駐古尒板插漢封布木巴為鎮國公掌後旂駐榛子嶺

牛心山土名巴顏朱尒克在前旂西南　衣馬圖峯在前旂東南　他奔拖羅海坡在前旂北　巴吉岱坡在前旂東北　喀喇托賴圖岡在前旂東　巴煙布他岡在前旂西　榛子嶺在後旂駐地土名嘉朱温都尒　常峽坡在後旂東　阿祿布克色峻阿拉克碧老坡俱後旂東南　拜喇拉齊坡在後旂西北　卲尒和尒坡在後旂北　布拉克台坡在後旂東北

混同江土名吉林江在前旂東　嫩江古難水一名那河明時名腦温江又名忽剌温江一曰諾尼江白水濼土名插漢鹽濼土名達布蘇台俱前旂東北　一秃河在前旂南　烏綠斯呼泉恩得蔥特斯池伊尒門河烏蘇土烏海河俱前旂東北南烏葉尒河在後旂西　西訥河在後旂南　牛川土名烏庫尒在後旂西北　吳牙尒拉漢池在後旂北

泰州故城在前旂東南金地志南至懿州北百里東至肇州三百五十里承安中置金安縣尋廢長春州韶陽軍本鴨子河春獵之地興宗重熙八年置州領長春一縣地近混同江泰州在其西一曰長春路宋政和初遼主如長春州至混同江釣魚五年遼以兵十萬出長春路討女真明洪武二十年討納哈出敵棄金山巢九營於新泰州去遼陽千八百里　龍安城在前旂東南一秃河西金山東旁有龍安塔一名農安金地志天眷三年改遼黃龍府為濟州大定九年更隆州貞祐初升隆安府此龍安即隆安之訛　教城在前旂西南　他虎城在前旂東北　巴尒城在後旂東南　昂噶海城在後旂西南

杜尒伯特本契丹地遼長春州北境金泰州北邊元遼王地明屬科尒沁為杜尒伯特本朝順治間封塞冷為固山貝子掌旂事駐多克多尒坡

富谷土名巴雅鼎在旂東　哈他伯齊坡在旂東南　和几蒙克坡在旂西南　垃哈坡噶克達坡俱旂西北　阿拉克阿几尒漢坡薰納坡俱旂東北　叠翠岩土名磨朵圖在旂北
嫩江在旂西　烏葉尒河在尒東　納赫尒池在旂東南
札賴特亦契丹地遼為長春州北境金泰州北邊明屬科尒沁為札賴特本朝天命中封和碩齊為固山貝子掌旂事駐土百
新插漢城
駱駝山赤房山土名五藍格尒雕窠山土名岳樂額貴山俱旂西北　朵雲山塞璺山俱旂北　阿祿岳堪山阿敏山俱旂東北阿楊噶尒坡在旂西南
嫩江在旂東　綽尒河在旂北　佗新河在旂西北　兆兒河在旂西南　日月池土名納藍撒藍在旂南
綽尒城在旂西北
土默特本古孤竹國漢置柳城縣為西部都尉治晉咸康中燕慕容皝改龍城縣元魏為營州治隋後柳城為遼西郡治唐營州都督府治後入奚遼置興中府治興中縣屬中京道金因之元屬大甯路明初自錦義歷廣甯至遼河曰泰甯衛後為蒙古土默特本朝康熙元年封善巴為多羅達尒漢貝勒主左翼駐旱龍潭山俄木布為固山貝子主右翼駐大華山
旱龍潭山土名海他哈左旂地在義州北　野孤山土名烏納格圖石塔山土名蘇巴尒喀圖七金山土名和尒博尒金烏拉布尒圖山俱左旂東南　達離山土名剋特俄尒多和部在左旂南　殺羊山土名衣馬圖一在左旂西南一在左旂西北古尒板溫都山在左旂西南　朦衣達摩山在左旂西　三塔山土名古尒板蘇巴尒漢在左旂西上有遼金時三塔興中故城舊址　青金山土名博羅蒙魁在左旂西　青蛇山土名漢惠博羅黑山土名邵圖喀喇彌勒山土名邁達里石峯山土名七老峯黑頂山土名喀喇拖羅海俱在旂西　淘金圖山伊克翁山巴漢翁山褪邦圖山阿漢里拖羅海山馬盂山土名哈伯他海盤道嶺土名布尒漢俱在旂北　大華山土名巴哈花右旂駐地又有一在東四十里一在北十五里遼史興中府有大華山小華山即此　衣達摩山五鳳山土名他奔拖羅海蓮花山麝香山土名翁額勒庫花拖羅海山石塔岡土名蘇巴尒漢俱右旂東　喀喇七靈圖山在右旂東南　臺土山神應山一名平山土名蘇巴尒噶圖哈札噶尒山阿尒札噶尒山五藍峯山駐龍峪土名奴祿拉呼俱右旂南　土祿克台山道場山土名庫里雅圖卓常吉尒山葦蘇圖喀喇山明安喀喇山牛心山土名巴烟朱祿克卓杭吉尒山盤嶺俱右旂西南　釜山土名喀喇施和多青山土名博羅和邵鳳凰山土名兆馨喀喇喿山土名齊巴噶圖喀喇姤山土名查伯齊克森噶查哈伯他海花山石塔峯山土名蘇巴尒噶圖和邵天保山土名騰格里蒙克哈達圖哈喇和邵山博羅齊五藍峯俱右旂西　鐵幡竿山土名馬尼圖香高山土名溫都尒散花布祿尒喀喇山粟山土名湖西哈圖喀喇青鸞嶺土名葦蘇圖俱右旂西北　七寶山土名多倫和尒賀錦屏山土名喀尒乾回賀尒山狼山土名綽農圖俱右旂北　赤山馬安山土名席喇得伯僧額色賀尒波山博羅會波洛溫都尒山楊山土名烏里雅蘇台俱右旂東北

獨石泉土名鳥刻尒七老百湖土名兆布拉克俱在左旂東　姚英河七金泉土名和尒博尒金在左旂東北庫昆河即呼渾河烏納蘇台河阿哈里河大堤河土名蘇尒哲俱左旂北　馬安河土名西喇拖拉羖羊河土名衣馬圖河俱在旂西北　屯圖河石塔河土名蘇巴尒噶尒俱左旂西　白河土名插漢大淩河土名敖木倫小淩河土名明安河釜泉土名喀喇拖和多俱右旂西　土尒根河柳河土名布尒哈蘇台冷泉土名魁屯俱右旂西北　柞河土名巴圖插漢土河土名西巴尒台老寨河阜索河俱右旂北　石雞河土名戈尒庫尒台麝香河土名翁額勒庫俱右旂東　楊河在右旂東北　木壘河烏馨河俱右旂西南　哈柳圖河在右旂南

柳城故城在右旂西錦州西北邊外大淩河之北漢遼西柳城縣西部都尉治所燕慕容皝使陽裕築城柳城之北龍山之南改柳城為龍城縣九年遷都龍城魏營州治和龍城太延二年為鎮真君五年改置領昌黎郡治龍城縣八年并柳城屬馬北齊末高保甯據此隋開皇初置營州總管府改龍山縣十八年復為柳城唐武德七年為營州都督府治萬歲通天二年入契丹神龍元年移府治幽州漁陽開元四年契丹奚內附還治柳城八年復移治漁陽十年又還治柳城天寶元年改柳城郡置平盧節度上元後為盧龍巡屬遼太祖平奚置霸州彰武軍重熙十年并興中府治興中縣元降為興中州城外有遼金時三塔蒙古稱古尒板蘇巴尒漢城

川州故城在右旂東北土名卓索喀喇城本唐青山州地太祖弟明王安端置軍會同三年名白川州後省曰川州金為興中府領宜民縣大定六年省州入宜民屬懿州承安復置川州改徽州寨為懿州支郡元屬大甯路　金遼志川州城在廣甯西北

建州故城在右旂西南唐昌樂地太祖置州在靈河南遭水患聖宗時遷河北唐崇州故城治永霸縣金元因之今城即故址建州南為義州建州北為土河土河北即遼中京大定府　漢乾祐元年石晉太后求於漢城側耕墾自結因於建州南給地五十頃即此

喀喇城在右旂西

札魯特本遼東北境唐屬營州都督府遼為上京道地金屬北京路元屬上都路明為蒙古札魯特　本朝天聰二年封內齊為貝勒主左翼駐齊齊靈光拖羅海山色本為達尒漢貝勒主右翼駐兎尒山南

故烏州本烏凡地遼北大王撥剌占為牧場置烏州靜安軍

齊齊靈光拖羅海山左旂駐地鑿山土名阿尒坦噶達蘇童果尒額勒蘇岡俱左旂西北　達虎林西拉和部岡五藍布尒噶蘇台岡俱左旂南　野鵲山土名巴顏喀喇霞列山土名吉尒巴尒巴噶查克朶尒山溫都尒峯愁思嶺土名葫馬古俱左旂北　屈劣山土名布敦花拖羅海山在左旂東北　平地松林土名阿他尼喀喇莫多杏堝土名貴勒蘇台俱左旂東南　噶黑岡車尒百湖岡俱左旂西南　獨石岡阿巴達尒台岡俱左旂西　嵬石山土名札拉克米喇山俱右旂南　托几山在右

旂西南　小白雲山土名巴哈插漢拖羅海大釜山土名伊克托惠古尒板克勤峯俱右旂西　色尒奔山几祿克山重几岱山岳重圖山大青羊山土名伊克特黑馬盂山土名阿尒坦額黙尒俱右旂西北　寬山土名敖塔森几圖山一名郛黑圖花山蛇山土名莫惠郎隆小青羊山土名巴漢特黑几藍拖羅海山大赤峯土名伊克五藍蝦蟆嶺水泉山土名布拉克圖和郃俱右旂北　阿尒達額勒蘇岡在右旂東

潢河在左旂南土名西喇木倫河遼河之西一源也　天河土名母達都騰噶里額百里昆都倫河阿祿崑都倫河沙河土名和尒俱在旂北　陰涼河土名鮙屯在左旂西北　阿里雅河在右旂北　巴倫騰噶里河他魯河俱右旂西北　黑水濼土名喀喇烏蘇大魚濼土名伊克札哈蘇台俱右旂南又北十里有巴哈札蘇台池

阿祿科尒沁遼臨潢府地金大定府北境元遼王地明初於臨水北兀良哈地置衛後自號阿祿科尒沁　本朝順治五年封穆章多羅貝勒掌旂事駐渾圖山東

渾圖山旂地　伊克陀惠山在旂東　峨博圖山拜圖岡俱旂東南　庫格圖山連山土名賀尒博拖羅海阿尒達額勒蘇岡俱旂南　衆山土名齊巴哈圖巴漢阿拍札哈山伊克阿拍札哈山阿特和朔山白雲山土名插漢拖羅海刻勤峯達木虎岡達木虎噶察岡俱旂西南　刻呼內山珍珠山土名蘇布樂遊山土名得訥格尒俱旂西　涿邪山土名庫拍喀喇布尒格蘇台山黃山土名西喇溫都尒烏遼山即烏丸山白石山土名插漢七老台邁尒圖山庫尒黙特山巴彥葛祿山伊札漢五藍峯俱旂西北　都藍山小黑山土名巴漢喀喇博惠山薩碧尒漢山蘇克素尒山五藍峯山俱旂北　大黑山土名巴顏喀喇烏孫噶察山色尒騰哈達山狼山土名綽農圖喀喇紗帽山土名拉邁馬拉哈羊山土名特格又名特格五藍峯獺山土名獺尒巴哈圖馬盂山色尒騰峯俱旂東北

潢河在旂南　烏尒圖插農河在旂西南又西北有和戈圖綽農河　哈喜尒河柳泉土名布尒哈蘇台蘇几泉俱旂北　阿里雅河韭河土名戈賀蘇尒俱旂東北　枯尒圖河伊札河邁尒圖泉俱旂西北

敖漢本鮮卑地唐營州都督府後入於奚遼金興中府北境元遼王地明為蒙古喀尒喀後曰敖罕　本朝崇德元年封班弟為多羅郡王駐古尒板圖尒噶山

故永州在旂西遼祖始置南樓世宗置永昌軍以東潢河南土河二水合流名冬月牙帳多駐此名冬捺鉢

故龍化州在旂北遼祖奇首居此　稱龍庭阿保機建東樓

鼎足山土名古尒板圖尒噶旂地　哈達圖拖羅海山席喇虎他蘇尒海額勒蘇岡俱在旂東　巴喜尒拖羅海山納巴達孫山白石山白鹿山土名布虎圖哈洛納山富泉山土名巴煙布喇噶察俱旂東南　天山土名騰葛里洪克戈尒峨博山博圖山盤道山土名敖几尒尒喀喇小蟠羊山土名巴漢衣馬圖大蟠羊山土名伊克衣馬圖庫呼車尒山七老台嶺俱旂南　韋布尒漢山哈碧尒漢山道場山土名庫里雅圖五藍貝科克山庫尒奇勒山俱旂西南　森几拖羅海山昂噶金山碧柳台山

庫特尒山紫楊山土名庫楞布哈山哈巴他海山巴烟達里山呵哈拉圖山朱祿克山東山土名齊巴嚕七嶺土名朶倫俱旂西　巴雅海山在旂西北　寬山土名鄂達博羅噶察喀喇山卲龍拖羅海山兆虎圖插漢拖羅海山碧齊克圖五藍峯阿尒楚頼得勒素岡俱旂北　庫尒齊勒峯在旂東北老河中　達尒達額勒素岡梨谷土名阿里馬圖俱旂東北

老河土名老哈遼金史所名土河水經注為白狼河明時為老花母林在旂北　落馬河土名百尒格馬尼漢泉庫尒奇勒泉杜母達納林河源出天山衣馬圖泉俱在旂南

烏里達札哈納倫泉七老台泉俱在旂東南　惠圖札哈納里特泉在旂西　崑都倫喀喇烏素泉在旂東北

奈曼沿革同敖漢　本朝崇德元年封袞出斯為達尒漢親王駐章武台

席喇虎他蘇尒海岡在旂西　哈納插漢岡在旂北　哈納岡在旂東北

古尒板拉虎山大黑山博羅惠博羅温都尒山五藍峯俱旂東南　五鳳山土名他奔拖羅海麻尼喀喇山俱旂南　鹿兒山在旂西南

土河土名土尒根源出五鳳山在旂南　老河在旂北　查木哈克泉在旂東　插漢泉在旂東南　古尒板和尒圖泉在旂西南崑都倫喀喇烏素泉在旂西北

喀尒喀左翼古鮮卑地唐營州後入奚遼上京道南境金屬北京路明為喀尒喀　本朝康熙三年封袞布伊尒登多羅貝勒駐插漢和朔墩

喀喇拖羅海山在旂東　土祿齊賀尒和哈達圖山烏墨黑插漢岡訥勒圖岡俱在旂東南　達祿拖羅海山巴漢哈伯他山伊克哈伯他山海梨谷山土名阿里馬圖喀喇俱旂南　五灰山土名烏尼蘇台大黑山青山土名博羅惠博羅温都尒俱旂西南　喀漢他羅海山虎蘇台博羅温都温尒岡他木虎岡俱旂東

老河在旂北東北流會潢河遼時永州當其處遼地志永州永昌軍太祖置南樓乾亨三年置州于皇子韓八墓側東潢河南土河二水合流故名永州　潢河在旂北　楊檉木河土名虎尒几源出旂南三十里自東南會庫崑河入邊門庫崑河在旂南　達綠泉黑水濼俱旂南　白水濼土名插漢泉在旂西南

喀喇沁本山戎地秦漢遼西郡遼後漢入鮮卑晉屬慕容魏為庫莫奚隋去庫莫稱奚貞觀初内附設饒樂都督府隸營州後分東西奚并入契丹遼統和二十五年建中京大定府金貞元更為北京路至元七年改大甯路二十二年改武平路後復為大甯隸遼陽省明洪武初置大甯都司二十一年改北平永樂初徙大甯都司於保定地入三衛後屬察哈尒為喀喇沁本朝崇德元年封古魯思轄布為多羅杜陵貝子主右旂康熙三年晉封郡王駐西白河北　順治六年封塞冷為鎮國公主左旂雍正九年晉封貝子駐牛心山

和尒圖崑都倫喀喇山萬歲山土名烏尒塞圖博羅九邊圖山在山海關北大涼河河北東南有同昌故城及宜民興城等縣

鷹鞦山土名額伯特衣巴岱山西納喀喇山巢圖喀喇山七金山妬山土名海他哈大紅螺山土名巴煙五藍九邊圖山北有
椵木冲毛安鋪碧齊克圖嶺俱右旂東　兎兒山土名佗賴圖大斧山柞山土名巴圖插漢大青山土名巴煙喀喇九邊圖山
在萬松山西寬邦山北西有金源故縣北有老河叟克峯山木羅金拖羅海山庫克薩布虎山尒托雷山博尒多克山西黙特
山達尒漢拖羅海山沙漢西巴哈山杜尒漢拖羅海山俱右旂東南　雞冠山土名哈特呼蘭台和尒和克阿恵山欣斯虎峯
山蟠羊山土名衣馬圖哈達虎查插漢拖羅海山查尒吉山神山土名拜查富山土名巴顏拉克兎兒山馬盂山土名明安老
河處源處方山土名特伯克常吉尒岱山多和喀喇山拉克拉哈尒山五湖滿嶺鴉嶺土名克勤雅圖谷大極哈巴齊尒谷俱
右旂南　崑都倫喀喇山白石山土名插漢七老台温特根圖喀喇山俱右旂西南　陷山土名崑都尒圖萬松山土名納喇
台庫力葉圖插漢拖羅海山羅睺山土名喇呼喇哈兒卯金插漢拖羅海山西白河獐河發源處烏巴勒章蘇圖山阿祿呼蘇
圖山蒙格嶺湯泉嶺克尒嶺卯金嶺俱右旂西　西實教尒山折尒得漢林嶺俱在右旂西北　烏赫圖山鄂通台和羅圖山
俱右旂北　掃林山土名查伯齊尒額克博羅山阿尒渾察克插漢拖羅海山野狐嶺土名五納格圖和郃俱右旂東北
牛心山土名巴顏朱尒克左翼駐地　峩倫和歌諾托山白鹿山柏樹山土名邁拉蘇台喀喇甯
遠州西南六州河發源處土名遂瀦河俱左旂東　阿布察山紗帽山噶海圖博羅山伯尒克喀喇山青山五嶺土名他奔俱
左旂東南　西喇哈達圖山翁噶尒圖山拖和喀喇山瑞雲山土名葫蘆伯楚特鏈子山五鳳山恵圖嶺額類嶺甯遠州黑水
河發源處俱左旂南　撵山大陵河發源處寬山土名布勒圖喀喇粟山土名呼什哈喀喇白鷹山土名插漢額類柞子嶺貴
石嶺俱左旂西南　佗蘇圖喀喇山庫土克圖喀喇山森几圖山旃台喀喇山土名峽克圖淘金圖喀喇山長嶺土名烏尒圖
額倫碧老嶺顧沁哈伯齊尒谷俱左旂西　察尒契山土名插漢雷鴻吉岱山一名哈伯他海一名衣滿郃隆大赤山土名布
呼察尒一名巴煙五藍大白山土名納里特山庫葛會山俱左旂西北　騮山土名達漢郃隆車輪山土名博羅特尒格砮山
土名弓硝哈達圖拖羅海山五藍哈達圖山土名西喇呼峰温泉北山土名哈尒渾莫克阿馬尒几俱左旂北
老河在右旂南劍門考老花母林即大河自青山西北過大甯城與捨喇母林合入遼東三岔河　奇札帶河席尒哈河上神
水河土名巴尒漢阿喇善河並源出右旂南　巴尒漢河納林崑都倫河松吉納河巴蘇台河哈喜尒河鏵子河插漢和屯河
虎拉河和尒和克河紅果尒泉巴尒漢温泉温冷特泉拉克拉哈尒泉俱右旂南　賀尒圖河呼魯蘇台河土河鄂倫布拉泉
博尒多克泉俱右旂東南　五巴河源出妬山落馬河土名伯尒克源出大斧山金史大定府松山三韓二縣落馬河即此並
右旂東　西白河右旂駐地　細獐河土名納林西尒哈源出湯泉嶺獐河土名西尒哈艾里河卯金河蒙格泉湯泉木窨喀
喇克沁河俱右旂西　賽因河緯農河淘金圖河烏喇林河俱右旂西南　烏里雅蘇台泉在右旂西北　奴黑圖泉在右旂
北　漢恵圖河葫蘆伯楚特河額類河至甯遠州西為黑水河寬河明宣德三年大破三衛兵於寬河即此俱左翼南　遂瀦
河即六州河上流或呼六股河四道溝河俱左旂東南　大淩河土名敖木倫河源出尾蘇圖山神水河土名阿喇善河烏哈

介温泉俱左旂北　和介圖河森几河俱左旂西　賽因台河清水河石塔河土名蘇巴介噶青龍河土名顧沁俱左旂西北
五泉賽因阿喇善温泉俱左旂東
大甯故城在右旂南百里老河北本秦遼西郡漢爲新安平縣後歩奚居之拓跋氏乘遼建牙於此當饒樂河南温榆河北貞觀初奚長可度内附置饒樂都督府遼祖建國遂屬遼聖宗過七金山南望雲氣有孚郭樓闕之狀因議建都統和二十四年五帳院進故奚王牙帳地城之號曰中京大定府金海陵貞元元年更爲北京元初爲北京路至元七年改大甯洪武置北平都司永樂初與兀良哈明宣德三年兀良哈犯大甯帝親征至寬河大破之景泰四年泰甯都督僉事單於帖木兒乞大甯廢城不許　舊青城土名喀喇城明初築在右旂南
舊會州城土名插漢城本元惠州地洪武二十年馮勝出松亭關築大甯寬河富峪會州四城留兵居守即此在右旂南薊門考云大甯西南至青城七十至會州又一百二十至喜峯又二百
利州故城在右旂東北舊名琵琶川遼統和二十六年遷奚人置州屬中京金因之領阜俗龍山二縣元省縣在甯遠州外
龍山故城在利州城西南本漢交黎縣地遼開泰二年以習家寨置龍山縣建潭州廣潤軍仍屬中金京皇統三年省潭州改屬利州元初屬大定府後屬大甯城在大凌河旁距故利州約六十里
廢大定縣在故大甯城内遼置爲大定府治
廢長興縣在馬孟山西有塗河遼置元中統二年省入大甯遼史訛作長安
廢高州在故大甯城西北本唐信州地遼設高州觀察屬中京金天輔七年置節使皇統三年降爲三韓縣元復稱高州屬大甯路
廢富庶縣在故大甯城東遼開泰二年置屬大定府元至元三年省入興中州後復置屬大甯九邊圖縣在白狼山東
廢金源縣在右翼大青山西有駱駝山遼開泰二年置屬大定
廢和衆縣在故大甯城東南白狼山北本漢臨榆地後屬右北平驪城縣唐載初二年析鎮州置黎州處靺鞨部後入奚遼太宗以所俘鎮州民置榆州高平軍金皇統省榆州改屬大定元屬大甯
廢武平縣在故大甯城北本唐沃州地遼祖從漢民木葉山下建杏堝新城益以遼西户更曰新州統和八年改武安州統沃野縣金皇統降爲縣大定改武平承安三年屬高州泰和還屬大定元隸大甯路
廢阜俗縣在故利州地唐末契丹從奚人居琵琶川統和四年置縣屬中京後屬利州元省
廢松山縣在故大甯城西北本漢文成縣地遼開泰中置松山州勝安軍領松山縣金皇統改屬大定元中統三年升崧州領松山縣至元省縣入州　金元二史皆作松山遼史誤作松江
古圓明寺元建在左旂西

翁牛特唐饒樂府地遼饒州匡義軍金北京路元上都路明初兀良哈部後自稱翁牛特　本朝崇德元年封索音為多羅杜棱郡王主右翼駐英席尒哈七特呼郎東為多羅達尒漢戴青貝勒主左翼駐札喇峯西

烏蘭布通山夏屋山土名伊克布庫圖尒巴哈布庫圖尒山白鹿山大華山嵬名山土名札喇屋狐山土名烏納格圖五藍峯俱右翼東　花和博圖山阿尒渾查克插漢拖羅海山棗山俱右翼東南　古尒板拖羅海山遮蓋山土名阿惠喀喇碧七克圖嶺俱右翼南　馬蠹噶山巴倫桑噶蘇台山大黑山額類蘇圖山松山土名納喇蘇台席喇喏海五藍峯賀尒圖嶺拜布哈嶺俱右翼西南　徒古尒喀喇山奴克尒山博多克圖山柞山土名教尒折烏魯蘇圖山舍尒吐山溫都尒花山虎山土名巴尒圖慶雲山土名墨尒根鄭庫納山得伯僧山杈材山土名碧頭蛇尒哈馬尒峯雕窠嶺烏拉岱谷俱右翼西　巴顏布尒噶蘇台山老虎山土名鄂尒查尒巴尒圖黃山土名洪戈尒戩博又名泥杵渾都尒碧尒山褪克莫山楊木嶺色尒和湖嶺蝦蟆嶺俱右翼西北　他奔虎都克山烏得呼花山馬安山海他漢山俱右翼北　方山土名都尒巴金蟠羊山小黑山恩德山土名拜斯哈尒布尒克尒圖山繫倫山土名特克尒忒俄尒綽克山俱右翼東北　小華山土名巴哈哈尒占在左翼東　大松山兆呼圖插漢拖羅海山俱左翼南河拖戈沁山俄尒綽克山梟嶺土名烏里俱左翼西南　勃突山土名布墩吐顏山土名巴尒哈岱山丹山土名薩喇納台喀喇俱左翼西　古尒板土尒哈山翁戈綽尒山神山土名翁公叟几山柳山俱左翼西北　哈達圖山在左翼北　兔麝山土名布靖克在左翼東北　札喇峯左翼駐地　阿尒齊土插漢岡在左翼東南

西白河在右翼南　獐河土名西尒哈布墩河高涼河土名拜帑哈噶海圖泉俱右翼西南　烏拉岱河英金河奴古台河珠尒河溫泉俱右翼西北　巴倫撤拉河車尒伯呼河白鹿泉博多克圖泉百月泉土名準撤拉俱右翼西　拜拉河卓索河落馬河土名白尒格俱右翼北　阿祿布拉克泉在右翼東　老河穆惠泉俱左翼東南　潢河在左翼北　七金泊在左翼西南　布祿都池在左翼西　布林池在左翼西北

故饒州在右翼北界潢水北本唐饒樂地遼祖建饒州匡義軍有潢河長水濼沒打河青山大福山松山隸延慶宮薛映記中京北八十里至松山館七十里至崇信館九十里至廣甯館五十里至姚家寨館五十里至延甯館三十里渡潢水石橋旁有饒州即此

阿霸哈納尒漢上谷郡北境隋唐為突厥遼上京道西境金北京路西北境元為上都路明屬蒙古號阿霸哈納尒　本朝康熙四年封黃夷思拉布為固山貝子主左翼駐永安山塞冷為多羅貝勒主右翼駐烏尒呼拖羅海山

永安山土名常圖右旂駐地　特尒墨山西喇峯俱在右翼東　大熊山土名巴賴都尒插漢阿祿克山喀喇阿祿克山色尒騰空果尒戩博岡俱右翼東南　雙山土名和岳尒插漢拖羅海方山蛇山俱右翼西北　森吉圖山橫山土名布色灰山緣狐山土名烏納格花拖羅海山哈納峯俱右翼北　牀山土名席勒俄奇特庫尒格特山俱右翼東北　博羅恩都尒岡在右翼南　巴尒達木山在左翼南　黃山土名色尒滕洪戈尒在左翼西　布尒漢山觸竇山覆舟山土名呼里翁戈春青羊山

土名喀喇特克獺尓布哈台坡俱左翼西北
韭河土名郭和蘇台哈尓海圖泉息雞淀土名哈雅俱在右翼南　陰涼河土名魁屯五代史奚當唐末居陰涼川即此赤泉
葦淀土名呼魯蘇台布祿都俱在右翼東南　袞勒泊在右翼西南　鯀布祿都泊在右翼西南　和几葛尓泉和尓和泉葛
都尓庫泉他奇喇泉俱右翼北　達藍圖里泉在左翼西北
阿霸垓沿革同阿霸哈納尓　本朝崇德六年封多尓濟為多羅卓禮克圖郡王主右翼駐科布尓泉順治八年封都思勒尓
為多羅郡王主左翼駐巴顏額龍
色尓庫山在右翼南　朱尓哈台拖羅海山在右翼東南　門綽克岡在右翼西　馬尼圖拖羅海山白石山奔巴圖博羅息
都尓岡俱右翼西北　阿柏濟哈山嵬白山土名札喇拖羅海巴漢噶札尓山霸特山土名克色克拖羅海羖羊山俱右翼北
蟠羊山在右翼東北　哈尓塔尓山在左翼東南　馬安山一土名喀喇得伯僧一土名西喇得伯僧部龍山永安山俱左
翼東南　武歷山土名哲尓吉倫察里尓圖山俱左翼西南　哈思胡雅思坡在左翼南
韭河洋圖泊俱在右翼東南
白海子一曰長水海子四望白沙土名插漢腦兒明初李文忠自萬全北至插漢腦兒敗元兵于駱駝山即此噶尓圖泊俱右
翼南　金河泊土名西喇烏素在右翼北　呼尓泊鴛鴦濼俱右翼西南　朱尓克額勒蘇圖泉在右翼東　赤泉在右翼北
哈碧尓漢泉在右翼東北　陰涼河鶴罡斗勒泊俱在左翼東南　西喇布里都泊在左翼西北
蒿齊忒沿革同阿霸哈納沁　本朝順治七年封博羅特為多羅額尓得尼郡王主左翼駐特古力克呼得克井十年封噶尓
馬為多羅郡王主右翼駐烏默黑泉
古尓板賀老圖山古尓板俄得山老虎山土名巴尓圖俱右翼東南　伊尓伯都山布當圖山俱右翼南　胡呂山土名阿喇
特蘇門峯俱在右翼北　阿拍達蘭圖山五藍峯俱右翼西北　犢尓山土名賀尓岳屯圖虎尓在右翼北　綽克恩都尓山
在右翼東北　薩尓巴山在左翼東南　野狐山獨石山孟納尓山俱左翼西北　蔥山土名宋吉納黑山土名杜藍喀喇俱
左翼北
白濼土名柴達木在右翼東　大魚濼土名札哈蘇台在右翼東南　松子泉土名和尓多在右翼南　察得尓泉崑都倫泉
俱右翼西北　天鵞濼土名渾圖舒圖泊俱左翼東南　冲戈尓泊在左翼北　阿祿布里都泊在左翼西南　庫魯尓圖泉
哈達圖泉賀老圖泉布哈泉俱左翼西北
烏朱穆秦遼上京北境金北京路元上都路明為蒙古烏朱穆秦　本朝崇德六年封多尓濟為和碩車臣親王主右翼駐巴
克蘇尓哈台山順治三年封塞棱為多羅額得尼貝勒主左翼駐魁蘇拖羅海
瑞鹿山土名布虎圖在右翼東　大黃鷹山土名伊克西喇石寶台小黃鷹山土名巴漢西喇石寶台黑山俱右翼西　雙山

土名賀岳尒俄得烏里雅台山方山俱右翼西北　賽音恩都尒山布哈碧老山俱右翼東北　哈尒站五藍峰俱右翼東南
色尒蚌峰在左翼北
賀尒洪河堯河土名葫蘆古尒俱右翼東南　布里都泊在右翼南　得勒蘇圖泊在右翼北　西喇布里都泊噶老圖泊俱
右翼西北　古尒板泉在右翼東　色野尒齊河在左翼東北　音札哈河庫勒圖泊俱在左翼東南　蘆河土名烏尒虎在
左翼東　郛倫席布尒泊在左翼西　西喇賀賴河博羅尒濟尒泊西喇布里都泊俱左翼北　古尒板泊在左翼西南
巴林遼上京臨潢府地金大定後屬北京路元初遼廣甯治其地明初兀良哈北境後為巴林　本朝順治五年封塞布騰為
多羅郡王主右翼駐托鉢山滿朱習禮為固山貝子主左翼駐阿乂圖拖羅海山
石雞山土名伊船圖太保山土名滿札尒阿拍濟哈峯俱旂東　特默車户山伊克哈尒占山蛇山虎尒虎山俱旂東南　勃
突山在旂南土名巴尒當遼五世祖勃突生此山下因以名沒葜山下在慶州東南　碧柳圖山在旂西　蒿柏都山衣馬圖
峯俱旂西北　托鉢山右翼駐地　方山青金山葱山黑山俱旂北　森几圖山慶雲山西百圖山赤山遼史慶州有赤山黑
山大保山黑河是也俱旂東北
野雞河土名戈尒戈台黑河土名喀喇木倫俱旂北　布雅鼎河烏尒圖緯農河俱旂東北
臨潢故城在旂東北天實初以燕薊俘户散居潢水北故名臨潢天顯十三年更名上京臨潢府金天眷元年改北京天德二
年改臨潢府貞元元年以大定為北京置北京臨潢路大定後省入大定府路　遼史言淶流河繞京三面東入曲江北東流
為按出河金史言縣倚金粟似金粟即淶流薛映記渡潢水五十里至保和館度黑水河河即今喀喇木倫經巴林南今巴林
東北百四十里烏尒圖緯農會和戈圖緯農處有波羅城疑即古臨潢惟史云淶流繞京又疑當在和戈圖緯農東岸巴林與
阿祿科尒沁接界處
慶州故城在旂西北喀喇木倫河旁土名插漢城本太保山黑河地穆宗建城號黑河州統和八年以地苦寒廢聖宗復建號
慶州兀甯軍有黑山赤山太保山老翁嶺饅頭山興國湖轄失濼黑河　聖宗永慶陵在黑山　舊慶州在喀喇沁北地皆大
松號千里松林明洪武初李文忠敗元主於應昌追至北慶州二十八年藍玉出遵化道松亭關至慶州是也
故祖州在旂北遼右八部世沒里地太祖秋獵處始置西樓後建城號祖州天成軍有祖山遼高曾祖生處金天會八年改奉
州太祖陵在西五里州東南有越王城於越王述魯置因名
克西克騰遼上京道地金北京路元上都路應昌路明為蒙古克西克騰　本朝天聰八年授蘇墨尒戴青一等台吉駐吉拉
巴斯峯
蜘蛛山土名阿尒札三金山高淀山土名音納哈喀喇拜查默尒哲峰俱旂東　甯楚渾杜尒賓山伯里克哈馬峯俱在旂東
南　恩都尒花山漢海恩都尒五藍布通峰蝦蟆嶺俱在旂西南　烏素圖杜尒賓山大黑山俱旂西　巴漢衣色里山伊克

衣色里山博羅阿几尒漢山漢尒多克山牛心山碧齊克圖峰俱旂西北　黄山布倫山雙山木葉山土名几几恩都尒遼郊
祀天地之所山上建契丹始祖廟奇首可汗在南廟可敦在北廟相傳有神人自馬盂山浮土河而東有天女自平地松林泛
潢河而下至木葉山二水合流相遇為偶今此山在西巴尒台河發源處非土河合潢河處之山也色尒蚌峰黙尒哲峰以上
俱旂北岳碧恩都尒山馬尾山土名叟几寨當拉虎峰五藍峰俱旂東北　色尒嶺高柳谷俱旂南
潢河大遼水之西一源遼太宗幸平地觀潢源即此薩里克河伊黑庫窩圖河柳林淀烏素圖庫勒泊克尒特黑庫勒泊葛賴
庫勒泊俱在旂西　塔里齊河衣尒都黑河碧落河格類河野猪河公姑尒河西林河吉林河達漢泊捕魚兒海土名達尒一
作塔兒俱旂西北　白河穆西夏河哈尒達蘇台河土河嚕尒達哈衣渾泊馬淀土名阿克塔烏尒格呼俱旂北　額伯里插
漢河釜河哈尒漢河阿尒達圖河俱旂東北　韋里河春得布河俱旂東南　達尒漢漢多林在旂西南
應昌故城在旂西北捕魚兒海旁元史特薛禪傳至元七年韓羅陳言上都東北三百里荅兒海子實本藩駐夏之地請建城
從之名為應昌府後改應昌路明永樂改清平鎮城西北有可温河明洪武三年順帝殂於應昌子愛猷識理達臘嗣立李文
忠自開平襲之獲太子買的里八剌是也
蘇尼特漢上谷代郡北境後漢烏桓鮮卑居之隋及唐初為突厥遼置撫州金西京路元興和路明蒙古蘇尼特　本朝崇德
七年封叟塞為多羅杜棱郡王主右翼駐薩敏西勒山順治五年封滕夷泰為多羅郡王主左翼駐俄林圖察拍台岡
薩敏西勒山右翼駐地　雙金山土名和尒波金諾渾山登坡努倫坡在右翼東南　布尒色克山福山土名克什克插漢波
托科山和尒和山在右翼南　牛心山土名烏克尒朱尒克俄尒綽克山在右翼西南　德林山在右翼西　巴輪明安拖羅
海山準明安拖羅海山哈尒巴和山蒐名山在右翼東北　殺翅山在左翼東南　哈尒他和部山在翼西北　博錐拖羅海
山祥古山土名拜音拖羅海福山和希磨克山古尒板嚕順坡花栽博圖坡俱在左翼北　寒山姑渾拖羅海山在左翼東北
古尒板癸魯蘇圖坡在左翼南　癸魯蘇台岡在左翼西　長水土名烏尒圖在右翼西南　占木土鹽泊在右翼東南
西喇布祿泊在右翼西　泥濼土名西巴尒在右翼南　兔圖水呼尒泊在左翼東南　古尒板馬渾泊在左翼西　滾泊
在左翼南　葦淀黑山濼在左翼西南　珠尒嚕圖泉在左翼東南
楊林戍旂西北度漢處自興和以北經小伯顏山荅魯城至龍沙甸即阿蘭腦兒又經清水源鳴穀鎮歸化甸至楊林戍又北
為禽狐山香泉戍哈拉莽來懷遠塞皆磧口要路永樂北征所經
喀尒喀右翼漢定襄雲中地唐置振武軍遼為豐州屬西京元屬大同明為喀尒喀本朝十年封本達尒伊為和碩達尒漢親
王駐他魯渾河
拜音拖羅海山在旂東　西神山土名巴林翁公五藍栽博岡翁公栽博岡俱在旂東南　摩孤山土名巴尒架哈達圖山爾
嶺土名毛德尒俱在旂西南　西巴尒圖栽博岡在旂西　白雲山雅布哈栽博岡哈喇栽博岡在旂北　插漢栽博山摩禮

圖莪博岡在旂東北

他魯渾河旂地　黄水河土名西喇木倫鹽泊土名達卜孫他魯渾泉哈達滿泉俱在旂東南

噶順泊車尒泉俱在旂西　愛畢哈河布祿魯泉在旂西北

四子部落沿革同喀尒喀明為阿祿喀尒喀地後分與諸子號曰對因駒子是為四子部落　本朝順治六年封鄂音布為多羅達尒漢郡王駐五藍額尒吉坡

博濟蘇克山在旂東　陰山土名色尒貝邵隆峰插蘇峰五藍峰俱在旂東南　新婦山土名白尒白狼鄂尒多斯山黑山噶尒哈泉圖俱在旂南　納札海山阿尒察圖蘇門峰阿祿蘇門峰窑柳坡土名博多克布尒哈蘇德本得泉青城泉土名博羅虎濟尒俱在旂西南　羖羊山土名阿尒哈林圖獨牛山土名烏克尒圖祿拜圖華坡黄水河白水泉俱在旂西北　陽山土名杜蘭鶻山插漢濟里敏坡俱在旂東北　希克巴圖華坡在旂北　富峪希巴尒台泉雅孫哈拍齊尒泉俱在旂西

故淨州在旂西北喀尒喀交界處本天山縣大定十八年升為淨州為豐州支郡

毛明安漢五原地元魏懷朔鎮唐振武軍遼東勝州屬西京道元大同路明為蒙古毛明安　本朝天聰八年封貝勒揚古海為一等台吉駐車突泉

伊克哈達都山在旂東　和岳尒白尒克山插漢莪博山黑山在旂東南　哈拉海圖山䩞諸克山官山在旂西南　羖羊山在旂西　齊齊尒哈插漢七老山刻勒峯冒頡莪博岡葛沁莪博岡在旂西北　方山在旂北　古尒板喀喇山郭岳惠插漢七老山在旂東北

崑都倫河拜星圖泉在旂南　布祿尒托海河在旂東北　愛畢哈河虎虎泊在旂西北

歸化城土默特本漢定襄雲中地後漢雲中郡元魏建都號盛樂城後置雲州領盛樂雲中等郡隋置定襄郡唐單于大都護府後入遼置豐州天德郡屬西京道元屬大同路明宣德初築玉林雲川等城嘉靖中俺荅築城豐州灘是為西土默特隆慶中封順義王號歸化城　本朝天總九年令貝勒岳脱駐守歸化城崇德九年仍封俄木布順義王

歸化城在殺虎口北二百里土名庫庫河屯城西南為渾津村村南有渾津巴尒哈孫舊城址又西南有脱脱城土名陀克陀城在黄河東岸即湖灘河朔

綏遠城在歸化東北五里翁公嶺喀尒沁口軍營之街

緣狐山在黄河東岸黒山即殺虎山魏神䴥二年東至黒山數軍實即此在大同府城西北四百十里與雲內州夾山東西相連　薄山魏書天興二年龍襲高車還次牛川及薄山並刻石紀功永興五年自五原還幸薄山登觀太祖刻石頌德之處賜從者大酺於山下即此　柞山魏書泰常六年西巡至柞山遂至于河即此上四山皆古名

七寶山馬鞍山博達木谷俱在城東　五藍又拍山狼山陶山土名喀喇特木尒布尒哈圖山蘇谷蘇尒殺谷俱在城南　大

青山在城西南　石砯山土名哈尒金和部布當圖山太白山哲特虎山白雲山土名插漢我博黑勒庫谷多羅忒谷伊克蘇
尒哲谷喀朗烏谷蘇尒哲尒五達谷俱在城西　牛心山土名巴顏朱尒克拜洪尒戈山烏素圖谷俱在城西北　翁公山即
陰山西自河套北起吳喇忒西境東至歸化城東北層巒峻嶺土名不一如白雲哲特虎大白拜洪戈尒牛心蟠羊五達蘇尒
哲哈朗烏諸谷皆陰山惟翁公最高　蟠羊山城東北魏太祖紀天賜四年自參合陂東過蟠羊山即此　紅蟠谷土名五藍
乂拍喀喇克沁谷莪善特谷羊圈子谷榆谷俱在城東北　托里岡在城東南　翁公谷黑水谷在城北
黃河自吳喇忒入境折而南黑河來注又東南經湖灘河朔紫河來注黑河土名伊克土尒根即白渠荒干水一曰金河自察
哈尒西流至城南合巴漢土尒根河西喇烏素河呼圖克圖河哈尒几河黑勒庫河及十餘小水滙為山黛河又西入黃河漢
地志定襄郡武進白渠水自塞外至沙陵入河武皋荒干水自塞外西至沙陵入河水經河水又東過楨陵沙南從縣東屈南
過沙陵西白渠水注之又南經楨陵赤城又南過定襄桐過縣二縣之間濟有君子之名又南樹頹水大羅水注之注白渠水
自塞外西經武進城樂又經魏雲中宮又經沙陵湖芒干水自塞外經鐘山即陰山西南經武皋原陽與武泉水合與黃河合
又西南經白道谷口雲中城北白道中溪水注之又西塞水出懷朔鎮東北荒中歷谷出陰山入芒干芒干水又西南注沙陵
湖湖水西南入河隋突厥傳大業三年帝至雲內泝金河而東北幸啓民帳元和志榆林金河泊在縣東北二十里元朱思本
河源記黃河南流過雲內州東勝州與黑河合黑河源自漁陽嶺之南西流五百餘里
小土尒根河即神水湖源出杜賀倫　紫河土名五藍木倫即中陵樹頹二水源出察漢音圖弩衛格尒河隋地志定襄大利
縣有紫河通典榆林縣有紫塞河即此以上在城南　黑勒庫河伊克蘇尒哲河豐州灘土名伊克蘇尒哲沙陵湖今名三黛
湖寶圖泉帽帶津俱在城西　崑都倫河黃水河土名西拉木倫色古尒泉俱在城北
札達海河賀蘭泉湖灘河朔俱在城西南
盛樂故城在今城南漢成樂縣定襄郡治建武初省後更置屬雲中郡魏甘露三年拓跋力微始居定襄盛樂晉建興元年猗
盧城盛樂為北都咸康六年什翼犍始都雲中之盛樂宮明年築盛樂于故城南八里一名石盧城太元十一年徙定襄之盛
樂二十年還雲中之盛樂隋於定襄盛樂置金河縣武德四年置雲州麟德三年改單于大都護府聖栐改安北都護開元七
年屬東受降城天寶四年移振武軍治其城遼為振武縣屬豐州金為鎮屬富民縣
桐過故城在城西南大河濱
武進故城在成樂城東南
定襄故城在今城東括地志云朔州善陽北三百八十里　明統志言在大同西北二十八里乃唐之定襄非漢縣也
武皋故城在今城東北界陰山西南
武城故城在今城西南十三州志武城在善無西五十里北俗謂之太羅城即太洛城魏太宗紀永興三年詔尉古真鎮太洛

城五年自太實南次定襄太洛城即此　水經注太羅水逕武城故城南
雲中故城在今城西陰山南黃河東岸故趙地秦十三年立雲中郡漢建武二十六年令單於入居雲中即此
漢雲中治雲中縣定襄治成樂縣兩地東西相距止八十里後漢初并入雲中郡後魏初都盛樂號雲中遂混雲中入定襄隋
以雲中置定襄郡大利縣又混定襄入雲中然去故地尚近唐以馬邑郡雲內之恒安鎮置雲州雲中郡雲中縣又於忻州置
定襄郡定襄縣遂混入古雁門太原郡去故地遠矣
咸陽故城在今城西水經大注河東經咸陽故城南即此
楨陵故城在今城西黃河東岸與沙南縣隔河相對水經注河南入楨陵西北緣狐山歷沙南縣東北兩山二縣之間而出縣
在山南北去雲中城百二十里
沙陵故城在城西今黑河入黃河處水經河水自沙南東屈而南過沙陵西即此
陶陵故城
原陽故城在城西水經注芒干水南經原陽城西即此
北輿故城在城西界雲中城北武原縣南水經注武泉水又西屈經北輿城北即此
武泉故城在城西界水經注武泉水出武泉故城南即此
陽壽故城在城界內　隋地志金河縣初曰陽壽蓋以相近取名也
武川鎮城在城西北魏景明中築以禦北狄元和志名黑城魏高祖紀太和十八年八月幸武川鎮水經注武川水出武川北
塞中南流逕武川鎮城是也
大利故城在城西界黃河北岸白道谷南隋開皇十九封突厥啓民可汗築大利城處其部落隋地志定襄郡治大利縣帶郡
有紫河陰山長城　括地志定襄故雲中郡隋置雲州後置定襄郡貞觀十四年移雲州於恒安故城在榆林東北四十七里
東受降城在城西黃河東岸本漢雲中郡地在榆林縣東北八里東北至單於都護府百二十里西至中受降城三百里北至
磧口八百里寶應元年張維清以地濱河徙至綏遠烽南元地志今東勝州是也
豐州故城本漢定襄地遼置豐州天德軍治富民縣近葫蘆海在大同府西北五百里西距隋唐時豐州八百餘里遼志誤為
隋唐豐州州別名五原遂誤為漢五原地元史從之亦誤
東勝州故城在城西南一百四十五里湖灘河朔渡口土名脫脫城唐之勝州在黃河西唐志貞觀五年于南河地置決勝州
以隋勝州為東勝州遼祖神册元年破振武軍勝州民皆趨河東南河之勝州遂廢晉割代北入遼復置金置武興軍領東勝
縣元至元二年省甯邊州之半入焉四年省東勝縣入州大同舊志東勝城在大同府西北五百里與故勝州隔河相望明洪
武初建左右二衛永樂移衛入幾輔地遂廢

淨州故城在城東北陰山後本遼天山縣舊為榷場大定十八年置縣又改為淨州為豐州支郡元曰淨州路明初廢在大同府西北四百二十里

玉林故城在城東南明初設永樂初內徙宣德元年復于豐州東南築城置玉林衛正統十四年徙大同右衛城內

雲川故城在城西南永樂初衛內徙宣德元年復于豐州西南築城置雲川衛正統十四年徙大同左衛城內有雲川故城在雲川城西

古長城在城北陰山下史匈奴傳趙武靈王築長城自代並陰山下又始皇本紀三十三年西北斥逐匈奴自榆中並河以東屬之陰山即此

喀喇城在城東南百七十里　賀通圖城在城南八十里　五藍城在城南百五十里　渾津城在城西南四十里

蘇武城在城西北城西有李陵碑

單于城在城西九邊圖舊清遠即單于城在兔毛河西北即此

白道在城北魏太宗紀泰常四年西巡雲中踰白道北獵野馬於辱孤山隋高祖紀開皇三年衛王爽破突厥於白道唐李靖傳頡利走保鐵山靖自白道襲之水經注芒干水西南經白道南谷口有長城背山面澤謂之白道寰宇記白道川在原陽鎮北近山有千餘步土白如石炭色百里外即見之即陰山路也自此西至紫河以東當陰山北者惟此道通方軌

吳喇忒本秦九原郡地漢更名五原後魏懷朔鎮中受降城遼雲內州屬西京道元大同路明為瓦喇　本朝天聰七年封俄木布土門達尒漢及杜巴額尒赫塞冷伊尒登鎮國公分掌前旂中旂後旂俱駐鐵柱谷

居延山土名崑都倫狼山土名紳農拖羅海牛頭朝那山土名雞藍拖羅海老虎山魏太祖始皇元年春大蒐于定襄之虎山九邊考自老虎山而西為長流水滿草泉等險是也宿嵬山土名札拉以上旂東　木納山在旂西　河套山雪山土名又蘇台伊克莪博山土名額古德麥垛山土名額癸恩都尒以上在旂北

敖西喜山白石山大青山赤城山東德尒山西德尒山莪博圖喀喇山莫墩莪博圖山牀山阿尒柴山連山土名和岳尒喀喇莪博馬神山土名翁公陽山土名洪戈尒史記蒙恬築長城臨洮渡河據陽山陰山土名葛扎尒又即翁公山史始皇紀三十三年自榆林並河以東屬之陰山以為三十四縣注在五原北漢匈奴傳侯應曰北邊塞外有陰山東西千餘里草木茂盛多禽獸孝武斥奪此地建塞起亭守之匈奴來寇少隱蔽從塞以南徑深山谷往來差難過陰山未嘗不哭也後漢志五原西安陽北有陰山水經河水又南經馬陰山注漢書音義曰陽山在河北陰山在河南而是山實不在河南九邊考在中受降城東北山北皆大磧巴尒克山碧柳圖山拂雲堆土名烏朱尒插漢以上並在旂西北　扎拉圖插漢圖在旂西南　漢惠圖坡在旂東南

黃河在旂南五十里南岸即鄂尒多斯界水經河水東經高闕南自臨河東經陽山南又東經馬陰山西又東南經朔方城東

北折經渠搜故城北又東經西安陽故城南又東經成宜故城南又東經宜梁故城南又東過臨沃南又東受石門水逕稒陽故城南又東經塞泉城南又東過雲中楨陵東榆林志黃河自甯夏楨城堡西折而北經三受降城南至故東勝州榔河土名布尒多圖哈榔圖河臺泉插漢泉克布尒泉五藍拜星泉布吝泉冷泉土名魁屯托博克蘇海泊魚海土名扎哈蘇台一名魚兒海一名魚海子深井土名敖泉並在旗西北○席勒河阿尒柴河東哈榔圖河里河自毛明安入境西南經帷山晉書赫連勃勃于黑水南營都城即此帷山河土名類古德齊齊尒哈納河伊克戕博河烏尒圖河蘇尒哲河舍忒河並在旗北○崑都崙河在旗東源出烏孫土祿祿地西北入黃河○五達河在旗東南鐵柱泉土名哈達馬尒哈拍又齊泉五藍泉杜窩勒泊在旗西○甜水井土名賽音在旗東○章武台泊在旂西南九原故城在旂北史記趙武靈王攘地至雲中九原始皇紀三十五年除道道九原抵雲陽塹山湮谷直通之漢定襄雁門上郡代郡八郡民歸本土水經注河水東經河陰故城北又東經九原故城南其城南面長河北背連山元和志數本故城在中受降城北四十里鄭虔軍錄云時人以張仁愿築城河外自古未有今數本城周一萬八百七十二步壕塹深峻亦古之堅守賈躭古今述曰以地理求之前代九原郡城也　按九原故城在漢朔方之東北雲州之西今套北黃河東流處唐勝州在套內東北九原直其西北通典以為在榆林西疑脫北字其北即陰山又北光祿塞西即北假秦漢時號為絕塞隋唐豐州總名九原五原實漢之朔方地括地志謂勝州連谷縣本秦九原郡明統志謂在陝西神水縣皆誤

五原故城在故九原城西漢置縣屬五原郡建安二十年省水經注九原縣西北接對一城蓋五原之故城是也

臨沃故城在故九原城東水經注石門水自石門障東南流經臨沃城東即此

宜梁故城在故九原城西闕騆曰五原西南六里今世謂之石崖城

成宜故城在故九原城西漢地志五原郡成宜中部都尉治原亭西部都尉治田辟建武二十六年段郴王都使南單于其庭去五原西部塞八十里水經注河水自西安陽東經田辟城南又東經成宜故城南又東經原亭故城

西安陽故城在故九原城西陰山南

河目故城在故九原城西括地志漢五原郡河目縣在北假中水經注河水自陽山南南屈經河目縣左按城當在陽山南高闕東南北河之間○又曼柏縣亦在黃河北岸惟河陰縣在河南

稒陽故城在故九原城東北魏世家惠王十九年築長城塞固陽注魏長城自鄭濱洛北達銀州至勝州固陽縣為塞也漢地志五原郡東部都尉治稒陽又稒陽北出石門障得光祿城又西北支就城又西北頭曼城又西北虖河城又西北宿虜城後漢和帝紀永元元年度遼將軍鄧鴻出稒陽與單于戰于稽落山大破之魏太祖紀登國六年衛辰遣子直力鞮出稒陽塞侵及黑城帝襲五原收其積穀還紐𨮁川于稒陽塞北樹碑紀功　按城在五原郡城東北近雲中郡

漢受降城在旂北漢九原北塞外漢武帝紀太初元年公孫敖築塞外受降城又匈奴呼韓邪願留居光祿塞下有急保漢受

降城又元魏太平真君九年北討至受降城積糧城內留守而還即此
懷朔鎮城在旂東北延和二年魏太武破蠕蠕列置降人於漠南東至濡源西暨五原陰山竟三千里分懷朔武川撫冥懷荒
柔元禦夷六鎮惟懷朔最西高祖太和十八年八月癸丑幸懷朔巳未幸武川辛酉幸撫冥壬子幸柔元胡注此六鎮自西至
東之次第孝昌中改朔州後陷今寄治并州東水經注光祿城東北即懷朔鎮城在今中受降城界
中受降城在旂西黃河北岸秦九原郡地漢更五原開元十年更置安北府東至東受降城三百里西北至天德軍二百里南
至麟州四百北至磧口三百有拂雲堆祠接靈州境有關元和九年置又橫塞軍本可敦城天寶八年置
西受降城在旂西北黃河北岸豐州西北八十里本朔方郡臨河縣景龍二年築西城開元初河水壞城十年張說於故城東
別置新城其後城西南隅又壞於河水東稍南至天德軍百八十西南至定遠城七百
天德軍城在旂西北中城西北二百里貞觀二十一年於今西受降城東北四十里置燕然都護龍朔三年移磧北回鶻本部
改名瀚海總章二年又改安北移于甘州東北隋之故大同鎮垂拱元年置同城鎮移都護治刪丹縣西南之安西城景龍二
年移西受降城開元二年又移中城天寶八年張齊邱於可敦城置橫塞軍於大同川西築城曰天安軍移治焉乾元後改天
德軍緣居人少西南移三里權居永清柵仍移治於西受降城元和八年城西南壞于水李吉甫復修天德舊城以安軍鎮西
南渡河至豐州二百里西北至橫塞軍城二百西至西受降百八十東南至中城二百遼志西京道天德軍本中受降城唐乾
元改置天德軍移永濟柵今治是也太祖平黨項破天德掠其民以東後置招討司以國族為軍使有黃河黑山峪蘆城威塞
軍秦長城唐長城又有牟那山鉗耳嘴城在其北
大同故城在旂西北天德故城西南三里隋時築隋長孫晟傳開皇十九年染干因晟奏雍閭作具欲攻大同城詔發六總管
討之唐乾元後置永濟柵
雲內州故城在鎮西北本中受降城地遼初置代北雲朔招討司改雲內州清寧初升開遠軍有威塞軍古可敦城大同州天
安軍永濟柵安樂戍拂雲堆
北假在旂西北史記秦使蒙恬渡河取高闕據陽山北假中注北方田官主以田假貧人故云北假注北假地名自高闕以東
夾山帶河陽山以西皆北假也　光祿塞在古稒陽縣北水經注石門水出石門山西北趣光祿城
高闕塞在陰山西史匈奴傳趙武靈王自代並陰山至高闕為塞地志朔方臨戎縣北有連山險於長城其山中斷兩峰俱峻
土俗名為高闕始皇本紀度河取高闕漢武帝紀元朔二年使衛青出雲中西至高闕師古注高闕山名水經河水屈而東流
為北河東經高闕南注陰山下有長城遶山刺天其山中斷若闕故名高闕自闕出荒中闕口有城跨山絕巖謂之高闕戍北
去大磧凡三百里
鄂尔多斯本秦新秦中地元朔二年收河南地置朔方郡後漢末廢晉永嘉後為趙及秦義熙中赫連據此都黑水南號統萬

城元魏為統萬鎮後為夏州北境隋於其地東置勝州西置豐州大業初改勝州為榆林郡豐州為五原郡貞觀復置州天寶元年復改郡乾元二年復州名南境又析為宥州唐末拓拔思恭據有銀夏綏宥靜五州元滅夏置西夏中興等路其地東屬東勝雲內州及延安甯夏路明初王保保據河套天順中毛里孩阿羅出孛羅忽三部居之嘉靖中吉囊部車臣可汗居之是為鄂尒多斯

左翼前旂古榆林塞隋置郡唐置河濱縣屬勝州宋入夏明初榆林左衛地　本朝順治初封色楞為固山貝子掌旂事駐套東南札拉谷在湖灘河朔西

左翼中旂隋唐勝州地　本朝順治六年封額林臣為多羅郡王掌旂事駐套東南敖西喜峯在扎拉谷西

左翼後旂漢沙南縣地隋唐勝州榆林郡治所　本朝順治七年封善達為多羅貝勒駐套東北巴尒哈孫湖在黃河帽帶津西

右翼前旂隋唐夏勝州地明初榆林右衛　本朝順治初封厄陵臣為固山貝子駐巴哈池在敖西喜峯西

右翼中旂漢朔方郡南境隋唐豐州元和中移置宥州　本朝順治初封沙克札為固山貝子駐套西南西喇布里都池在鄂尒吉虎泊西南

右翼後旂漢朔方地隋唐豐州九原郡治所　本朝順治初封阿濟格札木素為鎮國公子都楞晉封固山貝子駐套西北鄂尒吉虎泊在巴尒哈孫泊西○雍正九年添一旂封扎拉錫一等台吉

夾山黑山在左旂前東南○退諾克拖羅海山插漢拖羅海岡在左後旂東南○巴漢得石峯在左前旂北○得石峯可退坡在左前旂西北○敖西喜峯在左中旂駐地○恩多尒拜山在右前旂南○總材山土名磨多圖右前旂東南○巴音山錦屏山土名巖靈右前旂西南○蘇海阿祿山賀佟圖山俗名囬囬墓山與陝西甯塞堡接界在右中旂南○色尒騰山在右中旂西○黃草山土名庫勒尒齊哈伯叉齊山鄂藍喀喇拖羅海山部龍山省嵬山今名阿尒布斯山山踰黃河河東有省嵬口為防禦要地下有城西夏所築山內城與口名色尒蚌喀喇山以上在右中旂西北○馬陰山土名阿克塔賀部右後旂西○克翁公岡巴漢翁公岡左後旂南○吳烈鄂博拖羅海岡右後旂東南○達尒巴漢岡右後旂西南

君子津太子灘小崑兌入何處娘娘灘巴産泉俱在左旂東○車根木倫河烏尒巴齊河黑河左後旂西北○兔毛河土名陶賴昆兌柳河土名布尒哈蘇台喀賴河西都喇虎河左後旂西○坎台河喀西拉克河漁河土名折葛蘇台蒲河土名呼魯蘇台並在左後旂東○小崑兌河在左後旂東南○大崑兌河在左前旂東北○東四海泉在左前旂東北○布林河塔尒奇尒河哈岱河芹河土名伊克西喇尒几台小芹河土名巴漢西喇尒几台克丑河源出噶克又冒頓平地在左前旂東○西河葦尒圖河在左前旂南○獐河博羅哈尒几圖河在左前旂西南○布喀河陀索圖河舒癸河在左前旂西○紫河喀楚尒河鯀額尒吉河在左中旂東

黃河自甯夏寶豐界出邊經旂北與吳喇忒分界經旂東與歸化城分界又南流入陝西府谷山西河曲界通典河自靈武西南北流漢人謂之西河過九原東流謂之北河○西拉布里都池右中旂駐地○清水河土名佟哈拉克銀盤水土名西黑尒特默圖池俱右中旂南○庫葛尒黑河土名哈喇禿速河在右中旂西南伊克託蘇圖河在右中旂西北○巴漢託蘇圖河博木池在右中旂西○大藍土祿池在右中旂東北○赤沙河土名烏藍紅水池古尒扳道圖池鍋底池本漢朔方盐澤唐名胡落鹽池土名喀喇莽奈腦兒漢地朔方郡朔方金蓮盐澤青盐澤皆在南魏地記盐池去平地空千二百里在新泰中元和志胡落盐池在長澤縣北亦名獨樂池在右後旂西鄂尒吉虎池右後旂駐地○苦水池土名插漢扎達海巴漢朱尒克泉在右後旂東○兔河錫賫泉在右後旂南○黃水河土名西喇木倫在右後旂西南○上稍兒河在右前旂東南○席伯尒河源出蟒喀圖虎尒虎入邊城為榆林之榆溪西河上源阿尒塞河長盐池土名達布蘇圖在右前旂南

哈柳圖河源出虎喇虎合細河金河二水入榆林邊至波羅營會西來之額圖渾河為無定河一名吃那河即古黑水細河土名納林河金河土名細喇烏素石窯川河土名額圖渾源出賀佟圖山東南入懷遠邊為恍忽都河又東北會哈柳圖河即無定河之上流古奢延水紅鹽池土名五楞池明成化中王越敗套寇于紅鹽池即此又有西紅鹽池在右前旂西南巴漢池右前旂駐地○磨多圖插漢池越沒濼土名鄂尒吉虎在右前旂西○忒默圖插漢池大鹽濼土名忒默圖插漢右前旂東○哈達圖池右前旂東北○者者渡巴漢土尒根河入黃河處

朔方故城在後旂界漢元朔元年走白羊樓煩五以河南地為朔方使蘇建築朔方城後漢永和二年徙朔方居五原建安二十年省苻堅以衛辰為西單于屯代來城遂有朔方之地姚興以勃勃為五原公鎮朔方朔方郡前漢治三封後漢治臨戎而朔方縣為屬縣郡地南連北地東界五原雲中東南接西河上郡河北岸為高闕勃勃始于朔方之南奢延水之北築統萬城元魏于其地置夏州隋唐號朔方郡在榆林西北二百里非漢朔方故地水經河水東南經朔方縣故城東北括地志朔州故城夏州朔方縣北什賁城是○明統志以甯夏衛為朔方不知甯夏乃漢北地郡富平北境唐靈州地與漢朔方城無涉

臨河故城在故朔方城西北水經注河水自高闕南又東經臨河故城北又南河東經臨戎故城北又東經臨河縣南即此○黃河自朔方西分二歧東注水經所謂南河也其北河至套外之阿尒布坦山西溢為大河土名騰格里腦兒古屠申澤也自此折東流過古高闕南折而西南與南河合水經所謂北河經河目縣左南合南河是也臨河縣在北河之南南河之北

渠搜故城在朔方城東水經注河水自朔方東轉經渠搜故城北是也

廣牧故城在朔方城西水經注南河自臨河縣南臨戎縣北又東經廣牧故城是也

臨戎故城在朔方城西河向北流之東岸後漢志朔方郡治臨戎縣水經注河北經臨戎縣故城西是也元和志豐州永豐縣在州西百六十里本漢臨戎地土名賀葛真城周武保定三年置永豐鎮隋開皇五年改縣

三封故城在右後旂正西河外前漢郡治十三州志云在臨戎縣西百四十里是也元和志云在豐州西百里

沃野故城在河外河水北流一曲之西處○窳渾故城在阿介坦山之南騰格里湖之側水經河水自臨戎西又北有枝渠東出名銅口東經沃野故城南折而北為南河又北迤西溢於窳渾縣故城東又折而東為北河朔方一郡惟此三縣在河外

奢延故城在右旂西南水經注奢延川出縣西南赤沙阜東北逕縣故城南

白土故城在左中旂南水經圁水出白土縣圁谷東經縣南括地志城在鹽池東北三百九十里近今神木縣北

大成故城在左前旂界南匈奴傳逢侯將萬餘騎向滿夷谷鄧鴻追至大成塞破之即此

富昌故城在左前旂界故勝州南今榆林府東北漢地志西河郡治富昌水經注湳水東經富昌故城南

美稷故城在左中旂東南水經注湳水出西河美稷縣○隰城有美稷鄉乃後漢中平中所徙置

代來城在翼界內苻堅以衛辰為西單于屯代來城晉太元十六年魏王珪自五原金津南濟河徑入衛辰國抵其所居悦跋城注即代來城是也

勝州故城在套內東北瀕河歷南流處與遼金東勝州近但隔河耳本趙地隋開皇三年置榆林郡縣屬雲州二十年割雲中之榆林富昌金河置勝州貞觀三年仍隋舊置勝州以決勝為名西南至麟州四百夏州九百西至豐州七百

榆林郡郭下本漢沙南縣地北近榆林因以名屬雲州二十年改屬勝州唐勝州在豐州東不在南

豐州故城在右後旂界內本秦上郡北境漢置朔方郡永嘉後衛辰居其地後魏為夏州北境周置永豐鎮開皇置豐州後廢貞觀復置東至勝州五百三十里東南至夏州七百五十西北至河西城八十○九原縣郭下本漢廣牧地周隋間名甘草城永徽四年復置縣○豐州至宋入夏嘉祐七年以府州夢泊川置豐州在今套東南府谷北

故宥州在右前旂西南新舊二州皆唐置元和志廢宥州在鹽州東北三百里開元二十六年置寶應後廢新宥州在廢宥州東北三百里東去麟州六百西南至靈州六百五十○調露初于靈州南境置魯麗含塞依契六州處突厥降户長安四年并為匡長二州神龍四年於鹽州白池縣北置蘭池都督府仍分六縣隸之開元十一年康待賓叛安置餘眾于此改曰宥州天寶元年為寧朔郡後廢元和九年于經畧軍城置宥州改屬夏綏銀觀察十五年移治長澤縣陷入吐蕃長慶四年夏州李祐復置

高望廢縣在右前旂直榆林北

虎猛廢縣在右前旂界內直榆林北○故增山縣有道西出眭雷塞數羅縣有武澤在西北並在今套內之南與榆林邊界接

河濱廢縣在左前旂界內黃河西岸本漢沙南地魏周為銀城隋為榆林縣貞觀三年置河濱關在縣東北

遼東勝州屬河濱縣在河東岸

故白城在右前旂界內直榆林西一名契吴城朔方縣北有契吴山故名

榆谿塞在左旂界內趙世家武靈王二十年西畧地至榆中林胡王獻馬歸注勝州北河北岸也衛青傳按榆谿舊塞絶梓嶺梁北河水經注諸次東經榆谿塞又名榆林山即漢書榆溪舊塞也自谿西去悉榆林數九邊圖說榆谿舊塞西屬朔方東為河西南上郡河三面環之

喀尒喀地畧

武進馬冠羣良伯甫輯

四部本北漢地後魏為蠕蠕又為突厥貞觀初回紇薛延陀迭據之四年以其地為瀚海燕然金微幽陵龜林盧山六部都督府皋蘭高闕雞田榆溪雞鹿蹛林寘顏等七州後回紇又東得室韋地宋時室韋嫗厥律諸部散屬於遼金時蒙古始盛元祖十五年定都於此名和林立元昌路皇慶初改嶺北等處行省和林路為和甯明初順帝子愛猷識理達臘依王保保於此後號喀尒喀七部三汗西曰札薩克圖汗直甯夏邊外漢北編為西路中曰土謝圖汗直大同邊外漢北編為後路東曰車臣汗直古北口邊外漢北編為東路又賽因諾顏自為一部

中路旗十九駐土喇河南北

土謝圖汗旗駐土喇河　土謝圖親王旗亦駐土喇河　西達錫理固魯西喜　陳楚克納木札尒　薩卜　退哈坦巴圖魯　車伶巴尒　旗巴朗　程棍札布　班珠尒多尒濟　索杯札布　喇塔尒　車伶　青多尒濟　蓬蘇　克阿拉布坦　孫都布　陳丕尒多尒濟　凱音楚克　巴海

東路旗二十一

車臣汗旗在克魯倫翁都尒多博　金車根布拉克　鄂特尒阿魯沙巴尒　克魯倫　巴顏猛克圖協克尒倫郭忒尒　插漢布拉克　哈尒堪　達尒漢徹根　清蘇津賽堪　插漢布尒噶蘇台　車格尒查考達克親　白尒格庫尒濟圖　烏尒圖　哲格尒得　呼魯蘇台　額尒得墨　喀喇莽奈　克里雅哈魯蘇台　喀拉莽奈　騰噶里克　巴顏西喇布尒圖

西路旗十五

札薩克圖汗旗駐杭愛山陽山陰

賽因諾顏部旗二十並駐牧地

狼居胥山　寘顏山　浚稽山在土喇河鄂尒渾河之間龍勒水瀟奴水在山南余吾水在山北兕御山在余吾水北　涿邪山後漢永平十六年祭肜與左賢王信擊北匈奴期至涿邪山永元二年耿譚遣從事護南匈奴兵至涿邪山魏登國六年長孫肥大破蠕蠕於大磧南林山度磧追至涿邪山　天山天漢四年莽通出酒泉千餘里至天山魏太延四年討蠕蠕從浚稽山北　天山登白阜刻石記行　烏員山本始二年韓增出雲中期出賽二千里至烏員山　雞秩山本始二年田廣明出西河塞千六百里至雞秩山　燕然山魏神䴥二年討蠕蠕自黑山出沙漠至栗水西　過竇憲故壘次菟園水去平城三千七百里分軍搜討東至瀚海西接張掖水北度燕然山　菟園水即貳師北度之郅居水　金微山後漢永元三年耿夔出居延塞大破北單于金微山　金山北史突厥傳魏太武時阿史那居金山之陽唐突厥傳車鼻率所部竄金山之北　都斤山北史突厥傳可汗恆處於都斤山牙帳東開　鐵山唐貞觀四年李靖襲突厥頡利走保鐵山　鬱督軍山唐薛延陀傳彝男為真珠毗伽可汗樹牙鬱督軍山　烏德鞬山唐天寶初回紇裴羅徙牙烏德鞬山昆河之間西距西域千七百里地志中受

降城正北八十里有呼延谷又五百里鸊鵜泉又十里入磧經麤鹿山鹿耳山錯甲山八百里至山燕子井又西北經密粟山達旦泊野馬泊可汗泉横嶺綿泉錦泊七百里至囬鶻牙帳東有平野西據烏德鞬山南依嗢昆水北六七百里至仙娥河嗢昆河獨邏河皆屈曲東北流○按唐中受降城西城皆今河套北地嗢昆河即鄂尒渾河仙娥河即色楞格河獨邏水即獨樂水烏德鞬山即都尉犍山與杭愛山近唐薛延陀傳頡利之滅東男率部東保都尉鞬山獨邏水之陰東室韋西金山南突厥北瀚海古匈奴地也元和甯亦在套内朔漠圖云哈和林河即囬鶻故地　不峏罕山明統志斡難河源出山下相近有迭里温孛荅山元祖始生處　以上諸山皆從古名

拖諾山在克魯倫河北岸　大興安山在敖嫩河北小肯特山東自此綿亙而東直抵黑龍江入海處山南為喀尒喀山北為鄂羅斯　肯特山在敖嫩河源之南即克魯倫發源處山西曰即龍嶺又西曰忒勒尒几嶺　小肯特山在肯特山西北土喇河發源於此山北水名楚庫河　啟拉薩山在土喇河上流東岸　憨山亦曰汗山在興安嶺北土拉河南岸山東有水名坤河東南三十里許地名昭莫多　杜蘭喀喇在憨山西南南臨大漠北近土拉河　哈達馬尒山在哈拉河北岸山北近俄羅斯為喀尒喀北界　喀里牙拉山在哈拉河西鄂尒渾河東南　查母勒山在土拉河下流北岸　布龍山在色楞格河南鄂尒渾河北又西為布昆沙拉山西拉口山尼尒墨得山　堪台山在色楞格河北入俄羅斯界　庫庫齊老台山在鄂尒温南岸　西尒哈阿濟尒罕山在鄂尒渾上流東岸山南為枕亦哈馬勒山翁金河發源處　章鄂山在鄂尒渾上流北岸杭愛山之東幹　鄂尒吉圖都蘭喀喇山在杭愛山南　杭愛山在鄂尒渾北直甯夏北二千里翁金西北五百餘里山脉自西北阿尒泰山來東踰鄂尒澤土喇河為大興安肯特諸山又自枯庫嶺北折繞色楞格諸水抵俄羅斯鄂尒渾塔米尒諸河皆發源於此即古之燕然山　巴顏濟魯克山在鄂尒渾西哈瑞河東又東北為賽罕山厄尒墨得山　呼普蘇古兒山在哈瑞河下流北岸山西温都里山　納馬納山在色楞格北山西為哈尒占布勒古得衣山厄尒齊特山　舍撥兒梔克山在呼孫古兒泊内　鄂納白稽山在色楞格發源處桑稽晉大來泊東為喀尒喀西界又南吳尒圖吳雅山

巴顏山在庫冷白兒齊地西空格衣河東山脉東連杭愛山　阿尒泰山即古金山在特思河西北山正頂在烏普薩池西北分四支正北支隨厄尒齊斯河至俄羅斯國其東北繞特思河北東為陽努山一支又東北接杭愛山陰北至色楞格河其南向東一支為烏藍郛馬山繞奇勒稽思泊北又東南為白勒奇鄒克科克衣山又東為昂奇山空格衣河出南麓烏海河出北麓又北為馬喇噶山布勒噶蘇台河出南麓又東北接杭愛山陽其南一支納隣河呼勒泰河哈流圖河納思克河布勒濟河哈巴河奇蘭河喀喇額勒齊思河呼額勒齊思河俱出西麓哈勒奇薩河阿普都河出東麓山勢折東布顏圖河出北麓布拉青吉尒河札克台河出南麓又東為阿尒泰山尾又東南為台西尒山又東南復分二支經瀚海中東為庫克西勒克山又東河字巴顏山南為都忒嶺布帶山圖古里克河出其西麓又東南為布勒堪山空鄂洛阿濟尒罕山横截沙漠為阿尒班呵岳

尒達察嶺又東南為古尒板賽漢山其南為諾默渾其東南為五百根至空可喀喇龍山而止空鄂洛阿濟尒罕山南向為奇齊格納山拜彝鄂尒山查拉圖山至色公哈兒占山而止　達勒巴哈台山在納陸河呼勒泰河哈流圖河西　賽兒山在額米尒河南　必尒喀嶺在喀魯倫東南肯特山之支幹　即龍嶺在肯特山西又西忒勒尒几嶺又南噶拉泰嶺　興安嶺在昭莫多南南界大漠北近土拉河　阿達海嶺在土拉北西南為色尒必嶺　烏可克嶺在杭愛西南有水名烏可克河　枯庫嶺在烏可克西西塔米尒貝德勒克俱發源於此　插漢七老在張家口北八百餘里近喀倫邊○自插諾山以下由東迤西皆在瀚海北有水草所為喀尒喀牧地其在瀚海中者惟插漢七老稍大餘皆平地沙岡非游牧所故畧之

臚朐河今名克魯倫河源出肯特山南直河套北二千里許折東南經巴顏烏蘭山峽中合孫克勒河經插諾山南合他拉几尒即河又東曲流兩山東北入枯倫海子至黑龍江索倫界別名額尒古納河東北與黑龍江合河以南並大漠之水草五代遼時以此為界明永樂間本雅失理為瓦喇所襲徙居臚朐河八年親征止河旁賜名飲馬河　敖嫩河舊名斡難河一名俄儂黑龍江上流發源忒勒尒几嶺東經肯特山北大興安山南至科勒蘇河折東北流至泥布楚城南合巴兒即河阿哈楚河他兒巴哈太河圖魯泰河他拉巴尒即河特倫河俄克若河俄倫河昂衣得河泥布楚河南合扑拉活即河圖里格河溫多河至分界碑前入黑龍江界乃東流河之北喀尒喀與俄羅斯接壤河　之南東為克魯倫河源西為土喇河源即元祖始興之地　永樂八年親征本雅失理敗之斡難河即此　土喇河發源忒勒尒几嶺西及小肯特山合流西南至昭莫多北又西經憨山北合克魯忒哈河北入鄂尒渾河永樂十二年親征瓦喇敗之土喇河即此河之南興安嶺西憨山東地名昭莫多　喀魯忒哈河源出翁金河北土喇鄂尒渾二河間平地　鄂尒渾河舊名阿魯渾一源出杭愛山南名姑洛河一源出鄂尒吉圖都蘭喀喇山名烏里雅思他河東南流合為一東經兩山中出山折西北合朱尒馬台河塔米尒河又東北合溫泉土喇河經喀里牙拉山西會哈拉河轉西北入色楞格河北與俄羅斯接河南為土謝圖牧地明洪武五年李文忠敗哈剌章於土喇河追至阿魯渾即此　哈拉河源出土喇北合色尒必嶺之揆河北流西合那林布拉哈泰二河東合阿達海松納拉通勒三河折西北南受博羅查克杜兒二河北流入鄂尒渾　翁金河源出鄂尒渾河東南山中東南入呼拉哈五郎泊距套西北百八十里　塔來兒河一源出杭愛山北一源出枯庫嶺北東北流合為一入鄂尒渾　色楞格河源出杭愛山西北山中在北者名哈喇台尒河布克誰河皆東南流在南者名厄得勒河齊老圖河烏里雅台河阿濟拉克河皆東北流合為一東北流受哈瑞河厄赫河鄂尒渾河至俄羅斯界西受哲得河東受楚庫河北流折西北入白哈兒海又西北出名昂噶喇河北流達於北海此河環歷諸山中廣四五十丈水深溜急朔漠圖作昔令哥河唐黠戛斯傳回紇牙帳北六百里仙娥河河東北曰雪山多水草青山之東有水曰劍河偶艇以度水悉東北流經其國北入海即此水也河南即河窩地　厄赫河源出呼孫古尒泊東南入色楞格兩旁小水在北者敖里克立河巴圖里烏巴什河額林河他里巴哈太河在南者敖即可噶兒漢河翁佳河恩特河他拉喜河皆入此河　哈瑞河源出塔米尒北山中東北入色楞格　推河源出杭愛山南南入鄂洛克泊

查克拜達里河源出枯庫嶺南南流合查克河察罕鐵木兒河入插漢泊　查巴喀河源出庫冷白兒齊介西北山中西南流合布介噶蘇台河空格衣河折西北流受阿普都河布顏圖河入奇勒稽思泊此喀西界　特思河源出湯努山南西南至阿介泰山東為烏普薩泊西南有薩克里哈喇河亦注泊中　瀾瀾納浯兒海元祖為諸部推戴稱帝於此　布伊介湖在齊齊哈介城西　枯倫河在齊齊哈介城西北一千一百七十里即克魯倫下流滙成之大湖唐時名俱倫泊明時名瀾灤海子唐書室韋最西有烏素固部與囬紇接當俱倫泊之西南北大山外曰大室韋瀕於室建河河出俱倫迤而東合那河忽汗河又東貫黑水靺鞨故靺鞨跨水有南北部地志囬紇有延特勒泊泊東北有俱倫泊四面皆室韋　呼孫固介泊在色楞格西北中有山名舍撥兒拖克東南流出為厄蘇河　桑稽普大來泊在色楞格西鄂勒白稽山旁　額介折衣圖察罕泊在桑稽普大來東南東北流為齊老圖河注色楞格　鄂洛克泊在庫冷白兒齊介地之東南又南為插漢泊　奇勒稽思泊在烏藍部馬山東南又西南為額克阿拉介泊　烏普薩泊在阿介泰山東南　溫泉在鄂介渾南岸

趙信城在寘顏山　范夫人城在郅居水南　瀚海都護府貞觀四年因故單于臺置燕然都督府統降戶龍朔中改瀚海以磧為限今屬喀介喀　和甯路始名和林西有哈喇和林河因以名城在今杭愛山東鄂介渾塔米介兩河間朔漠圖和甯北有昔今哥河又北瀾瀾不花渡口西有米河哈喇和林河西南有溫泉南有旺吉河

明永樂八年北征由萬全興和度漠之地曰歸化甸楊林戍禽狐山香泉戍廣武鎮高平陸懷遠塞捷勝岡清冷泊雙秀峰威鹵鎮紫霞峰元雲谷古梵場長青塞順安鎮至臚朐河　自瀾灤海子囬至開平曰玉帶河雄武鎮清湖原澄青河青楊戍蒼松峽飛雪壑靜鹵鎮廣漠戍甯武鎮淳化鎮永甯戍長樂鎮通川甸至應昌關平　本朝康熙三十五年　親征厄魯特瀚海東路自喀倫邊次蘇德圖次呼魯蘇台插漢腦兒次喀喇芒鼐哈必介漢次席喇布里圖次西巴介台次察罕布喇次拖陵布剌克次枯庫車介次西巴介台次克魯倫河　西路自歸化城至崑都倫克楚至愛畢哈至齊几介漢至特木兒至布兒哈蘇台至五郎厄魯几至古介板哈沙圖至察漢至蝦蟆兒至五尼圖至波羅蘇海至察漢厄介几至馬尼圖至敖石喜至家哈至尼介哈孫搜几至察布崔兒至你楚滾至庫介奇勒至圖格里克達至察哈拉尼多至烏納根烏蘇至昏鄂空厄勒至塔奇至西拉布里多至阿介博介濟至博濟河朔至椎河

喀介喀境東至黑龍江將軍界西至阿介泰山與準噶介接南至瀚海北至俄羅斯〇東自瀚海之東布伊介湖克魯倫河西北至色楞格河桑稽普大來泊西至查巴喀空格河

察哈尒地畧

武進馬冠羣良伯甫輯

察哈尒八旂明曰插漢元裔小王子後嘉靖中卜赤駐察哈尒因以名部後徙遼東邊外康熙十四年遷宣大邊外

鑲黃旗駐蘇門峯在張家口北三百　四十里漢上谷北境明萬全右衛邊外

漢尒圖山　朶多山　哈納峰並在旂東　陀克多山　喀楚尒山　杜藍喀喇山　阿哈魯虎山　駱駝山土名黑伯忒特門　明初李文忠敗元兵於駱駝山即此　古楚古訥特山　胡喇忒山　巴顏拖羅海山俱在旂東南　哈石郎山　伊克哈達圖山俱在旂南　額類山在旂西南　柴尒圖山　在旂西　黑羊山土名喀喇虎又駁羊山土名布祿兒虎又衣尒哈圖山插漢戟博岡俱旂西北　青羊山土名博羅虎又紅羊山土名五藍虎又俱在旂北　白鹿山土名布虎圖在旂東北

大紅泉土名伊克五藍在旂東南　滚佈拉克泉在旂西南　苦水泉土名嚐順在旂西　小紅泉在旂北　鹽泉土名達柏孫在旂東北

正黃旂駐木孫忒克山在張家口西北三百二十里漢且如縣地後魏柔元鎮金撫州威甯縣地明天成衛邊外

木孫忒克山在旂地　額尒吉納克山在旂東　木根山土名西伯黑　克在旂東南　烏尒虎拖羅海山在旂南　插漢和邵山在旂西南　七金山土名賀尒博金在旂西　小鮮卑山土名巴哈阿勒特漢兒山土名喀喇奇他特西喇奇他特山磐黑特山俱旂西北　大鮮卑山土名伊克阿勒特和岳尒德碩山興安山巴哈札拉山俱旂北　榆樹山土名烏里雅蘇台索拜山老鴉山土名克勒俱在旂東

北哈河即于延水旂東南六十里源出長川城南小山南流入邊經柴溝堡至懷安界為東洋河地志謂即脩水蒙古几河磐黑河俱在旂東南　七金河土名賀尒博金在旂西　納林河在旂西北　牛川在旂南界魏紀屈咄來冠自磐川至牛川屯於延水南出代谷以臨燕師即此

威甯海子土名希尒池旂南八十里威甯城在西南　榆林城在東南

庫尒木池在旂北　塔喇泉在旂西南

且如城在旂東南兆哈河側水經注於延水東南逕且如城南即此　魏神瑞二年幸沮洳城

延陵城在旂東南水經注延鄉水東經延陵故城北　名琦城川即此地理風俗記云當城西北有延陵鄉故縣也

柔元鎮城在旂東南魏太和中六鎮之一　魏高祖紀太和十八年幸撫冥鎮又幸柔元鎮水經注於延水出柔元鎮西長川城南通鑑胡注柔元鎮在於延水東漢且如縣西北塞外武冥鎮在武川柔元之間

長川城在旂東南魏書始祖率所部北居長川天興二年襲高昌常山王遵從東道出長川通鑑胡注長川在禦夷鎮西北大漠之東垂

威甯廢縣在旂西南八十餘里金志承安二年以撫州新城鎮置威甯縣

正紅旂駐古尒板拖羅海山在張家口外西北三百七十里漢雁門郡北境明大同府邊外

古尒板拖羅海山旂地　阿柏撻蘭台山在旂東　博克多山在旂西南　半頂山土名都尒哈拖羅海插漢峯俱在旂西北

伊克和洛圖山額古徳山哈喇克沁山巴漢札喇和郃山俱在旂北　哈撒克圖山在旂東北　朔隆峯在旂西

崑都倫泉葫蘆蘇台泉沙泉土名莽哈圖俱在旂南　諾尒孫泉在旂北　獅子泉土名阿尒撒朗圖在旂東北

鑲紅旂駐布林泉在張家口西北四百二十里漢雁門郡北境明大同邊外

格尒白山在旂東南　鴨兒山阿祿克勒峯俱在旂南　烏尒姑蘇台山在旂西南　阿尒達布色山察奇尒台山博托柯谷俱在旂北　鄂博圖山在旂東北

莽喀圖河在旂東南五十里西北入黛蛤池　阿拉齊河在旂西南　漢惠圖河旂北十里西入安達河博托柯和賴河郭岳惠泉俱在旂北

奄遏下水海土名黛蛤池受大淵小淵大涯小涯四河及銀海水諸細流在旂南四十里　九十九泉泊土名伊倫伊孫泊在旂西北五十里　敖托海泉在旂東　柳泉土名布尒哈蘇台在旂東南　黑水泉土名喀喇烏蘇在旂西

正白旂駐布尒噶台在獨石口西北二百七十里漢上谷郡北境明龍門衛邊外

駱駝山土名博索特門伊克得兒山譯言大馬鬣俱在旂東南　清涼黑山土名魁屯喀喇　杜蘭喀喇山　椎髻山土名哈特哈蘭台俱在旂南　黑山土名喀喇莪博圖在旂西

翁翁泊黑水濼土名喀喇烏蘇俱在旂西北

鑲白旂駐布雅阿海蘇默獨石口北二百四十五里漢上谷郡北境明開平衛北邊

巴漢得兒山在旂南鐵柱山土名阿羅坦噶達蘇在旂西北七十里西北即紅鹽池

西尒哈池在旂北　賀尒圖泉紅鹽池魁素池俱在旂西北

正藍旂駐札哈蘇台泊在獨石口東北三百六十里漢上谷郡北境金為桓州元開平明開平衛北境

弋賀蘇台河源出額默黑特站察察尒台河源出永安岡賀倫木索和池俱在旂東　奴黑特河在旂西北源出朱馬台泊

西勒圖池在旂東南　渾圖池在旂南　賀席磨克池在旂西南　古尒板烏默黑池黑倫木都池俱在旂東北

鑲藍旂駐阿巴漢喀喇山在殺虎口東北九十里漢雁門沃陽地後魏梁城郡參合地明大同西北邊外

阿巴漢喀喇山旂地　克醜山吉尒巴谷俱旂東　烏鴉山土名克勒鴉兒山朔隆峯阿拉齊谷俱在旂東南　五藍乂伯山漢惠朔隆峯俱在旂西　折尒得末墩山衣馬圖山俱在旂東北　石碌山官山並在旂南金志在大同宣甯縣明志官山古豐州境山上有九十九泉流為黑河

阿拉齊河源出朔隆峯巴尒哈孫河俱在旂東南　察哈音圖河弩衛格尒河俱在旂南　虎虎烏蘇河在旂西南源出賀蘭圖谷　安達河朱喇馬台河源出席喇峯俱在旂東北　黑河源出旂東北七十里海拉蘇台坡西北流合納札海河安達朱

喇馬台河德布色黑河哲尒德河始名伊克土尒根河西入歸化城東界即古白渠水荒干水　五藍木倫河源出旗西南
沃水在旂西水經注中陵川經善無北流會吐文水分為二一東北流為沃水東合可不泥水交豆潭水注鹽池　古鹽澤在
旂東北　察木哈克泉在旂南
沃陽故縣在旂南後魏復置屬善無郡水經注沃水逕沃陽城南土名可不泥城即此
涼城廢城在旂東北界魏志恒州涼城郡天平二年置領參合禄鴻二縣水經注沃陽縣鹽池北十里即涼城郡澤有長丞此
城即長丞治所
宣寧廢縣在旂南本遼宣德縣金大定八年改
平地故縣在旂南本號平地裊元至元二年省入豐州三年復置縣曰平地即此
參合廢縣在旂東後魏分沃陽置與漢代郡之參合異

青海地畧

武進馬冠羣良伯甫輯

青海一名西海土名呼呼腦兒古西戎三代為西羌漢為張掖武威金城隴西四郡之西塞外及蜀郡之北徼外先零罕幵諸種羌王莽置西海郡旋復入羌晉為土谷渾自西零以西甘松山之陽洮水之西南抵白蘭方數千里治伏俟城在今青海西十五里隋大業五年置西海河源鄯善且末四郡自西平至臨羌城以西且末以東祁連以南雪山以北東西四千里南北二千里隋末復為土谷渾伏允所據唐貞觀九年李靖破天柱王部落於赤海伏允走圖倫磧君集道宗自星宿川達柏海積石山兩軍會於大非山破邏真谷伏允子順降詔封西平郡王號趉胡吕烏甘豆可汗龍朔三年地入吐番元為貴德州及土番朶甘思等處明初為西番正德十年蒙古亦不剌及阿尒秃厮據其地名為海寇

本朝初封厄魯特為額實汗分左右二境雍正三年分四部二十九旗青海厄魯特二十一旗囬特三旗土尒古特四旗喀尒喀一旗

戴青和碩齊插漢丹津為掌旗　依齊巴土尒袞布　車臣色卜特札尒　達賴戴青袞旺阿拉布坦　達顏　索諾木達西

車伶屯多布　噶尒丹達西　索諾木達西　阿拉布坦札木素　羅卜藏插漢　阿拉布坦　車伶拱額　阿拉布濟

拉布查　羅卜藏達尒札　伊西多尒札布　色特尒本　厄尒得尼　索諾木達尒濟　札布　插漢拉布坦　阿拉布坦

哈尒噶斯　車伶那木札尒　色布騰溥碩克圖　達馬林色布騰　達西敦多布

崑崙山在黃河源西有三山一名阿克坦齋欽一名巴尒布哈一名巴顏喀喇總名枯尒坤譯言崑崙唐土番傳自湟水入河處西南行二千三百里有紫山三山中高而四下直大羊同國古謂昆崙番曰悶摩黎山是也山不極峻而地形甚高自查靈鄂靈二海子之西以漸而高登至三百里始抵其下山脉西自金沙江發源之犂石山東來結為此山自此分支向北至嘉峪關東趨大雪山至西甯邊東北達甘肅涼以南大小諸山東南並黃河南岸至西傾山抵陝西河洮堦至四川松潘口諸山河源其東而支幹繞河兩岸金沙江出犂石為昆崙之南河出朶甘思為昆崙之東江河二源皆出此山○積石山即今大雪山土名阿木伱麻禪母孫山一名亦耳麻不莫喇河源錄名騰乞里塔在西甯府邊外西南黃河北岸山脉自河源巴顏喀喇山東來唐時名大積石山漢地志河關縣下云積石山在西南羌中漢河關今西甯西南今大雪山在西甯西南又五百餘里語合後漢段熲自張掖追燒當至積石山出塞二千餘里今自甘州出口至大雪山正二千餘里唐侯君集追土谷渾至星宿川望積石山今大雪山正近星宿海張守節曰河自鹽澤潛行入土谷渾界大積石山又東北至小積石山小積石在古枹罕西北龍支縣西杜通典等以此山訛為大積石因唐以後地入土番人跡罕至故但知有河州之積石而真積石反晦元都實窮河源以昆崙目之而積石之真愈失矣　西傾山一名西彊一名嶯臺土名羅插普喇在黃河自東折西北之東岸河以南諸山無大於此者在洮州西南三百餘里水經注山南即墊江源山東即洮水源北史土谷渾傳阿豺升西彊山觀墊江源洮州衛志西傾山延袤千里外跨諸羌　熱水山在西甯邊外西南寰宇通志山南出暖水流入青海北出冷泉即西甯河源　豐

利山在西甯邊外西隋元諧出鄯州趨青海遇土谷渾於豐利山擊走之　曼頭山在西甯邊外西北宋泰始六年魏長孫觀
與土谷渾王舍寅戰於曼頭山唐貞觀九年薛孤兒敗土谷渾於曼頭山胡注隋伐土谷渾置河源郡有曼頭城因山得名也
車我真山在西甯邊外西北隋大業五年土谷渾率衆保覆袁川帝命元壽南屯金山段文振北屯雪山楊義臣東屯琵琶
峽張壽西屯泥嶺四面圍之伏允潛遁使詐稱保車我真山　蜀渾山在西甯邊外西北唐貞觀九年李大亮敗土谷渾於蜀
渾山胡注山在赤海西　自豐利山至此皆古名
耶噶尒山在西甯邊外六十里土名雪山　達克珠尒山在西甯西川邊外山南為西川南川諸邊山　阿尒坦山在西甯東
北邊外山脉東趨北川抵浩亹水　阿什根山在西甯西南邊外　阿木倚塞尒泰山在青海東南　阿木倚末谿山在青海
東　阿木倚鄂凌通布山烏克拖羅海山插漢拖羅海烏尒圖山俱在青海西南　阿木倚巴顏尊崔山　阿木倚天青插漢
峯山　阿木倚瓦善通布山阿木倚厄枯山阿木倚洞舒山在青海西北　阿木倚巴尒布安山索克圖山在青海西　阿木
倚圖噶尒山在青海東北近甘涼二州邊一名龍壽山　阿木倚巴顏哈拉山一名大荒山在涼州邊外　漢拖羅海山在青
海南　魁孫拖羅海山在青海中　他蘇尒海山在河州保安堡南邊外　納山在河州西邊外　素嶺山　石饒山俱在洮
州衛西南邊外　朶噶尒山在洮州衛西北邊外大夏河發源處　綽邦蘇尒馬拉山在洮州衛邊外洮河源北西傾山東
多克的山在洮河源北　揑楚衮山在多克的東即克石特山在洮州衛邊外　圖尒艮山在洮河源之西北近伊克哈柳圖
河　馬里和尒和山在洮州衛西北邊外西傾之東北支山　碧柳圖山在黃河岸東北馬尼圖山東　密里克山在黃河岸
東八十里碧柳圖山東阿木倚麻爐母孫大雪山之西　布安山在密里克東　阿喇克薩尒山在碧柳圖山南　哈尒吉山
在大雪山西南　阿木倚穀古尒板山在哈尒吉山東　烏藍芒奈山在黃河自東折西北處自碧柳圖至此
皆黃河回曲折旋處元史謂河行昆侖又轉西流過昆侖北即此地　古尒板衣馬圖山在黃河西岸西海西南繞獨羅池之
西又東北為蘇羅巴顏喀喇山　布呼吉魯肯山在黃河源鄂敦他拉亦名枯尒坤山脉自巴顏喀喇來山東麓即星宿海又
東為阿克塔齊欽山　烏藍得什山在黃河源查靈海北阿克塔齊欽東　馬尼圖山在鄂靈海東北烏藍得什東　查克喇
峩山在鄂靈海西南歲河色納河俱發源於此　雜普通古查哈蘇拖羅海山在查克剌峩東齊齊哈納發源於此又東南為
查尒雜通布山　巴尒布哈山在查靈海北又北為柴打馬地諸山　古尒板蒙衮拖羅海山在黃河源南岸　拉母拖羅海
山在黃河源阿尒坦河南岸
赤嶺在西甯西邊外唐地志石堡城西二十里至赤嶺有開元分界碑土番傳開元中請交馬於赤嶺互市於甘松嶺裴光庭
曰甘松中國阻不如許以赤嶺為界天寶八載哥舒翰攻石堡城下之遂以赤嶺為西塞　承風嶺在西甯西南邊外唐李承
元劉審禮擊土番青海上敬元頓承風嶺　白草嶺在西甯北邊外宋元嘉元年秦王熾盤遣太子恭末出貂渠谷攻河西白
草嶺臨松郡水經注鮮谷塞東南有白嶺即白草嶺　納拉薩拉嶺在西甯西南邊外又西有喬布秦尒嶺哈拉嶺　魯克喇嶺

在西甯西北邊外又西有喇喇嶺　巴漢哈圖嶺近青海南岸東為伊克哈圖嶺西南為察察嶺　納布楚尒嶺在察察嶺東蘇羅嶺在青海南稍西即蘇羅巴顏喀喇之東嶺又西南為忒門呼朱嶺　多穆地碧柳圖嶺在碧柳圖山北　海弩克嶺在青海東南　登諾兒台嶺在黃河西岸蘇羅嶺東　鄂德尒碧柳圖嶺在青海西南　布呼圖嶺在青海東北　烏蘇圖叟濟嶺在青海西百餘里　烏藍布拉克嶺在青海西南　西喇庫忒尒嶺在鹽池北池東敖蘇博嶺池東北好來叟濟嶺　大成嶺在河州保安堡邊外南東南有班陳庫忒尒嶺呼呼庫忒尒嶺　碧柳圖嶺在洮州衛邊外西北　塞尒隆嶺在洮州衛西北三百餘里西傾山之支嶺　託禮嶺在洮州衛邊外洮河發源處　哈尒吉嶺在黃河自東轉西流之南岸大雪山之支嶺東南又有索諾穆達西嶺　年布拉克嶺在查靈海東北五十里其東有寒多嶺　阿拉尒巴顏喀喇嶺在黃河源西南木魯烏蘇河東又有匝福尒巴顏喀喇嶺匝呼尒巴顏喀喇嶺克勤巴顏喀喇嶺麻木公圖忒巴顏喀喇嶺皆一山而隨地立名

插漢峰在青海中近西岸　都侖巴圖尒峰近洮河源　噶達蘇齊老峰在黃河源阿尒坦河北岸

榆谷在西甯西南邊外羌滇良世居大允谷種小人貧奪居大榆始强永元十四年曹鳳請復西海郡規固二榆廣設屯田水經注河自西海郡東經允川歷大榆小榆谷北榆谷在河南九曲在河西　破邏真谷在西甯西南邊外唐貞觀九年侯君集經破邏真谷追及伏允於烏海　大嶺谷在西甯西邊外唐延載元年王孝杰破土番於大嶺谷天寶元年皇甫惟明破土番大嶺等軍　湟圖洞在河州老鴉關西南邊外　插漢拖羅海岡在西甯西南邊外又西北有呼呼拖羅海岡　巴尒拖羅海岡在青海南黃河北岸

黃河源出阿尒坦河在朶甘思西極邊巴顏喀喇東麓南合烏喀納峰拉母拖羅海山之水北合西拉薩拖羅海山泉及七根池諸水東北流至鄂敦他拉在西甯西南邊外千一百十四里南有都尒伯津喀喇阿答尒罕巴顏和碩諸山北有烏藍得什阿克塔齊欽布呼吉魯肯諸山四面環繞中泉千百泓元史所謂火敦腦兒譯言星宿海也又東北流北有巴尒布哈山南出一河南有喀喇答尒哈山北出一河共三河土名古尒板索尒馬合為一東南注查靈海又東南入鄂靈海元史所謂澭二巨澤名阿剌腦兒也二澤之間有色納楚河多河苦克查池三水來合南流有喀喇可來入元史此處名赤賓河有亦里出忽蘭也里朮諸水來合自鄂靈海東北折東南至巴顏圖渾嶺下水色始黃元史此處云水八九股也孫斡論譯言九度又四五日水渾濁又東南流繞阿木倷麻纏母孫大雪山南地理今釋作蒙古託羅海山元史以為崑崙至烏蘭芒奈山北今釋作莽乃山山南有三水名古尒板昆多倫北流來合今釋作朶母打禿昆都倫河多拉昆都崙河元史所謂納隣哈剌乞尒馬出二水也自芒奈山北折西流繞大雪山東北今釋作阿木倷馬勒產母孫山有呼呼烏蘇及齊普二河來合又東北流會路克圖袞俄尒濟諸水歷歸德堡入河州界自鄂靈至歸德土名喀屯河自歸德東經積石入河州為中國黃河

湟河在西甯西北邊外青海東源出噶尒藏嶺一伊克烏拉古兒台一土尒根烏拉古兒台一查哈烏拉克兒三水南流合為一名波洛冲克克河東南流合崑都崙河毛哈圖河至董郭尒廟南合土尒根插漢河其水始大西甯西川邊內為西甯河即

湟水東南至莊浪衛降唐堡入大通河漢地志臨羌西北塞外有仙海鹽池湟水所出東至允吾入河後漢書注湟水一名洛都水元和志名樂都水河源附錄湟水源自祁連山下正東流千餘里注浩亹河明統志源出熱水山北流經伯顏川那海川入黃河冊說西川河源出海夷部落東南石峽至衛西北受北川河又合南川河經城北名西甯河又東經碾伯堡名湟河東合西大通河莊浪河至蘭州入黃河

北川河土名阿尒坦源出西甯邊外阿尒坦山南流合布呼克河入西甯北川邊內至西甯入湟河　南川河土名西喇苦特河源出西甯西南邊外西喇苦特山　喀喇河在西甯西北邊外湟河之東源出插漢鄂波圖嶺東南入湟河　烏藍布拉克河和尒河在青海東南　哈尒濟河伊克烏藍和邵河巴漢烏蘭和邵河在青海北　布喀河在青海西源出青海西北阿母泥額枯山南名喀剌細納河南合殷格池水至天青插漢峰北合善池水羅子河西尒哈河濟拉馬尒台河始名布喀河東注青海岸濶流深人不可度疑即土番傳之大非川　滚俄尒吉河在青海西南百餘里源出即里山　烏藍河在河州保安堡東南　洮河源出西傾山東麓柏木溝東南流土名巴拉巴河東至洮州衛入塞為洮河漢地志洮水出西羌中北至枹罕東入河　巴漢哈柳圖河伊克哈柳圖河在洮州衛西黃河北岸　路克圖河在衛西黃河東岸又北為碩尒渾河　古尒板昆都崙河在松潘西北邊外源出賴枓山及納克多母喇二山之北西名德忒查哈昆都崙東名多母達昆都崙又東多洛昆都崙西北流合為黃河即元史所名納隣哈剌乞兒馬出鵰栲三河也　哈尒吉河黃河東岸　齊齊尒哈納河　齊普河呼呼烏蘇河西白土河俱黃河西岸　呼藍河鄂靈海東岸黃河南岸　多河鄂靈海西南

青海西甯府西五百餘里一名西海一名卑禾羌海一名乚海鹽池即古鮮水漢趙充國鮮水北去酒泉八百里又治隍陿以西道橋七十令可至鮮水王莽傳羌豪良願獻鮮水海允谷鹽池水經注湟水東經西海鹽池北又東逕龍夷城又東卑禾羌海北有鹽池魏土谷渾傳青海周千餘里中有小山冰合後以馬置此山有孕生皆龍種隋大業五年置馬牧於青海渚中以求龍種明統志西遊䕺七十二道水滙為西海自日月山望之如黑雲冉冉而來　烏海在西甯府西隋地志河源有烏海唐貞觀九年侯君集由南道經破邏真谷追及烏海大破之胡注在漢哭山西　星宿海即鄂敦他拉唐貞觀九年侯君集等逾星宿川至柏海與李靖軍合十三道圖星宿海柏海並在大非川西柏海近河源星宿川尚在其東蓋柏海東河之別名非今之鄂敦他拉柏海似今之查靈鄂靈澤又鄯州西二百四十里別有星宿川　查靈海在河源鄂敦他拉東又東為鄂靈海

藥水洮州衛西南源出合川縣東北平地西甯邊外阿拉善廟後又別有藥水　昂川在西甯府西南宋元嘉三年土谷渾握達等奔昂州附土谷渾王恭額　覆袁川在西甯西北邊外　大非川在西甯西南邊外唐地志自振武軍經尉遲川苦跋海王孝杰米栅九十里至莫離驛又經公主佛堂大非川二百八十里至那錄驛土谷渾界也唐咸亨元年討土番軍至大非川仁貴率所部進屯烏海待封大敗仁貴退屯大非川　良非川在西甯西邊外唐永隆元年土番寇河源兵屯良非川通鑑開耀元年黑齒常之破土番於良非川　度周川在洮州衛西晉隆安二年西秦乞伏益州與土谷渾戰於度周川胡注在臨洮

塞外龍涸西　莫何川在洮州衛西晉義熙元年乞伏乾歸破土谷渾樹洛干率衆破莫河川胡注西傾東北　長柳川在洮州衛西晉義熙九年河南王熾磐擊土谷渾支旁於長柳川又擊破別統於渴渾川義熙十三年西秦安東木奕于擊破阿柴於堯杆川　巴漢池在西甯西北邊外近青海東北　鹽池在青海西南周百餘里產青鹽西拉庫特兒山之莫和尒河布拉克地之插漢烏蘇河西來滙為此池又合巴尒虎河柴積河名曰鹽河東南流入功額池　殷得尒圖池在青海南又東為功額池又北為細納池又西為奇尒多克池　巴顏池在西海東南　多羅池在西海西南　湫池在洮州衛西南元和志在丹嶺縣西通彌山中周百餘里古之天池大澤白水源出處　古尒板噶順在黃河上流鄂靈海東北　古尒板蒙袞拖羅海山有三池一名鄂博圖噶順一名多母達噶順一名插漢噶順俱在黃鄂博池之東

西海故郡有二一王莽置在青海東漢元始五年羌良願獻鮮水海允谷鹽池為西海郡永元中西海及大小榆谷無復羌寇曹鳳請置西海郡乃使鳳將屯龍耆魏正始九年郭淮軍西海與羌戰龍夷之北水經注河水東自河曲經西海郡南又湟水東南流經龍夷城故西零地十三州志城在臨羌新縣西三百十里王莽以為西海郡治北城一隋置在青海西十五里即土谷渾之伏俟城魏書正光後夸呂立自號可汗居伏俟城隋地志大業五年平土谷渾置鄯善且末西海河源四郡西海治伏俟城

河源故郡在青海南本土谷渾赤水城隋大業五年置宇文述傳述以兵屯西平臨羌城土谷渾西遁追至曼頭城攻拔之至赤水城又拔之即此

澆河故城在河州積石關外古羌地南涼置澆河郡晉隆安初烏孫攻破金城降樂都澆河湟河三郡周建德五年於今州治西南達化縣界澆河故城置廓州唐儀鳳五年改置積石軍

故疊城土名樓禮那城在洮州衛邊外南山谷中至今居其地者號疊番周初置五香郡建德六年置疊州開皇四年置總管府大業省武德二年於今州西二十九里合川故城置疊州城在獨山上南枕羌水本土谷渾馬牧城三年移交戍城十三年置府天寶改合州郡乾元復疊州○合州周武成中置

故芳州在洮州衛西南古甘松地魏景元四年使楊欣等詣甘松綴姜維於沓水即此晉咸和中張駿置甘松護軍太元中乞伏國仁置甘松郡周建德六年於甘松防置芳州又置深泉恒香二郡開皇初省郡大業省州唐武德初於上芳縣置芳州

故貴德州在河州西八百餘里今歸德堡元置河源錄過昆侖北至貴德州地名必赤里明洪武九年沐英窮追番部至昆侖山奏設必里衛永樂四年設歸德所

洮陽故縣在洮州衛西後周置廣恩郡廣恩縣仁壽改洮河大業改洮陽

洮源故縣在洮州衛西南周建德六年於河州雞鳴坊置旭州金城縣又立通義郡後省郡改洮源縣

密恭廢縣在洮州西南光項部落也

常芳故縣在洮州西南天法山東蘇董谷西本周恆香郡芳州郭下上元中芳州既陷神龍元年移治此
歸政廢縣在洮州衛西開皇二年置為疊澤郡治三年省
湟中城在西甯西北又有小湟中城在西平張掖之間故小月氏之地漢建安十九年張郃渡河入小湟中即此
樹敦城在西甯西邊外魏廢帝二年突厥木杆可汗襲土渾樹敦賀真二城即此
合川守捉城在西甯西邊外唐貞觀中置○州西南為綏和守捉城
臨番城在西甯西邊外故河源軍西○又西六十有白水軍綏戎城又西南六十定戎城
石堡城在西甯西南邊外唐開元十七年信安王禕攻拔石堡城更名振武軍後入土番天寶八年哥舒翰攻克之名神武軍唐地志定戎城南隔澗七里有天威軍即故石堡城土番名鐵刃城
神威城在西甯西邊外唐天寶七年哥舒翰築神威軍於青海上又築戍於海中龍駒島名應龍城
大莫門城在西甯西南河曲之地土番所築唐開元十六年大破土番於渴波谷拔其大莫門城焚其駱駝橋胡注城在九曲天寶十二年哥舒翰破洪濟大莫門諸城收九曲故地即此
漒川城在洮州衛西南魏景元四年楊欣追姜維於漒川口晉咸和中收河南地置武衛石門侯和漒川甘松五屯護軍又太元十年置漒川郡洮水出漒臺山故稱洮漒其西接黃沙亦稱沙漒
安人軍在西甯西邊外星宿川西
白泉軍在西甯西北○又西為威戎軍
九曲軍在西甯西北邊外天寶十二年收九曲故地置神策軍於臨洮西澆河郡於積石西又置宛秀軍以實河曲即此○元和志甯邊軍在積石軍西黃河北威勝軍在積石軍西宛肅城金天軍在積石軍西南洪濟橋武甯軍在洪濟橋東北百谷城
耀武軍在廓州南黑硤川並哥舒翰置
析支在河州邊外河曲之地漢西羌傳自河關西南羌地濱於賜支至於河首水經注析支在河關東千餘里唐西域傳當項古析支也東距松川西葉護南春桑迷桑等羌北土谷渾
沓中在洮州衛西南蜀景耀五年姜維還住沓水晉義熙十一年乞伏熾磐攻漒川師次沓中胡注沓中即沙漒之地
河厲在西甯西南邊外大小榆谷之地段國沙州記土谷渾於河上作橋名河厲長百五十步在清水川東
呼達圖渡在西甯西南邊外
阿拉尒查渡在黃河西流折西北處
松噶尒渡在黃河自東折西流處○噶哈渡亦黃河折西流處
烏藍芒奈渡在黃河折西流處

西套厄魯特地畧

武進馬冠羣良伯甫輯

套夷在河套西漢北地西境武威張掖北境晉前後涼北涼唐初屬河西廣德初入西番宋景德中入西夏元屬甘肅行中書省本朝蒙古厄魯特套夷部駐其地康熙三十二年編　巴圖介顔介克　阿拉卜灘　丹濟蘭三旗　駐賀蘭山陰龍首山北博羅沖其克地

賀蘭山在旗東與寧夏邊接土名阿拉善山阿蘭山連接河東望雲山東北抵河又名乞伏山從首至尾象月形

寧羅山在長草湖南鎮番邊外　來伏山在旗南與鎮番接界　亦不剌山在鎮番北邊外　脫驢山在永昌北邊外

龍首山在旗西南接山丹縣界土名阿喇克鄂拉距山丹城三里山盡處為寧遠堡山南為內地

松陝水今古浪河自古浪北至土門堡出邊又東北至旗界豬為澤即豬野漢地志蒼松縣南山松陝水所出

谷水今三岔河自涼州城東北經鎮番至旗界入白亭海子漢地志姑臧南山谷水所出北至武威入海冊說三岔河東北經鎮番北為白海　魏地志武威襄城縣有武始澤水經注馬城河東北經武威故城東一支北入休屠澤一支東入豬野　水磨川一名雲川自永昌西東北流經新城堡水磨堡永昌城北又經寧遠堡出邊至旗界為大澤土名沙喇鄂模　厄濟納河在旗西

休屠澤在旗東北古以為豬野水經注武威北有休屠澤俗謂之西海其東有豬野澤俗謂之東海通名都野寰宇記行都司志姑臧白亭海一名小闊端海子五澗谷水流入此海即豬野澤按三岔河自鎮番東北出邊豬為大澤土名魚海子蒙古名哈喇鄂模即古休屠澤　昌寧湖在旗南寧遠北四十里　長草湖

沙喇泊在休屠西二百餘里水磨川自寧遠堡出邊來注　鴛鴦泊白鹽池小白鹽池皆在鎮番西北邊外　紅鹽池在山丹城北　馬跑泉在

擺言湖在平番縣東北邊外　青鹽池　三井在鎮番西北

永昌北三十餘里　雙泉在永昌西北

武威故縣漢置在今鎮番邊外三岔河西　揟次故縣漢置水經注松陝水北至揟次入海今此水北流至古浪邊城外又百餘里始為大澤故城當在其旁魏黃初中張既討盧水胡揚言軍從鸇陰乃潛由且次出武威且次即揟次晉志作揖次魏揖次縣屬昌松郡

白亭軍在鎮番東北邊唐書舊涼州不過四百里郭元振始於南境硤口置和戎城北界磧中置白亭城拓境一千五百里元和志白亭軍在姑臧北馬城河東岸天寶十年置

西藏地畧

武進馬冠羣良伯甫輯

西藏唐古忒即圖伯特（一作土伯忒）兼土番朶甘烏斯藏等地虞夏為三危（今其地為三暗巴在作了境阿足塘央嶺之間）漢為金城迤西諸羌南北朝散處析支水及邏婆川西魏末禿髮樊尼（利鹿孤之子）之後為臨松縣丞撫有諸羌遂以國大改姓為窣敦野一云其始祖號鶻提悉補野因以為姓隋開皇中倫贊索自牂柯西臧土渾遷居跋布川（舊居牂柯西疋播城）以禿髮為國號訛曰吐蕃貞觀十五年弃蘇農贊尚文成公主高宗立封西海郡王（通典作賓王）如意初武威軍總管王孝傑大破吐蕃復龜茲於闐疏勒碎葉四鎮建中二年吐蕃請以賀蘭山為界四年盟於清水即大詔前甥舅聯盟碑也宋咸平元年河西軍左廂副使折逋游龍鉢來朝詔以為大將軍助討李繼遷熙甯元符崇甯三次用師開熙河一道置郡縣逮時有大蕃小蕃胡母思山蕃之別元初封首領章古甯濮郡王鎮河州太祖四年帝入河西獲克兀喇海城使隸西甯設土蕃宣慰使都元帥府以洮岷黎雅諸州隸之又於今打箭鑪地置彌門魚通黎雅長河西甯遠安六宣撫司中統時復置烏斯藏以為郡縣（故烏斯藏去四川馬湖府千五百餘里雲南麗江府千餘里陝西西甯衛五千餘里）明洪武六年定河州永樂元年封烏斯藏僧哈立碼為大寶法王昆澤思巴為大乘法王又其一為大慈法王吉剌思巴監藏巴藏卜為闡化王靈藏僧著思巴兒監藏為贊善王（通典作珠卜巴勒）納木喀巴勒藏布袞碓克僧為護教王（一作巴斡）宗必力工瓦僧領真巴兒吉監藏為闡教王（通典作巴勒恭嘎僧）我朝崇德七年遣使歸誠順治九年來朝封西天大善自在佛領天下釋教普通瓦赤喇怛喇達剌麻全藏地分四部自打箭鑪西巴塘察木多之地總曰康本古康國為前藏（亦曰喀木）又西布達拉山（譯言普陀宗乘）大詔寺（故吐蕃建牙所）今達賴居之總曰衛（古曰危本三危地）為中藏又西札什倫布（華言吉祥山）故拉藏治所今班禪居之總曰藏為後藏此三部總稱古三危又極西逾三桑至阿里宗城（一名毕噶介）曰阿里南界廓介喀（普為洛敏湯作木朗地今并入廓）西南至喀里逾嶺即哲孟雄部（一名錫金西金錫剝拔藏駱邑在印度首會加喇吉打之接阿里南二千餘里入額納特部印度達芝嶺克境即中印度一作尼納特克）

東由拉撒至巴塘甯靜山交川滇界　南由拉撒過鍋噶拉宋噶拉扎拉交狢貐茄巴怒江界（怒江一名工布）　西由拉撒經扎什倫布至三桑乃阿里界（阿里西北納特克谷土結塞二部落境○一由三桑岡得塞入阿里當爾達界一由三桑墨爾拉通拉經脇噶爾至蟲拉木交廓爾喀界脇噶爾四達之區為西藏要隘）　北由拉撒出羊八井口至新橋即平川西通後藏東接噶爾噠北從草地至木魯烏素（華言天河）通噶爾藏骨岔交青海西甯界○東南由拉撒朗路山轉出大則經竹貢寺沙金塘草地走古樹邊下至春奔色擦接類伍齊界通昌都大道　東北由拉撒向色拉寺東過彭多河鐵索橋由角子拉熱正寺增頂工至木魯烏素通西甯大道　西南接布魯克巴巴勒布通西洋等處又自怒江北由咱義桑阿郤宗瀾滄江至阿布拉通南登大道　西北由拉撒過克野拉納克臺通弋壁葉爾羌新疆大道　全境東西六千餘里南北五千餘里衛地東自木魯烏蘇西岸西海部落界西至喀木把拉嶺藏界一千五百三十三里南自鄂木拉剛冲嶺北至牙介佳藏布阿二千二百餘里統轄三十城

喇薩城在布達喇山距打箭鑪三千四百八十里　今達賴喇嘛居此　得秦城

布東城　桑里城　垂佳普郎城　野而古城

達克帀城　則庫城　滿擺納城　拉巴隨城
札木達城　達拉馬宗城　古魯納木吉牙城　碩噶城
朱木宗城　東順則城　則布拉剛城　納城
吉尼城俱在喇薩城東南吉尼距拉撒最遠　日噶牛城　楚舒介城
日喀介公喀介城有番户二萬餘為衛地最大之城　岳吉牙來雜城　多宗城
僧格宗城俱在拉撒西南　董郭介城在拉撒西　地巴達克帀城　倫朱卜宗城
墨魯恭噶城　達多城俱在拉撒東北
藏地東自噶木把拉嶺衛界西至麻介岳木嶺阿里界一千八百八十二里南自帕里宗城之畢木拉嶺北至者巴部落之北
打魯克兩木撒池一千三百餘里統轄十七城
日喀則城在喇薩西南五百三十里　今班禪喇嘛居此　林奔城　納噶拉則城
拜的城俱在日喀則東　拜納木城　李陽則城有番户三萬餘　烏兩克靈喀城俱在日喀則東南
丁吉牙城　羅西噶介城　帕里宗城　盆蘇克靈城
濟隆城　阿里宗城　尼牙拉木宗城俱在日喀則西南
尚納木林城　章拉則城　章阿布林城俱在日喀則西北
喀木東自鴉龍江西岸西至努卜公拉嶺衛界一千四百里南自噶克拉岡里山北至木魯烏蘇南岸一千七百里東南自雲
南塔城關西北至索克宗城西海部落界一千八百五十里東北自西海部落界阿克多穆拉山西南至賽勒麻岡里山一千
五百里統轄十三城
巴塘城在拉撒東南二千五百里康熙五十年改屬四川　節達穆城在巴城東南　舊名中甸今屬雲南
裏塘城在巴塘東北改屬四川　桑阿克宗城在巴塘西南　匝坐里岡城
薄城　蘇介莽城　羅隆宗城　解凍城
舒班多城　達介宗城　索克宗城俱在巴塘西北　卓克宗城在巴塘北
阿里東自麻介岳木嶺西至巴第和木布嶺二千一百餘里南自帀木薩拉嶺北至烏巴拉一千三百餘里此西藏極西邊界
統轄五大城八小城
布拉木達克拉城在布拉木之地距拉撒西南二千五百餘里　所屬有喀介多木日底二城
古格扎什魯木布則城在拉撒西南三千四百九十餘里　所屬有冲龍則布龍楚木介的三城
拉達克城在拉撒西南三千七百五十餘里　所屬有扎石剛丁木剛喀式三城

畢底城在拉薩西南三千八百餘里　魯多克城在喇薩西北二千九百三十餘里

附屬部落

噶克卜部在拉薩東南八百四十里衛喀木邊界之間與羅克卜札國接界相近有恭布部落蕃戶三千餘户

薩噶部在日喀則西南八百三里其西有卓書特部乃藏之西界阿里之東界

者巴部在日喀則西南四百二十里

羅部在日喀則西南千一百十里

噶尒道營疑即阿里噶尒渡部與後藏札什倫布三桑接壤在喇薩西北二千五百餘里乃阿里之北界

拉陀部　舒布倫巴部　格尒濟部　塞尒帀納尒噶魯部　兎舒部疑即哈喇烏蘇木魯烏素等部皆在喀木西北界與西甯接壤

布魯克巴部在藏地之西南本西梵國國中南行月餘接天竺界

巴勒布一名別蚌在藏地西南與聶拉木接壤

白木戎部在後藏塞尒西　十八程東界朱巴以巴隆江為界南至西天烏盆子西至北布一作白布即吐蕃贊普取白布國女之地北至日蓋子即札什倫布仍仲甯翁結巴寺之後山　自白木戎西去二十餘日至小西天國都布尒牙部落上海舡行半月至大西天

阿里諸山

岡底斯山在達克城東北三百十里○地形自西南徼外以漸而高至此為極分幹向北者為僧格喀巴布岡里木孫諸山繞阿里北入喀齊國向東北者為札布列斜而克角烏尒克年前唐拉薩木坦岡帀諾莫渾烏巴什巴顏哈拉諸山環衛地竟河源西海至陝西西甯等處邊界向西南者為悶那克尼皃薩木泰岡諸山亙阿里南入厄訥特克國向東南者為達木楚克喀巴布岡噶尒沙彌努金岡諸山歷藏衛達喀木至雲南四川界康熙五十六年喇麻楚尒沁藏布蘭木占巴主事勝住等繪畫西海西藏輿圖測量地形以此山為天下之脊眾山之脉皆由此起水經注阿耨達山西南有水名遥奴小東有水名薩罕又東有水名恒伽同入恒水此山西出襪楚拉楚麻楚三大水皆西流轉東而南合為岡噶江入南海疑此即阿耨達也

僧格喀巴布山在古格城東北為岡底斯相近四大山之一山形如獅故名拉楚河源出此山之南　遮達布里山在古格城東北亦阿里之大雪山　岡里木孫山在魯多克城西北山甚高險自遮達布里綿亘而北至此為阿里之北界其西即喀齊國　狼千喀巴布山在達克拉城東北岡底斯南幹所始為岡底斯相近四大山之一山形如象故名狼楚河發源於此　悶那克尼皃山在達克拉城東北臨馬品木達賴池西岸　馬布伽喀巴布山在達克拉西北為岡底斯相近四大山之一山形如孔雀故名麻楚河發源於此山南自此西向亙狼楚河之南二千餘里盡拉楚狼楚交會處　薩木泰岡山在畢底城　西南為阿里之西南界　郎拉嶺在達克拉東北岡底斯北分之幹城南百四十餘里有佳拉嶺　察察嶺在魯多克城東北　相

近有克尒野嶺　城西北有拉布齋嶺　達克拉城東南有努普拉嶺皆阿里北邊之雪嶺　巴第和木布嶺在達克拉西南
為阿里之西界　匝穆薩拉嶺在古格城西南

藏地諸山

達木楚克喀巴布山在卓書特部西南延闊耶克尼兒東南為岡底斯相近四大山之一山形似馬故名雅魯藏布江發源此
山之東為藏之西南界　枯本岡前山　巴尒中岡前山在卓書特部西南　凡木蘇木岡古木山在卓書
特南　札布列佳尒布達克那山近岡底斯東北　上古牙拉克馬拉克山在卓書特部西北　東南有沙爽尒尼尒山、又
東有隆夾尒薩馬尒山皆達爾之大雪山也　揭木拉舒尒木山在　斜尒沖山在薩噶西北角馬尒沖山在薩噶東
北　山最高險　草索克博山在尚納木林城西北　郎布山在藏之北界近[illegible]布池北岸　達尒古山在郎布山東　岡噶
尒沙彌山在阿里宗成東南　策林吉納山在羅西噶尒城西南　舒尒木藏拉山在薩噶東南　藏布河發源於此　朱木
五馬山在羅西噶尒城西北　努金剛蒼山在那噶尒則城南　龍前嶺在羅西噶尒城西北　那拉嶺在章阿布林城西
狼拉嶺在岔蘇克靈城西北　查狼克狼萬嶺在藏北近鹽池　芝麻拉嶺在帕里宗城西南　布拉馬蘇木嶺在濟隆城西
南　沙盤嶺在阿里宗城西南　昂匝嶺在卓蘇特部西南此四嶺為藏南界　麻尒岳木嶺在　蘇特部西岡底斯向南之
支幹嶺南為藏之西界嶺北為阿里之東界

衛地諸山

楚五里山在日喀城西　公拉岡里山在烏雨克靈喀城東南近牙母魯克池自西北努金剛蒼山聯延至此牙拉尚布山在
垂佳普郎城東南　匝里山在東順城西南　衛之南界山頂有百餘池　達克卜悉立岡前山在納城西南　魯木前噶尒
兵噶尒布山在吉尼城東南為衛之東南界自此入喀木境　獨龍岡里山在董郭尒城西北　年前唐拉山在達多城西北
近騰噶里池東　薩木坦岡扎山在達多城東多　公噶巴喀木山在哈喇烏蘇河源南岸　尼庫里山在公噶巴喀木西南
為衛之東界喀木之西界　都克立山在則布拉岡城東南　布喀山在喀喇烏蘇上流北岸布喀言野牛也　巴薩通拉木
山在拉撒北金沙江發源之山也山如乳牛故名木魯烏素由山之東南流出入雲南界為金沙江山西流出之水名牙尒加
藏布河　諾莫渾烏巴什山在拉撒東北布喀山之東山西南為怒江源山西北近金沙江源自兩江界而東南直抵雲南
格尒吉匝噶那山在諾莫渾烏巴什東北一名鹿石山瀾滄江發源於此為衛之東界喀木之西北界　山北有薩音苦布渾
比　又北有洞布倫山　蘇克布蘇克木山在瀾滄江源東金沙江南岸共有七山　齋齋尒哈納苦苦烏蘇七水發源於此
郭章魯苦噶尒牙山在蘇克布蘇克木南　衛之東南界喀木之北界　勒斜尒烏蘭達普蘇山在巴薩通拉木山西北山旁
產紫色鹽喀七烏蘭木倫河發源於此　西金烏蘭拖羅海山在勒斜尒烏蘭達普蘇東託克託乃烏蘭木倫河發源於此自此
而東繞木魯烏蘇北千餘里皆名巴顏喀喇山山陽即西海部黃河之源也鶴泰嶺在木魯烏蘇上流南岸由西甯洮州至藏

之路要○相近有庫庫賽尒嶺　哲林嶺　班穆布拉嶺　洞布倫嶺　伊克諾莫渾烏巴西嶺　在洞布倫嶺南東北距西
甯二千餘里西距拉撒千里○南有阿布拉剛蘇木嶺布木匝西里嶺○又西南踰哈拉烏蘇有西勒圖嶺　拜都嶺在木魯
烏素南○西有格尒占古嶺近烏魯木齊之源○南有阿布拉剛蘇木嶺　布木匝西里嶺○西南踰哈拉烏蘇有西勒圖嶺
陽噶拉嶺在達多城西北○又西北有拉尒金嶺○查克拉嶺在城西南○郭拉嶺在倫朱布宗城西南　拉中拉千嶺在
董郭尒城西南噶尒招木倫江邊　噶木巴拉嶺在楚舒尒城西南為衛之西界藏之東界　桂冷嶺在拉薩西北　郭噶拉
嶺在得秦城東南　岡噶拉嶺在墨魯恭噶城東北　百尒根拉嶺在拉里廟東北○平達拉嶺在廟西南○鄂普公拉嶺在
廟東為衛之東界喀木之西界　巴拉嶺在達克匝城東北　楚拉嶺在扎木達城北　色穆隆拉㫁在朱木宗城東○明壁
拉嶺在東順城西南○馬木拉岡冲嶺在滿撮納城西南竹木拉嶺在多宗城南此四嶺皆衛之南界

喀木諸山

東拉岡里山在舒班多城南　牧童山在舒班多城北　畢拉克喇丹達克山在索克宗城東南　喇岡木克馬山在索克宗
城東南　那克碩忒山在索克宗城西南　索克山在索克宗城東北　秦布麻尒查布馬蘇穆山在索克宗城東北　匝納
克山在索克宗城北　布穆禮山在羅隆宗城東　麻穆佳木岡里山在羅隆宗城西南　家馬隆立山在薄宗城西北　達
牙里山在薄宗城西北　塞喇馬岡里山在薄宗城西南　尼木布春木布立岡里山在薄宗城南　察喇岡里山在桑阿克
宗城東南　噶尒布岡里山在桑阿克宗城東南　公喇岡里山在桑阿克宗城東南　達木冰隆山在匝坐里岡城東南
多尒濟雨兒珠母山在匝坐里岡東北　卓摩山在滚卓克宗城西北　巴特馬郭出山在節達木城東　巴尒丹蒐柱山在
節達木城東南　噶穆布鼐山在裏塘城西南　喇母立岡里山在裏塘西南　郭拉將噶尒鼎山在裏塘東北　阿母尼甘
薩穆山在蘇尒莽城西北　鄂卜公拉嶺在達尒宗城西北為喀木衛地之交界　沙魯拉嶺在索克宗城東　噶克岡里嶺
在桑阿克宗城東北　疆固拉嶺在舒班多城南　匝噶里麻呢圖崖在裏塘城西北

阿里諸水

岡噶江源出岡底斯山南馬品木達賴池及郎噶池自池西流出名狼楚河西流折北繞古格城西轉南又西流千餘里至阿
里西邊桑納蘇木多之地會拉楚河又轉南流經畢底城西折東流千八百餘里至郎里拉蘇木多北部與麻楚河會三水合
一名岡噶江轉東南經馬木巴柞木郎部至厄納特克入南海　孟格插素阿尒坦河源出岡底斯西南流入郎噶池　馬品
木達賴池在達克拉城東北二百里岡底斯東南六十五里發源狼千喀巴山下西流瀦為此池即岡噶江源也池周一百八
十餘里四面有山如門一名瑪珀穆達賴池　郎噶池在達克拉城北岡底斯山西南池廣三百餘里西流出為狼楚河○此
與馬品木達賴二池為印度河源土人崇敬膜拜呼為聖池

藏地諸水

雅魯藏布江源出達木楚克喀巴布山會諸水東流二千餘里從噶木巴拉嶺北入衛地至日喀尒公喀尒城東北喀尒招木倫江自北來會復東南流千餘里經衛之南界過羅喀布占國轉西南入厄納特克注南海唐書吐蕃贊普居跋布川地志在邏娑川西南渡藏河乃至其地疑此江即跋布川也滇人謂之大金沙江　郭永河在卓書特部東南有四源一出昂則嶺北名龍列河一出蓋楚岡前山名蓋楚河一出塞丹山名朱克河一出拉魯岡前山名拉出河俱東北流二三百里合流入雅魯藏布江　薩布楚河在日喀則西北源出城南楚拉米洪羅綽尒莫三山北流合為噶楚河又北流樂河自西南當出河自東南來會為薩布楚河北入雅魯藏布江　年楚河在日喀則城北源出城南珠母拉母山及順拉嶺西北合流名章魯河經娘娘廟東轉西北流過將則城白滿城西繞日喀則城入雅魯藏布江　龍前河在林奔城北源出城東朱大哈拉山西流與努金剛藏山所出之水會經林奔城入雅魯藏布江　江加蘇木拉河在卓書特部西源出西北沙苦牙拉㱢拉山查克佳拉山湼立嶺四水俱東合流查尒河自西來會東流入雅魯藏布江　那烏克藏布河在卓書特部西北源出東北桑里池西流北受尚里噶巴[illegible]克龍山流出之二水南受拉主客山祖倫山羊巴木山流出之三水由羊巴木嶺西受西北牙拉嶺達克龍山流出之二水南流入雅魯藏布江　鄂宜楚藏布河源出章阿布林城西北之札木楚克池南流入龍岡滿池會三小水為達克楚河又東流至穆克布查克薩木馬橋北受北來之鄂木楚河東南入雅魯藏布江　尚河在尚那木林城東南源出城西北絳查拉及造索克布二山東南合流會東木佐山之水南入雅魯藏布江　羅楚藏布河在羅西噶尒城西源出城西北卓朱岡千山及朱尒布尚岡里山北合流又南入朋出藏布河　牛藏布河在帕里宗城西源出城西綽拉嶺及訥色山阿巴拉山北合流西南行會丁拉廟測林布山朱木拉馬山三水東流入朋出藏布河　羅藏布河在羅西噶尒城東北源出城東北諸山中東流合為羅楚河轉東南至羅西噶尒城東北之拉尒噶尒布山流出二水東南流合為佳楚河又南流至城北來會為羅藏布河又十餘里入朋出藏布河　長楚河在丁吉牙城西源出西北林佛拉嶺龍岡千山蘇庫岡前山三水東南合流至丁吉牙城西會西北之吉楚河入朋出藏布河　帕里藏布河在帕里宗城西南源出噶尒撮池西南流入查木蘇池又西南流經城西北合東北來之四水入朋出藏布河　牙母魯克于木卒池在納噶拉則城東池廣四百餘里中有米納巴牙博士桑里三山　加木卒吉木卒池在章阿布[illegible]城西北　本二池東名吉木卒西名加木卒今合為一　拉木卒西木卒池在阿里宗城東北　池廣二百二十里　打魯克雨木撮池在者巴部西北　池廣二百八十餘里　東有水名那綏南有諸山所出十餘水並滙入此池　池北有查布也薩噶鹽池廣一百五十餘里　又北有郎布池廣二百二十餘里　札母撮的納克池在卓書特部西北

衛地諸水

噶尒招木倫江在拉薩南　源出蓬多城東北查里克圖之達穆河合諸小水西南至蓬多城南與墨魯公噶城東北之米的克池所出米的克藏布　合流名噶尒招木倫江東南入雅魯藏布江　金沙江古名麗水神川犂牛河土名木魯烏素　源

出巴薩通拉木山東北流至那木唐龍山北轉東南八百餘里入喀木境名布賴楚河又南稍西至巴塘名巴楚河又東南至麗江界為金沙江　羊巴尖河在東郭尒城西發源諸山嶺中五水東南流一百八十餘里東合秦雲山之麻木楚河西合拖木巴山之楚浦河會為羊巴尖河入噶尒招木楞江　巴布龍河在蓬多城西北薩木坦山發源南流入米的克藏布河　年楮河在則布拉剛城東　源出城西北沙羽克剛拉山水名馬母楚河東流二百餘里南受巴拉嶺之巴龍楚河哈齊朱苦山之布額楚河北受烏山之烏楚河合流至公布扎木達城南與北來之佳裳河會至公布雜格城南與巴宗祖池流出之巴楚河會至公布朱木城東與查布山之牛楚河會南流繞則布拉剛入雅魯藏布江　岡布藏布河在扎木達城東北　源出城東綽拉嶺水名楚克河北流入查木那岳木作池又東南流北受章阿尒松山之章魯河桑前桑克山之桑楚河東受喀布地之努布公拉沙尒公拉諸山流出四水名厄楚河合流經的牙尒山西入岡布部至拉皮唐他拉東喀木境內與北來之藏布河會又經塞母龍拉嶺出岡布境入羅喀布占國東南入雅魯藏布河　牙尒佳藏布河在喇薩北　源出巴薩通拉木山西流入喀齊國為衞之東界　布倫河在喀拉池南　東受公噶巴噶馬山之哈喇河魚克山之魚克河與西南來之說本池水合東北流入喀拉烏蘇　布克沙克河源出拉薩北喀尒占古察嶺南流受都回山之沙克河又東南流西受枯藍河北受布克河又東南入喀招烏蘇　索克占旦滾河源出伊克諾莫渾烏巴什嶺東南流會巴漢諾莫渾烏巴什嶺布克山插漢峯流出之四水歷兩山間入喀木注喀拉烏蘇　阿克打木河源出伊克諾莫渾烏巴什嶺北忒門他拉二池東北流東受伊克阿克打木西受巴漢阿克打木西北入木魯烏蘇　土虎尒河在金沙江上流折南流處　源出伊克苦苦賽尒渡口西厄尒濟根嶺水名烏喤河北流至土虎尒拖羅海岡東受西南之空楚河和泰河又北流至薩尒龍他拉入木魯烏蘇　七七尒哈納苦苦烏蘇河源出伊克苦苦賽尒度口東南蘇布蘇布穆雜噶唐奴克吾七木喀大多雜等諸山中流出七大水又二池流出二水東北合流名七七尒哈納苦苦河入木魯烏蘇　忒墨圖苦苦烏蘇河在七七哈尒東　源出打克木喀木雜噶山二水西北合流入木魯烏蘇　喀七烏蘭木倫河源出巴薩通拉木山西北勒斜尒烏蘭普蘇山東南流入木魯烏蘇　託克託乃烏蘭木倫河源出勒斜尒山東北西金烏蘭託羅海山東流入木魯烏蘇　那木七圖烏蘭木倫河源出西金烏蘭託羅海山東北巴顏喀喇得尒奔山東南流入木魯烏蘇○以上三水皆在金沙江源北岸　圖哈尒圖喀喇烏蘇河在金沙江上流東岸　源出古尒板圖尒哈圖山西流南受可蘇七老河毛伸河尒和河北受噶布勒河莫和尒喀喇烏蘇河合流入木魯烏素

公努木擦噶等十一鹽池在拉薩西北一公努木擦喀一里牙尒擦噶一呂布擦噶一牙根擦噶一那木鄂岳擦噶一苦公擦噶一必老擦噶一加木撮木擦噶一馬里擦噶俱在牙尒佳藏布河之兩岸　騰噶里池在拉薩西北廣六百餘里周一千餘里蒙古呼天為騰噶里言天池也東有三水流入皆名查哈蘇太河西有二水流入一名羅薩一名打尒古藏布○準噶尒入藏有三路池為中路葉尒羌至阿里為西路喀喇河為東路○北曰布克池又北口喀尒池

喀木諸水

潞江在羅隆宗城東北蒙古名喀喇烏蘇番名鄂宜尒楚　源出拉薩北布喀澤澤廣五百里水西北流經厄尒九根池又東北經衣達池又轉東南經喀喇池南流名喀拉烏蘇稍東北至索克宗城南入喀木界名鄂尒宜楚東南流過羅隆宗北流折南凡千餘里經米拉隆池入怒夷界名怒江又南至麗江界名潞江經永昌緬甸入南海○舊輿圖西番之西天流沙之南有澤曰嘉湖南流為潞江蒙古謂黑為喀喇水為烏蘇此水深黑故名其上源出衛之布哈大澤淵澄黝黑又多伏流殆禹貢之黑水　龍川江在薄宗城南番名薄藏布河一源出薄宗城東北春多嶺水名鴨龍河一源出薄宗城西北東拉嶺水名厄楚河至薄宗城合流名蓬　布河西南經噶克卜部及羅克卜札所屬之㑩布部入騰越州界為龍川江○明統志江源出峨昌蠻地七藏甸旁高黎共山北渡口有古藤索橋下流至大公城合大盈江雲南志江源有三一明光山一阿幸山一南香甸山合流名龍川下流至虎踞關入緬　瀾滄江在匝坐里岡城東番名拉楚河一源出匝坐里岡西北千餘里格尒吉匝噶邪山名匝楚河一源出西北八百餘里巴喇克拉蘇克山名鄂穆楚河俱東南流至城東北又木多廟前合流名拉楚河又南至雲南塔城關西入麗江府界為瀾滄即漢書之蘭倉滇志曰鹿滄江源出吐蕃嵯和歌甸拉楚即瀾滄聲之轉也　鴉龍江在裏塘東　源出裏塘西北巴顏喀喇山番名齊齊尒哈納河東南至麻穆巴顏哈拉山下水名麻穆齊齊尒哈納河西南來會又東受年尼茫起山之謝楚河西受澤塞　嶺之鄂宜楚尒古河為尼雅克楚河又南至打箭爐占對安撫司西名鴉龍江又至四川鹽井衛西北名打沖河折東南會金沙江江以東屬爐江以西屬番打沖河蠻名黑惠江又名納夷江　多克楚河在節達穆城東　源出城北沙魯楚諾尒他東南至米黎拉岡入雲南界名無量河注金沙江　里楚河在裏塘北　源出城西北里毋山沙魯　山二水合流至裏塘東南會東北二水轉西南注無量河　敦楚河在裏塘西南　源出城西南岡里拉麻尒山西南流受東北札木喀達流出之麻楚河入金沙江　碩楚河在裏塘西南　源出岡里拉麻尒山　鄂宜楚河在匝坐里岡城西　源出城北納蘭嶺南流至家拉穆池入潞江

衛地諸度由西甯過西海部巴顏喀喇嶺入衛地東北所經　喀喇烏朱尒渡在阿克打木河源　呼尒哈渡在木魯烏蘇　拜都渡在呼尒哈度東北　多羅鄂羅穆度在木魯烏蘇折南流處　巴毋布勒渡在多倫鄂羅穆　此五馬渡伊克苦苦賽尒渡在巴毋布勒渡南○又南曰巴漢苦苦賽尒渡　白塔渡　達尒汗庫布度與西海接皆金沙上流此四皮船度

藏地諸度

達克諸拉度在日喀則城東北　拉則渡在章拉則西南　賈家朱喀度在薩噶東南此三舡度

喀木諸度

畢尒麻諸達穆度在打箭爐西南鴉龍江岸　達顏崇古尒渡在滚卓克城北金沙江岸　則朱速度在巴塘西南金沙江岸　普卓度在麗江府西北金沙江岸此四舡度

衛地諸橋

蓬多鐵索橋在蓬多城西達穆河旁　魯衣鐵索橋在達克卜吉尼城南雅魯布江岸　鄂納鐵索橋在墨尒公噶城北格尒招木楞江岸　楚烏里鐵索橋在楚舒尒城西南雅魯藏布江岸　庫庫石橋在拉撒西北　池薩母木橋在墨尒公噶北羊巴尖河岸

藏地諸橋

蘇木佳石橋在日喀則東南年楚河岸橋長七十餘丈有十九洞　董噶尒木橋在納噶拉則城東南牙母魯克池旁　薩喇朱噶鐵索橋在林奔城西北雅魯藏布江岸　查克尒札什載鐵索橋在盆蘇克靈城東雅魯藏布江岸　桑噶尒札克薩穆鐵索橋在盆蘇克靈城西北鄂宜楚河岸　穆克布札克薩木鐵索橋在桑噶尒札克薩穆橋旁

喀地諸橋

索克薩母木橋在索克宗城喀喇烏蘇岸　札木牙薩母巴橋在羅隆宗城東北喀拉烏素岸　札史達克匝穆橋在匝坐裏岡城東北瀾滄江上流處溜洞江即瀾滄江流奔注舟筏不能存橋成即斷土人絜竹索於兩岸以木為溜穿皮条縛腰間一溜而過謂之懸渡

南稱巴彥等七十九族

阿里克蒙古尒津雍熙葉布玉樹噶尒布蘇魯克尼牙木錯固察稱多洞巴多倫尼託克安兔多倫尼託克業尒吉多倫尼託克拉尒多吉倫尼託克典己隆布上隆布札武中札武下札武班石上阿拉克碩下阿拉克碩上隆壩下隆壩蘇尒莽白利哈尒受格尒吉中格尒吉下格尒吉巴彥南稱桑巴尒隆東綽火尒吹冷多尒多覺巴拉喇布（以上四十族屬西甯）納克書貢巴納克書拉克什納克書色尒查納克書畢魯納克書崩盆納克書達格魯克札麻尒上阿札克夥尒孫提麻尒夥尒札麻蘇他尒夥尒川目桑夥尒札麻蘇他尒只多娃拉夥尒麻魯甯塔尼查尒參麻布瑪尼牙木查利松麻巴勒達克多麻巴羊巴夥尒夥尒彭他嗎夥尒拉塞上岡噶魯下岡噶魯瓊布納克魯噶魯巴尒查上奪尒樹下奪尒樹三渣三納拉巴撲俗（以上三十九族屬西藏）

打箭爐入藏程站

工竹卡　折多（一名藥山）　提茹　納哇　阿娘壩　瓦切（一作瓦七）　俄松多橋　小營官賽子　打納石　東俄落（一作東鄂落）　高日寺（高日山頂有海子）　卧龍石　八角樓　中渡（即河口一曰雅龍江過河爲裏塘）　麻蓋（過大雪山）　剪子灣　波浪工（一作拱浪工）　西俄落（進溝過大雪山）　咱馬拉洞　鑾卡　亂石窖　火竹卡　火燒坡　裏塘　自打箭爐至此六百八十里　阿喇柏桑山　頭塘（即公撒塘番名頭古奔松）　黃土岡　乾海子（一作西海子）　濫泥壩　虎皮溝　拉尒塘　拉麻山　拉麻了（過雪嶺）　二郎灣　著東塔　立登三壩（裏巴二塘交界處）　巴山猜（海）　松林口　巴隆達河　大所塘（一作大朔塘有大朔山）　兀根塘　崩察木（一作崩七本）　小巴冲　巴塘　自裏塘至此五百四十五里與占對比隣　茶樹項　牛古塘　竹巴籠　金沙江　公拉（一作工拉）　空子頂　莽里（即莽嶺）　龍新山　邦木（有甯靜山新碣石與西藏分界）　南墩（一作滿多有漢人寺番王固署處）　古樹（一作角泰過澀山）　普拉　江卡　溙河（上大雪山）　黎樹　阿拉塘（屬阿布拉過小雪山二）　石板溝（過大雪山）　阿足塘（屬作了）　歌二

塘　洛加宗木　俄倫多　乍丫　兩撤通大山　昂地　噶噶江大山峽　王卡有熱水塘　三道橋　巴貢　苦弄山一名隆山　寇　色撒

猛卜一名猛撒　小恩達通噶爾橋　察木多即昌都　自巴塘至此一千四百五里　牛鎮溝　瓦合山一作山上有河海子西第一雪山　洛隆宗

俄洛橋天封山上有土臺為上　浪蕩溝　裏角塘　拉貢　松羅橋　恩達寨　麻里　恩達塘　嘉峪橋一名三巴橋　得貢　刺山　鼻奔山　索馬郎

天數山上近時土為上衙　鐵凹塘　肐膊梁又名駝　瓦合塘　瓦合寨　巴刺山　中義溝一作中義　巴里郎　賽瓦合山　破寨子一名卡同　洛隆宗

大雪山　曲齒一作藏達　碩般多　丹達　察羅松多　郎吉宗　大窩塘一作大河　阿蘭多　拉里　鼻奔山

拉子　必達　拉山　邊壩一作邊壩　大板橋二山之間　多洞塘　雪貢　拉山　藏第一作一　險公納入　擦竹卡通有志熱水塘　拉里木多達隆宗與西藏中通

武噶　甲貢里　自察木多至此一千五百里

阿咱一作咱　喜竹　三灣　卓刺山一名子　常多達　江　甯多　拉松多橋　江達即工　順達即拉里西南　三巴　鹿馬嶺

堆達一作達　竹貢　烏蘇江　仁進里一作刺麻寺　墨竹工卡　察木多　拉木拉木　占達塘　德慶　砌塘　蔡里一作里

中藏　三珠　剛义　自拉里至此一千十里　自打箭爐至此通五千里

登龍岡　業黨　崖碥　三佳里　曲水　鐵索橋　岡把擇　殺馬隴　白地　業賽　撻魯有路一由江孜一由巴

翁古　熱隆布魯左分路克巴　谷洗　江孜　人進岡　巴浪　春堆　扎什倫布即後藏　自中藏至此九百里

乃黨　拉介　耜　乃安　熱隆　扎什岡　半達　彭錯嶺　乍喜宋　扎塘　沙多都　納子　白佳　紀岡　雜務　山

根　甲錯　白　由其有　拉古龍古　羅羅　腦臈介　臧猛　第哩郎古　彌木耳　擦木達　下馬卡　噶叭角介　籽

碩馬拉杜　重噶介　宗噶　嗎介　滚達　卓黨　竹塘　濟隴　珴龍　扎林多　絨轄　聶拉木　自後藏至此二千

八百五十一里○自成都至此通計九千八百十一里

朝鮮地畧

朝鮮古營州外域朝鮮高句麗等處地始唐堯戊辰二十七載檀君王儉建都平壤號朝鮮尋遷白鶴山（儒州人柳得恭二十一都懷古詩注）周初以其地封箕子燕秦為遼東外徼漢時燕人衛滿逐朝鮮王準而據其地武帝取為真番臨屯樂浪元菟四郡昭帝時省臨屯真番入元菟徙居高句麗西北分沃沮濊貊等七縣為樂浪東部都尉建安後公孫康稱平州牧分屯有鹽為帶方郡高麗王子拔奇詣公孫康降還住沸流水正始中毌丘儉敗位宮於沸流追至頼峴屠安都山六年又討之追至肅愼南界銘不耐城而還晉咸康後慕容寶以王安為遼東帶方二國王復畧有遼東（高麗本在遼東之東）居平壤（漢樂浪王險地）外有國內城及漢城又有遼東元菟等數十城方六千里唐總章初平高麗置安東都護府聖歷中以高德武為安東都督後復為國同光中王建代王其國遷都松岳盡并東夷諸國地元太宗初四征高麗拔十四城至元七年西京內屬畫慈悲嶺為界明洪武二十五年李成桂代立改國號曰朝鮮　太宗崇德元附世為藩服

國竟亥坐巳向東西南帶海北負山西與山東之煙臺相對輪舟一日可至北與中國遼東以鴨淥江為界東北與中國蒙古以混同江為界兩江之間有白頭山與中國兀良哈以山為界經度西自一百二十四度東至一百三十二度相距凡八度南境稍狹經度西自百二十五度十五分東至百三十一度三十分相距六度有奇緯度北界自四十三度至南界三十三度二十分止相距十度王都在緯綫三十七度零四分經綫在百二十七度二十分南北相距千八百里（江登雲言四千里薛培榕言三千一百八十里）東西千里（江登雲言二千里）

國分八道西曰京畿道黃海道東曰江源道南曰忠清道慶尚道全羅道北曰咸鏡道平安道凡十八州八十六府六十九郡百六十三縣（魏源云三十四府八十州七十郡百三十縣）王都治漢陽府又號漢城明洪武二十七年康獻王定都於此命其臣趙浚等監築二世恭靖王移都開城恭定王復都漢陽北白嶽南木覔（仁山麟連城岬）東駱駝天藏拜峯西仁王白蓮蓮花諸山環列漢江距城八里許為城之南衛江源有四澄波江禮成江新淵江鏡障江　昌德宮在北部廣化坊東連昌慶宮景福宮在北部觀光坊慶熙宮在西部積善坊

京畿道東界江原南界忠清西南界海北界黃海　仁川口距京約八十餘里

陽川一名孔巖齊陽巴陵陽平陽原　山城山津山川孔巖

衿川一名穀壤黔州始興衿果衿陽　山三聖虎岩川楊花

果川一名栗林富安栗富林津果州　山冠嶽清溪川露梁

廣州一名南漢淮安漢州漢山奉國廣陵　山南漢黔丹修理川三田

高陽一名高峯幸州留伯遇王德陽王逢　山長嶺川德水

富平一名樹州安南桂陽吉州長城　山桂陽川大橋　安山一名獐口連城　山見佛川介橋

楊州一名見州昌化來蘇　山道峯三角水落佛巖川楊津大灘
金浦一名黔浦金陵　山北城川掘浦
仁川一名邵城慶源仁州　山蘇來川蛇川
坡州一名坡平鈴平峰城瑞原原平曲城　山城山獐山川臨津廣灘
交河一名宣城屈火原火　山漢麓川洛河
通津一名汾津守安童城北史　山守安川祖江
南陽一名益州唐城唐恩隆中江甯甯堤　山飛鳳川鼠尾
長湍一名溫川耶耶夜牙湍州臨湍長臨　山白嶽華藏五冠川長湍東江
楊根一名恆陽濱陽永化益和　山龍門忠州川大灘龍津
積城一名七重城　山紺嶽龍頭川仇淵
加平一名斤平并平　山花嶽川立石
永川一名洞陰梁骨永興　山白雲川磨訖
陽城一名赤城　山天德川素沙
砥平一名砥研砥堤　山彌智川田谷
安城一名白城　山瑞雲飛峰川南川
驪州一名黃驍永義黃驪驪江興驪城黃利　山北城勝山川大川驪江
豐德一名海豐德水昇天河源貞州　山白馬德積川昇天
陰竹一名雪城　山靈嶽川楸澤
咸鏡道在京畿東北東界海東北界暉春及甯古塔北界吉林西界平安一名北關古沃沮國漢屬元菟郡後為挹婁靺鞨地
唐開元中歸勃海大氏後屬女貞以定平為界宋徽宗時置九城尋弃入女貞嘉定時永興以北歸蒙古元至正間復還屬至
吉州饒城明初李氏置孔饒二州後改永吉道　西北有白頭山即唐書所稱長白我朝發祥之地山海經謂之不咸山
山脉直度東北為先春嶺南越咸饒之東復高起萬仞北隅有水為黑龍江之源由山後脊而下有鴨渌江之源再南則分水
嶺康熙五十五年烏喇總管查邊至此勘定界碑西為鴨渌江東為圖門江再東南則為天嶺薛將軍征東時遺跡猶存　元
山口距王京六百里
德源一名泉井宜川宜州德州東牟宜春宜城春城湧州　山元山川府內
文川一名妹城文州伊均　山普賢川院岐

龍仁一名駒城距黍滅烏龍駒　山寶蓋川金梁
水原一名漢南隋城買忽水城水州　山光教證嶽川大川
抱川一名馬忽堅城抱州清化　山海龍川高橋
江華一名穴口海口沁州江都沁都　山摩尼高麗川甲川
振威一名釜山源達　山舞鳳川長好
陽智一名楊良陽山秋溪　山定水川秋溪
利川一名南川黃武南買永昌　山雪峰川黎樹
漣川一名能閃漳州漣州漳浦　山五峰川車難
開城一名開州開京皇都松京松都　山松嶽天磨川禮成
竹山一名介山陰平延昌竹州　山鼎陪川天民
麻田一名臨湍泥沙波忽　山尾頭川澄波
喬桐一名木雲高林　山華蓋川角山
翔甯一名所邑翔邑翔安僧嶺非勿嶦梁　山城山川北山
安邊一名淺城朔廷登州朔方鶴城　山雪峰鐵嶺川南大
高原一名德甯洪原高州　山九龍川德之

永興一名博平和州長嶺和寧歷陽雙城唐文　山國泰聖麻川龍興
定平一名宣威千丁中山定州　山鼻白川長溪
洪原一名洪肯洪獻　山咸關豆蕪川新翼
利城一名時利多甫河沙觀城　山檜山摩雲川小川
甲山一名虛川甲州惠山　山天鳳川惠山
吉州一名海洋吉城雄城三海洋弓漢村　山圖山川浮瑞
鏡城一名亏籠耳木郎古雉城　山長白川龍城
茂山一名三山鼇木　山白頭川博河
鍾城一名愁城愁州鐘山　山小白川西豐
慶源一名孔州匡州楸城　山東秋川豆蒲愁濱
江原道在京畿東界海南界慶尚西南界忠清北界咸鏡一稱關東
鐵原一名鐵圓鐵城東州陸昌昌原　山高巖寶蓋川砌川
春川一名牛首朔州光海春州安陽壽春鳳山　山清平鳳山川昭陽
金化一名夫如富平花江花山　山五申川方同
橫城一名橫川潢川花田　山馬山川西川
洪川一名綠驍　山石花孔雀川君子
平康一名平江廣坪斧壤　山重峯竹林川狄巖
伊川一名伊珍買　山達摩廣福川古城
楊口一名楊灌楊麓　山大陰四明川曲溪
淮陽一名各連城伊勿城淮州　山金剛川德津
金剛山一萬二千峯洞壑泉瀑一石結成故名皆骨言山無寸土也山東為内水站即嶺脊脉踰脊即榆店寺寺西謂之内山寺東謂之外山
旌善一名三鳳朱陳桃源沈鳳　山飛鳳川太陰
歙谷一名習磎鶴林習比谷　山黃龍朴山川寒橋
江陵一名濊國臨屯溟州東原溟源臨瀛東温　山大關五臺川鏡浦
襄陽一名翼峴伊文翼嶺德寧襄州　山峴山川南川

咸興一名咸州洽蘭咸平咸山　山城川麒麟川城川
北青一名三撒青州安北青海　山立石川黃水
端川一名福州皾川端山　山摩天道德川南川
三水一名三江　山五峯川長津
明川一名明原　山七寶川明澗
富寧一名石幕富居寧山　山青巖川穿串
會寧一名鼇山阿木河吾音會　山鼇山花峯川甫羅
穩城一名多穩平壇城　山萬壽川立巖
慶興一名孔城禮城　山白嶽川西水羅
安峽一名窮嶽安朔　山萬景川浦里
狼川一名狌川華陰　山狌山川龍頭
原州一名平原一新晴原益興成安鶴城　山雉嶽鳴鳳川似川
金城一名母城益城金壤道寧　山慶把白亦川新淵
平昌一名郁烏白烏魯山　山魯山水精川南津
麟蹄一名猪足烏斯四靈昭　山伏龍寒溪川彌勒
寧越一名奈生奈城　山石舡正陽川錦障
通川一名休壤金惱金壤通州金蘭　山登禾川十二遷
高城一名達忽豐岩　山金城川三日
杆城一名邊城守城　山五音川永郎

三陟一名悉直陟州真珠　山頭陀青玉大白川五十
蔚珍一名仙槎　山安逸王川守山
平海一名箕城　山金谷懸鍾川南大
東懸鬱陵島本於山國都後屬新羅南有蔚山島明經畧楊鎬敗倭處
慶尚道在京畿東南東北界江原西南界海西界全羅北畧忠清地在高境東南隔日本對馬島不過百里古稱東京又稱嶺南本辰韓地後入新羅
聞慶一名冠文冠山聞喜　山去屹曦陽川加恩
豐基一名基州基木永定安定　山小白川比川
咸昌一名古寧咸寧古陵　山宰嶽川猪谷
龍宮一名竺山園山龍州　山竺山川河豐
順興一名岌山興州順政興寧　山鳳皇川東川
榮川一名奈靈剛州順安榮州龜城　山鐵呑龜山川臨川
尚州一名上州上洛沙伐商山陀阿　山四佛川洛東
醴泉一名水酒甫州基陽清阿　山龍門川沙川
奉化一名鳳城玉馬　山太白川買吐
禮安一名買谷善谷宣城　山龍頭川浮津
安東一名永嘉古昌福州　山文筆清涼川槃名
比安一名屏山比屋　山城隍川雙溪
善山一名善嵩善州和義　山金烏川大灘
開寧一名青州甘文甘州　山甘文川牙川
金山一名金陵　山五波川直指
軍威一名赤羅　山馬井川并川
仁同一名壽同玉山　山流嶽川漆津
義城一名召文聞韶　山黃山氷山川下川
星州一名星山伽倻新安碧珍岱州京山　山斐指川伊川
義興一名龜山　山華山川缶溪
知禮一名龜城　山龜山川甘川
青松一名青巳積善雲鳳青鳧　山周方川南川
真寶一名真安甫城載巖真海　山南角川神漢
英陽一名古隱延陽　山日月川興林
高靈一名大伽倻靈川　山耳山川龍潭
漆谷一名架山箕城　山架山川梅苑
大邱一名達城　山連龜八公川石湖
元風一名元驍包山　山琵琶川廣灘
永川一名臨皋永州益陽高鬱　山鵲山川北川
河陽一名河州花城　山蘇禮川南川
草溪一名八溪清溪　山青溪川黃芚
慶山一名押梁押督章山玉山　山馬巖川黃栗
居昌一名居烈居陀娥林濟昌　山牛頭川加祚
咸陽一名含城天嶺許州　山白雲白巖川濫川雷溪
昌寧一名火王下州昌山昌城夏城　山火王川勿槃
陝川一名大良江陽陝州大耶　山伽倻川倻川
慈仁一名其火仁山　山三聖川觀瀾
靈山一名西火尚藥鷲山鷲城　山太子川買浦
清道一名道州伊山大城馬嶽　山鰲山川雲門
寧海一名于尸有隣禮州丹陽　山龍頭川赤川
安義一名利安馬利花林感陰餘善　山黃石川葛川
慶州一名辰韓斯盧樂浪雞林月城東京太川　山金鰲斷石川兄蚊山川

三嘉一名三支三岐　山麻杖嘉樹嘉壽鳳城　山黃山川濼川
迎日一名臨汀烏川　山大興雲梯川通洋
宜寧一名獐含宜春宜山　山闍掘川丂浦
盈德一名野城　山蕪芚川三江
咸安一名河羅伽倻咸州金羅沙羅巴山　山餘航川巴溪
清河一名阿兮海阿德城　山內延川介浦
彥陽一名巘陽　山高巘川南川
山清一名山陽會稽四明　山玉山川牛灘
晉州一名居陀菁州康州菁陽晉康　山智異川南江
熊川一名熊口屏山　山熊山川釜谷
丹城一名闕城江城赤村丹邑　山節俗川丹溪
梁山一名梁州良州順正　山鷲栖川伽倻
南海一名海陽轉山輪山　山錦山川觀音
機張一名甲火良谷　山炭山川基浦

漆原一名漆吐漆隄茂陵　山青龍川茂浦
興海一名退火曲江　山禱陰川曲江
昌原一名義安合浦會原　山白月川合浦
甯陽一名蜜城蜜州歸化凝川　山華嶽萬魚川海陽
長鬐一名只沓鬐立蓬山　山巨大川松吉
河東一名河南青河　山陽廣川橫浦
鎮海一名八鎮　山鷲山川東城
蔚山一名河曲蔚州大城恭化興麗　山圓寂川大和
金海一名駕洛伽倻金官金州　山龜旨明月川都要三分
泗川一名史勿沛水泗州　山豆音川泗水
昆陽一名昆明鐵城昆南　山鳳鳴川唐川
東萊一名萇山萊山蓬萊　山釜山金川綠川
巨濟一名裳郡　山雞加龍羅川九川

金羅道在京畿南西南界海東界慶尚北界忠清地處高竟極南為中日海道適中之區一稱湖南初有高梁夫三姓分處其地新羅法興王賜號耽羅後歸百濟再屬新羅後屬元明末李氏增置錦衣大靜二縣西南濱海一島設濟州治西北黑山島離岸甚遠宋史由浙江定海縣入洋順風五日抵黑山島即此

礪山一名礪良壺山朗山野山關山　山軍入花山川漏頂
咸悅一名甘羅咸勿阿　山咸羅川熊浦
珍山一名珍同黃山進禮珍州　山萬仞大芚川并州
茂朱一名茂山茂豐赤川丹川　山德裕赤裳川赤川
臨陂一名陂山屎山忻文所島　山芮山川鎮浦
萬頃一名杜山豆乃山　山進鳳川新倉
金堤一名碧骨　山僧伽川東津
沃溝一名馬西良　山鉢伊川泗水
扶安一名皆火扶甯戒發休安浪川喜安　山邊山川東津

龍安一名十城　山龍頭川金頭
益山一名金馬益州　山龍華川春浦
高山一名鳳山　山珠翠川龍灘
錦山一名錦陽錦州　山樂進川召爾
全州一名甄城完山安南承化　山乾止南福川南川
金溝一名仇知只山　山鳳頭川母嶽
龍潭一名勿居清渠　山九峯川壽成
泰仁一名太山賓屈賦城　山竹寺川南川
任實一名青雄雲水　山龍繞川烏原

鎮安一名難珍阿越浪　山□耳川東川
古阜一名瀛州古沙夫里　山斗升川訥隄
淳昌一名道實淳化　山赤城川伊川
高敞一名毛良夫里牟陽　山千登川秦鷸
玉果一名果支　山雪山川方蹄
長城一名岬城耶珍　山白巖川黃龍
谷城一名欲乃浴川　山動樂川鴨淥
昌平一名屈支祁陽鳴陽　山龍龜川竹綠
光州一名武州光山翼州化平瑞石　山無等川漆川
羅州一名發羅通義　山錦城侍郎川錦江
南平一名元雄　山楓山川砥石
和順一名汝湄烏城　山羅漢吳城川道川
樂安一名分嵯分沙浮槎洛州　山金錢川白亭
務安一名綿州　山僧達川沙湖
靈巖一名月奈朗川　山月出川德津
康津一名道康耽津陽武　山萬德川舟橋
興陽一名高陽高伊瀛州　山智來八影川鍾川
珍島一名沃州　山嘉興川浴實
大靜　山山房川索達
井邑一名井村楚山　山內藏川鵠川
古原一名帶方古龍龍城　山蛟龍川居寧
興德一名上柒尚質章德　山道遙川沙津
長水一名雨坪高澤　山聖跡川南川
潭陽一名秋城潭州　山秋月金城川原栗
茂長一名茂松松山上老沙島　山禪雲高山川禪雲
雲峯一名母山阿英阿容阿莫雲城　山鼎山川楓川
靈光一名武靈靈巖城靜州　山莫山川西湖
同福一名福川　山甕城川雲神
綾州一名連珠爾林樹竹綾城　山倭城川車衣
求禮一名鳳城　山鰲山川所兒
咸平一名咸豐多岐　山君尼川鼎浦
順天一名武平昇平昇州充海　山麟蹄川洛水
光陽一名老馬晞陽　山白雞川蟾津
寶城一名山陽貝州　山伏雉川亭子
長興一名烏次烏兒定安懷州　山修因天冠川汭陽
海南一名塞琴浸溟投濱海珍　山駕鶴川南川
濟州一名耽羅東瀛州毛羅耽毛羅　山漢拏川水晶
旌義　山瀛洲川洪爐

忠清道在京畿南東北界江原東南界慶尚南界全羅西界海為高竟南土與中國山東省海面相對一稱湖西

平澤一名彭城　山城山川濁川
天安一名兜率歡州任歡歡城寧州寧山　山王字川青池
新昌一名屈直祈梁溫昌　山鶴城川彌勒
鎮川一名萬弩首知新知黑壤黃壤隆州降州鎮州　山頭陀吉祥川牛川
木川一名大麓木州新定　山黑壤鷲岩川山方
全義一名仇知金池　山甑山川生掘
稷山一名慰禮城　山蛇山聖居川牙州
牙山一名牙述陰峯岑任州牙州　山燕巖川貢稅曲橋
陰城一名仍忽雪城　山迦葉川閣雲
溫義一名湯井溫水　山排方川加里

禮山一名烏山孤山　山金烏川無限
槐山一名槐壤槐州　山普光川北川
清安一名清淵道西道安　山坐龜川蟠灘
燕岐一名全岐仍只燕山　山元帥川東津
洪州一名運州知州海興　山月山川金馬
結城一名潔巳潔州秤城　山青龍川廣川
隄川一名奈吐奈隄　山龍頭川廣灘
延豐一名上芼長延　山朴達川伊火
文義一名牟山文山　山九龍川荆角
懐德一名兩述朽淺比豐　山雞足川甲川
懷仁一名未谷昧谷　山何慶川熊巖
唐津一名代首只夫只　山高山川菜元
鎮岑一名真峴杞城　山產長川車灘
丹陽一名赤城丹邛　山上嶽燕飛川馬津
尼山一名尼城魯山恩山　山魯山川石橋
報恩一名保齡　山俗離川龍川
石城一名珍惡山石山　山波鎮川甑山
連山一名黃山愚山　山黃山川草浦
沃川一名古尸山管城沃州　山馬城川赤登
庇仁一名比衆　山月明川種川
韓山一名馬邑韓州鵞州　山乾至川芽浦
永同一名吉同稽州永山竹州　山城隍川高唐
黃海道在京畿西北南西界海北界平安東界江原為高麗右輔
金川一名摳押江陰牛峯　山鶴峯春明川岐羅
白川一名刀臘雉嶽城鵠澤白州關興中蚓銀州　山雉嶽川星川
兎山一名烏斯月城　山苑山川東大

忠州一名國原大原蕊城　山風流烏岬犬門川達山龍灘
大興一名任存今州任城　山鳳首川京結
德山一名今勿今武德豐　山伽倻川新橋
清州一名上黨娘臂西原青州琅城　山上嶺葩串川鵲川
沔川一名槥郡馬山沔州　山鳳栖川犯斤
海美一名貞海餘村餘邑　山象王川大毋
公州一名熊州熊津懷道安節　山鳳皇雞龍川錦江熊津
青陽一名古良夫里青武　山七甲牛山川西川
清風一名沙熱　山月嶽錦屏川青草
瑞山一名富城瑞寧瑞州　山聖旺川板橋
定山一名悅巳　山大朴川金剛
保寧一名新城桎城　山烏栖川花巖
永春一名子春乙阿朝　山城山毗摩川南津
藍浦一名寺浦玉山　山玉馬川大川
扶餘一名半月泗沘餘州　山扶蘇川白馬
泰安一名蘇泰蘇州蓴城　山白華川摳浦
林川一名嘉林林州　山聖興七星川南堂
恩津一名德恩德近薪浦市津　山摩耶黃華川江景
鴻山一名翰山　山飛鴻川金川
青山一名摳山突山　山德義川南川
舒川一名舌林西州　山烏山川長橋
黃澗一名召羅黃溪　山黃嶽川石川

延安一名海皋鹽州永膺溫州五原復州碽州　山鳳勢龍縛川所草

平山一名大谷平州　山滅惡牧丹蔥秀川猪灘

滅惡山雄盤高大東有花州洞金之先墳在焉

瑞興一名五谷五關洞州　山大峴川金淵

海州一名池城長池大甯安西首陽孤竹　山首陽佛足龍首川三灘鵲川

鳳山一名鵂岩池可鳳州　山祿科正方川劍水

遂安一名猪塞獐栗遂州　山遼東川能成

黃州一名冬忽取城聖城大龍冬鬱　山碧花天柱金鳳川鐵和於草

載甯一名息城漢忽重盤安州　山長壽川栗串

甕津一名甕遷　山花山川所江

長淵一名長潭　山佛陀川白沙

安嶽一名楮嶽　山楊山川迎津

殷栗一名栗口栗川　山乾止川金山

新溪一名新恩新城覃州　山九峯鶴巢川南灘

谷山一名古谷鎮瑞永豐　山高達南山川未訖

康翎一名永康白翎　山鳳皇川王灘

信川一名升山升州信州　山花山中嶺川樓橋

松禾一名麻耕　山墨山川水回

文化一名闕口儒州　山九月川亭子

豐川一名屈遷豐州　山瑞麟廣石川業清

長連一名長命連豐　山鳳皇川三派

平安道在京畿西北北西界吉林西界海東界咸鏡南界黃海古稱西京又稱關西極北有虞芮境即古虞芮國北西臨江循江南折入慈城江再東南為禿魯江沿西南直為鴨淥江口南之白山棘城兩源滙為月林江北之崇積九仙兩源滙為凝江二江西南入清川江博川江又西北各山源滙為外江與西路天摩山來之大定江合流至古城合博川等入海東北之林狼小白小龍等源西南至德川為三月江至順州為靜戎江吳江臥龍孔巖姑城等源西至成川為沸流江本一名卒又與慈山郡禹家淵合入大同江上與靜戎接高達文成等源西為能成江琉球江滙歸大同江又名浿江一名王城江江源一出甯遠加幕洞一出陽德文音山至江東縣合流為西津江逕府城名大同江西流為九津弱水至龍岡入海

中和一名唐嶽　山清涼川鷺浦

平壤一名箕城樂浪西都西京鎬京柳京　山錦繡九龍川大同

順安一名平郊安定　山青龍川合掌

江東一名松壤　山大朴孫子川西江

祥原一名土山息達　山觀音川大浦

慈山一名慈母慈州　山慈母黎花川清水

甑山一名西河　山國靈川國靈

江西　山舞鶴川狄橋

咸從一名牙山牙善　山豐魚

永柔一名清溪永清定水　山米豆川清溪

龍岡一名烏山軍嶽　山烏石川白浦

三登一名能城　山鳳頭川能城

肅川一名鎮國肅州　山唐山　川楓川
殷山一名同昌殷州　山天聖　川綿溪
成川一名卒本扶餘沸流多勿松壤成州　山劍鶴檜山紇骨　川沸流
安州一名安陵蜜城重盤安北寗州　山鳳德　川青州
博川一名博陵博州　山卧龍　川大寗
价川一名連州朝陽翼州价州　山林大　川獐項
寗遠一名遼源　山狼林廣城　川黑淵
雲山一名雲中達化　山白碧　川東杯
定州一名定遠烏川　山七嶽　川㺚川
龜城一名萬年龜州　山窟菴　川八嶺
宣川一名通州宣州　山劍山　川清江
熙川一名威州熙州清塞　山狄踰白山　川西川
朔州一名寗朔　山天磨　川三岐
義州一名義保州抱州把　山南山白　川鴨淥
理山一名楚山　山崇積　川童巾
江界一名伊彥石州　山公貴蜀山　川禿魯

三和　山牛山　川南川
順川一名靜戎順州　山伋山　川城巖
孟山一名鐵城鐵甕孟州　山頭無　川大泉
寗邊一名密雲延州撫州　山藥山妙香　川鎮江花川
嘉山一名信都嘉州　山曉星鳳頭　川大寗
泰川一名光和泰州　山香積　川南江
德川一名德州　山長安　川三灘
郭山一名長和郭州　山凌漢　川三長
陽德一名東陽樹德　山靈臺　川火灘
鐵山一名鐵州　山熊骨　川屈江
龍川一名龍州龍灣　山龍骨　川長川
昌城一名昌州泥城　山達覺　川昌城
碧潼一名碧團林土陰團　山九峯　川新潼
渭源一名渭城　山和等　川渭水

海自土門江口經李鳳坡東稍南為西水洛城東南折而西北經大山麓又西數折稍南至端州城東稍南一水口又南經利城東又南為北青城北水口又西南為洪源城小水口（驄海中有花島沙島其東有熊島島其東南有薪島卯島豬島圖島）連又西南經五元山麓又西南經咸興城東稍西小水口又南經永興城東北小水口又東南經大博山北平地又東南經高源城東又南經文川城東北小水口又東南經德源城東又南經安邊城東北水口又南經欽谷口通川城東稍南高城東北小水口又南經金城東又東南經襄陽城東又東南經頭蛇山水口（頭蛇即金城山南行幹山西即金剛山又南為張山）又東南經江陵城東又南經三陟浦東又南經蔚珍城（東南隔海曰千山島苑陵島）又西南經平海城東南小水口又東南經寗海城東小水口又經盈德城東小水口（南岸為潚河城）又東南經興海城東又東南經延日城東南小水口（南岸為長老日城地）又東南經左岳城東境折西小水口又東南經左水城東南（朝鮮極東南角）折而西南小水口又南為東南角盡地（隔海東南徑三百餘里為對馬島）又折而西南經機長城南境小水口又西南經東萊城南（南三十里海岸即釜山隔海三十里為絶影島）又西為金海城東大水口（即晉江水入海處晉江源出慶州縣北之大山口東岸為東萊西境東萊北有梁山金海西有熊山）又西經熊川城南（隔海有洲曰加德天城）又西經昌原城南仁岳城南（隔海洲曰永登島洲南知泄浦朝鮮南防要地）又西南經鎮海城南又西經昆陽城（隔海巨洲北曰南海城曰珍晒項南曰平山浦西）又西經河東城又西小水口又西經左水

城南稍西小水口又稍北經興陽城南又西北為天冠山水口又西經岳城康津城南又西稍北經海南西北水口（海口西南隔洋曰黑山島又南曰珍島又東南曰濟州島為朝鮮西南防海要地）又折北經務安西（朝鮮西南角地）又東北經山麓又北經南平城西北境小水口又北經茂長城高敞城西境折北經扶安城西境稍北水口又北經沃溝城西境（臨海洲曰驛山島）又北稍東舒川南水口（一源出錦山東赤嵩西北麓一源出鳥嶺至公州合流西至此入海口西百里隔海口元山島西北距島平島九十里北距要兒梁四十里）又北經施仁城水城西又北經渚城西又北稍西經泰山城東南海渚折南經要兒梁地（一綫陸入海中形如象鼻地西為島平島）又北稍西經泰山城西（外為德勿島）又折東北經泰山北境（外為龍島）又東北經端山城山北水口（口西即大富島）又折東北經仁川城北稍東為朝鮮大水口（口西近岸為井浦巨島中有江華城即古所稱覺華島島西南為硯子島與龍島德勿島相望）又自處河城西折東北為臨津江口（口外以東南之江華島北之喬桐城巨島為大江口）又北為豐德城西南稍北小水口又西北延山南小水口又折西經康翎城南又折西北經甕津城西南長源城西南（海中為椒島）又北經豐川城西（海中為白翎島）又折東經殷栗城北又東北為三和城南湞水口（今大同江即大通江也國西北之巨川）又西北經咸從曾山二城西又北經永柔城西北小水口又北經肅州西境安州西南境清泉江水口又折西北大定江水口又西那青河小口又西大川河小口又西經定州西南境郭山城南境東來川小口又西經宣州城西北宣州河小口又西經鐵山南折北經龍川城西南朔川河小口（隔河北岸即義州城又北即鴨淥南岸之愛州）又西北岸入盛京界

貢道自鴨淥江至鎮江城（今九連城）湯站柵門鳳皇城鎮東堡（一名薛劉站土人稱松站）鎮夷堡（一名通遠堡）連山關（一名鴉鶻關）甜水站遼東十里堡盛京邊城巨流河（一名周流河）白旗堡二道井小黑山廣寧閭陽驛十三站小陵河杏山驛連山驛寧遠衛曹莊驛東關驛沙河驛前屯衛高嶺驛山海關深河驛撫寧縣永平府七家嶺豐潤玉田薊州三河通州都門

海路自宣州宣沙鋪至鐵山椵島（丁卯後自椵山石多山發舡三百里到椵島）車牛島鹿島（遼界）石城島長山島廣陸島三山島平島皇城島鼉磯島廟島登州

琉球地畧

武進馬冠羣良伯甫輯

琉球始見於隋史名流求一名流虬（中山世鑑云隋使羽騎尉朱寬至國見地形如虬龍浮水中故名）新唐書作流鬼粤志作瑠求宋史作流求元亦曰瑠求洪武五年改曰琉球初王姓歡斯名渴剌兜元至元元貞兩次用兵未服元末國分為三曰中山山南山北永樂十三年山北幷入中山宣德四年後山南亦為中山所幷　在閩福州正東一千七百里偏南三里分野與揚州吳越同為牛女星紀之次俱在丑宮古名宇留間島起日本西海道薩摩國之南百四十里至臺灣島之東二十六七里止合大小島三十六東南為太平洋西北為支那海地形東西狹僅數十里南北長四百四十里分為三部中部名冲繩島南部總稱先島北部總稱大島中部諸島大小二十餘分三部西云計良間諸島北云伊平屋諸島中即冲繩諸島冲繩最大因稱大琉球極北岬曰平登極南岬曰喜屋武騎西有先春前田赤丸等沙東有的奈勝連等沙（勝連沙嘴斗出海中二里餘）全島分三省中稍南偏稱中頭省山南稱島尻省山北稱國頭省

中頭省領十一間切

首里為王城（縣屬村二十一）（縣屬村十九此二處常為王孫采地）（縣屬村十五）　泊（縣屬村二）　讀谷山（縣屬村十二）　那霸（縣屬村六）　勝連（縣屬村十）　久米（有東門西門南門北門四村）　與那城（縣屬村六）　西原（縣屬村十六）　北谷（一名北灣縣屬村十二）　浦添（縣屬村十一）　越來（縣屬村十）　宜野灣（縣屬村十二）　美里（縣屬村十八）　中城　具志川

島尻省領十五間切

南風原（縣屬村七）　東風平（地在山南界中舊屬中山省縣屬村九）　大里（縣屬村十七）　豐見城（山南王弟汪應祖始城縣屬村十七）　小祿（縣屬村十一）　玉城（縣屬村十一）　佐敷（一名佐鋪縣屬村八）　知念（縣屬村十）　具志頭（縣屬村六）　麻文仁（縣屬村五）　眞壁（縣屬村八）　喜屋武（在國中極南沿海邊上縣屬村五）　兼城（一名金城縣屬村十）　高嶺（土名多具嶺小南王故城名大里城縣屬村五）　真和志（縣屬村十二）

國頭省領九間切

金武（縣屬村五）　國頭（縣屬村四）　大宜味（縣屬村五）　恩納（縣屬村九）　名護（縣屬村九）　久志（縣屬村十一）　羽地（縣屬村六）　今歸仁（縣屬村十一）　本部（縣屬村七）

那霸港有內外二港市街在二港之間西南有大湖中有鶴頭山奧山二島　運天港口有屋嘉古宇利二島

泊港在首里西南海濱與久米村隔一水久米一名唐營別有久米島

計羅摩島（即慶良間島）在那霸西中人呼為東馬齒山（屬島五）西為座間味島中人呼為西馬齒山（屬島四）東西二山中分置渡嘉敷座間味二間切（東島中有前計羅摩島西島西有赤島）

姑米島一名久米即古之球美島中設中城金城二間切（島西有半稱岬島東有淺沙成灣曰小神崎島北有戶無天曾那二島）

右西三島

粟島一名粟國島又曰安根呢山一稱安護仁

渡名喜島一曰渡那奇山近姑米
椅山一名椅世麻又稱伊江島在中山北山間
葉壁山土名伊平屋島在中山西北中有一山為尚圓王祖塋
硫磺山一名黑島山多鳥亦稱鳥島在中山西北與姑米南北相峙旁有灰堆山尤家埠移山嶼三小嶼
右西北五島
久高島土名姑達佳在中山東屬知念間切
津堅島土名津奇奴
濱島土名巴麻
伊計在中、東○俱屬勝連間切又有平安座宮二島亦屬勝連
右東四島
南部諸島在中部西南距臺灣二十五六里
太平山土名宮古島一稱麻姑山亦名迷古夷人名為麻志古島在中山南二十里中設於呂加雁服下地平良四間切西北端斗出
海中分兩岐右云迫門岬左云費盐那岬與輿永良部島隔一海峽○永良部西有来間島南有下地島太良末島水納島東
北有沙為八重千瀨與迫門岬相近中有伊計摩島又西南有太高見島
伊喜間本名伊奇麻在太平東南
伊良保
面那俱在太平山西南
古裡間土名姑李麻
達喇麻俱在太平山西
烏嚼彌在太平山西北
右南七島俱屬太平土人統稱為太平山
八重山一名北木一名崇垣島土名彛師加紀又名爺馬史所云信覺島也去中山二千四百里由福建臺灣彭家山至八重山用乙辰
計中設宮良石垣河平大濱四間切
宇波間土名烏巴麻二島
波渡間土名巴渡麻
由那姑呢

姑彌一名入表島入言深與表言於茂登名嶽也島在於茂登深與處故名或云西表島中設入表古見二間切東岸古見港與上離下離二島相對距黑島僅三里餘北岸有比計川村港港北有崎間島西岸有越良港曾野及南雨岬對峙灣口有內離外離二島東有小濱島加山島西南與那國島距曾奈比港四十八里距臺灣島二十五六里中有島竹嶺川宗嶼三村東南洋中有沖神島

富武島土名達奇度奴

久里島土名姑呂世麻

新城島土名阿喇姑斯

波照間島土名巴梯呂麻

右西南九島土人總稱八重山島合之宮古島即所云南二島也此琉球極西南界

北部諸島距薩摩國寶島之南三十五里中部北稍偏東

大島土名烏父世麻古稱阿摩島史所云奄美國也中設奈瀨古見住用燒內西東名瀨龍鄉大和濱須垂赤木名渡連實久十三間切稱小琉球泰瀨港在北岸燒內港有伊太良島

加計留麻島一作佳奇呂麻在中山東北島西南有受島

與呂島一作由呂

喜界島一作奇界古名兒界中設西沙志戶桶東西目灣荒本六間切合西海道大隅國之種子屋久及薩摩國之寶龜黑惡石硫黃稱七島

德島土名度姑在與呂南隔一海峽中設龜津伊山喜念井之川岡前兼久六間切

永良部島一名伊蘭埠島在中山東北○島有三島大隅國者云口永良部島宮古島者云與永良部島此島云中永良部島中設木比留大城德時三間切

烏奇奴島在度姑東北

右東北八島

佳楚嶽最高一名宇勝嶽嶽南爲讀谷　名護嶽在佳楚北　恩納嶽一稱佐度山在名護南此三嶽並在國頭首　辨嶽在首里西北東北有姑場嶽

八重頭嶽在國尻首旁有高嶺爲山南王故城

右五嶽

饒波川從豐見之石火山來合長川發源滿添之滿添山入那霸

大榮川自佳楚麓西南入海東即運天港

富藏川自金武之金峯山來東注於海

越南地畧

武進馬冠羣良伯甫輯

越南即安南古交趾地唐曰南交秦屬象郡漢元鼎中平南越置九郡交趾九真日南三郡為今越南北圻地交趾治羸𨻻今河内省九真治胥浦今清化一作清華省日南治朱吾今越部富春省建安末孫吳改交趾為交州徙治龍編後增置新昌武平九德三郡宋增宋平宋壽郡齊增義昌郡梁增交愛騹等州兼置交州都督府隋仍為交趾日南九真三郡唐武德三年置交州總管府管交峯愛仙鸞宋慈險道龍十州調露初改設安南都護府以交趾郡為交州武峩州粵州芝州改九真郡為愛州福祿州長州改日南郡為驩州峯州陸州湯州禺州巖州又改置靜海軍節度使梁貞明中土豪曲承美據其地南漢并有之尋為州將楊延藝吳昌岌丁部領所迭據乾德八年丁内附詔封為交趾郡王太平興國中為大校黎桓篡奪祥符元年李公蘊逐黎氏自稱留後詔封南平王興甯二年攻占城虜其王自稱大越帝淳熙二年詔封安南國王紹定中女昭盛主國事讓位於其夫陳煚明洪武二十一年黎季犛幽陳氏而專其國建文元年遂自立更姓名胡一元國號大虞永樂四年討平之設交趾都布按三司十六府（今北圻地）洪熙初黎利竊起六年遂僭號建東西二都東都在交州富良江南古龍編城其外大羅城唐羸𨻻地今河内省西都古九真郡治唐愛州地今清化省嘉靖元年莫登庸自稱安興王尋篡立黎譓逃於清化萬歷二十五年黎維潭起兵滅莫氏遂復國詔莫氏以都統使退處高平　國朝康熙十三年黎維禧攻克高平於是安南全境盡歸黎氏黎維禑時鄭氏專政稱鄭大王出左輔政阮氏於順化號廣南王安南都曰東京廣南順化曰西京兩京中隔海口乾隆五十一年阮惠滅鄭氏黎維祈出亡後來歸詔給維祈三品銜編旂安置封阮光平為安南國王都富春時稱新阮亦曰西阮黎氏甥阮福映假暹羅兵攻定農耐本水真臘舊都今嘉定省居之號舊阮嘉慶七年福映攻并安南入貢詔封越南國王又攻定高蠻國河仙地分通境為左右南北四圻合三十省宣光西北之保樂州為黎氏舊臣農姓地不與焉咸豐中法夷侵佔南圻改號衣波儒又曰佛浪沙同治十二年又佔距河内省劉永福攻法於太原省始與越南定和議

安南地分三部南北自北緯八度半至二十三度東西依法蘭西巴里經自百一度至百七度西接柬埔寨老撾北隣中國之雲南廣西廣東東南至海西南臨暹羅灣其海岸當中國瓊州之西（一名海南島）自東京巨灣稍東南達支賴那港（廣南府西北）又南過八達郎岬（平順府西）西南至果茂岬又北達河西

北部由北緯第十八度至二十三度舊東京部也今稱唐外北路南部由北緯第十一度至十八度夷人目為酷鄉希羅譯為交趾或云占城之訛今稱唐外路下交趾在中交西南昔嘗屬柬埔寨今稱佛領交趾

國中今分二十五州由北部而南曰高平曰諒山曰廣安曰平甯曰宣光曰太原曰北甯曰海東曰興安曰河内曰南定曰山西曰甯平曰清華曰河靖曰乂安皆古交趾地今之東京也曰廣平曰廣治（又改為道）曰廣德（又云順化州即西京）曰廣南曰廣義（又改為道）曰平定（又曰歸仁）曰富安曰衙莊（又云慶和）曰平順皆古占國即占婆古城林邑等地今以前三州為上交後六州為中交曰邊和曰嘉定曰定祥曰永隆曰安江（又云瑕點）曰河遷古東埔寨地今佛領交趾也法夷得此六州分為十九區曰伯里阿曰邊和曰厥妥瑪曰柴

國都　左圻　右圻

棍（卯西貢）曰爪空曰米篤曰新安曰西甯曰奔兗兜曰茶榮曰永隆曰茶溫曰煞敵葛曰朔鎮曰郎各璽伊阿曰昭篤曰樂嘉曰
河仙

國都富春京（舊順化省）古越裳國秦象郡象林縣漢日南郡晉林邑唐初林州景州尋復為林邑宋為占城李氏伐占占割地哩麻令布政三州以和地哩為臨平州麻令為靈平州自奇花以南盡歸安南元至元間陳烇嫁女於占占以烏里為聘物乃改為順化州後改臨平為新平與清化安演二路並為重鎮永樂中設興平順化二府黎利有國置順化承宣鄭松專政出阮氏於順化號廣南王管順廣二道事阮氏因開拓順廣以南地自為一國乾隆中鄭氏誘土首阮岳阮惠滅廣南阮惠旋又滅鄭氏而纂有黎國嘉慶中阮光平以暹羅兵復順廣遂定安南取舊廣德營地定為富春京又曰西京亦稱南京設承天府

承天省舊稱肇州府又稱肇封南界廣南北接廣治西隣哀牢東臨大海　阮氏初治登昌縣愛子社後移香茶縣金龍社繼復治今地領縣三

富榮（舊恩榮六總七十社七十村）　廣田（舊丹田八總六十二社一村）　香茶（舊金茶九總七十社）　直隸廣德營

臨雲山在富榮臨雲關乃順廣之界自此沿江日餘即廣南地

左圻二省

廣治省在順化北領縣二州二

海陵（五總五十一社一村五庄）　登昌（舊武昌五總五十五社）　順平州（三十四冊三峒）　沙杯州（六十九冊六庄六峒）

愛子江在登昌縣永樂中張輔討陳季擴進兵順州破賊於愛子江進至政和縣羅蒙山皆懸崖仄徑輔擒阮師桂於南陵州季擴遁入老撾

廣平省在順化極北初為新平府後改省領縣四

豐祿（舊豐祿六總七十六社）　麗水（五總八十二社二庄）　明雲（舊為州五總二十八社）　布政（舊為州四總）

柴壘上至洞册嶺下至日麗海門延袤二千餘丈外植柴内植鐵林木築土為堵間立礮臺設洞海屯於海邊　舊洞海屯有關隘名曰廣平關山北七百九十一級山南七百七十三級為南北之衝

湛營在心舍社葛營在榮江

右圻二省

廣南省占城南境與哀牢接壤李陳取化州時臨雲以南猶為占地胡一雲伐占取古壘罔置升華思義四州自此升華以南始入安南與新平興化為三府黎洪德中擒占王茶全始設大占知府古壘知州等旋復置廣南承宣舊領府四廣義置省後改領府二

升華府領縣二

北圻

醴陽九總河東五總五社

奠盤府在廣南之西與承天接壤領縣三

延慶七總和榮五名潍川十八總五十八社

新州港在廣南廣義之間故占城都俗名占城港

廣義省在廣南之南領府一

思義府領縣三

彰義九總古義十三社江三總 平山古平七總十陽三社 慕華十三總五十三社

北圻上十省

河内省古貉龍國南海郡漢交趾唐改交州丁黎間為道府杜林峒唐林扶烈皆其地也李改稱路陳為天長建昌應天粒仁新興快州長安龍興大黃安暹等路黎光順中置天長承宣又改為山南景興分為上下二道後上鎮又改兩省一為河内北界北甯山西東界興安南界甯平長安西界天關四宣之第一也

懷德府河内省會歷代國都於此號東京置奉天府黎光順中以清華為西都改河内為東都西山阮氏都富春降奉天為昇隆城後改為懷德領縣三

壽昌卅八坊 永順舊廣德十八坊 慈廉舊名慈山西國威府十三總九十一社

濃山在城正中李氏以山為正殿山中有一孔乃山澤通氣故號龍肚

泰和山在城西黎氏建行宮於上號泰和宮

珥河一名瀘江一名富良江在大羅城左上接山西古地界宣光州三帶今改永祥白鶴江經北甯順安府嘉林縣古東關地愛慕臨遊等社下接瀘仁古利仁路改里仁之大黃入於海宋郭逵破蠻決里隘曾次軍於是江永樂四年張輔師至多邦城今興化省敗賊象兵遂循富良江南下破東都乾隆四十九年孫士毅進軍市球江大捷十九日遂濟富良江半夜渡江賊大潰皆是明張翼與黎氏戰以風濤往來不便始置浮橋號東津渡橋橋歲一易孫士毅為阮惠偪渡富良江斬浮橋以斷後即此橋也

西湖漢名浪泊陳名靈潭在永順慈廉界北抱珥河南逵蘇瀝河漢馬援常駐軍於此唐咸通中高駢以為天南勝地名為鳳皇飲水格列之奏續避鄭氏諱又改兌湖

上下葛二社在慈廉縣古名君臣州後李南帝與趙王先後割據於此

常信府在山南之北河内之南近中都領縣三

清池舊清潭十三總一百社村 上福十三總十一社 富川初名淨雲又名廣源六十七社十四村二甲一莊

章陽在上福縣中流為暨子關對岸自然洲陳日𤏹破元兵處

應和府舊名應天在山南之極西領縣四

青威十二總九十三社　山明四總二十九社　彰德九總六十九社　懷安舊唐林池四總五十五社

雪山在懷安縣西有香為山南第一洞天

里仁府在山南之西南與甯平交界征巡各所拱珠江在場紫為正養濛瀁川珠舍為支領縣五

南昌十總九十二社　維先六總六十一社二村四莊　青廉七總五十八社　平陸四總三十社四莊一所　金榜六總六十社

興安省舊屬山南東北接海陽臨海西北接北寧順安東際海南界南定建昌義興西界河內常信里仁領府三

□府在山南東北與京北夾環征巡之所令池為正在金洞未隸□州二社偈州為支在金洞偈州社領縣五

東安七總七十八社　仙侶六總五十三社　金洞古屬州八總六十一社　芙蓉六總四十八社　芙施八總六十二社

柯蜩村在仙侶縣明兵入境設屯其地有柯蜩夜賺明兵入囊則投於江明兵移屯

太平府在山南之東興安東北征巡萬甯為正在瑞英甘棠社鹽戶為支領縣四

瑞英九總六十一社村　瓊瑰七總四十七社　附翼後改附屬六總三十六社　東關八總五十六社

先興府在山南及興安東南領縣三

興仁舊名御天六總五十六社　神溪八總五十一社村　延河六總五十五社村

南定省舊山南下鎮西北接快州東北界建昌南東界海西北界里仁西南界甯平長安為海防要地領府三

天長府在山南之東南定治所夾際大海陳時即墨鄉乃湯沐之邑領縣四

南真古西真十三總一百二十八社　美祿七總五十三社　膠水九總九十九社　□元舊名上賢過陽下社狀元阮賢名陵上元五總四十五社

義興府在山南之南南定之西領縣四

大安六十六社二村一莊　豐瀛舊名望瀛七總五十五社　天本九總六十三社　懿安六總四十二社村

呂神祠在天本之登槐呂嘉與漢兵戰不利喪其首猶騎馬奔至登槐村媼言世豈有無首而生者遂墜馬死後人即其處祠之

建昌府在南定北領縣五

舒池八總六十七社　真定八總五十六社　武仙七總六十三社　錢海新設　青關舊名青蘭十總五十五社

北寧省舊號北京古武寧郡秦屬南海漢屬交趾吳以後為北江道李初升古法為天德府陳為北江上下二路黎光順中置

北江承宣始改為京北南接山東北接太原東接諒山西接山西領府四

慈山府在京北之中領縣五

洮

東岸十三總九十七社 武江舊名武寧六總四十五社 桂陽九總五十六社 仙遊九總五十五社 安豐舊名安富六總七十二社

佛跡山在仙遊縣昔樵客王質入山見二老松下圍棋倚柯而觀迨局殘不覺斧柯之爛又名爛柯村

普賴山在桂陽普賴社下臨六頭江孔路禪師修真處永樂中張輔追敗賊於萬刼江普賴山即此又敗胡杜於盤灘進次魯江賊迎戰於木丸江大破之窮追至膠水縣悶海口

螺城在安豐古螺社古封溪安陽王所都築城廣千丈盤如螺形又名鬼龍城今人稱崑崙城

天福府在京北之北舊名北河領縣四

[illegible]安舊名安越三十六社 金華九總五十一社 先福七總四十一社 洽和九總五十一社

諒江府在北京上游領縣六

鳳眼十總五十八社 安世八總四十五社 右隴四總二十八社 陸岸七總五十五社 安勇六十七社 保祿八總六十五社

六縣俱多山元兵入境築普賴至壺之山栅以規萬刼寨興道王預伏兵於叢中大破之又扼諒江關以拒之

順安府在北甯西南領縣五

嘉林十總七十八社 文江古細江九總六十一社 良才古善才九總七十五社 嘉平古嘉定八總六十八社 超類十總六十社

東究山在嘉平衆峯峙立為一府名勝

山西省古文郎國秦屬象郡吴置新興郡晉改新昌唐設峯州福祿州後別為三帶州陳時為三帶廣威國威等路黎光順中設國威承宣後稱山西繼復稱三江南界甯平北界太原東界北甯西界宣興領府五

國威府在山西之東領縣四

安山古甯山八總五十五社 美良古芝泥外三總同安山內四總與豐無異四十九社 石室七總六十二社 丹鳳五總

句漏山一名西方在石室勤儉社葛洪為交趾令嘗於此煉丹

永祥府舊名三帶在暍江之西領縣五

安朗古朱鳶九總六十一社 白鶴八總六十四社 安樂十五總一百八社 立石十一總十二社 扶甯古扶康九總六十二社

沲江上游自興化鎮直安樂過山圍至我彨鶴沱江上流直興化青州縣經過山圍至此與暍江三派合流為大江

雄王山在扶甯古雄王都邑

使君城在峯州今白鶴地吳使君喬公年築

臨洮府古洮江府在山西之西與宣興夾壤領縣五

山圍九總五十八社 青波五總三十社 華溪古麻溪六總 夏華八總四十七社 三農五總

喬公城在華溪洩舍社十二使君喬順潮築

端雄府在山西之北與宣光太原接壤領縣五
山陽二十四社東關舊東關六總五十五社登道舊當道三總十七社西關舊西關三總二十八社三陽七總五十五社
三陽山三島山並險峻直臨太原
廣威府在山西之南連接寧平領縣四
先豐七總四十七社明義六總三十六社不拔六總四十五社福壽十一總五十六社
傘圓山在府西高峻雄險永樂中明師克多邦賊奔潰至傘圓山焚空室遁入海昔貉龍君娶嫗姬生百子分治各山傘圓
神乃歸山五十男之一也
海陽者一作海東秦屬南海唐置海門鎮後稱洪州丁以後為洪州南策諸路黎光順置南策承宣舊治在至靈縣壘洞社俗號營滿後為海
陽道南接山南北接廣安東臨海西夾北寧領府四
平江府在海陽南古稱洪州後改上洪領縣三
唐豪九總八十社唐安十總五十社錦江十四總八十五社
洪江自北江發源東注自京北嘉林之古碑石桂江銖過大悲江金牛江合流東注唐豪西興文江接
甯江府在海陽之南舊稱下洪領縣四
四岐二十四社嘉祿古長津縣洪德改長福九總八十五社永賴十一總一百六社青沔八總五十四社
嘉祿江自唐安來一派北注錦江一派南注青沔
洪江上流轉自珥河縈流四縣南經永菴門入海
南策府在海東北領縣四
青河古平河七總六十二社青林十二總七十九社先明本青河地分為新明十二總八十九社至靈古旁州七總九十社
墨陽社大江自洪江日海江合流而下月德江天德江樓溪江六頭湊會夾京北鳳眼桂陽安勇嘉平地界中有沙洲號大
灘形家以為六龍爭珠局江流下達鄁江入於海其一横流入靈長達青河諒江以下峯山擁立聯入崑山黃潤等社上接
鳳眼通諒山下連東潮至廣安為國之左支堪地脈中支吉磾右支昇龍所謂第三崇巖也墨陽古名龍灣
荊門府在海陽東北領縣七
夾山七總六十三社宜陽十二總五十二社安老十總五十八社東潮十一總九十五社安陽七總七十社金城古茶鄉十一總八十一社水棠十二總七十二社
白藤江在水棠南漢劉龑使其子宏操領舟師自白藤江入吳權植椿於江挑戰遂殺宏操元至元中烏馬兒將兵入白藤
江陳國俊先於江中植椿乘潮挑戰元兵追之水落舟膠遂縱兵還擊斬烏馬兒時陳日烜稱聖宗日燇稱仁宗並自將元領帥
唆都為安南所擒元史未載

安子山在東潮安期生修煉處山上有紫霄峯卧龍菴龍洞諸勝陳時元光住持於此陳仁宗遜位結菴洞側家海嶽名山圖以此為第四福地

鳳皇山在湛露社九十九嶺俗傳鳳九十九毛名洞門

安阜山在夾山金泉社為縣中衆山之祖中有擎天柱有雙湖外湖水濁內湖水清

敬主山在敬主社一名串珠有深谷名暘谷陳時范師孟詩云宇宙奇觀暘谷日江山佳氣白藤秋

九龍山在宜陽塗山社一山獨大號母山七山左旋又一山背出右後至海聳立號獨山登山東北望安陽葛溪三岐江合流入華封江岸飛水接天如萬馬奔馳右旋諸山雙堆遙對俗名鄉鄉海際突起大堆橫亘千里

安廣省又稱廣安古安邦唐武安州後置海門鎮丁黎李為海東後改安邦路黎安順中置安邦承宣東臨海南界海陽北接廣東領府一

海東府背山明海隔大江為灣甯又隔江為雲屯黎紹明中許爪哇貉龍暹羅諸番來泊旁海立莊始為雲州華封安興橫蒲分處江之左右海門東與廣東欽州接界分茅嶺為中朝分界處莫初獻粘浪二州古森淅潭金勒子葛四峒於明外有洪潭州亦商舶集處為廣東至安南要道淬司安良為正稅所淬巡在安鄉琼樓社江分卽掙江上流自海陽東潮水崇二縣江分經過至華封安快社為鳳皇支安農社為蒲鉤支安巡在灣甯安良社自內地白龍尾通明岱社至鼓巡一支自灣甯州灣春社餘雜木稅五所一在橫蒲畨州安土二社一在永興州南山海浪錦普二社一在灣甯安樂社一在橋魚社一在安良社領縣四州三

安興二總十六社　橫蒲三總十六社三　新平二總　華封二總十六社　灣甯三總十三社三坊　雲屯二社　永安三總十六社

白藤江海道之口也自此進至花步抵峯州宋興國中知邕州侯仁寶討黎桓敗賊於白藤江口仁寶率軍先進後隊遲迴花步仁寶遂被誘害又康州將孫全興自白藤江進次花步亦敗却

雲屯山在雲屯東海中兩山對峙一水中通番舶多聚此

興化省古文郎國秦屬象郡隋唐為上州李陳屬沱江路黎初為嘉興鎮光順置興化承宣東連山西西夾雲南北接宣化南接清化境屬芒牢難平易亂領府三

興化府在興化之極西北西連南掌北接雲南為滇省入雲南要道水尾文振為第一重門户領縣四州一

鎮安四總十三社　安立三總二十六社　文振十七總卅社　文盤八峒　水尾州三峒

嘉興府在興化之中本南掌地黎氏没屬之景興中黃公瓚據之為青州佔芒青地後討平之置甯州領縣一州九

陀北州四峒　木州五峒　順州五峒　山羅州四峒　遵教州三峒　青州　縣十七一總二社　越州三峒　符華州三峒　枚州五峒　甯州五峒

西安府在興化西南亦南掌地領州十

圖作北　北圻外

嵩陵州　醴泉州　黃巖州　綏甯州　合肥州　萊州　謙州　昭晉州　琼崖州　倫州

宣光省一稱明光古裕龍國秦屬南海唐為陽州陳屬國威路光順置承宣西接雲南東連太原領府一

安州府領縣一州五

福安七十社　枚陽州三十八社　大蠻州四十三社　渭川州六十六社　保樂州二十三社　陸安州二十二社

莒江自雲南開化流經大蠻至福安强江上流湊合至我彤䳘為三岐

太原省古甌駱國秦屬象郡唐為武峩光順置太原承宣北界廣西雲南西連宣光東夾諒山領府二

富平府在太原西北領縣七州二

平安七總六十九社　普安六總二十四社　洞喜八總八十三社　司農九總五十四社　文朗四總十二社　定化州八總三十四社　武崖州八總二十七社　大慈七總二十八社　富良六總

獨尊山三島山並險峻

通化府在太原之中領縣一州一

威化六總四十社　白通州九總六十三社

嵬崙山自宣光發脉至白通州摩空峭立　送星廠在白通州取煤多中國人

北圻下六省

高平省一稱古邦即古安邦府在太原之北舊為府屬太原莫氏亡族黨敬用奔高平明撫官題奏保全斷許四州安插敬恭敬寬敬宇歷三世並於此僭號康熙十三年黎氏攻并始置為省北接廣西歸順州東連廣西龍州轄內十二巡農遼巡博溪巡博冥巡良馬巡都陽巡甯搗巡犖昌巡古陳巡萬嶺巡楝龍巡領四州

石林州十四總三二十二社　廣淵州五總三十八社　下琅州四總二十二社　上琅州

諒山省又名諒北古駱龍地秦屬南海唐為交州黎置諒山承宣東夾廣安北拱鎮南關西南界京北西北連高平領府一

承慶府領州七

七泉七總三十三社　文瀾九總三十九社　脫朗五總十九社　祿平七總二十七社　溫州五總二十六社　安博四總十七社　文淵八總

支棱關在溫州接京北為諒山界首有鬼關祠

祿馬山自祿平州母山出脉過脫朗枚坡社哭起高峯至此山平坦可立屯營

印隘在峒西過惡水泉至同登庸乃使驛往來駐驛之地又北約二更許至鎮南關左右連山排列為城中外分壘天然界限關前仰德台為候接天使之所

清華省一作清化又名清内省秦象郡地漢為九真梁置愛州陳時改清化又稱九真府愛州府及徙西都改清都鎮胡改天昌府并九真愛州為京畿三輔永樂中為清化愛州等府黎光順改清華承宣東界海西界哀牢哀牢地今多蠻又安北接山南南定南

界乂安領府四

紹化府在清華西北舊稱紹天領縣八

瑞原（古梁江八總四十四社一萬八坊）永福（古永甯七總二鄉二十四社一寨一所一萬）東山（六總七十五社）雪陽（三十總六十三社三十冊所莊）安定（八總五十七社六莊八坊一萬）錦水（七總四十二冊一莊）

石城（六總一社四十九冊三莊一寨）廣平（五總四社二十四冊三莊）

石城錦水廣平皆界哀牢一水從哀牢發源為馬江一水從廣平發源為梁江二江合流環抱下游四縣

西都在永福安孫洞今花街芳街四街等社永樂中城廢

安場宮府在瑞原安場社後為鄭王宮廟號稱京宣與汴上觀山並為重鎮

安獲山在安獲社銳村山石極美晉豫章太守范甯嘗於此取石為磬

壺公洞在永福六域社洞有費長房遺跡

河中府在清華東領縣四

宋山（四總三十社三十三莊）宏化（古石藤六十七社二莊一所七總）豐祿（古清祿五總十鄉三十八社一所二莊一坊）峨山（六總三十社三十三莊）

嘉苅外莊為阮氏列代祖邑傳有八世

三疊山在宋山縣山頂望接大海為清化內關形如覆盂兩壁屹立中僅一綫通來

靖嘉府在清華西領縣三

農貢（九總九十三社）玉山（四總五十四社四坊一莊一萬）廣昌（四總一百二十社村坊寨所）

壽春府在清華極西舊稱清都與哀牢接境領縣一州二

壽昌（四峒）關挪州（十冊四）良政州（冊）岑州

甯平省舊為清華外鎮又改清平道甯平道領府二

長安府在清華北領縣三

嘉遠（舊安遠十二總八十八社村坊寨）安謨（八總六十社林坊）安康（舊安甯十總六十二社萬）

丁黎故都在安康花閭社李遷都昇龍始改長安府莫又以長安天關二府為清化外鎮以三疊山為界首與黎抗拒而覘長安以外為東越長安以內為西越

古弄城在嘉遠連接金榜永樂所築明沐晟兵敗於逋姑即此城

天關府在清化之北沿山而西與山西山南接自西京出經山明金榜以達東都道最近領縣三

奉化（四總三十三莊十六寨）安華（四總二十二社二莊）樂土（三總三十社一莊）

乂安省古越裳國秦象郡漢日南吳九德梁初稱驩州後分演州李改為寨天成三年改驩州為乂安而演州別為州陳為乂

安府又改路分為日南路有東北中東四路西都時為臨安鎮以演州為望江鎮胡改望江為靈源與清化九真愛州為京畿
四輔永樂中復為乂安演州等府光順為乂安承宣南界順化北連清華西接哀牢領府八
德壽府舊稱德光在乂安之中領縣六
天祿（四總三十七社）真祿（四總三十七社一所八村又名真福）青漳（六總三十八社三十二莊九州）香山（八總三十二社一村）羅山（七總三十七社一村一莊）宜春（五總二十六社七村一莊）
鴻嶺九十九峯在天祿宜春界上有香積寺觀世音菩薩飛錫南來住持處
千伋山在青漳藍江社山下有六年城黎氏拒明兵駐此六年故名
演州府在乂安北領縣二
東城（七總七十六社四村二十九莊二冊二洲三灣四館）瓊瑠（七總三十三社九村二十七坊）
鄭都府在乂安中領縣二
興元（七總四十三社一所三莊）南塘（八總九十社村坊）
潮口城在興元潮口社明人所築黎利自林河圍之今榛蕪山上插旗石猶在
可留關在南塘暮田社自青海會林二流至此相合兩岸崇山盤曲黎利與明方政山壽鏖戰於此
茶麟府在乂安西北北接哀牢領縣四俗號四麟
祚山（峒十九）襄陽（峒二十七）永康（峒八）富寧（峒五）
摩崖山在襄陽沉香社陳征哀牢至此阮忠彥刻石記功
葵州府在乂安西領縣二
中山（峒十六）翠雲（峒三十六）
玉麻府在乂安西領州一
鄭本州（峒十二）
臨安府古盆蠻地即南掌也附屬哀牢領州一
歸合州（峒十八）
鎮寧府古盆蠻地一名芒盆黎氏取其地設府領縣七
金山（峒二）清渭（峒十）景滂（峒十四）光榮（峒六）明廣（峒九）桄榔（峒九）忠順（峒十）
呈光土酋盧蘗氏居邑四面山峒南望江岑北依慶坦東夾蒲蔴亭西達終忘後為黎維襁襲據西自呼芒爺老各守以至
興化諸芒東至樂凡暴州北及茶葵七總悉稟統攝庚寅春乂安清華興化三道偪攻維擡棼死妻鎮寧酋蛇盧蘗香之姪
樂蘊管府事

南掌

河靜省在越南北圻之極南古驩州地南接左圻之廣平營石河北界天祿奇英南接布政領府一州一
河英府舊名河華本乂安屬在乂安之極西南領縣二
石河七總四十二社一村一所三寨　奇英舊名奇華六總三十七社十村
河中社在奇英為黎時留屯鎮城
宏化社在奇英古安南極界與獠蠻接壤南詔常據此以拒唐
天琴山在奇英昔雄王游此山聞天籟聲故名後胡季犛為明兵所擒改名天擒
布政州在河靜南故占城地明屬老撾今名烏里州李氏時奇華以南始屬安南陳興隆中改烏里為順化州後又失於占胡
氏復奪取之界首萬嶺橫立連接至海靈河橫截境中北為北布政屬河靜南為南布政屬廣平領三總
順理總　順安總　順永總

南圻十省

平定省在廣義之南西接哀牢南接富安領府一
歸仁府領縣三
蓬山二總三十三社　符離三總六十社　綏遠二總三十三社
石碑山在省西南界黎時與占分界處後復歸占號南蟠國摩山頂立碑為界
渠南山在新立南蟠國距平定半月程山甚高東西有水火二王架木而居刀耕火耨不知秝日
富安省在平安南故占城地領府一
富安府領縣二
同春三總八十八社村坊邑　綏和四十七社村坊邑
平和省在平定南故占城地領府一
平康府領縣二
廣福二總六十五社村坊　新定二總一屬
平順省在平定南故占城地領府一
廷康府領縣三
福田三總三十七社村　永昌三總十七社　花昌二總一屬
永隆省舊永清鎮在嘉定西北本柴棍舊地龍德初伐高綿真臘屬地取柴棍隸龍湖營領府一
定遠府舊為州領縣四

永甯十二社總八　永安八二社總十　新安十二社總八　永定十二社總八

定祥省在嘉定北亦柴棍地景興初再伐高綿招安順城芃蠻高綿螉源走羅壁即羅斛國獻其尋敦瀨墟二府遂分定疆界

領府一

建安府領縣三

建登縣六總　建興總六　建和總六

邊和省一作番和又稱平化在嘉定東北舊占臘地領府一

福隆府領縣四

福正總二　平安總二　隆城總二　福安總二

安江省在嘉定西本水真臘地領府一　以上四省本嘉定四屬鎮古東埔寨地阮福映初起兵時畧定此四鎮命其子鎮守

自率兵進規農耐其地在越南之極南南面瀕海一片爛泥故曰爛泥尾

新平府領縣四

平陽總二　新隆總二　福祿總二　順安總二

真臘在占城西南一曰吉蔑又名甘孛智本扶南屬國東距車渠西界朱波即驃國北近九真南濱海唐神龍後國分為二

南近海號水真臘北多山號陸真臘宋時滅占城改稱占臘役參半真里登流眉道明蒲甘諸國皆為所屬成化後盡入安

南

農耐即嘉定城在東埔寨東南一作龍奈即祿賴又曰漆瀨占城南盡境

河仙省在嘉定西南與暹羅交界舊荒陬後名港口領道二

龍川道領縣一

龍川總二

望江道領縣一

望江總二

紫山在乂安省漢唐之驩州也赤雅云有驩兜故宮入山四十里地名杉谷

橫山在河英奇英自宣光興化起東至廣平河靜與大海接山陽為南圻山陰為北圻山東南為國都西南為暹羅高蠻西北

為萬象古哀牢又西北為雲南邊中多猓體野人酉陽雜俎以為猓國白民之後按真臘扶南之先皆猓民皆在此山之南天

寶日錄名橫山為嵐山晉永祐二年林邑王范文攻陷日南徼交州刺史請以都北橫山為界祝穆云即此山也

東究山一名東皋唐時刺史高駢建塔其上

三江　宣光江、安南沱江、又安東范江

丘蟠山有石門廣三丈漢馬伏波將軍所築
眉公河在嘉定省發源於圖伯特過雲南老撾入東埔寨至南旺府分為二東曰前江西曰後江皆入嘉定境今稱西貢河眉公河灌溉之地皆暹邏和柴棍東伯伊谷西伯伊谷四河之下流〇後江西南為樂嘉州有四大溝一曰拜克賒二曰鉛弄三曰開畢四曰弁胎
宣光江在興化省明沐晨自雲南引師至水尾之高寨督造舡即此上流為雲南瀘水下流為富良江其南洮江經水尾至鎮安沱江經西安至青州會於柴巡所是為三江近時以蒲江中江香江為三江以其皆在都城下也
東京中海港之尤大者凡十五所吭港壹哥港太平港克里姚港巴港獨賴離港郎港叭耳港平海港辣格港彈壁港邊可港棚港碧鸂港又名乂安曲阿煞哥港
上中交趾海港有東化港葛阿港(在廣平)鞋葉港(在廣治)順安港曲阿港蹋木港(在廣德)資在南港向港即廣南港(在廣南)機機煞港機港(在廣義)新關港駘僻港烏谷港麥哥榭港(在平定)媚那港得郎港(在富安)兗魯烏能港衙莊港卡木舲港麻獲港(在衙莊)汎唐港卡𥻸港番地港慢機港吭港厥蔑港(在平順)二十六所
佛領交趾中海港有憋乍港冬兗郎港追辣薄港擠號港彈港百來港各鄉港伯達可港甘化港巴讀港陸戲港巴里阿港河仙港十三所
赤雅云越南山溪多名究有西古郎究金山郎究越裳究九德究南陵究文郎究無勞究金雞究　又馬伏波將軍討徵側詩索走入金溪究三歲乃得疑即金雞
安南諸岬東南有甘向岬(在河仙南)豐荅岬(在樂嘉)果茂岬(在下交趾極南)新甲苛吉巴伯哥開葛伯達部五岬(在邊和名蓮南河)一　北有花白耳落岬眉伊開松岬伯爾約岬茵意煞甘岬茵伊郎岬向岬柏耳棉嫣岬來岬棚葛花岬冬海岬白格耳龍岬
安南諸島在北邊者有東京灣之厥郎相西華篤客白三島杜宋九島歐人呼為海賊島白格龍皮島英人呼為聽卡耳島漸南有豐乃豐滿今甘諸島乂安港有厥阿鼻恒島廣平有東海豐谷二島順化有豐棚島廣南有豐宋恰曲老屋香二島又南有豐弄豐八唐曲老屋甘曲老屋各生曲老屋眉伊那豐光機宋豐得羅藍當豐祿阿地巴羅十西羅冲巴羅十西羅支而荅來羅諸島又西南有大卡皮支葛島小卡皮支葛島蒲盧煞白篤島　下交趾海中有波魯宮得羅島島西有兄弟島果茂岬南有波魯韋皮島果茂河口有花白即公島島外有豐克屋格豐皮屋阿二島岸北有來宋科爾臺二島又有鋪六梅買羅諸島岸西有波魯彭翔島河仙府南有伯力阿葦島　暹羅灣海中有連島最大者曰胡盧島島西有波魯卑島
越南自稱系出神農號雒雄氏亦曰駱鴻氏輿地廣記曰其地有雒田隨海潮上下民墾食其田因名為雒民君為雒王臣為雒侯設諸雒將南越志曰交趾厥田黑壤厥氣惟雄田曰雄田民曰雄民君曰雄王佐曰雄侯分其地以為雄將二說不同然皆從雒雄氏一語而出

入越有三道廣東為海道漢以來有之廣西行於宋雲南元時始開　廣西有三道一從憑祥土州由南關隘歷越南文淵州
之坡壘驛經脫朗州北一日至諒山一日至溫州北險徑半日至鬼門關一日經溫州南新麗村一日至保祿縣半日至昌江
一日至安越縣南市橋江北岸一從思陵土州辨強隘一日至越南祿平州過千里江一日半至安博州過耗軍峒山路險惡
一日至鳳眼縣一日至保祿亦渡昌江至安越祿平州西有路一日半至諒山一日至安越一從龍州一日至平而隘一日至
越南七淵州二日至文蘭平茄社一道從文蘭經右隴北山鬼門關度昌江上源沿江南岸一日至安世安勇一日至安越中
市橋江北一道從平茄西一日半經武岸州二日至司農一日至安越北市橋自此一日至慈山過東岸嘉林度富良江入河
內省　雲南有二道一從蒙自蓮花灘入越南右隴關下程瀾峒循洮江源右岸四日至水尾八日至文盤州五日至鎮安縣
五日至下華縣二日至清波縣三日至臨洮府三日至山圍縣二日至興化省一日至白鶴廟三岐江四日至白鶴縣度富良
江一道自河陽隘循洮江左岸十日至平源州五日至福興縣又一日至宣化二日至端雄府五日至白鶴三岐江悉山徑難
行　廣東海道自廉州烏雷山一日至永安州白龍尾二日至玉山門一日至萬寧州一日至廟山一日至屯山一日至海東
縣二日至經熟社一日至白藤海口經天遼至安陽海口又南塗山海口又南多魚海口又南太平海口各有支港以入河內
省從白藤經水棠東潮至海陽府至靈縣過黃徑平灘等江從安陽經安陽縣至荊門府亦至黃徑等江由南策上洪之北境
以入從塗山由古齋歷古陽縣安老縣北至平河縣由南策上洪之南境以入從多魚由安老新明二縣至四岐瀾洪江至快
州經鹽子關以入從太平由太平新興二府經快州鹽子關度富良江以入
自河內文亭至富春京計行十八日三十六宮程三十萬四千六百九十九𡩟經海陽省之東上站部上社至東傳站序倖社
又至新安省之興舍站安舍社又入南定省南黃站歷南隊站同隊社至甯平省甯多站多枚社另有一道由河泗河富河瑞
河安河忠至甯平亦是六站
富草之秣林　濘賤　館彫駮　秣安　鄂綿　館枚　館琮　篤遊　甯遊站古迨社(屬安謨)
館站　駁拜丞　殿桃　三疊山(清化甯平界)　魯蘧　崇珍祠　館巇　屯喁扁山社(清化界)　貢渠光明社
清和站號宮渠○有渡接大連津右對冠來寺裕蜡㟍貓原地名光郎社係宋山界以貴鄉免役故站夫用峨山高隴社民
平和橋(自土山名九疊又石山金甌宋山嶺山永祿山烟對峙立)　鄂繪金甌社(宏化境)　大連渡(有直渡一夜可達楊舍江名日渡貞)　館浮山　車盎山　鄂鄉錦羅社
館毛　清山站美化社號宮貞(屬宏治)
楊舍江(即江貞)　館定省　秣鶴　館蹤　鄂營揚　布衛社　清化省東山縣(舊在楊舍渡移此號鎮城)　館密山　鄂布衛
館菴　館瀨　館對衛　清泰站泰來社號宮璧醞(屬廣)三
館竹　館茹傳　屯砂礒　渡湖　玉甲社(玉甲江百尋近海)　館韓　墀墟　館鄂庫　清舍站號宮鼉(靜嘉治)
廚谿(本名天成)　館蹼　館媽　土山屯　秣茶　館土(聖母寺殿前有江)　清科站號宮科

館同和(有山名更仙)屯鷄樣　屯館粑(清化巡總下)吠覆(兩山中一對峙路狹)冷水溪　鄳黃梅　岸椿　安京站瓊化社號宮坦亦祝(屬瓊瑤縣)

館回　驛黔完厚社(有路通蔡州海口為往來要道)抹覓　館柄黃莊社　館旅　館櫛　安壘站號宮齋(屬東城縣)

仙里度(土名度蓮)　仙里屯(演州治)　館蛸　白龍岡　鷄壬山　安香站安藹社號宮壬

殿鴻　㝩鐵　天威港　椋椰堆　渡求禁嚴社(興化治)　聖母祠署黃社　岗頭鵝　安溪站金溪社號宮楣

館行　殿會　館蓮金元雲屯社　乂安省城號鎮泳(有九曲江一日夜可至河靜)　安決站安決社號宮決

渡漶(宜春境)　鄳檜　鄳劃　渡制三制社　壢亭　靜遠站號宮㯿(乂安河靜交界時御史韓鈸虎善決獄有惠政祠之在度遠社)

鄳遼(地產茶)　館棟　研江度(爪牙社清河府)　鄳研　渡鮎來盘社　館彫江扶越社　靜舟站丹制社號宮彫江

鄳棋玉田社　我罰　大奈屯號宮棊值

河靜省　大奈渡　館庫　靜溪站石溪社號宮鄉

館會雲峯社　渡户　館鳳皇　落川渡(卿格館渡)　山高落　館下　宮鵝路　館篤　靜樂站有樂社號宮鵝

館下下館社　海郡公祠　殿嘲　鄳嘲　靜沙站磊沙社號宮營(河美)

天擒山　智水溪　石盘溪號館砂　鹽水溪橋　火號館　鄳貢鄉　狀元祠神投社　靜神站神投社　館鷄刀

橫山(鷲山名帚自渠山至此疊山疊嶂橫當海門山南七百七十三級山北七百九十一級舍此別無路至國都)　聖母祠　館泳永山社　湊廚(在海旁)　廣祿站天祿社號宮洊

鄳洊(屬布政)　館菴　景陽渡號渡洊　館廊程　鄳彫屯　渡瀧箏(水插廣二百八十三奇)　廣溪站瀟溪社號宮瀧箏

擺賤　砂距海門　里和館　里和橋(長百洞高八十六級)　廣臯驛蒲溪社號宮屯

鄳延安老社　福祿江　鄳營延安市　館楝　館核椰　館壖　壘柴扶舍社　廣甯驛鎮甯社號宮同海

廣平關　廣平省城　長板橋(自廣平關至同海江有兩長橋拔錫羅社)　鄉侯渡延安社　鄳武舍(屬麗水)　鄳營邀(號十奇屯)

館壖撓　廣舍驛石舍社

館外　鄳安定安定波月等社　鄳緻　壢吉　廣祿驛鄧棣社號宮扶

館吉　館蓮內水蓮社　館蓮外　館字水蓮下社　館使　館下　淇村富長社　擺沙龍通兩沙州治立驛號宮茹胡

嵩茹胡春媚社　瀨(瀨渡名)破三江　館岁買　珠瑞庯　明良渡　鄳辰利　治高驛高社舍

館嶌高舍社　鄳抹河上社　館驛庯山　治安驛號宮崇安樂社(屬登昌)

渡釣　館磯　渡來福　館吉祿全江　愛子橋(江愛子)　館福美　嵩壜拆沙州　渡砂翰石翰社

廣治省　治舍驛立舍社

渡戎　館瓶　嵩瓶　館几延(海陵治)　渡砂　海鷄(香茶界)　良田江　承美驛美川社號宮鷄

鄳壚鷄　瀆江　嵩吉　嵩瀆　嵩茹歛　館扶宅　館核旁　館營　嵩抹坦　承安驛上安社號宮抹坦

宮富屋　渡富屋　館清涼　館鄣　幫六初　北亭　六初橋　西北門　幫我司　承天府

大東洋地畧

武進馬冠羣良伯甫輯

日本在亞細亞洲東四面皆大洋緯度三十至四十三經度百廿六至百四十八長三千八百里廣九百　一中土島俗名本州島分畿內東海東山山陽山陰北陸六道及南海道之紀伊國　隱岐島為山陰道小國地　佐渡島為北陸道小國地　淡路島為南海道小國地　四國島為南海道之土佐阿波伊豫讚岐四國　九州島為西海道地　壹岐島　對馬島　千島同為北海道　小笠原島附東海道　薩峒馬即鹿兒島在南與浙江溫台直　天堂島二門島在西北與定海上海直　樺太島在北今屬俄羅斯　附近有耶索島古里利亞斯島大拉島

會黨諸島最大者曰多跂他在大東洋赤道南南極十四度至二十五度偏西自百二十四度至百五十七度島東即險海

東牙羣島在會黨島西

馬其羣島在會黨西北多沙而低

航船羣島在菲治島東北馬其島西北赤道中線

阿威希羣島在東洋西北北極十九度至廿三度偏西自百五十五度至百六十度

地書詳陳五大洲幾于破荒鑿空然以地球揆之經度自百四十度以東緯度自北四十五度以南跨越赤道南北周八萬餘里多在溫帶寒暑適中之區豈無國土居民日本以東麥西哥以西帆檣時至非比冰海荒寒絕無人跡且冰海難至之說雖出自阿威厘然吻特厘曾至南極七十四度之蘭島巴里曾至七十五度之墨威厘島則舊說多屬望洋自阻不足憑信故于前人諸書外特補大東洋一門以日本紐耶及各島為始迺東洋中無可搜考姑闕畧勿詳聊以當舉隅云爾

東南洋岸國地畧　　武進馬冠羣良伯甫輯

暹羅古赤土及婆羅剎地後分西北為暹東南為羅斛元以來通名暹羅東界廣南南界麻六甲及海西北界阿瓦北界中國
長約三千三百餘里廣約一千里領部落二十一　曼谷即國都　義瞎　依彌羅　巴于含　金都扁　曼士格　持釐巴
戈臘　不底阿羅　麥爾古　崧波　巴爾底阿　達阿依　特那色領　崧波巴　青地　波顛　西晏　戈倫比　樟底
目　葉希里　加磨阿　舊有暹羅可剌細馬足曹本皮細綠東骨胎果平定倒腦細討丕六昆九庫司綠納無老比采東板
魯蛾皮疋皮里采野多鏡千無里細辨滑采欲歎細灣沾奔魁山十四府近分國為五一曰暹在默南河兩地新都名萬國城
又南為故都名由他雅城二為老掌所讓地在北方三為占臘即甘賓地四為文萊國之數分與英藩屬及緬甸交界五為巫
來由地中有青他都與英擯榔嶼相對其通商衝繁之地一名西約的亞一名盧蘦一名耶日約内其萊攝之地一名真臘即
柬埔塞一老撾一里哥爾一賓德倫一巴達尼一加蘭丹一的靈加諾一給達一仍塞倫島西南有大嶼山沿山而西南為宋
腳吉蘭丹丁加羅彭亨大昆大兜嗦仔諸屬國有長河一名美能一名薩蠻一名青國
真臘唐書名吉蔑神龍後分北近山者為陸真臘一名文單又稱婆鏤南近海者為水真臘宋慶元中并有占城改名占臘自
呼甘孛智後訛為澉浦只今名柬埔寨西北界暹羅東及南界廣南方廣千四百里總大城三十最大者名真蒲　查南　巴
澗　莫良　八薛　蒲買　雉棍　木津波　賴敢坑　八廝里　周達觀風土記言城九十餘者誤
新嘉坡一作新甲埔古柔佛國一名烏丁礁林土名息辣一名息力閩粵人名新州府英吉利名為星忌利坡西北界麻六加
東及南濱海方廣二千里為東南洋大埠
麻六甲一作滿剌加梁頓遜國唐曰哥羅富沙在新嘉坡西少北北與舊彭亨後山毗連長約二千餘里寬約五百里有五部
一北剌亦一薩靈哥爾一蔥何爾一巴杭一隆波舊屬暹羅明嘉靖間屬葡萄牙崇禎時屬荷蘭　國朝道光間英以萬古累
島易之開為屬埠
檳榔嶼一名庇能在麻六甲西蘇門東北方廣五百里與貴他大山對峙　國朝乾隆五十年英吉利開為船廠
緬甸即阿瓦國古朱波唐名驃國自號粲羅朱閣婆土名徙里拙又名烏土舊為阿瓦阿臘干　古三國後并為一北界亞桑
西界孟阿臘南界榜加拉海隅東南接暹羅南北相距五千五百里東西二千里領部落四十八阿瓦即國都　門額爾　西
麋　哥里布　江墩　湅米　拉比那古　巴爾麻　芝補　窮皿　打粳　翁蔑拉布拉　光墩　邦布　磨觀　邊定
拉公厘　高粳　蒙厘布　郎欲河　班沙　巴宕謬　麻拉　西格牙都　麻渣布　阿臘干　渣巖　特昂休　蔑都
皿特　新達　比衣謬　呢特　濟騷　麻欲疏　蘭粳　皿巴　麻爾打曼　東俄　底奴彪　波丹謬　哥士皿　衣巖
知那麻幾爾　巴三　西利嘍　麻囉　母哇　國朝乾隆中分國為十一部一阿瓦一亞拉干一加賽一仍塞蘭一馬爾達
服一美爾國宜一北古一達盂一德承塞靈一雲山其通商之地曰郎昆曰波羅美曰業能單其屬地曰加星安曰薩巴音曰

名見曰達翁蘇曰暹曰巴拉安曰森曰拉薇曰達撓曰蘏拉翁近榜加海口有蘭雲馬他蔦巴心三城國中大河有伊拉瓦的
西當薩樂德那塞㗊那剌于最長道光六年分阿臘干麻爾古達阿依泥底色領歸英吉利
亞桑東北界西藏南界阿瓦西連即度長約一千一百里廣五百里首郡名若爾合德今為英屬
阿剌干在阿瓦西長一千八百里廣二百里今為英屬
馬爾達般東界暹羅北界北古西界海方廣一萬三千五百里今為英屬
達威在接暹羅山西界海南界巴佊河北界馬爾達般長千一百里廣一百五十里中分三都一業一達威一德那塞㗊今為
英屬

東南洋島國地畧

武進馬冠羣良伯甫輯

呂宋島本名蠻里刺一作馬尼臘明隆慶中為大西洋千絲臘是班亞所襲據是班亞本名呂宋故改此為小呂宋其島在鳳山沙馬崎東南蘇祿失肇關之北北極出地自十二度至十九度偏東自一百廿四度至一百廿八度長千二百里廣三百四十五里又名非里比納斯一名桑拉薩羅島地屬大呂宋者十五部一敦多首郡名馬尼辣一拉古納首郡名巴薩尼亞　斯一邦邦阿首郡名波哥羅爾一桑巴勒首郡名黎昆一邦加西囊首郡名靈加言一義羅各斯首郡名維安一加加言首郡名義拉安一新厄西乍首郡名巴勒爾德一加馬里內斯首郡名那加一加維德一瓦棱加斯一石拉干一巴當阿一達亞巴一阿爾白其屬酋長管轄者一桑馬爾島一勒德一塞布一波和一內晉羅斯一巴乃一加拉米亞那一明多羅島西海中有千里石塘由島北行五日至臺灣西北行六日經東沙又日餘見擔千山即入萬山抵廣

明達撓島一名馬仁達撓亦在南洋西與呂宋近方廣約二千八百里島地三分一屬呂宋曰桑波昂安在西南方曰米薩米斯在北海濱曰加拉加在東海濱一屬明達撓王首郡名塞蘭安達于北蘭日河濱一屬酋長

蘇祿島在呂宋南息利大山東小島紛繁最大者曰蘇錄曰達維曰巴黎蘭首郡名北彎

巴拉彎一名巴拉爪又作巴拉挽在呂宋南少西長約九百五十里廣約一百里○又有撒馬島一作薩麻島馬鄰得島泥鄂巴島尼末巴地島西武島馬逆島邦閔島多羅來地島閔多羅島一作民多羅又東南接馬來羣島

婆羅島本名古曼坦宋曰浡泥元曰爪哇西洋名蟠尼阿在呂宋西南南洋之西自東百零六度四十分起至百十六度四十三分止長二千九百里廣二千五百里島地三分屬賀蘭者一為西部曰三巴斯曰蒙巴瓦曰崩的亞那曰蘭達曰疊古曰星邦曰馬丹曰閩達瓦安一為東部曰哥麻尼曰邦不安曰忙達瓦曰大達亞哥曰小達亞哥曰邦曰爾曰達那勞曰達打斯曰馬爾達不拉曰加郎音當曰都古加囊曰都古齊利曰都遜其各國自管者曰婆羅曰巴昔爾曰哥的曰比亞如曰蘇祿東北一帶亦歸蘇祿兼管其通商之地曰馬盧都曰巴莪丹曰阿白曰達拉般島之四島小島環列在西曰那都納曰阿難巴曰加里馬達在南曰索倫波曰不魯曼在東曰馬拉都拉在北曰加加言一名若魯曰巴郎般中亙息力大山自東北而西南山之西北曰文萊自文萊南曰細利窪中有山名伯數奇為耀亞王所居又南曰茫加薩曰麻黎曰三巴郎曰吉里問一作吉里地悶蔣里悶山之東南曰馬神即馬辰與吉里關接壤自馬神北為新當又北曰卸敖曰戴燕曰萬喇一作萬瀾萬郎曰崑甸曰巴薩極曰古達逾山即文萊界荷蘭在海濱立埔頭四曰八三即巴薩曰本田即崑甸曰萬郎即萬喇曰馬生即馬神統名新荷蘭洲

西里百島一作西里底在波羅東自百十九度至一百廿五度方廣二千五百五十里沿海港汊極多荷蘭在南海濱開埔曰馬甲撒在東北開默邦多口一作馬拏多

巴布亞在西百里東地勢極廣初未與外人通道光十三年荷蘭開港始通商船

松巴兎島在南洋西隆波克島東自東百十四度起至百十六度五十分止長約七百里廣約百五十里通島國十數大國六一比麻一當波一松巴兎一當波羅一卑加一桒加爾

佛羅利斯島在松巴兎島東自東百十七度卌七分起至百二十度四十五分止長七百里廣約二百里　又東為蘇録島南為桒巴島一名松巴

薩波勞島在過洋西蘇録島北此與波羅洲之蘇録同名異地

地門島在薩波勞島東自東百二十一度起至百五十五度止長八百里廣百五十里鄰近小島曰西毛曰雞的曰道曰薩烏

牙兎島古名小爪哇今名葛留巴一作葛剌巴舊名狼牙修島南極出自五度至六度偏自百零五度至百十四度方廣二千七百四十五里前護王嶼甲板嶼爈焉嶼白嶼草嶼等總名嶼城後倚火煙山山外即南海西與蘇島隔巽地海峽東自井里汶直葛北膠浪三寶壠二肥縿臂森竭力石泗里貓外南旺皆陸路一日直達所轄屬國東有望加錫安汶萬瀾澗仔低東北有馬辰此別一馬辰北有麻六甲桒佛西有把東西內地土酋所駐大城曰蘇拉甲他儒約甲他荷蘭築城在西南海濱曰巴他威北海口曰蘇拉拜曰撒馬郎今統名小新荷蘭

馬里島在牙島東南南極出八度四十一分　又有孫巴兎島勿力島俱在八九經度間

馬土拉在牙島東北邊隔海峽

北膠浪在巴國東南自入芝蘭華人居處南為苗冬魯閩海坡滕橋日踢館再下由岸咀葛里嶺峩至三寶壠不過百里

安汶島在巴國東南與萬瀾澗仔低鼎峙所屬有此罷賴余骨亞哥骨里哥務里萬里罷等國島東有綦綦島與西蘭吉甯連接

萬瀾澗在巴國東南與蘇洛宿務相近

望加錫在巴國東有武乞氏島又東有里罵島又南有武敦島與息骨門相近

苗厘島在外南旺東又東為知汶島

把賣島在馬辰東　里貓桒島在馬辰西

萬丹在巴國西一名閣婆

爪哇島在牙島南蘇島東南長約二千四百里廣五百里中有大山曰巴拉呌曰巴囊古撓曰巴薩彎曰拉的科麻曰墨爾巴布曰松兵曰新多羅有長河曰若阿那曰塞達尼其通商之地曰薩麻郎曰蘇拉巴亞曰巴薩畱昂曰蘇拉加爾大

馬都拉島在爪島東北長三百里廣六十里

巴利島一名小爪哇在爪島東長二百七十里廣百六十里

隆波克島在巴島東長百八十里廣百五十里

君島在爪島西北長五十里廣五十里
新柔佛島古婆利洲在南洋西舊柔佛西南九國環處一洲　霤里國在柔佛西南渡海約日餘可到海東北為琴山徑錫里國在霤里西北海東即麻六甲　大亞齊國在錫里西北海行經紅毛淺約三日可到海東北為沙剌我國山盡處與新埠斜對　尼古巴拉島孤立西南海中由亞齊山盡處西北行十一二日可到又北即明牙剌海口　小亞齊國一名孫支在大亞齊西由亞齊山盡處轉東南行約日餘可到　蘇蘇國在小亞齊南　叭當國在穌穌東南　呢是國一名哇德在穌穌叭當西　茫古魯國在巴當東　舊港國即三佛齊在茫古魯東由茫古魯東行轉北入葛剌巴峽口峽東西皆舊港地峽西有網甲大山別峙海中山麓有文都上盧寮下盧寮新港等地山南有空殼檳榔島朱麻里島　龍牙國在舊港北出峽口北行三日可到又北即柔佛西北即霤里
蘇門答剌島一名蘇麻答剌在南洋極西緯度自北五度至南五度東自九十三度至百零三度長三千五百里廣五百五十里大山曰柯外爾山古曩哥孫巴拉山島地四分一亞齊國在島北一西亞哥在島東一巴達斯在島西海濱與亞齊連其一屬荷蘭曰巴當在島西曰美囊加布在島中曰巴棱邦在島東曰檳榔在島南○附近小島一東島又名盧巴一邦八爾一靈安一兵當一當容比囊中有里約城商賈輻輳一邦加長五百四十里廣百五十里一比彝敦多一西島又名英加諾一波口又名那撘一波拉又名細波拉一細比盧一巴都一尼亞斯一巴邸一巴比亞哥
馬來羣島即美洛居島又名米六合一名麻魯加斯在南洋少西呂宋南塞勒卑斯東緯度自北三　至南十度東自北十七度至百三十度　一安波義那島長二百里廣三十里　一塞郎島長七百五十里廣百五十里　一布盧迴島廣百七十里　一邦達島有義辣郎多義爾古曩阿比不盧阿義等十島屬荷蘭管　一濟洛羅又名阿拉馬尼辣長八百里　一德爾那的島　一的德爾島　一巴將島　一大科比島　一迷索爾島　一波波島　一麼爾帶島　一門日斯島
亞羅島一名武羅在馬島西牙島東
地門律島在馬島西牙島東西南檀香嶼北佛理嶼西日遜巴瓦倫泊巴里等島荷蘭埔在島西海濱名古邦
萬古累島巴當島在馬島西南海濱巴彝島網甲島在東北海濱
塞勒卑斯島在南洋西波羅馬來間緯度自北二度至南六度東自百十七度至百二十三度長一千七百里廣七百里島地屬土酋者一波尼一瓦八一盧呼一馬加薩爾一曼達爾一達內德一索兵一昔德靈一翁古宜辣一哥阿屬荷蘭者一馬加薩又名茫加撒在島西南一賓達音在島南一馬羅斯在島北一馬那多在島東北
新埠島一名布路檳榔檳榔嶼在沙剌我西北海中往大爪哇波羅洲經過之地
南澳氣島在南澳東南古稱落漈北沙垠長二百餘里盡北處有兩山名東獅象與臺灣沙馬崎對峙洋名沙馬崎頭門沙垠南屬粵海名萬里長沙頭南隔斷一洋名長沙門沙垠又南至瓊海名萬里長沙古西南夷之流沙河即此沙南礮古石至七

洲洋名千里石塘在烏豬二洋之東
側嶼在臺灣東北極十二度至廿一度東自百四十四度至四十八度

南洋東島國地畧

武進馬冠羣良伯甫輯

馬黎亞納島在小呂宋東北緯度自北十二至二十經度自東百四十一至百四十三中有十七島惟五島有居民曰礦又名
聖若望曰的尼安曰塞半曰亞基到于曰亞宋桑
巴勞島在加羅黎那西北六度至八度東百卅七度至百卅三度大島曰渡卑都押曰哥羅曰尼黎司利都
加羅黎那島在馬黎亞納南北六度至十二度東百卅三度至百六十七度大島曰亞巴曰我里曰麽結毋曰係利亞威內曰
五亞蘭
慕尒加拉威島在東南洋之中馬黎亞納東南北一度至十度東百六十八度至百七十一度大島曰布路尼曰剌達各曰剌
利客曰斯加波路曰京師米尒
維的島在慕尒加拉威南南十五度至十九度東百七十四度至百七十九度長千二百五十里廣千一百里大島曰維的黎
勿曰千打本曰華蘭黎勿曰羅斯曰當基
當加島一名亞米在維的東南緯度自南十三度至廿五度經度自西百七十三度至百七十八度大島曰嘗加曰瓦瓦阿曰
意五亞
花和爾尼島在阿塞亞尼亞洲之中大島曰五瓦曰好望曰何爾尼
麽阿島在南洋之中緯度在南五度卅分經度在東百五十二度大島曰波剌曰阿牙拉兵曰茂拿曰羅沙
給爾馬的島在維的島南緯度在南卅度經度東百七十八度大島曰拉五耳曰馬告來曰姑爾的斯
古各島在南洋之中緯度自南十八度至廿一度經度自西百五十九度至百六十二度大島曰馬拿牙曰亞的五
都波哀島在南洋之中緯度在南廿三度經度在西百五十二度大島曰都波哀曰魯都曰黎馬打拉曰來瓦外曰魯都意
達義的島在南洋東緯度在南十七度經度在西百五十一度大島曰達義的曰弟都羅亞曰毋勒亞曰買弟亞曰化衣尼曰
拉牙的亞曰打下曰渡剌波剌曰茂卑的曰都拜
色麽度島在南洋東緯度自南十四度至廿三度經度自西百五十二度至百四十度大島曰拉沙勒曰蠅島曰澳羅鏬曰巴
黎射
門達那島在南洋東緯度自南七度至十度經度自西百四十度至百四十三度島地分為二在南東曰馬爾沙在西北曰窩
神敦坿近各島曰達度意瓦曰達盧亞大曰瓦波亞曰瓦盧加
堆
合威島在南洋東北緯度自南十九度至卅三度經度自西百五十六度至百六十四度大島曰合歪曰茂維曰窩亞盧曰亞
斯波拉大島在南洋之東北島南有六大島曰本林曰巴給斯曰沙拉曰阿賒亞即曰亞爾都耳曰聖自爾那都島北有五大

島曰巴拉打曰羅卑斯曰聖巴爾多羅麽曰聖巴多羅曰羅也斯

慕甯窩爾加尼島在南洋之北中分爲四一慕甯西麻一窩加尼各一東島一西島

加羅林島北極出地三度至十六度偏東自百卅三度至百七十三度共四十六州島南有菲治島

南洋地畧　　　　武進馬冠羣良伯甫輯

阿塞亞尼一名奥斯達拉里又名大新阿蘭初屬西班牙名墨瓦臘尼加後入荷蘭名澳大利亞近英吉利名南亞細亞緯度自南十度至廿九度東自百十四度至百五十三度長七千五百里廣九千五百里中央地荒塞不通四方海濱分八十八部東方曰新瓦利士首邑名悉尼次波德尼卑次女加斯德佘次巴拉馬大次日佘非斯次馬加利次非里卑　西方曰留温次尼德利次音達拉　南方曰奴宜德斯次非犇德佘次波定次加蘭　北曰維德次疊彎門次阿佘内音次加佘奔達里

新義内島即新危尼一作新為邑又名巴布阿西在新阿蘭島北東自百二十八度起至百四十七度止長三千六百里廣九百里島地荒塞不詳附近有閣必島薩爾瓦地島加門日巴定打島非里威里島當必島書敦島阿路又有一島曰外去屬的德爾管

盧義西阿達島在新義内東經度東自百四十八度起至百五十二度止島地荒塞不詳有羅塞爾島聖挨南島音德里加斯德島雖斯地島多羅皮安島最大

新北勒達尼島在盧義西阿達北東自百四十六度起至百五十度止大島曰新北勒達尼又名比拉拉曰新義爾拉達又名當巴拉曰約爾各又名亞加馬大曰新阿諾威爾

薩羅蒙島一名新日爾治在新義内東東自百五十二度起至百六十一度止大島曰布加曰布加音威里曰三大義薩白爾曰日爾曰亞曰瓜達爾加納爾曰三幾里斯多望曰薩爾加

北盧斯島一名三達古盧斯在薩羅蒙南東自百六十三度起至百六十七度止

基羅斯島一名新里比里大又名大西加拉德在新阿蘭東東自百六十五度起至百六十八度止中有二十一島大者九曰斯必里多曰馬里哥羅曰三都義至曰義諾忙各曰達納曰三巴爾多羅阿曰澳羅拉曰本德哥斯的曰義羅忙加

新加勒德尼亞島在新基羅斯西南東自百六十一度至百六十三度五十三分止長八百里大島曰阿塞爾瓦多畧曰羅牙爾地曰波大尼加曰阿奴諾

諾爾勿克島在南洋之中新加勒德尼達斯馬尼二島之間經度在東百六十五度四十九分中有三島曰諾爾勿克曰尼比安曰非里卑

新塞蘭地島一名達斯馬尼在南洋之南東自百六十四度至百七十八度止中分為二曰義加耶馬惟又名北達斯馬尼長一千八百里廣五百七十里曰達為不那母又名南達斯馬尼長二千里廣五百里大島曰布路敦曰半的曰金卑里曰阿加冷曰馬加里

疊門尼島在新阿蘭南東自百四十二度至百四十六度止大島曰何罷爾其利曰蒙老曰者斯敦坩近屬島曰布路尼曰馬路亞曰沙剌曰付爾諾曰經最大

地面島在新荷蘭東南巴西海峽南南四十一度至四十三度東百四十四度至百四十八度方廣千一百五十里首邑名何巴次老新屯

墨瓦臘峽在南美利加海南緯度南五十三至六十經度自福島西四十一至五十長千餘里

紐耶蘭島　山威治島在墨瓦臘峽南南極七十四度

墨威厘島在墨瓦臘峽南南極七十五度

西南洋地畧　武進馬冠羣良伯甫輯

印度一名温都斯坦亦作忻都痕都在緬甸西兩藏南東西南俱界海洋東北連亞三西北接加布今英吉利管屬西跨印度河與阿富汗俾路芝接壤
東起亞山偏西廿三度西至阿富汗四十八度南起哥摩林角北緯七度北近葱嶺北緯四十度
孟加拉英語作羅威兒博羅運司譯為東方之省東界阿瓦西界阿拉合巴暨巴合爾北界布丹長廣各千五百里北極二十
二度首府名加爾古他一作卡呢格達在烏給黎河東　又北曰麻力普爾為屯軍之地又東北曰姑斯替城在安治士河上
又東曰達喀曰勢他加南港口曰固支黎即奄枝黎江口有裹造廠又磨耳士利得巴又妙兒塔又布利亞又地勒支普爾悉
大城　亞山部一曰亞賽密在孟加拉東北長千五百里廣四百里首城名若爾合得蒲蘭布達江兩岸平壤沃饒西北有小
部曰固只必哈爾曰簡押兒巴那曰路那南有小部曰格路時曰各士亞曰的北亞曰正得耳曰孟奈普爾　巴哈爾部在孟
加拉西西界瓦納特南界工洼納長千里廣八百里首城名巴達那臨但剌河上又西北曰帕特那東臨恒水　德那塞靈部
在孟加拉東南首城名馬爾大萬一作馬爾達般為通商首埠祕古部蘭雲埠次之阿蘭干部又次之
痕都斯坦古稱中印度厄納特國英語稱將威博羅運司譯為西北之省英萊亞加拉城　阿拉哈巴部東界孚合爾西界馬
爾檖亞加拉南界工洼納北界亞加拉烏德長千里廣五百里首城名阿拉合巴得一作厄納特珂克在閣那河安額河交會
處東有玉那勒城南臨恒水東北岡噶江側有亞心格爾歌鹿普爾兩城毗連廓爾喀又西北有哲孟雄部介不丹廓爾喀之
間　亞加拉部東界阿拉合巴及烏德西界亞日迷南界馬爾洼北界德列長九百里廣六百里首城名亞加拉東北臨閻那
河又北有得希城蒙古故都　德列部東界烏德西界亞日迷南界亞加拉北界古爾瓦勒長廣皆六百里首城名德列又被
勒眉城慕那得巴城又東南有巴勒里城東北屬地曰古摩雲距後藏阿里甚近　古爾瓦勒部東北界後藏阿里南界德列
東界尼巴爾西界勞耳府廣三百里長五百里首郡名西里那[illegible]土酋自治新拉原在德列西北　烏德國一作澳地烏訥東
界拜哈西界德列南界阿拉哈巴北界廓爾喀長九百里廣五百里都城名盧角腦在斡德江岸通商之地曰非薩巴爾曰幾
拉巴曰畢索亞曰巴來支曰丹達
本若省一名西林德在薩德勒至河東舊屬塞哥國東界德列西界阿富汗南界剌日布得北界克什米耳方廣二千里首城
曰勞爾在拉維河南部落有巴的亞拉部達內塞耳部拉的亞納部翁巴拉部西北有亞叨克城俾石哇城西南有慕兒丹城
亞日迷兒部一名日布德東界亞加拉西界信地南界古支拉德北界勞爾府長千三百里廣七百里
腹內省英語稱仙得剌博羅運司　新地亞部一名哈那歐替在印度之中部地三分一名亞加拉首城名瓜利爾一名于德
宜至一名馬盧檖即麻爾哇在新的亞南首城名英朵耳　又有賀兒架爾折那哇耳兩部　邦德爾于部一名本的勒看在
新的亞東東界烏德西界新的亞長六百里廣五百里首城名札德普爾　波保爾部在　爾撥達江北東南界亞拉合巴西
北界新的亞長廣皆三百里　來格普耳部一作兩哥布耳東界阿利薩西界尼桑南界西耳加北界阿拉哈巴長千五百里

廣一千里首城亦名那哥布耳通商之地曰霸棃耳曰郎德各曰昭布爾曰拉登布耳曰馬合罷曰列布耳曰古達曰威拉合耳　岡都亞那部一名工窪納東界科力薩西界北拉爾根的士南界尼桑北界阿拉哈巴長千五百里廣千八百里首城名倭巴爾布科力薩部東界孟加拉海灣西界工窪納南界哥達威利河北界拜哈長廣皆三百里首城名科躡克〇以上五省通歸孟加拉大帥統轄

德干部一名尼桑在印度南東北界馬爾機西界伯日普爾南界加爾那德長二千里廣千三百里首城名海德拉巴次比德爾次北拉爾次亞禿即加巴次北乍布爾　加爾那得部東南界孟加楞海西界達來番哥爾暨賁索爾北界尼桑北乍布爾長二千里廣三百里首城曰馬達拉斯大一作曼打拉薩內地有旁牙羅城又有西令牙巴坦城故都邑南海濱有補落伽山　哥英巴都爾部東界加爾那得西界馬拉巴耳南界馬都拉北界薩林長五百里廣三百里　馬拉巴耳部東界哥英巴都爾西界海南界科青北界加那拉長七百里廣二百里首府名加里古都濱海埠曰卡里古得曰丹那曰邦那里　達來番哥爾部東界丁利肥厘北界科青西南界海長五百里廣二百里首府名的里灣得棱通商地曰波耳架曰固蘭曰安任加南方有地斗入海中名哥摩林角西北有地名可陳一作科青又作固貞　南加那拉部東界賁索爾西界海南界馬拉巴爾北界加是摩加長五百里廣二百里首府名蒙加羅爾又有北加那拉部歸孟買轄　賁索爾部在印度南南東界加爾那得西界加那拉北界北日普爾長八百里廣六百里首郡名賁索爾通商地曰邦加羅爾曰色林甲巴丹曰故拉曰賽拉曰幾得拉克巴拉加部東界加爾那得西界加那拉南界薩靈北界尼桑長七百里廣五百里首城名北那里　北西爾加部一名薩卡斯東南界海西北界窩黎薩長千五百里廣二百里首府名千都爾領四郡曰憨沙曰諳辰曰棐薩乾曰那咤面〇以上九部皆曼打拉薩兵帥統轄

科隆加巴部東界德干西界海南界北日布耳北界根地士廣長皆六百里首府名孟買一作網買　北日布耳部東界德列西界康肯南界賁索爾北界科隆加巴長千三百里廣七百里　康肯在孟買南一名鹿那乍里即盎九里東界山西瀕海長五百餘里首城曰勒剌志里又東南山後二部曰固那普爾曰稍空耳　根的士部一名刊代施東界百拉爾西界古支拉得南界科隆加巴北界馬爾機長六百五十里廣五百里首城名高爾那　古支拉得部東界馬爾機西南界海北界亞日迷長千四百里廣六百里首府名蘇拉的通商埠曰關拜即科曼自此以西通名科曼海灣海港西北有亞米特巴部　日瓜爾部一名古宜佳兵爾一名佳得低哇在印度西東北界亞若特巴餘界科曼海首府名包羅達乃又西北海中有叩斷部一名加支古治　信地國在印度西東界亞日迷爾加支西界俾路治北界阿富干南界叩斷海灣長千里廣六百里首城名海得拉巴通商地曰塔塔即達大曰哥拉齊即格那齊曰給伊布耳曰拉爾加納曰奴沙辣即勞社那〇以上七部皆孟買兵帥所轄

錫蘭島在印度之南北五度五十分至九度五十二分東自七十七度至七十九度長千里廣四百里首府名可倫坡北境山內有庚低部東南有牙剌城海口曰可道丁馬里

科穢一名小西洋又名峨亞在印度之西北十四度五十四分至十五度五十三分東自七十一度至七十二度東南界加那拉西界海北界北日布爾長二百五十里廣百里首城名邦靖又薩爾塞的部首城名馬爾同又巴爾德斯部首城名馬布薩北境新疆內分十部曰奔達曰加那哥納曰比吉靈曰薩達利曰北爾甯曰阿斯德拉加曰巴黎曰英巴爾巴开曰順達拉瓦的加哥拉　達蒙在古塞拉的部　的玉在信地部○以上通屬葡萄牙

本的支幹府在加爾那得部北極十一度經線東七十七度　加黎架兒府亦加爾那得部北極十度五十五分經線東七十七度　孖那安府在北西耳加部北極十六度五十五分經線東七十九度五十分

商德爾那哥府在孟加拉部北極二十二度東八十六度　馬黑府在馬拉巴爾部北極十一度東七十三度○以上通屬佛蘭西

西棱布爾府在孟加拉部烏給黎河西北極廿二度東八十六度　達郎給巴爾府在加爾那的部北極十一度東七十七度○以上屬大尼

克付米耳即北印度古罽賓國唐迦濕彌羅元乞石米耳後屬塞哥國與西林德隔薩德勒至河東界阿里西界阿富汗南界信地北界蔥嶺長二千五百里廣千里中分十二部首城曰色令那加在山谷內新頭河三面曲抱次固宜斯丹次加支迷耳次著者次亞薩勒次北朝威爾次幾爾加布次木爾丹次勒亞次德拉義斯馬依汗次德拉合西汗次巴合瓦爾布　北境頻河有棘達克部古巖達國東南界阿里懸度在其境

尼巴爾即廓爾喀一名尼泊耳唐泥婆羅明尼八剌藏中稱畢棒子東界哲孟雄孟加拉南界烏德西界德列北界後藏長千六百里廣四百里舊分三部一布顏一葉楞一庫庫木通爲九邑首城名加德滿都一名陽布即古白布國又名巴勒布次廿四汗次廿二汗次馬各王布爾次幾拉德斯次加當次札言布爾次薩巴帶次歷隆所屬南有那力丹巴摩岡普爾哈和哈普爾東有喀當城丹支西有廓爾喀巴兒巴卡薩

哲孟雄一名西金錫金在尼巴爾布魯克巴之閒南界獨吉嶺北境有朱巴爾柞木郎諸小部

布魯克巴部一名布屯西界哲孟雄南界亞山北界藏東界駱貐野人長千里廣五六百里首城名塔西蘇燈

伯爾西亞即包社一作巴者高奢報達巴爾齊亞漢安息國唐大食元哈烈一稱伊蘭義蘭後稱波斯粤人呼為大白頭東界阿富干俾路治北連西域及加斯比約海西接東都耳其南踰海跨阿剌伯北極廿五度至卅九度東自四十一度至六十一度長四千二百里廣三千里有長河八曰給拉曰加倫曰達波曰西西達羅干曰的窩盧曰固耳曰給西魯森曰馬三德蘭大湖曰塞勒又名都剌海曰詩拉斯烏爾迷亞曰伊里完國分十一部曰義拉亞日迷爾地多山首城名德黑蘭西北曰義蘭曰馬郎德蘭又作馬撒的蘭二地皆背裡海東南曰達巴利斯丹西曰亞德耳拜然稍南曰波斯古爾的斯丹又東南曰古西斯丹南海濱曰法爾西斯丹給爾曼迤東曰哥拉桑曰古義斯丹通商地曰亞不支爾曰本德爾亞巴西曰音西利曰巴爾福祿

支北境有日爾日亞部嘉慶十八年屬俄羅斯

亞剌伯一名亞拉彼亞阿爾拉密約阿辣波亞阿黎迷也阿丹阿蘭天方天堂在亞細亞極西南與波斯國中隔波斯海灣俗名東紅海一名勒爾西海北界東土爾其東界波斯及阿勒富海南界印度海長四千餘里廣三千餘里北極十二度至卅四度東自三十度至五十七度大山曰西那曰伊阿列曰郎里大河二曰美丹曰北波國分六部曰黑德倭斯首城名默加次曰耶門部一作耶閔首城名末加西至紅海有城名撒那次曰亞達拉毛一作哈荅毛在南境次科曼一作阿曼在東南境首城名毋士甲次拉次内的蔥

俾路之一作勿魯韃斯北羅吉比路治思布皮路直坦在印度河西阿富干南西界波斯南界亞拉比亞海北界亞加業坦北極二十五度至三十度東自五十八度至六十七度長千里廣六百里中分六部曰薩拉彎首城名哈拉曰倭拉彎首城名古達爾曰加支干達瓦首城名干達瓦曰盧斯首城名俾拉曰美加蘭首城名哈日曰古義斯丹首城名布拉哈拉

阿富汗即愛烏罕一名加布爾甲布加布額尼在巴達克山西南東界塞哥西界白西北界達爾給南界俾路治北極廿八度至卅六度東自五十七度至七十度長三千二百里廣二千里大河曰印度河大湖曰盧克曰烏勒爾國中九部一加布爾一羅谷曼一日剌拉巴一合斯那一西維一千達合爾一發來一都札克一伊隆達爾都城曰堪達哈爾次喀奔次默沙特所屬阿拉克巴拉斯阿爾雜拜延舊屬伊蘭西有默克札志爾部中隔沙漠又西為西海

都魯機即土爾其又名都爾基亞跨歐亞二洲在歐者名北土耳其在亞者名南土耳其又名小阿細亞東界包社底格厘士河西界地中海北界黑海南界阿鄰比阿北極三十度至四十度東自廿六度至四十八度長二千六百里廣四百里大山曰阿臘在阿彌阿曰黎巴倫在西厘阿大河曰歐付臘底斯河曰底格厘士河大湖曰死海曰加剌湖大部落九曰西厘阿曰阿那多厘阿曰加那馬尼阿曰阿彌尼阿曰依芝阿曰路彌阿曰阿爾尼西阿曰伊鄰加比曰哥底士丹首城名士麥那　士他毋尼部有彌撒大城　北有古地亞城附近有妥義拉城　黑海北有得比瀧海口與俄通商　亞麥尼地在巴河地額河兩河中首城曰蕠西倫兩河入海處曰巴所拉邑與印度通商　東南海濱大島曰居伯羅曰羅得地中海大島曰治阿曰米地鄰

小西洋地畧

武進馬冠羣良伯甫輯

亞非理加一作利未亞北界地中海與歐洲隔厄亞達海峽東與亞細亞微地連接以西紅海為界西南界大洋海北極卅七度二十分南極卅四度五十分東五十一度至西十七度大山曰亞大臘國人名為天柱日月山曰獅山曰大浪山在西南海中一名喜望峯有二大江曰尼羅江曰黑江有七島在洲東者一名馬達加葛本洲屬地一曰勒窣英屬地一埔耳防法屬地在洲西者一加那利吕宋屬地馬太拉牙瑣利緑頭三島悉葡屬地

厄日度一作厄日多埃及多即伊揖國又名麥西在亞非里加東北北界地中海南界盧比亞西界的黎布里及里比亞東界紅海及蘇挨斯徑北極廿三度至卅一度東自廿二度至卅三度長廣皆千七百里大河曰尼羅一作柰爾大湖曰門薩拉曰美利曰布爾羅曰馬畧的通國二分一中伊揖即先持臘爾伊揖一上伊揖即阿巴伊揖一下伊揖即羅阿伊揖分二十五部曰加義羅曰吉里烏波曰北爾单義曰師单曰米加馬爾曰忙蘇辣曰達迷耶大曰給比爾曰當達曰美利曰美路曰納日勒曰福阿曰達馬路曰亞勒山德黎曰德基塞曰亞德非曰白尼隋勿曰發雍曰迷尼亞曰蒙發禄曰西於德曰齊爾白曰給内曰挨斯内兼攝之地西曰西烏拉曰科日拉東曰哥塞義爾曰蘇挨斯首城名加以羅大埠曰亞勒散特亞在上麥西國東海濱

亞比西尼一作阿邁司尼即亞比心域在亞非里加東北東界紅海及亞丁海北西北界盧比亞南界亞爾德及札加山北極七度至十六度東自三十三度至四十一度長二千三百七十里廣二千餘里大河曰藍河次亞勒加馬勒波丹德爾合瓦土分七部曰的給勒曰公達爾曰昂哥単爾曰昂合拉曰昂哥曰那勒亞曰薩馬拉

盧比亞即亞比尼東境東界海西界尼吉里南界哥爾多分北界麥西北極九度至廿四度東自廿六度至卅七度長三千里廣二千里國分四部一盧比亞一哥鍊一塞那爾一北日斯

葛爾多番在亞非里加東北東北界盧比亞西界達爾大南界岳山長千五百里廣千二百里大河曰巴勒拉比首城名科单德

達爾大東界葛爾多番西南界蘇丹北界沙漠北極十一度至十六度東自廿三度至廿七度長千二百里廣八百里首城名哥单

亞德爾在亞比西尼東南自巴单爾海峽起至瓜爾達海角止

亞然在亞非里加東東界印度海南界桑給巴爾北界亞德爾北極二度至十一度東自四十八度起未定所止長約千九百里大部名巴拉瓦

桑給巴爾東界海西界尼内阿乃北界亞然北極二度至南十度東自卅四度至十五度長四千里廣七百里大河曰里維耶爾曰塞勒曰幾里馬内國中分部曰幾羅河曰蒙巴薩曰美林德曰美加多朔

葡萄牙屬六部南自含摩那司起北至莫新彌葵止俱東界海西界曠野　一含摩那　一英漢門　一蘇華臘　一摩加蘭牙　一莫新彌葵俱東界海　一麻尼加在蘇華臘西有大島曰歐凌曰馬那亞司加曰歸阿臘曰至麻沙曰般麻曰匽西脉曰孟菲阿

阿丹屬二部　一山維麻南界莫新彌葵東界海西界野漠北界山匽　北有麻雅諾沙部首城名墨臘瓦　一山匽南界山維麻東南界海西南界野西北界阿比西尼為東亞非里加盡處北岸對海即阿丹地　西北有阿匽部與牙爾臘毘連首城名西臘。以上東亞非里加諸部

摩羅果一名馬羅可在亞非里加西北阿特臘斯山後麻馬里極西東界亞爾日耳西界亞德蘭的海南界沙漠北界地中海北極廿七度至卅五度西自二度至十四度長二千五百里分六部一摩羅果一非斯一蘇斯一達拉合一達非勒一西日美塞首城名非士次米貴次馬鹿

亞爾日爾一名阿爾尼亞在亞非理加北西界馬羅可東界部尼斯南界沙漠北界海北極卅二度至卅七度東自七度至西四度長二千餘里廣千八百里大河曰支里弗曰瓦低日的分六部曰亞日爾曰岡士丹的納曰馬斯加拉曰的德利曰薩布曰卑北爾通商地曰西的非盧至曰薩爾日曰德內斯曰摩斯達科甯曰布日亞曰波科乃曰岡士丹的內佛兵所據城曰押額曰阿蘭曰破那曰君士旦古

都尼司一作弗沙在亞非里加北東界的黎布里西界亞日爾南沙漠北海北極卅二度至卅六度東自五度至九度長千五百里廣八百里大河曰美日介達湖曰盧德亞分二部一的里幾亞一達里幾司

的黎布里東界麥西西界都尼斯南沙漠北海北極廿四度至卅四度東自六度至廿六度長四千里廣二千五百里分四部一的黎布至一巴介加一非山一亞達美通商地曰勒波達次美蘇拉達次奔加西次達介內。以上俱屬法蘭西

修達在馬羅可日巴拉大海峽東北通島地一北農的威勒斯一亞歷塞馬斯一美黎拉一加那里亞斯有巴介馬城一蘭塞羅德有德幾塞　亞德蘭的海西北有島二十大者曰德內里。屬大呂宋。以上北亞非里加諸部

麼諾達巴在洲東南東界蒙素拉河西南界佛瓦拉山北界桑卑塞河長廣皆千里大河曰桑卑塞曰馬加拉曰蒙素拉曰盧安薩

加弗勒里一作嘉富臘里阿在洲南東界海西界可丁多的西南界加布東北界麼諾達巴南廿三度至卅三度東廿四度至卅一度長四千里廣一千里大河曰馬弗麼那巴加內波阿食

馬達加斯在洲東南四境皆海南十二度至廿六度東四十三度至四十九度長三千八百里廣千里大河曰麼隆達瓦曰達介塞德

利丁多的在洲南東至加發拉里西界海南界加布北界星卑巴西南廿三度至卅三度東十三度至廿五度長廣皆二千餘

里大河曰科尒日部落曰哥拉那曰那馬瓜曰達馬拉曰布書阿那曰波支斯曼
好望海角即大浪山一名瓦賀峽在亞非里加極南東界加弗勒里亞南西界海北界可丁多的亞南十度至卅五度東十六度至廿六度長二千里廣一千里首城名加布建　塞拉勒窩在幾內亞國首城名非里　哥斯達羅首城名加布哥尒蘇　三達尼勒那島在亞德蘭的海西南南十五度五十五分西八度九分首城名曰彌斯　毛里西亞島在印度海東南南二十度至廿一度東五十六度至五十七度首城波尒多盧義斯○英吉利
昂可拉在亞非里加西南東界馬援巴河西界亞德蘭的海南界奔吉利北界丹達河國分四部曰幾連馬曰送比曰敦比曰可完多首郡在羅安達島○屬布路亞
莫山比給在亞非里加東南東界海西界盧巴達山南界加弗勒里北界桑給巴尒南十度至廿五度東廿六度至卅八度長四千四百里廣千里屬布路牙管轄七邑曰給林曰莫山比吉曰幾里馬內曰塞那曰索發拉曰義能巴內曰羅林索馬兒給斯○以上南亞非里加諸部
塞內圖比一作色黎安彌阿在西阿非里加西比東界尼給里西西界海南界幾內亞北界沙漠北十度至十八度西九度至二十度長廣皆二千餘里大河曰塞地加介一作色黎雅介次岡比一作安彌阿次那祿
色黎安彌阿河北九部在色黎雅介河南安彌阿河北東西七百餘里南北二百五十里　一嘉約即野羅甫在色黎河口河對岸俄黎島　一莽孟在色黎東　一雅介蘭國在色黎河上流與滿毋比都　一天達多臘在色黎河下流　一和洼介氏在色黎河北　一馬礙在安彌河北有尼里弗里埠河上流即比沙部　一孟薩倫在馬臘上　一雅尼　一捻里俱在孟薩倫上　一西臘　二河俱發源公山至馬臘之尼力弗里出口
色黎安彌阿河南十部在安彌河南至敏維臘河北　霏祿司在嘉約南東界蘇里麻西界海南界夫達約羅北界安彌河夫達雅羅又名富臘司在霏落司東少南東界額林西南界海北界蘇壓麻國分四部一鼎麻酋長自居一黎彌里阿在彌斯臘那河口米利堅市埠一西耶臘里阿那在海濱英吉利市埠一臘達俄司　額林在夫達雅羅東南東界挨阿里北界蘇里麻部落曰鼎來　挨阿里在額林東南界海北界棱難東界阿寒氏領部落二曰臘后在海口曰耶格蘇在內地　阿寒氏又名俄戈介在挨阿里東東界那和彌南界海北界蘇蘭領四部落曰吉戈斯英商埠曰依介彌那荷蘭商埠俱在海濱曰阿加臘曰準曼里在內地　那和彌在阿寒氏東東界彌領南界海北界棱蘭有阿那臘那尼里臘俄司諸屬　彌領又名彌阿佛臘在那和彌南海濱與洼里國尼門國同區　根義在鑾義南西界阿蘭底海南界安臘義東界曠野領部落三根義洼在內地馬領麻加敏那俱濱海　鑾義在根義北西界海北東界牙門　安義臘在根義南東界野地西界海南界敏雅臘　敏雅臘在根義西西界海南東俱野地
上幾內亞在州西南東界沙漠西界海北界塞內岡比及尼給里西南一度至北十一度長八千五百里廣三千里大山曰公

山為尼給里西塞內岡比二國分界大河曰尼日尒分十一小國曰的馬尼曰古郎哥曰蘇尼馬那曰加布蒙德曰桑固音曰加秃利曰亞于的亞曰達可美曰亞尒德大拉曰巴達給里曰拉各斯

下幾內亞一名公額東界日牙加地西界海南界星卑巴西亞北界上幾內亞南一度至十七度東八度至十八度長三千八百里廣千四百里大河曰公額一作塞勒四面環繞分廿一小國曰羅昂額曰公額曰賓巴曰薩拉曰莫盧阿斯曰虎美曰加三曰日岡各白拉曰何國曰何羅合曰日仍加曰幾蘇阿曰古達多曰古窩加曰當巴曰里波羅曰幾薩馬曰塞拉曰白倫多曰難諾曰比黑

星卑巴西在洲南西界海南界科丁多的亞北界公額南十八度至廿五度東十度起莫知所止長二千七百里

尼尒彌那城在幾內亞內地賀蘭屬　給里斯的巴尒在幾內亞內地大尼屬　里卑利亞在蘇拉多河濱首城名蒙拉維美里加屬

危尼地在西海濱通商埠曰穀油濱自山內及米蘇拉加地曰象牙濱自巴馬及亞破羅尼地曰金濱自亞破羅尼及窩他河曰奴濱在窩他河東曰亞山曰他何米曰押他曰巴他義曰拉義北有丁布士大市○以上西亞非里加諸部

中亞非里加洲一名撒哈拉西界西亞非里加北界曠野東界查湖長九千里廣三千里北極十五度至卅度西十五度至東卅度大山曰閼山自西至東橫亘洲境大河曰尼尼曰孫盧尼曰菰彌曰爪朧馬大湖曰查湖尼彌湖

莫尒農在查湖西領部落八曰鈎加曰安餓那曰安牙朧曰吾尼曰加領曰朧里曰加沙里曰阿尒磨盧農

曼那朧在莫盧農南領部落八首磨朧次麻斯餓次那古尒朧

羅尼在查湖南

敵雅彌在查湖東南

蕪名地在查湖中

蒿司沙在尼河西又西有部落四首加雅東次山尼阿次加達艮次瑚山

沙加都即多谷魯在蒿司沙西

餓墨首城名古尼阿　山付朧首城名沙彌俱彎地

雅那即嘉諾在阿非里加腹內

嘉司那在嘉諾北

色塞在嘉諾薩加都南首部名沙厘阿

加達在眾山中首部名領羅朧沿涉力河而東為阿那磨洼

裕里近尼尼河　莫斯沙　洼瓦在尼尼河濱

磨尒城在莫斯沙洼瓦西北首部名阿麻
巖阿領部落五曰巖阿曰磨府曰匽那曰幾司曰查吉仙
尼霏在尼厄河東領部落八首部名那麻次菘尒府在北界次騰牙馬次馬尼磨在河西岸次巴達司在莫司沙邊界次沙俄
司次騰麻次伊牙俱濱河屬部五一嘉公那一封那一磨卦一機里一伊磨
丁麻社在洲北邊尼厄河上游領大部六麻西那在彌尼湖旁莽馬騰首部名色俄次珊山領次麻那毋　展里　加阿達首
部名甘孟　加孫首部名孤尼阿加里　又有五小部曰沙達盧根戈盧領尼古墨魯古富騰盧
尼吉里一名蘇丹東界盧比亞及亞比西尼西界塞内岡比南界幾内及岳山北界沙漠北六度至廿三度東七度至卅一度
長六千里廣四千二百里大河曰尼日尒曰哥拉曰要曰沙利大湖曰沙德曰的別曰非德勒領廿二部曰波尒奴曰巴耶尒
美曰北尒古曰桑加拉曰布勒曰岡千曰富那蘇勒曰上邦巴拉曰下邦巴拉曰馬昔那曰巴雞曰的勒南曰丁布各都曰牙
烏利曰尼非曰波尒古曰牙黎巴曰北甯曰瓜曰公曰加拉那曰達公巴

大西洋地畧

武進馬冠羣良伯甫輯

歐羅巴洲在亞細亞極西北隅以烏拉大嶺為界南界黑海地中海北界氷海西界亞德蘭的海東界阿比河北極卅五度八十度自巴黎斯第一中線西十二度至東六十度止長一萬五千六百里廣一萬零八百里北以氷海為大分為白海西以大西洋海為大分為巴尒的哥海北海漫沙海一尒蘭大海南以地中海為大分為若尼約海亞尒給白拉科海馬尒馬拉海黑海亞索弗海東加斯比約海俗名裏海與各海俱不梅通

布路亞即葡萄牙古名魯西達尼阿一作博都魯噶亞北東與大呂宋毗連一區南西俱界海北卅六度五十六分至四十二度西八度四十六分至十一度五十一分長千三百里廣五百里大河曰八米虐河黎馬河斗羅河窩烏加河薩阿都河瓜的亞那河大湖曰義士孤拉湖勒敦大湖隆加湖色沙湖薩斯皐落湖科比多湖舊分六部今為八部一義德斯勒馬都拉即伊斯里麻魯那在德入河邊一皐辣亞尒達一皐辣拜砂一亞零德入即阿領底若一亞利牙尒威即阿尒牙威一斗羅即晏特屋多羅一米虐即彌那一達拉斯德蒙即特拉斯阿滿底高埠屬地一亞索利斯海島在亞德蘭的海一馬地義拉一加玻威尒的一安可拉一三多美暨比一莫桑比給俱在亞非里加州一小西洋在亞細亞州一地門索羅尒在南洋海中

大呂宋即西班牙一作是班牙古以西巴尼國一名千絲臘在歐洲極西南界法蘭西西界葡萄牙南北界海北卅六度至四十三度西九度至三度長廣皆二千餘里有五江曰伊伯羅江加大怪法江卦地亞那江太古江杜以羅江大湖三一亞尒不非辣一伯乍尒一加羅達舊分十六部曰紐加塞代尒曰加達羅尼阿曰阿臘灣曰那哇臘曰洼領含白母社曰晻那魯社曰阿尒加色代尒曰彌斯計曰牙厘社曰里稔曰依塞特那麻魯曰麻肓加島曰彌那加島曰依委沙島國都馬特乃新城次加那他次多勒多次西味里俱廣大又有巴牙突撒接旦加尾剌多勒等城俱在內地商埠屬地曰搜達曰北墩德威勒曰亞慮塞納曰美里黎曰加拿里皆在亞非里加曰固巴曰伯尒多黎海島俱在亞美里加曰小呂宋曰馬剌納海島俱在南洋亞塞亞尼

荷蘭東界波路西牙及亞利曼諸小國南界比利時西北界海北五十一度至五十三度東一度至四度四十八分長六百五十里廣三百五十里大河三曰悉得河來尼河馬士河國分十二部一北荷蘭一南賀蘭一斯蘭的一北巴拉班一偈德勒支一科尒威義塞尒一德倫得一哥羅甯加一非里薩一靈不尒厄一盧森布厄都城曰安得堤次鹿得堤城在馬士河邊

比利士一作北義又名北尒日加彌尒厄壬在荷蘭南東界日尒曼西界海西南界佛蘭西北四十九度至五十一度東十五分起至三度四十六分長五百里廣三百里長河三曰義士加尒達曰米于塞曰勒魯國分九一南巴拉班一安都厄比一東發蘭得一西發蘭得一海腦德一那慕蘭一列日一林布尒厄一盧森布尒厄

法蘭西古佛郎祭一作拂蘭㴻佛朗西和蘭西織尒比南界海東界日耳曼西界大洋北界英吉利海比利潤峽北四十二度至五十一度東自八度至西四度方廣九千七百餘里大山曰白山溜山大川曰羅尼河西尼河牙倫江羅尾利江舊分卅三

部今改八十六府　一壹里亞德佛蘭薩名塞內府　二法郎德勒名諾尒府　三亞尒多亞名巴的加雷府　四比加尒的亞名索美府　五諾尒滿的牙　六　七羅勒納　八賣內　九安如名賣內羅亞府　十北勒達尼　十一波亞都　十二可尼名下沙蘭德府　十三森當日昂姑木亞名沙蘭德府　十四耳里牙內斯　十五都勒內名音德勒羅府　十六北利十七尼威尒內名聶維勒　十八布尒波內名亞列尒府　十九馬尒世名哥留斯府　二十黎木性　廿一科威尒內廿二亞尒撒斯　廿三法郎斯官德　廿四不尒科尼亞　廿五里科內　廿六德尒非內　廿七布羅温薩　廿八郎給德廿九佛亞名亞利日府　三十盧西隆名東北里牛斯府　卅一馬耶內　卅二　卅三哥尒塞牙名哥尒塞牙府

首都曰巴利城　南方曰利雲在羅尼河濱　曰土路士曰尼墨曰阿耳蘭曰門必勒　西曰璞託曰林區　北曰利里　西北曰亞面　東曰密　又有馬悉利在地中海濱　路安在西尼河濱　術堡在來尼河濱　布羅義在查匿海濱　土倫邑必勒邑宂額邑俱在海濱　雞得邑甲音邑聖以典邑羅米邑安額邑亞威雲邑雞西邑林匿邑比散孫邑利摩義邑威撒勒邑額那比利邑甲來邑太邑地雲邑豆拉邑西尼港口廣港口破耳多馬耳多里土崙羅治利辟勒馬羅恩口俱通商市地

意大里亞一作伊達里以他里在歐州中西北界阿利大山餘界海北卅八度至四十六度東自二十九至四十三度廣千四百里長三千里大河曰底瑪河一作第巴曰波河分九部落一羅馬都城在的北黎河岸一薩尒的尼首部名都靈一巴尒馬即拍馬爬首城名邑尒馬府一麻德那即摩地那雕里一盧加即鹿加加納一摩納哥一聖馬里弱即馬領那一多斯加納即搭斯加尼加達士尼首部名佛羅棱薩在亞尒諾河岸一西里亞即沙里尼阿中分二部一那不勒斯在塞卑多河右維蘇威約包西里波二山之間一西西里亞　米蘭部在波蘭河濱中有伯儀額摩那曼土亞罷味亞羅地諸邑　非匿部在意國北有巴土亞味羅那味普撒蕪地那諸邑　那波利在意國南中有治里島首城名巴勒摩埔名墨西那又有馬里他島　撒丁國分四部曰辟門曰熱那亞曰撒歪曰撒丁島

耶馬尼即日耳曼一作熱尒瑪尼亞勒馬尼阿里曼西界佛蘭西南界意大里北界州中海巴得海隅東界俄羅斯東國北四十五度至五十五度東二度至十八度長廣皆二千餘里分卅六部南方曰巴威耶拉曰尾尒敦巴曰巴敦曰普麻認曰挨深認曰列支敦士敦　北方曰亞諾威尒曰厄斯乖零曰尼斯德勒利地斯曰美塞內英曰布倫瑞克曰德播曰伯尒尼布曰咯敦曰德的摩尒曰鐃閒布尒厄曰布來海曰昂布尒厄曰盧卑各曰尼發深　中央曰薩克索尼曰挨塞曰加塞尒曰威馬尒曰邪播曰薩克撒各布尒厄額達曰薩克撒梅窩認曰亞尒敦布尒厄曰咯勒斯曰意土給利斯曰羅奔斯的音曰厄盧德耳斯達曰厄孫德耳沙森曰尾尒德各曰挨塞烘布尒厄曰弗郎克佛尒的　大川曰來因河多惱河阿得河　通商各邑一合布城又名漢堡在西北益比河上一北閔城在威悉河上一呂必古城一凡弗在買泥沿河

奥地里加本耶馬尼部之東國一名歐色特里又名阿士氏拉粤人名為雙鷹國東界俄羅斯西界耶馬尼北界普魯社南界寒牙里北四十二度至五十一度東六度至廿四度長三千里廣千八百里統分十五部　奥斯的里分上下二部國都名維

亞納城首郡名靈斯　義士的里亞塞底里阿　的羅尒代羅尒　布威彌亞
摩拉維亞威底阿那分為二一名摩拉維一名夕勒西　壹黎里亞分為二一名來巴士一名的里亞德以上六部皆與亞里曼結
盟故通名亞里曼　加里細　布哥維納以上二部皆波羅尼地　倫巴多威尼西奴分為二一名米郎一名威內薩　翁給
里亞　斯加拉窩尼　哥羅瓦西亞　達尒馬西亞　達郎西里瓦尼翁給里此部皆邊地共六小部
寒牙里南東界土耳其西界色底厘亞北界奧地里領九部落　上那彌盧　下那彌盧　上底斯　下底斯　曼臘　格羅
阿氏　新格臘　特蘭色　那尒麻氏
波蘭即波羅尼古名麻底阿東界俄羅斯北西界布魯西亞南界加拉哥維長千二百里廣八百里國分八部一馬索維亞一
加拉哥維亞一三多迷尒一加利斯一魯伯林一波羅谷一波達拉給亞一亞烏斯多窩都城名挖梢即注肖　格那耦在注
肖南本波蘭屬近自主　加拉哥維亞在波蘭西南西界比里尼加河南田　維世都拉河北四十九度五十八分至五十度東
十度五十三分至十七度方廣六百餘里
瑞士即綏沙蘭一作蘇益薩東界奧斯的里西界佛蘭西南界意大里亞北界亞里曼北四十五度五十分至四十七度四十
九分東三度至八度長五百里廣七百里領二十二部　東方曰給里孫分三處一給里孫一加德森給里至曰桑牙祿曰亞
奔塞尒　中央曰伯尒尼曰盧撒尒拿曰弗里不尒厄曰烏黎曰孰義的斯曰加拉利斯曰翁德瓦里的分上下二部曰蘇克
南方曰瓦來斯曰德西怒以北靈索內盧加諾羅加尒奴三地迭為首城　西方曰瓦烏的曰牛弗砂德尒　北方曰蘇黎
世曰亞尒科維亞曰獨尒科維曰拔律勒曰巴勒曰砂佛塞　熱泥瓦城在義威湖濱
北土耳基即都魯其北東界俄羅斯及黑海西界奧斯的里南界地中海北卅六度至四十八度東十三度至廿七度長二千
五百里廣二千里舊分十部曰羅米里曰摩尒達維曰洼拉赤曰麻尒牙里曰沙部阿曰摩士尼曰格羅底曰哈西餓威那曰
阿尒麻尼曰額力西曰千地阿島今改四國　科多馬諾即土耳其中分四部一羅美里首郡名伯拉在官士丹的諾伯拉峽
一波斯尼亞一西里斯的黎亞一薩壹尒　塞尒維亞一名悉比馬建都在日索襪達奴比約兩河間　襪拉幾一名瓦拉基
建都在冬波維宜的薩河岸　摩尒達維一名摩道　又新立國曰峩拉在阿得利亞海濱首城名撒拉約　日布牙里東界
黑海北界瓦拉幾首城名所非亞曰亞巴尼在亞得利亞海濱
希臘一名厄勒西即額力西東西南界海北界土尒其北卅六度至四十二度東十九度至廿三度長七百里廣五百里通國
以七島分七部一哥尒弗一巴說一三達卯拉一宜達架一塞發羅尼一三德一塞黎新分十部曰雅典額亞的城在海灣名亞
德內斯曰亞尒哥黎大野拿陂城在海口名腦比里曰亞加亞城在海口名巴達棘斯曰美塞尼亞墨所龍義曰亞尒加的亞城名的
黎波里薩曰拉哥尼亞城名迷斯達拉曰亞加尒拿尼亞地尒　加城在西海灣名瓦拉說黎曰羅哥黎大城名薩羅大曰憂卑亞
城名哥羅奔多曰昔加拉大城名累尒靡波利斯　東海灣曰君得撒曰撒羅尼加南海灣曰益義拿曰拿破里曰可倫西海

灣曰佘加地曰勒領多西海島曰各府曰散他曰藐剌曰地亞其曰客花羅尼曰息利義曰散地統名以阿尼島
英吉利即英圭利在歐洲西北南界英海峽隔佛蘭西北西界海東界棲荷蘭北五十度至六十一度西起三十五分至十三
度長二千一百里廣一千里南曰英蘭島分五十三部曰爾特色司首城名倫頓即國都曰落滕司蘭曰艮馬倫曰育社曰委
士摩含曰蘭加社曰支社曰那彌曰納鼎含曰領戈吾社曰勒倫曰利洗達曰斯達賀曰佘勒社曰佛凌曰領彌曰格那完曰
敎尼里西島曰麻里垣匽社曰闊俄墨里曰加爾里曰拉落社曰希里貨曰洼洗士達曰窩溢曰落斯韓頓曰含鼎倫曰感宻
力治曰落佘和曰伊什曰薩濩曰赫賀曰脉賀曰脉經含曰烏斯賀曰俄羅洗斯達曰墨力諾曰格佘馬廷曰賓目鹿曰顛臘
磨凝曰滿茅治曰戈倫和佘曰里完曰疏馬什曰落佘什曰捻社曰含社口疏色司曰景曰含利曰脉社曰特佘含曰萌島北
曰蘇各蘭島分三十部曰伊鄰麻曰領利俄曰菜斯麻曰攬非里曰加佘格墨利曰捻建溫曰挨野曰凌埠流曰那納曰屾墨
司曰西佘格曰麻壹曰哈領頓曰斯達凌曰攬麻頓曰阿蘭曰阿挨佘曰抜曰蔦利滿蘭曰邑非曰和化曰經加那引曰阿麻
領曰曼付曰麻立曰泥倫曰英哇呢斯曰羅斯曰沙特蘭曰結尼斯大川五火臘河坷來底河度捻河底河泗比河　西為以
耳蘭島分卅二部曰嶺曰吉佘那厘曰奄特林首城名敏佘化戍曰倫頓那厘曰倫俄佘曰滯倫曰臘溫曰阿馬曰摩那寒曰
化響那曰加完曰里特鄰曰色里俄曰麻約曰牙佘衛曰羅斯敢門曰朗賀曰衛塞密曰密曰律曰經士加溫曰格力野曰加
里曰郭曰離敏里曰底比那里曰哇揵賀曰吉佘景尼曰虧引斯加溫逮曰加樓曰溫羅曰溫斯賀大川三麻羅河杉冷河摩
目河
沿海島地一威地島在不茂士港外一危耳尼　一日耳西在佛蘭西港內一漫島在伊耳蘭海隅一阿耳加一希白利一設
蘭在蘇各蘭西北

北洋地畧　武進馬冠羣良伯甫輯

俄羅斯跨歐羅巴亞細亞亞美里加三洲北盡氷海東界新疆東三省南西界土耳其東國瑞國北卅八度至六十度東自二十二度至六十三度長七千六百里廣五千五百里大川曰窩里牙河東南入裏海地尼伯河南入黑海頓河西南入亞速海土味那河西北入八得海阿尼牙河北入白海西北大湖曰剌多牙湖阿尼牙湖西戡湖

東俄羅斯五部　曰比特草在部北曰宏蘭在宏蘭港北與瑞丁隔一港曰里圭曰利窩尼阿曰戈蘭俱在宏蘭南

西俄羅斯二部　曰里都阿尼分小部五首威尒那次俄羅黴次威的塞次敏塞次目希里甫

曰屋列尼分小部二首窩尒希尼次波羅里阿

大俄羅斯十八部　曰莫斯科即俄羅斯故都　曰那窩俄落在北境　曰尼斯諾科在窩尒牙河濱　曰阿那里麻　曰底洼　曰都臘　曰加魯牙　曰阿臘尒　曰窩羅義近端河　曰斯摩速　曰伯斯果甫　曰耶羅斯羅　曰窩祿那在大俄羅斯北　曰阿羅義斯在大俄北　曰阿占牙尒在大俄北　曰赫阿匽　曰果斯多羅麻　曰戈塞

小俄羅斯三部　曰幾富　曰查尼俄南　曰布尒多洼

南俄斯五部　曰加底里　曰卡循　曰擣利達三又名格里彌阿　曰窰沙那彌　曰端戈沙司

加匽俄羅斯五部　曰加匽　曰朱慶加　曰新麥塞在窩尒牙河濱　曰氷耶在蘇臘河濱　曰巴毋

俄羅斯南新藩五部本蠻地有高加大山外臨黑海裏海　曰薩加社首邑名摩斯諾　曰諾尼阿　曰阿薩塔干　曰阿林墨在歐亞兩州交界首邑名烏臘　曰納希斯丹

俄羅斯東新藩四部通名悉畢里亞在亞細亞州北東界大洋與米利堅隔墨領峽西界烏拉嶺南界阿尒臺山北界氷四十八度至七十度東五十度至百八十九度長萬三千里廣五千餘里大湖二巴西達湖麥嘉湖在阿尒岱山北　西二部曰都莫斯　曰科利弗　東二部曰雅古薩　曰甘查甲東少南即日本屬之薩牙蓮島熱斯簽島

日尒日亞在亞細亞州西東界是尒彎西界黑海南界土耳其北界高加索山北四十九分起至四十二度四十八分東四十一度起至四十五度○以下九部俱在亞細亞西屬俄羅斯

是尒彎在亞細亞西東界加斯比約海南西界日尒日亞北界達日斯丹北卅八度至四十一度東四十二度至四十七度

亞尒美尼亞東北界日尒日亞西界土耳其南界白尒西牙西北地名黑里彎東南地名邪各斯蒳彎

義米勒多在黑海濱首郡名古泰西

明哥勒里亞東界義米勒多西界黑海南界日尒日長五百里廣百五十里首郡名宋鼻的

達日斯丹東界加斯北約海西界西尒加西南界日尒彎北界高加索北四十度至四十三度東四十三度至四十六度長九百三十里廣二百餘里首郡名古巴

西尒加西東界達日斯丹西界黑海南界日尒日北界高加索山北四十一度至四十五度東三十四度至四十四度長二千里廣五百里

亞巴西東至明哥勒里西界西尒加西南界黑海北界高加索山北四十二度至四十四度東三十四度至三十八度

高加索東界加斯比約海西界西尒加西南界高加索山北界黑海北四十度至四十五度東三十五度至四十七度長二千餘里廣七百餘里首郡名斯達窩羅波尒

普魯社即破魯斯一作普魯寫亞尒彌亞控噶尒粤人名單鷹國南界奧地里加日会曼北界巴得氷海東界俄羅斯西界瑞丁領墨北四十九度至五十八度東六度至二十度通國分東西二路東路地長二千一百里廣一千一百餘里一日班丁堡首城名伯鄰一日陂墨鄰首城名士得丁在阿得阿濱次幸他港城在巴得海濱次顛林城次吉鄰城次薩牙次麥勒一日治勒隱班首城名伯老次瑞匿次勒匿次顛剌次嶷吉次匿士俱近阿得河一日薩普在隱班西南首城名抹得堡一日陂斯在極東境與俄羅斯交界首會名王山次墨麥城次得實城次益平城一日波新本波蘭地　西路地長七百五十里廣六百餘里一日西法里首城名閔士得在日耳曼國中一日如勒山在萊尼河沿山首城名可倫次突鄉俱濱來尼河一日下來尼首城名谷鄰一作哥倫次土悉突次巴閔次亞金次威悉俱近來尼河

大尼即領墨一作嗹國一作丁抹又名低納馬尒加粤人名為黃旂國南界日尒曼之伊尒河東西北界海北五十三度至五十七度東五度至十度長九百八十里廣四百餘里通國分五部一日底納馬尒加即西蘭島一作日倫首城名哥賓哈音在海口諸國船出入波羅的海必經加的牙海峽因設關榷之一日人德蘭部東北西俱海南界勞英不尒厄一日勞英不尒厄一日科尒斯德音在人德蘭東南一日石勒蘇益克東南北俱界日尒曼

瑞典即瑞丁一作綏林綏亦古蘇以天在歐洲北南北西俱界海東界諾威及俄羅斯北五十五度至六十九度東自八度至廿二度長二千七百里廣一千里北六十度外地荒無人大河曰多尒內亞曰盧勒亞曰加黎塞利曰達勒加尒里曰加拉辣曰達摩勒曰科達國分二十四部一曰斯德哥尒摩在美拉尒湖岸一曰烏布薩拉一曰威士德來斯一曰尼哥兵一曰科勒波羅一曰加羅斯達一曰哥巴尒畢一曰日非勒波一曰靈哥賓一曰加尒馬一曰仍哥賓一曰哥羅諾畢一曰波勒金日一曰斯加拉波一曰勒尒佛斯波一曰科德波一曰亞慕斯達一曰基利安斯達一曰馬尒摩呼一曰科德羅一曰諾波敦一曰威斯德一曰諾尒蘭一曰仍德蘭

諾魯威即那威與瑞典同區北五十八度至七十一度東三度至十度長三千四百里廣八百里地勢由南而北通分十七部曰亞日胡斯曰馬斯勒難曰里德馬尒根曰基利斯的安曰布斯給盧曰巴拉德北曰內德尼斯曰滿達尒曰斯達完白尒曰仍尒盧斯畢耳曰南卑尒仁曰北卑尒仁曰羅慕斯達尒曰南德倫的音曰北德倫的音曰諾尒蘭曰分馬耳根今俱為瑞典東地○西史以普魯社大尼瑞典諾魯威皆與亞勒馬尼隔一海名為別一天下

外大洋地畧

武進馬冠羣良伯甫輯

亞墨利加西北與亞細亞隔海峽南北俱盡冰海西界大洋東界大西洋南極五十五度至北極七十度西百六十八度至三十四度分南北兩區南墨利加起墨瓦臘尼峽北至加納達南五十二度至北十度半西二百八十六度東至三百五十五度北墨利加南起加納達北至氷海南起十度半北極未詳西百八十度東盡福島三百六十度

彌利堅即花旂華言合衆又稱美國本名育奈士迭東界大西洋南西界麥西可北界英吉利屬北二十五度至五十二度西七十度至百二十七度長約萬里廣四千八百餘里大山東曰亞巴拉士西曰羅說索大河曰米西西比河米蘇利河阿希阿河押子薩河紅河可倫比河上湖熱阿耳義湖胡倫湖以利雲他利湖　東路二十部一戈攬彌阿在波多墨河濱首城名洼申頓次查治當次阿力山特厘阿　一緬部西南界新韓南界海北有阿介朧牙士河洼介魯士多河阿魯士多河南有北納士葛河根尼碧河大山名加達領首城名奧吉士近基泥伯河　一紐含社即新韓賽西界洼門南界馬沙朱碩士北界于那大大河曰尼比西大山曰洼申頓首城名公哥突在美里麥河濱　一洼門即華滿南界馬沙北界英屬地西界紐育大山曰曼士非尒大川曰衮特底格河古勃連湖首城名滿勃里　一馬沙朱碩斯初名新英吉利後分六部曰緬曰新韓曰華滿曰馬沙諸些曰于尼底吉曰羅底島別以馬沙諸些為一部東界海南界衮特底格律愛倫西界紐育首城名波士頓有美里麥河南得吉島　一律愛倫北東界馬沙諸些西界衮特底格首城名普羅費典城南海港名新彎　一衮特底格即于尼底吉西界紐育南界海會城一名哈得富耳在尼底吉河濱一名新港在南海濱　一紐育初名新荷蘭即新約基東界于尼底吉南界賓西尒洼有亞罷拉既俺山活得孫河嗇治湖晏爹利珂湖伊里其湖首城名新約基北有阿尒巴尼鎮推來鎮　一紐惹西即新遮西東界海北界紐育西界邊西耳洼首城名鐵鏈遁近底拉華港　一賓西洼尼阿南界馬里蘭洼治尼阿西界阿西阿首城名費拉地費在底拉華河西有押罷拉既俺山伊里大湖　一地那哇即底拉華東界海南西界馬里蘭北界賓西尒首城名那洼　一馬里蘭南西界洼治尼阿北界賓西尒首城一名霸的磨耳一名安那都城名華盛頓為各部公地　一洼治尼阿南界北戈羅里西界根特機阿希阿首城名里是滿有波威尒大山　一南戈羅里東界海南西界若治阿北界北戈羅里首城名個倫備亞東方大城名查士頓有批底大河散底河卸番亞河大山名特墨尒　一北戈羅里東界海西界地尼栖北界洼治尼阿會城名拉里在奈士河濱大山名墨魯西北有押罷拉既俺山火河曰晏羅屋磋灣上河奈士河呷非耳河　一若治阿南界佛羅里達西界阿那麻馬北界地尼西首城名靡里治大城名卸番阿在河濱押罷拉山至此止大河名卸番亞阿結治亞拉達麻哈　一阿希阿東界賓西尒洼尼阿南界洼治尼阿地尼西西界因地阿那北界彌治顔衣里湖首區名戈攬摩士有模士經巖河　一根特機東界洼治尼阿西界衣里內士彌梭里南界地尼栖北界因地阿會城名法蘭富耳在累士鎮歷星頓鎮之間大河名阿嘻阿美士細比　一佛羅里達北界若治阿餘界海首城名達那哈西

西路七部　一阿那麻馬即阿拉罷麻東界若治阿南界佛羅里達西界彌斯西北界地尼西首城名都士加魯沙有阿拉罷

麻河至磨比里彎出海　一彌斯栖比即美士細比南界雷栖阿那海西界阿千薩士北界地尼西首部名熱循會城名杏基遜次那吉士城　一雷栖阿那西界墨西可南界海北界阿千薩士首部名紐哈連會城名新坷京土　一因第阿那東界阿希阿南界地尼栖西界衣里内士北界彌治顏首部名阿那波里士有洼麻特河　一衣里内士南界彌掕里地尼栖北界威士衮申首部名彎達里阿有瘂斯栖比河　一地尼西東界戈羅里北界費治彌亞西界美士細比河會城名那實　一阿千薩斯東界彌斯栖比南界雷西阿那西界因的阿北界彌掕里首部名力特尒洛有阿薩麻薩尼大山　一彌掕里東界衣里内士南界阿千薩士西界威斯頓北界威斯衮申首部名查法句

因底阿土番四部　一威斯衮申東界彌治顏湖西界威斯頓北界英屬地北有捻邦碧湖西有彌掕里河東有尼領比村那洼厘阿村南有彌尒彎機村麥領頓村　一威斯頓東界阿千薩士南界墨西果西界落機大山　一威斯頓特底力東界威斯衮申南界威斯頓西界落機大山北界英屬地　一阿里顏東界落機大山南界墨西果西界比西非益海北界英屬地有阿里顏河戈攬彌阿河

墨西哥一作美詩哥默西可東界花旂德沙二國西南界海北八度至四十二度西八十九度至百二十六度長六千里廣四百六十里大山曰煙山即落機大山亘南北二洲中隨地異名分十九部四郡曰美詩科曰給勒達羅曰乑叔阿彡曰彌刷千曰沙黎詩哥曰薩加德駕曰索諾拉曰濟華曰都郎額曰卓合四拉曰新梁曰達毛黎曰桑盧意斯波多塞曰委立古盧斯曰布委巴拉曰華沙加曰濟阿巴曰達巴斯哥曰干加敦曰加里佛尼府新美斯哥府達拉斯加剌府哥黎府國都在德斯古各湖西東海港名他巴哥

既未臘　新丕比俺　加里伏尒尼亞三國地勢毗連皆在北洲西

花地　農地　新弗郎察　掕　老西國皆在北洲西南

大吕宋屬地　一固巴島北二十度至廿三度西七十六度至七十八度長二千七百里廣五百里中分三府西府首部名合瓦那中府首部名三達馬里東府首部名三的牙額　一波尒多黎各北十七度至十八度西六十八度至七十度長五百里廣百五十里俱在北洲南

大尼屬地　一義斯蘭的亞在北州東北緯度自西十九至六十六經度自西十九至二十八長九百里廣七百五十里中分三州南州首邑名勒給維克西州首邑名斯達奔東北州首邑名馬都魯瓦　一哥羅英蘭的又名裏的麻在北州東北緯度自五十九度卅八分起經度自西二十度起俱未詳所至長六千里廣二千里中分二部南首邑名如列尼沙合北首邑名尼日德斯　一安的列斯中有三島一三達古如斯一三多美一桑若漢在北洲南

俄羅斯屬地　一厄羅斯美里加在北洲西北東界新北勒達尼北西界白令海南界大海北五十四度至七十五度西百卅三度至百七十度長廣皆四千餘里中分九部曰美義斯基茂曰基德内曰朱克濟曰哥乃給曰給乃塞曰朱加至曰烏加達世

米千德曰古盧壂曰新加里佛尒良首郡名昔德加　一海島在亞細亞東北三面皆海東界英地曰雪臘加曰甲查曰古佳首城名新天使魁

英吉利屬地　一新北勒達尼在北州北東界巴非英海西界大海及俄屬地南界花旂北界氷海北四十二度至七十八度西五十三度至百四十三度長萬三千里廣七千里中分六部曰上加那達首邑名御城曰下加那達首邑名貴北曰新布倫瑞克曰新斯哥西亞曰桑若漢羣島曰德諾兎　一北極之地中分三部曰北德溫緯度自北七十五至七十七經度自西八十至九十五曰北日尒緯度自北七十五未定所至經度自西九十七至百十七地多海島曰巴非英巴利在巴非英亞德孫二海間　一北尒慕達島在北州東北卅一度至卅二度西六十四度至六十五度大島五曰北尒慕達曰桑若尒曰日桑達威曰古卑尒曰索美尒塞　一安的列斯島北十度至廿七度五十分西六十二度至八十七度首邑名那密在波羅惟敦斯島中　一盧加亞島又名巴合麻在北州東南北二十度至廿八度西七十二度至八十二度

得撒即德沙一作費勒多尼亞在墨西哥東米利堅西南北廿七度至卅四度西九十六度至百零六度長二千餘里廣六百餘里分二十七部曰阿拉巴麻曰巴剌塞里曰阿羅拉多曰古曼治曰哥里牙曰公薩勒曰阿黎斯布曰厚斯敦曰倭斯卑曰日　勒孫曰拉巴加曰黎卑尒的曰麻的科尒達曰迷郎曰迷蘭曰米那曰那哥多士曰勒黎委尒曰勒夫日約曰薩比那曰三達古斯的音曰三當多尼亞口桑非里卑曰桑巴的黎西亞曰達那令曰達拉委曰瓦威敦都城名興斯的音在卑剌索河濱次厚斯敦次卑沙尒城大河曰巴拉吾

瓜的馬拉即危亞地馬拉在北洲極南北東界安的斯海西界美詩可北極八度至十七度西八十四度至九十六度長三千六百里廣一千里大湖三曰尼加拉瓜曰良曰阿的舟大川八曰桑若漢曰歷拉瓜曰嗚盧阿曰阿羅曼曰波挨斯曰科尒佛一曰蘇麻新達曰牙勒國分五部　一瓜的馬拉首城名新瓜的馬拉　一桑薩企瓦首城名離瓜的馬拉　一洪都拉斯　一尼加拉瓜　一哥德黎加通商之地一名加尒達顛一名波盧加

北洲海島在瓜的馬拉東南中三大島一苦伯島一海低島一熱美加島○以上俱北洲地

可倫比亞即金加西臘一作可倫巴在南洲北東界亞德蘭的海及巴拉西利西界祕魯西北界巴拿馬危地馬拉南亦界巴西北一度至十度南一度至五度長廣皆五千里中分為三　西曰新纈那他即新加拉那大轉音為金加西拉領十八部首都曰波哥他次安的育基次内巴次馬黎濟大次波巴馬次巴斯多次多挨那溫都拉次說各次巴那馬次委拉瓜次加尒達日那次蒙波士次三達蒙尒大次里約合沙次冬日次邦不羅那次索各羅次加薩那勒通商城曰加他義那在巴拿馬微地為南洲北界　東北曰威尼蘇拉即委内瑞辣領十二部首加拉架在安特海口次加拉波次馬拉該波次哥羅次都盧斯羅次美黎大次馬黎那次亞不勒次瓜牙那次古麻那次巴尒塞羅次馬尒加黎大　西南曰厄瓜多尒即塞多在黃道内領八部首基多次井波拉索次英亞不拉次瓜亞斯次馬那比次官加次羅沙次倭音

孛露即伯路祕魯一作北盧在南洲西南東界破利威西界大洋北界可倫比亞南四度至廿五度西六十度至六十八度長五千三百里廣二千五百里大銀山曰貥多西長河曰馬拉良阿不里麻吾加牙勒瓜拉加大湖曰的加領七部首利馬在利馬各河濱次阿勒塞巴次不諾次古斯各次阿牙古説次人甯次利卑達舊都城曰屈可通商埠曰加老港

破利威本孛露分國一名高北盧波里維亞在南洲西東界巴拉西利巴拉大河及花旂國南界巴拉乖濟利北界巴西及孛露南十一度至廿四度西六十度至七十三度長四千里廣千五百里長河曰瓜卑北尼比哥麻約馬尒䕷勒領六部首朱基薩加次巴斯次可曾羅次波多西次哥沙邦巴次達古斯盧都城名乍尒加斯會城名巴斯達牙古叔海港曰益賴口進貴基口拉米口

巴拉大河一名阿尒仁的納拉巴他在智利東隅安達斯山東界巴拉乖烏拉乖北界破利威西界治利南二十度至四十一度西五十五度至七十二度長四千六百里廣三千八百里領十四部首布宜諾塞利在拉巴他河濱次音德勒里約次哥連德次三達非次哥尒多瓦次尼斯德羅次都古曼次薩尒達次如鋭次加達馬次里約稜次桑若漢次桑盧意斯次門多薩大河曰北里可馬曰伯默若

巴拉乖一名巴拉吳愛在南洲中本巴拉他分國東界巴拉西利南西界巴拉他北界孛露及巴西南二十度至廿八度西五十六度至六十一度長二千里廣八百里首邑名阿松桑在巴拉乖河濱

烏拉乖在南洲東南北東界巴拉西利西界烏拉乖河南界海南三十度至卅五度西五十五度至六十一度長廣皆千三百里領九府首蒙德維羅次馬尒多那次加内羅斯次桑若塞次哥羅尼次索黎奴次白三都次都拉各奴次塞盧拉尒科

巴悉即伯西尒在南洲東東界大西洋西界路巴拉破利威北界墨西可可倫比南界烏拉乖北一度至南卅二度西四十五至六十五度方廣九百七十里大河曰亞馬孫河烏路愚愛河國都名牙𠷈羅次巴希牙城巴拉城聖保羅城貴城美城白南布可城　沆茫泥在巴悉北中分三部首特默拉次蓋其坡次北彼治

智利即治里一作濟利在南洲西東界巴拉大及花旂國西界大東南洋北界破利威南廿五度至四十四度西七十二度至七十七度長四千五百里廣四百二十里領八部首三的亞麻在多波加尒馬河岸次阿分加底次阿固英波次哥尒乍瓜次卯勒次公塞桑次瓦尒的維次濟盧挨大港口名瓦拉巴東接落機大山智加即巴他峩拿一作八的哥尼阿在南洲極南北界巴拉他西北界智利東西界大洋長三千餘里廣千餘里南境濱海有島名鐵耳聶離依休勾港口名麥哿論

英吉利屬地　一古牙那在南洲北東界荷蘭古牙那西界可倫比北界海北三度四十分至七度四十分西五十九度至六十二度長千里廣三百八十里中分三州首義斯給波次德美拉利次比尒比塞首城名若尒　一馬祿義耶斯島一名發哥蘭在南洲南南五十一度起至五十三度西五十九度至六十五度大島曰發哥蘭次索勒達　一馬加良英斯又名火地在南洲南南五十一度至五十五度西六十七度至七十七度首邑在義斯達多島

弗蘭西屬地　一古牙那在南洲北東南界北拉西利西界荷蘭古牙那北界海北二度至五度西五十三度至五十八度長千六百里廣千一百里首邑名加牙那　一馬尒的尼加　一瓜達盧卑　一三德斯　一馬里亞加蘭大　一北約德尒一德西剌德　一桑馬尒丁

荷蘭屬地　一古牙那又名蘇里南在南洲北東南界佛蘭西古牙那西界英吉利古牙那北界海北三度至六度西五十四度至六十度長七百五十里廣六百里首邑在蘇里南河東

布路牙屬地　一巴拉西利本巴悉分地在南洲東東界海西界巴拉乖高北盧北界可倫比北四度至南卅三度西卅七度至七十五度長廣皆九千餘里分十八部首里約熱內盧次聖賓盧次三達加達里納次聖伯德祿次馬德葛羅索次科阿斯次迷那次來斯日斯不黎多三多次巴義亞次塞尒日貝次阿拉科亞斯次伯尒能布各次巴來能次北里約哥來的次西阿拉次標意次馬拉良次加良巴那

巴達科尼在南洲南東界海西界智利北界巴拉大河南界南海南卅六度至五十六度西六十五度至七十八度長五千里廣二千里大山曰齊野的瓦曰美的加拉拿曰三哥雷門的

海地島在南洲東南東向波尒多黎各島西向椶貫物古巴二島南北界海北十八度至二十度經度自西七十一至七十七長千五百里廣五百里分六府首西府都城名波尒德比零塞在哥那威海灣次南府東府北府東北府東南府大河名索馬士次英黎幾洛次多塞

海國輿地釋名十卷首一卷

〔清〕陳士芑撰

《海國輿地釋名》十卷首一卷，清陳士芑撰。士芑（一八七六——一九二六）字翼牟，亦字翼謀、震生，湖南湘鄉人。光緒三十年（一九〇四）進士。因見「百年前中士談海國之書，多得諸市舶之傳聞，或一地而誤分數名，或兩地而混爲一地，承訛踵謬，罔識適從」，頗欲「正名定稱，歸於畫一」，使後之譯者有所依據，遂校其同異，復加釐定，成此十卷。卷一至卷七釋亞洲、歐洲、非洲、北美洲、南美洲各國及屬地地名異同，卷八釋東南洋群島、太平洋群島、大西洋群島、印度洋群島、南北冰洋島地、波羅的海地中海群島、加力比安海群島之名，卷九、卷十釋五洲諸山、亞歐非三洲諸水、南北美洲及澳大利亞島諸水及古嘗自立之國之名。考釋地名先列習聞之名，再廣輯異名於後，並敘其疆域沿革，頗有章法。卷首詳列徵引書目達二百四十五種，然間有炫博而虛列之書。據上海圖書館藏清光緒二十八年刻本影印。

海國輿地釋名

光緒壬寅年新鐫
連道清芬堂家藏

海國輿地釋名序例

泰西自元時已通中國（元世祖時意大利人波羅馬哥嘗來中國世祖授以官後還國著書備述所聞西人至今稱之）史闕有間後人遂亦無從深攷迨利瑪竇艾儒略南懷仁輩航海東來齊州學者乃稍稍通知海外形勢然耳食者尚或擬諸神山蓬島疑信參半道咸以後海禁大開冠蓋往來連翩相望於是彼中典籍傳入中土經舌人展轉譯解流播滋多好事者爭先快覩詫爲奇聞而當涂巨公恫時局之多艱悟氣機之難閼提唱翕和尤斷斷以譯書爲亟務故近數十年中中西文士譯出歐美新出之書不下數十百種而征軺之紀述報章之採聞譯錄成書者又數十百種讀其書者因得以攷見各國政蓺得失精粗之故及彼之所以强吾之所以弱瞿然以興

戄然以思嗚呼不可謂非譯書之效矣顧西書可讀者雖多而讀之厥有數難焉西人語言佶屈急讀爲一音緩讀爲二三音往往一人一地彼此譯之而互異焉一人譯之而前後又互異馬踳雜眯謬不勝檢校之煩此一難也譯書之法大率一人口說一人筆述口說者既未能一一脗合筆述者復不免以己意進退其間而吳人譯之則爲吳音楚人譯之則爲楚音鉤輈格磔記誦維艱此一難也近日充譯書之選者强半讀書未成之人西文廑稍涉藩籬中文更未窺堂奧尚望其訂譌舛校得失乎而百年前中士談海國之書多得諸市舶之傳聞或一地而誤分數名或兩地而混爲一地承譌踵謬罔識適從此又一難也私嘗病此每思就舊譯各書剌取其人名地名觚摫整齊定

爲一書遺之海內庶幾後之譯者有所據依正名定稱歸於畫一以齊天下之耳目以發後生之瞽或自慙聞見隘陋勉焉未皇姑懸其說以俟之異日而尒來研閱外人輿地苦地名之紛擾輒較其同異比而錄之積久蹔多因復稍加釐訂緝爲一帙並坿紀其疆域沿革之大略極知餖飣末學不直大雅一吷然初學得是編循而求之於前所謂數難者或可少免焉則卽以是編爲治西籍之嚆矢也可乎

編次之例與輿地專書微有不同首總釋釋五洲洋海令覽者知地球大勢也次亞洲各國種貴教尊聲明文物之所從出也次歐洲各國强兵巧藝冠絶環瀛爲他國所效法也次非洲各國受人役屬罔知自振可爲謀國之龜鑑也次南北美洲各國公天下而不私彬彬乎有唐虞揖讓之遺風也次亞洲各國屬地次歐洲各國屬地次非洲各國屬地次南北美洲各國屬地職方建置之殊强弱大小之故不難一覽而知也次洋海羣島古邦淪於異俗瘠壤變爲神臯知彼族經營遠略之宏且廣也次五洲山水恢奥聞資博識也而終之以古嘗自立之國世運之隆替時局之乘除覽者當興起也

考中國之輿地貴能訂古考外國之輿地貴能知新泰西各國壤地牙錯分合靡常或數年而一變或十數年而一變而郡邑之廢置邊境之爭割瓜區豆分尤淆雜不可紀極咸同以前之書自光緒初元視之已多不合光緒初元之書自今日視之而亦多不合是書編訂以近年爲斷故與瀛寰志略等書頗多出入

西書地名本無定音十人譯之而十異百人譯之而百異瀛寰志略所載地名近人頗多議其不合有謂英吉利乃一島之稱當改稱曰白爾登者西伯利亞非本音當改稱曰悉畢爾者其說亦未必不是然稱名爲記號而設相沿已久一旦紛更徒亂人意卽以中國論其名稱失實者亦指不勝屈又能一一更正之乎是編標舉人人習聞之一名以爲綱而分疏異名於下其爲舊書所無者則擇新譯之可據者標之不欲立異以炫俗也

西人地名多隨意命之無甚深義惟必以最初之名爲主今就西人言西地不得不援名從主人之例雖明知其不雅馴亦姑仍其舊惟彼所稱西印度羣島本在中亞美利加海灣與印度懸隔數萬里諸書多相沿稱之謬以傳謬實有未安今改稱曰加力比安海羣島以昭核實

英吉利日本本海中孤島巋然自立遂稱雄國古巴海地馬達加斯加皆援此例隸之列國婆羅葛留巴蘇門答臘皆古名邦近已不能復振故隸入羣島至各國有以坿近島嶼置爲郡縣者如英人之痾哥內舌的蘭法之哥塞牙西班牙之巴利亞里希臘之約尼亞等類皆隸之本國屬地島內不再列入

各國建國之制有稱部者有稱省者有稱郡邑者皆譯者以意爲之故亦莫能定一也大抵除俄羅斯美利堅外其餘版圖皆不足與中國抗所謂部省實視中國之一郡所謂郡實視中國之一邑所謂邑則不過如中國一繁盛鄉鎮而已

泰西各國多無城郭法蘭西舊本有城及與普戰敗乃盡墮之蓋彼所重者在守險不在守城也西書之稱城多係繁盛埠鎮非果有雉堞崇墉也閱者當分別觀之

日本越南舊皆爲同文之國其郡國建置大率沿用舊名無甚變革故今不復錄錄其山水及其屬地之有異名可考者

中國紀水道之書水經注後斷推齊次風之水道提綱外國水道向無專書徐星伯西域水道記僅及回部而止何願船有北徼水道一卷述俄境水道頗詳然以阿比河額爾齊斯河爲一水且失之疏其他更無足論日本人所繪坤輿方圖載宇內大河簡略殊甚且僅記里數不詳原委亦非善本也編中諸水皆考之於新出地志輿圖鉤賾訂譌必慎必碻然不過舉其最著者

蹏涔細流絓漏尚多不能遍及也

西書所記水陸道里雖多得諸游歷測量然亦有參差不同處推原其故一由於測繪之疏密一由於傳譯之同異故西書內奇零里數未可盡信要其大段則不甚差謬也編中所載里數皆擇善而從其所不知及未能遽定者則謹闕之

採集書籍須立有限斷庶不致以鄭穢雅以紫奪朱近人箸書談西事者惟使臣游記頗多可觀其餘則多草率成編漫無體例或撏撦西報斷爛不詳或籑襲他書優孟自喜雷同勦說陳陳相因盍較之宋末之語錄明季之說部其淺陋尤雜又加甚焉是編竊取史家之義嚴加別裁采用之書必學有本末敘事有條理者否則一字不敢闌入與其博而濫毋甯約而隘閱者幸勿以遺漏呵予也

外人譯述之書佳者不過十數種若泰西新史攬要西國近事彙編等書其事實雖最爲可据而文特繁瑣然譯本完善者實尠舍此更無所援据且外人效作華文又當別論故采用此等箸述例稍從寬亦勢不得不然也

紀西國本末之書自以瀛寰志略海國圖志朔方備乘爲最佳然魏書繪列諸圖疏舛殊甚所考沿革尤不足據志略典核勝魏書而紕繆亦所不免何氏專攷北徼廣徵博稽特爲詳贍其糾正羣書之誤亦多允當然間有原書未誤而何說反誤者蓋考据之難言久矣是編引用諸書頗多訂正不復詳爲辨論以歸簡潔近人新箸有援證精審者有臆斷無稽者棄瑕錄瑜頗

費斟酌蓋不敢沿前人之誤亦不敢拾時賢之唾要歸於碻當而已

編中異名悉依原書登入一字未嘗增損其譯音之異則曰一作某傳稱之異則曰一名某沿革之異則曰古曰某即古之某地不復詳著出於某書以省繁冗然慮閱者或需覆檢用仿前人之例彙錄引用書目於簡首庶可案冊而索惟所錄但據流覽所及不屑展轉牽引故簡陋已甚鼷鼠飲河求其果腹而已不敢蹈明人稗販之習虛列書名自夸淹博貽後人陋妄之誚也

西書譯名之異或由於音轉或由於音近試以轉注叚借之法求之無不展轉相通大約平讀多仄讀少急讀多緩讀少今撮

錄於此以見一班
牙烏唵倭痾亞阿阿也阿痾窩鄂額奧俄也俄縛佛拂弗福富
勿付甫夫也夫屋法發華瓦洼威也威非斐緋惟維未味域蔚
費委肥溫宏芬也　額庫古果固孤戈哥科也科克客各格吉
濟其基機幾也吉器瓜卦夸寡告乖怪危圭也　丹單坦答塔
打大他泰達來列勒雷纍提地底的蟾黎裏里利也代特得德
也　辣臘蠟喇剌拉也拿那內納訥乃揑尼也挨厄愛宜伊以
倚意義也　實失是士慈司斯也菑治芝知支也　怯卡甲牙
嘎戛喀噶葛加也　瑞綏雪色些濟昔息悉西栖塞賽蘇撒沙
薩也薩察查差也蘇疏素所瑣索也　厓煙葉熱惹日也野耶
也　卑畢必丕皮秘比北白勃孛別貝柏珀伯魄罷拔八巴也

波坡玻破博蒲捕埔不普布也　楞凌靈零冷令鄰林倫連隆
郎來蘭也洛樂鹿路魯盧羅也　土杜度突拖多都也　心星
遜孫生森也勝聖三簪㕓散撒桑山森也　温軒痕賢興忻印
也印引因英音恩也　勾寒恆含韓洪閎杭千罕旱漢翰岡翁
官康公空孔昂安也　丁廷定登頓敦也典田天顛也　茫滿
孟望網敏門明也　梅麥墨默摩謨莫木邁麻馬瑪罵彌迷密
緬米美也　賀荷和也　由舒汝與如也　淖奴奈諾也　奴
牛紐新也
西國地名其紛繁十倍於中國是編皆舉其犖犖大者至於彈
丸黑子未聞異稱僻島窮荒無關宏恉姑付葢闕竢之他日而
名稱既異詳略斯殊耳目所及容有未周方聞宏達賡而續之

補而正之曷勝私幸
光緒二十七年歲次辛丑孟冬月湘鄉陳士芑自述於武昌官
舍

海國輿地釋名引用書目

史記
漢書
後漢書
晉書
宋書
齊書
梁書
陳書
魏書
隋書

舊唐書
新唐書
宋史
遼史
元史
明史
明會典
明一統志
大清一統志
大清會典
御批通鑑輯覽

皇朝通典
皇朝文獻通考
欽定西域圖志
欽定平定羅刹方略
水經注長沙王氏合校本
佛國記宋釋法顯
洛陽伽藍記後魏羊衒之
大唐西域記唐釋元奘
杜陽雜編唐蘇鶚
括地志唐魏王泰
元和郡縣志唐李吉甫

蠻書唐樊綽
通典唐杜佑
元豐九域志宋王存等
輿地廣記宋歐陽忞
太平御覽宋李昉等
宣和奉使高麗圖經宋徐兢
諸蕃志宋趙汝括
吳船錄宋范成大
文獻通考元馬端臨
西游記元邱長春
玉堂嘉話元王惲

汎海小錄　元王惲
雙溪醉隱集　元耶律鑄
眞臘風土記　元周達觀
安南志略　元安南人黎崱
島夷志略　元汪大淵
西使記　元劉郁
使西域記　明陳誠
續文獻通考　明王圻
三才圖會　明王圻
圖書編　明章潢
八編類纂　明陳仁錫

閩書　明何喬遠
日本考略　明薛俊
越嶠書　明李文鳳
馭交記　明張鏡心
高麗國史　明鄭麟趾
朝鮮史略　明朝鮮人
使琉球錄　明郭世霖
西洋番國志　明鞏珍
西洋朝貢典錄　明黃省曾
東西洋考　明張燮
瀛涯勝覽　明馬觀

海語　明黃衷
籌海圖編　明胡宗憲
元秘史
廣東通志
天下郡國利病書　顧炎武
日知錄　顧炎武
今水經　黃宗羲
八紘譯史　陸次雲
讀史方輿紀要　顧祖禹
職方外紀　泰西人艾儒略
萬國輿圖　西人利瑪竇

乾坤體義　利瑪竇
坤輿圖說　西人南懷仁
坤輿外紀　南懷仁
坤輿全圖　南懷仁
西方要紀　南懷仁
地球圖說　西人蔣友仁
澳門紀略　印光任張汝霖
瀚海集　常安
異域錄　圖理琛
奉使俄羅斯日記　張鵬翮
龍沙紀略　方式濟

中山傳信錄 徐葆光
使琉球記 張學禮
使琉球錄 汪楫
琉球國志略 周煌
使琉球記 李鼎元
中山見聞辨異 黃景福
西北域記 謝濟世
西域水道記 徐松
乾隆府廳州縣圖志 洪亮吉
水道提綱 齊召南
十駕齋養心錄 錢大昕

簷曝雜記 趙翼
黑龍江外紀 西清
征緬紀略 王昶
呂宋紀略 黃可垂
海島逸志 王大海
海錄 謝清高 楊炳南
海國聞見錄 陳倫炯
薄海番域錄 邵大緯
西域聞見錄 七十一
西域釋地 祁韻士
西陲要略 祁韻士

綏服紀略 松筠
衛藏圖志 盛繩祖
越南地輿圖說 盛慶紱
越南世系沿革略 徐延旭
地理備考 葡人馬吉士
外國史略 英人馬禮遜
萬國地理全圖集 西人
貿易通志
俄羅斯總記
南洋蠡測 顏斯綜
英吉利地圖說 姚瑩

康輶紀行 姚瑩
入藏程站 盛繩祖
中西紀事 夏燮
每月統紀傳
四洲志 林則徐
㐆齋鐵記 張穆
癸巳類稿 俞正燮
海國圖志 魏源
聖武記 魏源
瀛寰志略 徐繼畬
地理全志 英人慕維廉

大英國志 慕維廉
朔方備乘 何秋濤
地球說略 美人禕理哲
胡文忠仿刻一統輿地圖
陽湖董氏地理圖
分省輿地圖
輿地經緯度里表 丁取忠
談天 英人偉烈亞力○李善蘭
暹羅志 西人
越南志 西人
萬國史記 日本人岡本監輔

四裔編年表 美人林樂知○李鳳苞
歐洲總論
括地略
瀛海論 張自牧
蠡測卮言 張自牧
安南小志 姚文棟
日本地理兵要 姚文棟
法蘭西志 日本人岡千仞
米利堅志 岡千仞
俄史輯譯 徐景羅
羅馬志略 美人艾約瑟

希臘志略 艾約瑟
歐洲史略 艾約瑟
天學啟蒙 艾約瑟
地志啟蒙 艾約瑟
土國戰事述略 艾約瑟
冰洋事蹟述略 艾約瑟
通商約章類纂
西國近事彙編
俄羅斯圖
中俄交界圖
南北洋合圖

滇粵越南聯界圖
新疆圖
朝鮮八道紀要 薛培榕
朝鮮輿地說 薛培榕
西徼水道 黃楙材
印度劄記 黃楙材
游歷芻言 黃楙材
西輶日記 黃楙材
黑蠻風土記 英人立溫斯登
探路日記 英人密斯耨
列國歲計政要 林樂知鄭昌棪

水師章程　林樂知鄭昌棪
中西關繫略論　林樂知
東西洋島紀略　林樂知
格致彙編　英人傅蘭雅
地理須知　傅蘭雅
佐治芻言　傅蘭雅應祖錫
各國交涉公法論　傅蘭雅李鳳苞俞世爵
萬國公法　美人丁韙良
公法會通　丁韙良
格物入門　丁韙良
泰西城鎮記　丁韙良

星軺指掌　丁韙良
西學考略　丁韙良
三十一國志要　英人李提摩太
泰西新史攬要　李提摩太
八星之一總論　李提摩太
天文略論　英人合信
海外羣島記
海道圖說　美人金楷理○王德均
東埔寨以北探路記　法人晃西士
坤輿方圖　日本人木村信卿　通行有二本互異
亞細亞洲東部圖　木村信卿

東方交涉記　林樂知昂瞿來
英俄印度交涉書　林樂知
列國陸軍制　林樂知昂瞿來
列國變通興盛記　李提摩太
初使泰西記　宜垕
乘槎筆記　斌椿
使西記程　郭嵩燾
養知書屋全集　郭嵩燾
出使英法日記　曾紀澤
曾惠敏全集　曾紀澤
金軺籌筆

黎純齋集　黎庶昌
出使英法義比日記　薛福成
海外文編　薛福成
中亞洲俄屬游記　英人蘭士得路
東槎聞見錄　陳家麟
日本國志　黃遵憲
日本雜事詩　黃遵憲
古巴雜記　譚乾初
使美紀略　陳蘭彬
英軺日記　劉錫鴻
使英雜記　張德彝

使法雜記張德彝
亞洲圖考龔柴
德國合盟本末徐建寅
歐游雜錄徐建寅
使東述略何如璋
使德日記李鳳苞
歐游隨筆錢德培
西征紀程鄒代鈞
歸國日記王詠霓
東行日記李圭
伯利探路記曹廷杰

俄游彙編繆祐孫
適可齋記行馬建忠
製造局平圓地球圖
益智書會平圓地球圖
萬國輿圖陳兆桐
琉球說略姚文棟
五大洲輿地戶口物產表鄭其照
地理淺說林樂知
英法政概劉啟彤
英藩政概劉啟彤
中俄界約斠注錢恂

美國地理兵要顧厚焜
巴西地理兵要顧厚焜
日本新政考顧厚焜
地理志略美人戴德江

海國輿地釋名目錄

海國輿地釋名卷一

湘鄉陳士芑翼謀甫纂

總釋弟一

地形橢圓如球球之兩端正對天空南北二極北極在上南極在下以經緯線縱橫畫之勻分爲三百六十度自北至南之線曰經度自東至西之線曰緯度赤道橫繞地軸之中爲日馭之所正照是曰熱帶赤道北二十三度二十八分曰晝長圈赤道南亦二十三度二十八分曰晝短圈二圈之間有線斜交於赤道與二圈東西相切是曰黃道限黃道限之南北各四十三度曰溫帶溫帶之南北各二十三度半曰寒帶寒帶外則爲兩極凝陰冱結人不能至焉全球周八萬七千

一百九十二里（舊說稱九萬里或云七萬四千六百四十里）直徑二萬七千六百九十二里（舊說地厚二萬八千六百三十六里零三十六丈或云東西徑二萬三千七百六十里南北徑二萬三千六百八十二里）綜計一千三百三十七兆八十三萬有百方里（或云七千億方里）水居十之七陸居十之三地勢從北極披離下垂西人區爲五大洲在東半球者三曰亞細亞曰歐羅巴曰阿非利加三土相連自東北至西南約長三萬五千餘里在西半球者二曰北亞美利加曰南亞美利加二土相連約長二萬九千餘里界東西二半球之間最大海水曰太平洋次曰大西洋二大洋外近北極者曰北冰洋近南極者曰南冰洋而由印度正視界非洲澳大利亞羣島之間則稱曰印度洋爲

西人五洲之說本不足爲典要魏默深氏已辨及之然默深依釋典分爲四洲亦屬縣揣之言未爲定論故今仍用西人之說所謂名從主人也惟舊皆以澳大利亞爲一洲殆以其土地之廣然此島隸英爲藩屬國土人物實不足與各洲相提並論不若分美洲爲二以合五洲之數爲允協也

西人名地之義約而言之其繫乎水者曰洋曰海曰灣曰窄海曰峽曰江曰河曰湖其繫乎陸者曰洲曰島曰原曰山曰峰曰沙漠曰角曰隅洋者萬流奔滙茫無際涯水之體勢最大者也海者體勢之次於洋者也灣者海之支派灣環旋繞於地濱也窄海者海之支派貫輸於二地之間也峽者夾於二陸之間海水至此而一束也江河者水之滙入於海也湖者水渟聚於地上土環其外也洲者陸地之最大者也島者峙於海中小於洲也原者有高原有平原地面之延袤者也山者高原之最高者也峰者山頂之聳出者也沙漠者莽莽

大荒空曠無人煙之區也角者海岸突出形如箕舌也隅者地之迴入海中大於角也

亞細亞洲（一作亞西亞　一作亞齊亞　一作亞悉亞　一作阿細亞）

亞洲幅員之廣爲四洲之冠北抵北冰海南抵印度洋東抵太平洋西界紅海地中海黑海及俄羅斯之烏拉嶺南北距二萬里東西距二萬一千里綜計爲方里者一百十二兆十一萬一千八百四十（或云六百億）高於海面一千一百二十一尺國於是洲者爲中國之十八行省東三省內外蒙古諸部新疆回疆青海前後藏其北際海爲俄羅斯之西伯利亞部其東臨海曰朝鮮與朝鮮隔海相望曰日本迤南曰琉球臺灣及東南洋羣島其南際海與中國之滇粵諸省毘連者曰越

南暹羅緬甸南掌其西北與新疆回疆毘連者曰西域回部其西南與後藏毘連者曰布丹哲孟雄廓爾喀克什米爾迤南抵海曰五印度印度之西北曰阿富汗俾路芝波斯再西南踰波斯海灣曰阿剌伯阿剌伯之西北爲土耳其之東土又西爲土耳其之中土所謂小亞細亞者是也

歐羅巴洲 一作歐邏巴 一作甌羅巴 一作友羅巴

歐洲幅員絶長補短約得亞洲四分之一北抵北冰海南抵地中海東界亞洲西抵大西洋南北距九千里東西距一萬里綜計爲方里者二十五兆九十八萬一千五百八十 或云一百三十億 高於海面六百六十一尺海水由正北注入徘徊於英吉利那威二國之間曰北海由北海轉而東北注輸於俄羅

斯瑞典二國之間曰波羅的海海水又由正西注入爲歐非兩洲天然界域曰地中海地中海之水由希臘土耳其二國之間曲折注入内地曰黑海國於是洲者以德意志爲中原其東南曰奥斯馬加奥斯馬加之東爲俄羅斯與俄羅斯跨波羅的海而國者曰瑞那瑞那之南有土突出如箕舌扼波羅的海北海之吭曰丹馬丹馬之西南曰荷蘭荷蘭之西南曰比利時比利時之東南曰瑞士瑞士之南如人足伸入地中海曰意大利由意大利踰海而東有國斗入海羣島環之曰希臘希臘之東北爲土耳其其西土意大利之西北曰法蘭西法蘭西之西南曰西班牙西班牙之西抵海爲洲地盡處曰葡萄牙法蘭西之西北有三島雄峙海中曰英吉利

阿非利加洲 一作阿斐利加 一作阿未利加 一作亞非利加 一作亞非里加 一作亞弗利加 一作未利加 一作利未亞

非洲幅員大於歐洲幾三倍約得亞洲三分之一北抵地中海南抵大南洋 即大西洋印度洋相連處 東界蘇彝士河紅海及印度洋西抵大西洋南北距一萬八千里東西距一萬四千里綜計爲方里者七十八兆七十三萬二千 或云四百三十億 地當赤道南北天時地利人物在五洲内爲最劣數千年來惟迤北迤東鄰近歐亞兩洲之地稍近文明餘皆獉狉悍野不與外人往來近三十年中歐洲人多往據地開墾披榛啟昧已闢十之七八計法蘭西轄地九處約一千九百四十六萬方里英吉利轄地十九處約一千六百二十八萬方里德意志轄地四

處約七百五十萬方里葡萄牙轄地六處約六百三十萬方里比利時轄地一處約五百七十四萬方里意大利轄地循紅海南口以西約二百一十七萬方里西班牙轄地四處約百六十八萬方里西人嘗云洲内水清土腴生聚教訓不難日臻繁庶數百年後當别有一番景象也

南北亞美利加洲 一作亞米利加 一作亞墨利加 一作亞美利駕 一作阿美利駕 一作亞美里加 一作亞默理格 一作阿默剌加 一作亞芊里隔

美洲幅員大略與亞洲相埒北抵北冰海南近南冰洋東抵大西洋西抵太平洋極西北一隅與亞洲之極東北隅隔海相距僅百四十餘里兩洲地形皆北廣而南狹廣處逾萬里狹處或數千里或數百里不等北洲方五千二百六十萬里

高於海面七百三十七尺南洲方六千四百七十萬有二千三百里高於海面一千一百三十五尺綜計兩洲爲方里者百一十兆七百三十萬有二千三百或云百一十兆二十二萬四千八百或云五百五十億國於北洲者曰美利堅曰墨西哥曰危地馬拉曰閎都拉斯曰三薩瓦多曰尼加拉瓜曰哥斯德里加美利堅之北則爲英屬之加拿他部國於南洲者以巴西爲最大其東曰秘魯迤南曰玻利非亞再南曰拉巴拉他與拉巴拉他隔安達斯大山爲鄰者曰智利極南地盡處曰巴拿峩尼巴西之西北曰厄瓜多其東北曰瓜阿那爲英法荷三國分據之地其正北曰委內瑞辣委內瑞辣之西曰新加拉那大新加拉那大有屬地曰巴拿馬爲南北分界之處一線相銜狀類人頸近美利堅人方議鑿開此頸溝通海道如開蘇彜士河故事其成功之期尚莫能定也

太平洋一名大東洋一名大洋海一名太平海一名東洋大海

南北距三萬八千五百里或云三萬三千里東西距三萬五千里或云二萬四千里水面積爲方里者三百三十兆或云二百四十兆約占全球四分之一

白令海一作北令海一作比令海一作貝令海一作墨領海一作拜淩海

東抵美洲之阿拉斯加部西南連甘查甲海

白令峽名同上

亞洲極東北隅與美洲極西北隅隔絕此峽一水相望

諾爾屯灣一作諾爾敦灣一作淖爾屯灣一作諾頓灣

在白令峽之東即北美洲堯康江入海處

甘查甲海一作堪察加海一作岡札德加海一作喀毋煞特喀海

東連白令海西抵亞洲俄屬之甘查甲部

痾哥德斯克海一作俄何特斯克海一作阿荷次克海一作哦霍茨克海一名大拉該海一名小海

海水自混同江口以北漸迤而西北至索倫河口皆爲中國境又迤而北襟俄羅斯之痾哥德斯克舊部俄人即以其部名名之其東北即甘查甲部也

以墨西哥屬部名

加里福尼阿灣一作加利福尼灣一作嘉禮福尼亞灣一作嘉釐符尼亞灣一作加里佛尼亞灣

巴拿馬灣一作巴那馬灣一作巴拿麻灣一作帕那麻灣

以新加拉那大屬部名

民多羅窄海一作閔多羅海一作明朵羅海一名民答那峩海

以島名北抵民多羅島東南抵民答那峩島

西里百窄海一作西利伯海一作西里庇海

以島名在民多羅窄海之南

馬加撒峽一作馬葛薩峽一作馬克色峽一作茫加薩峽一作麻喀薩峽

在西里百窄海之西南界西里百婆羅洲二島之間

葛留巴窄海一作葛羅巴海一作噶羅巴海一作加留巴海一作葛刺巴海一作噶刺巴海一作葛刺八海一名瓜哇海一名查法海

以島名在馬加撒峽之南偏西

巽他峽一作孫他峽一作森答峽

在葛留巴窄海之西界葛留巴蘇門答臘二島之間昔爲

歐人東來必由之路今則取道於新加坡不必由此峽矣

弗羅力士窄海 一作輔羅力士海　一作佛羅理斯海　作弗羅力斯海　一作夫老來斯海

以島名在葛留巴窄海之東

班達窄海 一作坂大海

以島名在弗羅力士窄海之東

阿拉夫拉窄海 一作阿拉敷拉海

在班達窄海之東南東抵多勒峽

加本大利亞灣 一作喀本答里灣　一作卡編塔利阿灣　一作卡噴塔利灣

北連阿拉夫拉窄海東抵澳大利亞島之約克角西抵北

澳大利亞

多勒峽 一作多利斯峽　一作叨勒斯峽　一作叨來斯峽　一作德黎斯峽

北抵巴布亞島南抵約克角東踰此峽即入太平洋

暹羅灣 異名未詳

在暹羅國之正南晉書言扶南西去林邑三千餘里在海大灣中梁書亦言扶南在日南郡之南海西大灣中皆指此灣而言

麻剌甲峽 一作麻六甲峽　一作馬六加峽　一作麻剌卡峽　一作馬拉加峽

以英吉利屬地名或稱新加坡峽或稱馬來隅峽皆以附近之地稱之西北踰此峽即入印度洋爲航海往來必經之地

自民多羅窄海至此統稱曰東南洋皆太平洋水之所分洩故附於後 東南洋即梁書所謂大漲海

拜斯峽 一作拔斯峽　一作坂士峽

在澳大利亞達斯馬尼二島之間

谷克峽 一作科克峽　一作古克峽

在新西蘭南北二島之間

佛佛峽 一作摶烏峽

在新西蘭南島士丟扼島之間

大西洋 一名亞德蘭的海　一名阿蘭底海　一名壓瀾的海

南北距二萬四千里或云三萬五千里東西距萬有二百里或云萬二千九百里或云萬有五百里水面積爲方里者百二十兆洋底最深處約二十五里有奇

英倫窄海 一作英蘭海　一名滿砂海　一名漫沙海　一名札那勒海　一名芒史海　一名衣袖海

北通歐洲北海西南通大西洋英法兩國夾海相望遠或三四百里近者乃僅七十里即多甫峽亦稱加來峽兩國並於海口建礮臺置守備焉

阿爾蘭窄海 一作埃爾蘭海　一作壹爾蘭大海　一作阿愛力施海　一作意而蘭大海　一作愛而蘭海

在英吉利三島之間西北西南皆通大西洋

比士開雅灣 一作緋士開亞灣

以西班牙屬部名南抵西班牙東北襟法蘭西西北通大西洋

幾內亞灣 一作勾尼阿灣　一作堅尼灣

以國名地當赤道

加力比安海 一作加里比海　一作加里比安海　一作加勒比海　一作喀力比海　一作加勒海　一

作喀立皮安海　一作加黎便海　一名安的列斯海

大西洋水滙於南北美洲相連之灣大小島嶼三面環之

西北連墨西哥灣計長五千四百餘里

墨西哥灣　一作墨西科灣　一作默西可灣

以國名北抵美利堅西抵墨西哥東南通加力比安海

閦都拉斯灣　一作閦都拉士灣　一作閧都拉斯灣　一作杭度拉斯灣

以國名東通加力比安海

撒馬拿灣　一作薩麻納灣　一作薩墨那灣

在海地之東北長九十里廣三十里凹深環抱最便海船

停泊原屬海地同治十二年讓歸美利堅管理

麥哲論峽　一作麥折倫峽　一作馬治蘭峽　一作義蘭峽

在巴他峩拿鐵府依勾島之間西通太平洋東連大西洋

往時商船西行多經此峽

印度洋　一作印度海　一名小西洋

南北距萬二千里東西距萬餘里水面積爲方里者六千萬

洋底最深處約十里有奇後漢書言大秦國在海西與安息天竺交市於海中新唐書亦言古大秦居西海上一曰海西國皆指印度洋之阿剌伯海灣而言或謂卽地中海黑海者似誤

紅海　一名勒爾西海　一名耳來得西海

界阿剌伯非洲之間北通地中海南通印度洋長約四千

餘里廣約六百里或三百餘里不等

勃白爾口門　一作巴白曼德門　一名流淚門　一名哭海頸

紅海南口東爲阿剌伯也門部西爲非洲亞發部廣約五

十里後漢書言條支西臨海魏書言從條支西渡海曲一萬里其海旁出猶渤海也均指紅海而言

阿勒富灣　一作阿爾謨斯灣　一作阿爾謨灣　一名波斯灣　一名百爾西亞灣　一名巴西灣　一名東紅海　一名默生丁海　一名墨生丁海　一名阿爾母河

界波斯阿剌伯之間北抵土耳其地南通印度洋

孟加拉灣　一作孟加剌灣　一作榜甲拉灣　一作孟阿臘灣

以英印度屬部名東抵緬甸北與西襟印度南通印度洋

阿剌伯灣　一作亞剌伯灣　一作阿拉比阿灣　一作亞拉彼亞灣

以國名在印度阿剌伯之間西北通阿勒富灣西南通紅

海南連印度洋後漢書言條支海水曲環其南卽指此灣而言也

拍耳克峽　一作泡克峽　一作泡喀峽　一作巴克爾峽

在南印度錫蘭島之間

澳大利亞灣　一作奧斯達里亞灣　一作澳削尼亞灣

以島名北抵澳大利亞西南連印度洋

莫三鼻峽　一作莫山比給峽　一作莫山鼻克峽

以國名在莫三鼻馬達加斯加之間

干勃力治灣　一作開毋白力齒灣

在澳大利亞島之西北隅

恩康塔灣　一作安康透灣

在澳大利亞島之南墨來河入海處

北冰洋　一名北冰海

綜計爲方里者千五百萬近西人探北極者已至北緯八十

二三度之間計距北極盡處約千三百餘里云

加拉窄海 一作卡拉海 一作喀拉海
南抵歐洲極東北隅西距那法森伯拉島烏拉山蜿蜒自
南來直抵此海
奴斯喀愛阿灣 一作赤士開雅灣
在加拉窄海之西
阿比灣 一作俄比灣 一作阿被灣 一作鄂必灣
即阿比河入海處
也宜塞灣 一作耶泥色灣 一作煙尼塞灣 一作厓尼賽灣
即也宜塞河入海處
保耳該灣 一作薄爾該灣
在來那河入海處

喀坦噶灣 一作喀湯加灣
即喀坦噶河入海處
珂里馬灣 一作克里麻灣 一作可力馬灣
即珂里馬河入海處
格林蘭窄海 一作哥連蘭海
在格林蘭愛士蘭島之間北通北冰洋南連大西洋
巴芬灣 一作拔芬灣 一作友分灣 一作巴非英灣
在格林蘭巴芬蘭特之間北通北冰洋南連大西洋
代非士峽 一作代非斯峽 一作代斐斯峽 一作爹非士峽 一名大比灣
在巴芬灣通大西洋處
哈德遜灣 一作黑德遜灣 一作阿德孫灣 一作赫得孫灣 一作侯得森灣 一作哈森灣

在北美洲英屬加那大部北境
墨耳微耳灣 一作末耳微爾灣 一作邁耳斐耳峽
以島名在北美洲極北境北通北冰洋
南冰洋 一名南冰海
綜計爲方里者三千萬西人探南極者僅能至南緯七十八
度內外蓋其地較北極爲尤寒云
地中海 一名墨力特爾勒尼安海 一名美的德拉虐海
南北距七千里或云六千里東西距二千里水面積爲方里者九
百六十五萬
直布羅陀峽 一作奇巴答答峽 一作日巴拉大峽 一作支伯勞登峽 一作圾不洛得峽 一作齊伯陸塔峽
以島名即地中海西通大西洋處

亞得亞窄海 一作亞得利亞海 一作亞得喇亞海 一作阿得力阿海 一作愛得力唵狄克海
北與西襟意大利東北襟奧斯馬加東抵土耳其南通地
中海長一千四百里廣四百餘里凹曲而深鹽質最多
約尼亞窄海 一作若尼約海 一作要尼藹海 一作伊俄尼阿海
以希臘西境羣島名在希臘及意大利所屬拿破里部之
間北通亞得亞海南連地中海
塔蘭隋灣 一作搭拉恩拖灣 一作達倫屯灣
以意大利屬城名南通約尼亞窄海
波尼發綽峽 一作波尼法楚峽
在哥塞牙撒丁二島之間
黑海 一名泰海 一名勒必西海 一名白辣克西海 一名薩哈連墨德里海 一名墨阿的湖 一名歡阿的湖

卽漢所稱之秦海

南北距千五百餘里東西距約二千餘里周迴約六七千里益地中海之子海也三國志注引魏略言從安谷城陸道往大秦周迴繞海乃到其國似卽指今之黑海也

亞速灣一作阿速灣　一作亞速弗灣　一作亞索弗灣　一作愛查府海　一名模額底鄂模

卽黑海東北隅之分汊

希臘窄海一名亞耳居伯海　一名亞爾給白拉科海　一名額力西卑耳海　一名愛琴海　一名伊直安海　一名伊奇昂海

在土耳其希臘之間海內島嶼最多北通馬爾馬拉窄海

南通地中海

馬爾馬拉窄海一作瑪爾摩啦海　一作馬麻拉海　一作瑪墨拉海　一作麻摩拉海　一作八爾馬泥海

一名馬海

土耳其中西兩土以此海爲界北通黑海南通希臘窄海

周圍窄狹僅能當內地一大河

波斯福爾峽一名波士羅士峽　一名婆斯弗拉斯峽　一名暴斯勿勒斯峽　一名堅斯佛峽　一名君士但丁峽　一名黑勒斯奔峽

卽馬爾馬拉窄海北通黑海處廣不及一里

他大尼里峽一作他大納爾斯峽　一作達得紐耳峽　一作達特耐爾峽　一作大丹愛而斯峽

卽馬爾馬拉窄海南通希臘窄海處廣約十里

波羅的海一作波勒的海　一作保羅的海　一作巴爾提海　一作巴勒底海　一作巴爾的哥海　一作保耳剔克海　一作保勒第海　一作保兒遯海　一作麻爾底海　一作卜勒梯海　一作巴得海　一作八得海　一名斯多各海　一名耶麻尼海　一名洲中海　一名黃海　一名臥思得八海

南北距約三千餘里東西距約千餘里北境至三冬堅冰涸結春融冰解海水奔騰而下委入大西洋夏秋水落外海之水倒灌而入故兩岸時有湮漲之虞

波得尼亞灣一作波的尼灣　一作波特尼灣　一作泊得尼阿灣　一作保貲尼阿灣　一作布尼灣　一作泊屯灣　一作伯特泥灣

卽波羅的海西北隅分汊瑞那北境諸水皆入此灣

芬蘭灣一作宏蘭灣　一作非蘭的灣

以俄屬地名卽波羅的海東北隅分汊

里葛灣一作黎噶灣　一作利牙灣　一作利加灣

以俄屬城名卽波羅的海東隅分汊

加的牙窄海一作喀提葛特海　一作開提荄特海

在瑞典南境丹馬人德蘭島之間西北連士喀吉拉灣東南通波羅的海峽口廣僅數里丹馬嘗於此設關搉稅至咸豐年中各國商人斜集巨款將稅則購銷自是不復徵

士喀吉拉灣一作斯加惹拉窄海　一作士卡嘎拉克岔

在那威丹馬之間北海之水滙之東南通加的牙窄海

裏海一名北高海　一名喀爾士必安海　一名加斯比約海　一名加斯批安海　一名喀斯片海　一名開四平西海　一名喀爾士畢安海　一名加七比淹海　卽吉寬田吉斯海　一作滕紀斯海　一作滕吉斯海　一作騰吉斯水　一作騰吉思湖　一作騰格里湖　一作滕吉斯鄂模　一名嘎斯卜海

南北距約三千餘里東西距約千里屬波斯者五分之一餘均屬俄在鹹海之西黑海之東浩瀚似海而不通大海故名裏海

鹹海一名臨海　一名死海　一名亞拉勒海　一名阿拉辣海　一名阿啦海　一名阿辣西海　一名亞拉爾海　一名亞拉湖　一名阿爾湖　一名達里岡阿泊　一名達里岡阿鄂模　即古之雷翥海

南北距七百餘里東西距六百餘里水面積爲方里者十六萬在西域回部葱嶺以西之水滙焉相傳舊有支河西通裏海今淤塞已數百年云

釋亞洲各國弟二

日本一名倭奴　即古邪馬臺國　一名韓中倭　一名蜻蜓國　一名和國

緯線自赤道北三十度五十八分起至四十五度三十一分止經線自京師偏東十三度起至二十九度止全國分四大島居中者爲本洲地形狹長西曰九州北曰蝦夷南曰四國拊屬小島凡千八百有奇舊分九道曰畿内曰山陰曰山陽

曰東山曰北陸曰東海曰西海曰南海曰北海又分八十四國七百一十七郡近又分爲二京三府一廳四十一縣北與樺太島隔尼哥勞斯海峽遥與俄羅相接東北古里利羣島斷續相連直抵俄屬之甘查甲部東距太平洋西南隔日本海與朝鮮相望迤南琉球諸島接近近中國之臺灣南北距三千三百餘里東西距或二百里或四五百里不等綜計爲方里者百有九萬八千二百三十其國創建於周惠王之世自神武天皇至今皇明治一姓相承傳世百二十二歷祀二千五百六十西漢時通於中土自後聘貢不絕事唐尤謹嘗遣子弟入學故典章政令大率規橅唐制文治以降當南宋光宗朝將軍柄政魁柄下移六七百年間王室之不絕如線德川氏

之世封關自守海禁尤嚴道光二十四年美利堅請互市拒之二十九年美英船復至咸豐三年美水師統帥披理率兵艦四艘入内港俄羅斯兵艦亦相繼踵至自是外人迭來刼盟不勝其侮咸豐八年始弛港禁與美人定互市約又與荷蘭英俄議定通商條例明治嗣統遷都東京廢藩封爲郡縣乃鋭意變用西法凡官制刑律學校兵政商務革故鼎新汲汲不倦惟改正朔易服色頗爲環球所姍笑而彼固夷然不以爲恥也光緒五年以兵取琉球夷爲屬縣甲午之役侵我藩服攘我臺灣復與各國修改舊約國勢益張屹然爲東海雄邦與泰西各强鄰相頡頏焉

都城曰東京一名江戶　一名也多

舊爲將軍府地今王睦仁遷都於此沿海灘多水淺重船不能停泊故商埠皆在橫濱

朝鮮一名三韓　一名高句驪　一名高麗

緯線自赤道北三十四度起至四十三度止經線自京師偏東八度起至十四度止東西南三面環海西北毘連盛京以鴨綠江爲界北界吉林東北界俄羅斯沿海島嶼環列南北距二千里東西距或千里或七八百里不等人行道約長三千一百八十里廣千三百餘里綜計爲方里者九十餘萬國分八道凡統十八州八十六府一百六十三縣秦末爲遼東外徼漢初爲燕衛滿所據武帝取之置眞番臨屯樂浪元菟四郡漢末復爲公孫度所據再傳而魏滅之後高璉有其地都樂浪即平壤五代時王

建代高氏闢地盍廣并新羅百濟爲一國都開城以平壤爲西京國號高麗始遣使入貢歷宋遼金元貢使不絕明太祖洪武時國人惡其王昏庸廢之而推門下侍郎李成桂後更名旦主國事遷都漢城遣使來請改國號詔更號朝鮮入　國朝朝貢尤謹同治二年俄人始率兵艦至元山等處堅請通商是年九月法蘭西水師將魯日率兵艦入海江抵漢城毀一礮臺而去十月法艦又至江華島進陷其城掠銀十餘萬十一年美利堅水師將勞直耳司率二鐵艦抵江華島毀礮臺三座光緒二年日本以兵脅訂通商約開仁川元山釜山諸口於是中國乃聽朝鮮與泰西諸國立約通商並遣官往莅盟焉是時國內守舊開化二黨交訌至八年而亂作焚日本

使館中國聞亂亟遣兵艦三艘馳抵仁川口而日本兵艦續至見我艦先在乃不敢動遂定約以朝鮮歸兩國共保二十年國又內亂日本乘隙以兵入其國中國發兵援之水陸戰皆不利旋議和罷兵許朝鮮獨立爲自主之國改元建陽盖自箕子受封至今幾三千年世爲中國藩服至是而倭人篡之俄人齮之日本屢謀取朝鮮畏俄强竟不得逞危而復存卒得自保其疆土豈非幸與

都城曰漢城一名漢陽

隸京畿道南臨漢江

暹羅一名羅斛　晉梁皆曰扶南　隋曰赤土　唐曰羅越

緯線自赤道北四度起并馬來隅屬地在內至二十二度止經線自京師偏西十二度起至十九度止北界雲南南臨海灣東界安南西界緬甸南北距四千四百里東西距廣處千三百里狹處幾不滿百里爲方里者約五百餘萬此并馬來隅地計算本國地僅二百三十五萬一千九百方里本古暹及羅斛二國地元順帝至正間并爲一國分置郡縣縣隸於郡郡隸於大庫司大庫司者其制若中國之布政使司明以來爲中國藩屬貢獻維謹乾隆時幾爲緬甸所滅復國後故王無嗣國人推立其酋長鄭昭傳子華五十一年受　冊封爲暹羅國王咸豐間粵寇亂起貢使遂絕舊例三年一貢近已立爲自主之國英人實擁護之改效西制與各國立約遣使通商一變舊日怠惰皷骫之俗且聞其國王已非鄭氏子孫數年前游歷歐洲頗爲各國所禮重焉

案暹羅爲古赤土本無可疑近人或謂赤土本島國非岸國盖泥隋書有北拒大海之文其實前史記外國方位歧誤甚多未足爲碻證也今考隋書載常駿王君政往赤土所經之程準其地望一一皆合自南海郡乘舟晝夜二旬每值便風至焦石山當即七洲洋七洲洋一名七里山一名浮邱山焦石或亦其異名也東南泊陵伽鉢拔多洲當即海國聞見錄之千里石塘今西圖名曰巴拉塞爾羣島皆小島灣環散列中間亦可寄泊在廣南之東即隋書所謂西與林邑相對也自是島嶼連接又行二三日西望見狼牙須即狼牙修隋時不知有婆羅洲惟知梁時有狼牙修國在南海中故云爾也之山此山當爲婆羅洲之息力大山狼牙須尙在婆羅之西南相去甚遠無緣望見也於是南達

雞籠島至於赤土之界雞籠當爲昆侖之轉音海國聞見錄所謂大小二山屹立澎湃在眞臘之南似即今西圖塞塞島

都城曰曼谷一作萬郭一作萬國一作邦哥一作邦勾克一作邦考克一作砵闍一作邦國一作邦革

南臨湄南河距暹羅海灣約數十里

波斯一作巴社一作包社一作巴西一作伯西一作白爾西亞一作百爾西亞一作巴爾齊亞一作北耳西亞一作比耳西一作法耳西一作白爾設一作塞克一名大白頭漢曰安息元曰哈烈一曰黑魯一曰高奢一曰報達

緯線自赤道北二十五度起至三十八度止經線自京師偏西五十六度起至七十一度止北界西域回部近屬俄改名曰中亞細亞及裏海南臨阿勒富海灣東界阿富汗及俾路芝西界東土耳其南北距二千六百里東西距三千里綜計爲方里者二百三十萬其建國最早然西史所載古事率皆荒誕不經成周中葉波斯王有居魯士者善用兵兼幷巴庇倫小亞細亞諸部闢地極廣其子孫雄長西方者幾二百年至顯王三十九年爲馬基頓王亞歷山德所滅土宇分裂是時東方豪傑頗能據地自立而安息最強盛屢與羅馬搆兵蜀漢時波斯故王裔有日亞耳達吉者起兵滅安息自立爲波斯王數與羅馬爭小亞細亞諸部梁武帝大同中波斯伐羅馬克之焚掠其都城而歸唐太宗貞觀末大食即阿刺伯攻波斯殺其王高宗龍朔間大食復攻波斯滅之憲宗元和間波斯叛大食而自立宋太祖時西突厥遺種南徙入波斯境據哈斯那立國

遂幷波斯自是波斯爲回部所據者數百年元太祖起漠北征波斯克之憲宗封弟旭烈兀爲波斯王傳十九世至元末駙馬帖木兒者據撒馬罕日益強大遣其子沙魯哈攻波斯取之更名哈烈明孝宗宏治十五年回教人伊蘇默兒起兵逐帖木兒裔之在波斯者自立爲波斯王傳二百餘年復幷入於阿富汗雍正九年波斯故王裔起兵逐阿富汗人於是波斯復立國嘉慶十八年與俄羅斯搆兵敗績割北境日爾日亞部以講自是國勢衰弱版宇分裂近分爲十一部

都城曰德黑蘭一作德希蘭一作德黑囒一作地希蘭一作特黑蘭一作特黑來一作氐黑令一作台侯拉恩

隸以辣亞日迷爾部

阿富汗一作阿富干一作阿付顏尼一作阿富根一作愛烏罕一作亞加業坦一名押安一名克則爾巴什一名敖罕即古罽賓國地其東北即唐書之吐火羅國一曰土豁羅一曰覩貨羅一曰吐呼羅

緯線自赤道北二十九度起至三十六度止經線自京師偏西四十六度起至五十六度止北界西域回部南界俾路芝東界英屬印度西界波斯南北距千四百四十里東西距二千餘里綜計爲方里者約二百餘萬其國本波斯東境明武宗正德時有莫卧爾者瀛寰志略作巴卑爾取喀布爾堪達哈爾濟斯尼三城自立爲國康熙時波斯衰亂阿富汗乘勢侵幷獲其全土越十七年波斯復與其王那的爾沙悉銳東征滅阿富汗那的爾沙死阿富汗王子亞美沙收復故土復與波斯並立乾隆二十四年因巴達克山內坿貢良馬嘉慶中其南境

又分立為俾路芝之國道光四年國內亂其族各據地自擅於是阿富汗又分為三曰喀布爾曰堪達哈爾曰侯勒特然仍推喀布爾為阿富汗王兩部皆聽命焉十九年阿富汗侵英之印度英人以兵逐其王更立新君幷留兵戍之二十二年阿富汗叛英盡戮戍兵英發大兵征之陷其都卒議和受降而去咸豐六年俄羅斯嗾波斯襲侯勒特而英人亦起兵取波斯之亞不支爾城明年法王拿破崙第三馳書解二國釁乃立約許侯勒特自立為國同治十二年英俄會議阿富汗北邊之界經十餘年始成光緒四年阿富汗復叛英搆兵連年終降為藩屬英廷遣公使駐其都監護之二十一年英俄重定界約自肥多湖東頭起至中國邊境一線之間作為阿

富汗屬地不得屬英尤不得於其地建置礮臺蓋俄人近年囊括西域回部其勢寖寖及於印度故英人亟取阿富汗以蔽強俄劃界定邊謀之尤汲汲亦苛勢使然也

都城曰喀布爾一作客布爾一作加布爾一作甲布爾一作開布爾一作布額尼一作考佈爾一作喀奔一作喀賓

在國之東北境萬山環拱頗據形勝

俾路芝一作俾路支一作比路治一作北路治一作比路斯一作破路斯一作北羅吉一作備魯支一作密羅既一作皮路直坦一作拜魯乞斯坦一名思布一名阿耳毋斯漢曰烏弋山離又曰排特唐曰忽露摩明曰忽魯謨斯又曰忽魯毋斯

緯線自赤道北二十五度起至三十六度止經線自京師偏西四十八度起至五十八度止北界阿富汗南臨阿剌伯海灣東界印度西界波斯南北距千餘里東西距二千里綜計為方里者百三十萬其國沿革不可考嘗服屬於蒙古波斯印度最後為阿富汗南屬嘉慶時乃別立為國國無王羣酋分治地分六部

都城曰刻拉特一作基拉一作幾拉德一作啟拉特一作改拉脫一作其拉一作哈拉一作革拉德

在國之東境隸薩拉灣部建於山頂最高處

阿剌伯一作亞剌伯一作亞拉伯一作亞拉亞一作亞拉比亞一作曷剌比亞一作亞拉彼亞一作亞拉鼻亞一作阿辣波亞一作阿臘比阿一作阿黎米亞一作阿黎米也一作阿爾拉密阿一作阿拉比阿一作歐來比歐一名沙蘭漢曰條支唐曰大食又曰亞俱羅明曰阿丹曰阿蘭曰天方曰天堂曰天房

緯線自赤道北十二度起至三十三度止經線自京師偏西

六十七度起至八十四度止北界東土耳其南臨海灣東濱阿勒富灣西抵紅海南北距四千二百里東西距三千四百里綜計為方里者四百三十萬後漢和帝時班超遣椽甘英通大秦抵條支即此國也唐時稱為大食回教既興乃有天堂天方等名或有稱默伽默德那者則舉其城言非國之本名也回教者其祖曰謨罕驀德一作瑪哈穆特一作摩哈麥一作摩哈默即唐書大食傳之摩訶末以陳宣帝大建三年生於默伽城創伊蘭教即回教著書曰可蘭自稱大教師定回教紀元之制唐高祖武德五年起兵定阿剌伯全土西取東羅馬之西里亞謨罕驀德死奉其教者稱沙蘭生故亦以沙蘭名國太宗貞觀季年東取波斯西據埃及時屬東羅馬又盡奪西里亞諸城高宗龍朔間其教師

曰摩阿維約者遷都於大馬士革(今屬土耳其西里亞部)其睿宗時以兵取非洲北境又北踰直布羅陀海峽逐峨特族據西班牙而有之元宗天寶間其黨爭大教師位國分爲三有亞伯士族者據阿剌伯舊壤遷都於八塔(今屬土耳其之美索不達迷亞部)國勢日强屢入貢於中國(即黑衣大食事實具唐書)是時其國已兼有西域諸部德宗貞元間其王曰哈倫阿拉伯者(即唐書之訶倫)分遣三子王波斯阿剌伯及葱嶺以西地憲宗元和間將軍達厚據波斯以叛於是波斯遂別立國自是以後國蹔衰弱疆宇日蹙其教師僅守有兩河間(即幼發拉的河及秦格里士河今屬土耳其)地至元憲宗時竟爲旭烈兀所滅然其種族散在默伽等地者尚自稱阿剌伯國明世宗嘉靖時嘗爲土耳其所攻降爲藩屬國分六部自治之部三曰內惹德曰呵曼曰亞達拉毛土酋分轄餘三部皆受治於土耳其

都城曰默伽(一作麥加　一作黑加　一作墨加　一作墨克　一作美加　一作邁克　一作茂加)

隸黑沙部建於山谷中西北臨近紅海有大酋駐此

廓爾喀(一作廓爾加　一作庫爾卡　一作戈二卡　一作喀爾懇特　一名尼巴爾　一名尼伯爾　一名尼泊爾　一名尼保爾　一名尼報里　一名尼博拉　一名泥泡爾　一名巴勒布　一名巴爾布　一名白布　一名別峰　一名畢棒子　唐曰泥婆羅　明曰尼八拉)

緯線自赤道北二十五度四十分起至三十度止經線自京師偏西二十八度起至三十六度止北枕希馬拉雅山南界巴哈爾及烏德東界哲孟雄東南界孟加拉西界德列南北距約七百里東西距約二千里舊分布顏庫庫木葉楞三部雍正十年並入貢後幷爲一國分置九部乾隆五十六年侵擾後藏福文襄率大兵征之逼其都城廓人乞降乃納款定貢英人屢謀取之血戰連年迄不能得

都城曰加得曼都(一作加德滿都　一作加曼士　一作卡曼度　一名陽布)

在內地

布丹(一作不丹　一作布屯　一作佈但　一作布但　一作菩嚕　一作布灘　一作瓶大離　一名布魯克　一名布魯克巴　一名佈魯克巴)

緯線自赤道北二十五度四十分起至二十八度止經線自京師偏西二十四度起至二十七度二十分止北枕希馬拉雅山南界亞山東界貉貐野人境西界哲孟雄南北距約五百數十里東西距約八九百里其地爲紅教喇嘛總持之所舊分布魯克噶畢兩族雍正年間並入貢後幷爲一仍分二

部曰德白拉作(即布魯克)曰比斯尼畢(即噶)

都城曰達西蘇敦(一作大西蘇敦　一作塔西蘇登　一作塔西蘇頓　一作札什曲宗)

爲藏商往來之孔道西距大吉嶺不過二日程

哲孟雄(一作者木雄　一作昔吉穆　一名西金　一名細徑　一名西基　一名錫劍　一名錫金)

緯線自赤道北二十七度起至二十九度止經線自京師偏西二十七度二十分起至二十八度止北界後藏南界大吉嶺東界布丹西界廓爾喀南北距約四百餘里東西距約百里舊本西藏屬部嘉慶時爲廓爾喀所滅英人伐廓爾喀大敗之廓人請和英人遂以哲地復封其部長自後廓哲兩國均歸英保護而仍予以自主之權既而英人向哲索大吉嶺

地建造兵房閱三十餘年哲官有拘禁英人之游歷者英人來討割哲南境地附益於大吉嶺設官治之隸於孟加拉大帥於是哲酋僅有半主之權矣

克什米爾（一作克什彌爾　一作加治彌爾　一作加支迷爾　一作加斯彌野　一作夾氏米里　一作乞石迷西　一作開施米耳　一作埃及米爾　一作戞什米爾　唐曰箇失密又曰迦溼彌羅　宋曰迦溼彌勒　元曰乞石迷耳）緯線自赤道北三十二度二十分起至三十六度止經線自京師偏西三十六度起至四十二度三十分止北阻葱嶺南界印度之本若部東界後藏阿里西界阿富汗南北距約千里東西距約千二百里四面崇山拱繞都城建於山內自古稱爲大國印度河曲環其三面迤南瀕河有屬部曰辣答克（一作辣達克）懸度在其境內道光季年英人滅塞哥克什米爾遂降於英稱屬藩焉

印度（一作溫都　一作忻都　一作興都　一作痕都　一作軒都　一作信度　一作溫都斯坦　一作忻都斯坦　一作興都斯頓　一作痕都斯坦　一作軒都斯丹　一作新都斯頓　一作印弟亞　一作賢豆　一名小白頭　古曰身毒又曰天竺）緯線自赤道北八度起至三十三度止經線自京師偏西二十三度起至四十八度止北界布丹哲孟雄廓爾喀克什米爾南土斗入南海（即印度洋）形如箕舌東界緬甸西跨印度河與阿富汗俾路芝連界南北距五千餘里東西距四千八百餘里綜計爲方里者千一百五十六萬二千七百有奇其地舊分爲五爲佛教所從出後漢時通於中土唐時屢入貢趙宋時爲土耳其回族所據元太祖起漠北征服西北兩印度憲宗復征服中印度以宗王駙馬領其地東南諸部皆屬焉明惠帝建文初元舊藩撒馬兒罕帖木兒威行西域取印度爲別部既而棄之明孝宗宏治八年葡萄牙人始來印度開商埠於西境之孟買十七年葡人復建埠於南印度之可陳世宗嘉靖五年撒馬兒罕別部曰莫卧爾者兼并諸回部盡奪印度地建都於亞加拉之得希城號曰大蒙古十四年英人始來孟加拉通商二十八年英人設公司於孟加拉駐水師保護之三十年荷蘭人踵至效英人設公司而法蘭西人亦來建埠於南印度之東岸光宗泰昌元年英人復開商埠於南印度東境之麻打拉薩康熙初葡人嫁女於英媵以孟買地於是印度西境皆歸英是時蒙古諸族相爭奪四分五裂

國勢甚衰乾隆初年分爲麻剌多賣索爾烏德諸部二十年孟加拉酋長禁錮英兵民幾其大半英人起傾國之師攻孟加拉取之遂乘勝席卷中南諸部嘉慶八年英人始用兵於麻剌多取得希城立蒙古裔阿喀巴爾爲王給以歲祿十年英人盡逐法荷兩國兵之在印度者二十二年英人滅麻剌多（即中印度諸土部及剌日不德痾黎薩等地）道光二十三年英人取西印度之信地二十八年進兵攻塞哥滅之於是英人奄有印度全土咸豐七年孟加拉民作亂擁蒙古後裔爲王殲戮英人十餘萬全境震動明年公司募大兵討平之先是用兵取印度地皆公司主之嘉慶三年英廷始簡其侯爵惠來執里來爲總理印度大臣然遇事尚與公司商辦至是乃盡撤公司之權

以全地歸政府設印度專部遙領之於印度設大兵帥一位視中國之總督專制之權比於外藩副兵帥五位視巡撫大長官二置部八曰孟加拉部曰西北部曰本若部曰孟買部曰麻打拉薩部以副兵帥領之曰中部曰亞山部以大長官領之分疆而治而皆聽命於大兵帥別有緬甸部者亦附屬焉

緬甸 一名烏土　一名布耳瑪　一名披爾麻　一名杯耳麻　一名柏爾瑪　漢曰撣　唐曰驃又曰突羅朱闍婆　宋曰蒲甘又曰緬　元亦曰緬

緯線自赤道北十四度起至二十七度止經線自京師偏西十六度起至二十四度止東北及東界雲南西北界亞山東南界暹羅西南濱孟加拉海灣西界印度南北距三千里東

西距廣處千五六百里狹處不過二百里綜計為方里者七十九萬七千有四本古朱波國地明太祖洪武間始內附置宣慰使後甚強盛屢為邊患乾隆十六年來貢金塔馴象三十年後數犯邊傳文忠阿文成屢率師征之不能取也舊分三國曰阿瓦曰秘古曰阿拉干互相爭奪明神宗萬歷時阿瓦以兵脅服秘古境內承平者百四十年乾隆初秘古復叛血戰十餘年竟滅阿瓦阿瓦部落有阿羅般者即甕藉牙收集土兵復取阿瓦舊都進兵攻秘古恢復舊疆遂王緬其子山巴領嗣位滅秘古乘勝攻取暹羅以兵威降諸土司乾隆四十八年攻下阿拉干并為一國國勢大振道光初緬人覬覦印度之富屢侵孟加拉部六年英人率印度兵來攻緬人禦

之戰屢失利而英師亦以長驅深入士卒多病將謀班師冗聲言直取阿瓦都城緬人大懼割阿拉干等地乞和償兵費數百萬咸豐二年又與英搆兵盡失南境秘古等地光緒十一年竟為英人所滅英人設長官治之隸於印度大帥十三年中英立約令緬酋仍循例十年一入貢中國所謂告朔餼羊虛有其名而已

都城曰莽達拉 一作曼德來　一作曼豆拉　一作曼特　一作蠻得列　一作蠻得勒　一作蠻得　一作滿大來　一作門德利　一作孟得俐　一作孟作罷　一作烏德來　一名馬來

建於伊洛瓦底河濱

南掌 一作纜掌　一作老掌　一名老撾　一名烏哩　一名撾家

北界雲南南界暹羅東界越南西界緬甸其弱小不過如土

司會典曾列之入貢九國之中嘗屬緬甸近又服屬於暹羅

琉球 一作流虬　一作流求　一作瑠求　一作流鬼　一名宇留間島　一名屋其惹　近日本改名曰冲繩縣

緯線自赤道北二十四度二十分起至二十八度三十分止經線自京師偏東七度起至十三度四十分止在日本薩摩島之南相距約九百里迤南偏西接近臺灣相距約百六十里周環大小四十餘島其中部有島較大為故王建都之地南北距約四百四十里東西距不及百里其地於古無攷隋時始聞於中土明太祖洪武初遣使慰諭遂奉表入貢是為通中國之始成祖永樂二年遣行人時中往命武寧襲中山王爵是為受封之始神宗萬歷間日本攻克之虜其王歸旋釋之遂貢於日本然其入貢中國如故　國朝定鼎首先歸

附貢獻尤謹舊分山南山北中山三國後并爲一故亦稱中山王王尚姓一姓相傳無改步光緒五年日本起兵滅之收其地入版圖降爲縣封其王尚泰爲侯命充上議院議員至今年七月卒

越南　一名安南　古曰越裳又曰交趾

緯線自赤道北八度三十分起至二十三度止經線自京師偏西六度五十八分起至十五度止北界滇粵諸省地東南二面皆環海西界暹羅西北界緬甸南掌南北距二千九百里東西距廣處約千餘里狹處僅及其半綜計爲方里者約七百餘萬舊分左右南北四圻左右圻各轄二道北圻轄十六道南圻轄十道畿內別置富春省國都在焉其地在虞爲南交在周爲交趾秦爲象郡秦末屬南越漢平南越置交趾九眞日南三郡隸交州刺史晉以後建置增損不一唐初改爲安南都護府是爲稱安南之始五代時土酋曲承裕據其地自是迭相侵奪宋初復爲丁部領所據上表内附封爲安南王是爲稱外藩之始厥後有黎恒者篡丁氏閩人李公蘊篡黎氏陳日照篡李氏附屬於元明初陳氏後爲黎季犛所篡朝廷興師討平之置交趾承宣布政使司領府十八州三未幾寇孽黎利復叛官軍不能討宣宗宣德初黎利請撫乃封爲安南王分國爲十三路武宗正德中酋豪莫登庸逐黎氏而奪其國官軍討之登庸降降爲安南都統使改十三路爲十三宣撫司隸廣西布政使司命黎氏遺裔居來州漆馬

江神宗萬歷初黎氏裔躉強起兵逐莫氏復國遣使入貢詔以黎維潭爲都統使安置莫氏於高平如漆馬江故事

國朝康熙五年黎氏來繳明桂王勅印　詔封黎維禧爲安南王而高平莫元清亦受都統使職自是屢搆兵十三年維禧攻取高平安南地遂盡歸黎氏黎氏臣有鄭氏阮氏者世爲輔政爭權後鄭氏强而阮氏弱鄭遂專制朝政出阮氏於順化阮氏竟據有其地稱廣南王由是鄭阮世仇阮光平者廣南土酋也與法蘭西教士阿特蘭善乞師於法結鄭氏攻滅廣南王據而自立乾隆五十一年鄭氏内亂光平以兵誅之專國政尋復篡黎氏遷都順化黎氏臣來告　命廣西雲南兩路進兵討之光平自知不敵乃乞降許之明年來

朝受　封爲安南王黎氏甥阮福映者舊封祿奈號舊阮而別稱光平父子爲新阮嘉慶四年舊阮以暹羅兵取順化滅新阮遣使來告爲黎氏復仇狀並自陳祿奈本古越裳氏地乞以越南名其國　詔遂封爲越南國王於是越南疆域兼有古占城眞臘之地置南圻十道咸豐七年法蘭西以兵圍西貢至同治二年不解越人乃割水眞臘六道請和西貢遂爲法有六年法人以計誘降柬埔寨爲屬國復東侵及占城同光閒法復迫越立約以北圻之海防南圻之廣和爲各國互市之地光緒八年法人復襲取河内甯平海陽南定四道十一年越南全境皆折入於法

都城曰順化　一名富春　一名西京　一名南京　一名傅依　一名呼艾　一名虎地

建於順化河濱東距海口約三十里

達爾給斯丹 一作西爾給斯丹　一作土爾啟斯丹　一作德其斯丹　一名韃韃里　一名達達利　一名達達爾　古曰韃靼　一名西域回部

緯線自赤道北三十六度起至四十七度止經線自京師偏西三十六度起至六十三度止北接俄羅斯之西伯里亞部南至阿富汗波斯東至中國邊界西抵裏海南北距二千五百里東西距四千餘里綜計爲方里者一百八十五萬部落甚多久受中國羈縻俄羅斯時以兵力蠶食之至近年遂爲俄人所并分置省郡命曰中亞細亞部

布哈爾 一作布噶爾　一作布哈拉　一作木哈臘　一作布喀喇　一作薄哈拉　一名札布　一名峯札布　一名甲不　元曰卜哈爾又曰阿八哈爾　明曰卜花爾　其南境即吐火羅又即元時之木乃奚一曰木剌夷

回部大國北境與浩罕連壤由鹹海以達裏海包浩罕西界南界阿富汗東界巴達克山諸部東南接克什米爾西南界波斯東境多山西境有大戈壁葢城郭而兼游牧之國也乾隆二十九年內附今爲俄人所并

巴達克山 一作拔達克山　一作補答山　一作巴爾克　即漢書之烏秅國又即北魏書之嚈噠國　隋唐皆曰悒怛又曰挹闐　元曰巴達哈傷　明曰八答黑商

在葱嶺之西南城郭回部距葉爾羌千有餘里乾隆二十四年回酋霍集占竄入其境其酋禽而戮之獻其馘遂率所部十萬戶內附近又屬於阿富汗

坷汗 一作窩汗　一作斡罕　一作瓦罕　一作瓦漢

在巴達克山北境羣山環繞案唐書西域傳識匿或曰尸棄尼曰瑟匿東五百里距葱嶺守捉所南三百里屬護密西北五百里抵俱密初治苦汗城後散居山谷以地望準之當爲今坷罕左右地苦汗即坷汗也

博羅爾 一作博洛爾　即西域記鉢露羅國

在巴達克山之東城郭回部四面皆山乾隆二十四年內附其族別爲一種與各回部言語不通稱其酋曰比

布魯特 即西域記之波謎羅　一曰波謎羅

分東西兩部東部五在天山北準部之西南乾隆二十三年內附西部十五在葱嶺之西與哈薩克巴達克山浩罕毘連二十四年內附今爲俄人所并　案大唐西域記波謎羅川唐書作波謎羅川由商彌國東北踰山七百里至此中有大龍池池西派一大流西至

達摩悉鐵帝國東界與縛芻河合而西流東派一大流東北至佉沙國西界與徙多河合而東流準其地望波謎羅即布魯特葢譯音讀布如波讀魯如羅緩呼之爲波謎羅急呼之則爲布魯加特者語助辭也大龍池即葱嶺上之塞勒庫爾一作哈喇庫爾佉沙國即今之英吉沙爾在葉爾羌西北

哈薩克 或謂即魏隋時之康國

回部大國東北界科布多所轄之烏梁海迤南界塔爾巴哈台東南界伊犂北接俄羅斯屬地西南界浩罕布魯特諸部地分三部左部曰鄂爾圖玉斯在伊犂之西北逐水草而居右二部亦稱中部西部中部曰齊齊玉斯西部曰烏拉玉斯在伊犂之正西皆有城郭乾隆二十年內附其酋皆授王公

合吉世爵三年一貢別有部曰北哈薩克以游牧寇掠爲俗時侵鈔俄羅斯邊境光緒九年中國與俄羅斯定科布多界約而哈薩克遂爲晉鄭閒隙地界約第二條云哈薩克或願居中國或願居俄國均聽其便近年復降於俄羅斯

浩罕一作霍罕　一作敖罕　一作豪罕　一作哥干城郭回部在葱嶺之西屬城八汗所居城即浩罕在適中之地最東一城曰安集延一作安吉延名最著西域人盛稱之迤西百八十里曰瑪爾噶朗一作瑪爾噶浪再西八十里曰納木干一作奈曼納木干西距浩罕城亦八十里四大城俱當平陸瀕納林河南岸小城三最西曰科拉普西南曰霍占東南曰窩什一作霍什別一城曰塔什干一作塔什罕　一作達失干本城郭回部在納林河之北北與哈薩克毘連嘗屬於哈薩克右部乾隆二十三年請內附尋入貢後降浩罕爲屬城同治初年八城皆幷於俄羅斯

賽瑪爾堪城即魏書之悉萬斤唐書之康國西域記之颯秣建國元史之薛迷思干城一曰邪迷思干一曰尋思干元秘史之撒里黑昆　明史曰撒馬兒罕　一作撒瑪爾刊　一作三馬爾丹　一作賽馬爾丹　一作撒馬耳干　一作撒馬爾根　一作薩瑪爾罕　一作薩麻喀恩特　一作得馬拉干達在浩罕南境南距阿母河約數百里

案自浩罕布哈爾至阿富汗北境廣袤二三千里皆漢時大宛康居大夏大月氏高坿等國地其疆域界限已不能塙指何處近人强爲區別各執一說亦莫能衷一是也

基發一作基法　一作基瓦　一作機哇　一作機窪　一作機注　一作其穖　一作希注在鹹海裏海之間地多沙積道光十九年俄人興兵擊之值天寒士卒死者甚衆乃罷兵同治十二年俄師復來攻基發知不敵乃降於俄

巴勒提一作巴爾替　一名哈拉替艮在博羅爾之南國於山谷之中風俗與浩罕同

乾竺特一作喀楚特　一作坎巨提　一名退擺特　即西域記之烏鎩國在葱嶺之南喀什噶爾之西北地與後藏相接縱横約數百里歲貢中國沙金一兩五錢亦嘗入貢於克什米爾光緒十八年英吉利侵其境其酋與戰不勝詣卡外告急　朝廷命駐英使臣向英廷詰問乃定約廢舊酋更立新酋兩國各遣使往蒞盟焉

馬來隅一作馬來酉　一作馬萊酉　一作馬萊由　一作巫來由　一作無來由　一作蕪來由　一作蕪萊酉

一作吽勝油　梁書曰海崎　唐書曰海峽又曰質緯線自赤道北一度起至十度止經線自京師偏西十二度起至十八度止地形如人股伸入海中東西南三面環海惟北境與暹羅緬甸毘連南北距二千餘里東西距或六百里或二百里不等梁書言頓遜國在海崎上地方千里通典言頓遜國梁時聞焉在海崎上去扶南可三千里唐書地理志言行至海硤蕃人謂之質南北百里北岸則羅越國南岸則佛逝國皆指此隅而言也東岸部落七曰斜仔曰六崑曰宋腒勝曰大呢曰吉蘭丹曰丁加羅皆屬暹羅曰彭亨能自主近亦坿於英西岸部落五曰吉德屬暹羅曰卑力曰沙刺我曰麻剌甲曰新嘉坡皆屬英吉利

海國輿地釋名卷二

湘鄉陳士芑翼謀甫纂

釋歐洲各國第三

俄羅斯一作峩羅斯一作鄂羅斯一作厄羅斯一作阿羅斯一作阿羅思一作鄂爾斯一作鄂羅索一作鄂勒素一作阿路索一作葛勒斯一作斡洛絲一作縛羅苔一作俄羅定一名邏車一名羅沙一名羅乂一名羅刹一名路臣一名嗒㕭一名薩爾馬西亞一名魯西亞一名露西亞一名魯司克衣一名没書唓元曰斡羅思曰斡魯思曰兀魯思案諸書有稱額利西北吻思者皆涉希臘而誤額利西北吻思即希臘之轉音也

緯線自赤道北三十六度起至七十八度止經線自京師偏東七十四度起至偏西九十四度止跨亞歐兩洲之北境拱北冰海如玦環在歐洲之地與瑞那德意志奧斯馬加羅馬尼亞蒲加利亞爲界在亞洲之地由西而南與土耳其波斯阿富汗包基發布哈爾二部及我之喀什噶爾伊犂科布多烏梁海札薩克三音諾顏土謝圖車臣呼倫貝爾爲界東境抵太平洋池南接我之黑龍江甯古塔琿春伯都訥及朝鮮南北距六千四百里東西距二萬三千二百里綜計爲方里者二千四百五十萬約占全球二十五分之一陸地六分之一歐洲置部四西曰波羅的海西北曰白海南曰黑海東南曰裹海亞洲置部三西曰高加索東北曰西伯里亞南曰中亞細亞凡爲省者九十有六古時爲土番稱薩爾馬西亞國屬於匈奴其始源流不可攷或謂即漢之北丁零堅昆奄蔡或謂即康居大宛大月氐烏孫或謂即條支大誤或謂即北魏

之烏洛侯唐之黠嘎斯骨利斡近人援据西史謂爲吐蕃之遺裔雖不爲無見然亦莫能定也唐懿宗咸通三年有酋長祿利哥者肇造邦土傳子亞力取基輔即諾弗哥羅都之屢發兵擊東羅馬國甦强宋太宗端拱初王烏拉的米耳分國爲十二分封諸子由是互相攻伐國日衰弱理宗嘉熙元年元太祖西征諸部皆降元立俄故王子爲王自是爲蒙古别部者百餘年元順帝至正十九年王狄米得里第二遷都於莫斯哥始叛元盡逐蒙古人三十三年元師大至陷其都復降爲别部元衰乃稍稍復振明世宗嘉靖初王宜萬第四借瑞典兵逐蒙古恢復故疆神宗萬歷時國内復大亂時波蘭方强日見侵削順治十一年西伯里亞戍兵始與中國搆釁康熙二十八年比德羅立更定政令國俗爲之一變二十九年與中國勘定邊界通商於恰克圖立界碑於額爾古納河讓還中國之雅克薩地三十六年比德羅變姓名游荷蘭英吉利諸國習其工藝以歸建新都於波羅的海之芬蘭灣口即名日比德羅堡扼形勝之險益治水師戰艦戰勝攻取版宇日擴俄之强大自此始乾隆間俄人屢與土耳其搆兵六十年俄與奧斯馬加普魯斯共分波蘭地置波蘭部嘉慶十三年伐瑞典取芬蘭比德羅嘗取芬蘭既而歸之至是乃屬俄十七年法王拿破崙來攻陷其都城復陷莫斯哥會天寒法兵斃者大半俄人縱兵擊之法兵大敗拿破崙遁歸咸豐三年俄與兵謀滅土耳其英吉利連各國兵援之俄與各國兵戰不勝乃議和四年英法與普

土耳其及俄人盟於巴黎法都城各反侵地禁俄艦不得駛入黑海後俄竟背約九年俄人平高加索諸番擴地至黑龍江明年與英法美入寇旋定黑龍江之約自烏蘇里河口至興凱湖又踰湖順琿春河至圖們江口其東岸皆屬俄於是吉林黑龍江兩省邊東濱海之地盡爲俄有又益闢西伯里亞邊界擊浩罕基發皆役屬之同治三年與中國勘分西北界地割去特穆爾圖湖及雅爾擘豐兩城光緒四年并吞西域諸回部六年與中國立約定統轄中亞細亞之制七年讓還中國伊犁割去地五百餘里九年與中國定科布多之約盡得宰桑淖爾四周地十三年創建西伯里亞鐵道自比德羅堡經西伯里亞達黑龍江越烏蘇里河以通琿春海參崴長約萬四千餘里近已告成且經營及於東三省甲午中東之役俄代中國索還遼東報以旅順及大連灣兩海口東事自此益岌岌矣

都城曰比德羅堡一作彼得羅堡一作俾德羅堡一作森比德堡一作比特格一作比特革一作桑比德爾斯布爾厄一作桑比斯德爾不爾扼一作三柯忒撒忒爾一作三皮提里普爾斯科一作散博德爾布魯克一作散博德爾布珠克和屯一作散丕特里普爾一作散丕透斯杯格一作丕葉忒一爾布爾喝一作必特爾土木爾一作披得爾布爾一作散備德伯建於芬蘭灣東岸即尼瓦河入海處

英吉利一作英圭黎一作英機黎一作膺吃黎一作諳厄利一作印各力一名比利敦一名白里登一名伯理敦一名伯利丹一名不列顛一名蒲利丹尼亞一名漢乂利亞一名貌利太泥亞一名被列地一名卑勒敦名北勒打尼亞

緯線自赤道北五十度四分起至五十八度三十分止經線自京師偏西一百十五度二十分起至一百二十七度三十分止地本三島孤懸太西洋海中東二島相連北曰蘇格蘭南曰英倫南北距千七百餘里東西距廣處六百餘里狹或四五百里不等爲方里者七十四萬五千附近小島西一島曰阿爾蘭南北距八百七十里東西距五百餘里爲方里者二十七萬二千九百有奇其國舊曰比列敦本高盧別種漢宣帝五鳳三年羅馬略地西北渡海取英倫旋棄之東漢建武中羅馬復以舟師取英倫建倫敦城置爲別部至東晉孝武太元時羅馬衰弱比列敦人始自立爲國宋文帝元嘉二十六年北海南岸有一族曰薩索尼逐比列敦人與其族曰入的曰英吉利者分據其地互相攻伐歷二百餘年至唐寶歷太和間合爲一國號曰英倫懿宗咸通八年丹馬人來攻宋眞宗大中祥符六年丹馬人入倫敦逐英倫王據其地明年國人復迎立故英倫王於法蘭西天禧元年丹馬王子復來爲英倫王仁宗慶歷二年薩索尼王子入英倫逐丹馬人復故位英宗治平三年法蘭西之諾爾曼的部滅薩索尼稱英倫諾曼朝傳一百一十二年嗣絕國人立其外戚顯理第二改國號曰北藍大日奈孝宗乾道二年舉兵攻阿爾蘭取之傳三百三十一年至明憲宗成化間國西鄙有威爾斯人曰力支門伯者起兵滅北藍大日奈自爲英倫王改國號曰都鐸爾傳一百十八年嗣絕神宗萬歷三十一年國人迎立蘇格蘭王熱迷斯蘇格蘭自唐文宗太和七年立國恆與英倫相

雄長至是乃坿於英倫康熙四十六年女王安始合英蘇爲一國號曰大白里登五十三年女王卒國人迎立日耳曼之漢諾威王若耳治爲王是時英商舶兵船縱橫四海日益強富嘉慶初年法王拿破崙崛興以兵力役屬歐洲各國獨英人屢與搆兵二十年英合各國之兵攻法入其都禽拿破崙放之海島道光十九年女王維多利亞立振興工藝始遣火輪船出大西洋二十三年創爲電報其法相距數里許建華表置銅線其顚迴環聯貫由近及遠傳達消息頃刻千里咸豐二年始造鐵甲兵艦益治水師橫絕海上闢屬地益廣八年平定印度全土光緒三年國人乃上尊號曰英吉利女主兼五印度后帝兩地懸隔數萬里儼若合而爲一亦可見其

威勢之大矣然拓地既遠控制尤難雖恃有電線火輪互相聯絡而顧此失彼時有鞭長莫及之虞近年來海外藩屬時思蠢動南非洲脫蘭士甫爾之叛征之累年不能定飛芻輓粟勞師糜饟已不勝其困矣

都城曰倫敦一作蘭頓　一作蘭墩　一作蘭鄰　一作倫盾

在英倫東境隸迷德勒塞部南臨泰晤士江

法蘭西一作佛蘭西　一作佛郎西　一作和蘭西　一作勃蘭西　一作佛郎機　一作佛朗機　一作佛朗西　一作拂蘭祭　一作拂郎祭　一作拂郎察　一作發郎薩　一作付蘭楚斯　一作福楞祭　一名高盧　一名奧盧　一名奧祿　一名高里　一名牙里亞　一名俄爾

緯線自赤道北四十二度三十分起至五十一度五分止經線自京師偏西百有九度起至百二十一度止東北界比利時及荷屬之盧森堡西北抵英倫窄海東南濱地中海西南阻比里尼斯山東界意大利瑞士德意志西抵大西洋南北距千七百里東西距千五百里綜計爲方里者百七十一萬二千四百六十八其國古爲野番唐虞之際有印度別族由葱嶺鹹海閒轉徙至此號曰高盧周定王時侵羅馬并其北部勢甚強漢宣帝甘露三年羅馬命其大將該撒征取高盧爲屬部法郞格人者日耳曼民族也起兵來征高盧地逐羅馬戍兵宋武帝永初元年遂據高盧自立爲法蘭西王梁武帝天監八年始定都於巴黎唐德宗之世有王曰夏力門一作沙立明　一作甲里曼　一作甲利泰甫者征服日耳曼諸部摟伐四鄰威名甚著羅馬教皇爲加冕尊曰西帝傳數世羣藩擁土自強不受王

命國遂衰亂宋理宗時王魯易嗣立勤修國政國號中興明季王魯易十四智勇兼人簡賢任能遇事綜覈名實不少寬假收巴力門權歸之政府巴力門者若今之議院十字軍初興說見後　朝廷集羣臣教徒議方略始有是稱久之其權甚重至是乃裁抑之然自此貴族益驕橫專務壓制齊民民怨遂甚乾隆五十四年亂作揭竿起者數百萬人號改革兵弒其王魯易十六然改革兵故烏合無賴自相殘殺於是英吉利俄羅斯普魯士奧斯馬加意大利西班牙葡萄牙及日耳曼列邦約從起兵平法亂屢戰未能得志改革兵礮卒拿破崙者善用兵數立奇功旋掌兵爲大將與諸國兵戰皆破走之嘉慶四年眾推拿破崙爲大首領九年眾尊拿破崙爲皇帝

於是君權又復拿破崙遂東降奧斯馬加普魯士西踣葡萄牙南取意大利及非洲之埃及當是時歐洲各國英俄外無敢抗法者十九年拿破崙大舉伐俄羅斯奧普皆率兵以從俄人堅壁清野勿與戰拿破崙益自矜懸軍深入會天寒糧絕俄出精兵要擊之法兵大潰拿破崙跳而免二十年奧普叛法與英俄瑞典合兵攻法入巴黎執拿破崙放之於埃爾白島在地中海明年拿破崙自島逃歸復故位時各國之師尚在維也納奧都方議各復法侵地聞之大驚急聯兵分道攻法師號百萬拿破崙率大軍遇於比利時之瓦得路血戰三晝夜法兵敗績拿破崙詣英軍乞降英人放之於三厄里那島在大西洋道光初病死拿破崙既敗君民爭權無甯日道光二十八年國

人廢君位推拿破崙第三爲大首領監國事咸豐二年拿破崙第三復稱皇帝同治九年西班牙國新喪王議迎立普魯士王族拿破崙第三貽書阻之普王不聽拿破崙第三舉兵攻普三戰三北退入師丹城在法屬亞爾德內斯部普合兵圍之拿破崙第三出降普師遂入巴黎法人請成割亞撒西二部以講償兵費銀二百餘兆法人自是定制爲民主國更分國爲八十七部

都城曰巴黎一作巴黎斯　一作巴里　一作巴里司　一作巴勒　一作把理斯　一作拍力斯　一作帕爾勒士　一作巴利

隸塞納部建於塞納河上

德意志原分二國曰日耳曼曰普魯士今分釋之　一名獨逸

日耳曼一作阿勒曼　一作阿理曼　一作亞里曼　一作阿里曼　一作亞利曼　一作查曼　一名耶馬尼　一名雅爾馬尼牙　一名亞勒馬尼亞　一名熱爾瑪尼亞　一名熱爾麻尼　一名者爾麻尼　一名占曼尼　一名亞墨尼　一名亞勒墨尼亞　一名鴉沙爾　一名譜文　一名日耳馬尼亞　案海國圖志謂海錄之亞芊里隔即日耳曼又謂即職方外紀之熱爾瑪尼亞皆謬甚

普魯士一作普魯斯　一作普魯社　一作普魯寫　一作破魯斯　一作陂魯斯　一作布魯斯苛　一作布魯司　一作布路斯　一作蒲魯士　一作埔魯寫　一作破魯西　一作不魯西亞　一作部魯西亞　一作波路斯　一作波路西亞　一作布路沙　一作布留士　一作孛漪生　一作孛露　一名亞爾彌亞　一名比阿爾彌亞　一名馬西噶比　一名鄂底亞　一名帶輦　一名單鷹國

緯線自赤道北四十七度三十分起至五十六度二十分止經線自京師偏西九十二度起至百有九度止北抵波羅的海西北界丹馬及北海南界奧斯馬加及瑞士東界俄屬之

波蘭地西界荷蘭比利時及法蘭西南北距千六百餘里東西距三千五百餘里綜計爲方里者百四十一萬四千六百三十舊分日耳曼普魯士二國日耳曼者古本北狄部落羅馬盛時征服之未入版圖唐德宗貞元間爲法蘭西王戛力門所取受役屬者幾百年武宗會昌間法人復立魯乙爲日耳曼王魯乙卒國分爲五昭宗龍紀元年五國復合爲日耳曼國後周太祖廣順間王亞妥弟一善用兵國甚强伐意大利取之自是日耳曼世世兼王意大利至宋度宗咸淳間意大利始叛而自立　國朝康熙時各部皆據地自王而奧地利亞普魯士迭相雄長普魯士者其地古時爲北狄所據南宋時日耳曼人攻取之建爲別部後爲波蘭所并明神宗萬

歷中日耳曼之巴郎丁堡部人復取其地立國日耳曼王嘉其恭順屢益以地康熙三十九年其王佛得力第一有兵二萬四千始自立國傳子佛得力第二修政講武擴地益廣嘉慶十一年法王拿破侖來攻失地無算幾不能國及拿破侖敗乃復故地二十年各國會議於維也納以奧普本日耳曼所分而荷蘭丹馬與日耳曼牙錯乃合四國於日耳曼列國稱同盟四十國推奧爲盟長咸豐十年普王威廉第一立用畢士麻克爲首相兼掌外部以毛奇爲大將軍定軍制修器械勁兵精礮稱天下第一同治三年普與奧合兵攻丹馬克之丹人獻石勒蘇益克及荷兒斯丁二地普奧分取之五年普復大舉攻奧意大利起兵助之日耳曼列國皆率兵從奧

發兵二十萬迎戰遇於幾亭夾易北河而陣普人奮擊殊死戰奧師大敗普追北深入進逼奧都奧人大恐浼法人居閒行成償兵費銀三千萬讓普爲盟主於是漢諾威黑辛拿搔阜堡等邦及奧屬之荷兒斯丁皆屬於普而撒遜亦請稱藩爲屬國九年普與法交惡法人來攻普人禦之大敗法人進兵圍其都城法人納款請和乃罷兵留兵戍之而去（至近年法兵費銀償楚乃撤法戍）是時南北日耳曼二十五邦皆奉普王教令乃共推威廉第一爲皇帝稱德意志合衆國德皇既成一統之業思爲世世子孫計長久乃盡削列國之權凡列國練兵籌餉用人諸大政皆德廷遣人經理之諸王衣租食俸具位而已惟巴威里亞尚能與鄰邦通聘使設官養兵德廷亦頗許其

自主云

都城曰柏林（一作柏靈一作百靈一作伯靈一作伯林一作百爾靈一作木爾林一作百凌一作比耳合）

隸巴郎丁堡建於士波利河上

奧斯馬加（一名奧地利亞一名奧斯的里亞一名奧地唎一名奧地里加一名阿士得釐亞一名阿士氏拉一名歐塞特里阿一名歐色特里一名挨地利一名莫爾大未亞一名民年串一名東國一名雙鷹國 一名奧地里亞一名奧士地利阿一名奧大利亞）

緯線自赤道北四十二度起至五十一度止經線自京師偏西九十度起至百有七度止北界俄羅斯及德意志南界羅馬尼亞及塞爾維亞西南抵亞得亞窄海東界俄屬之波蘭地西界德屬之巴威里亞國及瑞士意大利南北距二千三

百餘里東西距三千五百餘里綜計爲方里者百五十九萬有八百四十其國古時爲勒西亞諾力加巴訥尼亞等部羅馬嘗征服之旋爲北狄所據唐德宗時屬法蘭西爲別部元初有酋曰羅爾德福者攻取奧地稱東王兼王日耳曼諸部明惠帝建文中王阿爾麥與匈牙利女主爲夫婦合爲一國由是奧國驟強大武宗正德閒國內亂時西班牙王查理第五有賢譽國人迎立之伐法蘭西虜其王世宗嘉靖四年略取波希米地查理第五卒其弟立興兵攻意大利圍羅馬城幾陷康熙三十九年日耳曼諸部爭自立奧始不兼王日耳曼嘉慶閒拿破侖霸歐洲脅奧王去帝號稱屬藩拿破侖敗奧復稱帝且爲日耳曼列國盟主及普魯士興奧乃不得與

盟會遂略定匈牙利地爲屬部（匈牙利雖久坿於奥然亦叛服靡常至是奥始收入版圖）改國號曰奥斯馬加分國爲十四部都城曰維也納（一作危阿納一作維恩納一作偉恩一名威音一名味隱一名溫）隸上奥地利亞部北臨多腦河

意大利（一作意大里亞一作意達里亞一作意大里一作意大利亞一作義大利一作伊達里一作伊達利一作以他里一作以他利一作宜大里牙一作以大利一名達輦）緯線自赤道北三十六度四十分起至四十六度五十分止經線自京師偏西九十六度四十分起至百有八度二十分止北枕亞爾卑斯大山東北界奥斯馬加西北界法蘭西迤南斜伸入地中海海水三面環之自西北至東南相距約二千餘里東西距北境約千里南境廣處不過四百里綜計爲方里者百有五萬四千八百（坿西治里島）劉宋以前爲羅馬古國蒼梧王元徽四年日耳曼別酋阿道塞滅西羅馬據其地稱意大利王旋爲北狄戕特所奪梁元帝承聖三年東羅馬帝遣兵逐戕特意大利無主者數年敬帝紹泰元年國人始立主攝國事陳宣帝太建二年意大利北境新建倫巴多國時南侵攝王地唐元宗天寶間倫巴多人廢攝王於是教皇遂入據羅馬肅宗至德初法蘭西盡取攝王地益教皇代宗大歷八年法王戛力門助教皇擊滅倫巴多而以其子王意大利意遂屬於法宋太祖建隆三年日耳曼以兵取意大利建爲別部由是教皇時與日耳曼爭權神宗熙甯間意大利分爲三北境仍屬日耳曼中土屬羅馬而南境別立爲西治里

國西治里者本意大利屬島後爲回族所據法人討平之遂合拿破里地立爲國徽宗梟甯間倫巴多又自立爲民主國然日耳曼兼意大利王號如故度宗咸淳四年教皇忌日耳曼有意地乃割西治里國餽法蘭西法王遣其弟沙爾來爲西治里王日耳曼王以兵來爭法人擊殺之而沙爾亦旋爲西治里人所逐自是意大利不屬日耳曼元成宗大德間西班牙人彼德據西治里島遷都於拿破里稱拿破里王明孝宗弘治十四年西班牙逐拿破里王并其地先是法蘭西屢爭倫巴多之米蘭至是復與西班牙爭地康熙五十三年法西兩國所得意大利地盡折入於奥地利亞嘉慶初法王拿破崙收取意大利地立爲民主國拿破崙遥領之十九年復爲列國在北境者曰撒丁曰倫巴多曰威尼斯曰巴馬在中境者曰多爾加納曰摩德納曰羅馬在南境者曰拿破里西治里島屬焉道光二十八年奥地利亞侵取威尼斯倫巴多且以兵力役屬北境諸國咸豐九年撒丁王起兵連法蘭西攻奥大敗奥人復倫巴多法奥旋議和既而中境各國皆逐其主羅馬亦逐教皇應撒丁撒丁將曰戛利巴的者自非洲歸入拿破里降其王於是意大利全境皆歸撒丁十一年撒王遂稱意大利王同治五年起兵助普攻奥無功然普竟以威尼斯歸之九年普法戰爭起法人召回駐羅馬兵教皇孰孤求援於普不應意王乃盡奪教皇地進據羅馬都焉分國爲十五部六十九郡

都城曰羅馬名詳後

建於低伯河上東南距海口約六十餘里

荷蘭一作和蘭 一作賀蘭 一作霍蘭 一作喎蘭 一作阿蘭陀 一作法蘭得斯 一作拂蘭地亞 一作紇得蘭 一名紅毛番

緯線自赤道北五十一度起至五十三度三十分止經線自京師偏西百有八度三十分起至百十一度止北與西皆距北海南界比利時東界德意志南北距六百五十里東西距四百餘里綜計爲方里者十萬六千三百九十其地故澤國然其人習水利善隄防其爲隄也恆距河口約數里去隄五六里許則復爲一隄如是者凡三四爲復於直隄內見方五六里爲橫隄如方罫然是以隄身厚而水埶殺歷久得慶安瀾焉古時爲巴達臥野番漢時羅馬屢征之不能定也後爲法蘭西之始祖法郎格人所據蕭齊時分爲十七國屬日耳曼明初有酋曰不爾艮者合諸部爲一國自立爲侯稱尼特蘭國勢甚強武宗正德季年奧地利亞王查理第五爲日耳曼共主威行西土廢尼特蘭爲列郡命其子西班牙王非力第二兼王之世宗嘉靖四十四年阿蘭治侯維廉起兵叛西班牙鏖戰二十餘年西班牙人受創甚遣人刺殺之其子歐立白雄武過其父接領父軍連戰皆捷西班牙人與之和於是荷蘭復立國時法蘭西方與荷蘭交好以財饟助荷蘭經營海軍乃航海通商闢屬地於東南洋國益富康熙十年英法與合水陸兵三面來攻荷蘭王維廉第三擊卻之乘勢率

兵入英倫英王出奔威廉第三遂兼王英倫二十九年法人攻荷蘭之南部搆兵六年終議和自後國內承平者數十年嘉慶初法王拿破崙滅之疆圉其地及拿破崙敗始復國先是荷蘭分南北二部至是合爲一道光十一年南部復叛而自立英法奧普實擁護之荷蘭不能爭自是國稍弱然其屬地在東方者尚有六百餘萬方里逾於本國幾五十倍云

都城曰亞摩斯德耳登一作亞摩斯德爾登 一作俺莫士特爾坦 一作俺斯特坦 一作愛姆斯得但 一作阿姆斯脫蛋 一作含斯得談 一作昂斯透丹 一作安特堤 一作安得堤 一作唵士特躭 一作安斯得旦

隸北荷蘭部建臨河濱

比利時一作比勒治 一作訖利時 一作北義 一作比利閩 一作比利震 一作白利眞 一作別力西 一作北利諸恆 一作比爾百咯 一作北爾日加 一名密爾閏 一名彌爾尼壬 一名惟理儀 一名盈蘭尼士 一名盈蘭偏是

緯線自赤道北四十九度三十分起至五十一度二十分止經線自京師偏西百有九度三十分起至百十三度止北界荷蘭西北抵北海東界德意志西與南皆界法蘭西南北距五百里東西距六百五十里綜計爲方里者七萬七千九百六十其地古爲荷蘭南部稱發蘭德蕭齊時荷蘭故屬日耳曼發蘭德獨不叛法明時荷蘭酋長不爾艮合諸部自立爲國始坿於荷蘭然數與荷蘭相仇殺荷蘭與西班牙搆兵發蘭德復助西班牙尋西班牙以其地讓於奧斯馬加自是屬奧者七十餘年嘉慶初拿破崙兼并諸國地復沒入於法十

九年諸國會議於維也納以其地歸荷蘭然發蘭德故與荷爲世仇風俗教宗亦與荷異屢思自立道光十一年起兵叛荷蘭迎日耳曼之薩克斯各堡嶺達侯留波爾德爲王荷人興兵討之不能克而法蘭西復以兵援發蘭德大敗荷人十九年英法奧普說兩國戢兵修好聽南部得自立乃改國號曰比利時分置九部

都城曰不魯舍拉斯一作不魯捨拉斯　一作蒲魯碎勒　一作伯魯色爾　一作比律西　一作北律悉　一作布臘塞　一作布勒斯　一作白斐賽耳斯　一作木蘭洛士爾士　一作勃魯悉耳　一作伯呂色勒

隸南巴拉班的部

瑞士一作瑞子　一作瑞西　一作稅茲　一作賽士蘭　一作綏沙蘭　一作蘇益薩　一作蘇色楞　一作東色楞　一作雪未亞　一作賽薩林穆斯苛　一名大爾馬齊亞　一名黑爾查　一名淫跛葦　一名壬頗葦

緯線自赤道北四十五度五十二分起至四十七度五十分止經線自京師偏西百有六度三十分起至百有十度止北界德意志南界意大利東界奧斯馬加西界法蘭西南北距四百餘里東西距六百餘里綜計爲方里者七萬五千二百五十其地古屬羅馬後爲北狄義特所據唐德宗時法蘭西王夏力門征取之旋爲日耳曼所奪其人故驍勇善戰日王部署其人爲親軍所向有功元成宗時日耳曼王亞爾伯勒暴虐無道其臣御勒多復專橫自恣以非法梏斃瑞士人於是瑞士人約從起兵逐守吏日耳曼不能討仁宗延祐元年日耳曼來伐瑞士與戰於孶爾伽句大敗之遂自立國設共和政府推舉鄉官治事明孝宗宏治十二年日耳曼復大舉來攻大敗而還是時瑞士聯盟者已有十三部勢甚張請於各國皆許其獨立乃定制爲民主之國嘉慶三年法首領拿破崙以兵攻滅之置部十九拿破崙敗各國盟於維也納各反侵地十九部外益以普魯士之日內巴拉及牛弗砂德爾二部奥斯馬加之瓦來斯部合爲二十二部其國處萬山之中惟北境地稍平曠餘三面皆危峯峻崟穹窿起伏袤延約數千里自孰義的斯部西南有大山蜿蜒南走東繞烏黎部西繞翁德爾瓦里的部迆西少南經伯爾尼部南境繞弗里堡抵申尼夫湖復越湖迆而南行少東入意大利國又循意大利北境東行歷經瓦來斯德西怒給里孫諸部入奧斯馬加界轉而西北行繞加拉利斯部又東北行經桑高祿亞奔塞爾二部入德意志界其西北一支自阿河西南行經巴勒梭律勒牛弗沙德爾瓦烏的諸部入法蘭西界西人統名曰亞爾卑斯山亞爾卑斯者譯言長且大也瑞士既以山爲國扼形勢之險擅山澤之利畫疆自守稱爲天塹諸強鄰虎視鶚顧撫兵環伺而無可如何古有不戰以屈人之兵者瑞士其識此意哉

都城曰伯爾尼一作北耳尼　一作奔納　一名班

與首部同名在部西北境建臨河上

西班牙一作是班牙　一作實班牙　一作意卑里亞　一作斯福亞　一作肆班斯苛　一作西班雅　一作士賓　一作日斯巴尼亞　一作義斯巴尼亞　一作宜斯巴尼亞　一作以西把尼亞　一作以西巴尼亞　一作倚西把尼

亞　一作義士把尼亞　一作衣西巴呢雅　一作意細班尼慈　一名大呂宋　一名干絲臘　一名干絲蝋　一名班由　一名昆斯番　一名宋仔　一名吱咩嘈

緯線自赤道北三十六度起至四十三度四十分止經線自京師偏西百十四度二十分起至百二十六度四十分止東北阻比里尼斯山與法蘭西爲界西北抵大西洋東與南瓌地中海西界葡萄牙西南一角臨大西洋南北距千五百餘里東西距二千四百五十里綜計爲方里者百十五萬五千四百九十（埔巴利亞里島部）其地古名意卑里亞五方雜處而以非尼西人爲最多後加爾達額人據其地羅馬與兵取之建爲西部羅馬衰北狄復來據之歷百餘年衰特族逐北狄自立爲王絕羅馬唐睿宗景雲二年國內亂阿剌伯乘閒來攻取

爲屬部自是爲回部占據者三百餘年宋眞宗咸平閒回族自相爭奪疆土分裂西班牙人乘機崛起建立拿瓦勒加斯的里亞拉岡等部仁宗景祐閒加斯的里亞拉岡二部最强諸部皆畏屬之回酋馬罕末德（名與謨罕驀德音相近）以兵四十餘萬來伐無功而去明憲宗成化十五年加斯的里與亞拉岡合爲一是爲今西班牙建國之始孝宗宏治五年遣其臣哥倫波航海探新地得南美洲之哥倫比亞徙國人實之尋復略定墨西哥祕魯智利拉巴拉他諸部是時西班牙日强大以兵降荷蘭復攻取意大利之拿破里部穆宗隆慶五年復遣其臣米牙蘭來南洋奪葡萄牙之小呂宋島　國朝康熙以來屢與各國搆兵國甏弱嘉慶十二年法王拿破崙廢西班牙王加爾羅斯以其弟王之西班牙人不用命乞師於英逐拿破崙弟而立故王之子非難多厥後內亂相尋國政不修諸外藩皆次第叛同治七年國人逐其女主伊薩伯拉（即非難多之女）改國制爲民主收呂宋古巴人版圖分國爲七登加落斯者前王從子謀自立與國人戰爭屢歲十三年國人復迎立伊薩伯拉之子阿耳分素於法規復舊制分國爲四十七郡境內稍安近年古巴呂宋皆相繼叛西班牙征之不能定於是古巴別立爲國而呂宋亦竟屬美利堅數百年所得海外屬地至是盡失今存者惟非洲西偏海中之加拿利羣島及加力比安海之波德黎各島而已

都城曰馬德里地（一作瑪德里　一作馬得里　一作馬特　一作馬德力　一作麥得立　一作麻

德勒　一作麻得力得　一作莫珠爾勒得）

與首部同名在部南境

葡萄牙（一作葡萄亞　一作葡萄爵　一作葡萄庫耳　一作布路亞　一作布路牙　一作布路亞士　一作波爾杜瓦爾　一作伯爾都牙里　一作伯爾都加里　一作菠耳都斯　一作博爾都噶　一作博爾都噶亞　一作博爾都噶爾　一作博爾托噶里牙　一作布杜基　一名盧西達尼　一名盧西達尼亞　一名魯西達尼阿　一名大西洋國）

緯線自赤道北三十七度起至四十一度十分止經線自京師偏西百二十三度四十分起至百二十六度五十分止東與北皆界西班牙西與南皆抵大西洋南北距八百五十里東西距六百餘里綜計爲方里者二十六萬一千五百七十舊本西班牙西部西班牙既興其王亞豐蘇以斗羅米虐兩

河閒地封其功侯顯理顯理卒其子亞豐蘇弟一繼之伐回部累戰皆捷疆宇甓擴宋高宗紹興九年遂自立國稱王十八年取里斯玻亞城都之後乃盡逐回族奄有西境地與西班牙並立明神宗萬歷八年國內亂西班牙王非力弟二來襲陷其都遂兼為葡萄牙王自是隸西牙者八十年崇正十三年國人逐西班牙守者復自立與法蘭西立相助之約西班牙屢來侵不能克時葡人與英吉利為婚姻贈英以西印度之孟買及非洲之但其爾斯地英常以兵擁護之康熙七年與西班牙和始罷兵嘉慶初拿破崙來攻王約翰弟六懼不敵棄國走巴西拿破崙敗復歸國留其子北德祿王巴西尋卒北德祿遂兼王葡既而國人有違言乃遣其幼女歸王葡而自王巴西如故王有弟曰米加勒攝國政謀奪女主位王聞之自巴西歸合英法兵攻米加勒逐走之國始定本國分六部別部二

案歐洲諸國自開闢至元時風氣未啟自相往來罕通他土葡人精於天算用儀器測量日出入並星纏度數知水陸之方向遠近明初葡王遣人駕巨艦南行由非洲西境轉而東歷非洲之東境抵西印度再東行至麻剌甲遂遍歷東南洋諸島所至輒營建商埠是為西人航海通商之始武宗正德十二年葡人抵粵東之澳門（一名濠鏡屬香山縣）請地建屋歲納租銀五百兩疆臣為代請許之是為西人通市中國之始

都城曰里斯玻亞（一作里斯波亞一作理斯博一作里斯奔一作力士本一作力斯本一作力士門一作立士本一作預濟窩亞一作勒門）

瑞那 原分二國曰瑞典曰那威今分釋之

瑞典（一作瑞顛一作瑞丁一作瑞西亞一作綏祢一作綏領一作綏頓一作綏亦占一作蘇以天一作蘇以添一作蘇厄祭一作蘇厄祭亞一作雪際一作雪際亞一作雪爾際亞一名波的亞一名玻的亞一名匪馬爾加一名里都亞尼亞一名藍旗國）

那威（一作那而威一作挪威一作瑺威一作那耳瓦一作挪耳瓦一作那委阿一作諾魯威一作諾魯威呀一作諾爾勿惹一作諾而勿惹亞一作那耳圍一作那華一作訥爲一作羅委一名挽雅）

案瑞典與瑞士音近又嘗與那威并於丹馬故諸書每多牽涉淆混今為分訂著錄庶閱者不致迷誤

緯線自赤道北五十五度十分起至七十一度止經線自京師偏西九十二度十分起至百有五度四十分止（以瑞典都城至那威極西境計算）北負冰海東北與俄羅斯接壤南境隔海與丹馬相望東環波羅的海西抵大西洋自東北至西南相距二千五百餘里東西距約二千里綜計為方里者二百萬有一千三百九十國內有大山綿亙如脊東為瑞典西則那威故地也那威自趙宋初立國數傳後并於丹馬嘉慶十九年英俄諸國會議於維也納以瑞地之近丹者歸丹而以那威歸瑞典古本野番後為義特族所據宋太祖乾德閒有酋曰厄里哥者略定諸部始立為國明太祖洪武中丹馬人誘降瑞典遂并為一國瑞將瓦撤者故王族也有雄才恥故國為臣僕隱圖恢復世宗嘉靖二年起兵攻丹馬所向克捷遂收復全土

國朝康熙中王加爾祿斯喜用兵屢興師侵波蘭及丹馬四十年王攻波蘭下之俄羅斯以兵八萬來援敗歸王乘勝引兵入俄境謀取莫斯哥軍迷失道俄人合大兵蹙之全軍盡覆王僅以身免明年俄人大舉來攻取瑞典之芬蘭既而歸之（嘉慶十三年復割以奉俄）嘉慶時國内亂王加爾祿斯第十三出奔英國人奉王養子伯拿多攝國政伯拿多故法將善治兵整軍經武瑞國大定國人遂奉伯拿多爲王更名加爾祿斯第十四時那威已來屬王遂兼王那威然那威新附屢思叛亂乃定合國之制改瑞典舊分四部爲二十四部那威舊分三部爲九部

都城曰斯德哥爾摩（一作式達哥爾摩一作斯佗克荷穆一作斯豆勾勒們一作斯叨克浩

母一作士的哥盧一作吉提亞那一作士篤哈爾姆一作斯篤和一作斯托克洪一作士篤訓一作士突訓一作斯振公一作士篤恒一作斯德貿倫）與首部同名西臨美拉湖東距波羅的海口僅五十餘里

丹馬（一作丹瑪一作丹馬喀一作丹墨一作丹麥一作丹麻爾一作嗹馬一作顛麥一作丁抹一作領墨一作吝因一名大尼一名大泥一名大泥亞一名慷尼一名大馬爾齊一名大爾馬齊亞一名盈黎馬祿加一名但國一名黃旗國）

緯線自赤道北五十五度二十分起至五十六度四十五分止經線自京師偏西百有三度四十分起至百有八度止合數島爲國北東西三面環海南境與德意志接壤南北距三百五十里東西距或三四百里或百餘里不等綜計爲方里者十萬一千八百三十（合五部算）古時爲土番後幾特族據其地

合瑞典那威稱斯干的那瓦國其人多操舟爲海盜時出劫掠沿海諸國宋眞宗大中祥符閒其王曰瑞能者興兵攻英吉利克之遂兼爲英王王卒子加奴特嗣立以兵攻下瑞典那威分王諸子而已兼王丹英如故其後子孫稍弱各國皆叛而自立明太祖洪武初女主馬加爾達有才智内修外攘國復興以計降瑞典女主兼王之再傳而國又衰亂嘉慶九年法皇拿破崙以大兵來攻丹人與之和拿破崙令丹人以兵艦襲英敗歸十二年英引兵圍丹都城燔其外郭而去尋復與英搆兵相持數載乃罷同治二年普奧合兵來攻割石勒蘇益克及荷見斯丁二地以去國勢益衰今存地分爲五部外屬地二區曰愛士蘭曰格林蘭皆在北氷洋

都城曰可品哈音（一作哥卑納給一作哥本哈根一作哥本海根一作勾本哈根一作果本好根一作哥本赫根一作科噴海根一作格本那根一作可本海硜一作可品哈陰一作戈西哈林一作扣本杭一作哥笨哈根）隸西蘭部東臨波羅的海

土耳其（一作土耳嘰一作土耳基亞一作土爾其一作土爾幾一作都耳基一作多爾其一作都魯幾一作都魯機一作特爾濟一作杜爾格一作度爾格一名阿多曼一名痾多馬諾一名祓古一名的記一名控噶爾一名控喀爾一名恭喀爾一名空谷爾一名空科爾一名紅噶爾一名洪豁爾一名紅孩兒一名龔國即唐時之突厥）

緯線自赤道北三十一度起至四十二度止經線自京師偏西九十九度起至九十四度止北抵黑海東北界俄羅斯之高加索部西北界蒲加利亞及塞爾維亞南抵地中海東南

界阿剌伯沙漠西南界希臘東界波斯西界門的尼哥南北距歐洲地八百餘里亞洲地二千餘里東西距兩地共四千六百里綜計爲方里者六百三十一萬四千五百二十其古爲突厥事蹟具前史宋太祖建隆初西突厥遺種曰亞白特眞者南徙入波斯境據哈斯那立國日漸強盛眞宗咸平三年攻波斯據有其地仁宗明道元年突厥別酋曰達魯伯克者起兵撒馬兒罕襲波斯克之滅亞白特眞族自立爲波斯王傳數世至神宗時復西取東羅馬之小亞細亞名其地曰羅恩及西里亞諸地疆宇益廓耶路撒冷者本耶蘇生地既爲回族所據耶蘇教人則大憤號召徒黨起兵謀收復稱曰十字軍與回教人爭戰二百年迄不能得而土耳其亦自此稍弱元太祖起西北游兵滅之然其種人有逃居小亞細亞道羅山中者收集同族暫起侵略小亞細亞地世祖至元十三年其酋曰阿多曼據補撒城建國是爲今土耳其順帝至正十七年侵東羅馬取加利城奪他大尼里海峽二十三年復取亞得安城都之明太祖洪武中北略蒲加利亞塞爾維亞瓦拉基諸地皆下之惠帝建文四年撒馬兒罕帖木兒來攻土人與戰敗績王被虜國遂中替成祖永樂中王馬何美德善用兵勢日強代宗景泰三年渡海西攻羅馬滅之遷都君士但丁分全土爲數部以其酋曰巴札者分鎮之既又北擊匈牙利南并阿剌伯跨海臣屬非洲北境諸國幅員之廣幾與古羅馬埒　國初以來屢與俄羅斯搆兵初尚勝負相當乾隆

中葉以後則每戰必蹙地坐是國日衰弱是時諸巴札各據地自專不奉朝命外藩亦次第叛道光元年希臘起兵叛土血戰七年卒自立爲國九年俄發兵十五萬攻土進逼君士但丁英吉利奧斯馬加救之兵乃解咸豐三年俄以舟師渡黑海來攻英法連兵救之鏖戰二年餘俄兵屢挫於是有六年巴黎之盟與盟者凡六國英法奧普俄土耳其光緒三年俄人復來攻取羅美里亞四年英人連各國兵救之而自以兵艦駛入馬爾馬拉海說俄與土和於是又有柏林之盟與盟者凡七國英法德奧意俄土耳其是役也俄人迫土令北境三國得自主而自取阿達亨卡爾斯巴統三地於是奧亦取波斯尼亞及赫些哥維納二地英取居伯路島而以阿百尼亞歸之門的內哥以特塞利及伊派勒斯二地干地阿一島歸之希臘後土人不如約伊派勒斯及干地阿竟未歸希土耳其歐洲舊疆至是蓋亡其三分之二焉十二年蒲加利亞及塞爾維亞搆釁希臘乘間侵土疆英德俄奧意勒兵沮之二十二年希臘復攻土大敗而歸土耳其由是能稍稍自振國分十五省

都城曰君士但丁一作君士坦丁　一作軍斯但定　一作康思坦胎諾格爾　一作官士丹的諾伯拉　一作康斯坦剔奴魄耳　一作康司但丁奴不爾　一作康斯但提挪泊　一作剛斯坦丁孥孛　一作剛斯坦丁孥潑　一作根斯丹典　一作肯思丹　一作肯士但　一作孔但丁　一作孔士旦丁奴蒲爾　一作士旦蒲爾　一作公膽廷　一作根斯旦第拉但

隸羅美里亞省東臨黑海峽口

希臘一作西臘　一作希利尼　一作額利西　一作額力西　一作額里士　一作厄勒祭　一作厄肋西亞　一作

北力思（一作北叻思　一名斛瑟羅）

緯線自赤道北三十六度三十分起至四十度止經線自京師偏西九十度起至九十四度止北境與土耳其牙錯東西南三面環海坿近島嶼皆屬之南北距六百五十里東西距廣處七百餘里綜計爲方里者二十萬九千七百六十古希臘創建最早爲歐洲聲名文物之邦當夏后氏之世買諾（即今土耳其中土）人有渡海峽而西者（即波斯福爾峽）始知有希臘廣土少康二十六歲買諾人伯辣斯日始立國於希臘之北境曰西西恩孔甲二十一歲迦南人（即猶太）桔木始來經營希臘之南境商王外壬十二祀埃及人灑哥落率其族來立國於雅典與制度造文字希臘開化自此始商周之際國分十二周敬王

時波斯人大舉來伐諸國合從禦之波斯大敗而還馬基頓興以兵力脅服諸國復發兵攻波斯取小亞細亞既而諸部皆據地自王勢日衰至漢景帝時滅於羅馬東晉孝武太元中羅馬分東西希臘屬東羅馬明代宗景泰中土耳其滅東羅馬希臘亦折入於土耳其土耳其性殘酷虐待希臘人希人屢思叛土畏土强不敢發道光元年希人乘土有內亂遂叛土搆兵八年希人力不支乞援於俄羅斯於是俄人以精兵十萬入土境當是時英吉利法蘭西恐俄遂得志於土撓動歐東大局乃合兵抗俄明年英人法人迫俄與土和反土侵地並令土聽希臘立爲自主之國蓋希臘亡至是已二千年矣光緒三年俄人伐土耳其其陰使希臘助已英法德尼之

希人竟不助俄及柏林定約希人索特塞利伊派勒斯二地及干地阿島於土土人僅以特塞利及伊派勒斯歸之六年各國重定前約以特塞利屬希臘而以伊派勒斯還屬土希人頗觖望十二年希人侵伊派勒斯地各國不直希臘以戰艦封禁希國海岸希人竟不能逞二十二年土耳其虐殺基督教人買諾諸地及干地阿島相繼叛亂希臘乘勢起兵踞干地阿島進攻土耳其英法德俄奧意止之不聽明年六國遂以戰艦封塞干地阿島港口禁希船不得出入希人與土相持數月連戰皆北乃遵各國約與土耳其和國勢大略分三區北境之部五南境之部七西爲約尼亞羣島置部七都城曰雅典（一作亞典　一作鴉典　一名亞的栔）

隸亞德納斯部南臨海灣

羅馬尼亞（作羅馬尼　一作羅美尼亞　一作魯梅宜　一作魯瑪尼亞　一作奴馬尼亞　一作綠馬尼）

摩爾達維亞（一作摩爾達威　一作摩埒達非亞　一作摩道　一作摩洛機　一作抹耳大未亞　一作末大味　一作毛達利　一作毛答斐唵　一作磨稻芽　一作謨大鼻）

瓦拉基（一作穢拉發亞　一作瓦拉支　一作瓦拉蝦　一作瓦拉兒　一作瓦來敌唵　一作洼臘治　一作滑拉基　一作華剌幾　一作嗶喇叻　一作洼勒機）

緯線自赤道北四十三度五十分起至四十八度止經線自京師偏西八十八度二分起至九十二度止北界奧斯馬加東北界俄羅斯南抵多惱河與蒲加利亞爲界東臨黑海西界塞爾維亞南北距八百五十里東西距八百里綜計爲方里者四十三萬九千二百舊分摩爾達維亞（此部在北）瓦拉基（此部

布南二部爲土耳其埘庸光緒四年柏林定盟公立爲自主之國益以土耳其之比薩拉比亞地旣而俄羅斯以新得之多布魯加地亦土耳其地易之

都城曰不加勒斯多一作布卡力士特一作布加力一作步加雷一作皮開而立斯胱一作布嘎勒斯

摩爾達維亞舊都曰牙西今爲本國屬城頗繁盛一作髾西一作亞西一作雅西

塞爾維亞一作塞爾維一作塞爾菲亞一作賽爾維阿一作賽爾亞一作瑣爾非雅一作色非亞一作息味一作蒐斐唵一作首肥亞一作沙威阿一作息比馬一作晒味亞一作色斐亞

緯線自赤道北四十二度十分起至四十四度三十分止經線自京師偏西九十二度起至九十五度四十分止北與西皆界奧斯馬加南界土耳其之羅美里亞省東界羅馬尼亞

及蒲加利亞南北距四百五十里東西距七百餘里綜計爲方里者十五萬六千六百六十舊地方十二萬八千九百四十里新益土耳其地方二萬七千七百二十里舊本歐東大國兼有蒲加利亞門的內哥波斯尼亞諸部明太祖洪武中爲土耳其所滅後百數十年復自立爲土耳其埘庸光緒四年柏林定盟公立爲自主之國

都城曰百羅閣雷德一作別甲一作別甲的一作必耳格拉特一作孛而爾雷格一作古盧德斯亞一作比革拉德

蒲加利亞一作蒲加利一作蒲加黍一作布加利亞一作坡加利亞一作布加喇亞一作布牙里一作不牙一作蒲克利亞一作麻爾牙里一作保該力阿一作勃而忌里亞一作布勒嘎利亞一作布爾噶一作佈耳加力阿一作西里斯的黎亞

緯線自赤道北四十一度五十五分起至四十三度五十分止經線自京師偏西八十七度二十分起至九十二度止北抵多惱河與羅馬尼亞爲界南阻巴幹山與土耳其之羅美里亞省爲界東臨黑海西界塞爾維亞南北距四百餘里東西距九百餘里綜計爲方里者四十六萬一千一百六十本土耳其屬部光緒四年柏林定盟公立爲半主之國國有大事須請命於俄羅斯蓋已隱屬於俄矣

都城曰梭斐亞一作梭斐阿一作所非

案羅塞蒲三國本土耳其所得東羅馬故地土人嘗置巴札治之迨土中衰巴札皆據地自擅久之遂納貢稱藩俄羅斯實擁護之土人無如何也光緒初俄將攻土馳告各國曰能以兵助我者戰勝當分以土耳其地俾得立國爲自主於是三國皆起兵助俄及柏林定盟皆如約

門的內哥一作蒙的尼哥一作門德內革羅一作門第尼哥勒一作滿得尼哥一作莽得尼哥一作悶吞蘊竭鈴一作曼髏呢格樂一名嵗拉一名黑山一名黑坐義一名黑所嵗威尼一名卡拉達

緯線自赤道北三十九度起至四十三度三十分止經線自京師偏西九十四度起至九十六度止東北界塞爾維亞西北界奧斯馬加南界希臘東界土耳其之羅美里亞省西臨亞得亞窄海地形狹長南北距八百五十里東西距不過二百里綜計爲方里者九萬四千有四其地居萬山之中土耳其以荒地棄之歷四百餘年生齒日繁道光時推舉酋長暨能自立土耳其屢攻之不能取也光緒四年柏林定盟公立爲自主小國割土耳其之阿百尼亞省益之其地大於舊壤

幾六倍然疆宇雖擴至今尚不能與各國通聘使故其名不著

都城曰薛天約 一作撒拉約 一作塞天葉

坿阿百尼亞 一作阿耳伯匿阿 一作阿耳巴尼亞 一作阿勒伯尼亞 一作亞巴尼 一作啞吧呢亞 一作阿爾麻尼 一名日薩壹爾 一名亞刺萬 一名阿納武特勒 首城日日尼娜 一作藥翰尼拿 一作雅尼那 一作雅尼納

摩納哥 一作摩洛哥 一作摩那戈 一作穆那勾

國於意大利法蘭西兩國交界之間南臨地中海長廣不過數里自處局外與世無爭其酋姓格里馬登氏一姓相傳千有餘載國無租賦之入以地當海濱爲商舶往來必經之道乃廣置園林亭館招游人聚博藉以取貲以供國用

安道耳 一作安多勒 一作安鐸拉

國於西班牙法蘭西交界山谷之中縱橫約二十餘里綜計僅八百方里當唐德宗時其酋從法蘭西王征回部有功錫以此土傳世至今爲民主之國地分六邑有議院邑舉四人首領終於位則由議院別舉一人代之

盧森堡 一作盧森不爾厄 一作盧森蒲爾 一作盧森布厄 一作魯森堡 一作呂克桑布爾 一作勒心麥 一作勒生倍 一作陸生培克

西北與比利時所屬之盧森堡部毘連東北及正東界德意志南界法蘭西縱橫皆約百數十里本荷蘭別部嘗入日耳曼列國公會同治二年各國在倫敦立約以其國爲局外之地無論何國用兵皆不得侵其疆界九年德與法有疆場之事英特以兵保護之故至今爲半主之國

光石 一名列支敦士敦

在德意志所屬薩克索尼亞國南境之扼士嘎比阿嘎山中長六十里廣三十里爲方里者二百五十三嘗入日耳曼列國公會爵如侯今立爲自主小國

森馬林 一作三馬林諾 一作勝馬里虐 一作撒馬蘭

在意大利所屬馬雪士部西北界內縱橫僅得一百方里爲自主小國

摩爾奈 一作摩爾那 一作麻士剔勒克

在德意志比利時兩國交界之間長廣不過三四里其地產錫初僅有農人百餘家聚族而居耕耨之暇兼以開鑛爲業

當嘉慶二十年拿破崙既敗歐洲各國修好弭兵重整疆域普魯士及比利時荷蘭勘界至此見其土腴礦美咸思收入版圖彼此爭執歷久而議莫能定於是各國公約劃爲局外之地聽其自立而摩爾奈亦遂推立酋長生聚教誨居然成國矣

海國輿地釋名卷三

湘鄉陳士芑翼謀甫纂

釋非洲各國弟四

埃及一作挨及多　一作埃治也　一作埃治亞　一作厄日多　一作厄日度　一作扼入多　一作黑入多　一作以比多　一作以至比多　一作迤至比多　一作托　一作麥西　一作伊揖　一作伊及

緯線自赤道北二十三度三十分起至三十二度止經線自京師偏西八十度五十分起至九十二度止北抵地中海南界努比阿西南接撒哈拉沙漠東臨紅海及蘇彝士河西界的黎波里南北距約千八百里東西距二千餘里綜計爲方里者四百六十萬其國建於少昊之世爲西方最古之國文物制度燦然可觀唐堯時有非尼西牧人徙入其國國俗因之而變夏后不降時國分數部有六王旋爲伊西比亞女酋所并伊西比亞卽努比阿阿比西尼阿之總名女酋兼王之商小乙時其王能治國勢日强北取小亞細亞西略地至歐羅巴窮土木之勝營宮殿百處西士人至今豔稱之後國復分亂有十二王迭相雄長而色買的古尤强悍周惠王時色買的古并諸部爲一傳子法老尼哥驕夸喜功嘗謀溝通紅海及地中海水道興工一年死者十餘萬役旋罷景王二十年波斯王居魯士拓地甦西遂并埃及顯王三十九年馬基頓王亞歷山德滅波斯埃及屬焉亞歷山德有將曰多利美拉基者據埃及稱王聲威頗著嘗藏書七十萬卷於亞歷山德城文學彬彬稱盛四傳而國始衰漢成帝建始三年羅馬用兵海上埃及降爲

臣僕東晉時羅馬分爲二埃及屬東羅馬唐太宗貞觀十四年阿剌伯來攻大掠而去燔亞歷山德城古籍蕩然無一存者由是爲回部占據者七百餘年明代宗景泰中土耳其滅阿剌伯埃及乃屬土耳其嘉慶三年法首領拿破侖時尚未爲王以舟師攻土耳其之馬爾太島遂據埃及七年土耳其以英兵逐法蘭西守者奪還埃及以其將曰墨非麥德阿利者鎭其地阿利能治國興學設教埃及人皆愛戴之益以西法治水陸軍勢甦張十六年土耳其以埃及封阿利令世世爲外藩道光十九年阿利舉兵叛且侵擾西里亞地土耳其征之不能克會歐洲各國皆遣兵助土耳其阿利懼乃請歸土侵地仍納貢稱藩同治十二年土耳其許埃及與各國互市增置兵備埃及至是乃頗能自主光緒四年埃及王患貧求善理財者於英法二國英遣惠爾生往法遣賴塞樸斯卽開蘇彝士河者往於是埃及財賦遂爲英法人所掌七年埃及坿屬之蘇丹人作亂英人興師討平之留兵戍其地土耳其惎其侵保埃及之權屢向英廷責言英人詭辭謝之竟不撤戍兵國分二十五部

都城曰改羅一作加義羅　一作喀愛羅　一作閼羅　一作該羅　一作開婁　一作塏羅

與首部同名東距蘇彝士河二百餘里

努比阿一作努北阿　一作奴北阿　一作努比唵　一作怒北　一作盧比亞　一作紐必阿　一名南伊及

緯線自赤道北十二度起至二十三度三十分止經線自京師偏西七十八度四十分起至九十三度止北界埃及南界

阿比西尼阿東臨紅海西連撒哈拉沙漠南北距二千三百餘里東西距二千八百五十里綜計爲方里者約六百餘萬古本埃及南境自回部割據後散爲數小部道光二年復歸埃及兼轄

都城曰加東 一作加冬　一作卡通　一作卡二通　一作嘎眉　一作喀杜穆

在藍河與尼羅河交會處

阿比西尼阿 一作阿比西尼亞　一作阿北西尼亞　一作阿比西里亞　一作阿比西尼　一作阿邁司尼　一作阿八思尼阿　一作亞比西尼亞　一作亞毘心域　一作阿比辛伊亞　一作亞必治　一名哈北

緯線自赤道北八度起至十六度四十分止經線自京師偏西七十七度起至八十二度止東北臨紅海西北界努比阿南界亞然東界亞德西界哥多番南北距千六百五十里東西距約千里綜計爲方里者一百一十萬其國自來爲土番

沿革不可攷海國圖志謂即元史之俱藍國瀛寰志略謂即元史之馬八爾皆臆度之詞未足爲據國政由土王自主王一姓相傳居高山不與外人相接俗好殺掠西人屢至其地化導之不能變也近時疆域大半爲亞然番族所侵據同治中嘗與英吉利搆兵講和而罷光緒二十二年意大利人來北境闢地阿比西尼阿不自安興兵擊意人意人深入險地兵盡覆乃與阿比西尼阿和劃界不相侵擾故至今尚能自立焉

都城曰公達爾 一作公達　一作根達　一作貢達　一作剛苔　一名萬邦

與部同名在內地

蘇丹 一作蘇旦　一名尼吉里西　一名尼給里西　一名尼給里西亞

緯線自赤道北七度起至十六度止經線自京師偏西九十四度起至百二十七度止在非洲中央之地北連撒哈拉沙漠東至達夫耳西至塞內岡比亞西南接幾內亞及比亞夫辣番南北距千八百里東西距約七千里綜計爲方里者千二百餘萬地分十數部以游牧爲俗罕與外人通往來近西人冒險往游頗能言其風土然亦莫能詳也光緒七年蘇丹人作亂英遣兵討平之九年蘇丹復謀亂回教中有人曰馬地者土人推爲渠魁英命大將戈登往撫土人羈留之英亟遣大兵救戈登且平蘇亂至加東則戈登已被戕矣戈登者故英名將嘗助中國擊髮逆克復蘇常戈登與有力焉

達夫耳 一作達爾夫耳　一作達夫阿　一作他弗

緯線自赤道北九度起至十六度止經線自京師偏西八十九度起至九十四度止北界努比阿西北接撒哈拉沙漠東連哥多番西界蘇丹南北距千四百餘里東西距千餘里國本回部有土王世代相傳每歲土王率其部酋躬耕以勸農事頗有古樸之風光緒初年埃及嘗役屬之

都城曰爾發捨耳 一作爾發捨　一作爾發舍耳　一作發休　一作法什阿

在國之東北境

哥多番 一作哥爾多番　一作科多番　一作葛耳多番　一作考耳朵番

緯線自赤道北十二度起至十六度止經線自京師偏西八十四度三十分起至八十九度止北與東皆界努比阿西接

達夫耳縱橫各約九百餘里民皆土番諸酋分治道光初年埃及嘗役屬之近英人來其地闢置商埠甚臻繁盛

都城曰哥卑德 一作痾卑德一作可卑德一作愛耳俄拜德一作厄耳痾卑特

在國之南境

撒哈拉沙漠 一作沙海拉一作撒海而拉一作薩哈剌一名麻木爾韃

緯線自赤道北十七度起至三十度止經線自京師偏西九十三度起至百二十四度止北連巴巴利 一作巴巴黎即北境四國之總名 南接蘇丹及塞內岡比亞東至埃及努比阿西抵大西洋南北距二千七百里東西距八千五百里綜計為方里者約二千萬民以游牧為生居徙靡常近歐洲人來內地建埠通商凡十餘處

的黎波里 一作的黎布里一作的黎不里一作特韃波里一作的波里一作特利破里一作特力波里一作特波利一作直波里一作禮卑韃一作德利波利

緯線自赤道北二十五度起至三十三度止經線自京師偏西九十三度起至百有六度止北抵地中海南接撒哈拉沙漠東界埃及西界突尼斯南北距千六百餘里東西距二千五百餘里綜計為方里二百二十餘萬其國本回部好劫掠舊屬土耳其有土王世代相傳

都城同國名北臨地中海

突尼斯 一作都尼斯一作吐尼司一作吐尼士一作吐遊斯一作的尼斯一作度尼斯一作土匭一作都利士一名弗沙一名弗撒

緯線自赤道北三十二度起至三十七度止經線自京師偏西百有六度起至百八度三十分止北與東環地中海東南界的黎波里西界阿爾欺里亞南北距千三百里東西距四百八十里綜計為方里者七十萬四千有奇俗安貿易為回部善國唐時屬阿剌伯明神宗萬歷間改屬土耳其光緒七年法蘭西以兵攻取之

都城同國名在國之極東北境臨地中海

阿爾欺里亞 一作阿爾及耳一作阿耳及里亞一作阿耳及里阿一作愛耳基力歐一作阿而幾里亞一作亞爾日耳一作亞耳惹耳一作阿爾及列一作亞吸爾斯一作阿爾尼阿一作阿爾尼一作亞爾日一作阿利額一作亞勒尖一作雅里磧一作押額一作阿勒支利亞一作阿勒支耳一作阿爾希耳一作阿勒希野一名盧彌尼阿一名奴米第亞一名奴米低亞

緯線自赤道北三十度起至三十六度四十分止經線自京

師偏西百有七度起至百十九度止北抵地中海南接撒哈拉沙漠東界突尼斯西界摩洛哥南北距千三百五十里東西距二千四百里綜計為方里者百九十萬其建國最早漢武帝時其王嘗助羅馬攻滅加爾達額王死三子爭國互相殘殺羅馬以兵討定之迨羅馬衰復為阿剌伯回部所據明時土耳其以兵强服海南諸國遂屬於土耳其然回民多失業習為海盜往來地中海者皆患之英吉利法蘭西美利堅嘗合兵痛勦之回族稍稍斂迹已而復劫掠如故道光九年法人以大兵討之驅國其地分置三省駐大兵帥總制之

首城同國名北臨地中海

摩洛哥 一作摩羅果一作摩樂可一作摩祿科一作摩勒哥一作摩老科一作馬邏可一作馬落剛

一作馬六果 一作馬鹿 一名紅帽回回

緯線自赤道北二十七度起至三十六度止經線自京師偏西百十四度二十分起至二十八度三十分止北抵直布羅陀海峽南接撒哈拉沙漠東界阿爾斯里亞西抵大西洋南北距千八百里東西距二千七百餘里綜計爲方里者百四十九萬三千舊屬阿剌伯明時土耳其强盛地中海南岸諸國囊括無遺獨摩洛哥以窵遠獲免順治七年遂立國稱王至今尚能自主國制與土耳其同王位世及唯擇族人之年長者立之不定傳子

都城同國名在內地

塞內岡比亞 一作塞內岡比 一作色黎安彌阿 一作先尼岡比阿 一作森伊干比亞 一作賽尼軋毋比

阿 一作監別亞

緯線自赤道北九度起至十七度四十分止經線自京師偏西百二十七度起至百三十四度三十分止北接撒哈拉沙漠南界里比利亞東界蘇丹西抵大西洋南北距千七百餘里東西距千五百里綜計爲方里者百八十萬地近赤道炎熱多瘴癘其濱海沃腴之地皆爲英吉利法蘭西葡萄牙三國所分占內地分二十小部其酋或世傳或公舉不相統攝土番黑面拳毛蠢騃無知商舶往來販鬻如貨羊豕咸同間英人始倡義禁止之英人商埠在岡比河口曰巴里得斯地計五百四十九方里英得之於明萬歷十六年 葡人商埠在來痾蘭河口曰比撒寨內加河口有三島曰魯義斯曰哥里曰烏阿羅皆爲法人所據建商埠置礮臺并駐兵帥治之

幾內亞 一作西爾得 一作西羈得 一作岋爾 一作句尼阿 一作上幾內亞 一作上基尼 一作上堅尼 一作上吉尼阿

緯線自赤道北四度三十分起至十度止經線自京師偏西百有六度起至百二十一度止北接蘇丹南抵幾內亞海灣東南界比亞夫辣番西界里比利亞南北距千二百里東西距約三千里綜計爲方里者二百餘萬北境大山綿亘南境濱海卑溼多瘴癘且近赤道入夏驕陽亢旱行旅往往暍死地分數十部不相統轄居民皆黑番惟以掠賣人口爲業亦爲英人所禁制其迤西近海地爲英法荷蘭葡萄牙各國所分據列屋置埠商務頗盛

里比利亞 一作里卑利亞 一作來比利亞 一作里皮利亞 一作來比里 一作賴比里阿 一作嚴比利亞 一作奔尼 一名赤尼 一名危尼

緯線自赤道北四度三十分起至九度十分止經線自京師偏西百二十一度起至百二十九度二十分止北負公山西北界塞內岡比亞南及西南環大西洋東界幾內亞之亞山的南北廣處不過三百餘里自西北至東南相距約千八百里綜計爲方里者約八十萬地本美利堅人所闢美人贖釋黑奴居此耕作久墾繁庶咸豐十一年美許其自立爲民主國條教法度皆用美制

都城曰蒙羅維阿 一作蒙拉維 一作孟老斐阿 一作孟陸維亞 一作門羅斐亞

西臨海口

比亞夫辣番（一作比阿夫辣）

北界幾內亞東北接蘇丹南界公額西抵大西洋人皆土番不成部落

公額（一作公我　一作公峨　一作工鄂　一作孔戈　一作剛果　一作工哥　一作康哥　一作康圓　一作寬果　一作岡勾　一名下幾內亞　一名下甚尼　一名下堅尼　一名下吉尼阿　一名南幾內亞　一名蘿伊阿）

緯線自赤道南四十分起至十七度止經線自京師偏西九十六度三十分起至百有六度止北接比亞夫辣番南界合丁突東南近馬可羅羅西抵大西洋南北距三千三百里東西距約二千里綜計為方里者約三百餘萬地當赤道之南炎歊與幾內亞同黑番土俗亦相類部落甚多羣酋分據內有葡萄牙屬地二區比利時屬地一區近時德法二國人頗侵占葡屬濱海之地建設商埠北屬德南屬法

亞德（一作亞德爾　一作亞占　一作阿匿爾　一名索謀利　一名索麻利　一名索毛利　一名梭毛利　一名梭茅利　一名安馬利　一名康毛里）

緯線自赤道北三度起至十一度四十分止經線自京師偏西六十六度五十分起至七十四度止北臨亞丁海灣西北接亞發土部西南界亞然東及東南環印度洋縱橫各約千八百餘里居民皆土番奉回教部落甚多羣酋分攝近法蘭西以兵力强服之（亞發舊籍無可攷或云本阿比西尼阿屬部近已自為部落）

首城曰西臘（一作西拉　一作賽拉）

東臨亞丁海灣貿易頗盛嘗為阿比西尼阿所奪近英人復來據之

亞然（一作阿桑　一名牙爾臘　一作阿圜　一名牙臘　一名嘎拉士　一名然貴巴　一名哥拉士　一名鄂馬）

緯線自赤道北十分起至八度止經線自京師偏西七十四度起至八十四度止北界亞德及阿比西尼阿南界桑給巴東臨印度洋西抵尼羅河源縱橫各約二千里阿剌伯人多來海濱互市商貨頗盛內地皆黑番殘忍好殺近年屢北侵阿比西尼阿獲地甚廣分十數部不相統轄

桑給巴（一作桑給巴爾　一作桑給罷　一作山雜麻　一作散西巴　一作暫齊罷　一作桑革巴　一作生西巴耳）

緯線自赤道南十分起至十度止經線自京師偏西七十五度起至八十二度止北界亞然南界莫三鼻東臨印度洋西阻刻力曼札羅山南北距千八百餘里東西距千餘里綜計為方里者約二百萬其王裔或傳出自中國唐末自阿剌伯轉徙至此遂自立國舊以略賣黑奴為俗咸豐五年英人與其王立約通商並嚴申黑奴之禁

莫三鼻（一作莫三鼻給　一作莫山比給　一作莫桑比給　一作摩散比　一作摩散母比克　一作摩新彌葵　一作摩新彌葵　一作摩散比革　一作磨山密　一作莫三鼻克）

緯線自赤道南十度起至十七度四十分止經線自京師偏西七十六度四十分起至八十三度三十分止北界桑給巴南界索發拉東臨海峽西界盧巴達山南北距千五百里東西距千四百餘里綜計為方里者二百五十萬本黑番回部部落零雜諸酋分攝內多葡萄牙人所闢之地葡人販賣黑奴居為奇貨英吉利常以兵力禁制之

索發拉（一作索法拉　一作索法剌　一作蘇華臘　一作所服剌　一作梭發拉）

緯線自赤道南十五度三十分起至二十五度止經線自京師偏西八十一度三十分起至八十七度止北抵三比西河與莫三鼻爲界東與南環印度洋西界馬塔卑力蘭及脫蘭士甫爾南北距千八百餘里東西距廣處約千里狹處四五百里不等綜計爲方里者百六十萬舊爲黑番大部有番王統治明時葡萄牙人强以兵脅服之於海口建埠通商近商務已衰歇矣

合丁突（一作合丁多　一作痾丁多的亞　一作可丁多的亞　一作科丁多的　一作和鼎圖　一作和鼎突　一作赫盾德）

緯線自赤道南十七度起至二十九度止經線自京師偏西

九十六度起至百四度三十分止北界公額南界奧淩資河東連加剌哈里沙漠西抵大西洋南北距二千四百里東西距約千六百餘里地分三部以游牧劫掠爲俗各有酋長不相統攝近年德意志人闢地至此强以兵力鈐制之

脫蘭士甫爾（一作德蘭士氏　一作特蘭斯仆耳　一作特蘭斯法爾　一作達郎斯襪耳　一作德蘭斯法勒　一作突蘭斯雜耳　一作吐郎斯洼耳）

緯線自赤道南二十二度二十分起至二十八度止經線自京師偏西八十四度五十分起至九十一度止北界馬塔卑力蘭南界奧淩資東界蘇盧西界伯楚阿那南北距千一百餘里東西距千二百里綜計爲方里者七十七萬九千六百其地本荷蘭人所闢英人襲取之後立爲民主國爲英外藩光緒二十一年英墾地公司與脫人有違言英弁哲美森遽舉兵擊之爲脫人所敗英廷下哲美森於獄而與脫人議和由是脫人咸思絕英自立二十五年英商人與脫人交鬨脫廷囚英人遂起兵叛英據險自守英命將往討不勝乃發大兵征之破其都城脫人逐水草遠徙英進兵追擊斬殺無算然脫人終無降意相持累年至今未能定也

奧淩資（一作奧蘭茨　一作痾蘭日　一作俄蘭支　一作敖忍治　一作阿侖文）

緯線自赤道南二十七度起至三十度五十分止經線自京師偏西八十七度起至九十二度止北界脫蘭士甫爾南界岌朴哥羅尼東界夸蘭巴山及巴蘇拖蘭西界伯楚阿那南北距七百餘里東西距約千里綜計爲方里者四十萬本荷

蘭種人道光十八年避英害徙於奧淩資河遂創立爲自主之國脫蘭士甫爾叛英奧淩資起兵助之後并爲英人所滅都城曰白魯母方定（一作伯方頂　一作不路母豐膞　一作勃隆奉天）

蘇盧（一作蘇盧蘭　一作蘇路蘭　一作蘇路　一作蘇魯）

緯線自赤道南二十二度二十分起至二十八度五十分止經線自京師偏西八十四度起至八十六度三十分止北界索發拉南界那達爾東臨印度洋西界脫蘭士甫爾南北距千三百里東西距不過二百餘里綜計爲方里者六十萬國以游牧爲俗有大酋治事而聽命於英吉利光緒五年英人興師伐之執其酋歸既而釋之

那達爾（一作那荅爾　一作那塔耳　一作那達勒　一作那塔臘　一作奈塔勒）

緯線自赤道南二十八度起至三十一度五分止經線自京師偏西八十五度二十分起至八十度止北界蘇盧及脫蘭士甫爾南界加弗勒里亞東臨印度洋西阻夸蘭巴山鄰接奥淩資南北距六百餘里東西距五百餘里綜計爲方里者十六萬八千七百五十明孝宗宏治十年葡萄牙人瓦哥士得加墨覓得其地至道光二十三年歸於英隸岌朴哥羅尼大兵帥咸豐六年英復置兵帥專領之

首城曰波那達爾 一作坡特那達耳 一名彼得馬利堡

海口曰度耳班 一作特辦 一作兜奔

加弗勒里亞 一作加弗勒里 一作加弗勒利 一作加勿拉里 一作加富臘鼇阿 一作加富臘里 一作加付臘鼇阿 一作喀士列里 一作喀乏拉里阿 一作嘎弗雷利亞 一作喀埔喇里亞

緯線自赤道南三十度四十分起至三十三度五十五分止經線自京師偏西八十七度五分起至九十度止東北界那達爾西北阻夸蘭巴山西南界岌朴哥羅尼東及東南環印度洋西界巴蘇拖蘭南北距六百餘里東西距四百餘里綜計爲方里者十一萬三千六百四十三居民各分部落部各有長同治三年英取其地隸於岌朴哥羅尼大兵帥

首城曰巴瑪敦 一作帕馬頓

東臨印度洋

巴蘇拖蘭 一作白蘇士蘭 一作巴素頭蘭 一作白蘇圖

緯線自赤道南三十度三十分起至三十一度四十分止經線自京師偏西八十九度起至九十度四十五分止西北抵

奥淩資河東南阻夸蘭巴山西南界岌朴哥羅尼南北距二百三十里東西距三百餘里綜計爲方里者七萬二千三百同治十年英取其地設長官駐此隸於岌朴哥羅尼大兵帥

岌朴哥羅尼 一作革伯哥羅尼 一作岌阿穩哥朴 一作開勃考老尼 一作岌朴 一作加不 一作開勃 一作急卜篠 一作古德候堡 一作考老尼 一作果羅里

其極南入海地名好望角 一作開勃惡甫過德火漎 一名大浪山 一名瓦賀峽 一名阿付丹北司峽 一名考老尼角

緯線自赤道南二十八度五十分起至三十四度五十分止經線自京師偏西九十度起至九十九度五十五分止北抵奥淩資河東界巴蘇拖蘭及加弗勒里亞東南抵印度洋西及西南環大西洋南北距千有四十里東西距二千里綜計

爲方里者百八十萬明憲宗成化二十二年葡萄牙人伯爾粟來美始覓得其地後三百餘年丹英人來分據之至嘉慶二十年始盡歸於英分置六十五邑駐大兵帥總制之

首城曰岌朴敦 一作革伯盾 一作岌當

西南臨大西洋海口

麼羅瓦巴 一作麼諾麼達巴 一作麼諾達巴 一作馬拿莫大 一作莫訥木大彼亞 一作摩奴摩塔帕 一作烏魯阿 一作莫盧阿 一作馬路魯司 一作烏干達

在赤道南七八度之間莫三鼻之西北其東爲坦干伊喀湖南卽馬可羅羅瀛寰志略謂摩諾摩達巴在莫三鼻之西南甚誤地理全志承其誤謂摩諾摩達巴卽索發拉尤謬

馬可羅羅 一作麻科羅羅 一作瑪哥羅羅

在歷羅瓦之南三北西河之北西境大山橫亘踰山即為公領界地

馬塔卑力蘭 一作馬塔卑力

緯線自赤道南十五度三十分起至二十二度二十分止經線自京師偏西八十四度十分起至九十度五十分止北抵三比西河南界脫蘭士甫爾東界索發拉西界伯楚阿那其地縱橫各約千餘里

伯楚阿那 一作不書阿那 一作磨舒阿那 一作莫舒阿那 一作布書阿那 一作彌珠阿那 一作比朱亞那 一作備朱阿那

在非洲南境適中之地北抵三比西河南接格里夸蘭東界馬塔卑力蘭及脫蘭士甫爾西連加剌哈里沙漠縱約千餘

里橫半之居民皆土番

屬城一曰庫盧曼 一作庫魯曼 一作古魯曼

一曰哥羅賓 一作可羅榜 一作哥落浜 一作科羅本

格里夸蘭 一作克利加蘭 一作格里跨蘭 一作格黎訶蘭

緯線自赤道南二十七度三十分起至二十九度二十分止經線自京師偏西九十一度三十五分起至九十四度三十分止南北距四百里東西距六百餘里綜計為方里者十四萬九千六百七十同治十年英人取其地設官治之

加剌哈里沙漠 一作卡拉哈利 一作喀拉海力 一作喀喇哈里

在伯楚阿那合丁突之間其南為奧凌賁河

馬達加斯加 一作馬達加斯加爾 一作馬狎甲 一作馬大押甲 一作馬達加葛 一作馬那亞司加大 一作馬利加時架 一作馬達加斯架 一作馬他牙士里 一作墨勒阿士喀 一作馬特加斯格 一作馬達格斯格 一作抹達軋斯喀 一作麥達加斯格 一作瑪達嘎斯嘎 一名聖老佐楞

緯線自赤道南十二度起至二十五度十五分止經線自京師偏西六十七度起至七十三度止南北距二千七百里東西距千餘里綜計為方里者二百二十萬本印度洋大島坩近非洲之莫三鼻中隔海峽相距約六七百里自古為獨立之國王位歷代相傳政由君出居民皆黑番奉回教明武宗正德五年葡萄牙人來建城堡於海濱生聚甦蕃後為荷蘭人所奪旋棄之去乾隆五十五年法蘭西人卞約斯加來島之東岸謀據地土人羣起抗之乃止嘉慶九年英人始與其王立約建商埠王名拉達馬有權智略定全島地分為二十

八部設學興教更定兵制頒以西法部署之尋王妃有淫行弒王自立禁封海港盡逐歐洲教徒之在島者法英合兵擊之不勝而退女王死外國船仍來往如故光緒九年法人以兵來攻十一年與法議和以六海口之稅奉法法遂置領事駐兵防守之然國事尙島王自主法人不過問也

都城曰達那那里窩 一作達安阿里窩 一作塔那那里窩

在內地

釋北美洲各國第五

美利堅 一作米利堅 一作彌利堅 一作美理哥 一作美利哥 一作哶哩干 一名合眾國 一名攝邦國 一名奈育士迭 一名聯邦 一名花旗國

緯線自赤道北二十四度三十分起至四十九度止經線自

京師偏東百二十度起至百七十八度止北界英屬加拿他南抵墨西哥海灣西南界墨西哥東抵大西洋西抵太平洋南北距五千里東西距萬一千六百里綜計爲方里者三千二百萬有三千八百四十其地舊皆野番散居明世宗嘉靖中英吉利人航海至此驅逐番族甍徙國人實之尋法蘭西與地利亞丹馬荷蘭瑞典西班牙諸國人相率西來據地開墾遂成沃壤英人乃擇地建城設官駐守權其歲入以益國用數百年來倚爲外府乾隆中英與法人爭地搆兵累年百計括饟橫征苛斂美利堅人不能堪三十九年美人畔英會議於費拉地費城屬濱西洼尼推華盛頓爲大師華盛頓者勿爾吉尼阿人生於雍正九年少有大志智勇過人嘗率兵助英

擊滅南境土番英人沒其功不錄頓遂謝病歸至是領衆攻波士頓城屬麻薩朱色不利衆少卻頓以義氣激厲將士復進兵攻克之於是條列英人罪狀十二端布告各國建國號曰合衆英人起傾國之師來討頓率諸部迎敵血戰八年屢躓屢振志氣不少衰四十七年法蘭西西班牙連兵攻英荷蘭亦數出兵要擊英人於海上英三面受敵而頓兵愈張英人自念老師糜饟終不能勝頓乃與頓盟畫界分疆聽其自立頓既定國諸部議上尊號頓持不可乃創爲民主之制抑君權置國會自稱曰伯理璽天德伯理璽天德者猶言大首領也由國會推立四年一易再任復四年任滿不得再舉永著爲例諸部各置首領其制亦如之而皆聽命於伯理璽天德國有大事則國會集國人議之請於伯理璽天德然後施行頓在位專務休息且與諸部約毋暴虐小民毋自相爭殺有不如約者共伐之故國內承平者六十餘年至咸豐十一年乃有南北爭黑奴之戰先是英人常自非洲販賣黑奴至美主者役之如牛豕南部人尤虐待之北部下令嚴禁并及南部南人不從爭鬨不已及林肯北部人爲伯理璽天德禁之益急南人不用命遂舉兵反據里支門屬勿爾吉尼阿爲僞都鏖戰連年舉國震動然南部孰弱終不敵北部至同治四年南部平亂始定美人嘗自謂在大地別爲一世界不欲佳兵勤遠略然年來屢與西班牙搆爭奪小呂宋島并及古巴雖未能得志固未嘗一日忘也近復與日本爭三德維支島竟强取爲藩

屬蓋已寖寖變其舊局矣舊分諸部爲十三邦嘉慶二十四年增置五邦道光二十八年增分二十六邦三部光緒元年增至三十七邦後哥羅拉多亦升爲邦凡爲邦三十八屬八部落二

都城曰華盛頓一作華興頓　一作瓦升盾

隸哥倫米阿

墨西哥一作墨西科　一作墨是可　一作默西可　一作墨西果　一作美詩哥　一作美希哥　一作墨息哥　一作麥西哥　一作麥悉哥　一作米基斯哥

緯線自赤道北十五度三十分起至三十二度三十分止經線自京師偏東百三十度起至百四十七度四十分止北及東北界美利堅南界危地馬拉東環墨西哥海灣西抵太平

洋西北別有一土曰下加里福尼阿如人臂掉入海中與美屬之加里福尼阿南境毘連自西北至東南相距四千五百里東西距廣處千六百餘里狹處貳四五百里不等綜計為方里者五百有四萬一千四百其國在美洲創建最早唐太宗時有亞洲人遷居其地馭制土番導以文物制度風俗為之丕變國內有廢城極大相傳為千餘年遺蹟明武宗正德十六年西班牙人以兵滅之據其地國內山多產金商舶麕至攻礦之廠常數千區西班牙以此驟富乾隆季年美人華盛頓崛起北方墨西哥人聞而慕之嘉慶十一年墨人推美蘭達為酋長起兵叛西班牙西班牙征之累年始服十九年墨人又叛而自立推大將依多畀德為王尋廢之效美利堅

國制設共和政府然其國多內亂廢弑頻仍道光九年北部德沙叛墨人擊之不能克遂聽其自立二十九年墨人復擊德沙德沙降於美利堅墨人與美人戰敗績割加里福尼阿及北境地以講同治元年首領蘇亞勒士性苛察專務壓制外人於是英法西班牙皆以兵艦來問罪墨人懼乞和法人乘勢進攻其都城拔之蘇勒亞士出奔法人遂廢共和政府立奧斯馬加王族馬西密鄰為王越三年墨西哥共和黨突起逐馬西密鄰旋執而殺之蘇勒亞士復歸為首領悉捕誅前之叛已者自是變亂相尋至同光間始稍安而國埶則已積弱不振矣

都城同國名建臨河上

危地馬拉（一作瓜的馬拉一作瓜地馬拉一作卦得馬拉一作跨的馬剌一作危的麻喇一作瓜達麻臘一作瓜第瑪拉一作告提抹辣一作瓜地麻拉）北及西北皆界于加單南界三薩瓦多東南接閎都拉斯東界英屬閎都拉斯及加力比安海西南抵太平洋南北距約千里東西距四百餘里綜計為方里者二十萬有二千四百八十

都城同國名在內地（一名新危地馬拉）

閎都拉斯（一作閎都拉斯一作洪都拉斯一作閎都拉士一作杭度拉斯一作杭度辣一作杭杜辣一作很度拉斯一作亨都來司一作亨都拉斯一作歎都）北及東北環加力比安海南及東南界尼加拉瓜西南界三薩瓦多西界危地馬拉南北距四百五十里東西距千二百

里綜計為方里者二十五萬六千四百

都城曰哥麻牙瓜（一作哥麻牙卦一作哥馬雅瓜一作科麻夸）在內地

三薩瓦多（一作三薩耳瓦多一作桑薩爾瓦多耳一作桑撒爾瓦多耳一作桑薩爾瓦一作聖薩瓦多一作聖薩發道一作山薩弗道一作散撒勒法多一作薩拉瓦多爾）北及東界閎都拉斯南抵太平洋西北接危地馬拉南北距百五十里東西距七百餘里綜計為方里者六萬六千九百六十

都城同國名近海

尼加拉瓜（一作尼嘎阿格一作尼加拉危一作尼喀拉瓜一作呢加拉乖一作尼戞拉挂一作尼戞阿格一作逆喀拉夸一作尼格拉古）

北及西北界閎都拉斯南界哥斯德里加東抵加力比安海西南抵太平洋地形如三角縱横各約千餘里綜計爲方里者三十三萬九千五百

都城曰馬那瓜 一作滿拿瓜 一作麻那夸

建於馬那瓜湖西岸

屬城二一曰加拉那大 一作格蘭拿大

濱尼加拉瓜湖貿易繁盛

一曰利安 一作雷恩

在馬那瓜湖西北

哥斯德里加 一作哥斯德爾黎加 一作哥斯德爾尼加 一作哥斯特黎加 一作考斯搭里噶 一作科士他力喀 一作闊斯達立嘎 一作革斯達利嘎 一作可斯卡爾黎加

北界尼加拉瓜東北抵加力比安海東南抵巴拿馬頸西南抵太平洋自西北至東南相距七百五十里東西距三百餘里綜計爲方里者十八萬二千二百八十

都城曰三若西 一作三和塞 一作桑若塞 一作散何塞 一作散貨色 一作聖綽賽

在内地建於山谷之中

案上五國舊本一地居美洲南北之中故亦稱曰中亞美利加緯線自赤道北八度起至十七度止經線自京師偏東百四十七度起至百五十七度三十分止地形屈曲而長側安達斯大山自北來通貫如脊種族風俗與墨西哥略同始屬西班牙後叛附於墨西哥道光四年乃分立爲民主之國

英屬閎都拉斯 名詳上

緯線自赤道北十五度四十分起至十八度三十分止經線自京師偏東百五十六度起至百五十七度四十分止西北界于加單西南界危地馬拉南接閎都拉斯東抵加力比安海南北距四百七十里東西距百八十里綜計爲方里者五萬二千九百三十舊屬西班牙嘉慶間英人奪之設兵駐守同治元年置副兵帥屬牙賣加島大兵帥兼轄光緒十年復置大兵帥專治之

首城曰百里斯 一作百黎士 一作貝離司 一作比釐斯 一作拜里 一作巴利斯

東臨加力比安海

英屬加拿他 一作加那大 一作喀那達 一作喀訥塔 一作喀納塔 一作坎拿大 一作堪納達 一作堪那大 一作間拿達 一作干阿達 一作加那他 一名新北勒達尼 一名新北勒達尼亞

緯線自赤道北四十五度起至七十八度止經線自京師偏東百有十度起至百九十七度止北至北冰洋西北界美屬之阿拉斯加南界美利堅東抵大西洋西抵太平洋南北距六千六百里東西距萬四千餘里綜計爲方里者三千四百五十七萬有奇大於英吉利本國約三十倍其地自古不通別土明時歐羅巴人探地至此聚居開墾來者甚衆而法蘭西人所闢之地尤多英吉利既定美利堅地乃移兵侵略北境與法人戰爭累年竟奪而有之乾隆末美利堅叛英自立與英分疆而治凡南境膏腴之地皆歸於美英所得者不過荒寒瘠壤而已然英人故重視之孳孳經營日臻繁庶合諸島分爲八省迤北冰海之地皆隸屬之其建官行政大略與

東方之印度同置大兵帥一駐安大利疴省總制全部餘省各置副兵帥分領之

首城曰阿達瓦 一作俄達瓦　一作鄂荅瓦　一作鄂塔威　一作阿塔嶅　一作阿多華　一作敖杜溫

隸安大利疴省建臨阿達瓦河南岸爲大兵帥治事之所

古巴 一作固巴　一作苦伯　一作庫友　一名費那顛那　一名散地亞古　一名亞非馬利　一名求孛

緯線自赤道北十九度五十分起至二十三度十分止經線自京師偏東百六十四度四十分起至百七十四度十分止島形如偃刀橫亘加力比安海中迤北稍東與美屬之佛羅里達相直東南與牙賣加島相直極東與海地島隔一海峽相距不過百八十餘里極西與墨屬之于加單相直南北距廣處三百六十餘里狹或不足百里東西距二千二百五十里綜計爲方里者二十九萬九千八百六十明孝宗宏治四年西班牙遣其臣哥倫波探新地得此島寖徙國人實之既又自非洲掠販黑奴來島督之耕作歲以一二萬人至生齒寖蕃世宗嘉靖十六年法蘭西人來攻三十二年法人復來攻取之尋復爲海盜所據乾隆二十六年英人以兵攻奪之年餘棄去復屬西班牙嘉慶二十二年始與各國通商同光間西班牙既盡亡其屬地乃壹意經營此島分置六省設官治之光緒十七年西班牙復并古巴六省爲中東西三省省置兵帥一更置大兵帥總制之然西官多暴虐島人不能堪二十三年島人起兵叛西班牙西班牙討之不克美利堅復以兵來爭西班牙知不敵乃聽古巴立爲自主之國

都城曰哈萬拿 一作合瓦那　一作哈瓦那　一作夏瓦那　一作夏灣拿　一作曷番訥　一作阿法那　一作海佛那

北臨海口

海地 一作海提　一作海低　一作海的　一作海帶　一作阿依底　一作義斯巴尼約拉　一作亥第

與三多明哥合居一島地形槎枒在古巴之東稍南緯線自赤道北十七度四十分起至二十度止經線自京師偏東百七十三度五十五分起至百七十九度五十分止南北距中央五百餘里極東極西長不過百餘里東西距千二百二十里東爲海地所占地爲方里者七萬一千四百二十一西爲三多明各所占地爲方里者十二萬六千二百九十五明時西班牙人探地西來獲此島據其東偏既而法蘭西人復來據島之西偏歲市黑奴以供耕墾久寖蕃衍黑人至四十萬口而法人僅萬餘法待黑人寡恩黑人寖不用命乾隆五十六年黑人乘法有內亂殺其守者以叛法不能討於是西黑人推立酋長建爲海地西部東黑人乘機煽起逐西班牙人亦自建一部曰三多明哥與海地時有戰爭今並立爲民主之國

都城曰波德比鄰 一作波爾德比　一作波安比林士　一作波爾德比零塞　一作撥倒奔斯　一名京港

西臨海灣

三多明各 一作三多明各斯　一作三都明谷斯　一作桑多明各　一作桑都名額斯　一作生度明古　一作

生度明哥一作聖多明哥一作聖朵明果一作山度明哥一作散道明古一名都民尼加一名多米呢喀一名兜米尼

都城同國名南臨海港

釋南美洲各國弟六

新加拉那大一作金加西蠟一作新額那地一作新格侖乃大一作新格剌納達一作紐格侖那大一作紐克來乃苔一名哥倫比亞一名可倫比亞一名可倫巴一名科侖比亞一名科隆比阿一名克侖比亞一名勾倫畢

緯線自赤道南二十分起至十一度五十分止經線自京師偏東百六十五度四十分起至百七十五度三十五分止北抵加力比安海南界厄瓜多東南界巴西東及東北界委內瑞辣西抵太平洋南北距二千三百餘里東西距二千里綜

計爲方里者三百有二萬四千二百一十明孝宗宏治間西班牙遣哥倫波探新地先得此土及厄瓜多委內瑞辣建三部設官領之嘉慶十五年部人作亂逐西班牙守吏搆兵八年西班牙不能克遂并立爲可倫比亞國道光八年仍舊部分爲三國國制皆如民主

都城曰波哥大一作波哥塔一作波哥達一作巴栽他一作保固他一作薄穀他

隸公的那馬加部

厄瓜多一作厄瓜爾多一作義奎多耳一作唵蒯道一作哀瓜多一作愛乖度一作哀瓜朵耳

緯線自赤道北一度十分起至南四度止經線自京師偏東百六十三度三十五分起至百七十四度五分止北界新加拉那大南界祕魯東界巴西西抵太平洋南北距六百里東西距二千一百里綜計爲方里者百五十三萬三千八百八十八

都城曰基多一作基都一作啟拖一作計都一作計多

隸比申沙部建於山頂

委內瑞辣一作委內瑞拉一作威內瑞拉一作威尼蘇拉一作委尼瑞辣一作非尼蘇意拉一作文尼俞意拉一作維呢蘇拉一作分額兒拉一作番乃賽拉

緯線自赤道北一度四十分起至十二度止經線自京師偏東百七十二度起至百八十五度止北抵加力比安海南界巴西東界瓜阿那西界新加拉那大南北距二千餘里東西距二千四百里綜計爲方里者二百五十七萬七千六百四十

都城曰加拉架一作喀拉加士一作加拉甲一作加拉架斯一作嘎拉嘎斯

與首部同名建於山谷之中

瓜阿那一作古牙那一作歪阿那一作器阿納一作器亞那一作基阿那一作基晏拿一作吉亞那一作圭亞那一作危亞那一名莵業一名貝的司構奈

緯線自赤道北二度四十分起至八度十五分止經線自京師偏東百八十四度起至百有九十三度二十分止北及東北環大西洋南及東南西南界巴西西界委內瑞辣南北距英境千六百里荷境八百里法境七百餘里東西距二千里綜計爲方里者百六十萬其地爲英吉利荷蘭法蘭西三國人所共闢東屬法西屬英中央屬荷各置官吏駐守

英曰佐治當一作若日登一作若爾日唐一作杳治當一作若爾日一作交治湯一作基奧耳

止登
占地最廣約爲方里者七十七萬內有數地係於嘉慶間
奪自荷蘭近遣大兵帥專治之
荷蘭曰巴刺馬利波一作巴拉馬利波　一作巴拉馬利破美　一作巴拉馬利　一作帕來麻力布　一名蘇利南　一名蘇里囊
占地約三分之一
法曰開延一作加延　一作加音尼　一作加夜那　一作加夜拉　一作喀愛恩　一作開安　一作貴雁
占地約四分之一
巴西一作巴悉　一作伯爾西　一作巴拉西利　一作祓西　一作布拉熱爾　一作白來齊耳　一作勃拉西爾　一作巴喇西勒
緯線自赤道北五度十分起至南三十三度十分止經線自

京師偏東百七十三度十五分起至二百有九度十分止北
界瓜阿那委內瑞辣新加拉那大西北界厄瓜多西境北自
祕魯界起南至拉巴拉他界止曲抱玻利非亞巴拉圭西界
西南抵烏拉圭東及東北東南環大西洋南北距七千六百
餘里東西距七千二百里綜計爲方里者二千一百七十萬
有七百二十地面之廣約占南洲七分之三明孝宗宏治十
三年葡萄牙人探得其地徙國人墾闢之旋爲荷蘭所奪占
據者幾六十年後葡人逐荷人復有其地生聚二百餘年遂
爲海西大部嘉慶間葡王避法難奔巴西旋還國留其子北
德祿王之旣而葡國有內亂北德祿復歸葡巴人遂奉其子
北德祿弟二爲王政由自主不受葡轄尋稱帝光緒十五年

始改爲民主之制國分二十部
都城曰里約熱內盧一作來納熱內盧　一作略乍內羅　一作牙匪羅　一作里歐　一作鼇俄特札尼羅　一作力俄札尼羅　一名巴辣希
與首部同名東臨海口
玻利非亞一作玻里非亞　一作玻利未亞　一作玻里委亞　一作玻里維亞　一作波里非阿　一作波利斐亞　一作波力斐唵　一作摩里威那　一作破利威　一名高祕魯　一名高伯路　一名高北盧
緯線自赤道南九度起至二十四度止經線自京師偏東百
七十三度五十分起至八十六度二十五分止北與東界巴
西南界拉巴拉他及巴拉圭西界祕魯西南有地斜削越安
達斯大山錯界祕魯智利二國之間直抵太平洋南北距三
千里東西距廣處二千五百里狹處約七百里綜計爲方里

者三百三十萬有三千一百舊本與祕魯爲一國故有高祕
魯之稱道光五年叛西班牙別立爲民主之國地分六部
都城曰朱基薩加一作朱基沙加　一作朱規薩加　一作楚基薩格　一作楚啟薩喀　一名蘇克列　一名蘇革雷　一名乍爾加斯　一名加申
與首部同名
祕魯一作庇魯　一作孛魯　一作比魯　一作丕魯　一作北盧　一作白路　一作孛路　一作孛露　一作白露　一作北路
緯線自赤道南三度起至二十度止經線自京師偏東百六
十三度二十五分起至百七十六度五分止北界厄瓜多南
界玻利非亞東界巴西及玻利非亞西及西南抵太平洋地
形上廣而下銳南北距三千四百里東西距廣處二千里豎

南甦俏至南界盡處不過三百里綜計爲方里者三百五十一萬九千三百其地自古爲土番部落明時西班牙既得哥倫比亞聞祕魯產金銀遂移兵來攻以巨礮擊其都城破之國人皆竄匿西班牙人據其地設官駐守之嘉慶十五年西班牙困於法外藩多叛祕魯人亦乘機煽亂戰爭幾十年道光元年西班牙有內亂罷討祕魯兵祕魯遂自立國定制爲民主國分七部

都城曰利馬一作利瑪　一作里馬　一作力麻

與首部同名西臨海

智利一作智理　一作治利　一作治理　一作濟利　一作支利　一作智勒

緯線自赤道南二十四度起至四十一度三十分止經線自

京師偏東百七十一度起至百七十三度四十五分止北界玻利非亞南界巴他峩拿東界拉巴拉巴西及西南抵太平洋南北距三千五百里東西距四百里綜計爲方里者百二十一萬六千八百二十九舊屬西班牙嘉慶十五年西班牙衰亂南洲各國皆叛智利亦閉境自專度力不支求援於拉巴拉他遂立爲民主之國光緒五年與祕魯搆兵連戰皆捷乘勝進逼其都城祕首領出奔七年祕人乞和割苔拉巴加地以講並償兵費銀二十兆圓國分八部

都城曰散地牙峩一作三的牙痾　一作散提牙果　一作三的亞麻　一作散提阿果　一作散第亞哥　一作三斐蘭杜

與首部同名建於高原深林之中

拉巴拉他一作拉巴他　一作孛臘達　一作拉八他　一作拉魄拉塔　一作拉布剌塔　一作拉潑拉大　一作拉不拉塔　一作伯拉達　一名阿爾仁的納　一名哀欽梯乃　一名亞勒桑丁　一名阿根庭　一名阿眞田　一名亞眞田　一名阿眞坦　一名阿冉丁　一名阿根第那　一名巴拉大河國　一名銀國　一名由乃的朴拉文士土

緯線自赤道南二十度起至四十度止經線自京師偏東百七十三度十分起至百九十一度十分止北界玻利非亞南界巴他峩拿東界巴拉圭巴西烏拉圭東南抵大西洋西阻安達斯大山與智利爲鄰南北距四千里東西距廣處三千二百里狹處一二千里綜計爲方里者五百有十萬五千六百舊爲野番部落明時西班牙人據之設兵帥守其地嘉慶十三年部人逐守者自立爲國效美利堅之制推立大首領

兼攝各部凡爲部十四

都城曰不宜諾塞利一作不宜塞利　一作布宜諾塞利　一作捕諾愛勒　一作伯偉挪哀勒　一作皮湖那司愛爾斯　一作卜諾塞力斯　一作卜諾塞力士　一作佈壽二賽力斯

與首部同名建臨拉巴拉他河入海處

巴拉圭一作巴拉乖　一作巴來蒯　一作巴拉吾愛　一作巴拉危涯　一作帕拉蒯

緯線自赤道南二十二度二十分起至二十七度二十分止經線自京師偏東百八十五度二十分起至八十八度三十分止東北及東境與巴西牙錯西北界玻利非亞西南二面皆包入拉巴拉他界內南北距千餘里東西距六百里綜計爲方里者三十九萬九千六百二十明世宗嘉靖五年意大利人得此土開墾日廣十四年西班牙人奪而據之以天主

教師領其地乾隆三十二年土人逐教師屬於拉巴拉他迫拉巴拉他叛遂亦自立爲民主國同治四年與巴西搆怨巴西連拉巴拉他烏拉圭二國之兵來攻鏖戰五年巴拉圭大敗削去疆土幾半

都城曰阿松桑一作阿松筍　一作亞松西雲　一作唵松西翁　一作阿孫西恩　一作亞孫翁

與首部同名建臨巴拉圭河東岸

烏拉圭一作烏拉乖　一作烏拉怪　一作烏魯圭　一作烏魯拐　一作烏路危　一作伍魯令愛　一名昔斯巴拉的那

緯線自赤道南三十度起至三十五度五分止經線自京師偏東百八十五度三十分起至百九十四度四十分止北界巴西東與南瓌大西洋西界拉巴拉他南北距約千里東西

距千八百餘里綜計爲方里者六十五萬二千三百舊本拉巴拉他地後爲巴西所奪道光六年部人叛巴西自立爲民主之國地分九部

都城曰蒙德維羅一作蒙德維的　一作蒙特維的俄　一作文他威多　一作門德斐丟　一作麥得肥地亞　一作斐台斐氏皦

與首部同名南臨海口

巴他峩拿一作巴他峩尼　一作巴羅彌那　一作巴塵科尼　一作伯大加尼　一作巴塔貢尼阿　一作帕塔果尼阿　一作巴達哥尼亞　一作八的哥尼阿　一作奥律高尼亞　一作奧律戈尼亞　一作潑退周尼阿　一名智加　一名長人國

緯線自赤道南三十九度起至五十三度止經線自京師偏東百七十二度起至八十二度止北界拉巴拉他及智利南抵麥哲論海峽東抵大西洋西抵太平洋南北距二千八百里東西距二千里人皆野番散處不成部落肢體長大如常人一身有半在安達斯大山東境者屬於拉巴拉他約爲方里者二百萬在山之西境者屬於智利約爲方里者八十四萬

海國與地釋名卷三終

海國輿地釋名卷四

湘鄉陳士芑翼謀甫纂

釋亞洲各國屬地弟七

日本屬

本洲　一名中土

居本國之適中畿內東海東山山陰山陽北陸諸道幷南海道之紀伊淡路二國皆隸之爲方里者十萬有奇

橫濱　一名約喀哈瑪

南臨東京灣距東京七十餘里

大阪　一作大坂　一名我塞客　一名五薩甲

隸攝津距西京約數十里

兵庫　一作賓庫　一名希㕑歌　一名喜我歌

隸攝津

神戶　一名痾撒喀　一名浘華　一名可排

在兵庫之西距大阪約六十里

新瀉　一名尼休嘎搭　一名啝牙達

隸越後

四國　一作西各

東北至本洲西南至九洲南海道之土佐阿波伊豫讚岐西四國隸之爲方里者七千三百

九洲　一作九守　一作九修

東至四國西北臨高麗海峽西海道隸之爲方里者萬八千有奇

薩摩島　一作薩峒馬　一名也蘇　一名鹿兒　一名葉沙　一名葉梭

在九洲之西南長百七十餘里廣六十餘里

壹岐島　一作伊岐

在九洲之西北長三十里廣二十餘里

長崎　一名那喀撒幾　一名孥家石磯

在九洲之西隸肥前

蝦夷　一名蕿服

在本洲之東北北海道隸之爲方里者三萬五千有奇

箱館　一作褱館　一名哈喀搭提　一名哈穀達的

隸渡島

千島　一名古里利　一名固力里　一名古里　一名枯里爾

在蝦夷之北大小凡三十一島本屬俄羅斯日本以樺太島易之隸於北海道

小笠原島　一名波寕　一名佈寕

在本洲之東南凡十七島隸於東海道

坿琉球諸島

久高島　一名姑達佳

津堅島　一名津奇奴

巴麻島　一名濱島

以上三島在東

慶良間島　一名前計羅摩島　一名東馬齒山

座味閒島一名計羅摩　一名西馬齒山
姑米島一名久米　一名球美　一名姑米山
以上三島在西
永部島一名伊闌埠　一名伊藍埠
由論島一作與論
德島一名度姑
由呂島一作與呂
佳奇呂麻島一作加計留麻　一作卡奇路馬　一名陀克一名冠毧
大島美國一名烏父世麻　一名阿摩美　一名小琉球　古名奄
喜界島一作奇界　一作鬼界
以上七島在東北

渡名喜島一名度那奇山
粟島一作粟國　一名安根岷　一名安護仁
伊江島一名椅山　一名椅世麻　一名崎山
伊平屋島一名葉壁山
鳥島一作依阿　一名黑島　一名硫磺山
以上五島在西北
宮古島志古一名麻姑山　一名迷姑山　一名迷古山　一名麻
伊喜閒島一名伊奇麻
古裏閒島一名李麻
以上三島在南
石垣島加紀一名八重山　一名爺馬　一名北木山　一名信覺　一名彝師

宇波閒島一名巴度麻
與那國島一作由那姑呢
古迷島一作姑彌
當武島一名達奇度奴
入里島一名姑呂世麻
新城島一名阿喇姑斯
波照閒島一名巴梯呂麻
以上八島在極西南界

朝鮮屬

陽川陽原一名孔巖　一名巴陵　一名齊陽　一名陽平　一名
衿川始興一名黔州　一名衿陽　一名衿果　一名穀壤　一名

果川林津一名果州　一名富安　一名栗林　一名栗富　一名
廣州淮安一名廣陵　一名奉國　一名南漢　一名漢州　一名漢山　一名
高陽遇王一名德陽　一名皆伯　一名幸州　一名王逢　一名高峰　一名
富平安南一名吉州　一名長城　一名樹州　一名桂陽　一名
安山一名蓮城　一名獐口
楊州一名昌化　一名見州　一名來蘇
金浦一名金陵　一名黔浦
龍仁一名龍駒　一名駒城　一名滅烏　一名巨黍
仁川一名仁州　一名慶源　一名邵城
坡州峰城一名坡平　一名瑞原　一名原平　一名鈐平　一名曲成　一名
交河一名宣城　一名原火　一名屈火

水原 買忽 一名水州 一名水城 一名隋城 一名漢南 一名
通津 一名汾津 一名守安 一名童城 一名北史
抱川 一名抱州 一名堅城 一名清化 一名馬忽
南陽 隆中 一名益州 一名寗隄 一名江寗 一名唐城 一名唐恩 一名
江華 海口 一名江都 一名沁都 一名沁州 一名穴口 一名
長湍 夜牙 一名耶耶 一名湍州 一名臨湍 一名長臨 一名溫川 一名
楊根 一名濱陽 一名恒陽 一名益和 一名永化
振威 一名淵達 一名釜山
積城 一名七重城 一名乃別重城
陽智 一名陽山 一名楊艮 一名秋溪
加平 一名嘉平 一名幷平 一名斤平

利川 一名永昌 一名南川 一名南買 一名黃武
永平 一名永興 一名梁骨 一名洞陰
漣川 一名漣州 一名漳州 一名獐浦 一名熊閃
陽城 一名赤城
開城 松京 一名開京 一名開州 一名皇都 一名松都 一名
砥平 一名砥隄 一名砥峴
竹山 一名竹州 一名延昌 一名介山 一名陰平
安城 一名白城
麻田 一名麻田淺 一名臨湍 一名泥沙 一名波忽
驪州 名黃利 一名永義 一名黃驪 一名驪江 一名興驪城 一名黃驍 一
豐德 河源 一名海豐 一名德水 一名貞州 一名昇天 一名

喬桐 一名高林 一名木雲
陰竹 一名雪城
朔寗 幢梁 一名非勿 一名安朔 一名朔邑 一名所邑 一名僧嶺 一名

以上隸京畿道京畿道東北界江原道西北界黃海道東南界忠清道西至於海

安邊 鶴城 一名登州 一名朔方 一名朔庭 一名淺城 一名
德源 宜春 一名東牟 一名湧州 一名春城 一名泉井 一名德州 一名宜州 一名宜川 一名宜城 一名
文川 一名文州 一名伊均 一名妹城
高原 一名高州 一名洪原 一名德寗
永興 雙城 一名長嶺 一名唐文 一名和州 一名和寗 一名博平 一名歷陽 一名
定平 一名定州 一名宜威 一名中山 一名千丁

咸興 一名咸州 一名咸山 一名咸平 一名洽蘭
洪原 一名洪獻 一名洪肯
北青 一名青州 一名青海 一名安北 一名三撒
利城 一名時利 一名觀城 一名河沙 一名多甫
端川 一名端山 一名甑州 一名福州
甲山 一名甲州 一名虛川 一名夷山
三水 一名三江
吉州 洋弓 一名漢村 一名吉城 一名雄城 一名三海 一名海洋 一名
明川 一名明原
鏡城 一名雉城
富寗 一名富居 一名寗山 一名石幕

茂山一名三山　一名鼇木
會寧山吾一名會山　一名音會　一名阿木　一名河鼇　一名
鐘城一名鐘山　一名愁州　一名愁城
穩城一名多穩　一名平氈城
慶源一名匡州　一名孔州　一名楸城
慶興一名孔城　一名孔州　一名匡城　一名禮城
以上隸咸鏡道咸鏡道一稱北關卽古沃沮國地北至中國
界南至海西南界江原道東抵圖們江西界平安道
鐵原陸昌一名鐵城　一名鐵圓　一名昌原　一名東州　一名
春川安陽一名鳳山一名春州　一名壽春　一名朔州　一名光海　一名
金化一名富平　一名花山　一名花江　一名夫如

安峽一名安朔　一名窮嶽
橫城一名橫川　一名潢川　一名花田
狼川一名狌川　一名華陰
洪川一名花山　一名綠驍
原州成安一名原城一名鶴城一名平原　一名靖原　一名盎興　一名一新　一名
平康一名平江　一名斧壤　一名廣坪
金城一名金壤　一名盎城　一名道寧　一名母城
伊川一名伊珍　一名買花山
平昌一名魯山　一名郁烏　一名白馬
楊口一名楊溝　一名楊麓
麟蹏一名靈昭　一名烏斯回　一名豬足

淮陽一名淮州　一名各連城　一名連城　一名伊勿城
寧越一名奈城　一名奈生
旌善一名桃源　一名三鳳　一名沈鳳　一名朱陳
通川休壤一名通州　一名金壤　一名金蘭　一名金惱　一名
歙谷一名習比谷　一名習磎　一名鶴林
高城一名豐巖　一名達忽
江陵溟源一名東溫一名臨瀛一名濊國　一名臨屯　一名溟州　一名東原　一名
襄陽伊文一名峴山一名襄州　一名襄山　一名翼峴　一名翼嶺　一名
杆城一名邊城　一名水城　一名守城
三陟一名陟州　一名悉直　一名眞珠
蔚珍一名仙槎

平海一名箕城
以上隸江原道江原道一稱關東卽古濊貊地北界咸鏡道
西北界黃海道南界忠清道東南界慶尙道東至日本海西
界京畿道
聞慶一名聞喜　一名冠文　一名冠山
豐基安定一名基州　一名基川　一名基木　一名永定　一名
咸昌一名咸寧　一名古寧　一名古陵
順興一名興州　一名興寧　一名岌山　一名順政
榮川龜城一名榮州　一名剛州　一名奈靈　一名順安　一名
尙州陀阿一名上州　一名上洛　一名商山　一名沙伐　一名
醴泉水酒一名甫州　一名襄陽　一名基陽　一名清阿　一名

奉化一名鳳城　一名玉馬
禮安一名宜城　一名善谷　一名買谷
安東一名永嘉　一名古昌　一名昌甯　一名古甯　一名古藏　一名福州　一名石陵　一名花山
比安一名比屋　一名井屋　一名屏山
善山一名善州　一名嵩善　一名一善　一名和義
開甯一名青州　一名甘州　一名甘文
金山一名金陵
軍威一名赤羅
仁同一名壽同　一名玉山
義城一名聞韶　一名召文
星州一名星山　一名伽倻　一名廣平　一名岱州　一名新安　一名興安　一名京山　一名碧珍

義興一名龜城　一名龜山
青松一名青鳧　一名青寶　一名青己　一名積善　一名雲鳳
眞寶一名眞安　一名眞海　一名甫城　一名載巖
英陽一名古隱　一名益陽　一名延陽
新甯一名丁火　一名花山
高靈一名靈川　一名大伽倻
漆谷一名漆城　一名箕城　一名架山
大邱一名達城
元風一名元豐　一名元驍　一名包山
永川一名永州　一名永陽　一名臨皋　一名益陽　一名高鬱
河陽一名河州　一名花城

草溪一名清溪　一名八溪
慶山一名章山　一名獐山　一名玉山　一名押梁　一名押督
居昌一名居陀　一名居烈　一名濟昌　一名娥林
咸陽一名含陽　一名含城　一名許州　一名天嶺
昌甯一名昌城　一名昌山　一名下州　一名夏城　一名夏山　一名火王
陝川一名陝州　一名大良　一名江陽　一名大耶
慈仁一名仁山　一名其火
靈山一名鷲山　一名鷲城　一名西火　一名尙藥
清道一名道州　一名伊西　一名伊山　一名大城　一名馬獄　一名鼇山
甯海一名禮州　一名德原　一名丹陽　一名于尸　一名有鄰
安義一名利安　一名馬利　一名餘善　一名花林　一名感陰

慶州一名雞林　一名月城　一名金鼇　一名蛟州　一名東京
三嘉一名三岐　一名三支　一名山麻　一名樹嘉　一名杖嘉　一名壽鳳城
迎日一名臨汀　一名烏川
漆原一名漆吐　一名漆隄　一名茂陵　一名龜城
宜甯一名宜春　一名宜山　一名獐含
興海一名義昌　一名曲江　一名退火　一名鼇山
盈德一名野城
昌原一名義昌　一名義安　一名會原　一名檜山　一名合浦　一名還珠
咸安一名咸州　一名伽倻　一名河羅　一名金羅　一名沙羅　一名巴山
密陽一名凝川　一名密州　一名密川　一名密城　一名歸化
清河一名海阿　一名阿兮　一名德城

長鬐　一名鬐立　一名只沓　一名蓬山
彥陽　一名巘陽　一名巘山
河東　一名河南　一名青河
山清　一名山陽　一名會稽　一名四明
鎭海　一名八鎭　一名牛山
晉州　晉康　一名菁州　一名晉山　一名居陀　一名康州　一名菁川　一名晉陽　一名
蔚山　恭化　一名興麗　一名蔚州　一名河曲　一名火城　一名鶴城　一名
熊川　一名熊神　一名熊山　一名熊山　一名屏山
金海　金甯　一名臨海　一名盆城　一名駕洛　一名伽倻　一名金州　一名金官　一名
丹城　丹溪　一名赤村　一名江城　一名珍城　一名闕城　一名丹邑　一名
泗川　一名泗州　一名史勿　一名沛水　一名東城

梁山　一名梁州　一名良州　一名宜春　一名順正
昆陽　一名昆南　一名昆明　一名昆山　一名鐵城
固城　一名固州
南海　一名海陽　一名輪山　一名轉山　一名花田
東萊　一名萊山　一名蓬萊　一名蓬山　一名萇山
機張　一名良谷　一名甲火　一名車城
巨濟　一名裳郡

以上隸慶尙道慶尙道一稱嶺南卽古辰韓新羅地北界忠清道東北界江原道南至東海東至日本海西界全羅道

礪山　闕山　一名礪良　一名壺山　一名朗山　一名野山　一名
龍安　一名十城

咸悅　一名咸羅　一名甘勿阿
益山　一名益州　一名金馬
珍山　玉溪　一名珍州　一名珍同　一名黃山　一名進禮　一名
高山　一名鳳山
茂朱　珠溪　一名茂豐　一名茂山　一名丹川　一名赤川　一名
錦山　一名錦州　一名錦陽　一名錦溪　一名伊城
臨陂　一名坡山　一名鷲城　一名屎山
全州　一名安南　一名甄城　一名承化　一名完山
萬頃　一名杜山　一名豆乃山
金溝　一名鳳山　一名仇知　一名只山
金隄　一名碧骨

龍潭　一名玉川　一名勿居　一名清渠
沃溝　一名馬西　一名良玉山
泰仁　一名太山　一名武城　一名仁義　一名賦城
扶安　戒發　一名喜安　一名泯川　一名扶甯　一名扶風　一名皆火　一名休安　一名
任實　一名青雄　一名雲水
鎭安　一名難珍　一名阿越泿
井邑　一名井村　一名楚山
古阜　一名古沙　一名安南　一名瀛洲　一名大里
南原　一名古龍　一名龍城　一名帶方
純昌　一名純化　一名道實　一名玉川　一名烏山
興德　一名輿城　一名上柴　一名尙質　一名章德

高敞一名毛良　一名牟陽　一名夫里
長水一名長川　一名高澤　一名雨坪
玉果一名果支　一名雪山
潭陽一名潭州　一名秋城
長城一名伊城　一名岬城　一名邱珍　一名鼇山
茂長一名茂松　一名松山　一名長沙
谷城一名欲乃　一名浴川
雲峰一名雲城　一名阿容　一名阿英　一名阿莫　一名母山
昌平一名屈支　一名祈陽　一名鳴陽　一名鳴平
靈光一名武靈　一名静州　一名簾城
光州一名光山　一名武洲　一名武珍　一名翼州　一名海陽　一名化平　一名翼陽　一名茂珍　一名瑞石

同福一名福川　一名軀城　一名甕城
羅州一名發羅　一名通義　一名錦城　一名錦山
綾州一名綾城　一名連珠　一名爾陵　一名樹竹
南平一名永平　一名元雄　一名烏山
求禮一名鳳城
和順一名汝濱　一名汝湄　一名山陽　一名烏城
咸平一名咸豐　一名多岐　一名牟平　一名牟陽
樂安一名洛州　一名分沙　一名分嵯　一名分嶺　一名浮槎　一名陽嶽
順天一名昇平　一名昇州　一名武平　一名昇化　一名平陽　一名充海
務安一名勿良　一名錦州
光陽一名晞陽　一名老馬

靈巖一名月奈　一名朗山　一名朗川
寶城一名貝州　一名山陽
康津一名道康　一名金陵　一名耽津　一名陽武　一名鼇山
長興一名定安　一名懷州　一名烏次　一名烏兒　一名冠山
興陽一名高興　一名高陽　一名高伊　一名瀛洲
海南一名海珍　一名塞琴　一名浸純　一名投濱
珍島一名沃州
濟州一名東瀛州　一名耽羅　一名毛羅　一名耽毛羅
巨文島一名三山　一名仙山　一名哈密敦　一名韓墨爾登　一名哈覓爾登　一名安島

以上隸全羅道全羅道一稱湖南北界忠清道南至東海東界慶尚道西至黃海

平澤一名彭城　一名河入
稷山一名蛇山　一名慰禮城
天安一名歡州　一名歡城　一名任歡　一名兜率　一名甯州　一名甯山
牙山一名牙州　一名牙述　一名仁州　一名甯仁　一名陰峯岑
新昌一名昌城　一名温昌　一名屈直　一名祈梁
鎭川一名鎭州　一名隆州　一名降州　一名彰義　一名義甯　一名常山　一名萬努　一名首知　一名新知　一名黑壤　一名黃壤
木川一名木州　一名大麓　一名新定
全義一名全城　一名全岐　一名仇知　一名金池
陰城一名仍忽　一名雪城
温陽一名温昌　一名温泉　一名温水　一名湯井

禮山一名烏山　一名孤山
忠州（昌化一名蘂城）一名國原　一名中原　一名大原　一名忠原　一名
槐山一名槐州　一名槐壤　一名始安
大興一名任存　一名任城　一名今州
清安一名清淵　一名清塘　一名道西　一名道安
德山（馬尸山）一名今忽　一名德豐　一名今武　一名伊山　一名
燕岐一名全岐　一名燕山　一名仍只
清州一名青州（琅城一名全節）一名上黨　一名娘臂　一名西原　一名
洪川一名洪陽（海豐一名海興）一名安平　一名連州　一名知州　一名
沔川（馬山）一名沔州　一名槥郡　一名槥城　一名宗海　一名
結城一名潔州　一名潔城　一名潔已　一名秝城

海美（岑陽一名枳城）一名貞海　一名餘美　一名餘邑　一名餘村　一名
隄川一名義川　一名奈隄　一名奈吐　一名義原
公州一名公山（懷道一名安節）一名熊州　一名熊川　一名熊津　一名
延豐一名長延　一名上芼
青陽一名青武　一名古良
文義一名文山　一名牟山　一名燕山
清風一名沙熱
懷德一名雨述　一名朽淺　一名比豐
瑞山一名瑞州　一名瑞甯　一名基郡　一名富城
懷仁一名未谷　一名昧谷
定山一名悅已　一名悅城

唐津一名伐首只　一名夫只
保甯（杻城）一名新安　一名新城　一名新邑　一名新村　一名
鎮岑一名鎮嶺　一名眞峴　一名貞城　一名祀城
永春一名子春　一名乙阿朝
丹陽一名丹山　一名丹邱　一名赤城　一名赤山
藍浦一名寺浦　一名玉山
尼山一名尼城　一名魯山　一名恩山
扶餘一名餘州　一名半月　一名泗沘
報恩一名保令　一名保齡　一名三山
泰安一名蘇泰　一名蘇州　一名蒔城　一名蕁城
石城一名石山　一名珍惡山

林川一名林州　一名嘉林　一名加林
連山一名黃山　一名恩山
恩津（薪浦）一名德恩　一名德殷　一名德近　一名市津　一名
沃川一名沃州　一名管城　一名古尸山
鴻山一名大山　一名翰山
庇仁一名比衆
青山一名屈山　一名春山　一名突山
韓山一名韓州　一名鵝州　一名馬山　一名馬邑
舒川一名西州　一名西林　一名舌林
永同（永山）一名吉同　一名竹州　一名稽州　一名稽山　一名
黃澗一名黃青　一名黃溪　一名召羅

以上隸忠清道忠清道一稱湖西北界京畿道東北界江原
道西北至黃海南界全羅道東南界慶尙道
金川牛峯一名金陵　一名花山　一名屈押　一名江西　一名江陰　一名
白川名開興一名白州　一名刀驪　一名復興　一名雉嶽城　一名中翊　一名雊澤　一名銀州　一
兔山一名烏斯　一名月城
延安頤州一名鹽州　一名永膺　一名海皐　一名五原　一名溫州　一名陽原　一名復州　一名
平山東陽一名平州　一名大谷　一名永豐　一名延德　一名
瑞興隴西一名瑞城　一名玉谷　一名五谷　一名五關　一名洞州　一名
新溪覃州一名新城　一名新恩　一名檀溪　一名丹溪　一名
海州大寧一名安西　一名首陽　一名池城　一名孤竹　一名瀑池　一名長池　一名
鳳山池可一名鳳州　一名鳳陽　一名鵂巖　一名棲巖　一名

谷山一名古谷　一名永豐　一名鎭瑞　一名象山
遂安一名遂州　一名豬塞　一名獐栗　一名遼山
康翎一名永康　一名白翎
黃州冬乙鬱一名固寧　一名聖城　一名齊安　一名龍興　一名大龍　一名
載寧漢忽一名安州　一名重盤　一名安寧　一名安風　一名息城　一名
信川升山一名升州　一名花山　一名信州　一名信安　一名信城　一名
甕津一名甕遷
松禾一名青松　一名禾嘉　一名麻耕
長淵一名淵康　一名長潭
文化一名文城　一名儒州　一名闕口　一名始寧
安嶽一名椿嶽　一名楊山

豐川安州一名豐州　一名屈遷　一名西河　一名成海　一名
殷栗一名栗川　一名栗口
長連一名長命　一名連豐
以上隸黃海道黃海道北界平安道東北界咸鏡道南界京
畿道東界江原道西至黃海
中和一名唐嶽
平壤鎬京一名樂浪　一名栁京　一名箕城　一名西京　一名西都　一名
順安一名平郊　一名安定
江西一名舞鶴
江東一名松壤
咸從一名牙善　一名牙山　一名牙城

祥原一名土山　一名息達　一名今達　一名祥山
永柔一名永清　一名永寧　一名清溪　一名定水
慈山一名慈母　一名慈州　一名太安　一名文城
龍岡一名黃龍　一名龍城　一名烏山　一名軍嶽
甑山一名西河
三登一名能城　一名陽壤
肅川一名肅州　一名鎭國　一名平原
三和一名牛山
殷山一名殷州　一名同昌　一名興德
順川一名順州　一名靜戎
成川多勿一名成州　一名松壤　一名卒本　一名扶餘　一名沸流　一名

安州一名安陵　一名密城　一名息城　一名重盤　一名安北　一名甯州　一名彭原
孟山一名孟州　一名德孟　一名鐵城　一名鐵甕
博川一名博陵　一名博州　一名德昌
甯邊一名密雲　一名安朔　一名延山　一名延州　一名撫州　一名撫山
价川一名价州　一名連州　一名翼州　一名朝陽　一名安水
嘉山一名嘉州　一名信都　一名撫甯
甯遠一名遼原　一名永甯
泰川一名泰州　一名光和　一名甯朔　一名連朔
雲山一名雲中　一名雲陽　一名遠化　一名威化
德川一名德州　一名長德　一名遼原
定州一名定遠　一名烏川　一名新安

郭山一名郭州　一名長和　一名定襄
龜城一名龜州　一名萬年
陽德一名東陽　一名陽春　一名陽巖　一名樹德
宣川一名宣州　一名安化　一名通州
鐵山一名鐵川　一名鐵州　一名長甯　一名銅山
熙川一名熙州　一名威城　一名威州　一名清塞
龍川一名龍州　一名龍巒　一名長興　一名安興
朔州一名甯塞
昌城一名昌州　一名長靜　一名尼城
義州一名義保州　一名抱州　一名[illegible]州　一名龍灣　一名咸新　一名松山
碧潼一名碧團　一名陰潼　一名[illegible]　一名雪城

理山一名楚山
渭原一名渭城　一名密山　一名都漢
江界一名伊彦　一名石州　一名清源
以上隸平安道平安道一稱關西北抵鴨綠江南界黃海道
東界咸鏡道西至黃海
暹羅屬
斜仔一作埭仔　一作赤仔
在馬來隅北境東至海約三十里
六崑一作六坤
西北距斜仔約四百餘里東至海約二十里其東南百里許
有海港南通宋腒勝

宋腒勝一名宋卡　一名宋腳
西北距六崑約四百餘里其東北有海口爲市舶屯集之處
大呢一作大年　一作大呢　一作巴坦尼
西北距宋腒勝約百里北臨海
吉蘭丹一作吉連丹　一作喀蘭坦　一名單坦　即明史之急蘭丹
西北距大呢約三百里東北至海約二十里
丁加羅一作丁噶奴　一作丁葛奴　一作丁葛盧　一名達拉岸　即明史之丁機宜一作丁機奴
西北距吉蘭丹約三百里其北二百里有埠曰特林干魯頓
頗繁盛
吉德一作計噠
在馬來隅西境東與大呢相直南距英吉利所屬之卑力約

三百餘里

案以上各國即梁時之頓遜國地唐時入貢之室利佛逝國地室利佛逝一作尸利佛誓唐書地理志作佛逝

波斯屬

以辣亞日迷爾 一作以辣　一作伊拉克阿齋米　一作依拉阿日末

腹地北界馬散地蘭南界法爾斯東連大鹽沙漠西阻崇山

以斯巴罕城 一作伊斯巴罕　一作乙士帕罕　一作乙士泊罕　一作衣司伯罕　一作意斯百海

在部南境本古都城故址猶在地周九十餘里

義蘭 一作伊蘭　一作倚蘭　一作幾蘭　一作基蘭　一作噶蘭

在以辣亞日迷爾西北前阻大山背負裏海

塔白里斯城 一作塔勃里士　一作塔不黎士　一作達伯利斯

在部之西境西近烏魯密阿湖

馬散地蘭 一作馬郎德蘭　一作馬散德蘭　一作麻散豆蘭　一作賣山大勒

在義蘭之東前阻大山背負裏海

阿士特拉巴城 一作阿斯特剌巴　一作亞斯達巴　一作阿司得拉勃　一作愛斯特婁巴得

在部之北境

達巴利斯丹 一作拉利斯灘

在馬散地蘭東南有大城商貨駢集

亞塞爾拜然 一作亞塞比然　一作阿蒐巴查恩

在義蘭之西北

古爾利斯丹 一作古爾的斯丹巴爾三　一作魯力斯坦

在亞塞爾拜然之南西與土耳其之古爾利斯丹牙錯

古西斯丹 一作楚昔斯坦

在古爾利斯丹東南

法爾斯 一作法爾斯丹　一作發西

在古西斯丹東南西臨阿勒富海灣地多山阜沙漠一望荒寒數百里

拉爾城 一作刺郡　一作拉耳　一名甘勃倫　一名法南

在部之東南臨海

亞不支爾城 一作蒲什阿　一作普佟爾　一作布什爾　一作布世爾　一作布希耳　一作布些

在部之西南臨海

什拉自城 一作施拉士　一作希臘斯　一作希拉斯　即元史之失羅子國地一曰石羅子

在亞不支爾稍東北

給爾滿 一作克爾曼　一作給爾曼　一作扣曼

在法爾斯東南西南臨阿勒富海灣

庫伊斯丹 一作古義斯丹

在給爾滿東北

哥剌森 一作哥蘭森　一作楚拉散

在庫伊斯丹之東北與阿富汗連界

麥什特城 一作末設答　一作謀晒得

在部之東境

阿富汗屬

喀布爾 一作客布爾　一作考佈耳　一作嘎布勒　一作加布爾　一作甲布爾　一作開布爾　一作加布額尼　一作阿布額尼　一作喀奔　一作喀賓　即大唐西域記之迦畢試國

在國之北境北倚興都庫施山

昆都斯一作渾都斯　一作渾多士　一作庫恩杜斯　即西域記之達摩悉鐵帝國一日鉢和一日護蜜一日鑊品

在喀布爾之東北四面祟山環繞爲阿富汗之別部

哈斯那一作濟斯尼　一作幾斯尼　一作勾斯尼　一作伽斯尼　一作噶斯尼　即西域記漕矩吒國之鶴薩那城一日鶴悉那

在喀布爾南境南接堪達哈爾

堪達哈爾一作堪達喀爾　一作刊達哈爾　一作干達哈耳　一作干達哈　一作坎達哈爾　一作刊荅哈　即西域記之漕矩吒國一日謝颶一日訶羅達支

在喀布爾之南西界俟勒特南界俾路芝

希拉德一作希啦　一作基力施克　一名維西

在部之西境

俟勒特一作黒拉德　一作黒拉特　一作黒臘　一作俟拉特　一作赫拉德　一作赫拉特　一作默沙特　一作莫沙特

在堪達哈爾之西與波斯連界或謂即元時之哈烈地咸豐七年英俄立約許其自立爲國英常置兵戍之然其地屬阿已舊且至今不能獨立故仍隸之阿屬

日剌拉巴城一作日剌啦巴　一作日拉拉

在部之南境濱臨蘇拉湖地當衝要

俾路芝屬

薩拉灣一作薩拉彎　一作薩啦彎　一作撒拉文　一作色拉煩　一作薩拉瓦恩

在國之東北與阿富汗連界

加支干達瓦一作根荅發　一名云他瓦　一名芸他瓦

在國之東境南界倭拉灣東臨印度河

倭拉灣一作倭拉彎　一作以拉哈文　一作查拉萬　一作惹拉彎　即元史之乞里灣

在倭拉灣之南南抵印度洋

盧斯一作慮斯　一作路士　一作魯斯

美加蘭一作邁克蘭

在盧斯之西南抵印度洋

古義斯丹一作國宜斯丹　一作古地　一作補士谷　一作佈施庫得

阿剌伯屬

黒沙斯一作黒德倭斯　一作黒查　一作黒札斯　一作海查

在國之西境北界土耳其西臨紅海

默德那城一作麥地拏　一作麥丁納　一作美的納　一作美第那　一作米地那　一作墨德　一作纂尼納

在默伽城東北回教祖謨罕驀德瘞此

也門一作耶門　一作耶閔　一作厓孟

在黒沙之南西南二面皆臨紅海

薩那城一作撒那　一作色那

在內地

摩加海口一作麽喀　一作木甲　一作末加　一作摩察

在薩那城之西南

剌沙一作拉沙　一作哈查　一作愛耳哈薩

在國之東境東臨阿勒富海灣

內德惹一作內的惹　一作訥芝伊得　一作尼耶　一作內遮德

在腹地

力亞得城一作力亞特　一作里阿得　一作利阿德

阿曼一作呵曼　一作痾幔　一作科曼　一作俄曼　一作俄滿　一作俄莽

在國之東南隅北抵阿勒富海灣南臨阿剌伯海灣

馬士咯特城一作抹斯客特　一作毋士甲　一作末斯嗄

東臨阿曼海灣

亞達拉毛一作哈啦毛　一作哈荅毛　一作合得拉毛　一作哈得拉毛吳特

在國之南境西南臨紅海之勃白爾口門

撒法兒城一作荅發兒即明史之祖法兒國地一曰祖法爾一曰佐法兒

南臨阿剌伯海灣

坿英屬亞丁一作愛登　一作阿典　一作亞甸

在也門部之東南隅臨海道光十八年英人取爲屯煤之所隸於印度孟買兵帥

英印度屬

孟加拉部一作孟加臘　一作孟加剌　一作孟阿拉　一作孟阿臘　一作孟加利　一作孟呀喇　一作明呀剌　一作明紋勞　一作網加拉　一作珉呀　一作榜葛剌　一作榜甲拉　一作旁甲喇　一名本格爾　一名本加利　一名奔格里　一名本告耳　一名奔格爾　一名貢果　一名羅威兒博羅運司　一名甲噶爾即古之東印度　梁時入貢之毘加黎國

北界不丹及廓爾喀南抵孟加拉海灣東界亞山西界巴哈爾廣袤一千五百里

加爾各搭城一作加爾客搭　一作嘎爾格達　一作喀爾科搭　一作考爾克達　一作加爾古荅　一作加勒格他　一作嘎勒革達　一作卡里格達　一作卡爾咳搭　一作卡剌吉打　一作加剌吉打　一作廓爾喀搭　一作甲谷他　一作甲兒古他　一作卡呢棓達

在部之南境距近東恒河入海處印度大兵帥駐此

勢他加城一作勢他崗

在加爾各搭城之東織工萃集

摩希得巴城一作慕舌大巴　一作摩世達巴　一作毋耳士他　一作磨耳士利得巴　一作摹耳希得巴得

在加爾各搭城之北東近東恒河

達加城一作達卡　一作達喀　一作大客　一作荅加

在加爾各搭城之東爲東恒河雅魯藏布江交會之處

巴哈爾一作柏哈爾　一作麥哈爾　一作拜哈　一作貝哈　一作麻哈

北界廓爾喀南界岡都亞那東界孟加拉西界阿拉哈巴長

一千里廣八百餘里

帕特那屬郡一作八旦拏　一作叭旦拏　一作入拿　一作八的拿　一作巴旦拏　一作巴納

在省西北百餘里東臨恒河

大吉嶺一作大脊　一作獨吉　一作獨脊　一作荅齊冷　一作荅濟凌

北界哲孟雄東界布丹西界廓爾喀長廣百餘里爲入藏要道初本荒地哲孟雄舉以畀英鑾治經營遂成巨鎭哲人豔其富屢謀索還英人乃許歲輸租費數百金近聞已增至數千金云

亞山部一作亞山　一作阿三　一作阿桑　一作亞桑　一作亞力山　一作阿賽密　一作阿薩密　一作阿賽母　一作愛賽母　一名徹地岡　一名徹第岡

西北界布丹西界孟加拉東北界貉貐野人境東南界緬甸

長一千五百里廣三四百里不等本英吉利新闢之地四境
皆山產茶最富
若爾合城一作溝哈底　一作若爾合德
臨孟加拉海灣
西北部一名將威博羅邏司即古之中印度　一日尼納特國
爲四境適中之地東恒河支派交會於此
阿拉哈巴一作阿拉哈巴得　一作阿拉合巴　一作阿拉哈板特　一作阿臘哈墨　一作阿那哈歎　一作依
喇亞巴　一作耶喇哈叭
北界烏德南界麻爾哇及岡都亞那東界巴哈爾西界亞加
拉長千餘里廣六百里
首城同名

在斡普河與東恒河交會處
便阿列士城一作伯那利斯　一作丕那勒士　一作貝那羅斯　一作苿阿勒斯
即古之波羅奈　一日聖城
在阿拉哈巴城東三百里南臨恒河
亞加拉一作亞加啦　一作亞爾各拉　一作阿格拉　一作日格奴　一名頞細特可克
即明時之莫卧爾國
北界德列南界麻爾哇東界阿拉哈巴及烏德西界剌日布
德長九百里廣六百里
首城同名
明時蒙古王所建尙有宮殿遺蹟在斡普河之北
得希城一作臺里　一作德里　一作德利

即蒙古王故都其後裔猶居於此英人給以歲祿在亞加
拉城北四百餘里
德列一作德離　一作代里　一作特里　一作畨離　一名阿尼那　一名阿尼臘
北界古爾瓦勒南界亞加拉東界烏德西界剌日布德長廣
約六百里
首城同名
被眉勒城即古之東女國　西域記之婆羅吸摩補羅國
在北境大山中界連後藏
巴勒里城一作巴里力
在東南境嘉慶十九年爲廓爾喀所據後讓歸於英
古爾瓦勒一作勾耳瓦　一作俄爾洼　一名威聊

東北界後藏阿里南界德列西界新拉在德列之西北長五百里廣
三百里
烏德一作武德　一作烏納　一作烏訥　一作澳地　一作歐達　一作歐尼　一作烏地　一名盆烏子
即古揚摩羅國
北界廓爾喀南界阿拉哈巴東界巴哈爾西界德列長九百
里廣五百里其地有土酋隸於英之兵帥
鹿那城一作樂闍　一作盧角腦　一作盧各腦　一作露克拏　一作辣克淖
在朱甯納河之東約二百里臨高翁的河岸
費薩巴城一作非薩巴爾　一作弗邑敗得
在鹿那城西南五十里
本若部一作本若比　一作奔札比　一作亨齋　一作班札布　一作班札比　一作噴查白　一作旁遮普　一

名西林德卽罽賓國地　一名西刻　一名悉國　一名
雪克　卽西域記之磔伽國
北界克什米爾南界剌日布德東界德列西界阿富汗廣袤
二千餘里
勞爾城　一作勒懷　一作勒和　一作剌合　一作拉合
一作那哈爾
本塞哥王故都臨支拉比河之陽
俾石哇城　一作丕叟瓦　一作丕召色　一作丕紹歲
在部西北隅
慕兒丹城　一作慕耳坦　一作摹坦　一作毛爾嘆　一作
茅爾旦
在部西南隅
剌日布德　一作剌日不德　作喇日不德　一作拉補坦
一作爾勒士布他拉　一作拉止普搭那　一作拉
者布丹納　一作拉札士丹　一作臘芝普搭那　一作臘
赤布達那　一作喇涇莆大羅　一作拉治皮五大那　一

名亞伯得希　一名亞日迷爾　一名阿日迷爾
卽西域記波理哩羅秣菟羅二國地
北界本若南界古支拉德東界亞加拉西界信地長一千五
百里廣七百餘里
中部　一名仙得剌博羅運司
居諸部之中地埶散渙不相連屬半置郡邑半隸土酋攝領
新的亞　一作新地亞　一作印地阿　一作音都爾　一作新
尼　一名哈那歐替
地形散裂與葛爾加耳諸小部牙錯
果利阿城　一作瓜里阿　一作瓜畧爾　一作瓜利爾　一
作瓜利耳　一作果阿里奧
葛爾加耳　一作賀兒架爾　一作曷爾加那
與新的亞麻爾哇參錯相間
麻爾哇　一作麻爾瓦　一作毛耳瓦　一作麻尼洼　一作麻
爾洼　一作馬耳窪　一作馬盧獲　一作馬刺他

在新的亞之南廣約五六百里
印多阿城　一作英朵耳
邦德爾干　一作本的勒看　一作本代爾肯得
在新的亞之東長六百里廣五百里
札德普爾城　一作札德耳不爾
坡布耳　一作波保爾
在那布達河之陰長廣約三百里
那哥布爾　一作那哥不爾　一作那格普爾　一作那格鋪爾
一作那頗阿　一作來格普爾　一名納不邦
北界阿拉哈巴南界伯西爾加東界疴黎薩西界麻爾哇長
一千五百里廣九百里
首城同名

在內地商務頗盛
岡都亞那　一作工窪納　一作尼路阿那
北界阿拉哈巴南界德干東界疴黎薩西界刋代施長一千
五百里廣一千七百里
倭巴耳布城　一作久布里坡
疴黎薩　一作阿勒撒　一作俄力薩　一作阿力色　一名八
拿力
北界巴哈爾南界伯西爾加東界孟加拉海灣西界岡都亞
那廣袤一千三百餘里
科塌克城　一作古達克　一作渴苔克　一作扣塌克　一
作咳德克
在馬哈那第河南岸
孟買部　一作孟邁　一作望邁　一作網買　一作夢買　一
一作邦貝　一名港腳　一名卽肚

首城同名

三面環海初爲葡萄牙所據後讓歸於英

痾隆加巴一作四隆加巴 一作阿蘭牙墨 一作奧龍亞巴 一作墨龍牙巴 一作澳冷葛巴 一作俄倫勾巴得

北界刋代施南界伯日普爾東界德干西抵阿剌伯海灣廣袤六百餘里

伯日普爾一作北日布爾 一作北日不爾 一作靡渣 一作比咜婆阿

北界痾隆加巴南界賣索爾東界德列西界康肯長一千三百里廣半之

康肯一作孔坎 一作冈色爾 一名鹿那乍里 一名盎几里 一名盎茂里

在孟買城之南東阻大山西臨阿剌伯海灣長五百餘里廣

不過數十里

刋代施一作根的士 一作根地士 一作甘勒士 一作堪力布

北界麻爾哇南界痾隆加巴東界坡布耳西界古支拉德長六百五十里廣五百里

古支拉德一作古支拉得 一作古支拉特 一作古塞啦德 一作勾蒐拉特 一作古塞拉德 一作吾治滮

北界剌日布德南界刋代施東界麻爾哇西抵海港長一千四百里廣六百餘里

蘇辣城一作蘇拉特 一作蘇拉的 一作蘇剌陀 一作蘇喇

在孟買城之北臨海昔爲商貨雲集之地自市船移於孟買此城日益蕭索

科曼埠一作俄拜 一作開耳拜 一作千拜 一作干拜布

西臨海港

日瓜爾一作古宜加瓦爾 一作沽日啦德 一作佳得低哇 一作喀第瓦 一作夾克瓦

東北界亞米特巴餘三面環海中央岡巒迴繞廣袤約五百餘里

巴羅他城一作巴婁達 一作貝羅達 一作包來丹那 一作班該羅 一作巴羅達

亞米特巴小部一作亞麥大巴 一作亞未大巴 一作阿密達巴

在日瓜爾之東北境內多佛氏遺蹟明成祖永樂九年波斯王嘗建都於此穆宗隆慶五年爲蒙古所逐降爲郡治嘉慶二年屬於英民多劫盜英常置兵戍守

叩齒一作喀齒 一作咳齒 一作刮治 一作古治 一作古啦文

在日瓜爾之西北信地之東南四面海水環之長四百里廣

百餘里

信地一作信度 一作信得 一作辛得 一作泌得 一作新蒂 一作星得 一名阿布爾信

北界本若及阿富汗南抵叩齒灣東界沙漠西界俾路芝長一千里廣六百里舊在印度別爲一國有土君管領道光二十三年滅於英

海得拉巴城一作希苔巴 一作海德拉拔

建於印度河上與德干首城同名

麻打拉薩部一作麻達拉斯 一作曼打拉薩 一作曼達臘薩 一作曼達那薩 一作曼嗹喇薩 一作曼嗹喇 一作馬達拉斯大 一作馬大利 一作馬搭剌 一作麻得來司 一作秝達剌沙

其地爲南印度境所謂形如箕舌斗入南海者也部內地尙多土酋分攝隸於麻打拉薩兵帥

首城同名
東臨孟加拉海灣海濱泥沙梗阻不便商船停泊
加爾那的 一作嗝納的 一作加爾那得 一作釐加那特 一作卡那的 一作喀納剔克 一作家拏梯
北界德干東南抵孟加拉海灣西界達拉王哥爾及賣索爾
長二千六百里廣一千三百里
旁牙羅城 一作旁牙羅利
在內地有英兵戍守
西令牙巴坦城 一作西令牙巴
昔爲土君之都城地形險要嘉慶初英人與土人血戰連
年取之
坦佐阿單 一作灘卓耳

在法屬本地治里城稍南近海
德干 一作德刊 一名尼桑 一名尼散 一名尼薩母
東與北界那哥布爾西界伯日普爾南界加爾那的長二千
里廣一千三百里境內有土酋世襲屢與英人搆釁英近屯
大兵戍之
海德拉巴城 一作海達拉巴 一作海打剌巴 一作海地拉巴得 一作希荅巴 一作海里臘墨 一作海里那墨 一作海特爾拉蠻 一作哈愛豆辣巴得 一作海笛喇叭
在內地
比拉爾小部 一作比辣爾 一作彌勒爾 一作彌那
哥英巴都爾 一作可英巴吐爾 一作考乙八吐耳 一作歌壬麻都 一名班牙樂 即明史之坎巴國
北界薩林南界馬都拉東界加爾那的西界馬拉巴爾長五
百里廣三百里
薩林小部 一作撒林
在哥英巴都爾之北民多織布造硝
馬拉巴爾 一作瑪拉巴爾 一作馬勒巴爾 一作馬喇叭 一名骨他巴 即明史之西洋古里國
北界加那拉南界可陳東界哥英巴都爾西抵阿剌伯海灣
長七百里廣二百里
加里古德城 一作卡里古得 一作多加里古都 一作隔辣苦忒
案明史有西洋古里國準其地望即今之馬拉巴爾史云其
國西濱大海南距柯枝北距狼奴兒東七百里距坎巴國柯
枝即達拉王哥爾狼奴兒即加那拉之轉音坎巴即哥英巴
都爾哥英急讀爲坎省都爾二字即坎巴之轉音也

達拉王哥爾 一作打冷莽柯 一作達來番科耳 一作特來番科耳 一作特拉萬科耳 一作荅文可利 一作特那彎戈 一作克特來藩科 即明史之柯枝國
北界可陳東接馬都拉西南抵阿剌伯海灣長五百里廣二
百里
特來番得郎城 一作的里彎德稜 一作剔利萬特隆
西臨海港
魁琅單 一作固蘭
西臨海
可陳小部 一作哥陳 一作可趁 一作固貞 一作果眞 一作科青 一作哥親
在達拉王哥爾西北長廣不過百餘里昔爲荷蘭所據今
屬於英

案明史之柯枝國準其地望即今達拉王哥爾史云其國與
錫蘭對峙中通古里國界東大山西南北皆大海達拉王哥
爾西與南皆濱海有大山橫亘其東其爲柯枝無疑且其地
北接可陳南抵科摩林角皆與柯枝音相近

又案明史有小葛蘭與柯枝接境當亦在達拉王哥爾境內
其地嘗爲荷蘭人所據小葛蘭即小荷蘭之異音也海濱之
魁琅亦與葛蘭音近

南加那拉一作加那特　一作加那職　一作加那啦　一名骨他羅利　即明史之狠奴兒國
東界賣索爾西抵阿剌伯海灣南界馬拉巴爾其北境曰北
加那拉隸於孟買部長五百里廣一百八十里

蒙加羅耳城一作曼嘎羅阿　一作曼牙羅利

西臨海

賣索爾一作賣索　一作買素　一作買瑣阿　一作麥索爾　一作麻梭耳　一作梅瑣　一作買若爾　一作邁蘇耳　一作麥燒爾　一作麻疏
北界伯日普爾南界哥英巴都爾東界加爾那的西界南加
那拉長七百五十里廣六百里

首城同名臨河有土酋居此

西令加巴登城一作西令葛巴耽　一作色林甲巴丹　一作幾那巴登　一作北令加巴探
在內地南與賣索爾城隔河相對

幾得拉城一作幾得拉克

故剌城一作哥剌爾

邦加羅耳城一作邦加羅爾

以上四城皆通商繁盛之地

巴拉加一作巴剌加
北界德干南界薩林東界加爾那的西界加那拉長七百里
廣五百里

北那里城一作北剌利
爲鐵道火車四達通衢

伯西爾加一作北西爾加耳　一名薩卡司　一名賽卡士　一名蒐喀斯
北界痾黎薩東與南環孟加拉海灣西南界加爾那的長一
千五百里廣二三百里不等

維薩加巴丹城一作維薩噶拍探　一作色加伯探　一作斐薩乾　一作斐薩軋帕塔
西南臨海

昔開科耳城一作崑喀固爾
在維薩加巴丹城之北臨海

錫蘭島一作錫倫　一作西崙　一作西倫　一作西琅　一名則意蘭　一名則意拉　一名郎伽　即梁書新唐書之師子國　一曰楞迦山　西域記之僧伽羅國　一曰無憂國　一曰寶渚　一曰僧加剌國　明史曰錫蘭山
在印度之南海中其西北隅與麻打拉薩部之南嘴相距約
百六十餘里島形上削而下豐南北距七百五十里東西距
廣處約四百餘里島內佛蹟甚多古今豔稱之明初爲天方
回教所據孝宗宏治十八年葡萄牙人始來據地置埠土君
因與葡人結好盡逐回人熹宗天啟閒荷蘭人復來逐葡人
而奪其市埠嘉慶元年英人以兵艦襲荷人遂取而據之既
而攻滅島酋有全島地光緒七年置兵帥專領之明史謂梁書之狠牙

修國卽此島大誤

坎地城一作庚低　一作刊的

在島地適中英兵師駐此南境崇山環拱最高之峯曰亞

坦

可倫坡埠一作格崙坡　一作可倫破　一作克倫伯　一作葛倫巴　一作科倫布　一作科隆坡　一作科郎埠

在西境臨海英人建礮臺於此有鐵道東北達坎地城約

二百餘里

坿別國屬地

商得爾那哥一作商德爾那哥耳　一作山得那哥　一作桑代那哥

在孟加拉部內

本地治里一作奔的支黎　一作笨支里　一作本得支黎　一作奔第舍黎　一作本第西里　一作房低者里　一作本底這利　一作崩底捨黎　一作本得識理

在加爾那的境內東臨海

加黎架爾一作加黎架兒

在加爾那境內

馬黑一作馬喜　一作馬英

在馬拉巴爾境內西臨海不過一廛一埠寄屯貨物而已

加拿安一作牙那安

在伯西爾加境內

以上屬法蘭西

疴襪一作科襪　一作俄亞　一作峨亞　一名小西洋

在加那拉之西北臨海長二百五十里廣一百二十里

般申城一作邦靖

他滿一作達蒙

在科曼海灣之濱長廣不過四十里

以上屬葡萄牙

西林不爾一作西稜普爾

在孟加拉部內

達倫格巴一作達郎給巴爾

在加爾那的境內

以上屬丹馬

英緬甸屬

阿瓦一作阿發　一作阿法　一名盎畫

本緬甸東北境緬王舊都亦同此名

蠻莫一作蠻暮　一作八募　一作巴摩　一作巴麻　一作巴漠　一名新街

在雲龍江之北其東通騰越西徼

阿拉干一作阿臘干　一作亞拉干　一作阿拉刋　一作阿拉干　一作阿剌根　一作唵來刋　一作阿里堪

在北古之西北道光六年屬於英

北古一作配古　一作擺古　一作鼻孤　一作丕果　一作必辜　一作比居　一名古剌　一名南緬甸古曰秘古國

本緬甸南境咸豐二年屬於英

仰光一作仰江　一作藍貢　一作漾貢　一作郎昆　一作蘭江　一作琅玕　一作冷宫

南臨海港

德那薩靈一作德那塞靈 一作田納薩林 一作底泥色領 一作梯泥色領 一作梯泥 一作台納莧力母 一作地那悉林底 一作滕納色留母 一名底馬撒 卽宋時入貢之丹眉流國 一曰州眉流

在北古之南東南通馬來隅道光六年其地卽屬於英咸豐三年始置此部

穆爾門一作木爾們 一作摸兒緬

西臨海港

馬爾達般一作瑪德般 一作麻塌班 一作馬他班 一作麻爾打曼

在穆爾門之北

越南屬

占城一名唐中 一名廣南 漢曰日南九眞郡 晉以後曰林邑 唐一曰占不勞 一曰占婆 一曰環

本越南之東南境嘗別立爲國後幷於越南分置四道隸於

南圻

祿奈一作祿賴 一作農奈 一作農耐 一作龍奈 一作源瀨 卽唐書地理志之奔陀浪洲 宋史之賓陀羅國 明史之賓童龍國

在西貢之東臨海

西貢一作錫庚 一作塞根 一名柴棍 一名雉棍 一名嘉定

本南圻十道之一東南臨海

東浦寨一作干浦寨 一作干波底阿 一作開毋波查 一作岡白鷗士 一作金波乍 一作金邊 一名金塔 一名本底 一名勘明 古曰眞臘 一曰占臘 一曰吉篾 一曰甘孛智 一曰澉浦只 一曰甘破蔗 一曰甘蒲

在越南之西南臨海北境與暹羅毘連

海國輿地釋名卷五

湘鄉陳士芑翼謀甫纂

釋歐洲各國屬地弟八上

俄羅斯屬

波羅的海部

比德羅堡與都城同名詳見都城下

西北抵芬蘭海灣南界北斯哥弗東界諾弗哥羅及威波爾

克西南界北不斯湖

阿羅義斯一作俄洛挹士 一作俄羅納次 一作倭羅涅慈 一作俄羅乃貲

北界亞干日西北界芬蘭地南界諾弗哥羅東南界窩羅疴

達西南界剌多牙湖

丕特羅薩窩士克城一作撒特羅薩倭 一作綁特羅薩仆斯克

在阿尼加湖上

諾弗哥羅一作諾弗哥 一作訥倭郭羅特 一作諾夫戈洛特 一作淖夫果老得 一作諾弗郭落得 一作諾甫果倮特 一作懷味各六

北界阿羅義斯南界的威爾東界窩羅疴達東南界日羅斯

拉西北界比德羅堡西南界北斯哥弗

城同名

北斯哥弗一作北斯哥 一作伯斯果甫 一作伯斯果付 一作白斯果甫 一作博勒斯古 一作珀斯柯弗 一作布思果甫 一作拔士科夫 一作塔斯老夫 一作魄斯科 一作魄斯考夫

北界比德羅堡東北界諾弗哥羅西北界北不斯湖南界威

得比斯科東南界斯摩稜斯科西界里窩尼亞

城同名
以上四省皆在波羅的海東
逆阿蘭 一作暱幽蘭
北界塔瓦士迪壺斯及桑美塞列東界威波爾克西北界亞
坡西南抵芬蘭海灣
西利生佛士城 一作節力新弗爾斯
威波爾克 一作維波格 一作斐保格 一作未婆克
北界過比俄及桑美塞列南抵芬蘭海灣東南界比德羅堡
及剌多牙湖西界逆阿蘭
城同名近海港
過比俄 一作庫俄丕俄 一作柯批俊

北界烏里俄波格南界桑美塞列及威波爾克東北界阿羅
義斯西界瓦薩
城同名
桑美塞列 一作森米叶烈
東北界過比俄西北界瓦薩南界逆阿蘭西界塔瓦士迪壺
斯
城同名
塔瓦士迪壺斯 一作克力斯提安斯塌特 一作塔機斯特姑司特 一作黑耳星旃斯
北界瓦薩南界逆阿蘭東界桑美塞列西界亞坡
城同名
亞坡 一作阿波 一作比鄂尼波 一作阿皷

北界瓦薩南界逆阿蘭東界塔瓦士迪壺斯西抵波得尼亞
海灣西南抵芬蘭海灣
城同名
瓦薩 一作瓦雜 一作發薩
北界烏里俄波格南界亞坡及塔瓦士迪壺斯東界過比俄
西抵波得尼亞海灣
尼科剌斯塔得城 一作亞考日斯塔得 一作尼潤頼司得
臨海口
烏里俄波格 一作烏里俄保 一作烏烈阿波爾克
北界瑞那之臘巴蘭南界瓦薩及過比俄及阿羅義斯東界
亞干日西抵波得尼亞海灣

城同名臨海口
以上八省在波羅的海東北為芬蘭全境
芬蘭 一作宏蘭 一作肥蘭 一作非納 一作非蘭的亞 一作非蘭的 一作斐諾蘭 一名費陽梁 一名西
費耶斯科
伊士吐匿阿 一作斯多尼亞 一作斯多尼 一作額士妥尼亞 一作挨斯特蘭
北抵芬蘭海灣南界里窩尼亞及北不斯湖東界比德羅堡
西抵波羅的海
科力番城 一作烈威力
北臨芬蘭海灣
里窩尼亞 一作里窩尼 一作利窩尼亞 一作里福尼亞 一作犂縛尼亞 一作里窩匿阿 一作里佛尼亞
一作利弗蘭 一作麗馥蘭 一作勒蘭 一名那耳瓦 一名訥耳瓦

北界伊士吐匿阿南界孤爾蘭的亞東南界威得比東界北斯哥弗及北不斯湖西抵波羅的海

里葛城 一作里噶 一作利加 一作利牙 一作黎嘎 一作哰噶 一作里圭 一名比亞里 一名比牙黎斯德

北臨里葛海灣

孤爾蘭的亞 一作古爾蘭的亞 一作孤爾郎的亞 一作哥爾蘭 一作戈蘭 一作孤蘭 一作瓜蘭 一作古爾闌 一作庫爾蘭 一作顧阿蘭 一作科耳蘭得

北界里葛海灣南界科夫諾東界威得比東北界里窩尼亞西北抵波羅的海

米叨城 一作米道 一作迷他洼 一作米島

在挨阿河上

以上三省在波羅的海之東

威得比斯科 一作威得比斯克 一作威德比斯科 一作威得比 一作威底塞 一作比斯克 一作威尼塞 一作威底色 一作委底塞 一作威帖布司克 一作維第比士克 一作斐台白斯克

北界北斯哥弗南界明斯克及目希里甫東界斯摩稜斯科西北界里窩尼亞西南界孤爾蘭的亞及維里納

城同名在杜味納河上

維里納 一作未爾納 一作威爾那 一作威那 一作唯里納 一作維耳納 一作斐耳那 一作飛麗欄

北界科夫諾南界哥羅德諾及明斯克東北界威得比斯科及杜味納河西界蘇瓦耳其及揑們河

城同名

科夫諾 一作考夫奴 一作濶勿諾

東北界孤爾蘭的亞南界蘇瓦耳其及維里納西界德意志

城同名在揑們河上

哥羅德諾 一作哥德諾 一作波羅的諾 一作哥特諾 一作格老得奴 一作格囉得諾 一作格落得諾 一作比阿里士托 一名俄羅饑

北界蘇瓦耳其及維里納南界窩爾希尼東界明斯克西界羅摩厄

城同名

馬索維亞 一作馬索維 一作瑪所未亞 一作摩斯坷菲 一作瓦爾沙洼 一作瓦耳梭 一作瓦沙洼 一作瓦稍 一作洼消 一作瓦沙法 一作華沙 一作瓦瑣

北界波羅各及羅摩厄南界加拉哥及丕特羅爾科甫及剌多木東界西得勒斯西界德意志

城同名在維士都拉河上

加利斯 一作喀里士 一作喀耳施 一作卡里什

東北界馬索維亞東南界丕特羅爾科甫西北西南皆界德意志

城同名在卜洛士納河上與德國連界

波羅各 一作波羅咯 一作普羅士克 一作普羅茨克 一作波羅斯格

西北界德意志南界馬索維亞東界羅摩厄

城同名在維士都納河上

羅摩厄 一作羅摸熱

北界德意志南界馬索維亞及西得勒斯東界哥羅得諾西界波羅各

城同名在列拉甫河上
蘇瓦耳其一作蘇俄爾幾　一作蘇瓦爾格
北界科夫諾南界哥羅德諾東界維里納西界德意志
城同名
丕特羅爾科甫一作薇特羅潤甫
東北界馬索維亞西北界加利斯東界加拉哥及剌多木西
界德意志南界奧斯馬加
城同名
加拉哥一作加拉哥維　一作格那稱　一作格臘稱　一作迦勒茯　一名審爾侯
東北界剌多木南界奧斯馬加西界丕特羅爾科甫
城同名

剌多木一作拉道母　一作拉多穆　一作拉耽
北界馬索維亞東北界西得勒斯東界魯伯林西界丕特羅
爾科甫西南界奧斯馬加
城同名
西得勒斯一作協德勒　一作咚奪列茯　一作西愛得耳在
北界羅摩厄南界魯伯林東界哥羅得諾西界馬索維亞西
南界剌多木
城同名
魯伯林一作魯白林　一作魯布林　一作魯白淩　一作溜卑林　一作各北林
北界西得勒斯南界奧斯馬加東界窩爾希尼西界剌多木
城同名

以上在波羅的海之南爲波蘭舊壤
黑海部
斯摩稜斯科一作斯摩連斯克　一作斯摩稜斯哥　一作斯摩稜科　一作司馬龐斯科　一作司馬連司科　一作思瑪龐斯科　一作斯摩逅　一作斯摩倫斯克　一作索謨冷斯郭　一作斯麼楞斯克　一作士麼連士克　一作斯毛凌斯克　一作斲馬連司克
北界的威爾南界查尼俄甫及痾勒爾西南界目希里甫東
界莫斯哥西界北斯哥弗及威得比斯科
城同名
目希里甫一作目希里　一作目希里付　一作摩希勒弗　一作摩宜勒威　一作摩鐵畧甫　一作摩栖來夫　一作麽希勒夫
北界威得比斯科東南界查尼俄甫東界斯摩稜斯科西界

明斯克
城同名在地尼伯河上
明斯克一作敏塞　一作敏士克　一作敏斯克　一作明酋
北界維里納南界窩爾希尼及幾富東界目希里甫東北界
威得比斯科西界哥羅德諾
城同名
查尼俄甫一作查尼俄　一作渣尼俄付　一作沓爾尼歌　一作者爾厄痾弗　一作車爾泥果甫　一作叙耳尼告夫　一作策尼戈夫
北界斯摩稜斯科西北界目希里甫南界布爾多洼東南界
古爾斯克東界痾勒爾西界明斯克及幾富
城同名

布爾多洼一作布多洼一作布佗洼一作巴爾的哥一作博羅傳一作頗爾塔瓦一作泡耳塔發一作坡爾塔襪一作木耳度瓦

北界查尼俄甫南界給爾孫及厄加德黎諾斯拉東界喀考夫西南界幾富

城同名

古爾斯克一作占爾斯克一作占爾宜克一作庫耳斯克一作庫爾斯克一作庫阿士克一名古傳喝一名戈塞

北界疴勒爾南界喀考夫東界窩羅尼日西界查尼俄甫

城同名在些模河上

幾富一作幾付一作幾弗一作覺傳作究一作纖耶甫一作刻衣夫一作敔愛夫作起以夫

北界明斯克東北界布爾多洼南界給爾孫東界查尼俄甫

西界窩爾希尼及波多里亞

城同名在地尼伯河上

窩爾希尼一作窩希尼一作窩爾者尼一作窩黎尼亞一作阿爾希尼阿一作什與尼唵一作倭稜司克一作阿林士克

北界哥羅德諾及明斯克南界波多里亞西南界奧斯馬加

東界幾富西界魯伯林

什托密阿城一作吸拖米耳一作日陀迷爾

在帖帖列夫河上

波多里亞一作波多里一作拔多里一作波羅里阿一作波羅里亞一作波陀利亞一作戒朵里唵一作頗渡里阿一作波多立司克

北界窩爾希尼南界給爾孫西南界比薩拉比亞東界幾富

西界奧斯馬加

卡民匿士城一作喀乜湟茨

在思末得里赤河上

比薩拉比亞一作比沙拉比一作柏撒啦比一作必查納一作密沙那彌一作密沙那米一作沙臘彌阿一作貝沙拉比亞一作伯沙喇畢一作孛薩留皮亞一作伯士阿拉比阿一作拜薩來比阿一作剔薩拉必亞

東北界窩爾希尼東界給爾孫東南抵黑海南界多惱河西界羅馬尼亞及奧斯馬加

其慎尼夫城一作戡深虐甫

在尼透斯河岸

給爾孫一作吉孫一作卡循一作赫爾酸一作卡孫一作欽耳松一日格里博根

北界幾富及波多里亞南抵黑海東南界擣利達東界厄加德黎諾斯拉甫西界比薩拉比亞

城同名

在地尼伯河上

尼可賴夫城一作尼濶辣一作尼可來耶復

在省西北六十二里

擣利達一作擣里達一作道里達一作道力達一作明里達一名格里彌阿一名滓爾納一名他勿利治司克

北界厄加德黎諾斯拉甫東抵亞速海灣西北界給爾孫西南抵黑海

新非羅坡利城一作星飛洛波立

在薩列幾耳河上

厄加德黎諾斯拉甫一作厄卡塔林諾士頼夫一作燮喀台里奴斯辣夫一作葉喀帖離諾斯納甫一作斯底里加那甫一作加底里一作加底里諾一作厄加德黎諾斯拉

北界布爾多洼及卡科夫南界擣利達東界端可沙西界給爾孫

城同名在地尼伯河上

卡科夫一作卡廓夫一作喀考夫一作哈爾果甫

北界古爾斯克及窩羅尼日南界厄加德黎諾斯拉甫東界端可沙西南界布爾多洼

城同名

窩羅尼日一作窩羅尼一作鄂羅尼一作窩羅義斯一作佛羅尼使斯朴一作爾羅匿斯一作窩羅尼

士一作窩羅湟日一作佛羅乃止

城同名在敦河東岸

端可沙一作端可薩一作端苛薩斯一作端戈沙司一作多諾坷撒克一作端科薩斯一作數會一作端科薩士克一作端斯喀耶一作當考縶克斯

北界窩羅尼日及薩拉德夫南界庫班及士塔夫羅朴耳東界阿私達拉千西界卡科夫及厄加德黎諾斯拉甫

諾窩策卡士克城一作奴佛敘耳喀斯克一作諾倭餘爾喀斯克一作諾倭策爾喀斯克

在敦河北岸

克里穆一作克雷木一作革林一作克力米唵一名道利哥該倭尼斯一作里木一作哥里米

北界擣利達東北抵亞速海灣餘三面皆環黑海禁擣利達省

西瓦士拖朴耳城一作西巴斯拖朴一作些洼斯托坡離一作賽法斯拖剖一作略法

南臨海口

裏海部

莫斯哥一作莫斯窪一作莫哥斯未亞一作莫斯克瓦一作莫箇斯未亞一作莫斯廓瓦一作沒箇斯未亞一作墨斯科斯科窪斯科一作謨斯夸一作謨斯夸和屯一作摩斯科一作墨斯溝一作莫吉一作木一作木司寇斯口一作麥四古一作摩斯瓜一作莫斯克窪一作馬斯戈一作麼士科一作莫一作毛斯科一作毛斯克

北界的威爾南界加魯牙及都拉及利森東界瓦拉的迷爾西界斯摩稜斯科

城同名臨河即俄羅斯舊都

的威爾一作提威爾噶珊一作底窪一作多倭爾柏興一作底瓦一作特威爾一作多倭爾一作特斐

耳一作忒菲爾一作提伐

北界諾弗哥羅南界莫斯科及斯摩稜斯科東界惹勒斯拉傅及瓦拉的迷爾西界北斯哥弗

城同名

惹勒斯拉傅一作日羅斯拉頼夫一作亞羅斯拉夫一作耶羅斯羅一作葉洛斯訥甫一作雅羅士

北界諾弗哥羅及窩羅痾達南界瓦拉的迷爾東界果士多羅麻西界的威爾

城同名在窩爾加河上

果士多羅麻一作哥斯佗囉瑪斯德羅爲一作果斯多羅麻一作哥斯德爲一作哥德羅爲也一作哥一作郭爾多斯瑪多阿爾哈連一作郭羅多阿木喀斯科一作科斯得羅馬一作科士特洛馬一作郭羅一作考斯特羅麻一作廓斯特落瑪一名達斯達利亞

北界窩羅痾達爾界瓦拉的迷爾及尼內諾弗哥東界維亞
得加西界痆勒斯拉傳
城同名在窩爾加河上
尼內諾弗哥一作尼內諾馬痾羅　一作尼諾弗哥　一作尼哥斯諾科　一作尼斯納　一作黑林諾甫　一作泥日泥諾弗郭　一作泥什泥諾夫戈洛特　一作逆止尼淖夫界老得　一作尼日里諾甫果倮特
北界畢士多羅麻南界奔薩及旦摩甫東界加森及新比爾
斯克西界瓦拉的迷爾
城同名在倭嘎河入窩爾加河處
加森一作加三　一作加匽　一作加撒納　一作喀山　一作喀山斯科　一作喀散　一作喀簪　一作噶贊　即元史之柯散
北界維亞得加南界新比爾斯克及薩馬剌東界烏發西界

尼內諾弗哥
城同名在窩爾加河上
新比爾斯克一作新比斯克　一作新比耳斯克　一作信比爾斯克　一作星比爾斯克　一作星比阿士克　一作星抔斯克　一作新麥塞　一作新麻塞　一作西穆必爾斯科
北界加森南界薩拉德夫東界薩馬剌西界尼內諾弗哥及
奔薩
城同名在窩爾加河上
薩拉德夫一作薩拉多傳　一作薩拉奪甫　一作薩拉得夫　一作薩剌託夫　一作薩拉托付　一作薩拉叨夫　一作薩拉託非
北界奔薩及新比爾斯克南界端可沙及阿私達拉干東界
薩馬剌西界旦摩甫及窩羅尼日

城同名在窩爾加河上
薩馬剌一作薩瑪拉　一作薩馬拉　一作薩麻拉
北界加森及烏發南界阿私達拉干東南界烏拉斯克東界
痾倫布爾克西界新比爾斯克及薩拉德夫
城同名在薩馬剌河上
阿私達拉干一作阿私達拉罕　一作阿私達罕　一作亞斯達拉干　一作阿斯達干　一作亞斯德揀罕　一作亞私大蠟甘　一作亞大蠟甘　一作阿斯坦拉汗　一作阿斯塔爾漢　一作阿斯塔兒汗　一作迓大罕　一作阿薩塔干　一作亞沙塔干　一作阿斯特臘贊　一作阿斯忒拉堪　一作阿思達拉汗　一作阿士特拉刋　一作阿斯特拉干
北界薩馬剌東南抵裏海東界烏拉斯克西界薩拉德夫及
端可沙

城同名在窩爾加河上
痾勒爾一作阿臘爾　一作阿臘里　一作何臘爾　一作阿葛爾　一作阿里爾　一作痾勒　一作阿多岳傳　一作痾勒日　一作奧老夫　一作阿畧勿　一作鄂里耳　一作鄂羅夫
北界斯摩稜斯科及加魯牙及都拉南界查尼俄甫及古爾
斯克及窩羅尼日東界旦摩甫西界查尼俄甫
城同名在窩爾加河上
加魯牙一作加婁牙　一作魯噶　一作加婁架　一作喀嚕嘎　一作喀魯葛　一作喀
北界莫斯科南界痾勒爾東界都拉西及西北界斯摩稜斯
科
城同名在倭嘎河上
都拉一作都臘　一作吐剌　一作斗拉　即元史之禿里思哥　一作吐拉　一作圖拉　一作

北界莫斯哥南界疴勒爾東界利森西界加魯牙
城同名在敦河南岸
利森一作里牙三 一作赫阿厦 一作羅散 一作里阿散 一作列𧩙 一作阿薩恩
北界瓦拉的迷爾東與南界旦摩甫西界莫斯哥及都拉
城同名在倭嘎河上
旦摩甫一作單摩甫 一作當波勿 一作探博夫 一作貪博甫 一作塔母保夫
北界瓦拉的迷爾及尼內諾弗哥南界窩羅尼日東界奔薩
及薩拉德夫西界利森及都拉及疴勒爾
城同名
瓦拉的迷爾一作拉的迷 一作倭羅威謨爾 一作乏刺第米阿 一作乏來氐米耳 一作乏刺底迷阿
一作務拉的密爾 一名阿羅里 一名窩拉里麻

北界惹勒斯拉傳及果士多羅麻南界利森及旦摩甫西南
界莫斯哥東界尼內諾弗哥西界的威爾
城同名臨河
奔薩一作偏撒 一作冰耶 一作噴薩 一作偏雜 一名畢都克 即元史之欽察
北界尼內諾弗哥南界薩拉德夫東界新比爾斯克西界旦
摩甫
城同名臨河
維亞得加一作維亞德加 一作未亞德加 一作未壓加 一作維牙得加 一作維得加 一作維亞特斕
一作維阿特喀 一作斐阿特喀
北界窩羅疴達南界加森及烏發東界白爾摩西界果士多
羅麻

城同名在維亞得加河上
白爾摩一作白爾米亞 一作白爾墨勿利各 一作巴母 一作剖母 一作珀穆 一作珀爾穆 一作撒爾穆
一名巴達雅噶珊
北界窩羅疴達南界烏發及疴倫布爾克東界德波斯科西
界維亞得加
城同名在卡馬河上
維爾合多里雅城一作唯爾合都利耶 一作費耶爾和斯科
在省東六百六十三里
烏發一作奧法
北界白爾摩東南界疴倫布爾克西南界薩馬刺西界加森
城同名臨河

疴倫布爾克一作疴倫不爾厄 一作可侖不爾厄 一作阿臨堡 一作阿林墨 一作荷林墨 一作阿臨默 一作阿林墨薩 一作奧倫坏克 一作倭連布爾克 一作奧倫坏格 一作俄倫堡 一作疴倫堡 一作阿侖丕克 一作可倫伯赫 一作阿侖伯克
北界白爾摩南界烏拉斯克東界德波斯科及土爾寨西界
烏發及薩馬刺
城同名在烏拉河上
白海部
亞干日一作亞爾干日爾 一作阿爾甘惹爾 一作新亞干日 一作新阿干日 一作阿占牙 一作阿占牙爾
一作紐阿占牙 一作阿干基耳 一作阿刋結耳 一作阿爾寒節黎司克
北抵白海及北冰洋南界阿羅義斯及窩羅疴達東界德波
斯科西界芬蘭地

城同名在北杜味納河上距白海不過五十餘里爲北境直
鎮
窩羅痾達一作窩羅克達　一作窩羅達　一作倭羅克達一作縛羅革達　一作所爾刺大　一作窩倮格達一作倭洛荅　一作佛老格荅　一作倭洛格達　一作奇卜察克　一名那窩俄落　一名窩祿那　一名阿鹿那一名痾勒內
北界亞干日南界惹勒斯拉傅及果士多羅麻及維亞得加
及白爾摩東界德波斯科西界諾弗哥羅
城同名在省西南境
高加索部一作高架所　一作高加薩斯　一作高加索斯一作告甲俗　一作高嘎西亞　一作喀復喀斯一名卓夫亞
士塔夫羅朴耳一作斯塔夫羅札　一作斯塔夫羅泡　一作司塔勿羅波力

海國與地釋名　卷五　一六

北界端可沙及阿私達拉干南界塔第士特東抵裏海西界
庫班
城同名
庫班一作孤班　一作枯班卽朔方備乘之明哥里地一曰明哥勒里亞
北界端可沙南界蘇芬穆西南界車爾諾雅斯科東界士塔
夫羅朴耳西抵亞速海灣
厄卡塔林諾達城一作葉克接離諾達爾
在庫班河上
塔第士特一作節爾斯喀耶　一名西爾加西　一名西爾加西亞　一名西加西　一名額勒阿西　一名[illegible]加祉　一名色爾各設
北界士塔夫羅朴耳南界孤泰士及特付里斯及達日斯丹
東抵裏海西界庫班
卡士巴城一作務拉的喀復喀斯
在茄獵茨克河上
達日斯丹一作達爾斯丹　一作達其但　一作納希斯丹一作達咭思丹　一作達刻士丹　一作荅其坦卽元史之的希斯丹
北界塔第士特南界伊里薩別拖朴耳及巴沽東抵裏海西
界特付里斯
達變特城一作帖密爾衖暑拉
東臨裏海
特付里斯一作別夫力斯　一作別夫力士　一作梯富麗斯一作特斐利斯
北界塔第士特南界加利斯及是爾灣及伊里薩別拖朴耳

海國與地釋名　卷五　一七

東界達日斯丹西界孤泰士
城同名在枯拉河上
伊里薩別拖朴耳一作耶哩薩唯託波力卽瀛寰志畧朔方備乘之日爾日地
北界特付里斯及達日斯丹南界波斯東界巴沽西南界是
爾灣
城同名在庫班河之南
巴沽一作巴庫　一作八枯卽日爾日地
北界達爾斯丹南界波斯東抵裏海西界伊里薩別拖朴耳
城同名東臨裏海
是日爾日一作日爾日亞　一作日入阿的亞　一作惹鹿惹亞　一作惹鹿惹也　一作偵爾芝亞　一作熱阿義

是爾灣一作黑里灣一作愛里番一作挨里灣一作額里旺一作額里挽一名義蘭一名伊蘭一名倚蘭一名亞爾美尼一名亞爾美尼亞一名亞爾美泥亞一名諾尼阿案此省本割自土耳其故亦蒙土屬亞爾美尼亞之稱

北界特付里斯南界土耳其及波斯東界伊里薩別拖朴耳

西界加利斯

城同名

北界塔第士特南界巴吐母東南界特付里斯西抵黑海西

孤泰士一作枯楫伊斯卽瀛寰志畧朔方備乘之義米勒多地

北界蘇芬穆

城同名

巴吐母一作拔圖模一作拔禿木一作罷吐恒一作巴通一作巴統一作罷通一作白東

北界孤泰士南界土耳其東界加利斯西抵黑海

北界特付里斯南界土耳其東界是爾灣西界巴吐母

城同名西臨黑海

加利斯一作喀士一作卡爾一作卡爾士一作喀斯一作喀兒斯

城同名

蘇芬穆一作蘇烘木卽朔方備乘之古里利地

北阻高加索山南抵黑海東界孤泰士西界車爾諾雅斯科

蘇分喀利士城一作蘇烘克烈

車爾諾雅斯科一作車兒喀嗼斯克卽古里利地

北界庫班東界蘇芬穆西南皆臨黑海

阿訥巴城一作諾倭羅西司克

西南臨黑海

西伯里亞部一作西比利亞一作西比里阿一作細比唎亞一作西卑里一作錫伯利一作悉畢薩阿一作悉畢底阿一作悉畢爾亞一作悉畢爾一作細洛里也一作什卑韃也一作昔白利牙一作細密里亞一作西皮里亞

德波斯科一作德波斯克一作德波爾斯科一作托波爾一作托博一作托波兒一作托博爾一作脫博斯奇一作都莫斯莫司一作海波爾斯科一作多波勒斯一作拖保耳斯克一作托波爾斯克卽唐書之都播

城同名卽元秘史之都兒麻地

在托波兒河與額爾齊斯河合流處

居由門城一作叠由門一作提烏門一作丟們一作袞晃一作圖敬一作都們一作都悶一作土鄰

在省西南二百五十里多拉河上

託穆斯科一作多木斯克一作多僕斯科一作都木斯科一作託穆斯科一作拖木士克一作痾慕斯科一作托穆斯科一作托穆斯歸一作痾穆斯克一作痾慕斯各一作可慕斯科一作痾慕斯克一作拖木士蓋一作他墨斯克一名科利弗一名東色

東北界也尼塞斯科西北界德波斯科南界塞米波拉廷斯科東南界中國科布多布倫託海諸邊境

城同名在託穆河上

也尼塞斯科一作也宜塞斯克一作也尼斯科一作惹尼色斯歸一作華尼西阿一作伊聶謝斯科一作伊聶謝柏輿一作也尼塞士科一作也尼賽斯克一作野尼塞司克一作也尼塞斯克一作厓尼賽斯克一名云益士卽古匈奴北境鮮卑突厥遞有其地唐曰骨利幹元曰昂可拉部明曰加大闇辣

北抵北冰洋南界薩彥山由也尼塞河至色楞格河皆稱曰薩彥山蒙古人亦呼爲案蓋山

及外蒙古科瑣甘烏布薩兩湖間地東界亞古德斯科及義
古斯科西界德波斯科及託穆斯科
克拉開效雅斯克城 一作克拉斯諾雅爾司克
在也尼塞河上
亞古德斯科 一作亞古德斯各 一作亞古斯科 一作雅庫 一作亞古薩 一作牙谷 一作雅荷次克 一作雅古斯克 一作雅庫特士克 一作雅古特司克 一作雅苦特斯克 一作雅固資克 一作雅枯斯克 一作耳古資 一作惹鞠斯歸 一作惹匍 即古匈奴東境 唐時鞠國北境 明時加大闢蕀以東地
北抵北冰洋南界義古斯科及特蘭斯拜加爾斯科及阿木
爾斯科東界布里摩爾斯科西界也尼塞斯科
城同名在來那河上
義古斯科 一作義爾古德斯科 一作義庫次克 一作伊爾古斯歸 一作厄爾庫 一作額爾庫 一作額爾

古克 一作阿爾古克 一作尼爾苦斯 一作尼爾口 一作額爾口 一作義古斯克 一作額爾庫特士克 一作伊爾古特慈克 一作歐庫資克 即古匈奴北境丁零國地鮮卑突厥遞有其地 唐爲鞠國一曰祓部 元爲昂可拉部東南境 明爲加大閣蕀東南境
東北界亞古德斯科西北界也尼塞斯科東界特蘭斯拜加
爾斯科南界中國蒙古境之庫蘇古爾噶湖及薩彥山
城同名在昂可拉河上
特蘭斯拜加爾斯科 一作特蘭士拜喀爾 一作特蘭斯拜開耳 一作雜拜噶爾司克 一作東拜開耳
北界亞古德斯科南界中國車臣汗境東南界中國興安嶺
及額爾古納河東北界阿木爾斯科西北界義古斯科
基塔城 一作嵌塔 一作赤塔 一作乞塔

在敖嫩河上
尼布楚城 一作尼布海 一作尼布抽 一作尼布韓 一作泥楚處 一作阿不楮 一名葺爾琛斯克
在省東三百里
阿木爾斯科 一作阿模爾 一作阿模阿 一作阿穆爾
北界亞古德斯科南界中國黑龍江東接愛琿城東北界布
里摩爾斯科西界特蘭斯拜加爾斯科
白剌果夫琛斯克城 一作布拉郭悅式塵司克 一作勃剌果夫琛士克 一名海南泡 一名海蘭泡
與愛琿城僅隔一河
阿勃巴塵城 一名雅克薩
在省西北五百二十里
布里摩爾斯科 一作卜里摸爾司克 一作布哩牐啊依 一作布哩瑪司喀雅 一名東海濱省

北抵北冰洋東南界朝鮮西南界中國三姓琿春及松花江
綏芬河東抵東海西界亞古德斯科及阿木爾斯科
哈巴羅夫城 一作克薄諾付 一名伯利
在烏里蘇河入黑龍江處
那吉窪斯托克城 一作務拉的倭司托克 一名海參崴
在省西南一千八百餘里距琿春四百餘里海口形如撮
箕
痾哥德斯克城 一作痾哥德斯科 一作痾哥德斯各 一作郭列穆斯科 一作郭列穆斯歸 一作廁荷久克 一作俄何特士克 一作俄考斯克 一作哦霍茨克 一作荷葛斯 作俄廓斯克 一作燭惡祇族 一名阿谷 即唐時之駮馬國地
在省東北二千里臨痾哥德斯克海舊以此爲部名

甘查甲一作甘渣甲一作甘查加一作岡札德加一作堪察加一作喀米楂得一作岡楂特一作噶穆薩特喀即唐書之流鬼國元史之骨嵬國
在省東北千九百五十里舊本別爲一部今隸布里摩爾
斯科省
楚克栖一作楚克萁士
在甘查甲之北東抵白令海峽爲本部之極東北隅
中亞細亞部即中國所稱西域回部全境
阿克摩鄰斯科一作阿克麽林斯克一作阿克麽林士克一作阿克模林司克
北界德波斯科南界西爾達里亞東界塞米波拉廷斯科西
界土爾塞
城同名

烏拉斯科一作烏拉斯克一作烏拉爾司克一作烏拉士克一作烏拉斯特烏爾得
北界痾倫布爾克及薩馬剌南界雜加士丕斯西南抵裏海
東南抵鹹海東界土爾塞西界阿私達拉干
城同名在烏拉河上
土爾塞一作吐耳該一作土爾該司克
北界痾倫布爾克南抵鹹海及西爾達里亞東界阿克摩鄰
斯科西界烏拉斯科
城同名
塞米波拉廷斯科一作塞密波拉廷士克一作賽密坡拉廷斯克一作塞密吧拉廷斯一作仙米帕拉廷士克一作色米泊拉特一作斜米帕拉廷士克
東北界託穆斯科南界塞米勒近斯科東界中國之阿爾泰

山及塔爾巴哈臺嶺西界阿克摩鄰斯科
城同名在額爾齊斯河上
塞米勒近斯科一作仙米烈麼司克
北界塞米波拉廷斯科西北界阿克摩鄰斯科南界中國阿
克蘇喀什噶爾間地東界中國阿克蘇及烏梁海間地西界
西爾達里亞及非蘭爾罕
惹爾雷城一作日爾壘
在阿勒馬塔河上
西爾達里亞一作希爾達利亞
以納林河名北界土爾塞及阿克摩鄰斯科南界雜加雜拉
甫散及布哈爾地東南界非蘭爾罕西南界亞木達里亞東

界塞米勒近斯科西抵鹹海
塔什干城一作塔什罕一作達失干一作塔施刋得
在尺爾尼克河上本浩罕故城
亞木達里亞一作阿母達利耶
以阿母河名北抵鹹海南界布哈爾東界西爾達里亞西界
基發
丕得羅爾勒路散城一作撖得羅阿烈克二
在阿母河上
雜加雜拉甫散一作雜介雜拉夫山一作雜拉夫山
北界西爾達里亞東界非蘭爾罕西南皆界布哈爾
薩馬爾干城即浩罕之賽瑪爾堪城詳見浩罕後

非蘭爾孚一作費爾干　一作

北界西爾達里亞南界布哈爾東界中國喀什噶爾及葉爾

羌關地西界雜加雜拉甫散

諸洼墨爾喀蘭城一作諾威馬格蘭

雜加士丕斯一作雜喀思丕斯

北及東北皆界烏拉斯科南界波斯及阿富汗東界基發西

抵裏海

亞斯合巴得城一作阿思哈巴特

在鹹海裏海之間

英吉利屬

英倫一作英倫的　一作英蘭

凡為部五十二

迷德勒塞斯一作迷德勒塞斯　一作彌特色斯　一作迷德塞　一作米德拉塞

格林威治知一作格林尼知　一作固林爲志　一作革利尼

在倫敦之東南十里英觀象臺建此

諾耳克佛爾一作諾佛　一作諾耳佛爾　一作落爾和

素佛爾克一作素佛　一作參士塼　一作素弗　一作薩賀　一作薩護

黑爾德佛爾赫塼一作黑德佛　一作黑德那　一作赫賀　一作

厄塞斯一作厄塞　一作厄塞士　一作伊什

岡比黎作威密力治一作岡比黎斯　一作堪比日　一作甘勃勒治　一

根德一作根的　一作景

以上為東六部

烏理治一作烏里池　一作吳爾威此

臨泰唔士江有船廠爲停泊兵艦之埠

多甫一作多法　一作杜法　一作多汶　一作渡浮　一作都夫爾　一作多發

南臨海峽有船廠礮臺爲南方最要海口

薩塞斯一作薩塞　一作蘇色司

蘇勒一作薩勒　一作舍利

北爾克一作八克斯　一作脈社

烏義爾德一作烏爾德　一作稔社　一作維爾德斯

蘇富波敦一作含社　一作寒的斯　一作孚痕此

素美爾塞一作素美塞　一作疏馬什

多爾塞一作多塞　一作託爾塞

的灣一作的温　一作的分　一作里完

哥爾奴里瓦斯一作哥奴瓦　一作高奴瓦　一作戈倫和爾

以上爲南十部

約爾克一作約克　一作育社　一作堯克

里克一作里的　一作里子　一作里末池　一作里味不

舌非耳一作舌非

黑爾一作和耳　一作倭耳

海口北逼北海

蘭加斯德爾一作蘭加斯德　一作蘭加社　一作蘭卡士塔

曼識特作曼徹斯特一作曼切士塔　一作曼食悉　一作曼欽斯透　一作曼拙特　一

立法鋪耳一作利威蒲　一作麗佛普爾

威斯德謀爾蘭一作威斯謀蘭　一作委士摩含　一作威斯莫蘭
岡比爾蘭一作岡比蘭　一作更北蘭　一作艮馬
達爾威一作達罕　一作達哈米
諾爾東北爾蘭一作諾東北蘭　一作諾爾比蘭　一作諾東白蘭　一作落滕馬蘭
以上爲北六部
支斯德爾一作支斯德　一作支社　一作切士塔
德爾北一作德比　一作德備　一名那彌
諾定恒一作諾定昂　一作納鼎含　一作諾丁咸
林哥爾內一作林哥內　一作領戈吾社　一作林岡　一作凌肯
掄羅波一作掄羅　一作薩羅　一作佘勒社　一作什路士伯里
斯達佛爾一作斯達佛　一作斯達弗　一作斯達賀　一作士他溥

雷塞斯德爾一作雷塞斯德　一作雷塞德　一作利洗達　一作力士塔
魯德蘭一作特爾含
恒丁敦一作亨丁敦　一作韓鼎倫　一作很丁頓
諾爾桑波敦一作諾但敦　一作落斯含頓　一作洛探頓
氣耳佛爾一作希耳佛　一作希耳弗　一作希里賀　一作黑力溥
窩耳塞斯德爾一作窩塞斯德　一作窩塞德　一作洼洗士達　一作窩洗斯達　一作烏士塔
窩爾維克一作窩隘　一作瓦威克　一作窩力克
北明翰一作比名罕　一作百官含　一作伯明憾　一作北明亨　一作伯鳴罕　一作北明翰　一作杯明罕毋
瞞冒一作滿茅治　一作望某　一作蒙謀扶
哥羅塞斯德爾一作哥羅斯德　一作哥羅斯的　一作俄羅洗士達　一作格羅士塔

疴哥斯佛爾一作阿斯佛　一作阿斯福　一作惡斯賀　一作疴士溥
巴京咸一作墨經含　一作剖競咸　一作巴克
比德佛爾一作比德佛　一作北得弗　一作豚賀　一作卑德婁文　一作別溥
以上爲中央十八部
非林德一作佛凌
敦比各一作敦比　一名彌嶺
該拿爾灣一作該拿文　一作加拿文　一作格那充　一作卡那汪
安哥勒塞一作安勒塞　一作威安勒塞　一作故厄里西　一作安格耳西
麥略納一作麻里坦匿社　一作美略內
蒙德疴美里一作蒙疴美里　一作悶俄墨里　一作悶俄脉里　一作蒙疴麥里
拉德諾爾一作拉德諾　一作拉落社　一作新辣挪

加爾的安一作加的安　一作加的干　一作額靨壓凝　一作卡的夫
奔不羅各一作本不羅　一作賓目鹿　一作偏不祿克
該爾馬敦一作該馬敦　一作加馬敦　一作格爾馬廷　一作卡馬典
比勒各諾克一作北勒諾　一作墨力諾　一作勃力刋
加拉摩安一作加拉麼爾安　一作加里凝　一作卡的幹
以上爲西境威爾勒士十二部
威爾勒士一作威勒士　一作威爾士　一作威耳士　一作瓦勒
蘇格蘭一作蘇各蘭　一作蘇合蘭　一作蘇葛蘭　一作斯葛蘭　一作斯古得蘭　一作斯葛司　一名斯哥西亞　一名斯各西亞　一名師古泰
凡爲部三十三
壹丁不爾厄一作壹丁不　一作以丁不　一作以丁堡　一作伊鄰麻社　一作以丁鉢羅　一作衣丁鉢羅

一作愛丁婆　一作挨丁貝　一作愛定坏妻
林利德厄作格林洛一作林利德　一作領利俄社　一作林力哥　一
合丁敦一作哈丁敦　一作哈領頓社　一作哈丁頓
北爾維克力克一作北維克　一作北威克　一作麻壹　一作伯
北波勒斯作拔布耳士一作北北勒　一作比里司社　一作比八爾　一
塞爾給爾克一作塞爾給　一作西爾格社　一作塞爾格
一作些耳刻克
洛斯伯羅社一作羅哥斯不爾厄　一作羅斯不　一作菉斯麻
敦非力斯一作登非力士　一作攬緋里社　一作當非利斯
一作當非里
給古比里利社一作給爾加德比里至　一作格古比　一作加爾格
一作刻苦勃里
烏宜痾敦維克當一作烏痾敦　一作稔達温　一作來格敦　一作
哀爾一作挨野社　一作愛耳　一作愛阿

格拉士哥一作哥辣斯哥　一作格拉斯哥　一作戛斯哥
一作格辣斯告哭
拉拿爾克那克一作拉拿　一作拉拿格　一作那納社　一作藹
稜非律一作凌埠流　一作格林諾克

以上為南十三部

發壹夫一作發夫　一作非發　一作拔社　一作伯夫
京羅斯一作見羅斯　一作金洛士
加拉克馬南一作加拉馬南　一作噶利滿蘭
斯德爾苓一作斯德零　一作斯達凌社　一作士德令
當巴爾敦作甘伯耳當一作登白敦　一作敦巴敦　一作攬麻頓社
白爾斯一作白爾的　一作伯爾貼　一作伯士力
佛法一作溥法　一作和化社　一作禣法

斤加丁一作經加那引社

以上為中央八部

該內斯一作該德納斯　一作結尼司社
孫德蘭彼得黑特一作森忒蘭　一作沙特蘭社　一作比干德　一作
羅斯一作羅斯社　一作蒙剔羅斯　一作閩忒螺螄
哥羅馬爾的一作哥馬的
內壹爾那恩一作奈爾內　一作奈爾納　一作泥倫　一作乃
慕來一作麻立社
邦弗一作班傅　一作曼付社
亞比爾噸一作亞比噸　一作阿麻領　一作阿巴甸
音威爾內斯納斯一作音威內斯　一作英哇呢斯社　一作音弗
一作因法尼士

亞爾日勒一作亞及勒　一作亞該爾　一作阿挨爾社
彭的島一作彪的　一作撒多
痾哥內島奧耳克乃一作爾哥內　一作痾克呢　一作痾哥尼　一作
一作海白力氏斯　一作可克尼來
舌的蘭島作舌特來一作舌蘭　一作蘇塞爾蘭　一作舌特蘭　一
一作弼爹喇
與上島合為一部在國之北境海中

以上為北十二部

阿爾蘭一作以爾蘭　一作壹爾蘭大　一作壹耳蘭大　一
作愛而蘭　一作倚耳蘭　一作意而蘭大　一作耳
蘭　一作愛倫　一作挨倫　一名伊琳大洲　一名綠島

凡為部三十二

都伯林一作土北林　一作突林　一作嶺　一作都勃林
一作多不靈
勞斯一作樓帖　一作乃士

壹斯德迷一作東迷貼　一名律
威斯德迷一作西迷貼　一名客
烏宜哥婁一作雜哥羅　一作温羅　一作威克羅
威哥斯佛爾一作威斯弗　一作温斯賀　一作威士搏
幾爾給尼一作幾爾格尼　一作吉爾景尼　一作其耳肯尼
加爾婁一作加婁　一作加樓　一作卡羅
幾爾德壹耳一作幾爾代　一作吉爾那鞳
京斯高翁的一作京岡的　一作經斯加温
固音斯高翁的一作君岡的　一作膺引斯加温逮
即佛爾一作即佛　一作即弗　一作朗賀　一作即搏
以上爲東連斯德十二部

勒德靈一作力德靈　一作里特臨
斯黎各一作斯來谷　一作色里俄　一作卡勒克
羅斯哥滿一作羅斯哥門　一作羅斯哥們　一作羅斯敢門　一作羅士科門
馬約一作麻約　一作賣約
加爾威一作牙爾衛　一作葛耳歪
以上爲西各諸的五部
哥雷宜爾一作古雷宜爾　一作格列野　一作吉列野　一作格來爾
里麼雷克一作里美黎　一作離敏垂
給黎一作格黎　一作加里
哥爾克一作高爾克　一作科克　一作酷而客　一名郭
窩德爾佛耳一作窩德弗　一作窩德賀　一作窩搭搏

的北拉黎一作的里拉黎　一作底比那里　一作剔帕拉利
以上爲南門斯德六部
安德靈一作奄特林　一作安爾靈
亞爾馬一作亞爾罵痾　一作阿馬　一作阿瑪
的倫一作戴倫　一作戴綸　一作帶倫
倫敦德黎一作倫頓那鞳　一作倫敦達利
德內加爾一作託尼加
非爾馬那痾一作非馬那　一作化蠻那
加彎一作加完　一作加凡
摩那安一作摩那干　一作摩那寒　一作蒙納漢
刀尼一作斗尼

以上爲北亞爾斯德九部
法蘭西屬
蘇郡五
壹里亞德佛薩部一作壹里法蘭西　一作哀魯佛蘭西
塞納一作先抵
北界痾瓦斯南界塞納痾瓦斯東界塞納馬爾內西界與勒
痾瓦斯一作痾斯　一作愛栖　一作外士
北界索美南界塞納及塞納馬爾內東界哀斯尼西界下塞
勒及與勒
波威一作布瓦
哀斯尼一作哀斯內　一作挨斯尼　一名安

北界諾爾東南界馬爾內西南界塞納馬爾內東界亞爾德
內斯西界索美及疴瓦斯
拉安 一作拉昂 一作拉翁
塞納疴瓦斯 一作塞納及疴斯 一作西尼愛西 一作先扼外士
北界塞納南界羅亞勒東界塞納馬爾內西界與勒羅亞爾
塞納馬爾內 一作塞納及馬內 一作西尼菴麻尼 一作先扼茫
威爾塞列斯 一作威撒勒 一作哇塞耳
北界疴瓦斯南界約內及羅亞勒東界疴卑及馬爾內東北
界哀斯尼西界塞納疴瓦斯
美倫 一作麥倫
法蘭德勒部 一作法蘭得 一作發蘭德

置郡一
諾爾 一作諾阿 一作離那剌
東北界比利時西北抵英倫窄海南界哀斯尼西界巴的加
雷
列黎 一作利耳 一作里耳
東克海口 一作東末 一作塾卡
亞爾多亞部 一作亞多亞
置郡一
巴的加雷 一作巴德卡雷 一作斯特力阿付加
北與西環英倫窄海東界諾爾南界索美
亞拉斯 一作加勒斯 一作阿力士 一作阿拉斯

比加爾的亞部 一作比加的 一作必加提而
置郡一
索美 一作新欽 一名棲
北界巴的加雷南界疴瓦斯及下塞勒東界哀斯尼西抵英
倫窄海
亞面 一作阿米昂 一作亞面司 一作鴉眠
補倫海口 一作補羅義 一作布羅義 一作布弄
諾爾滿的亞部 一作諾滿的
置郡五
下塞勒 一作羅注西尼 一作先恩斐利阿
北與西環英倫窄海東界疴瓦斯南界諾爾

盧昂 一作魯恩
哈佛爾海口 一作哈夫耳 一作哈非
加爾瓦多斯 一作加瓦多 一作加爾注羅 一作卡哇多士
北抵英倫窄海南界疴內東界諾爾西界滿砂
加英 一作加安 一名康
滿砂 一作贊尼爾 一作蒙施
北與西環英倫窄海南界壹列維勒內東界加爾瓦多斯及
疴內
森的羅 一作聖羅
加來海口 一作甲來 一作加雷 一作加利 一作坎來司 一作葛頓
似郎地理全志之舌布爾克 一作愛耳波耳 一作沙堡

痾內　一作痾爾內　一作荷尼　一作鄂昂
北界加爾瓦多斯南界薩爾多及馬也內東界與勒羅亞爾
西界滿砂
亞靈孫　一作阿倫森
與勒　一作由蘆　一作如阿
北界下塞勒南界與勒羅亞爾東界塞納痾瓦斯西界加爾
瓦多斯
厄危律　一作以夫魯
賞巴尼亞部　一作賞巴尼
置郡四
亞爾德內斯　一作亞德內　一作阿欺尼斯　一作阿甸

東北界比利時東南界謬塞及馬爾內西界哀斯尼
美西也爾　一作美思阿
痾卑　一作我比　一名歐敏
北界馬爾內東南界高馬爾內及哥德多爾西南界約內
德羅業　一作特魯阿
高馬爾內　一作上馬內　一作阿巴麻尼　一作澳德茫
北界謬塞及馬爾內東南界窩斯日及高索內西南界痾卑
及哥德多爾
說蒙　一作索厥
馬爾內　一作馬內　一作麻尼　一作茫
北界亞爾德內斯南界痾卑東界謬塞西界哀斯尼及塞納

馬爾內
砂龍　一作砂郎　一作晒隆
羅勒內部　一作羅來內
置郡四
謬塞　一作謬斯　一作謬西　一作米干塞　一作苗士
北界比利時南界高馬爾內東界謬德西界馬爾內
巴爾勒都　一作巴呂都克
謬德　一作繆地　一作木爾德　一作麼斯耳
北界木塞勒南界窩斯日東界謬塞西界德意志
囊西　一作朗西
木塞勒　一作磨西里

北與東界德意志南界謬德西界謬塞
麥底　一作美的
窩斯日　一作窩斯尼　一作烏什
北界謬德南界高索內東界德意志西界高馬爾內
厄比納爾　一作厄編那耳
美內部　一作賣內
置郡二
馬也內　一作麻引尼　一作美恩
北界痾內南界賣內羅亞爾東界薩爾多西界壹列維勒內
勒忙　一作呂蒙　一作婁莽
薩爾多　一作薩爾的　一作薩特　一作沙底

北界痾內南界音德勒羅亞爾及賣內羅亞爾東界羅亞爾
捨耳西界馬也內
拉瓦爾 一作剌伐耳 一作拉發耳
安如的部 一作安如
置郡一
賣內羅亞爾 一作賣內羅亞 一作麻引尼菴內野 一作賣內及羅瓦爾 一作綿扼洛哇
北界薩爾多及馬也內南界二塞威勒東界音德勒羅亞爾
西界羅亞爾
安惹爾 一作昂賽 一作昂薩
北勒達尼亞部 一作北利達尼
置郡五

壹列維勒內 一作伊蓋菴威領尼 一作壹勒及維勒內 一作伊耳扼維蘭
北界滿砂及英倫窄海南界下羅亞爾東界馬也內西界哥
的都諾爾
勒內 一作爾連 一作來恩
哥的都諾爾 一作哥都諾 一作那剌果 一作苦都諾阿
北抵英倫窄海南界摩爾比罕東界壹列維勒內西界非尼
斯德拉
森德比勒與各 一作聖勃路
非尼斯德拉 一作非尼斯德 一作非尼斯底里 一作芬畢士也
北抵英倫窄海東界哥的都諾爾及摩爾比罕西與南環大
西洋

固英皐爾 一作刻母排耳 一作坎巴
比臘斯的海口 一作不勒士特 一作白來斯特
摩爾比罕 一作摩比罕 一作摩敏塞 一作麼比昂
北界哥的都諾爾南抵大西洋東界壹列維勒內及下羅亞
爾西界非尼斯德拉
瓦內 一作發恩 一作顏
下羅亞爾 一作羅洼內里 一作下羅瓦爾 一作洛哇恩斐利阿
北界壹列維勒內南界枉德東界賣內羅亞爾西抵大西洋
難得斯 一作囊特
波亞都部 一作波亞多
置郡三

枉德 一作溫的 一作威引利 一作汪第
北界下羅亞爾東北界賣內羅亞爾南界下砂蘭德東界二
塞威勒西抵大西洋
拉羅斯 一作剌羅什
二塞威勒 一作二塞勒 一作都西威力 一作都些法
北界賣內羅亞爾南界砂蘭德及下砂蘭德東界馬也內西
界枉德
虐爾 一作匿俄爾
維也內 一作維也納 一作威引尼 一作維恩
北界音德勒羅亞爾南界砂蘭德東界音德高維也內西界
二塞威勒

波亞蠻一作滿哇氏阿　一作泡愛提耳斯
痾尼部一作可尼　一名安如瑪
置郡一
砂蘭德一作渣鄰底　一作砂蘭　一作沙郎德
北界維也內及二塞威勒東南界多爾多尼亞西南界下砂
蘭德
昂姑勒美一作昂辜廉
森當部一作森當日昂姑木亞
置郡一
下砂蘭德一作羅注渣鄰底　一作內下砂蘭　一作沙郎德恩斐利阿
北界枉德及二塞威勒南界日倫大東界砂蘭德西抵大西

洋
羅捨勒一作剌羅什耳
羅舌溥海口一作羅什溥　一作羅施發
耳里亞內斯部一作痾里安奈
置郡三
與勒羅亞爾一作由釐內野　一作與勒及羅瓦爾　一作如阿扼洛注
北界與勒南界羅亞爾捨耳東界塞納痾瓦斯及羅亞勒西
界痾內
砂爾德勒一作沙他
羅亞勒一作內匿　一作羅瓦勒　一作洛哇拉
北界塞納痾瓦斯及塞納馬爾內南界捨耳及羅亞爾捨耳

東界約內西界羅亞爾捨耳及與勒羅亞爾
痾爾艮一作痾勒昂
羅亞爾捨耳一作內野菴借　一作羅瓦爾及捨耳　一作洛哇扼施阿
北界與勒羅亞爾南界音德勒羅亞爾及音德東界羅亞勒
及與勒西界薩爾多
波羅瓦一作勃羅瓦
都勒內部一作都來內
置郡一
音德勒羅亞爾一作音德及羅瓦爾　一作英特釐菴內野一作昂達扼洛哇
北界薩爾多南界音德及維也內東界羅亞爾捨耳西界實
內羅亞爾

都爾一作土阿
北利部一作比利
置郡二
捨耳一作捨爾　一作借　一作施阿
北界羅亞勒南界亞列爾東界羅亞爾河西界羅亞爾捨耳
不爾日一作布阿什
音德一作音德勒　一作英特釐　一作昂達
北界羅亞爾捨耳南界哥留斯及高維也內東界捨耳西界
音德勒羅亞爾及維也內
砂多盧一作沙都魯
尼威爾內部一作尼威內

置郡一

聶維勒一作奈威里　一作尼威　一作尼阿伐

北界約內南界亞列爾東界索內羅亞爾及哥德多爾

內維爾一作耨維斯　一作溺法

不爾波內部一作布爾波內　一作不波內

置郡一

亞列爾一作亞列　一作阿里野　一作阿爾力阿

北界聶維勒南界不壹德多美東界羅亞爾及索內羅亞爾西界捨耳及哥留斯

木靈一作麻空　一作慕郎

馬爾世部一作馬爾使

置郡一

哥留斯一作格留栖　一作克路士

北界音德南界哥勒塞東界亞列爾及不壹德多美西界高維也內

維也內

痾勒一作㝗獵

釐穆性部一作黎木性

置郡二

高維也內一作上維也納　一作瞞巴威引尼　一作澳德維恩

北界音德及維也內南界哥勒塞及多爾多尼亞東界哥留斯西界砂蘭德

里摩日一作里毛斯　一作他麼什

哥勒塞一作戈立栖　一作科獵士

北界哥留斯南界羅的東界不壹德多美及敢達爾西界高維也內及多爾多尼亞

的輿勒一作達耳

痾威爾內部一作痾威內

置郡二

不壹德多美一作秤釐林　一作北多美　一作浦維德遁

北界亞列爾南界高羅亞爾及敢達爾東界羅亞爾西界哥留斯

哥勒爾蒙一作克卡蒙

敢達爾一作敢達　一作千代　一作康達爾

北界不壹德多美南界亞羅倫東界高維也內及羅塞勒西界哥勒塞及羅的

痾里拉一作俄利耳雅

法郎師官德部一作佛朗德

置郡三

高索內一作上索內　一作阿巴順　一作澳德順

北界窩斯日南界都伯東界瑞士西界高馬爾內及哥德多爾

威蘇爾一作徵蘇耳

都伯一作萊斯　一作都比士

北界高索內東與南界瑞士西界汝拉

比散孫一作北三孫　一作北土昂森
汝拉一作由那　一作舒拉
北界高索內及哥德多爾南界厄英東界都伯西界索內羅
亞爾
龍勒索爾聶耳一作倫呂蘇尼阿
不爾痾尼亞部一作科爾科尼亞　一作布爾根底　一作不干的
置郡四
約內一作濶尼　一作榕
東北界痾卑西北界塞納馬爾內南界聶維勒東界哥德多
爾西界羅亞勒
痾捨勒一作俄蒐耳　一作烏撒

哥德多爾一作葛羅　一作哥多　一作苦多阿
東北界高馬爾內西北界痾卑南界索內羅亞爾東界高索
內及汝拉西界約內及聶維勒
的仍一作提從　一名朱秋
索內羅亞爾一作索內及羅瓦爾　一作順菴內里　一作順拢洛哇
北界哥德多爾南界羅內及羅亞爾東界汝拉及厄英西界
聶維勒及亞列爾
痾敦一作烏崑
厄英一作引　一作昂
北界汝拉南界義薩勒東界撒哇西界索內羅亞爾及羅內
不爾厄一作布阿

里痾內部一作里科內
置郡二
羅內一作羅尼　一作弄
北界索內羅亞爾東界厄英西與南界羅亞爾
里昂一作利雲　一作立墉　一作利翁
羅亞爾一作羅瓦爾　一作洛哇
北界索內羅亞爾及亞列爾南界高羅亞爾東界羅內西界
不壹德多美
蒙比里孫一作蒙勃勒森
德爾非內部一作道非內
置郡三

義塞勒一作義塞　一作伊西爾　一作伊薩
北界厄英東北界撒哇東南界高亞爾卑斯西南界多羅美
西界羅尼河
哥肋諾伯勒一作格連俄布士
多羅美一作特林　一作特隆
東北界義塞勒南界縛克羅斯東界高亞爾卑斯西臨羅尼
河
瓦稜薩一作瓦美士
高亞爾卑斯一作上亞卑斯　一作海阿付　一作澳德阿耳魄士
北界義塞勒南界下亞爾卑斯東阻亞爾卑斯大山西界多
羅美

甲一作嘎丕

不羅溫薩部一作布羅溫薩　一作普魯溫斯　一作不路溫斯

置郡四

下亞爾卑斯一作下亞卑斯　一作羅阿付　一作巴士阿耳魄士

北界上比里尼斯南界瓦爾東界亞爾卑斯馬利特墨西界

縛羅克斯

的聶一作塡

不世德羅內一作不爾特農　一作里倫　一作布什都弄一名羅尼河口

北界縛克羅斯南抵地中海東界瓦爾西臨羅尼河

馬塞里一作馬耳西里　一作馬耳西利　一作馬爾塞一作馬塞耳　一作麻賽耳

瓦爾一作注　一作哇阿

北界下亞爾卑斯南抵地中海東界亞爾卑斯馬利特墨西界不世德羅內

達拉給娘一作特拉翦客　一作得得拉分囊

士嵛海口一作士侖　一作吐倫　一作都隆　一作吐瑣

縛克羅斯一作窩哥律斯　一作烏克路士

北界多羅美南界不世德羅內東界下亞爾卑斯西臨羅尼河

亞威農一作亞威雲　一作阿文容　一作阿番永　一作亞威囊

倫給得部一作郎給德

置郡八

高羅亞爾一作上羅瓦爾　一作阿巴內里　一作澳德洛哇

北界羅亞爾及不壹德多美南界羅塞勒東界亞爾德世西界敢達爾

不壹一作浦維

羅塞勒一作羅塞　一作羅西釐　一作洛撒

北界高羅亞爾及敢達爾南界加爾德東界亞爾德世西界亞維倫

漫德一作蒙特

亞爾德世一作亞爾德　一作阿里支　一作阿德施

北界高羅亞爾南界加爾德東臨羅尼河西界羅塞勒

比里瓦一作俄里安斯　一作批勒哇士

加爾德一作加爾　一作鬲　一作嘎

北界亞爾德世及羅塞勒南抵地中海東臨羅尼河西界厄羅爾德

尼美斯一作尼母　一作念

厄羅爾德一作希老爾　一作希落　一作哈魯

北界加爾德及亞維倫南抵地中海東界加爾德西界達爾尼及痾德

蒙德不列爾一作莽特丕力歐　一作蒙丕利阿

痾德一作歐里　一作務特

北界達爾尼及厄羅爾德南界東比里尼斯東抵地中海西界亞列日

加爾加索內一作卡喀孫

達爾尼一作達尼　一作旦　一作攤
北界亞維倫及達爾尼加羅內南界痾德東界厄羅爾德西界高加羅內
高加羅內一作阿巴牙倫尼　一作上加倫　一作澳德葛弄
北界達爾尼加羅內南阻比里尼斯大山東界痾德及亞列日東北界加爾德西界上比里尼斯西北界惹爾
都羅塞一作土路士　一作吐魯斯　一作吐魯士
法阿部一作佛亞
置郡一
亞列日一作亞利日　一作阿里尼　一作阿利尼什
北與西界高加羅內東界痾德南界比里尼斯大山

佛亞一作傅哇
魯塞倫部一作盧西陛
置郡一
東比里尼斯一作東比里牛斯　一作伊塞稗薩尼　一作魄利尼索力昂
北界痾德南界比里尼斯大山東抵地中海西北界亞列日
北爾比娘一作魄偏榕
馬也納部一作馬耶內　一作哥也納及加斯哥尼
置郡九
日倫大一作雅倫尼　一作及倫　一作世倫特
北界下砂蘭德南界蘭德東界羅加羅內及惹爾西抵大西洋

波多一作波耳多　一作破耳多　一作波爾多　一作溥都　一作保朵
多爾多尼亞一作多多尼　一作羅龍　一作鐸敦
北界高維也內南界羅加羅內東界哥勒塞及羅的西界砂蘭德及日倫大
卑里勾一作不里沽
羅加羅內一作律菴牙倫尼　一作羅的及加倫　一作羅特扼葛弄
北界多爾多尼亞南界惹爾東界羅的及達爾尼加羅內西界日倫大及蘭德
亞仁一作阿訕
羅的一作羅　一作羅特　一作離律
北界哥勒塞南界達爾尼加羅內東界敢達爾及亞維倫西界多爾多尼亞及羅加羅內

加爾一作卡俄阿
亞維倫一作阿威倫　一作阿威弄
北界敢達爾東界羅塞勒及加爾德東南界厄羅爾德西南界達爾尼西界羅的
羅德斯一作羅代　一作洛迪
達爾尼加羅內一作達尼及加倫　一作攤扼葛弄
北界羅的南界高加羅內東界達爾尼西界羅加羅內
蒙德邦一作蒙都邦　一作孟拖邦
惹爾一作離雅斯　一作及爾斯　一作勢阿
北界羅加羅內南界上比里尼斯東界達爾尼加羅內及高

加羅內西界蘭德
疴世一作務石
蘭德一作蘭特司　一作郎
北界日倫大南界下比里尼斯東界羅加羅內及惹爾西抵
大西洋
蒙德馬爾一作蒙德馬雙　一作孟豆麻豪
上比里尼斯一作高比里牛斯　一作海稗蘆尼　一作澳德魄利尼士
北界惹爾南界比里尼斯大山東界高加羅內西界下比里
尼斯
達爾卑一作塔比
伯爾內部一作伯內

置郡一
下比里尼斯一作下比里牛斯　一作羅稗蘆尼　一作巴士魄利尼士
北界蘭德南界比里尼斯大山東界上比里尼斯西界西班
牙
布爾一作普
新置郡三
其地本屬撒丁同治元年法撒與奧斯馬加有壟場之事法
人奪奧地倫巴多予撒撒王報以尼西撒哇二部法人分置
三郡
亞爾卑斯馬利特墨一作阿耳魄士馬力添
北阻亞爾卑斯大山東界摩納哥東南抵地中海西南界瓦

爾西界下亞爾卑斯
尼西一作匿士　一作居薩　一作尼司
上撒哇一作上撒歪　一作澳德撒哇
北界瑞士南界撒哇東阻亞爾卑斯大山西界厄英
邦威爾一作邦維耳
撒哇一作撒歪　一作殺斐
北界上撒哇東與南阻亞爾卑斯大山西界義塞勒
孫白里一作松巴利
哥塞牙島一作哥爾塞牙　一作可耳西加　一作科西嘉　一作各西甲　一作嗎爾西阿　一作郭士喀　一作哥西加　一作開昔加　一作考昔嗎　一作科士
在地中海西北與亞爾卑斯馬利特墨相直南隔海峽與意

大利所屬之撒丁島相距南北距三百三十里東西距一百
三十里爲方里者二萬八千三百三十四舊屬意大利乾隆
元年自立爲國附於法蘭西三十九年法人以此島歸於撒
丁名國五十八年法蘭西民亂號其黨曰共和與歐洲各國搆
兵島人拿破侖入共和黨謀令島兵合於法未及而島人忽
降於英嘉慶元年拿破侖爲大將乃復其地迨拿破侖敗法
人更定國制改置爲郡
拜斯剔阿一作巴士欂阿
德意志屬
巴郎丁堡一作巴郎的不爾厄　一作伯郎丁布　一作班丁堡　一作班丁布　一作洼鼎麥　一作勃蘭登堡　一作墨蘭傾麥　一作白蘭登伯克　一作畔登倍克　一作白拉恩登佈耳

北界波美拉尼亞及梅咯稜堡施德勒支南界細累細亞及撒孫東界波森西界安哈忒及不倫瑞克

法郎佛忒一作法琅佛德一作佛郎賀

波的斯但一作勃士躭一作孛士旦

波美拉尼亞一作坡美拉尼一作波美拉尼一作破墨鄰一作博閔一作波彌那尼阿一作博厄美亞一作伯麥拉尼一作波未雷尼亞一作泡米來尼唵一作蓬曼一作蓬馬蘭尼阿一作補梅蘭芽

北抵波羅的海南界波森及巴郎丁堡東界西普魯士西臨疴德河

斯德丁一作斯特丁一作士得丁一作士鐵廷一作斯鐵廷一作斯德店一作斯台廷一作士德丁

普魯士舊以此部爲國名詳見本國下

分東西二部北抵波羅的海東與南界俄羅斯西南界波森

西界波美拉尼亞

哥甯斯堡一作哥尼斯北爾一作秭匣士勃一作哥尼士卜爾一名王山

但澤一作但錫克一作丹塞一作旦剎革

墨麥一作麥未爾

益平一作額耳平

波森一作坡森一作波新一作陂新一作坡遜

北界西普魯士及波美拉尼亞南界細累細亞東界俄羅斯西界巴郎丁堡

首城同名

細累細亞一作細勒西亞一作西里杉門一作治勒隱班一作治勒一作西治利一作西里西雅一作悉里西阿一作刺里西亞一作什里司恩一作累蒲西一作雷劈細

北界波森及巴郎丁堡南界奧斯馬加東界俄羅斯西阻利生嘎比阿嘎山

北勒斯勞一作必老一作伯老一作勃勒士囉一作伯拉斯落一作不勒斯勞

漢諾威一作亞諾威爾一作亞里披華一作漢那華一作漢挪瓦一作漢那瓦一作漢那爾一作漢諾法一作漢落非一作海挪威一作哈諾威一作哈挪菲爾一作哈那洼一作罕奴什一作汗腦衛

北包痾敦堡抵歐洲北海南界維斯法利亞東北界勞因堡西界荷蘭

首城同名

案漢諾威舊本別爲一國康熙五十三年國人有若爾治者英吉利迎以爲王遂坿於英道光十三年漢諾威又自立同治五年普魯士與奧斯馬加搆戰漢諾威助奧普克奧遂降其國爲部落

惟斯法利亞一作惟士德發里亞一作威色華里阿一作威塞花里阿一作西法里一作威士法里阿一作惠士非里亞一作威士法蘭一名沙而龍

北界漢諾威南界黑西及黑西拿騷東臨威悉河西南界萊因西界比利時

閔士得一作曼斯達士一作蒙斯德爾一作門士塔

勞因堡一作勞英不一作勞英不爾厄一作魯呢堡

東北界易北河西南界漢諾威

首城同名

黑西拿騷一作那撾一作那埽一作合埽一作黑森拿騷一生黑生那捎一作那肖

北界惟斯法利亞南抵萊因河東界黑西西界萊因

石勒蘇益克一作塞勒斯威克　一作悉力司未克　一作斯勒斯雜草　一作斯勒瑞　一作什里士威克　一作斯來斯斐克　一作斯勒士瓦　一作鬣賴私肥

荷兒斯丁一作和爾色鼎　一作痾爾斯德音　一作科爾斯德音　一作好斯顛　一作荷耳士甸　一作昊斯敦　一作浩耳斯坦　一作火司天　一名北音

二地舊屬丹馬普人取之北界丹馬南界阜堡及易北河東界魯阜各及波羅的海西抵北海

亞多那一作阿耳拖納

起耳海口一作其耳　一作幾爾　一作幾力

何痕索勒爾一作何軒索勒倫　一作和根所倫　一作荷恩索耳倫　一作素林

在瓦敦堡西南界內西抵什瓦士哇耳特山

挨深認一作黒眞恩

萊因一作臘引　一作蘭因　一作高勒怒　一作阿巴臘引　一作利尼　一作禮誼　一作上萊尼　一作上來尼

東北界惟斯法利亞南界洛連東界黒西拿騷西界比利時

哥羅尼一作戈祿尼　一作可倫　一作哥倫　一作科勃連士

都悉耳鐸夫一作稱式查夫　一作杜就爾對甫　一名巽鄉

洛連一作鹿林　一作勞來因　一作羅托靈　一作洛脫令　一作羅來內　一作下勒怒　一作羅臘引　一作下萊尼　一作下來尼

北界萊因東臨來因河西與南界法蘭西

斯特拉斯堡一作士剔拉士堡　一作士得剌士伯克　一作士特拉斯伯

麥滋一作麥士　一作麥剌　一作美茲　一作茂士　一作墨特斯

以上二省舊爲法屬之亞爾撒斯亞部後歸於普

亞爾撒斯亞一作亞撒西　一作亞薩斯　一作阿喇撒士　一作愛勒塞斯

案瀛寰志略既分亞爾撒斯亞爲高勒怒下勒怒二郡而普魯士圖内又有勒那納部之上萊尼下萊尼其實勒怒勒那納萊尼皆一音之轉皆以來因河而名卽上二省是也志略誤以羅尼河爲來因河又分來因與萊尼爲二於是竟以來因河之下游牽以合於羅尼河之上源令曲折流入法蘭西境遂舉此二郡置之羅尼河右以合於上下萊尼之稱然又見普魯士之亦有上下萊尼也則改爲勒怒以避重複此固譯者之巧於遷就而因此益謬晉莫可究詰矣至普屬之惟斯法利亞在普地中央稍北距來因河尚遠志略乃圖於勒那納之南謂與下萊尼毘連方位舛置尤謬之謬矣

以上爲普魯士舊屬十四省

巴威里亞一作巴威也拉　一作巴威耶拉　一作巴威葉　一作巴華里　一作巴哇利亞　一作巴瓦里阿　一作巴緋利亞　一作坡非里亞　一作坡非利亞　一作伯咈利亞　一作拜緋里阿　一作咊哇里阿　一名拜晏　一名拜晏　一名比岸

北界撒孫買甯及扼士嘎比阿嘎山南阻亞爾卑斯大山東界奧斯馬加西界瓦敦堡

慕尼克一作苗匿克　一作摩烈　一名門占　一名門根　一名門很　一名閔金

撒孫一作撒遜　一作塞循　一作薩普　一作撒森　一作薩索尼　一作撒草孫　一作撒遜尼　一作薩遜尼　一作撒梭尼　一作殺克生　一作薩克思義　一作撒克埽遜　一作薩克索尼亞　一作散喀瑣尼亞　一作撒克司

北界巴耶丁堡南界奧斯馬加東界細利細亞西界撒孫亞丁堡

德勒斯停一作德勒斯達　一作德停　一作德里士甸　一作德勒斯盾　一作得信　一作得勒斯甸　一作特雷斯敦　一作達雷斯敦

瑪提堡一作馬得不爾厄　一作馬得布　一作鄰德堡　一作麥德堡

吉令堡一作威丁堡

弗雷堡一作珀雷斯敦

來比細克一作來賁　一作來別苛　一作來十七吸　一作立披塞　一作立悉

瓦敦堡一作瓦爾敦巴　一作瓦爾敦巴耳　一作威丁山　一作味耳典白　一作威而顛白而額　一作威而頓伯而克　一作威登伯克　一作華滌勃　一作會敦倍克　一作倭盾伯

北與東界巴威里亞南界瑞士西阻什瓦士哇耳特山

斯都德牙爾一作突甲　一作突押　一作士篤嘎　一作斯特脫齡脫　一作斯透特喀特

巴敦一作巴丁　一作巴頓　一作巴典　一作巴拉丁　一作排騰

北界黑西之達摩斯達南界瑞士東阻什瓦士哇耳特山西臨來因河

加爾斯盧合一作加斯盧　一作甲利安　一作加斯羅

梅咯稜堡施微啉一作默林布治林　一作梅咯稜不爾厄斯乖零　一作麥連堡什瓦林　一作邁格楞倍綏林　一作邁楞坏綏林　一作模合布而額水林　一作墨林堡　一作麻領　一作麥格倫弗　一作麥格冷白　一作邁格侖坏克　一作厄斯乖零　一作治林

北抵波羅的海南界巴郎丁堡東界梅咯稜堡施德勒支西南臨易北河

梅咯稜堡施德勒支一作梅咯棱不爾厄斯德勒利也斯　一作麥連堡士特里勒士　一作默林布士地勒　一作麥幾領麥斯特里司　一作謀格楞倍綏而利子　一作謨合布額錫特利子　一作厄斯德勒利地斯

在梅咯稜堡施微啉之東南與巴郎丁堡連界

士特拉耳舜一作斯德拉薩

在梅咯稜堡施德勒支之北臨波羅的海

安哈忒一作安合　一作安拿爾　一作安哈第埽　一作菴哈爾特肖　一作安哈耳特　一作安阿而得　一作安腦得　一作杭好德　一作安阿而得叠埽郭定

在巴郎丁堡之西其北境與瑪提堡接壤

德騷一作德搔　一作迭投

撒孫買甯一作薩克撒梅凝認　一作薩克撒梅甯認　一作撒買凝　一作撒斯美甯恩　一作塞西敏領士　一作撒遜麥甯恩　一作梅凝認　一作麥甯根

東北倚拖士嘎比阿嘎山南界巴威里亞西界撒孫圍馬

首城同名

撒孫圍馬一作色西威麻　一作撒森威馬　一作薩斯威瑪　一作撒遜外抹艾生納　一作威馬爾　一作威窖　一作薩克威窖

北臨威悉河上源南界巴威里亞東界撒孫買甯西界惟斯法利亞

撒孫亞丁堡一作撒孫亞丁布　一作塞西各墨　一作薩克撒亞爾敦不爾厄　一作撒黑堡屋　一作撒斯奧登倍　一作撒遜奧登坏　一作撒遜阿理廷部而額　一作亞敦堡　一作阿爾敦布爾額　一作阿耳田堡　一作阿丁布

東界撒孫西界撒孫各堡而額大南界留士

首城同名

撒孫各堡而額大一作薩克撒各不爾厄額達　一作薩克撒各布爾厄額達　一作薩克斯各堡額達　一作撒孫奇布　一作塞西俄達　一作撒可堡　一作撒森科堡戈塔　一作撒斯庫白哥搭　一作撒孫庫拜冏塔　一作撒遜各部而額大

東界撒孫亞丁堡西界撒孫買甯

首城同名

留士給拉一作意士給利斯一作羅斯庶賴斯一作羅斯施來子一作流斯色力司一作留斯一作祿士一作策士一作劉克一名小支派各洛斯

首城同名

留士咯勒斯一作流斯領力司一作羅斯格來斯一名大支派各洛斯

首城同名

二邦皆在撒孫亞丁堡之南

斯瓜斯堡盧德斯達一作斯厥先麥魯那爾司達一作寔瓦字部陸駝斯達一作寔瓦士部而魯德司達一作什哇士堡魯多耳士撻一作厄盧德耳斯達一作斯瓜爾斯不爾盧德耳斯達

東南界留士西界撒孫各堡而領大

首城同名

斯瓜斯堡孫德厚森一作斯瓜爾斯不爾孫德耳砂森一作斯厥先麥爾那瘦爾一作寔瓦字部生特好勝一作寔瓦士部而孫德而士好遜一作厄孫德耳沙森

在斯瓜斯堡盧德斯達之北

首城同名

不倫瑞克一作布倫瑞克一作保林帥一作勃倫士維克一作勃郎士維克一作布倫帥額一作布倫斯威一作勃倫斯味格一作白倫斯蔚克

東界瑪提堡西北界漢諾威

首城同名

痾敦堡一作痾爾敦不爾厄一作俄耳登堡一作痾敦堡一作亞爾敦不爾厄一作亞爾敦布爾厄一作奧侖倍克一作奧登抔格一作哈爾領麥一作咯敦

在漢諾威境內北抵北海

首城同名

黑西一作黑辛一作黑生一作挨塞一作海斯一作海琛一作黑信

達摩斯達一作達拉摩斯達一作耽士撻一作擔一作黑西但一作希西覽斯達一作黑辛達而末斯大一名馬因

加塞爾一作卡悉耳一作黑西加塞爾一作挨塞加塞爾一作黑西加西爾一作希西加司一作黑辛加習利

北界惟斯法利亞南界巴敦東界巴威里亞西界黑西拿騷

及來因河

法郎克佛爾一作法郎克福爾一作弗郎克佛爾的一作佛郎弗一作佛郎渡一作法郎佛忒一作法郎格缶而德一作法蘭搏一作法蘭團一作佛覃

瓦爾得名一作瓦得一作襪爾德咯一作襪爾德一作瓦耳代克一作宼得克一作窩耳的克

在惟斯法利亞境內

哥爾巴士一作阿羅森

里卑德摩的一作里卑德的摩爾一作力拔迭摩耳特一作力魄代摩一作立比利摩爾一作勒必海摩耳一作比而孟地一作里白一作立北

在惟斯法利亞東北

首城同名

里卑燒問堡一作里卑燒問不爾厄一作立比領底那一作什唵堡力拔一作饒問布爾厄一作桑抔力魄

在漢諾威境內里卑德摩的之北

不給堡一作不給不爾厄

旱堡一作翰堡　一作漢堡　一作咸堡　一作昂不爾厄　一作昂布爾厄　一作昂布而厄　一作漢麥　一作含布　一作卯布爾　一作昂丕克　一作昂布而士　一作漢倍希

在荷見斯丁之南西南臨易北河

首城同名

盧卑各一作盧卑咯　一作路伯克　一作利北　一作利比　一作魯密　一作呂必古　一作魯比葛　一作魯璧克　一作魯拜克　一作律伯克

在梅咯棱堡施微咻之西北東北臨海港

首城同名

不來梅一作布來每　一作不利緬　一作壘里門　一作北閔　一作北憫　一作北問　一作蒲利們　一作敝爾門　一作伯磊門　一作伯壁門　一作伯雷門　一作伯來們　一作伯勃門　一作白來們

在疴敦堡東境東臨威悉河

首城同名

奧斯馬加屬

奧地利亞一作奧士地利亞

分上下二部北界摩拉維亞及波希米南界義士的里亞東界匈牙利西界德屬之巴威里亞

義士的里亞一作士的里亞　一作以利亞　一作士德利阿　一作斯地里亞　一作塞底里阿　一作噫士得利

北界奧地利亞南界卡林提阿東界匈牙利西界撒耳士堡

加拉德斯一作格列士

撒耳士堡一作薩爾斯堡　一作少斯倍克　一作掃貧抔克

東北界奧地利亞西北界德意志南界卡林提阿東界義士的里亞西界的羅耳

首城同名

的羅耳一作的羅爾　一作地羅里　一作地囉里　一作代羅爾　一作泰羅爾　一作地鹿

北界德屬之巴威里亞東界撒耳士堡及卡林提阿西與南界意大利

因士勃祿克一作音斯不囉克　一作卯布

卡林提阿一作格零地亞　一作哥亞田　一作刊田

北界義士的里亞及撒耳士堡南界加宜疴拉及戈勒士東界義士的里亞西界的羅耳

革拉哥弗一作克拉根溥　一作科喇倫伯克　一作坺辣爾倍克

加宜疴拉一作加里瓦拉　一作卡匿疴刺　一作喀吮阿拉　一名以利林　一名克林

北界卡林提阿南界壹黎里亞東界哥羅氏西亞西界戈勒士

戈勒士一作科斯蘭　一作格拉子　一作可刺

來巴克一作來八　一作來巴　一作嵭勃拉納

北界卡林提阿南界壹黎里亞東界加宜疴拉西界意大利

的里也斯得一作的里斯德　一作得利益　一作地益　一作　一作得里厄斯特　一作剔力厄士特　一作特力厄斯特　一作忒里阿思特　一作特里愛斯特　一作德刺斯德

壹黎里亞一作伊爾那里阿　一作意士剔利阿　一作義士得拉

北界加宜疴拉及戈勒士南抵亞得亞海東阻大山西臨威尼斯海灣

坡拉爾一作波刺

波希米一作不威述亞　一作磨希彌阿　一作布威彌亞　一作波希爾阿　一作博基壓亞　一作白海米　一作波希米唵　一作波西米亞　一作波臨窩綾　一作伯門　一作伯閔　一作破閔　一作比兒們　一作坡門

北界德意志南界奧地利亞東界摩拉維亞西界德屬之巴威里亞

布拉克一作巴拉　一作巴壹　一作巴啦加　一作勃勃格　一作鮑來格　一作伯拉草

摩拉維亞一作摩啦惟亞　一作摩啦維阿　一作摩拉維　一作摩里維亞　一作摩那威阿　一名獸林

東北界細累細亞西北界波希米東南界匈牙利西南界奧地利亞

布倫一作勃倫　一名阿里木

細累細亞一作細勒細亞　一作夕勒西　一作悉利西阿　一作壹黎西亞　一作賽里西亞　一作賽里瀉　一作雪雷瀉　一名什里司恩

北與德屬之細累細亞牙錯東界加里細亞東南界匈牙利西界摩拉維亞

特勞堡一作特羅堡　一作特拉波　一作忒魯

以上十二部爲日耳曼故地

匈牙利瀛寰志略分上下那盧彌二部　名詳後

北界加里細亞東北阻卡批提安山西北界摩拉維亞南界塞爾維亞西南界斯加拉窩尼亞東界布哥維納及達郎西瓦尼西界奧地利亞及義士的里亞及哥羅瓦西亞

披什特一作備斯德　一作沛司特　一作伯堡　一作棠利斯麥

布達一作布大　一作布鐸　一作補地　一作補鏈　一名阿芬

哥羅瓦西亞一作哥囉亞西　一作克羅厄西阿　一作克羅西亞　一作克羅瀉　一作克羅薩　一作格羅

阿底阿

東北界匈牙利西北界義士的里亞南界波斯尼亞東界斯加拉窩尼亞西界加宜菏拉

亞加蘭一作阿格藍

斯加拉窩尼亞一作斯拉縛尼　一作斯格臘　一作斯加拉窩尼　一作拉窩尼　一作士拉窩尼阿　一作斯辣富尼亞　一作斯拉夫尼亞　一作斯加拉烏尼亞

北界匈牙利南界波斯尼亞東臨多惱河西界哥羅瓦西亞

挨塞各一作益悉　一作額西克

達郎西瓦尼一作特蘭色溼尼　一作達郎西里耳耳尼亞　一作達郎西里瓦尼　一作特蘭斯耳哇尼阿　一作特蘭昔阜尼亞　一作薩羅亥壞耳克　一名七山　一名爾迭耳鄂撒克

東北界布哥維納西北界匈牙利南界羅馬尼亞東界羅馬

尼亞及俄羅斯西界匈牙利

克路森堡一作克老先勃　一作科老什瓦

黑爾曼士撻一作黑曼

達爾馬西亞一作達瑪細亞　一作達馬西　一作搭馬　一作達耳麥西阿　一作達爾美西亞　一作那爾麻氏　一作攬麻地　一作達而美瀉

地形狹長西與南抵亞得亞海東界波斯尼亞東北接哥羅瓦西亞

撒剌一作撒拉

以上爲匈牙利地

加里細亞一作加里細　一作牙里西　一作加里西阿　一作加里西亞　一作牙里西阿　一作加利斯　一作加里瀉　一作客利西　一作該里希唵

北與東界俄羅斯南界匈牙利東南界布哥維納西界細累細亞

稜皐各 一作廩勃

布哥維納 一作布哥委納 一作卜可維納

北界加里細亞南界達郎西瓦尼東界俄羅斯西阻卡批提安山

察諾爲西 一作撒佛維支

達爾奴波羅 一作他佛頗耳

以上爲波蘭地 布哥維納本割自土耳其以與加里細亞毘連故坿波蘭部

波斯尼亞 一作不尼 一作波士尼阿 一作波士納 一作波斯年 一作波斯聶 一作婆斯尼亞 一作博斯尼亞 一作保斯尼唵 一作波森利牙 一作波森牙 一作波生牙

北界斯加拉窩尼亞及哥羅瓦西亞東南界門的內哥西南抵亞得亞海東界塞爾維亞西界達爾馬西亞南界赫些哥維納

波斯那細來 一作波士納薩衣

赫些哥維納 一作赫次戈偉納 一作赫昔戈非那 一作黑次戈偉訥 一作海獅哥飛拿 一作黑西崿 一作和茲哥非那

北界波斯尼亞東南界門的內哥西南抵亞得亞海

摩士他 一作摩斯達 一作毛斯搭

以上爲土耳其新地

海國輿地釋名卷六

湘鄉陳士芑翼謀甫纂

釋歐洲各國屬地弟八下

意大利屬

拉丁 一作拉非令 一作拉地唵 一作路冷頓 一作臘丁

北界多斯加納東北界唵勃里阿南界堪板尼亞及地中海東界唵勃里阿及阿勃魯薩西抵地中海

阿勃魯薩 一作阿勃祿蘇 一作阿魁拉

北界馬雪士南界阿普利阿及堪板尼亞東抵亞得亞海西界唵勃里阿及拉丁

唵勃里阿 一作翁比喇亞

東北及東界馬雪士西北及西界多斯加納東南界阿勃魯薩西南界拉丁

多斯加納 一作多爾加納 一作突加拿 一作拖士卡納 一作土斯街尼 一作吐祿加泥

北界閣密里阿南界拉丁東界馬雪士及唵勃里阿西抵地中海

佛羅稜薩 一作咈囉稜斯 一作夫斐蘭司 一作夫羅凌斯 一作勿羅郎斯 一作斐連薩 一作福祿廉司 一作佛奴倫司

即職方外紀之福楞察國

元明時有別部最强嘗據此城立國同治初撒丁王復建都於此

波賽 一作砵碎 一作波脫賽德 一作皷薩 一作斯披薩 一作北撒 一作披沙

盧加 一作納加 一作祿卡 一作鹿駕

舊嘗別立爲部
馬雪士 一作瑪爾折斯
北界閤密里阿南界阿勃魯薩東抵亞得亞海西界唵勃里
阿及多斯加納
安科那海口 一作安科吶 一作安科納
閤密里阿 一作以米里亞 一作愛米
北界威尼斯及倫巴多南界多斯加納東抵亞得亞海西界
里古利亞
末秩納 一作毛代那 一作摩德拏 一作摩地那 一作磨里那 一作摸虢那 一作磨地那
舊嘗別立爲部
帕馬 一作巴馬 一作巴麻 一作巴爾馬 一作拍巴 一作帕兒馬 一作巴爾瑪

舊嘗別立爲部
波崙雅 一作蒲琭尼
威尼斯 一作威尼西 一作威尼西亞 一作威內薩 一作非匿 一作伊塞特里那 一作維逆司 一作緋逆斯 一作溫匿西阿 一作飛尼士 一作飛泥雪 一作蜚耐天 一作威尼西奴 即職方外紀之勿搦祭亞國
北及東北界奥斯馬加南界閤密里阿東南抵亞得亞海西
界倫巴多
首城同名
巴多法 一作巴士亞
倫巴多 一作倫巴爾多 一作倫巴地 一作郎拜而底 一作隆巴地阿 一作倫巴提 一作郎巴底 一作郎罷 一作狼罷地
北界瑞士南界閤密里阿東界威尼斯西界丕厄蒙德

密蘭諾 一作迷蘭 一作米蘭 一作米郎 一作迷郎 一作彌郎 一作彌朗 一作馬蘭
舊嘗別立爲部
科摩 一作科麽 一作果穆
里古利亞 一作里沽力阿
北界丕厄蒙德南抵地中海東界閤密里阿西界摩納哥
戕諾伐 一作熱拏亞 一作熱那亞 一作熱挪阿 一作熱諾法 一作折努阿 一作耕羅亞 一作然恩 一作齊奴阿 一作日挪瓦
舊爲撒丁屬部名
丕厄蒙德 一作辟門 一作辟們 一作撒邛
北界瑞士之亞爾卑斯山南界里古利亞東界倫巴多西界
法蘭西

都靈 一作多靈 一作土林 一作都闌 一作佗利諾 一作丟來 一作吐淩
以上二部爲撒丁故地
堪板尼亞 一作堪拏雅 一作亞爾板拉加
東北界阿勃魯薩東界阿勃魯薩及阿普利阿東南界巴細
利加西北界拉丁西與西南抵地中海
拿破里 一作拿破利 一作拿波利 一作納波里 一作那頗利 一作那伯里 一作那伯喇斯 一作那不勒斯 一作那不爾 一作那卑爾 一作那不兒 一作揑不爾士
即沿拿破里國舊稱
阿普利阿 一作亞浦利亞 一作喀普阿
東北及東抵亞得亞海南臨塔蘭隋海灣西北界阿勃魯薩
西界堪板尼亞及巴細利加

芬蘭隋一作達倫屯　一作塔拉恩施

布林的西海口一作勃林底西　一作伯淩氏西

巴細利加一作拔悉里卡特

北與東界阿普利阿南界加拉德利亞西界堪板尼亞

加拉德利亞一作卡剌勃利阿　一作卡臘勃來　一名鉛來勃山

北界巴細利加東西南三面環地中海極西南角與西治里島隔海峽相距

以上四部爲拿破里國故地

西治里島一作西基利　一作西齊里　一作西西利亞　一作細細利　一作細細來　一作昔昔利　一作昔西利　一作西齊埋亞　一作什士力

島形如三角東北角與加拉德利亞一線相銜南北距長處

二百餘里東西距四百五十里爲方里者九萬四千七百二十

巴勒摩一作巴勒爾孳　一作巴婁麻　一作爬剌麼

默細那一作墨西拿　一作枚息那　一作美撒拿　一作美西納　一作墨西奴　一作邁西那

撒丁島一作薩丁　一作撒地尼　一作薩爾的尼亞　一作沙里尼阿　一作撒而地泥亞　一作薩諦尼亞　一作爹第尼亞　一作薩釘泥雅　一作薩甸　一作沙力尼阿　一作賽地尼阿　一作撒底尼亞　一作薩狄尼晻　一作沙力尼阿牙

在地中海內爲意所遥轄北隔海峽與法屬之哥塞牙島相距東與西治里島相直南北距四百五十里東西距約二百里爲方里者七萬九千五百三十舊時撒丁王起自此島故即以島名國

荷蘭國

北荷蘭一作北賀蘭

東北及東環哈爾林海南界烏德勒支及南荷蘭西抵北海

哈廉一作哈地　一作合其　一作赫基

烏特一作黑耳達

來丁一作恩回森

南荷蘭一作南賀蘭

北界北荷蘭南臨海港東界烏德勒支西抵北海

黑克一作哈克　一作海各　一作海牙　一作海革　一作亥革　一名士格拉溫黑治

盧特坦一作鹿得隄　一作羅塔骯　一作勒德旦

西蘭一作斯蘭德亞　一作斯蘭的

北界北荷蘭南界比利時東界北巴拉班的西抵北海

烏士特堡一作米德爾不爾厄

北巴拉班的一作北巴啦班　一作勃拉班特　一作勒治墨那滿

北臨謬塞河及來因河南界比利時東界德意志西界西蘭

不亞勒獨各一作布哇呂德克　一名士哈吐占波什

烏德勒支一作烏特立　一作由特力治　一作烏德蘭支　一作友剔勒克　一作余德勒革

北界北荷蘭南臨來因河東界給爾德勒西界南荷蘭

首城同名

給爾德勒一作給德蘭　一作基耳達蘭　一作蟻耳那蘭　一作黑耳頓

東北界痾威爾義塞耳東南界德意志西北抵哈爾林海西界烏德勒支西南界北巴拉班的

安欣一作亞爾凝

痾威爾義塞耳一作痾威立塞　一作阿威蘆斯　一作痾法利士些耳

北界德倫得東界德意志西與南界給爾德勒
士窩里 一作索爾
德倫得 一作德倫 一作特逡題 一作特連德
北界哥羅凝加南界痾威爾義塞耳東界德意志西界斐里
斯蘭
亞森 一作阿先
北西南三面環海東南界痾威爾義塞耳東界德倫得及哥
斐里斯蘭 一作非利斯蘭 一作非里薩 一作輔利士蘭 一作輔利西阿
羅凝加
羅瓦頓 一作留瓦爾敦
哥羅凝加 一作哥嚕凝俺 一作俄羅忍銀 一作哥羅甯加 一作古羅凝加 一作何羅甯恨 一作袞甯音

北抵北海南界德倫得東界德意志西界斐里斯蘭
首城同名
靈堡 一作靈不爾厄 一作臨麥
與比屬之靈堡東西毗連北界北巴拉班的南界比利時之
列日部東界德意志
賨士的里至 一作麻士剔勒克
比利時屬
南巴拉班的 一作南巴班 一作南巴蚳班 一作南勃拉班 一作小墨那滿
爲諸部適中之地北界安都厄比南界那慕爾及海腦德東
界靈堡西界東發蘭德斯
安都厄比 一作安都厄爾比亞 一作奄都洼 一作安兑伯 一作安哇噴 一作安瓦皮

北界荷蘭之北巴拉班的南界南巴拉班的東界靈堡西界
西發蘭德斯
首城同名
東發蘭德斯 一作東發蘭德 一作依邑佛蘭那 一作東傅蘭達士
北界西蘭南界海腦德東界安都厄比及南巴拉班的西界
西發蘭德斯 一作西發蘭德 一作威邑佛蘭那 一作西傅蘭達士
[illegible]式 一作千的 一作占特
北抵北海東南界海德腦東界東發蘭德斯西及西南界法
蘭西
不魯日 一作布路遮斯 一作勃魯治士 一作勃魯什

海腦德 一作海拏 一作希攙爾 一作厄奴 一名很衣厚文
北界東西發蘭德斯二部東北界南巴拉班的東界那慕爾
西與南界法蘭西
蒙肆 一作蒙斯 一作蒙士 一名伯輕
那慕爾 一作那摩 一作那慕蘭 一作囊謨 一作那門 一作乃慕阿
北界南巴拉班的南界法蘭西東界列日西界海腦德
首城同名
列日 一作利日 一作里尼 一作里治 一作留以希 一 作雷克
北界靈堡南界盧林堡東界德意志西界那慕爾
首城同名
靈堡 一作林堡 一作靈不爾厄 一作靈布爾厄 一作臨麥 一作蘭布阿

北與荷蘭南界列日東界荷屬之靈堡西界安都尼比及南
巴拉班的
哈些耳一作黑夫
盧林堡一作魯森堡　一作盧森布爾厄　一作盧森不爾厄　一作勒新麥
北境銳入列日界內作凹凸之形東界魯森堡南與西南界
法蘭西
亞爾倫一作阿倫　一作亞爾羅
瑞士屬
伯爾尼一作北耳尼　一作麻尼　一作杯恩
北界索律勒南界瓦來斯東界盧撒爾拿及翁德爾瓦里的
西界牛弗砂德爾及弗里堡

翁德爾瓦里的一作翁德瓦里的　一作翁德瓦丁　一作喹哇耳領　一作所羅頓　一作恩德窩耳頓
一作恩德華而特　一作溫德瓦敦
北界盧撒爾拿南界瓦來斯東界烏黎西界伯爾尼
士坦斯一作斯丹
烏黎一作烏蘆　一作烏利　一作烏理　一作越利
北界孰義的斯南界德西怒東界給里孫西界翁德爾瓦里
的
阿耳鏵夫一作亞多弗
盧撒爾拿一作魯沙尼　一作路新地　一作魯苑恩　一作魯璇
北界亞爾高南界翁德爾瓦里的東界蘇克西界伯爾尼
首城同名

亞爾高一作亞爾痾維亞　一作亞爾科維亞　一作阿俄威阿　一作阿高
北臨來因河南界盧撒爾拿東界蘇黎世西界巴勒及索律勒
首城同名
巴勒一作巴悉　一作麻塞里　一作麻色里　一作伯悉耳　一作伯耳　一作伯勒　一作排而
北與西北界德意志東與南界索律勒西界亞爾高
首城同名
索律勒一作梭婁爾　一作疏流赤　一作梳流治　一作索柳阿　一作楸力施
地形犍枒北與巴勒牙錯東南及西南與伯爾尼牙錯東界
亞爾高
首城同名
蘇克一作續地

北與東北皆界蘇黎世西北界蘇黎世盧撒爾拿之間與亞
爾高相銜接南與東南界孰義的斯西界盧撒爾拿
首城同名
孰義的斯一作色錐斯　一作塞追司　一作瑞的斯　一作什威士
北界蘇黎世西北界蘇克南界烏黎東界加拉利斯西臨盧
撒爾拿湖
首城同名
蘇黎世一作蘇利赤　一作蘇利克　一作蘇溺克
北界砂弗毫先南界孰義的斯及蘇克東界圖爾高及桑高
辟西界亞爾高
首城同名

砂弗毫先一作斯渣付侯新　一作砂佛塞　一作砂扶厚生
北與西界德意志南界蘇黎世東界圖爾高
首城同名
圖爾高一作獨爾痾維亞　一作獨爾科維　一作都耦　一作突輿　一作吐阿高
北界德意志南界桑高祿東臨孔士頓士大湖西界蘇黎世
孔士頓士一作康斯坦斯
亞奔塞爾一作亞奔塞　一作阿丙西耳　一作亞賓西　一作阿偏些耳
北西南三面包桑高祿界內東北界德意志東阻亞爾卑斯大山
首城同名
桑高祿一作桑牙祿　一作牙薩　一作牙里　一作牙尼　一作聖哥耳
北界圖爾高南界加拉利斯及給里孫東界亞奔塞爾及輿

斯馬加西界加拉利斯及蘇黎世
瓦連斯達一作窩連士撻
加拉利斯一作額臘力斯　一作加律　一作加拉巹　一作格拉勒士
北界桑高祿南界給里孫東界桑高祿西界孰義的斯
首城同名
給里孫一作額里渠　一作其孫　一作格里順
北界桑高祿及加拉利斯南界意大利東與東北界奥斯馬
加西界德西怒
佳爾一作加德　一作顧阿
德西怒一作底西那　一作他西那　一作德信　一作迭山　一作德散　一作德齊諾
北界烏黎南界意大利東界給里孫西界瓦來斯

羅卡諾一作鄰梭那　一作榔街諾
瓦來斯一作盤浞利斯　一作洼瓦利司　一作法累斯　一作瓦里士　一作瓦勒
北界伯爾尼南界意大利東界德西怒西界法蘭西
西昂一作西拔
弗里堡一作弗里不爾尼　一作非盤麥　一作緋里麥　一作非布　一作傅累堡
北界牛弗砂德爾南界瓦來斯東界伯爾尼西界瓦烏的及
法蘭西
首城同名
三當德一作三坦達　一作三當德爾
北抵比士開雅海灣南界不爾厄斯東界比士開雅西界亞
斯都里亞斯

首城同名
索里亞一作索里阿
北界羅哥羅虐西北界不爾厄斯南界瓜達拉砂辣西界賽
額維亞
首城同名
塞額維亞一作些戈維阿　一作塞領維
北界不爾厄斯及法拉多利南界馬德里地東界索里亞及
瓜達拉砂辣西界亞維拉
首城同名
亞維拉一作阿徵剌
北界法拉多利南界多勒多東界塞額維亞及馬德里地西

界薩拉蒙加
首城同名
法拉多利一作吐耳雅多勒　一作緋辣朶力得
北界巴稜西南界亞維拉東南界塞額維亞東界不爾厄斯
西界薩擘拉西北一角斜界於巴稜西里安二郡之閒
瓦烏的一作瓦烏　一作縛的　一作否特　一名熱尼瓦一名穩
北界牛弗砂德爾東界弗里堡西與南界法蘭西
蘭生一作羅參
牛弗砂德爾一作牛砂德　一作紐查底爾　一作匯查得一作奴什阿迭耳
北與西界法蘭西東界弗里堡南界瓦烏的
首城同名

申尼夫一作仁尼注　一作日尼法　一作日內巴拉
北西南包法蘭西界內東北接瓦烏的東臨申尼夫湖
首城同名
西班牙屬
新加斯德辣部一作新加斯德　一作新加斯替　一作紐加塞代爾　一作新卡士提雅
置郡五
馬德里地一作馬德力　一作麥得立
北與塞額維亞阻瓜達拉麻山爲界南與西南界多勒多東
界瓜達拉砂辣西界亞維拉
瓜達拉砂辣一作瓜達拉薩　一作瓜達剌哈拉　一作果阿呰拉察拉
北界索里亞東北界薩拉厄撒南界固盈加東界德魯厄爾

西界馬德里地
首城同名
多勒多一作多列隋　一作拖果朶
北界馬德里地及亞維拉南界盧達里亞耳東界固盈加西
界加塞勒斯
首城同名
固盈加一作庫恩喀　一作坤嘎
北界瓜達拉砂辣南界亞爾巴塞爾東界德魯厄爾及瓦稜
薩西界多勒多
首城同名
盧達里亞耳一作丸達螺　一作修辣里阿耳　一作西烏達得里奧

北界多勒多南阻摩里納山與熱音爲界西南界哥爾多瓦
東界亞爾巴塞爾西界巴達熱斯
首城同名
舊加斯德辣部一作舊加斯德　一作阿爾加色代爾　一作舊加斯替　一作舊卡士提雅　一名古喀斯提耳
置郡八
不爾厄斯一作不哥斯　一作佈耳果斯　一作布阿孤士
北界三當德南界索里亞及塞額維亞西南界法拉多利東
界羅哥羅虐西界巴稜西
首城同名
羅哥羅虐一作羅歌羅挪　一作羅格倫約　一作羅格恩奴

北界亞拉襪南界索里亞東界納瓦拉西界不爾厄斯

首城同名

巴稜西 一作巴連西阿　一作巴稜西亞

北阻坎塔物力里阿大山南與西南界法拉多利東界不爾厄斯西界里安

首城同名

里安部 一作里稔　一作里昂　一名艮

置郡三

里安 名與部同

北阻阿士吐里阿士山南界薩摩拉東南界法拉多利東界巴稜西西界顱額

首城同名

薩拉棠加 一作薩拉慢加　一作撒拉茫喀　一作薩拉芒加　一作薩拉曼喀　一作沙拉蠻克

北界薩摩拉南界加塞勒斯東界亞維拉西與西北界葡萄牙

首城同名

薩摩拉 一作撒麼拉

北界里安南界薩拉棠加西界葡萄牙及疴稜塞東界法拉多利

首城同名

加黎薩部 一作加黎西　一作牙釐祉　一作嘎利西阿　一作格利瀉

置郡四

哥魯尼亞 一作哥魯那　一作考侖那　一作科倫雅

北與西環大西洋南界奔德威達拉東界顱額

首城同名

顱額 一作魯戈

北抵大西洋南界疴稜塞東界亞斯都里亞斯及里安西界哥魯尼亞

首城同名

疴稜塞 一作俄連塞　一作哦零瀉　一作俄來恩

北界顱額南界葡萄牙東界里安及薩摩拉西界奔德威達拉及葡萄牙

首城同名

奔德威達拉 一作奔德菲得啦　一作蓬德維達拉　一作旁台緋得拉

北界哥魯尼亞南界葡萄牙東界顱額及疴稜塞西抵大西洋

首城同名

亞斯都里亞斯部 一作亞斯都里　一作阿士吐里阿士

置郡一

亞斯都里亞斯 名與部同

北抵比士開雅海灣南阻大山與里安為界東界三當德西界顱額

疴維夜多 一作疴維多　一作俄維厄隋　一作俄緋爱朶

比士開雅部 一作比斯加亞　一作比斯加　一作必斯開　一作彌斯計　一作布斯國華

置郡三

比士開雅名與部同
北抵比士開雅海灣南界亞拉襪東界給不斯孤西界三當
德
首城同名
給不斯孤一作基普士科阿
北抵比士開雅海灣南界納瓦拉東界法蘭西西界比士開
雅
三西巴士剔安一作巴堯恩
亞拉襪一作亞拉縛　一作阿剌法
北界比士開雅南界羅哥羅虐東界納瓦拉西界不爾厄斯
首城同名

納瓦拉部一作納瓦　一作那哇臘　一作納扒　一作納哇拉
置郡一
納瓦拉名與部同
北界給不斯孤東北阻比里尼斯大山南界薩拉厄撒西南
界羅哥羅虐東界薩拉厄撒西界亞拉襪
般北那納一作攀伯羅納
亞拉岡部一作阿臘灣　一作阿拉岡　一作阿拉貢
置郡三
薩拉厄撒一作撒拉歌撒　一作薩拉告薩　一作薩拉加撒　一作剎拉各剎　一作塞拉噶薩
北界納瓦拉南界德魯厄爾及瓜達拉砂辣東界烏厄斯加
西界索里亞東北一角迤出烏厄斯加納瓦拉二郡之間直

抵比里尼斯大山東南一角迤出德魯厄爾烏厄斯加二郡
之間抵達拉瓦納西境
首城同名
烏厄斯加一作血斯加　一作維士卡
北阻比里尼斯大山南界達拉瓦納及薩拉厄撒東界勒黎
達西界薩拉厄撒
首城同名
德魯厄爾一作台羅愛耳　一作德魯　一作鐵爾威耳
北界薩拉厄撒東界達拉瓦納東南界加斯得倫西南界瓦
棱西西界瓜達拉砂辣及固盈加
首城同名

加達魯尼亞部一作加達羅尼阿　一作加達羅尼　一作卡他倫雅
置郡四
巴爾塞羅內一作巴爾塞羅那　一作巴賽羅那　一作巴提洛納　一作巴士羅拿
東北與東界日羅納西北與西界勒黎達南與東南抵地中
海西南界達拉瓦納
首城同名
達拉瓦納一作達啦歌那　一作塔拉戈納　一作哦拉度列　一作塔拉果那
北界勒黎達及烏厄斯加東界巴爾塞羅內東南抵地中海
西南界加斯德倫西界薩拉厄撒及德魯厄爾
首城同名
勒黎達一作來里苔　一作臘伊達

北阻比里尼斯大山東北界日羅納南界巴爾塞羅內及達
拉瓦納西界烏厄斯加
首城同名
日羅納 一作其羅納 一作海羅那 一作黑洛納
北阻比里尼斯大山西北一角接勒黎達東與東南抵地中
海西與西南界達拉瓦納
首城同名
瓦稜薩部 一作洼領含 一作瓦連西阿
置郡三
瓦稜薩 名與部同
北界加斯得倫及德魯厄爾西北一角錯入德魯厄爾固盈

加二郡界內南界亞利干的東抵地中海西界固盈加及亞
爾巴塞爾
首城同名
加斯得倫 一作加斯德倫得拉不辣納 一作喀斯台隆 一作卡士提庸
地形欹長東北界達拉瓦納西北與西界德魯厄爾東南抵
地中海西南界瓦稜薩
首城同名
亞利干的 一作亞利刊 一作阿里刊特 一作愛力刊特
北界瓦稜薩西北界亞爾巴塞爾東與南環地中海西界木
爾西亞
首城同名

木爾西亞部 一作母社 一作木爾西 一作慕阿西阿
置郡二
木爾西亞 名與部同
北界亞爾巴塞爾南抵地中海東界亞利干的西界亞爾美
里亞
首城同名
亞爾巴塞爾 一作亞巴西的 一作阿耳巴西特 一作喀代基那
北界固盈加南界木爾西亞東境斜出木爾西亞瓦稜薩二
郡之間抵亞利干的西境西界盧達里亞耳及熱音
首城同名
安達盧西亞部 一作安達羅西 一作安達祿西阿 一作晻那魯社 一作加到陸爾尼亞

置郡八
塞維里亞 一作塞非里 一作賽非耳 一作些斐耳雅
北界巴達熱斯南界加的斯東北與東界哥爾多瓦東南界
馬拉牙西界烏厄爾襪
首城同名
加的斯 一作卡的士 一作加利司 一作開氏資
北界塞維里亞南抵直布羅陀海峽東界馬拉牙西抵大西
洋
首城同名
烏厄爾襪 一作烏厄襪 一作維耳伐
北界巴達熱斯南抵大西洋東界塞維里亞西界葡萄牙

首城同名
哥爾多瓦一作哥多法　一作考朶發　一作科多巴
北界巴達熱斯及盧達里亞耳南界馬拉牙東界盧達里亞
耳及熱音西及西南界塞維里亞
首城同名
熱音一作哈恩　一作察恩
北界盧達里亞耳南界加拉拿大東界亞爾巴塞爾及加拉
拿大西界哥爾多瓦
首城同名
加拉拿大一作加拉那達　一作格來那達　一作格拉拏達　一作格拉剌達
北界熱音南抵地中海東界亞爾美里亞西界馬拉牙及哥

爾多瓦東北一角迤出熱音亞爾美里亞二郡之間抵木爾
西亞亞爾巴塞爾二郡界
首城同名
亞爾美里亞一作亞美啊亞　一作阿耳馬利阿　一作奥邁力阿
東北界木爾西亞西北及西界加拉拿大南與東南抵地中
海
首城同名
馬拉牙一作瑪拉加　一作馬拉嘎　一作麥拉茄　一作邁里荅
北界哥爾多瓦西北界塞維里亞南抵地中海東界加拉拿
大西界加的斯
首城同名

義斯德勒馬都拉部一作依塞特那麻魯　一作額斯德瑪多　一作厄士特臁馬都拉　一作愛斯荅臘
麥多拉
置郡二
巴達熱斯一作巴達若　一作巴達葫寺　一作戈代和斯
北界加塞勒斯南界塞維里亞及烏厄爾襪東南界哥爾多
瓦東界盧達里亞耳西界葡萄牙
首城同名
加塞勒斯一作達塞勒斯　一作卡提勒士　一作喀察來斯
北界薩拉蒙加東北界亞維拉南界巴達熱斯東界多勒多
西界葡萄牙
首城同名

巴利亞里島部一作巴里亞利　一作伯列阿立　一作巴里阿力克
在地中海凡五島
壹維薩島一作依委沙　一作伊維薩　一作伊維色　一作伊斐薩　一作伊非加
西與亞利干的郡相直大催馬惹爾架四分之一
佛爾門德辣島一作佛爾們德　一作什曼台拉　一作薄綿特臘
在壹維薩之南大亞於壹維薩
馬惹爾架島一作瑪惹架　一作麻育加　一作馬賈耳加　一作馬約喀　一作抹昭刻　一作馬約爾卡
在壹維薩之東稍北長廣均約二百里五島中以此島爲最
大
米諾爾架島一作米諾架　一作彌那加　一作米諾耳加　一作美那喀　一作密諾加　一作密奴加　一作密淖喀

在馬惹爾架之東大僅馬惹爾架三分之一
加卑勒拉島 一作加卑勒 一作卡勃里剌
在馬惹爾架之南視數島爲最小
葡萄牙屬
義斯德勒馬都拉 一作伊斯里麻魯那 一作額斯德瑪多 一作伊士得列馬都拉 一作脫累斯非特拉斯
與西班牙部同名北界卑辣南界亞零德入東界亞零德入及卑辣西抵大西洋
卑辣 一作卑啦 一作伯伊臘
北界達拉斯德斯蒙德及斗羅米虐南界亞零德入及義斯德勒馬都拉東界西班牙西抵大西洋

固英巴拉 一作科闌勃臘 一作科隆拉
斗羅米虐 一作斗囉米虐 一作彌那 一作閩約
北界西班牙南界卑辣東界達拉斯德斯蒙德及西班牙西抵大西洋
痾坡多 一作伯爾多 一作戥坡安
達拉斯德斯蒙德 一作達啦蒙德 一作特拉斯阿滿底 一作達拉斯德蒙 一作得拉士烏士蒙德士
北與東界西班牙南界卑辣西界斗羅米虐
巴拉安薩 一作巴啦于撒 一作勃拉幹薩
亞零德入 一作阿領底若 一作阿連提索 瀛寰志畧作亞零德人人字當屬傳寫之譌今依地理全志作入
北界卑辣南界亞爾加菲東與東北界西班牙西北界義斯德勒馬都拉西抵大西洋
厄窩拉 一作厄扶痾剌
亞爾加菲 一作亞利牙爾威 一作阿爾牙威 一作阿耳嘎霏
北界亞零德入東界西班牙西與南抵大西洋
發羅 一作法囉 一作塔霏剌
瑞那屬
斯德哥爾摩 名詳本國都城下
東臨波羅的海
烏布薩拉 一作歐魄薩拉 一作沃魄薩剌
在斯德哥爾摩西北首城同名
日非勒波爾 一作葉夫累堡 一作厓夫來 一作葉夫雷

在烏布薩拉西北首城同名濱海
哥巴爾卑 一作斯德拉哥巴爾卑 一作科帕堡
在日非勒波爾之西首城同名
痾勒波羅 一作伍來白魯 一作鄂利勃魯
在斯德哥爾摩之西首城同名
加羅斯達 一作加爾羅斯達 一作咯耳斯塔特 一作卡爾士撻
在痾勒波羅之西首城同名建於威那爾湖北岸
哥羅諾卑 一作哥羅諾卑爾 一作發魯恩 一作附羅阿
在哥巴爾卑之北首城同名
以上爲綏蘭舊部地
綏蘭 一作綏林波羅 一作綏林勃羅 一作瑞利治

尼諾兵一作諾阿扣平　一作諾爾扣平
在斯德哥爾摩之西南首城同名
靈哥兵一作靈哥賓　一作淩庫平　一作林扣平
在尼諾兵西南首城同名
馬利厄士捷一作麻里愛斯塔特
在威德爾湖威那爾湖之間首城同名建於威那爾湖東南
岸
威那斯堡一作威拿士堡
在馬利厄士撻之西首城同名建於威那爾湖西南角
魚塔堡一作輿退堡　一作痾德波耳　一作痾德羅　一作果台保格
在威那斯堡之南首城同名西臨海

仍哥兵一作仍哥賓　一作勇扣平
在馬利厄士撻之南首城同名建於威德爾湖南岸
維式痾一作威士德來斯　一作外克希育
在仍哥兵之東南首城同名
加爾馬耳一作卡耳麻　一作開耳摩
在維式痾之東首城同名臨海
加爾士克魯那一作卡耳士克路納
在加爾馬耳之西南首城同名臨海
哈耳士撻一作哈毋斯榻得　一作亞爾慕斯達
在魚塔堡之南首城同名西臨海
克力士提安士撻一作基利斯的安斯達

在哈耳士撻東南首城同名東臨海
馬耳穆一作麻摩　一作馬爾摩呼　一作馬爾摩呼斯
在克力士提安士撻之南爲國之南界盡處首城同名西臨
海與丹馬之西蘭島遥遥相望
以上爲歌忒蘭舊部地
歌忒蘭一作曷蘭　一作魚塔蘭
嚴特蘭一作仍德蘭
在哥羅諾卑之北
威斯德爾諾耳蘭一作諾爾蘭　一作威士塔挪阿蘭
在嚴特蘭東北東臨波羅的海
威斯德爾波敦一作威斯德　一作威士塔波敦

在威斯德爾諾耳蘭西北境內河道紛歧皆東南流入波羅
的海
諾爾波敦一作諾波敦　一作挪阿波敦
在威斯德爾波敦之北北境與臘巴蘭毗連
以上爲那蘭舊部地
那蘭一作挪爾蘭得　一作挪阿蘭
臘巴蘭一作勒必蘭　一作臘勃蘭
在國之極北北抵北氷洋東與俄羅斯接壤
以上二十四部爲瑞典本國地
格里士特阿拿一作戩斯底安牙　一作吉提亞那　一作克立士梯亞納　一作克力士提阿尼阿　一作
克力斯提亞尼亞　一作革利斯第亞那

北界哈麻南抵士喀吉拉海灣東界瑞典地西界伯根

那威舊都與部同名南臨士喀吉拉海灣

哈麻一作合馬爾　一名厥銤哈斯

北界南特倫巖南界格里士特阿拿東界瑞典地西界伯根

伯根一作伯爾根　一作白爾根　一名沃牙哈斯

東北界南特倫巖南界克力士提安散東界哈麻西抵大西洋

克力士提安散一作幾力斯底安山　一作基利斯的安　一作格力斯提安散得　一作克剌駕婁

北界格里士特阿拿及伯根東南環士喀吉拉海灣西南抵北海

南特倫巖一作南德倫的音　一名特倫林　一名特倫的音　一名得琅得哈愛母　一名特琅狄母

舊與北特倫巖合為一部今分北界北特倫巖南界哈麻東界瑞典地西抵大西洋

北特倫巖一作北德倫的音

北界諾爾蘭南界南特倫巖東阻楚倫山西抵大西洋

諾爾蘭一作挪阿蘭　一作淖特蘭得　一名那蘭斯

北界特隆蘇南界北特倫巖東阻楚倫山西抵大西洋

特隆蘇一作特老母蘇愛

東北界芬瑪克南界諾爾蘭東阻楚倫山西抵大西洋

芬瑪克一作分馬爾根　一作分麻肯　一名肥引墨　一名俄鼎麻

北抵北冰洋東與南界臘巴蘭西界特隆蘇

以上九部為那威故地或云分二十部未詳

土耳其屬

羅美里亞一作羅美連　一作羅彌里　一作路米里　一作路默利　一作魯米利亞　一作魯米里唵　一名東羅美里亞

北界蒲加利亞南抵希臘窄海東抵黑海及馬爾馬拉窄海西界門的內哥

案此省自光緒四年柏林定約由各大國會同土耳其派駐兵帥轄治基督教人士廷不得專制

撒羅尼克郡一作薩羅尼啟　一作撒羅尼加　一作撒羅尼嘎

南臨希臘窄海

伊派勒斯郡一作矮皮魯斯

南與希臘接壤

亞得安城一作亞得利安　一作安多黎諾伯勒　一作阿得力阿諾勒爾　一作阿得力亞諾鵝耳　一作阿得里阿堡　一作阿得列挪伯　一作阿得犂亞那珀埒　一作雅笛拏泊兜

在省東境臨河東至黑海約三四百里

士麥拿一作士每拿　一作斯謀納　一名亞那多里亞　一名亞那多里　一名愛納拖力唵

北界科達文的刻阿東界加拉馬尼亞西與南皆抵海

首城同名臨希臘海港

科達文的刻阿一作亞達那　一名安峩剌

北抵馬爾馬拉窄海南界士麥拿東南界加拉馬尼亞東界恩孤阿西抵希臘窄海

加拉馬尼亞一作加啦嗎呢　一作卡拉綿尼阿　一作喀拉麻尼阿

北界恩孤阿及科達文的刻阿南抵地中海東界哈里比西

界士麥拿
可尼阿一作可尼　一作科逆晻
恩孤阿一名古地亞　一作安固婁
北界加士達彌尼南界加拉馬尼亞東界西法士西界科達
文的刻阿
首城同名
加士達彌尼一作卡士塔門匿　一名路彌阿
北抵黑海南界恩孤阿東界西法士及德比遜西界科達文
的刻阿
信諾魄一作昔奴魄
北臨黑海

西法士一作西發斯　一名馬拉士　一名瑪拉斯
北界德比遜南界哈里比東界亞爾美尼亞西北界加士達
彌尼西與西南界恩孤阿
首城同名
哈里比一作愛來坡　一名西威斯　一名西瓦
北界西法士及古爾的斯丹南界沙漠西南界西里亞東界
古爾的斯丹及美索不達迷亞西界加拉馬尼亞及地中海
首城同名
德比遜一作德比孫　一作德勒比孫達　一作特勒比遜　一作特來比章得　一作他拉比順
北抵黑海南界亞爾美尼亞及西法士東界俄羅斯西界加
士達彌尼

首城同名
以上八省舊稱曰土耳其中土一名買諾一作美諾一名小亞細
亞一作小亞西亞　一作小亞悉亞
亞爾美尼亞一作亞美尼　一作亞麥尼　一作阿緜尼亞　作雅孟尼亞　一作阿耳斯啓母　一名離門雅　一
北界德比遜南界古爾的斯丹東北界俄羅斯東南界萬省
西界西法士
黑爾斯倫一作黑斯隆　一作葉西倫　一作愛折倫　一作歐西龍　一作額士洽
古爾的斯丹一作古德斯灘　一作科爾力士丹　一作苦阿的士坦　一作古爾提士丹　一作庫耳狄斯坦
一名野哈馬
北界亞爾美尼亞東南界美索不達迷亞東界萬省西與西
南界哈里比

第阿比刻阿一作亞勒破
萬省一作洸　一作番
北界俄羅斯南界美索不達迷亞東界波斯西界古爾的斯
丹
首城同名臨萬湖東岸
美索不達迷亞一作美索布達迷　一作米梭波達米　一作美索坡塔米阿　一作摹蒐　一作密所頗退米阿　一名亞日西拉　一名厄耳之西阿　一名磨俗鄰　即巴庇倫故地
北界萬省及古爾的斯丹南界伊拉克阿拉比東界波斯西
界哈里比
穆蘇耳一作模索爾　一作慕速耳
在北境臨泰格里士河南距八塔城約六百里

八塔 一作八達 一作八格達 一作八格代得 一作巴蓝達得 一作帕古達
在省之南界盡處臨泰格里士河昔時回部嘗據此城立
國後土耳其取置爲部今隸美索不達迷亞省
伊拉克阿拉比 一作以拉喇比 一作伊拉克阿來比 一作義拉亞拉伯
北界美索不達迷亞東南抵阿勒富海灣東界波斯西南界
阿剌伯西界沙漠
巴索拉 一作巴所剌 一作厤疏臘 一作拔索剌
在幼發拉的河與泰格里士河交會處
西里亞 一作西利亞 一作叙里亞 一作敘利亞 一作西釐阿 一作賽利阿 一名倍扨乃耶 即唐書之西女國 又即坤輿圖說之亞瑪作搦國
古爲東方名國兼有小亞細亞諸部漢初降羅馬後并入於

土耳其今置爲省北界哈里比南界阿剌伯西南界盡處抵
蘇彝士地東界沙漠西抵地中海
大馬士革 一作大馬色 一作達馬士喀士 一作苔邁斯扣斯 一作代薰斯固斯 一名瑪厄耳其比阿
在約爾坦河上
地破里海口 一作的不里 一作特力坡里
安提阿海口 一作安梯叫
希臘屬
亞德納斯 一作亞地拿
在國之東境迤北三面環海
亞加爾拿尼亞 一作亞加爾拿厄 一名爾加地
羅哥黎大 一作羅格里

薩羅大 一作座撒羅尼加 一作帖撒羅尼加
墨龍依 一作墨所龍義
特塞利 一作特薩耳 一作脱邑留 一作帖撒利 一名墨坐義
本土耳其地光緒四年歸於希臘
尼鄂弇多島 一作尼鄂本多 一作哥羅弇多 一名猶比亞
在亞德納斯之東北海中島內有大山南北亘貫全境瀛寰志畧圖以拉哥尼亞當之而謂此島在西界大誤
以上爲希臘北部
摩力亞 一作摩利亞 一作摩里唵
在國之西南境北接亞爾加的亞
亞歌黎斯 一作亞爾哥黎大 一作亞哥利斯

在國之東境西界亞爾加的亞餘三面環海
腦比里亞 一作拿破里 一作那破里 一作那波利 一作那魄里唵 一作奴比里阿
希達島 一作希達啦 一作希得拉 一作迷斯達拉 一名三達卯拉
埘近海岸爲通商大埠
亞爾加的亞 一作亞爾加地 一作亞加低亞
在亞加亞之東南
德破勒撒 一作得波勒撒 一作得破立撒 一作得破勒撒 一作的黎波里薩
拉哥尼亞 一作拉坷尼亞
在亞爾加的亞之東南三面環海
亞加亞 一作亞該亞 一作亞加亞與依利斯
在國之西境北臨海港

巴達辣斯 一作巴戓啦斯 一作巴苔 一作帕特來斯

在西北海岸

美塞尼亞 一作默細尼

在國之極南境

昔加拉大島部 一作徙克拉第士

合羣小島爲部在國境之東南散列希臘窄海南口

以上爲希臘南部

約尼亞羣島 一作慈尼亞 一作以阿尼 一作倚阿尼 一作埃奧尼 一作阿愛俄尼安 一名以雲

凡爲島六嘗爲英人所據後歸希臘置爲部

各府島 一作可賦 一作哥而府 一作哥爾佛 一作考敷 一作科非

居羣島之最北

西法羅尼島 一作喀法囉尼 一作克花羅尼 一作塞發羅尼 一作其法羅尼阿

猊剌島 一作𤞑剌

宜達架島 一作以他加

散提島 一作散地耳 一作散地巴克索 一作三德

塞利歌島 一作塞黎各 一作息利戕 一作槎里戈 一作濤里果

以上爲希臘西部

海國輿地釋名卷七

湘鄉陳士芑翼謀甫纂

釋非洲各國屬地弟九

非洲各國部落尤雜言之綦難即瀛寰志畧等書所述詳畧互異亦莫能定其是非茲謹撮其可攷者釋之羅縷疏證俟之達者

埃及屬 瀛寰志畧分二十五部地理全志分上中下三土又分二十五城或云分十一省

北卑斯 一作北爾卑義斯

師卑 一作斯卑

米加馬 一作米加馬爾

達迷也大 一作達迷大 一作達滅塔 一作達米厓塌

薩喀 一作沙克

波塞特 一作波賽特 一作波特賽得 一作泡脫賽

北臨地中海其東即蘇彝士河入海處

亞歷山德 一作亞勒散得黎亞 一作亞勒散得黎 一作亞勒撒爹 一作亞勒散特亞 一作阿爾山德 一作阿立山德 一作亞力山打 一作愛來克散得力唵

北臨地中海其東爲尼羅河入海處

給比 一作給比爾

內基勒 一作內日勒

達馬奴 一作達馬奴爾

德基塞 一作日塞

迷尼亞 一作米尼厓

西烏德 一作西烏特 一作西伍特 一作西干德

齊爾日一作基爾日
挨斯內一作恪斯些爾
努比阿屬志畧分四部全志分六部
當哥辣一作哥辣　一作唐加拉　一作俄耳當果拉
塞那爾一作賽那
札日斯一作北日斯
阿比西尼阿屬志畧分七部全志分三部
的給勒一作塔珠拉
昂哥卑爾一作安科巴　一作安果巴
昂合拉一作安果辣拉
昂哥一作諳哥得

薩馬拉一作撒馬拉
蘇丹屬
瓦代一作瓦拉　一作瓦帶
在達夫耳之西
巴牙米一作巴也爾美　一作百牙密　一作伯嘎利　一作伯嘎
波努一作波爾奴
在瓦代之西
在巴牙米之西
加能一作卡念
在巴牙米之北中隅察德湖
薩加都一作沙加都　一作多谷魯　一作索可吋

居適中之地東界波努西界干都
干都一作干度
在薩加都之西南接幾內亞
桑加拉一作桑海
在干都之西北
馬昔那一作麻西那　一作馬辛納
在桑加拉之西南
丁巴都一作丁麻杜　一作丁不各都　一作廷不克吐　一作田不吐　一作廷杯吐　一作典伯革都
爲往撒哈拉必經之道故其名最著
邦巴拉一作莽馬臘
在極西境東北接馬昔那南抵公山西連塞內岡比亞

不勒一作必力
尼非一作泥霏
加拉那一作雅那　一作嘉諾　一作加挪　一作喀諾
滿大拉一作瓦塔拉　一作阿逵剌
在西沙漠中
撒哈拉沙漠附屬之地
賴比阿沙漠一作利比亞
在撒哈拉極東境
嚴一作鄢
在蘇丹屬地瓦代之北
比爾馬一作必耳馬　一作必耳麻

在嚴地之西
廷台斐斯一作廷特禄斯特
在比爾馬之西
阿客代斯一作邏落德士
在廷台斐斯之西南
叨底逆一作叨的呢
在蘇丹屬丁巴都之西北
奄該白力一作阿喀白黎
在叨底逆之東北接近摩洛哥
英薩拉一作阿英撒剌
在奄該白力之東

的黎波里屬志畧分四部全志分二部首部均同國名
巴爾加一作巴喀
亞達美一作噶達米斯
菲山一作非三　一作緋散　一作非散
爲國之西南境地占本國三分之一
木爾素一作木阿蘇克　一作摹耳蘇克
法藩突尼斯屬
達古爾一作大谷耳
加彎一作開彎
北基利一作比日利
法藩阿爾欺里亞屬

阿爾欺爾斯與國同名
爲國之中部
岡士丹丁一作岡士丹的納　一作光士但丁　一作孔斯但丁　一作康斯塔恩提恩
爲國之東部
阿蘭一作敖倫　一作俄拉恩
爲國之西部
摩洛哥屬志畧分六部首部同國名全志同
非斯一作緋司　一作緋斯　一作斐斯
薩斯一作蘇斯
達拉哈一作塔魯丹特
達非勒一作塔斐勒　一作塔斐來特

西日美塞一作西日爾美塞
塞內岡比亞屬志畧分二十小部全志同
弗達多羅一作夫達多臘
奔都一作賓都
弗拉都一作互拉
牙尼一作雅尼
烏黎一作洼里
加疴爾達一作加科爾達　一作峩戈爾　一名阿塞氏　一名喀海代
邦不各一作邦布各　一作班布克
日約羅弗一作也魯非　一作日的羅弗
加約爾一作嘉約　一名野羅甫

薩倫一作孟薩倫
加不一作加布
弗達日羅一作夫達雅羅　一名富臘司
以上爲內地部落
巴黑斯德一作巴黑斯的　一作波榻斯特　一作拜走斯特
在岡比河口屬英吉利
魯義斯一作盧義斯
哥里一作哥竝　一作哥勒亞　一作哥阿
烏阿羅一作挨阿里
三小島在塞內加河口屬法蘭西
比徹一作比薩

在來痾蘭河口屬葡萄牙
以上爲外人屬地
幾內亞屬
達痾美一作敲阿麻
亞爾達拉一作阿的拉　一作喩克拉
亞山的一作亞干的亞　一作亞山地　一作阿山提　一作阿珊第　一作愛散梯　一作愛善提　一作亞珊的　一作亞爾山德
以上爲內地部落
塞拉勒窩內一作西爾拉蠻阿尼　一作西爾拉里阿尼　一作塞拉畧安濱　一作塞拉畧尼　一作些拉雷俄內　一作西格里格蘭　一作希阿來離盎　一名獅山
在國之西北地爲方里者七萬七千八百同治十年歸於英吉利設兵帥領之
哥斯建斗羅一作過爾可司突　一作滿勒扣斯特　一作古拔得科得脱　一名金濱　一名金邊　一名金隄
在亞山的之西地爲方里者十四萬九千五百八十原爲英吉利丹馬所分據至同治十一年始盡歸於英設兵帥領之
厄爾迷那一作厄爾彌那　一作厄耳迷納　一作愛耳米拉　一作愛耳米那　一作愛爾迷納　一作厄迷那
在亞山的境內南臨幾內亞海灣屬荷蘭
給里斯的巴爾各一作給里斯的巴爾　一作克力斯提安斯保格　一作稷哥斯加斯爾
屬丹馬
以上爲外人屬地
公額屬志畧分二十一小部全志分四大部

奔巴一作賓巴
加三日一作渴散日
何羅和一作何羅合
古甯加一作古凝加
幾薩馬一作幾薩爲
以上爲內地部落
羅昂額一作羅昂戈　一作羅安戕　一作羅安多　一作羅安果　一作羅安度
在國之南境其商埠西臨大西洋屬葡萄牙
公額與國同名
屬比利時其商埠南臨公額河
昂痾拉一作安戕拉　一作安戈剌　一作安呆拉

在公額河之南屬葡萄牙

聖保羅得羅昂達一作聖保羅德羅昂達　一作聖保羅豆羅恩塔　一作聖坡耳豆羅阿恩塔　一作羅安多

西臨大西洋

奔給拉一作賓吳拉　一作本基拉　一作本該耳

在昂疴拉之南屬葡萄牙

以上爲外人屬地

亞然屬

巴拉瓦一作勃拉瓦　一作巴拉發

馬葛度素一作馬噶度說　一作馬加多隨　一作馬加多朔　一作馬牙多撒

二地皆通商埠頭東臨印度洋

桑給巴屬

幾羅阿一作貴羅亞　一作欹羅喻

蒙巴薩一作孟麻沙　一作末巴色　即唐書之老勃薩

美林德一作墨林他　即唐譯之磨鄰

莫三鼻屬

馬古阿一作馬古

木新卑一作加森比

索發拉屬全志分四部首部同國名

西那一作塞那

薩比亞一作薩比阿

音旱板一作音桿板　一作英漢門　一作乙那毋班

合丁突屬

哥拉那一作格來忒　一名疴往坡　一名俄番坡

在北境

達瑪拉一作達馬拉

在中境

那馬瓜一作那馬夸　馬桂　一作那瑪瓜　一作南麻跨　一作拏

在南境

釋北美洲各國屬地弟十

美利堅屬

哥倫米阿一作可倫比亞　一作戈攬彌阿　一作力士勒果　一作勒彌阿　一作地士地力阿夫哥倫米阿　一作固倫備地

爲本國畿輔之地北界馬理蘭東臨海灣西與南界勿爾吉尼阿

緬一作曼　一名新英蘭　一作洺　一作美吔　一作賣內　一作梅因

在國之極東境北界英屬地東界英屬之新不倫瑞克東南抵大西洋西界紐罕什爾

奧加士他一作奧格士打　一作奧古斯大　一作奧格司塔　一作奧古士大

紐罕什爾一作牛罕什爾　一作紐罕布什　一作紐韓詩爾　一作紐罕布什亞　一作紐含耐耳　一作紐罕受杭西勒　一作紐賦杭賓　一作奴佛四果沙　一作新含　一作牛含布什爾　一作新韓賓　一作新寒時阿　一作新

北界英屬地南界麻薩朱色東界緬及大西洋西界洼滿的

公哥突一作孔科得　一作孔科　一作康考得　一作康舄

波子某一作砵士毛庶

洼滿的一作洼門　一作洼望　一作屋滿的　一作洼滿地　一作華滿　一作法爾滿　一作委爾蒙　一作佛綳脱　一作佛門　一作浮耳弁特　一作花滿的　一作瓦門特　一作之夢讀

北界英屬地南界麻薩朱色東界紐罕什爾西界紐約克

滿比蘆阿一作滿必里阿　一作望比蘆　一作蒙丕利阿　一作蒙特丕力亞　一作弁特丕力歐

麻薩朱色一作麻沙朱色士　一作馬沙朱色斯　一作馬薩諸色　一作馬沙諸些　一作馬撒士悉　一作馬薩諸塞　一作麻薩朱塞　一作麻賽楚犮賢　一作墨守楚瑟崑　一作馬撒舒詨　一作馬溦朱些斯　一作馬息舟薛士　一作買薩之昔子　一作馬薩褚錫夾

北界洼滿的及紐罕什爾南界洛哀倫及干捏底吉東抵大西洋西界紐約克

波士頓一作波士敦　一作摩士敦　一作破司屯　一作保斯屯　一作布士頓

洛哀倫一作律愛倫　一作爾羅嗳倫　一作睦特倫　一作陸讀倫　一名羅德島　一名羅得島　一名羅底島　一名魯地島

東北界麻薩朱色南抵大西洋西界干捏底吉

波羅威頓士一作布羅非頓士　一作魄老斐登斯

干捏底吉一作干尼底吉　一作干納底克　一作哀特底格　一作捏底格衛　一作哥內的古　一作干捏底格　一作揹納的克　一作君圖地谷　一作康乃狄克　一作孔匿低咳　一作定內恰脱

北界麻薩朱色南臨海灣東界洛哀倫西界紐約克

哈富一作哈得富　一作哈得富耳　一作哈弗的　一作哈佛

樂未哥一作諾爲可

紐倫敦一作紐哈芬　一作紐希文　一名新港

紐約克一作紐約　一作紐約爾　一作紐育　一作新約　一作新約基　一作奴欒　一作牛約克　一作紐奈

德蘭德　一名新荷蘭

北界勞稜索河南界濱西洼尼東南抵大西洋東界麻薩朱色及干捏底吉西北界伊蘆湖

阿爾巴尼一作阿巴尼　一作雅巴尼　一作阿耳班尼　一作阿兜巴尼而　一作奥耳艾逆

巴法路一作八發魯

推來一作第來

紐折爾西一作紐若西　一作紐惹西　一作紐約爾些　一作新遮些　一作牛日西　一作新日爾塞　一作紐質厲　一作新質　一作紐周耳西　一作新這塞　一作鳥遮爾些

北界紐約克東與南抵大西洋西界濱西洼尼

特連頓一作地林頓　一作剔連頓　一作突連登　一作特蘭屯　一作鐵鏈遁

濱西洼尼一作賓夕爾勒尼安　一作賓西洼尼阿　一作邊西爾威尼阿　一作邊西耳文　一作奔西耳瓦尼

一作邊西洼尼　一作奔細浮尼亞　一作賓昔耳緋尼阿　一作邊西威業　一作編西耳萬尼阿　一作噴西委尼　一作烹錫路之呢亞　一名品林　一名賓林

北界紐約克南界馬理蘭及西勿爾吉尼阿東南界特爾拉華東界紐約克及紐折爾西西界倭海阿

費拉地費一作費他里費　一作費攆爹露費亞　一作非勒特爾非爾　一作非拉地兜非阿　一作費拉特爾飛阿　一作非拉達亞　一作斐獵特爾費　一名兄弟愛

哈力斯堡一作哈里士堡　一作乞里士北　一作比的波

特爾拉華一作特拉華　一作底拉華　一作地那洼　一作德拉委爾　一作列勒威耳　一作特勒彎　一作地瓦亞　一作代辣斡　一作低刺謂阿　一作特爾勒華　一作特拉圉而　一作特辣圉而

北界濱西洼尼東抵大西洋西與南界馬理蘭

多發一作多法　一作多化　一作朶浮

馬理蘭一作馬里蘭一作馬利蘭一作馬黎郎一作麻里蘭一作馬利攔一作馬克賴蘭一作麥累蘭一作麥累藍一作麥爾釐蔺一作瑪理蘭一作美立命

北界濱西洼尼南臨海灣東南抵大西洋東界特爾拉華西界勿爾吉尼阿

阿那波里一作安那布里士

巴里底莫一作巴剔摩阿一作保剔摩耳一作波剔麽一作布地磨一作霸地磨

弗勒得力一作夫力大力

勿爾吉尼阿一作費爾治尼阿一作費治彌亞一作威額爾拿一作威厄尼一作浮耳基尼阿一作伯其尼亞一作阜其呢亞一作乏實呢亞一作費爾治尼亞一作微晋尼洏一作斐節尼亞一作東勿吉尼

北界西勿爾吉尼阿南界北喀爾勒那東抵大西洋西界堅德基

里支門一作力治門一作里是滿一作里治門一作利之文一作烈七門一作力齒門一作力齒孟得

西勿爾吉尼阿一作西勿吉尼一作西微晋尼阿一作西乏實呢亞一作回司乏實呢亞

北界濱西洼尼西北界倭海阿東南界勿爾吉尼阿西界堅德基

威靈一作輝令一作灰林

差士額一作察耳斯屯

北喀爾勒那一作北格羅來納一作北甲羅里那一作北戈羅里一作北駕羅連一作北加洛鄰一作北加羅里那一作北加羅林一作北喀羅那一作北嘉祿利拏一作北喀羅拏一作那弗喀爾勒那一作拏斯噶爾蘭那一作諾格阿利納一作北郤爾來那一作奴司噶爾蘭一作奴司郤路來那

北界勿爾吉尼阿東與東南抵大西洋西南界南喀爾勒那

西界田納西

羅利一作拉釐一作老里一作那里一作喇里

維民頓一作維民等一作蔚明屯一作威林頓

南喀爾勒那一作南加羅里那一作南加羅林一作南喀羅淩那一作南嘉祿利拏一作南喀羅林拏一作南駕羅連一作南郤爾來那一作搜土喀爾勒那一作叟格阿利納一作薩斯噶爾蘭那一作騷司郤路來那

北界北喀爾勒那東南抵大西洋西南界若爾治

佪倫比亞一作哥倫米阿一作佪倫備亞一作科隆比阿一作哥倫比一作科侖比阿

查爾士頓一作查士頓一作渣耳敦一作查斯敦一作槎耳士頓一作查耳斯頓一作卓齒唐

若爾治一作若耳治一作若爾熱一作若治阿一作熱爾治一作熱可加一作磋治阿一作惹爾日亞一作蹻而迦一作基奧耳基阿一作佐治阿一作卓爾治一作告而治一作若爾治阿

北界田納西東北界南喀爾勒那南界佛羅里達東抵大西洋西界阿拉巴麻

阿闌他一作阿闌打

靡理治一作靡里治一作米力之威一作密來齒斐耳一作密列治維耳

沙灣那一作卸番亞

倭海阿一作阿海阿一作阿希阿一作阿喜阿一作阿宜約一作呵海呵一作呵嘻呵一作幗海鶴一作俄海俄一作痾嘻痾一作華海育

北界密執安南界堅德基東南界西勿爾吉尼阿東界濱西洼尼西界英釐安納

戈倫堡一作戈攬模士一作古倫巴士一作可倫拍斯一作科隆八士一作科婁母抔斯

辛辛那第一作新新那地

克里夫闌一作其理夫蘭

密執安一作米詩干　一作獨治顏　一作迷詩安　一作密希梗　一作米希干　一作米世斡　一作密世斡　一作密蹊戇

北界蘇比利阿湖南界倭海阿及英薹安納東界伊薹湖及休侖湖西界威士干遜

闌星一作爛星　一作蘭新

底特律一作抵特落　一作地低來　一作代特老愛特

堅德基一作建德基　一作阡的依　一作建大基　一作根特機　一作根都機　一作金突其　一作指得記　一作背特基　一作背塔幾

北界倭海阿河南界田納西東界勿爾吉尼阿及西勿爾吉尼阿西界密士失必河

法蘭富一作法蘭富耳　一作附闌福　一作夫蘭克堡　一作法冷佛　一作扶蘭克搏

烏士威一作累士　一作魯乙斯斐

佛羅里達一作佛落里達　一作佛囉里得　一作縛利他　一作費羅里大　一作佛勒爾勒釐　一作佛勒釐大　一作福祿力大　一作佛奴里打　一作乏羅里荅　一作佛老里德　一作乎羅列打　一作福祿利達　一作輔羅力達　一作福落里得　一作佛勒里大　一作富六里達

北界若爾治及阿拉巴麻南抵海與古巴相直東抵大西洋

西臨墨西哥海灣

達拉哈西一作達那哈　一作塔剌哈西　一作打拉夏西

聖奧古斯丁一作奧乙斯豆　一作山阿吉士天

田納西一作典撘西　一作地尼西　一作德內西　一作典尼西　一作特納西　一作屯乃西　一作停尼士　一作田尼西　一作特納西　一作田爾恕

北界堅德基南界若爾治及阿拉巴麻及密士失必東界北喀爾勒那西界阿甘色

那施徵耳一作拿是維耳　一作訥施斐耳　一作那士威兜　一作那實

門非斯一作門扉士　一作面非士

阿拉巴麻一作阿剌巴麻　一作阿那麻馬　一作巴里特摩　一作阿剌罷麻　一作阿拉巴馬　一作阿拉拔瑪　一作阿剌巴罵　一作亞剌罷麻　一作雅拉巴瑪

北界田納西南界佛羅里達東界若爾治西界密士失必

蒙工馬利一作望可麥利　一作文甘布里　一作莽特勾謀里

摩庇理一作磨庇理　一作摩比　一作磨仳耳　一作摩美兜

密士失必一作米西細比　一作彌斯栖比　一作美士細比　一作米西西比　一作彌士西比　一作密細細皮　一作密雪雪皮　一作美雪雪比　一作密西息比　一作密士希比

以河名北界田納西南抵墨西哥海灣東界阿拉巴麻西界阿甘色

查基遜一作查克孫　一作札克森　一作札森　一作則臣

那吉士一作那則士　一作訥乞斯　一名新荷爾蘭　一名新痾連士

魯西安納一作魯西阿那　一作雷棲阿那　一作累西安納　一作盧宜西安　一作累斯安　一作雷西亞那　一作羅衣西阿那　一作魯意瀉拏　一作祿細亞那　一作魯易西安拿　一作羅衣西阿捺　一作羅西阿那

北界阿甘色南抵墨西哥海灣東界密士失必西界德沙淩斯

紐哈連一作紐阿連　一作牛痾連　一作紐屋梁　一作新屋梁　一作四爾連　一作紐歐良　一作紐奧

巴頓路士一作巴頓魯治　一作巴敦羅日　一作龙屯魯施

英薹安納一作引底安納　一作因地阿那　一作音的亞那　一作音的阿那　一作應地杭那　一作印地亞

那一作英氏安那　一作印地安　一作英幾阿捺

北界密執安南界堅德基東界倭海阿西界衣鄰奴士

英釐安納波里一作英釐安納保里士　一作音的阿那波里　一作印地安拿破利士　一作印底亞那頗力斯

衣鄰奴士一作奕倫諾爾　一作伊理奈士　一作伊里內士　一作意黎乃　一作伊里孥翰　一作乙淩奴耳　一作衣林奈士　一作一啼奴斯　一作一啼奴士

北界威士干遜南界堅德基東界英釐安納西界衣阿華及

密蘇理

士庇令非耳一作士仳令菲得　一作士布林非耳　一作斯不零費

世克哥一作詩加古　一作其加哥　一作希喀果　一作希考果　一作希客果

阿甘色一作阿干薩　一作阿干薩士　一作阿爾干薩　一作阿干沙士　一作阿根稍　一作阿干埽　一作阿

海國輿地釋名　卷七　夫

坎撒士　一作鴉嵌紗　一作阿庚薩司

北界密蘇理南界魯西安納東界密士失必河西界野番部

力特爾洛一作力特落　一作力特耳老克　一作地低兒落　一作栗特耳落

密蘇理一作密蘇爾釐　一作彌梭里　一作迷蘇利　一作米蘇理　一作米訴利　一作密蘇耳里　一作密鋤律　一作密蘇利　一作密槎里

北界衣阿華南界阿甘色東界密士失必河西界甘色士

渣法旬一作者非臣　一作這弗森　一作齋浮森　一作這弗爾孫

聖魯易士一作聖盧義斯　一作聖路易　一作聖魯乙斯　一作聖來

威士干遜一作威斯滚申達多里　一作威士干心　一作會斯剛生　一作威君新　一作威斯剛星　一作維士孔新　一作威士甘遜　一作囘斯康身　一作威斯肯新

北界蘇比利阿湖南界衣鄰奴士東界密執安西界閩尼疏

大及衣阿華

馬的孫一作馬里臣　一作抹第森　一作抹氏森

美注基一作密耳華其

衣阿華一作依阿威士　一作挨阿華　一作愛烏阿　一作愛鶴阿　一作郁華　一作埃阿瓦　一作愛窪握

北界閩尼疏大南界密蘇理東界威士干遜及衣鄰奴士西

界尼不拉士格及打哥大

底莫英一作第莫英　一作代毛英　一作地士毛煙

德沙一作得撒　一作得撒士　一作特扱　一作狄撒　一作脫瑟綵　一作退克沙　一作台克賽斯　一作提薩士　一作德過瑟斯　一作得煞士　一作脫闡司　一作脫闡西　一名費勒多尼　一名費勒多尼亞

奧斯丁一作奧斯的音　一作奧士天　一作奧士廷　一作呼斯屯　一作厚士頓

加威士頓一作告緋斯屯

海國輿地釋名　卷七　三

北界野番部南界墨西哥東南抵墨西哥海灣東界魯西安

納及阿甘色西界新墨西哥

加里福尼阿一作加利福尼　一作加拉福尼　一作嘉禮福尼亞　一作加釐符尼亞　一作加科尼亞　一作加里伏爾尼亞　一作會斯佛其尼　一作嘉理符尼亞　一作加釐福尼阿　一作開里佛尼阿　一作加利福尼亞　一作加利呢亞　一作克勒方呢阿

北界阿利堅南界墨西哥東界尼華大西抵太平洋

薩克滿多一作沙格民多　一作聖克來門拖　一作撒克剌面都

三藩謝司戈一作桑方西斯哥　一作三法闌息士哥　一作聖方西斯哥　一作生佛蘭昔司可　一作生佛蘭昔司果　一作珊瑚蘭昔士哥　一作反西斯哥　一名舊金山

閩尼疏大一作民尼梭大　一作米泥鎖塔　一作民乃蘇塔　一作麥納索德　一作敏尼達里士　一作民尼蘇塔　一作密呢蘇達　一作迷納所他

北界英屬地南界衣阿華東界蘇比利阿湖及威士干遜西界打哥大

聖坡耳一作聖保羅

阿利根一作阿利堅一作瓦立根一作奧來根一作痾利刊一作而里共

北界華盛頓屬南界尼華大及加里福尼阿東界衣打賀西抵太平洋

撒林一作撒冷一作沙泵一作薩來母

甘色士一作甘薩斯一作嵌紗絲一作鉛山斯一作干賽斯一作坎撒士一作康薩司

北界尼不拉士格南界野番部東界密蘇理西界哥羅拉多

多比加一作達比加一作都基加一作拖不喀

尼不拉士格一作尼巴斯加一作尼把私喀一作尼白拉斯喀一作納孛拉斯葛一作墨臘弗底頓士

一作尼勃剌士喀一作耐波拉蘇甲一作奈波辣蘇甲

北界打哥大南界甘色士及哥羅拉多東界密蘇理河西界懷阿名

林堅一作淩磴一作淩肯

痾馬哈一作阿麻蝦

尼華大一作尼法大一作尼法達一作尼瓦達一作耐之達一作奈之達一作納伐阿達

北界衣打賀及阿利根東南界亞里孫拏東界烏大西與西南界加里福尼阿

加孫一作喀森一作加臣

哥羅拉多一作哥羅拉度一作可羅拉多一作科羅剌杜一作考陸拉徒一作考老來杜一作栝羅拉度

北界懷阿名南界新墨西哥東界甘色士東北界尼不拉士格東南界野番部西界衣打賀

典法一作顛化一作敦佛耳一作登芣

以上爲三十八邦合京畿爲三十九

新墨西哥一作紐墨西哥

北界哥羅拉多南界墨西哥東界野番部及德沙西界亞里孫拏

三塔非一作三打非一作仙大非一作散台夫

華盛頓一作華興頓

與都城同名北界英屬之哥倫比亞南界阿利根東界衣打賀西抵大西洋

痾林辟阿一作阿林比阿一作奧力母丕唵

烏大一作有大一作佑塔一作由達一作油鳥一作優達

北界衣打賀東北界懷阿名南界亞里孫拏東界哥羅拉多西界尼華大

大鹽湖城一作鹽湖

闢來堡一作屋倫

㒼單拏一作望大那一作曼丹士一作蒙坦拿一作門他那一作莽塔那一作夢塔拏

北界英屬地南界懷阿名東界打哥大西與西南界衣打賀

勿爾吉尼阿一作微晋尼阿

懷阿名一作外痾民一作歪痾明一作懷鶴鳴一作瓦俄明一作瓦愛俄明一作懷鶴爾一作回屋明一作回握明

北界滿單拏南界哥羅拉多東界打哥大及尼不拉士格西
界衣打賀西南界烏大
栖甞尼 一作賽煙
打哥大 一作啲哥大 一作達郭達 一作得國塔 一作大可大 一作達戈塔 一作科塔 一作達古達
北界英屬地南界尼不拉士格東界閩尼疏大西界滿單拏
及懷阿名
揚敦 一作煙頓 一作然頓士 一作曼丹堡
衣打賀 一作愛達霍 一作依大和 一作愛代和 一作意達和 一作愛塘花
北界英屬地南界烏大及尼華大東界滿單拏及懷阿名西
界華盛頓及阿利堅
佩士 一作杯士西地 一作波瓦斯

亞里孫拏 一作阿里所那 一作阿里查捺 一作阿利素那 一作阿利崧拏 一作阿里蘇那 一作阿里顏 一作阿里顏達多里
北界烏大南界墨西哥東界新墨西哥西界尼華大及加里
福尼阿
德臣 一作禿森
以上爲八屬
野番部 一名土人地 一名威斯頓達多里 一名英氏恩士番 一名印田央脫里脫里 一名印度央脫里脫里
北界甘色士南界德沙西南界哥羅拉多東界密蘇理及阿
甘色西界新墨西哥
阿拉斯加部 一作阿拉士格 一作阿立所加 一作阿拉斯喀 一作阿來司格 一作拉斯戛 一作阿拉司格 一作阿剌斯喀
即朔方備乘之監札加一日葛西模斯一日昔德加一日厄

羅斯亞美里加

舊爲俄羅斯所據咸豐六年美人以銀圓七百萬購得之北
抵北冰洋南抵太平洋東界英屬地西臨白令海峽在本國
地別爲一區近美人假道於英屬之加拿他修造鐵道以聯
貫之
以上爲二部落
墨西哥屬
墨西哥 與國同名
東北界布委巴拉西北界迷刷干東南界給勒打羅西南界
給利羅
布委巴拉 一作普委不拉 一作拉漂愛白拉

在墨西哥部之東北
首城同名
迷刷干 一作彌刷干 一作米鞞干
在布委巴拉之西
瓦拉多里 一作瓦拉多黎 一作瓦牙多里 一作摩里力阿
沙黎斯哥 一作昝里斯科
在迷刷干之北
瓜達拉沙喇 一作瓜達沙喇 一作瓜達剌哈剌 一作果阿荅拉察拉
瓜那叔阿多 一作瓜叔阿多 一作瓜那花那 一作夸那齒瓦拖
在迷刷干之東北
首城同名

薩加德架一作薩加德駕　一作薩加特喀斯　一作薩喀台喀斯
在瓜那叔阿多之北
首城同名
新艮一作牛艮　一作新梁　一作努爱佛來翁
在薩加德架之北
蒙德勒一作蒙特雷　一作蒙德果　一作莽透來
委拉古盧斯一作委拉克魯士　一作威拉古盧斯　一作緋拉克魯斯　一作威拉格魯斯
在布威巴拉之東北臨墨西哥海灣
首城同名
卓哈同拉一作卓合同拉　一作科阿威拉
在新艮之北與美屬之德沙接界

蒙哥羅瓦一作馬撒藍　一作馬撒的藍　一作撒的羅　一作莽克羅亞
都郎額一作都郎果　一作杜蘭果
在薩加德架之西
首城同名
濟那羅亞一作西那羅阿　一作西納羅阿　一作昔那羅阿
在都郎額之西臨加里福尼阿海灣
首城同名
濟華花一作嵩華花　一作乞瓦瓦
在都郎額之西北
首城同名
索諾拉一作梭奴拉　一作昔意剌

在濟華花之西北臨加里福尼阿海灣
首城同名
哥黎麻一作科里麻
在沙黎斯哥之西臨太平洋
首城同名
給勒打羅一作給勒達羅　一作開來塔羅
在墨西哥部之東南
首城同名
桑盧波多塞一作散盧意斯頗拖西　一作聖魯乙斯
在瓜那叔阿多之東稍北
首城同名

探壁哥海口一作他巴哥　一作探佗可
給利羅一作該來羅
在墨西哥部之西南臨太平洋
亞加補羅可一作亞加補可　一作阿喀布耳科　一作晻開普耳喀
華沙加一作華哈喀　一作瓦察喀
在布委巴拉之南東西皆抵海
首城同名
特奂德璧海口一作特換特珀克　一作台汪台排克
濟阿白一作乞阿巴　一作濟阿巴
在華沙加之東南
首城同名

達巴斯哥　一作巴達斯哥　一作塔巴斯科

在濟阿白之東北臨墨西哥海灣

首城同名

達斯加拉　一作達拉斯拉　一作塔毛里帕斯

在桑盧波多塞之東北臨墨西哥海灣

馬探摩剌士　一作馬塔麼刺斯　一作邁代毛辣斯

馬得勒　一作麻得來

在濟那羅亞之北臨加里福尼阿海灣

首城同名

下加里福尼阿　一作下加里福尼　一作下開里佛尼阿　一作加里佛爾尼亞

北與美屬之加里福尼阿毘連餘三面環海

羅臘多　一作羅勒拖　一作魯來叅

于加單　一作于加敦　一作于各單　一作宇革單　一作禺加坦　一作堯該屯　一作尤愷亶

在墨西哥屬部外別爲一部頗能自立

堪比支　一作堪批齒　一作坎批治　一作開母丕栖

英加拿他屬

安大利疴　一作安他利奥　一作昂大里亞　一作杭荅哩鶴　一作安塔榴　一名上加拿他　一名上加那他

一名阿巴加那達

北枕大山南界安達里阿湖及伊麓湖東界貴北西界蘇比利阿湖及休侖湖

多倫多　一作托倫拖　一作托隆多　一作倫朗多

慶士頓　一作金斯敦

貴北　一作貴北克　一作貴北格　一作圭壁　一作圭里璧格　一作龜背　一作龜背咯

北界哈德孫公司地南界美利堅東界海及新不倫瑞克西界安大利疴

首城同名

孟的里奥　一作蒙特利耳　一作蒙特里奥　一作孟脫里哇　一作門荅利亞　一作門得亞利　一作孟的里澳　一作門德利奥　一作蒙瑞阿爾

新不倫瑞克　一作新本士威　一作牛不倫瑞　一作烏布蘭瑞　一作扭不侖垂　一作新勃倫士維克　一作紐白倫瑞克　一作新報蘇威　一作紐墨蘭士捻　一作牛不靈司爲克　一作紐白侖斯蔚克　一作牛布勒斯韋格

北界貴北南臨芬第海灣東抵大西洋西界美利堅

弗德勒敦　一作弗勒德里克　一作夫力德力頓　一作佛里達力頓　一作扶勒德力克頓　一作佛來格得立克呑

散約翰海口　一作聖約翰

諾法士科西亞　一作娜瓦蘇格西亞　一作拏佛斯古勝　一作那洼士葛底阿　一作諾法斯可西亞　一作努瓦斯潤隄亞　一作奴勿司可對　一作新斯哥西亞　一作新斯科希唵　一名新蘇格蘭　一名新鮮各蘭

四面環海惟東北一隅迤接新不倫瑞克

哈勒法　一作哈利發士　一作合里法　一作曷力發克斯　一作哈里法士　一作哈利法斯　一作浩婁之克斯　一作海來法格司

岌勃里頓島　一作及改比不里敦　一作岌朴比里敦　一作北頓頭　一作比頓地　一作開魄白來登　一作甲墨里頓

坿近諾法士科西亞東偏中隔海峽望之如一線相連瀛寰志畧圖作散約翰島誤

息利　一作西尼

比林斯義德瓦島一作以得瓦　一作盃瓦　一作盃瓦地　一作德諾瓦　一作佛靈塞豁得　一作勃林士過　一名以瓦太子島　一名夔得瓦太子島　一名愛都勿得王島　一名艾倭王島

在新不倫瑞克之東諾法士科西亞之北

查羅敦一作查羅氏當　一作沙老特　一作伽日德湯　一作槎洛氏

牛芳蘭島一作牛芬蘭　一作紐芳蘭　一作紐方蘭　一作牛分德蘭　一作紐分蘭得　一作奴佛蘭　一名新著大島

在比林斯義德瓦之東北四面環海

聖約瑟一作散約翰　一作桑若漢　一作聖約罕　一作鮮閏士　一作聖章斯　一作生專司　一作散暫

臘不拉多一作臘勃拉多　一作拉巴突　一作辣白拉道　一作日布來多

在加拿他之東北隅東南與牛芳蘭隔峽相距

馬尼多巴一作馬那士拔　一作滿尼拖八　一作抹厄掩八　一作漫泥士扒　一作梅納士巴　一作麻呢士巴

在溫尼璧湖之南南界美利堅

溫宜伯一作溫尼璧　一作文宜配格

英哥倫比亞一作英戈倫畢亞　一作白的司可倫比亞　一作孛律鐵雪科侖比亞　一作科隆比阿

新委士民士特一作牛滑斯敏斯德　一作新委斯特民斯特　一作新韋斯民斯他

爲加拿他之西境南界美利堅西臨太平洋

萬庫洼島一作萬庫法　一作洸古洼　一作萬古福　一作彎戈洼　一作彎詞勿

坿近哥倫比亞

維多里亞一作維克拖利　一作維多利　一作維克多里亞

釋南美洲各國屬地弟十一

新加拉那大屬

公的那馬加一作根的那馬加　一作根廷那瑪迦

安的育基亞一作安第俄基阿　一作安剔俄基亞　一作杭的華迦

波里瓦爾一作波里伐

高加一作膏加　一作拷茄

波巴也一作波巴馬　一作波巴爾　一作玻帕雅恩

馬達特那一作馬達特勒　一作馬達里那　一作蠻匝特里那

加爾達日那一作加大其那　一作加他義那　一作卡塔黑納　一作卡塔黑那

波亞加一作波牙價　一作北亞迦

桑當特爾一作三曠特

到里麻一作託里瑪

巴拿馬一作巴拿麻　一作巴那馬　一作帕那麻　一作伯納瑪

坿不哀那溫都拉海口一作布挨那溫都拉　一作布納文都拉　一作布那番吐納

東倚安達斯大山西臨太平洋未詳隸何部

厄瓜多屬

比申沙一作比晉乍

生北拉索一作井波拉索

殷巴不辣一作英巴不拉　一作英亞不拉

瓜亞基一作瓜亞基爾　一作瓜雅基耳　一作卦亞其耳　一作瓜亞斯　一作夸愛阿敵耳　一作乖雅飛

麻納比一作馬那比

厄司美拉道一作厄士美拉爾達士

官加一作貫薩　一作坤嘎　一作庫恩喀

盧沙一作羅沙　一作羅哈

委內瑞辣屬

加拉架一作加拉架斯　一作喀拉加士　一作加拉甲
加拉坡一作加拉波
瓦稜西亞一作瓦連西阿　一作瓦稜薩　一作瓦林西亞
馬拉該波一作馬拉閉波　一作麻拉喀愛波
哥羅一作科羅
都盧苛羅一作都西羅　一作都盧斯羅　一作特魯希羅
美黎達一作邁里荅
瓦黎那一作馬黎那　一作巴及西來多　一作巴里那斯
古麻那一作古麻納　一作庫麻那
巴爾塞羅那一作巴塞羅那　一作巴賓羅那　一作新巴錫倫納
以上十部首城並同部名

阿布勒一作亞不勒
亞沙瓜一作阿查瓜
瓜牙那一作瓜斯那
昂哥斯拉一作昂哥士都拉　一作安痾都拉　一作安告斯吐拉　一名保力發
馬爾加黎大一作馬加黎大
亞松桑一作阿森森
巴西屬
里約熱內盧都城同此名詳見都城下
北界迷那日來斯西界勝寶盧東與南抵大西洋
勝寶盧一作聖保羅　一作聖泡羅　一作桑保羅　一作三保羅
北界迷那日來斯南界巴拉那東抵大西洋西界馬的噶羅
索
首城同名
三達加達里納一作散大加達利那　一作聖喀台里那
北界巴拉那南界勝伯德祿東抵大西洋西界玻利非亞
德斯德羅一作德斯特羅　一作德士塔羅
勝伯德祿一作桑丕德羅　一作聖丕德羅　一名鞿俄格蘭多索爾
北界三達加達里納南界烏拉圭東抵大西洋西界拉巴拉
他
伯爾達勒給勒一作波拖阿勒格勒　一作阿來格來　一作貝挪哀利
馬的噶羅索一作馬多哥老所　一作馬的噶羅索　一作抹他格洛索　一作抹拖格洛索　一作麻拖格老
梭

北界加郎巴拉東界痾阿斯南與西界玻利非亞
首城同名
庫雅巴一作庫衣阿巴
痾阿斯一作哥牙斯　一作果牙士　一作戈雅士　一作果亞斯　一名斐拉布阿
北界馬拉娘及加郎巴拉東界迷那日來斯及巴義亞南與
西界馬的噶羅索
首城同名
迷那日來斯一作民亞其來斯　一作迷納士沙賴七　一作排特羅泡力斯
北界巴義亞南界里約熱內盧及勝寶盧東界斯不黎多三
多西界痾阿斯及勝寶盧
額羅不雷多一作維納里喀　一作維雅里喀　一名列加

斯不黎多三多 一作斯比黎多散多

北界巴義亞南界里約熱內盧東抵大西洋西界迷那日來斯

維多里亞 一作維多里 一作維拖利阿 一作維克多利 一作維多利亞 一作斐克拖里晻

巴義亞 一作巴希亞 一作巴衣阿 一作巴夏

北界伯爾能不各及標意南界斯不黎多三多及迷郎日來斯東抵大西洋西界疴阿斯

首城同名

塞爾日貝 一作塞勒其貝 一作色濟珀 一作賽耳西排代來

北界阿拉疴瓦斯及巴義亞東抵大西洋西與南界巴義亞

聖幾里斯多門 一作勝基利斯多望

阿拉疴瓦斯 一作阿拉疴瓦 一作阿拉喀瓦 一作阿拉果阿斯

北與西界伯爾能不各東與東南抵大西洋西南界塞爾日貝

首城同名

伯爾能不各 一作伯能不各 一作帕南布哥 一作珀爾南布可 一作伯南步哥 一作剖耳能佈果

北界巴來罷南界阿拉疴瓦斯及巴義亞東抵大西洋西界標意

勒西非 一作利息符

巴來罷 一作巴拉希巴 一作爬拉衣巴 一作吧剌依巴 一作拍拉伊巴

北界北里約哥蘭的南界伯爾能不各東抵大西洋西界西阿拉

首城同名

北里約哥蘭的 一作北哥蘭的 一作韃俄格蘭多

北與東環大西洋南界巴來罷西界西阿拉

那達里 一作那達 一作諾特 一作那塔耳 一作乃達耳

西阿拉 一作西亞拉 一作塞阿拉

北抵大西洋南界伯爾能不各東界北里約哥蘭的及巴來罷西界標意

首城同名

標意 一作丕澳伊

北界西阿拉及馬拉娘南界巴義亞東界西阿拉及伯爾能不各西界馬拉娘

疴滅辣斯 一作疴臘斯 一作俄挨剌士 一作俄埃剌斯 一作果伊拉斯

馬拉娘 一作馬拉旱 一作馬拉釀 一作馬蘭陽 一作馬拉腦

北抵大西洋南界標意及疴阿斯東界西阿拉西界疴阿斯及加郎巴拉

勝盧義斯 一作聖魯芬士

加郎巴拉 一作巴拉

東北抵大西洋西北界瓜阿那南界馬的噶羅索東界馬拉娘及疴阿斯西界高亞馬索那斯

三塔冷 一作散塔侖 一名伯零

高亞馬索那斯 一作阿馬梳納士 一作亞馬孫

以河名北界委內瑞辣南界馬的噶羅索及玻利非亞東界

加耶巴拉西界厄瓜多及秘魯

八拉一作巴而拉　一名曼撓士　一名末日士

巴拉那一作巴拉納　一作巴蘭拿

北界勝寶盧南界勝伯德祿東抵大西洋西界馬的噶羅索

及巴拉圭

巴拉納瓜一作巴剌那瓜　一作巴拉

玻利非亞屬

朱基薩加都城同此名詳見都城下

巴斯帕斯一作剌巴斯　一作剌巴士　一作拉魄阿司　一作拉巴德　一作拉

痾魯羅一作鄂魯羅　一作俄魯羅　一作瓦路勞

波多西都西一作波拖西　一作坡拖西　一作珀記西　一作布

哥沙邦巴一作科索邦巴　一作可察邦巴　一作哥格班拔　一作科察巴母巴　一作哥乍班巴

三達古盧斯路斯一作古盧斯　一作山達克勒魯司　一作聖克魯司　一作三塔克魯士　一作散塔克

達理蘇一作大理宅　一作太利亞　一作塔力哈

雅帶加美一作阿達加麥

白泥一作伯泥　一作卑尼　一作拜尼

秘魯屬

利馬都城同此名詳見都城下

阿勒基巴一作阿力基巴　一作亞勒基巴　一作阿律記巴　一作阿來敵帕

阿利加拉伯格一作阿力喀　一作阿利喀　一作阿里喀　一作亞

加勞一作卡勞　一作加羅

不諾一作普諾　一作普奴　一作普拏

古斯各斯果一作古士哥　一作古寺谷　一作古斯哥　一作庫

阿牙古說綽一作以阿庫楚　一作額牙股說　一作阿愛阿庫

入凝一作入甯　一作俄臨

華奴哥歡喀番里喀一作花那谷　一作華奴各　一作華街諾閣　一作

巴斯哥一作巴士哥　一作吧斯各　一作丕斯科

利卑爾達一作利卑達　一作立孛塔

都盧詩羅一作都西羅　一作特魯希羅

加薩馬加一作喀斯馬　一作卡雅馬利阿　一作加亞瑪格

安加時一作杭嘉閣

比胡拉一作秘吾拉

意加一作依迦

羅勒多一作陸勒督

莫加格一作墨記括

亞馬生拿一作阿墨族奈

橫加威利一作王加福祿

智利屬

散地牙我都城同此名詳見都城下

瓦巴勒索海口拉巴一作瓦巴賴素　一作瓦巴來所　一作瓦吧賴索　一作伐不雷速　一作瓦

一作法巴來梭　一作發耳帕拉愛梭

亞岡加瓜一作阿公加瓜

桑非里卑一作非利比　一作三非力丕

哥固英波作可欽跛一作哥今波　一作阿固英波　一作科昆波　一

哥爾作瓜一作哥作瓜

古黎各一作非難多

郍勒一作羅拉

高給尼斯一名離京

公塞桑一作公塞波桑　一作孔奭荀　一作康賽魄西翁

瓦爾的維亞一作瓦的維　一作瓦地維阿　一作瓦爾旳維

濟盧衣一作濟盧埃　一作阿賴依

拉巴拉他屬

不宜諾塞利都城同此名詳見都城下

東南臨大西洋

音德勒里約斯得爾華一作音德勒里約　一作音德里約　一作安

在不宜諾塞利之北東鄰烏拉圭

巴沙大吧剌那一作巴咨荅　一作巴拉那　一作巴拉納　一作

哥連德一作痾連特士　一作可連特斯　一作考力恩資一作科爾達特

在德音勒里約斯之北東北接巴拉圭

首城同名

三達非緋一作三塔非　一作散塔霏　一作三打非　一作聖一作三非　一作三達霏

在不宜諾塞利之西北臨拉巴拉他河

哥爾多瓦拷徒伐一作哥多瓦　一作科多瓦　一作考朶發　一作

在三達非之西

三的牙哥尼斯德羅撒地牙我一作三的牙哥　一作三剔阿谷　一作一作散提阿果　一作散的亞哥特勒斯的陸

在哥爾多瓦之北

加達馬爾架克一作加達馬架　一作喀塔麻喀　一作該得瑪

在三的牙哥尼斯德羅之西

里約倭一作里俄喀　一作力俄察　一作而留華滑

在加達馬爾架之西南

桑若漢綽賽一作桑若安　一作三呼昂　一作散呼安　一作聖一作山旺

在里約倭之西南西倚安達斯大山

門多薩一作門都撒　一作曼朵撒　一作侖多拉

在桑若漢之南

桑盧意斯一作山雷一作桑盧義　一作三魯易士　一作聖魯乙斯

在門多薩之東

都古曼一作吐庫曼　一作吐固曼

在三的牙哥尼斯德羅之北

薩爾達一作薩達　一作薩爾塔　一作薩塔　一作薩德

在古曼都之北

如鋭一作胡輝　一作味西桑　一作鋤隨

在薩爾達之北

以上首城皆同部名

巴拉圭屬

阿松桑都城同此名詳見都城下

三地牙峩一作三的牙痾

威剌加一作維拉列加

古盧乖　一作古魯圭的

岡得拉勒　一作干德拉署

斐蘭爾都　一作非難多

烏曼他　一作黑曼其達

公色森　一作公塞桑

烏拉圭屬

蒙德維罷　都城同此名詳見都城下

馬爾多那多　一作馬多那多　一作馬爾多那

加內羅內斯　一作加內羅斯　一作加內羅

森約塞　一作桑若塞

哥羅尼亞　一作可羅尼亞　一作哥羅尼

索黎亞奴　一作索黎奴　一作索尼亞奴

白三都　一作皇都

多拉哥奴　一作都拉各奴

塞盧拉爾科　一作塞盧拉爾痾

海國輿地釋名卷八

湘鄉陳士芑翼謀甫纂

釋東洋羣島弟十二

澳大利亞大島　一作奧斯達拉里　一作澳削尼亞　一作奧斯特來力阿　一作澳斯鐵里亞　一作澳旋尼加　一作璞士爹釐耶　一作阿塞亞尼　一名墨瓦臘泥加　一名墨瓦蠟尼加　一名新荷蘭　一名大新阿蘭　一名新金山　一名南亞細亞

在太平洋印度洋之間緯線自赤道南十度起至三十九度十分止經線自京師偏東二分起至三十九度八分止南北距六千里東西距八千餘里綜計為方里者二千九百六十三萬二千有四十明世宗嘉靖十九年西班牙人墨蠟加始創見此島神宗萬歷四十四年荷蘭人始來此建置商埠後

為法蘭西人所奪尋亦棄去乾隆三十五年英吉利船主曰庫克者復來遍探島地於是全土遂歸於英島內榛莽荒寒初為流徙罪人之地經營歲久豐臻繁庶咸豐元年英人分新南維里斯南境置維多利亞省九年復置坤士蘭省同治五年置南澳大利亞省尋又置西澳大利亞省各設兵帥領之

新南維里斯　南維而司　一作新南威耳士　一作紐所威路　一作南威爾士　一作紐薩威而士　一作新　一作牛埽穩

省內地為方里者二百二十六萬三千八百

息利得尼　一作悉德尼　一作悉得爾　一作悉尼　一作息　一作雪特尼　一作雪黎　一作息的尼

扳揭士　一作巴黑斯的　一作波塌斯特

紐喀斯爾海口　一作紐卡市　一作牛加斯爾

波特馬誇利海口一作波查格森
維多利亞一作維扡利阿 一作域多利亞 一作佛多利亞 一作維克多里亞 一作威克兜立亞 一作威克陀里亞
省內地爲方里者六十一萬七千三百五十六
美耳本一作美利濱 一作麥普尼 一作墨耳鉢恩 一作梅爾波恩 一作墨勒伻
旺加拉大一作哇嘎哇嘎
仙大市一名大金山
比治倭扶一作畹治活
其復海口一作雞籠
波蘭海口一作波德蘭
坤士蘭一作坤似蘭 一作君士蘭 一作袞司倫 一作圭尼斯蘭 一作苦因士蘭 一作坤司蘭

省內地爲方里者四百七十六萬四千二百
比利斯本一作勃力士邊 一作庇釐市檳 一作不力斯辦 一作魄力斯班 一作布耒斯班
駱含頓一作洛坑頓
波閘一作杯溫
當士微耳一作湯市威路
南澳大利亞一作南澳士地利亞 一作薩澳斯地利蘭
省內地爲方里者五百三十二萬
阿得來德一作亞的來 一作亞都律 一作阿德臘特 一作遏的雷得
波林各尼一作活林葛 一名布拉布拉
西澳大利亞一作西澳士地利亞 一作皿斯登澳斯地利蘭
省內地爲方里者六百八十萬有六千

比爾惕一作珀爾貼 一作帕次 一作帕扶
亞巴尼海口一作阿耳班尼
達斯馬尼島一作台司美尼亞 一作塔士馬尼 一作撻司馬尼亞 一作他士文尼亞 一作塔斯麻呢亞 一作斯邁尼阿 一作疊門尼亞 一作以撊尼 一名班地曼蘭 一名萬地曼蘭 一名班地文 一名番氏曼斯蘭 一名地面 一名地閩
在澳大利亞之東南長七百里廣五百里爲方里者二十三萬五千九百崇德七年荷蘭人達斯馬尼覔得其地遂以其名名之乾隆三十四年英人庫克復來勘島地嘉慶八年英遂遣兵往守近乃置兵帥領治之
巴布亞島一作巴布雅 一作巴布阿西 一作拍破阿 一作白婆耶 一名新危尼 一名新爲匿 一名新爲義亞 一名新義內 一名牛斤以亞 一名牛搆尼 一名紐幾尼 一名紐勾尼阿 一名新幾內亞 一名那吉尼

在澳大利亞坤士蘭省之西北相距約四百五十里島長約四千里廣約千四百里人皆野番墨面拳毛剝皮以爲飾匿深林中人過則攖而生啖之道光十三年荷蘭人始來開港置埠震以火器土人皆懾服已而英吉利據其東德意志據其北各駐兵設官守之
盧義塞達島一作盧義西阿達 一作盧依昔亞得 一作加意司射忒
在巴布亞島之東
婆羅島一作婆羅洲 一作婆羅尼 一作波尼阿 一作波羅洲 一作蟠尼阿 一作保尼俄 一作勃倫尼 一名古曼坦 一名般島 郎梁武帝時入貢之丹丹國 唐高宗時入貢之婆羅國 宋太宗時入貢之勃泥國 明時之浡泥文萊吉里地悶等國

在小呂宋島之西南南北距二千二百里東西距二千里自古爲南洋名邦明時文萊浡泥一作渤泥等國迭相雄長　國朝嘉慶初粵人有吳元盛者殺番酋島人奉以爲王元盛死其妻嗣位以後事蹟無聞荷蘭人初至此島欲據其內港震以火礮島酋避居山中以毒草漬水上流荷人受創狼狽去後竟以兵力據南境濱海地建商埠四諸番皆聽命焉近年北半島復爲英吉利所據建會城曰山打根駐大兵帥治之然尙歲納島酋地租銀圓一萬五千別有小埠曰拉畔灣道光三十年英人得之於文萊島酋亦設官領之迤東地則歸英商公司管轄歲納蘇祿島酋地租銀圓五千其西境有地曰沙拉窪旅居華人甚衆亦屬於英

文萊一作文來

吉里問一作吉里門一作吉利門一作吉裏門一作蔣里悶一作池悶即明史之吉里地悶

馬神一作馬辰一作馬生一作馬人一名班熱馬星一名班查遡

葛郎一作葛蘭一作萬喇一作萬老高

崑甸一作本田一作奔的亞那一作本地亞納

巴薩一作八三一名南巴哇

古達一作可達

拉畔灣一作臘婆恩一作雷邦一作剌蒲恩

沙拉窪一作薩拉瓦

案婆羅即梁書之丹丹國隋書婆利國傳自交阯浮海南過赤土丹丹乃至其國赤土即今暹羅婆利即今蘇門答臘今

由安南浮海至蘇門答臘正過暹羅之南婆羅之西北與隋書之言合且梁書載丹丹物產風俗與婆羅皆同唐書作單單蓋皆曼坦之轉音也

或謂唐書南蠻傳單單與婆羅並載當各是一地不知婆羅本分數國爾時兩國皆入貢故唐書兩紀之明時尙分部入貢故明史亦分紀文萊浡泥等國也瀛寰志畧亦謂浡泥爲此島總名宋明之稱浡泥者乃馬神力駕諸部之上故以全島之名爲國名可見此島部落甚多分倂無常故名稱亦無常也

明史謂丹丹即阿丹大謬阿丹本回教國即今阿剌伯與南洋各島渺不相涉瀛寰志畧謂即萬丹亦誤

蘇祿島一作蘇錄

平列三島西北接近婆羅島

西里百島一作西里伯斯一作西里庇一作西利伯一作細利窪一作失勒密士一作塞勒卑斯

在婆羅島之東地形支分似人臂股綜計爲方里者約二十五萬舊屬於葛留巴後爲荷人所據分置商埠島酋避居山中荷人與盟約爲兄弟

馬拿多一作馬那多一作茫拿陀一作美拿多一作邁那朱

島之北支

摩尼一作擁未尼一名馬羅斯

島之東北支

馬加撒一作茫加薩一作曼加薩一作茫佳虱一作望加錫一作麻喀撒一作馬葛薩一作馬澍

薩一作馬克色　一作芒佳瑟

島之南支

多羅一作拖羅　一作賔達音

島之東南支

摩鹿加島一作美洛居　一作美羅洛　一作木路各　一作馬路古　一作米六合　一作摩鹿加　一作麼魯加斯　一名士羅洛　一名蘇洛　一名濟羅羅　一名義羅羅　一名阿拉馬尼辣

在西里百島之東北地形亦類西里百隸於荷蘭

毛提島一作萬地

在摩鹿加島之東北

散夸島一名德拏

在毛提島之西北

非里比納羣島一作非里比納斯　一作斐力批那斯　一作斐力批　一作斐力平　一作佛合利邊　一名桑拉薩羅　一名小呂宋羣島

小呂宋島一名弗立賔　一名非利賔

馬尼剌一作馬尼臘　一作馬尼喇　一作馬尼辣　一作蠻里喇　一作蠻尼那

在臺灣之東南地形如魚振尾長約二千餘里明穆宗隆慶間西班牙遣其臣墨瓦臘航海東來抵此島見其土廣沃潛謀奪之越數十年西班牙乃以巨艦載兵來僞爲貨船啗島酋以重金請片地陳貨物遂築城建營突以巨礮攻島酋殺之據其地從國人實之鎮以兵帥自是爲西班牙外府者數百年光緒二十二年島人苦西政苛虐羣起叛亂西班牙討之累年不能定美利堅乘勢以大兵勦平之全島遂歸屬於美

民多羅島一作明朵羅　一作明多羅　一作閔多羅

巴奈島一作巴大　一作巴乃　一作巴尼　一作帕那　一作坂奈

撒馬島一作三馬　一作薩麻

來提島一作來地　一作來伊台　一作多羅來地

尼鄂島一作泥鄂巴

邦邦阿島一作班愛

巴拉灣島一作把拉灣　一作巴拉文　一作巴拉撓　一作巴拉瓜　一作把內　一作帕拍瓦恩

民答那峩島一作閔他那　一作民答撓　一作民達撓　一作民丹腦　一作明達撓　一作馬仁達撓　一名網巾礁腦　一名網巾礁老　一名蚊巾焦老　一名網根礁老　一名莽均達老　一名澗仔低

居羣島之最南

葛留巴島一作噶羅巴　一作交留巴　一作加留巴　一作咬嚠巴　一作葛剌巴　一作噶剌巴　一作華留巴　一作葛剌巴　一名繞阿　一名牙瓦　一名呀瓦　一名瓜亞　一名瓜華　一名瓜鴉　一名耀亞　一名查法　唐曰訶陵　一曰闍婆　一曰闍蒲　一曰杜婆　一曰莆家龍　元曰瓜哇　一曰過瓜　明曰瓜哇　一曰順搭　一曰下港

在婆羅島之西南南北距四百餘里東西距二千里自古爲南洋大國屢與中土通聘問前明中葉荷蘭船避風至此卑詞厚幣請於島酋乞海濵坣修船遂乘機襲擊萬丹取之復次第畧定沿海諸地島酋不敢爭由是全島受制於荷蘭荷人置兵帥鎮其地闢市廛建城堡商務繁盛爲南洋第一都會島之南境岡巒重疊有火峯四十餘座北境諸嶼羅峙大者曰王嶼夾板嶼鼎馬嶼白嶼草嶼門戸雄壯形勢天然攷大小瓜哇之稱紛無定屬魏源氏据元史謂征瓜哇之軍

先至吉里門正婆羅洲東岸衝要而葛郎鄰國來拒卽洲內之朱葛焦剌遂礄然定大爪哇在婆羅洲小爪哇爲葛留巴不知朱葛焦喇乃彼地官名見於海島逸志海國聞見錄誤以爲國名已爲徐松龕所糾默深豈未之見耶默深又謂明封三佛齊爲國王爪哇怒其以屬國抗已殺使阻封而渤泥亦有歲供片腦之奏若葛留巴尚不及渤泥三佛齊之大安能脅臣二國上抗天朝不知葛留巴在元明時最强大環近諸島皆受役制卽婆羅諸部亦多屬之明史稱渤泥歲貢爪哇片腦四十斤尤爲婆羅臣屬於葛留巴之顯證然則元世祖用兵海夷惟日本與爪哇之役最鉅其爲葛留巴又何疑耶蓋爪哇爲全島之總名葛羅巴爲爪哇之轉音其島自元

時已分東西二國明時東王西王皆入貢而西王最强西國以萬丹爲都會以下港爲通商巨鎭據形勝之險擅商舶之利國富兵强故能西幷三佛齊東幷小爪哇跨海役屬婆羅諸島（明史浡泥傳洪武三年命御史張敬之福建行省都事沈秩往使其國素屬闍婆秩折之曰闍婆久稱臣奉貢爾畏闍婆反不畏天朝耶是亦婆羅屬葛留巴之證）宋文帝時入貢之闍婆（闍讀如堵故或稱杜婆）唐太宗時入貢之訶陵皆卽此國所謂大爪哇也東國瘠弱永樂時爲西國所幷（見明史）卽元史之葛郎國（葛郎卽葛留巴之音譌）所謂小爪哇也二國共居一島故稱大小以別之猶蘇門答臘島之有大小亞齊也坤輿圖說言大小爪哇在蘇門答臘之東南準其地望惟葛留巴足以當之若婆羅則在蘇門答臘之正東豈可移易牽合之耶

唐書言王居闍婆城卽東西洋考之杜板村（瀛涯勝覽作賭板）元史所謂杜馬班王府也闍婆杜班杜板蓋皆一音之轉明史廣東通志皆言西王都馬班永樂三年入貢都馬班卽杜馬班疑誤以都名爲國名故明史永樂十三年又載其王改名揚惟西沙也

萬丹（一作萬凡　卽梁時入貢之狼牙修國　宋元嘉時入貢之阿羅單國）

案宋書南蠻傳阿羅單治闍婆洲闍婆卽葛留巴全島之稱葛留巴卽阿羅之轉音萬丹卽單之緩音也史載所貢金剛指環鸚鵡皆今葛留巴所產（葛留巴有鸚鵡山以出鸚鵡故名）又案阿羅單卽梁時入貢之狼牙修國亦卽宋太祖元嘉十二年入貢之闍婆婆達國（阿羅單其國名闍婆其島名婆達則其王名譯者誤連之耳）宋

元嘉十三年阿羅單所進表文與梁武帝天監十四年狼牙修所進表文同元嘉十二年闍婆婆達所進表文與元嘉十年阿羅單所進表文亦同蓋本爲一國故前後脗合若是或一人所擬或就原表修飾之皆未可知（宋書載阿羅單王曰毗沙跋摩闍婆婆達王曰師黎婆達陀阿羅跋摩師黎卽毗之音轉婆達阿之急讀爲沙蓋卽一人譯者展轉歧異之耳）

泗里末（一作四里貓　一作士里莫）

三寶隴（一作三寶瓏　一作三巴郎　一作撒馬）

井里汶（一作里汶）

馬都拉島（一作馬土拉　一作麻杜拉）

坿近葛留巴之東北岸

麻里島（一作麻黎　一作貓釐　一作巴里　一作貓里務　一名合貓里　一名合貓物　一名班保克）

在葛留巴島迤東

淪泊島一作倫薄　一作隆博　一作音博　一名洛莫　一名拜力

在麻里島之東

松巴瓦島一作松巴　一作桑巴　一作遜巴瓦　一作松壄窪　一名蘇保幹

在倫泊島之東

薩爾溫島一作散荅五得　一名檀香嶼　一名馬善布羅　一名巴瓦

在松巴瓦島之東南

弗羅力士島一作佛羅理斯　一作輔羅力士　一作弗力　一作夫老來斯　一名佛理嶼

在薩爾溫島之東北

池悶島一作知汶　一作地汶　一作地悶　一作地門　一作地盆　一名茶盤　一名胎壄爾　一名胎壄耳　一名塔毛耳　一名提歷

在弗羅力士島之東南地亞於摩鹿加海錄謂周數千里大誤東畔有葡萄牙埠頭西畔有荷蘭埠頭曰古邦一曰故邦

武羅島一作木魯　一作布羅　一作布盧　一作補盧

在摩鹿加島之南稍西

補唐島一作布唐

在武羅島之東西蘭島之南荷蘭有大酋駐此

西蘭島一作悉蘭　一作西爾郎莫　一作賽隆毋　一作沙浪

在摩鹿加島之東南迤東即爲巴布亞島

班達羣島一作邦達　一作坂大　一作班仙

在西蘭島之東南共十島皆有火山

阿盧羣島一作阿曾　一作亞盧

在班達羣島之東南

波波島一作暴暴

在阿盧羣島之西南

吉甯島一名塔毛耳老特　一名提歷老特

在波波島之西南其南爲阿拉夫拉窄海

蘇門答臘島一作蘇門他剌　一作蘇門達拉　一作蘇麻答剌　一作蘇麻特拉　即梁時入貢之婆利國　唐書地理志之婆露國　明史之蘇門答剌國　一曰須文達那　一曰須文達奴　一曰蘇文達那

在婆羅島之正西島形欹長極南境與葛留巴島極西境隔峽相距自西北至東南約長三千二百里廣處約七百里自古爲南洋島國部族不一明以來爲英吉利荷蘭所分據後英

以島內之茫古魯埠及邦加島內之門多克埠易麻剌甲遂全歸於荷蘭

亞齊一名亞珍

孫支一作孫基　一名小亞齊

茫古魯一作萬古屢　一作茫咕嚕　一作孟姑倫　一作邦古連　一作萬古累　一作本庫楞　或謂即續通考之那姑兒國　一曰花面國

巴鄰旁一作巴倫邦　一作巴稜邦　一作巴林邦　一作拉母旁　一作浡淋邦　一作勃淋　一名舊港　即古干陁利國又即梁唐宋明入貢之三佛齊國

案續通考有南渤里國一作南勃利渤里與巴隣音近當即此地

巴唐一作巴當　一作叭當

錫里一作日裏　一作德里
以上今皆爲通商之埠
美囊加布城一作墨囊加報
在內地爲島族所居
邦加島一作班加　一作邦喀　一作邦噶　一作邦甲　一作岡加　一作網甲　一作崗甲
別爲一島坿近蘇門答臘東南隅長約五百餘里廣約百
餘里
案邦加當即梁武帝時入貢之盤盤國邦加即盤盤之轉
音也唐書言盤盤在南海曲北距環王限少海與狼牙修
接環王即今占城狼牙修即葛留巴島之萬丹距邦加甚
近少海即今葛留巴海元史所謂莆奔大海也唐書又言

其東南有哥羅哥羅即今麻剌甲在邦加之西北唐書言
在東南誤蓋前史紀外國相距方位得諸傳聞往往不合
不獨此一島也如赤土爲暹羅國碻無可疑而隋書云北距大海則當在大海中此豈可信耶　明
史謂盤盤即古柯柯大誤
呢士島一作呢是　一作亞呢　一作呢亞斯　一作尼阿斯　一作尼押　一名哇德
別爲一島坿近蘇門答臘西岸長約百八十里廣約六十
里
比力頓島一作必來唐　一作北里屯　一作比鄰敦多　即明史之麻葉甕國
居婆羅蘇門答臘二島之閒西北接近邦加島
龍牙島一作凌噶　古曰龍牙門　即元史之枸欄山　一曰交欄山
在邦加島之北西近蘇門答臘

案龍牙島東隅海岸大山當即元史之枸欄山張氏東西洋
考所謂龍雅大山也明史言交欄山甚高廣饒竹木元史弼高
興伐爪哇遭風至此山下舟多壞乃登山伐木重造遂破爪哇
元大淵島夷志亦謂句欄山嶺高而林密元征闍婆遭風損
舟見此山多木故於其地造舟十餘隻今案葛留巴海中惟
龍牙距葛留巴島最近且多大木謝清高海錄云龍牙多木大者數十圍中華洋船至此多換桅柁其爲枸欄山無疑魏默深謂枸欄山即新埠地其謬
殆不足辨
本定島一作丙坦　一作賓當　一名勿斯離　一名貓里　一名科嶼
在新加坡之南中隔白石門長七十里廣八十餘里
巴丹島一作巴邦

在本定島之西少北長廣約方四十里
阿能巴羣島一作安蘭巴
在彭亨之東南
彭亨一作彭坑　一作湓亨　一作邦項
在馬來隅之東南境北距丁加羅約二三百里本自主部落
近復坿屬於英吉利
新嘉坡一作新加坡　一作新奇坡　一作新地坡　一作生嘉坡　一作新忌剌坡　一作新甲埔　一名息力　一名息辣　一名實力　一名新州府　一名星隔伯兒　即唐書地理志之葛葛僧祇國　其內地有土部曰義火可握即明史之柔佛　一曰烏丁礁林
在彭亨之南長八十一里廣約四十餘里爲方里者二千有
奇地當南洋之衝爲商船往來必經之道舊本荒壤嘉慶二

十三年英吉利入銀圓六萬購於義火可握土酋墾治經營遂成大埠

麻剌甲 一作麻六甲 一作馬六加 一作麻那格 一作馬拉加 一作罵力格 一名五嶼 一名金該梭尼斯 唐曰哥羅富沙 一曰哥羅 一曰箇羅 明曰滿剌加

在新加坡西北三百餘里其地自西北至東南百二十里東北至西南九十里爲方里者五千五百三十八舊本暹羅屬國明世宗嘉靖閒爲葡萄牙人所據乾隆中荷蘭人復來逐葡人而有其地道光五年始歸屬於英

沙剌我 一作石蘭莪 一名石郎國 即唐書地理志之哥谷羅國

在麻剌甲西北壤地毘連爲方里者二萬五千本自主部落光緒元年旅居麻剌甲之華人往吉隴開采錫礦沙剌我酋

阻之華人與之戰勝英人乘勢遣官駐吉隴轄治華人沙剌我遂亦服屬於英

卑力 一作霹靂 一作白蠟 一作勞克來

在沙剌我之西北其地爲方里者六萬五千三百本自主部落光緒初年屬於英

威勒斯勒 一作維爾思里

在卑力北二百五十里西與檳榔嶼隔海相直本吉德國地嘉慶五年英人取之隸於新加坡兵帥爲方里者八百九十六

案自彭亨至此皆馬來隅地本非島嶼以無可歸隸故附於此

檳榔嶼 一作檳榔士 一名布路檳榔 一名新埠 一名之碧闌

在馬來隅西岸之西海中相距僅八九里長四十五里廣二十七里爲方里者九百六十舊屬吉德國乾隆五十年歸於英隸於新加坡兵帥

昆侖島 一作崑崙 一作昆屯

在七洲洋之南屹立二島爲南洋必由之道蛟龍所宅闃無人居

釋太平洋羣島弟十三 西人名曰頗利呢西羣島

三德惟枝羣島 一作三得惟枝 一作三德桅枝 一作三維斯 一作散得蔚齒 一作散維齒 一作三儥支 一作三維支 一作三得韋蚩 一作散多威知 一名檀香山 一名布哇 一名山域治埃蘭

哈歪衣島 一作哈歪依 一作哈維 一作合威 一作阿希 一作阿瓦希 一作海依 一作夏威仁

瓦湖島 一作阿亞湖 一作瓦呼

島王都此其會城曰火魯奴奴

火魯奴奴 一作貨挪魯魯 一作漢拿老路 一作合諾魯路 一作何諾魯路

麻維島 一作毛依

高哀島 一作考愛

麻拉開島 一作摩羅喀愛

賴拿哀島 一作拉那愛

開嚇老島 一作哈呼拉威

訥科島 一作納詞

緯線自赤道北十八度五十二分起至二十二度十六分止經線自京師偏東八十二度五十九分起至八十度四十八

分止島勢由西北而東南凡大島四小島四其迤近迺西迺
北及奇零小島皆渺小不足紀數綜計爲方里者五萬三千
三百四十當乾隆四十二年有英吉利人航海遠游始創見
此島是時各島皆有土酋分攝至嘉慶十五年哈歪衣島酋
始幷羣島爲一遷居瓦湖道光二十年始自立爲君民共治
之國與泰西各國立約通商光緒九年其酋環游歐美各國
及中國日本歸遂稱王時美利堅人布居朝野參議會者尤
驕橫不可制十八年議院議改國制爲民主歸美國保護十
九年議院廢其女王推立美利堅人鐸爾爲首領二十三年
遂坿屬於美稱外藩焉

烏島 一作搦卡 一名林耳子

在三德惟枝羣島之西北

槎洛王后島 一名克釵洛答 一名昆沙婁特

在英屬萬庫洼島之北西南距三德惟枝羣島約三十度

威耳士太子島 一作威爾士 一名魄凌斯外耳斯

在槎洛王后島之北

哥的亞各島 一作哥的各 一作哥的咯 一作哥的亞 一作科第亞克 一作可氐亞克 一作科氐阿克

在威耳士太子島之西北附近美屬阿拉斯加部西南之阿
里阿士喀隅

亞律森羣島 一作阿律 一作亞律 一作亞魯甸 一作阿路典 一作阿魯希安 一作阿路西安

在白令海之南羅列如玦環

伍訥辣斯喀 一作烏那剌施喀

亞律森羣島之東迤近阿里阿士喀隅

窩耳噶島 一作窩耳嘉 一作可耳加

在赤道北三德惟枝羣島之南

克力斯特麻斯島 一作克力斯特抹斯

在赤道北窩耳噶島之西

緋甯島 一作翻甯

在克力斯特麻斯島之西北

帕耳密拉島 一作巴賁剌

在緋甯島之西北

斯密子羣島 一作斯密貼

在赤道北三德惟枝羣島之西南帕耳密拉島之西北

麻紹耳羣島 一作麻熱耳 一作麻召耳 一作馬沙爾 一名慕爾加拉威

在赤道北三德惟枝羣島之西南相距約四五千里

拉達克羣島 一作拉大克 一作剌達各

在赤道北麻紹耳羣島稍東南

拉力克羣島 一作拉利克 一作剌利克

在拉達克羣島之西稍南

嘉羅連羣島 一作加羅黎那 一作喀羅連 一作喀羅林 一作咯羅利納士 一作卡羅林

在赤道北麻紹耳羣島之西凡五十島原屬西班牙光緒十
一年德意志遣兵艦來爭地西班牙拒之旋許德人自擇二
地設煤棧二十五年西班牙竟以全島售與德人德人分島
爲三區隸於巴布亞島大兵帥

馬利亞納羣島一作麻里恩　一名拉的羅尼　一名拉特羅尼　一名辣得隆

在嘉羅連羣島之北凡二十島大者曰瓜襄屬西班牙

丕留羣島一作巴勞

在嘉羅連羣島之西

力噶代奥島一作里喀德俄羅

在馬利亞納羣島之東北西與日本之小笠原島相直

排特洛西紐島一作巴特洛西呢俄

在力噶代奥島之東

基耳八羣島一作基八的　一作其八的　一作竭耳杯特　一作給爾馬的

在麻紹耳羣島之南當赤道之中

腓尼斯羣島一作妻逆克斯　一作費匿克斯　一名雞的

在赤道南北與斯密子羣島相直

毛耳登島一作馬耳敦

在非尼斯羣島之東南與會羣島相直

馬其薩羣島一作馬其　一作馬耳其殺　一作馬耳其沙　一作馬規薩士　一作馬爾敵士　一作馬歸撒斯　一作馬爾奎　一作麻開薩斯　一作馬愷隨

在赤道南十度十分京師偏東百有五度二十分道光二十一年歸屬法蘭西

低羣島一名羅羣島

在赤道南北與馬其薩羣島相直

甘比阿羣島一作感別　一作剛比

在低羣島之南道光二十五年屬於法蘭西

碑磑島一作碑特肯　一作必特磑

在低島之南

嘎剌巴各士羣島一作加拉巴各士　一作噶拉巴科斯

在赤道稍南迤近南美洲東與厄瓜多國相直

聖非力士島一作聖安白羅士　一作昂伯羅斯

在赤道南迤近南美洲東與智利北境相直

呼昂法南特寺羣島一作呼安匪難特貼　一作萬浮南代斯

在聖非力士島之南

會羣島一作公會　一作會黨　一名蘇賽厄第　一名拔西篓剔

在赤道南低羣島之西凡十島屬法蘭西

他希地島一作阿他害地　一作他希的　一作阿他睹地　一作他提　一作餓搭海氏　一作塔希提　一

作大希底　一作退梯

在羣島中爲最大周四百六十里

科克羣島一作古克　一作古各　一作科克斯

在會羣島之西南

友羣島一作和友　一名當加　一名夫蘭得力　一名亞米　一名弗蘭里　一名侮連利

在會羣島之西稍南屬英吉利有兵帥駐守

撒麻亞羣島一作薩摩阿　一作色麼庚　一作生摩亞

在赤道南友羣島之北少東光緒五年德人與其酋立約通商

納斐該叨羣島一名行船島　一名舤海島

在赤道南友羣島之東北

斐濟羣島一作非濟　一作非支　一作非克　一作菲治　一作肥吉　一作肥雞　一作飛旂　一作非共

在赤道南十五度至十九度京師偏東五十九度至六十一度西距澳大利亞島約三千六百里凡大小島二百二十五內有居民者凡八十爲方里者七萬二千二百崇德八年荷蘭人探得其地光緒元年英吉利取之分置十四部

厄利士羣島一作愛拉愛斯

在赤道南斐濟羣島之北

薩羅蒙島一作撒羅蒙　一作薩臘門　一作塢羅門　一作新撒羅門　一名新日爾治

在赤道南斐濟羣島之西北巴布亞島之東屬英吉利

聖克魯斯羣島一作三達古盧斯　一名北盧斯　一名呢腆底

在薩羅蒙島之東南

新加勒德尼亞羣島一作新加勒達尼　一作新加利多尼　一作新喀里多尼阿　一作新喀里多尼亞　一作紐開來道尼阿　一作紐加勒度尼亞　一作奴弗爾開雷多尼亞　一作牛卡來多尼要　一作牛喀來兜尼亞　一作新喀立多呢亞

在赤道南二十度三十分京師偏東四十五度二十分北與新希勒力第士羣島相直東與友羣島相直西距澳大利亞島約三千餘里內皆野番屬於法蘭西設官駐守爲流放罪人之地

新希勒力第士羣島一作新伯利的　一作新里比里大　一作新希不力克士　一作紐海白力斯　一作牛害不來的得　一作牛害布來的斯　一名大西加拉德　一名基羅斯　一名希伯

在新加勒德尼亞羣島之北光緒十四年英法立約共相保護公設水師兵師領之

挪福島一作挪脯克　一作諾佛

在新加勒德尼亞羣島之南

克馬的羣島一作卡馬第　一作怯爾馬德克　一作押麻代克

在挪福島之東南

新西蘭兩大島一作新息蘭　一作新錫藍　一作牛西蘭　一作紐日倫　一作奴錫藍　一作紐胡西倫　一作紐西蘭　一作新塞蘭地　一作新日倫　一作西蘭得　一作牛錫蘭　一作牛席蘭　一名搦日倫敦

在赤道南三十五度至四十七度京師偏東五十度至六十度西北距澳大利亞島約三千五百里分南北兩島綜計爲方里者九十五萬六千四百五十崇德七年荷蘭人探得其地乾隆三十三年歸屬英吉利近設兵帥領之北島置郡四南島置郡五

威靈頓一作瓦蘭敦　一作維林登　一作韋令頓

會城建於此

侯其一作好克貝

澳克蘭一作敖克倫

格蘭納其一作他郎那啟

以上爲北島四郡

鄂迭戈一作敖退哥

藪扶蘭一作爲司突蘭

坎他伯里一作堪太貝里

尼耳森一作奈爾孫

馬耳鉢羅扶 一作麻爾波多

以上爲南島五郡

士丟扼島 一作司爰阿 一作斯丟軋 一作斯提瓦特

在新西蘭南島之南相隔僅一海峽

奥克蘭島 一作勞爾得奥克蘭 一作奥客蘭

在新西蘭島之南

喀墨耳島 一作嵌倍勒

在奥克蘭島之東南

漢諾法島 一作漢諾瓦

在太平洋之極東南附近巴他峩拿

威靈頓島 一作韋令頓

在漢諾法島之北

德索來申島 一作得梭來申 一作德索累荀

在漢諾法島之南

附白令海二島

努尼發克島 一作奴尼法 一作奴呢伐克

附近美屬阿拉斯加部海岸在庫士利苦因河入海處稍北

聖羅連士島 一作聖老倫斯 一作聖螺凌斯 一作勞稜

在白令海峽南口

附痾哥德斯克海一島

樺太島 一名唐太 一名庫頁 一名庫葉 一名太長 一名墨龍嶼 一名薩哈連 一名薩噶連 一名沙哈林 一名薩加里恩 一名額里野 一名野所也 即古女國 一日毛人國或謂即唐書流鬼國之莫曳部明開原志之苦厄

在痾哥德斯克海西北坿近俄屬之布里摩爾斯科省東南接近日本蝦夷島舊屬中國嘉慶十四年改屬日本後俄羅斯復以古里利羣島易得之

釋大西洋羣島弟十四

波威德羣島 一作布威爾德 一作波樸威德 一作威德角 一作斐德角 一名綠山頭

在赤道北十五度至十七度四十分京師偏西百三十九度至百四十一度三十分迤東接近非洲之塞內岡比亞屬西班牙

北農的威勒斯島 一作墩德威勒

亞盧塞馬斯島 一作亞盧塞納

美黎辣島 一作美里黎

加那列羣島 一作加拿列斯 一作加拿利 一作加那利 一作加內黎 一作克餒愛列 一作芡那利 一作喀那亞力士 一作嘎那利

在波威德羣島之北迤東附近非洲摩洛哥南境相距不過二三百里凡大小二十島西班牙取之置爲別部

馬低拉島 一作馬地拉 一作馬兑拉 一作馬地義拉 一作馬秩辣 一作馬德辣

在赤道北直布羅陀海峽之西屬葡萄牙

亞索利亞羣島 一作亞索唎 一作亞索利 一作亞梭利 一作亞瑣利 一作阿索勒士 一作阿索耳 一作阿蘇阿斯 一名西島 一名鷹島

在馬低拉島西北屬葡萄牙置爲別部

委頓羣島 一作維格屯

附屬瑞那
委根島一作委奴
在委頓羣島之北附屬瑞那
法蓀羣島一作發蓀
在英屬舌特蘭島之西北
希勃力第士羣島一作希白力克士　一名急勝禮士丁一名西島
附屬英吉利在蘇格蘭之西北
瑪達連羣島一作馬蒙勃斯
附近北美洲在英屬比林斯義德瓦島之北少東
安提士地島一作安剔格斯提　一作安剔考斯剔
島形狹長如刀在瑪達連羣島之北其西角迤近洲地僅隔

一海港
法難多坡島一作非難多　一作非難德　一作匪爾難多埃　一作菲爾納布
在幾內亞海灣附近比亞夫辣番部長百三十四里廣六十
里乾隆四十三年西班牙取之
北林西島一作北林西卑　一作魄凌斯　一作蝕力昔白　一作仳鄰昔魄
在幾內亞海灣法難多坡島之南長八十里廣六十里屬葡
萄牙
桑多馬島一作桑多美　一作三多美　一作墨多馬　一作聖托默　一作散杜抹　一作散爹馬　一名馬太拉
在幾內亞海灣北林西島之南
阿森蓟島一作阿森森　一作[illegible]生　一作押新新　一作阿三慎

在赤道南東與非洲之公額北境相直東南距三厄里那島
約二千五百里長二十四里廣十八里明孝宗宏治十四年
葡萄牙人探得其地嘉慶二十年英吉利人復來據之內多
火山英置船廠於此設兵官一人領之
三厄里那島一作三達尼勒那　一作希里尼　一作希利納　一作生海離奈　一作聖厄勒那　一作聖黑一作聖厄勒拉　一作聖希利納　一作聖希利那連納　一作散達連　一作聖海凌那　一作三喊利訥
在赤道南十五度四十分京師偏西百二十二度二十分長
三十一里廣十九里爲方里者四百二十三明孝宗宏治十
五年西班牙人探得其地旋爲丹馬人所據康熙十二年英
吉利奪取之道光四年始置兵帥領其地
特力斯坦答坤雅羣島一作特力斯坦坤雅　一作突來斯敦達庫哈

在三厄里那島之西南約五千里屬英吉利
布委羣島一作布威　一作布緋
在特力斯坦答坤雅羣島之東南約五千六百餘里
福格蘭羣島一作福蘭　一作福格倫　一作發哥蘭　一作法蘭　一作僕克蘭得　一作僕克蘭　一作發拉克蘭
在赤道南五十一度十五分京師偏西百七十四度二十分
西直南美洲極南境約千八百餘里有二大島東西峙附近小島凡百餘
東島爲方里者二萬四千西島爲方里者一萬八千明
神宗萬歷二十年英人探得其地後法蘭西人復來據之道
光十三年始全歸於英
南佐薩阿羣島一作南若爾治亞　一作畜治亞　一作南卓之亞

在福各蘭羣島之東少南相距約二千四百里
散德維菌羣島一作三維支　一作山威治　一作散得蔚菌地　一作生兆治
在南佐薩阿羣島之東南
鐵府依勾島一作鐵耳聶離依休勾　一作鐵拉德耳府依果　一作跌拉得非哥　一名馬加艮英斯　一名火地
在南美洲極南海中與巴他我拿南嘴對峙
合士特島一作付士特　一作何斯特　一作澳斯台
附近鐵府依勾島之南
士他天島一作斯他天　一作士大與
在鐵府依勾島迤東稍南
附英倫海三島阿爾蘭海一島

日西島一作額西　一作干塞　一作日爾塞
額尼西島一作額爾西　一作給爾尼塞　一作遮塞
壹里維的島一作威地
曼島一作壹里曼　一作萌島　一作人島
北境迤近蘇格蘭有通商海口曰德格剌士
釋印度洋羣島第十五
安達曼羣島一作安答曼　一作安豆曼　一作安大滿
在孟加拉海灣
尼科巴羣島一作尼古巴拉　一作逆科巴　一作呢可罷
在孟加拉海灣東南距蘇門答臘之亞齊約四百五十里同
治八年英吉利取之隸於印度

麻耳代夫羣島一作麻代父　一作麻答愛夫　一作馬兒地襪　一作梅爾提前
在赤道北阿剌伯海灣屬英吉利隸於錫蘭島大兵帥
剌克代夫羣島一作拉克代父
在阿剌伯海灣
索哥德拉島一作索可特剌　一作瑣科特辣　一作士葛達剌　一作索可達　一作埽科特拉　一作梭哥德辣
在阿剌伯海灣赤道北十四度京師偏西六十四度長六十里
廣二百四十里其地自明以來爲歐洲人所分據光緒二年
始全屬於英
察固斯羣島一作察各士　一作察各斯　一作射哥司
在赤道南北與麻耳代夫羣島相直屬英吉利有長官駐此

隸於毛里西亞島兵帥
塞舌耳羣島一作塞舌勒　一作西識　一作西悉　一作西希耳　一作息賒釐　一作賽希耳　一作色日耳　一作射氣爾司
在赤道南南距毛里西亞島二千二百二十里英有長官駐
此隸於毛里西亞島兵帥
阿密蘭德羣島一作亞密蘭　一作阿彌拉　一作阿梅朗突
在塞舌耳羣島之西英有長官駐此隸於毛里西亞島兵帥
毛里西亞羣島一作毛里俐斯　一作毛里西尼　一作冒勒突　一作妙哩士　一作貌力突　一作茅勒士　一作馬利休　一作馬哩蔛　一作毛里希歐斯　一作墨離倫司　一作馬爾歐司
在赤道南二十度京師偏西七十度環近大小六十餘島綜
計爲方里者九千四百八十初爲葡萄牙人所闢後荷蘭法

蘭西先後來據之至嘉慶十五年歸於英吉利置大兵帥領
之
首城曰坡祿義 一作跑奚如意司
羅得給島 一作羅德黎給 一作羅得 一作勞得離搆 一作阿友特洛斯 一作落得里哥威斯
在毛里西亞島迤東相距約千一百三十里英有長官駐此
隸於毛里西亞兵帥
葛勃嘎島 一作加拉加 一作噶勃噶
在阿密蘭德羣島之東南
三西巴島 一作匽西脈 一作桑西巴爾 一作匽西墨 一作散西巴 一作生西巴耳
附近桑給巴海岸相距僅七十里長約百五十里廣八十餘
里桑給巴國卽以此島名

蒙非阿島 一作孟菲阿 一作蒙非亞 一作莽斐阿
在三西巴之南附近桑給巴海岸
本巴島 一作般麻 一作奔巴 一作排母叐
附近桑給巴海岸
哥摩羅島 一作可摩利 一作可麻洛 一作可摩洛 一作考摩羅
在莫三鼻海峽之北屬阿剌伯
不耳奔島 一作布爾濱 一作捕耳本 一作捕耳坊 一作布阿邦 一作補呑 一作布邦 一作布耳邦 一作布爾賁 一作波邦 一作波笨 一名拉雷吝 一名雷由吝
在馬達加大島之東東北距毛里西亞島三百四十五里屬
法蘭西
聖馬利島 一作生買黎

附近馬達加斯加島東岸屬法蘭西
新安士但島 一作新喃斯特耽 一作安德但 一作唵士特耽
在察固斯羣島之南約六千餘里
聖保羅島 一作三保羅
在新安士但島之南
克洛屑羣島 一作哥羅日 一作克羅賽貧
在馬達加斯加島之南約四千餘里
卡給郎羣島 一作怯給郎 一作鴿晷蘭 一作魁扣凌斯 一作克而古侖
在克洛屑羣島之東南
附紅海二島阿勒富海灣一島
馬索瓦島 一作馬蘇阿 一作抹索瓦 一作麻梭瓦 一作瑪萃達拉

附近非洲海岸舊嘗屬土耳其後歸阿比西尼阿爲通商大
埠阿既衰弱島西濱海地自爲部落近意大利人來爭此島
屢與阿人戰勝遂據爲已有建礮臺駐兵三千守之
丕林島 一作棓林 一作伯苓
在紅海南口東近阿剌伯爲方里者六十三咸豐五年屬英
吉利隸於亞丁長官
惡末嶼 一名阿爾謨斯小島 一名呼爾謨斯 一名給施毋島
在阿勒富海灣南口屬波斯古時商船互市於此今已荒廢
釋南北冰洋島地弟十六
愛士蘭島 一作艾斯蘭 一作愛撒蘭 一作義斯蘭地亞 一作西哀爾蘭 一作阿斯蘭得 一作衣斯蘭 一作伊斯蘭 一名那古士哥沙島 一名冰島 一名冰洲 一名氷蘭島 一名青藍國

地當北寒帶在格林蘭海之東屬丹馬大於丹馬本國逾十倍昔時海中有熱水一道自南洋來環島北趨故島內民物繁茂近數百年來海水改趨地氣頓寒漸成荒島

格林蘭地 一作哥羅英蘭的 一作克林蘭 一作兀林蘭 一作革林蘭 一作格零蘭 一作格鄰蘭 一作格林蘭得 一作青連蘭 一名襄的麻 一名青地

北枕北冰洋東距大西洋西距巴芬海灣西南抵代非士海峽長四千里廣三千里爲方里者百三十萬屬於丹馬分南北二區南首城曰如列安沙北首城曰烏百那維克

如列安沙 一作如列尼沙合 一作裕力安斯哈白

烏百那維克 一作烏珀那維克 一作歐剖乃斐克

拍特力島 一作魄淩斯拍特力克 一名拍特力克太子島

在北冰洋極北隅

巴力孳島 一作怕力

在拍特力島之東

墨耳微耳島 一作墨耳微爾 一作邁耳斐耳

在拍特力島稍東南

班士蘭島 一作班克斯蘭得 一作班克士來

在墨耳微耳島西南

巴芬蘭特地 一作巴非英巴利 一作拔芬蘭

在巴芬海灣西岸

克伴島 一作恪克畔蘭

在巴芬蘭特西北

布剔阿地 一作布剔亞

在克伴島之西

阿耳八蘭地 一名阿耳北特太子地

在布剔阿之西班士蘭島之東南

維拖利闞地 一作未克土利來

西北與阿耳八闞昆連

北的芬地 一作北的分 一作北代芬 一作北德溫

在巴芬海灣極西北隅

孔罷蘭地 一作坑北蘭 一作肯杯蘭

在巴芬海灣西岸巴芬蘭特之東南

藪探頓島 一作悉探頓 一名杯予安魄屯島

在哈德遜海灣北隅

曼息耳島 一作曼士非得 一作曼斯斐耳

在藪探頓之東南

士雅斯勃根島 一作新雅次北爾根 一作斯必自然 一作斯必巴然 一作斯必子杯耳景 一作必仔貝根

地近北極南與瑞那遜遜相直

那法森伯拉地 一作挪法三伯拉 一作諾歪阿森利阿 一作諾歪亞森力亞 一作諾威耶哆采臘

在加拉窄海西北隅

歪加子島 一作歪喀寺 一作歪噶子 一作畏噶赤 一作發愛噶子

在加拉窄海西南隅西北與那法森伯拉隔峽相距

科耳圭夫島 一作喀耳圭夫 一作考固愛夫 一作喀爽姑葉甫

在奴斯喀愛阿海灣東北
新西卑里島 一作新西卑里亞 一作新錫伯利 一作新悉比利 一作新西卑利 一作新增白臘 一作新森不拉 一作新森拉 一作眉伯賴 一名伊策三布拉
凡三島在俄屬亞古德斯科東北大海中 卽朔方備乘之烏格里達海灣 唐
書所稱海北大山卽指此島
案何秋濤分新西卑里與新增白臘爲二又謂新西卑里三
島在來那河 何氏作列訥河 入海處皆誤來那河口羣島名曰吐邁
斯基且不僅三島也
力亞可夫島 一作力阿科夫 一作列哥畾
在新西卑里島之南
以上並在北冰洋

維克斯地 一作微耳克士蘭
地當南寒帶東北與澳大利亞島相直
透密乃森蘭得 一作特爾密乃笋
薩白里那蘭得 一作颯白里那蘭
克來力蘭得 一作克拉里蘭
南舌特蘭羣島 一作南舌特來
地近寒帶在鐵府依勾島之東南
哥勒旱地 一作哥賴罕 一作格剌含來 一作格拉曷母
地當寒帶在南舌特蘭羣島之南
南維多利亞地 一作南維多利 一作南維拖利阿 一作南斐克拖力阿
以上並在南冰洋

釋波羅的海地中海羣島弟十七
士篤恒羣島 與瑞那都城同名
附近瑞那都城
阿蘭羣島 一作阿來 一作阿蘭得
在士篤恒羣島東北南與魚塔蘭島相直
悅蘭島 一作伍拉恩
附近瑞那之加爾馬耳城
魚塔蘭島 一作與退來 一作歌德蘭 一作告特蘭
在悅蘭島之東北
五悉耳島 一作伍蒐 一作艾節黎
在里葛海灣西北隅

達戈島 一作達郭 一作答果
在五悉耳島之北
以上並在波羅的海
居伯羅島 一作居比路 一作居比羅斯 一作徐卜羅斯 一作昔丕羅斯 一作徐卜洛斯 一作賽薄斯 一作色帕司 一作薩愛魄斐斯 一作塞浦洛斯 一作雪補螺螄 一作塞普勒斯 一名西卑耳 一名棋賓島
在赤道北三十五度京師偏西八十一度東距土耳其之西
里亞省百五十三里長四百二十里廣百三十五里爲方里
者三萬五千六百舊屬土耳其光緒四年歸於英吉利 首城曰尼
扣斯亞 一作阨詞仑
羅得島 一作囉得斯 一作羅笑 一作魯特士 一作羅代侖
在干地阿島之東北近土屬之士每拿省

近冲彙編謂南懷仁寰宇四大宏功紀所載海上銅人兩足跨島岸帆檣出其跨下即此島也

干地阿島 一作干地亞 一作剛低 一作康第 一作甘的亞 一作堪狄阿 一作刋地亞 一作欵提牙 一作刋地阿 一名草雷得 一名克列特 一名克利脫 一名克黎特 一名阜哩底 一名開思符 一名機黎特 一名厄歐白亞 一名圭利脫 一名克利得 一名克呂得

在居伯羅島之西約千二百餘里橫截希臘海口長五百餘里廣百餘里屬土耳其

士加巴多島 一作士卡拔拖 一作斯喀帕恩拖

在干地阿島之東少北

治阿島 一作士其阿 一作奇阿 一作希低

在干地阿島之東附屬土耳其

毛爾塌島 一作麻爾太 一作毛耳塌 一作馬爾大 一作馬里他 一作馬拉 一作瑪爾 一作馬耳他

一作馬爾他 一作瑪爾達 一作馬利達 一作馬立德 一作毛耳泰 一作墨里大 一作麻得

北距西治里島百八十里南距非洲亦百八十里爲方里者八百有奇屬英吉利

直布羅陀島 一作及布羅陀 一作奇巴答答 一作奇巴臘答 一作日巴拉大 一作日巴拉爾大 一作巴拉爾大 一作支伯勞登 一作圾不勞得 一作熱爾羅他 一作日伯拉達 一作圾不洛得 一作吉布拉他 一作齊伯陸塔 一作直布老得

在地中海西口爲歐非兩洲相連分界之處長九里廣僅里許舊屬西班牙康熙四十三年歸於英吉利

黎巴剌羣島 一作里巴利 一作力拍力

在西治里島之東北屬意大利

斯克珥波里小島 一作士剔隆波利

佛耳克那小島 一作福爾克那

二小島並在黎巴利羣島內皆有火峯

伊士查島 一作以士其阿

在意屬拿破里海口之西南距岸僅六七里

開普里島 一作卡伯利

在拿破里海口之南稍西距岸約十里相傳爲古羅馬帝避暑處

吉格里俄島 一作直安奴特利

東與意屬拉丁部北境相直屬意大利

蒙特支里斯多島 一作蒙德格力士妥

在吉格里俄島之西屬意大利兩島均不過方數里

拔羅薩島 一作巴洛薩

小島在蒙特支里斯多島之西北屬意大利

埃爾白島 一作厄耳龍 一作厄磯 一作愛而拔 一作額勒巴 一作愛耳友

在拔羅薩島之東北西與法屬之哥塞牙島北境相直長二十里廣四十餘里屬意大利

以上並在地中海

釋加力比安海羣島弟十八

安的列斯羣島 一作安提利士 一作喀立伯士 一名向風島

在加力比安海東偏北自安基利南至剔林尼達羅列大小數十島英法荷丹瑞那各有所屬

剔林尼達島 一作特尼答 一作德鄰達的 一作特力尼達得 一作特立尼達達

在赤道北十度京師偏西百七十九度長百六十五里廣百二十里爲方里者萬二千二百四十明以來屬西班牙嘉慶二年歸於英有大兵帥駐此首城曰坡妥第士班雅 一作跑突惡甫司班

都巴哥島 一作多巴峩 一作土巴哥 一作拖拜果 一作圖巴勾

在剔林特達島之東北相距約二百四十餘里長八十四里廣二十七里舊屬法蘭西乾隆二十八年歸英隸於剔林尼達島兵帥

格連拿達島 一作格婁乃達 一作格蘭乃得 一作葛那蕾達

在都巴哥島之東北長六十三里廣三十六里舊屬法蘭西乾隆四十八年讓於英

散番桑島 一作賢萬三 一作森文生突 一作聖維因信 一作三位

在格連拿達島之東北相距二百餘里長七十五里廣三十五里舊屬葡萄牙咸豐十年歸於英

聖魯西阿島 一作賢魯義蘼 一作路齊亞 一作森盧舍

在散番桑島之北相距七十五里長九十里廣處六十餘里舊屬法蘭西嘉慶八年讓於英

巴爾巴多斯島 一作巴八都士 一作巴巴突 一作巴拜朵斯 一作巴貝多司 一作巴巴朵思

在散番桑島之西相距二百八十五里長六十三里廣二十八里舊屬葡萄牙咸豐十年歸於英置大兵帥領之

都民尼加島 一作多米尼加 一作多米尼各 一作度明尼加 一作道米尼刻 一作多梅匿克 一作斗米呢喀

在巴爾巴多斯島之西北居羣島之適中長七十八里廣四十八里舊屬法蘭西乾隆二十六年英人以兵攻奪之

安地亞島 一作安的各阿 一作安瓜瓜 一作安提告 一作安踶卦 一作安的卦

在都民尼加島之北相距二百八十五里地爲方里者九百七十四屬英吉利有大兵帥駐此

蒙薩辣島 一作芒色日忒 一作蠻爪爾喇

在安地亞島之西南相距僅八十餘里長三十六里廣二十四里康熙七年歸於英

巴爾布達島 一作巴布達 一作巴佈答

在安地亞島之北相距約九十里地爲方里者六百七十五康熙七年歸於英

聖克利士妥法士島 一作聖克力斯透浮 一作賢契斯兜佛爾 一作生克治

在安地亞島之西相距百三十八里地爲方里者六百有奇康熙七年歸於英

迺維士島 一作迺威斯 一作奈維斯

在聖克利士妥法士島稍東南相距不過八九里地爲方里者四百有奇康熙七年歸於英

安基利島 一作安地禺亞基 一作安貴拉 一作安圭里亞

在聖克利士妥法士島之西北相距一百八十里長四十八里廣由半里至九里不等康熙七年歸於英

倭爾眞尋島 一作微晋 一作蕃金 一名斐蘭

在安基利島之北少西內有托爾托拉味伍貴倭爾眞高耳

達亞納加達庫剌巴拉五島屬英地爲方里者五百七十餘

若聖專安聖多美等島屬丹馬

自都民尼加至此凡八島英人總名曰立倭羣島一作離勿羣島

聖多美島（一作聖妥瑪士　一作三多美　一作賢陶馬）

在倭爾眞羣島內屬丹馬

聖克魯斯島（一作三達古盧斯　一作三塔克盧士）

在倭爾眞羣島之南長約八十里廣約六十里

馬丁尼克島（一作馬耳的尼加　一作馬爾的尼各　一作馬耳地匿　一作麻剔尼克　一作麻提尼克　一作馬蹄泥）

在都民尼加島之南崇正八年屬於法

瓜達路批島（一作瓜他鹿　一作瓜德盧阜　一作瓜得羅浦　一作夸達魯排　一作戛大婁曾）

在都民尼加島之北崇正七年屬於法

聖馬丁島（一作桑馬爾丁　一作生麻敦）

在安基利島之南爲法蘭西荷蘭所分據

馬利格蘭特島（一作馬里亞加蘭大　一作麻里噶琅特　一作麻黎格拉忒）

在都民尼加島之東北屬法蘭西

巴哈馬羣島（一作巴合麻　一作巴哈麻　一作巴哈瑪　一作巴夏馬　一作伯罕漫得　一名盧加亞　一名盧加亞斯　一名魯開雅士）

在古巴之東北凡爲島四百餘內有居民者凡二十共計爲方里者五萬二千一百四十明孝宗宏治五年西班牙臣哥倫波探得其地乾隆四十八年歸於英置大兵帥領之首城曰那蘇

牙賣加島（一作牙買加　一作牙賣架　一作楂墨加　一作札美喀　一作札米喀　一作熟美加　一作占覓加　一作査美加　一作楂墨嘉　一作札邁刻　一作美　一作載梅克　一作賢）

在赤道北十七度四十分至十八度三十分京師偏東百六十九度至百七十一度距古巴島約二百一十里長四百二十里廣一百三十里爲方里者二萬九千三百二十一明孝宗宏治七年西班牙臣哥倫波探得其地至康熙初年歸於英置大兵帥領之

首城曰慶士頓（一作慶斯屯　一作鏗司敦）

波德黎哥島（一作波爾多黎各　一作波妥利哥　一作泡拖里科　一作坡耳拖里科　一作布士里可）

在三多明哥之東長約五百里廣約一百五十里屬西班牙

白慕大羣島（一作百爾慕他　一作北爾慕達斯　一作北爾慕達　一作百末大　一作貝繆達　一作林繆達斯　一作百爾謨達　一作北母他）

在巴哈馬羣島之東北西距北美洲哈他剌士海角十七百四十里島皆石與珊瑚結成內有居民者凡十五屬英吉利有大兵師駐此首城曰韓馬登

海國輿地釋名卷九

湘鄉陳士芭翼謀甫纂

釋五洲諸山弟十九

阿爾泰山 一作阿爾臺山　一作阿勒臺山　一作阿勒坦山　一名金山

在特思河西北綿亘二千餘里其頂在烏普薩西北支峯蔓衍分為四支正北一支隨額爾齊斯河以北入俄羅斯境東北一支繞特思河之北千里東為唐努山又東北接杭愛山其河東額爾齊斯河一支為烏藍郭馬山繞奇勒稽思泊之北其南一支蜿蜒不斷納鄰河呼勒秦河哈流圖河皆出其西麓

希馬拉雅山 一作希瑪拉雅　一作希摸黎雅　一作希麻臘牙　一作希馬拉亞　一作喜馬拉雅　一作謙麻那壓　一名倚馬山　一名巫來山　一名以巫來亞山　一名巫來亞山　一名雪山　即古崑崙山

厄法列士特峯 一作以委勒斯脫

高於海面二萬三千二百尺為大地弟一高峯

達亞拉里峯 一作達瓦臘給里　一作大厄拉其

高於海面萬九千一百二十尺

在印度西藏之間其北即為岡底斯山

岡底斯山 一作底斯岡　即儒家所謂崑崙山釋家所謂阿耨達山

在後藏阿里達克喇城東北三百有十里高於海面萬七千六百尺 案藏地久隸中國版圖故是編不載此山為萬山之祖與希馬拉雅同為古崑崙山不得不牽連及之謹箸其變例於此

坿海國圖志釋崑崙駁義

魏默深氏謂崑崙即葱嶺葱嶺之龍池即河源之阿耨達池緐徵博引巧坿武斷其說辨矣然以愚攷之葱嶺非崑崙之幹山阿耨達池在岡底斯山不在葱嶺山海經曰崑崙之虛在西北帝之下都方八百里高萬仞其山之廣漠可知水經註引爾雅釋崑崙曰山三成為崑崙邱其非一山可知自中國天山以南若葱嶺若岡底斯若喜馬拉雅綿亘橫崛一脉相連 案郭璞爾雅註云崑崙山三重故以名云水經註引崑崙說云崑崙之山三級今岡底斯高於葱嶺喜馬拉雅又高於岡底斯與三重三級之義正合 統言之皆可謂之崑崙分言之則岡底斯崑崙之正幹也喜馬拉雅崑崙之主峯也葱嶺崑崙之支幹也魏氏力闢岡底斯之非崑崙無非欲移崑崙於域中不知地體本圜無所謂中 以崑崙為地中儒釋皆同此說其實夸張之詞不足據也 若以高言之則藏地踞平原之最高岡底斯喜馬拉雅又踞羣山之最

高是豈葱嶺所能仰跂者魏氏乃謂岡底斯不及葱嶺高大十分之一何其傎與

難者曰葱嶺非崑崙古所謂河出崑崙之說曷足徵耶是不然爾雅河出崑崙虛說文虛大邱也不曰山而曰虛蓋括大埶言之非定指一地一山也自葱嶺以達阿里亘數千里而藏地高於海面三千尺至四千尺為天下平原之最高曠者與大邱之義正合山海經崑崙虛在西北河水出其東北隅 案郭璞爾雅註引山海經曰河出崑崙西北隅以地勢攷之當以西北為正作東北者後人傳寫妄改耳諸書又沿山海經之誤故亦多作東北也蓋後人不識崑崙所在又習聞河源出於葱嶺東北遂以肊改之經記綿襪存此孤證豈非幸耶 水經亦言河出崑崙之東北陬屈從其東南流入渤海 說文陬隅也文選李善注陬山足也渤海謂蒲昌海即羅布淖爾 曰隅曰陬亦括大勢言之非

定指某地某山也今葱嶺適當崑崙西北河水出焉與出隅出陬之義正合後人挾膠柱之見泥古鮮通於所謂虛也隅也陬也皆顢頇讀過未嘗細意繹會執定河出崑崙四字必强求一山以當之於是有指和闐山爲崑崙者有指金城臨羌之石室爲崑崙者有指吐蕃之悶摩黎山爲崑崙者有指朶甘思東北鄙之亦耳麻不莫剌山爲崑崙者顛倒移換幾如海市蜃樓莫可端倪亦可嘅矣以和闐山爲崑崙漢人說以臨羌石室爲崑崙見漢書地理志府人多本是說故括地志云崑崙在肅州酒泉縣南八十里近人畢沅注山海經亦云在今甘肅肅州是又沿唐人之誤也以悶摩黎山爲崑崙唐劉元鼎說吐蕃言崑崙在其國中西南元鼎求之不得遂以悶摩黎當之以亦耳麻不莫剌山爲崑崙元都實說其山一名大雪山○御製讀宋史河渠志以爲卽騰貢之大積石都實謂河源至崑崙已行二十日程繞其三面其謬殆不足辨

知古說崑崙之非指一山一地而後吾儒崑崙四大水之說有徵釋氏阿耨達四大水之說亦有徵儒家之說當以山海經爲主而淮南以下諸說不足信釋家之說當以長阿含經爲主而元奘西域記華嚴經音義一切夸誕之說不足信山海經言河水南流注於無達卽釋氏所謂斯佗河卽徙多河卽今之葱嶺南河從五百河入東北海今之葱嶺南河流入羅布淖爾潛流發爲中國河源者是也亦水南流注於汜天之水卽釋氏所謂恒伽河從五百河入東南海今之恒河是也洋水西南流注於醜塗之水卽釋氏所謂新頭河從五百河入西南海今之印度河是也黑水西流注於大杅卽釋氏所謂博义河從五百河入西北海今之雅魯藏布江是也四大水源流滂淼溢足相抗舍此實不足以當之固不必斷斷求合其方位也或謂博义河當爲縛芻河西北海當爲鹹海然縛芻河源流狹小不得云從五百河且鹹海亦非大海也經言入西北海不過變文與上文對舉所謂隨意舉之不必盡合地理也山海經言河水南流黑水西流亦誤當云河水北流黑水東流則合矣

魏張揖博雅釋水云崑崙虛赤水出其東南陬河水出其東北陬洋水出其西北陬弱水出其東南陬河水入東海三水入南海赤水卽恒河河水卽黃河洋水卽印度河弱水當爲黑水卽雅魯藏布江核其所出之方位與所入之海一一皆與今合自來言崑崙水之源委無有碻於是者矣

魏氏必以葱嶺當崑崙必以葱嶺之喀喇淖爾當阿耨達池於是以喀什哈爾之水當東注之水以縛芻河當西注之水

然其說猶可通也求南注之水而不得則遠引渺不相涉之兩恒河以當之求北注之水而不得則遠引渺不相涉之阿被河以當之說見後强詞求勝不惜混雜其源流移縮其方里噫其孰從而信之

河圖始開曰崑崙虛河水出四維釋氏西域記曰阿耨達大山卽崑崙山出六大水今雖不能寔指爲河水然如黃河如恒河東流之水也如瀾滄江如潞江如雅魯藏布江南流之水也如印度河如塞勒特至河如阿母河西流之水也如和闐河如葉爾羌河北流之水也諸水雖非同出一山同出一池而要皆可謂之出於崑崙皆可謂之出於阿耨達故釋氏述阿耨達池四面流出之水隨意舉之不必盡同亦不必盡

合地理也後人必强合之不合復以已意移易之亦徒滋其紛擾而已元奘西域記曰阿耨達池在香山之南大雪山之北西出縛芻河入西北海南出新度河入西南海東出殑伽河入東南海北出徙多河潛流地下出積石山爲中國河源華嚴經音義曰香山頂上有阿耨達池四面各流出一河東面斯佗河出金剛師子口南面恒伽河出銀象口西面信度河出金牛口北面縛芻河出琉璃馬口二說互異西域記言阿耨達池在香山之南大雪山之北大雪山卽喜馬拉雅山香山卽岡底斯山也今岡底斯南百二十里有湖曰瑪珀穆達賴池南北百五十里東西八十里或百里高於海面一萬二千一百八十四尺恒河印度河塞特勒至河雅魯藏布江皆發源於此殆卽所謂阿耨達池與藏人呼岡底斯爲阿里大山卽阿耨達之轉音也○案山海經曰崑崙有淵深三百仞淮南子曰疏圃之池浸之黃水黃水三周復其原疑皆指岡底斯池

魏氏釋中其最謬者如岡底斯高於海面二萬七千六百尺魏氏則謂其高大不及葱嶺十分之一阿被河達在數千里外與崑崙無涉與黑水更無涉魏氏必牽合以當北注之水又坿會淮南子黃水三周復所之說謂其潛源重發同於星宿海坤輿圖說之高駕所山卽高加索山在黑海裏海之間南氏所列里數本不足據魏氏震於其高遂以爲非崑崙不足當之不知與葱嶺實風馬牛不相及也恒河與印度河東西判然源委迥別魏氏混合爲一又謂其發源於葱嶺脊上之大龍池不知何據葱嶺之龍池有三要不得謂之阿耨達池元奘歸途溺象之大龍池係葉爾羌西南八百里之塞勒庫兒非喀喇淖爾喀喇淖爾並無西流之水雷翥海卽鹹海若裏海更在鹹海之西魏氏既知葱嶺以西水皆注鹹海又謂雷翥海卽裏海何耶種種紕繆糾不勝糾至以大布里山爲香山以素葉川爲納林河猶其小焉者矣

興都庫施山 一作興都哥士　一作興杜庫施　一作印度古矢　一作印度固斯　一名大雪山

在西域阿富汗之間高於海面萬六千尺

高的斯山 一作唵底斯

在印度境

德馬溫山 一作德馬文　卽元史之禿馬溫山

在波斯馬散地蘭部南境高於海面萬六千尺

商由馬山 一名奔崙山

在緬甸境高於海面九千九百有一尺

富士山 一名不二山　一名雪山

在日本駿河國境高於海面萬六千五百七十八尺

日光山 一名二荒山　一名黑髮山

在日本下野都賀郡距東京一百餘里高於海面七千五百八十一尺

神嵩山 一名嵩岳　一名松岳

漢羅山 一作漢拏

二山並在朝鮮

寗山 一名蠶山

句漏山 一名西方山

葛洪爲交阯令鍊丹於此

佛蹟山 一名柴山　一名古柴山
敬主山 一名串珠山
天琴山 一作天擒　一名高望山
大圓山 一名圓傘山
東宄山 一名東臯山
仙遊山 一名爛柯山
戲馬山 一名遊奕山
象山 一名安子山
卽漢安期生得道處
以上並在越南
黎巴嫩山 一作黎巴倫　一作利巴倫　一作利巴嫩　一作里巴諾

在土耳其西里亞之北境廣袤約五百里
阿臘山 一作亞剌臘　一作亞臘得　一作亞拉剌　一作阿拉　一作阿孛尼阿
在土耳其東土卽西史所稱挪亞避洪水處高於海面萬六千九百六十尺
道羅斯山 一作道羅　一作托羅斯　一作道露　一作頭魯士
在土耳其東土加拉馬尼亞境內
巴幹山 一作巴耳干　一作巴勒干　一作巴勒歟　一作罷垮堪　一作保耳肯
在土耳其東羅美里亞省北境
斯荅敖卧山 一作士塔諾歪　一作斯塔奴仆愛　一作斯大挪肥　一作塔諾倭乙　一名金阿林　一名東金山
卽外興安嶺分支在俄羅斯西伯里亞部布爾摩里斯科省
瓦科然士克山 一作亞爾當
在斯荅敖卧山之西
烏拉嶺 一作烏拉爾山　一作烏臘嶺　一作烏拉爾圖阿林　一名佛落克嶺　卽元史之太和嶺
亞歐兩洲以此山爲界南起俄屬之白爾摩省北抵北冰海
長四千餘里峰高者約四千三百餘尺
大布里山 一名里佛依山
卽烏拉嶺西北分支
高加索山 一作高架所　一作高駕所　一作高加薩斯　一作高加蘇　一作考喀俗　一作考卡俗士　一作告甲索　一作箕喀蘇　一作高嘎色斯　一名牽各里麻臘達喇斯山
在黑海裏海之間跨亞歐兩洲境高於海面萬五千八百一十尺

圖可蘇庫山 一作圖克蘇靨　一作圖克蘇蘐
英額申山 一作音格繩
他他馬山 一作塔塔瑪
阿當吉山 一作阿當衣
四山並在俄屬之樺大島內
格蘭便山 一作格藍便
班內菲斯峯 一作本尼非斯
高於海面三千五百二十四尺
在英吉利屬蘇格蘭島音威爾斯境內
些文山 一作舍尼痕
在法蘭西境高於海面四千尺

比里尼斯山一作比里牛斯　一作比利牛斯　一作比利尼斯　一作非來尼　一作比勒撈阿　一作辟俞伊斯　一名邪拉尼法達　一名邪拉摩雷那

在法蘭西西班牙之間爲二國自然界域峯高者約八千八百尺

利生嘎比阿嘎山一名偉人山

在德意志細累細亞境內

扼士嘎比阿嘎山一作依支麻治　一名五金山

在德意志撒孫南境與奧斯馬加交界處

什瓦士哇耳特山一名黑林山

在德意志巴敦境內

卡批提安山一作加白的　一名巴屯山　一作加爾巴德　一作加巴典

在奧斯馬加布哥維納境

亞閉尼山一作亞卑尼尼　一作亞卑尼奴　一作亞奔娥　一作阿比尼　一作阿偏乃因士　一作阿笨年　一作愛墳南

在意大利綿亘全土

威蘇威火山一作威素威　一作菲蘇菲約　一作委蘇維俄　一作非蘇未由

在意大利堪板尼亞境內西臨地中海後漢章帝建初中山巔噴火灰石火漿迸出環山麓黑九恒賴邦貝斯達庇三城均爲灰石霾沒

挨德納火山一作挨特納　一作阨得納　一作扼得納　一作哀鐵那　一作頟得那

在意屬西治里島內高於海面萬有八百四十尺

亞爾卑斯山一作亞卑斯　一作亞耳伯　一作亞爾伯　一作亞拉伯　一作阿爾魄士　一作愛耳魄斯　一作亞力伯　一作阿勒伯　一作亞勒比　一作呀爾伯

勃郎克峯一作白郎　一作白浪　一作蒴伯蘭革　一名白山

高於海面萬二千六百二十四尺

羅薩峯一作羅撒　一作魯撒

高於海面萬二千二百四十尺

客傳老峯一作雍格夫老

高於海面萬有九百六十尺

在瑞士綿延全境南逼意大利西達法蘭西歐洲諸大水源皆發於此

楚倫山一名倫佛尼蘧斯山　一名化倫士高勞華山

在瑞那綿亘如脊

杜付利山一作多弗勒　一名布農故巴黎山

在瑞那南特倫嚴部南境

哈丹加山一名庇高天牙禮華山

在瑞那西北境東起哈麻部西抵海延數百里

挨哥辣火山一作挨哥拉　一作黑克拉

在丹馬所屬北冰洋之愛士蘭島內高於海面四千八百八十尺

欺尼亞山一作怯尼亞

在非洲東境高於海面萬四千四百尺

刻力曼札羅山一作乞力曼札羅　一作給力曼雅羅

在非洲桑給巴西境高於海面萬六千有五十二尺

盧巴達山 一作魯帕塔

在非洲莫三鼻之西南

巴勒嘎山 一作白辣克

在非洲阿白的湖之西

亞德拉斯山 一作亞大蠟 一作亞大辣 一作阿大拉斯 一作遏剌士

在非洲西北境東起阿爾歟里亞西抵大西洋橫貫摩洛哥全土

公山 一作剛山 一作康山

在蘇丹幾內亞之間

夸蘭巴山 一作夸蘭爾 一名斯溜畢爾山 一名雪山 溜畢爾山

在南非洲笈朴哥羅尼北境高於海面萬六千尺

西奈山 一作西乃 一作薩愛乃

在紅海之北山麓南伸入海分海為二東為亞加巴海灣西為蘇彝士河即西史所稱摩西立十誡教人之地高於海面六千七百六十尺

落機大山 一作洛機 一作洛基 一作老給 一作羅說索 一名壢山 一名石山

安達斯大山 一作安的斯 一作安氐斯

勃郎峯 一作郎山

在落機山高於海面萬一千四百十六尺

厄力撒巴峯 一作俄里撒巴

在烟山高於海面萬四千三百二十六尺

波波甲的潑峯 一作頗頗喀退珀特

在煙山高於海面萬四千二百二十七尺

阿孔卡瓜峯 一作河空喀瓜 一作阿康押俄

在安達斯山高於海面萬九千一百二十尺

琛波剌托峯 一作波利那可太

在安達斯山高於海面萬七千一百二十尺

索拉塔峯 一作索剌達 一作蘇拉太

在安達斯山高於海面萬七千有四十尺

安的薩納峯 一作安剔撒馬

在安達斯山高於海面萬五千二百八十尺

科拖珀希峯 一作可坨吧希

在安達斯山高於海面萬五千有四十尺

落機與安達斯二大山一脈綿延亘二萬餘里長貫南北美洲在北洲者曰落機在南洲者曰安達斯落機南支入墨西哥境又别名曰煙山二山火峯最多其長廣為大地之冠

阿利藥尼山 一作亞利俺尼 一作阿里牙尼 一作阿力泙尼 一名阿巴黜止菴 一名押罷拉既俺 一名亞罷拉既俺 一名亞巴拉士 一名壢山 一名藍山 一名鐵山

在美利堅東境高於海面六千二百尺

澳洲阿耳斃士山 一作阿耳斃

在澳大利亞島新南維里斯東南境

立法鋪耳山 一作立伐鋪

在澳大利亞島新南維里斯東境

布路山 一名藍山

在澳大利亞島與立法鋪耳山相連

釋亞歐非三洲諸水第二十上

雅魯藏布江 一名藏江　一名大金沙江　即禹貢之黑水

源出岡底斯山東南麓之打木朱喀巴珀山 譯言馬口 東流百餘里左納嘉克嘉河又東流百八十里左納薩楚藏布河又東流七十里右納薩布楚河又東流二百七十里轉而東南流二百五十里又折而東北流又轉而東流二百里至嘉湯有達克楚河自西北來會又東北流百數十里又轉而東流經後藏札什倫布之北年楚河自南來會又折而東北而東南流百五十里至年木哈達商河自北來會又東流百六十里從噶木巴拉嶺北入衛地又東流二百三十里喀爾招木倫

江自北來會又東南流二百五十里逕奈布東城折而南流百餘里逕桑里城之西南野爾占城之東北又轉而東南流六百餘里至工布澤布拉岡城南岡布藏布江自西北來會又東流偏南五百餘里出唐古特界又轉而南流繞希馬拉雅山東麓入貉貐野人境又折而西南流入亞山境過布丹之北別名曰蒲蘭蒲達江又轉而南流過印度孟加拉部之東分爲數支入海共行約四千九百餘里

蒲蘭蒲達江 一作布蘭補荅江　一作布蘭布塔江　一作布蘭瑪普拉河　一作巴馬埔他河　一作巴馬布他河　一作勃拉馬布特剌河　一作梵摩布大拉河

案魏源氏大金沙江考謂蒲蘭蒲達江卽大金沙下流異名黃懋材西儌水道謂大金沙江與蒲蘭蒲達江原委各別斥魏氏混二水爲一水之誤然以近日西人地圖證之蒲蘭蒲達江實係雅魯藏布江下流與魏氏之言合而魏氏謂東恒河之下流與大金沙江會而入海亦未爲誤黃氏駁之轉誤且聞近西人有以木桴漂入雅魯藏布江復見於蒲蘭達江者是亦二水相通之證

伊庇河 一作伊拉瓦第河　一作伊洛瓦底河　一作迦拉瓦的河　一作厄勒瓦諦江　一作額拉瓦第江

源出西藏緬甸交界山中西南流千有餘里盂拱孟養二水合而西北流來會又南流百數十里至蠻莫城與檳榔江會又西南流過大公城之西又南流過篓古城之西又南流過莽達拉城 緬甸都城 之西又南流過阿馬拉普刺城之西又轉而西南流至阿瓦城 緬甸舊都 東北有抹能河自東來會又西南流

百餘里更的宛河自西北來會又西南流過蒲甘城之西又南流過普羅美城之西又東南流至緬甸南境之捫納城曲曲南流分爲數派其正幹折向西南流由跋散入海東南一支過藍貢之南入海長約三千里

潞江 一作怒江　一名漏江　一名溺江　一名撒倫江　一名薩爾溫江　一名撒路音江　一名喀剌烏斯江

源出前藏拉薩比北二百八十里之布喀池出池東北流又折而東南流又轉而東流約五百數十里至喀喇烏斯 爲西甯進藏大道 又轉而東北流經蒙古三十九族地境三百餘里至伊庫山沙克河自西北來會又東北流二百里經蘇魯克土司索克河自北來會又折南流二百里轉西南流百餘里衛楚河自西北來入之又折而東流八十里雄楚河自西南來入

之又東簸碩布楚河自西南來入之又轉而東南流類伍齊河自北來會又東南經必蚌山至嘉玉橋為滇蜀入藏大道 又東南流七百餘里江之陽為巴克碩游牧江之陰為波密野番 又東南流鄂宜楚河自北來會又東南流經桑昂曲宗入江卡境江外悉為怒夷 又東流三百餘里入雲南界又折而南流右納㹀江江外皆㹀怒諸夷及貉貐野人 又南流行七百數十里出滇境入緬甸又南流百餘里與南江會又南流八百餘里闌入南掌暹羅二國邊境轉而西南流三百餘里過馬爾達般城又南流四百餘里至穆爾門入孟加拉海灣凡行四千餘里

瀾滄江 一作蘭滄江 一作鹿滄江 一作浪滄江 一名湄江 一名毋江 一名湄公河 一名眉公江 一名考罷提江

有二源一曰匝楚河 出格爾吉匝噶那山在匝坐岡里城西北千有餘里 一曰鄂穆楚河 出巴剌克拉丹蘇克山在匝坐岡里城西北八百餘里 相對東南流折而南流至匝坐岡里東北三百餘里察木多寺前合而為一名曰拉克楚河南流百四十里入乍了界又南流又折而西南流又折而東南流約行六百數十里至察瓦寺有甲倉河自東北來會又東南流百餘里色爾恭河自東北來入之又轉而南流入江卡境行百餘里有左貢河自西北來入之又轉而南流八百餘里經茶利大雪山入雲南界始名曰瀾滄江又東南流三百餘里又轉而南流三百餘里至蘭州土司別分一支東行曰漾濞江又折而西南流五百餘里又轉而南流少東二百餘里又東南流二百餘里經順寧府北境復與漾濞江合

又轉而南流又折而東流又轉而東南流至孟養土司名曰九龍江又東流又轉而南流經車里孟龍孟崙諸土司羅梭江自東北來會又南流出滇徼外入南掌國界從此東南流歷南掌暹羅東埔寨約行三千餘里至西貢之西南入海凡共行八千餘里

案外國史畧海國圖志皆合伊底河雅魯藏布江為一水瀛寰志畧謂潞江即大金沙江近無錫薛氏四國日記則謂伊拉瓦第江即怒江亦曰大金沙江又有謂潞江即瀾滄江即恒河者其說皆謬誤今特為一一訂正之

又案瀾潞及雅魯藏布三江兩岸皆崇岡峻巘急溜奔瀧舟楫難通魏源氏嘗謂由藏江順流而下可以直攻印度亦不達形埶之論矣

西貢河 一名默南君河 一名東埔寨河

即瀾滄江下流出東埔寨境南流經西貢城又東南流行三百里與東奈河會又東南流一百三十里入海

富良江 一名紅河 一名珥河 一名瀘江

上源曰禮社江 即水經注之葉榆河 禮社江有二源東源曰白崖瞼江出雲南縣北梁王山西源曰陽江出蒙化廳西北合而東南流經礣嘉慶縣北曰大威河又東南流至元江州北曰元江又東南流納鼉溪河曰阿泰江又東南流至蒙自縣東南曰黎花江又東南流入開化府界曰魯都河又東南流入越南境經河內省之北東南分數支與普梅者賴等河 並發源滇境流入越

南
會又東南流入海宋郭逵破蠻佚里隘嘗次此江明時張輔等破黎寇於此
來蘇江一名蘇歷江
卽富良江之分支自懷德府城隸越南河內省東分流繞城北面轉
而西流抵背池之河椰社與銳江合
浪泊湖一名西湖 一名霧潭
在越南隸懷德府永順縣卽馬伏波仰視飛鳶跕跕墮水處
湄南河一作彌南河 一作眉南河 一作默南江 一作莫能河 一名沅江 一名黃河 一名暹羅尼羅河
源出暹羅之西北與緬甸交界山中南流約二千四百里入
暹羅海灣
琵琶湖一名琵琶江 一名近江 一名淡海 一名鳩海
日本第一大湖在東山道五十一郡受八百八水南北七十

餘里東西三十餘里
漢江一名熊津江
在朝鮮漢城府南十里東流入海
大同江一作大通江 一名浿水
在朝鮮有南北二大源其南源分爲二一出文川城西北百
六十里大山西麓一出台山城西北百餘里大山二源分流
至成川城東南合而爲一迤西流至祥原城北境而北源來
會其北源分爲三一出陽德城北之遇仙山西麓一出定平
城西北之鼻白山西麓一出富遠城東北百餘里大山三源
分流至价川城東南合而爲一西南流至祥原城北境而南
源來會二源既合迤西流逕平壤城之南又偏西稍北流數

十里折而西南流過江西龍岡二城之東又南流至三和城
之東南有黑河自東來合南來之安岳水西北流來會又西
南流入於海凡行八百餘里
圖們江一作土門江 一作豆滿江
源出朝鮮咸鏡道長白山之東麓迤東流折東南流納西南
來一小水轉而東北流納南來二小水又東北流小圖們江
自西北來入之又東北流洪舟河自西南來入之又東北流
漁潤河自西南來入之又東北流波下川自東南來入之又
折北流逕艮雍城之西納東來二水又東北曲曲流逕方山
堡會寧高嶺王坦鍾城潼關雍大七城之西北納東來數小
水又東北流逕穩城西北海蘭河自西南來合西來之布爾

哈圖河入之又東五里許噶哈里河自西北合諸水來入之
又東流逕美踐鎮城之北納北來二小水又東流至琿春城
西五里許琿春河自東北合十數水來入之又西南流轉而
東南流逕慶源城東北納西來二小水又東南流逕黑頂子
之西南轉而北流逕黑頂子之東南又轉而東南流逕慶興
城之東又東南注於海凡行千餘里
上二江所經各城皆屬朝鮮黑頂子村鎮名在琿春南四十一里咸豐十年以後爲俄羅斯所侵踞光緒十二年始行索回
漁潤河一作漁順河
布爾哈圖河一作卜兒哈兔河
東恆河一名圖蒻江 一名安額河 一名安日得河 一名安治市河 一名安治土河 一名澈日市河 一名沿絕斯江 古曰恆伽河 一曰恆

額河一曰殑伽河一曰乾陀衛江一曰乾吉思河一曰迦毗黎河一曰固邦河一曰靈水一曰聖水有二大源一源曰朱甯納河一作札母那河即乾吉思河出希馬拉雅山之陽西南流入印度行經古爾瓦勒德列二部之間折而南流入亞加拉又折而東南流至勿鹿亞巴城左納薩利河出米鹿東南流來入之右納冷庚迦河出德列北境東南流合諸水來入之又東南流經鹿那亞加拉二城之南又東南流過阿拉哈巴城斡普河自麻爾洼發源東北流折而東南流來會又轉而曲曲東流至馬思普爾城折而東北流至便阿列士城又轉而東南流又折而東北流與哥加拉河會一源曰哥加拉河一作戈格剌河即西域記之殑伽河出岡底斯山東南狠干喀巴布山譯言象口之馬珀穆達賴池從池西流出滙爲郎噶池又從池西流出折而西南流名曰

狠楚河曲曲西流而西北而西南又轉而西流約行千數百里至阿里西鄙桑納蘇木多水埶始盛又西南流折而東北又轉而東南約行千數百里至那克拉蘇木多北鄙麻楚河自東北來會源出阿里之麻布佳喀巴布山二水既合乃名曰岡噶江南流入印度烏德國境又東南流有決列河及列底河自西北來入之又東南流與朱甯納河會二源既合東南流逕帕特那城之東左右各納十數小水又折而東北流有庫色河一作庫薩河出喜馬拉雅山自北流來會又轉而東南流經孟加拉部又東南流逕摩布得巴城之東分爲無數支派入孟加拉海灣東南一支逕達加之西南與雅魯藏布江會而入海凡行五千餘里

烏給黎河一作胡義利河一作固支黎河即古之扈校黎江

恒河下流分支繞孟加拉會城入海

印度河一作印度斯河一作印都士河一作信度河一名心德河一名新地河一名西恒河古曰新陶河一曰新頭河一曰辛頭河一曰彌蘭大河一曰申河一曰申沐漣河有二大源一源曰薩楚拉河即古新頭河出岡底斯山北百餘里之僧格喀巴布山譯言獅口山南有流泉二十餘道滙爲一池出池西流而西南而西北曲曲八百餘里至札什岡城西南納心克賀河又西北曲曲流九百餘里過拉達克城之南又西北流入克什米爾境又西北流至本楚城折而西南流經邊楚哥亞東境亞士多爾西境左右各納數小水又西南流入本若境又西南流至亞叨克城有申布河自西來會又西南

流左右各納數水又西南流與塞特勒至河會一源曰塞特勒至河出希馬拉雅山北麓西北流千餘里出阿里境折而西南流入印度境歷斡那窪布士沙賀社普爾諸土部又折而西流納北來一小水又轉而西南流逕本若部東南境有這里恩河支納比河合而西南流來會又西南流與薩拉楚河會二源旣合曲曲西南流入信地部境又西南流至路得城分一支東南流經悊易普爾城入於叩鹵澤中其正幹則西流折而南流繞海得拉巴城分爲數派入於阿剌伯海灣凡行七千餘里

塞特勒至河一作隆德勒至河一作薩德勒至河一作撒特列鹵河一名嘎拉河一名葛拉河即佛國記之捕那河一曰遥奴河一曰閻年那河一曰延那河

達里恩河 一名占勞河

支納比河 一作拉維河

案東恒河經行中東兩印度印度河經行西北兩印度源流浩瀚支派紛歧釋經說法動喻恒河惜莫能詳其源委而東西混稱尤多淆雜近人黃懋材創爲五大源之說亦多任意牽合未盡可據愚意二水並爲西土之鉅流諸佛菩薩多託生其間其源自當以出於阿耨達山者爲正其餘所納諸水大半出印度境内諸山祇可謂之別流要皆不得棠正源之稱且東恒河會入之水尤衆又能碻辨其孰爲源而孰非源乎

哥達惟利河 一作莪他惟利河 一作莪他威利河 一作戈達斐利河 一作哥達威黎河 一作果苔佉利河 一作果苔浮里江 一作格達賚里河

有二源並出印度痾隆加巴部西北山中相對曲曲東南流至親奴阿城合而爲一又東南流又折而東北流納東北來一小水又轉而東南流又折而迤東流入伯西爾加部又轉而東南流分爲二支入孟加拉海灣長二千七百里

馬哈那第河 一作瑪合奴的河 一作馬喹納地河 一作麻曷辣氏江

源出印度那哥布爾部東境迤東流折而東北流又折而東南流納北來一小水又曲曲東南流又折而南流又轉而東北流又折而東南流又轉而東北流入伯西爾加部北境過科塌克城之北又東北流與勃拉門尼河會注於孟加拉海灣

勃拉門尼河 一作巴剌迷尼河

源出印度孟加拉部西境東南流又折而南流又折而西南流又轉而東南流又折而西南流又轉而東南流經伯西爾加部北境又轉而迤東流與馬哈那第河會而入海

吉斯德那河 一作基斯德那河 一作乞斯特那河 一作吉那河 一作吉拿河 一作克力拖那江 一名敦布特拉河

有南北二源南源出賣索爾西境大山曲曲東北流出賣索爾部折而西北流又轉而東北流經巴拉加部又轉而迤東流又轉而東北流至德干南境與北源會北源又有二小源並出薩塔拉城西大山相對曲曲東南流入德干境合而爲一又東南流與南源會二源既合迤東流又折而北流又轉而東北流又折而東南流又轉而東北流又折而東南流過

伯西爾加之西南加爾那的之東北入於孟加拉海灣

那布達河 一作逆埔他河 一作內爾布達河 一作乃耳抹達江 一作闍爾披達江

源出那哥布爾北偏山中二源並發西北流出山而合折而西南流行經二山之間又曲曲迤西流過麻爾哇部之南又轉而西南流又折而西北流又轉而西南流過巴羅他城之南入於阿剌伯海灣

達布的河 一作答他河 一作塔魄提河

源出那哥布爾部西北流經刋代施部之北入於那布達河

加惟利河 一作加惟唎河 一作加威利河

在印度西南境源委未詳
烏魯密阿湖 一作烏魯米湖　一作烏魯米厓湖
在波斯西境水面積爲方里者九千四百五十
巴爾喀什湖 一作巴拉憂石湖　一作保耳開施湖　一作巴勒喀什淖爾　一名吞思鄂模
在俄羅斯阿克摩鄰斯科省之東南南臨阿爾泰山東近宰桑泊形如瓜瓠南北距二百餘里或百餘里東西距八百餘里水面積爲方里者六萬有奇
阿母阿 一作阿木河　一作阿模河　一作阿梅河　一作阿穆河　一作亞母河　一作亞木爾河　一名暗布河　一名阿布河　一名阿書河　一名阿母達牙河　一名阿茱大雅河　一名亞木達里亞河　一名阿木大利亞河　一名荷薩士河　即漢書之嬀水　唐書之烏滸河　西域記之縛芻河
源出葱嶺之阿賴山西流會布哈爾境內諸水行二千餘里

達波斯國界北折入於鹹海
納林河 一作那林河　一作納林河　一名錫爾河　一名西耳河　一名西爾達里亞河　一名西爾大雅河　一名西耳大利亞河
源出俄境之天山巡布魯特境西流過安集延城之北又西流過瑪爾哈朗城又西流過賽瑪爾堪城之北又折而東南流入於鹹海
色楞格河 一作色冷額河　一作塞倫額河　一作習靈霧河　古曰仙娥河　一曰仙蓼河　一曰錫蘭河　一曰薛涼格河　一曰薛靈哥河　一曰昔令哥河　一曰偰傑河
源出杭愛山 一作杭海山一作頭露山元秘史作康孩山即古燕然山 西南麓曰齊老圖河 河出三音諾顏部中左末旗爲鄂爾哲依圖泊　案水道提綱載色楞格有六源會典圖說則以齊老圖河爲正源不取六源並發之說 東北流千七百里與鄂爾坤河會又東北流經恰克圖西又北流入俄羅斯國境又東北流者得河自西北來入之又東北流過楚庫拜商 一作楚庫柏興俄人呼城曰拜商或作柏興拜星皆譯字之殊 之西南楚庫河自東南來入之又北流過烏德拜商 一作烏的柏興
烏德河自東南來入之又東北流折而正北流伊談珠河自東南來入之又西北流豬爲白哈兒湖又從湖西北流出別名曰昂可拉河自合鄂爾坤河至此凡行千一百餘里
鄂爾坤河 一作鄂爾昆河　一作鄂勒坤河　一作鄂勒昆河　一作鄂爾渾河　一作鄂魯渾河
者得河 一作澤德河　一作哲德河
烏德河 一作烏得河　一作烏的河
伊談珠河 一作伊坦珠河　一作衣灘朮河
白哈兒湖 一作柏海爾湖　一作貝加爾湖　一作拜加爾湖　一作白轄爾湖　一作白喀爾鄂模　一作拜喀爾

鄂模　一作白憂爾湖　一名麥嘉湖　一名麥加湖　一名拜剌湖　一名白哈兒湖　一名柏海　一名白海　即元史之菊海
在楚庫拜商北五百餘里爲漠北弟一巨浸南北長二百里東西廣約千里水面積爲方里者九萬一千有奇四面皆山色楞格河自西南來入之
昂可拉河 一作昂噶拉河　一作昂阿拉河　一作昂噶喇河　一作安嘎剌河　一作安噶拉河　一作撼合納河　一名菴雅臘河　一名上通固斯喀河　一名上東姑師河　一名上屯固斯克河　即元史之昂可剌河
河從白哈兒湖流出西北流經義古斯科城厄爾庫河自西南來入之又西北流噶們噶河自東北來入之又折而西南流倫多河自北來入之又西南流逕博拉斯歸城北集達雅河自東南來入之又西南流薩瑪爾河自東北來入之又轉

而西北流伊爾尼河自東北來入之又西流古爾班孟納斯河自南來入之又西流滿達河自南來入之又西流罕河自東南來入之又北流會於也尼塞河凡行三千數百里

厄爾庫河 一作厄里口河　一作厄爾口河　一作額爾口河

源出阿爾泰東北額古登昭山之東北麓

伊爾尼河 一作伊里穆河

源出伊里穆城北山中

也尼塞河 一作也尼賽河　一作日尼塞河　一作葉尼賽河　一作惹尼色河　一作惹尼色斯河　一作葉尼色河　一作厍尼賽河　一作熱尼西河　一作因尼西河　一作烟尼塞河　一作伊聶謝河

上源曰克穆河出穆遜山西北之托羅斯嶺曲曲西北流達俄羅斯境又西流過烏邁圖喇城東又北流合阿努河諸水與昂可拉河會又北流過也尼塞斯科城東又北流科穆河自西來入之又西北流左右各納數小水又北流中通固斯喀河自東曲曲流來會又西北流左右各納數小水又北流下通固斯喀河自東流合數水來會又西北流左右各納數小水又西北流惹羅珊河來入之又北流冬古薩河來入之又西北流過多羅三色吉城 在也尼塞斯科西北千四百里 東又西北流左右各納數小水又北流入於北冰海自會昂可拉河至此約行三千餘里

克穆河 一作克木河　一作喀木河　即元史之謙河　一曰欠河

阿努河 即元史之阿浦河

中通固斯喀河 一作中東姑師河　一作勾台斯喀江　一名額特喀珉河　一名鄂羅河

下通固斯喀河 一作下東姑師河　一作下屯固斯克河　一名巴喀拉河

額爾齊斯河 一作厄爾齊斯河　一作阿額勒濟思河　一作伊爾推什河　一作歐別斯江　即元史之也兒的石河　一曰葉兒的石河　一曰也里的失河　元秘史曰額兒的失水

有二源一源出阿爾泰山曰華額爾齊斯河一源出庫爾圖嶺曰喀喇額爾齊斯河二水各行百數十里合而西北流七百五十餘里瀦爲宰桑泊復從泊西北流出科爾沁河入之又西北流布昆河入之又東北流烏柯爾烏蘇河入之又東北流納林河入之 此另是一水發自阿爾泰山烏梁海西界 又折而北流莫依璘河入之又轉而東北流布克圖瑪河入之又東北流達俄羅斯國界又東流逕鏗格爾圖喇之東又東北流過森博羅特城又東北流逕達布遜圖喇又東北折而西北流多拉河自東南來入之又西北流伊什穆河自西南來入之又西北流逕德波斯科城托波兒河自西南來入之又東北流過狄穆演斯科又東北流過薩馬爾斯科又東北流會於阿被河凡行四千餘里

宰桑泊 一作宰桑淖爾　一作齊桑泊　一作齊桑諾爾　一名鴻和圖淖爾　一名臺基湖　一名薩爰散湖

在綏靖城東北五百餘里潮形橢圓周四百餘里

布昆河 一作布坤河

源出喀拉瑪山

多拉河 一作塔喇河

西北流逕多拉斯科入額爾齊斯河

伊什穆河 一作乙吸毋江

源出烏拉嶺

托波兒河（一作托博爾河　一作拖保耳江）

源出烏拉嶺

阿被河（一作阿比河　一作痾比河　一作阿板河　一作科比河　一作鄂必河　一作鄂布河　一作倭別河　一名牙巴里河　一名烏彌河）

有二源並出阿爾泰山一曰哈屯河卽魏源氏所稱出大布里山者一由切列慈湖軼出曰比牙河兩河會於畢斯克城東北流過巴爾訥烏勒湖又東北流逕託穆斯科城之東託穆河自東南入之又轉而西北流揭的河自東來入之又西北流逕那里木城（一作拉類木　一作那力母）法克河自東來入之又西北流逕蘇爾固特城（一作蘇爾姑特　一作蒐勾特）又西北流至薩馬爾斯科

額爾齊斯河自西南流來會又西北流轉而東北流入於北冰海凡行六千餘里

案何氏秋濤既誤合額爾齊斯河阿被河爲一水又不知哈屯河卽阿被河之上源鄂布河卽阿被河之異音展轉混淆舛謬特甚今据西圖訂正之

哈屯河（一作喀吞河）

切列慈湖（一名阿爾泰湖）

比牙河（一作比雅河）

巴爾訥烏勒湖（一作巴淖爾　一作罷淖爾）

揭的河（一作格達河　一作克乞河　一作開齒江　一作解梯河）

法克河（一作友克河）

來那河（一作來納江　一作列訥江　一作勒孥河　一作裏那河　一作里那河　一作勒納河　一作列納河　一作烈納河　一名烈納色欽　一名朱爾克河）

源出白哈兒湖之北大山北麓東北流納南來無數小水又北流過亞古德斯科城之東又北流與登河自南來合數小水折而西北流來會又折而西北流逕斐里烏依斯克城之東斐里烏依河自西流來會又西北流納西南來二小水又轉而東北流納東南來二小水又西北流入於北冰海凡行六千八百八十里

阿那底河（一作阿納底爾河　一作阿那底爾河　一作阿乃底耳河　一作亞那底河）

源出郭爾噶東北山中二源並發北流而合折西流經兩山間行千餘里又折東南流五百餘里又轉而東流入海共行

二千餘里納有名之水凡六

因底牙加河（一作音底日爾噶河　一作因寄吉爾嘎河　一作因的吉爾河　一作英氏吉耳喀河　一作英的日爾加河）

源出俄羅斯西伯里亞東境俄邁康城西南山中曲曲西北流過希緋耳斯克城之西納西來一小水折而東北流經亞古德斯科省又轉而西北流又轉而東北流至愛果立那城之西入於北冰海

珂里馬河（一作郭列穆瑪河　一作可力馬河　一作克里麻河　一作哥義馬河　一作可播馬河）

源出西伯里亞東境斯答敖郎山西北流轉而東北流逕科力母斯克城之東折而西北流又轉而東北流至珂里馬斯克城入於北冰海

阿那巴拉河一作阿臘巴納河　一作阿拉薩納河　一作亞那巴拉河　一作阿那罷河　一名阿那斯加河
一名阿臘斯加河
源出西伯里亞東境吐里基斯城東北山中曲曲東北流轉
而向北流逕奥耳斯克城之西入於北冰海
喀坦噶河一作喀湯加河
其源為大泊東北流過喀坦斯克城之西入於北冰海
俄來乃克河一作鄂勒塌克河
源出俄屬阿力諾特城境西北流左右各納數小水過密開
羅倭城之西又西北流折而東北流過西干噶城之北又折
而東南流又轉而東北流又轉而北流入於北冰海
北酌拉河一作必查納河　一作北者拉河　一作博綽爾河　一作排綽拉江　一作丕楚剌河

上源曰博綽爾湖出烏拉嶺東北窩集中河水從湖之西面
流出西北流入於北冰海
北杜味納河一作北土昧拿河
源出羅瑪諾傅城在俄屬惹勒斯拉傅省百約三百里西南窩集中西北流入
於白海
美森河一作米森河　一作墨森河
源出俄屬窩羅痾達省北境窩集中西北流入於白海
阿尼加河一作痾尼加河　一作阿尼牙河　一作俄尼嘎河　一作俄乃嘎河　一作科內加河
上源曰阿尼加湖河水從湖之東面流出折北流又折而東
而北而西又北流入於白海
阿尼加湖一作痾尼牙湖　一作阿尼牙湖　一作痾內加湖　一作科內加湖　一作俄尼嘎湖　一作俄乃噶湖

一作倭湼日湖　一名額納噶泊　一名額納噶鄂模
在俄屬阿羅義斯省內周千餘里西通剌多牙湖
剌多牙湖一作拉多牙湖　一作拉多加湖　一作拉多嘎湖　一作拉多日湖　一作喇多噶湖　一作頳圖華湖
一作拉朵噶湖
在阿尼加河西南縱三百九十二里橫二百三十八里水面
積為方里者六萬一千六百
北壹布湖一作博斯布湖
在俄屬北斯哥弗省內有支津西北流四百餘里入尼瓦河
達於波羅的海
北不斯湖一作卑不斯湖　一作彼布斯湖　一作皮浦士湖　一作排壹普斯湖　一名初特湖
在俄屬比德羅堡里窩尼亞二省之間

賽瑪斯湖一作賽瑪湖　一作塞美斯湖　一作塞罵湖　一作薩壹罵湖　一作賽馬湖
在俄屬芬蘭境聚列小泊約二十餘區縱八百里橫二百六
十里
尼瓦河一作尼瓦維河　一作訥瓦河　一作內禨河　一作訥羅禨河　一作納法河　一作耐華河
河從剌多牙湖流出西流分為二支繞比德羅堡都城四面
又西流入於芬蘭海灣行百六十餘里
揑門河一作離門河　一作尼門河　一作尼緬河
源出俄屬之明斯克省西北流過哥羅德諾省之南折而北
流過維里納省之西又轉而西北流過科夫諾城又西北流
過蘇瓦耳其省之東南入於波羅的海
維士都拉河一作維士都啦河　一作味斯都拉河　一作未斯士勒河　一作威斯都拉河　一作維士克耳

河　一作維士如刺河　一名荷澤河

源出奥斯馬加細累細亞部之東南山中迤東流逕克列哥城之南轉而東北流入德意志境又東北流入俄羅斯境又折而西北流過俄屬之波蘭境又轉而西北流入德意志境又轉而東北流過西普魯士部又轉而西北流至但澤城之東入波羅的海

杜味納河　一作土未那河　一作都依納河　一作都納河　一作盧威那河　一作土未納河　一作得斐那河　一作士喂拿河

源出俄屬斯摩稜斯科省西流出省折而西南流轉而西北流過威得比斯科省又西北流過里葛城東北入於波羅的海

窩爾加河　一作窩耳加河　一作窩斯加河　一作窩爾牙河　一作窩瓦河　一作窩耳噶河　一作倭爾噶河　一作倭拉戞河　一作佛爾格河　一作佛兒格河　一作縛捋嘎河　一作服拉加江　一作卡爾戞河　一作佛勒加河　一名厄濟納河　一名厄濟爾河　一名額濟爾納河　一名額濟爾河　一名額集爾河　一名額濟勒河　即元史之阿里吉河　一曰阿爾吉河　元秘史曰札牙黑水

源出俄屬果士多羅麻省西北窩集中東南流過惹勒斯拉傅城之南又東南流過尼內諾弗哥城之東又東流轉而東南流過加森城之南又轉而南流卡馬河自東北流來會又西流分為二支過新比爾斯克城之東又折而東南流過薩馬剌城之西又轉而西南流過薩拉德夫城之東又西南流分為無數支派折而東南流過阿私達拉干省又東南流至阿私達拉干城入於裏海凡行七千五百里

卡馬河　一作喀穆河　一作噶瑪河

源出俄屬窩羅痾達省東北提曼山中東南流至卡馬城西北轉而曲曲西南流納東南來數水又西南流維亞得加河與省同名自西北來入之又西南流會於窩爾加河

烏拉河　一作烏職河　一作哈拉河　即元秘史之亦的勒水

源出烏拉嶺南麓曲曲西南流合額勒克河庫庫河察罕河諸水逕塔哥城鄂依楚克城又西南流過阿私達拉干東境又西南流分為數汊入於裏海

庫墨河　一作庫麻河

源出高加索山東麓東北流轉而東南流入於裏海

阿拉斯河　一作阿拉士河　一作乃四特江

源出土耳其亞爾美尼亞省東境東流百數十里入俄羅斯境過加利斯省之南有一水自正北大泊南流來入之又東南流逕是爾灣城之南又轉而東流有庫阿河自西北流來會又轉而東南流入於裏海

庫阿河　一作庫耳河

地尼伯河　一作第聶珀爾河　一作得聶珀河　一作聶卑爾河　一作湼博爾河　一作德尼博爾河　一作得尼珀爾河　一作尼帕河　一作揑帕河　一作尼魄耳江　一作地業江

源出俄屬斯摩稜斯科省東北窩集中西北流過斯摩稜斯科城之北轉而南流納西北來一水又南流納東北來一水轉而東南流過厄加德黎諾斯拉甫城之東轉而西南流過搗里達給里孫二省之間又西流至給里孫城之南入於黑

海凡行三千五百一十里

敦河一作端河　一作頓河　一作都汪河　一名大乃河　一名衣乃子江

源出俄屬都拉省西北曲曲東南流過窩羅尼日城之西窩羅尼日河自東北流來會又東流謨都瓦底察河自東北來入之又轉而南流又轉而西南流又轉而西流多納特斯河合衆水自西北流來會又西流入於亞速海灣凡行二千七百里

尼斯透河一作揑士塔河

源出奧斯馬加境東南流入俄羅斯境又東南流過波多里亞比薩拉比亞三省之間又東南流過比薩拉比亞給爾孫二省之間又東南流至俄秩薩城之西入於黑海

坿俄屬樺太島諸水

白活必河一作博和畢河

低已怒河一作低已弩河

出可金河一作楚克律河

楚拉河一作出拉河

特懇河一作特肯河

衣堆噶珊河一作伊對河

郭多活河一作郭多和河

奴列河一作弩烈河

達喜河一作達善河

披倫兎河一作皮倫圖河

尼里耶河一作額里雅河　一作額里野河

他他馬河一作塔塔馬河

阿當衣河一作闞當吉河

海國輿地釋名卷十

湘鄉陳士芑翼謀甫纂

釋亞歐非三洲諸水弟二十下

泰晤士江一作達米塞江一作達迷塞江一作達迷斯江一作顛迷士河一作坦米斯河一作代米斯河一作天士河一作推米司江一作台母斯江一作他米斯河一名甜河

源出英吉利烏義爾德部克里克拉得之西北東南流三十里轉而東北流經烏義爾德哥羅塞斯德爾二部之間又轉而東北流經北爾克痾哥斯佛爾二部之間又折而東南流經巴京咸蘇勒二部之間又東南流經蘇勒迷德勒塞二部之間又轉而東北流過里徹曼得之西又東北流過倫敦城中又折而東南流經根德厄塞斯二部之間逕烏理治之北

又轉而東流逕荼姆坦之北又東流至設布里勒斯入於北海凡行六百六十里

惕連特河一作得連地江

源出英吉利窩爾維克部西北迤北流過雷塞斯德爾部之西轉而東流過諾定昂部之南又轉而東北流過林哥內部之西入於北海

烏士河一作烏西江

源出英吉利英倫北境山中曲折東北流過約克城之西入於北海

堤河一作底河　一作第河

源出英蘇格蘭東偏格蘭便山東北流至亞比爾顛入於北海

哥來的河一作坷來底河

在英蘇格蘭西境

坦西河一作但西江　一作但士江

源出英阿爾蘭勞斯部東南山中西北流折而北流又折而迤東流又折而東北流又轉東流過都伯林城中又東流入阿爾蘭窄海

山能河一作杉冷河　一作煞能江

在英阿爾蘭東境

羅尼河一作囉尼河一作羅那河一作羅納江一名弄河一名郎痕江

源出瑞士亞爾卑斯大山西南流經瓦來斯部至馬的基城

之北折而西北流入瓦烏部境滙爲申尼夫湖出湖西南流經申尼夫城中又西南流入法蘭西境過上撒哇郡之西厄英郡之東又南流過撒哇郡之西折而西流過厄英郡之南義塞勒郡之北又西流入羅內郡至里昂城下有蘇安河自東北來會又南流過多羅美郡之西亞爾德世郡之東又南流少東過縛克羅斯郡之西加爾德郡之東又轉而西南流分爲二支一經不世德羅內郡之西一經加爾德郡之東入於地中海凡行千四百五十里

蘇安河一名順河

有二源出法蘭西高索內郡東北山中西南流至哥德多爾郡東境而合又西南流入索內羅亞爾郡有都伯河一作

都比士河自東北來會又西南流又轉而南流會於羅尼河
塞納河一作西尼河　一作西利江　一作賽那河　一作赦尼江　一作賽恩江　一名先河
有二源正源出法蘭西哥多郡的仍之西北山中別一源曰
栽丕河出高爾馬內南境山中並西北流經痾卑郡至諾箇
城之東北合而爲一迤西流經塞納馬爾內郡又轉而西北
流經巴黎城中有茫河自東曲曲流來會出城折而東北流
又轉而西北流過塞納郡之南痾瓦斯郡之北又西北流經
與勒郡又折而東北流又轉而西北流過盧昂城之南又曲
曲西流至哈佛爾南入於英倫窄海凡行千二百五十里
羅亞爾河一作羅瓦爾河　一作羅亞利江　一作洛阿而河　一作魯阿江　一作路耳河　一作洛哇河
源出法蘭西些文山中西北流逕內維爾城之東有別源曰

阿爾力阿河自些文山曲曲西南流來會又西北流過聶維
勒郡之西捨耳郡之東又西北流經羅亞爾郡折而西南流
經羅亞爾捨耳郡又西南流至都爾城西北捨耳河一作施阿河
自東南來入之又西南流維也內河一作維恩河自東南來折而
南流入之又轉而西北流經賣內羅亞爾郡又折而西南流
入下羅亞爾郡過難得斯城之南又轉而西北流入於大西
洋
加倫河一作伽倫河　一作牙倫河　一作日倫大河　一作葛弄河　一作伽崙河　一名搿阿與痕河
有三源南源曰亞利日河一作阿利尼什河出比里尼斯山中北流
入達爾尼加羅內境與東二源會東二源一曰達爾尼河一作攤河
一曰亞維倫河一作阿威弄河並出些文山中西流入達爾尼加

羅內郡合而西流與南源會迤而西北流羅特河自東來入
之又西北流經日倫大境又西北流入於大西洋凡行千有
八十里
痾德河一作阿得河　一作俄達河　一作俄豆江　一作阿奪河
源出奧斯馬加細累細亞部之特勞堡城西北山中東南流
至特勞堡之東轉而西北流入德意志之細累細亞部境又
西北流過痾蒲林城之西又西北流過勃列士羅城之東又
西北流折而北流又轉而西北流過格洛轂城之東又西北
流折而東北流又轉而西北流過法郎克佛爾城之西又折
而北流至斯德丁城之東北入波羅的海凡行千三百餘里
士波利河一作斯波勒河　一作士普里河

源出德意志撒孫東境山中南流入巴郎丁堡境折而西
流潴爲小泊又轉而南流又轉而東流潴爲小泊又轉而
南流又轉而西北流經柏林城中又出城南流又轉而東
流會於痾德河
威悉河一作威塞爾河　一作威薩河
源出德意志撒孫西南扼士嘎比阿嘎山之西南麓出山西
南流折而西北流又折而東北流繞山之西麓轉而西北流
又轉而東北流經里卑德摩的境又轉而西北流逕里卑德
摩的之西北又轉而東北流過里卑燒間堡之西又轉而西
北流經不來梅城又西北流入於北海
易北河一作易爾北河　一作伊爾河　一作益比河　一作伊拉拍河　一作厄耳白河　一作愛耳白江　一作

哀勒伯河 一作黑嘿巴河

源出奧斯馬加波希米部東北利生嘎比阿嘎山中西流至布拉克城之北轉而西北流出波希米部入德意志撒孫境又西北流經德勒斯停城中又西北流又折而西流經安哈咸過德騷城之北又轉而西北流又折而正北流逕瑪提堡之東又北流又轉而西北流過梅咯稜堡施徵啉之西南境又西北流至旱堡之西北入於北海凡行二千里

來因河 一作蘭因河 一作萊因河 一作萊尼河 一作來尼河 一作來那河 一作臘引河

源出瑞士亞爾卑斯大山之哥得峯西麓東流合南來諸小水過佳爾城折而北流滙為孔士頓士湖出湖西流過砂佛毫先之南吐阿河自東來入之又西流過厄格里叟城之南

阿河自東來入之又西流過來因斐爾頡城之北又西流過巴勒之東納南來一小水轉而北流入德意志境又北流逕斯特拉斯堡之東又北流過棉士城之東哥羅尼城之西麥斯士河自西來入之又曲曲西北流過都悉耳鐸夫城之西又西北流入荷蘭境歧分為二北支曰里克河至亞爾凝城分流為衣昔士河入哈爾林海南支曰瓦爾河西行二百五十里與謬塞河會合流入於北海凡行二千四百里

麥斯士河 一作麼斯耳河 一作莫塞耳河 一作摩塞勒河

源出法蘭西窩斯日部東偏山中西北流經謬德部轉而北流入德意志境又轉而曲曲東北流入於來因河

衣昔士河 一作伊悉耳河

多惱河 一作多腦河 一作多瑙河 一名但牛白江 一名蛋奴白江 一名丹牛波江 一名拖奴俾河 一名達奴比約河 一名大奴比河 一名担尼狛河 一名朵淖泊河 一名潼拏江

源出德意志巴敦之阜林英城西北什瓦士哇爾特山曲曲迤東少北流過瓦敦堡又迤東流過巴威里亞至里根士堡城之西北折而東南流納自亞爾卑斯山南來諸水又東南流入奧斯馬加境又轉而迤東流經上下奧地利亞部又轉而東南流過維也納城中又東流至不勒士勃城西有瑪克河自北來入之又東南流經匈牙利部又轉而東流有戴阿河自西南來合西北來一水入之又東流有挖河自塔特拉山在何牙利部北境發源西北流轉而西南流又轉而南流來入之又東流又折而正南流過披什特城中又曲曲南流分小支

西北行瀦為巴羅頡尼湖又南流過斯加拉窩尼亞部之東特洛河自西北流來會又南流又轉而東流逕烏衣夫第克城之南又東流梯索河自東北曲曲合無數小水南流來會又轉而東南流入塞爾維亞境又東流過百羅閣雷德城之南撒窩河自西北合數水曲曲東流來會又東南流有伊巴河自南來入之又轉而東流過塞爾維亞北境又折而東北流過鄂索窩城之南又轉而東南流又折而西南流又轉而東南流又折而西南流過維定城屬蒲加利亞之東又轉而東流經羅馬尼亞蒲加利亞二國之間又東流又折而北流又轉而東流分為三汊入於黑海凡行四千二百里

戴阿河 一名臘伯河

巴羅頓尼湖一作不拉敦湖

特洛河一作特拉法河　一作得拉夫河

源出奥斯馬加的羅耳部東南山中迤東流經卡林提阿部又東南流過哥羅瓦西亞部之北有母阿河自西北來入之又東南逕挨塞各城之北會於多惱河

梯索河一作色結河

源出奥斯馬加布哥維納西境之卡批提安山二源並發西北流而合折北流又折而西南流納北來數小水又西南流卡列什河自東南合數小水來入之又南流麽羅什河自東來入之又南流會於多惱河

撒窩河一作撒夫河

源出奥屬加宜疴拉部西境山中曲曲東流折而東南流經哥羅瓦西亞部轉而東流過斯加拉窩尼亞之南納南來數小水又折而東南流又轉而東流有特林諾河自南來入之又東流又折而東南流又轉而東流會於多惱河

麽羅什河一作馬洛斯河

源出奥屬達郎西瓦尼部東北山中西南流過路瑪克城之北又西南流有一水自東北流來會又西南流過布士城之北又折而西北流入匈牙利部又西北流過鄂羅特城之南又西北流會於多惱河

波河一作坡河　一作勃江　一作玻亞的河

源出意大利西北隅與法蘭西交界山中東南流過都靈城之東南北受亞爾卑斯山南來諸水又轉而迤東流過倫巴多之南至克里摩納城之西南阿達河自北來入之又東流又轉而東北流別分一支西北行數十里瀦爲嘎達湖又東流轉而東南流至伐拉剌城屬閭密里阿部之北轉而東流至威尼斯城之南五十餘里入亞得亞海凡行千三百里

阿達河一作阿底赤河

源出瑞士東南大山中出山西南流轉而西流過孫時利俄城屬倫巴多部之南入於科磨湖復自湖東南軼出曲折東南流入於波河

嘎達湖一作加爾達湖

科磨湖一作加哥磨湖

低伯河一作低伯爾河　一作低白河　一作提斐里河　一作秦擺江　一作第巴江　一作底伯爾河　一作底瑪河　一作塔愛杯江　一作地白里河

源出意大利亞閉尼山東南流折而正南流經唵勃里阿部折而西南流又轉而東南至里厄地城之西折而西南流經拉丁部過羅馬城中出城又西南流入地中海凡行三百三十里

孔士頓士湖一作懇斯灘斯湖　一作官斯丹薩湖　一作干斯頡湖　一作根斯丹湖

在瑞士東北境

蘇克湖一作徂揩湖

在瑞士蘇克部

蘇利克湖一作蘇溺克湖　一作租利革湖　一名揩脫爾釘東湖

在瑞士蘇黎世部
盧撒拿湖一作魯璇湖
在瑞士魯撒拿部西南境
牛砂德湖一作牛佛砂德爾湖
在瑞士牛佛砂德爾部
申尼夫湖一作義尼威湖　一作給尼發湖　一作申尼發湖　一作仁尼洼湖
在瑞士申尼夫部形如偃月南北距約三千里東西距約百
二十餘里高於海面千二百三十尺
謬塞河一作謬色河　一作米千塞河　一作麥士河　一作茵士河　一名悉得河
源出法蘭西之窩斯日部西北流入比利時境轉而東北流
又折而北流過那慕爾部之東又轉而東北流過列日城之

東又東北流過麻士別拉克城之東又東北流過靈堡部又
折而西北流入荷蘭境過北巴拉班的部之東又折而西流
又曲曲西北流又折而西南流又轉而西北流與瓦爾河會
又西流會里克河入於北海
士加爾達河一作義斯加爾達河　一作士刻耳德河　一作舍爾德河　一名奈因河　一名馬士江　一名伊士古河
源出法蘭西境東流入比利時國折北流過海膦德部之西
又轉而東北流經東發蘭德斯部里厄河自西南流來會又
折東流又轉而東北流又折而西北流至西蘭部入於北海
凡行七百五十里
里厄河一作里士河

哈爾林海一作亞爾零海　一作哈林海　一名隨達海
本大湖在荷蘭西北境外通歐洲北海故彼地人以海稱之
瓜達幾菲河一作瓜達爾幾維爾河　一作瓜達幾維阿河　一作危他其威河　一作告達克蔚浮江
源出西班牙亞爾巴塞爾部西南山中二源並發合而西南
流納東南來二小水折而西北流過熱音部又轉而西南流
過哥爾多瓦城之北納東南來一小水又西南流折而南流
過塞維里亞城之西又轉而西南流至三魯喀城之西入於
大西洋
厄波羅河一作厄波囉河　一作以伯羅河　一作伊伯羅江　一作厄勃洛河
源出西班牙不爾厄斯部西北坎塔物力里阿大山東南流
過不爾厄斯部北境又東南流過羅哥羅虐部之北亞拉褑

部之南又東南流過羅哥羅虐城之東又東南流過羅哥羅
虐部之東納瓦拉部之西又東南流過薩拉厄撒城之東納
北來一小水又東南流又迤而偏東流出薩拉厄撒部境納
自比里尼斯山發源東北來數水又折而南流又轉而東南
流行兩山之間又出山折而南流又轉而東南流入地中海
凡行一千一百里
瓜的亞那河一作瓜低安河　一作危亞地那河　一作危亞地亞拿河　一作卦地亞那江　一作瓜低阿納河　一作寡第亞納河　一作果阿氐阿那江
源出西班牙固盈加部偏南山中西南流過盧達里亞耳城
之北折而西北流又轉而西南流納東南來一小水又西南
流又折而西北流又轉而西南流又折而西北流過巴達熱

斯城之北又轉而西南流入葡萄牙國之亞零德入部又折
而偏南流又轉而東南流至發羅城之東入於大西洋

他莪河 一作達莪河 一作大峩河 一作大賀河 一作泰宗河 一名德人河 一名德若河 一名得若河 一名他古斯河 一名塔沽斯河 一名太古江 一名台勾斯江

源出西班牙瓜達拉砂辣部東南山中二源並發合而西南
流過馬德里地之南又西南流又折而西北流納北來一小
水又轉而西南流過多勒多部又折而西北流納東北來一
小水又轉而西南流過加塞勒斯部又迤西流入葡萄牙國
又西南流過義斯德勒馬都拉部又西南流過葡萄牙國都
入於大西洋凡行千三百五十里

斗羅河 一作斗囉河 一作魯羅河 一作土羅河 一作杜以羅江 一作杜羅江

源出西班牙索里亞部之西北山中東南流過索里亞城之
東折而西北流過不爾厄斯部南境轉而西南流又折而西
北流又轉而西南流過法拉多利城之南納東北來一水又
西南流又折而西北流過薩摩拉城之南厄士剌河自東北
來入之又轉而西南流入葡萄牙境又折而西北流又轉而
西南流過達拉斯德斯蒙德部之南卑辣部之北又西南流
又折而西北流至疴坡多城之北入於大西洋

米虐河 一作綿豹河

源出西班牙之加黎薩部西南流入葡萄牙境過米虐部之
北入於大西洋

多耳河 一作多爾內啞河 一作那爾河 一作道耳江

源出瑞那楚倫東南麓盡處分東西二支東南經哥巴爾卑
部至法隆城之西南合而爲一又東南流又折而東北流至
日非勒波爾城之南入波羅的海

留士乃河 一作留斯乃河 一作力伍斯乃江

源出瑞那嚴特蘭部西南楚倫山之東麓東南流瀦爲無數
小泊迤而偏東流又折而東北流過哥羅諾卑城之南又轉
而東南流瀦爲小泊又東南流過日非勒波爾部入波羅的
海

烏米俄河 一名達摩勒河

源出瑞那威斯德爾波敦部西北楚倫山之東麓東南流瀦
爲無數小泊又東南流過威斯德爾波敦部折而東流與文

特耳河會又轉而東南流入波羅的海

文特耳河 一名達勒加爾里河 一名特攬河

源出瑞那威斯德爾波敦部西北楚倫山之東麓迤東流百
餘里瀦爲小泊又東南流又偏南流又轉而東南流過威斯
德爾波敦部又東南流會於烏米俄河入波羅的海

魯利俄河 一作盧勒亞河 一作魯里阿江

源出瑞那諾爾波敦部西北楚倫山之東麓東南流數十里
瀦爲大湖又出湖曲曲東南流至魯利俄城之南入波羅的
海

喀禮士河 一作加黎塞利河 一作額攬彌河

在瑞那其源爲小湖出楚倫山東麓東南流過諾爾波敦部

南境折而偏南流瀦爲小泊又轉而東南流入波羅的海

托阿尼俄河 一作托爾尼俄河　一作叨耳尼阿江

源出瑞那諾爾波敦部西北楚倫山之南麓二源並發合而東南流瀦爲小泊又東南流過諾爾波敦部西境折而迤東流與纍鄂尼俄河會又轉而東南流又折而迤西流又轉而東南流至托阿尼俄城之西入波羅的海

喀拉河 一作加拉辣河

在瑞那其源爲小湖出那威南特倫嚴部東偏楚倫山之南麓出湖西南流折而東南流入瑞典境又東南流又轉而偏南流過卡耳士撻城之西入於威那爾湖

厄約納湖 一作挨那剌湖　一作愛那拉湖

在瑞那臘巴蘭部東北界盡處

美拉湖 一作美拉爾湖　一作彌拉湖　一作馬里爾湖

在瑞那本國都城建此湖上

威德爾湖 一作維德湖　一作微特爾湖　一作韋塔湖　一作緋透湖

在瑞那南境水面積爲方里者五萬有九百六十

威那爾湖 一作威內爾湖　一作威拿湖　一作委尼湖　一作外耨湖

在瑞那南境水面積爲方里者萬四千七百三十六

幼發拉的河 一作有發拉德河　一作歐付臘底斯河　一作歐拂臘得河　一作以法河　一作幼傳累提士河　一作幼法拉河　一作歐伯拉底河　一作由弗拉的江　一作由非剌氏江　一作優夫來提斯江　一名阿倫得河　一名歐倫得河　一名比拉江　一名巴河　一名八河

源出土耳其東土阿臘山之西麓二源並發合而西流又折而東南流又折而西南流又轉而南流過哈里比部又轉而東南流至巴索拉城與泰格里士河會又東南流入於阿勒富海灣凡行四千五百餘里

泰格里士河 一作底格里斯河　一作底格釐士河　一作底格里士河　一作低格里河　一作大格里斯河

一作提格力斯江　一作底格利斯河　一作底草利河　一作的加勒河　一作地額河　一作得義河

源出土耳其屬第阿比刻阿城西北山中東南流過古爾的斯丹部又東南流過美索不達迷亞部又東南流過八塔城之西又東南流至巴索拉城之東南與幼發拉的河會而入海凡行三千餘里

亞斯發的德湖 一名死海

在土耳其西里亞部西南境長約二百里廣約十里相傳舊爲蘇多瑪五城遭奇災陷爲巨澤內常有穢氣上升染人致疫故其地荒涼少人煙云

約爾坦河 一作約耳坦江　一作若耳丹河　一作約但河　一作約丹江

源出土屬西里亞境內對峙山中曲曲南流入於亞斯發的德湖

加利湖 一作加利利湖　一名底的利德湖　一名日乃撒勒德湖　一名加利勒亞海

在亞斯發的德湖之北長四十餘里廣約十里

萬湖 一作晚湖　一作洗湖　一作番湖　一作樊湖

在土耳其東土萬省境內北倚大山水面積爲方里者萬五千七百五十

比施阿湖 一作底比釐阿湖

在土耳其加拉馬尼亞部內
尼羅河一作泥祿河　一作泥耳河　一作尼路河　一名奈爾河　一名那耳江
在非洲其源爲大湖曰維克多利亞出湖北流爲懸瀑行九百里與阿白的湖合又北流入努比阿境過法給達之東又北流曰白河過哥多番之東又北流至努比阿會城加東有藍河自阿比西尼阿西北流來會又北流至亞布亨麥達城之西折而西流又轉而北流過當哥辣城之東又東北流入埃及之挨斯內部過得爾城之北又北流過亞蘇安城之西又西北流過挨斯內城之東又北流入給內部又西北流入齊爾日部又西北流入西烏德部又北流入迷尼部又東北流入自尼隨弗部又北流入給塞部又北流過加義羅城之

西又北流至美奴部分爲無數支流入地中海凡行萬有一千里
維多利亞湖一作威克多利亞湖　一作維多利湖　一作維拖利阿奈安薩湖　一作斐克拖里唵那愛安薩湖　一作韋多理尼阿薩湖　一名伍扣來湖
在桑給巴刻力曼札羅山之西北水面積爲方里者四千二百高於海面二千六百四十尺
阿白的湖一作阿爾伯特湖　一作阿耳八奈安薩湖　一作巴海愛耳噶斯奧耳湖　一作阿百湖
長約三百里廣半之高於海面二千一百七十六尺
白河一名白尼羅河　一名巴勒拉比河　一名巴勒拉比亞河　一名巴阿比阿得江
藍河一名藍尼羅河　一名藍的西河　一名巴勒那塞各河　一名遏巴利河　一名巴唵斯勒江
蘇彝士河一作蘇愛斯河　一作綏斯河　一作蘇爾士河　一作蘇葉河　一作蘇益河　一作蘇鴨士河　一

作辦爾斯河　一名新開河
北通地中海南達紅海舊地本屬埃及爲亞非兩洲分界之區一線相連狀類人頸同治三年法蘭西人賴賽樸斯始創議溝通集欵鳩工凡六年而河成長二百六十餘里廣僅七八丈深約三丈
塞內加河一作塞內加爾河　一作塞地加爾河　一作色黎雅爾河　一作西尼甲河　一作先尼葛耳河　一作散尼告江
在塞內岡比亞國北境西流入大西洋長二千餘里
岡比河一作岡比亞河　一作感比亞河　一作安彌阿河　一作軋母比岡河　一作戛貟河
在塞內岡比亞國南境西流入大西洋長一千五百餘里
來痾蘭河一作來阿額蘭尼河

在塞內岡比亞國內西流入大西洋
尼日河一作尼日爾河　一作尼治耳河　一作尼額河　一作尼阨河　一作閼剌河　一作尼格爾河　一名乃楂河　一名乃勾河　一名雅里巴河
源出蘇夘邦巴拉部西南公山之北麓東北流過邦巴拉部又東北流過馬昔那部又東流過丁巴都城之南折而東南流過桑加拉干都二部又轉而南流入幾內亞國又轉而西南流至波尼入海凡行七千五百里
公額河一作工哥河　一作孔戈河　一作岡勾河　一作康固河　一作寬果江　一名塞勒河
上源曰理溫斯登河出麽羅瓦土部北境大泊迤北流折而西北流又折而西流左右各納數小水又折而西南流入公額境又西南流左右各納一小水又折而西流又轉而曲曲

西南流又折而西北流過公額城之南又轉而西南流又折
而西流又轉而西南流又折而西流又轉而西南流至羅昂
額城之南百八十餘里入於大西洋
理温斯登河 一作里芬士通河
察德湖 一作差德湖　一作沙德湖　一作在得湖　一作查湖
在蘇丹中境加能部之南
非德湖 一作非德勒湖　一作斐特里湖
在察德湖之東少南
三比西河 一作散比西河　一作三貝西河　一作桑卑塞河　一作散卑塞河　一作森拜蒐江
源出馬可羅羅西北山中二源並發合而東南流又折而正
南流又轉而東南流又折而東北流逕馬塔卑力蘭之北又

轉而東流又轉而東南流過莫三鼻索發拉二國之間又東
流入於印度洋凡行五千四百里
尼亞西湖 一作尼阿撒湖　一作尼阿昔湖　一作尼阿薩湖　一名摩拉維湖
在莫三鼻西北水面積爲方里者九萬三千一百
坦干伊喀湖 一作坦噶尼卡湖　一作丹干尼戛湖
在維多利亞湖之南少西水面積爲方里者二十萬
奧淩資河 一作痾蘭日河　一作阿蘭治河　一作科蘭日河　一作阿蘭支河　一作鄂蘭齒河　一作款忍治河　一名橘子河　一名橘江　一名瓦蘭江
源出奧淩資東境之夸蘭巴山西南流達岌樸哥羅尼界轉
而西北流逕奧淩資之南又折而西流納北來數小水又轉
而西北流又轉而西流納東北來一水又西流又轉而西北

流又折北流又轉而西流又轉而西南流經行岌樸哥羅尼
合丁究二地之間入於大西洋凡行三千一百五十里
釋南北美洲及澳大利亞島諸水弟二十一
蘇比利阿湖 一作蘇比鼇阿湖　一作蘇必力爾湖　一作蘇卑畧湖　一作蘇丕力湖　一作蘇卑里的湖　一作蘇卑里約湖　一作蘇比畧湖　一作須皮利湖
在北美洲英屬加拿他境深約七百二十尺高於海面五百
有一尺水面積爲方里者二十二萬四千
密執安湖 一作米吉干湖　一作米濟安湖
在美利堅密執安邦西境高於海面四百七十二尺水面積
爲方里者十七萬五千
休侖湖 一作休倫湖　一名胡侖湖　一名虎龍湖

在密執安湖迤東高於海面四百七十二尺水面積爲方里
者十六萬六千六百
佐直阿灣 一名衣羅乘湖　一名翕大羅湖
卽休侖湖東北隅分汊
伊鼇湖 一作伊爾鼇湖　一作伊里湖　一作伊里其湖　一作以利湖　一作厄利湖　一作意利湖　一作厄刻湖
在休侖湖之南長八百里廣二百里高於海面四百四十九
尺
安達里阿湖 一作安達畧湖　一作安剔衣鼇湖　一作雲他利阿湖　一作翁太利阿湖　一作安達里約湖　一作安他利奧湖　一作安大里珂湖　一作安爹里珂湖　一作桼大畧湖
在伊鼇湖之東北高於海面百八十五尺水面積爲方里者

四萬四千一百

勞稜索河 一作樂羅稜索河一作桑羅稜索河一作聖螺稜斯河一作勞倫斯河一作羅陵士河一作羅厤士河一作聖螺瀾河一作聖老倫斯河一作撒羅倫河一作鮮羅倫士河

源出蘇比利阿湖東南流轉而西流與密執安湖合又出而東北流與休侖湖合又出西南流轉而東南流與伊鼇湖合又出而折北流與安達里阿湖合又出而東北流過英屬之孟的里奥城鄂答瓦河自西北來合葛提努河杜力夫里河曲曲東南流入之又東北流過三河城之南謀力士河自西北來入之又東北流過貴北城之南又東流入於大西洋凡行五千六百餘里

鄂達瓦河 一作馬達瓦斯河

謀力士河 一作先毛利斯河

薩圭乃河 一作薩歸尼河

源出加拿他北境窩諸什山南麓東南流瀦爲聖約翰湖又出湖東南流入勞稜索河口注於大西洋

密士失必河 美利堅密士失必邦以此河名詳見美屬內

源出美屬闊尼疏大邦北境之伊太斯康湖東南流過聖保羅城闊尼疏大河自西北來入之又東南流折而南流過衣阿華邦之東衣阿華河自西北來入之又轉而東南流密疏理河自西北曲曲流來會又折南流又轉而東南流又西南流又轉而東南流倭海阿海自東來曲曲流合東南來之雅蘇河東北來之衣鄰奴士河西南流入之又轉而西南流過

阿甘色邦之東阿甘色河自西北合數水來入之又南流又轉而西南流紅河自西北來入之又折而東南流過巴敦路治埠之西又東南流過紐哈連城之西入墨西哥海灣凡行萬三千二百里

闊尼疏大河 與邦同名見美屬內

衣阿華河 與邦同名見美屬內

源出闊尼疏大邦西南境東南流經衣阿華部入於密士失必河

倭海阿河 與邦同名見美屬內

源出西勿爾吉尼阿邦西北流折而西流轉而西南流過倭海阿邦南境又折西北流又轉而曲曲西南流左右各

納數水又西南流會於密士失必河凡行三千餘里

衣鄰奴士河 與邦同名見美屬內

源出英鼇安納西境迤西少南流經英鼇安納邦又西南流經衣鄰奴士邦入於倭海阿河

阿甘色河 與邦同名見美屬內

源出落機大山迤東流折而東南流里拍不勒根膊河自西北轉而西南流來會又東南流喀底安河 一作坎拿答河出落機大山 自西流轉而東北流來會又東流又折而曲曲東南流過阿甘色邦會於密士失必河

紅河 一名勒得河

源出德沙邦西北山中二源並發合而迤東流又轉而曲

曲東南流過魯西安納邦會於密士失必河凡行四千六百五十里

密蘇理河　美屬邦以此河名詳見美屬內

源出美西北境落機山中偏東流黃石江自西南來入之又迤而東南流納西來四小水又東流納北來一小水又轉而南流尼不拉士格河自西北來入之又迤東流納北來一小水又轉而東南流過渣法旬城納西北來一小水又轉而東北流又轉而東南流會於密士失必河

尼不拉士格河　與邦同名見美屬內　一名批辣特河　一名阿巴拉濟哥剌河

源出落機大山東北流折而東南流至痾馬哈埠入於密蘇理河

基尼伯河　一作基尼河　一作基泥伯河　一名聖約翰河

在美屬之緬邦內

波多墨河　一作波都麥河　一作頗多麥河　一作婆多麥河　一作破禿馬河　一作破他馬江

在美屬勿爾吉尼阿邦流入大西洋

阿結治河　一作阿結治亞河

在美屬若爾治邦東南流入墨西哥海灣

亞拉達麻哈河　一作拉達麻哈河　一作亞拉馬他哈江

在若爾治邦西南流入墨西哥海灣

沙灣那河　一作御番亞河　一作薩發那河

源出若爾治北境阿利塞尼山中東南流至沙灣那埠入於大西洋

活得遜河　一作哈地遜河　一作赫得孫河　一作赫臣河　一作哈森河

源出美屬紐約克邦東北山中東南流折而西南流過阿耳班尼埠轉而東南流入於大西洋長約千餘里

借墨私河　一作節沒士河　一名雅各河

在美屬勿爾吉尼阿邦內里支門會城建此河上

蘇貴合那河　一作蘇貴哈那河　一作熟貴漢那江

源出美利堅東境阿利塞尼山中流經馬理蘭東境入於大西洋長一千五百里

干揑底吉河　與邦同名見美屬內

源出美屬緬邦西境山中西南流過洼滿的邦之東紐罕什爾邦之西又西南流過麻薩朱色邦又折而東南流過干揑底吉邦入於大西洋

特爾拉華河　與邦同名見美屬內

源出濱西洼尼邦境東北流折而西北流又折而東南流又折而西南流又轉而東南流過特爾拉華邦入於大西洋

阿拉巴麻河　與邦同名見美屬內

源出阿利塞尼山中西南流入阿拉巴麻境又西南流又折而正南流又轉而西南流至阿拉巴麻之西南境入墨西哥海灣

哥倫比亞河　一作哥倫米阿河　一作戈攬彌阿河　一作哥隆比亞河　一作可隆比亞河　一作可侖比河　一作科侖比阿江　一作哥比明河

源出英屬境內落機山中西南流折而西北流又轉而西南

流又轉而東南流過𦵔盛頓屬又轉而西流逕阿林比阿埠之南入於太平洋凡行四千二百里

溫尼壁湖 一作雜尼百湖 一作溫爾巳格湖 一作溫尼排格湖 一作味尼比可湖 一作威尼卑哥湖

在北美洲英屬加拿他南境水面積爲方里者二萬七千

溫尼壁哥士湖 一作溫逆辟果斯湖 一作味尼比可士湖

在溫尼壁湖迤西大僅及其三分之二

馬尼多巴湖 一作抹尼拖八湖 一作馬爾土八湖 一作滿尼拖八湖

在溫尼壁哥湖西南隅

撒斯克濤汪江 一作薩斯喀察熅河 一作色士喀察熅河 一作薩士卡察萬河 一作撒斯刻濤汪江 一名薩斯夏川

源出加拿他西境落機山中二源並發相對東南流折而東

北流合而爲一又轉而東南流入於溫尼壁湖凡行五千一百九十里

奈耳森河 一作尼耳森河 一作乃耳森河 一作納耳河

源出溫尼壁哥士湖東北流入於哈德遜海灣

亞他巴斯加湖 一作唵荅發斯喀湖 一作合荅發士喀湖

在加拿他北境

丕斯河 一名太平河

源出加拿他西境落機山中迤東流折而北流又轉而東北流又轉而北流入亞他巴斯加湖

馬更些河 一作馬根西河 一作麥更西河 一作抹肯西河 一作抹開恩西河

上源曰亞他巴斯加河出落機大山東流數百里瀦爲小奴湖又轉而東北流瀦爲亞他巴斯加湖又北流瀦爲大奴湖又西北流過心魄孫寨又北流過儒曼寨又西北流瀦爲大熊湖又西北流過好望寨又西北流入於北冰海凡行七千五百里

大奴湖 一名怒湖

水面積爲方里者八萬九千六百

大熊湖 一名熊湖

水面積爲方里者九萬八千

大鯨河 一名大京河

在英屬加拿他東境西南流瀦爲無數小泊又西流入哈德遜海灣

東梅因河 一作東馬因河 一作東邁恩河

在加拿他東境迤西流入哈德遜海灣

魯八河 一作魯剖特江 一作留白特河

源出英屬貴北省北境窩諸什山中西北流瀦爲米士尼湖

米士尼湖 一作米士他心尼湖 一作密斯塌背尼湖

又西北流又轉而西流入哈德遜海灣

堯康河 一作育空河 一作魚貢河 一名規窩拍克河

源出北美洲英屬哥倫比亞西北落機山中曲曲北流行山巠之間左右各納數小水又北流出山轉而西北流入美利堅所屬阿拉斯加部境有小水自東北來入之又折西南流又轉而西北流又轉而西南流又轉而西北流分爲三汊入

於白令海凡行六千餘里
庫士利苦因河 一作可士可苦音河 一作庫斯科分江
在美屬阿拉斯加部內西北流入於白令海
哥羅拉多河 與邦同名見美屬內 一名釐俄科羅剌杜河
源出美屬哥羅拉多邦內落機山中曲折西南流左右各納數水折而西北流過亞里孫拏北境轉而西南流逕加利福尼阿之東南又西南流至墨西哥境入於加利福尼阿海灣
巴拉索河 一作巴剌索河 一名科羅剌杜河
源出美屬德沙邦西北二源並發合而曲曲東南流過奧士丁城之西又東南流入墨西哥海灣
來痾格蘭河 一作里俄格蘭河 一作里痾蘭河 一名三的阿痾河 一名格蘭代奴特河 一名巴拉窩河

一名巴利吾河 一名勃拉窩迭耳洛特河 一名北河
源出美屬哥羅拉多邦內落機山中西南流過新墨西哥屬折而東南流入墨西哥國又折東北流又轉而東流丕哥士河自西北來入之又轉而曲曲東南流入墨西哥海灣
丕哥士河 一作白科士河
源出落機山曲折東南流入來痾格蘭河
沙巴拉湖 一作薩比那湖 一作煞巴拉湖 一作察比剌湖
在墨西哥西南境水面積爲方里者九千四百五十其支津迤而東南流墨西哥都城建於河上
尼加拉瓜湖 與國同名詳見本國下
在尼加拉瓜國西南境水面積爲方里者萬九千六百

馬達勒那河 一作聖瑪得勒納河 一作馬加他河 一作波末加達那河
源出新加拉那大西南山中東北流逕波哥大都城之西轉而北流又折而西北流有一水自西南來會又轉而北流入於加力比安海
科勒諾哥河 一作痾勒諾哥河 一作痾黎諾哥河 一作痾黎諾可河 一作可里諾可河 一作烏里奴固河 一作俄里諾可河 一作俄利挪哥河 一作歐里那格河 一作阿利諾河 一作亞利諾河 一作阿利挪加江
源出新加拉那大境內巴喀剌馬山北麓曲曲東北流左右各納數小水又東北流入委內瑞辣國納西來數水又轉而曲曲東流貫委內瑞辣全境入於大西洋凡行四千八百里
瓦稜薩湖 一作瓦稜加亞湖 一作麻拉喀愛波湖

在委內瑞辣國北境
亞馬孫河 一作亞巴孫河 一作阿馬孫河 一作亞脉松江 一作亞馬瑣農江 一作雅馬瑣農江 一作唵麻森江 一名馬艮温河 一名馬拉艮河 一名馬蘭容河 一名麻拉農江 一名阿勒戀河 一名俄列耳雅納河
源出秘魯西南大山中北流行經山峽之間至哈恩城之東南轉而東北流又轉而東南流南北各納一小水又東流瓦拉噶河自南來入之又折而東北流有烏開雅利河自秘魯南境發源曲曲北流轉而西北流又折而東北流來入之又東北流納西北來一小水轉而東南流入巴西境有哈瓦利河自南來轉而東北流入之又折而東北流有普土米俄河自西北來入之又轉而東南流胡太河自南來入之又東南

流育魯阿河自西南來入之又東南流哈普剌河自新加拉那大西境發源曲曲東南流來會又東南流納南來數小水轉而東北流布路士河自西南來入之又東北流過八拉城之南有蘿俄勃郎哥河自東北來尼格爾河自西北來合而東南流來會又東流少北有馬迭拉河自玻利非亞發源左右各納十數小水曲曲東北流來會又東北流過莪比度士城之南納北來一小水折而東南流過三塔洽城之北有塔巴何士河自馬的噶羅索部大山發源合數水曲曲東北流來會又轉而東北流納北來一小水又轉而東流入於大西洋凡行一萬二千里入海處廣約八十萬有六千餘尺爲天下河口之最

瓦拉噶河 一作瓦剌喀河

烏開雅利河 一作烏開亞利河　一作吾加牙勒河　一作伍喀愛阿里河

哈瓦利河 一作亞發里河　一作阿不里麻河

普士米俄河 一作普吐麻愛俄江

胡太河 一作胡泰河　一作育台江

育魯阿河 一作胡魯阿江

哈普剌河 一作哈坡拉江

布路士河 一作普魯斯河

蘿俄勃郎哥河 一作白拉恩科江

尼格爾河 一作尼格羅河　一作尼鄂河

馬迭拉河 一作麻氐拉河　一作馬德拉河　一作馬兌拉河

塔巴何士河 一作塔巴士河　一作塌拼昭斯河

多千定河 一作多干丁河　一作拖刋廷士河　一作拖坎廷士河　一作叻康廷斯河

源出巴西痾阿斯部東南山中曲折北流至罷剌斯城之南有亞拉乖河自西南流來會又北流逕馬拉娘部之西又北流至美塔城之東入於大西洋

亞拉乖河 一作阿戀侄河　一作阿拉達河　一各烏路愚愛河

源出痾阿斯部西北格蘭特湖東北流入於多千定河

桑方濟各河 一作方濟各河　一作桑扶蘭悉斯可河　一作三法蘭息士哥河　一作聖夫蘭昔斯科江　一各夫來士河　一各凡悉河

源出巴西迷那日來斯部南境山中北流過巴義亞部之西痾阿斯部之東折而東北流又折而東南流過伯爾能不各部之南入於大西洋

巴拉那伊罷河 一作巴拉那以巴河　一作帕拉那衣巴河　一作爬剌那衣巴河

源出巴西標意部西南山中東北流折而北流過標意部至巴拉那伊罷城入於大西洋

欣固河 一作盛固河　一作孫沽河

源出巴西馬的噶羅索部北境山中曲折東北流入於亞馬孫河口

的加湖 一作低低加加湖　一作提提喀喀湖　一作提提戛戛湖

在玻利非亞西北境水面積爲方里者二萬九千四百

拉巴拉他河 與國同名詳見本國下　一名巴拉那河　一名巴拉納河

源出巴西痾阿斯部東南大山南麓曲曲西南流納自東來

數水又西南流轉而西流過巴拉圭國之南又西流入拉巴拉他國至哥連德城之南巴拉圭河自北流來會又曲曲西南流過巴沙大城之西有薩剌多河自西北來入之又折而南流又轉而東南流入於大西洋凡行六千餘里

薩剌多河　一作色剌多河

源出拉巴拉他薩爾達城西北山中東南流入於拉巴拉他河

哥羅拉多河　一作考羅拉朵河　一名內哥羅塞波拉的河　一名內哥羅塞波拉地河

與北洲哥羅拉多河同名源出安達斯大山東南流過拉巴拉他國入於大西洋

尼曷河　一作尼格羅河

與入亞馬孫河之尼格爾河同名源出安達斯大山東北流入拉巴拉他國又廼東流又轉而東南流入於大西洋

巴拉圭河　與國同名詳見本國下

源出巴西馬的噶羅索部南境山中西南流入巴拉圭境廼而東南流過公色森部又南流過阿松桑部又南流入拉巴拉他界會於拉巴拉他河

烏拉圭河　與國同名詳見本國下

源出巴西勝伯德祿部東境山中曲曲西流轉而西南流出巴西界又西南流過烏拉圭境又轉而東南流入於大西洋

尼格羅河　一作乃格羅河　一作內哥羅河　一名黑人河

其源爲小湖出安達斯大山東麓東北流轉而東流又轉而東南流貫巴他峩拿北境入於大西洋

朱八河　一作楚巴特河

源出巴他峩拿西境安達斯大山東北流入於大西洋

俄色河　一作低賽阿士河

源出巴他峩拿西境安達斯大山東南流入於大西洋

坿澳大利亞島諸水

墨來河　一作抹力河　一作末累河　一作穆來河　一作謀來江　一作木來河　一作木頓河　一名卡耳瓦塔河

源出澳大利亞東境馬蘭奴阿城東南大山支派紛歧東南流過新南維里斯省會自東南來諸水折西流又轉而西南流入海凡行三千九百里

拉支蘭河　一作拉支林河　一作拉治蘭河　一作臘蘭河　一作拉克來河　一名科累阿河　一名阿達來河

源出拔揭士城東布路山之西麓西北流折而西南流與沽耳瓦河會又西南流過巴耳蘭那爾特城之南納自澳洲阿耳魄士山發源諸水轉而西流又轉而西北流會於墨來河凡行七百八十三里

他鄰河　一作答洽河　一作大侖河

入墨來河

傳林達士河　一作勿林打士河　一作乏淩豆斯江

在坤士蘭省西南流入於加本大利亞海灣

密處耳河　一作密釵耳江

在坤蘭士省北境西北流入於加本大利亞海灣

基耳八河 一作蝎耳林特江

在密處耳河之西西北流入於加本大利亞海灣

德格累河 一作德格來河　一作代格來江

在西澳大利亞省西北草地北流入於印度洋

搏德士求河 一作什台斯抑特江

在德格累河之西南約五六百里西北流入於印度洋

抹藺森河 一作謀乞森江

在西澳大利亞省西境支派紛歧西流入於印度洋

葛士可因河 一作加士加引河　一作軋斯考恩河

在西澳大利亞省西境西流入於印度洋

拖連士湖 一作叨林士湖　一作叨楞斯湖

在南澳大利亞省內

噶納湖 一作該耳得耨湖

在拖連士湖之西

付弄湖 一作乏羅母湖

在拖連士湖之東

釋古嘗自立之國第二十二

巴庇倫 一作巴比倫　一作巴必鸞　一作巴必羅尼

亞西里亞 一作西西亞　一作亞蘇利亞

巴庇倫亞西里亞本二地近幼發拉的河者爲巴庇倫近泰

格里士河者爲亞西里亞後併爲一統稱曰巴庇倫建國於

唐虞之世至周景王時爲波斯所滅

猶太 一作如大　一作如德亞　一作如氐亞　一作儒德亞　一名迦南　一名巴勒士登　一名巴利斯丹　一名巴勒斯弟那　一名聖地　即唐書之佛箖元史之密昔爾國

耶路撒冷 一作耶路薩陵　一作耶羅撒冷

猶太地即漢羅馬東境 魏源指爲西印度大誤 在今土耳其西里亞省

之南立國於周穆王時一滅於周簡王時之巴庇倫再滅於

西漢之羅馬後爲阿剌伯回部所據宋哲宗紹聖初耶穌教

人大會於法蘭西起兵謀規復耶路撒冷地歐洲各國自王

侯至庶人從者數百萬號曰十字軍然自紹聖至咸淯出軍

凡九次歷一百七十餘年十字軍卒未能得志歐人死者且

二十萬元初土耳其興猶太遂屬於土其部民散之四方西

土各國多有之總稱爲猶太族云

非尼西 一作腓尼基　一作非逆司　一作非尼西亞　一作非利亞　一作非利息亞

加爾達額 一作加達額　一作迦太基　一作迦大其　一作加耳達俄

非尼西爲古時商賈之國周厲王時有遷於地中海之南岸

者定都城於土羅 即今突尼斯地 更國名曰加爾達額開墾田野流

通百貨復跨海辟西班牙建爲藩部富强甲於一時羅馬初

興加爾達額屢侵逼之羅馬不能抗由是整驕後羅馬日强

西里亞希臘諸國皆降羅馬加爾達額勢益孤漢景帝十年

羅馬舉大兵攻之圍其都城城內人舉火自焚羅馬因毀其

城爲平地

馬基頓 一作馬其頓　一作馬斯多尼亞

馬基頓爲古希臘十二國之一初甚微弱周顯王時其王曰亞歷山德（一作阿立山德一作阿勒山德黎一作亞力山打）以大兵伐波斯取巴庇倫故地因遂征服埃及（時爲波斯屬部）復移兵攻破加爾達額屠其城游兵及五印度威震西土亞歷山德死諸部復分裂至漢文帝時降於羅馬

羅馬（一作那馬一作哪嗎一名羅汶一名羅問一名教宗國漢曰大秦一名犂鞬一曰海西國）

羅馬崛起於成周中葉西漢時跨有亞歐非三洲土地拓地萬餘里最稱强盛傳世既久內亂迭興東晉時國分爲二以羅馬爲西都稱西王以君士但丁爲東都稱東王劉宋時西羅馬爲北狄峩特族所據天主教乘機煽起徒黨日繁越三百載法蘭西滅峩特族取其地歸天主教師號曰教王（西人亦稱

教化皇）以兵力懾制各國權勢日强明初有日耳曼人路得者別立耶蘇教稱爲正教斥天主爲邪教於是各國多改奉耶蘇教教王之權驟衰然尚據羅馬稱尊號如故咸同間意大利興盡取羅馬地僅予教王以故宮人使守府自是教王乃不能復振東羅馬自唐以後屢爲阿剌伯所攻國勢孤弱明景泰間爲土耳其所滅羅馬遂亡

波蘭（一作波瀾一作波羅尼一作波羅尼亞一作博坡林穆一作博坡琳穆斯苛一名麻底阿徐繼畬謂即惹鹿惹也大誤）

波蘭在宋太宗時始建國稱王本爲自主之國迨後國政衰亂日見侵削至乾隆六十年俄羅斯與普魯士奧地里亞合兵來攻瓜分其地俄得三分之二（即今所置波蘭路諸省）波蘭遂亡

匈牙利（一作寒牙里一作翁加利亞一作翁給里亞一作狠加利一作恒加利一作渟軋里一名馬加一名馬雅鄂薩克一名博厄美厄一名班那里阿或謂即古匈奴遺種）

匈牙利建國於宋咸平年間稱雄一時久而寖衰明時女主嗣位配奧地里亞王爲夫婦時波蘭土耳其數來侵皆賴奧兵力擊卻之遂挈國合於奧其地幅員倍於奧奧併之遂爲大國故稱曰奧斯馬加云

五洲圖考不分卷（一）

〔清〕龔柴　徐勱　許彬撰述

《五洲圖考》不分卷，清龔柴、徐勱、許彬撰述。龔柴號古愚、虛白主人，浙江寧波人，撰有《中國方域考》、《中國形勢圖》、《中國歷代都邑考》等。徐勱（一八五一—一九三二），蘇州人。許彬字采白，上海人。此書首爲地理總論，分地體渾圓、地爲行星、測量地球、形勢釋名、天下高山、天下大川、五洲方域，備記五洲人口及其密度、疆域列國等。依次分亞洲、歐洲、亞墨里加（美洲）、亞斐利加（非洲）、澳削尼亞（澳洲）等五大洲。每洲有總圖，各國有分圖，詳載五大洲及世界各國各地區疆域、歷史沿革、山川地理、形勢、人口、土地、都邑、物産等。其中地理總論、亞洲之外國部分、歐洲部分由龔柴編譯，非、美、澳三洲事由許彬編譯，亞洲之中國部分由徐勱編輯。據上海圖書館藏清光緒二十八年（一九〇二）上海徐家滙印書館排印本影印。

五洲圖考

光緒二十八年壬寅
冬十二月上海徐家
滙印書館印竣

序

聖賢教天下仰觀天文之外又必俯察夫地理以故禹貢紀要荒周官志職方周髀設四隤之喻鄒衍創九州之說輿地之學由來尚矣第六幕至高四維至廣古時生靈鮮少各處一方四海五洲之大言語不通質幣不達商賈不相往來夷夏不相聞問儒士局蹐偏隅執管窺豹好爲驚人眩世之詞大都出於臆度姑弗論山海一經荒誕離奇不足取信即淮南子言天圓而地方又謂地有九州八柱尚書考靈曜謂地厚三萬里管子謂地之東西二萬八千里論說紛紜不勝枚舉六朝五代之人往往重而信之降至今日不值識者一笑

何則溯自有明中葉西人行至印度而亞歐斐三洲之地通矣厥後高隆氏尋獲亞墨利洲而地球分新舊二壤矣又後西人航海來東順流而南得見澳削尼諸島而五大洲形勢瞭如指掌矣自是以來泰西各國發巨貲聘名士分往八埏采風問俗將各方風土人情物產名勝幅員之廣遠人民之生計一一備載圖書用資參考而地學乃日益詳密矣猶恐朝廷重之鄉民未必仿行也凡國家取士設地學之科家塾國庠俱令名師教授童子束髮讀書即以地圖爲始業人無論富貴貧賤業無論士農工賈苟能就傅數年稍通文字未有不畧知地理者中國不然自明太祖帖括之藝行有志功

名之士埋頭蠹簡嘔血雞窗專以文章詩賦爲進階而他學皆不暇及甚有頭角崢嶸身膺靑紫仍不知何物五洲何物兩極殊可笑也竊意地學經學理當並重春秋十二公疆土紛更爾雅十九篇山川臚列苟重經學不重地學烏得通達其圖形此地學之要一也人生銳意攻書誰不期出而用世然一行作吏踪跡靡常或馳驅兩粤之間或奔走三江之上或賦皇華或歌四牡絕域遐方皆所宜至非精於地理烏乎可此地學之要二也中國自近數十年來交通萬國立約行商輪舶往來不遠萬里苟不知英國何在法國何在美國巴國又何在吾恐共貨復生應亦望洋而嘆此地學之要三也

行軍爲邦國之常或藩服不臣興師問罪或強鄰侵偪振旅交鋒入人之境當識要區攻人之壘宜知險隘自古勳臣大將其所以運籌帷幄制勝疆場者必先熟悉夫道途而後可以從事此地學之要四也當　國朝定鼎之初西人來我中邦寥寥無幾斯時之文人大抵以博古求虛名而時事皆所不問延至今日大不其然設電線行報章他國之時宜頃刻傳之吾國上而廟堂下而市肆無不以時事爲聚談之助自不知地理者聞之一若語海於井鼃語冰於夏虫茫然昧然不知所指又安得與世周旋此地學之要五也人爲萬物之靈敬長孝親之上尤當認識乾元懔十目十手之嚴不敢忽

於造次特是幾希智小格致功宏近取諸身不若遠取諸物明地學則覺汪洋之大人民之衆山川禽獸之多且奇必有一蕩蕩主宰默運其間而對越之誠不禁勃然萌發此地學之要六也昔利瑪竇艾儒略高一志南懷仁諸公自駐足中華卽以傳授西學爲己任於是博采羣言閉門著述有空際格致職方外紀表度說坤輿圖說等書付梓行世當時名公卿爭先快覩膾炙一時是中國有全球圖考自西教士始也惟是學問之道愈求愈博愈考愈精而地輿一學亦今之詳勝於古之畧矣光緒己卯徐滙創益聞錄龔君古愚考亞歐二洲登諸報牘內如干章爲徐君伯愚手筆其勞亦不可沒

焉厥後許君采白考斐墨澳三洲事蹟既竣重行校正次第
付梓今排印已畢將問世也爲叙其緣起弁于卷端
光緒二十四年冬南沙李杕序於滙報館

序

中國之談輿地者推極史書所載不出亞西亞一洲惟梁時所聞倭國東北七千餘里有文身國土俗歡樂物豐而賤又東五千里俗與文身同又隋唐間有自流求東南行五六月得一大地如以道里計之宜若可當美洲之南與北而西人亦以墨西哥之開化爲唐初之唐人又據游秘魯者其村邑規模謠俗之舊多與中國同又見其洲古字一種類鳥篆意者古人耳目所及風教所通此爲最遠而後人數典忘之耶遂使踵西泰來游者僅以坤輿圖說職方外紀等書問世世猶廢然河漢之及魏氏以海國圖志徐氏以瀛寰志畧繼踵

起海內博覽之士乃少少知有五大部洲若其他則並所與通商諸國之名稱亦不之省遑問其政教風俗疆域之殊於是古愚龔君之主政益聞錄也慨然附著五洲圖考而先之以亞與歐兩洲焉其他三洲則彬前承其乏續成之今特就散見於益聞錄者裒集之細加讐校重付手民苟於時事實學不無補益也則彬之私祝在焉

光緒三十四年冬上海采白氏許彬自識

地理總論

地體渾圓

前京 龔柴 古愚氏 撰

地理之學。賅論甚廣。而要以地之體質形勢爲肇端。上古學問未精。見聞未確。謂地體平方。廣漠無窮。莫能抵其絶域。是說之謬。地理家久已斥爲僨論。而獨以地體渾圓之說。據理辯明。瞭如指掌。茲特揭其一二。聊資印證。人居平原。無樹木峯巒之處。一望四周。數十里之遙。但見形勢圜圓。得一定界線。西人稱爲太平界線。界線之外。不能再見。豈地之限於界線。而數十里之外。已無地輿可通乎。無是理也。若謂地面不平。故有此界限。則舟行大海中。風息浪靜。不爲不平矣。乃何以極目四顧。亦不過數十里之遙。已見天沉乎水。水接乎天。拘一線之分。不能復求其遠也。若升舟桅。竭目力望之。船桅愈高。太平圓界線愈遠。廣可六七十里。甚而百里二百里。然終見太平圓界線。界乎天水之中。界線外不得再見。此非地體渾圓之

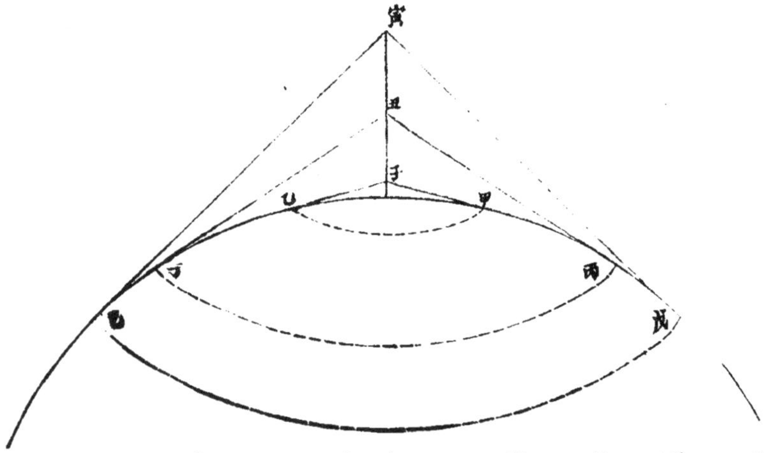

明證乎。抑嘗聞之中國迤西絕境。有雪山。卽倚馬山。峯巒疊嶂。高徹雲霄。其最者。約十四里有奇。人升而環視之。見江湖如一綫。城郭似蟻封。其餘高岡峻嶺。與邱塚無殊。惟平線雖廣。仍見太平圓界線。界乎天地之中。誠以升處愈高。圓界線愈廣。而觸目諸物。向沉界線下不得見者。上升乃得盡見。此地圓之說。相形益見者也。請以圖明之。

人在小山子點。僅見甲乙線內之形形色色。線之外。目不可及。若升至丑點。太平圓界線較廣。甲乙丙丁線中之物盡見矣。若人在寅點。則甲乙丙丁戊己線中之物。向所不全見者。今亦悉見。卽此以推地其平乎圓乎。若曰平也。則人在子點。何甲乙界線外之物。不得見。必至丑寅而始見乎。可知地體若丸。洵非虛語。惟如是。故物在界線之下不得見。而周視四圍。常見太平圓界線。不貳不差也。或曰。人在子點。不見甲乙界線之外。非以地體形圓。實以目力不及。故拘於近。不及於遠耳。余應之曰。不然。目力攸關者。遠近耳。如數武前之物得見。百里

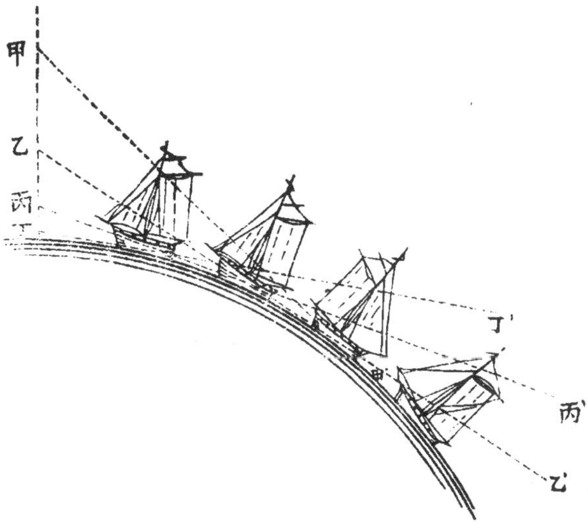

外之物不得見是也。若同是遠近。而高下有殊。如上文所言者。決非目力之故矣。設有人居高塔。遊目騁懷。見桅梢出海角。猶未見其帆。既而船漸近。漸露半帆。以及全帆。終露全船。無他。海面渾圓形如弓弧。初見桅梢。而未見帆與船者。以桅頂高於帆船。先出太平線上。而其帆船仍在太平線下。既而漸進漸升。帆與船俱出太平線上。於是一望瞭然。無復阻隔矣。舉一反三。大地渾圓之說。不可參悟而知乎。且以今之環遊地輿者驗之。設有二輪船於歐洲某地。俱欲抵華。一則駕輪向東南行。常循海道。歷四十晝夜而抵華。一則駕輪向西而行。經大西洋至亞墨里加東邊登岸。駕火

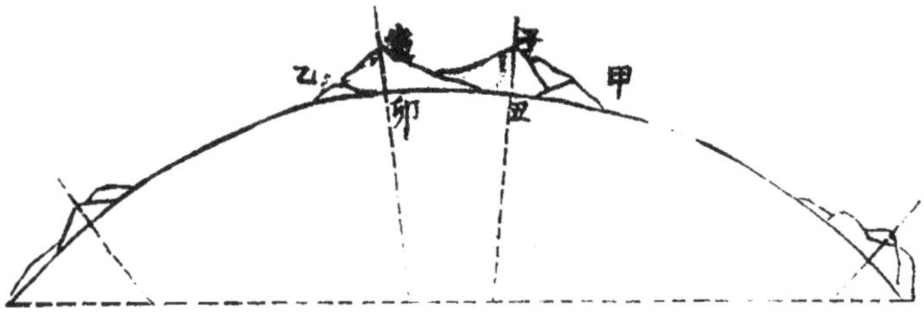

車而至西邊。復駕輪船由海而行。道經日本。不百日亦抵華周經坤輿。無窮途之慮。無隕墜之憂。此又地體渾圓之一證也。或又曰。假令地體渾圓。誠如君論。則地球上皆有居民。凡僑寓他半球。足與吾足相對。首與吾首相違者。似不免倒懸之虞。勢難生活。有是理乎。是又不然。蓋有地心吸引。各得鎮定無危也。設有人焉。懸一石於井口。或高塔之巔。若剪斷其線。是石不待外力。頓即墜下。至於井底。或平地而止。何也。向地心而降也。又彈丸出鎗炮之門。其勢甚猛。其力甚遠。終歸息止而落地。又懸一極重之物。繫長繩而推之。始果蕩搖運動。自此邊上升至若干度數而止。旋降而升至彼邊。亦至若干度數而止。成圓弧線若干分。升則較遲。降則較速。有定程無或爽。既而推勢漸衰。度數漸減。卒至勢竭而止。其所止之處。離地最近。設此時長繩忽斷。重物必不側不偏。直降地面。凡

此皆地心吸力使然。不得別求他故。蓋物之重者。各具重心。重心者。在重體之中。地之中心。爲諸物各重心之本向。故物無鉅細。如水就下。勢不可遏。使無外物以阻之。推重物之量。直欲透至地中心而後止。今宇宙之內。人人之身。皆爲重物。旣爲重物。皆向地心。故居他半球。而與吾足相對者。恐向地心佇立。無異與吾。斷不得離地而別有所向。且彼之於吾。無殊吾之於彼。吾以彼爲倒懸。彼亦以吾爲倒懸。吾旣無傾倒之危。彼豈獨反重體之性。而隕墜堪虞哉。然則上下之說非乎。曰上下者。專以身之所居而言也。足所佇爲下。首所向爲上。衆口一詞。別無意義。請繪圖以解之。茲有甲乙二山。高皆十里。甲下丑點。至乙下卯點。相去亦十里。不之究者。將謂子寅二點。相去亦惟十里。詎知十里又丈六尺左右也。倘二人升其上。互相瞻望。彼此若欹側不安。岌岌其危。究其實二人。各自直立。隕墜無虞。以此類推。至反足之地。知彼所以生活不墜者。固理之本然。不必作杞人憂也。

地爲行星

地體渾圓。衍有定論。其餘六合間。居何位置。則古人言論紛紛。莫衷壹是。溯後漢之季。希臘國博士多祿默。曾輯前人之說。彙帙成書。刊行於世。其說概以地球居中。外包十四重天。環運列次。如蠶居繭內。層層包裹者然。其一重曰氣天。二重曰火天。三重曰月輪天。四重曰水星天。五重曰金星天。六重曰日輪天。七重曰火星天。八重曰木星天。九重曰土星天。十重曰星宿天。十一重曰次晶天。十二重曰首晶天。十三重曰宗動天。第十四重。則爲大造神聖享福之所。永靜不動。一時傳習紛如。奉爲圭臬。雖論者言及重數。小有不同。而綜考大端。歷千百年爲至理。究其所以然之故。非學士之聰明未至。推算不精。實以測天之機器未工。而目力有所不及。故泥於日輪運動之形。反謂地球安居穩靜云。迨前明嘉靖年間。波蘭國人哥伯尼繼起。深通天文地理等學。博採旁稽。會多士之說。更創新論。嗣經精天文者再三參補。推算察驗。於是哥氏之說。定如鐵鑄。至今日法名大備。按哥氏言。太陽處中。盤旋樞紐。不離本位。浩浩炎炎。光芒普照。

地球與各政。同爲行星。環之而行。川流不息。其行星爲數幾何。未能明悉。以所知者計之。大者八。曰水星。曰金星。曰地星。曰火星。曰木星。曰土星。曰天王星。曰海王星。小者五十四。姑畧其名。大行星之中。地火木土天王五星。各有小星環之隨行。謂之月。或謂之跟星。地惟一月。太陰是。火星有二。木星有四。土星有八。天王星有四。海王星有一。行星各有軌道。差近圓形。若夫星之軌道。迥異於他星。而成卵形者。名彗星。俗稱掃帚星。其本體外。概有光茫隱現。如尾如髮。如掃帚然。故名。爲數亦多。不能確定。至今現過者。已七百有奇。

恒星者。本體有光之星也。彼此相離。皆有攝拒二力。爲之牽制。其數不可勝計。目力能幾及者。已得六千有奇。以天文精鏡遠窺而得見者。得八十兆餘。則目力所不能及。星鏡所不得窺者。正不知其千百千兆也。且離地亦甚遠。其最近者。距地亦得三十兆兆法里。說者謂恒星。各有行星環繞。如太陽然。設以太陽。與之較大小。僅在五六等之間。然而太陽之大。已奇妙入神。比之地球。大可百三十萬倍。重可三十三萬倍。於以知地球雖廣。不過一渺小行星。環日運行。周而復始。以分晝夜。以成歲時。蓋地軸自轉。周運而復始。歷二十三點鐘五十六分四秒。以成晝夜。又循其軌道。環行日外。歷三百六十五日五點鐘四十八分五十秒。行一周。是爲一年。天文家以地球軌道之長。與環運一周之日數。測其行之迅速。謂每一秒鐘。可行五十里。若以一晝夜分刻總數乘之。則每日約行四百三十萬七千二百餘里。惟運動極穩。而地上毫無變遷。人物皆隨之而轉。不覺其運動。更不覺其迅速也。譬如駕舟江河間。波平風正。不假櫓槳推挽之功。坐船者。惟見兩岸樹木之後退。已則不覺其前行。更不覺船上諸物。與之皆前也。以小喻大。其庶幾乎。

測量地球

天文家以地球兩極稍凹。而中央稍凸。謂之匾圓。以其相去里數計之。赤道半徑。約得一萬三百三十六

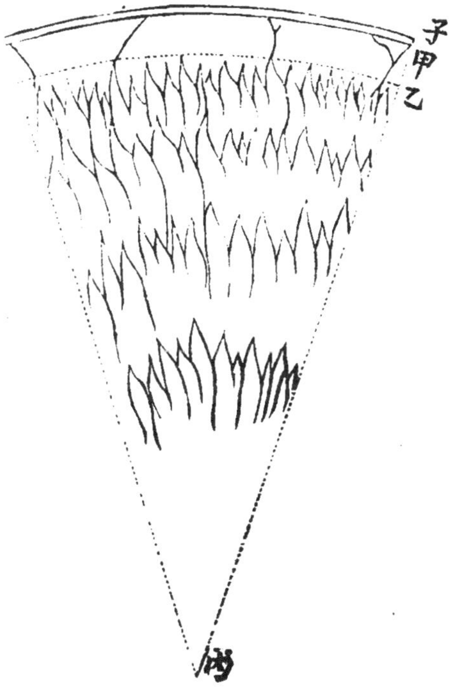

里餘。兩極半軸。亦得一萬三百一里有半。相去僅三十四里半。以地球之廣厚計之。不過二百九十九分之一。故地理家忽此小數。謂地球渾圓。以兩極半軸。與赤道半徑。折中計算。得萬有三百十九里。夫乃知洋海雖深。山嶺雖峻。比于地之廣厚。不及泰山邱蛭之喻。蓋最高之山。不踰十五里。至深之海。不過二十一二里。試畫圖以明之。圖上丙爲地球。甲丙爲地球半徑。自丙至乙。盡爲烈火。萬質皆融。自乙至甲。爲地之外殼。甲爲地面。子爲蒙地之氣。人畜賴之以生。高不下百有三十里。按

圖推之。高山深海。不足計量。而人居斯地。不更渺小甚哉。此地球體積之畧也。至於地面。地理家立有經緯二線。以定各處方向。核其所在。立緯線。以量各方距二極之遠近。立經線。以量東西相距之長短。其法分地球爲兩半球。上爲北。下爲南。右爲東。左爲西。北端謂之北極。南端謂之南極。於南北兩極適中處。立一大圈。謂之赤道。赤道之南北。各畫大圈九十。與赤道並行。名曰緯線。在赤道北者。謂之北緯。在赤道南者。謂之南緯。各緯相距度數。謂之緯度。是猶未足。又立經線。一名午線。凡三百六十。均達南北二極。與赤道各緯線相搭。爲直角。其起算午線。概以本國京都爲主。京都之東一百八十度。謂之東經。京都之西一百八十度。謂之西經。其度謂之經度。經與緯每度六十分。每分六十秒。緯線漸近二極。圜圈漸短。而經線之相離亦漸形窄隘。以盡於二極。故經度相違之長短懸殊。非如緯度之可一例計也。緯線每度。約得一百七十二里。經線每度於赤道亦然。漸行南北。則度之里數漸減。至六十度而僅得赤道里數之半。由是知赤道周圜。或緯線周圈。約各得六萬二千一百十二里。以合泰西算法。約得四十兆邁。當中國以三百六十步爲一里。約得六百四十四邁當。故謂每度得一百七十二里。與著作家稱二百里。二百三十里。甚至二百五十里者。頗有差池。非故創新說。蓋非此不能明也。地面方里之數。統論垓埏。約得五百十兆法方里。按每法方里得一千四百三十六畝有奇因陸地惟得地球四分之一。故得一百二十七兆五十萬法方里。地面氣候不齊。寒燠迥異。地理家畫線五條。分寒溫熱五道。中日赤道。平分地球爲兩半球。春分秋分兩日。太陽正射赤道上。天下晝夜皆齊。無長短之別。赤道南北各二十三度二十七分五十七秒。有南北二帶。二帶之間。凡四十六度五十五分五十四秒之地。名爲熱道。以太陽行于本道。光芒直射。炎熱較他方爲甚。故名。熱道之南北各有道曰溫道。日光斜照。暑熱融和。非赤道之比。自兩極逆算各二十三度二十七分五十七秒而畫線。則在北者爲北圜線。在南者爲南圜線。圜線之內曰寒道。因歲中多半無赤日照臨。即或照臨。日光極偏倚。凛寒嚴密。水陸皆氷。此各道取名之義。言其寒暑之大畧也。地方寒暑沃瘠。非盡在太陽之煦育。而高山深谷。風雨晦明。皆有係於是。不可泥執一端。反怪地理家言之不當。

形勢釋名

地面水陸四分。水居其三。陸得其一。形勢攸異。稱謂互殊。其名之係乎水者。約而言之曰洋。曰海。曰灣。曰峽。曰江。曰河。曰港。曰湖。曰澤。曰蕩。係乎陸者。曰平原。曰高原。曰隅。曰腰。曰角。曰堰。曰山。曰島。曰沙漠。曰沙磧。洋爲海之大者。瀰漫一水。渾渾無涯。地理家辨作五洋。曰太平洋。卽大東洋。介中國與亞墨里加之間。洋面寬廣。推此爲最。曰大西洋。所以判歐羅巴及亞斐利加於亞墨里加者也。曰印度洋。處亞細亞之南與亞斐利加之東。直至澳大利亞大地而止。曰北氷洋。爲北極之大海。曰南氷洋。爲南極之大海。皆凝氷堅厚。經歲不消。故有氷洋之稱。海者。水之較小於洋。域於地中者也。如地中海。波羅的海。黑海。是其稱謂之間。名實相符者。若裏海。鹹海。青海。則大湖而稱爲海也。紅海。馬海。衣袖海。則大峽而稱爲海也。亞得亞海。波斯海。則大灣而稱爲海也。蓋灣者。水之恢闊有限。深入地中。本不足當海之名也。峽者。水之原尾皆有海洋。或大灣而介於兩土之間。宛若水陸之介於兩山之間也。其較寬者。謂之大峽。窄隘者。謂之小峽。

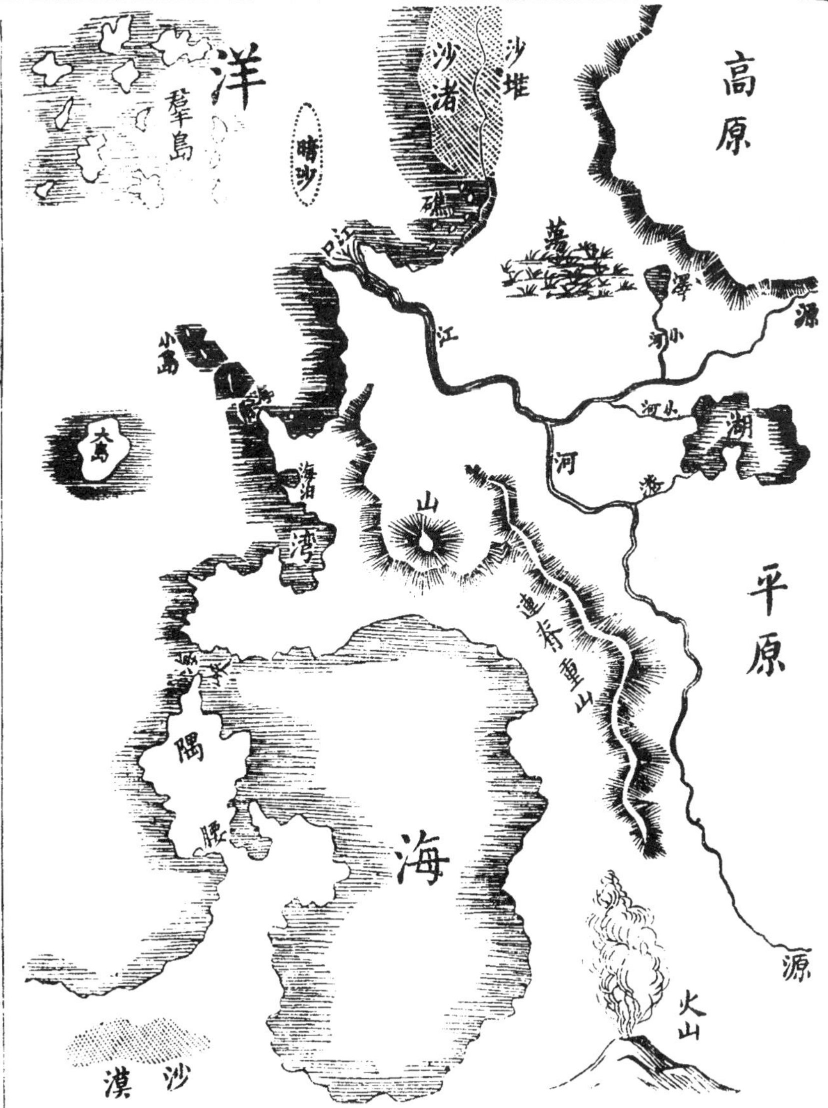

大峽如上文所言衣袖海。在英法兩國之間。小者如墨領峽。在亞細亞北方與亞墨里加之間。直布羅陀在歐洲與亞斐利加之兩絶處。此小峽之著名者也。他若臺灣等峽爲數甚多。

不勝枚舉。至於江。則浩浩長流。洪波瀰滂。百川總滙。朝宗於海。如黄河揚子江是。河者。水之虹貫內地。灌溉田畝。潤澤生民。曲折萬狀。卒會於江。涇渭淮漢皆是也。其水導江河之源。涓滴細流。卒成巨川者。姑名小河。水之非出自性然。而假人力以成者。名之曰港。故運河雖長。亦不過港之大者耳。此皆通流海洋之水也。若水之積於地中。瀰漫蕩漾。而與洋海本無一綫之通者。則謂之湖。如江南之彭蠡。江西之鄱陽湖廣之洞庭是也。湖小而淺曰澤。澤有草木曰藪。蓄水之地曰陂。水蓄之田曰蕩。水本曰源。水之自上下瀉者曰溪。其從高山峭壁。倒流而下。急湍非常。形如布幅者。曰瀑布。源之細流而不成巨川者曰泉。泉有沸有温有冷。其可療疾病者。謂之湯泉。此水名之大略也。名之係乎陸地者。曰平原。畇畇膴膴。邐迤肅條。一望無隆凸之形者皆是。曰高原。原之廣亘於山巔之上者也。地理家謂葱嶺外克什米爾國。蓋有是焉。廣土之三面環海。僅藉窄土以資連絡者。謂之隅。歐洲之意大里亞隅之碩大無朋者也。地之連絡土隅。其窄隘處。謂之腰。以其細似蜂腰而名。角者。一撮之土。尖出於海中。堤者。築土成岸。所以遏水者也。大者曰堤。小者曰堰。山者。地之疊起於平原。高徹浮雲。而非邱陵岡阜可比也。松江九峯。僅可謂邱陵。不可居山之名。山有噴燄吐烟。飛沙走石者。謂之火山。究其故。以地中炎熱異常。形同火海。欲洩不得路。乃裂山以出。天下五洲。恐有。我新疆之地。今尚有存者。惟不一見於關內。島者。水中之廣土。大者如英吉利本境。小者如臺灣瓊州。其尤小者。名之曰渚。曰沙。曰沚。海中積沙。顯而可見者。謂之沙渚。伏於水中者。謂之暗沙。廣寞之地。積沙無垠。謂之沙漠。雨澤不下。草木不生。因之禽獸絕跡。行人不能久留。荒凉世界。滿目慘悲。塞外之瀚海。其一也。亞斐利加之撒哈拉沙漠。尤有甚者。時而蒸熱無風。行人鬱勃欲死。時而狂風暴作。則沙礫亂飛。埋人掩物。頓成沙邱。沙地之小者曰沙磧。要亦赤土不毛。殊非福壤之比。以上諸名。散見地理書中。恐與本字意義。或微有差池。故釋之。謂之釋名。

天下高山

天下之山。莫高於雪山。在西藏印度之間。格致之士以三角測量法度之。謂其首峯高可二千四百七十五丈有奇。合里數計之。約得十五里。崑崙山首峯次之。得二千四百十三丈。其三爲雪山之次峯。得二千四百有二丈。其四爲雪山之第三峯。得二千二百九十六丈。合十三里有奇。其五爲雪山之第四峯。得二千二百八十九丈。其六爲雪山之第五峯。得二千二百七十八丈。南亞墨里加有大山焉。自北徂南。直貫全地。曰安達斯。其峯之最高者。一千九百六十三丈。合十一里有奇。其次峯得一千九百十三丈。三峯得一千八百二十丈。與是峯同高下者。爲天山之首峯。共合十里有半。按天山橫亘在中國新疆之中。所以分天山南北路者也。踵其後者。爲安達斯之第三峯。得一千七百九十六丈。高加索山。跨歐羅巴與亞細亞兩洲。在黑海與裏海之間。其峯之最高者。冠歐羅巴羣山。得一千五百八十一丈。北亞墨里加多有火山。中最高者。爲墨西哥國境內之一峯。測量其高得一千五百有十五丈。已不滿九里矣。在亞洲東土耳其之亞爾美尼亞地。有高山名亞臘臘。得一千四百六十九丈。合八里許。亞耳伯大山。筋絡歐洲。蟠結千里。考其峯之最高者。曰白山。在法蘭西與瑞士之間。計一千三百四十七丈。其次峯名玫瑰山。得一千二百九十八丈。三峯得一千一百九十六丈。皆在瑞士境內。聖厄利亞山。亦北亞墨里加火山之一也。高在亞耳伯二峯與三峯之間。得一千二百七十九丈。天下第五洲。曰澳削尼亞島嶼星羅。不勝計數。中有蘇門答臘島與亞洲之麻六甲。相距僅隔一海峽。考是島有大山緜亘。頂峯得一千一百八十二丈。又於太平洋中。在中國閩廣之正東。有所謂三德桅支孥島。一名阿歪希嚞。取名於最大之島也。考是島上。亦有高山。得一千四百丈。婆羅洲又稱渤泥。亦澳削尼洲大島。中有大山盤踞。其高者得一千一百六十五丈。阿爾臺山。界中國新疆之烏梁海北與俄羅斯隔絕。有峯得九百三十八丈。合里數計之約五里有奇。黑德拏火山。在歐洲意大里之西治里大島。向以烈燄著聞。高在阿爾臺峯之下。計得九百二十五丈以上所述。皆天下高山之表表者也。其推測之法。三角測量外。格致家又有寒暑風雨表等法。異曲同工。堪資印證。蓋地形愈高。則氣候愈寒。蒙氣愈輕。而寒暑風雨兩表。因愈減其度數。如在歐羅巴洲。格致家謂時當冬令。地形每高四十四丈八尺。則百度寒暑表。每降一度。當夏令。則約須升高六十四丈四尺。百度寒暑表方降一度。風雨表則每降千分之一。約高二丈九尺二寸四分。以兩表下降度數。測所陟之高山爲若干丈尺。測山之法。又其一也。惜此法漏竇尚多。未能盡善。蓋不特各層之蒙氣重輕。互有歧異。且一處之氣候。時有變遷。加以風雨無定。乾濕不一等故。而風雨寒暑兩表。所指之度數。亦隨有差誤。而不可憑矣。不但此也。上言地形愈高。蒙氣愈輕。則人旣藉蒙氣以生。難得登高久活。故格致家謂凡人陟山至千四百丈之高。則吹噓極艱。渾身柔弱。若升至二千二百四十丈。則蒙氣過輕。口鼻耳皆流血。而命危頃刻矣。余考自古迄今。其陟高山之巔。至千六百三十六丈者。有德國翁葆德一人。其由氣球上升。則於嘉慶九年。有盧撒克一人。至千九百五十三丈之高。後四年。有意國天文士伯利奥基。乘球直上。至二千三百十四丈。已不勝其疲憊。性命垂危。幸卽放球落下。故未死是役。由是以觀。欲測天下極高之山。非三角測量法不爲功也。

天下大川

天下之河。莫大於密士失必在北亞墨里加。盡其曲折言之。長可萬一千六百六十九里。闊則八百四十丈。或四百四十八丈不等。其二爲亞斐利加之尼羅河。長可萬餘里。第三大河曰亞馬孫。在南亞墨里加。溯其長得八千餘里。計其廣。初尚窄隘。約得八百四十丈。嗣漸流漸廣。迨至江口。則浩浩汪洋。大於海口。推步計之。得百六十里有奇。是爲天下江口之最廣者也。尼塞河在亞細亞俄屬西伯利地。發源自外蒙古昂可剌與色楞加兩大河。爲其上流。長得八千九百里。其次乃及楊子江。自源至口。長約八千四百餘里。闊則在五百六十丈。與八千四百丈之間。再次爲黃河與黑龍江。長可頡頏。無甚差池。各得七千二百九十里。至亞斐利加之公額河。絲長亦與之相若。西伯利之里那河與烏爾河。長短亦等。約得六千九百餘里。巴拉他河。譯言銀河。在亞墨里加之南。分得六千四百八十里之長。中有沙磧壅塞。行船爲艱。降而下之。乃有歐羅巴之窩夸河。長得六千餘里。印度之恒河。長得四千八百五十餘里。多惱河。長四千七百餘里。瀾滄江。一作湄江長四千二百餘里。雅魯藏布江。西藏達印度之河也。塞納加爾亞斐利加之河也。約計之。各得四千里。歐付臘得河。在東土耳其地。尼伯河。在歐洲俄羅斯境內。各得三千里。阿母納林二河。俱在西域回部。皆得二千五六百里。西江自雲南開源。流通兩粵。卒於廣州之南。達於海。長約三千有七十里。與是河同里數者。曰印度河。爲印度西境洪溝。自是遞降。則出西藏入雲南連緬甸之潞江。歐羅巴之頓河。來因、易北、羅亞爾、阿得德人、厄波羅、瓜第亞納、羅尼、繆色、塞納、威色、波河等。傳名四極。天下皆知。其修短不齊。長者二千餘里。短者不過千餘里。以大河較之。不啻餘子矣。

北極
北冰洋
北亞墨利加
太平洋
大西洋
南亞墨利加
南冰洋

北極
南極
歐羅巴
亞細亞
亞斐利加
印度洋
大西洋
太平洋
澳大利亞
中國

五洲方域

天下水陸兩分。土分新舊。以自昔著名者謂之舊土。以後時尋獲者謂之新土。新舊兼合。總名五洲。舊土三洲。曰亞細亞。曰歐羅巴。曰亞斐利加。新土二洲。曰亞墨里加。曰澳削尼亞。五洲之中。亞細亞爲人類肇生。聖賢首出之地。土壤遼廓。戶口衆多。其土地共得四十二兆法方里。南北亞墨里加次之。得四十兆法方里。其次爲亞斐利加。得三十兆法方里。又其次爲澳削尼亞。約得十一兆法方里。歐羅巴土地最小。得十兆法方里。至亞細亞近日人民總數。約畧計之。當不下八百二十兆人。歐羅巴踵其後。約得三百八十五兆人。南北亞墨利加又次之。得一百四十五兆人。亞斐利加得一百三十兆人。澳削尼亞最少。約得四十五兆人。合五洲計之。得一千五百兆人。假令將天下人民之數。析爲百分。則亞細亞過其半。而得其百分之五十四分。歐羅巴得百分之二十六分。亞墨里加不及百分之十。亞斐利加得百分之八。澳削尼亞僅得百分之二有奇而已。又若以土地之廣狹。人民之多寡。對核其戶口之疎密。則亞細亞惟居其第二。

而歐羅巴爲第一。蓋亞細亞境內。沙漠甚多。窮荒赤土。人跡闃如。故雖中國直省內。雞犬相聞。城村連絡。終不足抵歐洲人烟之稠密也。計歐洲於一法方里之地。折中言之。可得居民三十八人。亞細亞中。則截長補短。僅得二十人。亞斐利加僅得四人有半。亞墨利加三人有半。澳削尼亞僅四人。若言五洲疆域。亞細亞東界太平洋。限於畢領峽與亞墨里加西北絕境。僅隔百四十餘里。北盡於北氷洋。西絕於歐羅巴。以烏拉嶺、烏拉河、裏海、高加索山、黑海、君士但丁峽、馬海、他大尼里峽、地中海爲界。南抵亞斐利加迤西以蘇彝士河爲界。乃入紅海。轉東爲印度洋。踰麻六甲峽。達南洋。與澳削尼亞之蘇門答臘、婆羅洲、即渤泥島、呂宋等島分畛域。按蘇彝士本土腰一撮。闊僅百八十里。爲亞細亞與亞斐利加兩洲樞紐。凡行商之自地中海東來者。因水程中斷。望而興嗟。咸豐五年。法人雷率伯建議疏通。向各國糾股集貲。大興工役。將蘇彝士土腰開掘。同治八年。告厥成功。行商便之。亞細亞洲之列國。其昭然可考者。曰日本。曰高麗。曰中國。曰東俄羅斯。曰越南。曰暹羅。曰緬甸。曰不丹。曰廓爾喀。曰印度。曰俾路芝。曰阿富汗。曰西域回部。

曰波斯曰阿剌伯曰東土耳其悉數計之得一十六國其間治體不同或自立成國或僅屬藩封未可一概論也

歐羅巴東接亞細亞北盡北氷洋西抵大西洋南接亞斐利加以直布羅陀峽爲要害以地中海爲行商門徑洲中列國曰西土耳其曰希臘曰蒲加利曰塞爾維曰羅馬尼曰西俄羅斯曰瑞典與那威曰丹馬曰日耳曼盟會國即德國曰奧地利亞曰意大里亞曰羅馬宗國曰瑞士曰法蘭西曰西班牙曰葡萄牙曰比利時曰荷蘭曰英吉利此其大國也小國六曰安道耳曰摩那哥曰盧森蒲爾曰森馬林曰光石國曰黑山國幅員窄隘如彈丸僅比中國下邑

亞斐利加北界歐羅巴與亞細亞南境東界印度洋南盡於大洋西抵太平洋洲中部落甚多如公額與幾內亞等類皆野陋無文幾不堪被以教化其强成國體粗有可觀者曰埃及即厄日多與的黎波里爲土耳其屬國曰多尼斯昔屬土王今已自立而法蘭西主保護之權曰摩洛哥曰桑給巴爾曰馬達加斯

加近亦夷爲法蘭西屬部。此外或爲歐洲列國佔據之地。如莫三鼻給與加不。卽岋朴。卽古稱大浪山等地者皆是。或昔爲他國屬地。而今日差能自立。如利伯利亞與阿蘭日。達郞斯徵耳近屬英國。

亞墨里加分南北兩土。東界大西洋。西界太平洋。北絕於北氷洋。南限於南冰洋。東北爲丹國所據。北方氷疆之地。皆窮荒曠土。罕有人居。中央加拿他爲英國屬地。迤南爲亞墨里加合衆四十六國。又南有國曰墨西哥。曰危地瑪拉。曰聖散懷道。曰閧都拉。曰尼加拉圭。曰高斯大里克。南亞墨里加諸國曰哥侖比亞。曰委內瑞拉。曰厄瓜多爾。卽赤道國。曰巴西。曰秘魯。曰波里未亞。曰智利。曰拉巴拉他。卽銀國。曰巴拉圭。曰烏路圭。南北亞墨里加之間。有海灣深凹。島嶼累百。其大者曰古巴。曰海以地。曰聖多明我。差能自立爲國。惟恐不免仰人之鼻息耳。

澳削尼亞取名於大洋。島嶼星羅。累千盈萬。槪屬泰西列國。屬英國者曰澳大利亞。曰地閩。曰新西蘭。屬荷蘭者曰噶羅巴與蘇門答臘及婆羅洲之東南境。合衆國所據者曰呂宋等島。法蘭西所佔之島。皆渺小無幾。葡萄牙亦然。其能自立爲國。而不受役於人者。盡澳削尼洲。數止有三。在南爲蘇門答臘之亞珍與婆羅洲之西北境。在東爲三德槐支羣島。或作阿歪希俗稱檀香島者是也。

舉垓埏諸大國。衡其寬廣。幷合屬國而總計之。則英吉利當推巨擘。共得三十五兆法方里。俄羅斯次之。得二十二兆五十萬法方里。中國居第三。得十一兆法方里。法蘭西得十兆法方里。合衆國得九兆八十萬法方里。巴西國得八兆三十萬法方里。日耳曼得三兆五十萬法方里。此舉今日大國幅員之大約情形也。然値此疆埸多故。各事凌夷。不知後日之江河。竟是誰家之天下。

亞洲總論

亞細亞本東土耳其城名。後泰西人用以名東方諸國。習久皆知亞細亞洲之名遂定。緯線自赤道向北初度起。至七十七度三十分止。經線自北京午線偏東七十五度起。至偏西九十有半度止。縱可一萬三千八百六十里。橫則折中計算。約得萬一千五百里。計其土壤。共得四十二兆法方里。內俄羅斯得其十分之四。中國得十分之三。英人得十分之一。其餘二分。則爲列國所居。由是知中國在亞細亞爲第二大邦。而戶口之殷繁。則遠駕乎俄國之上。蓋統亞洲人民。約八百二十兆。中國版籍。已獨得四百兆人。以此數與俄屬地十兆居人。較戶口之多寡。土地之肥磽。洵不可同日語矣。

亞洲之山。曰雪山。卽倚馬山。曰葱嶺。曰崑崙山。曰天山。曰阿爾臺山。譯言金山。其分枝有曰唐努山。又東曰塔爾哈克山。在滿洲之北。爲外興安嶺。皆連峯疊嶺。高峻不羣。每有氷雪積其巔。入夏不化。望之如玻璃屏障。熒耀空明。西境有烏拉嶺。最高之峯。不過四百七十三丈。而鐵礦最盛。一峯之産。日可採十萬斤。

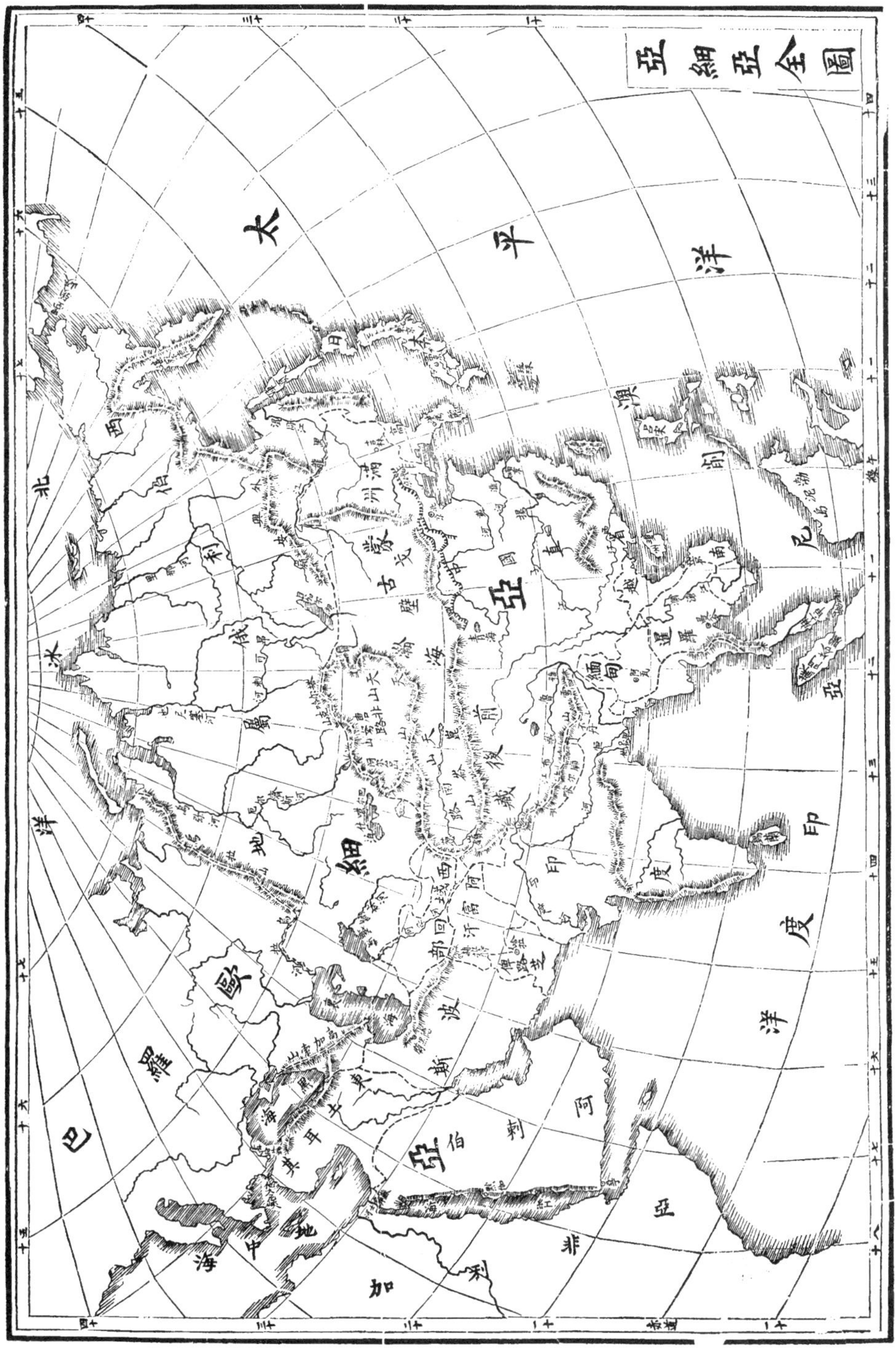
亞細亞全圖
太平洋
北冰洋
印度洋
亞細亞
歐羅巴

雖累年開挖。迄今仍在外殼。而中心依然未動。且因礦苗深入地中。故雖經年剷平峯巒。而所墾之鐵。向未及其半。地不愛寶。洵取之無窮者。阿剌伯亦有重山連絡。西里亞有黎巴嫩山。其勢自北徂南。北有刀羅斯山。自東而入小亞細亞地。枝枝節節。如大樹之蔭覆廣地。擁蔽萬頃。誠壯觀也。

洲內大川。除也尼塞揚子江黃河黑龍江烏彌里那河西江瀾滄江雅魯藏布恒河潞江歐付臘得納林河阿母河外。東有松花江淮河漢河。暹羅有湄南河。緬甸有伊底河。東土耳其有底克里斯河。俄羅斯有烏拉河。皆著名天下。藉藉在人口。餘則罕有聞矣。

亞洲大湖之中。裏海爲最。南北相距約得二千里。東西約八百里。合得四十萬法方里。按是湖水面較洋面約低八丈。西里亞有死海。低於洋面一百餘丈。長約一百三十里。廣三十餘里。共得一千六百法方里。爲亞細亞六大湖之殿。裏海東之大湖。曰鹹海。長五百六十七里。廣五百五十里。共計六萬五千法方里。以其水味頗鹹。故有斯名。其實鹹味不比裏海之甚。而出鹽亦不甚夥。貝加爾湖。在外蒙古外。色楞格河流水經其中。而達於昂可剌河者也。按是湖。寬廣可六萬五千法方里。折中計之。長約千里。闊僅百五十里。巴爾噶什泊。亦處塞外。在伊犂之西。爲伊犂河所歸宿。長可九百里。廣在二三百里之間。青海長得一百七十里。廣八十里。其餘大湖。雖湖廣之洞庭。江浙之太湖。江西之鄱陽。亦第如自鄶以下。不可與之並駕齊驅也。

亞洲土產。因氣候不齊。故生植各異。北方凛寒地瘠。百卉蕭條。中央流沙錯雜。果蔬穀實。不甚蕃衍。土人多事漁獵。惟迤南之地。氣候溫和。土壤膏沃。因之草木向榮。穀果茂盛。禽獸充斥。地中所產。除水晶。藍寶石。瑪瑙。白玉。珊瑚。五金。水銀。鑽石。煤炭。鹽硇硼砂等礦外。印度有巨竹。長可六丈。著淡白花。流甘汁。印人取以代糖。鮮潔可口。其加菲。乳香。抹藥。出於阿剌伯者爲貴品。錫蘭之玉桂。甲於天下。檀香。烏木。楠木。盛產於越南暹羅緬甸等南方之國。中央荒磧之區。不勞種植。多產大黃。五葉人參。爲滿洲獨擅之利。繭絲茶葉。爲中國外運之宗。

至於飛潛動物。象爲獸中之王。身長約一丈。高可七尺。牙長七八尺。初生四五年。換齔牙一次。此後不復脫落。鼻長五六尺。猛能拔樹捲人。如人之兩手然。多出於印度越南暹羅等地。土人有善術調馴之。以資乘騎駕載。甚爲便益。其生長牙似象。而實則非象者。北氷洋之海馬也。或稱海牛。或海象。水陸可居。其力猛而性愚。與象可爭勝負者。犀牛也。鼻端生角。臨戰必磨其鋒。皮堅如鐵。刀鎗箭銃不能入。猿猴多出於亞洲東部。麝鹿時見於西藏。北方有獸如鹿。名命吶。牝牡皆生角。惟雌者生角較小。蹄比常鹿畧短。粗則過之。性馴良而耐勞。土人諳之。以當牛馬。可以供驅使。可以挽車運物。輕捷如馬。又有麠。亦鹿之類。身高大如馬。生角重可六十斤。每角十有餘枝。其皮最稱貴重。獅子亦推獸中王。與象並列。見於波斯阿剌伯地。狀貌獰惡。威攝百獸。色麻而黃。目圓而大。吼則聲洪如雷。餒始食獸啖人。若虎則性黠而殘。不激亦怒。不餓亦傷人戕物。產於印度錫蘭等地。豹之爲物。似虎而異類。肚白背黃。斑駁可喜。俗謂虎生三子。必有一豹。其說非是。今印度尚有此獸。中國御囿內。有四不相。亦大鹿之類也。因其非鹿非牛非駝非驢。而鹿角牛蹄駝項驢尾。各有似之。故名四不相。羚羊、犛牛、短尾、穿山甲、出於西方。熊羆貂銀諸鼠。出於北方。雙峰單峰駱駝。皆產於西南。太平洋迤北之境。尙有白鯨魚。魚形而獸性。龐大無比。鱷魚身長可逾二丈。吞魚傷人。殊非馴物。產於印度炎熱河中。鴛鴦孔雀。禽中之美品也。出亞細亞中央。流傳至中國日本。駝鳥禽之大者也。在亞洲惟見於阿剌伯。其餘鷹鸇鷂鴿、燕雀鶺鴒。大小不一。種類紛繁。不勝計數。此亞洲飛潛禽獸之大畧也。

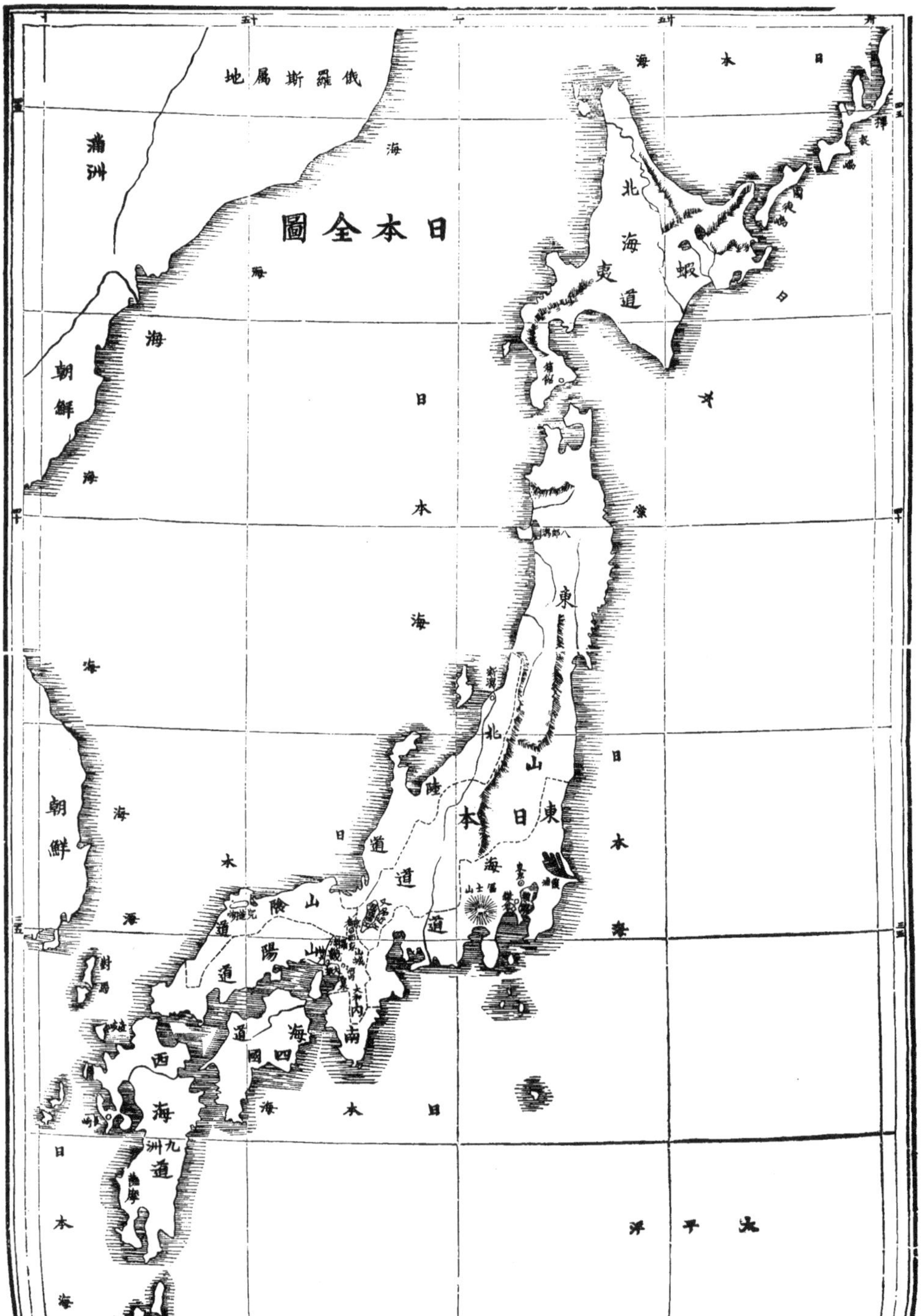
日本全圖
俄羅斯屬地
滿洲
朝鮮
朝鮮
海
日本海
日本海
日本海
日本海
日本海
北海道
蝦夷
東山道
北陸道
東海道
山陰道
山陽道
南海道
四國
西海道
九洲
對馬
太平洋

日本

日本古稱倭奴。唐咸亨初。國人惡其名。更號日本。以地處東洋。日光先見故也。四面環海。形勢雄奇。大島四。居中者名日本。西南曰九洲。一名薩摩島。南曰四國。東北曰葉所。或作蝦夷。別有東夷、毛人、毛民之號。九洲西北爲對馬島。與高麗東南境相距僅三百餘里。此外島嶼縈廻。星羅碁布。悉數難終。地勢修狹。作蜻蜓折翼形。倂其琉球臺澎之地合計之。可得四十二萬法方里。按其國史言神武天皇以前。有天御中主。天材雲尊等。年代湮遠。事蹟渺茫。傳訛之論。不足取信。兩漢始通中國。晉魏以後。佛教盛行。唐貞觀間。屢遣使臣往來。宋初國僧奝然浮海來貢。太宗特賜紫衣。存撫有加焉。元至元間。屢遣使招之。不復命。十八年。命范文虎等將兵十萬。統戰船九百征之。會罹暴風。全軍盡沒。生還者三人而已。終元世不復通問訊。明興。乘中國用兵。屢寇海濱各州縣。洪武二年。遣使頒詔書。且詰其何故入寇。不報。侵掠如故。永樂元年。始通表貢。時對馬壹岐諸島賊。掠濱海居民。諭其王收捕之。王如命。執其魁二十人以獻。自是頻入貢。

亦頻獻所獲海寇。且表言島中無賴。鼠竊時發。實非遠臣所知。願貸罪。語極恭順。然海寇仍不絕。嘉靖二十二年。徽人汪直。與奸民徐海陳東麻葉等。勾引諸倭。大舉入寇。舳艫銜接數百號。蔽海西至。浙東西。江南北。濱海數千里。同時告警。所至輒陷。驛騷二十餘年。至萬歷四年。總督胡宗憲。總兵戚繼光劉顯俞大猷。協力攻剿。殲徐海。俘麻葉陳東。斬汪直。倭患始平。秀吉者。薩摩人奴也。雄健矯辯。關白信長見而悅之。令牧馬。後漸用事。爲信長畫策。奪幷二十餘州。擢爲攝津鎮守。會信長爲其下明智所殺。秀吉平其亂。威名遠振。尋廢信長三子。自稱關白。蓋關白爲尊號。通國一人而已。萬歷二十年。移師寇朝鮮。朝鮮望風四潰。王弃平壤。尋遷義州。遣使告急。中朝發兵救援。不獲勝。會秀吉死。諸倭遂揚帆歸。朝鮮以平。　國朝肇興。遼瀋聲靈遠鎮。數百年來。相安無事。同治八年。始有通商之約。十三年。臺灣之役。幾肇釁端。幸和議旋成。仍以玉帛相見。詎盟無多時。而光緒五年。乘新疆之亂。襲我琉球。二十年。以高麗之故。割我臺澎。至今諸事振興。稱雄海上云。

通國畿內外共分八道。四十三省。八十二國。七百一十七郡。京都取名曰東京。西京爲舊時都邑。日皇惟歲時臨幸而已。考其朝綱政事。昔與中國相髣髴。國君生殺黜陟。獨握全權。玆於光緒十五年。新設上下議政院。上議院三百二十八人。下議院三百人。又設太政官。如中國內閣軍機處。外務省。統理各國事務。內務及大藏省。陸軍省。海軍省。文部及教部省。戶省。司法省。農務及商務省。驛傳省。各道設鎭撫使。畿內謂之總管。各國有國守。職如太守。而權則幾同巡撫。其餘文武官員。職秩繁多。分爲九位。倣中朝九品官制。人民之數。約四十五兆。臺灣居民。亦在其中。考今日國中兵制。男子凡二十歲以上。皆當親役陸兵三年。或水兵四年。然後從役陸軍四年零四月。或水師三年。期滿後。充守土兵五年。又自十七歲以上。至四十歲。恐入備兵之數。平時陸兵可得六十四萬人。水師四萬人。

國人身多短小。面色微黑。室無桌椅。設矮脚几。席地而坐。男女衣服。皆大領闊袖。衫長拂地。短襪曳屐。男髡鬚而薙頂。留長髮至腦後。闊寸餘。綰爲髻。女不薙髮。前後挽髻。插琉璫簪。邇來仿效西法。男子多改西裝。有頭戴西冠。而足曳東屐者。亦有下衩皮履而上椎高髻者。更有冠履皆易。而衣裳仍舊者。羊棗菖蒲。各從所嗜。男子常佩刀劍。尊者多至二三柄。睚眦不合。積忿於心。無可發洩。往往自刎以報。亦愚甚也。地多震撼。房屋概取竹木。無高牆堅壁。因之火患頻仍。每歲被焚房屋。不可數計。近聞當道議定營室規程。曉諭民間。一律遵照矣。文字與中國同。而音則迥殊。意義間亦歧異。如御字。中國惟帝王用之。彼則無物非御。與大字同義。更有字母。參以土音。尤難解釋。所奉之教。除儒釋道外兼奉天主教。前明嘉靖時。有西土聖人方濟各入其國。廣宣正教。君民臣庶。向化甚衆。嗣遭亂臣關白秀吉之難。而聖教中微。年來日廷漸弛禁令。教務蒸蒸日上。又與泰西諸大國。立約通商。共敦和好。定商埠八。曰東京。曰京都。曰橫濱。曰大坂。曰神戶。曰長崎。曰新瀉。曰箱館。且自據我臺灣後。又在臺灣府淡水等處。新設通商埠頭。舉皆倣效西法。機器製造。輪船電線。靡物不備。數千年之舊制。爲之一新矣。

日本峯巒險阻。崎嶇不平。通國火山四十有九。噴燄吐烟。屢遭地震。此四十九座中。今已熄滅者。三十有二。山之最著者。名曰富士山。在東京西南約二百里。高峻絶倫。爲通國羣山冠。頂上積雪。經月不消。日本國史記孝靈天皇五年。卽吾中國周赧王二十二年。駿河國富士山湧出。謂其平地震撼。而突起高山也。嗣後更迭爆烈。屢見記載。其罹災最烈。在前唐咸通初葉。卽清和天皇年間。山如紅爐。火光遙燭。烟燄上騰。高出雲表。地軸轉旋。若雷霆耳。如是者十日。卒乃轟然一聲。山麓崩裂。飛沙走石。如海潮決隄。狂波汙湃。殃及四鄰。死傷無數。方廣二百里內。幾成荒野。而人跡已不可復覩矣。嗣於康熙四十五年。山阪復裂。沙塵之遠颺者。周圍約八百里。靡不徧及。東京一帶。平地積沙數寸。山下居民。殆不可問。怵目傷心。莫此爲甚。幸自百餘年來。火勢漸減。今則闃然無聞。想已不復肇患矣。富士山湧出之年。同日京都東北。亦頻頻地震。沃野百餘里。倏爾陷成澤國。後人名之曰近江。又以形似琵琶。名琵琶江。爲通國最大之湖。此外又有霞浦完道八郎瀉等。無甚勝蹟足紀。横濱西數里。有鎌倉。係源頼朝舊址。雖不甚高。而山嵐環繞。樹木葱蔚。足資眺矚。按源頼朝。乃東瀛覇佐。與中土管晏等相埒。初以流竄之身。起兵伊豆。殺義仲。滅平氏。

威震天下。權傾君王。至今還容手澤。盔甲刀劍。均未遺失。遊人玩賞者。絡繹不絕。其居亦稱雄壯。甬道長三里有奇。兩旁遍繞松杉。蒼翠入畫。又距橫濱不遠。有杉田牛頭山寺。其中古梅一株。高二丈許。古幹橫斜。拳曲如鐵。花作淡紅色。遊人至此。輙飲酒吟詩。殊多清興。洵佳勝之區也。

日本物產。金鐵之礦。雖所在多有。究不及銅礦之富。土壤以高山蓊鬱。頗多磽瘠不豐。產穀米。棉花。茶葉絲。樟腦等。楮料甚綿密。所產之馬。短小精健。頗利馳驅。亦良駿也。

琉球

考琉球羣島。凡三十六。蟠紆虬踞。在浙江台溫福建福州府之東。地分三路。一曰首里。宮殿在焉。一曰久米。一曰那覇。爲國之都會。與海舶收泊之所。人烟稠密。天氣淸和。川澤瀠洄。峰巒聳秀。國中產米無多。故大半以番薯爲糧。衣服類皆蕉布。而房屋俱卑小。惟王宮使館。稍形軒昂。然必以大繩繫柱。深插於地。以防颶風。昔歸三王控制。曰中山。曰山南。曰山北。皆以尚爲姓。漢魏以來。不通中國。隋大業時。令羽騎朱寬訪求異俗。始至其國。至明洪武初。三王方遣使朝貢。而中山王尤屢遣其從子來遊太學。後山北爲二王所併。宣德中。山南亦併於中山。自是琉球各島。惟中山王統之。迨我 朝定鼎後。奉職尤謹。虔修外藩禮。王薨。則世子嗣位。遣使請 命。朝廷遣文臣二。爲正副使。持節航海。册爲中山王。自國初至今。未之或異。順治十一年。册封尚質爲中山王。康熙二十一年。世子尚貞請襲。 上遣官册封並 御書中山世土四字賜之。雍正二年。 賜以輯瑞球陽額。道光年間。膺 命册封之正使。爲閩中林鴻年殿撰。同治初年。其王尚泰繼立。亦遣使請襲。册封如例。以昭臣服。光緒五年春日本遣其臣勿韶打至琉球。傳日廷旨。欲琉王勿再入貢中朝。改易正朔。琉王答以久爲中國藩封。世修貢職。不便擅自更張。後向中朝告急。中國以新疆軍務未畢。中西交涉事繁。未能兼顧。日本乃發兵艦數艘。執琉王以歸。夷廢之。夷其地爲冲繩縣云。

臺灣

臺灣本城名。今臺灣府是。後以名全島。閩人初呼爲大琉球。因其孤懸東海。遠望如琉球。而土地則更大也。西人初至島中。稱爲福爾毛撒。譯言麗都島。蓋以其山川峻秀而云然耳。島形自東北稍偏西南。統計南北約七百里。東西約二百二三十里。縉紳全書。載臺灣南北二千八百里者。以路之曲折言之。非直徑也。島嶼中央。直亘數大山。如屋之有脊。分全島爲東西兩境。南山約高七百二十丈。中山一千有六丈。北山一千有八丈。曾有西士考驗其地。言島中古有火山。今已熄滅矣。數百年來。地震頻仍。較他省爲尤甚。殆以火山下烈燄未消。時欲猛發。故有此兆耳。山之東境。長八百里。廣百數十里。爲生番地。從未入中國版圖。其人軀幹魁梧。奔馳如獵犬。面平坦。見人則眸子頻動。若愚蠢無知者然。頸生贅瘤之人。隨處皆有。以平時多食菓子。故齒牙作紅色。男女手帶銅鐲。女佩頸環。男佩耳圈。下懸小竹管。刻花式。綴以紅絲。以爲美飾。胸前及臂下。間有刺鳥獸形者。上下無衣。惟腰間束布以蔽羞。晨起必往隴畔。木偶前跪拜。後投

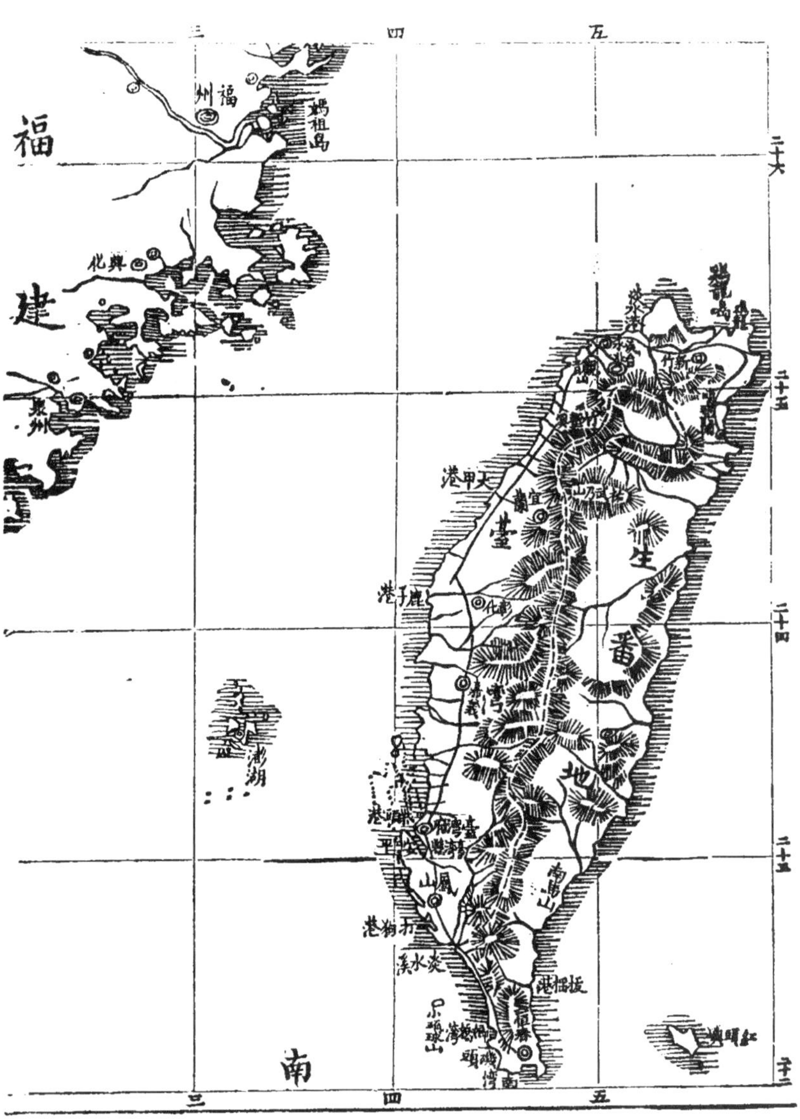

物於地。以卜一日之禍福。人死即葬於死所。死於路者。葬於路。死於床者。葬床下。掘地深數尺。然後埋之。其生平所用劍戟。同瘞穴中。附食物少許。以爲祭奠

之儀。此外別無毀體。生番婚姻。男往女家。如中國贅壻然。故父母期生女。不重生男。民情頗和愛。惟有仇必復。強悍逾恒。如兩家因事支吾。擇長老三四人出爲排解。往往一語而服。不需廣長饒舌。目下番民共約二萬人。分村落頗衆。大者千人。小者五六十人。彼此不相顧問。無官吏。亦無文字。惟南境人互相盟結。以爲守望之助。所食係魚果與鳥獸肉。近來雖種五穀。然寥寥無幾。其言語出瑪來西島者。六之一。出呂宋島者。十之一。迤北十七村。多似斐里比納之語。說者謂臺灣番民。自南洋島遷來。其言近似。山之西境爲熟地。東西百餘里。其居民本係生番。康熙二十二年。朝廷收入版圖。改置臺灣府。領三縣。一臺灣縣。爲府治。二鳳山縣。在南界。三嘉義縣。在北界。初名諸羅縣。乾隆五十二年。臺賊攻縣城。居民助提督城守。因勅改嘉義以旌之。雍正元年。析置彰化縣。在諸羅之北。道咸以來。新設恒春縣。屬臺灣府。又設臺北府。領三縣。一淡水。二新竹。三宜蘭。共計二府八縣。設官除府縣教授外。有總兵一員。兵備道一員。打狗埠與臺灣府。電線相通。傳報最爲靈捷。臺灣府城西南。本有一港。今淤積成田。不通舟楫。故輪艘至彼。當泊大里外。商人苦之。

熟地物產最豐。五穀備有。饒烟草甘蔗等物。生意以白糖及樟腦爲大宗。產竹一種。圍可一尺八寸。高九丈。樹一種。剝皮爲紙。獲利三倍。淡水河內。生鳴魚。發聲如鼓樂。聞百步外。產土瓜。形長而含汁。味甚甘。西人素嗜之。居民以騎牛爲常。行遠負重。皆用元武。且能疾走。與他省之牛異。驢馬不數數覯。禽鳥亦罕。所產猴鹿。西人視爲上品。土人結茅爲屋。家中所儲。除農具外。別無長物。喫食不用筷箸。以赤手取飯。有古人風。今雖舊俗漸移。猶未能一律化。文風之劣。更不待言。籍隸斯土者。除番民後裔佔據大半外。餘皆閩產。間亦有粵產。與土人互婚交友。已不啻水乳相融矣。島中名山。有七星觀音老佛玉案筆架木岡鳳鼻鯤身磯頭等名目。名川有八掌溪。廿棠潭。蓮花池等勝地。考臺灣西濱。至福建東界。相去僅二百四十里。月白風清。隱約相覩。惟魑魅荒陬。蠻瘴絕域。自上古以至前明。華人無至其地者。隋大業中。虎賁將陳稜。一至澎湖。東向望洋而返。宋史載澎湖東有毗舍那國。即臺灣島也。明成祖永樂末年。遣太監王三寶至西洋。徧歷諸邦。採風問俗。宣宗宣德五年。三寶回。行近閩海。爲大風所吹。飄至臺灣。是爲華人入島之始。越數旬。三寶取藥草數種。揚帆返國。後無問津者。世宗嘉靖四十二年。俞大猷奉命征海賊林道乾於澎湖。林敗。竄據臺灣。旋爲琉球人所逐。死於粵東。大猷歸。朝廷發官守澎湖。熹宗天啟元年。日本人踞臺灣。逐琉球人而放之。至是荷蘭國人。求澎湖於中國。弗得。至臺灣求一互市地。日人弗許。誘以重幣。乃允。相傳日人祇約一牛之地。荷人詐。以牛皮剪碎爲條。相結爲繩。長數十丈。以是量地。希冀多得。日人初不肯。繼畏荷人踵至。勉從之。荷人於海邊築一臺。土人謂之紅毛樓。又於今臺灣府西南建一城。俗呼爲紅毛城。日人屢與荷人爲難。荷人以火炮拒之。死傷頗衆。乃不敢犯。 國朝發祥長白。興大兵伐明。所向無敵。崇禎九年。 太宗改元崇德。國號 大清。崇禎十七年。 世祖卽位。建元順治。時李自成已陷燕京。 世祖遣兵掃蕩之。遂定天下。

惟明唐王聿鍵稱帝福建。安南伯鄭芝龍等佐之。閩粵兵餉。盡歸芝龍掌握。迨貝勒博洛破唐王。執之。芝龍降。子成功堅不從父志。決意事明。慷慨募兵。焚所著儒服。初圍漳州繼犯福州皆不利。芝龍作書招之。不聽。初閩浙間大旱。芝龍言於巡撫熊文燦。以海船載數萬饑民移徙臺灣。人給三金一牛。使墾荒食力。於是生活多人。漸成邑聚。時荷人踞城中。流民散屯城外。荷人以行商自活。不斂田賦。與民相得焉。順治十七年。成功屢敗。無所之。以四萬兵竄入臺灣。荷人力拒之。不去。對壘相攻。荷人勝。且以其長於燃炮也。鄭軍不敢近逼。圍困數里外。絕城中水源糧餉。相持六月。十八年春。成功以百艘泊上游。滿載几椅等物。乘大風起。舉火焚舟。順流而下。傳燃荷艦三艘。僅一舟幸存。荷人氣餒。知不得免。然猶不敢遽退。會成功遣使來約曰。予吾土地者。子女玉帛。任爾所之。於是解圍退三舍。荷人以一舟盡載所有以去。自是以至咸豐中。西人無行商其地者。成功既據全臺。與所佔金廈二島相犄角。禮賢士陳永華爲謀主。務屯墾。修戰械。制法律。定職官。興學校。起池館。待故明宗室遺老之來歸者。以紅毛城爲都會。置天興萬年兩縣。招徠漳惠潮之民。汙萊日闢是年　聖朝棄芝龍於市。鄭氏在京者皆伏誅。康熙元年。成功卒年三十有九。

長子經嗣位。吾靖南王耿繼茂總督李率泰貽書招之。經請如琉球朝鮮例。不薙髮。不易衣冠。不稱。旣而明監國魯王卒於臺。三年。繼茂率泰施琅黃梧等檄荷蘭夾板船。會勦鄭氏。克金廈兩島。經遁歸臺灣。七年　詔大臣明珠蔡毓榮赴漳招諭經。仍以琉球例請。　上弗許。十三年。靖南王耿精忠起兵反。福建告援於經。經往焉。取汀州城。運臺米濟師。卒爲官軍所敗。二十年。經卒於臺。其下殺長子克𡒉。立次子克塽。二十二年。水師提督施琅以戰艦三百。水師二萬。進入臺疆。與鄭軍鏖戰。竟日。焚其舟百餘艘。殺臺兵萬二千人。遂滅鄭氏。是爲臺灣入版圖之始。計鄭氏割據三世。凡三十八年。華人初至臺中。聞生番多金銀礦。垂涎甚。欲奪取之而無由。爰駛舟往。生番粗知禮義。待之殷勤。導遊山陬間。覓金礦所在。無所得。惟見番民以朱提爲玩物。墮地纍纍。亦不之惜。華人見利忘義。飲番民酒。及醉。盡殺村人而投之海。取其白金以歸。事聞。閩境生番羣起來攻。殺北界人無算。報前日之仇也。康熙三十五年。吳球反臺灣。四十年劉却作亂。皆小醜也。尋滅。五十三年。　上命天主教教士。詣臺畫地圖。以炮船十五艘。兵七百餘人護之。

康熙六十年。臺灣知府王珍稅斂苛虐。捕私伐山木之民二百人刑之。鳳山奸民黃殿等。因民之不忍。羣相謀亂。以朱一貴爲匪首。煽惑無賴數百人。揭竿起事。總兵歐陽凱遽延出兵。賊乃大熾。游擊周應龍遁歸。參將苗景龍敗死。賊陷府城。又陷諸羅。凡七日而全臺陷。一貴僭稱中興王。僞號永和。大封羣賊。廈門水師提督施世驃聞警先赴。總兵藍廷珍調兵踵之。全軍萬有二千。舟六百艘。次第進發。勢如破竹。時淡水諸羅義民。羣起相助。大破賊師。一貴走灣裏溪。爲村民所擒。檻送京師磔死。其敗逃之周應龍。及逃回之道府廳縣。皆伏法。知府王珍剖棺梟示。是年八月。臺灣怪風暴雨。流火燭天。竟夜海水皆立。港船互相撞壞。地又大震。郡無完屋。居民壓溺死者。以數千計。雍正十年。北路大甲二番。殘害官民。福建總督郝玉麟遣總兵呂瑞麟撫定之。已而復亂。官軍進勦平之。乾隆三十五年。黃教亂於大穆降。旋即潰遁。五十一年。臺灣民林爽文叛。爽文居新化之大理杙。地險族強。聚羣盜。結天地會以爲聚集之計。總兵柴大紀使知府孫景燧調兵三百。往捕村民。焚殺無辜。爽文遂因民之怨。集衆攻營。官軍覆。將吏死焉。鳳山盜莊大田亦陷其縣。柴大紀固守府城。賊來犯。拒殺千人。乃不敢偪。賊以十萬衆攻諸羅。城中守軍開紅毛樓。得大礮若干。遠用轟賊。城得不陷。賊晝夜圍攻。絕餉道。大紀潛遣人齎摺奏曰。諸羅爲府城北障。諸羅失則賊尾而至。府城亦危矣。且半歲以來。守禦甚堅。一朝棄去。克復實難。今內外義民不忍委賊。惟有竭力待援。用冀賊圍速解。帝覽奏墮淚曰。大紀當糧絕勢急之時。惟以國事民生自任。雖有名將。亦無以加之。其改諸羅爲嘉義縣。旌其民也。十月中旬。官軍數百艘兼程赴臺。合力攻賊。大破之。爽文携家走集浦。爲官兵所獲。未幾莊大田亦敗。且被擒焉。六十年二月。鳳山匪民陳光愛謀反。攻石井汛。未破。爲官兵所獲。斬其黨羽數十人。衆潰。事乃定。三月臺民陳周全又反。陳同安人。生長臺中。乾隆五十七年回籍。與同安匪民蘇業相結謀逆。事敗。逃至新化。與泉州人馬江。潮州人陳光輝。漳州人黃朝黃親等。分漳泉粵三股。各招千人。以洪棟爲軍師。以陳光秀楊成佳等爲僞將軍。糾衆戕官。連陷數邑。總兵哈當阿臺灣道楊廷理等次第進攻。賊勢漸殺。卒滅陳周全黨。事始平。嘉慶元年有許北之亂。尋滅。十五年。海賊蔡牽以大隊攻臺灣。沈舟鹿耳門。福建總督李長庚率兵大破賊軍。殺人無算。尸橫數十里。長庚戰死。蔡牽自盡。道光二十二年。英國商人遇颶於臺。總兵洪達命殺之。英將怒。請罰洪達。 上命解洪達職。遣大學士琦善詢之。事乃寢。咸豐十年。英法與中國立約。開埠通商。淡水其一也。同治初又開基隆打狗二埠。十三年臺灣生番殺日本商人。日廷以索賠為名。頗有支吾。光緒十年。法人以越南之事。騷擾臺澎。攻陷基隆。繼於十一年春。和議既成。法兵乃退。秋。 朝廷以臺灣為南洋門戶。關係緊要。宜有大員以資控制。將福建巡撫改為臺灣巡撫。常川駐紮。福建巡撫事。着閩浙總督兼管。繼又添設藩司布庫大使等官。以專責成。改設臺灣為行省。光緒二十年。日本以高麗之故。與中國尋衅。從事干戈。中師再四敗績。合肥相國李鴻章奉命赴東盟於馬關。讓臺灣為日人郡邑焉。

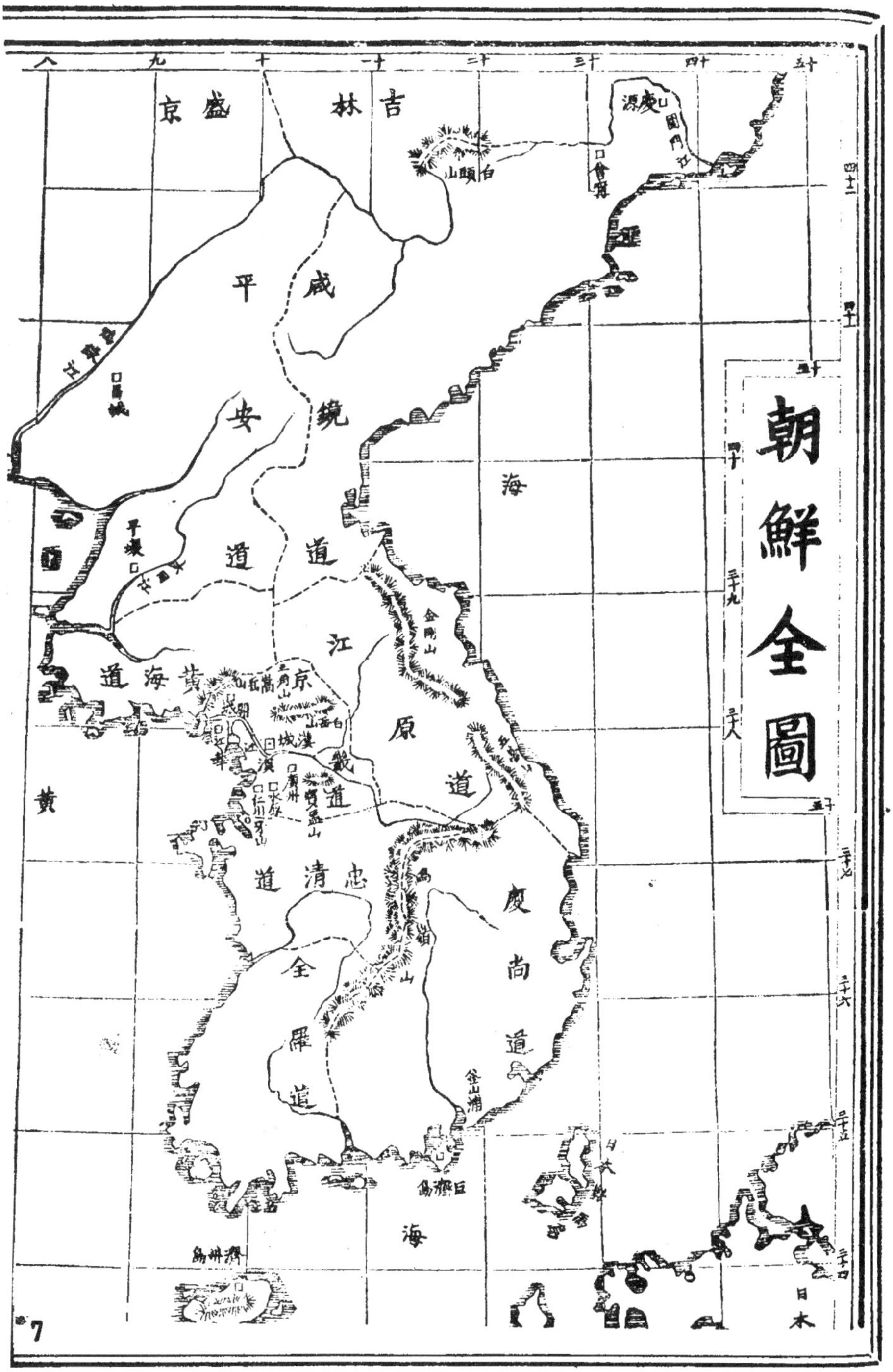

朝鮮全圖
盛京
吉林
白頭山
會寧
慶源
圖們江
平安道
咸鏡道
平壤
黃海道
京畿道
漢城
江原道
金剛山
忠清道
全羅道
慶尚道
釜山浦
巨濟島
濟州島
海
黃
日本

朝鮮

朝鮮別名高麗。以蕞爾國僻處東隅。自箕子受封。至今幾三千年。臣服中邦。向稱恭順。洵屏藩要地。王室爪牙也。南北相距約千八百里。東西最寬處僅八百里。地形長袤。中狹而首尾較廣。似巨人靴。東西南三面濱海。西北至盛京。以鴨綠江爲界。北界吉林。東北與俄羅斯爲鄰。沿海島嶼環列。碁布星羅。或斷或續。更僕難數。濟州巨濟。其大者也。秦代爲遼東外徼。漢末爲公孫度所據。傳至孫淵。魏滅之。五代以後。王建闢地益廣。并新羅百濟爲一。都開城。以平壤爲西京。國號高麗。尋子孫遣使朝貢於宋。亦貢遼金。歷四百餘年。未嘗易姓。明洪武二年。其君王顓表賀即位。賜以金印誥命。封高麗國王。在位二十五年。子瑤嗣立。昏庸無度。荒耽酒色。衆推門下侍郎李成桂主國事。詔許其自立聲教。成桂更名旦。遷鼎漢城。請中朝改國號。詔更號朝鮮。取其地處東方。先我被朝日之鮮明耳。旦衰。請以子芳遠襲。永樂元年。詔賜芳遠金印誥命冕服。以承統緒。十七年。芳遠年邁。以其子請襲。厥後世世繼繩。遵守罔替。萬曆時日本關白來寇國。

中以承平日久。不諳戰事。望風四潰。全境失陷。王出奔。請救中朝。遣兵征之。會敵酋死。遂復故土。國析爲十三道。曰京畿道。曰江原。西曰黃海。南曰金羅。東南曰慶尙。曰北忠清。曰南忠清。東北曰咸境。西北曰平安。國朝仍其制。頒定歲貢章程。歲將終。王遣陪臣來京。具儀上表。泥首宮門。中朝厚賚其王。大饗使臣。飭領欽天監時憲新書以歸。凡逢兩國慶喪等大事。亦刋有賀吊定制。常行弗替。光緒八年。與泰西諸大國立約通商。開釜山仁川元山諸埠。朝廷命合肥相國李鴻章與其使臣議定互市章程。以明中朝藩服。非通商諸國。可得擅較短長。光緒二十年。國中大亂。日人乘機竊發。欲奪中朝保護之權。無端挑釁。於是兵連禍結者。經年累月。奈中師水陸不利。屢戰屢走。二十一年。和議成。而高麗立爲自主之國。不復爲中國藩封。卒於光緒二十八年。英日兩國。假保護之名。立盟重約。將以拒俄之併吞。意甚善也。惟不知能濟事否耳。

考朝鮮官階品秩。暨風土人情。與中國大同小異。上有三公。位居丞相。贊襄國政。冢宰百官。名曰領議政。

及左右議政。亦有六部。曰吏曹。戶曹。禮曹。兵曹。刑曹。工曹。各曹判書一人。位並　中朝尚書。參判一人。參議參知各一人。下有正郞左郞等官。外官每道設監司一員。如　中朝督撫然。下有府尹。及大都護府。牧使。都護府。都事。判官。郡守。縣令。縣監等職。有所謂留守者。額設四缺。用以護衛都城。位副監司。而職並焉。分駐江華廣州開城水原四城。均隸京畿道。武秩。內官除兵曹外。設有五衛。京畿。江源。忠清。黃海四道爲中衛。慶尙爲左衛。平安爲右衛。全羅道爲前衛。咸鏡道爲後衛。五衛各裨將十二人。又設禁衛營。總戎廳。守禦廳。訓練都監。左右捕廳大將。率皆文武二品大員兼職。外官有統制使。節度使。虞侯。僉節制使等職。各分兵馬水軍兩班。名目紛煩。不勝縷述。國中官爵。世祿居多。罕有以才學登選者。至以白屋而躋公卿。則更寥寥焉。蓋限於資格。拘於畛域。習俗相沿。牢不可破。募兵之制。凡平民男丁年十六。强壯能用武者。選以充役。年屆五十者免。篤疾廢疾者亦如之。若篤疾廢疾。且年七十以上者。其胞兄弟亦准免役。若至九十以上。則諸子盡免役。人民約一千萬。貧多富少。居皆茅茨。屋之覆瓦者。十僅一二。室無桌椅。皆席地而坐。衣服多苧麻。衫皆大袖。巾形如弁。知文字。喜讀書。性柔而謹。孝親敬長。風氣頗敦。凡遇婚喪大事。或水火之災。鄰里之人。莫不爭先助。不吝財。不惜力。其仁愛公義之誠。有足多者。待賓客甚厚。雖行道人。素昧平生者。苟欲假館。亦必殷勤欵接。飲之食之。與至親密邇者無間。設風雨問阻。即連朝下榻。亦莫之怪。因之風氣漸即於濫。而游惰之習起矣。北方之民。性概強悍。耕漁操作。倍勤於南方。南民氣質寬厚。人才輩出。頗有文質彬彬之概。惜通國惑於左道。崇釋信鬼。溯前明萬歷間。國人始有打破迷關。信崇真教。迨 國朝嘉慶時。 聖教振興。從者益衆。今日風氣大開。悉除禁令。故國人皤然向化。棄邪崇正者。實繁有徒也。

高麗山嶺縱橫。盤旋紆曲。入其國者。終日行羊腸鳥道中。無平坦之區。履步殊欠暢適。計自圖門江遵海而南。蜿蜒奧衍。緜亘千餘里。其最著者。京畿道有寶蓋山。其形確肖。在都城東南百里。北有三角山。白岳山。風景絕佳。為游人玩賞之所。西北有神嵩山。一名嵩岳山。又作松岳山。在開城西。王建都此。為開國主山。故城曰開城。咸鏡道有白頭山。通國諸山此爲最峻。山頂積雪。經月不消。晶瑩皎潔。一望如銀。以是得名。其次爲全羅道濟州島之漢羅山。或作漢拏山。慶尚道之鳥嶺山。又次之。廣袤數十里。懸崖巉削。中通一線之路。

江河之大者。一曰漢江。源出金剛五臺二山。合流過漢城之陽入海。其南即古百濟國大同江。一作大通江。舊名浿水。唐蘇定方破魯兵於浿水即此。西北有鴨綠江。一名馬訾水。圖門江。或作豆滿江。東南流入海。

至論人物。唐有崔致遠崔匡裕二人。游學中華。成進士。名震一時。明洪武初。有金濤登丙辰進士榜。宋濂會試錄序。稱高麗之士與焉。濤其一也。鄭夢周少負忠孝大節。精研性理。爲東方理學之宗。累官門下侍郎。當國家多故。處大事。決大疑。不動聲色。時稱王佐才。李穡秉質聰敏。博通經籍。自政歸李氏。穡與夢周等。思奪社稷於成桂之手。以延王氏一綫緒。雖貶徙流離。始終不變。忠節可風。時稱僅見。南袞。累官吏曹參判。輯三綱行實問世。徐居正字剛中。有文學名。著有北征稿。申叔舟官左參政。天順間。張寧使朝鮮。叔舟爲館伴。唱和甚多。清麗芊緜。亦絕域才也。申光漢舉進士。有綱常常變策。傳誦一時。許篈同弟許筠先後掇狀頭。皆以文鳴於時。妹許景樊名亞二兒。爲閨秀中所不可多得。

高麗物產。金銀銅鐵之礦皆有。亦產參黃漆等物。黃漆樹似椶。六月取汁漆物。色如金。馬高三尺。身小力強。俗名果下馬。又有長尾雞。尾長三尺許。其綿布、苧布、粉紬、各色紬、虎皮、赤狐皮、海參等。尤爲國中富有之物云。

越南法屬

越南卽安南。向爲中國屏蔽。今爲法國藩封。處雲南兩廣之南。東南二面。悉界南洋。西接暹羅。西北毗連
英屬緬甸。形似長蛇蜿蜒。古交趾地。又名南交。秦屬象郡。漢武帝置交趾九眞日內三郡。光武中興。以任
延錫光爲交趾九眞守。教耕種。制冠履。立學校。女子徵側徵貳反。伏波將軍馬援討平之。建安中。改爲交
州。前五代因之。唐初改安南都護府。安南之名始此。梁貞明中。爲土豪曲承美所據。自是迭相侵擾。國內
屢不靖。旋爲丁部領討平。宋乾德初。上表內附。以部領爲安南王。是爲外藩之始。部領傳子璉及璿。大校
黎恒篡之。傳二十年。爲李公蘊所篡。李傳世八。都二百二十二年。至李昊旵無子。女昭盛立。避位於夫陳
日照。爲安南國王。傳至日烜。元始祖遣使令入覲。不奉命。帝震怒。發兵討之。烜遣使謝罪。始免。陳氏傳十
二世。凡一百七十年。明洪武二十一年。陳煒爲相國黎季犛所弒。季犛子蒼。更名胡查。改國號曰大虞。永
樂四年七月。命朱能張輔陳晟等率兵討之。俘季犛父子。詔求陳氏後立之。無所得。爰郡縣其地。洪熙元

年。寇孽黎利作亂。朝廷命王通柳升討之。柳升敗死。王通棄地乞降。盟約而退。尋黎利奉表謝恩。懇准內附。詔命利權攝國事。黎氏傳十世。嘉靖元年。黎維譓爲莫登庸所篡。命仇鸞毛伯温討之。登庸面縛銜璧以降。詔爲安南都統使。莫氏之後。復爲黎維譓孫維潭所奪。兼幷占城合爲一國。其占城廣南地。即以左輔政阮氏世守之。　國朝乾隆之季。前安南王黎氏甥阮福映。盡有安南地。改國號曰越南。此越南沿革之大畧。而藩服中國之實在情形也。

考越南今日情形。地可四分。曰東京北圻。曰安南。曰南圻。曰柬埔寨。雖稱謂各殊。治體互異。實則盡屬法人管轄。不啻悉夷爲郡縣也。其南北二圻。固已名實兩全。隸爲直省。治體悉照法國成例。其安南與柬埔寨兩地。則任土主虛擁王位。削其政令之權。特設總督二員。以監國事。而越南亡矣。北圻東京之地。約得十一萬九千法方里。居民七兆人。河內城爲省會。安南省會曰順化。俗名曰檅。得十三萬五千法方里。居民四百六十二萬人。南圻得五萬六千法方里。居民二百二十六萬人。省會俗名柴棍。外人皆稱西貢。實爲嘉定舊府。法國統理全地大臣駐節焉。居民已得七萬餘人。爲該處通商第一大埠。西南柬埔寨得九萬六千法方里。人民得一百十萬。省會曰農本。其譯名也。實名金塔。得居民三萬五千人。

至南掌。一地又名老撾。本爲越南西隣。向爲蠻民部落。隸屬暹羅由來已久。自古不通中國。明永樂三年。始備方物入貢。上嘉納之。置大撾軍民宣慰使司。經理其地。雍正八年。南掌遣頭目叭孟花等。奉表貢象二匹。嗣後五年一貢。乾隆朝。減作十年一貢。以節使臣跋涉之勞。光緒十九年。法人遽將南掌南境。盡行割據。將湄北一區。讓於英人。以塞其口。於是暹羅之幅員。頓去大半。且兩大國日事陵夷。歐西波蘭滅亡之故事。恐不日將復見於東方矣。南掌法屬。約得法方里二十五萬五千。居民六十萬人。

國中有大山。緜亘南北。有河港穿貫東西。山中洞峽幽深。頗饒勝致。河港類出西境山中。惟富良江自雲南發源。上游汊港紛歧。稱名不一。曰李仙。曰河底。曰三岔。皆會於越南山西省大關口。惟山陵廣踞。川澤瀰漫。箐密林深。瘴癘流毒。人觸其氣。輕則疾病。重則死亡。身軀概類侏儒。賦性獷悍。舉止反覆無常。然聰明强記。尊長孝親。尙有盛世遺風焉。所讀書籍。與中國同。惟音則迥異。取士設鄉會科。亦用詩賦策論。士大夫尤喜吟咏。雖劣不成句。弗顧也。名人之最著者。首推姜公輔。姜唐時人。入中國。以進士第擢右拾遺。翰林學士。德宗幸奉天。公輔扣馬諫曰。朱泚嘗爲涇帥。廢處京師。心常怏怏。若亂兵奉以爲主。恐難制矣。後言果驗。帝深器之。擢爲同平章事。旋以表諫唐安公主造塔事。罷爲左庶子。再貶泉州別駕。

言其物產。平原饒沃。穀果皆宜。桑柘成村。菽麻蔽野。兼饒魚鹽之利。又產檳榔、胡椒、烏木、紫降香、降眞香、沉香、速香諸物。特出堅木一種。歷久不朽。西人譯名德克。滬上稱爲柚木。珊瑚、玳瑁、燕窩所產亦夥。山中五金礦外。富有犀象兕牛羚羊猩猩麋鹿等。亦可謂饒富矣。

暹羅

雲南之南。越南之西。有暹羅國。南臨大海。西南毗連各番部。西接英屬部。西北與英屬緬甸錯壤。本暹羅及羅斛二國地。暹土磽瘠。不宜耕藝。羅斛平衍而多稼。夙稱沃壤。暹人歲仰給焉。逮元至正間。併合爲一。明洪武初年。遣使朝貢。進金葉表。七年九年二十年皆入貢。二十八年。朝廷遣內臣趙達宋福等使暹羅。立嗣王文綺。永樂元年。遣使來京。賀登極。十七年遣使齎詔。諭其國王。俾與麻六甲平。十九年遣使貢方物。謝侵麻六甲罪。自正統至嘉靖貢使絡繹於道。 國朝定鼎後。修貢職尤謹。康熙六十一年。 上諭暹羅國貢使言其地米甚饒裕。銀二三錢。可買稻米一石。朕諭令分運米三十萬石。至閩廣浙江於地方甚有裨益。不必收稅。雍正七年。 御書天南樂國匾額賜之。十四年又賜 御書炎服屏藩匾額。乾隆三十六年。國爲緬甸所滅。旋恢復。故王無後。衆推大酋鄭昭中華人爲長。子華嗣立。誥封暹羅國王。至今纘繩弗替。五十五年。遣使賀八旬萬壽。受封爵。定十年一貢例。嘉慶十年。上表言攻緬得勝。頒 敕諭解之。初西南沿海屬部衆多。著者曰六坤曰吉德曰大年曰吉連丹曰丁噶奴此數部者。雖旋叛旋復。至今仍隸版圖。南數部曰彭亨曰舊柔佛曰麻六甲等。則久懷叛志自立酋長。不復納貢於暹。至舊柔佛部之新嘉坡島。麻六甲部之內埠吉德部之檳榔嶼延袤數百里。皆爲英人割據。綜計居民約得九百萬。國分郡邑。縣隸於府。府隸大庫司。大庫司者。規制畧似 中朝布政使司。猶地亞爲其故都。在湄南河上游。新都曰曼谷在湄南河淤島上。周十六里。城中有小河。可通舟楫。房屋富麗。樓臺雄壯。足爲海南各國冠。廟宇更形奢靡。窮極工巧。都城中復建王城。周二里有奇。宮殿用金裝綵繪。覆以銅瓦。室用錫瓦。街以美石砌成。規制極爲整飭。通國之富裕。由是可見一斑。

官制有九等。選舉由鄉舉於大庫司。以文達國王。王定期考試。咨以民事。應對咸宜。始賜章授官。考課亦以三年爲期。文字皆旁行。與漢字迥別。明正德中。選留貢使一二人入館肄業。後皆稍通漢文。國王臨朝端坐。威儀甚尊。百官徧袒跣足。屈腰蹲身以爲敬。有事則具文書。朗誦上聞。俟王可否乃退。王出。必乘飾金彩轎。或乘象車。冠金嵌寶石。形似兜鍪。上下衣裳。緞錦五彩。窄袖朱履。元首獨不剪髮。臣民均須修剪。男女椎結。耳環手鐲。白布纏頭。官一等至四等。金嵌寶石帽。五等至九等。五彩絨緞帽。婦女粧髻簪釧。戒指脂粉。差同中國。富貴家男女俱上衣下裳。五彩織金。花幔曳地。履用牛皮。間染紅黑色。貧賤者類皆跣足。裸上體而下圍以水幔。胸前背後。垂大汗巾一幅而已。俗尚佛教。男兒年十二三。皆出家爲僧。即天潢貴胄。在所不免。其時住居廟宇。學梵典梵字。僧師命其服役。驅策如奴僕。如是者七八年八九年不等。始准還俗。各從所業。蓋其出家如中國出外就傅。非終身披剃者比也。故其言曰。人生不可不出家。不可久出家。不出家則不知規矩。久出家則虛度光陰。究其所學。則空空洞洞。仍一名一物之不知。蓋僧師怠荒有素。教誨無心。故其生徒返俗之年。依然愚魯。識字者僅十之一二。能書寫通經籍者。更寥寥無聞。人民多嗜野味。罕食家禽。更喜啖蛇蟲。食檳榔。以黑其齒。齒全黑者。乃稱美麗。人身多矮。面黃黑。少髯鬚。多髮。性柔順。兇毆鬬殺之案。鮮有見聞。土壤膏腴。民多游惰。居無牀桌几櫈。皆以藤席竹簟。舖地而坐。食無箸。

十指以代。

其地東西有重岡疊嶺，中則平原坦闊，邱阜寥寥。有大水一，曰湄南河，發源自雲南，至暹羅北境，會諸水成大河，迤邐至都城曼谷之南數十里，達於海。水深而寬，緩而散，田疇藉以灌潤。農時掉舟耕種，插秧既畢，水即泛漲，苗隨水長，不煩戽運，待水退而稻熟矣。故米價極賤，歲有餘糧，運以出口。此外物產，有金沙、銀、鉛、錫、鐵、龍涎香、速香、象牙、翠毛、鹿筋、燕窩、海參、海菜、蘇木、烏木、金鋼鑽、寶石。鳥獸中有孔雀、五色鸚鵡、犀、象、金絲猴等。又產羅斛香，味清遠，似沉香，以地得名。

國中無論君民貧富，人死不葬，概以火燄山爲藏骨地，國人毅然不爲怪。紳富巨室，人之將死，必預延親戚故舊及黃冠羽客，環遶諷經，梵唄之聲不絕於耳。比氣絕，相嚮號哭，逾刻，將屍身洗濯潔淨，衣以華服，然後舁屍入棺，虛闔焉。棺飾以金，雕鏤綦巧。停棺於室三日，乃穴壁舁出，謂不由戶而由竇，恐鬼將迎門而返也。棺出，繞屋疾行三匝，乃登舟。執紼送喪者咸服縞素，艤舟古刹前，送柩入至中庭，架新木成阜，啓棺寘屍其上。舉火焚之。送喪者繞立四圍。各薙髮以示哀。火燼。拾其殘肢剩骨以歸。釃酒宴客。豪興飈舉。無論家人親友。莫不終日酺啜。喜躍欲狂。三日乃已。國君崩。則舉國臣民。咸惶悚若有所失。蓋喪禮旣盛。則徭役亦多也。崩之日。將屍扶坐令直。如生人。先以水銀由口灌入。乃鑄黃金爲盆。置坐椅下。椅之坐處本空。少頃。其腹中穢濁渣滓。咸由下部瀉入盆。令盡。屍頓枯瘠。復提屍屈其兩膝。納金匱中。於是出令。召工師入山伐巨木。擇都城適中處。築臺高三十丈。五金嵌鑲。窮極工麗。周迴拱立神仙鬼怪馬牛之屬。均以巨材雕琢成像。或以紙帛糊之。斑駁陸離。猙獰可懼。佈置旣畢。前後各設布幔。圍作屋數十間。以備送喪文武臣工憩息。工旣蕆。乃擇諏舉行火禮日期。然距君崩日已歲星終矣。屆期。奉金匱置御輦上。輦制炫麗奪目。以黃金爲飾。一路儀仗鮮明。管絃嘈雜。國人聚觀。幾至空巷。行抵臺所。將屍取出。納臺上。召梨園子弟開場演劇。連七日夜。然後舉火焚焉。於是金鼓大震。傀儡雜陳。有騰身蹤舞者。有伸臂弄拳者。種種兒戲。不名一格。入夜則哀絲慘竹。作悲怛之音。嗣位新主。每日必登臺。撒下銀錢鈔票數張。觀人攘奪以爲樂。至第七日。新主乃取收貯之雷火由最下處燃起。烈燄漫天。盡成灰燼。復於焦炭中。拾取殘骨數莖。
攜歸。和入白泥搗爛。摶成小像一尊。藏之太廟。而臺所已摧爲平地矣。此其火葬之陋俗也。

緬甸英屬

緬甸南藩大國也。別名阿瓦古朱波地。在唐曰驃。宋元曰緬。明洪武間始內附。永樂朝。使編修張洪至其國。嘉靖初。外夷以重兵侵之。殺其王莽紀歲。緬訴於朝。遣員前往解釋。不聽。迨紀歲庶子瑞體起兵洞吾。復其地。東破南掌。南取暹羅。攻服鄰封諸部。雄鎮西南。聲威大震。瑞體死。應裏繼之。萬曆十三年。族弟莽灼來歸。應怒。攻之。灼奔騰越。自是屢爲邊患。滇南騷擾無甯歲。迨後爲暹羅所攻。不暇內犯。邊陲因而安謐。國朝定鼎之初。首先効順。投誠列服。乾隆中懷貳犯邊。旋仍賓服。初。國本三分。曰阿瓦。曰阿臘干。曰秘古。各不相能。互爲爭奪。阿瓦適當其衝。屢遭蹂躪。頗以爲苦。萬曆二十八年。阿瓦志懷報復。突與爭衡。遂服秘古。垂百四十年。相安無事。乾隆初。秘古復叛。血戰十餘稔。卒獲全勝。直抵阿瓦都。生擒其王。而國反屬於秘古焉。阿隆般以甕扁纙樞之子。揭竿起事。招集土兵。恢復阿瓦國都。自立爲王。盡收其舊地。又出師攻滅秘古數年。秘古又叛。王山巴領親征平之。遂乘勝取暹羅。久之仍受衄敗。勞軍糜餉。貽他人笑。

乾隆四十八年。皿底臘疑勃老立。起師攻取阿臘干。合為一國。軍威大振。會西鄙之民。與孟加臘英屬部人。屢肇衅。致與英人失睦。道光六年。英人率印度兵來攻。緬人恃其習戰。視英人蔑如也。然紀律不嚴。進銳退速。卒為英軍所挫。進逼都城。緬軍大懼。不得已。卑辭求和。割阿臘干等地與之。賠償兵費數百萬兩。事始寢。咸豐二年。又以搆衅議和。盡失南方秘古等地。又數年。併將所留彈丸之地。盡數殲滅。於是緬甸國之名。僅存畫餅矣。統英屬緬甸及麻六甲等土地合併計之。尚得七十五萬方里。

緬甸人民。併麻六甲等合計之。約得十兆人。身軀修短適中。顏面稍形黧黑。男女畜髮甚長。皆綰髻。男子頂前。女子頂後。居恆露頂無冠。尊者之冠。前高聳而後嶄削。男女皆穿雙耳。貫金銀環以為飾。男子服長而窄。束以巾。長至丈有七八尺。女子上衣下裙。畧短而較寬。賦性悍勇多詐。懈怠成風。飲食尚節儉。席地無箸。與暹羅同。王宮富麗。民居窪陋。植木地上。以藤繫架。簟席為牆。覆以苫茨。大者不日可成。小者頃刻立就。民樂為之。取其便也。俗尚佞佛。赴廟燒香。合十膜拜。每逢大會。踵趾相接。舉國若狂。爭先效力。有大事必拖佛賭誓。然後敢決。建廟造塔塑像等役。即貧窶之家。莫不慨然捐助。多方稱貸。勿恤也。僧人黃衣髠首。沿途乞食。狀貌可憐。而國中奉以爲師。男童七歲以上。皆削髮入寺。課讀佛經。兼習詩詞。經史之學。則概付闕如。二十歲左右。始准還俗。各隨其業。

國有大河二。東曰潞江。一名怒江。發源前藏。歷雲南入緬。南向直流入海。西曰伊底河。亦自北而南。貫通全地。入秘古至蘭雲城南入海。說者謂潞江即瀾滄江。或曰即雅魯藏布江及恒河。其說非是。蓋瀾滄江在東。自前藏順流而下。經雲南入南掌。由柬埔寨入海。自是而潞江。而伊底源分流異。昭然若揭。殊不可混也。至雅魯藏布江。及恒河。則已深入印度。更不可與之淆混。緬甸惟迤北有山。南方不概見。平原饒腴。年中所產。輒有盈餘。山中多出象虎豹熊等野獸。地又產琥珀寶玉檳榔銅鐵鉛錫石油等。石油出自深井。初汲出時。色青厚。燃之出黑烟。想未經濾清故。盛產堅木一種。屬梗楠之類。即西人所稱德克滬上名爲柚木也。取以造舟楫。作棟樑。堅勁無比。累世不朽。貨財由生。國之寶也。

廓爾喀　不丹

西藏之南雪山之陽。有小國二。曰廓爾喀。曰不丹。向爲中國藩屬。廓爾喀本名尼泊爾。又稱巴勒布。或稱白布。廓爾喀乃其別部城名。地當孔道。貿易殷繁。其名獨著。東西距一千二百六十餘里。南北數百里。東界英屬哲孟雄部。南界孟加臘亞加拉英屬部。雍正九年。諸部落各以方物來朝。藉得觀光上國。恪守藩封。乾隆五十六年。侵擾後藏。陷札什倫布。大掠而去。相國福文襄公。率勁旅征之。揮軍深入。累戰大捷。逼其都城。部民震恐。環赴大軍乞降。獻還所掠。詔許其內附。自是五年一貢。由四川北上。至今罔替。所統部落凡九。尼泊爾。卽其首部。喀蠻都爲其都城。或作加德滿都。又作甲曼土。地形長窄。北境雪山。峯嶺嵯峨。淩摩霄漢。川谷烟瘴爲癘。人誤觸之。輒多疾疫。惟田土肥沃。植產尙饒。二麥黍稷棉花。丹參肉蔻等物。頗足給用。其人游牧耕種。各守其業。身强多力。戶口綦繁。綜計之。約三百萬。俗尙佛教。紅黃喇嘛。趾相錯。惟不操大權。與西藏異。乾隆年間。英人滅孟加臘。乘勝脅攻諸部。望風瓦解。獨廓爾喀血戰力禦。未遭蠶食。後嘉慶朝。與英人累年構兵。各有勝負。其强毅多謀。閑於戰功有如此。然輔車無鄰。獨支大敵。勢亦危矣。

不丹國在廓爾喀東。本名布魯克巴。中間僅隔哲孟雄一小部。都城名達西蘇敦。西藏志作札什曲宗。居民僅二十萬。俗亦尚佛教。其地時序融和。遠勝西藏。湖河交貫。橋梁險異。習以繩索高懸。攀援而過。土田肥沃。五穀菜果皆宜種植。產驢馬牛象棉花大黃黑金紋石等。較之蒙古沙磧荒郊。相懸天壤。東界英屬阿薩密部。南至孟加臘。西連哲孟雄。北峙雪山。共計得三萬四千法方里。舊分兩族。雍正朝互相仇殺。先後赴藏投誠。貝勒頗羅鼐爲之和解。遂各遣使北上。奉表貢方物。以後百數十年。源源而來。按時朝貢。而朝廷亦恩賜有加。優禮款待。詎咸豐年間。頓懷叛志。朝貢中輟。蕞爾小邦。介於英屬之間。至今不效印度故事者。亦幸事也。

印度

緬甸之西。兩藏之南。有廣土突入南海。形如箕舌。漢書謂之身毒。又稱天竺。六朝以後皆稱印度。今有稱温都斯坦。痕都忻都者。蓋同一地方。而譯者互異也。南界海洋。西跨印度河。與阿富汗俾路芝接壤。東西相距約五千八百餘里。南北約五千餘里。北枕雪山。南連岡嶺。中間沃野千里。西北沙磧無垠。氣候不齊。暑寒各異。北方涼燠咸宜。迤南炎熇殊甚。後漢始通華夏。佛教之入中國。實根於此。唐世屢次入貢。趙宋時。爲回部侵割。元起北方。據有其地。太祖征服西北印度。憲宗征服中印度。以宗王駙馬統之。東南諸部。皆聽役焉。由是印度爲蒙古別部。元末駙馬帖木耳鎮撫撒馬兒罕。威行西域。印度諸部。低首稱臣。慴伏恭順。明嘉靖初。撒馬兒罕別部莫臥爾。盡奪印度地。整飭紀綱。力黜佛教。歷十五年。聲名赫濯。威震四鄰。楷諸子爭立。內亂頻仍。各部酋皆乘間自主其地。印度遂分崩離析。幾至不國。弘治八年。葡萄牙人航海至印度西境。占其海口。建城畫邑。設埠通商。利權遂爲所擅。荷人忌之。於嘉靖間脅以兵威。開港通市。如是者數十年。英吉利法蘭西並起而爭。遂成兩國利藪。各立埠頭。 國朝康熙初。英人在孟加臘買地築壘。建立炮臺。帆檣雲集。百貨流通。頗有蒸蒸日上之勢。乾隆二十年。孟加臘酋長。將英國官民。盡行禁錮。橫加屠戮。英人銜之。率勁兵進攻。滅孟加臘。乘勝長驅直入。攻擊鄰封諸部。諸部合力禦之。奈人心渙而不萃。卒紛紛潰敗。於是印度全境。幾盡屬英人轄下。其間隸入版圖者。四之三。有聽其置吏徒擁地主虛名者。有受其節制。列入藩屬者。其未經摧滅。自守疆圻者。惟廓爾喀。不丹兩國。然亦時遭侵削。危如纍卵。至海口埠頭。仍歸他國者。爲數無幾。屬法國者。曰本地治理。曰加黎架爾。曰牙那。曰商德爾那哥耳曰馬黑。屬葡萄牙者。曰痾襪。一名俄亞。曰達蒙。曰的玉。類惟一城一邑。或受海濱一廛。藉以僑寓客商。堆積財貨。非分裂其土壤而據之也。言印度於今日。不勝滄海桑田。奪主喧賓之慨矣。

印度雖全隸英人管轄。而治權仍有差等。其列入版圖。可以省郡比擬者。東爲孟加臘。又作榜噶剌。南爲馬特拉斯。西爲孟買。此三大鎮。各設總鎮大臣。又設總督一人。統領印度全地事務。議政衙門大員五六人。以綜其治要。皆自幼東來。學習土語。責以祇事。然後量才擢用。按職遷升。優給厚俸。以養其操守。其總督暨議政大臣。與孟加臘總鎮。皆駐節加爾谷搭城。或作甲谷他。為印度全地一大都會。在安額河分流烏吉里之濱。溝渠濠廣。雉堞崔巍。國人恃為金湯焉。城內屋宇閎敞。街衢矢直。城外萬艘鱗集。百貨薈萃。繁富為一國冠。惟林箐叢雜。以致蠻烟瘴雨。疾疫滋多。大河一。名安額。即佛經所稱恒河。發源雪山。倒流而下。高逾千仞。繼自西北順流傾瀉。勢頗湍急。至分數支入海。每屆潦水漲發。農田恒受其患。而土人反為僧衆所惑。稱為聖江。妄謂凡人負罪深重。苟入內洗澡。即能滌去一身罪愆。若為鱷魚吞噬。或將子女投之江流。以飽魚腹。則佛更錫之遐福。其荒唐惑世。居心殘忍有如此。孟加臘所屬地。廣袤數千里。東南曰德那塞靈部。城名馬爾大萬。一作馬爾達般。為通商第一埠頭。秘古部次之。埠名蘭雲。亦稱緊庶。阿臘干部又次之。東北有阿薩密部。迤北之地甚瘠薄。南則平衍膏腴。雅魯藏布江。自西藏東流。折西南入境。易番名蒲蘭蒲達。卒會恒河以入海。地本土夷部落。英人既滅孟加臘。拓藏江東地。據為已有。西為巴哈爾部。戶口繁密。人多製硝爲業。西北有小部。介不丹與廓爾喀之間。名哲孟雄。道光三十年。英人滅之。隷孟加臘都城之西南。爲岡都亞那部。西南濱海曰痾黎薩。昔爲佛教最盛之地。今已淹滅。西北曰烏德部。與廓爾喀爲鄰。古稱雄國。後漸衰弱。以力不能敵。久列英國屛藩。咸豐六年。竟爲英人所滅。又西北有亞加拉德列等部。古中印度地。元世蒙古以亞加拉爲都城。殿閣宏整。衙署畢具。城內有塔。高峻絶倫。陟其巔。遙望可九十里。城外有蒙古王塚。亦作塔形。週圍數十丈。窮工極巧。精緻無比。亦遊眺之區也。至其本若部。僻處西北隅。本克什米爾迤南部落。道光二十九年。英人割以內附。立爲副鎮。會城名勞爾。有電線火車。與甲谷他都城遞通消息。千里咫尺。最利用兵。而逞志思叛者。遂不復再覯。英人之勵精圖治。洵可謂在遠不遺矣。

馬特拉斯一作麻打拉薩在孟加臘西南。英屬三大鎮之一。因會城得名。建於沙坡之上。以控制南方。海濱波浪掀天。夙稱奇險。部名加爾那的。四郊荒磧。物產寥落。其人賦性聰明。尤工百戲。迤北曰西爾加爾。

初本大國。曾力拒英人。旋以弱不敵強。竟遭夷滅。迤西曰哥音巴都爾部。炮臺最稱鞏固。街衢亦平坦整潔。再西曰馬拉巴爾嶺斷岡連。最爲奇險。係流徙罪人之所。昔年諸礦咸備。今惟存鐵礦數處而已。再西曰加那拉部。土地饒裕。萬厦雲連。爲印度名區。此外尚多小部落。未能悉數。孟買鎮在印度西境。依山傍海。地勢綿長。前明中葉。葡萄牙人始開港於此。建築埠頭。嘉靖八年。土酋讓其全地。百餘年來。悉聽龍人控扼。國朝康熙初。英人以兵威懾之。設立總鎮。督理西方。城池適當衝要。商賈輻輳。甲谷他都城而外。洵當首屈一指。惜地氣淤濕。瘴癘侵人。人多望而生畏。裹足不前。南部曰北日不爾。痾磯城在其境內。前明正德間。葡萄牙人掠其地。興建堅城。一時稱盛。今則日漸式微。氣象蕭瑟矣。東北曰根的士部。西北曰古塞拉德部。地方數百里。列入藩屬。再西北爲信地部。地處西鄙。與俾路芝相接。印度河貫其中。發源自後藏。西行繞雪山之背。至印度西北。始折而南。會北印度諸河入海。源遠流長。有七千餘里。印度三大河中。當推第一。全地亦因是得名。此三大鎮之畧也。錫蘭島在馬特拉斯之南。周圍千餘里。山川秀媚。花木繽紛。風景之佳甲於諸郡。惟濱海之地。窪下卑濕。時有颶風霾雨之患。山多寶石。隨水流下。不勞披揀。俗傳佛生於此。居民多崇佛教。明時葡萄牙人占其海口。尋爲荷蘭所奪。嘉慶初。土酋殘虐。大拂民心。英人乘機進攻。勢如破竹。遂逐荷人。據其全島。今另設總督一人。以資鎮守。駐紮葛蘭巴城。即其都會也。西望有馬威羣島。地產珊瑚。居民勤作。類多野樸。折而北爲臘其地威羣島。沙磧石田。居民寥落。尼姑巴羣島。在孟加臘灣南。與檳榔嶼相望。居民不逾萬。秉性怠逸。初丹國據之。道光二十八年。讓於英。北爲安他曼羣島。民居草寮。食魚蠔。蠻方風氣。僻陋自安。乾隆末年。英取以內附。迄今世隸版圖。毋敢貳心。至藩封諸國。西北有克什米爾與拉達克。克什米爾或作塞哥。又名西刻。本北印度大國。近英人大舉兵戎。侵割疆域過半。南爲新地亞。形勢曲折。西陲多窮荒地。又南曰尼桑。幅員尙寬廣。都城曰海德拉。再南爲賣索爾及達拉王哥爾等部。雖未經夷爲郡縣。然若存若亡。總歸於爲美有耳。

印度人民之數。綜計得三百兆。地丁雜稅等銀。爲數縱鉅。究以兵費浩繁。所入不敷所出。人多面容黧黑。

居北方者稍爲清晳。以白布裹頭。粵東人稱之爲小白頭。以別波斯國之大白頭也。巨家頞塗日光花草。或點以粉。或刺以紋。胸臂間皆烙卦形。禮所謂雕題之國。殆其苗裔歟。衣以華縟相尚。貧人則俱裸體。但以幅布圍腰。又自臍下絆至臀後。以掩下體。謂之水幔。出門則幅布稍寬。遇正事則穿長衣曳地。男掛耳環。女穿耳鼻。掛金銀環。臂脛俱帶釧鐲。秉性靈巧。百技俱工。金漆雕鏤皆精絕。所製玉器。薄若蟬翼。國人分四類。一曰婆羅門。學士及僧衆所從出。二曰王孫貴族。世世從軍。三曰農。爲商爲兵。聽其自便。四曰工。終身傭力。受役於人。凡此四等。皆各守世業。不得互相交接。更不得聯秦晉之好。違之者。父母惡。親戚疏。衆民絕。等諸罷民。終身不齒。以謂負本忘宗。辱莫甚也。以故貴者世貴。賤者世賤。賤者死。多有棄諸水。而葬於魚腹。更有婦人伉儷情篤。以身殉夫者。夫既死。積薪於野。置屍其上。舉烈火焚之。婦則盡戴所有金銀珠寶。繞火大哭。親戚亦隨之哭。見屍將化。婦盡撤諸寶飾。分贈親族及生平所與厚者。乃躍入火中殉之。誠陋俗也。印度爲佛教所宗。今中國僧人袈裟與合掌膜拜之禮。悉爲印度土俗。然自回教起於唐世。

由天方漸侵東北印度。雖尚佛法。亦有舍牟尼。而拜謨罕驀德。厥後天主教各處廣傳。馴至今日。已積兆有八十萬人。若英教火教等。從者甚鮮。

印度物產、土宜五穀棉花。罌粟花等物。鴉片之流毒。即由於此。亦產金綱鑽。黃金。寶石。瑪瑙。明珠。珊瑚。香木。海味。又有獅、象、虎、豹。毒蛇、猛獸。成羣走壙。無敢或殺。且或敬之而宜任家禽馴獸。爲其吞噬者。蓋佛氏輪廻之說、貽禍綦深。至今未能醒悟也。

俾路芝

俾路芝古名勿魯謨斯或作忽布在印度河西阿富汗南。西連波斯。南臨大海。地得三十六萬六千法方里。民得八十四萬人。部落有六曰薩拉灣曰委拉灣曰加支干達瓦曰盧斯曰美加蘭曰古義斯丹。各有會城。曰哈拉曰古達爾曰干達瓦曰俾拉曰哈日曰卉拉哈拉城築於山頂最高處建有部酋行宮。擅一方之勝。城頗鞏固。重樓疊峙。炮臺鱗接。以資保障。商賈亦薈萃於斯。貨物雲屯市廛鼎盛。立國之始。史傳失載不可考。後以國小勢微。迭經强鄰占據。舊爲蒙古外部。嗣爲波斯東境。繼爲印度西藩。卒爲阿富汗南屬。當是時哈拉酋受封於阿王。統轄諸部。諸屬酋按時稅貢。彼則受其獻貢。轉納天府。阿旣衰。諸酋崛起自王。不肯降心相從。故今哈拉酋雖仍號盟長。治權久已旁落。惟遇疑難大事。有關全境安危者。諸部酋尚聽其召集。會議機宜。盟信立約。然近今英人借保護之名。奪其政權。不啻隸爲藩屬矣。全地人民得四十萬。分兩種。一宗波斯。一宗印度。風俗參差。言語互異。俗尚游行。居處屢徙無定。所穿衣服上衫下褲。

巾束大帶。男女皆然。冬時長吏加綿袍一領。平民加羊毛皮袍以禦寒。別無常服。婦女外出。皆取細巾遮掩其容。以昭端重。國中兵民皆健捷果勇。奮不顧身。視死如歸。其地岡阜險阻。峯嶺嵯岈。最高者在都城四周。類皆一望荒蕪。僅能牧牲畜。絕少有用之材。沿海一帶。與迤北邊境。則又沙磧延亘。不毛赤土。惟加支干達瓦地方。較爲肥沃。然又寒燠不齊。颶風屢作。河道淤淺。夏日乾涸。是以五穀不豐。民生艱困。較之印度膏腴之地。正不啻天淵之別也。惟鳥獸最爲充牣。駱駝馬牛等。尤爲蕃孳。山中有金銀銅鐵鉛等礦。又產硫黃玉石。以有易無。亦足自存。所貴經國宏才。挺生其際。庶可捍衛自固矣。

阿富汗

阿富汗。即愛烏罕古。罽賓國也。東連英屬。西達波斯。南接俾路芝。北控西域回部。南北相距約千四百四十里。東西千五百餘里。初部落繁多。土酋分據。元太祖志拓疆圻。率師西向。臣服其地。遂與印度等地。同夷爲蒙古別部。元衰。諸酋崛起。各據一方。復前制。正德初年。波斯來攻。大敗之。裂其土地。僅存迤東三城。留其殘喘。康熙中。波斯衰亂相尋。阿富汗反侵之。奪其全地。越十七載。波斯復興。那的爾沙。沙、番語。王也。鼓鋭東征。盡滅阿富汗。那的爾沙死。阿王子亞美特恢復故土。卒與波斯並立。乾隆二十四年。同巴達克山歸順　中朝。屢貢良馬。克什米爾者。阿之東鄰也。當阿盛時。嘗渡印度河。取其邊陲。乾隆五十七年。阿境內訌。克國勞爾部酋長林日星乘隙進攻。血戰數年。收復故地。且渡河蹂躪。割河西數城以歸。道光十九年。克王昏庸。英人以兵敗之。奪其疆域過半。國勢頓衰。旋撤駐阿兵。於是阿富汗恢復全地。得稍自振拔。光緒四年秋、復叛。與英人連年搆兵。縻餉勞民。幾至不國、卒以易君服欵。和議始成。而國祚衰微。已成弩末之勢矣。英廷曾准印督之奏。派公使駐紮其都。俾旅居英人。藉資保護。且得與新君參酌機宜。共敦和好。國中戶口得四百萬。概崇回教。性獷悍。好戰鬥。一言不合。輙以干戈從事。城之宏者。首推都城喀布爾。地處平原。烟戶稠密。次曰堪達哈爾。萬山環繞。爲形勝之區。迤西有赫拉特城。本稱哈列。與其統部。雖迭經沿革。近已專隸土酋管轄。不復受制於人。惟其地久爲阿部。有臣主之義。故今之論職方者。皆目與阿爲一國。而畛域無分也。赫拉特南。大湖之濱。有阿屬城曰日拉拉巴地。當衝要。自古著名。無名山大川。足資紀覽。土壤肥瘠不一。西南境多沙磧。餘尙肥沃。產菓穀、鐵、錫、礬、鹽、硫磺、棉花、烟葉、阿魏、靑黛、丹參、地毯等。

東俄回部

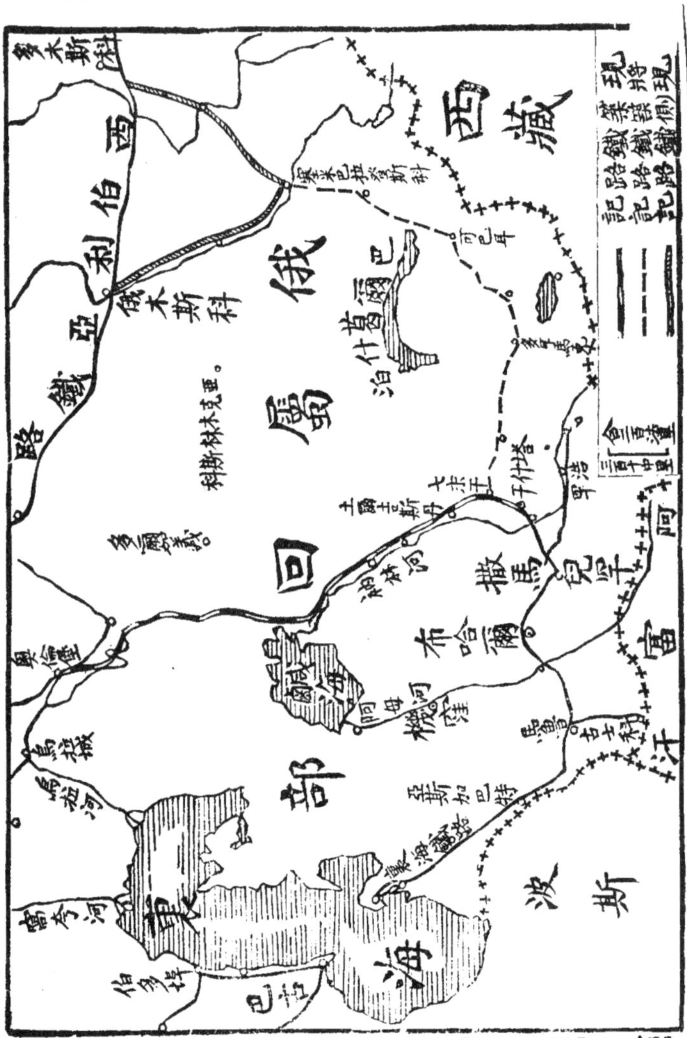

新疆之西。裏海之東。西伯利西境之南。阿富汗與波斯之北。有廣土方數千里。統名西域回部。西人謂之達爾給斯丹。又稱韃韃里。一作韃靼。西漢以來。諸部弱肉强食。時分時并。更名易號。以數千百計。元初勁兵西指。囊括其地。旣衰。諸部亦復紛紛割據。國朝定鼎後。逆酋叛亂。勦撫兼施。威

震西域。其後餘燼復然。新疆喀什噶爾等城。相繼淪陷。旋以大軍進勦。亂黨剷除。西域諸部。望風畏服。不敢復有蠢動。其地回部林立。東北有布魯特部。散居於特穆爾圖泊與葱嶺以西。類皆逐水草游牧。風俗與蒙古同。其人概從回教。性剽悍。喜擄掠。然此盜弄潢池。盤踞猖獗。乃其叛酋倡首為亂。浩罕俗稱安集延。因其大城得名。又作敖罕霍罕。回散部也。元祖成吉思汗盛時。恃此城為要害。其人長於計謀。精於貿易。性狡勇。習攻掠。昔者新疆之亂。彼實主謀。布魯特僅聽其驅使。為之先導耳。東南有城名博羅爾。本葱嶺別名。城與部因是而著。乾隆二十四年。與巴達克山同內附。乾隆二十九年。博羅爾與巴達克山屢搆釁。遣使來朝。乞援於駐劄葉爾羌都統新柱。遣諭巴達克山恪遵約束。歸俘罷兵。地多沙鹵。居民貧苦。不能自給。取桑葚曝乾為糧。飲山羊乳。以馬湩為酒。性情言語。與回部不同。蓋別一種類也。巴達克山亦回部堅城。在博羅爾南數百里。 皇清四裔考云。其王曰素爾坦沙。戶十萬有奇。頭目戴紅氈小帽。束以錦帕。衣錦氈衣。腰繫白絲條。足穿黑革鞮。女則披髮雙垂。餘與男子同。民人帽頂似葫蘆。邊飾以皮。衣黃褐。

東白絲條。足穿黑革鞮。亦有用黃牛皮者。其國負山憑險。扼葱嶺之右。頗擅形勢。乾隆二十四年八月。回部逆酋博羅尼都霍集占爲　王師所敗。奔巴達克山。副將軍富德率師追之。二賊逸去。肆掠村落。素爾坦沙擒博羅尼都。以兵圍霍集占。擒之。遣人詣軍門投欵。且報二賊就獲。副將軍富德鑒其誠。遣使往諭。責令獻俘。曉以順逆利害。尋縊殺之。而獻其馘。率其部十萬戶。與博羅爾三萬戶俱降。屬部悉平。

浩罕之北境爲塔什干。或作塔什罕。亦回部之具城郭者也。地處平原。多園林。饒菓木。土宜五穀。居民稠密。漢爲康居大宛交界地。隋唐爲安國石國地。乾隆二十三年。遣使奉表求內附。且將準噶爾部逸賊擒縛以獻。先屬哈薩克。後又附浩罕。蓋弱小不能自存。迫欲依附強鄰。藉資保衛也。由塔什干南行過納林河。經浩罕地。稍折而西南。爲撒馬兒罕城。或作賽馬爾堪。古大宛地。元駙馬帖木兒據此爲都。其時百廢俱興。令聞四達。人民多至十五萬。然久已荒廢。其不成邱墟者幾希矣。西爲布哈爾。一作布噶爾。古之大月氏。漢之罽賓國。幅員恢闊。諸回部莫與抗衡。東境山嶺綿延。西界沙磧廣漠。城郭之外。皆游牧地。部落甚多。戶口亦繁。俗尚騎射。與浩罕鬭輒搆兵。乾隆二十五年。回部底定。遣使頒　勅諭。以示懷柔。二十九年。其部酋因巴達克山請內附。議寢。其地氣候和平。原隰肥沃。產五穀瓜菓。桑麻烟葉。出布疋綢緞。西北數百里。有機窪城。沙漠無垠。戶口寡落。民多貧困。富者僅能自給。此數城向爲西域回部之冠。皆有轄屬部落。與他國不甚軒輊。惟類皆粗野無文。囂凌習氣。未盡蠲除。數十年來。俄國百計侵削。布魯特浩罕塔什干。撒馬兒罕已悉爲所併。惟機窪及布哈爾二部。雖未經夷滅。然亦若存若亡。隸爲藩屬。按其全地。以裏海爲西陲界畔。西人稱加斯比約。地屬下流。西北諸國。水咸彙注焉。雖巨浸汪洋。究與大海隔絕。故名裏海。其東五百里。在機窪之北。有湖名鹹海。又名死海。西域稱達理岡阿泊。西名亞拉爾。即古之雷翥海。水味鹹。凝結成鹽。不通大海。故名死海。爲納林河與阿母河所歸宿。阿母河。西名亞木達里亞。發源葱嶺。會布哈爾境內諸水。北折入於鹹海之南。納林河。西名西爾達里亞。亦發源於葱嶺。會北方諸水。入於鹹海之北。而潤澤四境也。

東俄羅斯

俄羅斯東據亞洲北境。西奄有歐羅巴殆半。幅員之廣。亘古未聞。洵五洲之大國。天下之雄圖也。所隸歐洲之地。茲不具論。其屬亞細亞者。亦已土地廣袤。非他國所能幾及。按俄屬亞洲北境。爲西伯利。西起烏拉嶺。東距太平洋。中隔墨領峽。與墨洲分畛域。北絶北氷洋。南抵黑龍江朝鮮外蒙古烏梁海科布多天山南北路。與中華錯壤。西南與阿富汗波斯相接壤。地分二部。南曰俄屬回部。前已提及。北曰西伯利。分作八省。極東曰濱海省。其西曰黑龍江。又西曰亞古斯科。曰貝加爾。右曰義爾古斯科。曰也尼塞斯科。曰多木斯科。曰德波斯科。其回部分作十省。曰塞米巴拉登斯科。曰亞克木林斯科。曰多爾加義。曰烏拉斯科。曰塞米勒真斯科。曰裏海左。曰亞木達里亞。曰西爾達里亞。曰浩罕。曰撒馬爾罕。東西相距約六千里有奇。南北約五千四百里。秦漢時爲渾庾屈射丁靈諸國。服屬匈奴。史記匈奴傳。稱冒頓單于北服渾庾屈射丁靈諸國。即指此也。唐時有黠戛斯骨利幹等國。宋末。元太祖崛起北方。拓地西北。爰有吉里吉斯

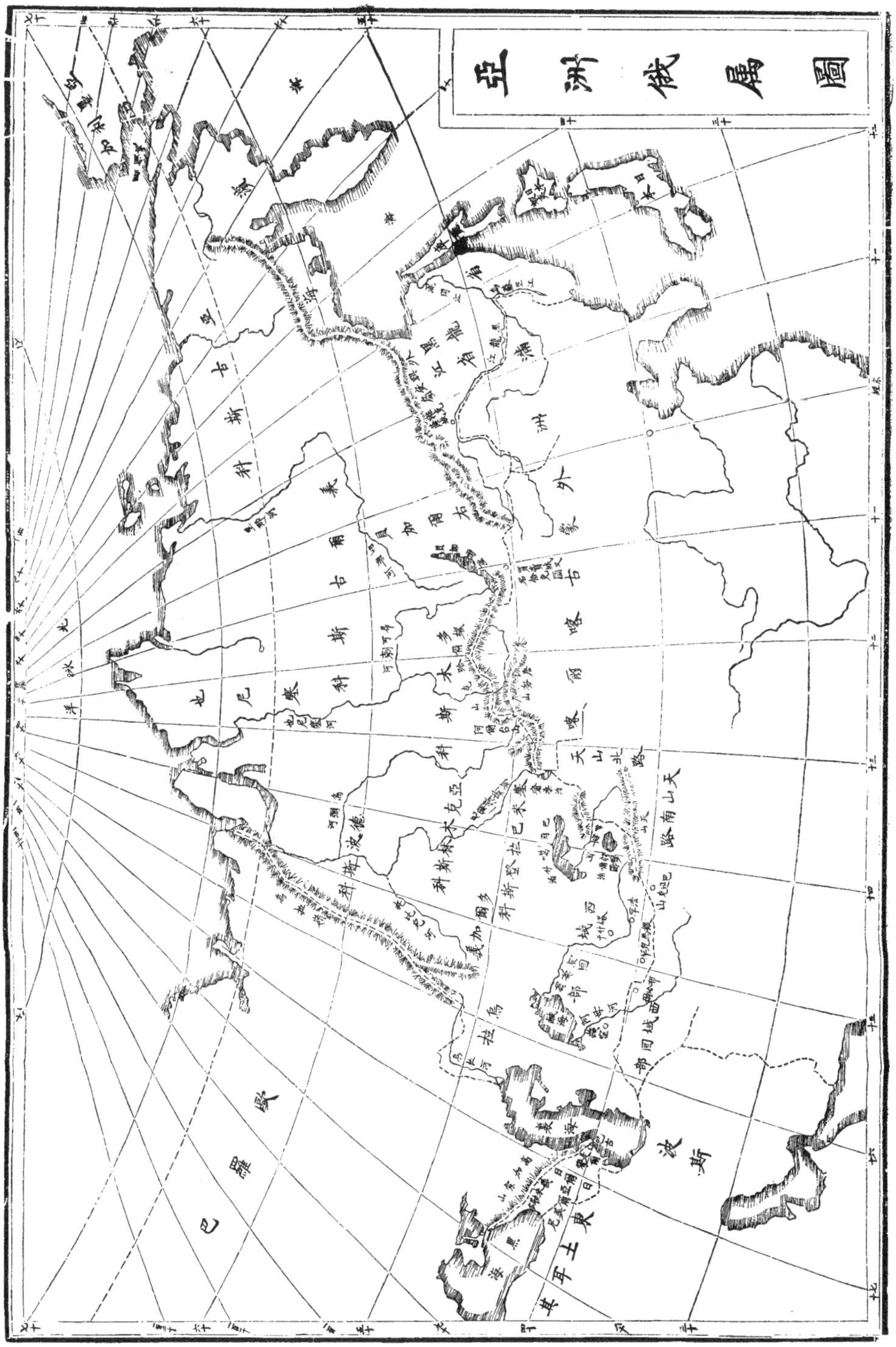
亞洲俄屬圖

與謙州等處。明嘉靖年俄廷因藩王來探形勢。繼以貿易交結其酋。盛誇俄羅斯之富。酋遂西向歸附。故不勞一兵。不折一矢。而西伯利地。漸為俄有。　國朝順治康熙間。俄人擾滿洲北境。齟齬經歲。始得重申盟約。畫定疆圻。事乃寢。咸豐季年。乘腹地髮捻之亂。漸次奪我黑龍江以北。烏蘇里江以東壤地。旋於伊犂之役。復周折多番。不勝曉舌。先是雍正朝。俄后遣其臣墨領向東北探尋。知亞細亞與亞墨利加中隔海峽。遂名其峽。曰墨領峽。因跨海據亞墨利加西北隅。繼於同治六年。售於美國。

西伯利三面皆山。西有烏拉嶺。南有天山。又名騰格里金山。即阿爾臺山。唐努山為其分支。東為塔而哈克。又東為外興安嶺。折東北綿亘千里。或數百里。內蘊翡翠寶石。金銀諸礦。地有大河三。曰里那。曰也尼塞。又作伊聶謝。發源自唐努山。北入於海。元史所稱昂可剌者。伊聶謝之別源也。曰阿彌河。發源自阿爾臺山。西北流合托北兒與厄爾濟斯二河。入於海。其湖之著名者。曰貝加爾。即巴哈爾。在恰克圖城之北。廣二百里許。長一千餘里。唐書地理志。謂骨利幹北。有小海。冰堅時。馬行八日可渡。又漢書蘇武傳。載匈奴徒武北海上無人處。使牧羝。武旣至海上。廪食不至。掘野鼠草實食之。所稱北海。殆即此歟。巴爾噶什湖。在特穆爾圖湖北。此外齋桑等湖。則皆瑣小不足紀。全地氣候極寒。南方猶見草木。迤北者勾萌鮮苗。僅有矮松白楊而已。一年中氷雪凝結者九閱月。寒氣充溢。墮指裂膚。南人至此。幾難安居。其人種類各殊。崇尚不一。言語容貌。亦迥不相同。戶口稀疎。俄廷因將罪人謫戍於此。一年中多至二三千名。按罪之大小。分派力役。而俄人安享其勞。然延至今日。居民之數。尚不過八百萬。寥落荒凉。概可想見。俗喜游牧。所居半係板屋。衣皮衣。戴皮冠。飲食甚儉。射獵者。以所獵爲生。其獸之貴者。有狐貂猞猁猻。銀鼠海龍之類。又有白狐。性頗兇猛。惟蠢頑易獲。取其皮。售於中國。獲利甚厚。互市之城名甲他。即內地所稱恰克圖。又稱賣買城。　中朝派有庫倫辦事大臣。駐節其處。又出鹿一種。形如驢。色灰白。土人豢之。以當牛馬。巨富之家。有畜至萬餘頭者。頗稱利便。以上皆東方之產也。迤西兼產金銀銅鐵礦。而於烏拉嶺一帶爲最。一年所出。動以百萬計。

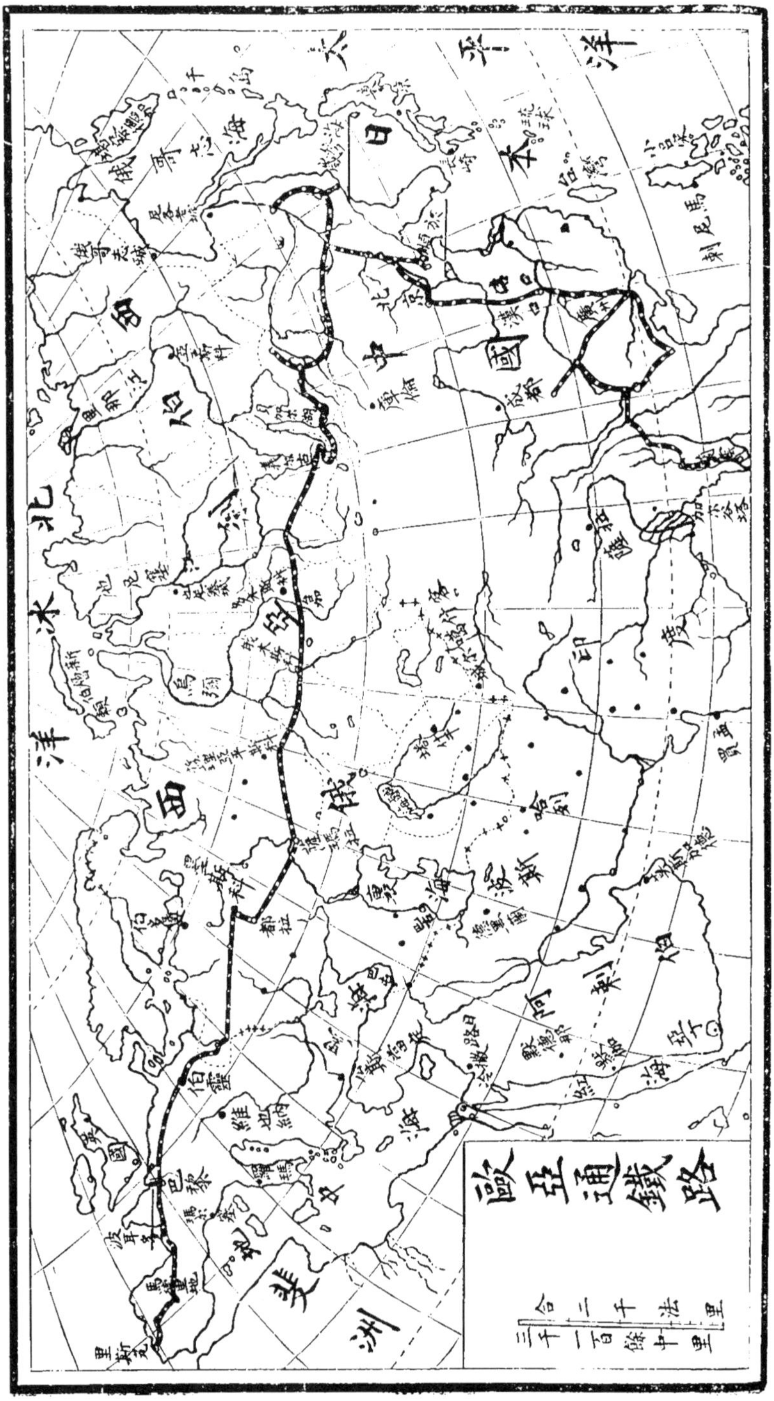
歐亞通鐵路
合二千法里
三千一百餘中里

其俄屬高加索地。分作五省六衛。省曰大日斯當曰加爾曰古邦曰黑海濱曰德勒克衛曰巴古曰依撒伯堡曰黑里灣曰古大意曰大樂堡曰底弗里。其黑里灣、加爾、底弗里等地。處高加索山之陽。右黑海。左裏海。出土膴腴。氣候溫和。因之穀果富饒。牛羊茁壯。自昔著聞樂土。名不虛傳。且人民賦性剛勇。姿容秀美。說者謂人類始祖亞當厄娃初居福地。名地堂者。卽此處。或離此不遠。其說近是。多植葡萄。取以釀酒。往往一藤所出。可供一家之用。又在巴古城之左近。有油泉八十二處。長流不絕。一年能取十萬兆斤。土人汲取售之。多得重價。統計全地得四十七兆法方里。人民之數。約九兆。所奉之教不一。奉回回。奉太陽。尙拆教。信邪神。九流三教。各執一迷。從善如登。從惡如奔。信夫。

波斯

波斯西方大國也。漢世爲安息。唐季稱大食。波斯宋世仍之。元時改名哈烈。四裔考稱伊蘭。或作義蘭。後人謂之波斯。別名包社。又稱伯爾西亞。粵東人呼爲大白頭。以別印度之小白頭。因其國俗。皆以白布纏頭。故有是名。壤地遼闊。約得一百六十四萬法方里。東界阿富汗俾路芝。北連裏海與俄屬回部。西接東土耳其。南踰海灣。跨阿剌伯。東西相距二千五百七十里。南北二千三百四十里。國史所稱春秋以前事。皆渺茫無憑。難以取信。成周中葉。有默大國王甥名居魯斯者。生而岐嶷。長而英武。博愛施仁。民心歸附。遂王波斯。既得國。修法度。治甲兵。兼并鄰封諸部。聲威大震。波斯之西。有巴庇倫國。歷千餘年。素稱雄盛。嘗以大兵伐如德亞。即古拂箖國。破其都城。縱兵戮掠。脅遣其民。鞭撻驅行。老弱轉死。數百里屍骸枕藉。哭聲震野。慘不忍聞。居魯斯既興。怒巴庇倫王淫虐無人理。致國中大亂。爰蒐簡士卒。舉兵征伐。義旗所至。巴庇倫勢力不支。望風奔潰。遂破其都城。釋如德亞民歸。厥後波斯屢與希臘國搆兵用武。西漢時。歐

西域回部
哥刺桑
阿富汗
俾路芝
裏海
俄羅斯
亞德爾拜然
東土耳其
古義斯丹
法爾西斯丹
波
斯
阿
刺
伯
阿曼
海
亞非利加
紅海
也門
亞丁
亞達拉毛

波斯阿刺伯合圖

羅巴之羅瑪。奄有西方。拓地東征。乘勢來伐。波斯以計絕其糧得免。久乃遣使修和。羅瑪之兵。始不復東。唐時回教起於阿剌伯。禍延波斯。殺其王而隸其民。數百年來。久爲回回一大部。元季駙馬帖木耳據撒馬爾罕。富强無敵。遣其子侵波斯勝之。改名哈烈。明永樂時。猶來朝貢。尋爲土耳其所奪。傳二百餘年。國日衰亂。廢弒頻仍。卒爲阿富汗所并。雍正朝有故王後裔募兵攻掠。意欲恢復舊土。大將那的爾沙出身巨盜。果勇有爲。襄成大業。王甚任之。旋起貳心。擅權用事。卒舉兵反。乾隆元年。自立爲王。東征阿富汗。因進攻印度。取德列城。所掠貨財無算。十二年。因其殘虐。民不堪命。共起殺之。國又大亂。東境復爲阿富汗所據。因此東分西裂。境日以蹙。嘉慶十八年。與俄羅斯構兵敗績。割北境高加索陽地以和。土地愈隘。道光初。欲窺印度。爲英人所拒。自是不復蠢動。近來勢日衰。地日削。時有俄英二國之憂。而王猶惛然不知振作。有心時事者。深恐其不能久保無虞也。

波斯分爲十省。川澤無多。肥瘠不等。其給爾曼地。沙漠荒寒。民頗煩苦。其迤東斥鹵之地。亦生息甚艱。加之虎豹獅狼諸猛獸。迄今未經滅跡。殊爲民生患。其所產銀銅鉛鐵硫黃磁器珍珠大黃等物。尚堪自給。產良馬高大莫比。駱駝結隊成羣。不可勝數。最利走壙。通國新都。名德黑蘭。居民約二十萬人。精製磁器及罽毯。遐邇馳名。其故都名依斯巴安。方九十餘里。盛時居民七十萬。土人稱爲半天下。其間宮闕殿宇。累百盈千。率皆金玉輝煌。極一時之盛。城中舊有大場。長一百二十丈。闊半之。爲練兵賽馬鬬牛之所。當帖木兒罕強時。曾於此地將七萬敵人頭。累成銳頂塔。其兇殘之概。畧可想見。自王室北遷。勢遂中落。古時樓臺榭館。今已僅存其名。過其地者。不勝昔盛今衰之慨。

法爾西斯丹省。冬夏常溫。無酷暑。亦無嚴寒。故五穀瓜果。及日用飲食之物。靡不富備。謂之樂土。洵不謬也。通國湖澤之最大者在西北境。名烏迷亞。水味甚鹹。不宜酌飲。居民苦之。國王素極尊嚴。往往任意刑賞。視臣工如奴僕。統馭人民。約得九兆。性巧慧。百藝頗精。力強體健。姿容清秀。俗尚奢華。衣長衣。婦女外出。必以大幅巾掩其面。以昭端肅。所奉之教。本爲火神。後爲阿剌伯回部所據。遂改從回教。火教大衰。延至今日十中僅存一二。寥落如晨星矣。

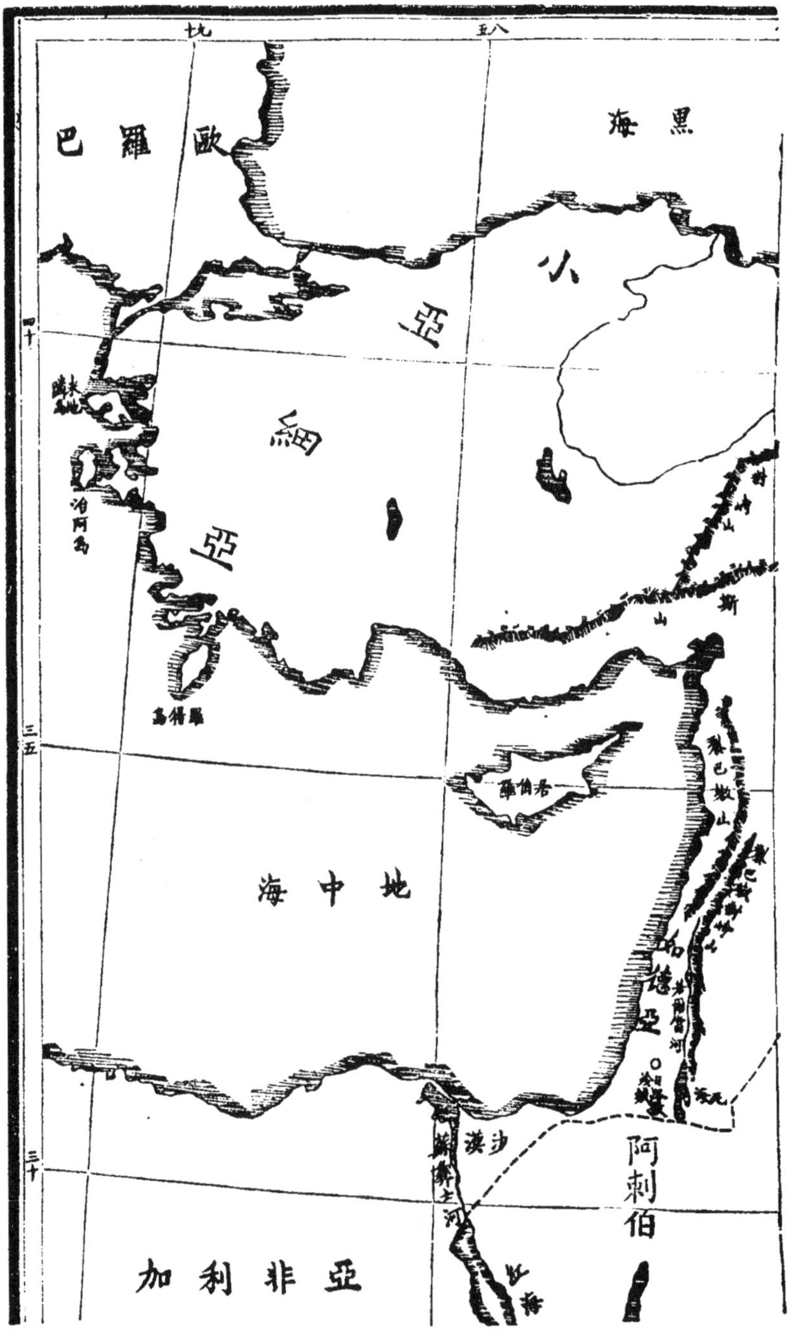

歐羅巴
黑海
小亞細亞
地中海
亞非利加
沙漠
阿刺伯
紅海

阿剌伯

阿剌伯或名亞拉比亞。在波斯西南。中隔波斯海灣。俗名東紅海。東南界大洋。北與西北接東土耳其。西與西南抵紅海。南北相距約四千二百里。東西約三千二百餘里。古稱條支國。後漢書和帝永和九年。西域都護班超遣掾甘英往通大秦。抵條支。疑憚而止。即此國也。迨回教既興。有天方天堂等號。皆彼中誇耀之語。非實有此名。或有誤稱爲默伽與默德那國者。本其大城而名。按明史宣德五年。鄭和使西洋。遣人至天方國。往返經歲。市奇珍異寶以歸。國王遣陪臣隨朝使來貢。正德初。武帝令甘肅守臣訪求諸番騍馬。番使云良馬出自天方。守臣因請諭諸番貢使。傳達其王入貢。果應命而來。常五六年貢一次。迄萬歷中不絕。其地昔爲土夷散部。陳宣帝大建元年。有謨罕驀德者。生默伽城。少時家貧。豢駱駝爲業。繼從賈遠遊。偏交異國。年二十五。娶富商寡婦。遂致大富。因萌覇國之心。於隋煬帝大業五年。創立教門。以詭言異行。覊服人心。人多信之。初謨罕驀德患瘋癇。時發時愈。歷有年所。後每奉病發。不悟人事。妄稱此時多受上神默牖。陟爲天使。能預知將來。荒誕無憑。莫此爲甚。如是者三年。得信徒五十餘人。妻亦與焉。唐高祖武德三年。民人不悅。共起殺之。潛竄至默德那城。幸免於難。轉益自負。宣講尤殷。土人靡然從教。即以是年爲紀元。其後徒黨日衆。不入教者率衆攻殺之。遂據阿剌伯全土。漸布其教於四鄰。不從者懾以兵。鄰部皆畏而信從。回教遂蔓延西域。及大勢稍定。益縱其驕淫之志。廣娶婦女。妻十有餘。妾不可以數計。復奪繼子之妻。據爲己有。年六十二逝世。葬默德那城。每歲諸回回至其地。接踵膜拜。以數萬計。謨罕驀德歿後。諸將繼起。東征西奪。威震一時。翦滅波斯。侵佔如德亞等國。據亞斐利加北境。裂歐羅巴西陲。縱橫三洲。幾於無敵。後爲土耳其所攻。屬藩盡失。日就衰微。不能復起矣。

阿剌伯析爲五部。首部曰黑德佞斯。會城曰默伽。彼教中稱爲聖城。建於谷中。廈屋雲連。街衢闊直。惟土壤磽瘠。水味鹹苦。養生爲艱。幸海口埠頭近便。轉運貨物。尚不費力。城內有大殿一座。爲上古遺蹟。殿之四圍。有大塲長二百五十步。闊二百步。廊柱五百餘。類皆白石砌成。上有圓形覆頂。共一百五十有二。相爲聯絡。頂下多掛彩燈。每逢禮日。全行點燃。達旦通宵。光明若晝。如坐不夜城中。鬚眉可鑒焉。圍柱中心有聖室一。相傳爲古聖亞巴郎所建。闊二丈七尺。高三丈四尺。覆以黑綢繡錦。近世罕有此製。考國中史籍。知此殿建於謨罕驀德之前。而教門據爲己有。默德那城。爲謨罕驀德殯葬處。垣墻堅固。房屋宏敞。惟自數百年來。內亂頻仍。諸事頹落。又困於水。國人乃開隧河。以通水道。城西北紅海濱。有西奈山。或作西乃山。自昔著名。殷商小丁朗。造物主嘗於此山巔頒十誡以示世人。飭令謹守。按此沿海首部。雖有土酋管轄。向納貢於土耳其王。宛同藩屬。他處回部。全爲土酋所據。離析分崩。不相統屬。即一部之長亦不得自居爲王。無征稅誅罰之權。族中有隙。自相殘殺。善勸之。尚可解紛。勢壓之。則反唇倒戈。爲禍愈烈。民有不快於心。輒共起而攻其長。去舊易新。積怨始洩。凡與別羈有嫌。致動干戈。則議和決戰。皆其部長分中事。外此則無所設施矣。部之第二曰也門。僻處西南隅。雄鎮紅海。或謂即古撒罷國。曾虎踞雄視。强盛一時。今雖稍弱。尚爲通國最富。不啻中夏之有江浙也。英人所據亞丁島。在海口盡處。堅築炮臺。固守要磽。其三曰阿曼。在東南隅。近爲英人佔據。四曰剌沙。近爲土耳其所併。五曰內德惹部。土壤大半荒凉。塵沙山積。觸目傷懷。更可憐者。行人商旅。偶不慎防。輒被飛沙埋沒。故往往結隊同行。以便自相輔助。蓋阿剌伯歷來最多剪徑刼盜。行人過境。旣入門。雖一飯之緣。亦必殷勤欵洽。無間親朋。待客行入曠野。則肆行刼奪。如從未識面者。然被刼之人。尾至原處。苦索之。苟得動其矜憐。或肯還其一半。不致妙手空空。其反覆無常有如此。阿剌伯人口之數。約得三百萬人。其中游牧者半。廬居者亦半。人皆矮小。面黃體瘠。俗尚節儉。惟富者食米。貧苦之戶。食大麥等類。以加菲壳浸水。煮而飲之。茶飯皆調以駱駝乳。罕肉食。猪肉向干例禁。非謨罕驀德創制也。土人衣長衫。腰纏白布。以佩刀劍。布帽無論寒暑。厚必數層。婦女亦長衣。頂珠冠。垂纓絡耳。佩金銀寶環。手金寶鐲釧。常蒙頭掩面。與波斯人同俗。惟貧賤家。稍寬其例。人民稟性悍勇。各族屢相械鬬。尤善騎射。凡出行必佩刀劍。携鳥鎗。往往終夜不寐。以備不虞。蓋地方盜賊甚多。竟有防不勝防之勢。不得不隨在戒心也。土人多置妻妾。富者至四五人。偶然反目。輒至離間。俗陋如是。而回教不之禁。惟嚴求於宰猪食肉之罔。洵可異已。婚嫁之禮。甚爲簡便。男子求親。先憑媒妁通問。倘聞女允諾。父母亦應承。即爲聘定。無饋送聘金之禮。亦無裝奩衣衾之備。後五六日。即行婚娶。至期新壻率見証數人。牽綿羊一頭。至婦家宰之。血流至地。便爲婚禮。已而老幼共相歡飲。盡興而散。其野俗無文如此。國中物產首推馬匹。孳生蕃息。庶類甚多。其良者性極耐勞。可終日不食不飲。疾馳數百里。臨戰向敵直衝。竟難遏禦。故人皆愛之。又有驢一種。大且健。土人亦極愛養。然最能耐渴。而於沙漠之地。更便遠行者。莫如駱駝。乘之甚平穩。無蹉跌之虞。故乘者衆。而畜者亦多也。又有駝鳥。高過於鶴。生卵多至二十餘枚。三冬時。藏於沙磧之區。或山阜之麓。雌雄迭相覆育。其不覆育者。棲於旁山之巔。代爲看守。以防外患。土人識其性。每於嶺頂尋之。見有棲鳥。即知有卵不遠。循徑求之。果得其所。鳥見人來。即高飈去。人乃藏鳥鎗火器于卵旁。俟夜深人靜。鳥復下集。發鳥鎗擊之。往往二中獲一。間亦雙雙並獲。取毛市之。可得重價。地多產加菲。每歲出運。爲數甚鉅。又多香料。其名巴爾撒末者。更馳名萬國。樹膠利於封緘。亦能治病。爲西方藥籠中必須之物。若甘露棗。棉花。銅鐵鉛等。則盡天下有之。不足爲奇也。

五洲圖考　亞洲　東土耳其　五十一

東土耳其

土耳其一作土耳基或作都魯機又名都爾基亞分東西二土西屬歐羅巴今姑弗論其在東方屬亞細亞者爲人類肇基之地名世挺生聖賢首出厥初人民僻處一隅未有遠志迨烟戶漸繁始畫界分疆各據一方爲己有於是部落成而邦國立焉上古湮遠稱爲巴庇倫亞爾美尼棉𥳑小亞細亞諸國强食弱肉相繼稱王西漢中羅瑪方盛跨海來東兵刃所及莫不低首下心遂將其國夷爲部落大唐初年羅瑪寖衰阿剌伯回部方興併吞東諸部建爲藩屬土耳其本韃靼種類舊游牧葱嶺左右即今伊犂一帶至是蜂擁西徙奪小亞細亞疆土樹建回旗風俗大變於是黑海之南各部相仇干戈不息呵多曼土人頭目也智勇過人元成宗時據其鄰族建都亞巴美城自上蘇丹名號或作索爾坦至今土王稱傳未替呵多曼卒子孫繼承日益强盛如德亞諸地以次被其蠶食厥後西取希臘東滅波斯南取亞斐利加洲與埃及以西濱海地幅員之廣過於羅瑪明嘉靖以後嗣王多昏庸不德習於荒淫以故篡弒頻仍反叛相

繼。所遣大酋。亦往往尾大不掉。致屆爲患。波斯早已易姓。天方亦久隔絕。東割西讓。日幾不足。而於歐羅巴西土。與亞斐利加所失之地。更不可問。光緒四年。與俄羅斯搆兵。敗績。割地償銀。始得息事。自是國勢奄奄。得苟延歲月。不爲大邦所滅者。直幾希耳。考其東土目下界域。東鄰波斯。北枕黑海。西界地中海。南連阿剌伯。東南爲波斯灣。東北與俄藩接壤。綜分大部六。曰西里亞。曰亞那多里亞。即小亞細亞。曰美索不達迷亞。曰土爾古爾的斯丹。曰義拉亞拉伯。即巴庇倫尼亞。曰土爾亞爾美尼亞。又分作十六省。各派大員一人。總督其事。爲國中頭等大臣。在地中海中。有數屬島。較大者曰米地鄰。曰治阿。居民六萬二千。地極富厚。道光二年。島人叛。土王以水師攻之。勦滅殆盡。曰羅得島。水土平良。人勤耕作。居民三萬。時患地震。古時有銅人巨像。踏海口。高約十一丈有奇。右手持燈。通夜點燃。以照船舶。奈造後三十六年。地復大震。巨像傾毀。今徒存陳跡而已。轉東南爲居伯羅大島。土壤膏腴。產醇酒美果。前俄人之役。英人挾請此島於土。土以勢不能辭。拱手稱讓。遂爲英有矣。

考東土耳其形勢。雖非山嶺縱橫。盤旋萬里。而泱泱東國。以勝蹟著名者。亦復不少。就最著者言之。一曰亞臘臘在東北邊境。峯巒嶄險。洞峽幽深。上古時。洪水爲災。天下恐遭淪溺。時有先哲諾厄一家八口。俱信天主。昭事敬恪。 主乃默諭。先造巨舟登避。水退。船擱山峯。久始滅跡。其二曰托羅斯轉北爲托羅斯對峙山。在小亞細亞東境。高插雲霄。經年積雪。因其地而測之。高不下五六百丈。大河亦二。曰歐付臘底斯。又名八河。曰底格里斯。一作地額河。歐付臘底斯發源自西北高山。亞臘臘山其一也。蜿蜒轉折。約長三千五百里。而底格里斯河僅過其半。以矢直無曲折故。至近海約百五十里。始會合東流。入波斯灣。又以是地爲人類受造之區。故陳蹟最多。雖寖遠人亡。迴非疇昔。而徵今撫古。當有會於興廢盛衰之理。外史載古帝榆罔之世。在地居民立國兩大河間。築都城曰巴庇倫。高十九丈。厚四丈八尺。城門一百。週圍一百八十里。上建塔二百五十。中闢芳叢園囿。點致燦然。靡膏血以供版築。以爲子孫萬世之業。至周靈王時。波斯王居魯斯大舉來攻。克之。金城千仞。漸爲廢土。迄今遺址僅存。盈途瓦礫。初人類漸繁。未經離析。言語又同。無稍異。因頓生傲意。議定合建高塔一座。直達雲霄。與　造物主角技能。俾得名留不朽。塔方經始。　上主惡其傲惡已甚。降之禍而亂其音。一時衆民各言其言。不能互相領會。遂中能。萬國方言。實緣始於此。說者謂是塔當爲巴庇倫城中之天象樓。究以年代過遠。難憑傳說。巴庇倫北。約八百里。古有比肩之城名尼尼位。周圍可百里。高約十丈。城上建塔。高二十丈。內容居民六十萬。一時富庶爲東方冠。然國繹廢滅。遺跡全亡。前於道光二十五年。有歐洲博物士掘地探求。得其磚刻書籍甚多。珍異莫比。出重價購之歸。藏諸國家石室。土地多沃腴。出五金之礦。產蠶絲。穀、麥、油、酒。凡養身日用之物。盡地皆有。惟沿南近阿剌伯一帶。沙磧窮荒。依然瘠土。綜計人民約十五兆六十餘萬。種類不齊。祖韃靼而崇回教者過半。信正教者亦多。而居亞美尼者爲最。性悍勇好鬬。倘一旦盡改回俗。去其奢靡。易其貪閒好逸之性。轉爲遵德樂道之行。我意俄國雖大。未必能割據侵陵。玩諸股掌也。

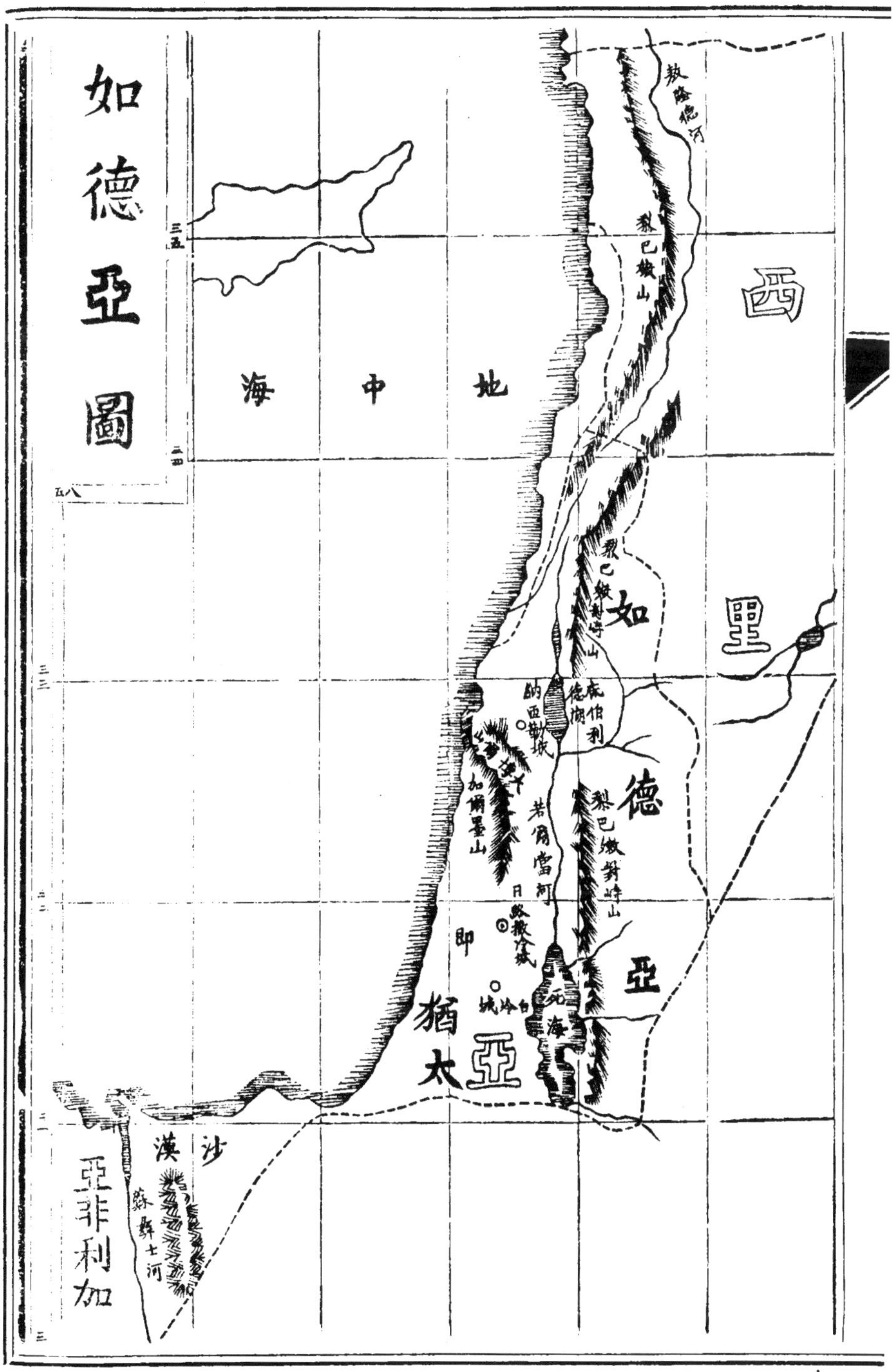

如德亞圖
地中海
西里
如德亞
猶太
即
亞非利加
漢沙
蘇彝士河
敖隆德河
死海
若爾當河
底伯利德湖
加爾墨山
梨巴嫩對峙山

如德亞

東土耳其六分之一。爲西里亞。西里亞三分之一。爲如德亞。或作猶太。即唐宋拂箖。晉魏明稱大秦。蓋羅瑪別號。誤加諸拂箖者也。西漢時　造物主降生其地。故極地球之廣。如德亞聲名特著。稱爲聖區。間嘗披覽地輿諸書。知凡究是學者。莫不鄭重視之。著爲論說。緣於東土耳其考論之餘。參考一二。以附於後。

按如德亞本名迦南。古帝榆罔之世。有亞巴郎者。以大德著。生兩河之間。遷於迦南。孫雅哥伯生子十二。其十一子名若瑟。聰慧過人。諸兄忌之。鬻於厄日多。即埃及。國。尋得國王擢爲冢宰。治荒政有功。饑饉七年。民無凍餒。父兄聞風來覲。相識之餘。遷居旅此。凡四百餘載。子孫繁衍。國王畏忌。欲除之。殘虐無端。民不堪命。有梅瑟者。生而神異。學識過人。奉　眞主諭旨。統領宗嗣回國。路經紅海。徒涉不濡。厄軍追渡。水復合。王與全軍。悉遭淹沒。梅瑟卒。若蘇亞繼之。率衆返迦南本國。裂地爲十二部。統於日路撒冷。自後民長繼承。四百有餘載。周成王末年。衆推沙鬱爲王。既而達味代之。有賢德。　上主降之福。許　眞主降生。

昌厥苗裔。在位四十年卒。撒落滿嗣位。亦稱令主。建天主大堂於京都。時周穆王初年也。十八傳至周匡王四年。若亞撒嗣立。時東北巴庇倫正强。遲雄西向。大破如德亞都城。王死。國民虜居巴庇倫七十載。會波斯王居魯斯滅巴庇倫。如德亞旅民。始獲釋歸。復興故國。西漢中。降羅瑪爲屬國。哀帝元壽二年。 造物主降生於白冷地方。名曰 耶穌。三十載。隱居立則。三年間傳道淑人。發聾振瞶。衆民悅服。遠近信從。在位者嫉其德。逼令羅瑪守宰。置之死地。釘於十字架。三日後。 耶穌死而復甦。以驗前言。以徵己爲天主。既升天。大降不祥於其國。未幾。人民離析。流至四方者。不勝數紀。後爲阿刺伯所據。卒爲土耳其所幷。至今依然役屬。未有振興兆。道光二十五年。核計得五十萬人。若統撒居天下之衆計之。則當在八百萬左右也。

如德亞都城。名曰路撒冷。變音爲拂箖。殷商之世。業已奠定。地極崎嶇。城內最高處曰西婉。即達味城。覩地中海洋面。較高二十八丈有奇。盛時。居民多至十五萬。西漢之季。有羅瑪藩王築圍垣三重。垣上築敵壘六十。其次四十。又次十九。門十三。後屢有沿革。至明嘉靖十二年。土王既據如德亞。重修都城。至今未改。城墻高三丈六尺。厚約四尺。周圍之廣約四千六百三十步。城門五。東門內古有天主大堂一座。爲聖王達味子撒落滿所建。規制宏敞。材料貴重。閱七寒暑。始得告成。其時王月遣工人一萬。伐木於黎巴嫩山。此去彼來。輪流勞役。擔負重任者。凡七萬人。開山取石。琢磨成材者。凡八萬人。有工師之任。督理其事者。凡三千三百人。堂基磐石碩大無朋。基址之長。得百有二丈五尺。堂中棟楹牆壁。皆裹以金片。一切動用器具。類皆珠玉輝煌。光耀奪目。洵爲世所未有。一時富麗傳聞名馳宇內。惜工程雖大。僅四百二十載。爲巴庇倫王所廢。楚人一炬。焦土可憐。行其境者。有離黍故宮之感焉。後七十餘載。如德亞人自虜返。各出所寶。重建殿堂。雖亦寬綽華美。終不及故殿什一。落成之日。凡長老之目覩前情者。莫不咨嗟流淚。不勝昔盛今衰之歎。又四百八十年。有羅瑪藩王代理其地。更整修而廓大之。其時工人十一萬。所用之石。類長六丈餘。堂面鑲柱。凡百六十圍。皆不止三合抱。時降生前四十六年也。降生後七十年。羅瑪人以如

德亞屢有叛志。率師來攻取之。夷其城。焚其殿。自是餘燼不得復燃。今其地建有回回教堂。西婉山西北

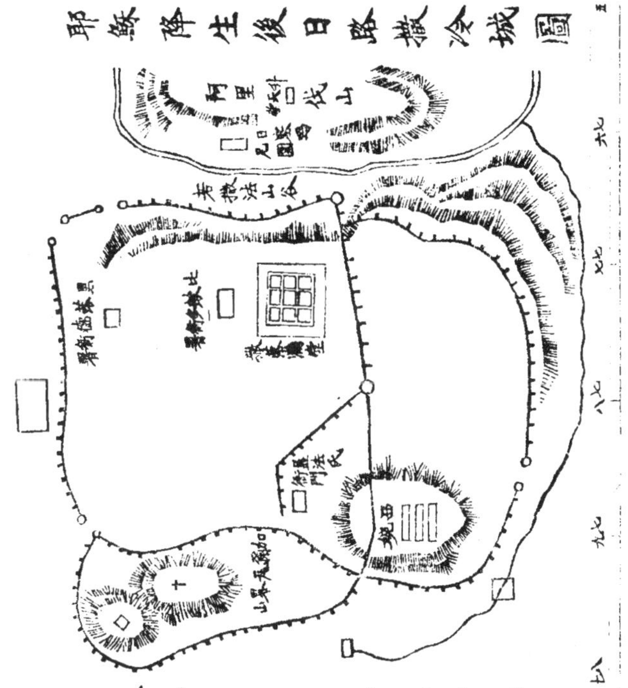

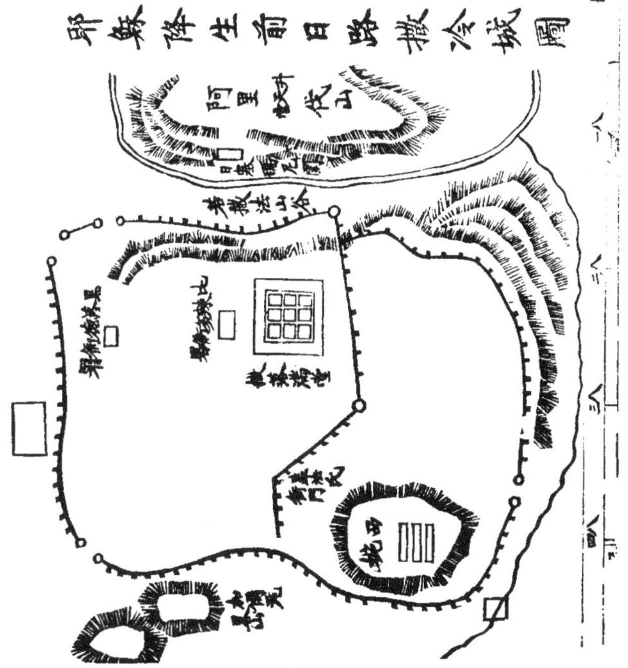

有加爾瓦畧山。高若邱陵。上平廣。方三十一丈六尺。爲 造物主被難釘死之處。今建有聖堂一座。山麓

有聖塚堂。即　耶穌死後埋葬。三日復活之地。羅瑪總王公斯當定曾敕建大堂於此。雖以後屢會時艱。不無損益。而其大制。則千百年來。猶歷歷可數。東門外有阿里伐山。即　耶穌升天處。東晉時亦建有大殿。今半已頹廢。其下有園。名曰塞馬尼園。中尚存阿里伐古樹八大株。中二株。圍二丈五尺。以其樹之難長測之。當不下二千年之久。此該處勝蹟之一二也。

如德亞名勝之城。除日路撒冷京都外。尚有下邑白冷。與加利勒亞之納匝勒。白冷在京都南約十六里。東門外有山洞一。長三丈七尺。闊一丈餘。高僅九尺。乃　耶穌誕生之地。東晉以來。多建聖殿於其旁。至今四方來朝者。踵趾相錯。納匝勒在都城北約二百里。築於高阜。四面山嶺護繞。彷彿都城形勢。當時耶穌家居之處。垂型二十餘年。民到於今。咸受其賜。東四十餘里。有大湖名底白利亞。又名曰乃撒勒德。又作加利勒亞海。縱約四十六里。橫十餘里。水淡而潤。魚多而美。四鄉田地。肥沃無比。　耶穌在世時。曾於此湖濱。招徒集衆。宣道化人。往往顯靈救衆。如瞽者明。聾者聽。啞者言。跛者行。癩者淨。死者[illegible]生。各種神異。以徵其宰制萬物之能。非人力所可及。至若南境大湖。稱死海者。則迥異是。初爲蘇多瑪等五城舊壤。因人民縱恣奢淫。怙終不改。 天主震怒。降火焚之。陷爲巨澤。長凡百有十里。廣約三十里。水勢下沉。視海洋水面直百丈有奇。傻深亦百丈。兩岸巖石壁立。尙留火跡。西南有鹽柱一。高可四丈。水有鹽漬。得四分之一。湖中常有穢氣上升。易至疫疾。人不能堪。即魚族鱗介。亦不得生育其間。游入輒死。故名死海。全境荒涼。人烟不聚。凡經其地者。皆云止可身試。不能以筆舌宣蓋 上主故留遺蹟。炯戒後人。非尋常所能窺測也。至如德亞迤北諸山。如加利勒亞之大博爾與加爾墨祿等。皆宗黎巴嫩山。而黎巴嫩自北至南。廣袤約五百里。其濱海者。别無名號。居東者爲黎巴嫩對峙山。以兩相對望。故有是名。山中自古產樹一種。名則獨鹿。形如水柳。性類月桂。以堅密聞。四方之欲建宮殿樓臺。垂諸不朽者。皆爭購之。價甚昂貴。非家積萬金。不足以當其值。今已砍伐殆盡。數年前有博古士。曾親至其林。歸稱樹之高出崇霄。數千年來。未經斧伐者。惟得十二株。圍四丈餘。該地居民皆稱此林之外。盡西里亞地。别無他處。大河二。一名敖隆德。自南而北。轉折出境。入於海。一名若爾當。自北南流。卒滙於死海。此如德亞山林川澤之大概也。

国家出版基金项目
NATIONAL PUBLICATION FOUNDATION

海上絲綢之路文獻集成

總主编　陳支平　陳春聲

歷代史籍編

24

主編　范金民

海峽出版發行集團
THE STRAITS PUBLISHING & DISTRIBUTING GROUP
福建人民出版社

本册目次

五洲圖考不分卷〔二〕

〔清〕龔柴　徐勱　許彬撰述

五洲圖考

平江　徐勤　伯愚氏　編輯

亞洲

中國方域

粵稽史册、黃帝畫百里之國得萬區、顓頊分爲九州、曰雍、荆、豫、梁、冀、青、徐、兗、揚。至舜攝位。分爲十有二州。然以冀之廣分爲幽幷、青之廣析爲營耳。禹復分爲九州。弼成五服。曰甸、侯、綏、要、荒。各五百里。塗山之會。執玉帛者萬國。後遞相兼幷。迄成湯受命。僅存三千。亦分爲九州。武王孟津大會。有千八百國。乃分爲九畿。方千里曰王畿。其外侯、甸、男、采、衛、蠻、夷、鎭、藩。亦各相去五百里。成王時仍沿九州之制。周之職方氏。東遷初。存者千二百國。迄春秋獲麟之歲。二百四十二年間。諸侯迭相吞幷。其見於經傳者。僅百七十國耳。厥後陵替。至於戰國分天下爲七。曰秦、楚、齊、燕、韓、趙、魏。秦始皇幷天下。罷侯置守。分三十六郡。曰太原代

郡、鴈門、雲中、邯鄲、上谷、鉅鹿、漁陽、右北平、河東、上黨、會稽、九江、鄣郡、碭郡、泗水、內史、北地、隴西、上郡、九原、三川、潁川、南陽、東郡、齊郡、薛郡、瑯琊、漢中、巴郡、蜀郡、南郡、長沙、黔中、遼東、遼西。又平百粵。置閩中、南海、桂林、象郡。自是郡凡四十。炎漢興。悉反秦制。武帝攘胡平越。通西南夷。開朝鮮。分天下爲十三部。曰司隸、豫、兖、徐、青、涼、并、冀、幽、揚、益、荆、交。光武中興。仍舊制。迨其季。三分鼎峙。魏據中原。吳割江東。昭烈以帝室之胄。承統西蜀。而所得惟益、涼、交三州。晉武既平孫氏。版圖一統。改司隸爲司州。別立雍、秦、梁、寧、平、廣、六州。凡十有九州。晉亡。拓拔氏興。分天下爲南北朝。紛紛擾亂。垂三百四十六年。至隋而南北始併於一。煬帝三年。改州爲郡。置司隸刺史。分郡巡察。五年平定吐谷渾。更置四郡。凡百有九十郡。唐承隋制。又改郡爲州。貞觀間。以戶口凋零。仕途擁擠。始規山河形勢。分天下爲十道。曰關內、河西、河東、河北、山南、隴右、淮南、江南、劍南、嶺南。開元二十一年。又因十道。分山南江南爲東西道。增黔中道。及京畿、都畿。爲十五道。各置採訪使。檢察非法。至宋太宗至道三年。分天下爲十五路。仁宗天聖年間。析爲十八。神宗元豐頒九域志。總

二十三路。曰京東東西。曰京西南北。曰河北東西。曰河東。曰陝西。曰兩浙。曰淮南東西。曰江南東西。曰荆湖南北。曰成都。曰梓州。曰利州。曰夔州。曰福建。曰廣南東西。有元氏崛起朔漠。渾一山河。內立中書省一。外立行中書省十一。曰嶺北、遼陽、河南、陝西、四川、甘肅、雲南、江浙、江西、湖廣、征東。以分鎮藩服。迄於有明。改故行中書省爲布政司。分天下爲兩京。其十五省。曰北直隸、南直隸、山東、山西、河南、陝西、浙江、江西、湖廣、福建、四川、廣東、廣西、雲南、貴州。逮我

皇清。奄有四方。北制滿洲蒙古。西隸新疆前後藏。東至朝鮮。東南至琉球。西南抵廓爾喀、越南諸國。腹地直省。其初尚仍明制。嗣後江南、湖廣、陝西、三省、各改爲二。合以新疆。共十九省。迤北五省。曰直隸、山西、陝西、甘肅、新疆。迤東四省。曰山東、江蘇、浙江、福建。迤南曰廣東、廣西、雲南。迤西曰四川。中央六省。曰湖北、湖南、貴州、江西、安徽、河南。總計其幅員之廣袤人烟之稠密。特列一表於左方。以資醒目。

地名	幅員	戶口	省會
滿洲東三省	九十四萬法方里	五百五十萬人	盛京

中國十九省	五百三十萬法方里	按每法方里得一千四百三十六畝有奇	
直隸	三十一萬法方里	二千九百萬人	順天 保定
江蘇	十萬法方里	二千五百萬人	江甯 蘇州
安徽	十四萬法方里	三千五百萬人	安慶
山東	十五萬法方里	三千五百萬人	濟南
山西	二十一萬法方里	一千一百萬人	太原
河南	十七萬法方里	二千一百萬人	開封
陝西	二十萬法方里	八百萬人	西安
甘肅	三十五萬法方里	九百萬人	蘭州
福建	十一萬法方里	二千五百萬人	福州
浙江	九萬法方里	一千一百萬人	杭州

江西	十八萬法方里	二千二百萬人	南昌
湖北	十八萬法方里	三千四百萬人	武昌
湖南	二十萬法方里	二千二百萬人	長沙
四川	四十六萬法方里	七千萬人	成都
廣東	二十四萬法方里	二千五百萬人	廣州
廣西	二十二萬法方里	八百萬人	桂林
雲南	三十九萬法方里	六百萬人	雲南
貴州	十六萬法方里	四百萬人	貴陽
新疆	一百四十四萬法方里	一百萬人	迪化
內外蒙古	二百七十九萬法方里	一百八十萬人	
前後西藏	二百十萬法方里	二百二十萬人	拉薩

考中朝官制。內設內閣大學士及軍機處衙門、與六部九卿。外置督、撫、藩、臬、道、府、州、縣、等官、以贊其成。按直省總督八。直隸一。江南一。統轄江蘇、安徽、江西、三省。浙江福建一。兩廣一。雲貴一。四川一。陝甘一。兩湖一。巡撫十六。直隸、四川、甘肅。三省。無巡撫。巡撫事務由該省總督兼理。山東、山西、河南。三省。祇有巡撫。無總督。布政司二十。江蘇二。他省皆一、按察使十九。知府暨直州約二百五十。知縣與散州一千四百七十餘。道九十餘。其他文武官員佐貳雜職。凡食國家俸糈。而撫治斯民者。不勝備計。由是而都俞吁咈。襄贊鴻猷。一道同風。媲隆盛治。如果安上全下。師濟得人。則物阜民康。誠億萬年無疆之福也。

中國形勢

論中國形勢。合一統言之。當以滿州東南。鴨綠江與圖們江爲鴻溝。與高麗僅葦杭之隔。迤東一帶。今以烏蘇里江爲天塹。東北有黑龍江作屏藩。與俄羅斯對望。迤西則有蒙古塔爾哈克、阿爾臺之疊障。南至天山。折而西南。踰葱嶺與後藏之雪山。卽倚馬山連續。復曲折東北。往北者爲雲嶺屏封迤西三省。往東者爲南嶺。與南嶺相對峙。而自西徂東。橫截黃河長江兩流者。爲北嶺。轉北爲塞外之陰山。迤東爲內興安嶺。至長白山止。如兩大弓弧。內外環抱。

諸山之枝節。各有別名。不勝枚舉。最著者。北嶺有秦嶺太白山太華山等名目。南嶺之別名曰梅嶺山之

自古著聞、而人人景仰者有四嶽。爲上古天子按年巡狩。朝會諸侯之所。書曰。歲二月東巡狩。至於岱宗。卽今之泰山。隸山東濟南府。五月南巡狩。至於南嶽。卽今之衡山。隸湖南衡州府。八月西巡狩。至於西嶽。卽今之華山。在陝西西安府。十一月北巡狩。至於北嶽。卽今之恆山。在山西大同府境內。其中嶽嵩山。隸

河南省河南府。至今仍其舊名。

至於大川。則以揚子江與黃河為最。揚子江、別名大江。發源於西疆青海地。初名木里烏蘇江。嗣東南流。改名金沙江。以其水雜金沙。故名。又曲折而東北。流通雲南、四川、湖廣、江西、安徽、江蘇、諸省。會鴉龍江、岷江、嘉陵江、涪陵江、漢江、沅江、贛江諸水。入於海。黃河亦自青海開源。與揚子江源。僅隔高嶺一帶。東北流過甘肅省。出萬里長城。曲成弧背形。復入長城。南流於山西陝西之間。至華陰潼關。合涇渭二水。忽轉折而東。復東北。經直隸迤南境。入山東達於海。河水湍急。河底不深。每逢漲發。氾濫成災。初黃河瀚漫。忽南忽北。遷徙靡常。民生苦之。元季至元十年。黃河又決。右丞相脫脫集群臣廷議。漕運使賈魯以為非塞北河。而疏南河。使水復故道不可。故役不大興。害不能已。上然之。十一年四月。詔開黃河故道。命魯以工部尚書。充河防使。發河南北兵民十七萬。興工開濬。凡五閱月。諸隄告成。河復故道。詔授魯集賢大學士。賜脫脫世襲荅剌罕之號。其餘遷賚有差。歷五百載。民慶安瀾。未聞巨變。至本朝道光季年。黃河又舍徐淮

故道。取道於直隸山東自茲連年沖決。隨修隨壞。如光緒八年秋。桃園口又決。六七州縣。悉歎其魚。雖經諸大員籌議。堵防。河勢稍殺。而欲一勞永逸。恐未能遽奏成功也。

至於運河。爲古帝王漸次濬疏而成。初漕運甚艱。糜費甚鉅。因穿鑿河渠。使相通貫。卒成此河。隋通典載煬帝大業元年。開通濟渠。西通河洛。南達江淮。自鎮江京口直至杭州。天下利於轉輸。宋神宗熙寧四年。上命運副使史公弼。修泗州洪澤河。元豐二年。浚淮南運河。自召伯堰至儀眞十四節。六年開長淮洪澤河。役民夫九萬二千。元既定鼎燕京。初由海道漕運。迨世祖至元時。興工自東平州起。抵臨淸引汶絕濟。直隸御河。建閘三十有一。以節蓄洩。遂名會通河。明永樂年浚鑿此河。築石隄衛之。以期永久。由是以觀。今日之運河。始於隋。成於元。至有明而大備。計自浙江杭州至天津府。挺直計之。幾二千里。循其曲折計之。可三千里。雖今日坍毀過半。而陳跡猶存。西人都稱羨之。其工程之浩大。拓地之廣遠。堪與運河並稱。而爲中國藩籬者。萬里長城也。秦始皇既并天下。因民謠有亡秦者胡一語。深恐國祚難延。禍起項背。乃

遣蒙恬北築長城。天下壯丁三人之一。皆當應募供役。於是大興工作。自山海關起。連直隸、山西、陝西、甘肅、四省。至嘉峪關。約得三千五百餘里。而曲折崎嶇。尚不可計。考長城規模壯麗。制度堅固。沿直隸省內外皆砌以巨磚牆。高約二丈。基闊二丈五尺。上闊亦二丈。多造堅壘。高可四丈許。迤山西之北。近天鎮縣。則一路泥城。殺虎口迤西。復以磚石砌築。至黃河濱而止。河之西。直至嘉峪關。盡以泥土築成。設榆林寧夏肅州等鎮。以資捍衞。惟寧夏一隅。因據有賀蘭山之險。不需城垣。自能堅固。然時至今日。失修已久。漸有坍毀。恐將來難免如運河之石隄。損壞日多。而終於頹廢也。

考中國大湖。以五湖爲巨擘。掌故家每豔稱之。一曰洞庭在湖廣。一曰鄱陽在江西。一曰洪澤在江蘇。一曰西湖在浙江。一曰太湖在江浙之間。或云洪澤西湖。不在五湖之內。當以湖廣之青草湖。與江蘇之丹陽湖。補五湖之數。或又以五湖爲太湖之別名。執說各歧。莫衷壹是。此直省大湖之較著者也。若塞外之巨浸。除青海外。鮮爲人知。茲不贅。

統論全地。西北多山。東南多水。西北多高原。故五穀鮮登。寶藏盛產。禽獸充斥。東南多卑濕。故田土肥沃。米麥豐饒。西北風氣多悍。其失也易於亂。東南風氣多醇。其失也流於弱。綜各國其土地之所宜。人民之得失。除弊興利。實事求是。斯國家轉弱爲强。四表無虞。將見河山帶礪。金湯永固矣。

中國海島考

中國島嶼。隸福建者。曰厦門。洋艚海船。蟻聚蜂屯。所產果品極美。隸廣東者。曰海南。即瓊州府。領縣十而散州三。縣曰瓊山、澄邁、定安、文昌、樂會、會同、臨高、昌化、陵水、感恩。州曰儋、曰崖、曰萬。內珠山一帶。尚有不知禮義之民。刼掠肆行。未遵王化。土地滋沃。產金銀糖棉烟靛等物。又有藍礦。所以繪飾磁器者。又產嘉木。如烏蘇花梨檳榔沉楠等類。更有黃木。歷久不朽。可作楹材。其價甚昂。島濱有樹一種。常流水漿。氣若乳香。另有黃耳鸚哥。能作言語。又有紅黃小鳥。種類紛繁。又有香港。本海中一卷石也。道光二十一年。英人據爲己有。開埠通商。帆檣雲集。蒸蒸然有自上之勢。爲中外居民。今已得二十六萬人矣。隸於浙江者。不下數十處。最大者曰舟山。在甯波東北。康熙年。置定海縣治。後改直隸廳。土地膏腴。物產豐盈。出他島之右。其在江蘇。則有崇明。亦名江舌。因揚子江積沙而成。孤懸江海間。東西百五六十里。南北約三十里。於唐爲鎮。於宋爲場。於元爲州。明初設縣。隸蘇州。

國朝順治間。改隸太倉。初未有城。至元代知州薛文虎始建。然彼時以泥土築成。城之有瓷。自明巡按周
如斗始建。嗣因潮汐衝齧。一遷於姚劉沙。再遷於秦家符。三遷於馬家墩。四遷於平陽沙。今之縣治在新
漲長沙。爲萬歷十一年知崇明縣事何懋官遷建。迄今三百餘年。未經遷徙。

中國物産

中國物産。各有專書。卷帙紛繁。曷勝備載。茲擇其尤者。畧敘一二。以備參考。花卉以蘭花爲最。幽香撲鼻。不愧爲花王。生於海疆諸省。茉莉南方最多。桂花北方罕見。其高且大者。生於浙江江西雲南廣西四省。蔬菜中。黄芽菜爲至美。多出山東。藥草多不勝紀。大黄莫盛於四川。茯苓多生於雲南。白茯苓山西出焉。地黄河南北境居多。參鬚生於廣西高山。可以補血。因是貴重。因灰羊素食此草。故其血可取爲藥料。雲南生長果樹。廣西出桂皮。靛花則福建至美。可取爲顏料。紵麻一年三稔。可織成布疋。至於果樹。爲數甚多。豈止億萬。惜培植未精。佳者罕見耳。梨樹七八種。蘋果三四種。桃子亦七八種。蟠桃佛手。爲果之異種。胡桃、李子、栗子、梅子、櫻珠等。隨處皆有。葡萄無花果。石榴北方多生。南方罕有。荸薺爲中國獨出之果。荔子、龍眼福建廣東廣西産焉。若蒼竹、柚子、梹榔、花椒、皂莢、梧桐、柏木、白蠟等。俱尋常之樹。無關重輕。木中最貴者。當推枏木。至美者推紫檀。鐵靈爲最堅。香樟爲最奇。南方多杉木。北方多松木。皆有用之材。可充

棟梁之選。茶葉分紅綠二色。紅者、白毫、上香、紅梅、武彝、龍井等是。綠者、喜春、雨前、珠蘭、珠茶、洞旗等是。每年進貢者。爲徽州之雙綠茶。福建之武彝茶。雲南所出之普洱茶。色帶微紅。非上品也。按中華自與外洋通商以來。茶葉爲貨物出口之大宗。初與湖絲。不分上下。嗣因種茶之法。傳之外洋。共相倣效。精益求精。未數十年而外洋茶市起色。幾駕中土上。所以目下中國之業茶者。均惴惴焉。懼其無起色之望也。

至論動物。則四川有貘與猩猩。廣西有兕與翦象。雲南出鹿。小如狗。西邊出麝。大如麞。人熊、即陝西之大熊。馬鹿、即四川之大鹿。廣東廣西有鸚鵡。羽毛雜彩。四川雲南陝西出金雞。羽毛較鸚鵡更美。肉味較雉鳥更佳。鴛鴦羽毛皆美。雄者尤甚。惟入夏雌雄俱減色。有鷗名海青者。彩華奪目。惟出於陝西一處。土人得之。即以入貢不敢私畜。廣東羅浮山有蝴蝶。大如蝙蝠。夜飛長空。晝栖樹上。其美者亦呈貢京師。蟬分六種。概居南方。野蠶較桑蠶倍大。養於栩樹臭椿。桑蠶有八種。項青蠶三月成繭。柴蠶與項蠶四月成繭。愛珍蠶五月成繭。愛蠶六月成繭。寒珍蠶七月成繭。四頭蠶九月成繭。寒蠶十月成繭。蠶名不一。而成繭

則一。惟絲之美顯有殊耳。楊子江中近九江處產一種黃魚。身巨而味美。其肉甚堅。大者可六七百斤。時有時無。及時而捕。斯得之。鰣魚出京口一帶。價甚昂。遠方難致。金魚第供玩好。冬間竟日不食。他時專食水蛆。其至美者出杭州千金湖中。又有海參。爲盛筵中不可少之物。

國中金銀銅鐵錫煤等礦。悉備且富。金銀礦多於雲南四川。煤礦出山西直隸四川雲南等省。雲南出白銅。光如銀。馳名天下。自來銅亦出該省。色紅、自山流下。雲南山西有藍石。有雄黃礦。相傳可以解毒。四川廣西有花石。有五色石脂。山西山中產玉石甚美。又有陰靑石。雲南有明紅石。上品水晶。出於福建屏風石亦出於此。金銀星石。出江南暨河南諸省。又出白石英。紫石英。桃花石。粉黃石等。寶藏興。貨財聚。造物之厚此土也甚矣。

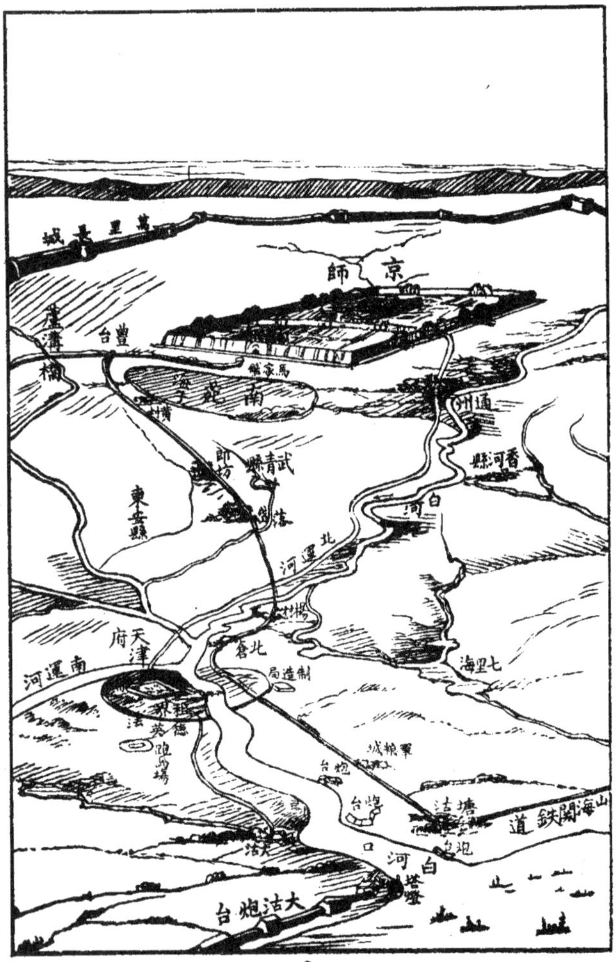
萬里長城
京師
豐台
蘆溝橋
馬家堡
南苑
通州
武清縣
東安縣
香河縣
白河
北運河
天津府
北倉
制造局
南運河
七里海
軍粮城
炮台
塘沽
山海關鉄道
河口
大沽
大沽炮台

京津圖

歷代都邑

自古帝王建邦設都。總以勢據建瓴。河山表裏。能致蒼生利賴者。斯爲金湯之業。磐石之基。伏羲都陳。今河南陳州府、神農因之。別營曲阜。今山東兗州府曲阜縣、黃帝國有熊。今河南開封府新鄭縣、又遷涿鹿。今直隸順天府涿州、少昊起自窮桑。今曲阜縣北、及登位。徙都曲阜。顓頊都帝邱。今山東曹州府濮州、帝嚳都亳。今河南河南府偃師縣、堯都平陽。今山西平陽府、舜都蒲坂。今山西蒲州府、夏禹都安邑。今山西解州夏縣、太康失國。遂都陽夏。今河南陳州府太康縣、帝相遷都商邱。今河南歸德府商邱縣、商湯受命。都南亳。今河南歸德府、仲丁遷於囂。今河南開封府滎澤縣、河亶甲遷於相。今河南彰德府西北、祖乙遷於耿。今山西絳州河津縣、復遷於邢。今直隸順德府邢臺縣、盤庚遷於殷。今河南河南府偃師縣、是即西亳。武乙遷朝歌。今河南衛輝府淇縣、自仲丁至此。凡六遷。周自后稷始封於邰。今陝西乾州武功縣西南、公劉遷於豳。豳亦作邠。今陝西邠州三水縣、太王避狄。邑岐山下居之。今陝西鳳翔府岐山縣東北、王季宅程。亦曰郢。今陝西西安府咸陽縣東、文王徙豐。今西安府鄠縣東、武王有天下。都鎬京。今西安府長安縣、謂之宗州。是爲西都。成王命周公營洛邑。今河南府治、作諸侯朝會之地。謂之成州。是爲東都。懿王徙都犬邱。今西安府興平縣東南十里槐里故城縣、及幽王。爲犬

戎所弒。平王遷於東都洛邑。謂之東周。秦都咸陽。（今咸陽縣、）漢都長安。（今西安府長安縣、）謂之西京。東漢都洛陽。（今河南府洛陽縣、）謂之東京。光武又以南陽（今河南南陽府南陽縣、）爲別都。謂之南都。三國時。蜀漢都成都。（今四川成都府、）魏都許。（今河南許州、）吳都鄂。（今湖北武昌府、）後遷建業。（今江蘇江寧府、）晉傾魏滅吳。天下一統。初都洛陽。至愍帝。即位長安。遂以爲都。東晉復都建康。（因避愍帝諱、改建業爲建康、）故南朝宋齊梁陳皆因焉。至於北朝。元魏初都雲中。（今山西大同府懷仁縣、）繼徙平城。（今山西大同府大同縣東、）復徙洛陽。其後孝武遷長安爲西魏。孝靜遷鄴。（今河南彰德府、）爲東魏。高氏繼東魏居鄴。謂之北齊。宇文繼西魏居長安。謂之北周。及隋世。南北混一。初仍周舊。開皇二年。以長安故城制度狹小。不稱皇居。加之年代既久。凋弊實多。乃營新都於龍首山。（在長安北三十里、）謂之大興城。（即今西安府城、）大業紀元。更營洛陽。謂之東都。唐都長安。後梁改都汴州。（今河南開封府、）後唐復都於洛。後晉後漢後周皆都汴州。宋初因周舊制。建都大梁。（即開封府、）高宗南渡。遷都臨安。（今浙江杭州府、）是爲南宋。斯時也。契丹起自臨潢。（今巴林東北、）改國號曰遼。即以臨潢爲皇都。金斬遼祚。始自會寧。（今盛京奉天府開原縣、）徙於故遼之燕京。（即順天府、）而定都焉。元滅金亡宋。遂一天下。仍因金都。改

名大都。明初都應天。即江寧府、永樂元年。建北京於北平。即順天府、七年改北平爲順天。仍以應天爲京師。巡幸則駐於北京。正統六年。以北京爲京師。應天爲南京。國朝龍興瀋陽。定鼎順天。改應天爲江寧。改瀋陽爲奉天。是爲盛京。此歷代建都之大概也。他若東晉之十六國。五代之十國。南宋之西夏。類皆偏據一方。朝興夕滅。姑不詳誌。

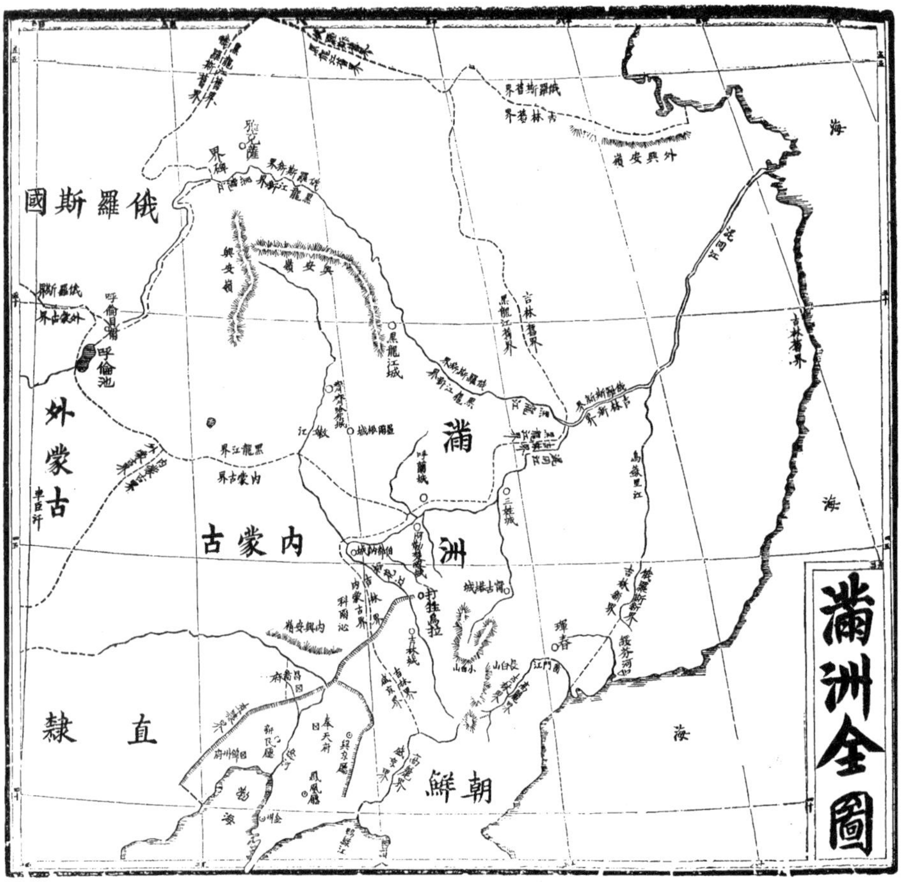

滿洲全圖

滿洲

滿洲在京師東北。爲　國朝發祥之地。記輿圖者。往往附於各直省後。似與　昭代典制有乖。茲故參攷諸書。先爲記及。按滿洲土壤甚廣。東西相距不下三千餘里。南北三千二百餘里。東薄大海。南界朝鮮渤海。西界內外蒙古。北踰外興安嶺與俄屬西伯利亞犬牙相錯。順治初年。俄羅斯人名羅刹者。竊據雅克薩等地。築城居之。康熙十五年。俄人遣使東來。　聖祖仁皇帝。禮遇優隆。館享如禮。諭以嚴禁羅刹。毋擾邊陲。俄不遵約。乃命都統彭春率兵進討。羅刹窘廹乞降。及我兵撤回。潛侵雅克薩如故。二十四年。復命黑龍江將軍薩布素等統兵圍之。降者日衆。二十五年。其汗遣使上書。乞撤雅克薩之圍。且請分定邊界。許之。二十八年。遣內大臣索額圖等。與其使臣費要多羅等會盟議和。定以大興安嶺一帶爲界。前所侵尼布楚雅克薩諸地。復歸於我。立碑於格爾必齊河旁。以昭誠信。歷二百餘年。相安無事。咸豐季年。俄人乘髮捻之亂。南佔至黑龍江北岸。又沿混同江漸南。據有烏蘇里江以東壤地。直至高麗邊境。今且於黑

龍江一帶。築城鑿池。增建礮臺。於東海濱之混同江口。與綏芬河口等。設立埠頭。屯兵民。戰艦絡繹不絕。其眈眈虎視之勢。終將不利於我國。以故論時事籌邊備者。尤以東北滿洲及西北新疆爲首務。按滿洲疆域。雖爲俄人侵削殆半。然仍因舊制分爲三省。曰盛京曰吉林曰黑龍江各設將軍一員。以資控馭。

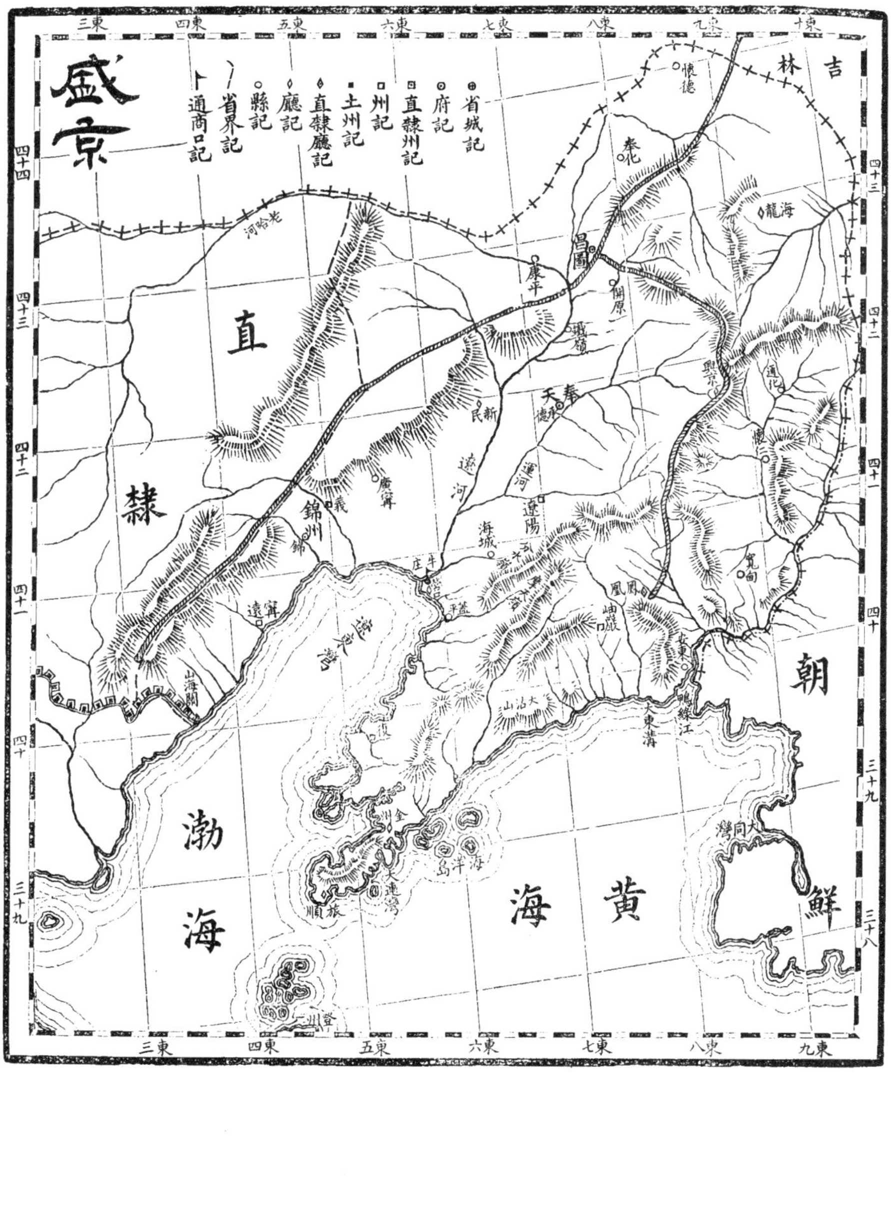
盛京
省城記
府記
直隸州記
州記
土州記
直隸廳記
廳記
縣記
省界記
通商口記
吉林
直隸
朝鮮
渤海
黃海
錦州
奉天
遼陽
海城
昌圖
康平
開原
新民
廣寧
寧遠
山海關
鳳凰
岫巖
安東
鴨綠江
大東溝
興京
通化
懷德
奉化
海龍
寬甸
金州
旅順
大連灣
海洋島
登州
老哈河
遼河

盛京

盛京地處京師之東。東西九百六十里。南北相若。北界內蒙古游牧地。東北界吉林。西界直隸。東南界朝鮮。南界海。地形崇高。水土深厚。古冀青二州之域。舜時爲幽營二州。夏爲冀州地。商周爲肅愼氏國。戰國屬燕。秦爲遼東遼西郡。漢置元菟樂浪郡。晉爲遼東國。唐隸渤海郡。五代時。地入契丹。置東平郡。元爲遼陽等路。明改爲遼東置衛設州。永樂七年。以山海關內隸燕京。而全遼之地皆廢。國朝　肇祖原皇帝。締造興京。肇基王迹。　太祖高皇帝。創建鴻業。奄有哈達、輝發、烏拉、葉赫、寧古塔諸地。天命五年遷遼。六年取瀋陽遼陽。七年建東京於遼陽。十年自東京遷瀋陽。天聰五年。因舊城增拓之。八年始錫名盛京。太宗文皇帝底定全遼。宮闕始備。　世祖章皇帝統御六合。定鼎燕京。改爲留都。順治十四年。設奉天府。置府尹。乾隆始年。設將軍等官。皆駐節於都城。盛京城本前明瀋陽衛舊址。康熙十九年。始築繚牆。後疊次發帑。重修城堞。明樓甕圈炮房。規制益爲宏敞。奉天府尹所轄之府三。曰奉天。曰錦州。曰昌圖。奉天府

領五縣二州四廳。錦州府領二縣二州。昌圖府領縣三。三府之外。新設鳳凰直隸廳。領一州二縣。興京廳領二縣。此其親民官之定制也。盛京於將軍外。另設戶禮兵刑工五部。如勝朝南京之例。牛莊爲彼地要害。生息甚繁。自成通商口岸以來。中西商船之往彼貿易者。帆檣鱗集。每歲不知凡幾。遼陽城內有遼故宮。牆高三丈。周圍八里。四隅有角樓。中有二殿。外城爲漢城。分南北兩市。朝集南市。晚集北市。開原城內。有金故宮。在金時稱會寧府治。有慶元、明德、興聖、永祚等宮。皇極、敷德、薰風等殿。所稱五國城者。在開原之北。舊傳宋徽宗葬於此。河之大者。西有遼河。東南有鴨綠江。遼河源出內蒙古。東南流。折西南爲西遼河。卒入於海。唐太宗征高麗。至遼澤。泥淖二百餘里。人馬不能通。布土作橋。即此。鴨綠江。源出長白山。唐太宗征高麗。耀兵於鴨綠江。

盛京人物之足紀者。漢有趙苞。爲遼西太守。旣之任。遣使迎母。道經柳城。値鮮卑入塞寇掠。刦苞母載以攻郡。苞出戰對陣。賊出母示苞。苞悲號謂母曰。子無狀。欲以微俸奉養。不意反爲母禍。昔爲母子。今爲王

臣。義不得顧私恩。毀臣節。遂進戰破賊。母被害。苞歸葬母訖。謂鄉人曰。食祿而避難。非忠也。殺母以全義。非孝也。何面目見天下人民乎。乃嘔血而死。又有公孫度。初爲玄菟吏。後舉有道。累官遼東太守。威行海外。自立爲遼東侯。平州牧。曹操表度爲永康鄉侯。度曰我王遼東。何永康也。南北朝有高恭之。學涉經史。所交皆名流。仕北齊爲御史。糾摘不避豪貴。金有張浩。博通經史。尤長於詩。以策謁太祖。卽命承應御前文字。官至太師。浩好賢樂善。所著有華美山人集。又有李經。作詩喜以奇語驚人。李純甫見其詩而歎曰。眞令之太白也。由是名大震。元有高宣。太宗時以元帥統兵從征攻大名。力勸睿宗勿加誅殺。民心悅服。累遷都總管。卒諡簡僖。耶律楚材。廣寧人。按廣寧卽今奉天之錦州府。博洽羣書。世祖召置左右。凡制度典章。軍旅政事。皆其經畫。仕至尚書令。諡文正。又有廉希憲。篤好經史。累官同平章事。出鎭江陵。居人德之。以疾召還詔復入中書。辭以病篤。上遣侍臣問疾。因問治道。希憲曰。臣病雖劇。委命而已。所憂大奸專政。羣下阿附。國病之大者。不急屏除。況痾不可藥矣。卒諡文正。明有陳宗。四歲能書。五歲能屬文。十八成進士。宣宗奇

其才。仕至尚寶卿。又有顧能性直而剛。與人寡合。由進士授戶部。生平不受一錢。憲宗刻天下清官四人名於殿首爲楊繼宗。能其次也。

盛京物產有珠玉人參藥材等。錦州府出錦州石。因地得名。

吉林　黑龍江

吉林本滿洲舊部。明代始建州衛。南至朝鮮以圖門鴨綠二江爲界。西南至盛京奉天府。西界內蒙古北界混同江北岸。東以烏蘇里江爲界。吉林將軍駐節吉林城。轄下衝要之城。曰寧古塔。曰伯都訥。曰三姓。曰阿勒楚喀。曰琿春。各設副都統鎮守。吉林亦設副都統一員。新置兵備道一員。贊襄治理。又置吉林長春二府。吉林府領二廳一州。曰雙成廳。伯多訥廳。伊通州。長春府領二廳二縣。曰賓州廳。五常廳。農安縣。與敦化縣。吉林之北。有打牲烏拉城。例屬　京都內務府管理。設有總管採珠等事一員。統屬下數員。代任其事。

黑龍江地處吉林之北。東界吉林。北絕黑龍江。西連喀爾喀車臣部。黑龍江將軍駐節於齊齊哈爾城。城頗鞏固。　聖祖仁皇帝所築以禦外侮者也。齊齊哈爾外。曰呼蘭。曰黑龍江。曰墨爾根。曰呼倫貝爾。亦各有副都統鎮守。新設呼蘭與綏化直隸廳二。以理民事。

滿洲大山。北有興安嶺。橫亘數百里。高徹雲霄。南有長白山。亦廣盤疊峻。山巔累月積雪。故以爲名。山水下流成河。東流爲圖門江。西南流爲鴨綠江。北流爲松花江。會混同江。東北流入海。烏蘇里江。亦自長白支山開源。北流會混同江入海。再有嫩江。發源興安嶺。南流經齊齊哈爾等城。亦入混同江。滙於海。黑龍江。開源自外蒙古車臣部地。上游二河。一名敖嫩。一名喀魯倫。至雅克薩地。始名黑龍江。折而東南、經愛琿。會於混同江。轉東北入海。瀰漫一水。源遠流長。水中無沙渚阻滯。兩岸有濃林陰翳。輪舟帆船之泝流上下者。如尋芳入勝。不第角逐蠅頭已也。惜自咸豐四年。俄人據有北岸以來。築壘設埠屯守要害。江之利權。恐爲所奪。論者謂其鯨吞虎噬之心。尙無底止。中國之患。鮮有甚於是也。

滿洲山林蓊鬱。氣候凛寒。迤北黑龍江一帶尤甚。隆冬之際。百度寒暑表直降至圈下三十度。道途積雪沒脛。經月不消。因之土壤瘠薄。粟米鮮小。本地居民。概以捕魚獵獸爲業。幸近年山左直隸之民。多遷居其地。鑿墾曠土。氣象一新。僅數十年。而游牧打牲之衆。日形寥落。說者謂目下滿洲億萬人中。血土遺民。

僅十分之一。此說若確。則主客相和。風氣已開。諸廢可循序以興。百務並及時而舉。不亦善歟。

滿洲物產。吉林產參最多。眞珠以烏蘇里江東岸汊港出者爲佳。自俄人據其地。採珠之役。頗覺蕭條。所產良馬。騏騄驊騮。不名一格。直省購買戰馬。及任選駿之職者。多前往採辦。取其身小善馳也。

直隸

直隸為　皇畿之地。別名燕省。東西相距約一千一百二十里。南北約千六百里。東界盛京。西界山西。西北界內蒙古。南界山東。西南界河南。東南界海。雄視東北。規範九有。左滄海。右太行。舜時為幽州。禹貢則冀州地。周為燕趙之國。秦屬上谷等郡。漢置冀州刺史。唐置河北道。石晉棄之。不隸中土者六百餘年。明復收入版圖。永樂十八年。遷都於此。正統六年。定為畿輔。　國朝因之。以順天府為京師。別名北京。城分內外。內城乃永樂七年拓元故城。周四十里。闢九門。正南曰正陽。俗稱前門。南之左曰崇文。又曰海岱門。右曰宣武。又曰順城門。北之東曰安定。西曰德勝。東之北曰東直。南曰朝陽。又曰齊化門。西之北曰西直。南曰阜成。又曰平側門。外為重城。廣袤二十八里。闢七門。正南曰永定。南之東曰左安。西曰右安。北之東曰東便。西曰西便。正東曰廣渠。俗呼沙鍋門。正西曰廣甯。又曰彰義門。內城中為皇城。廣袤三千六百五十六丈。高一丈八尺。門四。南曰天安。北曰地安。東曰東安。西曰西安。紫禁城又在皇城之內。南北長二百三

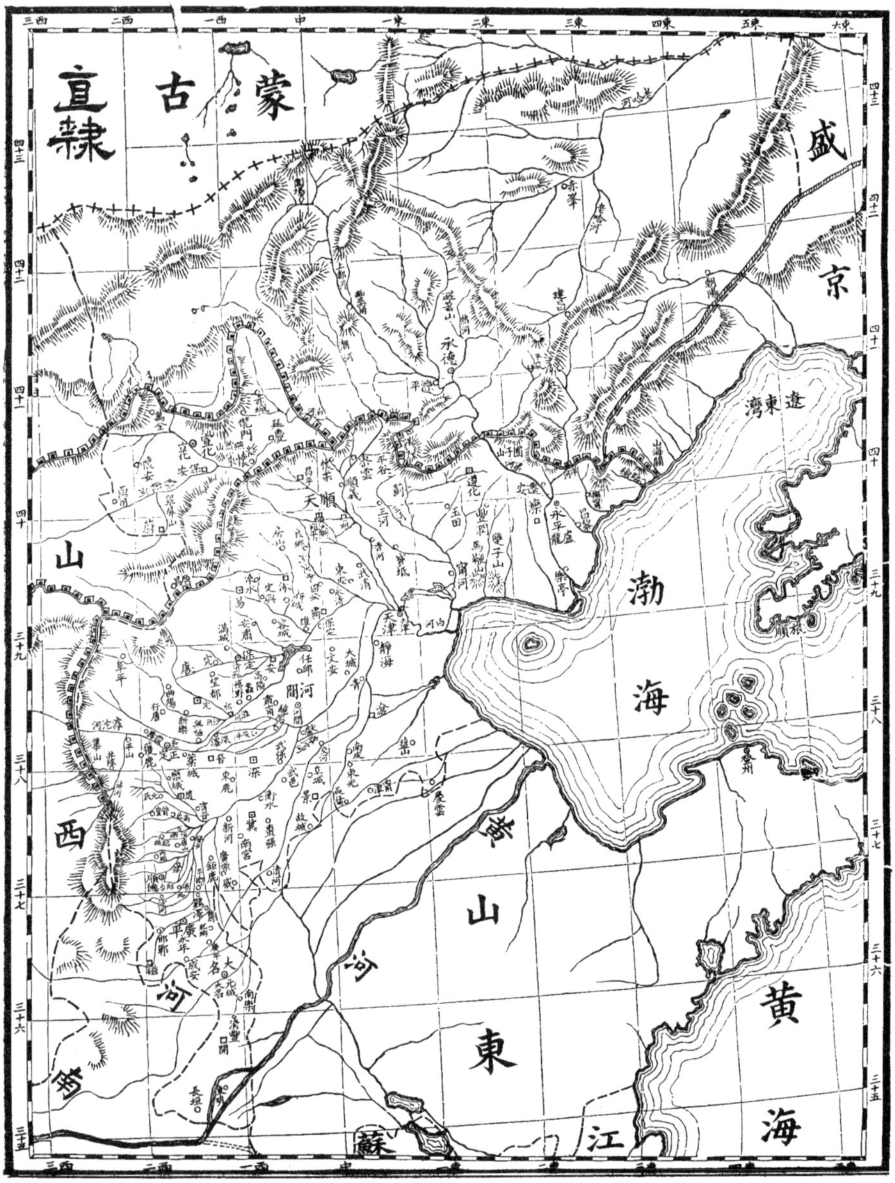
直隸
蒙古
盛京
山西
渤海
遼東灣
天津
順天
河間
永平
永德
黃河
山東
黃海
江蘇
河南

十六丈二尺。東西長三百有二丈九尺。高三丈。門四。南曰午門。北曰神武。東曰東華。西曰西華。城中宮闕輝煌。殿宇巍峨。衙署峻麗。街市喧闐。眞所謂金湯鞏固。天府之雄也。順天府府尹管轄直隸州一。曰遵化。散州五。縣二十一。例得專摺具奏。惟關係重大者。仍當移咨總督。會銜繕奏。直隸總督於府尹所領州縣外。又統十府。曰保定。曰承德。曰永平。曰河間。曰天津。曰正定。曰順德。曰廣平。曰大名。曰宣化。直隸州五。曰易州。曰冀州。曰趙州。曰深州。曰定州。散州十二。縣百有二。新設理事廳四。曰圍場。曰多倫諾爾。曰張家口。曰獨石口。此其治民之制也。天津府。爲直隸水陸通衢。津梁要道。五方雜處。靡麗繁華。直隸總督。向例半年駐此。辦中西交涉事。半年則駐保定府。蓋其省會重城也。

全省古今勝跡。悉數靡窮。順天以八景爲最佳話流傳。多經名人題詠。曰太液秋波。曰瓊島春雲。此二者。皇城西苑之勝也。其餘在京師近處。曰金臺夕照。曰西山霽雪。曰玉泉垂虹。曰蘆溝曉月。曰薊門烟樹。曰居庸疊翠。八景之中。玉泉垂虹。尤爲卓越。按玉泉出自玉泉山。在府之西北。泉出石罅間。因鑿石爲螭頭。

泉從螭口出。鳴如襍佩。色若素練。味極甘美。豬而爲池。廣三丈許。池東有小石橋。水經橋下。東流入西湖。西湖本名昆明湖。綠水澄鮮。沙禽出沒。雲影天光。一碧千頃。湖心橫跨一橋。瓊欄玉檻。如銀漢之麗天。如白虹之駕海。外有戰艦二艘。帆檣畢具。戈戟森然。取教戰昆明之義。城東有觀象臺。高近十丈。與城堞相峙。上有渾天儀一具。即書所謂璇璣也。鑄銅爲之。古色斑駁。又有玉衡一具。亦銅爲之。形如尺。又有銅球一具。外刻二十八宿。左右旋轉。以象天體。宣武門內有天主堂。 聖祖仁皇帝五十三年 勅建。落成後。頒賜 御書萬有眞原四字額。又聯云。無始無終。先作形聲眞主宰。宣仁宣義。聿昭拯濟大權衡。由是堂構維新。龍章照耀。迄今猶翼翼可觀。又於皇城西安門內蠶池口地。 聖祖仁皇帝。准教士別建教堂。賜敕建金字匾額。光緒十二年。朝廷欲廣禁苑。將此堂遷西安門內西什庫南邊之地。 教皇准將堂內珍物。恭贈中朝。中朝賜銀三十五萬兩作遷堂費。落成後。以 諭旨勒石。護以黃亭。製白玉匾額。以垂不朽。規模宏敞。氣象爲之一新。孤竹舊趾。爲殷孤竹君封地。今永平府城西北。尚存孤竹三塚。雙子山爲長

君之塚。鬬子山爲次君之塚。馬鞭山爲少君之塚。傳曰。國人立其中子。蓋次君也。保定之安州有易水。即燕太子丹別荊軻之地。初太子欲殺秦王。使衞人荊軻刼之。送至易水。高漸離擊筑。軻和而歌曰。風蕭蕭兮易水寒。壯士一去兮不復還。即此。在順德唐山縣。舊有柏人城。相傳漢高祖過此欲宿。心動。問縣名。人以柏人對。高祖曰。柏人廹於人者也。不宿而去。華山屬正定府獲鹿縣。一曰抱犢山。韓信伐趙。使人持赤幟。從間道登華山而望。後魏葛榮之亂。民有不從者。於此抱犢而死。晉州有京觀。係皇甫嵩破黃巾賊而築。冀州有避暑亭。宋郡守魯有開所建。漢時袁紹爲是州刺史。值盛夏。與光祿劉松飲以避暑。至今河朔之有避暑飲。實本於此。此外又有九河故道。乃夏禹所鑿。在河間等府。尚隱隱可稽。京師西南之盧溝河。爲桑乾河之下游。俗呼渾河。過永平之灤河。迤南之滹沱河。雖穿貫全地。利澤民生。而勝跡無聞。

直隸人物之最著者。順天有盧植、張飛、賈島、史天澤。保定有郭隗、田光、祖逖。河間有董仲舒、張昭。正定有荀況、樂毅、廉頗、李牧、毛萇、魏徵、李百藥、劉禹錫、李德裕、曹彬諸人。順德有宋璟、郭守敬。廣平有劉劭、竇默。

五洲圖考　亞洲　直隸　十七

5

大名有史鰌汲黯。永平有伯夷。叔齊。公孫瓚。李光弼等。盧植字子幹。涿人。生於漢季。身長八尺。聲如洪鐘。累官至尚書。曹操極心敬之。過涿告守令曰。盧尚書植。士之楷模。國之楨幹也。史天澤元代人。平居若無能爲。及臨大節。論大事。毅然以天下自任。累官至右丞相。宋璟生於大唐之世。耿介有大節。武后時。立曹正直。無顧忌。玄宗拜爲丞相。務清政刑。不愧爲中興賢相。竇默爲人樂易。以學道聞。與史天澤等同仕元世祖朝。累官昭文館大學士。李光弼多謀善戰。唐室中興。功推第一。封臨淮郡王。謚武穆。此人物之畧也。惟地多賢才。而土不豐饒。所產者。金鉛煤鹽。果品如蘋果、香梨、玉桃、棗、李、栗、榛、胡桃、葡萄、肥果、茯苓、蘑菇等類。又牛羊諸畜。尚稱繁息。琉璃出順天。毡毯出承德。皆本省所馳名。其近長城之宣化府。峯巒環繞。產水晶寶石。五穀黍稷菽麥。合省皆植。惟稻絕少。或因薙草之術。培植之方。俱不及南人。故所收歉薄。不可與南方同日語也。

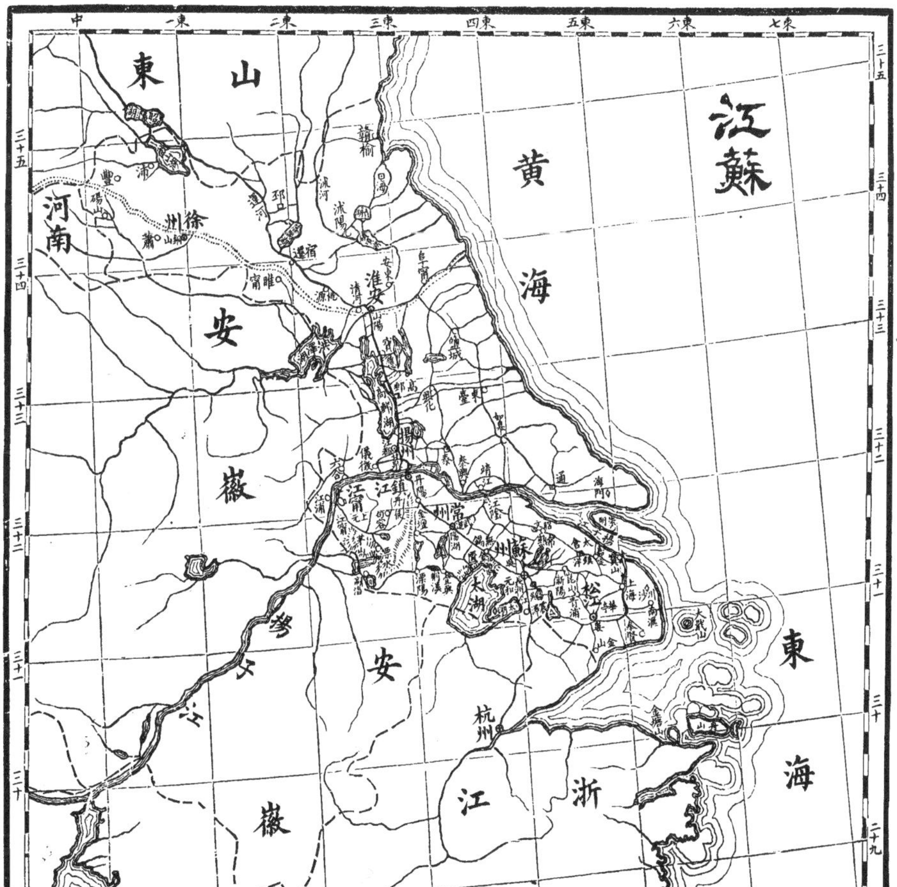
江蘇
黄海
東海
山東
河南
安徽
浙江
徐州
淮安
鎮江
江寧
常州
蘇州
松江
太湖
杭州
中
一東
二東
三東
四東
五東
六東
七東
三十五
三十四
三十三
三十二
三十一
三十
二十九

江蘇

我　朝奄有區服。宏廓靡倫。而於省次首及江蘇。誠以地雖僻處東隅。而江山之挺秀。河海之險要。人才之英特。以及賦稅貨財。風俗物產。皆甲於天下。洵寰宇之要區。國家之外府也。按江蘇北界山東。西北界河南。西界安徽。南界浙江。東界海。東西相距約七百六十里。南北八百餘里。土地膏腴。形勢蟠踞。負山海而控潁泗。襟長江而帶大河。禹貢揚徐州之域。春秋時爲吳國。後越滅吳幷其地。戰國爲楚地。秦置會稽瑯琊諸郡。漢屬揚徐二郡。三國時揚州屬吳。徐州屬魏。晉初、亦爲揚徐二州。東晉都建康。揚州遂爲王畿。宋齊梁陳皆因之。而畧加損益。隋隸丹陽等郡。唐時分屬江南及淮南道。後爲楊行密所據。五代時。楊隆演建吳國。李昪代之。是爲南唐。都建康。宋分江東淮南等路。元屬河南江浙行中書省。分轄諸道。後移江南諸道。行御史臺於集慶等路。明初、改集慶路爲應天府。是爲南京　國朝順治二年五月。豫親王統兵南下。軍民投誠。改南京爲江南省。康熙六年。改置江蘇。領府八。曰江寧。曰蘇州。曰松江。曰常州。曰鎭江。曰

淮安曰揚州曰徐州直隸州三曰太倉曰海州曰通州散州三廳亦三縣六十二人烟稠密戶口殷繁治斯民者督撫外設有布政使二人一轄江徐揚海通地方一轄蘇松常鎮太等處江寧府爲省會兩江總督駐節於此城周九十六里門十三在北者四曰太平曰神策又名得勝曰金川曰鍾阜俗稱小東在西者五曰儀鳳曰定淮曰清涼曰漢西俗稱旱西曰三山俗稱水西在南者三曰聚寶曰通濟曰洪武在東者一曰朝陽順治十六年築滿城於青溪之東起太平門沿舊皇城基址至通濟門止開二門以通出入爲八旂防兵屯紮之地江甯將軍亦開府於此又於城之四圍因山據隘闢城外郭門十六在東者六曰姚坊曰仙鶴曰麒麟曰滄波曰高橋曰上方在南者六曰夾岡曰雙橋曰鳳台曰大安德曰小安德曰馴象在西者一曰江東在北者三曰上元曰觀音曰佛甯江蘇巡撫部院駐在蘇州府城城周四十里門六曰盤門或作蛇門曰閶門曰胥門曰婁門曰葑門或作[illegible]門曰齊門其地夙以文物著聞惟貿易則較從前遠遜因上海通商以來商賈麕集財貨雲屯內地諸城不免日形蕭索乘除之勢正不知伊於何底也

江蘇諸山類皆不甚崇高。爲數亦寥寥無幾。江寧府城東北。有鍾山。西有石頭山。諸葛武侯所稱龍蟠虎踞。即此山也。西北有獅子山。明太祖嘗伏兵於此。大破陳友諒於山下。東南有茅山。在句容縣治。有大茅峯。中茅峯。小茅峯之別。始皇二十七年。遊會稽。埋白璧於此。蘇州府治北有虎邱山。上有劍池。兩崖劃開。中涵石泉。泉名石井。唐人陸羽品爲天下第五泉。前有千人石。遊人皆於此小憩焉。相傳吳王闔閭葬此。近虎邱爲山塘。上有五人墓。其碑爲明張溥所撰。此外有陽山。一名秦餘杭山。上峙危峯十二。而箭闕最高。前有龍湫。下有白龍洞。東北有白鶴山。古墓最多。府治之西有穹窿山。峯高而頂平。方可百畝。半山有泉。名法雨。四時不絕。可以灌田。東下有盤石。高廣丈許。洞庭山。屹立太湖中。一名包山。蘇子美云。太湖七十二峯。洞庭最巨。縹緲峯最高。其間重崗複嶺。樹密林深。閭巷雲連。不異闤市。所產柑橘最佳。每至秋高霜餘。丹苞朱實。相映巖壑。望之若圖畫然。太湖之濱有夫椒山。吳王夫差敗越於此。常熟城依山而築。是名虞山。虞仲之墓在焉。一名海隅山。越絕書謂巫咸所居。上有子游墓。山多巖壑。蜿蜒起伏。如臥龍然。四

望形勢各異。其巔堆垛磊塊纍纍中虛。似皆人力爲之。無錫西北有慧山。別名九龍山。泉聲泠泠向石中出。陸羽品爲天下第二泉。一名陸子泉。清澈甘洌。烹茶極佳。其在松江諸山。皆無甚名勝可稽。明董紀曰。松之山三十有二。而惟九峯特著。自元人凌巖肇題詠後。至今步韻者代不乏人。九峯一曰鳳凰山。二曰陸寶山。本陸氏家山。多土少石。而土又美。人爭取之。夷爲平陸。今人皆以厙公山補之。三曰佘山。産筍有蘭香。康熙五十九年。南巡駐蹕。錫名蘭筍山。同治六年。天主教建聖母堂於西山之巔。規模宏敞。結構崇隆。形勢之壯麗。爲就近諸勝冠。四曰神山。一名辰山。或稱細林山。五曰薛山。六曰機山。七曰横雲山。八曰天馬山。陸氏之先人葬焉。機雲兄弟。皆有碑誌。九曰崑山。諺所謂鳳陸佘神薛。機雲天馬崑是也。通州之南有狼山。左右五山連屬。宋湻化中邑令楊鈞上書乞改狼爲琅。米芾題曰第一山。今舊題已失。前臨大江。江水奔騰。極天無際。東有半千石。半於虎邱之千人石也。山週勝概極多。爲東南巨觀。鎮江府城東北有焦山。古名譙山。聳峙江干。漢處士焦先隱此因名。東北有二島對峙。謂之海門。上有三詔洞。以先

嘗三詔不起。又有　高宗純皇帝行宮。古今題名詩刻甚多。與金山相望。十五里許。氣勢相頡頏。故稱金焦。若以府北之北固山並之。則爲江左三山云。

江蘇大湖川澤。爲數甚多。其最者爲蘇之太湖。禹貢謂之震澤。周官爾雅謂之巨區。史記國語謂之五湖。其實一也。吐吸江海。包絡丹陽宜興諸境。其所容者大。故以太稱。爲中國五湖之一。中有山七十二。其大小雷山。相去十里。係江蘇浙江分界處。所謂消夏灣者。在湖岸極清處。乃吳王避暑之地。更有明月灣。相傳吳王玩月處。其次曰洪澤湖。在淮安府之西。長一百八十里。闊至百二十里。五湖之中。隸江蘇者。尚有丹陽湖。在江寧溧水縣。昔江寧之置丹陽郡。蓋取義於此。西接安徽當塗界。湖雖未廣。而素稱佳境。李白嘗乘月載酒以遊。江寧太平門外。有元武湖。俗呼後湖。中有五洲。明時儲黃冊於此。今廢。惟長堤烟景。荷蒲菱芡。與沙禽水鳥。隱映雲霞之際而已。堤盡爲曾文正公祠。旁有井。光緒二年新鑿。約深二丈。其泉與雨花臺之永寧泉相匹。薛澱湖者。在松江府治之西北。一名澱山湖。以湖濱有澱山故也。南屬青浦北屬

崑山其在西南。又有三泖。宋朱長文續吳郡圖經。稱爲上中下三泖。而舊縣圖又有圓泖大泖長泖之名。
未知孰是。

江蘇川之著名者。首推揚子江。別名大江。或稱長江。蓋中國至長之水也。自江源浩蕩而來。合湘漢諸水。經江寧繞鎮江至通州達於海。禹貢曰江漢朝宗於海。即此。次爲黃河。向自河南入徐州府。東經淮安府入海。道光間河決冀北。泛濫東魯。經大清河入於海。自是江蘇無黃河之患。其故道亦皆淤成平陸。松江古爲笠澤江。一名松陵江。乃禹貢三江之一。黃浦在上海縣東。相傳楚相黃歇所鑿。又名春申浦。浦中旅艇海舶。兵艦輪舟。絡繹雜遝。其水灌溉可資。行旅以便。水利若是。此江蘇之所以古稱澤國也。

江蘇之勝區故蹟。不一而足。江寧有烏衣巷杏花村雨花臺謝公墩閱江樓報恩塔。惜皆榛莽邱墟。徒存陳蹟。蘇州有滄浪亭。在盤門內。傍有荷池。爲吳中節度使孫承佑之池館。後蘇子美以事廢。買地築亭。號曰滄浪。婁門內有拙政園。本係道觀。亦名拂水山莊。崇臺廣廈。映以清流。今已改作八旗會館。城中又有

范文正公義宅。乃宋范仲淹知杭州歸吳後所創。聚族其中。又買常稔之田千頃。號曰義田。作義莊以贍之。宋錢公輔有義田記。獅子林在齊門內。相傳爲倪元鎭別墅。聚石爲山。建亭鑿池。作巖巒坡谷。形若獅子。高宗純皇帝巡幸至此。賜題眞趣二字。然亦倒坍過半。斷石零星矣。上海城內有西園。爲方伯潘允端豫園故趾。乾隆二十五年。邑人購其地。仍築爲園。其後門之左。有五老峯。瘦石崚嶒。亦入奇品。徐州東山之麓。有放鶴亭。蘇子瞻嘗作記以誌之。此勝蹟之一二也。

江蘇人物。以地鍾靈秀。度越徽前。不勝臚指。在江寧。晉有葛洪。家貧好學。不拜侯封。入山著書不輟。號抱朴子。在蘇州。商有巫咸。輔弼太戊。尚書曰。巫咸乂於王家是也。周有季札。讓國不受。逃於延陵。又有言偃字子游。史記云。偃吳人。自江淮以南。聞孔子學者。偃一人也。漢有甪里先生。爲四皓之一。宋有范仲淹。參預大政。立功社稷。葬後。御書曰褒賢之碑。又有米芾。翰墨精妙。點綴山水。自成一家。凡書畫經其品題者。無不價增十倍。其在松江。晉有陸機陸雲。皆以文章名世。時人謂之二陸。唐有陸贄。年十八登進士第。中

博學宏詞科。官至翰林學士。謚曰宣。所遺奏議。後世相率效之。明有董其昌。天才俊逸。少好書。以米芾爲宗。後錯綜晉唐諸帖而變化之。瀟灑生動。名聞海內。官禮部尚書。康熙四十四年　上南巡。特書芝英雲氣額賜之。又有徐光啟。幼抱奇才。長通經史。明萬歷時。西士利瑪竇等至京。徐日與討論教禮歷書旁及治國安民之學。會日蝕失驗。光啟以泰西天主教士鄧玉函羅雅各等。薦諸朝廷。上詔修歷法。擢光啟爲監督。尋加太子太保。晉文淵閣。謚文定。有農政全書。幾何原本。闢妄等集行世。在常州。晉有顧愷之。自少博學。桓溫謝安器重之。善丹青。世稱愷之有三絕。才絕。畫絕。癡絕。拜虎頭將軍。自號顧虎頭。梁有蕭統。字德施。小字維摩。武帝太子也。誦書五行並下。五歲通五經。爲人寬和容衆。性孝謹。好讀書屬文。不近聲色。訂文選三十卷。年三十一卒。朝野痛之。謚曰昭明。宋有陳敏。無錫人。受業胡安定門下。安定一見奇之。稱爲國器。徽宗時。諸蔡用事。斥司馬光諸賢爲奸黨。立黨人碑。敏怒而碎之。謝事歸。其在鎮江。三國時有韋昭。少好學能文。撰吳書。華覈嘆曰。此史遷筆也。後孫皓欲爲父和作紀。昭謂未嘗稱帝。宜傳不宜紀。即被

收。淮安漢有韓信。少嘗寄食漂母。歸漢。拜大將軍。漢定三秦。滅西楚。厥功居多。爲漢三傑之一。蕭何所謂國士無雙者也。又有陳登。字元龍。許汜嘗與漢昭烈論人物曰。元龍淮海之士。豪氣不除。今高堰之築。實創自登。揚州秦有邵平。嘗封東陵侯。秦末種瓜長安。瓜有五色。世稱東陵瓜。徐州漢有蕭何。相高祖爲開國第一功臣。封酇侯。又有曹參。破秦相漢。遵何約束。時有清靜寧一之歌。復有周勃。高祖謂其厚重少文。然安劉氏者。必勃也。後果誅諸呂。定漢室。唐有劉知幾。善文辭。舉進士。累遷鳳閣舍人。修國史。著史通內外四十九篇。徐堅嘆曰。作史者宜置座右。

江蘇土產。巨細精粗。無不備。食物如五穀諸果禽獸魚鹽。用物如綢緞綾絹木棉花卉等。皆有足供四方。以是知人傑地饒。民庶物阜。稱爲財賦重地。非虛語也。

一西
中
一東
二東
三東
三十五
三十四
三十三
三十二
三十一
三十
二十九
山東
安徽
江蘇
河南
湖北
江西
浙江
江
亳
宿
靈璧
泗
蒙城
太和
潁州
潁上
阜陽
霍邱
懷遠
鳳陽
定遠
五河
六安
舒城
廬江
合肥
太平
含山
巢
英山
太湖
宿松
望江
安慶
東流
建德
池州
青陽
銅陵
南陵
寧國
宣城
廣德
太平
祁門
休寧
徽州
歙
婺源
揚子江

安徽

江蘇之西爲安徽省。別名皖。省東西距七百五十里。南北距九百里。西界湖北。西北界河南。東北界江蘇。東南界浙江。西南界江西。右控全楚。左蔽金陵。扼中州之咽喉。依兩浙爲唇齒。由中原而南。一大都會也。禹貢揚徐豫三州之域。春秋分屬吳楚。戰國時爲楚地。秦置九江泗水潁川三郡。漢初置淮南國。厥後分屬揚州及徐豫二州。西晉因之。東晉揚州爲王畿。僑置豫州於淮南郡。南朝時參置霍州譙台等州。隋屬鍾離歷陽汝陰等郡。唐置江南及淮南河南道。五代屬南唐。宋分江南東路。及淮南東西二路。元分屬江南江浙行中書省。明初改元集慶路爲應天府建都府城。正統六年。改應天府爲南京。以安慶徽州甯國池州太平廬州鳳陽七府。滁和廣德三州隸焉。 國朝改置江南省。順治十八年。分屬江南左布政司使。康熙元年設安徽巡撫。六年改江南左布政爲安徽布政司使。乾隆二十五年。以安徽布政司使自江甯還治安慶。領府八。曰安慶。曰徽州。曰甯國。曰池州。曰太平。曰廬州。曰鳳陽。曰潁州。直隸州五。曰廣德。曰滁

州曰和州曰六安曰泗州散州四縣五十一其間土壤有肥磽形勢有衝僻政治有繁簡人情有純薄風俗有奢儉互有差池不可一例論也安慶府爲省會舊城卽今潛山縣治按通典爲楚霸王所建歷代因之宋嘉定十年以金兵破光州徙城於盛唐灣宜城渡之陰去舊城百四十里卽爲今治城周九里十三步門五東曰樅陽東南曰康濟南曰盛唐今改鎭海西曰正觀北曰集賢同治元年江督曾文正駐師正觀門外添築外郭自集賢門迤南直抵江岸門二曰金保內置水師協鎭署曰玉虹內設火藥局安徽巡撫與布政按察二使皆駐節省城通商埠在太平府蕪湖縣光緒二年新開自九江以下商賈往來以此關收榷稅而安徽江蘇之門戶於是乎在焉

皖省山嶺聯絡備載爲難其隸安慶者曰龍眠曰小孤曰天柱龍眠山卽古之龍舒山在桐城西北與舒城接壤巖巒幽邃擅名江北其巔岃秀削遙遙相對者爲華崖山卽東龍眠也宋李公麟歸老於此小孤山在宿松縣東南突兀巑岏一柱直聳四面江水山以孤峭得名或誤爲小姑宋時歐蘇業已辨明稱之

曰小。以別彭蠡之大孤山也。元天歷中立鐵柱於上。名曰海門第一關。天柱山在潛山縣西北。一曰皖山。亦曰潛山。其峯刻巀聳矗雲霄。秦時稱爲衡山。始皇渡淮水之衡山。南抵大江。是也。湖南有南嶽衡山。亦名湘山。此則本名衡山。傳稱漢武帝以南嶽阻遠。移祀潛之南嶽天柱。即此。故一稱霍嶽。又謂之副南嶽。東有激水。冬夏懸流。瀑布萬丈。瑩然如雪。故又名雪山。下有九井。深不可測。旁有石牀。可容百人。實爲淮南諸山之冠。其支山曰三祖山。有璨僧塔。一名山谷。宋黃庭堅僑居於此。取以自號。司空山在太湖縣西北。高峻不羣。山半有洗馬池。即古之司空源。唐李白嘗避居於此。山之隷徽州者。黃山爲最。白嶽次之。黃山在歙縣西北。舊名黟山。山半出雲。一白無際。山麓有湯泉。出香溪中。常湧丹沙。浴之可療疾。白嶽山在休寧縣西。一名齊雲巖。上有石鼓石鐘天門諸峯。皆絕壁斷崖。體勢飛動。下有一峯。崢嶸雄峙。立鐵亭籠之。則爲香爐峯。層巒刺天。雲烟萬狀。則謂紫玉屏紫霄崖。尤爲擅勝。昔人目此爲小武當云。名山之隷於寗國者。曰陵陽。曰敬亭。陵陽在府城北隅。岡巒盤曲。上有三峯。環繞宣城縣治。宋郭詳正詩所云陵陽三

峯壓千里。百尺危樓勢相依。是也。敬亭山在府北。古名昭亭山。李白詩。相看兩不厭。只有敬亭山。南麓有二井。俱係唐丞相裴休所鑿。水白味甘。特異他井。其隸於池州者。曰九華。曰天門。九華山在青陽縣西南。舊名九子山。李白陋其名。以山有九峯如蓮花。易名九華。今山中有太白書堂在焉。山氣清白。如雲瀰漫而起。青峯在其上。謂之雲海。天門山。一名梁山。東梁屬當塗。又名博望。西梁屬和州。兩山相對。峙立江渚。爲往來要害之處。六朝時皆置兵屯守。山頂各有城。並宋王元謨所築。山之隸於太平者。曰采石。曰青山。采石山在府西北。昔人采五色石於此。故名。晉王渾駐師取吳。隋韓擒虎宵濟破陳。宋曹彬渡江取南唐。明常遇春先登獲捷。皆在此山。南有磯。峭拔險峻。名曰牛渚。輿地志。温嶠平蘇峻亂。至牛渚磯。以下多怪物。燃犀照之。此蓋附會之詞也。殊不可信。青山在當塗縣東。晉桓温與袁宏遊青山。共載而歸。齊謝眺築室於此。其基址尚存。故又名謝公山。山麓有宋米芾書第一山碑。山之隸於廬州者。曰浮槎。曰金庭。浮槎在府東。一名浮巢山。頂有甘泉。歐陽修爲之記。金庭山一名紫微山。有紫微洞出泉。居民引以漑田。相傳

王子喬居此。又名王喬山。山之隷於鳳陽者曰塗山。曰八公。塗山在懷遠東南。淮水東岸。與荆山兩岸對峙。亦名當塗。相傳禹會諸侯於塗山。執玉帛者萬國。卽此。然按野客叢談。塗山有四。迄今掌故者。執辨紛紛。莫衷壹是。故塗山之會。究不知何者爲是。八公山。在鳳台縣東北。漢淮南王安與賓客著書於此。晉謝元陳師淝水。苻堅望見八公山草木。疑皆晉兵。卽在此山。滁州所屬有瑯琊山。宋歐陽修云環滁皆山。而瑯琊尤美。所謂蔚然而深秀者是也。晉瑯琊王駐兵於此。因名。唐大歷中刺史李幼卿鑿石引泉。賦詩刻石於其上。及宋王歐二守。相繼賞詠。而名益顯。山行六七里。有瑯琊溪。謂之釀泉。上有醉翁亭。亭側又有六一泉。其透迤相接者爲豐山。下有紫微泉。永叔之豐樂亭在焉。出雲降雨。歲賴以豐。因以得名。

水有四瀆。在安徽者二。一卽揚子江。自九江東流而下。宋宣和二十八年。太平府判官盧宗原言大江東岸多暗石。至二十餘處。西岸沙積廣二百餘里。請開。從之。明年降詔開江東古河。自蕪湖入淮。免二百里江流之險。是名中江。江中之洲。曰蓮花。曰擱牌。曰白沙磯。曰攔江。曰羅刹。曰黃龍。曰劉婆。共數十餘處。一

爲淮水。自河南來東經鳳陽入洪澤湖。湖卽古之洪澤鎮地。前泗州舊城。亦淪沒於此。明萬歷二年淮水溢。河臣潘季馴始築高家堰。其後於大小澗口等。凡入湖舊道。盡築堤防。自是淮水益壅。泗州大病。二十一年按臣牛應元始議開金家灣芒稻河洩湖水入江。繼議開高堰南周家橋洩淮水入湖。又開高堰北武家墩以殺其勢。國朝康熙三年淮溢。乃議築翟家壩。遣官履勘。稱爲天然減水壩。止令塡平決口。不准加土增高以塞水路。然波濤泛溢。時不免於水患。其他川澤。難以枚舉。記其大者。如渦水在鳳陽府西北。乃水之著名於經者。自蒙城縣流入於淮。謂之渦口。三國魏志武帝紀。建安十四年軍至譙。作輕舟治水軍。秋七月自渦入淮。卽此。國朝巡撫英翰建渦陽縣碑記。其銘曰。渦水曰澗。姬公所錄。受沙入淮。發源鳴鹿。其洛、汴、谷、睢、汝、潁、豐、諸水。皆在府境內。徽州一府六縣之水。皆藉歙浦資流。其新安江。水最澄清。淺深見底。爲灘三百餘。沈約詩云。洞徹隨深淺。皎鏡無冬春。謂此。靑弋江在寧國府西。卽淸水也。古名冷水。漢書地理志。晉書鍾雅傳。及說文與元和郡縣志諸書。皆爲載入。蓋亦古之名水。盧州合肥縣東有施

水即肥水分流之一。亦名金斗河。夏水暴長。施合於肥。故曰合肥。梁韋叡堰水以灌合肥在此。濡須水在巢縣南。源出巢湖。一名栅口水。寰宇記亦謂之馬尾溝。又名石梁河。三國時曹操與孫權相拒於此。宋史劉錡與金人夾石梁爲軍。疊薪爲橋。亦在此。巢湖在府城東南。一名焦湖。一名灤湖。周四百餘里。佔合肥舒城廬江巢四邑之境。港汊大小三百六十。通鑑地理通釋。載巢湖本巢縣地。後陷爲湖。爲古今形勢扼要之區。淮西巨浸。潁州府之西北有西湖。即潁河合諸水匯流處。唐許渾從事於潁。已有西湖清讌之句。及宋歐陽修蘇軾先後爲守。皆嘗宴賞於此。論者與杭之西湖並稱。歷陽湖在和州之西。淮南子云。歷陽之都一夕爲湖。唐劉禹錫所謂一夕爲湖地。千年列郡名。是也。一作麻湖。明永樂中湖涸。議堰爲田。凡三萬一千三百餘畝。至景泰二年始成。然地勢平衍。水難驟泄。每逢雨潦。往往多淹沒之患云。

皖省古跡。安慶府望江縣城內。有泣筍臺。亦曰泣竹臺。相傳吳孟宗母嗜筍。嚴冬時宗攀竹而泣。因名。宋蕭服爲望江令。訪古蹟。得其臺。爲之築亭。並刻唐縣令麴信陵文於石。以勵民俗。 國朝康熙十八年。知

縣陳柿祚爲之立碑。臥冰池在縣治南。晉王祥奉母避地。臥冰取魚處。池在方公堤內。有碑亭。今亭圮碑存。昭賢里在縣治北。唐徐仲源事母至孝。母卒。輒伏墓號泣。德宗勅號所居里曰昭賢。鄉曰孝感。又勅於墓傍築孝襲塋。曰華軒。今塋向存。與孟宗王祥稱爲三孝子。歙縣西南之篁墩有朱家巷。爲朱子先世所居。朱文公自叙茶院譜云。先世居歙之篁墩。其闕里在婺源縣南。謝朓宅在太平府當塗縣東南之青山。一名青山館。旁有謝公池。青山之麓。爲唐翰林學士李白宅。唐范傳正撰墓碑。廬地巢縣之東北有居巢故城。水經注居巢縣即古巢。相傳湯放桀於此。舊志所載桀王城。在巢縣臥牛山之背。今爲紫微觀基。觀中有隋碑。係開皇十四年立。臨淮廢縣東門內。開元寺後。有莊子逍遙臺。後唐濠州防禦使梁延嗣累土爲臺。即今莊子墓是也。潁上縣之北有管谷。相傳管仲家此。亳州之北有桑林。世稱成湯禱雨之所。其東二里爲湯陵。奉　旨防護。冢四方各十步。高七尺。考括地志云。洛陽偃師縣東有成湯冢。近桐宮。未知孰是。唐劉禹錫所銘之陋室在和州治後。乃禹錫爲和州刺史之遺跡。昭關在含山縣北之昭關山。史記范

睢傳伍子胥橐載而出昭關卽此。六安州之東有皐陶墓。水經注六安縣都陂中有大冢。卽指此。寰宇記縣北白沙城東有皐陶冢。是也。 國朝同治七年。署安徽巡撫吳坤脩重修。挂劍臺在泗州之北。相傳延陵季子挂劍處。其里卽名挂劍鄉云。

皖省碩德宏才。自周漢迄 國朝道光初。通志所載。僅十有八人。其次若管仲蹇叔諸子。或爲諸侯所重。或爲風雅所宗。標而出之。或者堪爲矜式焉。在安慶者。漢有文翁。少好學。通春秋。景帝時爲蜀郡太守。興學校以宗教化。由是蜀地文風。儕於齊魯。武帝時令天下郡國皆建學校官。蓋自文翁始也。宋有李公麟。爲泗州參軍。博古好學。長於詩。多識奇字。自夏商以來。鍾鼎尊彝。皆能考定世次。辨別欵識。爲考古圖。善丹青。嘗繪龍眠山莊圖。世稱神品。自號龍眠居士。與李亮工李元中同時登第。人謂之龍眠三李。在徽州者。宋有朱松。字喬年。具俊才。爲文汪洋數千言立就。子朱熹。字元晦。一字仲晦。天姿粹美。殫心於窮理致知。初居崇安。顏讀書處曰紫陽書堂。後築室建陽武夷山中。號雲谷老人。其所居草堂曰晦菴。自號晦翁。

晚居考亭精舍。號滄洲病叟。生平著述。有諸經傳解。通鑑綱目。西銘解義。太極圖傳。小學楚辭集註等書。卒年七十一。諡曰文。後封徽國公。　國朝康熙五十一年。升列十哲之次。後有胡一桂。居家講學。遠近爭師之。所著有周易本義。附錄纂疏。啟蒙翼傳。十七史纂。人倫事鑒。歷代編年。朱子詩傳等書。學者稱雙湖先生。甯國。宋有梅堯臣。字聖俞。工詩。朝野皆以先覩為快。注孫子十三篇。毛詩小傳二十卷。宛陵集四十卷。歐陽修深嗜其詩。嘗為之序。太平。梁有周興嗣。字思纂。博學善屬文。為散騎侍郎。得罪繫獄。上出王右軍草書千字。命以韻語屬之。一夕編成。髮鬢盡白。即今千字文也。佐撰國史。有文集百餘卷。廬州。則漢有范增。年七十。輔項羽。霸諸侯。及羽信反間。遂棄而歸。蘇子瞻曰。增不去。項羽不亡。增亦人傑也。鳳陽。則周有蹇叔。銍人。按地理志釋。銍在今鳳陽府宿州西南。史記秦本紀云。秦穆公授百里奚以國政。讓曰。臣不及臣友蹇叔。蹇叔賢而世莫知。於是穆公使人厚幣迎蹇叔。為上大夫。後公欲襲鄭。諫之不聽。卒喪師於殽。悔而作秦誓。篇中所謂一个臣者。是也。明太祖以布衣崛起。手定山河。一統天下。亦傑矣哉。考其世系。

姓朱。名元璋。字國瑞。志意恢廓。豪傑歸心。與其鄉徐達常遇春等起兵濠州。撫有中原。定鼎金陵。在位三十一年。其在潁州。周有管仲名夷吾。少常與鮑叔遊。及長因鮑叔以進。仕於齊。得政最久。孔子曰。管仲相桓公。霸諸侯。一匡天下。民到於今受其賜。亦春秋之世所不可多得者也。著管子八十六篇行世。秦有甘羅。年十二事秦。使趙。趙王郊迎。割五城以獻。及還拜上卿。其所居遺址及塚墓至今猶存。故潁州別號甘城。太史公曰。甘羅年少。出一奇計。聲稱後世。雖非篤行君子。亦爲戰國一策士。和州則唐有張籍。性狂直。善古詩及書翰行草。尤長於樂府。當時元微之白樂天孟東野諸人。皆樂與之遊。爲詞家宗匠。號元和體。識者謂貞元以後近體。至籍而一變。韓愈薦其學有師法。文多古風。因名重一時。朝野無異辭。歷仕至國子司業而終。此皖地人才之大畧也。

安徽土產。布麻粟帛。足以供一省之用。果品魚鹽金銀銅礬之屬。均極旺美。茶與漆。尤爲馳名。物。婺源山中產木極堅緻。歷久不朽。遠近爭市。他若武溪之硯。歙縣之墨。照例進呈。選材尤貴。以故藏庋家奉爲無上品。得之如獲珍奇也。

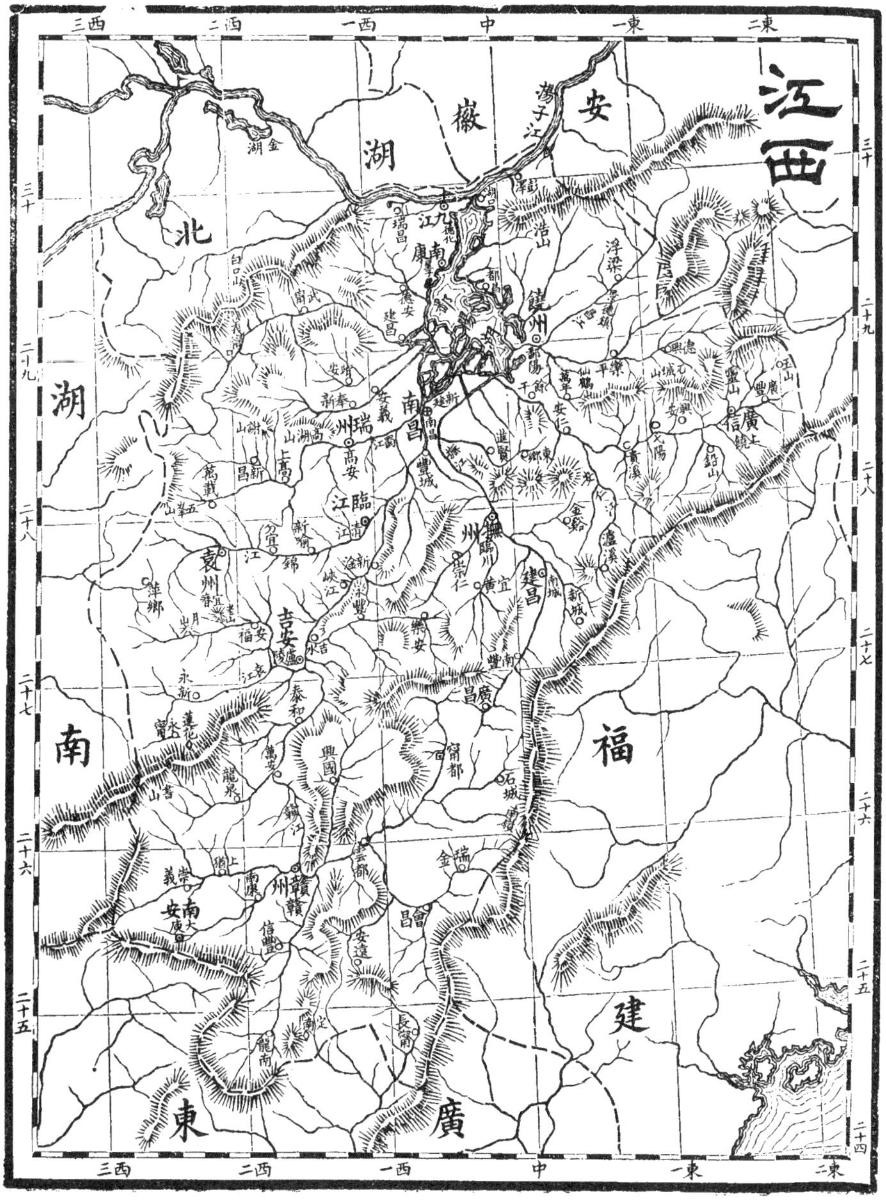
江西
安徽
湖北
湖南
福建
廣東
南昌
九江
饒州
瑞州
臨江
撫州
建昌
吉安
袁州
贛州
南安
廣信
三西
二西
一西
中
一東
二東

江西

安徽西南爲江西省。古名豫章。東西相距八百餘里。南北約一千里。東北界安徽浙江。東界福建。南界廣東。西界湖南。西北界湖北。上距五嶺。下奠九江。咽扼荆淮。翼蔽吳越。卽禹貢揚州之域。周因之。春秋時爲吳楚交界。戰國屬楚。秦屬九江郡。漢領以揚州部刺史。三國爲吳地。晉初亦屬揚州。後割荆揚二地。增置江州。宋以後因之。隋仍屬揚州。大業初爲蕭銑林士宏所據。唐隸江南道。開元中分置江南西道。治洪州。唐末幷於淮南。後屬南唐。宋屬江南路。天聖中亦分隸江南西路。仍治洪州。元於隆興路置江西等處行中書省。後陳友諒竊據其地。明初平之。洪武九年。置江西等處承宣布政使。藩封衛所。參列其間。 國朝仍置江西省。屬兩江總督管轄。領府十三。曰南昌。曰饒州。曰廣信。曰南康。曰九江。曰建昌。曰撫州。曰臨江。曰瑞州。曰袁州。曰吉安。曰贛州。曰南安。直隸州一。曰寧都。散州一。廳二。縣七十五。省會在南昌府。卽古之洪都。江西巡撫兼理提督軍務。駐節於此。與藩臬二司同治。海關在九江。咸豐之季。各國和約成。闢通商

口岸。以廣貿遷。由是物貨駢羅。商賈輻輳。饒州浮梁縣屬有景德鎮。所出陶器。中外馳名。鎮屬浮梁之興西鄉。去城二十五里。在昌江之南。故稱昌南鎮。自觀音閣江南雄鎮坊延袤小港嘴。前後街市計十有三里。故有陶陽十三里之稱。該鎮水土宜陶。以故業陶數千戶。而藉此營生者。以數萬計。唐高祖時。里人陶氏載瓷入關中貢於朝。自是昌南鎮之瓷。名聞天下。迨宋景德年間始置鎮。故名景德。命進御瓷器。底書景德年製四字。其器光緻精美。時人紛效。於是天下咸稱景德鎮瓷器。而昌南之名遂微。元泰定間。置本路總管監陶。始製印花畫花雕花之器。明洪武二年。就鎮之珠山東麓。設窰廠。置官監督。燒造解京。稱爲官瓷。以別民窰。官窰多至五十八座。散建廠外。正德間始名御窰廠。 國朝因之。其廠跨珠山。周圍約三里許。陶務作共二十有三。窰式有六。曰青窰。曰龍綱窰。曰風火窰。曰色窰。曰爁熿窰。曰匣窰。康熙十九年。罷向派饒屬夫役額徵。凡工匠物料等費。動支正項。年終造册報銷。俱按工給値。陶成之器。每歲秋冬二季。僱覓船隻夫役。裝桶解 京。以備賞用。雍正六年。遣內務府官駐廠協理。乾隆五十一年。截去內務府

協理官。命榷九江關使總理窰廠。歲巡視。並以駐鎮饒州府同知及景德鎮巡檢監造督運。至今瓷器所出。足供天下之用。但工料粗脆。不及前此之細膩工緻。致世之癖嗜古物者。輾轉購覓一器之細。費百十金而不惜。於是骨董之客。互相倣造。以贗亂眞。卒使古物不可復得。而僞器且充闐矣。

江右山嶺蔓延。累千盈萬。南昌府西有西山。一名厭原山。又名南里山。西有鶴嶺。相傳即王子喬控鶴處。有水出山椒。名吳源水。高下十堰。溉田萬餘頃。唐陸羽品爲天下第八泉。百丈山在奉新縣西。吳源水傾倒飛流。高自千尺。故名。以其雄勢出羣山。又名大雄山。唐宣宗遯跡方外。嘗至此題詩。清水巖在寧州東北。南有石室。北多蘭蕙。黃庭堅云。清水巖爲天下勝處。巖前巨石可坐千人。饒州有郭璞山。根盤數十里。崇高百仞。峯巒峭拔。爲鄱陽羣山之冠。世傳郭璞嘗旅寓於此。故名。羊角山在餘干縣東。兩峯廻曲相向。狀如羊角。唐改名餘干山。又名冠山。多奇樹怪石。相傳陸羽煮茶於此。縣治西有藏山。非極高。而以層巒疊巘勝。上有梅巖。爲宋趙汝愚讀書處。理宗爲題梅巖二字。大茅山在德興縣東南。山勢磅礴。千峯萬嶂。

邃谷深林。爲一邑之冠。廣信有茶山。在府城北。唐陸鴻漸居此。自號東岡子。刺史姚驥嘗微服造訪焉。南康有廬山。在府西北。一名匡廬。古名南障。世傳周武王時。匡裕兄弟七人。結廬隱此。故名。疊嶂千重。崇巖萬仞。周圍數百里。洵江右巨鎮也。山陽隸南康。山陰屬九江。近爲康王谷。楚康王嘗隱此。故名。內有水簾洞。噴沫如簾者三十餘派。陸羽云。廬山康王谷。水簾泉第一。宋王禹偁亦云。康王谷爲天下第一水。其味經月不敗。取以煮茶。有浮雲散雪之狀。與井泉殊絕。九江有馬當山。在彭澤縣東北。橫枕大江。狂風撼浪。過者寒心。陸魯望製銘云。天下之險。在山有太行。在水曰呂梁。合二險而爲一。吾又聞乎馬當。建昌有登高山。在府城內。一名黃家山。與郭家陳家三山相連。登之可俯視城堞。遠矚江山。城之西南有麻姑山。上有瀑布飛泉。麓有桃花源洞。風景絕佳。撫州有靈谷山。在府城南。王安石靈谷詩序云。吾州之東有靈谷者。江右之名山也。梗楠豫章竹箭之材。皆自此出。浮石巖在崇仁縣。三峯夾峙。中亘一溪。可容小舫。宋尙書何異闢爲山。表其勝跡五十餘所。題曰三山小隱。理宗書窕菴二字賜之。洪邁有記。吉安有秋山。在永

新縣西。一名禾山。上有七十一峯。溪水出其間。旁有石崖。顏眞卿題其上曰龍溪。鳳凰山在永豐縣。上有瀧岡。歐陽修父母之墓在焉。修有瀧岡阡表。

贛省大川最著者。南昌豐城縣之曲江。形如半月。中分三潭。志稱水鄉佳處。宋姚勉詩云。曲江礒頭山崒嵂。此景江南詩第一。饒州府之錦江。一名安仁港。源發廣信府。江有雲錦石。因名。南安府之章江。漢志名彭水。贛州府之貢江。漢志名湖漢水。章貢二水合流爲一。則名贛江。其間十八灘。怪石奇險。行者苦之。湖之著者。鄱陽湖爲最。一名宮亭。一名楊瀾。左里係五湖之一。廣二百里。長三百里。西接南昌。東抵饒州。北流入於江。禹貢東滙澤爲彭蠡。是也。故又名彭蠡湖。或名彭澤湖。巨浸瀰漫。中有鴈泊小湖。復有鄱陽蓮荷大孤諸山。互相對峙。其次爲東湖。跨南昌饒州二邑境。周僅數里。一名督軍湖。相傳鄱陽令吳芮嘗習水戰於此。舊通大江。漢太守張躬築堤以通南路。謂之南塘。唐刺史韋丹開斗門以接江水。俗呼爲南塘塍。其水淸絶。產佳魚。爲一郡之勝。

考贛省名勝古跡。南昌府章江門上有滕王閣。西臨大江。唐高祖子元嬰封滕王時建。閣外夾以二亭。南曰壓江。北曰挹秀。後都督閻伯嶼重修。九日宴僚屬於閣。王勃爲序。後有王緒爲賦。王仲舒韓愈爲記。明太祖駕幸南昌。嘗宴於閣。命羣臣賦詩。投書渚在府城西北石頭渡。即晉殷羡投書處。先是羡拜豫章守。縉紳屬其致書者百餘函。至此皆投水中。曰。洪喬不作致書郵。雙井在甯州西。黃庭堅嘗居此。中有二井。土人汲以造茶。絕勝他處。庭堅有送雙井茶與東坡詩。饒州城內有延賓坊。相傳爲陶侃故居。侃友范逵過其家。侃倉卒無以應客。其母截髮以易酒肴。南康府西有墨池。在行龜寺側。晉右軍將軍王羲之洗墨於此。廬山上有三峽橋。在歸宗寺側。蘇轍記云。水積石間。聲如雷霆。如千乘車。行者震掉不能自持。雖三峽之險。莫過於此。近有昭明讀書堂。爲梁太子棲隱之地。南唐李煜改爲開先寺。長公云。廬山奇勝處。不可勝紀。若開先寺之漱玉亭。歸宗寺之峽橋。乃二絕也。九江府治南有蓮花池。相傳周敦頤所鑿。著有愛蓮說。五柳館在彭澤縣。即五柳先生陶潛宅。其故居在德化縣西南之柴桑里。撫州城東有王右軍宅。今

之府學卽爲其故址。在宜黃縣南。有石梁橫空。長數十丈。南北相接。下平廣。可容數百人。亦異境也。孫覿詩所云天上路。卽此。臨江府新喻縣西有醴泉。黃庭堅嘗過此。飲而甘。曰。惜張又新陸鴻漸輩不及知也。因題其傍柱曰醴泉。

考豫章人才。南昌漢有徐穉。家貧業耕。非其力不食。淸風凜然。世稱南州高士。太守陳蕃特設榻以禮之。宋有黃庭堅。字魯直。號山谷。蘇軾見其詩文。嘆其獨立萬物之表。紹聖初知鄂州。爲章惇蔡京所嫉。累謫涪州宜州。江西詩派祖庭堅。世以其詩同蘇軾。稱蘇黃云。其行書尤工。饒州漢有雷義。字仲公。爲郡功曹。免人大辟。其人酬以多金。不受。乃密置梁上而去。義後得之。斯人已死。卽以付縣。及舉孝廉。力讓其鄉陳重。鄉里爲之語曰。膠漆自謂堅。不如陳與雷。陳重家居袁州。有同舍郞負錢數十萬。債主日逼。重密爲之償。郞覺造謝。重曰。非我也。或有同名者爲之。終不言惠。後遷會稽太守。晉陶侃。字士行。以同鄉范逵薦起家。爲廣州刺史。旦夕無事。運百甓以自勞。語人曰。大禹尙愛惜寸陰。吾人豈可逸遊荒醉。年七十六卒。謚

曰桓。曾孫淵明。字元亮。名潛。性高尚。博學善屬文。宅邊有五柳。因以爲號。爲彭澤令八十日。郡遣督郵至。
縣吏曰。當束帶見之。潛嘆曰。我豈能爲五斗米折腰見鄉里小兒。卽解印綬去。賦歸去來辭以見志。及宋
受禪。不仕。賦詩飲酒終其身。謚靖節徵士。宋有馬端臨。潛心學問。博極羣書。以廕補承事郎。宋亡。隱居授
業。遠近師之。著有大學集傳。多識錄。文獻通考等書行世。南康。晉有周續之。年十三。受業於范寧。處名冠
同門。晚入廬山。與陶淵明劉遺民爲潯陽三隱。宋陳澔。字可大。究心三禮。註曲禮。九江。晉有翟湯。篤行廉
潔。永嘉末。寇至。聞其名。秋毫不敢犯。王導庾亮輩屢薦不起。子莊。亦高士。以孝友稱。莊子矯。矯子法賜。均
克世其德。時稱潯陽四隱。建昌。有曾致堯。字臣正。盱江貢士。擢第。自致堯始著文集百餘卷。孫鞏。字子固。
幼警敏。數千言一覽輒記。著有元豐類稿五十卷。又集古今篆刻爲金石錄五百卷。與歐陽修齊名。世稱
南豐先生。官至中書舍人。撫州。宋有樂史。力學能文。仕至少司馬。著太平寰宇記等書。王安石。字介甫。號
半山。以文章名世。神宗朝同平章事。封荆國公。謚曰文。嘗創新法。有青苗保馬等名目。著周禮三經文集

行世。又有陸九淵。字子靜。與朱文公講學鵝湖。陸尊德性。朱尊道學。論辯多有不合。朱陸異同所由起也。偕兄九齡相爲師友。宋史稱爲二陸。臨江宋有孔延之。字長源。孔子四十七世孫。幼孤貧。晝則帶經耕鋤。夜則燃松讀書。爲周敦頤曾鞏推重。子文仲武仲平仲三人。並以文章名世。號臨江三孔。吉安有歐陽修。字永叔。天資剛勁。讀唐韓愈遺稿。至忘寢食。遂以文章鳴天下。與愈媲美。著五代史行世。以太子少師致仕。自號六一居士。卒贈兗國公。諡文忠。六一謂集古一千卷。藏書一萬卷。琴一張。棋一局。酒一壺。鶴一隻。蓋因所建堂名之也。後有文天祥。字履善。號文山。歷仕湖南提刑。尋加少保信國公。往說元兵。被執不屈。拘獄四年。忠義之氣。彪炳宇宙。作正氣歌。後人傳誦。猶見公當時志節焉。既卒。衣帶中有贊云。孔曰成仁。孟曰取義。惟其義盡。所以仁至。讀聖賢書。所學何事。而今而後。庶幾無愧。瑞州有劉恕。字道源。讀書過目成誦。篤好史學。司馬光雅重之。奏請同修資治通鑑。以不附王安石罷歸。著有十國紀年通鑑外紀行世。復有黃夢炎。少與同鄉姚勉胡仲雲劉元高齊名。號錦江四俊。此江右人才之表著者也。

江西土產。磁器外。有粟棉金銀銅錫鉛絲蔴杉木等物。中國名燭。出廣信府。葛布茶葉紙料。尤爲馳名物。

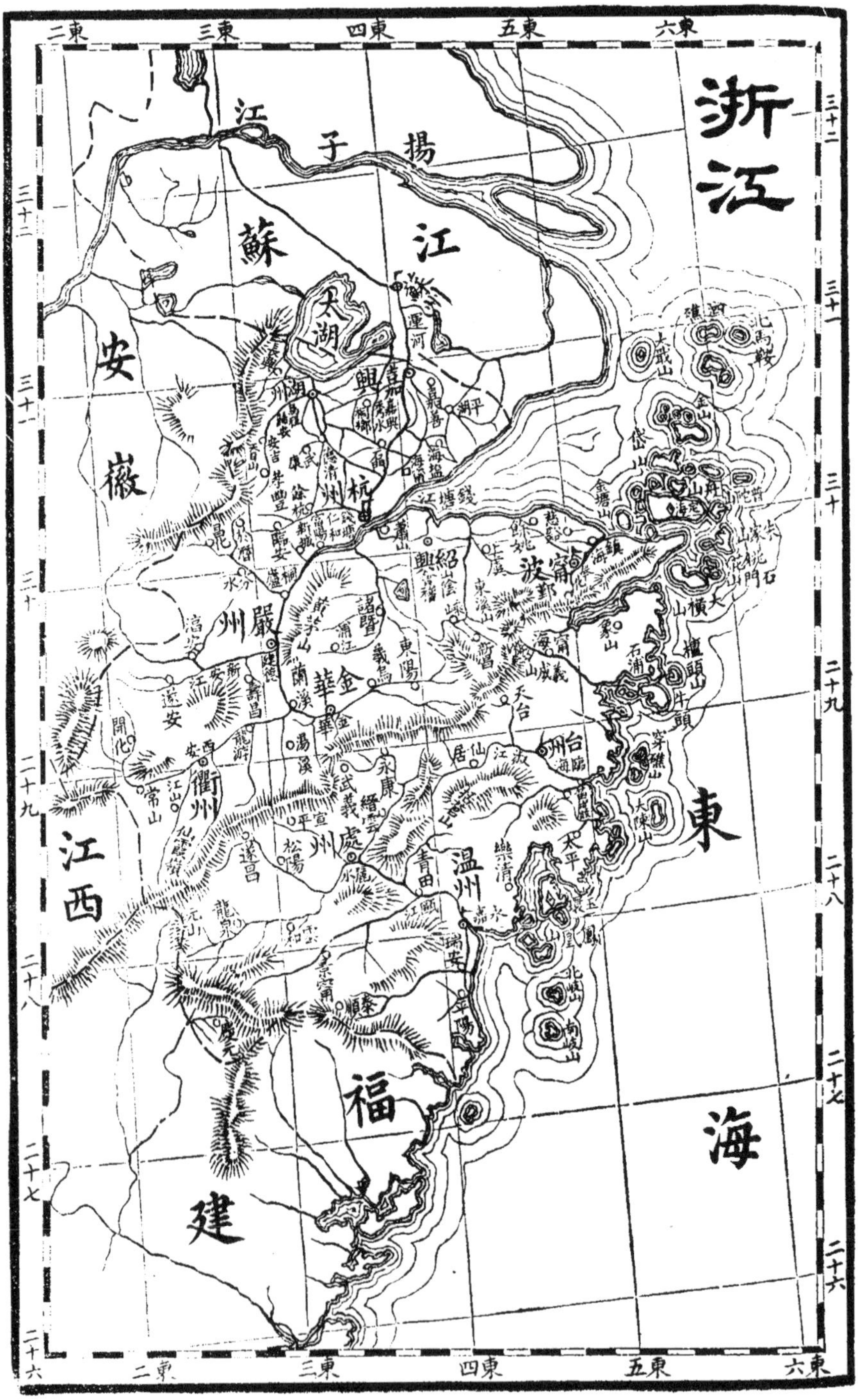
浙江
揚子江
蘇
江
安
徽
江西
福
建
東
海
太湖
運河
錢塘江
湖州
嘉興
杭州
紹興
寧波
嚴州
金華
衢州
處州
台州
温州
舟山
二東
三東
四東
五東
六東

浙江

江南之東南爲浙江省。古名浙省。東西相距五百五十餘里。南北七百六十里。東界大海。西界安徽江西。南界福建。北界江蘇。下趨閩嶠。上通震澤。右接天都。左望滄溟。亦宇內要津也。禹貢揚州之域。周初仍之。春秋爲吳越兩國。後并於越。戰國屬楚。秦屬會稽郡。漢隸揚州部刺史。三國時爲吳地。晉亦屬揚州。隋仍之。後爲沈法興等所據。唐初隸江南道。後增置江南東道。五代時屬吳越。宋初以兩浙爲一路。後分浙東浙西爲兩路。元置江浙等處行中書省。後爲方國珍張士誠等所據。明初平之。洪武九年。置浙江等處承宣布政使司。而衞所之設。參列其間。惟巡撫尚未專設。嘉靖間以都御史巡視浙江。或兼統福建。或并統福建南直。四十二年。始專設都御史巡撫浙江　國朝因之。領府十一。曰杭州。曰嘉興。曰湖州。曰寧波。曰紹興。曰台州。曰金華。曰衢州。曰嚴州。曰溫州。曰處州。散州一。廳二。縣七十六。杭州府爲省會。古名臨安。又名武林。城垣剏自隋楊素。周廣三十六里有奇。吳越王錢鏐廣之。得七十里。元初禁天下修城。以示一統。

而內外城隍。日爲居民所平。至正十六年。張士誠陷姑蘇。據浙西五郡。十九年集民夫興築。晝夜併工。三月而蕆。城周四十里。高三丈。包河跨山。至今仍之。巡撫學院。暨布政按察二使。均於此駐節。按杭州戶口繁庶。地鮮積蓄。故恒仰給於他郡。嘉湖素稱澤國。賦重役煩。與蘇松相埒。惟近年桑蠶之利大普。殷富爲全省冠。紹興古爲越都。俗纖嗇而多智謀。甯溫台地屬濱海。收魚鹽之利。嚴衢當江閩孔道。夙號衝疲。金華處州風氣剽悍。此浙東各府之大畧情形也。

本省商埠。在甯波府。古名四明。又名甬東。乃道光年間所開。名浙海關。又於光緒二年。開溫州府。爲通商口岸。生涯闊而國帑與利誠溥矣。其如封彊之難固乎。

考浙省名山。杭州諸山之脉。皆宗天目山。山在府治西一百七十里。屬臨安縣界。循岡布麓。萃於天竺諸峯。由此而南而東。則爲龍井。爲南屏。爲吳。爲龍。爲紫陽。爲鳳凰諸山。謂之南山。由此而北而東。則爲靈隱。爲履泰。爲寶雲。爲巨石諸山。謂之北山。南北二山之脉。分爲數道。貫於城中。而茅山艮山武林諸山。皆其

護沙焉。嘉興府西北有胥山。本名張山。昔伍子胥伐越。駐師其地。改今名。山左有石龜。勢欲趨水。右有磨劍石。鄉人陳氏嘗築室讀書。名胥山書堂。過客留題。一時稱盛。湖州城北有卞山。一名弁山。高出雲霄。山石瑩然如玉。下有玲瓏山。石皆嵌空。有唐人詩刻。又有別峯。號西陵山。乃吳主孫皓葬父處。甯波西南有四明山。深竆幽奇。跨紹台之境。峯凡二百八十有二。其最高者爲芙蓉峯。唐陸龜蒙謂四明山上有四穴。每天色澄霽。望之如戶牖。俗謂之石窻。爲其可通日月星辰之光。故曰四明。其東南有太白山。又名天童。水石清幽。山之巔有僧寺。宏敞無匹。其最高者爲御書樓。循梯一望。衆峯羅列。門外蒼松夾道可三里許。炎天過此。不覩驕陽。眞佳境也。東北有梅岑山。一名普陀落迦山。亦作補陀洛伽山。梵名也。猶華言小白華。按梵書普陀山有三。一在厄納忒黑。一在忒白忒。一在南海。即此山也。聳峙於煙濤浩淼中。山麓有潮音梵音諸洞。海潮湧入。激盪有聲。如雷霆怒發。聽者悚慄。山有蒼藤古木。佳卉珍禽。悅目怡人。亦勝境也。紹興府東南有會稽山。昔名茅山。唐封爲南鎮。吳越春秋及越絕書皆載禹到大越。登茅山。以朝會四方

羣臣。乃參稽治國之道。更名會稽。既崩。葬此。傳曰。勾踐與吳戰。以甲楯五千衛會稽。亦此。台州有天台山。屬天台縣治。縣崖千仞。上有石梁。廣不盈尺。長數十丈。下臨絶澗。非足力健捷者。不能登亦不敢登也。山有瀑布。如匹練橫空。遊者忘倦。晉孫綽有賦記之。金華府北有金華山。一名長山。又名金盆山。陸龜蒙云。東陽多名山。金華爲最。嚴州桐廬縣西有富春山。一名嚴陵山。清麗奇絶。號錦峯繡嶺。即漢嚴子陵退隱處。雁蕩山在温州樂清縣東界。太平志稱此山奇秀甲天下。其上有湖。方可十里。水常不涸。諸峰峭峻。險怪不類他山。自嶺外望之無所見。及至盤谷中。則森然千霄者。凡七十七峯。宋祥符間因造玉淸宮。伐木於此。始占物色。其名遂顯。至今探奇攬勝之士。筍輿芒屩樂此忘返者。歲不乏人。若平陽縣西南之鴈蕩。則稱南鴈蕩。自五代時已著山中風物。亦自不凡云。

浙省大川最著者。爲錢塘江。本名浙江。亦名淛江。一曰曲江。枚乘七發。觀濤於廣陵之曲江是也。或作漸江。水經云。漸江即浙江。在督城東南。其源發自徽歙。旋折而東。以達於海。江口有二山。南曰龕。屬紹興北

曰赭。屬海寍並峙於江海之會。是謂海門。潮水擊山。激而上濺。如素蜺橫空。迅雷撼地。俗稱爲子胥怒潮。卽此。其次爲運河。卽隋大業中詔開江南河道。自洛陽京口至餘杭八百餘里。以通龍舟處。又次爲甌江。在温州府北。卽海之支流。舊名愼江。一名温江。一名永嘉江。亦名蜃江。東會於海。是曰甌海。或名蜃海。杭之西湖。爲省內勝地之一。環繞三十里。漢稱明聖湖。因其介於錢塘。亦稱錢塘湖。又以輸委於下湖。稱爲上湖。三面環海。谿谷縷注。唐李泌刺史杭州。憫市民苦江水之鹵。開六井。引西湖以灌之。民賴其利。湖中有白公蘇公趙公楊公諸堤。風景絕佳。統志載有十焉。曰蘇堤春曉。曰平湖秋月。曰花港觀魚。曰柳浪聞鶯。曰三潭印月。曰兩峯出雲。曰南屏晚鐘。曰雷峯夕照。曰曲院荷風。曰孤山梅雪。此外前賢勝跡。幾於書不勝書。要皆點綴林泉。獨成千古者也。近數年間。有新闢勝地數處。曰退省庵。爲湘中彭雪岑宮保奏准建築之別墅。在三潭印月。四面環湖。水中清華。洵幽景也。孤山之麓。則有薛廬。爲全椒薛慰農觀察。掌教崇文時。肄業諸生鳩工以奉杖履者也。德淸俞蔭甫太史。主講詁經精舍。生徒築俞樓奉之。其中因樹爲

犀。叠石成梁。景頗不俗。又曰小曲園。是斅地者均堪點綴湖山。流連詩酒。非泯泯者所可同日語也。甯波城西有月湖。一名西湖。爲四明遊觀勝槪。宋時文人多有題詠。城東又有東湖。舊名萬金湖。周圍八十里。湖中山石聳立。爲山水絶勝處。宋史丞相營塋湖上。而波光山色。可埒西湖。湖州有風渚湖。屬武康縣治。其名不一。曰巽湖。曰九里湖。曰下渚湖。中產菱蓴。湖旁土性粘。浙右陶器。多出於此。紹興西南有鏡湖。一名鹽湖。古稱南湖。漢太守馬臻所鑿。唐李白詩云。鑑湖三百里。菡萏發荷花。唐元宗賜秘書監賀知章鑑湖一曲。即此。又名賀鑑湖。嘉興有澉湖。屬海鹽縣治。一名永安湖。澉水志。湖上四圍皆山。號小西湖。又溫州龍游縣西南亦有西湖。係宋馬天驥擬明聖湖而開。以備遊覽者也。

越地古蹟。省城鳳凰山下。有故越宮殿。宋初改爲州治。高宗南渡駐蹕。復改行宮。增築皇城。而慈山東麓。嘗環入禁苑。內有復古選德緝熙諸殿。即今所稱宋大內是也。然而銅駝荊棘。寄慨邱墟。過其地者。已難彷彿矣。夫差墓在餘杭縣南之由拳山。吳越春秋。夫差內傳二十三年。葬於餘杭山。太宰嚭亦葬其傍。檇

李城在嘉興府西南。屬桐鄉縣治。春秋時越敗吳於檇李。闔廬傷足而死。即此。縣北有皂林市。明常遇春禦張士誠於此處。大戰敗之。俘其兵六萬。寧波慈溪縣西南有千人壇。相傳秦始皇東遊會稽。立壇於此。可容千人。今廢。紹興城內有越王臺。舊在種山東北。種山亦名臥龍山。係越王勾踐登臨瞻眺之所。大夫種祔葬於此。宋時太守汪綱遷臺於山之西麓。今仍之。爲一郡登覽最勝處。城南有蘭亭。即王右軍與謝安孫綽等四十一人修禊之所。亦曰蘭上里。羲之有蘭亭序。今基址尚存。亭側爲蘭渚。即序所謂清流激湍映帶左右者。至今過山陰道上。猶令人想當日流風餘韻焉。郡之東南。有尚書塢。爲齊尚書孔稚珪之山園。按會稽志。塢因稚珪得名。今園廢而塢存。此外又有宋攢宮。在寶山上。自欽宗至度宗諸陵在焉。台州寧海縣西北有紫溪洞。路極幽阻。唐李光弼擊袁晁破之。晁弟瑛從五百騎。遁入此洞。光弼駐兵洞口。絕其糧道。諸騎竟餓死於此。金華武義縣東有呂祖謙墓。墓前石刻宋東萊先生呂伯恭之墓。朱文公書。漢嚴子陵釣臺。在嚴州富春山側。有二峯。東西對峙。高百餘丈。是爲子陵釣壇。下瞰大江。古木叢林。鬱爲

麓數。後人多有題詠。旁有十九泉。清冽甘美。陸羽品爲天下第十九泉。其下灘卽子陵垂釣處。俗名七里灘。兩山夾峙。水速流如箭。

浙省人物。杭州唐有褚遂良字登善。工楷隸。高宗立武后。力諫不納。乃置笏殿階。叩頭流血。乞歸田里。竟以憂卒。復有錢鏐字具美。破黄巢。討劉漢宏。平董昌。受封吳越王。臨政勤。策民甚德之。謚武肅。宋有林逋。字君復。隱居孤山。吟詠自適。畜二鶴於梅林。客至則童子放鶴招之。眞宗賜號曰和靖先生。嘉興漢有朱買臣字翁子。家貧。刈薪自給。妻下堂求去。無何以同邑嚴助薦拜太守。路遇故妻。泣涕求還。命以後車載之。婦慙而縊。湖州梁有沈約字休文。孤貧力學。以詞賦名世。官尚書僕射。著晉齊梁書數百卷。唐有陸龜蒙字魯望。嗜茶。置園於顧渚山下。自號天隨子。又號江湖散人。甫里先生。著松陵集吳興實錄等書行世。又有孟郊字東野。耿介寡合。長於詩。爲韓愈所稱。隱居嵩山。謚曰貞曜。元有趙孟頫字子昂。宋宗室。工詩能文。尤善書畫。累官翰林學士。謚文敏。寧波周有文種字子禽。勾踐旣敗。使大夫種行成於吳。及越滅吳。

種以范蠡遺書。稱疾不朝。或譖其反。王賜伏劍而死。唐有賀知章。字季真。善草書。官集賢學士。乞休歸。詔賜鑑湖剡川一曲。自號四明狂客。紹興漢有嚴光。字子陵。小字狂奴。少與光武同學。及帝即位。披羊裘。釣澤中。帝徵聘至。除諫議大夫不屈。隱於富春山。晉有嵇康。字叔夜。先世本上虞人。姓奚。以避怨徙譙。秉性閒靜。與山濤阮籍阮咸王戎向秀劉伶爲竹林之遊。世號竹林七賢。仕至中散大夫。著養生篇傳世。又有謝玄。字幼度。少爲叔父安所器重。破符堅於淝水。封康樂公。孫靈運。詞賦爲江左第一。仕宋爲永嘉太守。襲祖父封。故世稱謝康樂。南齊有孔稚珪。字德璋。風韻清疎。好吟詠。善屬文。累遷都官尚書。時北郡鍾山有隱士周彥倫。應詔爲令。稚珪作北山移文以譏之。唐有虞世南。字伯施。爲弘文館學士。太宗每稱其德行忠貞博學文詞書翰爲五絕。宋有陸游。字務觀。晚號放翁。作詩最富。有劍南集行世。金華唐有駱賓王七歲能詩。爲徐敬業撰討武曌檄。武后一見矍然曰。宰相安可失此人。宋有呂祖謙。字伯恭。蚤擢高第。官著作郎。倡道於婺。世稱東萊先生。卒謚成。元有金履祥。字吉夫。隱居著述。有通鑑前編等書行世。學者稱

仁山先生。衢州宋有趙抃。字閱道。彈劾不避權倖。京師號鐵面御史。卒謚淸獻。嚴州唐有皇甫湜。字持正。韓愈愛其才。厚禮之。與李翺張籍齊名。溫州宋有王十朋。字龜齡。廷對剴切。高宗擢爲第一。累官龍圖閣學士。謚忠文。著有梅溪集。朱文公爲之序。處州宋有王應麟。字伯厚。學問該博。官至禮部尚書。所著有地理考。困學紀聞。玉海等書。又有尹起莘。隱居讀書。嘗著通鑑綱目發明五十九卷行世。

越省土產。粟米布棉。各處皆有。而絲茶紙。最爲通省馳名。絲綢以湖州爲最佳。茶葉以湖屬長興縣顧渚山採者爲頂上。唐陸羽茶經云。浙西以顧渚爲上是也。他若甯波之江瑤柱。紹興之酒。台州之方竹。金華之火腿。南棗。嚴州之漆與桐油。尤爲物產中特著之品也。

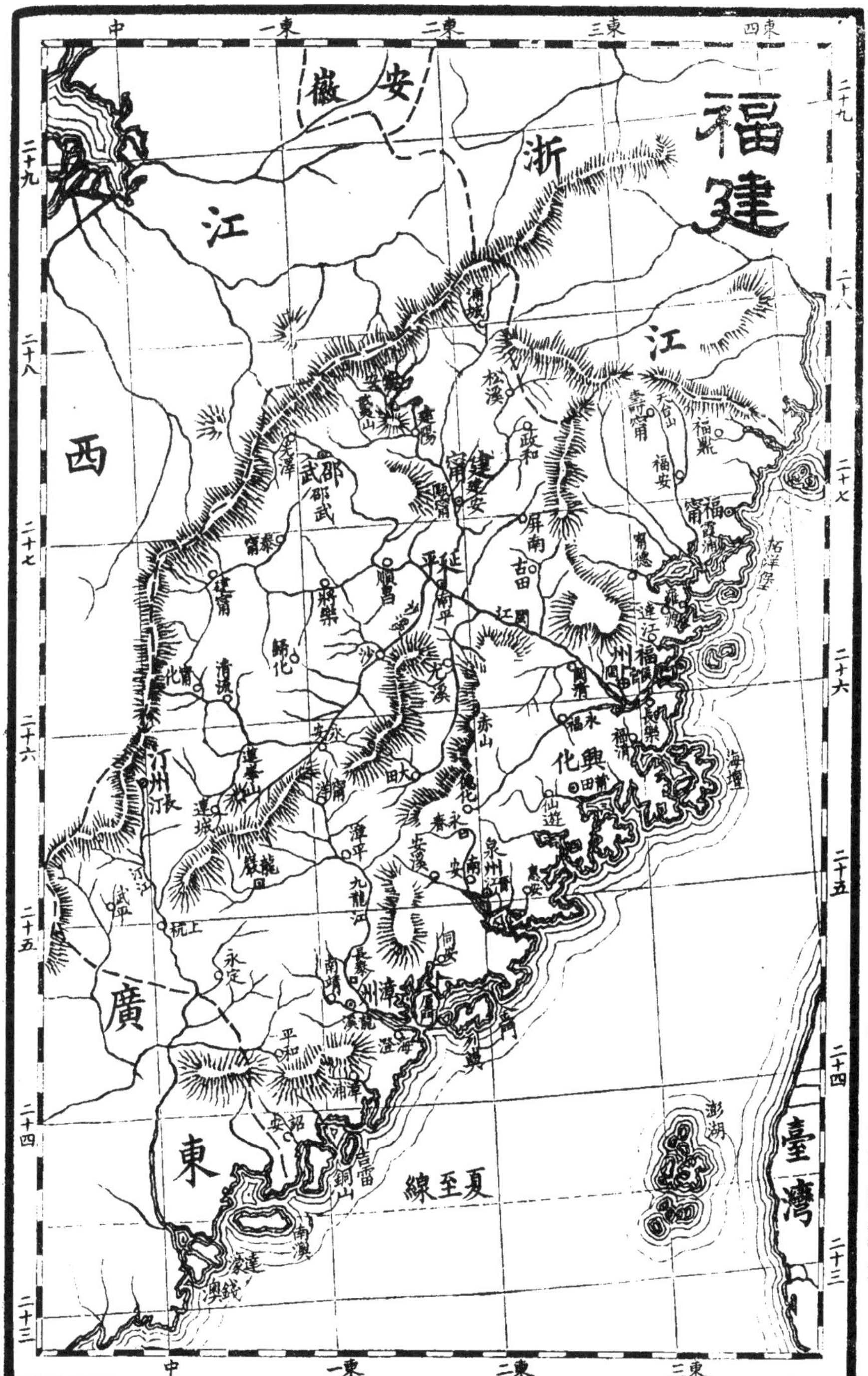
福建
浙江
江西
安徽
廣東
臺灣
澎湖
夏至線
福州
泉州
漳州
興化
延平
邵武
汀州
福寧
建寧
廈門
金門

福建

浙江之南爲福建省。古稱閩省。東西相距九百八十里。南北千餘里。東界海。西界江西。南界廣東。北界浙江。上泝三吳。俯瞰兩廣。左連山谷。右按滄溟。蓋海疆重鎮也。禹貢揚州之域。周爲七閩地。春秋以後爲越地。秦平百粵。置閩中郡。漢初封無諸爲閩越王。都此。後改屬會稽郡。東漢爲會稽南郡。三國吳置建安郡。晉分置之。屬揚州。宋齊因之。梁分屬東揚州。陳置豐州及南安郡。隋亦屬揚州部。唐初隸江南道。復隸江南東道。五代時王審知據有其地。是爲閩國。尋屬南唐。後屬吳越。宋爲福建路。元置福建等處行中書省。至正間爲陳友諒所據。明初平之。洪武九年置福建等處承宣布政使司。 國朝因之。通省知府九。曰福州。曰泉州。曰建寧。曰延平。曰汀州。曰興化。曰邵武。曰漳州。曰福寧。直隸州二。曰永春。曰龍巖。縣四十九。福州府爲省會。古名三山。閩浙總督兼福建巡撫事駐節於此。藩臬二司同治焉。福建通商口岸。爲福州。廈門。按本省山多田少。蒸民粒食。仰給於浙之溫州與廣之潮州。故不但急於防衛。而尤急於倉儲。惟溪山

秀美。物産豐亨。文物聲名。向推南邦領袖。

考福建名山。省城內有越王山。跨城之半。城正築山腹上。一作粵王山。又名屏山。即閩越王無諸舊都處。西南有烏石山。一名閩山。上有薛老峯。鴨浴池。蟠桃塢。金鰲穴諸勝。宋曾鞏道山亭記。城之中三山。西曰閩山。東曰九仙山。北曰粵王山。郡之名。蓋本於此。城東有鼓山。屹立海濱。與城西旗山對峙。世傳左鼓右旗。爲全閩二絶。泉州府北有泉山。一名齊雲山。又名北山。今名清源。諸峯聳秀。爲郡之鎮。山巔有清源洞。爲東甌王避漢兵處。山陰有梵洞。四圍峯巒疊秀。洵稱勝地。郡人歲時遊眺焉。建寧崇安縣南有武夷山。通志稱峯巒大者三十有六。內一峯夷下銳上。號隱屏。宋朱文公築室其下。額曰武夷精舍。有晦菴釣磯茶竈諸勝。韓元吉爲之記。延平永安縣北有栟櫚山。多産栟櫚木。因名。志稱峰巘巖岫。不可勝數。宋李綱目爲小武夷。頂有十二景。名人多有題詠。汀州連城縣東有蓮峯山。元周馬卿標爲十三景。興化府北有陳巖山。一名蓮化峯。有石茶灶。桃花塢。燕子洞諸勝。熙春山在邵武西。嶺有三峯。下瞰城闉。爲邑人遊覽

勝境。漳州城內有紫芝山。一名登高山。一峯聳拔。山頂舊有臨漳臺。山半又有半漳臺。唐宋名人。俱留題焉。

省中川澤。最著者爲閩江。長約九百六十里。源出浙之龍泉建之浦城。迤二十七縣境。抵福州經連江縣。達於海。其地曰閩。蓋本於此。其次龍江在漳州境。一名九龍江。又名北溪。長約六百四十里。源出汀州及延平界。又有南臺江。在省城南。上跨萬壽橋。橋爲元大德年建。長約一百九十丈。環洞至一百有奇。洵大觀也。翰林學士馬祖常有記。泉州晉江縣治有洛陽江。發源惠安縣。至縣境入海。唐宣宗嘗微行覽山川勝概。有大類吾洛陽之語。因是得名。江濤洶湧。往往溺人。宋郡守蔡襄憐之。累址於淵。釃水爲四十七道。建橋曰洛陽。以其介於萬安渡。故又名萬安橋。長三百六十餘丈。廣丈有五尺。橋之柱凡三百。每柱以堅石疊成。不下一千四百方。甃作尖角形。以殺水勢。費金錢一千四百萬。又於橋之兩岸。植松數百里。濃陰夾道。庇及行人。至今行李往來。覩其鉅製宏工。猶嘖嘖稱美弗衰云。天湖在建甯建陽縣西。朱熹之母祝

夫人葬於其陽。文公築寒泉精舍於墓旁。與呂祖謙嘗編近思錄於此。朱子之墓在縣西北九峯山麓，麓下有龍焙泉。一名御泉。上建御前亭。宋時取水於此。製茶入貢。亭邊爲北苑。通志云，北苑茶爲天下第一。閩省人物。福州宋有林之奇。字少頴。補校書郎。會朝廷策士。欲參用王安石三經之奇。力諫不從。遂退隱家居。自號拙齋。呂祖謙嘗師事之。著有書經全簡等書行世。泉州唐有歐陽詹。字行周。弱冠與韓愈等同登第。時稱龍虎榜，閩人舉進士自詹始。以行誼文章稱，宋有曾公亮。字明仲，嘉祐中拜相。爲人莊重縝密。博通掌故。喜薦引士類。獎掖後進。累封魯國公。以太傅致仕。年八十卒。諡宣靖。墓前石碣曰。兩朝顧命定策亞勳之碑。大書特書。洵無愧也。建寧宋有胡安國。字康侯。官給事中。以直節遭忌，潛心麟經。著春秋傳。及通鑑舉要補遺二書。諡文定。子甯。字和仲。著春秋通志。學者稱爲茆堂先生。季子宏。字仁仲。傳其父之學。優游衡山下。二十餘年。著有知言並皇王大紀八十卷。世稱五峯先生，蔡元定，字季通。八歲能詩。及長。獨居西山絕頂。於書無所不讀。往從朱文公。公叩其學。大驚曰。此吾老友也。不當在弟子列。及卒，賜諡文

節。著有律呂新書。八陣圖說。洪範解太衍詳說等書。學者稱爲西山先生。眞德秀。字景元。四歲受書。過目成誦。官至參知政事。著有大學衍義。讀書記。唐書考疑諸書。時人亦稱爲西山先生。諡文忠。延平宋有楊時。字中立。潛心經史。除工部侍郎。已而致仕家居。專以著書講學爲事。其鄉羅從彥。字仲素。與朱文公皆受學焉。卒諡文靖。世號龜山先生。著龜山文集語錄行世。興化宋有蔡襄。字君謨。天聖中進士。官至端明殿學士。時號蔡端明。歐陽永叔稱爲政事文章。彪炳一代。洵非虛語。世又稱其書法爲當時第一。性嗜茶。嘗著茶譜。卒諡忠惠。墓在仙遊縣東南。鄭樵。字漁仲。凡經史禮樂天文地理蟲魚草木之學。皆有論辨。除樞密院編修。所著書多至五十八種。有通志二百卷行世。嘗居夾漈山。故稱夾漈先生。邵武宋有李綱。字伯紀。仕徽欽高宗三朝。以賢相稱。老成擘畫。謀遠慮深。朱子許爲當代偉人。卒諡忠定。所著易傳內外篇。論語詳說。詩文奏議百餘卷。

閩省土產。有金銀銅鐵錫鉛。靛礦水銀。粟米布帛。紙煙茶藥糖鹽等。他若橙黃橘綠。經冬愈鮮。摘龍眼之

萬顆。啖荔枝之三百。蔗境則到老愈甜。橄果則回甘益美。尤爲著名果品。以一省所產。供各省之用。而不虞其乏。樹植之利。可謂廣溥靡涯矣。

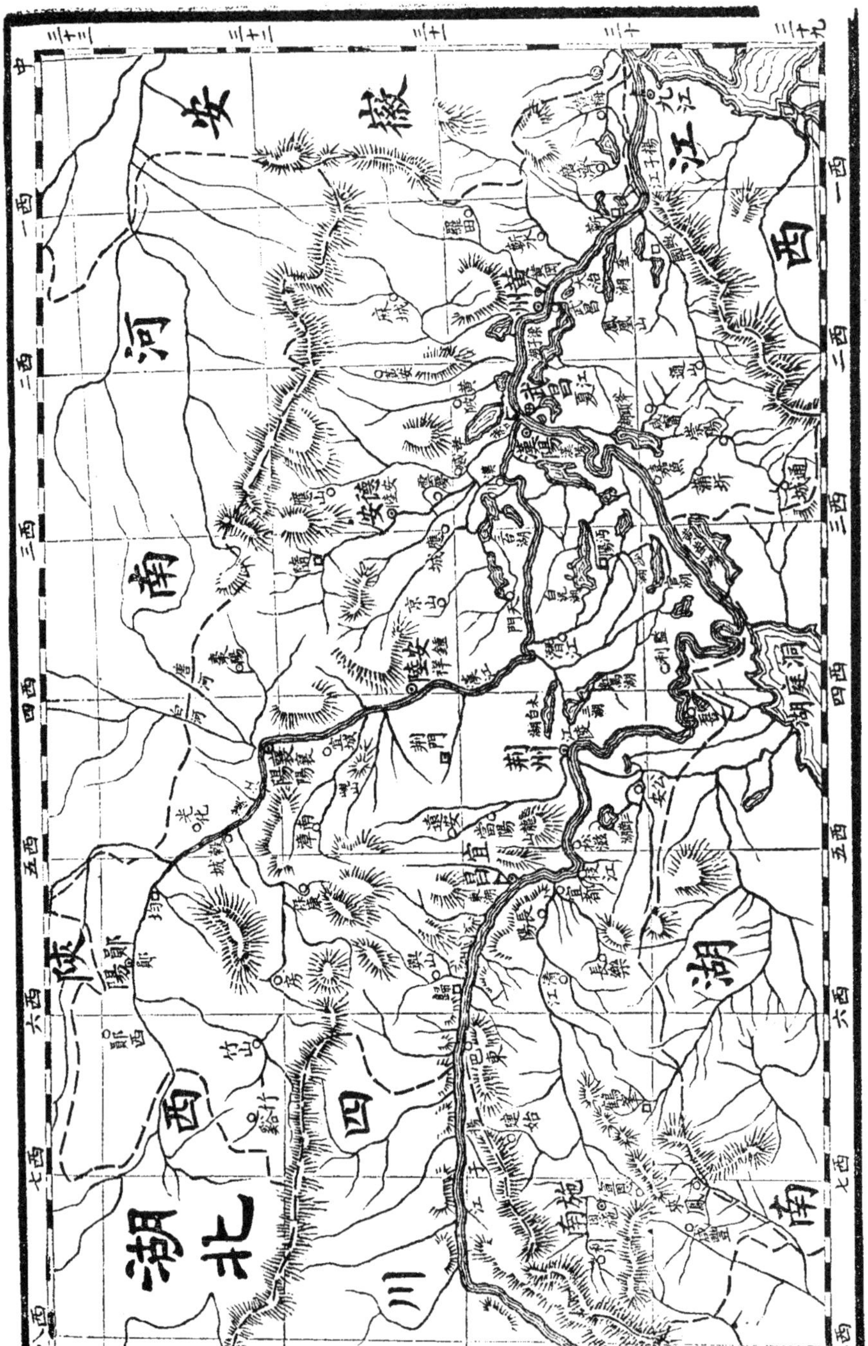
安徽
河南
江西
湖北
湖南
洞庭湖
陝西
四川
荊州
宜昌
襄陽
安陸
德安
鄖陽

湖北

湖北乃楚熊渠封子紅爲鄂王之地。故一名鄂省。東西相距千有一百六十里。南北八百里。東界安徽。東南界江西。南界湖南。西界四川。西北界陝西。北界河南。上泝漢水。下距湘湖。左接吳越。右據巴蜀。四通五達。商賈必經。誠字内上游之地。衝要之通衢也。禹貢荊州之域。周初仍之。春秋時屬楚。及隨鄧唐絞諸小國地。戰國爲楚地。漢置荊州部刺史。三國時分屬吳魏。晉平吳。并荊州爲一。南北朝宋置荊郢雍三州。梁增置北江義岐等州。而漢東之地。尋入西魏。後及荊襄。旋爲周有。陳承梁緒。僅有荊郢二州。隋爲南郡夷陵襄陽等郡地。唐屬淮南江南西及山南東道。五代分屬淮南南唐及蜀。宋隸荊湖南北及京西南等路。元置湖廣等處行中書省。明洪武九年。改置湖廣等處承宣布政使司。　國初仍明舊制。康熙三年分置湖北布政使爲湖北省。領府十。曰武昌。曰漢陽。曰安陸。曰襄陽。曰鄖陽。曰德安。曰黃州。曰荊州。曰宜昌。曰施南。直隸州一。曰荊門。散州七。縣六十。土地膏腴。粟米豐稔。紅陳白粲。歲有盈餘。東南諸郡。恒仰給焉。武

昌府爲省會。在大江南岸。古名鄂渚。兩湖總督。暨巡撫布政按察二司。均駐節於此。其遙相對望而雄峙江北者。爲漢口鎭。隸漢陽府。人烟稠密。戶口殷繁。最爲商賈輻輳之區。西人未訂和約以前。商舶雲連。蔽塞江面。已成絕大市肆。迨咸豐之季。各國通商。建埠於此。江中舟船。更覺蟻聚蜂屯。不可計數。關名江漢。每年征稅。動以億萬計。此外有宜昌口岸。屬宜昌府。又有沙市口岸。屬荆州府。光緒二年。與二十一年。續修和約。亦准立埠通商。貿遷之利。正復年盛一年。方興未艾也。

鄂省名山。省城西南有黃鵠山。一名黃鶴山。舊時因山爲城。即今萬人敵及子城也。下有黃鶴磯。磯上有黃鶴樓。正南有赤壁山。唐元和志在蒲圻縣西。北岸烏林與赤壁相對。即周瑜焚曹兵處。圖經云。在嘉魚縣西南。其地今屬嘉魚。參考二說。竝無異同。宋蘇軾遊赤壁。作前後二賦。乃指黃州之赤壁。因其屹立江濱。峭削如壁。兼有赤色。故名。水經謂之赤鼻山。宋李壁赤壁詩云。今人誤信黃州是。猶賴水經能正誤。是也。按統志今江漢間言赤壁者五。漢陽。漢川。黃州。嘉魚。江夏。惟在嘉魚者。與陳壽三國志所載符合。漢陽

府東北有大別山。一名翼際山。一名魯山。山陰有鎖穴。卽孫皓以鐵鎖截江處。禹貢內方至於大別卽此。內方山在安陸府鍾祥縣西。一名立章山。又名馬仙山。府城之北仙澤口。有象山。與獅子山對峙。若二獸蹲踞水中。爲郡城之奇勝。府治又有純德山。卽明之顯陵。爲明世宗肅皇帝龍飛地及崩葬此。嘉靖十八年。陞安陸爲承天府。遂稱興都。設奠陵宮。錫名曰純德山。襄陽府南有峴山。晉羊祜爲刺史時。每登此山置酒。嘗謂從事鄒湛曰。自有宇宙。便有此山。賢哲遊者多矣。皆湮滅無聞。湛對曰。名公聞望。當與此山俱傳。祜卒。襄人念其功德。立碑山上。見者輙爲墮淚。杜預因名爲墮淚碑。李白有詩。荆州府西有龍山。晉桓溫同參軍孟嘉九日宴此。風落嘉帽。不覺。溫命孫盛作文嘲之。嘉應聲而答。文辭絕佳。四座嘆賞。後人因築落帽臺。以記遺事。楚莊王塚亦在此。前後耐葬者計十塚。皆成行列。此名山之大畧也。

鄂省大川。大江而外。首推爲漢水。源出陝西漢中府。水經注云。漢水出隴坻道縣嶓冢山。初名漾水。東流至武都沮縣。始爲漢水。東南至葭萌。與羌水合。至江夏安陸縣。名沔水。故有漢沔水之名。周昭王溺死於

此。又東至竟陵合滄浪水。世傳屈原遇漁父行吟處。又東過三澨水。觸大別山南折入江。禹貢稱嶓冢導漾。東流爲漢。又東爲滄浪之水。過三澨至於大別南入於江。東滙澤爲彭蠡東爲北江入於海是也。其水因地得名。總名漢江。江濱有鞭屍灘。世傳伍員鞭楚平王屍處。其次爲襄水。源出襄陽府北之柳子山。北流爲檀溪南流爲襄水。一名涑水。梁簡文爲州目。泛舟窮柳子之源即此。又有名郎官湖者。在漢陽城中。初名南湖。先是李白遷夜郎。遇故人尚書張謂出使夏口。觴於湖上。方夜。水月如練。張謂白曰。此湖古來賢豪遊者非一。而寂寥無聞。夫子可爲我標一嘉名。以傳不朽乎。白因舉酒酹水。名之曰郎官湖。宋皃倪詩云。南湖乞得郎官號。從此名傳五百秋是也。太白湖在漢陽府西。半屬安陸之沔陽。李白亦嘗遊賞於此。一名白湖。周三百餘里。春秋泛溢。與楊孟池新灘馬影浦潭沌河。合而爲一。其有地以人傳。藉作湖山點綴者。以昭明文選樓爲最。樓在襄陽府西。梁昭明太子統嘗集名士劉庾輩十餘人。號曰高齋學士。共訂文選於此。今遺址尚存。宋郡守王禹偁所建竹樓在黃州府治西北城上。與月波樓通。禹偁曾撰黃岡

竹樓記。爲時傳誦。明洪武間重修。近則失修已久。頹廢日甚。過者傷之。

鄂省人物。武昌周有鬻子名熊。年九十。謁文王。王曰。嘻、老矣。對曰。使臣捕獸逐麋。果老。若坐策國事則尚少。因立爲師。三國有孟宗。字恭武。仕吳爲魚池監。每得時物。必先寄母。冬日母嗜筍。宗入林哭竹。世傳其孝。嘗與朝士大會。有强令飲酒者。飲一杯便嘔吐。麥飯見焉。上嘆其淸德。曾孫孟嘉。字萬年。少知名。爲庾亮從事。亮嘗大會客。豫章守褚裒問嘉所在。亮由是益重之。後爲晉桓溫參軍。尋遷長史。唐有李善。字次孫。有雅行。淹貫今古。不能屬辭。時人號爲書簏。注文選。見重於時。至今稱選學者。莫不以李爲宗。子邕。字太和。蚤負盛名。官北海太守。以文章詞翰高一世。見嫉於李林甫。宋有王質。字景文。王阮每云。聽景文論古。如讀酈道源水經。名山大川。貫穿周悉。虞允文令草契丹檄。立就。辭氣激壯。允文嘆爲眞才。安陸唐有陸羽。字鴻漸。隱居苕溪。自稱桑苧翁。又號竟陵子。後在隴西公幕府。自號東園先生。又曰東岡子。性嗜茶。識泉味。著茶經三篇行世。襄陽周有卞和。獻玉楚王。王以爲石。刖其足。再獻再刖。後使玉人琢之。果寶也。

名曰和氏之璧。漢有龐德公躬耕隴上。未嘗入城。刺史劉表往謁。欲任以事。辭曰。人遺子孫以危。我則遺之以安。遂隱鹿門山下。其峭潔如此。從子統字士元。其鄉司馬徽稱爲南州諸士之冠。從昭烈入蜀。爲流矢所中。追封關內侯。謚曰靖。三國有馬良字季常。兄弟五人並以才著。良眉際有白毫。鄉里諺云。馬氏五常。白眉最良。晉有習鑿齒字彥威。博學洽聞。桓溫雅重之。著漢晉春秋五十四卷以見意。唐有張柬之字孟將。年七十餘。狄仁傑薦於武后曰。柬之雖老。宰相才也。拜同平章事。誅二張。復唐社稷。封漢陽郡王。卒謚文貞。杜審言字必簡。爲晉杜預之後。持才玩世。自謂與李嶠崔融蘇味道爲文章四友。孫甫字子美。一字少陵。博覽羣書。善爲詩歌。涵渾汪洋。態狀畢露。嚴武薦爲工部郎。世稱詩史。謂詩三百篇後。一人而已。其推崇亦可謂至矣。皮日休字襲美。自號閒氣布衣。又號酒民。與同鄉孟浩然隱居鹿門山。皆以詩稱。鄖陽周有尹吉甫。世傳爲房陵人。即今房縣。宣王內史。伐玁狁有功。詩人美之曰。文武吉甫。萬邦爲憲。墓在房縣東。德安周有鬬穀於菟。字子文。父伯比嘗棄諸澤中。虎乳之。楚人謂乳爲穀。謂虎爲於菟。故名。仕楚

爲令尹。孔子以忠許之。漢有黃香字文彊。事親至孝。夏月扇枕席。冬則以身溫被。博學能文章。京師號曰。天下無雙。江夏黃香。累遷尚書令。荆州周有伍員字子胥。父奢兄尚。爲楚平王所殺。奔吳。謀伐楚。得平王尸鞭之三百。以洩其私忿憤憤不平之氣。識者鄙之。後吳王信讒。賜之鴟夷而浮諸江。屈原名平字靈均。仕楚爲三閭大夫。同列妬其能。譖而疎之。作離騷經。及被放。又作漁父諸篇以見志。遂自投汨羅以死。其徒宋玉亦荆州人。爲楚大夫。作九辨哀之。南北朝有庾信字子山。以文章雄於時。位望通顯。著哀江南賦。世美其才。謂之六朝體。又謂徐庾體。宋有唐介字子方。論文淵博。官御史。與王安石榻前論事。不勝憤恨。疽發背死。謚質肅。此鄂中人物之大概也。

考鄂省土產。有粟米苧棉茶葉竹鐵硃砂桐油。及水晶石膏綠礬等。地勢建瓴。土物饒沃。謂之南北要地。水陸通衢。其信然矣。

七西
六西
五西
四西
三西
三十
二十九
二十八
二十七
二十六
二十五
二十四
湖南
湖北
四川
貴州
江西
廣東
廣西
常德
長沙
岳州
長州
寶慶
衡州
永州
沅州
永順
辰谿
桂陽
安化
新化
醴陵
瀏陽
茶陵
安仁
湘潭
湘陰
平江
益陽
沅江
龍陽
桃源
安鄉

湖南

湖南別名湘省。東西相距約八百八十餘里。南北約千里。東界江西。東南界廣東。西南界廣西。西界貴州。西北界四川。北界湖北。上限大江。下連嶺嶠。右通黔蜀。左控安成。爲東北諸省重鎮。禹貢荆州之域。周初爲荆州南境。春秋屬楚。秦置長沙郡。前漢屬荆州。後漢因之。三國屬吳。晉屬荆州。南北朝宋齊屬荆郢湘三郡。梁增置羅巴二州。陳置沅州。隋隸長沙巴州衡山等郡。唐屬山南東江南西黔中諸道。五代時爲馬殷所據。周時地入南唐。旣而劉言取之。尋又爲周行逢所據。宋屬荆湖南北路。元爲湖廣行省地。明屬湖廣布政使司。萬曆二十五年。始置偏沅巡撫。治偏橋鎮。軍務則嘉靖間命貴州巡撫兼督。國初沿明制。設湖廣布政使司。治武昌府。領府十五。湖南者七。曰岳州長沙常德衡州永州保慶辰州。又直隸州二。曰郴州靖州。康熙三年。分置湖南布政使司。爲湖南省。又移偏沅巡撫駐長沙府。雍正二年。改爲湖南巡撫。領府九。曰長沙。曰岳州。曰寶慶。曰衡州。曰常德。曰辰州。曰沅州。曰永州。曰永順。直隸州四。曰澧。曰陽桂。曰

靖。曰郴。曰廳亦四。曰鳳凰。曰永綏。曰乾州。曰晃州。散州三。縣六十四。土地磽瘠。居民多捕魚爲業。惟寶慶素稱簡靜。永順。靖州。最稱富强。省會爲長沙府。古名臨湘。卽漢高帝封吳芮爲長沙王都治城垣係吳芮時築。巡撫暨布政按察二司。均建節焉。省內苗猺雜處。 國家特置總兵副將諸官以鎭之。然民苗聲氣未通。一切買賣徭役等務。交涉甚多。生苗以熟苗爲護符。熟苗又勾串內地莠民。朋比爲奸。抑勒欺侮。靡所底止。卒致廹於無奈。焚刼戮殺。與良民爲難。地方官窮治株連。莫可殫詰。卒無法以弭其釁。所望封疆大吏調劑得宜。則民苗自可相安無事矣。

湘中名山最著者爲衡山。卽南嶽也。一名壽嶽。在衡州衡山縣之西。俯映湘川。九向九背。周圍八百里。有七十二峯。大者爲祝融。紫蓋。雲密。石廩。天柱。五峯。而祝融爲最高峯。畔有青玉壇。方五丈。俗呼試心橋。路多石。蛇行俛伏。盡歷崎嶇。始見前崖挺出。下臨深壑。舜典云。五月南巡狩。至於南嶽。卽此山巔爲回雁峯。足爲嶽麓。嶽麓一名靈麓峯。又名麓山。隸長沙善化縣治。九疑山在永州寧遠縣南。一名蒼梧山。又名九

嶷山。舜陵在焉。九峯參差。互相隱見。行者難辨。故名。峯各有源。是謂九谿。其水四路流灌南海。五路北注洞庭。九峯曰。朱明、石城、石樓、娥皇、舜源、女英、簫韶、桂林、杞林。山有靑潤。生黃色蓮花。芳馥撲人。爲他山所未有。自漢蔡邕有九疑山銘。迄今題詠者。後先輝映不絕。岳州府城西南有巴邱山。一號巴陵。又號天岳。吳使魯肅以萬人屯巴邱。即此。君山與巴邱毗連。在洞庭湖中。一名洞庭山。亦稱湘山。史記秦始皇二十八年。遇風濤。至此山泊焉。大溈山在長沙甯鄉縣。世稱衡嶽之下。斯爲最著。草木蓊鬱。溈水出其間。唐裴休葬此。常德府西有平山。一名武山。一名太和山。又名武陵山。亦名河洑山。武陵記云。武山高可萬仞。山畔有盤瓠石。水出其下。謂之武陵溪。桃源山在常德桃源縣西。下有桃花溪。其南爲桃源洞。亦名秦人洞。相傳有秦避兵居此。又稱太元漁人黃道眞問津處。晉陶潛桃花源記。歷敘其事。其實寓言八九。無異烏有子虛。洞口千樹桃花。夾道如錦。流泉汨汨。遡源而上。彌陟彌高。有泉水從數丈飛下。擊石鏗然有聲。宇內奇景。莫過於斯。石壁峭立。唐宋留題詩刻甚多。爲遊賞者所必至。此湘中名山之大概也。

湘省川澤。最著者爲洞庭湖。汪洋巨浸。甲於五湖。介湘鄂之間。湖南湖北所由得名。宋儒謂禹貢九江孔殷。指此。蓋以沅、漸、无、辰、漵、西、澧、資、湘、九水。皆會於此。故名。周圍六百餘里。環帶四郡。唐宋詩人題詠甚多。

湖中有艤桿州。雍正九年　世宗憲皇帝道經此湖。軫念四方行旅。易遭風濤不測之險。特發帑金二十萬兩。建造石臺。屹峙水際。雄壯無倫。臺袤九十六丈。高六丈。址廣三十丈。頂二十丈。北如弓背式。浪至易分。南爲偃月隄。灣深可泊。凡往來舟楫。一遇風水爲災。棲宿臺南。可無漂泊之患。其南有青草湖。一名巴邱。俗云。即古雲夢澤。屬岳州巴陵縣治。周圍二百餘里。與洞庭相連。故亦曰重湖。夏秋之間。水勢盛漲。與洞庭合而爲一。水退。此湖先乾。青草叢生焉。或曰。以湖中有青草山。故名。洞庭之西。有赤沙湖。在常德華容縣界。亦名赤亭湖。水溢則與洞庭湖通。水涸則惟見赤沙。梁太清六年。湘東王遣胡僧祐陸法和夜以大艦邀侯景部將任約於湖口。因風縱火鼓譟而前。賊窮聚湖中。霎時崩潰。即此。舊記云。洞庭南連青草。

西亘赤沙。故又名三湖。洞庭之角有灉湖。在巴陵縣南。其東隅名角子湖。春冬水涸。昔人謂之乾湖。水經

謂之翁湖。秋夏水漲。卽瀰漫無際。一名閣子湖。卽楊行密以木籠鎖舟地。一名鴿子湖。楚許得勳潛軍鴿子湖。卽此。川之著名者。大江而外。次爲湘水。源出廣西桂州興安縣海陽山。水甚清澈。十丈之深。猶能見底。流至永州與瀟水合。曰瀟湘。至衡陽與蒸水合。曰蒸湘。至沅江與沅水合。曰沅湘。是名三湘。卒會於洞庭。湘江之西爲沅江。在辰州常德二境。又西爲資江。一名茱萸江。亦曰益水。隸寶慶常德諸府。並達洞庭。爲本省名水。史記屈原懷石自投汨羅以死。汨羅江在長沙湘陰縣北。源出豫章經縣分二支。一南流曰汨水。一經古羅城曰羅水。至屈潭復合。故曰汨羅。水經注云屈潭卽羅潭也。爲原自沉處。潭因以名。

本省古跡。長沙府西有八景臺。築於宋嘉祐中。宋迪繪圖以記。陳傅艮建二亭於旁。八景者瀟湘夜雨。洞庭秋月。遠浦歸帆。平沙落鴈。烟寺晚鐘。漁邨夕照。山市晴嵐。江天暮雪是也。城中有賈誼宅。在濯錦坊。賈屈祠。卽其遺址。岳州府西有岳陽樓。危聳雲際。下瞰洞庭。唐刺史張說與才士登樓賦詩。因以著名。宋郡守滕子京重葺之。范希文爲之記。蘇子美書丹邵竦篆額。時稱四絕。先賢題識甚多。衡州耒陽縣東。有孔

明碑。三國時諸葛亮斬雍闓。擒孟獲。回軍經此。立石紀功。歲久。漫漶不可辨。縣北韓洲上。有唐工部員外郎杜甫墓。墓誌係元稹所撰。永州府西有愚堂。唐柳宗元所建。先是宗元以罪謫瀟水上。家於冉溪。後改名曰愚溪。凡沼沚臺榭。皆以愚名。自賦八愚詩鐫石上。八愚者、愚溪、愚邱、愚泉、愚溝、愚池、愚堂、愚亭、愚島也。元結故宅。在祁陽縣西南浯溪。初結罷通州路。至此。愛山水之勝。遂居焉。結字次山。自號漫郎。後人因呼其宅為漫郎宅。又築亭於側。命名曰唐亭。旁有石崖。俯視大江。高五六十丈。名曰峿臺。怪石縱橫。古樹夭矯。次山曾云。浯溪峿臺唐亭。三吾之稱。蓋旌吾獨有也。此又湘中名勝之大畧也。

考其人物。長沙唐有歐陽詢。字信本。少敏異。高祖微時。數與之遊。後即位。累擢給事中。書倣右軍。而遒勁過之。貞觀初。除率更令。封渤海男。子通。字性本。曾立武承嗣為太子。通固爭。忤諸武意。下獄死之。神龍初。追復官爵。少孤。取父書刻意摹倣。時稱大小歐陽體。岳州晉有車胤。字武子。自小篤學。家貧無燈火。夏月囊螢照書苦讀。桓溫引為國子博士。每張宴。胤必與焉。曰座無車。公則不樂。累遷吏部尚書。唐有段洪古。

剛方寡合。不事生業。人或訾以非義。輒面叱之。終其身無所遇。柳宗元稱之曰畏友。其卒也。歸葬黃山。作墓誌以弔之。衡州漢有蔡倫字敬仲。少負才學。和帝時爲中常侍。安帝元初中。封龍亭侯。後漢宦者傳曰。古者書契多編以竹簡。其用縑帛書者。謂之紙縑。倫始用樹膚麻頭敝布魚網爲紙。用代簡素。天下咸稱爲蔡侯紙。世傳造紙自倫始是也。宋有趙葵字南仲。以功累官知滁州。度李全必叛。乃聚兵爲戰守計。及全寇揚州。葵率衆與戰。出奇破之。斬全以歸。淳祐中。進端明殿大學士。拜右丞相。兼樞密使。封魯國公。累立大勳。朝廷倚以爲重者二十年。卒贈太傅。謚忠靖。常德虞有善卷不詳其姓氏。莊子云。舜以天下讓卷。卷曰。余立宇宙之中。冬衣皮毛。夏衣羅薜。春耕則形足以勞。秋收則身足以休。日出而作。日入而息。逍遙人間。而志意自得。吾何以天下爲者。遂不受而去。隱居枉山。宋政和間。賜號高蹈先生。墓在辰州府城西北太酉山巖。周有黃歇。封春申君。相楚二十餘年。與田文爭下士。食客三千人。其上客皆躡珠履。趙使見之。大慙。後爲李園所害。相傳今松屬上海之黃浦。爲其所鑿。故名春申江。又名黃歇浦。利賴百世。至今頌

之。墓在府城開元寺。永州宋有周敦頤字茂叔。官桂陽令。治績卓著。累遷至廣東轉運判官。提點刑獄。以洗寃澤物爲己務。尋因疾求知南康。少穎異能自得師。二程從父宦遊至湘。因受學焉。世稱濂溪先生。此湘中人物之大畧也。

至本省土產。五金之屬無弗備。又產水銀硃砂蔴布紙漆茶葉桐油班竹白蠟麝香橘柚等物。運赴各省。以資利用。岳州永州夙產方竹。則尤稱珍異。爲他處所罕見云。

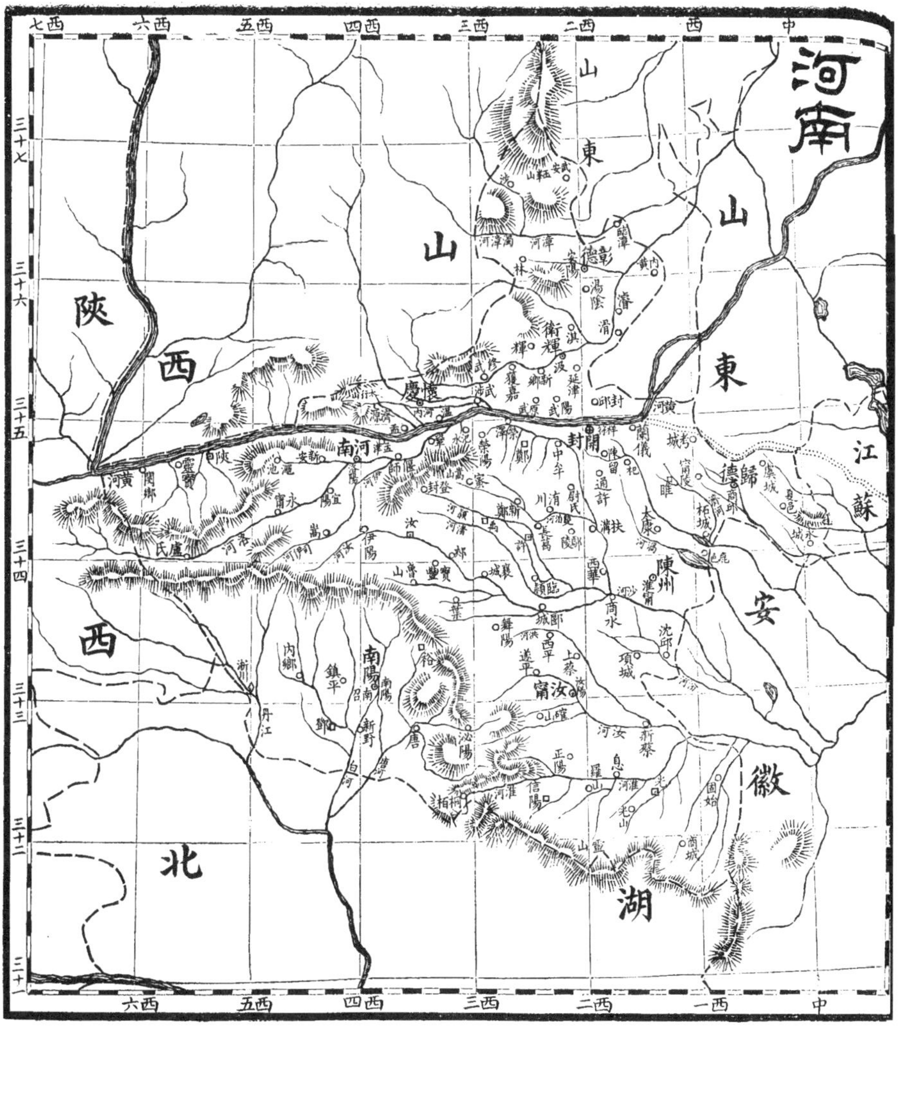
河南
山
東
山
西
陝
西
江
蘇
安
徽
湖
北
開封
歸德
陳州
南陽
汝寧
懷慶
衛輝
彰德

河南

河南居諸夏之中。故名中州。東西相距一千餘里。南北約九百里。東界直隸江蘇安徽三省。南界湖北。西界湖北陝西二省。北界山西與直隸二省。按其形勢。上帶河漳。下接淮漢。左連吳魯。右阻崤函。爲水陸之要衝。膏腴之上地。蓋中原一大都會也。禹貢爲豫州之域。周初仍之。春秋時爲周畿邑。及宋衞諸國地。兼爲秦楚邊疆。戰國爲韓魏列國地。自河以北則屬於趙。秦幷天下。置三川潁川南陽等郡。漢置豫州而半屬於司隸。後漢司隸改治洛陽。而別置豫州於譙。晉亦分置司州及豫州。永嘉以後。中原鼎革。羣雄角逐。靡有寧歲。劉宋置豫州於汝南。置司州於義陽。即今正陽縣治。隋初建東都。後改置河南等郡。屬豫州。卒爲李密王世充等所據。擾攘者數年。迨李唐崛起。乃置都畿。及河南河北諸道。宋都汴。置京東京西及河北路。元豐中又分京東東西京西南北等路。金爲汴京路。尋改南京。仍分屬河北河南等路。元置河南等處行中書省。明洪武九年。改置河南等處承宣布政使司。宣德間命侍郎兼撫山西。正統間命都御史兼

撫湖廣。其命都御史專撫河南。則自景泰始。　國朝因之。領府九。曰開封。曰陳州。曰歸德。曰彰德。曰衛輝。曰懷慶。曰河南。曰南陽。曰汝寧。直隷州四。曰許。曰陝。曰光。曰汝。散州六。縣九十六。土地廣袤。田疇繁衍。勸稼穡。務蠶桑。民俗夙稱富庶。省會爲開封府。古稱汴梁。城週三十餘里。有外城裏城宮城之別。宮城亦曰皇城。即宋之大內。據闔城西北。闢六門。裏城凡十門。外城則二十一門。巡撫建節於此。兼管提督軍務。督理河道。开駐防滿營官兵。因本省未設總督。故職司尤重。省城之南有朱僊鎮。爲中國四大鎮之一。商賈輻輳。戶口殷繁。嘉道以前。商務之盛。甲於全省。自中外通商。貿遷者多至各埠口覓利。致該鎮日形蕭索。碩賈巨商。鮮有過而 問者矣。

中州名山。開封河陰縣西北。有敖山。相傳秦時敖氏築倉於上。因名。漢酈食其勸高祖據敖倉之粟。即此。

許州襄城縣南有首山。史記中公曰。天下名山八。皆黃帝所嘗遊。首山其一 也。彰德府東北有韓陵山。爲東魏高歡破爾朱榮處。山下碑記。爲溫子昇撰。陳尚書徐陵奉使過此。讀之嘆賞不置。及歸。上問北朝人

物。對曰。惟韓陵一片石耳。衛輝府輝縣西北有蘇門山。上有百門泉。故一名百門山。三國孫登隱此。號蘇門先生。阮籍訪之。惟長嘯一聲。不答片語。其傲睨可想也。衛輝府之濬縣有善化山。一名枉人山。相傳紂殺比干於此。獲嘉縣有同盟山。武王伐紂。諸侯同盟於此。故名。及周克商。散鹿臺之財。發鉅橋之粟。二地皆在淇縣。太行山在懷慶府北。形勢巍峨。始河內。訖幽州。中有八陘。其間峯谷巖洞。景物萬狀。綿亘數百里。總名太行。爲中州之鎮。禹貢太行恒山。至于碣石。言山勢緜連不斷也。太行之陽有盤谷。在濟源縣北。即唐李愿歸隱處。名賢題詠甚富。韓愈有送愿盤谷序。其東北爲王屋山。禹貢底柱析城。至于王屋。註山狀如屋。故名。北峙一峯。險峻突兀。頂有石壇。名曰天壇。東曰日精。西曰月華。北曰天門。古松數株。皆千百年物。砥柱山在陝州城東。禹導河至此。鑿三門以通河。南曰鬼門。中曰神門。北曰人門。唐太宗嘗勒銘於此。河南府城北有北邙山。上有東漢諸陵。及唐宋名臣墓。城西南有闕塞山。一名伊闕。亦名闕口。大禹疏龍門。伊水出其間。漢服虔謂南山伊闕是也。俗名龍門山。偃師縣西北有首陽山。相傳商周之際。伯夷叔

齊。餓死於茲。詩采苓采苓。首陽之巔。卽此。按河南志言首陽者五。史記賈逵註云。在蒲坂。則應在蒲州。然亦未知是否。至山之最著者。爲中嶽嵩山。在登封縣北。乃五嶽之一。上有山峯。東曰太室。西曰少室。嵩其總名也。一名嵩高山。詩嵩高惟嶽是也。漢武帝至此。獲駁麃。唐武后易名爲神嶽。縣東南有箕山。一名崿嶺。世傳許由隱此。堯召爲九州長。厭聞之。滌耳水濱。鳴其矯潔。巢父牽犢上流而飲之。卽是。上有許由墓。山陰卽益避禹子處。春秋僖公三十三年。晉人率羌戎敗秦師於殽。卽崤山也。殽與崤通。當在永寧縣。北一名嶔崟山。自東崤至西崤。相去數十里。地極險峻。卽古之崤道。陸渾山在嵩縣東北。一名方山。漢末高士胡昭隱此。又左傳楚子伐陸渾之戎。卽其地也。豫山在南陽府城東北。孤峯峭立。高不可攀。俗名獨山。下有三十六陂。頗著奇景。桐栢山在桐栢縣東南。峯巒奇秀。上有臥龍、翠微諸峯。淮水出其下。近接大木山。卽晉祖逖移家屬避難處。槃山在汝寧確山縣西北。一名朗山。上有皓月池。池中產四季蓮花。足供遊賞。嵖岈山在遂平縣西。一名嵯峩山。唐書節度李觀及吳元濟戰於嵖岈。又五代史黄巢由潁蔡保嵖岈。

山。皆謂此崆峒山。在汝州西南。漢司馬遷嘗西游至此。相傳崆峒有三。一在安定。一在臨洮。莊周述黃帝問道崆峒。遂遊襄城。登新鄭之具茨而訪大隗。諸山皆與此山相接壤。則汝州之崆峒當爲近是。

中州大川。在省城一帶。有黃河自西北汜水縣入境。東至虞城縣。下達山東濟寧界。泛濫爲災。殆無虛歲。民生苦之。府西有汴河。源出滎陽縣之大周山。合京、索、須、鄭四水。達省城。西至中牟縣界。入於河。密縣有溱洧二水。溱水一名澮水。東北至新鄭縣。與洧水合爲雙泊河。至西華縣入河。詩鄭風溱與洧。方渙渙兮即此。周職方氏所載。豫州藪曰圃田。當在省城之西。隸中牟縣治。今爲澤者八。如東澤西澤之類。爲陂者三十有六。若大灰小灰之類。府西又有金明池。係周世宗時鑿。宋太祖嘗觀水戰於此。前賢題詠甚多。歸德府睢州之西。有睢水。在梁郡。受汴入泗。漢韓信敗龍且。睢水爲之不流。此其上流也。孟豬澤在虞城縣西北。爾雅作孟諸。禹貢導菏澤被孟豬。左傳楚子夢賜孟諸之麋。皆指此。彰德府林縣有淇水。水經云。淇水出河內隆慮縣西大號山。按隆慮當即今之林縣。詩衛風泉源在左。淇水在右。即此。禹貢導沇水東流

爲濟。按濟水在今懷慶府濟源縣西北。發源王屋山下。曰沇水。既見而伏。至此復出。俗謂之衍水。禹貢所載伊洛瀍澗四水。皆在河南府境。伊水出自盧氏縣悶頓嶺。洛水出自陝西商州雒南縣冢嶺山。其入河之處。淸濁異流。謂之洛汭。禹貢東過洛汭即此。一名什谷。史記張儀說秦王下兵三水。塞什谷之口。是也。瀍水源出洛陽縣穀城山。澗源出自澠池縣東北白石山。周書所謂澗水東。瀍水西即此。淮水發源於南陽桐柏山。爲四瀆之一。禹貢所云導淮自桐柏。是也。

考豫省名勝古跡。汴故宮在省城內正北。本宋大內。金人廢之。明洪武十一年。即其故址建周王府。訪古至此者。不禁室是人非之歎。三槐堂在省城仁和門外。宋兵部侍郞王祜手植三槐於庭。曰吾子孫必有爲三公者。其後子旦果爲相。後人因建三槐堂以誌之。蘇軾銘焉。厄臺在陳州南。世傳爲孔子絕糧處。宋王禹偁爲之銘。亳城在歸德府城東南。契父帝嚳都亳。湯自商邱遷焉。鄭玄云。亳今河南偃師縣。漢書音義曰。濟陰亳縣。杜預曰。梁國蒙縣。皇甫謐曰。孟子稱湯居亳。與葛爲隣。葛即今寧陵縣葛鄉。亳乃今穀熟

縣也蒙爲北亳。即景亳。湯受命之地。穀熟爲南亳。湯所都。偃師爲西亳。即盤庚所徙。書立政所謂三亳。是也。諸說不同。未知孰是。梁園。在歸德府城東。一名梁苑。或謂即菟園。漢梁孝王築。內有百靈山。山之巓有落猿巖。棲龍岫。望秦嶺。又有雁池。池中有鶴洲。九域志曰。菟園中有脩竹園。舊志因名脩竹。晝錦堂在彰德府治北。宋韓琦以宰相判鄉郡。築堂居之。歐陽修記。蔡襄書。今碑刻尚存。又有忘機堂。堂畔有狎鷗觀魚二亭。臨清池。池上有堂。名曰醉白。銅雀臺在臨漳縣西。魏曹操築。幷金虎冰井二臺。相去各六十步。複道迴環。樓閣相通。而中央則又懸絕。鑄大銅雀。高一丈五尺。置之屋頂。金谷園在河南府城西。有金水自太白源南流。經此谷。石崇因川阜。造園館。嘗宴客賦詩。不成者罰以酒。內有清涼臺諸勝。此又豫省古蹟之一二也。

豫省夙稱人才淵藪。奇傑挺生。英華所萃。代有名人。紀其最著者。如開封商有伊尹。耕於莘野。湯聘爲相。伐夏救民。以天下爲己任。孟子稱爲聖之任。周有國僑。字子產。博物善辭令。歷相三君。爲政四十年。寬猛

並濟。民賴其利。及卒。孔子出涕曰。古之遺愛也。顓孫師字子張。才高意廣。晚年進德。秦有韓非。善刑名法律之學。作說難孤憤。五蠹說林等書。五十餘篇。呂不韋著呂氏春秋十萬餘言。漢有張良字子房。世爲韓相。秦滅韓。良爲韓報讐不果。乃佐高帝滅秦。定天下。封留侯。卒諡文成。與蕭何韓信稱三傑。蔡邕字伯喈。性至孝。以文學推重朝野。仕至議郎。校正六經。書成刻石置太學門外。及卒。縉紳諸儒莫不流涕。許愼博通經籍。馬融嘗推重焉。撰有五經異義。及說文解字十四篇行世。晉有阮籍。志氣豪放。時値天下多故。名士迭遭放斥。遂嘯傲酣飲。與嵇康山濤劉伶向秀王戎兄子咸。爲竹林之遊。時號竹林七逸。又曰七賢。南北朝有謝朓。字玄暉。文詞淸麗。善草隸。尤工五言詩。奇麗秀逸。傑出時流。實足凌轢參軍。超軼開府。與弟惠連。靈運。時稱三謝。歸德。周有李耳。字伯陽。諡聃。自號老子。孔子稱其猶龍。仕周爲柱下吏。著道德經五千言。原憲字子思。蓬戶甕牖。子貢過之曰。夫子病乎。憲曰。無財之爲貧。學道而不能行之爲病。若思貧也。非病也。莊周。諸學無不窺。著書十萬餘言。大率寓言八九。號曰莊子。漢有灌嬰。從高帝定天下。封淮陰侯。

與周勃平諸呂。進太尉。卒諡懿侯。南北朝有江淹。字文通。雄於文。仕齊梁。累官御史中丞。天監初爲散騎常侍。後封醴陵侯。彰德宋有韓琦。字稚圭。弱冠及第。出將入相。朝廷頗資倚重。後擁立英宗。聲色不動。措天下於泰山之安。當時宵小褫魄。國事乂安。論者謂公之功居多。後封魏國公。卒諡忠獻。追封魏王。岳飛字鵬舉。負氣節。好左氏春秋。孫吳兵法。累官少保。立志破勁敵。復兩京。屢以少擊衆。未嘗偶敗。卒爲秦檜所害。天下冤之。衛輝周有太公望。姓姜。字子牙。年八十歲。釣於蟠溪。文王載歸。奉以爲師。號曰尙父。佐武王伐紂。安天下。封於齊。爲異姓功臣之首。春秋時有史魚。蘧瑗諸人。吳季札聘於衛。稱其國多君子。卜商字子夏。居文學之科。設教西河。魏文侯師事之。端木賜。字子貢。居言語之科。結駟連騎。與諸侯分庭抗禮。高柴。字子羔。居親喪。泣血三年。未嘗見齒。戰國時有吳起。好用兵。爲魯將破齊。復爲魏將擊秦。後適楚爲相。平越取陳。却晉伐秦。諸侯畏之。懷慶漢有角里先生。爲四皓之一。三國有司馬懿。負奇節。博學洽聞。漢末兵亂。慨然有憂天下之心。後受曹操顧命。傳至孫炎。滅魏自立。國號晉。卒諡武帝。追尊懿爲宣帝。唐有

韓愈字退之。七歲讀書。日記數千百言。及長。盡通六經百家之學。累官刑部侍郎。憲宗迎佛骨。愈上表極諫。貶潮州刺史。除鱷魚患。尋改袁州。歷國子祭酒。吏部侍郎。謚曰文。愈爲文一出於正。根柢六經。蘇子瞻謂其能起八代之衰。學者仰之如泰山北斗。盧仝好學博覽。工詩。嘗爲月蝕詩。韓愈稱其工。性嗜茶。嘗詩以咏之。邑有盧仝煮茶泉。李商隱作爲詩文。瑰麗奇古。與溫庭筠段成式齊名。時號爲三十六體。元則有許衡。穎悟不凡。經傳子史。禮樂名物。食貨水利之類。無所不通。歷官國子祭酒。中書左丞。有文集傳世。河南。周有蘇秦。少習韜畧。說秦不遇。歸發陰符經。伏而誦之。朞年揣摩成。縱說得行。并相六國。妻嫂不敢正視。漢有賈誼。吳公知其才。薦之。召爲博士。遷大中大夫。請改正朔。興禮樂。灌嬰等毀之。出爲長沙王太傅。過湘水。弔屈原。作鵩鳥賦。後召見宣室。拜爲梁王太傅。上治安策。論者謂其通達治體。唐有姚崇。少尚氣節。長好學。以誅二張功爲相。以十事說玄宗。深嘉納之。世稱唐代賢相。前有姚宋。後有房杜。崇其一也。韋應物性高潔。工詩。歷官蘇州刺史。世號韋蘇州。元稹長於詩。與白居易齊名。時稱元白。宋有程顥。字伯淳。

世稱明道先生。弟頤、字正叔。司馬光薦於朝。謂其力學好古。不樂仕進。乃儒者之高蹈。聖世之逸民。召拜崇政殿說書。世稱伊川先生。南陽周有百里奚。自虞之秦。困於牛口之下。秦穆公用以爲相。秦日强盛。號五羖大夫。范蠡事越王句踐。戮力與謀。滅吳以報會稽之耻。及越既覇。泛舟五湖。易姓名爲鴟夷子。又稱陶朱公。善營運。三致千金。分贈貧交。天下言富者。每艷稱之。漢有張衡。字平子。善屬文。作兩京賦。構思十年。尤精天文。作渾天儀。復造候風地動儀。人服其妙。南北朝有宗慤。字元幹。少時父嘗問所志。答曰願乘長風。破萬里浪。仕劉宋。爲振武將軍。唐有張巡。志氣豪邁。博通羣書。作文操筆立就。未嘗起草。兼曉陣法。安祿山反。巡起兵討之。與許遠同守睢陽。大小百餘戰。糧盡城陷。罵賊而死。汝寧周有孫叔敖。虞邱薦於楚莊王。使代己爲相。卒成覇業。漆雕開。孔子使之仕。對曰吾斯之未能信。其不安於小成如此。漢有袁安。嘗客洛陽。值大雪。僵臥不出。爲河南尹。政尚嚴明。未嘗以贓罪輕坐。累遷司徒。子敞孫湯曾孫逵。四世三公。紹與術皆其後也。陳蕃字仲舉。處室蕪穢不治。父執某過而問曰。盍事洒掃。曰大丈夫當掃除天下。安

事一室後爲梁安太守郡有高士居瑯蕃爲置一榻去則懸之爲豫章太守待徐穉亦然此豫省人才之大畧也

論本省土宜絲綢棉布產數最旺各種藥材名目尤夥棗果等物更足以供各省之用我願官斯土者防患未形導源治水則安瀾有慶不致中澤鴻嗷亢旱無災可免艮田龜坼斯民之幸亦國家之福也夫

山東
直隸
直隸
盛京
渤海
黃海
江蘇
河南
順天
濟南
泰安
兗州
曹州
青州
萊州
登州
沂州

山東

山東爲齊魯舊域。海岱雄區。東西相距約千一百五十里。南北僅七百餘里。北界大海。南界江蘇。西與北並界直隸。西南界河南。禹貢青兗二州之域。周爲齊魯等國地。秦渾一天下。置齊薛瑯琊等郡。漢置青兗二州部刺史。後漢與晉皆仍之。唐置河南河北二道採訪使。以青兗諸郡分隸焉。宋初爲京東河北二路。熙寧七年。分京東爲東西二路。元置益都濟南等路。直隸中書省。明初置山東等處承宣布政使司。正統間遣都御史巡撫其地。　國朝仍置山東省。領府十。曰濟南。曰泰安。曰武定。曰兗州。曰沂州。曰曹州。曰東昌。曰青州。曰登州。曰萊州。直隸州二。曰濟甯。曰臨清。散州九。縣九十六。濟南爲省會。巡撫建節於此。統轄地方糧餉鹽政榷務。提督軍務。責任綦重。公務紛繁。烟臺爲通商埠頭。在東北海濱一隅。亦名芝罘。生息頗稱繁盛。嗣於光緒二十三年秋。德人佔其膠州一灣。明年夏。英人又奪其威海衛一帶。至今亞人之虎視眈眈。得隴望蜀。正不知伊於胡底也。

考東魯名山。省城南有歷山。即大舜耕稼處。漢鄭元謂歷山在河東。宋曾鞏嘗力辯其非。見齊州二堂記。華不注山。在省城東北。一名金輿山。虎牙傑立。高聳雲間。下有華泉。鮑山在省城東。世傳鮑叔牙管仲分金於此。下有鮑城爲叔牙食采邑。東陵山在章邱縣南。盜蹠死此。其墓在焉。夾谷山在淄川縣南。舊名祝其山。其陽即齊魯會盟處。泰山在泰安府北。即東嶽岱宗也。山有三峯。在東者曰日觀。遠望海日初升。西曰秦觀。可望長安。又西曰越觀。可望會稽。又有東西二天門、望秦、獨秀、雞籠、老鴉、獅子、蓮花、懸石諸峯。百丈、馬棚、鵓鴿諸崖。石經、石壁、酆都、桃花、諸峪。廻馬、雁飛、黃峴、思鄉諸嶺。牛心、龍口、試劍、龍紋、虎阜諸石。更有明月嶂、登仙臺諸勝境。下分東西中三溪。其他峯巒谿洞。與名士登覽題詠之勝。不可殫述。防山在兗州曲阜縣東。禮記孔子父母合葬於防。墓在山北。縣之東南有尼山。一名尼邱。嶧山在鄒縣東南。一名鄒嶧山。禹貢嶧陽孤桐。春秋邾文公卜遷於嶧。史記秦始皇上鄒嶧山。立石頌德皆此。又名八卦山。縣東北有昌平山。爲孔子誕生處。金鄉山在鉅野縣南。山北有石洞。曰清涼。深十餘丈。因鑿石作四小閣。閣外堂

階高三尺。堂外兩門。門外兩大閣。石道長三十丈。闊十有六尺。相傳爲秦始皇避暑行宮。蒙山在費縣西北。書蒙羽其藝。詩奄有龜蒙。即此。又以居魯地之東。名曰東山。孟子謂孔子登東山而小魯。是也。陶山在東昌府館陶縣。禹貢所稱陶邱。即此。此山東名山之大畧也。

考本省大川。濟河。一名大清河。禹貢濟水東出於陶邱北。又東至於河。又東北會於汶。又東北入於海。今爲黃河水道。堰隄屢決。氾濫成災。小清河。一名濼水。源出省城西趵突泉。東北經章邱縣鄒平新城等界入海。趵突泉一名爆流。源出山西王屋山下。伏流至河南濟源縣。東北至黃山濁馬崖。伏流五十里。至省城西。出爲北泉。會諸泉入城。滙爲大明湖。流爲小清河。濟南七十二泉。爆流爲最。金線珍珠次之。泗水源發陪尾山。四泉並發。循泗水縣八里。始合爲一。西經曲阜縣。貫兖州城下。至濟寗州。分流南北。南流入徐州境。北流入會通河。洙水爲孔子所居。南流爲洙。北流爲泗。一云在兖州東北。一云在曲阜縣。今湮沒無可考矣。會通河。爲元代所開。以通漕運。自濟寗分水閘。至東昌臨清閘。凡四百餘里。久而淤塞。明永樂間。

疏之。引泗洸諸水。及黃河支流注之。以達臨清。會於衞河。衞河源出河南衞輝府。東流至臨清。與會通河合流入海。漢名屯氏河。隋疏爲永濟渠。亦曰御河。東南諸省漕運行商。外吏入覲。皆取道焉。汶水源發泰安府西南。流至兗州府。又西北至東平州注濟河。東北流入海。淄水源出泰安府。達臨淄。至壽光。匯於海。禹貢濰淄其道。卽此。

考齊省古跡。明堂在泰山下。爲古帝王東巡狩朝諸侯之所。秦碑在泰山秦觀峯東南。刻秦始皇封泰山制。丞相李斯篆。又有磨崖碑。唐玄宗御製泰山銘。秦漢以來。碑碣不可勝紀。然皆蘚蝕苔侵。不可復識。望海樓在郯城東南。世傳孔子嘗登此望海。李白酒樓。在濟寧州南。唐李白客任縣時。賀知章觴之於此。賦詩刻石。至今尚存。名人題詠甚多。觀魚臺在魚臺縣北。魯隱公觀魚於棠卽此。闕里在魯城內。卽孔子所居之里。按世家孔子卒。諸儒講禮樂。鄉飲酒。大射於孔子家。族氏因以爲齋。藏孔子衣冠琴瑟車書。漢魯共王好治宮室。壞孔子舊宅。以廣其居。杏壇亦在魯城內。爲孔子講學之所。釣臺在濮州東南。相傳莊子

垂綸處。附近有姚墟。舜生於此。超然臺在諸城縣北。宋蘇軾守膠西時。因舊臺而新之。其弟轍名之曰超然。軾自作記。

東魯爲孔孟生長之區。教澤所流。人才蔚起。茲特紀其尤著者。濟南周有公晳哀。守正不汚。不仕私家。孔子賢之。漢有伏勝。文帝時。求能治尚書者。伏勝老不能行。使晁錯往受之。得二十九篇。今文尚書是也。終軍。辯博能文。武帝朝。年十八。選爲博士。累擢諫議大夫。奉使南越。卒時年僅二十餘。世號終童。東方朔善主文謠諫。累遷大中大夫給事中。蜀漢時有禰衡。少有才辯。尚氣節。曹操欲害之。憐其才。送之劉表。表又送之黄祖。爲祖所殺。晉有羊祜。官至尚書右僕射。卒贈太傅。唐有秦瓊。從太宗戰伐有功。累官左武衛大將軍。贈徐州都督。圖像淩烟閣。兗州周有展禽。仕魯爲士師。食邑柳下。三黜不去。孟子稱爲聖之和。弟展喜嘗奉命犒齊師。諭以先王之命。齊侯愧服。孔子。父叔梁紇。母顏氏。魯定公用孔子爲中都宰。進爲司空。復爲大司寇。攝相三月。魯國大治。年七十三卒。歷朝贈封甚渥。封冢裔爲衍聖公。子鯉。孫伋。皆有賢德。戰

國時孟軻生受業子思之門道既通遊於齊梁以仁義說其君不能用退而與萬章之徒序詩書述仲尼之意作孟子七篇漢有叔孫通說高祖定朝儀采古禮官至太子太傅又有疏廣仕至太傅兄子受爲少傅廣謂受曰知足不辱知止不殆乃上疏乞歸卿大夫出祖東都門外觀者歎其賢其見機如此諸葛亮琅琊人後漢末避難南陽徐庶謂爲臥龍先主即位拜丞相後封武鄉侯卒於師謚忠武晉有王祥性至孝事繼母極恭謹官至太保晉公爵弟覽姪戎覽孫導導從子羲之爲晉望族並負時名羲之尤工書有蘭亭集序爲世所珍重唐有顏杲卿爲顏淵之後官常山太守安祿山反杲卿起兵討之爲賊所害弟眞卿官至尙書右丞時李希烈陷汝州朝廷使眞卿往諭之不屈被害青州戰國時有田文爲齊相封於薛號孟嘗君招致賢士食客數千人時稱其禮賢敬士魯仲連游說諸侯排難解紛不屑受人爵祿亦說士中之矯矯者晉有左思作三都賦搆思十載及成洛陽爲之紙貴王猛少好學晉桓溫入關猛被褐談天下事旁若無人後秦符堅招之一見如平生累遷尙書左僕射唐有房玄齡幼警敏博文善書輔太宗十

五年。世稱賢相。登州周有淳于髡。滑稽多辯。好以隱語諷其君。時見嘉納。萊州周有甯戚。微時嘗飯牛。扣角而歌。齊宣公聞而異之。命後車載歸。賜之衣冠。授以卿位。晏嬰相齊景公。名顯諸侯。亦春秋名臣之一也。

山東土産。粟麥布帛。所在皆有。兼産藥材。名目亦繁。魚鹽蜃蛤。濱海諸州縣皆有之。人物富庶。禮讓事敦。民風洵稱純樸云。

山西

山西古稱西魯。本冀州地。有虞氏以土地廣大。析置幷州。東西相距六百里。南北約千三百五十里。東界直隸。西跨黃河接陝西。南接河南。北限蒙古。左列太行。右據大河。朔牧代馬之用。面臨鞏洛之勝。有表裏河山之勢焉。禹貢冀州之域。爲唐虞夏王畿重地。周封叔虞。國號唐。後改名晉。戎狄黎侯潞子等國錯處其間。尋爲晉滅。戰國時爲韓魏。秦吞二國。置晉陽太原等郡。漢分冀州西境河東等郡。屬司隸校尉。置幷州部刺史。東漢之末。幷入冀州。三國屬魏。復置幷州。晉仍之。大業初罷州爲郡。唐貞觀初置河東道。開元中。置河東觀察。宋置河東路經畧安撫使。元以冀寧諸路直隸部。置河東山西道宣慰使司於大同。置河東山西道肅政廉訪司於冀寧。明置山西等處承宣布政使司。　國朝仍置山西省。專屬巡撫統轄。領府九。曰太原。曰平陽。曰蒲州。曰潞安。曰汾州。曰澤州。曰大同。曰寗武。曰朔平。直隸州十。曰平定。曰忻。曰代。曰保德。曰霍。曰解。曰絳。曰隰。曰沁。曰遼。直隸廳七。曰綏遠。曰歸化。曰和林格爾。曰寗遠。曰托克托。曰清水河。

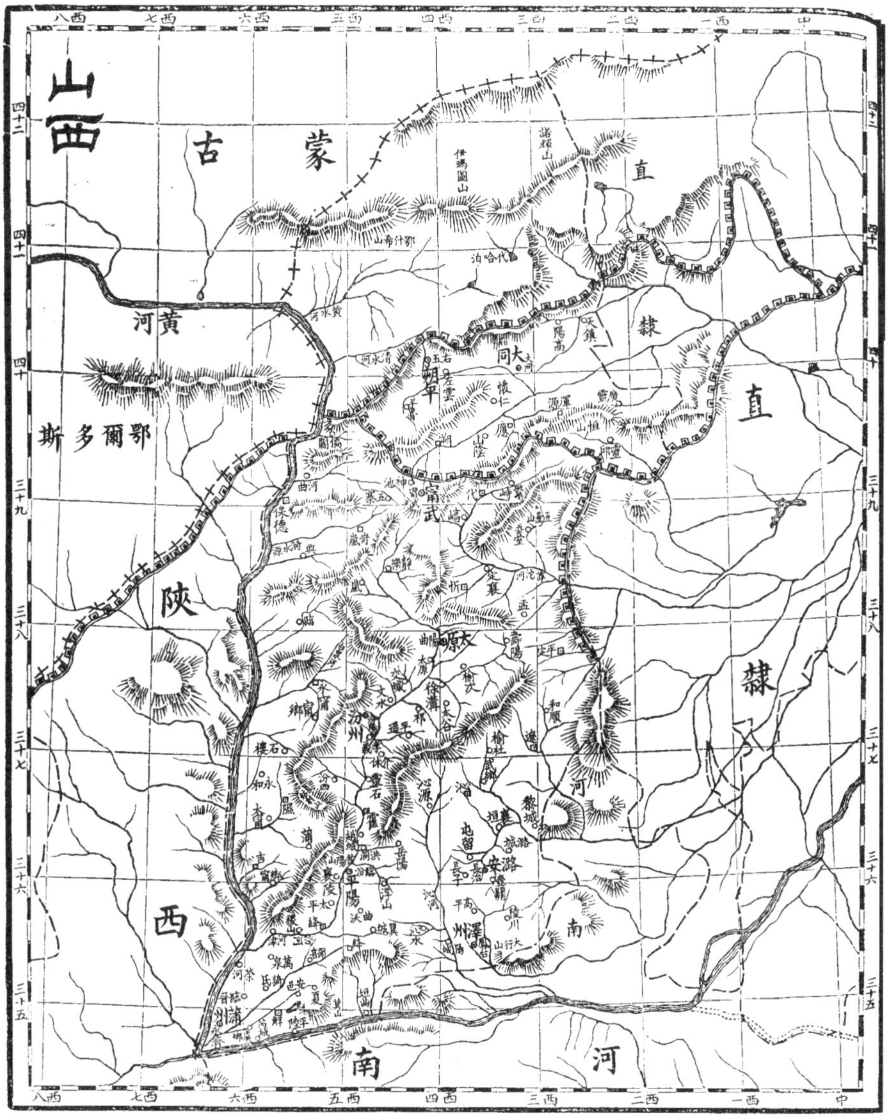
山西
蒙古
直隸
直隸
鄂爾多斯
黃河
陝西
河南
太原

曰薩拉齊州六縣八十五。太原府爲省會。巡撫建節於此。兼理糧餉。提督軍務。節制各鎮。按本省形勢。太原居中恃。大同爲藩籬。雁門偏頭甯武三關爲扼塞。東晉陽之甲。開并州之鎮。夙稱用武之地。潞安休山。汾州濱河。土瘠民貧。惟平陽一帶。氣溫地沃。素稱樂土。河東鹽筴所萃。民用因之富饒。近以旱災之後。流亡億萬。十室九空。田疇荒蕪。榛莽滿目。所冀諸大吏實事補救。賑撫兼施。而於種植蠶桑一端。盡法懲禁。則爲之數年。人民之元氣可甦。而流澤綿長。垂之萬世矣。

考冀土名山。隱泉山在太原文水縣之西南。亦名隱山。卜子夏退居西河之上。即此山。有石窟。號隱堂洞。亦曰子夏室。去地五十餘丈。山壁峭立。有泉深秘而不恒流。因以名山。欹嵜磊落。足供游賞。五臺山亦名清涼山。在代州五臺縣東北。列峙五峯。高出雲表。石山戴土。因謂之臺。臺分東西南北中。元好問有臺山雜詠十六首。以紀其勝。姑射山在平陽府西北。山有姑射蓮花二洞。即莊子所謂有神人居焉者。元王惲有遊姑射洞詩。山間有分水嶺。登其巔者。俯瞰遙矚。豁目賞心。有塵飛不到之致。首陽山在蒲州東南。即

禹貢雷首山也。殷周之間。伯夷叔齊隱此。上有夷齊墓。其高風亮節。後人每形諸歌詠。龍門山在絳州河津縣西北。即禹鑿通黃河處。箕山在解州平陸縣東北。相傳堯時許由隱此。九原山在絳州西北。春秋晉諸大夫葬此。太行山由絳縣東橫亘數百里。層巒疊嶂。遠近諸山。多爲其支脈。林木蓊鬱。寇盜潛蹤。行者畏之。孟門山在平陽吉州之西。即呂不韋所謂河出孟門之上。是也。壺口山亦在州境。禹貢既載壺口。即此。鳴條岡在解州安邑縣。即湯與桀戰處。恒山在大同渾源州。即北嶽也。水經謂之玄嶽。其山高凌雲漢。舜北巡狩至此。山有天峯嶺。安王石。龍泉觀。虎風口。琴棋臺等勝。有登臨之癖者。每蠟屐支筇。不憚攀援。以擴眼界焉。頭顱山。在澤州高平縣西。秦將白起坑趙降卒四十萬。後人收頭顱葬之。故名。王屋山在陽城縣南。即禹貢所謂析城。至於王屋是也。至於大川。西有黃河作界。前考已詳。茲不贅。滹沱河源出繁峙縣。爲三晉河流之最。汾河源出靜樂縣。歷經太原汾州平陽三府。折西過絳州。滙於黃河。嬀汭二水。在蒲州。源出歷山下。流入於河。堯釐降二女於嬀汭即此。桑乾水。源出馬邑縣洪濤山下。與金龍池水合流。東

南入盧溝河。由是知三晉。雖僻處西北。然形勢之鞏固。山水之淸佳。實足與東南大省相埒。而爲宇內襟帶之區。邊關控衛之地也。

考三晉古蹟。太原淸源縣東南四十里。有陶唐城。舊經云。陶唐氏自涿鹿徙居於此。俗謂之姚城。縣治卽古唐城。本唐叔虞子燮父徙都之所。西北有三角城。其城三面。一名徙人城。舊志趙襄子築此以置刑徒。平陽吉州西南十里。有倚梯城。龍門上口。累石爲之。東北高據峻嶺。西南俯臨黃河。懸崖絕壁。百有餘丈。以其險絕。非梯莫上。由是得名。太平縣有九層臺基址。按說苑晉獻公築九層臺。其臣荀息諫曰。臣能累十二棊子加卵於其上。公曰危哉。遂止其役。今遺址尙存。蓋因諫而止也。虒祁宮在曲沃縣。左傳晉作虒祁宮。而諸侯畔。謂此。衛靈公之晉。晉平公置酒於虒祁。令師涓奏靡靡之樂。師曠曰。此必得之濮上。乃亡國之聲也。不可聽。西花園在襄陵縣治西南。元人楊姓。闢地爲之。引晉水經流其中。雜蒔花竹。創爲堂亭池舘。洵稱幽致。曲沃縣西南。有桐鄉城。世傳伊尹放太甲於桐。卽此。蒲州有鐵牛。唐開元中鑄八牛。置

黃河東西兩岸。以維浮橋。今西岸缺其一。非復舊時景象矣。古城東北有樂安莊。宋薛俅以樞密直學士致仕歸。築室以居。因其封郡。名曰樂安。范純仁記曰。南北分二園。北曰逸老堂。公寄傲宴息之所。東曰三經堂。公讀書處也。西曰無無堂。公自謂無欲無營。因取莊生之言名之也。猗氏縣境。有猗頓故居。頓本魯之貧士。問術於陶朱公。適西河大畜牛羊。十餘年。遂成巨富。縣名取此。蚩尤城在解州安邑縣南一十八里。黃帝殺蚩尤。身首異處。故別葬之。今其跡已泯。亳城在絳州垣曲縣西北十五里。韻府云。垣曲西北有亳原。湯嘗誓衆於此。潞安府有黎侯城。在黎城縣東北一十八里。書稱西伯戡黎。即此。又春秋晉荀林父滅潞。立黎侯而還。亦謂此。大同府西北有蘇武城。武使匈奴時居此。李陵臺。即陵所登以望鄉者。受降城有三。一曰中受降。秦漢九原縣地。一曰東受降。漢雲中郡地。一曰西受降。古豐州地。皆唐張仁愿所築。陽城縣有桑城。世傳成湯禱雨於此。至今多桑。

三晉爲古帝建都。强侯創霸之地。賢聖迭興。名流間出。人才最稱晉萃。太原周有狐突狐偃父子二人。漢

有王覇王允覇。以王莽秉政。披髮入山。光武召拜尚書。不起。蓬戶褐衣。自高其志。卒以隱終。允少時具大節。郭林宗見之曰。王生一日千里。王佐才也。累官豫州刺史。討滅黃巾。後拜司空。勳業赫然。晉有溫嶠。博學能文。風儀秀整。劉琨王導輩雅重之。唐有狄仁傑。字懷英。僚友鄭崇質母老且病。當使嶺外。仁傑請代行。藺仁基義之曰。斗南一人而已。後相武后。力排三思。反周為唐。功在社稷。封梁國公。王維字摩詰。官尚書右丞。蘇軾謂其詩中有畫。畫中有詩。宋有王中立。博學強記。家豪於財。待賓客豐腆。而自供甚儉。幽居一室。如衲子然。卒以文學稱。詩多驚人句。金有元好問。七歲能詩。及長淹貫經史百家。為文眾體兼備。著有中州集行世。元有郝天挺。官至中書平章。選唐詩鼓吹集。學者宗之。董狐周時平陽人。為晉史官。靈公欲殺趙盾。盾出奔。已而趙穿弒公。盾遂復。狐書曰。趙盾弒其君。盾曰不然。對曰。子為正卿。亡不越境。反不討賊。弒君者非子而誰。其忠直果毅有如是者。孔子稱之曰。董狐古之良史也。漢有衞青霍去病霍光諸人。青本鄭姓。少時牧羊。兄弟皆奴畜之。後拜大將軍。威震邊塞。待士卒有恩。遇大夫以禮。累功封長平侯。

霍去病性寡言。善騎射。凡六擊匈奴。皆奏捷。封驃騎將軍。上嘗爲治第。謝曰。匈奴未滅。何以家爲。上益重之。光去病異母弟。拜奉車都尉。出入禁闥。二十餘年。未嘗有過。受遺詔輔昭帝。百姓充實。四夷賓服。及廢昌邑王。立宣帝。前後秉政二十年。以匡扶社稷功。圖形麒麟閣上。居第一。晉有鄧攸。字伯道。永嘉之亂。棄子負姪以避賊。卒乏嗣。不出怨言。元帝時拜吳郡太守。累遷尚書右僕射。蒲州周有百里奚。介子推。趙衰張儀范雎諸人。漢有司馬遷。太史談之子。李陵降匈奴。遷極言陵忠。上疑爲陵游說。下腐刑。乃作史記。唐有王勃柳宗元。勃六歲能文。父福時得罪遷交趾。勃往省。道出洪州。爲閻都督作滕王閣序。衆嘆其才。凡命草。先磨墨數升。引被覆面而臥。俄起書之。文立就。人謂之腹稿。宗元。字子原。文章行誼。與韓愈齊名。坐王叔文黨。貶永州司馬。遷柳州刺史。爲文益進。有文集傳世。宋有司馬光。字君實。哲宗朝拜相。罷青苗法。人稱其相業。謂有旋乾轉坤之功。著述甚多。卒封溫國公。諡文正。汾州漢有郭泰。容貌魁偉。博通墳籍。教授弟子。至數千人。游洛。河南尹李膺見而奇之。遂成執友。嘗遇雨。巾一角墊。時爭效之。故折巾角。其見慕

如此。卒年四十二。蔡邕爲之撰碑曰。我爲碑銘多矣。惟郭有道碑無愧。唐有宋之問。字延清。偉儀觀。善詞章。武后嘗幸洛苑。詔從臣賦詩。東方虬先就。后賜以錦袍。及覽之問詩。嘆賞不置。乃奪袍賜之。文彥博字寬夫。及進士第。歷事四朝。出將入相。五十餘年。立朝端重。顧盼有威。契丹使望見。改容曰。天下異人也。官至太師。封潞國公。卒年九十二。謚忠烈。澤州南元朝有郝經。幼穎悟。好學博覽經籍。爲人尚氣節。著有易春秋外傳。及陵川集。凡數百卷。明有楊繼宗。好善惡惡。出於性成。議論尤極風采。雖婦人孺子。皆知其名。至本省土產。則襄陵之酒。最爲馳名。經旬不變。飲之香美。朝貴每千里相餉。號曰鶴觴。汾州之火酒。以高梁漉煮。性雖猛烈。飲之能使胸膈間清氣盤旋。近世多爭貴之。他若銅鐵鹽硝人參麝香瑪瑙石膏。尤爲富有。足資利用。

陝西

前京　龔柴　古愚氏　編緝

陝西別名秦省。東西相距七百四十里。南北約千二百六十里。東界山西。東南界河南湖北。南界四川。西界甘肅。北則以長城爲界。禹貢雍州之域。周爲王畿。東遷後屬秦。戰國時秦都咸陽。始皇幷天下。以京師爲內史。兼置上郡漢中等郡。漢高帝都長安。改置渭南河上中地郡。九年復爲內史。太初元年。改爲京兆尹。左馮翊。右扶風。是爲三輔。置司隸校尉以統之。三國屬魏。仍曰雍州。晉因之。唐貞觀二年。分置關內及山南道。宋初爲陝西路。熙寧五年。分爲永興軍路。南渡後爲金所得。元中統三年。立陝西四川行省。治京兆。至元二十二年。改爲陝西等處行中書省。明初仍立陝西行省。洪武九年。改置陝西等處承宣布政使司。國朝初因明舊制。康熙二年。移右布政使治甘肅。左布政司仍治西安。六年改左布政使曰西安布政使。後又改爲陝西布政使。領府七。曰西安。曰同州。曰鳳翔。曰漢中。曰興安。曰延安。曰榆林。直隸州五。曰商。曰乾。曰邠。曰鄜。曰綏德。散州亦五。縣七十三。按全省形勢。東瀕黃河。南據漢水。西連秦隴。北居沙漠。洵

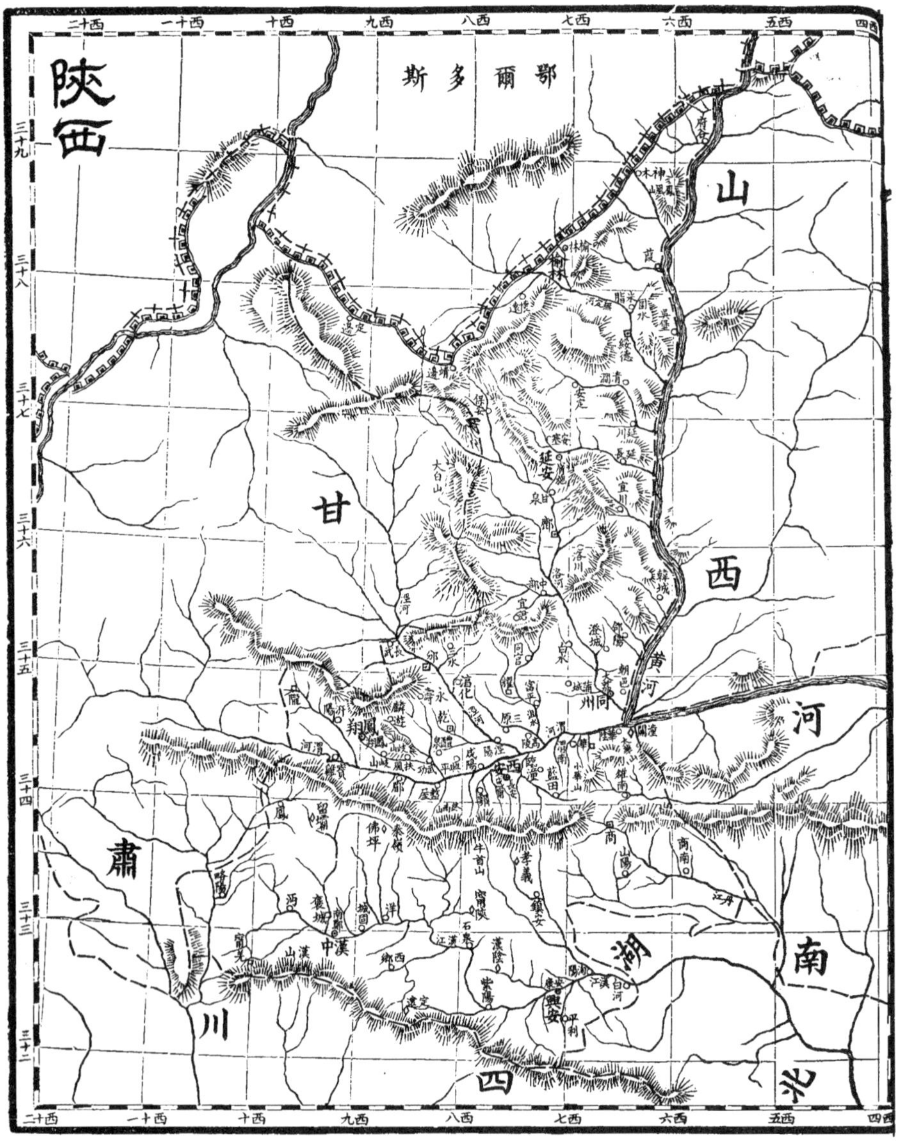
陝西
鄂爾多斯
甘肅
四川
山西
河南
湖北
黄河
延安
榆林
西安
鳳翔
同州
漢中
興安
二十西
一十西
十西
九西
八西
七西
六西
五西
四西
三十九
三十八
三十七
三十六
三十五
三十四
三十三
三十二

山河四塞。中國扼險之區也。西安最稱殷阜。金城千里。秦以之興。次及鳳翔。向稱饒足。若延安榆林逼近邊衛。原野蕭條。未可與西鳳諸府同日而語。漢中襟喉巴蜀。最爲衝繁。蜀安亦安。蜀危亦危。有表裏維繫之勢焉。　國朝分置滿漢軍民。甘肅而外。是省最多。殆爲此歟。陝西省會爲西安府。三臺大憲。皆駐節焉。其城週圍三十餘里。樓櫓壯麗。雉堞崔巍。南北兩京以下。當首屈一指。城門皆雄壯可觀。尤稱奪目。洵不愧爲古帝王居。明季。鄉民墾地得古碑一方。額曰大秦景教流行中國碑。今原刻尙存。摩挲三復。覺其蘊義精妙淵微。世之目爲異端者。亦不思之甚也。

西安新志云。西安依山爲城。地勢雄壯。拱衛邊隅。府城南偏西五十里。有終南山。一名南山。東西連亘藍田咸寧長安盩厔四縣之境。禹貢所謂終南。卽此。唐韓愈有南山詩。太乙山。在府城南七十里。綿亘秀特。上薄雲霄。唐王維詩。太乙近天都。是也。驪山在西安臨潼縣東南。周時驪戎居此。因以得名。下有溫泉澄清澈底。不火而熱。又有始皇陵。護以內外二城。內城周五里。外城周十二里。遺址俱存。太華山卽西嶽。在

同州華陰縣南。石壁淩空。天然瘦削。有芙蓉。明星。玉女三峰。蒼龍嶺。黑龍潭。白蓮池。日月崖。及仙掌石月之勝。少華在太華西。或名小華山。其上木多荊杞。獸多㸲牛。鳥多赤鷩。山嘗自摧。被害者衆。今亂石猶存。乾州武功縣南有太白山。上恒積雪。望之皎如皓月。諺云。武功太白。去天三百。蓋極言其山之高也。岐山在鳳翔縣治東北。其峯高峻。狀若列柱。亦名天柱山。禹貢導岍及岐。太王邑於岐山之下皆此。漢中寧羌州有龍門山。中有洞。洞中清泉漱玉。夏懸水簾。冬凝氷柱。亦一名勝也。金牛峽。一名五丁峽。秦惠王謀伐蜀。患山隘阻。乃作五石牛。每旦置金尾下。言能糞金。欲以遺蜀。蜀王負力而貪。令五丁開導引之。秦因使張儀司馬錯進兵滅蜀。宋胡曾詩。山嶺千里擁蜀門。成都別是一乾坤。五丁不鑿金牛路。秦惠何由得幷吞。即指此。

至其大川。東有黃河。自北而南。順流湍急。凡八百餘里。至朝邑縣界。直折而東。入山西蒲州府境。北有無定河。即古圁水。因潰沙急流。淺深莫定。故更今名。渭河出自甘肅渭源縣鳥鼠山。東流入陝。直下如矢。不

下七百里。卒達黃河。淮南子曰渭水多力宜黍。言其利也。南有漢江。發源於漢中沔縣嶓冢山。名曰漾水。即禹貢所謂嶓冢導漾。南合沔水。東流爲漢。又東至湖北漢陽府會大江。他若澧水鎬水。大雅傳其名。漆水洛河。禹貢記其蹟。曲江池。在西安東南。漢武所鑿。每賜宴臣僚於此。池中有綵舟。惟宰相學士登焉。寶雞縣有磻溪。相傳太公垂釣於此。得一魚。腹有璜玉。文曰周受命呂佐。想亦附會之詞耳。西安咸陽縣東二十五里。渭南上林苑中。秦始皇嘗建阿房宮。東西三里。南北五百步。庭際可容十萬人。然楚人一炬。久已焦土可憐。華清宮在驪山下。唐太宗建。水溫可浴。初名溫泉宮。後改華清。治湯爲池。環山列宮室。每歲臨幸。內有飛霜。九龍。長生。明珠等殿。俱廢。惟湯泉猶存。未央宮亦在西安。中有麒麟閣。蕭何建以藏秘書。宣帝圖功臣霍光等十一人於此。西安府學有王羲之筆陣圖。隋智永真草千文。唐刻石經。明皇八分書孝經。張旭草書千文。懷素草聖母帖。及宋修廟記等碑刻。均爲世所寶貴。宋向拱鎮長安。屢督所募搨得石本三千餘。居民苦之。往往鑱劖其字。韓縝修霸橋。督工急。民磨碑石以供之。經此二厄。全者遂少。中渭

橋在府城西北。本名橫橋。架渭水上。秦始皇作離宮於渭河南北。渭水貫都。以象天漢。橫橋南渡。以法牽牛。雄壯莫比。東有霸橋。在霸水上。漢時送行者多至此折柳贈別。王莽時橋災。隋更造。元修以石。唐開元遺事云。迎新送故至此黯然。故又呼爲銷魂橋。九成宮在鳳翔麟游縣西。本隋仁壽宮故址。唐太宗修以避暑。更名九成。杜少陵嘗作長歌詠之。喜雨亭在鳳翔府治東北。宋蘇長公判郡時建。鑿池其南。引流種樹。爲休息所。自爲文以記之。淸風臺在寶雞縣東南六十里。元眞人邱處機所築。西倚飛雲之壁。東臨漱玉之溪。北跨渭濱。南依山嶺。中引淸風。因以命名。府城南有野人塢。秦穆公失善馬。野人得而食之者三百人。吏欲正其罪。公曰。君子不以畜養害人。吾聞食馬而不飲酒。易傷人。乃賜之酒。後穆公被晉軍圍。三百人義而解之。穆公得免於難。此卽食馬處。絳帳村。在扶風東南。漢馬融教授諸生。嘗設絳帳於此。天漢樓在漢中府治。宋建。曠覽江山。平收眼底。爲一郡之勝。府治西南。有拜將壇。漢高祖拜韓信爲大將處。今遺址猶存。八陣圖。在沔之定軍山下。諸葛亮築。又有督軍壇。亦在山下。亮嘗督軍於此。褒城。一曰褒姒鄉

里。城東北有斜谷棧道。卽漢張良說高祖燒絕處。元時有板閣二千八百九十餘間。今仍舊。按郡國志谷之北口曰斜。南口曰褒。長四百餘里。曹操出斜谷軍遮要以臨漢。諸葛亮由斜谷取郿。皆此道。此西秦古蹟之大概。此外或琳宮梵宇。爲吾道所厭聞。蔓草荒烟。爲遊踪所不到。略而弗書可也。

秦省人物尙論者。當首推成周之周公旦與召公奭。皆世居岐山。戮力同心。輔武王以伐暴救民。力臻郅治。洵不世之功臣也。漢有蘇武。字子卿。杜陵人。卽今咸寧縣。以中郎將持節使匈奴。天嚴寒。幽於大窖中。齧雪吞氊。數日不死。匈奴神之。乃徙至海上牧羊。十有九載。節旄盡落。還漢。封典屬國。圖形麒麟閣。若班固班超兄弟。及女弟班昭兄妹齊名。尤爲世所罕覯。固字孟堅。九歲能文。父彪著西漢書未竟。固續之。撰西都賦及典頌記若干篇。超少有大志。每讀書。輒投筆嘆曰。大丈夫當立功異域。以取封侯。安能久事筆硯乎。後果出征西域。累功封定遠侯。班昭適曹早寡。固續漢書未就。詔昭踵成之。數召入宮。令皇后貴人等師事焉。號曰曹大家。作女誡七篇。馬融字季長。博學能文。從游者以千計。堂設絳紗帳。前授生徒。後列

女樂。有道者鄙之。晉有杜預。字元凱。博學。號稱武庫。武帝時爲河南尹。荆州都督羊祜。舉預自代。拜征南將軍。以平吳功。封當陽侯。預嘗謂王濟有馬癖。和嶠有錢癖。帝聞之。問預曰。卿有何癖。對曰。臣有左傳癖。唐有杜晦。字克明。少英爽。房玄齡薦之秦王。因表留幕府。後並入相。世稱房謀杜斷。顔師古。字子籀。太宗時詔令一出其手。册奏之工。當時莫與倫比。嘗詔師古考定六經。諸儒就以問難。師古條分縷答。往往出人意想。衆皆歎服。李泌。字長源。七歲能文。玄宗嘗與張說奕。召泌賦方圓動靜。泌卽應聲以對。帝稱奇童。使與太子爲布衣交。後恢復兩京。功居第一。拜相。封鄴侯。詩才之最著者。爲子美杜甫。博覽羣書。學長於識。懷古人。詠時事。精深渾括。頓挫沉雄。世以詩史稱之。元稹謂自有詩人以來。無有出其右者。白居易。字樂天。當時亦以詩名。未冠時謁顧況。況恃才不輕許可。及閱其詞賦。嘆曰。吾謂斯文已絶。今復因子而傳矣。官刑部尚書。雅好與元稹唱和。時稱元白。杜牧。善屬文。能詩。時號小杜。以別於子美。宋有寇準。字平仲。輿宗朝拜相。決策成澶淵功。封萊國公。元有蕭奭。幼翹然不凡。讀書南山者三十年。博極羣書。及門受業

者甚衆著有三禮說九州志勸齋文集人稱一代醇儒此西安一府人物之大畧也同州漢有楊氏父子曾孫三人父震字伯起明經博學從游者動以千計稱關西夫子官至太尉門無私謁爲太守時有所舉茂才王密爲昌邑令夜懷金獻震震却之密曰昏夜無知者震曰天知地知子知吾知烏得爲無知密慙而退子秉字叔節亦官太尉朝廷有得失輒盡忠規諫上每爲之改容彪字文先董卓廢立彪以司徒盡節幾及於難曹操誣彪下獄孔融諫曰楊公四世清德海內所瞻若橫殺忠良誰不戒心操遂出彪於獄迄有唐震之嗣孫於陵字達夫雅負奇志德宗時拜中書舍人遷浙東觀察有政聲入爲京兆尹爲人抗直摘伏姦慝無所隱卒以尚書左僕射致仕郭子儀自武舉累遷至同平章事平安史亂賜號尚父封汾陽王功蓋天下而主不疑位極人臣而人不忌其契合人心至深且固後之宰輔弗能及也柳公權字誠懸博經術精書法穆宗問筆法對曰心正則筆正帝悟其以筆諫也文宗朝累官學士以太子太保致仕宋有張舜民善屬文登進士第元祐初司馬光薦其才器秀出羣表剛直敢言召爲監察御史後坐免自

號浮水居士。鳳翔漢有法眞。好學。博通圖典。爲關西大儒。弟子自遠方來者。數百人。前後徵聘四至不爲屈。時號玄德先生。漢中有李固。狀貌奇特。對策鯁切。卒爲梁冀所害。天下痛之。延安有韓世宗。劉正彥反。世忠挺戈而前。賊黨望見。咋舌曰。韓將軍也。皆就擒。其威勇驚人如此。

至陝省物産。延安一帶。山石流油。可以燃燈。亦可療癬疽。謂之石油。意卽目下所行火油之類。苟疏其源而廣採之。未始非生財之一道。自然銅出興安。蜜蠟鹿茸乳香麝香等出漢中。其餘土產常物。種類繁多。不暇備載。

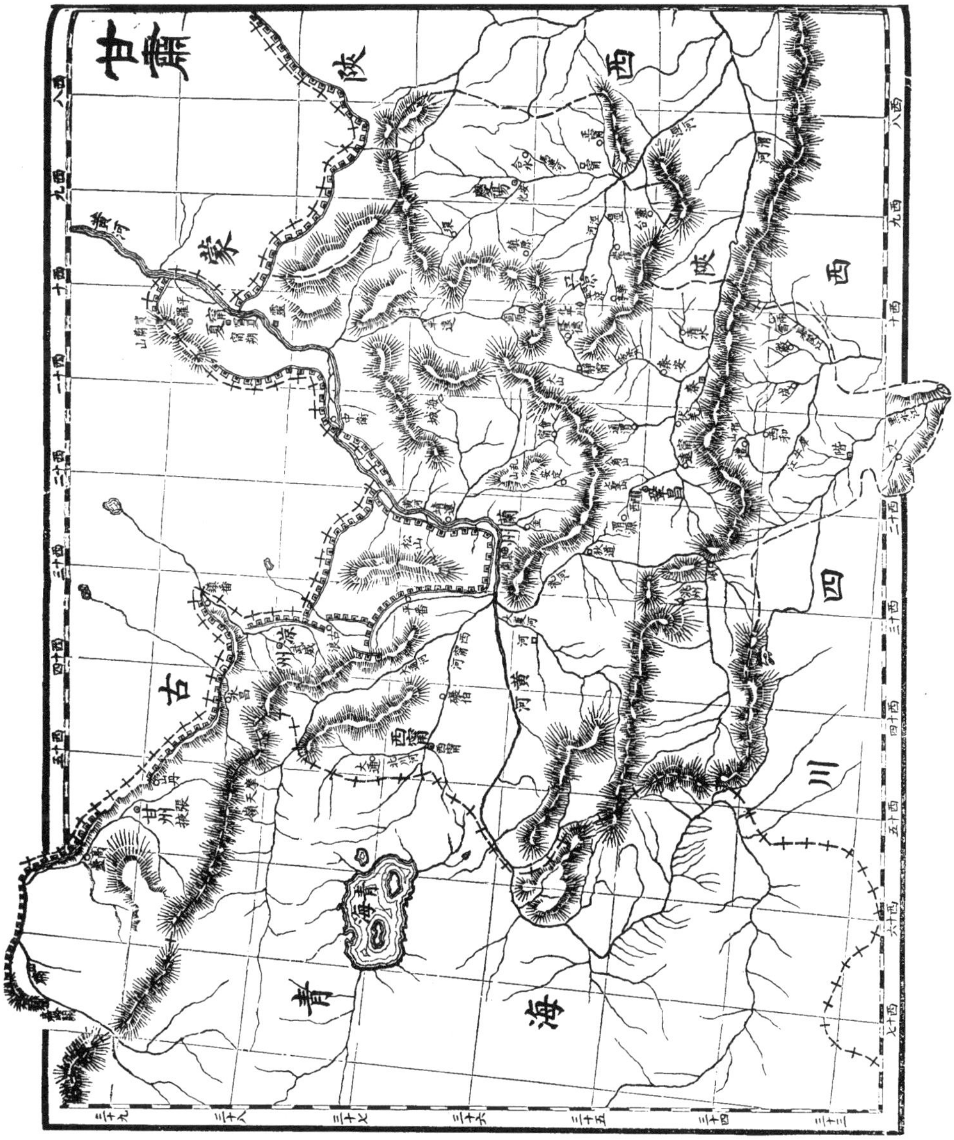
甘肅

甘肅

甘肅僻處西北。與陝西爲唇齒。以其關外一州之地合幷計之。東西相距三千六百餘里。南北二千餘里。地形如蝴蜂折翼。中細而首尾廣袤。光緒十一年。以關外地方與天山南北等路。分設新疆行省。而甘肅仍其舊名。東界陝西。南界四川。西界新疆青海。北界蒙古沙漠。禹貢爲雍州之域。春秋戰國時。屬秦及西戎地。秦幷天下。置隴西北地二郡。漢武帝分置天水安定武都三郡。又得匈奴昆邪王地。添置武威酒泉金城等郡。俱屬凉州部。後漢建安十八年。罷凉州。幷屬雍州。三國屬魏。復置凉州。晉因之。唐貞觀元年。置隴西道。兼屬關內山南二道。後又置朔方河西隴右涇原諸節度使。貞元後。隴右之地。悉陷吐番。宋初屬陝西路。元屬陝西等處行中書省。至元十八年。置甘肅等處行中書省。明屬陝西布政使司。洪武二十五年。又置陝西行都指揮使司於甘州。領諸衛所。 國初仍明舊制。康熙二年。以陝西右布政使駐鞏昌。分領鞏昌等四府。五年。改爲甘肅布政使司。移治蘭州。是爲省會。領府八。曰蘭州。曰平凉。曰鞏昌。曰慶陽。曰

寧夏。曰西寧。曰凉州。曰甘州。直隸州六。曰固原。曰涇州。曰階州。曰秦州。曰肅州。曰安西州。省會除藩臬兩司外。陝甘總督。兼甘肅巡撫事駐節焉。按全省形勢。地廣人稀。五穀歉薄。迤東尚稱沃腴。所產足以自贍。甘州以西。嘉峪關外。則荒凉沙漠。觸目皆然。寧夏一城。週圍六十里。向稱鞏固。雄瞰邊隅。旣恃强兵良將之擁護。又賴賀蘭黃河之險要。邊疆得此。可烽燧無驚矣。

按隴西爲山河襟帶之地。蘭州有皋蘭山。環拱府城。如張翼作圍護勢。山下平夷坦直。可屯兵數萬。漢霍去病嘗擊匈奴至此。東南有白石山。周梁暉將兵至此。爲羌所圍。軍士病渴。後得水而免。府城西南有石門山。水經云。灕水東北經石門口。高峻險絕。對岸如門。積石山在河州。禹貢導河積石。即此。兩山峭削。黃河居中。亦天塹也。鳥鼠山俗呼青雀山。在渭原西二十里。渭水經其下。相傳有鳥名鵌。有鼠名鼵。同穴安居。因名其山。爾雅鳥鼠共穴。禹貢導渭自鳥鼠同穴是也。金縣東北有鳳山。銜接數百里。錯綜紛陳。森如列戟。此外諸山。如幞頭。蓮華。琵琶。駝頂。豬嘴等山。皆以形似得名。別無勝趣。石險峽。在府城東。兩崖懸立。

黃河至此。折而東流。入亂山。瀉落巨川。如瀑布。土人每於此引水灌田。崆峒山。在平涼府城西。其上有問道宮。相傳黃帝問道於廣成子卽此。最高之峯名曰翠屏。上有圓石如珠。因又名垂珠峯。游師雄詩。最高翠屏山。舉手星可摘。珠石信團圞。翠峯森劍戟。可謂善狀茲山者。上有青龍洞。一名歸雲洞。每値雨霽雲收。恰如歸洞故名。又有廣成子洞。相傳廣成子隱跡崆峒。擇居此穴。祁山在西和縣北。上有城。極嚴固。蜀漢時諸葛亮出軍祁山卽此。東有道靈山。四山環合。二水縈澄。淸泉自巖竇飛落。皎如西練。麗玉山在成縣東。旁有獅子洞。洞旁溪中水漱石如玉。名曰玉井。皆天然佳趣也。仇池山在縣城西北。四面壁峭撐天。奇險可怖。上有平地。方二十餘里。羊腸盤道二十六廻。有豐水可煮成鹽。唐杜甫曾詠之。花石峽在階州。產青黑石。其文有松柏人物溪橋水石山林樓屋日月之狀。以爲屏風絕可愛。撫琴山在鳳陽山畔有洞。淸風吹入。彷彿琴音故名。寧夏有賀蘭山。丹壁靑峯。巍然峻大。盤踞數百里。府城倚以爲固。本省大川以黃河爲最。自靑海流入西寧。盤折東北。經蘭州寧夏。復出塞外。始轉而東南。入山西境。洮河源出番田流

入長城。盤束峽中數百里。始沿蘭州府城而南。衝突湍急聲若驚霆。嘉陵江源出峽西大散關西流入本省。經秦州兩當徽縣境。南入四川合蜀江。又有西寧之大通河。源出自青海地黑河沙河。皆發源塞外雪山。泙湃浩蕩。浪駭濤奔。非人力所能爲也。

隴省勝蹟。蘭州有臨川閣。天寶初建。下臨清流。攬一郡之勝。虛皇閣。在黃河北。突出雉堞。高敞明爽。登之可以覽全郡山川之勢。亦一大觀也。第一城在涇州。隗囂遣將據高平第一城。寇恂督兵討降之。即此。古密國在靈臺縣。周文王伐密。左傳密須之鼓。史記周共王游經邱。密康公從游。即此地。威戎城在平凉西南。其地川平土沃。兼擅銀銅之利。宋招討使鄭戩遣劉滬築之。以捍西夏。避暑閣。在府城北柳河上。宋蔡挺建。其中綠楊千樹。掩映成林。檻外湖光。清淺可掬。夏月多避暑於此。西北百餘里。有蕭關。史載漢文帝時。匈奴入蕭關。又武帝西登崆峒。出蕭關。皆此。石橋在崆峒兩峯間。有巨石橫亘。鞏昌有仇池城。戰國爲白馬氐羌國。晉時楊難當三世據此。後魏置仇池郡。舊志仇池城天然陡絶。壁立千仞。石角外向。宛如雉

堞。惟一門可通。上有沃田可耕。泉眼數十。足資灌溉。其利甚溥。秦州有諸葛壘。俗稱下募城。傍有司馬懿壘。俗稱上募城。魏太和中。諸葛亮攻天水。詔懿拒之。此其壘也。又有陰平道。同谷志云。秦蜀時兵將出入之路。爲全蜀門戶。鍾會伐蜀。姜維請備陰平。後主不聽。今麻關口。尚有鄧艾姜維故城。東北有進馬台。太平廣記。漢武帝元鼎初。西巡至赤沙驛。羌氏有千里馬。築台拜表以進。因名。不窋城。在慶陽境內。夏政寖衰。后稷子不窋竄奔戎翟間。建邑於此。迨死。葬於城東。其碑淹久剝落。上有片石。大書周祖不窋氏陵。賀蘭山東。有元昊宮。趙元昊據有夏地。依山爲固。建宮於此。今宮牆尚存。凉州有劉林台。相傳漢竇融建。舊名竇融台。明洪武初。百戶劉林戰死城下。人重其忠。因改今名。安西有玉門關。縣因以名。漢霍去病破走日支。大開玉門關。又班超在西域。上書願生入玉門關。皆此。又有陽關。唐王維詩。西出陽關無故人。卽謂此也。

隴省人物。蘭州漢有辛慶忌。父武賢。酒泉太守。慶忌拜左將軍。父子皆稱虎臣。朝廷倚重。辛恭靖爲河南

太守。姚興來寇。固守百餘日。援兵不至。城陷被執。恭靖厲色曰吾寧爲國死。不爲羌臣。興幽之尋得脫。其堅忍之操。有足多者。南北朝有李琰之少稱神童。於書無所不讀。朝廷大典多咨訪焉。自云。崔博而不精。劉精而不博。吾既精且博。可兼二子。倨傲如此。亦恃才之病也。隋有辛公義。歷官刺史。清白自勵。所至以慈父稱。唐有李襲譽。擢江南巡撫使。祿俸悉贍貧交。餘則置書苦讀。及歸惟載書數車。嘗謂諸子曰。吾性不喜財。家故中落。然賜田數頃可耕。桑百株可蠶。書四壁可讀。汝能勤此。無資於人矣。平凉漢有皇甫嵩以冀州牧。討平黃巾。封槐里侯。威名震天下。累遷太尉。折節禮士。海內豪傑皆依附之。晉有皇甫謐家貧。帶經而耕。數辟不起。雅好著述。號玄晏先生。唐有牛僧孺。微時入都。以詞賦謁韓昌黎皇甫員外。他日二公詣所居。適他出。書其門曰。韓愈皇甫湜同謁不遇。翼日。都下名士競往物色。名遂大振。後舉進士第。穆宗朝以風節推重。累遷同平章事。敬宗立。封奇章郡公。宋有吳珍。少勵志節。日誦書史。錄其可師者。置諸座右。用兵決策。變化如神。據險抗敵。卒保全蜀。鞏昌漢有李廣。號飛將軍。匈奴畏服。文帝嘗曰。惜廣不逢

時。設當高祖世。萬戶侯豈足道哉。歷任太守。卒不封侯。趙充國善騎射。果勇有謀。與霍光定册。立宣帝。封營平侯。年七十六。擐甲將兵。討平西羌。圖形麒麟閣。唐有李揆。累遷中書令。美丰儀。善奏對。帝曰。卿門人物文章。皆當今第一。其朝廷羽儀乎。時稱三絶。李晟年十八。從王忠嗣征吐番。稱萬人敵。平朱泚亂。克復京城。號令嚴明。公私安堵。累官司徒。封西平王。甘州漢有金日磾。狀貌魁偉。武帝奇之。拜侍中。後爲車騎將軍。與霍光同受遺詔輔政。封秺侯。卒謚敬。

隴省物產。蘭州出淡巴菰。分運各省。不可數計。金絲草產慶陽。性解毒。石油出肅州。能燃燈。氂牛出西番。毛可爲旌旄。他如麝香。犀角。芎藭。當歸。藥籠中物所產尤夥。又生顧絨。板絨。粗絨。鐵絨。海綿等。皆有用之材。非徒爭采色而已也。

新疆

新疆爲中國極西邊陲。爲屏藩之要衝。輪廓之外蔽。東西相距二千七百里。南北約千七百里。東界甘肅。南達西藏。西界葱嶺暨俄羅斯。北界亦俄羅斯與科布多境。古雍州徼外地。前漢武帝時。始通西域。天山以南。爲城郭三十六國地。天山以北。東境爲匈奴右屯地。西境爲烏孫國地。未屬於漢。後漢時。山北仍爲烏孫及匈奴地。山南分爲五十餘國。或幷或分。歲輒數變。設都護及長吏統治之。三國及晉。北爲烏孫及鮮卑西部地。南仍爲于闐龜茲諸國地。北魏時。北爲蠕蠕烏孫悅般高車諸國地。後周爲突厥鐵勒地。南則鄯善盛大。服屬諸國。隋爲突厥鐵勒西突厥地。南仍其舊。唐爲突厥沙陀回鶻西突厥諸部。設各都督司。置北庭大都護府於西州後庭縣以統之。南境諸國。置安西大都護府于龜茲部。並統諸都督府。中葉以後。爲吐番所有。五代時盡歸吐番回鶻。宋時烏孫回鶻于闐龜茲諸國。盡入於遼。元爲阿爾睦爾及回鶻五城地。諸王海都行營統軍之所。天山南爲巴什伯里諸國地。置宣慰司。元設帥府統之。明山北衛拉

特元臣悅懽之後。四衛拉特世居之。山南爲巴什伯里葉爾羌土爾番諸國。回部派噶木巴爾諸族後裔世居之。本朝肇興。元代後裔之分處東北者。入隸版章。世爲臣僕。惟準噶爾厄魯特四部。未遵王化。四部稱四衛拉特。曰綽羅斯部。曰都爾伯特部。曰和碩特部。曰土爾扈特部。其後土爾扈特漸起離心。竄歸俄羅斯。因以都爾伯特之輝部。別爲一部。仍稱四衛拉特焉。四部盤踞西北。後噶爾丹稍强。吞噬鄰屬。闌入北塞。聖祖仁皇帝三臨沙漠。剪滅諸部。迤北悉奠平。噶爾丹姪策阿拉布坦收其遺孽。退入伊犁。抵死相守。傳子噶爾丹策凌。恃其險遠。多方嘯聚。部落漸衆。侵服山南回部。執其酋。收其賦。傳子策妄多爾濟那木札爾。肆行殘暴。剛愎性成。爲喇嘛達爾札所簒。策妄之從姪孫達瓦齊又簒奪其位。而兇殘益甚。衆部落皆不堪命。乾隆十八年冬。都爾伯特台吉策凌等率數萬人來歸。十九年秋。輝特台吉阿睦爾散納和石台吉班珠爾等。又率衆來歸。羣臣爰請興師問罪。冀出水火而登衽席。以副聖朝懷馭遠藩之意。乾隆二十年。高宗純皇帝。特命班第爲定北將軍。出北路烏里雅蘇台城。永常爲定西將軍。出西路巴

里坤城。各領前鋒降卒三千人。拔隊先進。各部遠見旌纛。望風解體。率衆來降。兵屯卜羅哥羅河。距伊犁僅三百里。兩軍相會。達瓦齊素縱酒。視兵事如兒戲。不設備。至是。倉卒率親兵萬人。星夜趨往伊犁西南格登山。遣其素親信者二臣。捧檄徵兵。爲吾師遮護。具悉其狀。士氣倍奮。爭先渡河。長驅迫襲。達瓦齊以二千餘人宵遁。投烏什城。爲回人阿奇木霍集斯伯克縛獻大營。伊犁始平。初阿睦爾散納出身卑賤。長爲輝特部台吉。性又甚狡黠。反覆無常。爲喇嘛達爾札所敗。與達瓦齊同竄入哈薩克。後爲其所逼。卽擇其精銳之卒一千五百人。裹乾肉爲糧。取道山僻無人之境。夜行晝伏。潛入伊犁。襲殺喇嘛達爾札。達瓦齊遂卽君位。以阿睦爾散納秉性狡譎。起兵欲勦之。阿睦爾散納自揣力不能抗。率其部落。於乾隆十九年納欵投誠。意欲藉 王師之力。殄滅伊犁。立己爲準噶爾總汗。以遂私志。至是見 皇上惟封以親王。授以副將軍之職。素願頓乖。遂生逆謀。煽惑厄魯特人。使之離叛。時大兵已凱旋。留守滿漢官兵。僅五百餘人。事起倉猝。遂罹其害。將軍參贊各官死之。事聞。 朝廷震怒。調遣大兵分道進剿。阿逆力窮。奔哈薩

克二十二年。將軍兆惠。副將軍富德。分路進討哈薩克歸順。阿逆奔俄羅斯。旋患痘死。俄羅斯驛致其屍以獻。伊犁復定。先是回酋波羅泥都霍集占。久為準噶爾所執。及大兵平伊犁。釋其縛。遣波羅泥都歸葉爾羌城。統其舊屬。遣霍集占居伊犁。撫領回衆。未幾背之。竄歸舊穴。煽動回衆作亂。乾隆二十三年。大兵進討。克復庫車烏什諸城。二十四年。收和闐喀什噶爾葉爾羌諸城。回部悉平。設總統伊犁等處將軍參贊大臣。辦事大臣等員。以資鎮守。改準部之烏魯木齊為迪化州。分隸甘肅省。恭誠投順者。封爵有差。乾隆三十六年。土爾扈特汗亦向風慕義。率衆來歸。 皇上賜爵授以廩餼。給以牧地。部衆則量地分編。俾居於塔爾巴哈台諸境。於是元裔四衛拉特之衆。盡入版圖。 朝廷亦隨事應機。修建城郭碉堡。屯兵闢土。凡有關軍國大計。民生利害者。莫不實力講求。以為鞏固邊圉之計。考城之最著者。天山之北。首推伊犁。為乾隆二十九年創建。周圍十八里有奇。賜名惠遠城。總統伊犁等處將軍駐節焉。北曰塔爾巴哈台。東北曰庫爾喀拉烏蘇。曰烏魯木齊。曰哈密。曰吐魯番。曰巴里坤。曰古城。皆當衝要之地。特設大臣鎮守。

天山之南。計有八城。曰喀什噶爾。曰喀拉沙爾。曰庫車。曰阿克蘇。曰烏什。曰葉爾羌。曰和闐。曰英吉沙爾。亦各設大臣鎮守。以重邊防。西方既定。大功告成。百餘年來偃武修文。漸弛兵備。以爲長享承平。可無西顧之憂。詎同治三年。布魯特叛酋忽璧亂。逆回金相印等。攻陷喀什噶爾。蠶食南八城。吐魯番烏魯木齊等相繼淪陷。其時中國適有髮捻之亂。兵力不敷分撥。勢難兼顧。俄兵因得長驅直入。進據伊犁等城。馳書中國。稱暫代管轄。一俟我兵西向。亂黨剗除。即當完璧歸趙。甘心退讓等語。 朝廷乃命湘鄉相國左宗棠。以欽差大臣督辦新疆軍務。爵帥督率所部淮湘勁卒。勦撫兼籌。議定先規北路。首復烏魯木齊。以扼其總要。旋克瑪納斯。數道並進。規復吐魯番等城。力爭南路要隘。然後整旅西行。勢如破竹。將十餘年淪陷之天山南北諸城。全行克復。光緒十一年。 朝廷以關外地方遼闊。控制爲難。另置新疆一省。以迪化府爲省會。即向之烏魯木齊城。巡撫布政使。與按察使銜鎮迪糧務兵備道。皆駐節於斯。領府二。曰迪化。曰伊犁。直隸州四。曰溫宿。曰疏勒。曰莎車。曰和闐。直隸廳十一。曰鎮西。曰哈密。曰吐魯番。曰庫爾喀喇

烏蘇。曰精河。曰塔爾巴哈台。曰喀喇沙爾。曰庫車。曰烏什。曰英吉沙爾。曰瑪喇巴什。知縣亦十一。規模粗備。諸事方輿。

考其山川。天山別名騰格里。崇巖峻嶺。上插雲霄。横亘數千里。最高者得一千八百二十丈。中有火山一座。約計三百二十丈高。南界崑崙。西有葱嶺。皆見於前。河之巨者。有塔里木河。中流天山南路。發源自葱嶺。滙流於羅布及博斯騰二大泊。河中產玉石甚多。大者如盤如斗。小者如拳如栗。各色不同。其如雪之白。翠之青。蠟之黃。丹之赤。墨之黑者。爲上品。一種羊脂朱斑。一種碧如波斯菜。金片透濕者。尤爲無上上品。土人亦不多得。北路有伊犁河。天山之水。滙爲巨流。迅急湍激。渡資舟楫。中多白魚沙魚水獺。西北入俄羅斯地。卒歸巴爾噶什泊。東南有瀚海。與蒙古瀚海聯絡。流沙廣漠。一望無垠。此外則沃野千里。百穀皆宜。形勢之勝。無殊內地。市肆羅列。百貨充斥。俄人之鷹隼鷙視。殆爲是歟。

新疆頻年用兵。死亡枕籍。孑遺之衆。僅得一百萬人。俗尚回教。凡宴會鄉飲。概以多殺畜牲爲敬。駝馬牛

均爲上品。羊或數百頭。惟嚴禁豕族。莫得宰食。蓋回例也。各色瓜果冰糖香油。及燒煮各肉鹽餳餅餌之屬。皆盛以銅錫木盤。紛紛前列。任便取食。樂器雜奏。舞歌喧譁。皆拍手以應。以極醉爲度。甚有連宵達旦。醉而醒。醒而醉者。亦陋俗也。回男不畜髮辮。不剃髭鬚。惟剪唇鬚。以便飲食。回女垂髮辮數十。嫁後一月。則梳髮後垂。以紅絲爲絡。寬六七寸。長三四尺。其雙歧拖地處。仍絡紅絲數寸。成穗。富者上綴細珠寶石珊瑚等物。囊髮垂後。衣皆大領窄袖。男左衽。女廠前襟。內襯衫褲及膝。女帽冬夏皆用皮。男帽冬虎皮。夏用綢綾猩氈爲頂。倭緞爲翅。高五六寸。前後尖翅。亦各長五六寸。男翅兩平。女帽後翅少垂。見人無跪拜之禮。凡遇尊長。及頭目。交手當胸。而頓其首。婦人亦然。此風俗之大端也。

新疆物產。肥煖之地。百穀皆有。以小麥爲細糧。粳稻次之。大麥糜子。用以釀酒。或充牲機而已。餘豆粟芝蔴蔬菜瓜茄之類。歲皆大熟。惟回民鮮知食用蓄儲之法。亦不講求。故不多種。種稻之法。每屆春冰消融。引水入田。微乾。則耕犁播種。苗生數寸。又放水灌溉之。嘉禾與莠草同生。芸鋤之力弗施焉。最忌春寒。寒

則春水來遲。播穀不時。回人種瓜與稼穡等。或圓或長。夏秋之間。入其村落。莫不獻此爲敬。産集吉草。勁直光潔。極堅緻。屈之不折。可作箸。沙竹似葦無節。心亦堅實。爲用甚多。松仁。皮似柰。肉碧緑。甜而微腥。無內地松仁氣味。野馬駝騾。隨處皆有。深山戈壁之中。往往成羣。野牛尤矯健多力。最爲兇猛。又一種大頭羊。角長而盤旋於頂。肉粗劣。皮極温煖。回人多以製裘。熨體奇温。洵冬服之上品也。豺狼生深山中。高尺餘。長三尺。百十爲羣。行列整肅。如人圍獵。遇弱獸。則羣起噬之。無得脱者。塔爾巴哈地多熊。色蒼黄。又多塵。有烏毛。似雞。味甚美。常棲樹杪。亦名樹雞。葉而羌城和闐等處。出氊緞氊紬金銀絲紬緞布。及各色玉石。每年採貢。多至萬觔。若攻玉鏤金之精巧。則阿克蘇與喀什噶爾城爲第一。鬼斧神工。內地轉多不逮。亦回部之精品也。

四川

四川取岷江沱江黑水白水四大川以爲名。東西相距約千八百里。南北約千四百里。東界湖廣。南界雲貴。西界西藏。北界陝甘。禹貢爲梁州之域。夏殷之間。梁爲蠻夷。厥名蜀國。所謂巴賨彭濮之地是也。周幷入雍州。迨衰。秦有其地。後秦併天下。置巴蜀二郡。漢置十三州。此爲益州。王莽簒位。公孫述據其地。建武十二年。討平之。漢末。地爲先主所得。號曰蜀漢。炎興初。爲魏所幷。亦曰益州。晉因之。唐貞觀中。置劍南及山南道。開元中。又分屬劍南及山南西山南東等道。宋乾德三年平蜀。置四川陝西路。元置四川等處行中書省。又置西蜀四川道廉訪司。明洪武四年。置四川等處承宣布政使司。分川西川東川南川北四道。自洪熙至宣德間。命都御史出鎭四川。事竣回院。正統間。改設巡撫。嘉靖初。始設總督。節制川湖貴州。後裁革。萬歷年間。復設川貴總督。天啟時。改設川廣總督。以控制邊境。 國朝分置兩廣總督。仍以總督節制四川省。兼管巡撫事。領府十二。曰成都。曰寧遠。曰保寧。曰順慶。曰敘州。曰重慶。曰夔州。曰綏定。曰龍安。

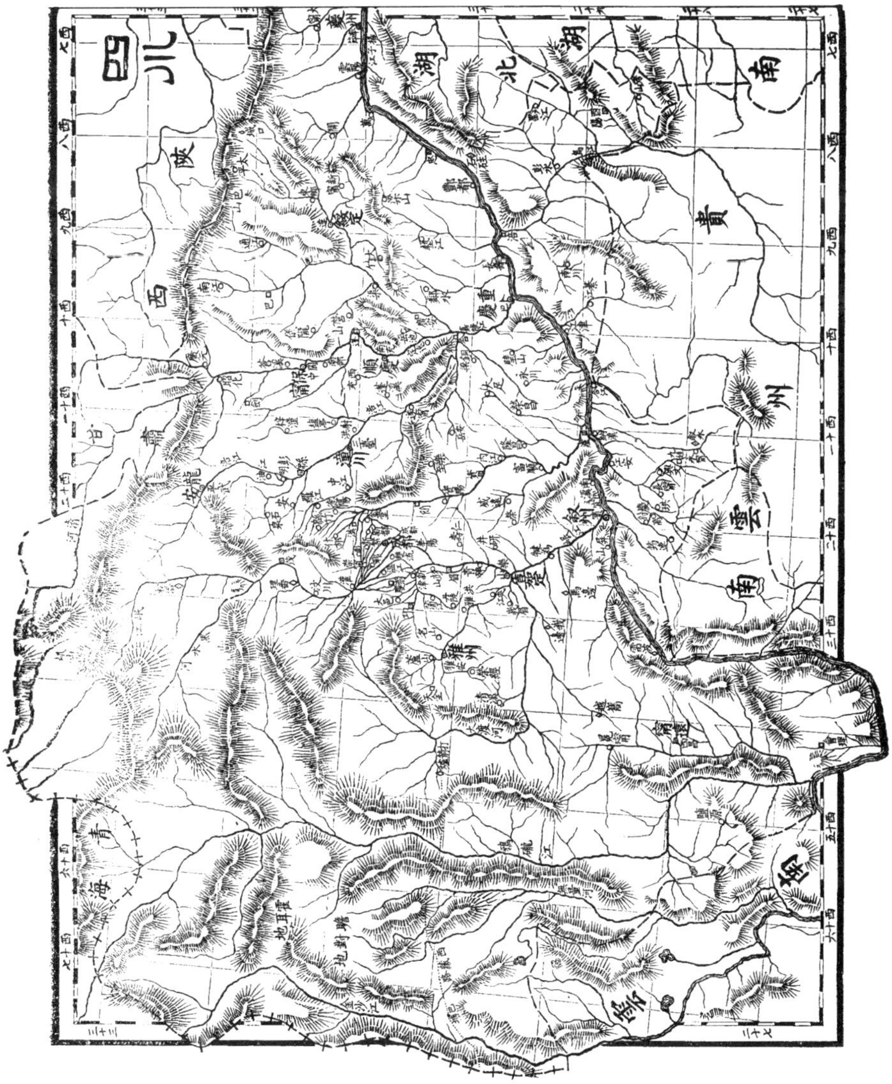
四川
陝西
湖北
湖南
貴州
雲南
青海

曰潼川。曰嘉定。曰雅州直隸州八。曰資州。曰綿州。曰茂州。曰酉陽。曰忠州。曰眉州。曰邛州。曰瀘州直隸廳三。曰叙永。曰石砫。曰松潘散州廳二十。縣一百十二。考其形勢。渝夔東注。據吳楚之上游。利閬北顧。連褒斜之要道。威茂黎雅。足控西番。馬湖叙瀘。以扼南僰。重山叠嶺。深溪大川。自爲藩籬。亦足閉關絕使。而無外寇之虞。惟蠻獠雜處。綏馭維艱。一旦跳梁內作。兵釁頓生。則束馬懸車。勢不相及。以故本省封疆之職。非精明練達之員。不足以資控衛。而服民心也。

巴蜀名山大川。爲天下冠。夙見稱於史册。如青城山。在成都灌縣西南。唐杜光庭有記。岷山接岫連峯。千里不絕。青城爲第一峯。後改名大面山。有七十二小洞。應七十二候。八大洞。應八節。彭縣有大隋山。上有泉。流爲瀑布。宋張商英以爲西山之勝。大隋當首屈一指。其後峯名中隋山。層巒秀特。積雪三四月始消。下視白鹿葛仙諸峯。眞培塿矣。資州井研縣東北有鐵山。出精鐵。鑄爲器。犀利無比。諸葛亮曾取爲兵器。資州治北有重龍山。崒嵂盤屈。隱若龍旋。遙而望之。有騰拏飛攫之態。上有天池。大旱不竭。華蓥山。在內

江縣西。唐范崇凱讀書於此。明皇時獻華萼樓詩。詔稱天下第一。因以得名。綿州梓潼縣北。有馬閣山。峻峭崚嶒。盡艱險之致。魏鄧艾伐蜀。懸車束馬。由此出江因名。大劍山。在保寧劍州。一名梁山。劍閣記梁山之險。蜀所恃爲外戶。又名劍門山。大巴山在通江縣東北。與小巴山相接。世傳九十里巴山是也。南部縣有禹跡山。禹治水經此。山頂有泉。清洌可愛。宕渠山一名大青山。在順慶廣安州。其巔峻險。東西有二石門。三國張郃自漢川進軍宕渠。與張飛相拒五十餘日。飛率精兵從間道破郃。巴郡乃安。即此。鳳山在夔州大寧縣。一名東山。木石蒼翠。洞壑幽深。宋時郡守於暇日。窮探其勝。得月窟雲崖釣雪浮玉等處。眉州有蟇頤山。自象耳山峯連壁立。西瞰玻璃江。即岷江。五十餘里至此盤旋蹲踞。形類蟇頤。因是得名。峨眉來自岷山。連岡叠嶂。延袤三百餘里。至此突起三峯。二峯對峙。宛若蛾眉。故名。山之屬嘉定者。有大峩中峩小峩之別。大峩周圍數百里。上有石龕一百十二。大小洞四十。重巖複澗。深邃難窮。至其巨川。大江自青海入省。東南流。貫注全省。成圓弧形。轉東北至夔州入湖北界。爲諸川之壑。岷江即四瀆之一。源出岷

山。南合大江。沱江爲岷江分水。禹貢岷山導江。其東爲沱即此。嘉陵江。發源自陝西嘉陵谷。閬水。漢水。巴水。渝水。皆此江別名。巴江。源出大巴山。以其中央橫貫勢若巴字。故名。又名字江。唐李遠詩。巴江學字流。紀實也。卒合嘉陵入大江。又有大渡河。自西北至東南。直流千餘里。至嘉州。亦入大江。迤西有鴉礱江。無量河。流派綿長。惟地廣人稀。無多利益。是可惜也。

蜀省古蹟。成都有楊雄宅。即今成都縣治內有草玄亭。墨池諸遺蹟。司馬相如宅。在府城西南。蜀記云。在市橋西。即文君當壚滌器處。舊有琴臺。石紐村。在汶川縣境。按帝王世記及元和志。皆載爲禹誕生處。今名刳兒坪。府城西門外。有石筍。寰宇記。蜀王每死。輒立大石。長三丈。重千鈞。以爲墓志。今石筍是也。讀書臺。在府城北二里。諸葛亮築此以集諸儒。兼欵接四方賢士。後改爲乘烟觀。望湖樓。在簡州南。下瞰江流。水色山光。交相輝映。輕舟小艇。時出柳陰中。人謂不減瀟湘苕霅之景云。新都縣北牟彌鎮。有八陣圖。按諸葛八陣圖凡三。在夔州者。六十有四。爲方陣法。在盤市者。二百五十有六。爲下營法。在牟彌者。一百二

十有八。爲當頭陣法。保寧有劍門關。自大劍山至此。峭壁聳拔。隘路險巇。蜀漢諸葛亮因立爲劍門。厥後姜維退守於此。以拒鍾會。又有劍閣。兩崖高峻。鑿石架閣。爲棧道。連山絕險。故謂之劍閣。秦司馬錯由此道伐蜀。唐杜甫有詠劍閣詩。李白有劍閣賦。均狀其險。府城北有滕王亭。滕王元嬰建。杜甫詩。君王臺榭枕巴山。萬丈丹梯尙可攀。卽謂此。順慶有石繖。江中有巨石圓徑二丈餘。中高四垂。狀若繖蓋。故名。敘州有武侯塔。諸葛亮建以誓蠻戎者。今爲長寧縣治。越王墓。高廣各數丈。以花磚砌成。墓前古柏合抱。然未詳越王爲何人。或以爲唐太宗子越王正。未知是否。在重慶涪州。江心有石。刻成雙魚。皆三十六鱗。一啣萱草。一啣蓮花。有石秤石斗置其旁。亦佳景也。四賢閣在忠州治後。宋知州王闢之建。唐劉晏陸贄李吉甫白居易皆謫此。故以爲名。今爲儒學治。宋黃庭堅有記。夔州亦有八陣圖。聚細石爲之。高五尺。其位置布列。各各相當。中間相距九尺。正中間南北巷。方廣各五尺。計六十四聚。又有二十四聚作兩層。晉桓溫伐蜀經此。以爲常山蛇勢。歎爲名將遺風。不可泯也。龍安有石穴。土人以爲大禹誕生地。穴甚深邃。人跡

不到。嘗掘地得古碑。有李白書禹穴二字。識者因知會稽禹穴之誤。或亦蹈爭墩之習歟。

蜀中人物。成都漢有司馬相如。楊雄。相如字長卿。好讀書。學劍擊。事景帝爲武騎常侍。以病免。客梁園。著子虛上林賦。傳誦一時。武帝讀而賞之。召見拜中郎將。卒以病免。爲人多風致。善著書。雄字子雲。博覽羣書。好沈思。恒終夜不寢。家貧嗜酒。好事者時載酒以供。武帝時著甘泉。河東。校獵。長楊四賦以獻。拜執戟郎。校書天祿閣。後著法言及太玄經。將成。有富人齎錢十萬。願載一姓名。雄不納。其性之嚴正如此。唐有李白字太白。幼名長庚。性倜儻。善詩賦。尤工詠古。玄宗以賀知章薦。召入命賦清平調。時白已醉。援筆立成。上嘆曰。仙才也。坐以七寶床。手調羹賜食。白令高力士脫靴。力士深恥之。摘詩中語激貴妃怒。遂乞還山。遨遊四方。卒於采石。少時嘗謁政府。手板題云。海上釣鰲客。執政者問以何物爲釣線。曰以紅霓爲線。明月爲鈎。又問以何物爲餌。曰以天下無義氣丈夫爲餌。丞相悚然。其狂藐之概。世莫與京。宋有范鎮字景仁。官少司徒。以直言忤王安石。致仕。表謝曰。願陛下集羣議爲耳目。以除壅蔽之奸。任老成爲腹心。以

養和平之福。天下聞而壯之。蘇軾往賀曰。公雖退。名益重矣。鎮愀然曰。天下受其害而我享其名。是誠何心。人由是益重。著有文集百卷行世。鄧至博學多才。從學者甚衆。每出入市邑。人皆拱立。著龜鑑五十卷。二江集三卷。虞允文七歲能屬文。十歲賦詩多驚人句。出將入相。垂二十年。始終一節。封雍國公。謚忠肅。潼川唐有陳子昂。字伯玉。唐代文章。至子昂始變雅正。王適稱爲海內儒宗。所著論世以爲法。宋有蘇舜欽。工草書。負才豪放。善飲。以漢書爲下酒物。寓杜祁公家。讀至張良擊秦王。撫掌曰。惜乎不中。引一大白。公笑曰。有如此下酒物。一斗不足多也。眉州晉有李密。宋有三蘇。密字令伯。徵太子洗馬。詔書屢下。以祖母劉年高衰病。力乞終養。武帝覽表。賜二婢。給其祖母服役。蘇洵字允明。年二十七。始發憤力學。與其子軾轍皆以文章擅天下。宰相韓琦奏於朝。除校書郎。有文集二十卷。謚法二卷行世。初王安石負盛名。洵以其不近人情。作辨姦論。痛快言之。及安石用事。人多服其先見。長子軾。字子瞻。又號東坡居士。嘗築室黃州之東坡。因以地自名。累官學士。兵部尚書。卒謚文忠。器識閎偉。議論卓犖。爲文豪爽。雄視百世。所著

有易書傳。論語說。東坡集。奏議。內外志數百卷。次子轍字子由。爲人沉靜。其文澹泊。與兄軾齊名。累官學士。晚客許州。自號潁濱遺老。卒謚文定。所著有詩傳春秋傳古史欒城集。嘉定瀘州。有董允仕蜀漢爲侍中。諸葛亮稱爲忠亮死節之臣。後主寵宦者黃皓。皓畏允不敢爲非。

至本省物產。米鹽雜粟。隨處皆有。金銀銅鐵。礦產尤夥。酒以郫縣郫筒爲最。牡丹以彭縣爲第一。故彭縣有小洛陽之稱。又有鉛、錫、麝、茶、絲綢、大黃、琥珀等物。雖非奇品。亦有用之材也。

廣東

廣東古稱百越又名粵東東西相距約千八百里南北約千二百里東與南悉界大洋東北界福建北界江西湖南西界廣西西南界越南禹貢爲揚州徼外地故稱揚越秦幷天下置南海等郡後爲趙佗所據號爲南越國漢武帝討平之仍設爲郡晉因漢制隋大業季年蕭銑奪據唐初討平貞觀初置嶺南道治廣州咸通二年分爲嶺南東道宋初爲廣南路旋分屬廣南東路元分置海北廣東道屬江西行省海北海南道屬湖廣行省明洪武九年置廣東等處承宣布政使司藩封衛所參列其間　國朝沿明舊制仍置廣東省省會在廣州即古羊城兩廣總督與廣東巡撫暨藩臬二司皆駐節焉領府九曰廣州曰韶州曰惠州曰潮州曰肇慶曰高州曰廉州曰雷州曰瓊州直隸州五曰連州曰南雄州曰嘉應州曰欽州曰羅定州直隸廳四散州六縣七十有九廣州爲中外門戶海防要隘風帆輪舶蟻聚蜂屯各國闢口通商始於道光二十二年咸豐八年又闢汕頭瓊州兩埠光緒二年開北海一埠在廉州府治西南僻處海隅

漸成口隘。全省形勢南雄、韶州、肇慶、羅定、毗連內地。防衛尚易。若近海之高、廉、雷、潮、廣、惠、瓊州、諸郡。則易
遭侵突。防守較難。加之人民强悍。械鬥成風。海盜亦屢見蠢動。懷柔鎭撫之方。今日尤亟須講究焉。
考百越名山。越秀山在廣州省城內。聳拔二十餘丈。上有越王臺。爲趙佗所建。因山向背。位置天然。今遺
址猶在。越王井。一名趙佗井。南漢劉氏。號爲王龍泉。明初始建亭閣。士人歲時遊覽。亦勝境也。亂石山。在
城北二十里。與白雲山毗連。山有水簾洞。白雲洞。鶴舒臺諸勝。西樵山。在府城西南。山腰平衍。可爲民居。
有雲谷莊。雙魚陂。寶鴨池等勝。峽山。在清遠縣東。一名中宿峽。岸山峻峙。中通江流。舊傳黃帝二庶子。採
崑崙竹爲黃鐘之管。隱於此山。名人登眺者。多有題詠。韶石山。在韶州府東北。山多怪石。有三峯。四接。盤
龍。駱駝。獅子。虹蜺。鳳閣。馬鞍等名。而韶石雙峙如闕。相傳舜南巡。登此山石上奏樂。故名。鳴絃峯。在英德
縣南山之背。相傳舜南巡。撫琴於此。峯下有涵暉谷。其中勝景有晞陽島。飛霞嶺。凌烟嶂。夢弼巖。及桃花。
棲雲。潛虁三洞。唐元結有涵暉谷銘。刻峯石上。至今猶存。皇岡嶺。皇潭。皆在府境。亦以虞舜遊幸得名。靈

池山。在翁源縣東。上有石池。池中有泉八。曰湧泉。香泉。甘泉。温泉。震泉。龍泉。乳泉。玉泉。俱翁溪之源。大庾嶺。在南雄州北。以其多梅。亦曰梅嶺。壁立峻峭。登陟維艱。唐張九齡開鑿成徑。嶺路平坦。行者便之。上有梅關。兩崖壁立。尤爲險峻。羅浮山。在惠州博羅縣西北。一名羅博山。高峻絶倫。廣袤數百里。嶺十五。峯三十二。峯之最蒼秀者。曰飛雲。王鵝。麻姑。仙女。會眞。會仙。錦繡。玳瑁。洞之幽者。曰金沙。石臼。朱明。黄龍。朱陵。黄猿。水簾。蝴蝶。大小二石樓。登之可望滄海。樓外石門。方廣可容几席。二山相接處有石磴。狀如梁。名曰鐵橋。橋左右兩石柱。曰鐵柱。又有跳魚石。伏虎石。夜樂池等。皆茲山奇勝也。湖山。在潮州府治西。前臨鱷溪。後接鳳山。四方來遊者。春秋佳日。選勝登臨。絡繹不絶。至本省大川。西江一水。前已提述。珠江東江北江。悉爲省中巨水。因支江貫通內地。溉田澤土。水利以興。貪泉。一名石門水。則因典志以名。俗傳登大庾嶺。則淸穢之氣分。飲石門水。則潔白之質變。晉吳隱之有詩云。古人云此水。一飲懷千金。誠使夷齊飲。終當不易心。遊賞詩參以議論。有前人所未道。豐湖在惠州府治。廣袤一十里。中有激玉灘。點翠州。明月灣。

花島。披雲島歸雲島諸勝。爲一郡之最。珠母海在廉州府東南。是爲合浦。又名廉江。中出大蚌生珠。文人引爲典故。

名勝古蹟。省城南門外有海山樓。目極千里。百越之偉觀也。宋陳去非有百尺欄干橫海立一生襟抱與天開之句。韶陽樓在韶州城南。唐許渾夜宴有詩云。簷前碧樹窮秋密。窗外青山薄暮多。亦足狀其勝景。政寶堂。在府治西。有宋蘇軾黃庭堅石刻。張九齡書堂。在南雄州始興縣治。其地山明水秀。几席之類。皆鑿石爲之。今遺址尚存。翰林堂在嘉應州興寧縣治。五代時羅孟郊讀書於此。官至翰林學士。堂因以名。其旁有泉。滙爲池。嘗滌筆硯。因名洗硯池。東坡故居在惠州歸善縣治北。宋蘇軾以黨禍貶惠州。築室以居。堂曰德有鄰。齋曰思無邪。紹興中寇至。官舍民廬。焚蕩殆盡。獨留此居。以表景慕焉。前有墨池硃沼。亦東坡所鑿。韓山亭在潮州潮陽縣治。按韓山與東山相接。唐韓愈貶潮州。建亭以資遊覽。嘗問民疾苦。民以鱷魚爲患對。愈作文驅之。還珠亭。在廉州府城東。漢孟嘗守合浦。去珠復還。後人慕其廉。建亭以表之。

此粵東名勝之大畧也。

考東粵人才。廣州漢有羅威。字德仁。性至孝。冬日母畏寒。常以身溫箪蓆。夏月必撤帳而臥。以供蚊蚋。恐嚙老母也。邑人稱之。五代時有黃損。字益之。慷慨仗義。以詩文名仕梁爲左僕射。每與桑維翰宋齊邱論天下事。二人自以爲不及。宋有崔與之。字正子。自蜀師報捷。累功進觀文殿大學士。封開國公。歷仕四十年。亮節清風。後生師表。嘗銘座右曰。無以嗜欲殺身。無以財貨殺子孫。無以政事殺民。無以學術殺天下後世。卒諡清獻。韶州唐有張九齡。字子壽。七歲能屬文。擢進士。選左拾遺。値玄宗千秋節。進金鑑錄以寓規諷。上頗嘉納。每訪士。必曰風度得如張九齡否。時安祿山用事。九齡請誅之。曰亂幽州者。必此胡豎也。惠州唐有軒轅集。隱居羅浮山。年百餘歲。宣宗召問長生之術。對曰。撤聲色。去滋味。哀樂不過。德刑無偏。堯舜禹湯之所以登上壽者。用此道耳。潮州唐有趙德。沉雅專靜。通經工文。知先王之道。號天水先生。肇慶唐有莫宣卿。字仲節。幼稱神童。一日與羣兒戲。口占云。我本南山鳳。豈同凡鳥羣。人大奇之。嶺南狀元

及第。自宣卿始。以母老乞歸養。賜其鄉曰錦衣。宋有譚維寅。紹興中登進士第。官至江西憲。讀書一覽終身不忘。嘗夜入衢州祥符寺。借燭閱碑。不得。以手捫之。歸而錄。黎明對校。一字不遺。馮盎高州人。字明達。隋末。五州獠叛。盎擊平之。拜漢陽太守。封越國公。瓊州宋有姜唐佐。字君弼。從蘇軾學文。軾契賞之。決爲大器。

至論物產。銀銅鐵錫諸礦。魚鹽蜃蛤之利。所在皆有。玳瑁明珠。可供珍玩。花梨烏木。可爲器用。檳榔。石斛。丁香。沉香。多木香。高良薑。蚺蛇膽。九孔螺。可入藥籠。蕉布。竹布。紵霜布。蒸紗布。可衣被天下。端硯有三種。巖石爲上。西坑次之。後磨又次之。又有子石。在大石中。匠者識山之脉理。鑿得圓石青紫色者。琢爲硯。可值千金。然不能多得。蘢葱竹。產羅浮山。波羅蜜。大者如斗。味甘如蜜。其香沁鼻。荔支有脫玉。皺玉。麝香匣。水精圓。狀元紅諸名目。尤爲省中獨著之品。老蘇有句云。日啖荔支三百顆。不妨常作嶺南人。其嗜好可謂深矣。此外珍禽異獸。奇樹名葩。品類甚多。不勝備記。

廣西

廣西別名粵西。東西相距約千二百里。南北七百餘里。東界廣東。西界雲南。南界越南。北界貴州湖南。湖湘唇齒。五羊襟喉。控制南交。屏藩中土。禹貢爲荆州之域。戰國時係楚粵分界。秦置桂林象郡。漢爲荆交二州刺史所領。三國爲吳地。屬廣州。晉仍其舊。宋屬湘廣二州。梁陳因之。隋改州爲郡。唐復置州。屬嶺南道。後分爲嶺南西道。宋置廣南西路。元初置廣西等道宣慰使。隸湖廣行省。至正末。始置廣西等處行中書省。明置廣西等處承宣布政使。藩封衛所。參列其間。 國朝沿明舊制。仍置廣西省。以桂林爲省會。巡撫藩臬二司駐節於此。隸兩廣總督管轄。領府十一。曰桂林。曰柳州。曰慶遠。曰思恩。曰泗城。曰平樂。曰梧州。曰潯州。曰南寧。曰太平。曰鎮安。直隸州廳二。曰欝林州。曰百色廳。散州廳十六。土州二十三。縣四十七。土縣二。按粵西苗猺雜處。熟者尚馴謹畏法。生聚相安。生者則獷悍性成。易於肇釁。加以莠民朋比爲奸。易致揭竿起事。禍延四海。髮逆之亂。其一徵也。

廣西
貴
州
南
湖
越
東
海
廣
桂林
平樂
梧州
柳州
慶遠
南寧
太平
鎮安
思恩
鬱林
潯州
一十西
十西
九西
八西
七西
六西
五西
二十七
二十六
二十五
二十四
二十三
二十二
二十一

考西粵名山。桂林府治東有桂山。三峯連屬。前峯拔起。如獅昂首。怒視下方。洵奇景也。別有桂巖。峯巒婉轉。橫亘一方。俗號北山。後峯崧隆鬱積。名疊彩巖。舊號越王山。山嶺有石壇。世傳五代時馬殷所築。北有獨秀山。直聳五百餘丈。其下讀書巖。環堵如宮。可容十客。猶存石榻石牖。劉宋太守顏延之讀書於此。名流過此。輙流連不忍去。伏波山。突起雲霄。與獨秀山並峙。下有洞可容二十榻。石如蒼玉。旁有懸石。俗稱馬伏波試劍處。七星山。亦在府城東。七峯錯列。旁有小峯。如衆星拱辰。攀緣而上。山半有亭。曰簪帶。山腰有棲霞洞。入洞門下行百級。始得平地。盛暑清涼。隆冬溫煖。山前有龍隱洞。兩崖壁立。其下深水莫測。終日湧激。如川倒峽流。盛夏泛舟其際。凉氣襲人。山後有風洞。洞口低窪。俯而入。陰風颯颯。亦避暑佳境也。

縈山在平樂府東。山勢縈廻曲折。上有九峯。曰高崖。羊欄。月岩。兜矛。馬鞍。跨磴。石旗。石劍。丫髻。皆奇險不可攀躋。府北有目巖山。巖有兩目。如人眸子。黑白分明。山以此名。取形似也。勾漏山。在欝林北流縣東。石峯重疊。矗立雲中。巖穴皆勾曲穿漏。故名。山有四洞。一曰寶圭。中有石室三。一曰白沙。秉燭從竇入。經六

七寶行里許。乃至勾漏。奇景甲天下。洞爲勾漏第一。一曰玉虛洞。洞中石壁瑩潔如玉。一曰玉田洞。前有三門。中門有廣土。田可數畝。田後有二石。池中有小嶼。水潛通江。又有二巖。一曰普照巖。如覆釜。登巖四顧。翠巘黃陂。羅列萬狀。一曰獨秀。在普照西。平野中鬱然孤特。洞門宏邃。古木蕭森。石室中可容千人。馬退山在南寧府北。狀如馬退。唐柳宗元記云。岸然起於莽蒼之中。馳奔雲矗。且數十百里。尾盤荒陬。首注大溪。諸山來朝。峯巒環拱。蒼翠離奇。綺繡錯雜。蓋靈秀所鍾。不限遐裔也。其大川湘灕二江。源出海陽山。流五里。分爲二。南爲灕水。又名桂江。行二百里。合癸水至省城下。合相思江。入梧州界。北爲湘水。合越城橋至全州。又合洮灌二水。入永州界。左江源出廣源州。右江源出義利州。至合江鎮。合爲一江。流入橫州。號爲鬱江。廣輿地記云。鬱江。卽夜郎豚水。此粵西山川大畧也。

西粵古稱南夷。爲百粵文身之地。三代以前。獉獉狉狉。風氣未開。秦漢以後。始隸中朝土宇。聲教所敷。隅隅向化。名勝古蹟。由是始傳。英傑亦由是始出。茲將勝地人才二者合紀之。言名蹟。逍遙樓在桂林城東。

顔眞卿書額。石刻至今猶存。爲會垣憑眺地。榕樹門。卽府治南門。唐代築時。植榕一株。歲久跨門內外。盤錯至地。生成門狀。車馬往來。巡由其下。因是得名。扶疏堂在象州東南。郡人謝氏建。竹林深密。頗有佳致。王安中孫覿南遷。相遇於此。壁間有二人題詠。石壁在藤縣南。高十餘丈。俯瞰江流。若赤壁釣臺之狀。銅船在鬱林州。漢馬援鑄遺銅船。濟海後。令沉此。一名越王船。楊妃井在容縣。妃生普寧里。有異質。長史楊玄琰攜之京師。後遂入宮。綠珠井在博白縣雙角山下。梁氏綠珠生於是鄉。石崇爲採訪使。以珠三斛易之。至今舊井尚存。此粵西名蹟之大槪也。

言其人才。桂林宋有唐則。祇行博學。官侍郎。乞歸。築室山中。教導後進。寒暑不倦。子叔夏叔獻。皆名臣。李珙字温之。少以功名自奮。金人犯闕。珙謂蔣柄文曰。主憂臣辱。主辱臣死。豈可以道遠自便乎。募勇士三千餘人。兼程進。遇賊力戰。死之。詔旌其門曰忠義。柳州唐有韋厥。武德間持節征服生蠻。開誠布公。化外咸服。詔領澄州刺史。致仕後。隱智誠洞。宋有韋昊。閉門讀書。無所不通。鄉人以書樓目之。應舉不第。隱於

洪羅洞。據山林泉石之勝。號曰白雲先生。慶遠宋有馮京從父遊宦。寄籍江夏。雋邁不羣。舉進士。廷試皆第一。累官至樞密院事。有中立不倚之操。其孫公晟知南丹州。猺人怗服。羣黎翕安。平樂宋有林勳獻本政書十三篇。朱文公甚愛之。東陽陳亮嘗曰。勳考古驗今。思周慮密。世之究心井田者。孰過於此。梧州漢有士燮。少舉茂才。拜交阯太守。虛心下士。時海內喪亂。中國士人往依者以千數。疆埸無事。民不失業。弟壹爲合浦太守。鮪爲九眞太守。武爲南海太守。兄弟四人。並居列郡。威震百蠻。

至本省物產。與東粵無大異。多產藥材。兼有金銀銅錫。玉石珠砂。苧蔴葛布。蕉布竹布等物。五穀無多。民艱粒食。此其大概情形也。

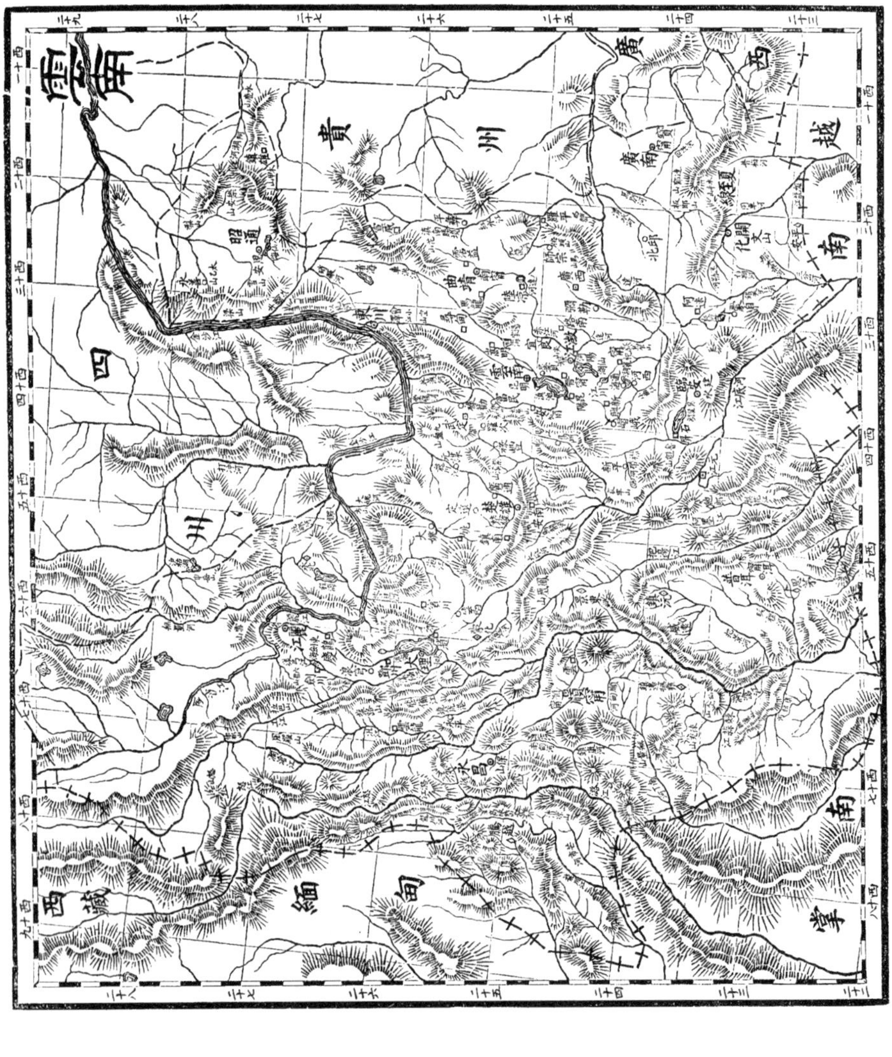
雲南
貴州
四川
廣西
越南
西藏
緬甸
南掌

雲南

雲南即古滇池。故一名滇省。東西相距千三百餘里。南北約相若。東界貴州廣西。南界安南緬甸及南掌苗疆。西界西藏。北界四川。禹貢爲梁州南徼地。殷周時地屬蠻夷。或謂即百濮國。漢武帝元封二年。開西南夷。滇王降。以其國置益州郡。三國爲蜀漢地。晉始改置寧州。唐貞觀六年。置都督府。督南中一十七州。開元二十六年。冊南詔蒙歸義爲雲南王。南詔漸强。天寶九年。遂有雲南之地。僭號大蒙。後鄭趙段氏迭相篡位。卒爲蒙古忽必烈所滅。時宋淳祐十二年也。元至元年立雲南等處行中書省。元亡。梁王把匝剌瓦爾密與段明公據其地。洪武十五年。討平。始置雲南等處承宣布政使司。正統間。命侍郎參贊軍務。鎮撫地方。成化間。設巡撫都御史。定爲永例。　國朝添置雲貴總督與巡撫。駐節於雲南府省會。領府十四。曰雲南。曰大理。曰臨安。曰楚雄。曰澂江。曰廣南。曰順寧。曰曲靖。曰麗江。曰普洱。曰開化。曰永昌。曰東川。曰昭通。直隸州三。曰廣西。曰武定。曰元江。直隸廳四。曰景東。曰蒙化。曰永北。曰鎮沅。散州二十六。縣四十。按

雲南形勢。地處荒服。人雜蠻夷。賦性剛勇。易起猜疑。衝繁疲難。撫綏不易。然自漢唐以來。冠朔文章。咸遵中土。歸附上國之誠。久稱恭順。迨元明。其地始盡入版圖。聲名文物。駸駸乎比烈中原。惜壤地磽确。山嶺高低。縱礦產旺生。山不愛寶。而開鑿初興。利源未溥。殊難與魚鹽粟米之鄉。同日而語也。

本省名山。在雲南府者。首推碧雞山。東瞰滇澤。蒼崖萬丈。清水一泓。月印澄川。雲橫絕頂。蔚然蒼秀。可入畫圖。與碧雞山對峙者。有金馬山。中隔滇池。山不甚高。而緜亘西南數十里。玉案山。一名列和蒙山。秀麗多泉石。石作棊局勢。山北平坡有三泉如盆池。春秋佳日。郡人遊賞者。絡繹不絕。府城北有螺山。舊名盤坤山。有巨石。色深碧如螺髻。下有潮音洞。好事者嘗燃燈蛇伏而入。遇水而止。北有商山。連峯聳巘。翠壁丹崖。望之若鸞停鵠立。下有冷泉。土人云。浴之可愈瘋疾。大理府。有點蒼山。高數十仞。有峯十九。蒼翠如玉。盤旋三百餘里。山之巔有高河泉。淵深不可測。又有瀑布諸泉。流注爲錦浪等十八川。蒙氏封爲中岳。明洪武中。沐英征大理。出點蒼後。立旗幟以亂之。遂克其城。龍與和山。在雲南縣治西北。高大如扶風太

乙。雲氣連結窮陰冱寒。雖盛暑時多凜冽之氣。廣志曰。五月猶雪霜浩然。非虛語也。九曲山。峯岳攢簇。狀若蓮花。山共九盤。又名九重岳。上有石洞。人莫能通。臨安通海縣東有諸葛山。武侯南征。嘗駐兵於此。故名。蒙自縣西有目則山。橫列二十餘峯。秀麗如畫。百里外舉目可見。故名。九盤山在楚雄廣通縣。回旋險峻。如羊腸九折。立關其中。景東廳北有蒙樂山。一名無量山。高不可躋。綿亘三百餘里。中有石洞。窅然深邃。一峯聳拔。狀若崆峒。蒙氏封爲南嶽。曲靖府有石堡山。相傳蜀漢孔明征蠻時。與諸酋會盟於是。下有溫泉。麗江有雪山。一名玉龍山。條岡百里。峭拔千峯。上徹霄漢。下臨麗水。山巔積雪。經春不消。巖崖澗谷。清泉飛流。蒙氏異牟尋封爲北嶽。

至川之著名者。有金沙江。瀾滄江。怒江。金沙江以江出金沙故名。古名麗水。源出青海犁石山下。名犁水。訛犁爲麗。所謂金生麗水是也。瀾滄江發源自西藏鹿石山下。因名麗滄。訛爲瀾滄。今有再訛爲浪滄者。南流經全省。入南掌界。卒流於海。波濤洶湧。奇險可畏。怒江本名潞江。源出雍望。兩岸陡絕。瘴癘甚毒。南

入緬甸。亦達於海。省會南有滇池。一名昆明池。又作滇南澤。滇省之名。本於此。周廣五百餘里。合盤龍江黃龍溪諸水。滙爲此池。中產千葉蓮。有大小臥納二山。下流爲螳螂川。史記滇水源廣末狹。有倒流之勢。故曰滇。漢武帝欲伐滇國。先於長安西南鑿昆明池以象之。教習水戰。其名遂著。大理城東有西洱海。一名洱海。又名西洱河。即古楡葉河。源發自鄧川。合點蒼山十八川而滙此。形如人耳。周三百餘里。中有羅筌濃禾赤崖三島。及四洲九曲之勝。下流合漾備江。卒合瀾滄江。此外龍川江。李仙江。普渡等河。不暇細述。

滇省本南蠻故土。地居荒服。勝蹟不概見。人物亦寥落如晨星。小石嶺。在雲南府宜良縣南。蜀漢諸葛亮嘗治兵於此。因別名諸葛營。在景東廳治。有蘭津橋。爲本省第一橋梁。兩堤峭壁竦立。俯映滄江。而飛泉急峽。複磴危峯諸勝。森羅上下。以鐵鎖繫南北爲橋。漢明帝建。曲靖有臨淌樓。下瞰蓮沼。水天一碧。永昌有諸葛營。土阜周三十餘丈。高六尺。相傳爲武侯旗臺。言其人物。雲南漢有許叔。元和中入中國。授五經。

歸教授本郡。大理唐有蒙歸義本哀牢夷之後。姓蒙氏。又名細奴邏。高祖時。遣使入朝。賜錦袍。傳三世。至波羅閣。開元間。以逐洱河蠻功。賜名歸義。册爲雲南王。子閣羅鳳繼立。叛唐爲南詔。異牟尋歸義三世孫也。頗有智畧。從鄧同之說。復歸唐。册封南詔王。董文彥。元臨安人。仕於楚雄。天歷間。逆賊攻城。官吏皆亡匿。文彥獨不去。賊說之降。文彥不從。遂被害。事聞。謚莊愍。李恢。字德昂。爲漇江督郵。後附昭烈。授功曹。與諸葛亮討雍闓。朱褒。南土平定。恢功居多。封興定侯。曲靖晉有傅寶。仕爲尚書郎。長安令。時號南州人傑。爨龍顏。仕前宋。累官龍驤將軍。鎭蠻校尉。寧州刺史。封邛都侯。爨害仕魏。累官驃騎大將軍。封同樂郡侯。呂凱。永昌人。蜀漢時。爲本部功曹。雍闓聞先生崩。叛降吳。凱與府丞王伉帥厲吏民拒闓。卒能全節。諸葛亮表之曰。呂凱矢忠絕域。不意永昌風俗敦厚乃爾。後爲雲南太守。封陽遷亭侯。

至本省物產。大江金沙。土人披之。獲利頗厚。方竹出昭通。向稱異種。鹿茸麝香等。隨處皆有。五金礦產富於他省。白銅吏爲馳名。深山積礦。未墾者不可數計。惜轉運艱難。兵燹後。殊不多見。又有點蒼石。白質青

文。如山川草木。可作畫圖觀。人多琢以爲屏。以其大理。稱大理石。他若翡翠珠玉金。鋼石等。尙指不勝屈。山川蘊蓄。寶藏興焉。假令大興工役。開鑿而取之。則富國裕民之道。於是乎在。而我收我利。不使外人垂涎矣。

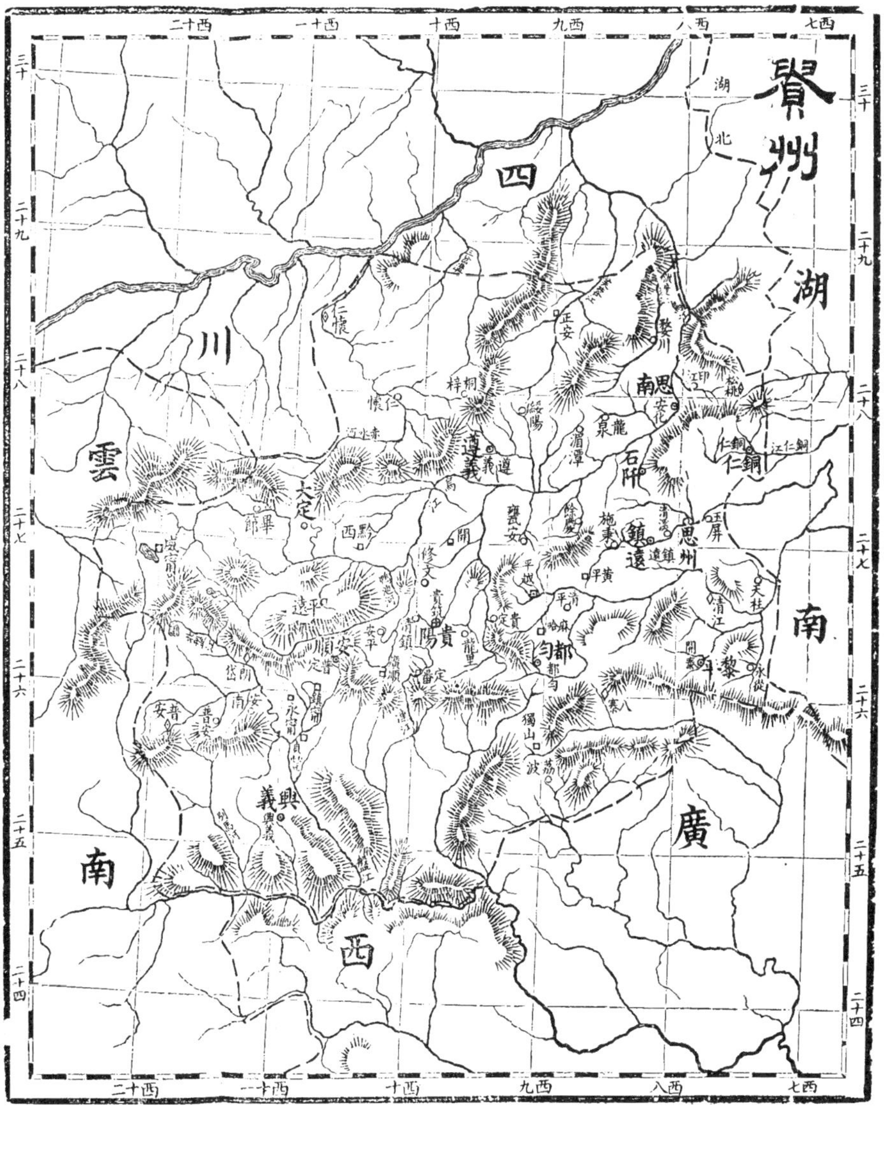

貴州
四川
雲南
湖北
湖南
廣西
遵義
大定
貴陽
安順
興義
思南
石阡
銅仁
鎮遠
思州
都匀
黎平
平越

貴州

貴州古黔地。因名黔省。東西相距約九百八十里。南北七百餘里。東界湖南。南界廣西。西界雲南。北界四川。禹貢爲荆梁二州荒裔。自春秋六國後。地屬蠻夷。漢爲牂牁南境。相傳後漢時。武侯封牂牁蠻酋濟火爲羅甸王國於此。唐時羅甸之盧鹿部鬼王居之。後改爲羅羅。宋時爲羅施鬼國地。或曰卽殷之鬼方國。元初置八番順元等處軍民宣慰使司。都元帥府。隸四川省。至元二十八年。改隸湖廣行省。明初以其地分隸湖廣四川雲南三省布政使。洪武十五年。始設貴州等處承宣布政使司。正統間。遣部院大臣鎭守。景泰年始設巡撫。旋裁去復設。嘉靖二十七年。黔疆銅仁諸苗。伺隙反叛。湖之麻陽鎭。相爲鼓煽。川東接壤。尤多竊發。因議設總督軍務大臣。節制四川湖廣貴州三省。至四十二年。因言官建白。裁革總督。川東湖北軍務。俱聽貴州巡撫兼督。萬歷年間。改設川貴總督。以貴州與雲南兼督爲　國朝康熙中葉之定制。通省府十二。曰貴陽。曰思州。曰思南。曰鎭遠。曰銅仁。曰黎平。曰安順。曰興義。曰都匀。曰石阡。曰大定。曰

遵義直隸州一。曰平越直隸廳三。曰松桃。曰普安。曰仁懷散州廳十六。縣三十有四。貴陽府爲省會。巡撫外。提督學政暨藩臬兩司。均駐節焉。省中苗蠻雜處。據險憑陵。習尙不同。語言各異。故無事則已。有釁則耡耰棘矜。共相血戰。懾以死亡而不懼。加以恩澤而不知。數百年來。屢征屢叛。號稱難治。近來吏治民情。雖日行起色。然兵燹後。壤地荒蕪。萑苻竊起。防務尙未敢稍鬆。兼之糧餉不充。商賈裹足。財用匱乏。尤爲邊境之窘區云。

黔中名山。貴陽有擁螺山。高可五里。曰擁螺者。狀其形也。上有深淵。水碧如鑑。四時不涸。文筆峯。孤峯如筆。爲郡之賓山。思南有美勝山。四面斗絕。紅巾之亂。郡人避兵於此。石馬山。峰巒聳拔。獨冠諸山。上有巨石如馬。因此得名。銅仁有百丈山。峰巒崒嵂。林木叢密。夷疆佳境也。東山在府治東。雄壯秀拔。足鎭一方。黎平有銅關鐵寨山。層層高峻。上頗平廣。可容千人。三面據險。惟南一徑可通。如鳥道羊腸。屈曲偪窄。銅鼓巖石洞高敞如屋。深遠可三里許。中有一溪橫貫若素練。爲郡中第一勝境。普安有黨壁山。四山環繞。

東南幽箐。外狹中廣。可容數百家。夏月土人避暑於此。安順有江崖山。壁立千仞。下有巖洞。深數十丈。相傳諸葛武侯。駐兵之所。安順有白石崖。層崖峭壁。猿鳥不能窺。飛泉高數十仞。噴薄如瀑布。夏日過此。寒氣逼人。

言其川澤。烏江而外。皆流不綿長。不通舟楫。鮮稱利便。安順有公具河。灌溉田疇甚廣。軍民賴之。旣濟泉。凉爽可資吸飲。因是得名。平越有響水河。懸崖飛瀑數十仞。有聲如雷。下注成河。一碧萬頃。七星河。兩崖峭立。置鐵柱鐵鎖。浮梁以渡。頗稱奇險。至其古蹟。寥寥無聞。貴陽有天生橋。石壁千仞。環繞如城。水流其下。其上平坦若橋。龍岡書院。前明王守仁建。中有何陋軒。君子亭。玩易窩。各有撰記。人物之在貴陽者。漢有濟火。佐諸葛武侯。平西南夷。擒羅甸王孟獲。宋有普貴。開寶間納土歸順。賜王爵。威鎮一方。宋景陽爲寧遠節度使。都總管。控制邊方。苗民歸附。卒贈太尉。謚忠成。元有普貴之後阿畫。仕爲順元等處軍民安撫司。以征伐功。加龍虎大將軍。封順元羅甸侯。卒追封濟國公。安順有茁窖。仕元。多謀畧。善安輯。官至懷

遠大將軍。曲靖宣慰使。普安路總管府事。郡人服其威信。明有胡纘。舉鄉薦。倡義討賊復城。集衆二萬餘人。結賊心腹爲內應。功垂成。營中火藥陡發。死於平越。黃紱仕至南都御史。廉峻抗直。正色立朝。不苟言笑。智巧所避。毅然肩之。人多竊笑。稱之曰硬漢。

至本省土產。五金之礦。頗稱富足。煤苗盛旺之處。片時開墾。足供數日之用。山中多各種竹木。如箭竹。綿竹。楠木。杉木等。出售客民。運至他省。葛布自昔馳名。硃砂、水銀、雄黃、荔枝、水晶、茶、漆等物。亦不減他省云。

苗民

中國湖南四川廣西雲南貴州五省境內。皆有苗民雜處。前已畧提梗概。茲復申言之。以資參考。後漢書高辛氏以女配槃瓠。生六男六女。自爲夫婦。族類滋蔓。布散中華。號曰蠻夷。據是則苗蠻種類。皆祖槃瓠。而或以爲傲象之裔。二說未知孰是。意者各有所宗歟。考其稱名不一。曰夷。曰羅羅。曰蠻。曰苗。曰猺。曰獞。曰獠。曰仲家。曰犵狫。曰龍家。曰犵狑。曰犵獠。曰犵獥。曰犵𤞑。曰莫徭。其已歸王化者。謂之熟苗。與內地漢人。大同小異。生苗則僻處山峒。據險爲寨。言語不通。風俗迥異。其居處斬木結茅。以蔽風雨。近亦有建瓦屋者。然屋宇卑隘。無次序定向。簷低門矮。出入必俯首。戶低礙眉。有庾闠成小園風景。屋內設大榻。中置火爐。炊爨坐臥。悉在其上。析居者另置高牀。人處其上。而牛馬雞犬。即處其下。所以防盜賊也。亦有寢不以牀。冬不覆被者。用三叉木。支闊板。旁然火炙背。板焦則易。多食雜糧。稻米罕見。渴飲溪水。客至則煮薑湯。或胡椒湯以示敬。得鹽則遺其族類各一撮。置掌中舐之。以爲美味。邇來至城市易鹽者頗多。而僻遠

之苗。尚有不知其味者。入市交易惟負土物。如雜糧布絹之類。易鹽種。或器具。以通有無。其服飾。惟寨長薙髮。餘皆裹頭椎髻。去髭鬚如婦人。短衣跣足好服五色衣。取其所尚者。別其種曰黃苗。曰白苗。曰黑苗。富者用網巾束髮。貫以銀簪四五枝。長如匕。上扁下圓。左耳貫銀環如碗大。項圍銀圈。手帶銀釧。腿纏布走。行疾如猿登險阻。趨箐莽間。若馳馬。雖履根株。觸磽确。無傷也。婦女服飾。銀簪項圈手鐲等。皆如男子。惟兩耳貫銀環兩三圈。衣服較男子略長。斜領直下。用錫片紅絨。或繡花卉爲飾。富者戴大銀梳。以銀索窩繞其髻。腰不繫帶。以峒錦爲裙。青紅間道。亦有釘錫鈴纓絨花者。繞腰兩三圍不等。男子未娶者。以金雞羽插髻。女子未嫁者。以海螺爲數珠挂頸上。額髮中分。結辮垂後。以錫鈴藥珠爲飾。男女跣足。不知鞋履。衛以草屨。雨則著跍躧。其喪葬。人死。哭泣盡哀。無衣衾棺槨之殮。衰麻經帶之服。以珓卜之。隨所卜之地。掘窟三四尺。鑲以木板。置屍其中。以土封之。後三日刑牲覆墓。邀親戚食飲。次年二月。以牲楮祭奠。子設在左。女設在右。各以其類。如是者三年。從此不復顧問矣。初喪。親友以土物弔其家。主人椎牛設飲。謂

之送哭。苗蠻婚嫁。雖不避同姓。然九族亦不相婚配。嫁娶由父母主婚。媒妁通問。以酒肉牛隻財物爲聘。嫁之日無轎馬鼓吹之迎。無合巹花燭之禮。新婦步行。自擎雨傘。負籠盛木枕被裙等物。至夫家。各深揖不拜。繼揖夫家親屬。遂相歡飲。婚禮盡矣。其母所贈簪環十數兩。至數十兩不等。壻家當照數還銀。不能短少。日後生子。壻挈妻攜酒歸寧。名爲出面。其種植。則苗地山多田少。稻穀罕見。多於山陂種雜糧。如芝蔴、粟、米、麥、荳、穇子、薏苡、膏粱、蕎麥之類。拔其榛蕪。縱火焚之。煨土成爐。然後開墾。所謂刀耕火種也。種三四年。則棄而別墾。其男婦俱勤作。腰鐮負籠。出入必俱。其籠以竹爲之。旁有兩耳。貫兩臂。秋成以穫雜糧。平時以負柴薪。春耕時男婦成羣下山。僱役於民。秧事畢。即返。銀鐵木石等工匠。皆自爲之。三冬之際。男子出獵。婦務女紅。婦女亦知飼蠶。惟不能育種。春時俟內地蠶初眠。結伴負籠。以土物易去。上簇繅成。抽絲染色。製爲裙被諸物。作間道方勝等文。不甚工緻。亦能績苧織布。機甚矮。席地而織。苗性剛倔。嗜殺生。男斂鐵爲貨。既長。治刀佩之。彍弩藥矢。長矛鳥鎗。出入與俱。以輕生善鬥爲尚。好尋舊怨。睚眦之隙。動至

操戈。非及時排解消釋。往往相尋不已。或強弱勢懸。貧富不敵。蓄憤積怨。暫時不報。俟勢力相敵。慫慂有人。遂糾衆執械。拚命奮鬭。紉牛革爲甲。戴鐵兜鍪如鈸。約集黨類。勞以碗酒塊肉。卽以死報。雖殺傷無悔。無行陣隊伍。彼此伏土堆石塊後。以鳥銃相擊。或執鎗桿蜂擁而前。一人受傷。餘衆俱散。遇有人命。卽行掩埋。畏鬼信巫甚虔。人病則曰有鬼。延巫祈禱。釀酒割牲。約親鄰飲福。名曰做鬼。不愈則委之於命。其崇奉之神。曰白帝天王。卽竹王也。每歲小暑節。辰日起。巳日止。禁屠沽忌釣獵。不衣赤。不作樂。獻牲後。方弛禁。謂稍有不謹。致疾疫瘴癘之災。入廟膝行股慄。莫敢仰視。凡有寃忿。必告廟誓神。刺猫血滴酒中。飲以盟心。謂之喫血。事無大小。喫血便無反悔。其小信有如此。遇歲豐。飲食自贍。則安居勤作。與民無事。一遇歉歲。潛出山箐。射弩奪物。間亦刧莊掠民。待贖擄而索以五穀者。蓋其廹不得食。則獷悍之態。遇變而發也。所貴化其梗頑。導以信義。庶野性漸馴。苗之福。亦民之幸也。至若賽會迎神。事涉不經。不獨苗地爲然。故不備載。

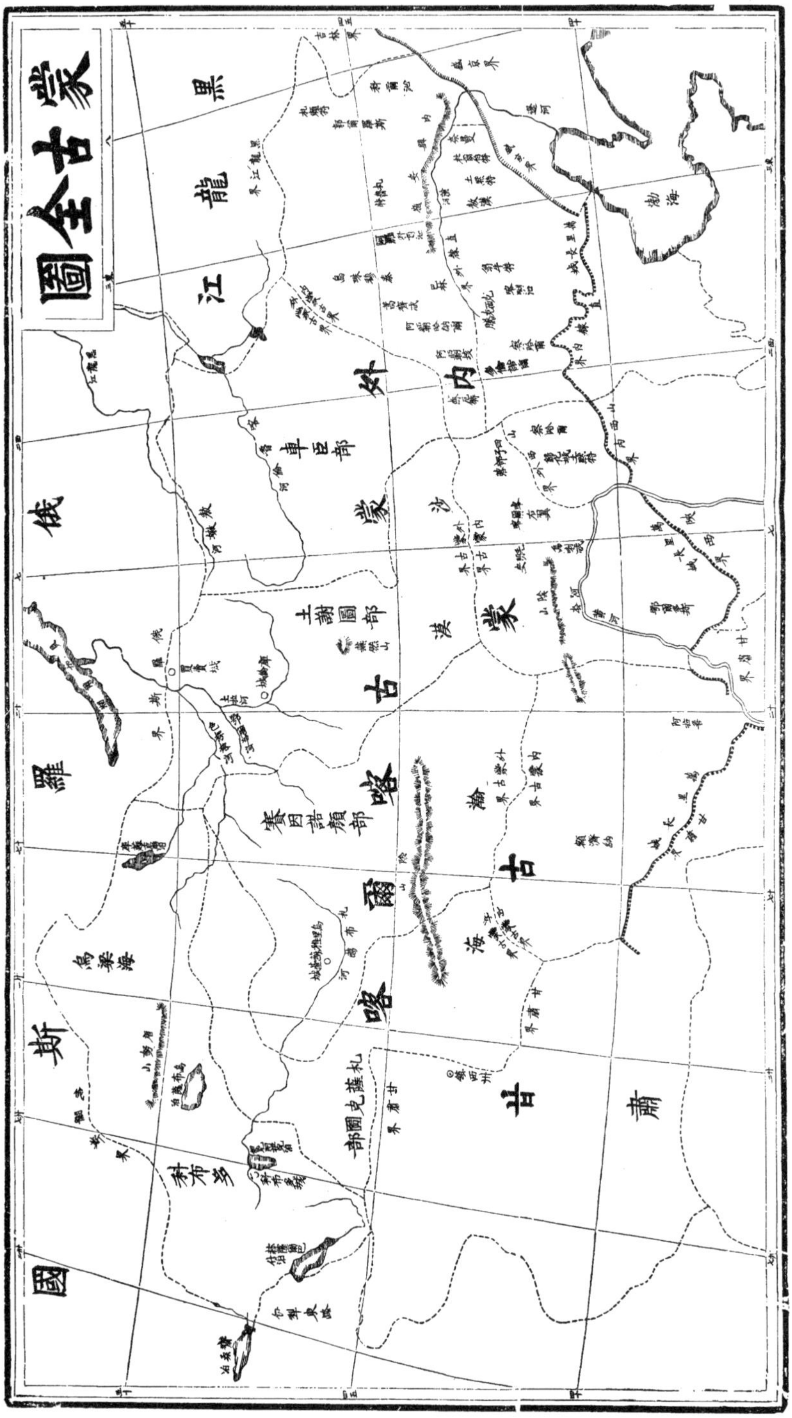
蒙古全圖
黑龍江
俄羅斯國
甘肅
渤海

蒙古

蒙古壤地延袤。形勢雄壯。爲北邊屏翰。 王朝藩服。東西相距五千二百餘里。南北約二千七百里。東接盛京黑龍江。西達伊犁東路。南至長城。北踰絕漠。古雍冀幽并營五州北竟。部落衆多。歷代俱有沿革。夏曰獯鬻。周曰玁狁。秦漢皆曰匈奴。唐曰突厥。宋曰契丹。自漢以後。匈奴稍弱。烏桓繼興。迨鮮卑滅烏桓。而後魏蠕蠕獨盛。蠕蠕滅而突厥起。自唐李靖滅突厥。而契丹復强。元之先。稱蒙古。居西北極邊。奄有天下。遂成一統。至明定鼎金陵。元主遯歸朔漠。復其故號。遺種繁衍。諸部時擁衆侵邊。迄明季。北陲不靖。國朝肇興。蒙古科爾沁部率衆首先歸附。既滅察哈爾諸部。遂相繼來降。爰正其疆界。立約會。有征伐。並帥師以從。恪遵旨定鼎後。錫以爵祿。奉正朔。歲朝貢以時。奔走率職。極稱恭順。地向分內外蒙古。內蒙古部落科爾沁等二十有五。曰科爾沁。曰郭爾羅斯。曰杜爾伯特。曰札賚特。曰土默特。曰札魯特。曰阿羅科爾沁。曰敖漢。曰奈曼。曰喀喇沁。曰翁牛特。曰呵霸哈納爾。曰阿霸垓。曰烏朱穆秦。曰蒿齊忒。曰巴林。曰克

西克騰。曰蘇尼特。曰喀爾喀右翼。曰四子部落。曰毛明安。曰烏喇忒。曰鄂爾多斯。曰歸化城土默特。曰察哈爾。幷阿拉善與額濟納二旗。成五十一旗之數。東界滿州。南界長城。西界甘肅關外地。北界外蒙古。外蒙古分四部。曰喀爾喀土謝圖。曰喀爾喀賽音諾顏。曰喀爾喀車臣。曰喀爾喀札薩克圖。合旗八十四。東界黑龍江。南踰瀚海接內蒙古。西界甘肅關外鎮西廳。與科布多地。北界唐努烏梁海與俄羅斯犬牙互錯。易起紛爭。 本朝天聰七年。瑪哈薩嘛諦車臣汗遣使來聘。崇德三年。三汗並遣使來 朝。定貢物。後因其國西接厄魯特。每與搆兵。康熙十六年。 詔諭兩國和好。時厄魯特噶爾丹方雄驁。西北喀爾喀之左右二翼。自相殘害。二十八年。噶爾丹攻破喀爾喀七部。舉族奔潰。納欵內附。冀獲蔭庇。三十年四月。

聖祖仁皇帝巡狩邊外。受其朝。大會於多倫諾爾。編定諸旗。安輯其衆。後噶爾丹治喀魯倫河南牧。窺伺邊塞。三十五年。命 駕親征。至喀魯倫河。賊衆駭遁。大兵擊之。盡滅其衆。明年。噶爾丹竄死漠北。悉平。喀爾喀諸部。始歸故地。其從征有功者。晉封世爵。雍正九年。固倫額駙策凌以奮擊準噶爾功。 詔授爲大

札薩克圖汗。而外蒙古四部亦平。唐努烏梁海部與科布多地處西北隅。東界內蒙古。南界伊犁。西北並界俄羅斯。本元祖肇興地。乾隆年間征服後。設定邊左副將軍爲之鎮守。以其駐節於賽音諾顏烏里雅蘇台城。即隸屬焉。故於內蒙古記後。誌其疆域如此。

蒙古地雖遼闊。半係沙磧不毛。以故戶口稀若晨星。無地方官。以親王貝勒等爵爲控馭。職皆世襲。遇有缺出。請　旨于朝。承立繼嗣。朝覲貢獻之期。或一二年。或二三年一次不等。惟外蒙古通商事件。設有庫倫大臣管理。駐節庫倫。即土謝圖汗京城。其民俗最稱強悍。反顏尋仇。雖父兄亦不稍讓。畜牧必尋水草叢生之處。行以車爲室。止以氈爲廬。冬時傍山營窟。以禦風雪。遷易無定所。流雪清泉以解渴。畜肉馬酪以充饑。衣以獸皮。從所產也。男女好馳馬田獵。不知稼穡。以爲養人有禽獸。養畜有芻薪。日用無匱乏。奚事乎耕耘。由是五穀不植。草萊不闢。曠野無垠。倍形蕭瑟。此其游牧之遺風也。近有北鄙華民。徙居其地。從事稼穡。漸次有振興氣象。然究以瀚海橫陳。土性磽薄。故勤勞耕作。未必能如內地獲利倍蓰也。且其

地高山環列。寒熱無度。一歲之中九月行冬令。三月行夏令。冬時風沙眯目。雨雪經旬。夏時赤日行天。平沙炎熱。民生苦之。山之大者。東南有內興安嶺。西北有唐努等山。皆延袤千里。高插雲霄。陰山在河套之外。自西徂東。橫亘數百里。漢時冒頓單于依此山治兵器。後武帝奪其地。匈奴過此。輒潸潸出涕焉。燕然山。在土謝圖部地。漢車騎將軍竇憲大破匈奴。遂登此山。勒石紀功。令班固作銘。河之大者。北有鄂爾坤。土拉河。色楞格河。皆合流於西伯利貝加爾大湖。東有敖嫩。或稱疴農河。與喀魯倫河同爲黑龍江上流。東南有潢河。東入爲遼。達於海。西有札布噶河。發源自科布多東邊伊克阿拉兒泊。爲蒙古湖澤之一。此外尚有烏布薩齋桑與庫蘇古爾三泊。皆賴以溉潤餘地。利益民生者。

至論土產。野獸最多。騾馬繁甚。往往千百成羣。駱駝頗耐勞苦。沙漠之地。馱載甚便。黃羊瀰漫山谷。入林走壙。迅疾如飛。有鹿如牛。異種也。其犛牛亦爲異類。火雞較雉稍大。羽毛灰色。兩目眶紅色若火。故名。又有異鳥名龍脚。身大如鴉。性極兇猛。羽毛灰色。眼上生青色冠。足綴堅甲。刀矢不能入。外蒙古有一種草

根。能補胃弱。爲藥籠中珍物。樺樹雖矮短。亦推有用之材。若氆氌布。各色氈物。差堪禦寒。文飾不存焉。地方向崇佛教。酷信喇嘛。正教未能廣傳。有心世道者。不禁深爲之歎惜。

青海

按青海取大湖以爲名。蒙古語。謂之庫庫諾爾。又名西海。在甘肅西寧府西百餘里。東西相距一千九百餘里。南北約千里。東界甘肅四川。西南並界前藏。又界伊犁大戈壁。北至甘肅關外地。禹貢爲西戎地。夏殷周皆屬西羌。漢王莽時風卑禾羌獻其地。因置西海郡。尋廢。東晉以後。爲吐谷渾所據。隋大業五年平吐谷渾。置西海河源等郡。隋滅吐谷渾。復據其地。唐龍朔三年。吐蕃滅吐谷渾而有之。宋亦爲吐蕃地。明正德四年。爲蒙古部酋所據。號曰海寇。 國朝初。有厄魯特顧實汗。自西北侵得其地。遣使修貢。 詔封遵文行義敏慧顧實汗。後自分其地。爲左右二境。部落散處其間。康熙三十六年。旣滅噶爾丹。台吉札什巴圖爾等。咸來朝附。封爵世襲。雍正元年。札什巴圖爾之子。羅卜藏丹津糾衆犯邊。勢甚猖獗。 世宗憲皇帝震怒。命官兵進勦。旬月閒殲除逆黨。平定其地。惟不從逆者。仍其封爵。定爲三年一貢。分爲三班。九年一周。置互市於西寧。開拓新疆。闢地千餘里。餘衆畏服。朝貢惟謹。嗣是無敢蠢動者。三年。編青海各部

落旗。分佐領。為旗二十有九。乾隆年間。定為郡王三。貝勒二。貝子二。輔國公四。台吉十八。貢道由西甯。游事大臣即於此駐節焉。

考其形勢。山嶺縱橫。江湖經緯。土壤瘠薄。與蒙古大同小異。惟環青海河一帶。周數十里。較膏腴。山之大者。以雪山為最。自西北至東南。綿亘全地。入四川。卒連雲嶺。而雲嶺自青海開基。亦東南迤繞四川。為其地西邊界。復折而東。毗連雲南貴州等省。北有祁連山。亦頗高峻。河之大者。曰黃河。曰金沙江。蒙古語木魯烏蘇江。與鴉礱江。同為大江源流。黃河與金沙江毗連處。有雪山矗峙中央。流雪成湖。如札陵海。鄂陵海等處。支流汊港。悉數難窮。均滙而為黃河之源。論者謂雪山流潴。亦為大江發源之一。至其風土人情。亦與蒙古相若。茲不贅。

土產有珠玉寶石。各種氊皮。及大黃等。以有易無。與漢人互市於西甯。故西甯雖隸甘肅。而其衝要。實不啻青海之省會也。

西藏

西藏在京師西南。東西距三千二百餘里。南北一千四百餘里。東界四川雲南。南踰倚馬山。接不丹廓爾喀等國。西至印度拉達克。北連天山南路。古西南徼外諸羌戎地。兩漢逮晉。泯泯無聞。歷魏周齊。未通中國。迄隋開皇中。始有倫贊索者。居牂牁西。滅吐蕃。據有其地。國號禿髮。唐貞觀八年。其贊普弄贊。（贊普王號）遣使來朝。十五年。太宗因弄贊固請。准以宗女文成公主下嫁。令江夏郡王道宗持節送之。輜重不可數計。弄贊親迎於河源。見者咸嘆爲非常奇遇。乃別爲公主築城以居之。棟宇翬飛。樓臺炫麗。爲全藏冠。數年漸慕中華風氣。遣子弟入國學讀書。又請中國文臣。爲之典其疏表。高宗立。授弄贊爲駙馬都尉。西海郡王。因請給蠶種及造酒碾磑之匠。並許焉。厥後屢叛屢平。穆宗長慶元年。吐蕃復請盟。乃命御史大夫劉元鼎充會盟使。見贊普於悶懼盧川。卽贊普夏衙之所。其川踞藏河分流。後以臧作藏。卽西藏所由名也。吐蕃遣使。隨元鼎來朝。自是恭順不復叛。宋太平興國八年。吐蕃入貢。太宗御崇政殿接見。優禮待之。時

遼亦入貢。有大番小番及胡母思山番之別。元太祖四年。置吐蕃等處宣慰司。都元帥府。又於四川徼外。置碉門魚通黎雅長河等處宣慰司。世祖以其地廣多險。民獷好鬭。思有以震懾而綏撫之。爰郡縣其地。設官受治。迨有明以其地爲烏斯藏。烏斯藏者。本吐蕃地而別立爲國者也。洪武六年。太祖徵唐世吐蕃之亂。思制御之術。莫若因其俗尙而控制之。爰授攝帝師納嘉勒藏博僧爲熾盛佛寶國師。錫之玉印。置烏斯藏朶甘二指揮司。永樂三年。僧哈立麻者。國人以有道稱。成祖因授爲演教如來大寶法王。宣德成化間。又累加封號。賜給印誥。蓋因藏地重視佛教。故姑順輿情爲羈縻之計。所謂因民之利而利之。非以其眞有神通道德。而尊信敬奉之也。國朝崇德七年。西蕃遣使歸誠。順治九年來朝。世祖因立達賴喇嘛。佛教僧王賜金冊金印以榮之。康熙四十四年。達賴拉藏以誅第巴功表聞。聖祖嘉之。賜金印。封爲輔教恭順汗。遣侍郎赫壽等安撫其地。備極寵榮。又允拉藏所請。封阿王伊西爲達賴喇嘛。其後準噶爾策妄阿喇蒲坦興師侵藏。害拉藏汗。毀其寺廟。迫逐僧衆。時達賴喇嘛移住西寧。五十三年。遣大兵進藏討平

之。復護送喇嘛歸布達拉廟。番衆皆嚮風歸化。歡呼雷動。世宗憲皇帝既嗣位。撤回官兵。以貝子康濟鼐總理其地。仍 特簡大臣駐藏管轄。雍正五年。西藏噶爾布巴等復叛。殺康濟鼐。後藏辦理噶隆事務之札薩克台吉頗羅鼐。飛報朝廷。 上命遣兵進勦。明年頗羅鼐率衆部落入藏。噶爾布巴等伏誅。安輯如故。因功封頗羅鼐爲固山貝子。九年。晉封多羅貝勒。辦理衛藏噶隆事務。乾隆四年。晉封多羅郡王。給印轄衛藏等處。十二年。以其次子珠爾默特納穆札爾襲封。十五年。以罪誅。現設輔國公四員。一等台吉二員。地分前後二藏。達賴喇嘛居拉薩城之布達拉廟。號前藏。班禪喇嘛。居日喀則城之札什倫布廟。號後藏。賦稅所入。俱獻於達賴喇嘛。貢期二年一次。先期由辦事大臣奏聞。然後遵例由貢道入四川。東北達京師。互市在四川西徼打箭爐。百貨雲屯。交易頗盛。前藏屬城八。僧王宮居拉薩城。爲全藏京都。周圍二十里。北有布達拉山。上建巨刹。爲僧王避暑行宮。故拉薩城亦作布達拉城也。其他七城之最著者。爲察木多與拉里城。後藏屬城七。首城名日喀則城。城內有班禪喇嘛宮。又稱札什倫布城。即以廟名名之

也。位與達賴喇嘛相埒。權勢亦無多讓。上有西藏辦事大臣。駐節於拉薩城。統轄全藏。所屬達木蒙古八旗。及納克書等土司三十九族。均隸焉。達賴喇嘛。向稱活佛。人民敬之如神。奉之如父。惟命是聽。無敢稍違。國朝以西藏轄治之權。皆歸喇嘛。藏王反爲其節制。職是故也。其地寺廟極多。僧徒亦悉數靡窮。一廟之中。動以千計。如拉薩一廟。高十有餘丈。四圍房屋。一萬餘間。鄰屋三千餘間。所居之僧。三千五百有奇。由此類推。餘可概見矣。

西藏地廣人稀。與蒙古同。大都藏地半屬僧徒。故人民亦因之稀少耳。驗其氣候。至爲不齊。夏秋二季。高陸嚴寒如三冬。山谷中蒸熱如釜。冬時沙磧紛霏。蔽天障日。田土磽瘠。耕種維艱。高山之巔。四時積雪。望之如琉璃境界。一望晶瑩。正南及西南有雪山。西書謂之倚馬山。峯巒如列戟。盤亙極數千里。窮究輿地之士。目爲天下第一高山。峭巖絕壁。奇險怵人。有曾經其地者。謂日當正午。僅見太陽上半輪。下半爲高嶺所蔽。卒莫能窺也。峽中瀑布飛流。勢甚泙湃。寒氣凛冽。如入冰窖。甚至前行無路。後退無援。行路之難。較之蜀道。尤加厲焉。當此進退維谷之際。屢有野番剌穴而出。刼財害命。悽慘更不可狀。西北有葱嶺。北

有崑崙。皆崎嶇高峻。綿遠千里。惟其連峯疊巘。故融雪飛瀑。流而成澤。汊港紛歧。指不勝僂。河之大者。首推雅魯藏布江。自西至東。幾通全藏。嗣折南復西。經印度入於海。潞江一名怒江。以其波濤狂決。如怒虎。故名。瀾滄江。亦由此發源。自察木多城。東南注雲南。貫暹羅入於海。澤之大者。曰騰噶里海。其北曰布克池。又北曰喀爾池。雅木魯克海在拉薩西南。中有大沙。上建巍廟。華麗聿煥。爲西藏叢林之最。瑪泊穆達類與郎噶二池。爲印度河源。土人崇敬膜拜。呼爲聖池。其怪誕可笑如此。此外尚有伊克巴哈達魯克等池。

言其土產。麥米之屬罕見。地多黑麰。土人屑以成麵粉。和以水酪。以當餱糧。養身之物。禽獸之肉居多。牛羊尤甚。麝鹿形如麞。頭小口銳。腹下有囊。中蘊奇香。長氂牛。種類極多。形較常牛略小。手色光潤可愛。殺而食之。味極鮮美。又野牛極大。毛長而黑。角巨而屈曲。性極兇猛。江河川澤中。多出魚族。惟地方有殺生厲禁。莫敢冒死烹鮮。至金銀銅鐵珠玉水銀。並爲是處所產。所製藏香。名馳天下。其法廣收香木。研末爲膏。攙入金沙麝香。燃火其端。奇香四溢。其他技藝。則以人性不喜動作。故可紀者殊鮮。

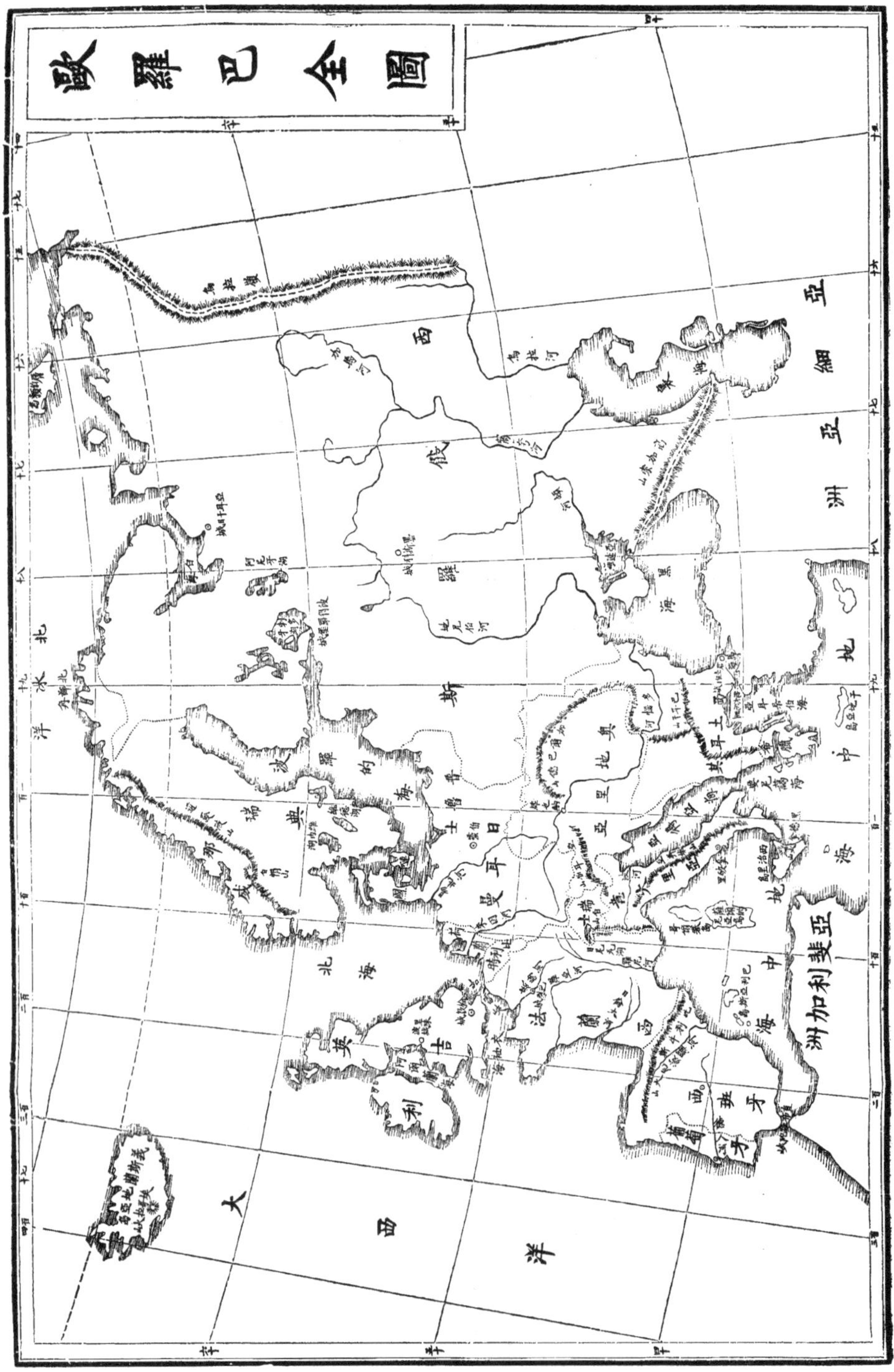
歐羅巴全圖
北冰洋
大西洋
亞細亞洲
亞斐利加洲
地中海
黑海
北海
俄羅斯
英吉利

五洲圖考

前京　龔柴古愚氏　編譯

歐羅巴洲

總論

歐羅巴居五大洲之一。總計方里。約得十兆法方里。北盡北冰洋。東起烏拉嶺、烏拉河。轉南以裏海、高加索山、黑海爲界。南絕地中海。西盡大西洋。地小於他四洲。而土壤膏腴。物產豐阜。人才蔚起。名勝繁多。當今之世。權勢獨雄。推爲五洲巨擘。昔在唐虞之世。土人游獵爲生。食肉衣皮。有蠻夷風。性情野陋坦率。迨殷商間。希臘各國漸被東方之化。始耕田造器。築城鑿池。百務並興。未幾文教盛行。媲美東方諸國。至周平王時。意大里之羅瑪崛起。創業垂統。四闢疆土。西漢初。成泰西一統之像。聲聞遠近。漢書稱爲大秦國。晉魏因之。又稱犂鞬。一名犂軒。既而內釁漸起。强兵悍將。從事奢豪。西晉季葉。分東西兩國。西者仍都羅

瑪。勢漸衰弱。延殘喘百餘載。至前宋末。爲鄰封土耳所滅。東者定鼎于君士但丁城。垂數百載。篡弑頻仍。亂訌迭起。卒至覆亡。時在有明景泰間也。西羅瑪滅。衆雄割據。爭地爭城。歐羅巴遂爲戰國。大唐中葉。有加祿曼者。聰明睿智。卓有文武才。立國於日耳曼法蘭西間。威德彰聞。四鄰向化。於是整甲兵。修紀律。復興羅瑪。泰西因之一治。加祿曼薨。子孫皆不肖。未百歲而國分矣。諸侯各據一方。自行政令。是爲法蘭西日耳曼意大里亞等立國之始。五代時。北方部落。創立君長。定法度。頒爵秩。居然邦國焉。由是俄羅斯瑞典那威丹馬一名嗹國。互結會盟。言歸於好。外有普魯士希臘二國。普之立國。在　熙朝康熙三十九年。希臘復興。在道光七年。又四年。荷蘭與比利時亦推君立國。觀今日之勢。雄鎮東北者。曰俄羅斯。地形如葵扇。曰瑞典。南岸突出如臂。曰丹馬。即嗹國。南爲日耳曼列國。轉東爲普魯士。轉南爲奧地利亞。奧東南爲西土耳其。折南形如掌。拊於地中海者。曰希臘。如著鞾人股。入地中海者。曰意大里亞列國。西北方隅之地。曰瑞士。日耳曼西北臨海之地。曰荷蘭。荷蘭南。曰比利時。比利時西南。曰法蘭西。又西南爲西班牙。

又西臨大海。曰葡萄牙有大島在法蘭西西北。雄峙海中者。曰英吉利。此歐羅巴疆域之分。學者不可不知也。

歐羅巴西隣大西洋。北隣北冰洋。南有地中海。其間島嶼縈廻。沙渚隱伏。將次第署陳。以資考核。大西洋。自北郤角至直布羅陀峽。巨浸汪洋。深邃幾不可測。最深處在英吉利兩島之西。精算之士。嘗量得千六百丈有奇。近英吉利。海底墳起。作龜背形。類皆三十丈左右。海之夾於英國兩島中者。別名阿爾蘭海。以左島名稱之。法英間。有海名衣袖。以其形似衣袖也。常有風濤鼓盪。險惡堪怖。老於航海者。破浪乘風。亦爲戒懼。其最狹處。名加雷峽。闊不過六十餘里。又東爲北海。濱那威。素深浚。海岸有巖石高懸。岑岈嶄絕。東南濱嗹國。南濱日耳曼與荷蘭國。以地形低下。海面反高於地。怒浪壁立。治堤多費。潰決堪虞。海之東。進重汊峽道。始行嗹國那威間。轉南繞瑞典丹馬兩國邊境。卒入波羅的海。海中沙土淹漲。日形淺狹。恐千載後。潟海成爲桑田。三冬時北半堅冰凛冽。差若北冰洋。至北冰洋。則膠結甚久。一年中。結十閱月。每

歲五六月間。嚴寒暑退。稍爲消解。當此之時。漁夫往捕海牛及鯨魚。蟻聚蜂屯。集於白海之北。有所穫。則售于亞耳干日城。生意殷繁。殊形熱鬧。貿易畢。悉散還鄉。城垾蕭索如故。地中海。深淺不等。西連大西洋。南抵亞斐利加。縱橫共八兆九萬方里。在西者。別無名號。在意國南境之東。稱要尼藹海。轉北爲亞得亞海。凹深一灣。鹽質較多。希臘與西土耳其之東。海名亞耳居伯。譯言大海。因古人罕涉重洋。至此目爲僅見。故名。島嶼紛羅。海灣凹凸。今多島之海。皆稱亞耳居伯。以其似也。東北過他大尼里峽。入馬海。周圍狹窄。僅如內地一大河。自此進黑海。第一綫耳中隔之河。名君士但丁峽。即堡斯佛河。黑海廣約二千一百六十里。長幾得其半。西域强盛時。大兵西向。侵擾彼境。見四周樹林陰翳。黑障蠻烟。名之曰黑海。至今仍之。其東北隅。別名亞速海。不甚廣。亦無所異。

歐洲島嶼。英吉利爲最。另列圖說。茲不贅。洲西北盡處。近北亞墨利加。有義斯蘭地亞島。初僻野無人。爲瘴癘蠻烟。獸蹄鳥跡之地。大唐咸通中。那威人入境居之。自是人烟漸密。酋長佔地分治。至南宋度宗朝。

那威奪爲已有。又百餘年。瑞國代之。至今弗替。其地氣候寒冽。高陸常氷。地中炎熱。山多出火。計自八百年來。相繼熠烈者四十有四山。最高者名埃哥拉。得四百八十八丈有奇。又多沸泉。時流火漿。鄰村廬舍。屢遭焚蕩。居民約七萬人。率善捕鯨。取其油資點燃。每獵海犬。剝其皮可以爲衣。此大西洋之大島也。北氷洋中。有層伯賴島。縱約五百餘里。横約千七百里。荒漠嚴寒。裂膚砭骨。不見天日。成長夜者。約三月。迄今列俄之屬部。而形勢蕭條。依然如故。間有獵獸捕魚者。麕集其地。小住而去。地中海有大島四。曰哥爾塞。曰薩爾的尼亞。曰西治里。曰干地亞。哥爾塞島。長約四百八十里。闊約一百八十。自成周中葉。至國朝乾隆三十二年。泰西各國迭管其地。至是法人出四十兆銀。購於意國列侯。土肥沃。出栗橘美酒。氣候平和。洵稱佳壤。惟有東南西南二風。易致疫癘。居民約二十八萬。性廉節。善遇行旅。惜過悍。喜復讐。一朝之忿。數世不相能。亦頹風也。自是渡峽而南。僅數十里。有薩爾的尼亞島。久屬意國。南北約五百四十里。東西約二百三十里。山嶺崇高。平地汙濕。宜五穀瓜菓。出銅鐵鉛與寶石礦。居民約七十二萬。性亦獷悍。

難於鈐束。有好勇鬬狠之風。西治里島。在意大里亞西南。地形似鞮。横約六百里。縱約三百六十里。本屬意國南境。爲拿破里王管轄。咸豐十年。意國薩爾的尼亞王奪之。居民約三兆。土肥膏。五穀嘉美。所在都裕。蜂蜜尤稱絶品。中有火山。名黑德拿。自昔著聞。半已熄滅。其未熄者噴烈炎。流火漿。人民死亡之患。村邑蕃沒之災。層出疊見。良可慘惻。希臘國南。有大島。名干地亞。一名革雷得。中峻外坦。近海多良田。烟戶約二十萬。爲土王統治。類皆奉希臘教。至希臘羣島。亞耳居伯諸島。西班牙之巴利亞利斯五島。碁布星羅。更僕難數。

歐洲中連脊重山。著名天下者。有八。曰烏拉嶺。曰高加索。分亞歐二洲界。在俄羅斯東境。曰道發陵。中峙那威瑞典合國界。曰加爾巴德。折繞奧地利亞。曰巴耳干。縣亘西土耳其。曰亞弁嫩。直接意大利亞南北。曰亞耳伯。南通意大利亞。西達法蘭西。蜿蜒之勢。延數千里。曰比利牛斯。爲法國與西班牙天然界域。烏拉嶺自北至南。長不下四千里。峯之高者。得四百三十餘丈。富有金銀銅鐵礦。前於亞洲總論中已言之。

高加索山。峭拔遠勝烏拉。有高峯得三千七百八十四丈。山陰層氷疊雪。炎夏不融。道發陵。富比烏拉。盡歐羅巴地。銅鐵之礦。莫過於是。絕壁懸崖。類皆險惡。首峯別名白帽。以氷雪皎潔而言。堅結不融。如帽之加於首。高可七百二十五丈。加爾巴德山。形似弧。不甚峻。多金銀銅礦。巴耳干居土耳其北境。古者土人恃爲天塹。用禦強俄。道光八年。俄國名將跨而踰之。遂剗艱險。幾等平陸。昔年土俄之役。俄師長驅直入。此明証也。意大里之亞奔嫩。狀如長蛇。曲折不盡。向爲盜藪。近數十年來。搜捕殆盡。第餘燼未滅耳。亞耳伯。爲歐洲羣山冠。起自法國東南海濱。向北蔓延數百里。轉折而東。稍偏北向。直接奧國東境加爾巴德山。觀其大段形勢。南之亞奔嫩。東南之巴耳干。東之加爾巴德。北之道發陵。與法國東境諸山。皆是山之分支。縱橫全洲。大莫與京。其最高峯名白山。取義與白帽山同。高一千五百十五丈有奇。歐洲諸山中。除高加索山外。此山最峻。連峯疊巘。積雪迷天。峽中瀑布飛流。勢甚泙湃。山頂氣候凜寒。不言自喻。其勝景標奇。樹林濃密。尤非他山之比。初、土人以蹊徑不開。不敢攀援直上。秦始皇時。亞斐利加大將。統師攻羅

瑪首創踰越。時人目爲神異。近世穿山爲鐵路。火車經其中。行旅稱便。比利牛斯大山。爲法國西南疆界。以瀑布聞。飛流直瀉。計一百二十八丈。空谷傳聲。噌吰嘡嗒。如雷電之相震擊焉。

歐洲大川澤。爲數無多。其尤爲著名者。以俄之窩夸河爲最。是河自西北發源。約經六千五百里。滙於裏海。河中魚族繁滋。向爲土人財藪。水道本寬廣。舟楫流通。揚帆破浪。縱橫其間。有鱗接魚銜之盛。近數十年來淤積漸深。日形狹淺。不知伊於胡底。其二名多惱河。在奧地里亞自西北境外來源。貫奧國全境。東南入黑海。長四千七百餘里。水流猛急。艱於行舟。羅瑪强時。以此河爲北蔽。遠禦寇敵。三名地尼伯河。自北南流約三千里。入黑海東北隅。所稱亞速海者是也。怒浪急湍。比於多惱。富產水族。不下窩夸。中流多漬石。激成瀑布。頗足壯觀。四名來因。由南而北。轉西至荷蘭界。入北海。長二千三百三十里。惟千五百里。通舟楫。河中渚沙隱伏。風景可人。兩濱土壤腴潤。產葡萄。釀美酒。馳名四海。此歐洲四大河也。俄有加馬河。流水綿長。較勝來因。然爲窩夸支流。素不表著。其頓河與日耳曼之易北河。意之波河。法之塞納河。羅

尼河。羅亞河日倫大河。西班牙之厄波羅河。葡萄牙之德人河等皆名勝。茲姑不贅。歐洲大湖。概在俄之西境。說者謂以此方巨浸合而權之。與衣袖海水。不相上下。其間一指首屈者。爲剌多牙與阿尼牙二湖。剌多牙周圍六千六百四十方里。波浪搖天。艱於濟涉。阿尼牙亦險惡。然有旁汊小港。可泊避。其寬廣畧過剌多牙之半。瑞典亦多巨澤。惟不及俄之多且大。有維納湖。大二千二百四十方里。維悳湖。八百八十方里。瑞士西南境有日尼瓦湖。廣二百五十六方里。風景清幽。獨異他湖。故選勝探奇之儔。松舟桂楫。日往來於波光水鏡間焉。

歐紆巴氣候不齊。地之肥瘠。亦隨以異。極北疊雪層氷。荒寒最甚。向陽之地。稍產菽麥。自是以南。全屬溫道。差似中原。然同在一國。寒煖不免懸殊。濱海之地。時有海風吹拂。故冬寒夏暑。均得和平。沿大西洋一帶。法英西濱。及那威境。更有惠風一道。自墨洲中灣。習習而來。四時一轍。是以雨澤較多。氣候亦極和煦。若中央之地。則冷暖迭乘。俱臻其極。究其故。殆以離海過遠。而地形之高下。山林之多寡。致氣候不齊也。

統計全洲物產。因地近北道。熱域之草木。殊難多覯。粟米黍稷。半出南方。菜蔬尤多。千百其種。製羽緞用旄牛毛。作大呢用綿羊毛。棉花由他洲運至。用火機織布。工省價廉。果實則有桃、杏、李、柰、柑、橘、葡萄、櫻桃、橄欖、甘蔗、無花果等。蘋果隨在皆有。取其汁釀爲醴。頗可口。酒以葡萄釀成。性厚而味美。花卉則有葵、菊、蘼蕪、水仙、蒺藜、薔薇、木香、玫瑰、迎春、金雀、蔦蘿、芙蓉、芍藥、雪香、海棠、玉簪、玉蘭、夜香蘭、西番蓮、萬壽菊等。十色五香。名難悉數。材木隨在成林。以橡樹爲最。紋緻質堅。雄幹茂葉。榛、栗、榆、槐、松、楊、椴、栢、亦盛產於斯。高山叢林中、有麋鹿、麕麞、刺象、豺狼、熊狐、獺豲等獸。鳥有鷹、鷲、鴞、鳶。家禽有雞、鴨、鴿、鵝。充斥蕃滋。所在皆是。其馬大而健。其犬猛而靈。其水族鱗介。爲鼎中物者。品美味濃。有電鱔一種。異魚也。形似鱔魚。身負電氣。觸其巨者。人馬仆跌。魚鱉立斃。又有名劍魚者。嘴長如劍。尖利殊常。又產刺蟲一種。無首無殼。會集成籠。身具火光。亦奇物也。五金之礦。各國都有。視他洲較少。而精美過之。此歐洲溫道中產物之大畧也。

今歐洲名國。稱雄者凡六。曰英吉利。曰日耳曼。曰俄羅斯。曰法蘭西。曰奧地利亞。曰意大利亞。英吉利本

蕞爾小邦。幅員之隘。僅如臺灣。乃挺立歐洲。縱横海外。盡天下利藪。歸諸囊橐。原其故。不外乎地僻之利便。浮海之精良。貿易之諳熟。三者備具。民賴以安。商賴以富。兵賴以强。外無欺凌之患。内無背叛之虞。而國治矣。日耳曼本盟會之國。同治十年。法軍敗績。普魯士推爲盟主。遂上日耳曼總王尊號。視同盟國。不啻藩衞。今權勢日强。歐洲諸大國。罕敢與角。俄羅斯東取西收。南攻北敵。久成最大之國。自勝土耳其後。更雄視他邦。居然執牛耳。法蘭西久鎮西方。聲聞赫濯。自挫折以來。勢稍衰。然土地之富。人民之勇。兵將之强。仍昂昂然列于大國。故若俄若英若普。莫不重視之。不敢輕易覬覦。奥地利亞與意大里亞兩國。僅足自守。縱列大邦中。究非四大國之比。統計歐洲人數。英吉利得四十一兆人。荷蘭得五兆人。比利時六兆人。法蘭西三十八兆五十萬人。日耳曼五十四兆人。奥地利亞四十六兆人。葡萄牙五兆人。西班牙十八兆人。意大里亞三十二兆人。希臘二兆三十萬人。西土耳其五兆五十萬人。俄羅斯西境一百十兆人。丹馬一名嗹國。二兆三十萬人。瑞典那威合國。共七兆人。瑞士三兆人。羅瑪尼五兆八十萬人。蒲加利三

兆四十萬人。塞爾維二兆三十萬人。黑山國二十五萬人。盧森蒲爾二十一萬人。已上合計共得三百八十五兆餘人。歐洲名城烟戶。以英京倫敦爲最。得四兆三十萬人。法京巴黎次之。得二兆四十萬人。普京伯靈得一兆四十萬人。奧京維也納得一兆二十萬人。俄京彼得羅堡得一兆人。俄國舊京墨斯科得七十五萬人。土京君士但丁得八十萬人。英國名城里味池得六十萬人。意國名城拿破里得五十萬人。近數年來。死生損益。亦不大差池。

歐羅巴人。類皆長大白皙。惟居東北嚴寒之地者。矮小侏儒。隆準深目。瞳睛以黃綠黑三色爲多。雜色者亦復不少。鬚多連鬢。或繞面頰。有條直者。有拳曲者。有盡薙者。有全留者。有去髯留髭。或去髭留髯者。髮留二三寸許。長則剪去。婦女髮全留。挽髻疊起。蒙以線網。鬚髮之色多黃亦黑。見人以免冠爲禮。衣窄袖而附體。僅及腹。袴亦緊小。外衣畧寬。長可及膝。內衣用布。外衣用呢。履與韈。以革爲之。女人衣亦窄袖貼身。下穿裳。長至拂地。此常服之制也。其禮冠服。則有制度。飲食用刀乂。不携箸。食以麪餅。牛肉番芋爲常。

閭咲家禽野獸。飲酒與水。又用加菲入白糖。香生齒頰。氣爽神清。造屋不究方位。無定格。城中高樓疊架。累至五六層。六七層不等。牆堅而厚。非巨資不辦。室中尚潔淨。洗掃頻仍。纖塵不染。其宮闕殿宇。亭臺園沼。及一切博物格致之院。凡所以壯游觀廣眼界者。規模宏敞焉。

歐洲政事。今分三等。曰君主國。曰民主國。曰君民參治國。君主國有三。羅瑪。俄羅斯。土耳其。是民主國如法蘭西。瑞士等是。此外皆君民參治。君主國以君主攬朝綱。臣下則贊襄庶政。國家有事。凡律例攸關。朝廷發議政院妥議。然後專摺奏陳。暢所欲言。君乃審利弊。察輿情。決定行止。宣布綸音。諭旨既降。上下一體遵行。不得再生擬議。此一道同風之治。自古尚已。民主國政令雖出于總統。而須制定律之權。全在議政院。議員之數。或數十人。或數百人。均由庶民推舉。位侔卿相。而勢或過之。大小國事。關民生利害者。皆與聞參議。議畢。呈於執政總統。總統轉飭郡縣遵照施行。雖議不合己意。亦莫之如何。其君民參治之國。上有君主。下有議院。共飭紀綱。須令前。君以己旨告議政院。着詳為斟酌。議而妥。准即施行。議而不協。可

使能議。若仍衆議沸騰。勢將釀禍。則王得閉其院。遣散議員。令民間另舉他人。以充其職。如此治理。掣肘良多。歐洲各國。除議院外。復設軍機處。內閣衙門。及工曹。刑曹。陸兵曹。水師曹。漕徵曹。教諭曹。外務曹。農商曹。以總理庶政。下之則設郡縣。親視民事。又立判案堂。驛務局等。各有所司。取士之法。童子冲齡入塾。始習本國語。及辣丁希臘等文。繼則究格致學。循序講求。十六七歲。始報名赴試。若口講手寫。格致雜學。皆中肯綮。方得與選。如中國入泮然。惟無定額。所以杜濫進之門。亦以免屈抑之弊。入選後。各量天姿。別求精進。或攻文詞。或讀律。或揣兵法。或究醫理。或學制造開礦。各有專門。學成應試。試而獲選。可累登科第。朝廷授以劵。此西國教育人才之大畧也。

歐洲除天主教外。又分四教。曰如德亞教。曰回回教。曰希臘教。曰辯駁教。即耶穌教。如德亞為亡國之餘。人民離散。寄寓遐方。馴至丁族蕭條。僅存噍類。計其數。約七兆人。當回回强盛時。嘗侵佔西方。居民為利誘刑迫。靡然從教。自數百年來。回勢浸衰。日形挫衄。盡歐洲之地。僅西土耳其與俄羅斯西境。統計其數。

約得八兆人。希臘教起于唐宣宗十一年。成于宋仁宗三十一年。創始之人名福濟烏。係君士但丁巨族。性狡猾。幸邀恩遇。見寵於君。遂弛志妄爲。僭本都總主教位。懼教皇申斥。遂背判教皇。自稱普世總主教。別立門戶。國人多從之。後一再反復。卒未歸誠。嗣王放流之。死于邊塞。時唐昭宗三年也。徒黨傳毒。隱現靡定。卒于北宋之世。東西都歸好。餘黨乃截然終絕。後雖屢經盟會。而東都人士。游移性成。至今未復古。其教惟希臘。西土耳其。俄羅斯。羅瑪尼等國有之。計從者共一百兆人。辯駁教者。西文稱迫老對斯當。始於三人。一曰恩理格。一曰羅得祿。一曰賈味諾。皆前明中葉人。本奉天主教。因事不遂心。一幟別樹。其立教以聖經爲徵信之本。謂經中難解處。不論智愚臧否。皆默受神感。而奧義自悟。執是義而絕不猶豫。即謂堅信。既堅信。則尋常日用間。防檢或疎。大德出入。亦無甚關係。此謬說也。其門戶早經離析。累百盈千。各道其道。莫衷壹是。近數十年來。英人復歸天主教者。實繁有徒。彼教入中國。僭稱耶穌教。實則後耶穌千數百年而起。傳授無人。憑空立說。以魚目混珠。殊令人痛惜。尚望其一旦翻然歸原返本。則快甚幸甚。

地伯里河左羅馬圖

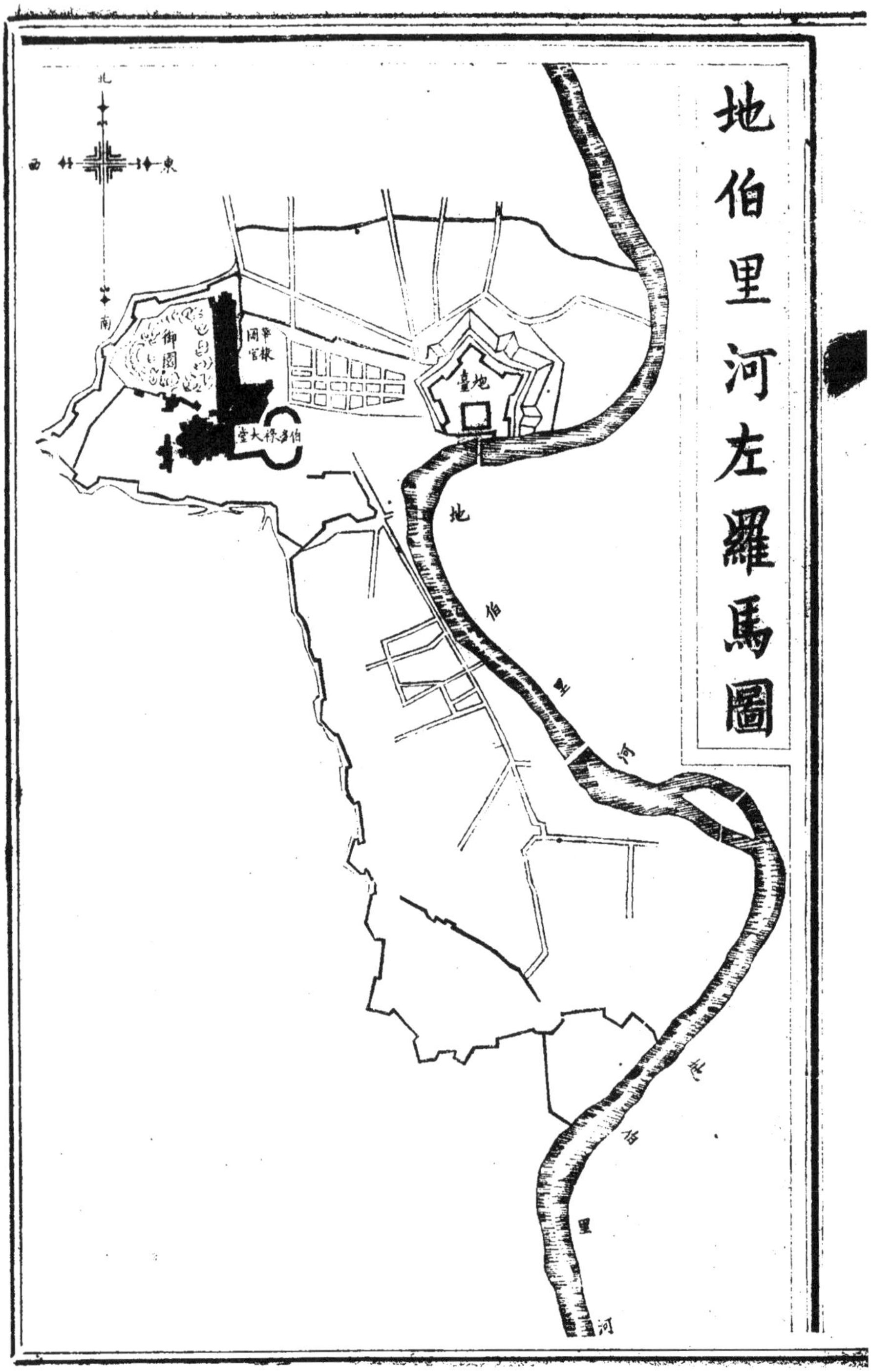

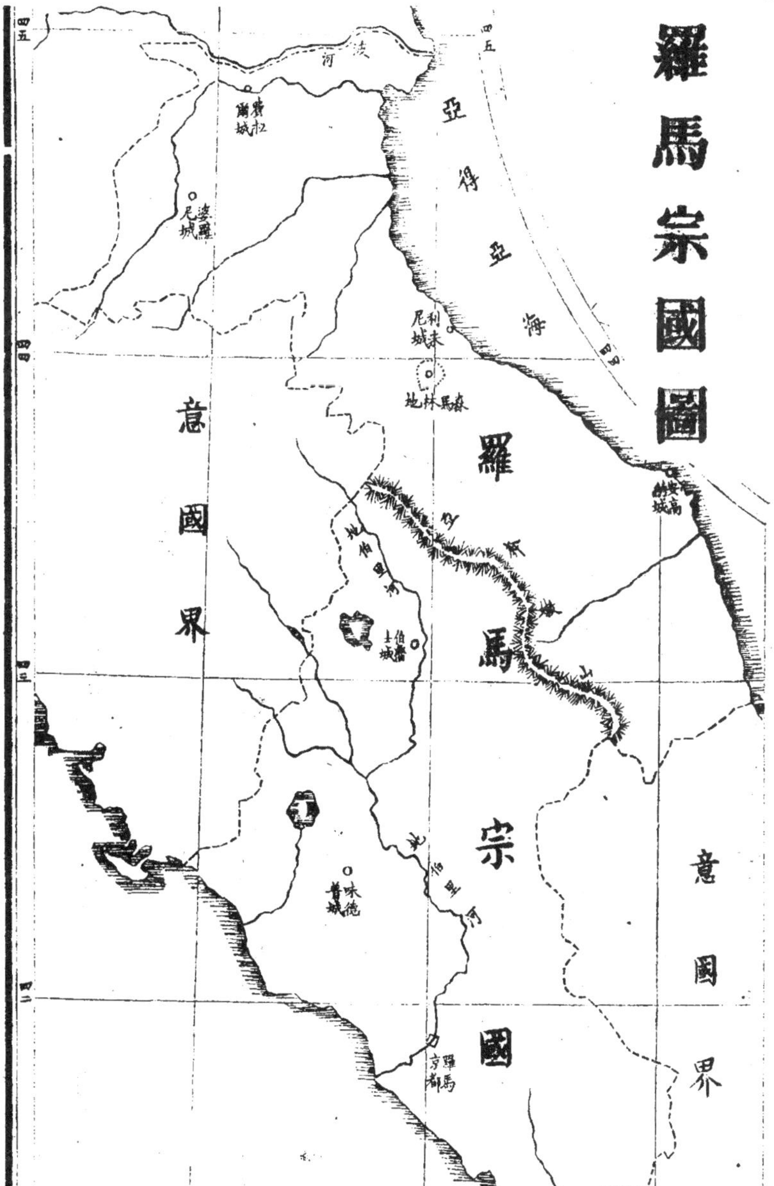

羅馬宗國圖
羅馬宗國
意國界
意國界
地中海
亞得亞海
波河
費拉爾城
婆羅尼城
利未尼城
森馬林地
伯魯士城
味德普城
羅馬京都
地伯里河

五洲圖考　歐洲　羅瑪

九

3

羅瑪

羅瑪古之雄國也。都名羅瑪。國亦此名。方全盛時。囊括四海。天下無敵。創始之君。號羅慕祿。在周平王時。傳至七世孫達爾京。殘虐百姓。敗亂倫常。國人怒。羣起逐之。推總統二員。綱維國是。一年一易。蓋恐其久居尊位。肆志妄爲。故輪流更替也。自是三百餘年間。內修文教。外服鄰封。富强之名。籍籍遍海宇。旣而諸將帥。各擁强兵。互相讐殺。元戎責撒肋。傑起與爭。不數年盡滅羣雄。遂南面稱王。作威玉食。時西漢成帝四年也。責撒肋旣卽位。偃武修文。四海大治。閱二十九年。値哀帝元壽二年。造物眞主。降生於如德亞。取名耶穌。居世立天主教。將升天。以掌教統權。託於伯多祿。一名彼得。是爲第一教皇。伯多祿首創宣教。一日之間。歸誠入教者三千人。未幾。伯多祿令耶穌諸門弟。散至四方。已則往小亞細亞等處。宣布聖道。攻斥異端。安底奥基亞。爲西里亞北境名城。伯多祿傳道至彼。立定宗座。越九年。遷座羅瑪。迄今幾千九百載。聖聖纘承。賢賢繼統。先後凡二百六十三教皇。萬方國祚。不知幾更。而聖座磐基。無間始末。西晉終。總

王公斯當定崛起。屏絶邪神。崇奉天主。以東陲遼遠。鞭長難及。爰徙鼎歐羅巴東鄙。築城鑿池。命名君士但丁城。是爲東羅瑪立國之始。厥後二王子。分封東西。時教皇嘗有土地。惟治權仍歸國主。前五代時。北狄西夷。相繼躪擾。西羅瑪因而覆滅。宮闕大半平夷。蒼生荼毒。流離爲中澤鴻者。比比皆是。教皇目擊心傷。請援於東羅瑪王。王以內訌。無暇外顧。乃請救於法。法王率師援之。消除妖孽。獲覩昇平。所收之地。半贈教皇。歷宋元明間。鄰封君主。疊贈疆土。遂合爲羅瑪國。南北約六百六十里。東西枕大海。相距三百五十里。同治九年。意國王無端啟衅。將羅瑪國。興兵攻奪。蠶食淨盡。實無理之尤也。

凡教皇崩逝。樞機各大臣。循例赴都。深處禁宮。公同選舉。選定。讀祝官高聲宣唱。各大臣跪請俞允。進呈御冠服。請新教皇登座。行朝見禮。派在侍大臣。將御名國號布告天下。越數日。行登極禮。降詔頒恩赦。然後行他政。此定制也。羅瑪國設有內閣、戶曹、工曹、兵曹、商務曹。總攝治要。京中設府尹一員。外設六府十四州。專理民事。此國政之崖畧也。　教皇掌天下教務。另設樞機大臣七十員。贊襄教政。又設察異端、頒

恩赦、册詔、查書、傳教、典禮等十餘部。各部十餘員至三四十員不等。每部以樞機大臣爲總裁。歐美十餘國。例簡星使駐紥羅瑪。商辦教務。各國主教凡千餘員。皆奉 教皇命、分理教事。

羅瑪形勢。北有波河繞境。南有地伯里河流境中。波河列歐洲名川中。前論已言。地伯里河發源自亞奔嫩東岡之麓。由多斯加納地東南入境。復折而西南。經羅瑪都城。滙於地中海。長六百餘里。自古著名。文人吟咏。其水頗濁。景亦不佳。所有山嶺。皆亞奔嫩枝節。羅瑪 京都築十五高邱上。周圍三十里有奇。城門十五。地伯里經其中。建四石梁以渡。城中殿宇宮室。難以縷指。其尤者。伯多祿殿。爲大厦中巨擘。基趾寬洪。營構奇突。天下五大洲莫與倫比。經始於明代宗元年。告成于熹宗六年。首尾一百七十六稔。 國朝嘉慶五年。 教皇庇護第六飭於殿左。增造厦屋爲更易禮衣之所。總計費白金五十一兆枚。殿內以官尺計。長五十二丈三尺。中間闊處得三十八丈三尺。上疊圓頂。作覆盆狀。最高處得三十二丈七尺六寸。中間平頂。高十二丈六尺。巍峩宏敞。極壯觀瞻。殿前建簷廊。如平榭然。甚寬綽。有大楹八株。皆以美石琢

成。簷寬三十二丈七尺六寸。高十四丈。殿內多飾金銀寶玉。所有禮服禮器及畫圖神像。俱富麗絕倫。非目覩其奇。不能道其梗畧。殿前有大場一。作卵形。闊約五十四丈八尺。中立寶石柱一。高七丈五尺六寸。重九十九萬三千五百三十七斤。左右鑿水池兩區。中立石柱。上設重臺。用機管自附近湖中引水到臺。源源倒瀉。儼然萬斛飛流。噴珠濺雪。旁有游廊。作彎月形。計石柱二百八十一株。橫列成行。每行四柱。規制極寬。　教皇宮殿。在大殿之右。局度恢宏。世所罕覯。計殿宇廳房共四千四百二十二間。其藏書室尤爲一大奇工。

通國勝地。除京都外。尙有味德普城。在京師西北百三十八里。居民約一萬六千。行宮舘舍。對宇望衡。林立不可悉數。王公大人與世家望族。每於三春閒絡繹前往。以資休養。彼處產硝。最猛烈。地多溫泉。如炙如沸。浴其中可以療疾。京師北約二百六十里。有伯魯士城。建於小山巔。厥土膏腴。物產豐阜。古蹟螺立。居民約五萬二千。又有安高納城。在京師東北。約三百二十四里。爲亞得亞海濱衝要。帆檣鱗集。百貨流

通。每當晚市風腥。遊客行商踵跡皆至。居民約四萬八千。惜海灘淤淺。大艘不能近泊。登岸必須小舟。遵海而上。約二百里。有城名利米尼。烟戶稀疎。得三萬八千人。而宮殿鬱蟠。流丹聳翠。望之若雲裏帝城。令人景慕。有得勝樓與白石橋各一座。制度恢宏。雕琢精巧。再西北爲婆羅尼城。羅瑪以下。此爲首要城中房屋前。類建游廊。以便行旅。都人士多好學通經。兼精藝術。其大學塾、博物院、音樂局、雕工廠等。皆精益求精。與天下名都。爭相誇耀。又北爲費拉爾城。向爲迤北屏藩。建有礮臺。甚鞏固。所以防外侮。資保障也。居民三萬有奇。僅得盛時之半。羅瑪國中。有小國一。名森馬林。地僅百里許。居民約一萬。其立國之初。西晉時有石匠馬林來此地。見而悅之。遂擇荒山窮僻處。築茅屋以居。側身修省。聞達不求。未幾令德彰聞。名傳四境。人之慕其德而歸者。日繁月盛。闢土墾荒。分畫界趾。漸成村落。旋即立邑建都。選公正數人。綜理庶務。遂爲合衆國。名森馬林。厥後列國分爭。頻驚烽燧。而森馬林依然鎮靜。蓋蕞爾小邦。幷之不足以富强。不取反足以服民志。故今意大里亞仍假仁義之名。容鼾睡於榻側。然亦岌岌乎危矣。考羅瑪國物

產。富有五穀。百菓叢生。葡萄與阿里伐菓尤稱嘉品。氣候温和。隆冬不甚寒冽。惟夏暑炎蒸。易致瘟疫。因汙池過影。烟瘴遍生也。歷代　教皇降旨塡池。以工價浩繁。未能成事。精衞銜石。愚公移山。不知何日奏功。

意大里亞

意大里亞羅瑪故國也。後爲諸侯割據。復自相攻殺。因革迭乘。不勝枚舉。道光年。猶疆域分明。稱爲列辟者、凡十國。以方位言。處北者三。曰薩爾特。一名薩爾的尼亞。以都靈爲會城。曰摩納哥。會城同名。曰威內薩倫巴爾多。爲奧國別省。會城名密艮。或作米蘭。處中者六。曰摩德拿。曰巴爾馬。曰盧加。曰森馬林。此數國皆以會城得名。曰羅瑪國。前已列論。曰多斯加納。會城名法羅稜薩。居南方者惟一國。曰拿破里。都城亦名拿破里。幅員之廣。比之中北二方。亦云大矣。咸豐年間。薩爾的尼亞王頓起雄心。橫行魚肉。十餘年中。將意大里亞列國相繼夷滅。襲成一統。以爲子孫萬世之業。永垂不朽矣。不知治亂興亡。古今一轍。嘗見有臣妾侯王。威張宇內。未旋踵而東摧西敗。卒至身死荒隅。爲天下笑。詩曰、殷監不遠。在夏后之世。此之謂也。但論史者。不顧其將來。言地輿者。不深究其已往。故予考意國之界。惟作依樣葫蘆。因時衍說。而前後變移之事。多所不計也。

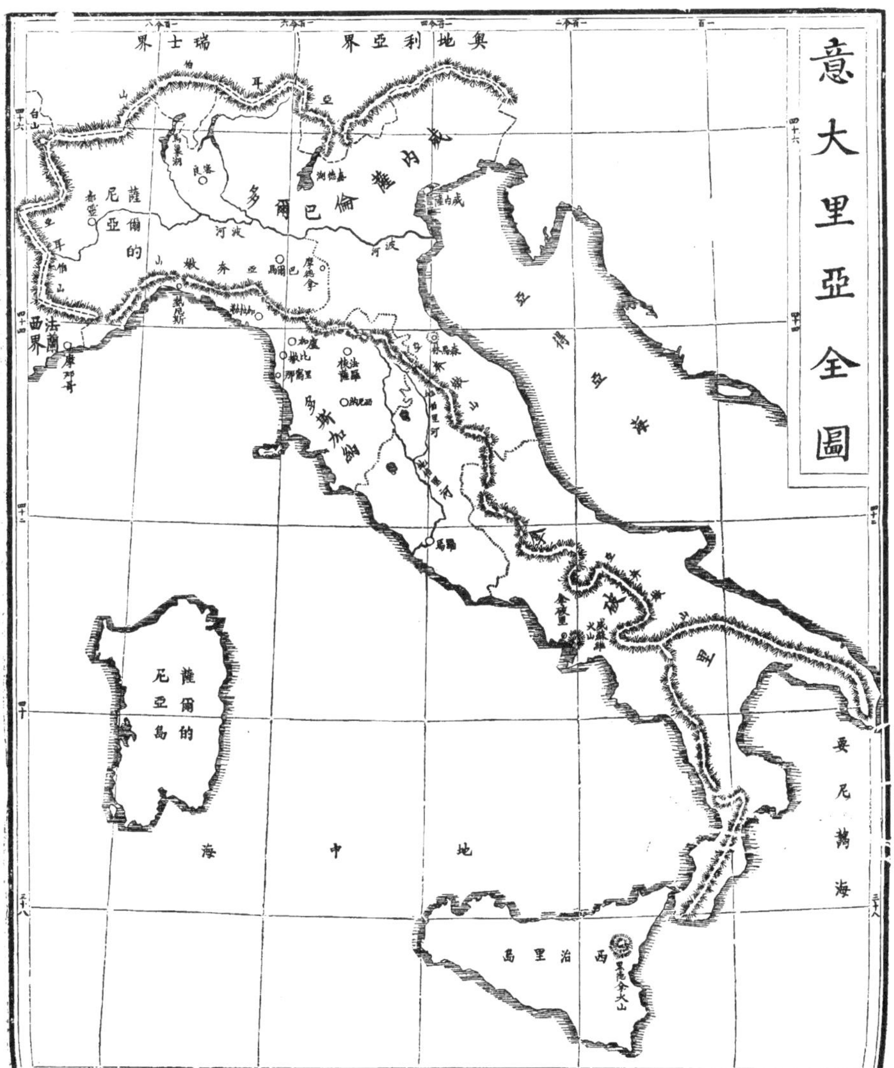
意大里亞全圖
瑞士界
奧地利亞界
薩爾的尼亞島
地中海
要尼鵝海
西治里島

意國地勢如巨人韡形。橫窄而縱長。北境最闊處。約得八百九十里。南方較狹處。僅得三百五十餘里。東西南三面皆海。東北界奧地利亞。北連瑞士。西北枕法蘭西。綜計南北相距約二千里。分六十九府。各設知府一員。轄民事。京都有上下議政院。上院備官二百七十。下院五百有八。參贊國是。又有軍機兵曹等衙門。綜理庶政。衝要各城。各立判官衙門。使訟獄者。易訴而費省。不爲蠹吏奸胥苛索撓阻。亦體恤小民之一善法也。人民約三十二兆餘。常額徵兵二十六萬有奇。其地天時和正。迤南較熱。土膏腴。穀麥昌茂。林園相屬。花木爭輝。物產外兼收蠶桑利。礦產無多。金銀罕見。銅鐵則旺。出碧玉寶石。天下馳名。珍爲上品。產葡萄酒。阿里伐油。橘橙柑栗等果。雖繁碩且美。究盡地皆有。不足爲奇。

意大里亞形勢。北有亞耳伯爲咽喉。中有亞奔嫩爲筋絡。兩山皆崇岡疊嶂。峯巒起伏。士人各據一邱一壑以名。故稱爲不下千萬。殊難縷指。拿破里城東南十三四里。有火山一名威蘇維。高幾二里。周八十四里許。峯頂常靑烟裊裊凌空若堆絮。發震撼聲。則火石飛空。如拳如甕。墜至數十里外。或飛沙如灰。障蔽

天日。流火漿如水。積至數尺。壓田覆舍。焚畜斃人。不勝其害。近山古有二城。東漢章帝四年。慘遭淹沒。累年積代。蹤跡盡亡。康熙季年有人掘土得遺跡。事聞于外。有掌故家請於當道。集成鉅貲。興工挖掘。果見垣堞依然。宮殿約畧可觀。一時遠近轟傳。爭相遊覽。搜得金銀無多。骸骨亦少。可知二城被陷時。居民先見朕兆。各捲財帛而逃。

意大里亞通境。大川不概見。惟北境有波河。前已論及。巨澤之數。不滿十。較廣者有馬巢與嘉德兩湖、皆在北境。馬巢湖長九十餘里。闊處約十里。底深二百二十四丈。嘉德湖長七十一里有奇。闊南北不等。迤北僅六里有半。迤南可二十六里。魚族鱗介。滋生其間。羅瑪大名詩人多寄吟詠。故湖名益彰。勝于他方巨浸。馬巢湖東南數十里。昔爲奧國省會。名密良。人民稠密。得三十八萬二千有奇。城中有大教堂一。著盛名。楹柱牆壁。悉以白寶石雕琢而成。光潔可鑑。經始於明太祖二十七年。積四百餘年。猶未告竣。迨法王拿破倫據是城。發帑銀四十萬兩。飭改小制度。草草成工。規模依然宏廓。迄今歲用修費。動以萬計。城

內園囿館舍樓臺亭榭。尤多不勝書。亞得亞海西北隅。有一城名威內薩。建於七十沙嶼上。中通汊港。舟楫絡繹不斷。有橫跨飛橋。凡三百二十有九。月影珠穿。虹腰遠接。古時爲歐洲絕大埠岸。萬艘鱗集。操洋海利權者。八百餘稔。目下日形衰敗。殊難振復。

薩爾的尼亞本地中海島名。島主得亞耳伯山右之地。遂以島名國。會城曰都靈。築於波河之岸。街衢矢直。清潔無纖塵。第市肆蕭條。烟戶寂寞。會城之東南隅。臨地中海。有城名熱納。或作熱尼斯。背後萬山拱抱。形勢絕佳。而風景依稀。天然入畫。當强盛時。曾爲一大都會。以爭地中海之利權。與委內薩等搆戰頻仍。屢遭挫衄。嘗屬於法蘭西者四。屬于西班牙與奥大利亞者各一。嘉慶十九年。歐洲各國遣使臣大會於奥京維也納城。法蘭西讓此地於薩爾的尼亞。至今仍之。城中殿宇壯麗。宮室連亘。可比秦之阿房漢之未央焉。平民建屋之制。大率平頂。上覆泥土。至二丈餘。藉以植花卉。與橙橘等果。遠矚之。紅綠鬥艷。別有天地。令人作不凡想。巴爾馬在東南。北抵波河。縱橫方一百四十六里。都城廣大。雉堞鞏堅。貿易頗盛。

以烟草磁器絲呢爲大宗。摩德拿東連羅瑪邇北境。西接巴爾馬。南北約一百四十六里。東西僅九十里。戶口十萬。土地肥沃。氣候和正。人民有蠶養蜂。勤作而樸實。有上古遺風。國中產硫磺石泉鐵等。又多寶石。不以爲奇。出加拉勒地者爲上品。都城平庸。惟宮闕崇洪。尚足壯觀。自是而之西南。爲盧加地。先隸多斯加納。後爲薩王所併。蕞爾方隅。不足挂人齒頰。其民秉性誠實。勤力樂業。以比于摩德拿。有過之無不及。多斯加納。縱三百二十餘里。横約二百六十。幅員之廣。勝於列國。其土壤膏腴。物產豐厚。咸稱爲意國之園囿。濱地中海一帶。昔有瘴癘。人民感毒死者。殆無虛日。王憫之。于道光二十八年大興工役。將近地洿池汚沼。一律填塞。四年而蕆事。復令居民併力耕耘。稍除疾疫。卒成佳壤。多斯加納都城名福羅稜薩。街衢整潔。萬廈翬飛。王居最宏敞。凡九百餘間。殿宇皆極精巧。除羅瑪殆無有出其右者。且學院林立。善堂稠疊。意美法良。不愧爲一大都會。城之西有比撒城。曩本繁華。今已凋敝。城中有八層圓塔一。高二十一丈。斜倚若傾。勢甚危岌。計自上層欄杆至平地。欹側一丈八尺。危危欲覆之勢。概可想見。然六百餘年

來。依然堅固。似可垂之永久。格致家謂物有重心。卽輕重之中心。倚之則穩。出之則仆。是塔重心。尚在塔中。未出其外。故至今鎮定不搖。亦絕無僅有之奇觀也。離塔不遠。有墓道一。相傳爲御葬處。分二十四環廊。搗成人物古像四十一。皆出民手。精妙絕倫。墓門多至六百座。以花紋寶石砌成。古氣鬱然。光華猶未稍減。比撒城之西南。於地中海口。有城名里窩那。市舶所萃。貿易甚繁。今且蒸蒸日上。若西厄那城。烟戶日稀。生涯凋落。殊非盛時之比。此意國北境之大畧也。其南境。卽前拿破里國。又稱兩西治里亞國。都城名拿破里。土壤肥厚。氣候溫和。天下都會中推爲第一。故西人有旣覩拿破里死後可瞑目之諺。城中烟戶充盈。街衢熱鬧。行人如織梭。車馬如游龍。絡繹不絕於道。殿宇二百餘。不如羅瑪之輪奐。游手無業之徒。雜處城中。故偷竊頻仍。商客多受其累。

法蘭西

法蘭西東連瑞士，與日耳曼比鄰。北柢海洋，與英吉利對峙。東南連意大里亞，西南控西班牙。南界地中海。據有哥爾塞島，縱約千七百二十里，橫約千五百里，共五十二萬八千五百法方里，幅員之廣，差比江南一省。而雄鎮歐洲，向稱無敵。其地古名鰲肋，又名山左迦里亞。初爲野番部落，西漢宣帝時，羅瑪大將責撒肋率師往攻，所向悉服，遂爲羅瑪屬國。墾田播穀，文教漸開。羅瑪衰，西境爲莪特族人所據，東境爲北狄不爾給農人所奪。法蘭哥人本日耳曼別部，乘勢據東北境。齊高帝建元三年，法蘭哥王哥羅味性聰敏，卓有文武才，用兵如神，百戰百勝。十六年，與日耳曼戰，日軍鋒鋭異常，法軍敗北。初王娶鄰國公主。哥羅地德爲后，以賢淑聞。崇奉天主教，屢勸王奉教，王深韙其言，第以軍務倥傯，未暇講求教理。至是王憶后言，如塵鏡初拭，乃信奉天主，默誓曰：若能獲勝還朝，定將領洗入教。後復交兵，果轉負爲勝，大敗日軍。王率大小臣工三千員，踐誓受洗。又數年，盡驅北狄，奪其土地。國人德之，請上尊號，改國名法蘭西。是

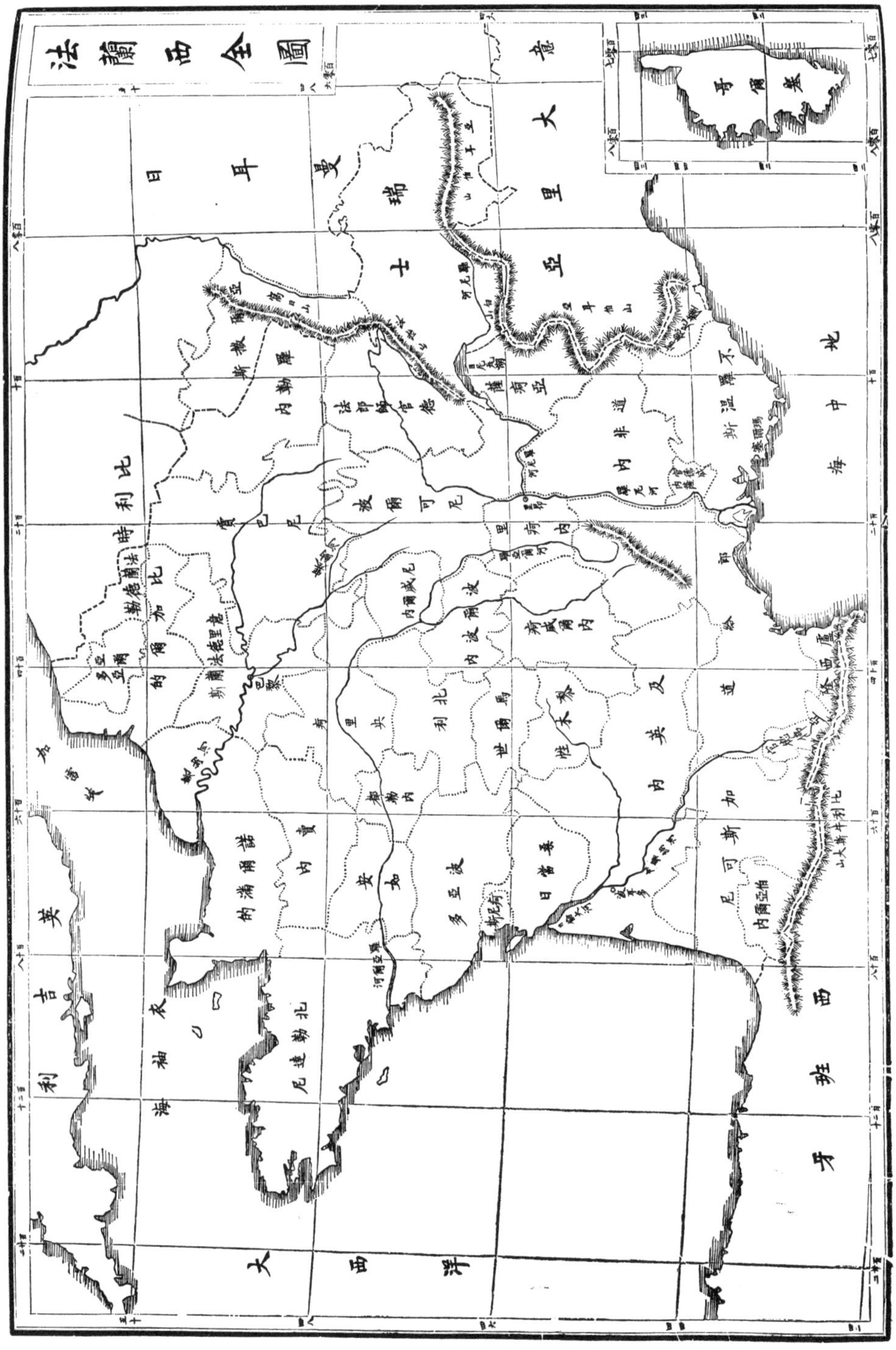
法蘭西全圖
日耳曼
瑞士
意大里亞
地中海
西班牙
大西洋
比利時

爲法人立國之始。傳二百餘年。嗣王昏庸無道。國人廢之。推相臣比比諾爲王。此唐天寶十一年事也。比比諾身長不過四尺。性果勇。膂力過人。不識天下有膽怯事。既即位。征伐四隣。威震遐邇。値倫巴爾底王攻西羅瑪。東羅瑪無力救援。危在旦夕。教皇念生靈塗炭。告急於比比諾王。王奉命來東。大破仇敵。奪回所失地。獻於教皇。王薨。子加祿曼第一。一名大加祿。纘承大統。身長七尺。狀貌魁梧。智勇絶倫。勤敏好學。時東方日耳曼之撒松部。屢犯邊境。加祿曼征之。擒其王。遂定日耳曼諸部。先是倫巴爾底王負約重侵羅瑪。教皇星使告警。法王率師往救。倫王玩之。登城遙望。見騎兵一隊。騰躍馳至。輜重隨進。軍容壯盛。問法國叛將曰。無乃加祿曼至乎。曰未也。俄而鐵騎一隊。直奔而前。金鼓震天。旗甲輝日。倫王曰。無乃加祿曼乎。曰未也。既而兩軍接戰。煙塵紛起。天地晦冥。有一騎鐵兜鍱衣。左横槊。右揮刀。跨駿馬而至。叛將見之爲褫魄。呼曰。加祿曼王至矣。倫王驚惶無措。遁走求成。將所侵地。悉歸教皇。自是加祿曼戡定泰西宛成一統。威名赫濯。各國來朝。唐貞元十五年。加祿曼親詣羅瑪。教皇行加冕禮。封爲西羅瑪總王。東羅瑪

王。約爲上交。加䘵曼大開館舍。招致當代碩學。日夜與之講求。孜孜不懈。明治體。整綱紀。西人至今稱之。數傳後宗支爭立。國權旁落。諸侯侵奪。衰亂頻仍。宋太宗雍熙四年。巴黎伯武額加拜得正强。國人推爲王八傳至類思一。名路義第九。聰明睿聖。文武兼優。率師攻埃及。戰勝。而三軍染疫不能振。納賂而歸增修國政。簡賢任能。爲中興主。法國與英吉利隔一海汊。世爲昏姻。昔法王絕嗣。英王法王甥也。請劃地。法人不與。英發兵攻法。掠迤北諸省。夷滅殆盡。法國烈女名讓納。大號召餘燼。擊退英軍。恢復舊土。明萬歷間。法王恩理格一。名顯理第四。由旁支嗣位。發憤修身。廣布仁政。被刺薨逝。未獲壽終。二傳至類思第十四。智勇過人。禮賢求士。一時人物之多。學術之精。歐洲推第一。乾隆三十八年。路義第十六嗣立。懼父王遺孽。國大亂。乾隆五十七年。爲反賊廢弒。尋反賊伏誅。國人立總統三員攝政。以拿破倫爲首。嘉慶九年。拿破倫卽王位。滅荷蘭。廢西班牙。取葡萄牙。兼幷意大利亞。瑞士。日耳曼諸國。割普魯士之半。奪奧地里亞屬藩。轉戰掠地。所向無敵。及伐俄羅斯。圍其舊都墨斯科。將旋師。天寒冽過甚。軍士凍死者十之七八。

諸國乘其困敝。合力攻之。法師大潰。所得土地全失。嘉慶二十年。各國遣公使至奧都維也納。議將拿破倫所侵地各歸故主。拿破倫懷慚退位。入英吉利英人流之荒島。五年而殂。王族復位。僅閱三十三年。國人又廢王。爲民主國。選總統二人。以拿破倫第三爲首。閱三年、國人推爲王。又十九年、與普魯士交兵。法師潰敗。拿破倫第三被擒。法人出五千兆佛郎。割迤東一省有半以和。王乃廢。改民主國。至今仍之。

按法蘭西形勢。東南有亞耳伯山。連峯疊巘。袤延數千里。白山其第一峯也。廣蟠二十三里。長七十四里有半。石壁千尋。懸崖陡絕。澗中瀑布飛流。傾注而下。激盪萬變。下則穿石成池。水深莫測。亞耳伯山之北。有連峯斷續。綿亘五百餘里。汝拉山也。最高之嶺。高三百三十六丈。箐林陰翳。障蔽天日。游者樂而忘返。又北爲窩日山。雄壯突兀。青影插天。峯高三千八百二十四丈。此法蘭西東境山也。西南境有比利牛斯大山。與西班牙犬牙相錯。國之中境。州有峯巒。袤延絡繹。蘊煤鐵最多。計每年所出煤。採二百六兆六千八十餘擔。鐵則二十一兆四百八十六千餘擔。其獲利之大且多如是。此外有鉛錫礦數處。境內河道。最

大者曰羅亞爾。蜒蜿曲折。長千五百八十里。源流出腹地峻嶺。向西北流入大西洋。溉田潤地。土人皆倚賴之。惜河中漲沙甚多。忽現忽隱。遷移無定所。爲行舟患。潮汛盛發時。水勢泙湃。衝決堤塘。致成巨害。法人深慮。密防迄難疏鑿。爲一勞永逸計。兩岸樹木成陰。田園鬱茂。遊其野者。悅目怡情。河名遂傳人口。有同入大西洋。而居法國四大河之一者。曰日倫大。其上流名加羅納。發源于比利牛斯大山。西北流過波耳多城四十餘里。始名曰倫大。其三名羅尼。源自亞耳伯叠嶂中出。西流成大湖。名曰尼瓦。爲瑞士南界。西南流。水漸澄清。作深綠色。折而西北流。又折而南。滙於地中海。長約千三百十餘里。水勢湍急。險於行舟。每費倒引逆拖之力。人皆以爲畏途。塞納河自東南開源。流貫數省。中經巴黎京都。朝宗於衣袖海。其餘支河運道。爲數甚繁。舟楫四達。灌溉亦易。法蘭西壤地之腴。甲於西土。殆以此故。

法蘭西分疆畫邑。屢有沿革。昔作三十六省。今改八十七府。三百六十二縣。府縣名目繁多。茲不縷指。考其直省。曰意里德法蘭斯。畿內地也。曰法蘭德勒。曰亞爾多亞。曰比加爾的。曰諾爾滿的。曰賞巴尼。曰維

勒內是省領四府。法師敗績後。普國割據一府有奇。而亞爾撒斯省僅存一縣之地。曰賣內曰安如曰北勒達尼曰波亞都曰痾尼斯曰都勒內曰痾里央曰比利曰尼威爾內曰波爾波內曰波爾可尼曰法郎師官德曰薩痾亞曰道非內曰痾里內曰痾威爾內曰馬爾世曰黎木性曰桑當曰日及英內與加斯可尼曰伯亞爾內曰官德佛亞曰盧西隆曰郎給道曰宜德威內森曰不羅温斯曰官德尼薩曰哥爾塞即地中海大島之一。本屬意大里亞。乾隆間。法人出資購之。始隸於法國。之都城在首省意里德法蘭斯中。曰巴黎。一名巴利。建於塞納兩岸。城垣周圍方五十五里。擇險要處。環列礮臺十八座。鞏固莫比。街衢闊大。整潔如洗。兩旁多植樹木。綠陰遮道。行人便之。列肆鱗次櫛比。千門萬戶。密如蜂房。高至五六層。七八層不等。城中殿堂宮闕。尤精麗巍峩。出人意表。最著者爲天主堂二。基趾廣闊。鐘樓高聳。均極營構之巧。其宮苑有名者。爲拿破倫故闕。二十年前。亂黨火之。徒存廓落。法人撫今思昔。每深故宮禾黍。舊壞荊榛之感。盧物爾本古宮殿。今改爲博物院。內藏名人圖畫。博雅士多臨摹其中。有鐵塔一。以所奪礮位。改鑄

成之。高十三丈四尺。中有鐵盤。旋轉上升。頂尖設拿破倫第一之像。書院學塾。及各種藝院。累百盈千。屈指難數。論者謂天下都會。巴黎推第一。英京倫敦。僅財貨薈萃之首區耳。里疴內省會名里昂。乃法蘭西第二名城。第三名城曰瑪爾賽。地中海濱商埠。當首屈一指。財貨雲屯。檣帆櫛比。東方人適是邦者。必先跨其地。第四名城曰波耳多。係西境一大埠。

法國戶口。按近年版籍。得三十八兆又五十萬人。水陸兩師。亦在其內。依民主國法律。以億兆人。皆屬一總統。有上下議院。操定章立紀之權。有事則總統飭部院施行。不得擅自裁節。部院凡十。曰吏部。曰刑部。曰外務部。曰戶部。曰兵部。曰水師與理藩院。曰訓諭部。曰術藝與教事部。曰農事與商務部。曰工部。一年國費約需三千兆銀。內一千兆。例給諸部院施用。人民概奉天主教。從異教者。約得六十七萬人。設有總主教十七缺。分府主教六十七缺。徵兵之法。昔稍岐。按新定章程。凡男子年在二十以外。苟無廢疾。均當入選。其間分差等。拈鬮攤派。有常列戎行者。有一年中數月服役。而平時居家生理者。有專務疆域者。總

計承平之時。兵額約五十六萬。若戎事危急。可添至四百三十萬。戰船時有損益。光緒二十七年。計得三百四十四艘。水兵五萬九千人。有備無患。治國之道宜然。然喜戰好勝。動輒搆兵。拿破倫前車之鑒。其可忘耶。

法國氣候不齊。西北濱海數省。西南風最多。殊猛急。致大雨時注。霧瘴彌天。地潮濕。人觸其氣。易染疾病。幸土壤沃潤。節令溫和。冬不甚寒。夏不甚熱。中央與迤東之地。多東北風。雨澤較稀。氣候平順。巴黎京都。寒暑表升降度數。折中計之。約得十度七秒。若東北與迤東山谷中。寒暑紛更。極無定度。夏則酷暑炎蒸。異常鬱悶。冬則嚴寒凜冽。水陸皆冰。南方濱地中海數省。氣候乾熱。迅雨暴風屢作。間有西南風。自亞斐利加州大沙漠吹來。往往貽害穀果。土人患之。西南日倫大一帶。有比利牛斯大山遮護。得免旱風之苦。而東北高山之風。以相距已遙。勢力漸殺。是以雨澤雖多。潮濕之氣。不至貽害。法蘭西物產。迤西多麻。西北產黍稷禾麥。北方多麪麥菜蔬百果。皆甘美。種萊菔造糖。味甘利溥。又產細麻。製衣甚輕爽。東北方多

葡萄。樹林深密。芳草如茵。可以入畫。東及東南境多麵麥。有葡萄一種釀美酒。桑樹繁盛。惟養蠶之藝未精。故絲綢一項。概由他國運來。非土物也。南方產橘橙瓜果。又多葡萄。與阿里伐樹。阿里伐形似橄欖。實則與橄欖大異。以之作油。色清洌。不甚可口。西人推爲美品。烹飪必需。法國腹地數省。肥瘠不同。物產亦異。統計所產。以麵麥爲大宗。每年得百兆餘石。番芋亦臻此巨數。葡萄酒一年約六十兆石。其間賞巴尼酒。最爲馳名。紅酒出於日倫大河一帶。比戶皆有。名波爾多酒。其北勒達尼比加爾的與諾爾滿的三省。非釀酒之地。壓蘋果汁以飲之。通國畜牛馬甚多。山林出禽獸亦夥。惟虎豹犀象等害民惡獸。則久已泯跡矣。裝運貨物。除官路河港外。陸有鐵路。水有埠岸。通貨財。敦邦交。俱能流通無滯。

法國藩屬。在斐州據有亞爾日里與馬達加斯加等地。在亞州據有東京南北直圻等國。在墨州據有及英等處。在澳州據有新加勒道尼等島。統計幅員。約得六兆有奇方里。居民五十一兆餘人。蓋地不止十倍於本國。而民亦幾將一倍也。

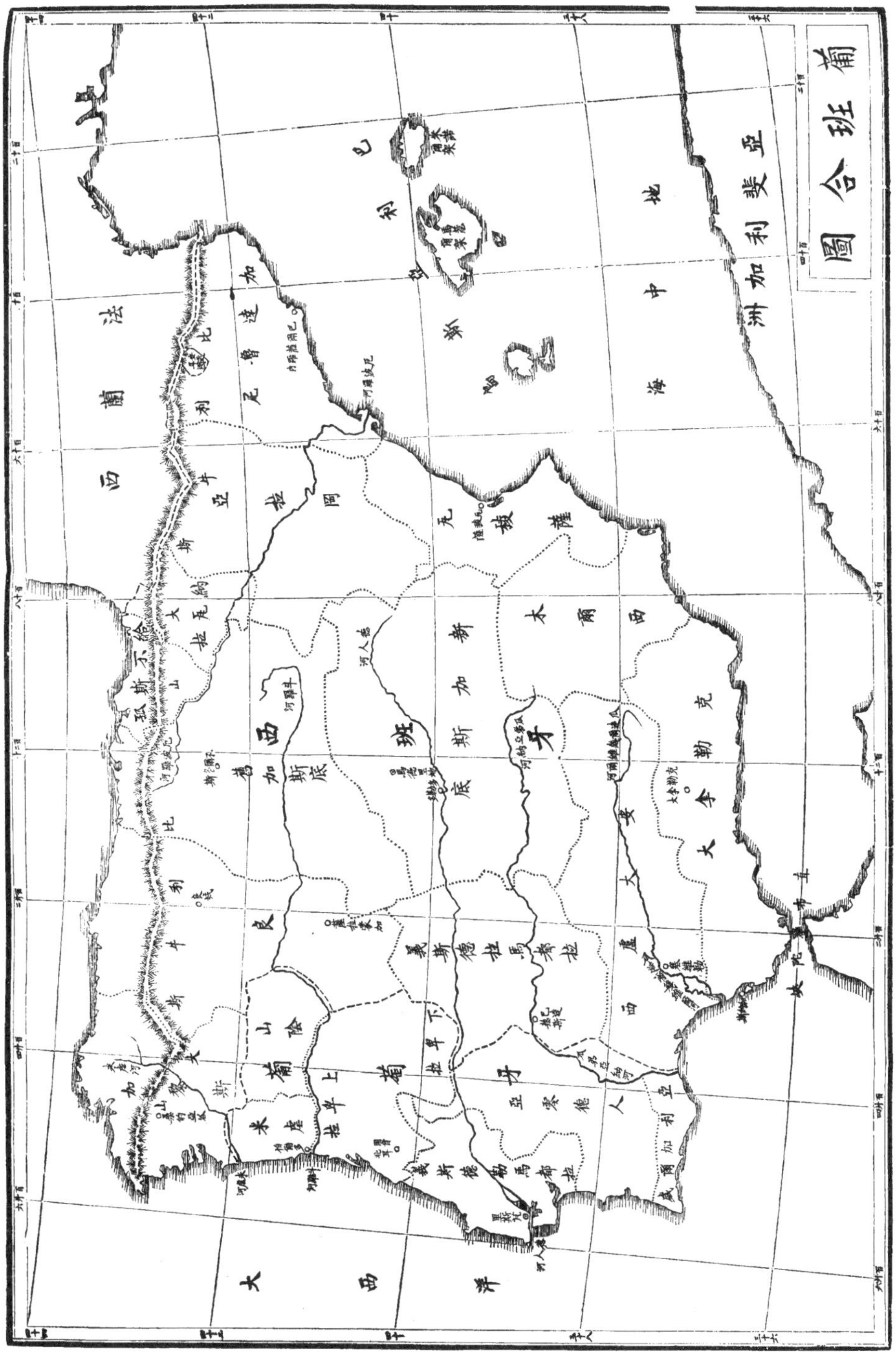

西班牙

西班牙古名意卑里亞。一名意斯巴尼亞。又名意西巴尼亞。或稱大呂宋。因前明中葉。國人航海來東。探得南洋呂宋地。粤人與之互市。以大呂宋稱之。以別于小呂宋。其幅員恢闊。埒法蘭西。以比利牛斯大山爲東北界。與法蘭西接壤。東南距地中海。西連葡萄牙。北盡大西洋。東西相距約九百八十里。南北約千七百八十里。初爲五方雜處之地。各族相侵。殆無虛日。西漢初。羅瑪大將。崩彪督師來攻。服之。降爲屬國。越二百年。羅瑪衰。北狄割而分據。卒爲峩特族所併。唐景龍間。亞剌伯回部奪亞斐利加北境。由直布羅陀峽渡海。攻西班牙。班人望風奔潰。僅保迤北數部。歷二百七十五年。守土回酋叛阿剌伯君。裂土地各踞。至十九部之多。國人乘其衰敝。奪其地。分三小國。明成化五年。加斯底女主依撒伯爾。與亞拉岡侯斐爾弟囊成婚。將兩國仍合爲一。尋兼併第三小國。克勒拿大。慴服回蠻。奪其餘地。卒復故宇。成西班牙一統之業。后依撒伯爾性聰慧。負大志。會算學士高隆。即哥倫波。請發川資。擬航海西行。往探新地。后然之。

飭駕巨艦。裹糧遣去。果獲亞墨里加地。哥倫波擄而有之。名大顯。后亦以知人得聲譽。奧大利亞侯。加祿第五者。西班牙甥也。出自依撒伯爾女若翰納。以方略著。及西班牙王殂落乏嗣。國人推加祿爲王。西收蒲萄牙。東南割意大里亞南境。與西治里等島。有人以南北亞墨里加金銀。滿載東來貢獻不絕。於是富强莫匹。名震遐方。五傳宗支絕。法國王孫斐理伯第五立。先是搆兵累年。盡失所奪歐洲地。勢漸弱。國漸貧。幾一蹶不起。比斐理伯踐祚。勵精圖治。宵旰勤勞。日與廷臣求治國。乃稍振。然强弩之末。不能穿魯縞。故直布羅陀海口。仍爲英人佔據。至今未復。恐鄭田之返。無望于將來矣。嘉慶十三年。拿破倫第一。乘西班牙王父子不睦。奪其國。封弟爲藩王。民不服。羣起逐之。立世子斐爾弟囊第七。嗣後内訌頻仍。日就衰亂。女主依撒伯爾第二。在同治七年。被逐退位。國人請意王世子即位。閱二年。讓位返本國。國人擬女主依撒伯爾之長子亞豐蘇第十二爲王。十一年。王崩。越六月。王遺腹子生。登上尊位。名亞豐蘇第十三。時光緒十二年也。

西班牙舊分十六省。今改十四鎮。四十九府。首鎮新加斯底通國之中。領府五。馬德里地其首府也。爲都會宮廷宏麗。院署繁多居民約得四十七萬有二千人。好爲鬭牛戲。蓋其俗尙使然。至今未能變革。戲場極廣大。周圍建樓閣。可容萬七千人。鬭牛之日。王鑾駕親臨。與民同樂。自公卿大夫至僕隸輩莫不踴躍聚觀。巷空途塞。屆時勇士若干。持鎗操刃。鵠立成行。乃縱狂牛於場。勇士觸而怒之。與之鬭。勇士搏而刺之。則千萬人歡呼迎賀。不啻大將凱旋。三軍鼓舞。都城西南百里許。有古都名多勒多。建於德人河濱。今惟存宮殿陳蹟數處。第二鎮曰舊加斯底。田土肥沃。氣候和平。會城曰不爾各斯。其分鎮名艮地。氣平順。物產豐饒。會城亦名艮。多高軒峻宇。外繞芳園。淸景可愛。轄下府城。名薩拉蒙加者。昔爲大都會。書院宏敞。代有聞人。烽火之後。凋敝殊甚。加黎斯爲第三鎮。處西北隅。有城名桑的亞谷。爲耶穌之徒長雅各伯墓。自古信士雲集。歲以萬計。因之盛名留傳。多士蔚起。談軼事者。猶津津樂道焉。義斯德勒馬都拉西與葡萄牙接壤。土沃氣炎。城名巴達熱斯。建於瓜的牙納河上。造大石橋以渡。長百七十三丈。闊約三丈。橋

門二十有八。爲一方勝蹟之最。安德盧西鎭。土地豐饒。長夏酷熱難堪。會城塞維勒。烟戶稠密。可十四萬三千。別一城名加的斯。建於海隅。大而堅。西班牙盛時。爲海濱巨埠。今漸蕭索。居民六萬二千。遵海而東。有克勒拿大鎭。再東爲木爾西與瓦稜薩合鎭。克勒拿大城。原爲冠蓋輻輳之地。人烟稠密。雞犬相聞。後五代時。得民口四十萬。今惟七萬六千。瓦稜薩僻處東南隅。與巴爾薩羅內城。爲地中海貿易關鍵。居民約十七萬。氣候煖而正。罕見氷雪。地甚腴。物產浩繁。加達魯尼鎭。在瓦稜薩之東北。依山傍海。物產騈羅。地脉善。戶口最盛。巴爾薩羅內城。居民多至二十七萬二千。爲東境第一大城。轉西爲亞拉岡鎭。地山嶺重疊。寒煖懸殊。又西北爲納瓦拉鎭。西杭給不斯孤鎭。巴利亞利斯鎭。在地中海五島。內馬惹爾架與米諾爾架較大。此外向有屬地數處。如亞墨利加之古巴。澳削尼亞之呂宋等是。然光緒二十四年。合衆國遠來尋衅。奪其呂宋等島。僞令古巴自立。故東亡西挫。衰靡之勢。日甚一日。正不知何時振作也。

西班牙有大山數座。發脉皆自東而西。聳峯疊青。橫亘如列戟。北境與比利牛斯大山連續。氣節頗寒。迤

南臨地中海。夏令酷熱。賴海風消滌暑氣。稍挹清凉。中央平地殊高。較歐洲諸平原。此爲最。河道之大者五。曰斗羅。曰德人。曰瓜弟亞納。曰瓜達爾幾維爾。皆自境內崇山發源。蜿蜒曲折。斗羅德人兩河。西流入葡萄牙境。瓜弟亞納河向西南流。折而南爲兩國分疆天塹。瓜達爾幾維爾亦西南流。不出國境。此四河朝宗於大西洋海。其五河曰厄波羅。水道綿長。可八百十餘里。東南滙於地中海。此外汊港縱橫。富有魚族。合境土地膏腴。五穀皆備。禾稻出南方。亦種棉花。麪麥最佳。葡萄無地蔑有。酒之名聞海外者。十有七八。然物產大宗。惟綿羊細絨一種。羊名墨里諾斯。多蓄於加斯底地。每當三秋之交。牧人率綿羊羣遠求芻牧。往往一二牧童領羊千餘頭。所經之地。青草一空。頗若牛山濯濯。歷冬春二季。至夏初。始率羊羣反山中。招類剪毛。剔理揀淨。遞分上下品。一棧之大。可容五六萬頭。綿羊千頭。用人多至百餘。生息之多。於此爲最。其畜家禽馴獸。與他方不甚異。礦產頗富。煤鐵僅足自給。汞鉛銀等自用外。可以運往他國。統計一年國用。約九百兆銀。平時徵兵約十二萬人。大小兵船得三十六艘。此皆數年前有司核計之數。確鑿

可憑。通國人民。約十八兆人。都崇天主教。國家政權。操自國君與上下議院。上議院官百八十缺。下議院員缺無定額。律准每五萬人。推選一員。君王之位。男女皆得臨御。以長幼爲序。極北絶境。於比利牛斯小山之陽。有附庸國一。名安道耳。居民僅七千。大率牧牲爲業。蕞爾小邦。介於法班兩大國之間。世保封疆。穩無外慮。西班牙亦深資捍衛焉。

葡萄牙

葡萄牙又作波爾都加。古名盧西大尼亞。本係西班牙西境。李唐以前。與西班牙同一沿革。立國則先於西班牙因加斯底王大破回人。法蘭西王孫恩理格頗著汗馬勳。王德之。妻以女。裂葡萄牙腹地封之。及恩理格卒。子亞豐蘇第一纘承父業。驅逐回民。遠拓疆域。南宋紹興十五年。南面稱王。遂定國于葡萄牙。時西班牙諸侯王。偏安撮土。未成一統。故謂葡萄牙立國。先於西班牙也。明宏治間。國人善航者。駕巨艦南行。由亞斐利加西境。至南境盡處大浪山。歷盡艱險。幸保無虞。因名其海角曰好望角。猶言行海過此。諸險平夷。可望穩抵埠頭云。從好望角轉東北經亞斐利加東境。直達印度。復東南渡麻鹿加峽。遍遊東方。卒抵粵東。是爲西人初來通市之路。自葡國據南亞墨利加巴西地。歷二百餘年。富强甲於歐洲。萬歷八年。葡王薨而無子。西班牙吞并其國。由是隸西班牙者六十年。民困倒懸。國漸衰敝。崇禎十三年。國人起兵。逐西班牙守臣。復立葡王宗支若翰第四。與西班牙搆兵首尾二十餘年。幾無暇日。卒賴法英外援

之力。仍得立國。然英人强脅之漸由是啟矣。嘉慶中葉。法王拿破倫第一。率大兵西南向與西班牙密約。伐葡國而瓜分之。葡王不能敵。棄國西逃。遷鼎於巴西。迨拿破倫敗。王立世子爲巴西王。自返故國。尋卒。巴西王兼治葡國。奈遠隔重洋。多所不便。爰遣王幼女至葡。領其地。後連番內潰。國勢寖衰。國都西南兩面皆環海。東與北界西班牙。東西相距不過二百七十里有奇。南北約九百三十餘里。壤土褊小。幾及一行省。然嘗作福作威。聲聞四海。視東西大洋諸國。若外府若外廐。莫能禦之。後雖連遭頓挫。柔弱難支。而藩屬尚多。猶可則諸列國。

葡萄牙有七省。曰義斯德勒馬都拉。曰米諾。曰山陰。曰上卑拉。曰下卑拉。曰亞零德人。曰亞利加爾威。義斯德勒馬都拉處南北適中之地。王都在焉。都名里斯芃。建於德人河之右。跨山臨水。清如畫圖。城內複閣崇樓。鱗銜翼比。兩岸礮臺鞏固。守衛極嚴。曩時屢遭地震。患最甚者。在乾隆二十年。宮闕館舍。傾頹盡淨。死者山積。後經修建。仍復故制。居民三十五萬七千。其次伯爾多城。烟戶稠密。約得十七萬二千。物產

之豐貿易之盛。差比都城。而酒之旨且多。爲通國冠。國音北耳卑拉之會城也。城中有大書院。葡國英俊子弟皆負笈就學。而博士鴻儒。類皆出此。與意之羅瑪。法之巴黎。班之薩拉蒙加等大學院。可並駕齊驅。境內萬山盤亙。有大河。曰米諾。曰斗羅。曰德人。曰瓜弟亞納。皆自西班牙發源。米諾爲北境界。瓜弟亞納分東南兩國疆域。國內氣候不齊。北境頗寒。南方溫熱迭乘。少嚴寒之令。土田肥沃。不遜他邦。惟農事不甚講求。率賴藩屬供給。物產以小麥莜麥爲大宗。亦有大麥高粱粟米秔稻。樹多松楊。果富杏仁。葡萄尤夥。釀酒極甘美。販遍天下。山中蘊銅鐵礦。又產紅藍寶石。水晶硫磺等。鹽田則沿海皆是。取之不竭。墨里諾斯綿羊亦有。惟不若班之多且美。騾馬極佳。足壯行色。計物產出入之數。出約洋銀二十八兆圓。入則五十一兆有奇。出不支入。生息差微。是以國帑空虛。公債累積。終歲躊躇。常形拮据。國係君主。不屏女流。設上下議政院。仿他國之制。民約十六兆人。中五兆人。隸居直省。概奉天主教。其餘十一兆人。皆係藩屬。徵兵之制。凡男子二十歲。除律准恕免外。皆按班入選。或步兵。或馬隊。或水師。或負戟從師。或練習營中。

或僅挂名待戰。皆按定章。井井有條。無得稍紊。陸兵三萬餘。有事可添至八萬人。有國如此。尚可有爲。在執政者。善爲撫馭耳。

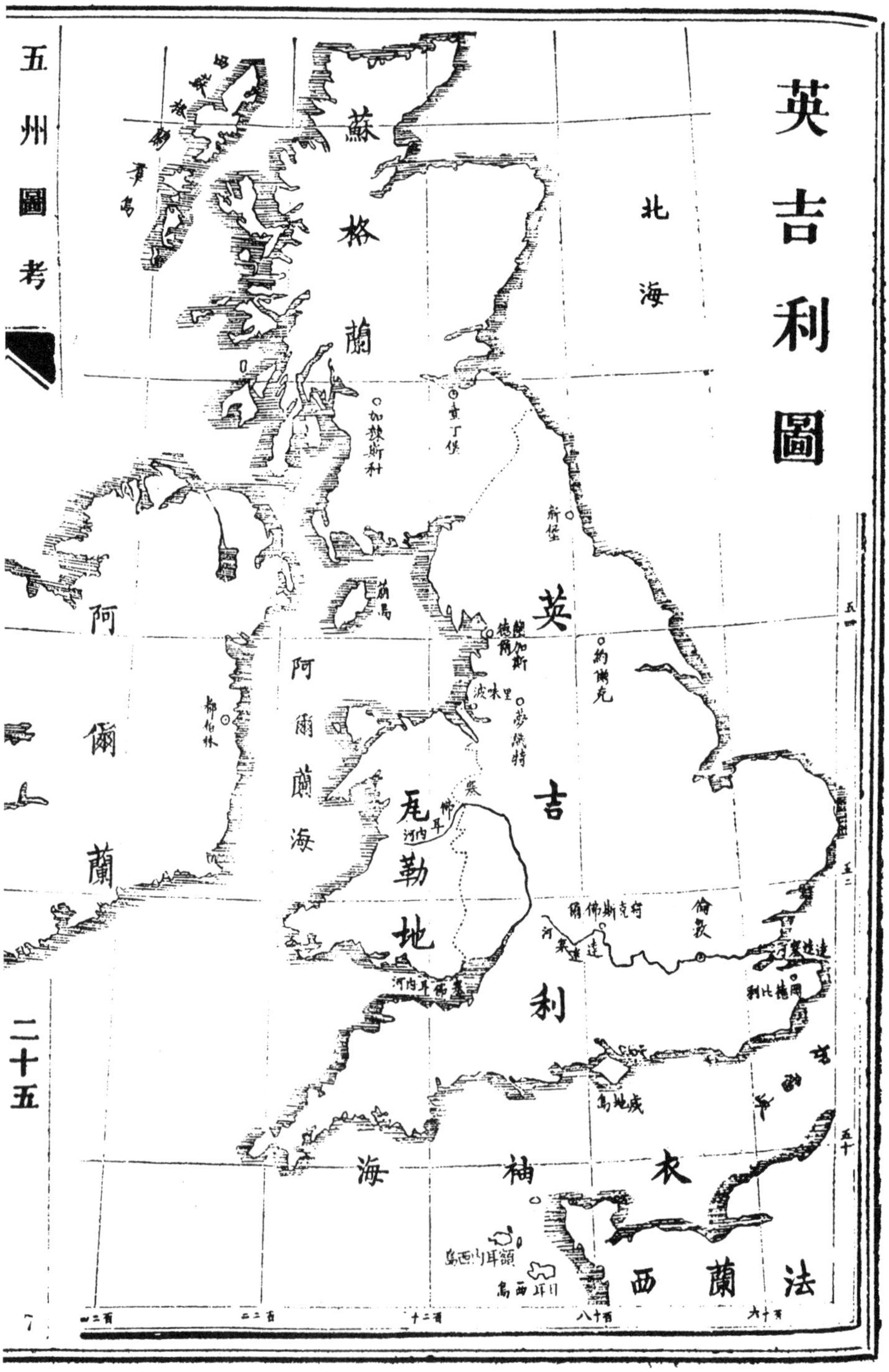
五洲圖考
二十五
英吉利圖
北海
蘇格蘭
阿爾蘭
阿爾蘭海
英吉利
尾勒地
都伯林
新堡
倫敦
衣袖海
法蘭西

英吉利

英吉利雄鎮歐洲。聲震天下。盡五大洲之廣。何地無英人建樹。其在亞洲。據有印度全境。緬甸全國。近遏阿富汗威懾暹羅國。亞丁錫蘭新加坡檳榔嶼香港等島。均歸掌握。在亞斐利加洲。奪得加不地。古所謂大浪山或稱好望角者是也。迤西濱海。及附近島嶼。皆入隸版圖。在亞墨里加。佔有加拿他新著島等。迤北寒荒廣漠。與南方屬部。亦屬柵檬。並據阿削尼亞洲土地。更形遼闊。澳大利亞大島。半屬英人。新西蘭等島。供役已久。是英國藩屬。寬廣袤延。爲千古莫儔。一時獨步。然其發迹故都。僅東西兩島。孤懸大西洋中。直同卷石。迤東一島。分南北兩界。南本英吉利地。北曰蘇格蘭。迤西一島曰阿爾蘭。蘇格蘭與阿爾蘭舊本別成一國。後爲英人所併。久列屏藩。近今考英吉利者。該三土而言。不特注意于故土也。其地古時爲土番部落。後爲峩特族所據。西漢宣帝時。羅瑪大將渡海來攻。南方望風靡亂。伏地稱臣。若迤北諸部。雅不肯服。未經平定。迨羅瑪衰。土酋仍據其地。惟勢孤力弱。不能自立。因求援於日耳曼撒松部與安各

羅人。尋分七部。各霸一方。互相侵擾。有厄克伯爾王者。智勇過人。聘娶法蘭西公主。公主崇天主教。屢言於王。會教皇額俄略第一。偶于都市中。見英國少者被人鬻爲奴。貌俊秀。良爲歎惜。乃遣聖奥斯定偕門下四十人前往。宣傳教化。過都越國。備歷艱辛。比至。鞠躬盡瘁。勞苦不辭。專志傳道。國王服其德。遂亦信道。國人多棄舊從新。欣然向化。是爲英人奉天主教之始。自是宣教之權。傳道之士。掌教之員。及一切制度節文。常由教皇宰制。英之君若臣。未有私奪行教之柄者。

唐文宗元年。厄克伯爾王併六部爲一國。越數年。大尼國即丹馬國。又稱嗹國。突然興兵。朝令暮更。干戈擾攘。百有餘歲。迨兩宋間。撒松與丹馬二姓。迭相稱王。互有禪立。威廉第一者。法蘭西封藩諾爾滿的省公爵也。與英王友善。并有宗族誼。英王薨。乏嗣。后弟代立。威廉以英當歸己。非外戚所可分寸土。乃親督六師。率艨艟戰艦。大舉往征。南方之民。望風瓦解。國中縉紳巨族之死亡者十之八九。威廉大勝。自立爲王。又奪國中巨家世業歸國庫中。爲犒功之用。部下將帥之著有勳勞者。皆論功封贈。英人憾之。四傳至

恩理格。一名顯理第二。英王外甥也。初封法蘭西安如省爵如伯。既爲英王。西征阿爾蘭服之。土地遂廣。權勢莫倫。惜剛愎逆諫。百工不効命。計享國三十五年。承平之歲寥寥無幾。元順帝至元三年。王義都華第三。與法蘭西王斐理伯第六。因地起釁。累年搆戰。至前明景泰四年。凡五傳。歷百餘載。始息干戈。用玉帛相和好。後又以內訌頻仍。通國叛亂。明憲宗成化二十一年。王甥恩理格第七嗣位。削平內患。四境相安。平時節儉過甚。駕崩之日。國帑盈餘。爲前此所未有。然尙論者不爲深嘉。以失中故也。太子恩理格第八。承父位。性傲荒淫。喜怒無常。豪華失節。初娶西班牙公主爲后。居十八年。生有公主馬里。偶見少艾。羅致之。遂寵而惑焉。未幾好色志昏。逐正后以少艾代之。已而少艾又失寵。且殺之。再娶則以產難死。三娶惡其不美。又出之。四娶未久。仍厭舊更新。誣以外好而置之死地。卒娶一嫠婦。未四年而謝世。當在生時。寵一臣。輙委以大權。偶拂意。立卽賜死。惡聞讜言。殘害骨梗。昏庸無道。爲前世所罕聞。相與行政者。惟汙吏幸進之流。諂媚阿私之輩。然亦有死於非命者。羣臣惴惴小心。危如累卵。先是日耳曼路得祿狡譎異

常。愎辯正道。反背教皇。流布謬說。王深非之。手書駁詰。蓋其時固有之良。未盡汨沒也。無如有始不克終。竟以私姬寵。故背天主教。創立別教。妄自尊爲天下總牧伯。恩理格第八死。女主馬里與厄利撒伯相繼承祚。按厄利撒伯出自寵妃。生而殘忍。有北方蘇格蘭后。亦名馬里。性淑慎。奉天主教。美姿絕倫。女主妬。欲殺之。誘之來。誣以不軌。幽之別宮。凡十八載。卒寃坐以謀反。斬於市。信史森嚴。至今猶爲痛斥。女主性聰明。諳練行政。勤慎治民。有足多者。病將薨。似悔前非。詔禪位於馬里之太子。名熱給斯。卽雅各第一。於是蘇格蘭與英吉利故土。併成一國。至今仍之。順治間。國人反叛。弑王。官紳克郎威耳素負才望。乘時突起。攝政定國。稱保衛主。申明法度。畧爲變通。英人稱便。越數年。倉庫充實。內外熙安。及卒。先王世子復位。曰加祿第二。爲人放蕩奢靡。怠於聽政。會瘟疫流行。死亡枕藉。明年倫敦大火。宮室民居。焚燒殆盡。由是人心離析。國勢寖衰。康熙二十七年。荷蘭王因英民之請。率師入倫敦。卽王位。號威廉第三。一傳乏嗣。召日耳曼漢挪物勒王若耳治第一西來。尊之爲王。王本英駙馬。初蒞國。未諳土俗。后內助賢勞。國頗安謐。

四傳至威廉第四。和民悅衆。不喜兵戈。及卒。無子。有女不慧。遺命立兄之女維多里亞爲國主。今王名厄德華爾第七。前明中葉。英人泛海覓新地。得北亞墨里加腴土。遷國人居之。墾荒闢萊。戶口漸繁。遂倚爲外府。後連年興兵。徵稅倍額。土人不堪其累。華盛頓率衆背英。英以大兵征之。連年不克。力不能支。與華盛頓和。聽其自立爲米利堅。卽合衆國。一名花旗國。光緒二年。墨人設賽珍會於費拉特費城。爲其立國後周百年之慶也。墨人以迤南沃土。悉割爲己有。以迤北寒荒不毛之地。讓於英。英由是虛耗。未幾。印度貿易日盛。各商埠帆檣雲集。百貨流通。富厚倍蓰於前。至今蒸蒸日上。

英吉利故土。或作恩克勒戴耳。分五十二部。而加勒地十二部。亦在其中。京都倫敦。一名郎特勒。築於達米塞河兩岸。皇都寬廣。爲歐洲冠。以屋宇叢聚處計之。縱得二十二里有奇。橫可三十里。以四周連絡村市合計之。縱橫得七十里。人烟稠密。市肆繁華。街衢闤直紛岐。屋宇高聳奇崛。居民五兆人。稱之爲歐洲第一都會。洵不誣也。宮闕之大者有四。規模宏鉅。美奐絕倫。有聖保祿大堂。用白石築成。營構最爲精妙。

中起圜樓如覆杯。仿羅瑪聖伯多祿大堂規格。高三十五丈。歷階五百四十級始至絶頂。此爲合城最高處。登臨四望。七十里山河盡歸一覽。其他離宫别院。衙署公堂。多不勝數。城下有地道一。穿米塞河底。火車通行。進此路如入桃源世界。别有一天。貿易最爲繁盛。計每歲商船出入達米塞河者。約二萬艘。載輜重多至七兆噸。每噸合中國千六百八十斤。生息之鉅。不言可知。惟富者自富。貧者仍貧。每於輝麗樓臺之側。圭竇蓬門。比連錯雜。貧民無餬口資。啼飢號寒。與豪富相形。慘然無人色。東南距京師不遠。有岡德比利城。爲根德部省會。中有殿堂甚鉅。至今歷七百餘年。依然鞏固。古氣鬱蟠。通國最大埠岸。在倫敦西北。曰里味池。距京師約四百五十里。居民約六十萬人。商賈輻輳。貨物駢羅。計每年出入之貨。較京都多半兆噸。船廠亦較大。緣四鄰諸城。如曼識特等。皆由此埠取材也。此城盛與後蘭加斯德爾城。日漸蕭條。殊非昔比。里味池東北。有城名約爾克。昔爲王者居。今英廷立官分職。目爲通國第二城。痾克斯佛爾城。在京師西北約百三十里。中有大書院二十餘所。肄業生徒。多至數千人。天文地理格致文藝算學化學

醫學軍政等分門專攻。循序以進。

蘇格蘭古北狄所居。南北約距六百五十里。東西約四百里。萬歷間。與英吉利故土合成一國。現分三十三部。都曾名壹丁堡。建於三邱上。龍蟠蛇伏。曲折萬狀。論者謂形勢之雄壯。屋宇之精華。實駕倫敦之上。爲英國第一美城。居民約三十萬人。有書院甚大。生徒多至二千餘。文教之盛。可見一斑矣。蘇格蘭富利埒頭。以加辣斯科城爲最。居民約七十萬人。市肆如林。百貨充牣。雖土地寒瘠。物產無多。而販運紛來。洵稱富有。人工勝地利。此言信然。阿爾蘭在英倫與蘇格蘭之西。中隔窄海。縱可七百三十里。横約四百五十餘里。都會名都伯林。戶口繁衍。約得三十五萬人。豪華之象。可比壹丁堡。而貿易之盛遜之。地分四大省。統隸三十二部。初爲土酋部落。後自立爲國。英人於南宋時收服之。阿人崇天主教。英王恩理格第八。嗣主厄利撒伯。棄舊創新時。阿人之因義致命者。指不勝屈。其幸免者。爲嚴例所抑。非屈節從王。不能進身筮仕。倒懸之困。直奴隸之不如。此例今雖删除。而君臣上下。仍扞格不通。民隱難於悉達。因之連年起

羈。各不相安。苟在位者撫馭有方。變通治術。行見堂廉交泰。草野一心。不亦懿歟。英國四圍多島嶼。星羅碁布。悉數靡窮。其較大者曰威地。曰萌。曰寨忒耶。威地風景清平。堪稱樂土。萌島多岡阜。中蘊銅鐵鉛石之礦。塞忒耶島節氣寒冷。雨雪過多。故穀麥不登。民生寥落。類以捕魚爲食計。彼方九十一島。惟五十餘島有人寄寓。他則鳥跡獸蹄。尙爲僻野。在蘇格蘭之西。有羣島約三百餘區。中惟八十餘島。爲人所居。氣候溫煦。養生之物粗具。餘則寥廓荒凉。寒風殺草。幾有平沙無垠。夐不見人之概。日耳西與顏爾內西兩島在法國西北海中。距岸僅一葦之路。初隷法之諾爾滿的省。宋徽宗朝。英人奪而有之。日耳西寬廣得七十里。戶口約六萬人。地多高巖。巖石錯出於海濱。船隻艱於近泊。顏爾內西島。偪近日耳西。烟戶較稀。僅得日耳西之半。

英吉利岡阜舒蟠。較密於蘇格蘭北境。與加勒地。然大率不甚峻。絕峯僅高二里有差。比於歐洲諸大山。直培塿耳。英國河道無多。最著者曰達迷塞。曰塞佛耳內。曰翁伯爾達迷塞。源發於細流。自西徂東。直達

於海。凡六百四十里有奇。闊處約三十九丈二尺。潮漲時深可十五丈八尺。大小商船。可直抵倫敦。惟大戰艦。須泊京都數里外。以狹處難行。不能深入也。河水殊清澈。飲之沁心養脾。兩岸景致宏麗。城村斷續。烟戶稠密。如遊錦江道中。引人入勝。迤西汊港紛岐。通寨佛耳內河。河源在加勒地。迤東轉折南流。卒向西南朝宗於海。統計得五百五十里之長。翁伯爾大川。爲海之門戶。闊如揚子江口。汪洋巨浸。航海者由此進埠。其上流支港頗多。稱名各異。所開河港。多且美。鑿山挖穴。無舉不成。工程之大。經費之繁。駭人聞聽。此費悉自平民出。糾股集成。國家無錙銖之助。通國罕大澤。較廣者在阿爾蘭境。其地兼多瀦澤。流水澄潭。不勝枚舉。全境氣候不齊。大都潮濕。雲霧瀰漫。常若欲雨。終歲晴曦殊少。寒冽侵人。而北方爲尤甚。故土壤磽瘠。不若迤南之地易於發生。然統計南北。多產五穀百果。家禽野獸。皆充牣繁衍。惟全地無葡萄。不能釀酒。國中一年所需。除燒酒與蘋果汁。皆仰給於他邦。土人精術藝。尤善織布呢絨麻絲等技。機器皆以鐵爲之。藉火輪運動。工省價廉。煤鐵繁生。富逾他國。煤礦歲出一百十五兆噸。由新堡等城。運售

四方。獲取厚利。銅鉛錫三種。亦有旺生之地。用之不竭。計一年貿易銀數。不止三千二百兆圓。船舶所載。不下四十二兆噸。其餘用火車裝運。在在以電線傳音。英人之足跡遍天下。富强亦一指首屈。

英國制度。國君臨御。序長幼。不分男女。嫡嗣無男。則推立公主承大業。往往贅鄰邦巨族以爲夫。夫不預國事。水陸軍務全權。調遣裁募。罷兵決戰。皆聽斷於女王。女主操散集議院。從違臣議之權。議院分上下二等。倣他國之制。上議院大員。皆國中顯爵。及教師。內蘇格蘭紳十六人。阿爾蘭二十八人。共四百六十八員。類皆世封。或係現任官。下議院員額。六百六十人。聽民推選。授職後。年俸二千至三千金不等。以七年滿任。滿後復公舉如初。按議員之權最大。參議公款。律例成憲。議既成。上之國王。國王准所請。則諭各部衙門遵照施行。衙門除軍機樞密府外。又分七部。曰帑藏部。曰吏部。曰外國事務部。曰總理藩屬部。曰統理印度事務部。曰兵部。曰商務部。刑科事務。別設專官。按泰西通行公法。此京官之大畧也。其外官每部設總督一員。兼提督軍門職銜。要皆位重權輕。不能專主。部中事務。由在地紳董管理者居多。其隨民

便者。亦復不少。政令之寬。天下莫如英吉利。此中利弊。諳國體者。自有公評。非寒荒下士。所得妄參末議。統轄人民。按近年版册。除藩屬外。共四十一兆人。內八兆人奉天主教。其餘概從英國教。英國教者。西人稱英克利岡。卽恩利格第八。背叛教皇後。恃強別創。迄今門類繁多。莫衷壹是。在中國通稱耶穌教者是也。英人喜遠遊。多居異國。至死不歸。卽豪富貴顯。亦有寄寓他邦者。是以英人之跡遍天下。殊非法人之戀念家鄉。不肯輕出者比。誠以土壤有肥瘠。習尚有異同。故各行所好。不能强不同以爲同也。英人中性情又異。英吉利人性緩遲無躁。利己之情重。接物之氣昂。作事能堅忍持久。蘇格蘭人接物溫厚。性慷慨而躁。難於鈐束。阿爾蘭人性豪放。率喜樂忘悲。二三其德。亦性之偏也。英國一年公費。約得英銀二百四十四兆餘元。陸兵九十四萬。水兵十五萬。大小戰艦七百有奇。國家藉以穩固。人民因以乂安。

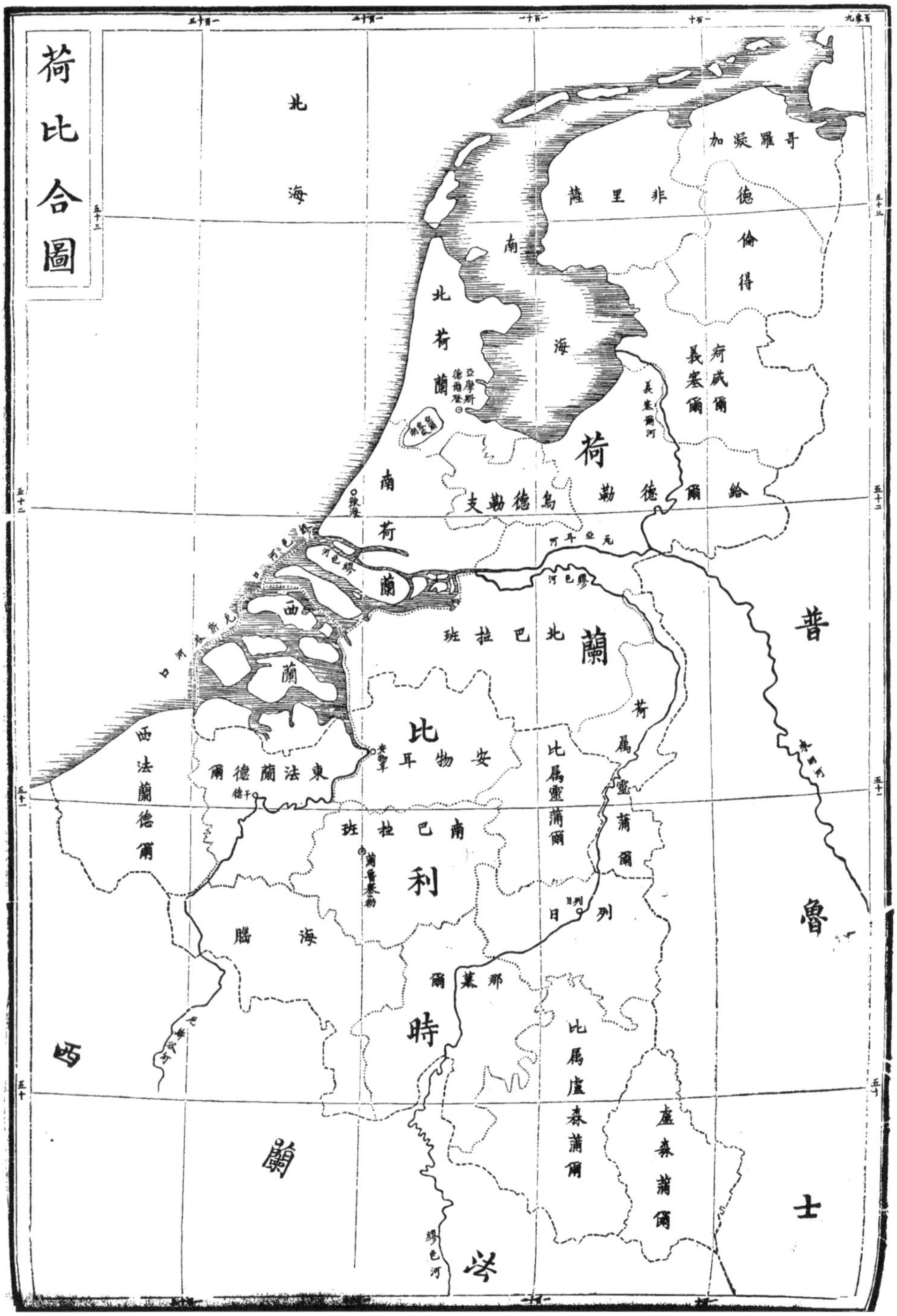
荷比合圖
北海
南海
北荷蘭
南荷蘭
荷蘭
西蘭
哥羅疑加
非里薩
德倫得
荷戚爾義塞爾
給爾德勒
烏德勒支
北巴拉班
東法蘭德爾
西法蘭德爾
安物耳
南巴拉班
比利時
海臨
那慕爾
列日
比屬靈蒲爾
荷屬靈蒲爾
比屬盧森蒲爾
盧森蒲爾
普魯士
西蘭

荷蘭

荷蘭歐洲一小國也。東界日耳曼。南距比利時。西北兩境。皆限於北海。縱約三百九十里。橫可三百七十三里。壤地褊小。平坦無山。迤東有邱陵。亦甚寥寥。歐羅巴中此地最低。故有低地國之稱。初決隄之患屢作。元初至元三年。海潮橫流。汜濫國中。民多陷溺。潮退後。積水滙於巨浸。名爲南海。前明中葉。水患復作。將數十里肥田。變成澤國。瀦爲亞爾吞湖。道光二十年。國王發帑數萬金。大興工役。導水注海。閱十八年蕆事。國人爭購。耕種有年。遂成嘉壤。惟民心常虞水患。徧築圍隄。多開河港。務期工程堅固。不惜費用。地方從此安瀾。誠一勞而永逸矣。河之大者。曰來因。前已粗陳梗槪。曰繆色。曰厄斯谷。皆來自南方境外。虹貫內地。北流於海。其義塞耳與瓦亞耳等河。乃來因之分支。水利資焉。通國分十一府。曰北荷蘭。都城畿內地也。都名亞摩斯德爾登。架木水中。上起樓閣。汊港曲折。分作九十渚島。建二百八十橋。以連續之。頗有意國威內薩景象。居民約五十萬人。貿易富盛。宮室輝煌。亦歐洲一大都會也。其二曰南荷蘭。會城曰

辣。海國王居之。上下部院衙門。建設於斯。為國之南都。曰西蘭。沙渚環列。合成一府五縣。曰北巴拉班。曰烏德勒支。曰給爾德勒。曰痾威爾義塞爾。曰德倫得。曰非里薩。曰哥羅凝加。曰荷屬靈蒲爾。十一府外。另有小國一。曰盧森蒲爾。介比利時與法蘭西兩國之間。區區彈丸。昔為荷蘭王食采邑。今則裂為自主國。其紀綱政令。統上馭下。皆有本地議官。主持裁度。與荷蘭國無涉。其居民得二十一萬五千人。皆無詐無虞。清靜安謐。烽火無驚。可比於西班牙之安道耳。意大里亞之森馬林焉。荷蘭有屬地數區。如阿削尼亞洲。蘇門答臘與婆羅洲等島。是國勢雖衰。而值此強鄰虎視之秋。猶得四境乂安。邦交輯睦。亦其積威所致也。

初。荷蘭地分南北兩區。南為比利時族所居。北境土番。名巴達威。漢時意大里亞拓地至法蘭西。漸臨北境。土酋率衆抗之。意兵阻于水。不能進。乃舍之而去。後為日耳曼與法郎哥人分據。又後諸部時分時合。沿革紛更。明正德間。西班牙王加祿第五。為日耳曼總王。兼治荷蘭。時荷蘭國富兵強。人亦善於航海。所

至輙立埠岸。廣擅利權。百貨流通。一時富甲西土。明季以兵船侵閩浙。踞舟山。燬普陀。鼓棹月港。寄跡澎湖。卒據臺灣而有之。時人稱紅毛。卽荷蘭人也。後爲鄭氏所逐。不復覬覦寸土。康熙紀元二十七年。荷王威廉第三有雄略。英吉利人招之渡海。奉以爲王。幾覇西土。嘉慶初。法王拿破倫第一徧奪鄰封。荷蘭亦被懾服。迨拿破倫敗。荷蘭復立故王之裔。重延國祚。先是南部與北部相仇。各奉所主。至是仍合爲一。道光二十一年。南部復興。拒絕荷蘭。自立爲國。卽所稱比利時是也。按荷蘭國制。君民參治。君與上下議政院。分掌立法徵稅之權。君主之位。間有女子嗣之。居民約五兆人。大都儉節可風。國人奉教不同。各從所好。其奉天主教者。過三之一。從辯駁教者。幾三之二。其餘係如德亞教。計每年公費約一百五十五兆銀圓。額兵約二萬八千人。戰艦百餘艘。國中遠出謀生者頗夥。地形卑濕。物產無多。北境牧野無垠。多畜牝牛。取乳製奶餅。行於各國。稱佳品焉。國人喜吸烟。故種烟草者。實繁有徒。所造船隻極堅穩。出羽毛緞甚美。計一年生息出入之數。約得三千兆銀云。

比利時

比利時北界荷蘭。東鄰普魯士。南連法蘭西。西盡北海。縱約四百三十七里。橫約三百二十四里。累年爲荷蘭南部。前明中葉。屬於西班牙。久隸帡幪。未有貳志。康熙五十三年。西班牙人以比利時歸奥地利亞。自是爲奥之藩封者。七十餘年。嘉慶初。法王拿破倫第一。兼并諸國。取比利時而臣之。迨拿破倫敗。比利時與荷蘭復合爲一國。先是、明嘉靖間。荷蘭人多離天主教。崇羅得祿辯駁教。惟比利時固守天主教。不萌異志。因而兩部之民。積怨生嫌。時時搆釁。道光十年。比利時逐荷蘭留守。力抗不服。明年荷蘭大舉來伐。比利時力拒之。鏖戰數閲月。伏屍枕野。流血成渠。幸法蘭西從中議和。荷蘭乃引兵退。比利時奉薩克撒各蒲爾親王蓼保爾第一爲王。襄成大業。十九年。諸大邦訂約。以比利時爲局外國。其體制。與歐洲各國大同小異。王世守其位。設上下議院。下議院臣無定額。例准四萬人中選舉一員。以四年滿任。上議院臣亦無定額。不出下議院臣數之半。以八年滿任。設政部衙門七。曰外務部。曰戶部。曰吏部。曰教諭部。曰

刑部。曰工部。曰兵部。國分九省。曰南巴拉班爲適中之地。都城在焉。名蒲魯塞勒寬大富美。居民五十萬人。精術藝。尤善紡織。曰安物爾省會因其名。爲水運大埠。曰東法蘭德耳會城曰干德織工所居。呢布由此出運。曰西法蘭德耳曰海腦曰列日會城亦因其名。善製軍械。售運各方。曰那慕爾曰比屬盧蒲爾曰比屬盧森蒲爾蓋其西北鄙。仍服比王。而東南一帶。今已自立爲國也。按比利時土地平衍。與荷蘭相若。惟南界畧見岡阜。節令溫和。土田腴潤。宜穀果烟草。多牧場。產煤鐵鉛錫。於列日省尤盛。河澤頗多。恃以收水利。通貨財。國用由是無乏。計一年出入貿易總數約二千三百兆佛郎。每歲國費約四百八十八兆佛郎。人民總數。得六兆八十餘萬。烟戶稠密。爲列國冠。類崇天主正教。他教則寥寥無幾。其守封疆禦外侮之兵。平時惟五萬餘人。危急時可倍增其數。鼓勇直前。有死無退。縱區區小國。不可玩之掌上也。

瑞典那威

瑞典那威昔本兩分。今成一國。居歐洲北鄙寒荒之地。北負北氷洋。西距大西洋。東與南悉界波羅的渤海。東北錯連俄羅斯南北相距約二千五百餘里。東西寬廣不等。迤南闊處一千一百餘里。北方窄處得四百餘里。古時為野番部落。旋為峩特族據而有之。徙民於南方。蕃息孳生。族類遂衆。數百年間。各酋長佔據方隅。雲擾不定。趙宋初有大酋阿拉烏斯收服諸酋。草創大業。是時那威先已立國。數傳後為丹馬兼幷。明洪武季年。丹王后馬加利達秉資英武。諳於治體。長於權畧。瑞人戴之。共尊為主。自隸丹國。由是丹國之勢益強。瑞典那威賴以安謐。王后死。嗣王不才。臣民屢萌叛志。未果。有明嘉靖二年。瑞將瓦撒揭竿建旗。與丹師鏖戰。大勝之。盡收故土。逐丹王而自立。是為古斯達物第一。其那威一國。仍隸大尼。瑞王在位之年。外拓疆圻。內修紀律。政之所及。國以乂安。惟尙羅得祿辯駁教。愚民不知所擇。靡然向風。至今遺禍蔓延。臣民執迷不反。崇禎五年。女主基利斯的納嗣父位。好文學。厭用兵。臨御二十二年。與各國玉

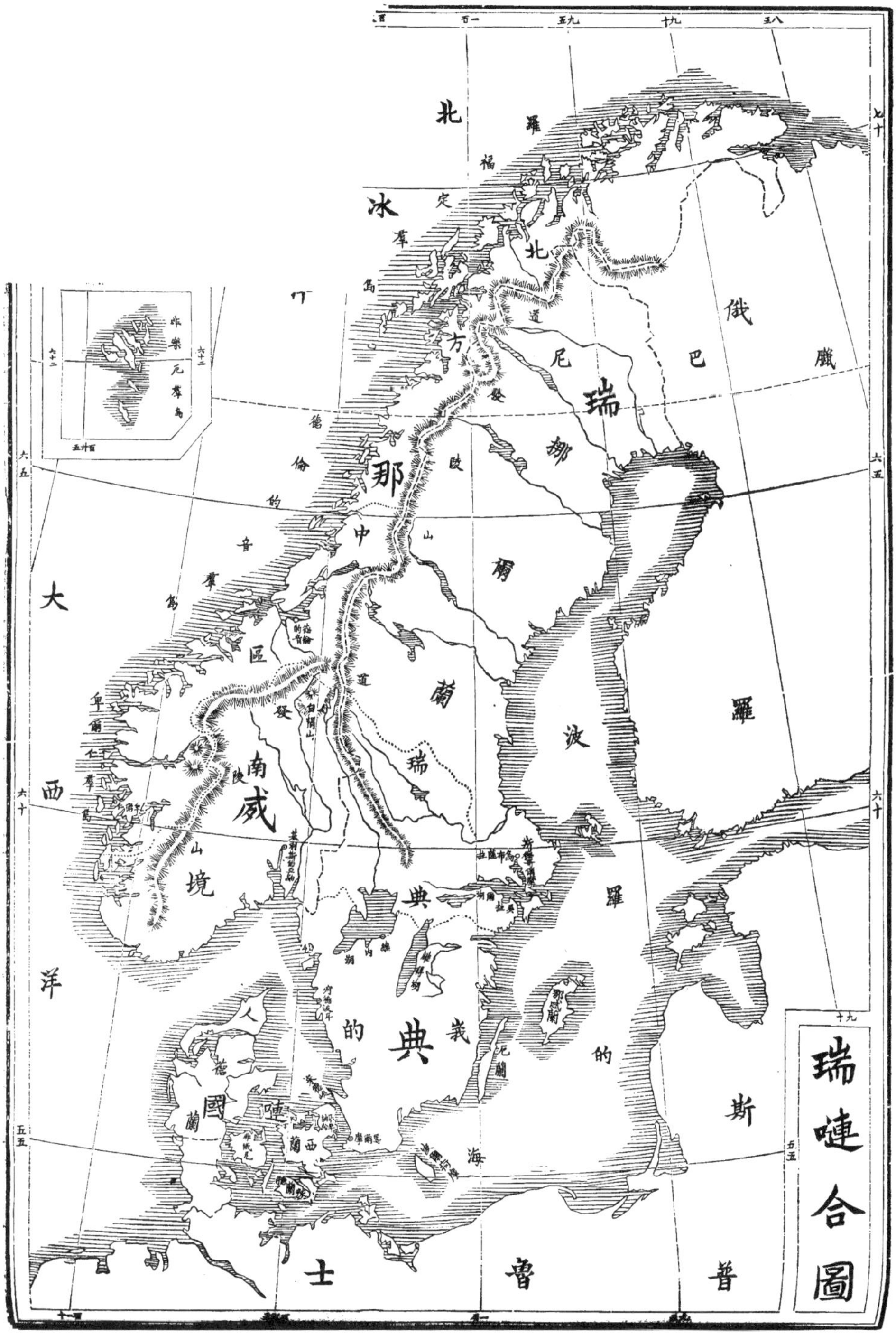
瑞嗹合圖
大
西
洋
北
冰
俄
巴
羅
斯
瑞
那
威
典
波
羅
的
海
普
魯
士

帛相將頗稱英武。至是遜位於表兄加祿第十。己則遍歷歐洲。卒至羅瑪。綰於斯。不復反。加祿第十二年十五踐祚。識見未廣。血氣方剛。因俄羅斯丹馬與波蘭來侵。大興陸師奮勇抵禦。連戰連捷。乘勢南下伐丹馬。侵波蘭。割其國之半。順臨俄境。與俄人決雌雄。其始疊獲勝仗。心爲驕傲。未幾全軍盡覆。身走土耳其。閱五年改裝逃歸。重修國政。然已凋敝蒼凉。瘡痍滿目矣。雖王心悔禍。竭力經營。已無補於事。卒爲人刺死城下。嗣王昏庸者多。黷餉瀆兵。民不堪命。國朝嘉慶年。王加祿第十三納法國雄將爲養子。名伯爾那多得。勇武過人。精明韜畧。王任用之。授以政柄。爲禪位計。伯爾那多得黽勉從公。實事求是。修武備。行會盟。時西境那威久屬丹國。伯爾那多得以大兵加之。十五日、而那威大定。爲定藩屬章程。國中民事。仍聽土官紳按本國例辦理。嘉慶二十年。拿破倫敗績。各國公使會議奧京。准那威仍歸於瑞。以瑞之近丹國者補丹。遂成一統。

考瑞典地分三區。曰挪爾蘭。居北方。曰瑞典。在中央。曰峩的。在南方。爲乃祖開基之地。統隸二十四府。北

十二。中七南五。那威亦分三區。行六省。隸轄二十府。地方氣候。概極寒冷。迤北近高山處尤甚。節令前後。畧有參差。每當九月。陰風刺面。九月將盡。寒氣愈深。十月則川澤皆氷。雪花飛舞。高山深谷。如在玉宮銀闕。斯時狂風怒吼。捲雪飛揚。望之如無限白雲。東飄西蕩。令人寒深骨髓。咳吐成氷。若是者七閱月。迨明年四月之交。始見氷雪消融。成團結塊。如巖山大石。衝裂下墜。甚而傷人倒物。貽害實深。五六兩月暴煖。蚊蚋密如塵沙。不勝其擾。過是則風寒氣冷。依然凜冽。此其地大暑情形也。瑞典臘巴尼地氣候。更形奇異。氷雪非五月不消融。六月初。綠野鋪茵。青草可愛。僅逾七八日。所植蔬麥樹木等萌芽生孽。苞綻欲花。又七八日。萬樹花開。芬芳撲鼻。再七八日。則果已熟。未幾而子實垂垂。漸將隕落。是以一月間。播種收成。一律竣事。至七月中。又見雨雪霏霏。萬物萎敗。自是以往。直至明年五月終。氷雪載途。征人浩歎。計太陽出沒之時。視各方離赤道遠近以爲準。南境最長之日。十八下鐘。最短之日。僅五下有半。在中央之地。長日二十一下鐘。短日僅一二下鐘。由是而北。日之短長。愈有參差。推至南北兩極。寂無居人之地。一歲惟

二晝夜。晝與夜各長六個月。蓋日光偏照地球。致有此景。理當然也。寒季既長。日光偏倚。土之瘠薄者居多。所產不足自贍。每仰給於他方。迤南諸境。氣節較和。養生之物較裕。北鄙則一望荒林。絕不種五穀。土人生計。率捕魚獵獸。獸有形似麋鹿者。臘巴尼人縶維之。以代牛馬。騎乘馱載皆可。餓則食其肉。取皮爲衣以禦寒。又剔其筋以爲弓。五金礦。多在瑞典。所出白金質最堅。天下莫出其右。土人運售外國。易粟麥以餬口。

瑞典那威之大山。逶迤蟠曲。自北至南。通貫全地。名道發陵。峯巒上經年積雪。酷暑不融。其餘邱陵岡阜。皆此山之盤根錯節。名殊而山體一焉。瑞典河港。皆發源於山內。自西徂東。流短湍急。滙入波羅的海。湖之大者曰維內。縱約二百三十五里。橫約百二十餘里。又湖名美拉爾。都城建其濱。因之相得益彰。曰維得。縱約百六十里。橫約四十里。離維得不遠。在波羅的海中。有瑞典所屬島嶼數處。其較廣者二。曰厄蘭曰鄂忒蘭。厄蘭迫近海岸。中隔海峽。縱約二百四十餘里。橫二十里有奇。居人四萬。樹林叢雜。牧野無垠。

芻蕘聚此。豢畜牛羊。鄂忒蘭在厄蘭東北。縱約百八十餘里。橫可百餘里。爲前瑞典王發迹之地。土壤膏腴。菓果豐裕。居人五萬六千。捕魚居多。那威西境諸島。碁布星羅。更難悉數。或分爲三羣。最南曰卑爾仁羣島。稍北曰德倫的音羣島。最北曰羅褔定羣島。總名之曰那威亞爾居伯。亞爾居伯者。島嶼縈迴之所也。那威人概以捕魚爲業。雖海馬鯨鯢爭相捕捉。不憚煩勞。以獲厚利也。瑞典都城。名斯德哥爾摩。宮闕輝煌。樓臺重疊。建於八沙渚上。中有小河連絡。橋梁橫跨。有意國威內薩城景象。故有北威內薩之稱。是爲通國最大埠頭。惟海口艱險。近泊爲難。航海者恒惴惴焉。然百貨雲屯。帆檣鱗集。居民多至三十萬。京師北有小城。一名烏布薩拉。昔爲王都。今留陳迹。有名城痾德波爾者。在西南境。爲商賈闤集之區。兵將鎭守之隘。又南爲馬爾摩城。與丹馬京都相望。生意頗繁。烟戶輳密。那威諸城中首推都會。曰基利斯的亞納。策大河盡處。街衢矢直。石屋高軒。景致宏麗。院宇林立。與斯德哥爾摩差堪頡頏。卑爾仁城在都城西北。建於大西洋海口。爲那威一大埠頭。遵海轉東北。爲德倫的音城。在昔爲那威王舊都。雖屋宇剏木

爲之。而精潔可觀。當一指首屈。此兩地勝城之大畧也。

瑞典國制。以君民參治。國王以下。設議政院。參徵税頒律之權。議政大員。皆以國中貴顯及教師爲之。紳衿平民。亦得與選。其遴議理事。撫馭小民者。內有宰臣二。一總理本國事務。一總理外國事務。有軍機大臣十一。概以宰臣與部院尙書兼充。有部院衙門八九。曰外務曹。曰吏曹。曰水師曹。曰戶曹。曰教務曹。曰陸軍曹。曰刑曹。曰農務曹。外有知府二十四缺。分理民事。贊助國政。那威行令。雖瑞王綱維國是。總攬樞機。然那威例得自立議院。與瑞典議院。毫無干涉。其議政大員。皆由本國人民推選。凡現居官職者。不在見選之例。每屆三年大會。以三月爲限。操因革律例、徵税納庫、稽查國欵等大權。又能咨召內外臣工。考核其政績。質訊其過犯。凡新例成議。議院奏呈於王。王若俞允。即刊爲定典。遵照施行。王如不允。須俟下次大會。覆議覆奏。三奏後。不必另候諭旨。自可遵定從違。議政院外。瑞王簡派總督一人。惟親王克任斯職。其餘官員。均須生長那威。瑞人不得溷入。又有宰輔二。軍機大臣九。亦宰輔與部院尙書兼任。內宰輔

一員。軍機二員。按例駐節王都。俾有事可召見面奏。部院衙門八。曰戶部。曰吏部。曰農務部。曰水師部。曰教諭部。曰陸軍部。曰刑政部。曰參校部。外官二十缺。知各府事由。是以觀那威屬瑞典。迹近藩封。非直省之比。瑞典人民得五兆人。那威惟得二兆。大都勤勞誠樸。節儉可風。敬客旅曲盡摯誠。待閭閻殊昭恪肅。近年來城市熱鬧之場。風俗漸形偷薄。而茅簷蔀屋中。依然循良敦厚。有足多者。臘巴尼人。居兩地北境者。別成種類。皆侏儒短小。身不逾四尺。因地土不毛。多游牧打牲。捕魚食苦。差堪自給。

丹馬

丹馬一名嗹國。又稱大尼國。歐羅巴蕞爾小邦也。復爲普國割據南方。國僅與比利時相埒。國中島嶼紛紜。極東大島曰西蘭。都城在焉。名哥卑納給。規制堅固。屋宇軒昂。爲通國大埠。每年進出船隻不下萬六千艘。貿易蕃昌。人烟稠密。統計居民四十萬人。島東海港名宋德甚窄。各國貨船往來波羅的海。必由是處。丹人於島之東北隅。海港極狹處。建立礮臺。設關榷稅。各國莫如之何。歷年遵辦。丹國藉以富强。至咸豐十一年。各國嫌不便。糾集

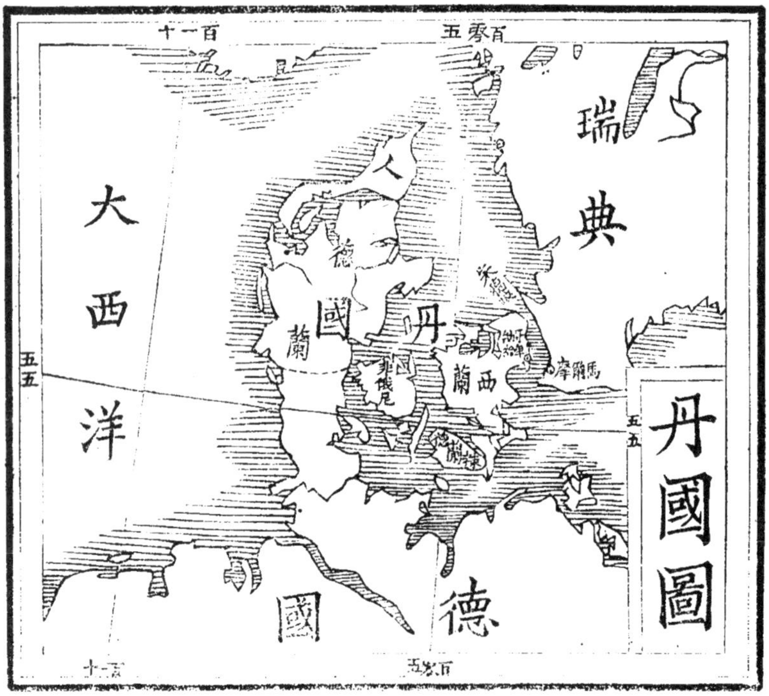

鉅資。購買稅項。自是丹國不得徵。而要隘隨置之無用。西蘭東南。有島孤懸波羅的海。曰波爾痾摩。地近瑞典。然隸於丹。作一省。產寶石煤炭等物。兼收漁利。居民約三萬人。性悍勇。忠事丹君。瑞典屢往侵突。卒不能勝。西蘭之南有大島。名辣蘭德。與四圍小島合成一省。是爲第三省。地形低窪。屢遭水患。惟土壤肥

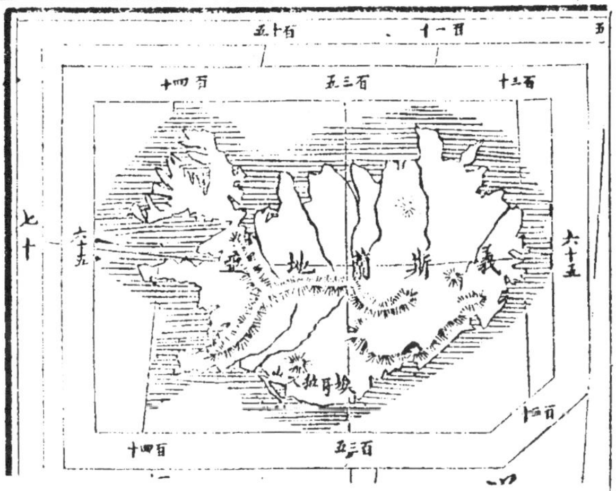

沃。甲於丹國。盛產菜果菽麥。再西北爲非俄尼島。亦與四圍小島。別成一省。北境寂寞。東南境村落稠密。景足壯觀。土地頗膏腴。西方地形。如人握拳伸臂海中。是爲丹國第五省。名人德蘭。地廣漠。多沙磧。中有大湖。物產僅能自給。在大西洋海中。有大島曰義斯蘭地。忠久屬丹馬。從無貳志。氣候雖寒冽。不及瑞典北境。居人約七萬人。類皆捕魚爲生。畜牛羊駿馬。挖銅鐵鉛硫磺等礦。以資利用。中多火山。歐洲總論中。業經畧述。茲不復贅。又非樂厄羣島。共二十二處。在義斯

蘭地亞東南。近英吉利北境。居大西洋中。內十七島。有人居住。約得一萬五千人。餘則闃寂荒蕪。惟獸跡鳥跡而已。

初丹國爲土番部落。尋爲峩特族所據。與瑞典那威合稱斯干的那物地。土瘠食乏。民居沿海。知航泛。與那威人操舟四出。斬刧擄掠。爲海中劇盜。屢擾日耳曼法蘭西與西班牙北海之濱。攻英吉利據其國都。行將夷滅。英人以計殲之。丹舉兵復讐。連年構釁。英許歲貢與之和。當是時各邦以海寇目之。不屑齒不列於鄰國。後丹王加奴特修國政。定律例。宋徽宗十四年。以英吉利寒盟。征之。破倫敦。奄有英國。尋北伐瑞典那威。轉奪蘇格蘭。皆獲勝。次第服之。加奴特薨。子孫累世繼位。及絕。嗣異姓爲王。皆無才畧。所奪諸地。浸漸復失。且爲日耳曼所制。國勢垂危。未及十年。有英主中興。弭定內亂。四襲鄰封。蠶食普魯士等北部。轉弱爲強。聲勢又振。明洪武年。女主馬加利達登極。勸斂練達。御衆雍和。大得民心。瑞典亦奉爲主。納貢恐後。爲何。亂又作。瑞典離叛。加以戰鬬頻仍。致割地以盟者屢。嘉慶年。法王拿破倫以大兵臨境。丹知

不敵。曲與議和。拿破倫密約以水師襲英吉利。英人知之。先以大股攻丹。縱火炮轟其都。居民亡於是役者二千人。國以大困。庫帑虛耗，不克支持。嘉慶十八年。維也納之會。丹又失那威。同治二年。王甚利斯的益第九郎位。普奧請南方地。王不敢拒。明年割而與之。近年來。商務大興。元氣漸復。或可蹶而復振。其國制。設上下議院。上議院六十六員。下議院視民數定額。於萬一千人中選一員。今一百十四員。凡推選者。須滿三十歲。而受選者。則滿二十五歲足矣。通國人民。現得二兆三十萬餘。其軍機處。以王爲主。以世子及部院尚書副之。部院衙門凡九。曰戶部。曰吏部。曰工部。曰刑部。曰教諭部。曰外務部。曰陸軍部。曰水師部。曰農務部。每年國費七十二兆餘銀。承平時兵額僅萬人。行兵時可增至六萬餘人。兵船六十餘艘。國中學校盛行。雖村婦豎童。亦知書寫。是以人才萃起。彬彬然君子之邦也。

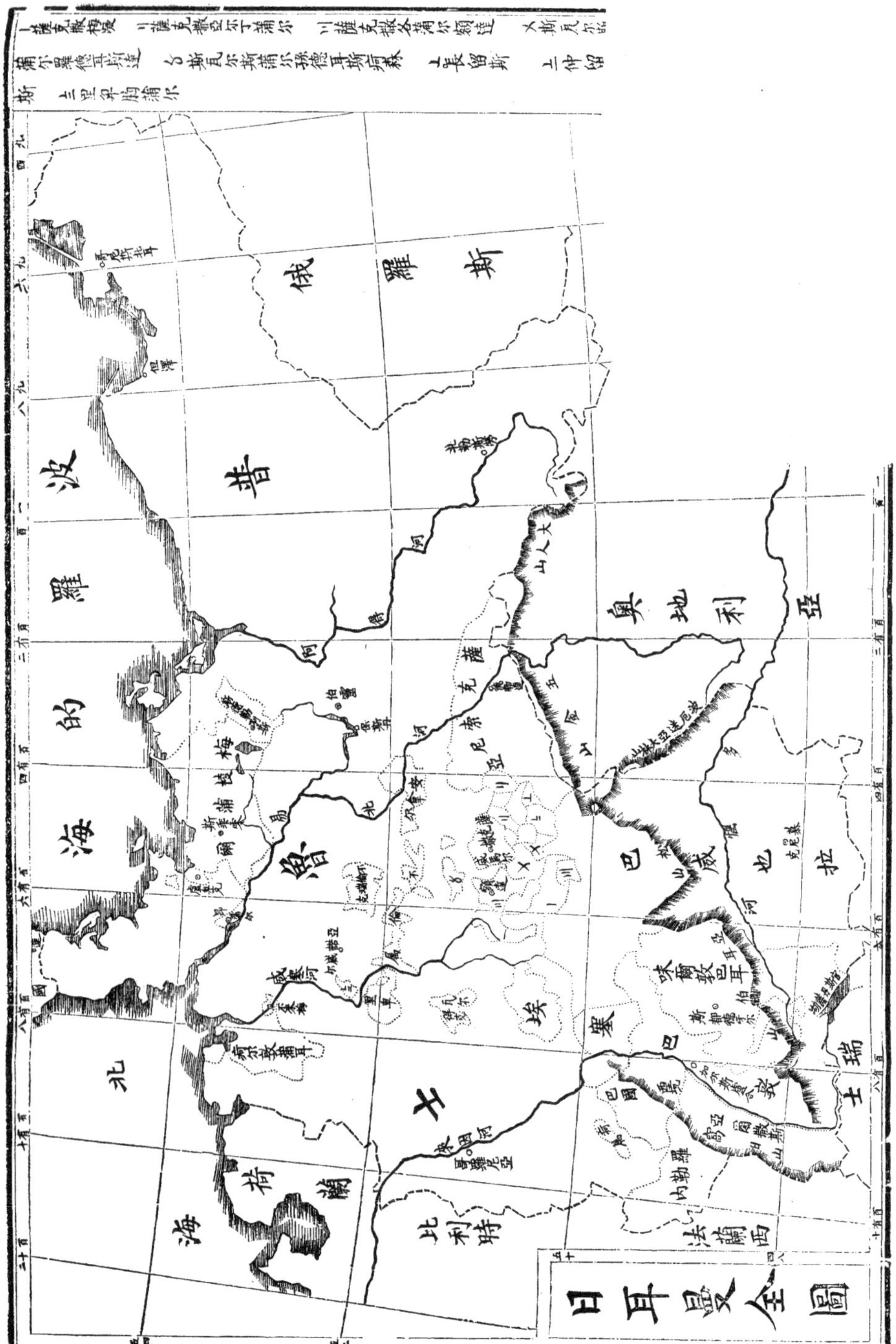
日耳曼全圖
俄羅斯
波羅的海
普魯士
奧地利亞
荷蘭
比利時
法蘭西

日耳曼

日耳曼盟會國。一名熱爾瑪尼亞。本名德意志。華人概稱德國。廣延歐羅巴中古時部落甚多。羅瑪強時。北伐割其地。大唐中。法蘭西王加祿曼雄鎮歐洲。日耳曼望風向化。北面稱臣。百餘年後。於後梁乾化二年。部人叛法蘭西。推法郎哥尼亞酋長岡拉多第一爲王。厥後位不傳子。每宴駕。諸酋長會議另舉。議既同。乃推所舉以登王位。二百餘年間。薩克索尼亞法郎哥尼亞蘇亞比亞三部之酋。先後禪代。雖爭奪頻仍。暴厲迭作。而國家紀綱體制。執守弗違。始終未易。是以祚運久延。盛名著於西土。後奧地利亞盧森蒲爾巴威也拉三國君。相繼爲盟主。垂一百七十餘年。至有明中葉。盟主之位。獨歸奧地利亞王。凡三百載。諸王中政績彪炳。聲譽昭彰者。曰加祿第五。稟性英武。智畧洪深。會日耳曼人羅得祿肆志橫行。創傳詭說國人蜂起蟻附者以億萬計。若醉若狂。國勢且危。王憂之。宵旰勤勞。思所以排異端。而挽狂瀾。因飭飽學士。與附從詭說者。公行討論。詳辨是非。時識破迷闇。舍新復古者。實繁有徒。無如時事多艱。有志未竟。

溘然長逝。於是毒唾涎流。成牢不可破之勢。國朝嘉慶間。法蘭西王拿破倫以兵力脇日耳曼。列國皆降。疆畔多所更易。迨拿破倫潰敗。列國仍得爵士。合盟復故國。又推奧地利亞王爲盟主。此嘉慶二十年。各國使臣於奧京維也納城所定議也。同治五年。奧國與普魯士戰。奧師潰。奧王不復爲盟主。又五年。法蘭西爲普魯士所敗。普王崛起稱雄。氣蓋列國。乃尊普魯士爲盟主。遂成日耳曼今日之制。

考日耳曼盟會國。今分二十有六。稱王者四。曰普魯士。屬有亞爾撒斯羅勒內一省。割取於法蘭西土地遼闊。幾如一小國。因列入二十六國之數。曰把威也拉。曰薩克索尼亞。曰味爾敦巴耳。稱上公者六。曰巴敦。曰埃塞。曰梅稜蒲爾斯乖零。曰梅稜蒲爾斯德勒利斯。曰薩克撒威馬爾。曰痾爾敦蒲爾。稱公者五。曰不倫瑞克。曰薩克撒梅凝。曰薩克撒亞爾丁蒲爾。曰薩克撒各蒲爾額達。曰安拿爾。稱親王者七。曰斯瓦爾斯蒲爾羅德耳斯達。曰斯瓦爾斯蒲爾孫德耳斯痾森。曰瓦爾德克。曰長留斯。曰仲留斯。曰里卑。曰里卑胸蒲爾。不屬王之城三。曰盧卑克。曰不來梅。曰昻蒲爾。統計二十六地。其疆域之大。北鄰波羅的海。及

丹之人。德蘭南境則西控荷蘭比利時盧森蒲爾與法蘭西。南連瑞士與奧地利亞。東接俄羅斯。其國政事。各屬於盟主。又設會盟公使衙門。與議政院。會盟公使大臣。由各國按額推舉。普魯士十七缺。屬省亦在其內。巴威也拉六缺。薩克索尼亞與味爾敦巴耳各四缺。巴敦與埃塞各三缺。其餘列國與盧卑克等城各一缺。總計五十有八缺。一切水陸軍政。稅庫商務。驛傳電報。火輪鐵路。與外國交涉事件。凡有利於盟國者。此五十八大臣。參議熟商。與盟主共操可否之柄。故職司綦繁。事大責重。非忠誠練達。辦事精明之員。不克勝任。其議政院大臣。亦由各國遴擇薦充。例以三年為一任。參議國是。能損益政令。總計合盟諸國人民。得五十四兆有奇。內天主教人約八十兆。辯駁教人約三十一兆。如德亞教人五十六萬。餘係各種雜教。一年公欵。約二千三百五十四兆銀。各國自給帑費不與焉。承平時。陸軍兵弁之數。約得六十萬人。行軍時。可增至二百五十餘萬。兵艦一百餘艘。水師約三萬人。此盟會各國內治外禦之大畧也。各國別有內政。條目紛繁。另當續考。

日耳曼南境多山。縱横絡繹。不知凡幾。迤西南爲亞耳伯山分枝。轉東北有重山作弧背形。横亘巴威也拉國中。曰松山。折而東南。曰波厄迷亞大林山。爲彼方西陲天塹。山之界其北鄙者。曰五金山。此三者各因其盛產之物取名。再東北向南曲折而去。曰大人山。乃波厄迷亞東境屏封。其最高之嶺。二里有半。縱不高峭。而聳𡼏迴峯。頗賚悦目。河之大者。曰來因。曰多惱。歐羅巴總論中已述。曰易北河。發源於大人山之陽。瀑布倒瀉。至二十五丈之高。蜿蜒西北流。經崇山峽谷。浚深險惡。臨其旁者。惴惴然不敢俯覗。源流將入北海。河忽恢廓如汪洋。又有二河曰威塞。曰阿得。皆淺隘。阿得兩岸積沙。中多古樹横塞。渡涉維艱。河口遷移靡定。有滄海桑田之變。日耳曼湖澤。渺小不多覯。惟南境官斯丹薩湖較巨闊。以緑林縈以清淵。幽勝之致。差堪與日尼瓦大湖相頡頏。通國南北寒煖不齊。土壤沃瘠互異。物產亦各不侔。約言之則北方沙磧。氣候較嚴。物產較中南兩區。稍遜一籌。畜牛羊無算。出駿馬。戰乘悉宜。罕見葡萄。五穀非盡地皆有。大林甚多。材木不可勝用。煤鐵之礦。尚稱富有。銀銅鉛錫之礦。惟數處有之。此外玉石寶物。與硝横

黑白礬等。皆足自給。統計一年商貨出入。入者六千兆銀。出者四千兆。入浮於出。足見其地不甚富腴也。所立商運埠頭。皆在波羅的海。與北海之濱。其火輪鐵路共長五萬一千八百五十基勞邁。當一基勞邁當合中國二百八十丈。爲一里半有餘。則其經營之巨。可想而知。

日耳曼部落紛緐。合則固爲一邦。析則儼然列國。其盟會之體制。與各方山川物産之大端。已略陳梗概。茲將列國原委。特爲衍說。以資參核。日耳曼盟會長爲普魯士。而普魯士立國後於他邦。溯厥始初。壤地偏小。僅東北方隅耳。自拓地而南。分上下境。體制紛更。難于辨析。康熙四十年。酋長自立稱王。取號斐里特第一。旣卒。子斐里特威廉第一繼之。性鄙吝貪虐。好招集四方勇士。日事演武。以觀兵爲樂。勞民糜餉。不顧也。死之日。國人手額稱慶。子斐里特第二嗣立。恃父餘力。東襲波蘭。多所收取。嗣又向西。奏凱而歸。於是拓地愈廣。有駸駸日上之勢。當法王拿破倫鷹揚之日。普魯士東敗西摧。岌然將滅。幸拿破倫被擒。普魯士恢復故土。且增益之。咸豐季年。威廉類斯登極。內修軍政。外奪鄰封。若丹若奥若法相繼敗績。遂

於同治十年。日耳曼總王尊號。推爲盟主。國分十三省。三十六府。人民得三十四兆四十六萬人。伯靈其京都也。居民約一百八十萬人。術藝精良。所製羊絨。尤爲上品。屬邑堡斯丹築於兩大湖之間。風景清美。多建別宮。爲普王臨幸之所。東南境有城名北勒斯勞。居民四十萬人。百工畢集。萬貨流通。爲日耳曼與波蘭互市處。人文迭起。歷久著名。迄今多碩學。國之東北境。臨波羅的海。有城名哥尼斯北耳。普魯士故都也。屬城名但澤。係海濱一大埠。亦北境衝要。西境來因河濱。有古城哥羅尼亞。居民約三十五萬。善織綢緞布疋。所製香水極佳。運售各國。城內宮院殊多。內一殿最精妙。觀之者。目想神遊。稱賞不置。轉東北昔有盟國曰亞諾威爾。都會仍其名。同治五年。隸普魯士。此勝城之大畧也。考其政事。與歐州各大國。約畧相同。設上下議政院。軍機樞密府。與九部衙門。曰外務部。曰工部。曰刑部。曰兵部。曰吏部。曰教諭部。曰戶部。曰農務部。曰商務部。外省有總督知府等職。總攝理事。每年國費。約合銀餅二千六百十九兆有奇云。

日爾曼列國中。有幅員遼闊。土地兩分。一廣袤多惱河兩岸。一僻處來因河之左者。巴威也拉也。立國久遠。沿革紛繁。初僅稱上公。嘉慶十一年。始南面稱王。從歐州各大邦之後。今列日耳曼盟會中。其驛傳電報事務。與人民出入國境事宜。統權在國王。盟主不得干涉。凡日耳曼行軍。巴國兵別成營伍。國王操調遣御馭等事。盟主惟受元帥之名。此二事列盟會約中。爲巴國逾格章程。他國不能援以爲例。國中設上下議政院。上議院大員七十九人。係國王特簡王親國戚。及主教與巨官若干。授以世職。終身任之。下議院無定額。三萬一千五百人中。遴選一人。以六年爲率。有部院衙門六。軍機大臣。半以六部尙書兼充。半爲國王特簡。無定額。國分八府。慕尼克其都城也。宮室精麗。市肆繁華。較於各國大都。無多讓焉。博物院。大學塾等。尤能出類拔萃。人民約四十三萬。通國人民。得六兆有奇。奉天主教者。四兆十一萬人。其餘從辯駁等教。土人秉性醇厚。遜讓可風。一年國費。約銀餠四百三十二兆元。薩克索尼亞在巴威也拉之北。稍偏東向。北界普魯士。土壤肥沃。礦利旺生。古本疆域綿蔓。今則僅存寸土。君主以下。有上下議政院。上

議院大員。定額四十九人。內親王七人。郡王三人。國王遴選十五人。其餘顯宦巨紳。皆由地方推薦。下議院八十二人。內由城邑薦舉者三十七人。由鄉村選擇者四十五人。部院衙門。與巴國同數。都城名德勒斯達。以博物院著聞。居民約三十五萬人。通國人民。約得三百八十萬。一年國費二百六十六兆銀。凡日耳曼行軍。薩國當按額發兵。作日耳曼第十二軍。與列國軍民同心戮力。不得別立隊伍。

味爾敦巴爾。疆域窄隘。稍遜於巴威也拉。民衆馴良。差堪頡頏。地分四大府。都會曰斯都德牙爾。頗精麗。居民約十七萬人。通國人民二百一十萬。君王外。有上下議政院。一切朝綱政事。居然大邦制度焉。凡日耳曼併力行軍。味國之兵。併成第十三營。其第十四營。例派巴敦兵充數。考是國東界味爾敦巴爾。西與南悉界來因河。爲日耳曼極西南境。壤地之小。土脉之腴。行政之體。與味爾敦巴爾並駕齊驅。不相上下。惟君主稱上公。其下稱謂相似。戶口稀疎。約得一百八十萬人。地分十一州縣。都城名加爾斯盧合。居民約得五十一萬人。街衢整直。花樣一新。自王宮寬闊處起。所畫道路。皆遙對宮門。若扇骨形。于深夜無光

時。佇立宮前。縱目遠眺。但見燈光燦爛。累萬盈千。亦一大觀也。此二國交界處。有山嶺橫亘。名曰黑林。盛產材木。藉資器用。巴敦之北。爲埃塞國。渺小不及巴敦。治體則從列國。亦有上下議院。統計人民。約一百萬。梅稜蒲爾在波羅的海之濱。處東南者爲斯德勒利斯。迤西者爲斯乖零。斯乖零地。渾一不分。斯德勒利斯。除東南彈丸地。尙有西陲撮土。在斯乖零之西北。古者同一根宗。因子孫析分。遂有區別。論者謂梅稜蒲爾國祚綿長。盡歐洲王族。推爲第一。君主以下。設有議政院衙門一。無上下院之分。其政治與列國之制相同。國中土壤沙磧。瀦澤甚多。故物產寥寥無幾。民間貧乏者甚多。且以地形低下。有海水泛濫之虞。堤防雖固。不能盡弭其患。痾爾敦蒲爾亦稱上公。在北海之濱。三面界普魯士屬省。地甚磽瘠。土人精製絨襪。爲貿易大宗。有屬地二方。在盧卑克城之北。多蘊寶石。土人切琢最精。運售得善價。自是以降。稱公者五小國。稱親王者七小國。不隸屬於土之城三。皆壤地無幾。而雜處他國間。不相連絡。易北河濱。城名昂蒲爾。咸塞河濱。城名不來梅。均係北方商埠。物貨雲臻。檣帆梭織。行商北海者、類多滙集於斯。其國

之幅員過隘。圖上不便書名者。標馬數於本處。另於圖之隅。合馬塡名。以資醒目。

瑞士

瑞士北連日耳曼。西接法蘭西。南界意大里亞。東控奥地利亞。民主小國也。分鄉落二十二。會盟誓約。有日耳曼盟國遺風。因於日耳曼考畧後。附述一二。以資考證。瑞士古時屬羅馬。後北狄據之。旋爲法蘭西日耳曼相繼隸屬。元武宗至大初年。瑞人叛。逐日耳曼守令。分疆畫土。數十年血戰死守。日人不能制。聽其自立。自是瑞人以驍勇聞。有明中葉。歐洲諸國。以干戈相向。爭出重金。募瑞人爲勁旅。緣其鼓勇直前。効死無貳志。自立國後。鄉落漸增。各擇鄉官理事。嘉慶初年。法王拿破倫驍雄崛起。滅其地。夷爲郡縣。迨拿破倫敗。瑞士復故土。仍舊制。迄今畧有損益。而法令紀綱。依然不改。各鄉落政令不同。

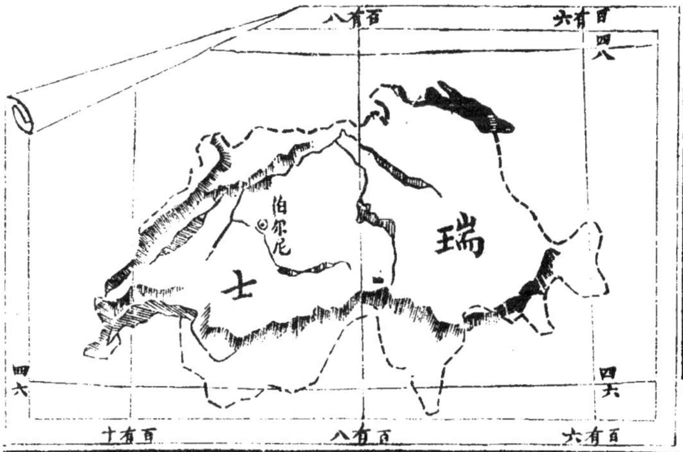

多有遵其專例者。若全地治要。設三衙門以總理之。曰盟會衙門。除因革公例外。操決戰成和之權。曰行政衙門。額有大臣七。按例施行政事。有總統副總統各一員。每歲一易。不得連任。曰折獄衙門。凡疑難大事。有關名分者。各鄉落爭執不相讓。乃詳稟折獄衙門。聽其議斷。不得執拗抗違。此三衙門大員皆駐節伯爾尼城。故是城無都會之名。人以都會目之。全地人民約得三百萬。承平之際。男子自二十至三十二歲。俱當從軍服役。若軍事告急。則自三十三至四十四歲。盡當出戰救急。黽勉從公。是以兵民之數。可多至二十七萬餘人。國中萬山叠峙。枝節縱橫。有峯嶺高接霄漢。終年積冰雪。西土大河。若日之來因。法之羅尼意之波河。悉自此地發源。其山河之壯麗。形勢之奇屹。風景之清幽。氣候之和厚。甲於歐洲。可稱西土桃源。遠方貴豪游賞其地。肩相摩而踵相接。樂而忘歸。然地形隆凸。平原罕覯。所產菽麥不敷於用。人民巧慧耐勞。多蓄牛羊駿馬。精造鐘表貝錦奶餅等。運售外方易物自給。其轉運之法。近今概用輪車。峯巒崇高處。開山道。設鐵路。貿易之隆。非他小邦可比。一年出入總數。約得二百兆圓。出得八百八十四兆

八十九萬餘。而入則一千二百零六兆八十萬餘。以區區之地。而商務如是之盛。洵足多矣。

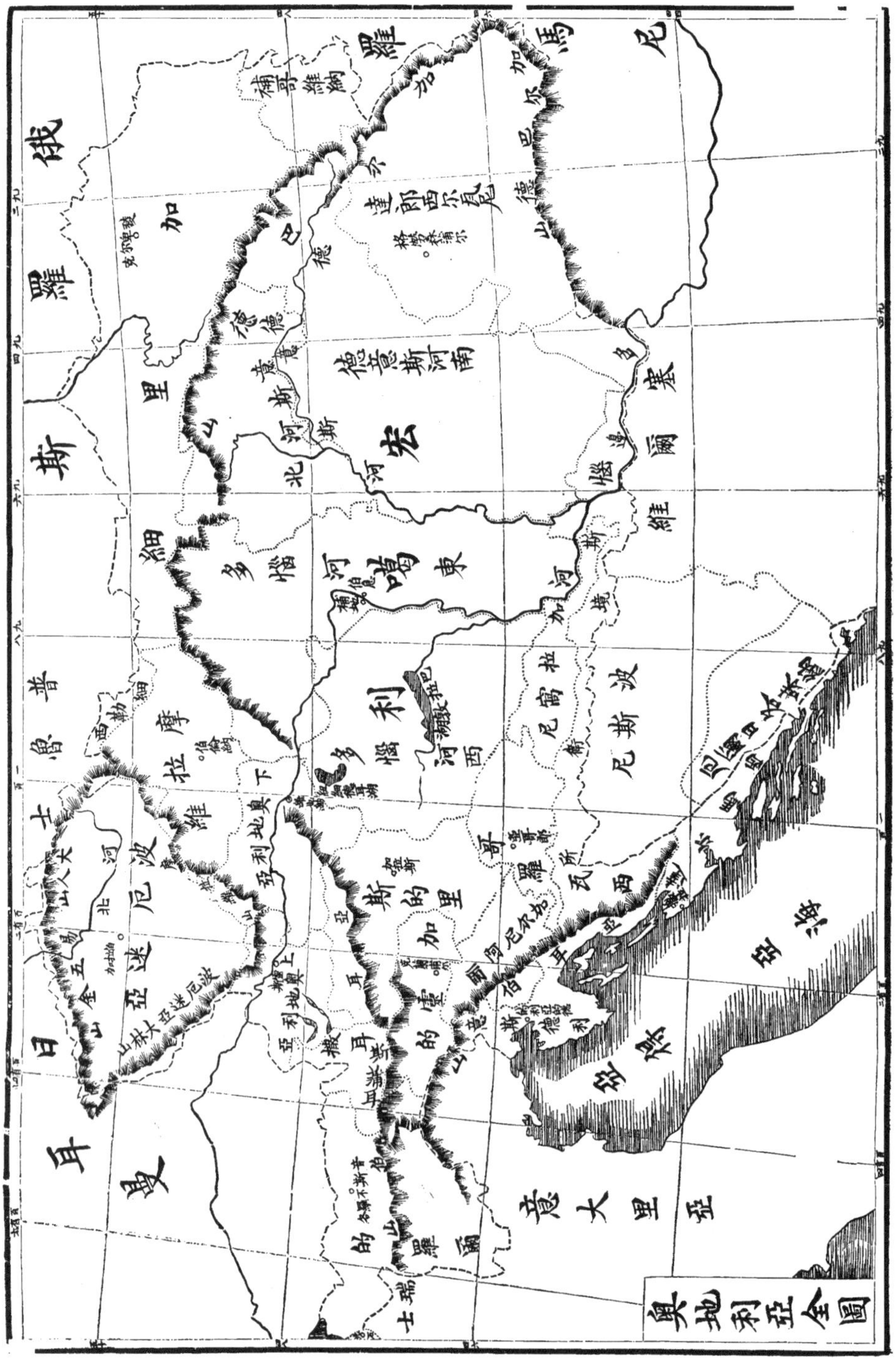
奧地利亞全圖

奥地利亞

奥地利亞歐洲六大國之一也。古時分爲部落。羅瑪收爲藩屬。後戎狄來侵。據其地凡四百載。唐貞元間。法王加祿曼東征。收其郡邑。別立爲部。命名奥地利亞。猶言東國。元初日耳曼王封庶子於其地。爵等上公。子嗣相承。疆圻日闢。明正德年。西班牙王加祿第五兼治奥地利亞。政聲遠達。日耳曼諸部。請上日耳曼總王號。以介弟非爾第囊第一。封爲奥地利亞上公。娶宏噶利國公主爲夫人。夫人之父薨。乏男嗣。因將宏噶利一名宏加利亞全國。兼并於奥。厥後又得波厄迷亞、摩拉維等地。迨加祿第五退位。奥王爲日耳曼總王。遂列壇坫之盟。是時土耳其正强。以大兵入奥境。逼攻京師。加祿第五拒敵再三。未能挫其鋭氣。至康熙二十一年。土軍力攻。京師將下。幸波蘭率衆來援。尤賴造物陰護。大敗土師。乘勢將宏噶利等地所有回人。盡逐無遺類。未幾。取其達爾馬西等地。自是土耳其委靡就衰。兵刃不敢西向。論者謂泰西諸國。得保疆圻。不爲土耳其鯨吞虎噬者。奥地利亞與有功焉。當波蘭夷滅時。奥王分據加里細等地。嘉

慶初年法王拿破倫特兵力征西隣將及日耳曼奧王與日耳曼諸國合盟死拒雖未爲魚肉而喪地勞軍京都騷動迨拿破倫衰敗歐羅巴諸國遣使會議是京時嘉慶二十年議成日耳曼等恐散弱不能久持復申盟約推奧王爲盟主道光二十八年京師内訌宏噶利叛國危如累卵將帥戮力匡扶威惠並施民漸安靜然宏噶利之政治由是更張殊非昔比又十八年普魯士與意大里亞首尾來攻奧師竭蹶力不能支卒爲普所敗遂不與日耳曼會盟事光緒四年土俄之役土師潰敗與俄人議和普京條約中言土之波斯尼與厄爾日各味納兩省當歸奧屯兵統治其隸屬於奧廷已二十年於茲矣

計奧民四十六兆人凡三等曰日耳曼人曰宏噶利人曰波蘭人三者晉楚自分莫能渾一其中崇天主教者約五分之四全地分奧地利亞與宏噶利兩境奧地利亞境析十四省宏噶利成三省共十七省中央故土曰上奧地利亞曰下奧地利亞轉而南曰撒爾斯蒲爾又西南曰的羅爾轉東曰加靈的曰斯的里轉西南曰加爾尼阿爾省之在亞德亞海隅者曰意斯德里自是跨海東南遵海濱爲城邑者曰達爾

馬西省。有僻處西北隅。在奧地利亞北者。曰波厄迷亞。轉東渺小之省。曰西勒細。迤南曰摩拉維。迤東毘連大省曰加里細。東南邊省曰補哥維納。此奧地利亞十四省之名也。宏噶利首省仍其名。次曰哥羅瓦西與斯加拉窩尼。又次曰達郎西爾瓦尼。此宏噶利三省之名也。西境有光石國。褊小不及中國下邑。其君駐節奧京。於奧國中亦有食邑數處。因於奧國十七省後。附錄其名。

奧國山嶺叠嶂。川澤縱橫。山之大者。在西南爲亞耳伯蟠根錯節。形似蛾眉。綿亘廣遠。直至達爾馬西中境。在東爲加爾巴德。蜿蜒曲折。作弓弧形。在西北爲環波厄迷亞之山。處東南者曰摩拉維山。以其界是地而取名。處東北者曰大人山。處西北者曰五金山。處西南者曰大林山。環圍周密。幾無寸土之遺。彼省地形。宛似仰釜。居其中者。窮千里目。見仰石萬尋。有坐井觀天景象。河之大者。曰多惱。自西北巴威也拉入境内。東流數百里。轉折而南。又五百餘里。又折東作南境邊郵。卒則出境東南流。滙於黑海。瀰漫帶水。湍急非常。艱於濟涉。若德意斯河。大異於是。流水緩慢。波靜淵渟。時若欲行欲止。溯其發源。自加爾巴德

山。虹貫千六百里之長。始入多惱河。卒滙於黑海。其餘河港。所以資灌溉。而興水利者。爲數甚多。湖之大者。曰巴拉敦。曰紐細德耳。皆在宏噶利地。巴拉敦長一百三十六里。闊二十餘里不等。深三丈餘。紐細德耳。小於巴拉敦。長六十餘里。闊二十餘里。深惟三四丈。湖之在奥地利亞境者。渺小不足考。通國土壤。概稱肥沃。山嶺多牧畜之場。平地可種菽麥。五金煤鉛之礦。盛產於波厄迷亞等山中。非盡地咸備百物。惟彼無此有。各因其土脈之所種。以之自給。以之外售。生財有道。而民用足矣。

上下奥地利亞兩省。與迤西撒耳斯蒲爾爲奥王發迹之區。畿輔之地。土壤崇高。不甚肥沃。菽麥等糧。出不敷用。惟蔬菜葡萄果實。尚稱富有。牛羊騾馬。畜牧蕃孳。京師在下奥地利亞省東南隅。建於多惱河濱。周圍廓大。比於法京巴黎。而戶口僅及其半。統計得一百六十萬人。古城處其中。窄隘不宏。街衢紆曲。惟宮室多高大。規模壯麗。鞏固絕倫。居民習俗敦美。有古君子風。都中學藝博物等院。與宮闕殿閣等勝蹟。媲美於他國京師。上奥地利亞省會。名靈斯。爲通國最大關津。商賈絡繹。百貨駢羅。庫稅藉以充裕。的羅

耳省會曰音斯不雞。名爲文墨蔚萃之區。氣候寒冽。地土瘠薄。山中產銀鐵鉛煤等礦。居人健捷義勇。秉性貞樸。迄今異教人不能施其伎倆。土人善養黃鳥。馴而教之鳴。清音悅耳。售得善價。一年出運甚繁。頗得厚利。其射獵奏樂歌唱之技。尤能出類。爲世所重。斯的里省會曰加拉斯與加靈的省會曰克蘭甫爾。以所製鋼鐵器聞名。斯的里省巖岫重疊。洞穴玲瓏。中一洞最深邃。入口行半時許。始至其底。掘深一二尺。得古獸骨殖。雜然羅陳。博古家往視者。絡繹焉。五金之礦。爲是地物產大宗。而鐵礦尤爲富旺。按加靈的加爾尼阿爾與意斯德三省。爲古之意黎里國地。山林峻密。皆係亞爾伯山分枝。山中多湖澤。魚族滋生。有洞甚幽。難測其底。時而廢垣坍屋。時而直柱橫楹。陳列當前。不知其爲何代物。洵大觀也。意斯德利省會曰的里也斯德。在亞德亞海闊。與威內薩名城東西相望。久與爭利權。卒奪之。由是威內薩日形蕭索。而的里也斯德生息日隆。成國內通商要埠。

波厄迷亞四面環山。說者謂古時騰燄飛沙。流漿爲患。既而猛威漸減。卒至熄滅。今地形凹凸。多出沸泉。

殆即其陳迹。其地五金玉石之礦。與歐洲富產之區。差堪倫比。山中氣候凜寒。平陸則和暖。且天時中正。疫癘罕聞。居人節儉廉愼。風俗醇厚。大抵壯强魁偉。每臻耆壽。惜耕稼未精。菽麥等產。僅能自給。又紡績苧蔴。製造琉璃等。爲其習行之業。會城名伯拉加。昔爲本國京師。烟戶稠密。三倍於摩拉維省會伯倫納城中。有敵壘甚古。多半頹廢。全地富有礦苗。民興於藝。西勒細省與迤東加里細省。古屬波蘭。加利細本名紅俄羅斯。後爲奧所據。易今名。地頗平坦。惟東境岡陵叠見。南以加爾巴德山爲界。是山多鹽井。深者可百丈餘。寬者不止千丈。全地氣候甚寒。省會名稜卑爾克。地當孔道。商人自黑海運貨至日耳曼。必由是地。是以生意興隆。貨財屯積。境內有加爾巴德山人。與鄰居之民。水火不和。屢肇釁端。甚至干戈相向。命案疊出。經奧國百計措施。此風稍戢。然餘燼未熄。有一朝復燃之勢。推其起釁之由。因山民樸實無文。陸民漫加欺侮。以苗猺目之。是以山民不能忍。而手刃復讎。作雪恥計。別有一種人民。雜處其地。曰羅德尼。異風異俗。半野半蠻。與他族人格格不通。情同鑿枘。其人不特加里細省有之。宏噶利省亦復不少。按

宏噶利。一名宏加利亞國。古時民心殘忍。鄙陋不足道。自宋初奉天主教。煦育恩深。性情漸化。今地分四大府。各因其方位而名。曰多惱河西。曰多惱河東。曰德意斯河南。曰德意斯河北。肥田廣漠。一望無垠。物產富饒。寶藏極旺。產金鉛銅鐵翡翠珠玉寶石水銀石鹽等。惟氣候潮濕。瘴癘頻仍。近多惱河尤甚。外人入其境。須萬分珍攝。乃脫病死之危。都會曰補地。亦名阿芬。在多惱河之西。河東有城名伯息。雉堞相望。通以浮橋。兩城渾為一城。名補地伯息。宏噶利東有達郎西爾瓦尼省。會城名格勞森蒲爾。南有哥羅瓦西與斯加拉窩尼二省。以地處邊陲。易起烽火。故以南境為邊衞所。派武職大員控制。藉以弭患於未萌也。

奧地利亞向以土地兩分。治體亦別。須律之權。操自國主。各設上下議政院以副之。其故土上議院。得二百四十二缺。中親王十八。巨紳世職六十七。天主教中總主教十一。本主教六位。等王公。另選終身充職大臣一百四十。下議院得四百二十五缺。以巨富鄉紳及商賈等人充之。宏噶利省之上議院。素無定額。

皆王世爵。及天主教總主教及本主教充之。約得三百餘缺。下議院大員。四百五十三人。此兩地議院規模。可考而知者。其執政大臣。各設衙門。不相渾一。奧有部院衙門八。曰吏部。曰商務部。曰教諭部。曰刑部。曰戶部。曰護國部。曰農務部。曰鐵廠部。其軍機樞密事務部。以八部尚書并另選數大員充之。宏噶利部院衙門惟七。一鐵政部。軍務庫務外國務三項。除各設衙門外。另立三大衙門。統轄兩地事務。此奧國立官分職之制也。考其兵制。承平時。統計水陸軍兵弁。約三十五萬九千人。一旦興兵。可增至一百八十七萬人。周年所用國欵。需銀洋一千零五十兆四萬圓。費用浩繁。浮於所入。是以公債累積。動以億萬計。年復一年。未能籌措。光緒四年。伯靈之會。新收土耳基西北境波斯尼與厄爾日高味納兩省。其督撫州縣。由奧廷發派。治理民事。每省有上議院員二十人。下議院員四十人。共相贊助。其地多山嶺。出金銀鐵汞。土壤亦膏腴。菽麥常產有餘。運售諸外。易鹽以食。蓋本地之鹽。品佳而出鮮。價因之昂貴。非小康家無力購也。人民一百五十九萬。內三十三萬崇天主教。六十七萬從希臘教。五十四萬從回回教。餘係如德亞

與各種雜教。民俗敦厚。志氣果決。屢受土王磨害。每有倒懸之困。二十年前。賴俄人之援。兼土軍之敗。歸順奧國。作其屏藩。想茲後奧無南顧憂。免兵戎禍矣。

塞爾維

塞爾維小國。一作塞爾比在奥國宏噶利省之南。波斯尼省之東。西土耳其之北。蒲加利與羅馬尼之西。當東羅馬強盛時。希臘人收其地爲直省。至前明天順三年。土耳其據而有之。歷三百五十載。至　國朝嘉道間。以塞人與土人積不相能。連年爭鬭。俄人從中排解。土耳其不得已。聽其自立君主。惟仍爲藩封。歲行朝貢。迨光緒三年。土軍爲俄師所敗。塞爾維乘機反叛。與羅馬尼等並自立國。請援於俄人。俄人許之。四年六月。各國在伯靈城會盟。塞爾維自擬一欵。列入和約章程。今疆城分明。君臣交泰。居然郅治之邦矣。立國體制。多仿他邦。王則世承大統。與宰輔尚書共操政柄。凡係軍國律例大事。軍機大臣創議。進於議政大臣。彼此參酌成議。然後請王頒發施行。計議政院大臣。一百三十缺。皆平民推薦。部院衙門九。曰外務部。曰刑部。曰戶部。曰吏部。曰工部。曰兵部。曰闡教部。曰教諭部。曰商務部。每歲公費約七十四兆銀。統計人民。得二百四十九萬。類皆温麗留秀。果勇有爲。質敏好學。自立國以來。文學日興。人才蜂起。采

風者謂其所作歌詞。皆有深意。闡揚前烈。感導後人。非徒尙綺才者。所能望其項背也。國中土壤肥沃。菽麥皆宜。惟耕作未精。不能盡墾。氣候頗順適。夏秋之交。炎熱驟至。酷暑難當。兼之暴風大作。霪雨傾盆。爲秋收害。民大苦之。今全地分一十七縣。都城名別甲商賈輻輳。爲多惱河濱一大埠。戶口頗繁。約五萬人。出軍械織錦頗爲馳名。

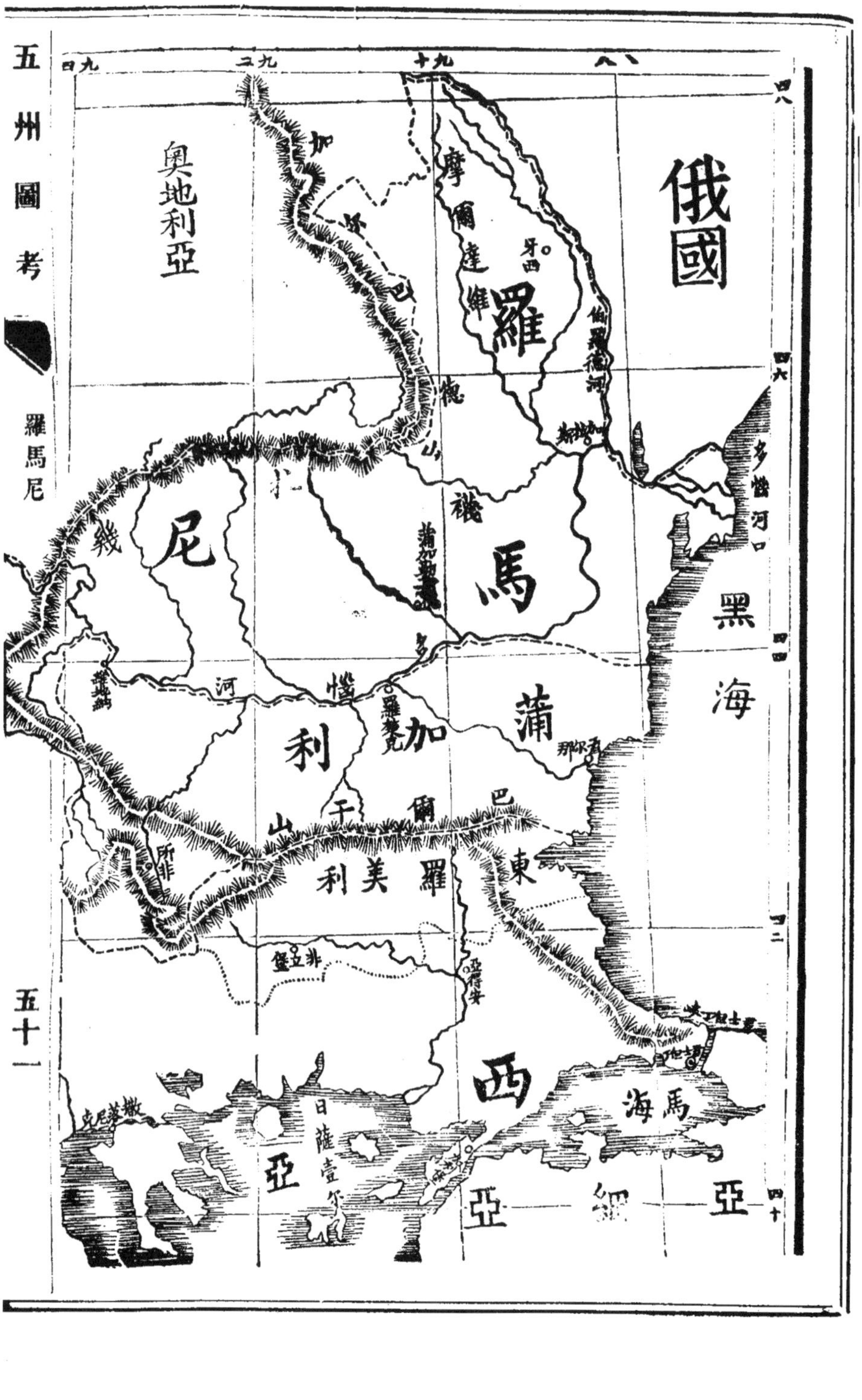
五洲圖考
羅馬尼
五十一
俄國
奧地利亞
羅馬尼
蒲加利
黑海
多惱河口
東羅美利
西
亞細亞
馬海

羅馬尼

羅馬尼與塞爾維同時背土自立。本礮拉幾與摩爾達維地。東距黑海。接俄羅斯境。北亦以俄爲鄰。西界奧國、與塞爾維。南絶蒲加利國。古時多羅馬國人往居之。後爲北狄所佔。兩族之人漸混爲一。前明天順年。土耳其奪而有之。隸爲直省。迹近藩屬。至嘉道間。俄羅斯與土耳其屢戰屢和。拔羅馬尼出土人手。入俄之牢籠。名稱保護。實欲吞之。歐洲各大國。知俄將不利於羅人。於咸豐六年巴黎之會。大國之與盟者。議同力護衛。奪俄人獨保之權。仍行朝貢土王舊制。光緒三年土俄之役。土師潰敗。乃於伯靈京。襄羅人自立。光緒七年三月。羅君上國王尊號。始厠列邦之數。其政體。有上下議院。與八部衙門。上議院例設百二十鈌。下議院百八十三員。民數約五百八十萬人。概奉希臘教。烟戶稠密。惜爲土所困。拮克無狀。且以地介歐洲諸國。苟兩地與戎。必被蹂踐。遂致形同坐廢。懈怠成風。不肯致力於農事。衣食居處。惟求温飽而止。地分三十府。有多惱河界其南。湯湯一水。自西徂東。將入海。忽轉折而北。會伯羅德河。復東南入於

黑海。伯羅德河。自境外加爾巴德山發源。東南流。作羅馬尼迤東要塹。與俄羅斯分疆。卒會於多惱河。同歸黑海。其餘支流汊港。爲數紛繁。國中大都會曰蒲加勒斯德。居民二十二萬餘人。周圍寬廓。屋宇紛錯無序。除宮殿外。皆卑陋不足觀。摩爾達維之故都。曰牙西。戶口得八萬五千人。通國貿易最盛。商賈絡繹者曰加拉斯城。居民八萬。建多惱河濱。輪船帆艘。魚唧鱗集。蓋由內地達黑海之大埠也。歐洲諸大國。曾在此城。設督辦多惱河水利局。局中諸事。各國使臣經理。羅馬尼不得與聞。因羅馬尼國小人柔。故各國藉保護之名。分其水利。其兵制。陸兵約八萬餘人。水兵一千八百人。戰艦大小二十八艘。欲以此徵數弭患於未形。禦侮於臨事。不亦戛戛其難哉。

蒲加利

蒲加利東臨黑海。北枕羅馬尼。以多惱河爲界。西鄰塞爾維。南絶土耳其。初土番散處。五代宋齊間。有東夷部落。向居窩夸河濱者。遷居其地。名蒲加爾。性野悍。不識禮義。內外工作。皆責成於女流。男子惟獵獸從軍。屢與東羅瑪人爲難。掠村劫舍。所過一空。毒殺人民無算。東羅瑪人。惡其殘忍。興師報復。屢勝之。史傳宋眞宗天禧二年。蒲加爾人大敗。死傷遍野。生擒一萬五千人。悉罹挖目刑。遂夷其族。迨東羅瑪爲土耳其所滅。蒲加利亦亡。夷爲直省。自是而還。幾五百載。艱苦備嘗。間嘗騷動謀亂。而螳臂當車。卒未能濟事。光緒三年。土軍敗。蒲加利乘機同發。推日耳曼薩克撒各蒲爾額達國世子爲王。號斐爾地囊第一。人民約三百四十萬。每二萬人中選一議政大員。立朝理事。有執政衙門六。亦新定章程。都會名所非。在國之西南隅。居民五萬餘。地當孔道。行路者擊轂摩肩。絡繹不絶。商務因之頗旺。以絲絨烟皮爲大宗。在黑海之濱。有衛城名瓦爾那。人民約三萬。多建炮臺。甚鞏固。明代時奥王率大兵來征。敗績城下。求成而還。

道光八年。俄人圍攻。越日破之。城與炮臺。大半爲火炮炸損。在多惱河干之羅楚克與味地納等城。商稱殷富。通國土壤膏腴。穀麥豐熟。烟草滋生。其兵制。男子二十歲至三十二歲。不論貧賤富貴。一例爲兵。力役五載。待戰四年。一有戎事。立即置身行伍。又守土四年。先後凡十三年。按民數徵兵。可得四萬六千人。告警之際。可增至二十萬人云。

西土耳其

土耳其興衰因革。前述於東土耳其考中。又紀於塞爾維等國考中。惟未詳盡。故補誌之。西土耳其爲今建都之地。亦朝綱政事之所由出。溯土王之開國歐洲也。始於明建文年。王索里茫第一。率勁兵渡海峽。干戈所向。人皆低首稱臣。於是羅米利、蒲加利、礙拉幾、塞爾維、波斯尼、希臘、摩爾達維次第收服。爽爲直省。初、希臘開國。聲威遠揚。據其全土而有之。析爲小國。時羅瑪久稱無敵。迄西漢景帝三年。乘希臘內訌。引大兵來寇。希臘不能敵。失土而亡。又四百七十餘年。羅瑪總王公斯當定。以羅瑪幅員遼闊。深恐鞭長不及。飭建別都於黑海之西南隅。適亞歐交界處。名新羅瑪。命名曰公斯當定城。一名君士但丁。王遷鼎居之。是爲東羅瑪。至土耳其吞取之年。已九百餘載。土耳其嘗雄鎭歐洲。北至奧地利亞。盡取宏噶利等地。南渡地中海。據亞非利加濱海諸國。奉回回教。好殺戮。治民以刑。聚斂過刻。王荒淫無度。大臣出入弄權。故不百年而威福之勢衰。喪敗之機露。三百年來。離亂相乘。幾無寧歲。即西土而言。康熙三十八年。宏

噶利達爾馬西等地。不服土人約束。歸順於奧。後百年間。黑海北岸之地。盡入俄羅斯。末幾塞爾維叛。自立爲王。南境之希臘離爲敵國。羅馬尼求護於俄。不受土制。有黑山小國者。在西土耳其西陲。昔爲土國藩屬。今亦恃俄人之強。朝貢不修。日與土人爲難。光緒四年。伯靈之盟。黑山王亦得割地分肥。收小民二十五萬人。設官職。定兵制。立上下議院。居然從大國後。惟地多山林。土壤磽瘠。小民貧困無聊。難於自給。今西土耳其疆域。北界蒲加利塞爾維兩國。波斯尼奧屬省。西接黑山國。抵亞得亞海。南連希臘。盡於亞耳居伯海灣。東至他大尼峽。馬海及君士但丁峽。東西相距一千三百四十餘里。南北極寬處得七百二十里。最窄處。僅數十里。其在地中海之大島。名干地亞。亦名革雷得。於光緒二十四年間。藉歐州法英俄意四大國之護符。自立爲國。不爲土有矣。君士但丁城。建於黑海峽西岸。周圍遼闊。可二十六里許。墻垣堅厚。築敵壘二十座。郭外海港深廣。商船泊集。帆桅如林。岸上岡阜起落。園囿繁多。宮殿宏敞。屋宇駢連。洵一大觀也。惟城中街衢狹而穢。入其境。每掩鼻而過。幾欲作十日惡。由是瘟疫頻生。迨無虛歲。民居多

削木造成。故火災叠起。起則萬家蕩盡。焦土可憐。原其所以。因回教人。不肯思患預防。致有此禍。有志之士。爲歎息深之。城內居民約九十萬人。土人趾高氣昂。驕肆特甚。亞爾美尼人。如德亞人。希臘人之居其地者。皆低首下心。不勝憤懣。其所以不去者。因是都當黑海之衝。爲內地貿易所歸。故飲恨託足耳。都之東南。亞得安省中。有加利堡城。爲土國險要地。築在他大尼峽西岸。居民約二萬五千人。城四周建炮臺十四。用鎮海峽。亞得安省會。亦名亞得安。居民七萬人。道光二十九年。俄人與土人戰。大敗之。於是城聯盟會。訂和約。今閭閻凋敝。迥不如前。惟舊宮古蹟。猶有存者。撒落尼克。會城。亦曰撒落尼克。古時聞名。今雖蕭索。尚得居民十五萬人云。

西土耳其。河港短小。藪澤稀罕。山則橫有巴爾干。縱有干大維。連脊廣袤。不甚高峻。巴爾干首峯。得六百五十二丈四尺。干大維首峯。名奥靈伯。高七百七十九丈。古人妄信邪說。目爲蓬瀛。希臘國騷人逸史。附會穿鑿。爭相題詠。山之名遂垂不朽。國中土壤。大都沃腴。豐產穀麥黍菽棉花苧蔴。自給外。售其所餘。菸

草亦盛產。出撒落尼克省者。尤馳名。阿里伐果與葡萄兩種。栽因培不力。獲利無多。巴耳干山麓居民。概植玫瑰樹。花盛開時。一望鋪茵。香聞數里。可釀花露。遠售域外。推爲上品。民間習藝。除織罽毲。繡貝錦。製刀劍外。別無所精。鑿山開礦。採煤淘金等工。以民人囿於成見。習於怠荒。鮮肯任怨任勞。爲國家闢生財之路。國中生理。由外客經營。在腹地者多希臘與亞爾美尼人。在外埠者多英吉利法蘭西奧地利亞人。利權既失。國帑自虛。殊非土耳其之福。計西土人民之數。約五百六十萬人。類皆身長面皙。間有稍黑者。容貌魁梧。寬衣闊袖。纏帕當冠。昔在强時。東奪西侵。橫行無敵。歐洲諸國。莫能禦之。然未旋踵而一敗塗地。委靡不起。詰其故則大弊在崇奉回教。蓋回教規例。嚴小節不愼大德。治外儀不檢心神。徒以洗心膜拜等規爲要務。若縱情蕩志。多置妻妾等。皆不禁。日事閒游。消磨歲月。飲酒本干回教例。然上而君臣。下而士庶。莫不飲咽。有物名貝戴爾者。出於印度。似菸非菸。土人嗜之。甚於芙蓉膏。於是鳩形鵠面。狀類鬼車。貌莊心浮。外强內怯。近年來翻野易服。盡改西裝。馭民治吏之方。亦步武西法。但疾在膏肓。終歸無濟。

土王稱蘇爾丹。或稱索拉坦。躬膺大統。控馭兆民。自爲回教首。設冢宰一員。釋回教規例官一員。是二員位冠臣僚。權統士庶。由土王面選。不特傳諭已也。其次爲軍機樞密府。各部尚書。皆與上下議政院事務。上議院人員。王自選。無定額。要不逾下議院人員三分之一。旣入選。終身任事。月得養廉銀一萬圓。下議院人員。例於五萬民中推薦一人。年在三十以外者。皆得應選。每歲俸銀二萬圓。往來路費由國庫發給。以四年滿任。悉由衆民選舉。惟首副統領三員。由王親選。庶人不得薦。凡國家頒例。先由上下議院合議。呈於王。王降依議旨。乃刊爲成典。王若不准。當再議。或廢棄之。要以王諭爲依歸。國中一切事宜。朝廷獨攬綱維。上下議政院。及上下百官。惟敬謹議奏。各陳管見而已。執政衙門。多於他國。曰外務部。曰兵部。曰水師部。曰吏部。曰刑部。曰戶部。曰商務部。曰教諭部。曰巡務部。曰工部。曰頒祿部。各部有尚書一員。副理官爲數不等。此其內官制也。外官則每省有總督一員。下有府縣等官。爲數頗衆。其間捐納仕進者亦復不少。到任後。往往以苛斂爲事。勒索百端。民情疾苦。開智識。裕生計。漠不關心。國政之隳壞。國勢之衰微。

實由於此。土國理訟。另設衙門。例於公堂折獄。不得私審成讞。聽兩造相駁詰。期水落石出。以免冤誣。若被告爲頭等大臣。或事關謀叛。則另設司獄衙門。派大臣三十員公同質訊。用成信讞。其守封疆。禦外侮。平日有陸兵七十五萬。當戎事危急。可增至百五十萬。水兵一萬四千。自光緒三年敗績後。土廷深悟前非。力求整頓。八年。頒定新章。兵制倣各大國。冀轉弱爲强。惟相習成風。奉行不力。存振作之名。無經營之術。我爲土耳其惜焉。

希臘國圖
地中海
亞細亞

希臘

希臘古爲名邦。縱五百四十里。橫九百二十五里。去其洋面。僅以陸地計之。約得六萬五千法方里。北界西土耳其。東顛亞耳居伯海。南臨地中海。西絕要尼藹海。疆域褊小。海灣繚深。汊港四通。島嶼星列。上古鴻濛始啟。地罕民居。夏帝泄之世。有斐尼西與厄日多人。抵希臘南境。鳩集人民。教以營構宮室。播種耕耘。歷三百餘年。庶務並興。漸成治體。殷商雍己七祀。埃及名士責克勞伯斯西來。始佈文教。造字興學。立法度。創術藝。荒陋之俗。至此而大變。此歐羅巴開風氣。尚文學之始也。當是時疆域廓大。諸部酋各據一方。分作十二國。結盟會。捍大敵。由是外侮不生。晏然康阜。富強之勢。蒸蒸日上。成周初。庶民廢王。立長官以統攝。似今法美總統。數百年間。英雄薈萃。學術振興。特拉公與梭倫相繼造刑書。米耳西亞及德米多克諸人。卓建武功。聲名赫濯。伯拉多及亞立斯多德諸人。以格物窮理之學聞。意保克拉德精岐黃術。以醫道鳴於時。活人無算。工詞章者。有驪化克與亞立斯德方諸人。擅史學者。有歐榮道德都西地德諸人。

冠文士者。有戴睦斯德吶嫻於辭令。聲如洪鐘。當馬基頓王斐理伯引兵南侵。戴睦斯德吶再四慫民力禦強鄰。抵死不服。奈內訌相尋。衆心潰裂。國爲斐理伯所幷。時周顯王三十一年也。斐理伯死。子亞立山嗣位。才兼文武。英敏過人。率億萬之師。大破波斯國。乘勝滅亞細亞西境諸國。直抵印度。功未竟而卒於軍。諸將分所得土地。各自爲王。西漢時羅瑪方強。征服四方。希臘諸國。亦被蠶食。隸入羅瑪版圖。羅瑪兩分後。希臘屬東土。與東羅瑪同沿革。千餘年間。迭遭夷狄侵陵之患。卒於前明中葉。土耳其殲滅東羅瑪。收希臘諸地。垂三百餘年。刻剝陵夷。殆無虛日。民不堪命。因於乾嘉朝。揭竿倡亂。道光元年又起叛。傾全地之兵。與土人死戰九年。後賴法英俄三大國擁護。自立爲國。然已不勝疲憊。窮經博學之人。亦漸寥落。偉業英才。徒誇故事。當立國之年。國中任事之人。公請日耳曼巴威也拉王世子奧當登王位。後廢而逐之。別推丹國親王御極。名日附爾日第一。時同治二年也。

今希臘國制。君以下。設議院一。議員二百三十五人。部院衙門七。經緯國是。國前分十六府。今分二十六

府。都會曰雅典。又作亞德納斯。據謂築於有商雍己年。昔爲聲名文物之區。四方之來學者。擊轂摩肩。歲以萬計。城中人烟稠密。生息蕃多。宮室院觀。結構精巧。今雖市井蕭條。而古蹟猶存。掌故家想見古人藝學。常有古盛今衰之歎。境內出白石。貴重絕倫。居民約十二萬人。自此以降。諸城皆渺小。民不足萬矣。哥林的城。建在海灣深處。初創國時。曾爲京都。頗形熱鬧。今爲通商埠頭。巴苔拉斯城。在西北海岸。海口穩固。出葡萄乾。推爲上品。國之迤東有羣島焉。蟠峙於亞爾居伯海中。形似長舌。最近平陸者曰憂卑亞島。府名仍之。別有一府。聚衆小島以成。總名曰西格拉大羣島。會城在西拉島上。又名黑爾摩堡城。地頗饒富。產蜂蜜甚佳。初島民僅五千人。立國後四方蝟集。貿易日隆。今約得二萬五千人。將來振興之象。未可限量。希臘迤西有島。總名要尼謁。或作以阿尼羣島。久爲英人所據。同治二年。因諸大國之請。英人讓於希臘。希臘置三府以治之。一曰各府。會城仍名。古時爲泰西人東征屯兵處。菽麥無多。富有阿里伐油。兼擅漁獵之利。一曰占花羅尼。氣候和平。壤地肥沃。土人種植不勤。半成曠土。所釀美酒。四海馳名。每有因

酒致富者。一日臨精德時令甚清佳。原隰膴於占花羅尾瓜果甘美。逾於常品。葡萄遍野。芳草咸茵。統計合國人民。得二百三十萬人。類皆賦性聰慧。長於口才。惜久經失教。漸趨於愚。而陵慢狡詐之風。未能改革。實為憾事。

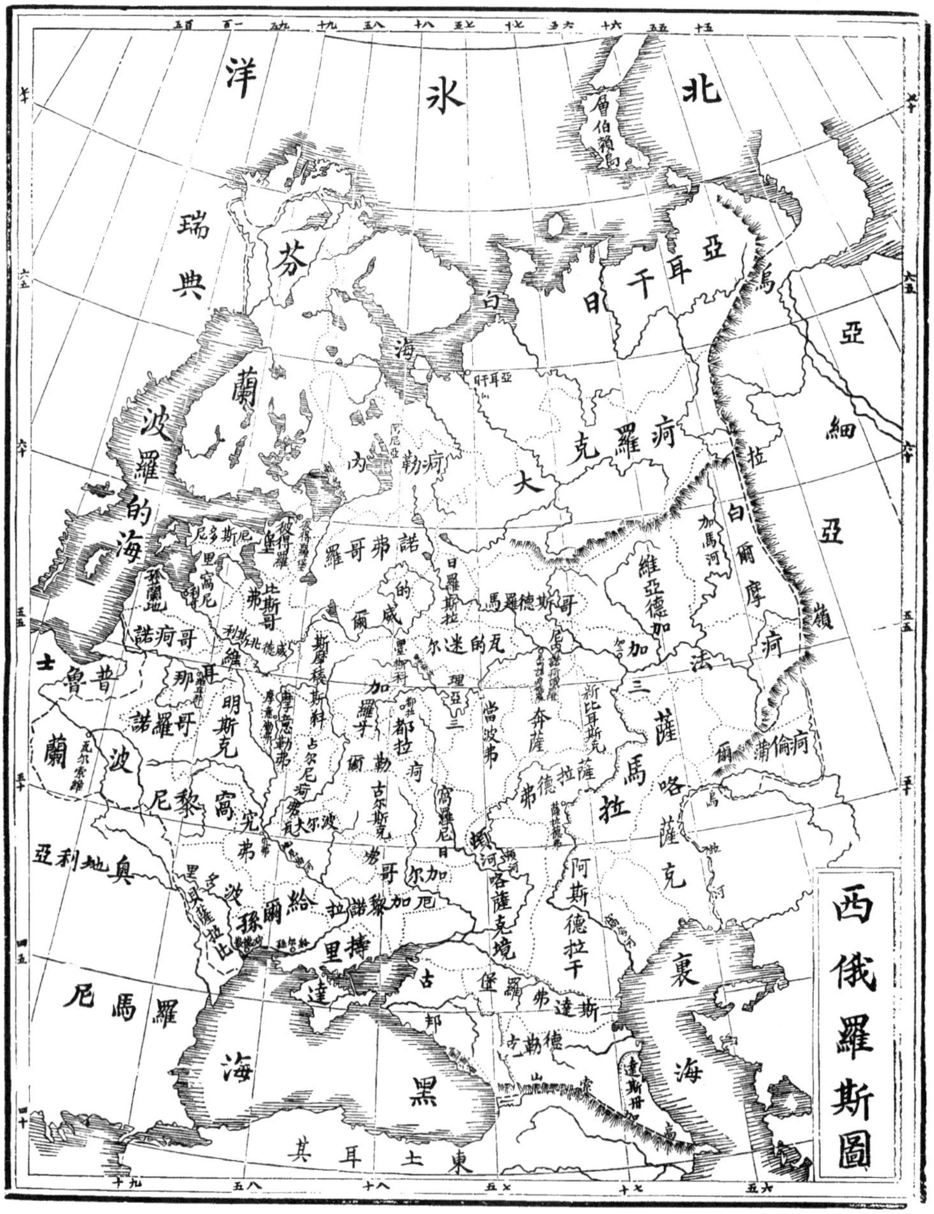
西俄羅斯圖
北冰洋
瑞典
芬蘭
波羅的海
白海
亞細亞
烏拉嶺
普魯士
波蘭
奧地利亞
羅馬尼
黑海
裏海
東土耳其

俄羅斯

俄羅斯之在歐羅巴諸省。地處北溟。極寒冷。多冰雪。然肥沃之壤尚多。故百務振興。人安物阜。考今日歐俄疆界。東起烏拉嶺與烏拉河。東南盡裏海與高加索山。又踰山嶺。奪土耳其東北隅。迤南止於黑海。與東土耳其北境相望。西南因羅馬尼及蒲加利新國。與西土耳其遙隔。再西北與奧地利亞爲鄰。西接普魯士。又渡波羅的海。毘連瑞典那威國。初爲荒凉部落。民散無統。後屬於匈奴。唐懿宗咸通初年。有北方酋長。自瑞典來佔其地。始建都立法。創成國政。後晉時有皇后奧爾加攝國。勤敏賢慧。招請天主教教士來國傳教。至北宋初葉。朝野信崇。國臻上治。旋以兄弟割地分封。互相攻伐。國就衰亂。宋季。元太祖成吉思汗崛起西北。遣長子朮赤率兵西向。渡窩奇河。長驅直入。立國南部。嗣元祖北征。奪其究弗京師。於是波蘭俄羅斯諸王侯。皆納欵投誠。列爲藩服。先後凡一百五十餘載。當是時惟墨斯科小國。未肯臣服。因之屢遭困頓。明成化十八年。王宜萬第三。藉外援之力。戰敗金人。盡逐其餘衆。乘勢進發。四鄰悉歸內附。

至伯多羅第一。國乃大治。伯多羅或稱彼得。賦性聰敏。志大有爲。嘗以俄人不善操舟。遂改易姓名。走荷蘭投舟師爲弟子。得其術而歸。以教國人。於是整軍經武。與瑞典土耳其連年搆兵。以養其威。又內修法紀。開學校。立水師。建新都於波羅的海灣之濱。曰彼得羅堡。遂遷鼎奠居焉。惜爲人殘忍好殺。一日之間。斬叛兵四千。且寵嬖甚多。宮闈淫亂。王既歿。后加達利納第一代之。慧畧有謀。用良將攻奪鄰封。疆土乃日闢。乾隆二十七年。王后加達利納第二代王臨朝。智慧過人。精於理事。廣布文教。兼備武功。南挫土耳其。割其地以和。西取波蘭國之半。以爲己有。迨王亞立山第一嗣立。與法蘭西累年血戰。卒與諸侯王大敗拿破倫。又得芬蘭與波蘭迤西等地。亞立山卒。弟尼歌老登極。奪波斯是爾灣等部。再伐土耳其。助希臘自立。解羅馬尼蒲加利人於苛政。光緒三年。土人敗。諸公使盟會伯靈。俄王亞立山第二不特自取土地。又懾土王聽羅馬尼塞爾維與蒲加利自立。贍與地利亞以波斯尼與厄爾日各味納地。即希臘波斯黑山等國。各有贍土。凡此皆奪土耳其之聲威。肇其摧敗之機也。既而內訌頻起。尼希利亂黨。肆行荼毒。

王欲盡法懲治。爲其所害。中鎗而斃。此光緒六年事也。子亞立山第三嗣立。被黨人再四行刺。幸免於難。光緒二十年薨於位。子尼歌老第二登極。迄今能鎮靜。政令日新。邦交輯睦。二十二年行加冕禮。各國遣親王大臣。往俄申賀。

俄羅斯疆域。迤西有波蘭地。一作波羅尼亞。立國在宋初。强盛在明。始西南抵加爾巴德山。西深入日耳曼。北至海口。東至地尼伯河。隆慶季年以降。因內訌四起。日就衰微。國朝乾隆中。俄羅斯與普魯士密約讐攻。剖分其地。波蘭從而夷滅。法王拿破倫東征時。以普俄所佔波蘭數省。創瓦爾索維小國。賜其主上公之爵。拿破倫既敗。諸大國使臣會於維也納城。議將波蘭上公爵地。歸於俄王。惟留其國名。聽其按本國例。自資治理。道光十年。波蘭叛。俄人征服之。廢其國名。隸爲直省。同治二年又叛。戰敗之。將本國治體。一併革除。析其地爲十省。悉渺小如縣邑。多置官守。以密鈐束。而波蘭之困於俄政。莫如今日之甚矣。俄之西北境。爲芬蘭地。古爲臘巴尼人所居。後南蠻與之爭奪。臘巴尼人棄地北遷。南宋初。瑞典征服之。

隸爲直省。閱五百載。俄漸次吞之。夷其地爲八省。芬蘭之東。爲北俄三省地。曰亞耳干日。曰痾勒內。曰痾羅克。大俄羅斯之中原。俗稱大俄者。分十五省。曰諾弗哥羅。曰日羅斯拉。曰的威爾。曰墨斯科。曰瓦的迷爾。曰哥斯德羅馬。曰當波弗。曰窩羅尼日。曰古爾斯克。曰痾勒爾。曰都拉。曰理亞三。曰加羅牙。曰斯摩稜斯科。曰比斯哥弗省之瀕波羅的海者四。曰彼得羅堡。即今京畿。曰厄斯多尼。曰理窩尼。曰孤蘭地。波羅之東。大俄之西。爲西俄羅斯八省。曰哥痾諾。曰威德北斯科。曰維爾那。曰明斯克。曰摩意勒弗。曰窩黎尼。曰波多里。曰痾羅諾。俄之東南。爲小俄四省。曰宪弗。曰占爾尼痾弗。曰波爾大瓦。曰加爾哥弗。按直省中。惟俄大半與宪弗等省。久隸於波蘭。斯摩稜斯科及摩意勒弗與威德北斯科三省。亦稱白俄。明斯克與哥羅諾二省。稱黑俄。與所取於波蘭之加里細等地。稱紅俄。南方五省。曰厄加黎諾拉。曰頓河咯薩克境。曰擣里達。曰給爾孫。曰貝薩拉比。東俄十一省。曰白爾摩。曰維亞德加。曰尼內諾痾俄羅。曰加三。曰痾倫沸爾。曰窩法。曰新比耳斯克。曰薩拉德弗。曰奔薩。曰阿斯德拉干。邊黑海濱。瓜分纖析。名經重譯。尚覺佶

偪賫牙。然欲知國之虛實。必須審其疆域。故存其省名。以資有心國是者。

西俄羅斯東有烏拉嶺。東南最高之山曰高加索。連峯叠巘。向以崔巍稱。此外皆邱陵岡阜。河之大者。極東有烏拉河。發源於烏拉山。西南流折而南。入裏海。其西爲窩夸河上游之一。曰加馬河。一水長流。歐羅巴河中推巨擘焉。再西曰頓河。又西爲地伯尼。皆著名。北方巨浸爲數甚多。最著者曰剌多牙。曰阿尼牙。在剌多牙之西南。及波羅的海芬蘭灣深處。俄羅斯之京都在焉。京都名彼得羅堡。初俄王伯多祿第一。生有武略。志在拓地。與西北瑞典連年交兵。未判勝負。乃於此地創建巨城。屯紮水師。遂制瑞典。旋復廓而大之。營宮室。築樓臺。康熙五十九年。遷鼎以治。街衢矢直。園囿精奇。屋宇雲連。橋梁虹貫。爲歐洲一大都會。不特冠通國諸城也。今更烟戶殷繁。商賈蝟集。約得百三十萬人。惟地形低窪。豬澤圜環。水患層見叠出。加以氣候凜冽。海口凝冰。歲歷三四月。然後渙釋。國土之不宜建都者。莫甚於是。當初建時。諸王大臣戒懼。久不肯易地以居。第以王命難違。前往託迹。城中有御書樓一座。藏書數十萬卷。其間中國日本

蒙古西藏抄本。燦然可觀。曹倉鄴架。書香盎然。博物院中有古獸骸骨一具。龐大絕倫。名孟莫德。博物士得之於北氷洋濱。裝成全獸。詡詡如生。考古家謂此獸生洪水前。後種類絕滅。不復見矣。新都東南。大俄之中。有省曰墨斯科。會城仍其名。爲俄王故都。凡新王登極。卽是城大殿中。行加冕禮。遵舊制也。居民一百萬人。城亦富麗。以學院著名。術藝精巧。貿遷之利。以棉絨爲大宗。迤東尼內諸痾俄羅城爲外府。尼內諸痾俄羅城。建於窩夸大河濱。地當衝要。貿易闤聚。六七月之交。商賈蜂屯。輒二十萬餘。中國之茶葉。印度波斯之絲棉。法國班國之酒醴。皆山接星羅。互市交易。精會計者。謂每市出入。可四百兆銀。是城之南。有薩拉德弗城。亦係衝要。又西南給爾孫與痾德散城。爲黑海通腹地之口岸。商舶絡繹於黑海。而覓利於地中海者。多以此二埠爲依歸。自給爾孫泝地尼伯河而上。有究弗城。亦俄之故都。尤先於墨斯科。元人據南俄諸部。以是城爲通都。大布聲威。波蘭省會。曰瓦爾索維。爲波蘭王故都。宏麗整潔。名噪當時。屢被俄人以炸藥攻破。城中勝蹟。大半廢毀。東北有維爾那城。昔爲波蘭勝地。今與波羅的海濱利牙城。生

息往來。頗形熱鬧。亞耳干日省會。名亞耳干日城。以地處朔方。寒凜裂膚。故市廛蕭索。不可與南方饒腴之區。同日而語也。

俄羅斯國制。王獨握政權。與東土耳其同。與歐洲他國異。官之權位最尊。統攬國是者。爲樞密府。下有議事大臣。除各部尚書外。又有欽選倚重大臣。無定額。其政府大臣。總理頒諭。加級晉爵。訊刑命翻案。察各省存案等事。額數甚多。時有損益。執政部院衙門十二。曰王府部。一切御用。宮闈儀制事宜。皆歸此部管理。曰外務部。曰兵部。曰水師部。曰吏部。曰刑部。曰教諭部。曰戶部。曰農務部。曰驛政部。又設統理各部衙門一。總司治要。此內官之制也。外官有總督武職八缺。每省設巡撫一員。西伯利亞地巡撫十四員。其餘職秩紛繁。不勝縷指。芬蘭諸省。別有治體。不與他省渾一。另設總督一員。政部議事公堂一。轄巡撫數員。一年國費。併計得一千七百八十八兆銀。國債山積。數倍於常產。國中民戶。合歐洲諸部計之。得一百二十八兆人。其咯薩克人一種。身健性悍。野陋無文。刼掠村舍。肆行無忌。散居於頓河烏拉河之濱。及西伯

利亞新疆以外地。向本部落游民。至今未數文教。俄人因材而用。收爲馬兵隊。臨戰時。驍勇非常。知死不退。俄國兵制。條例殊繁。計承平時。陸兵八十一萬人。行軍時二百四十萬餘人。水師兵弁合計得三萬人。

考其物產。極北多獸皮。尤多侖呐皮。侖呐獸名也。狀如鹿。畧南之地。林木成叢。不可作棟梁。第供炊爨而已。再南至波羅的海之濱。生菽麥地芋等食用之物。牛羊成羣。苧蔴蔽野。墨斯科省以南。深林罕覯。黍稷蕃衍。兼收菸草苧蔴。畜牛羊豬馬。葡萄惟極南數省。如擣里達等地方有之。烏拉山中多金銀銅鐵鉛錫礦。又有鹽井數處。其貿易大宗。入者爲絲棉茶酒。出者爲麻麥絨皮云。

五洲圖考

上海　許彬　采白氏　編譯

亞墨里加洲

總論

亞墨里加居五大洲之一。土分南北。因有南亞墨里加北亞墨里加之稱。全洲之地。北枕北氷洋。東界大西洋。西界太平洋。南盡南氷洋。緯線自赤道南五十五度起。至赤道北八十二度止。經線自北京午線偏東七十六度起。至偏西一百五十度止。共得方里一百兆三十二萬。人民約一百四十五兆。地與歐洲隔絕。迥不相連。行商互市。輪船往來。較亞斐利加更盛。前明中葉。有意大里亞人高隆。一名哥倫波。精天文地理推算等學。心疑歐洲之西。大洋以外。別有土地。於是偏告縉紳。入見葡萄牙王。請助川資。往探新地。王與羣臣以狂妄目之。後請於西班牙干斐爾第囊王。喜發巨艦三艘。於勝國宏治五年。西歷八月初。望

洋而西。行二十餘日。風浪滔天。絶無涯涘。舟人欋。欲投高隆於海。高善言勗之。又行月餘。遙見沙鳥飛翔。磯堤隱約。草色接天。高喜甚。不逾時。果見一島。名之爲救主島。次得古巴。次得海地。名之爲小西班牙。即聖多敏我島也。高於十年間往返數四。尋獲島嶼繁多。高卒。其友亞墨里格復赴新洲。環遊巴西等地。將山川人物風土人情筆而記之。正德二年。刊成一書。風行各國。亞墨里格之名遂著。時人名其洲曰亞墨里加。西班牙人接踵前往。先後三十年。洲中及英巴西佛羅里達墨西哥巴他峩呢秘魯等地。相繼尋獲。開山掘礦。獲利甚多。英人羨其利。跨海西行。得北亞墨里加腴土。伐木結廬。創成村落。繼又築城分邑。設關榷稅。取賦徵糧。英廷倚爲外府者百數十年。迨英法構釁。需餉浩繁。以故聚斂逾恒。居民不堪其累。乾隆三十八年。土人叛。自立爲邦。即今之美國。一名米利堅。又名合衆國。或稱花旗國。嘉道間。西班牙勢力日衰。墨洲居民多擁地自立。不受歐人管束。考疆域于今日。有橫梗於北亞墨里加者曰美國。其北仍是英國屬地。美之南曰墨西哥。轉南爲危地馬拉。過巴拿瑪窄地。至南亞墨里加。與巴拿瑪一線相連者。

曰哥倫比亞。轉東爲委內瑞拉。又東爲及英屬英法荷蘭三國。及英之南。有大國曰巴西。巴西之西曰厄瓜多爾。轉南爲秘魯。秘魯南。濱海一國曰智利。巴西與秘魯間。有國曰波利未亞。智利之東曰阿根廷。其東北方隅地曰巴拉圭。東臨大洋者曰烏路圭。極南而形如尖角者曰巴他我呢。此亞墨里加形勢之大畧也。

洲之四周皆海。灣汊亦多。東北自達末大峽。西入哈得孫灣。北入巴芬灣。萬歷三十八年。有丹人哈得孫航至西灣。故名。康熙十年。英人行商至此。大興壓市。交易以皮貨爲大宗。惟地處荒漠。氣候過寒。歲必七八月。冰雪不消。故易貨通財。殊難起色。東北爲巴芬灣。轉西爲波提亞灣。凛寒更甚。冰山矗峙。長可百餘里。高數十丈。遊人至此。一望晶瑩。宛入琉璃世界。春夏之交。寒煖不齊。冰山瓦解。時響震林谷。地覆天翻。洲之西境。墨西哥與舊加里福尼間。有海灣。縱約二千一百里。橫二百四十里。丹沙映水。照眼通紅。名絳海。所出玳瑁蚌蛤龜珠無算。間出明珠大如鴿卵。惜體質不甚皎潔。難得連城之價。英國屬地之東。有桑

五洲圖考　墨洲　總論　二

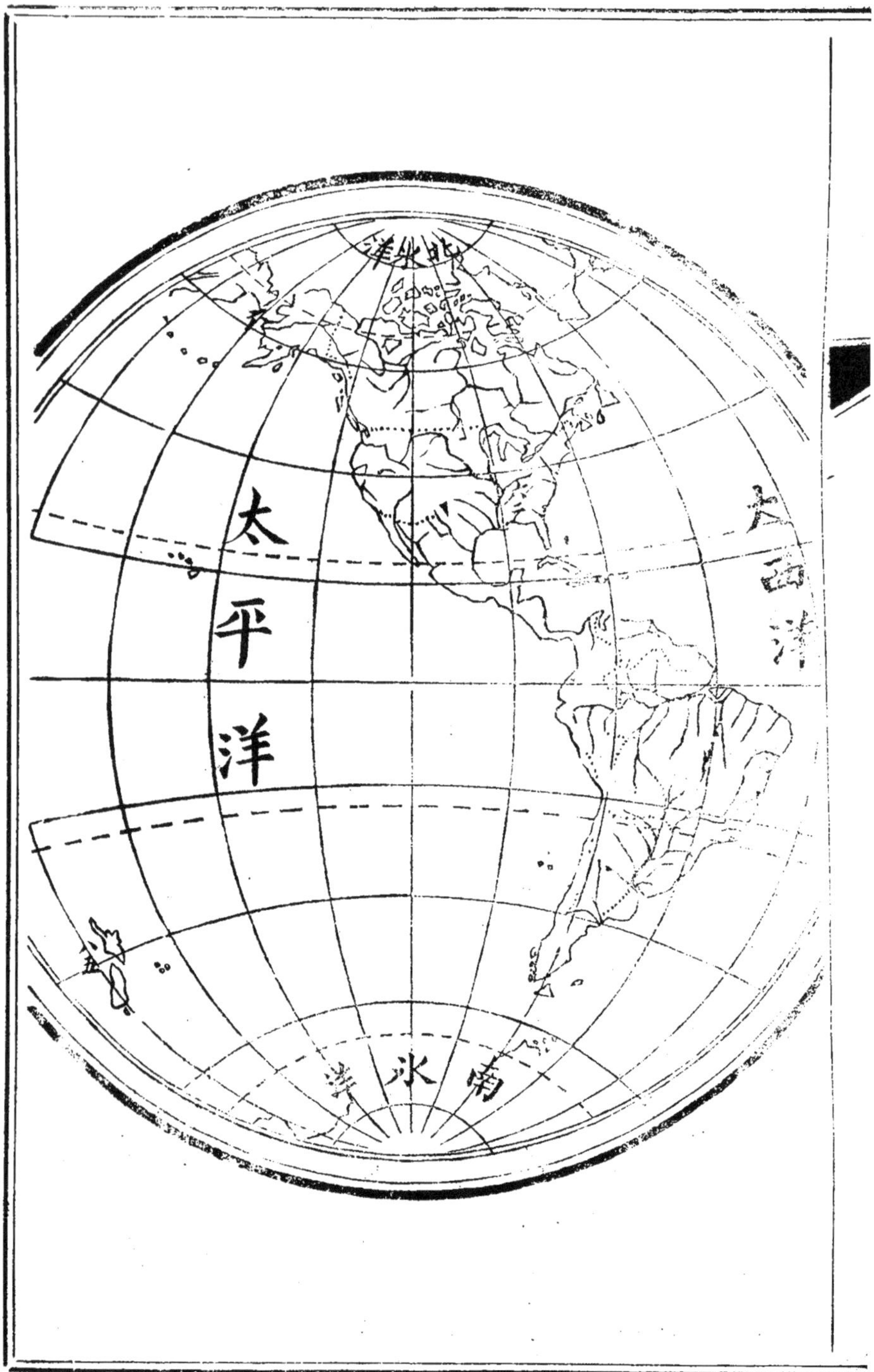
北冰洋
太平洋
大西洋
南冰洋

羅棱灣。饒於水族。新著大島之左。濱海一方。長一千六百里。廣五百里。深八九丈。產魚尤甚。漁舟數千艘。麕集凫趨。一望皆墨。迄今四百餘年。始終如一日。施罾雨後。張網晴餘。絶妙漁家圖畫也。計一年內得魚可二百兆斤。取油一萬七千餘桶。東南自大西洋入佛羅里達峽。繞合衆國與墨西哥諸部。是爲墨西哥海。大洋瀦於是。轉東南入安地海。海之西北有興都拉灣。多暗沙磧石。舟楫難行。南亞墨里加之東北。委內瑞拉與聖三島間。有巴利亞灣。長約二百四十里。廣百里。痾勒諾哥河分支多入於斯。淵渟波靜。風景移人。此外海灣罕傳其名。

亞墨里加縱橫數萬里。歐人銳意搜求。闖來佔據。苟得片土。竭力經營。務使窮荒僻嶼。顯洩精華。洲之東北近北氷洋地。有大島名克勒蘭德。因寒荒太甚。迄今無人探悉其詳。測其大畧。南北相距四千餘里。東西一千六百里。宋太宗七年。有義斯蘭地人。遊其地據之。屬於丹。康熙季年。丹國傳教士愛日德前往敷教。自是丹人遷往者日益衆。生聚蕃孳。戶口廣衍。今居民約一萬人。概處西濱。捕鯨魚海馬。用資生計。北

方產獸名馴鹿。牝牡皆生角。性馴而耐勞。土人畜之。以代牛馬。又有獒。身高大如驘。吽而不吠。可以拖車運物。又有白狐白熊等。取皮出售。獲重利。北有巴利南有火地諸島。均係荒涼世界。沙磧崎嶇。洲西北太平洋中羣島。皆墝埆瘠薄。居民寥落。獵獸捕魚。藉海牛皮爲生財計。英屬西濱萬古洼島。縱約八百四十里。橫二百里。向不與外人通好。外人亦無通而問者。乾隆四十年。英人始旅其地。後三年。班人奪爲己有。旣而復歸於英。地多煤礦。人類野蠻。數年前。英人始設商埠。立輪船公司。往來於亞墨二洲間。行人稱便。南洲之西。有島在赤道中。曰瓜拉巴峩。氣候炎熱。土壤豐饒。惜居民鮮少。鋤墾者罕。海濱多龜鼈。味肥美。西人爭嗜之。地本屬厄瓜多爾。咸豐五年。讓於美國。智利之西。有小島五六十。取最大一島。名希羅愛。統計居民八萬二千。都善孚海。明嘉靖三十七年。西班牙得其地。道光六年。改爲智利分省。氣候平和。產白麻粟麥。野猪可作火豚。堅木爲棟樑材。壤雖不佳。而販運往來。頗稱繁盛。洲南大西洋中偏東有數島。曰法克蘭。居民稀少。多水鳥海牛。明萬曆間。有英人至其地。始議經營未果。乾隆二十八年。始遣人前往開

墾。置官権稅。遂成墟市。英屬之東。有新著大島。明宏治朝。意大里亞人加波得官於英。英王恩理格第七。命加跨海西行。始至其地。嘉靖四年。法員威拉散尼往遊之。收爲法屬。康熙五十二年。於互忒耳德之盟。仍歸英廷管轄。地瘠凜寒。積雪半載。薰風至則烟霧彌漫。有寒暖相攻之勢。川多魚族。林多狐鹿熊猴。有紫紅獺一種。大於犬羊。冬潛水。夏穴居。獲而售之。利市三倍。其生涯出入。以海魚爲大宗。數年前。統計魚行共二千戶。終年獲利得三十五兆佛耶。美國之東。有小島約三百座。總稱百爾慕特。因西班牙人百爾慕特首先至此。故名。萬歷三十七年。英人始遷往。地多沙灘荒磧。英廷移罪犯謫戍於此。膏腴之島。閒亦有之。產加菲白糖木棉三種。行李往來。民多便益。今英人設埠於此。輻湊舟停。變荒區爲要隘矣。

墨洲高山。南北聯亘。彼巉巖險峻。爲羣山冠者。乃落機。亞里俺尼。與安達斯三山。落機山在北洲。自西北而東南。起自亞拉斯加。跨英國屬地。絡繹美邦。止於墨西哥。長約一萬一千二百里。至高之峯。得一千有八十六丈。左右流水貫注。匯成溪澗。爲東西諸河之源。亞里俺尼山起自美邦東北。折繞而南。盤紆東境

諸邦。至若爾治與亞拉巴麻而止。山之東支。有碧山綠山等名目。以樹林濃密。草木叢翠。故有是稱。其形勢不若落機之高且長。而金銀寶礦。盛產於斯。有軟鉛。紫銅。金鋼。白玉。瑪瑙。寶石有深紅。淡黃。黑白相間諸色。售之得善價。安達斯山在南洲。自北迤南。貫南

洲全境長約一萬二千一百餘里。峯之最高者。名索拉他。在秘魯境內。得一千九百六十三丈。合十一里有奇。次峯在波利未。名依里瑪尼。得一千九百十三丈。第三峯名孫卜拉索。在厄瓜多爾。得一千八百二十丈。蔓延至委內瑞拉境。則高巖峭壁。直聳雲霄。約五百餘丈。山有分支。重岡疊巘。曲澗深溪。山峽長數百里。兩岸廻峯插嶂。蔽日障天。非亭午不見白日。峯之巔存氷積雪。炎夏不融。遊人僅至半山。見小樹婆娑。青碧無際。麓則雲林如幄。蘿蔓相交。地多甘蔗芭蕉等果品。一山之上。一日之間。每有四時景象。間有火峯數處。高峻者約一千六七百丈。洞口流火漿。噴汁遺毒。烟霧瀰空。產金銀寶石。與亞里俺尼畧司。在智利境內。多大紅寶石。且盛產金銀。嘉道間。每年獲金七萬五千六百七十兩。銀十八萬三千七百八十兩。他如聖厄利亞馬德肋巴利末諸山。加利福尼墨西哥巴西境內羣山。或嶺繞如環。或崖懸似壁。或産璞玉之珍。或饒金銀之礦。墨西哥山中。除瑪瑙寶石外。每年得金值洋二十二兆圓。國計民生。於是乎賴焉。

墨洲巨川。北土有密自失必發源於美之北境。依大斯加湖。縈廻於美之中央。南入墨西哥海。分支繁多。流水綿長。計一萬一千六百六十九里。闊則八百四十丈。至四百四十八丈不等。天下大河中。推爲巨擘。又有密蘇里河。自落機山發源。山巔噴瀑數百丈。北瀉而東。水流湍激。貫代科塔而南。勢漸平穩。至伊利奈與密自失必合流。長七千九百四十里。南洲有大河。曰亞馬孫。源出羅里哥沙湖。受烏加牙里諸水。傾淵倒峽。直流而東。北會黑河。由加西淵里通痾勒諸哥河。又由巴利末達於厄斯幾白。南受波路馬臺拉大巴召孫哥諸水。合多干定河。入於大洋。其長萬有餘里。發源處頗隘。約八百四十丈。漸流漸廣。迨至江口。則浩浩洋洋。大於海口。約四百六十六里有奇。天下江口之廣。以此爲最。說者謂其河面得十八兆三十八萬七千六百方里。過於歐洲之半。大於法國者幾十四倍。別有痾勒諸哥河。長五千里。源出巴利末西山麓。北下而東。貫注委內瑞拉全地。約分五十支。入大洋。江口兩岸環抱。形如張弓。汪洋巨浸。湧流奔濤。七百里外。勢猶未殺。巴拉他譯言銀河。與巴拉拿烏路圭合而成流。達於大洋。長六千四百八十餘里。

中有沙磧壅塞。艱於行舟。兩岸產金銀。初採地之人。取金銀致富。故名銀河。餘如北之桑羅棱馬更些哥羅拉道南之馬達肋納厄斯幾白多干定方濟各諸河。長或千餘里。或數千里。資灌溉。殖貨財。皆爲利賴。此皆巨河碣。稍次者。在英屬與美國之間。有蘇必畧湖。縱得四百里。橫得九百四十里。水味甘美。魚族繁多。波浪滔天。湖心渚沙隱伏。濟涉者多失事之虞。又休侖密執安厄利安大畧及英屬維尼伯大熊諸湖。庸常無異。其秘魯與波里末亞境。有湖曰低低街街。長四百五十三里。廣一百六十里。湖中有小島。相傳秘魯古代建都於斯。自稱日神之後。迨西班牙人至。將都中珍寶。盡投諸湖。良堪痛惜。

墨洲地土。南北高下不齊。寒暖因之迥異。北方英國屬地。大都氷雪堅凝。凜寒特甚。迤南合衆諸邦。全在温道。與中華節候不甚懸殊。濱海之區。凉風清拂。惟墨西哥海灣。與海濱諸部。燠燥炎蒸。歲多疫癘。西人畏至其地。在赤道者。赫赫炎炎。更不言而喻。赤道南。正月至五月多雨。赤道北。四月至八月霖雨尤甚。墨西哥秘魯諸邦。雖地近赤道。而氣候如春。蓋有高山氷雪。與海中惠風解熱也。論者謂墨洲全境。與他洲

同緯線之地。寒涼過於歐洲。酷熱不及斐洲。以地形長狹。左右皆大洋。加以高山貫南北。氷峯雪嶺。暑夏不融。又有巨澤大川。盤紆全地。即平原荒野。亦少沙漠。故赤熛之氣。罕入地肌也。考其物產。寶藏最豐。金銀多於墨西哥加利福尼與秘魯等地。錫鉛銅鐵水銀金鋼寶石。富於秘魯巴西與智利諸邦。南北兩境。近寒道處。地多不毛。禾麻菽麥黍稷木棉。蹲鴟香蕉。烟葉。波蘿蜜。概出洲之中央。甘蔗葡萄。加菲。胡椒。橙柑。蘋果之類。初自他洲移種。今已徧植。近又栽茶樹。與蠶桑。幾與中原並駕齊驅。其地堅材美木。隨處成林。栢橡椿栗榆槐。藥村顏料。備產於斯。深山幽谷中。斧斤未入者。松樹高至三十丈。圍六七丈。有樹名金雞㶊者。取其皮。磨爲藥粉。白於霜雪。苦於黃連。治瘧疾最爲靈驗。今泰西醫家。以爲藥籠中無上妙品。所產禽獸。除虎、豹、狐、狼、貂、鼉、麋、鹿、外。墨西哥有洗食熊。毛作灰色。身較小。顛足而行。食物必先洗滌。巴西產長鼻熊。身輕便。行亦顛足。鼻甚長。伸縮如意。能掘物。有捲尾熊。身小毛黃。尾長而捲。有厲聲猿。狀如狐。頸粗聲厲。有白鬚狖。似猿。徧體黑毛。環面白鬚。有哀鳴猢。身健性馴。啼聲甚慘。有黃鼠猴。身白鼠黃。有銀皮

猻。身作灰白色。尾則黑黧。北洲產黑熊。毛黑吻黃。肉美可口。產銀色狐。除耳肩半尾。餘皆毫毛純白。產三色狐。上黑中黃下白。獱獺、犳狼多產於東北境。獺有紫紅、灰紅之別。色澤光潤。最爲溫煖。有蟠角羚。毛色灰紅。兩角蟠對。有白領貂。身黑領白。皮可禦寒。米利堅產巤牛、麐牛、囊猱。身大如兎。尾長而捲。腹有皮囊。生子藏諸囊中。早夕哺養。待身力漸長。然後免懷。秘魯有斑文赤虎。深黃色。墨西哥與巴拉他有斑虎。上黃下白中斑。其臯皮人皆視爲珍物。及英巴西有巢豚。聲似印度豕。故名。色分黑白黃。狀如家兎。每年千百蕃孳。不可勝數。鵝掌猱。小於家兎。上黧下白。善涉水。居河濱。或名獺獸。狀如猢。行甚遲。半時不滿一丈。善攀援。有名甲豕者。身有數甲。如小方磚。能摺合以蔽全身。禽鳥有鵰鷲。冠絳紫。首蓬鬆。身羽黑白相間。長四五尺。張兩翅闊可丈許。常棲安達斯高山巔。能飛一千八百丈之高。有黑鷹。大如雞。羽黑白間斑文。冠黯然而黑。笑鶻、鳴聲如笑。冠純白。身黑黧。羌鷲、吻爪猛悍。能碎人骨。金鷲、吻上有羽數縷。尾長且闊。雜金色。有鳥名伊蒲乃鴟鵂之類。大頭。圓眼。巨鼻。面毛較長。身黃間淺白深灰色。目、晝無所見。藏空樹敝廬

中。夜視甚明。出攫鳥獸子雛。并啖食蚊蟲。蓋鳥賊也。鸚哥鴿鴒鵲鴷。不可勝記。及英等地有鸝鶇。羽光熠燿。鵜鳥之喙長大如身。或蒼或黑。腹下頸間。紅黃白不一類。與農鵑。係子規之類。食害苗蟲。其在田爲農人之慶。巴西有錦雀。身備五彩。有鸚雉。毛色如火。青喙長尾。鵧鷩。毛色爲絳。爲青。爲灰。爲白。因時而變。鵚鶖。禿頭長頸。長股如老人杖。鴕鳥身似橐駝。背作青灰色。腹淡白色。高六七尺。飛甚速而遠。鶺雉、長喙赤羽。火鶴、色如舟火。頸與足俱甚長。翠鳥、似翡翠而稍異。上綠下紅。間藍線。性嗜魚。水族以鯨鯢爲最。身長十有五丈。克勒蘭所產。不過六七丈。皮厚二寸。凝脂厚數尺。有鯤如鯨。齒甚多。頭奇大。上半首多肥油。鱷魚有鈍嘴銳嘴之別。背蒼綠。間黑線。腹淡黃。尾如箕。潛伏水濱。人畜近其身。則以尾擊取。鈴蛇者。因尾上有聲如鈴。故名。長約六尺。性至毒。嚙人即斃。有鼓魚。身長六尺。色如銀。有聲鼕鼕如鼓。嘗有博學士奏請巴西國皇。下令釣魚於亞馬孫河。獲而獻者千六百種。形色各殊。骨骸亦異。夫一河所出品類已若是之多。合全洲計之。生息更難悉數。可見蕩蕩造物。奇妙無窮。非鈍根人所能窺其萬一也。

亞墨里加洲。人民共分四種。一曰白人。即西班牙英法諸國。遷往留寓之人。二曰黑人。即亞斐利加人。爲歐人移運至此。三曰雜種。或父或母非本洲之產。種類既殊。色亦各異。四曰土人。面作紫銅色。似蒙古人。鬚短少。髮粗黑。僅留數寸束於頂。茸茸然如拂雲箒。考墨人之祖。大都謂其始亞洲人。遷住彼方。氏族蔓延。聲教衰微。遂致渾渾噩噩。幾同獸聚禽居。其北境終年寒凍。五穀鮮生。土民首圓大額短促。面闊而扁。鼻小而平。手足俱細。皮作烏黃色。皆捕生魚爲食。稍南則獵獸爲生。牲肉酪漿。以充飢渴。獸皮氈屖。聊禦風霜。洲之中土。民多魁梧碩大。頭角崢嶸。南境巴他峩尼民。身長六七尺。性情剛愎。鬬很好讎。每自相啖食。幸元善仍存。知萬象間有一至大神靈。爲統攝羣生之主。以故宰牲禱告。手舞足蹈。如癲如狂。且有殺人代牲者。逢慶日。每剝己膚。剜己肉。穿己股。刺己肩。貫以皮條。繫以牛首。啼哭聲嘶。仍不自恕。其信奉之無常。龐雜可笑。日月星辰。鳥獸草木。無一不敬。有奉晨霜旱露。爲莫大神明者。有信大鳥爲萬物主者。謂其瞬目成電。開口成雷。有以犬爲鼻祖。視如尊長。不敢稍加呵叱者。種種荒唐。不勝縷述。明宏治間。歐人

至其地。迄今四百餘載。潛移默化。政教一新。今南北數十國。皆民主國。文學藝術。倣效歐洲。美國鶴立雞羣。尤稱巨擘。輪船火車。開山疏水。一切製造紡織等事。規模闊大。在南洲中洲與北洲墨西哥國。槪奉天主教。美國與英國屬地。七分之六。從耶穌教。土人不知通變。執迷守舊者。業已寥寥無幾。此墨洲風化人情之大畧。考古家不可不知也。

北亞墨里加全圖

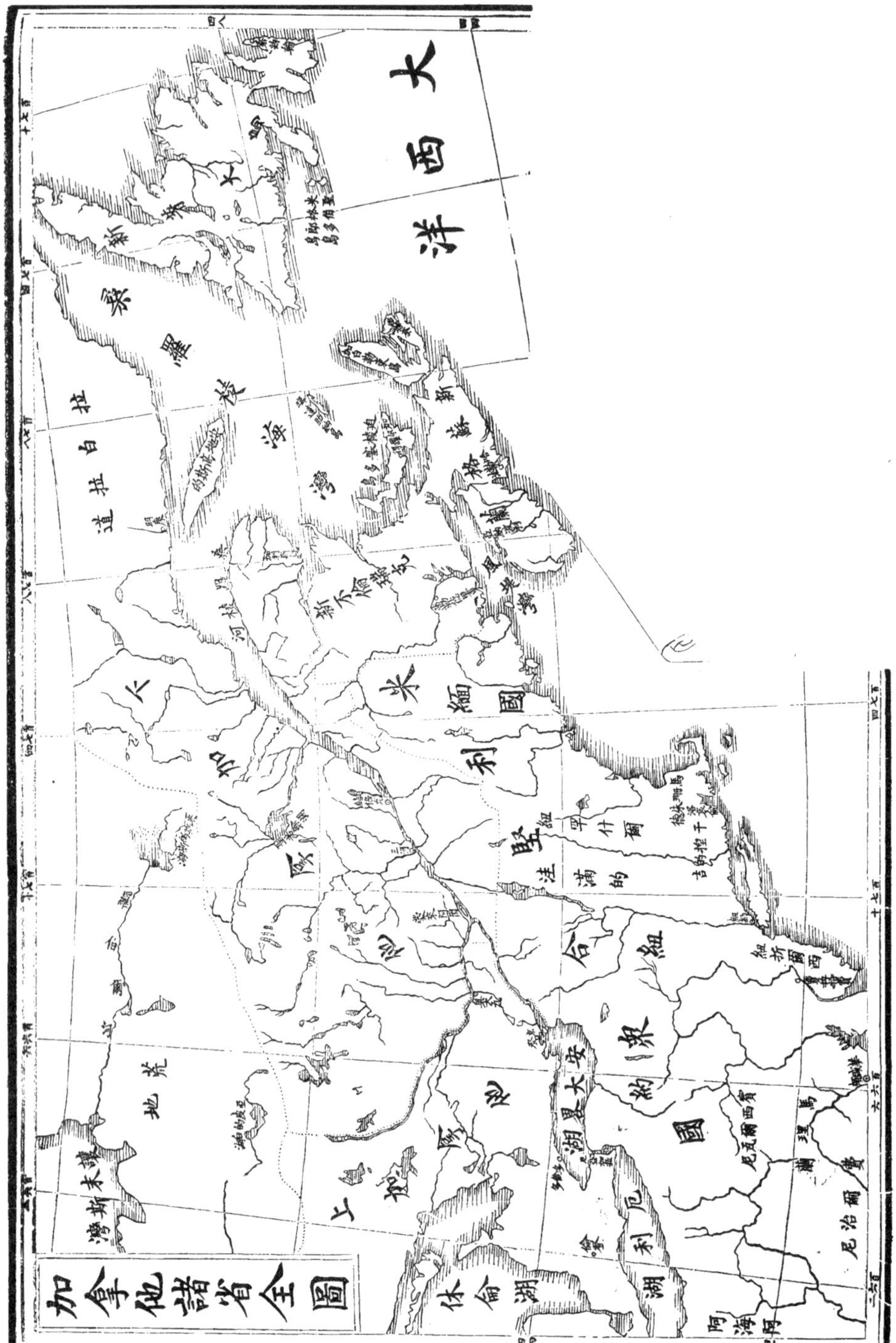

加拿他諸省全圖

加拿他

英吉利殆據北亞墨里加洲之半。東西相距約八千一百里。南北五千五百餘里。延袤寥廓。廣於英國二十餘倍。合計得二十兆九十八萬九千九百方里。分九省。曰翕達畧一名上加拿他。曰結倍克一名下加拿他。曰新蘇格蘭。曰新不倫瑞克。曰迫棱寨多。曰新著大島。曰瑪尼多巴。曰哥倫比阿。曰北境冰疆。明宏治朝。英法班三國之人。接踵遊加拿他地。因荒漠磽瘠。又無金銀礦。故未佔據。嘉靖十三年。法員加爾典又往遊歷。收歸法國。萬歷三十六年。法巡撫山伯倫築結倍克城。一名圭倍克。頗稱堅固。後九年。法人次第遷往。闢草萊。勤種植。烟戶林立。景象爲之一新。乾隆十九年。英法啟衅。首尾七年。法人喪師失地。見逐於英。加拿他遂隸於英。其地東西三千五百六十里。南北一千四百六十里。乾隆五十六年。英廷分加拿他爲上下二省。設總督部院一員。統攝政事。每省各有巡撫府縣等官。政體仿民主國制。有議政院。贊襄匡弼。以助其成。上加拿他會城曰多倫多。人物薈萃。居民約二兆十一萬四千。內英產居多。俗尚紛殊。嗜

好各別。下加拿他居民約一百四十九萬八千。概係法人之系。聲教均從法制。崇天主教。會城居結倍兗近桑羅棱河濱。樓閣縵廻。簷牙高啄。有阿房之觀。中有刑曹衙署。文學格物醫理農務諸院。四圍礮臺壯麗鞏固。用資捍衛。商埠以蒙來阿爾爲最盛。城築桑羅棱河小島之東偏。面面臨江。別有天然佳景。河中商艚兵艦。絡繹往來。水陸衝繁。實爲境中大邑。城中有天主堂一。高廣逾恒。可容一萬人。墨洲教堂中首屈一指焉。總督駐節與大瓦城。居二省之中。有大河一。曰桑羅棱。發源於安大畧湖。經上加拿他北境。與紐約分界。合南北諸水。貫下加拿他省。入桑羅棱海。河長一千六百二十里。闊或里許。或四五里不等。結倍克城外。架長橋一道。光間。爲英人斯德方松所築。上加拿他西南境。及美國境內。有五大湖。曰安大畧。長五百十八里。廣一百七十八里。曰厄利。長七百二十九里。廣一百六十二里。曰休侖。長六百十五里。闊三百五十六里。曰密執安。長八百一十里。廣二百五十八里。曰蘇必畧。長九百四十里。闊四百有五里。魚鮮饒富。風浪爲災。泛舟者、每惴惴於烟波之惡也。安大畧與厄利兩湖間。有河名尼亞加拉。爲紐約與上

加拿他分界。長百里。廣約二百八十丈。中有島。分水爲二流。飛湍瀉沫。水勢壁立。高約十四丈。在北濱加拿他境。自上而下。懸如匹練。闊一百六十八丈。南濱紐約境。闊五十六丈。泙湃鏜鞳。聲聞八九里外。境內邱陵起伏。多樹林。饒菜果。五穀甚罕。桑羅棱上游。產梨櫻蘋果葡萄。有大麥一種。釀酒醴。清凉止渴。暑夏時。歐人飲之。俗稱大麥酒是也。河邊兩岸。風景可人。草木葱蘢。有千里一碧之象。內地產狠熊貂鼠。而狐鹿之色類尤多。安大略與厄利湖旁。多鐵礦。水銀鉛銅間有之。乾隆二年。法人設鐵廠一所。製造軍械。近年增至二十所。英人於加拿他教稼穡。務耕作。平崎嶇險阨。設埠行商。堅築軍壘。文教武備。並用兼施。地與米利堅爲鄰。若一旦有事。變起蒼黃。則禦侮干城。于是乎有賴。新不倫瑞克在加拿他東南。西連米利堅。東臨桑羅棱海灣。與新蔚格蘭相接。縱五百里。橫三百二十里。居民三十二萬一千。會城名弗勒德里東。節候寒冷。與加拿他相埒。暑夏炎氣蘊蒸。揮汗如雨。山林鬱茂。杉柏繁多。地產煤鐵。貿易以魚木爲大宗。終歲所入。頗足自給。新蘇格蘭三面海洋。西連新不倫瑞克東境。縱七百三十里。橫二百十里。居民四

十五萬。會城名恰勒法東。北有島名加白勒東。爲其屬部。縱二百九十里。橫一百九十四里。居民八萬。全省物產。以煤礦爲最。大洋濱沙泥內。產黃金。商賈輻湊。以漁業爲大宗。哈勒法城。築在海濱。戰艦紛屯。漁舟雜泊。所生樹木。如榆槐松栢杉檀橡樹之類。資英美二國之用。廹稜塞多孤懸桑羅稜海。長三百二十里。廣九十里。居民十一萬。會城名加爾羅得。氣候溫和。土地肥沃。牛羊茁壯。材木繁生。新著大島雄峙大洋。屏蔽境內。爲桑羅稜海灣之塞門。縱九百七十里。橫四百五十里。居民二十萬三千半。係英吉利法蘭西阿爾蘭義斯蘭地等人。桑約翰城爲其省會。民鮮耕作。物產稀疎。漁商甚旺。安地高斯的島。與拉白拉道。爲其屬部。皆荒寒沙礫。五穀難生。物產有狠鹿熊狐。人以捕魚爲業。海口有暗沙。艱於濟涉。島東南濱有救生局二所。覆舟失事者。藉爲慈航。焉瑪尼多巴哥倫比阿與北境氷疆。凝陰磧礫。地廣人稀。可紀者尤鮮。

米利堅全圖
大西洋
墨西哥海灣

米利堅

米利堅卽美利加。一名美國。又名合衆國。橫踞墨洲北土。北連英國屬地。南抵墨西哥海。西南接墨西哥界。東西俱盡大洋。縱約三千五百六十里。橫約七千三百里。共二十四兆十九萬八千八百方里。幅員之廣。亞於中華。自立國至今。百有餘載。富强日盛。術藝日精。與歐洲諸大國並駕齊驅。雄鎭墨洲。方興未艾。亦天下一大國也。自高隆探得新地。歐人接踵往遊。迢遞貿易。明萬歷十二年。英人遷居其地。建邑築城。始創碧爾治尼部。越三十年。荷蘭人步厥後。塵擇紐約而居之。康熙初。地歸英屬。泰昌朝。英國流民寄居麻沙朱色。天啟間。英人始居紐罕什爾。荷蘭瑞典國人。次第佔據特拉華爾紐執爾西等地。旣而英人奪之。崇禎五年。英主馬理在位。居新地者。名其地曰馬理蘭。八年。有英人往干尼的吉。十一年。又有人居洛哀侖。康熙元年。英國王加祿在位。國人又徙新土。名其地曰加祿里那。後分南北二部。逾十九年。英提督名賓納。有功於國。王賜以金。不受。賜新地居之。遂名其地爲賓西爾瓦尼。雍正十年。英王若爾治第二。移

其民於新地之南。名其地曰若爾治。先後一百四十餘年。沿革不一。自是爾疆我界。裂土分茅。蒸蒸然成富庶焉。乾隆初共十三部。時加拿他之法人。沿密自失必河直下而南。幾似暴雨疾風。不及掩阻。康熙二十二年。法收英部西南境外魯西安納地。後十七年。徙國人墾種。又十九年。築城於密河之左。名新阿爾良。雍正十三年。又建城於英屬之西。音地安納境。以資控馭。數十年中。整頓經營。大有得尺得寸之勢。由是英人怨法甚深。伺隙抵瑕。希圖報復。卒于乾隆十九年。兩國兵戎相見。英人勝。將法屬加拿他新蘇格蘭等地。收爲己有。後十年。英王若爾治第三。以新地疆土日開。下令增稅額。大拂輿情。其守土官員。概由英廷簡放。諸部紳耆。再四稟請。轉奏英王收回增稅之命。王弗許。威之以師。民不堪命。乾隆三十八年。波士登人振臂一呼。舉國皆叛。越二年。民大會於費拉特費。推華盛頓爲元帥。力拒英人。乾隆四十一年。西歷七月初四日。儆告諸部。數英廷殘虐。遂自立一邦。不歸英人管轄。光緒二年。立國後。週百歲。朝野大慶。舉國若狂。按華盛頓係費爾治尼部人。性聰慧。文武兼優。方英法搆兵時。嘗爲英軍武弁。雄才大畧。拔萃

超羣。退休後。頤養林泉。杜門不出。及衆部叛英。擁華爲元帥。時變起倉卒。軍械糧餉。俱無所出。華計謀深遠。勇毅逾恒。迨英兵來討。鏖戰六年。悉力相拒。雖遭折挫。而衆志成城。寧死不降。兼得法人相助。合擊英師。卒獲勝仗。大奏膚功。西班牙勸兵主和議。英不能支。與華盟。聽其自立爲國。畫邑分疆。迤北加拿他等地。仍歸英人管轄。此乾隆四十八年事也。

華盛頓既與英盟。息兵罷戰。仍歸田里。美人力除積弊。創設國制。將十三舊部。分建爲國。每國擇一統領。又簡副領一員佐之。以四年爲限。任將滿。官紳再議。或重留四年。或別行推擇。各國中又推一總統主盟會。攝征伐。總理通商籌餉等事。又設上下議院。握定章立紀之權。上議院每國二員。一任六年。分三班。次第入院。二年一調班。合四十五國。備官九十員。下議院無定額。視民數爲準。每任二年。初由三萬人中推舉一員。今則十七萬人中選一員。備官三百五十六。部院有八。曰吏部。曰陸營部。曰水師部。曰藏帑部。曰內務部。曰郵政部。曰刑部。曰農務部。別設總司訟事衙門。以精明律例之員充之。民間詞訟。皆此衙門定

斷。乾隆五十二年議成。五十四年。推華盛頓爲總統。在位八年。後續緒紹統。相繼而興。迄今二十餘傳。拓地日廣。統計四十五國。又四部。部者。如周世之附庸也。十三舊國中。有費爾治尼。於同治六年。分東西二國。其新增三十一國。曰緬。曰洼滿的。曰佛羅里達。曰干的基。曰田納細。曰亞拉巴麻。曰密自失必。曰得撒。曰魯西安納。按魯西安納舊屬法蘭西。嘉慶八年。美人購得之。隸於美。十七年。始立爲國。曰阿甘色。曰阿海阿。曰伊理奈。曰密蘇里。曰音地安納。曰要華。曰密執安。曰威士干星。曰米尼所達。曰剛散斯。曰拿布拉斯格。曰哥羅拉道。曰加利福尼。即舊金山。曰奧利康。曰尼法達。曰武達。曰華盛頓。曰依大奧。曰蒙大那。曰代科塔。分南北二國。曰未奧明。其列部曰新墨西哥。曰奧利所那。曰音田。曰亞拉斯加。國都初在費拉特費城。乾隆五十七年。華盛頓築城於哥侖比地。在馬利蘭內港西泌之尾。費爾治尼東北境。名其城曰華盛頓。地以人名。誌不忘也。嘉慶五年。遷都於斯。樓臺壯麗。電線通行全境。輪車連接各城。軍器廠。船政局。博物院。觀星臺。及各部官衙。盡在於京。總統宮闕。皆以白石造成。內有大殿。爲召見百官之所。晏舞廠。及

紅綠藍各色殿。爲接見親信大臣與各國公使之所。規模宏鉅。四面園亭。百卉繁盛。居民約二十九萬。城之中央。有廣廈一所。巍峩奇崛。有圓樓一。高十八丈。藏古今書籍。計三十餘萬册。樓下懸名畫。每幅値數萬金。樓左右有上下議政院。皆明窻淨几。皎潔無點塵。城外有長橋三。最長者約三里。是都東北。三百二十四里。賓西爾瓦尼境內。有一名城。曰費拉特費。爲美人創國故都。今設官分職。爲通國第二城。光緒二年。立國後百載慶期。在此城設賽珍會。游人極盛。其地居民得一百餘萬。城居特拉華爾河西岸。通海港。兵艦商舟。直抵城下。街衢寬七丈至十丈不等。夾路植木。徒步者行兩旁。車馬行中間。列肆連闤。或二三層或六七層不一轍。各種學院。如天文、地理、格致、文藝、算學、化學、養病聾啞瘋癲等院。以及農政、軍政、醫理、鑄錢等局。無不備。惟人烟薈萃。拋棄衆汚。河水穢濁。是以炎蒸之際。臭惡感人。易致癘疫。地中設有自來水局。以鐵管引水。散布萬家。飲濯灌溉。胥恃乎斯。城西北有大園。水陸共一萬六千餘畝。河水灣環。亭榭精雅。設巡捕百餘人。管理其中。遊客往來。車騎絡繹。馳馬彈球。觀魚玩鳥。皆所不禁。有虎、豹、獅、象、熊羆、

豺、狼、麋、鹿、猴、猻、海狗、鱷魚等。珍禽奇獸。五色斑爛。墨洲全境中繁華之城。以紐約爲第一。築在紐約國東南瀕海一隅。橫十三里。縱四十里。居民三百三十二萬五千。有中國數百人在焉。商賈輻湊。貨物駢羅。官署輝煌。市廛錯沓。帆檣之來往。車馬之喧闐。直欲聚五大洲人物會於一區。按此城西由鐵路直達舊金山。渡太平洋前來日本中華。東渡大西洋至歐洲各國。其次爲波士頓城。生理之盛。亞於紐約。而文教之隆。駕而上之。其餘名城。東有里是忙。南有新阿爾良。中有三路義。皆商賈大埠。

美國西境爲加利福尼俗作舊金山。北界奧里康。東鄰尼法達與奧里所那。南接舊加利福尼。西抵太平洋。地形斜曲而長。縱一千八百里。橫數百里至千里不等。明嘉靖二十一年。西班牙人加白利羅探得之。萬歷六年。英國武弁特拉克遊其地。欲開闢興建。以荒瘠棄之。乾隆二十八年。班人收爲己有。旣而屬墨西哥國。道光二十八年。復讓於美國。三十年附入合衆國。地本荒涼。屬美國後。美人往墾。偶罾水磨於溪側。覩泥沙中金光熠熠。明眩雙眸。遂淘鍊之。果得金。由是隨處搜求。多不勝採。他國聞風。麕趨鳥集。或披

沙。或挖土。或掘石。徧地搜羅。獲金無算。自道光二十九年。至咸豐六年。得金值三百二十二兆圓。移多補少。每年約四千六百萬圓。近來黃金較少。每年尚得十餘兆元。其地又多白金、水銀、紅銅、煤鐵、鹽質、火油。土壤肥沃。居民共事農功。果穀菜蔬。收穫豐茂。外人紛紛遷往。日益加多。獸蹄鳥跡之區。竟成美富之地。會城名聖方濟各。道光季年。城中居民不盈二千。全地僅二萬許。至光緒二十八年。全地人民多至一百五十萬餘。聖方濟各城中多至三十四萬人。五十年中。生聚之蕃。殊出人意料。我華人前往彼國。始於道咸間。初惟閩粵中人。嗣乃源源而往。計同治元年。至光緒七年。華人前往者共二十餘萬。今逗遛其地者約十六萬。內三萬餘居聖方濟各城。十萬散居舊金山各邑。其餘雜處腹地。行商坐賈。隨在皆有。天涯託足。樂不思歸。以他鄉作故鄉矣。聖方濟各城有大會館六。旅雁賓鴻。藉爲歸宿。境內有東西二嶺。東曰尼法達山。西曰聖若翰山。一作海岸山。長皆千餘里。峯最高處。千有餘丈。山上林樹鬱蟠。濃翠欲滴。東山多金礦。華人所謂金山者。即指此。兩山間。有平原長千里。廣百里。產金亦旺。居民目爲金田。南北有大河二。

南曰桑若亞。金北曰撒格拉孟多。發源於海岸山麓。泥沙中產金尤夥。河達聖方濟各海灣。入大洋。灣口名金門。聖方濟各城在灣口一隅。今爲美國西大埠。市肆蜂屯。帆檣林立。各國領事官衙署。約三十所。論者謂寰區商埠中。風景形勢。鮮出其右。美人設火輪公司。每月二艘往來中國。販運貨物。自金山抵日本。計二十餘日。日本至上海二三日。華人在美者。工商力食。節儉而勤。數年來。該埠利權。概入華人掌握。土人忌之。光緒八年春。彼國議員。新定章程。以二十年爲限。不准華人前往。酷例也。

考米利堅立國之初。居民僅二百五十萬。至光緒二十八年。已有七十六兆八十萬六千人。內英籍五分之一。法人多於魯西安納密自失必密蘇里伊理奈等國。近年前往墾鑿之日耳曼人。爲數亦鉅。除歐洲人外。黑人甚衆。而爲奴隸者。在賓爾治尼加祿利那若爾治等國爲最夥。米利堅土番逐漸減少。概居西北兩界。至人民會集。商賈昌隆之地。莫盛於東境諸邦。其腹地與西境。除加利福尼外。大抵荒涼寂寞。

美國徵兵之制。男子十八歲以上。當列入戎行。練習武備。常例以五年爲限。期滿歸家。承平之候。兵額約

十三萬。危急時可添至八百三十萬。戰船大小分四等。平時不過一百九十餘艘。商船大小二萬四千八百餘艘。時或有事兵戎。商船可改作戰艦。是誠上策。

北境與加拿他交界處。有大湖五。國中密自失必河。貫南北全地。東西支河橫縱。商艚旅艦。梭織其間。又有鐵路。南北東西。曲折計之。長二十八萬二千甚勞邁當。合中國四十六萬七千餘里。美國物產。多不勝紀。尤著者。加利福尼產五金。尤多金礦。奧里康奧里所那新墨西哥剛散斯哥羅拉道等處皆產金。白金饒於金山之左。與尼泣達新墨西哥奧里所那各地。銅鐵等礦。觸處紛羅。於賓西爾瓦尼賈爾治尼瑪利蘭伊理奈密蘇里新墨西哥奧里康等處爲尤盛。煤炭爲美國利源。其礦穴之長。數百里或千里。大小廣狹。差等分殊。取之不竭。用之無窮。亞利俺尼山西麓。有煤礦。廣四百餘里。長一千九百四十里。火油多於賓西爾瓦尼。鹽礦富於魯西安納。產烟葉之處。一十有六。每年可得三千四百兆斤。大半售於英法德荷四國。內地與西偏。縱多磽瘠。然計全境所產穀果。亦屬不菲。同治間。有人計通國之馬。得七百三十萬匹。

騾驢一百三十萬頭。牛二十九兆。內乳牛八十九萬。山羊二十五兆。豕豚四十兆。儘可大烹大嚼。何須彈鋏與歌。光緒二十年。計各埠出入銀數。出九百七十二兆八十萬圓。入七百四十兆四十萬圓。貿易之盛如此。其日上蒸蒸之勢。猶未可量也。

美屬亞拉斯加圖

亞拉斯加

亞拉斯加乃墨洲西北廣土一方。北絕北氷洋。南界太平洋。東連英國屬地。西至墨領峽。與亞細亞洲分界。雍正六年。俄皇伯多祿第二。遣其臣墨領向東北行。尋地於亞墨二洲中。得一海峽。遂名墨領峽。闊一百四十二里。後跨海峽。據墨洲西北隅以爲己有。同治六年。出售美國爲屬部。得價銀三十八兆佛郎。南北約二千六百里。東西折中約二千二百里。統計人民四萬口。全地瘠磽沙礫。少名山大川。有最峻者。名聖厄利亞火山。高一千二百七十九丈。火發時。噴烟吐燄。霄漢通明。河之大者。曰于岡。貫東西全境。入墨領海。約二千餘里。土人收蓄豸彘甚爲食糧。藉捕魚獵獸爲生計。民性剛柔不等。居西北方者。多强悍。好鬭狠。持火器肆行刦奪。父子夫婦不相能。黨族牴牾。自相殘殺。其居島嶼者已成部落。然驍悍相同。西南島嶼。總名亞肋得。凡五六十區。環灣如弓。作墨領海之屏藩。土人穴地而居。鑿竇穿幽。有上古風景。且十百成羣。儼然村落。男子穿鼻。刺下唇。懸骨角珠玉。女刺紋於頰頦及臂。作鳥獸草木形。亦文身陋俗也。其

織蓆甚精巧。可作簾幃等用。島多高山。產松楊榆橡等樹。紅黃綠諸色寶石。售運遠方。利市三倍。獸有狐熊灰鼠。島有鴉鴨鴚鵝。考亞地羣島中最大者。長約三百里。廣五十里。商人設局於斯。通行商賈。東南有島曰西式加。會城曰新亞爾更日。總督駐節於此。兵房船廠。位置井然。旁築炮臺一座。置炮四十尊。用資鎮守。官商用六房司事。綱紀規模。有條不紊。土人視之。儼然別開生面。官署中有石室一。中藏本邦及外國各種奇書玩物。任人遊賞。節候頗溫。草木叢茂。麥有秋而穀不熟。生意漸形熱鬧。出售之物。以皮貨為大宗。貂鼠、銀鼠、海犬、海駝、海牛、海馬、紅狐、白狼、麋鹿等獸。食肉寢皮。獲利倍蓰。又恐二豎為災。會籌集巨資。倡養病院一所。藥品充牣。縱使采薪久抱。清恙難捐。苟調攝其中。自能喜占勿藥也。

美合衆國
墨西哥灣
太平洋
墨西哥圖
一 達拉斯加拉
二 莫勒羅士
三 意大爾谷
四 阿挂斯加連得

墨西哥

墨西哥為墨洲首創之國。昔時疆域。北至加利福尼北境。南至巴拿馬。今則損減殊多。剝削殆盡。北界米利堅。南界危地瑪拉。東距墨西哥灣。西盡太平洋。形勢漸南漸削。狀如魚。由西北而之東南。長約三千二三百里。東西闊處千七八百里。狹處僅四百餘里。共計五兆二十二萬方里。古時墨洲全境。皆野番雜處。猺童獠女。聲教不通。居海濱山麓之間。不成部落。惟墨西哥最先建國。立君長。設城邑廟宇。與語音文字。規模制度。井井有條。相傳唐太宗二年。有人自亞細亞東境。遷往其地。統攝散處之民。號令風行。有鶼鰈輸誠之象。元泰定帝二年。土人築都名德諾的蘭。即今墨西哥城也。明正德十三年。西班牙水軍武弁哥爾德斯率兵探新地。十四年。至達巴斯哥。達人甘心臣服。哥爾德斯折往墨西哥都。都人啟門迎迓。國王蒙德所瑪遇之以禮。於是班人將墨西哥蠶食鯨吞。掠為已有。後班人接踵西行。流寓喬居。挖金掘礦。每歲得銀數千萬圓。土人為其驅使。疲於奔命。戶口漸稀。乾隆季年。米利堅拒英自立。墨西哥羨之。嘉慶十

五年。土人揭竿謀叛。西班牙發兵往勦。十年始克。耗國餉無算。越一年。墨將意都爾比特祛逐班官。自立爲皇。道光四年。國人廢之。改爲民主國。班王斐爾第囊第七。内顧多艱。不能遠伐。由是墨西哥別建一幟。但外患既平。内訌頻起。國中好名貪位之人。先後作亂。二十年間。自相殘殺。干戈頻仍。得撒係墨西哥舊部。道光二十六年。歸米利堅。墨西哥怨與米利堅作蠻觸之爭。墨人再四敗績。二十八年。割北境新墨西哥與加利福尼地以和。自是人民安靖。風鶴無驚。考今日國制。分省二十有七。曰阿桂斯加連得。曰干比支。曰希阿巴。曰濟華花。曰各哈回拉。曰哥里麻。曰都郎額。曰瓜那寂阿多。曰給勒羅。曰意大爾各。曰沙里斯哥。曰墨西哥。曰米沙十。曰莫勒羅十。曰新艮。曰華沙加。曰布厄巴拉。曰給勒達羅。曰桑路意波多西。曰西奈路阿。曰索諾拉。曰達巴斯哥。曰達麻里巴。曰達拉斯加拉。曰委拉古盧斯。曰于加敦。曰撒加德加。另有二部。名舊加利福尼。曰德七克。國政倣米利堅。而人才制作。皆不能及焉。

墨西哥京都。舊名德諾的蘭。於元代築成。今以國名稱墨西哥城。明正德十五年。班人哥爾德斯興兵奪

之。遂爲班所有。比年彫琢經營。氣象爲之一新。總統宮闕。議政院。各部衙門。藏書樓。觀星臺。博物、礦務、農政、醫理、諸院宇。皆在斯城。靡麗光華。觀瞻頗壯。人民約三十四萬。貿易之盛。與美國波士登並駕齊驅。文教之隆。與費拉特費城。兩相頡頏。城西北有沙里斯哥省會。名瓜特拉沙拉。爲通國第三城。東有城名委拉古盧斯。爲商賈麕集之區。以重兵鎭守。布厄巴拉與瓜那寂阿多乃腹地二大埠。貿易人稠。雲蒸霞蔚。國中少巨川。東北與美國分界處。有諸爾德大河。發源於新墨西哥山麓。水東南流長三千餘里。達墨西哥海。北境有哥羅拉道河。發源於落機山麓。自東北而西南。流長一千八百餘里。入緈海。河身概在美國。墨西哥惟得其口。光緒十三年。計通國鐵路。一萬三千五百法里。合中國二萬餘里。國中大山。南通巴拿馬。北接落機山。透迤蟠曲。縱貫全地。內有火峯五。最高者。一千四百七十二丈。烟霧衝霄。紅光徹夜。乾隆二十四年。有火峯名若羅洛突起平原。石礫火沙。飛颺天際。三百里外之給勒達羅城。滿蓋灰塵。轉瞬間。平原變作高山。膏沃之區。俄而磽瘠。瓜那寂阿多米沙干索諾拉華沙加省。山中多金銀礦。取縈用廣。今

中國通用鷹洋。皆出此國。道咸間墨西哥城。日鑄銀八萬圓。今少遜於前。而歲出金銀。猶值二十餘兆圓。此外銅、鐵、錫、鉛、煤炭。亦甚富饒。土產豐約不同。視地形高下何如。西海濱。時吹燥風。艱生穀果。東海濱。炎威酷烈。人多癘疫。而土壤肥沃。收穫穰穰。其地出海面八九丈至五十丈者。氣候和暖。常似春日載陽。以故西疇之利恒倍蓰。再高則寒氣充斥。物難滋長。所出惟哀梨、蘋果、桃、櫻、橙、橘、加菲、芭蕉、波羅蜜等。山林中多紅木、柳、橡、槐、檀、松、栢。土人怠於耕作。地生叢草。一望無垠。縱牛羊自牧。總計居民十四兆。皆崇天主教。兵不過三萬。戰艦僅十艘。商舟七十艘。入貨值銀五十兆圓。出者值銀一百三十兆圓。內金銀珍寶七十九兆圓。考墨西哥人丁之衆。幅員之廣。物產之富。似可大有作爲。如有治人。更得治法。則轉弱爲彊。可計日而待也。

中亞墨利加

中亞墨利加古名危地瑪拉在南北兩洲間。地形自西北而東南。西北界墨西哥東南接巴拿馬土腰。東與東北毗連安地海。西與西南盡於太平洋。縱約二千六百里。闊九百四十里。窄處二百十里。共一百二十萬方里。舊附墨西哥爲西班牙屬部。迨墨西哥叛班危地瑪拉亦自立。初分五省。後爲五國。曰危地瑪拉。曰閧都拉。曰聖散懷道。曰尼加拉圭。曰高斯大里克。軍國大事。歸總統綜攝。倣美國制度也。道光十九年。閧都拉離羣背衆。獨行其事。後八年。四國效之。各自行政。不受統屬。光緒二十三年。約合爲一國。中岡嶺。林立紛如。安達斯山。條長如脊。沿太平洋南北。火峯四五十座。有晝夜不熄者。有時吐時止者。噴燄流火。

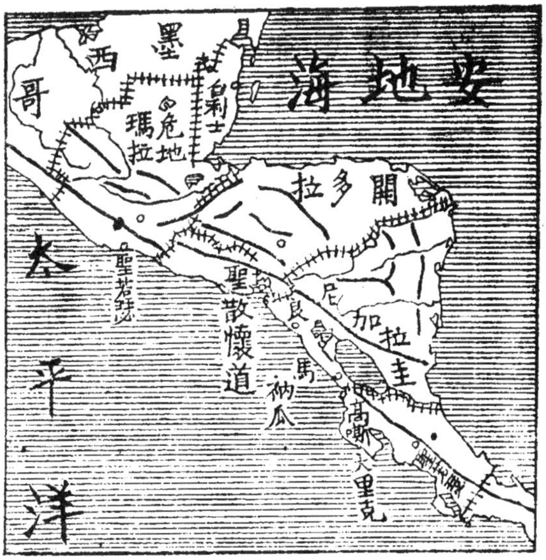

遺患甚烈。居民不勝其苦。地屢震。有頽倒城屋之慘。境中川澤既多。流不甚長。貲灌溉而已。水之最著者。

在尼加拉圭境。有尼加拉圭湖。長三百十里。闊一百二十里。氣候與墨西哥髣髴。地愈南。燥熱愈甚。樹木堅茂。價昂貴。土產豐饒。商旅輻萃。五國之制。悉係民主。總統外有議院部曹。匡輔其成。五國中最大者。曰危地瑪拉。長千里。廣約四百里。共三十一萬方里。居民一百六十萬。京與國同名。明嘉靖二年。班人築城兩山間。一山噴火燄。一山湧沸泉。城被水火之侵。一再墮塌。乾隆四十年。改建平原。至今屹立。風景清和。園亭華美。惟慮地震。屋宇低矮。樓率單層。街衢正而直。寬三丈至六丈不等。金銀玉石諸工作。彫琢刺繡諸技藝。尤爲著名。地產顏料。烟葉。香品。運售他國。興都拉在危地瑪拉東南。縱六百八十里。橫七百八十里。共三十一萬方里。民六十萬。都會曰尼加拉圭地氣潮濕。土壤膏腴。多菓果。饒魚族。產金銀。聖散懷道在興都拉西。長四百餘里。廣百餘里。共約五萬五千方里。都與國同名。幅員褊小。然生計蕃昌。人烟稠密。除危地瑪拉外。無有駕而上者。居民不及一兆。地氣炎熱。花卉鮮美。藍靛爲土產大宗。又產鉛鐵白金。轉

運他方。獲利甚厚。尼加拉圭在閧都拉南。形三角。自西北至西南。長約九百二十里。横以折中計。約四百六十里。共三十三萬方里。人民五十萬。都會名良。饒藥材、顔料、木棉。所產瓜果最佳。高斯大里克爲中亞墨利加最南之國。縱四百五十里。横二百十里。共十四萬二千方里。人民三十萬。都名桑若室。多烟葉、白糖、加菲。山產金銀。土人挖取。不遺餘力。故境內之民頗稱富有。閧都拉灣西北。濱海一方。屬英吉利。歸牙買加管轄。居民四萬。白利士爲其商埠。林木叢茂。英人伐之。運往他邦。利市三倍。此亞墨利加中境之大略也。

安地島圖
美國
墨西哥灣
巴古島
安地海
大安地
小安地島
南墨洲

安地羣島

南北二洲間。安地海中大小約五百島嶼。昔高隆駕舟覓地。二閱月後至其島。誤爲抵印度。後人遂稱之曰西印度安地羣島。有大小之別。大安地島有四。曰古巴曰保爾到里谷曰牙買加曰海以地。古巴在佛羅里達之南。安地島中爲最大。東西約一千八百六十里。南北二百七十里。中有峯巒環遶。川澤瀠洄。林樹叢深。多生果品。土地膏腴。貨財豐盛。凡熱道之物産。無不備。多黃金鉛鐵金鋼等礦。光緒二十八年。古巴自立爲民主國。會城爲哈瓦那。總統駐此。他二城。曰波爾多迫稜斯。曰桑的雅各。一作三的亞額。或散地牙我。居民共一百七十萬。性廉節。操作敏勤。善待賓客。遇行人以禮相接。邀入廬。留膳治肴。藹然有中古風。中國人前往貿易者。同治五年得十七萬。迄今攘往熙來。更不知凡幾。高氏探得之後。隸西班牙版籍。順治十七年。英人據爲已有。乾隆二十八年。復歸於班。光緒二十一年。古巴人蠢動。叛班屬美。光緒二十八年。美許自立。

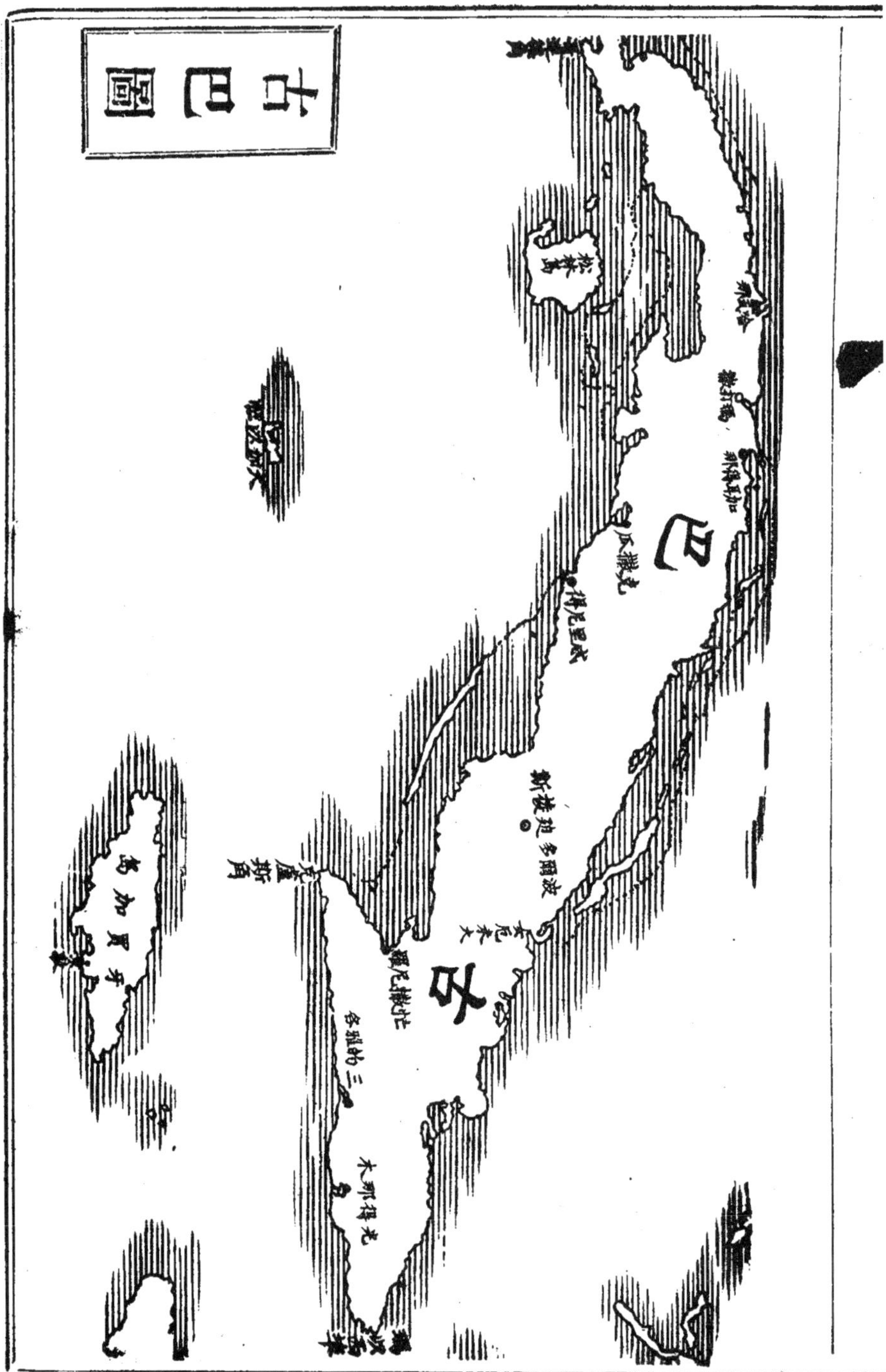
古巴圖
古
巴

保爾到里谷島屬美國。在海以地島東。縱得一百五十里。橫二百三十里。會城曰桑約翰。形長方。壤褊小。氣候溫和。明宏治六年。高隆初得是島。土民約六十萬人。十七年後。班人往居之。令土人挖礦掘金貢獻班廷。土民得疲於奔命。統計居民約一兆人。內黑人居半。五萬有奇。目下金礦已虛。地土依然膏沃。產白糖、加菲、木棉、堅樹、烟葉、羽毛、鱗介。又多山兎蹇鳳。

牙買加島在古巴東南。長約四百二十里。廣八十里。人民七十五萬。其間黑人六十三萬。山溪縱橫。農事最盛。物產極豐。多白糖、加菲、藍靛、顏料、藥材。所出火酒。名大著。氣候炎熱。屢有地震風災。舊會城大半傾隤。新建會城曰京敦。總督駐斯巴尼斯當城。宏治七年。高隆收此島。爲西班牙屬部。順治十二年。英提督賓納取而屬於英。至今仍之。海以地爲高隆初抵之島。宏治八年。班人築城於島之東南。名聖多敏我。在古巴之東。長一千七十里。廣四百二十里。其間山明水秀。峯高三里。多金銀鉛水銀諸礦。水多分支。潤澤田疇。物產與牙買加相同。班人佔斯島。以爲子孫萬世之業。詎崇禎季年。流民自鄰島來。奪其房屋。投誠

於法。據島之西偏。於是島之西境爲法有。後班法二國。買斐洲黑奴供驅使。視如草芥。黑人怨焉。乾隆五十六年。法國內訌。黑奴之黠者。約期同發。各殺其主。班人在島者。相繼竄逃。法王拿破倫第一。欲雪其恥。大興問罪之師。黑人至死抵拒。不肯臣服。卒於道光五年。自立爲民主國。賠法人六十兆佛郎。乃寢事。今分東西二國。東曰聖多明我。京同名。西曰海以地。都曰波爾多廹稜斯。各國制立總統一員。設上下議政院。商理國事。民人東四十萬。西一兆。共一兆四十萬。小安地島中。有名聖三瑪爾的。尼危德。路伯巴爾巴得。盎的敖。聖十字等島。路加葉羣島中。有名救主。龍阿瑪諸島。或山川挺秀。風景清幽。或土壤膏腴。貨財羅織。或市肆繁華。人烟稠密。或洋艚海船。接尾連檣。雖以備載。

安地海
大西洋
太平洋
哥倫比亞
委內瑞拉
英屬
荷屬
法屬
厄瓜多
秘魯
波里未亞
巴西
巴拉圭
烏路圭
智利
巴他峩尼
聖保祿
米那日來斯
巴義亞
馬孫河

南亞墨里加全圖

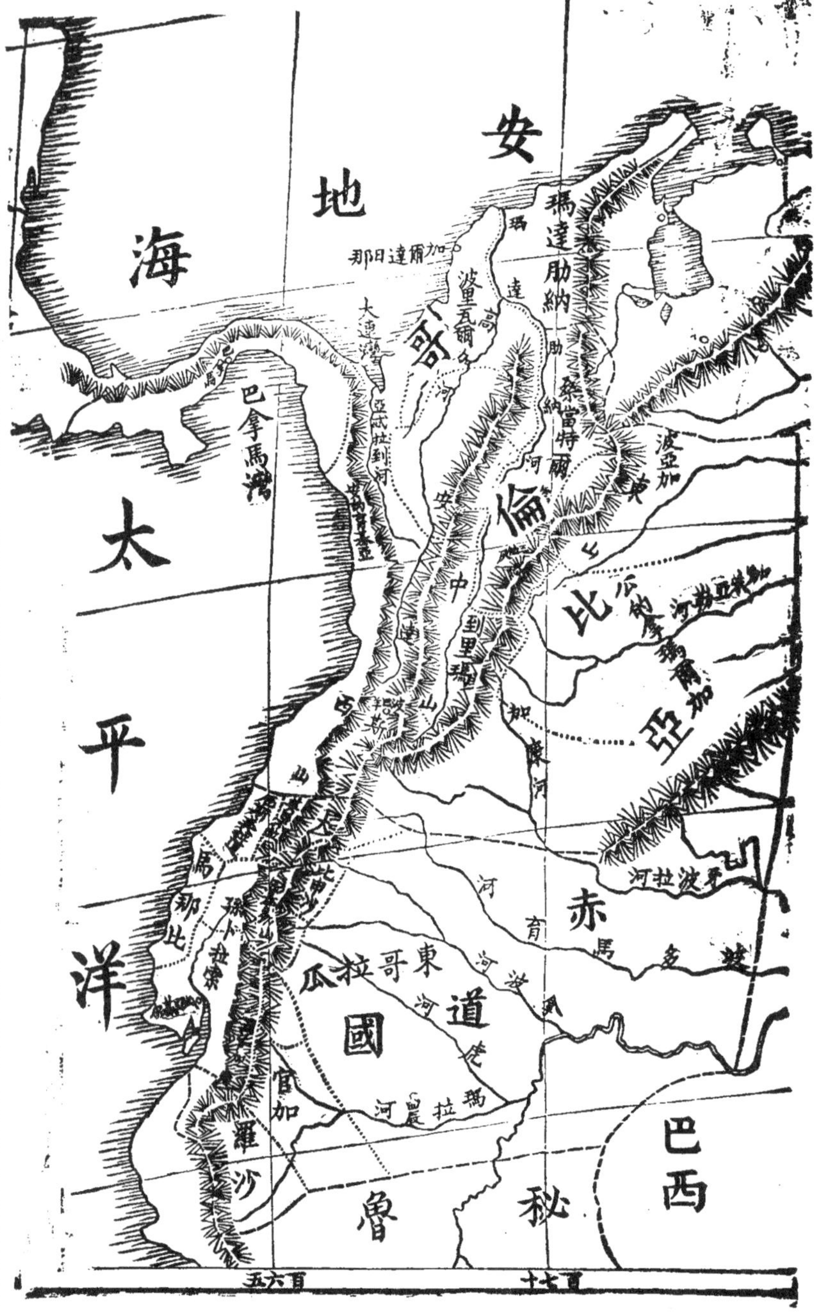

安地海
太平洋
哥倫比亞
赤道國
巴西
秘魯
巴拿馬灣
大連灣
五十六
七十

哥倫比亞

哥倫比亞在南亞墨利加北境。北枕安地海。南接厄瓜多爾。東至委內瑞拉。東西相距約二千四百里。南北廣狹不同。折中計之。約一千五百里。共三百十六萬方里。曩者哥倫比亞之地。較今爲大。自明孝宗宏治朝。西班牙探得之。取爲己屬。分十二部。嘉慶二十四年。名人波里瓦爾率衆逐班人。攘地自主。道光十一年。析爲三國。曰新加拉那大。曰厄瓜多爾。曰委內瑞拉。今之哥國。僅爲曩之新加拉那大一國之地。共分九省。曰安地育基亞。曰波里瓦爾。曰波亞加。曰高加。曰公的拿瑪爾加。曰瑪達肋納。曰巴拿瑪。曰桑當特爾。曰到里馬。明嘉靖十七年。班人築京都。名三他灰。在國之中央。近波哥達河。故亦稱波哥達城。其西南有城曰波巴羊。亦班人所築。與厄瓜多爾同爲行商要埠。其風景之清幽。形勢之壯麗。墨洲中不可數數見。兵燹後。房屋半毀。市肆蕭條。不無今昔之慨。省會之繁富者。有冬日城。多出呢絨布疋。有加爾達日那。爲北洋商埠。西北省名巴拿馬。會城因其名。爲南北洲相運之地。亦金山紐約英法等商人薈萃之區。

按巴拿馬土腰寬僅百里。多山開鑿實難。西人欲疏爲海道。以便行舟。光緒八年。請法人雷率伯董役興工。以工巨費繁。光緒十八年。半途中止。今經美人購去。恐將復開。此舉若成。東西洋連爲一水。航海者以二月間。環行地輿。無陸地中阻矣。國之東境多平原。西有安達斯山。叠嶺巨岡。綿亘南北。峯

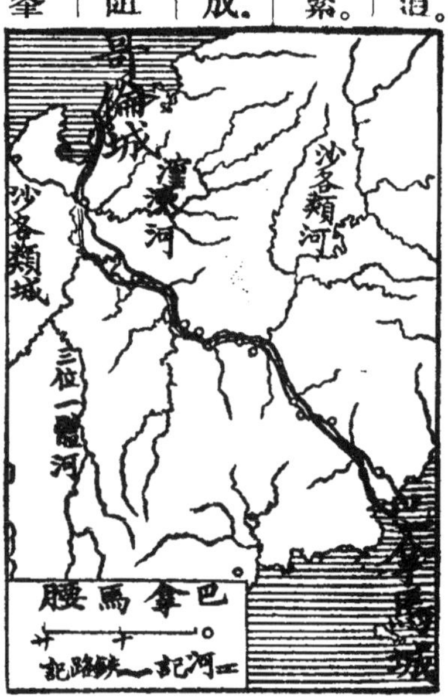

之高者。率一千六百餘丈。其下川澤紛如。貫徹全地。最著者曰瑪達肋納河。次則亞忒拉到河。皆自南徂北。入安地海。亞忒拉到長五百八十里。多金沙。瑪達肋納汊港紛歧。田疇藉以灌溉。長二千一百餘里。土產多金銀玉石。珍珠、琥珀、紅木、棉花、烏木、藥草、顏料、烟草、青黛、金鷄奶等。其政治仿米利堅。國有總統。省有總督。京內有上下議院。上議院每省例選三員。計九省。備官二十有七。下議院每五萬人中選一員。備官六十有八。設部院六。曰內務部。曰外務部。曰商部。曰郵政與工部。曰戶部。曰兵部。人民三百九十萬。都

崇天主教。有總主教三。分府主教十一。分理教務。一年内貨物。入海口者。值洋蚨十四兆圓。出口者。值十八兆圓。内金銀約四兆。加菲七兆。烟草六十萬圓。物產之夥。可見一班矣。

厄瓜多爾

厄瓜多爾譯言赤道。以國土正當赤道。故名。北界哥倫比。南抵秘魯。東接巴西國。西盡太平洋。縱一千三百六十里。橫一千九百四十里。共八十萬七千三百方里。古爲秘魯國地。後爲班人覇據。及土人叛班。合於哥倫比亞。道光十一年。自立爲國。朝綱政令。與委內瑞拉爲魯衞。境內崇巖峻嶺。起伏迤邐。縱貫全地。峯名孫卜拉索者。乃安達斯山第三峯。高一千八百二十丈。計十里餘。山巔凝冰積雪。輝映如琉璃。雖在赤道。而暑夏不融。又有名哥到巴西者。峯甚圓正。高一千六百五十三丈。墨洲火山中此爲最。噴燄猛烈。飛火上騰。出峯巔二百餘丈。每當發燄時。霄漢通紅。塵灰蔽目。有聲隆隆。聞數百里外。又有名安地撒納者。高一千六百三十五丈。一名比申沙。高一千三百九十九丈。吐燄噴烟。俱極酷烈。國中河港紛紜。安地斯山右。有厄斯美拉道與瓜亞基爾等河。山左有河曰牙波拉。長約二千二百里。曰多馬育。長約一千六百里。相傳內多金沙。可以淘取。亦自然之利也。曰拿波。長約一千八百里。又有虎河。馬拉曩等河。均出安

達斯山麓。滙於亞馬孫大河。入大西洋。今國分十七省。曰比申沙。曰瓜亞斯。曰馬那比。曰厄斯美拉道。曰洛斯里育。曰孫卜拉索。曰東哥拉瓜。曰利央。曰英巴不拉。曰亞索哀。曰羅沙。曰官加。曰波里瓦爾。曰龜島。曰甘那爾。曰阿里安德。曰奧羅。京都在比申沙首省中。名基多。築於山麓。舊爲秘魯京都。出海面八丈。氣候温和。風景淑美。總統與總主教署及各部院衙門。皆建於斯。因多地震。屋宇不甚軒昂。然殿堂整肅。院宇清潔。有纖塵不染之觀。商市頗旺。饒呢絨布疋。售於秘魯者。爲數甚鉅。瓜亞斯省。省城名瓜亞基爾。爲國之第二城。亦商賈要埠。有炮臺二。用資鎮守。有軍器局。兵船廠。文學武備諸塾。及各國領事衙署。貿易以烟葉、紅木、加哥樹、加菲、爲大宗。羅沙省會。亦因其名。產果品最佳。金雞嬭最富。全地膏沃。木棉穀麥。蹲鴟、甘蔗、瓜蔬等咸備。寶礦饒裕。開採者罕。居民拙於技。類皆畜牧務農。綜計約一百四十萬人。內野番二十萬。居安達斯山左。二百年來。天主教廣行通國。雖向化人稠。尚未相習一轍。

委內瑞拉

委內瑞拉在哥倫比與及英之間。北枕安地海。南界巴西國。東西距二千二百六十里。南北一千八百里。共約二兆七十萬方里。國制有總統議院政部等人員。分十三省。曰加拉加。京都因其名。曰亞不勒。會城曰亞沙瓜。曰巴爾薩羅那。曰巴爾基斯美到。曰瓦稜西亞。曰哥羅。曰古麻那。會城皆同名。曰及英。會城曰波里瓦爾。曰馬拉該波。曰馬爾加里大。譯言珠。居安地海中。昔時產珠甚夥。故名。今珠已盡而魚族蕃生。黿鼉魚蛤之類。日出不窮。曰美里達。曰忒盧西羅。曰瓦里那。加拉加都在國之北境。土人建於元順宗末年。立國時大員波里瓦爾奇功傑出。至今稱之。波里瓦爾幼穎悟。有大志。負笈至西班牙。後遊法。意。美等國。聞部民叛。班歸里治軍。逐班人出境外。於是委內瑞拉等皆立國。從民主制。此嘉慶十六至二十四年事也。嘉慶十七年。加拉加地震。城中屋宇傾倒殆半。後營造多載。始復舊觀。土人於務農外。事貿易。以加菲爲大宗。終歲所得。不勝冊報。人以加菲致富。往往而然。京西有湖曰馬拉該波。長四百五十里。廣二百

六十里。水甘美。便濟涉。湖西岸有城。與湖同名。爲國中第二城。炮臺堅固。商賈喧闐。多樹木船廠。所產烟葉最香美。安達斯山分支橫梗東北。不甚高。巴和末山。迴環南境。痾勒諾哥大河。貫東西全地。支河紆曲盤旋。潤田疇。氣候視地形高下而殊。平原燥熱。山谷和暖。高阜則凜寒。因田土沃。物產富。居民得自給。山林多嘉木。質堅耐久。別有木蘭樹一種。出油甚佳。在痾勒諾哥河北境。地尤膏腴。盛產木棉、穀果、藥材、藍靛、加菲、芭蕉、白糖、烟葉、等物。南境有金礦。紅銅鹽石。雜出其中。惟地多荒壙。禽獸繁衍。土人性蠢俚。志不在貿易。西商販運者。英法美班四國人居多。年內入貨值銀七十兆法郞。出貨值銀九十兆法郞。總計人民二兆五十萬。概從天主教。民四分之一。爲班人後裔。餘則土產。族類不一。痾勒諾哥河西南。有野番一種。不事稼穡。弇鄙無文。擾獸捕魚。挖草掬泥爲食。其泥出於美達等河濱。性膠膩。作黃青色。土人溲而團之。作饅頭狀。烘以微火。裹且深藏。至寒荒時。以此爲糧。平日雖得魚肉。將徹。亦必畧餤此物。宛若不可一日無者。習尙然也。

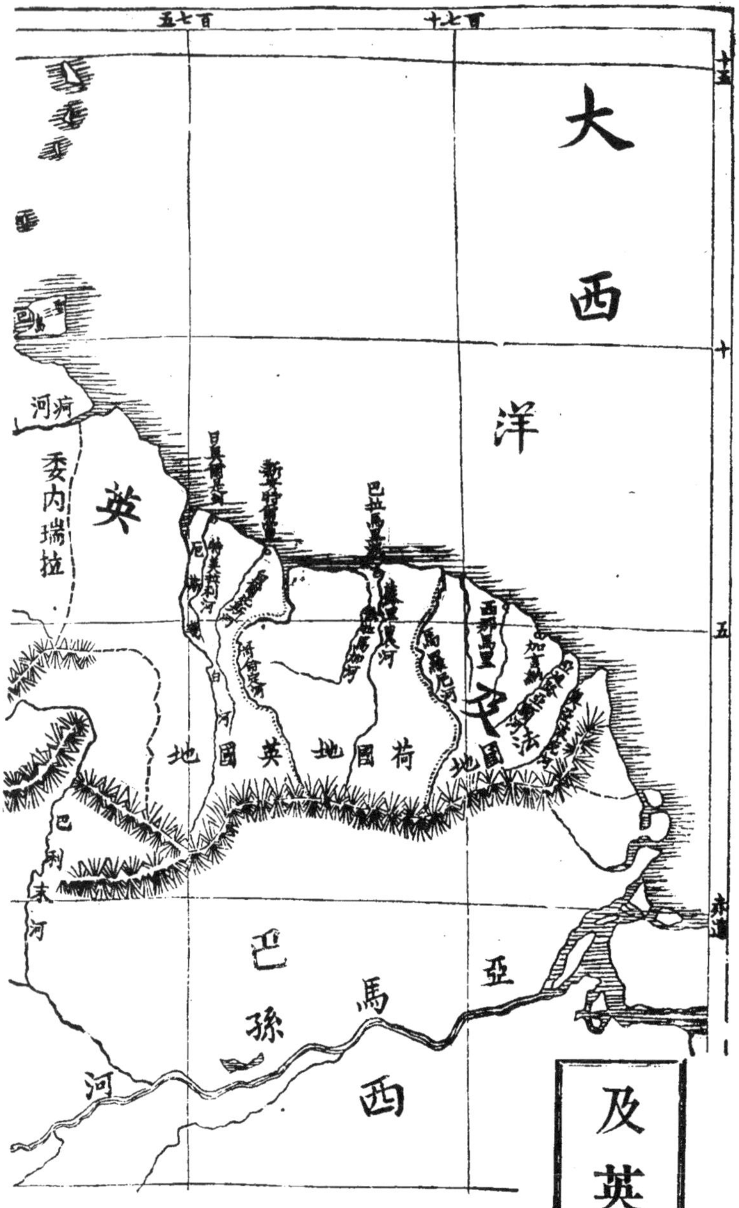

及英圖

及英

及英一作及央。在南亞墨利加東北。環廻皆水。東北界大西洋。西北痾勒諾哥河。西南加西淵里與黑河。東南亞馬孫大河。地分爲五。一屬委內瑞拉。即痾勒諾哥河南地。一屬巴西。即亞馬孫河北境。其餘三境。入英法荷三國版圖。英地在委內瑞拉之東。康熙六年。荷人收其地爲己有。迨法王拿破倫侵荷。英人乘間掠取。既而復歸於荷。嘉慶十三年。議以哥侖定河爲界。河東屬荷。河西屬英。計六十萬餘方里。居民二十八萬。內多黑人。分東西二部。西部曰特美拉利。會城名日奧爾是到。東部曰白爾比斯。會城名新安特爾當。城郭俱築河口。服賈之流。肩聯踵錯。荷地在英法屬地之間。西至哥侖定河。東至馬羅尼河。共三十三萬九千方里。居民八萬。會城曰巴拉馬里波。荷地之東。爲法國屬地。萬歷三十二年。始有法人往住。順治十一年。爲英人佔據。康熙十五年。又爲荷人兼併。嘉慶十四年。葡人奪之。後八年。復歸於法。至今仍之。居民三萬人。計二十萬餘方里。會城名加言納。三國屬地之南。有巴利末山。邱陵岡阜。盤紆連綿。峯巒最

高者僅七百丈。境內河港紛歧。率自南而北。滙入大西洋。沙礫中間有金片。河之最長者。在英屬地有厄斯幾白約一千一百三十里。地方酷熱。炎氣燥蒸。加以林密如織。瘴癘流毒。歐人至其地。大都濱海而居。土人好安逸。鮮經營。力强身健。居處無常。往往編籐爲篷。削竹爲棟。有故則棄而他往。面繪五色。喜咏歌跳舞。有酒輒聚飲。因醉斃命者。屢有所聞。稍生衅。便相殘殺。以故戶口日稀。厥土膏沃。禾麥皆宜。加菲烟葉、甘蔗、芭蕉等無不備。英地多花卉。有鬥艷爭妍之盛。法地產花椒最多。名聞天下。平原多菜蔬瓜果。山林多美材巨木。有樹名加蔫。其脂膏爲食物中佳品。歐洲人酷嗜之。野木棉幹圍數尺。甚堅硬。宜於作舟楫。法欄蜜樹。芬芳觸鼻。利用良多。西蔑辣樹紅色鮮明。哇椅樹葉大無倫。可作蓋禦風雨。垂數年不敗。獸有虎豹犀象。鳥有鸚鵑鷹隼。

巴西

巴西南亞墨里加一大國也。東距大西洋。北枕及英與委內瑞拉。西北界哥倫比亞。西連秘魯與波里未亞。南接巴拉圭。止於烏路圭。幅員之廣。幾得南洲之半。縱橫皆六千里許。共約二十二兆方里。明宏治十三年。西班牙人邠松葡萄牙人加不拉爾探其地。時意大里亞人亞墨里格仕於葡。明年奉葡王恩瑪諾命。往遊巴西。見野番雜處。滿目荒榛。棄之。嘉靖十年。葡人始往墾闢。天啟崇禎間。荷蘭人接踵而至。散居其地。幾據巴西全境。順治十一年。土人與葡人盟約。盡逐荷人。於是巴西仍爲葡有。用黑人耕作。大開阡陌。竭力經營。成海西大埠。先後垂一百五十年。至嘉慶中葉。法王拿破侖用兵于西南。勢如破竹。葡人不能支。王若望第六棄國而逃。往居巴西。俟法兵退。復歸故國。巴人擁地自立。奉葡世子伯多祿爲王。此道光二年事也。後四年。葡王薨。巴王不能兼治葡國。遣幼女往葡國攝國事。於是巴葡分治。不復臣屬矣。按巴西向爲君主國。行軍立紀。國皇獨攬全權。光緒十五年。國人廢皇。立爲民主。倣米利堅體制。改二十一

巴西國全圖

實爲二十一國。有上下議院。上院每國出三人。備官六十有三。下院視民數爲準。每七萬人中選一員。備官二百有五。又有部院衙門七。曰內務部。曰吏部。曰外務部。曰兵部。曰工部。曰農政部。曰商務部。外有督撫府縣等官。贊襄治理。綱紀規模。居然大備。其二十一國。曰里約熱內盧。曰亞馬孫。曰巴拉。曰馬拉農。曰標意。曰西阿拉。曰里約克蘭分南北二國。曰巴來罷。曰伯爾能步各。曰亞拉哥瓦斯。曰塞爾日貝。曰巴義亞。曰斯彼利多三多。曰莫尼西比奥。曰聖保祿。曰巴拉那。曰聖加大利納。曰米那日來斯。曰嗷牙斯。曰馬刀羅克索。計人民約十六兆。內葡德美法白人僅五兆。其餘皆土人黑人與雜種。概崇天主教。光緒二十八年。計奉教人凡十四兆。以總主教二。分省主教十二。治理教務。國中徵兵之制。男丁均當入選。列行伍以九年爲限。前六年講習武備。遠戍從軍。後三年。居家謀生。一旦疆埸有事。荷戈執殳。應命而前。九年後免行役。平時兵額約三萬人。戰船五十四艘。光緒七年。巴西與中國立約通商。　朝廷命合肥李相國與使臣議定章程。永敦邦誼。

巴京在里約熱內盧省。曰內盧。築於東南海濱。城與地同名。海口寬大。風景清佳。南墨洲饒富之區。以此地爲最。居民約五十萬。殿堂華麗。市廛環匝。有格物、律學、文學、武備、諸院宇。巴義亞會城。亦名巴義亞。昔爲巴國京都。今爲國之第二城。總督與總主教駐此。商賈駢集。院宇碁分。宮殿之輝煌。炮臺之鞏固。獨駕里約都城之上。居民約十萬。亦南墨洲一大商埠。伯爾能步。各省會城同名。爲之第三城。生息之隆。居民之衆。與巴義亞不甚差池。國多山嶺。延袤委曲。皆不甚高。最峻者。爲曼的堅拉山。有數峯。每峯可九百餘丈。向不著名。境內有大河五。亞爾孫。發源於秘魯國山中。其流入大西洋海。長萬餘里。爲天下第二大河。左右汊港縱橫。如黑河。馬臺拉。大巴。召孫。哥等河。長皆數千里。資灌漑。便舟楫。民生賴之。曰多干定。曰聖方濟各。曰巴拉納波。自境內發源。綿亘二千餘里。入大西洋。第五河。曰巴拉拿。源出米邦日來斯。自西南流。與巴拉圭國分界。繼與烏路圭合流。達於海。國中土地。多半荒涼。人民亦鮮少。舊有土番數種。居叢林山陬間。寒苦異恒。多食草根野果野蜜。獵獸以生。身壯健。性鷙悍。善騎射。動輒尋讎鬭很。飲人血。餤人肉。

覲爲常事。自二百數十年來。俗易風移。革心革面。入天主教者居多。其壤潤沃。物產極豐。多寶礦。除金鋼金礦外。罕經開挖。米那日來斯產黃金最富。馬刀克羅索與嗷牙斯次之。銅多於巴義亞西阿拉二處。鐵則衆山皆有。於馬拉嚷聖保祿嗷牙斯米那日來斯四境。尤形綽裕。產金鋼之河有六。蛤蚌鱗介。多不勝紀。自同治初年以來。民種木棉。收穫殊多。里約日內盧與聖保祿地等。又植茶樹。高阡畢陌。一望青葱。貿易以加菲爲大宗。論者謂巴西所產加菲。多於全地球所出之半。計光緒五年。所出加菲。值銀五十二兆四十二萬九千圓。生涯之鉅。獨當冠時矣。

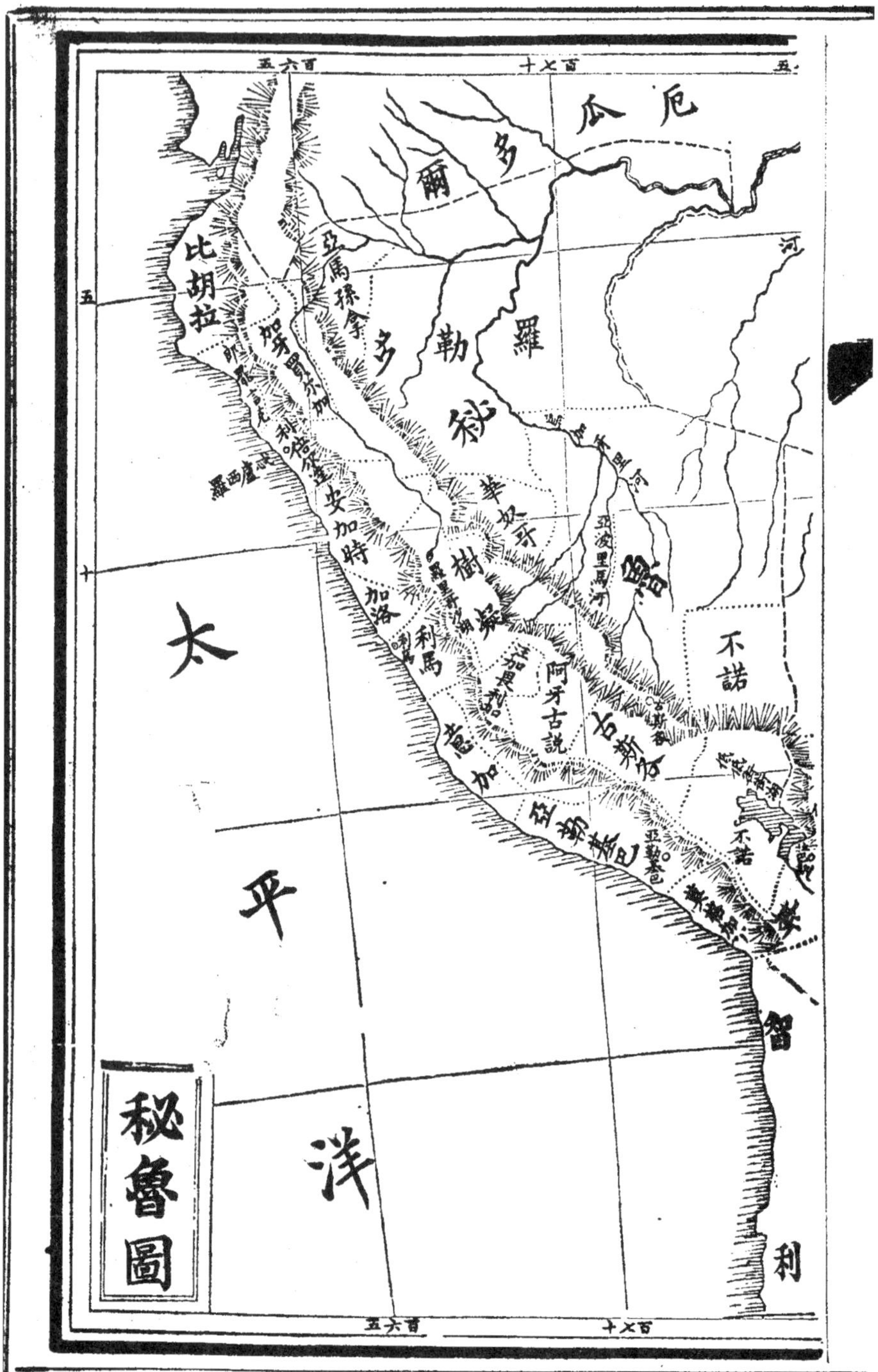
厄瓜多爾
比胡拉
羅勒多
秘魯
加洛
利馬
阿牙古說
古斯哥
不諾
太平洋
智利
秘魯圖

秘魯

秘魯古時爲南亞墨里加大國。南有波里未亞。北兼厄瓜多爾新加拉那大委內瑞拉巴西等境。宋高宗初葉。音加斯臨朝統御。整飭紀綱。政教風行。頗極一時之盛。於是立廟宇。築城郭。疏溝洫。製器械。工精費巨。百舉並興。國人敬太陽。謂太陽神卽其鼻祖。立論荒謬。不値有識一笑。開國之君。名曼高加巴克。都於古斯各。明嘉靖朝。西班牙武員比散羅與亞爾馬哥羅引軍入境。所向無敵。遂爲班所據。分通國爲三省。畫疆埸。置官守。自是班國人前往開礦。生聚日繁。三百年中。得金銀無算。遇土人虐。奴使之。嘉慶間。西班牙爲法人所困。藩服多離。秘魯亦欲叛。然恐力不能敵。故未果。道光元年。秘魯與智利併力逐西班牙官出境。閱三年。波里瓦爾與智利合攻班人。一再勝之。秘魯之基始定。國制以民爲主。立長吏行政。旣而禍起蕭牆。爭民施奪。分國爲上下秘魯。上秘魯卽今日波里未亞。下秘魯卽今秘魯國。北界厄瓜多爾。南接智利。東界波里未亞巴西。西盡太平洋。縱約三千八百里。橫二千一百餘里。共四兆六億方里。居民四兆

六十萬。承天主教者四兆餘。朝綱政令。悉歸總統。與上下議院統攝。分十九郡。曰利馬。曰安加時。曰不諾。曰古斯各。曰加洛。曰加牙買爾加。曰樹凝。曰亞勒甚巴。曰利倍爾達。曰阿牙古設。曰比胡拉。曰亞補利馬。曰汪加。曰畏利加。曰郎罷冒克。曰華奴哥。曰羅勒多。曰意加。曰亞馬孫拿。曰莫格加。京都在利馬。仍其名。地易震盪。構屋不高。街衢寬且正。殿闕教堂。輝煌富麗。生息以金、銀、銅、金雞𡟻為最。土壤肥瘠不同。分東中西三境。西境乃安達斯山西麓。與太平洋濱。江沙磧礫。烟戶蕭條。中境在安達斯重嶺間。有曠地一區。平沙無垠。廣約四百里。物產豐饒。城市碁布。人民蟻聚。其間均堪自給。東境在安達斯山左。荒郊僻野。絕少居民。其地川澤瀰漫。瘴氣流傳。易致疾病。總計國中物產。除金銀銅鉛水銀外。有瓜諾一種。乃鳥糞之類。產於濱海小島。用以糞田。最易發生。英美德比諸國。咸爭購之。光緒四年。獲銀八萬餘圓。亦生財之一大源也。

波里未亞

波里未亞舊與秘魯爲一國。道光四年。內亂迭乘。析國之南境。爲上秘魯。時委內瑞拉將軍波里瓦爾有保護之職。明年四月。會郡縣耆老於波多西公同酌議。以上秘魯別立一國。名波里未亞誌波里瓦爾功也。以其副將之號。名都城曰需克耳。國之形勢。西與西北連秘魯。北與東接巴西。南界銀國。巴拉圭。縱橫皆約二千四百餘里。共約三兆四十六萬方里。規模與秘魯相若。分八郡。曰朱基散加。都名需克耳。曰波多西。產銀最旺。班人掘取富埒金張。曰奧魯羅。曰達里沙。曰巴拉斯。曰三達古盧斯。曰白泥。曰哥沙班巴。國中川澤。率係亞馬孫支河。不甚著名。安達斯大山分支。跨入國中。其首峯名少拉他。高一千九百六十三丈。合十一里有奇。次峯名休里馬尼。高一千九百十三丈。風俗物產。與秘魯不甚差殊。總計人民約二百三十萬。概崇天主教。按上下秘魯古時民風獷悍。不知禮讓。所敬神道。謬妄不經。山林川澤樹木。魚鼈牲畜等。凡利賴於生者。皆禮敬之。虎豹熊狼。風雲雷電。畏其猛烈。亦叩拜之。見瀑布奔流。火山噴燄。即伏

地稽顙不勝虔恪。有自稱獅虎苗裔。額帶騣毛。作威猛狀。有自謂某水某山之後。每以首産子女。殺而祭之。荒謬不經。可憐亦可笑也。喜械鬬。啖生人肉。以捕魚獵獸爲生計。北宋初。有音加斯者。自謂太陽孫。受命於天。以文教化斯民。教以闢草萊。疏河道。務農事。勸紡績。民風爲之一變。地土膏沃。收穫殊豐。民大悅。推音加斯爲王。令出維行。絲毫不爽。王建日神廟於低低街街湖中一島。墻壁裹以金片。每年朝禮者。獻以金銀珠寶。富麗輝煌。無所窮極。王既沒。小民懷惠。設像廟中。奉之如神。王葬時以千百人殉之。明嘉靖年。西班牙人入秘魯國。遂滅。土人容相。雖與墨洲他國同。亦有故爲異於人者。其東西境。有以子女之首。前後夾以兩板。欲其面額寬平。倣月圓之義。矯揉造作。惜面圓而智不圓矣。按彼處傳教士。言其人少穎悟。多獃笨。資質概遜他方人物。推其故。夾板使然也。人雖蠢蠻。夫婦之倫甚重。側室桑中之好。最爲痛惡。親人死則哀號。作犬吠豕啼。蛙鳴虎吼之音。以示羣獸與之皆悼。近代多從天主教。潛感默移。日進道義。迥非昔時之比。

智利

智利南亞墨里加濱海國也。北界秘魯。東界波里未亞與銀國。西盡太平洋。南至南大洋。地形狹長如帶。縱約三千六百餘里。橫約三百五十里。共約二兆二萬方里。初秘魯王音加斯來侵。智人力拒。未嘗降。迨西班牙奪取秘魯。嘉靖十五年。進攻智利。不克。越四年。遣將瓦爾的未亞引兵又伐。破之。旋建散地牙我公塞不西翁與瓦爾的未亞三城。遂收智利爲藩服。嘉靖二十九年。班將瓦爾的未亞爲智利別部亞洛哥人所殺。班人取其地附於秘魯。亞洛哥人累載尋讎。抵死不肯臣服。班亦莫如之何。考智利豐於財。土地渥裕。班人振作經營。大有起色。嘉慶年。班爲法人所困。墨洲諸藩屬皆叛。智利亦閉關自守。不與班通。嘉慶十九年。班人大舉伐之。智人敗。乞援於銀國。銀使將軍桑馬爾定馳救。敗班人於馬伊波河。於是班人不敢爭。任智人立國。其定制以民爲主。選總統一員。視國事。五年滿任。設上下議院。上院三十二員。下院無定額。於三萬民中舉一員。任三年。設部院五。曰內務部。曰外務部。曰刑部與教務部。曰戶部。曰兵部。

統轄人民約三兆。除亞洛哥人。概從天主教。列省二十有三。曰亞達加馬。曰安到法加斯大。曰哥今波。曰阿公加瓜。曰瓦爾巴來索。曰散地牙我。一作聖雅各。王畿在焉。都城因其名。曰哥爾沙瓜。曰哥里各。曰哥登。曰達爾加。曰達克那。曰達拉巴加。曰里那勒斯。曰卯勒。曰奴白勒。曰瑪勒哥。曰公塞不西翁。曰奥希成。曰標標。曰亞洛哥。曰瓦爾的末亞。曰郎其威。曰希羅愛。皆壤地窄小。僅比中國州縣。又有一部。曰麥折倫。在巴他俄尼南境。去海西約千里。更有數島。其大者曰斐爾曩特斯。屬智利國。絶鮮居民。土壤肥沃。多產桃櫻等果。國之東境。有火峯數處。最高者阿公加瓜。省內。有同名之峯。得一千九百三十丈。地屢震。民甚苦之。山中產金銀鉛鐵煤炭。及金鋼玉石紅銅。山西沿海一帶。土肥厚。種五穀。果品皆宜。山禽野獸。生息繁孳。土民於開礦外。致力農事。鋤雲犂雨。終歲勤勞。無飢饉虞。北境與希羅愛等島。民俗溫良。善待賓客。亞洛哥與南方諸省。土人性梗。桀驁難馴。平日畜牧嗜酒。好鬥殺。肆行刼奪。四鄰受其累。憾不能驅而遠之。

洲南別有大地。名巴他戢尼東西俱盡大洋。北界智利拉巴拉他南抵麥折倫海峽。西濱磽瘠。多島嶼。東濱淤泥爲灘。土人皆蠻野。軀幹魁梧。中人長六七尺。出常人一身有半。類皆捕魚獵獸爲生。明正德十四年葡人麥折倫始至其地。後歐人往者亦衆。然以全境荒凉。初均掉頭而去。光緒七年。智利與銀國分境而治。智利在西。銀國在東。

銀國

銀國古名拉巴拉他。今其名惟指南墨銀巴拉圭烏路圭三國。或指銀國之形勢。在智利之東。隔安達斯山。北界波里未亞東連巴拉圭烏路圭與巴西爲鄰。

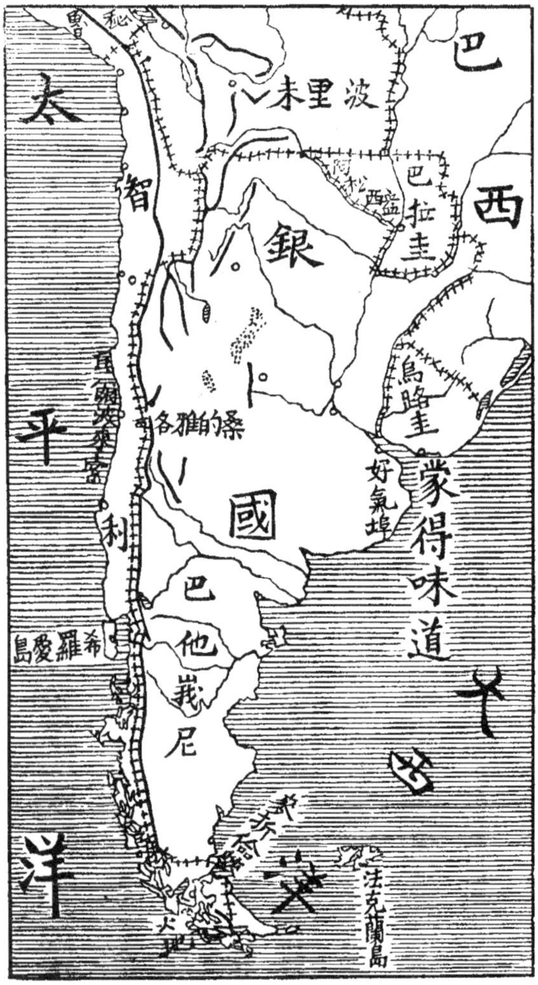

東南鉅大西洋。長三千六百里。東西折中約二千里。共約七兆三億方里。舊本野番。猺童蠻女。雜處其間。明正德七年。西班牙王斐爾第囊命索利斯探其境。越二年。取之。土人殺索利斯食其肉。乾隆四十三年。別成一省。以服事班。嘉慶十五年。土人不受制。羣謀自立。揭竿與班人戰。明年大敗班人。遂其官。上下相

首尾五稔。後國人大會於都古曼議以民爲主。推總統一員。領國事。然外禍迭生。內訌頻起。三十年無甯晷。至咸豐三年。重行整頓。國爲之一治。考今日之制。與墨洲他國。不甚異。總統以下。有上下議院。上議院備官三十。下議院備官八十有六。立部院七。與智利相同。國分十四省。三部。曰不諾塞力斯。曰散達厎。曰安忒勒里奧斯。曰哥連德。曰哥爾多瓦。曰桑盧意斯。曰三的雅各。曰門多散。曰桑若漢。曰里約沙。曰加達瑪爾加。曰古都曼。曰撒爾達。曰如鋭。已上皆省名。部名曰克蘭沙哥。曰米西翁。曰班巴斯。國之西境。多崇峯峻嶺。不宜于耕。幸多寶礦。與智利相若。境內大河。與國同名。亦作銀河。比爾谷馬育威爾美育撒拉道巴拉拿烏路圭諸水。滙注其中。都城在首省。曰不諾塞力斯。與首省同名。建於銀河濱。氣清水秀。風景可人。城中院宇林立。市廛熱鬧。爲南洲一大埠。居民約八十萬。總計國民約五兆。概從天主教。美英法德意班之諸人。居其地多至一兆。土人術藝粗疎。不解農事。礦苗累積。開採無由。畜牛羊動以千萬計。班巴斯不諾塞哥爾瓦多等處。青草成茵。千里一色。牛羊牧其間。亦天然妙景。貿易以皮毛骨角爲大宗。土人性

强悍。善馳馬獵獸。好賭博。細故啟衅。輒白刃尋讎。乾隆閒。天主教教士前往化導。教以尊親耕稼等事。近漸馴習。加達瑪爾加地。多穀麥棉花。門多撒地。生五穀最豐。都古曼盛產烟草。哥連德多桃、李、芭蕉、哀梨、橙橘等果品。

巴拉圭

巴拉圭南亞墨利加小國也。介於巴西與拉巴拉他之間。縱約一千一百里。橫四百六十里。共約六十六萬方里。明嘉靖五年。意國人塞巴斯顛姓加波得初至其地。越九載。西班牙官牙爾瓦羅收之。屬於班。班官行令殘虐。民不堪命。後二十年。班廷諭天主教教士代理民事。不復設官。附於拉巴拉他爲一部。二百年間。教士教民耕鑿藝五穀。尤教以欽若汎愛之功。于是狉榛健鬭之徒。頗知忠孝。安居食力。儼然盛世之民。西班牙人旅其地。不復驅之如牛馬。乾隆中葉。班人妬教士。逐之出境。土人臥轍攀轅。如失怙恃。時西班牙與葡萄牙易地。乾隆十五年。巴拉圭歸葡人管轄。因葡人不善約束。民心離亂。四十二年。仍歸於班。嘉慶十五年。拉巴拉他叛西班牙。明年。巴拉圭亦自立。推法郎濟亞爲主。法郎濟亞法人之產於巴拉圭者也。陰鷙有權略。剛愎威武。有李林甫滿胸城府風。土人畏之。頗著雄名。強鄰不敢侵。同治四年。起與巴西血戰五年。伏屍枕野。流血成渠。卒能砥定基業。保全疆土。迄今承平無事。戰之功居多。其國制與他

國相同。立總統一員。設上下議政院。上院十三人。下院二十六人。有部院五。曰內務部。曰外務部。曰戶部。曰刑部與教諭部。曰兵部。分七、十郡。皆蕞爾地。僅比中國下邑。都名阿松西翕。十五國使臣領事。駐節于斯。總計人民約七十萬。除野番萬人。餘皆崇天主教。國之東與北峯嶺綿延。峭削高峻。其他平原曠野。一律膏腴。巴拉圭與巴拉拿二河。盤紆灌漑。土產有穀麥木棉。白糖、加菲、烟葉等物。甘蔗自生。不煩種植。香料藥材。尤形饒富。有樹一種。取其皮葉。釀汁名龍液。爲藥籠中佳品。有樹名馬德。乃土茶之類。啜之可解渴。盧同七椀生風。亦不是過。南洲人爭購之。爲生息大宗。山有斑虎黑熊。白狼犀牛。食肉售皮。實爲利賴。又有美樹嘉木。可作棟梁。資營造。氣候温暖。衣履簡便。財用既足。寇盜罕聞。區區一小邦。不可以釜中魚目之。

烏路圭

烏路圭在亞墨里加南境。東南海濱。北枕巴西。南界銀河。東距大洋。西與銀國爲鄰。縱約九百里。橫八百餘里。共四十七萬方里。幅員僅及江蘇一省。舊附銀國。不諾塞力斯省。嘉慶季年。巴

西奪據之。道光五年。烏路圭志切雄飛。不甘受人權制。於是揭竿謀叛。力抗巴西。八年。自立爲國。推總統理事。設上下議政院。上院十九人。下院六十九人。經邦論道。一德同心。又設部院三。曰內外事務兼刑農教務部。曰戶部。曰陸兵水師部。分十九郡。曰蒙得味道。曰亞的加斯。曰加內羅內斯。曰哥羅尼亞。曰索里亞諾。曰桑若塞。曰瑪爾道那多。曰勿羅來斯。曰弗羅利他。曰拜三都。曰里奧奈額路。曰利物拉。曰羅沙。曰撒爾多。曰塞羅拉爾哥。曰米那斯。曰杜拉斯諾。曰達瓜侖波。曰忒侖帶忒來斯。都在蒙得味道首郡。城因其名。近銀河口。舟楫最便。勝於不諾塞力斯。故各國來往商舟。歲必千餘艘。市廛櫛比。貨物駢羅。尤多呢絨布疋。皮革鹹貨。自經兵燹後。生涯日遜。然人烟稠密。戶口殷繁。猶得十八萬人。街道井然。宮殿壯麗。使臣之駐斯城者。二十餘國。境內岡阜盤踞。峯嶺嵯峨。少植五穀。多叢草地。牛馬以億兆計。博碩肥腯。生息浩繁。西境有河。與國同名。發源於巴西之里約克蘭南省。向南流。與巴西分界。會巴拉拿水。合成巴拉他河。長二千三百餘里。支河之大者曰內克洛。貫徹東西。資溉潤。利田疇。爲民生之便。土饒牛羊驢馬。貿易

以此爲宗。一年內入國貨物値洋銀十五兆九億二萬八千。出者値銀十七兆四億四萬二千。人民約一兆。大率崇天主教。內班人四萬。意人三萬。法人一萬。英人三千。德人二千。

亞斐利加全圖

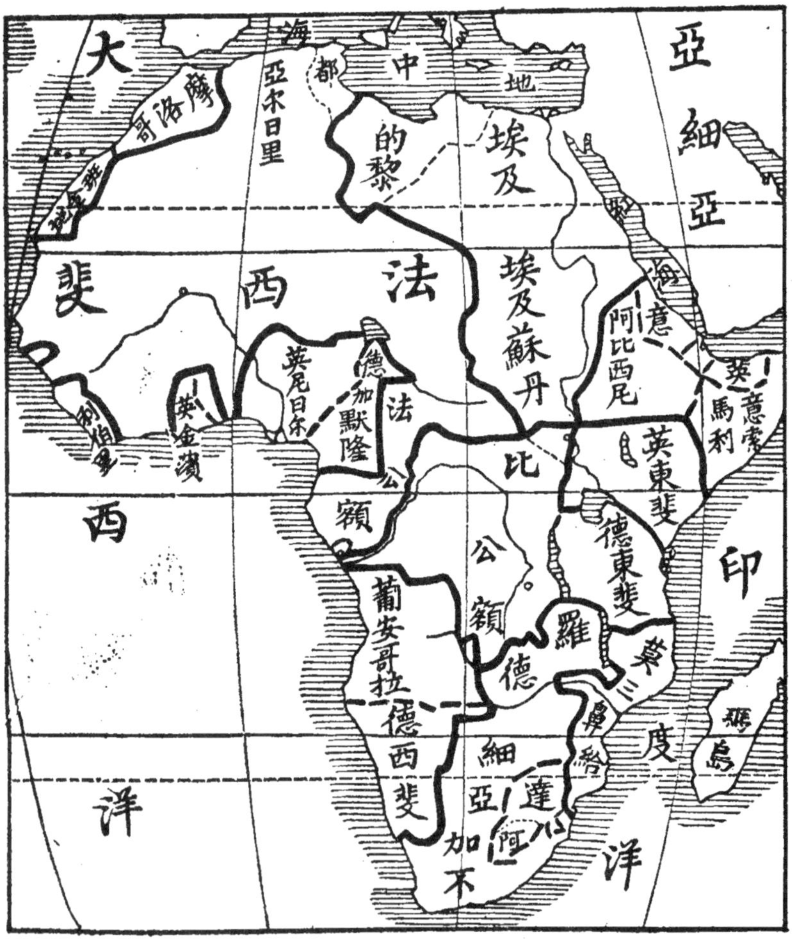

大西洋
亞細亞
印度洋
摩洛哥
亞尔日里
埃及
的黎
埃及蘇丹
阿比西尼
英馬利
英東斐
德東斐
德加默隆
英尼日尔
英金濱
葡安哥拉
德西斐
羅德
加不

五洲圖考

上海　許彬　采白氏　編譯

亞斐利加洲

總論

亞斐利加洲。古名利未亞。亦作利比亞洲。在亞細亞西南。緯線自赤道北三十七度起。至赤道南三十五度止。經緯線自北京午線偏西六十五度起。至一百三十五度止。縱約一萬二千六百餘里。橫一萬二千二百里。共約七十六兆方里。汪洋周繞。北枕地中海。與歐羅巴相望。南與西俱盡大洋。東距印度洋及紅海。東北界蘇彝士河。與亞細亞爲鄰。按蘇彝士本土腰一道。爲亞細亞與亞斐利加兩洲樞紐。長約三百二十里。西人自地中海東來。至此舟楫不通。必須登陸。咸豐五年。法人雷率伯建議疏通。糾股集五百兆佛郎。大興工役。將蘇彝士土腰開掘。至同治八年始告成功。既竣事。亞斐利加與亞細亞截然分析矣。昔

夏商時有非尼西亞人至斐洲。成周之世。希臘與羅瑪人涉其境。前明中葉。葡人航海周遊。探海濱各口。邇來歐人。剔異搜奇。不遺餘力。然斐洲腹地。氣候燥炎。水道窄淺。舟車鞍馬。跋涉俱難。故其形勢。未能細悉。洲中多部落。大都鄙陋不文。國之在北境者。曰埃及。曰的黎波里。曰都尼斯。曰爾日。曰摩洛哥。在中央者。曰撒哈拉。曰蘇丹。曰達爾夫耳。曰哥爾多番。東境曰努比亞。曰阿比西尼亞。曰索瑪利。曰加爾拉。曰桑給巴爾。曰莫三鼻給。西境曰塞內剛比亞。曰利伯里亞。曰幾內亞。曰公額。迤南曰阿蘭日。曰達郎斯薇耳。曰加不。埃及于紅海西岸。近亞細亞。故風氣之開獨早。文物晉萃。冠絕一時。地中海南濱加爾達俄。即今都尼斯。近歐羅巴。俊傑代生。賢豪迭起。嘗與羅瑪爭雄。迨回部與埃及與都尼斯爲其蠶食。曩時名勝。掃蕩一空。其餘土地。或沙漠橫綿。或榛荆充斥。土人黑而俚。愚昧性成。歐洲諸國。睥睨有年。因行路之難。初僅於海濱設埠。

洲中鮮海灣。行舟至彼。停泊爲難。惟島嶼林立。其在地中海之大島。前已畧及。茲不贅述。別有一島。名瑪

爾達殷商盤庚初。非尼西亞人據之。周安王時轉爲加爾達俄所佔。自西漢初至前宋中葉。西治里與羅瑪人相繼往轄。五代至　國朝嘉慶年。各國紛爭。八九易主。既而英人奪於法人手。至今屬英。長約四十里。寬二十六里。居民約十八萬。地雖小而大局攸關。故英人加意栽培。日形富庶。所產多木棉魚族。設製造局。軍器廠。兵房病院等公所。有炮臺數座甚固。雄鎮要隘。海國生輝。洲之西北有六七島。總名加拿利。居民二十九萬二千。舊爲非尼西亞與加爾達俄互市之地。加爾達俄滅。乃湮沒無稱。元順宗初。西班牙人往收之。列爲屬部。厥土豐裕。出黃鳥一種。馳名天下。出酒醴最甘美。地多火山峻嶺。德內黎非島有一峯。高千餘丈。商船往來見於三百里外。以爲駕駛之南針。北有數島。總名馬特拉。以旨酒聞。居民約十三萬。明永樂十六年。葡人探獲之。荊榛充塞。一望無垠。建文四年。有人縱火焚之。歷七載始熄。墾而植之。獲利甚豐。氣候常和暖。不冬而恒春。西人患瘵者。喜棲寓於此。洲之西有綠峯羣島。明景泰朝。意國人加達咖斯到仕於葡。奉廷命。遊斐洲濱海地。據此數島。土不腴。產鹽礦。出珊瑚。居民約十萬。迤南有三達厄勒

那島。縱二十餘里，橫十六里。周圍約七十里。居民僅五六千。明宏治九年。葡人若望諾牙尋得此島。萬歷三十八年。荷蘭人掠爲己有。又四年。英人據之。迄今未改。嘉慶二十年。英人放法國廢王拿破倫第一於斯島。七年而卒。道光二十年。遷葬於法。洲之東在印度洋中。有索哥德拉島。長一百八十里。闊六十餘里。居民約四千。附阿剌伯呵曼部。東漢時歐人題其名。越千五百年。無過而問者。明正德四年。葡人徙居於此。又二十餘年。英人購地設埠。商艦之往來紅海者。藉便良多。又有瑪達加斯加島。長二千六百里。廣九百里。共計一兆五億四萬方里。波斯與阿剌伯國。久聞斯島。未嘗往探。明正德元年。葡人達爾美達始遊其境。泰昌朝。法蘭西艷羨之。法王恩理格第四。築炮臺於島之東南濱。即今之道芬口也。國朝初。法人設市於其地，康熙七年。收爲屬部。乾隆三十九年。遣爵臣柏島斯幾往守其地。後土人叛法。法人討之。奪其東邊。達瑪達物丁丁格等埠。英人忌焉。道光初葉。煽痾瓦斯部人叛。復所失城邑。酋長擁地稱王。曰拉達馬第一。咸豐季年。拉達馬第二即位。未三年。遭內訌。死於亂。其后辣所利拿臨朝。同治年與英美法三國

先後立約。按此島舊分多部。大者六。曰痾瓦斯。最強盛。曰塞格拉瓦斯。曰安達瓦爾斯。曰阜定撒拉。曰安達西美。曰阜達尼美。內今全島居民約四兆人。境內山嶺綿亘如脊。高千餘丈。京名達拿拿利物。居島之中央。綠水青山。天然圖畫。濃陰叢樹間。露茅簷板屋。高下參差。別是一番妙景。第二城名達馬達物。居東海濱。爲毗鄰各小島行商大埠。厥土肥沃。穀果皆豐。光緒十年夏。法與島主因事支吾。以干戈從事。十餘年來。流鏑飛鋒。幾無甯歲。光緒二十二年春。法人滅其國。奪其地爲藩服。瑪島東。有瑪利西島。縱九十餘里。橫約六十里。有山峯。高九百丈。溪澗盤旋。大資灌溉。氣燥熱。貨饒裕。產牲畜、白糖、加菲、材木等物。居民約三十七萬。明宏治季年。葡萄牙人探悉其地。萬歷二十六年。荷蘭據之。康熙五十一年。法人以力奪取。嘉慶十五年。英人轉奪爲己有。去西南濱二百二十餘里有一島。長一百二十里。闊八十五里。內有火山。時噴烟燄。人民約十八萬。大都濱海而居。產甘蔗、白糖、烟葉、蹲鴟、菜蔬、果穀。其加菲尤爲著名。明嘉靖二十四年。葡人尋見是島。崇禎季年。法人收爲己有。名之曰補爾蓬島。嘉慶十五年。英人奪之。後五年。復歸

於法至今仍之。又有法屬之聖瑪利英屬之塞是耳洲濱之桑西巴爾等島。皆饒有貨財堪資國用。

斐洲名山不一而足。在西北境有亞德拉斯山。自西南而東北。起自摩洛哥綿亘阿爾日里跨都尼斯止於的黎波里環灣折繞。長不下六千里。分南北二大支。於是有大亞德拉斯小亞德拉斯之稱。大者在南。小者居北。至高之峯。在摩洛哥境得一千一百丈。古人地學未精。目爲撐天柱。西詩名家。如希臘奧美羅羅瑪維齊畧咸有吟咏。故名彰遐邇。較他處高山爲尤甚。東境有給利馬山。高一千六百丈合九里有奇。洲中高峯。以此爲最。他如西之岡山。南之紐物耳山。皆不甚著名。斐洲大川。以東境尼羅河爲最長萬有五百餘里。闊三四百至八百餘丈。江水滔滔。爲天下第二河。其源出於上游。數千年來地理家未知所自。大率謂發源於月山之麓。咸同間。有英人斯貝格等。遊斐洲東境。探得烏給來韋與亞爾伯爾在赤道之南給利馬山之西。於是知源水肇於斯。其流自南徂北。至哥爾多番東南境外。分東西二大支。東名青尼羅西名白尼羅。二水合流。瀠紆努比亞。縱貫埃及分六七汊港。入地中海。河濱山阜盤旋。其瀑布急流。洶

湧澎湃者凡六河。水每年一發。自五月至七八月。新漲平堤。增高繼長。過此則漸退。古時埃及人。建柱河濵。覘水之高下。驗歲之豐歉。漲至二三丈間。則年必大有。水中有膏脂。可糞田。兩岸淤地皆佳壤。是以近河處。阡陌雲連。戶口繁密。昔埃及人敬河神。每年水漲時。擇日行慶。殺黑牛祀之。其二曰尼日爾河。在洲之西境。發源於陸馬山。由西南而東北。綿亘邦巴拉馬西拿等地。轉東南支港汊歧。縈迴幾內亞諸部。入大西洋。長七千七百里。水漲時寬可五千四百丈。合二十餘里。其三曰公額河。或作散以勒河。綿長與尼日爾相若。計七千四百餘里。惟西人探考未詳。不過知其厓畧。其四曰桑比西。在洲之東南境。上游支汊紛歧。波濤湍急。直流東下。長五千餘里。入莫三鼻給海峽。是爲斐洲四大河。洲中最大之湖。曰烏給來韋。爲尼羅河水源之一。縱橫皆五六百里。其次雞德湖。長六百餘里。闊三百六十里。其次富加尼加湖。縱六百五十里。橫八十里。外有亞爾伯爾尼亞散等湖。無所爲異。

全洲氣候燠熱。甚於他洲。北方地中海濵。亞德拉斯山之陰。尚不甚熱。若迤南撒哈拉諸地。則平沙無垠。

日中薰灼如火。夜間冷氣逼人。年內陰雨僅旬日。洲之中央與東西海濱。雨與晴。燥與濕。輪流而至。或霖雨連綿。田土變爲澤國。或數月不雨。枯旱殊恒。南境節候與北邊相若。燥則勝之。全洲天時地利人才。較他洲爲劣。以居熱道。花卉果蔬。極稱繁殖。穀麥棉麻。香品顏料。藥材烟葉等無不備。洲之東境。饒生加菲。相傳加菲本出斐洲。後移種阿剌伯。漸及各國。其樹開白花。花落則結實。始青後黃。大如芡實。又有猛獸猂獅多於他洲。虎豹豺狼。幾無處蔑有。產象最大。一牙可重至二百八十斤。麝囊貍。狀如狐。囊汁類麝。長頸如馬。身高七八尺、首生二角。渾身斑駁。狀頗俊偉。飛禽中有駝鳥。性遲鈍。居廣漠間。毛羽甚珍。歐人爭購之。飾女子髻鬟。駝身高八九尺。卵重七十餘兩。行必擇大路。見亂石叢樹。頗卽超避。不能避。則行甚緩。恐觸羽也。髻鴇高約四尺。白翼黃冠。腹黑如漆。背作紫色。聲如笳角。聞甚遠。鸚鴞有綠羽紅頸者。有身作灰色。尾甚赤者。教之語。能作人言。囊鵝腹毛與翎潔白如雪。背毛黑而潤。頸間垂肉。若長袋然。嘴闊二寸許。能啄飛鳥。魚鴞大如鶴。口下垂囊。可儲食物。喜食魚。每伺立河畔。或飛向江頭。見魚則啄之。納囊中。供

不時需。又有鷙鷟鴝鸑。綠鴿錦雀。五色斑爛。彩霞翠碧。或紅如火。或白如雪。種類紛繁。水族鱗介。品類亦多。鱷魚長可四丈。性猛烈。馬牛豕豚。在水濱者。無不噬。鯊魚長可二丈。皮似沙。尾如帚。齒利如鋒。嚙人畜。呑魚鼈。有海螺一種。狀如卵。作絳色。甚鮮明。獅豸狀如篷。張而浮海面。身發火光。有名海花者身如草莖。嘴如蕊。澄霞紛郁。多纏緜縷。天晴時如百卉向榮。撫之多手痛若炙。皆奇物也。斐洲出金。淘練售之。爲貿易大宗。銀銅鐵錫。玉石珊瑚皆有。惟不甚夥。

全洲人數。以地未盡探。殊難言定。據謂約得一百三十兆。居北土者多白人。或以炎氣薰蒸。作紫銅色。中央蘇丹人等。大都黑面。髮粗脣厚。鼻巨而平。容貌醜陋。南方人黑而黃。似樱色。然秀美可觀。民有全留髮。編小辮十餘莖。下垂前後。掩障耳目者。有全頭薙髮。惟額上留幾許。毿毿覆眼上者。有首戴花布。上加銅管。插雉羽一莖。長數尺。以爲美飾者。耳下縣鐵環。纍纍如連珠。徧體刺紋。猙獰可怖。自頂至踵。惟腰間前後掩布二方。束以五色帶。垂二尺許。佩玉石等物。頸與手與足有圈。以銀銅鐵錫爲之。宮室多土壁。蓋以

茅。如覆盂。其行政。或一酋長主之。似君主國。或社長同理民事。彷彿民主國。或上下參議。酋長無專權。種種規模。指不勝屈。民多狉榛成習。目不識丁。風俗蠢蠻。性情梟獍。殺人食人。不知禮義爲何物。所敬之神。類皆日月山川。飛潛動植。有僧人尼子。供虺蛇於佛龕中。奉之若神明。尊之若師保。有卜居淵畔者。早夕拜瀑布。以爲莫大神靈。又有藏豕櫝中。頂禮拜之。幾忘寢食。父母年老。或疾病難痊。則殺之以祭神。分食其肉。以爲體恤。其他邪妄術法。處處盛行。不知凡幾。土人執意信從。牢不可破。酋長家人遘疾。則民多惴惴。蓋恐物故而誣民詛咒。冤戮多命也。凡欲嫁禍於仇。每以巫法誣之。罪無輕重。悉行梟首。政事之卑陋有如此。其餘回回教人。爲數最巨。自阿剌伯傳流至彼。英國部屬多辯駁教。法葡班三國所屬。天主教頗盛。近年有教士。往內地開教。民風漸厚。野性漸除。奉教之人均循良。亦以見革故鼎新。天下無不可教之民也。

五洲圖考　斐洲　埃及

埃及圖

四十四

埃及

埃及一名厄日多。亞斐利加古國也。今之埃及分爲三。曰埃及。曰努比亞。曰蘇丹。北枕地中海。南界努比亞。西連撒哈拉沙漠。東臨紅海。縱約一千三百里。橫八百里。共二兆六億方里。西史述洪水時。有古祖諾藹生三子。長曰申。次曰岡。季曰亞費德。三人子孫。孳生蕃息。分居三大洲。申居亞細亞。亞費德居歐羅巴。岡居亞斐利加。岡子迷斯拉應。始闢厄日多。數傳後。顓頊之世。有美內斯者創國。設官定制。築城於門斐斯。旣而分十餘國。皆擁地稱王。至有夏少康時。合爲一統。庶務並興。國大治。猶太國先祖亞哥伯生十二子。第十一子名若瑟。性聰慧。丰姿秀美。父鍾愛特甚。諸兄忌之。鬻於埃及。若瑟說埃王廣儲菽麥。以備荒災。後飢饉七年。民無凍餒。父兄聞風來糴。遂居之。垂四百餘載。子孫繁衍。國王殘虐多端。民不堪命。有梅瑟者。生而穎異。學識過人。默奉上主啟諭。率猶太人回國。經紅海。海水止流。中分而壁立。衆人夾水行涉不濡。埃王亞美努斐斯率兵追之。入海。水復合。全軍盡淹。嗣君西索斯忒黎刻厲自修。武功文治。號中

興主。商朝中葉。希臘等國。日漸熾昌。埃及聲威稍殺。猶爲西方名國。傳八百餘載。至周敬王七年。爲波斯王岡比斯所滅。顯王三十七年。希臘馬基頓王亞立山兼文武才。率億萬衆。大破波斯。後亞立山殞於軍。大將伯多羅壘率所部兵。據埃及自稱爲王。纘緒繼統。凡三百餘載。西漢成帝三年。羅瑪大將責撒肋往征埃及。勝之。收入羅瑪版圖者六百餘載。唐初阿剌伯取其地。時謨漢驀德創回教。威震一時。橫行三洲。埃及遂爲回部。明初土耳其興。收爲藩屬。自是風俗日漓。規模漸失。舊時文物之盛。徒爲陳迹。無一人起而振者。國朝嘉慶三年。法蘭西王拿破侖攻埃及取之。越三年。復歸土耳其。光緒五年。埃及負英法商人財。意圖抵賴。英法遣大臣索逋。埃不聽。欲逐使臣。遂觸英法怒。糾合諸大國。廢埃王。立王子承緒。此埃及廢興之大畧也。

埃及國昔分上中下三土。今分二十二分。尼羅大河。縱貫全地。兩岸重岡綿亘。曲折盤旋。西人遊其地。往往歎爲觀止。北臨地中海。坦而腴。部落繁多。均爲土國藩服。名雖歲貢土王。實則朝綱政令。均由己出。不

屬於土。自光緒七年。英兵在焉。王以下有部院。曰內務部。曰外務部。曰刑部。曰兵部。曰教工部。曰戶部。統御人民十兆。內希臘意奧英法班德國人七十萬。埃及氣候炎熱。西歷十一月起。四閱月常如春日。其餘八月。赤熛當令。沙漠薰蒸。多癘疫。雨澤稀少。國中屋頂。槪似平臺。可登眺納凉。肥沃之土。可樹藝者惟六之一。類在尼羅河濱。產禾麻穀麥。木棉、藍靛、加菲、烟葉、瓜果菜蔬。無不備。又多駱駝驢馬。山中出紅玉寶石。鮮五金礦。京都在國之中土。名加義路。在尼羅河之右。阿剌伯人築於北宋初葉。互市興隆。人烟輻湊。居民約五十七萬。近年來興百工。造戰艦。演兵士。開鐵路。與歐洲諸國。不甚差池。北境有亞立山城。周顯王時。亞立山王所築。故名。西漢至前唐。向爲國都。販運往來。百貨充牣。爲三洲行商要埠。居民約三十萬。城內有回教大寺一所。簷牙壯麗。舊有石室一。寬大無偶。藏書七十萬册。亦云富矣。迨城爲回部所破。火其書。不啻祖龍一炬。國中古跡甚多。泰西人萬里往觀。以廣眼界。有古王塚數處。爲殷商時物。狀類浮屠。以大石鏇砌而成。高可四五十丈。加義路東北七十里許。有古城一。內建日神廟。極輝煌。因名日城。人才

輩出。格物天文諸學。彪炳一時。希臘文士。多遊學於斯。耶穌少時嘗避難其地。信史瑪爾谷往彼施訓。傳教建堂。迄今可考。南土古有德罷城。設百門。樓臺雄壯。院宇迴環。嘗遭波斯擾攘。爲羅瑪侵掠。瓦礫荆榛。僅存平地。城東多深林空谷。西晉時西方聖人士安當保祿等。棲止於斯。與木石居。與鹿豕遊。歷數十載如一日。卒以大德聞。今山谷猶存。坵墟仍在。憑弔者。每感慨係之。

的黎波里

的黎波里土耳其屬國也。北枕地中海。南連撒哈拉。東界埃及。西至都尼斯。東西長二千四百餘里。南北三四百至一千里不等。共一百萬方里。烟戶約一百萬人。周時屬加爾達俄。後屬羅瑪。南梁武帝時。歸希臘。此後千年間各國迭管其地。明嘉靖三十年。土耳其取之。康熙五十二年。國人立君長。傳子孫。惟受命於土廷。歲修貢職。國分三省。曰的黎波里。京都在焉。因其名。居地中海濱。曰巴爾加。曰白菲纇。國無高山大河。所產果品甚美。爲生財大宗。阿里伐果出油甚佳。筵間珍品也。

帑比亞

帑比亞在埃及之南。尼羅上游諸水。灣環滙注。貫徹全地。肥沃之壤在河濱。餘多磽瘠。種植無豐收之時。部落紛紛。悉爲埃及直省。統計人民約七兆。氣候酷熱甚於埃及。產穀麥菽麻。棉花、甘蔗、烟葉、檀香、烏木。多驢馬橐駝。生虎豹獅象。以象齒。金砂。鴕鳥翠羽。爲貿易大宗。蘇丹會城曰加爾東。建於尼羅二大支會合處。近三汊港。爲尼羅上游。與埃及互市之區。居民五萬。英國總督駐節於此。又有孫拿耳舊國。都城皆因其名。曩時王居富麗。生息繁昌。今衰矣。然仍爲貿遷要道。埃及貨物。出入其塗。外有哥爾多番達爾夫耳等。

阿比西尼亞

帑比亞南有大地。一名阿比西尼亞。舊名厄地阿比亞。蘇丹東。川澤盤旋。岡陵錯疊。共一百五十萬方里。草木花卉。尤形昌茂。居民種類紛如。技藝粗陋。市廛寥落。東晉成帝五年。天主教主教福羅門爵前往傳教。化行俗美。風氣爲之一開。南梁時。有異教歐的格斯遺毒於阿比西尼亞。前唐初。謨罕驀德黨。掠其東境。明成化季年。葡萄牙王若望第二。遣使至其地。與之通好。繼有天主教教士。前往傳教。德化風行。極一時之盛。崇禎二年。國王廢教士。被逐。風俗人心。至此不堪聞問。三百五十年來。離析分崩。多成部落。以酋長轄治。今分三大部。北曰的穎勒。會城曰阿杜瓦。南曰阿馬拉。會城曰岡達爾。東南曰說阿。會城曰安哥卑爾。統計居民五百萬。性強悍。怠於操作。工藝多委阿剌伯與猶太諸人。幸物價最廉。一牛之值。僅洋蚨二圓。一雞祇五十餘錢。故度活甚易易。設盛饌。則生啖牛羊雞豚。雖血骨淋漓。亦不顧。俗尚之陋。概可想見。近年來意法英三國。各佔其江海諸地。意在北。法在中。英在南。

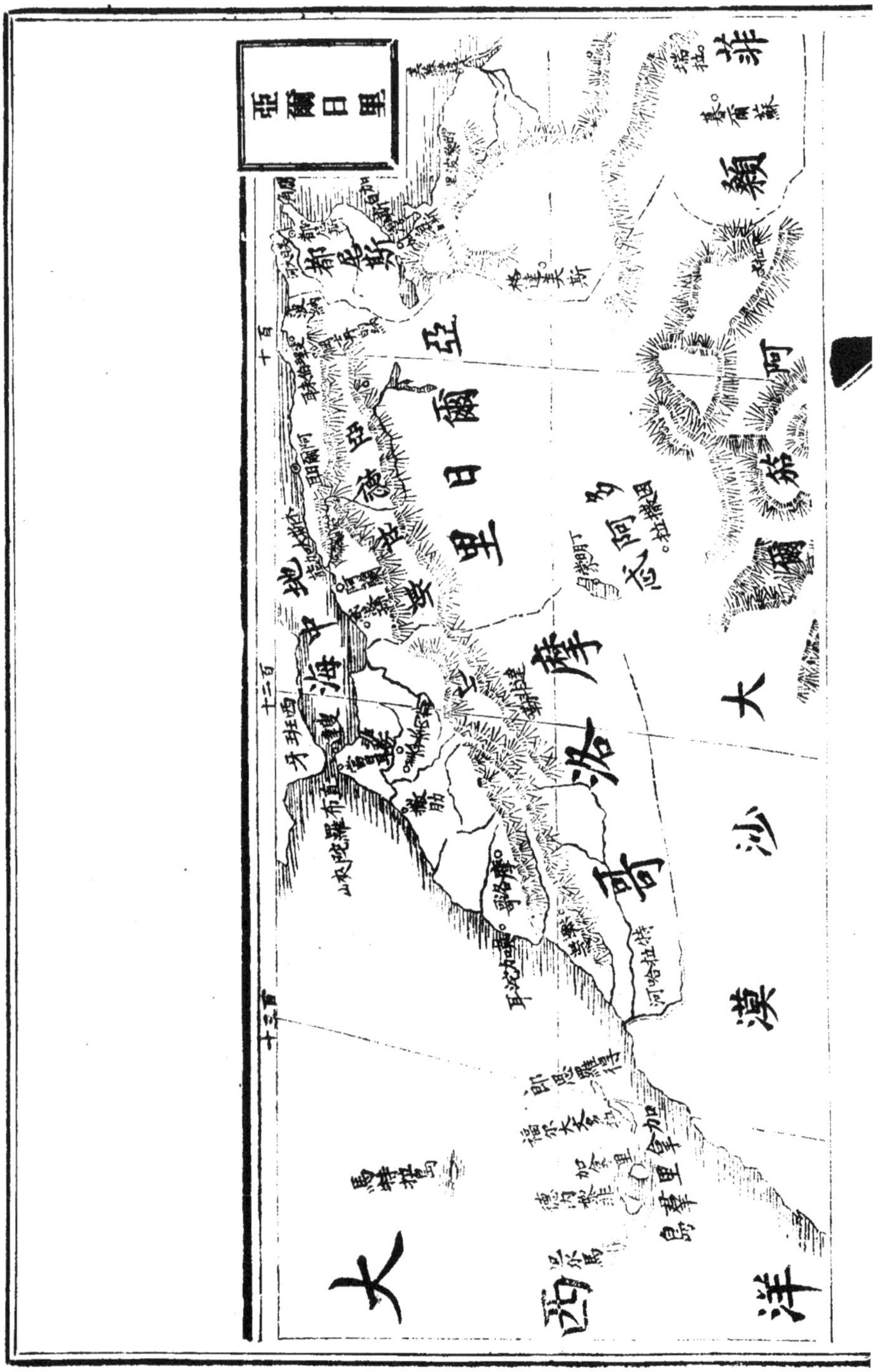
亞爾日里
大西洋
地中海
摩洛哥
亞爾日里
大沙漠

都尼斯

都尼斯在的黎波里之西。前亦土耳其屬國。自光緒八年。法人保護。地形北出。東北二境。俱臨地中海。縱九百四十里。橫四百七十里。共三十萬方里。其濱海諸國皆褊小。直彈丸地耳。居民約一百五十萬人。少峻嶺。多溪澤。物產豐饒。果品尤夥。出銀銅鉛水銀等礦。生馬馴而壯。駱駝耐勞。古者西里亞國。有斐尼西人。善航海。遠出行商。至周厲王初葉。遷居地中海南岸。立國曰加爾達俄。建都仍其名。在今之都尼斯城西北二十餘里。墾田野。闢草萊。百貨流通。地中海兩岸利權。歸其掌握。既富且强。遂跨海據西班牙。繼又掠取哥爾塞與薩爾的尼亞諸島。鋒鏑所至。如拉朽摧枯。莫敢抗拒。後又取西治里島。逼羅瑪。周秦間羅瑪始與加爾達俄人與之抗衡者。連年累世。其初次興師。在周赧王五十年。至秦始皇五年。夙將亞彌爾加爾水戰陸攻。共三十三年。西治里喪焉。二次舉兵伐羅瑪。則自始皇二十七年始。至漢高祖四年。十八年內。亞彌爾加爾之子安尼巴爾帥師抵羅瑪南境。破其邊城。羅瑪屢戰屢北。存亡之際。不能以寸。幸有

大將發比五斯希比奧瑪西臭謀深慮遠。卒能轉敗爲功。將安尼巴爾兵。斬獲殆盡。收服塞爾哥與薩爾的尼亞諸島。漢景帝七年。羅瑪人伐加爾達俄圍三年。大破之。夷其京爲平地。改其國爲羅瑪直省。唐武后朝。阿剌伯取其地。後九百年間。數四易主。明隆慶末年。土耳其取之。又百年後。在地兵民立王治國。王不及世。由衆人推舉。猶請命於土廷。至光緒八年。與法國立約。請法人保護。迄今二十餘載。朝野昇平。邊圉無事。文學武備。恐倣歐洲。蓋日上蒸蒸矣。

亞爾日里

亞爾日里昔爲斐洲北境大國。久屬土耳其自道光十一年。爲法蘭西外藩。地在都尼斯與摩洛哥之間。北距地中海。南連撒哈拉縱橫一千五六百里。共一百五十萬方里。境中有亞德拉斯山。橫峯叠翠。危巒聳霄。溪水澗泉。紆回曲折。河之長者名舍利弗。發源於亞德拉斯山之陰。灌亞爾日耳與阿蘭兩地。長四餘里。入地中海。其餘川澤。都不著名。氣候殊和煖。土肥沃。物產豐饒。絲綿穀果棗栗橡樹等最盛。馬與羊龐大特甚。近海之地。魚族繁多。土人張網投竿。獲利無算。濱海東境。產珊瑚。火樹瓊柯。爲世間珍品。其地於西漢時。爲羅瑪屬國。前宋文帝六年。日爾曼人橫達勒奪其地。南梁武帝三十三年。希臘人取之。唐武后七年。阿剌伯人據爲己有。以後朝秦暮楚。列國紛爭。首尾八百餘年中。屢易其主。明正德五年。投誠於土耳其。土廷派官守之。惟民情强悍。盜賊充盈。數百年來爲航海行人之患。班法諸國。屢興師問罪。土人斂跡于一時。後復蹈其故轍。道光十年。法舉大兵討之。收爲己屬。既而分爲中東西三府。置督撫一人。府

三人。治以法國之律。中府曰亞爾日耳。會城因其名。爲其舊京。係阿剌伯人所築。街道窄隘。房屋低矮。內有前代故宮及回教寺諸陳迹。自法人統轄。文學武備諸院。先後建興。軍械廠。織機房。藝術館等罔弗備。教養人材。不遺餘力。道光二十八年。羅瑪教皇派總主教一員。駐節於斯。民風爲之大變。西府曰阿蘭。會城同名。自前明正德初。至康熙季年。常爲班所有。百工雜藝。與班國畧同。乾隆五十五六年。地震成災。亭臺殿宇。大半傾圮。迄今瓦礫荒凉。未能起復。東府以城名。曰岡士丹的納。一名公斯當定納。西漢時屬羅瑪國。名奴米地亞者。卽其地也。城在亞德拉斯山上。守衛甚固。兩晉間羅瑪王公斯當定飭建。故名。總計全地居民約五兆。歐洲人六十萬。鐵路共長五千餘里。今政教日隆。較諸疇昔。有天壤雲泥之異。

摩洛哥

摩洛哥在亞斐利加西北。東連亞爾日里。西距大西洋。北枕地中海。南接沙漠。共約一百八十萬方里。居民六兆。亞德拉斯名山。橫亘國中。溪流延蔓。時涸時盈。境中氣候甚正。少疾疫。夏令酷熱。有海風蕩滌。沙漠薰蒸。藉崇巒蔽障。土膏腴。禾麻菽麥。茶蔬穀果皆有。產銅鐵鉛三品。間有金銀。居民約八百萬。舊時爲毛利達尼亞國。漢光武時。始屬羅瑪。旣而汪達勒與希臘人相繼奪之。前唐中葉。歸附阿剌伯及土耳其强。地中海南岸諸部。悉爲其吞併。獨摩洛哥以疆域窵遠。幸獲安全。自稱海西回國。歷宋元明三代。屢遭葡患。干戈相向。勝負迭乘。道光間。法人取亞爾日里後。摩洛哥與法人爲難。潛襲法營。法人怒。悉力攻之。當日耳莫加汔耳諸城。被燬殆盡。聲勢爲之大衰。今國分五部。曰摩洛哥。曰非斯。曰蘇斯。曰達非勒。曰達拉。京都在非斯。以地名城。古者頗有文名。講求格致諸學。自行回教以來。學業漸疎。民風日趨于下。摩洛哥會城。亦同名。昔爲國都。故宮尚在。規模宏鉅。深一千三百七十一邁當。合中國二尺八寸有奇。廣五百

四十一邁當。合長二里有奇。寬約一里。又有回教寺數區。內一區殿頂尖銳。高六十七邁當。合二十餘丈。又有病院一所。可留一千五百人。寥廓可知。烟戶市廛之盛。亦從可想見。非斯城西南八十餘里。有美甚內斯城。墻垣鞏固。風景清佳。王離宮在焉。亭臺軒觀。位置井然。王獨掌國政。不設部院衙門。用六大臣。與京外官紳商辦國事。王出處無定例。隨在作行宮。居常七日內聽訟二日。無論男女老幼。均得登朝奏事。郡縣官催科有政。撫字無方。王與百官同惡相濟。置生民於塗炭。土肥沃。果穀皆宜。第民人怠惰。牧牛羊駝馬為生。若在上者苛求無厭。則驅牲畜潛逃。

五洲圖考　斐洲　撒哈拉

撒哈拉

地中海濱諸國之南。有大地一。名撒哈拉。南至蘇丹。東界埃及。西盡大西洋。縱約三千里。橫八千餘里。全滄而桑矣。跨温熱二道。終年十二月。大半暑熱。炎蒸薰炙。幾不可一日居。大風起。則沙塵飛舉。騰湧如潮。人數四兆。北方人往蘇丹貿易者。千百成羣。騎駝遠行。多爲風沙覆斃。沙漠中間有溪澤。行人載水皮囊。藉以解渴。然有絶水日久。渴死半途者。全地分屬法班土英摩五國。屬法國者。在摩洛哥與塞內加爾間。多係冒勒斯土番。爲阿刺伯苗裔。性獷悍。習行刧掠。間有猶太人。善行商。廣聚貨財。冒勒斯人欺凌之。細故支吾。輒以糞土汚其面。或重搏血流。猶人不敢一舉手。反低首下心。乞爲息怒。冒勒斯東南有地。曰阿特拉爾。產穀麥。多牲畜。野饒鄉村。爲客商東道主。中路在亞爾日里之南。曰多阿來克。居民軀體俊偉。色不甚黑。首戴紅帽。或藍布一方。足著草屨。繫以皮條。出外必佩劍。持長矛。秉性兇横。於此可見。迤西曰阿笳爾。土磽劣。間種稻麥。有重巒。峯高六七百丈。澗溪清流。可供飲濯。西北曰多阿忒。土亦肥。產菜蔬瓜果。

木棉。民多畜牧。市廛熱鬧。惟所出不敷食用。故多有遷徙北方者。西南曰外里米登。人民寥落。物產稀疏。東南曰阿意爾。有邱阜。地膏腴。種穀麥果。收穫頗多。其亞加特斯城。爲酋長留駐之地。轉東南曰達美爾哥。東路曰得葡。相傳先世厄地阿比人被擄至此。穴地而居。傳生至於今日。其人身矮。而行捷有人鳥之稱。各方雇爲驛使。物產多棗栗等果。土人藉以餬口。畜駱駝。動以百計。酋長居亞士農麻城。近比爾麻城，產鹽最富。西南二方人來販者趾相錯。屬土國之的黎波里菲額。縱橫八九百里。全境無川澤。地膏沃。物產豐饒。有自然利。會城曰暮爾蘇。以酋長理事。歲時納貢於的黎波里。菲桑之西曰笳忒。商賈往來絡繹於道。東北爲利未亞荒地。入英屬埃及版圖。內有黑蠻居僻處。牧驢駝。所食乃芭蕉子與無花果。

蘇丹

蘇丹又名尼給里西亞。譯曰黑人地。亞斐利加中央地也。東至哥爾多番。西至塞內岡比亞。北接撒哈拉。南連幾內亞。東西六千餘里。南北約千里。北境平原坦闊。一望無垠。西與西北及雜德湖之南。多山陵邱阜。湖河沙磧。錯雜其間。濱河之田多肥。宜于稻黍菜果。山林深處。產獅象豺豹。銅多於達爾夫耳。鐵饒於卜爾努。金富於丁波葛多與邦巴拉。五金之藏無不備。地近赤道。炎氣蒸爲瘴癘。又多毒蟲惡豸。黑番雜處。部落繁多。界限鴻溝。各守其土。時相攻奪。疆域頻更。統計人民約三十二兆。部落之大者在東曰達爾夫耳。地雖燥烈。尚少疾疫。居民約二十餘萬。行商不用財。惟以貨交易。土人皆崇回教。風俗之陋。不堪聞問。有父女兄妹爲婚。而無嫌忌者。達爾夫耳之西。有國名瓦臺。轉西曰巴舍爾末。爲其屬部。都城曰瓦拉。爲南北互市之區。其出售之物。大都象牙、骨角、駝翎、牛皮。并以男女鬻人爲奴爲閹。其購取者。爲珊瑚、珠、玉、玻璃、氈毯、鏡環、洋布等物。雜德湖之北。地名加能。物富人稠。昔爲卜爾努直省。今屬得葡管轄。蠻猺寥

落。半就荒蕪。雖德湖之西。曰卜爾努向爲蘇丹强國。土壤饒裕。人烟稠密。居民約二兆。雖有强鄰。未得玩諸股掌。惜藝術不精。耕植不力。稼穡工商。均不能起色。迤西肥拉他地雄鎮中原。蘇丹强國中當首屈一指。初乾隆年回教人旦福地阿狡猾剛險。土人服之。不數年。威震一時。橫行遐邇。東之卜爾努西之牙里龍南之亞達馬瓦無不按時納貢。北面稱臣。於是立國曰肥拉他。嘉慶十年。築城於烏撒省山巔。名梭各多山麓有小河。通尼日爾大河。相距約四百里。王居宏敞。商市繁昌。尼日爾河上有國曰卜爾古部落紛紜。擁地自守。有事則羣聚以謀。推步撒長。操持牛耳。邦巴拉在蘇丹西境。道光朝分上下二國。上邦巴拉都於塞俄。下邦巴拉都於仁內。其力尤强。上邦巴拉屢被撓屈。馬西拿爲其藩服。城中屋宇高昂。街衢廣直。頗得歐洲下邑之遺風。丁波葛多國。明時大盛。總攝羣屬。自康熙朝。至乾隆季年。聲勢漸衰。迭爲摩洛哥多亞來克肥拉他藩服。京都與國同名。

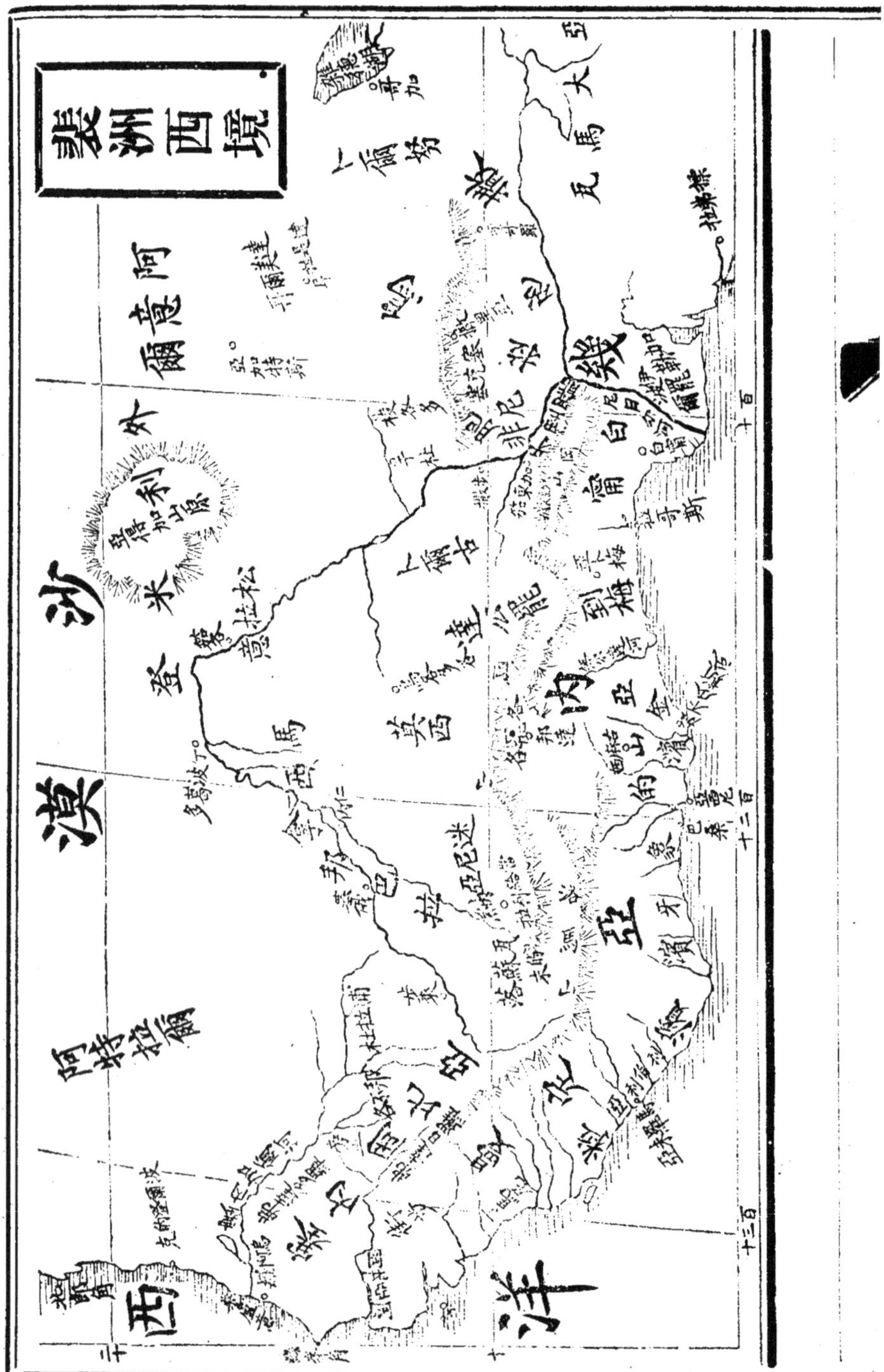
斐洲西境

斐洲西境

斐洲西境。剖分三域。曰塞內岡比亞曰幾內亞曰公額塞內岡比亞近屬法國。在撒哈拉沙漠之南。蘇丹之西。境內有大河二。皆西流。入大西洋。北曰塞內加爾西曰岡比亞東與南境多邱嶺。餘皆沃土。居民約十七兆。塞內加爾河口地。爲法人所闢。會城曰桑路義設官司。建炮臺。立埠岸。與黑蠻相貿易。英吉利荷蘭等國。各有埠頭。或在海濱。或在河口。商旅便之。幾內亞在塞內岡比亞之東。蘇丹之南。大山綿亘。起伏逶迤。疆域因以隔截。地瀕海。近赤道。烟瘴甚毒。幸土壤肥饒。穀果豐稔。濱海諸地。有椒濱象牙濱金濱等名目。以椒之多。象牙金沙之富也。全地十餘國。以酋長攝政。全屬歐洲。椒濱境內。有利卑利亞國。道光二十年。美國所釋黑奴至此。與土番闢土耕田。至二十六年。立爲民主國。綱紀政令。悉倣美國。總統外有上下議院。上議院八員。下議院十三員。皆黑人推選。居民約一兆四億。都名孟羅未亞。築於山巔。街道正以繩墨。寬十丈許。雖不甚富麗。而兵艦商艚。絡繹其下。銀濤雪浪。蕩漾其前。舉目遙瞻。瀰漫無際。金濱境內。

有君主國。曰亞山的頗强。四鄰小國。俱爲其藩部。都曰古麻西。土膏沃。居民約四百萬。性剛而忍。咸同間。英人犯境。屢受小挫。尋滅之。亞立山之東。有國曰到梅。亦君主之土腴。第農事疎慵。秋收鮮少。產木棉、蹲鴟、珠米、爲衣食資。以販賣人口爲利賴。古時國勢頗强。乾嘉以來漸弱。居民約二十萬。額兵二萬。內女丁五千。爲御前勁旅。光緒十八年法人據爲己有。公額在幾內亞東南。東境山嶺嵯峩。爲數河發源處。河之大者。曰公額榮紆四境。藉資灌溉。地在赤道之南。氣候與幾內亞相若。分東南北三大部。東曰公額國。光緒十一年。比利時國與各大邦訂約。以公額爲局外國。政令由比廷主持。人烟稠密。約得二十兆。都曰保麻。南北二部皆濱海。北曰法公額。屬於法。在公額河之北。居民約十兆。南曰葡公額。屬於葡。在公額河之南。居民約十兆。又有安哥拉本葵拉等部。自前明成化至今。常屬葡萄牙。盛產金沙、象牙、銀、鉛、鹽、鐵、等物。爲貿易大宗。

斐洲南境

斐洲南境。三面瀕海。西濱曰星卑巴西亞土。磽薄居民鮮少。轉徙無常。不成部落。轉南曰痾丁多西亞南北二境多山嶺。中央則沙漠橫亘。沃壤無幾。有阿蘭日河。貫徹全地。出蛟鼉、海馬、及寶石。由東而西長二千六百餘里。陸入大洋。土番以牧牲獵獸爲生。狀貌醜惡。風俗卑陋。性殘虐。人面而獸心。其間部落。有稍通禮教者。曰達麻拉斯。精造銅器。洲南盡處。曰加不譯言海角。一撮之土。凸出海中。前明成化年。始有葡萄牙人過此。以巨浪掀天。名之曰大浪角。未幾。葡王若望第二。易其名曰好望角。一作善望角。是爲歐人通印度之始。共一兆九十萬方里。居民二百三十萬。疊巘重岡。盤紆全地。峯之最峻者。曰紐未耳。高約千丈。近山之地。磽礫不毛。產鉛銅鹽鐵。迤南則平坦肥沃。樹木叢茂。牲畜孳生。產葡萄。釀酒甚甘。好望角之北。約六十里。有城曰加不炮臺。鞏固。流水迴環。居民約四萬。有書院、花園、軍械廠、製造局、藏書樓、觀星臺等。英人設官司守。爲印度往來要道。國初順治八年。荷人始墾其地。後二年。建邑築城。遂開商埠。乾隆末

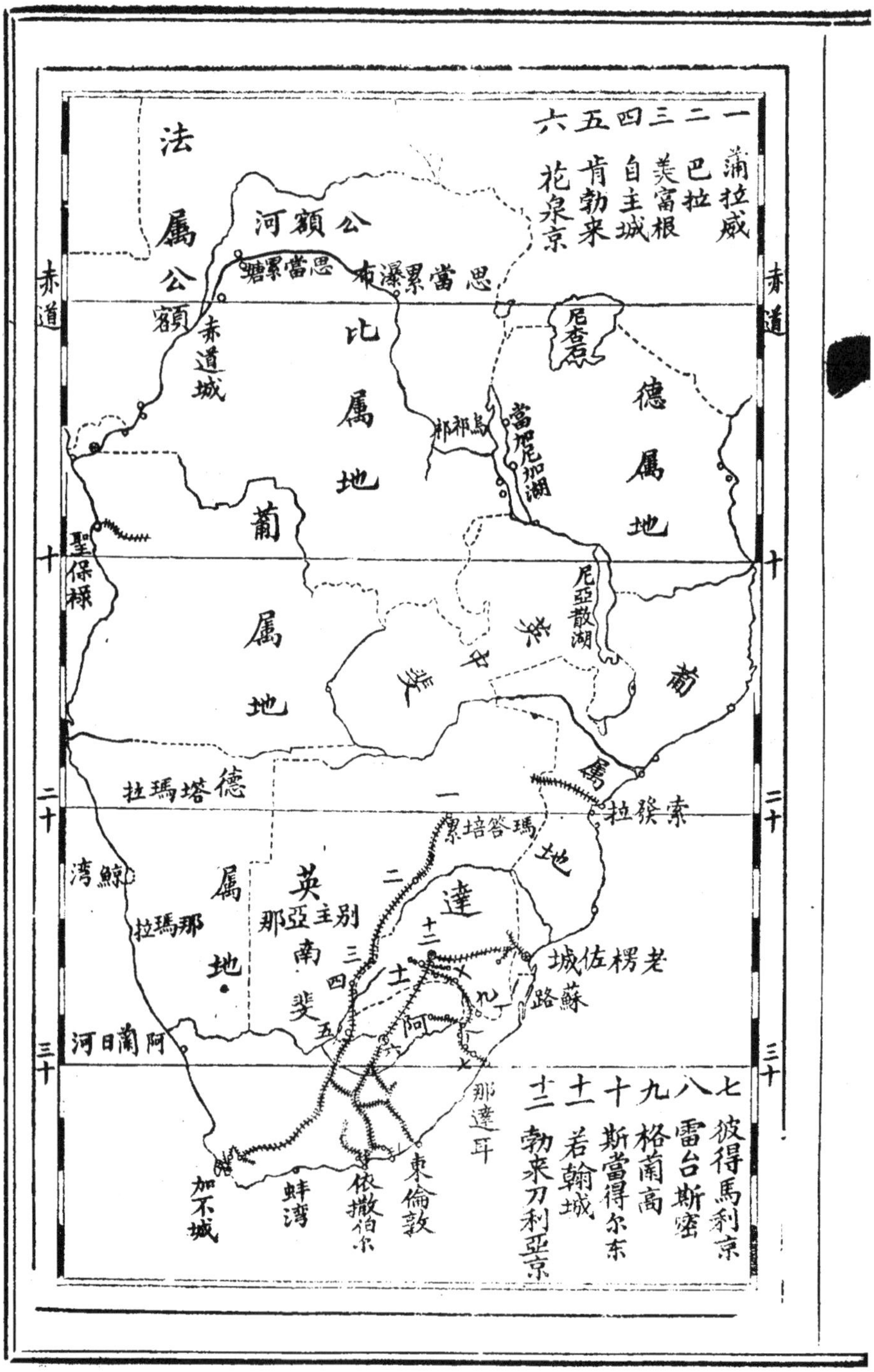

一 蒲拉威
二 巴拉
三 美富根
四 自主城
五 肯勃来
六 花泉京
七 彼得馬利京
八 雷台斯窑
九 格蘭高
十 斯當得尔东
十一 若翰城
十二 勃来刀利亞京
赤道
十
二十
三十
法屬
公額河
公額
思當累塘
思當累瀑布
赤道城
比屬地
葡屬地
聖保祿
烏祁耶
當尼加湖
德屬地
尼亞散湖
英中斐
葡屬地
索發拉
德塔瑪拉
瑪答培累
鯨湾
德屬地
那瑪拉
英
別主亞那
南斐
達
老楞佐城
蘇路
阿
阿蘭日河
那達耳
加不城
蚌湾
依撒伯尔
東倫敦

年。英人取之。嘉慶八年。重歸荷人。越五年。英人復據之。以迄於今。濱印度洋者。曰加弗勒里。土瘠肥不同。少川澤。饒金銀銅鐵諸礦。其間多部落。不相連絡。加不東北曰達那耳。道光四年。荷人始闢其地。後二十年。英人佔爲己有。荷蘭日河上游。有國與河同名。建於咸豐四年。分十三部。居民十三萬餘。前以總統理國事。設議政院佐之。規模制度。與民主國同。其北曰達郎斯襪耳。前亦民主國也。自光緒二十五年與英國構兵。螳臂當車。勢不能敵。遂於光緒二十八年秋。求成於英。甘爲英人藩屬。

斐洲東境

亞斐利加東境。由東北而西南。俱濱印度洋。分屬葡德英意四國。居民共十兆。屬葡國之地名莫三鼻給。會城同名。多茂林大樹。產象最盛。富有金礦。大城曰索發拉。桑比西河。下游曰塞內。上游曰德德迤。北曰幾利瑪內。葡人設立埠頭。今最大之埠曰老楞佐置官司守。昔時生理興隆。以人口為奇貨。自立販人之禁。貿易以虎皮、象齒、藥材、香料、為大宗。居民約三兆。葡屬地北。曰南桑給巴爾。屬德國。共三兆餘方里。居民約五兆。有大埠名幾羅阿德。屬地北。曰英屬東斐。分四部。一曰桑給巴爾。取名於海島。前屬阿剌伯阿曼部。氣候熱而爽。物產頗豐。多樹木。盛出芭蕉。蔭地參天。綠陰如幄。土人面黑如漆。間有黃瘦如菊。或作紫銅色者。善鳧水。船用雙槳。舟子衣白衣。腰纏紅巾。別有一般裝束。二曰北桑給巴爾。多高山深林。河水瀠洄。隴畝肥潤。產金、銀、鉛、鐵、米、糖、麥、蠟、棉花、象牙、巨木、藥材等物。分數部。各有酋長。皆鄙陋不文。三曰美林德。明季葡國有其地。行商設埠。盛極一時。康熙朝。阿剌伯據之。產橙橘。色味俱美。又有輿廣大在維多

利亞湖之北。本黑人舊國。光緒十六年。英人滅之。四曰索瑪利屬意國。東北有國曰亞德爾在印度洋與紅海之隅。南方峯巒崱屴。迤北則平原寬廣。　國初頗强盛。旣而日就式微。未能振作。產金砂、乳香、象牙等物。亞德爾之南。卽索瑪利。東距印度洋。西與加爾拉爲鄰。內地土人。以牧獵爲生。分部落甚多。不相牽制。大埠曰巴拉瓦。盛產香品。索瑪利之西。曰加爾拉。爲土番別部。類皆粗野。大都牧牲。鮮事稼穡。產駑馬。身小而健。善馳騁。又有馬加多部。埠同名。產穀果駝馬。有羊一種。毛作桃紅色。生豺豹獅熊。鸞鷟駝鳥。多金銀礦。居民靑白黑不一色。地氣炎熱。人常袒裸。惟王與顯者。束一布自胸至足。王后身披紗衫。髻插五色羽。以爲美飾。王與二三臣。親聽訟獄。將犯法者。投之猛獸。或斃杖下。都以國名。築東海濵。生涯以象牙爲大宗。城外有古王塜一。以美石製成。高銳逾恒。前者葡人至此掠奴。轉售西國。今無是事矣。

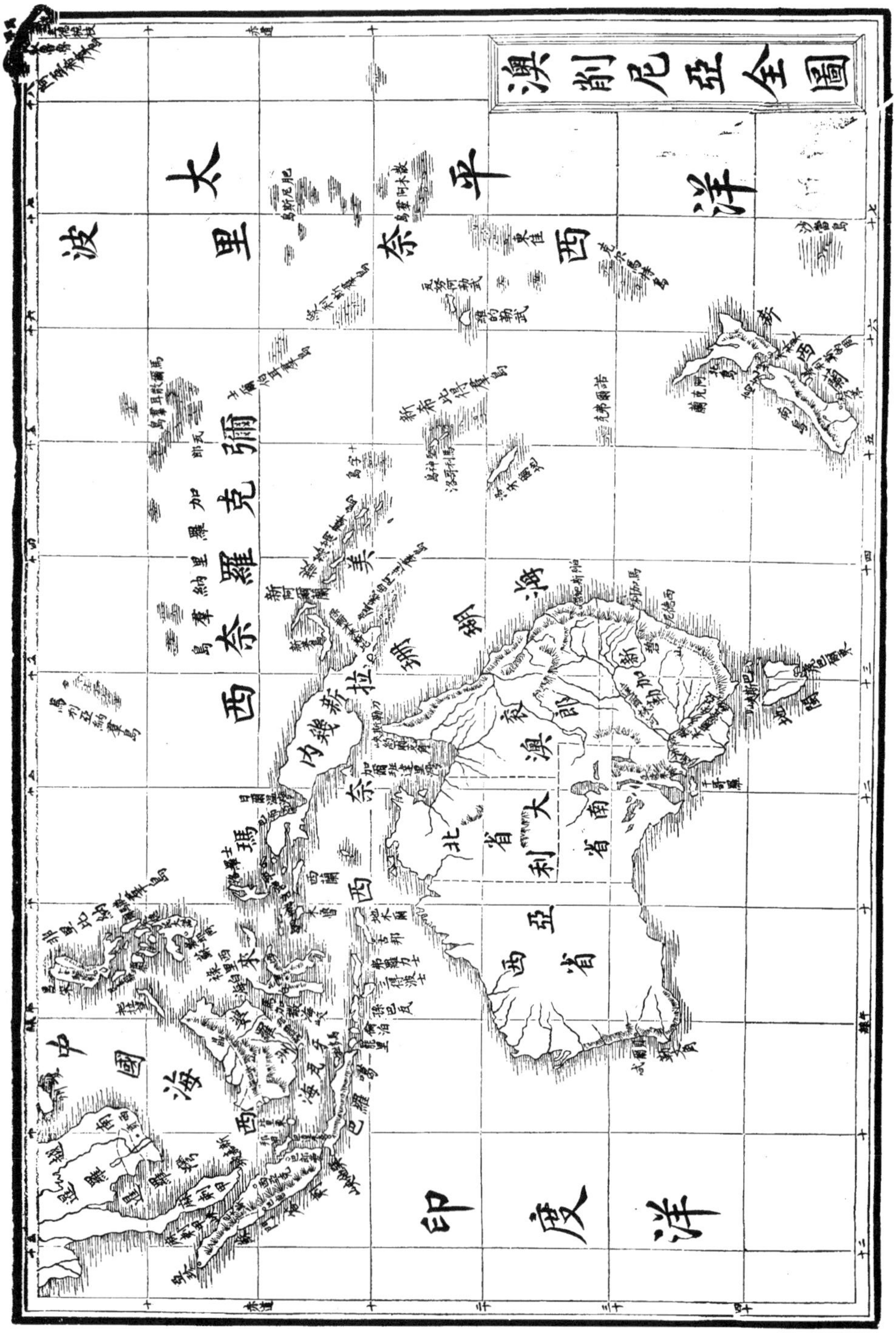
澳削尼亞全圖
太平洋
印度洋
中國海
珊瑚海

五洲圖考

上海　許彬　采白氏　編譯

澳剔尼亞洲

總論

澳剔尼亞洲。在亞細亞東南亞墨里加之西。經線自北京午線偏西二十二度起。至偏東一百三十八度止。緯線自赤道北三十五度起。至赤道南五十六度止。洲名取於大洋。因大半洋海島嶼散布其中。地輿家分澳洲爲三大區。曰瑪來西與越南暹羅相望。西有蘇門答剌東有地木爾麻鹿加北有斐理比納諸島。所謂南洋羣島者是也。曰美拉奈西或取名於境中一地。曰澳大利新西蘭新幾內新阿爾蘭與撒落滿羣島皆在其中。所謂東南洋諸島者是也。曰波里奈西一作彌克羅奈西太平洋東及北方諸小島。皆在其內。西人在元代以前。不知有澳剔尼亞。元世祖時。有瑪谷保祿者。意國威內薩人。偕父叔航海來東。

抵蒙古國都。祖世召見。奇其才。授以官職。後隨世祖入華。爲揚州太守。奉使緬甸安南等國。遊滿州日本。藉廣見聞。仕於元十七載。成宗元年。乞休歸里。經南洋巽他峽。遄回意國。於是知亞洲外別有島嶼。前明中葉。葡班兩國人。據南洋諸島。設埠行商。遂相交易。按南洋島民。漢時已來貢中國。五代時有毗架梨閣蒲波利人來朝。疑卽孟加拉噶羅巴蘇門答剌等地。歷代異名。難於指證。唐貞觀朝。番商販到龍腦。沉香。丁香。荳蔻四色。並抽解一分。宋開寶年。置市舶司於廣州。淳化間。始互抽解二分。諸番之在南海者。通貨以金錫緡錢。多犀象、珊瑚、琥珀、玳瑁、瑪瑙、珠翠、水晶等物。太宗立榷務於京師。詔番貨至廣州。不得私相貿易。大觀初。置廣浙福建三路市舶提舉司。詔番商往他郡。由舶司給劵。元世祖嘗立提舉司。尋罷。英宗治平朝。遣使榷廣東番貨。乃復立之。明制諸番。三年一貢。重譯來王。永樂初年。置懷驛於廣州。創房百二十間。以居番人。成化宏治間。貢獻日盛。正德嘉靖間。歐羅巴諸國東來。佔各島口岸。於是呂宋羣島。爲西班牙所據。蘇門答剌以東。大小數十島。有荷蘭人前往設埠。萬歷以後。諸島朝貢之舟。無復抵粵。

考澳洲高山。在南洋蘇門答剌有古農山。在浡泥有幾尼巴路山。在東南洋新西蘭有古克山。在太平洋三德桅枝有卯拿克阿山。皆曲折蜒蜿。盤踞全地。俱高一千二百丈左右。川之巨者。在澳大利亞有達爾林與莫來等河。山多五金。水饒魚族。南洋諸島。概居熱道。產穀果。木棉苧蔴。白糖。加菲等甚富蘇門答剌以胡椒聞。非理比納以烟草聞。有樹一種曰沙穀米。伐枝搗之。浸于水。則樹汁凝水下。如白粉。和水成珠。形似脫粟可煮粥團餅。南洋人以此爲糧。山林中有象犀虎熊狒狒。又有金雞鶴鷹鴳鶄鸚鵡孔雀。奇獸珍禽。不勝屈指。噶羅巴與附近諸島。多海參。燕窩魚翅。麻鹿加羣島。產桂皮丁香荳蔻。若夫寶礦金鋼。多生浡泥。黃金則蘇門答剌浡泥呂宋西里白皆有。而澳大利亞與新西蘭尤爲豐盛。鉛銅鐵錫煤鹽。幾隨在皆有。此外則有珠寶。玳瑁。珊瑚。冰片。檳榔。檀香。降香。龍涎血竭等物。羣島在東北二境者。風景清涼。氣候和暖。在赤道者。炎熱異常。隆冬亦如初夏。百花四季不凋。果實終年不絕。田膏腴。惜居民不知墾闢。菜蔬之價。倍於雞鶩。蓋鮮知培植。怠於灌溉也。澳洲島嶼。盈萬累千。都屬泰西各國。澳大利亞自光緒二十

六年。立爲民主國。內政仿美國。因名新金山合衆國。外政仍屬英國。居民四兆四億。嗬羅巴蘇門答剌東南境。馬多拉罷里淪泊。孫巴瓦婆羅洲。那甲比里東西里白麻鹿加諸島。皆屬荷蘭。居民約三十餘兆。地木耳則半屬荷蘭。非里比納諸島。皆屬美國。民七兆餘。瑪利亞納加羅理納前屬班。今已售于德法。僅有新加來刀尼大以地等島。日本所佔。渺小無幾。民亦寡少。全洲人以炎氣故。面貌黧黑。人每以黑蠻稱之。頭纏巾。腰束紋布。穿裩。佩短刀。以捕魚畜牧爲生。俗尚樸陋。結茅以居。室湫隘。數弓之地。全家團聚。無文字。好馳馬試劍。善挾彈蹴踘諸戲。夜郎自大。以爲天下之技。莫出其右。中國閩廣人。寄寓甚稠。廣州嘉應人多工。潮州人多農。泉漳人多商。獲利豐肥。遂致巨富。有納粟荷蘭授官職。理華人詞訟者。全洲人數約四十兆。其從教則各殊。南洋多回教。問以釋教。太平洋羣島。敬山川鳥獸。殺人以祀。猶是狉榛陋俗。英荷兩國屬地多辯駁教。俗稱耶穌教。班葡法三國。所屬天主教居多。同治年。已有信人五百餘萬。自是月盛年增。更不能擢髮數。

南洋羣島

南洋羣島中最西者。曰蘇門答剌。在麻六甲西南。長約二千六百里。溪流縈繞。山阜盤紆。有火山四。至高之峯得一千二百餘丈。地居赤道。氣候炎蒸。西濱多疫癘。東岸涼爽可人。全島居民約四兆。其間亞珍與西亞克立國有年。巴唐與巴鄖旁均屬他國。按亞珍一名亞齊。在島之西境。唐天祐元年。始貢中國。宋建隆以後數四來朝。勝國時入貢尤勤。詳見明史。地肥瘠不同。都城因國名亦曰亞珍。築於西濱。離海僅十里許。城中茅屋萬家。大率篳門圭竇。編篛爲蓋。削竹爲棟。建於三尺高之欄杙上。恐潮漲也。有小河環繞。漁舟小舶。絡繹其間。王居築於高阜。圍以巨炮。嚴行防衛。王出坐象車。圍以幕。凡百餘乘。令人不知王之所在。西亞克在島中央。古時頗盛。今衰矣。巴唐在島之南。巴鄖旁在東。舊爲部落。　國朝初。荷蘭人始居其地。設埠行商。流通百貨。計兩地人民。四十餘萬。土產有沙穀米。安息香、胡椒、冰片、檳榔、燕窩。山中產黃金、銅、鐵、硫磺。河中產金沙。生馬健。身小輕捷。椰子樹在在成林。

蘇門答剌東北。有邦甲與比里東二島。乾嘉間。荷蘭人收爲己有。產鉛鐵礦最富。邦甲一島。挖礦華人多

南洋羣島圖

至二千。歲得鉛四萬墩。東有海峽名巽他。一名舊港。與噶羅巴分界。窄處僅四十餘里。闊處百餘里。舊時歐洲人自大浪角東來。取道於此。目爲南洋門戶。自蘇彝士河疏通後。皆由麻六甲海峽而至。則又近而捷矣。

巽他峽之東。有島曰噶羅巴。古作瓜哇。一名牙瓦。長一千六百里。廣二百餘里。火山叢雜。往往噴酸吐烟。流漿湧水。總計火峯四十有六。溪澗約五十。魚族繁多。約六百種。礦苗亦富。惜未開採。産穀米白糖茶葉。居民約二十三兆。內華人十五萬。歐人一萬五千。宋元嘉九年。瓜哇始通中國。唐貞觀二十一年。遣使入貢。元時分東西二國。永樂間。又遣使來朝。天順四年。復入貢。後絶。正德六年。葡萄牙人始往設埠。萬歷二十四年。荷蘭人奪之。嘉慶十六年。荷有法王拿破侖之患。瓜哇爲英人所據。越二十一年。復歸於荷。至今仍之。爲其外藩巨擘。分二十部。會城曰巴達未亞。爲南洋一大埠。商賈鱗集。舸艦雲連。樓臺都麗。花木清幽。一俯仰間。亦足舒愁懷而騁遊目。洵勝地也。噶羅巴迤東。島嶼比連。纍纍相望。其較大者。在西曰孫巴

瓦在東曰地木爾孫巴瓦島。形類槎枒。港澳環曲。長約四百五十里。廣一百六十里。有火山名當步羅。最猛烈。嘉慶二十一年。左右崩裂。紅燄冲霄。流火飛沙。如海潮決隄而出。居人一萬二千。死於是役。土膏沃。產珠寶。金沙銅鐵燕窩。居民約八萬人。地木爾島。長七百餘里。廣一百七十里。烟戶紛紜。民約三十萬。土沃腴。物蔥茂。東境有葡萄牙埠。曰點里。西岸有荷蘭埠。曰古邦。其淪泊弗羅力士等島。與噶羅巴東西平列。景物無甚差池。由地木爾轉北。隔海數百里。有麻鹿加羣島。內士羅落島最大。錫蘭次之。木魯又次之。多火山。地震頻仍。土肥厚。物產富裕。出荳蔻。丁香最夥。為荷蘭生理之大宗。明正德年。葡人始抵其境。班人接踵而至。與葡爭地。嘉靖八年。二國盟於撒拉課斯城。班人得二十八萬金。讓島於葡。萬歷三十七年。荷蘭奪之。設官立酋。分治其地。至今仍之。

中國海東南。有婆羅洲島。一作浡泥。天下大島。除新幾內外。當首屈一指。縱約二千里。闊處近赤道。在南北均分之地。一千六百餘里。共計一兆九億五萬方里。大於法國者。約二分之一。岡陵錯疊。溪澗瀠洄。有

晶山一。自南而北。縱貫全島。出水晶。北境有山曰幾尼巴路厥峯最峻。多金銅鐵鉛錫諸礦。兼產金鋼。珠寶。土肥沃。率未開墾。腹地鮮與外人通。有土番名達亞克。性蠻野。凶狠嗜殺。早經建城設邑。開埠行商。總計居民約二兆。內粵人甚衆。或開肆。或採金。唐高宗朝。婆羅國入貢。宋太平興國中。遣使來朝。明太祖遣使往查。半載始至。島王拜受詔。遣使入華。貢鶴頂。玳瑁。孔雀。海參。降眞諸物。永樂三年。復使入貢。降詔封其王。賜印綬。王悅。率后妃弟妹子女。泛海來朝。十月卒於館。上悼之。遣官祭奠。賜葬聚寶門外石子岡。錫謚恭順。王子襲封。命三年一貢。洪熙後貢使漸疎。正德季年。葡萄牙人探其地。未留寄。萬歷三十二年。荷蘭人據其濱海地。崇禎末年。荷與土人修好。立約通商。乾隆五十二年。索島之南境。島人不敢違。拱手讓之。今分東西二部。東曰本熱馬星。西曰邦西亞納。島之西北境。有國名浡泥。都城因其名。道光二十年。以迤西撒拉瓦地。讓於英人。英乃創規模。捕海盜。風氣爲之一清。浡泥與撒拉瓦生涯俱熱鬧。貿易北與香港。南與新嘉坡尤多。西里白海中。有島百數十區。取名於最大之島曰蘇祿。與婆羅洲東北境。俱屬蘇祿

島主。舊與呂宋通好。迨西班牙據呂宋。欲以蘇祿爲屬國。蘇祿不從。班亦莫如之何。統計居民約二十萬。性剛果。亦南方之强也。馬加撒海峽之東。有數島。大者曰西里白。南北相距約一千三百里。東西相去約四百里。居民三兆餘口。地勢錯落。分四大支。土極腴。穀果俱豐。叢林密布。木多佳品。氣燥烈。海風清涼。產良馬、犀牛、秔稻、棉花、蜜蠟、樟腦、丁香、加菲、燕窩、玳瑁、珍珠、檀香、烏木等物。朝政有二致。一荷蘭官鎮守。一自設酋長。依附荷蘭。荷蘭官鎮守者有四。曰馬加撒。居島之西南。貨物駢臻。商賈雲集。曰龐達音。居島之南。曰馬羅斯。居島之北。曰馬那多。居島之東北。自設酋長者。有波尼瓦入廬呼馬加撒曼達爾諸部。明正德七年。葡人探得斯島。佔之。順治季年。荷蘭人奪爲己有。迄今設關榷稅。鈐制諸番。已二百有餘載。

西里白島之北。大小約千島。總名曰斐里比納。居民約四兆。其間呂宋島最大。在閩海東南。距臺灣不遠。縱約一千三百里。橫七八十至五六百里不等。明洪武朝。偕蘇祿諸國來貢。永樂三年。上遣官齎詔。撫諭其國。八年。又來朝。厥後久不至。正德時。葡人麥折倫仕於班國。十四年秋。駕巨艦東來。取道墨洲南境。十

六年春。始抵閩粵東南諸島。名之曰桑辣匝祿。嘉靖隆慶間。西班牙王斐利伯時。班人易島名曰斐利比納榮其王也。隆慶五年。班人取呂宋等島。崇禎間。荷蘭人據臺灣。順治末年。鄭成功奪之。康熙二十二年。收入中國版圖。若呂宋諸島。至今爲班屬地。萬歷三十年。廣閩人行商呂宋者。多至三萬五千人。欲於所居之地。環築垣墻。藉資衛護。西班牙人疑其作亂。潛謀殺之。死二萬三千人。三十三年。上移檄呂宋數以擅殺罪。呂宋悔過。復善遇華人。於是稍稍又往。至崇禎季年。聚有四萬人。後因事支吾。激成巨禍。華人被殺殆盡。康熙四十六年。班人下逐客令。嚴禁逗留。後漸弛禁。往者又衆。考呂宋諸島。峯巒峻峭。上插雲霄。多火山。屢患地震。颶風暴雨。不時交作。土甚肥。物產富裕。穀果又夥。又產黃金。水銀、鉛、鐵、錫、硫磺、朱砂、珍珠、寶石、苧麻、花稻、烟葉、白糖、加菲、胡椒、桂皮等物。茂林叢樹。斧斤未入者頗多。禽若獸。靡不繁衍。班人據其地。力事開墾。分二十七郡。設官行政。華人亦得受職。專理華人事。祇呂宋一島。分十五郡。首郡曰敦多。城在島之西濱。名馬尼刺。西班牙總督。天主教總主教。皆駐節於斯。殿宇繁華。樓臺富麗。文藝修道等院。

林立其間。烟戶商舟俱盛。南洋商埠。推巨擘也。所出捲烟。爲生理大宗。人民約二億。有心者計其島中卷烟婦孺。有一萬餘口。每年出捲烟七百兆枚。統計居民約二兆。性情愚鈍。技藝疏庸。然從善如流。易於化導。今概崇天主教。從他教者鮮。呂宋東濵暨內地土番。仍不服班廷管轄。四鄰小島。各有酋長。各覇一方。羣島中有名大諾班奈民多羅巴拉望者。皆土地沃腴。民殷物阜。班人置官司守。或設埠通商。收其利不啻取之外府。

東南洋羣島

澳洲中央亞細亞東南洋。有大地一區。名澳大利亞。東西約七千二百里。南北四千餘里。共二十兆二十二萬六千方里。幅員之廣。過歐洲之半。明萬歷三十三年。荷蘭人始至其地。名之曰澳大利亞。譯言東洋。猶俗稱日本為東洋。歐洲為西洋也。至乾隆中葉。先後百六七十年。荷人遊其境。未取其地。乾隆季年。英人放罪犯於斯。未幾無業貧民。往受一廛。闢草萊。勸種植。戶口日繁。生息漸盛。初惟居東南新加勒地。曰賓郎。曰新加勒。曰維多利亞。有土番一種。面作黃黑色。貌甚醜。臂長脛細。鼻闊而匾。口吻寬大。蟠髮頭頂。以羽毛管支之。或以樹膠粘之。免梳櫛之煩。以生魚膏擦於身。藉禦風寒。羶腥之氣。聞數武外。巢居穴處。與禽獸無殊。天主教教士往彼化導。鮮克歸誠。總計全地居民三兆餘。內土人居四之一。華人約五萬餘。多歐產。西德尼商埠最興旺。市肆繁華。近歐洲之風。考其氣候。則北方終年暑熱。中央四季溫和。南方寒暑迭更。與江南山東省不甚懸異。北風自赤道吹來。燠燥特甚。凱風自南極送至。反覺寒涼。厥土宜木棉

穀麥。地生肥草。牧綿羊甚夥。毛細軟。織呢絨最佳。銅多產南省。煤出新加勒。鐵隨處皆有。東邊有碧山。共長四千餘里。緯線自三十度至三十八度。一千四百餘里。與東西八九百里之間。金礦最富。咸豐元年。始有人開採。至今每歲出金。與美國加利福尼相若。俗稱加利福尼為舊金山。稱碧山為新金山。轉東南有二大島。總名新西蘭。皆於崇禎十五年。荷蘭人地闆往探之。遂名先探之島曰地闆。嘉慶朝。英人往居之。設市築城。島遂為英有。地闆島居民十一萬餘。新西蘭二島。居人九十萬。大半英產。土膏沃。宜菜蔬穀果。商埠在海濱。貿易繁昌。盛產綿羊。種類與澳大利亞同。剪毛取孄。利賴實多。新西蘭產金鐵煤礦。又產禾麻菽麥。釀大麥酒。出售西德尼與英吉利國。澳大利亞北。有島曰新幾內。地球第一大島也。長三千八百七十里。廣一千餘里。共二兆餘方里。自正德年至道光時。先後三百餘年間。歐人遊其地。未嘗收入版圖。後荷人收其西土。曰巴布亞。數年來。英人前往墾植者日益衆。東南境保爾木來斯比為其商埠。共計居民約二兆餘人。內華人多居西北境。採取金沙。珊瑚玳瑁。又有數島。曰路義西阿達。曰新英。曰新阿爾蘭。

日撒落滿。皆野番聚處。自成部落。榛榛狉狉。無足紀載。

太平洋羣島

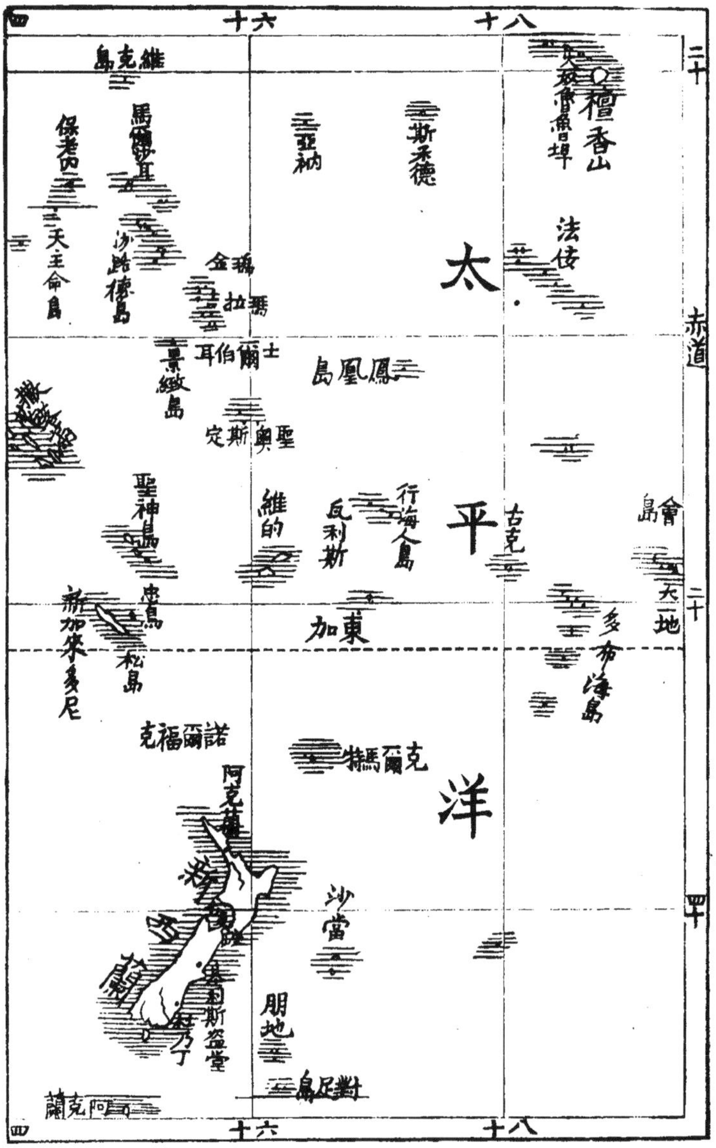
維克島
馬爾沙耳
亞納
斯禾德
檀香山
法依
天主命島
沙路德島
鳳凰島
景緻島
聖奧斯定
聖神島
維的
行海人島
古克
會島
大地
新加來多尼
松島
東加
多布海島
諾爾福克
太
平
洋
沙當
朋地
對足島
赤道

太平洋羣島

亞細亞與亞墨里加間。汪洋浩蕩。一望無涯。明正德十五年。班人麥折倫初渡此海。風浪安平。稱之爲太平洋。厥名遂定。澳大利亞東北兩旁。小島成羣。不勝枚舉。呂宋東。有島十七區。名賊羣島。正德季年。麥折倫始探其地。嘉靖四十四年。班人收爲己有。明季班王斐理伯第四。后名瑪利亞納。國人易島名瑪利亞納。居民僅九千。日形蕭索。遠遜於前。氣候熱。幸有海風吹拂舒暢。地產芭蕉橙橘。東南有五百餘島。康熙朝。西班牙王加羅第二時。班人名其島曰加羅利納。四周多暗砂。行舟過此。最易擱淺。極東之島。曰瓦耶。便泊舟。田土肥沃。風景清佳。居民約三萬口。容貌秀美。天姿聰慧。勤耕植。精鳧水。太平洋東路。島中稍大者。有維的勒武與瓦努勒武二島。邱陵高數百丈。溪澗洄環。足資灌溉。土亦肥。產穀棉加菲烟葉等物。又多檀木。洵美材。居民約十萬人。粗知技藝。造甲冑磁器頗精。自分部落。各有酋長。民强悍。住往械鬬。勝則啖讐人肉。以鯨魚齒爲財帛。貢獻酋長。用爲賦稅。同治年。天主教教士往彼傳教。迄今歸化者約三四萬

人風俗爲之一變。東南有小島百區。總名東佳。一作羣友島。順治與乾隆間。有地閩高克諸人至其地。島民待之善。因名友島。嘉慶年別有歐人入境。見其風俗純厚。性情慷慨。僑居者四閱月。罕怨讟紛爭。不愧稱爲羣友。轉東北緯線在赤道北二十度左右。有十一島。總名阿歪希。別名三德桅枝。俗稱檀香山。乾隆四十三年。英人高克探獲其地。時英國提督名三德桅枝。遂以名羣島。內最大一島。仍名阿歪希。爲亞墨澳三洲樞紐。旅艦商舟。絡繹過此。島中有高山。有川澤。土腴。物產亦富。多穀麥、蹲鴟、桑、檀、烏木、糖、加菲、茶蔬。瓜果。貿易以白糖香蕉爲大宗。光緒二十二年。計一年貨物入者值三十兆八萬五千佛郎。出者值四十兆八億八萬八千佛郎。已開鐵路。共計一百八十餘里。地土向歸一王臨御。光緒十九年冬。改爲民主國。擇一總統。領民事。年當逾三十五。六年爲任。又設上下議院。以助其成。上議院員十五人。年逾三十者。皆可得選。一任六年。下議院員十五人。年須二十五。二年爲任。另有軍機政府。設官十五員。五員由總統簡擢。五員爲上議院推薦。五員爲下議院選舉。統轄居民九萬餘人。內華人一萬五千。日本人一萬二千。

美國人約二千。英人千餘。其他自法德葡等國遷往者。歲不乏人。西北有島名瓦呼。京都在焉。曰火奴魯魯。使臣駐節於斯者共十八國。景色幽佳。商賈麕集。南通澳大利亞。北達堪察德加。東至舊金山。西往日本。或來中國。生涯之盛。於此可見一班。

海上絲綢之路文獻集成

總主編　陳支平　陳春聲

歷代史籍編

25

主編　范金民

國家出版基金項目
NATIONAL PUBLICATION FOUNDATION

海峽出版發行集團
THE STRAITS PUBLISHING & DISTRIBUTING GROUP
福建人民出版社

本册目次

波斯志不分卷

〔清〕學部編譯圖書局編

《波斯志》不分卷，清學部編譯圖書局編。清光緒三十二年（一九〇六）設學部編譯圖書局，又稱學部圖書局，著手審定、編譯教科書，於次年印行波斯、土耳基、印度、爪哇、緬甸、暹羅等國志書。是志簡述爱克巴塔納國立至撒遜（今譯作薩珊）國亡（約公元前七〇〇——公元六五一）近千年間史事，取諸家史論並碑石所載相互印證，由人言事，以事係史，頗便初學。然其譯名不一，如底格里司、底革利司，爱契敏宁、麦契敏宁之類；亦有無本之説充斥其間，如「古魯寧人最惡A字」「阿猛神廟之雪門毒風」之類；又行文繁冗、體例不一，蓋審校未精也。據上海圖書館藏清光緒三十三年學部編譯圖書局排印本影印。

光緒三十三年冬
學部圖書局印行

波斯志

波斯 Persia 亦名伊蘭 Iran 今在政治輿地上二名同一意義他國稱其國曰波斯而其國人仍自稱伊蘭也惟此二字各有其繁曲之歷史今以簡短之言說明之

波斯或稱迫錫司 Persis 在希臘文爲 Περσίς 今曰波斯 Persia 蓋已成拉丁 Latin 文形式矣波斯古國北界米地亞 Media 西北界秀錫愛納 Susiana 古都城爲迫塞普列司 Persepolis 或名乙司塔克爾 Istakhr 嗣後以失羅子 Shiraz 爲都城者凡千二百年此國及其國民人稱之曰帕撒 Parsa 今名帕司或名法司 Pars or Fars 帕撒之名最初見于舊約中之伊碩克而書 Ezekiel 希臘文之迫撒 Περσαι 應讀作帕撒 Πηρσαι 蓋以 η E 代 A 之音凡歐羅巴語中常有此例因古爲宰人 Loians 最惡 A 字遇字中有此字母者恆以 E 字代之雖異國文字中亦恆加以更改故迫撒 Περσαι 應讀作帕撒 Πηρσαι 如抹達 Μηδοι 之譯爲 Mada

其例蓋從同也.

波斯之名.蓋自迫錫司人建立愛契敏宁司 Achæmenians 帝國于今波斯地.故遂以此名其國.其後撒生宁司 Sasaaians 帝國.亦發祥於是地.人民之被其轄治者.因名曰波斯人.有時其所轄之地.亦遂名迫錫司.或曰波斯.若以語言面貌論.此帝國尤宜以波斯名.蓋其民所操之語.均古波斯語也.至近千年來.人稱其地曰新波斯.於理亦合.

以波斯之名名此二帝國.最爲適當.以彼皆發祥于帕司(或稱迫錫司)也.而今人推廣二國之名稱以名今波斯地.亦無不合者.蓋今波斯地.仍含有舊日之迫錫司與其鄰近之地.故近日通行之公文.與文學中.尙書爲迫錫司.蓋仍其舊也.以伊蘭之方面言之.其原因尤爲繁博.攷舊日土著之所稱.自古爾迭斯丹迄土耳其斯坦.皆謂之伊蘭高原.此高原中之居民.與同種之居地相近.及宗派相近之印度人.皆謂之愛林人. Aryans 大拉伊厄司王 Darius 嘗自稱波斯國之波斯

子。愛林種之愛林子。而希臘歷史家赫魯度忒司 Herodotus 謂愛林爲米地人 Medes 之舊名。古時貴族嘗以亞里亞 Aria 一字。雜於名字之中。如亞里亞倫納 Ariyaramna 亞里倭罷仁司 Ariobarzanes 是也。凡愛林人所居之地。咸名之曰愛林納。Ariyana 而伊拉訏生納司 Eratosthanes 與繼其後之司忒拉布。Strabo 及其餘諸人。以爲此名專限於東部（即阿富汗斯坦俾魯支斯坦是）則誤甚矣。

阿達歇爾 Ardashir 者。撒生寧司帝國之始祖也。其鑄錢文曰。伊蘭王之王。其子撒迫爾 Shapur 之錢文曰。伊蘭及非伊蘭王之王。蓋阿達歇爾及其子在位之日。其部民中尚有非伊蘭種在內。如巴比倫 Babylon 及他省中之居民。大半爲塞密鐵克 Semitic 種。故當日伊蘭之名。不能作爲民種上之名詞。而爲政治地理上之名詞也。且當日不僅以伊蘭爲此帝國之名。即官之銜稱。亦嘗有以伊蘭二字冠之者。如伊蘭司拍拍忒者 Eran-Spahpat 即伊蘭之將軍也。伊蘭恩巴拉拍忒者 Eran-Anbarakpat 即伊蘭之大藏大臣也。

近五百年來。西人常書伊蘭 Eran 作 Iran。亦有作 Iron。或 Irun 者。以此爲昔日都於伊斯巴亨 Ispahan 及德赫蘭 Teheran 之國號之通稱。今之伊蘭（即波斯）既未能轄有伊蘭全土。（古伊蘭高原。東起印度。南至大洋。西南界亞拉伯。西北鄰土耳其。北逾疴克蘇河而有疴克蘇北流域之一分。實兼有今波斯。阿富汗斯坦。俾魯支斯坦三國之地。）而伊蘭人尤未盡隸其法權之下。（所謂伊蘭人者。凡操似波斯之伊蘭語者盡屬之。）而非伊蘭民族之隸于伊蘭國者。則爲數頗夥。此輩皆來自中央亞西亞。與亞拉伯者。故其人悉操土耳其語。與亞拉伯語也。

（米徒波斯帝國）巴比倫之俾魯西司 Berosus 所著書。出版於馬其頓帝亞歷山大之後。所述皆上古事。其言西紀元二千年之前。米地亞人戰勝巴比倫帝。其中者凡二百二十四年。此爲高原善戰之種族。佔領富饒低原之始。在伊蘭高原歷史中。以此爲最早而最確者。伊蘭高原。四周皆高山。土地瘠薄。而阿付拉底河 Euphrates 與底格里司河 Tigris 流域。土地豐腴。以兩地之腴瘠不同。遂生歷史上絕大之影響．所不敢斷言者．俾魯西司之所謂米地亞人者．是否即古之伊蘭人．但米地亞云者．僅地理上之區別．而非人種上之關係．抑古時伊蘭高原中．嘗有他種人之遺裔．雜居其間．亦未可知．然可信者．當日決未嘗有伊蘭人在此地建立帝國．僅外來民族．於此建設一巴比倫王朝耳．

是時嘗有一有規則之帝國．出現于遠東之伊蘭高原．地跨痾克蘇河．其東部且出於高原界線之外．疆域蓋非甚小．其文物亦頗有觀．所謂敗克缺拉 Bactria 帝國也．惜無留遺之記載．可供參攷耳．

（米地亞人）此一聯系之伊蘭帝國中．以米地亞人之愛克巴塔納 Ecbatana 帝國建立爲最早．惜無徵信之歷史．爲之佐證．僅憑藉二希臘歷史家赫魯度忒司泰西挨司 Ctesias 之言以爲據．而二氏秉筆之日．已在帝國久亡之後．所採拾者．均東土人之口語．且二人之史．不合者固多．矛盾者．尤復無限．然細攷之．泰氏成史．雖後于赫氏．而立言猶同一根據．惟意造臆度之處．兩氏殆有同病．據赫氏言．

米地亞人自脫離亞西里亞人 Assyria 羈軛之後。無王者久之。至地倭西司 Deioces 氏出。始以計得國。於是傳國者四世。今列其年表於下。

地倭西司	Geioces	五十三年	七十五年	一百五十年
弗拉倭忒司	Phraortes	二十二年		
錫愛克賽爾司	Cyaxares	四十年	七十五年	
愛司忒愛吉司	Aslyages	三十五年		

觀上表凡四王。共得百五十年。且每兩王各得七十五年。數整且均。未免可疑。而赫氏又謂米地亞人領有上亞西亞（即哈留司 Halys 以東之地）傳世百二十八年。其間爲西地亞人 Scythia 所有者凡二十八年。以此減百二十八年。是米地亞人握有他國之大權者適一百年。然此數殆亦約舉其近似者。未必適如其數也。如欲確得百二十八年之數。可就上四王在位之年計之。以第一第三第四三王在位之年相加。則爲數適符。然以余輩測之。赫氏殆誤取第一王之年爲第

一

二王之年。故有百二十八年之說。蓋彼於數學中。時有錯誤。在他書中亦嘗見之。試以後三王之年并計之。凡得九十七年。與前百年之說相合。然就每王在位之年分觀之。則疑竇又啟。蓋後兩王之七十五年中。一爲四十。一爲三十五。彼殆取七十五之數而强爲之分配。此又章章可見者。後二王之年。既不確。則前二王之年。其爲臆度又可知矣。

至泰西挨司所列之米地亞王年表。凡十王。大致仍依據赫氏之言。而倍其數。有國之期。亦延長至三百五十年。與育司汀 Justin 所紀之年同。蓋泰西挨司所采者。均出諸米地亞人之口。而米地亞人當亦得之米地亞記載中。或當日著者侈言其先享國之久以爲榮。故有此倍稱之數歟。至泰西挨司所列諸米地亞王名號。與赫魯度忒可所言者大相懸殊。其名之所從得。則至今不知其由。倭追爾忒 Oppert 以爲泰氏將赫氏所謂非伊蘭王名者。亦誤譯爲伊蘭王名。蓋赫氏僅據一種三角形字譯出。而泰氏則雜取另一種之三角形字所記者。亦并列入。故其數倍於赫氏云云。此說初視似覺可信。然細思之則亦多不洽。蓋當米地人與波斯人立國之時。不能謂其必有非伊蘭人種雜居其間也。如其有之。則與他處相傳之古語中。多有不合矣。倭氏殆因當日有兩種之三角形字。故有此穿鑿附會之說耳。至赫氏所言米地亞諸王之名。從晚近覓得之古磚石中。或直接或間接而得其印證。碑磚所載。頗與赫氏語合。即米地亞人享國百有五十年之說。亦屬相符。當日疑此世系爲赫氏臆度者。今則漸可徵信矣。

泰氏著史。每於眞確之事實。而加以色澤。如米地亞人之滅尼尼維 Nineveh 泰氏名當時之將領爲阿巴西司 Arbaces 而巴比倫之畢里收司 Belesys 助之。此役爲米地亞勢力膨脹之始。而泰氏則謂米地亞帝國。卽於是時建立。且言自尼尼維之滅。至米地亞勢力之衰。凡經三百餘年云。

自尼尼維滅後之事。當一從赫氏之言。而廢泰氏之書矣。

赫氏謂米地亞帝國倡於地倭西司地倭西司者。弗拉倭忒司子也。（西人嘗有祖孫同名之俗。故嗣地倭西司者。亦名弗拉倭忒司。至此同名者。是否祖孫。則無可攷。）斯時之史。有希臘與東方事夾雜其間。地倭西司時。雖有國。而版圖甚小。其中心點爲愛克巴塔納（亦名愛格巴塔納 Agbatana 波斯古時名哈格抹塔納 Hagmatana 即今之哈馬丹也。Hamadan ）其地代爲首都者凡數千年。當日政令所及。未遍米地亞全境。（今伊拉克 Irak 愛吉密 Adjemi 愛碩爾畢疆 Azerbijan 與土耳其古爾迭斯丹爲米地亞全境。）至其嗣王時。版圖始擴。而立米地亞帝國。當地倭西司時。僅有國之雛形。無法律。無疆域。各地酋長。亦無一定權限。而亞西里亞人復時時侵入米地人境。而施其壓制。然不能竟舉其地。以其地多山嶺。不可踰越。且民多好戰。且喜刼掠也。然亞西里亞人終侵擾不已。至赫氏所謂米地亞獨立之後。仍復深入內地云。至米地亞之脫亞西里亞羈軛。及立國之始基。皆以漸而成。不能確指爲某年事。今攷亞西里亞之古碑所記。在地倭西司未立國以前。有酋長甚夥。不相統一。此與赫氏米地亞脫離亞西里亞後。無王者久之之言相合．西紀元前有一被獲之人．曰達翹克庫．Dajaukku 殆即赫氏所稱之逗倭克司．Daiokes 亦即伊倭尼克 Ionik 所記之地倭克司 Deiokes 也．且赫氏謂米地亞始祖．名其所得之地曰別忒達翹克庫．Bit Dajaukku（意即達翹克庫之地）則達翹克庫即爲地倭西司無疑．其地於紀元前七百十三年．爲亞西里亞王沙公 Sargon 所奪．夫地以人名．其人地位之高可知矣．況稽其年月．去地倭西司在位時．無甚差異．蓋地倭西司在位．赫氏以爲在紀元前七百九年至六百五十六年．此言微有差誤．或當在紀元前七百年至六百四十七年．庶與五十三年之說相符．攷地倭西司當日雖已開國．尚非羣后之共主．繼其後者凡三人．然或不止三人．其間享國不久者．恐未列入其中．赫氏又謂米地亞四王．皆父子相繼．此言恐亦未確．

（弗拉倭忒司）赫氏謂米地亞第二嗣王弗拉倭忒司（亦名弗拉瓦梯 Frawarti）開拓米地亞帝國之情形．實與由小國而成大國之公理相合．其享國之年．自紀元前六百五十六年迄六百三十四年。（或云起紀元前六百四十七年迄六百二十六年。）維時弗拉倭忒司開拓疆土於米地亞本部之外。始征服米地亞東南山地中之迫錫司人（即波斯本部）據大拉伊厄司 Darius 時之古碑。是時波斯已自有王。惟猶爲愛克巴塔納之坿庸。弗拉倭忒司既勝波斯。遂漸次蠶食安息 Asia （按西人未發見遠東以前。亞西亞之名。僅限於亞洲西部一隅。漢時經營西域。遂譯其音爲安息耳。）又伐亞西里亞人之在尼尼維者（尼尼維爲亞西里亞之首都。）大敗。爲所殺。時亞西里亞國雖久已滅亡。而遺民之散處各城圖自保者猶夥。而弗拉倭忒司猶欲滅之。故致於敗。據古碑記。謂當七世紀之中葉。亞西里亞帝國。已極式微。遺民多保聚於各大城中。如尼尼維亦其一也。時有敵人初來攻城。而攻城之術。不如守城者之善。因以敗敵。此說足爲弗拉倭忒司敗於尼尼維之確証。赫言盛言此時米地亞國勢之盛。疆域之廣。雖未免少有失實之處。然大致可信。至其軍制。政法。朝儀。三者。後均爲波斯所取法。惟攷三角形字之攷古家。謂此數事悉米地亞人所倡。實則米地亞以前。已露端倪。至米地亞人有國時而始完備耳。

(錫愛克賽爾司)繼弗拉倭忒司之位者。爲錫愛克賽爾司(亦名虎瓦克轄他拉 Huwakhshatara)赫氏謂其即位於紀元前六百三十四年而卒於五百三十四年。(或云以六百二十五年即位五百八十五年卒。)米地亞帝國以此王在位時爲最盛。人傳陸軍兵法。自此王倡立。而據大拉伊厄司(波斯第九世王)所記。謂彼族所畧定之地。悉得自其子孫者。錫愛克賽爾司即位之後。戰勝尼尼維人。及圍城之日。適西地亞人來攻。錫愛克賽爾司遂撤圍去。不克成功。西地亞之爲何種人。則無可攷。赫氏謂此族爲希臘人所稔知。其眞名曰司庫羅梯 Scolotæ 此言亦未盡可信。蓋米地亞北方高原諸族。赫氏咸目爲西地亞人。即小亞西亞之忒拉新諸族。Thraciantribes (亦名忒勒爾 Trare 或忒里爾 Trere 又名錫默林 Cimmarian)亦以西地亞人目之。而余輩則以此次來侵伊蘭之寇。爲北方蠻族。其後亦屢屢入寇。赫氏謂此族人爲遊牧種。自高加索山 Caucasus 與開斯瀕海 Caspian（即裡海）間之特爾本特山徑而入。此地蓋伊蘭與北部之天然門戶也。或謂此族自土耳其斯坦斜坡。沿開斯瀕海之東岸而來云。至西地亞人或謂即入巴拉士丁 Palestine 與埃及 Egypt 者。此說雖信者頗多。但終不能無疑。即稽其年月。亦未能適合。然無論如何。米地亞帝國及米地亞人。終爲此蠻族所傾覆。攷當日伊蘭被蹂之情形。實與後來匈奴喀碩爾 Khazar 土耳其與蒙古諸種人之蹂躪西亞諸地相似。而錫愛克賽爾司之處此蠻族。則純用東方成法。以酒享其酋長。乘其醉而殺之。馴其餘兵以爲己用。蓋野蠻民族。不知有國家主義。餌之以利。無不俯首就範者。

泰西挨司氏謂西地亞人攻入之時。帕地亞人 Parthcans 與沙西人 Sacæ（此爲突古曼沙漠中之居民。亦希臘人所目爲西地亞人者）亦同時攻錫愛克賽爾司。（泰氏稱阿斯鐵巴拉司 Astibaras ）此語未可爲信。蓋彼所述。頗類稗官小說也.

(尼尼維之滅)紀元前六百七年.錫愛克賽爾司復伐尼尼維滅之.泰西挨司與俾魯塞司咸謂此役之成.實與巴比倫王之軍聯合.攷米地亞遺言.謂米地亞爲主.而巴比倫助之.巴比倫人則謂巴比倫爲主.而米地亞助之.平情而論.則巴比倫富於財.而米地亞强於兵.故大功之成.實互相憑藉.赫氏嘗欲於尼尼維之滅.詳加記述.然迄未見其書.殆赫氏未及脫稿而遽卒乎.巴比倫王察爾廷 Chaldæan 自米地亞夷滅亞西里亞帝國之後.常慮米地亞國勢大盛.將爲己國之害.於是雙方面設法以備之.外以其子梟波察你弱 Nebuchadnezzar 求昏於米地亞王女愛密梯 Amyitie (亦名愛密梯司 Amyitis) 內則嚴修守備.堡壘之屬.盛加繕治.尼尼維既滅.錫愛克賽爾司以西里亞 Syria 與巴拉土丁封其壻梟波察你弱.而已得亞西里亞餘地.時亞西里亞本部.亦爲米地亞所有.而勝努封 Xenophon (亞歷山大之將.亦古歷史家也.) 謂亞西里亞未滅之前.已有數城屬於米地

亞王者語殊誤也。

（里地亞之戰）其後錫愛克賽爾司舉兵伐里地亞。Lydia 先是阿門尼亞 Armenia （即小亞西亞）喀卑度西亞 Cappadsocia 兩地已前降於米地亞。迨亞西里亞帝國解散。尼尼維被滅之後。始將其地收入版圖。後以亞西里亞之俘虜逃之里地亞王阿柳梯司 Alyattes 所。錫愛克賽爾司遂借名伐之。其實則垂涎其土地耳。爭戰五年。各有勝負。後以日食之故。乃停戰而修好。此次日蝕之期。與所見之地。已預為泰而斯 Phales 所推見。而兩國見此異象。遂謂天道示警。乃亟脩好。揣其警懼之甚。必為全蝕無疑。據阿雷斯 Arrys 之推測。謂此次日景全蝕。當以紀元前五百八十八年五月二十八日。見於小亞西亞。維時兩國即於是地交綏。故大懼而止耳。古著述家亦記是年其地嘗有日食。而希臘著名之推步家所言。亦悉與阿雷斯同。是其事必確鑿無疑矣。或推紀元前六百十年九月三十日。亦嘗有日景全蝕之事。疑赫氏所謂日食。當在此時。是決不然。蓋是年日蝕。惟黑海以北。乃爲全蝕。且米里交戰。與諸國之聯合。亦斷不能在尼尼維未滅以前。即此可決其爲五百八十五年五月二十八日之舉。不但年月不誤。即日甲亦不稍舛。可爲上古之一大記念日也。米里兩國之和。有他國王從中調停。一爲西里西亞 Cilicia 王勝尼西司 Syenesis。一即錫愛克賽爾司之壻巴比倫王臬波察你弱也。和事既竣。錫愛克賽爾司即以其子愛司忒哀吉司婚阿柳梯斯女阿倫尼司 Aryenis 以堅和好。然以赫氏所記錫愛克賽爾司在位之年計之。則和議之成。錫愛克賽爾司當已徂謝。即以後人改正之年計（後改之年較赫氏所記者凡遲九年）則是年愛司忒哀吉司已嗣王位。或交戰在其父在位之年。而修好則已在其子嗣位之後乎。然上古荒邈。紀年不甚確實。況稽之古語。愛司忒哀吉司享國未久。即已徂謝。由是言之。或錫愛克賽爾司之歿。猶在紀元前五百八十五年以後乎。

（愛司忒哀吉司）愛司忒哀吉司繼父而嗣米地亞王位。（攷泰氏著史名愛司鐵蓋司。Astyigas 攷巴比倫古碑誌。則名乙什忒味格 Ishtuvigu ）其事蹟無甚可攷。惟謂王頗暴虐。然赫氏論沙伊拉司 Cyrus 之叛米地亞。其言亦未爲平允。蓋赫氏所據者。皆哈帕格司 Harpagus 遺裔之言。哈帕格司者。米地亞之叛人也。夫言出於仇人之口。其過加污衊。未足憑信可知。而泰氏語頗譽王。其言蓋得之米地亞人。亦未必不汙私其王。而其失與前說同。不得作爲定論也。

（米地亞帝國倫）米地亞帝國之文化。當日必已臻極高地位。其政治武備。後爲波斯所取法。即軍士之服章。亦取則焉。米地亞王時之建築物。今已毀滅無遺。惟哈馬丹地。猶留石獅一具。雖年久石質剝蝕。而亞拉伯之小說家。猶侈言其事。此殆眞米地亞帝國之遺物也。愛克巴塔納之堡壘。當必脩繕極整。而拜星台之遺跡。赫氏亦嘗論及之。拜星爲巴比倫俗。而米地亞人效之。蓋巴比倫文明之發達。實早於米地亞也。今人若於哈馬丹之左近。勤加搜求。或穿地覓之。必能發見其古跡。或米地亞諸王時之碑誌。果能得一二殘碑。則必爲世人最寶貴之物矣。且其文字當不異今之波斯以波斯諸王所用之文字猶有類於古時也赫氏又謂馬其 Magi（祆教中之司占夢解乩語者爲馬其）爲米地亞人蓋自愛契敏寧司時即以馬其爲波斯祭司至今無或更易即此以觀則當米地亞諸王時亦以祆教爲國教且以米地人爲之祭司攷此教發生於遠東或即敗克缺拉之地或謂此教即起於米地亞則祆教諸經典中何以絕未提及馬其之名此說不攻自破矣至馬其在紀元前五百二十二年時握波斯本部（即迫西司）祭司之權者甚固觀當日司默迭司教 Smerdis 盛行時信之者頗衆而馬其仍能不失其祭司之地位即此可見其所託之堅固而米地亞帝國勢力之大亦可概見果其言不誣則米地亞帝國於宗教上之歷史亦大有關係矣米地亞帝國之聲勢遠震於波斯以西迨亡國百年之後希臘人猶謂波斯爲米地亞也國亡以後米地亞人猶以爭獨立而屢與波斯戰久而後定宜乎米地亞之名久久猶保存也

沙伊拉司既代有米地亞帝國亦僅易姓而已而米地亞帝國之規模固未嘗夷

滅也。在他國人觀之亦僅以他伊蘭民族。別建一王朝於伊蘭高原。且繼起之用者心。亦與錫愛克賽爾司同。競欲混一安息（見前）與其四周之地。故希臘人嘗謂波斯帝國爲米地亞帝國之繼嗣。而希伯人 Hebrews 亦未嘗不謂然也。

（米地亞帝國之傾覆）米地亞帝國與波斯帝國過渡時之事蹟。當兼赫魯杜忒司泰西挨司與勝努封三氏之言以爲斷。勝努封之史雖成赫泰兩氏之後。然言類稗官。不足據爲信史。赫氏之記載。則多採哈卑格司後人之說。而哈卑格司者。實親與兩帝國興廢者也。泰氏所記。又兼采迭農 Dinon 氏之言。惜彼書頗多散佚。惟錯見於尼哥拉司達馬生納司 Nicolaus Damascenus 包鐵厄司 Photius 育司丁拋林納司 Justin Polyænus 與地倭道勒司 Diodorus 諸氏之記載中。雖言多粉飾。然多有佳處。可供節取。且眞能摹寫東方情形。與勝氏之書大異。泰氏史料。多採諸米地亞遺民。故於米地亞舊帝多所諛頌。而深貶沙伊拉司之爲人。其言沙伊拉司者。牧羊兒之子也。早年爲盜。習於卑污之事。多歷艱難。後以狡詐之術。遂竊大寶。其佐命倭巴爾司亦一無勇小人。愛司忒愛吉司嘗敗沙伊拉司於迫錫司窮追至帕撒噶提 Pasargadæ 因女子之故而得脫。帕撒噶提者。沙伊拉司之根據地也。其美米地亞舊帝曰。沙伊拉司之父。嘗爲愛司忒愛吉司所獲。而赦之不殺。是亦寬仁大度之主矣。後愛司忒愛吉司以中計戰敗而野死。有獅數頭。守其屍弗去。此語雖似無稽。然亦非泰氏飾辭。實得諸波斯遺傳之古語者。其他事蹟與夫人名。則悉與赫氏史合。

（沙伊拉司）攷波斯碑誌。謂沙伊拉司（或名庫拉 Kuru 一作庫拉什 Kurush）生非寒微。亦一帝室之裔。上古所傳。類多如此。此無待逆料者。蓋民建之國。本亦無多。上古尤無此事。故古帝王必侈言誕降之奇。以爲受命之符。從未有出自齊民而上踐帝位者。晚近自巴比倫得一圓柱形之篇。爲沙伊拉司所製。其言沙伊拉司之父曰喀姆倍塞司 Cambyses（亦名喀姆布吉約 Kambujiya）祖父曰沙伊拉司。曾祖曰錫辟司 Sispis（在波斯字則爲察司辟 Chaispi 在希臘字替司迫司（Teispes）其言與赫氏所列波斯王表悉合。然以之參照大拉伊厄司所製之俾赫斯敦 Behistun 碑文，則少於赫氏表者凡三人。大拉伊厄司自言其先有王號者八人。其後分為二支。彼之父與曾祖父皆未嘗得有王號。蓋小宗也。自大宗絕後。彼乃以旁支入繼。今以赫氏所列表書於下方。其名則悉以希臘字書之。

愛契敏寧 Achæmenes
替司迫司 Teispes
喀姆倍塞司 Cambyses
沙伊拉司 Cyrus
替司迫司 Teispes

沙伊拉司 Cyrus	阿列倫厄司 Ariaramnes
喀姆倍塞司 Cambyses	阿撒米司 Arsames
沙伊拉司（大王）Cyrus (great king)	赫司泰司迫司 Hystaspes
喀姆倍塞司（大王）Cambyses (great king)	大拉伊厄司 Darius

波斯王族。託始於愛契敏司。而實有其人與否。則邈不可攷。稱王則始於替司迫司。約在紀前七百三十年。以余輩逆料。其時國勢當已興盛。其建國較米地亞爲早。或適在赫氏所謂米地亞人獨立之時。蓋亞西里亞在伊蘭之霸業衰。而愛契敏司氏之族以興。攷沙伊拉司之圓箭所記。謂彼與其先王。上溯至替司迫司。皆非波斯之王。乃安山 Anshan 城王耳。然以晚近發現於巴比倫之碑誌攷之。沙伊拉司固稱安山王。亦嘗稱波斯王。或謂安山即秀西愛納。然無確實佐證。他處亦間有此說。然倭迫爾忒則竭力反對之。倘果一地二名。余輩亦不能遂謂巴比倫碑誌所記。爲切合也。或安山爲迫錫司之一部分。抑即愛契敏宰人世守之帕撒噶提。亦未可知。或謂沙伊拉司非波斯人。然大拉伊厄司則自謂爲愛林種。且爲波斯人。而與沙伊拉司同族。是則沙伊拉司暋姆倍塞司等。亦不得不謂愛林種之波斯人矣。余輩臆度。愛契敏宰氏所轄之地。實爲錫迫司之一部分。攷之赫泰兩氏之書。所言亦合。而沙伊拉司之父。即其地之主治者。其母赫氏謂爲米地亞末主愛司忒愛吉司之女。據神籤所示。謂沙伊拉司之父。有異疾。不能生子。此語蓋未可信。此等神籤。必後人僞造者。至其母爲米地亞王女。容或可信。然東方習俗。凡一新帝國興。必推尊其人爲帝王之裔。倘求之父族而不得。則又推之母族。以爲某王某帝之女。凡示人以受命之非誣也。泰氏謂沙伊拉司所娶者。亦米地亞末主愛司忒愛吉司女名愛密梯。（此與臯波察你弱妻同名。臯波察你弱妻。爲愛司忒愛吉司姊。此則其女子也。）蓋父子同爲愛司忒愛吉司之壻。然不能因此而不謂沙伊拉司爲非愛司忒愛吉司之甥也。

（沙伊拉司之戰勝米地亞）論沙伊拉司之發祥。不得不就赫氏之說。删其蕪雜。與得於巴比倫諸關於史事之碑志相印證。赫氏謂沙伊拉司之與波斯叛米地亞也。哈卑格司實與其謀。而愛司忒愛吉司不知也。命哈卑格司往討之。故少戰即降。餘兵悉潰。愛司忒愛吉司復征之。遂爲所虜。而攷之碑志則謂……（碑中缺字作……記之。疑此字即愛司忒愛吉司之名。）往伐安山王沙伊拉司……（疑是至字）乙什忒味格 Ishtuvigu 所部兵叛。擒其王以獻於敵軍。於是沙伊拉司遂略有愛克巴塔納而遷其寶器於安山云。而他巴比倫之歷史家。謂此戰以前。愛司忒愛吉司與沙伊拉司尙有一次戰爭。其末後之戰。沙伊拉司實以狡詐無信而幸勝。此言蓋與泰氏謂沙伊拉司曾敗歸帕撒噶提之言合。苟他無誤謬者。則泰氏之言。豈非一重要之史乎。

沙伊拉司戰勝愛司忒愛吉司。而略有愛克巴塔納。據巴比倫碑志。謂事在六年。夫碑爲巴比倫物。則此紀年。亦必爲巴倫王納奔愛特 Nabunaid 六年無疑。如是則適爲西歷紀元前五百五十年。然赫氏謂沙伊拉司之踐位。在米地亞既滅之後。當在紀元前五百五十九年而至五百三十年之間。此說後人附和者頗衆。是則米地亞帝國。亦亡於紀元前五百五十九年。而與巴比倫碑志所紀者。又不符矣。但余輩觀沙伊拉司自系之紀年。則始於上波斯王位時。惟不知彼踐波斯王位。究在叛攻愛司忒愛吉司之前。或以後耳。至赫氏謂愛司忒愛吉司被擒之後。

沙伊拉司處之至善。至死禮不稍替。此則與泰氏之言同也。（按泰氏前謂愛司忒愛吉司戰死曠野。獅守其屍弗去。與此言殊戾。）

沙伊拉司既得愛克巴塔納（米地亞京城）遂上號曰大王。復略定米地亞帝國諸領土。用兵甚久。泰氏記載之關於此事者。多不可信。蓋泰氏謂沙伊拉司攻敗克鈌拉不久遂平。而赫氏則謂其未嘗底定。與攻沙西同一困難。直至征服巴比倫後。而敗克鈌拉始大定也。

（滅里地亞）其次沙伊拉司又與最富之里地亞王克里塞司戰。（克里塞司豐於財。宮寶器用。悉飾以金。至今西人猶豔稱之。）時里地亞王轄有小亞西亞西半部之地。自紀元前五百八十五年以日蝕而修好。至此復又決裂。赫氏謂此次釁端實克里塞司所啟。其未戰之前。已預籌善後之策。用兵極爲謹愼。恐戰敗而爲敵所乘也。沙伊拉司與戰於波斯境內之喀卑度西亞。克里塞司大敗。思歸而備戰。而沙伊拉司尾之急。里地亞王反軍逆擊。復敗。沙伊拉司遂圍其京城撒迭司 Sardis 未幾。城下。沙伊拉司欲燒殺克里塞司。此赫氏與里地亞人任素司 Xenthus 所言悉同。而彼此未相依據。所言當可信。至泰氏與勝努封氏所言雖亦相合。然皆採赫氏之說者也。昔雅典王廹列克而司 Pericles 蓄一瓶。上刋克里塞司處積薪之上。作以水酬天狀。雖其狀閒暇。然決不能因此而謂克里塞司之自願就焚也。其後百餘年。猶有人信克里塞司植立積薪上之說。論沙伊拉司之爲人。決非能如勝努封氏所言勇敢任氣之英雄。亦祇一善戰之野蠻。其疾視勝國降王。不僅以土地國際之故。或別有其私仇。故處以極忍極酷之罰。波斯人以火爲聖物。固以尸身着火爲褻。然在沙伊拉司盛怒之候。何有於宗教上之禁忌。豈其人暴戾恣睢。有愈於其子喀姆倍塞司乎。然克里塞司雖被置積薪之上。然終赦而不殺。殆其時必有外力止之。或忽遇雷雨。或沙伊拉司忽易其意向。均未可知。然在迷信宗教者。必以爲爲阿波羅神 Apollo 所默相。故得免其慘死。蓋克里塞司在位時。曾以巨金繕治代而非克 Delphic 神廟也。

里地亞國之滅。其年不可得攷。約計當在紀元前五百四十七年或四十六年間。當沙伊拉司回軍時。以寶器屬帕克梯挨司 Pactyas 爲之守藏。帕克梯挨司者。里地亞人也。沙伊拉司既去。帕克梯挨司遂叛。旋爲沙伊拉司諸將所撲滅。自是以後。里地亞人遂永遠不能脫波斯之羈軛矣。

（亞西亞希臘之戰）自是而波斯與希臘之戰事起矣。此事蓋世界歷史中之極有關係者。當里地亞盛時。曾侵蝕希臘諸城之在小亞西亞者。自里地亞滅後。諸城轉入於更野蠻之波斯。其征斂之苛。軍役之繁。更甚於里地亞王時。波斯諸城。遂一爲哈卑格司與其他諸將所下。軍鋒所及。橫施刼戮。如迫林司 Prienes 諸城。竟被夷爲平地。人民如伊奧尼亞人 Ionians 替安人 Teians 與富西安人 Phocæans 皆以避奴役之辱。而遷居他國。獨米拉薩人 Miletus 所居城。最爲繁盛。曾預款於波斯。沙伊拉司允以克里塞司之處彼者處之。其他諸城。則受治波斯之暴君。其政令之繁苛。爲從來民政政府與貴族政府所未嘗有者。其餘所攻下之希臘諸城。與他方諸城同任其自爲治理。而責其稅餉軍額焉。小亞西亞西部諸城軍行所過。大抵不相抗拒。獨里西亞人 Lycians 最愛自由。避而之任素司 Xanthus 京城。力與抗衡。寧死弗降。喀里亞人所居諸城。亦力抗之。故波斯人恆言。西海諸小民族。較之亞西亞（指波斯一隅言）內部諸奴隸國。尙爲難制。撒迭司一城。後爲波斯小亞西亞西部之行政所。爲波斯帝國行政諸要區之一。其鄰近諸地。悉由此行政區所統轄也。

（得巴比倫）沙伊拉司雖擴張其勢力於亞西亞（見前）之內部。然未嘗得其京城巴比倫與巴比倫城所在之富饒山谷。及所轄之美索不達迷亞 Mesopodamia 西里亞 Syria 及其邊境諸大地。巴比倫者古時文明最發達之地也。今據所得之二巴比倫古碑。以證波斯得巴比倫之事。可一闢希臘著作家影響虛飾之談。紀元前五百三十九年之夏。波斯與巴比倫嘗有一劇烈之戰爭。時其城猶未下也。後巴比倫兵叛攻王。波斯遂不戰而得其城。其年之秋。沙伊拉司入巴比倫。其王納奔愛特已前降矣。俾魯塞司謂沙伊拉司封降王於迫錫司以東之給爾滿。Kirman（一作喀曼尼亞 Carmania）然攷諸碑志則謂當城破時。王即以身殉。未嘗降也。其他碑志謂沙伊拉司爲祀神極謹之人。巴比倫神麥羅達克 Merodakh 以巴比倫王奉之不誠。故導沙伊拉司入而代之。此蓋祭司獻諛新主之言。毫無歷史價值者。蓋祭司惟知阿附盛勢。誣衊舊主。所不惜也。沙伊拉司得巴比倫。未嘗革其舊教。如希伯來人所逆料。彼見教中莊嚴之宏麗。儀節之古雅。已驚詫不置矣。夫何能禁革之耶。然彼雖不禁革。亦不崇奉。而諸祭司昌言沙伊拉司嘗皈依巴比倫宗教者。皆飾詞也。實則彼之不奉巴比倫教。亦如其子喀姆倍塞司與羅馬諸皇戰勝埃及。不祀埃及神同。而埃及祭司。猶謂新王祀神之虔。不殺於舊王也。沙西氏謂沙伊拉司未嘗識巴比倫文字。余輩意亦云然。且決其人不解文字。即波斯國文。亦未必能讀能書也。沙伊拉司既得巴比倫京城。凡巴比倫所轄諸城。均不戰而降于波斯。獨非律司丁司 Philistines 之噶碩 Gaza 堡。略與抗拒。前人之伐腓尼基 Phænicia 諸城者。城民固嘗力爭。而波斯軍至即降。且順事之。至波斯亡始已。殆腓尼基人長於水戰。波斯倚之。其待遇較優。故不離叛乎。沙伊拉司之初得巴比倫也。凡猶太人 Jews 之既竄於彼地者。悉釋之歸。而猶太人不欲其歸者則發達甚速。其後遂爲世界歷史中至重要之關係云。

（沙伊拉司勢力之膨脹）沙伊拉司開拓國境。其東境止於何地。無可得攷。據特拉伊厄司之古碑所記。如可拉司米亞 Chorasmia（今之基窪）索格迭愛納 Sogdiana（今撒馬爾罕與布哈爾）皆爲沙伊拉司轄地之東境。當亞歷山大東征時。曾於錫爾 Syre 河（亦名葉克撒爾忒司河 Jexartes）畔築一城。城近浩罕。猶取沙伊拉司之名以名。可見沙伊拉司當日之勢力。曾及於此地矣。今阿富汗斯坦國。大半皆其轄境。或謂其曾渡印度河而東。此說似不甚確。或當亞歷山大入印度時。時人故造此說。以媚亞歷山大乎。

（沙伊拉司歿）沙伊拉司死狀。史家傳述不一。赫氏謂死於馬撒其梯 Massagetæ

女王土美列司 Tomyris 之戰。此說在諸說中較爲確實。如其言誠是。則默薩其梯當在今錫爾河外。泰氏謂與特爾畢西司 Derlices 戰。沙伊拉司受重創而歿。特爾畢西司所居。約在疴克蘇 Oxus 平原之中部或北部。而俾魯塞司謂沙伊拉司戰死於代地。Dai 即今突古曼沙漠或沙漠之南與西南也。俾氏此說。係得之巴比倫記載中者。綜此數說。則沙伊拉司必戰死於東北諸蠻族之手。此仗必爲敵所敗。波斯人得其尸。歸葬於愛契敏氏發祥之帕撒噶提。迫塞普列司 Persepolis（古地名在布什爾 Bushiehr 至德赫蘭之電綫間）之北。本耳加布 Murghab 地。有空墳遺址。狀如陵寢。亞歷山大之幕僚阿列司土布羅司 Aristobulus 於此。曾親見數石柱。柱上文字尚可識別。其文曰。余爲沙伊拉司王也。系出愛契敏宰云。又有一石柱。上鐫一像。其身有翼。冠埃及王所冠之冠。此殆其子喀姆倍塞司追尊其父者。蓋陵工非數年不成。喀姆倍塞司時既服埃及。遂以埃及王冠加諸其父之墓表耳。埃及美術之精。自來勝埃及者。均極歎賞。其他則不如是之可取云。

（沙伊拉司之行述）赫氏謂沙伊拉司爲一完全善治國者。勝努封氏及拍拉圖Plato以下諸著述家之説。與赫氏同一贊揚。然余輩不能不加以攷察而評判之。夫開國之君。人之諛頌之者。比比皆是。在愛惠之臣下。自必更甚。赫氏殆采其言以爲史者。類如撒生孚國之始祖。人皆以多才多藝目之。彼則何能當此贊揚。沙伊拉司行事之被人稱美者。又何以異此。其人之爲奇人爲霸主。誠無可疑。至古今人皆以大政治家目之。則余輩誠不敢輕許。蓋彼謝世之日。其國尚未見治安也。其得愛克巴塔納得撒迭司得巴比倫三者皆繁富之國都。然東方霸主。恐未能以戰勝之貲財。爲整治國家之用。亦惟以充君之私産。及波斯米地二三貴要之私囊耳。

（喀姆倍塞司）沙伊拉司卒於紀元前五百二十九年。有二子。一名司默爾迭司。一即喀姆倍塞司也。赫氏謂沙伊拉司。娶於同姓。故其母亦爲愛契敏孚氏。而泰氏則謂其母乃米地亞王女也。據大拉伊厄司所製碑文。謂司默爾迭司爲喀姆倍塞司所殺。國人無知之者。如是則泰氏謂其弟兄分治國土者。亦僞言矣。至巴比倫二碑之所記。謂喀姆倍塞司實爲應嗣父位之人。果其如是。則弟兄相殺何爲者。據碑記則司默爾迭司被殺在未攻埃及之前。而赫氏謂在伐埃及之後。然無論其時遲早。而喀姆倍塞司畢生惡行。實託始於是。且其早年除此事外。亦無他事可記云。

（戰勝埃及）喀姆倍塞司既嗣位。遂與埃及戰。其出師之故。亦不必加以思索。蓋埃及之富厚。實足以欣動鄰國。而召其兵也。赫氏謂沙伊拉司生時。即有侵埃及之計畫。其子即率而行之。攷曼尼索 Manetho 及埃及著述家之記載。謂喀姆倍塞司之戰勝埃及。在紀元前五百二十五年之春。其未宣戰以前。布置極密。取希臘之小亞西亞人息比里亞 Cypria 及腓尼基人以練水師。聘樊尼司 Phanes 爲將。樊尼司者。哈列根奈索斯 Halicarnassus 人也。叛埃及而逃於波斯。埃及之滅。樊尼司之功爲多．波斯軍之攻埃及也．於比魯息姆 Pelusium 曾大戰一次．埃及大敗．比魯息姆者．埃及之門戶也．其地既失．埃及人遂逃之門非司 Memphis 不久．亦爲波斯軍所得．於是埃及亦爲波斯之郡縣．而其王薩門尼忒司 Psammentus 亦被俘．而喀姆倍塞司後以事殺之．埃及破後．其鄰近之利比亞 Libya 及希臘之錫林 Cyrane 巴爾加 Barca 亦相繼而下矣．至埃及教律之嚴．動輒有違教律．亦正如後來之猶太教．波斯既佔勝勢．何有於勝國之宗教．況以喀姆倍塞司之狰厲．尤復不加措意．而埃及碑志．乃謂其崇祀埃及諸神極誠且敬．此誠宗教家誇誕自文之語矣．推其立言之故．半由迎合新王．半由虛誕之積習．此皆依附宗教者．所萬不能免者．然喀姆倍塞司嘗有一事．爲埃及人所快心者．即軍士嘗以一神廟爲兵房．而喀姆倍塞司命易之．於是埃人大喜．然此未足爲喀姆倍塞司敬事埃及諸神之據．至埃及人暴喀姆倍塞司之惡．亦有逾分之處．然即其太甚者去之．而王之惡自彰．雖大拉伊厄司亦不能曲爲之諱．其後埃及人民屢叛波斯之舉。亦基於是時。喀婣倍塞司之恣睢暴戾。與猝獸無異。至欲焚埃及前王艾馬西司 Amasis 之屍。以其身或其父曾被侮也。焚屍之舉。不特埃及人憤之。即波斯人亦咸以此事爲褻教。喀婣倍塞司嘗遣一軍隊至利比亞沙漠中之阿猛 Ammon 神廟。爲雪門毒風所吹而死。至於滅跡。已則親統大軍至努比阿 Nubia （即埃地倭巴 Æthiopia ） 赫氏謂喀婣倍塞司此行。大敗。全軍幾覆。實則軍未甚敗。且略定埃及南疆數城。惟軍士以勞乏而死。及爲沙淹沒者。不可勝數。以故喀婣倍塞司意甚慊。遂歸門非司。適埃及人新得一神牛。舉國讙狂。喀婣倍塞司意弗善也。乃大怒。斗出其君主專制之威權。手刃其牛。并戳祀牛者。赫氏謂因此橫施慘戮。而埃及人之仇恨喀婣倍塞司者。視前爲甚矣。喀婣倍塞司之蠻橫。不僅施諸戰勝地之人民也。即波斯人亦不少寬假。故泰氏謂彼爲嗜血之王。飲血之外。惟飲酒耳。彼生平娶姊妹者二。赫氏嘗深貶之。然在波斯國俗。猶以爲遵教律也。此外猶有一慘毒之事。彼嘗殺汚濫之刑官。以其皮爲己子製一坐褥。加諸訊案之公座上。此誠東方國君之舉動也。

時波斯復自他一方面而擴張其勢力。普里克拉忒斯 Polycrates 者。薩摩斯 Samos 島與其鄰近諸島之王也。以不容於國衆。乃遯於波斯。求此霸主之保護。於是其地悉爲波斯所有。

（僞司默迭司立）時波斯帝國中。忽有一奇異之風聞。即喀姆倍塞司之弟即追錫司王位是也。此事有大拉伊厄司所製之碑文可據。故可捨棄一切希臘記載。蓋赫氏之史。粉飾附會之處。仍不能絕。但較之泰氏。則赫氏之言。與大拉伊厄司碑文合者較多耳。各馬塔 Gaumata 者。波斯教中之馬其也。（見前）冒爲司默迭司以紀元前五百二十二年之春。即追錫司王位。據大拉伊厄司碑記。謂喀姆倍塞司頗失民心。故百姓聞新王之立。甚擁戴之。時喀姆倍塞司遠征西里亞。遂自盡於彼地。其人懆急無謀。自戕之舉。亦或有之。各馬塔既即位。國人均公認之。蓋各馬塔於即位後。普免國人稅餉故也。於是彼乃安然自任爲沙伊拉之子司默迭司襲波斯王位矣。赫氏謂即此一事。可見米地人於政治上。絕無與波斯人爲難之心。即宗教上亦無所芥蒂。然有一事頗不直於人。後大拉伊厄司嗣位始改之。其事維何。即得罪巨室是也。時波斯百姓。未知喀姆倍塞司殺弟之事。而諸巨室則頗聞之。知此司默迭司僞也。故各馬塔深懼而嚴防之。蓋不慮百姓之不坿。惟懼巨室之作難。而彼之傾覆。正基於此。時有巨室七人。密謀誅之。七人之名與其父之名氏。赫氏與大拉伊厄司碑志咸詳記之。惟泰氏所記。則微有差異。然此七人者。皆七巨室之庶子。非家長也。夫關於生死之事。惟仗秘密勇敢。斷不能與長年之家長謀也。時大拉伊厄司爲七人之長。彼乃家衆。非長也。其父赫司泰司迫司尙生存。且甚矍鑠。時爲一行省之守臣。嘗與倡亂者抵抗云。然七人所謀者。卒告成功。以紀元前五百二十一年。殺各馬塔於尼撒 Nisa 之息喀什虎伐鐵 Sikathuvati 其地近愛克巴塔納。前米地亞屬地也。於是大拉伊厄司嗣位。蓋首謀之七人中。惟彼爲王族。雖疏遠而有大功。故近支雖多。宜嗣位者。莫大拉伊厄司若也.

(大拉伊厄司) 赫氏謂大拉伊厄司以三十歲即波斯王位.以娶阿土撒 Atossa 而位益固望益隆.阿土撒者.沙伊拉司女也.先嫁其兄喀娟倍塞司.亦曾嫁僞司默迭司.最後乃嫁大拉伊厄司.大拉伊厄司既即位.而不以重爵酬同謀之六人之功.又以不敬誅蔭塔弗納司 Intaphernes 并赤其族.大拉伊厄司之初即位也.諸省多有叛者.國勢頗動搖.而米地人復從中起事.攷其自記之碑文.可知其即位後.曾經極大之困難也.時各省相繼告叛.雖西省尚平靜.而亦各懷二心.然彼仍能蕩定而聯合之.惜其記此事時.惟係以月.而不著其年.而巴比倫殘碑中.亦惟記其爲波斯某月事.至屬於何年.亦不可攷.因此諸省之叛.不能別其先後.且不能確知爲某年事也.又諸事有同時並舉者.雜著於篇.絕無層次可分.惟大拉伊厄司果敢强決.亂事隨起隨平.無畏葸遲緩之弊.故能於三年以內.先後蕩平.

初秀錫愛納之阿地林納 Athrina 告叛.波斯軍平之.巴比倫人孽廷忒敗而 Nidintubel 自稱巴比倫王族梟波察你弱稱兵於巴比倫大拉伊厄司疾擊之連戰皆捷遂圍其城久而後下至孽廷忒敗而之究爲巴比倫王族與否卒未能明而大拉伊厄司圍城之兵出入凡數次僅乃克之當大拉伊厄司往平巴比倫時餘地亂事蜂起秀錫愛納之馬替亞 Martiya 自稱挨曼尼 Imani（舊王名）稱王於秀錫愛納幸其地之居民群起平之米地亞者此波斯帝國之中心點也亂事尤難收拾其倡亂之魁帥名弗拉倭忒司自稱米地亞舊王之裔稱王於米地亞帕地亞與赫爾肯寧 Hyrcanian 波斯東部之二行省也轄其地者即大拉伊厄司之父赫司泰司迫司左袒弗拉倭忒司大伊拉厄司命將討之弗克旋親往督戰其亂始平大抵倡亂之徒好稱舊王遺裔及敗則受罰必酷於恆人故大拉伊厄之處亂首其刑至酷云斯時波斯大將又平一僞梟波察你弱於巴比倫而別將亦討平亞美尼亞 Armania 二地之叛黨蓋應弗拉倭忒司者其兵力遠及於馬其愛納云 Margiana（今謀夫 Merv 地）同時而波斯本部亦叛第二僞司默迭司

（名伐約達士塔 Vayazdata ）又見於東部．百姓從之者頗眾．時大拉伊厄司猶在巴比倫也．其後僞司默迭司兵力漸盛．分兵攻阿拉庫西埃 Arachosia （阿富汗斯坦西境之一部）大拉伊厄司時親征弗拉倭忒司．別遣將攻伐約士達塔．平之．阿拉庫西埃亦隨被收復．時又有撒加替 Sagartii 遊牧種人（居迫錫司邊界之北或東北）作亂．以吉忒拉塔馬 Chitratahma 爲長．吉忒拉塔馬亦自稱米地亞王裔．高白雷雅司者 Gobryas 前同謀七人中之一也．波斯第三次之叛．高白雷雅司平之．沙西前屬波斯．至是亦叛去．大拉伊拉司復勘定之．大拉伊厄司之將．與其忠勇之兵．以波斯米地人爲多．亦有招自亞美尼亞者．然與之爲敵者．亦波斯與米地人也．大拉伊厄司既勘定諸亂．仍復其霸主之號．然其戰弗拉倭忒司時．其艱苦之況味．令人思而寒心．幸巴比倫終爲所得．得藉其財富．以佐軍需．彼略有伊蘭全境．及亞美尼亞之諸人．在大拉伊厄司目之．誠爲叛徒．然其間亦有近親應帝之人．較大拉伊厄司更宜者．況民心復嚮往之．然未幾而巴比倫．而

米地亞先後入於彼手非具有大才且精神四徹謹慎無遺者斷不能安然經此危難也

波斯全國擾亂之時撒迭司之守臣奧里忒司 Oretes 雖未告叛然亦獨立而自王大拉伊厄司後以計去之時薩摩司已爲波斯之一行省以重兵駐之殺人甚夥使錫魯生治其地凡事悉得專決錫魯生者薩摩司故王普里克拉忒司之昆季也時普里克拉忒司已前爲奧里忒斯所殺矣阿寅特者 Aryandes 埃及之守臣也以擅鑄錢之權革去之二人之黜相去無幾日也自是而大拉伊厄司之勢力乃轉而西向矣赫氏謂波斯在尼羅河以西之權力尚未堅實而征服加泰其 Carthoge 之說亦屬不確蓋此商業國之水軍力實足與全波斯抗竊謂此時兩國約和則有之即再有所進亦僅於名義上認之爲上國而已斷非能制服之也

(帝國政治之新組織)大拉伊厄司於初即位之時即經劇烈之擾亂此實足增進其政治組織之能力自是各地守臣仍其位號而嚴定其權限與責任屬國權

力之足抗本國者。外示優容而密防閑之。此制定後。各守臣之權力尊榮。雖等於王。而應守之範圍。則不能踰越。且派人監察其舉動。隨時報告於王。又特遣大臣帶兵巡省。封內之兵。雖受轄於守臣。而諸要隘。則直由王派兵守之。各省應征之稅。亦由王酌定額數。惟其父所轄諸地。則蠲其稅。此皆新組織之重要者。稅則既定。承辦者不能任意誅求。用是謗王彌甚。加王以外號。然此惟二三高官而已。百姓則以稅有定則。無浮征之費。而所定之數。亦未增於舊日。故絕無怨望之意。波斯政治。雖不能毫無缺陷。然自經大拉伊厄司改良之後。較之舊日之治法。已大有進步矣。

（攻印度）攷臯赫斯敦碑。建於波斯大亂之後。時未詳印度事。及攷迫塞普列司 Persepolis 碑。與大拉伊厄司墓志。則印度已屬波斯矣。據赫氏言。先是大拉伊厄司遣希臘人西拉克司（一作喀里亞人）往探帕克替安司 Pactyans 至印度河口之地。後乃發兵取之。然波斯之所謂印度者。亦僅印度河流域之一分耳。或云此次遠攻印度。備嘗艱險。然以攻西地亞之役較之。殊未爲險也。至遠攻印度之故。說者言人人殊。實則雄主野心。欲收所不知之地。入之於版圖耳。大拉伊厄司之爲人。剛果勇猛。爲東方雄主。而謂其無開拓疆土之欲望者。吾不信也。

（攻西地亞）遠征西地亞之役。約在西歷紀元前五百十五年。其戰前之豫備。與大軍之出發。及渡但紐白 Danube 河。尚有記載可攷。時希臘人西遷之歐羅巴者。爲數甚夥。（即失拉西亞 Thracia 人）大拉伊厄司乃取倍仁替姆 Byzantium 居民。與失拉西亞之契生你司 Chersonese 充當水軍。命薩摩司島人曼特魯克而司築橋於君士但丁峽。斯時波斯但見希臘民族之機巧可用。而不知希臘民族之自由精神。將盾其後也。於是大拉伊厄司乃率兵逾但紐白河（即多惱河）軍向正北進行。善戰之忌替 Getre 人。亦失拉西亞民族。波斯軍道出其地。遂爲所滅。至軍入西里亞之後。則赫氏所言。悉不可用。蓋彼於西里亞疆域之廣袤。（其南部即今之俄羅斯）與河流之繁大。茫然未悉。至謂大拉伊厄司親督兵隊。自但紐白河至頓河。Don 或自但紐白河至窩瓦河間。Volga 兩月間往來者凡二次。彼殆謂其間道里之相距。有如希臘之近耶。蓋大拉伊厄司自伊撒克契 Isaktchi（一名魯門尼亞 Ru-Menia ）或伊撒克契之近處。由浮橋渡但紐白河。其能至得尼斯忒爾河 Dniester 與否猶未可知。司鈌拉布氏於里息美克司王被虐於波斯軍之事。記載極爲詳明。不審彼得何確據。而記事明切若此。大拉伊厄司此行。軍頗失利。非敗於軍事上之計略。以西里亞遊牧之族。惟知擄掠。進則貪利。退則畏縮。有何韜畧之可言。徒以天氣之惡。地理之闇。加以飢渴疲勞。而軍士之亡耗遂多。大拉伊厄司無已。還軍渡但紐白河而歸。大拉伊厄司之初渡但紐白而北也。密兒泰特司 Miltiades 勸米拉薩 Miletus 王赫司替厄司 Histiœus 撤其浮橋絕大拉伊厄司歸路。而赫司替厄司勿聽。師旋。復拯助大拉伊厄司與其殘軍。因得歸波斯。自經此敗。而波斯前日之聲威。爲之頓減。希臘人睹其敗狀。因啟輕視之心。赫氏言大拉伊厄司之渡但紐白而歸也。西里亞人聯斯巴達人 Spartans

追之至但紐白河之南此言亦未可信蓋大拉伊厄司歸時留米葛貝碩司 Megabyzus 於歐羅巴攻失拉司人 Thrace 所居諸地及希臘沿海諸城之未下者悉平之而馬其頓 Macetania 王自此遂認波斯爲主國觀此則赫氏之誣自見矣近希臘士彭得海峽 Hellespont（即他大尼里海峽 Dardanelles）諸城久蓄叛志聞大拉伊厄司遠征西里息反形遂露軍還乃嚴懲之時稜若司 Lemnos 及音不洛斯 Imbras 島咸入波斯希伯羅司 Hebrus（即馬里乍河 Maritza）河口之道列司克司 Dariscus 波斯亦設常備兵戍之

自後波斯人之視線又轉而集於希臘本部矣時波斯已奄有小亞西亞希臘之內地故於瀕海諸城自不得不收爲已有至希臘 Hella 母國之地位於波斯無甚關係且攻之極難以波斯無得力之海軍也然波斯當日抱有統一地球之主義雖困難亦不之顧且有希臘人慫恿其間是人舊爲希臘各部中之酋長以暴虐爲國人所逐或以難而避居外國者咸思借外力以復其位不惜以國奴於人

也。且希臘各部中，彼此不和，倘波斯出兵攻希臘，其仇國咸願助力，以冀功成之後，得分波斯之餘潤，故波斯人之野心益恣肆矣。後卒因攻那克索司島 Naxas 而釀成伊奧尼亞島之叛。先是島中諸貴人説米拉薩爵臣阿列司塔哥拉司 Aristagoras 伐那克索司之利。阿列司塔哥拉司復以之動波斯王弟撒迭斯守臣阿泰弗你司兵出而敗。於是阿列司塔哥拉司恐以此得罪，遂舉兵叛。其妻父赫司替司，米拉薩守臣也，時爲質於蘇撒 Susa。其未出質之前，嘗與其壻密謀叛波斯之策云。

（伊奧尼亞島人之叛）伊奧尼亞此次之叛，足徵伊奧尼亞人與希臘及非希臘人愛自由之熱心，與夫個人之勇敢才能。然兵士之多寡，大相懸殊，而又不得地利。其舉事時已業料其必敗。蓋羣衆之團體既未堅固，兵又素未訓練，且不受約束，此皆軍事之大忌。而阿列司塔哥拉司與赫司替司又皆貪忌猥鄙，無人君與將領之才，故事卒不濟。此叛亂之歷史，赫氏嘗得確切之事實於米拉薩人希扣替司. Hicatæus 彼乃身與其事者.而赫氏多方粉飾.反多失實之處矣.此事始於何年.礙難確定.約計之當在紀元前五百年或四百九十九年間.而波斯之平亂.與復米拉薩.約在紀元前四百九十五年或九十四年間.阿列司塔哥拉司之攻那克索斯而回也.自爲聯軍之海軍統領.擒米拉薩守臣.置之軍中.復米拉薩爲衆建政治之國.而已爲其首領.知波斯必竭力來攻.始求援於斯巴達.時斯巴達在希臘諸部中爲最強.思藉其力以却波斯.而斯巴達不應.乃求救於雅典. Athens 初雅典逐其酋赫辟斯. Hippias 波斯遣阿泰弗你司爲赫辟斯求復於雅典.雅典不允.於是波雅有怨.遂出師船二十艘以助伊奧尼亞人.以爲雅典此舉.既傷波斯之感情.而又無補於友邦.非義而實愚也.於是雅典與伊奧尼雅合軍攻波斯之撒迭司.焚其外城.內城則堅守不能下.未幾而攻城兵敗.聯軍驟退.城人進之.及以弗掃. Ephesu 復大敗之.然波斯軍不能久戰.於以弗掃.遂收軍而回.雅典初意.軍利當直入波斯內地.至是則幻想盡去.乃以敗軍歸.不復與戰事矣.然攷

當日之評論。絕不以勝敗爲毀譽。其言曰。伊奧尼亞已叛波斯王矣。海外之伊奧尼亞（指雅典）亦趨軍來救矣。王之首都（指米拉薩）已被焚矣。自是而王之威燄亦當熄矣。是時不獨他大尼里（一名希臘士彭得 Hellespont）海峽諸城。及伊奧尼亞島盡叛。即喀里亞之大半（即希臘之忒魯特。Troad）與最繁盛之塞普洛斯 Cyprus 全島亦叛。以倍仁鐵姆 Byzantium 爲之長。時波斯水軍大至。諸地勢頗岌岌。伊奧尼亞先以舟師當波斯水軍。戰於塞普洛斯之撒拉密斯 Salamis 海。敗之。而陸軍則爲波斯所敗。此次劇戰之事。咸紀於古詩歌中。蓋島中舊日記事之體如是也。戰既失利。塞普洛斯島復歸於波斯。得享自由者僅一年耳。而受創之深。則以此次爲第一。兩軍在大陸鏖戰極久。勝着究爲波斯所佔。惟不能毫無失敗。喀里亞人於此次戰事。最爲奮勇。大拉伊厄司妻父所統之軍。全爲所覆。惟戰事愈久。則波斯之拓地愈廣矣。阿列司塔哥拉司既離戰地。遠歸密爾信納司 Myrcinus 舊封。（其地在失拉司之南。傍迫拉西亞司 Praias 湖岸即後曰名為恩非普里司 Amphipolis 之近處。）至紀元前四百九十七年時。為土人所殺。惟赫司替司仍為大拉伊厄司所信任。命往伊奥尼亞議款。既去則據米拉薩而為諸叛人之長。惟米拉薩人已厭兵。阿列司塔哥拉司復不為助。赫司替司見人不為用。乃入海為盜。後為波斯人所獲。釘於十字架上而死之。其後赫司替司叛阿泰弗你司與大拉伊厄司之密謀發露。同謀之被誅者。不知凡幾。蓋忠誠之德。為伊蘭民族所最缺乏者。當兩軍劇戰時。以米拉薩一地為中心點。格魯忒 Grote 氏謂在柳特 Lade 小島中。波斯曾以六百艘之水軍。攻希臘三百五十三艘之眾。其將弁之不和。雖不滅於曩日。然人數倍於希臘。故不致如撒拉密司之失敗。而伊奥尼亞島人與米地鄰 Mytilene 島人（亦名里斯比亞島 Lesbia ）又無歐羅巴希臘人之才勇。且有希臘人為波斯人間諜。故米拉薩人雖水陸力戰。終為波斯所夷滅。其婦孺則咸被奴虜。遷之於波斯中央之蘇撒。米拉薩一城。前為亞西亞希臘諸城中之最要者。自經此敗。悉被波斯殘毀。其後雖漸恢復。然終不能如昔日之盛矣．今海濱重要之城．則首推以弗掃彼於柳特之戰．未嘗與聞．似已前降於波斯矣．

自後波斯遂欲力服希臘大陸．及其羣島．與喀里亞．而可怖之殺戮與殘毀．又不免矣．腓尼基人爲波斯水軍中之主．要有誓滅希臘之志．蓋坎納 Canaan （今巴拉士丁）人與希臘人．在西西里 Sicily 島時．素有宿仇．後雖東移．其仇尚未解也．伊奧尼亞島自被兵後．所在皆現可慘之狀．阿泰弗你司思組織一整齊之政治．以復其地之和平．於是遣人清丈地畝．使稅有定則．然當大兵之後．民已重困．雖稅額未增於前．而居民已苦其繁重矣．於是馬騰納司 Mardanius 乃倡爲民主之政．馬騰納司者．高白雷雅司之子．而大拉伊厄司之妻弟．且子壻也．此頹敝之社會．建立民政以後．民困或可稍蘇．而在波斯人視之．亦以此種政體．較之藩鎮握權．其危險猶少．然此但行諸伊奧尼亞大陸．而希臘大陸．與諸島間．則不與焉．

馬騰納司常抱大志。欲以獨力制希臘。時阿爾浙貝勒哥 Archipelago 西北之希臘與非希臘人。已被其征服。而愛索斯（即愛勤 Hagion 海間之土股）土股間之水軍。則爲風潮所毀滅云。

（攻希臘）時第二次攻希臘之兵又出兵力較前益厚。將以米地人達替司 Datis 與大拉伊厄司之侄阿泰弗你司之子小阿泰弗你司。波斯軍先定那克索司。滅優卑亞 Eubaea 之挨勒忒里亞。Eretria 當伊奥尼亞叛時。挨勒忒里亞曾以五舟濟其師。故波斯尤恨之。紀元前四百九十年九月。（或十月）波斯軍至馬拉敦 Marathon 爲雅典與迫拉替亞 Platoea 人所敗。此實希臘勝波斯之第一次也。於是波斯遂迅改其政策。不强雅典認赫辟司爲守臣。且不令認大拉伊厄司爲天王。亟率師而歸。密兒鐵愛特司者。Miltiades 失拉司之契生人（Chersonese 之王也。其人嘗被尊爲天王。爲波斯間諜。聞波斯軍敗。遂棄位而逃。雅典人自敗波斯之後。爲歐洲發達文明者不少。且有益於後來。俾後人處更困難之境者。有所借鏡也.

(波斯與埃及之關係)當希臘亂時.獨埃及一隅.未嘗有背波斯之舉.大拉伊厄司與喀姆倍塞司之處埃及人民.較他屬地爲善.而埃及祭司.復揄揚王仁於國人及希臘人之前.普林納斯氏 Polyœnus 言紀元前五百十七年.大拉伊厄司親往埃及.減埃民擔荷之責任.其他便民之事.爲開尼羅河至紅海間之運河.此則大拉伊厄司親志之碑石中者.然埃及人之恨波斯也.仍不少減.攷之碑志紀元前四百八十六年.埃及又攻波斯.以喀巴什 Khabash 爲王.明年大拉伊厄司卒.故未及見此亂之平.

(大拉伊厄司之行述)大拉伊厄司不僅爲愛契敏穿朝最著名之君.實可爲伊蘭人種中之名王.欲舉一人以例之.惟紀元後十七世紀間撒發未特愛巴司 Safavid Abbas 朝之撒生尼可司老第一 Sasanid Khosrau I. 略可匹敵.大拉伊厄司之爲人.才大而心細.性長厚.雖有時有凶暴之舉.然以大致而論.猶爲柔和之主

也。其評判之最宜研究者。爲意司且魯司 Æschylus 所著之迫西 Persæ 一書。意司且魯司者。大拉伊厄司之敵也。馬拉敦之戰。曾親抗大拉伊厄司之軍。且雅典之抗波斯。彼亦從中慫恿。然其論大拉伊厄司之爲人。則揚之甚力。夫以希臘間人而論素所仇恨。且親與搏戰之君。其無溢辭可知。而大拉伊厄司之生平亦可慨見矣。史家又稱其有知人之明。凡有重任。其所任使諸臣。咸能不失其職云。

（碩爾克塞司第一）大拉伊厄司旣卒。其子碩爾克塞司第一 Xer Xes I. 嗣位。碩爾克塞司。沙伊拉司長女阿土撒所出也。故爲應嗣大位之子。其即位時。亦別無反對擾亂之事。凡帝王儲貳。往往未及嗣位。已爲他人所殺。而碩爾克塞司諸保傅。則將護惟謹。事儲君如事大拉伊厄司。惜乎繼體之君。自碩爾克塞司以後。皆柔闇無能。每不如其先王。而特以碩爾克塞司爲尤甚耳。

西歷紀元前四百八十四年。埃及之亂遂平。先是埃及新君克巴什嚴扼尼羅江口。以禦波斯之水軍。卒不得勝。埃及遂復爲波斯有。赫氏謂自是波斯之遇埃及人民．較前益爲嚴酷．且命親王往駐其地以鎭撫之．

（巴比倫又叛）巴比倫之叛波斯．至是第三次矣．赫氏謂此次之叛．實在碩爾克塞司在位之後．非大拉伊厄司在之日矣．推其屢叛之故．泰氏謂波斯王所爲．有傷巴比倫人宗教上之感情．赫氏亦謂王褻瀆巴比倫聖蹟之故．而戰勝之馬其頓人．亦聲稱碩爾克塞司毀壞希臘神廟．巴比倫之祭司．尤造作多說．以著波斯王褻教之罪．雖其言不無過甚．然亦非盡無因者．蓋波斯於第二次勘定巴比倫之後．揶揄其宗教之處．曾不稍改於前．因復釀成此次之亂也．

（再攻希臘）大拉伊厄司欲再攻希臘．以報馬拉敦之敗．且欲舉希臘全境．隷其治權之下．以埃及告叛．事爲所阻．以余輩之意測之．是時殆巴比倫亦叛也．波斯乃急於本部中儲糗糧．簡士卒．以圖一擊．碩爾克塞司先發．趨撒迭司其地爲波斯軍之大屯駐地．紀元前四百八十年之春．大軍遂發．其軍容之壯盛．毋庸余輩細述．其後以至重之代價．獲勝仗於忒爾毛配里 Thermopylae 及阿鐵密碩姆．

Artimisium 及至九月。則勝負之勢大異。是月波斯軍大敗於撒拉密司。明年又敗於追拉替亞 Plataea 事詳希臘史中。然余輩於此事。應加意研究何以希臘區區數部。能抗如許大帝國之雄師。夫以波斯當日之兵力。稍稍佐以謀畫。不難剿滅全希。且能遏絕其獨立之精神。況當日希臘人之為波斯偵探。與夫希臘小國之為波斯內應者。實繁有徒。波斯王宜獨操制勝之策矣。無如王繼極盛之後。驕傲不明。初意以為以兵力壓之。不難一鼓蕩平。及其既敗。則虛憍之氣盡退。恇怯如孺子矣。計當日之兵力。舟師凡一千二百艘。希臘人以為在優卑亞為風潮所激蕩喪失都盡。實則餘舟兼續發者計之。其數猶不下千艘。然以此巨數之舟。戰於希臘狹海之中。亦嫌其運動不靈。況軍中又絕無一能人以為之將乎。夫以腓尼基與波斯屬之希臘人所供之舟。足以制波斯而有餘。而惜乎波斯米地乃沙西人之充水軍者。不善駕駛。而波斯將領。及其土著之艦長。又不善運用也。至陸軍則數逾百萬。兵多役久。餉遂不繼。於是軍皆飢甚。雖亞西亞人日食頗儉。至此亦不能支。且軍士皆自各地征調而來。於希臘之天氣。頗多不適。因此飢疫並行。死亡極夥。且兵皆烏合。惟波斯與米地人有精利之兵器。然終不敵希臘之國民軍。人人能執利器以戰也。論希臘之陸軍。則有斯巴達之悍卒。其堅忍善戰。波斯無一軍能相抗者。波斯所部之希臘人。其精悍處。本不及居歐洲者。且又不盡心於戰事。波斯且慮其叛而歸也。復以波斯兵監察之。適成爲波斯之累。而非波斯之助矣。時波斯雖有希臘間諜之助。然希軍亦時從俘虜口中。得波斯消息。或遣人僞降。以探波斯之軍情。於是波斯計窮。擇軍士之不勝戰鬥者。先行遣歸。是時波斯王已前遁矣。時希臘人雖佔勝勢。其境地猶極危險。蓋馬騰尼司時猶據希臘腹心之地也。馬勝尼司爲波斯名將。所部兵亦最稱精悍。故希軍雖得迫拉替司之勝。其憂患尚未艾也。然希臘人保衛宗國之心甚摯。氣象整肅。不少餒却。而雅典人之所爲。尤足爲後世法則。不願驟墮其馬拉敦戰勝所得之榮名。斯巴達人亦振其尚武之精神。而立不朽之功。即希臘諸小部落。如替司比亞 Thespia 太其亞 Tegea 挨吉納 Ægina 皆發兵至前敵助戰。而希臘之統帥。又爲忒密司託克而司 Themistocles 其人非常人也。吾輩於此。得以覘希臘人之智識之勇敢之道德。有以勝無精神無援助之亞西亞之奴隸國矣。

或謂希臘儻果爲波斯所勝。亦不能有所大害。蓋以希臘人智識之超越。雖在異國法權之下。亦不能禁其發達。況在波斯猶非盡野蠻哉。此誠奇謬大誤之言也夫惟處獨立之國。故希臘人能完全其獨立之精神。惟民主之雅典。故能完成其最高之事業。而無時或朽。若僅以文明之外貌觀之。亞西亞人亦能造到。若就實際而論。惟希臘人始有此高等之程度。故自由之眞詮。待希臘人而始發明也。且此戰實足以扶植希臘。拒絕野蠻自夸。吾知當兩國決戰之日。彼希臘人猶未知撒拉密司軍中「此戰關係全局之言」關於歐洲後來之繁榮者不少也。

(波斯軍被逐歸亞西亞)碩爾克塞司在戰爭中足明其爲東方專暴之君。且夸誕如婦人。赫氏謂其果於殺戮。此則宗教之故。情尙可恕。然其戮李倭尼達司「下

eonidas 之尸。去其四肢。及殺管理水軍之腓尼基人。亦可想見其爲人矣。其戰敗之後。猶受馬騰尼司人之歡迎。時馬騰尼司敗於迫拉晳亞。如巨人之臥地。蓋波軍雖敗。在迫拉替亞之戰。猶頗佔勝著也。其軍隊之得歸亞西亞者。爲數甚衆。其間有數隊仍次序秩然。然其多數。已爲希臘人及失拉司人所殺。失拉司人甚蠻野。凡波斯軍之被俘者。無不以膏斧鉞云。

波斯軍之歸也。希臘水軍初不尾追。其後徇希臘島人之請。乃橫渡而東至去密里土不遠之馬以克兒 Mycale 平原。波斯殘餘之水師。全被夷滅。時則兩軍力戰於迫拉替亞之日也。自是希臘諸島及失拉司海邊諸城邑。相繼自主。失拉司與馬其頓 Macedonia 之自主。未嘗自出己力。而全島則仍與波斯相持。自是以後。亞西亞瀕海一帶之自主。均託始於是時矣。

此時爲波斯史一大轉捩之時。雖波斯猶不忘希臘。而仍存吞噬之野心。然不敢公然冒險以爭。而惟處於自保之地位。其事之關係於希臘史者。厥惟財帛通使二事。而爭鬭之希望則已消滅矣。且此戰爭與亞歷山大王之遠征。相去絕遠。決非相繼續者。意司且勒司 Æschylus 云。波斯在撒拉密司之權力將必葬入地中。此殆可謂之讖語矣。

碩爾克塞司敗後。仍居撒迭司。其弟馬西司忒司 Masistes 自馬以克兒率敗軍來會。後爲希臘所逼。碩爾克塞司乃避於亞西亞之深處。時復以家族之故。觸忤馬西司忒司。於是馬西司忒司入於敗克缺拉以叛。旋爲碩爾克塞司遺派之馬隊所平。此段故實。即泰氏所謂後數年之恐慌也。此番之叛亂。去希臘大敗。亡失多軍之事不遠。故波斯人深自卑損。因此而索格迭爰納人印度人與努比阿人。多得歸寧其家。而波斯邊境諸居民。亦可與波斯隔絕。即處帝國中心諸山族。亦自此可得其自主矣。

赫氏之史。自馬以克兒戰後而中絕。此帝國之古史。祇得自此告終。此誠讀史者之大不幸矣。即取泰氏之殘編斷簡。與他著述之零星筆記。亦難能補此缺陷。自是而後。波斯希臘兩國間之交涉。間有所知。他事則絕無所得矣。

（朴生尼阿司）朴生尼阿司者。迫拉替亞戰勝之將領也。先率希臘人駛至塞普洛斯島。後又至畢任鐵姆 Byzantium 擄波斯人無算。時朴生尼阿司雄長希臘。儼然與波斯王碩爾克塞司相匹敵。且趁此與波斯王交通。阿塔巴碩司 Artabazus 者。馬騰尼司守臣法納西司 Pharnaces 子也。波斯王使爲黑勒斯濱（前譯希臘士彭得即他大士尼里）海峽之弗里基亞 Phrygia 總督。主希臘和款。其家世守此土。至波斯帝國之亡而始滅。秀河息地司謂朴尼於是役頗有溺職之咎。蓋波斯王致朴生尼阿司之函頗極肫摯。而朴生尼阿司是時毫無策畫。惟久居斯巴達中。蓋已爲波斯所賄屬。故頓兵不戰。惟冀希臘自由得比他國。彼之希望即爲已足。夫以朴生尼阿司爲將。而水師又不願遠征。以故斯巴達人遂無與波斯海戰之事。迨朴生尼阿司之軍退。而海軍之命令。遂入於雅典人之手。時紀元前四百七十六年也。斯巴達之海軍力本極薄弱。其同盟國如挨吉納 Ægina 科林斯 Corinth 之海軍。咸勝於彼時希臘欲逐去希臘海與海濱之波斯軍。而波斯軍則以伯羅邦內蘇 Peloponnesus 之水軍。不扼其要。尤有關於軍略。此戰爲時頗久。希臘著述家曾以雅典文記之。余輩亦略有所知。惟時歐羅巴諸海岸。蓋已無波斯軍艦矣。在紀元前四百七十年間。意翁 Eion 受圍甚久。惟杜列司克司 Doriscus 仍爲波斯所有。

（西蒙之海戰）時有極有光榮之西蒙海戰。自此戰後。西蒙遂使喀里亞諸城與里西亞海濱。均得自主。諸操兩國語言之村鎮之爲波斯軍所佔者。亦攻取之。使與於雅典之同盟。諸重要之地。如里西亞邊界之法塞里司 Phaselis 與般非里亞 Pamphylia 亦均入西蒙之手。在歐累米登 Eurymedon 口波斯師船之爲碩爾克塞司之子及其任所統者。咸爲敵所滅。同時陸軍。亦爲希臘所敗。西蒙聞捷後。遂疾駛至塞普洛斯島。於其地獲師船八十艘。時希臘固獲全勝。且越己國之海面而從事遠征。

（碩爾克塞司之被弒）此時碩爾克塞司適爲人謀死。雖諸家之說不一。然於諸說中宜取泰氏與迭農氏之說而參酌其間。蓋二氏之說亦不相合也。此外如亞里士多德之譯文。亦不無差異。蓋宮內秘事。草野著述家。固不能得其實。而其事遂不足徵信。然有一事則甚明確。碩爾克塞司確爲阿塔巴納司 Artabanus 所殺。阿塔巴納司者。王宮守衛兵之長也。碩爾克塞司之幼子曰阿塔碩爾克塞司 Artaxerxes 實與其謀。殺其兄大拉伊厄司。蓋大拉伊厄司爲碩爾克塞司之嫡子。應繼父位。故阿塔碩爾克塞司嫉而殺之。至其父是否爲彼所弒。則無從懸斷。然此種事實。爲東方歷史中所常有者。阿塔巴納司旋爲阿塔碩爾克塞司所逐。後世之譜系學家。謂阿塔碩爾克塞司在位凡七月。此殆誤解迭農氏之說而致者。

(阿塔碩爾克塞司第一)阿塔碩爾克塞司第一即位於紀元前四百六十四年。其姓曰長手。此姓之發見。以迭農氏爲最早。味長手之義。實言其權力所到之遠。而希臘人迻譯之時。但就字面譯出耳。泰氏謂阿塔碩爾克塞司加冕之後。敗克缺拉人。遂以是時告叛。其事蓋由於赫司泰司迫司之唆使。赫司泰司迫司者。王兒之爲敗克鈌拉總督者也。劇戰兩次。卒爲王室所勝。而敗克鈌拉終歸於阿塔碩爾克塞司法權之下。

阿塔碩爾克塞司在位之前半期。朝廷之情形。與泰密司拓克兒司 Themistocles 所言者悉合。拉姆普撒克司 Lampsacus 爵臣所言。亦與泰密司同秀河息地司言亦云然。即後來諸著述家之記碩爾克塞司事者。均無異辭。泰密司拓克兒司之爲人。希臘人雖目彼爲奸邪。不許其埋骨於雅典之地上。然平心論之。彼人之言論。足供吾輩之採擇。彼希臘之救主與闢雅典海權者。其人實高於朴生尼阿司遠甚。且其人有無限之高傲。幷無窮之計畫。佯爲波斯而實圖己國之利益。以表面觀之。彼實波斯之契友。且佯拂國人之意。以謀波斯之利便。於是波斯王信之。予以馬格尼西亞 Magnesia 之地。其地在里地亞之民得勒 Mæander

(第二次埃及之叛)當阿塔碩爾克塞司即位之日。埃及第二次之叛亂又起。伊瑙拉司 Inorus 者。撒麥鐵契司 Psammetichus 之子也。向爲利比亞王。埃及之叛。推彼爲首領。且王埃及全土。愛契敏宰總督大拉伊厄司之子與戰而敗。伊瑙拉司復求援於雅典。時雅典猶與波斯人戰。分兵助埃及。時則紀元前四百六十年也。雅典舟師凡二百艘。再攻塞普洛斯。復駛往埃及。與埃及人共逐波斯與居門非司堡之埃及人之從波斯者。於是波斯思結外援。遣使至斯巴達。欲使斯巴達出兵襲雅典。事卒無成。乃遺大兵往攻。麥垓倍碩司 Megabyzus 爲將。麥垓倍碩司者。育配拉司 Zopyrus 之子也。劇戰之後。遂平其地。蓋埃及人心雖至恨波斯。然戰鬬之力。萬不能敵。即雅典人之助埃及者。亦無一人得歸。其接濟之五十舟。亦同遭夷滅。時爲紀元前之四百五十五年也。後波斯人以計獲伊瑙拉司。釘之十字架上而死。其子塔尼拉司 Thannyras 仍襲利比亞王位。此戰之結局。仍歸於和約。此泰西挨司亦曾言及者。阿麥爾替司 Amyrtæus 之稱王於三角島之大澤間也。（在紀元前四百五十或四百四十九年）亦屢引雅典人入埃及。雅典將西蒙復以舟二百艘至塞普洛斯。以六十艘往助阿麥爾替司。然不久即返。無事可爲紀述。西蒙卒於圍息替姆 Citium 城之日。此城爲塞普洛斯島中之巖邑。又爲與腓尼基交通之孔道。自雅典力圍此城之後。於海於陸。均獲有極顯榮之勝仗云。

（波斯雅典之和）雅典及其同盟諸國。與波斯末次大戰之後。不久和議遂成。余輩逆料此次之和。必有一和平之結局。（此非西蒙之和）然紀元後四世紀間。諸雅典著述家之記此事也。去訂約之期已久。其逐款鋪張。每多逾分之處。而亞歷山大王時之歷史家西倭普姆迫司 Theopompus 欲取媚亞歷山大。因不善雅典民主之政。故抑其盛烈。以此約爲傳疑不實之事。蓋其去古已遠。原約之存者。僅隻言片紙。故西倭普姆迫司得施此狡獪以媚時王耳。舍此二者之外。此約又烏有可疑者。況此約之原文。係著名之著作家克拉忒勒司 Craterus 以雅典文著成。夫此極大戰爭之結局。在雅典非恢復其固有之土地。與商業之擴充。必不肯恝然而止。而余輩或自傳聞。或自引證。而知此次之和約。實與當日政治之關係頗極脗合。況此約非能盡如西蒙所策之計畫。波斯雖允希臘西面海岸諸城及里西亞之獨立。且不再發師船入希臘海面。然雅典人亦放棄東西之海權以報波斯。此亦由雅典自知之明。知塞普洛斯與夫埃及腓尼基諸地。均非雅典權力所及。因棄之以見好於波斯耳。且喀利阿司 Callias 爲當日訂約之人。曾設多策以撓雅典。雅典因不得大伸其欲。然權衡其間。自以雅典之獲益爲多。而波斯固有之物。亦未嘗多所喪失。且自此而抵禦雅典侵入之備。益以穩固。蓋此龐大帝國。既略有小亞西亞。豈無權以轄此狹小之海岸。夫居內以臨外。無論自何方面。固有俯視一切之勢也。黑勒斯濱弗里基亞總督所駐之地。曰達司悉列姆。Dascylium 有時亦名曰達司悉列鐵司。Dascylitis 前屬波斯。今雖爲雅典之水軍同盟。而總督仍須納海岸諸稅於波斯王。是使波斯仍有機緣以復取其地。惟黑海之中。已無波斯軍艦。故希臘沿海諸城。已脫波斯之羈軛而自立。且有數城已與雅典同盟。亦有爲雅典軍所保護者。以故黑海四周諸國。其倚傍波斯帝國之處。多不甚密切。如里西亞喀里亞則既不屬波斯。復不倚雅典。蓋此二國固不藉異國之力以爲固也.

斯時埃及之情形.則知者甚鮮.惟阿麥爾替司.確爲波斯人所逐.留其子以守其父之分地.在紀元前四百四十五年.利比亞王撒麥鐵契司.曾以巨量之穀食供雅典人.其人爲伊璐拉司之別子.其他事蹟與夫在位之久暫.則不可得知矣.

自和約告成之後.波斯人與夫波斯總督之接應雅典者.仍不能止.撒密亞 Samia 者.寡人政體之國也.以得撒迭司總督畢生司 Pisuthns 之助.遂略有撒密亞全島.遂與雅典離.時則紀元前四百四十與四百三十九年之間也.雅典恐腓尼基水軍來助此國.因出師攻而下之.而波斯不救.紀元前四百三十年間.伊塔門司 Itaneues 佔領攻洛豐 Co'ophon 伊塔門司者.波斯之大將(或總督)也.努鐵姆 Notium 者.攻洛豐內之一地也.其地之野人.頗懷波斯之德.故亦歸於波斯.畢生司因遣波斯軍往駐其地.而所遣之軍隊.有以資募之亞爾加的亞 Arcadia 人在其間.此爲希臘人受募爲波斯軍士之始.其後乃有大關係於波斯帝國之歷史

中突。蓋波斯官吏之視希臘人。爲高於亞西亞人。且希臘諸精壯。常因政治上之逼迫。與夫冒險之性質。故願入異國軍藉。其人以自伯羅邦內蘇之亞爾加的亞山中來者爲多。其地瘠苦。居民不能自聊其生。此亦流入異國之一原因也。後雅典之水師提督拍契司 Paches 督兵入努鐵姆。遂王其地。波斯軍之駐防其地者。咸爲所殺。自是努鐵姆一地。與攷洛豐轄境。均合於雅典。而彼此攻奪之舉。亦無有結局云。

當伯羅邦內蘇戰事之初起也。斯巴達人嘗與波斯人通謀。以傾雅典。然其謀卒無效果。蓋斯巴達之使臣。乏機變之才。而波斯官吏。又多驕惰無識。惟知自營其私。彼貧困之伯羅邦內蘇人。惟知貪波斯之金錢。與腓尼基之戰艦而已。雅典雖亦羨波斯之富。思得染指其間。然所望終不得遂也。

（波斯帝國之內情）自阿塔碩爾克塞司即位之後。雖爲時甚久。然其國之內情。絕無所知。泰西挨司所言。與福鐵司 Photius 所采泰氏諸說。其間眞事訛言。與小說厤史等。常相混雜。未嘗細爲別擇。其間之要事。惟麥垓倍碩司嘗與波斯朝廷爭鬩。據西里亞以叛者數年。麥垓倍碩司者。戰勝埃及者也。數經劇戰。波斯王盡赦其罪。而與之盟。耶露撒冷 Jerusalem 之城垣與門。即是戰所毀。此尼罕密亞 Nehemiah 所嘗歎息者。時則紀元前四百四十五年也。泰氏謂麥垓倍碩司既降之後。復爲波斯王所辱。然不久仍被寵幸。溯諸擾亂之由。皆起於一二陰險淫蕩之婦人。一爲王后。阿麥司忒列司 Amestris 倭頓司 Otanes 之女也。據赫魯度忒司言。后之醜行。有不堪言狀者。一即后女阿密梯司 Amytis 麥垓倍碩司之妻也。當日之情事。雖不能知。然麥垓倍碩司之子育配拉司之出奔雅典。其故猶可得言。初育配拉司見喀里亞攷納司 Caunus 之亂。欲合雅典取之。計敗。乃逃於雅典。卒爲喀里亞人所殺。後其外王母阿麥司忒列司獲其仇人。戮之於十字架上。以復其仇云。

從尼罕密亞氏之記載。而知當日異國人之在波斯者。不特可爲王宮掌酒之高官。且得爲總督之副。筦轄波斯人民云。

泰氏之史。雖不甚可信。然能摹寫當日波斯朝廷之情狀。阿塔碩爾克塞司爲一柔懦之人。內寵外嬖。實繁有徒。朝政亦入彼嬖寵之手。然人之贊頌之者甚多。以天性優也。容貌亦甚尊嚴。而善行獵。確似伊蘭族人之酋長。史家如泰西挨司氏迭農氏咸注意於朝廷之舉措。所記皆贊揚之言。雖已死之王。猶力加諛贊。此讀史者所不可不知也。

（碩爾克塞司第二）阿塔碩爾克塞司卒於紀元前之四百二十四年。繼之者爲碩爾克塞司第二。其人爲阿塔碩爾克塞司十八子中之僅存者。故爲應嗣大位之人。在位凡一月有半。爲其兄西西廷納司 Secydianus 亦名索格廷納司 Sogdianus 者所殺。後六月有半。西西廷納司復爲其兄倭契司 Ochus 所殺。倭契司者。赫爾干尼亞 Hyrcania 之總督也。違誓殺西西廷納司。倭契司改名曰大拉伊厄司。即位於紀元前四百二十三年之春。是爲大拉伊厄司第二。

（大拉伊厄司第二）大拉伊厄司之母腓尼基人之妾也。泰氏謂其妻名帕累賽鐵司。Parysatis 凡大拉伊厄司之行事及諸過惡。皆彼女所慫恿釀成者。且握政權者有年。王之親弟曰阿息鐵司。Arsites 與麥垓倍碩司之別子曰阿替拂司 Artyphius 者據西里亞以叛。其所僱用之希臘兵。悉貪王之賄賂。於是阿息鐵司遂爲王所獲。以王后帕累賽鐵司之讒。亦違誓誅之。凡與弒碩爾克塞司第二之謀者。亦悉加以誅戮。以大拉伊厄司第二之初意本欲爲碩爾克塞司復仇也。紀元前四百十年之後。埃及大亂又起。其勢頗迅利。其首倡獨立之君曰阿麥爾替司。其人爲前阿麥爾替司之孫。即非其嫡孫。亦必其戚屬也。時波斯之兵力凋敝已甚。以不善戰之埃及民族經六十年之久猶未平定。此可見其兵力之疲弱矣。況埃及諸部意向分裂。而又互相箝制。并未能共同一致也。

上文所言之畢生司撒迭司之總督也。至是亦叛。替賽芬司 Tissaphernes 平之。惟其所以平定此亂者。亦仍循納賄與僞盟之故技。李根者。Lycan 雅典人也。爲畢生司所募希臘兵之長。於此事未嘗盡力。推此亂之平。當在紀元前四百二十四年之後。至遲亦必在四百十二年之前。惟畢生司之子阿冒其司 Amorges 復叛於喀里亞。雅典人隱爲之援。蓋逆知替賽芬司實暗助斯巴達。故雅典陰相阿冒其司以抗之也。

（波斯與斯巴達之關係）當雅典在西西里 Sicily 兵事結局之後。波斯復思略取沿海全地。時替賽芬司爲撒迭司總督。與黑勒斯濱弗里基亞總督法納巴碩司 Pharnabazus 爲敵。爭求援於斯巴達。時大陸諸城之雅典人與希臘全島之人。於此次聯合之事。甚爲注意。而無能敗名之愛兒息別迭司 Alcibides 則惟思乘機引外人以傷殘己國。時斯巴達亦頗有所顧忌。不得不審擇所趨向。蓋逆知一助波斯則波斯之權力必大張。彼國四近之希臘諸城。前以雅典之力而得自由者。至此必復爲波斯所得。然諸城今已怨雅典矣。於是決意擇一權力較盛者從之。以當日之情形而論。替賽芬司雖不可信。然猶愈於法納巴碩司。遂諸替賽芬司而却其餘雅典於是大有所損所有領地大半爲其所奪時有賴西地孟寧司 Lacedæmoinanes 者捕獲阿冒其司於乙塞司 Iassus （其地近密里士）生致之波斯王前時雅典猶隱忍不發而波斯所聯合諸國亦不能互相信任替賽芬司亦以貪吝遲疑之故所以供伯羅邦內蘇人之糧餉漸不時給餉一不濟即不轉戰於亞細亞即愛兒息別迭司之詭謀亦惟能植無信與擾亂之種子而已時斯巴達之將領思與替賽芬司締一條約然卒不成其後卒許以亞西細大陸與夫希臘諸城全歸波斯王轄理而波斯之所以報斯巴達者則惟竭力援助之而已倘替賽芬司早與締約則戰事已早了矣但盟約之信守爲替賽芬司天性中所無者且所出之言每不副其所行如欲莞腓尼基之水軍實非彼權力所及也時雅典擾亂歐案米登 Eurymedon 與塞普洛斯之舉腓尼基人與波斯諸臣亦絕不注意至法納巴碩巴司之供給斯巴達人意極肫摯當雅典進步穩固之時（時爲紀元前四百十年）與夫愛兒息別迭司返國之後供備尤至而雅典之掠奪

波斯領土者．各地皆有其後法納巴碩巴司致一雅典使臣於波斯朝廷．藉定和議．時則紀元前四百九年也．此事爲當日時局一大轉捩．沙伊拉司者．波斯王之子也．爲里地亞弗里基亞與喀卑度西亞三地之總督．又爲小亞西亞之軍團長．替賽芬司又復得沿海諸城．時爲紀元前之四百八年．沙伊拉司之爲人．甚喜名譽．又思復雅典之仇．乃亟結好於斯巴達．是時外政之事權．適掌於狡獪善謀不畏彊禦之李生特爾．Lysander．於是雅典遂敗於二人之手．沙伊拉司與李生特爾深相結納．凡李生特爾所需之財帛．沙伊拉司悉輸之．當李生特爾離去駐地之時．斯巴達之盟約忽被擾亂．蓋因貴族中之喀里克拉鐵達司 Callicratidas 不善處斯巴達人故也．及李生特爾遠歸汛地．嫌隙遂消．相好如前矣．大拉伊厄司常召沙伊拉司至臥榻之前．（或以病或僞爲得病．均未可知．）授沙伊拉司以極多之方略．與極大之權力．李生特爾自得沙伊拉司之助．卒迫雅典人受此憤懟之和約．於是雅典人乃孤立矣．時則紀元前四百四年之三月也．然雅典雖遭失敗。面波斯亦惟以多金賈斯巴達人以制之耳。未能以力服之也。
據泰西挨司氏言。忒列鐵麥司 Terituchmes 嘗叛攻王。其妻阿密梯司王之女也。與帕累賽鐵司同以牽連受誅。而彼亦被擒。受戮於十字架上。以亦倍義刻暴之常技。而勝努封氏言。此亂與米地人之叛。實相繼而起。其時約爲紀元前之四百十年至四百九年之間。忒列鐵麥司之妹司搭鐵拉 Statira 爲王長子阿息喀司 Arcicas 之妻。因兄叛而幾受株連。故帕累賽鐵司與其媳司塔鐵拉均深恨之。
（阿泰碩爾克塞司第二）當雅典與斯巴達始結好之日。而大拉伊厄司第二卒。阿息喀司嗣位。更其名曰阿塔碩爾克塞司第二。姓曰麥納孟 Mnemon 言工心計也。此則迭農所最初發見者。其弟即沙伊拉司。才能過其兄。且以母氏帕累賽鐵司之慫恿。挾希臘兵三百入朝。其爲爭位而來。確無疑義。特爲時已晚耳。替賽芬司者。沙伊拉司友也。勸王攻之。且爲王晝善策。沙伊拉司於是被擒。後以帕累賽鐵司之勸而釋之。使爲總督如故。此則計之失者。自是而沙伊拉司之憤心日長。而讎殺替賽芬司之心。亦因是而生矣。是時李生特爾已使波斯雄長希臘諸國矣。乃力逼法納巴碩司違仁愛之公例。而殺愛兒息別迭司。法納巴碩司之爲總督也。人咸敬愛之。其殺愛兒息別迭司也。實爲李生特爾所迫。其後卒以不忍李生特爾之覊迫。亟命之還。而斯巴達人於李生特爾之虐遇希臘人。初亦置之不問。至是亦遵總督之命。而速之歸矣。時爲紀元前之四百二年或四百一也。

未幾。沙伊拉司復叛於總督轄地。率兵內攻。首奪替賽芬司所轄之伊奧尼亞諸城。又圍密里士。其地亦替賽芬司所轄者。俄倫特斯 Orontes 替賽芬司之黨也。遂與沙伊拉司宣戰。是時沙伊拉司以詐僞之術。募希臘人以充軍隊。至紀元前四百一年。悉數出發。其意仍在爭位也。時有希臘募兵一萬三千。以克里爾且司 C-learchus 爲將。其人蓋斯巴達軍犯也。兵間更有亞西亞人甚衆。而替賽芬司疾趨出沙伊拉司大軍之前。告亂於朝。此次戰事。後人知之甚詳。以勝努封留有記載。

彼蓋親與此役之人。故所記甚確也。斯巴達人於沙伊拉司之叛亂。心頗喜其所爲。特未顯與波斯王決裂耳。時沙伊拉司奮勇而行。以所將之希臘人實具有高等之戰鬭力。然率軍遠至西里亞巴比倫諸地。恐軍士有不欲。所可慮者惟此耳。乃上道之後。直趨帝國之中心。而絕無危難。如自喀卑度西亞至西里西亞 Cilicia 之討拉司 Torus 又自西里西亞至西里亞之阿曼紐司 Amanus 諸徑間。軍行絕無阻礙。西里西亞者波斯屬國也。其王司陰納息司 Syennesis 之遇沙伊拉司頗極厚善。且假道焉。即經巴比倫與美索不達迷亞 Mesopotamia 沙漠間。亦絕無儆備。去巴比倫凡五百斯塔迭亞（每斯塔迭亞長一百二十五步）有地名曰康納克撒 Cunaxa 至此與王軍遇。直前撲之。時希臘兵以爲波斯兵不足平矣。波斯王膽怯。且憂甚。遂逃。然克里爾且司之與亞西亞人戰也。恒用其斯巴達人之謹愼。不直擣敵人之中堅。而沙伊拉司亦不敢與王軍搏戰。以致敗死。

從勝努封氏之記載。而知沙伊拉司之爲人。爲有才能而尊貴者。以王度而論。實

賢於其兄遠甚。且其精神剛勇。又自其母體所傳。若置諸波斯諸王中。自大拉伊
厄司第一之後。除阿塔碩爾克塞司第三外。無有能匹之者。但觀希臘人格魯德
Grote之言。足以證其爲人。其言曰。波斯帝國幸不落於若人之手。否則希臘必將
爲彼克服。蓋彼素有制置全希之心也。且彼爲李生特爾與自他方面之侵掠主
義之所陶鎔。一旦得位。彼必將實行其素蓄之主義。而告厥成功矣。
沙伊拉司所部之希臘人。爲軍王所深畏。凡王軍所用以敵希臘人之詐畏之罪
惡。適足爲畏懼希臘人之證。自沙伊拉司戰沒。其所統率之軍。每降敵而補入王
之軍隊。然亞西亞之軍士見之。猶爲股慄。惟欺其人數較少。而地形不悉耳。斯時
波斯帝國中有一特別之現狀。凡王后帕累賽鐵司所屬之邑。悉聽希臘兵之擄
掠。此意蓋出諸替賽芬司。以爲王后之心失其愛子。則己之權力將因之喪失。此
即替賽芬司自以爲救國之策也。希臘兵自經戰敗慘戮之後。所餘僅一萬人。其
將領亦多新易置者。彼輩乃循荒山及野蠻民族中而行。所經之危險。無慮千萬。

而王之軍隊，則仍未能阻礙之也。

自此次戰爭之後，希臘人確知此帝國之衰弱，與夫管理者禦侮者之無膽。蓋沙伊拉司起兵以後，即長趨而入帝國之中部，曾無人與之一戰者，即遇一尋常之希臘兵，在波斯人視之，若須傾全國之力方足敵之者然。此足見此昂大帝國之無助，亦足見此廣袤之疆土，名爲帝國之行省者，已全然不相維繫，若獨立國矣。維時倭林迫司 Olympus 中之密西亞 Mysia 人，闢西地亞 Pisidia 人，已離波斯而獨立，即里西亞人，別新尼亞 Bithynia 人與拍拉哥尼亞 Paphlagonia 人獨立者亦居其半，而後二者已各戴其部之王矣。其後希臘諸城之在歐克新 Euxine 者，亦叛而自主，卒至喀達契 Carduchu 與亞美尼亞西北及南部諸民族，亦不坿波斯而獨立矣。

帕累賽鐵司自沙伊拉司之死，益惡其媳司塔鐵拉，而念其愛子不置，凡與聞致死沙伊拉司之人，先後置之死地，且行法極虐。沙伊拉司之死也，司塔鐵拉則深喜之。因爲其姑所毒。阿塔碩爾克塞司恨甚。遂逐其母。而不與通。但又不能無母氏之啓迪。未幾即迎之以歸。

(斯巴達之戰)自沙伊拉司敗沒之後。凡其所握之權。悉歸於哲賽芬司此適以促成斯巴達之戰端。是時斯巴達兵力之盛已達極點。故不願僅守前此之約。尤不讓波斯佔領小亞西亞之希臘諸城。諸希臘人亦極願連結斯巴達以敵哲賽芬司。而哲賽芬司方張强健之手臂。以擴張其權力。於是斯巴達遂以紀元前之四百一年與波斯宣戰於小亞西亞。但以陸地之權力爲經濟所困。僅能且戰且竄。所得之地。不能守也。伊奥尼亞與伊奥里司 Æolis 諸地。自雅典大權既落之後。景象日見敗壞。而在亞西亞之希臘人。亦日就脆弱。已失其希臘遺傳之性質矣。哲賽芬司與法納巴碩司雖同爲波斯總督。於禦敵之舉。互相推諉。而斯巴達則專寄其命令於愛其息拉司 Agesilaus 愛其息拉司遂欲使全希得脫波斯之羈絆。而事卒無成。時則紀元前三百九十六年也。當愛其息拉司獲大勝於撒迭司近地之時。替賽芬司之任。已爲鐵失拉司忒司 Tithraustes 所奪。并擒替賽芬司而殺之。蓋替賽芬司之無膽。視其詭詐爲尤甚。戰事之起也。彼惟淹滯於撒迭司。故及於死。然其最要之原因。實帕累賽鐵司因怨恨而傾之也。波斯諸督臣。本有互相救護之約。至是均不遵守。且各慫斯巴達人攻其鄰省。以紓己患。其弊亦始於是時。愛其息拉司因是而成功益速。但記此事之始末者。雖屬同時之人。然其言亦無不失實。惟言此巨大帝國之衰弱情形。則已明白顯著。然其國本則猶未能動搖也。愛其息拉司雖獲大勝。然終不敢直攻撒迭司。以覦亞歷山大之疾取此地者。其軍略大不侔矣。在紀元年前三百九十四年。愛其息拉司忽被召回。是時斯巴達於歐羅巴方面。亦有戰事。其需愛其息拉司者。似較亞西亞方面爲尤急。而其急不可過之情。又覦波斯之以金錢市其同盟諸國。合雅典以攻斯巴達者爲尤甚。故愛其息拉司祇得暫置而去。比行及波的亞 Bœotia 之日。而挪伊達司 Cnidus 之警信至矣。

雅典水師大敗於伊哥司朴塔密 Ægospotami 之後。其統領可囊 Conon 逃於伊伐哥拉司 Evegoras 所。伊伐哥拉司者。塞普洛斯島中撒拉密司之王也。其專制之治。頗如擧悉司闞拉忒司 Pisistratus 與基羅 Gelo。且甚喜可囊氏之所爲。謂可使雅典自積弱之後復行興盛。當斯巴達人之侵波斯也。法納巴碩司曾力勸王治一水軍。並舉可囊氏爲將。且言水師之任。無逾於可囊氏者。彼於水軍之閱歷深矣。殆雅典水師之雄也。於是波斯遂以爲將。發腓尼基師船入希臘海面。時波斯久已無是舉矣。可囊氏制勝之長策。爲間魯特司使叛去斯巴達。（時爲紀元前之三百九十六年）而其致敗之道。由於軍餉之不時給。此實東方諸國之惡習也。於是可囊氏親至波廷。要王給以應用之貲與諸權力。且請以法納巴碩司爲水師大將。迨既得請。乃合雅典水軍。共敗斯巴達於挪伊特司。事在紀元前三百九十四年之秋。波斯水軍獲勝之後。凡希臘諸島。與夫沿亞西亞海岸諸城。咸不願受斯巴達之保獲。而得其自由。而可囊氏遂一一以波斯衛隊分駐諸城。斯巴達領有各地之海權者凡十年。其後遂不復振云。紀元前之三百九十三年。法納巴碩司駛入伯羅邦內蘇。在科林斯大受其地人之歡迎。其人蓋因禦斯巴達而徵集者。法納巴碩司咸獎以財。旋歸其家。時可囊氏亦將雅典諸堡壘全行修復。自後波斯水軍遂領有希臘海中羣島。但其權薄弱。無損於希臘之自由。而其所以能成此者。亦僅藉希臘之助。又得可囊氏其人者。爲之將領耳。

(恩塔兒息達司之和)希臘陸地之戰。爲期頗久。斯巴達欲復和平之局。遣修好之使。時鐵力巴碩司 Tiribazus 新命爲撒迭司總督。復脩替賽芬司游移無定之政策。接受斯巴達來使。而遂可囊氏。可囊氏受無窮之患難。始自鐵力巴碩司手中而逃。死於伊伐哥拉司所。未幾遂死。鐵力巴碩司旋受代去。繼之者爲司闞拉碩司 Struthas 其人素與雅典善。時希臘人之與希臘人戰者。海陸並舉。仍無已時。而兵力貲財。則俱已困端矣。於是斯巴達使臣恩塔兒息達司。遂與鐵力巴碩司訂和好之約。希臘諸小國雖多不願。亦祇能勉强從之。此即人所知之恩塔兒息達司條約也。此條約既定之後。鐵力巴頓司始以稿示撒迭司及意弗掃之希臘人。時則紀元前三百八十七年也。此約初未與諸同盟國商榷。僅波斯王一人之命令耳。約中之言。悉本波斯王之意。凡亞西亞大陸諸城。與夫克拉育愛尼 Clazomenae 及塞普洛斯。咸屬於波斯。且令希臘諸國。雖極小者。咸得自主。惟稜若斯 Lemnas 音不洛斯 Imbros 斯克羅 Scyros 三島以屬雅典。如其故事。如有反抗此約者。則波斯王與諸同盟國共伐之。而斯巴達持此議尤力。

波斯政府於此約之條件。似未嘗注意。亦如王之一尋常命令耳。獨遠見之政治家。深知各島自主。爲一困難之事。惟斯巴達於此次之和約。甚爲滿意。於己所固有者。既無所喪失。而各島自主之條。復有大益於斯巴達。攻諸城之轄境皆甚廣。類如西伯司 Thebes 向爲波的亞之巨城。今則波的亞諸城中之獨立者。僅此一城矣。此約實行之後。希臘之小國。無慮千百。斯巴達既不許己國人民之獨立。復聯合諸小國。使悉傾心於己。故斯巴達因此約而得此極大之權力。爲所從來所有者凡十六年。且挾此權力以濟其惡云。雅典既得稜若斯等三島。亦藉以自尉。而徐擴張其權力。然波斯王徑訂此約。其受辱之甚。蓋無過於雅典者。波斯之與諸國締此約也。無殊下命令於其國人。且明將在亞西亞海岸之希臘人咸使屈伏於王權之下。此則文明之雅典人所最疾視者。蓋慮希臘人無復能得其自由。如勝息迫司 Xanthippus 西蒙握權之日也。此次波斯所得之利益。在穩固沿海諸城之基礎。其專主希臘之霸權者。徒形式耳。其後之數十年中。波斯屢與希臘修好。雖至斯巴達霸權為希伯司傾覆（事在紀元前三百七十一年）之後。猶時為之。夫希臘人之為波斯用。實足以傾敗其祖國。且屢與波斯王言和。而波斯人亦未嘗獲和之益。蓋波斯總督及其屬國之叛亂。希臘諸國中亦仍有扶助之者。且波斯王及諸叛人所募之兵。亦均希臘人也。

是時波斯之西。復有勁敵出。此敵為雅典同心之友。儻雅典此時尙為重要之海軍國。且懷抱侵略主義。不難與之協力。驅波斯人而出諸西面之海外。此敵為誰。

蓋撒拉密司王伊伐哥拉司也.時伊伐哥拉司已統一塞普洛斯全島.而爲其主人矣.其所以得行其計者.以島中之希臘人.自先世已與腓尼基人遺有宿仇也.當紀元前三百九十年間.波斯軍曾攻伊伐哥拉司.而雅典此時雖與波斯聯盟共抗斯巴達.然以可囊氏之故.不得不顯予接濟.波斯自恩塔兒息達司盟約之後.復以大軍攻伊伐哥拉司.而伊伐哥拉司則聯盟於埃及.以擴張其海權.甚且踰海圍他爾城.Tyre 伊伐哥拉司復以狡計暗結波斯屬土之喀里亞王.相持者凡十年.而卒服於波斯.然以機巧之手段.與波斯各總督訂約.卒未嘗受虧.彼旋爲人謀死.而其子則仍繼爲塞普洛斯各城之王.

(喀達輿人之戰)是時阿塔碩爾克塞司適攻喀達輿人.此事自迭農之後.惟迫羅塔區曾詳言之.喀達輿人即今義蘭 Ghilan 之土著也.自來波斯未能全定其地.且四出騷擾波斯之疆土.當大拉伊厄司將死之前.曾興兵伐之.至阿塔碩爾克塞司攻之尤力.必欲以力服此山族.然此族人惟得有土人之引導.以少數之

軍隊捕之。或可成擒。而王乃率大軍親臨其地。卒爲喀達輿人所擒。鐵力巴頎司乃與諸叛酋言和。奉王以歸。王之歸也。其必償喀達輿人以極巨之財賄。可無疑矣。

(埃及之戰)是時波斯埃及之戰。無時或休。在伊伐哥拉司未平以前。曾經多次戰爭。然無甚效果。且攷諸當日之記載。亦未詳叙其事。自勘定塞普洛斯之後。埃及之戰事乃亟。時埃及聘雅典人卡不列司 Charbrias 爲將。而法納巴頎司設策使雅典召之還。時法納巴頎司年已七十矣。發腓尼基海岸之阿科 Accho 人。躬自統之。使伊腓克拉忒司 Iphicrates 將雅典募兵。以臨埃及。事在紀元前三百七十六年與三百七十五年之間。伊腓克拉忒司者。雅典遣來之將也。與埃及戰。極利。旋伊腓克拉司以法納巴頎司軍機濡滯。不亟與埃及戰。意頗不洽。實則軍行之進退。法納巴頎司不能自主。既須以軍情報告於王。且每事須請王之進止。其軍事之遲慢者。以此耳。然埃及之得以保全其國土者。亦正以此故。時爲紀元前三百七十四年。從古傳記之言。謂是時尚有一困難之事。征埃之兵。正以補給軍餉之事而閧也。鐵木寫厄司者。Timotheus 可囊之子也在紀元前三百七十二年間。曾事波斯與埃及戰。但此戰亦無甚效可紀云。

（小亞西亞之叛）阿塔頓爾克塞司在位之末年。小亞西亞諸總督與各酋長先後告叛。此事記載頗多。然皆瑣屑拉雜。不足徵信。欲整齊而編次之。則殊有所之能也。且某事爲某所爲。與其所以致叛之故。均不可知。且欲評判某爲叛人某爲非叛人。亦屬甚難。蓋同一人之身。亦時叛時服也。叛亂之最久者。至阿塔頓爾克塞司第三之時。勢猶未已。波斯西部諸省。因之衰耗。且開馬其頓人侵入之門。時希臘富庶諸城。與土酋之强有力者。已自致於獨立之地位矣。而求效忠於波斯王之人。厥惟以里地亞之總督奥土弗拉達忒司 Autophradates 爲首屆彼嘗與諸叛人竭力相持。然歷史家地倭度拉司 Diodorus 仍列彼於叛人之內。亦未嘗謬悞。蓋彼亦曾有叛亂之一時也。作史者如將細事如塔哥司 Tachos 自立於伊奧尼亞堡中（事在紀元前三百八十年之後）諸事。悉行節去。則編次叛人。當以阿列倭巴仁司 Ariobarzenes 爲首。阿列倭巴仁司者。繼法納巴碩司爲總督於黑勒士濱也。當亂事未起之前。（約在紀元前三百六十七年）彼曾聯結斯巴達與雅典。時雅典猶爲水師同盟之長。故阿列倭巴仁司挾以爲重。而斯雅兩國。亦間接輸軍實以接濟之。且以斯巴達外交家之慫恿。與土弗拉達忒司與喀里亞之毛索羅司 Maussollos 舉兵圍阿蘇司。Assus （小亞西亞古地名）阿列倭巴仁司亦躬與其事。彼後墜其子密失拉達忒司 Mithradates 之奸謀。爲波斯王所得。釘於十字架上而死。之時約紀元前之三百六十五年也。

以古碑及錢幣攷之。毛索羅司應作毛素羅司。Maussollos 喀里亞部之土王也。彼自紀元前三百七十五年即位。以至三百五十一年間。大擴張其權力。此類喀里亞之土豪。復帶有總督之銜稱者。固未嘗帖服於波斯。而波斯亦羈縻之而已。未嘗信倚之也。時毛索羅司以靈敏狡猾之手段。復與馬其頓諸王互相聯結。其後嘗與波斯宣戰。此事知之不詳。但彼未嘗有所損害。則可斷言也。

韃韃遠司 Datames 者。喀卑度西亞之總督也。爲喀里西種人。其爲總督。善政甚多。嘗討自主之追拉哥尼亞人。使服屬於波斯。而其後則又與阿列倭巴碩司之叛謀。其人巧猾機變。善於謀畫。後世言謀略者。咸師法之。彼嘗以計牽制王軍者甚久。其後彼爲密失拉達忒司謀斃。其事始已。密失拉達忒司者。爲阿列倭巴仁司之子。即上言陷其父於死者也。

當日亂軍之首領曰俄倫特司。密西亞之總督也。但不能斷定其人是否即爲上文所曾論及之人。抑亦他人之與此同名者。均不能確爲指實。且諸叛者究居何等地位。而僚友之敗其事者。又由何故。亦均不得而知。與彼同謀者。無有一才能卓絕者與其間也。且當日諸叛人嘗遣李倭密失勒司 Reomithres 往使埃及王塔科塔科助之師船五十。賸以金錢。而李倭密失勒司乃幽其人於伊奧尼亞北岸之石堡中。且以其人授之波斯王云。

（埃及王塔哥司）紀元前三百六十一年塔哥司怒攻波斯以卡伯列厄司 Chabrias 將募兵斯巴達復遣其長年之宿將愛其息拉司助之愛其息拉司者以波斯將意拍明農達司 Epaminondas 敗斯巴達之後波斯即授恩塔兒息達司 Antalcidas 和約許美塞尼亞 Messenia 獨立故深恨波斯時塔哥司方有事於腓尼基其侄尼克湯納布司 Nectanebus 擅立於國中塔哥司不得已遂逃於波斯以求庇焉儻波斯國力如舊必將乘埃及爭位之亂與塔哥司之來奔併力攻之則埃及一隅可復收入波斯版圖況當日卡伯列厄司已言歸雅典而愛其息拉司又以紀元前三百六十年歸國卒於途此誠極好之機會而波斯卒不能出此亦可知波斯帝國之淩遲衰微矣

（倭契司氏之計畫）阿塔碩爾克塞司以鐵累賽鐵司之慫恿謀以己女阿土撒 Atossa 爲妻阿土撒乘機爲倭契司謀嗣以倭契司曾允娶阿土撒也按波斯教律不特可娶姊妹爲妻即其母其女亦可結爲夫婦也阿塔碩爾克塞司之長子

大拉伊厄司曾襲太子之號。爲波斯儲君。後以與奸人謀攻其父。廢而殺之。倭契司恐他弟兄之與己爭也。復盡除之。阿塔碩爾克塞司旋以紀元前三百五十八年卒。在位凡四十六年。後人之贊其仁慈者。其說頗夥。即果如贊者之言。亦無足取。昔其弟沙伊拉司藐視之。思奪其位。誠不爲過。蓋一宏大之帝國。隸於一孱王之下。國土所以漸致分裂也。

(阿塔碩爾克塞司第三)阿塔碩爾克塞司既卒。倭契司嗣位。更名阿塔碩爾克塞司第三。其舉措與前王異。然欲以中興帝國之功。加諸其身。則亦非實。此功或其臣下所爲。特事事推尊其王。彼特多有指導之力耳。其人爲專制暴君之一。故能將已衰之東方帝國。復振其威權。而殺人流血之事。絕非所惜。意惟在合一大帝國而謀其安全耳。此王即位之初。以保位之故。於親族多所誅戮。此克爾鐵司 Curtius 所言之鑿鑿者。殆無所用疑慮矣。至希臘人於阿塔碩爾克塞司之評判。皆折衷於迭農氏與波斯世仇埃及人之言。此皆一偏之辭。未可取以爲信也。

（阿塔巴碩司之保護）不久而波斯帝國仍即於敗亡矣。阿塔巴碩司者。黑勒斯濱弗里基亞之總督也。其人殆卽法納巴碩司之子。而繼阿列倭巴仁司之任者。曾攻奧土弗拉達忒司在紀元前三百六十五年。爲奧土弗拉達忒司所擒。當阿塔巴碩司敗亡時。雅典人亦與彼反對。其母曰阿拍馬 Apama 父波斯王。故其叛波斯王之事。後世不可得知。當紀元前三百五十五年。國內戰爭競起之時。彼會與王之諸總督戰。且受雅典人之接濟。卡爾司者。Chares 彼之徒黨也。爲阿塔巴碩司戰。大勝鐵失拉司忒司。後以波斯王之恐嚇。雅典人乃藏之舟中。且資以財。彼因是得給事於西伯王拍門司 Pammenes 所。安置其身者甚久。自西伯人與波斯王相持。彼之氣運一轉。約當紀元前三百五十年時。彼與其妻弟羅得人 Rhode 麥農 Memnon 同爲馬其頓王菲力伯 Philip 所獲。迨埃及平定。麥農之昆季曼德爾 Mentor 爲征埃諸將之一。曼德爾有將略。與麥農齊名。後以征埃之功。求王赦此二人。於是阿塔巴碩司遂臣屬於此帝國云。

（俄倫特斯之叛）未幾而有俄倫特司之叛。其人殆即傾陷其同謀者。後領有沿海一帶之地。幅圓頗廣。儼成一僭叛之王國。地冒生司 Demosthenes 謂彼於紀元前三百五十四年時。力與波斯王抗。在三百四十九至三百四十八年間。雅典人曾與聯合。自殘缺之古碑攷之。彼時猶爲叛人。特其結局則不可得知。或阿塔巴碩司復位之後。彼遂爲所驅逐與。

或云阿塔碩爾克塞司第三之能力。遠過其父。此殆因三百五十四迄五十三年間之謠傳。謂王將大舉伐雅典與希臘之言而致。時希臘諸國。亦自知有觸怒波斯之處。一由於政策之不定。一由接濟其叛亂之諸總督地冒生司所以勸雅典懸其仇怨。勿與王忤者。殆亦因此謠傳也。

（平腓尼基）埃及戰事仍接續未已。腓尼基者素順波斯。且爲所信倚之國也。至是亦叛。塞普洛斯王亦繼叛。猶太 Judæa 亦有蠢動之事。至西頓 Sidon 人之叛。激烈至於如此。殆由波斯人傷其宗教上之感情所致。蓋塞密的克民族 Semitic

其感覺固甚靈敏者。西西里亞之總督曰馬西司。Mazæus 西里亞之總督曰百里塞司。Belesys 爲曼德爾所逐歸。曼德爾者。埃及王尼克湯納布司所遣以助西頓王呑納司 Tennes 者也。於是波斯王親督大軍。及希臘兵萬人。駐於戰地。呑納司與曼德爾乃亟與求和。時西頓受圍已久。降後受罰亦頗重。是役西頓人之被燒死者凡四萬餘人。自是而新立國之喀納 Cana 亦亟與其餘之腓尼基復降於王。是時猶太人亦流血甚多。此事散見於各記載中。曼德爾自是臣屬於波斯。而攻其先時之同謀。故王之得成是功。非由其宦官巴哥司 Bagoas 之力。實由曼德爾之力戰。而王之親臨其地。亦所以速功之成。且以免意外之爭端也。

(征服埃及)埃及獨立已久。至是復屬於波斯。然波斯之服埃及。其得力於威嚇者。遠過於用兵云。波斯王之視埃及人等之畜類。其蔑視埃及之宗教。且過於喀姆倍塞司。毀其神廟。殺其所奉之畜。埃及人怒波斯王甚。呼之以驢。蓋他福尼亞 Typhonia 人。目驢爲不潔之物。故以爲比。

（復塞普洛斯）塞普洛斯島至是亦復爲波斯所克復。此舉由喀里亞王伊特里司 Idrieus 爲之引導。而將希臘兵者爲雅典聞人福興 Phocion 與之偕者。爲僞伊伐哥拉司其人蓋僞託塞普洛斯名王伊伐哥拉司之名者。

（馬其頓之起變）以政策與軍隊之力。此老帝國得收復西部之疆土。曼德爾以征服埃及之功。獲上賞因得爲小亞西亞西海濱之總督。然不久即受代於奸狡之赫密司 Hermias 其人爲阿他納司 Alarneus 之暴君。與阿列司討忒兒 Arist-osle 爲友。時赫密司直接與他國訂約儼然爲一獨立之王。且與馬其頓王腓力伯聯絡。亦互相猜忌。時馬其頓漸有與波斯相離之勢。波斯王因欲得一能者。付以大將。或總督之任。阿塔巴碩司既以妻兄之力而得赦。波斯王以其意與己合。因以任之。此時人皆以爲小亞西亞決無危險之事。且更無傷害帝國之全局者矣。而不料菲力伯之略有黑勒斯濱與布司福拉司 Bosphorus （即君士但丁流峽）兩地之足以激怒波斯也。

當紀元前三百五十年時。馬其頓王菲力伯與波斯王阿塔碩爾克塞司第三訂有條約。波斯是時確有保守平和之主義。而菲力伯意殊不然。彼欲於經營小亞西亞之前。先行攻服希臘。其臣伊素克累忒司 Isocrates 則勸其先攻波斯。其意雖誠。其識則未爲當也。(事在紀元前三百四十七年及三百四十六年間)希臘所以得安者。在與波斯同盟。以抗菲力伯。故其時雅典與波斯之協議。頗極匆促。蓋波斯欲以餉助雅典。使與馬其頓抵抗。時知此理由者。蓋不僅地冒生司一人也。逮紀元前三百四十年時。菲力伯圍不洛碰的司 Propontis (即馬爾馬拉 Marmara 灣)間之不林若斯 Perinthus 鎭。波斯以其地與己國接壤。因合雅典救之。於是馬其頓與波斯之戰釁以啟。然爲波斯計。必勿使希臘屈伏於人。惜其未見及此。抑知之而力有不足與。

基隆尼亞 (Charonea) 之戰。(事在紀元前三百三十八年之秋)阿塔碩爾克塞司第三未嘗親自督戰。遂使菲力伯雄長希臘。阿塔碩爾克塞司第三之爲王。自大拉伊厄司第一之後。惟彼曾遠征異域。使帝國中興。戰事方亟。而阿塔碩爾克塞司第三不幸以是時爲宦官巴哥司所弑。而擁立其幼子阿西司 Arses 爲王。（阿西司）阿西司既立。欲誅巴哥司。事洩。與其子女均爲巴哥司所殺。此王之事蹟。世無所知。惟彼在位時。（事在紀元前三百三十六年之春）馬其頓兵始入亞西亞境。時菲力伯已爲希臘人統領。而攻波斯矣。但馬其頓人獲一巨勝之後。菲力伯登時爲人所殺。大功遂廢。其將巴曼尼倭 Parmenio 旋率師回歐洲。時波斯將曼德爾病歿。麥農繼之。乘機克復馬其頓所下亞西亞諸城。然如通黑勒斯濱要道間之阿卑度司及其他一二要地。猶在馬其頓人之手也。

阿西司被殺後。巴哥司又立可度曼紐司 Codomanus 爲波斯王。其人爲大拉伊厄司之曾孫。非阿塔碩爾克塞司之近支也。即位之後。改名大拉伊厄司第三。時年已四十有五矣。既立。則逐去巴哥司。

愛契敏寧氏末造之否運。城有如小說家之所演者。蓋大拉伊厄司第三之爲人。

庸懦而專斷。其幼年於喀達西亞 Cadusia 之戰。以勇敢爲阿塔碩爾克塞司所識拔。命爲亞美尼亞總督。及其爲君。於危難之事。則怯弱如婦人。且又夸誕無能。而於戰時爲尤甚。格魯德氏以比碩爾克塞司。誠爲確當。即謂彼非歷史中大將之敵手。亦非誣也。夫阿塔碩爾克塞司所當擔之事。較之今王所爲者爲更難。且無愚暗之過舉。如今王之殺善戰之宿將卡列地麥司 Charidemus 者。蓋斯時能敵馬其頓者。惟彼一人。彼死則無人能抗之矣。

（亞歷山大之侵入）亞歷山大侵波斯之事。詳亞歷山大傳及馬其頓帝國紀中。此惟紀波斯帝國末造之事耳。試觀此帝國之兵力。雖在震動之後。隸屬王之下。其結集之力。猶如此之巨。亞歷山大雖以不久之年月。傾其國而有其權。然在前日則雖以愛其息拉司之能力。亦斷不能動搖之也。

亞歷山大屠滅西伯人以遏希臘人愛自由之思想。然後以紀元前三百三十四年之春。率兵渡黑勒斯濱海峽。又數禮拜之後。於格蘭尼克斯 Granicus 破波斯阻路之大軍。撒迭斯城旋爲所得。撒迭斯者重鎮也。於是波斯各督臣大懼。以其所轄之城鎮降於亞歷山大此波斯守臣降敵之第一次也。入冬以後。舉希臘海岸之全境。以迄般非里亞悉入於亞歷山大之手。密里士與哈立康納蘇司 Halicarnassus 兩城。爲馬其頓軍所必攻之地。惟哈立康納蘇司窄隘間之城。曾數與馬其頓軍戰。然極危險。羅得人麥農亦波斯將也。於格蘭尼克司之戰。以其全力。焚亞歷山大之後軍。逐之入希臘。波斯水師。亦麥農所統。筦理海面。其重要諸島。亦派兵駐之。時有希臘人數千。咸望麥農之至。與共攻馬其頓人。不幸麥農驟以是時死。其人之死。實亞歷山大一生最佳之氣運也。繼其後者曰法納巴碩司阿塔巴碩司之子也。雖仍司海軍之事。然終不若麥農氏之能謀。亞歷山大既使小亞西亞諸要地防守穩固之後。復督兵前進。在西里西亞之極邊。大拉伊厄司第三親督大軍駐之。特波斯軍所佔之地勢甚惡。凡波斯軍之長技。悉不得施展。紀元前三百三十三年之十一月。波斯軍大敗於伊蘇司 Issus 大拉伊厄司遂逃。故喪地極廣。亞歷山大雖極雄武。然頗謹慎。當大拉伊厄司之逃。亞歷山大未嘗追入波斯內地。蓋亞歷山大之初志。僅思撫有腓尼基沿海之地。使波斯不能屢在海中騷擾而已。波斯之水軍。全仗腓尼基之接濟。今其地已入亞歷山大之手。且其時息比利亞之師船已還。而塞普洛斯亦已降馬其頓。惟他爾一地。與亞歷山大相抗者凡七月。及其被陷。則受僇甚慘。噶碩亦竭力抵禦。獨埃及人素怨波斯見馬其頓人之至。極歡迎之。亞歷山大既得埃及之後。疆域始廣。國基亦臻穩固。雖波斯以大軍來伐。亦能抵禦之矣。在紀元前三百三十一年之春。亞歷山大乃去埃及。經西里亞與美索不達迷亞而至亞西里亞 Assyria 其地大拉伊厄司復親統大軍以待亞歷山大。亞歷山大所佔之地。形勢亦極佳。紀元前三百三十一年十月。亞歷山大復大敗王於高噶麥拉 Gaugamla 自是而波斯帝國。遂不能支矣。

（波斯帝國之覆滅）大拉伊厄司戰敗。逃入米地亞。於是亞歷山大遂不折一矢而得其都城巴比倫與蘇撒及他財寶矣。時有自主之野蠻部落曰厄克興者。（下

xian（亦名虎克興 Huxian）曾於險窄之山逕中抗亞歷山大之軍。波斯軍亦然。然皆無功。亞歷山大於是疾趨入波斯本部。帕撒噶提與迫塞普列司 Persepolis 者波斯之屏蔽也。亦為亞歷山大所得。迫塞普列司去戰地不遠。亞歷山大因縱兵掠之。且焚波斯王宮。在常人視之。以為焚掠乃行軍之恒事。而不知亞歷山大實有深意存乎其間。蓋欲使亞西亞民族知王宮已焚。其國已全覆滅。且示己已為其族之主人翁。不僅使希臘人知為修碩爾克塞司毀希臘神廟之怨也。於是亞歷山大復疾追大拉伊厄司。時大拉伊厄司猶擁巨兵。然誠心擁衛之者。獨有希臘募兵。正如瑞士兵之僇力於法王魯意第十六也。

（彼蘇司）彼蘇司者。敗克闕拉之總督也。（或云為索格迭司愛納總督）知王在逃。因而擒之。其意蓋欲得王以自豪。且欲驅而去之耳。旋聞亞歷山大追兵將至。乃殺王於巴息亞 Parthia 此即愛契敏寧王朝可慘之結果也。（時為紀元前三百三十年之七月）

彼蘇司殺王之後。亟返轄地。而上王號。更名曰阿塔碩爾克塞司第四。其人本大拉伊厄司之戚屬。今驟正位號者。以明彼非僅王室之婚姻。實乃愛契敏寧氏之嫡裔。其所爲蓋深類其先世馬西司忒司 Masistes 與赫司泰司迫司諸王也。至其他各總督之所以深許其所爲。且認之爲王。而接濟之者。其故亦自易明。蓋亞歷山大初王柬伊蘭種。未卽至敗克闕拉與索格迭愛納。故彼蘇司得享王號於一時耳。其後彼蘇司卒爲亞歷山大擒獲於痾克蘇流域而殺之。

後亞歷山大自印度歸。米地亞之總督繫巴約克塞司 Baryaxes 而致之亞歷山大殺之。以彼於亞歷山大遠出之時。曾自號爲波斯與米地王也。巴約克塞司相傳爲米地人。非波斯種。其稱王雖亦有時。而見於歷史者僅有一次。然爲偉大之波斯帝國末造之事。亦讀史者所當注意也。

希臘與巴息亞帝國

自紀元前三百三十一年高噶麥拉力戰之後。亞歷山大遂代波斯而有亞西亞之地。巴曼尼倭力勸亞歷山大仍以波斯人總督碩格拉司山以東之地。且使波斯舊地與已國因天然之形勢及人種上之區別立一顯明界畫。亞歷山大不聽。未幾而燒迫塞普列司王宮。使亞西亞人知愛契敏寧之祀已絕。且使知亞歷山大已爲彼國之共主矣。其罰彼蘇司也備極嚴酷。亦猶大拉伊厄司第一嚴罰勝國之僞帝然。蓋亞歷山大之意以爲己乃應代愛契敏寧而帝有此土者。故深惡彼蘇司去其耳鼻聚米地與波斯人而僇之於愛克巴塔納。以彼曾僞飾爲波斯王也。

（戰功之完成）亞歷山大運活潑敏捷之手腕。底定波斯全國。米地亞亦旋被畧定。惟極東猶未克服。亞歷山大乃逾開斯瀕海與伊蘭之界山。而收海濱之地。由是而至哥拉森與痾克蘇流域之各方面。復自敗克闕拉斜經索格迭愛納而至葉克撒爾忒司河。（即色爾達里亞河爲波斯舊疆之極東境）又逾河而力攻錫地亞。亞歷山大之視此爲要地。而必欲得之者。一爲中央亞西亞之商業。一欲爲伊蘭人謀治安之策。俾其世仇土耳其遊牧種。勿再侵入也。亞歷山大之東征。不特擴地極廣。且大獲威名。如索格迭愛納間之阿列麥士人。Arimaze 疴克蘇河上游山間之可林人。Chorienes 或西西米失爾人。Sisimithres 及印度堡間之阿努人 Aornus 皆蟄居萬山之間。素號難克者。亞歷山大均疾攻下之。亞歷山大之待降人素尚仁慈。獨至與彼相抗之人則罰之極酷。觀其所以處愛林人者。從可知矣。索格迭愛納中有數堅城。倡議叛王。及被克復。則盡殺其男子而墟其地。索格迭愛納人之死於是役者凡十二萬云。至亞歷山大之爲人。則與羅馬帝愷撒 Cæsar 相似。凡事之有便於己者。雖失信亦所不惜。初亞歷山大募印人使守馬撒加 Massaga 一旦忽盡殺之。蓋其意欲入印度。故先殺印人以示威也。波斯權力盛時。從未逾印度河而東。至亞歷山大始逾河而入印度本部。彼之所以必欲遠征者。特以欲大聲威之故。且以希臘人恒稱印度爲奇異之地。故思親至其地以印證之也。亞歷山大之意。必欲一至印度之剛其河。且欲窮探人類所居地之終極。後以兵士之逼迫。其意始阻。於是遂以印度河爲邊界。且將重要之三角島收入版圖。亞歷山大之所爲。在愛林人觀之。以爲此新帝國最後所應爲之事。固已做到矣。時亞歷山大復督兵巡視邊境。擬周歷之後。經基得魯西亞 Gedrosia 與喀曼尼亞 Chamania 而歸。彼時殆未審沙漠行軍之困難。有如此者。軍士自印度起行之後。其得生還者。殆不及四分之一。後人以比自莫斯科退歸之軍士云。

後此與山族諸小戰。凡以完前戰之功。此山族在波斯王朝。已成自主之局。而亞歷山大攻克之。其居於重要之山逕者。使納貢獻。搜索之苛。直如今日克爾特人 Kurds 之搶掠。克爾特人本一野蠻民族。伊蘭鄉間人所視爲天生之仇敵者也。亞歷山大攻克之山族。厥爲尼克與人迫息司之馬地亞人 Mardians 及居開斯瀕海諸民族之與彼同名者。至可生人 Cossæans 亞歷山大於冬間以四十日之功。始攻克之。然其心仍未誠服。徒以亞歷山大於諸要道間。設有堡壘以防守之。故不得不畏服。而安於畎畝中耳。

（亞歷山大之殖民地）亞歷山大以歐洲之貲財與强兵駐防新得地之力故能奏此膚功若非歐洲之基礎穩固與在亞洲多築城堡使希臘之民及馬其頓之軍隊移植其間則亞洲之功亦不克成矣普魯塔克 Plutarch 氏言亞歷山大所建之城在亞洲者凡七十餘其間四十城至今猶可屈數在可生坍近之米地亞與喀曼尼亞爲今人所知者凡兩城前日此兩地有城甚夥今惟二城存耳伊蘭以東爲駐兵最要之地故城之在亞里亞者凡二十有六散布於帕洛般尼蘇司 Paropanisus 敗克闕拉索格迭愛納印度及倭列梯 Oritæ 之陸地然在敗克闕拉者亦僅有六城餘皆在其他各地也稽諸記載言印度高加索間之亞歷山大里亞 Alexandria 城一日間凡收納野蠻人七千隨營移徙之人三千又募兵甚多此則地倭度拉司所言者而克爾鐵司則謂是日城中容納馬其頓練兵七千及已退伍之募兵一隊其言較之地倭度拉司差爲近實城中之事物景象根本於希臘者甚多觀紀元四世紀所出之印度書猶名此城爲阿拉撤達 Alesadda 此猶

仍希臘名也。亞歷山大里亞城在塔納司 Tanais（即扎克撒爾忒司河）河岸。其居民半爲索格迭愛納叛人之自其家遷來者。其故鄉則已爲馬其頓人所墟矣。亞歷山大晚年之命令。惟注意於造城。及使歐亞兩洲之民。交互遷地而居。且欲推行此策於全國。惟馬其頓一部。則不以此策施之。其尤注意者。在遷希臘人於東部各總督之駐地。如敗克闕拉及索格迭愛納等處。蓋離家既遠。一切皆非素習。除服從馬其頓命令之外。更無其他思想。正如臘丁之遷羅馬人於戰勝諸地者然。然希臘人自經此次遷徙。怨馬其頓人益甚。以爲吾輩之辛苦遠徙。皆由亞歷山大之故。自是而希臘人而波斯遺民。皆與馬其頓人。留有不和協之種子矣。

（政府與諸總督之駐地）亞歷山大亦建都於巴比倫。以其地居帝國之中央。可以控扼伊蘭與西部之地。且爲商業之中心點。又爲歷代帝王之故都也。至各地。在波斯朝之設有總督者。悉仍其舊。惟盡除其王號。自印度王外。無有加以此號者。國之北部。設總督十有四。曰迫息司。曰帕里塔生 Parætacene 曰喀曼尼亞。曰米地亞。曰敗克闕拉。曰亞里亞與特倫其納 Drangiana 曰塔不列亞 Tapuria 與馬地亞 Mardia 曰巴息亞與赫爾干尼亞。曰基得魯西亞與倭列梯。曰阿拉庫西亞。曰帕洛般尼蘇。（其地在波斯久成獨立之國。至亞歷山大時乃始設總督。）曰印度河以西之印度。曰印度河以東之印度。（自敗克闕拉邊境起而至印度河與阿西新河 Acesines 匯合之所）曰自印度河下游至海口之印度。此之印度總督。皆屬新設。餘如帕里塔生。塔不里亞及亞里亞三省。仍任大拉伊厄司所用之舊人。蓋前二省僻居萬山之中。欲去其總督。非以大兵攻之不可。後一省之總督。曰撒的巴仁司 Satibarzanes 以奉亞歷山大之命。而與彼蘇司絕。故皆仍留總督之任。然不久即因事除之。其他各總督。始皆以波斯人爲之。惟阿拉庫西亞基得魯西亞以叛亂之故。而印度之三省。皆係新設。故其總督以命馬其頓人。蓋欲使被治之民。咸從新法也。比第二次之命令出。則凡波斯人所任之總督。悉易以馬其頓人。及亞歷山大沒時。波斯人之爲總督者。獨米地亞巴息亞與帕洛般尼蘇耳。蓋米地亞之督臣曰阿忒魯巴忒司。其人非以兵攻而去之。不可更易。（一事詳下文）而帕洛般尼蘇之總督。則亞歷山大之外舅也。自亞歷山大易置總督之後。各總督之權力大見削弱。如巴息亞亞里亞帕洛般尼蘇三省。且各有馬其頓人爲之監軍。兵權悉在其手。而總督如虛設矣。夫一省之事。雖非一人所能畢理。不妨分職以治。然當日馬其頓帝國之諸行省。其總督實毫無兵權也。且各總督向有之募兵權。鑄錢權。亦悉被剝削。而西部諸地。常以一人而兼轄數省。其位恒以任馬其頓人。夫欲求完全之秩序與各官之定職。雖在最初之時。亦不可得。然是時帝國之財政。則頗有進步。當亞歷山大徂謝之日。庫中凡存金五萬塔倫。（一塔倫重五十七英磅。値英金二百四十三磅十五先令。）其歲入之貢獻。凡三萬塔倫。或六百七十五萬司德林。（一司德林爲英金一磅）但其錢非如東方之專事儲藏。而使之流通。且用以辦有用而冒險之事。如遣人探印度河流。與其入海之口。覓印度河與阿付拉底河間之海道。淸航路間之障礙物。以興巴比倫之商業。開運河與興巴拉庫巴司 Pallacopas 之工程。覓沿亞拉伯之海道。索里 Soli 因此遂審明東海濱之土股。又遣使於赫拉克里提司 Heraclides 以察開斯瀕海。凡國課之所入。悉以供經營此等巨大事業之用云。

亞歷山大欲使此帝國穩固長久。必使波斯人與希臘人混而爲一。於是以波斯人三千。教練之如馬其頓人。又擇與馬其頓人有同等位地之波斯人。使與馬其頓人同充衞兵。又使波斯人充當馬隊。此事前爲馬其頓貴族所爲。今間以波斯人。諸貴族則殊不悅之。然此亦以見馬其頓民數之不足也。亞歷山大常著波斯之禮服。且沿用其儀節。宮廷之內。以宦官給事。臣下之見君上。則令其俯首至地。時有貧人自麥生 Messene 來。誤坐王座。即處死刑。希臘人咸詫爲奇事云。

希臘舊俗。凡希臘人與野蠻人爲婚者。皆目爲不合式之婚姻。而亞歷山大則首娶[illegible]克闕拉人路克生 Roxana 爲后。且迫羣臣亦悉娶外人女。於是其臣在蘇撒 Susa 結婚者凡八十人。兵士之以娶亞西亞女子爲妻而得賞者凡萬人。且開一夫多妻之制。大拉伊厄司第三之女司塔的拉爲亞歷山大次妻。後又娶阿塔薩爾克塞司第三之女帕累賽的司爲第三妻云。

以上之儀文風俗。皆沿襲波斯之舊。而亞歷山大又欲自命爲吉辟德爾 Jupiter（埃及神名）之子阿孟 Ammon 使波斯及馬其頓人尊己。一如埃及人之敬奉其王者。亞歷山大雜采他國之習俗。以成一國之治。正如使泥與鐵相和以成國也。但其國民仍存有剛果不撓之氣質。惟西部之民。久習奴隸之行。一惟在上者之命是聽。不敢有所違背。波斯人亦然。即西部之伊蘭人。自初次征服之後。亦皆帖服。而其在東部者則不然。如科拉司迷亞 Chorasmia 之北部。在波斯帝國之末造。業已獨立。其王亦轄有極大之平原。遠及高加索山之東北麓云。他如敗克闕拉索格迭愛納亞里亞阿拉庫西亞特倫其納及印度一帶之邊境。則向服波斯之各總督。惟彼蘇司及其徒黨。則未効忠於王室。觀於擒僇大拉伊厄司之事可見。凡居東部之伊蘭人。向於波斯之關係甚輕。故其對亞歷山大也。抗拒甚力。愛林人亦屢次叛亂。其有力之酋長。如司辟的曼司者。Spitimenes 常聚衆於索格迭愛納以作亂。此種叛亂之起。咸始於各酋長之堡中。其頑梗抗逆。蓋其民族之精神實使之。索格迭愛納與敗克闕拉之伊蘭人。常與突古曼人交戰。故養成一自重之性質。此皆具婦人性質之米地人波斯人所無者。其所處之地位。又易與外兵抗拒。雖彼輩與沙漠中之民。自古爲仇。及至與强大之中央政府相抗。則亦互相協助。或許以接濟。或許其藏匿。均無難色。至首庠及達希 Dahæ 兩地。曾爲彼蘇司力門。而司辟的曼司則曾亡入麥撒其梯。Massagetæ 蓋此荒寂之沙礫中。大軍不能闌入。僅足供小戰爭耳。至印度之婆羅門人。則懷抗拒之心甚摯。曾以意告國王。欲以印度河下游之地叛。而亞歷山大之所最注意者。亦惟在於此。伊蘭之東部。爲脊羅愛司忒恩司姆教 Zoroastrianism 發生長養之地。敗克闕拉與索格迭愛納之反抗。此教亦與有力。亞歷山大曾頒以屍飼狗之禁。此禮敗克闕拉人得之於阿伐司塔 Avesta 經中者。自頒此禁。如驅東方民族而納之叛亂之中矣。

昔馬其頓人曾注意攷察伊蘭人之思想。故亞歷山大營中嘗以巫覡自隨。西傒普姆迫司 Theopompus 者。亞歷山大同時之人也。首發見阿伐司塔經。據波斯古語。謂亞歷山大曾焚此經二十一册。所僅存者。惟遺老口授之一小分耳。此雖不足爲歷史之資料。然亦可見新政令與舊迷信衝突之一般矣。

(亞歷山大之失敗)亞歷山大之大志願。在使希臘人與亞西亞人合爲一體。然此適足納彼與新國諸將領於戰鬥之中。且欲使希臘人與亞西亞人尊己如帝天。故寧盡舍其素所優裕之技術以易之。夫此技術。固亞歷山大欲挾之以成一希臘之非常人。以表示於希臘者也。因此之故。雖以熱心新朝。視亞歷山大如神聖之喀列生司 Callisthenes 亦變其初意而反抗亞歷山大。以犧牲其性命。然亞歷山大最足致敗之處。在不使他種人具有希臘之精神。徒使馬其頓人喪其舊日之道德。而沾染東方怯弱疵累之惡習。儻馬其頓文明果已成熟。自不致受他國之引誘。惟其人數過少。而亞歷山大之策。又過於欲速。且各事又徒飾表面。此語似乎未誠。然亞歷山大之所期望者。則果如此。蓋其所最愛慕者。或著一波斯衣。操一二續斷不接之波斯語。效法彼西司塔司 Peucestas 耳。又心醉東方帝王之尊榮。與東方所行禮法。務使臣下去君主絕遠。此亦柄國之大臣所愛者。亞歷山大對於馬其頓軍隊中諸貴族。其享受專制與將順之樂。適於討論政策與國家議會之事。而諸貴族。則仍有其獨立不撓之氣概。其視君上也。自非有極高之道德。則尊之不能有大異於常人。而亞歷山大則惟矜戰勝之威榮。未嘗措意於己國之情形。馬其頓人之本意。欲統全希於一尊之下。以昭垂於世界歷史中。此意至今益顯。而菲力伯固已出其靈活之手段以試之矣。但欲竟此全功。必以謙遜謹慎出之。然此適與亞歷山大之精神相反對者。恩的巴武爾 Antipater 曾獲巨勝於麥噶洛普列司 Megalopolis 而亞歷山大惟一笑置之。以為此亦如阿爾加的亞 Arcadia 之小戰耳。其實此戰之關係甚大。足以破壞其父所經營之事業者。菲力伯之諸宿將之評斷。識見略高。彼輩非不知亞歷山大之幹才。特慮其事可行。與有望與否。與夫後來之效果如何。即此一念常爲信任諸臣與彼疏遠之媒。其後與彼同德者。惟一無所表見之赫菲司興 Hephæstion 此實一惡徵也。時首倡亂謀者爲長年之巴曼尼俟。後與其子腓洛塔司 Philotas 同遭誅僇。蓋亞歷山大僅以疑懼而誅之也。觀於赫菲司興之死。亞歷山大深致其哀痛。其焚屍之柴。不惜擲二百五十萬司忒林之巨金以賜之。此亦可見其自失之甚。而馬其頓解體之情形。又可見矣。亞歷山大最後之命令。欲聚水陸兵以代喀撒其 Carthage 而遠至西班牙。又欲爲菲力伯造陵。令壯偉過於埃及之金字塔。其事適以亞歷山大徂謝。爲不迭咳司 Perdiccas 所尼。此雄大之計畫。在馬其頓兵將聞之。又對王而生異心矣。時亂謀蜂起。兵士疲於奔命。至哈發西司 Hyphasis 諸兵皆潰。及末後之數日。軍士之精神之大變。亞歷山大親臨督戰。屢受大創。蓋是時諸大將中。無一人肯如亞歷山大之所爲者。或列校中有挺身而前者耳。即以攻麥里 M-alli 城而論。已可見矣。

馬其頓帝國離散之情形。在亞歷山大遠征印度時。已見端倪。諸總督已盡去其束縛。仍復波斯之舊觀。募集兵卒。乘機以圖叛亂。軍中諸將之在米地亞者。復褻瀆聖物。無過不作。哈巴羅司 Harpalus 者。守藏吏也。竊庫儲而逃。迨亞歷山大自印度還。以峻罰少恢復其秩序。然奸謀仍未靖也。亂事以西部爲甚。而又加各總督遣散諸游兵之使歸沿海一帶者。當亞歷山大留攻印度之時。阿林諸官吏已現一無君之象。此即後來諸叛亂之起點。亦讀史者所宜注意。其時則紀元前三百二十六年也。希臘人之被遷於敗克闕拉與索格迭愛納者。聞亞歷山大徂世之訛言。因起而攻馬其頓人。聚者凡三萬人。陷敗克闕拉堅城。得土人之接濟。因以愛生度拉司 Athenodorus 爲將。欲奔歸希臘。後愛生度拉司爲人所殺。而所部則未嘗潰亂。迨亞歷山大既死。希臘軍乃連合其國人而作亂。

（亞歷山大歿）馬其頓之習俗。王常與諸將聚飲。如此之猛啖。而居於巴比倫之惡天氣中。亞歷山大遂發大熱以徂。其畢生之志願。使馬其頓人與波斯同化之功。仍未成也。在波斯一方面觀之。仍自以其人隸於異國法權之下。而東部之伊蘭人成見猶盛。而在馬其頓之一方面。則以亞歷山大之故。致不得發達應營之業。而使之流離困頓於遠方。由此二因。而雄武闊大之帝國毀矣。設亞歷山大逆見功業之摧敗。固不如其早死矣。

（國內戰爭）自亞歷山大歿後。國內之戰爭遂作。且接續至四十二年而未有已。亞歷山大之遺烈。盡皆散裂。而馬其頓帝國亦播散於風影中矣。亞歷山大之死也。無應嗣之子。以王位加諸菲力伯之私生子菲力伯（自紀元前三百二十三年至三百十七年）與亞歷山大第二其人爲亞歷山大遺腹之子路克生納所生也。（自紀元前三百二十三年至三百十一年）國中政權。初掌於不迭喀司畢蘇 Pitho 與阿列提司 Arrhidæus 兩人。旋於是年。并於恩的巴忒爾 Antipater 當居巴比倫以制御全國。後不迭喀司以三百二十一年埃及之戰被殺。國權遂歸彼。移治馬其頓之時。東方之諸總督。遂脫中央政府之覊軛。自由以行其政。時畢蘇任米地亞總督。爲總督長。班在各總督上。未幾又合北部諸總督而爲之魁。畢蘇驕甚。於是諸總督合而攻之。自巴息亞與米地亞逐之出。巴息亞之總督爲非力伯（此與上二人異）畢蘇以計殺而奪之者也。於是各總督復與伊曼司 Eumenes 合。伊曼司自爲總督長。當彼以紀元前三百十六年之入蘇撤也。儼然一王命之方伯。長諸總督矣。時畢蘇逃於巴比倫總督塞勒克司 Seleucus 所。共求援於伊曼司之巨讎恩的岡奴司 Antigonus 於是米地亞遂與秀息愛納 Susiana 宣戰。伊曼司以部下之叛。縛送於恩的岡奴司而殺之。時紀元前三百十五年也。自是恩的岡奴司遂自視如方伯。雄長各總督矣。時畢蘇猶存貪權之念。思復舊位。卒以被殺。波斯之總督彼西司塔司亦以牽同盟以攻畢蘇而被黜。而塞勒克司則逃于普討勒梅 Ptolemy 所。於是諸有權力者。以恩的岡奴司威權過甚。共謀伐之。此戰與塞勒克司之戰相接續。

（塞勒克塞司第一）塞勒克司以普討勒梅之兵力。得復其巴比倫總督之位。是爲塞勒克司時代之時期。亦歷史上一要事也。（此時期自紀元前三百十二年至十一年）未幾敗恩的岡奴司之米地亞守將尼堪瑙爾。Nicanor 塞勒克司遂爲米地亞及連界諸省之長。恩的岡奴司亦略獲勝仗。惟及戰事之終局。則塞勒克司卒被公認爲巴比倫北部諸省之主云。

是時馬其頓之政見。凡分二大派。即馬軍與步軍之意見是也。或云上等貴族與下等貴族之意見。亦無不可。上等貴族。確遵亞歷山大遺意。主聯合。而下等貴族則堅守馬其頓舊典。主分立。即在前數年中。軍隊中人叛攻不迭喀司。已足表明其意見。蓋雖以尋常一軍人之資格。於公共政治。亦有效力也。自不迭喀司之敗。亞歷山大所建之波斯馬其頓帝國之運。亦將告終矣。其最顯著之事。在不以巴比倫爲都城。而挾其君以遷於歐羅巴。此蓋恩的巴忒爾之謀也。自亞歷山大功烈被毀之後。其家亦隨之而毀。當政治兵權財政。爲伊曼司綜理之時。國事猶可有爲。其人誠國之保障也。然希臘人疑彼爲非希臘人。彼乃不能逃此患害。而爲馬其頓人疑忌之犧牲。其人死後。王號雖猶苟延於一時。而國權則已絕滅矣。至後來之諸爭端。則又有特異之性質。時諸將之權力。已加各官之上。而所挾之徒黨。又皆不甚高明之人。其所挾之政策。與戰爭。無非各爲其利益。而各行省之所目爲利益者。在使酋長互相攻戰。而各自爲國。然亦有欲中興馬其頓王室而劇戰者。或言北部諸省之總督與方伯。仍有効忠王室之心。雖在紀元前三百十五年之時。恩的岡奴司猶以抗喀生特爾 Cassander 而力戰。但此不能專指爲効忠王室之舉。蓋不堪諸酋長之傲慢。且惡其奉遠地之王。而不順同輩之命。故出於戰也。即北部諸總督。於國家之感情甚微。且無甚表見其意之事實。故其地不久即被西部之政策所牽引矣。

外此如伊蘭。爲內亂所牽動者甚微。獨米地亞與巴息亞。則立於戰鬥之地位。特爲時尚短。在諸總督中。惟波斯之彼西司塔司喀曼尼亞之的勒普勒麥司 Tlepolemes 與敗克闕拉之司塔生瑙爾 Stasanor 爲治頗善。爲土人所愛戴。當恩的岡奴司欲退彼西司塔司任時。一波斯人往語之曰。余輩惟知遵是人之命令。更不能服從他人。恩的岡奴司以其言戇直殺之。時恩的岡奴司所領之疆域。較之亞歷山大惟少埃及西里亞失拉司馬其頓而已。而每歲所得之貢獻。亦不下萬一千塔倫。（値二百五十萬司德林）平時民不科稅。惟有戰事。則特征戰稅。秀息愛納與米地亞兩地。嘗各納是稅五千塔倫云。

是時各總督之見於巴比倫分裂。（紀元前三百二十三年）與的列巴拉迭蘇司 Triparadisus （紀元前三百二十一年）彼塞普列司 Persepolis （紀元前三百十五年）諸記載者。北部凡十有二。曰迫息司。曰喀曼尼亞。曰大米地亞。曰小米地亞。曰巴息亞與赫爾干尼亞。曰敗克缺拉與索格迭愛納。曰亞里亞與特倫其納。曰阿拉庫西亞與基得魯西亞。曰帕洛般尼賽提 Paropanisadæ 曰自帕洛般尼賽提而印度河邊之印度。曰印度河與哈達司迫司 Hydaspes 間之印度。曰印度河下游之印度與巴塔拉。Pattala 此數較之亞歷山大當日。少巴里塔生與塔不列亞兩總督。蓋巴里塔生今幷轄於迫息司。而塔不列亞則已爲亞歷山大合於巴息亞矣。至小米地亞總督。則新設者也。伊蘭諸省中最要之地。惟米地亞。以此地付諸馬其頓人畢蘇之手。極爲合當。畢蘇者。克拉替司子也。至米地亞之西北部。則爲亞歷山大於紀元前三百二十八年遣往之舊總督阿忒羅巴忒司 Atropates 所轄。其人爲不迭喀司之外舅。故能久居要地。且猶有不能更易之故。在不迭喀司歿後（歿於紀元前三百二十一年）新劃定之疆域中。惟畢蘇能固其米地亞總督之位。且闢地至開斯瀕海之隘口。而小米地亞則無所表見。蓋其地隷於此帝國者。爲期不甚久也。

（愛忒羅巴呑）阿忒羅巴忒司爲小米地亞小國開創之主。自後遂以其名名其國。希臘呼之曰阿忒羅巴呑 Atropatene 亞拉伯與波斯名之曰阿達爾巴強 Adharbaijan 而亞美尼亞則名之曰阿忒巴塔干 Atrpatakan 此國之地位。雖不甚重要。然爲亞歷山大帝國中土人最初之新立國。且爲波斯人與希臘抵抗之最初表見者.
巴比倫分裂之舉.自米地亞以外.其餘北部諸總督之地位.皆無甚更易.此皆余輩所深知者.設其有之.必皆前日之變動.爲余輩所未及知者耳.其間最著之人物.爲愛勸瑙爾 Agenor 之子畢蘇.在亞歷山大時與波斯人共爲印度河下游之總督.今則就尼堪瑙爾之地位.而立國於印度之息替列爾 Citerior 而其向所督理之地.則入於印度普羅士 Porus 王矣.馬其頓人任印度王之伸展其權力者.亦因控禦不及之故.且普羅士王之得此地也.適在亞歷山大初離印度之後.(一紀元前三百二十六年) 普羅士於困難紛亂中奪其地而有之.惟餘一省.與馬其頓帝國微有維繫耳.後普羅士王後墜於紀元前三百二十一年至三百十五年間馬其頓人之奸計中而死.然其地終不爲馬其頓有也.

自紀元前三百二十一年.帝國分裂之後.遂棄舊法而不守.尼堪瑙爾自亞里亞而移之敗克闕拉.菲力伯則自敗克闕拉而移之巴息亞.以代法拉塔芬尼司 Phrataphernes 此次之更易。似與亞歷山大歿後。敗克闕拉與索格迭愛納之希臘人之叛亂相連。當日諸總督中自阿忒羅巴忒司奧克息亞忒司 Oxyartes 外。無一波斯人厠立其間。蓋惟彼二人與戰勝者有婚姻之關係也。恩的岡奴司以媚民之故。故變易其政策。任米地人奧倫士巴忒司 Orontobates 爲米地亞巖疆之總督。但仍遵亞歷山大之策。而制定其權限。自紀元前三百二十一年至三百十五年間。不置方伯於諸總督之上。不迭喀司與其繼嗣亦任各總督自治其省之軍政。至恩的岡奴司時。乃別置一方伯。常以馬其頓人爲之。

在國內戰爭競起之時。其擾亂之象。不減於波斯當日。當伊曼司與恩的岡奴司相持之日。厄克興人與可生人復現獨立之狀。且刼掠行旅。希臘人之屯駐於東北部者。亦時有爆發。而攻馬其頓人。自紀元前三百二十三年。聞亞歷山大徂謝之報。諸屯駐殖民地之軍隊。共欲隸伊尼亞人 Ænian 非羅 Philo 之下。率步兵三萬。馬軍三千。奪路還家。途中爲米地亞總督畢蘇所見。非羅與戰而敗。以非羅所部之酋長中有一人爲畢蘇間也。畢蘇既敗非羅之兵。與非羅約。使盡置其軍器。任之還家。而馬其頓人不應。彼輩蓋已知不迭喀司欲盡僇叛人。故乘畢蘇之不備而襲之。屠其兵卒。且分獲其軍實。

自經此劇裂之擾亂。東西伊蘭人中與夫希臘人與馬其頓人。皆各挾嫌怨。至塞勒克司尼喀忒司 Seleucus Nicator（自紀元前三百十二年即位至二百八十年）何以一躍而入於北部諸總督中。則以兵力征服敗克闕拉之故。其對亞西亞諸人民。其初則已儼然爲之君主。其對於希臘人民。則遲至紀元前三百六年而始受王號。塞勒克司初惟注意於印度。迨伊曼司與恩的岡奴司爭戰之日。馬其頓官之駐印度者。悉被土人所殺。其地遂降於岡特拉格塔 Chandragupta 其人即創摩爾耶 Maurya 王國者。塞勒克司乃渡印度河而東。岡特拉克司給之戰象五百。而塞勒克司因許其擴版圖於帕洛般尼賽提之數部分。與阿埃庫西亞及其得魯西亞之傍印度河者。自是以後。兩王遂爲永久之同盟國云。

時塞勒克司已帝一國。乃分亞西亞舊有二十一總督治所爲七十有二。意在減其權力。毋使作亂。但不久仍復舊觀。在恩的倭秋司 Antiochus 嗣位之初。米地亞波斯秀息愛納及沿伊雷塞林 Erythraean 海之地。似已幷轄於一人之下矣。此殆當日特設一官。專司各省之軍政。因是而舊日總督之權。漸爲所幷歟。

塞勒克司於底骨利司河畔。建一都城。名曰塞勒西亞。Seleucia 後爲西部之事所牽引。遂漸以全力注於西部。而舉其地之權力。屬之西里亞之恩的倭克。然塞勒克司所領之地。去西里亞絕遠。不能遙制。約當紀元前二百九十三年。或是年之後。塞勒克司以北部各總督轄地。付其子恩的倭秋司。以塞勒西亞城爲之都。且以其保姆妻之。恩的倭秋司者。塞勒克司元配司畢塔曼司女 Spitamenes 阿拍馬所產也。塞勒克司之爲人。與恩的岡奴司絕相似。均思帝有亞歷山大所戡定之全地。迨里西馬秋司 Lysimachus 之覆沒。塞勒克司遂思實行其所懷抱之主義。用是爲人所殺。

（恩的倭秋司第一）恩的倭秋司索忒爾（自紀元前三百八十年即位迄二百六十一年）既得其父所給之分地。願望已足。迨父歿遂分其帝國為王。以合三大洲之數。（疑指當日所已發見之亞西亞歐羅巴阿非利加而言）繼亞歷山大起而經營殖民事業者其熱心無過於塞勒克司相傳彼一生建城凡七十有五。其最要者。則在米地亞。東方人至呼其地為伊蘭人之腹心。其間於馬其頓人之元素。扶植擴張。較他處為尤亟。希臘人居留於此者。有愛克巴塔納之居留地與拉倭迭西亞 Laodicea 諸城。及近拉其 Rhagæ 河之阿巴迷亞 Apamea 又以攸魯布司為之根本亞歷山大里亞愛司楷塔 Alexandria Eschata 城。在東北境之極端。以兵力守之。此城之外。即恩的倭克城。其地似已在西西亞人 Scythians 境中矣。至後來新築諸城。似為恩的倭秋司即位後所建。彼蓋以其祖父司辟塔曼司之故而為此也。其後地冒達馬司 Demodamas 踰葉克撒爾忒司河築一壇。以棲迭大馬 Didyma 之阿波羅神。以神嘗有功於其國也。時復修亞歷山大探覓開斯瀕海之舉．遣水師統領巴的羅克兒司 Patrocles 往探．巴的羅克兒司自以為得一自西北通印度之道．然實非是．或為通曼其什拉克 Mangishlak 土股之道耳．而自他方面觀之．又可見開斯瀕海．實非與米倭的司 Maeotis 相連．然塞勒克司於將歿之前．猶欲自開斯瀕海開一運河．以達息麥列亞 Cimmeria 之布司福拉司云．恩的倭秋司承繼父志．而從事築城．築拉倭迭西亞於迫息司之東．而於伊蘭東部尤為注意．故於其地築垣一千五百司塔迭（約一百七十二英里）圍謀夫淺澤於城中．改築馬爾圭司 Margus 河與育若兒司河 Zothales R. 會合處之西里亞納 Syriana 舊城．易名恩的倭克城．周凡八英里．又築索的拉 Sotira 於亞里亞．其將阿且司 Achæus 亦築一城．曰亞徹伊亞 Achaia 阿里司 Arius 河畔．舊有二巨城．一曰阿塔喀濱 Artacabane 一曰亞歷山大里亞．至是亦築而新之．其後一城．周圍自三英里至六英里．而阿拉庫西亞之亞歷山大羅普列司 Alexandro-polis 似亦為塞勒克司所修復者．然希臘於伊蘭所措置者．尚不如西部之密．而其覊縻波斯各地，亦未能有勝於波斯向日之經營希臘也。且自零雜之各記載觀之，當日國家固結之力，反足爲諸叛黨起事之資。且塞勒克司之用心，甚似亞歷山大，亦欲使馬其頓軍與波斯軍集合。當西部用兵之時，塞勒克司即募土人爲兵，軍械悉用弓矢，或與弓矢類似之物，以曠漠與山族之伊蘭人，成習用此器也。攷之記載，塞勒克司所部之波斯人叛者凡三千，塞勒克司以計滅之。而他書則謂馬其頓人之叛去者亦三千人云。恩的倭秋司之長子，亦名塞勒克司，與奸黨謀危其父，被誅，遂以次子爲嗣，是爲恩的倭秋司第二

（恩的倭秋司第二）恩的倭秋司第二本名細倭司 Theos 以紀元前二百六十一年嗣位，以迄二百四十六年。其人淫肆好酒，政權悉入於不肖諸嬖寵之手。據印度著名之古碑所記，謂恩的倭秋司第二曾與大摩爾耶國聯盟。紀元前三百十一年與三百十二年間，塞勒克司曾遣米噶司仁司 Megasthenes 使於岡特拉格塔，而二百八十年至二百七十六年，恩的倭秋司又使代馬秋司 Daimachus

於岡特拉克司之嗣子阿密忒拉噶塔。Amitraghata 比至二百六十三年。嗣王阿索喀 Asoka 皈依佛教。始設醫院於全國。以醫人畜。又挖井種樹於道旁。俾人畜游憩其間。嘗欲以此風示西南鄰國。使率效之。至後來諸恩的倭秋司之爲希臘王者。則已立於第一等地位矣。

當歷王恩的倭秋司第二之時。東北之伊蘭土地。已不爲此帝國所有。時他處兵事方亟。意即與普討勒梅非拉地弗司 Ptolemy Philadelphus 戰也。此戰在恩的倭秋司第二之末年。相持甚久。敗克闕拉之總督地倭度忒司。因自號爲王。此新國其初僅佔有索格迭愛納與馬其愛納之地。其餘東部諸地。猶屬塞勒克司人所有。然疆界亦頗難辨別矣。此强大法制國之成也。諸希臘殖民地嘗力助之。其鄰近諸游牧人種。似亦爲彼所轄。於己國之邊境。亦保守極密。諸沙漠種族中之酋長。如今日之突古曼人者。則深惡之。蓋彼固以刼掠居民爲事。且藉遠而且弱之恩的倭克之中央權力。時作亂事。然其力則又甚薄弱也。

(阿撒西司)時敗克闕拉疴秋司 Ochus 河畔.有游牧種人二兄弟也.長曰阿撒西司 Arsaces 次曰的列達忒司 Tiridates 爲巴尼亞人 Parnians 其族則達希之分支也.向牧羊於敗克闕拉漸西移入近巴息亞之塞勒克司邊境.其幼者被侮於總督弗里克兒司 Pherecles 於是二人作亂.弗里克兒司被殺.巴息亞遂脫馬其頓之羈軛.而阿撒西司乃據其地以自王.是即巴息亞之始祖也.(事在紀元前二百五十年)此段故實.皆得諸當日官場之傳言.至阿撒西司王朝先世之世系.無他記載可考.但據官場之傳言.謂阿撒西司爲波斯阿塔頓塞司第二之子.名弗列辟忒司 Phriapites 之後.且謂彼弟兄與其他五人結一秘密盟約.如誅僞司默爾地司之七人然者.而證諸敗克闕拉故老之傳言.則又不然.謂阿撒西司本一盜魁.其先世亦不可攷.然吾輩於此可悟阿撒西司人曾入襲波斯之遺業.且效法波斯朝廷之禮節者.攷結密約之七人實皆當日七貴族之首領.如喀倫 Karen 素倫 Suren 阿司巴哈追忒 Aspahopet 之族皆是也.又據故老之傳言.

謂阿撒西司幷未爲巴息亞王。而在紀元前一百五年時之巴息亞人。又謂其國之紀元。實託始於紀元前二百四十八年或四十七年之秋。但相傳紀元前二百四十八年時。阿撒西司以是年爲人所殺。在位凡二年。繼之者即其弟也。其弟嗣位之後。仍以阿撒西司爲名。即後世之嗣王。亦皆襲用此名。爲即位後之號云。阿撒西司第一。當必確有其人。蓋其國人奉之如神。鐫其象於錢文之背。此錢即其弟在位時所鑄者。但未必果爲巴息亞王耳。余輩又得一紀元前二百四十八與四十七年間之確實紀載。其年爲的列達武司即位之初。時巴息亞尚屬於塞勒克司人手也。然此兩說。可取卡拉克司 Charax 之伊息度爾 Isidare 之說而剖析之。其言曰。當日阿撒西司所王者。爲阿撒克 Asaak 城。在巴息亞之西北。又在阿斯通 Astanene 之近處。非巴息亞也。自阿撒西司稱王於彼。其子孫世守勿失。此即阿撒西司王朝之始基。而弗里克兒司亦係阿司通之總督。初非巴息亞王也。(塞勒克司第二)維時叛亂蜂起。驟欲平之。實非易事。當恩的傢秋司第二歿。與其子塞勒克司第二喀林尼克司即位之初.(自紀元前二百四十六年即位至二百二十六年)景象甚爲恐慌.時埃及王率兵來侵.凡塞克勒司所轄之境.均被騷擾.軍鋒且遠及敗克闕拉.又加之以內亂.塞勒克司第二與其兄恩的倭秋司希拉克司交鬨.希拉克司挾加拉的人 Galatiaus 之助.以紀元前二百四十二年.(或二百四十一年)與塞勒克司第二大戰於昂哥拉 Ancyra 塞勒克司第二大敗.意彼即爲敵人所殺.

(阿撒西司的列達忒司入據巴息亞)自塞勒克司第二敗歿之報傳於各地.的列達忒司遂叛於巴息亞.率巴尼亞人殺馬其頓總督恩特拉哥拉司 Andragoras 而有其地.的列達忒司者.即故老傳爲勇猛之盜魁也.而所部之巴尼亞達希人.亦一達希人之分支.其人居於色爾達里亞河之外.與鹽海之濱.亦被稱爲生地亞 Xandia 在昔以同種之爭鬨.因移牧於赫爾干尼亞及與開斯瀕海相連之沙漠中.後雖勝巴息亞而移居其間.猶不脫西西亞人游牧之性質.巴西亞人所操

之言語爲米地亞與西西亞兩地雜和而成之語如達希及他種族之名稱足證其人屬於伊蘭之游牧種今其人佔地頗廣自葉克撒爾忒司河起遠及於俄羅斯南部之平原因是余輩得悉其語爲兩種伊蘭語所成一爲巴息亞人語一即其主人所從出之地之語也巴尼亞人佔居巴息亞之後漸去游牧時所襲之衣而易以米地亞式之衣惟戰服則仍其舊其服爲鱗式之甲披之可庇人與馬觀彼國錢紋上所鐫開國始祖之形身所披者即鱗式之甲上襲短套密失拉達忒司 Mithradates 所鑄錢紋亦如之其中手足無衣而鞋則有鞋係頭冠尖圓之盔旁有兩翼以護頸耳此即戰事全身之裝束也自勝巴息亞之後爲一純然之馬軍國以步行足爲自由人羞也其戰具則以弓箭遇戰能持久兩軍既合則僞遁而反軍身以射敵巴尼亞人自入巴息亞之後其居沙漠時之習俗猶多有存者而巴息亞之管理人亦時與邊境游牧諸族互相聯絡即阿撒西司部内之人亦有暫往避匿者逮住居既久諸管理人亦漸與土人同化而無信之習俗與其他

諸性質。羅馬人以爲惟巴息亞人有之。其實凡伊蘭人無不如是者。論巴息亞立國之原則。皆爲嚴厲之貴族政體。少數之自由人。可轄無量數之奴隸。赦奴之事。不特有違禁令。且勢有所不能。蓋社會之積習自來皆如是也。蘇倫率以出戰之馬兵。凡萬人。皆爲其家之奴。而攻恩通尼之馬兵五萬人中。自由者僅得四十人云。

於是阿撒西司的列達忒司遂以赫爾干尼亞加入已國版圖之內。且發大軍以攻塞勒克司。然其地相偪處。亟欲攻之者。尤莫如敗克闕拉之地倭度忒司。逮地倭忒司既歿。而巴息亞人與敗克闕拉人咸以攻塞勒克司人爲兩國之公益。於是的列達忒司遂與地倭度忒司聯盟。數戰以後。塞勒克司大敗。的列達克司因并有巴息亞。在紀元前之二百三十八年。或此年之後。塞勒克司又與埃及言和。而兄弟間之爭端亦已平息。于是去巴比倫而至北部諸總督所轄之地。的列達忒司敗後。初避于游牧族之阿巴息西 Apasiacae 繼而復出與塞勒克司戰。乃大勝巴息亞人至以戰勝之日爲彼國獨立之誕期云塞勒克司此時不能報戰敗之仇以恩的倭克方有亂事故急於回兵此亂乃其伯母司得拉通尼司 Stratonne 所激成者塞勒克司之回軍殆假敗克闢拉之希臘國與巴息亞之土著國以安集其國之時也的列達忒司乘此休暇大擴張其兵力修繕城堡完其軍備并建大拉 Dara 城（亦名大理姆城 Dareium）於風景佳麗之阿比瓦特 Abevard 的列達忒司所制之錢幣其初但文曰阿撒西司繼易之曰阿撒西司王終乃號曰大王殆效恩的倭秋司曼奴司之所爲也在位凡三十二年以紀元前二百十一年或二百十年卒國人懷之奉之如神云

（恩的倭秋司第三）塞勒克司第三索忒爾（以紀元前二百二十六年即位而卒于二百二十三年）早世繼之者爲恩的倭秋司第三曼奴司曼奴司自其兄生時已居巴比倫而轄北部之諸總督摩倫 Molon 者米地亞總督也以其弟迫息司總督亞歷山德之接濟遂於紀元前二百二十四年舉兵攻王而得其政權摩

倫所治之省。素稱富饒。故能藉其力以叛。及敗王之大將任尼塔司。Yanætas 遂佔有塞勒西亞時伊雷失林海邊之小縣巴比倫尼亞。蘇撒堡外之秀息愛納巴拉布塔米亞。Parapotamia 以及攸羅布司。Europus 與夫美速不達迷亞而遠至於特拉。Dura 皆先後爲摩倫所據。幸戰事旋有轉機。曼奴司王年方冲幼。親率大軍踰底骨利司河而駐兵于阿普隆尼的司。Apollonetis（亦名亞佛羅那 Avlona）以絕摩倫軍之歸路。摩倫無已。遂與王戰於阿普隆尼亞之近地。其左翼先降軍乃大敗。於是摩倫與其親族重臣咸自刃以死。時紀元前之二百二十年也。曼奴司於是入塞勒西亞以理東部之事。彼於戰勝之後。每事仁讓。於其重臣赫密司 Hermias 之過舉。常節損之。然有新國崛起於伊蘭諸要地者。彼仍不之許也。是年還西里亞。其未歸之前。督兵踰頓格拉司。Zagrus 以攻阿塔巴仁司。時阿塔巴仁司年雖已老。然爲土王中之最有權者。不獨阿忒羅巴吞爲其所轄。即其隣近諸地。與夫東亞美尼亞。亦屬彼治權之內。迨王師將至。乃懼而求和。曼奴司因與之訂約而去．
於是西部之事亦相繼而起矣．王於此時．事頗忙廹．逮事畢而北部諸總督駐地之戰事又起．相持於原野者凡數年．王之威名．即以是時而著．其初王惟經營亞美尼亞之阿撒穆撒塔 Arsamosata 王國．其王曰碩爾克塞司．坐墜其妻術中．故致於敗．其妻蓋曼奴司之姊也．乃以舟下阿弗拉底河而至塞勒西亞．又以紀元前二百九年．至米地亞．雖盡刼愛克巴塔納伊恩 Æne 神廟之金銀莊嚴以去．然其地之人未遽目彼爲讐敵也．然後率步兵十萬．馬兵二萬．以攻巴息亞新王的列達忒司之嗣子阿撒西司第二．橫度大漠．至希喀都皐羅司 Hecatompylus 又勉趨赫爾于尼亞．踰來布士 Labus 山．（此山爲愛爾布士 Elburz 山之東支）敗巴息亞人於山巔．又圍其潰兵於息林喀巴息亞人思以夜遁．又恐希臘旅人之洩其謀也．思盡殺之．其謀以敗．逮城降和成．戰事乃結．曼奴司仍以阿撒西司爲巴息亞王．而爲之臣屬．此無待贅言矣．于紀元前之二百八年．曼奴司又與敗克闕拉力戰。時地倭度忒司之繼嗣久已失位。地爲馬格尼西亞之歐息地摩司 Euthydemus 所奪。其所鑄之錢文曰。永保帝位。比聞曼奴司來伐。乃以兵守阿里司河。（即倭勒特河在今阿富汗斯坦境）而曼奴司乃自格里愛納 Gurana 城西。闢路而進。以馬軍躪敵而敗之。歐息地摩司被逼。逃於碩列士巴 Zariaspa 曼奴司遂圍敗克闕拉之首都。久頓堅城之下。僅有斯須之功。曼奴司始與言和。敗克闕拉王乃告之曰。如君必欲見逼至於極地。余將求助於諸游牧人。此蓋希臘文明之地所深惡者。後至紀元前二百六年時。和欵始定。歐息地摩司之幼子地麥忒列司 Demetrius 謁曼奴司於行帳。時歐息地摩司竭力媚曼奴司。以其女嬪之。以是歐息地摩司得復有其王位。且與曼奴司結攻守之同盟。敗克闕拉於此役之結局。所損之財無多。但結馬其頓軍餉。及以戰象予敵而已。故敗克闕拉之希臘人咸感曼奴司之和平仁讓。至鑄錢以爲記念。錢上凡鐫四人之象。一恩的倭秋司尼喀忒爾 Nicator 一歐息地摩司納倭司一地倭度忒司索忒爾一亞歷山德非力卑以此四人皆其國創立國家之人也。曼奴司于是經巴洛般尼蘇司而至喀布爾 Cabul 山谷。與印度王塞白哈噶生納 Subhagasena 復修舊好。復自阿拉庫西亞與特倫其納而回。且于喀曼尼亞度冬云。曼奴司于巴洛般尼蘇司以南所行之政策。足使百年之內。其地無甚變更。即其于亞西亞上部之計畫。雖多有弱點。亦能使此帝國永久無東顧之憂。其戰事之結局。在紀元前二百五年。時曼奴司以水師攻基拉 Gerrha 之富商。其地在波斯海灣之亞拉伯海岸間。然曼奴司之於此役。仍持其仁讓之素志。但令餽銀五百塔倫。香料一千塔倫。沒藥油二百塔倫。而任其自由。故基拉人仍得享其安樂之日也。自各種之事實觀之。曼奴司似于十八年之後。復一至東部諸地。彼之威權。則以與羅馬交戰而毀滅。然其大權雖已破碎。而于亞西亞之地位。仍不致無復振之日。彼所最困難者在財力之匱乏。而羅馬又索兵費甚奢。曼奴司因至蘇撒籌欵。且欲刼取伊里默司 Elymais 栢兒 Bel 神廟之財以供用。於是伊里默司人叛。曼奴司與其扈從諸臣盡死焉。時紀元前一百八十七年也。自是伊里默司遂于秀息愛納高原成一獨立之小國云。

（恩的倭秋司第四）繼恩的倭秋司第三曇奴司之位者。爲彼之二子。一曰塞勒克司第四非洛巴忒爾 Philopator 其人甚孱弱。以紀元前一百八十七年即位。而卒于一百七十五年。一曰恩的倭秋司第四愛畢芬司 Epiphanes 以紀元前一百七十五年即位。而卒于一百六十四年。其人頗具才能。能燭帝國所以致弱之弊。欲縮系散漫無紀之諸行省。而統制于中央政府。但圖治過急。而行事又過於猛厲。適足以促國之傾覆。彼之困難。正與異日塞勒克司朝之情形無異。但苦財力之困乏耳。且彼之所以力事聚斂者。正以紀元前一百六十六年。用兵于東方之故。其始攻大亞美尼亞與其鄰近之索芬 Sophene 此兩地初未納貢獻於馬其頓亦維相羈縻而已。自恩的倭秋司戰敗以後。近羅馬之諸大省。遂各自爲國。事在紀元前一百八十九年。諸國皆隷於阿塔克息司 Artaxias 與碩特列特司 Zadriades 之下二人皆前日之方伯也。恩的倭秋司第四攻入亞美尼亞。獲阿塔克息司下之于獄。尋釋之回國。恩的倭秋司第四旋有事于波斯灣海岸。其副將于一日中。獲海陸二勝。仗于麥生。波斯人遂服。其地在瑙瑪且亞 Naumauchaea 地角。與喀曇尼亞海岸相對。即此戰而研究之。足知迫息司一地前日已脫馬其頓人之羈軛。且以見馬其頓新國之權力已伸張至阿曇海岸之對面矣。（此事約在紀元後之七十年）

底革利司河口有亞歷山大所建舊城。恩的倭秋司第四築而新之。易其名曰恩的倭克。此城舊爲潮水所淹沒。于此足見塞勒克司朝政之不振。蓋其地本有運河。亞歷山大復濬之。築城其上。後人聽其湮塞。不加修治。故城爲潮水所毀也。他事之爲恩的倭秋司第四所注意者。厥惟廣布希臘舊俗于東方。故名米地亞都城曰愛畢芬尼亞。彼又喜刼掠野蠻人之神廟。此事殊足以激東方人之怒。而與彼所經營之事業相反對。聞彼嘗以刼廟之故。土人鬨之幾蹈其父之覆轍。此事恐諸紀載中叙之猶未詳盡也。嘗聞人言恩的倭秋司第四聞伊里默司之納尼亞 Nanæa 女神廟極富珍寶之儲積其中者。凡數世矣。于是親率兵往刼之。爲土人所逐。乃逃回巴比倫。至迫息司聞猶太背叛之信。沿途又與波斯叛人相持。其凶暴之狀。一如前日。以肺疾作。道沒于波斯之塔比 Tabæ 城。時紀元前之一百六十四年也。恩的倭秋司曾以麥生與其都城恩的倭克與土王赫司皐新司 Hyspaosinse 略如總督。恩的倭克旋爲水所淹沒。如前日亞歷山大里亞之所遭。于是移城于人力堆成之山上。外圍以石。以障汎濫之水。易其名曰司巴新卡拉克司 Spasinucharax 言赫司皐新司所堆砌之城也。新城中商業甚盛。尋爲卡拉生 Characene 小國之都城。此國殆于恩的倭秋司死後而獨立者。自是塞勒西司帝國。遠離波斯海灣。而移于一小土國之中央矣。

（地麥忒列司第一）於是幼主恩的倭秋司第五攸巴忒爾。Eupator 以紀元前一百六十四年即位。時王方幼沖。國步又値艱危。即位纔二年。即爲地麥忒列司索忒爾所奪。地麥忒列司以紀元前一百六十二年即位。而卒于一百五十年。在位之日。屢爲羅馬人所擾。時羅馬聯合地麥忒列司諸仇國。自各方面侵入。幾復激成當日摩倫之亂。自恩的倭秋第四歿後。米地亞總督易爲密里土人的馬秋司 Timarchus 其弟赫拉克里特司 Heraclides 時爲主藏之官。其人有權力而善謀畫。二人同爲王所嬖愛。的馬秋司常出使羅馬。與之交稔。因求羅馬加已以王號。（事在紀元前一百六十一年）又與亞美尼亞之阿塔克西司約。使攻地麥忒列司。因逼米地亞隣近諸省。認彼爲王。并擴其權力。遠至於柔馬 Zeugma 後且領有巴比倫尼亞。特其人之終局。未能有勝于摩倫。巴比倫尼亞人以彼壓制之甚。恨之。彼方自加尊號曰大王。鐫之錢幣之上。然不久即爲地麥忒列司所敗。蓋地麥忒列司乃時王中之極有材能者。于是的馬秋司被殺。而其弟亦逃。地麥忒列司之勝地馬秋司也。巴比倫尼亞人感之。目之爲救世之主。（事在紀元前一百六十年）地麥忒列司既獲大勝。遂救伊蘭善地。而扶植其王政。時人默計羅馬之援。決不能至。以民主之國。無權使其軍隊遠救異國。而地麥忒列司益示鎮定。使時人益信其所計之不誤云。

（阿撒西司非拉地弗司）馬其頓帝國之危險。不在諸將之叛。而在東方諸强國之反動力。其間尤以巴息亞小國爲最强勇。巴息亞王自與大恩的倭秋司交戰之後。休養已久。阿撒西司第二之嗣子曰弗里巴的司。Phriapatius 在位凡十五年。（自紀元前一百九十一年至一百七十六年）以錢文攷之。其名爲阿撒西司非拉地弗司。Philadelphus 又曰腓勒倫。Philellen 其前名之義。則以與姊妹結婚故。其後名則創立巴息亞國王之名。意自塞勒克司王權沈落之後。彼將爲現在及未來希臘人之保護者。故名之以自况也。嗣其位者。爲長子弗拉忒司第一。Phraates I.

（弗拉忒司第一）弗拉忒司第一以錢文攷之。其名爲阿撒西司西倭巴忒爾。Theopator 嘗勘定以勇敢稱之馬地亞高原。移其民于開斯瀕海隘口。隣近之卡拉克司.此可爲巴息亞人隔絕可密生 Co-misene 科倫 Choarene 與米地亞之證.其時約當大恩的倭秋司初死之日也.

(密失拉達忒司第一)弗拉忒司約以紀元前一百七十一年卒.其位不傳于子.而及其弟密失拉達忒司(或名阿撒西司愛畢芬司.此名于紀元前一百三十九年或三十八年阿撒西司腓勒倫之錢上得之)其人以才武稱.嗣位以來.使巴息亞有管理伊蘭之權.逮覆沒敗克閼拉之後.彼遂爲第一等之戰略家矣.

(地麥忒列司之興敗克閼拉)敗克鈌拉王國.在歐息地摩司時.頗爲發達.其子地麥忒列司.踰印度高加索山.勘定印度.其率希臘人而東進.較之亞歷山大東征所到之地爲尤遠.旁遮伯已爲所得.因名喀克拉 Cakala 城爲歐息地米亞 Euthydemia 即以爲所定印度各地之首都.既定印度.復沿印度河而進.得巴塔拉 Pattala 平撒拉司忒司 Sarastes 亦名蘇拉什忒拉 Surashtra 與巴雷噶碩 Barygaza 王國.意欲通道于海.且欲于世界之商業中佔一位置也.又敗中國之韃靼人.遠

及于色爾人 Seres 與封尼人 Phauniens 所居之地。自是而敗克闕拉希臘人之權力益張。又沿塔里木 Tarym 河。覓與中國通商之道。蓋色爾一種。先亦爲中國人。封尼人之所居。據普林尼 Pliny 氏言。當在阿塔科里 Attacori 種人之西。阿塔科里爲一種不可攷之民族。居於黃河 Hoang-ho 發源之處。與土加里 Tochari 種人之東。土加里之先。即居留于和闐 Khoten 之東者。據中國紀載。其地本爲一西藏之努根 No-kiang 游牧民族所據。敗克闕拉人因而佔之。史家言自痾克蘇河與葉克撒爾忒司河以攻韃靼。服之甚易。但難守耳。按此則敗克闕拉人之自此方向而進入此地也。可無疑矣。惜司忒拉布 Strab 氏未言是役是否爲地麥忒列司之事。敗克闕拉覆亡於紀元前一百七十七年之前。而匈奴 Hiug-nu 之興。則在紀元前二百一年之後。當日中國之漢室已興。闢土至于長城。而開互市于亞西亞之內部。時適敗克闕拉權力最甚之日也。地麥忒列司繼承父位于敗克闕拉後爲攸克拉的地司 Eucratides 所奪。在紀元前一百八十一至一百七十一年之間。諸城之歸順攸克拉的地司者。無慮千數。其後彼與其仇地麥忒列司。咸思展拓希臘之居留地。攸克拉的地司築攸克拉的地亞城于敗克闕拉。而地麥忒列司亦築地麥忒里亞城于阿拉庫西亞。據淑司丁 Justin 氏言。敗克闕拉人以屢與索格迭愛納阿拉庫西亞特倫其納亞里亞及印度人戰。國力已竭。其後遂見并于弱小之巴息亞。然攸克拉的地司實王中之有剛勇者。嘗以三百人被印度王地麥忒列司六萬人所圍。相持凡五月。後以得人協助。卒服印度云。

自敗克闕拉王國及地麥忒列司（地麥忒列司失敗克闕拉王位之後。猶王于印度河以東之印度諸地。河以西則全失之矣。）之外。猶有諸小國獨立于塞勒克司所屬之各地。事在紀元前二百六年。此即所謂東方諸國之反動力也。淑司丁氏謂攷之錢文。攸克拉的地司實爲兼并諸小國之大戰略家。索格迭愛納一地。以中國著述家言。當攸克拉的地司生時。已爲西西亞所佔。恩的馬秋司曾王於印度河下游之地。且曾獲一水軍勝仗。此亦攷諸錢文而知之者。其國重要之地。觀於彼及其子恩的兒息地司 Antialcides 所鑄之錢。知爲科芬 Cophen 山谷。恩的兒息地司又自號曰尼寫觸拉司。Nicepharus 此殆假之恩的倭秋司愛畢芬司者。彼二人生當同時。特恩的兒息地司年較少耳。普拉士 Plato 者。彼之隣國也。國運極短。所鑄貨幣。悉用塞勒克司人紀年。（事在紀元前一百六十五年）般塔倫 Pantalean 與阿喀索克兒司 Agathocles 之錢。見於拜格倫 Begram 喀布爾喀斯那撥達喀爾與塞伊斯坦者甚多。彼二人殆阿拉庫西亞與特倫其納之王也。自此以前。此兩地殆屬於地麥忒列司。然以錢文攷之。似又屬於其父歐息地摩司。但彼決非大恩的倭秋司末年同時之人。意者地麥忒列司娶大恩的倭秋司女。因贈此地爲嫁資耳。兩國結婚之事。似在必有。以拉倭迭司之名。本爲塞勒克司人所有。而敗克闕拉之希臘人。後亦沿用此名。殆由通婚之故也。攸克拉的地司之爲大戰勝家。亦證諸錢文而知。彼嘗重鑄恩的兒息地司之錢。而彼歿後。印度王阿普羅度忒司 Apollodotes 鐫其象於錢幣上。尊之爲喀列西 Karici 城之上帝云赫列倭克兒司 He-liocles 者。攸克拉的地司之繼嗣也。司忒拉布者。阿普羅度忒司之繼嗣也。二人各互鑄彼此所行之錢。而赫列倭克兒司之名。後且復現於白沙威爾王非羅生奴司 Philosenus 之錢文中。

攸克拉的地司自戰勝印度回。旋爲其子所殺。其子殆赫列倭克爾司也。其被殺之年。可以地麥忒里司之年而定之。地麥忒里司生於紀元前二百二十四年以前。而失國當在紀元前之一百五十九年。淑司丁謂攸克拉的地司享年不久。其死當決不在紀元前一百五十五年之後云。稍前於此。似有以事權假於土人之事。此亦由錢文而得之者。前日希臘王所鑄之牌。沿雅典向例。但鐫希臘故實於其上。而是時所鑄之牌。則以亞里亞字母鑄印度之喀布爾語於其上。於以見土人擅事之一斑也。亞里亞之字母。則傳自塞密的克者。當攸克拉的地司在位之末年。則又有一種鐫土人故實爲錢文之錢。又有一種方形之錢。流行於其地云。

(密失拉達忒司之興巴息亞)自攸克拉的地司之死。而社會之戰爭益亟。敗克闕拉之勢日熾。巴息亞王密失拉達忒司之勢日擴。自攸克拉的地司生時。阿司濱司Aspiones與忒里亞Turiua兩總督所轄之地。已爲巴息亞所并。觀巴息亞以興都庫什爲東部之邊界。足知亞里亞亦括於其內。而後日亞里亞所以亦爲攸克拉的地司之一敵國矣。以他紀載觀之。密失拉達忒司所轄之地。已遠達於印度。且言彼未嘗宣戰。遂撫有普羅士之舊疆。或言彼領有印度河間諸國。與哈達司廹司。此二說當以中國紀載爲之折衷。其言曰。漢時有游牧民族曰塞Sse者。攻入科芬山谷。建國於其地。未幾其國遂滅。此事甚關緊要。蓋伊蘭東部希臘人之內亂。適足爲西西亞人侵入之資也。密失拉達忒司既得志於東方。轉而注意於西部。所得之機緣。亦不減於東方。地麥忒列司是時自降。而與隣近諸小國聯盟。此聯盟國內以赫拉克列地司爲之機關。因得與羅馬交通。而得其接濟。時有人僞爲大恩的倭秋司之子。此聯盟國因奉以爲王。恩的倭秋司之僞子。於紀元前一百五十二年。出現於西里亞。又於一百五十年之戰。而殺地麥忒列司。乃易名曰亞歷山大西倭巴忒爾攸爾其忒司然實不稱其後既失普討勒梅非洛米忒爾 Philometor 之援普討勒梅遂於紀元前一百四十七年立地麥忒里司之子地麥忒里司第二而攻之至一百四十五年亞歷山大爲普討勒梅所敗遂逃爲亞拉伯土酋所殺

（地麥忒列司第二）地麥忒列司第二尼喀忒爾既立頗不爲人所悅地倭度忒司者阿巴迷亞之喀息愛納人也其先世頗式微地倭度忒司擁立亞歷山大幼子恩的倭秋司愛畢芬司定尼蘇司 Dionysus 以抗地麥忒列司第二後復殺其傀儡而自爲忒里富 Trypho 王相持五年卒逐地麥忒列司於西里亞之一隅時米地亞亦與巴息亞戰末後之戰勝則終爲巴息亞所得時密失拉達忒司去米地亞之巴喀西司 Bacasis 而至赫爾干尼亞米地亞是時似已成獨立國此見於迭倭特 Diod 之紀載者定尼蘇司者米地人也於紀元前一百四十二年起於美速不達迷亞而攻忒里富以彼嘗弒幼主定尼蘇司也定尼蘇司殆爲的馬秋司

之子。赫拉克里地司之立亞歷山大於西里亞也。意在擇一同族之人。使正位於米地亞。巴息亞議會亦承認之。若一分立之國然。然其獨立之運會。旋爲密失拉達忒司所阻。蓋彼乘紀元前一百四十七年西里亞內亂之機。覆而有之。巴比倫亦隨之而覆。地麥忒列司之副將被敗。舉全省之地。與其都城塞勒西亞。均入於巴息亞人之掌握。自是東部之地。全入於馬其頓人之手矣。

巴息亞人以巴息亞之法制。施諸新得之地。而土人不欲。北部諸省之希臘人與馬其頓人尤甚。於是屢遣使乞援於地麥忒列司第二。地麥忒列司雖於西里亞之地。微有喪失。自計若得撫定其地。可資其力。以共敵忒里富因。許之。紀元前一百四十年。地麥忒里司親督軍隊。入美速不達迷亞。經巴比倫而至北部諸省。大爲土人所歡迎。雖小國亦願悉衆共攻此驕蹇之野蠻。蓋深恨其壓制也。地麥忒列司乃合波斯人與伊里米亞 Elymaea 人與巴息亞戰。敗克闕拉人亦喜而助之。此蓋彼等最末次爲獨立人民矣。其初戰事頗利。巴息亞人連戰皆敗。然在紀元前一百三十九年。與密失拉達忒司之副將議和於米地亞也。地麥忒列司乃大驚。始知中敵之計。所部士卒。悉被誅殺。彼亦被俘。系之以組。使游行於聯合各行省中。既至巴息亞。王遇之甚厚。爲築精室於赫爾干尼亞。以其女路度根 Rhodogune 妻之。且允其復國。後地麥忒列司卒。其計遂阻。

最後密失拉達忒司又與伊里默司戰。伊里麥司者。地麥忒列司之同盟也。伊里默司之阿西納 Athena 阿得密司 Artemis （或爲阿碩拉 Azara 那尼亞 Nanaea）諸富廟。允以金十萬塔倫。（値英金二百二十五萬八千鎊）與赫迭封 Hdyphon 之塞勒西亞大城獻之。於是其地遂入於巴息亞。惟仍留其王以治之。以錢文攷之。密失拉達忒司又別立新國。殆即其族人之分支也。密失拉達忒司享有大年。以紀元前一百三十八年卒。或稍後於此。亦未可知。其國人懷之。奉之爲始祖。然其貞實之威榮。尚有大於此者。巴息亞國力之强盛。實惟彼之力。東自印度高加索山。以至阿付拉底河間之地。悉惟彼是主。且采各國之政令。而行之己國。是亦一大立法家。而人之贊頌之者。亦咸目爲公溥仁慈之主云。

（巴息亞之行政區）巴息巴帝國行政之區域。在卡拉克司之伊息度爾與普林尼之記載中言之極詳。其國分領土爲上下兩部。以開斯瀕海之隘口爲分界。下方之一部凡分七省。（一）美索不達迷亞與巴比倫尼亞（二）阿普隆尼的司（三）卡隆尼的司 Chalontis （四）喀里亞（五）甘巴登 Cambadene （六）上米地亞（七）下米地亞亦稱拉勤 Rhagian 米地亞。上方之一部凡分十一省。（一）科倫（二）可密生（三）赫爾干尼亞（四）阿斯通（五）巴寅 Phathyene （六）阿朴的生 Aparcticene （七）馬其愛納 Margiana （敗克闕拉之一部分）（八）亞里亞（九）阿瑙人 Anaunns 所居地。（亞里亞之一部分）（十）弱倫其納 Zarangiana （十一）阿拉庫西亞今所稱白印度者是也。此十八行省中。自巴息亞舊有之六省外。餘皆塞勒克司尼喀忒爾所轄之省。巴息亞攻而得之者也。但彼所謂上下兩部者。非就地形而論。惟以未得米地亞與伊蘭以前所舊有之地。自阿拉庫西亞外。均謂爲上部。下部各省。則皆西征所佔領之土也。故巴息亞人之視西部諸省。較諸舊有之地爲輕。惟以美速不達迷亞爲一大省。因阿撒西司王朝遷都泰息封 Ctesiphon 時以巴比倫尼亞合於美速不達迷亞故也。且攷巴息亞當日。絕無欲闢地至海之意。惟阿付拉底河入海之處。有幾微之領土。絕大之海上商業。盡讓諸卡拉生小國。而不之顧。若以巴息亞當日之疆域。與馬其頓舊疆相較。則巴息亞於東方則少東伊蘭諸總督駐地。（即敗克闕拉。索格迭愛納。帕洛般尼賽提。）與三印度及帕里塔生。（即後日稱爲撒喀斯丹 Sacastane 者）仍屬於敗克闕拉希臘人及其繼嗣者之手。於北方則少小米地亞。（其地已久成獨立國）於南方則少秀息愛納（其地時屬伊里默司）及迫息司與喀曼尼亞兩總督駐地。（其地與其得魯西亞之西部仍屬波斯人所有）於極西則少阿卑列的司本部。Arbeltis（其地已爲阿地濱 Adiabeen 小國。其名於紀元前六十九年。始見於載籍。）奧哈 Orrha 之曼奴司 Mannus 王國。在美速不達迷亞之北部。據伊息度爾之言。其地南去愛地撒 Edessa 絕遠。似亦一獨立國。如阿地濱然。其立國似尚在巴息亞擴張之前。凡諸小國。雖稱藩於巴息亞。然亦惟在國勢强盛之日爲然。及其分裂以後。則僅有臣屬之虛名而已。即巴息亞盛時。兩國之關係亦甚輕微。其於政治上之權力。遠不如異日撒遜人之所施於彼也。阿撒西司的列達忒司及其諸繼嗣之人。皆號稱大王。至密失拉達忒司則臣服諸小國。因自號曰王中之大王。此號殆似徵實。非大言自誇者。蓋自此數人外。其後諸王均無此稱。逮七十年後。弗拉忒司第三始復稱此號。（其間惟篡賊某自號爲王中之王）此蓋攷諸錢文而知之者。然自是以後。則不之知矣。

巴息亞國中。無論何事。惟貴族之權最鉅。而選立新君時。其權尤重。君位雖專屬阿撒西氏。然必經兩議院之選舉。而其位始定。權位之次於君主者。厥惟貴族議院。議員則自諸大將及副總督中選之。其人皆王之戚族。如巴尼亞之武貴族。然其次爲衆議院議員。擇馬其亞人與民之俊秀者任之。此兩院之人。蓋皆有選舉新王之權者。巴息亞人奉教極貞摯。然於育羅司忒林司姆教之以屍肉飼鳥與狗。而埋其骨之禮。亦甚非之。當巴息亞王的列達忒司之往乃羅 Nero 也。舍舟而陸行。恐舟行將有涕唾汚褻此海也。時馬其亞人雖仍司巫祝。侍王行。而其權則不如撒遜人在位時之盛。然據此遂謂巴息亞人非熱心於育羅司忒林司姆教者。則又非也。

（伊蘭東部希臘人之傾覆）自伊蘭之馬其頓帝國傾覆之後。而希臘人之獨立於帕洛般尼蘇司以北之伊蘭東部者。亦即隨之。敗克闞拉於紀元前一百四十年。猶稱獨立。此後即不聞以獨立稱矣。且以錢文攷之。在弑逆之赫列倭克兒之後。敗克闞拉與索格迭愛納。未嘗有王。攷之史官之紀載。亦僅有兩種箇當之言。司忒拉布謂有游牧民族曰阿息 Assi 曰巴西尼 Pasiani 曰土加里曰撒喀洛西 Sacarauce 者。居於葉克撒爾忒司河中部以外之首犀踰河攻希臘人而佔有敗克闞拉。忒魯格司 Trogus 則謂撒喀洛西阿西尼同爲西西亞民族。猶幸其時中國適有經營西域之舉。其使臣在紀元前一百二十八年。嘗居大夏。著有報告。

其報告之文後爲中國古史家所編述第二古史家又雜取西域道通後（約爲紀元前之一百十五年）中國人旅行西域之游紀而著之書今余輩因得取其所記以充史料月氏者一游牧民族也於西藏族爲同種居於敦煌 Tun-hoang 與祁連山 Kilien-shan 之間約紀元前之一百七十七年與鄰近諸國同爲土耳其匈奴（即匈奴）所攻降之及紀元前一百六十七至一百六十一年之間月氏復戰不利老上單于殺其王章隆 Chang-lun 以其頭爲飲器月氏西徙至伊斯色克庫里湖 Issyk Kul 畔逐游牧是地之塞人而居之塞人乃由烏克 Utch 與克什噶爾而行其後攻服罽賓 Kipin（令喀布爾山谷）因而居焉其舊居之地則見奪於大月氏旋爲烏孫 U-sun 所攻逼其西徙（時紀元前一百六十或一百五十九年也）烏孫所居在匈奴之西中國史家似未嘗知月氏西徙曾設帳於伊斯色克庫里湖畔之事但言月氏西行攻服大夏 Ta-hia（即敗克缺拉）耳實則月氏故曾淹留湖畔特不數年亟即徙去據前人傳述謂月氏西遷經費爾干 Ferghana

部。居其地者有時。但攷諸史。則僅謂其沿費爾干部之邊境而西。攻服大夏。其王遂設帳於阿克蘇河之北。至紀元前一百五十九年。始移於索格迭愛納。時其地內亂方亟。攸克拉的地司之權力亦將傾覆矣。然月氏之勝大夏亦漸以而至。蓋紀元前一百四十年時。敗克闕拉。猶名爲自主國也。

當月氏移居新地之後。漢皇遣張騫往速之歸。使絕匈奴與他國交通之道。張騫被匈奴所擒。以紀元前一百二十九年。逃至費爾干部。然後覓導經葉克撒爾忒司河中央之康居 Khang Kiu 卒達月氏。而月氏以新居安樂。無歸舊土之意。張騫居月氏年餘。（紀元前一百二十八年至一百二十七年）知無可爲。乃還歸途又爲匈奴所得。至紀元前一百二十六年。始至中國。中國史家乃取其所紀各國之風土道里居民多寡。以著之史。其言大宛 Great Won（費爾干部）大夏（敗克闕拉）安息 An-si（巴息亞）等國。民皆定居事農業。自費爾干至巴息亞間之民族。皆深目多髯。雖言語各異。而能相通。蓋皆爲伊蘭語也。其風俗亦多相似。俗尊女子。故人皆善處其妻。巴地生民 Bardesanes 言當日敗克闕拉庫山人 Kushans 之視女子。與此相類。然不可以例巴息亞。巴息亞閉置女子之習。雖在東方。亦爲最甚。月氏人善經商。能治絲漆之業。惟不知鑄金。後從中國之降人受其術。五金之屬。購之中國。於是始有製金銀爲器用者。然不以鑄錢。故其國貨幣之興。尙在巴息亞人之後。大宛殆即普討勒梅之所謂 Ουαρνοι。亦即文迭代特 Vendidad 所謂之瓦倫那 Varana 在紀元前一世紀。其國居民凡三十萬。轄城七十。其王殆其地之土人。所居地爲貴山城 Kuei-shan（或稱庫金特 Khojend 在費爾干山谷之口）自希臘權力覆滅之後。大宛王崛起。其間有兵六萬人。戰時咸操矛矢。其地以產美酒善馬著名。馬皆汗血。爲天馬遺種。中國欲得其馬。特遣大軍取之。事在紀元前一百四年至百三年。而一百二年至九十八年間。中國又出師攻大宛云。大宛產零陵香。與蒲桃。中國人挾其種歸植之。蒲桃希臘人呼爲蒲忒朴司 Botpus 可見其種乃自亞歷山大里亞愛司楷塔之希臘人携入者。媯水 Wei R.（即痾克蘇河）

之南。爲大夏立國之地。亞歷山大經營其地時。未嘗爲之置王。而紀元後七世紀間。土耳其之有此土也亦然。漢之張騫嘗謂其國有居民百萬。咸脆弱不能與戰。特善於經商。其首都曰藍氏 Lanshi. 市肆頗繁。此城臨敗克闕拉河。爲商業中心點之一。沿河之路。爲印度與北方通商之要道。所謂北方者。即指敗克闕拉與攸克拉的地亞而言。(普討勒梅氏言此道在河下游之左岸)據此以觀。則藍氏似即爲 Ελληνες 也。大夏之北。爲大月氏境。月氏之西。爲安息。其地向痾克蘇河。時爲中央亞西亞大國。闢地千里。(當三百五十八英里)轄地之內。大小凡百城。自中國之安息者。自東界入達其國都。(紀元前一百年其都名曰番兜 Fan-teu 殆即巴撦 Parthau 也)有垣之城凡十有二。而皆聚於一處。哥剌森富庶之地。其居民之稠密有如此。安息商人之與鄰國貿易也。或以車。或以舟。其遠皆數千里。貨幣以銀。鐫王象於其上。易一新君。則更鑄之。紀事以皮。字則旁行。攷錢文之形式。似與巴息亞相似。然安息之鑄錢。在圖商業之便利。非如巴息亞之專示貴族政體也。觀以上之所紀。均於巴息亞人之所爲不合。蓋中國人之游西域者。未嘗將主治與被治人之種族。詳爲分別。且但就被治者之一方面立論。故言其人與敗克闕拉費爾干。之居民相似也。其後安息闢地直至痾克蘇河。故自馬其愛納（一作馬其亞）居民中。得有安息之紀載。馬其愛納後服於巴息亞。當紀元後二十四至二百二十年間之中國記載。稱其東界之城曰木鹿。Mo-lu 或曰小安息。此即文迭達特之所謂毛羅也。爲今謀佛魯特 Merv-rud 地。即希臘人所稱恩的倭克者也。安息或即恩的倭克之誤。亦猶波斯人誤西里亞之恩的倭克爲恩的佛 Andiv 耳。抑或是地隸於巴息亞人之後。易爲此名。亦未可知。安息之西臨西海（即開斯瀕海）而居者。曰條支 Tiao-chi（即米地亞）居民稠密。人事農業。臣屬於安息。有數部分。則受治於酋長。張騫之言米地亞中央之情形。略於義蘭 G-ilan 馬仁大倫。Mazandaran 但謂其地溫濕。可藝稻米。又謂其地多小國。蓋是時不僅阿忒羅巴吞立國其間。即迭蘭 Dilem 亦自有君。紀元前六十五年時。普魯塔克曾言及之。其里 Gelae 喀達西亞亦各戴其山中之酋長。如在愛契敏寧朝末造。與撒遜人初起之狀。惟密失拉達忒司創立巴息亞帝國之時。力能臣服此聲教不通之各地。耳安息之北。爲犂軒 Li-kan（即赫爾干尼亞）俗重巫覡。與康居同。凡此諸國。皆在巴息亞帝國版圖之內。惟下方各總督駐地。則僅爲巴息亞領土而已。其後數百年中。中國與西域交通之道。則經罽賓（喀布爾山谷）而至烏弋山離 U-ghe-shan-li（即阿拉庫西亞）於是余輩又得一特異之現象。此二國之西界。均爲條支所恨。條支之疆域。自邊境以至都城。計程凡須百日。今設自阿拉庫西亞起行。初向北行。繼乃折而東向。可達安息。據此方向。則惟有以巴息亞人之在馬其愛納者爲安息。又以恩的倭克爲之都城。道里始合。但巴息亞帝國。後以米地亞爲中點。且底定西部之地。或即所謂條支也。蓋條支一字。即陸地之義。與愛契敏寧朝官話中之古波斯字達雅之意相類。按張氏之說。謂索格迭愛納間之月氏。葉克撒爾忒司河中流域間之康居。與夫科拉司迷亞間之奄蔡 Yen tsai 皆爲游牧民族。月氏在戰爭時。可得控弦之士十萬。或二十萬。其後合戰士及其家屬計之。祇得十萬云。其王設帳於痾克蘇河之北。雖得敗克闕拉後亦然。久之始遷於敗克闕拉。其都城名曰藍氏。自有大月氏疆土之名。而大夏之名遂亡。月氏初唯一王。後乃分爲五國。其第五人似居於喀布爾。故其分立五國之日。當在弗拉忒司既沒。西西亞侵入亞細亞之後。費爾干直北之地。爲康居牧地。夾葉克撒爾忒司河之兩岸。惟南至大夏。東至匈奴。則有無數小國阻隔其間。疆土既廣。故可得控弦之士八九十萬。是地之西北。臨鹽海而居者。實惟奄蔡爲安息之北鄰。其國在赫爾干尼亞之東。殆即科拉司迷亞地也。史謂其國有戰士萬人。使此說不誤。則紀元前四十四年。中國與康居之戰。情形已大有變更。康居東南諸小國。至是已皆亡失。因此康居之邊界。遂直接匈奴與大月氏矣。後月氏國益移而南。於是康居遂爲安息之北鄰。而非奄蔡之北鄰矣。時奄蔡爲諸强國所役屬。歲以鼠皮爲貢。即奄蔡以外之嚴國。亦歲貢此皮焉。康居與於月氏覆亡之後。

國中控弦之士凡十二萬居民凡六十萬其國凡分五部如月氏向日而推蘇彛王爲長 Su-hiai 冬則設帳於費爾干之東至夏則西徙而居於樂匿越 Lo-yuei-ni 康居以東諸國常服屬匈奴後以土耳其種之逼迫康居奄蔡亦皆避徙於極西奄蔡自後大盛有控弦之士十萬西向闢地與大秦 Great-tsin（即羅馬帝國）接壤以此之故因知奄蔡即阿奥西 Aorsi 其西部之地在頓河 Don R. 之下游與開斯濱海之西岸其上部之地則沿海之北岸東南遷至葉克撒爾忒司河下游相近之處當法納西司領有布司福拉司之時（在紀元前六十三迄四十七年之間）阿奥西西北兩部屢以大軍與鄰國爭戰時法納西司爲羅馬主持戰事此中國紀載曾詳言之在西歷紀元之第一世紀中國稱奄蔡曰阿蘭聊 A-lan-na 而西史自紀元四十九年之後阿奥西之名亦曾出現自後即不復見此中西史乘之符合者又十年或十五年之後有魯廿者謂繼居是地者爲阿蘭人此又中西史符合之一證也余輩自得中國史乘之憑證於司忒拉布所謂傾覆希臘敗

克剔拉之四國。於普討勒梅所謂敵人侵入之初。其名皆屬一源之言。亦皆明悉。以各種憑證。與中國史乘互相勘校。知所謂土加里者。即大月氏也。或土加里爲其國名。而大月氏則游牧時之名耳。司忒拉布之所謂阿西。Asii 忒魯格司之所謂阿西尼普討勒梅之所謂吉的。Jatii 殆皆譯中國月氏之名而誤者。但西國名史家嘗謂撒喀洛西居於西。而土加里居於東。而中國史於月氏之外。不知更有第二大國在土加里與馬其亞之巴息亞人之間。以余輩擬之。撒喀洛西殆即西西亞人。彼嘗佔有希臘諸地之一分。後轉爲巴息亞人所奪。此司忒拉布之所言。得諸於馬其亞法拉忒司第二之銀幣中者。巴息亞人之得勝。當遠在一百二十八年以前。蓋張騫至索格迭愛納時。適巴息亞人重退敵人之日。意張騫必已知撒喀洛西之爲何如人而載筆及之。以國勢之強盛而論。殆無逾於忒蘭司屋克生納 Transoxiana 者。其即所謂康居乎。且康居之情形。確與撒喀洛西相似。其來亦自葉克撒爾忒河外。居於巴息亞之北。維時撒喀洛西之行止。固適如其言也。

其餘一族。以情勢核之。殆惟奄蔡。希臘羅馬諸人之稱此國。其名各異。如阿奧西是也。忒魯格司謂撒喀洛西之亡。爲西西亞史中最後之事實。其史著於紀元前二年之後。而康居之最後見於中國史者。厥惟紀元前之十一年。以後絕不復見於史冊矣。而阿奧西之名。在紀元後之西史中。尙有見者。又中國之所謂康居。殆即可達阿伐司塔 Khorda Avasta 之所謂康哈 Kangha 弗道西之 Ferdausi 所謂康迭士 Gangdiz 亦正如巴息西 Pasicae （或巴西尼）於巴息亞古史中則謂爲阿巴息西也。撒喀洛西之戰勝巴息亞。而逐之境外。亦正如蒙古人之處他鞳韃然。敗克圖拉之被勝。殆與地麥忒列司第二時。東部希臘人所謂最後失望之時相接續。而最可異者。張騫於主治之希臘人與被治之伊蘭人。竟未能加以別擇。此不獨明其地之希臘人數。與處其他東方各地者同一銳減。且以見希臘人之同化於東方也。

（法拉忒司第二）法拉忒司第二以紀元前一百三十八年即位。能繼父業。一戰得馬其愛納（即馬其亞）於敗克闕拉之西西亞人之手。當日曾以此事鐫諸貨幣之上。恩的倭秋司第五塞勒克司族最有才能之王也。欲試復其先朝之威權。先靖西里亞之內亂。乃出師攻克耶露撒冷。逼猶太人戴以爲王。且供軍役。至紀元前一百三十年。復率兵八萬。經營東方。加以隨從依坿之人。其數至三十萬之多。諸小國之重困於巴息亞者。咸與聯合。因大敗巴息亞於大碩布。Great zab 即其餘各戰。巴息亞亦遭敗折。巴比倫與愛克巴塔納先後開門降敵。所屬諸國。亦相率叛而相攻。後恩的倭秋司避冬於米地亞。巴息亞人仍謹守舊疆。不敢出圖恢復。逮積雪初融。法拉忒司第二亟遣使求和。恩的倭秋司乃以三事相要。一釋地麥忒列司。二歸前日侵地。三所有巴息亞舊疆。須年納貢獻。此約蓋法拉忒所萬不能允者。意惟有復戰耳。然法拉忒司遂釋地麥忒列司。送之歸西里亞。其後地麥忒列司於兄弟之間。卒起嫌隙云。恩的倭秋司所部之兵。以避冬散營於山間。大將阿登尼司之兵。則驕惰不守法紀。且縱兵擄掠各城鎮間。故居民深怨之。時米地人密與巴息亞人通同日合攻其散駐之各營恩的倭秋司聞警亟往援其附近之軍道遇巴息亞人督大兵十二萬來攻其臣勸其退回倚鄰近之山爲固而恩的倭秋司不聽遂與搏戰戰地甚狹大兵不得施展且所部之西里亞兵以奢樂而失其銳氣又沾染阿登尼司兵之惡習遇戰即潰亂遂爲敵兵所殺恩的倭秋司受重傷遯自擲於石上以死恐爲敵所生得也自此次劇戰之後（事在紀元前一百二十九年二月）巴息亞人遂脫西里亞之危害而常得自由矣

弗拉武司於死王頗加敬禮以銀棺函其屍歸之於西里亞並以王族之體待其家屬且娶其女爲后其長子曰塞勒克司弗拉武司送之至西里亞俾襲父位戰事既定始籌善後之策命人擒地麥武列司惜事機已遲遂不可得時東方又有危險之事出法拉武司遂置西事而專注意於東方方巴息亞人之與恩的倭秋司相持也法拉武司賂西西亞以爲己助西西亞人後期至法拉武司遂不給所許之賂於是西西亞怒大掠巴息亞國法拉武司東歸禦之付國事於嬖臣赫爾

干尼亞人攸赫麥羅司 Euhemerus 之手.而攸赫麥羅司嚴懲諸國之從恩的倭秋司者.因與麥生戰.而處巴比倫與塞勒西亞兩城之人.又窮極酷虐.法拉忒司之師.覆是一不祥之現象.敵人之侵掠.已遍全國.自是以後.西西亞人爲美速不達遂亞患者凡五百年.此其發端矣.法拉忒司之與西西亞決戰也.其部下有恩的倭秋司降卒.法拉忒司逼之出戰.且遇之虐.降卒遂叛之而去.西西亞攻之.大敗.遂爲所殺.時爲紀元前一百二十八年之春.或少後於是時.

(阿塔巴納司第一)阿塔巴納司第一.弗里巴的司第三子也.至是亦爲王.時年已長矣.以可信之著述家之記載.謂西西亞既獲巨勝.大掠而歸.然以恩的倭克約翰之說觀之.謂弗拉忒司之嗣子.曾納貢於西西亞.且以特倫其納南部之地與之.西西亞人名其地曰撒喀斯丹(即塞伊斯坦)其名曾見於卡拉克司伊息度爾之紀載中.即此可見西西亞人佔據是地之久長矣.以古貨幣攷之.其時阿撒西司諸王.頗仇視阿塔巴納司第一及密失拉達忒司第二.而阿塔巴納司又

以敵西西亞人而自加尊號。此號蓋甚與此帝國之實情相反者。時又有一僭竊大號之人。名曰阿撒西司非勒倫 Arsaces Euergetes Dicaios Philhellen 自號曰諸王之王。此號自密失拉達忒司之後。僅是人稱此號耳。又加號曰公正。此蓋效敗克闕拉赫列倭克兒所爲也。繹其加號之意。殆謂彼偕西西亞人自赫列倭克兒所王之地來耳。時塞勒西亞之人頗極暴亂。嘗獲凶暴專制之攸赫麥羅司。以極酷之法死之。而乞阿塔巴納司赦其擅殺之罪。阿塔巴納司不許。且懾之曰。凡與殺攸赫麥羅司之塞勒西亞人。概當抉出其目。旋阿塔巴納司與土加里人戰。不勝而死。事乃得寢。阿塔巴納司之死。距其即位蓋無幾時也。

（密失拉達忒司第二）阿塔巴納司之嗣子曰密失拉達忒司第二。即恢帝國之權力者。故稱大王。彼嘗與鄰國力戰。收多小國之地於版圖之內。又屢勝西西亞人。以復先世之讐。但彼所恢復者。皆前日損失之疆域。於東方未有所擴張也。自密失拉達忒司屢獲勝仗之後。巴息亞之名。遂加於喀布爾山谷。印度西西亞諸王之間。但此說恐有未確。蓋堪達喀爾(即中國史所稱之烏弋山離)遠在喀布爾之西。而紀前一世紀之中。中國史家尚稱其爲獨立國也。密失拉達忒司雖非初勝美速不達迷亞。然以阿付拉底河爲其國之西界。則始於密失拉達忒司。且彼自恢復故土之後。嘗干預大亞美尼亞繼嗣之事。當亞美尼亞紛爭繼嗣之日。密失拉達忒司力定他以格倫司第二 Tigranes II 之位。(紀元前九十四年)他以格倫司以亞美尼亞所屬之山谷七十報之。時巴息亞人領有美速不達迷亞之地。始與羅馬交通。紀元前九十二年時。蘇拉 Sulla 入喀卑度西亞。爲西里西亞王。遇密失拉達忒司之使臣於阿付拉底河畔。意巴息亞欲與羅馬同盟。以抗西里亞耳。是時密失拉達忒司方與拉倭迭西 Laodice 戰。拉倭迭西者。康麥勤 Commagene 或其隣地之女王也。其侄恩的倭秋司第五往助之戰。爲巴息亞人所敗。死焉。又數年。俾里亞 Berrea 之暴君司忒拉士 Strato 召亞拉伯人阿息淑司 Azizus 及巴息亞之美速不達迷亞總督密失拉達忒司信納西司 Sinaces 共攻地麥忒列司第三其人蓋王於達馬司克司者。Damascus 於是塞勒西司人被逼而降。已則被俘於巴息亞以死。密失拉達忒司大王。事後遂殂。故不至於大功告成之後。生見災禍之緊接而來也。

（亞美尼亞之他以格倫司）繼密失拉達忒司之位者。曰阿塔巴納司第二。然元后之號。則歸於亞美尼亞之他以格倫司矣。其人爲巴息亞之勁敵。而在紀元前八十六年。密失拉達忒司第二以彼嘗與巴息同盟。故立彼爲西里亞一部分之王。未幾而巴息之國力。被內叛外亂所傷殘。遂不能與亞美尼亞敵。而余輩所得於歷史中者。亦僅末後日數事而已。紀元前之七十七年。有阿撒西司人信納忒拉西司 Sinatruces 者。自撒喀洛西之地來。亦稱王號。時年已八十矣。在位凡七年。同時僭權竊位者甚夥。但無古錢。以資攷證。殆其時國勢陵夷。未鑄貨幣乎。而巴息亞之錢幣學家則別有所得。謂他以格倫司曾戰勝米地亞。先得阿忒羅巴吞亦入大米地亞。毀愛克巴塔納西七英里之阿特拉巴囊城 Adrapanan 又言堡中之人皆有位號於愛克巴塔納者其人皆阿撒西司之支屬也蓋密失拉達忒司第一雖都於赫爾干尼亞而弗拉忒司第二及其繼嗣以迄密失拉達忒司第二則皆建都於米地亞也前隸巴息亞之七十山谷亦爲他以格倫司所復并大掠阿卑拉 Arbella 與尼尼維 Nineveh 且逼巴息亞人割讓阿地濱附庸國與美速不達迷亞及尼息壁司 Nisibis 軍堡云他以格倫司最後之戰局爲攻信納忒拉西司事在紀元前七十三年時碰士司之密失拉達忒攸巴忒爾 Mithradates Eupator 調停於兩國之間而卒無效

（弗拉忒司第三）弗拉忒司第三繼其父信納忒拉西司嗣位之時微在魯克魯司 Lucullus 至東方（紀元前七十年）之前時密失拉達忒司與他以格倫司欲與聯合共攻羅馬信使再至而弗拉忒司不應他以格倫司之情尤摯允以前日所得巴息亞侵地爲粮然弗拉忒司怨之甚不惟不答且合盟於羅馬初猶躊躇中立逮既得羅馬王碰卑 Pompey 之粮乃戒備侵亞美尼亞（紀元前六十六年）

時他以格倫司之子幼他以格倫司與其父鬩。逃於巴息亞。弗拉忒司妻之以女。且以爲導。他以格倫司聞巴息亞兵至。逃之山中。巴息亞兵遂圍阿塔克撒塔。Artaxata 然久圍不下。弗拉忒司先歸。留幼他以格倫司統其軍。而幼他以格倫司非父之敵。大敗而逃於碰卑所。時碰卑亦適欲侵亞美尼亞。他以格倫司知不能敵。先時而降。羅馬待之甚善。且系其子與之。是時弗拉忒司已盡復他以忒倫司之侵地。其地蓋羅馬王碰卑允他以忒倫司佔據者。且侵及可廷。Corduene 自其地遣使於碰卑。求釋其壻。時羅馬已不欲巴息亞之助。故不允其請。且欲弗拉忒司離去可廷。隨遣阿弗倫尼司 Afranius 來逐。俾以地歸他以格倫司。於是碰卑之使。率兵經美速不達迷亞。而至西里亞。美速不達迷亞者。與巴息亞素有成約。認彼爲上國者也。而弗拉忒司之尤恨碰卑者。以來書不以諸王之王稱之。其意蓋有所偏袒。以他以格倫司方稱此號也。他以格倫司之圖稱尊號。不惟今日。即在弗拉忒司先世孱弱之時。固已欲得之矣。但此尊號之所屬。皆視四小國之向背而定。一曰阿忒羅巴呑。一曰阿地濱。一曰可廷。其一殆奥隆也。前日此四國均屬於巴息亞。今弗拉忒司盡復向所失之侵地。則諸國之疆域。已包括於侵地之內。於是此號仍屬於弗拉忒司。此號至密失拉達忒司第一之後。失之已久。至此而他以格倫司亦復失之。其初弗拉忒司所自滿意者。在重遣使臣。速羅馬王與訂盟約。及認阿付拉底河爲巴息亞邊境。然卒無効。逮紀元前之六十四年。羅馬王至西里亞之時。弗拉忒司始攻他以格倫司而敗之。時羅馬方與碰土司之密失拉達忒司戰。故不欲重用兵力。干與巴息亞戰事。然兩戰國各赴訴於羅馬。羅馬王乃命使往平其事。於是息爭。而復歸於和平。但羅馬之所爲。每足以激巴息亞人之怒。而不爲巴息亞人所敬服。徒以二十年來。內亂外患交互荐至。思乘此休養其國力。故未與羅馬戰耳。

(奥魯地司第一)自密失拉達忒司大王歿後百五十年中。阿撒西司族頗見親睦之狀。但傳世既久。必有墜落於汚穢中之一日。此東方各王朝所皆不免者。弗拉忒司者。恢復此帝國之威權者也。約紀元前之五十七年。爲其二子所殺。其一子曰奧魯地司 Orodes 亦名哈魯地司第一者嗣位爲王。其弟曰密失拉達忒司第三。則佔有米地亞。其行凶暴。爲米地亞貴族所逐。於是巴息亞帝國。遂爲奧魯地司所獨掌。密失拉達忒司與其親信之從者奧生尼司 Orsanes 逃於蓋賓尼司 Gabinius 所。蓋賓尼司者。羅馬所遣西里亞之監督也。時奉王命往復埃及王普討勒梅第六之位。（事在紀元前之五十五年）因以兵踰阿付拉底河。而納密失拉達忒司於國。後仍爲羅馬所黜。於是密失拉達忒司遂不求人助。而自試其所爲矣。奧魯地司初聞是舉。遂逃。旋以蘇倫納司 Suranas 之助。仍正位於國中。蘇倫納司者。少年貴族也。有選立國王之特權。富厚貴盛。在巴息亞國中推第二人。且勇敢有治國之才。曾圍塞勒西亞。一鼓克之。密失拉達忒司既敗。逃於巴比倫。後爲飢餓所逼。密失拉達忒司乃自投於兄所。遂被殺。時則紀元前之五十四年也。

（克拉塞司之鏖戰）時羅馬之克拉塞司 Crassus 欲得一富饒易取之地。遂無故侵美速不達迷亞。敗巴息亞小隊於伊尼 Ichnæ 且得巨城甚夥。如尼塞福林 icephorium 伊尼喀里 Carrhæ 諸城之希臘居民。咸歡迎羅馬人如自由人之自天而降云。其時密失拉達忒司適弄兵於巴比倫。克拉塞司正宜乘機自尼塞福林直趨塞勒西亞與巴比倫。而克拉塞司不然。故以決策之誤而被責。時克拉塞司避冬於西里亞。留步兵八千。馬軍一千。散駐於美速不達迷亞諸城。因是後來戰事。遂束手受困。而亞美尼亞之阿塔伐特司第二 Artavasdes II. 要彼臨蒞其國與共攻巴息亞之約。亦不能踐矣。明年春。巴息亞遣使於西里亞。說以羅馬之無信。使抵抗之。一面整理戰備。蘇倫納司與美速不達迷亞總督息拉西司 Silaces 攻羅馬駐防之兵。且以馬隊當克拉塞司。而奧魯地司則親伐亞美尼亞。紀元前五十三年之春。克拉塞司自細馬 Zeugma 渡阿付拉底河時。所統者步兵七大隊。馬軍八千。又游軍數隊。都爲四萬二三千人。奧隆之守將。阿不家語克拉塞司曰。勿依此河。宜直趨平原。以抵蘇倫納司。五月六日之亭午。羅馬人渡巴列塞司 Balissus（即那爾比力克 Nahr Belik）遇蘇倫納司於喀里伊尼兩城之間或少偏近伊尼城之處古書謂兩軍戰於沙漠中則殊不然以沙漠尚在卡布拉司 Chaboras 外也蘇倫納司藏其大軍於山林間以少卒陳於顯處以誘羅馬軍至而與之戰羅馬將馬軍者爲朴白列司克拉塞司 Publius Crassus（其人與父同名）欲以馬軍壓敵陣之翼巴息亞人僞遯馬軍逐之及去大軍既遠巴息亞軍反兵合圍於是羅馬軍遂被截爲數段人人膽落銳氣盡失巴息亞復以僮僕輕兵四面遙射之羅馬軍行列大亂以盾自蔽且密聚於一處巴息亞諸自由人又以長矛刺而疎之敵兵反刺則人披堅甲格不得入以故是日之戰羅馬兵傷亡極多夫暑渴塵霾之虐皆羅馬人所不能禁受故未戰之先已可決其必敗矣幸巴息亞兵未晚即退以巴息亞法凡兩軍搏戰夜必遠敵而營也克拉塞司棄其傷殘之卒連夜退至喀里其兵卒均疲苶喪敗克拉塞司亦失其神志思自喀里退軍西里亞乃乘夜北向山間行兵卒離散各不相顧喀息司 Cassius 者克拉塞司之能將也

回軍喀里。復安抵西里亞。克拉塞司則迷惑失道。奔走於泥淖之中。此蓋爲軍士所誤。初非其決策之謬也。逮將達山間。復聽蘇倫納司誘敵之言。復至平原中而營。克拉塞司方策馬往晤敵將。見巴息亞人之所爲。頗足生疑。於是復戰。克拉塞司被攻墜馬。爲敵所殺。殘兵之自亞美尼亞得達西里亞者。不足萬人。而戰死者凡二萬。被俘而歸馬其愛納京城恩的倭克者凡萬人。當諸將以克拉塞司之首級與其肢體獻捷於王之日。奧魯地司方至亞美尼亞。與其王阿塔伐特司訂和好之約。且以長子巴哥拉司 Pacorus 爲亞美尼亞王壻云。羅馬之敗。蓋由於巴息亞戰術之新異。使羅馬不能測其軍謀。而自相驚懼。半由於羅馬將領之腐敗。但羅馬人仍慣用其舊技。以軍事之敗。均由於內間。於是歸咎於喀里之恩特魯馬秋司。Andromachus 其人於克拉塞司之敗。誤其鄉導。以此巴息亞贈以所居之城以爲報酬。其實彼於大軍之敗。固無甚關係也。又歸咎於阿不家。夫阿不家勸克拉塞司陳兵平原以待敵。其謀固屬不臧。然亦未嘗爲敵軍之間諜。迭倭氏

Dio 謂當日之戰。奧隆人之為羅馬後軍者。實敗於敵。此則迭倭臆度之言。古紀載亦仍其意記之。阿不家既不為巴息亞所善。且黜其位。觀忒馬哈爾 Telmahar 定息司所著愛地撒諸王之譜系。自阿不家第二於紀元前五十三退位之後。位虛無主者凡一年。此足見阿不家確為巴息亞所黜矣。

（羅馬之戰）蘇倫納司自大勝於喀里之後。其名愈盛。不足容於被治之地位。未幾奧魯地司以疑忌而殺之。而巴息亞之銳氣。亦隨之而衰矣。未及紀元前之五十二年。巴息亞軍攻西里亞。怯弱之形已見。喀息司禦之易易耳。紀元前五十一年之七月。羅馬復攻巴息亞。軍勢較前為甚。但疲弱一如前日。且所以處各省各縣者。又暴虐不公。於是猶太等處。反表同情於彼之敵人。巴息亞得此機會。宜可以橫行其地矣。乃不善乘機。僅攻恩的倭克而取之。退軍之日。又為喀息司駐恩的岡尼亞 Antigonia 之兵所阻。且見敗焉。倭撒西司者。Osaces 少年王子巴哥拉司之部將也。受傷甚重。（事在紀元前五十一年之秋）於是巴哥拉司避冬於息勒司的喀 Cyrrhestica 時羅馬新以畢波羅斯 Bibulus 爲監督。但謹守恩的倭克。不敢踰城一步。而是時美速不達迷亞之總督告叛。僞託巴哥拉司之名。以與王抗。奥魯地司因召其子。且盡收西里亞之駐兵而還。時紀元前五十年之五月也。奥魯地司欲泯父子間之嫌隙。因以其子巴哥拉司同掌國政。羅馬是時。以傾覆民主政府。方多內亂。而巴息亞則未嘗乘亂以圖進益。雖嘗救單弱之黨人。勿使盡滅。然亦不甚盡力。且亦不助碰卑。蓋恨其不允以西里亞爲己屬也。碰卑將西西里司巴塞司 Caecilius Bassus 之得脫於愷撒所遣大將恩的司的伐土司 Antistius Vetus 之手。則由巴哥拉司所部之兵。偶然相值。因以得救。旋以嚴冬已至。遂退兵。(事在紀元前四十五年十二月)紀元前之四十三年。喀息司有巴息亞騎射兵一隊。同駐於西里亞。彼旋與不拉土司 Brutus 聯合。往當三人政治之軍。即將巴息亞兵撤去。當非里卑 Philippi 消息遞至之日。羅馬人拉賓奴司 Labianus 與奥魯地司訂有協約。求其竭力相助。於是相依至紀元前之四十年。巴哥拉司始率大軍與之至西里亞。時羅馬卒之戍西里亞者。為不拉士司與喀息司舊部。今為恩通尼所統。阿巴迷亞之羅馬駐兵。時已與拉賓奴司合。於是恩通尼之將地息迭司撒克撒 Decidius Saxa 被敗。遂自帳中脫逃。懼部下人之謀之也。自是阿巴迷亞恩的倭克與西里亞之全土。均入於巴息亞人之手。地息迭司亦被追得。遂殺之。巴哥拉司復督軍沿大海之濱而前。降腓尼基諸城。所不下者。惟他爾一城耳。是時總督巴若弗倫司 Barzaphranes 又出見於葛列里 Galilee 巴拉士丁 Palastine 諸志士咸起而抗羅馬之法塞爾 Phasael 與赫魯特 Herod 且有巴息亞馬兵五百。在耶露撒冷之前。故足以傾覆羅馬黨人。而以恩的倭奴司代赫爾干奴司之任。巴息亞之政治。與羅馬監督之專以壓制為政者。適相反對。而巴哥拉司之公正慈祥。又足以服西里亞人之心。故皆不悅羅馬。而願為巴息亞也。是時拉賓奴司已深入小亞西亞。且遠至里地亞與伊奧尼亞。羅馬總督普蘭克司 Plancus 僅能保守諸島。其餘各城。則皆開門而降於拉賓奴司。惟司忒拉通尼西亞 Stratonicea 則尚堅守耳。然在羅馬分爭潰裂之日，國內之團結力，猶勝於巴息亞。當紀元前之三十九年，恩通尼之大將文的迭司巴塞司 Ventidius Bassus 忽入於亞西亞，逐拉賓奴司，且毀其所定之稅則，遂不折一矢而復其地，遠至於討拉司山徑間。巴息亞人聞警，往助拉賓奴司，但進軍太銳，且未與拉賓奴司聯絡，因爲文的迭司所敗，而拉賓奴司之軍亦被牽連而入於困難中矣。拉賓奴司逃於西里西亞，仍爲埃及塞普洛斯之總督所擒，後羅馬軍在阿曼紐司山徑間，復遭危難，然文的迭司卒獲巨勝於忒拉比升 Trapezon 其地在俄倫特司山谷之北，巴哥拉司之健將弗倫尼巴忒司 Phranipates 即蹶於是戰。巴息亞人之在西里亞者，亦全行退去。當文的迭司未復羅馬權力於西里亞及巴拉士丁以前，其軍士散屯於度冬各地之日，巴息亞人曾以步兵三萬餘，及貫堅甲之自由馬兵一巨隊攻之，是時文的迭司以術愚巴息亞偵探息勒司的喀王，而調集喀皁度西亞之兵，與巴息亞軍大戰于赫克兒司 Hercules 神龕之近處，其地在息勒司的喀之覲大拉司 Gindarus 相傳此戰與克拉塞司之敗同日。（紀元前三十八年七月九日）但先後一年耳。是戰巴息軍大敗。巴哥拉司亦被殺。時西里亞人仍不服羅馬。時起叛亂。乃斷巴哥拉司之首傳示西里亞諸城。俾絕其望。於是羅馬遂定阿拉特司 Aradus 與耶露撒冷。

奧魯地司時年已老。且心喪愛子之亡。遂使次子弗拉忒司隨同聽政。而弗拉忒司忌諸弟之出於貴寵之母者咸殺之。其母蓋康麥勒恩的倭秋司之女也。奧魯地司聞之怒甚。於是幷縊其父。（事在紀元前之三十七年）奧魯地司在位之日。爲巴息亞國勢最甚之時。故上尊號曰大王。其他尊號猶夥。曰諸王之王。（此號其子孫猶沿襲之）曰阿撒西司攸其忒司。（此號自弗拉忒司第二得來者）曰迭喀倭司。Dicaios（此號爲一僭位之王所稱。其人殆即信納忒拉司之父。）曰愛畢芬司。（此密失拉達忒司第一之號）曰腓勒倫。（此弗列巴的司之號）巴息亞都城自奧魯地司始西遷塞勒西亞或泰息封（一作泰塞芬 Taisefun ）城之東隅。

（弗拉忒司第五）弗拉忒司得位於萬惡之中。正位以後。仍恣行殺戮。諸弟之有才能者。悉被誅夷。即諸子之成立者。亦悉殺之。以如此則諸貴族。無他阿撒西司族人可資攀附。將不能不足於己矣。諸貴族因此多亡於異國。而恩通尼則思乘機以復昔日之讐。而攻巴息亞。彼不踰巴息亞人所嚴守之阿付拉底河而入。而思經阿忒魯巴呑直擣巴息亞之中堅。蓋自巴哥拉司死後。亞美尼亞已屬羅馬權力之下。欲自此長驅而入巴息亞之中心。故佯與巴息亞為和平之策。而陰修其戰備。突於紀元前三十六年。以步兵六萬馬軍與策應軍四萬。闌入阿忒魯巴呑圍重鎭弗拉司巴Phraaspa時米地亞王曰阿塔伐特司阿列倭巴仁司之子也。預率其軍與弗拉忒司合。弗拉忒司乃自率一軍。以防敵之自他道來攻者。時巴息亞軍僅四萬人。而自由人之與王相生死者僅四百人。此外惟米地亞馬軍。約萬人。兵數雖少于羅馬。然皆善戰。兩王乃決策於敵軍之輜重攻具未至之先。出兵截其輜重。又隔倭畢司塔與納司 Oppius Statianus 所統之七千五百人爲數段。恩通尼仍力攻弗拉司巴城。卒以糧草乏絕。攻事未有進步。且時已十月。嚴冬將至。不得已乃與弗拉忒司言和。巴息亞人謂如撤兵歸。則許之和。恩通尼允之。斂其攻具。戢其士卒。諸羅馬兵將使處於自守之地位。時一將違命與巴息亞戰。喪其兵三千傷者五千。恩通尼因嚴罰之。旋率師自弗拉司巴道明尼 Mianeh 而歸。計程二百七十六英里。凡經二十七日。始至阿拉克塞司 Araxes 戰士之死於飢渴及下痢者。復四分之一。隨營之士。亦死三分之一。輜重則全行喪失。迨至亞美尼亞邊境。軍士之爲嚴寒及山中雪潮所斃者。又八千餘人。綜計此次死傷之數。夫亦大可驚懼矣。斯時亞美尼亞王若不允羅馬人就彼地度冬。則羅馬人直無能措其手足。此次羅馬喪敗如此之劇。由於統兵者不知敵境之天時地利者半。由於進軍之粗率者亦半。然其最要之原因。（時人以比拿波倫自俄國敗回之軍云）則由兵士但習於國內戰征。未嘗有嚴整之訓練。當圍弗拉司巴城之日時有干犯軍令之事。且逃亡極夥。此皆逼恩通尼自殺之原因也。羅馬後卸其責於亞美尼亞王阿塔伐特司。但無滿足之理由可言。夫克拉塞司與恩通尼先後同爲巴息亞所敗。可見巴息亞當日國勢尙極穩固。不論自何方面。均不能侵蝕之。故羅馬之貪欲雖盛。而於此一百五十年間。亦祇能讓巴息亞獨掌此土也。

米地亞疆域褊小。然始終皆與於戰事。繼以戰利品分撥不公。遂與巴息亞疎。而通款於恩通尼。欲與羅馬聯盟。紀元前之三十三年。羅馬以計擒亞美尼亞王阿塔伐特司而據其地。以信倍司 Symbace 一地歸於米地亞。信倍司本米地亞舊地。後爲亞美尼亞所佔。故羅馬歸之。且送其軍隊於米地亞。與共攻巴息亞。援立阿塔克塞司之軍。阿塔克塞司者。亞美尼亞故王子也。巴息亞與戰於阿克的姆 Actium 敗米地亞與亞美尼亞之聯合軍。羅馬軍之駐防亞美尼亞者。亦爲巴息亞人所殺。阿塔克塞司第二卒復亞美尼亞王位云。

（的列達忒司第二）弗拉忒司凶暴之行。以得勝而益甚。時各地叛亂蜂起。（紀元前三十三年）以古錢文攷之、紀元前三十二年之三月、迄七月間、有擅稱大號之人、繼之而起者爲的列達忒司第二、當巴息亞大戰於阿克的姆之日、的列達忒司之勢益張、至紀元前三十年之終、的列達忒司降、逃於西里亞、適倭克塔文Octavian於其地度冬、留與之處、的列達忒司乃自西里亞求助於沙漠中之亞拉伯人、自庫哈Koha島間渡阿付拉底河而前、軍事甚利、此事之始末、均采瓦倫忒Vaillant龍葵魯Longuerue二氏之言、而二氏又采自迭倭羅馬史與忒魯格司之巴息亞史者、拉且曼Lachmann謂的列達忒司之被逐、僅有一次、且言忒魯格司所指奧古司忒司Augustus之會期、亦有錯誤、蓋紀二十九年三月一日、彼以爲即霍雷司氏Horace所表出之期、其實非也云云、但以此言與譜系學相印證、亦不符合也、弗拉忒司殺其孽妾、勿令入敵人之手、乃逃於他國、的列達忒司以紀元前二十七年七月、遂即王位、弗拉忒司則奔走四方者有年、後說西西亞人、得其援助、仍得復國云、

（東希臘王國）欲知誰爲弗拉忒司之助。當仍求諸遠東諸地之歷史中。自西藏族移希臘人於興都庫什山北。其權力遂及於西方。此事距今已百年。惟其間東伊蘭帝國之邊境。無甚變易。迨攸克拉的地司時期之後。希臘權力之中心點漸移於興都庫什山以南。與印度本部。敗克闞拉與索克迭愛納二國之滅亡。獨早者。職此之故。嗣是希臘之權力文化。留遺最久而最後失者。厥惟喀布爾山谷。其地蓋亞歷山大殖民最多之地也。

古錢所從出之地。爲今日略知古事之淵源。舍此而外。無可考矣。以古錢所從出之地考之。知攸克拉的地司歿後。印度一隅。屬於阿普羅度忒司。而敗克闞拉則歸於赫列倭克兒司。且兩人皆佔有東伊蘭土地之一大分。但阿普羅度忒司爲最後管領堪達喀爾塞伊斯坦之希臘王。其間有一時期。喀布爾山谷中分立多國。統於恩的兒息地司。而在白沙威爾諸小國。則統於里息司。Lysias 但因內亂頻仍。諸國幷爲大希臘印度一國。自喀布爾以至撒忒勒吉 Sutlej 皆被吞噬。有時且南至巴雷噶碩．Barygaza 其都城曰喀克拉．（在公文中則稱之曰歐息地米亞 Euthydemia ）據瓦尤普倫納 Vayu Purana 所紀．謂有雅瓦納 Yavana 君八人．在位共八十二年．八君之名．均見於古錢文中．觀其錢之流行．則知此等古錢．乃爲權力及於希臘全國之諸王之錢也．由是可徵印度史之價值．而此八十二年之君統．當記始於地麥忒列司．其被逐於敗克闕拉而奠居於旁遮伯之歲．實爲紀元前一百七十五年．故其滅亡當在紀元前之九十三年．明能特爾 Menander 者．八王中之最著者也．（自紀元前一百二十五年即位．迄紀元前之九十五年）曾出師遠征．其地皆其先世所未至者．嘗踰哈巴息司 Hypasis 遠至於乙撒麥司．Isamus 乙撒麥司之地位極東．殆出人意計之外．蓋其所鑄之錢．雖遠至馬失拉 Mathura （亦名麥忒拉 Muttra ）倫普爾 Rampur 亦有行用者．而印度載籍．又謂希臘人曾攻服阿育亞雅 Ayodhya 與班卡拉 Panchala 陸地．及馬失拉．即舊京巴塔列普忒拉 Pataliputra 亦爲所得．第希臘人數過少．凡勘定之地．不得不舍其舊日之習慣。而從土人之風俗。以冀與土人聯絡。故佛書謂明能特爾爲佛教徒者。毋庸疑矣。印籍又謂明能特爾生於亞力山大城。或鄰近之喀拉西村。是地爲自來佛教最盛之地。阿其索克兒司 Agethocles 者。阿拉庫西亞與特倫其納之王也。(自紀元前一百八十年至一百六十五年)嘗以佛像鑄於所鑄錢上。其敬奉如此。希臘人之贊明能特爾者。謂其爲政公溥。諸王中無有能及之者。明能特爾富於財。而兵又最强。當其歿於帳中之日。時人以禮神之禮事之。爭以焚尸之燼。建墓於各城鎭中。此蓋佛教典禮也。希臘著述家謂當日之希臘人。以政治之關係。與誠虔之感動。故欲得明能特爾遺燼。大釀爭端。如向日爭亞歷山大之遺骨然。此亦印度希臘人中軼事之一。而表見於錢文者也。自攸克拉的地司之後。未及一百年。得王名二十有三。其間有九人。則在明能特爾之後。而此二十三君。亦分屬於四國。即上下兩喀布爾。白沙威爾與旁遮伯是也。二十三王名中。僅有二通稱之名。以此短期內。而易王如此之多。可見當日變更之劇速。且可覘當日伯權之誰屬。非有一定。但視兵力何如耳。此事又可以證印籍。其言曰。彼猛戰之希臘人。常於國中與同族興慘虐可懼之戰爭云云。觀此足知當日互相爭長之情形矣。

當希臘王國時。別有一新國。其王則襲用西西亞或巴息亞之名。其錢則鑄自旁遮伯之西部。（地當克什米爾與喜馬拉耶山之南。）與印度河以西之巴翹瓦爾 Bajawar 與巴曼 Bamian 此國之始祖。爲冒厄司 Maucs 其人與地麥忒列司及阿普羅度忒司同時。而年少幼。以其錢文上有麥忒列司與阿普羅度忒司像故也。中國史謂塞人自巴爾喀什 Balkash 與伊斯塞庫里湖被逐之後。建國於喀布爾山谷。號曰罽賓。其時約爲紀元前之一百六十一年。觀於錢文。益信中史所言之不謬。惟其國當時未曾向西擴張。以冒厄司時之錢。僅發現於旁遮伯一隅。然則此國介於印度河與哈達司迫司之間。相傳其國未經一戰。遂服屬於巴息亞之帝國之下。然不久即離而獨立。蓋之密失拉達忒司第一。從知塞人曾隸巴息亞帝國之下。然不久即離而獨立。蓋兩地相去如此之遠。控制所不到也。

（塞人諸王）塞人之王。似非巴息亞人。然決爲伊蘭游牧民族諸國之一。游牧於索格迭愛納北方草原者。驗其錢文。彼輩殆受印度希臘人文化之影響。故職官中亦有總督監督諸名稱。其國王在希臘人所建國之北。以喀布爾河爲限。且沿此緯度而東。但不解此窄狹之山地。在第二嗣王阿碩司 Azes 時。何以能富庶强大如是。且何以能與權力極偉之明能特爾相抗。自迫列迫勒司 Periplus 之文觀之。知印度下游之地。在紀元初世紀時。爲巴息亞所據。其先則爲西西亞國王。其立國甚久。故自是遂永留有西西亞或印度西西亞之名。即此可知彼族宅居是地之久長矣。此久遠之國。疑即塞人所創。然以事理攷之。亦未能遽決。殆西西亞人蔓延於伊蘭土地之日。印度西西亞國之始祖。自撒喀斯丹經布蘭 Bolan 山逕而來此耳。塞人西徙之後。亦未嘗深入希臘殖民地中。如謂塞人之興。在希臘人覆亡之後。則此事殊易解決。但以古錢之流系攷之。殊與此說不合。錢文所表顯者。有極尊之王五。曰冒厄司。曰阿碩司。曰阿碩列塞司 Azilises 曰倭農司。Ononesz 曰司巴列塞司 Spalirises 是國建立之初。當在紀元前之一百六十一年。阿碩司其第二王也。嘗復鑄阿普羅度忒司之錢。則阿碩司為直接阿普羅度忒司之人。實無可疑。且塞人之權力。在阿碩司之時。為明能特爾所覆。其時希臘人亦微弱分裂。明能特爾雖復逐西西亞人。然亦不能嚴為之制。以古錢所表明。向後其國團結之力亦頗缺乏。且其傳世無多。故不能謂西西亞國遠在希臘國之後也。

赫爾米司 Hermæus 者希臘最後之王也。轄有喀布爾下游之山谷。與白沙威爾與其坿近之區。及對旁遮伯一帶之地。觀錢文上之贊詞。知其自幼年即位。直至耄耋云。希臘管理權垂盡之日。其事可自中國史而得之。中國自西域商道大通之後。(紀元前一百五年)嘗遣使之罽賓。罽賓自以去漢絕遠。漢兵不能至。其王烏頭老 U-to-lao 剽掠漢使。(在紀元前一百五年至八十七年之間)其後烏頭老卒。傳位於子。漢邊將乃與容屈 Yung-khiu 王子陰末赴 In-mo-fu 合謀攻罽賓。殺其王。立陰末赴爲罽賓王。陰末赴後與漢使（趙德）相失。遂鎖漢使。殺其副以下七十餘人。遣使者上書謝。孝元帝以絕域不錄。放其使者。絕西域不通。自紀元五十九年以前。漢人盡撤西域之軍隊。及紀元前四十九年。孝元帝復駐兵焉。紀元前五十九年至五十一年間。陰末赴始即罽賓王位。至成帝時。（紀元前三十三年）陰末赴復遣使貢獻。且謝罪。漢帝絕之。以古錢考之。陰末赴殆即赫爾米司之訛。蓋迫拉克列忒 Prakrit 語。呼赫爾米司爲赫爾末倭。中國無几之音。因呼爲陰末赴也。容屈當即爲容契 Yonaki 爲希臘城名。罽賓被殺之王。與其父烏頭老。據中國史。謂爲塞種。則烏頭老或即阿淑老 Azo Rao 即阿碩司王也。

中國史記東伊蘭諸地之事。均在開通西域商道之後。其極南之道。自中國領土邊界之皮山 Phi-shan 起。踰懸坂 Hanging-pass（王伊斯塞克庫里湖外。阿列秋帕米爾 Alichur Pamir 之西端）（按前漢西域傳杜欽說王鳳云。（前略）「起皮山南。」（中略）「又有三地盤石坂道狹者尺六七長者逕三十里臨峥嶸不測之深。行者騎步相持繩索相引。二千餘里乃到縣度。」此段所言似即指此。）西南至縣度。Hian-tu（印度地）乃至富饒溫和之罽賓平原。罽賓王居循鮮城。Sün-sün（其地即古之定尼索普列司。Dionysopolis 或名納家拉。Nagara 今札拉拉巴得也）爲最有權力之王。其居民善彫文刻鏤。治宮室織罽刺文繡。好治金有金銀銅錫以爲器市列。以金銀爲錢。文爲騎馬。幕爲人面銀錢爲赫普司忒拉忒司 Hippostratus 或希臘季世諸王或巴息亞王所鑄。而流行之金錢。則係攸克拉的地司所鑄錢文爲迭倭司克里。Dioscuri 作騎馬狀。幕則彼之像也。攸克拉的司而外。無有鑄金錢者。罽賓之西南。爲烏弋小離。地平而暖。（堪達哈爾與塞伊斯坦）至此漢之南道已極。（意其間必有繁巨之商鎮。其殆阿拉庫西亞之亞歷山大里亞城乎。）自此可達安息。其道初則北轉。（至侯勒特）繼乃東進。（至謀夫）遂抵安息矣。烏弋小離俗惡殺戮。以金銀飾杖。去漢絕遠。漢使稀至其地。其流行之錢．與罽賓絕相似．殆即自罽賓輸入．以其地無鑄錢之所也．其地又有一獨立國．殆即特倫其納與阿拉庫西亞之地．蓋此二地獨無阿普羅度忒司與其繼嗣者之錢．爲人發見．其地似不屬希臘人所轄者．以余輩懸揣．殆即首犀王國．彼於紀元前一百二十八年嘗滋蔓於伊蘭土地．後漢書謂此國役屬於安息．（即巴息亞）而卡拉克司伊息度爾亦謂阿拉庫西亞爲巴息亞總督所轄．或是地爲奥魯地司所征服．而屏首犀人於撒喀斯丹歟．

赫爾米司最後所鑄之錢．鐫有庫吉拉喀索 Kujulocaso 王號．且載伊蘭古語於前．而載希臘古語於後．中國史（後漢）謂月氏（土加里）西定大夏（敗克闕拉）之後百餘年．貴霜 Kuei Shuang 王丘就却 Kieu-tsieu-khio 攻滅四翎侯．自立爲王．國號貴霜王．（即喀山 Kashan）侵安息．所高坿地．Kao-fu（即喀布爾）又滅濮達．Po-ta（在烏弋小離之北．或稱巴克替司 Pactyes 或稱巴丹司 Patans 即本居於高爾 Ghor 者是也）罽賓悉有其國．以末後之數事而論．則丘就却即錢文上所謂喀山納雅伐哥．Kashana Yavugo其人爲喀山之王．且崇信佛教．此教蓋久行於土加里者．據中國史．謂喀布爾（卽高坿）爲喀山王所得．則與伊息度爾謂巴息亞所勝者．爲阿拉庫西亞．非喀布爾之言脗合．蓋其時喀布爾一地．已屬於喀山王也．自弗拉忒司求援西西亞．於是喀山王遂與巴息亞戰．求復弗拉忒司之位．是貴山王之爲西西亞人．可無疑矣．忒魯格司曾記及亞西亞之土加里諸王．與撒喀洛西敗亡之事．與此事亦微有關係．（撒喀洛西之亡．其爲土加里擴張權力之時無疑．）當弗拉忒司在亡之日．西西亞之戰事最亟．而戰事之結果．則弗拉忒司之休戚系焉．羅馬人欲藉戰事以恐的列達忒司．故於是戰．亦極注意．而霍果司於土加里與撒喀洛西之戰．亦一再致意．不僅形諸歌詠而已．時中國於諸地之關係．頗極密切．且曾干預撒喀洛西之事云．（事在紀元前四十四年）（外患及內亂）方西西亞大軍之來攻也．的列達忒司大懼．不戰而逃．在紀元前二十六年三月一日．此耗羅馬人猶未知之．證諸錢文．弗拉忒司以是年七月復位。的列達忒司逃於羅馬奥古司忒司所。奥古司忒司未忍與絕。然亦不助之。的列達忒司之逃也。挾弗拉忒司之子爲質。羅馬人歸之。巴息亞人亦允歸克拉塞司與恩通尼之俘虜以爲報。紀元前二十年。奥古司忒司至西里亞時。此議始見實行。意此時弗拉忒司王位。復有動搖之象。故亟歸俘於羅馬以結援。觀紀元前二十三年十月之後。巴息亞鑄錢之業中斷。自此不鑄錢者有年。此即其國中擾亂之符也。弗拉忒司晚年之事。亦從一古錢上得之。（家特你爾 Gardner 謂其事在紀元前十年十月。）此錢蓋紀其第二次出亡復位之事。育寨弗司 Josephus 謂紀元前十二年至九年之間。有密失拉達忒司第四者。爲阿撒西司人王。猶太之赫魯特曾與同謀。以抗羅馬維時米地亞阿忒魯巴吞亦叛。請新君於羅馬。於是阿塔伐特司之子阿列倭巴仁司第二。遂以是時即阿忒魯巴吞王位。時則紀元前二十年至二年之間也。紀元前十年或九年間。弗拉忒司盡送其家族於羅馬。欲以絕諸叛人之望。使無他阿撒西司族可舉爲巴息亞王者。獨留其嬖妾所出之幼子於國。其妾名西麥撒烏倫尼亞。Thea Musa Urania 女奴也。爲意大利產。奧古司忒司以贈弗拉忒司者。弗拉忒司此舉。悉出其妾之謀。其後烏倫尼亞與其子共殺弗拉忒司。以其子嗣巴息亞王位。號曰弗拉忒司第五。亦時稱弗拉塔西司。Phraataces 此爲阿撒西司族弒父竊位之第三人矣。

（弗拉忒司第五）弗拉忒司鑄錢之初。在紀元前二年之五月。即位以後。遂以猛厲之政策。逐亞美尼亞王阿塔伐特司第三及羅馬兵於亞美尼亞。以他以格倫司第四爲亞美尼亞王。其人蓋出亡於巴息亞者。阿忒魯巴吞王阿列倭巴仁司亦同時被逐。蓋無幾時。其人即出亡於羅馬。而阿忒魯巴吞世及之王位。亦易以巴息亞人矣。時羅馬奧古司忒司無擴土之意。而弗拉忒司之位。亦未能穩固。故兩國皆不欲戰。但以口舌相爭辯。其後和約告成。弗拉忒司棄置亞美尼亞。不再干與。且以其兄弟之在羅馬者爲質。（事在紀元後一年）弗拉忒司以母爲妻。觀紀元後二年四月所鑄之錢。有彼與其母之象。並鐫其上。究其配合之故。殆爲調和奉教之貴族起見，以貴族多恨之也。至紀元後四年十月之後，弗拉忒司第五卒，爲叛黨所逐，逃於羅馬，未幾遂歿。

（內亂）巴息亞人既逐弗拉忒司第五，召亡人奥魯地司第二歸嗣王位，錢鑄於紀元後六年之秋。其人性極殘野，即位未久，遂爲國人所惡，俟其出獵時殺之。於是遂成一無君流血之時代矣。巴息亞人尋遣使於羅馬，迎弗拉忒司之長子伏農司 Vnones 歸嗣巴息亞王位。伏農司之立意甚善，但久處羅馬，爲異國學問所陶鎔，與國人之習俗，漸不相合。伏農司不喜狗馬及畋獵轟飲，喜與希臘人居，節簡朝儀之繁縟，嚴禁百官之貪蔽。於是國人大起反抗。時阿撒西司族之宗支死亡略盡，阿塔巴納者，阿撒西司人所出也。其人生於達希，長爲米地亞之阿忒魯巴吞王。紀元後十年或十一年間，巴息亞人舉以攝位，初爲伏農司所敗，後以血戰而獲巨勝，遂即位於泰息封。伏農司逃於亞美尼亞，被舉爲亞美尼亞王。（紀元後十六年）然的不列司 Tiberius 欲避戰禍，不欲阿塔巴納司第三藉辭攻

亞美尼亞因勸伏農氏退處西里亞其後伏農司被困於西里西亞紀元後十九年伏農氏欲自幽所逃去遂被殺

巴息亞內亂最甚之證莫如猶太大盜自立於你爾大澤中一事其蔓延凡十五年復至巴比倫尼息畢司當日巴息亞各總督有叛而與賊合者其不叛者亦止以虛聲嚇賊而已巴息亞既不能制賊乃與賊約使毋刼掠內地於是巴比倫尼亞得以保全時叛亂雖久不息而阿塔巴納司第二聰明武勇能次第削平之且數與外國戰亦頗獲勝利乃使其子爲亞美尼亞王又挑戰於羅馬以求爲喀皐度西亞伊蘭居民之主紀元之第一世紀間羅馬帝國與巴息亞之戰事無非爲爭亞美尼亞而起羅馬王的不列司極尙和平然以均勢之故亦不能任巴息亞之所爲乃慫恿依比利亞 Theria 王法拉曼司 Pharasmanes 爲其昆弟密失拉達忒司求爲亞美尼亞王於是依比利亞人攻殺阿撒西司進取阿塔克撒塔都城巴息亞遣阿塔巴納司之別子奧啓地司率師禦之法拉曼司乃洞開高架索門

戶。求援於撒馬的亞人 Sarmatians 此種人惟利是嗜。若戰地有財帛可以貪取。無不樂於助戰者。於是一大血戰起。奧魯地司與法拉曼司戰。被傷其軍悉潰。蓋信奧魯地司死也。紀元後三十六年。阿塔巴納司親自來戰。而國內亂事又起。此蓋的不列司與巴息亞黨人所預爲布置。以牽制阿塔巴納司者。故阿塔巴納司軍行而難發。叛黨之首領曰信納西司假託法拉忒司第四之孫的列達忒司之名以起事。時的列達忒司猶居羅馬。叛黨遙奉以巴息亞王號。阿塔巴納司聞警。退軍於赫爾干尼亞交歡於諸友國。及近鄰之諸游牧族。時羅馬駐西里亞之使臣露息司佛太列司 Lucius Vitellius 率師護送的列達忒司至巴息亞。扈從諸人。咸與之俱。美速不達迷亞。阿普隆尼的司卡隆尼的司悉皆臣服。西里亞人居塞勒西亞之猶太人。及黨人之怨阿塔巴納司者。（即主寡人政體希臘舊族之三百人）以頒民主政體之法律。咸歡迎之。蘇倫納司爲之加冕於泰息封城。惟此禮之舉行。未待兩要省（意即上下兩米地亞）總督弗拉忒司與赫羅之至。以故二人怨望。遂相反抗。然嫉忌信納西司與其父阿白達噶塞司 Abdagases 者。猶不僅此兩人也。阿塔巴納司旋被召。自赫爾干尼亞統達希與首犀之援助軍而來。的列達忒司退駐美速不達迷亞。蓋其地的列達忒司之黨最盛也。然軍隊則皆已潰散。紀元後之三十六年。的列達忒司復逃於西里亞。阿塔巴納司怨羅馬甚。然以家屬中方在多故之秋。不得不與羅馬訂立便於羅馬之盟約。且使其子大拉伊厄司爲質於的不列司。後阿塔巴納司曾有一短少之時間。與乙碩忒司 Izates 爲亡人於阿地濱。旋以乙碩忒司之力而復位。故阿塔巴納司取亞美尼亞之尼息畢司 Nisibis 以報之。巴息亞人之得取尼息別司也。則由於嫦司愷撒 Gaius Cæsar 政策之愚拙。彼嘗以計誘亞美尼亞王密失拉達忒司。幽之於羅馬。故巴息亞人乃乘間取之。阿塔巴納司於第二次復位之後。不久遂卒。其時約爲紀元後之四十年。蓋育塞弗司 Zosephus 所著之書。於三十九年中。曾提及之。其歿必當在此時之後也。

（哥塔碩司與瓦登司之爭位）當阿塔巴納司在位之日，佔此帝國第二之位置者，厥爲哥塔碩司 Gotarzes 彼爲阿塔巴納司之心腹，且居上部總督之位。阿塔巴納司之亡於阿地濱也，彼嘗爲副將。但以古碑記與育塞弗司與塔息忒司之言觀之，彼非阿塔巴納司所生，或其寄子也。故阿塔巴納司徂謝之後，王位遂歸於瓦登司 Vardenes 以四十年九月鑄貨幣焉。逮至四十一年，哥塔碩司亦在王位矣。然哥塔碩司素行殘害，故瓦登司得乘機以復位。瓦登司以二日之力，騎行三百四十五英里之路，乘哥塔碩司之不備而攻之。哥塔碩司被逼而逃於下方諸總督駐地。四十二年七月，遂自其地鑄造貨幣，持續不息云。塞勒西亞自三十六年開門延的列達忒司之後，久叛未服。瓦登司圍之，未幾又撤兵以禦哥塔碩司。時哥塔碩司固挾赫爾干尼亞與達希人之援軍而來。羅馬王克老迭司 Claudius 乘巴息亞內亂，因合依比利亞人逐巴息亞派駐亞美尼亞之總督地孟納克司 Demonax 而復密失拉達忒司焉。時瓦登司方與哥塔碩司相持於敗克闕拉之西部。（西部爲巴息亞所屬之敗克闕拉）羅馬王欲乘機以殺瓦登司哥塔碩司。洩其謀。於是二人遂相和好。哥塔碩司班師回赫爾干尼亞。瓦登司仍撫有帝國。乃復攻塞勒西亞。以四十三年克之。計此城受攻前後凡七年。僅乃克之。

（塞勒西亞）塞勒西亞一城。素稱富庶。普林尼記其間居民凡六十萬人。其鄰近有城曰泰息封。自塞勒西亞建立之後。巴比倫遂衰。然塞勒西亞則不以泰息封城之建立而衰也。司忒拉布謂泰息封城專爲巴息亞王度冬而設。初。王冬時本居塞勒西亞。後王以蠻蠢之游牧族列之警衛隊中。時出爲商人害。因別築泰息封以居王云。巴息亞人外交之失敗。皆由國內久亂。及塞勒西亞人傲慢之故。四十一年時。西里亞人與希臘人休戰。共殺猶太人。猶太人逃於泰息封。塞勒西亞人仍直前逐之。未嘗以王居於此而稍避。其傲慢無禮如此。其後伏拉葛塞司 Volagases 又於赫拉 Hira 相近之地築一伏老其索塞塔 Vologesacerta 城以敵塞勒西亞。其地商業亦極繁盛云。在紀元第一世紀之中期。希臘之權力漸衰。而東方之巴息亞復興。阿撒西司王家所製之貨幣。自阿塔巴納司第三之後。日即粗惡。伏拉葛塞司所製之錢。上記巴拉佛 Pahlavi 故實。蓋皆記密失拉達忒司第四之事者。其人乃忒拉疆 Trajan 同時之人也。

（瓦登司）瓦登司復欲經營亞美尼亞。事爲佛畢息司馬塞司 Vibisis Marsus 所阻。其人即四十二年至四十四年間。爲西里亞使臣者。餘時但能應付內亂。不更及域外矣。四十五年之五月。哥塔碩司得叛亂諸貴族之助。復肆其野心。且鑄貨幣。瓦登司敗之於意倫特司 Erandes 孔道間。復東向逼之。横經沙漠。凡游牧種人之阻道者。悉被驅逐。遠至信地人所居之地（即泰近特一作鐵車 Tezend ）而回。其地乃達希與亞里亞分界之處也。瓦登司既歸。誇其國人曰。凡諸游牧民族之素不朝貢阿撒西司者。今悉勘定之矣。此虛僞之光榮。殆不減於古巴息亞史之所載。謂其時西部被逼如此之甚。王位尚難穩固。徒夸戰功何爲者。瓦登司實爲雄主。觀於塔息王之贊辭。及羅馬大歷史家稱彼與羅馬。未嘗有直接之關係。

可想見其大概。其最後之錢。爲四十五年之秋所鑄。旋因出臘。被人暗殺。以其爲治嚴酷。故其民恨而刺之也。然時人責彼與其先世兩王之言。余輩亦當分別觀之。夫以阿塔巴納司新建王朝。繼其後者。自不能不以嚴厲爲政。況被壓制者。僅爲不受約束之諸貴族。蓋其國久經內亂。諸貴族咸放恣無紀律。非以權力制之。亦不能爲治也。

(哥塔碩司)紛爭許久之後。哥塔碩司復踐王位。自四十六年十二月。始鑄貨幣。其後接續不已。但其暴厲之性質。曾不少改。於是諸不平者。密遣使人於羅馬。請克老迭司遣伏農司之子麥赫達忒司 Meherdates 歸爲巴息亞王。四十九年。羅馬命嬀司喀息司 Gauis Casius 護麥赫達忒司(易名密失拉達忒司第五)歸至細格馬 Zeugma 與巴息亞諸貴人會。因亞美尼亞地爲雪阻。繞道至尼尼維與阿卑拉而進。然實力擁護密失拉達忒司者。僅美速不達迷總督喀倫司 Carenes 一人。外此如與隆王阿不家第五與阿地濱王乙碩忒司兒爲服從。而皆陰袒哥塔碩司。於是經一劇烈戰爭。兩王先遁。坐視喀倫司困於圍中而不之救。密失拉達忒司亦遂被擒。(紀元後五十年)哥塔碩司既獲密失拉達忒司。不處以死刑。第割其兩耳。而舍之。此在東方之君。已爲非常之寬典矣。亦於此見伊蘭人之性質。不願接受羅馬遣來之王。啟羅馬干預其國內政之漸也。

哥塔碩司於五十一年七月之後。以病卒。繼之者爲伏農司第二。其人向爲阿忒羅巴呑王。蓋即阿塔巴納司第三之昆弟也。以古錢攷之。伏農司第二在位之期甚短。其即位當在五十一年九月之前。而終於五十四年十月以後。繼位者爲其長子。名伏拉葛塞司第一。

(伏拉葛塞司第一)伏拉葛塞司伏農司第二妾所出子也。其母爲密里土人。然其繼父位也。諸昆季咸樂奉之。於是伏拉葛塞司封諸弟爲王。位次巴息亞王之下。以巴哥拉司王米地亞。或阿忒羅巴呑的列達忒司王亞美尼亞。先是巴息亞侵亞美尼亞。逐舊密失拉忒司之喀達密司忒司 Kadamistus 而喀達密司忒司不行。逮五十四年。其民叛而攻之。乃去。於是亞美尼亞遂無抗巴息亞之人矣。獨羅馬不甘失此地之權力。自計惟助巴息亞人之叛圖大位者。可以得志。於是力援瓦登司之子以抗伏拉葛塞司。瓦登司子曾攻阿地濱王伏拉葛塞司。謂其前與羅馬爭競之時。意持兩端也。時達希與首犀之君。亦來攻巴息亞瓦登司子所鑄之錢。自五十五年十二月起。迄於五十八年之七月。而搜索伏拉葛塞司之錢。則自六十一年始行鼓鑄。殆自此年之後。彼之權力始見穩固。而其大力之反對者。亦為所克服矣。其初伏拉葛塞司曾撤退亞美尼亞之兵。而五十五年。且送重要之阿撒西司人為質於羅馬王尼羅 Nero 命駐邊境之使臣杜密的司可布羅 Domitius Corburo 及至五十八年。伏拉葛塞司復欲以大力經營亞美尼亞。然巴息亞羅馬兩國間直接之戰端。仍未少露。但以虛辭相委蛇。以為今於亞美尼亞所經營者。皆的列達忒司之私事耳。蓋巴息亞是時力有未充。不能大興戰事。且是年赫爾干尼亞又以叛告。遣使求為羅馬同盟。次年可布羅突入阿塔克撒塔毀之。又取的格倫塞塔舉他以格倫司第五爲亞美尼亞王。以兵衛焉。他以格倫司爲赫魯特人（赫魯特人建國於喀卑度西亞）別支之王。六十一年。伏拉葛塞司與赫爾干尼亞和認之爲獨立國。此事既平。於是復爲的列達忒司加冕爲亞美尼亞王。的列達忒司乃聚全力以攻他以格倫司。羅馬之戰。仍以可布羅之講解而延遲。可布羅與巴息亞嘗訂一密約。允撤駐亞美尼亞之羅馬兵。彼蓋深知他以格倫司之爲人。但具祖父之奴隷性質。而無其祖父剛勇之氣。決不能得亞美尼亞人之信從。況亞美尼亞人素喜巴息亞之治法。且宗教風俗種族。悉與巴息亞同。其不能與巴息亞爭此土也明矣。然羅馬王不聽其計。於是戰釁遂啟。六十二年之戰。羅馬爲巴息亞所敗。時羅馬命西生尼司彼忒司 Cæsenuius Pætus 爲亞美尼亞統帥。被殺於倫地亞。Randea 其地在阿生尼愛司 Arsanias 之南岸。（亞美尼亞呼阿付拉底河上游之地曰阿拉仁尼 Aradzani ）與阿撒木撒相近。於是羅馬軍遂退出亞美尼亞。且築橋於阿生尼愛司河上。以輸巴息亞人可布羅故置彼忒司於重圍中而自居於西里亞以保阿付拉底河之水道且築多堡於巴息亞境內而守之羅馬大軍既敗彼乃與巴息亞大將孟尼塞司 Manæses 言和以所築諸堡還於巴息亞欲巴息亞亦撤亞美尼亞之兵餘事且俟羅馬政府之所斷次年戰事復起可布羅自麥列登 Melitene 踰阿付拉底河深入索芬巴息亞亟與言和羅馬人約令的列達忒司暫辭王位親至羅馬受羅馬王勅封爲亞美尼亞王六十六年茲事始見實行然是役也巴息亞人實獲亞美尼亞王位而羅馬僅有勅命亞美尼亞王之虛名是巴息亞所得之利益實遠過於羅馬也的列達忒司自受羅馬勅封之後相安者凡一世尼羅歿後伏拉葛塞司復與羅馬新王伐司巴與 Vespasian 深相結納相好至七十五年

（阿蘭人之侵入）時伊蘭各地均爲阿蘭人所擾阿蘭人未入巴息亞之前繁滋於高加索山之西北麓遠迄於頓阿及阿速 Azoff 海七十二年赫爾干尼亞王闢特本特 Derbend 山逕以延阿蘭人於是掠米地亞逐其王巴哥拉司於山穴中

而佔其宮室．亞美尼亞亦被刼掠．始滿載而去．七十五年．復入巴息亞本部．逼伏拉葛塞司甚厲．伏拉葛塞司求援於伐司巴興．不允．蓋是時伐司巴興亦欲與巴息亞啟爭端也．忒拉强時爲西里亞總督．嚴設守禦．以備巴息亞之侵入．然伐司巴興欲保和平．卒免於戰云．

証諸塔息土司 Tacitus 育塞弗司二氏之言．則紀元後四十二至五十四年之間．巴息亞帝國以敗克闕拉爲東境．而五十九年赫爾干尼亞之使臣．自波斯灣登陸歸國．已不經巴息亞之疆土．可見是時上部諸總督轄境．已不爲巴息亞所有．赫爾干尼亞國至一百五十五年．恩通寧納司畢司 Antoninus Pisis 在位之時．猶然獨立．七十二年．赫爾干尼亞人獲有開斯瀕海南岸之地．有時且與巴息亞國境犬牙相接．但此巴息亞國．係繼續撒喀斯丹之西西亞人而興者．其得國之日約爲紀元之前一年．此巴息亞王朝諸王中之知名者七人．其始祖曰阿撒西司迭西厄司 Dicæus 此名自古錢中得之者．其間權力最盛者．爲岡度法爾司．

Gondophares 據阿塔士米 Aeta Thomæ 傳言。謂其時有教士土抹司 Thomas 曾往印度傳教。蓋紀元後之二十九年也。岡度法司即位。領土大闢。其地即向爲巴息亞所有者。其所鑄之貨幣。見於矦勒特塞伊斯坦與堪達喀爾者爲最多。即拜格倫亦時見之。至遠者則見於旁遮伯。以白沙威爾東北之塔克忒 Takht 古碑攷之。謂岡度法司在位之二十六年。即佛教傳入喀布爾之第一百年。但此王朝之國勢。並不堅固。常同時有兩王並立。七十年時。迫列迫拉司 Periplus 嘗記巴息亞勝印度西西亞之事。書成以己名名之。書中言巴息亞之王。常彼此相廢。觀此可見當日情形之危險矣。其最後諸王。信納巴司 Sinabars 謂其即位於七十八年之後。迫列迫拉司謂當日別有一好戰之野蠻獨立國興。殆即土加里也。(土加里)是時土加里之諸部國。漸次衰耗。土加里遂興。據中國歷史家言。謂此國之始祖曰丘就却。以八十餘歲卒。子閻膏珍 Yen-kao-chin 代爲王。得印度河間諸地。其勢力益見擴張。嘗役屬條支。條支或名奧特 Oude 然証以古錢。則又與此說不合。蓋庫育拉喀達弗司 Kozola Kadaphes 與倭厄模咳特腓塞司 Ooemo Kadaphises 當是兩人。庫育拉喀達弗司乃直接庫淑羅喀特腓淑 Kozulo Kadphizu 之位。而仍襲用其前王名號。彼所鑄之錢曾發見於旁遮伯之曼尼克雅拉。Manikyala 倣羅馬奥古司忒司鑄於紀元前四年與紀元後二年間之式。以王面鐫於錢上。故欲攷庫育拉喀達弗司之時期。可即奥古司忒司鑄錢之日以爲斷也。至於征服印度之事。實屬於倭厄模喀特腓塞司。此王即位於紀元一世紀之中期。其權力之偉大。可自鑄金幣一事見之。蓋此幣自攸克拉達忒司之後。無有舉行者。其錢常發見於喀布列斯丹 Kabulistan 與旁遮伯遠及本瑙爾人 Benares 所居地。中國史家所云。當折衷於印度克爾恩 Kern 一書。克爾恩書中記土加里戰勝各國事。謂其間略有梗阻。以其時有一大力之盜曰喀喀 Caka 王。（殆即中國史家所稱之閻膏珍。亦即庫育拉喀達弗司）彼歿後。傳世凡五土王。其第一王在位不久。第五王無名號。在位凡二十年。此王之後。仍從事於刼掠。不復成國矣。

此無名之王。殆即耳著金環之王。以耳環觀之。其爲印度土人無疑。此王之錢。見於拜格倫者最多。其他爲馬瓦 Malwa 旁遮伯恒有見者。即遠東諸地。亦間有之。是足見此國實與罽度法司爲鄰邦。且與之同時也。此王無名。但稱諸王中之王。或大救主之徽號云。喀喀王朝敗亡之後。於是倭厄模喀特腓塞司興。其人即直接創立土魯什喀 Turushka 王朝之堪納爾基 Kanerki（或稱堪尼什喀 Kanishka）之位者。此王朝倡立之始。當在紀元後之七十九年。蓋猶喀喀人在位之時期也。觀此王朝之興。足知東方諸事。至是已大定矣。

伏拉葛塞司與阿蘭人戰後。遂殂。其人處昆弟甚友愛。此風在彼族。久所未有。其與外人戰。極謹愼。而處家屬之變。又極忍耐。故號爲正直之主。彼嘗建一新都。又蒐集阿伐司塔殘缺之記載。滙成一書。此亦其功業中之一事也。七十八年七月。有兩王同時即位。且各鑄貨幣。一爲伏拉葛塞司第二。一爲巴哥拉司第二。二人殆兄弟也。至七十九年。伏拉葛塞司鑄幣之事中輟。自八十一年七月所造之一貨幣觀之。其位爲阿塔巴納司第四所得。時有忒倫的麥克奴 Purentius Maximus 者。自言爲前羅馬王尼羅。阿塔巴納司爲任保護之責。欲以兵力迫的士司 Titus 退位。而復尼羅。其後雖知爲託名詐僞者。阿塔巴納司猶力爲設法。至八十八年始已。以其時國中內亂復起也。觀八十四年至九十三年間。巴息亞貨幣復停鼓鑄。可得其故。末後數年中。王巴息亞者。僅巴哥拉司一人矣。

是時巴息亞之政治。界限愈益繁博。遠東氣象。視平日較爲活潑。九十年。月氏嘗與中國駐西域之都護（班超）戰。不勝。遂臣屬焉。九十四年。中國使臣殺其王。進兵至北海。（即鹽海）服國五十云。土加里（月氏）之侵略印度。正如向日希臘之所爲。但知經營南部。未嘗留意於興都庫什嶺以北之地。雖倭厄模喀特腓塞司之貨幣。亦未嘗發見於嶺北諸地。九十七年。中國嘗遣使（甘英）至大秦。至地中海。巴息亞（安息）船人告以海道之險惡。遂止不前。一百一年。（漢章和元年）安息王滿屈 Muon-kiu 饋獅子符拔 Fwpa（BovBoλoς）於中國皇帝。（漢章帝）安息王居和櫝城。和櫝城即赫爾干尼亞之喀塔也。Carta 或稱碩特拉喀塔。Zadr-acarta 是滿屈亦即赫爾干尼亞之王。彼兼領有巴息亞開斯濱海隘口之故地。（設巴哥拉司（於一百七八年鑄造銅幣）非專制君主。若其後奧司羅司然彼必與之並世爭雄矣。）維時代表巴息亞西部之主權者。仍爲巴哥拉司第二一百十年。嘗傳愛地撒王冠於阿不家第七巴乙碩忒。Bar Izat 未幾。遂殂。其弟奧司羅司即於是年即位。且造幣焉。然當日有作難之人二。一即伏拉葛塞司第二（彼失位三十三年。至是又見自一百十二年後。復躋王位。）一爲密失拉達忒司第六。密失拉達忒司於奧司羅司與伏拉葛塞司第二爲昆季。三人權力維均。莫能相勝。而日事戰爭。直至奧司羅司挑釁於羅馬。內戰乃止。夫奧司羅司之與羅馬開釁也。以侵亞美尼亞。逐巴哥拉司之子愛克塞大爾司 Exedares 故。巴哥拉司爲亞美尼亞王。曾受羅馬勅命。而奧司羅司奪其嗣子之位。以與巴哥拉司他子之名巴撒馬息列司 Parthamasiris 者。此誠奧司羅司之失計也。於是羅馬王忒拉疆舍其平日所守之和平政策。而用侵略主義。不輕易置此事矣。

（拉忒疆之戰勝）忒拉疆遇奧司羅司之使於雅典。不之答。長趨入亞美尼亞。不戰而得阿撒穆撒塔一百十四年。定亞美尼亞西部巴撒馬息列司降。忒拉疆憤然曰。亞美尼亞者。羅馬之行省也。今雖立巴息亞人爲王。當別遣衛兵監視之。若巴息亞人欲背叛。或圖脫逃者。即殺之。忒拉疆此舉。不特舉措暴厲。且不以平等之道處阿撒西司人矣。自是亞美尼亞與其北鄰諸王。悉降於羅馬。忒拉疆乃班師。自愛地撒還。受阿不家之降焉。一百十五年。美速不達迷亞之戰。阿地濱王麥巴撒迫司 Mebarsapes 及信加拉王 Singara 曼奴司實受其咎。於是美速不達迷亞。遂爲羅馬之行省。而亞美尼亞邊境之可廷人與馬哥米地人 Marcomedi 亦先後降埘忒拉疆。以此受巴息克司 Parthicus 之尊號焉。一百十六年。忒拉疆逾底革利斯河與敵人戰。得第三新省。而隸入於美速不達迷亞。後又復渡是河。攻巴比倫尼亞。時巴息亞內亂未平。故不之抗。羅馬水師自阿付拉底河而下。復運其舟。至底革利斯河。與陸軍合力來攻泰息封城。遂破。奧司羅司逃於亞美尼亞。蓋其東北部。時猶未爲羅馬有也。羅馬水師復下底革利斯河。得麥生城。維時忒拉疆方察視波斯灣以窺取巴倫 Bahrein 新下之省。悉叛。盡殺駐防之兵。諸叛黨以美速不達迷亞爲中點。共舉密失拉達忒司第四爲王。後以攻康麥勤。墜馬死。其子新納忒拉西司第二繼之。時奧司羅司亦自亞美尼亞遣其子巴撒馬巴忒司率一軍來助。以阿撒西族之和親圖結。而羅馬遂敗。大將麥克息姆死焉。然自戰勝之後。昆季中復自相猜忌。露息司者。忒拉疆自巴比倫新命之將也。知其可乘。因以巴息亞王位許巴撒馬巴忒司。使親埘於羅馬。因是信納忒拉西司遂敗。爲敵所殺。羅馬復得尼息畢司。又圍愛地撒而屠之。於是叛黨悉平。忒拉疆以新地廣遠。籌直接統治之法。計不如以巴撒馬巴忒司守之。遂以一百十七年之冬。聚羅馬巴息亞人。爲加冕於泰息封城。忒拉疆此次出師。惟圍美速不達迷亞沙漠間之阿忒拉城。頗多失利。此爲忒拉疆第二次之拂逆事矣。後以疾病。與猶太人之叛軍事始結。及忒拉疆殁後。（没於一百十七年秋七日。）哈特林 Hadrian 繼之。盡撤諸新地之駐兵。仍以阿付拉底爲巴息亞之西界。諸省迺悉復爲巴息亞。旋巴失馬巴忒司欲與巴息亞離。哈特林復以奥隆一城予之。於是忒拉疆所用之侵略政策。遂無結果可言。但暴白巴息亞人之怯弱不和於世界而已。時奥司羅司亦已復位。而昆季間之不和如故。伏拉葛塞司仍接續鑄幣。其助奥司羅司理此國與抑抗奥司羅司也。哈特林雖於一百二十三年。曾一度與人開戰。然終守和平主義。以忒拉疆破泰息封城所俘奥司羅司之女還之巴息亞。奥司魯司旋卒。伏拉葛塞司獨有此國。後卒於一百四十八年。年九十六。在位凡七十一年。

（伏拉葛塞司第三）伏葛塞司第三即位之後。遂思復有亞美尼亞。一百五十五年之春。與羅馬王恩通寗納司畢司相見之後。故遲遲不發。而仍修戰備不已。及恩通寗納司畢司死。伏拉葛塞司遂侵亞美尼亞。逐羅馬使臣阿撒西人索希麥司 Sohæmus 而使巴哥拉司君爲羅馬軍之統於喀卑度西亞使臣伊里司塞佛林司 *Ælius Severianus* 者均被殺而統將亦自刃以死於是喀卑度西亞西里亞兩地均爲巴息亞所有阿的地可你林納司者 Attidius Cornelianus 羅馬之西里亞使臣也亦敗走當二人困極之際怨羅馬之不救致有欲叛羅馬之說次年伊里司佛羅司 *Ælius Verus* 自羅馬京來見軍容之疲苶欲與巴息亞言和巴息亞不聽佛羅司乃自恩的倭克遣副將之才者往統各軍於是軍容頓易遂宣戰此戰凡分兩役一曰亞美尼亞之戰一曰巴息亞之戰所謂亞美尼亞之戰者司塔的巴哥拉司與馬的佛羅司復索希麥司於亞美尼亞王位之役也（事在一百六十三四年間）同時阿佛迭喀息司以倣羅普司之血戰遂伏拉葛塞司於西里亞又力戰而入美速不達迷亞北部得愛地撒與尼息畢司此即所謂巴息亞之役也伏拉葛塞司自棄美速不達迷亞之後遂爲諸同盟之獨立土王所屏棄而喀息司既入巴比倫尼亞縱兵大拉復訌細故而焚之巴比倫尼亞當日猶爲東

方第一大城。有居民四十萬云。又毀寒勒西亞。此皆東方最繁富之地。羅馬一舉而盡燬之。此誠東方希臘人之至痛。然此猶物質上之傷害也。其後又攻入泰息封。毀伏拉葛寒司之宮室。令與地平。此在巴息亞人與東方諸被治者觀之。其所關於國家之光榮者。其傷害視他物尤加甚焉。喀息司以一百六十五年。率其得勝之兵。還西里亞。然其兵亦爲飢疫所困。疲苶異常。疫之初起。惟行於巴息亞。自塞勒西亞之覆沒。疫氣遂徧於世界。同年馬的佛羅司亦獲巨勝於米地亞阿忒羅巴呑。其功烈不亞於喀息司云。一百六十年。美遂不達迷亞。遂求和於羅馬。此戰爲羅馬與巴息亞至大之戰。其魄力之偉大。直可匹所得諸地之廣袤。且可見巴息亞抵拒之奮勇。羅馬於戰勝之後。雖未多事苛求。然巴息亞遂自是不振矣。羅馬是時欲辟巴息亞。直接與中國通商。而巴息亞人以商業之本在其手也。忌之。一百六十六年。羅馬王安敦 An-thun （即恩通寧納司）遣使自海道經東京 Tong-King （越南）而達桓帝之朝。Huan-ti 然事卒不成。商業仍入於巴息亞人之手．當巴息亞帝國將亡之前．復遣使至中國焉．（二百二十六年）據中國史家言．巴息亞與印度之商業．當日亦極盛云．

伏拉葛塞司第三卒於一百九十一年．在位四十二年中．絕無內亂之事．繼之者爲伏拉葛塞司第四．當羅馬內亂蜂起之日．尚武之帝國．猶未建立．爲之王者曰迫生尼司孽格爾．Pescenius Niger 伏拉葛塞司頗與相善．允其屬國阿忒拉王巴生尼司以己兵助羅馬．攻塞迫的密司塞佛勒司 Septimius Severus 於尼西亞 Nicea （一百九十四年）逮孽格爾勢敗．伏拉葛塞司許阿地濱之使臣與奧隆聯合．時奧隆方叛羅馬也．聯合軍既拔美速不達迷亞城．盡殺羅馬駐兵．進圍尼息畢司．當日巴息亞帝國．實無權以管理所屬各國疆界之事．蓋諸國自經羅馬兩次挫折之後．遂各視其地爲己有．不復聽命於此帝國矣．

（塞佛勒司之戰）一百五十九年之夏．塞佛勒司驟入美速不達迷亞．降奧隆王阿不家第八自尼息畢司（塞佛勒司以此地爲軍略上重要之地．乃大設軍備．

而殖民焉。）攻阿地濱。兩戰皆勝。（百九十六年）時信加拉之西拉伯人。亦與阿地濱聯合於美速不達迷亞。巴息亞則絕無舉動。聽塞佛勒司與阿兒賓奴司 Albinus 刼掠美速不達迷亞與圍尼息舉司之柳土。Lactus 一百九十八年。塞佛勒司復來。巴息亞人不戰而退。塞佛勒司得自由布置次年大戰之事。一百九十九年。羅馬水師之在阿付拉底河者。與陸軍合。塞佛勒司乃修忒拉疆未竟之策。續開拿馬兒喀 Naarmalca 運河。河通之後。羅馬師船得直入底革利斯河。以扼巴息亞全國之吭矣。塞勒西亞與庫契 Coche 之居民。均棄城而遁。泰息封亦於是年之末。為羅馬所得。且遭慘殺。居民之被俘者凡十萬。又縱兵刼掠。蓋其王已逃。無人敢與敵抗矣。時塞佛勒司之兵。以受飢病痢。其數大有所減。故不追逐。而自底革利司河而歸。二百年四月一日。羅馬軍復自各地入。遂據亞美尼亞。二百一年。攻入阿忒拉城。行軍頗極謹慎。然被阿忒拉人自各城中逐出。亡失兵士甚多。時正塞佛勒司自底革利斯河歸。固欲乘其不備。一鼓而下之也。此城在忒拉疆時。未甚富庶。至是已成繁盛之地。日祠中存積之珍寶尤夥。諸大著述家名其地曰阿拉伯之阿忒拉。而其王之名在西里亞字中爲巴生尼司。亦即巴信 Bar Sin 言月之子也。即此可知其爲阿拉米亞 Aramæa 人之國勢。與巴米拉 Palmyra 相似。有戰則恃四旁之阿拉伯人以爲固也。塞佛勒司頓兵於阿忒拉者凡二十日。阿忒拉先以馬隊隔絕其輜重。復擇善射者四面射之。且以石腦油焚其攻具。截擊兩次。鏖戰兩永日。羅馬軍被逐。喪亡無算。塞佛勒司逼甚。乃命圍之。此次劇戰之後。羅馬之威名喪失極多。而阿忒拉與其王之聲名。因是大起。然於巴息亞式微之國權。則仍無補也。

二百九年。其子繼伏拉葛塞司第四爲巴息亞王。名曰伏拉葛塞司第五。至其身而追息司之難始作。時二百十二年也。翌年。其弟阿塔巴納司復起而與之爭位。而內亂又亘數年未已。時又有一新危難起。的列達忒司者。伏拉葛塞司第四之弟也。於今王爲叔父。前避難於羅馬塞佛勒司所。一百九十九年之役。彼亦與焉。

至是忽與西里西亞之冒險家息尼克恩的倭秋司自羅馬逃歸。羅馬王恩通寧納司欲得之。於是戰事又起。(二百十五年)阿塔巴納司乘亂。乃大獲利。明年得泰息封與其四旁之地。以當日所造之銀幣攷之。伏拉葛塞司仍有巴比倫尼亞之希臘諸城。至二百二十二年始失之。阿塔巴納司之力量偏重於北部。據撒遜人所成之亞拉伯史。謂彼爲米地亞王。此言與古錢所誌。頗相脗合。時阿塔巴納司又欲與羅馬挑戰。以不欲以女妻恩通寧納司爲辭。羅馬王嘗記其父臨命時之遺訓。謂所應富貴者軍士耳。他人皆不必慮。凡有攻戰。當擇富饒可資掠者趣之。二百十六年。道可廷與喀拉靑 Calachene 直入阿卑拉。掘阿地濱諸王之墓。詐謂此皆阿撒西人故掘之也。巴息亞人方極安泰。聞其來大驚。不敢與敵。恩通寧納司旋被人所殺。(二百十七年四月八日)時方欲別攻一地也。繼之者爲馬克林納司 Macrinus 固知阿塔巴納司戰具已備。且知其人非可侵侮者。阿塔巴納司旋以大軍壓美速不達迷亞。馬克林納司願以前數戰鬥所得之物。還之以求息兵。而阿塔巴納司不允。馬克林納司兩戰皆敗。退屯西里亞。棄美速不達迷亞於敵。逮一百十七或十八年之冬。馬克林納司以銀錢五千萬。（值英金一百七十七萬四千二百九十八磅）求和焉。二百二十二年。阿塔巴納司廢其兄於巴比倫尼亞而有其地。

（迫息司）迫息司爲巴息亞最後之大敵。彼在巴息亞時代。無重大之影響。其名亦不多見於歷史中。其土著諸王。皆自古錢中攷得之。茲類舉所得於古錢者。附記於下。

諸王之名號。均包藏於三種銀幣及一種之銅幣中。銅幣之最古者。有康納息勒司之名。Cannascires 此名惟鐫於此幣中。與下列諸王異。蓋哈魯特司與弗拉忒司二王。（此二王各有同名者兩人）皆非阿撒西司族。且非大王。以其但稱王號。未有諸王之王之號也。此兩王似非與鑄銀幣諸王。互相沿襲同治一地者。鑄銀幣者。爲迫息司之土王。而此兩王。乃伊里米亞人。彼在康納息勒司時之後。被逼遂於東南方面。（以其錢自此方面得之也）然與迫息司土王所轄諸地。土壤相接。喀納息勒司以紀元前八十二年及八十一年間之錢幣攷之。似爲一年老之人。繼其後者。凡十君。傳世至紀元後三十六年。猶爲伊里米亞人最後獨立之時期也。次古之貨幣。上鐫有希臘銘誌。與希臘諸神像。當康納息勒司第五之繼體者在位之時。適爲西歷紀元之日。其時之貨幣。則已以巴拉佛文代希拉文矣。

三種銀幣中。均鐫巴拉佛諸故實。又鐫祀火壇於幕上。其第一種凡七王。均帶有不可解之名號。曰弗列喀拉 Ferritkara 第二種凡三王。第三種凡十王。諸名號上。皆冠以愛契敏寧之阿塔塞忒 Artalshetr 大雅佛 Daryav 等字。殆表明其爲愛契敏寧遺裔也。或則上鐫聖名。如撒遜人之所謂納爾塞 Nerseh 意迭克忒 Yejdikert 者。或鐫聖典。如敏納契忒 Minuchetr 者。其第二第三兩種。流行頗久。第二種最後之王。曰碩忒爾達忒 Zaturdat 第三種之第一王曰。大雅佛第一。爲碩忒爾達忒之子。大雅佛錢上所鑄諸王像。皆著巴息亞服。其子曰阿塔塞忒第二。自彼所鑄各式之錢攷之。則卡拉克司伊息度爾之所謂阿塔碩爾克塞司者。僅有是人。舍此更無相合者。彼於父在之日。（紀元前八十年至五十年）別自爲國。至七十三歲。爲其昆季所殺。大雅佛在位之日。亦頗久長。其時當在巴息亞國力初盛之日。故以巴息亞服制鐫於錢文上也。第一種銀幣上之諸王。殆皆塞勒克司朝藩屬。大雅佛以前之王。似皆獨立。而在位不久。其傾覆當在塞勒克司與阿撒西司兩王朝權力消長之間。哥息塞勒司 Gosithres 亦名哥息爾 Gozihr 爲阿塔塞忒第二之昆季。其興在撒遜人崛起之前。即巴倫其 Bazrangi 末造之王。兩朝接續之間。別無界限可分。殆可謂爲一王朝也。在阿塔塞忒第二與的爾達忒第二間出現之八王。共分六代。其時約在紀元第二世紀之中期。意巴倫其末主哥息爾朝。與撒遜人初興擾亂之日。均在此時期之間也。

以錢幣之表記。知迫息司人以育羅司忒林教爲國教。伊司塔克 Istakhr 之地。有女火神阿納赫特 Anahedh 廟。其祭司曰撒遜 Sasan 以娶巴倫其女王倫拜赫忒 Rambehisht 故大振其家聲。又祭司之權力本極强盛。故興起尤易。拍巴克 Pabak 者。撒遜子也。阿達歇爾者。拍巴克子也。此二人爲撒遜朝歷史託始之人。其詳見於下章。時巴息亞王阿塔巴納司並不加以裁制。逮阿達歇爾據有迫息司全境。（二百二十四年）且營宮室與神廟於高爾阿塔巴納司始命伊里默司王尼洛法 Nirafar 伐之。尼洛法大敗。於是阿達歇爾逾迫息司境。而攻伊斯巴亨阿瓦士 Ahwaz 與麥生得之。復進攻阿塔巴納司軍。會於霍密士强 Harmizdjan 平原。阿塔巴納司復爲所敗。（二百二十七年四月二十八日）不久。泰息封與巴比倫尼亞相繼失陷。後伏拉葛塞司第五於阿塔巴納司歿後。復起於此兩城中。然證諸錢文。則旋失於是年之秋。至亞西里亞全部及米地亞巴息亞一大部分之失陷。迭倭氏謂爲次年之事。自是而巴息亞帝國遂亡。

（印度伊蘭之邊境）迭倭氏言此時巴息亞僅有可密生與科倫兩地。阿達歇爾異日征撒喀斯丹赫爾千尼亞尼轄普爾 Nishapur 謀。夫時諸地已不爲巴息亞所轄蓋自五十八年以後可密生一地已爲阿撒西人帝國之極東境東部伊蘭是時雖極興盛然皆隸於土加里王朝之下矣印度記載中名此朝曰土魯什喀 Turushka 以諸碑文攷之自二百十三年與二百五十九年（或三百五十九年）以前其世系猶可追溯也此朝之始祖曰堪尼什喀 Kanishka 嘗轄喀布爾與興都斯坦之地其所鑄之錢徧行於印度北部此帝國之中心爲喀什米爾其疆域之廣大遠非昔日之希臘人所及其國勢之穩固亦遠勝於希臘當日蓋彼以監督代土王之位也堪尼什喀所鑄之錢以希臘文字記已國之土語於其上其先祖以東方典禮崇祀希臘諸神獨置赫列倭 Helios 神不奉其後則惟祀此神而替伊蘭舊奉之神 Μιιρο 或稱 Μιορο 堪尼什喀與其繼嗣皆曾以祀多神廟之圖鐫於錢上此亦可窺印度伊蘭邊界諸人崇祀鬼神之一班矣古時伊蘭所崇奉之神曰 Μαο 月（神）曰 Μιιρο（日神）曰 Ναvα（戰神）曰 Οαδο（風神）曰 Ορλαγνο 者即佛勒塞拉奴 Verethraghno 神曰 Αυρο 者即育羅司忒林教之所謂

奥拉麥士達 Ahura Mazda 神。有自此教諸天神中選出之神。如乙碩子 Izeds 神。又有曰 Ovιρ 者。即恩尼倫 Aniran 謂爲光明不滅之神。創造光明者也。曰 Φαρρο 者。與任特 Zend 神同司王室之尊嚴者也。凡此諸神。與印度人民所奉之梟佛 Siva 神等。及土加里自故居傳來諸神之奇名怪號者。錯雜陳列而奉之。赫拉克兒司 Herracles 與赫列倭司兩神。殆已因蠻族之音吐而變其音義。至所謂 Σαρ-απο 者。即無所不在之塞拉畢司神。如伊里默司所奉諸神。同爲亞歷山大水軍所傳入者。佛教傳播極廣。佛教徒爲土加里國民中之最有勢力者。其王雖非爲佛教徒。然不能不表同情於佛教。爲闢一大傳教區域。且爲之護法焉。諸王中之建佛教會堂與夫寺院神龕者。甚夥。堪尼什喀當日嘗會佛教徒五百於喀什噶爾。後遂成忒列畢塔喀 Tripitaka 會。云著討勒梅名土加里曰 Καστιραιτοι 中國史家。於西歷一百五十九年時。盛稱其權力之盛。且謂自二百二十年迄二百六十五年。其興盛一如昔日。喀什米爾失於西歷三世紀間。然西部則猶爲所有。當西歷一百年時。希臘之名已澌滅於伊蘭東部。自是以後。惟土加里之貨幣中。微見希臘人之權力。逮至撒遜人之時代。希臘權力始復盛焉。土加里最後之錢幣。見於波爾克者爲最多。於此可知其漸趨於向日所從來之地矣。最後其帝國爲其別支所覆。西歷五世紀之初。大月氏遺民之留處舊地者。（其舊居在巴達克山之微西）爲 Juan-juan 韃靼所追逐。乃西居 Po-lo 或稱波兒克。自是其部。戴一善戰之王曰 Ki-to-lo 者。（一稱克大拉 Kidara 迫列司克司 Priscus 呼其人曰息大列的克匈奴 Cidaritic Huns ）踰興都庫什嶺。滅土加里老帝國。因居其地。稱小月氏國焉。其侵入之時。自各記載考之。決其爲四百三十年。適撒遜人最後滅阿撒西人於亞美尼亞之時也。（四百二十九年）此語頗與印度書合。彼蓋謂喀喀（即土加里）諸王。傳世凡三百八十年也。（自五十年至四百三十年）小月氏繼嗣諸王。於五百二十年時。尚有大權力於印度。至五百六十五年而始覆亡云。

撒遜帝國

迫息司諸小王。在阿撒西王朝時代。爲名義上或實事上之聯合國。諸王之名。間有自古錢及古著作家之記載中得之者。但是否屬同一之朝代則不可知。在紀元後三世紀之初。諸王之屬於巴倫其王朝者。皆曾失其權力。政治盡入於各地之酋長。蓋其地多山。其分裂而不相聯合者。亦天然之勢也。其間有一土酋曰拍拍克 Papak 後以音便而易爲拍巴克。爲撒遜之子。或其苗裔。居克爾 Khir 村。村在大鹽湖之南岸。失羅子之東。拍巴克既勝巴倫其朝末主哥息爾。遂爲伊司塔克（即迫塞普列司）之長。後其子上其尊號曰王。此見於古錢及古碑者。彼有合例之子曰轄不兒 Shapur 曾請命於阿撒西王。立爲嗣子。拍巴克既死。而次子阿達歇爾欲嗣父位。以兵攻其兄轄不爾。適以是時暴卒。其卒殆非無故也。然阿達歇爾之即位。羣弟仍反對之。悉被所殺。此又證之古語而信者也。

（阿達歇爾第一）阿達歇爾與其父拍巴克征服各土酋。或拍巴克未歿之前。已勘定迫息司全境。至阿達歇爾而權力更甚。觀其貨幣流行之廣。可以知之。蓋撒遜朝之有阿達歇爾。猶愛契敏甯朝之有沙伊拉司也。彼加冕之期。約紀元後之一百一二十年間。其初全藉育羅司忒林（即拜火教）教徒之力。此教在馬其頓巴息亞兩朝。伊蘭民族。世世奉之。而迫息司人奉之尤篤。巴息亞諸王。雖皆崇奉此教。然頗淡漠視之。而阿達歇爾則敬禮甚至。以火壇之像。鐫於新鑄之錢上。且嘗於碑志中自誇為育羅司忒林之正教徒。自是以後。諸教師挾其人民迷信之力。得有大權力於撒遜帝國中。其教會之組織。一如西國牧師之所為。此皆創自阿達歇爾之日者。即非阿達歇爾所倡。其直接繼嗣之人。固已鐫此事於碑志矣。當日民人與教徒。以為阿達歇爾之所以致此者。咸由誠心奉教之効果。實則阿達歇爾之精強勇敢。受無量之挫折。而漸致迫息司王與伊蘭天王之位也。彼初攻服給爾滿秀錫愛納與底革利斯河口諸小國。繼乃與巴息亞王阿達文 Ardavan（即阿塔巴納司）戰。據迭倭喀息司言。前後凡三大戰。末次之戰。巴息亞之帝國以覆。天王之號。遂歸於阿達歇爾。時爲二百二十四年四月二十八日也。（格子密特 Gutschmid 謂在二百二十七年）尋攻巴比倫尼亞與秀息愛納克之。圍哈忒拉堅城。阿達歇爾軍不利。至嗣王即位之日。乃始克之。阿達歇爾復攻下米地亞。其王爲阿撒西人。固其仇敵也。時伊蘭高原亦大半爲其所得。所不得者。惟亞美尼亞耳。蓋其時阿達文之一子。方逃入其地也。

羅馬於此新國之興。初未注意。後阿達歇爾以兵攻其所轄之亞西亞諸地。頗獲利。逮二百三十三年。羅馬王亞歷山大塞佛勒斯乃大舉伐之。阿達歇爾爲所擊敗。自是以後。兩國雖常通和好。而終成不解之仇矣。時兩國勢力相等。羅馬之柄政者類皆才能。國內無甚擾亂。歐羅巴人固較强於亞西亞人。然盛勢非無所轉移。羅馬之遭敗辱。亦不能以一二計。羅馬之戰爭。在撒遜政治史中。爲第一重要之事。其帝國內部之發達。如軍事政治美術工藝諸學等類。大都受西方之影響。以西方文化程度較高也。

（撒遜朝之膨漲）撒遜人名義上之都城。爲乙司巴克其地王宮在焉。凡攻得諸王之首級。亦悉懸於此。然在事實上觀之。仍當以阿撒西人舊都泰悉封暨阿達歇爾所建佛阿達歇爾爲都城。此城適據底革利司河口。蓋即塞勒西亞舊址而增築者。兩城之周。皆肥沃平原。其地已非伊蘭土矣。居民爲塞密的種。以累代之相沿。與羅馬之接近。故其地確爲中央政府之眞地位焉。

阿達歇爾徂謝之日。其疆域擴張。至如何地步。蓋不可知。古語所傳。又皆合其繼嗣所勘定者。或撒遜朝所未嘗經營者一一加諸其身。不足深信。阿達歇爾之子曰轄不爾嘗自署其稱號於碑志上。曰伊蘭及非伊蘭諸王之王。而阿達歇爾則但稱曰伊蘭諸王之王。以此觀之。則勘定伊蘭以外之土地。自轄不爾始。所謂非伊蘭者。殆指遠東而言。然撒遜人於遠東之勢力。實不如愛契敏寗朝之遠。其所謂非伊蘭者。殆指亞美尼亞。蓋此地亦歸入遠東諸地之內也。然無論如何。此絕大帝國。終爲阿達歇爾所倡。且能固其國基。故傳國至四百年之久。諸小國在阿撒西王朝．頗有自主其國之象．而阿達歌爾則以極嚴厲之攻伐威服之．且夷其國爲行省者甚多．故諺語謂阿達歌爾爲重合伊蘭諸土地之人．但彼所聯合者．未能如今日歐羅巴聯合國之堅固耳．國中諸大爵臣．仍有非常權力．且常作難於其君．此諸爵臣．即巴息亞帝國之貴族．嘗分數等．有七巨族爲之魁．其下小貴族甚夥．殆如愛契敏寗帝國當日之情形．然後人追念此創國之始祖．如一至善之立法家．與想像中之聖王．又爲育羅司忒林教中之大正教徒．故留有此最高之聲譽．其人至有決斷．但即位之時．慘戮諸弟．又以足踐阿達文之首級．此皆野蠻無賴之行．揆諸行可爲法者．其相去猶甚遠也．其中心之所藏．如以小說之筆墨摹寫之．正與沙伊拉司相彷彿．蓋其父素卑賤．且嘗臣僕於阿達文之朝．正如沙伊拉司之仕愛司忒愛吉司．其後所爲．亦多相類．古說之記其生平者．大都誣妄失實．至謂其人嘗與龍戰．其言之謬妄．先後皆出一轍．然其說之可爲史料者．亦頗不乏．此猶歷史家之幸也．

古說謂阿達歇爾嘗與其子䡕不爾共理國事。此言可以錢文證實之。其時之錢有一少年之面。與阿達歇爾像同鐫於其上。爲䡕不爾輔政之確據。阿達歇爾歿於二百四十一年之末。或二百四十二年之初。䡕不爾第一（古作䡕普爾 Shahpuhr 今西方人呼爲撒普爾 Sapor）即位於二百四十二年三月二十日。古說謂其母爲阿撒西公主。撒遜人破泰息封時所得者。但以更可徵信之記載攷之。則䡕不爾於敗阿達文之役。已能身列行陳。即位之時。其年亦非甚幼。此可以彼攻羅馬之事見之。

（䡕不爾第一與羅馬之戰）當阿達歇爾在位之末數年。馬克息明 Maximin 爲羅馬王。（二百三十六年迄二百三十八年）兩國之戰事復作。尼息畢司喀里（一作哈倫 Haran）兩堡之名。常出見於歷史中。後卒爲撒遜人所得。二百二十四年。䡕不爾侵入恩的偯克時。羅馬高廷第三 Gordian III. 或其伯叔的密息塞司 Timsithens 居焉。䡕不爾逐之歸。遂復美速不達迷亞堅城。及波斯人被敗於勒與納 Reshaina 之後。高廷遂自阿付拉底河侵撒遜之首都。如異日育林 Julian 之所爲。高廷比入撒遜邊境。被亞拉伯人菲力伯謀斃（二百四十四年）於阿付拉底河與卡布拉司河 Chaboras 會合處之下方。求和於轄不爾。相傳菲力伯嘗以亞美尼亞美速不達迷亞兩地。割隸撒遜。確否則不可知。西歷三世紀間。波斯羅馬諸戰。皆未能得其詳。但知此和之後。兩國曾休戰數年。逮二百五十一年。或二百五十二年。轄不爾復與亞美尼亞戰。卒據其地。逐其君於羅馬。羅馬國勢。是時已見動搖之狀。西里亞一再侵入。西里亞人息列特司 Cyriades 又導波斯軍深入恩的倭克而弄權於波斯保護之下。後羅馬王瓦勒林 Valerian 親來督戰。兩軍於美速不達迷亞相持甚久。羅馬卒大敗。瓦勒林亦爲轄不爾所俘（二百六十年）惟其詳不可得聞。據羅馬諸記載。謂瓦勒林之被俘。乃墜敵計之故。於是羅馬乃亟求和於撒遜。且欲以金錢購自由退軍之路。而轄不爾不允。督兵侵羅馬之小亞西亞。沿途遇敵軍。抵抗甚力。波斯軍之爲敵將巴力司塔 Ballista 所殺者甚夥。復大敗於奧廷納塞司 Odaenathus 所統之巴米拉人。Palmyranes 在此戰或異日之戰爭中。逐退波斯大軍。追之入波斯境。攻下其王宮。泰息封亦被圍焉。自是以後。波斯遂不能支久長之戰。蓋東方諸國。其地雖處膏腴。諸王之庫藏。雖尙充實。然咸呈一貧乏之象矣。波斯戰士。既非如羅馬之有常備兵額。所募之戰稅。又不能如額如期而集。故戰事往往初順利。而終失敗。即轄不爾所得之土地。亦不能常久佔守。雖亞美尼亞一地。此時已復在羅馬權力之內矣。然羅馬雖勝。瓦勒倫卒死於俘虜中。羅馬終不能救而出之。轄不爾之獲勝。及瓦勒倫之被俘。羅馬嘗琢其象於迫息司石上。即波斯諺語中。亦嘗傳羅馬屈伏之事。特有關於阿達欲爾直接繼嗣者之歷史。則甚少耳。古語所傳。轄不爾第一之行述。實已將轄不爾第二所爲者。並包於其中。惟轄什塔運河及根特佛轄不爾城 Gundar Shapur 諸工。確爲轄不爾所興作。根特佛轄不爾城。亞拉伯人呼爲近達撒波爾。Jundai Sabur 西里亞人名曰拜拉巴忒 Beth Lapat 撒遜諸王之副宮在焉。此城與泰息封之關係。亦如其鄰城蘇撒在愛契敏寧朝之於巴比倫也。轄不爾膨脹其勢於非伊蘭諸民族。上文已略及之。奧古司塔司諸歷史家。謂敗克闕拉一地。時仍自主。且時與波斯爲敵。此言頗爲徵實。即喀達西亞人亦然。伊蘭之特拉密忒人 Delamites 亦從未爲撒遜人所征服。在轄不爾即位最初之日。創馬尼且教 Manichæan 之馬尼始傳其教於波斯。波斯祭司抗之之嚴。與抗尼生各部之耶穌教徒相似。相持凡數百年云。

（轄不爾第一之繼嗣）轄不爾在位之末年。羅馬東部之變故甚多。至巴密拉之覆。似在轄不爾既死之後。其子霍密士特第一 Harmizd I. 即位於二百七十二年。或二百七十三年。其先嘗爲哥刺森總督。彼嘗有英雄之號。殆以攻羅馬之故得之。然此事必其在未即位前所爲。蓋彼在位僅一年。恐此短期限內。未必能舉如此之大事也。

繼之者爲巴倫第一 Bahram I. 以古語攷之。殆非其子。而登諸碑志。乃其弟也。相傳其人孱弱。惟知行樂。馬尼被殺。當在此王在位之日。（即相差二三年。亦必在巴倫第一與轄不爾第二接續之間。）約爲二百七十四年至二百七十七年之間也。

其子曰巴倫第二。（自二百七十七年至二百九十四年）其人之事業。波斯古語中無道及之者。惟有二殘毀之古碑。所記亦皆宗教之事。彼嘗與羅馬戰。羅馬王追魯布司（自二百七十六年即位至二百八十二年）卒與之和。其後追魯布司欲攻波斯。事未發而爲人謀斃。二百八十三年。喀拉司督兵深入攻波斯之京城。得泰息封與庫契（塞拉西亞之一分）喀拉司暴卒。（相傳觸電而死）羅馬軍乃退。喀拉司之來也。乘其有內亂而攻之。故無與敵者。時波斯內亂甚烈。二百九十一年時之雄辯家。謂其時有王族霍密士特者。（或作奧密司 Ormies ）嘗與野蠻人聯合。叛而攻王云。

巴倫第二所鑄之錢。上鐫其妃與其幼子相對之象。然其幼子似未嘗踐位。其時巴倫第三（霍密士特第一之子）與拿塞 Narseh（古碑謂爲轄不爾第一之子）互相爭立。巴倫第三人稱之曰撒干沙 Sagan Shah 以彼嘗爲撒噶斯坦（即塞伊斯坦）總督也。後踐王位或但據京城。特爲時甚短。拿塞則自二百九十三年即位至三百三年。復修轄不爾之政策。得亞美尼亞。敗葛勒列斯 Galerius（約在二百九十七年）於美速不達迷亞之喀里與喀林尼克司 Callinicus（一作拉喀 Rakka）之間。旋迭倭克勒興 Diocletian 興理國之法。勝於葛勒列司。羅馬之軍勢復振。遂敗拿塞於亞美尼亞。擄其妻孥。於是羅馬得一榮顯之和約。爲戰勝之報酬。拿塞割亞美尼亞與美速不達迷亞及底革利司河以東至庫爾迭斯坦之地於羅馬。以易其妻若子。此約定後。相信守者凡四十年。

拿塞之子曰霍密士特第二。即位於三百三年至三百十年之初。其子阿大拿塞 Adharnaseh 繼之。旋廢而殺之。以其行暴也。自是權在貴族。阿大拿塞諸弟一毀其目。其一（名霍密士特）則監禁之。而擁霍密士特后伊拂拉 Ifra 之初生子。或遺腹子轄不爾第二東方帝國之法。凡母后臨朝。貴族攝政之時。必擇有大權力者一人以爲首。但幼穉之轄不爾旋自親政。其人蓋此王朝中至大之王也。波斯古語之足爲轄不爾第二眞實歷史者甚少。而涉大戰亞拉伯人之事者則甚多。但波斯深惡亞拉伯人。其言不無失實。惟轄不爾曾聚全力。逐沙漠中之俾東人 Bedonins 出諸波斯境外。則誠有之。其次爲修復蘇撒城。初蘇撒城叛。攻克之後。以象踐其地而平之。至是始復建焉。尼轄普爾城。亦其所造。或云爲轄不爾第一事。

轄不爾少時。羅馬之耶穌教徒。與巴干教 Paganism 戰。統巴干教徒者。爲羅馬王君士但丁 Constantine 耶穌教徒與戰。大敗。波斯之耶穌教徒深憫之。觀於三百三十七年及後一年。轄不爾與羅馬之戰。可表其哀矜之情矣。西里亞牧師阿非拉武司 Aphraates 者。波斯民也。爲牧師於波京。嘗作勸世文。中有謗王之語。於是轄不爾大怒。當與羅馬戰時。一殘害耶穌教徒之事出焉。

〔轄不爾殘害耶教徒〕事在三百三十九年或三百四十年間。觀波斯教徒殉教於西里亞之狀。儼留一有生氣之圖像於後世。且以見教徒捐棄生命事業留光明於此國中也。據殉教諸人言。轄不爾尚非病狂之人。波斯祭師雖深惡猶太人。一如耶穌教徒。而轄不爾絕不擾之。然所施於耶教者。一如迭倭克勒輿之所爲。欲盡毀教堂之組織與牧師之家。且嚴繩上下兩等教徒。散其教會。又時懲耶教純修之士。以警已教之祭司。於是波斯祭司。益乘隙洩宿憤於耶教。又以他事感觸轄不爾。乃愈增其虐。然耶穌教徒。壯往如故。絕無畏葸之態也。

〔轄不爾第二與羅馬之戰〕羅馬記戰。謂自波斯侵入美速不達迷亞之後。兩國之戰釁遂開。君士但丁方欲往攻波斯。遽以三百三十七年五月二十二日卒。自阿弗拉忒司之言觀之。轄不爾亦於是年之秋。大修戰備。聞羅馬王沒。其事乃已。兩國之戰事。雖情形屢經變更。且有久長之停止。然綜計其時。先後凡二十五年。戰事始結。其第二次之戰爭。或據同時諸人之記載。或出目擊者之傳述。其故猶可得言。轄不爾之意。欲逐去底革利司河上游諸地之羅馬人。以其近泰息封易於作難。而尤注意者。在得尼息畢司。然後圖復亞美尼亞。蓋東西數百年之戰爭。無不以亞美尼亞爲爭點也。尼息畢司一城。凡三受劇烈之圍困。（一三百三十六年。一三百四十五年。一三百五十年）而其他諸攻圍。亦佔戰史中一大地位。後羅馬王君士但丁親自督戰。屢爲波斯所敗。如三百四十八年信加拉之大戰是也。但轄不爾雖屢佔勝著。亦無大效果之可言。蓋由羅馬自迭倭克勒興與君士但丁以來。擇形勝之地。堅築堡壘。且嚴設守備。以保此必爭之巖疆。故波斯雖勝。不能直入美速不達迷亞之西部。即轄不爾盡略其地。亦不能駐兵久守。先是波斯以勇猛長久之圍攻。而得阿密達 Amida 城。比至次年（三百六十年）羅馬人過之。已棄城不守矣。蓋轄不爾嘗以野蠻人之來擾。故不能專力於羅馬。此殆天所以助羅馬也。波斯第三次之圍尼息畢司也。軍事頗順利。然以哥刺森事急。遂率師同諸東方戰爭。屢使兩國有常期休戰之事。而此休戰期內。小戰亦仍不免。當三百五十六年至三百五十八年間。羅馬欲與波斯言和。時韃不爾已平東方。故所要之條欵。令人有不能允許者。於是三百五十九年與三百六十年之戰事復起。韃不爾獲重要之城堡數處。因暫停戰。逮三百六十三年。活潑好戰貪名之育林獨王羅馬。欲直擣波斯都城。如忒拉彊塞佛勒司喀拉司諸人向日之所爲。於是去恩的倭克以西歷三月至美速不達迷亞。疾下阿付拉底河。所過之地。焚殺一空。且連獲數城。皆稍攻即下。去泰息封不遠之馬好時馬爾加 Mahoz M-alha 王城。亦爲羅馬所得。育林既下塞勒西亞度泰息封爲守備嚴整之都。對底革利司河岸。恐不足以得之。乃命軍隊沿左岸而退。韃不爾之兵。始起擾之。使育林不於小戰中受重傷而死。（三百六十三年七月二十六日）則羅馬不致有如此極大之喪失。而始復其故地。時軍士選育文 Javian 爲王。其人孱弱。不足當大事。既乏馭軍之才。復訂可恥之約。於是韃不爾盡復底革利司河以東之故地。與美速不達迷亞之一分。及尼息畢司信加拉諸地。尼息畢司之割絕於羅馬。所失甚重。以後兩國有事。則波斯進戰退守。皆綽有餘裕矣。約中尚有一更可恥之事。則禁羅馬不得助同盟之亞美尼亞阿撒西人以抗波斯是也。此約既定。波斯遂用兵於亞美尼亞。然欲以力勝之。正復不易。轄不爾既獲阿撒西司。猶不能制其死命。蓋其地天然分立。爲多小部。各戴其獨立之酋長故也。其地之耶穌教徒。均歸心於羅馬。而育羅司忒林教徒。爲居民之最多數。咸屬意於波斯。至諸大爵臣。則各謀己利。以無主爲便。故今日向此。明日屬彼。無一定之傾向。拍拍者。Papa 阿撒西司子也。逃於羅馬。得其援助。其事初頗隱秘。後乃著明。時波斯之所患者。獨是人耳。微彼。固已夷其地爲郡縣矣。於是兩軍大戰於亞美尼亞北部之伊比利亞。越五年。又戰。三百七十一年。轄不爾見亞美尼亞顯然有羅馬駐兵。於是波羅兩國。各以詐力相勝。雖屢言和好。而終不成。兩國久戰後。卒爲他事（一時羅馬一方面有哥息克 Gothic 之戰）及謹慎之謀畫所撓。方各迴兵云。

（阿達歇爾第二至巴倫第四）轄不爾卒於三百七十九年之夏。後人甚贊美之。

繼其位者。為其弟阿達歇爾第二。人已篤老。其被選為君之故。與選立孩提之轄不爾同一命意。阿達歇爾為太子時。嘗為阿地濱總督。在三百四十四年。曾力壓耶穌教徒。三百七十六年時。亦然。及既即位。反除其禁令。且許設一牧師於京城。此或別有他故。抑亦東方人作事之無恆歟。阿達歇爾旋於三百八十三年或三百八十四年被廢。遂殺之。蓋彼力與諸貴族反對。故致此也。

繼阿達歇爾而王者曰轄不爾第三。轄不爾第二之子也。嘗遣使於君士但丁堡。訂立一詳細之和約。（三百八十四年）至三百八十八年。或三百八十九年。又為貴族所殺。而巴倫第四嗣立。（轄不爾第三子或其昆弟）人稱之曰給爾滿沙。其在位也。與羅馬共保平和。其待耶穌教徒。亦頗慈善。三百九十年。復與羅馬訂約。分據亞美尼亞。以大半之地屬於波斯。餘則歸之羅馬。但所分之地。每歷變更。至亞拉伯勢盛時始止。巴倫亦於三百九十九年。為邪教徒所害。

（雅士特格爾第一）雅士特格爾第一 Yardegerd I. 為轄不爾第二或第三之子。

在巴倫第四在位之日。似已立爲嗣子。或爲貴爵。故其名早見於其先王之錢幣中。波斯古語謂其人甚慧。特嚴刻耳。耶教徒亦盛稱其賢。時人目彼爲罪人者。殆由其對貴族之威重刻厲。寬容耶教。薄視祭司之所致。四百十年。許天主教徒。設會於京城。又任用羅馬王所遣之監督。且令評判其弟之曲直。其弟蓋迫息司總督也。雅士特格爾之善視耶教徒。亦非出於熱心。昔有主教阿不達 Abda 嘗褻瀆秀息愛納之育羅司忒林教堂。而雅士特格爾嚴罰之。其厚耶教。亦第循人之素習。非故意有所加厚。然即持平相待。已足觸波斯祭司之怒。好戰之諸貴族。見雅士特格爾久與羅馬共守和約。亦頗不慊意。四百八年之夏。波斯王復與羅馬訂一和好之約。且當羅馬王西俀度息司第二 Theodosius 勢力薄弱時。雅士特格爾助之。得保其位。雅士特格爾之子曰糌不爾。爲波斯亞美尼亞王。自各方面觀之。雅士特格爾實爲波斯當日之令主。惟於波斯舊奉諸神。雅士特格爾未嘗少加敬禮。故其驟歿於赫爾干尼亞也。時人謂干神譴之故。實則爲諸貴族所謀斃。

時則四百二十年之夏末也。

轄不爾聞其父歿。亟自亞美尼亞歸。諸貴族復殺之。蓋彼輩深恨雅士特格爾不令其子姓復有王位也。於是擇其遠族哥司老 Khosrau 爲王。雅士特格爾之別子巴倫與之爭位。其人自父在時。出亡於外。赫拉 Hira（地在阿付拉底司河西邊沙漠之所）王愛兒夢迭爾 Al-mondhir 者。（一作阿拉夢大勒司 Alamundaros）屬國王中之有權力者也。時與之偕。故巴倫之爭位也。愛兒夢迭爾竭力助之。且率亞拉伯人攻泰息封城。蓋其地去赫拉僅三四日程也。巴倫又有波斯人之助。哥司老不敵而逃。巴倫遂得波斯王位。但其即位也。許諸貴族一反其父之行。厚遇貴族與諸祭司。而亞拉伯人干與波斯之事。遂自此始矣。

（巴倫第五）巴倫第五別有號曰高爾 Gor 或曰惠爾達司 Wildass 波斯古語。亦謂其人爲大英雄。然不可信。其即位方在少年。故務逸樂。且多內寵。嘗自誇爲獵人。又善戰鬭。其意務愚人耳目。故國權漸削弱焉。其政策之變更。首爲虐遇耶教。

與開釁羅馬。此釁之開。兩國均有可藉之詞。然羅馬人不欲以虐待耶教爲言。而托辭於波斯貴族之啓釁。其重要之戰地。在波斯美遜不達迷亞之北。及山原之上。波斯兵士。統於最尊之貴族密爾拿塞 Mihr Narseh 波斯古語謂彼嘗攻下君士但丁堡。實則開戰之初。即爲羅馬所敗。(四百二十一年之秋)尼息畢司亦爲羅馬所圍。其後得援兵之助。始解圍去。至四百二十二年。兩國均願言和。約中主要之文。於波斯境內。許耶教徒之自由。而羅馬境內。許育羅司忒林教徒之自由。兩國之疆界。無所變更。但許波斯曰。倘異日波亞失和。羅馬決不以亞拉伯人爲同盟。又歲輸貨幣於波斯。以供保護高加索門戶(即大列爾山徑)之用。使北方野蠻民族。不致闖入兩國邊境。此事於羅馬亦有關係。所輸財於波斯。公同保護之也。其前後約文。無不縷晰敘入。然文字上雖極詳愼。而兩國均視如貢獻。故羅馬恆欲悔議焉。

當日息兵修好之舉。尤波斯人所願。時波斯方與庫山(一作哈忒爾 Haital)

國之赫撒列忒人 Hephthalites （或稱白匈奴 White Huns ）戰。其人佔有敗克闘拉及其四周之地。當西歷五世紀間。波斯屢與相持。故羅馬得以少休。波斯古語謂巴倫當日。曾大勝赫撒列忒人。此語殊不足信。當波斯與羅馬戰時。波斯亞美尼亞嘗暴動以求自由。逮兩國復和。巴倫乃易人爲亞美尼亞王。四百二十九年。亞美尼亞貴族以圖私利之故。其地遂入於波斯。爲帝國之行省。此皆亞美尼亞有力之黨人自致之。然波斯總督對於諸爵臣及教徒之困難。一如向日立王之時也。

巴倫歿於四百三十八年或四百三十九年。繼之者爲其子雅士特格爾第二。其人無善足紀。惟虐遇猶太及耶穌教徒。波斯定例。王以月朔朝國人伸訴疾苦。而雅士特格爾廢之。且與己女爲妃。（育羅司忒林教不以娶己女爲罪）尋謀斃之。

四百四十一年。波斯方欲與羅馬戰。以約成而止。然兵雖不出。備豫曾不少懈。約文凡兩國邊界。各不得新建堡壘。約章雖前後屢易。此文終不削也。雅士特格爾居哥剌森之日爲多。會屢爲赫撒列忒人所敗。四百五十年與四百五十一年間。亞美尼亞以虐待耶穌教徒。釀成極烈之叛亂。久不能靖。逮許耶教徒之自由。其難始平。

四百五十七年。雅士特格爾第二卒。二子爭立。一曰定納克 Dinak 或稱霍密士特。以太子爲撒噶斯坦總督。一曰彼拉士 Peraz 年較少。得赫撒列忒人與密偷 Mihran 族人巴倫之力。殺定納克及其他三弟。而據有父位。其虐遇猶太與耶穌教徒。一如其父。但政策略善。於耶教徒容納被逐於羅馬之納司士林教 Nestorionism 人。不加禁阻。拜拉巴忒之會（一四百八十三年或四百八十四年）以波斯之舊耶教堂。給納司士林教人。羅馬耳巴任的城。於是與彼拉士有隙。然波斯之耶穌教會。終未嘗有大危險。致於其國也。

赫撒列忒人以彼拉士報酬之不足。大舉來攻。彼拉士初頗獲勝。後轉犧於沙漠中軍大失利。欲屈己與和者二次。卒以一次戰敗。爲敵所俘。納重賂以自贖。期二年償欵。以其子喀瓦特 Havadh 爲質。然彼拉士常失信於敵人。其後（四百八十四年）復與赫撒列忒人戰。劇擊之後。王亡不見。其女亦被俘。赫撒列忒王置之後宮。於是敵人蔓延波斯境內。波廷無王者有時。逮喀倫大族之碩密爾 Zarmihr 恢復波斯秩序之後。始立彼拉士之弟巴拉什 Balash 爲王。彼拉士戰死之日。碩密爾方往平亞美尼亞之亂。事平。乃亟趨京城。立新王焉。赫撒列忒人之退。波斯似歲以貢賦許之。巴拉什之弟曰碩勒 Zareh 來與爭位。旋被擊退。且獲而殺之。然新王亦無大權。亞美尼亞至要王不得以波斯國教傳入其地。始奉王命云。西里亞人與亞美尼亞人之以仁慈稱巴拉什者。亦無他故。殆爲薄待波斯祭司耳。然此事殊足爲王之害。蓋與祭司不和。即不能得貴族之助。府庫已竭。不足蓄軍隊以自衞。逮四百八十八年。或四百八十九年間。王遂被廢。且矐其目。

於是其姪喀瓦特以貴族祭司之推戴。即波斯王位。喀瓦特者。彼拉士之子也。見國內已極擾亂。野蠻山族既叛。而亞美尼亞亦亂。乃不順貴族祭司之意。而鼓勵新教之祭司馬士達克 Mazdak 新教以主持公道爲宗旨。凡人之有餘財及多妻者。令分給貧窮無妻之人。當日亦頗有實行之者。然貴族祭司。皆不利其所爲。羣起廢喀瓦特。幽之於奥不列文 Oblivion 堡。舉其弟約馬司迫 Jamasp 嗣位。（四百九十六年）喀瓦特潛逃之赫撒列忒人所。彼蓋嘗爲質子於其國也。赫撒列忒王妻之以女。（女即喀瓦特被俘之姊所出）且以兵助之。乃逐約馬司迫。復有其國。（四百九十八年或四百九十九年）喀瓦特既復位。嚴罰諸臣之爲亂者。並以碩密爾付其仇轄不爾云。後彼似未以馬士達克之教推行於遠方。又在與羅馬開戰之前。竭力整頓國是。故當日其國頗有秩序云。

波斯羅馬間之條約。彼此未嘗信守。但率己意行之。喀瓦特以五百二年之夏。與羅馬宣戰。兩國國力。因是凋敝。爲亞拉伯帝國開國之資。是年之秋。喀瓦特不戰而得羅馬亞美尼亞之首都。西倭度息普列司 Theodosiopolis （一作喀林 Karin

或作厄碩倫（Erzerum）圍阿密達三月。以五百三年正月十日克之。喀瓦特怒其抵抗。屠之。殺居民萬人。羅馬是時。既無勇猛之抵抗。又無聯合之計畫。故此次之戰。美遠不達迷亞大受傷殘。阿密達久受圍困之後。以契約或賄賂故復歸於羅馬。（五百四年）久戰數年。始於五百六年秋。復訂約言和。一切約文。悉如未戰以前。時波斯又與匈奴 Huns 戰。故主和尤力。希臘於多種民族。均名之曰匈奴。其範圍頗廣泛也。時羅馬王恩納司塔休 Anastasius 蔑棄約章。築多大堡於大拉村中。以扼尼息畢司。喀瓦特對於此舉。頗用爲難。然未出於戰。及羅馬王淑司丁第一立。（五百十八年至五百二十七年）背五百六年之約。不納防守高加索山門戶之費於波斯。喀瓦特遂任亞拉伯人侵擾羅馬帝國。而羅馬亦刼掠波斯亞美尼亞以報之。且因高加索與礮土司諸地之主權。又力相爭辯。但喀瓦特仍不欲戰。蓋深知戰爭無久長之利也。時喀瓦特急欲固其愛子哥司老之位。哥司老非長子。不當嗣位。喀瓦特自思若得羅馬王之援。則其位必固。而波斯人心亦大安矣。因此凡關於尼息畢司之事。與羅馬別結條約。（五百二十五年或五百二十六年）然羅馬使臣皆不善辦理。羅馬使因是失職。波斯使且喪其元。五百二十七年八月一日以前。兩軍戰於邊境之上。時淑司丁猶未卒也。羅馬軍攻尼息畢司。波斯軍攻大拉城。皆不利。戰事繼續者數年。後卒以和而罷。此戰比里撒列司 Belisarius 始臨前敵。爲羅馬大將云。

此次戰爭時。別有一要事。插入其間。即赫拉王夢迭爾之侵西里亞是也。此王權力似已甚大。不安於波斯統轄之下。喀瓦特復盡奪其所有之財產。或其財產之一分。以予哈列司 Harith 哈列司者。肯達 Kinda 王族之一支也。夢迭爾乃有經驗之戰士。故戰端一開。旋復其向日所有之權。至五百二十九年。乃攻西里亞。遠至於愚的侒克。沿途大肆刼掠。得人則令以貲自贖。其人野蠻。崇信多神教。嘗殺西里亞寺中女僧四百。以祭烏弱 Usaa 女神（即行星中之金星）是年夢迭爾殺哈列司於陣中。又殺被俘之肯達族人於赫拉。其侵掠羅馬也。不問其上國與羅馬之和戰。而任意自爲。羅馬居民畏之。五十餘年不懈。比至五百五十四年。始爲羅馬屬國王哈列司扎巴拉 Harithibn Jabala 所敗而殺之。哈列司扎巴拉之子。亦夢迭爾殺以祭烏弱女神者也。

五百三十一年。喀瓦特曾資夢迭爾之力以攻西里亞。此蓋近數百年所未有之舉矣。波斯人逾阿付拉底河。深入北部。比里撒列司力遏之歸。拉喀之戰。比里撒列司爲波斯所敗。然波斯亦自欲退軍矣。（五百三十一年四月十九日）是年波斯人在美速不達迷亞大獲勝利。馬的魯普列司 Martyropolis （或稱馬弗爾喀 Marferkat 亞拉伯人稱曰馬雅法列根 Mayafarikin ）巨堡亦幾服焉。逮喀瓦特徂謝之報至。波斯始收軍而回。

五百二十八年或五百二十九年。喀瓦特以其子哥司老之故。大殺馬士達克教人。以其教旨頗有害於社會。且非人情所能長久忍受也。

喀瓦特歿於五百三十一年九月十三日。年八十二。其預立之嗣子哥司老即位。

加號曰阿瑙轄文。Anosharvan 言天之所佑也。相傳喀瓦特將歿時。爲哥司老加冕於臥榻之前。其人爲撒遜朝之大王。且能當公正之號。而東方著作家。則未嘗以彼爲聖王也。彼嘗規定其父所創定之地稅。且妥籌征收之法。俾於國庫民生。兩有所益。巴比倫尼亞爲最饒富之區。自規定稅則之後。頗見利便。且以東方之稅則較之。亦未見煩苛。故自此時以及帝國之覆。咸沿用其法。亞拉伯人謂波斯古代征稅之法。其煩苛與冒司稜 Moslem 時同。於國儲既無所益。而甚足以病民。哥司老之爲公衆增進幸福者。則建橋梁。開運河。修隄防。及其類似之舉。波斯之祭司。於哥司老亦頗愛戴。以其即位之初。誅滅馬士達克教徒也。然哥司老終不許其干與政事。其馭諸大貴族。亦頗合法。收用其人。而潛弱其勢力。又以馬士達克之教。於社會家族之關係。頗多紛擾。悉舉而去之。而於兵士則非常注意。且能徵受西方之文化。夫希臘獨擅之善果。不特不洽於當日東方專制之君。即歐羅巴人亦輕忽視之。波斯素崇多神教。使研究此教之哲學家。一覽波斯當日之情狀。當可憬然明悟矣。然波斯以五百四十九年之約。許人民得自由信教。此則哥司老之惠政也。耶教徒之順從法令者。哥司老亦不擾之。且扶助納司士林教人。而於羅馬所友視之孟奴腓息忒 Monophysite 教人。亦左右之。惟育羅司忒林教徒之改教者。爲古律所禁。即爲耶教所感化。亦不許爲孟奴腓息忒教牧師。奧達麥 Ahudammeh 嘗得王之巨欵。以建教堂。其子逃避於羅馬時。亦嘗受洗禮。後奧達麥獲罪。雖在監禁。亦蒙優待。且許其弟子入見。耶教徒之與王子恩奴楷碩特 Anoshazadh 之叛謀者。亦不加深責。然哥司老之爲人。殊剛勇善戰。而素性又殘虐者也。

五百三十一年羅馬之約。始於次年九月發表。時人謂此約曰永久之和約。羅馬允年給巨數之兵費及他利益於波斯。波斯則允讓黑海極東之拉息司丹 Laz-istan 諸堡於羅馬。哥司老此時。必欲言和。且欲利用此和以保護邊境。俾離隔野蠻諸敵人之侵入。古語謂其欲保安高加索一帶。與東方邊境者是也。然此不可管理之民族．亦已移居新宅矣．數年以後．哥司老已復有堅强之戰鬬力．聞淑司丁屢勝於亞非利加．及意大利．恐屢世相仇之羅馬．勢力益强．亟欲伐之．於是兩國之戰禍又起．此語蓋得之哥息克王佛的其司者．時適羅馬亞美尼亞之貴族告叛．以函誘哥司老使提兵往．然諸貴族皆耶教徒也．其出師之名．不患無辭．即以兩國所屬亞拉伯之事論之．亦足藉詞興師矣．哥司老戰意已決．五百四十年之初．出兵攻西里亞．如韓不爾第一之所爲．又趨羅馬海岸．刼掠於諸堅城之中．即以貨賂之．亦不肯舍之而去．恩的倭克爲最繁盛之區．刼掠愈厲．并焚其城．擄其民以歸．歸時道出西里亞與美速不達迷亞之北部而東．沿途重歛其民．雖大拉一堡．以有怨故．亦不得免．惟略里居民奉多神教．且願戴非耶教之國爲之主．故獨得免焉．波斯軍以夏末至秦息封．此行自出師以來．軍鋒所至．未嘗挫折．哥司老之用意．較之韓不爾第二而尤深．能於野蠻刼掠之中．別創新意．聚西方種植奇巧之術．以供己用．將所俘之恩的倭克人．於王宮旁別築一邑處之．（一名其地曰羅馬鎭）使各効羅馬之種植與生計．是邑之建築．一仿西方之式．俘虜之居此者．亦頗安之．宗教亦得自由．且命一耶教徒司邑中之事．故諸被俘之人得保其故國習俗．以至撒遜帝國之覆．即如賽車一事．亦仍舉行．如在向日所居之恩的倭克云．

次年哥司老以拉息斯丹土人之請．乃提兵往深入黑海之濱．得其堅城拜忒拉．Petra 美速不達迷亞之戰．各有勝負．五百四十六年．羅馬効巨貲於波斯．請休戰五年．至五百五十三年．復續請五年．然拉息斯丹之戰事．仍如故也．至五百五十六年．羅馬戰事始利．自休戰之日．以迄是年．兩國所屬亞拉伯人之戰事．則未嘗稍停．後於五百六十二年．耶穌誕生之日．兩國訂五十年平和之約．波斯以所得拉息斯丹之地歸之羅馬．惟鄰近之秀息愛納．則別爲一問題．此約於耶教徒之自由．載入約中．而於育羅司忒林教徒之改教．則仍嚴禁之．

當兩國休戰期內（自五百四十六年至五百六十二年）東方之地．則大有變更．

時土耳其新立帝國於北部平原中此爲土耳其之名出現於西方之始土耳其人之克汗 Khakan 希臘呼爲息爾息布羅司 Sirzibulos 亞拉伯人（指波斯滅後之亞拉伯人）名之爲信吉布 Sinzibu 時土耳其攻赫撒列忒人得痾克蘇河右岸之地而哥老司（時哥司老似與克汗聯盟且娶其女爲妻）亦得其左岸之地（五百六十年）撒遜人立國以來屢受敗克闕拉之害至是其地見幷於土耳其而彼拉士之仇亦報復矣但波士間之交誼旋即易爲仇讎蓋土耳其斯坦與沙漠間之主治者與哥拉森（其地屬波斯）之主人常爲天然之仇敵故也哥司老是時似尙有其他獲勝之事觀其使往羅馬訂約之使臣常誇其主所攻下之國凡十以波斯古語驗之則謂哥司老嘗恢復東方之地七此較之使臣所言已差其三然如古語所傳謂阿富汗斯坦及信地均爲哥司老之領土殊不足信惟謂斯時波斯帝國東境之安固則無可疑者

五百七十年時波斯出攻也門 Yemen 其地在五百二十五年曾爲信耶教之阿

比西尼亞人 Abessinians 所攻服。波斯軍之來。乃其土王所請。以攻其地黑人者。哥司老初猶躊躇。繼乃命瓦列士 Variz 率少兵往逐之。黑人遂逃。然波斯之管理此地。亦羈縻之。以至伊司蘭 Islam 之時。貢獻亦不時納。蓋波斯之民。不善航海。故視海外之地爲無用。實則得其地。則固可與羅馬競海上之商業矣。然哥司老之意。則別有所在。其欲得者。爲亞西亞內部之商業。而於絲絹之業。尤爲注意。蓋以此爲有大關係於撒遜朝之政策者也。

五百五十一年。哥司老之子恩奴轄碩特叛。恩奴轄碩特素失愛於其父。屏居秀息愛納。聞其父病亟。謀歸襲位。其母素信耶教。故挾耶教徒而來。然衆皆烏合。旋爲王師所平。哥司老亦不殺之。但矐其目。使不能謀位而已。

哥司老在位末後之數年。復與羅馬宣戰。其開戰之原因。亦頗複雜。一以土耳其與羅馬聯盟。而與波斯爲仇。哥司老欲敗二國之謀。一以也門耶穌教國將致覆滅。惡耶教徒之擾亂。因問罪於羅馬。一以淑司丁（自五百六十五年至五百七十八年）不納前約所載之歲幣於波斯．而其總原因．則以亞美尼亞全部．將爲羅馬所有．故哥司老不得不出於戰矣．亞美尼亞諸貴族之叛波斯也．以波斯造火廟於其首都道文 Dovin 故相謀叛．殺波斯人蘇倫（事在五百七十一年之春）叛黨與伊比利亞王．均輸欵於君士但丁．求羅馬之保護．羅馬王遂思乘間得此二地．故波斯不得不與之戰．此戰之始末．幸有同時諸紀載可考．特不能整齊而編次之耳．戰事起點之時．羅馬軍圍尼息毖司城．不利．哥司老亦攻大拉圖之六月．以五百七十二年克之．在其地與阿大馬罕 Aadarmahan 之軍合．時阿大馬罕方獲勝於西里亞．毀阿巴迷亞而歸也．尙不列司於五百七十四年之末．與王后索斐亞 Sophia 共握君士但丁之政權．如輔政王．然尙不列司欲和．與波斯訂三年停戰之約．惟亞美尼亞一地．不在停戰之列．五百七十五年．哥司老經亞美尼亞．深入喀巴度西亞．聞羅馬軍將至．舍其營帳而退．羅馬軍貪劫其遺棄之物．哥司老遂得安然退歸．沿途焚塞巴司的亞 Sebastia（即西威斯 Sivas）麥列登兩城。羅馬軍遂之度冬於波斯亞美尼亞。次年仍被波斯遂歸。蓋羅馬不善撫綏其民。即孟奴髀息忒教人亦未能要結之也。自亞美尼亞之外。其他各地亦於停戰期內旋開戰釁。且其行之暴亦不遜於波斯。嘗俘阿仁能 Arznene 之耶穌教民。處之塞普洛斯（五百七十七年）在羅馬人視之固已爲特別之矜卹矣。羅馬尋知終不能得亞美尼亞與依比利亞。始屢提和議。且擒亞美尼亞謀叛諸貴族之避於君士但丁者。以與波斯。然波斯終不肯以攻得之大拉城還之。和議亦終不成。此皆的不列司獨爲羅馬王時之所爲。哥司老亦以後數月遂卒。（五百七十九年二月）

哥司老之子曰霍密士特第四土耳其公主所生也。性傲而喜行險。希臘人謂其行甚惡。嗣位之初。即不告即位於君士但丁。故甚傷羅馬之感情。波斯古語謂彼不善治國。且喜流血之事。即位之時。即盡戮其諸弟。觀其同時諸耶教徒之言。則謂其國風俗固如此也。然在別一方面之古語觀之。則謂彼尚持公道。能扶貧弱之人。與富貴者抗。且自覺其行之殘刻。馭貧民之爲軍者。頗極矜卹。而貴族之在軍者。則抑遏之。時波斯祭司要王屏逐耶穌教徒。其答之之言頗可敬服。其言曰。余撫下民。不能有所偏倚。若屏逐耶教及他教徒。則政有偏倚。國本亦以不固。子毋言攻耶教。姑自修善果。如耶教及他教之所爲。光大已教而虔其信心云云。霍密士特之行。殆可方雅士特格爾第一。彼所能者。其亦有焉。其所短者。於駕馭貴族教徒。不如其父之能要結牢籠耳。

霍密士特在位之日。幾無時不與羅馬交戰。其最劇烈之一戰。則敗士耳其是也。是戰即非敗士耳其本部。亦必敗其一屬國之軍。時波斯大將曰巴倫可賓（Chobin）實獲全勝。此戰之結果。不惟免波斯所納之歲幣。且令士國納歲幣於波斯。後巴倫大戰羅馬於高加索南部。（五百八十九年）則大爲敵人所敗。因黜其官。此誠霍密士特之失策也。巴倫爲密倫巨族之長。素甚貴顯。今驟失職。且不慊於諸貴族與諸軍隊。遂叛。他軍隊之駐美速不達迷亞者。爲羅馬遂歸尼息畢司軍士懼誅。亦叛而合於巴倫。遂進攻都城。至大碩布河。波廷遣伐巴倫之軍。以擁戴霍密士特之子哥司老為辭。又悉叛去。哥司老者。為其父所不愛者也。霍密士特方忿自米地亞回。而泰息封之軍又叛。時哥司老之母舅賓徒 Bindoe 方被禁於泰息封。其弟畢司丹 Bistan（亦名佛司丹 Vistahm）以力釋之。霍密士特遂被廢。尋即見殺。於是哥司老負弒父之罪而即波斯王位。（事在五百九十年之夏）

哥司老第二巴佛士 Barvez 者。一戰勝家也。既即位。遂伐巴倫。巴倫時有覬覦王位之意。即不然。亦思柄握政權。而哥司老是時。固不能激勵軍士以敵此久經戰練之大將。初戰即為將士所棄。逃之息爾塞西姆 Circesium 自投於羅馬冒列司 Maurice 而求援焉。冒列司許之。冒列司雖為才能之君。然不思乘機以收波斯。蓋彼為世系不明之人。驟得曾君大國之王。以父禮事彼。因之迷惑失計乎。夫以當日時局觀之。欲平此難。正復不難。巴倫雖已據王位。用其名以造幣。然諸貴族不願俯首於素為同儕之人之下。以為此位惟阿達歇爾族可以有之。其他皆不得王也。泰息封之叛黨。已爲巴倫所平。賓徒則逃就其甥。助之經營。五百九十一年之初。羅馬兵抵波斯境。哥司老闞馬的羅普列司與大拉之隘而延之入。遂與尼息畢司之軍合。波斯及亞美尼亞之貴族亦日歸之。他軍亦來會於此。賓徒之弟畢司丹亦募一軍於阿忒魯巴呑以抗巴倫。時波斯及羅馬之聯合軍。沿底革利司河左岸而進。敗巴倫之軍於傾布（五百九十一年之夏）塞勒西亞泰息封及新恩的倭克城。亦爲經美速不達迷亞沙漠而來之軍所得。於是哥司老遂復波斯王位。與羅馬結永久之和約矣。羅馬自是不納歲幣於波斯。且復其舊有之疆界。惟尼息畢司則仍爲波斯所有。巴倫敗後。逃於土耳其。土耳其人重禮之。其後卒被謀死。時哥司老之位猶未甚固。乃乞衛隊千人於羅馬。凡諸有不便於己者。悉去之。賓徒及他叛徒之弑其父而立彼者。尤爲彼所疾視。惟畢司丹最不易與。彼見哥司老之將謀己也。遂據米地亞自王。得巴倫敗軍之助者六年。又與土耳其及地拉密忒人 Delamites 聯盟。至五百九十五年。或五百九十六年。始墜敵計而敗.

此地已爲久戰所敝.復益以後來之擾.愈形凋喪.哥司老第二又非有擔當時艱之才.其人才弱心粗.膽怯而好大言.惟奢華顯榮之是尚.蓋東方中才之主也.彼見府庫空虛.思有以實之.然國土已爲久戰所耗敗矣.彼未嘗自爲一有顯榮之事.凡諸戰功.皆其諸將所立.惟待耶穌教徒頗有恩義.且爲築諸禮拜之堂.彼其意蓋不獨感耶教帝國(指羅馬)之德.即羅馬西里亞及羅馬亞拉伯所奉爲聖賢之塞爾格司 Sergius 於彼之復位.亦與有力.且感於其妻歇林 Shirin 及其醫葛不列兒 Gabriel 諸人.蓋皆奉耶教者也.然其晚年.則大反其平日之所爲.於耶教頗仇視云.

後冒列司爲叛黨所覆.醜惡之暴君福喀司 Phocas 篡其位.(事在六百二年十一月)哥司老欲親爲其假父復仇.且保護其所名爲子者西倭度息司.時西倭度息司已逃於波斯朝廷.愛地撒長官拿塞司亦求助於波斯以攻普喀司.哥司

老首殺來告即位之使。旋於六百四年之春。興兵伐之。自是羅馬之地。橫遭殺掠者垂二十年。爲從來未有之厄云。時羅馬以普喀司之不善治理。勢成孤立。雖阿瓦爾人 Avars 及他野蠻部落。亦咸遭其侵逼。哥司老惟克大拉之戰。（六百四年）躬列行陳。嗣後遂不莅軍。轉戰數年。波斯軍直入西部。踰卡兒塞東 Chalcedon 而攻君士但丁。而撒遜帝國之弱點。亦表白於此數年中。（六百四年至六百十年）即特喀爾 Dhu Kar 之戰。滋可見矣。此雖細事。然關係於後來者誠甚大。初哥司老嘗廢赫拉王奴曼 No-man 而殺之。并滅其國。以爲除一不順之屬國。實自撤防衛沙漠種族堅實之藩籬。自奴曼被殺之後。巴克爾惠而 Bakr Ibn Wail 族遂敗波斯常備軍於阿付拉底河旁之特喀爾。其地去泰息封僅數日程。巴克爾惠而人自敗波斯之後。怨波斯人。遂居留其地不去。亞拉伯人甚稱此戰之勝利。自信力遂日益堅。後冒司倫人 Moslems 之攻波斯。其獲益於此者。殊非淺也。

六百十年十月。普喀司讓位於勇猛之希拉克列司 Heraclius 之後。軍事仍未有起色。新王四面受逼。求和不得。六百十三年。大馬士革及其左右之地。爲波斯所得。其地蓋波斯人所未嘗至者。其摧敗之遺跡。至今猶能見之。六百十四年七月。耶露撒冷亦陷。耶教徒奉爲神聖之十字架亦被刼。於是耶教諸國咸大驚擾。波斯尋得埃及。畧小亞西亞。遠至卡兒塞東。維時希拉克列司竟不能一戰。迨至六百二十二年。向亞美尼亞進行之一軍。幷自伊蘇 Issus 海灣出發。諸軍之往朋地尼 Pontine 羣島者。始一振希臘之軍聲。其大戰則在六百二十三年。遂深入波斯境。倘統是軍者。非有大將及大政治家之才。則此軍必無勝理。而歸路亦必爲所斷矣。此大戰之初年。羅馬軍毀波斯最尊貴之神壇。（即務魯木 Urumiyah 湖畔之干夾克 Ganjak 火廟）以報耶露撒冷之辱。於是希拉克列司忽見於高加索之近處。忽見於小亞西亞東部。忽復入美速不達迷亞。連戰皆勝。未嘗敗北。且常以少軍破敵之大隊。六百二十六年。哥司老命其上將轄巴拉士 Shakrbaraz 統率大軍直攻卡兒塞東。以牽制希拉克列司之軍。是時君士但丁之人。於憂愁中度一長夏。阿瓦爾人攻其後。波斯軍扼其前。希拉克列司亦幾被覆於小亞西亞之深處。比至秋初。阿瓦爾人遂退。波斯軍亦以無船濟師。不得踰博斯破魯斯海峽。以與前敵之軍相合。希拉克列司尋率喀弱人 Khazars 入波斯境。以報韃巴拉士之役。六百二十七年。大戰於波斯帝國之中心。且於去泰息封三日程之達司塔格爾 Dastagerd 宴六百二十八年正月六日之節。其地爲哥司老常居之宮者已二十四年矣。哥司老以懼而逃。蓋恐不能安居。盡率其家屬渡泰息封橋而去。羅馬時僅少兵。欲得嚴重之首都。固自不易。蓋羅馬兵自高加索疾趨而來。故不能多携軍隊也。希拉克列司於波斯大軍未集之前。急率兵退。橫經敵境。於二三月之雪潮中。踰古爾迭斯丹間之愛爾迫司山而還干夾克。此役在西方戰史中。幾無一役能匹之者。

是時泰息封之叛亂又起。哥司老之貪狠暴虐。國中上下。無不觸忤者。且聞敵至。狂奔而逃。爲國人所輕。其應繼嗣之子喀瓦特與其諸弟悉被監禁。於是嗣子之位。遂屬於馬騰轄 Mardanshah 歇林之所出也。歇林年雖已長。然尚專寵。後宮數千。悉不得近御。時有某貴族者。釋喀瓦特於獄。立以爲王。（事在六百二十八年二月二十五日）尋廢哥司老而殺之。（同年二月二十九日）論哥司老兵力所至之遠。直可匹愛契敏寧帝國。後乃絕無援助之者。耶穌教以彼曾褻犯其教之十字架。忿之尤深。故喀瓦特之弑父即位。耶教徒極爲歡迎。其間尤以豪農雅士丁 Yazdin 之子轄塔 Shamta 之所爲。爲最甚云。

喀瓦特第二轄羅 Sheroe 即位之後。首戮兄弟十八人。其次卽與羅馬聯和。於是戰事一停。然希拉克列司猶未遽許之也。波斯軍之在羅馬土者。悉行召回。希拉克列司匆匆規復美速不達迷亞之後。遂往西里亞。旋聞波斯王卒。在位僅六閱月耳。喀瓦特在位之期內。有極可驚奇之大疫。傳染於國內云。

喀瓦特之子曰阿達歇爾第三。以七齡踐祚。斯時一恐慌危難之期至矣。在位者爲幼子母后。諸貴族各爭權利。耶教之十字架。已由納司士林教主教自泰息封城遂回希拉克列司復造神堂於耶露撒冷以貯之至今教士遂以十字架入堂之日爲一節日（六百二十九年九月十四日）時泰息封政府之權力已滅喀弱人已有動搖此帝國之勢霍密士特第四之孫哥司老喀瓦特之子也向長於土耳其是時亦稱王於哥拉森僭號未幾爲人所殺其最爲波斯患者爲屢獲勝利之大將輵巴拉士彼於六百二十九年七月會希拉克列司於喀卑度西亞之阿拉畢蘇 Arabissus 極贊其有冒險之能力蓋波斯有亂則羅馬之利也輵巴拉士以內鬨之力故以少兵得泰息封殺阿達歇爾（六百三十年四月二十七日）於是刼掠慘殺之事遂徧見於王城中矣然輵巴拉士以異姓襲位不合波斯向例且爲同輩所嫉忌故旋覆敗於是年之七月九日拽其屍於街衢以示國人波斯古語嘗譏之曰彼固極思爲君者惜不合例耳

於是以哥司老之女布倫即位（事在六百三十一年之秋）與羅馬希拉克列司重訂和約其條款則不可知殆與冒列司時所訂約相彷彿而尼息畢司尚爲波

斯所有繼布倫之位者爲其妹阿弱密度克 Azarmidokht 然其間尚有一短期爲彼拉士在位之日時轄巴拉士之散卒擁立哥司老之孫霍齊士特第五於尼息畢司據其地者一年（六百三十一年至六百三十二年）阿弱密度克後爲魯司丹 Rustan 所廢魯司丹爲哥刺森世襲守將其子前爲阿弱密度克所殺於此叛亂紛起時期之紀載中諸僭號者不能得其明晰之譜系與所據地之輿圖故孰起於行省孰起於首都皆不可攷惟在泰息封者猶能知之有弗魯克碩哥司老 Ferrukhzadh Khosrau （亦名可勒喀特 Khorezadh 哥司老）者王其地有時惟其人尚在孩提耳時別有一孺子曰雅士特格第三轄列雅爾 Sbahriyar 之子哥司老第二之孫也亦爲諸貴族擁立於迫息司加冕於阿達歇爾所建之火廟中（一事在六百三十二年之後半年或六百三十三年之前半年）哥司老旋被殺雅士特格爾爲都人所承認各省亦無甚違言云

此垂亡之帝國自隸合例不染轄羅弒逆遺習之王後漸有振興之望其人在青

宮時．國人已稱其賢．又深得魯司丹 Rustan 之助．即位之後．帝國似確有所恢復．然其新興之敵．已叩此帝國之關而入．其危害較育林與希拉克列司且遠過之．波斯之也門及北亞拉伯諸地．已早爲冒司倫人所得．時泰息封方在多事之秋．無暇兼顧此事．今則敵人寖向波斯邊境矣．穆生納者．Mothanna 俾東人最雄勇之將也．嘗刼掠波斯土地．得伊斯蘭以爲後援．於是攻擊益甚．喀列特 Khalid 攻服亞拉伯人之叛攻伊蘭者之後．旋領些少之俾東軍至阿付拉底河下游之地．波斯軍及與波斯同盟之亞拉伯被敗於小戰中．沿邊諸堡．悉爲敵軍所得．下阿付拉底河．河西岸之居民．咸奉耶教．於波斯之關係甚微．敵攻服之．遂爲敵間．於是敵人遂踰河深入．掠底革利司河西岸諸村落．六百三十四年之初夏．喀列特被調至西里亞．繼其任者爲塔夫 Taib 之阿布倭卑 Abu Obaid 雖有他軍援助．然於阿付拉底河邊之大仗中．爲波斯常備軍所敗．阿布倭卑被殺．穆生納欲援救其殘軍．亦甚爲難．時人名此役曰橋頭之戰．（事在六百三十四年十一月二十六日）於是回教王倭馬 Omar 急遣大兵至伊拉克 Irak 命奪哥司老之府庫宮室。敗波斯大軍於包衛伯 Bowaib （六百三十五年或六百三十六年）喪其大將。其人蓋密倫族之長也。撒特阿畢衛喀 Sad Ibn Abi Wakkas 者。冒司倫人新簡精悍之將也。波斯朝始知此族必爲已患。聞雅爾麥克 Yarmuk 之敗。波斯憂之尤甚。蓋此戰實喪西里亞於希拉克列司也。於是魯司丹親統大軍。挾聖旗以鼓士氣。撒特敗回。自保於喀迭西亞 Kadisiya 其地在赫拉南或西南沙漠之邊。兩軍於此相對者數月。亞拉伯之兵力。實遜於波斯。因其地不毛。軍實須自刼掠而得。或由回教王自麥地拿運至。故不能駐大軍。遠至六百三十六年或六百三十七年之末。兩軍猛戰。數日不休。撒特雖在病中。仍力疾號令軍士。波斯人軍械甚整。亞拉伯人則亡命力戰。波斯各常備軍皆蓄象以衝敵陣。亞拉伯人初甚懼之。其後象則不服管理。行陳反被擾亂。波斯軍氣盡餒。無勇可賈。劇戰之後。勝負遂決。魯司丹被殺。聖旗亦爲敵所得。

自喀迭西亞戰後。底革利司流域之氣運已定。然巴比倫尼亞諸平原。則仍相持未下。畢爾司 Birs（即包息巴 Borsippa）與塞勒西亞。非久受圍困。則亦不爲敵有。於是亞拉伯人踰底革利司河。向泰息封而進。雅士特格爾大懼。未及亞拉伯人之至。遂逃於米地巴比倫尼亞之忽爾汪 Holwan。札勒拉 Jalula 者。自泰息封趨忽爾汪之要道也。亞拉伯於其地敗魯司丹之弟可勒碩特。雅士特格爾復前逃。是時亞拉伯別部。已得下伊拉克。且進入秀息愛納。然使波斯得一勇敢賢能之將。猶是以保伊蘭本部。倭馬勇敢之氣。與其謹愼之心。相輔爲用。故遲遲始令軍士侵入伊蘭高原。至六百四十年及六百四十二年之間。亞拉伯人大獲勝仗於尼海文 Nehavend（地在自巴比倫尼亞至愛克巴塔納古日高道之微南）此戰亞拉伯人名之曰勝仗中之勝仗。波斯大軍。全爲奴曼與麥加人霍達發 Hodhaifa 所破。各省各城。皆相抵拒。久而後下。各地之叛亞拉伯者。屢仆屢起。均須用兵彈壓。其最盛者。尤莫如乙司塔克附近之地。此蓋已覆之王朝之腹心與其發祥地也。各地土著之諸大世爵。及小貴族。咸力拒亞拉伯人。各如獨立之酋長。而亞拉伯人亦僅多方撫慰。而與之和云。

雅士特格爾亡命於各副將中。未嘗爲已之生命與王位。鼓勇一擊敵人。彼仍儼然擁有王者之儀。且仍以其名鑄造貨幣。然各地主咸視爲被難之客。不復以王目之。其後卒遠死於謀夫。蓋爲其地之總督馬呼所害也。（事在六百五十一年或六百五十二年）

撒遜帝國末造之情形。與愛契敏字朝絕相類似。愛契敏字朝之亡也。發難於格倫尼克司。至伊蘇之戰而失西部諸行省。至高噶麥拉之戰而帝國以覆。然有數地猶未盡失。撒遜帝國之亡。雖後於麥契敏字朝覆國之日。亦已千年。然其情形正如一平行線也。溯其作難之始。在包衛伯尋以喀迭西亞之戰而亡西部。又以尼海文之戰。而亡國之機決。當大拉伊厄司之逃。亦趨東北之極端。不死於敵。而死於奸臣之手。雅士特格爾之所遭亦同。其乏英雄之概。亦與大拉伊厄司同。上下諸貴族之懷奸通敵者。雖亦甚多。然以忠義愛國之心。力抗亞拉伯人者。實過於前日貴族之抗亞歷山大。蓋亞拉伯人之宗教之野蠻。實不易使波斯人受其覊軛。故亞拉伯之覆波斯。其費時之久。遠過於馬其頓人。然其得之也難。故入之也亦愈深。希臘影響之及波斯者。僅在表面。而亞拉伯宗教風俗之貫徹伊蘭人者。實深且久也。詳見穆罕默德教志

撒遜帝國既亡之後。其祀猶緜延於塔巴列司丹 Tabaristan（即馬仁大倫）者有年。哥刺森世襲大將。喀倫族人也。被逐於塔巴列司丹稱王。其中者凡百餘年。惟歲納貢獻於回教王耳。其王仍奉育羅司忒林教。且直接雅士特格爾之統。蓋其錢文上之紀元。即托始於雅士特格爾徂謝之日也。

光緒三十三年十月印刷
光緒三十三年十二月出版
每冊零售 定價銀元六角
編纂兼印刷者 學部編譯圖書局
發行者 學部編譯圖書局
京都正陽門外五道廟街
總發行所 學部圖書局售書處

亞細亞洲疆域總說一卷洋務輯要疆域門不分卷

〔清〕王韜纂

《亞細亞洲疆域總説》一卷《洋務輯要疆域門》不分卷，王韜纂。韜（一八二八—一八九七）字仲衡，號蘭卿、嬾今等，江蘇新陽（今屬昆山）人。光緒十五年（一八八九），受兩廣總督張之洞之托於上海設局編纂《洋務輯要》，乃聘傅蘭雅（John Fryer）、布茂林（Pumollin）等外國傳教士，或採近作，或譯新書，分疆域、軍制、刑律、稅則、學校、國用、官制、商務、工作、邦交、教派、禮儀十二門，由王氏增改而總其成。是書即《洋務輯要》之殘稿，開篇總論亞細亞洲疆域，分海濱形勢、内地形勢、山、火山、平原曠地、河湖、礦産、氣候、草木、民種言語教會、分國等條。所附《洋務輯要疆域門》則分敘滿洲、蒙古、西域、西藏、高麗等情狀。據上海圖書館藏稿本影印。

請

顧仲僑先生趕緊寫好以便由寄

須於十二月初八九日寄去方好

不能遲矣

島嶼角隅

洲外島嶼林立幾於碁布星羅甚夥爲巨擘者北冰洋有新西伯里太平洋有庫頁古里利日本琉球臺灣印度洋有錫蘭馬地維斯拉加底維斯地中海有居比路羅底在地中海中突出一地曰角基威內角名北冰洋東角在白令海峽羅巴德加在堪察加南羅馬尼在麻六甲南哥摩令在印度南拉斯斯拜在紅海突出海中之地幅員廣大者曰隅洲之東曰堪察加高麗南曰越南暹羅緬甸馬來印度亞喇伯西曰亞那多里皆係一隅之地也

海

亞細亞疆域廣袤大海環於其外東有堪察加大拉該界於日本中華間者曰東海南則爲南洋亞喇伯海西有紅海地中海黑海至海水凹入成灣者則有哥比灣注於北冰洋亞那的灣注於堪察加海直隸灣注於中華東海廣南灣暹羅灣注於中國南洋孟加拉灣馬大板灣注於印度洋堪比灣波斯灣注於亞喇伯海海中兩面皆山而海水由中注者謂之峽洲內海峽不一東北有白令峽在亞細亞亞美利加之間藉以分隔兩洲截然爲二東有庫頁峽在庫頁島與滿洲之間北路西峽在日本庫頁島之間南有息力在麻六甲新嘉坡之間麻六甲峽在麻六甲蘇門答臘之間巴爾克峽在印度錫蘭之間巴白曼德峽在紅海口

高麗小國為八道曰咸鏡道曰平安道曰江原道曰黃海道曰京畿道曰
忠清道曰慶尚道曰全羅道
咸鏡道之首邑曰咸興統府三曰會寧曰永興曰慶源郡一曰端川其地
東瀕海西界平安道北界吉林而其極北之東即為俄羅斯屬地中隔以圖們江俄人若屯兵於
其屬地而由陸路窺朝鮮必取道於慶源府之慶興一帶蓋咸鏡為朝鮮極北之道慶源為咸鏡極
北之府正當扼要宜於其間分兵鎮守以防俄人陸路之入犯自茲而南若端川若甲山若北青若洪原若定
興若永興若高原若德源若安邊凡諸府郡縣鎮沿海林立其海口則端川利城而外雖有小島依之
雖不盡悉其名而地既逼於俄境水又與東海相鄰之要區所其用心于俄者尤不可不知也
平安道東鄰咸鏡道南界黃海道南之東與江原道相接北則吉林西則盛京以鴨綠江以下西折而南地成凹凸
之形諸川海口散注其間小島縈迴兩三點綴於朝鮮合不一其形至大同灣入海之路較為深闊虎島適當
其衝不得以尋常港澳視之全道之中於茲為要其道會曰平壤統府三曰寧邊曰昌城曰成川郡九曰江東曰[illegible]曰龍岡
山曰慈山曰博川曰宣川曰龍川曰价川曰郭川平安一道地雖偏處邊西與中國毘連而海口難窮於地凹而適渤
海我向西我向南
由平安道而南則為黃海道道會曰黃州統府二曰平山曰瑞興郡一曰豐德二道近海交界之間以大同灣分
之東界江原道南界京畿道西盡於海附近各島先大鵝次椒次白翎及大小青乃環大東灣之上下而列為進與
山東一省成犄角之形遙相注射下至喬桐為朱瀟河口朱瀟河口而又下之為臨津江口外之各島如棋布星羅
其地非要防而但防於海不必防於陸海防則以延山曹德曲鹿重天山以為固大東灣之防重豐德以禦朱瀟
河臨津江兩海口之防扼茲二要而其餘之沿海縣鎮概可從略已
黃海道之南為京畿道朝鮮之國都在焉其城即曰朝鮮一名漢城[illegible]統有府縣郡府三曰長湍曰開城廣其幅員
較諸道為較狹而縣鎮編設戶口頗繁南界忠清道東界江原道西則渤海海中各島林立論其要害漢江海口
斜與朝鮮國都相對其北則臨津江海口其南則大富島倘俄人繞道而來由此進兵攻其腹心其勢莫當宜於
臨津口之交加與漢江口之仁川鎮分鎮以兵以資防禦

京畿道南則忠清道也。道會曰忠州，所統有郡縣府門五，清風曰丹陽曰堤川曰□會越曰天安□安。全羅道、慶尚道大牙相錯。東則江原道，西則渤海。西境之南與全羅道相接，有舒川、沃門之民，仁鎮所供其則舒川鎮所利其。李元山島斜北對之，最山島斜南對之，俱要害所也。北端小鎮與京畿道永宗鎮相對，中隔永宗，二道之交界也。適於二鎮之間，央以置防禦，亦設一地，在名高巒島，如人一指伸入於水，德勿島環列於旁洲□□無由登陸，故論海防者不得以要害稱焉。

咸鏡道、平安道而南爲黃海道，京畿道、忠清道而西據慶尚道上游者則為江原道。道會曰江陵，統府三曰慶陽曰淮陽曰鐵谷，郡四曰通川曰高城曰楊根曰平海，論其要害有三浦者曰高城浦、通川高城交界且其旁由高城而至襄陽，不過百里建谷浦，為其要害。江陵道會曰江陵之與襄陽，襄陽高城之與通川也，自北而南，越三浦而蔚珍縣而抵於平海，郡平海，凡海五郡，欲郡以海名，海口名越松浦，其外有千山島，千山之外爲鬱陵島，若以全道視之，高城據其上游，谷及其中，越松統其下，乃與慶尚道寧海浦爲鄰焉。

慶尚道西之北爲忠清道，之南爲全羅道，東面日本海，南面大東洋，其東折而南則與日本對馬島相直，而爲高麗海峽，明時秀吉之亂，即由於此。論其海口，自越松浦與江原分界，而下盈德海口次之，又其次則柳等浦、甘浦、包伊浦至而生浦，而其勢左旋，乃為機長鎮之豆浦，金海府之釜山浦，其間相去不過數十里，外有絕影島依之，絕影島之西，島嶼紛綸大小不一，而巨濟一地，縱橫計之，可得百有餘里，儼若為之巨障焉。巨濟而西，南海縣由南海而視之，則河東之海口也，凡此諸口皆宜擇要置防。統府六曰金海曰昌原曰密陽曰善山曰安東曰寧海，郡七曰尚州曰永州曰陝州曰晉州曰翠山曰清道曰咸陽。其道會則曰慶州。

全羅道之道會曰全州，所統有郡無府，郡三曰南原曰靈巖曰古阜。其北忠清道，其東慶尚道，西南皆海，依西各島皆雜之紛繁。本道靈光、法聖鎮逼鄰於慶尚道，為海口而注，西不過數十里為左水鎮，海口興陽與兵兩鎮之間，中間一港相通，而海口盡於此矣。而向之海口，自沃溝與忠清道分界，由此以北，則扶安海口，扶安海口而西之海口，亦□□□安鎮而海口斜向西，則靈巖□□山島，全羅一島於茲爲最，所當鎮守□□，以盡保守之方，其他挖程一二以資策顧。

八道之中，惟地要害惟有咸鏡，而自慶興至於檣鎮，其間不過百有餘里，且西北與我吉林接壤，於此分兵鎮守，其勢良便。至於各海口，雖不盡要害，而欲重其防，使熟練水師精器械為先者，高麗要害者甚於此，切之意哉。

亞細亞洲疆域總說

亞細亞洲居五洲之最緯線自赤道北一度十五分至七十八度二十分經線自京師偏西八十九度十三分至東七十二度三十一分或自哥連尼治偏東二十七度十七分向東至偏西一百七十度十分或自華盛頓偏東一百四度二十分向東至偏西九十三度八分其疆域北界北冰洋東界太平洋南界太平洋印度洋西南界阿非利加西界歐羅巴自達丹尼耳士至倍令回峽計長三萬一千六百八十八里並自西伯利亞之瞎為羅華斯土角多歷尼亞土角至巫來土股南盡處之羅爾地共止計長一萬四千九百二十里共地一萬二千七百九十六萬九千八百六十五方里

海濱形勢

亞細亞洲之西疆全與歐羅巴接壤其接壤處一線相直隨意可劃為界域有處以烏拉山為界有處以蘇彝士土腰接連阿非利加東有倍令回峽

與亞美利加分界此處兩洲相離僅十餘里許亞細亞海濱凹凸逾常環有極大之海灣海股其凸出處與凹口大小相同海灣海股之要者曰阿爾灣曰奧科斯格海曰韃韃里灣曰日本海灣俱在東海濱曰黃海灣曰東京灣曰暹羅灣曰孟加拉灣曰波斯灣曰亞喇伯灣俱在南海北灣亦多然自阿比灣之外皆為小灣土股之大者曰印度斯坦曰麻六甲曰越南曰高麗曰阿地棣爾俱在南及東海濱亞細亞境內所有諸島曰日本羣島在東及南方者曰格來爾曰庫頁島曰日本羣島曰舟山曰臺灣曰香港曰南海瓊州曰錫蘭曰臘波斯爾曰馬爾提夫斯曰拉加提夫斯在北者曰果底奴以諸島曰反地阿斯格曰新西伯利亞曰路哥與曰撓劃仁布拉此一地以恩婆爾脫而得名（未詳為某人名）

內地形勢

一山嶺綿繞高原廣野境界開展人文萃物類紛繁氣候冷熱咸適其宜田土肥瘠其間

亞細亞一洲雖有極大高山（峻嶺崇峰疊巘兩）然綜論全勢可為一片平坦壤其高低勻算

距海面不過一千一百三十四尺第三股旬算高不過百二十二尺此一股全在天山緣西北北緯線四十五度並在阿爾泰之北緯線五十度赤道北其平地極大南股沿印度洋亦多平地內地大半皆平亦多極廣極高之地并有一大股甚高低下離海面不遠加時比仁海即裏海南北及亞拉爾海即鹹海四圍之地成一大窪皆低於平坦之土山之形勢自烏拉外亦無可觀緯線五十度以北經線自京師西三度三十一分或自偏東一百二十度以西固無著名之山然此經線以東有奧爾屯山興安嶺及始旦拿佛合等山皆甚高巍屹峙雲表其緯線十五度以南三十餘度以北山之要者共四大嶺似皆與赤道平行其中至大者綿亘不斷隨地得名曰達烏羅斯曰依婆爾枝曰印度哥借曰崑崙自波士和拉士至中國經線一百度以東京師西十六度二十九分似成洲地之脊其次散峙於赤道左右者總與海濱平亘勢連東南與西北在亞喇伯波斯馬

拉白爾之海濱緬甸越南之土股及麻六甲等處皆是果爾高提
蘭海濱及北印度滿洲西伯利亞諸山皆勢連西南與東北

山

亞細亞洲中央大山〔山嶺眾多〕其勢〔最為廣大〕依俄亞來亞山之外阿爾泰天山崑崙俱與赤道並
行俄亞來亞之總山自西北至東南毘連三股一股曰印度哥借〔又名印度高加索〕
在阿富汗〔西域之間〕其山自拜布米剌山至克什米爾一股俄亞來亞〔古名俄毛儕〕其山自
克什米爾之山谷延至布丹環成半圜〔圍其外而缺其口形若〕一股由布丹山至亞桑山俄亞來亞一
山長五千二百五里其高低適中處自一萬一千八百三十尺至一萬九千七百十
六尺其極高之峰如𩩲火利興加又名愛佛〔利回脫山〕高二萬八千六百八尺更鄉近佳
在西更高二萬七千七百七十八尺地華來其利高二萬五千八百五十四尺
據云尚有多峰皆高於此並有更高數峰其要隘之所大半高至五千尺
並有高至一萬七千七百四十四尺及一萬八千七百三十尺永凍之一線在南境

者高至一萬二千七百九十七尺在北境者高至一萬六千三百八十四尺俄巫
來亞之山峰層層有形朋色之大石尤多片麻石間有極大青石脉及極
廣之白瑪瑙穴離海面一萬四千七百八十七尺及一萬七千七百四十四尺之
一層多出硫磺其山麓出青石甚多鏡其青石一層日近年漸露向上更多此山
高至一萬四千七百四十四尺其上僅有草木此等高山中間豁谷深險可畏其
中所有澗溪水急測阿爾泰山環抱亞低尼西兩河其源發於此支源阿爾泰
本山不過居全山四分之一自西至東沿阿爾阿及亞低河伸至哥爾皮山以及倍
改爾湖之南而止其分支隨地異名先至奧科四克灣次至俄四堆土角
約長一萬三千十三里廣狹不一自一千一百五十七里至二千八百九十三里此一支
最高處雪常不化在北緯線四十九度三十分及五十一度之中所知最高之峰
曰被羅加高一萬八百四十四尺天山傍北緯線四十二度發源於韃韃里
盡于戈壁沙漠其極高處曰婆大阿拉又名聖山頂常有雪泰山約

廣二千一百五十七里未能詳悉崑崙山與天山平亘有數處與印度固斯平

行發源於經線偏東第一百度其山隨地易名曰韃爾根曰阿爾泰曰崑崙此分支也

日印度哥情曰彼婆爾枝曰達烏羅斯向西又折而西北南沿裏

海及黑海盡於黑海之西自亞美利加、安達斯之孝地立拉也外

為天下第一長嶺亞細亞東北之支在阿爾泰之背勢迤西南與

東北較以上所述四大山不甚高廣自東至西亘成亞細亞中央之

脊其餘要山曰烏拉（在亞細亞歐羅巴兩洲之間）曰高加索俱在亞細亞西方烏拉自北而南

高加索自西北而東南曰達烏羅斯曰杏提達烏羅斯杏提譯言對面或言對面

皆俱在亞細亞利亞境達烏羅斯自東北而西南波斯山西達回斯

此山俱自東南而西北溫都斯的一嶺及亞桑、一嶺俱自西南而東北加的斯

加的斯尼克里皆在西西伯利亞外與滿洲俄羅斯之間雲嶺南嶺皆在中華雲山在西域弱水之間達爾喀巴爾喀黑沙斯在亞洲北

火山

亞細亞島中雖多火山而洲地中出火者甚少亞細亞西方但有

一處出火在提局文山離裏海南濱二百二里高一萬四千四百八十
六尺其巔常有雪時冒烟燄亞細亞西方高地之平原昔為地震最烈之處
今惟錢明火自阿拉拉脫諸山處有之亞細亞東方高平原中惟天山有二處
出火二處相距一千九百三十七里有北山和郎二山為火地之中央向北
綿亘至阿爾泰山中國多火郎火源然據所知無一處道流拉華惟（西國詩盾曾於此據為奇異）
知堪察加山有七處常出烟燄亞細亞有數處屢遭地震甚為猛
烈亞細亞四貿諸（一名小亞細亞）波斯山阿富汗東南境倍路爾湖及和郎火山
中央之地印度斯坦之甘屈部等處地震亦多而且烈統計洲中火山有七座（另二十有九以東方為最多）
（九紅格 自此移兩段）
平原臘地
（一洲其地區而為四曰高壤曰平原曰廣土曰臘地）
亞細亞一洲地平原極為廣衍（延袤等與氏倫）波斯之愛倫計一千四百二十一萬
（印度五德干亞剌伯土耳機數處迭遭 又有海外洋日尼塞阿勃那河恒河極拉濱產諸處邦曾賜遠斯堪庫府各城觀斯拉有改地此外附皆一聖縣地數達兩開沙漠高寒牛在西域等處阿富汗波斯亞剌伯諸國地）
五千七十七方里離海面高三千九百四十三尺至六千九百一尺其西藏之高平
原計一千三百二十七萬八千八百九十六方里高一萬一千四百三十五尺內地之

平原多沃氣候溫和然亦有寒不毛者如西藏之高平原積雪終年歲不消
其高平原之小者一在本若之對克西北一在摩洛亞亦作中印度一在地更度一在
渭沙目亞細亞西北全土平蕩如浪計六千餘萬方里亞細亞西裏海故
四面均有廣地低於海面約數尺西伯利亞奕背爾大平地自烏拉南
盡之山麓橫繞托布四克達於亞低斯約二千二十四里樹茂成林可供遊獵
其次即白拉白之平地介於亞低斯及南比北方此數平地以南又有一
平地廣一千餘里介於阿爾泰山及蔥嶺里東疆之中括有吞其斯湖中
國之東疆又有一片潮漲平地計一百七十五萬五千九百八十方里土脈膏
腴農勤播種印度斯坦亦有平地計五千七百八十三里沿俾路芝來至亞南
麓以上平原俱多牧場茂草間有林樹扶疎此外又有不毛沙地可淘鹽
其間多湖泊鹹水辣水亞細亞又多曠地大者最大者
曰戈壁大沙漠沿東盡處約二百五十萬八千五百四十三方里長三千四

百七十里波斯之愛來葛亞㴞米戍曠地甚廣長一千一百二十八里廣六
百七里此處尚有曠地四所共括全地十分之三韃靼里有大曠地數處曰
計才爾哥白基母𡨚華、俱不毛佔其地之半阿富汗諸處印度斯坦
西北境及西藏俱有大曠地亞細亞之西南境有亞喇伯之大曠地

俱為斥鹵之區渺無涯際

河湖

河道紛繁

日恒河日錫爾

亞細亞洲西有天下至大之河在西者曰幼佛蘭低、斯曰低格里
斯譯言在東者曰黑龍江又名阿慕爾即賽勿林曰黃河曰揚子江江流入中國東海
曰漢江曰東京河在北者曰鄂比曰亞低斯曰倫尼西曰勒那曰因
地甲加曰高利買在南者曰印度河其分支處多格日貢倫氣
白曰蘇脫來諸河曰根其斯曰布拉馬布脫拉曰愛勞華地曰買對納白
溜南曰康步地亞中有數河甚廣自亞為及米西西比外當以此洲之
鄂比為天下巨擘河之甚長者如揚子江長九千五百四十三里日尼羅長八

千九百六十四里其餘長自四千六百二十七里至六千九百四十
里亞細亞湖之大者為裏海（名波斯海）無尾閭南北約長二千一百六十九里約
廣六百六十五里海面約周一百萬三千四百十七方里其次為鹹海在韃靼
里約長七百八十一里廣狹不一自二百八十九里至三百四十七里廣三百七十
六里共廣二十八萬一千九百六十方里此湖甚淺並無尾閭亦如裏海其
餘要湖曰吞其斯湖（又名倍爾諸田）約長四百三十四里廣狹不一自五十八里至一百
四十五里曰倍政爾湖在西伯利亞之亞廓四克其大如阿拉士山中之湖（本歐）
羅巴山名其山中之湖水（味鹹）介於叢山之中形如半月計長一千十二里
[illegible]
此外尚有小湖散布大洲地上其中水性多鹹亦有數湖鹹極而
致辛（不可勝數）

礦產

亞細亞洲山中可貴而有益者（礦產有[illegible]）（甚為[illegible]）者[illegible]備金剛鑽[illegible]（之礦其有數處[illegible]）[illegible]朋地根[illegible]婆

爾波爾根圖二地曰馬拉山曰婆羅洲曰錫蘭等處水晶紫玉英紅寶
石深藍寶石紅白瑪瑙瑪瑙石綠玉青金石黃玉及一切寶石各
處皆產並間產黃金甚為饒西伯利亞之阿爾泰山中所產最饒因此
而名金山中國之滇南西南濱海諸國日本婆羅洲亦俱產金
中國越南日本亞細亞之俄羅斯及印度緬甸各國俱出銀中
國西藏日本印度錫蘭皆產水銀亞來土股處處產馬口鐵緬甸
中國印度群島亦產之日本亞細亞之俄羅斯西藏印度斯坦越
南波斯亞細亞之土耳其均出銅鐵此等山地大半出鉛中國北
方直加社印度群島有煤大約未經採發之地尚多亦皆產煤洲
多出鹹與鹹鹵湖與鹹源之地甚多山產富足遂不多見
氣候
亞細亞氣候寒熱甚不同之數大抵愈北愈冷

高原阻隔或因山嶺峻峭或因形勢結聚而無海股透入並因勢
向北極大地常冰之故在北緯線五十六度以上西伯利亞全土數
處凝結冰厚至十九尺六寸每年極冷至寒暑針冰線下九十分其地尚有數處
不四克白盤爾巡爾亞廓回克處當盛夏之時氣候與伯靈普魯士都城夢回
殷爾沙爾卜相同法郎西要部最熱之地在俾路芝之二麻子克倫亞細亞寒暖
之不同不但此國與彼國相去甚遠即此省與彼省亦然自阿富汗之鞍
處雪閉三月而不化寒暑針第一分以下自十分縮至十五分夏月九十分伸
至九十四分兌利各自有時冰線以下三四分加爾各搭夏日伸至一百十分此
等不測之寒暑不但因地之形遼遠地勢之高下不一並有陰陽氣脈通塞之
故亞細亞之東南時發狂風番人謂之謫風四起於北緯線四度至四十
度其風於北緯線十三度至二十六度之際較善所以中國越南及其隣
海俱在此風界內此惡風四時皆有然五月後穀雨十二月後小雪較少此處本多貿

易風因其吹（從於印度洋而）至北緯線二十六度括連中國及印度斯坦本若及西藏之一股其風自四月（春分後）至十月（秋分後）次序不紊由西南而來並自十一月（霜降後）至三四月（春分後）由東北而來其風轉時必有大雨雷電交作甚猛烈赤道以南之貿易風亦按此時序由東南而來繼轉西北亞細亞無雨之地極廣其中似北印度斯坦之孔利伸至西[illegible]伯利亞西南境南慶田克之近處約七千二百二十九里其廣半之務連西藏之一股戈壁大沙漠及蒙古之一股約得一千六百七十二萬二千六百二十方里又有一地於摩洛哥邊境起盡於俾路芝之無雨地此地括連波斯之一大股亞喇伯之北境西里亞之南境

草木

亞細亞草木種類甚繁（所生各土殊）而如氣候之不同不但因其地勢遠隔之故亦因地面高低不同其極南數股包括越南暹羅亞來土股緬甸印度斯坦土股波斯灣亞喇伯俱產熱帶之物稍有不齊其剩股產溫帶之物者北向至

（有所以區別也於方嚴寒境內有葉脩剪央剛土性乾燥瘠薄雜草木不茂或果甚稀而若溫和肥沃草木蓬勃而果蕃盛焉）

（有因土質肥瘠不齊繁茂者如中國東方山谷間多膏壤故樹蕙花百花怒發人無不榮而發茂洲內）

北極帶亞細亞西南盡處所產之物與印度同其西盡處所產之物與歐羅巴同阿爾泰山及興安嶺克來被脫山之北多產松林全境有之近東海濱產松之地南抵滿洲歷中國至南熱帶而亞細亞之東暫向東南自高加索山沿波斯之高平地至俾平求亞山止所產松種不一環繞蒙古及西藏之地惟產草木未甚詳悉亞細亞之南股括連波斯亞剌伯之南方俾路芝印度緬甸越南麻六甲及西南洋印度群島多產樓之地約北緯線六十之度以北之地不種五穀自此緯線向南至阿爾泰山有兩地其在北者種大麥及崔麥蕎麥其在南者出小麥蕎麥此兩地皆有三角麥及番藷洲地西股阿爾泰山之南約北緯線二十六度全為出麥之地惟阿乃都利亞及西里亞海濱亦種苞粟亞剌伯西海濱至波斯及俾路芝之南印度之北稻麥俱種南印度全土東海濱邊境迤北至塞貝勾林島南盡處連日本諸島為種稻之地中國迤南全地種茶其地居北緯

線十七度至三十五度經線京師西二十二度二十九分至東三度三十一分武偏東九十四度至一百二十度亞桑山上段亦產茶然於北緯線二十五度至三十三度種之為更宜蓋產茶之地最日本諸島亦種之中國及越南暹羅緬甸南印度中印度俱出棉花亞加拉及四[?]斯達中南印度等地之東境[?]皆出糖蔗錫蘭以加非著名馬拉白爾海濱之地亦有之錫蘭肉桂極佳該為其所生處越南亦產然亞細亞雖有極富之物產而亦有極毒之鴉片[?]物出於阿乃加利亞之南方西里亞及東印度

生物○洲內禽獸充斥品類蕃衍印度海濱錫蘭島多有象[?]犀牛[?]波斯亞喇伯產

獅其性猛[?]猩猩[?]駱駝羊生於南方四不相生於北[?]麝香出於西藏[?]鹿

[?]類紛繁各色各異家畜如牛馬羊豕不勝數

逐隊成群甚族殊衆自飽倉獸

民種言語教會

亞細亞為人類之淵藪括有無數民種邦國高加索一大股蒙古韃韃一股巫來亞[?]諦號此亞又一股高加索種居亞細亞西方全境自紋巫來亞至[?]拉罕布脫拉並印度洋中間之印度蒙古韃韃種居

波斯高平原及俄亞來亞山以北之亞細亞自勃拉罷布脫拉至信今四
峽之亞細亞東方全土此一股包括中國滿洲西南海濱及日本等處亞來
種居印度羣島俄文諦號比亞各島錫蘭婆羅洲洮白滑對印度峽一切
島非全為所占即分居於此此亞細亞民種數大股所分民部極多以
上四大股中高加索人為最佳或最聰明亦難懸測蒙古韃靼一大
股亦多智識之士中國人民出其上該爾毛克民種名為此一大股之分支
習於牧業居亞細亞中土之平地聰明心性而骨格相稱亞來種肌色暗鬚髮
皮少色澤粗而其黑眼睛性勤巧而良善有數處好禮儀間有兇很而好復
仇亞細亞民種之大而要者首推蒙古高加索吹之亞來又次之俄諦號比
亞最少此一種今稱為巴布亞種亞細亞之言語各部不同據阿奪
爾多爾格人名云共有九百三十七種亞細亞之教會白拉朱尼回教行
於印度斯坦佛教行於中土日本越南暹羅緬甸錫蘭蒙古登果端

四亦間有之亞細亞之西南境見盛行回回教印度麻六甲及印度羣島俱
多回人洲地中尚多别教自昔以来技藝工巧製造精奇如波斯地毯印度細布日本油漆
皆擅名一時
分國
洲中分建邑宇自
中國轄有中國而外則有滿洲蒙古伊犂天山南路中國之土耳其斯坦新疆
西藏前後衛朝鮮東藏國附有高麗越南暹羅緬甸琉球中國東海濱外西
人稱為黃海有日本國其間島嶼朕沃不勝數東南暹羅緬甸以南為巫來耶巫來由部
麻六甲緬甸以西為印度俾路芝阿富汗波斯亞喇伯自為之地又西為亞細
亞土耳其機即阿乃都利亞又名亞細亞買諾即小亞細亞阿耳美尼亞西里亞
發來葛美索不達美亞並亞喇伯之一股亞細亞之俄羅斯即西伯利
亞及脫倫四高加索土耳其機斯坦地在中國以西亞細亞俄羅斯之東
南印度阿富汗波斯以北洲内文學風俗各異膏為五洲之冠其人性情
論列諸國者分别精識而内外殊觀者有之陽為表…而實會軒險者有之適都大邑之間
無所不良而…俯壞…風未…尚存古道北方之人強南方之人多弱皆由地氣之使然

女子四無才為德多不讀書識字明理者皆由其教也俄之織之常事而習慣故能忠君愛上順親敬老和宗睦族返遠性終歷數千年而於一大古之時印度最稱富强禮義於興其西界延數國威於域外實擅天下之大權一時文教術之昭著於歐洲歐洲前明之學由印度微之而承其緒餘鄰其土壤廣大人多不識一二數後敵斯相邦行商而遠出至往來於與洲內相通遠宋時成吉思汗征服蒙古俄羅斯兵威及於歐洲意大利諸那而遣使入貢而歐人始知亞細亞疆域之廣袤也遣使歐洲請求商務貿易物與歐曾足鼎峙之以東西南三方盡通於北界苦寒遼遠其書無人明時俄羅斯崛然振其屢敗之運以兵國策而國俄主遣人探訪以兵佐之旋即克服西伯利洲之北界遂定

洋務輯要

疆域門

滿洲圖說 疆域

滿洲在亞細亞之東赤道北緯線四十二度三十分至五十五度四十分經線自京師東一分至二十四度四十六分或自奇連泥治偏東一百十六度三十分至一百四十二度十五分華盛頓偏一百四十一度四十三分至一百六十六度二十八分其疆域所至北界野白羅奴安嶺即與其嶺分隔俄羅斯國之亞廓四克部東界與科四克海韃靼里灣及日本海南界高麗及北直隸灣西界蒙古及俄之亞廓四克南北極袤處約二千八百三十四里東西極廣處約二千一百九十八里沿海一線約三千四百七十里共地五百八十五萬三千二百六十七方里

其地山嶺參差橫亘盤繞大半自西南而延東北其中野奴一山爲最大

又一大嶺依海濱平行有數處甚近海邊沿海祇有一線之土可墾所居之民

又一種稍與滿洲人往來再一嶺曰金山自南而北橫亘滿洲之西方自南方外

有斜向黃海之一股此一支全為阿穆爾即黑龍江又名賽哈林所灌注之要者
曰兜該利曰靴利俱自南流北曰西林彼曰格利俱自北流南入賽哈林滿洲
有三大湖曰靴倫曰彼爾曰鳩改鳩改湖約長一百十六里約廣七十二里為兜
該處之兜沈該處又為阿靴利上游滿洲南氣候漸為和暖土壤…民多開墾…青…事…勤似為
地氣嚴寒時患大疫…冬令亦已…荒蕪不…
亞細亞中部之然其北境地形較西伯利亞又次之山上有林林最茂林…堅紋
紋理細膩松林最多無數野畜蕃殖宜於此北方居民獵取其皮販售遠方以為
生計之至大者花木但與歐洲同種而形似亞細亞此為中國人所種人參之
異地又多種大黃河海之濱俱產魚採珠之人官為經理所出人參甚為貴重歲奉官
民種言語
符採取虎豹貂熊皆有之狐貉獺鼠亦為珍品開致重值至於金石礦中有之未聞開採也
滿洲人為登其與商風氣已開方言自成文理分為多部教化稍有不同每圓則
一家較漢人尤精健其俗素强入中國後將其精華歸入大都無寺廟像設所
奉惟一主宰其教有似歐羅巴回之類其餘亦復小乘奉釋教技藝不甚精巧商賈
負易頗稱盛

分省政治

通國分為三省，曰盛京，又名遼東，在南；曰吉林，連沈，該利即混同江河東諸地，北有河西一大地，並對格來，又名塞貢力林島，即庫頁之；此股一曰黑龍江，連西北一帶，其一大股包於奴尾那谷內，[illegible]歸子[illegible]文員管轄三省，武員[illegible]理，[illegible]統屬文武。文武僚屬俱滿洲人，[illegible]天潢及所親信之人。理民之員由京師簡放。

城邑

城邑之要者，曰麻[illegible]格屯、錦州、吉林、阿剌賽力林、鳳凰城等處。麻[illegible]格屯為遼東省城，[illegible]距京師約一千九十九里，緯線四十一度五十一分，經線[illegible]度之十一分，四周圍以[illegible]，環約二十九里，內城周九里許，國表大臣所駐，[illegible]建於一片平原，此為未得中國前滿洲皇都，[illegible]所[illegible]信牛豆藥材交易甚旺，船隻甚瑳，止可避南面颶風，議處[illegible]為此灣一口，船隻較穩，然鮮

有郵船往來吉林爲拉林爲吉林省城齊齊哈爾爲黑龍江省城

紀略

順治元載一千七百年本朝入居中國成爲一統滿洲言語爲國之治至嘉慶年末始式微承用有時公牘通行各直省文移往來滿字與漢字並行咸豐四年一千八百五十四年俄羅斯人割據賽勿林以北全土

蒙古疆域說

蒙古在亞細亞之中自赤道北緯線三十五度五十二分經線京師西三十二度四十九分至東九度一分或自寄連呢諾偏東八十三度四十分至一百二十五度三十分華盛頓偏東一百六十度四十二分至偏西一百五十七度二十八分其疆域所至北界接俄羅斯之亞細亞四克部東北及東界滿洲南界至中國西界連伊犁訥該利亞即天山北路　自東至西約廣四千九百十六里極長處約二千八百九十三里共地一千一百七十六萬六千五百二十四方里

地勢

此一大地之中央為戈壁大漠所佔計沙漠廣地二百五十萬八千五百四十三方里沙中略有牧場及樹卉處甚為寬廣其面非沙即石分隔沙石之界者有低山一路其山無樹林水脈沙漠之高離海面四千一百六十尺境內之地多青石高山相間斷其山頂多處各種樹木生焉蔽蔭扶疏甚為茂鬱

高原而外山嶺環繞湖河錯雜水鹹而土瘠其地嚴寒難以耕植以致穀果鮮少草木稀疏

山之要者曰阿爾泰分支嶺多向東綿亘隨處異名直抵賽勿林（卽黑龍江）

河岸以及阿拉山陰山爾山其河甚多地境更密北境有塞倫額爾格澳過[illegible]杜

拉皆合流而入倍改爾湖並有河更河能皆賽勿林分支南有賽拉摩倫及

各分支與青海（西人稱為哥哥腦）境內諸河湖之大者沙漠以南有青海[illegible]才令

距黃河之源非遠西北境有阿剌[illegible]阿爾泰闊阿來拿闊格要[illegible]爾[illegible]海

民種教會

蒙古人身材適中精健多力面闊而平鼻低而扁目小而彎眼光甚睛

黑唇厚頷短鬚少耳大而凸髮黑而長薙髮留頂飲食多用牛乳馬湩

醍醐酥酪是其素嗜牛油牛乳餅（食牛肉飲馬酪以烟茶葉飲食以乳為酒和之）日用所必需以馬奶為佳味[illegible]者不[illegible]

食嗜飲與滿洲同尤嗜古乃四酒（名卽古米曰用馬乳所釀）有時[illegible]酗飲無節其人[illegible]尚奉佛大教[illegible]以禮

[illegible]永不沐浴其[illegible]氣[illegible]寒[illegible]兩雪紛飛[illegible]天氣酷熱民俗[illegible]逐水草遷徙[illegible]游牧

部屬城邑

部屬之大者曰內蒙古介於長城與戈壁大漠之中一曰外蒙古居大漠之北[illegible]阿

性為家四時穿皮永不沐浴[illegible]擇水草之處[illegible]非有定所冬時[illegible]多[illegible]於山[illegible]風之處[illegible]草茂以養牲畜[illegible]

〔分四路八十六旗，各路設汗一，一名車臣汗，一名土謝圖汗，一名三音諾顏汗，一名札薩克圖汗，各有職掌，不得僭〕

藏、泰山之中，及青海四面之地。其屬烏里雅蘇台諸地，在西北境，西人稱為中國韃靼里。此數部內又分各旂，每旂約二千戶，有一克汗（部君之稱）管轄。蒙古要邑曰烏里雅蘇台，曰歐加（又名庫倫），曰恰克圖等處。滿洲藩王自駐烏里雅蘇台，為參贊判官衙署；庫倫為喇嘛所駐；外又有恰克圖，在北疆，為與俄羅斯貿易之城。[illegible]國貿易。白布哈科布多在西北境，亦著名之邑（分十部，為三十旗。唐古特為青海，分四十[illegible]旗）。

〔領一日庫[illegible]諸藏，即青海，分五部，為二十九旗，其餘一部不能備指實也〕

〔其地自昔為土番所據，[illegible]一帶〕

紀事

元成宗大德四年（以前一千三百年），[illegible]北面，更征服各部，統於[illegible]汗，據土歸[illegible]，日增月盛，向西向南，無不臣服。其時[illegible]中[illegible]有其[illegible]者，分裂四[illegible]。子曰奧格對，[illegible]闢土宇，取中國全土隸入版圖，驅逐[illegible]傳葛克[illegible]奪之政利，勿進。有[illegible]古[illegible]，四[illegible]多為肯領，遠拓邊疆，直據俄羅斯境內，得其大地一區，過侵掠墨斯科（俄羅斯古都城）。宋理宗嘉熙四年（一千二百四十年），直入波蘭，勢幾欲[illegible]滅，自[illegible]見。醇祐三年（一千二百四十三年），奧格對歿，征伐歐洲之役以暫止。而五十年來國勢日盛，東至

中國海西至波蘭邊疆東自印度斯坦北抵西伯利亞邊圍迨對摩爾又答
對墨交騰時蒙古國剖分瓦裂聲勢反旺未幾而復旋見破敗惟所分之地尚有可
別立為數朝內中至要者帑爾頓白盤其人於明武宗正德十四年一千五百十九年開
大蒙古爾國在印度斯坦都於田利榮盛無比子孫雖弱而其雄武之迹尚
可考見焉　自本　朝龍興迄在蒙古遂為屋屬而子孫無道歷世不振遂致人心離渙國勢孱弱而不
克自已番汗咸納職貢或入朝覲其國有王有貝子貝勒公侯伯子男等爵世相承襲

西域說

西人稱為伊犁沈該利亞中國所屬之土耳其斯坦

其地在北緯線三十四度四十分至四十九度十二分經線京師西二
十度四分至四十五度五十九分或自寄連尼治偏東七十度三十分至九
十六度二十五分華盛頓偏東一百四十七度三十二分至一百七十三度二十七分
其疆域所至北界俄羅斯之阿母四克托母四克兩部東界蒙古南界西藏
崑崙山其山在伊犁東依白脫部西之間西界自俄之土耳其斯坦自南至極
袤處約二千七百七十六里自東至西約廣一千一百五十七里至二千八百九十里約地
七百五十二萬五千六百二十九方里

天山橫亙於中區其地為兩方在北曰天山北路即沈該利亞在南曰東
南路即中國之土耳其斯坦伊犁全土可為內地西南自西伯利亞南
境介於戈壁之大漠及裏海沙漠之中諂至崑崙山戈壁漠介於山之東

及東南二面裏海沙漠在山之西此兩漢唐大宛合之與撒哈拉蓋相等（曠邈無垠）

然地較熟人較多其人經營有法結棚開屯井流羅把於此俾一事種以助軍資商旅

部屬政治

伊犁區為兩方一沈該利亞一土耳其斯坦沈該利亞又分為三師之地伊犁在西

塔爾巴哈臺在北庫爾喀喇烏蘇在東土耳其斯坦依回人成兩叁曰喀拉沙

爾曰庫車曰烏什曰賽里木及拜曰阿克蘇曰和闐曰葉爾羌曰喀什噶爾曰

英吉沙爾伊犁將軍皆歸理藩院管理屬滿洲將軍統轄

兩屬城村十有七大小北路沙

官分職視諸內地矣

特肖遠城隸統甘肅防兵有二大員理民總署二十有四散布各部

其地自秦漢以來始通中國隨時常被侵據（稿中國志）

紀事

當孜斐因克汗時已為蒙古人所侵據沈該利亞後屬蒙古一種曰沈該利回

康熙三十九年（一千七百年）用兵久戰克之遂隸版圖土耳其斯坦於漢和帝永元十二

年臣服中國自六朝後復為低白脫蒙古沈該利亞人所轄制乾隆二十一年（一千七百五十六年）

底定埔拓版圖萬里

西藏疆域說

西人稱為低白脫亦作布高慶亞（西藏在亞細亞之中）

西藏北緯線二十七度二十分至三十五度三十分經線自京師西十六度四十九分至四十三度五十六分或自寄運尼治偏東七十三度三十三分至九十九度四十分華盛頓偏東一百五十度三十五分至一百七十六度四十二分其疆域所至北界中國之土耳其斯坦其中間有崑崙山（即崑崙斯山）東界四川雲南兩省南及西界喜馬來亞山極廣處自東至西三千四百七十里南北最廣處一千六百七十七里共地五百八十五萬三千二百六十七方里

地勢

西藏佔中亞細亞高平原之北股高下自算為最高無比之地其平原高自九千八百五十八尺至一萬八百三十尺喜馬來山之高又加一倍其山大都與平原（其地四圍皆山環之峰巒層疊[illegible]）來亞平原間有窄谷深壑在東南之山勢連南北（[illegible]）根其四背（[illegible]）繳外度河之上流亞細亞西南各大河俱發源於西藏境內之湖甚多曰騰噶里淋克（[illegible]）

兩湖俱為大觀，彼爾伍湖盤繞一大島，島之形象如湖美那瓦勞渭日納

佛納玆大可湖俱稱聖湖。從巫來亞山路過西藏與印度斯坦崎嶇險阻為

甚難行，商賈往來道路艱難，地裂賴高橋繩索攀援而過。土田瘠薄，樹林疏少，山塢平陰均耕種青稞

牲畜五金魚族甚繁，因佛教禁止，故不敢食耳

民俗

西藏與蒙古人一家，性行馴良，膚色略黑，然上品人亦有白

皙如歐人者。大麥、棉羊、馬肉及亞格牛為主。鄉人大半以棉羊、山羊、狗

之皮為衣，織中以紅黃色羊絨代皮作衣。上品人服御紬素，以表皮裏

之袍，喜佩玉及一切玩好之物。婦人所習與男無異，男留長髮，女辮髮

而綰髻。其婦女不若回人之藏避不露，勤於工作，善貿易，工生計數。

昆弟娶一女以為常事。製造之物甚屬有限，技藝亦精。

氣候不齊，寒暑皆極其至

教會

西藏為佛所生處，向稱為亞細亞出教皇之所，蒙古人以為聖地。喇

此係釋氏之旁門分爲黄教紅教喇嘛爲黄教之首最有權勢民間凡事無不聽命寺中爲徒稱他

嘛是其教主居民數之一大股皆宿於寺中其寺謂之喇嘛四利完大可觀一寺可居三四千人自有田產政治然亦多乞丐至禮節規條及誦持經咒與羅馬教無異尼菴亦甚多各菴有學堂一所印書房一所大喇嘛又稱達賴喇嘛爲教中首領住達來樓殿巨麗非常近黑拉剎此等（無以異也）教主人皆謂之佛轉世受人膜拜如羅馬教王之獨尊教務並兼國政各部之主稱又格多四（譯言神宰）爲教士之極品亦自謂鬼神轉世喇嘛寺中之長亦爲活佛除大喇嘛外活佛之大者曰朋慶倫步（譯名）曰其聖登罷日鄉既丈（譯言王家執朝之臣）曰賽乞（譯名）朋慶倫步（譯名）與大喇嘛俱有道行品分相埒

部屬政治

區（是）部分爲前後藏前藏（入城後藏七城前藏）省城即黑拉剎爲達賴喇嘛（中國前藏大臣所駐）成佛教（之）基也後藏省城（爲札什倫布名）曰（札什倫布）紅步爲朋慶倫步（黑阿爲札什倫布後藏大臣所駐）居此兩藏分爲多（城）各有地方官即所稱又多格多四也各屬（城）俱有一中國武員統領兵馬常有

馬隊六萬以為駐防中國之權亦能調遣軍餉由四川供給自四川至爨拉剎駐兵之所不少大喇嘛雖有全權然專理鬼神祭祀之事實則治民之官曰內白又名米吏奴專理民務由大喇嘛中選出任之終身其屬有四佐謂之該倫四非教士中之人專秉大喇嘛之令惟大喇嘛權力雖重而中國能制之無論何事併選舉喇嘛俱請命於京師每歲入貢方物供職維謹

生計

西藏人雖不如中國人之智慧然於藝事亦精其建造寺廟並喇嘛四利等院宇規模整而工程巧亦善築橋惟民家小戶廬舍甚狹卑陋藝工以羊絨貨絨寶器等為主染工亦佳亦善雕琢玉器能製教門中物如像設香臺數珠等件西藏貿易甚旺頗有通商要埠數處其與中國交易由爨拉剎至西甯通商西甯為甘肅大城物產繁庶由隔拉明販運綑載而往每歲約四百萬圓與尼泊爾不丹克

什朱爾塞處貿易亦巨

城邑

噶拉剎首城居長左分支母勞河濱緯線二十九度三十分經線
自京師西二十四度四十九分或偏東九十一度四十分銜領整
碑廟相望喇嘛教寺及會市場俱備佛之大寺院在此奉像滿屋
供佛寶器及一切巧工所備所積黃金饒足無一處可埒其富點
拉剎亦為通商旺地與中國及中斯坦並細亞中土各邦交易戶口六
萬其餘城邑大半在野羅成步谷及右數河之岸且雪蓮紅步野
羅成步支處其湖有鐵橋所工程浩繁橋下環洞凡十有三此為藏中
奇工

紀事

衛方各國未有能兼併西藏者明思宗崇禎十三年一千六百四十年喇卿達

耳謀取後藏兵敗於萊（地名）三軍俱覆葬斐四骸反任服西藏復立大喇嘛為主對毛爾後亦興兵攻取之然不甚理其政治也康熙以前西藏自有主者統轄不屬他邦（以是屢相侵援）雍正五年（一千七百二十七年）輸誠歸化臣服中國派大臣駐藏（管理諸務）以鎮守焉

此地極西一股謂之小保白脫又名步爾依回登屬克什米爾之為哈拉加東與來克葛接壤不屬中國居民惟服喇嘛管束蓋震其權勢也來克葛出羊毛可（以之織布謂之）克什米爾之羊絨布（民間多用之焉）

高麗國說 補錄

高麗亦名朝鮮在亞細亞東為一土股介於黃海及日本海之間南與滿洲毗連長一千六百七十七里廣自五百七十八里至七百五十二里所連南境島嶼甚多紛歧共地四十三萬四千八百十三方里

緯線自赤道北三十四度至四十三度經線由偏東八度至十八度東以日本海西至中國東海南接海峽北連

地勢

高麗形勢之可知者惟高山一條自東海濱橫繞其地綿亘[illegible]東其地大半勢向黃海東海濱[illegible]削而多石南及西海濱但多島嶼棊布星羅

[illegible]與[illegible]大利同緯線而高麗據其極東土脈豐腴民專力於農務以故稼穡

地境諸山叢林蓊鬱土產以參為貴南屬地所產尤多出粗麻、葉

絲紬果實等貨

民種政治

高麗民人五官相稱容貌可觀動靜清潔[illegible]中國之技藝文學及言語[illegible]

傳稱此國中以讀書者爲第一流人言語文字皆遵中國然其國中固（餘稍一册無大區別）
别有語言文字也所奉教門同於中國以政令而論别爲一國國王獨秉
其權統治全境自來臣服中國以備屏藩歲輸貢獻昔時高麗北境
亦有高城以資防禦今已頹廢

通國（分八道）城邑
高麗屋景與中國同然屋宇皆用泥築無宏麗之觀且不適於用（京畿一名）
（即其京都也首府名曰漢陽在國之中）
蓋其（建於）美河之濱近土股其中其都城丁（立國以來）在東南隅爲其海口半
心在東北境及西南境之横格兩地皆爲海口此兩口與俱在都城西
北爲國中要邑土産人參金珠鐵錫米麻畜獸蠶殖海中鰐魚蕃庶足供漁畋烟元鹿廚馬多佳於中國
（唐時始行征服納貢中國王由中國封職政事雖君用王命於某然存放船不常）
（將入高麗八道統轄）

紀事
高麗爲（一國…都漢時有高姓名句麗者承…至其地遂曰高麗本名乃朝鮮也…爲箕子之後人立國以來…）本朝前先征服宋徽宗宣和二年初屬中國元世祖至元二十
九年日本人攻取其地閱六年復臣中國入明服事中國維謹日本平秀吉代之入其都城明人遣
師往援乃得保存疆宇

亞細亞洲志一卷附新志一卷

〔清〕學部編譯圖書局編

《亞細亞洲志》一卷附《新志》一卷，清學部編譯圖書局編。清季設立學部，掌管全國學務，其下復設編譯圖書局，專司編譯教科書之職，以便各級各類新式學校之用。所編「列國志」多種，此即其一。書中敘述亞洲之位置、定名、面積、界址、島嶼、形勢、山嶺與地之關係、氣候、居民等，並簡介中國、印度支那、英轄印度、錫蘭、波斯高原、帕米爾等地之地理、氣候、人種與歷史。所附《新志》，有同治九年（一八七〇）以來有關亞洲輿地之調查、亞洲普遍形勢之分析、河流情形之描繪、地質與火山、古代通商之孔道及近代之鐵路、工藝和灌溉之進步等等。據天津圖書館藏光緒三十四年（一九〇八）學部編譯圖書局排印本影印。

亞細亞洲志

坿新志

亞細亞洲志

光緒三十四年春
學部圖書局印行

位置
定名

亞細亞洲志

總說

亞細亞者。地球五大洲之一也。其西北爲歐羅巴。西南爲亞斐利加。首製輿圖及講求輿地者。爲中國希臘埃及三國。惟中國埃及均未定老世界三大洲之名。故沿用希臘舊稱。

希臘古輿地家。僅分老世界爲二洲。曰亞細亞。曰歐羅巴。至斐洲則稱之曰利比亞。Libya 麗于亞細亞。不爲專洲。惟希臘古旅行者黑魯度式司 Herodotus 獨倡言利比亞當自爲一洲。不得爲亞洲附庸。

亞細亞三字名義。亞西利亞人言東方或日出處也。（或曰即安息之轉音）歐羅巴三字。言西方或日入處也。此二洲之名。爲亞西利亞人常用之東西二字。用指二洲之方位。且僅用以名當時兩洲所已發見之地。其後二洲之地發見愈廣。而仍名以舊名。然希臘於發見亞洲印度之後。而亞細亞之名。仍不越意弗掃 Ephesus及其附近之地。利比亞之名。羅馬始更之爲亞斐利加。此名何所取義。殊莫能審。或係其地之方音。亦未可定。至亞細亞之幅員廣袤。如何古時人殊夢夢。以從古歐亞皆未通。故無確定。

面積

地球面積。共一萬九千六百萬方哩。中五千一百萬方哩爲陸。一萬四千五百萬方哩爲水。而亞洲則佔陸一千七百萬方哩。約得全世界陸地三分之一。歐洲佔三百五十萬方哩。斐洲佔一千一百五十萬方哩。南北美洲佔一千五百萬方哩有奇。餘則爲太平洋及大西洋中諸島。

界址

亞洲之北界爲北冰洋。濱海之岸支離不齊。其最北者。及于北緯七十五度。最近南者。及北緯一度半。然東北角 Cape sievero vostochny （地角之名。俄言東北角也）之極端。則在北緯七十八度。亞洲南界參差更甚。如亞拉伯海。孟加辣灣。中國海。其北界尚在北溫帶之內。與印度河。恒河。珠江相齊。而亞拉伯。印度。甘菩提 Combodia 之極南端。已及北緯十度。馬留土股之極南。去赤道僅一度又半矣。亞

島嶼

洲西界之極端濱於地中海在英天文臺東經二十六度（依英國格林威治子午綫）自他大尼里 Dardanelles 海峽以南則東南迤直至亞拉伯之極南巴布厄而曼得 Bab-el mandele 海峽在英天文臺東經四十五度由他大尼里海峽以北則界綫繞而東向沿黑海高加索山至裏海約在北緯四十度由此復折而北遵英天文臺東經六十度綫傍烏拉山直達北氷洋界綫盡海之處與新地島對峙 Nova-Zembla 亞洲極東之界則爲東角 Vostochnyi Cape（俄語東角也）此地爲英天文臺東經一百九十度即白令海峽處也由是沿北太平洋中國海西南迤達於馬留土股其間凹凸懸殊凸者爲高麗岡扎德加二土股 Kamchatka 凹者爲鄂霍次克海 Okhatsk sea 黃海東京灣暹羅灣等

亞洲之東及東南有數大島嶼連綴不絕故亞洲大陸與澳洲幾如爲長島鏈所繫而於太平洋各島亦似一脉相通庫頁羣島 Kurile Jslands 日本羣島琉球羣島臺灣及斐律賓羣島以大勢論似不能不爲大陸之藩附然自蘇門荅拉迄於

形勢

紐結尼亞島 New Guinea 其間未有分明之界綫古地輿家亦未嘗注意及此然晚近研究輿地之士則謂界綫當劃於婆羅島及佛手嶼之間地爲馬加撒海峽 Macassar 在英天文臺東經一百二十度此綫迤西之島皆宜隸亞洲其迤南迤東之島則宜隸澳洲此界綫名爲華來司綫 Wallace 因生物大家華來司而得是名以彼首倡應有此界綫也

亞洲幅員寥曠故欲於尋常輿圖而確審其態狀殊有謬誤以地形凸起畫於平面圖上不免失其眞相然對地球儀而觀則亞洲有如一三角形其頂角爲近白令海峽之東角其東西綫均長六千五百哩西綫自東角起迄亞拉伯之南界東綫自東角起迄馬留土股兩綫之底距爲四千五百哩底綫有兩大缺即亞拉伯海及孟加拉海灣是也又試自東角起至於亞拉伯之南西向作一弧綫爲範支出範外者惟有小亞西亞及亞拉伯之西北部而已又自東角起至馬留土股東向作一弧綫爲範則綫與地之差不如西界之甚

山嶺與地之關係

以洋海爲土地之分域界畫最顯明且易於辨識地爲洋海所隔則兩地交通不便政俗風土因之而異然地之高下不同者其見象之異亦猶之有海洋間阻其間寒燠燥溼之懸殊有如緯度不同之地氣候風雨既各不同而居民之感覺亦互殊矣故欲審一國之情事者於其地形之高卑不可不措意若僅考其地瀕海或遠海與夫經緯度之差卒尙未足稱爲詳審也

喜馬拉山

亞洲因有高山之故一洲之中有地相接近而風俗物產互異者其中最綿亘之大山曰喜馬拉山此山及其附屬之高原長二千哩廣自一百哩以至五百哩不等位置在英天文臺東經六十五度至一百度北緯二十八度至三十五度之間此山爲世界中最高之聯山其巓皆高出永雪界上其最低之峯亦高於海平一萬五六千尺最高之峯直高至二萬九千尺其高達二萬尺者猶爲中數至此高度植物已不能生動物亦艱於得食此天然關塞直限山南北各種動物不復交通匪特阻人跡也地方氣候之調和全賴近地空氣之流動而此山聳入雲際且

綿延數千里。山南北之空氣。幾全行隔絕。故氣候亦因而大異。沿山一帶。空氣層甚薄。其最高之峯。能阻全層空氣四分之三。不令流轉。空氣中所含水氣。復全被留在山南。而適中之山峰。猶阻空氣全層之半。水氣四分之三。不令踰山而北。水氣質重而性沈。愈高則水氣愈少。空氣中所含水氣。大半皆在近地九千尺以內。而喜馬拉山雖至低之峰。亦能留一半之水氣。四分之一之空氣。故不能互相更迭。雨水之多寡。因之而異。動植各物。即因之而不同矣。亞細亞一洲。幾爲此山分爲南北二半。吾人因得藉此論定亞洲各國之形勢位置矣。

西藏在喜馬拉山之北。其地爲高原。平均高出海面一萬五千尺。東西橫長。南北少狹。南界喜馬拉山。山之南爲印度。北界崑崙山。又北爲戈壁大沙漠。中有數聯山。其峯巔往往高出永雪界上。其山勢與緯綫作平行式。山谷多狹隘。然間有廣者。中有河流湖沼。然其湖沼僅足蓄水。無支河以資流通。故味鹹。其東界與中國西境之山聯接。在北緯二十七迄三十五度。與英天文臺東經一百又三度之間。

西與印度接境。兩國分界之處。尚非高原。盡處蓋高原之勢。殺於撒馬兒罕 Samarkand 而終於土耳基之布哈拉。Bukhara

氣候居民

西藏氣候嚴寒而燥。故土地磽瘠。等於沙漠。居民貧困。植物極少。通國罕見樹木。惟山陰處或一見之。然均藉人爲。無天生者。地勢稍低之處。氣候略溫。居民始能耕種。亦有屋宇。至居於高原之民。則行蹤無定。賴牧畜爲生活。地大而民稀。以艱於謀生也。

中國

中國位置。間於西藏高原之東陲。及北太平洋之間。北界北緯四十度。南界北緯二十度。國中雖多山。然舍西境外。無甚高者。地富河流。戶口繁盛。土地肥沃。種植精良。樹木亦繁多。氣候與歐洲南境相似。夏苦熱而冬苦寒。北方尤甚。

印度支那

西藏極東之山。自北緯三十五度起。蜿蜒南向。愈南而分支。亦愈廣。直達交趾支那。馬來隅。土股及孟加拉海灣之東岸。此數山嶺。在北緯二十七度以北。其巔亦皆在冰雪界內。迤南則否。而此山嶺之間。則有數河。曰瀾滄江。湄南河。怒江。伊拉瓦底江此數河之流域實爲交趾支那東京柬埔寨暹羅老撾 Laos 緬甸諸境皆富於河流地肥民衆氣候與孟加拉東部彷彿交趾支那及暹羅諸山與西藏東境諸山相連處其地尚未調查明確然有一事無可疑者則爲西藏東境之大河名雅魯藏布江者 Tachoktsangpo 實爲印度東部大河布拉馬普得拉之源流 Brahmapootra 雅魯藏布江之水幷入布拉馬普得拉始朝宗於海中國二大河黃河及揚子江其源皆起於西藏之東黃河發源於西藏之東北角揚子江則發源於西藏之東南角

英轄印度

印度東西界在英天文臺東經七十至九十五度之間北至西藏高原南及印度洋自北緯二十五度以南地爲高原在西境者尤高其山最高之峰得八千尺低者四千尺高原平均之高度自三千尺以至一千尺

印度北部大平原

印度北部東自恒河口起西迄印度河口北自喜馬拉山麓南迄南境高原此中爲印度北部大平原其最高處亦僅千尺名曰阿薩密平原 Assam 面積約五十

萬方里。爲全國最肥饒之地。戶口亦衆。文化極盛。其土爲極細之淤泥所成。旅行之人。自極東之恒河發程。至極西之印度河。歷程凡二千哩。不見其中有一細石。此足爲土質極細之證。

河流

印度北部之大河流。爲恒河布拉馬普得拉河。及印度河。皆發源於喜馬拉山最奇者。則喜馬拉山巔積水。皆南向傾入印度。而未有入西藏者。

戶口氣候

印度人民。素稱繁盛。其中猶有數處。可稱爲天下戶口最盛之地。土地類皆平衍。林木獨見於喜馬拉山麓。其地常年苦潦。雨降勿止。平原之上。巨城大鎭。密若繁星。種植亦臻極盛。氣候極熱。故居民可勿勞於種植。食用自裕。然南境則烈日暴風。且常苦旱。故不宜於牧畜。居民生業。非耕種卽貿遷。村居城居。皆有定所。

錫蘭

錫蘭與印度。初無大異之處。特其地之政治。與印度異。錫蘭人崇佛教。而印度則否。錫蘭最高之山。高九千尺。山麓大樹叢密。其平衍之處。種植與馬留土股無異。

尼古巴拉及安達曼

孟加拉海灣中諸島。獨尼古巴拉。Nicobors 及安達曼羣島。Andamans 尙稱重要。

羣島

其他小島概置勿論矣。此兩島羣位於蘇門答拉及緬甸尼格來司角之間。Negrais 大概由海底火山衝出而成，故能屹植海面。

辣喀代父及麻代父羣島

辣喀代父 Lacadives 及麻代父 Maldives 兩島羣位於印度之西，在英天文臺東經七十三度之處。與印度尚稱比鄰，島人雖名附於印度，而實則島人自治島事，不受印度統率，徒擁虛號而已。

波斯高原

印度之西有極大高原，大與西藏相埒而高遜之。其南境瀕亞拉伯海、波斯灣、底格里斯河 Tigris，由是西向直達地中海濱。其北界與北緯三十六度綫西向平行，以迄於裏海南岸及黑海、馬摩拉海 Mamora。阿富汗、俾魯芝、波斯、亞美尼亞、小亞西亞其國土皆在此高原之上。高原之東麓小山綿亘，至近印度河口處始止。其地適當英天文臺東經七十二度之處，此連絡之小山，其常峰高不過四千尺。然極高之峰亦有至一萬尺者。高原南麓及西南麓自印度河口起，迤邐沿波斯海灣，傍底格里司河與美速不達迷亞 Mesopotamia，穿吉西斯丹 Kurdistan

亞美尼亞至英天文臺東經四十度處過此則與討勒斯山 Taurus 倚附而行直至地中海之東北海濱阿富汗高原之東北部在北緯三十四三十六與英天文臺東經七十一七十二度之間斗起高山與喜馬拉山西藏高原相連北緯三十六度英天文臺東經七十一度之處有高山曰興都庫什 Indo Kush 山東北靠西藏蜿蜒西向幾迄於裏海此山東北境最高阿姆河（一名汚克失司河）Oxus 發源於此流入鹽海（一名阿拉爾海）Aral 印度河及其支流名喀布爾河者 Cobul 亦發源於此會流入亞拉伯海此山自英天文臺東經六十五度以西高勢頓殺凡阿富汗波斯兩國皆以此低山爲其高原之北境一至突厥曼 Turkoman 沙漠則山勢復驟高其中最高之峰有至一萬尺或一萬二千尺者及至裏海之南則更名爲愛兒布時山 Elburz 不名興都庫什矣（高加索山中亦有一山名愛兒迫司者與此異）此山至高之峰高出海面一萬八千五百尺由此西北迤與阿拉拉德山連 Ararat 阿拉拉德山之東北麓則爲交節亞 Gorgia 過此以北則爲高加索山此山爲亞細亞與歐羅巴兩洲交界

之處山之東爲裏海西爲黑海最高之峰高一萬九千尺阿拉拉德山之西高山繹絡沿黑海南岸而行此山與討勒司之間則爲小亞西亞高原至愛琴海止A-egean沿黑海之山高可六七千尺討勒司山高自八千尺以至一萬尺此兩山皆愈西愈低至地中海則已成海濱矣

氣候居民

波斯高原起印度河迄地中海東西凡二千五百哩南北至寬者六百哩至狹者亦二百五十哩高度自八千尺以至二千尺不等以全體論則東境遜於西境蓋阿富汗俾魯芝波斯諸國地瘠民貧冬苦寒而夏苦燠雨水稀少通國罕有河流惟山間或有一二細流耳諸國戶口亦稀人民惟藉遊牧爲生不足則事刦盜美術文物進步亦極滯高原之東則爲土耳基國氣候較爲和煦土地之生殖力亦較富民居有定所文化亦少發達

亞拉伯叙利亞

亞拉伯土股及叙利亞其風土物產略與波斯俾魯芝兩國炎熱之地同兩地舍其北界外餘皆山巒重疊高自三千以至四千尺不等山間陸地狹而磽瘠植物

土耳基司丹

稀少。惟瀕海者得雨較多。土亦稍潤。敘利亞之北。有利巴嫩高山 Lebanon 高約萬尺。河流既多。土地自沃。除亞拉伯東南境外。其餘均名爲土耳基與埃及之附屬。其實土人並未嘗承認爲人附庸。常時逐水草以遊牧。時或爲盜。小酋長各主其部。數以百計。此惟瘠地之民爲然。若在肥沃之地。則民皆有定居定業。亦有商賈城郭。

波斯高原之北。裏海鹽海之南。有極低之沙漠。東至西藏之喜馬拉山。更東及於阿姆河錫爾河兩河之流域。北經科極士 Klrghiz 及喀撒克司 Kassaks 兩地。直抵西比利亞。土耳基司丹分三大部。曰布哈拉 Bukhara 曰基窪 Khiva 曰土耳基本部 Turkistan Proker 土耳基本部之居民。曰厄時伯格突厥人 Nzbeg Turks 居無定所。素以刦掠爲生。全球之人業盜者。以此爲最盛。而最殘酷。其居於北部之民。則受制於俄羅斯。性情較爲安謐。教化既及。因亦略知紀律。全境雨澤稀少。不適於種植。即有種植者。亦皆藉人力以爲灌溉。有城鎮水草之處。始有居室之

民餘則皆流盜矣

帕米爾

西藏喜馬拉山高原之極北北緯三十九度英天文臺東經七十度之處地名帕米爾其地與西藏高原之最高處相若然地極荒涼無特異之處而輿地學家猶留其名於輿地學中殊不可解阿姆河錫爾河均發原於此流入鹽海山水之東流者與西藏喜馬拉山高原之水會流入中央戈壁沙漠而山脉又與西比利亞南界之山連山北則爲西比利亞山南則爲中亞細亞

滿洲

斯塔納尾嶺 Stanovoi 起於亞洲極東之岡扎德加士股沿海濱西南行及滿洲界至英天文臺東經一百三十五度北緯五十五度之處更名外興安嶺 Yablo-noi其水之北流者爲勒拿河入北氷洋其東南流入北太平洋者爲黑龍江黑龍江及其支河之流域爲滿洲內興安嶺橫亘其間在英天文臺東經一百十五度及一百二十度北緯四十二及五十五度之間與外興安嶺成正角形內興安嶺以東有河流數條或會黑龍江入海或自流入海嶺西則雨水稀少即蒙古境也

外與安嶺西南極處有崇山屈曲東西聯綴直與帕米爾高原相接此山名稱不一各隨其經過之地而異且支峰旁出佔地極廣山頂蓄水匯爲湖沼不與江湖流通故水味鹽苦此聯山實爲戈壁大沙漠之北境其最名者曰天山天山東西界自英天文臺東經七十五度以至九十五度南北之曲折不越一度其地適爲北緯四十二及四十三度之間山峰之最高者去海平二萬尺天山之南麓爲蒙古精華所聚之地其地稍有村落餘則平沙無垠矣此聯山之次要者爲阿拉討山 Ale-tan 與天山峰巒相接其高者自一萬四千尺以至一萬五千尺山勢自東迤西在錫爾河上流之北面與河成平行綫適間於巴爾喀什湖 Balkash 及一昔克而湖 Issik-kul 之間巴爾喀什湖高出海平五千尺更次要者則爲阿爾泰山在北緯五十度處最高之峰自一萬以至一萬二千尺其北流之水則爲西比利亞西部諸大河其東流者則流入蒙古北部之任加利亞 Zungaria 及喀爾喀之兩湖 Kalka 阿爾泰山以西尚有山嶺起伏直接烏拉山然皆不甚高而兩

方面之水或入西比利亞之西南境或入鹽海東北岸之大平原而資其灌漑

戈壁

戈壁或名中亞細亞大沙漠其北界及西北界爲外興安嶺暨天山南界西藏高原東界內興安嶺其東部與南蒙古接壤其西部爲土耳基斯丹之東部全地高度皆在海平二千尺以上其在葉爾羌 Yarkend 喀什噶爾 Cashgar 兩處之高度則自四千尺以至六千尺中國與恰克圖 Kiakhta 之驛路無處不高於海三千尺中亞西亞中之山嶺尚未能確知其方位但知其山皆極高有高一萬尺或一萬二千尺者

氣候居民

蒙古人大半遊牧無有定居其貧富以所畜牛馬羊駝之多寡爲斷蒙古西部爲突厥人種所據此種爲人類中最無文化之人既野且悍故文明人足跡罕至其地理亦因是不明於世氣候冬極寒而夏極熱全地雨澤稀少亢旱至不可耐地多赤石即砂磧亦所罕見全地無城邑惟高山之麓雨水較多之處間有零星村邑遊人至此始見草木居民亦有業種植者過此則雖一綠葉亦不見矣

西比利亞

北氷洋以南蒙古滿洲土耳基司丹諸山以北爲西比利亞平原大與全歐相若其地大半爲積淤所成西自烏拉山起東至岡扎德加土股皆平衍無高山自英天文臺東經一百二十五度以東始有山嶺氣候寒熱皆臻極度雨水不甚多然已足沾潤其地宜生之草木全地淺澤極多山麓多生松樹平原多生蔓草矮樹戶口稀少耕治之地不多以有定居之民甚少也城市皆爲俄羅斯所設土著係遊牧之蒙古種文化亦極淺陋烏拉山諸峰皆不甚高其平均高度僅二三千尺至高之峰亦祗高六千尺極低者僅一千四百尺耳烏拉山南部諸山鑛產極富俄人經營之爲其國之利藪全部有三大河曰鄂畢 Ob 曰葉尼塞 Yenisei 曰勒拿 Lena 列入世界諸大河中

馬留羣島

馬留羣島分南北二羣其南羣各島自蘇門答臘至爪哇及的摩爾島 Timor 環曲作弧形東自英天文臺東經九十五度西至英天文臺東經一百二十七度北自北緯五度南至南緯十度此羣島之中央數島皆有火山有數處至今猶出煙

火此種火山約皆高出海平一萬尺。

蘇門答拉

蘇門答拉爲馬留羣島中最大之島。然戶口稀少。樹林叢茂。耕植之地極少。惟近中央火山一帶地勢較低。種植始盛。

爪哇

爪哇戶口甚繁。種植亦盛。爲此島羣中發達最甚之島。自經嗬囒人莞治以來。富庶已至極高地位。島民不喜爭鬥。而勤於耕作。其生業大半爲種植。島中最高之火山高一萬二千尺。爪哇以西諸島。地既磽瘠。民亦愚頑。鮮知文化。

馬留北羣諸島。東起英天文臺東經一百十五度。西迄英天文臺東經一百五十度。自婆羅島迄於紐吉尼亞。殊無聲聞於世。

婆羅島

婆羅島居民稀少。魯而不文。全島多崇山巨林。惟沿海之地則極平衍。土亦較沃。他島民之遷居於此者亦甚夥。島中最高之山高出海平一萬尺。然尋常山峯亦鮮有高過四五千尺者。

佛手嶼

佛手嶼大致與婆羅島同。以島中無特色。故人更無知其詳者。島中高山高出海平八千尺。有數山爲火山。

紐吉尼亞

紐吉尼亞亦名巴布亞。Papua 地較婆羅島稍小。位置適與澳大利亞東境同一經綫。且與澳大利亞北境隔一托列司海峽。Torres 此島地雖瀕海。然鮮有人知其山川位置者。聞內地高山高出海平二萬尺。山巓在永雪界內。全島多林木。居民類尼革羅種。髮卷而粗。惟瀕西岸之民。間有與他島通貿易者。而其人之文化亦較其餘爲高。島之東部。野人居之。外人不屑與之交通。

斐律賓羣島

斐律賓羣島在北緯十五及二十度之地。界乎南支那及婆羅島之間。島中至高之地。不逾六千尺。氣候溫和。適於種植。全島土皆肥沃。種植亦頗精美。然以富庶論。則不及爪哇遠甚。羣島中隸屬西班牙者爲多。然其間多數之土著。多不承西班牙人號令。現爲美國屬地

台灣

台灣一島。適處北溫帶綫上。卽北回歸線 近中國海濱。島中高山縱橫。其高得一萬三千尺。其西部爲中國遷居之人所居。土地平衍。種植得宜。其東部則山巒重疊。爲土人所居。不服中國管轄。文化亦較陋。

日本

日本羣島位於北緯三十及四十五度之間。島中火山極多。有數山至今猶出煙火。其最高者去海平一萬三千尺。國中富於河流。土地肥沃。種植精備。居民勤於工商美術。極精。今以步武西法聲聞日起。

亞洲地質

亞洲地質尚未詳究。今僅能就已發見者言之。亦足以測地勢之變遷。據地質學家言。則印度北部平原。美速不達迷亞。中亞西亞及西比利亞。皆爲新成之陸。以掘地所發見之動植物遺跡。皆屬新地層中應有之物。又自緬甸起。沿喜馬拉山脚直至克區海灣。Cutch 橫絕印度土股。就其地中遺跡測之。則知是地易水而陸。爲期非古。又緬甸。孟加拉。步喜馬拉山麓。俾魯芝。波斯。小亞西亞。叙利亞及沿海四周地中。皆有水族鱗壳所變之石灰質。甚至喜馬拉山高處。亦有是質。由是可知此數地者。在地質歷史上未久。尚爲巨浸所覆。故以亞洲今日之見狀。陸地之成。尚未甚古。西藏雖爲世界高原。然決非自來如是也。裏海及鹽海。前此必爲大洋之一部分。今四周變而爲陸。故被拘囚而成今日之地位耳。

喜馬拉山

喜馬拉山之北。尚有較低之山。爲喜馬拉山之分支。在此山麓。有古水族之遺跡。可知此山前爲海濱。而陸地則惟爲喜馬拉山耳。今喜馬拉山趺四周皆成陸地。宜乎喜馬拉山之高。迥適於他山也。

印度土股

印度南境高原地中。無上古水族遺跡。故知其在上古時。已爲陸地。其後似復經陸沈。以有第三層物跡故也。陸沈之後。經久復成陸地。土股中央。有堅黑之石。似爲滄海變陸時。海中所湧出者。滄海既變爲陸。亞西亞陸地。始歐斐兩洲相連。前此三洲之地。似皆有海洋間阻。不相聯屬也。或謂古時印度與澳洲兩陸。實屬相聯。迨印度海陸變遷之時。始相間隔。

西比利亞

西比利亞北部。有極多之紅砂石層。地中不見有古動物遺跡。故知其地在極古之時。尚爲洋海。及至動物遺跡最後地層時代。始變海爲陸。至第三層遺跡時代。復遭陸沈。其後全地漸爲淤泥所積。故見有極大乳哺獸之遺跡在焉。

中國

中國及蒙古產煤之處極多。此足爲由陸變海。由海復變爲陸之證據。

喜馬拉山冰河

喜馬拉山尙有古時氷河所經之痕跡。大約與歐洲氷河時代相同。至古時嚴寒之界。是否及於北帶之喜馬拉山境。則以證據尙少。不能確定。然此處氷河之痕跡。則宛然在也。或曰喜馬拉山南本爲大海。其後由海變陸。氣候亦因之而暖。前此多雪之地。今爲多雨之地。故喜馬拉山麓前有氷河。而今則但以多雨多河流著耳。卽印度西部波斯及裏海東濱之地。亦有古時氷河遺迹。今則惟有河流。而無氷河。其原因蓋與喜馬拉山同也。

火山

亞洲火山皆在東方瀕海之處。勢若遊龍。自岡扎德加土股起。經庫頁 Kurile 日本羣島。台灣。斐律賓。至馬留羣島。由是西折。經爪哇蘇門答拉。至於孟加拉海灣北緯二十度之阿拉喀城 Aracan 瀕海之處。又自馬留羣島東南折。經新西蘭。太平洋諸島而南氷洋島中火山。似與此常山之勢息脉相通。至亞洲內地則殊未見火山跡兆也。

古代情形有關於今

以上所言亞洲地質雖未詳細。然於亞洲地形之變易。亦可於此窺見一斑矣。欲

日動植物之現象

知世界動植物之分布變遷。尤不可不略知地質學。今日所見動植情狀。其因皆造於數千年前。地層中石跡。自古迄今。外勢漸異。而動植物亦隨時而變。其官體以求適合乎時地之宜。動植物之遞變尚矣。然必有其現象。令人得跡其當初逐漸變易之狀。故欲知今日世界之情狀者。必就往古之事物而一攷之。庶幾纖悉畢現耳。

氣候

氣候之爲物。最有關於世上含生具體之物。蓋氣候者。乃指一地空氣之變易。水氣之疏密。以及風雨雷電。無一不具於此。氣候之所以有異同者。以日光所及之地。有向背。冷熱之殊。地勢亦有高山平原之異。且有地面鬆浮。一受日光熱。被浮沙所攝。不即散去。亦有地面堅硬。熱不易入者。空氣爲最易流動之物。故一地之燥溼寒暑。須視其地之或瀕海。或內地。或多山嶽。或爲平原。若爲多山之地。於地球轉動之向背。亦自有關。在亞西亞洲中。氣候因此變易。較之他洲爲尤甚者。以多高山之故也。

亞洲寒暑之中度

亞洲北部極寒。而南部極熱。西比利亞東部瀕海之地。其寒暑之中度。僅高出法倫表零度之上數度。地球寒暑平均最低之度。則在北美之北。地名墨爾微爾島 Melville 其地寒暑平均度爲法倫表四度。亞洲舍西比利亞北部極寒之地。北緯三十度以南之地外。其中間之地。同一緯度者。寒暑不因高下東西而異。約計每向南一度。則平均增法倫表溫度二分之一度。北緯三十度綫上。其地寒暑平均度。爲法倫表七十五度。過此以南。則溫度之增較少。故亞洲南部。熱度鮮有高出法倫表八十二度者。

氣候寒暑之差度

西比利亞寒暑之差極大。其瀕北氷洋之地。相差過一百度。亞洲之南。寒暑相差極少。近海之地。相差尤少。附近赤道一帶。冬夏寒暑之差。不過五度耳。西比利亞極寒極暑之中差。大約均在六十度以上。鹽海之上。寒暑中差。可至八十度之多。阿斯達拉干 Astrakhan 及裏海寒暑中差爲五十度。高加索山地佛利司城 Tiflis 寒暑中差爲四十五度。北中國之北京城。寒暑中差爲五十五度。廣東三十度。馬尼拉 Manila 二十度。印度北部。寒暑最盛時。相去亦不逾四十度。至印京加爾各達 Calcutta 驟減至十五度。孟買及馬特拉司。Madras 寒暑中差僅有十二度。波斯海灣。其中差與印度北部之地同。亞丁 Aden 與馬特拉司同。新加坡寒暑之差。不過五度。爪哇之巴塔菲亞。Batavia 錫蘭之加里 Galle 差度與新加坡同。西比利亞最熱之時。爲法倫表八十度。或九十度。而最寒之時。則在零度下四十度至七十度。鹽海。裏海附近之處。最熱時爲一百度。最寒時爲零度下二十度。試以上列各差度相較。則亞洲南部。熱度最高時。亦未有過一百十度者。印度北部北緯三十度之處。極冷時亦未降至三十二度以下。加爾各達最冷時。降至法倫表四十度。然已甚罕見。馬特拉司最冷時。爲六十五度。孟買爲六十度。新加坡巴塔菲亞兩地。最冷爲七十度。最熱爲九十度。亞丁最冷時爲六十八度。最熱時亦僅九十度。

以氣候之大勢論之。亞洲北部冬令長。故多嚴寒。此言誠是矣。然亦有數處位在北緯三十五度以北。入冬甚寒。法倫表降至零度。而一至夏令。其酷熱。反勝于熱帶諸國者。此何也。蓋亞洲南部之地多土股。且瀕海。故入夏無盛暑。中部不然。即如波斯阿富汗等處。境內均有高山或高原。且去海太遠。海中和風。爲山所隔。故入冬則嚴寒。一交夏令。又以少雨水少植物。故炎熱極甚。熱入沙礫之中。無雨水可被蒸發。則熱無所洩。且土爲不傳熱之質。土面雖受大熱。亦不能傳至地中。故即反散而出。若在海中則異。是海面受熱。熱即傳至海底。故雖極暑時。舟行海上。亦不甚熱。至地面有植物者。土必溼潤。所受之熱。即蒸水爲汽。熱即爲水汽所擁而去矣。時入冬令。則夜長而晝短。晝所受之日熱。夜間發散已盡。在空氣乾燥之地。其發散尤易。若地上通年有積雪者。日熱尤不易留。試以西比利亞之雅庫次克 Yakutsk 城附近之地而論。其地通年有堅冰。深入地中三百八十尺。每交夏令。地中堅冰爲日熱所融化者。僅三尺耳。如是苦寒之地。土人仍有藝麥者。惟一稔僅得原種之十五倍。以至四十倍耳。此指一粒之種穇麥十五或四十粒也熱帶中各地。午正之時。不若溫帶午正時之長（熱帶之地較溫帶運行爲捷）然以得太陽正照故。所受熱反較多於北緯二十及四十五度之處。兩地相距二十五度。然太陽熱力在北緯二十度處。增於北緯四十五度處僅百分之二。然踰北緯二十度處正以晝長之故。受熱之時較多。故熱度增於北緯四十五度處百分之十一。亞洲熱帶之中。其夏令時尚不炎熇炙人。以時得大雨故也。

氣層壓力冬夏互異

空氣層。又名空氣海。平壓地面。若各地寒暑均同。空氣層亦不易地而有厚薄之分。特夏令地面受熱。氣熱則漲而上騰。空氣層遂被壓而上。故受熱之地面其空氣必溢流入他處。至冬令則反是。地面既冷。熱氣逐漸凝縮。故空氣下降而補其缺。故亞洲入夏。則風雨針壓力減。而交冬則風雨針壓力增。此蓋由於全洲各地。寒暑迭更之故也。

四季風

因空氣壓力不同。而風生焉。以常理度之。應自壓力大處。吹向小處。然亦不盡然以地球循其本軸而轉。自西向東。赤道上速率最大。每小時行一千又三十七哩。

孟松風因地勢而變其方向

故在赤道上之空氣常時每小時亦有一千又三十七哩之速率設此風遇阻折而北向至北緯十五度處地球轉動速率每小時爲一千零二哩緩於赤道上三十五哩而風之速率仍不減於在赤道上故赤道上尋常之風吹至北緯十五度則其地之人覺有風自西南而來其兼西向者以地球向西轉故也然風之來經地面摩擦與空氣阻力不能有每小時三十五哩之速率（此爲北緯十五度處及赤道兩地地轉速率之差）高山之風吹向低處者人覺其風爲東風亦因地轉之故北半球交暑令（自春分起至秋分止）常時皆爲西南風航海者稱其風爲西南孟松風孟松者印度言季也其所以常爲西南風者以暑時亞洲壓力極輕而赤道及赤道以南之壓力極重故風皆北向且隨地而轉故又帶西勢秋分以後則暑令南漸因之空氣壓力南輕於北前之西南風今改而爲東北遂有東北孟松風

以上所言西南及東北兩孟松風言其常也若地勢不同則風卽因之而變其方向故一地應有西南孟松風時而竟無有或有而方向不符如亞拉伯海中交春

孟松風入陸地變更其方向

分時。無西南孟松風。而有西北風。秋分以後。亦仍爲西北風。竟年無西南風也。孟加拉灣春分時爲東南風。秋分後爲東北風。或西北風。與尋常孟松風方向不同。馬留土股孟松風之勢。爲高山所阻。亞洲赤道及北溫帶之間。海中入夏有南風。然爪哇無有也。爪哇夏令之孟松風爲東南風。中國海上夏令有兩種孟松風。一爲尋常孟松風。一爲爪哇孟松風。

海面空氣壓力均勻。故孟松風得不失其常度。永遵其西南或東北之方向。若吹入陸地則大不然。以各陸地空氣壓力至不同。故在海上有定向之風。一入陸地則風擇壓力較小之地而行。試以印度之風爲證。南風吹入陸地。初尚遵其北行方向。及至恒河流域平原之東北部。則此風改而爲東風。或東南風。至印度河以北。則爲南風。追至印度極北。則此風似已盡失北向之力。故在阿富汗高原之上。其地居民已不覺有此風。喜馬拉山之北更無論矣。以此風一至喜馬拉山。爲此山及其支山所阻。折而吹向馬留土股矣。

颶風

亞洲之南海上。交暑令時。則有所謂颶風者。此風常見於印度洋及中國海。颶風之在中國海者。名曰大風。Typhoon 孟加拉灣中颶風。起於安達曼及尼古巴拉兩羣島。西北向吹至印度土股東部海濱。於此折而西向。橫絕全地。當其始吹向恒河口之三角形島時。其勢極猛。此風盛行於夏令。自西歷六月至十月皆有此風。至西歷十一月則罕見矣。此風之成。大約因西南孟松風與北來之風相遇激而成。此中國海中颶風。亦多見於夏令。特其風行方向。以自東北向西南者爲多。間亦有自東向西者。此風起於臺灣。其勢力圈至北緯十度爲止。颶風之方向。亦以自冷處向熱處者爲多。南印度洋颶風。起於馬達加斯加 Madagascar 其風自東北吹向西南。及風勢漸殺之時。則又改而東南向矣。此風範圍在南緯十度及南溫帶之間。

颶風之原因

颶風之起。多在夏令。此蓋由於瀕海之地。海陸熱度不同。又夏令海中空氣擁水汽上升。遇高處冷氣凝而爲水。驟成中空。四旁空氣驟入以補其乏。故成颶風。又

西南孟松風挾雨入陸地

有因一地空氣壓力驟變。孟松風改其常向而成者。颶風未起時。風雨針初未能推測。蓋時驗而時不驗。舟子殊莫能憑此以圖趨避。然慣於航海者。經歷既多。但憑宿智可預知颶風之將起而避其鋒。

印度洋面空氣受熱。重挾水氣。經西南孟松風吹入亞洲南部。一遇高山冷氣。即凝而爲雨。海上空氣熱度因而減少。亞洲南部夏時所以多雨水者。卒因此故。凡面向含雨之風之諸山。雨水尤多。如印度西方之夾齒部 Ghats 馬留土股西岸。皆屬面此風者也。至去海較遠之山。其得雨之原因。亦同於上。加爾各達東北百哩之喀西亞山。Khasiya 爲世界雨水最多地之一。每年勻計可得水六百英寸。以此山面孟加拉海中挾雨之風也。俾魯芝南境喀喇蚩 Karachi 之西。其地所以無雨者。以亞拉伯東南岸支出海外。遮隔挾雨之西南風。不能直達其地。因而無雨。印度信地省 Sindh 及印度河一帶。雨水少而不勻。其故蓋因其地無山峯以阻挾雨之風。故風雨雖經其地而不能留。直至較北之旁遮伯 Panjab 始凝而爲雨降於喜馬拉山之西麓及阿富汗。

海陸循環風之致雨

日間陸地受熱多。故空氣因熱上升。水體不易受熱。故受熱少而海上空氣較冷。地上空氣一升。海中挾水氣之風卽入而補之。此風入陸。遇山則折而向上。遇山上冷氣凝而爲雲爲雨。亞洲熱帶各濱海之地雨水較多者。大半因是故耳。日間之風。自卑而高。夜間則自高而卑。日間海中之風吹入陸地。至高山凝而爲雲。然陸地散熱較易於海。故夜間積雲卽乘風而下。變爲雨。喜馬拉山中有數峯爲前山所隔。挾雨之風所不能至。而雲氣則漂流無定。能至其地。故此山上下午卽見有雲氣聚於其巔。夜則降而爲雨矣。

全洲雨水量

亞洲內地尙有多處未經調查。故其雨水量最難定斷。今祇就已悉者言之。地佛利司每年得雨二十二英寸。裏海得七八英寸。鹽海得五六英寸。西比利亞西南部得雨自十二英寸至十四英寸。漸東則雨水亦漸少。至巴爾腦爾 Barnaul 得六七英寸。至北蒙古之庫倫。Urga 得五六英寸。西比利亞東部之尼布楚城。

Nertchinsk 得雨自十五至二十英寸。中國北京得二十三英寸。至廣東則得七十八英寸。巴塔菲亞得雨七十八英寸。新加坡一百寸。馬留土股各地凡不爲蘇門答拉阻其南來之雨者。則得雨尤多。緬甸濱海及地那悉林 Tenasserim 部得雨有多至二百英寸者。其內部得雨亦在七十五及八十英寸之間。恒河口之三角島東部得雨亦如之。加爾各達得雨六十四英寸。孟加拉東邊之山得雨甚多。喀西亞 Khasiya 山高四千五百尺處。十年中得雨中數。每年五百五十英寸。其得雨最多之月得一百五十英寸。最多之年有六百十英寸。印度土股西部海濱低窪之地。得雨自七十五以至一百英寸。山巔得二百五十英寸。東部海濱得雨較少。每年五十英寸及至土股南角。僅二十五或三十英寸耳。錫蘭得雨自六十至八十英寸。印度河以北近喜馬拉山六十哩之地。幾於終年無雨。旁遮伯省稍見雨水。每年僅有六七英寸。喜馬拉山南面之西金部 Sikim 每年得雨約二百英寸。漸西漸少。至旁遮伯之北。減而爲七十至八十英寸。喜馬拉山北面及中間之地雨水大減。至西藏則幾於無雨。喜馬拉北面以無雨。故其山之冰雪界獨高於他山。此事從前之地學家聚訟紛紜。均莫悉其故。

雨季

阿富汗波斯小亞西亞西里亞 Syria 等處。一年中惟春冬兩季爲有雨之時。其他亞洲各地以西五月至西九月爲雨水極多之時。至近赤道諸島。以西十月至西二月爲最多之時。

動植物之分佈

世界上各動植物。其所以能永存於其地者。必此動植物能適其地之氣候與藉以滋生之物。大地自古至今。滄海桑田。寒燠燥溼不知幾易。而動植物亦因之而不同。無非以宜者代其不宜者耳。今有某種動物或植物在甲地則綿綿延延生長繁盛。而更之乙地則始而萎敗。繼且絕種矣。於此可見今日所存之動植物。其形狀性質已非古昔之動植物矣。若兩地相去匪遙。及氣候相同者。則兩地之動植物亦復相同。若地隔數千里。或寒暑大異者。其動植各物必有不同。此可證以實驗。非臆度語也。今試以亞洲各部之動植物與產於歐洲同緯度之地者相較。

其性質形狀同也。西比利亞在北緯五十度以北。以較歐洲北緯五十度以北之地。其氣候大致仍同。西比利亞雨水雖少於北歐。然植物尙足資其灌溉。故無甚異。歐洲南部之動植物。與亞洲地中海以西。越喜馬拉山至北中國一帶之動植物亦相同。小亞西亞。北波斯。阿富汗。喜馬拉南麓所有之動植物。與生南歐者亦同。喜馬拉南麓地。雖較南然以高故。其氣候仍溫。夏熱冬寒。均未臻極度。故有此相同之植物。自亞拉伯起。經南波斯。俾魯芝。至印度之信地。地皆沙漠。亢旱而熱。故其動植物亦相若。斐洲之地。其氣候與此數地同者。其動植物亦同。印度暨印度支那。土股與中國南部。以及馬留羣島偏西諸島。其地夏多雨水。氣候亦相若。故動植各物亦同。西比利亞南境。蒙古。滿洲。中亞西亞。土耳其司丹。以及喜馬拉山較溫之處。皆少雨水。夏極熱而冬極寒。故此數地之動植物。皆有適其氣候之特性。馬留羣島之東南各島。其中動植物雖類印度。而以切近澳洲。故又雜有澳洲動植物之性質。中國北境與日本之動植物相同者不少。且與美洲之動植物

植物

亦多相類。以上略言亞洲大陸動植物之分佈。可見動植物之同異。全視其地氣候之何若也。

北亞與北歐植物。大致皆同。卽有異者。亦種異而類同。惟烏拉山以東無橡樹與喜此耳 Heaths 北亞山上多松杉樺木。平地有楊柳赤楊鳳尾松等。西比利亞七十度以北。始不生松樹。北緯三十及四十度之間。地氣溫和。所有樹木。與歐洲無所差別。喜馬拉山中嶺以西。樹木與歐洲同者多。以東則與中國日本同者多。印度東北氣候溼而暑。其間樹木與馬留土股大致多同。卽喜馬拉山稍低之處。亦有同者。惟向西則同者漸少。在東方能生於高山者。至此則非植之平原不活。以此地雨水少而冬極寒也。喜馬拉山高峯之上。雨水既少。氣候亦寒。其間植物有與阿爾卑司高山上植物同者。此種植物。實爲產於北熱帶者。以地高而氣候冷。故雖在熱帶中。亦能產之。且不獨陸地植物與熱帶同。卽山上鹽湖中所產水族與植物。亦與西比利亞鹽湖中所產略同。亞洲西南部氣候暑燥。故其植物與俾魯芝信地亞非利加等處相同。而印度土股上。且生有埃及之植物焉。

印度植物

亞洲東南部如印度馬留土股及其羣島。西自英天文臺東經六十五度東至東京一百五度。此間植物。植物家曾計有一萬二千種至一萬五千種之多。然此尙爲其土產之植物。其由外遷入者。尙不在其列。此一萬餘種之植物。今依其估數之多寡爲之分類如下。豌豆類。茜類。寄生類。（Compositae 待攷）蒻類。續隨子類。有刺樹類。菖蒲類。及薄荷類。以上各類植物。有宜於潮溼者。有宜於乾燥者。山間植物與平原至不相同。上列諸類。寒溫熱三帶植物皆具。惟熱帶植物佔其大宗。而植物之完備亦較他處爲多。以上植物。惟Composit & 類最少。次則蒻類。菖蒲類。間有數處獨少鳳尾草類。續隨之類與寄生類則最多。

馬留土股植物

馬留土股及馬留西偏羣島。氣候潮溼。故林木極密。林中又多生有刺之藤。故人不易入其間。最著之植物爲油樹。如松柏之類。無患樹類。菩提子類。（Clusiace & 待攷）雙連菓類。豌豆類。桂樹類。橡樹。無花果樹。茴香類。肥皂樹類。荳蔻。竹。欓樹。

北印度植物

蘆兜樹。及鐵樹。下四類樹。印度東境山上及喜馬拉山一帶均產之。惟在東喜馬拉山能生於六七千尺之高處。一至西部則僅能生於三四千尺之高處。

印度北部氣候乾燥而極熱。其間合宜之植物爲豌豆類。馬蹄豆。聲息花類。爬樹類。（此非藤類乃樹之環繞者其實如豆莢）木柿（Shorea. Mauchea. Lorgerstocmia. 待攷）及淩雪花。而竹及椶樹爲數甚少。惟極北界始見之。雨水稍多處之蔬類。爲寄生類。芋類（Scitamineo & 待攷）鳳尾類。隱花類。（即不見花者）蘚類。菖蒲類。蔬類。亦有生於高山上氣候與溫帶相仿之處。如春海棠類。（Osbeckia. Cyrtandraceae 待攷）及寄生類。印度南境最少之植物。爲金皮菓類。（如橘子檸檬之類）雙連菓類。鳳仙花類。烏木類。茉莉類。此間植物類雖不多。然一類中幾有百種。猪籠草類。爲馬留土股左右各地所獨有。自羅雅耳特島 Loyalty 至馬大加斯加島。均有此特別之草。加西亞山 Kha-siya 及錫蘭島亦有之。喜馬拉山及印度土股則無矣。印度土股多鳳仙花類。印度。錫蘭之植物。與斐洲同者極多。不獨應產於熱帶之植物同。即兩地產於山上

喜馬拉山植物

之植物亦同總之植物之多寡全視其地之燥溼寒暑以爲別孟加拉東部馬留土股及錫蘭島其氣候溼而熱故植物大盛及至印度內地喜馬拉山西北境則植物絕少印度有雨之地則植物繁茂無雨之地則等於沙漠

喜馬拉高山之麓以冬靑樹類爲最多如莘夷類玫瑰類夾竹桃類橡樹虎刺類五爪藤類桂花類山松類長葉樹類以上皆爲溫熱兩帶互見之植物亦有專屬熱帶者如棕樹蘆兜樹巴焦葡萄類江南紫類此類植物以喜馬拉山高出海平一萬二千尺處爲界過此以上則有寒溫兩帶互見之植物夾竹桃能生於高出海平一萬四千尺惟以氣候寒冷不能如溫處之長八千尺以下松樹僅有一種而八千尺以上則與松同類之樹爲種不少喜馬拉山麓較低之處有香椒鳳尾樹竹棕樹蘆兜樹等山中四千尺及八千尺之間寄生植物甚多喜馬拉山之面西藏者氣候較燥雪亦較少山上植物生長之界爲高出一萬八千尺處喜馬拉山面印度之西麓氣候較燥植物不如東部繁茂惟小山之麓及山間平原則較

印度種植品

高山上之樹木爲多。所有者爲山松。夾竹桃。橡樹。自八千以至一萬二千尺。其間皆爲秋凋之木。更上則植物皆具寒帶性質。至一萬八千尺處爲止。東部之鳳尾樹。自尼泊爾 Nepal 以西。則絕迹不見。香柏產於恒河源頭以東者。皆自遷徙而來。非土產也。而恒河源頭以西。則此木絕多。愈近阿富汗則此木愈多。

印度種植品大宗。爲小麥。大麥。米。蕎。粟。高粱。蠶豆。蘑菇。小米。芥菜。黃薑。白芥。薑。胡椒。青椒。芝蔴。豌豆。黃豆。菸。罌粟。棉花。靛青。甘蔗。茶樹。咖啡。檸檬。巴豆。橘樹。石榴。芒菓。無花果。桃樹。葡萄。香蕉之類。棕樹類有哥哥果 Coco 鳳凰果等類。印度花息兼熱溫兩帶而有之。北溫帶以北之地。冬令稍寒。凡歐洲能種之各種粟米。此處均能生長。麥冬種而春收。入夏極熱。故又宜於種稻。以及他種熱帶相宜之粟米。印度南部及鄰近各地與各島之氣候相同者。冬夏寒暑相差絕少。故不宜種麥。此間近水之地。可施人力灌溉者。亦尙可種粟米。然以費工故。故不多種。惟雨季時有種之者。

印度植物之宜於木料者甚少以氣候極熱且多雨水故木質不堅就中以麻櫟爲最佳木料此木極盛於緬甸西境瀕海之地印度土股上雨水較多處亦產之高者達一百及一百五十尺往往與竹雜生山間又有沙而樹 Sal 木質亦堅多生於喜馬拉山趺一帶西自阿薩密至旁遮伯均產之印度中部亦間產沙兒及麻櫟而不甚多沙而樹幹亦甚高且較之麻櫟爲整齊往往成一大林不雜他樹平原上他種可爲材料之木則爲巴布爾 Babool 聲息木東木 Toon 柏樹爬樹喜馬拉山中所產材木惟柏樹一種與利巴嫩香柏相同此外尙有檀香木及竹差可爲材金雞那樹及烏木新自美洲遷來尙與其地相宜

沙漠間植物

亞洲西南部雨水極少其間植物與斐洲北部東部沙漠間之植物相同此類植物自斐洲極西之塞內岡比亞起 Senegambea 至印度河北一帶及旁遮伯止此綫所經過之地爲亞拉伯土股波斯灣兩岸波斯南部阿富汗俾路芝線之極端在斐洲西海之開普威得島 Cape Verde 此中植物大宗在亞拉伯者爲水瓜紐

樹。菖蒲類。豌豆類。此間植物種類均不多。往往一類植物僅見一二種。不若他處之一類有數百種或千餘種也。又其間植物無鮮明青綠之色。其花及葉之莖皆白色。如植物枝葉均極少。以天氣亢旱。故枝幹均鬆。其體蓄水以自給。又多種植物皆生刺以禦他物之侵蝕。其味多澀。動物亦不喜食之。此又其自保之一利器也。其中多種植物。其汁或可爲膠。或可煎油。沙漠中各植物。大抵味辣而臭香。

波斯高原之植物

亞拉伯經人力栽種之植物。與北印度人力栽種之植物同。麥。黍。棗。檸檬。棉花。靛青爲其大宗。西部山麓土人亦種咖啡。亞拉伯西南部山嶺較多。有高出海平六七千尺者。其地雨水亦較多。故植物尙茂。與波斯南境阿富汗俾路芝低地之植物相類。此數處所產矮樹。皆可爲香料。大樹不多。所有者爲榧子樹。虎刺樹。鳳尾松及棗樹耳。春令時蔬類發生。以有粗根如萊菔者爲多。

阿富汗北部植物

阿富汗北部植物與喜馬拉山西部植物相同。其中以一種冬青橡樹爲最多。東至薩特里日河 Sutlez 樹林中亦常有之。阿富汗高原及波斯多薊草及（Boroge

波斯小亞西亞植物

待攷）又有繖形花類之草如（Ferula. Golbaunm. Dorma. Bubon. Terceanum. Prangos 等但知此數種均爲旱芹類）此類花種西藏尚有之

波斯北部及小亞西亞植物與南歐植物大同小異多雨之處山麓均富有橡樹類椎樹類楓樹類榛樹類松樹類榆樹類木實則以上各樹舍椎樹類外其餘喜馬拉山上亦均有之果屬以梅李爲最多人力種植之物與南歐亦多同者

馬留羣島植物

馬留羣島之植物與印度暑溼之區同惟島中氣候暑溼均勻無時乾時溼之變故其間植物一律具熱帶植物性質又地近澳洲故又兼具澳洲植物性質而印度土股上諸植物則無之（Lguidambar 待攷）及荳蔻兩種尤爲羣島中獨多之物爪哇亦多產是物東部山中有一種無葉之植物名曰牛肉木此木爲澳種波羅島及蘇門答拉兩島富於夾竹桃爪哇高山之上又有寒帶植物波羅島高山之上則有澳洲氣候溫處所產之植物他島山上亦如之即斐律賓及中國南部亦間有之

中國植物

植物家本瑚玫香港植物，謂其中五分之三，與印度植物相同，其餘五分之二，或爲中國種，或爲土種，中國南部及日本與北亞洲植物種數之相同者甚少，中國人力種植之物，除少數外，餘均與印度同，以中國南部而論，其間植物直無甚異於印度，若中國北部與日本之植物，則有與北美相同者，此間植物極南之界，直至喜馬拉山，甚且及於克什米爾北中國內地之植物，吾輩殊不了了，然以意料之，則其間之植物，必與喜馬拉山溫處之植物相同。

中亞西亞植物

中亞西亞植物大宗，皆屬鹽地植物，以無葉者爲多，與他處極異，有數種豌豆類植物，以及西比利亞南部波斯阿富汗種，均生於西藏，以西藏氣極乾燥，故能存養此外來之種。

亞洲動物

亞洲北部，南至喜馬拉山，此中動物與產歐洲者無異，界以內之動物，曰北寒界動物，亞洲東南部，以及蘇門答拉爪哇波羅島斐律賓羣島，此中動物曰印度界動物，亞洲極西南部，如南波斯巴勒士丁亞拉伯及俾路芝信地，此中動物曰意西倭賓界動物。Etoioqean 佛手嶼巴布亞以及爪哇以東各島。其中動物曰澳大利亞界動物。今將各界動物略述如下。

北寒界動物

北亞動物。凡歐洲所有者。此間亦皆有之。且有多種。爲歐洲所無者。此界動物。於寒溫兩帶皆宜。故四手物類即猴屬除北中國日本西藏有一二種外。餘地皆不產之。食蟲之蝙蝠甚多。食果之蝙蝠。惟日本有一種。氣候較寒之處。食肉動物極多。如熊。貜鼠。狼。獺之類。食蟲之類。有數種地鼠。䶂鼠。刺蝟。齧食之類。有松鼠。常鼠。野兎。土撥鼠。無尾兎亦屬是類。獨見於北亞。他處則無之。有蹄類動物。有數種山羊。及十餘種麂類。亦有長角山羊。黃羊。然均不甚多。鹿類。北亞亦多。麝鹿亦爲北亞所獨有。

鳥屬

北亞鳥屬與歐洲同者尤多。歐洲四分之三之鳥屬。均爲西比利亞及日本所公有。此界中鳥屬。無熱帶種。皆寒溫二帶所產者。此中所獨異之鳥類。爲野雞類。此類各鳥。皆有彩羽。然皆野居而不易馴養。野雞類中有至華者。曰金雉。耳雉。產於亞洲東北部山中若百鴿、絮叨、黃雀、紅雀、（Linnet grosbeak 待考）等均極盛而種亦極繁。

印度界動物

印度界動物之博雜、較之北寒帶爲尤甚、四手類亦極多、有（Semnoqithecus 通臂猿 Hylobates 猴猿類 Simia 均待考）等類屬狐猿屬（Lemurine）類者有兩種食蟲食果之蝙蝠亦多、虎爲此界之獨有動物、然在北寒帶中亦間有之、其餘食肉之特別動物、爲靈貓與數種狸類、及（Beuturong 待考）熊有兩種、齧食類則以松鼠爲最多、餘有箭猪兩種、長鼻類則有象、有蹄類獸則有犀牛四種、貘一種、及豕類數種、空角食芻之類、則有數種牛羊鹿類亦甚多、無牙類獸爲此界所獨有、即食蟻獸也、此類獸共有數種。

鳥屬

印度界鳥屬、除美洲熱帶外、此爲天下鳥屬最繁之地矣、此間鳥族獨無駝鳥、餘幾無不有之、尤有特產之數鳥類、曰孔雀類、曰（Bucros. Harpactes. Lophokhorus. Euplocamus Ceriorus 待考）雉類鸚鵡烏雅鐵嘴類亦甚多、（Eurylamida 待考）類。

全亞洲惟此有之。

意西倭賓界動物

此界動物。在亞洲僅佔附庸地位。惟洲之極西南角之亞拉伯及西里亞始有之。波斯信地兩地雖間一見之。然不多也。獅豹二物。及喜居沙漠之獸。均屬是界之特色。

鳥屬

鳥以百靈絜叨爲最多。而繁庶美觀。均不如印度界。

澳大利亞界動物

麻六甲羣島。及佛手嶼島中多袋獸。而爪哇波羅以及在華來司界綫以西各島。均無此獸。故此數島者。已在澳洲動物界內。又麻六甲與佛手嶼無四手類。食肉類。食蟲類。及食芻類。諸動物。巴布亞無鹿。佛手嶼僅有四手類一種。名曰巴本。又有食芻類一種。曰愛奴。此二獸者。實與斐洲動物相似。

鳥屬

此界鳥屬。與他界特異處。正多印度界鳥屬。至此驟然絕迹。而澳洲鳥屬入補其乏。然未嘗越華賴司界綫也。佛手嶼有數種鳥類與斐洲同。

水族乳哺類

此類如鮫人類。鯨類。海象類。及（Halicare 待攷）類。均生於印度洋與恒河中。又

海魚類

有一種江豬爲他處所無

亞洲海魚以有刺類鰽魚類爲最多白鱸類歐洲祇一種而亞洲則種數甚多且大此類魚自印度起至斐洲海中均有之鱗翅類（即翅有鱗者）南亞各海均產之亞洲紅鱒與產歐洲者至不同馬鮫魚印度太平大西三洋中均產之馬鮫魚之一種爲食品中之美味產孟加拉灣鮰鰽魚自孟加拉灣起至中國均產之過西則絕迹亞洲洋海中極富於魟魚鯧魚產於中國各海刀魚花鯽魚刀鞘魚及 Trichurida 等魚亞洲南部各海中均產之各種魟魚鯽魚以及（Gobies, Blenny 待攷）等魚到處均有鯆荖魚類中鰲魚獨少而比目則甚多（Thysostomi 待攷）類則鰱魚鹹魚牛魚芒魚庵丁塘虱黃龍鰊鮎等均有往往產於河口濁水中此中有數種具有特性即其雄者俟雌產卵後即啣之口中以迨小魚之出軟骨魚類有（Harpoden. Bumalo.）兩種飛魚鰩魚鱨揚等極多延及歐洲靑鱗黃澤海河鰽白等魚最多到處有之沙丁魚產於淺水海中然時有時無殊不定也海鰍海鰱多產於馬留羣島之間印度洋亦產是物然不甚多海馬管魚笛魚太陽魚地球魚等亦常有之鯊魚類有眞鯊魚錘首鯊魚跌墮鯊魚均極多內有一種直延及好望角鋸口魚電魚刺鯆魚亦極多

淡水魚

南亞淡水魚少刺魚而多鯉魚鰊魚鮎魚有翅及無翅黃鱔鰱魚鮎魚多產熱帶水中南亞水中絕無馬友魚類而西比利亞流入北氷洋及北太平洋諸河中均有之至台灣以南則始絕迹南亞鯉魚多而且大爲歐洲所不及底格里司河中獲一鯉權之重三百磅產鯉之處以溫帶山間水中爲多而且大熱帶中及平原河中所產均不若山水中之大而多青鱗鱒白黃澤等魚雖產於海然常隨潮而入內河去海可數百哩黑海裏海產鰻鰉流入此兩海之諸河中亦產之又此魚之變種產於西比利亞及中國南部亞洲東南及斐洲產一種爬行之魚此魚出水能藉呼吸以生其所產之地在他魚則不能存活矣凡地一年中半雨半旱者皆產此魚

昆蟲

亞洲南部如喜馬拉山南之印度中國暹羅馬留羣島。其中昆蟲皆屬同類。不但其類同。即種亦大致相似。斐洲昆蟲與印度產同者甚多。西比利亞之（Cleperous 待攷）蟲類。其中三分之一皆爲歐洲西部所有。此類蟲之南界至北緯三十度。過此以南。其蟲則具印度馬留所產之形性矣。

畜家

亞洲家畜之中。以象爲最。惟家養者不能生育。朱木拿河 Jumna 以西。無野象。亞拉伯產馬最良。亞洲西南亢旱之地亦產良馬。亞洲東部產馬較小。曰普乃居民亦愛惜備至。產驢之地甚多。野者有兩種。牛則有角牛。印度則有駝背黃牛及水牛。西藏有犛牛。又有印度牛與犛牛交而生者曰（Zo 待攷）牛。西藏及喜馬拉山中居民咸蓄之。綿羊一種。亞洲凡屬溫處皆產。山羊則全洲皆有此兩種羊在西藏山中均用以負載。西比利亞北部有雪鹿。土人用以代步駕車。

亞洲人種

大地之有人種。其初不可得而攷。其與人同時並存之動物。至今已不復見。惟人獨存耳。太古大地山河形勢。均非今狀。而人之居留大地爲時若何。古往今人莫能臆斷故就今日現狀以論古人決不可也試爲證之今日無論何國均不能悉其國千年以上之語言自有人類以來言語不知幾更故以方言不同而即謂人種之不同非確解也故辨人種之學亦必如他種科學必待有攷驗實據方足爲定論也

蒙古種

亞西亞者實爲今日五洲各國人種發祥之地其中佔地最多之種曰蒙古種種人膚棕黃色睛髮皆黑鼻平眼斜上身體短小汗毛不多此種人自亞洲北部起南及裏海西藏中國卽馬留土股與馬留羣島中亦有此種特巴布安島及以東各島始另爲一種

米蘭及商索種

除蒙古種外其餘人數最多之種卽生物大家赫胥黎氏所稱爲米蘭種 Melanchraic 及商索種 Xanthochoric 者是也米蘭種自歐洲南部之黑髮人起蔓延及斐洲北部小亞西亞西里亞亞拉伯波斯印度等處商索種則自歐洲北部之美髮人起蔓延之廣亦與米蘭種同以此兩種人雜居之地甚廣也商索種白膚藍目

美鬚髮米蘭種則膚髮眼三者均黑此兩種人之普通名曰高加索種赫氏謂地球上初無米蘭種人乃後來高索種與澳洲種羼和而成者

澳洲種

人類第三大種曰澳洲種髮黑軟而不作羊絨狀睛膚皆黑多鬚鼻平而寬脣厚頞大生物家謂古昔印度土著實爲是種後愛林人種據有其地與土著通婚媾遂成今日之印度人或謂澳洲種在亞拉伯埃及均有之

尼革羅種

人類第四大種曰尼革羅種其所以得此名者以人種矮小故也南斐土著卽屬是種膚髮均黑狀如羊絨鬚及汗毛均極少鼻大而平脣則上掀此種蔓延於安達曼島馬留土股之一部與斐律賓羣島巴布亞及其隣近數島或曰島民實合南斐眞尼革羅種及澳洲種而成者

蒙古種人之分佈

蒙古種分佈各地之廣自古已然至其所處各地氣候以及他種情形尚不甚殊異所奇者美洲紅人何由爲蒙古種且當日何由能渡海而居留其地殊不得其解

中國

印度中國

北亞之各種人。多爲遊牧之屬。其人性之柔懦者。莫如西比利亞之土著。稍南則爲滿洲人。蒙古本部人。墨革人。Mognls 突厥人。亞洲北緯五十度以北四十度以南之地。古昔爲西地安人 Sc-ythians 所居。突厥人爲回部人。其部落散居於阿姆河裏海阿富汗波斯之間。亞洲西部。幾盡用其語言。其文字即波斯常用之文也。蒙古等人居民多崇佛教。相傳其文字傳自古西利亞克 Syriac 滿洲人文化現與中國文化合而爲一。此數種人中。蒙古突厥素性强猛。其兵力之震鑠。嘗南及亞洲。西及歐羅巴。當十六十七世紀時。頗著偉大之事業。故此二種人影響於歷史者極大。

蒙古種之中國支派。爲服士之民。其生業爲種植貿遷。國人半信佛教。其語言爲單音無變之體。文字則一字一義。不待拼合而成。

中國印度之間。居民類蒙古及中國人。語言大半皆屬單音。又借用印度字母而拼之成字。宗教則全屬佛教。此種即西藏緬甸暹羅安南等人。而安南人與中國人實無甚分別。

馬留人

馬留土股及馬留羣島之人曰馬留人。亦蒙古種。惟以氣候不同。且居瀕海。故與尋常蒙古種大異。馬留人今日之現狀。蓋已經兩種文化陶鑄而成。一爲印度之婆羅門教。土人宗教文字皆半效法印度。一爲土人近與亞拉伯交通。故土著中有多數奉回教者。

愛林及塞密的克種

愛林種人。語言近於印度梵文。所居之地。則在北溫帶。自地中海濱經小亞西亞高原波斯阿富汗及印度塞密的克種人語言近古時亞西里亞今日地球上用是語者惟亞拉伯一種人耳。其居處則於波斯南部西里亞亞拉伯及斐洲北部。此種人雖散處異地語言亦各異然究其大概。則仍爲一系所傳之語言。後以與蒙古澳洲商索等種雜居。漸致今日之不同。

語言及宗教

亞西亞各人種。大約以愛林人種文化程度爲最高。居印度北部及西北部者。其種尤純。其南部則已與澳洲種雜。中印山族。如科爾 Koles 及別爾者。Bhils 則爲蒙古人種。來自東北。遷居其地。

印度北部之方言。極爲繁雜。雖同爲梵語。而以文法攷之。則有等等之不同。印度南部語言。則爲土語。南北語言既異。文字亦不同。然究其字母。則皆爲從前貝葉經文之變體。至貝葉經文。似爲土語。非愛林文也。文字自左至右。惟歐度Vrdu則否。以此地文字爲回文所雜。故其有波斯文資格也。自薩特里日河至信地沙漠。及於緬甸錫蘭。此中印人。均奉婆羅門教。間有奉回教者。有數處則奉回教者反多於婆羅門教徒。自薩特里日河以西各地。則居民幾全屬回教。惟小亞西亞及西里亞兩處。有奉基督教者。旁遮伯語言。與印度北部。尚無大異。印度河以西。語言近於波斯。及至底格里斯河以西。以及土耳基司丹沙漠裏海左近各地。語言本已夾雜。且又雜以土耳基亞拉伯之語。以上各地文字。不出波斯土耳基亞拉伯三處字書。則皆自右而左。

尼革羅種之分佈

今日南洋羣島中。間有尼革羅種人者。以理測之。似前此斐洲大陸。必與此諸島陸地相連。繼而大陸陸沈。遂爲今日之印度洋。自此島中尼革羅種遂單外而不與斐洲尼革羅種相接。前言印度南部人形式上有澳洲人種痕跡。今日格物大家。咸謂其事必確。果爾。則今日之印度洋當初必爲大陸。連接澳斐兩洲。故有今日之現象。且此滄桑之變。在地質學時期上未爲甚。故今日地質學與植物學大家。皆謂攷此三地地質與植物。前此必相連無疑。

歷史

地球何由有今日之形狀。人類如何分佈而成今日之國度。欲能決此二事。而但藉古迹。猶少而不確。殊不足據。勿論地球之大。即吾歐洲何由成。歐人何自來。亦殊莫能悉。稽之歷史。則紀元七百年以前。即荒唐不可攷。即有記載。亦與今文不類。徒令人揣測。而不能盡信。故洞悉此學。實有所不能也。

太古時人

亞洲太古人遺跡。尚少發見。惟在印度覓得銅石器具。此可證太古第一步文化爲五洲各國同也。

愛林人及塞密的克

今人所知太古愛林人者。惟知其居於阿姆河一帶。以牧畜爲生。塞密的克種。自

人

西里亞遷至散佈於波斯之阿付拉底河及其東境此二種由漸分佈歐洲南部與斐洲北部以及亞洲西南部於是愛林語言遂爲大半歐洲以及亞洲之自地中海迄印度之語言而塞密的克語言遂爲亞拉伯西里亞及斐洲北部之語言至兩種人之所以離其原地而徙他處者一以北地受蒙古種人之侵迫故不得不遷二因原居之地雨水漸少故易地以適其生存讀史者當知印度一隅本爲土民所居後有奉婆羅門教者自西北侵入其地此即愛林人入印度之始也今日印度之有婆羅門教及韋駄經語皆古愛林人遺跡愛林人既勝印度而有其地遂降土人爲奴隷貴賤分等卽今日喀司德制度所由來也種種事實皆足爲愛林人種遷入印度之確證至伊蘭高原及波斯亦本爲塞密的克種人所居後又爲愛林人佔奪史亦言之詳矣愛林語言入印度而爲梵語入波斯而爲任迭語波斯火教徒之經典悉用此語梵語入印度即借用印度土人之字母任迭語入波斯即借用亞西里亞之字母卽遷入歐洲之愛林人初亦本無字母亦借塞

密的克之腓尼基字母而成文。

太古文化

埃及立國迄今已近六千年。其他次古之國。如美速不達迷亞巴比倫尼亞及亞西里亞等國。迄今亦四千載。此數國者皆有石碑幣製諸遺跡。可知數千年前其國曾有雄武之君。掌治其地。惟界域時有遷移。爲不可攷。至羅馬崛起而諸國遂相繼爲所吞幷。埃及文化起於六千年前。即亞西里亞等國之文化。亦已四千年之久。推其文化之所自來。則絕無可攷突然以理測之。必其由漸而致。斷非驟與也。

亞洲大事記

亞洲一區。實爲全球文化發源之地。宗教如婆羅門佛教希伯來教基督教回教。凡天下人所敬仰之諸大教。亦皆道源於此。中央亞洲民族。四方橫出。於今日世界局面大有關係。而亞洲又爲自古至今最爲他洲雄主所覬覦者。以上各事。惟略記其厓略而已。

印度

印度古事之足爲史料者。以麻哈巴拉 Mahabharat 之戰爲第一信事。此戰在紀元前一千四百年。北印度某國內爭。至紀元前五百年。始有人將其事實編爲一詩體之史。此史卽韋駄古經之一。此書以前之記載。均荒渺不可信。大致敘奉婆羅門教之愛林人侵入印度及其東漸之事。韋駄經皆詩體。經中又略敘婆羅門教旨及古哲學原理。紀元前三百五十年。馬其頓帝亞歷山大侵印度。至薩特里日河。然未渡河。掠其東南之地。希臘人旣勝印度。遂留人屯其邊界。古名巴屈利亞者。Bactria 今爲阿富汗之一部分。此留屯之希臘人。至耶穌生時。尙在其地也。紀元前五百五十年。印度北部釋迦挺生。爲佛教之祖。其教旨實亦韋駄舊教所化成。二三百年後。遍行印度全地。於是入西藏。入中國。浸久延及亞洲大半。然印度之佛教。日見衰弱。今則其發祥之地。佛教徒幾絕迹矣。當印度佛教盛時。有名王曰阿索加。Asoka 今其遺迹。猶有存者。後此印度史乘。類如歷代王室之宗譜而已。其後復有回教徒侵入之事。

亞洲西部諸古國。如巴比倫尼亞。西里亞。米地亞。波斯等國。當紀元前六百年時。

漸漸幷合。最後爲波斯王沙勒司 Cyrus 所幷。或云當時波斯疆域東起地中海濱。西至印度河。其幅員之廣。已可想見。此時埃及及西亞文明已漸輸入希臘。復經研究發達。遂爲世界文化極盛之區。波斯旋侵希臘。格不得入。自此西亞之人。未嘗涉足歐洲。紀元前三百三十年時。波斯爲亞歷山大帝所滅。復以勝兵入印度。未幾。遂薨。帝既薨。亞洲之戰勝地相繼叛爲無數小國。紀元前五十年。羅馬兵入亞境。取西里亞。旋得小亞西亞一大部。最後遂分屯於底格里日河流域。此時波斯東部即羅馬人所稱爲巴地亞者。Parthia 已恢復其自立。其君亦復舊時大王名號。然終無術驅羅馬兵出亞洲境。紀元後二百七十四年。羅馬帝奧呂林 Aurelian 以續勝亞洲土地之故。開凱旋會。亞洲各國俱有來會者。且云中國亦有使來。然確否不知也。紀元後三百九十五年。羅馬分東西二國。而東羅馬與波斯之爭。時尤未已。兩國均無所得。東羅馬既不能拓境於底格里司河以東。波斯勢力亦不能久耀於河西之地。雖曾一次逼近君丁但丁。不久仍退回河東。

基督教之崛起

當羅馬勝兵四出之時。西里亞之猶太國、挺生教主曰耶穌。其教行於小亞西亞蔓延極速。繼而遍傳於羅馬帝國。至三百二十年。羅馬直認之爲國教。歐洲之進步。基督教實與有力。蓋基督教以衝決舊時神鬼之說爲主。又以活潑進取爲導羅馬解組。新國崛起。從其教者。受其鼓舞。故能成如此猛速之進步。

回教之崛起

基督教起於亞洲。而亞洲實未被其益。其始小亞西亞一帶。亦基督教徒所居之地。旋有默罕麻德者起。創立回教。其勢力被於亞洲西部。凡非其教者。皆不得存留其地。以故基督遂不得東。默罕麻德之教人。以掠地死戰爲上乘法門。故默死不及一百年。其徒黨已得波斯及阿姆河一帶之地。東而渡印度河。又驅東羅馬兵出小亞西亞及西利亞。勝埃及。長驅北斐。及於大西洋。於是渡直布羅陀Zbro-tta海峽。勝西班牙。入法境。敗歸。西班牙君臨其土者。凡七百年。於是回教遂蔓延各地矣。其最初戰勝之地。今尚爲其教徒所居。歐洲崇奉基督教之君主。未嘗以講學興藝教國人。自回教徒所到之地。文化亦從而輸入於世界學界之上。殊大有關係。然其教不恤民命。其國君恣暴無狀。他國他教之君。行事雖亦有不近人情者。然終不敵回教蒙古人種之戕賊亞洲。爲稽其害實十倍於歐洲諸暴君也。

默罕痲德既卒。繼其位者曰凱立夫 Caliph 意即王也。都於底格里斯之報達城。國勢至紀元後八百年爲極盛時代。然五十年後。國土遂日見侵削。當其陵夷之時。突厥某部王於阿富汗之哈斯那 Hhazna 中有雄主曰馬默特 Mahmud 於一千一年侵印度。拓其管理權於阿姆河及波斯。一千二百年。其嗣位者非前王之子。嗣立。回教於印度之特里。後此二百年中。其疆域漸推廣至印度北部。馬默特既卒。另一突厥長曰色爾及克 Suljuks 立國於波斯小亞西亞及西里亞。時爲紀元後一千零五十年。此至一千零七十年。威令及於埃及。其國土存至一千三百年。紀元後一千一百年迄三百年。此二百年中。歐洲與十字軍立基督教小國於西里亞。色爾及克朝常與爭長不已。殺人無算。耶穌陵墓一帶居民受其禍者尤甚。

成吉思

紀元前二百年。亞西亞中部之蒙古人。已逞其蠶食隣部之野心。其時世界諸老國。耳其名者。無不震其威。紀元後一千二百二十年。蒙古人出一大雄主。曰成吉思汗。初收中央亞西亞各部而臣之。建都於喀拉庫倫 Karakorum 此城今已圮毀。一千二百五十年。據中國北部。於是移兵西向。橫行土耳基司丹全部。取阿姆河一帶之地。阿富汗波斯亦入其版圖。一千二百二十七年。成吉思汗卒。其嗣者分有其國土。仍以兵西進。一千二百五十八年。遂盡得亞拉伯凱立夫之餘地。一千三百年。又取小亞西亞。敗色而及克朝突厥之君。進掠印度。數次入歐洲南部。俄羅斯匈牙利波蘭。復入西比利亞。然蒙古人既取人國。則棄其舊教。而改從被勝國之教。

鐵木耳

一千三百七十年時。成吉思之嗣人中。復有雄主。曰鐵木耳。自言為成吉思汗的傳子孫。倔起於撒馬兒罕。不二十年。得阿富汗阿姆河一帶波斯土耳基司丹。而王之。復入西比利亞。蹂躪俄羅斯腹地。進寇莫斯科城。一千三百九十八至九十九年。鐵木耳大舉入印度。此事在歷史中最爲著名。鐵木耳嘗自作書紀其事。進圍印度名城特里。Delhi 城人請免屠殺。願以城降。鐵木耳俘其人。刦掠鄰部。橫殺印人。以印人血洗其刀上回人之血。污蹂躪印土者四月。始舍之而去。去後印度飢疫相繼。朝中無主。國內大亂。特里城至百年不能恢復其原氣。鐵木耳去印度。復取道西趣。殘殺尤甚於在印度時。先是。成吉思汗別支之嗣人。既於一千三百年逐色而及克朝之突君。君臨小亞西亞者凡數載。此時復有雄酋曰倭司曼 Osmon 稱雄於小亞西亞之西北部。及黑海馬爾摩拉海。Marmora 倭司曼之嗣人有阿默拉什者。Amurath 復逐東羅馬皇出亞洲。遂建國於歐洲近君士但丁之地。東向闢地至阿付拉底河。阿默拉什死。嗣其位者曰巴夾什德 Bajazet 鐵木耳嫉之。故捨印度而與之爭。時一千四百年也。鐵木耳先滅阿里布（一作亞剌伯）Aleppo 及大馬士革兩城。復自西里亞長驅美速不達迷亞。於巴比倫故址上。以人首九萬級作一塔以誌勝。逐倭司曼後人入亞那多里亞（在小亞西亞境內）Anatolea 擒巴夾什德鐵木耳既蕩平亞洲西部逼東羅馬帝爲其朝貢之國遂歸撒馬兒罕一千四百五年出兵侵中國卒於途次巴夾什德子孫尋復小亞西亞西里亞一千四百五十三年取君士但丁東羅馬遂滅於其地建倭士曼帝國 Ottoman 領有希臘但紐白河諸地 Danube 及小亞西亞

特里自遭蒙古之兵顚沛不能復振一千五百二十六年鐵木耳第六代嗣人曰巴巴爾 Babar 本爲阿富汗之酋都於喀布爾以兵攻特里敗其王於旁尼巴特 Paniput 遂王北印度此戰軍中始用炮爲戰具巴巴爾卒後人爭嗣一千五百五十六年巴巴爾孫阿克巴爾 Akbar 即位治國有道國人德之立特里蒙古王國版圖自阿富汗之堪達哈爾 Candahar 至孟加拉南及提甘一千六百五年阿克巴爾卒阿克巴爾生平好學容過士持公道持行尤過人於斷獄具特長今日北印度政體猶沿阿克巴爾舊制印度國之統一實始於此人

阿克巴爾諸嗣人中惟其孫沙日罕 Shah Jehan 爲最賢續拓陸地至印度南境

幾全土股均入蒙古朝版圖。自後則勢力日弱。苟延日月。後爲馬拉塔人 Mahrattar 所敗。此後蒙古朝僅存其名。一無所爲矣。迨英國勢力振於北印。蒙古朝恐並虛名亦失。其時馬拉塔部人於一千六百四十七年立國於地甘 Deecan。西克司人 Sikhs 於一千七百八年立國於拉合爾 Lahare。一千七百三十九年。波斯王拿迭爾 Nadir 圍特里。屠其城。計特里至此已第三次被禍矣。

印度人不知變革之特性

印度自愛林人種侵入以來。數百年文教大昌。當歐洲紊亂之日。印度人於性靈官體兩界上。均有進步。特歐洲自此日臻郅治。而印度今日則與二三千前無以大異。其國土富於天然之利。其民弱於體力。故此國屢爲强鄰所侮。內部亦時有戰爭。四分五裂。無鞏固之治久矣。然在他國變更愈多。則進步改革之事亦日甚。而在印度則不然。風俗習尚。一以古時經典爲率。歷數千年不改。其所以習故安常而不改者。實以天然之利甚廣。不勞而衣食自足。遂致委靡不振。蹈常習故之心。至變而爲第二天性。實天時有以致之也。

中國

中國古史相傳在五千餘年凡世界之歷史多中斷而不相連接惟中國之歷史可以按時而稽之亦一奇也孔子著書講學時在紀元前五百餘年紀元前二百餘年秦築長城以禦匈奴紀元後五百八十五年唐興併諸小國為一大帝國一千二百三十四年蒙古成吉思汗初入中國據其北部一千二百六十年傳其孫忽必烈一千二百七十九年忽必烈佔有中國全土是為元朝其時微泉司 Uenice 旅行人馬哥普魯 Marco Polo 遍歷亞洲適至中國亞洲各國情事傳至歐洲實自其人始一千三百六十六年元滅明興一千六百四十三年明亡清興即今之撫有中國者是也

日本台灣

日本自古為獨立國至今猶然台灣前為中國所轄其中多土番一千八百九十五年割隸日本

印度中國

印度中國人之古史知之不詳其國於政界上無甚關係然地據形勝陸軍攻之不能得利故與他國陸路交通亦殊不便馬留羣島大致與此相同其風俗亦無

亞洲歷史撮要

大異。

亞洲自有歷史以來。皆同洲之國。互相戰爭。近始有外洲人勢力加入。其關係最爲重要。古昔西亞及埃及。文明種子。皆由於希臘人以傳至歐洲。故亞洲爲世界上宗教哲學之鼻祖。惜其後內訌外患。戰爭頻仍。凡繁庶之地。精華會萃之所。經一番創劇。即增一番凋敝。用是亞洲文化。爲之一阻。雖至羅馬滅亡以後。亦未見有大進步(此言亞洲單指其西南之一部分而言)近百年來。歐亞交通。政學兩界。各以實力相競爭。其文明進步之迅速。乃愈發越而不可遏矣。

亞西亞俄國之勢力

一千七百年。俄國勢力。始及於北亞。越百年。又橫及西比利亞。而東至岡扎德加土府。然此猶在俄勢初東之時耳。至蠶食波斯土耳基。又土耳基司丹與中國外藩。皆近百年事。

航海之發見

歐西勢力所以能及於亞洲東南者。皆藉航海之力。初歐西諸國之人。皆以爲海外有富國。行商可致巨富。於是極力振勵航海之事。一千四百九十二年。科侖布

葡萄牙人在亞洲商業上之進步

得美洲。一千四百九十八年。法司鼓地葛馬 Vasco Di Gama 繞行好望角。於是歐亞之海程始通。從前歐亞商路。皆經黑海裏海。或由紅海至西里亞。以達亞洲。然迭次常爲蒙古人掠奪。至不爲便。當時交通之中心點。爲意大利之微臬司及幾奴亞 Genoa 自好望角之航路通。而意大利遂失其壟斷亞洲商務之利。故最初造福於世界商務者。實爲葡萄牙人。其後各國踵起。而亞洲遂有龍拿虎變之情事矣。

一千四百九十八年。葡人在印度之馬拉巴爾 Malabar 登陸。遂握印度洋之主權。其水師往來於亞拉伯中國之間。取波斯之和爾木斯 Ormuz 亞拉伯之亞丁。馬拉巴爾及可羅曼德 Coromandel 印度東西兩海岸。錫蘭及馬留羣島。均爲其勢力界。又立數通商埸於恒河口。一千五百十六年。葡人始至中國。二十年後。中國許其在澳門建立商埠。今其地尚爲葡有。自是以後。中國與歐洲之交通日增。葡人在印度之勢力。百年後逐漸銷滅。一以回教徒屢與爲難。一以嗬囒及英倫

諸國在亞洲之勢力

之勢力漸大。葡人力有不及。一千六百六十年。葡人以孟買島讓與英人。嗬人丹人西班牙人法人英人皆先後立通商場於印度今惟丹人無之餘國或多或少。尚有通商場在印度馬留土股馬留羣島中國等處。英則有印度錫蘭中國等埠。嗬囒則有爪哇及其隣近諸島。法則有東埔寨。西班牙則有斐律賓羣島。今已屬美 此皆商業中之最著者。一千五百七十六年。景教徒即天主教始至中國之廣東。據馬哥普魯言則謂紀元後六百三十五年。景教徒已入中國且見建有天主禮拜堂數處。教徒初至中國以天文測算之學教其國民因之勢力甚大。然自一千七百年以後。中國迫景教徒。不令傳教。自是遂不能恢復其舊有之勢力近來歐亞交際日密。且輸入各種新學。便進為商務國矣。

英國東印度公司

英國之東印度公司。創於英女主伊里沙伯時。一千五百五十九年 其初純為商務之建設。百五十年中。商務逐漸推廣而印度無統一之君主。故內亂頻仍致英人不能暢營商業。遂不得不出於戰以自保其業。時德人亦有東印度公司在印度。慣用聯

法國東印度公司

印度英勢之日增

絡土酋之手段英人尤而效之於是以行商之公司改而爲政治上之機關其威令之所及西自印度河東至馬留土股

法國公司創於一千六百六十四年其初與英公司並行不悖相安無事者八十年而其時英法兩國固適在歐洲相戰也自一千七百四十四年法人欲將戰事移至印度時法公司之長曰丟迫來人極機巧欲建一法蘭西帝國於印度之地甘英人爭之於是兩公司各聯有勢力之土酋以爲援助相持十五年之久卒敗法人而逐之出不使再立公司於印度二年英法搆和始准其復立公司於原地法人時圖報復顧時機已失不可再得矣

時印度諸小酋皆名爲臣事特里天王而實則各擁人地以自王全國無主紛雜如亂絲各酋復自相殘害無休日而公司方勝法銳氣猶新遂啓雄據印度之心一千七百五十七年與摩歇達拔土總督 Moorshedobad 戰於迫拉守 Plessy 遂有孟加拉全部及其附庸諸邦自是以後公司之歷史遂爲一戰勝土酋之大事

英領印度之政治

記矣。時特里皇室已爲灰燼。英人秉有大權。遂爲全土股之主人矣。

近百年來。英以有秩序之政治。輸入印度。一千八百十七年至十八年。英人平流寇平達里司 Pindarees 土人。自是以來。印民安享太平。爲從古所罕見。且商業日盛。國亦日富。文化亦日有進步。今有一言可以斷曰。自古一國受轄他國。其注意被治國民之生計教育。未有如英人之治印度者也。

亞細亞洲志終

亞細亞洲新志

光緒三十四年春
學部圖書局印行

亞西亞洲新志

十九世紀晚近所發見於世界之新現狀。當推亞斐利加爲最多。而亞西亞次之。所爲新現象者。實爲舊時狀態。惟以晚近科學之理以解之。則頓變爲新現象耳。蓋考究舊有之物。得其眞相。其有關於吾人之知識。較驟得一新異之物爲更切用也。下測量從略

（亞洲輿地之調查）自一千八百七十年以降。以科學新法而調查亞洲地輿者。多至不可勝載。茲篇僅能言其大略。且僅能言其中之最著名者。然亞洲輿地之調查。多注重於西藏高原及高原迤北之中央大低窪。西藏南部之調查。則爲印度學士南新及克順新二人之功爲多。吾人於此高原之狀況。蓋得益於此二人非淺。一千八百六十五至六十七年。南新專心考查印度河及布拉馬普特拉兩河發源之地。一千八百七十四至七十五年。南新自喀什米爾之東境啓程。直至吞格利淖爾。Tengri Nor 又自此及於拉撒。藏京 寓此者數月。克順新於一千八百

七十九年至八十二年自拉撒北行經蔡唐而至蒙古之謝圖汗部其後又經西藏東部至打箭爐彼又欲自上緬甸而至印度不成於是復返道至拉撒左近之處過喜馬拉雅山而歸國此兩人者皆道出拉撒者也

一千八百七十一至七十三年俄國大旅行家普爾日瓦耳斯奇自北經戈壁大漠至於甘肅繪蔡唐輿圖於其間之河流繪之至詳凡中國暹羅緬甸三國之河源辨之至晰彼又向南行至距拉撒一月之程之地始止一千八百七十六年彼往視羅布淖爾河首先發見阿爾騰塔格山一千八百七十九年沿烏蘭齊河而至於阿爾泰山至此徧告天下謂亞洲中央地勢自成吉師汗用兵以來業已大有變更然後彼經行準噶爾誌其面積之大小然後渡戈壁大漠自哈蜜而至於謝圖汗彼又歷探黃河及怒江之源然後歸國一千八百八十三至八十五年爲其第四次之旅行自俄國起程至中國西界之西甯府自此經西藏北部遵車爾成至克利亞Kiria之貿易孔道而至於庫丹復由庫丹遵塔里木河而至阿克蘇

繼普爾日瓦耳斯基之後者有俄人迫夫德叔夫及魯蒲魯夫斯奇彼二人於一千八百八十九年至九十年旅行新疆之西部及西藏之北境多有發見且其調查皆本於科學故其結效最巨歷任印督皆注意於印度與中央亞西亞之通商然帕米爾高原及西藏以北之地勢皆非所悉故久而未遂所志一千八百七十年道格拉斯賓星赴葉爾羌英人沙及海華德均往喀什噶爾之中央一千八百六十八年先後會於葉爾羌沙復於一千八百七十年隨道格拉斯至葉爾羌是年忒老德始繪新疆地圖吾人第二次所得於中央亞西亞地形之機會即在一千八百八十四至八十六年俄羅斯與阿富汗劃界之時其時阿富汗土耳基斯坦及阿穆河地方之輿圖始有發見是時聶意伊利亞斯自中國經帕米爾及巴達克商而至劃界之行營中途中遇大龍湖即以告知國人同時有英人洛加德者踰興都庫什山至瓦甘復自加法利斯丹之巴什各耳山谷而至印度一千八百八十五年英人加利及達耳格來什遵俄人普爾日瓦耳斯奇之舊道間亦别

遵他道其所發見亦殊與亞洲輿地有關一千八百八十六年盈黑士本蹤默士塔格山而旅行於亞洲中央其所歷程至爲危險

（西藏之調查）一千八百八十六年至八十七年德人崩法洛德南北貫行西藏然不得至拉撒一千八百八十九至九十一年美國人洛克希耳亦旅行西藏欲至拉撒亦不成然所著行記及新發見之地輿事件不少因是得名一千八百九十一年英人薄瓦自克什米爾都城名勒者啓程至中國之北京其此行極爲著名渠亦不獲得入拉撒以拉撒之人拒外極嚴也然其有益於西藏地圖之處不少一千八百九十一二三等年法國人特林斯旅行西藏後其人歿於其地是年古耳仁旅行帕米爾李耳特而偕其夫人亦於是年第一次旅行西藏至北京而止其第二次旅行西藏蓋在一千八百九十四至九十五年彼已見拉撒之城墻然終不能入其城近時旅行亞洲之最著名者則爲瑞典人斯文黑定彼於一千八百九十四至九十六年旅行於塔格拉馬甘 Takhla makan 及西藏等沙漠之

間。又在沙利各而山間探訪冰河情形。其著述至多。爲益後學至多。一千八百九十六至九十八年兩年。英國有二武員曰惠而貝曰地守者。各遵一道旅行亞洲內地。其爲功於輿地學者亦至不淺。地守又嘗從事於測量帕米爾。一千八百九十五年帕米爾劃界之時。彼又嘗與聞其事。且因此而至喀什噶爾及實拉夫商河之源。

（中國之調查）遠東自一千八百九十四年緬甸與中國通道以來。輿地搜考之進步至爲迅速。鴻儒碩彥往來於中國內地。考其地之出產與夫商務。欲使中國大開門戶與各國通商。俾益人羣而輿地利。而中國內部之調查。遂日以發明。印度測量會員曰極耳者。首自中國東部橫經全國。而至於西藏。至緬甸後著一書曰金沙江。世人重之。一千八百七十七至七十八年。英人巴伯爾詳考中國西偏各行省。以其所見述之於書。於是歐西之人始有知陝甘雲貴等省之情形者矣。一千八百八十一年考而克洪自北京至雲南之大理府。一千八百八十七年。馬克倍耳亦橫經中國全國將其國古時行商之路繪圖至晰迨緬甸隸英以後凡前此所未經考查之地至是遂逐加測量前此凡緬甸暹羅諸大河發源之山歐西之人以其地荒僻未嘗往考其情形至是緬甸全國均經測量而伊拉瓦諦湄公沙而溫等河之源亦皆考求清楚矣暹羅亦經老於輿圖家之麥卡迭製爲新圖又得古爾仁及瓦靈吞二人之輔助將其國海濱之情形刊書佈告大衆於治輿地學者頗有益也

（印度邊界）印度北界及其西北界各地之地文學發明至爲完備蓋其地屢經名家製圖考據詳實非僅憑旅行之紀載可比一千八百七十八年至八十年阿富汗之戰又一千八百八十四至八十五年阿俄兩國訂劃邊界以及英人之據幾勒幾特 Gilgit 及赤特拉爾 Chitral 地方並印度邊界之擴充於阿富汗之東面及其北面凡此皆足以增益其地之地文學且自一千八百八十年以來俾路芝之一國曾以科學之測量以詳盡其國之形勢故凡地之界於印度河及阿穆達

爾河又自印度河至阿付拉底河之間者。已考查無遺。而此間地之製爲圖者。亦如汗牛充棟矣。

（亞剌伯）自一千八百七十五年以來。亞剌伯土股中之沙漠以及其水泉亦皆大有發明。一千八百七十七年至七十八年。道鐵及白倫德旅行於亞剌伯之北部。搜求甚富。繼而起者。則有格拉失及司吉溫福斯。二君於十年後旅行亞剌伯之西南部。一千八百八十四至八十五年。米而斯君冒大險以旅行於阿曼。而一千八百八十八年。本德又在巴林島中考求其舊時色蜜的克人種之歷史。而於一千八百九十四至九十五兩年。則本德君又從事於哈達拉毛之一地。發明古蹟無數。

（北亞西亞）亞西亞之北。俄國人測量之者甚衆。幾至不可勝紀。凡西比利亞之廣原高山。自經測量以後。一似呈露一新現象。識者皆以爲俄羅斯不久必可於此大啟其農林礦產之利源。一千八百九十二年。土耳男爵旅行於西比利亞勒拿河 Lena 流域。其所發見者最有關於其地之地質學。前此地質學界之疑團。經其解决者不少。入科學大家李杞霍芬嘗考求中國日本高麗三國。於其國之地質學。多有發明。

近今亞洲之地文地質及其歷史發明至多。飽學之士。來此考求者亦實繁有徒。不能一一詳之。是編一言以蔽之曰。十九世紀後半百年亞洲地文地質及歷史之發明。實爲前此未有之盛也。

（亞洲普通形勢）亞洲在北緯四十度處實爲一大分域。蓋四十度以北之地爲一絕大低原。東起戈壁大漠西經蒙古而至於新疆。及至喀什噶爾迤西。則此低原爲沙里各而山（爲帕米高原之東面）及帕米爾高原所限。故其面積驟狹。此低原之平面（此低原古時本爲一內地之海）界乎黃河發源之山及沙里各而山之間者。高出海平不逾二千英尺。近人考查。謂戈壁中央低原近羅布淖爾湖之處。且較海平爲低。此低原以北有極大之地。其高亦僅數百尺。然西比利亞之地則自北冰洋漸次增高如堦之有級然最後乃或為一聯山為大陸之中央分水山西起黑海之愛爾布爾斯山 Elburz 延至與都庫什山再延至帕米爾高原中之天山蜿蜒直至白林海峽然此東西橫渡之大分水山並不皆有絕矗之南北斜面其間有數處僅為絕廣厚之蠻石而已然此分水之聯山有時中斷然兩山之間必有高原以代分水而此間亦必有湖沼之屬此分水山惟有數處為絕高之山如興都庫什天山阿爾泰山(或名杭愛山)等其餘諸山高不過五千尺耳此分水山之南平面驟低降而為戈壁之中央低原其面積極大鮮有水源就地所受雨水或山泉皆沒入沙漠或淺澤之中不復成河流此低原之南另為一大分水山此聯山界於中央低窪及黑龍江低原中國暹羅印度之間其地向黃海而漸低日本羣島四周之淺灘以及臺灣初皆連於大陸後此以多數大河之水以此為壑日本之淺灘以及臺灣遂孤立而為島嶼矣此第二條聯山以其佔地之大及其山峯之高而論實為地球之極大墳起此山東北起黑龍江繞至戈

壁大漠之東邊。又西行而爲黃河所自出之山。至是則山勢起伏。而與阿爾騰塔格山及崑崙山相接。而爲西藏高原之北障。然後再由西藏高原而與喜馬拉雅山相接。西藏高原爲多湖沼之高原。其出海平之中數。約在一萬五千尺以上。而帕米爾高原實與亞洲之兩大分水山相連。故帕米爾者。實戈壁低窪極西之止境也。此兩分水山在東境本亦可相接。惟因有黑龍江流域間之。故內外興安嶺遂致不接。亞西亞洲可分爲三大部。曰北部。其地高出海平之中數約五千尺。其間河流皆向北流。或流入地中海。流入鹽海裏海。或流入北冰洋。曰中央部。其地高出海平中數約二千尺。其間河流皆淹沒於沙漠或淺澤之中。曰南部。此部復可分爲二。一爲高原部。其高出海平中數約在一萬五千尺以上。一爲低原部。如亞拉伯印度暹羅中國各土股等。其地之河流皆流入大洋。以上三大部之地。皆聯山縱橫。各不相通。全洲爲有一處似三部可以聯絡。而無絕高之山阻隔其間者。此即候拉德 Herat（阿富漢城名）迤西哈里魯德 Hari Rud 狹窄之山谷是也自印度西岸之喀喇蚩城至於裏海其間舍哈里魯德及黑爾門德（亦阿富漢河名）兩河之分水山外（此分水山高約四千尺）餘無絕高之山嶺此事大有關於亞洲鐵道之敷設

（河流情形）試觀以上三大部分之河流即可見北部之水皆流入地中海鹽海裏海及北氷洋等海此部各河之流域計有面積六百三十九萬四千五百方英里爲列直表於下

流入北氷洋各河流域之面積	四百三十六萬七千方英里
流入鹽海裏海各河流域之面積	一百七十五萬九千方英里
流入地中海各河流域之面積	二十六萬八千五百方英里
全部總流域面積	六百三十九萬四千五百方英里

南部各河流域之面積與北部大小幾相等亦爲列直表於下

流入太平洋各流域之面積	三百六十四萬一千方英里

流入印度洋各河流域之面積　二百八十七萬三千方英里

全部總流域面積　六百五十一萬四千方英里

中央部各河流域。合戈壁沙漠西藏高原伊蘭高原西里亞亞剌伯高原以及小亞西亞高原中之流域併計之。共得總數三百十四萬一千五百方英里。較之以上兩部流域之總數僅得其半。

亞洲流域之最大者。則爲西比利亞之鄂畢河流域。其面積在一百萬方英里以外。其次爲黑龍江流域。計有面積七十七萬六千方英里。再次爲揚子江流域。計有面積六十八萬五千方英里。恒河流域之面積。爲四十萬零九千五百方英里。印度河流域面積爲三十七萬方英里。

亞洲圓湖至多。其大小亦不一。大者如貝加爾湖如巴勒喀什湖者。實爲內地之海矣。然其小者如高原中之湖沼。波斯之大小不等之淺澤是也。此種湖沼。往往去海平極高。即如阿富漢之微多利亞湖高出海平一萬三千四百尺。此湖在世界各湖中。似為至高之湖矣。此等絕高之湖。精於地學之人。咸謂昔時冰河所成。然此等高原之湖。其面積日有減小之現象。又其中許多鹽湖。實為當時由海變陸之時所成。某處之海。其底較深。而其四圍則積淤日高。遂至一區之海。為陸所包圍。遂成鹽湖。如羅布淖爾及阿富漢之黑耳門大澤。卽其類也。此等湖澤。其面積因時而異。雨季水多。則佔地必大。旱季苦燥。則面積漸縮。此種湖澤。含鹽甚多。波斯有有所謂鹽窪者。其中並無多水。蓋爛泥與鹽相滲和所成者。

（地質）亞洲太半之地。如裏海窪地。中央亞西亞各小國。土耳基司坦。西藏。中國西比利亞。印度等。其間之地質。皆經近代碩士考查至詳。然其考查係零落不完。故未能遽言全洲地質悉經詳考。其所以今人注意於考查地質者。蓋欲啓發地中之寶藏而已。裏海窪地及鹽海等地。均經俄國科學家考察。昔人咸謂古時阿穆達爾河之水。流入裏海。經此次考查。始知其言之無據。然戈壁大漠。塔里木沙漠。及羅布淖爾等淺澤。昔為海洋。則自經詳細考查後。其說彌信。近人考求西比里亞之地質皆謂亞洲北部實富於礦產之地也覆察中國之地質亦富於礦產然則亞洲東偏亦爲寶藏所聚之地矣緬甸印度亦富於礦此間蓋爲印度測量會之所發明者也總之亞洲於歷史界上爲最古而其間新發明之事則以十九世紀後半百年爲最多亞洲因地層突陷而改變其地形者不獨古昔爲然即今日亦尙有進步故其氣候因之而異即以今日而論土耳基司坦之地今較之昔已高若干矣

（火山）十九世紀最後十年中之最新之發明即爲亞洲東方形如貫珠之火山域實與俾路芝波斯之火山一脉相連是也亞洲之火山始起岡扎德加土股沿庫頁日本琉球而至於馬留土股由此西折而至於孟加剌灣而止於阿拉干印度土股中南北縱橫無火山現象惟一至馬克蘭海濱則有泥火山由此稍稍轉北及西而及於波斯邊界此間近北緯二十八度三十分英天文臺東經六十二度之處有絕大之内地火山名庫乙塔夫丹 Koh-i-Taftan 其意即焚燒之山也此

山最高之峯有一萬三千四百八十尺。此山積雪於頂。而時時冒烟如柱。如日本之富士山。然就今日之聞見而言。此火山爲亞洲獨一無二之內地或大陸火山。其餘諸火山皆在島而不在大陸也。

（印度地質學）近人考查印度土股。謂太古之時。印度與亞斐利加洲實爲連壤。其後喜馬拉山逐漸增高。且因流水之刷濯。遂成多數之谷地。然則恒河流域及印度河流域之間。爲大海之說。不可信矣。至印度河流之屢屢改道。且海濱之屢有增減。則屬於歷史上之事實。而無關於地質學也。

（氣候）亞洲大陸之氣候。雖前人亦嘗事考求。然近代考求氣候之法。日以改良。且各處立有測氣候之專門測候所。（日本名）故於大陸之區域氣候。（即屬於一區之特別氣候）知之較審。而氣候之變遷。亦可預料。於航海至有裨益。且大陸之上。電綫已徧。此事於考求氣候。亦至有關係。譬如初復之時。測塞設勒羣島（在印度洋馬達加斯加之北）左近之氣候何若。即可知本年孟松風力量之或綏或猛。孟松風力量之大小。在印度農家。至爲注重。以風大則足以害禾稼。果能於塞設勒島預知本年孟松風力量之大小。即可電告印度。早爲防備。而不至大受其害。此其明證也。至氣候有關於吾人生命。此說創之未久。將來考求愈精。則其眞相亦日露。即如昔人所謂觸瘴氣而生之熱病。近人考查始知爲一種蚊蚋所致。而其說亦彌復可信。故氣候有關於生命之說。吾知其日久必愈昌大也。

（潮汐）近人不獨考查空氣流之運動已也。有多數飽學之士。亦嘗潛心於大陸潮汐之現象。且於印度海濱蘇伊士亞丁等處。設立測潮所。專事登錄潮汐之小大高卑。且詳考何時潮流至高。何時潮流至低。此事於航海爲有益。可以不言而喻。近有人測知印度洋潮流至高之時。究能高過南亞海濱若干。前人雖有考查者。然遠不及近人之詳也。

（近時地學之調查）近時地學之調查。其中最著者。爲蒙古及西藏兩處。因此而吾人對於其兩地之意見。與初昔大異。亞洲中央高原。西起喀什米爾。東迄中國南起喜馬拉雅山。北至新疆。此中大地。近已詳加查核。不似前之隱約恍惚矣。昔者人皆指崑崙山爲戈壁大漠之南境。今已知其謬妄。此山蓋西藏北部張塘Chang-Tang高原之北境也。此山在英天文臺東經八十三度之處。分出支山曰阿爾騰塔格山。此山逶迤向東。與南山相連。成爲分水山。由此觀之。西藏及中央窪地之間。實有一種絕高之山谷。總名之曰蔡塘Tsaidam高原。高約八九千尺。而爲大陸中最高地及最低地之介紹梯階。從可知中國與亞洲西部之商路。皆繞出絕北之道。卒是故耳。

（中國及俄羅斯之邊界）中國及俄羅斯兩國之邊界。其在喀什噶爾高原之西境者。今則以沙里各耳山爲準。此山爲兩平行之聯山所成。其在西者。爲帕米爾之分水山。其在東者。則每每爲山谷所橫截。而帕米爾東部之水。則即從此山谷流出。此東聯山中有一峯。其高僅次於喜馬拉雅山而已。此峯曰默斯塔格亞塔Muztagh ata（喀什噶爾邊界亦有山名默斯塔格）高出海平二萬四千尺。且入咸信此東聯山中尚有數峯其高亦可與前峯相埒然以未嘗測量故不敢懸擬也沙里各耳山實爲鹽裏兩海流域及羅布淖爾流域之分水山然沙里各耳山既爲東西兩山所成而兩山之間則爲沙里各耳低原之地愈南愈廣遂成爲塔格登巴什帕米爾之大原此間爲亞洲三大帝國之交界地（俄英印度及中國）亦爲三大聯山之交界地（沙里各耳興都庫什默斯塔格）蓋興都庫什卽於此發起向西復向南屏障班雅山谷（班雅者阿穆達爾河一北支流之名）經過阿富漢之喀布爾而與阿富漢及阿富漢土耳基斯坦之間之諸山相併合默斯塔格山亦於此發起向西復向南界於實拉勿酉河之源（或名葉爾羌河）及喀什米爾北部諸冰河之間近人欲考查以上兩聯山之形勢故於興都庫什則已有數處經人攀踰而過稽考至詳惟其山之在加勿利斯坦者則以其地居荒僻人跡罕至故尚有存疑未解之處至默斯塔格山則盈黑士本嘗踰而過之英人於此山之情形較悉於政治上及行軍上業已收其效用蓋印度之北俄羅斯之南

其間之多山部英人已考求殊詳也。至阿富漢之北部及波斯等處之山勢。其情形亦頗詳審。按邊界諸說西人亦有未確者今姑就原書譯出以備參考譯者記

（印度邊界）亞洲西部之山。如謀夫及候勒德（在阿富漢）兩地中間之山。業已考求詳盡。且考知此山實與波斯之厄爾布爾斯相連。凡是山之重要山峽。均經搜探靡遺。阿富漢自經與俄羅斯定邊界後。始爲眞正之國度。候勒德及帕米爾兩處。其地亦嘗從事料計。以及印度及阿富漢兩國交界處之高山原野。亦考之至悉。

（波斯）亞洲西方各國。雖其人民之實業生事未嘗稍有進步。然其間之地理。則近時殊有發明。凡前此曲折不可遽知之秘事。今已得知其詳。且察其於文明亦緩緩有進步。波斯一國。近人嘗不嫌煩細而詳考其歷史及地理。益以近代科學家之調查。故凡其國地面之學業已巨細不遺。其國之地圖。今亦較勝。且其濱波斯灣之各海口。其內部之孔道。以及山路。無不週知。若能與裏海加倫（在巴勒

士丁）波斯灣印度等處交通便捷以後則其國之商工兩業必可大加發達識時勢者僉謂波斯一隅於未來之東方政治界上佔地實爲重要

（亞剌伯）亞剌伯之進步其速不及波斯至其國內地大漠之情形較之昔時英人伯耳格雷夫布爾敦德人尼布爾白克哈德法人微斯康德海勒微等人考查其地之時稍爲詳盡蓋道鐵及白倫德兩人先後旅行內惹德且言其中瓦哈碧帝國日漸衰落然其他地理之發明實屬無多其國與外人通商之情形未有甚異於一千八百七十五年時也

（小亞細亞等）小亞西亞西里亞及美索不達迷亞等處之生事實業無可表見惟土政府近嘗以阿付拉底河山谷之鐵道敷設權讓與德國某貲本家而已至近時英國人測量巴勒士丁及約但河迤東之地其所得之效果僅足以發明歷史上之事跡而於商務及他實業界上仍無稍有裨益

（亞洲之俄羅斯）亞洲之俄領土如西比利亞土耳基斯坦等皆經俄羅斯科學

家考查。而蒙古一隅。亦經俄人探求至悉。其效果至大。以至成今日亞洲之現象。且自經俄人考察中央亞細亞以後。世人始知老世界之中。其寶藏之富實亦有足與新世界相匹敵。其他俄人考察亞洲之效果。當於亞洲進步史中詳之。

（新疆及阿穆河流域）亞洲之中央大窪地。西起帕米爾高原。經塔里木河流域。東迄羅布淖爾及戈壁大漠。尙在考察未已。此中央窪地。當以羅布淖爾爲其中心點。羅布淖爾今爲一湖。而實則前爲一內地大海。今此湖特其遺址耳。又俄人嘗考裏海及鹽海初本相連。此兩海迤東之地。亦曾經俄人考察。其言曰。古人謂阿穆河初與裏海相連。其說未可信。而裏海之範圍。今小於昔。則殊有確據。今之忒蘭斯喀斯冰省。初本爲裏海之一區耳。今距裏海一百英里之內地。高出裏海水平一百四十尺至二百八十尺處。掘得螺蛤之殼。其構造與今之裏海螺蛤相同。故遂信古時此地實爲裏海之水所及。且考喀拉庫木 Kara Kum 沙漠之沙。實爲海成之沙。決非阿穆河之淤泥所積而成。

考察此間地理最有名之人。則爲高爾拔斯阿奴各夫勒刹爾康興等。有格里斯拔去者。其人蓋預於俄羅斯阿富漢劃界之役者也。彼言阿富漢土耳基斯坦之波爾克 Balkh 大平原上。近有新成之土岡橫貫其間。以致北來之水。不克與大河會合。然波爾克古時爲商務會萃之所。未聞有此土岡。必確爲土地逐漸墳起之據。又施文黑定嘗於此間沙漠中掘獲舊城遺址不少。因此古人遊記中所載城邑之名。今得一一加以實證。且此等被沙淹沒諸城邑。去今尚未爲極古。蓋佛教北漸之時。此等城名。尚見諸紀載者也。

（俾路芝及馬克蘭）自俾路芝及馬克蘭兩處測量工完以後。凡古代東西陸路通商之孔道。悉已查明。且自阿富漢之南界劃清以後。古時昔斯坦 Sistau 與印度通商之孔道。亦因以發見於世。（中國及緬甸之交界地）遠東中國與西藏及緬甸兩地交界之處。其間河流情形。近時考之綦詳。近世遊歷其地之人既多。且尚有多數之本地人從事於其地之測量。然亦有因探其地之礦產而其地理因以發明者。前人咸謂西藏之雅魯藏布江與布拉馬普特拉江實爲兩河。今則知確爲一河無疑。方雅魯藏布江轉其自西往東之方向之所。怒江湄公江楊子江及黃河皆發源於此河轉角之北。此河轉角之南則伊拉瓦底之兩源皆發源於此。布拉馬普特拉江極東支河之分水山。及楊子江上支河流經極深山澗之間。有隙地約寬一百英里。而怒江及湄公江兩河卽於此以其急流之水灌入緬甸及暹羅兩國。此三河平列而行。約三百英里之遠。三河皆伏流於極深而狹之澗中。此地爲亞洲最壯觀之景象。當楊子江轉而東流之處。此三河始各自分流。適當北緯二十五度之間。今日亞洲欲待考察之地已屬不多。如布拉馬普特拉江極東之源流。以及伊拉瓦底極北之源流。又怒江上流三百英里之水程。此數者。尚待後人之考察也。

（古代通商孔道及近代之鐵道）亞洲最近之發明。其重要莫過於識其古昔通商之孔道。東西貨物之交通。胥賴乎此。古代各國之戰爭。皆有因爭通商孔道而致之者。蓋國之能握孔道之權者昌。而失之者必弱。此不獨亞洲爲然。即世界各國亦莫不皆然。故欲知亞洲各國情勢者。不可不於此注意也。古世界中握商務孔道之權者。西有埃及。東有中國。故兩國之民不獨在亞洲握有全洲陸路通商之權。即海中商務亦推此二國爲最盛。埃及海中之商務盛於紅海。而中國海中商務盛於錫蘭島迤東諸海面。然實握兩國海上通商之權者。既非埃及人。亦非中國人。蓋掌之於腓尼基猶太人及亞剌伯人之手中。故東海商務自亞剌伯人往其地以後而始盛。其時印度海濱。錫蘭。馬留土股。中國。斐洲東岸。無不有亞剌伯人之殖民地。即亞洲內地亦有其人之踪跡焉。亞洲西方各大國。如埃及。亞西里亞。巴比倫。波斯。馬基頓。皆先後握有與東亞通商之權。然自羅馬大興以後。此數國紛紛彫謝。而羅馬仍其後。凡七百餘年。實握與東亞通商之大權。然羅馬與東亞通商。乃遵陸道。而海中商務則掌之埃及人之手。其後亞拉伯人倔起。遂掌海中商權。至八世紀中。亞剌伯人勝信地。從此自波斯南境至印度河流域之商道大通。波斯之第斯 Jiz 城爲亞拉伯商人水程之止境。由此遵陸道經怯析 K-iz 百拉 Bela 而至於印度河流域。至遠東之海中商務。則經中國之沙船載貨至錫蘭島。彼處有亞剌伯之商船在焉。沙船至錫蘭島。則以其貨遷至亞剌伯之商船。然後運至信地。復由陸路而運至馬克蘭海濱。如是者以爲常。直至葡萄牙人尋得好望角以後。然後亞洲之商路乃一大變。至大陸東方陸上之商路。自古至今未有甚變。西方商務以喀什噶爾爲中心點。喀什噶爾位於與北京同緯度之處。然相隔以二千英里沙漠低原。此低原南界西藏高原。北界天山。西自喀什噶爾起。東止黑龍江上流。其間之地未能高逾二千英尺。低亦不過五百英尺。惟此地獨低而平坦。故中國與裏海各方面交通。皆非取道於此不可。近今之旅行人皆謂陸路通商之孔道。當以此爲最長。而亦最關重要。亞洲東方各大國之孔道。皆會於喀什噶爾。然後始分往他處。至他大孔道之不通喀什米爾者。則僅有一條。即爲自北京至哈密。復由哈密通烏魯木齊而止於庫爾雅 Kuldja 之一路是也。尙有一孔道爲中國中央諸省之絲商所經行。出西甯府。繞阿爾騰塔格山之北麓。沿塔里木沙漠之南境而至於西域。自喀什噶爾以西則爲帕米爾高原。其間最直之孔道。則遵喀什噶爾河而行。直至其河之源。由此踰大分水山而至於阿爾泰山之谷地。復由此循蘇爾喀布 Surkhab 河而至於阿穆達爾河之流域。然新疆南境各城通西域之孔道。則經塔什庫爾罕 Tash Kuaghan 踰沙里各爾山。經帕米爾高原。而至於微多利亞湖。由此而至伊什喀什穆。經巴達克商而至阿富漢土耳基斯坦。或候勒德等地。印度與西方通商之孔道則歷經滾達瓦克爾曼巴比倫等處。而與歐西通。此孔道當亞歷山大帝之時。已業沿用。然至近日始能棄除碍道情形。近時印度河流域之商品之往阿穆河者。則取道喀布爾波爾克復由此轉運過裏海以入俄羅斯。否則經塔布里斯第弗利斯渡裏海而至君士但丁。方亞剌伯人強盛之時。其凱力夫都於巴格達。阿付拉底河谷地及西里亞等處。皆爲商貨麕集之地。其後十字軍得利亞剌伯人勢衰亞洲商務孔道遂落於基督教中人之手二百年來凡歐亞之商務皆掌之於意大利之微梟斯及幾奴亞西國之民一千二百五十八年蒙古人攻巴格達克之至十五世紀之初年蒙古人及土耳基人扼西里亞之海口通商遂被阻今日波斯馬克蘭與印度之商務爲微梟斯人所經營者尚居其多數今日馬克蘭之金錢尚爲微梟斯之金錢也

歐西人以西里亞海口爲土耳基人所佔故蒲萄牙人法斯鼓冒險以覓海道後得好望角之水程然後東西通商之局面又一大變然自蘇伊士運河開通以後則世界商務又復聚於紅海矣舊時航海爲帆船今以汽船代之而交通益行便利然海中之交通固已得效如此而歐亞之間未有鐵路以通之故陸上交通仍藉緩步之駱駝以爲輸運然時會已至兩洲聯貫之大鐵道不久必將出現觀於十九世紀後半百年印度一區之鐵道可以知矣

（俄羅斯鐵道）今日歐亞兩大陸聯貫之鐵路則僅有西比利亞之一條俄國本

部鐵道。自聖彼得堡經穆斯科至亞洲西境。復由亞洲西境造路至英天文臺東經九十度之處。此路爲西比利亞西幹路。今者西比利亞中央幹路將可與此西幹路在貝加爾湖之伊爾庫次克城相連。自此路逐漸開築以來。其地商務已較前大盛。自伊爾庫次克以東有特蘭斯貝加爾及滿洲兩支路。此二支路則與黑龍江之烏蘇里幹路相連。烏蘇里鐵道以海參威爲其極東之止境。此路於一千八百九十一年五月九日經俄皇頒旨所造。今將畢業。從此太平洋與波羅的海一道可達。此路長六千英里。佔地球圓徑三分之一。然此橫貫大陸之鐵道。乃建於荒涼不毛之西比利亞。俄人之意誠不可測。雖將來此路必與中國之北京相接。然遠不濟近。目前必難以獲利。近者裏海四圍之諸大城。俄人已築鐵道與中央亞西亞之各大城相聯。如媒夫撒馬兒罕布哈爾等處。今皆有鐵道。其商務亦因之大盛。今日佛爾哈納一省。其興盛直可與其地古時未經蒙古人蹂躪以前之情形相彷彿也。

（印度鐵路）方俄羅斯竭力經營西比利亞鐵道之時。而英人在印度亦注意於此。當十九世紀末年之時。印度全土殷之鐵道計長二萬三千英方里。幾可圍繞地球一週。自一千八百七十五年以來。其中四分之三業經畢業。然此間鐵路雖極長。不足稱爲大陸鐵路。以英人尙未有以鐵路聯合歐亞兩大陸之意也。近英人欲自緬甸造鐵路以通中國。其法僅須將緬甸之鐵路推廣及於伊拉瓦底河上流流域之孟拱。又自曼德勒（緬京）東北接至怒江之攀龍渡。而與雲南之大理府相接。然英人雖有此志。徒以印度及緬甸兩域中之鐵路。尙須經營。遂亦無暇及此。而中國已倡議自辦。將來可便交通矣。

（中國鐵路）十九世紀後半百年。亞洲國民歷史之變更。莫甚於中國。中國歷史最古。爲世界各國之冠。惟因自恃古國之習。外國新法。皆加以抗拒。今則又有步武惟恐不速之意。雖少年喜事者持之又太急迫。然就形勢觀之。不可謂無一進境。故當十九世紀改而爲二十世紀之時。亦老舊中國改而爲少年中國之時矣。

此世紀中必有設鐵路開礦設公司之偉績出現。以致國之富强。凡前此自大之習以及與世不通之事。皆將變矣。中國近時實業界之發達。不爲大著而已將其仇視鐵路之見解。冰銷瓦釋。一千八百七十六年。上海至吳淞之鐵路開工。乃於次年廢之。第二鐵路之建築。則爲自開平鑛以達大沽。今已由大沽通至天津。復東北而通東三省。一千八百九十七年。始造京津鐵路。（長七十二英里）今已兩倍其里數矣。尚有一路。自北京通漢口。今則上海與吳淞又有一新路以通之矣。中國自古向以河道爲交通利用。故鐵路一事。素不經意。天然河雖極多而長。而能利用爲交通者。尚不甚廣。歐人欲於中國建鐵路或汽船公司。探揚子江之上流。通汽船於嘉陵江及岷江。而緬甸鐵路。滇越鐵路。皆欲通中國各省。西比利亞鐵路接至奉天以後。則中國各省之鐵道。可與西比利亞鐵道相連。然中國皆有收回自辦之議。不許外人染指。今後之中國果能有實力。以速修成之。誠中國之幸也。

（波斯）波斯道路發達至緩然頗關重要國中無鐵道一千八百八十九年波斯以喀隆江准各國汽船運行此爲開通商務之第著一波斯有幅員五十餘萬方英里其居民約得九百萬其人勤儉靈敏然通國無通巨舟之河惟喀隆河可通巨舟二百英里而已其與外國通商皆駝運雖世界上最退化之國亦不至此然一千八百八十年自德黑蘭造一車道通喀斯分 Kasvin 此車道約長九十六英里一千八百八十三年又自德黑蘭通庫木 Kum 此路長九十七英里一千八百九十年波斯西境之馬什德城 Mashed 與俄羅斯之阿斯哈巴德城築一車路以通之此路約長一百五十英里波斯近嘗允外國貲本家以造自德黑蘭通至阿瓦斯 Ahwaz 又自伊斯巴亨接布魯日爾之支路他如德黑蘭通巴格達大不里士 Tabriz 通俄高加索部之阿斯塔拉大不里士通亞洲土耳基之貝雅西德布魯日爾通先揚 Zeujau 加斯分通哈馬丹 Hamadan 加斯分通羅什特 Resht 等鐵道亦嘗允外人建造然儘有加斯分通羅什特一條曾見諸實行而已此路爲俄

人所承造。故其商務之在波斯者。遂日大。且自此路築通以後。自歐羅巴至德黑蘭之路途較近。若遇有急事從倫敦至德黑蘭儘需十四日耳。自德黑蘭通阿瓦斯之路。業已造至庫木。近又自孰斯德造通商之路。以通伊斯巴亨。然以上二路工程皆未就序也。近又築一孔道。自馬什德以通印度。此路若成。則商務必能大盛。蓋自此則馬什得可與英印度西境之喀嗒相通。喀嗒本爲印度鐵道所通。故商貨可以暢行。波斯之西北。俄羅斯之鐵道亦日逼日近。超第弗里斯及亞歷山得波兒及喀斯（均在俄之高加索部）等處鐵道工竟以後。能由亞歷山得波兒出支路以接波斯與高加索接壤之埃里溫則波斯商務必可大振然果如此則德黑蘭將爲商務之要地。而今時波斯南境諸商務。必將爲德黑蘭所奪。

小亞西亞及西里亞之鐵路進步極緩。然近日土耳基政府曾將阿付拉底河谷地之鐵路敷設權。准某國公司承造。從此鐵路必可大興。小亞西亞之路綫。爲自博斯破魯斯至安各拉。又自士麥那至庫尼厄。而西里亞之路綫。則自貝魯德通

大馬士革、又由約法通耶路撒冷、他不能更有增益、以限於地勢故也、

（亞西亞工藝及商業之發達）亞西亞一洲、自鐵路及通商孔道大興以後、其工藝及商業亦隨之而昌大、考亞西亞實爲世界文明最初之地、然其地利及商業之昌大、實始於十九世紀之後半百年、其中如俄羅斯中國印度日本及波斯等國、其地中之寶藏、以及出產之富饒、爲前此西班牙葡萄牙荷蘭等國所未嘗夢見、此三國雖與亞洲通商最早、然當時亞洲之寶藏、實未大啓也、今日啓發亞洲寶藏之國、則以俄羅斯爲最佔優異、一千八百七十五年、俄國已跨裏海兩岸、然其時其目力之所及、僅在東土耳基斯坦之沙漠而已、一千八百八十年、俄得謀夫、五年以後、其邊界直達阿富漢之北境、今日裏海左近之人、已能乘火車至撒馬兒罕矣、其西比利亞之鐵路、其斷處業已相連、從此聖彼得堡與海參威可以藉鐵路以通輸運、今日歐亞人往來、已可利用此鐵道、且可恃本地商務以爲養路之費、佛爾哈納一省、今已復其故有之興盛、出產以五穀棉花爲多、昔人視西

比利亞及黑龍江流域。無不目爲荒寒不毛。然今之視昔。判若天壤。蓋其地既富於農產。復厚於礦質。就今日而言。西比里亞有面積五百萬方英里。而其居民僅得四百萬。然遷居其地之人。絡繹不絕。不久其人數必將與其地數相稱。一千八百九十八年。遷居西比里亞之人數共得四十萬人。其後且絡續加增無已。或曰。西比里亞將來必爲世界上最富土地之一。此地於種麥至宜。其成熟亦至速。伊爾庫次克省一歲嚴霜之期。僅得百日。忒蘭斯貝加爾省及烏蘇里等處。皆宜於興農。自中央西比利亞鐵路大通以後。俄羅斯之麥產大有進步。即此可以見矣。自一千八百八十年以來。西比利亞米產亦稱極富。高加索省。忒蘭斯貝加爾省。及西土耳基斯坦等處。土人米麥均種。無所判別。歐洲之俄羅斯銷米至多。凡西比利亞所產之米。皆運至裏海各商埠而售之。裏海巴古 Baku 口近年出米之數歲至五萬噸。

亞比利亞西部之礦產。亦層出不窮。自托穆斯克 Tomsk 至庫斯尼斯克 Koozne-

產煤之地幾及二萬三千方英里而此地尙未曾開掘也至西比利亞東部則產黃金鐵黑鉛青金石等鑛有四百處之多皆待人力以啓之者也

（工藝）西比里亞之工藝發達亦至速其間之化學料廠糖廠及紙廠均已獲利甚厚滿洲天然之利亦望俄人爲之啓闢鄂畢河及葉尼塞河中皆有俄人之汽船以通輪運而太平洋中亦有俄人汽船來往於日本及烏蘇里之間且北冰洋整年不化之雪中有古代象牙瘞焉取而出之今且爲通商品之一大宗此等古獸之牙及骨爲湯各德土人所挖取其人常時以遊牧爲生夏時則驅雪鹿及於北冰洋入冬則就南方煬谷以爲避寒之計

（滿洲）俄羅斯人因築鐵道之故而滿洲情形已爲搜羅無遺其效果之大幾與英人搜查揚子江上流情形無異滿洲者人素稱之爲中國之加拿大者也其地利及礦產之富可以繼北中國之不足北中國戶口日繁皆出而謀生於其地然北中國山西之煤礦近且日見開闢矣

中國自古富於絲茶十九世紀復增鴉片一項然其礦產之發達實始於十九世紀之後半百年也一俟鐵路大興其礦產之富必可令人駭異其國中之白煤及烟煤之礦產至富至今尚未曾啓闢國之北方西方及中央諸省皆產煤至揚子江上流谷地中則產自然銅鐵汞銀鉛錫等鑛

（日本）日本近時之史蓋富於科學及哲理者也自一千八百九十四年清日之戰以後其藝術及工藝已大進步然其實業及軍事上之進步尤足可駭蓋已成爲世界第一等水陸師之國矣日本今已有三千四百二十英里之鐵道五百六十二里之德律風其陸軍有十二萬五千之常備軍四十萬零七千之預備軍其水軍有戰艦三十一艘

（印度緬甸錫蘭）英人東方之印度其貨品之流通於外國者莫此爲盛而其利源之開闢者亦莫此爲盛然自古以來其農產及工藝之發達亦莫盛於十九世紀而十九世紀中尤以最後十年中爲最今將印度緬甸錫蘭三處之工藝實業

發達史略敘於下。

（印度鐵路）印度自孟買通加爾各打。又自加爾各打通極西北之拉合爾 Lahore 以及馬特拉斯之鐵道。蓋於一千八百七十年以前已有之矣。然其西北界之大幹路。則至今日尚屬幼穉時代。以各要隘尚爲土人所盤據。必大敗土人而後鐵路始得通。一千八百九十九年。全國已成之鐵路。爲二萬二千五百英里。其築而未成者。長三千五百六十八英里。

（灌溉）印度灌溉之制。近亦進步殊速。而以旁遮普一隅爲尤甚。一千八百六十八年。其地便於灌溉之地。僅有一百萬英畝。迨及一千八百九十九年。已得五百二十萬英畝膏腴之地矣。

（農務進步）膏腴之地既增多。而農產品亦隨之俱增。近其國專講求多產麥子以爲出口品。近來印度銀價日賤。而其麥竟能間接受其影響。蓋印度之麥售於英國者。其價較之英國自產之麥爲尤廉。錫蘭本多種咖啡。今則多種茶樹。又昔本多種金雞那樹。今則多種椰樹矣。一千八百八十年之時。印度有多數之地。尚爲大林所佔。今則人考其地可以植茶。於是伐木而闢爲茶園矣。今日印度一處種茶之地。已得五十餘萬英畝之多。

（林木）印度全土除土人自治之小國不計外。共有面積九十六萬方英里。其中十一萬四千里。爲林木部所管轄。其輸與外國之材。僅麻栗一樣。多至六萬四千噸。而林木部所收林產之歲入。復年有加增。緬甸有多種之木料。最合於英人之製造。故運往英國。歲有重數。考緬甸今尚未能整理其林木。尚且如是。其將來之興盛。自可預料也。

（礦產）近今地質學家考察印度。實富於礦產之國也。有多數面積極大之地。昔時視爲石田者。經地質學家考之。始知其富於黃金。自然銅。鉛。鐵。煤。鹽。煤油等礦。且有多處業經開採。自一千八百九十年以來。全國煤產。昔時每年出產僅一百五十萬噸者。今已增至四百萬噸矣。又國中產金之處極多。然僅有賣索爾 Mysore一隅曾有採取者一千八百九十九年賓索爾所出黃金值價二千二百二十萬羅比（印度幣名）是年煤油出產至一千九百萬蓋倫此中以得之緬甸煤油井者爲多是年旁遮普出石鹽至六萬六千噸哈薩里巴格 Hazaribagh 是年出產之金星石值價至八萬五千鎊緬甸之摩古克 Mogok 寶石層中是年所產紅寶石值價至五萬鎊至六萬鎊之間印度鑛產今日尚爲幼穉時代然全國傭於礦者已有二十六萬三千人之多每年礦產所入歲餉約得三百萬鎊印度礦近年始著萌芽然就已開採之煤鐵金礦而計之尚不過如整數之中得其零星小數而已至各處工藝之發達尚待考察也

（亞西亞之政治輿地）亞洲自一千八百七十五年以後各國均從事於釐定邊界俄羅斯波斯阿富汗俾路芝印度及中國等國莫不重新劃分邊界而自此以後各國之邊界遂不至如前之紊亂矣

自俄羅斯攻入突古曼沙漠及阿穆達爾河谷地以後英人大懼於是與俄羅斯

定俄之忒蘭斯高加索部及阿富漢兩地之邊界。一千八百八十四至八十六年。英俄各派劃界委員劃清兩國邊界其時阿富漢西北邊界乃定於阿穆達爾河及候勒德河（又名哈里勒德河）之間此中皆人爲之邊界。無天險之可藉阿富漢極西北與波斯接壤之處。有候勒德河以界之及至色耳非加耳 Zelficar 則界綫不依候勒德河矣。俄羅斯與阿富漢接壤之處。其最南者。離候勒德僅六十英里耳。自喀米阿伯 Khamiab 起則俄阿兩國邊界依阿穆達爾河而東直至帕米爾高原之微多利亞湖。（此湖即阿穆河發源處）過此以東則俄阿之邊界乃劃於帕米爾高原之冰河雪地中。更東則爲中國之新疆矣。俄領帕米爾及中國新疆之間則有沙里各爾山爲之界。然兩國此地之邊界。實尚未甚分明也。俄羅斯與中國之邊界則西起喀什噶爾界綫趨向東北。有時即依天山及阿爾泰山爲界直至北緯五十三度之薩揚嶺。則界綫又折而東南向直至克魯倫河 Kerulon（英天文臺東經一百十七度三十分北緯四十九度二十分）從此遵克魯倫河而至於此河與黑龍江會流之處。復依黑龍江而至於江與烏蘇里江相合之處。復依烏蘇利江溯流而上。直至其河之源。至此界綫稍轉而西。復轉而南。最後至於北緯四十二度三十分之處。至圖門江口。與太平洋岸相接。圖門江口在黑龍江灣（亦名阿穆爾灣）之南一百英里。海參威砲台即築於此。俄羅斯邊界與英領土有二處至相逼。其一即阿穆達爾河在乙什喀什木 Ishkashim 地方。折而向北之處。此間僅有阿富漢之寬約十英里或十二英里之領土。界乎俄英之間而已。又在阿富漢領帕米爾之東。其間適爲沙里各爾山。有貝葉克 Beyek 山峽以通塔格特木巴什帕米爾 Taghdumbash 之處。僅有喀拉曲加爾 Karachukar 之窄狹山谷。界於沙里各耳山及默斯塔格山之間而已。此間邊界復無險可守。過此以東。則俄邊界遂爲喀什噶爾低原及塔里木沙漠所隔。去英領土甚遠矣。而俄與中國北省之間。則有一聯續不絕之沙漠以隔之。此沙漠西起沙里各耳山。東止滿洲之興安嶺。實爲一古初之地中海所成。黑龍江之南。有大地一區。西起興安嶺東止太平洋曰滿洲此地界乎俄領土及高麗之間其中山川秀美林木淺澤畢備其氣候又極佳果能善爲經營其出産之富當不可計算然此地以及海濱綫極長之高麗半島已爲俄人勢力所及而中國新疆之喀什喀爾及沙里各耳等處亦爲俄人所覬覦

（阿富漢政治邊界）方俄領之土耳基斯坦劃定邊界時亦阿富漢北界劃定之時也阿富漢北界西起候勒德河東止沙里各耳山爲一千八百八十四至八十六年及一千八百九十五年等年所勘定其南界及東界經多次之劃界委員勘定其勘定邊界時皆依一千八百九十三年喀布爾條約而行此次劃界計前後共四年始得告成

阿富極東北之帕米爾邊界已及於英天文臺東經綫七十五度自此界綫依分水山而至於塔格度木巴什帕米爾之盡頭處自此則界綫附與都庫什山而行至多拉山峽 Dorah 則界綫離去與都庫什向西南行界乎赤特拉爾及加非里

斯坦之間。又經摩曼特人種所居之地。將其土地分而爲二。半屬阿富漢。半屬印度。又於蘭地卡那 Landi Khana 之處。橫貫自白沙威爾至喀布爾之孔道。至此則印度與阿富漢之間。留一大地。爲一種自主之土人所居。自此直至俾路芝北界之哥模爾河。兩國邊界之間。皆流一狹長之地。爲兩國中間之局外國。彼此不得筦理其事。以爲杜絕爭端之計。自哥模爾河以南。則有俾路芝一國。界於印度及阿富汗之間矣。

（俾路芝）俾路芝在亞洲不能爲直獨立國。其中有直接隸於英者。亦有多處爲半獨立。蓋無論無處。均爲英之筦轄權所及。隸於英之俾路芝則爲栢與 Peshin 西比 Sibr 及塔耳菊鉄阿里 Talchutiali 等部。此數部之地本屬阿富漢。故於一千八百七十九年。甘達馬克之約。改隸英國。三部今轄於俾路芝英代理政府之下。名曰白列顛俾路芝省。至俾路芝代理政府之筦理境。北起哥模爾河南至亞拉伯海。西至波斯邊界。俾路芝代理政府中之土地。其自由固不減於阿富漢然其爲國要與印度土股中之土人獨立國無異耳。印度英督派代理人以莞其地。是名之曰代理政府。

（給爾滿）自俄人勢力漸張於波斯北境及塞伊斯坦 Sistan 以來。英人遂派領事駐給爾曼。Kirman 此城在波斯之南部。在形勢實爲握要。此城與北部之馬什德設有通信機關。自俾路芝之拿須基 Nushki 一部。歸英人行政以後。而塞伊斯坦與印度西北邊界之基達城。遂得通商。此兩城通商路。經黑爾曼特河之沙漠低原。

（印度與法領地之邊界）英領印度雖費無窮心機。以求免與俄羅斯接壤。而獨於法之東京則終不免於毗連疆土。湄公江者界於英領緬甸及法領東京之間。至緬甸與中國邊界則尚未甚分明。近緬甸鐵路盡頭處。緬甸與中國之間則有伊拉瓦底江之支流名美加 Nmaika 河之東分水山以隔之。自此界綫曲折向南至入莫之東南。然後經撣部北界。最後於北緯二十一度四十五分之處界綫與湄公江合。自此以下。則以此河爲天然界限。約行二百英里。在北緯二十度相近之處。緬何界綫又離湄公江而西折。及於怒江。然後依怒江之分水山南下。界乎下緬何與暹羅之間。

下列亞洲各國面積方里及戶口表。分爲二等。一等爲獨立。一等爲歐洲勢力所及之國。

第一等獨立國

名稱	面積方里	居民
中國		
(一)中國廿三省	二•二七八•九一〇	三九四•六八〇•〇〇〇
(二)蒙古	一•二八八•〇〇〇	二•〇〇〇•〇〇〇
(三)西藏	六五二•〇〇〇	六•〇〇〇•〇〇〇
中國總領土	四•二一八•九一〇	四〇二•六八〇•〇〇〇

波斯	六二一八・〇〇〇	九・〇〇〇・〇〇〇
阿富漢	二一五・五〇〇	四・〇〇〇・〇〇〇
亞拉伯	九六〇・〇〇〇	二・〇〇〇・〇〇〇
日本	一五二・〇〇〇	四六・五〇〇・〇〇〇
暹羅	二〇〇・〇〇〇	五・〇〇〇・〇〇〇
亞洲獨立國總數	六・三七四・四一〇	四六九・一八〇・〇〇〇

第二等歐力所及國

名稱	面積方里	居民
土耳基勢力圈		
小亞西亞亞美厄亞古爾迭斯坦美索不達迷亞西里亞等	六五〇・〇〇〇	一六・八〇〇・〇〇〇
俄羅斯勢力圈		
高加索部	一八〇・八四三	九・二四八・六九五

中亞西亞	一・五四八・八二五	七・七二一・六八四
西比利亞	四・八三三・四九六	五・七二七・一〇〇
布哈爾	九二・〇〇〇	二・五〇〇・〇〇〇
基發	二二・三二〇	〇〇・〇〇〇
俄領總數	六・六七七・四八四	二五・八九七・四七九
英吉利勢力圈		
英領印度	九六四・九九三	二三二・一七二・九五二
印度土國	九六四・八三六	六五・七〇六・二五三
俾路支	一三〇・〇〇〇	五〇〇・五〇〇
西金	二八・〇二〇	三八・四五八
安達曼尼古巴羣島	三・一三五	二〇・〇〇〇
拉喀代父羣島	八〇	一四・四〇〇

亞丁	八〇	四一・九一〇
巴林羣島		二五・〇〇〇
英領婆羅洲		
錫蘭	二五・三三三	三・〇〇九・四六〇
海峽領土	二八・〇〇〇	一・〇〇〇・〇〇〇
英領總數	一・八八七・九〇七	二九二・五〇六・四七三
法蘭西勢力圈		
法領印度	一九七	二七九・一〇〇
印度支那土股	三六三・〇〇〇	二三・〇〇〇・〇〇〇
法領總數	三六三・一九七	二三・二七九・一〇〇
葡萄牙勢力圈		
葡領印度	一・三九〇	四九五・〇〇〇

達馬溫	一六八	七七・四五〇
葡領印度羣島	七・四六〇	三〇・〇〇〇
葡領總數	九・〇三二	九五一・〇八〇
荷蘭勢力圈		
蘇門答拉婆羅洲爪哇西里伯麻鹿甲的木爾以及他小島	五八四・〇〇〇	三四・〇〇〇・〇〇〇
合衆勢力圈		
菲律濱	一一五・三〇〇	八・〇〇〇・〇〇〇
歐力所及國總數	一〇・二八七・一一〇	四〇一・四九四・一三二
全洲大總數	一六・六六一・五二〇	八七〇・六七四・一三二

上表所列全洲大總數。係合大陸及附屬各島而計之。若不計各島則大陸之面積。共為一千七百八十萬方英里。而其居民為八萬二千三百萬。

（亞洲民種）近代歐洲人雖未能以科學為根據地而考察亞洲之民族。為或以用兵。或以外交之故。略能將亞洲民種言其大概。自古迄今。亞洲民族代有外移。或因人滿爲患。或因食品稀少。或因氣候更易。遂四出異地以覓新居。然亦有因利覦他人國土而以兵外出者。至此種四出滅人國之時代。爲時極古。當時兵民不分。故往滅取人國。而舉族悉隨其酋而出。後世軍民既分。遂無此種風潮。而此等舉族從軍之民族。凡兵行所經之地。遇其人民則俘之而挾以與俱。其人大半昔居於亞洲南部。故今日亞洲南部之民。其種類至雜。令人莫能考其由來。

近今以劃邊界之故。而考得印度西北邊界。僅有兩山峽可通印度。一在印度西北。一在印度之西。凡中亞西亞之民族。歷次來寇印度。兵行不外此二山峽。所謂印度西北之山峽。即喀布爾山谷是也。所謂印度西面山峽。即馬克蘭是也。沙西月底約得各德匈奴等族。皆取道喀布爾山谷。而至旁遮普。即亞洲東部之人。其至印度亦取道於此。從未有在東方另闢一途。以通印度間。有自中亞西亞向喜馬拉雅山南行者。終乃爲環山所阻。遂得地而安居。故喜馬拉雅山谷中。今有最資考究之民種存焉。其民未嘗越喜馬拉雅山而南。故其種至純。至晚近中亞西亞民族來侵印度。則亦自喀布爾直接達於白沙威爾及特里。至印度西面山峽。則自古即有美索不達迷亞之民族。自此以達信地。既至信地以後。則或入印度之中央部。或淹留於俾路芝東南之高原。近代亞拉伯人亦取道馬克蘭而至印度河流域。於此建一國度。歷時凡三百年。故今日印度之居民。實合波斯亞拉伯錫地亞等民族而成。考究民種學者。遂以印度之民種爲考究民種資料。然印度之民。後亦有遷居於西北等地者。故欲詳審其種類。誠至不易也。

亞洲民種之至博大者。莫如中國。中國兼滿漢蒙而言。歐人或以蒙古種賅之。凡西比利亞中央沙漠。裏海北部。中國西藏緬甸以及印度北部。無不爲此種人所居。緬甸東部諸民族。如貢族喀貢族撣族等。實亦屬於此種。然而細別之。其種乃界乎中國及西藏人之間也。

印度之中央部有遺民曰別而曰古而此兩種人。今人考其種類。實與西藏人相同。此兩種人大約居此最早。蓋中亞西亞之蒙古人種。繼太古時之尼革羅人種而居於此者也。蒙古人種之居於印度西北邊界諸境者。其深入阿富漢俾路芝內地之情形。近始知其詳細。波斯加拉德 Kalat 以南山間之明噶耳民族。自稱爲蒙古人之苗裔。而馬克蘭一地。亦有古昔蒙古人殖民之遺址存焉。

亞洲蒙古民族以西之諸小民族。近人嘗詳爲之類別。古時沙西或西支（或曰即禹貢中之析支 Scyth）民族。今考其爲屬於愛林人種。此種人今日在中央高原中或山谷中尚能見之。波斯阿富漢俾路芝巴達克商等國最古之民族。或曰爲塔日克人 Tajik 此種人亦爲愛林人種。以其言語中有梵字之根極多也。此種人自突厥侵入其地以後。遂失其土地之主權。今尚有其遺民。其智識尚高過突厥人種也。至西土耳基斯坦之厄斯貝克及古爾吉斯兩民族。實與蒙古人種不甚親切。

突厥人屢次侵入西土耳其斯坦後亦有再遷而他往者。此兩種人。即其遺留之民耳。今俄羅斯之民種家區古爾吉斯人爲兩類。一曰喀拉古爾吉斯。一曰可薩克古爾吉斯。此兩類中以可薩克古爾吉斯人爲近於蒙古人種。喀拉古爾吉斯人居於天山阿爾泰山一帶。其人蓋突厥種也。至所謂克浦郤克 Kipchak 民族者。實古爾吉斯民族之一支耳。古爾吉斯民族之語言。爲土耳基語言。而其宗教則爲回教。此種人爲遊牧之族。而沙德人則爲村居之民。因此古爾吉斯人極賤視之。喀耳馬克民族。則爲崇奉佛教及回教之民。其人始居準噶爾。結數族爲一聯邦之制度。後又遷至西比利亞。居於窩瓦河之下流。至十八世紀之末年。此民族又自窩瓦河復遷歸庫車。Kulja 臣服於中國治權之下。突古曼民族。實爲純淨之突厥人種。其語言亦純爲突厥語言。至君士但丁之突厥語。則已雜有蒙古及他種語言於其間矣。近時民種學家。謂中亞西亞之突古曼民族。與歐羅巴之圖頓民族。至爲相類。緣考兩民族之風俗習尚。蓋有絕相似者也。又有人言突古曼民族與印度西隅拉日卜德民族亦至相類。緣兩民族人皆有紅色之皮膚也。果爾則民種之學愈精。則突厥人種將不能列於蒙古人種。而當歸入高加索人種矣。突厥蒙古兩民族。古人統稱之曰析支人。近代學者。則又統稱之曰韃靼人。印度特里皇朝實爲突厥巴巴爾所建設。後人稱之曰莫臥兒皇室。實則莫臥兒即蒙古兩字之一轉音耳。阿富汗之度拉尼民族自言爲古以色列之苗裔。近代學者不能駁之。又印度北部曾受希臘教化。近亦查有確證。又有謂馬基頓帝亞歷山大未至印度以前。希臘已有流寓於印度者。此一說。近人以嘗覓得其人寓居城邑之遺址。因而愈信其不謬。加弗哩斯坦有希臘尼希安人之住宅遺址。因知此地在亞歷山大未至以前。實亦有希臘人寓居於此。今日加弗哩斯坦山中居民。尚有唱詩歌以頌揚希臘酒神巴格斯 Bacchus 者。至赤特拉爾及白沙威爾兩處中間山中之居民。經別度而夫考查至確。而摩格勒及塔德之考查俾路芝之民族。亦至有效果。自一千八百八十年以後。亞洲情事誌及遊記等書。多不可勝收。此書僅撮其大略耳。

亞西亞新志終

學部圖書局

光緒三十四年二月印刷
光緒三十四年三月出版

（定價銀元二角四分）

編纂兼發行者　學部編譯圖書局

印刷者　學部編譯圖書局

總發行所　學部圖書局售書處
京都正陽門外五道廟街

国家出版基金项目
NATIONAL PUBLICATION FOUNDATION

海上絲綢之路文獻集成

總主编 陳支平 陳春聲

歷代史籍編 26

主编 范金民

海峽出版發行集團
THE STRAITS PUBLISHING & DISTRIBUTING GROUP
福建人民出版社

本册目次

地輿圖考一卷亞細亞洲圖考四卷

〔清〕龔柴撰

《地輿圖考》一卷《亞細亞洲圖考》四卷，清龔柴撰。柴字古愚，法文名Simon Kiong，浙江寧波人。光緒間任上海傳家玫瑰天主堂司鐸。精研中外輿地之學，曾主筆《益聞録》。此書即光緒五年（一八七九）《益聞報》館創設時所撰，刊列報中，後將其中亞洲部分彙輯刊印。所採中外諸書，舉凡諸國疆域之寬窄、開國之遠近、世代之沿革、物産之盛衰、人才之優劣，與夫山川形勢、風土人情，有益於見聞而堪資印證者，靡不備具。先總論五洲，後乃敘亞洲。首中國，次朝鮮，次越南，次暹羅，次緬甸，次日本，次亞洲俄屬，次西域回部，次阿富汗，次俾路芝，次印度，次波斯，次阿剌伯，次東土耳其，末西里亞。先圖後考，敘述翔實，頗便考覽。據上海圖書館藏清光緒九年益聞館排印本影印。

地輿圖考

光緒九年歲在
昭陽協洽旦月
蒲西益聞館印

地輿圖考序

粤自山經爾雅鴻文闡列域之奇暨亥大章禹步窮八荒之跡故東鶼西鰈品物囿於殊方黑壤青黎貢賦辨於分野洎乎澄波滄海越裳之雉來廷通道蠻夷西旅之獒作貢朝鮮遠裔屢獻龜疇肅慎歸王九更象譯固已聯情中外車贈指南誌美梯航鼓傳記里已他若山名姑射地入嫏嬛認堯跡於寒門金根鑿字探河源於星宿銀漢浮槎半屬子虛無稗聞見然而天涯若接地勢誰窮考列國之幅員星羅棊布抱諸家之記載充棟汗牛究之論地利者未能旁及他邦繪地球者又難備言風土惟龔古愚先生所著地輿圖考初集亞洲圖考爲美備矣昔泰西分天下爲五洲其所謂亞細亞者中華居之俄國隸焉餘若日本印度緬甸暹羅數十國犬牙錯處何以察其封圻二萬里鳥跡鮮通何以攬其形勝爰有異才奮乃椽筆採寰瀛之載籍稽海國之輿圖綜此一洲繪

之寸楮辨此疆與爾界脈絡分明寫高山與大川規模粲著窺其形勢夷險攸分省厥民風華樸互見陶靖節之傳高士鳳逸龍蟠東方朔之記十洲靑芝赤箭旣條分而縷晰洵豁目而賞心邃古以來巨觀僅見秉筆者咸推道子粉本在心披圖者如入山陰應接不暇謹序

光緒癸未歲賜同進士出身知安徽廣德州事中州張崇壹峯甫撰於石封官廨

敘

余承乏廣德正齋之九年夏牧司鐸艮出益聞館掌文李子問漁函爲龔子古愚請地輿圖考敘嗚呼此卽讀盡古今地輿志亦如張茂先之入嫏嬛福地有見所未見者乎泰西諸國明以前未見諸史亞細亞本係東土耳其城名自泰西人以名此洲而名斯著夫以天下之有五洲也水居其三陸居其二陸分新舊新土二洲曰亞墨利加曰澳削尼亞舊土三洲曰亞細亞曰歐羅巴曰亞非利加此五洲也而其中之地土廣大者惟亞細亞爲最北界北冰洋南界印度洋東界太平洋墨領峽西界紅海地中海他大尼峽馬海君士但丁峽黑海高加索山又裏海烏拉河烏拉山歐羅巴列國英吉利瑞典那威丹麥荷蘭比利時普羅士西俄羅斯奧地利亞意大里亞法蘭西西班牙葡萄牙十二國皆駕輪舟駛數萬里重洋通商於內測其形勢經線自京師午線偏東七十五度

起至偏西九十又半度止緯線自赤道向北初度起至七十八度止總計長萬三千八百六十里廣萬有一千五百里以方里計之約得百十二兆十一萬一千八百方里自古北方地寒不生五穀東西則氣溫地沃草木向榮南方尤盛人類叢生聖賢代出此殆世所謂人洲者歟觀此圖畧已如山陰道上目不暇給異日全書出分門別類如數家珍又豈自來一統志之所能該括也哉余腹儉強從牧君命恐難免貽譏大雅焉

光緒癸未歲初伏廣德州學正甲子科舉人涇吳愼旃定孫甫撰

序

聖賢教天下仰觀天文之外又必俯察夫地理以故禹貢紀要荒周官志職方周髀設四隤之喻鄒衍創九州之說輿地之學由來尚矣第六幕至高四維至廣古時生靈鮮少各處一方四海五洲之大言語不通質幣不達商賈不相往來夷夏不相聞問儒士局蹐偏隅執管窺豹好爲驚人眩世之詞大都出於臆度姑弗論山海一經荒誕離奇不足取信卽淮南子言天圓而地方又謂地有九州八柱尙書考靈曜謂地厚三萬里管子謂地之東西二萬八千里論說紛紜不勝枚舉六朝五代之人往往重而信之降至今日不值識者一笑何則溯自有明中葉西人行至印度而亞歐非三洲之地通矣厥後高隆氏尋獲亞墨利洲而地球分新舊二壤矣又後西人航海來東順流而南得見澳削尼諸島而五大洲形勢瞭如指掌矣自是以來泰西各國發巨貲聘名士分往八埏

采風問俗將各方風土人情物產名勝幅員之廣遠人民之生計一一備載圖書用資參考而地學乃日益詳密矣猶恐
朝廷重之鄉民未必仿行也凡國家取士設地學之科家塾國庠俱令名師教授童子束髮讀書即以地圖爲始業人無論富貴貧賤業無論士農工賈苟能就傅數年稍通文字未有不畧知地理者中國不然自明太祖帖括之藝行有志功名之士埋頭蠹簡嘔血雞窻專以制義詩賦爲進階而他學皆不暇及甚有頭角崢嶸身膺靑紫仍不知何物五洲何物兩極殊可笑也竊謂地學與經學理當並重春秋十二公疆土紛更爾雅十九篇山川臚列苟重經學不重地學烏得通達其圖形此地學之要一也人生銳意攻書誰不期出而用世然一行作吏踪跡靡常或馳驅兩粤之間或奔走三江之上或賦皇華或歌四牡絕域遐方皆所宜至非精於地理烏乎可此地學之要二也中國自近數十年來交通萬國立約

行商輪船往來不遠萬里苟不知英國何在法國何在美國巴國又何在吾恐共貨復生應亦望洋而嘆此地學之要三也行軍爲邦國之常或藩服不臣興師問罪或強鄰侵偪振旅交鋒入人之境當識要區攻人之壘宜知險隘自古勳臣大將共所以運籌帷幄制勝疆場者必先熟悉夫道途而後可以從事此地學之要四也當　國朝定鼎之初西人來我中邦寥寥無幾斯時之文人大抵以博古求虛名而時事皆所不問延至今日則大不共然電線設報章行他國之時宜頃刻傳之吾國上而廟堂下而市肆無不以時事爲聚談之助自不知地理者聞之一若語海於井鼃語冰於夏蟲茫然味然不知所指又焉得與世周旋此地學之要五也人爲萬物之靈敬長孝親之上尤當認識乾元懔十目十手之嚴不敢忽於造次特是幾希智小格致功宏近取諸身不若遠取諸物明地學則覺汪洋之大人民之衆山川禽獸之多且奇

必有一蕩蕩主宰默運其間而對越之誠不禁勃然萌發此地學之要六也昔我天主教中利瑪竇艾儒畧高一志南懷仁諸公自駐足中華卽以傳授西學爲己任於是博采羣言閉門著述有空際格致職方外紀表度說坤輿圖說等書付梓行世當時名公卿爭先快覩膾炙一時是中國之有全球圖考實自西教士始也惟是學問之道愈求則愈博愈考則愈精今人之所知每爲前人所未曉自益聞錄創行伊始予商之龔君古愚先將輿地之學列入報章俟地學畢而推算形性天文律例等學逐漸刊行藉資考証龔君曰然乃力任其事於今四載茲將報中所列彙爲一編顔曰地輿圖考書成索序於余爰敘是編之所由來以弁其卷首

光緒九年癸未仲夏日南沙問漁李杕識於益聞館

敘

光緒五年己卯益聞報館剏設於上海徐家滙余不敏承乏輯著地輿圖考刋列報內迄今四歷寒暑悉心探究涉獵中外諸書其山川形勝風土人情諸國疆域之寬窄開國之遠近世代之沿革物產之盛衰人才之優劣凡實有益於見聞而堪資印證者畧具於篇句不尚艱深詞不求華藻匪特腹餒所致亦理所宜然也茲因同人慫恿先將亞細亞洲圖考復加參校重付手民噫崑崙之脉發於培塿江漢雖長始於涓滴余之考畧僅培塿耳涓滴耳然苟由是而旁搜遠引撫古徵今或者於中外修睦事宜通商利害之所在幷推原反本認識闢地生民之主而昭事惟謹不無稍補也因述是書之緣起而誌予願望如此

前京司鐸古愚龔柴序於徐家滙之修省齋

凡例

一書中所畫諸圖悉照西人原本第原圖細如毫髮而山川城鎮大小全羅殊不可以筆畫繁多之漢字逐一註明故從畧居多以資醒目

一圖上經緯度線照泰西畫法各得三百六十度緯線每度約得中國一百八十里經線於赤道上亦然漸行南北每度里數漸減其每度當減若干丈尺里數須以西人所著並線度數表爲準

一各國省府州縣疆界及山川湖澤相距里數概以挺直計核算里數只取地方兩角相離最甚處中央方正與否不計焉以故地非方正者不可乘東西南北相距里數以得方里蓋方里專指實數彼則有未盡然者

一書中外洋地名大半照徐君繼畬瀛環志畧凡是書所未著或譯音與本國原音逈異者竊爲譯正以昭確實

一瀛環志畧所譯地名與前泰西傳天主教士利瑪竇艾儒畧南懷仁所書地名多不脗合蓋一係英文一係辣丁不能渾而相同也是書取此舍彼並非厭舊喜新實以徐君所書地名刻下相沿傳誦在人口吻間耳

一徼外諸國中國史書所載歷朝稱謂迭更亂若棼絲苦難強記茲取其頗有把握不涉離奇者存之於篇其餘概爲節畧

地輿圖考目錄

亞細亞圖考

卷一

卷二

卷三

地輿圖考

前京　龔柴古愚氏　撰

地體渾圓說

地理之學、賅論甚廣、而要以體質形勢爲肇端、竊以上古學問未精、見聞未確、謂地體平方、廣漠無窮、莫能抵其絶域、是說之謬、地理家久已知之、斥爲僨論、而獨以地體渾圓之說、據理辯明、瞭如指掌、茲特揭其二三、聊資印證、試居極平之原、無樹木峰巒礙目之處、一望四周、僅數十里之遙、但見形勢圜圓、而得一定界線、界線之外、不能再見、豈地之限於界線、而數十里之外、已無地輿可通乎、無是理也、若謂地面不平、故有此界限、則試行大海中、風息浪靜、固不得指爲不平矣、何以極目四圍、亦不過數十里之遙、已見天沉乎水、水接乎天、拘于一線之分、不能復求其遠也、若又不足、試升舟桅、竭其目力以望之、船桅愈高、太平圓界線愈遠、廣可至六七十里、甚至百里二百里焉、然終見太平圓界線界乎天水之中、而界線外不得更見、豈非地體渾圓之明證乎、抑聞之、中國迤西絶境、有雪山、卽所謂倚馬山、峯巒聳嶂、高徹雲霄、其最者、約十四里有奇、設有人升而環視之、則見江湖如一綫、城郭似蟻封、其餘高崗峻嶺、與邱塚無殊、惟平線雖廣、仍見太平圓界線、界乎天地之中、誠以升處愈高、太平圓界線愈廣、而觸目諸物、向沉界線下而不得見者、上升之而始得盡見、此地圓之說、固相形之而益見者也、請以圖

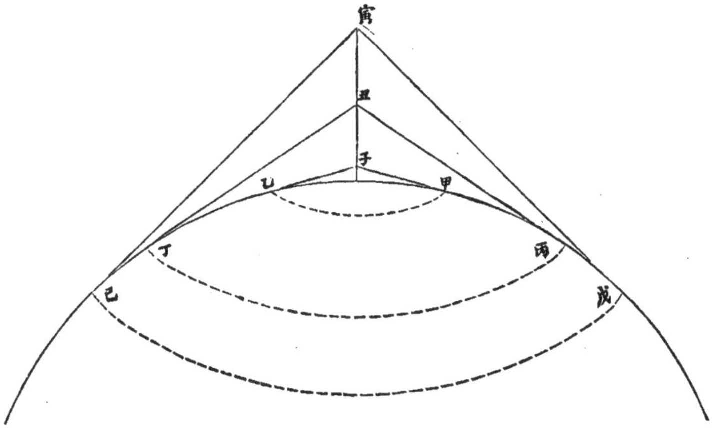

像明之、如人在小山子點、僅見甲乙線內之形形色色、線之外、則目不可及、若升至丑點、太平圓界線較廣、乃甲乙丙丁線中之物盡見矣、若人在寅點、則甲乙丙丁戊已線中之物、向所不得全見者、今在寅點而悉見、即此以推、地其平乎圓乎、若曰平也、則人在子點、何甲乙界線外之物、不可得見、必俟至丑寅而始見乎、可知地體若丸若彀若球、洵非虛語、惟其如是、故物在界線之下不得見、而周視四圍、常見太平圓界線、不貳不差也、或者曰、人在子點、不見甲乙界線之外、非係地體形圓、實以目力有所不及、故拘於近、而不及於遠也、余應之曰不然、蓋目力所攸關者、遠近耳、如數武前之物則見、而百里以外之物、不得見者是、若同是遠近、而惟高下有殊、如上文所言者、則決非目力之故矣、再設有人居高塔、遊目騁懷、忽見桅梢隱出海角、而未見其帆、既而船漸近、漸露半帆、以及全帆、終露全船、無他、海面渾圓、勢如弓弧、初見桅梢、而未見帆與船者、以桅頂高於帆船、先出太平線上、而其帆船仍在太平線下、既而漸進漸升、帆與船俱出太平線上、於是一望瞭然、無復阻隔矣、舉一反三、大地渾圓之說、不可參悟而知乎、且以今之環游地輿者驗之、設有二輪船於歐洲某地、一時俱欲抵華、一則駕輪向東而行、常循海道、歷四十晝夜而抵華、一則駕輪向西而行、經大西洋至亞墨利加東邊登岸、駕火車而至西邊、復駕輪船由海而行、道經日本、曾不百日、而亦抵華、坤輿爲之周經、無窮途之慮、無隕墜之憂、更無猝爾遷移、恍惚無憑之景、此亦地體渾圓之一證也、或者又曰、假令地體渾圓、誠如君論、則於地球之上、既皆有居民、凡人之僑居他半球、而足與吾足相對、首與吾首相違者、似不能免倒懸之虞、而勢難生活、有是理乎、是又不然、蓋有地心爲之吸引、而各得鎮定無危也、設有人焉、懸一石於井口、或高塔之巔、若剪斷其線、則是石不待外力、頓即墜下、至於井底、或平地而後止、何也、勢向地心而降也、又如彈丸出鎗炮之門、雖其勢甚猛大、其力甚遠、而終歸息止而落地、又設懸一極重之物、繫長繩而推之、則見始果輾轉運動、自此邊上升至一定度數而止、旋降而升至彼邊、亦至一定度數而止、成圓弧線若干分、升則較遲、降則較速、有定程而無或爽、既而推勢漸衰、度數漸減、卒乃勢竭而

止其所止之點離地最近設此時長繩忽斷重物必不側不偏直降地面凡此者皆以地心吸力使然而不得別求他故也蓋物之所謂重者各具重心重心者在重體之中而地之中心爲諸物各重心之本所故物無鉅細悉如水之就下而勢不可過使無外物以阻之推重物之量直欲悉至地中心而後止今合宇宙之內人人之身皆爲重物既爲重物則皆向地中心而就之故彼居他半球而與吾足相對者悉就地心而佇立無稍異於吾儕斷不得離地而別有所就且彼之於吾無殊吾之於彼吾以彼爲倒懸彼亦以吾爲倒懸吾既無傾倒之危彼豈獨反重體之性而隕墜堪虞哉然則上下之說非乎曰未也上下者專以身之所居而言也凡足所佇卽爲下凡首所向卽爲上衆口一詞別無意義另請繪圖以解之玆有甲乙二山其高皆十里甲之下丑點至乙之下卯點相去亦十里不之究者將謂子寅二點相去亦惟十里而詎知實則十里又丈六尺左右也倘二人升其上而自相瞻望則彼此見若欹側不安岌岌危甚然究之彼此二人各自直立顚墜無虞以此較彼推廣而至反足之地核而及之人人物物卽知彼之所以能生活不墜者果出於理之本然而不必作杞人之憂也

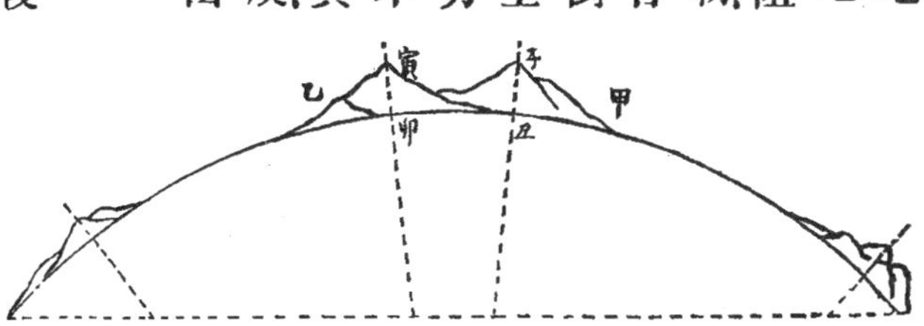

地圜行星說

地體渾圜早已衍有定論然其於六合之間若何位置則執辯紛紛歷久莫衷壹是溯後漢之季希臘國博士多祿某曾輯前人之論說纂帙成書刊行於世其說概以地球居中外包十四重天環運列次如蠶居繭內層層包裹者然其一重曰氣天二重曰火天三重曰月輪天四重曰水星天五重曰金星天六重曰日輪天七重曰火星天八重曰木星天九重曰土星天十重曰星宿天十一重曰次晶天十二重曰首晶天十三重曰宗動天其第十四重則爲大造與天神聖人滿享榮福之所永靜不動矣一時傳習紛紛奉爲圭臬雖於論辨重數小有不同而綜考大端則歷千百年目爲至理究其所以然之故非學士之

聰明未至、推算不精、實以測天之機器未工、而目力有所不及耳、故泥於日輪運動之形、而反謂地球安居穩靜、未明其理、闇於一偏。迨前明嘉靖年間、波蘭國人哥伯尼繼起、沈通天文地理等學、博採旁稽、輙會多氏之說、尚有不解不合處、爰更創新論、嗣經精習天文諸人、再三參補、推算察驗、於是哥氏之說、定立不磨、至今日而法名大備、按哥氏之說、太陽處中、

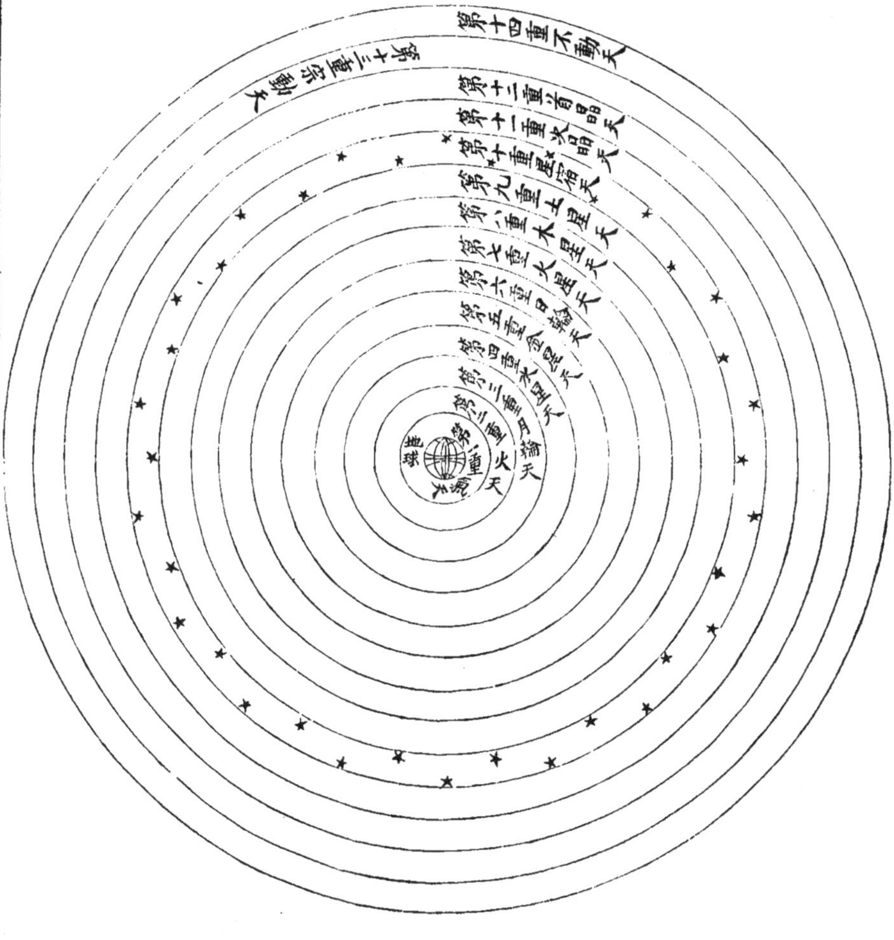

多祿某談天圖

盤旋樞紐、不離本位、并浩浩炎炎、光芒普照、地球與各政、同爲行星、環之而行、川流不息、其行星爲數幾何、未能必具、以今茲所知者計之、大者八、曰水星、曰金星、曰地星、曰火星、曰木星、曰土星、曰天王星、曰海王星、小者五十四、姑畧其名、以爲數過多也、大行星之中、其地火木土天王五星、各有小星環已隨行、謂之月、或謂之跟星、地星惟有一、太陰是也、火星有二、木星有四、土星有八、天王星有六、海王星有一、行星各有軌道、差近圓形、若其星之軌道迥異於他星、而

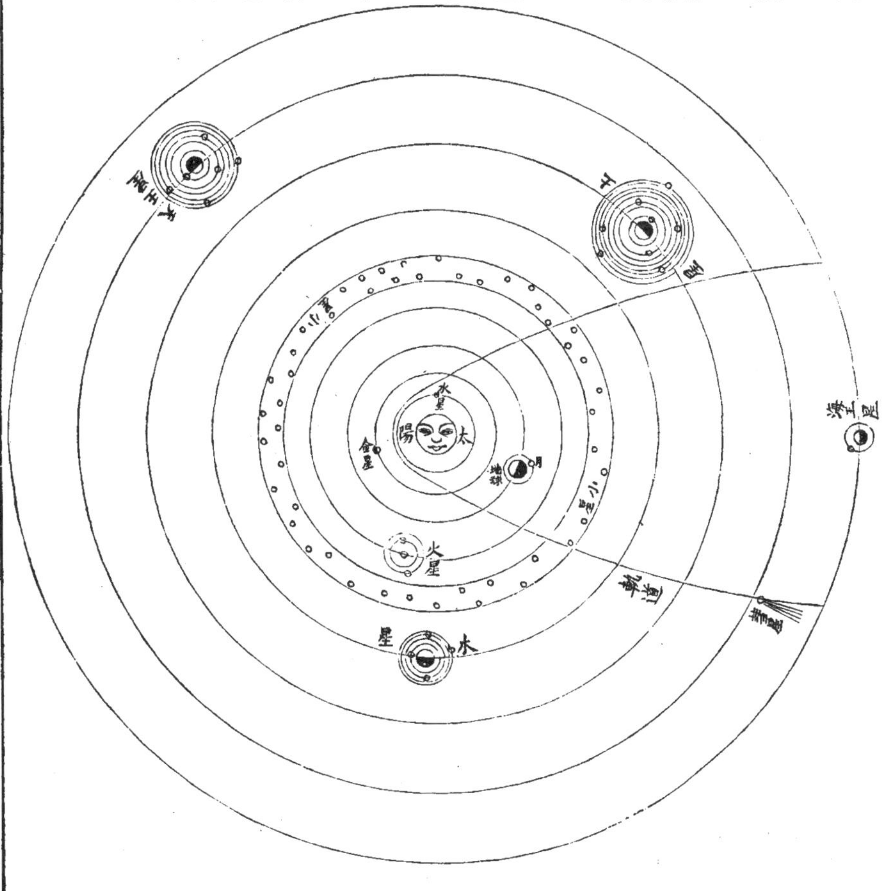

歌伯尼談天圖

2

成卵形者名曰彗星、世俗稱掃帚星、以其體外、概有光芒隱現、如尾如髮如鬚如帚者然、故有是名、爲數亦多、更不能確定、行星之外、乃有恒星、恒星者、本體有光之星也、彼此相離之遠近、無稍差異、惟因地球之行、自西徂東、故人但見恒星與日球、每日似由東而西也、其數不可勝計、今已知有百五十兆餘、離地甚遠、最近者、尚距二十四兆三十三萬餘里、說者謂其各有行星若干環繞、若各爲太陽然、假以我人之太陽、與之較大小、亦僅在五等或六等之間耳、然而太陽之大、已奇妙入神、比之地球徑長百有十二倍、身則大百四十萬倍、而重亦三十五萬倍、於以知地球雖廣、實不過渺小行星、環日運行、周而復始、以分晝夜、以成歲時、蓋地軸自轉、周運而復始、歷二十三點鐘五十六分四秒以成晝夜、又循其軌道、環轉於日外、歷三百六十五日五點四十八分有四十五秒、方得周運、是爲一年、天文家以地球軌道之冗長、與環運一周之日數、測其運行之迅速、謂每日約得一千一百七十兆里、惟因運動極穩、而地面聲聲色色、毫無變遷、隨之皆轉、故人居其上、莫覺其運動、更不覺其迅速有是也、譬如駕舟於江水之間、正值波平風正、不假櫓槳推挽之功、則坐船之人、惟見兩岸山林樹木之轉動、而自不覺其前行、更不覺船上諸物、與之皆前也、以小喻大、或者庶幾乎、以上所言、皆與地球維繫繩連、置之於行星之列、故聊將天文家論說詳明者、畧爲撮述、至地球如何爲行星、與如何能運行空際、萬世不易等條、則理微而紛繁、恐一時遽難推悟、爰闕而不書、以俟將來談天之日、

測量地球說

天文家以地球兩極稍凹、而中央稍凸、謂之橢圓、以其相去里數、較量計之、赤道半徑、約得一萬零三百三十七里有半、兩極半軸、亦得一萬零三百有二里餘、相去僅三十五里許、以地球之廣厚擬之、不過二百九十三分之一、故地理家皆忽此累黍小數、而直謂地球渾圓、以兩極半軸與赤道半徑、渾相等量、折中計算、謂得萬有三百十八里、夫乃知洋海雖深、山嶺雖峻、欲擬地之廣厚、尚不止泰山邱垤之喻、蓋最高之山、不踰十五里、至深之海、亦惟畧過其數之半、請又畫圖以明之、圖上丙爲地球、甲丙爲地球半徑、自丙至乙、盡

爲烈火萬質皆融自乙至甲爲地之外殼甲爲地面子爲蒙地面之氣人賴以生者也高不止百有三十里以圖推之高山深海洵不足計量而人之居斯地者不更渺小之甚哉此地球體積之畧也至于地面地理家立有經緯二線以定各處之方向實核其所在立緯線以量其各方距離二極之遠近立經線以量東西相距之長短其法分地球爲兩半球上分爲北下分爲南右爲東左爲西北端謂之北極南端謂之南極於南北兩極適中處立一大圈謂之赤道赤道之南北各畫大圈九十與赤道並行名曰緯線在赤道北者謂之北緯在赤道南者謂之南緯各緯相距度數謂之緯度是猶未足立經線又曰午線三百六十均達南北二極與赤道各緯線相搭爲直角其起算午線今日槪以本國京都爲主京都之東一百八十度謂之東經京都之西亦一百八十度謂之西經其度卽謂之經度經與緯每度爲六十分每分爲六十秒惟緯線漸近二極圜圈漸短而經線之相離亦漸形窄隘以盡於二極故經度相違之長短懸殊非如緯度之可一例計也緯線每度約得一百八十里經線每度於赤道亦然漸行南北則度之里數漸減至六十度而僅得赤道里數之半由是知赤道周圍或緯線周圈各得六萬四千八百二十九里餘以合泰西算法約得四十兆梅忒耳而中國三百六十步一里約合地理家所稱一分之三分之一而得六百十七梅忒耳其說近是卽於尋常所稱里數亦若符節故余取之不疑而謂每度得一百八十里與諸書所稱二百里或二百三十里或甚至二百五十里者懸有差池非故創爲新說也蓋非此不能明耳此尺量經緯度線之制也至於地面方里之數統垓埏而論約得一千三百三十七兆八十三萬有百方里每方里約得六百有四畝

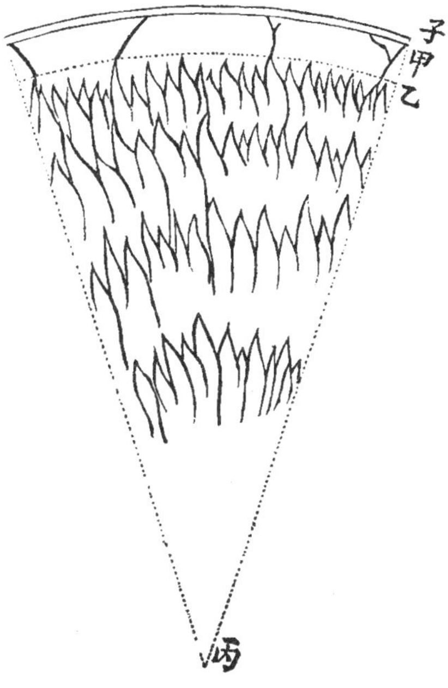

二分餘、以此數乘方里之數、盡地球之廣、共得八千零八十四兆七萬六千九百畝、而水居五分之三、山嶺之錯雜、沙漠之廣袤、亦在其內、地面氣候不齊、寒煗迥異、地理家畫線五條、分寒温熱五道、中日赤道、所以平分地球爲兩半球、而于春分秋分兩日、太陽正射其上、天下晝夜皆齊、而無長短之別也、赤道南北各二十三度二十七分五十七秒、有南北二帶、二帶之間、凡四十六度五十五分又五十四秒之地、名爲熱道、以太陽行于本道、光芒直射、炎熱較他方爲較甚故名、熱道之南北各有道、曰温道、日光斜照、暑熱融和、非復赤道之比、若自兩極逆筭各二十三度

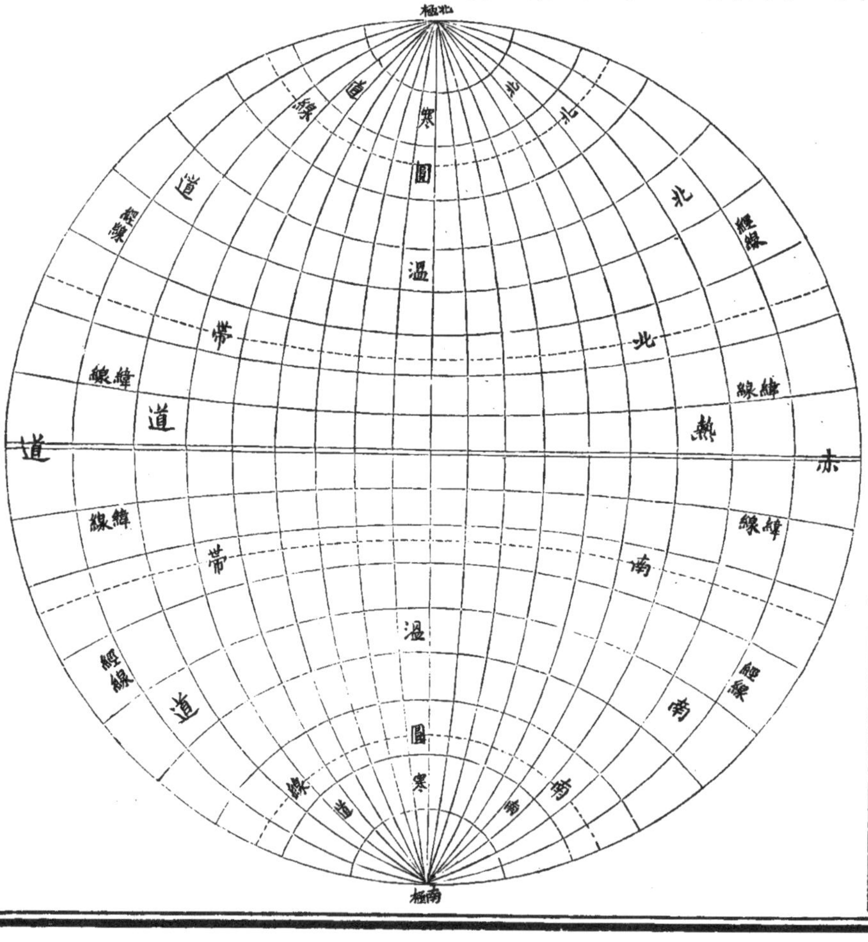

二十七分五十七秒而畫線焉、則在北者爲北圜線、在南者爲南圜線、在此圜線之內曰寒道、因其歲中多半無赤日照臨、即或照臨、光亦極爲偏倚、故凜寒嚴密、水陸皆氷、此其各道取名之實義、而言其寒暑之大畧情形也、蓋地方寒暑沃瘠、非盡在太陽之煦育、而高山深谷風雨晦明皆有係於是、故殊不可泥執一端、而反怪地理家所言之不當也、

地理形勢釋名

地面水陸五分、水居其三、陸得其二、形勢攸異、稱謂互殊、其名之係乎水者、約而言之、曰洋、曰海、曰灣、曰峽、曰江、曰河、曰港、曰湖、曰澤、曰蕩、係乎陸者、曰平原、曰高原、曰隅、曰腰、曰角、曰堰、曰山、曰島、曰沙漠、曰沙磧、洋爲海之大者、瀰漫一水、渾渾無涯、地理家辨作五洋、曰太平洋、即大東洋、介中國與亞墨利加之間、洋面寬廣、推此爲最、曰大西洋、所以判歐羅巴及亞非利加於亞墨利加者也、曰印度洋、處亞細亞之南、與亞非利加之東、直至澳大利亞大島爲止、曰北氷洋、爲北極之大海、曰南氷洋、爲南極之大海、皆凝氷堅厚、經歲不消、故有氷洋之稱、海者、水之較小於洋、域於地中者也、如地中海、波羅的海、黑海、是其稱謂之間、名實相符者、若裏海、鹹海、青海、則大湖而稱爲海也、紅海、馬海、衣袖海、則大峽而稱爲海也、亞得亞海、波斯海、則大灣而稱爲海也、蓋灣者、水之恢闊有限、深入地中、本不足當海之名也、峽者、水之原尾皆有海洋、或大灣、而介於兩土之間、宛若水陸之介於兩山之間也、其較寬者、謂之大峽、窄隘者、謂之小峽、大峽如上文所言衣袖海、在英法兩國之間、小者如墨領峽、在亞細亞北方、與亞非墨利加之間、直布羅陀、在歐洲與亞非利加之兩絕處、此小峽之著名者也、他若臺灣等峽、爲數甚多、不勝枚舉、至于江、則浩浩長流、洪波漰滂、百川總滙、朝宗于海、如黃河楊子江是、河者、水之虹貫內地、灌溉田畝、潤澤生民、曲折萬狀、卒會於江、涇渭淮漢皆是也、其水導江河之源、涓滴細流、卒成巨川者、姑名小河、水之非出自性然、而假人力以成者、名之曰港、故運河雖長、亦不過港之大者耳、此皆通流海洋之水也、若水之積于地中、瀰漫蕩漾、而與洋海本與一線之通者、則謂之湖、如江南之彭蠡、江西之鄱陽、湖廣之洞庭是也、湖小而淺曰澤、澤有草木曰藪、畜水之地曰陂、

水蓋之田曰蕩、水本曰源、水之自上下瀉者、曰溪、其從高山峭壁、倒流而下、急湍非常、而形如布幅者、曰瀑布、源之細流而不成巨川者、曰泉、泉有沸有溫有冷、其可療疾病者、謂之湯泉、此水名之大畧也、名之係乎陸地者、曰平原、畇畇膴膴、邐迤蕭條、一望閒無隆凸之形者、皆是也、曰高原、原之廣亘于山巔之上

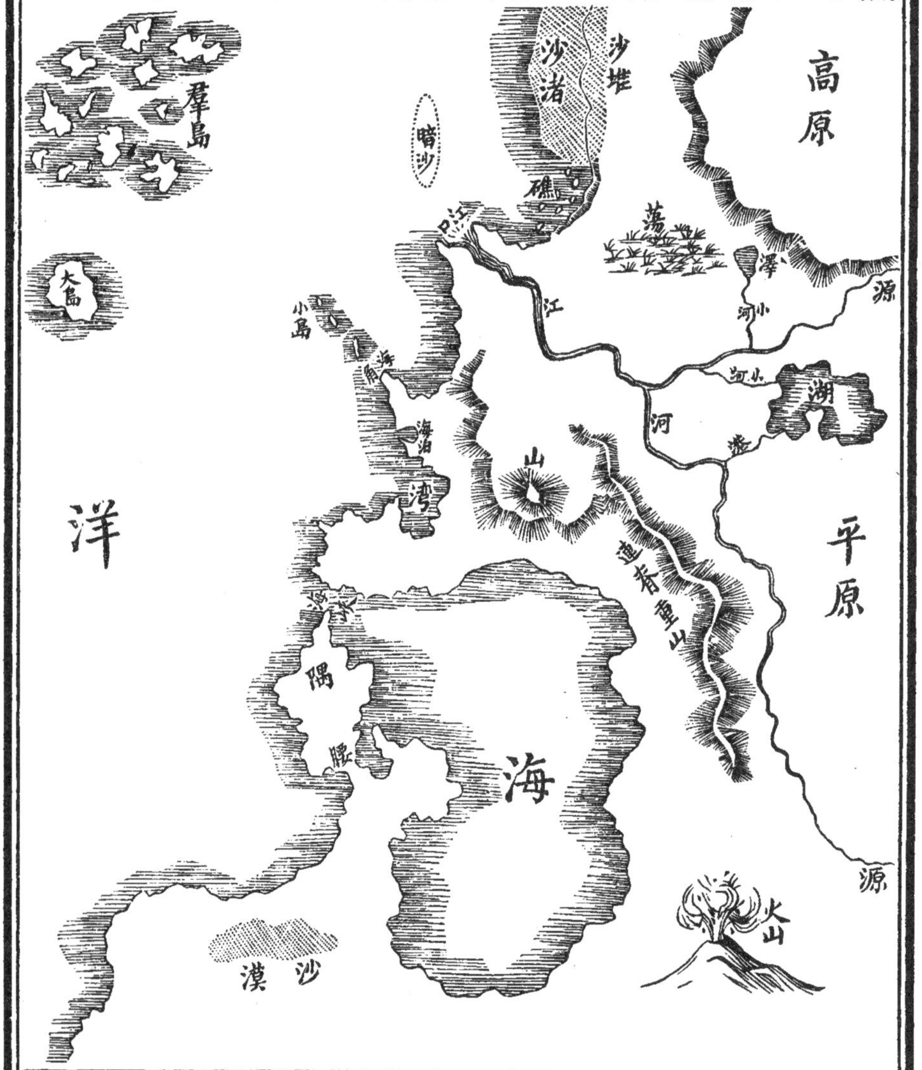

者也、地理家謂葱嶺外克什米爾國、蓋有是焉、賡土之三面環海、而僅藉窄土以資連絡者、謂之隰、歐洲之意大里亞、其隅之碩大無朋也、地之連絡土隅、其窄隘處、謂之腰、以其細似蜂腰而名、角者、一撮之土、尖出於海中、堤者、築土成岸、所以遏水者也、大者曰堤、小者曰堰、山者、地之叠起於平原、高徹浮雲、而非邱陵岡阜之可比也、故九峰三泖、僅可謂之邱陵、而不可居山之名也、山有噴燄吐烟、飛沙走石者、謂之火山、究其故、良以地中炎熱異常、形同火海、每欲洩不得路、乃裂山以出、統天下以論、五洲悉有、即我新疆之地、尚有存者、惟不見于關內耳、島者、水中之廣土、大者如英吉利本土、小者如臺灣瓊州、其尤小者、可名之曰渚、曰沙、曰沚、海中積沙、其顯可見者、謂之沙渚、其伏於水中者、謂之暗沙、若於廣寞之地、積沙無垠、謂之沙漠、此地雨澤不下、草木不生、因之禽獸絶跡、行人不能久留、荒凉世界、滿目慘悲、塞外之瀚海、是其一也、其在亞非利加之撒哈拉沙漠、則尤有甚焉、時而蒸熱無風、行人鬱勃欲死、時而狂風暴作、則沙礫亂飛、埋人掩物、頓成沙邱、此情此景、聞之者已不寒而慄、况身歷之者乎、沙地之小者曰沙磧、要亦赤土不毛、殊非福壤之可比、以上諸名、皆見於地理書中、恐與本字意義、或未能盡無差池、故用而釋之、謂之釋名、

天下高山大川題名

嘗聞天下之山、莫高於雪山、在西藏印度之間、格致之士、以三角測量法度之、謂其首峯可得二千四百七十五丈有奇、合里數計之、得十四里許、崑崙山首峰次之、得二千四百十三丈、其三爲雪山之次峯、得二千四百有二丈、其四爲雪山之第三峯、得二千二百九十六丈、合十三里有奇、其五爲雪山之第四峯、得二千二百八十九丈、其六爲雪山之第五峯、得二千二百七十八丈、南亞墨利加有大山焉、自北徂南、直貫全地、曰安達斯、其峯之最高者、一千九百六十三丈、合十一里有奇、其次峯得一千九百十三丈、三峯得一千八百二十丈、與是峯同高下者、爲天山之首峯、共合十里有半、按天山橫亘在中國新疆之中、所以分天山南北路者也、踵其後者、爲安達斯之第三峯、得一千七百九十六丈、亞非利加亦有高山、紆盤於尼羅河之濱、其首峯得一千五百九十七丈、約九里有奇、高加索山、跨歐羅巴與亞細亞兩洲、在黑海與裏海之間、其峯

之最高者、冠歐羅巴羣山、得一千五百八十一丈、北亞墨利加多有火山、中最高者、爲墨西哥國境內之一峯、測量其高、得一千五百有十五丈、已不滿九里矣、在亞洲東土耳其之亞爾美尼亞地、有高山名亞臘、得一千四百四十三丈、合八里許、亞耳伯大山、筋絡歐洲、蟠結千里、考其峯之最高者、曰白山、在法蘭西與瑞士之間、計一千三百四十七丈、其次峯、名玫瑰山、得一千二百九十八丈、三峯得一千一百九十六丈、皆在瑞士境內、聖厄利亞山、亦北亞墨利加火山之一也、高在亞耳伯二峯與三峯之閒、得一千二百七十九丈、天下之第五洲、曰澳削尼亞、島嶼星羅、不勝計數、中有蘇門答臘島、與亞洲之麻六甲、相距僅一海峽、考是島有大山綿亘、頂峯得一千一百八十二丈、又於太平洋中、在中國閩廣之正東、有所謂三德梳支羣島、一名阿歪希、蓋取名於最大之島也、考是島上、亦有高山、得一千一百七十五丈、婆羅洲、又稱渤泥、亦阿削尼洲大島、中有大山盤踞、其高者得一千一百六十五丈、阿爾臺山、界中國新疆之烏梁海、北與俄羅斯隔絕、有峯得九百三十八丈、合里數計之、約五里有奇、黑德拿火山、在歐洲意大里之西治里大島、向以烈發著聞、高尚在阿爾臺峯之下、計得九百二十五丈、以上所述、皆天下高山之表表者也、其推測之法、三角測量外、格致家又有寒暑風雨表等法、異曲同工、堪資印證、蓋地形愈高、則氣候愈寒、蒙氣愈輕、而寒暑風雨表、因愈減其度數、如在歐羅巴洲、格致家謂當冬令、地形每高四十四丈八尺、則百度寒暑表、每降一度、當冬令、則約須升高六十四丈四尺、百度寒暑表方降一度、風雨表、則每降千分之一、約已高二丈九尺二寸四分、以兩表下降度數、測所陟之高山爲若干丈尺、測山之法、又其一也、惜此法漏竇尚多、未能盡善、蓋不特各層之蒙氣重輕、互有歧異、且一處之氣候、時有變遷、加以風雨無定、乾濕不一等故、而風雨寒暑兩表、所指之度數、亦隨有差誤、而不可憑矣、不但此也、上言地形愈高、蒙氣愈輕、則人既藉蒙氣以生、難得登高久活、故格致家謂凡人陟山至千四百丈之高、則吹噓極艱、渾身柔弱、若升至二千二百四十丈、則蒙氣過輕、口鼻耳皆流血、而命危頃刻矣、余考自古迄今、其陟高山之巔、至千六百三十六丈者、惟德國翁葆德一人、其由氣球上升、則於嘉慶九年、有盧撒克一人、至千九百五十三丈之高、後四年、有意國天文士伯利奥基乘球直上至二千三百十四丈已不勝其疲憊性命垂危幸即放球落下故未死是役由是以觀欲測天下極高之山非三角測量法不爲功也又嘗聞天下之河莫大於密士失必在北亞墨利加盡其曲折言之長可萬一千六百六十九里闊則八百四十丈或四百四十八丈其二爲亞非利加之尼羅河人有謂其得萬有五百三十四里之長三百三十六丈至八百餘丈之闊然究其源在何方則以上游之地荒磧崎嶇艱於探索因歷數千百年即博物窮理之士遨遊四海之人亦未能明其固然而決爲定論故以上所計丈尺第大約言之而取其近似耳第三大河曰亞馬孫在南亞墨利加溯其長得十千有四十八里計其廣初尙窄隘約得八百四十丈嗣漸流漸廣迨至江口則浩浩汪洋大於海口推步計之得八萬有六百四十丈合里數計之得四百六十六里有奇是爲天下江口之最廣者他皆莫能幾及也也尼塞河在亞細亞俄屬西伯利地發源自外蒙古昂可剌與色楞加兩大河爲其上流長得八千九百十五里其次乃及揚子江自源至口長約八千四百二十八里闊則在五百六十丈與八千四百丈之間再次爲黃河與黑龍江長可頡頏無甚差池統計之約得七千二百九十三里至亞非利加之公額河綿長亦與之相若惟考驗未能確鑿遂不可援以比擬西伯利之里那河與烏爾河長短亦等約得六千九百六十九里巴拉他河譯言銀河在亞墨利加之南分得六千四百八十二里之長中有沙積壅塞行船爲艱兩岸積有金銀初探地之人因以致富遂即以銀河名其水至今仍之降而下之乃有歐羅巴之窩瓦河長約五千八百三十四里又次爲瀾滄江一作湄江長凡五千八百七十二里桑羅稜北亞墨利加大河之一也長不下五千三百四十九里河道甚闊中更滙水成渠彌漫無際印度之恒河居其後長得五千有二十四里歐付臘底斯東土耳其之河也多惱河歐羅巴第二大河也雅魯藏布江西藏達印度之河也塞納加爾亞非利加之河也數河所處之地相隔懸殊而長流適相符合約計之各得四千五百三十七里阿母河在西域回部得四千二百十四里阿利諾在南墨利加得三千八百九十里納林河亦在西域回部得三千五百六十五里地尼伯河在歐洲俄羅斯境內長得三千三百三十五里中國之西江自雲南開源流通兩粵卒於廣州之南達於海長約三千

有七十里與是河同里數者曰印度河爲印度西境洪溝自是遞降則出西藏入雲南連緬甸之潞江也歐羅巴之頓河也來因也易北羅亞爾阿得爾德人厄波羅瓜地亞納羅內繆色塞納威色波河等傳名四極天下皆知然修短不齊長者二千三百二十里短者不過千有餘里以大河較之不啻餘子矣

天下五洲方域題名

坤輿之大日月星辰奠其位山川水陸判其形前考詳矣是猶未足地理家又復條分經緯剖畫五洲以次而國而省而郡縣螺掌瞭然不容少紊按天下水陸兩分土分新舊以自昔已著名者謂之舊以後時尋獲者謂之新新舊兼合總名五洲舊土三洲曰亞細亞曰歐羅巴曰亞非利加新土二洲曰亞墨利加曰澳削尼亞五洲之中亞細亞爲人類肇生聖賢首出之地土壤遼廓人民稠密其土地共得一百十二兆十一萬一千八百四十方里南北亞墨利加稍遜之得百一十兆二十二萬四千八百方里其次爲亞非利加得七十八兆七十三萬二千方里又其次爲澳削尼亞得二十九兆十三萬有八百四十方里歐羅巴土地最小得二十五兆九十八萬一千五百八十方里假令將天下陸地共作二十六里七分方里則亞細亞得其八里五分方里亞墨利加得八里二分亞非利加得五里九分澳削尼亞得二里二分歐羅巴惟得一里九分至亞細亞近日人民總數約畧計之當不下七百五十八兆人歐羅巴踵其後約得三百二十八兆人亞非利加又次之得二百有六兆人南北亞墨利加得一百兆人澳削尼亞最少約得三十七兆人合五洲計之得一千四百二十九兆人假令將天下人民之數析爲百分則亞細亞過其半而得其百分之五十三歐羅巴得百分之二十三亞非利加得百分之十四亞墨利加得百分之七澳削尼亞僅得百分之三而已又若以土地之廣狹人民之多寡對核其戶口之疎密則亞細亞惟居其第二而歐羅巴爲第一蓋亞細亞境內沙漠甚多窮荒赤土人跡闃如故雖中國直省內雞犬相聞城村連絡終不足抵歐洲人烟之稠密也計歐洲於二方里六分有奇之地折中言之可得居民三十三人亞細亞中則截長補短僅得十八人亞非利加七人亞墨利加五人澳削尼不滿四人若言五洲疆域亞細亞東界太平洋限於墨領峽與亞墨利加西北

絕境僅㢴百四十二里有半、北盡於北氷洋、西絕於歐羅巴、以烏拉山、烏拉河、裏海、高加索山、黑海、君士但丁峽、馬海、他大尼峽、亞耳居伯海、地中海爲界、南抵亞非利加、迤西以蘇彝士河爲界、乃入紅海、轉東爲印度洋、踰麻六甲峽、達南洋、與澳削尼亞之蘇門答臘、婆羅洲、即渤泥島、呂宋等島分畛域、按蘇彝士、本土腰一撮、闊僅百八十里、爲亞細亞與亞非利加兩洲樞紐、凡行商之自地中海東來者、因水程中斷、望而興嗟、屢思開濬、無如古時法制未精、機械未備、且費欵亦太覺鉅繁、一時遽難䝉集、故屢興屢廢、莫能奏功、法國雷君率伯、雄才大畧、久宦埃邦、常有開鑿此河之志、退居後、適爲埃及總督聘請、信用非常、雷君乃將所懷開蘇彝士河大志、及興役章程、臚列成篇、呈於總督、并告歐洲諸邦、斜股襄助、時 國朝咸豐五年也、縱一時艱阻叢生、議其後者踵起、而雷君任勞任怨、有志竟成、五年後掣肘者稀、遂集得銀洋約四十兆圓、於是大興工役、宵旰焦勞、凡十載而工竣、此開鑿蘇彝士河之緣起也、玆者西人又欲將亞墨利加南北相聯之巴那馬地、開山成港、以便行商、仍邀請雷君董其役、君雖年逾古稀、而精神矍鑠、猶不畏勞、因毅然許其所請、近已勁作興工矣、亞細亞洲中列國、皆昭然可考、曰日本、曰中國、曰東俄羅斯、曰越南、曰暹羅、曰緬甸、曰不丹、曰廓爾喀、曰印度、曰俾路芝、曰阿富汗、曰西域回部、曰波斯、曰阿剌伯、曰東土耳其、悉數計之、得一十五國、其間治體不同、或自立成國、或僅屬藩封、未可一概論也、歐羅巴東接亞細亞西境、北盡北氷洋、西抵大西洋、南接亞非利加、以直布羅陀峽爲要害、以地中海爲行商門戶、洲中列國、曰東土耳其、曰希臘、曰蒲加利、曰塞爾維、曰羅馬尼、曰西俄羅斯、曰瑞典那威、曰嗹國、曰日耳曼盟會國、曰奧地利亞、曰意大里亞、曰羅馬宗國、曰瑞士、曰法蘭西、曰西班牙、曰葡萄牙、曰比利時、曰荷蘭、曰英吉利、此其大國也、小國六、曰安道耳、曰摩那哥、曰盧森蒲爾、曰森馬林、曰光石國、曰黑山國、幅幀窄隘、如彈丸、僅比中國下邑、至亞非利加、北界歐羅巴與亞細亞南境、東界印度洋、南盡於大洋、西抵太平洋、洲中部落甚多、如公額與幾內亞等類、皆野陋無文、幾不堪被以教化、其强成國體、粗有可觀者、曰埃及、即厄日多、與的黎波里、爲土耳其屬國、曰突尼斯、昔屬土王、今已自立、而法蘭西主保護之權、曰摩洛哥、曰桑給巴爾、曰馬達加斯加爾、此外或爲歐洲列國佔據之地、如莫三鼻給、與加不、即岌朴、即古稱大浪山等地者皆是、或昔爲他國屬地、而今日差能自由、如利伯里亞、阿蘭日、達郎斯襪耳者皆是、亞墨利加分南北兩土、東界大西洋、西界太平洋、北絶於北氷洋、南限於大南洋、北方氷疆之地、東北爲嗹國所據、中屬英人、西爲俄人所有、然皆窮荒曠土、罕有人居、再南爲北亞墨利加、合衆三十八國、南有國曰墨西哥、曰危地馬拉、曰桑撒爾瓦多耳、曰閔都拉斯、曰尼加拉瓜、曰哥斯德黎加、南亞墨利諸國、曰可侖比、曰委內瑞拉、曰厄瓜多爾、曰秘魯、曰玻利非亞、曰巴西、曰巴拉圭、曰烏拉圭、曰拉巴拉他、曰智利、極南爲巴他峩拿地、土人所居、僅成部落、殊不成其爲國也、按可侖比國之北境、有土腰曰巴那馬、最狹處僅百里、雖地梗山脊、疏鑿不易、而法人雷萃伯、竟因諸國之請、直任不辭、志在必克、此舉若成、則東西洋混爲一水、而泰西人之駕輪而西者、百日間、可環行地球、而無阻留遲緩之患、洵可謂便且捷矣、又南北亞墨利加之中、有海灣深凹、島嶼累百、其大者曰古巴、屬西班牙、曰海地島、東西各自立爲小國、西者仍其名、東者曰桑多明名、此亞墨利加列國之名也、第五洲曰澳削尼亞、取名於大海洋、島嶼星羅、累千盈萬、半屬於泰西列國、屬英之大島曰澳大利亞、曰地閩、曰新西蘭、屬荷蘭者曰噶羅巴、與蘇門答臘之東南境、婆羅洲之西南境、西班亞所據者、曰呂宋等島、法蘭西所佔之島、皆渺小無幾、葡萄牙亦然、花旗國屬島雖小、而爲數頗多、其自能立爲小國、而不從役於人者、盡澳削尼洲、數止有三、在南爲蘇門答臘西北境、在東爲三德梔枝羣島、或作阿歪希、而火奴魯魯、僅爲是國之一小島也、舉垓埏諸大國、衡其寬廣、幷合屬國而總計之、則英吉利當推巨擘、共得五十七兆七十三萬六千八百方里、俄羅斯稍遜之、得五十六兆有八萬七千方里、中國居第三、得三十兆四十四萬三千方里、合衆國得二十四兆九十三萬千八百方里、巴西國得二十一兆七十八萬二千五百方里、土耳其得十六兆有八千八百方里、法蘭西得三兆十四萬九千三百方里、日耳曼得一兆三十一萬二千方里、此舉今日大國幅幀之大約情形也、然値此疆埸多故之時、此呑彼幷、各事淩夷、又誰能知後日之江河、竟是誰家之天下、

北極
北冰洋
大西洋
亞非利加
印度洋
南冰洋
南極
中國
赤道

北極
北冰洋
北亞墨利加
太平洋
大西洋
赤道
南亞墨利加
巴西
南冰洋
南極

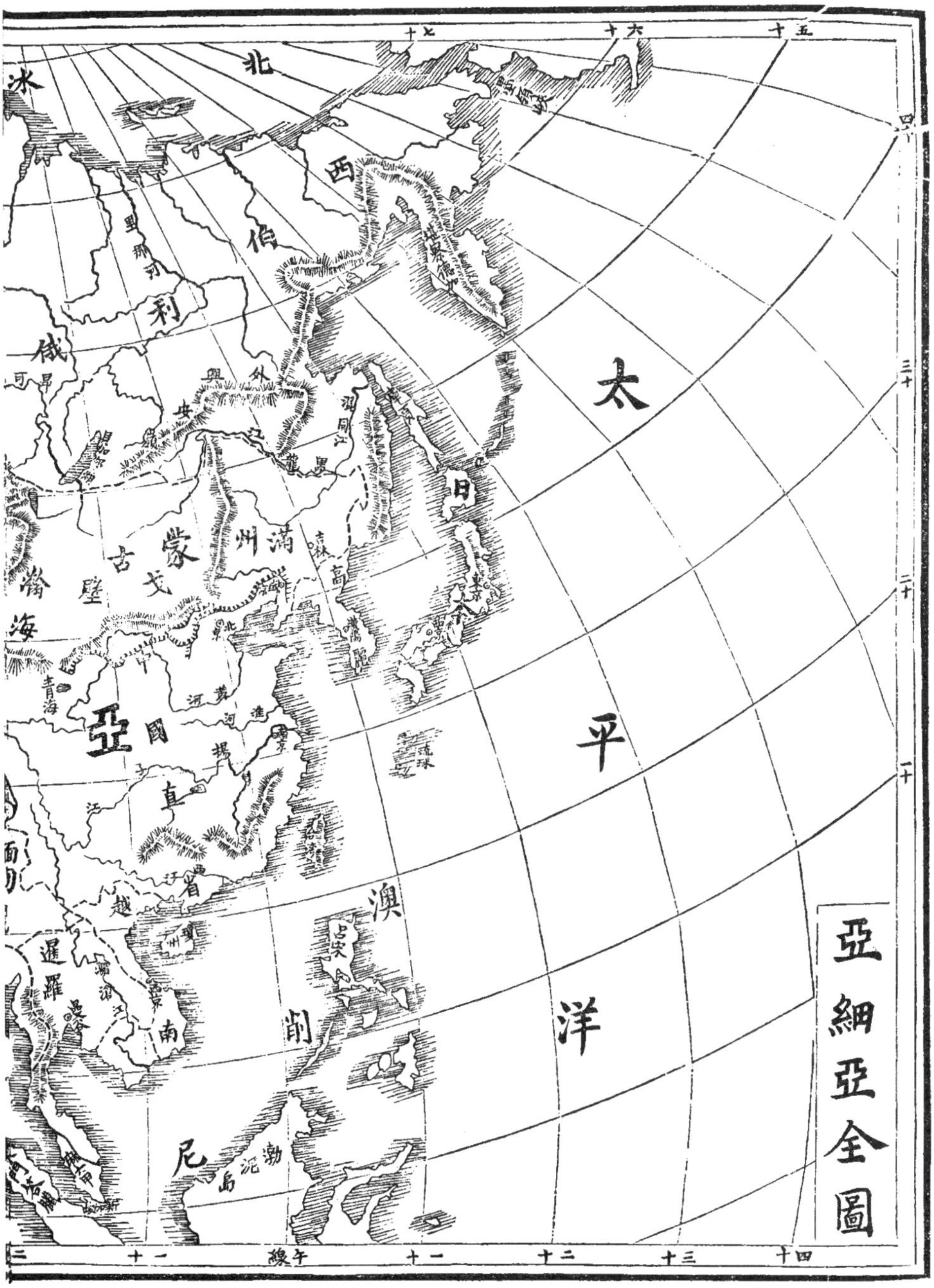

亞細亞全圖
冰
北
西
伯
利
俄
太
平
洋
日
蒙
古
滿
州
戈
壁
瀚
海
亞
國
直
省
越
暹
羅
南
澳
削
尼
勃泥島
流球
午線

十五
十六
十七
四十
三十
二十
一十
赤道
一十
十八
十七
十六
十五
十四
十三
洋
巴
羅
歐
地
屬
海
中
細
亞
加
利
非
亞
波
斯
西
域
阿
富
汗
回
部
天
山
南
路
山
北
路
前
後
藏
俾
路
芝
印
度
錫
蘭
洋
度
印
亞

亞細亞洲圖考卷之一

亞細亞洲總考

亞細亞、本東土耳其城名、後泰西人用以名東方諸國、習久皆知、亞細亞洲之名遂定、緯線自赤道向北初度起、至七十八度止、經線自北京午線偏東七十五度起至偏西九十有半度止、縱可萬三千八百六十里、横則折中計算、約得萬一千五百里、計其土壤、共得百十二兆十一萬一千八百四十方里、其中俄羅斯佔其十分之四、中國佔十分之三、英人佔十分之一、其餘二分、則爲列國所佔、由是知中國在亞細亞爲第二大邦、而戶口之盈繁、則遠駕乎俄國之上、蓋統亞洲人民共七百五十八兆餘、中國版籍、已獨得四百二十六兆、其屬國若朝鮮、若越南、若廓爾喀不丹諸國人民、尚不在數、以此數與俄屬地十三兆人較戶口之多寡、土地之肥磽、洵不可同日語矣、亞洲之山、曰雪山、卽倚馬山、曰葱嶺、曰崑崙山、曰天山、曰阿爾台山、譯言金山、其分枝有曰唐努山、再東曰塔爾哈克山、在滿洲之北、爲外興安嶺、皆連峰疊嶺、高峻不羣、每有氷雪積其巓、入夏不化、望之如琉璃屏障、炫耀空明、西境有烏拉山、最高之峰、不過四百七十三丈、而鐵礦最盛、一峯之產、日可采十萬斤、雖累年開挖、迄今仍在外殼、而中心依然未動、且因礦苗深入地中、故雖經年後剷平峯巒、而所掘之鐵、尚未及其半、地不愛寶、洵取之無窮者、阿剌伯亦有重山連絡、西里亞有黎巴嫩山、其勢自北徂南、北有托羅斯山、自東而入小亞細亞地、枝枝節節、如大樹之蔭覆廣地、擁蔽萬頃、誠壯觀也、洲內大川、除也尼塞、楊子江、黃河、黑龍江、烏彌里那河、西江、瀾滄江、雅魯藏布、恒河、潞江、歐付臘底斯、納林河、阿毋河外、東有松花江、淮河、漢河、暹羅有湄南河、緬甸有伊底河、東土耳其有底格里斯河、俄羅斯有烏拉河、皆著名天下、藉藉在人口、餘則罕有聞矣、天下大湖之中、裏海爲最、南北相距約得二千有二十里、東西約五百六十七里、合得一百十四萬五千方里、按是湖水面、較洋面約低八丈四尺、西里亞有死海、低於洋面、一百十餘丈、廣得三千二百有零方里、爲亞細亞六大湖之殿、裏海東之大湖、曰鹹海、廣可十八萬一千有八十三方里、以其水味頗鹹、故名鹹海、其實鹹味不比裏海之甚、而出鹽亦不甚多、貝加爾湖在外蒙古外、色楞格河流水經其中、而達於昂可剌河者也、按是湖、寬廣可八萬二千四百方里、以折中計之、長約千有三十里、闊僅八十里、巴爾喀什泊、亦處塞外、在伊犁之西、爲伊犂河所歸宿、得五萬四千一百方里、青海僅得萬三千八百方里、其餘大湖、雖湖廣之洞庭、江浙之太湖、江西之鄱陽、亦第等於自鄶以下、而不可與之並駕齊驅也、亞洲土產、因氣候不齊、故生植各異、北方懍寒、地瘠、百草蕭條、中央流沙錯雜、林樹蔬穀、不甚藩孳、土人多事漁獵、惟迤南之地、氣候溫和、土壤膏沃、因之草木向榮、穀果茂衍、禽獸充斥、地中所產、除水晶、藍寶石、瑪瑙、白玉、珊瑚、五金、水銀、鑽石、煤炭、鹽礦、硼砂等礦外、印度有巨竹、長可六丈、著淡白花、流甘汁、印人取以代糖、鮮潔可口、其茄灰、乳香、抹藥、出於阿剌伯者、爲貴品、錫蘭之玉桂、甲於天下、檀香、烏木、楠木、盛產於越南暹羅緬甸等南方之國、中央荒磧之區、不勞種植、多產大黃、五葉人參、爲滿洲獨擅之物、繭絲茶葉、爲中國外運之宗、至於飛潛動物、象爲獸中之王、身長約一丈、高可七尺、牙長七八尺、初生四五年、換齔牙一次、此後不復脫落、鼻長五六尺、猛能拔樹捲物、如人之兩手、然多出於印度越南暹羅等地、土人有善術捕馴之、以資乘騎駕載、甚爲便益、其生長牙似象、而實則非象者、北冰洋之海馬也、或稱海牛、或海象、水陸可居、其力猛而性愚、與象可爭勝負者、犀牛也、鼻端生角、臨戰必磨其鋒、皮堅如鐵、刀鎗箭銃不能入、猿猴多出於亞洲東部、麝鹿時見於西藏、北方有獸如鹿、名勒內、雌雄皆生角、惟雌者生角較小、蹄比常鹿畧短、粗則過之、性馴良而耐勞、土人畜之、以當牛馬、可以供驅使、可以挽車運物、輕捷如馬、日行二百里、或稱爲麋、俗名如是、非眞麋也、又有麈、亦鹿之類、身高大如馬、生角重可六十斤、每角十有餘枝、其皮最稱貴重、獅子亦推獸中王、與象並列、見於波斯阿剌伯地、狀貌獰惡、威懾百獸、色麻而黃、目圓而大、吼則聲洪如雷、餒始食獸啖人、若虎則性黠而殘、不激亦怒、不餓亦傷人戕物、產於印度錫蘭等地、豹之爲物、似虎而異類、肚白背黃、斑駁可喜、俗謂虎生三子、必有一豹、其說非是、今印度尚有此獸、中國御囿內、有四不相、亦大鹿之類也、因其非鹿非牛非駝非驢、而鹿角牛蹄、駝項驢尾、各有似之、故名四不相、羚羊、犛牛、短尾穿山甲、出於西方、熊羆貂鼠、出於北方、雙峰單峰駱駝、皆產於西南、太平洋迤北之境、尚有白鯨魚、魚形而獸性、龐大無比、鱷魚身長可逾二丈、吞魚傷人、殊非馴物、產於印度炎熱河中、鴛鴦孔雀、禽中之美品也、出亞細亞中央、流傳至中國日本、駝鳥、禽之大者也、在亞洲惟見於亞剌伯、其餘鷹鸇鶉鶴、燕雀鸛鷺、大小不一、種類紛繁、不勝計數、此亞洲飛潛禽獸之大畧也、

中國方域總考

粤稽史册、百王疆理宇內、因革損益、代有不同、黃帝畫百里之國得萬區、顓頊所建、帝嚳受之、區分九州、曰雍、曰荆、曰豫、曰梁、曰冀、曰青、曰徐、曰兗、曰揚、洪水泛濫、天下滔滔、堯使舜攝位、肇歸十有二州、然亦以冀之廣分爲幽幷、青之廣析爲營耳、禹平水土、規復九州、弼成五服、曰甸、曰侯、曰綏、曰要、曰荒、率以五百里爲制、考塗山之會、執玉帛者萬國、四百年間、遞相兼幷、成湯受命、僅存三千餘國、亦爲九州、分統天下、武王觀兵、有千八百國、孟津大會、分天下爲九畿、方千里曰王畿、其外侯甸男采衛蠻夷鎮藩、即九畿也、各相去五百里、至成王時、仍沿九州之制、屬職方氏、東遷之初、存千二百國、迄春秋獲麟之歲、二百四十二年間、諸侯迭相吞幷、其見於春秋經傳者、僅百七十國耳、厥後漸見陵替、至戰國分天下爲七、曰秦、曰楚、曰齊、曰燕、曰韓、曰趙、曰魏、始皇幷天下、罷侯置守、分天下爲三十六郡、曰太原、代郡、雁門、雲中、邯鄲、上谷、鉅鹿、漁陽、右北平、河東、上黨、會稽、九江、鄣郡、碭郡、泗水、內史、北地、隴西、上郡、九原、三川、潁川、南陽、東郡、齊郡、薛郡、瑯琊、漢中、巴郡、蜀郡、南郡、長沙、黔中、遼東、遼西、又平百粤、置閩中、南海、桂林、象郡、自是郡凡四十、炎漢聿興、一反秦制、武帝之世、攘胡平越、又通西南夷、開朝鮮、分天下爲十三部、曰司隸、曰豫、曰兗、曰徐、曰青、曰凉、曰幷、曰冀、曰幽、曰揚、曰益、曰荆、曰交、光武中興、仍舊制、迨其季、三分鼎峙、魏據中原、吳割江東、昭烈以帝室之胄、承統西蜀、而所得惟益州、凉州交州、晉武既平孫氏、版圖一統、改司隸爲司州、別立雍秦梁寧平廣六州、凡十有九州、晉亡、拓拔氏興、分天下爲南北朝、紛紛擾亂、垂三百四十六年、至隋而南北始倂於一、煬帝三年、改州爲郡、置司隸刺史、分郡巡察、五年平定吐谷渾、更置四郡、凡郡百有九十、唐承隋制、又改郡爲州、貞觀間、以戶口

凋零、仕途擁擠、始規山河形勢、分天下爲十道、曰關內、曰河西、曰河東、曰河北、曰山南、曰隴右、曰淮南、曰江南、曰劍南、曰嶺南、開元二十一年、又因十道、分山南江南爲東西道、增黔中道、及京畿都畿、爲十五道、各置採訪使檢察非法、至宋太宗至道三年、分天下爲十五路、仁宗天聖析爲十八、神宗元豐頒九域志、總二十三路、曰京東東西、曰京西南北、曰河北東西、曰河東、曰陝西、曰兩浙、曰淮南東西、曰江南東西、曰荆湖南北、曰成都、曰梓州、曰利州、曰夔州、曰福建、曰廣南東西、有元氏崛起朔漠、渾一山河、內立中書省一、外立行中書省十一、曰嶺北、曰遼陽、曰河南、曰陝西、曰四川、曰甘肅、曰雲南、曰江浙、曰江西、曰湖廣、曰征東、以分鎮藩服、迄於有明、改故行中書省爲布政司、分天下爲兩京十五省、曰北直隸、曰南直隸、曰山東、曰山西、曰河南、曰陝西、曰浙江、曰江西、曰湖廣、曰福建、曰四川、曰廣東、曰廣西、曰雲南、曰貴州、逮我　皇清、奠基遼瀋、奄有四方、北制滿洲蒙古、西綠新疆前後藏、東至朝鮮、東南至琉球、西南抵廓爾喀越南諸國、威惠所及、貢職來朝、至腹地直省、其初尙仍明制、分十五省、嗣將江南湖廣陝西三省、各剖分爲二、乃成今日十八省之制、其間處北者四省、曰直隸、曰山西、曰陝西、曰甘肅、沿東海者四省、曰山東、曰江蘇、曰浙江、曰福建、瀕南海者、曰廣東、接越南者曰廣西、曰雲南、絕西域者曰四川、處中者六省、曰湖南、曰貴州、曰湖北、曰江西、曰河南、曰安徽、總　皇朝一統、雖藩封不計、而幅幀之廣、已南北相距五千六百九十里、東西九千二百八十里、截長補短、約得三十兆三十五萬八千有奇方里、其間蒙古青海、得地爲最廣、奄有八兆八十六萬三千有奇方里、西藏次之、約得四兆四十二萬九千有奇方里、新疆天山南北路又次之、約得四百萬又一千有奇方里、滿洲踵其後、約得二百四十九萬三千方里、至直省之最廣者、爲甘肅、得兆有七十七萬一千方里、次爲四川、得兆有二十五萬七千方里、又次爲雲南、約得八十三萬三千方里、再次爲廣東、得七十一萬八千方里、廣西西五十七萬方里、湖南得五十六萬六千八百、陝西得五十五萬有奇、湖北得四十七萬有奇、江西得四十六萬六千、河南得四十五萬三千七百、山西得四十四萬八千七百、貴州得四十四萬六千、福建得四十一萬二千、直隸得三十七萬二千有奇方里、安徽得三十六萬七千方里、山東得三十六萬四千七百方里、江浙兩省爲最小、江蘇僅得二十七萬三千方里、浙江僅得二十四萬一千四百有奇方里、此中國疆域之大畧情形也、若人烟之稠密、則推江蘇爲第一、約得三十九兆六十四萬七千餘人、是每方里、卽六百有四畝之地、折中計算、約有居民一百四十五人、直隸次之、約得三十六兆八十八萬人、又次爲安徽、得三十六兆五十九萬七千人、又次爲四川、得三十五兆人、山東得二十九兆五十三萬人、河南得二十九兆有七萬人、湖北得二十八兆五十八萬五千人、江西得二十六兆五十一萬人、福建得二十五兆八十二萬人、廣東得二十二兆六十五萬人、湖南得二十兆有五萬人、甘肅得十九兆五十一萬三千人、山西得十七兆有五萬七千人、陝西十兆有三十一萬人、廣西八百十二萬人、浙江八百一十萬人、雲南五百八十二萬人、貴州五百八十八萬人、直省中雲南戶口最稀、以五百八十二萬之民、散居八十三萬三千方里之地、每方里僅居七人、其寥落概可想見、塞外之地、以滿洲烟戶爲最盛、得一十二兆人、然土地廣袤、每方里僅居五人、西藏約得六兆人、每方里僅居一人、蒙古得二兆人、每五方里僅居一人、視江蘇人丁之衆、幾天淵遙隔矣、此中國戶口大約之數也、予斯民者、上有帝王、綜攬大綱、垂拱而治、其下則內設內閣大學士及軍機處衙門、及六部九卿、以總天下之成、外置督撫藩臬道府州縣等官、以分其職務、使天下庶政、脉理相通、條分縷析、罔勿折衷至善、秩然不紊、按直省總督八人、直隸一、江南一、統轄江蘇安徽江西三省事務、浙江福建一、兩廣一、雲貴一、四川一、陝甘一、兩湖一、巡撫十五人、直隸四川甘肅三省巡撫事務、由該省總督兼理、山東山西河南三省、專設巡撫、無總督、布政司十九、江蘇二而各省皆一、按察使十八、知府暨直州共二百五十、知縣與散州一千三百四十餘、司道八十八、其他文武官員、佐貳雜職、凡食國家俸糈、而撫治斯民者、不勝備計、由是而都俞吁咈、襄贊鴻猷、一道同風、熾隆盛治、如果安上全下、師濟得人、則國奠民寧、誠億萬年無疆之福也、

中國形勢考畧

論中國形勢合一統言之、當以滿洲東南鴨綠江與圖門江爲鴻溝、與高麗僅葦杭之隔、迤東一帶、今以烏

蘇里江爲天塹、東北有黑龍江作屏藩、與俄羅斯對望、再西則有蒙古塔爾哈克之疊障、至新疆之阿爾台天山、乃轉折而西南、踰葱嶺與藏後之雪山、即倚馬山連續、復曲折東北、往北者爲雲嶺、屏封迤西三省、往東者爲南嶺、與南嶺相對峙、而自西徂東、橫截黃河長江兩流者、爲北嶺、再北爲塞外之陰山、迤東爲內興安嶺、至長白山止、如兩大弓弧、內外環抱、諸山之枝節、各有別名、不勝枚舉、最著者、北嶺有秦嶺、太白山、太華山等名目、南嶺之別名曰梅嶺、山之因自古著聞、而人人景仰者有四岳、爲上古天子按年巡狩、朝會諸侯之所、書曰、歲二月東巡狩、至於岱宗、即今之泰山、隸山東濟南府、五月南巡狩、至於南岳、即今之衡山、隸湖南衡州府、八月西巡狩、至於西岳、即今之華山、在陝西西安府、十一月北巡狩、至於北岳、即今之恆山、在山西大同府境內、其中岳嵩山、隸河南省河南府、至今仍其舊名、至於大川、則以揚子江與黃河爲最、揚子江、別名大江、發源自西疆青海地、初名木里烏蘇江、嗣東南流、改名金沙江、以其水雜金沙故名、又曲折而東北、流通雲南四川湖廣江西安徽江蘇諸省、會鴉礱江、岷江、嘉陵江、涪陵江、漢河、沅江、贛江諸水、入於海、黃河亦自青海開源、與揚子江源僅隔高嶺一帶、東北流、過甘肅省、出萬里長城、曲成弧背形、復入長城、南流於山西陝西之間、至華陰潼關、合涇渭二水、忽轉折而東、復東北、經直隸迤南境、入山東達於海、河水湍急、河底不深、每逢漲發、氾濫成災、初黃河瀚漫、忽南忽北、遷徙靡常、民生苦之、元季至元十年、黃河又決、右丞相脫脫集羣臣廷議、漕運使賈魯以爲非塞北河而疏南河、使水復故道不可、故役不大興、害不能已、上然之、十一年四月、詔開黃河故道、命魯以工部尚書充河防使、發河南北兵民十七萬、興工濬瀹、凡五閱月、諸隄告成、河復故道、詔徵魯集賢大學士、賜脫脫世襲荅剌罕之號、其餘遷賚有差、歷五百載、民慶安瀾、未聞巨變、至本朝道光季年、黃河又舍徐淮故道、取道於直隸山東、自茲連年沖決、隨修隨壞、如去歲光緒八年秋、桃園口又決、六七州縣、悉歎其魚、離經諸大員籌議堵防、河勢稍殺、而欲一勞永逸、恐未能遽奏成功也、至於運河、爲古帝王漸次濬疏而成、初漕運甚艱、糜費甚鉅、因穿鑿河渠、使相通貫、卒成此河、隋通典載煬帝大業元年開通濟渠、西通河洛、南達江淮、自鎮江京口、直至杭州、天下利於轉輸、宋神宗熙寧四年、上命運副使史公弼修泗州洪澤河元豐二年浚淮南運河自召伯堰至儀真十四節六年開長淮洪澤河役民夫九萬二千既元定鼎燕京初由海道漕運迨世祖至元時興工自東平州起抵臨清引汶絕濟直屬御河建閘三十有一以節蓄洩遂名會通河明永樂年浚鑿此河築石隄衞之以期永久由是以觀今日之運河始於隋成於元至有明而大備計自浙江杭州至天津府挺直計之幾二千里循其曲折計之可三千里雖今日坍毀過半而陳跡猶存西人都稱羨之其工程之浩大拓地之廣遠堪與運河並稱而為中國藩籬者萬里長城也秦始皇既并天下因民謠有亡秦者胡一語深恐國祚難延禍起項背乃遣蒙恬北築長城天下壯丁三人之一皆當應募供役於是大興工作自山海關起連直隸山西陝西甘肅四省至嘉峪關約得三千五百餘里而曲折崎嶇尚不可計考長城規模壯麗制度堅固沿直隸省內外皆砌以巨磚牆高約二丈基闊二丈五尺上闊亦二丈多造堅壘高可四丈許迤山西之北近天鎮縣則一路泥城殺虎口迤西復以磚石砌築至黃河濱而止河之西直至嘉峪關盡以泥土築成設榆林寧夏肅州等鎮以資捍衞惟寧夏一隅因據有賀蘭山之險不待城垣自能堅固然時至今日失修已久漸有坍毀恐將來如運河之石隄損壞日多而終於頹廢也考中國大湖以五湖為巨擘掌故家每艷稱之一曰洞庭在湖廣一曰鄱陽在江西一曰洪澤在江蘇一曰西湖在浙江一曰太湖在江浙之間或云洪澤西湖不在五湖之內當以湖廣之青草湖與江蘇之丹陽湖以補五湖之數其或直以五湖為太湖之別名執說各岐莫衷壹是此直省大湖之較著者也若塞外之巨浸除青海與星宿海外鮮為人知茲不多贅統論全地西北多山東南多水西北多高原故五穀鮮登而寶藏盛產禽獸充斥東南多卑隰故土田肥沃米麥豐饒西北風氣多悍其失也易於亂東南風氣多醇其失也流於弱倘各因其土地之所長人民之得失調劑得宜合天下為一人以奉元首斯形體充而外邪不入將見億萬年延長國祚永固金湯矣

中國海島考畧

中國島嶼隸福建者曰廈門曰澎湖曰臺灣廈門一島洋艚海船蟻聚蜂屯所產菓品極美與外國通商互

市、歷年已久、澎湖島沙石叢雜、草木荒蕪、土地最爲瘠苦、是以民間日用、多取於厦門臺灣、縱約七百三十里、橫百里、或數百里不等、總計約得十萬一千方里、中有大山、冰雪不融、復有火山溫泉火井、箐密林深、峰嵐環遶、地產金銀木石、島分東西二嶺、番民之居東嶺者、爲生番、蠢頑梗化、向不隸中國版圖、居西嶺者、爲熟番、中分南北兩府、南爲臺灣府、北爲台北府、台灣府領縣五、曰台灣、曰鳳山、曰嘉義、曰彰化、曰恒春、台北府領縣三、曰淡水、曰新竹、曰宜蘭、居民共約三百萬人、俗多鞿牛加鞍、代馬以乘、藉耕種而饒穀米、獵鳥獸以供食品、其人驍捷勇悍、樸野誠實、頗有古風、海島之隸於廣東者有三、曰海南、曰澳門、曰三洲、海南即瓊州府、約九萬四千有奇方里、拓地甚廣、領縣十而散州三、縣曰瓊山、澄邁、定安、文昌、樂會、會同、臨高、昌化、陵水、感恩、州曰儋、曰崖、曰萬、瓊州府外、設有直隸州一、曰羅定、領縣二、曰東安、曰西寧、內有珠山一地、尚有不知禮義之民、恣行刼掠、夙梗王化、一時未能感格、是島土地滋沃、產金銀糖棉烟靛等物、亦有藍礦、所以繪飾磁器者、又產嘉木、如烏蘇花梨檳榔沉楠等類、更有黃木、歷久不朽、可作棺材、其價甚昂、島濱有樹一種、常流水漿、氣若乳香、另有黃耳鸚哥、能作言語、又有紅黃小鳥、種類紛繁、澳門舊屬香山縣、明季爲葡萄牙國人通商海口、後有大盜張四老、盤踞其地、勢甚猖獗、葡人整師擊之、羣盜以平、事聞於朝、即以此島讓其建城居住、至今仍之、三洲者、海中蕞爾荒島、居民皆甚貧苦、專以捕魚爲業、此外又有香港一島、雄峙海中、近屬英國、其間屋宇林立、壯麗高峻、最爲商賈輻輳之區、中外商人約一十五萬、萬國衣冠、語言文字、彬彬然極一時之盛、海島之隸於浙江者、不下數十處、內地皆可灣泊、商船連檣接尾、絡繹海洋、島之最大者曰舟山、在甯波東北、康熙年間、置定海縣治、土地膏腴、物產豐盈、出他島之右、其在江蘇、則有崇明、亦名江舌、因揚子江積沙而成、孤懸江海間、東西百五六十里、南北約三十里、於唐爲鎮、於宋爲塲、於元爲州、明初設縣、隸蘇州、國朝順治間、改隸太倉、初未有城、至元代知州薛文虎始建、然彼時均係泥土築成、城之有瓷、自明巡按周如斗始建、嗣因潮汐衝齧、一遷於姚劉沙、再遷於秦家符、三遷於馬家墩、四遷於平陽沙、今之縣治、在新漲長沙、爲萬歷十一年知崇明縣事何懋官遷建、至此歷三百年、完固如初、自提督梁化鳳墳塞舊濠，堅築土城，令襲榜貢生施文蓮其役，而垣墉益見崇隆矣。琉球諸島共三十六，蟠紆虬踞，在浙江登溫福建福州府之東，地分三路，一曰首里，宮殿在焉；一曰久米，一曰那霸，爲國之都會，與海船收泊之所。人烟稠密，天氣清和，川澤瀠洄，峰巒聳秀。國中產米無多，故大半以番薯爲糧，衣服類皆蕉布，而房屋俱卑小，惟王宮使館稍形軒昂，然必以大繩繫柱，深插於地，以防颶風。昔歸三王控制，曰中山，曰山南，曰山北，皆以尚爲姓。漢魏以來不通中國，隋大業時令羽騎朱寬訪求異俗，始至其國。至明洪武初，三王方遣使朝貢，而中山王尤屢遣其從子來遊太學。後山北爲二王所併，宣德中山南亦併於中山，自是琉球各島惟中山王統之。迨我　朝定鼎後，奉職尤謹，虔修外藩禮。王薨，則世子嗣位，遣使請　命，朝廷遣文臣二，爲正副使，持節航海，冊爲中山王，自國初至今，未之或異。順治十一年，冊封尚質爲中山王；康熙二十一年，世子尚貞請襲，上遣官冊封，並　御書中山世土四字賜之；雍正二年，　賜以輯瑞球陽額；道光年間，膺　命冊封之正使爲閩中林鴻年殿撰；同治初年，其王尚泰繼立，亦遣使請襲，冊封如例，以昭臣服。近因日本降其王，併其地夷爲郡邑，而時局又一變。此因論島嶼而並及之，其應歸日本與否，則國家自有權衡，非草茅下士所能置議也。

中國十八省物產記畧

中國物產，各有專書，無如卷帙紛繁，未能片時覽讀。茲擇其尤者，畧敘一二，以備參考。花卉以蘭花爲最，幽香撲鼻，不愧爲花王，生於海疆諸省。茉莉南方最多，桂花北方罕見，其高且大者，生於浙江、江西、雲南、廣西四省。蔬菜中黃芽菜爲至美，多出山東。藥草多不勝紀，大黃莫盛於四川，茯苓多生於雲南，白茯苓山西出焉，地黃河南北境居多，紛絲則四川罕見。參鬚生於廣西高山，可以補血，因是貴重，因灰羊素食此草，故其血可取爲藥料。雲南生長菓樹，廣西出桂皮，靛花則福建至美，可取爲顏料。紵麻一年三稔，可織成布疋。至於菓樹，爲數甚多，豈止億萬，惜培植未精，佳者罕見耳。梨樹七八種，蘋菓三四種，桃子亦七八種，蟠桃、佛手，爲菓之異種。胡桃、李子、栗子、梅子、櫻珠等，隨處皆有。葡萄、無花菓、石榴北方多生，南方罕有。荸薺爲中國獨出之菓、荔子、龍眼、福建廣東廣西產焉、若蒼竹、柚子、青椰、花椒、皂莢、梧桐、柏木、白蠟等、俱尋常之樹、無關重輕、木中最貴者、當推柟木、至美者推紫檀、鐵靂為最堅、香樟為最奇、南方多山木、北方多松木、皆有用之材、可充棟梁之選、茶葉分紅綠二色、紅者、白毫、上香、紅梅、武彝、龍井等是、綠者、喜春、雨前、珠蘭、珠茶、洞旗等是、每年進貢者、為徽州之雙綠茶、福建之武彝茶、雲南所出之普洱茶、色帶微紅、非上品也、按中華自與外洋通商以來、茶葉為貨物出口之大宗、初與湖絲、不分上下、嗣因種茶之法、傳之外洋、共相倣效、精益求精、未數十年而外洋茶市起色、幾駕中土上、所以目下中國之業茶者、均惴惴焉懼其無起色之望也、至論動物、則四川有貘與猩猩、廣西有兕與箭豪、雲南出鹿小如狗、西邊出麝大如麞、人熊、即陝西之大熊、馬鹿、即四川之大鹿、廣東廣西有鸚鵡、羽毛雜彩、四川雲南陝西出金雞、羽毛較鸚鵡更美、肉味較雉鳥更佳、鴛鴦羽毛皆美、雄者尤甚、惟入夏雌雄俱減色、有鷂名海青者、彩華奪目、惟出於陝西一處、土人得之、即以入貢、不敢私畜、廣東羅浮山有蝴蝶、大如蝙蝠、夜飛長空、晝棲樹上、其美者亦呈貢京師、蟬分六種、概居南方、野蠶較桑蠶倍大、養於槲樹臭椿、桑蠶有八種、項青蠶三月成繭、柴蠶與項蠶四月成繭、愛珍蠶五月成繭、愛蠶六月成繭、寒珍蠶七月成繭、四頭蠶九月成繭、寒蠶十月成繭、蠶名不一、而成繭則一、惟美惡有殊、絲非一等耳、楊子江中近九江地、出一種黃魚、身巨而味美、其肉甚堅、大者可六七百斤、時有時無、乘時而捕者斯得之、大江出鰣魚、惟京口一帶有之、價值甚昂、遠方難致、金魚第供玩好而已、至冬竟日不食、他時專食水蛆、其至美者出自杭州千金山湖中、又有海參、狀甚陋、為盛筵中不可少之物、國中金銀銅鐵錫煤等礦、悉備且富、金銀礦多於雲南四川、煤礦出於山西直隸四川雲南等省、雲南出白銅、光亮如銀、馳名天下、自來銅亦出該省、色紅、自山流下者也、雲南山西有藍石、有雄黃礦、相傳可以解毒、四川廣西有花石、兼有五色石脂、山西山中產玉石甚美、並有名陰青石、雲南有明紅小石、上品水晶、出於福建、屏風石亦出於此、而金銀星石、出於江南暨河南諸省、又如白石英、紫石英、桃花石、粉黃石等、名既不同、用亦各異、寶藏興而貨財聚、造物之厚此土也、豈淺鮮哉、

中國歷代都邑考

自古帝王建邦設都、總以勢據建瓴、河山表裏、能致蒼生利賴者、斯爲金湯之業百世之基、試觀伏羲都陳、今河南陳州府神農因之而別營曲阜、今山東兗州府曲阜縣黃帝國於有熊、今河南開封府新鄭縣又遷涿鹿、今直隸順天府涿州少昊起自窮桑、今曲阜縣北及登位、徙都曲阜、顓頊都帝邱、今山東曹州府濮州帝嚳都亳、今河南河南府偃師縣堯都平陽、今山西平陽府舜都蒲坂、今山西蒲州府夏禹都安邑、今山西解州夏縣太康失國、遂都陽夏、今河南陳州府太康縣帝相遷都商邱、今河南歸德府商邱縣商湯受命、都於南亳、今河南歸德府仲丁遷於囂、今河南開封府滎澤縣河亶甲遷於相、今河南彰德府西北祖乙遷於耿、今山西絳州河津縣復遷於邢、今直隸順德府邢臺縣盤庚遷於殷、今河南河南府偃師縣是卽西亳、武乙遷於朝歌、今河南衛輝府淇縣自仲丁至此凡六遷、周自后稷始封於邰、今陝西乾州武功縣西南公劉遷於豳、豳亦作邠、今陝西邠州三水縣太王避狄、邑於岐山之下而居、今陝西鳳翔府岐山縣東北王季宅程、亦曰郢、今陝西西安府咸陽縣東文王徙豐、今西安府鄠縣東至武王有天下、都鎬京、今西安府長安縣謂之宗周、是爲西都、成王命周公營洛邑、今河南府治作諸侯朝會之地、謂之成周、是爲東都、懿王徙都犬邱、今西安府興平縣東南十里槐里故城縣及幽王爲犬戎所弑、平王遷於東都洛邑、謂之東周、秦都咸陽、今咸陽縣漢都長安、今西安府長安縣謂之西京、東漢都洛陽、今河南府洛陽縣謂之東京、光武又以南陽今河南南陽府南陽縣爲別都、謂之南都、三國時、季漢都成都、今四川成都府魏都許、今河南許州吳都鄂、今湖北武昌府後遷建業、今江蘇江寧府晉傾魏滅吳、天下一統、初都洛陽、至愍帝卽位長安、遂以爲都、東晉復都建康、因避愍帝諱、故改建業爲建康南朝宋齊梁陳皆因焉、至於北朝、元魏初都雲中、今山西大同府懷仁縣繼徙平城、今山西大同府大同縣東復徙洛陽、其後孝武遷長安爲西魏、孝靜遷鄴、今河南彰德府爲東魏、高氏繼東魏居鄴、謂之北齊、宇文繼西魏居長安、謂之北周、及乎隋世、南北混一、初仍周舊、開皇二年、以長安故城制度狹小、不稱皇居、加之年代旣久、凋弊實多、乃營新都於龍首山、在長安北三十里謂之六典城、即今西安府城大業紀元、吏營洛陽、謂之東都、唐都長安、後梁改都汴州、今河南開封府後唐復都於洛、後晉後漢後周皆都汴州、宋初因周舊制、建都大梁、即開封府高宗南渡、遷都臨安、今浙江杭州府是爲南宋、斯時也、契丹起自臨潢、今巴林東北改國號曰遼、即以臨潢爲皇都、金斬遼祚、始自會寧、今　盛京奉天府開原縣徙於故遼之燕京即順天府而定都焉、元滅金亡宋、遂一天下、仍因金都、改名大都、明初都應天、即江寧府永樂元年、建北京於北平、即順天府七年始改北平爲順天、仍以應天爲京師、而巡幸則駐於北京、正統六年、以北京爲京師、應天爲南京、我　朝龍興瀋陽、定鼎順天、改應天爲江寧、改瀋陽爲奉天、是爲　盛京、此歷代建都之大概也、他若東晉之十六國、五代之十國、南宋之西夏、類皆偏據一方、朝興夕滅、亦何足道哉、

盛京省

盛京考畧

盛京爲　國朝肇興重地、記輿圖者、往往附於各直省後、似與　昭代典制有乖、茲故參攷諸書、先爲記畧、庶合尊王之義、按其地在　京師東、東西距九百六十里、南北約相若、北界內蒙古游牧之地、東北界吉林、西界直隸、東南界朝鮮、南界海、形勢崇高、水土深厚、古冀青二州之域、舜時爲幽營二州、夏爲冀州地、商周爲肅愼氏國、戰國屬燕、秦爲遼東遼西郡、漢置元菟樂浪郡、晉爲遼東國、唐隸渤海郡、五代時、地入契丹、置東平郡、元爲遼陽等路、明改爲遼東、置衞設州、永樂七年、以山海關內隸燕京、而全遼之地皆廢、　國朝肇祖原皇帝、締造興京、肇基王迹、　太祖高皇帝、創建鴻業、奄有哈達、輝發、烏拉、葉赫、寧古塔諸地、天命五年遷滸、六年取瀋陽遼陽、七年建東京於遼陽、十年自東京遷瀋陽、天聰五年、因舊城增拓之、八年始錫名盛京、　太宗文皇帝底定全遼、宮闕始備、　世祖章皇帝統御六合、定鼎燕京、改爲留都、順治十四年、設奉天府、置府尹、乾隆始年、設將軍等官、例皆駐節於都城盛京、城本前明瀋陽衞舊址、康熙十九年始築繚牆、嗣後疊次發帑、重修城堞、明樓甕圈、砲房、規制益爲宏敞、奉天府尹所轄之府三、曰奉天、曰錦州、曰昌圖、奉天府領五縣二州二廳、錦州府領二縣二州、昌圖府領縣三、三府之外、新設鳳凰直隸廳、領一州二縣、興京廳領三縣、此其親民官之定制也、盛京於將軍外、另設戶禮兵刑工五部、如勝朝南京之例、牛莊爲彼地要害、生息甚繁、自成通商口岸以來、中西商船之往彼貿易者、帆檣鱗集、每歲不知凡幾、遼陽城內、有遼故宮、墻高三丈、周圍八里、四隅有角樓、中有二殿、外城謂之漢城、分南北兩市、朝集南市、晚集北市、開原城內、有金故宮、在金時稱會寧府治、有慶元、明德、興聖、永祚等宮、皇極、敷德、薰風等殿、所稱五國城者、在開原之北、舊傳宋徽宗葬於此、其河之大者、西有遼河、東南有鴨緑江、遼河源出內蒙古、東南流、折西南爲西遼河、卒入於海、唐太宗征高麗、至遼澤、泥淖二百餘里、人馬不能通、布土作橋、即此、鴨緑江、源出自長白山、唐太宗征高麗、耀兵於鴨緑江、即此、

盛京人物之足紀者、漢有趙苞、爲遼西太守、旣之任、遣使迎母、道經柳城、値鮮卑入塞寇掠、刼苞母載以攻

郡、苞出戰對陣、賊出母示苞、苞悲號謂母曰、子無狀、欲以微俸奉養、不意反爲母禍、昔爲母子、今爲王臣、義不得顧私恩、毀臣節、遂進戰破賊、母被害、苞歸葬母訖、謂鄉人曰、食祿而避難、非忠也、殺母以全義、非孝也、何面目見天下人民乎、乃嘔血而死、又有公孫度、初爲玄菟吏、後舉有道、累官遼東太守、威行海外、自立爲遼東侯、平州牧、曹操表度爲永康鄉侯、度曰、我王遼東、何永康也、南北朝有高恭之、學涉經史、所交皆名流、仕北齊爲御史、糾摘不避豪貴、金有張浩、博通經史、尤長於詩、以策謁太祖、卽命承應御前文字、官至太師、浩好賢樂善、所著有華美山人集、又有李經、作詩喜以奇語驚人、李純甫見其詩而歎曰、眞今之太白也、由是名大震、元有高宣、太宗時以元帥統兵從征、攻大名、力勸睿宗勿加誅殺、民心悅服、累遷都總管、卒諡簡僖、耶律楚材、廣寧人、卽今之錦州也、博洽羣書、世祖召置左右、凡制度典章、軍旅政事、皆其經畫、仕至尙書令、諡文正、又有廉希憲、篤好經史、累官同平章事、出鎭江陵、居人德之、以疾召還、詔復入中書、辭以病篤、上遣侍臣問疾、因問治道、希憲曰、臣病雖劇、委命而已、所憂者大奸專政、羣下阿附、國病之大者、不急屛除、沉痾不可藥矣、卒諡文正、明有陳宗、四歲能書、五歲能屬文、十八成進士、宣宗奇其才、仕至尙寶卿、又有顧能、性直而剛、與人寡合、由進士授戶部、生平不受一錢、憲宗刻天下清官四人名於殿、首爲楊繼宗、能其次也、

本省物產、有珠玉人參藥材等、錦州府出錦州石、因地得名、

直隸省
蒙古
內
直隸界
渤海
盛京
天津府
順天府
京師
承德府
永平府
保定府
正定府
河間府
深州
冀州
山東
黃河
河南
江蘇界
安徽

直隸考畧

直隸爲　王畿之地、別名燕省、東西相距約一千一百二十里、南北約千六百里、東界盛京、西界山西、北界內蒙古、南界山東、西南界河南、東南界海、雄視東北、規範九有、左滄海、右太行、舜時幽州、禹貢冀州地、周爲燕趙之國、秦屬上谷等郡、漢置冀州刺史、唐置河北道、石晉棄之、不隸中土者六百餘年、明復收入版圖、永樂十八年、遷都於此、正統六年、定爲畿輔、　國朝因之、以順天府爲京師、別名北京、城分內外、內城乃永樂七年拓元故城、周四十里、闢九門、正南曰正陽、俗稱前門、南之左曰崇文、又曰海岱門、右曰宣武、又曰順城門、北之東曰安定、西曰德勝、東之北曰東直、南曰朝陽、又曰齊化門、西之北曰西直、南曰阜成、又曰平側門、外爲重城、廣袤二十八里、闢七門、正南曰永定、南之東曰左安、西曰右安、北之東曰東便、西曰西便、正東曰廣渠、俗呼沙鍋門、正西曰廣甯、又曰彰義門、內城中爲皇城、廣袤三千六百五十六丈、高一丈八尺、門四、南曰天安、北曰地安、東曰東安、西曰西安、紫禁城又在皇城之內、南北長二百三十六丈二尺、東西長三百有二丈九尺、高三丈、門四、南曰午門、北曰神武、東曰東華、西曰西華、城中宮闕煒煌、殿宇巍峨、衙署峻麗、街市喧闐、眞所謂金湯鞏固、天府之雄也、順天府府尹管轄直隸州一、曰遵化、散州五、縣二十一、例得專摺具奏、惟關係重大者、仍當移咨總督、會銜繕奏、至直隸總督、則於府尹所管府州外、尙統轄十府、曰保定、曰承德、曰永平、曰河間、曰天津、曰正定、曰順德、曰廣平、曰大名、曰宣化、直隸州五、曰易州、曰冀州、曰趙州、曰深州、曰定州、散州十二、縣百有二、新設理事廳四、曰圍塲、曰多倫諾爾、曰張家口、曰獨石口、此其治民之官制也、省中天津府、爲直隸水陸通衢、津梁要道、五方雜處、靡麗繁華、直隸總督、向例半年駐此、以辦中西交涉事件、半年則駐保定府、蓋其省會重城也、

全省古今勝跡、悉數靡窮、順天以八景爲最、佳話流傳、多經名人題詠、曰太液晴波、曰瓊島春雲、此二者、皇城西苑之勝也、其餘在京師近處、曰金台夕照、曰西山霽雪、曰玉泉垂虹、曰盧溝曉月、曰薊門烟樹、曰居庸疊翠、八景之中、其玉泉垂虹、尤爲卓越、按玉泉出自玉泉山、在府之西北、泉出石罅間、因鑿石爲螭頭、泉從

螭口出、鳴如禖佩、色若素練、味極甘美、瀦而爲池、廣三丈許、池東有小石橋、水經橋下、東流入西湖、西湖本名昆明湖、綠水澄鮮、沙禽出沒、雲影天光、一碧千頃、湖心橫跨一橋、瓊欄玉檻、如銀漢之麗天、如白虹之駕海、外有戰艘二艦、帆檣畢具、戈戟森然、蓋取敎戰昆明之義、城東有觀象台、高近十丈、與城堞相峙、上有渾天儀一具、卽書所謂璇璣也、鑄銅爲之、古色班駁、又有玉衡一具、亦銅爲之、形如尺、又有銅球一具、外刻二十八宿、左右旋轉、以象天體、宣武門內有天主堂、　聖祖仁皇帝五十三年　勅建、落成後、頒賜　御書萬有眞原四字額、又聯云、無始無終、先作形聲眞主宰、宣仁宣義、聿昭拯濟大權衡、由是堂構維新、龍章照耀、迄今猶翼翼可觀、至於孤竹舊趾、爲殷孤竹君封地、今府城西北、尚存孤竹三塚、雙子山爲長君之塚、團子山爲次君之塚、馬鞭山爲少君之塚、傳曰、國人立其中子、蓋次君也、大名之濬縣有善化山、一名枉人山、相傳紂殺比干於此、近有同山、傳謂武王伐紂、諸侯會同於此山、因以名、及周克商、散鹿台之財、發鉅橋之粟、二地皆在縣治、保定之安州、有易水、卽燕太子丹別荆軻之地、初太子欲殺秦王、乃使衛人荆軻刦之、送至易水、高漸離擊筑、軻和而歌曰、風蕭蕭兮易水寒、壯士一去兮不復還、卽此、順德之唐山縣、舊有柏人城、相傳漢高祖過此欲宿、心動、問縣名、人以柏人對、高祖曰、柏人、廹於人者也、卽不宿而去、華山、屬正定府獲鹿縣、一曰抱犢山、韓信伐趙、使人持赤幟、從間道登華山而望、後魏葛榮之亂、民有不從者、於此抱犢而死、晉州有京觀、係皇甫嵩破黃巾賊而築、冀州有避暑亭、宋郡守魯有開所建、漢時袁紹爲是州刺史、値盛夏、與光祿劉宋飮以避暑、至今河朔之有避暑飮、實本於此、此外又有九河故道、乃夏禹所鑿、在河間等府、尚隱隱可稽、至京師西南之盧溝河、爲桑乾河之下游、俗呼渾河、過永平之灤河、迤南之滹沱河、雖穿貫全地、利澤民生、而勝跡無聞、遂反不及一湖一澤之掛人齒頰也、

其人物之最著者、順天有盧植、張飛、賈島、史天澤、保定有郭隗、田光、祖逖、河間有董仲舒、張昭、正定有荀況、樂毅、廉頗、李牧、毛萇、魏徵、李百藥、劉禹錫、李德裕、曹彬諸人、順德有宋璟、郭守敬、廣平有劉劭、竇默、大名有史鰌、汲黯、永平有伯夷、叔齊、公孫瓚、李光弼等、盧植字子幹、涿人、生於漢季、身長八尺、聲如洪鐘、累官至尚

書、曹操極心敬之、過涿、告守令曰、盧尚書植、士之楷模、國之楨幹也、史天澤、元代人、平居若無能爲、及臨大
節、論大事、則毅然以天下自任、累官至右丞相、宋璟生於大唐之世、耿介有大節、武后時、立言正直、無顧忌、
玄宗拜爲丞相、務清政刑、洵不愧爲中興賢相、竇默、爲人樂易、以學道聞、與史天澤等同仕於元世祖朝、累
官昭文館大學士、李光弼、多謀善戰、唐室中興、功推第一、封臨淮郡王、諡武穆、此人物之畧也、惟地多賢才、
而土不豐饒、所產者、金鉛煤鹽、菓品如蘋果、香梨、玉桃、棗、李、栗、榛、胡桃、葡萄、肥菓、茯苓、蘑菇等類、又牛羊諸
畜、尚稱繁息、琉璃出於順天、毡毯出於承德、皆本省所馳名、其近長城之宣化府、峯巒環繞、產水晶寶石、五
穀黍稷菽麥、合省皆植、惟稻絕少、又因薙草之術、培植之方、俱不及南人萬萬、故所收歉薄、不可與南方同
日語云、

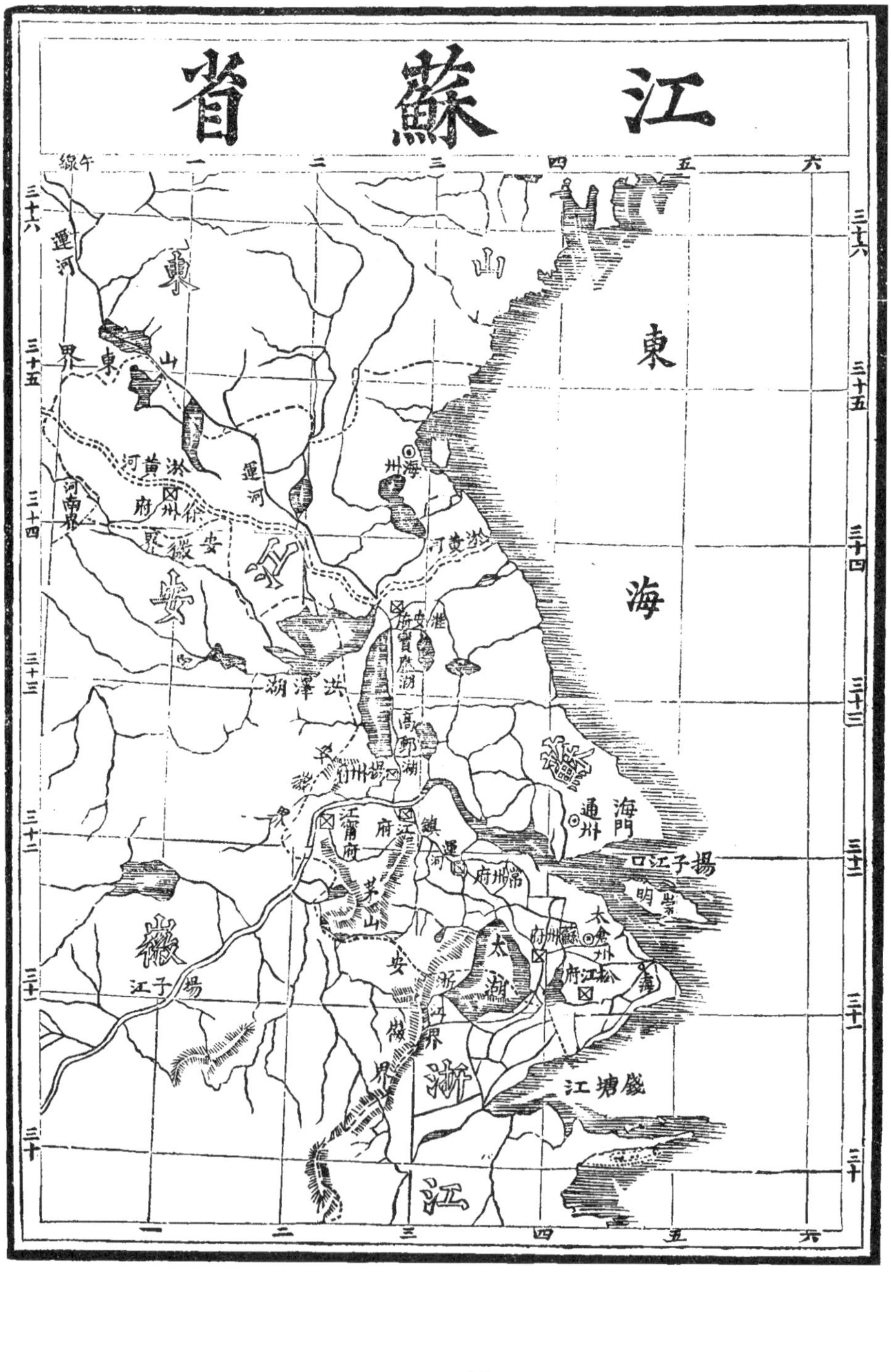
江蘇省
東海
山東
安徽
運河
淤黃河
河南界
海州
徐州府
洪澤湖
寶應湖
高郵湖
揚州府
通州
海門
揚子江
崇明
江甯府
鎮江府
常州府
茅山
太倉州
蘇州府
太湖
松江府
錢塘江
浙江

江蘇考畧

我　朝大造區服、宏廓釐倫、而於省次首及江蘇、誠以地雖僻處東隅、而江山之挺秀、河海之險要、人物之英多、以及賦稅貨財、風俗物產、皆甲於天下、洵寰宇之要區、國家之外府也、按江蘇北界直隸山東、西界河南安徽、南界浙江、東界海、東西相距約七百六十里、南北八百餘里、土地膏腴、形勢蟠踞、負山海而控潁泗、襟長江而帶大河、禹貢揚徐州之域、春秋時為吳國、後越滅吳、并其地、戰國為楚地、秦置會稽琅琊諸郡、漢屬揚徐二郡、三國時揚州屬吳、徐州屬魏、晉初亦為揚徐二州、東晉都建康、揚州遂為王畿、宋齊梁陳皆因之、而畧加損益、隋隸丹陽等郡、唐時分屬江南及淮南道、後為楊行密所據、五代時楊隆演建吳國、李昇代之、是為南唐、都建康、宋分江東淮南等路、元屬河南江浙行中書省、分轄諸道、後移江南諸道行御史台於集慶等路、明初改集慶路為應天府、是為南京、　國朝順治二年五月、豫親王統兵南下、軍民投誠、改南京為江南省、康熙六年、改置江蘇、領府八、曰江寧、曰蘇州、曰松江、曰常州、曰鎮江、曰淮安、曰揚州、曰徐州、直隸州三、曰太倉、曰海州、曰通州、散州三、廳亦三、縣六十二、人烟稠密、戶口殷繁、治斯民者、督撫外、設有布政使二人、一轄江徐揚海通地方、一轄蘇松常鎮太等處、江寧府為省會、兩江總督駐節於此、城周九十六里、門十三、在北者四、曰太平、曰神策、又名得勝、曰金川、曰鐘阜、俗稱小東、在西者五、曰儀鳳、曰定淮、曰清涼、曰旱西、曰三山、在南者三、曰聚寶、曰通濟、曰洪武、在東者一、曰朝陽、順治十六年、築滿城於青溪之東、起太平門、沿舊皇城基址、至通濟門止、開二門、以通出入、為八旗駐防兵屯紮之地、江甯將軍亦開府於此、又於城之四圍因山據險、闢成外郭、門十六、在東者六、曰姚坊、曰仙鶴、曰麒麟、曰滄波、曰高橋、曰上方、在南者六、曰夾岡、曰雙橋、曰鳳台、曰大安德、曰小安德、曰馴象、在西者一、曰江東、在北者三、曰上元、曰觀音、曰佛甯、江蘇巡撫部院、駐在蘇州府、城周四十里、門六、曰盤門、曰閶門、曰胥門、曰婁門、曰葑門、曰齊門、其地夙以文物著聞、惟貿易一道、則較從前遠遜、因上海通商以來、商賈麕集、財貨雲屯、內地諸城、反不免日形蕭索、乘除之勢、正不知伊於何底也、

考江蘇諸山、類皆不甚崇高、爲數亦寥寥無幾、江寧之東北、有鍾山、西有石頭山、諸葛武侯所稱龍蟠虎踞、
即此山也、西北有獅子山、明太祖嘗伏兵於此、大破陳友諒於山下、東南有茅山、在句容縣治、有大茅峰中
茅峰小茅峰之別、始皇二十七年、遊會稽、埋白璧於此、蘇州府治北有虎邱山、上有劍池、兩崖劃開、中涵石
泉、泉名石井、唐人陸羽品爲天下第五泉、前有千人石、遊人皆於此小憩焉、相傳吳王闔閭葬此、近虎邱爲
山塘、上有五人墓、墓碑爲明張溥所撰、此外又有陽山、一名秦餘杭山、上峙危峯十二、而箭闕最高、前有龍
湫、下有白龍洞、東北有白鶴山、古墓最多、府治之西有穹窿山、峯高而頂平、方可百畝、半山有泉、名法雨、四
時不絕、可以灌田、東下有盤石、高廣丈許、洞庭山、屹立太湖中、一名包山、蘇子美云、太湖七十二峯、洞庭最
巨、縹緲峯最高、其間重岡複嶺、樹密林深、閭巷雲連、不異鬧市、所產柑橘最佳、每秋高霜餘、丹苞朱實、相映
巖壑、望之若圖畫然、太湖之濱有夫椒山、吳王夫差敗越於此、常熟城、依山而築、是名虞山、虞仲之墓在焉、
一名海隅山、越絕書謂巫咸所居、上有子游墓、山多巖壑、蜿蜒起伏如臥龍然、四望形勢各異、其巔堆垛磊
塊、纍纍中虛、似皆人力爲之、無錫西北有彗山、別名九龍山、泉聲泠泠、向石中出、陸羽品爲天下第二泉、一
名陸子泉、清澈甘洌、烹茶極佳、其在松江諸山、皆無甚名勝可稽、明董紀曰、松之山三十有二、而惟九峯特
著、自元人凌巖肇題詠後、至今步韻者、代不乏人、九峯一曰鳳凰山、二曰陸寶山、本陸氏家山、多土少石、而
土又美、人爭取之、夷爲平陸、今人皆以庫公山補之、三曰佘山、產筍有蘭香、康熙五十九年、 南巡駐蹕、錫
名蘭筍山、同治六年、天主教建聖母堂於其西山之巔、規模宏敞、結構崇隆、形勢之壯麗、爲就近諸勝冠、四
曰禪山、一名辰山、或稱細林山、五曰薛山、六曰機山、七曰橫雲山、八曰天馬山、陸氏之先葬焉、機雲兄弟皆
有碑誌、九曰崑山、諺所謂鳳陸佘神薛、機雲天馬崑是也、通州之南有狼山、左右五山連屬、宋淳化中邑令
楊鈞上書乞改狼爲琅、山門米芾題曰第一山、今舊題已失、前臨大江、浩淼奔騰、極天無際、東有半千石、半
於虎邱之千人石也、山週勝概極多、爲東南巨觀、鎮江府城東北有焦山、古名譙山、聳峙江干、漢處士焦先
隱此因名、東北有二島對峙、謂之海門、上有三詔洞、以先嘗三詔不起、又有高宗純皇帝行宮、古今題名詩

刻甚多、與金山相望、十五里許、氣勢相頡頏、故稱金焦、若以府北之北固山並之、則爲江左三山云。

江蘇大湖川澤、爲數甚多、其最者爲蘇之太湖、禹貢謂之震澤、周官爾雅謂之巨區、史記國語謂之五湖、其實一也、吐吸江海、包絡丹陽宜興諸境、其所容者大、故以太稱、爲中國五湖之一、中有山七十二、其大小雷山相去十里、係江蘇浙江分界處、所謂消夏灣者、在湖岸極清處、乃吳王避暑之地、東有明月灣、相傳吳王玩月處、其次曰洪澤湖、在淮安府之西、長一百八十里、闊至百二十里、五湖之中、隸江蘇者、尚有丹陽湖、在江寧溧水縣、昔江寧之置丹陽郡、蓋取義於此、西接安徽當塗界、湖雖未廣、而素稱佳境、李白嘗乘月載酒以遊、江寧太平門外、有元武湖、俗呼後湖、中有五洲、明時儲黃冊於此、今廢、惟長堤烟景、荷蒲菱芡、與沙禽水鳥、隱映雲霞之際而已、堤盡爲曾文正公祠、旁有井、光緒二年新鑿、約深二丈、其泉與雨花台之永寧泉相匹、薛澱湖者、在松江府治之西北、一名澱山湖、以湖濱有澱山故也、南屬青浦、北屬崑山、其在西南、又有三泖、宋朱長文續吳郡圖經稱爲上中下三泖、而舊縣圖又有圓泖大泖長泖之名、未知孰是、至川之著名者、首推楊子江、別名大江、或稱長江、蓋中國至長之水也、自江源浩蕩而來、合湘漢諸水、經江寧、繞鎮江、至通州、達於海、禹貢曰、江漢朝宗於海、卽此也、次爲黃河、向自河南入徐州府、東經淮安府入海、道光間河決冀北、泛濫東魯、經大清河入於海、自是江蘇無黃河之患、其故道亦皆淤成平陸、松江、古爲笠澤江、一名松陵江、禹貢三江之一、黃浦在上海縣東、相傳楚相黃歇所鑿、又名春申浦、浦中旅艇海舶、兵艦輪舟、絡繹於水、灌溉可資、行旅以便、其水利若是、此江蘇之所以古稱澤國也。

江蘇之勝區故蹟、不一而足、江寧有烏衣巷、杏花村、雨花臺、謝公墩、閱江樓、報恩塔、惜皆榛莽邱墟、徒存陳蹟、蘇州有滄浪亭、在盤門內、傍有荷池、爲吳中節度使孫承佑之池館、後蘇子美以事廢、買地築亭、號曰滄浪、婁門內有拙政園、本係道觀、崇台廣廈、映以清流、今已改作八旗會館、城中又有范文正公義宅、乃宋范仲淹知杭州、歸吳後所創、聚族其中、又買常稔之田千頃、號曰義田、作義莊以贍之、宋錢公輔有義田記、獅子林、在齊門內、相傳爲倪元鎮別墅、聚石爲山、建亭鑿池、作巖巒坡谷、形若獅子、　高宗純皇帝巡幸至此、賜題眞趣二字、然亦倒坍過半、斷石寥星矣、上海城內有西園、爲方伯潘允端豫園故趾、乾隆二十五年、邑人購其地、仍築爲園、其後門之左、有五老峯、瘦石崚嶒、亦入奇品、徐州東山之麓、有放鶴亭、蘇子瞻嘗作記以誌之、此勝蹟之一二也、

言江蘇人物、則以地鍾靈秀、度越前徽、勿勝臚指、在江寧者晉有葛洪、家貧好學、不拜侯封、入山著書不輟、號抱朴子、在蘇州者、商有巫咸、輔弼太戊、尙書曰、巫咸乂於王家、周有季札、讓國不受、逃於延陵、又有言偃、字子游、史記云、偃吳人、自江淮以南、聞孔子學者、偃一人也、漢有用里先生、爲四皓之一、宋有范仲淹、參預大政、立功社稷、葬後、御書曰褒賢之碑、又有米芾、翰墨精妙、點綴山水、自成一家、凡書畫經其品題者、無不價增十倍、其在松江、晉有陸機陸雲、皆以文章名世、時人謂之二陸、唐有陸贄、年十八登進士第、中博學宏詞科、官至翰林學士、諡曰宣、所遺奏議、後世相率效之、明有董其昌、天才俊逸、少好書、以米芾爲宗、後遂錯綜晉唐諸帖而變化之、瀟灑生動、名聞海內、官禮部尙書、　國朝康熙四十四年南巡、特書芝英雲氣額賜之、又有徐光啟、幼抱奇聰、長通經史、明萬歷時、西士利瑪竇等至京、公日與討論教禮歷書、旁及治國安民之學、時因日蝕失驗、光啟卽將泰西傳天主教士鄧玉函羅雅各等、薦諸朝廷、上乃詔修歷法、擢公爲監督、尋加太子太保、晉文淵閣、諡文定、著有闢妄等集行世、其在常州、晉有顧愷之、自少博學、桓溫謝安器重之、並善丹青、世稱愷之有三絕、才絕畫絕癡絕、拜虎頭將軍、自號顧虎頭、梁有蕭統、字德施、小字維摩、武帝太子也、誦書五行俱下、五歲通五經、爲人寬和容衆、天性孝謹、好讀書屬文、不近聲色、注文選三十卷、年三十一卒、朝野痛之、諡曰昭明、宋有陳敏、無錫人、受業於胡安定門下、安定一見奇之、稱爲國器、徽宗時、諸蔡用事、斥司馬光諸賢爲奸黨、立黨人碑、敏怒而碎之、謝事歸、其在鎭江、三國時有韋昭、少好學能文、撰吳書、華覈嘆曰、此史遷筆也、後孫皓欲爲父和作紀、昭謂未嘗稱帝、宜傳不宜紀、卽被收、淮安漢有韓信、少嘗寄食漂母、歸漢、拜大將軍、定三秦、滅西楚、厥功居多、爲漢三傑之一、蕭何所謂國士無雙者是也、又有陳登、字元龍、許范嘗與漢昭烈論人物曰、元龍淮海之士、豪氣不除、今高堰之築、實創自登、揚州秦有邵平、嘗封東陵

侯、秦末、種瓜長安、瓜有五色、世稱東陵瓜、徐州漢有蕭何、相高祖爲開國第一功臣、封酇侯、又有曹參、破秦相漢、遵何約束、當時有清靜寧一之歌、復有周勃、高祖謂其厚重少文、然安劉氏者、必勃也、後果誅諸呂、定漢室、唐有劉知幾、善文辭、舉進士、累遷鳳閣舍人、修國史、著史通內外四十九篇、徐堅嘆曰、作史者宜置座右、歷舉數人、而東南人才之盛、亦可畧見一斑矣、至本省土產、巨細精粗、無不咸備、食物如五穀諸果禽獸魚鹽、用物如綢緞綾絹木棉花卉等、皆其所產、足供四方、以是知人傑地饒、民庶物阜、稱爲財賦重地、洵非虛語也、

安徽考畧

江蘇之西爲安徽省、別名皖省、東西距七百五十里、南北距九百里、西界湖北、西北界河南、東北界江蘇、東南界浙江、西南界江西、右控全楚、左蔽金陵、扼中州之咽喉、依兩浙爲唇齒、由中原而南、一大都會也、禹貢揚徐豫三州之域、春秋分屬吳楚、戰國時爲楚地、秦置九江、泗水、潁川三郡、漢初置淮南國、後乃分屬揚州及徐豫二州、西晉因之、東晉揚州爲王畿、僑置豫州於淮南郡、南朝時參置霍州譙合等州、隋屬鍾離歷陽汝陰等郡、唐置江南及淮南河南道、五代屬南唐、宋分江南東路、及

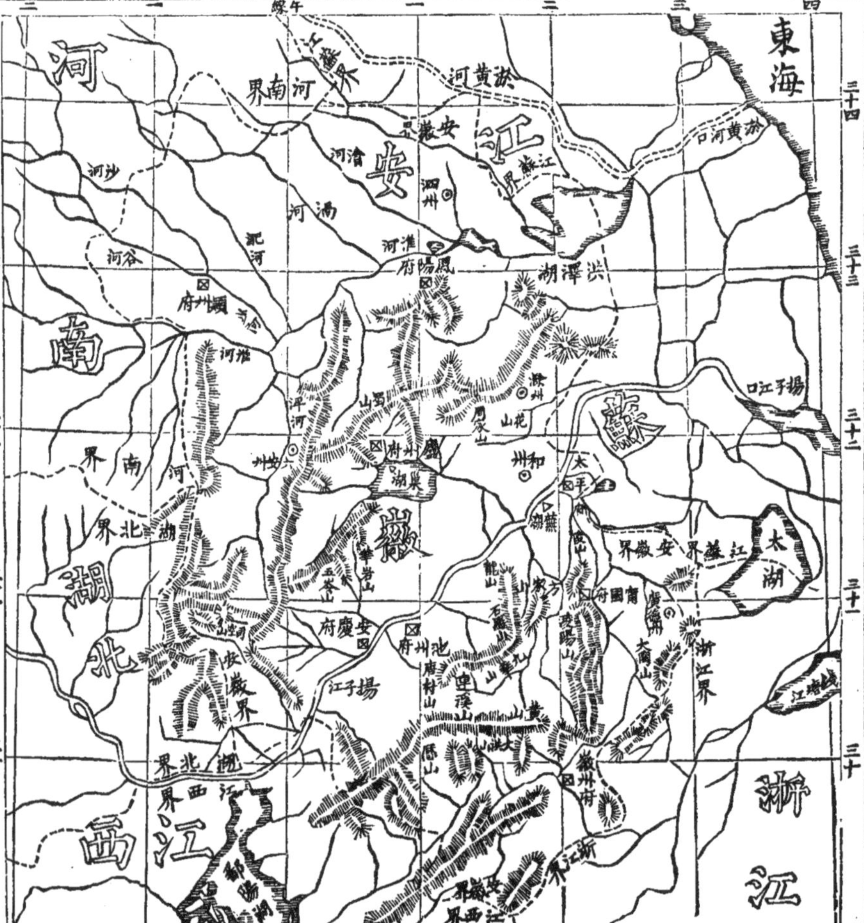

淮南東西二路元分屬江南江浙行中書省明初改元集慶路爲應天府建都府城正統六年改應天府爲南京以安慶徽州寗國池州太平廬州鳳陽七府滁和廣德三州隸焉　國朝改置江南省順治十八年分屬江南左布政司使康熙元年設安徽巡撫六年改江南左布政爲安徽布政司使乾隆二十五年以安徽布政司使自江寗還治安慶領府八曰安慶曰徽州曰寗國曰池州曰太平曰廬州曰鳳陽曰潁州直隸州五曰廣德曰滁州曰和州曰六安曰泗州散州四縣五十一其間土壤有肥磽形勢有衝僻政治有繁簡人情有純駁風俗有奢儉互有差池不可一例衡量也安慶府爲省會舊城卽今潛山縣治按通典爲楚靈王所建歷代因之宋嘉定十年以金兵破光州徙城於盛唐灣宣城渡之陰去舊城百四十里卽爲今治城周九里十三步門五東曰樅陽東南曰康濟南曰盛唐今改鎮海西曰正觀北曰集賢同治元年江督曾公駐師正觀門外添築外郭自集賢門迤南直抵江岸門二曰金保內置水師協鎮署曰玉虹內設火藥局安徽巡撫與布政按察二使皆駐節於省城通商埠頭在太平府蕪湖縣係光緒二年新開今自九江以下商賈往來有此關以收榷稅而安徽江蘇之門戶於是乎在焉

皖省山嶺聯絡備載爲難其隸安慶者曰龍眠曰小孤曰天柱龍眠山卽古之龍舒山在桐城西北與舒城接壤巖壑幽邃擅名江北其巔岩秀削遙遙相對者則爲華崖山乃東龍眠也宋李公麟歸老於此小孤山在宿松縣東南突兀巑岏一柱直聳天半四面江水山以孤峭得名或誤音爲小姑者宋時歐蘇業已辨明稱之曰小以別彭蠡之大孤山也元天歷中立鐵柱於上名曰海門第一關天柱山在潛山縣西北一曰皖山亦曰潛山其峯巋巀聳矗雲霄秦時稱爲衡山始皇渡淮水之衡山南抵大江是也湖南有南岳衡山亦名湘山此則本名衡山傳稱漢武帝以南嶽阻遠移祀潛之南嶽天柱卽此故一稱霍嶽又謂之副南嶽東有激水冬夏懸流瀑布萬丈瑩然如雪故又名雪山下有九井深不可測旁有石牀可容百人實爲淮南諸山之冠其支山曰三祖山有璨僧塔一名山谷宋黃庭堅僑居於此取以自號司空山在太湖縣西北高峻不羣山半有洗馬池卽古之司空源唐李白嘗避地於此山之隸徽州者黃山爲最白嶽次之黃山在歙縣

西北、舊名黟山、山半出雲、一白無際、山麓有湯泉、出香溪中、常湧丹沙、浴之可療疾、白嶽山、在休寧縣西、一名齊雲巖、上有石鼓石鐘天門諸峯、皆絕壁斷崖、體勢飛動、下有一峯、崢嶸雄峙、立鐵亭籠之、則爲香爐峯、層巒刺天、雲烟萬狀、則謂紫玉屏、紫霄崖、尤爲擅勝、昔人目此爲小武當云、名山之隸於寧國者、曰陵陽、曰敬亭、陵陽在府城北隅、岡巒盤曲、上有三峯、環繞宣城縣治、宋郭詳正詩所云陵陽三峯歷千里百尺危棲勢相依、是也、敬亭山在府北、古名昭亭山、李白詩、相看兩不厭、只有敬亭山、南麓有二井、俱係唐丞相裴休所鑿、水白味甘、特異他井、其隸於池州者、曰九華、曰天門、九華山在青陽縣西南、舊名九子山、李白陋其名、以山有九峯如蓮花、易名九華、今山中有太白書堂在焉、山氣青白、如雲瀰漫而起、青峯在其上、謂之雲海、天門山、一名梁山、東梁屬當塗、又名博望、西梁屬和州、兩山相對、峙立江渚、爲往來要害之處、六朝時皆置兵屯守、山頂各有城、趾宋王元謨所築、山之隸於太平者、曰采石、曰青山、采石山在府西北、昔人采五色石於此、故名、晉王濬駐師取吳、隋韓擒虎濟破陳、宋曹彬渡江取南唐、明常遇春先登獲捷、皆在此山、南有磯、峭拔險峻、名曰牛渚、輿地志溫嶠平蘇峻亂、至牛渚磯、以下多怪物、燃犀照之、此蓋附會之詞也、殊不可憑信、青山在當塗縣東、晉桓溫與袁宏遊青山、共載而歸、齊謝朓築室於此、其基址尚存、故又名謝公山、山麓有宋米芾書第一山碑、山之隸於廬州者、曰浮槎、曰金庭、浮槎在府東、一名浮巢山、頂有甘泉、歐陽修爲之記、金庭山、一名紫微山、有紫微洞出泉、居民引以溉田、相傳王子喬居此、又名王喬山、山之隸於鳳陽者、曰塗山、曰八公、塗山在懷遠東南、淮水東岸、與荆山兩岸對峙、亦名當塗、相傳禹會諸侯於塗山、執玉帛者萬國、即此、然按野客叢談、塗山有四、迄今掌故者、執辨紛紛、莫衷壹是、故塗山之會、究不知何者爲是、八公山在鳳台縣東北、漢淮南王安、與賓客著書於此、晉謝元隙師淝水、苻堅望見八公山草木、疑皆晉兵、即在此山、滁州所屬有瑯琊山、宋歐陽修云、環滁皆山、而瑯琊尤美、所謂蔚然而深秀者、是也、晉瑯琊王駐兵於此、因名、唐大歷中刺史李幼卿、鑿石引泉、賦詩刻石於其上、及宋王歐二守、相繼賞詠、而名益顯、山行六七里、有瑯琊溪、謂之釀泉、上有醉翁亭、亭側又有六一泉、其逶迤相接者爲豐山、下有紫微泉、一名幽谷泉、永

叔之豐樂亭在焉出雲降雨歲賴以豐因以得名、

水有四瀆、在安徽者二、一卽揚子江、自九江東流而下、宋宣和二十八年、太平府判官盧宗原、言大江東岸多暗石、至二十餘處、西岸沙積、廣二百餘里、請開、從之、明年、降詔開江東古河、自蕪湖入淮、免二百里江流之險、是名中江、江中之洲、曰蓮花、曰擱牌、曰白沙磯、曰攔江、曰羅剎、曰黃龍、曰劉婆、共數十餘處、一爲淮水、自河南來、東經鳳陽、入洪澤湖、湖卽古之洪澤鎭地、前泗州舊城、亦淪沒於此、明萬歷二年、淮水溢、河臣潘季馴始築高家堰、其後於大小澗口等、凡入湖舊道、盡築堤防、自是淮水益壅、泗州大病、二十一年、按臣牛應元始議開金家灣芒稻河、洩湖水入江、繼議開高堰南周家橋、洩淮水入湖、又開高堰北武家墩、以殺其勢、　國朝康熙三年、淮溢、乃議築翟家壩、遣官履勘、稱爲天然減水壩、止令塡平決口、不准加土增高、以塞水路、然波濤泛濫、時不免於水患、其他川澤、難以枚擧、記其大者、如渦水在鳳陽府西北、乃水之著名於經者、自蒙城縣流入於淮、謂之渦口、三國魏志武帝紀、建安十四年、軍至譙、作輕舟治水軍、秋七月自渦入淮、卽此、　國朝巡撫英公翰建渦陽縣碑記、其銘曰、渦水曰渦、姬公所錄、受沙入淮、發源鳴鹿、其洛、汴、谷、睢、汝、潁、豐諸水、皆在府境內、徽州一府六縣之水、皆藉歙浦資流、其新安江、水最澄青、淺深見底、爲灘三百餘、沇約詩云、洞徹隨深淺、皎鏡無冬春、謂此、青弋江、在甯國府西、卽清水也、古名泠水、漢書地理志、晉書鍾雅傳、及說文與元和郡縣志諸書、皆爲載入、蓋亦古之名水、廬州合肥縣東有施水、卽肥水分流之一、亦名金斗河、夏水暴長、施合於肥、故曰合肥、梁韋叡堰水以灌合肥、在此、濡須水在巢縣南、源出巢湖、一名柵口水、寰宇記亦謂之馬尾溝、又名石梁河、三國時曹操與孫權相拒於此、宋史劉錡與金人夾石梁爲軍、壘薪爲橋、亦在此、巢湖在府城東南、一名焦湖、亦名漅湖、周四百餘里、佔合肥舒城廬江巢四邑之境、港汊大小三百六十、通鑑地理通釋、載巢湖本巢縣地、後廢爲湖、爲古今形勢扼要之區、淮西巨浸、潁州府之西北有西湖、卽潁河合諸水滙流處、唐許渾從事於潁、已有西湖清讌之句、及宋歐陽修蘇軾先後爲守、皆嘗宴賞於此、論者與杭之西湖並稱、歷陽湖在和州之西、淮南子云、歷陽之都、一夕爲湖、唐劉禹錫所謂一夕爲湖地千年列郡名是也、一作麻湖、明永樂中湖涸、議堰爲田、凡三萬一千三百餘畝、至景泰二年始成、然地勢平衍、水難驟泄、每逢雨潦、往往多淹沒之患云、

皖省古跡、安慶府望江縣城內、有泣筍臺、亦曰泣竹臺、相傳吳孟宗母嗜筍、嚴冬時宗攀竹而泣、因名、宋蕭服爲望江令、訪古蹟、得其臺、爲之築亭、並刻唐縣令麴信陵文於石、以勵民俗、　國朝康熙十八年、知縣陳柿祚爲之立碑、臥氷池在縣治南、晉王祥奉母避地、臥氷取魚處、池在方公堤內、有碑亭、今亭圮碑存、昭賢里在縣治北、唐徐仲源事母至孝、母卒、輒伏墓號泣、德宗勅號所居里曰昭賢、鄉曰孝感、又勅於墓傍築孝義墩、白華軒、今墩尚存、與孟宗王祥稱爲三孝子、歙縣西南之篁墩有朱家巷、爲朱子先世所居、朱文公自叙茶院譜云、先世居歙之篁墩、其闕里在婺源縣南、謝朓宅在太平府當塗縣東南之青山、一名青山館、旁有謝公池、青山之麓、爲唐翰林學士李白宅、唐范傳正撰墓碑、廬州巢縣之東北有居巢故城、水經注居巢縣即古巢、相傳湯放桀於此、舊志所載桀王城、在巢縣臥牛山之背、今爲紫微觀基、觀中有隋碑、係開皇十四年立、臨淮廢縣東門內開元寺後、有莊子逍遙臺、後唐濠州防禦使梁延嗣累土爲臺、即今莊子墓、是也、潁上縣之北有管谷、相傳管仲家、此亳州之北有桑林、世稱成湯禱雨之所、其東二里爲湯陵、奉　旨防護、冢四方各十步、高七尺、考括地志云、洛陽偃師縣東有成湯冢、近桐宮、未知孰是、唐劉禹錫所銘之陋室在和州治後、乃禹錫爲和州刺史之遺跡、昭關在含山縣北之昭關山、史記范雎傳伍子胥橐載而出昭關、即此、六安州之東有皐陶墓、水經注六安縣都陂中有大冢、即指此、寰宇記縣北白沙城東有皐陶冢、是也、國朝同治七年、署安徽巡撫吳公坤脩重修、挂劍臺在泗州之北、相傳延陵季子挂劍處、其里即名挂劍鄉云、

皖省碩德宏才、自周漢迄　國朝道光初、通志所載、僅十有八人、其次若管仲蹇叔諸子、或爲諸侯所重、或爲風雅所宗、標而出之、或者堪爲矜式焉、在安慶者、漢有文翁、少好學、通春秋、景帝時爲蜀郡太守、興學校以崇教化、由是蜀地文風儕於齊魯、武帝時令天下郡國皆建學校官、蓋自文翁始也、宋有李公麟、爲泗州

參軍博古好學長於詩多識奇字自夏商以來鐘鼎尊彝皆能考定世次辨別欵識爲考古圖善丹青嘗繪龍眠山莊圖世稱神品自號龍眠居士與李亮工李元中同時登第人謂之龍眠三李在徽州者宋有朱松字喬年具俊才爲文汪洋數千言立就朱子熹字元晦一字仲晦天姿粹美殫心於窮理致知初居崇安額讀書處曰紫陽書堂後築室建陽武夷山中號雲谷老人其所居草堂曰晦菴自號晦翁晚居考亭精舍號滄洲病叟生平著述有諸經傳解通鑑綱目西銘解義太極圖傳小學楚辭集註等書卒年七十一諡曰文後封徽國公　國朝康熙五十一年升列十哲之次後有胡一桂居家講學遠近爭師之所著有周易本義附錄纂疏啟蒙翼傳十七史纂人倫事鑒歷代編年朱子詩傳等書學者稱雙湖先生寧國宋有梅堯臣字聖俞工詩歐陽修皆以先覩爲快注孫子十三篇毛詩小傳二十卷宛陵集四十卷歐陽修深嗜其詩嘗爲之序太平梁有周興嗣字思纂博學善屬文爲散騎侍郎得罪繫獄上出王右軍草書千字命以韻語屬之一夕編成鬢髮盡白即今千字文也佐撰國史有文集百餘卷廬州則漢有范增年七十輔項羽霸諸侯及羽信反間遂棄而歸蘇子瞻曰增不去項羽不亡增亦人傑也鳳陽則周有蹇叔銍人按地理志釋銍在今鳳陽府宿州西南史記秦本紀云秦穆公授百里奚以國政讓曰臣不及臣友蹇叔蹇叔賢而世莫知於是穆公使人厚幣迎蹇叔爲上大夫後公欲襲鄭諫之不聽卒喪師於殽悔而作秦誓篇中所謂一个臣者是也明太祖以布衣崛起手定山河一統天下亦人傑矣哉考其世系姓朱名元璋字國瑞志意恢廓豪傑歸心與其鄉徐達常遇春等起兵濠州撫有中原定鼎金陵在位三十一年其在潁州周有管仲名夷吾少常與鮑叔遊及長因鮑叔以進仕於齊得政最久孔子曰管仲相桓公霸諸侯一匡天下民到於今受其賜亦春秋之世所不可多得者也著管子八十六篇行世秦有甘羅年十二事秦使趙趙王郊迎割五城以獻及還拜上卿其所居遺址及冢墓至今猶存故潁州別號甘城太史公曰甘羅年少出一奇計聲稱後世雖非篤行君子亦爲戰國一策士和州則唐有張籍性狂直善古詩及書翰行草尤長於樂府當時元微之白樂天孟冬野諸人皆樂與之遊爲詞家宗匠號元和體識者謂貞元以後近體至籍而一變韓愈薦其學有師法

文多古風、因名重一時、朝野無異辭、歷仕至國子司業而終、此皖地人才之大畧也、至本省土產、布麻粟帛、均足以供一省之用、果品魚鹽金銀銅礬之屬、所產均極旺美、而茶與漆、尤爲該省馳名之物、婺源山中產木極堅緻、歷久不朽、遠近爭售、他若武溪之硯、歙縣之墨、照例進呈、選材尤貴、以故藏庋之家、書畫之室、皆奉爲無上上品、得之如獲珍奇也、

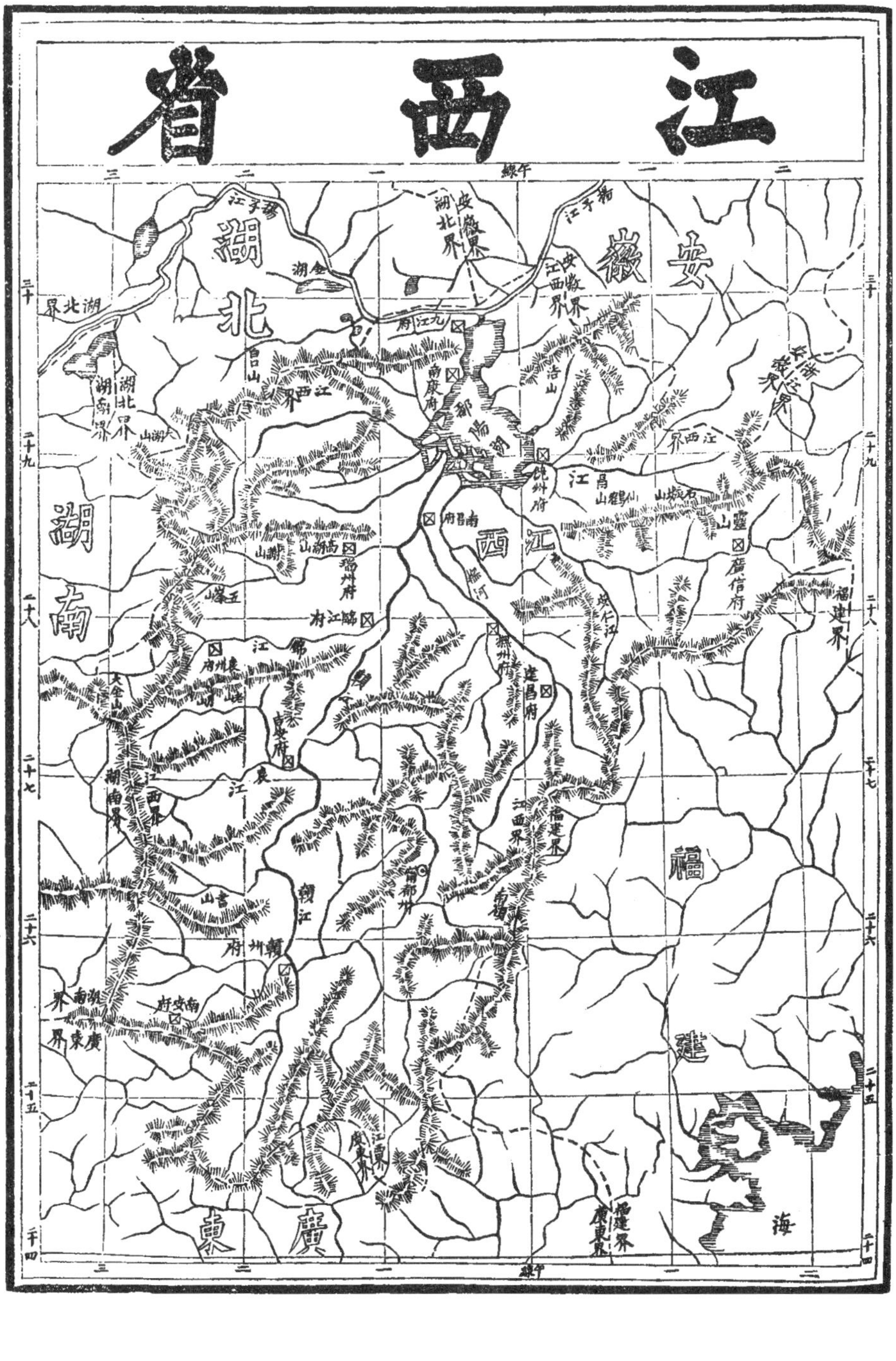
江西省
安徽
湖北
湖南
福建
廣東
揚子江
九江府
南康府
鄱陽湖
饒州府
南昌府
瑞州府
臨江府
袁州府
吉安府
撫州府
建昌府
廣信府
贛州府
南安府
寧都州
贛江
海

江西考畧

安徽之西南爲江西省、古名豫章、東西相距八百餘里、南北約一千里、東北界安徽浙江、東界福建、南界廣東、西界湖南、西北界湖北、上距五嶺、下奠九江、咽扼荆淮、翼蔽吳越、禹貢揚州之域、周因之、春秋時爲吳楚之交、戰國屬楚、秦屬九江郡、漢領以揚州部刺史、三國爲吳地、晉初亦屬揚州、後割荆揚二地、增置江州、宋以後因之、隋仍屬揚州、大業初爲蕭銑林士宏所據、唐隸江南道、開元中分置江南西道、治洪州、唐末幷於淮南、後屬南唐、宋屬江南路、天聖中亦分隸江南西路、仍治洪州、元於隆興路置江西等處行中書省、後陳友諒竊據其地、明初平之、洪武九年、置江西等處承宣布政使、而藩封衞所、參列其間、 國朝仍置江西省、屬兩江總督管轄、領府十三、曰南昌、曰饒州、曰廣信、曰南康、曰九江、曰建昌、曰撫州、曰臨江、曰瑞州、曰袁州、曰吉安、曰贛州、曰南安、直隸州一、曰甯都、散州一、廳二、縣七十五、省會在南昌府、即古之洪都、江西巡撫兼理提督軍務、駐節於此、藩臬二司同治焉、海關在九江、咸豐之季、各國和約成、闢通商口岸、以廣貿遷、由是物貨駢羅、商賈輻輳、饒州浮梁縣屬有景德鎮、所出陶器、中外馳名、鎮屬浮梁之興西鄉、去城二十五里、在昌江之南、故稱昌南鎮、自觀音閣江南雄鎮坊延袤小港嘴、前後街市計十有三里、故又有陶陽十三里之稱、該鎮水土宜陶、以故業陶數千戶、而藉此營生者、動以數萬計、唐高祖時、里人陶氏、載瓷入關中、且貢於朝、自是昌南鎮瓷名天下、迨宋景德年間始置鎮、改名景德、命進御瓷器、底書景德年製四字、其器尤光緻精美、當時紛效、於是天下咸稱景德鎮瓷器、而昌南之名遂徵、元泰定間、置本路總管監陶、始製印花畫花雕花之器、明洪武二年、就鎮之珠山東麓、設窰廠、置官監督、燒造解京、稱爲官瓷、以別民窰、其官窰多至五十八座、散建廠外、正德間始名曰御窰廠、 國朝因之、其廠跨珠山、周圍約三里許、陶務作共二十有三窰式有六、曰青窰、曰龍缸窰、曰風火窰、曰色窰、曰爁熿窰、曰匣窰、康熙十九年、罷向派饒屬夫役額徵、凡工匠物料等費、動支正項、年終造册報銷、俱按工給值、陶成之器、每歲秋冬二季、僱覓船隻夫役、裝桶解 京、以備賞用、雍正六年、遣內務府官駐廠協理、乾隆五十一年、裁去內務府協理官、命榷九江關使總理窰廠、歲巡視、並以駐鎮饒州府同知及景德鎮巡檢、共監造督運云、至今瓷器所出、猶足以供天下之用、但工料粗脆、不及前此之細膩工緻、致世之癖嗜古物者、輾轉購覓、一器之細費百十金而不悔、於是骨董之客互相倣造、以贋亂眞、卒使古物不可復得、而僞器且充闤闠矣、

江右山嶺蔓延、累千盈萬、南昌府西有西山、一名厭原山、又名南里山、西有鶴嶺、相傳卽王子喬控鶴處、又有水出山椒、名吳源水、高下十堰、溉田萬餘頃、唐陸羽品爲天下第八泉、百丈山在奉新縣西、吳源水傾瀏飛流、高自千尺故名、以其勢出羣山、又名大雄山、唐宣宗遯跡方外時、嘗至此題詩、淸水巖在寧州東北、南有石室、北多蘭蕙、黃庭堅云、淸水巖爲天下勝處、巖前巨石、可坐千人、饒州有郭璞山、根盤數十里、崇高百仞、峯巒峭拔、爲鄱陽羣山之冠、世傳郭璞嘗旅寓於此、故名、羊角山在餘干縣東、兩峯迴曲相向、狀如羊角、唐改名餘干山、又名冠山、山多奇樹怪石、相傳陸羽煮茶於此、縣治西有藏山、山非極高、而以層巒疊巘勝、上有梅巖、爲宋趙汝愚讀書處、理宗爲題梅巖二字、大茅山在德興縣東南、山勢磅礴、千峯萬嶂、邃谷深林、爲一邑之冠、廣信有茶山、在府城北、唐陸鴻漸居此、自號東岡子、刺史姚驥嘗微服造訪焉、南康有廬山、在府西北、一名匡廬、古名南障、世傳周武王時、匡裕兄弟七人、結廬隱此、故名、疊嶂千重、崇巖萬仞、周圍數百里、洵江右巨鎮也、山陽隸南康、山陰屬九江、近爲康王谷、楚康王嘗隱此、故名、內有水簾洞、噴沫如簾者三十餘派、陸羽云、廬山康王谷水簾泉第一、宋王禹偁亦云、康王谷爲天下第一水、其味經月不敗、取以煮茶、有浮雲散雪之狀、與井泉殊絕、九江有馬當山、在彭澤縣東北、橫枕大江、狂風撼浪、過者寒心、陸魯望製銘云、天下之險、在山曰太行、在水曰呂梁、合二險而爲一、吾又聞乎馬當、建昌有登高山、在府城內、一名黃家山、與郭家陳家三山相連、登之可俯視城堞、遠矚江山、城之西南有麻姑山、上有瀑布飛泉、麓有桃花源洞、風景絕佳、撫州有靈谷山、在府城南、王安石靈谷詩序云、吾州之東有靈谷者、江右之名山也、楩楠豫章竹箭之材、皆自此出、浮石巖在崇仁縣、三峯夾峙、中亘一溪、可容小舫、宋尙書何異闢爲山、表其勝跡五十餘所、題曰三山小隱、理宗書寬菴二字賜之、洪邁有記、吉安有秋山、在永新縣西、亦名禾山、上有七十一峯、溪

水出其間、旁有石崖、顔眞卿題其上曰龍溪、鳳凰山在永豐縣、上有瀧岡、歐陽修之父母墓在焉、修有瀧岡阡表、本省大川、其著者、南昌豐城縣之曲江、形如半月、中分三潭、志稱水鄉佳處、宋姚勉詩云、曲江磯頭山崒嵂、此景江南誇第一、饒州府之錦江、一名安仁港、源發廣信府、江有雲錦石、因名、南安府之章江、漢志名彭水、贛州府之貢江、漢志名湖漢水、章貢二水合流爲一、則名贛江、其間十八灘、怪石奇險、行者苦之、湖之著者、鄱陽湖爲最、一名宮亭、一名楊瀾左里、係五湖之一、廣二百里、長三百里、西接南昌、東抵饒州、北流入於江、禹貢東匯澤爲彭蠡、是也、故又名彭蠡湖、或名彭澤湖、巨浸瀰漫、中有鴈泊小湖、復有鄱陽蓮荷大孤諸山、互相對峙、其次爲東湖、跨南昌饒州二邑境、周僅數里、一名督軍湖、相傳鄱陽令吳芮嘗習水戰於此、舊通大江、漢太守張躬築堤以通南路、謂之南塘、唐刺史韋丹開斗門以接江水、俗呼爲南塘塍、其水清絕、產佳魚、爲一郡之勝、

考贛省名勝古跡、南昌府章江門上有滕王閣、西臨大江、唐高祖子元嬰封滕王時建、閣外夾以二亭、南曰壓江、北曰挹秀、後都督閻公伯嶼重修、九日宴僚屬於閣、王勃爲序、後有王緒爲賦、王仲舒韓愈爲記、明太祖駕幸南昌、嘗宴於閣、命羣臣賦詩、投書渚、在府城西北石頭渡、即晉殷羨投書處、先是羨拜豫章守、縉紳屬其致書者百餘函、至此皆投水中、曰、洪喬不作致書郵、雙井在寧州西、黃庭堅嘗居此、中有二井、土人汲以造茶、絕勝他處、庭堅有送雙井茶與東坡詩、饒州城內有延賓坊、相傳爲陶侃故居、侃友范逵過其家、侃倉卒無以應客、其母截髮以易酒肴、南康府西有墨池、在行龜寺側、晉右軍將軍王羲之洗墨於此、廬山上有三峽橋、在歸宗寺側、蘇轍記云、水積石間、聲如雷霆、如千乘車、行者震掉不能自持、雖三峽之險、莫過於此、近有昭明讀書堂、爲梁太子棲隱之地、南唐李煜改爲開先寺、長公云、廬山奇勝處、不可勝紀、若開先寺之漱玉亭、歸宗寺之峽橋、乃二絕也、九江府治南有蓮花池、相傳周敦頤所鑿、著有愛蓮說、五柳館在彭澤縣、即五柳先生陶潛宅、其故居在德化縣西南之柴桑里、撫州城東有王右軍宅、今之府學、即爲其故址、在宜黃縣南、有石梁橫空、長數十丈、南北相接、下平廣、可容數百人、亦異境也、孫覿詩所云天上路、即此、臨江

府新喻縣西有醴泉、黃庭堅嘗過此、飲而甘、曰、惜張又新陸鴻漸輩不及知也、因題其傍柱曰醴泉、考豫章人才、南昌漢有徐穉、家貧業耕、非其力不食、淸風凜然、世稱南州高士、太守陳蕃特設榻以禮之、宋有黃庭堅、字魯直、號山谷、蘇軾見其詩文、嘆其獨立萬物之表、紹聖初知鄂州、爲章惇蔡京所嫉、謫涪州、尋又謫宜州、江西詩派祖庭堅、世以其詩同蘇軾、稱蘇黃云、其行書尤工、饒州漢有雷義、字仲公、爲郡功曹、免人大辟、其人酬以多金、不受、乃密置梁上而去、義後得之、斯人已死、卽以付縣、及舉孝廉、力讓其鄉陳重、鄉里爲之語曰、膠漆自謂堅、不如陳與雷、陳重家居袁州、有同舍郞負錢數十萬、債主日逼重、密爲之償、郞覺、造謝、重曰、非我也、或有同名者爲之、終不言惠、後遷會稽太守、晉陶侃、字士行、以同鄉范逵薦起家、爲廣州刺史、旦夕無事、運百甓以自勞、語人曰、大禹尙愛惜寸陰、吾人豈可逸遊荒醉、年七十六薨、諡曰桓、曾孫淵明、字元亮、名潛、性高尙、博學善屬文、宅邊有五柳、因以爲號、爲彭澤令八十日、郡遣督郵至、縣吏曰、當束帶見之、潛嘆曰、我豈能爲五斗米、折腰見鄕里小兒、卽解印綬去、賦歸去來辭以見志、及宋受禪、不仕、賦詩飲酒終其身、諡靖節徵士、宋有馬端臨、潛心學問、博極羣書、以廕補承事郞、宋亡、隱居授業、遠近師之、著有大學集傳、多識錄、文獻通考等書行世、南康晉有周續之、年十三、受業於范甯處、名冠同門、晚入廬山、與陶淵明劉遺民爲潯陽三隱、宋陳澔、字可大、究心三禮、註曲禮、九江晉有翟湯、篤行廉潔、永嘉末、寇至、聞其名、秋毫不敢犯、王導庾亮輩屢薦不起、子莊、亦高士、以孝友稱、莊子矯、矯子法賜、均克世其德、時稱潯陽四隱、九江有曾致堯、字臣正、盱江貢士擢第、自致堯始、著文集百餘卷、孫鞏、字子固、幼警敏、數千言一覽輙記、著有元豐類稿五十卷、又集古今篆刻爲金石錄五百卷、與歐陽修齊名、世稱南豐先生、官至中書舍人、撫州宋有樂史、力學能文、仕至少司馬、著太平寰宇記等書、王安石字介甫、號半山、以文章名世、神宗朝同平章事、封荊國公、卒諡曰文、嘗創新法、有青苗保馬等名目、著周禮三經文集行世、又有陸九淵、字子靜、與朱文公講學鵝湖、陸尊德性、朱尊道學、論辯多有不合、朱陸異同、所由起也、偕兄九齡、相爲師友、宋史稱爲二陸、臨江宋有孔延之、字長源、孔子四十七世孫、幼孤貧、晝則帶經耕鋤、夜則燃松讀書、頗爲周敦頤曾鞏推重、子文仲武仲平仲三人、並以文章名世、號臨江三孔、吉安有歐陽修、字永叔、天資剛勁、讀唐韓愈遺稿、至忘寢食、遂以文章鳴天下、與愈媲美、著五代史行世、以太子少師致仕、自號六一居士、卒贈兗國公、謚文忠、六一、謂集古一千卷、藏書一萬卷、琴一張、棋一局、酒一壺、鶴一隻、蓋因所建堂名之也、後有文天祥、字履善、號文山、歷仕湖南提刑、尋加少保信國公、往說元兵、被執不屈、拘獄四年、忠義之氣、彪炳宇宙、作正氣歌、後人傳誦、猶見公當時志節焉、既卒、衣帶中有贊云、孔曰成仁、孟曰取義、惟其義盡、所以仁至、讀聖賢書、所學何事、而今而後、庶幾無愧、瑞州有劉恕、字道源、讀書過目成誦、篤好史學、司馬光雅重之、奏請同修資治通鑑、以不附王安石罷歸、著有十國紀年、通鑑外紀行世、復有黃夢炎、少與同鄉姚勉、胡仲雲、劉元高齊名、號錦江四俊、此江右人才之表著者也、至本省土產、磁器外、又有粟米棉花金銀銅錫鉛絲蔴杉木等物、中國名燭、出廣信府、而葛布茶葉紙料、尤爲通省馳名之物、運售四方、各得重價、行商之跡、幾遍天下焉、

浙江考略

江南之東南爲浙江省、古名淛省、東西相距五百五十餘里、南北七百六十里、東界大海、西界安徽江西、南界福建、北界江蘇、下趨閩嶠、上通震澤、右接天都、左望滄溟、亦宇內要津也、禹貢揚州之域、周初仍之、春秋爲吳越二國、後幷於越、戰國屬楚、秦屬會稽郡、漢隸揚州部刺史、三國時爲吳地、晉亦屬揚州、隋仍之、後爲沈法興等所據、唐初隸江南道、後增置江南東道、五代時屬吳越、宋初以兩浙爲一路、後分浙東浙西爲兩路、元置江浙等處行中書省、後爲方國珍張士誠等所據、明初平之、

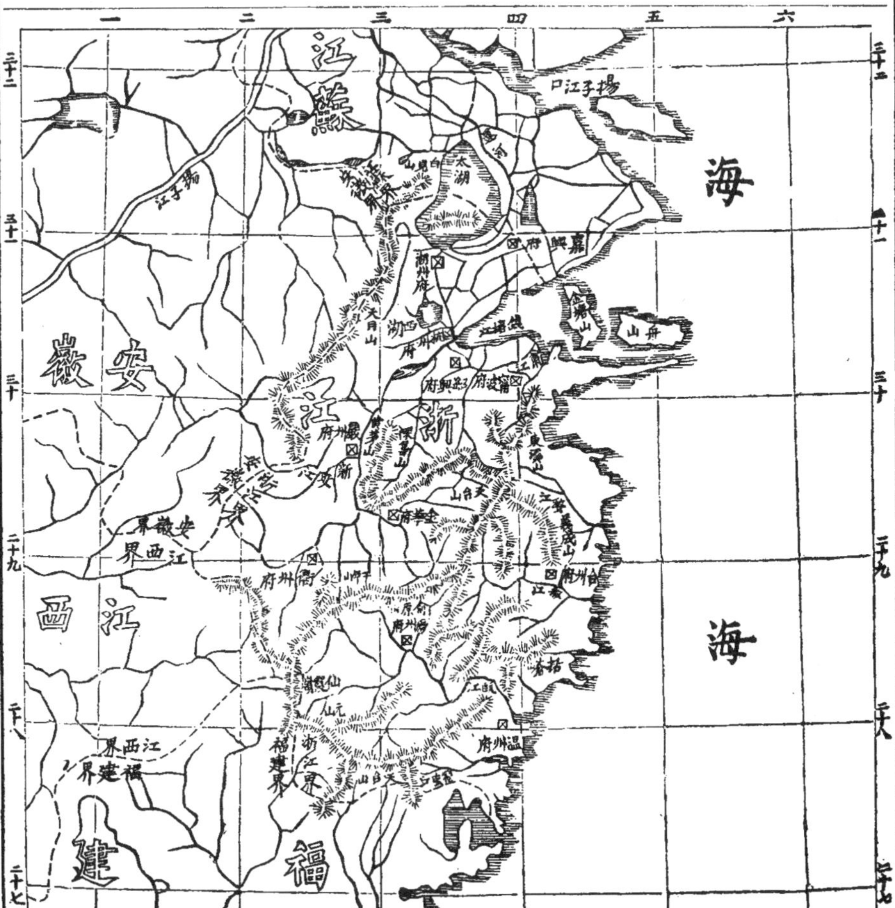

洪武九年、置浙江等處承宣布政使司、而衞所之設、參列其閒、惟巡撫向未專設、嘉靖閒、以都御史巡視浙江、或兼統福建、或幷統福建南直、四十二年、始專設都御史巡撫浙江、　國朝因之、領府十一、曰杭州、曰嘉興、曰湖州、曰甯波、曰紹興、曰台州、曰金華、曰衢州、曰嚴州、曰溫州、曰處州、散州一、廳二、縣七十六、杭州府爲省會、古名臨安、又名武林、城垣剏自隋楊素、周廣三十六里有奇、吳越王錢鏐廣之、得七十里、元初禁天下修城、以示一統、而內外城隍、日爲居民所平、至正十六年張士誠陷姑蘇、據浙西五郡、十九年集民夫興築、晝夜併工、三月而蕆、城周四十里、高三丈、包河跨山、至今仍之、巡撫學院暨布政按察二使、均於此駐節、按杭州戶口緐庶、地鮮積蓄、故恒仰給於他郡、嘉湖素稱澤國、賦重役煩、與蘇松相埒、惟近年桑蠶之利大普、殷富爲全省冠、紹興古爲越都、俗纖嗇而多智謀、甯溫台地臝濱海、收魚鹽之利、嚴衢當江閩孔道、夙號衝疲、金華處州風氣剽悍、此浙東各府之大畧情形也、本省商埠、在甯波府、古名四明、又名甬東、乃道光年閒所開、名浙海關、又於光緒二年、開溫州府爲通商口岸、生涯闊而國帑興、利誠溥矣、其如封疆之難固乎、考浙省名山、則杭州諸山之脉、皆宗於天目山、山在府治西一百七十里、屬臨安縣界、循岡布麓、萃於天竺諸峯、由此而南而東、則爲龍井、爲南屏、爲吳、爲龍、爲紫陽、爲鳳凰諸山、謂之南山、由此而北而東、則爲靈隱、爲履泰、爲寶雲、爲巨石諸山、謂之北山、南北二山之脉、分爲數道、貫於城中、而茅山艮山武林諸山、皆其護沙焉、嘉興府西北有胥山、本名張山、昔伍子胥伐越、駐師其地、改今名、山左有石龜、勢欲趨水、右有磨劍石、鄉人陳氏、嘗築室讀書、名胥山書堂、過客留題、一時稱盛、湖州城北有卞山、一名弁山、高出雲霄、非天高日晶、不見其頂、山石瑩然如玉、下有玲瓏山、石皆嵌空、有唐人詩刻、又有別峯、號西陵山、乃吳主孫晧葬父處、甯波西南有四明山、深窈幽奇、跨紹台之境、峯凡二百八十有二、其最高者爲芙蓉峰、唐陸龜蒙謂四明山上有四穴、每天色澄霽、望之如戶牖、俗謂之石窻、爲其可通日月星辰之光、故曰四明、其東南有太白山、又名天童、水石清幽、山之巔有僧寺、宏敞無匹、其最高者爲御書樓、循梯一望、衆峰羅列、門外蒼松夾道、可三里許、炎天過此、不覩驕陽、眞佳境也、東北有梅岑山、一名普陀落迦山、亦作補陀洛伽山、梵名也、猶華言小白華、按梵書、普陀山有三、一在厄納忒黑、一在忒白忒、一在南海、卽此山也、聳峙於煙濤浩淼中、山麓有潮音梵音諸洞、海潮湧入、激盪有聲、如雷霆怒發、聽者悚慄、山有蒼藤古木、佳卉珍禽、悅目怡人、亦勝境也、紹興府東南有會稽山、昔名茅山、唐封爲南鎭、吳越春秋及越絶書皆載禹到大越、登茅山以朝會四方羣臣、乃參稽治國之道、更名會稽、既崩、葬此、傳曰勾踐與吳戰、以甲楯五千衛會稽、亦此、台州有天台山、屬天台縣治、懸崖千仞、上有石梁、廣不盈尺、長數十丈、下臨絶澗、非足力健捷者、不能登、亦不敢登也、山有瀑布、如匹練橫空、遊者忘倦、晉孫綽有賦記之、金華府北有金華山、一名長山、又名金盆山、陸龜蒙云東陽多名山、金華爲最、嚴州桐廬縣西有富春山、一名嚴陵山、淸麗奇絶、號錦峯繡嶺、卽漢嚴子陵退隱處、雁蕩山在溫州樂淸縣東、界太平、志稱此山奇秀甲天下、其上有湖、方可十里、水常不涸、諸峰峭峻、險怪不類他山、自嶺外望之無所見、及至盤谷中、則森然干霄者、凡七十七峯、宋祥符間、因造玉淸宮、伐木於此、始占物色、其名遂顯、至今探奇攬勝之士、筍輿芒屩、樂此忘返者、歲不乏人、若平陽縣西南之鴈蕩、則稱南鴈蕩、自五代時已著、山中風物、亦自不凡云、

浙省大川、最著者爲錢塘江、本名浙江、亦名淛江、一曰曲江、枚乘七發、觀濤於廣陵之曲江、是也、或作漸江、水經云、漸江卽浙江、在省城東南、其源發自徽歙、旋折而東、以達於海、江口有二山、南曰龕、屬紹興、北曰赭、屬海寧、並峙於江海之會、是謂海門、潮水擊山、激而上濺、如素蜺橫空、迅雷撼地、俗稱爲子胥怒潮、卽此、其次爲運河、卽隋大業中詔開江南河道、自洛陽京口至餘杭八百餘里、以通龍舟處、又次爲甌江、在溫州府北、卽海之支流、舊名愼江、一名溫江、一名永嘉江、亦名蜃江、東會於海、是曰甌海、或名蜃海、杭之西湖、爲省內勝地之一、環繞三十里、漢稱明聖湖、因其介於錢塘、亦稱錢塘湖、又以輸委於下湖、稱爲上湖、三面環山、谿谷縷注、唐李泌刺史杭州、憫市民苦江水之鹵、開六井、引西湖以灌之、民賴其利、湖中有白公蘇公趙公楊公諸堤、風景絶佳、統志載有十焉、曰蘇堤春曉、曰平湖秋月、曰花港觀魚、曰柳浪聞鶯、曰三潭印月、曰兩峰出雲、曰南屏晚鐘、曰雷峰夕照、曰曲院荷風、曰孤山梅雪、此外前賢勝跡、幾於書不勝書、要皆點綴林泉、

獨成千古者也、近數年間有新闢勝地數處、曰退省庵、爲湘中彭雪岑宮保奏准建築之別墅、在三潭印月、四面環湖、水中清華、洵幽景也、孤山之麓、則有薛廬、爲全椒薛慰農觀察、掌教崇文時、肄業諸生鳩工以奉杖履者也、德清俞蔭甫太史、主講詁經精舍、生徒築俞樓奉之、其中因樹爲屋、疊石成梁、景頗不俗、又曰小曲園、是數地者、均堪點綴湖山、流連詩酒、非泯泯者所可同日語也、寧波城西有月湖、一名西湖、爲四明遊觀勝概、宋時文人多有題詠、城東又有東湖、舊名萬金湖、周圍八十里、湖中山石聳立、爲山水絕勝處、宋史丞相營塋湖上、而波光山色、可埒西湖、湖州有風渚湖、屬武康縣治、其名不一、曰巽湖、曰九里湖、曰下渚湖、中產菱蕈、湖旁土性粘、浙右陶器、多出於此、紹興西南有鏡湖、一名鑑湖、古稱南湖、漢太守馬臻所鑿、唐李白詩云、鑑湖三百里、菡萏發荷花、唐元宗賜秘書監賀知章鑑湖一曲、即此、又名賀鑑湖、嘉興有澉湖、屬海鹽縣治、一名永安湖、澉水志、湖上四圍皆山、號小西湖、又溫州龍游縣西南亦有西湖、係宋馬天驥擬明聖湖而開、以備遊覽者也、

越地古蹟、省城鳳凰山下、有故越宮殿、宋初改爲州治、高宗南渡駐蹕、復改行宮、增築皇城、而茲山東麓、嘗環入禁苑、內有復古、選德、緝熙諸殿、卽今所稱宋大內是也、然而銅駝荊棘、寄慨邱墟、過其地者、已難彷彿矣、夫差墓在餘杭縣南之由拳山、吳越春秋、夫差內傳二十三年、葬於餘杭山、太宰嚭亦葬其傍、檇李城在嘉興府西南、屬桐鄉縣治、春秋時越敗吳於檇李、闔廬傷足而死、卽此、縣北有皂林市、明常遇春禦張士誠於此處、大戰敗之、俘其兵六萬、寧波慈溪縣西南有千人壇、相傳秦始皇東遊會稽、立壇於此、可容千人、今廢、紹興城內有越王臺、舊在種山東北、種山亦名臥龍山、係越王勾踐登臨瞻眺之所、大夫種祔葬於此、宋時太守汪綱、遷臺於山之西麓、今仍之、爲一郡登覽最勝處、城南有蘭亭、卽王右軍與謝安孫綽等四十一人修禊之所、亦曰蘭上里、羲之有蘭亭序、今基址尚存、亭側爲蘭渚、卽序所謂清流激湍、映帶左右者、至今過山陰道上、猶令人想當日流風餘韻焉、郡之東南、有尚書塢、爲齊尚書孔稚珪之山園、按會稽志、塢因稚珪得名、今園廢而塢存、此外又有宋攢宮、在寶山上、自欽宗至度宗諸陵在焉、台州寧海縣西北有紫溪洞、

路極幽阻、唐李光弼擊袁晁、破之、晁弟瑛從五百騎、遁入此洞、光弼駐兵洞口、絕其糧道、諸騎竟餓死於此、金華武義縣東有呂祖謙墓、墓亦石刻宋東萊先生呂伯恭之墓、朱文公書、漢嚴子陵釣臺在嚴州富春山側、有二峯、東西對峙、高百餘丈、是爲子陵釣壇、下瞰大江、古木叢林、鬱爲麓藪、後人多有題詠、旁有十九泉、清洌甘美、陸羽品爲天下第十九泉、其下灘、即子陵垂釣處、俗名七里灘、兩山夾峙、水速流如箭、

浙省人物、杭州唐有褚遂良、字登善、工楷隸、諫高宗立武后、不納、乃置笏殿階、叩頭流血、乞歸田里、竟以憂卒、復有錢鏐、字具美、破黃巢、討劉漢宏、以董昌受封吳越王、臨政勤、策民甚德之、謚武肅、宋有林逋、字君復、隱居孤山、吟詠自適、畜二鶴於梅林、客至、則童子放鶴招之、眞宗賜號曰和靖先生、嘉興漢有朱買臣、字翁子、家貧、刈薪自給、妻下堂求去、無何、以同邑嚴助薦、拜太守、路遇故妻、泣涕求還、命以後車載之、婦慚而縊、湖州梁有沈約、字林文、孤貧力學、以詞賦名世、官尚書僕射、著晉齊梁書數百卷、唐有陸龜蒙、字魯望、嗜茶、置園於顧渚山下、自號天隨子、又號江湖散人、甫里先生、著松陵集吳興實錄等書行世、又有孟郊、字東野、耿介寡合、長於詩、爲韓愈所稱、隱居嵩山、謚曰貞曜、元有趙孟頫、字子昂、宋宗室、工詩能文、尤善書畫、累官翰林學士、謚文敏、寧波周有文種、字子禽、勾踐既敗、使大夫種行成於吳、及越滅吳、種以范蠡遺書、稱疾不朝、或譖其反、王賜伏劍而死、唐有賀知章、字季眞、善草書、官集賢學士、乞休歸、詔賜鑑湖剡川一曲、自號四明狂客、紹興漢有嚴光、字子陵、小字狂奴、少與光武同學、及帝即位、披羊裘釣澤中、帝徵聘至、除諫議大夫、不屈、隱於富春山、晉有稽康、字叔夜、先世本上虞人、姓奚、以避怨徙譙、秉性恬靜、與山濤阮籍阮咸王戎向秀劉伶爲竹林之遊、世號竹林七賢、仕至中散大夫、著養生篇傳世、又有謝玄、字幼度、少爲叔父安所器重、破符堅於淝水、封康樂公、孫靈運、詞賦爲江左第一、仕宋爲永嘉太守、襲祖父封、故世稱謝康樂、南齊有孔稚珪、字德璋、風韻清疎、好吟詠、善屬文、累遷都官尚書、時北郡鍾山有隱士周彥倫、應詔爲令、稚珪作北山移文以譏之、唐有虞世南、字伯施、爲弘文館學士、太宗每稱其德行忠貞博學文詞書翰爲五絕、宋有陸游、字務觀、晚號放翁、作詩最富、有劍南集行世、金華唐有駱賓王、七歲能詩、爲徐敬業撰討武曌檄、武后一見

矍然曰、宰相安可失此人、宋有呂祖謙、字伯恭、登擢高第、官著作郎、倡道於婺、世稱東萊先生、卒謚成、元有金履祥、字吉夫、隱居著述、有通鑑前編等書行世、學者稱仁山先生、衢州宋有趙抃、字閱道、彈劾不避權倖、京師號鐵面御史、卒謚清獻、嚴州唐有皇甫湜、字持正、韓愈愛其才、厚禮之、與李翺張籍齊名、温州宋有王十朋、字龜齡、廷對剴切、高宗擢爲第一、累官龍圖閣學士、謚忠文、著有梅溪集、朱文公爲之序、處州宋有王應麟、字伯厚、學問該博、官至禮部尚書、所著有地理考、困學紀聞、玉海等書、又有尹起莘、隱居讀書、嘗著通鑑綱目發明五十九卷行世、至本省土產、粟米布棉、各處皆有、而絲鹽茶紙、最爲通省馳名、絲綢以湖州爲最佳、茶葉以湖屬長興縣顧渚山採者爲頂上、唐陸羽茶經云、浙西以顧渚爲上是也、他若寧波之江瑤柱、紹興之酒、台州之方竹、金華之火腿南棗、嚴州之漆與桐油、尤爲物產中特著之品也、

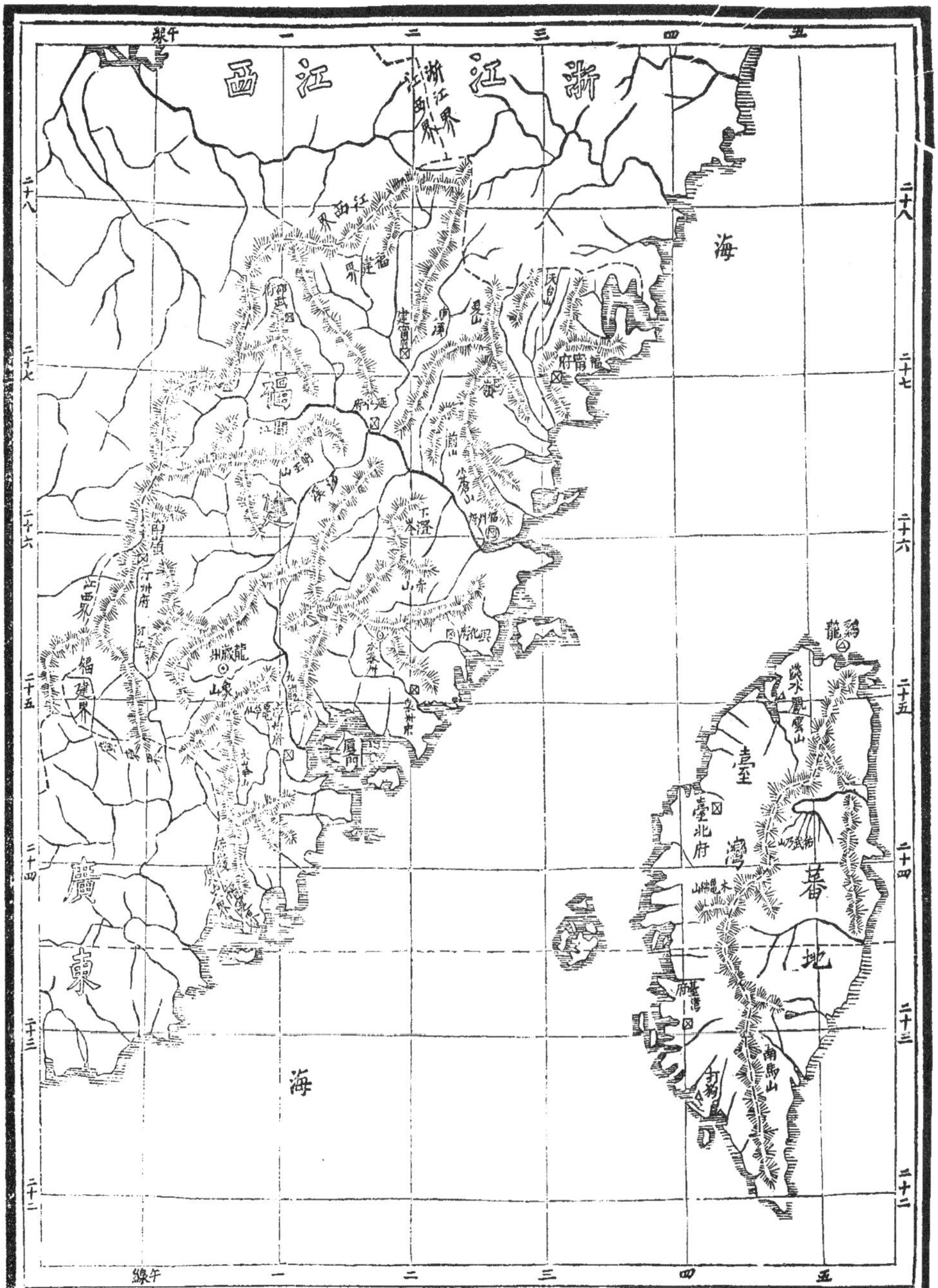

浙江
江西
浙江界
江西界
海
福建
廣東
江西界
福建界
臺灣
番地
臺北府
臺灣府
雞籠
福州府
福寧府
建寧府
邵武府
延平府
汀州府
龍巖州
興化府
廈門
南馬山
海

福建考畧

浙江之南爲福建省、古稱閩省、東西相距九百八十里、南北千餘里、東界海、西界江西、南界廣東、北界浙江、上浙三吳、俯瞰兩廣、左連山谷、右按滄溟、蓋海疆重鎭也、禹貢揚州之域、周爲七閩地、春秋以後爲越地、秦平百粵、置閩中郡、漢初封無諸爲閩越王、都此、後改屬會稽郡、東漢爲會稽南郡、三國吳置建安郡、晉分置之、屬揚州、宋齊因之、梁分屬東揚州、陳置豐州及南安郡、隋亦屬揚州部、唐初隸江南道、復隸江南東道、五代時王審知據有其地、是爲閩國、尋屬南唐、後屬吳越、宋爲福建路、元置福建等處行中書省、至正間爲陳友諒所據、明初平之、洪武九年置福建等處承宣布政使司、 國朝因之、自康熙年間臺灣內附、因今日通省知府十一、曰福州、曰泉州、曰建寧、曰延平、曰汀州、曰興化、曰邵武、曰漳州、曰福寧、曰臺灣、曰臺北、直隸州二、曰永春、曰龍巖、縣六十六、福州府爲省會、古名三山、閩浙總督暨本省巡撫駐節於此、藩臬二司同治焉、福建通商口岸、闢於道光時者、爲福州厦門、增於咸豐年者、爲臺灣淡水、同治中葉、又闢雞籠打狗兩埠、悉隸臺灣道治理、按本省山多田少、蒸民粒食、仰給於浙之温州、粵之潮州、故不但急於防衞、而尤急於倉儲、惟溪山秀美、物產丰亨、文物聲名、向推南邦領袖、考其名山、省城內有越王山、跨城之半、城正築山腹上、一作粵王山、又名屏山、即閩越王無諸舊都處、西南有烏石山、一名閩山、上有薛老峯、鴨溶池、蟠桃塢、金蟒穴諸勝、宋曾鞏道山亭記、城之中三山、西曰閩山、東曰九仙山、北曰粵王山、郡之名蓋本於此、城東有鼓山、屹立海濱、與城西旗山對峙、世傳左鼓右旗、爲全閩二絕、泉州府北有泉山、一名齊雲山、又名北山、今名清源、諸峯聳秀、爲郡之鎭山、巔有清源洞、爲東甌王避漢兵處、山陰有梵洞、四面峯巒尤秀、洵稱勝地、郡人歲時遊眺焉、建寧崇安縣南有武夷山、通志稱峰巒大者三十有六、內一峰東下、絕上號隱屏、宋朱文公築室其下、額曰武夷精舍、有晦菴釣磯茶竈諸勝、韓元吉爲之記、延平永安縣北有栟櫚山、多産栟櫚木、因名、志稱峰巉巖岫、不可勝數、宋李綱目爲小武夷、頂有十二景、名人多有題詠、汀州連城縣東、有蓮峯山、元周馬卿標爲十三景、興化府北有陳嵒山、一名蓮化峯、有石茶灶、桃花塢、燕子洞諸勝、熙春山在邵武西、嶺有三峯、下瞰城闉、爲邑人遊覽勝境、漳州城內有紫芝山、一名登高山、一峯聳拔、山頂舊有臨漳臺、山半又有半漳臺、唐宋名人、俱留題焉、

省中川澤、最著者爲閩江、長約九百六十里、源出浙之龍泉、建之浦城、迤二十七縣境、抵福州、經連江縣、達於海、其地曰閩、蓋本於此、其次龍江、在漳州境、一名九龍江、又名北溪、長約六百四十里、源出汀州及延平界、又有南臺江、在省城南、上跨萬壽橋、橋爲元大德年建、長約一百九十丈、環洞至一百有奇、洵大觀也、翰林學士馬祖常有記、泉州晉江縣治有洛陽江、發源惠安縣、至縣境入海、唐宣宗嘗微行覽山川勝概、有大類吾洛陽之語、因是得名、江濤洶湧、往往溺人、宋郡守蔡襄憐之、累址於淵、釃水爲四十七道、建橋曰洛陽、以其介於萬安渡、故又名萬安橋、長三百六十餘丈、廣丈有五尺、橋之柱凡三百、每柱以堅石疊成、不下一千四百方、甃作尖角形、以殺水勢、費金錢一千四百萬、又於橋之兩岸、植松數百里、濃蔭夾道、庇及行人、至今行李往來、覩其鉅製宏工、猶嘖嘖稱美弗衰云、大湖、在建甯建陽縣西、朱熹之母祝夫人葬於其陽、文公築寒泉精舍於墓旁、與呂祖謙嘗編近思錄於此、朱子之墓、在縣西北九峯山麓、麓下有龍焙泉、一名御泉、上建御前亭、宋時取水於此製茶入貢、亭邊爲北苑、通志云、北苑茶爲天下第一、

閩省人物、福州宋有林之奇、字少潁、補校書郎、會朝廷策士欲參用王安石三經之奇、力諫不從、遂退隱家居、自號拙齋、呂祖謙嘗師事之、著有書經全解等書行世、泉州唐有歐陽詹、字行周、弱冠與韓愈等同登第、時稱龍虎榜、閩人舉進士自詹始、以行誼文章稱、宋有曾公亮、字明仲、嘉祐中拜相、爲人莊重縝密、博通掌故、喜薦引士類、奬掖後進、累封魯國公、以太傅致仕、年八十卒、諡宣靖、墓前石碣曰、兩朝顧命定策亞勳之碑、大書特書、洵無愧也、建甯宋有胡安國、字康侯、官給事中、以直節遭忌、潛心麟經、著春秋傳、及通鑑舉要補遺二書、諡文定、子甯、字和仲、著春秋通旨、學者稱爲茆堂先生、季子宏、字仁仲、傳其父之學、優游衡山下、二十餘年、著有知言並皇王大紀八十卷、世稱五峯先生、蔡元定、字季通、八歲能詩、及長、獨居西山絕頂、於書無所不讀、往從朱文公、公叩其學、大驚曰、此吾老友也、不當在弟子列、及卒、賜諡文節、著有律呂新書、八

陣圖說、洪範解、太衍詳說等書、學者稱爲西山先生、眞德秀、字景元、四歲受書、過目成誦、官至參知政事、著有大學衍義、讀書記、唐書考疑諸書、時人亦稱爲西山先生、謚文忠、延平宋有楊時、字中立、潛心經史、除工部侍郎、已而致仕、家居、專以著書講學爲事、其鄉羅從彥、字仲素、與朱文公皆受學焉、卒謚文靖、世號龜山先生、著龜山文集語錄行世、興化宋有蔡襄、字君謨、天聖中進士、官至端明殿學士、時號蔡端明、歐陽永叔稱爲政事文章、彪炳一代、洵非虛語、世又稱其書法爲當時第一、性嗜茶、嘗著茶譜、卒謚忠惠、墓在仙遊縣東南、鄭樵、字漁仲、凡經史禮樂天文地理蟲魚草木之學、皆有論辨、除樞密院編修、所著書多至五十八種、有通志二百卷行世、嘗居夾漈山、故稱夾漈先生、邵武宋有李綱、字伯紀、仕徽欽高宗三朝、以賢相稱、老成擘畫、謀遠慮深、朱子許爲當代偉人、卒謚忠定、所著易傳內外篇、論語詳說、詩文奏議百餘卷、至本省土產、有金銀銅鐵錫鉛靛礬水銀粟米布帛紙煙茶藥糖鹽等、他若橙黃橘綠、經冬愈鮮、摘龍眼之萬顆、啖荔枝之三百、蔗境則到老愈甜、橄果則回甘益美、尤爲著名果品、以一省所產、供各省之用、而不虞其乏、樹植之利、可謂廣溥靡涯矣、

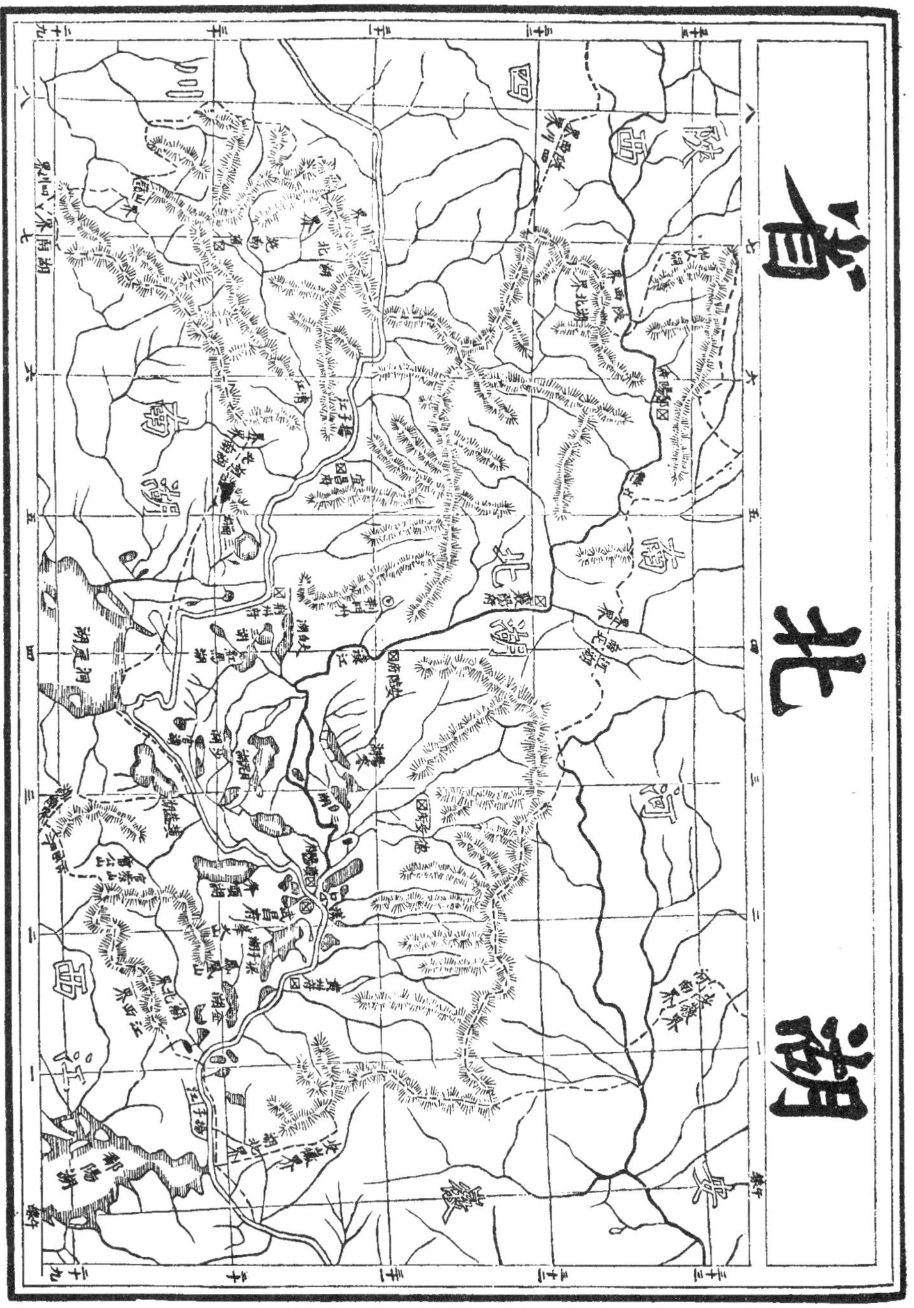
湖北省

湖北考畧

湖北乃楚熊渠封其子紅、爲鄂王之地、故一名鄂省、東西相距千有一百六十里、南北八百里、東界安徽、東南界江西、南界湖南、西界四川、西北界陝西、北界河南、上泝漢水、下距湘湖、左接吳越、右據巴蜀、四通五達、商賈必經、誠宇內上游之地、衝要之通衢也、禹貢荆州之域、周初仍之、春秋時屬楚、及隨鄧唐絞諸小國地、戰國爲楚地、漢置荆州部刺史、三國時分屬吳魏、晉平吳、幷荆州爲一、南北朝宋置荆郢雍三州、梁增置北江義岐等州、而漢東之地、尋入西魏、寖及荆襄、旋爲周有、陳承梁緒、僅有荆郢二州、隋爲南郡夷陵襄陽等郡地、唐屬淮南江南西及山南東道、五代分屬淮南南唐及蜀、宋隸荆湖南北及京西南等路、元置湖廣等處行中書省、明洪武九年、改置湖廣等處承宣布政使司、　國初仍明舊制、康熙三年分置湖北布政使、爲湖北省、領府十、曰武昌、曰漢陽、曰安陸、曰襄陽、曰鄖陽、曰德安、曰黃州、曰荆州、曰宜昌、曰施南、直隸州一、曰荆門、知州七、縣六十、土地膏腴、粟米豐稔、紅陳白粲、歲有盈餘、東南諸郡、恒仰給焉、武昌府爲省會、在大江南岸、古名鄂渚、兩湖總督、暨巡撫布政按察二司、均駐節於此、其遙相對望、而雄峙江北者、爲漢口鎮、隸漢陽府、人烟稠密、戶口殷繁、最爲商賈輻輳之區、西人未訂和約以前、商船雲連、蔽塞江面、已成絕大市肆、迨咸豐之季、各國通商、建埠於此、江中舟船、更覺蟻聚蜂屯、不可計數、關名江漢、每年征稅、動以億萬計、此外有宜昌口岸、屬宜昌府、光緒二年續修和約、始准立埠通商、貿遷之利、正復年盛一年、方興未艾也、

鄂省名山、省城西南有黃鵠山、一名黃鶴山、舊時因山爲城、即今萬人敵及子城也、下有黃鶴磯、磯上有黃鶴樓、正南有赤壁山、唐元和志在蒲圻縣西、北岸烏林與赤壁相對、即周瑜焚曹兵處、圖經云、在嘉魚縣西南、其地今屬嘉魚、參考二說、並無異同、宋蘇軾遊赤壁、作前後二賦、乃指黃州之赤壁、因其屹立江濱、峭削如壁、兼有赤色、故名、水經謂之赤鼻山、宋李壁赤壁詩云、今人誤信黃州是、猶賴水經能正誤、是也、按統志今江漢間、言赤壁者五、漢陽、漢川、黃州、嘉魚、江夏、惟在嘉魚者、與陳壽三國志所載符合、漢陽府東北有大別山、一名翼際山、一名魯山、山陰有鎖穴、即孫皓以鐵鎖截江處、禹貢內方至於大別、即此、內方山在安陸

府鍾祥縣西、一名立章山、又名馬仙山、府城之北仙澤口、有象山與獅子山對峙、若二獸蹲踞水中、爲郡城之奇勝、府治又有純德山、即明之顯陵、爲明世宗肅皇帝龍飛地、及崩葬此、嘉靖十八年、陞安陸爲承天府、遂稱與都、設尊陵官、錫名曰純德山、襄陽府南有峴山、晉羊祜爲刺史時、每登此山置酒、嘗謂從事鄒湛曰、自有宇宙、便有此山、賢哲遊者多矣、皆湮滅無聞、湛對曰、名公聞望、當與此山俱傳、祜卒、襄人念其功德立碑山上、見者輒爲墮淚、杜預因名爲墮淚碑、李白有詩、荊州府西有龍山、晉桓溫同參軍孟嘉九日宴此、風落嘉帽、不覺、溫命孫盛作文嘲之、嘉應聲而答、文辭絕佳、四座嘆賞、後人因築落帽臺以記遺事、楚莊王塚亦在此、前後祔葬者計十冢、皆成行列、此名山之大畧也、至本省大川、大江而外首推爲漢水、源出陝西漢中府、水經注云、漢水出隴坻道縣嶓冢山、初名漾水、東流至武都沮縣、始爲漢水、東南至葭萌、與羌水合、至江夏安陸縣、名沔水、故有漢沔水之名、周昭王溺死於此、又東至竟陵合滄浪水、世傳屈原遇漁父行吟處、又東過三澨水、觸大別山南折入江、禹貢稱嶓冢導漾、東流爲漢、又東爲滄浪之水、過三澨至於大別、南入於江、東滙澤爲彭蠡、東爲北江、入於海是也、其水因地得名、總名漢江、江濱有鞭屍灘、世傳伍員鞭楚平王屍處、其次爲襄水、源出襄陽府北之柳子山、北流爲檀溪、南流爲襄水、一名涑水、梁簡文爲州日、泛舟窮柳子之源即此、又有名郎官湖者、在漢陽城中、初名南湖、先是李白遷夜郎、遇故人尚書郎張謂出使夏口、觴於湖上、方夜、水月如練、張謂白曰、此湖古來賢豪遊者非一、而寂寥無聞、夫子可爲我標一嘉名、以傳不朽乎、白因舉酒酹水、名之曰郎官湖、宋夏倪詩云南湖乞得郎官號、從此名傳五百秋是也、太白湖在漢陽府西、半屬安陸之沔陽、李白亦嘗遊賞於此、一名白湖、周三百餘里、春秋泛溢、與楊孟池新灘馬影滄潭沌河合而爲一、其有地以人傳、藉作湖山點綴者、以昭明文選樓爲最、樓在襄陽府西、梁昭明太子統嘗集名士劉庾輩十餘人、號曰高齋學士、共訂文選於此、今遺址尚存、宋郡守王禹偁所建竹樓、在黃州府治西北城上、與月波樓通、禹偁曾撰黃岡竹樓記、爲時傳誦、明洪武間重修、近則失修已久、頹廢日甚、過者傷之、鄂省人物、武昌周有鬻子、名熊、年九十、謁文王、王曰、嘻老矣、對曰、使臣捕獸逐麋、果老、若坐策國事則尚少、因立爲師、三國有孟宗、字恭武、仕吳爲魚池監、每得時物、必先寄母、冬日母嗜笋、宗入林哭竹、世傳其孝、嘗與朝士大會、有强令飲酒者、飲一杯便嘔吐、麥飯見焉、上嘆其清德、曾孫孟嘉、字萬年、少知名、爲庾亮從事、亮嘗大會客、豫章守褚裒問嘉所在、亮由是益重之、後爲晉桓温參軍、尋遷長史、唐有李善、字次孫、有雅行、淹貫今古、不能屬辭、時人號爲書簏、注文選、見重於時、至今稱選學者、莫不以李爲宗、子邕、字太和、蚤負盛名、官北海太守、以文章詞翰高一世、見嫉於李林甫、宋有王質、字景文、王阮每云聽景文論古、如讀酈道源水經、名山大川、貫穿周悉、虞允文令草契丹檄、立就、辭氣激壯、允文嘆爲眞才、安陸唐有陸羽、字鴻漸、隱居苕溪、自稱桑苧翁、又號竟陵子、後在隴西公幕府、自號東園先生、又曰東岡子、性嗜茶、識泉味、著茶經三篇行世、襄陽周有卞和、獻玉楚王、王以爲石、刖其足、再獻再刖、後使玉人琢之、果寶也、名曰和氏之璧、漢有龐德公、躬耕隴上、未嘗入城、刺史劉表往謁、欲任以事、辭曰、人遺子孫以危、我則遺之以安、遂隱鹿門山下、其峭潔如此、從子統、字士元、其鄉司馬徽稱爲南州諸士之冠、從昭烈入蜀、爲流矢所中、追封關內侯、謚曰靖、三國有馬良、字季常、兄弟五人、並以才著、良眉際有白毫、鄉里諺云馬氏五常、白眉最良、晉有習鑿齒、字彥威、博學洽聞、桓温雅重之、著漢晉春秋五十四卷以見意、唐有張柬之、字孟將、年七十餘、狄仁傑薦於武后曰、柬之雖老、宰相才也、拜同平章事、誅二張、復唐社稷、封漢陽郡王、卒謚文貞、杜審言、字必簡、爲晉杜預之後、恃才玩世、自謂與李嶠崔融蘇味道爲文章四友、孫甫、字子美、一字少陵、博覽羣書、善爲詩歌、涵渾汪洋、態狀畢露、嚴武薦爲工部郎、世稱詩史、謂詩三百篇後一人而已、其推崇亦可謂至矣、皮日休、字襲美、自號閒氣布衣、又號酒民、與同鄉孟浩然隱居鹿門山、皆以詩稱、鄖陽周有尹吉甫、世傳爲房陵人、卽今房縣、宣王內史、伐玁狁有功、詩人美之曰、文武吉甫、萬邦爲憲、墓在房縣東、德安周有鬬穀於菟、字子文、父伯比嘗棄諸澤中、虎乳之、楚人謂乳爲穀、謂虎爲於菟、故名、仕楚爲令尹、孔子以忠許之、季梁嘗止隨侯追楚師、亦隨之賢人也、漢有黃香、字文彊、事親至孝、夏月扇枕席、冬則以身温被、博學能文章、京師號曰、天下無雙、江夏黃香、累遷尚書令、荊州周有伍員、字子胥、父奢兄尚爲楚平王所殺、奔吳、謀伐楚、得平王尸、鞭之三百、以洩其私忿、憤憤不平之氣、識者鄙之、後吳王信讒、賜之鴟夷而浮諸江、屈原、名平、字靈均、仕楚、爲三閭大夫、同列妬其能、譖而踈之、作離騷經、及被放、又作漁父諸篇以見志、遂自投汨羅以死、其徒宋玉、亦荊州人、爲楚大夫、作九辨哀之、南北朝有庾信、字子山、以文章雄於時、位望通顯、著哀江南賦、世美其才、謂之六朝體、又謂徐庾體、宋有唐介、字子方、論文淵博、官御史、與王安石榻前論事、不勝憤恨、疽發背死、謚質肅、此鄂中人物之大概也、考其本省土產、有粟米苧棉茶葉竹鐵硃砂桐油及水晶石膏綠礬等、地勢建瓴、土物饒沃、謂之南北要地、水陸通衢、其信然矣、

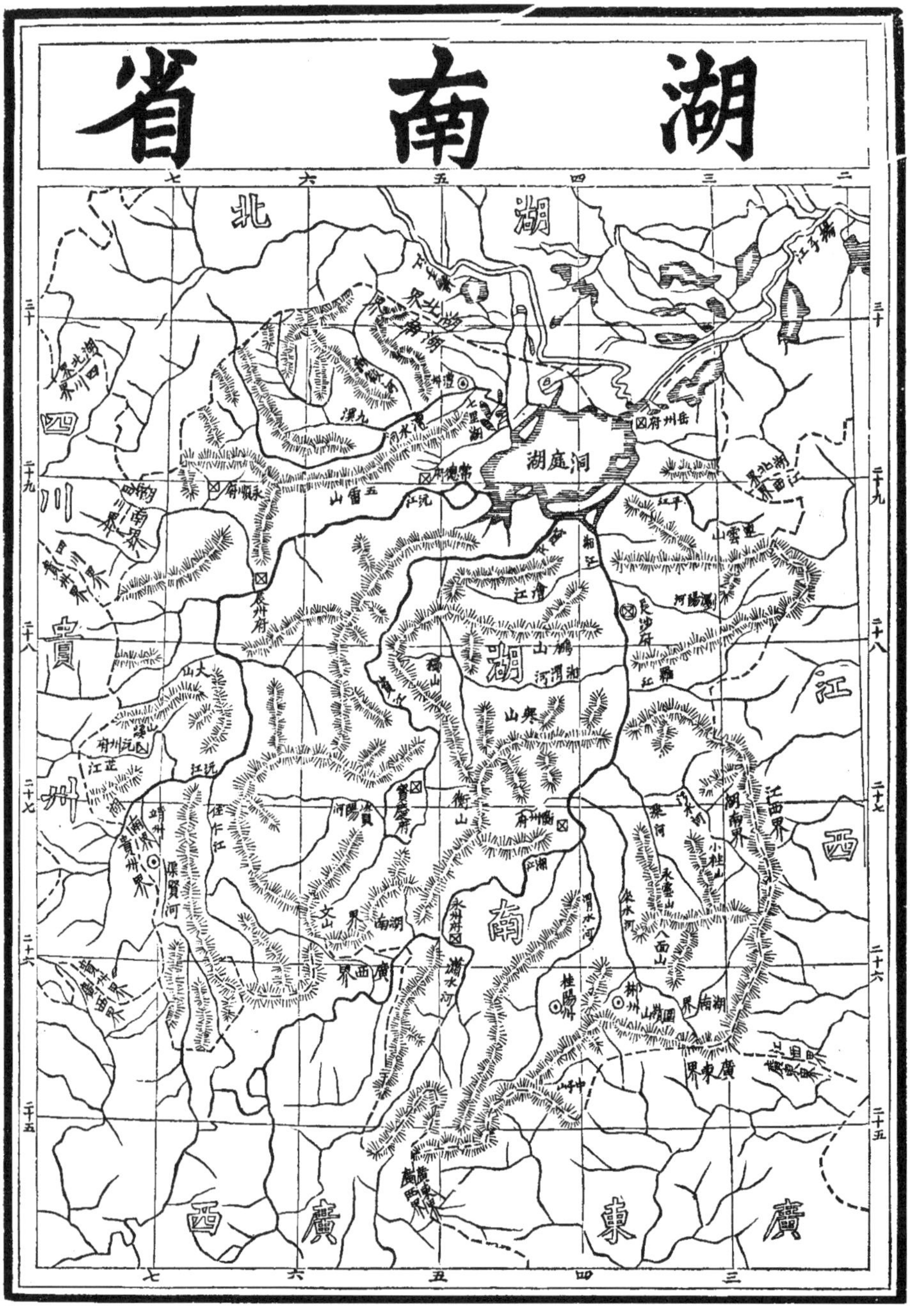
湖南省
湖北
四川
貴州
江西
廣西
廣東
洞庭湖
岳州府
常德府
長沙府
寶慶府
衡州府
永州府
辰州府
湖南

湖南考畧

湖南別名湘省、東西相距約八百八十餘里、南北約千里、東界江西、東南界廣東、西南界廣西、西界貴州、西北界四川、北界湖北、上限大江、下連嶺嶠、右通黔蜀、左控安成、爲東北諸省重鎮、禹貢荆州之域、周初爲荆州南境、春秋屬楚、秦置長沙郡、前漢屬荆州、後漢因之、三國屬吳、晉屬荆州、南北朝宋齊屬荆郢湘三郡、梁增置羅巴二州、陳置沅州、隋隸長沙巴州衡山等郡、唐屬山南東江南西黔中諸道、五代時爲馬殷所據、周時地入南唐、既而劉言取之、尋又爲周行逢所據、宋屬荆湖南北路、元爲湖廣行省地、明屬湖廣布政使司、萬曆二十五年始置偏沅巡撫、治偏橋鎮、軍務則嘉靖間命貴州巡撫兼督、　國初沿明制、設湖廣布政使司、治武昌府、領府十五、湖南者七、曰岳州、長沙、常德、衡州、永州、保慶、辰州、又直隸州二、曰郴州、靖州、康熙三年、分置湖南布政使司、爲湖南省、又移偏沅巡撫駐長沙府、雍正二年、改爲湖南巡撫、領府九、曰長沙、曰岳州、曰寶慶、曰衡州、曰常德、曰辰州、曰沅州、曰永州、曰永順、直隸州四、曰澧、曰陽桂、曰靖、曰郴、廳亦四、曰鳳凰、曰永綏、曰乾州、曰晃州、散州三、縣六十四、土地确瘠、居民多捕魚爲業、惟寶慶素稱簡靜、永順靖州最稱富强、省會爲長沙府、古名臨湘、卽漢高帝封吳芮爲長沙王都治、城垣係吳芮時築、巡撫暨布政按察二司、均建節焉、省內苗猺雜處、　國家特置總兵副將諸官以鎮之、然民苗聲氣未通、一切買賣徭役等務、交涉甚多、生苗以熟苗爲護符、熟苗又勾串內地莠民、朋比爲奸、抑勒欺侮、靡所底止、卒致廹於無奈、焚刼戮殺、與艮民爲難、地方官窮治株連、莫可殫詰、卒無法以弭其釁、所望封疆大吏調劑得宜、則民苗自可相安無事矣、

湘中名山、最著者爲衡山、卽南嶽也、一名壽嶽、在衡州衡山縣之西、俯映湘川、九向九背、周圍八百里、有七十二峯、大者爲祝融、紫蓋、雲密、石廩、天柱五峯、而祝融爲最高、峯畔有青玉壇、方五丈、俗呼試心橋、路多石、蛇行俛伏、歷盡崎嶇、始見前崖挺出、下臨深壑、舜典云、五月南巡狩、至於南嶽、卽此、山巔爲回雁峯、是爲嶽麓、嶽麓、一名靈麓峯、又名麓山、隸長沙善化縣治、九疑山、在永州寧遠縣南、一名蒼梧山、又名九嶷山、舜陵

在焉、九峯參差、互相隱現、行者難辨、故名、峯各有源、是謂九谿、其水四路流灌南海、五路北注洞庭、九峯曰、朱明、石城、石樓、娥皇、舜源、女英、蕭韶、桂林、杞林、山有青淵、生黃色蓮花、芳馥襆人、爲他山所未有、自漢蔡邕有九疑山銘、迄今題詠者、後先輝映不絕、岳州府城西南有巴邱山、一號巴陵、又號天岳、吳使魯肅以萬人屯巴邱、即此、君山與巴邱毗連、在洞庭湖中、一名洞庭山、亦稱湘山、史記秦始皇二十八年、遇風濤、至此山泊焉、大潙山在長沙寧鄉縣、世稱衡嶽之下、斯爲最著、高六十里、草木蓊鬱、潙水出其陽、唐裴休葬此、常德府西有平山、一名武山、一名太和山、又名武陵山、亦名河洑山、武陵記云、武山高可萬仞、山畔有燐瓠石、水出其下、謂之武陵溪、桃源山在常德桃源縣西、下有桃花溪、其南爲桃源洞、亦名秦人洞、相傳有秦避兵居此、又稱太元、漁人黃道眞問津處、晉陶潛桃花源記、歷敘其事、其實寓言八九、無異烏有子烏、洞口千樹桃花夾道如錦、流泉汩汩、溯源而上、彌陟彌高、有泉水從數丈飛下、擊石鏗然有聲、宇內奇景、莫過於斯、石壁峭立、唐宋留題詩刻甚多、爲遊賞者所必至、此湘中名山之大概也、

湘省川澤、最著者爲洞庭湖、汪洋巨浸、甲於五湖、介湘鄂之間、湖南湖北所由得名、宋儒謂禹貢九江孔殷、指此、蓋以沅漸无辰漵酉澧資湘九水、皆會於此、故名、周圍六百餘里、環帶四郡、唐宋詩人題詠甚多、湖中有舵桿州、雍正九年　世宗憲皇帝道經此湖、軫念四方行旅、易遭風濤不測之險、特發帑金二十萬兩、建造石臺、屹峙水際、雄壯無倫、臺袤九十六丈、高六丈、址廣三十丈、頂二十丈、北如弓背式、浪至易分、南爲偃月隄、灣深可泊、凡往來舟楫、一遇風水爲災、棲宿臺南、可無漂泊之患、其南有青草湖、一名巴邱、俗云、即古雲夢澤、屬岳州巴陵縣治、周圍二百餘里、與洞庭相連、故亦曰重湖、夏秋之間、水勢盛漲、與洞庭合而爲一、水退、此湖先乾、青草叢生焉、或曰、以湖中有青草山、故名、洞庭之西、有赤沙湖、在常德華容縣界、亦名赤亭湖、水溢則與洞庭湖通、水涸則惟見赤沙、梁太清六年、湘東王遣胡僧祐陸法和、夜以大艦邀侯景部將任約於湖口、因風縱火、鼓譟而前、賊窮蹙湖中、一時崩潰、即此、舊記云、洞庭南連青草、西亘赤沙、故又名三湖、洞庭之角有灉湖、在巴陵縣南、其東隅名角子湖、春冬水涸、昔人謂之乾湖、水經謂之翁湖、秋夏水漲、即瀰

漫無際、一名閣子湖、即楊行密以木籠鎖舟地、一名鴿子湖、楚許得勳潛軍鴿子湖、即此川之著名者、大江而外、次爲湘水、源出廣西桂州興安縣海陽山、水甚清澈、十丈之深、猶能見底、流至永州與瀟水合、曰瀟湘、至衡陽與烝水合、曰烝湘、至沅江與沅水合、曰沅湘、是名三湘、卒會於洞庭、湘江之西爲沅江、在辰州常德二境、又西爲資江、一名茱萸江、亦曰益水、緣寶慶常德諸府、並達洞庭、爲本省名水、史記屈原懷石自投汨羅以死、汨羅江在長沙湘陰縣北、源出豫章經縣分二支、一南流曰汨水、一經古羅城曰羅水、至屈潭復合、故曰汨羅、水經注云、屈潭、即羅潭也、爲原自沉處、潭因以名、

本省古跡、長沙府西有八景臺、築於宋嘉祐中、宋迪繪圖以記、陳傅良建二亭於旁、八景者瀟湘夜雨、洞庭秋月、遠浦歸帆、平沙落鴈、烟寺晚鐘、漁邨夕照、山市晴嵐、江天暮雪是也、城中有賈誼宅、在濯錦坊、賈屈祠、即其遺址、岳州府西有岳陽樓、危聳雲際、下瞰洞庭、唐刺史張說與才士登樓賦詩、因以著名、宋郡守滕子京重葺之、范希文爲之記、蘇子美書丹、邵竦篆額、時稱四絕、先賢題識甚多、衡州耒陽縣東、有孔明碑、三國時諸葛亮斬雍闓擒孟獲、回軍經此、立石紀功、歲久漫漶不可辨、縣北韓洲上、有唐工部員外郎杜甫墓、墓誌係元稹所撰、永州府西有愚堂、唐柳宗元所建、先是宗元以罪謫瀟水上、家於冉溪、後改名曰愚溪、凡沼沚臺榭、皆以愚名、自賦八愚詩、鐫石上、八愚者、愚溪、愚邱、愚泉、愚溝、愚池、愚堂、愚亭、愚島也、元結故宅、在祁陽縣西南浯溪、初結罷通州歸、至此愛山水之勝、遂居焉、結字次山、自號漫郎、後人因呼其宅爲漫郎宅、又築亭於側、命名曰唐亭、旁有石崖、俯視大江、高五六十丈、名曰峿臺、怪石縱橫、古樹夭矯、次山嘗云、浯溪峿臺唐亭、三吾之稱、蓋旌吾獨有也、此又湘中名勝之大畧也、

考其人物、長沙唐有歐陽詢、字信本、少敏異、高祖微時、數與之遊、後即位、累擢給事中、書倣右軍、而遒勁過之、貞觀初、除率更令、封渤海男、子通、字性本、會立武承嗣爲太子、通固爭、忤諸武意、下獄死、之神龍初、追復官爵、少孤、取父書刻意摹倣、時稱大小歐陽體、岳州晉有車胤、字武子、自少篤學、家貧無燈火、夏月囊螢照書苦讀、桓溫引爲國子博士、每張宴、胤必與焉、曰座無車公則不樂、累遷吏部尚書、唐有段洪古、剛方寡合、

不事生業、人或訾以非義、輒面叱之、終其身無所遷、柳宗元稱之曰畏友、其卒也、歸葬黃山、作墓誌以弔之、衡州漢有蔡倫、字敬仲、少負才學、和帝時爲中常侍、安帝元初中、封龍亭侯、後漢宦者傳曰、古者書契多編以竹簡、其用縑帛書者、謂之紙縑、倫始用樹膚麻頭敝布魚網爲紙、用代簡素、天上咸稱爲蔡侯紙、世傳造紙自倫始是也、宋有趙葵、字南仲、以功累官知滁州、度李全必叛、乃聚兵爲戰守計、及全寇揚州、葵率衆與戰、出奇破之、斬全以歸、淳祐中、進端明殿大學士、拜右丞相、兼樞密使、封魯國公、累立大勳、朝廷倚以爲重者二十年、卒贈太傅、諡忠靖、常德虞有善卷、不詳其姓氏、莊子云、舜以天下讓卷、卷曰、余立宇宙之中、冬衣皮毛、夏衣羅薜、春耕則形足以勞、秋收則身足以休、日出而作、日入而息、逍遙人間、而志意自得、吾何以天下爲者、遂不受而去、隱居枉山、宋政和間、賜號高蹈先生、墓在辰州府城西北、太酉山巔、周有黃歇、封春申君、相楚二十餘年、與田文爭下士、食客三千人、其上客皆躡珠履、趙使見之、大慚、後爲李園所害、相傳今松屬上海之黃浦、爲其所鑿、故名春申江、又名黃歇浦、利賴百世、至今頌之、墓在府城開元寺、永州宋有周敦頤、字茂叔、官桂陽令、治績卓著、累遷至廣東轉運判官、提點刑獄、以洗冤澤物爲已務、尋因疾求知南康、少穎異、能自得師、二程從父宦遊至湘、因受學焉、世稱濂溪先生、此湘中人物之大畧也、至本省土產、五金之屬無弗備、又產水銀硃砂蔴布紙漆茶葉桐油班竹白蠟麝香橘柚等物、運赴各省、以資利用、岳州永州夙產方竹、則尤稱珍異、爲他處所罕見云、

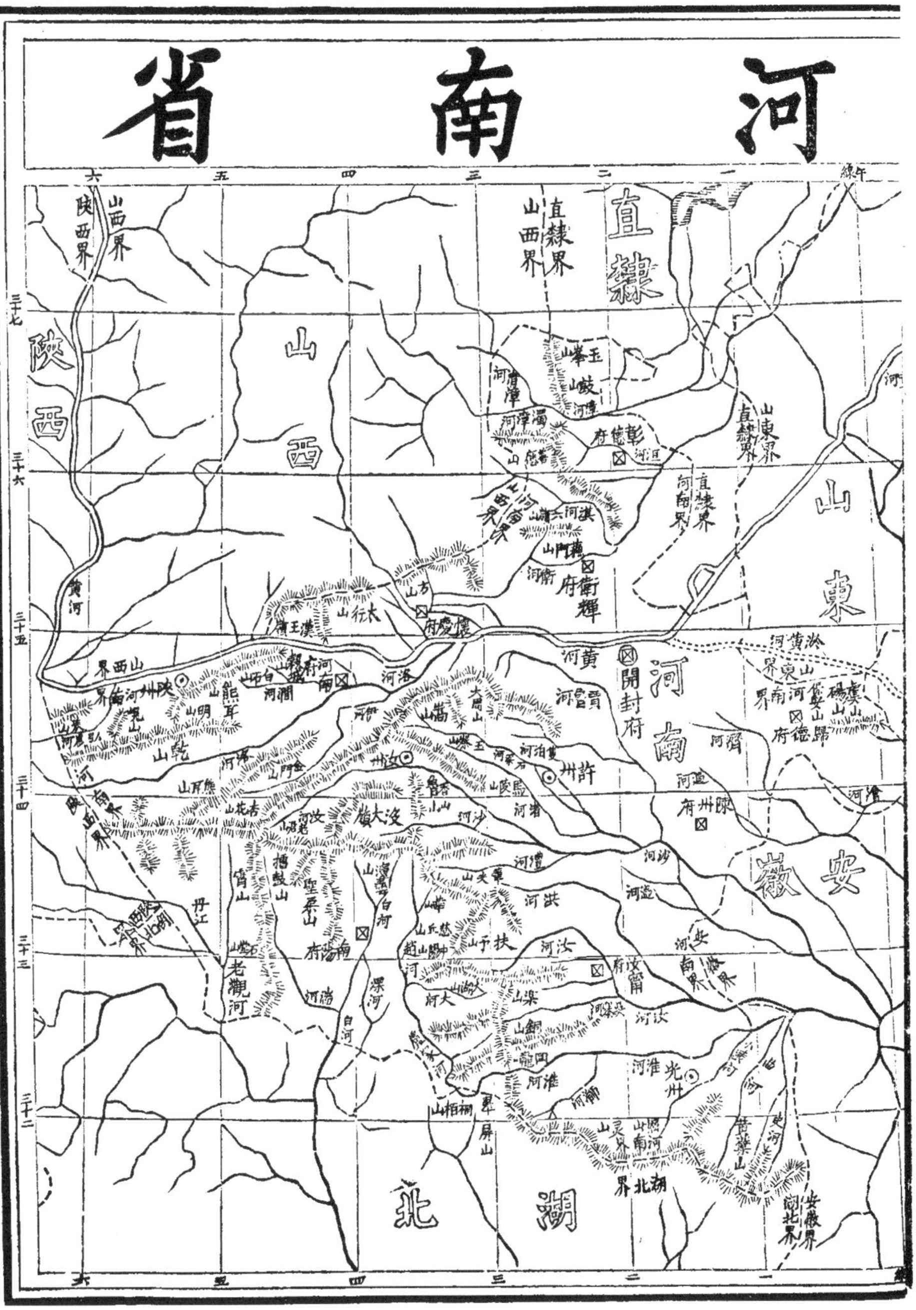
河南省
直隸
山西
陝西
山東
安徽
湖北
河南
開封府
懷慶府
衛輝府
彰德府
歸德府
陳州府
許州
汝州
南陽府
汝寧府
光州
黃河
洛河
沙河
汝河
淮河
太行山
直隸界
山西界
陝西界
湖北界

21

河南考畧

河南居諸夏之中、故名中州、東西相距一千有五十里、南北約九百餘里、東界直隸江蘇安徽三省、南界湖北、西界湖北陝西二省、北界山西與直隸二省、按其形勢、上帶河漳、下接淮漢、左連吳魯、右阻崤函、爲水陸之要衝、膏腴之上地、蓋中原一大都會也、禹貢爲豫州之域、周初仍之、春秋時爲周畿邑、及宋衛諸國地、兼爲秦楚邊疆、戰國爲韓魏列國地、自河以北則屬於趙、秦幷天下、置三川潁川南陽等郡、漢置豫州、而半屬於司隸、後漢司隸改治洛陽、而別置豫州於譙、晉亦分置司州及豫州、永嘉以後、中原鼎革、羣雄角逐、靡有寧歲、劉宋置豫州於汝南、置司州於義陽、即今正陽縣治、隋初建東都、後改置河南等郡、屬豫州、卒爲李密王世充等所據、擾攘者數年、迨李唐崛起、乃置都畿及河南河北諸道、宋都汴、置京東京西及河北路、元豐中又分京東東西、京西南北等路、金爲汴京路、尋改南京、仍分屬河北河南等路、元置河南等處行中書省、明洪武九年、改置河南等處承宣布政使司、宣德間命侍郎兼撫山西、正統間命都御史兼撫湖廣、其命都御史專撫河南、則自景泰始、 國朝因之、領府九、曰開封、曰陳州、曰歸德、曰彰德、曰衛輝、曰懷慶、曰河南、曰南陽、曰汝甯、直隸州四、曰許、曰陝、曰光、曰汝、散州六、縣九十六、土地廣袤、田疇繁衍、勤稼穡務蠶桑、民俗夙稱富庶、省會爲開封府、古稱汴梁、城週三十餘里、有外城裏城宮城之別、宮城亦曰皇城、即宋之大內、據關城西北、關六門、裏城凡十門、外城則二十一門、巡撫建節於此、兼督提督軍務督理河道、幷駐防滿營官兵、因本省未設總督、故職司尤重、省城之南、有朱僊鎮、爲中國四大鎮之一、商賈輻輳、戶口殷繁、嘉道以前、商務之盛、甲於全省、自中外通商、貿遷者多至各埠口覓利、致該鎮日形蕭索、碩腹巨商、無有過而問者矣、

中州名山、開封河陰縣西北、有敖山、相傳秦時敖氏築倉於上、因名、漢酈食其勸高祖據敖倉之粟、即此、許州襄城縣南有首山、史記中公曰、天下名山八、皆黃帝所嘗遊、首山其一也、彰德府東北有韓陵山、爲東魏高歡破爾朱榮處、山下碑記、爲溫子昇撰、陳尚書徐陵奉使過此、讀之嘆賞不置、及歸、上問北朝人物、對曰、惟韓陵一片石耳、衛輝府輝縣西北有蘇門山、上有百門泉、故一名百門山、三國孫登隱此、號蘇門先生、阮

籍訪之、惟長嘯一聲、不答片語、其款覌可想也、太行山、在懷慶府北、形勢巍峩、始河內、訖幽州、中有八陘、其間峰谷巖洞、景物萬狀、綿亘數百里、總名太行、爲中州之鎭、禹貢太行恒山至于碣石、言山勢綿延不斷也、太行之陽有盤谷、在濟源縣北、卽唐李愿歸隱處、名賢題詠甚富、韓愈有送愿盤谷序、其東北爲王屋山、禹貢底柱析城、至于王屋、註示狀如屋、故名、北峙一峯、險峻突兀、頂有石壇、名曰天壇、東曰日精、西曰月華、北曰天門、古松數株、皆千百年物、砥柱山、在陝州城東、禹導河至此、鑿三門以通河、南曰鬼門、中曰神門、北曰人門、唐太宗嘗勒銘於此、河南府城北、有北邙山、上有東漢諸陵、及唐宋名臣墓、城西南有闕塞山、一名伊闕、亦名闕口、大禹疏龍門、伊水出其間、漢服虔謂南山伊闕是也、俗名龍門山、偃師縣西北有首陽山、相傳商周之際、伯夷叔齊餓死於茲、詩采苓采苓、首陽之巔、卽此、按河南志言首陽者五、史記賈逵註云、在蒲坂、則應在蒲州、然亦未知是否、至山之最著者、爲中嶽嵩山、在登封縣北、乃五嶽之一、上有三峯、東曰太室、西曰少室、嵩其總名也、一名嵩高山、詩嵩高惟嶽是也、漢武帝至此、獲駮麃、唐武后易名爲神嶽、縣東南有箕山、一名崿嶺、世傳許由隱此、堯召爲九州長、厭聞之、滌耳水濱、鳴其矯潔、巢父牽犢上流而飮之、卽是、上有許由墓、山陰卽益避禹子處、春秋僖公三十三年、晉人率羌戎敗秦師於殽、卽崤山也、殽與崤通、當在永寧縣北、一名嶔崟山、自東崤至西崤、相去數十里、地極險峻、卽古之崤道、陸渾山在嵩縣東北、一名方山、漢末高士胡昭隱此、又左傳楚子伐陸渾之戎、卽其地也、豫山在南陽府城東北、孤峯峭立、高不可攀、俗名獨山、下有三十六陂、頗著奇景、桐栢山、在桐栢縣東南、峯巒奇秀、上有臥龍翠微諸峯、淮水出其下、近接大木山、卽晉祖逖移家屬避難處、樂山在海寧確山縣西北、一名朗山、上有皓月池、池中產四季蓮花、足供遊賞、嵖岈山在遂平縣西、一名嵯峩山、唐書節度李觀及吳元濟戰於嵖岈、又五代史黃巢由潁蔡保嵖岈山、皆謂此、崆峒山、在汝州西南、漢司馬遷嘗西游至此、相傳崆峒有三、一在安定、一在臨洮、莊周述黃帝問道崆峒、遂遊襄城、登新鄭之具茨、而訪大隗諸山、皆與此山相接壤、則汝州之崆峒、當爲近是、

中州大川、在省城一帶、有黃河、自西北汜水縣入境、東至虞城縣、下達山東濟寧界、泛濫爲災、殆無虛歲、民

生苦之、府西有汴河、源出滎陽縣之大周山、合京索須鄭四水、達省城、西至中牟縣界、入於河、密縣有溱洧二水、溱水一名潧水、東北至新鄭縣、與洧水合爲雙洎河、至西華縣入河、詩鄭風溱與洧方渙渙兮、即此、周職方氏所載、豫州藪曰圃田、當在省城之西、隸中牟縣治、今爲澤者八、如東澤西澤之類、爲陂者三十有六、若大灰小灰之類、府西又有金明池、係周世宗時鑿、宋太祖嘗觀水戰於此、前賢題詠甚多、歸德府睢州之西、有睢水、在梁郡、受汴入泗、漢韓信敗龍且、睢水爲之不流、此其上流也、孟豬澤在虞城縣西北、爾雅作孟諸、禹貢導菏澤、被孟豬、左傳楚子夢賜孟諸之麋、皆指此、彰德府林縣有洪水、水經云、淇水出河內隆慮縣西大號山、按隆慮當即今之林縣、詩衛風泉源在左、淇水在右、即此、禹貢導沇水、東流爲濟、按濟水在今懷慶府濟源縣西北、發源王屋山下、曰沇水、既見而伏、至此復出、俗謂之衍水、禹貢所載伊洛瀍澗四水、皆在河南府境、伊水出自盧氏縣悶頓嶺、洛水出自陝西商州雒南縣冢嶺山、其入河之處、清濁異流、謂之洛汭、禹貢東過洛汭即此、一名什谷、史記張儀說秦王下兵三川、塞什谷之口是也、瀍水源出洛陽縣穀城山、澗源出自澠池縣東北白石山、周書所謂澗水東、瀍水西、即此、淮水發源於南陽桐柏山、爲四瀆之一、禹貢所云導淮自桐柏是也、

考豫省名勝古跡、汴故宮、在省城內正北、本宋大內、金人廣之、明洪武十一年、即其故址、建周王府、訪古至此者、不禁室是人非之歎、三槐堂、在省城仁和門外、宋兵部侍郎王祜手植三槐於庭、曰吾子孫必有爲三公者、其後子旦果爲相、後人因建三槐堂以誌之、蘇軾銘焉、厄臺在陳州南、世傳爲孔子絕糧處、宋王禹偁爲之銘、亳城在歸德府城東南、契父帝嚳都亳、湯自商邱遷焉、鄭玄云亳今河南偃師縣、漢書音義曰濟陰亳縣、杜預曰梁國蒙縣、皇甫謐曰孟子稱湯居亳、與葛爲鄰、葛即今寧陵縣葛鄉、亳乃今穀熟縣也、蒙爲北亳、即景亳、湯受命之地、穀熟縣爲南亳、湯所都、偃師爲西亳、即盤庚所徙、書立政所謂三亳是也、諸說不同、未知孰是、梁園、在歸德府城東、一名梁苑、或謂即菟園、漢梁孝王築、內有百靈山、山之巔有落猴巖、棲龍岫、望秦嶺、又有雁池、池中有鶴洲、九域志曰、菟園中有脩竹園、舊志因名脩竹、晝錦堂、在彰德府治北、宋韓琦

以宰相判鄉郡、築堂居之、歐陽修記、蔡襄書、今碑刻尚存、又有忘機堂、堂畔有狎鷗觀魚二亭、亭臨清池、池上有堂名曰醉白、銅雀臺在臨漳縣西、魏曹操築、幷金虎氷井二臺、相去各六十步、複道迴環、樓閣相通、而中央則又懸絶、鑄大銅雀、高一丈五尺、置之屋頂、金谷園在河南府城西、有金水自太白源南流、經此谷、石崇因川阜、造園館、嘗宴客賦詩、不成者罰以酒、內有清涼臺諸勝、此又豫省古蹟之一二也、

豫省夙稱人才淵藪、奇傑挺生、英華所萃、代有名人、紀其最著者、如開封商有伊尹、耕於莘野、湯聘爲相、伐夏救民、以天下爲已任、孟子稱爲聖之任、周有國僑、字子產、博物善辭令、歷相三君、爲政四十年、猛以濟寬、民賴其利、及卒、孔子出涕曰、古之遺愛也、顓孫師、字子張、才高意廣、晩年進德、秦有韓非、善刑名法律之學、作說難孤憤五蠹說林等書、五十餘篇、呂不韋、著呂氏春秋十萬餘言、漢有張良、字子房、世爲韓相、秦滅韓、良爲韓報仇、不果、乃佐高帝滅秦、定天下、封留侯、卒諡文成、與蕭何韓信、稱三傑、蔡邕、字伯喈、性至孝、以文學推重朝野、仕至議郎、校正六經、書成刻石置太學門外、及卒、縉紳諸儒、莫不流涕、許慎、博通經籍、馬融嘗推重焉、撰有五經異義、及說文解字十四篇行世、晉有阮籍、志氣豪放、時値天下多故、名士迭遭放斥、遂嘯傲酣飲、與嵇康、山濤、劉伶、向秀、王戎、兄子咸、爲竹林之遊、時號竹林七逸、又曰七賢、南北朝有謝朓、字玄暉、文詞清麗、善草隸、尤工五言詩、奇麗秀逸、傑出時流、寶足凌轢參軍、超軼開府、與弟惠連、靈運、時稱三謝、歸德、周有李耳、字伯陽、諡聃、自號老子、孔子稱其猶龍、仕周爲柱下吏、著道德經五千言、原憲、字子思、蓬戶甕牖、子貢過之曰、夫子病乎、憲曰、無財之爲貧、學道而不能行之爲病、若思貧也、非病也、莊周、諸學無不窺、著書十萬餘言、大率寓言八九、號曰莊子、漢有灌嬰、從高帝定天下、封淮陰侯、與周勃平諸呂、進太尉、卒諡懿侯、南北朝有江淹、字文通、雄於文、仕齊梁、累官御史中丞、天監初、爲散騎常侍、後封醴陵侯、彰德、宋有韓琦、字稚圭、弱冠及第、出將入相、朝廷頗資倚重、後擁立英宗、聲色不動、措天下於泰山之安、當時宵小褫魄、國事乂安、論者謂公之功居多、後封魏國公、卒諡忠獻、追封魏王、岳飛、字鵬舉、負氣節、好左氏春秋孫吳兵法、累官少保、立志破勁敵、復兩京、屢以少擊衆、未嘗偶敗、卒爲秦檜所害、天下冤之、衞輝、周有太公望、姓姜、字

子牙、年八十餘、釣於磻溪、文王載歸、奉以爲師、號曰尙父、佐武王伐紂安天下、封於齊、爲異姓功臣之首、春秋時、有史魚蘧瑗諸人、吳季札聘於衞、稱其國多君子、卜商、字子夏、居文學之科、設教西河、魏文侯師事之、端木賜、字子貢、居言語之科、結駟連騎、與諸侯分庭抗禮、高柴、字子羔、居親喪、泣血三年、未嘗見齒、戰國時、有吳起、好用兵、爲魯將破齊、復爲魏將擊秦、後適楚、爲相、平越取陳、却晉伐秦、諸侯畏之、懷慶、漢有用里先生、爲四皓之一、三國有司馬懿、負奇節、博學洽聞、漢末兵亂、慨然有憂天下之心、後受曹操顧命、傳至孫炎、滅魏自立、國號晉、卒謚武帝、追尊懿爲宣帝、唐有韓愈、字退之、七歲讀書、日記數千百言、及長、盡通六經百家之學、累官刑部侍郞、憲宗迎佛骨、愈上表極諫、貶潮州刺史、除鱷魚患、尋改袁州、歷國子祭酒、吏部侍郞、謚曰文、愈爲文一出於正、根柢六經、蘇子瞻謂其能起八代之衰、學者仰之如泰山北斗、盧仝、好學博覽工詩、嘗爲月蝕詩、韓愈稱其工、性嗜茶、嘗詩以咏之、邑有盧仝煮茶泉、李商隱、作爲詩文、瑰麗奇古、與溫庭筠段成式齊名、時號爲三十六體、元則有許衡、穎悟不凡、經傳子史、禮樂名物、食貨水利之類、無所不通、歷官國子祭酒、中書左丞、有文集傳世、河南、周有蘇秦、少習韜畧、說秦不遇、歸發陰符經、伏而誦之、朞年、揣摩成、縱說得行、幷相六國、妻嫂不敢正視、漢有賈誼、吳公知其才、薦之、召爲博士、遷大中大夫、請改正朔、興禮樂、灌嬰等毀之、出爲長沙王太傅、過湘水、弔屈原、作鵩鳥賦、後召見宣室、拜爲梁王太傅、上治安策、論者謂其通達治體、唐有姚崇、少尙氣節、長好學、以誅二張功爲相、以十事說玄宗、深嘉納之、世稱唐代賢相、前有姚宋、後有房杜、崇其一也、韋應物、性高潔、工詩、歷官蘇州刺史、世號韋蘇州、元稹、長於詩、與白居易齊名、時稱元白、宋有程顥、字伯淳、世稱明道先生、弟頤、字正叔、司馬光薦於朝、謂其力學好古、不樂仕進、乃儒者之高蹈、聖世之遺民、召拜崇政殿說書、世稱伊川先生、南陽、周有百里奚、自虞之秦、困於牛口之下、秦穆公用以爲相、秦日强盛、號五羖大夫、范蠡、事越王句踐、戮力與謀滅吳、以報會稽之恥、及越既霸、泛舟五湖、易姓名、爲鴟夷子、又稱陶朱公、善營運、三致千金、分贈貧交、天下言富者、每艷稱之、漢有張衡、字平子、善屬文、作兩京賦、構思十年、尤精天文、作渾天儀、復造候風地動儀、人服其妙、南北朝、有宗慤、字元幹、少時父嘗問所志、答曰，願乘長風，破萬里浪，仕劉宋，爲振武將軍，唐有張巡，志氣豪邁，博通羣書，作文操筆立就，未嘗起草，兼曉陣法，安祿山反，巡起兵討之，與許遠同守睢陽，大小百餘戰，糧盡城陷，罵賊而死，汝寧周有孫叔敖，虞邱薦於楚莊王，使代己爲相，卒成霸業，漆雕開，孔子使之仕，對曰，吾斯之未能信，其不安於小成如此，漢有袁安，嘗客洛陽，値大雪，僵臥不出，爲河南尹，政尙嚴明，未嘗以贓罪輕坐人，累遷司徒，子敞，孫湯，曾孫逵，四世三公，紹與術，皆其後也，陳蕃字仲舉，處室蕪穢不治，父執某過而問曰，盍事灑掃，曰，大丈夫當掃除天下，安事一室，後爲樂安太守，郡有高士周璆，蕃爲置一榻，去則懸之，爲豫章太守，待徐稺亦然，此豫省人才之大畧也，論本省土宜，絲綢棉布，產數最旺，各種藥材，名目尤夥，棗菓等物，更足以供各省之用，我願官斯土者，防患未形，導源治水，俾安瀾有慶，不致中澤鴻嗸，亢旱無災，可免良田龜坼，斯民之幸，亦國家之福也夫，

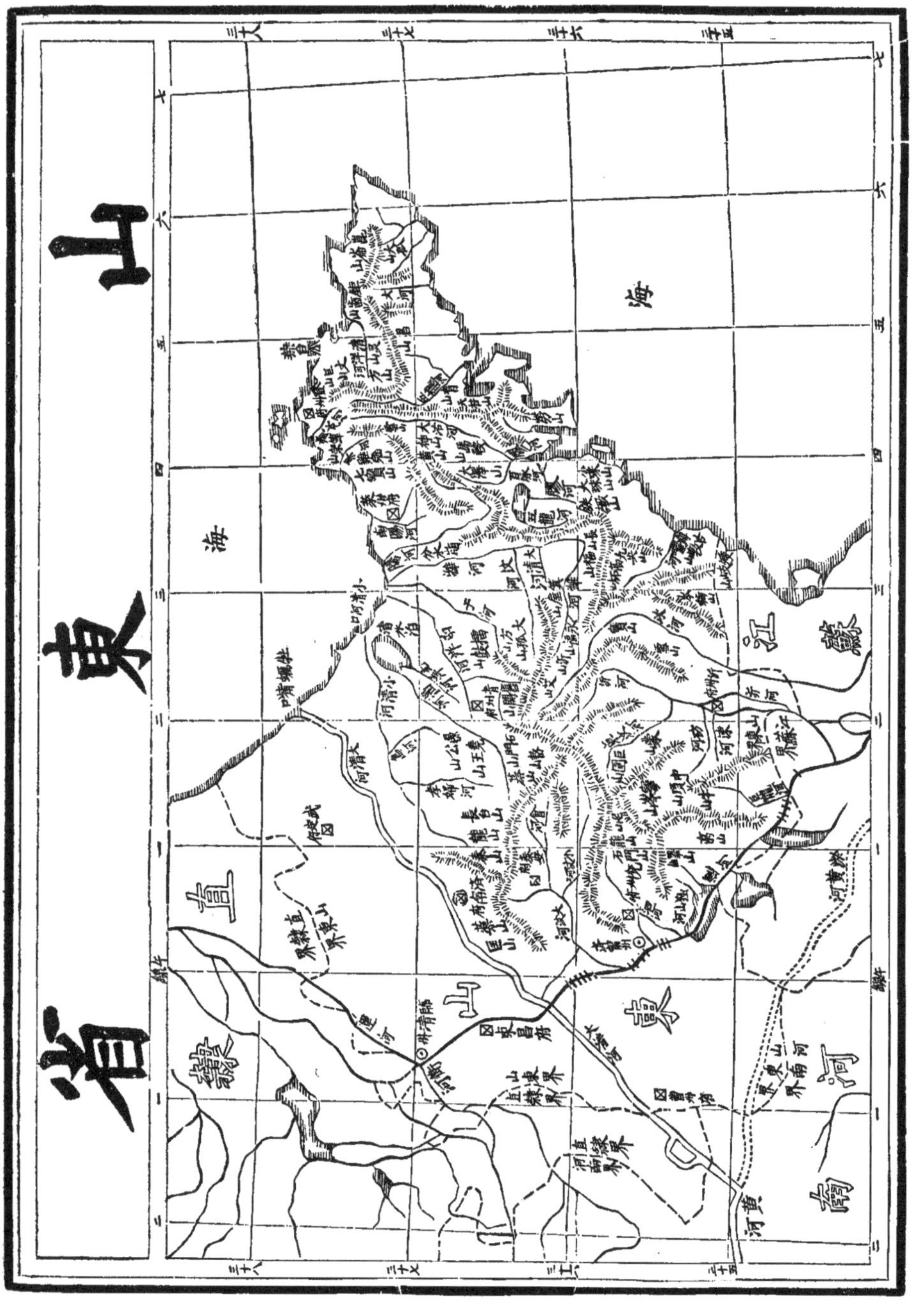
山東省

山東考畧

山東爲齊魯舊域，海岱雄區，東西相距約千一百五十里，南北僅七百餘里，北界大海，南界江蘇，西與北並界直隸，西南界河南，禹貢青兗二州之域，周爲齊魯等國地，秦渾一天下，置齊薛瑯琊等郡，漢置青兗二州部刺史，後漢與晉皆仍之，唐置河南河北二道採訪使，以青兗諸郡分隸焉，宋初爲京東河北二路，熙寧七年，分京東爲東西二路，元置益都濟南等路，直隸中書省，明初置山東等處承宣布政使司，正統間遣都御史巡撫其地。　國朝仍置山東省，領府十，曰濟南，曰泰安，曰武定，曰兗州，曰沂州，曰曹州，曰東昌，曰青州，曰登州，曰萊州，直隸州二，曰濟寧，曰臨清，散州九，縣九十六，濟南爲省會，巡撫建節於此，統轄地方糧餉鹽政榷務，提督軍務，責任綦重，公務紛繁，燕臺爲通商埠頭，在東北海濱一隅，亦名之罘，生息頗稱繁盛，然連年大旱，水患繼之，哿矣富人，哀此煢獨，不知何日得慶有秋，安瀾上頌也。

考東魯名山，省城南有歷山，即大舜耕稼處，漢鄭元謂歷山在河東，宋曾鞏嘗力辯其非，見齊州二堂記，華不注山，在省城東北，一名金輿山，虎牙傑立，高聳雲際，下有華泉，鮑山，在省城東，世傳鮑叔牙管仲分金於此，下有鮑城，爲叔牙食采邑，東陵山，在章邱縣南，盜蹠死此，其墓在焉，夾谷山，在淄川縣南，舊名祝其，山其陽即齊魯會盟處，泰山，在泰安府北，即東嶽岱宗也，山有三峯，在東者曰日觀，遠望海日初升，西曰秦觀，可望長安，又西曰越觀，可望會稽，又有東西二天門，望秦，獨秀，雞籠，老鴉，獅子，蓮花，懸石諸峯，百丈，馬棚，鵓鴿諸崖，石經，石壁，鄷都，桃花諸峪，迴馬，雁飛，黃峴，思鄉諸嶺，牛心，龍口，試劍，龍紋，虎阜諸石，更有明月嶂，登仙臺諸勝境，下分東西中三溪，其他峯巒谿洞，與名士登覽題詠之勝，不可殫述，防山，在兗州曲阜縣東，禮記孔子父母合葬於防，墓在山北，縣之東南有尼山，一名尼邱，嶧山，在鄒縣東南，一名鄒嶧山，禹貢嶧陽孤桐，春秋邾文公卜遷於嶧，史記秦始皇上鄒嶧山，立石頌德，皆此，又名八卦山，縣東北有昌平山，爲孔子誕生處，金鄉山，在鉅野縣南，山北有石洞，曰清涼，深十餘丈，因鑿石作四小閣，閣外堂陛高三尺，堂外兩門，門外兩大閣，石道長三十丈，闊十有六尺，相傳爲秦始皇避暑行宮，蒙山，在費縣西北，書蒙羽其藝，詩奄有龜蒙，即此、又以居魯地之東、名曰東山、孟子謂孔子登東山而小魯是也、陶山、在東昌府館陶縣南、禹貢所稱陶邱、即此、此山東名山之大畧也、

考本省大川、濟河、一名大清河、禹貢濟水東出於陶邱北、又東至於河、又東北會於汶、又東北入於海、今爲黃河水道、堰隄屢決、氾濫成災、小清河、一名濼水、源出省城西趵突泉、東北經章邱縣鄒平新城等界入海、趵突泉、一名爆流、源出山西王屋山下、伏流至河南濟源縣、東北至黃山渴馬崖、伏流五十里、至省城西出爲北泉、會諸泉入城、滙爲大明湖、流爲小清河、濟南七十二泉、爆流爲最、金線珍珠次之、泗水源發陪尾山四泉並發、循泗水縣八里、始合爲一、西經曲阜縣、貫兗州城下、至濟寧州、分流南北、南流入徐州境、北流入會通河、洙水爲孔子所居、南流爲洙、北流爲泗、一云在兗州東北、一云在曲阜縣、今湮沒無可考矣、會通河、爲元代所開、以通漕運、自濟寧分水閘至東昌臨清閘、凡四百餘里、久而淤塞、明永樂間疏之、引泗洸諸水、及黃河支流注之、以達臨清、會於衞河、衞河源出河南衞輝府、東流至臨清、與會通河合流入海、漢名屯氏河、隋疏爲永濟渠、亦曰御河、東南諸省漕運行商、外吏入覲、皆取道焉、汶水源發泰安府西南、流至兗州府、又西北至東平州注濟河、東北流入海、淄水、源出泰安府、達臨淄、至壽光、匯於海、禹貢濰淄其道、即此、

考齊省古跡、明堂、在泰山下、爲古帝王東巡狩朝諸侯之所、秦碑、在泰山秦觀峯東南、刻秦始皇封泰山制、丞相李斯篆、又有磨崖碑、唐玄宗御製泰山銘、秦漢以來、碑碣不可勝紀、然皆蘚蝕苔侵、不可復識、望海樓、在鄒城東南、世傳孔子嘗登此望海、李白酒樓、在濟寧州南、唐李白客任縣時、賀知章觴之於此、賦詩刻石、至今尚存、名人題詠甚多、觀魚臺、在魚臺縣北、魯隱公觀魚於棠即此、闕里在魯城內、即孔子所居之里、按世家孔子卒、諸儒講禮樂、鄉飲酒、大射於孔子家、族氏因以爲齋、藏孔子衣冠琴瑟車書、漢魯共王好治宮室、壞孔子舊宅、以廣其居、杏壇亦在魯城內、爲孔子講學之所、釣臺、在濮州東南、相傳莊子垂綸處、附近有姚墟、舜生於此、超然臺、在諸城縣北、宋蘇軾守膠西時、因舊臺而新之、其弟轍名之曰超然、軾自作記、

東魯爲孔孟生長之區、教澤所流、人才蔚起、茲特紀其尤著者、濟南 周有公皙哀、守正不汚、不仕私家、孔子

賢之漢有伏勝、文帝時求能治尚書者、伏勝老不能行、使晁錯往受之、得二十九篇、今文尚書是也、終軍辯博能文、武帝朝、年十八、選爲博士、累擢諫議大夫、奉使南越、卒時年僅二十餘、世號終童、東方朔善主文譎諫、累遷大中大夫給事中、蜀漢時、有禰衡、少有才辯、尚氣節、曹操欲害之、憐其才、送之劉表、表又送之黃祖、爲祖所殺、晉有羊祜、官至尚書右僕射、卒贈太傅、唐有秦瓊、從太宗戰伐有功、累官左武衞大將軍、贈徐州都督、圖像凌烟閣、兗州周有展禽、仕魯爲士師、食邑柳下、三黜不去、孟子稱爲聖之和、弟展喜嘗奉命犒齊師、諭以先王之命、齊侯覺服、孔子、父叔梁紇、母顏氏、魯定公用孔子爲中都宰、進爲司空、復爲大司寇、攝相三月、魯國大治、年七十三卒、歷朝贈封甚渥、封冢裔爲衍聖公、子鯉孫伋、皆有賢德、戰國時孟某生、受業子思之門、道既通、遊於齊梁、以仁義說其君、不能用、退而與萬章之徒、序詩書述仲尼之意、作孟子七篇、漢有叔孫通、說高祖定朝儀、采古禮、官至太子太傅、又有疏廣、仕至太傅、兄子受爲少傅、廣謂受曰、知足不辱、知止不殆、乃上疏乞歸、卿大夫出祖東都門外、觀者歎其賢、其見機如此、諸葛亮、後漢末避難南陽、徐庶謂爲臥龍、先主即位、拜丞相、後封武鄉侯、卒於師、諡忠武、晉有王祥、性至孝、事繼母極恭謹、官至太保、晉公爵、弟覽、姪戎、覽孫導、導從子羲之、爲晉望族、並負時名、羲之尤工書、有蘭亭集序、爲世所珍寶、唐有顏杲卿、爲顏淵之後、官常山太守、安祿山反、杲卿起兵討之、爲賊所害、弟眞卿、官至尚書右丞、時李希烈陷汝州、朝廷使眞卿往諭之、不屈、被害、青州戰國時、有田文、爲齊相、封於薛、號孟嘗君、招致賢士、食客數千人、時稱其禮賢敬士、魯仲連、游說諸侯、排難解紛、不屑受人爵祿、亦說士中之矯矯者、晉有左思、作三都賦、構思十載、及成、洛陽爲之紙貴、王猛、少好學、晉桓溫入關、猛被褐談天下事、旁若無人、後秦苻堅招之、一見如平生、累遷尚書左僕射、唐有房玄齡、幼警敏、博文善書、輔太宗十五年、世稱賢相、登州周有淳于髡、滑稽多辯、好以隱語諷其君、時見嘉納、萊州周有甯戚、微時嘗飯牛、扣角而歌、齊宣公聞而異之、命後車載歸、賜之衣冠、授以卿位、晏嬰、相齊景公、名顯諸侯、亦春秋名臣之一也、至本省土產、粟麥布帛、所在皆有、兼產藥材、名目亦繁、魚鹽蜃蛤、濱海諸州縣皆有之、人物富庶、禮讓聿敦、民風爰稱純樸云、

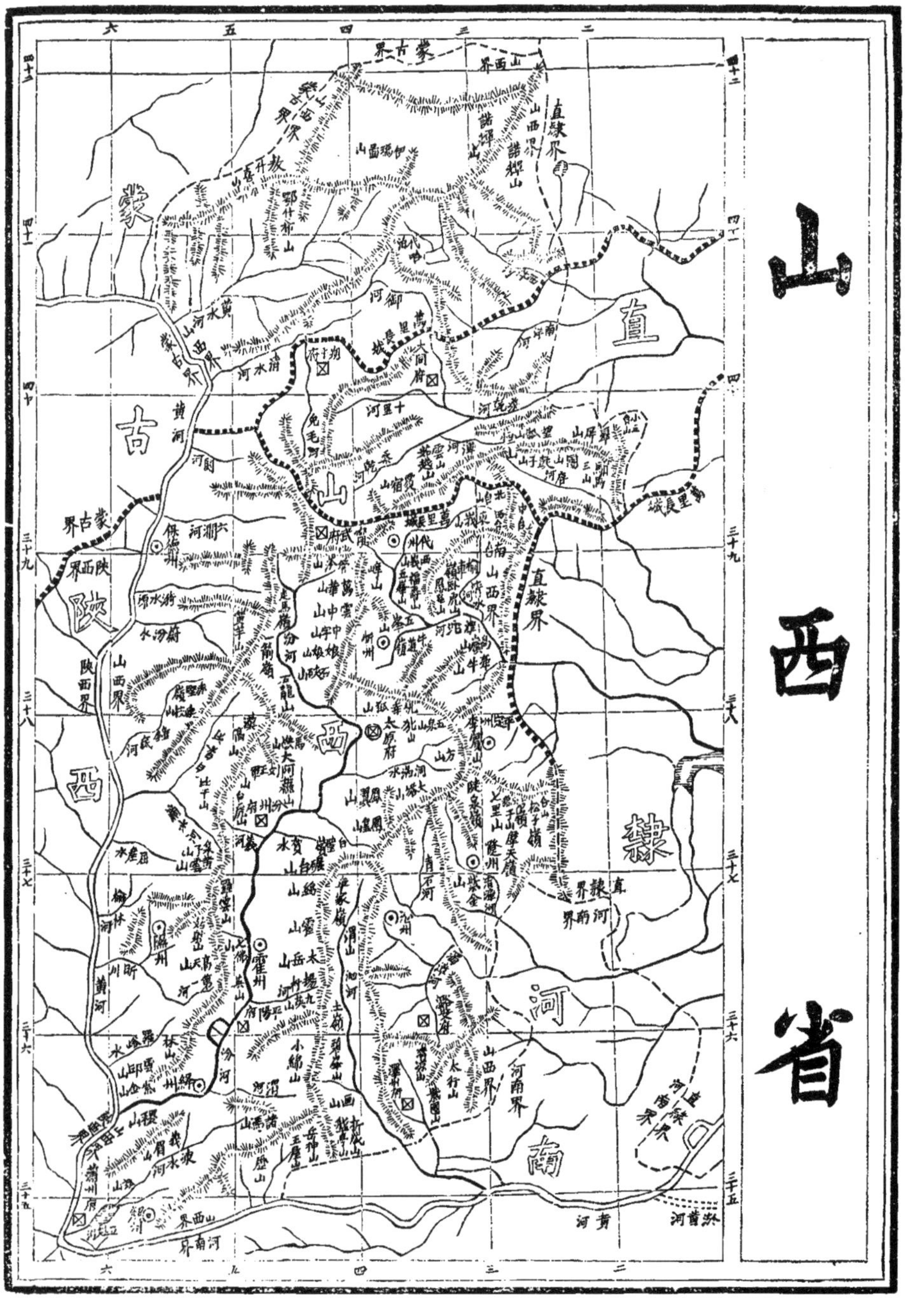
山西省
蒙古
直隸
河南
陝西
山西

山西考畧

山西古稱西魯，本冀州地，有虞氏以土地廣大，析置幷州，東西相距六百里，南北約千三百五十里，東界直隸，西跨黃河接陝西，南接河南，北限蒙古，左列太行，右據大河，朔收代馬之用，面臨鞏洛之勝，有表裏河山之勢焉，禹貢冀州之域，爲唐虞夏王畿重地，周封叔虞，國號唐，後改名晉，戎狄黎侯潞子等國，錯處其閒，尋爲晉滅，戰國時爲韓魏秦呑二國，置晉陽太原等郡，漢分冀州西境河東等郡，屬司隸校尉，置幷州部刺史，東漢之末，幷入冀州，三國屬魏，復置幷州，晉仍之，大業初罷州爲郡，唐貞觀初，置河東道，開元中，置河東觀察，宋置河東路經畧安撫使，元以冀寧諸路直隸部，置河東山西道宣慰使司於大同，置河東山西道肅政廉訪司於冀寧，明置山西等處承宣布政使司，　國朝仍置山西省，專屬巡撫統轄，領府九，曰太原，曰平陽，曰蒲州，曰潞安，曰汾州，曰澤州，曰大同，曰寧武，曰朔平，直隸州十，曰平定，曰忻，曰代，曰保德，曰霍，曰解，曰絳，曰隰，曰沁，曰遼，直隸廳七，曰綏遠，曰歸化，曰和林格爾，曰寧遠，曰托克托，曰清水河，曰薩拉齊，州六，縣八十五，太原府爲省會，巡撫建節於此，兼理糧餉，提督軍務，節制各鎭，按本省形勢，太原居中，恃大同爲藩籬，雁門偏頭寧武三關爲扼塞，東晉陽之甲，開幷州之鎭，夙稱用武之地，潞安依山，汾州濵河，土瘠民貧，惟平陽一帶，氣溫地沃，素稱樂土，河東鹽筴所萃，民用因之富饒，近以旱災之後，流亡億萬，十室九空，田疇荒蕪，榛莽滿目，所冀諸大吏實事補救，賑撫兼施，而於種植鶯粟一端，盡法懲禁，則爲之數年，人民之元氣可甦，而公澤綿長，垂之千古矣，

考冀土名山，隱泉山在太原文水縣之西南，亦名陶山，卜子夏退居西河之上，卽此，山有石窟，號隱堂洞，亦曰子夏室，去地五十餘丈，山壁峭立，有泉深秘而不恒流，因以名山，嶔崟磊落，足供游賞，五臺山亦名清涼山，在代州五臺縣東北，列峙五峯，高出雲表，石山戴土，因謂之臺，臺分東西南北中，元好問有臺山雜詠十六首，以紀其勝，姑射山在平陽府西北，山有姑射蓮花二洞，卽莊子所謂有神人居焉者，元王惲有遊姑射洞詩，山閒有分水嶺，登其巔者，俯瞰遙矚，豁目賞心，有塵飛不到之致，首陽山在蒲州東南，卽禹貢雷首山

也、殷周之際、伯夷叔齊隱此、上有夷齊墓、其高風亮節、後人每形諸歌詠、龍門山在絳州河津縣西北、卽禹鑿通黃河處、箕山在解州平陸縣東北、相傳堯時許由隱此、九原山在絳州西北、春秋晉諸大夫葬此、太行山由絳縣東橫亘數百里、層巒疊嶂、遠近諸山、多爲其支脈、林木蓊鬱、寇盜潛蹤、行者畏之、孟門山在平陽吉州之西、卽呂不韋所謂河出孟門之上是也、壺口山亦在州境、禹貢旣載壺口卽此、鳴條岡在解州安邑縣、卽湯與桀戰處、恒山在大同渾源州、卽北嶽也、水經謂之玄嶽、其山高凌雲漢、舜北巡狩至此、山有天峯嶺、安王石、龍泉觀、虎風口、琴棊臺等勝、有登臨之癖者、每蠟屐支笻、不憚攀援、以擴眼界焉、頭顱山在澤州高平縣西、秦將白起坑趙降卒四十萬、後人收頭顱葬之、故名、王屋山在陽城縣南、卽禹貢所謂析城至於王屋是也、至於大川、西有黃河作界、前考已詳、茲不贅、滹沱河源出繁峙縣、爲三晉河流之最、汾河源出靜樂縣、歷經太原汾州平陽三府、折西過絳州、匯於黃河、嬀汭二水在蒲州、源出歷山下、流入於河、堯釐降二女於嬀汭卽此、桑乾水源出馬邑縣洪濤山下、與金龍池水合流、東南入盧溝河、由是知三晉雖僻處西北、然形勢之鞏固、山水之清嘉、實足與東南大省相埒、而爲宇內襟帶之區、邊關控衞之地也、

又考三晉爲春秋强國、犬牙錯壤、古蹟最多、畧筆記之、以資參稽焉、太原淸源縣東南四十里、有陶唐城、舊經云、陶唐氏自涿鹿徙居於此、俗謂之姚城、縣治卽古唐城、本唐叔虞子燮父徙都之所、西北有三角城、其城三面、一名從人城、舊志趙襄子築此以置刑徒、平陽吉州西南十里有倚梯城、龍門上口、累石爲之、東北高據峻嶺、西南俯臨黃河、懸崖絕壁、百有餘丈、以其險絕、非梯莫上、由是得名、太平縣有九層台基址、按說苑晉獻公築九層台、其臣荀息諫曰、臣能累十二棊子、加卵於其上、公曰、危哉、遂止其役、今遺址尙存、蓋因諷諫而止也、虒祁宮在曲沃縣、左傳晉作虒祁宮、而諸侯畔、謂此、衞靈公之晉、晉平公置酒於虒祁、令師涓奏靡靡之樂、師曠曰、此必得之濮上、乃亡國之聲也、不可聽、西花園在襄陵縣治西南、元人楊姓闢地爲之、引晉水經流其中、雜蒔花竹、創爲堂亭池館、洵稱幽致、曲沃縣西南有桐鄉城、世傳伊尹放太甲於桐、卽此、蒲州有鐵牛、唐開元中鑄八牛、置黃河東西兩岸、以維浮橋、今西岸缺其一、非復舊時景象矣、古城東北有

樂安莊、宋薛俅以樞密直學士致仕歸、築室以居、因其封郡名曰樂安、范純仁記曰、南北分二園、北曰逸老堂、公寄傲宴息之所、東曰三經堂、公讀書處也、西曰無無堂、公自謂無欲無營、因取莊生之言名之也、猗氏縣境有猗頓故居、頓本魯之貧士、聞術於陶朱公、適西河、大畜牛羊、十餘年遂成巨富、縣名取此、蚩尤城在解州安邑縣南一十八里、黃帝殺蚩尤身首異處、故別葬之、今其跡已泯、亳城在絳州垣曲縣西北十五里、韻府云垣曲西北有亳原、湯嘗誓衆於此、潞安府有黎侯城、在黎城縣東北一十八里、書稱西伯戡黎、即此、又春秋晉荀林父滅潞、立黎侯而還、亦謂此、大同府西北有蘇武城、武使匈奴時居此、李陵台、即陵所登以望鄉者、受降城有三、一曰中受降、秦漢九原縣地、一曰東受降、漢雲中郡地、一曰西受降、古豐州地、皆唐張仁愿所築、陽城縣有桑城、世傳成湯禱雨於此、至今多桑、

三晉爲古帝建都、強侯創霸之地、賢聖迭興、名流間出、人才最稱薈萃、太原、周有狐突、狐偃父子二人、漢有王霸、王允、霸以王莽秉政、披髮入山、光武召拜尚書、不起、蓬戶褐衣、自高其志、卒以隱終、允少時具大節、郭林宗見之曰、王生一日千里、王佐才也、累官豫州刺史、討滅黃巾、後拜司空、勳業赫然、晉有溫嶠、博學能文、風儀秀整、劉琨、王導輩雅重之、唐有狄仁傑、字懷英、僚友鄭崇質母老且病、當使絕域、仁傑請代行、藺仁基義之曰、斗南一人而已、後相武后、力排三思、反周爲唐、功在社稷、封梁國公、王維、字摩詰、官尚書右丞、蘇軾謂其詩中有畫、畫中有詩、宋有王中立、博學強記、家豪於財、待賓客豐腆、而自奉甚儉、幽居一室、如衲子然、卒以文學稱、詩多驚人句、金有元好問、七歲能詩、及長淹貫經史百家、爲文衆體兼備、著有中州集行世、元有郝天挺、官至中書平章、選唐詩鼓吹集、學者宗之、董狐、周時平陽人、爲晉史官、靈公欲殺趙盾、盾出奔、已而趙穿弒公、盾遂復、狐書曰、趙盾弒其君、盾曰、不然、對曰、子爲正卿、亡不越境、反不討賊、弒君者非子而誰、其忠直果毅有如是者、孔子稱之曰、董狐古之良史也、漢有衛青、霍去病、霍光諸人、青本鄭姓、少時牧羊、兄弟皆奴畜之、後拜大將軍、威震邊塞、待士卒有恩、遇大夫以禮、累功封長平侯、霍去病性寡言、善騎射、凡六擊匈奴、皆奏捷、封驃騎將軍、上嘗爲治第、謝曰、匈奴未滅、何以家爲、上益重之、光去病異母弟、拜奉車都尉、

出入禁闥、二十餘年、未嘗有過、受遺詔輔昭帝、百姓充實、四夷賓服、及廢昌邑王、立宣帝、前後秉政二十年、以匡扶社稷功、圖形麒麟閣上、居第一、晉有鄧攸、字伯道、永嘉之亂、棄子負姪以避賊、卒乏嗣、不出怨言、元帝時拜吳郡太守、累遷尚書右僕射、蒲州則有百里奚、介子推、趙衰、張儀、范雎諸人、漢有司馬遷、太史談之子、李陵降匈奴、遷極言陵忠、上疑為陵游說、下腐刑、乃作史記、唐有王勃、柳宗元、勃六歲能文、父福時得罪遷交趾、勃往省、道出洪州、為閻都督作滕王閣序、衆嘆其才、凡命草、先磨墨數升、引被覆面而臥、俄起書之、文立就、人謂之腹稿、宗元字子厚、文章行誼、與韓愈齊名、坐王叔文黨、貶永州司馬、遷柳州刺史、為文益進、有文集傳世、宋有司馬光、字君實、哲宗朝拜相、罷青苗法、人稱其相業、謂有旋乾轉坤之功、著述甚多、卒封温國公、謚文正、汾州漢有郭泰、容貌魁偉、博通墳籍、教授弟子、至數千人、游洛、河南尹李膺見而奇之、遂成執友、嘗遇雨、巾一角墊、時爭效之、故折巾角、其見慕如此、卒年四十二、蔡邕為之撰碑曰、我為碑銘多矣、惟郭有道碑無愧、唐有宋之問、字延清、偉儀觀、善詞章、武后嘗幸洛苑、詔從臣賦詩、東方虬先就、后賜以錦袍、及覽之問詩、嘆賞不置、乃奪袍賜之、文彥博、字寬夫、及進士第、歷事四朝、出將入相、五十餘年、立朝端重、顧盼有威、契丹使望見、改容曰、天下異人也、官至太師、封潞國公、卒年九十二、謚忠烈、澤州、南北朝有郝經、幼穎悟好學、博覽經籍、為人尚氣節、著有易春秋外傳、及陵川集、凡數百卷、明有楊繼宗、好善惡惡、出於性成、議論尤極風采、雖婦人孺子、皆知其名、至本省土產、則襄陵之酒、最為馳名、經旬不變、飲之香美、朝貴每千里相餉、號曰過觴、汾州之火酒、以高粱漬煮、性雖猛烈、飲之能使胸膈間清氣盤旋、近世多爭貴之、他若銅鐵鹽硝人參麝香瑪瑙石膏、尤為富有、足資利用、

陝西省

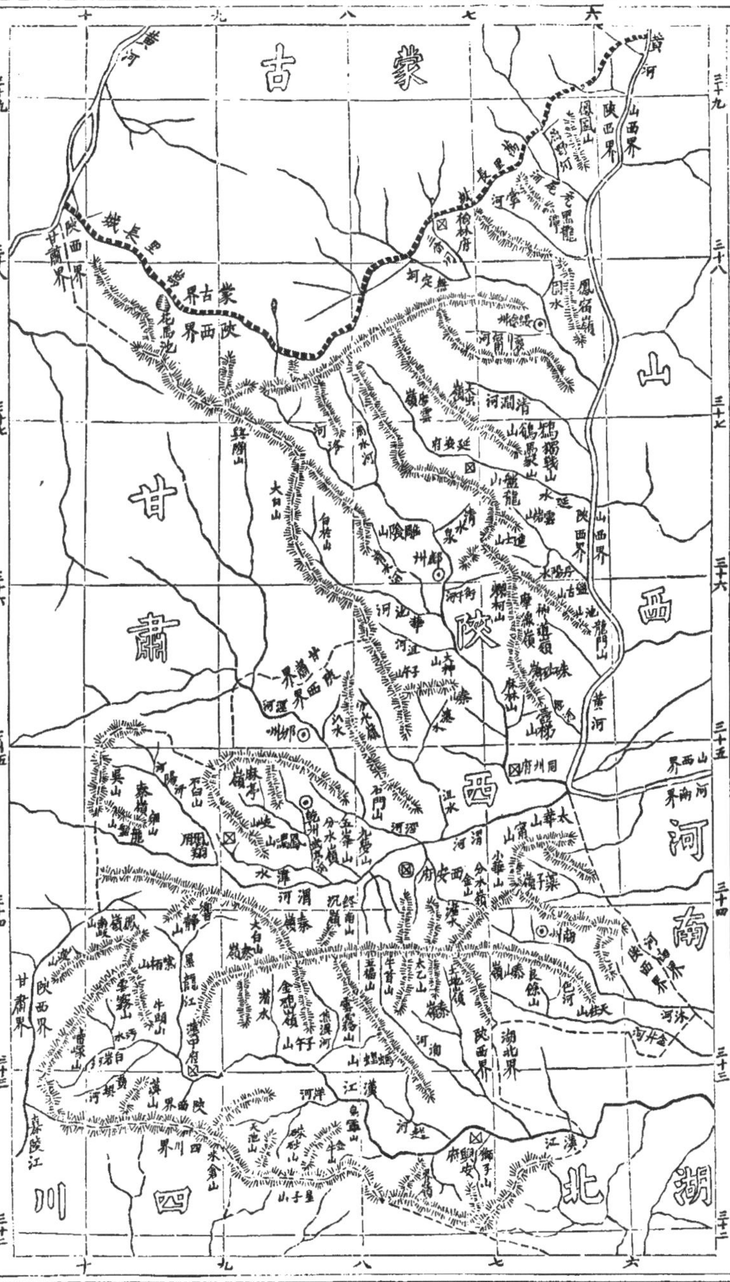

陝西考畧

陝西別名秦省、東西相距七百四十里、南北約千二百六十里、東界山西、東南界河南湖北、南界四川、西界甘肅、北則以長城爲界、禹貢雍州之域、周爲王畿、東遷後屬秦、戰國時秦都咸陽、始皇幷天下、以京師爲內史、兼置上郡漢中等郡、漢高帝都長安、改置渭南河上中地郡、九年復爲內史、太初元年、改爲京兆尹、左馮翊、右扶風、是爲三輔、置司隸校尉以統之、三國屬魏、仍曰雍州、晉因之、唐貞觀二年、分置關內及山南道、宋初爲陝西路、熙寧五年、分爲永興軍路、南渡後爲金所得、元中統三年、立陝西四川行省、治京兆、至元二十二年、改爲陝西等處行中書省、明初仍立陝西行省、洪武九年、改置陝西等處承宣布政使司、　國朝初因明舊制、康熙二年、移右布政使治甘肅、左布政使仍治西安、六年改左布政使曰西安布政使、後又改爲陝西布政使、領府七、曰西安、曰同州、曰鳳翔、曰漢中、曰興安、曰延安、曰榆林、直隸州五、曰商、曰乾、曰邠、曰鄜、曰綏德、散州亦五、縣七十三、按全省形勢、東瀕黃河、南據漢水、西連秦隴、北居沙漠、洵山河四塞、中國扼險之區也、西安最稱殷阜、金城千里、秦以之興、次及鳳翔、尚稱饒足、若延安榆林、逼近邊衞、原野蕭條、未可與西鳳諸府同日而語、漢中襟喉巴蜀、最爲衝繁、蜀安亦安、蜀危亦危、有表裏維繫之勢焉、　國朝分置滿漢軍民、甘肅而外、是省最多、殆爲此歟、陝西省會爲西安府、三臺大憲、皆駐節焉、其城週圍三十餘里、樓櫓壯麗、雉堞崔巍、南北兩京以下、當首屈一指、城門皆雄壯可觀、尤稱奪目、洵不愧爲古帝王居、明季、鄕民墾地、得古碑一方、顏曰、大秦景教流行中國碑、今原刻尚存、摩挲三復、覺大道皇皇、眞光普照、彼世之目爲異端者、抑何坐井觀天、見聞狹隘耶、

西安新志云、西安依山爲城、地勢雄壯、拱衞邊隅、府城南偏西五十里、有終南山、一名南山、東西連亘藍田、咸寧、長安、盩厔四縣之境、禹貢所謂終南卽此、唐韓愈有南山詩、太乙山在府城南七十里、綿亘秀特、上薄雲霄、唐王維詩、太乙近天都是也、驪山在西安臨潼縣東南、周時驪戎居此、因以得名、下有溫泉、澄清澈底、不火而熱、又有始皇陵、護以內外二城、內城周五里、外城周十二里、遺址俱存、太華山卽西嶽、在同州華陰

縣南、石壁凌空、天然瘦削、有芙蓉、明星、玉女三峰、蒼龍嶺、黑龍潭、白蓮池、日月崖、及仙掌石月之勝、少華在太華西、或名小華山、其上木多荆杞、獸多怍牛、鳥多赤鷩、山嘗自摧、被害者衆、今亂石猶存、乾州武功縣南有太白山、山上恒積雪、望之皎如皓月、諺云、武功太白、去天三百、蓋極言其山之高也、岐山、在鳳翔縣治東北、其峯高峻、狀若列柱、亦名天柱山、禹貢導岍及岐、太王邑於岐山之下皆此、漢中寧羌州有龍門山、中有洞、洞中清泉漱玉、夏懸水簾、冬凝氷柱、亦一名勝也、金牛峽、一名五丁峽、秦惠王謀伐蜀、患山隘阻、乃作五石牛、每旦置金尾下、言能糞金、欲以遺蜀、蜀王負力而貪、令五丁開道引之、秦因使張儀司馬錯進兵滅蜀、宋胡曾詩、山嶺千里擁蜀門、成都別是一乾坤、五丁不鑿金牛路、秦惠何由得幷吞、指此、至其大川、東有黃河、自北而南、順流湍急、凡八百餘里、至朝邑縣界、直折而東、入山西蒲州府境、北有無定河、即古圁水、因濆沙急流、淺深莫定、故更今名、渭河、出自甘肅渭源縣鳥鼠山、東流入陜、直下如矢、不下七百里、卒達黃河、淮南子曰、渭水多力宜黍、言其利也、南有漢江、發源於漢中沔縣嶓冢山、名曰漾水、即禹貢所謂嶓冢導漾、南合沔水、東流爲漢、又東至湖北漢陽府會大江、他若澧水、鎬水、大雅傳其名、漆水洛河、禹貢記其蹟、曲江池、在西安東南、漢武所鑿、每賜宴臣僚於此、池中有綵舟、惟宰相學士登焉、寶雞縣有磻溪、相傳太公垂釣於此、得一魚、腹有璜玉、文曰周受命呂佐、想亦附會之詞耳、西安咸陽縣東二十五里、渭南上林苑中、秦始皇嘗建阿房宮、東西三里、南北五百步、庭際可容十萬人、然楚人一炬、久已同歸於盡、華清宮在驪山下、唐太宗建、水溫可浴、初名溫泉宮、後改華清、治湯爲池、環山列宮室、每歲臨幸、內有飛霜、九龍、長生、明珠等殿、俱廢、惟湯泉猶存、未央宮亦在西安、中有麒麟閣、蕭何建以藏秘書、宣帝圖功臣霍光等十一人於此、西安府學有王羲之筆陣圖、隋智永眞草千文、唐刻石經明皇八分書孝經、張旭草書千文、懷素草聖母帖、及宋修廟記等碑刻、均爲世所寶貴、宋向拱鎭長安、屢督匠摹搨、得石本三千餘、居民苦之、往往鑱削其字、韓縝修霸橋、督工急、取碑石以供之、經此二厄、全者遂少、中渭橋在府城西北、本名橫橋、架渭水上、秦始皇作離宮於渭河南北、渭水貫都、以象天漢、橫橋南渡、以法牽牛、雄壯莫比、東有霸橋、在霸水上、漢時送行者、多至此折柳贈別、王莽時橋災、隋更造、元修以石、唐開元遺事云、迎新送故、至此黯然、故又呼爲銷魂橋、九成宮、在鳳翔麟游縣西、本隋仁壽宮故址、唐太宗修以避暑、更名九成、杜少陵曾作長歌詠之、喜雨亭、在鳳翔府治東北、宋蘇長公判郡時建、鑿池其南、引流種樹、爲休息所、自爲文以記之、清風臺、在寶雞縣東南六十里、元眞人邱處機所築、西倚飛雲之壁、東臨漱玉之溪、北跨渭濱、南依山嶺、中引清風、因以命名、府城南有野人塢、秦穆公失善馬、野人得而食之者三百人、吏欲正其罪、公曰、君子不以畜害人、吾聞食馬而不飲酒、易傷人、乃賜之酒、後穆公被晉軍圍、三百人義而解之、穆公得免於難、此卽食馬處、絳帳村、在扶風東南、漢馬融教授諸生、嘗設絳帳於此、天漢樓、在漢中府治、宋建、曠覽江山、平收眼底、爲一郡之勝、府治西南、有拜將壇、漢高祖拜韓信爲大將處、今遺址猶存、八陣圖、在沔之定軍山下、諸葛亮築、又有督軍壇、亦在山下、亮嘗督軍於此、褒城、一曰褒姒鄉里、城東北有斜谷棧道、卽漢張良說高祖燒絕處、元時有板閣二千八百九十餘間、今仍舊、按羣國志、谷之北口曰斜、南口曰褒、長四百餘里、曹操出斜谷、軍遮要以臨漢、諸葛亮由斜谷取郿、皆此道、此西秦古蹟之大概、此外或琳宮梵宇、爲吾道所厭聞、蔓草荒烟、爲遊踪所不到、畧而弗書可也、

秦省人物、倘論者當首推成周之周公旦與召公奭、皆世居岐山、勠力同心、輔武王以伐暴救民、力臻郅治、洵不世之功臣也、漢有蘇武、字子卿、杜陵人、卽今咸寧縣、以中郎將持節使匈奴、天嚴寒、幽於大窖中、齧雪吞氈、數日不死、匈奴神之、乃徙至海上牧羊、十有九載、節旄盡落、還漢、封典屬國、圖形麒麟閣、若班固班超兄弟、及女弟班昭、兄妹齊名、尤爲世所罕覯、固字孟堅、九歲能文、父彪著西漢書未竟、固續之、撰西都賦及典頌誄若干篇、超少有大志、每讀書、輒投筆嘆曰、大丈夫當立功異域、以取封侯、安能久事筆硯乎、後果出征西域、累功封定遠侯、班昭適曹早寡、固續漢書未就、詔昭踵成之、數召入宮、令皇后貴人等師事焉、號曰曹大家、作女誡七篇、馬融、字季長、博學能文、從游者以千計、堂設絳紗帳、前授生徒、後列女樂、有道者病之、晉有杜預、字元凱、博學、號稱武庫、武帝時爲河南尹、荊州都督、羊祜舉預自代、拜征南將軍、以平吳功、封當

陽侯、預嘗謂王濟有馬癖、和嶠有錢癖、帝聞之、問預曰、卿有何癖、對曰、臣有左傳癖、著有左傳集解、唐有杜晦、字克明、少英爽、房玄齡薦之秦王、因表留幕府、後並入相、世稱房謀杜斷、顏師古、字子籀、太宗時、詔令一出其手、册奏之工、當時莫與倫比、嘗詔師古考定六經、諸儒就以問難、師古條分縷答、往往出人意想、衆皆歎服、李泌字長源、七歲能文、玄宗嘗與張說奕、召泌賦方圓動靜、泌即應聲以對、帝稱奇童、使與太子爲布衣交、後恢復西京、功居第一、拜相、封鄴侯、詩才之最著者、爲子美杜甫、博覽羣書、學長於詩、懷古人、詠時事、精深淵括、頓挫沈雄、世以詩史稱之、元稹謂自有詩人以來、無有出其右者、白居易、字樂天、當時亦以詩名、未冠時謁顧況、況恃才不輕許可、及閱其詞賦、嘆曰、吾謂斯文已絕、今復因子而傳矣、官刑部尚書、雅好與元稹唱和、時稱元白、杜牧善屬文、能詩、時號小杜、以別於子美、宋有寇準、字平仲、眞宗朝拜相、決策成澶淵功、封萊國公、元有蕭𣂏、幼翹然不凡、讀書南山者三十年、博極羣書、及門受業者甚衆、著有三禮說、九州志、勤齋文集、人稱一代醇儒、此西安一府人物之大畧也、同州、漢有楊氏父子曾孫三人、父震、字伯起、明經博學、從游者動以千計、稱關西夫子、官至太尉、門無私謁、爲太守時、有所舉茂才王密爲昌邑令、夜懷金獻震、震却之、密曰、昏夜無知者、震曰、天知、地知、子知、吾知、烏得爲無知、密慙而退、子秉、字叔節、亦官太尉、朝廷有得失、輒盡忠規諫、上每爲之改容、彪字文先、董卓廢立、彪以司徒盡節、幾及於難、曹操誣彪下獄、孔融諫曰、楊公四世清德、海內所瞻、若橫殺忠良、誰不戒心、操遂出彪於獄、迄有唐、震之嗣孫於陵、字達夫、雅負奇志、德宗時拜中書舍人、遷浙東觀察、有政聲、入爲京兆尹、爲人抗直、摘伏姦慝、無所隱、卒以尚書左僕射致仕、郭子儀、自武舉累遷至同平章事、平安史亂、賜號尚父、封汾陽王、功蓋天下、而主不疑、位極人臣、而人不忌、其契合人心至深且固、後之宰輔、弗能及也、柳公權、字誠懸、博經術、精書法、穆宗問筆法、對曰、心正則筆正、帝悟其以筆諫也、文宗朝累官學士、以太子太保致仕、宋有張舜民、善屬文、登進士第、元祐初、司馬光薦其才器秀出羣表、闢直敢言、召爲監察御史、後坐免、自號浮水居士、鳳翔、漢有法眞、好學博通圖典、爲關西大儒、弟子自遠方來者、數百人、前後徵聘四至、不爲屈、時號玄德先生、漢中、有李固、狀貌奇特、對策鯁切、卒爲梁冀所害、天下痛之、延安、有韓世忠、劉正彦反、世忠挺戈而前、賊黨望見咋舌曰、韓將軍也、皆就擒、其威勇驚人如此、至本省物產、延安一帶、山石流油、可以燃燈、亦可療癰疽、謂之石油、意即目下所行火油之類、苟疏其源而廣採之、未始非生財之一道、自然銅、出興安、蜜蠟鹿茸乳香麝香等出漢中、其餘土產常物、則種類繁多、不暇備載、

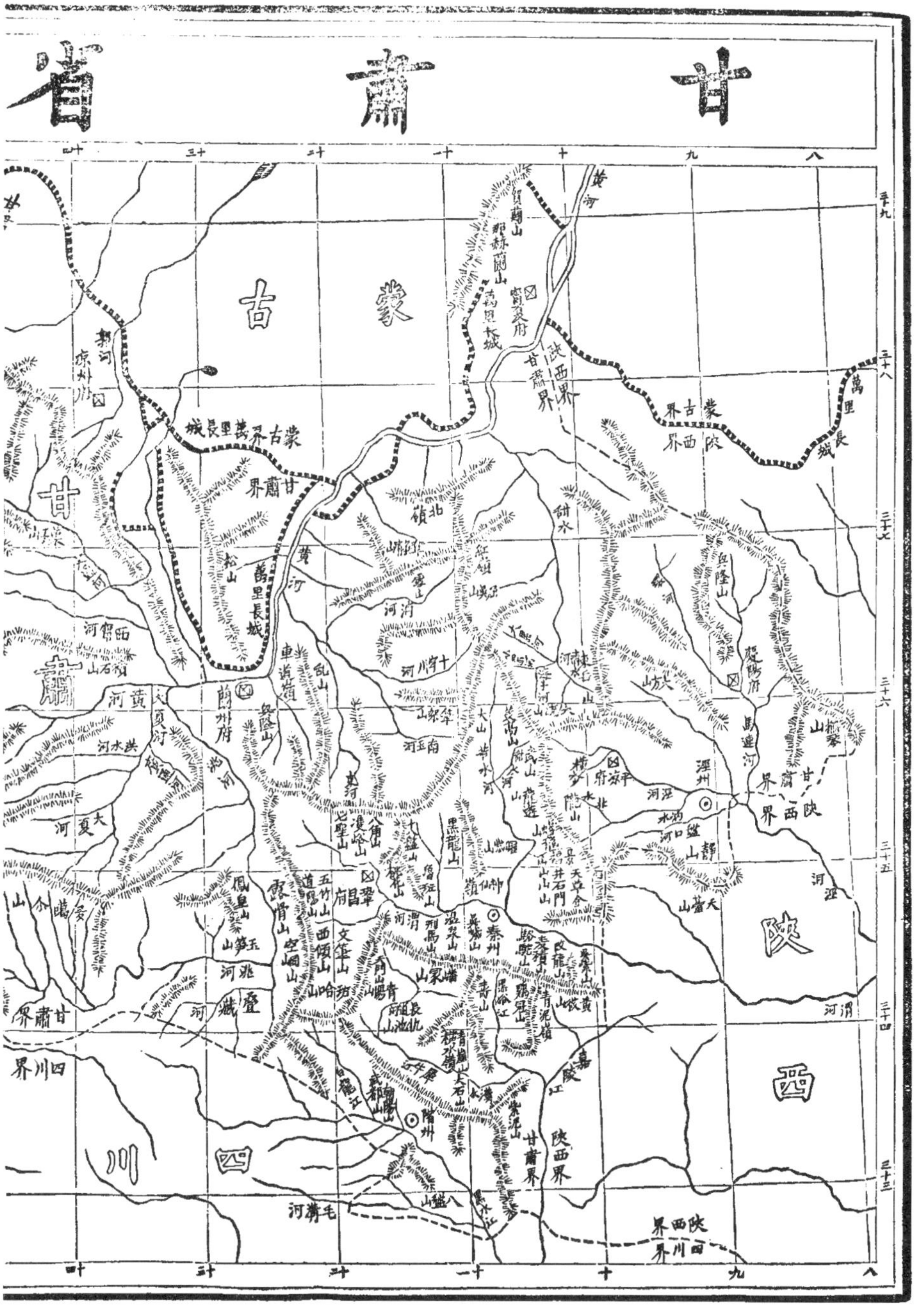
甘肅省
蒙古
陝西
四川
甘肅
黃河
蘭州府
鞏昌府
秦州
階州
寧夏府
平凉府
涇州
蒙古界萬里長城
甘肅界
陝西界
四川界
萬里長城

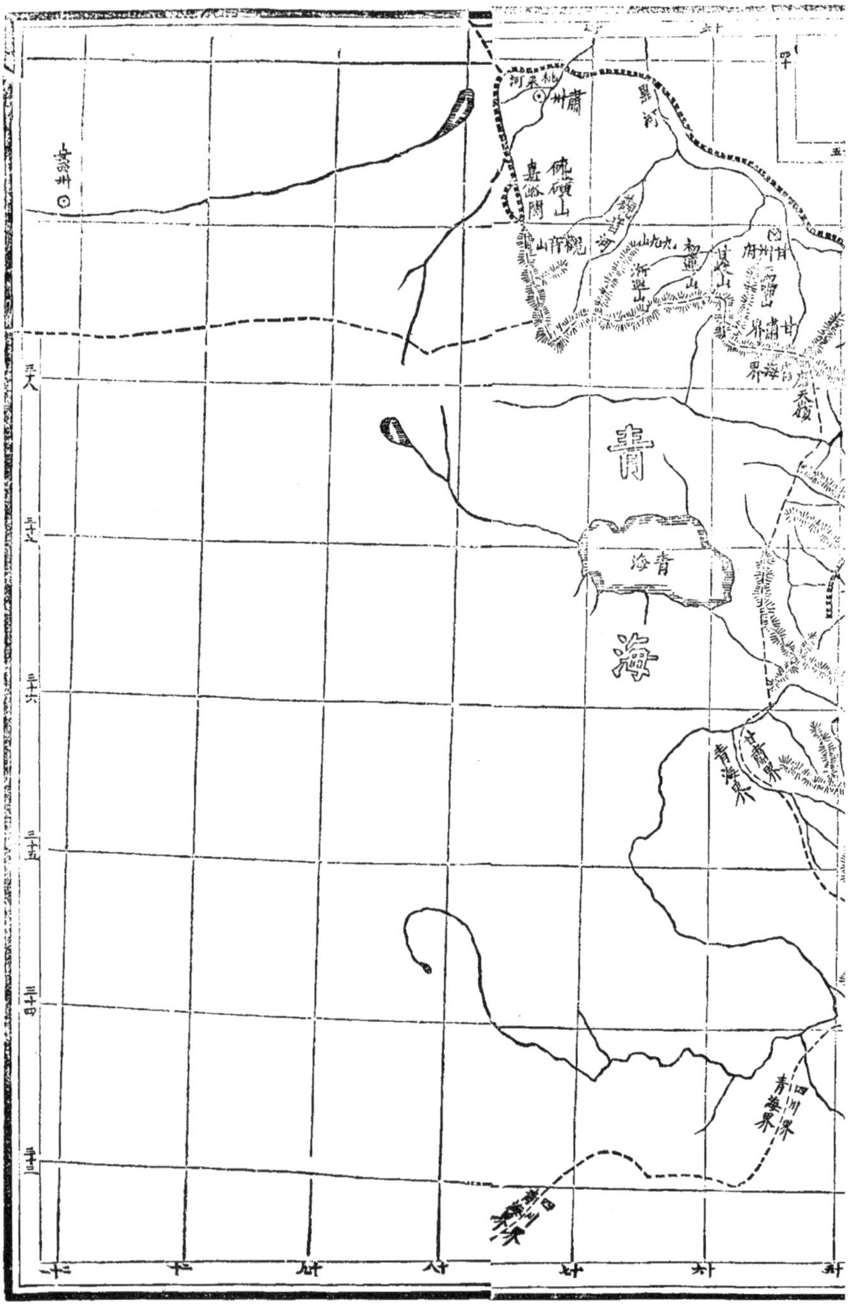
青
海
青海
肅州
嘉峪關
青海界
甘肅界
四川界

甘肅考畧

甘肅僻處西北、與陝西爲唇齒、統其關外之地、合并計之、東西相距三千六百餘里、南北二千餘里、地形如蝴蜂折𦝫、中細而首尾廣袤、故其所積里數、不能與方正之區、相爲較量、近以遼遠過甚、控制殊難、官斯地者、曾奏請析分此省爲二、　朝廷以事關國制、詔諸大臣熟議妥商、想不久當有新定王章告諸天下、其省東界陝西、南界四川、西界青海伊犁、北界蒙古沙漠、禹貢爲雍州之域、春秋戰國時、屬秦及西戎地、秦并天下、置隴西北地二郡、漢武帝分置大水安定武都三郡、又得匈奴昆邪王地、添置武威酒泉金城等郡、俱屬凉州部、後漢建安十八年、罷凉州、并屬雍州、三國屬魏、復置凉州、晉因之、唐貞觀元年、置隴西道、兼屬關內山南二道、後又置朔方河西隴右涇原諸節度使、貞元後、隴右之地、悉陷吐蕃、宋初屬陝西路、元屬陝西等處行中書省、至元十八年、置甘肅等處行中書省、明屬陝西布政使司、洪武二十五年、又置陝西行都指揮使司於甘州、領諸衛所、　國初、仍明舊制、康熙二年、以陝西右布政使駐鞏昌、分領鞏昌等四府、五年、改爲甘肅布政使司、移治蘭州、是爲省會、領府八、曰蘭州、曰平凉、曰鞏昌、曰慶陽、曰寧夏、曰西寧、曰凉州、曰甘州、直隸州廳七、曰涇州、曰階州、曰秦州、曰肅州、曰安西州、曰迪化州、曰鎮西廳、省會除藩臬兩司外、陝甘總督兼甘肅巡撫事務駐節焉、按全省形勢、地廣人稀、五穀歉薄、迤東尚稱沃腴、所產足以自贍、甘州以西、嘉峪關外、則荒凉沙漠、觸目皆然、寧夏一城、週圍六十里、向稱鞏固、雄瞰邊隅、既恃强兵良將之擁護、又賴賀蘭黃河之險要、邊疆得此、可以烽燧無驚、迪化州本名烏魯木齊、乾隆年間始更名設州、鎮守之兵、爲數甚鉅、蓋疆埸多故之時、必須有備、以期無患也、

按隴西爲山河襟帶之地、蘭州有皐蘭山、環拱府城、如張翼作圍護勢、山下平夷坦直、可屯兵數萬、漢霍去病嘗擊匈奴至此、東南有白石山、周梁暉將兵至此、爲羌所圍、軍士病渴、後得水而免、府城西南有石門山、水經云、灕水東北經石門口、高峻險絕、對岸如門、積石山在河州、禹貢導河積石即此、兩山峭削、黃河居中、亦天塹也、鳥鼠山、俗呼青雀山、在渭原西二十里、渭水經其下、相傳有鳥名鵌、有鼠名鼵、同穴安居、因名其

山、爾雅鳥鼠共穴、禹貢導渭自鳥鼠同穴是也、金縣東北、有亂山、銜接數百里、錯綜紛陳、森如列戟、此外諸山如幞頂、蓮華、琵琶、駝頂、猪嘴等山、皆以形似得名、別無勝趣、石險峽、在府城東、兩崖懸立、黃河至此、折而東流、入亂山、瀉落巨川、如瀑布、土人每於此引水灌田、崆峒山、在平涼府城西、其上有問道宮、相傳黃帝問道於廣成子卽此、最高之峯、名曰翠屏、上有圓石如珠、因又名垂珠峯、游師雄詩、最高翠屏山、舉手星可摘、珠石信團圞、羣峯森劍戟、可謂善狀茲山者、上有青龍洞、一名歸雲洞、每值雨霽雲收、恰如歸洞、故名、又有廣成子洞、相傳廣成子隱跡崆峒、擇居此穴、祁山在西和縣北、上有城極嚴固、蜀漢時諸葛亮出軍祁山卽此、東有道靈山、西山環合、二水縈瀠、清泉自巖竇飛落、皎如匹練、鹿玉山在成縣東、旁有獅子洞、洞旁溪中水漱石如玉、名曰玉井、皆天然佳趣也、仇池山在縣城西北、四面峭壁撐天、奇險可怖、上有平地、方二十餘里、羊腸盤道二十六廻、有豐水可煮成鹽、唐杜甫嘗詠之、花石峽在階州、產青黑石、其文有松柏人物溪橋水石山林樓屋日月之狀、以爲屏風絕可愛、撫琴山在鳳陽、山畔有洞、清風吹入、彷彿琴音、故名、寧夏有賀蘭山、丹壁青峯、巍然峻大、盤踞數百里、府城倚以爲固、本省大川、以黃河爲最、自青海流入西寧、盤折東北、經蘭州寧夏、復出塞外、始轉而東南、入山西境、洮河源出番地、流入長城、盤東峽中、數百里、始沿蘭州府城而南、衝突湍急、聲若驚霆、嘉陵江、源出峽西大散關西、流入本省、經秦州、兩當、徽縣境、南入四川合蜀江、又有西寧之大通河、源出自青海地、黑河、沙河、皆發源塞外雪山、泙湃浩蕩、浪駭濤奔、非人力所能爲也、隴省勝蹟、蘭州有臨川閣、天寶初建、下臨清流、攬一郡之勝、廣皇閣在黃河北、突出雉堞、高敞明爽、登之可以覽全郡山川之勢、亦一大觀也、第一城在涇州、隗囂遣將據高平第一城、寇恂督兵討降之、卽此、古密國在靈臺縣、周文王伐密、左傳密須之鼓、史記周共王游經邸、密康公從游、卽此地、威戎城在平涼西南、其地川平土沃、兼擅銀銅之利、宋招討使鄭戩遣劉滬築之、以捍西夏、避暑閣在府城北柳湖上、宋蔡挺建、其中綠楊千樹、掩映成林、檻外湖光清淺可掬、夏月多避暑於此、西北百餘里有蕭關、史載漢文帝時、匈奴入蕭關、又武帝西登崆峒、出蕭關皆此、石橋在崆峒兩峯間、有巨石橫亘、鞏昌有仇池城、戰國爲白馬氐羌國、晉時楊難當三世據此、後魏置仇池郡、舊志仇池城天然陡絶、壁立千仞、石角外向、宛如雉堞、惟一門可通、上有沃田可耕、泉眼數十、足資灌溉、其利甚溥、秦州有諸葛壘、俗稱下慕城、傍有司馬懿壘、俗稱上慕城、魏太和中、諸葛亮攻天水、詔懿拒之、此其壘也、又有陰平道、同谷志云、秦蜀時兵將出入之路、爲全蜀門戶、鍾會伐蜀、姜維請備陰平、後主不聽、今麻關口、尚有鄧艾姜維故城、東北有進馬台、太平廣記、漢武帝元鼎初西巡至赤沙驛、羌氏有千里馬、築台拜表以進、因名、不窋城、在慶陽境內、夏政寖衰、后稷子不窋竄奔戎翟間、建邑於此、迨死、葬於城東、其碑淹久剝落、上有片石、大書周祖不窋氏陵、賀蘭山東、有元昊宮、趙元昊據有夏地、依山爲固、建宮於此、今宮牆尚存、涼州有劉林台、相傳漢竇融建、舊名竇融台、明洪武初、百戶劉林戰死城下、人重其忠、因改今名、安西有玉門關、縣因以名、漢霍去病破走日支、大開玉門關、又班超在西域上書願生入玉門關、皆此、又有陽關、唐王維詩、西出陽關無故人、即謂此也、

隴省人物、蘭州、漢有辛慶忌、父武賢酒泉太守、慶忌拜左將軍、父子皆稱虎臣、朝廷倚重、辛恭靖爲河南太守、姚興來寇、固守百餘日、援兵不至、城陷被執、恭靖厲色曰、吾寧爲國死、不爲羌臣、興幽之、尋得脫、其堅忍之操、有足多者、南北朝有李琰之、少稱神童、於書無所不讀、朝廷大典、多咨訪焉、自云、崔博而不精、劉精而不博、吾既精且博、可兼二子、倨傲如此、亦恃才之病也、隋有辛公義、歷官刺史、清白自勵、所至以慈父稱、唐有李襲譽、擢江南巡撫使、祿俸悉贈貧交、餘則買書苦讀、及歸、惟載書數車、嘗謂諸子曰、吾性不喜財、家故中落、然賜田數頃可耕、桑百株可蠶、書四壁可讀、汝能勤此、無資於人矣、平涼、漢有皇甫嵩、以冀州牧、討平黃巾、封槐里侯、威名震天下、累遷太尉、折節禮士、海內豪傑皆依附之、晉有皇甫謐、家貧、帶經而耕、數辟不起、雅好著述、號玄晏先生、唐有牛僧儒、微時入都、以詞賦謁韓昌黎皇甫員外、他日二公詣所居、適他出、書其門曰、韓愈皇甫湜同謁不遇、翼日、都下名士競往物色、名遂大振、後舉進士第、穆宗朝、以風節推重、累遷同平章事、敬宗立、封奇章郡公、宋有吳珍、少勵志節、日誦書史、錄其可師者、置諸座右、用兵決策、變化如神、據險抗敵、卒保全蜀、鞏昌、漢有李廣、號飛將軍、匈奴畏服、文帝嘗曰、惜廣不逢時、設當高祖世、萬戶侯豈足

道哉、歷任太守、卒不封侯、趙充國、善騎射、果勇有謀、與霍光定册、立宣帝封營平侯、年七十六、擐甲將兵、討平西羌、圖形麒麟閣、唐有李揆、累遷中書令、美丰儀、善奏對、帝曰、卿門人物文章、皆當今第一、其朝廷羽儀乎、時稱三絶、李晟、年十八、從王忠嗣征吐蕃、稱萬人敵、平朱泚亂、克復京城、號令嚴明、公私安堵、累官司徒、封西平王、甘州、漢有金日磾、狀貌魁偉、武帝奇之、拜侍中、後爲車騎將軍、與霍光同受遺詔輔政、封秺侯、卒謚敬、本省物產、蘭州出淡巴菰、分運各省、不可數計、金絲草、產慶陽、性解毒、石油出肅州、能燃燈、犛牛出西番、毛可爲旌旄、其他麝香、犀角、芎藭、當歸藥籠中物、所產尤夥、至顱絨、板絨、粗絨、鐵絨、海綿等、皆有用之材、非徒爭采色而已也、

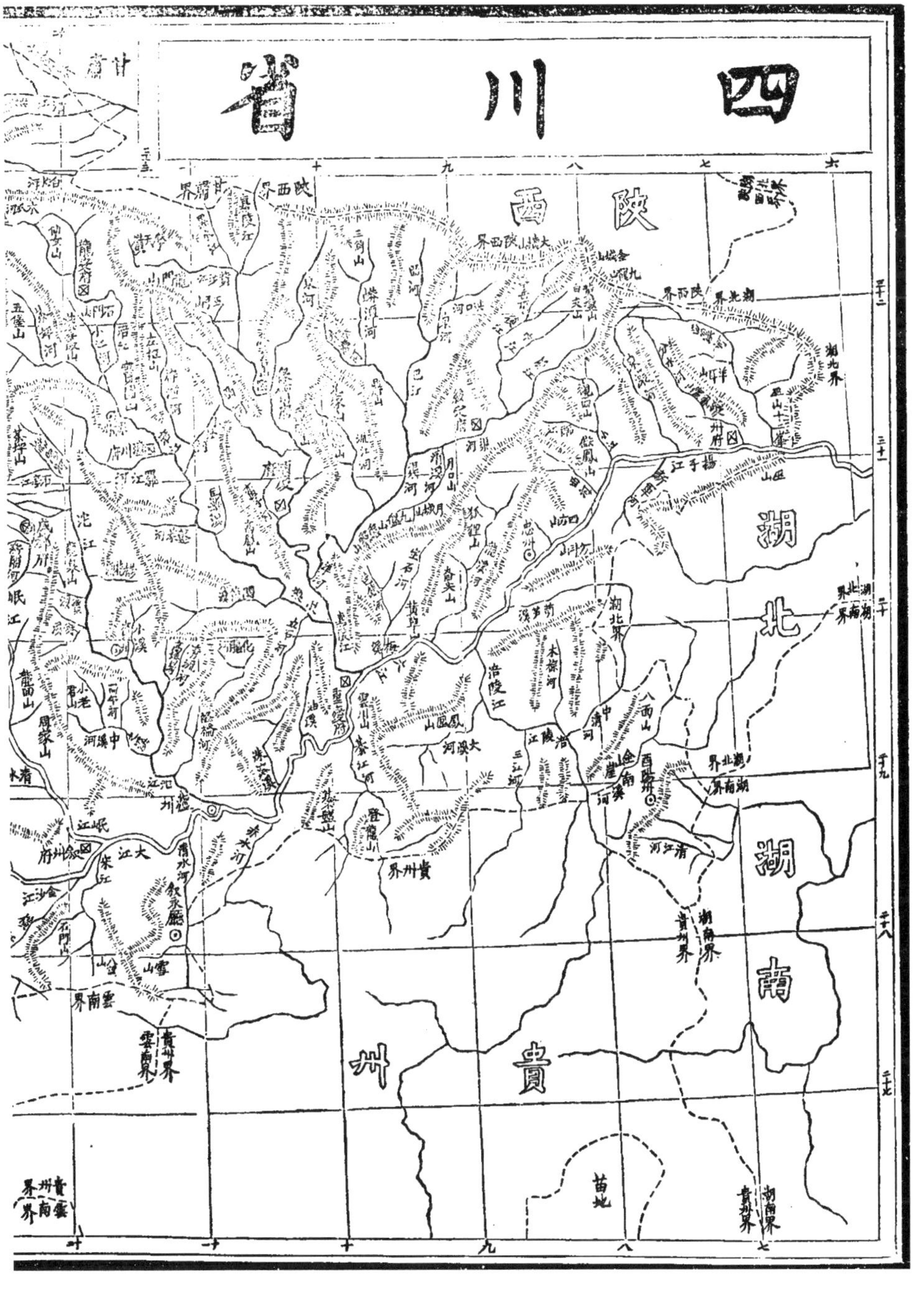
四川省
陝西
湖北
湖南
貴州
苗地

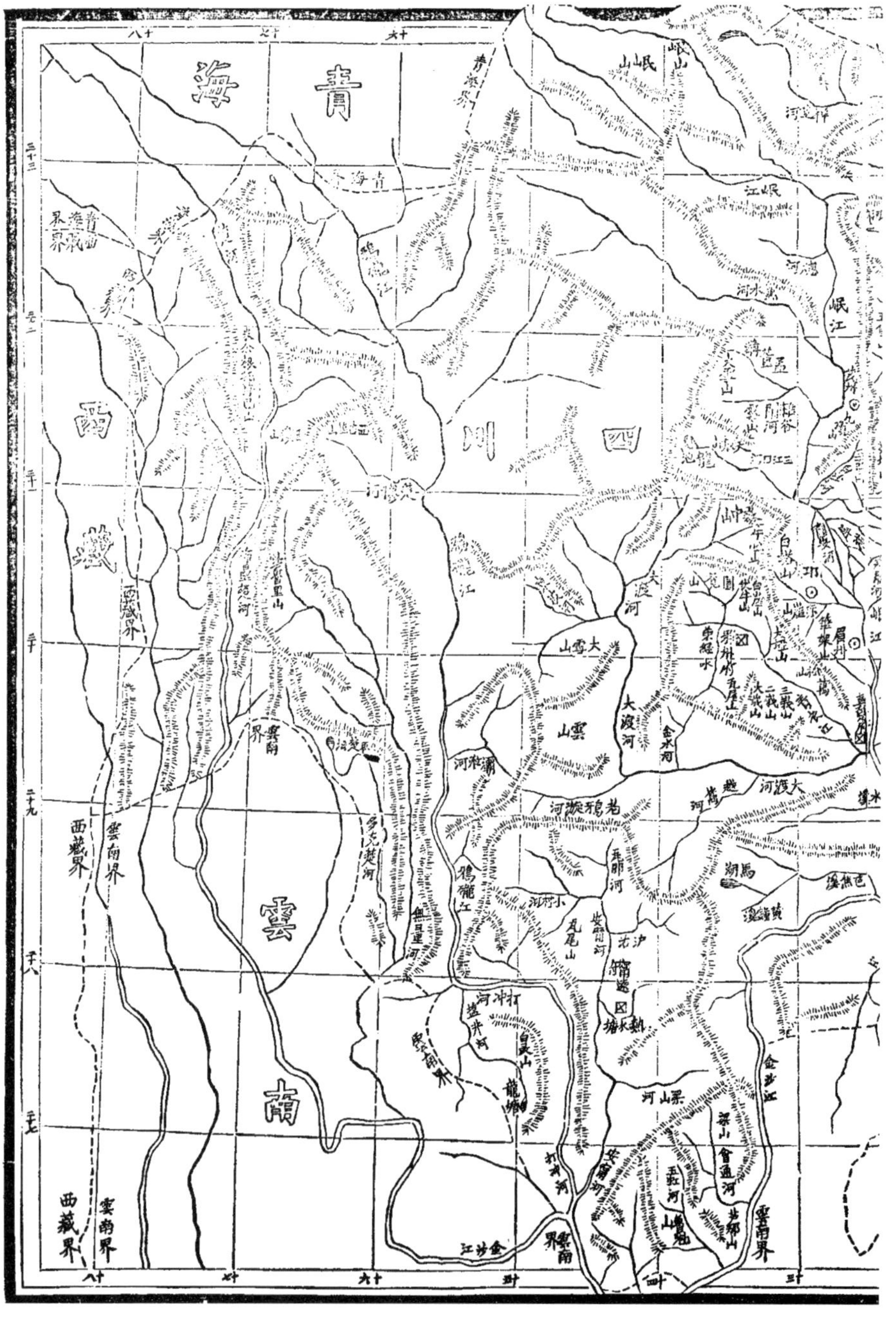
青海
西藏
四川
雲南
西藏界
雲南界
大渡河
金沙江
岷江
大雪山

四川考畧

四川取岷江沱江黑水白水四大川以為名、東西相距約千八百八十里、南北約千四百四十里、東界湖廣、南界雲貴、西界西藏、北界陝甘、禹貢為梁州之域、夏殷之間、梁為蠻夷、厥名蜀國、所謂巴竇彭濮之地是也、周并入雍州、迨哀、秦有其地、後秦併天下、置巴蜀二郡、漢置十三州、此為益州、王莽篡位、公孫述據其地、建武十二年、討平之、漢末、地為先主所得、號曰蜀漢、炎興初、為魏所并、亦曰益州、晉因之、唐貞觀中、置劍南及山南道、開元中、又分屬劍南及山南西山南東等道、宋乾德三年平蜀、置四川陝西路、元置四川等行中書省、又置西蜀四川道廉訪司、明洪武四年、置四川等處承宣布政使司、分川西川東川南川北四道、自洪熙至宣德間、命都御史出鎮四川、事寧回院、正統間、改設巡撫、嘉靖初、始設總督、節制川湖貴州、後裁革、萬歷年間、復設川貴總督、天啟時、改設川廣總督、以控制邊境、　國朝分置兩廣總督、仍以總督節制四川省、兼理巡撫事務、領府十二、曰成都、曰寧遠、曰保寧、曰順慶、曰敘州、曰重慶、曰夔州、曰綏定、曰龍安、曰潼川、曰嘉定、曰雅州、直隸州廳九、曰資州、曰綿州、曰茂州、曰敘永廳、曰西陽州、曰忠州、曰眉州、曰邛州、曰瀘州、散州廳二十、縣一百十二、考其形勢、渝夔東注、據吳楚之上游、利閬北顧、連褒斜之要道、威茂黎雅、足控西番、出湖敘瀘、以扼南僰、黑山雪嶺、深溪大川、自為藩籬、亦足閉關絕使、而無外寇之虞、惟蠻獠雜處、綏馭維艱、一旦跳梁內作、兵釁頓生、則東馬懸車、勢不相及、以故本省封疆之職、非精明練達之員、不足以資控衛而服民心也、

巴蜀名山大川、為天下冠、夙見稱於史冊、如青城山、在成都灌縣西南、唐杜光庭有記、岷山接岫連峯、千里不絕、青城為第一峰、後改名大面山、有七十二小洞、應七十二候、八大洞、應八節、彭縣有大隋山、上有泉流為瀑布、宋張商英以為西山之勝、大隋當首屈一指、其後峰名中隋山、層巒秀特、積雪三四月始消、下視白鹿葛仙諸峰、真培塿矣、資州井研縣東北有鐵山、出精鐵、鑄為器、犀利無比、諸葛亮曾取為兵器、資州治北有重龍山、峯巒盤屈、隱若龍旋、遙而望之、有騰拏飛攫之態、上有天池、大旱不竭、華萼山、在內江縣西、唐范

崇凱讀書於此明皇時獻華萼樓詩、詔稱天下第一、因以得名、綿州梓潼縣北有馬閣山、峻峭崚嶒、盤紆險之致、魏鄧艾伐蜀、懸車束馬、由此出江因名、大劍山、在保寧劍州、一名梁山、劍閣記梁山之險、蜀所恃爲外戶、又名劍門山、大巴山、在通江縣東北、與小巴山相接、世傳九十里巴山是也、南部縣有禹跡山、禹治水經此、山頂有泉、清冽可愛、岩渠山、一名大青山、在順慶廣安州、其巔峻險、東西有二石門、三國張郃自漢川進軍岩渠、與張飛相拒五十餘日、飛率精兵從間道破郃、巴郡乃安、即此、鳳山、在夔州大寧縣、一名東山、木石蒼翠、洞壑幽深、宋時郡守於暇日、窮探其勝、得月窟、雲崖、釣雪、浮玉等處、眉州有蟇頤山、自象耳山峰連壁立、西瞰玻璃江、即岷江、五十餘里至此盤旋蹲踞、形類蟇頤、因是得名、蛾眉、來自岷山、連岡疊嶂、延袤三百餘里、至此突起三峰、二峰對峙、宛若蛾眉、故名、山之屬嘉定者、有大峩中峩小峩之別、大峩周圍數百里、上有石龕、一百十二、大小洞四十、重巖複澗、深邃難窮、至其巨川、大江自青海入省、東南流貫注全省、成圓弧形、轉東北至夔州、入湖北界、爲諸川之綱、岷江、即四瀆之一、源出岷山南合大江、沱江、爲岷江分水、禹貢岷山導江、其東爲沱、即此、嘉陵江、發源自陝西嘉陵谷、閬水、漢水、巴水、渝水、皆此江別名、巴江、源出大巴山、以其中央橫貫、形若巴字、故名、又名宇江、唐李遠詩、巴江學字流、紀實也、卒合嘉陵入大江、又有大渡河、自西北至東南、直流千餘里、至嘉州亦入大江、迤西有鴉礱江、無量河流派綿長、惟地廣人稀、無多利益、是可惜也、

蜀省古蹟、成都有楊雄宅、即今成都縣治、內有草玄亭、墨池諸遺蹟、司馬相如宅、在府城西南、蜀記云、在市橋西、即文君當壚滌器處、舊有琴臺、石紐村、在汶川縣境、按帝王世記及元和志、皆載爲禹誕生處、今名刳兒畔、府城西門外有石筍、寰宇記、蜀王每死、輒立大石、長三丈、重千鈞、以爲墓志、今石筍是也、讀書臺、在府城北二里、諸葛亮築此以集諸儒、兼欵接四方賢士、後改爲乘烟觀、望湖樓、在簡州南、下瞰江流、水色山光、交相輝映、輕舟小艇、時出柳陰中、人謂不減瀟湘菸雪之景云、新都縣北牟彌鎮、有八陣圖、按諸葛八陣圖凡三、在夔州者、六十有四、爲方陣法、在盤市者、二百五十有六、爲下營法、在牟彌者、一百二十有八、爲當頭

陣法、保寧有劍門關、自大劍山至此、峭壁聳拔、隘路險巇、蜀漢諸葛亮因立爲劍門、厥後姜維退守於此、以拒鍾會、又有劍閣、兩崖高峻、鑿石架閣、爲棧道、連山絕險、故謂之劍閣、秦司馬錯由此道伐蜀、唐杜甫有詠劍閣詩、李白有劍閣賦、均狀其險、府城北有滕王亭、滕王元嬰建、杜甫詩、君王臺榭枕巴山、萬丈丹梯尚可攀、卽謂此、順慶有石纖、江中有巨石圓徑二丈餘、中高四垂、狀若纖蓋故名、叙州有武侯塔、諸葛亮建以誓蠻戎者、今爲長寧縣治、越王墓、高廣各數丈、以花磚砌成、墓前古柏合抱、然未詳越王爲何人、或以爲唐太宗子越王正、未知是否、在重慶涪州、江心有石、刻成雙魚、皆三十六鱗、一啣萱草、一啣蓮花、有石秤石斗置其旁、亦佳景也、四賢閣在忠州治、後宋知州王闢之建、唐劉晏、陸贄、李吉甫、白居易皆謫此、故以爲名、今爲儒學治、宋黃庭堅有記、夔州亦有八陣圖、聚細石爲之、高五尺、其位置布列、各各相當、中間相距九尺、正中間南北巷、方廣各五尺、計六十四聚、又有二十四聚作兩層、晉桓溫伐蜀經此、以爲常山蛇勢、歎爲名將遺風、不可泯也、龍安有石穴、土人以爲大禹誕生地、穴甚深邃、人跡不到、嘗掘地得古碑、有李白書禹穴二字、識者因知會稽禹穴之誤、或亦蹈爭墩之習歟、

蜀中人物、成都漢有司馬相如、楊雄、相如字長卿、好讀書、學劍擊、事景帝爲武騎常侍、以病免、客梁園、著子虛上林賦、傳誦一時、武帝讀而賞之、召見拜中郎將、卒以病免、爲人多風致、善著書、雄字子雲、博覽羣書、好沉思、恒終夜不寢、家貧嗜酒、好事者時載酒以供、武帝時、著甘泉、河東、校獵、長楊、四賦以獻、拜執戟郎校書天祿閣、後著法言及太玄經、將成、有富人齎錢十萬、願載一姓名、雄不納、其性之嚴正如此、唐有李白、字太白、幼名長庚、性倜儻、善詩賦、尤工詠古、玄宗以賀知章薦、召入命賦清平調、時白已醉、援筆立成、上嘆曰、仙才也、坐以七寶床、手調羹賜食、白令高力士脫靴、力士深恥之、摘詩中語激貴妃怒、遂乞還山、遨遊四方、卒於采石、少時嘗謁政府、手板題云、海上釣鰲客、執政者問以何物爲鉤線、曰以紅霓爲絲、明月爲鉤、又問以何物爲餌、曰以天下無義氣丈夫爲餌、丞相悚然、其狂藐之概、世莫與京、宋有范鎮、字景仁、官少司徒、以直言忤王安石、致仕表謝曰、願陛下集羣議爲耳目、以除壅蔽之奸、任老成爲腹心、以養和平之福、天下聞而

壯之、蘇軾往賀曰、公雖退、名益重矣、鎮愀然曰、天下受其害而我享其名、是誠何心、人由是益重、著有文集、百卷行世、鄧至、博學多才、從學者甚衆、每出入市邑、人皆拱立、著龜鑑五十卷、二江集三卷、虞允文、七歲能屬文、十歲賦詩多驚人句、出將入相、垂二十年、始終一節、封雍國公、謚忠肅、潼川、唐有陳子昂、字伯玉、唐代文章、至子昂始變雅正、王適稱爲海內儒宗、所著論世以爲法、宋有蘇舜欽、工草書、負才豪放、善飲、以漢書爲下酒物、寓杜祁公家、讀至張良擊秦王、撫掌曰、惜乎不中、引一大白、公笑曰、有如此下酒物、一斗不足多也、眉州、晉有李密、宋有三蘇、密字令伯、徵太子洗馬、詔書屢下、以祖母劉年高衰病、力乞終養、武帝覽表、賜二婢、給其祖母服役、蘇洵、字允明、年二十七、始發憤力學、與其子軾轍、皆以文章擅天下、宰相韓琦奏於朝、除校書郎、有文集二十卷、謚法二卷行世、初王安石負盛名、洵以其不近人情、作辨姦論、痛快言之、及安石用事、人多服其先見、長子軾、字子瞻、又號東坡居士、嘗築室黃州之東坡、因以地自名、累官學士、兵部尙書、卒謚文忠、器識閎偉、議論卓犖、爲文豪爽、雄視百世、所著有易書傳、論語說、東坡集、奏議、內外制、數百卷、次子轍、字子由、爲人沉靜、其文澹泊、與兄軾齊名、累官學士、晚客許州、自號潁濱遺老、卒謚文定、所著有詩傳春秋傳、古史、欒城集、嘉定、瀘州、有董允、仕蜀漢爲侍中、諸葛亮稱爲忠亮死節之臣、後主寵宦者黃皓、皓畏允不敢爲非、至本省物產、米䊕雜粟、隨處皆有、金銀銅鐵礦產尤夥、酒以郫縣郫筒爲最、牡丹以彭縣爲第、故彭縣有小洛陽之稱、又有鉛、錫、麝、茶、絲、綢、大黃、琥珀等物、雖非奇品、亦有用之材也、

廣東考畧

廣東古稱百越、又名粵東、東西相距約千八百六十里、南北約千二百六十里、東與南悉界大洋、東北界福建、北界江西湖南、西界廣西、西南界越南、禹貢爲楊州徼外地、故稱楊越、秦幷天下、置南海等郡、後爲趙佗所據、號爲南越國、漢武帝討平之、仍設爲郡、晉因漢制、隋大業季年蕭銑等據、唐初討平、貞觀初、置嶺南道治廣州、咸通二年、分爲嶺南東道、宋初爲廣南路、旋分屬廣南東路、元分置海北廣東道、屬江西行省、海北海南道屬湖廣行省、明洪武九年、置廣東等處承宣布政使司、藩封衛所、參列其間、國朝沿明舊制、仍置廣東省、省會在廣州、即古羊城、兩廣總督、與廣東巡撫暨藩臬二司、皆駐節焉、領府九、曰廣州、曰韶州、曰惠州、曰潮州、曰肇慶、曰高州、曰廉州、曰雷州、曰瓊州、直隸州四、曰連州、曰南雄州、曰嘉應州、曰羅定州、新設直隸廳一、曰佛岡、散州廳九、縣七十八、廣州爲中外門戶、海防要隘、風帆輪舶、蟻聚蜂屯、各國關口通商、始於道光二十二年、咸豐八年、又開汕頭瓊州兩埠、光緒二年、闢北海一埠、在廉州府治西南、僻處海隅、漸成口隘、全省形勢、南雄潮州肇慶羅定、毗連內地、防衛尚易、若近海之高廉雷潮廣惠瓊州等郡、則易遭侵突、防守較難、加之人民強悍、械鬥成風、海盜亦屢見疊出、懷柔鎮撫之方、今日尤亟須講究也、

考百越名山、越秀山、在廣州省城內、聳拔二十餘丈、上有越王臺、爲趙佗所建、因山向背、位置天然、今遺址猶在、越王井、一名趙佗井、南漢劉氏、號爲玉龍泉、明初始建亭閣、士人歲時遊覽、亦勝境也、亂石山、在城北二十里、與白雲山毗連、山有水簾洞、白雲洞、鶴舒臺諸勝、西樵山、在府城西南、山腰平衍、可爲民居、有雲谷莊、雙魚陂、寶鴨池等勝、峽山、在清遠縣東、一名中宿峽、崇山峻峙、中通江流、舊傳黃帝二庶子、探崑崙竹爲黃鍾之管、隱於此山、名人登眺者、多有題詠、韶石山、在韶州府東北、山多怪石、有三峯、四接、盤龍、駱駝、獅子、虹蜺、鳳閣、馬鞍等名、而韶石雙峙如闕、相傳舜南巡、登此山石上奏樂、故名、鳴絃峯、在英德縣南山之背、相傳舜南巡、撫琴於此、峯下有涵暉谷、其中勝景、有晞陽島、飛霞嶺、淩烟嶂、夢弼巖、及桃花、棲雲、潛靈三洞、唐元結、有涵暉谷銘、刻峯石上、至今猶存、皇岡嶺、皇灣、皆在府境、亦以虞舜遊幸得名、靈池山、在翁源縣東、上

有石池、池中有泉八、曰湧泉、香泉、甘泉、温泉、震泉、龍泉、乳泉、玉泉、俱翁溪之源、大庾嶺、在南雄州北、以其多梅、亦曰梅嶺、壁立峻峭、登陟維艱、唐張九齡、開鑿成徑、嶺路平坦、行者便之、上有梅關、兩崖壁立、尤爲險峻、羅浮山、在惠州博羅縣西北、一名羅博山、高峻絶倫、廣袤數百里、嶺十五、峯三十二、峯之最蒼秀者、曰飛雲、王鶴、麻姑、仙女、會眞、曾仙、錦繡、玳瑁、洞之幽者、曰金沙、石臼、朱明、黄龍、朱陵、黄猿、水簾、蝴蝶、大小二石樓、登之可望滄海、樓外石門、方廣可容几席、二山相接處有石磴、狀如梁、名曰鐵橋、橋左右兩石柱、曰鐵柱、又有跳魚石、伏虎石、夜樂池等、皆茲山奇勝也、湖山、在潮州府治西、前臨鱷溪、後接鳳山、四方來遊者、春秋佳日、選勝登臨、絡繹不絶、至本省大川、西江一水、前已提述、珠江東江北江、总爲省中巨水、因支港貫通内地、溉田澤土、水利以興、貪泉、一名石門水、則因典志以名、俗傳登大庾嶺、則清磯之氣分、飲石門水、則潔白之質變、晋吴隱之有詩云、古人云此水、一歃懷千金、誠使夷齊飲、終當不易心、遊賞詩參以議論、實前人所未道、豐湖、在惠州府治、廣袤一十里、中有漱玉灘、點翠州、明月灣、花島、披雲島、歸雲島諸勝、爲一郡之最、珠母海、在廉州府東南、是爲合浦、又名廉江、中出大蚌生珠、爲該處典故、

名勝古蹟、省城南門外有海山樓、目極千里、百越之偉觀也、宋陳去非有百尺欄干横海立、一生襟抱與天開之句、韶陽樓、在韶州城南、唐許渾夜宴有詩云、簷前碧樹窮秋密、窗外青山薄暮多、亦足狀其勝景、政寶堂、在府治西、有宋蘇軾黄庭堅石刻、張九齡書堂、在南雄州始興縣治、其地山明水秀、几席之類、皆鑿石爲之、今遺址尚存、翰林堂、在嘉應州興寧縣治、五代時、羅孟郊讀書於此、官至翰林學士、堂因以名、其旁有泉、滙爲池、嘗滌筆硯、因名洗硯池、東坡故居、在惠州歸善縣治北、宋蘇軾以竄謫貶惠州、築室以居、堂曰德有鄰、齋曰思無邪、紹興中寇至、官舍民廬、焚蕩殆盡、獨留此居、以表景慕焉、前有墨池硃沼、亦東坡所鑿、韓山亭、在潮州潮陽縣治、按韓山與東山相接、唐韓愈貶潮州、建亭以備遊覽、嘗問民疾苦、民以鱷魚爲患、對愈作文驅之、果驗、還珠亭、在廉州府城東、漢孟嘗守合浦、去珠復還、後人慕其廉、建亭以表之、此粤東名勝之大畧也、

考東粤人才、廣州、漢有羅威、字德仁、性至孝、冬日母畏寒、常以身溫簟席、夏月必撤帳而臥、以供蚊蚋、恐齧老母也、邑人化之、五代時有黃損、字益之、慷慨仗義、以詩文名、仕梁爲左僕射、每與桑維翰、宋齊邱論天下事、二人自以爲不及、宋有崔與之、字正于、自蜀師報捷、累功進觀文殿大學士、封開國公、歷仕四十年、亮節清風、後生師表、嘗銘座右曰、無以嗜欲殺身、無以財貨殺子孫、無以政事殺民、無以學術殺天下後世、卒諡清獻、韶州、唐有張九齡、字子壽、七歲能屬文、擢進士、選左拾遺、値玄宗千秋節、進金鑑錄、以寓規諷、上頗嘉納、每訪士、必曰風度得如張九齡否、時安祿山用事、九齡請誅之、曰亂幽州者、必此胡豎也、惠州、唐有軒轅集、隱居羅浮山、年百餘歲、宣宗召問長生之術、對曰、撤聲色、去滋味、哀樂不過、德刑無偏、堯舜禹湯之所以登上壽者、用此道耳、潮州、唐有趙德、沉雅專靜、通經工文、知先王之道、號天水先生、肇慶、唐有莫宣卿、字仲節、幼稱神童、一日與羣兒戲、口占云、我本南山鳳、豈同凡鳥羣、人大奇之、嶺南狀元及第、自宜卿始、以母老乞歸養、賜其鄉曰錦衣、宋有譚維寅、紹興中登進士第、官至江西憲、讀書一覽、終身不忘、嘗夜入衢州祥符寺、借燭閱碑、不得、以手捫之、歸而錄、黎明對校、一字不遺、馮盎、高州人、字明達、隋末、五州獠叛、盎擊平之、拜漢陽太守、封越國公、瓊州、宋有姜唐佐、字君弼、從蘇軾學文、軾契賞之、決爲大器、至論物產、銀銅鐵錫諸礦、魚鹽蚕蛤之利、所在皆有、玳瑁明珠、可供珍玩、花梨烏木、可爲器用、檳榔石斛丁香沉香、多木香、高良薑、蚺蛇膽、九孔螺、可入藥、龍蕉布、竹布、紵霜布、燕沙布、可衣被天下、端硯有三種、巖石爲上、西坑次之、後磨又次之、又有子石、在大石中、匠者識山之脉理、鑿得圓石青紫色者、琢爲硯、可値千金、然不能多得、龍蔥竹、產羅浮山、波羅密、大者如斗、味甘如密、其香沁鼻、荔支、有脫玉、皺玉、麝香、匣水精圓、狀元紅諸名目、尤爲該省獨著之品、老蘇有句云、日啖荔支三百顆、不妨常作嶺南人、其嗜好可謂深矣、此外珍禽異獸、奇樹名葩、品類甚多、不勝備記、

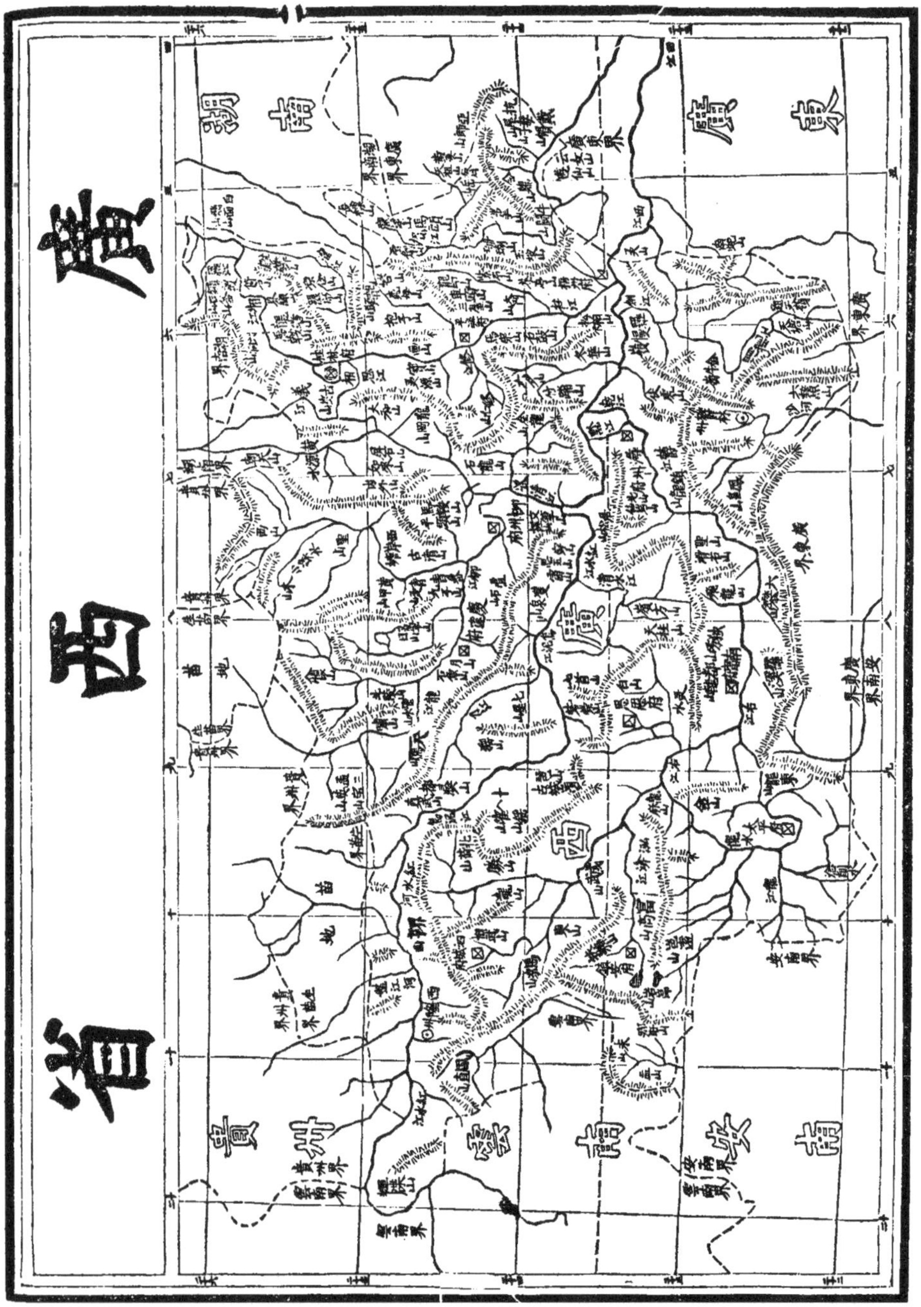
廣西省
湖南
廣東
貴州
雲南
安南

廣西考畧

廣西別名粵西、東西相距約千二百二十里、南北七百二十餘里、東界廣東、西界雲南、南界越南、北界貴州湖南、湖湘啓閩五羊襟喉、控制南交、屏藩中土、禹貢爲荆州之域、戰國時係楚粵分界、秦置桂林象郡、漢爲荆交二州刺史所領、三國爲吳地、屬廣州、晉仍其舊、宋屬湘廣二州、梁陳因之、隋改州爲郡、唐復置州、屬嶺南道、後分爲嶺南西道、宋置廣南西路、元初置廣西等道宣慰使、隸湖廣行省、至正末、始置廣西等處行中書省、明置廣西等處承宣布政使、藩封衛所、參列其間、　國朝沿明舊制、仍置廣西省、以桂林爲省會、巡撫藩臬二司駐節於此、隸兩廣總督管轄、領府十一、曰桂林、曰柳州、曰慶遠、曰思恩、曰泗城、曰平樂、曰梧州、曰潯州、曰南寧、曰太平、曰鎮安、直隸州二、曰西隆、曰鬱林、散州十六、土州二十三、縣四十七、土縣二、按粵西苗猺雜處、熟者馴謹畏法、生聚相安、生者則獷悍性成、易於竊發、加以莠民朋比爲奸、每致揭竿起事、苟官斯土者、能防患未形、寬猛兼濟、何至禍延四海、騷擾中原、如髮逆之前車可鑒也哉、近年諸大吏籌備邊防、日加嚴密、李逆之亂、勁兵良將、稱戈比十、未一載四境肅清、元凶授首、是其徵也、

考西粵名山、桂林府治東有桂山、三峯連屬、前峯拔起、如獅昂首、怒視下方、洵奇景也、別有桂巖、峯巒婉轉、橫亘一方、俗號北山、後峯嵸隆鬱積、名叠彩巖、舊號越王山、山巔有石壇、世傳五代時馬殷所築、北有獨秀山、直聳五百餘丈、其下讀書巖、環堵如宮、可容十客、猶存石榻石牖、劉宋太守顏延之讀書於此、名流過此、輙流連不忍去、伏波山、突起雲霄、與獨秀山頡峙、下有洞可容二十榻、石如蒼玉、旁有懸石、俗稱馬伏波試劍處、七星山亦在府城東、七峯錯列、旁有小峯、如衆星拱辰、攀緣而上、山半有亭、曰簪帶、山腰有棲霞洞、入洞門下行百級、始得平地、盛暑清涼、隆冬溫暖、山前有龍隱洞、兩崖壁立、其下水深莫測、終日湧激、如川倒峽流、盛夏泛舟其際、涼風襲人、山後有風洞、洞口低窪、俯而入、陰風颯颯、亦避暑佳境也、紫山在平樂府東、山巒縈廻曲折、上有九峯、曰高崖、羊欄、月岩、兜矛、馬鞍、跨磴、石旗、石劍、丫髻、皆奇險不可攀躋、府北有目巖山、巖有兩目、如人眸子、黑白分明、山以此名、取形似也、勾漏山在鬱林北流縣東、石峯崑崙、矗立雲中、巖穴

皆勾曲穿漏、故名、山有四洞、一曰寶圭、中有石室三、一曰白沙、秉燭從竇入、經六七竇、行里餘、乃至勾漏、奇景甲天下、洞爲勾漏第一、一曰玉虛洞、洞中石壁瑩潔如玉、一曰玉田洞、前有三門、中門有廣土、田可數畝、田後有二石、池中有小嶼、水潛通江、又有二巖、一曰普照巖、如覆釜、登巖四顧、翠巘黃陂、羅列萬狀、一曰獨秀、在普照西、平野中鬱然孤特、洞門宏邃、古木蕭森、石室中可容千人、馬退山在南寧府北、狀如馬退、唐柳宗元記云、崒然起於莽蒼之中、馳奔雲矗、且數十百里、尾盤荒陬、首注大溪、諸山來朝、峯巒環拱、蒼翠離奇、綺繡錯雜、蓋嚻秀所鍾、不限遐裔也、其大川、湘灕二江、源出海陽山、流五里、分爲二、南爲灕水、又名桂江、行二百里、合癸水于省城、下合相思江、入梧州界、北爲湘水、合越城橋至全州、又合洮灌二水、入永州界、左江源出廣源州、右江源出峩利州、至合江鎭、合爲一江、流入橫州、號爲鬱江、廣輿地記云、鬱江卽夜郎豚水、此粵西山川大畧也、

西粵古稱南夷、爲百粵文身之地、三代以前、獉獉狉狉、風氣未開、秦漢以後、始隸中朝、土宇、聲教所敷、喁喁向化、名勝古蹟、由是始傳、英傑亦由是始出、兹將勝地人才二者合紀之、言名蹟、逍遙樓、在桂林城東、顏眞卿書額、石刻至今猶存、爲會垣憑眺地、榕樹門、卽府治南門、唐代築時、植榕一株、歲久跨門內外、盤錯至地、生成門狀、車馬往來、逕由其下、因是得名、扶疏堂、在象州東南、郡人謝氏建、竹木深密、頗有佳致、王安中孫覿南遷、相遇於此、壁間有二人題詠、石壁在藤縣南、高十餘丈、俯瞰江流、若赤壁釣臺之狀、銅船、在鬱林州、漢馬援鑄造銅船、濟海後、令沉此、一名越王船、楊妃井、在容縣、妃生普寧里、有異質、長史楊玄琰、攜之京師、後遂入宮、綠珠井、在博白縣雙角山下、梁氏綠珠生於是鄉、石崇爲採訪使、以珠三斛易之、至今舊井尚存、此粵西名蹟之大概也、言其人才、桂林宋有唐則、砥行博學、官侍郎、乞歸、築室山中、教導後進、寒暑不倦、子叔夏、叔獻、皆名臣、李珙、字温之、少以功名自奮、金人犯闕、珙謂蔣炳文曰、主憂臣辱、主辱臣死、豈可以道遠自便乎、募勇士三千餘人、兼程進、遇賊力戰、死之、詔旌其門曰忠義、柳州唐有韋厥、武德間持節征服生蠻、開誠布公、化外咸服、詔領澄州刺史、致仕後、隱智誠洞、宋有韋昊、閉門讀書、無所不通、鄉人以書樓目之、應

舉不第、隱於洪羅洞、據山林泉石之勝、號曰白雲先生、慶遠宋有馮京、從父遊宦、寄籍江夏、雋邁不羣、舉進士、廷試皆第一、累官至樞密院事、有中立不倚之操、其孫公晟、知南丹州、猺人帖服、羣黎綏安、平樂宋有林勳、獻本政書十三篇、朱文公甚愛之、東陽陳亮嘗曰、勳考古驗今、思周慮密、世之究心井田者、孰過於此、梧州漢有士燮、少舉茂才、拜交趾太守、虛心下士、時海內喪亂、中國士人往依者以千數、疆埸無事、民不失業、弟壹爲合浦太守、䵋爲九眞太守、武爲南海太守、兄弟四人、並居列郡、威震百蠻、至本省物產、與東粤無大異、多產藥材、兼有金銀銅錫、玉石硃砂、苧蔴葛布、蕉布竹布等物、五穀無多、民艱粒食、此其大概情形也、

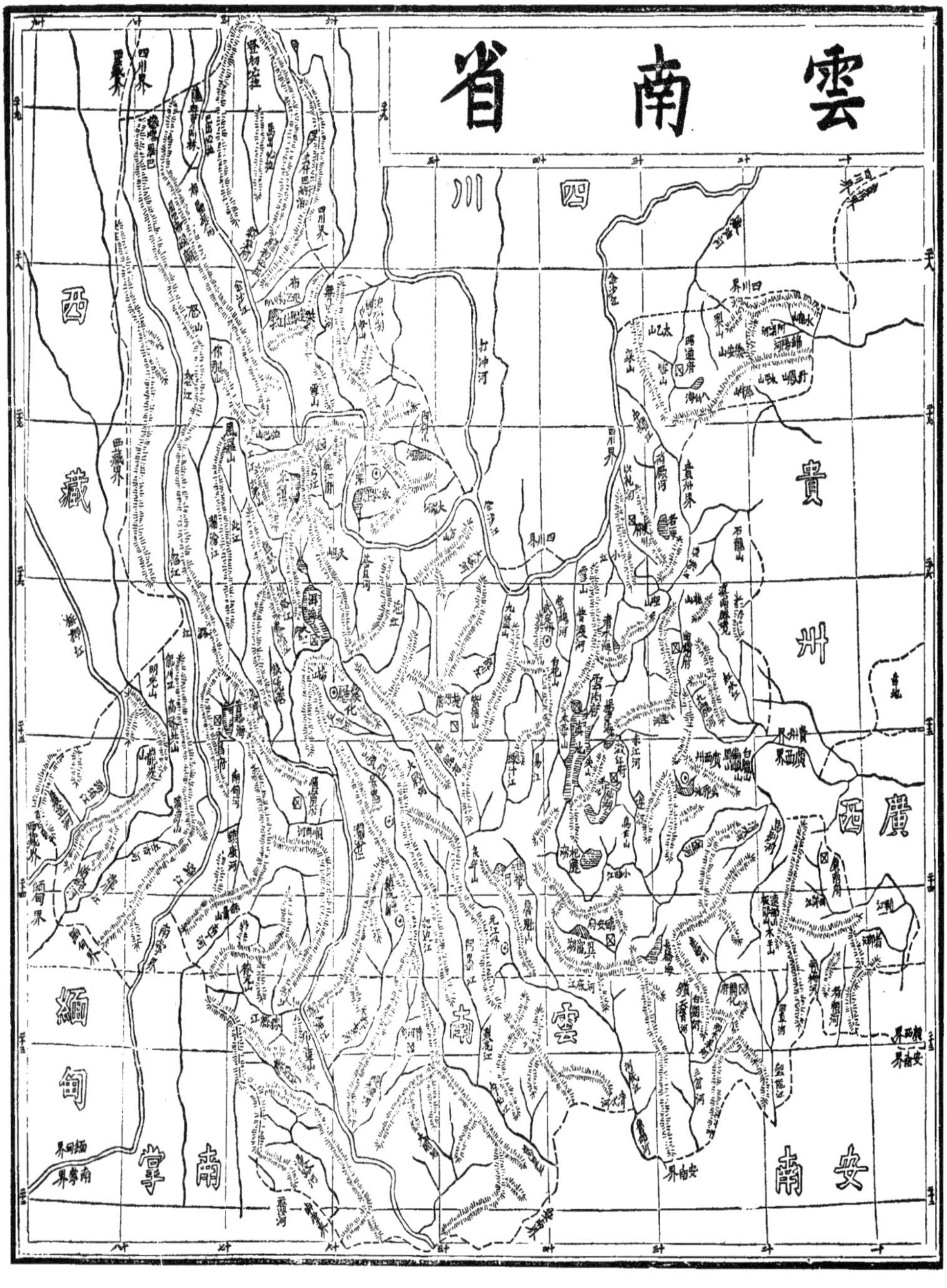
雲南省
四川
貴州
廣西
西藏
緬甸
南掌
安南
雲南

雲南考略

雲南卽古滇池、故一名滇省、東西相距千三百餘里、南北約相若、東界貴州廣西、南界安南緬甸、及南掌苗疆、西界西藏、北界四川、禹貢爲梁州南徼地、殷周時地屬蠻夷、或謂卽百濮國、漢武帝元封二年、開西南夷、滇王降、以其國置益州郡、三國爲蜀漢地、晉始改置寧州、唐貞觀六年、置都督府、督南中一十七州、開元二十六年、冊南詔蒙歸義爲雲南王、南詔漸強、天寶九年、遂有雲南之地、僭號大蒙、後鄭趙段氏迭相篡位、卒爲蒙古忽必烈所滅、時宋寶祐十二年也、元至元年、立雲南等行中書省、元亡、梁王把匝剌瓦爾密與段明公據其地、洪武十五年、討平、始置雲南等處承宣布政使司、正統間、命侍郎參贊軍務、鎮撫地方、成化間、設巡撫都御史、定爲永例、　國朝添置雲貴總督、同該省巡撫駐節於雲南府省會、領府十四、曰雲南、曰大理、曰臨安、曰楚雄、曰澂江、曰廣南、曰順寧、曰曲靖、曰武定、曰麗江、曰普洱、曰永昌、曰東川、曰昭通、直隸州三、曰廣西、曰武定、曰元江、直隸廳四、曰景東、曰蒙化、曰永兆、曰鎮沅、散州二十六、縣四十、按雲南形勢、地處荒服、人雜蠻夷、賦性閒昊、易起猜疑、銜檗竅難、撫綏不易、然自漢唐以來、冠朔文章、咸遷中土、歸附上國之誠、久稱恭順、迨元明、其地始畫入版圖、至名文物、駸駸乎比烈中原、惜壤地磽瘠、山嶺高低、縱礦產旺生、山不愛寶、而開鑿初興、利源未溥、殊難與魚鹽粟米之鄉同日而語也、

本省名山、在雲南府者、首推碧雞山、東瞰滇澤、蒼崖萬丈、清水一泓、月印澄川、雲橫絕頂、蔚然蒼秀、可入畫圖、與碧雞山對峙者、有金馬山、中隔滇池、山不甚高、而綿亘西南數十里、玉案山、一名列和蒙山、秀麗多泉石、石作碁局勢、山北半坡有三泉、如盆湧、春秋佳日、郡人遊賞者、絡繹不絕、府城北有螺山、舊名盤坤山、有巨石、色深碧如螺髻、下有潮音洞、好事者嘗燃燈、蛇伏而入、遇水而止、北有商山、連峯疊巘、翠壁丹崖、望之若鸞停鵠立、下有冷泉、土人云浴之可愈瘋疾、大理府有點蒼山、高數十仞、有峯十九、蒼翠如玉、盤旋三百餘里、山之巔有高河泉、淵深不可測、又有瀑布諸泉、流注爲錦浪等十八川、蒙氏封爲中岳、明洪武中、沐英征大理、出點蒼後、立旗幟以亂之、遂克其城、龍興和山、在雲南縣治西北、高大如扶風太乙、雲氣連結、範陰

沍寒、雖盛暑亦冷冷有冷氣、舊志曰、五月猶雪霜浩然非虛語也、九曲山、峯岳攢簇、狀若蓮花、山共九盤、又名九重嵒、上有石洞、人莫能通、臨安通海縣東有諸葛山、武侯南征、嘗駐兵於此、故名、蒙自縣西有目則山、橫列二十餘峯、秀麗如畫、百里外舉目可見、故名、九盤山在楚雄廣通縣、回旋險峻、如羊腸九折、立關其中、景東廳北有蒙樂山、一名無量山、高不可躋、綿亘三百餘里、中有石洞、窅然深邃、一峰聳拔、狀若崆峒、蒙氏封為南嶽、曲靖府有石堡山、相傳蜀漢孔明征蠻時、與諸酋會盟於是、下有溫泉、麗江有雪山、一名玉龍山、條岡百里、峭拔千峰、上徹霄漢、下臨麗水、山巔積雪、經春不消、巖崖澗谷、清泉飛流、蒙氏異牟尋封為北嶽、至川之著名者、有金沙江、瀾滄江、怒江、金沙江以江出金沙故名、古名麗水、源出青海界犂石山下、名犂水、訛犂為麗、所謂金生麗水是也、瀾滄江發源自西藏鹿石山下、因名麗滄、訛為瀾滄、今有再訛為浪滄者、南流經全省、入南掌界、卒流於海、波濤洶湧、奇險可畏、怒江本名潞江、源出壅望、兩岸陡絕、瘴癘甚毒、南入緬甸、亦達於海、省會南有滇池、一名昆明池、又作滇南澤、滇省之名本於此、周廣五百餘里、合盤龍江黃龍溪諸水、滙為此池、中產千葉蓮、有大小臥納二山、下流為螳螂川、史記滇水源廣末狹、有倒流之勢、故曰滇、漢武帝欲伐滇國、先於長安西南鑿昆明池以象之、教習水戰、其名遂著、大理城東有西洱海、一名洱海、又名西洱河、即古楡葉河、源發自鄧川合點蒼山之十八川而滙此、形如人耳、周三百餘里、中有羅筌、濮禾、赤崖三島、及四洲九曲之勝、下流合漾濞江、卒合瀾滄江、此外龍川江、李仙江、普渡等河、不暇細述、

滇省本南蠻故土、地居荒服、勝蹟不概見、人物亦寥落如晨星、小石嶺在雲南府之宜良縣南、蜀漢諸葛亮嘗治兵於此、因別名為葛營、在景東廳治、有闌津橋、為本省第一橋梁、兩堤峭壁竦立、俯映滄江、而飛泉急峽、複磴危峰諸勝、森羅上下、以鐵鎖繫南北為橋、漢明帝建、曲靖有臨淵樓、下瞰蓮沼、水天一碧、永昌有諸葛營、土阜周三十餘丈、高六尺、相傳為武侯旗臺、言其人物、雲南漢有許叔、元和中入中國、授五經、歸教授本郡、大理唐有蒙歸義、本哀牢夷之後、姓蒙氏、又名細奴邏、高祖時、遣使入朝、賜錦袍、傳三世至波羅閣、開元間、以逐洱河蠻功、賜名歸義、册為雲南王、子閣羅鳳繼立、叛唐為南詔、異牟尋、歸義三世孫也、頗有智略、

從鄧回之說、復歸唐、册封南詔王、董文彥、元臨安人、仕於楚雄、天曆間、逆賊攻城、官吏皆亡匿、文彥獨不去、賊說之降、文彥不從、遂被害、事聞、謚莊愍、李恢字德昂、爲滇江督郵、後附昭烈、授功曹、與諸葛亮討雍闓朱褒、南土平定、恢功居多、封興定侯、曲靖晉有傳寶、仕爲尚書郎、長安令、時號南州人傑、爨龍顏、仕前宋、累官龍驤將軍、鎮蠻校尉、寧州刺史、封卭都侯、爨雲、仕魏、累官驃騎大將軍、封同樂郡侯、呂凱、永昌人、蜀漢時爲本部功曹、雍闓聞先主崩、叛降吳、凱與府丞王伉帥屬吏民拒闓、卒能全節、諸葛亮表之曰、呂凱矢忠絕域、不意永昌風俗敦厚乃爾、後爲雲南太守、封陽遷亭侯、至本省物產、大江金沙、土人披之、獲利頗厚、方竹出昭通、向稱異種、鹿茸麝香等、隨處皆有、五金礦產、富於他省、白銅更爲馳名、深山積礦未墾者不可數計、惜轉運緜甸、兵燹後、殊不多見、又有黠蒼石、白質青文、如山川草木、可作畫圖、觀人多琢以爲屏、以其產大理、稱大理石、他若翡翠珠玉金鋼石等、尚指不勝屈、山川蘊蓄、寶藏興焉、假令大興工役、開鑿而取之、則富國裕民之道、於是乎在、而我收我利、不使外人垂涎矣、

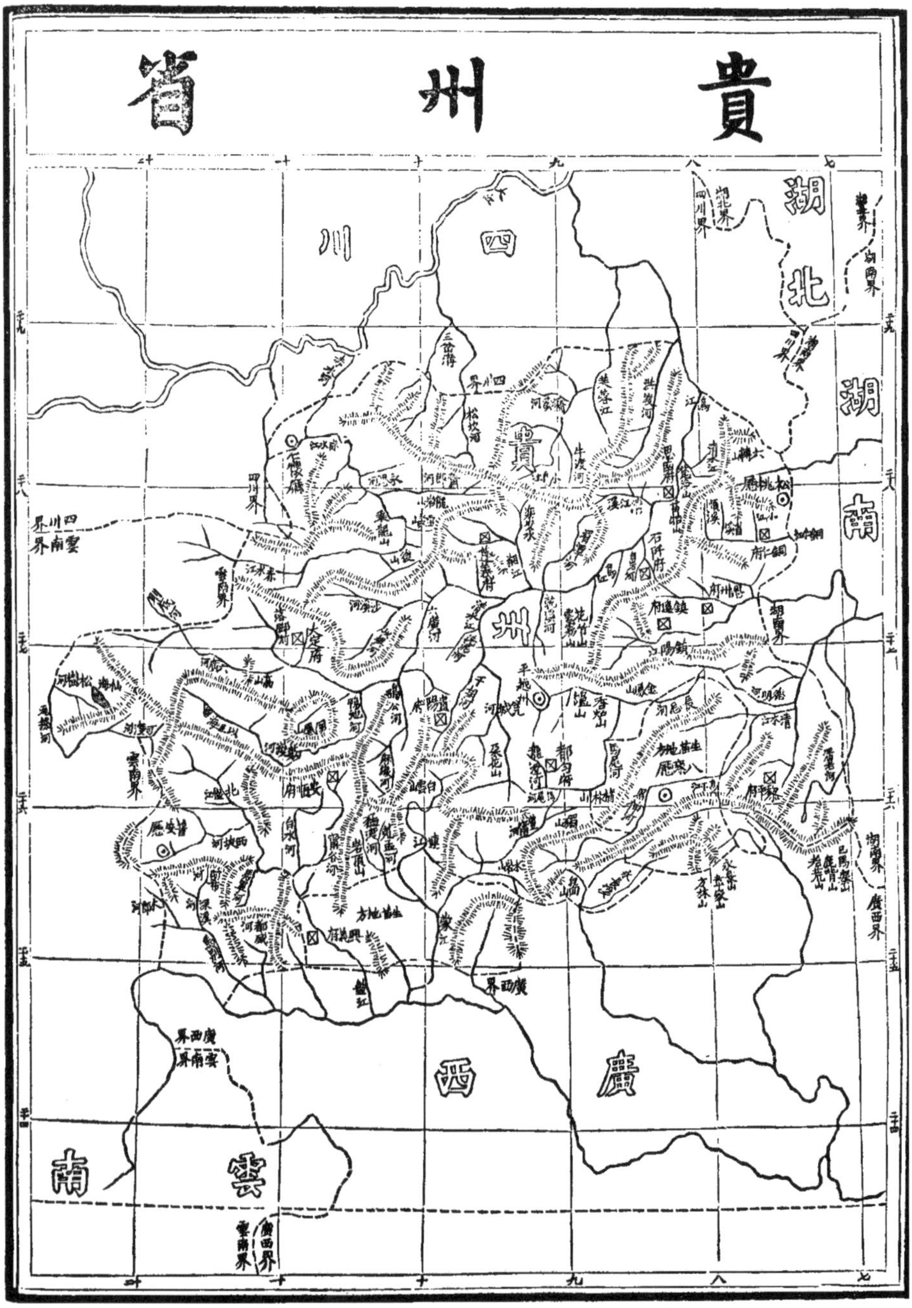
貴州省
四川
湖北
湖南
貴州
廣西
雲南

貴州考畧

貴州古黔地、因名黔省、東西相距約九百八十里、南北七百餘里、東界湖南、南界廣西、西界雲南、北界四川、禹貢爲荊梁二州荒裔、自春秋六國後、地屬蠻夷、漢爲牂牁南境、相傳後漢時、武侯封牂牁蠻酋濟火爲羅甸王、國於此、唐時羅甸之盧鹿部鬼王居之、後改爲羅羅、宋時爲羅施鬼國地、或言卽殷之鬼方國、元初置八番順元等處軍民宣慰使司、都元帥府、隸四川省、至元二十八年、改隸湖廣行省、明初以其地分隸湖廣四川雲南三省布政使、洪武十五年、始設貴州等處承宣布政使司、正統間、遣部院大臣鎭守、景泰年始設巡撫、旋裁去復設、嘉靖二十七年、黔疆銅仁諸苗、伺隙反叛、湖之麻陽鎭、相爲鼓煽、川東接壤、尤多竊發、因議設總督軍務大臣、節制四川湖廣貴州三省、至四十二年、因言官建白、裁革總督、川東湖北軍務、俱聽貴州巡撫兼督、萬歷年間、改設川貴總督、以貴州與雲南兼督、爲　國朝康熙中葉之定制、通省府十二、曰貴陽、曰思州、曰思南、曰鎭遠、曰銅仁、曰黎平、曰安順、曰興義、曰都勻、曰石阡、曰大定、曰遵義、直隸州一、曰平越、直隸廳三、曰松桃、曰普安、曰仁懷、散州廳二十四、縣三十有四、貴陽府爲省會、巡撫外、提督學政暨藩臬兩司、均駐節焉、省中苗蠻雜處、據險憑陵、習尚不同、語言各異、故無事則已、有釁則勦擾輙矜、共相血戰、懾以死亡而不懼、加以恩澤而不知、數百年來、屢征屢叛、號稱難治、近來吏治民情、雖日有起色、然兵燹後、壞地荒蕪、萑苻竊起、防務尚未敢稍鬆、兼之糧餉不充、商賈裹足、財用匱乏、尤爲邊境之瘠區云、

黔中名山、貴陽有攢螺山、高可五里、曰攢螺者、狀其形也、上有深淵、水碧如藍、四時不涸、文筆峯、孤峯如筆、爲郡之賓山、思南有美勝山、四面斗絕、紅巾之亂、郡人避兵於此、石馬山、峰巒聳拔、獨冠諸山、上有巨石如馬、因此得名、銅仁有百丈山、峰巒崒嵂、林木叢密、夷疆佳境也、東山在府治東、雄壯秀拔、足鎭一方、黎平有銅關鐵寨山、層巒高峻、上頗平廣、可容千人、三面據險、惟南一徑可通、如鳥道羊腸、屈曲傴窄、銅鼓巖、石洞高敞如屋、深遠可三里許、中有一溪、橫貫若素練、爲郡中第一勝境、普安有寫壁山、四山環繞、東南圍箐、外狹中廣、可容數百家、夏月土人避暑於此、安順有江崖山、壁立千仞、下有巖洞、深數十丈、相傳諸葛武侯駐

兵之所、安順有白石崖、層崖峭壁、猿鳥不能窺、飛泉高數十仞、噴薄如瀑布、夏日過此、寒氣逼人、言其川澤、鳥江而外、皆流不綿長、不通舟楫、鮮稱利便、安順有公具河、灌溉田疇、甚廣、軍民賴之、既濟泉、涼爽可資吸飲、因是得名、平越有響水河、懸崖飛瀑數十仞、有聲如雷、下注成河、一碧萬頃、七星河、兩崖峭立、置鐵柱鐵鎖、浮梁以渡、頗稱奇險、至其古蹟、寥寥無聞、貴陽有天生橋、石壁千仞、環繞如城、水流其下、其上平坦若橋、龍岡書院、前明王守仁建、中有何陋軒、君子齋、玩易窩、各有撰記、人物之在貴陽者、漢有濟火、佐諸葛武侯、平西南夷、擒羅甸王孟獲、宋有普貴、開寶間納土歸順、賜王爵、威鎮一方、宋景陽、爲寧遠節度使、都總管、控制邊方、苗民歸附、卒贈太尉、諡忠成、元有普貴之後河畫、仕爲順元等處軍民安撫司、以征伐功、加龍虎大將軍、封順元羅甸侯、卒追封濟國公、安順有益智、仕元、有謀畧、善安輯、官至懷遠大將軍、曲靖宣慰使、普安路總管府事、郡人服其威信、安順、明有胡纘、舉鄉薦、倡義討賊、復城、集衆二萬餘人、結賊心腹爲內應、功垂成、營中火藥陡發、死於平越、明有黃紱、仕至南都御史、廉峻抗直、正色立朝、不苟言笑、智巧所避、毅然肩之、人多竊笑、稱之曰硬漢、至本省土產、五金之礦、頗稱富足、煤苗盛旺之處、片時開挖、足供數日之用、山中多各種竹木、如箭竹、綿竹、楠木、杉木等、出售客民、運至他省、葛布自昔馳名、硃砂、水銀、雄黃、荔枝、水晶、茶、漆等物、亦不減他省云、

苗民附考

中國湖南四川廣西雲南貴州五省境內、皆有苗民雜處、前已畧提梗概、茲復申言之、以資參考、後漢書高辛氏以女配槃瓠、生六男六女、自爲夫婦、族類滋蔓、布散中華、號曰蠻夷、據是則苗蠻種類、皆祖槃瓠、而或以爲傲象之裔、二說未知孰是、意者各有所宗歟、考其稱名不一、曰夷、曰羅羅、曰蠻、曰苗、曰猺、曰獞、曰獠、曰仲家、曰犵狫、曰龍家、曰犵狳、曰犵獠、曰犵獚、曰犵獷、曰莫徭、其已歸王化者、謂之熟苗、與內地漢人大同小異、生苗則僻處山峒、據險爲寨、言語不通、風俗迥異、其居處、斬木結茅、以蔽風雨、近亦有建瓦屋者、然屋宇卑隘、無次序、定向、簷低門矮、出入必俯首、戶低礙眉、有庾閣成小園風景、屋內設大榻、中置火爐、炊爨坐臥、

悉在其上、柝居者另置高床、人處其上、而牛馬雞犬、即處其下、所以防盜賊也、亦有寢不以牀、冬不覆被者、用三叉木、支閣板、旁燃火炙背、板焦則易、飲食日恒兩餐、春夏三餐、多食雜糧、稻米罕見、渴飲溪水、客至則煮蕈湯、或用椒湯以示敬、得鹽則還其族、類各一撮、置掌中舐之、以爲美味、邇來至城市易鹽者頗多、而僻遠之苗尚有不知其味者、入市交易、惟貧土物、如雜糧布絹之類、易鹽種、或器具、以通有無、其服飾、惟寨長薙髮、餘皆蓄頭椎髻、去髭鬚、如婦人、短衣跣足、好服五色衣、取其所尚者、別其種曰黃苗、曰白苗、曰黑苗、富者用網巾束髮、貫以銀簪四五枝、長如匕、上扁下圓、左耳貫銀環如盌大、項圍銀圈、手帶銀釧、腿纏布疋、行疾如猿、登險阻、趨管莽間、若馳馬、雖履根株、觸磽确、無傷也、婦女服飾、銀簪項圈手鐲等、皆如男子、惟兩耳貫銀環兩三圈、衣服較男子略長、斜領直下、用錫片紅絨、或繡花卉爲飾、富者戴大銀梳、以銀索密繞其髻、腰不繫帶、以嗣錦爲裙、青紅間道、亦有釘錫鈴繡絨花者、纏腰兩三圍不等、男子未娶者、以金雞羽插髻、女子未嫁者、以海螺爲數珠挂頸上、額髮中分、結辮垂後、以錫鈴藥珠爲飾、男女跣足、不知鞋履、衞以草屨、雨則蓐跕躧、其喪葬、人死、哭泣盡哀、無衣衾棺槨之殮、衰麻經帶之服、以筊卜之、隨所卜之地、掘窟三四尺、鑲以木板、置屍其中、以土封之、後三日刑牲覆墓、邀親戚食飲、次年二月、以牲楮祭奠、子設在左、女設在右、各以其類、如是者三年、從此不復顧問矣、初喪、親友以土物弔其家、主人椎牛設飲、謂之送哭、苗蠻婚嫁、雖不避同姓、然九族亦不相婚配、嫁娶由父母主婚、媒妁通聞、以酒肉牛隻財物爲聘、嫁之日、無轎馬鼓吹之迎、無合卺花燭之禮、新婦步行、自擎雨傘、負籠盛木枕被裙等物、至夫家、各深揖不拜、繼揖夫家親屬、遂相歡飲、婚禮畢矣、其母所贈簪環、十數兩、至數十兩不等、壻家當照數還銀、不能短少、日後生子、壻挈妻携酒歸寧、名爲出面、其種植、則苗地山多田少、稻穀罕見、多於山陂種雜糧、如芝蔴、粟、米、麥、荳、穇子、薏苡、膏粱、蕎麥之類、拔其榛蕪、縱火焚之、煨土成燼、然後開墾、所謂刀耕火種也、種三四年、則棄而別墾、其男婦俱勤作、腰鐮負籠、出入必俱、其籠以竹爲之、旁有兩耳、貫兩臂、秋成以穫雜糧、平時以負柴薪、春耕時男婦成羣下山、僱役於民、秧事畢、即返、銀鐵木石等工匠、皆自爲之、三冬之際、男子出獵、婦務女紅、婦女亦知飼蠶、惟不能育種、春時俟內地蠶初眠、結伴負籠、以土物易去、上簇繅成、抽絲染色、製爲裙被諸物、作間道方勝等文、不甚工緻、亦能績苧織布、機甚矮、席地而織、男女跣足、不善成履、苗性剛倔、嗜殺生、男斂鐵爲貿、既長治刀佩之、礦弩藥矢、長矛鳥鎗、出入與俱、以輕生善鬥爲尚、好尋舊惡、睚眦之隙、動至操戈、非及時排解消釋、往往相尋不已、或强弱勢懸、貧富不敵、蓄憤積怨、暫時不報、俟勢力相敵、從慂有人、遂糾衆執械、拚命奮鬭、紉牛革爲甲、戴鐵兜鍪如鈸、約集黨類、勞以盌酒塊肉、卽以死報、雖殺傷無悔、無行陣隊伍、彼此伏土堆石塊後、以鳥銃相擊、或執鎗桿、蜂擁而前、一人受傷、餘衆俱散、遇有人命、卽行掩埋、畏鬼信巫甚虔、人病則曰有鬼、延巫祈禱、釀酒割牲、約親鄰飲福、名曰做鬼、不愈則委之於命、其崇奉之神曰白帝天王、卽竹王也、每歲小暑節、辰日起、巳日止、禁屠沽忌釣獵、不衣赤、不作樂、獻牲後、方弛禁、謂稍有不謹、致疾疫瘴癘之災、入廟膝行股慄、莫敢仰視、凡有冤忿、必告廟誓神、刺猫血、滴酒中、飲以盟心、謂之喫血、事無大小、喫血便無反悔、其小信有如此、遇歲豐、飲食自贍、則安居勤作、與民無事、一遇歉歲、潛出山窟、射弩奪物、間亦刼莊掠民、待贖擄而索以五穀者、蓋其廹不得食、則獷悍之態、遇變而發也、所貫化其梗頑、導以信義、庶野性漸馴、苗之福、亦民之幸也、至若賽會迎神、事涉不經、不獨苗地爲然、故不備載、

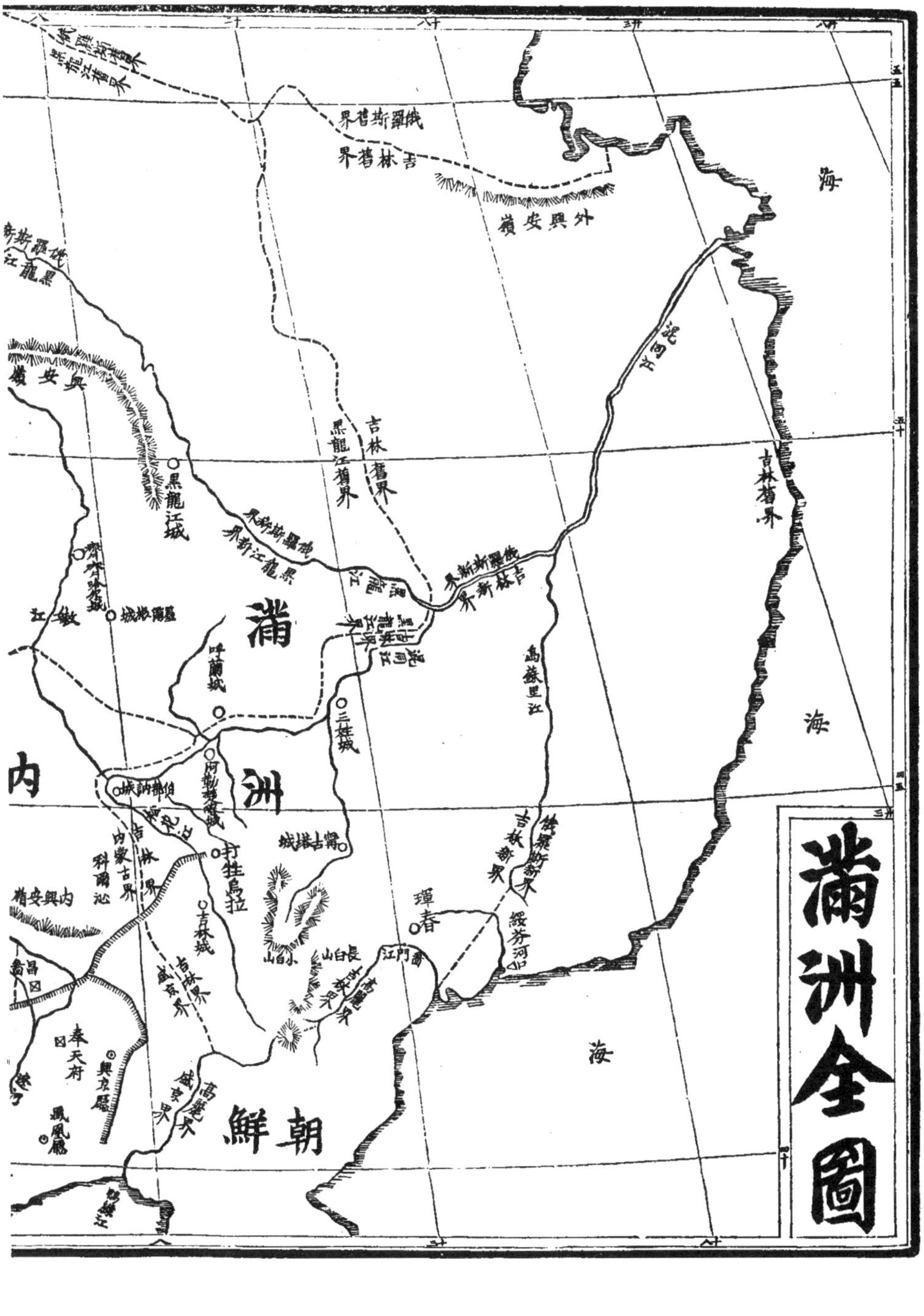
滿洲全圖
滿洲
朝鮮
內
俄羅斯舊界
吉林舊界
外興安嶺
黑龍江
俄羅斯新界
黑龍江新界
黑龍江城
吉林舊界
黑龍江舊界
混同江
海
海
海
吉林舊界
俄羅斯新界
吉林新界
墨爾根城
齊齊哈爾城
呼蘭城
三姓城
烏蘇里江
伯都訥城
阿勒楚喀城
寧古塔城
打牲烏拉
吉林城
內蒙古界
科爾沁
內興安嶺
吉林界
長白山
小白山
琿春
綏芬河口
圖們江
吉林界
盛京界
昌圖
奉天府
興京廳
鳳凰廳
高麗界
盛京界
鴨綠江

俄羅斯國
外蒙古
内蒙古
滿洲
直隸
朝鮮
興安嶺
黑龍江城
呼倫池
吉林城
寧古塔城
三姓城
呼蘭城
奉天府
興京廳
鳳凰廳
琿春
小白山
長白山
渤海
鴨綠江
俄羅斯舊界
吉林舊界
黑龍江舊界
内蒙古界
科爾沁
内興安嶺

亞洲圖考卷之三

滿洲考畧

滿洲、在　京師東北、爲　國朝發祥之地、初、土壤甚廣、東西相距、不下三千餘里、南北三千二百餘里、東盡大海、南界朝鮮渤海、西界內外蒙古、北踰外興安嶺、與俄屬西伯利地犬牙相錯、順治初年、俄羅斯人名羅刹者、竊據雅克薩等地、築城居之、康熙十五年、俄人遣使東來、　聖祖仁皇帝禮遇優隆、館亭如禮、諭以嚴禁羅刹、毋擾邊陲、俄不遵約、乃　命都統彭奉率兵進討、羅刹窘廹乞降、及我兵撤回、潛侵雅克薩如故、二十四年、復　命黑龍江將軍薩布素等統兵圍之、降者日衆、二十五年、其汗遣使上書、乞撤雅克薩之圍、且請分定邊界、許之、二十八年、遣內大臣索額圖等、與其使臣費要多羅等會盟議和、定以大興安嶺一帶爲界、前所侵尼布楚雅克薩諸地、復歸於我、立碑於格爾必齊河旁、以昭誠信、歷二百餘年、相安無事、咸豐季年、俄人乘髮捻之亂、南佔至黑龍江北岸、又沿混同江漸南、據有烏蘇里江以東壤地、直至高麗邊境、今且於黑龍江一帶、築城鑿池、增建礮臺、於東海濱之混同江口、與綏芬河口等、設立埠頭、屯兵民、戰艦絡繹不絶、其眈眈虎視之勢、終將不利於我國、以故論時事、籌邊備者、尤以東北滿洲及西北新疆爲首務、按滿洲疆域、雖爲俄人侵削殆半、然仍因舊制、分爲三省、曰盛京、曰吉林、曰黑龍江、各設將軍一員、以資控馭、其歷朝沿革、與盛京事宜、已於諸直省前、撫述涯畧、茲故不贅、吉林本滿洲舊部、明代始建州衛、南至朝鮮、以圖門鴨綠二江爲界、西南至盛京奉天府、西界內蒙古、北界混同江北岸、東以烏蘇里江爲界、吉林將軍、駐節吉林城、轄下衝要之城、曰寧古塔、曰伯都訥、曰三姓、曰阿勒楚喀、曰琿春、各設副都統鎭守、吉林亦設副都統一員、新置兵備道一員、贊襄治理、吉林之北、有打牲烏拉城、例屬　京都內務府管理、設有總管採珠等事一員、統屬下數員、代任其事、黑龍江地處吉林之北、東界吉林、北絶黑龍江、西連喀爾喀車臣部、黑龍江將軍、駐節於齊齊喀爾城、城頗鞏固、　聖祖仁皇帝所築以禦外侮者也、齊齊喀爾外、曰呼蘭、曰黑龍江、曰

墨爾根、亦各有副都統鎮守、近於呼倫貝爾、增設副都統一員、以控西北、此滿洲設官制治之大畧也、

滿洲大山、北有興安嶺、横亘數百里、高徹雲霄、南有長白山、亦廣盤疊峻、山巔累月積雪、故以爲名、如那威之有白帽峯、亞耳伯之有白山頂峯也、山水下流成河、東流爲圖們江、西南流爲鴨緑江、北流爲松花江、會混同江、東北流入海、烏蘇里江、亦自長白支山開源、北流會混同江入海、再有嫩江、發源興安嶺、南流經齊齊喀爾等城、亦入混同江、滙於海、黑龍江開源自外蒙古車臣部地、上游二河、一名敖嫩、一名喀魯倫、至雅克薩地、始名黑龍江、折而東南、經愛琿、會於混同江、轉東北入海、瀰漫一水、源遠流長、水中無沙渚阻滯、兩岸有濃林陰翳、輪舟帆船之泝流上下者、如尋芳入勝、不第角逐蠅頭已也、惜自俄人據有北岸以來、築壘設堡屯守要害、江之利權、悉爲所奪、恐侵陵越畔、復多一番掣肘也、

滿洲山林蓊鬱、氣候凛寒、迤北黑龍江一帶尤甚、隆冬之際、百度寒暑表直降至圈下三十度、道途積雪沒脛、經月不消、因之土壤瘠薄、粟米鮮少、本地居民、概以捕魚獵獸爲業、幸近年山左直隸之民、多遷居其地、鑿墾曠土、氣象一新、僅數十年、而游牧打牲之衆、日形寥落、説者謂目下滿洲十二兆人之中、血土遺民、僅十分之一、此説若確、則風氣已開、諸廢可循序以興、百務並及時而舉、不亦善歟、至其物產、吉林產參最多、眞珠以烏蘇里江東岸汊港出者爲佳、自俄人據其地、採珠之役、頗覺蕭條、所產良馬、駃騠騕褭騮、不名一格、直省購買戰馬、及任選駿之職者、多前赴該處採辦、取其身小善馳也、

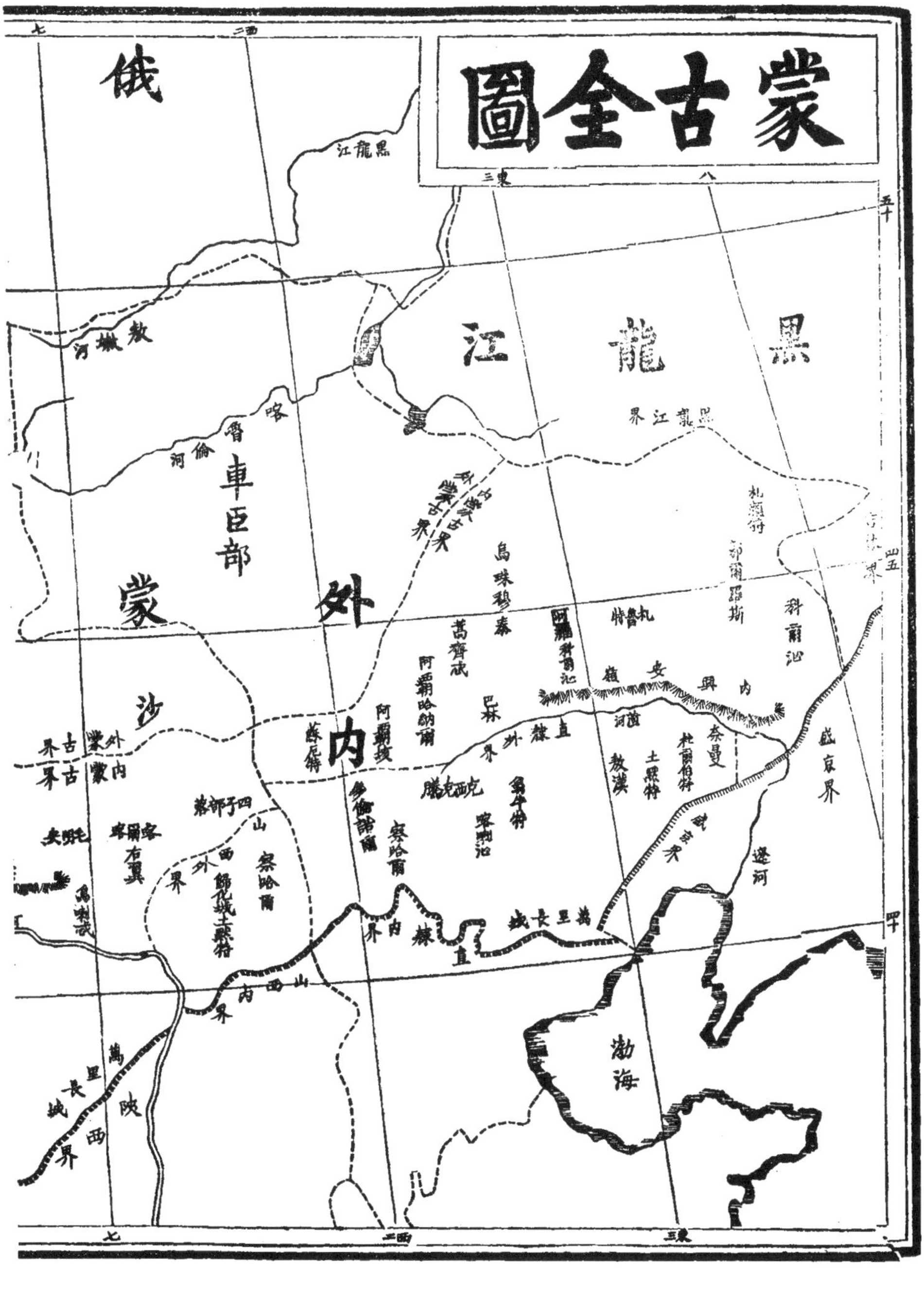
蒙古全圖
俄
黑龍江
黑龍江界
敖嫩河
喀魯倫河
車臣部
外蒙古界
蒙
外
沙
内
外蒙古界
内蒙古界
烏珠穆秦
札魯特
科爾沁
內興安嶺
直隸外界
奈曼
敖漢
土默特
杜爾伯特
喀喇沁
翁牛特
克西克騰
察哈爾
蘇尼特
阿巴噶
浩齊特
四子部落
多倫諾爾
歸化城土默特
盛京界
遼河
萬里長城
直隸内界
山西内界
山西外界
陝西界
渤海

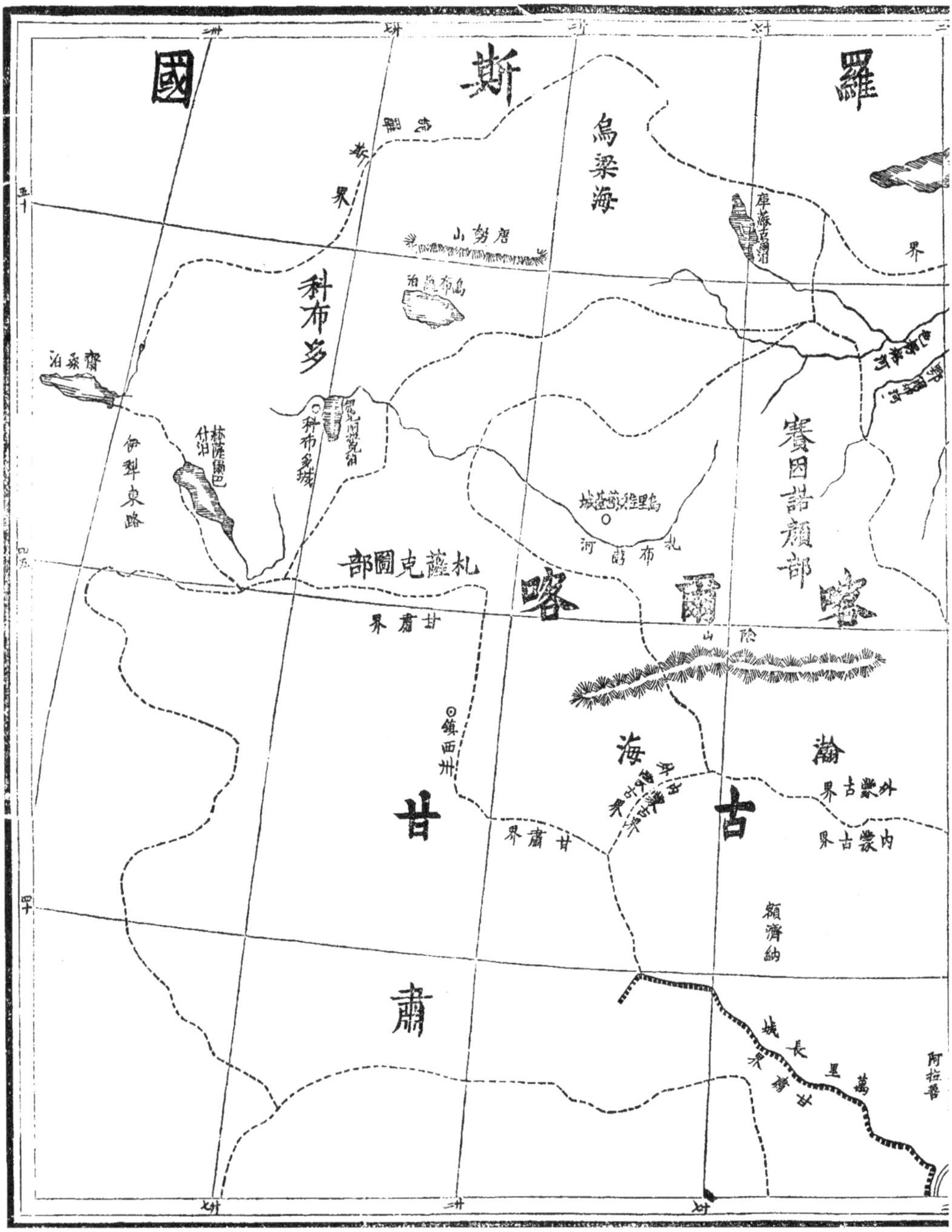

國
斯
羅
烏梁海
唐努山
科布多
界
賽因諾顏部
札薩克圖部
喀
爾
喀
甘肅界
鎮西州
海
瀚
外蒙古界
內蒙古界
古
甘
甘肅界
額濟納
肅
萬里長城
阿拉善

蒙古考畧

蒙古壤地延袤、形勢雄壯、爲朔北屏翰、　王朝藩服、東西相距五千二百七十餘里、南北二千七百里、東接盛京黑龍江、西逵伊犁東路、南至長城、北踰絶漠、古雍冀幽幷營五州北境、部落衆多、歷代俱有沿革、夏曰獯鬻、周曰玁狁、秦漢皆曰匈奴、唐曰突厥、宋曰契丹、自漢以後、匈奴稍弱、烏桓繼興、迨鮮卑滅烏桓、而後魏蠕蠕獨盛、蠕蠕滅而突厥起、自唐李靖滅突厥、而契丹復強、元之先稱蒙古、居西北極邊、奄有天下、遂成一統、至明定鼎金陵、元主遯歸朔漠、復其故號、遺種繁衍、諸部時擁衆侵邊、迄明季北陲不靖、　國朝肇興、蒙古科爾沁部率衆首先歸附、既滅察哈爾、諸部遂相繼來降、爰正其疆界、立約會、有征伐並帥師以從、悉遵旨、定鼎後、錫以爵祿、奉正朔、歲朝貢以時、奔走率職、極稱恭順、地向分內外蒙古、內蒙古部落科爾沁等、二十有五、曰科爾沁、曰郭爾羅斯、曰杜爾伯特、曰札賴特、曰土默特、曰札魯特、曰阿羅科爾沁、曰敖漢、曰奈曼、曰喀喇沁、曰翁牛特、曰呵霸哈納爾、曰阿覇垓、曰烏朱穆秦、曰蒿齊忒、曰巴林、曰克西克騰、曰蘇厄特、曰喀爾喀右翼、曰四子部落、曰毛明安、曰烏喇忒、曰鄂爾多斯、曰歸化城土默特、曰察哈爾、幷阿拉善、與額濟納二旗、成五十一旗之數、東界滿洲、南界長城、西界甘肅關外地、北界外蒙古、外蒙古分四部、曰喀爾喀土謝圖、曰喀爾喀賽音諾顏、曰喀爾喀車城、曰喀爾喀札薩克圖、合旗八十四、東界黑龍江、南踰瀚海、接內蒙古、西界甘肅關外鎮西廳、與科布多地、北界唐努烏梁海、與俄羅斯犬牙互錯、易起紛爭、　本朝天聰七年、瑪哈薩嘛諦車臣汗遣使來聘、崇德三年、三汗並遣使來　朝、定貢物、後因其國西接厄魯特、毎與構兵、康熙十六年、　詔諭兩國和好、時厄魯特噶爾丹方雄鷙、西北喀爾喀之左右二翼、自相殘害、二十八年、噶爾丹攻破喀爾喀七部、舉族奔潰、納欵內附、冀獲蔭庇、三十年四月、　聖祖仁皇帝巡狩邊外、受其朝、大會於多倫諾爾、編定諸旗、安輯其衆、後噶爾丹治喀魯倫河南牧、窺伺邊塞、三十五年、命　駕親征、至喀魯倫河、賊衆駭遁、大兵擊之、盡殲其衆、明年、噶爾丹竄死、漠北悉平、喀爾喀諸部、始歸故地、其從征有功者、晉封世爵、雍正九年、固倫額駙策凌以奮擊準噶爾功、　詔授爲大札薩克圖汗、而外蒙古四部亦平、唐努烏梁海部與科布多、地處西北隅、東界內蒙古、南界伊犁、西北並界俄羅斯、本元祖肇興地、乾隆年間征服後、設定邊左副將軍爲之鎭守、以其駐節於賽音諾顏烏里雅蘇台城、即隸屬焉、故於內蒙古記後、誌其疆域如此、蒙古地雖遼闊、半係沙磧不毛、以故戶口稀若晨星、無地方官、以親王貝勒等爵爲控馭、職皆世襲、遇有缺出、請 旨朝廷、承立繼嗣、朝覲貢獻之期、或一二年、或二三年一次不等、惟外蒙古通商事件、設有庫倫大臣管理、駐節庫倫、即土謝圖汗京城、其民俗最稱强悍、反顏尋仇、雖父兄亦不稍讓、畜牧必尋水草叢生之處、行以車爲室、止以氈爲廬、冬時傍山營窟、以禦風雪、遷易無定所、流雪清泉以解渴、畜肉馬酪以充饑、衣以獸皮、從所產也、男女好馳馬田獵、不知稼穡、以爲養人有禽獸、養畜有芻薪、日用無匱乏、奚事乎耕耘、由是五穀不植、草萊不闢、曠野無垠、倍形蕭瑟、此其游牧之遺風也、近有北鄙華民、徙居其地、從事稼穡、漸次有振興氣象、然究以瀚海橫陳、土性磽薄、故勤勞耕作、未必能如內地獲利倍蓰也、且其地高山環列、寒熱無度、一歲之中、九月行冬令、三月行夏令、冬時風沙眯目、雨雪經旬、夏時赤日行天、平沙炎熱、民生苦之、山之大者、東南有內興安嶺、西北有唐努等山、皆延袤千里、高插雲霄、陰山在河套之外、自西徂東、橫亘數百里、漢時冒頓單于、依此山治兵器、後武帝奪其地、匈奴過此、輙潸潸出涕焉、燕然山在土謝圖部地、漢車騎將軍竇憲大破匈奴、遂登此山、勒石紀功、令班固作銘、河之大者、北有鄂爾坤、土拉河、色楞格河、皆合流於西伯利貝加爾大湖、東有敖嫩、或稱瑚農河、與喀魯倫河、同爲黑龍江上流、東南有潢河、東入爲遼、達於海、西有札布噶河、發源自科布多東邊伊克阿拉克泊、爲蒙古大湖之一、此外尚有烏布薩、薺桑、與庫蘇古爾三泊、皆賴以溉潤餘地、利益民生者、至論土產、野獸最多、騾馬繁甚、往往千百成羣、駱駝頗耐勞苦、沙漠之地、馱載甚便、黃羊彌漫山谷、入林走壙、迅疾如飛、有鹿如牛、異種也、其犛牛亦爲異類、火雞較雉稍大、羽毛灰色、兩目眶紅色若火、因名、又有異鳥名龍脚、身大如鵝、性極兇猛、羽毛灰色、眼上生青色冠、足綴堅甲、刀矢不能入、外蒙古有一種草根、能補胃弱、爲藥籠中珍物、樺樹雖矮短、亦推有用之材、若氆氌布、各色氈物、差堪禦寒、文飾不存焉、地方向崇佛教、酷信喇嘛、正教未能廣傳、有心世道者、不禁深爲之歎惜、

青海考畧

按青海取大湖以爲名、蒙古語、謂之庫可諾爾、又名西海、在甘肅西寧府西百餘里、東西相距一千九百餘里、南北約千里、東界甘肅四川、西南並界前藏、又界伊犁大戈壁、北至甘肅關外地、禹貢爲西戎地、夏殷周皆屬西羌、漢王莽時風卑禾羌獻其地、因置西海郡、尋廢、東晉以後、爲吐谷渾所據、隋大業五年、平吐谷渾、置西海河源等郡、隋滅、吐谷渾復據其地、唐龍朔三年、吐蕃滅吐谷渾而有之、宋亦爲吐蕃地、明正德四年、爲蒙古部酋所據、號曰海寇、　國朝初、有厄魯特顧實汗、自西北侵得其地、遣使修貢、　詔封遵文行義敏慧顧實汗、後自分其地、爲左右二境、部落散處其間、康熙三十六年、既滅噶爾丹、台吉札什巴圖爾等、咸來朝附、封爵世襲、雍正元年、札什巴圖爾之子、羅卜藏丹津糾衆犯邊、勢甚猖獗、　世宗憲皇帝震怒、命官兵進勦、旬月間殲除逆黨、平定其地、惟不從逆者、仍其封爵、定爲三年一貢、分爲三班、九年一周、置互市於西寧、開拓新疆、闢地千餘里、餘衆畏服、朝貢惟謹、嗣是無敢蠢動者、三年、編青海各部落旗、分佐領、爲旗二十有九、乾隆年間、定爲郡王三、貝勒二、貝子二、輔國公四、台吉十八、貢道由西寧、辦事大臣、即於此駐節焉、考其形勢、山嶺縱橫、江湖經緯、土壤瘠薄、與蒙古大同小異、惟環青海湖一帶、周數十里、較膏腴、山之大者、以雪山爲最、自西北至東南、緜亙全地、入四川、卒連雲嶺、而雲嶺自青海開基、亦東南迤繞四川、爲其地西邊界、復折而東、毗連雲南貴州等省、北有祁連山、亦頗高峻、河之大者、曰黃河、曰金沙江、蒙古語木魯烏蘇江、與鴉礱江、同爲大江源流、或謂出自前藏崑崙山下、二說未詳孰是、黃河與金沙江毗連處、有雪山矗峙中央、流雪成湖、如札陵海、鄂陵海等處、支流汊港、悉數難窮、均滙而爲黃河之源、論者謂雪山流潴、亦爲大江發源之一、是說頗有考據、未可遽斥爲非、至其風土人情、亦與蒙古相若、茲不贅、土產有珠玉寶石、各種氈皮、及大黃等、以有易無、與漢人互市於西寧、故西寧雖隸甘肅、而其衡要、實不啻青海之省會也、

西藏考畧

西藏在京師西南、東西距三千二百餘里、南北一千四百餘里、東界四川雲南、南踰倚馬山、接不丹廓爾喀

等國、西至印度拉達克、北連天山南路、古西南徼外諸羌戎地、兩漢逮晉、泯泯無聞、歷魏周齊、未通中國、迄隋開皇中、始有倫贊索者、居牂牁西、滅吐蕃、據有其地、國號禿髮、唐貞觀八年、其贊普弄贊、贊普王號、遣使來朝、十五年、太宗因弄贊固請、准以宗女文成公主下嫁、令江夏郡王道宗持節送之、輜重不可數計、弄贊親迎於河源、見者咸嘆爲非常奇遇、乃別爲公主築城以居之、棟宇翬飛、樓臺炫麗、爲全藏冠、數年漸慕中華風氣、遣子弟入國學讀書、又請中國文臣爲之典其疏表、高宗立、授弄贊爲駙馬都尉、西海郡王、因請給蠶種、及造酒碾磑之匠、並許焉、厥後屢叛屢平、穆宗長慶元年、吐蕃復請盟、乃命御史大夫劉元鼎充會盟使、見贊普於悶懼盧川、即贊普夏衙之所、其川踞臧河分流、後以臧作藏、即西藏所由名也、吐蕃遣使隨元鼎來朝、自是恭順不復叛、宋太平興國八年、吐蕃入貢、太宗御崇政殿接見、優禮待之、時遼亦入貢、有大番小番及胡毋思山番之別、元太祖四年、置吐蕃等處宣慰司、都元帥府、又於四川徼外、置碉門魚通黎雅長河等處宣慰司、世祖以其地廣多險、民獷好鬬、思有以震懾而綏撫之、爰郡縣其地、設官受治、迨有明、以其地爲烏斯藏、烏斯藏者、本吐蕃地、而別立爲國者也、洪武六年、太祖懲唐世吐蕃之亂、思制御之術、莫若因其俗尚而控制之、爰授攝帝師納嘉勒藏博僧爲熾盛佛寶國師、錫之玉印、置烏斯藏朶甘二指揮司、永樂三年、僧哈立麻者、國人以有道稱、成祖因授爲演教如來大寶法王、宣德成化間、又累加封號、賜給印誥、蓋因藏地重視佛教、故姑順輿情、爲羈縻之計、所謂因民之利而利之、非以其眞有神通道德、而尊信敬奉之也、　國朝崇德七年、西藩遣使歸誠、順治九年來朝、世祖因立達賴喇嘛、賜金冊金印以榮之、康熙四十四年、達賴拉藏以誅第巴功表聞、　聖祖嘉之、賜金印、封爲輔教恭順汗、遣侍郎赫壽等、安撫其地、備極寵榮、又允拉藏所請、封阿王伊西爲達賴喇嘛、其後準噶爾策妄阿喇蒲坦興師侵藏、害拉藏汗、毀其寺廟、迫逐僧衆、時達賴喇嘛移住西寗、五十三年、遣大兵進藏討平之、復護送喇嘛歸布達拉廟、番衆皆嚮風歸化、歡呼雷動、世宗憲皇帝既嗣位、撤回官兵、以貝子康濟鼐總理其地、仍　特簡大臣駐藏管轄、雍正五年、西藏噶爾布巴等復叛、殺康濟鼐、後藏辦理噶隆事務之札薩克台吉頗羅鼐、飛報朝廷、　上命遣兵進勦、明年頗羅鼐率衆部落入藏，阿爾布巴等伏誅，安輯如故，因功封頗羅鼐爲固山貝子，九年，晉封多羅貝勒，辦理衛藏噶隆事務，乾隆四年，晉封多羅郡王，給印轄衛藏等處，十二年以其次子珠爾默特納穆札爾襲封，十五年，以罪誅，增設輔國公四員，一等台吉二員，地分前後二藏，達賴喇嘛居拉薩城之布達拉廟，號前藏，班禪喇嘛，居日喀則城之札什倫布廟，號後藏，賦稅所入，俱獻於達賴喇嘛，貢期二年一次，先期由辦事大臣奏聞，然後遵例由貢道入四川，東北達　京師，互市在四川西徼打箭爐，百貨雲屯，交易頗盛，前藏屬城八，僧王宮居拉薩城，爲全藏京都，周圍二十里，北有布達拉山，上建巨刹，爲僧王避暑行宮，以故拉薩城或作布達拉城也，其他七城之最著者，爲察木多與拉里城，後藏屬城七，首城名日喀則城，城內有班禪喇嘛宮，又稱札什倫布城，即以廟名名之也，位與達賴喇嘛相埒，權勢亦無多讓，上有西藏辦事大臣，駐節於拉薩城，統轄全藏，所屬達木蒙古八旗，及納克書等土司三十九族，均隸焉，達賴喇嘛，向稱活佛，人民敬之如神，奉之如父，惟命是聽，無敢稍違，　國朝以西藏轄治之權，皆歸喇嘛，藏王反爲其節制，職是故也，其地寺廟極多，僧徒亦悉數靡窮，一廟之中，動以千計，如拉薩一廟，高十有餘丈，四圍房屋，一萬餘間，鄰屋三千餘間，所居之僧，三千五百有奇，由此類推，餘可概見矣，

西藏地廣人稀，與蒙古同，大都藏地半屬僧徒，故人民亦因之稀少耳，驗其氣候，至爲不齊，夏秋二季，高陸嚴寒如三冬，山谷中蒸熱如釜，冬時沙積紛霏，蔽天障日，田土磽瘠，耕種維艱，高山之巔，四時積雪，望之如琉璃境界，一望晶瑩，正南及西南有雪山，西書謂之倚馬山，峯巒如列戟，盤亘極數千里而遙，窮究輿地之士，目爲天下第一高山，峭巖絕壁，奇險怵人，有曾經其地者，謂日當正午，僅見太陽上半輪，下半爲高嶺所蔽，卒莫能窺也，峽中瀑布飛流，勢甚泙湃，寒氣凜烈，如入冰窖，甚至前行無路，後退無援，行路之難，較之蜀道，尤加厲焉，當此進退維谷之際，輒有野番刺穴而出，劫財害命，悽慘更不可狀，西北有葱嶺，北有崑崙，皆崎嶇高峻，緜邈千里，惟其迴峯疊巘，故融雪飛瀑，流而成灤，汊港紛歧，指不勝僂，河之大者，首推雅魯藏布江，自西至東，幾遍全藏，嗣折南出界，復折西入印度地入海，潞江一名怒江，以其波濤狂決，如怒吼，故名，瀾

滄江、亦由此發源、自察木多城、東南流通雲南、入暹羅、卒入於海、澤之大者、曰騰噶里海、其北曰布克池、又北曰喀爾池、雅木魯克海、在拉薩西南、中有大沙、上建巍廟、華麗聿煥、爲西藏叢林之最、瑪泊穆達類與郎噶二池、爲印度河源、土人崇敬膜拜、呼爲聖池、其怪誕可笑如此、此外尚有伊克巴哈達魯克等池、言其土產、麥、米之屬罕見、地多黑麰、土人屑以成麵粉、和以水酪、以充餱糧、養身之物、禽獸之肉居多、牛羊尤甚、麝鹿形如麞、頭小口銳、腹下有囊、中蘊奇香、長麓牛、種類極多、形較常牛畧小、毛色光潤可愛、殺而食之、味極鮮美、又野牛極大、毛長而黑、角巨而屈曲、性極兇猛、江河川澤中、多出魚族、惟該處殺生有厲禁、莫敢冒死烹鮮、至金銀銅鐵珠玉水銀、並爲是處所產、所製藏香、名馳天下、其法廣收香木、研末爲膏、攙入金沙麝香、燃火其端、奇香四溢、其他技藝、則以人性不喜勤作、故可紀者實鮮、

廓爾喀不丹附考

西藏之南、雪山之陽、有小國二、曰廓爾喀、曰不丹、向爲中國藩屬、故於西藏考畧後、特存於篇、廓爾喀本名尼泊爾、又稱巴勒布、或稱白布、廓爾喀、乃其別部城名、地當孔道、貿易殷繁、其名獨著、東西距一千二百六十餘里、南北數百里、東界英屬哲孟雄部、南界孟加臘、即加拉英屬部、雍正九年、諸部落各以方物來覲、藉得覲光上國、恪守藩封、乾隆五十六年、侵擾後藏、陷札什倫布、大掠而去、相國福文襄公率勁旅征之、揮軍深入、累戰大捷、逼其都城、部民震恐、環赴大軍乞降、獻還所掠、詔許其內附、自是五年一貢、由四川北上、至今罔替、所統部落凡九、尼泊爾即其首部、喀蠻都爲其都城、或作加德滿都、又作甲曼士、地形窄而修、幅隕不廣、北境雪山、參錯嵯峨、凌摩霄漢、川谷烟瘴爲癘、人誤觸之、輒多疾、惟田土肥沃、植產尚饒、二麥、黍稷、棉花、丹參、肉蔻等物、頗足給用、其人游牧耕種、各守其業、身强多力、戶口綦繁、綜計之約二兆有奇、俗尚佛教、紅黃喇嘛、跡相錯、惟不操大權、與西藏異、乾隆年間、英人滅孟加臘、乘勝脅攻諸部、望風瓦解、獨廓爾喀血戰力禦、未遭蠶食、後嘉慶朝、與英人累年搆兵、各有勝負、其强毅多謀、閑於戰功如此、然輔車無鄰、獨支大敵、勢亦危矣、不丹國在廓爾喀東、本名布魯克巴、中間僅隔哲孟雄一小部、都城名達西蘇茂、西藏志作

札什曲宗、居民僅一兆有餘、俗亦尚佛教、其地時序融和、遠勝西藏、湖河交貫、橋梁險異、習以繩索高懸、攀援而過、土田肥沃、五穀菜菓、皆宜種植、產驢馬牛象棉花大黃黑金紋石等、較之蒙古沙磧荒郊、相懸天壤、東界英屬阿薩密部、南至孟加臘、西連哲孟雄、北峙雪山、東西相距約九百五十里、南北亦數百里、舊分兩族、雍正朝互相仇殺、先後赴藏投誠、貝勒頗羅鼐爲之和解、遂各遣使北上奉表、貢方物、以後百數十年、源源而來、按時朝貢、而　我朝亦恩賜有加、優禮欵待、詎咸豐年間、頓懷叛志、朝貢中輟、　朝廷亦大度含容、未加斧鉞、蓋以爾小邦、往不追而來不拒、本無足介懷也、第鄰比大邦、外無捍禦、一旦強鄰興兵搆衅、今日侵地、明日割城、吾恐五印度故事、將復見於目前矣、其可覗爲綴圖哉、

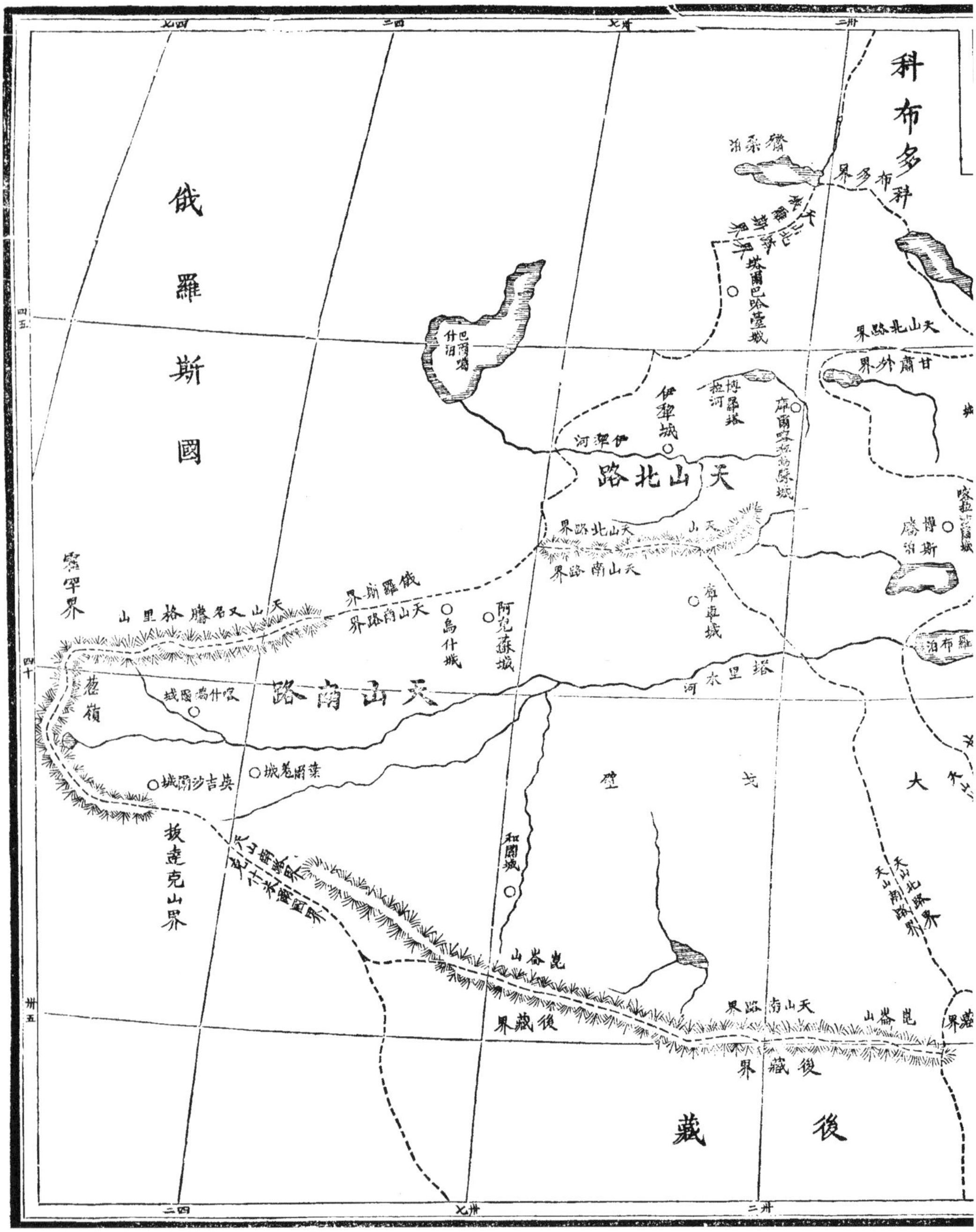
俄羅斯國
科布多
科布多界
天山北路
天山北路界
甘肅外界
伊犁城
伊犁河
巴爾喀什泊
天山南路
天山南路界
俄羅斯界
天山文名騰格里山
阿克蘇城
烏什城
喀什噶爾城
葉爾羌城
英吉沙爾城
葱嶺
拔達克山界
和闐城
塔里木河
戈壁
崑崙山
後藏界
後藏
博斯騰泊
庫車城

天山南北路考畧

新疆爲中國極西邊陲、爲屏藩之要衝、輪廓之外蔽、東西相距二千餘里、南北約相若、東界蒙古與甘肅、南達西藏、西界葱嶺暨俄羅斯、北亦界俄羅斯與科布多境、古雍州徼外地、前漢武帝時、始通西域、天山以南、爲城郭三十六國地、天山以北、東境爲匈奴右屯地、西境爲烏孫國地、未屬於漢、後漢時、山北仍爲烏孫及匈奴地、山南分爲五十餘國、或幷或分、歲輒數變、設都護及長吏治統之、三國及晉、北爲烏孫及鮮卑西部地、南仍爲于闐龜茲諸國地、北魏時、北爲蠕蠕烏孫悅般高車諸國地、後周爲突厥鐵勒地、南則鄯善盛大、服屬諸國、隋爲突厥鐵勒西突厥地、南仍其舊、唐爲突厥沙陀回鶻西突厥諸部、設各都營司、置北庭大都護府於西州後庭縣以統之、南境諸國、置安西大都護府于龜茲部、並統諸都督府、中葉以後、爲吐番所有、五代時盡歸吐番回鶻、宋時烏孫回鶻于闐龜茲諸國、盡入於遼、元爲阿爾瞎爾及回鶻五城地、諸王海都行營統軍之所、山南爲巴什伯里諸國地、置宣慰司、元設帥府統之、明山北衛拉特元臣悅懽之後、四衛拉特世居之、山南爲巴什伯里葉爾羌土爾蕃諸國、回部派噶木巴爾諸族後裔世居之、　本朝肇興、元代後裔之分處東北者、久隸版章、世爲臣僕、惟準噶爾厄魯特四部、未遵王化、四部稱四衛拉特、曰綽羅斯部、曰都爾伯特部、曰和碩特部、曰土爾扈特部、其後土爾扈特漸起離心、竄歸俄羅斯、因以都爾伯特之輝部、別爲一部、仍稱四衛拉特焉、四部盤踞西北、後噶爾丹稍强、吞噬鄰屬、闌入北塞、　聖祖仁皇帝三臨沙漠、剪滅諸部、迤北悉奠平、噶爾丹姪策阿拉布坦收其遺孽、退入伊犁、抵死相守、傳子噶爾丹策凌、恃其險遠、多方嘯聚、部落漸衆、侵服山南回部、執其酋、收其賦、傳子策妄多爾濟那木札爾、肆行殘暴、剛愎性成、爲喇嘛達爾札所篡、策妄之從姪孫達瓦齊、又篡奪其位、而兇殘益甚、衆部落皆不堪命、乾隆十八年冬、都爾伯特台吉策凌等、率數萬人來歸、十九年秋、輝特台吉阿睦爾散納和石台吉班珠爾等、又率衆來歸、羣臣爰請興師問罪、冀出水火而登袵席、以副　聖朝懷馭遠藩之意、乾隆二十年、　高宗純皇帝特命班第爲定北將軍、出北路烏里雅蘇台城、永常爲定西將軍、出西路巴里坤城、各領前鋒降卒三千人、拔隊先進、各部遠見旂纛、望風解體、率衆來降、兵屯博羅塔拉河、距伊犂僅三百里、兩軍相會、達瓦齊素縱酒、視兵事如兒戲、不設備、至是倉卒、率親兵萬人、星夜趨往伊犂西南格登山、遣其素親信者二臣、捧檄徵兵、爲吾師邀獲、具悉其狀、士氣倍奮、爭先渡河、長驅追襲、達瓦齊以二千餘人宵遁、投烏什城、爲回人阿奇木霍集斯伯克縛獻大營、伊犂始平、初阿睦爾撒納、出身卑賤、長爲輝特部台吉、性又甚狡黠、反覆無常、爲喇嘛達爾札所敗、與達瓦齊同竄入哈薩克、後爲其所逼、卽擇其精銳之卒一千五百人、裹乾肉爲糧、取道山僻無人之境、夜行晝伏、潛入伊犂、襲殺喇嘛達爾札、達瓦齊遂卽君位、以阿睦爾撒納秉性狡譎、起兵欲勦之、阿睦爾撒納自揣力不能抗、率其部落、於乾隆十九年納欵投誠、意欲藉　王師之力、殄滅伊犂、立己爲準噶爾總汗、以遂私志、至是見　皇上惟封以親王、授以副將軍之職、素願頓乖、遂生逆謀、煽惑厄魯特人、使之離叛、時大兵已凱旋、留守滿漢官兵、僅五百餘人、事起倉猝、遂罹其害、將軍參贊各官死之、事聞、　朝廷震怒、調遣大兵分道進勦、阿逆力窮、奔哈薩克、二十二年、將軍兆惠、副將軍富德、分路進討、哈薩克歸順、阿逆奔俄羅斯、旋患痘死、俄羅斯驛致其屍以獻、伊犂復定、先是回酋波羅泥都霍集占、久爲準噶爾所執、　大兵平伊犂、釋其縛、遣波羅泥都歸葉爾羌城、統其舊屬、遣霍集占居伊犂、撫領回衆、未幾背之、竄歸舊穴、煽動回衆作亂、乾隆二十三年、大兵進討、克復庫車烏什諸城、二十四年、收和闐喀什噶爾葉爾羌諸城、回部悉平、設總統伊犂等處將軍、參贊大臣、辦事大臣等員、以資鎭守、改準部之烏魯木齊爲迪化州、分隸甘肅省、恭誠投順者、封爵有差、乾隆三十六年、土爾扈特汗亦向風慕義、率衆來歸、　皇上賜爵授以廩餼、給以牧地、部衆則量地分編、俾居於塔爾巴哈台諸境、於是元裔四衞拉特之衆、盡入版圖、　朝廷亦隨事應機、修建城郭碉堡、屯兵闢土、凡有關軍國大計、民生利害者、莫不實力講求、以爲鞏固邊圉之計、考城之最著者、天山之北、首推伊犂、爲乾隆二十九年創建、周圍十八里有奇、賜名惠遠城、總統伊犂等處將軍駐節焉、北曰塔爾巴哈台、東北曰庫爾喀拉烏蘇、曰烏魯木齊、曰哈密、曰吐魯番、曰巴里坤、曰古城、皆當衝要之地、特設大臣鎭守、天山之南、計有八城、曰喀什噶爾、曰喀拉沙爾、曰庫車、曰阿克蘇、曰烏什、曰葉爾羌、曰和闐、曰英吉沙爾、亦各設大臣鎮守、以重邊防、西方既定、大功告成、百餘年來偃武修文、漸弛兵備、以爲長享承平、天下可無事矣、詎同治三年、布魯特叛酋忽舉亂、逆回金相印等、攻陷喀什噶爾、蠶食南八城、吐魯番、烏魯木齊等相繼淪陷、其時中國適有髮捻之亂、兵力不敷分撥、勢難兼顧、俄兵因得長驅直入、進據伊犁等城、馳書中國、稱暫代管轄、一俟我兵西向、亂黨剗除、即當完璧歸趙、甘心退讓等語、乃　朝廷特命湘鄉相國左宗棠、以欽差大臣督辦新疆軍務、爵帥老成謀畫、督率所部淮湘勁卒、勦撫兼籌、議定先規北路、首復烏魯木齊、以扼其總要、旋克瑪納斯、數道並進、規復吐魯番等城、力爭南路要隘、然後整旅西行、勢如破竹、將十餘年淪陷之天山南北諸城、全行克復、救民水火之中、登諸衽席、雖糜餉不貲、而朝廷西顧之憂頓釋、大帥以全功底定、得二等侯爵、而新疆乃無逆回之跡矣、詎俄國以伊犁地方肥沃溫暖、久已垂涎、遂以抵償兵費爲辭、轉輾爲難、事幾決裂、卒以諸大國從中排解、得暫息干戈、仍以玉帛相見、亦幸事也、

考其山川、天山別名騰格里、崇巖峻嶺、上插雲霄、橫亘數千里、最高者得一千八百二十丈、中有火山一座、約計三百二十丈高、南界崑崙、西有葱嶺、皆見於前、河之巨者、有塔里木河、中流天山南路、發源自葱嶺、滙流於羅布及博斯騰二大泊、河中產玉石甚多、大者如盤如斗、小者如拳如栗、各色不同、其如雪之白、翠之青、蠟之黃、丹之赤、墨之黑者、爲上品、一種羊脂朱斑、一種碧如波斯菜、金片透濕者、尤爲無上上品、土人亦不多得、北路有伊犁河、天山之水、滙爲巨流、迅急湍激、渡資舟楫、中多白魚沙魚水獺、西北入俄羅斯地、卒歸巴爾噶什泊、東南有瀚海、與蒙古瀚海連絡、流沙廣漠、一望無垠、此外則沃野千里、百穀皆宜、形勢之勝、無殊內地、從前市肆羅列、百貨充陳、俄人加意於此、依依不舍、殆爲是耳、

新疆頻年用兵、死亡枕籍、孑遺之衆、僅兆有十萬餘、俗尚回教、凡宴會鄉飲、概以多殺畜牲爲敬、駝馬牛均爲上品、羊或數百頭、惟嚴禁豕族、莫得宰食、蓋回例也、各色瓜菓冰糖香油、及燒煮各肉臘餳餅餌之屬、皆盛以銅錫木盤、紛紛前列、任便取食、樂器雜奏、歌舞喧譁、皆拍手以應、以極醉爲度、甚有連宵達旦、醉而醒、醒而醉者、亦陋俗也、回男不畜髮辮、不剃髭鬚、惟剪唇鬚、以便飲食、回女垂髮辮數十、嫁後一月、則梳髮後

垂、以紅絲爲絡、寬六七寸、長三四尺、其雙歧拖地處、仍絡紅絲數寸、成穗、富者上綴細珠寶石珊瑚等物、囊髮垂後、衣皆大領窄袖、男左衽、女廠前襟、內襯衫褲及膝、女帽冬夏皆用皮、男帽冬虎皮、夏用綢綾猩氈爲頂、倭緞爲翅、高五六寸、前後尖翅亦各長五六寸、男翅兩平、女帽後翅少垂、見人無跪拜之禮、凡遇尊長及頭目、交手當胸、而傾其首、婦人亦然、此風俗之大端也、言其物產、肥煖之地、百穀皆有、以小麥爲細糧、粳棉次之、大麥糜子、用以釀酒、或充牲棧而已、餘豆粟芝蔴蔬菜瓜茄之類、歲皆大熟、惟回民鮮知食用、蓄儲之法、亦不講求、故不多種、種稻之法、每居春氷消融、引水入田、微乾、則耕犂播種、苗生數寸、又放水灌溉之、嘉禾與惡草同生、芸鋤之力弗施焉、最忌春寒、寒則春水來遲、播穀不時、回人種瓜與稼穡等、或圓或長、夏秋之間、入其村落、莫不獻此爲敬、產集吉草、勁直光潔、極堅綿、屈之不折、可作箸、沙竹似葦無節、心亦堅實、爲用甚多、松仁、皮似柰、肉碧綠、甜而微腥、無內地松仁氣味、野馬駝騾、隨處皆有、深山戈壁之中、往往成羣、野牛尤矯健多力、最爲兕猛、又一種大頭羊、角長而盤旋於頂、肉粗劣、皮極溫煖、回人多以製裘、煖體奇溫、洵冬服之上品也、豺狼生深山中、高尺餘、長三尺、百十爲羣、行列整肅、如人圍獵、遇弱獸、則羣起噬之、無得脫者、塔爾巴哈地多熊、色蒼黃、又多麈、有烏毛似雞、味甚美、常棲樹杪、亦名樹鷄、葉爾羌城和闐等處、出㲲緞㲲紬、金銀絲紬緞布、及各色玉石、每年採貢、多至萬觔、若攻玉鏤金之精巧、則阿克蘇與喀什噶爾人爲第一、鬼斧神工、內地轉多不逮、亦回部之精品也、所願平定後、營生種植、各隸版圖、永爲　聖朝不侵不叛之臣、則軍國之大幸、亦未始非邊隅福佑也、跂予望之、

亞洲圖考　卷三

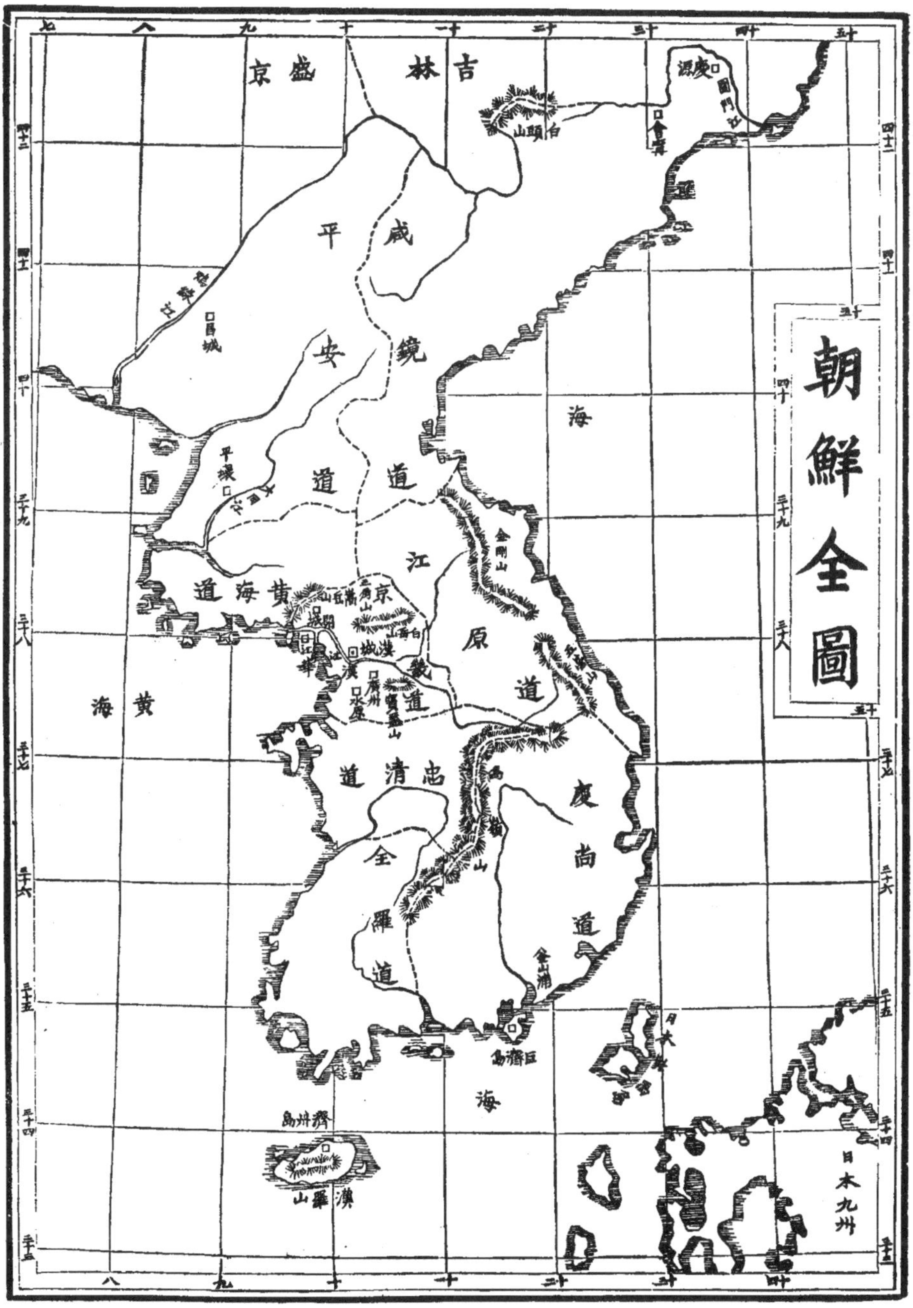

六十八

39

朝鮮考畧

朝鮮別名高麗、以蕞爾國、僻處東隅、自箕子受封、至今幾三千年、臣服中邦、向稱恭順、洵屏藩要地、王室爪牙也、南北相距約千八百里、東西最寬處僅八百里、地形長袤、中狹而首尾較廣、似巨人靴、東西南三面濱海、西北至盛京、以鴨綠江爲界、北界吉林、東北與俄羅斯爲鄰、沿海島嶼環列、碁布星羅、或斷或續、數難更僕、濟州巨瀴、其大者也、秦代爲遼東外徼、漢末爲公孫度所據、傳至孫淵、魏滅之、五代以後、王建闢地益廣、幷新羅百濟爲一、都開城、以平壤爲西京、國號高麗、壽子孫遣使朝貢於宋、亦貢遼金、歷四百餘年、未嘗易姓、明洪武二年、其君王顓表賀卽位、賜以金印誥命、封高麗國王、在位二十五年、子瑤嗣立、昏庸無度、荒耽酒色、衆推門下侍郎李成桂主國事、詔許其自立、聲教成桂更名旦、遷鼎漢城、請中朝改國號、詔更號朝鮮、旦衰、請以子芳遠襲、永樂元年、詔賜芳遠金印誥命冕服、以承統緒、十七年、芳遠年邁、以其子請襲、厥後世世繼繩、遵守罔替、萬歷時關白來寇、國中以承平日久、不諳戰事、望風四潰、全境失陷、王出奔、請救中朝、遣兵征之、會敵酋死、遂復故土、國析爲八道、中曰京畿、東曰江原、西曰黃海、南曰全羅、東南曰慶尚、西南曰忠清、東北曰咸鏡、西北曰平安、　國朝仍其制、頒定歲貢章程、歲將終、王遣陪臣來京、具儀上表、泥守宮門、中朝厚賚其王、大饗使臣、飭領欽天監時憲新書以歸、凡逢兩國慶喪等大事、亦刊有賀吊定制、常行弗替、近年該國與泰西諸大國立約通商、開設釜山鳳山鷗山等埠、　朝廷命合肥相國李鴻章與其使臣議定互市章程、縷存君臣上下之分、以明　中朝藩服、非通商諸國所得較短長、惟條欵甚繁、業已見諸報牘、爰闕而不書、以仍考畧故制、

考朝鮮官階品秩、暨風土人情、與中國大同小異、上有三公、位居丞相、贊襄國政、冢宰百官、名曰領議政、及左右議政、亦有六部、曰吏曹、戶曹、禮曹、兵曹、刑曹、工曹、各曹判書一人、位並　中朝尚書、參判一人、參議參知各一人、下有正郞左郞等官、外官每道設監司一員、如　中朝督撫然、下有府尹、及大都護府、牧使、都護府、都事、判官、郡守、縣令、縣監等職、有所謂留守者、額設四缺、用以護衛都城、位副監司、而職並焉、分駐江華、

廣州、開城、水原四城、均隸京畿道、武秩、內官除兵曹外、設有五衞、京畿、江源、忠淸、黃海四道爲中衞、慶尙爲左衞、平安爲右衞、全羅道爲前衞、咸鏡道爲後衞、五衞各裨將十二人、又設禁衞營、總戎廳守禦廳訓練都監、左右捕廳大將、率皆文武二品大員兼職、外官有統制使、節度使、虞侯、僉節制使等職、各分兵馬水軍兩班、名目紛煩、不勝縷述、國中官爵、世祿居多、罕有以才學登選者、至以白屋而躋公卿、則更寥寥焉、蓋限於資格、拘於畛域、習俗相沿、牢不可破、募兵之制、凡平民男丁年十六、强壯能用武者、選以充役、年屆五十者免、篤疾廢疾者亦如之、若篤疾廢疾、且年七十以上者、其胞兄弟亦准免役、若至九十以上、則諸子盡免役、人民貧多富少、居皆茅茨屋之覆瓦者、十僅一二、室無桌椅、皆席地而坐、衣服多麻苧、衫皆大袖、巾形如弁、知文字、喜讀書、性柔而謹、孝親敬長、風氣頗敦、凡遇婚喪大事、或水火之災、鄰里之人、莫不爭先勔助、不吝財、不惜力、其仁愛公義之誠、有足多者、待賓客甚厚、雖行道人、素昧平生者、苟欲假館、亦必殷勤欵接、飲之食之、與至親密邇者無間、設風雨間阻、即連朝下榻、亦莫之怪、因之風氣漸即於濫、而游惰之習起矣、北方之民、性概强悍、耕漁操作、倍勤於南方、南民氣質寬厚、人才輩出、頗有文質彬彬之概、惜通國惑於左道、崇釋信鬼、溯前明萬歷間、國人始有打破迷團、信崇眞教、　迨國朝嘉慶時、聖教振興、從者益衆、無如風氣未開、旋垂苛禁、致國人尚多昧於眞宗、是可嘆也、

高麗山嶺縱橫、盤旋紆曲、入其國者、終日行羊腸鳥道中、無平坦之區、履步殊欠暢適、計自圖門江遵海而南、蜿蜒奧衍、綿亘千餘里、其最著者、京畿道有寶盖山、其形確肖、在都城東南百里、北有三角山、白岳山、風景絕佳、爲游人玩賞之所、西北有神嵩山、一名嵩岳山、又作松岳山、在開城西、王建都此、爲開國主山、故城曰開城、咸鏡道有白頭山、通國諸山、此爲最峻、山頂積雪、經月不消、晶瑩皎潔、一望如銀、以是得名、其次爲全羅道濟州島之漢羅山、或作漢拏山、慶尙道之鳥嶺山、又次之、廣袤數十里、懸崖巉削、中通一線之路、江河之大者、一曰漢江、源出金剛五台二山、合流過漢城之陽入海、其南、即古百濟國、大同江、一作大通江、舊名浿水、唐蘇定方破魯兵於浿水、即此、西北有鴨綠江、一名馬訾水、圖門江、或作豆滿江、東南流入海、至論

人物、唐有崔致遠崔匡裕二人、游學中華、成進士、名震一時、明洪武初有金濤、登丙辰進士榜、宋濂會試錄序、稱高麗之士與焉、濤其一也、鄭夢周、少負忠孝大節、精研性理、爲東方理學之宗、累官門下侍郎、當國家多故、處大事、決大疑、不動聲色、時稱王佐才、李穡秉質聰敏、博通經籍、自政歸李氏、穡與夢周等、思奪社稷於成桂之手、以延王氏一綫緒、雖貶徙流離、始終不變、忠節可風、時稱僅見、南袞、累官吏曹參判、輯三綱行實問世、徐居正、字剛中、有文學名、著有北征稿、申叔舟、官左參政、天順間、張寧使朝鮮、叔舟爲館伴、唱和甚多、清麗芊綿、亦絕域才也、申光漢舉進士、有綱常變策、傳誦一時、許篈同弟許筠、先後掇狀頭、皆以文鳴於時、妹許景樊、名亞二兄、爲閨秀中所不可多得、至其物產、金銀銅鐵之鑛皆有、亦產參黃漆等物、黃漆樹似椶、六月取汁漆物、色如金、馬高三尺、身小力强、俗名果下馬、又有長尾鷄、尾長三尺許、其綿布、苧布、粉紬、各色紬、虎皮、赤狐皮、海參等、尤爲國中富有之物云、

越南考畧

越南卽安南、世爲中國藩屬、處雲南兩廣之南、東南二面、悉界南洋、西接暹羅、西北毗連緬甸、南掌、形似長蛇蜿蜒、南北相距約二千七百里、東西闊處可七百里、窄處僅得其半、古交趾地、又名南交、秦屬象郡、漢武帝置交趾、九眞、日南三郡、光武中興、以任延錫光爲交趾九眞守、教耕種、制冠履、立學校、女子徵側徵貳反、伏波將軍馬援討平之、建安中、改爲交州、前五代因之、唐初改安南都護府、安南之名始此、梁貞明中、爲土豪曲承美所據、自是迭相侵擾、國內屢不靖、旋爲丁部領討平、宋乾德初、上表內附、以部領爲安南王、是爲外藩之始、部領傳子璉及璿、大校黎恒篡之、傳二十年、爲李公蘊所篡、李傳世八、都二百二十二年、至李昊旵無子、女昭盛立、避位於夫陳日照、爲安南國王、傳至日烜、元始祖遣使令入覲、不奉命、帝震怒、發兵討之、尋遣使謝罪、始免、陳氏傳十二世、凡一百七十年、明洪武二十一年、陳煒爲相國黎季犛所弑、季犛子蒼、更名胡奝、改國號曰大虞、永樂四年七月、命朱能張輔陳晟等率兵討之、俘季犛父子、詔求陳氏後立之、無所得、爰郡縣其地、洪熙元年、寇孼黎利作亂、朝廷命王通柳升討之、柳升敗死、王通棄地乞降、盟約而退、尋黎利奉表謝恩、懇准內附、詔命利權著國事、黎氏傳十世、嘉靖元年、黎維譓爲莫登庸所篡、命仇鸞毛伯溫討之、登庸面縛銜璧以降、詔爲安南都統使、莫氏之後、復爲黎維譓孫維潭所奪、兼幷占城、合爲一國、其占城廣南地、卽以左輔政阮氏世守之、 國朝乾隆之季、前安南王黎氏甥阮福映、盡有安南地、改國號曰越南、迄今世守藩封、循例朝貢不替、此越南沿革之大畧、而藩服中國之實在情形也、

越南初本三分、北爲交趾地、後名東京、中爲神化廣南占城等地、南爲眞臘柬埔寨地、今已倂爲一國、分南北左右四圻、省十五、維疆域大小不齊、要皆窄隘無幾、僅比中國郡縣、北圻十五省、曰古邦、疑卽古安邦府、或稱高平、曰諒山、又名諒北、曰太原、曰宣光、或稱明光、曰廣安、曰海東、亦名海陽、曰京北、又名北寧、曰河內、卽東京、故都在焉、曰山西、曰興安、舊稱山南、曰南定、曰寧平、卽清外省、曰清華、卽清內省、一作清化、曰乂安、曰河靜、左圻二省、曰廣平、曰廣治、右圻亦二、曰廣南、曰廣義、在左右二圻中、有富春省、一作廣德、畿內地也、

京都仍省名曰富春、又曰西京、亦稱南京、承天府、古爲順化升華府、治國王以下、及各部衙門外、另設總督一人、節制京省、其餘內外百官、皆彷彿有明舊制、廣義以南、爲南圻十省、曰歸仁、曰富安、曰衞莊、或稱衙莊、一作廣和、曰平順、曰邊和、一作番和、又稱平化、曰嘉定、卽西貢、會城仍西貢之名、曰安江、疑卽面當、曰永隆、曰定祥、曰河僊、此十三省中、邊和以下六省、昔屬眞臘柬埔寨、後隸越南、咸同之間、漸次爲法蘭西兼幷、夷爲郡縣、治體悉照法國成例、風氣爲之一變、迤北河內省會、越南故都、卽所稱東京、又作北京、設有總督駐節、以資控馭、城垣遼闊、牆濠峻深、茲値該國與法蘭西軍興之際、越人攘臂爭先、莫肯相讓、然强弱懸異、勝負判然、鄒與魯鬨、越其危矣、

國中有大山綿亘南北、有河港穿貫東西、山中洞峽幽深、頗饒勝致、河港類出西境山中、惟富良江自雲南發源、上游汊港紛歧、稱名不一、曰李仙、曰河底、曰三岔、皆會於山西省大關口、惟山陵廣踞、川澤瀰漫、箐密林深、瘴癘流毒、人觸其氣、輕則疾病、重則死亡、統計人民約二十一兆有餘、北圻得十五兆、身軀矮短、無異侏儒、賦性懭悍、舉止反覆無常、然總明强記、尊長孝親、尙有王者遺風焉、所讀書籍、與中國同、惟音則迥異、取士設鄉會科、亦用詩賦策論、士大夫尤喜吟咏、雖劣不成句、弗顧也、名人之最著者、首推姜公輔、姜唐時人、入中國、以進士第擢右拾遺、翰林學士、德宗幸奉天、公輔扣馬諫曰、朱泚嘗爲涇帥、廢處京師、心常怏怏、若亂兵奉以爲主、恐難制矣、後言果驗、帝深器之、擢爲同平章事、旋以表諫唐安公主造塔事、罷爲左庶子、再貶泉州別駕、言其物產、平原饒沃、穀果皆宜、桑柘成村、菽麻蔽野、兼饒魚鹽之利、又產檳榔、胡椒、烏木、紫降香、降眞香、沉香、速香、諸物、珊瑚、玳瑁、所產亦夥、山中五金礦外、富有犀象兕牛羚羊猩猩麋鹿等、亦可謂饒富矣、

暹羅考畧

雲南之南、越南之西、有暹羅國、南臨大海、西南毘連各番部、西接英屬部、西北與緬甸錯壤、南北相距三千四百餘里、東西寬處千三百餘里、狹處幾不滿百里、本暹羅及羅斛二國地、暹土磽瘠、不宜耕藝、羅斛平衍

而多稼、夙稱沃壤、暹人歲仰給焉、逮元至正間、併合爲一、明洪武初年、遣使朝貢、進金葉表、七年九年二十
年皆入貢、二十八年、朝廷遣內臣趙達宋福等使暹羅、立嗣王文綺、永樂元年遣使來京賀登極、十七年遣
使賞詔、諭其國王、俾與麻六甲平、十九年遣使貢方物、謝侵麻六甲罪、自正統至嘉靖、貢使絡繹於道、 國
朝定鼎後、修貢職尤謹、康熙六十一年、 上諭暹羅國貢使言其地米甚饒裕、銀二三錢、可買稻米一石、朕
諭令分運米三十萬石至閩廣浙江、於地方甚有裨益、不必收稅、雍正七年、 御書天南樂國匾額賜之、十
四年、又賜 御書炎服屏藩匾額、乾隆三十六年、國爲緬甸所滅、旋恢復、故王無後、衆推大酋鄭昭中華人
爲長、子華嗣立、誥封暹羅國王、至今纘繩弗替、五十五年、遣使賀八旬萬壽、受封爵、定十年一貢例、嘉慶十
年、上表言攻緬得勝、頒 敕諭解之、初西南沿海屬部衆多、著者曰六坤、曰吉德、曰大哖、曰吉連丹、曰丁噶
奴、此數部者、雖旋叛旋復、至今仍隸版圖、南數部曰彭亨、曰舊柔佛、曰麻六甲、曰沙喇俄等、則久懷叛志、自
立酋長、不復納貢於暹、至舊柔佛部之新嘉坡島、麻六甲部之內埠、吉德部之檳榔嶼、延袤數百里、皆爲英
人割據、南掌一名老撾、本小國、介緬甸暹羅兩國間、而分隸焉、北鄙隸緬甸、南部屬暹羅、各自立酋、歲貢方
物、相安無事、此外部落尚多、難以備舉、曰宋、曰嘉陵、曰喇瓦、其總名也、地廣人稀、綜計之得五兆有奇、國分
郡邑、縣隸於府、府隸大庫司、大庫司者、規制畧似 中朝布政使司、猶地亞、爲其故都、在湄南河上游、新都
曰曼谷、在湄南河淤島上、周十六里、城中有小河、可通舟楫、房屋富麗、樓臺雄壯、足爲海南各國冠、廟宇更
形奢靡、窮極工巧、都城中復建王城、周二里有奇、宮殿用金裝綵繪、覆以銅瓦、室用錫瓦、街以美石砌成、規
制極爲整飭、通國之富裕、由是可見一斑、
官制有九等、選舉由鄉舉於大庫司、以文達國王、王定期考試、咨以民事、應對咸宜、始賜章授官、考課亦以
三年爲期、文字皆旁行、與漢字迥別、明正德中、選留貢使一二人入館肄業、後皆稍通漢文、國王臨朝端坐、
威儀甚尊、百官偏袒跣足、屈腰蹲身以爲敬、有事則具文書、朗誦上聞、俟王可否乃退、王出必乘飾金彩轎、
或乘象車、冠金嵌寶石、形似兠鍪、上下衣裳、綴錦五彩、窄袖朱履、元首獨不剪髮、臣民均須修剪、男女椎結、

耳環手鐲、白布纏頭、官一等至四等、金嵌寶石帽、五等至九等、五彩絨緞帽、婦女粧髻簪釧、戒指脂粉、差同中國、富貴家男女俱上衣下裳、五彩織金花幔曳地、履用牛皮、間染紅黑色、貧賤者類皆跣足、裸上體而下圍以水幔、胸前背後、垂大汗巾一幅而已、俗尚佛教、男兒年十二三皆出家爲僧、即天潢貴胄在所不免、其時住居廟宇、學梵典梵字、僧師命其服役、驅策如奴僕、如是者七八年八九年不等、始准還俗、各從所業、蓋其出家、如中國出外就傅、非終身披剃者比也、故其言曰、人生不可不出家、不可久出家、不出家則不知規矩、久出家、則虛度光陰、究其所學、則空空洞洞、仍一名一物之不知、蓋僧師怠荒有素、教誨無心、故其生徒返俗之年、依然愚魯、識字者僅十之一二、能書寫通經籍者、更寥寥無聞、人民多嗜野味、罕食家禽、更喜啖蛇蟲、食檳榔、以黑其齒、齒全黑者、乃稱美麗、人身多矮、面黃黑、少鬚鬣、多髮、性柔順、兇毆鬥殺之案、鮮有見聞、土壤膏腴、民多游惰、居無牀桌几櫈、皆以藤蓆竹簟、鋪地而坐、食無箸、十指以代、

其地東西有重岡叠嶺、中則平原坦闊、邱阜寥寥、有大水一、曰湄南河、發源自雲南、至暹羅北境、會諸水成大河、迤邐至都城曼谷之南數十里、達於海、水深而寬緩而散、田疇藉以灌潤、農時掉舟耕種、插秧既畢、水即泛漲、苗隨水長、不煩戽運、待水退而稻熟矣、故米價極賤、歲有餘糧、運以出口、此外物產、有金沙、銀、鉛、錫、鐵、龍涎香、速香、象牙、翠毛、鹿筋、燕窩、海參、海菜、蘇木、烏木、金鋼鑽、寶石、鳥獸中有孔雀、五色鸚鵡、犀、象、金絲猴等、又產羅斛香、味清遠、似沉香、以地得名、

國中無論君民貧富、人死不葬、概以火燄山爲藏骨地、國人毅然不爲怪、紳富巨室、人之將死、必預延親戚故舊及黃冠羽客、環遶諷經、梵唄之聲、不絕於耳、比氣絕、相嚮號哭、逾刻將屍身洗濯潔淨、衣以華服、然後舁屍入棺、廬圍焉、棺飾以金、雕鏤綦巧、停棺於室、三日乃穴壁舁出、謂不由戶而由竇、恐鬼將迎門而返也、棺出、繞屋疾行三匝、乃登舟、執紼送喪者、咸服縞素、艤舟古剎前、送柩入至中庭、架薪木成阜、啟棺寘屍其上、舉火焚之、送喪者繞立四圍、各薙髮以示哀、火燼、拾其殘肢剩骨以歸、釃酒宴客、豪興颷舉、無論家人親友、莫不終日酺啜、喜躍欲狂、三日乃已、國君崩、則舉國臣民咸惶惶若有所失、蓋喪禮既盛、則徭役亦多也、

崩之日，將屍扶坐令直，如生人，先以水銀由口灌入，乃鑄黃金爲盆，置坐椅下，椅之坐處本空，少頃，其腹中穢濁渣滓，咸由下部瀉入盆，令盡，屍頓枯瘍，復提屍屈其兩膝納金匱中，是於出令召工師入山伐巨木，擇都城適中處，築臺高三十丈，五金嵌鑲，窮極工麗，四週拱立神仙鬼怪馬牛之屬，均以巨材雕琢成像，或以紙帛糊之，斑駁陸離，猙獰可懼，佈置既畢，前後各設布幔，圍作屋數十間，以備送喪文武臣工憩息，工既蕆，乃擇諏舉行火禮日期，然距君崩日，已歲星終矣，屆期，奉金匱置御輦上，輦制炫麗奪目，以黃金爲飾，一路儀仗鮮明，管絃嘈雜，國人聚觀，幾至空巷，行抵臺所，將屍取出，納臺上，召梨園子弟開場演劇，連七日夜，然後舉火焉，於是金鼓大震，傀儡雜陳，有騰身縱舞者，有伸臂弄拳者，種種兒戲，不名一格，入夜則哀絲慘竹，作悲怛之音，嗣位新主，每日必登臺撒下銀錢鈔票數張，觀人攘奪以爲樂，至第七日，新主乃取收貯之雷火，由最下處燃起，烈燄漫天，盡成灰燼，復於焦炭中拾取殘骨數莖，携歸，和入白泥，搗爛，摶成小像一尊，藏之太廟，而臺所已摧爲平地矣，此其火葬之陋俗也，

緬甸考畧

緬甸，南藩大國也，別名阿瓦，古朱波地，在唐曰驃，宋元曰緬，明洪武間始內附，永樂朝使編修張洪至其國，嘉靖初，外夷以重兵侵之，殺其王莽紀歲，緬訴於朝，遣員前往解釋，不聽，迨紀歲庶子瑞體起兵洞吾，復其地，東破南掌，南取暹羅，攻服鄰封諸部，雄鎮西南，聲威大震，瑞體死，應裏繼之，萬歷十三年，族弟莽灼來歸，應怒攻之，灼奔騰越，自是屢爲邊患，滇南騷擾無寧歲，迨後爲暹羅所攻，不暇內犯，邊陲因而安謐，　國朝定鼎之初，首先効順，投誠列服，乾隆中懷貳犯邊，旋仍賓服，迄今仍之，初國本三分，曰阿瓦，曰阿臘干，曰秘古，各不相能，互爲爭奪，阿瓦適當其衝，屢遭蹂躪，頗以爲苦，萬歷二十八年，阿瓦志懷報復，突與爭衡，遂服秘古，垂百四十年，相安無事，乾隆初，秘古復叛，血戰十餘稔，卒獲全勝，直抵阿瓦都，生擒其王，而國反屬於秘古焉，阿羅般以甕牖繩樞之子，揭竿起事，招集士兵，恢復阿瓦國都，自立爲王，盡收其舊地，又出師攻滅秘古，數年，秘古又叛，王山巴領親征平之，遂乘勝取暹羅，久之，仍受衄敗，勞軍縻餉，貽他人笑，乾隆四十八

年、皿底臘疑勃老立、起師攻取阿臘干、合爲一國、軍威大振、會西鄙之民、與孟加臘英屬部人、屢肇衅、致與英人失睦、道光六年、英人率印度兵來攻、緬人恃其習戰、視英人蔑如也、然紀律罕嚴、進銳退速、卒爲英軍所挫、進逼都城、緬軍大懼、不得已卑辭求和、割阿臘干等地與之、賠償兵費數百萬兩、事始寢、咸豐二年、又以構衅議和、盡失南方秘古等地、而目下緬甸疆域、僅存彈丸黑子矣、其國東西相距約千四百里、南北相距較廣、東界滇省、西界印度、南接暹羅、秘古及馬耳達萬等印度屬部、西北界英屬阿薩密國、東南以所屬南掌北陲爲界、考其形勢、北境岡巒層叠、鳥道崎嶇、南則平原寬衍、一望無際、國中長河聯貫、田土膏沃、其京都遷徙無常、要因其時事之宜、故都曰阿瓦、曰安拉補臘、曰孟卓包、曰滿大來、今定鼎於滿大來、未知刻復有喬遷之舉否也、

緬甸迭經侵削、死亡枕藉之餘、孑遺人民、僅得四兆、軀幹修短適中、顏面稍形黧黑、男女畜髮甚長、皆綰髻、男子項前、女子項後、居恒露頂無冠、尊者之冠、前高聳而後斬削、男女皆穿雙耳、貫金銀環以爲飾、男子服長而窄、東以巾、長至丈有七八尺、女子上衣下裙、畧短而較寬、賦性悍勇多詐、懈怠成風、飲食尚節儉、席地無箸、與暹羅同、王宮富麗、民居窪陋、植木地上、以藤繫架、簟蓆爲牆、覆以苫茨、大者不日可成、小者頃刻立就、民樂爲之、取其便也、俗尚佞佛、赴廟燒香、十合膜拜、每逢大會、踵趾相接、舉國若狂、爭先効力、有大事、必抱佛賭誓、然後敢決、建廟造塔塑像等役、即貧窶之家、莫不慨然捐助、多方稱貸、勿恤也、僧人黃衣髡首、沿塗乞食、狀貌可憐、而國中奉以爲師、男童七歲以上、皆削髮入寺、課讀佛經、兼習詩詞、經史之學、則概付闕如、二十歲左右、始准還俗、各隨其業、治斯民者、君王懍嚴臨上、操生殺之權、綜攬朝綱政事、下有親政大臣、輔政大臣、副理政事、通事臣各一員、部有帥、郡有守、又下則有土司、調司等職、祿無常制、故賄賂公行、肆無忌憚、殊非民生之福也、

國有大河二、東曰潞江、一名怒江、發源前藏、歷雲南入緬、南向直流入海、西曰伊底河、亦自北而南、貫通全地、入秘古至蘭雲城南入海、說者謂潞江即瀾滄江、或曰即雅魯藏布江及恒河、其說非是、考輿圖、瀾滄江

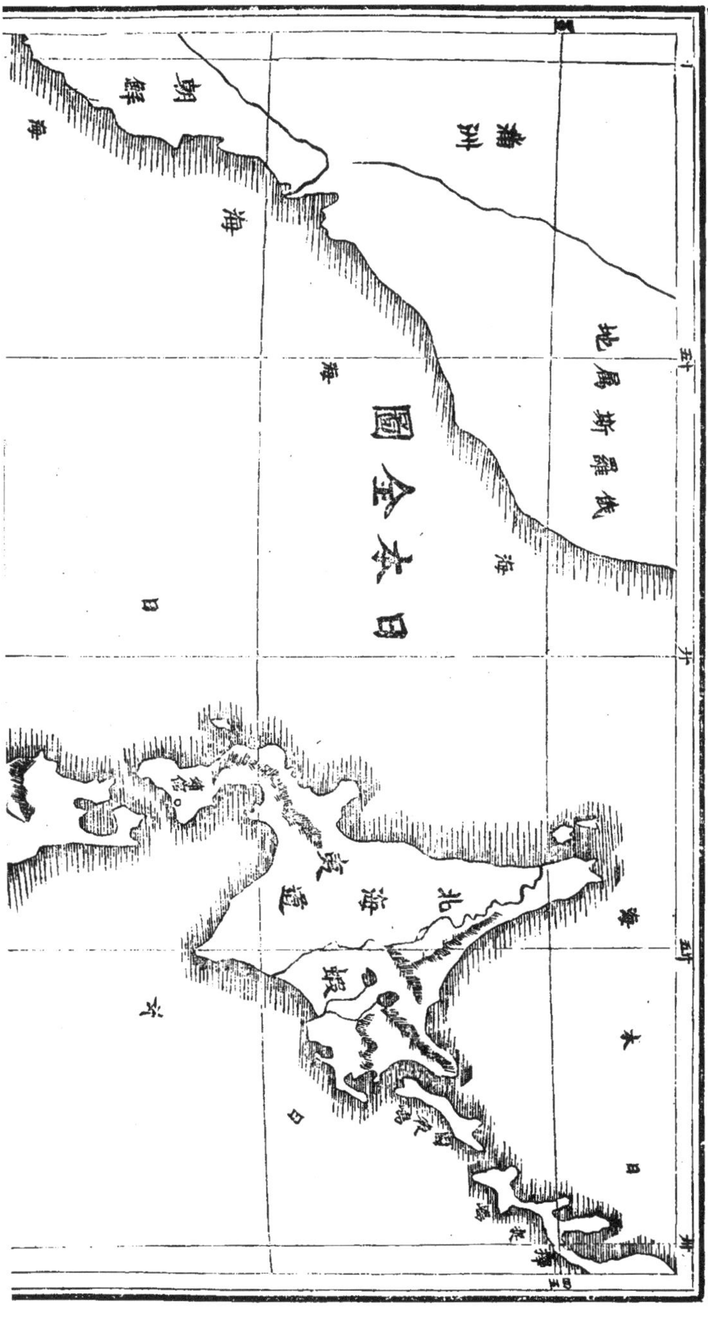

在東、自前藏順流而下、經雲南入緬屬之老撾、即南掌地、繼遶暹邏之南掌地、卒由東埔寨入海、自是而潞江而伊底源分流異、昭然若揭、殊不可混也、至雅魯藏布江、及恒河、則已深入印度、更不可與之淆混、考據詳明、毋庸贅辨、緬甸惟迤北有山、南方不概見、平原饒腴、年中所產、輒有盈餘、山中多出象虎豹熊等野獸、地又產琥珀寶玉象牙檳榔銅鐵鉛錫石油等、石油出自深井、初汲出時色青厚、燃之出黑烟、想未經濾清故、盛產堅木一種、屬梗楠之類、取以造舟楫、作棟樑、堅勁無比、累世不朽、貨財由生、國之寶也、

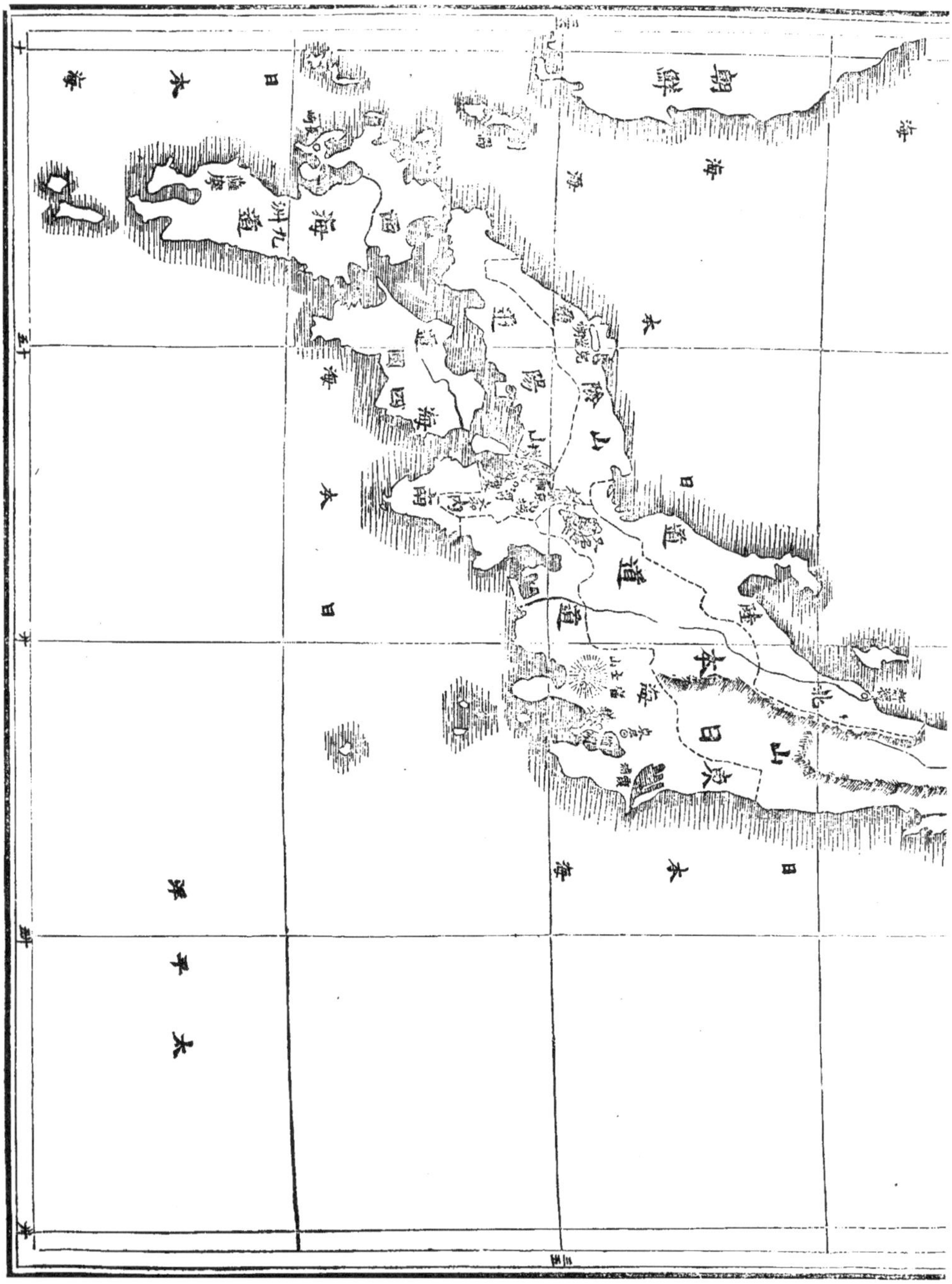
朝鮮
日本海
太平洋

亞洲圖考卷之四

日本考畧

日本古稱倭奴、唐咸亨初、國人惡其名、更號日本、以地處東洋、日光先出故也、四面環海、形勢雄奇、大島五、居中者名日本、西曰九洲、西南隅爲薩摩島、南曰四國、東北曰蝦夷、或作擭服、別有東夷、毛人、毛民之號、西北爲對馬島、與高麗南境、相距僅百餘里、此外島嶼縈廻、星羅棊布、悉數難終、地勢修狹、作蜻蜓折翼形、南北相距三千八百里、東西相若、其中陸地無多、幅員未免偪窄、桉其國史言神武天皇以前、有天御中主、天材雲尊等、年代湮遠、事蹟渺茫、傳訛之論、不足取信、兩漢始通中國、晉魏以後、佛教盛行、唐貞觀間、屢遣使臣往來、宋初國僧奝然浮海來貢、太宗特賜紫衣、存撫有加焉、元至元間、屢遣使招之、不復命、十八年、命范文虎等將兵十萬、統戰船九百征之、會罹暴風、全軍盡沒、生還者三人而已、終元世、不復通問訊、明與倭人乘中國用兵、屢寇海濱各州縣、洪武二年、遣使頒詔書、且詰其何故入寇、不報、侵掠如故、永樂元年、始通表貢、時對馬壹岐諸島賊、掠濱海居民、諭其王收捕之、王如命、執其魁二十人以獻、自是頻入貢、亦頻獻所獲海寇、且表言島中無賴、鼠竊時發、實非遠臣所知、願貸罪、語極恭順、然海寇仍不絕、嘉靖二十二年、徽人汪直、與奸民徐海、陳東、麻葉等、勾引諸倭、大舉入寇、舳艫銜接數百號、蔽海西至、浙東西、江南北、濱海數千里、同時告警、所至輒陷、驛騷二十餘年、至萬歷四年、總督胡宗憲、總兵戚繼光、劉顯、俞大猷、協力攻剿、殲徐海、俘麻葉陳東、斬汪直、倭患始平、秀吉者、薩摩人奴也、雄健矯辯、關白信長、見而悅之、令牧馬、後漸用事、爲信長畫策、奪幷二十餘州、擢爲攝津鎮守、會信長爲其下明智所殺、秀吉平其亂、威名遠振、尋廢信長三子、自稱關白、蓋關白爲尊號、通國一人而已、萬歷二十年、移師寇朝鮮、朝鮮望風四潰、王奔平壤、尋遷義州、遣使告急、中朝發兵救援、不獲勝、會秀吉死、諸倭遂揚帆歸、朝鮮以平、 國朝肇興遼瀋、聲靈赫濯、遠鎮東方、數百年來、相安無事、同治八年、始有通商之約、十三年、台灣之役、幾肇釁端、幸和議旋成、仍以玉帛相見、乃盟

約未久而光緒五年復有夷滅琉球一事至今大局未臻妥善諒兩國素輯邦交定必仍敦和好也
通國畿內外共分八道曰東海道曰西海道曰南海道曰北海道曰東山道曰北陸道曰山陽道曰山陰道
道統國國統郡畿內爲國五曰山城曰河內曰大和曰和泉曰攝津八道中又分八十二國七百一十七郡
建都處名曰東京西京爲舊時都邑日皇惟歲時臨幸而已考其朝綱政事與中國相髣髴國君生殺黜陟
獨握全權下有太政官如中國內閣軍機處外務省統理各國事務內務及大藏省陸軍省海軍省文部及
教部省工部省司法省各道設鎮撫使畿內謂之總督各國有國守職如太守而權則幾同巡撫其餘文武
官員職秩繁多分爲九位倣中朝九品官制九位中自一位至八位各有正從之別如正一位從一位之類
其九位卽初位獨以大少別之曰大初位少初位四位以下又分上下如正四位上正四位下等是人民之
數約三十三兆四十二萬有零國人身多短小面色微黑室無桌椅設矮腳几席地而坐男女衣服皆大領
闊袖衫長拂地短襪曳屐男髡鬚而薙頂留髮至腦後闊寸餘綰爲髻女不薙髮前後挽髻插玳瑁簪邇
來仿效西法男子多改西裝有頭戴西冠而足曳東屐者亦有下衱皮履而上椎高髻者更有冠履皆易而
衣裳仍舊者羊裘菖蒲各從所嗜男子常佩刀劍尊者多至二三柄睚眦不合積忿於心無可發洩往往自
刎以報亦愚甚也房屋概取竹木無高牆堅壁以地多震撼故然因之火患頻仍延燒四面街巷爲空每歲
被焚房屋不可數計近聞當道議定營室規程曉諭民閒一律遵照矣文字與中國同而音則迥殊意義間
亦歧異如御字中國惟　帝王用之彼則無物非御義與大同更有字母參以土音意義尤難解釋所奉之
教除儒釋外兼尚神道教前明嘉靖時有西土聖人方濟各入其國廣宣天主正教君民臣庶向化甚衆嗣
遭亂臣關白秀吉之難而聖教中微然猶未絕也年來日廷漸弛禁令又與泰西諸大國立約通商永敦和
好定商埠八曰東京曰京都曰橫濱曰大坂曰神戶曰長崎曰新瀉曰箱館舉皆倣效西法機器製造輪船
電線靡物不備數千年之舊制爲之一新矣

日本峯巒險阻崎嶇不平通國火山四十有九噴燄吐烟屢遭地震此四十九座中今已息滅者三十有二

山之最著者、名曰富士山、在東京西南約二百里、高峻絶倫、爲通國羣山冠、頂上積雪、經月不消、日本國史記孝靈天皇五年、卽吾中國周赧王二十二年、駿河國富士山湧出、謂其平地震撼而突起高山也、嗣後更迭爆烈、屢見記載、其罹災最烈、在前唐咸通初葉、卽淸和天皇年間、山如紅爐、火光遙燭、烟燄上騰、高出雲表、地軸轉旋、若雷震耳、如是者十日、卒乃轟然一聲、山麓崩裂、飛沙走石、如海潮決隄、狂波泙湃、殃及四鄰、死傷無數、方廣二百里内、幾成荒野、而人跡已不可復覩矣、嗣於康熙四十五年、山阪復裂、沙塵之遠颺者、周圍至八百里、靡不徧及、東京一帶、平地積沙數寸、山下居民、殆不可問、怵目傷心、莫此爲甚、幸自百餘年來、火勢漸滅、今則闃然無聞、想已不復肇患矣、富士山湧出之年、同日京都東北亦頻頻地震、沃野百餘里、倏爾陷成澤國、後人名之曰近江、又以形似琵琶、名琵琶江、爲通國最大之湖、此外又有霞浦、完道、八郎潟等、無甚勝蹟足紀、横濱西數里、有鎌倉、係源賴朝舊址、雖不甚高、而山嵐環繞、樹木蒼蔚、足資眺矚、按源賴朝、乃東瀛霸佐、與中土管晏等相捋、初以流竄之身、起兵伊豆、殺義仲、滅平氏、威震天下、權傾君王、至今遺容手澤、盔甲刀劍、均未遺失、遊人玩賞者、絡繹不絶、其居亦稱雄壯、甬道長三里有奇、兩旁遍繞松杉、蒼翠入畫、又距横濱不遠、有杉田牛頭山寺、其中古梅一株、高二丈許、古幹横斜、拳曲如鋏、花作淡紅色、足以引人入勝、遊人至此、輙飲酒賦詩、盡興而返、洵佳勝之區也、至其物產、金鐵之礦、雖所在多有、究不及銅礦之多且富、土壤以高山蓊鬱、類多磽瘠不豐、產穀米、棉花、茶葉、絲、樟腦等、楮料甚綿密、所產之馬、短小精健、頗利馳驅、亦良駿也、

亞洲俄屬圖
亞墨利加
亞古斯科
義爾古斯
黑龍江省
日本

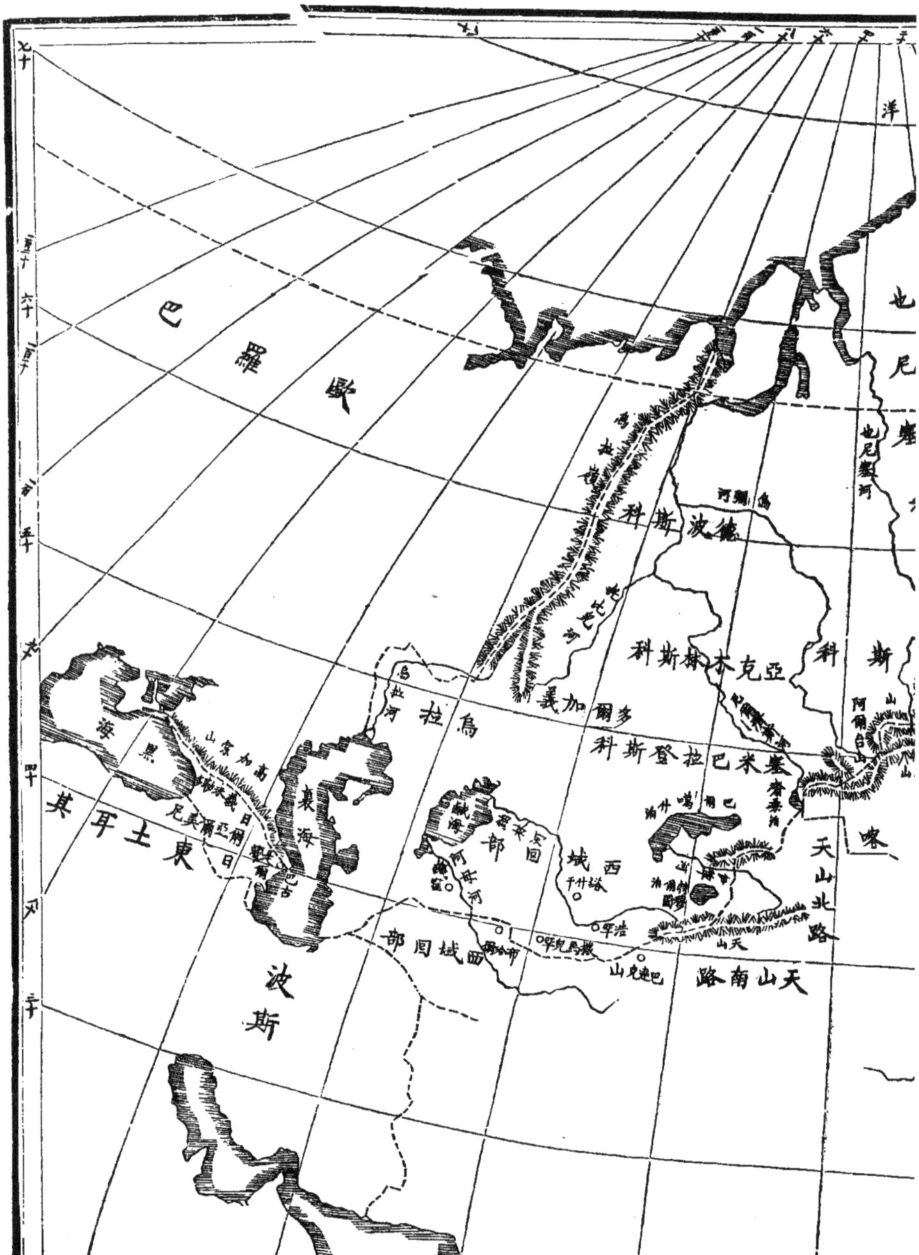
歐羅巴
東土耳其
波斯
黑海
裏海
烏拉河
多爾加義
塞米巴拉登斯科
亞克木林斯科
西域回部
天山南路
天山北路
阿爾台山
西域

亞洲俄屬考畧

俄羅斯東據亞洲北境、西奄有歐羅巴殆半、東北跨海佔亞墨利加西北隅、幅員之廣、亘古未聞、洵五洲之大國、天下之雄圖也、所隸歐洲及亞墨利加之地、不具論、卽屬亞細亞者、亦已土地廣袤、非他國所能幾及矣、按俄屬亞洲北境、爲西伯利、西起烏拉嶺、東距大海洋、中隔墨領峽、與墨洲分畛域、北絕北氷洋、南抵黑龍江、外蒙古、烏梁海、科布多、天山南北路、與中華錯壤、西與西域回部相接壤、地分十二部、極東曰濱海省、省之西曰黑龍江、又西曰亞古斯科、曰貝加爾右、曰義爾古斯科、曰也尼塞斯科、曰多木斯科、曰德波斯科、曰塞米巴拉登斯科、曰亞克木林斯科、曰多爾加義、曰烏拉、東西相距約六千里有奇、南北約五千四百里、秦漢時爲渾庾屈射丁靈諸國、服屬匈奴、史記匈奴傳、稱冒頓單于北服渾庾屈射丁靈諸國、卽指此也、唐時有黠戛斯、骨利幹等國、宋末、元太祖崛起北方、拓地西北、爰有吉里吉斯、與謙州等處、明嘉靖年、俄廷因藩王來探形勢、繼以貿易交結其酋、盛誇俄羅斯之富、酋遂西向歸附、故不勞一兵、不折一矢、而西伯利地、漸爲俄有、 國朝順治康熙間、俄人擾滿洲北境、齟齬經歲、始得重申盟約、畫定疆圻、事乃寢、咸豐季年、乘腹地髮捻之亂、漸次奪我黑龍江以北、烏蘇里江以東壤地、旋於伊犁之役、復周折多番、不勝嘵舌、先是雍正朝、俄后遣其臣墨領、向東北探尋、知亞細亞與亞墨利加中隔海峽、遂名其峽曰墨領峽、因跨海據亞墨利加西北隅、而庫頁島、及堪察德加等地、亦囊括無遺矣、

西伯利三面皆山、西有烏拉嶺、南有天山、又名騰格里、金山、卽阿爾臺山、唐努山爲其分支、東爲塔而哈克、又東爲外興安嶺、折東北、綿亘千里、或數百里、內蘊翡翠寶石金銀諸礦、地有大河三、一曰里那、一曰也尼塞、又作伊聶謝、發源自唐努山、北入於海、元史所稱昂可剌者、伊聶謝之別源也、一曰阿彌河、發源自阿爾台山、西北流合托比兒與厄爾濟斯二河、入於海、其湖之著名者、曰貝加爾、卽巴哈爾、在恰克圖城之北、廣二百里許、長一千餘里、唐書地理志、謂骨利幹北、有小海、氷堅時、馬行八日可渡、又漢書蘇武傳、載匈奴徙武北海上無人處、使牧羝、武既至海上、廩食不至、掘野鼠草實食之、所稱北海、殆卽此歟、巴爾噶什湖、在特

穆而圖湖北、此外齋桑等湖、則皆瑣小不足紀、全地氣候極寒、南方猶見草木、迤北則勾萌鮮茁、僅有矮松白楊而已、一年中氷雪凝結者九閱月、寒氣充溢、墮指裂膚、南人至此、幾難安居、其人種類各殊、崇尚不一、言語容貌、亦迥不相同、戶口稀疏、俄廷因將罪人謫戍於此、一年中多至二三千名、按罪之大小分派力役、而俄人安享其勞、然延至今日、居民之數、尚不過四兆有奇、寥落荒凉、概可想見、俗喜游牧、所居半係板屋、衣皮衣、戴皮冠、飲食甚儉、射獵者、以所獵爲生、其獸之貴者、有狐貂猞猁猻、銀鼠海龍之類、又有白狐、性頗兇猛、惟蠢頑易獲、取其皮、售於中國、獲利甚厚、互市之城名甲他、卽內地所稱恰克圖、又稱賣買城、　中朝派有庫倫辦事大臣、駐節其處、又出一種鹿、形如驢、色灰白、土人豢之、以當牛馬、巨富之家、有畜至萬餘頭者、頗稱利便、以上皆東方之產也、迤西兼產金銀銅鐵礦、而於烏拉嶺一帶爲最、一年所出、動以百萬計、

俄屬三分、一爲西伯利、其二爲西域回部、以弱不敵强、漸遭夷滅、俄廷分遣大臣鎭守、改爲納林等部、今且虎視眈眈、日偪阿富汗與波斯北境、頗有滅此朝食之概、惟因該地形勢、另當附考、今姑不贅、其三在裏海西、黑海東、統名高加索陽地、以其在是山之陽也、該境分四部、曰日爾日、曰是爾灣、曰義米勒多、曰屬俄亞爾美尼、會城名黑里灣、初亞爾美尼亦自立爲國、嗣土耳其奪據之、前不百年、其東部轉爲俄人侵削、西部仍歸土王、境內岡原錯雜、穀菓富饒、氣候溫和、堪稱樂土、日爾日部多山嶺、延袤委宛、突兀可觀、田土亦膴腴、午羊茁壯、輒千百成羣、視如常產、人性果勇、姿容悉美、說者謂人類始祖亞當厄娃、初居福地、名地堂者、卽此處、或離此不遠、其說近是、義米勒多地、多植葡萄、取以釀酒、往往一藤所出、可供一家之用、土人喜養蠶畜牧、惟性畏勞好逸、故萬事廢弛、不知振作、是爾灣之會城、名巴古、在裏海西濱、近村有油泉八十二處、長流不絕、蓋石油火油之類也、多者一日能取五百斤、土人汲取售之、多得重價、離城約三十里、有大火塲、方可三里、常噴火焰、觸物卽燃、置管收之、有青烟上升管口、愚民詫爲奇事、實則物理使然、無足怪也、人有崇奉火神者、不遠千里而來、對火膜拜、令人失笑、統計合地人民之數、約三兆、所奉之教不一、奉回回、奉太陽、尚拆教、信邪神、奉正教者、亦復不少、惜未能廣布福音、悉拯斯民於塗炭耳、

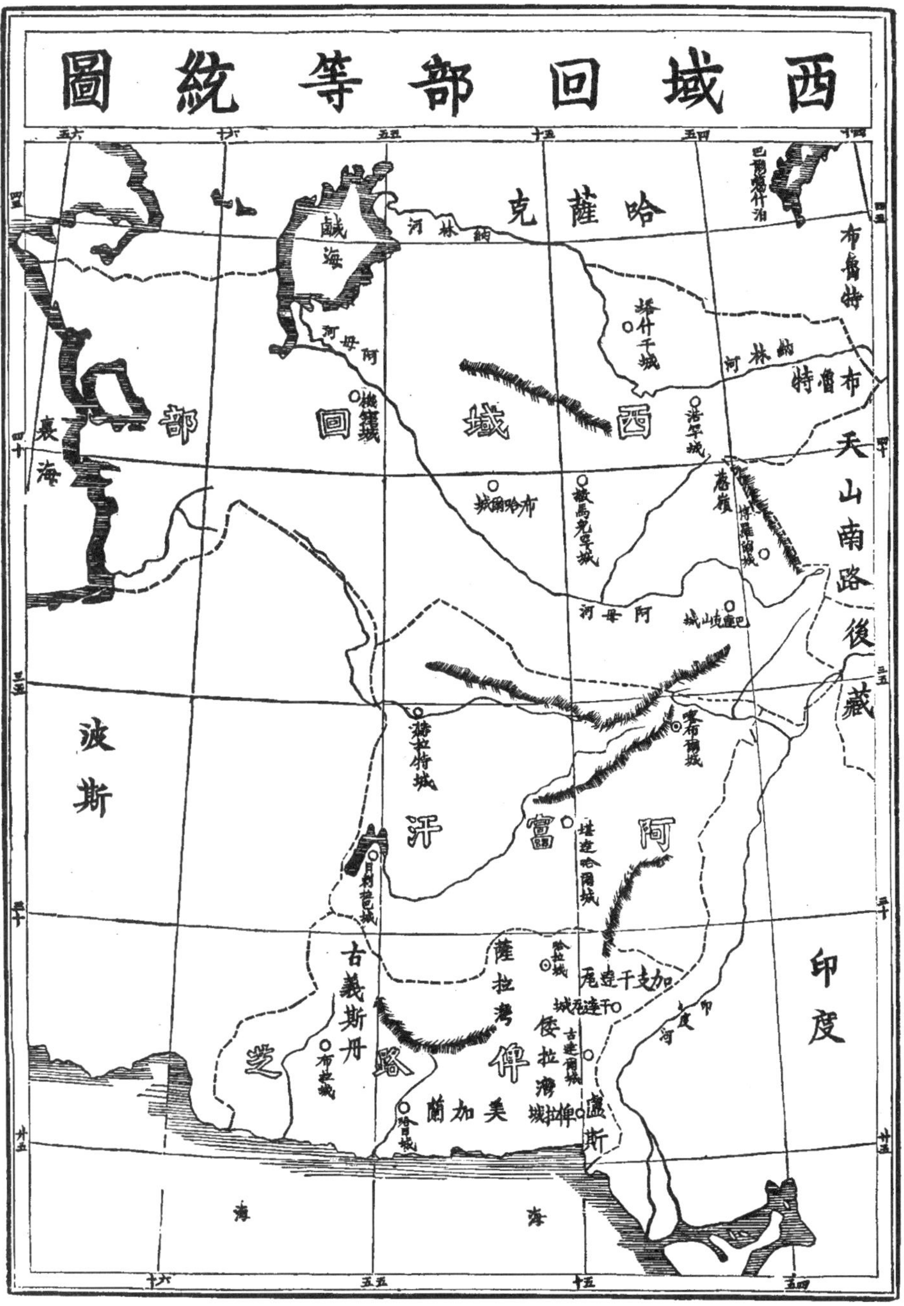

西域回部等統圖
哈薩克
納林河
鹹海
阿母河
西域回部
裏海
布魯特
天山南路
後藏
波斯
阿富汗
印度
海
海

西域回部附考

新疆之西、裏海之東、西伯利西境之南、阿富汗與波斯之北、有廣土方數千里、統名西域回部、西人謂之達爾給斯丹、又稱韃韃里、一作韃靼、西漢以來、諸部弱肉强食、時分時幷、更名易號、以數千百計、元初勁兵西指、囊括其地、旣衰、諸部酋復紛紛割據、　國朝定鼎後、逆酋叛亂、勦撫兼施、威震西域、其後餘燼復燃、新疆喀什噶爾等城、相繼淪陷、旋以大軍進勦、亂黨剷除、西域諸部、望風畏服、不敢復有蠢動、其地回部林立、東北有布魯特部、散居於特穆圖泊與葱嶺以西、類皆逐水草游牧、風俗與蒙古同、其人概從回教、性剽悍、喜擄掠、前此盜弄潢池、盤踞猖獗、乃其叛酋倡首爲亂、浩罕、俗稱安集延、因其大城得名、又作敖罕、霍罕、回散部也、元祖成吉思可汗盛時、恃此城爲要害、其人長於計謀、精於貿易、性狡勇、習攻掠、昔者新疆之亂、彼實主謀、布魯特惟聽其驅使、爲之先導耳、東南有城名博羅爾、本葱嶺別名、城與部因是而著、乾隆二十四年、與巴達克山同內附、乾隆二十九年、博羅爾與巴達克山屢搆釁、遣使來朝、乞援於駐劄葉爾羌都統新柱、遣諭巴達克山、恪遵約束、歸俘罷兵、地多沙鹵、居民貧苦、不能自給、取桑葚曝乾爲糧、飲山羊乳、以馬湩爲酒、性情言語、與回部不同、蓋別一種類也、巴達克山、亦回部堅城、在博羅爾南數百里、　皇淸四裔考云、其王曰素爾坦沙、戶十萬有奇、頭目戴紅氈小帽、束以錦帕、衣錦氈衣、腰繫白絲絛、足穿黑革鞮、女則披髮雙垂、餘與男子同、民人帽頂似葫蘆、邊飾以皮、衣黃褐、束白絲絛、足穿黑革鞮、亦有用黃牛皮者、其國負山憑險、扼葱嶺之右、頗擅形勢、乾隆二十四年八月、回部逆酋博羅尼都霍集占爲　王師所敗、奔巴達克山、副將軍富德率師追之、二賊逸去、肆掠村落、素爾坦沙擒博羅尼都、以兵圍霍集占、擒之、遣人詣軍門投欵、且報二賊就獲、副將軍富德鑒其誠、遣使往諭、責令獻俘、曉以順逆利害、尋縊殺之、而獻其馘、率其部十萬戶、與博羅爾三萬戶俱降、屬部悉平、

浩罕之北境爲塔什干、或作塔什罕、亦回部之具城郭者也、地處平原、多園林、饒菓木、土宜五穀、居民稠密、漢爲康居大宛交界地、隋唐爲安國石國地、乾隆二十三年、遣使奉表求內附、且將準噶爾部逸賊擒縛以

獻、先屬哈薩克、後又附浩罕、蓋弱小不能自存、迫欲依附強鄰、藉資保衛也、由塔什干南行、過納林河、經浩罕地、稍折而西南、爲撒馬兒罕城、或作賽瑪爾堪、古大宛地、元駙馬賽因帖木兒據此爲都、其時百廢俱興、令聞四達、人民多至十五萬、然久已荒廢、其不成邱墟者幾希矣、西爲布哈爾、一作布噶爾、又作扎布、古之大月氏、漢之難兜國、幅員恢闊、諸回部莫與抗衡、東境山嶺綿延、西界沙磧廣漠、城郭之外、皆游牧地、部落甚多、戶口亦繁、俗尚騎射、與浩罕動輙搆兵、乾隆二十五年、回部底定、遣使頒　勅諭、以示懷柔、二十九年、其部酋因巴達克山請內附、議尋寢、其地氣候和平、原隰肥沃、產五穀瓜菓、桑麻烟葉、出布疋綢緞、西北數百里、有機窪城、沙漠無垠、戶口寥落、民多貧困、富者僅能自給、此數城向爲西域回部之冠、皆有轄屬部落、與他國不甚軒輊、惟類皆粗野無文、囂凌習氣、未盡鐲除、數十年來、俄國百計侵削、布魯特、浩罕、塔什干、撒馬兒罕、機窪、已悉爲所併、布哈爾一部、久隸藩封、危在旦夕、惟博羅爾與巴達克山等部、僻處東南、鞭長莫及、未經夷滅、然亦若存若亡、危如纍卵、按其全地、以裏海爲西陲界畔、西人稱加斯比約、地屬下流、西北諸國、水咸會注焉、雖巨浸汪洋、究與大海隔絕、故名裏海、其東五百里、在機窪之北、有湖名鹹海、又名死海、西域稱達理岡阿泊、西名亞拉爾、即古之雷翥海、水味鹹、凝結成鹽、不通大海、故名死海、爲納林河與阿母河所歸宿、阿母河、西名亞木達里亞、發源葱嶺、會布哈爾境內諸水、北折入於鹹海之南、納林河、西名西爾達里亞、亦發源於葱嶺、會北方諸水、入於鹹海之北、而潤澤四境也、

阿富汗考畧

阿富汗、即愛烏罕、古罽賓國也、東連英屬、西達波斯、南接俾路芝、北控西域回部、南北相距約千四百四十里、東西千五百餘里、初部落繁多、土酋分據、元太祖志拓疆圻、率師西向、臣服其地、遂與五印度等、同夷爲蒙古別部、元衰、諸酋崛起、各據一方、復前制、正德初年、波斯來攻、大敗之、裂其土地、僅存迤東三城、留其殘喘、康熙中、波斯衰亂相尋、阿富汗反侵之、奪其全地、越十七載、波斯復興、那的爾沙、沙者番語言王也鼓銳東征、盡滅阿富汗、那的爾沙死、阿王子亞美恢復故土、卒與波斯並立、乾隆二十四年、同巴達克山歸順

中朝、屢貢良馬、北印度克什米爾者、阿之東鄰也、當阿盛時、嘗渡印度河、取其邊陲、乾隆五十七年、阿境內訌、克國勞爾部酋長林日星、乘隙進攻、血戰數年、收復故地、且渡河蹂躪、割河西數城以歸、道光十九年、克王昏庸、英人以兵敗之、奪其疆域過半、國勢頓衰、旋撤駐阿兵、於是阿富汗恢復全地、得稍自振拔、光緒四年秋、以事復叛、與英人連年構兵、糜餉勞民、幾至不國、卒以易君服欵、和議始成、而國祚衰微、已成弩末之勢矣、英廷會准印督之奏、派公使駐紮其都、俾旅居英人、藉資保護、且得與新君參酌機宜、永敦和好、國中戶口甚稀、概崇回教、性獷悍、好戰鬥、一言不合、輒以干戈從事、城之宏者、首推都城喀布爾、地處平原、烟戶稠密、次曰堪達哈爾、萬山環繞、爲形勝之區、迤西有赫拉特城、與其統部、雖迭經沿革、近已專隸土酋管轄、不復受制於人、惟其地久爲阿部、有臣主之義、故今之論職方者、皆目與阿爲一國、而畛域無分也、赫拉特南、大湖之濱、有阿屬城曰日剌拉巴、地當衝要、自古著名、無名山大川、足資紀覽、土壤肥瘠不一、西南境多沙磧、餘尚肥沃、產果穀、鐵、錫、礬、鹽、硫、磺、棉花、烟葉、阿魏、青黛、丹參、地毯等、

俾路芝考畧

俾路芝、古名勿魯謨斯、或作思布、在印度河西、阿富汗南、西連波斯、南臨大海、東西相距約千七百五十里、南北約千里、部落有六、曰薩拉灣、曰倭拉灣、曰加支干達瓦、曰盧斯、曰美加蘭、曰古義斯丹、各有會城、曰哈拉、曰古達爾、曰干達瓦、曰俾拉、曰哈日、曰布拉哈拉城、築於山頂、最高處、建有部酋行宮、擅一方之勝、城頗鞏固、重樓疊峙、炮臺鱗接、以資保障、商賈亦薈萃於斯、貨物雲屯、市廛鼎盛、立國之始、史傳失載、不可考、後以國小勢微、迭經強鄰占據、首爲蒙古外部、嗣爲波斯東境、繼爲印度西藩、卒爲阿富汗南屬、當是時哈拉酋受封於阿王、統轄諸部、諸屬酋按時稅貢、彼則受其獻貢、轉納天府、阿既衰、諸酋崛起自王、不肯降心相從、故今哈拉酋雖仍號盟長、治權久已旁落、惟遇疑難大事、有關全境安危者、諸部酋尚聽其召集、會議機宜、盟信立約、蓋不啻守府之君也、全地人民、約得三十餘萬、分兩種、一宗波斯、一宗印度、風俗參差、言語互異、俗尚游行、居處屢徙無定、所穿衣服、上衫下褲、中束大帶、男女皆然、冬時長吏加綿袍一領、平民加羊毛

皮袍以禦寒，別無常服，婦女外出，皆取細巾，遮掩其容，以昭端重，國中兵民皆健捷果勇，奮不顧身，視死如歸，其地岡阜險阻，峯嶺嵯岈，最高者在都城四周，類皆一望荒蕪，僅能牧牲畜，絕少有用之材，沿海一帶與迤北邊境，則又沙磧延亘，不毛赤土，惟加支千達瓦地方，較爲肥沃，然又寒燠不齊，颶風屢作，河道淤淺，夏日乾涸，因是五穀不豐，民生艱困，較之南印度錫蘭等膏腴之地，正不啻天淵之別也，惟鳥獸最爲充牣，駱駝馬牛等，尤爲蕃孳，山中有金銀銅鐵鉛等礦，又產硫黃玉石，以有易無，亦足自存，所貴經國宏才，挺生其際，庶可捍衞自固矣，

印度考略

緬甸之西、兩藏之南、有廣土突入南海、形如箕舌、漢書謂之身毒、又稱天竺、六朝以後、皆稱印度、今有稱温都斯坦、痕都、忻都者、蓋同一地方、而譯者互異也、南界海洋、西跨印度河、與阿富汗俾路芝接壤、東西相距約五千八百餘里、南北約五千餘里、北枕雪山、南連岡嶺、中間沃野千里、西北沙磧無垠、氣候不齊、暑寒各異、北方凉燠咸宜、迤南炎熇殊甚、後漢始通華夏、佛教之入中國、實根於此、唐世屢次入貢、趙宋時、爲回部侵割、元起北方、據有其地、太祖征服西北印度、憲宗征服中印度、以宗王駙馬統之、東南諸部、皆聽役焉、由是印度爲蒙古別部、元末駙馬帖木耳王撒馬兒罕、威行西域、印度諸部、低首稱臣、慴伏恭順、明嘉靖初、撒馬兒罕別部莫卧爾、盡奪印度地、整飭紀綱、力黜佛教、歷十五年、聲名洋溢、威震天下、惜諸子爭立、內亂並起、各部酋皆乘閒自主其地、印度遂分崩離析、幾至不國、弘治八年、葡萄牙人航海至印度西境、占其海口、建城畫邑、設埠通商、利權遂爲所擅、荷人忌之、於嘉靖閒脅以兵威、開港通市、如是者數十年、英吉利、法蘭西、並起而爭、遂成兩國利藪、各立埠頭、 國朝康熙初、英人在孟加臘買地築屋、建立炮臺、帆檣雲集、百貨流通、頗有蒸蒸日上之勢、乾隆二十年、孟加臘酋長將英國官民盡行禁錮、横加屠戮、英人銜之、率勁兵進攻、滅孟加臘、乘勝長驅直入、攻擊鄰封諸部、諸部合縱禦之、奈人心渙而不萃、卒紛紛潰敗、於是印度全境、幾盡屬英人轄下、其閒隸入版圖者、四之二三、有聽其置吏、徒擁地主虛名者、有受其節制、列入藩屬者、其未經權滅、自守疆圻者、惟廓爾喀暨不丹兩國、然亦時遭侵削、危如累卵、至海口埠頭、仍歸他國者、爲數無幾、屬法國者、曰本地治里、曰加黎架爾、曰牙那、曰商德爾那哥耳、曰馬黑、屬葡萄牙者、曰痾襪、一名俄亞、曰達蒙、曰的玉、類惟一城一邑、或受海濱一廛、藉以僑寓客商、堆積財貨、非分裂其土壤而據之也、言印度於今日、不勝滄海桑田、奪主喧賓之慨矣、

印度雖全隸英人管轄、而治權仍有差等、其列入英籍、可以省郡比擬者、東爲孟加臘、又作榜葛剌、南爲麻打拉薩、西爲孟買、此三大鎮、各設總鎮大臣、爲之統理、又立總督部院一人、統領軍務大將一人、議政衙門

大員五六人、以綜其治要、皆自幼東來、學習土語、責以視事、然後量才擢用、按職遷升、優給厚俸、以養其操守、其總督暨議政大臣、孟加臘總鎮、皆駐節加爾谷搭城、或作甲谷他、爲全印度一大都會、城在安額河之濱、溝深濠廣、雉堞崔巍、國人恃爲金湯焉、城內屋宇闤闠、街衢矢直、城外萬艘鱗集、百貨薈萃、繁富爲一國冠、惟林箐叢雜、以致蠻烟瘴雨、疾疫滋多、大河一、名安額、即佛經所稱恒河、發源雪山、倒流而下、高逾千仞、繼自西北順流傾瀉、勢頗湍急、卒分數支入海、每屆潦水漲發、農田恒受其患、而土人反爲僧衆所惑、稱爲聖江、妄謂凡人負罪深重、苟入內洗澡、即能滌去一身罪愆、若爲鱷魚吞噬、或將子女投之江流、以飽魚腹、則佛更錫之遐福、其荒唐惑世、忍而且虐有如此、孟加臘所屬地、廣袤數千里、東南曰德那寨靈部、城名馬爾大萬、一作馬爾達般、爲通商第一埠頭、秘古部次之、埠名蘭雲、亦稱繁庶、阿臘干部又次之、東北有阿薩密部、迤北之地甚瘠薄、南則平衍膏腴、雅魯藏布江、自西藏東流、折西南入境、易番名蒲蘭蒲達、卒會恒河以入海、地本土夷部落、英人既滅孟加臘、拓藏江東地、據爲已有、西爲巴哈爾部、戶口繁盛、人多製硝爲業、西北有小部、介不丹與廓爾喀之間、名哲孟雄、道光三十年、英人滅之、隸孟加臘、都城之西南、爲岡都亞那部、西南濱海曰痾黎薩、昔爲佛教最盛之地、今已淹滅、西北曰烏德部、與廓爾喀爲鄰、古稱雄國、後漸衰弱、以力不能敵、久列英國屏藩、咸豐六年竟爲英人所滅、又西北有亞加拉德列等部、古中印度地、元世蒙古以亞加拉爲都城、殿閣宏整、衙署畢具、城內有塔、高峻絕倫、陟其巔、遥望可九十里、城外有蒙古王塚、亦作塔形、週圍數十丈、窮工極巧、精麗無比、亦遊眺之區也、至其本若部、僻處西北隅、本克什米爾迤南部落、道光二十九年、英人割以內附、立爲副鎮、會城名勞爾、有電線火車、與甲谷他都城遞通消息、千里咫尺、最利用兵、而逞志思叛者、遂不復再覯、英人之勵精圖治、洵可謂在遠不遺矣、

麻打拉薩、在孟加臘西南、英屬三大鎮之一、因會城得名、建於沙坡之上、以控制南方、海濱波浪掀天、夙稱奇險、部名加爾那的、四郊荒磧、物產寡落、其人賦性聰明、尤工百戲、迤北曰西爾加爾、初本大國、曾力拒英人、旋以弱不敵強、竟遭夷滅、迤西曰哥音巴都爾部、炮台最稱鞏固、街衢亦平坦整潔、再西曰馬拉巴爾、嶺

斷岡連，最爲奇險，係流徙罪人之所。昔年諸礮咸備，今惟存鐵礮數處而已。再西曰加爾那拉部，土地饒裕，萬厦雲連，爲印度名區。此外尚多小部落，未能悉數。孟買鎮在印度西境，依山傍海，地勢綿長。前明中葉，葡萄牙人始開港於此，建築埠頭。嘉靖八年，土酋讓其全地，百餘年來，悉聽葡人控扼。國朝康熙初，英人以兵威懾之，設立總鎮，督理西方。城池適當衝要，商賈輻輳，甲谷他都城而外，洵當首屈一指。惜地氣淤濕，瘴癘侵人，人多望而生畏，裹足不前。南部曰北日不爾，痾薇城在其境內。前明正德間，葡萄牙人掠其地，興建堅城，一時稱盛。今則日漸式微，氣象蕭瑟矣。東北曰根的土部。西北曰古塞拉德部，地方數百里，英據三分之一，二分尚屬土酋，列入藩屬。再西北爲信地部，地處西陲，與俾路芝相接。印度河貫其中，發源自後藏，西行繞雪山之背，至印度西北，始折而南，會北印度諸河入海。源遠流長，有七千餘里，印度三大河中，當推第一。全地亦因是得名。此三大鎮之畧也。錫蘭島在麻打拉薩之南，周圍千餘里，山川秀媚，花木繽紛，風景之佳，甲於諸郡。惟濱海之地，窪下卑濕，時有颶風霪雨之患。山多寶石，隨水流下，不勞披揀。俗傳佛生於此，居民多崇佛教。明時葡萄牙人占其海口，尋爲荷蘭所奪。嘉慶初，土酋殘虐，大拂民心，英人乘機進攻，勢如破竹，遂逐荷人，據其全島。今另設總督一人，以資鎮守，駐紮葛蘭巴城，即其都會也。西望有馬威羣島，地產珊瑚，居民勤作，類多樸愿。折而北爲臘其地威羣島，沙磧石田，居民寥落。尼姑巴羣島在孟加臘灣南，與檳榔嶼相望。居民不逾萬，秉性怠逸。初丹國據之，道光二十八年讓於英。北爲安他曼羣島，民居草寮，食魚蠔，蠻方風氣，僻陋自安。乾隆末年，英取以內附，迄今世隸版圖，毋敢貳心。至藩封諸國，西北有克什米爾與拉達克。克什米爾或作塞哥，又名西刻，本北印度大國。近英人大舉兵戎，侵割疆域過半。南爲新地亞，形勢曲折，西陲多窮荒地。又南曰尼桑，幅員尚寬廣，都城曰海德拉。再南爲賣索爾及達拉王哥爾等部，雖未納土歸降，封爲郡縣，然唇亡齒寒，危急正在朝夕矣。

印度人民之數，綜計得二百四十兆有零。地丁雜稅等銀，爲數縱鉅，究以兵費浩繁，所入不敷所出。人多面容黧黑，居北方者稍爲清皙。以白布裹頭，故粵東稱爲小白頭，以別波斯國之大白頭也。巨家額塗日光花草、或黠以粉、額上刺紋、胸臂間皆烙卦形、禮所謂雕題之國、殆其苗裔歟、衣以華褥相尙、貧人則俱裸體、但以幅布圍腰、又自臍下絆至臀後、以掩下體、謂之水幔、出門則幅布稍寬、遇正事則穿長衣曳地、男掛耳環、女穿耳鼻、掛金銀環、臂脛俱帶釧鐲、秉性靈巧、百技俱工、金漆雕鏤、皆精絕、所製玉器、薄若蟬翼、國人分四類、一曰婆羅門、學士及僧衆所從出、二曰王孫貴族、世世從軍、三曰農、爲商爲兵、聽其自便、四曰工、終身傭力、受役於人、凡此四等、皆各守世業、不得互相交接、更不得聯秦晉之好、違之者、父母惡、親戚疏、衆民絕、等諸罷民、終身不齒、以謂負本忘宗、辱莫甚也、以故貴者世貴、賤者世賤、賤者死、多有棄諸水、而葬於魚腹、更有婦人伉儷情篤、以身殉夫者、夫既死、積薪於野、置屍其上、舉烈火焚之、婦則盡戴所有金銀珠寶、繞火大哭、親戚亦隨之哭、見屍將化、婦盡撤諸寶飾、分贈親族及生平所與厚者、乃躍入火中殉之、誠陋俗也、印度爲佛教所宗、今中國僧人袈裟、與合掌膜拜之禮、悉爲印度土俗、然自回教起於唐世、由天方漸侵東北、印度雖尙佛法、亦半舍牟尼、而拜摹罕、厥後天主教、各處廣傳、馴至今日、已積兆有八十萬人、若英教火教等、從者甚鮮、言其物產、土宜五穀、棉花、鶯粟花等物、鴉片之流毒、卽由於此、亦產金鋼鑽、黃金、寶石、瑪瑙、明珠、珊瑚、香木、海味、又有獅、象、虎、豹、毒蛇、猛獸、成羣走壙、無敢或殺、且或敬之、數年前、有好事者、統計其數、得一萬九千六百有奇、民間因傷致斃者、得二萬人、其他家禽馴獸、如馬牛羊等、爲其吞噬傷斃者、五萬三千有奇、仁民不如愛物、佛迦輪廻之爲禍也烈矣、吾願天下惑於是說者、一爲悉心思之、庶幾撥雲霧而覩眞光、不亦大幸事哉、

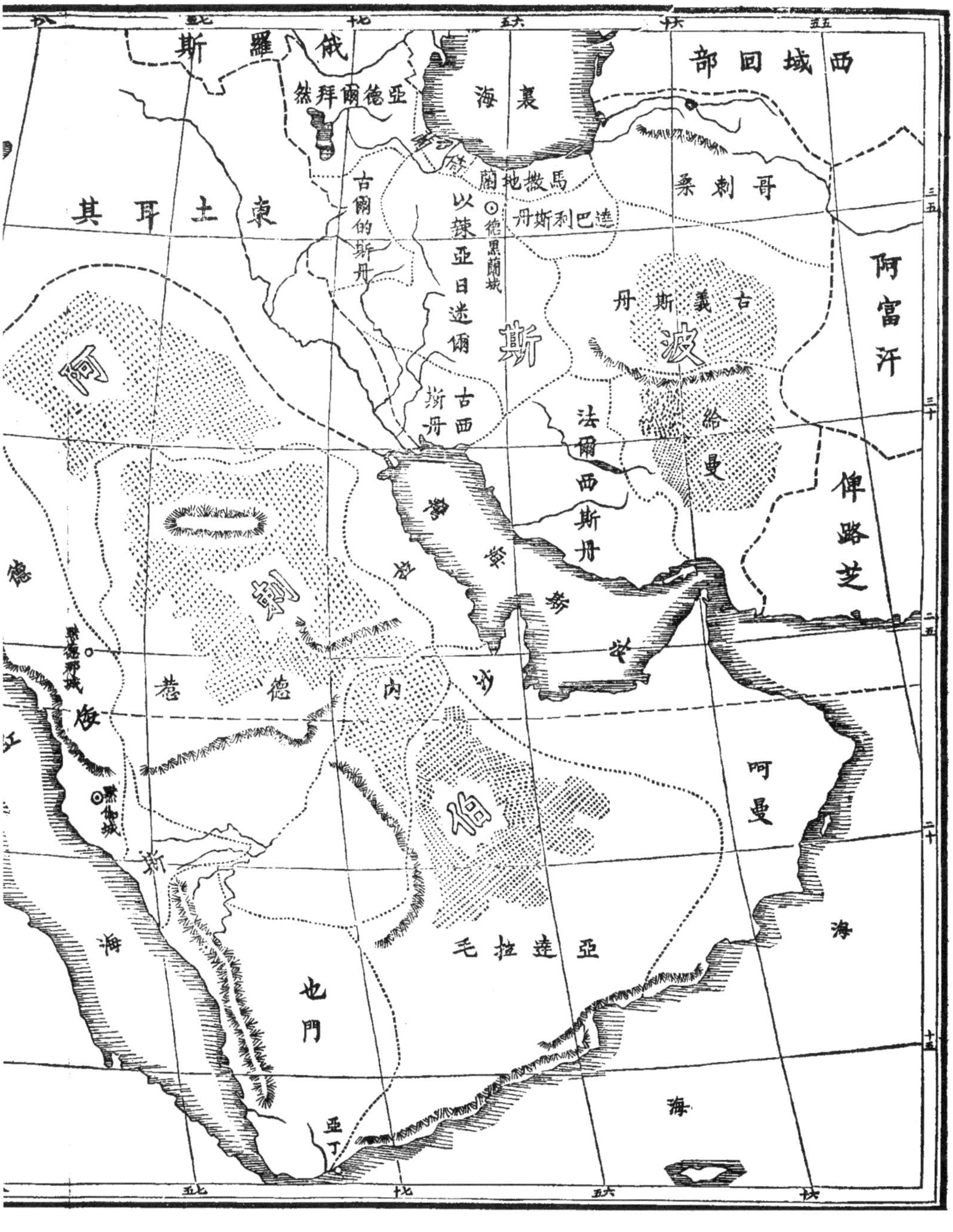
俄羅斯
亞德爾拜然
裏海
西域回部
馬撒地蘭
迭巴利斯丹
哥剌桑
東土耳其
古爾的斯丹
以辣亞日迷俑
德黑蘭城
古義斯丹
阿富汗
波斯
古西斯丹
法爾西斯丹
給曼
俾路芝
阿剌伯
內德
沙
亞達拉毛
也門
亞丁
阿曼
海
海
海

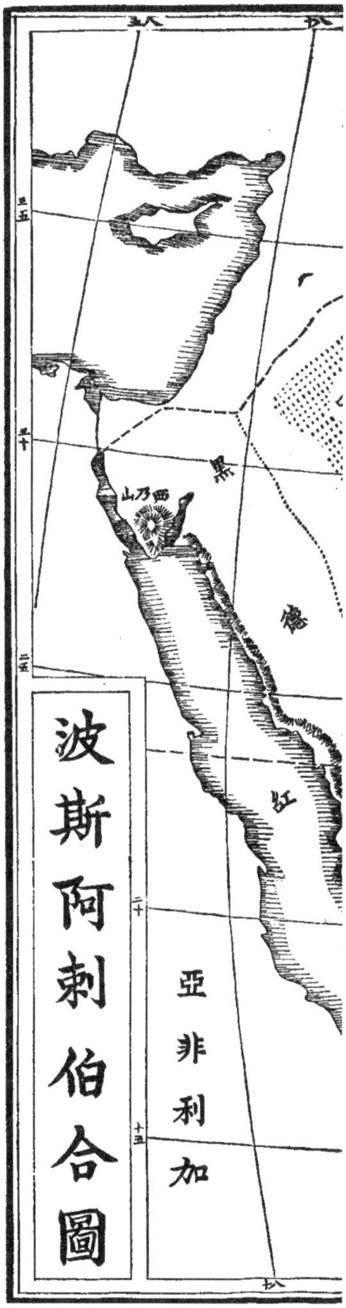
波斯阿剌伯合圖
西乃山
黑
德
紅
亞非利加
三五
三十
二五
二十
十五

波斯考畧

波斯、西方大國也、漢世爲安息、唐季稱大食波斯、宋世仍之、元時改名哈烈、四裔考稱伊蘭、或作義蘭、後人直謂之波斯、別名包社、又稱伯爾西亞、粵東呼爲大白頭、以別印度小白頭、因國中風俗、皆以白布纏頭、故有是名、壤地遼闊、東界阿富汗俾路芝、北連西域回部及俄羅斯、西接東土耳其、南踰海灣跨阿剌伯、東西相距二千五百七十里、南北二千三百四十里、國史所稱春秋以前事、皆渺茫無憑、難以取信、成周中葉、有馬太王甥名居魯士者、生而岐嶷、長而英武、博愛施仁、民心歸附、遂王波斯、既得國、修法度、治甲兵、兼并鄰封諸部、聲威大震、波斯之西、有巴庇倫國、歷千餘年、素稱雄盛、嘗以大兵伐猶太、即古拂菻國、破其都城、縱兵戮掠、脅遷其民、鞭撻驅行、老弱轉死、數百里屍骸枕藉、哭聲振野、慘不忍聞、居魯士既興、怒巴庇倫王淫虐無人理、致國中大亂、爰蒐簡士卒、舉兵征伐、義旗所至、巴庇倫勢力不支、望風奔潰、遂破其都城、釋猶太民歸、厥後波斯屢與希臘諸國、構兵用武、西漢時、歐羅巴之羅馬、奄有西方、拓地東征、乘勢來伐、波斯以計絕其糧、得免、久乃遣使修和、羅馬之兵、始不復東、唐時回教起於阿剌伯、禍延波斯、殺其王而隸其民、數百年來久爲回回一大部、元季駙馬帖木兒、據撒馬爾罕、富强無敵、遣其子侵波斯、勝之、改名哈烈、明永樂時、猶來朝貢、尋爲土耳其所奪、傳二百餘年、國日衰亂、廢弑頻仍、卒爲阿富汗所并、雍正朝、有故王後裔募兵攻掠、意欲恢復舊土、大將那的爾沙出身盜渠、果勇有爲、襄成大業、王甚任之、旋起貳心、擅權用事、卒舉兵反、乾隆元年、自立爲王、東征阿富汗、因進攻印度、取德列城、所掠貨財無數、十二年、因其殘虐、民心不忍、共起殺之、國又大亂、東境復爲阿富汗所據、自是東分西裂、境日以蹙、嘉慶十八年、與俄羅斯構兵敗績、割北境日爾日部以和、土地益隘、道光初、欲窺印度、爲英人所拒、自是不復蠢動、近來勢日衰、地日削、時有俄羅斯之憂、而王猶惛然不知振作、有心時事者、深恐其不能久保無虞也、

波斯分爲十一省、曰以辣亞日迷爾、地多山阜、會城曰德黑蘭、爲王都、折而西北曰倚蘭、稍東曰馬撒地蘭、二城皆背負裏海、前阻崇山、東南曰達巴利斯丹、建有大城、百貨流通、商賈駢集、西曰亞德爾拜然、迤南曰

波斯古爾的斯丹、其地半屬東土耳其、半屬波斯、故有此名又東南曰古西斯丹、南方濱海二省、曰法爾西斯丹、東曰給爾曼、沙漠荒寒、一望數百里、迤東二省曰哥剌桑、曰古義斯丹、皆斥鹵之區、地上鋪鹽厚寸餘、無他產、惟草場頗廣、馬羊孳息、土人取羊毛造氈毯、極精緻耐用、他省地土肥瘠、悉視川澤之流通與否、灌溉可資者、地即因之饒富、五穀豐登、禽獸繁殖、惜虎豹熊獅諸猛獸多出其中、爲民生患、其地產銀銅鉛鐵麻硫黃磁器珍珠大黃等物、良馬高大莫比、惟較亞剌伯馬之疾走、尚爲不及、駱駝結隊成羣、不勝數、最利走壙、以辣亞日迷省南界有故都、方九十餘里、居民七十萬、土人稱爲半天下、其間宮闕殿宇、累萬盈千、率皆金玉煇煌、極一時之盛、城中舊有大塲、長一百二十丈、闊半之、爲練兵賽馬鬬牛之所、說者謂天下大塲、莫此爲甚、亦誇誕之詞、不足信也、自王室北遷、其勢頓落、古時樓臺榭館、今已僅存其名、過其地者、不勝昔盛今衰之慨、德黑蘭新都、城垣較小、可容十萬餘人、王宮之巍峩、御座之富麗、亦足奪目壯觀、稱爲罕覯、其地氣候不齊、惟法爾西斯丹省、冬夏常溫、無酷暑、亦無嚴寒、故五穀瓜菓、及日用飲食之物、靡不富備、足資生養、謂之樂土、洵不謬也、通國湖澤三十有餘、最大者在西北境、名烏迷亞、水味甚鹹、不宜酌飲、居民苦之、國王素極尊嚴、往往任意刑賞、視臣工如奴僕、統馭人民約七兆餘、性巧慧、百藝頗精、力強體健、姿容清秀、俗尚奢華、衣長衣、婦女外出、必以大幅巾掩其面、以昭端肅、所奉之教、本爲火神、後爲亞剌伯回部所據、遂改從回教、火教大衰、延至今日、十中僅存一二、寥落如晨星矣、按火教與古時所稱景教、判若霄壤、今世不究其原、直欲二而一之、實以考據未精、不足深咎、

阿剌伯考畧

阿剌伯、或名亞拉彼亞、在波斯西南、中隔波斯海灣、俗名東紅海、東南界大洋、北與西北接東土爾其、西與西南抵紅海、東西相距約四千三百里、南北約三千六百餘里、古稱條支國、後漢書和帝永和九年、西域都護班超遣掾甘英往通大秦、抵條支、疑憚而止、即此國也、迨回教既興、有天方天堂等號、皆彼中誇耀之語、非實有此名、或有誤稱爲默伽與默德那國者、本其大城而名、按明史宣德五年、鄭和使西洋、遣人至天方

國往返經歲、市奇珍異寶以歸、國王遣陪臣隨朝使來貢、正德初、武宗令甘肅守臣訪求諸番騍馬、番使云、良馬出自天方、守臣因請諭諸番貢使傳達其王入貢、果應命而來、常五六年貢一次、迄萬歷中不絕、其地昔爲土夷散部、陳宣帝大建元年、有謨罕驀德者、生默伽城、少時家貧、豢駱駝爲業、繼從賈遠遊、徧交異國、年二十五、娶富商寡婦、遂致大富、因萌覇國之心、於隋煬帝大業五年、創立教門、以詭言異行、覊服人心、人多信之、初謨罕驀德患瘋癇、時發時愈、歷有年所、後每逢病發、不悟人事、妄稱此時多受上神默牖、陟爲天使、能預知將來、荒誕無憑、莫此爲甚、如是者三年、得信徒五十餘人、妻亦與焉、唐高祖武德三年、民人不悅、共起攻之、潛竄至默德那城、幸免於難、轉益自負、宣講尤殷、土人靡然從教、即以是年爲紀元、其後徒黨日衆、不入教者率衆攻殺之、遂據阿剌伯全土、漸布其教於四鄰、不從者懾以兵、鄰部皆畏而信從、回教遂蔓延西域、大勢稍定、益縱其驕淫之志、廣娶婦女、妻十有餘、妾不可以數計、復奪繼子之妻、據爲已有、年六十二逝世、葬默德那城、每歲諸回回至其地、接踵膜拜、以數萬計、謨罕驀德歿後、諸將繼起、東征西奪、威震一時、翦滅波斯、侵佔猶太等國、據亞非利北境、裂歐羅巴西陲、縱橫三洲、幾於無敵、後爲土耳其所攻、屬藩盡失、日就衰微、不能復起矣、

阿剌伯析分五部、首部曰黑德傒斯、會城曰默伽、彼教中稱爲聖城、建於谷中、厦屋雲連、街衢闊直、惟土壤磽瘠、水味鹹苦、養生爲艱、幸海口埠頭近便、轉運貨物、尚不費力、城內有大殿一座、爲上古遺蹟、殿之四圍、有大場長二百五十步、闊二百步、廊柱五百餘、類皆白石砌成、上有圓形覆頂共一百五十有二、相爲聯絡、頂下多掛彩燈、每逢禮日、全行點燃、達旦通宵、光明若晝、如坐不夜城中、鬚眉可鑒焉、圍柱中心有聖室一、相傳爲古聖亞巴郎所建、闊二丈七尺、高三丈四尺、覆以黑綢繡錦、近世罕有此製、考該國史書、知此殿建於謨罕驀德之前、而教門據爲已有、默德那城、爲謨罕驀德殮葬處、垣墻堅固、房屋宏敞、惟自數百年來、內亂頻仍、諸事頹落、又困於水、國人乃開隧河、以通水道、城西北紅海濱、有西奈山、或作西乃山、自昔著名、殷商小丁朝、造物主嘗於此山巔頒十誡、以示世人、飭令謹守、按惟此沿海首部、雖有土酋管轄、尚納貢於土

耳其王宛同藩屬、他處回部、全爲土酋所據、離析分崩、不相統屬、卽一部之長亦不得自居爲王、無征稅誅罰之權、族中有隙自相殘殺、善勸之尚可解紛、勢壓之則反唇倒戈、爲禍愈烈、民有不快於心、輒共起而攻其長、去舊易新、積怨始洩、凡與別屬有嫌、致動干戈、則議和決戰、皆其部長分中事、外此則無所設施矣、部之第一曰也門、僻處西南隅、雄鎭紅海、或謂卽古撒罷國、曾虎踞雄視、強盛一時、今雖稍弱、尚爲涌最富、不啻中夏之有江浙也、英人所據亞丁島、在海口盡處、堅築炮台、固守要害、其二曰阿曼、在東南隅、中隔亞達拉毛部、爲第三部落、其四曰剌沙、內德惹部、卽在其中、土壤大半荒凉、塵沙山積、觸目傷懷、更可憐者、行人商旅、偶不愼防、輒被沙堆埋沒、故往往結隊同行、以便自相輔助、蓋阿剌伯歷來最多剪徑刼盜、行人過境、旣入門、雖一飯之緣、亦必殷勤欵洽、無間親朋、待客行入曠野、則肆行刼奪、如從未識面者、然被刼之人、尾至原處苦索之、苟得動其矜憐、或肯還其一半、不致妙手空空、其反覆無常有如此、

阿剌伯人民之數、約得三兆有六十萬人、其中游牧者半、廬居者亦半、人皆矮小、面黃體瘠、俗尚節儉、惟富者食米、貧苦之戶、食大麥等類、以加非殼浸水煮而飲之、茶飯皆調以駱駝乳、罕肉食、猪肉向干例禁、非謨罕驀德創制也、土人衣長衫、腰纏白布、以佩刀劍、布帽無論寒暑、厚必數層、婦女亦長衣、頂珠冠、垂纓絡、耳佩金銀寶環、手金寶鐲釧、常蒙頭掩面、與波斯人同俗、惟貧賤家稍寬其例、人民禀性悍勇、各族屢相械鬬、尤善騎射、凡出行必佩刀劍、携鳥鎗、往往終夜不寐、以備不虞、蓋地方盜賊甚多、竟有防不勝防之勢、不得不隨在戒心也、土人多妻妾、富者至四五人、偶然反目、輒至離間、俗陋如是、而回教不之禁、惟嚴求於宰猪食肉之間、洵可異已、婚嫁之禮甚爲簡便、男子求親、先憑媒妁通問、倘閨女允諾、父母亦應承、卽爲聘定、無饋送聘金之禮、亦無裝奩衣衾之備、後五六日、卽行婚娶、至期新壻率見証數人、牽綿羊一頭、至婦家宰之、血流至地、便爲婚禮、已而老幼共相歡飲、盡興而散、其野俗無文如此、國中物產、首推馬匹、孳生蕃息、庶類甚多、其良者性極耐勞、可終日不食不飲、疾馳數百里、臨戰向敵直衝、竟難遏禦、故人皆愛之、又有一種驢、大且健、土人亦極愛養、然最能耐渴、而於沙漠之地、更便遠行者、莫如駱駝、乘之甚平穩、無蹉跌之虞、故乘

者衆、而畜者亦多也、又有駝鳥、高過於鶴、生卵多至二十餘枚、三冬時、藏於沙磧之區、或山阜之麓、雌雄迭相覆育、其不覆育者、棲於旁山之巔、代資看守、以防外患、土人識其性、每於嶺頂尋之、見有棲鳥、卽知有卵不遠、循徑求之、果得其所、鳥見人來、卽高颺去、人乃藏鳥鎗火器于卵旁、俟夜深人靜、鳥復下集、發鳥鎗擊之、往往二中獲一、間亦雙並獲、取毛市之、可得重價、地多產加非、每歲出運、爲數甚鉅、又多香料、其名巴爾撒末者、更馳名萬國、樹膠利於封械、亦能治病、爲西方藥籠中必需之物、若甘露、棗、棉花、銅、鐵、鉛等、則盡天下有之、不足爲奇也、

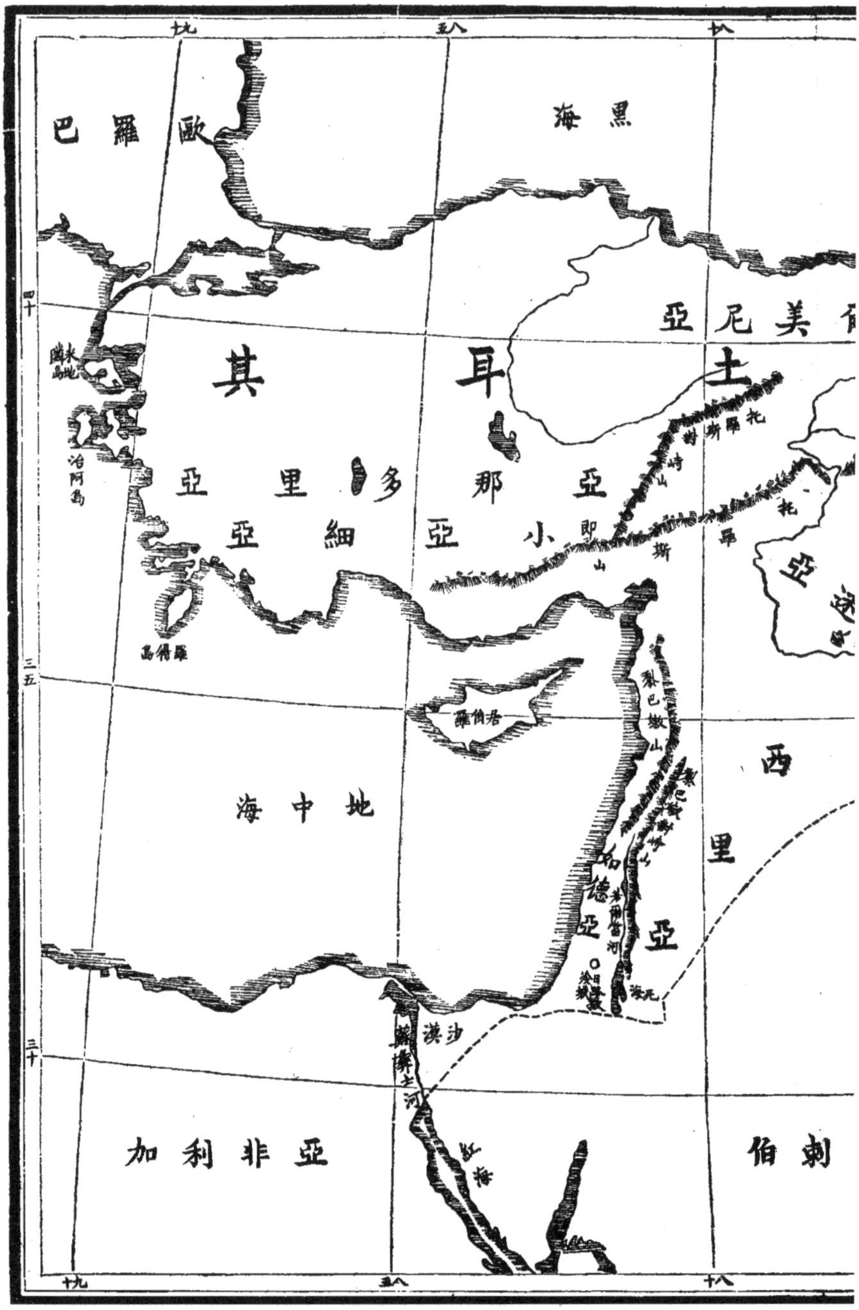
歐羅巴
黑海
土耳其
亞美尼亞
亞那多里亞
小亞細亞
居伯羅
羅得島
地中海
西里亞
沙漠
紅海
亞非利加
剌伯

東土耳其考畧

土耳其、一作土耳基、或作都魯機、又名都爾基亞、分東西二土、西屬歐羅巴、今姑弗論、其屬亞細亞洲東土者、爲人類肇基之地、名世挺生、聖賢首出、其初人民僻處一隅、未有遠志、迨烟戶漸繁、始畫界分疆、各據一土爲已有、於是部落成而邦國立焉、上古湮遠、稱爲巴庇倫、亞爾美尼、拂箖、小亞細亞諸國、强食弱肉、相繼稱王、西漢中、羅馬方盛、跨海來東、兵刃所及、莫不低首下心、遂將該處夷爲部落、大唐初年、羅馬寖衰、阿剌伯回部方興、削迤東諸部、建爲藩屬、土耳其本韃靼種類、舊游牧葱嶺左右、即今伊犁一帶、至是蜂擁西徙、奪小亞細亞疆土、樹建回旗、風俗大變、於是黑海之南、各部相仇、干戈不息、呵多曼土人頭目也、智勇過人、元成宗時、據其鄰族、建都亞巴美城、自上蘇丹名號、或作索爾坦、至今土王、稱傳未替、呵多曼卒、子孫繼承、日益强盛、猶太、即拂箖諸地、以次被其蠶食、厥後西取希臘、東滅波斯、南取亞非利加洲與埃及以西濱海地、幅員之廣、過於羅馬、明嘉靖以後、嗣王多昏庸不德、習於荒淫、以故篡弒頻仍、反叛相繼、所遺大酋、亦往往尾大不掉、跋扈爲患、波斯早已易姓、天方亦久隔絶、東割西讓、日幾不足、而於歐羅巴西土、與亞非利加所失之地、更不可問、前年與俄羅斯搆兵、敗績、割地償銀、始得息事、自是國勢奄奄、得苟延歲月、不爲大邦所滅者、直幾希耳、考其東土目下界域、東隣波斯、北枕黑海、西界地中海、南連阿剌伯、東南爲波斯灣、東北與俄藩接壤、東西相距約三千一百七十里、南北約二千一百六十里、綜分大部六、曰西里亞、曰亞那多里亞、即小亞細亞、曰美索不達迷亞、曰土屬古爾的斯丹、曰義拉亞拉伯、即巴庇倫尼亞、曰土屬亞爾美尼亞、又分作十八省、各派大員一人、總督其事、名曰巴扎、爲國中頭等大臣、下亦隸府州縣等、在地中海中有數屬島、較大者曰米地隣、曰治阿、居民六萬二千、地極富厚、道光二年、島人叛、土王以水師攻之、勦滅殆盡、曰羅得島、水土平良、人勤耕作、居民三萬、時患地震、古時有銅人巨像、置海口、高約十一丈有奇、右手持燈、通夜點燃、以照船舶、奈造後三十六年、地復大震、巨像傾毀、今徒存陳跡而已、轉東南爲居伯羅大島、土壤膏腴、產醇酒美菓、前俄人之役、英人挾請此島於土、土以勢不能辭、拱手稱讓、時光緒四年也、考東土耳其形勢、雖非山嶺縱橫、盤旋萬里、而泱泱東國、以勝蹟著名者、亦復不少、就最著者言之、一曰亞臘、在東北邊境、峯巒嶄險、洞峽幽深、上古時、洪水爲災、天下悉遭淪溺、時有先哲諾厄一家八口、俱信天主、昭事敬恪、　主乃默諭先造巨舟、登避、水退、船擱山峯、久始滅跡、其二曰托羅斯、轉北爲托羅斯對峙山、在小亞細亞東境、高插雲霄、終年積雪、因其地而測之、當不下五六百丈、大河亦二、曰歐付臘底斯、又名八河、曰底格里斯、一作地額河、歐付臘底斯、發源自西北高山、亞臘山其一也、蜿蜒轉折、約長三千里、而底格里河僅過其半、以矢直無曲折故、至近海約百五十里、始會合東流、入波斯灣、又以是地爲人類肇闢之區、故陳蹟最多、雖事遠人亡、迥非疇昔、而徵今撫古、當有會於興廢盛衰之理、外史載古帝榆罔之世、該地主立國兩大河間、築都城曰巴庇倫、高十九丈、厚四丈八尺、城門一百、週圍一百八十里、上設塔二百五十、中間芳叢園囿、景致粲然、靡膏血以供版築、以爲子孫萬世之業、至周靈王時、波斯王居魯士大舉來攻、克之、金城千仞、漸爲廢土、迄今遺址僅存、盈途瓦礫、初人類漸繁、未經離析、言語又同、無稍異、因頓生傲意、議定合建高塔一座、直達霄漢、與　造物主角技能、俾得名留不朽、塔方經始、　上主惡其傲慢已甚、降之禍而亂其音、一時萬民各言其言、不能互相領會、遂中輟、萬國方言、實緣始於此、說者謂是塔當爲巴庇倫城中之天象樓、究以年代過遠、難憑傳說、巴庇倫北、約八百里、古有比肩之城、名尼尼位、周圍可百里、高約十丈、城上建塔、高二十丈、內容居民六十萬、一時富庶、爲東方冠、然既經廢滅、遺跡全亡、近於道光二十五年、有歐洲博物士掘地探求、得其磚刻書籍數萬卷、珍異莫比、出重價購之、歸藏諸國家石室、土地多沃腴、出五金之礦、產蠶絲、穀麥、油酒、凡養身日用之物、盡地皆有、惟沿南近亞刺伯一帶、沙磧窮荒、依然瘠土、人民約十七兆、種類不齊、祖韃靼而崇回教者過半、信正教者亦多、而居亞美尼者爲最、性悍勇好鬭、倘一旦盡改回俗、去其奢靡、易其好逸私報之心、轉爲崇正樂善之志、我意俄國雖大、未必能割據侵陵、玩諸股掌也、

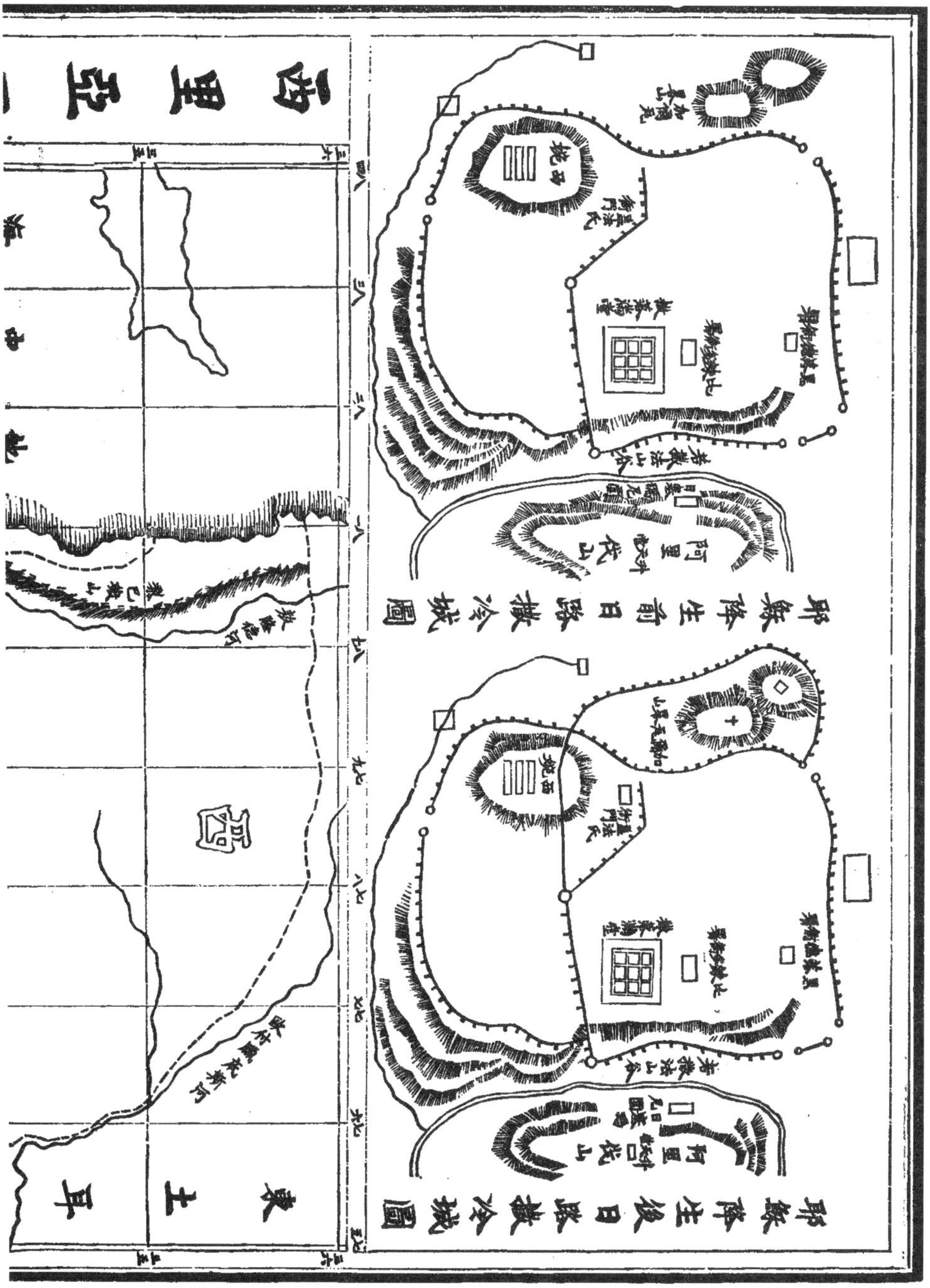
耶穌降生前日路撒冷城圖
耶穌降生後日路撒冷城圖

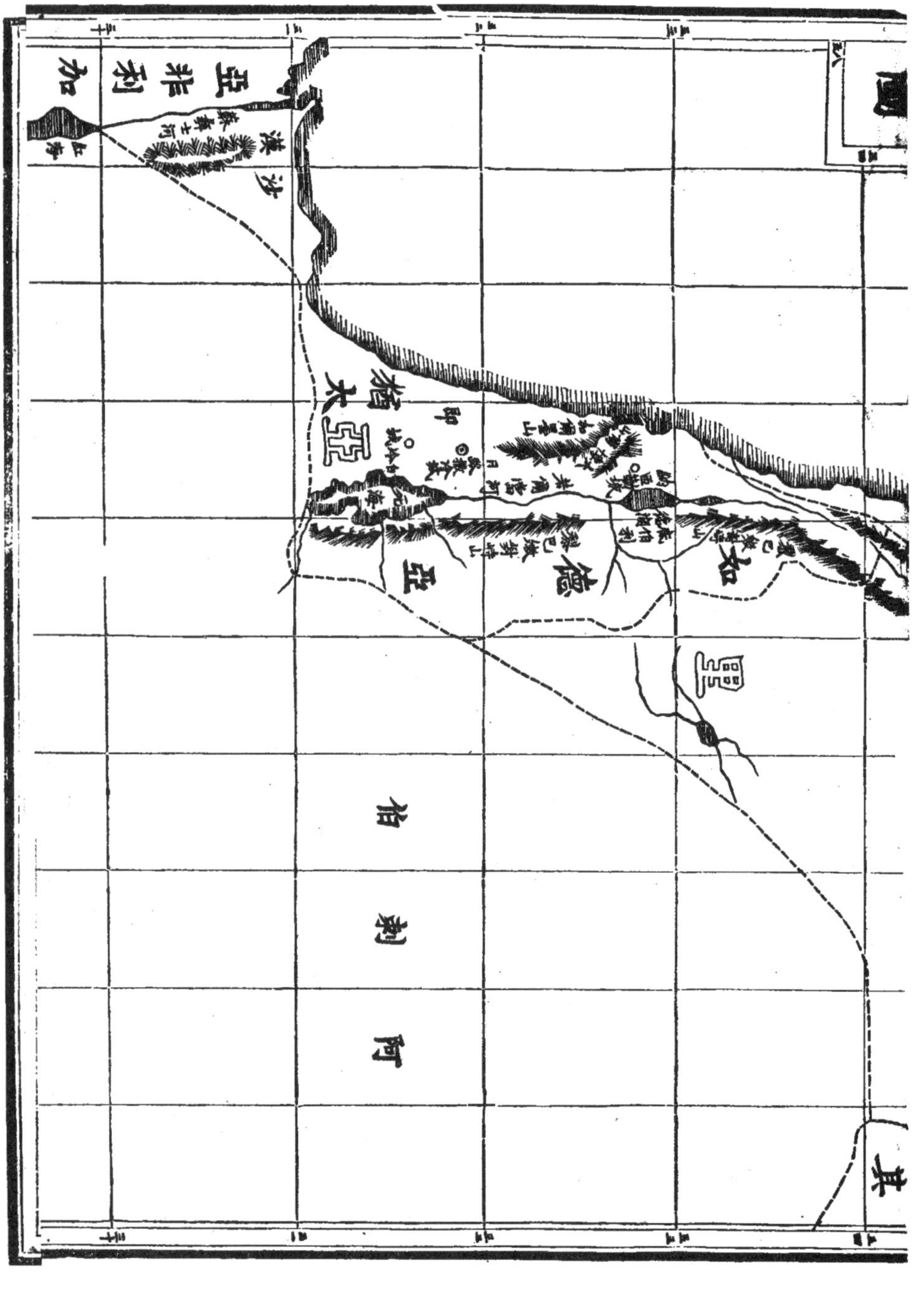
亞非利加
紅海
阿剌伯

西里亞附考

東土耳其六分之一、爲西里亞、西里亞三分之一、爲如德亞、或作猶太、卽唐宋拂箖、晉魏明稱大秦、蓋羅馬別號、誤加諸拂箖者也、西漢時　造物主降生其地、故極地球之廣、如德亞聲名特著、稱爲聖區、余嘗搜覽地輿諸書、知凡究是學者、人無分中外、辭無辨雅俗、莫不鄭重視之、著爲論說、余因於東土耳其考畧之末、參考一二、以附於後、按如德亞本名迦南、帝榆罔之世、有亞巴郞者、以大德著、生兩河之間、遷於迦南、孫雅哥伯生子十二、其十一子名若瑟、聰慧過人、諸兄忌之、鬻於厄日多、卽埃及國、該王擢爲冢宰、治荒政有功、饑饉七年、民無凍餒、父兄聞風來糴、相識、遷居旅此、凡四百餘載、子孫繁衍、國王畏忌、欲除之、殘虐多端、民不堪命、有梅瑟者生而神異、學識過人、奉　眞主諭旨、統領宗嗣回國、路經紅海、徒涉不濡、厄軍追渡、水復合、王與全軍、悉遭淹沒、梅瑟卒、若蘇亞繼之、率衆返迦南本國、裂地爲十二部、統於日路撒冷、自後民長繼承、四百有餘載、周成王末年、衆推沙鬱爲王、達味代之、有賢德、　上主降之福、許　眞主降生、昌厥苗裔、在位四十年、卒、撒落滿嗣位、亦稱令主、建天主大堂於京都、時周穆王初年也、十八傳至周匡王四年、若亞敬嗣立、時東北巴庇倫正强、逞雄西向、大破猶太都城、王死、國民虜居巴庇倫七十載、會波斯王居魯士滅巴庇倫、如德亞旅民、始獲釋歸、復興故國、西漢中、降羅馬爲屬國、哀帝元壽二年、　造物主降生於白冷地方、名曰　耶穌、三十載、隱居立則、三年闡傳道淑人、發聾振聵、在位者嫉其德能致服衆、遠近信從、逼令羅馬守宰、置之死地、釘於十字架、三日後、　耶穌死而復甦、以驗前言、以徵已爲天主、既升天、大降不祥於其國、未幾、人民離析、流至四方者、不勝數紀、後爲回部所據、卒爲土耳其所幷、至今依然役屬、未有振興兆、目下居是地者、大半旅人、土著者寥落焉、道光二十年、核計得二萬七千人、若統散居天下之衆計之、則當在四百萬左右也、

如德亞都城、名日路撒冷、變音爲拂箖、殷商之世、業已奠定、地極崎嶇、城內最高處曰西婉、卽達味城、視地中海洋面、較高二十八丈有奇、盛時、居民多至十五萬、西漢之季、有羅馬藩王築圍垣三重、垣上築敵壘六

十、其次四十、又次十九、門十三、後屢有沿革、至明嘉靖十二年、土王既據如德亞、重修都城、至今未敢、城墻高三丈六尺、厚約四尺、周圍之廣、約四千六百三十步、城門五、東門內古有天主大堂一座、爲聖王達味子撒落滿所建、規制宏廠、材料貴重、閱七寒暑、始得告成、其時王月遣工人一萬、伐木於黎巴嫩山、此去彼來、輪流勞役、擔負重任者、凡七萬人、開山取石、琢磨成材者、凡八萬人、有工師之任、督理其事者、凡三千三百人、堂基磐石、碩大無朋、基址之長、得百有二丈五尺、堂中棟楹牆壁、皆裹以金片、一切動用器具、類皆珠玉輝煌、光耀奪目、洵爲世所未有、一時富麗傳聞、名馳宇內、惜工程雖大、僅四百二十載、爲巴庇倫王所廢、楚人一炬、焦土可憐、行其境者、有離黍故宮之感焉、後七十餘載、如德亞人自虜返、各出所寶、重建主堂、雖亦寬綽華美、終不及故殿什一、落成之日、凡長老之目覩前情者、莫不咨嗟流淚、不勝昔盛今衰之歎、又四百八十年、有羅馬藩王代理其地、更整修而寬大之、其時工人十一萬、所用之石、類長六丈餘、堂面鑲柱、凡百六十、圍皆不止三合抱、時降生前四十六年也、降生後七十年、羅馬人以如德亞屢有叛志、率師來攻勝之、夷其城、焚其殿、自是餘燼不得復燃、今其地建有回回教堂、西婉山西北、有加爾瓦略山、高若邱陵、上平廣、方三十一丈六尺、爲造物主被難釘死之處、今建有聖堂二座、山麓有聖塚堂、即耶穌死後埋葬、三日復活之地、羅馬總王公斯當定會飭建大堂於此、雖以後屢會時艱、不無損益、而其大制、則千百年來、猶歷歷可數、東門外有阿利伐山、即耶穌升天之處、東晉時亦建有大殿、今半已頹廢、其下有園、名曰塞馬尼、園中尚存阿里伐古樹八大株、中二株、圍二丈五尺、以其樹之難長測之、當不下二千年之久、此該處勝蹟之一二也、

如德亞名勝之城、除日路撒冷京都外、尚有下邑白冷、與加利勒亞之納匝勒、白冷在京都南約十六里、東門外有山洞一、寬三丈七尺、闊一丈餘、高僅九尺、乃　耶穌誕生之地、東晉以來、多建聖殿於其旁、至今四方來朝者、踵趾相錯、納匝勒在都城北約二百里、築於高阜、四面山嶺護繞、彷彿都城形勢、當時　耶穌家居之處、垂型二十餘年、民到於今、咸受其賜、惜道光十七年、土地大震、城垣房屋、半遭坍廢、東四十餘里、有

大湖名底伯利德、又名日乃撒勒德、又作加利勒亞海、縱約四十六里、橫十里有奇、水淡而潤、魚多而美、四鄰田地肥沃無比、　耶穌在世時、曾於此湖濱招徒、集衆宣道化人、往往顯靈救衆、如瞽者復明、聾者可聽、啞者能言、跛者能行、癩者遽淨、死者復生、各種神異、以徵其宰制萬物之能、非人力所可及、至若南境大湖、稱死海者、則迥異是、初爲蘇多瑪等五城舊壤、因人民縱恣奢淫、怙終不改、　天主震怒、降火焚之、陷爲巨澤、寬凡百有十里、廣約三十里、水勢下沉、天下爲最、以視海洋水面、直百丈有奇、浚深亦百丈、兩岸巖石壁立、尚留火跡、西南有鹽柱一、高可四丈、水有鹽漬、得四分之一、湖中常有穢氣上升、易至疫疾、人不能堪、卽魚族鱗介、亦不得生育其間、游入輒死、故名死海、全境荒凉、人烟不聚、凡歷其地者、皆云止可身試、不能以筆舌達、蓋　上主故留遺蹟、烱戒後人、非尋常所能窺測也、至如德亞迤北諸山、如加利勒亞之大博爾、與加爾墨等、皆宗黎巴嫩山、而黎巴嫩自北至南、廣袤約五百里、其濱海者別無名號、居東者爲對峙山、以兩相對望、故有是名、山中自古產樹、名則獨鹿、形如水松、性類月桂、以堅密聞、四方之欲建宮殿樓臺、垂諸不朽者、皆爭購之、價甚昂貴、非家積萬金、不足以當其値、今已砍伐迨盡、數年前有博古士、曾親至其林、歸稱樹之高出崇霄、數千年來、未經斧斤者、惟得十二株、圍四丈餘、該地居民皆稱此林之外、盡西里亞地、別無他處、大河二、一名敖隆德、自南而北、轉折出境、入於海、一名若爾當、自北南流、卒滙於死海、此如德亞山林川澤之大概也、而東土耳其考畧、於是乎全、

亞洲圖考終

更正

五張前頁十五行與亞非墨利加之間非字衍

五張前頁十九行本與一線之通者與字當作無

六張前頁四行故九峰三泖句改作松江九峯

十張後頁十八行廣西西五十七萬方里第二西字當作得

十二張前頁二行既元定鼎燕京當作元既定鼎燕京

十二張後頁瓊州府外設有直隸州一曰羅定領縣二曰東安曰西寧六句當刪

十九張後頁十一行無錫西北有彗山彗字當作慧

三十一張後頁三行上沂三吳沂字當作泝

三十二張前頁十四行唐有歐陽詹毆字當作歐

三十九張前頁十二行春秋僚公三十三年僚字當作僖

三十九張後頁二十行畫錦堂畫當作晝

四十五張後頁一行受遺詔輔昭常常當作帝

五十一張前頁六行元置四川等行中書省當作元置四川等處行中書省

七十張前頁十二行詔命利權著國事著字當作攝

亞拉伯志一卷附新志一卷

〔清〕學部編譯圖書局編

《亞拉伯志》一卷附《新志》一卷，清學部編譯圖書局編。該書係據Niebuhr、Burckhardt、Wallin、Wellsted、Palgrave諸人旅行亞拉伯之日記編譯。全書分幅員、西海濱、東南海濱、波斯灣海濱、形勢、部分、西柰山土股、地質、黑夾斯部形勢、麥加聖域、植物、貓、鳥、農業、牧場、礦業、漁業等部分。十九世紀後半葉，西方旅行家進入亞拉伯地區進行測量與調查者甚多，《新志》即據此類材料編譯。據中國國家圖書館藏光緒三十三年（一九〇七）排印本影印。

亞拉伯志

坿新志

亞拉伯志

光緒三十三年秋
學部圖書局印行

亞拉伯志

茲書所敘亞拉伯地勢人物。均集各旅行人之遊記而成。讀者若以此書未詳。可參讀 Niebuhr Burckhardt Wallin Welsted Palgrave 諸君旅行亞拉伯日記。以此書蓋集諸君日記所成者也。

（幅員）亞拉伯爲一土股。其方向爲自西北至東南。位於北緯三十度至北緯十二度四十五分。英天文臺東經三十二度三十分至東經六十度之間。其狀態爲不齊之平行邊形。又能勉强成三角形。西界紅海。南界印度洋。東界波斯灣。北連大陸之西里亞。試西自蘇伊士東至波斯海灣北盡頭處畫一橫線。則此線即可爲亞拉伯之北界線。輿地學家不克哈德謂巴勒士丁背後之西里亞沙漠。以及約但河 Jordan 及俄崙特司河兩流域。東至阿付拉底河北緯三十六度之阿那村。Anah 自此溯阿付拉底江右岸南下至波斯灣諸地。悉宜歸入亞拉伯境內。羅馬輿地家更益以美索不達迷亞。謂亦屬亞拉伯。十三世紀輿地家阿布非達及阿利賓則謂北至亞里布 Aleppo 尙爲亞拉伯境。然本誌則憑第一說。以北緯三十度爲北界。若准此說。則北自亞喀巴海灣 Akabah 起。南至巴布厄而蠻德 Babel Mandeb 海灣止。長一千三百邁。其最寬處。在北緯二十三度自紅海濱至厄耳哈特 El-Hadd 角止。寬一千五百邁。其北連亞洲大陸處極狹。僅有九百邁。

（西海濱）亞拉伯西海濱爲紅海水所衝刷。沿海濱一帶均有山嶺。然高者不過二千尺。皆荒瘠不毛。山海之間。有狹地亦爲沙磧。近陸海中則珊瑚島零落圍之若束帶焉。西海濱雖延長如此。然無一處足爲海港者。所有灣曲僅容單桅船出入。且此小港中。礁石甚多。偶一不愼。即洞舟底矣。南紅海之近亞拉伯岸者。島嶼纍纍然。科吞不耳 Kotombel 及披白而塔 Pebel Tar 均爲火山島。此纍纍島上。皆漁父之所居。各島皆無甚關係。惟近巴布厄而曼德峽之披林島 Perim 近爲英人所據。稍有聲名。

（東南海濱）東南海濱。自巴布厄而曼德峽至厄而哈特角。地稍腴美。海濱亦有童山如西海濱然。沿岸有數港口。曰亞丁為英國水師煤塢。去巴布厄而曼德峽一百邁曰達法爾 Dafar 曰畹須密。Keshum 後二港口。以不與內地通商。故但為水行避風雨之地。近此海濱有數島。其最大者曰抹斯拉島。Mozeyrah 然此種島不為半野蠻捕魚人之窟宅。即全島為沙漠殊無用也。

(波斯灣海濱) 此海濱自厄而哈特角起。北至波斯灣盡頭處。此地較他二海濱為最腴美。其自厄而哈特角至摩散丹角 Musandam 一帶海濱。至為肥沃。種植亦極良。面海而背山。山上多林木。曰綠山。Green 此地有極良之海港曰馬司開特。Muscat 港四面皆陸地包圍之。雖極大之艦皆能出入裕如。過摩散丹角往西北。此間海濱雖有似沙灘者。然亦有沿岸棕樹葱綠可觀。并種植極精良者。加的佛港口 Kateef 左近之地。腴美尤過於他處。波斯灣北盡頭處有港口格拉那 G-rane 極良。有最著名之舵工及船隻。和爾木斯灣中有小島羣。初屬波斯今屬荷蘭。中有沃島曰立須密。Lishm 他如巴林 Bahreyn 米南克 Menanch 摩哈立克

Moharrik 及沿喀塔耳 Katar 東面海濱諸小島。爲世界產珠之最要埠。然此地明暗各礁均極多。行船極險。且暴風時作。常見覆舟之事。

（形勢）亞拉伯土股以全部而論。不得謂爲膏腴之地。中央爲高原。西界低山。漸東或漸南。則地勢愈高。盡頭處亦有高山爲界。全國諸山。除亞克達山 Akhdar 外。山向海之面。則均童山不毛。其向陸之面。間亦有植物生其上。也門 Yemen 以及他南部諸山之向陸之麓。較之他山爲尤腴美。人自海上望亞拉伯諸沿海之山。類皆巉峭無生趣。且其地空氣極熱。蒸鬱上騰。故山並不高。而望之則似甚高者。山之後爲沙漠。廣東南。狹西北。東南沙漠。全爲閃眼之熱沙。西北則夾以瘠石。沙漠中間。有高原起伏。形如海浪。高處多草。低處聚水。能生菓實。此種高原。佔亞拉伯面積三分之一。沙漠又佔三分之一。餘三分之一則爲沿海山趺之瘠地。

（部分）古人於部分輿地之術不甚精。但就地之性質而分別之。如亞拉伯則分爲三部。曰多石部。Petræa 曰沙漠部。Deserta 曰歡樂部。Felix 即此三部又未嘗限以一定之界線。近今歐人講地學者。於部分亞拉伯。雖較前人畧有見地。然應分者併之。應併者分之。亦殊不足爲據。故亞拉伯輿地。今日尚有許多不知其詳。但聞之旅行其地人之說略。亦終無濟。惟尼伯者。考據獨詳。後人有所發見。與其說亦符合。茲書遂遵之。

（西柰山土股）人在亞拉伯之極西北。首先所見之地。爲西柰山土股 Snaitic Peninsula 爲小三角形。其頂在紅海。底在巴勒士丁。西邊爲蘇伊士灣。東邊亞喀巴灣。中多瘠石童山。山勢甚峭。山間谷地。亦皆沙磧。植物僅有矮種垂絲柳。聲息花。刺樹。及數種續隨子類。其位置稍好之地。則有棗樹。春雨之後。地上芸芸見綠草。然轉瞬夏日一出。立即枯萎。全地無河流。惟春秋雨後。略有溪澗。入夏即涸。垂巖之下。遊人往往見有死水池沼或井。然味皆苦鹽。不甘於飲。此土股中央。爲一山嶺。中有一峯。謂即舊約所云之西柰山。西柰山趺有谷地。曰瓦地勿蘭 Wadi Feyran 縱橫均數邁。爲全地最高腴之境。氣候與西里亞相彷彿。冬春之交有雨。秋令有急雨。餘時則乾旱。夏時熱度極大。有地名歌爾 Ghowr 者。夏時背陽之處。法倫表升至一百十八度。夜中降至七十度。冬亦頗寒。惟平地上冰雪尚不多見。西奈山巔入冬有雪。有數日即鎔者。有延至兩月始盡者。一年中除早春及秋季外。餘時天氣甚適。

（地質）此土股地質爲火成及火山質兩種。石層有麻石及黑片石（即學堂用石版之石）爲最多。青石及火鎔石均爲火山力所成。地中火勢至今尚未全熄。熱泉到處皆有。地震及地聲亦時有所遇。近蘇伊士之摩西泉及法老（埃及王號）浴池。爲熱泉之最有名者。熱泉質性與死海質性相同。亞喀巴灣以東地火之跡始絕。此間鳥獸大致與產於第二大部分黑夾斯 Hejaz 者同。故遺之。

（黑夾斯部形勢）亞拉伯土股第二大部分曰黑夾司部。位於北緯二十一度及二十八度之間。西濱紅海。東連大陸。地狹處僅六十邁。寬處有一百五十邁。全地實爲希拉山 Shera 之餘脈。濱海爲一狹長之沙岸。其毗連大陸處爲高原。間以童山。全地類皆荒瘠不毛。北多石而東南多沙。其藉資灌溉者。僅爲泉井。井深而水鹽。春雨之後。小流潺出。交夏則涸。有微徑直貫全部。爲西里亞人及埃及人朝香之道。然僅容駱駝方足。不爲廣路。以井泉或村落爲路方向之標識。全部可施種植之地。惟麥地拿 Medina 及麥加 Mecca 北向數日程之科來 Kholeys 兩處。餘地均燥烈不毛。

（麥加聖域）黑夾斯最南之地曰聖域。麥加城在焉。聖域之東南有高原曰庫拉高原 Jebel Kora 意即村落山也。其地極肥沃。且康健適居。而在同緯度黑夾斯濱海之區。則多疫癘。大相反也。麥加之南。山勢尤高。其間谷地多而且沃。

（地質）卓佛 Jowf 及度馬 Dowma 兩沙漠水鄉。均在黑夾斯部東北高原中。惟取便記憶。故併入此部而論之。兩水鄉均在中央高原。地窪蓄水。四面皆荒石沙磧。此間地質爲水成石類。然麥地拿及麥加兩處左近。均有火成石磧可考。黑夾斯亦有數處井泉。其水溫暖。或云麥地拿左近。當十三世紀中葉時。曾有火山噴裂也。

(植物) 植物種類極繁雜。然以調查未曾週悉。故知之不詳。土產有名薩密者Sa-mh爲冰草 Iceplants 之類。土人擷其實。狀如穀米。碎之以代麪。有靡撒者 Messa 樹有刺。菓微酸。狀如葡萄。味亦相同。有尼白克者即蓮實之類。續隨子類。艾茵陳。哥羅先池。Colosynth 係主瀉之藥 亞拉伯人用爲藥料。以上各植物生殖極廣。到處產之柳。楓。栗。等木。產黑夾斯。其木質鬆而脆。不能爲佳料。若矮棗樹。杏樹。石榴樹。膠樹。聲息花樹等。均屬美觀。不能爲材木。沙間及石縫中產香草。然終以天氣亢旱。故植物生而不茂。惟前言數水鄉處則不然。綜亞拉伯全洲以觀。則黑夾斯一區。實爲土股中最寂寞之地也。

(也門部) 黑夾斯之南沿紅海濱者。爲第三大部。曰也門。此部可分爲二。曰海濱。曰內地。海濱曰替哈馬 Tehamah 形長而狹。然較之黑夾斯之濱海地爲寬。海濱南至亞丁。乃東折成弧形。其彎處即名替哈馬。內地始多山。間有支峯雜出耳。

（替哈馬）替哈馬地居熱帶。故氣候極熱。土爲珊瑚質雜揉他質而成。亦不甚饒。惟較黑夾斯稍勝耳。雨水惟屆受印度洋孟松風時爲多。雨季時。澗水四出。往往有經年不涸者。沿海有數小港及避風之灣。惟往往多礁石。進港甚險。也門所包地甚廣。其地氣候極佳。土又肥沃。全土股能及之者甚少。地勢爲高原。山峯錯落幾幾不辦方向。所有山間谷地。均極肥美。天氣清涼。四時勻稱。與印度東境可稱伯仲。其山未經細加測量。或云其高峯約高五千尺。然恐不甚確。山之趨向。大致均自西北向東南。部中高原之大者。北有乃日蘭 Nejran 南有薩那 Sanah 東有馬勒卜 Mareb 南卓佛水鄉。形如仰盆。位於也門東北沙漠中。亦可列入此部。

（地質）也門山間雖多溪澗。然未嘗有大河流入紅海者。其故一因氣候熱而蒸氣速。一以土鬆吸水入地也。天成之湖亦甚少。人力所成之池沼則甚多。取便灌漑。已熄之火山遺跡。也門極多。部中產咖啡極富之地。其土壤大多皆（Bassalt 待考）所成。青石則雜產之。水晶白瑪瑙珂玉及紅瑪瑙爲出口大宗。或謂山中產金銀。然未可據也。

（植物）亞拉伯全地植物茂盛。推此間爲最。麥地拿以北。土爲灰質火石質及沙質。且雨水不時。故所產植物。僅有數種聲息花。續隨子。及刺樹。然皆於日用無甚利益。自麥地拿以南。則棗樹始繁茂。麥地拿一區。棗樹多至百餘種。棗實之大小色味。種種不同。最劣者。爲一種色黃多筋之棗。皮度安人食之。有色紅而多汁者。有齊皮里棗者。爲出口大宗。中央高原之地。名內惹德者。Nejd 產棗最多。山谷隙地。彌望皆是。其實長可二英寸。味極甘。遠勝黑夾斯所產者。亞拉伯人以此爲充饑之大宗。或生食或熟食。不拘方法。去實杵爲泥。晒乾如磚。爲出口品。棗實最宜於北緯二十二及二十七度之間。且必略遠海。然又不能太遠。故卓佛及哈里克 Hareek 之棗實。以離海太遠。故不如產於喀心 Kaseem 及內惹德者佳。哈撒 Hasa 所產之棗曰哥拉棗。色如琥珀。味極美。爲棗中至貴之品。棗樹枝幹荏弱。不類他樹。然多數棗樹。種雖不同。而在常人視之。則固無甚分別也。

（別種菓品）除棗實外。尙有所謂多米者。葉形如扇。結實極美。產於中部及南部。椰實及檳榔。產於東南濱海之地。不爲大宗。香蕉。木瓜。及印度種無花果皆產之。以上三種。皆近由印度遷植其地。葡萄遍產全國。摩訶麥德禁以葡萄榨汁釀酒。故今日亞拉伯人僅生食之。或乾食之。不以爲酒矣。也門產葡萄最佳。產阿曼者Oman次之。兩地天氣極熱。西歷三月即可采擷。結實既多。味亦極美。桃杏石榴橘子以產大佛Taif者爲佳。有植物曰先拿Senna者。屬豌豆類。產於黑夾斯及替哈馬兩處。亞拉伯人藥材大宗也。有沙弗拉Safra產近麥加。煎膠售之。價極貴。有香樹。聞產於極南之哈達拉毛。Hadramaut其膏雖爲出口品。而其樹歐人至今未有見之者。西海濱產指甲花。用爲染色之料。內惹德產棉花。雜生山間。望之似未經人工栽培者。然因其地及天氣均極乾燥。故收穫不豐。靛靑產處極多。沿波斯灣海濱之地。產之尤夥。

（咖啡）亞拉伯人重視其國之棗實。初未嘗貴及其所產之咖啡。而在他國。則無人不盛稱亞拉伯咖啡之美。或云咖啡實爲斐洲阿比西尼亞 Abyssinia 之土產。然今日亞拉伯也門所產者。實爲全世界咖啡之冠。也門部高原。種咖啡者居其半。此植物爲世人所共悉。茲不言其狀。西歷三月間華開。年凡三稔。第一稔在西歷五月間。此樹雖宜於熱帶。然亦須水氣以潤之。藉樹陰以蔽炎日。故種咖啡地上。必間種他樹以爲之庇。製咖啡之法。皆以人力。不藉機器。土人飲咖啡之法。至爲繁雜。然其味自較他國所用者爲佳。咖啡之殼。也門人亦爲飲料。且爲治發熱病之藥。

（加德樹）有小樹曰加德者。Kaat 其形其臭皆與馬鞭草相若。土人咀其葉。如歐人咀菸然。其性發陽。且提精神。此物惟西南部產之。亦惟其地人用之。

（哈達拉毛）自亞丁至厄耳哈特角沿印度洋一帶。有地曰哈達拉毛及馬拉兩部。Mahrah 哈達拉毛部舊約經中所稱哈薩馬佛者是也。Hazarmaveth 此地在古甚有聲聞。今則遠遜疇昔矣。英航海家惠而司鐵嘗至其地。並登陸稍稍探其內地情形之寂寞。較之黑夾斯及替哈馬頗相伯仲。地爲沙磧。形狀狹長。背臨聯山。高自一千尺至三千尺不等。山質爲火成石。此山之後。復有聯山。較前山略高。山質與也門之山質相同。此山之後。則爲沙漠。傍山之處。則有水鄉。往往極腴。有瓦的度安者。Wadi Doan 爲此間水鄉中之至大而且美者。沿岸有荒島。包圍大地。哈達拉毛之山。與也門諸山。實一脉相連。然腴美則遠遜之。山上雖時有瀑布下衝。然無河流。亞拉伯舊籍。雖載有湖泊。然今人則殊未之見。天氣炎熱異常。外人處其地者。多得疾。植物亦稀少。亞拉伯全土股之調查。以此部爲最不詳。即東方人自亦未知內部情形。歐人之調查其地者。僅能言其居民何狀。出產何物。至內部情形。則殊少道及。

（阿曼）自厄耳哈特起北至波斯灣盡頭處。則有兩部。曰阿曼。曰哈撒。El Hasa 阿曼部多山。其最著者曰綠山。以山麓植物葱綠可觀。故得是名。山高約六千尺。此山之外。尙有許多小山。與此山平列成平行線形。山間谷地。土地肥沃。而無河流。

然此地井泉極多。往往溢流成大蕩。藉以灌溉植物。山巔處爲青石。山趺爲白石。間亦有古昔火山痕迹。熱泉亦多。馬斯開特 Muscat 左近有熱泉。曰伊曼阿梨 Iman Alee 甚著名。此海濱僅有一美港。曰馬斯開特。其他曰馬甲 Matrah 與馬斯開特相連。沿海之地。天氣苦熱。與亞丁相若。然康適則遠遜亞丁。惟內地山上。則氣候淸涼。適於居處。

（波斯灣海濱）去厄耳哈特西北四百邁處。爲摩散丹角。高自二千尺至三千尺不等。中有小港三數。可以避風。惟峭壁入雲。不能與內地交通。故其價値極低。摩散丹角以西。沿沙札灣 Sharjah 及喀塔耳 Katar 一帶海岸。地爲低淺沙原。故絕無港口。間有可避風之灣兜。亦以有暗礁。故難於入口。沿岸零落見棕樹。亦偃萎少精神。更往西北。則入哈薩海岸。雖同爲低淺之沙原。然以有鮮綠之棕樹。暨他種半熱帶植物之故。較有生趣。此間之山。去岸較遠。高不過三千尺。山趺間熱泉溫泉均有。然其溢流之水。未及入海。已爲沙地收吸殆盡。海濱極北處。則全爲沙漠。

（波斯灣海濱之氣候）沿波斯灣一帶之海濱。寒熱互更。速而無定。以灣之彼岸。則爲波斯之高山。山上間有氷雪。而此岸則爲低淺之沙原。故此岸氣候極無定。逆風暴雨不期而至。天氣又極不康適。居民常患寒熱及瘧疾之症。大概言之。亞拉伯所有海濱。均極不康適。旅行之人至此。則每患疾。甚有畢命者。又全土股海濱形勢亦皆如出一轍。均爲帶形沙地。圍包高山。山中天氣。又往往較海岸爲康適。獨也門之山既高且廣。植物多而氣候淸爽。爲他山所不及。

（中央亞拉伯亦名內蒞德）亞拉伯中央之部曰內蒞德。亞拉伯人以其地有金城之固。且爲其所最心醉之古跡所在。故皆重視其地。若孩提之戀母然。部之四圍皆沙漠。遊人非涉大漠無由達其地。古時希臘羅馬之旅行人一至沙漠即止足勿前。以爲亞拉伯中央者。爲一不可居人之廢地。即近時遊歷之人亦未嘗周歷沙漠而至內蒞德。故亦附和古人之言。其實內蒞德一部。固不如是也。

（北沙漠）此沙漠位於土股之北方及東北方自西里亞沙漠及黑夾斯起延入內地全地皆堅硬石卵以故古人命其名曰多石部間有帶形沙地上生僵草或矮樹於此間掘地往往得泉此處又產一種如鳥羽之續隨子類土人用以飼駱駝此地北連西里亞高原西連希拉山故高出海平者自一千尺至二千尺不等若漸東則地勢又漸低以至於波斯海灣此沙漠中有一狹長之谷名曰狼谷 V-alley of the wolf 北自西里亞之巴米拉城起 Palmyra 蜿蜒向西南及於卓佛水鄉卓佛之西有水鄉曰的馬 Teyma 大於卓佛而深邃之卓佛及的馬迤南之沙漠則地爲沙磧無石卵此間沙爲風積成高岡土人名曰內夫德 Nefood 意即可通道而極險之謂也岡上少水間有鹽井亦皆相隔六七十邁此地有風曰昔孟 Simoon 亦名毒風此風較之南部之西魯古風 Sirocco 尤厲此風情狀如旋風其行也如圈空其中四圍皆極熱之氣中空處有毒氣人吸之立死或云人死非由吸毒氣乃因圈之中央爲眞空人處其中覺胸中滿悶遂以致命此風行動極緩

人見空氣作紫色雲氣滾滾而動。即知毒風圈已近。避之之法。惟有急以布罩面。俯仆於地。埋面部入沙中。吸取沙中微隙儲存之空氣。風過時需時自二分鐘以至十分鐘不定。當風過時。人覺徧身如被熱鐵胸中滿悶。至不可耐。駱駝宜於沙漠。故遇此風時。知埋其喙入沙以避其毒。

（禪廟部諸山 Shomer）內夫德迤南山峯起落。初不過類沙磧中矗起之孤石。漸漸勢盛而高。最後則成亞札 Aja 及塞耳曼 Solma 兩山。此兩山最高之峯。亦不過四千尺。兩山之間及每山之四麓。皆有極沃美之谷地。居民均從事種植。灌溉則全藉井原。往往深二三十尺。其地雖臨大漠。天氣極熱。然尙康適。便於居處。

（喀心高原）喀心高原。高不過千尺。土亦肥沃。產棕樹極多。水泉花草。在在皆是。高原中間有狹長之沙磧。然不見石。向東地勢漸高。至高之處。即爲土伊克山。Toweyk 而高原亦以此山爲東界。西向之勢則斜下。直達黑夾斯之麥地拿海濱。氣候極熱。全土股中部。以此地爲最沃。而亦最不適居人。水泉到處均有。往往甫掘數尺，即可得泉。有時泉水泛流，成長年不涸之池沼，惟無一具湖之資格者。高原上居民最多之地，曰喀心。喀心高原之東北，爲土伊克聯山，形勢爲南北向，去波斯灣自一百邁以至二百邁不等。此山實爲亞拉伯土股之脊背，其始海濱之處陡起高山，而東西諸高原附之，聯爲一氣，以成此山。土伊克者，亞拉伯人言幽密也。以上多秘竅，曲折難辨。山爲白石質，至高之處不逾五千尺，佔地廣一百邁。高處有極佳之牧地。山間狹谷陰涼之地，植物繁茂，如園林。灌溉皆藉水泉，間有河流，而行不遠。及植物中，除棗樹（拉去 Larch ）樹及一種大葉廣蓋之樹，此樹之木質脆，不可爲材，以及數種聲息花外，餘皆短小之樹。山中產香樹多種，花亦妍麗動人，就中以紅兎葵爲最多。土既肥沃，天氣亦清涼適居。亞拉伯詩人常作詩盛稱其地天氣朗秀而芬芳，實不爲過譽也。此地爲內夫德之毒風所不及。至西魯古風，雖間有之，然其來也，人尚能受之。此地無火山及熱泉，常有如高台之大盤石，高可二三百尺，四圍如白石峭壁，蓋爲秋冬時大雨所刷成者。此山之東麓。較其西麓爲峻。此地有狹長之沙漠。爲哈撒及加的佛海濱與土伊克山之中界。土伊克山之北。有失地葉爾部。Sedeyr 部爲全土股天氣最佳之處。山之西有五與部。Washem 與喀心相接。失地葉爾之南。有亞里得部。Arel 此部爲土伊克山最高最廣之高原。由此波折向西南馳。山勢如白粉壁。直抵麥加。與此如白壁之山作平形綫而居其南者。有度華西爾山谷 Dowasir 谷迄於庫拉 Kora 沙侖 Shahrem 及蘇柳葉耳 Soley-yel 諸山。由此諸山。有道可達也門。及內乍蘭。Nejran 亞里得山之南。有阿發拉日 Aflaj 高原。適處亞里得山中間。如靜之於手然。高原之東南麓。爲夷馬馬部。Yemamah 天氣極熱。而土恰肥沃。水泉極多。便於灌溉。更南則有哈里克山。Hareek 山高不過二千尺。然極峭峻。土地生殖力與北部禪廟山一帶相同。然皆以天氣極熱之故。居民極少從事種植者。

(大納沙漠)哈里克山以南。度華西爾背後。有沙漠曰大納 Dahna 譯即紅沙之謂也。此沙漠佔地五十萬方邁。如此廣漠中。僅零落數處有短小之棕樹。餘均廣漠無垠。纖草不生。此間風多自東來。沙被風力堆積如浪形。方向爲自北及南。然亦有不依此方向之沙堆。此蓋由雜樣風力所成者。古時亞拉伯詩人常謂沙漠中沙能行動。往往行人生瘞其中。今則沙堆雖時有遷動。而行人則殊未聞有生瘞其中者。今之遊人謂旅行沙漠惟苦飢渴耳。

（大納沙漠）此沙漠。與地家人謂之羅巴厄耳喀里沙漠。Roba-el-Khaliyeh 意即空無所有也。亞拉伯人則稱之曰大納沙漠。意即紅也。以太陽照沙成赤色。故有是名。其西南至也門。南至哈達拉毛。東至阿曼。此沙漠與北部沙漠不相連。以中有度華西爾及沙侖諸山谷爲之間也。自紅海濱至內葸德。惟由此兩山谷取道。可以勿涉沙漠。此沙漠地居熱帶。日間熱度達於極點。且以地勢較低。故入夜仍不稍減。然此沙漠從未有人徧歷其地。即居於沙漠中之皮度安人。亦未嘗遊徧其地。或謂歐洲人曾有探險家。遍歷考查沙漠內部。並查得沙漠中無限秘事。實未可深信也。

（阿喀夫）哈里克山以東，有石崗起伏，崗上咸蓋極厚沙層，有數處黑色之石透露沙層之外，此地名曰阿喀夫 Akhaf 北連土伊克分水之山，南連阿曼背面諸高山，情景荒涼，與大納沙漠無別，崗中深秘之處，略有水泉，然遠非行人所能及，自內蒽德可由此道達阿曼，途行極險，惟行人以其道較近，故多出此者，阿喀夫之北，爲小大納沙漠，情形與南部大納無異，惟此沙漠較狹，有多處寬僅五六十邁耳，此沙漠沿土伊克高原之東陲而北上，直與波斯灣盡頭處之石卵沙漠相合。

（內蒽德氣候）內蒽德全部高原之氣候，日間雖盛暑，入夜則未有不清涼者，春秋兩季雨水極富，土地凡經人力灌溉者，則秋稔極豐，其不經人力灌溉者，亦足爲極佳之牧地，凡雷電交作，疾風暴雨，他處所常見者，此地則不見，常時風皆自東北來，人受之頗爽適，間有自南方或西方來者，熱而於人不宜，疫癘絕罕見，惟霍亂一種，曾見諸記載，夷馬馬及哈里克之間，有阿夫丹 Aftan 山谷，數種地圖上畫此山谷如河流貌．流向波斯海灣．其實此山谷東高而西窪．去海百里之處．有高沙堆爲其東境．故可決其非東窪西高如地圖中所見者．倘亞拉伯中部有河流．其流必入紅海而不入波斯灣．土伊克山麓得春雨後．水泉四出．泉源極深．皆自地中出．係內惹德雨水入地引而至此者．

(亞拉伯本部之輿地綜要)亞拉伯本部可勻分爲三份．一曰沿海之濱．中有荒瘠不毛者．有可施種植者．二曰中央高原．土地大致腴美．三曰沙漠．亞拉伯中央無論爲高原爲沙漠．皆高出海面自一千尺以至三千尺不等．中部有三山．二橫一縱．橫者爲禪廟及亞里得兩山．縱者北自土伊克起．南迄阿喀夫．土伊克及阿喀夫兩山實爲全土股最要之分水山．其方向爲自西向東．其最高之峯在阿曼之亞克達山中．高亦不過六千尺．

(動物)亞拉伯動物中以馬佔位置爲最高．格物家有謂此良馬爲土種者．亦有謂其來自他方者．總之天下之馬．無能出亞拉伯內惹德馬之上者．其佳處不在高大。以內惹德之馬。鮮有高過十五手者。亦不在速。以歐羅巴之馬能疾駛過於內惹德馬也。內惹德馬之所以得名者。以其體段勻稱。豐肥合度。態狀威武。能耐勞。善伺主人意。行路無遠近。速率不少參差。實爲天下之馬所不及。今姑勿論其詳。但就各著書家所宿論者。列後俾知其大略。

（馬之本源及數目）相傳亞拉伯良馬產於也門。惟史乘言則紀元後五百年時。內惹德產良馬甚多。據此則良馬本源之地。則仍今日之內惹德也。即在內惹德。良馬亦非易購。土人珍貴馬匹。甚於寶貨。尋常代步及工廠中。殊不用馬。惟臨戰及賽會時。則乘之出以耀觀者。土人登程。無論地之遠近。從不騎馬。以示愛惜。以此之故。惟酋長或酋長之倖臣或富室始有蓄馬者。蓄馬之家。不特視馬爲其家產之大宗。且以是得博鄉里之榮譽。蓄馬既如此不易。故業馬者專留意於擇佳種。俾生佳駒。因是歷時如此久遠。而馬種未嘗稍損。然亦未有進步。亞拉伯馬種之純者。內惹德據其半。其餘土股各處亦佔一半。內惹德約有馬二萬匹。則總數亦不過四萬匹。可知爲數殊不多也。

（馬種）內惹德良馬種絶純。無優劣之判。每一馬必有其特異佳質。其地之馬無牝牡老壯。皆不售賣。馬易新主。惟有三法。友朋交密。以馬相贈一也。戰時被俘二也。父死傳子三也。故亞拉伯良馬獨無流入他處者。若有人曰。吾購得一亞拉伯純種之馬。其人必用强硬手段得之。否則即爲被賣馬者所紿。以他馬僞稱亞拉伯馬也。亞拉伯馬流入他國。亦有三法。首二法爲不可必得者。一爲他國入寇。奪馬以去。如埃及王伊伯蘭茵回人得內惹德俘馬數百匹。其中牝牡皆有。一時埃及稱爲世界產良馬之第二國。今埃及之馬已早失其本質。然英駿仍與凡馬不同也。二內惹德王鐵索耳嘗以馬四十匹貢於土耳基皇以泯其怒。間亦有以馬送與他國者。然此類貢贈之馬。有牡而無牝。故馬死而種仍不可得。三內惹德人每年以其牡馬賃與禪廟部牧場。及西里亞美索不達迷亞等處。任其與牝馬交合而生駒。以上諸地之牝馬。雖屬亞拉伯產。而非內惹德種。所含佳性質。僅得內惹德之半或四分之三。及其與內惹德牡馬交合所生之駒。則佳性質又因其父屬而增加。歐羅巴人分此類駒爲五種。曰哥吼里此種最佳。與內惹德馬埒。曰士威西。曰馬尼基。曰剎克拉維。曰由而法維。此五種外。尙有多種爲此類駒與他牝馬所生者。名目繁多。不能細述。外國人所購之亞拉伯馬。皆屬此類之馬。購馬時必將馬之種系（即其父母爲誰）注明賣券上。亦必有證人證馬之確由某某牝牡所生。此風盛行於西里亞。他處則無。若購者售者同爲亞拉伯人。則無此等繁文。惟與外國人交易。始用之耳。歐洲各國皇家廐中所蓄良馬。皆屬此類不純之馬。其價視購馬之難易爲斷。殊無定值。馬之大市場爲巴格達。次爲西里亞之哈馬 Hama 劣等之馬。則遣往波斯灣海濱之庫威德 Kowcyt 復由此遣往印度。

（內惹德純馬之訓練法）內惹德馬所居之廐。四面通徹。自幼即慣見兵器以及各種人生日用之器具。故馬無見異驚懼之弊。且靈警異常。馬至足令人駭異。食品爲大麥與棗實。兼之以草。惟草必先加選擇。始用以喂馬。水則故令少飲。使成習慣馬之佳者。夏令能一晝夜不飲。冬令能兩晝夜不飲。馬乏則飼以乾肉少許。馬興勃發。則飼魯生 Lucern 草以抑之。土人欲馬之生育繁滋。故絕少騸馬。馬之顏色灰色者最多。次爲栗色。又次則白或棗騮。雜色如灰黑點者。間或有之。駒生二三年即騎之。亞拉伯人貴有走馬。勿令顛跑。又亞拉伯人自古即有乘馬假戰之風。藉以練馬之膽及腿。騎不以鞍。亦無踏蹬。惟黑夾斯及也門兩地間有用之者。又無口勒。惟御以籠頭。其實亞拉伯人導馬使趨何向。全恃騎者腿膝之鬆緊。馬蹄不置鐵鞋。以土係沙質。鬆輭不害蹄甲。且以地熱。故敷馬蹄以油。使熱稍殺。亞拉伯人於御馬之術最精。而愛馬之心亦甚切。或謂亞拉伯視馬如家人婦子。每食必分以飼馬。其實亞拉伯人未嘗令馬入其居帳。且亦不令近婦孺。亦無分食飼馬及接吻之事。前有某者於逃生之時。寧已餒而以所攜之食飼馬。然此亦所罕聞。至亞拉伯人不輕以馬售與外人。亦專利壟斷之意。非有他也。

（駝）亞拉伯牲畜中除馬外。次則爲駝。土人視駝亞於馬。而得用則遠過於馬。駝種不一。其體態最佳而行極速者曰單峯駝。亦名韃牛。此駝最解人意。土人專用以代步。常駝名曰乙別而 Ibl 體態粗而行路濡緩。土人用以載重作雜工。土人食其肉。飲其乳。肉粗不適口。乳則極佳。然未嘗以其乳造乳油及乳餅之類。內葸德及阿曼之駝。毛毳而輭。土人織以爲衣。較之羊絨爲佳。亞拉伯北部之駝色紅棕。內葸德及南部之駝色稍淡。或灰色。或白色。黑色者絕少。價亦極貴。北部及西部如卓佛禪廟黑夾斯也門之駝。種至劣。內葸德產駝至多。種亦極良。故人稱內葸德爲駝母之國。然駝種之至佳者。則在阿曼。亞拉伯全土股幾無人不以駝爲代步之物。亦爲商務大宗。人家財富。亦以駝之多寡計之。亞拉伯駝爲單峯。觀峯之或舉或萎。可以測駝之強弱。峯上駕鞍。御之惟有籠頭。間有幷籠頭亦不用者。導之之法。或以足踢其旁腹。或以鞭擊其頭。駝緩步行。日可行十五小時。每小時行五六英里。駝之佳者。每日行十五小時。至一禮拜之久。駝行沙漠。夏時可六日勿飲。冬令可十日勿飲。亞拉伯駝負重之中數爲二百四十磅。蓄牲者。以飼駝爲値至廉。沙漠中之短樹乾草續隨子仙人掌均可爲其食料。此類植物亞拉伯徧地均產之。若駝操勞太過。則晚間飼以一磅重之大麥餅。駝之壽命中數約得三十年。單峯駝之佳者。則略少於此。其價視駝之優劣以爲別。自四磅以至於八十磅不等。阿曼之駝値價最鉅。駝之爲用至巨。而其位置所以亞於馬者。以駝雖事一主。至久無戀主之心。且非用壓力不能使之操作如主人意也。

(羊)駝之外。綿羊山羊次之。亦爲亞拉伯人產業之大宗。大尾之羊產也門者爲種至良。產內葱德者其肉極美。惟其毛則遠不如產也門者。阿曼有數處產一種亮毛如絲之羊。亦爲佳種。黑夾斯及北部所產羊品至劣。惟其毛長。故亦有勝於南部之羊者。其地所產之山羊。色黑。耳大而垂。內葱德羊春時剪其毛。惟僅敷本地之用。不能爲出口品。土人以羊乳製乳油及一種淡而無味之乳餅。此二物爲亞拉伯人日用所必需。

(牛)亞拉伯全部皆產牛。惟國中無深厚之牧場。故其繁滋不及駝之多。內葱德阿曼及也門所產之牛。無論牝牡。肩上皆有橐駝。色褐體小。角短腿細。北部牝牛體較大。產乳亦多。肩上無橐駝。也門阿曼淺澤之地。則有水牛。其狀態與印度水牛無異。惟水牛數極少。故耕作之用。均代以黃牛之牡者。

（驢）亞拉伯產驢亦至佳。用於代步者多。而用於負重者少。若在哈撒。雖富人出亦乘驢。驢之至佳者。產於哈撒及內惹德東部。彼處驢色純白。高自十一手至十三手不等。跨步之遠。與馬幾相捋。以之售與埃及及君士但丁。得價至昂。每頭自四十磅至八十鎊不等。騎時亦用鞍。內惹德別部亦產驢。也門及黑夾斯亦產之。其色灰。亞拉伯山中有野驢。沙漠中土民獵而取其皮。

（騾）西里亞及美索不達迷亞人常用騾以代步。及操他種之勞。惟亞拉伯本部絕少用之。以亞拉伯視用騾爲醜事也。

（狗）亞拉伯狗。與野狗相似。尖喙尾彎。及背色如沙土。及養家以後。則種亦漸良。與歐羅巴狼犬相似。長於看家或看羊群。故城村之中。人皆畜之。另有一種狀如歐羅巴灰犬者，大約係由他處遷來，此種之最佳者，產於哈撒。

（貓）亞拉伯貓狀與產歐洲者無異，惟較小耳。其間家鼠亦與歐洲家鼠無別，惟亞拉伯之大鼠，則似昔時英倫所產黑鼠相似。

（野獸）亞拉伯本部野獸不多，一以其地少河流，一以其地少林木，野獸無可藏匿。其國誌上所載諸多獸名，今則殊不一見，大約已絕種矣。昔時旅行亞拉伯者謂見有一種長鬣之獅，及一種類斐洲哥利拉之大猴，今皆絕跡矣。有小虎一種，產於阿曼，性甚凶惡，間且食人。有豹，產地無定，常夜出爲村人之害。野貓產於內惹德及黑夾斯山上。產狼，有時下山爲村人之患。狐狸亦多，色灰而小。亞拉伯之海乙納亦一種野貓體大，性凶，飢極時甚且食人，行人患之。野狗多產北方，南方亦產之，然不多也。門產一種黑面長尾之猴，內惹德產之甚少。又有一種類袋鼠之鼠，穴地爲窠，常探首出外以伺行人。其後腿脩而爪長，前腿極短，頗不相稱，行時作跳狀，被逐則以尾助足力。毛色如花班鹿，狀甚適觀。其肉味如兎肉，土人多食之。

（鹿）鹿類以麢羊爲最多。此獸不特居於曠山之中。即村舍近處亦所常見。土人亦不獵之。土人喜獵者。爲山上野羊。其肉極美而其角亦能爲材料。野兎亦多。惟較之產歐洲者略小。土人多獵之以食其肉。若波斯人及土耳基人則視兎肉爲不潔。故無獵之者。

（鳥）亞拉伯鳥類至夥。惟考求者無人。故未得其詳。食生之鳥。則有灰鷹禿鷹鵰鶚之屬。竹鷄及班竹鷄多產於沙漠中。鶺鴒石鴿木鴿產於多山之處。沿海濱之處則多產野鴨鷺鷥痲雀黃雀百鴿。產於種植繁茂之處有鳥曰貨波者。Hoopoe亞拉伯極重視之。謂其曾爲昔時猶太王所羅門及希巴Sheba女主通信之鳥也。有一種班羽畫眉。亦極多。亞拉伯人謂見此鳥者得佳兆。燕子每歲來一次。皆從東來。此鳥喜食飛蝗。故於莊稼大有裨益。南部產鸚䳇孔雀內慈德哈撒及阿曼三處土人喜蓄鷹用以獵生。

（駝鳥）亞拉伯產駝鳥。土人至喜獵之。此鳥有翼而不能飛。行極速。以翼助其力。

雖騎追亦不能及。故土人伺其覆卵時竊擊之。或於馬上以繩作兜弋取之。雄者生佳羽。價極昂。駝羽市場爲巴格達及大馬士革兩處。其卵可食。其卵殼土人用爲飾具。駝鳥之佳者。產禪蘭及土伊克高原之上。遊人往往見數十成群而行。惟近之殊不易。四足蛇類亞拉伯絕少產之。惟蝎虎尙多。蛇亦間有見者。惟亞拉伯之蛇。除兩種形狀如蝮蛇者外。餘均無毒。大蟒類印度石蛇者。亦間有之。惟亞拉伯人甚言其國產蟒之大。其實過言之也。

(虫)亞拉伯沙漠中。產一種小蝎。長不及一英寸。然被其刺則甚痛。屋中產大蝎。長可五六寸。蜈蚣亦夥。黃蜂及野蜜蜂多產石隙中。蠅極多。到處產之。蚊多產於近海之地。蟻有多種。有一種極大。咬亦極毒。又有一種極毒之蜘蛛。生於老墻之隙。土人極畏之。惟亞拉伯全地無跳虱及臭虫之患。而白蟻極多。幾與印度埒。爲害非淺。又蝗極多。晚春早夏極爲莊稼之害。其來也自東及西。亞拉伯人以蝗爲食品。菜市上常見有賣熟蝗者。

（土性）亞拉伯土性肥瘠。全視其土下爲何種石層以爲別。四圍沿海之地。土爲火山石化成石及珊瑚石所成。此種土性本肥。若益以人力灌溉。則愈臻美備。然其地隣近沙漠。有時沙漠之沙。御風而至。爲害禾稼不淺。山後沙漠之地。其西北部皆碎石子或爲火石或爲結晶石。沙漠之東南則爲細沙之漠。荒瘠亦同於西北。且沙之下均爲膠固之石層。故萬不能施種植。若沙漠中央之高原。如內慈德喀心禪廟夷馬馬等部。地面有絕厚含鈣之土層。極爲肥美。其山谷中及不直受太陽光之處。尤合於種植。

（農業）亞拉伯農業甚不發達。器具亦粗窳不適用。耕犂以木爲之。以之治田。僅如爲地抓癢。有數處農人僅以叉鈀掘地。較之木犂更下。惟灌溉之術則尙精巧。以全地均少雨水。不得不講求善法。否則有歉收之患矣。故凡耕治之地。有溝渠以通水。有池沼或水泉以蓄水。築堤以防水之溢流。蔬菜禾稻之類。日沃水二次。若棗實則日僅沃一次。土鬆吸水極多。故水無旁溢者。亞拉伯農人於相地掘井。

或開蓄水池之類。則具有宿慧。蓋歷來已久。習慣成智耳。

（種植品）亞拉伯最普及之種植品爲棗樹。亞拉伯人以力助雌雄棗樹之交媾。其藝亦頗精。棗實每年成熟一次。成熟之最早者。則在西歷五月間。亦有遲至西歷七八月間始成熟者。亞拉伯人以棗實爲食品大宗。如他國人之食米麥然。種植品之次要者。則爲咖啡。也門產之最多。而品質亦最優。他部產者少而劣。間有種麥者。然所獲不豐。故亦不多種。大麥亦有。然不多。此兩種麥方其在田時。形狀顏色固無甚分別也。高粱則種之者多。收獲亦豐。內惹德人以高粱磨粉。烹之如粥。爲每日之常飯。米視爲珍品。內地高原不產。而沿海之部如哈撒加的佛及阿曼等部產之至多。豌豆蠶豆全土股皆產之。亦爲食品大宗。水瓜葫蘆南瓜生菜白菜葱蒜芹菜茴香均爲常見之種植品。菓木亦極加護持。亞拉伯人知接樹之法。特於刪冗枝之道。尙不能明。

（農藝）亞拉伯土股四季無嚴寒之時。故凡有種植。循環收獲。無有已時。地之土性佳者年熟二次惟收獲有多少之別耳亞拉伯人不省糞田芸草至地之宜循環易其種植品尤爲亞拉伯人所不悉穫刈惟恃鎌刀甚有挖而出之者去穀之殼則藉牛力糠米雜處則藉風以分之使米成粉則用手磨亞拉伯地之所出除咖啡及棗實外餘則僅敷本國之用不能爲出口品

（牧場）亞拉伯富有牧場即荒漠中所產者猶足以供駝料至山麓青草則牛羊豕馬均足取食料於此惟有春秋雨水不多水泉乾涸牧場枯焦亞拉伯人至此如遇歉歲因爭水泉或牧場而啟兵禍者有之矣

（礦產）今日之亞拉伯於礦產上言之可謂極窮之地矣古人甚言亞拉伯之寶玉出於也門吾恐也門商人由他國購寶玉歸以售諸國人非其地之土產也以今日現狀較之古人所言之亞拉伯一似不相吻合者所產寶石惟紅白紫各色瑪瑙及黃寶石產亦甚少餘則未之一見貴金之礦尤不易覯惟產鉛尙多鉛礦之富者在阿曼山中山中又略出銀礦西奈山土股產銀硃及鐵自巴勒士丁至

麥加一帶有火山故磧故其地產硫磺石鹽產於濱海之地中央部中亦間有產之者

（漁業）亞拉伯海濱富魚利紅海及波斯灣產比目魚太陽魚紙魚黃尾鱭及鱸魚至沿印度洋之海濱魚利亦不亞於上兩處海濱亦產鯊魚其肉惟窮民食之盤蠔則到處均有故沿海居民大半業漁惟其人不知製魚之法故無有出口者

（珠）亞拉伯出產之可爲通商品者惟珠一物捕者自波斯灣之巴林島起然後向東復折而南沿喀塔耳岸長凡二百英里海面產珠均極富過此則海底極深捕者不能復下海而求珠矣此中以喀塔耳岸及哈魯而島中間之海面產蠔尤富捕蠔之時期起於早春而迄於夏末沿岸人家均漁人或爲亞拉伯人或爲尼革羅人此種人以慣習此技故能入水至二分鐘之久入海之深多不過十五法索密每法索密約六英尺漁者得蠔則載之歸岸上有官長督漁者破蠔得珠則計其值之百分之二十納入官爲稅然珠稅僅此一次至出口時並無稅也珠中値價極巨

者。每年珠值粗計得二百五十萬鎊。實則有過之無不及也。珠或售諸印度。或發往巴格達。由此售與波斯土耳基西里亞等國。捕蠔者得利亦不甚巨。而得病則易。且早死。除蠔之外。尚有別種產珠之蚌類。然其價不能及蠔所產者。海中復產螺鈿及珊瑚。亦爲出口品。

(製造)亞拉伯人於機器之學。可謂絕無。惟有數處。則尚有一二可稱道者。皮度安人僅有硝皮織粗布之技。他無所知。其所織之布。僅能爲頭巾外服及帳蓬布之用。有數村中及內惹德諸城。有鐵匠。製具極粗劣。餘如皮工織匠履匠類皆粗窳不適於用。以上所言之諸般工藝。黑夾斯均有之。而粗劣尤甚也。門工藝略佳。有業金銀器者。惟工匠均外來之人。非亞拉伯土人也。昔時也門以織藝名。今則織藝之至佳者。則爲阿曼。阿曼有織綢。金絲繡花。銀器。金銀線。鋼器等工藝。雖大馬士革及巴格達亦無以過之。故阿曼製造品銷數極大。然以較之歐洲則尚遠遜。亞拉伯人本勤懇之民。徒以機器不發明。故其製造終不能發達。雕刻之技尚

精亞拉伯所用之木碗木碟外嵌以銀尙稱美觀泥木作工則甚劣亞拉伯全土般凡適觀適居之屋皆非亞拉伯人自造也

（商業）亞拉伯人於製造雖不精而於商業則擅長以故亞拉伯人雖至隣村亦必攜帶貿易品與俱甯以其乘駝或裹頭布易物步行而歸不願徒手返也此等性質全土般人無論貧富皆如此且自歷史上觀之可見彼人自古已如此矣然亞拉伯出產不多而各地居民嗜好亦皆相似故其貿易品極爲單簡如駝羊駝毛羊毛爲大宗次則咖啡又次則棗實及馬也門及阿曼兩處略以米及成衣爲貿易品陸上出產品祇此而已海中僅有珍珠一項他國輸入亞拉伯者爲品爲數均不多如棉布印度花布及糖若利器槍械子藥等雖有進口而絕少餘惟數種低價之貨物而已亞拉伯人無大資本家故其商業無有發達可蘭經（即默罕穆德敎經）禁民間以貲借人而取其子金因之商務界上無信用之利益可蘭經復禁保險之舉謂爲不義亞拉伯人受此種種羈束無怪其商業之衰敗即他國行此苛

法商業亦必大減也。黑夾斯替哈馬及也門諸港口。凡爲大商者。均猶太人或印度人。而無亞拉伯人者亦緣上故。阿曼一部。商界束縛較之他部爲弛。其間遂有殷實之商民。阿曼港口凡貨物無論進出口皆征値百抽十之稅。珍珠則不止此數也門港口征稅無定則。亞拉伯全土股商業最大者。則爲馬斯開德之君。而麥加某長官。亦嘗有商業。其繁富不減馬斯開德。然繼而埃及政府及土耳基政府相率誅求。遂爾中輟。

（純種亞拉伯人之起源）著一國之書。於考其上古之民爲何種。茲事最難。昔有但據舊約經中（即猶太史書）所云。謂亞拉伯人係乙什米耳 Ishmael 及約克旦 Joktan 之後。其荒唐已毋待言。即回教昌明以後。其史書所言民種之說。亦託根猶太故經。不足爲據。今惟闢除各種渺茫之說。就可徵之事分條言之。可知亞拉伯人實爲斐洲人種。一亞拉伯人分純雜兩種。分地而居。不相過往。二回教未有之先。即有某某著作家謂。純種亞拉伯人始移居於土股極西南之角。即今亞丁左近。由此擴充至東至北蔓延也門哈達拉毛阿曼等地三希密耶爾人（意即塵灰之色也）之名實係亞斐利加字四希密耶爾語言今雖失傳然有數名詞及完全語句仍用於今之亞拉伯語言者此種語言與斐洲語言有極合之處而居於土東南角之土民所操方言與其對岸斐洲之蘇毛里人語無甚分別然此或因近代兩岸居民通婚姻及通商而然未可指爲斐洲種之確證五今日純種亞拉伯人所用之文法與北部雜種亞拉伯人所用者異而與斐洲阿比西尼亞則暗合今日考種學者往往以文法之變化而定種族即此可知亞拉伯人爲斐洲遷來之人六回教以前也門各小國其制度軍制奴僕朝儀悉遵埃及且與今之阿比西尼亞制度合七純種亞拉伯人之身材官體如股則細而長鬚髮稀少頭顱大小皆爲非亞洲西部種人之明證而與斐洲人則甚肖八亞拉伯人好靜而不喜動樂交遊跳舞音樂諸事生業則爲耕種貿易工藝不喜遊牧觀此性情眞不類亞洲西部之民九則南部亞拉伯人與斐洲人通婚者其生育必繁昌其餘左證尚多然皆輕

無足道。僅以上數端已足爲亞拉伯人自斐洲遷來之鐵據。

（雜種亞拉伯人之起源）雜種亞拉伯人之來居斯土。其緣由尤不易考。就其外貌靈性及語言上觀之。則與南部純種亞拉伯人物無大異。以外人視之。固毫無分別也。而其中實有大不同之處。北部亞拉伯人性情生業類亞洲人。如喜遊牧無定居。執拗於種族之見。其俗語類猶太語。其人不喜有君長及有制度之建設。此數種性質。蓋含有猶太西里亞巴比倫韃靼諸國人之性質。而雜揉以成者。以意測之。或此北部亞拉伯人於太古時亦自斐洲遷入亞洲之亞拉伯北部。然後延至美索不達迷亞加而地亞（即巴比倫）等處。在彼沾染其習尙語言。漸失其本來面目。其後被伊蘭人或土蘭凝人所逼。仍西歸亞拉伯。方其陸續遁歸亞拉伯時。而純種之亞拉伯人想已由斐洲遷入。兩種既遇。本爲同國之人。遂漸漸併合。久之語言亦能相通。而性情則彼此終異。故南北亞拉伯人長此牴牾。莫能相融。至今尙然。

（亞拉伯人現時之分類）現時亞拉伯統分爲二類。一類曰皮度安人。意即野居之謂。一類哈特爾人。意即有定居之謂也。皮度安人居無屋宇。惟有棚帳。其居地在界於海濱地及中央高原之間。北及西里亞沙漠。歐洲旅行人所見之亞拉伯人皆屬是類。

（皮度安人之生事）皮度安人生業大宗。爲牧羊及他牲畜。以故逐水草避寒暑。終日無甯晷。半以其所業當爾。半以所處地勢使不得不爾也。亞拉伯土地磽瘠。舍爲牧塲外。別無他用。而又時患亢旱。水草枯絕。則又不得不遷地以滋長其所牧之牲畜。然常有因爭水草而兩族互鬭者。亦有生路窘迫而爲盜者。此皆天時地利有以致之也。況沙漠窮荒無垠。爲法律所不可及。居民謀生既艱。管束亦弛。爲時既久。漸漸成一種凶悍性質。以至今日則皮度安人之名稱。直與響馬無絲毫别也。

（皮度安人之性情）説者每以爲凡皮度安人皆喜刦殺。斯言過矣。皮度安人生業本爲牧養牲畜。其兩族交鬨或刼奪行人財物。非常乃偶。其交鬨也。亦絕少流血之事。或因牲畜被他族所擄。或爲報仇。或爲他人詩句中有譏諷及已之語。欲洩忿於作詩之人。此等交鬨之事。每族或僅有二三人。以事關個人或一家私事。不能號召多人也。若甲家有人被乙家所殺。甲家或必欲復血仇。即必殺乙家人以爲償或乙家甘出牲畜若干頭以爲償。而甲家亦願得償。則戰事亦可泯。假使甲家不欲得牲畜以償。則勢必出於報血仇。而兩家交鬨之事起矣。後穆罕麻德定例。凡甲乙二家有隙。乙家願以牲畜爲償。則甲家不得不受。從此無窮流血之事。遂得大殺。皮度安人視刼取行人財物如抽路稅。然以爲沙漠之地爲彼人所專屬。故得有抽路稅之權。故旅行人或商人若能得有其酋長之允許。可以行沙漠而無恐。其法商人以善詞及贈物結納土酋。土酋乃撥二三護士衛之以行。至其境。則衛士以授之他土酋。復由他土酋派士護之。如是遞換衛士。至所欲到之地而後已。中央高原。商人護照則由城長給予。而皮度安人亦謹遵不稍抗。以皮度安人惟居西里亞沙漠及黑夾斯者爲目無王法外。餘爲亞拉伯本屬之皮度安人。亦安謐順法之民也。然商民苟無城長或皮度安人酋長之護照允許。則其輜重未有不被刼者。若商人稍示抗拒。雖性命亦有可危。

（部族）皮度安人不知書而記心則極佳。偶爾忘失一事。則虛搆結想以成之。故皮度安人自言其屬何族。居何地。多不可憑。即其素自命之宗譜學。亦難信之。其間復無政治社會之基礎。故其部屬惟有視其血脉及體狀上別之。茲將其重要者列下。

（各部族名稱）首曰阿尼薩部。其牧地北起西里亞南及禪廟山亞拉伯馬業三分之二。以及羊駝羊毛業之大份。均掌自此部之人。其分部之重要者。北有西巴西有沃德阿黎。南有羅阿拉。此數分部各不相能。時有衝突之事。設諸部能聯合一氣。則可出矛兵三萬人。次曰禪廟部。其牧地東界與阿尼薩牧地毗連。此部人數亦與阿尼薩埒。又次則爲火伊塔德及希拉拉德兩部。人野地荒。不如前兩部遠甚。有蘇里皮部者。亞拉伯人不認其爲國。故爲遊行無在之部。沙漠西部有皮奴哈伯族。可出矛兵二萬人。此部人常爲麥加進香人之患。沙漠東部有毛鐵爾部皮奴加里部。阿日曼部。均爲强盛之部。常自相征伐不已。在內惹德或沿內惹德邊境之地。有霍磔耳倭剔拔及他部族。以上均爲北部皮度安人。

（南皮度安人）南部皮度安人戶口旣少。而生事較之北皮度安人爲尤窘。阿曼邊界則有阿而摩拉部。也門近處。則有阿而約密及喀丹部。皮奴約斯部界於哈里克及波斯灣之間。此部爲最著名。亞拉伯全土股台南北皮度安人男婦老少計之。不過一百五十萬衆。

（法制）皮度安人無論何部何族。其所遵仰者。惟其酋長或長老。其人門地聲望戰功聰明必具有其一。始足被選爲酋長。部人不重世家。漫視貧富。以部人之富皆賴牲畜。天時常變。牲畜至不可恃。故富者可以驟貧而貧富之界自是融矣。部人有爭者。則赴長老處取決。凡關全部安危之事。亦惟長老之命是從。部中無法律。長老以爲然則謂之理。以爲不然則謂之非理。雖然。關於私事案情。亦有不質長老而自取决者矣。

（宗教）皮度安人雖名爲回教徒。其實未嘗確守可蘭經之訓條。如每日祈禱五次及每歲持齋之事。人皆不甚措意。即居近麥加之人。亦鮮有至麥加進香者。近時曾有內惹德大酋長曰瓦哈比。以强力迫民守教禮。故惟內惹德以及附近內惹德之居民。始有守教禮者。去此較遠。地方亦荒僻。彼中居民或拜日。或拜樹。亦有不拜一神者。有數族之民。即割禮亦不守。不僅教禮荒廢已也。士民於社會交際及道德亦鮮有依可蘭經者。男女婚配之事。無合法之契約。亦無證書。但有兩姓之允許而已。至見證或有或無。不關重要。結婚既易。故離婚亦甚易。男女既婚。亦無期偕老之心。男他娶而女改適。在所常見。男子往往有外好。故亦不嚴責其妻之從一。婦人有私。其夫亦有因妒而殺姦夫者。然其妻苟能秘不使人知。即爲其夫所悉。往往置之不理。惟犯閨女之貞。則人人咸痛恨其人。惟女子既嫁男子。

犯淫之事。似所不禁。皮度安人之道德。本於風俗及衆意。不似文明國人之本於法律及良心也。故其人視背約作謊語等事。爲不足重輕。然間有誠懇至不可及者。土人立誓。往往以風樹等物爲誓。然此皆未必可託。亦有僅以一語爲保證而守信勿爽者。皮度安人號稱戒多食而有則爲世上之大饕。土人不諱盜名。而惡以賊名加之。忍耐之風。到處皆然。其業爲牧或盜。故精細謹愼成爲習慣。言語雖極粗蠢。而下流惡語鮮出諸口。至皮度安人之善客及他佳性。另詳他所。

（形狀）皮度安人無論男女。皆體幹短小。意數千年來力作使然。膚色暗黑。南省尤甚。髮極多粗而黑。眼作長圓形。鼻梁統五官稱其位。鬚髭均少。男子身體活潑。惟不甚有體力。婦女則天眞爛漫。

（服飾）亞拉伯人服飾極平淡。男子御長外衣。坦其胸。腰束革帶。有時長衣外復罩一半身之衣。頭服爲黑色或柳條紋布。先以此布覆頭頂。然後以獸毛織之布裹之。足上著屐。舍此之外。別無他物。下身不著褲。惟長衣之內。貼肉近腰處則裹以革帶數匝。此革帶無所謂。不過風俗如斯耳。皮度安人每一行動。手中必持一曲頂之木杖。往往製以香木。駕駝時以之爲鞭。無事時則以之消遣。南部之皮度安人頭上。則裹以巾。衣短僅及腰。

（女子服飾）女子服飾亦不繁雜。下身御廣褲。有時並此亦不用。外罩長服。最後則有廣幅藍色之布。被及滿身。且可障面。皮度安婦人。鮮戴面障。見生客則略撮聚其外衣之高領。半障其面。手腕足脛均飾以藍玻璃圈。或銅鐵圈。鮮有用銀者。富家婦女衣飾。較爲華貴。男子未成丁。則赤身往來不爲異。女子至六七歲。始不露體。

（戰器）皮度安人每登程。必手持槍。槍桿恆以波斯或斐洲一種堅木爲之。觀其持槍之法。即可知其人屬何部。亞拉伯人善用槍。且能遙擲命中。有時帶佩刀。刀極鈍。刀鞘爲木質。間有荷鳥銃者。拙古不堪用。每放必歷時十分鐘之久。尚有放而不發者。至今日尚未有用後膛槍者。手槍則絕不見有用之者。然刀則無時不佩不僅用於戰也也門阿曼以及兩地相間之地其中居民所佩刀至爲完善誠爲戰時利器其間之皮度安人欲得此刀者不惜鉅價以求之皮度安人遇爭戰則服甲也門及巴格達兩處均以製甲名甲亦綴鐵鱗爲之厚常二三層頭盔亦製以鐵無罩面及兜矛皮度安人戰時不用旗纛其韜畧祗晤擊一法皮度安人無要故不輕殺人然苟事關重大則人已之性命均非所恤皮度安人凡接一事或與人交際外狀靜謐人亦長者出言詼諧機巧內蘊恩怨久而不替惟涵養深沈受德受怨不即外發其辭令天賦不假學力此皆其佳性質也至其遇事無常少言善嫉好淫是其劣性

(自由) 昔人嘗稱皮度安人愛自由不屈已人下此實其所處情勢有以致之也皮度安人以少數人而居於廣漠且以遊牧爲生居無定所爲滅國雄主所不覬覦故其人遂得保有自由而勿喪土人所居帳棚製以羊皮覆於木架之上架製亦極簡陋僅二三木柱成之酋長之帳長可三四十尺常人之帳長僅二十尺耳

帳中有分間以處婦孺。有時則婦孺處下層。丁壯處上層。著地處有鋪以蓆者。有不鋪者。帳中陳設惟駱駝鞍轡繩索及籠頭而已。帳之中央有釜甑三數爲烹調之用。盤盂散置地上。數亦不多。飲器以木爲之。帳之一旁爲主人之甲胄。主人之長矛。槊入於地。則更置一旁。餘無所有矣。遇欲遷而他徙。則將此寥寥數器束之成捆。一二駱駝駕之已足。男子乘駝。婦孺則置駝背上之轎中。不須一時。可以畢事。奮時支帳之地。僅有支釜之烟燻黑石數塊而已。皮度安人如是窮乏。其所有者。雖爲外國人所不屑有。而彼人自視則愛若珍寶。則利之者忘身以鬥。以故亞拉伯皮度安人之自由。可以永保而勿失。以外國人勿利其所有也。

（哈特爾人）哈特爾人即有定居之謂也。此等人佔亞拉伯本部全體人七之六。亞拉伯人之性情風俗政治。須讀此等人之歷史。始得其正。皮度安人不足道也。哈特爾人初亦與皮度安人無異。家自爲家。族自爲族。然以有定居定業。故而生出種種義務及感情。故其情性已爲此大改其初矣。哈特爾人亦嚴治宗譜之學。

與皮度安人性相同。惟哈特爾人有文載。故記其支派。較之皮度安人詳而可信。

(哥累須族)哥累須族人。Koreysh 全亞拉伯人視爲大族。西方各部。尤加敬視。其族爲穆罕麻德之所自出。故族中無論何人。國人均以主稱之。舍此權利之外。此族人在數部中有世襲治理地方之權。其服飾並無異於他人之處。其常居時亦未有享過人之權利。同治於法律之下。

(爵拉)亞拉伯之歇克(即長老)。愛米爾(即官長)。伊曼(即典型人之意)。索丹(即國王)。皆爲世職之官名也。門阿曼有瓦利之名。意即督撫之意。他處無用之者。歇克即長老之名。到處有之。雖窮鄉僻縣。亦必有其地之歇克。此官實操行政之權。權限之廣狹。自其人能擴張與否而定。村中之歇克。猶如一邑之牧令。兼警察長。城鎮中之歇克。其權往往爲加地(即刑官)所限。以問案治獄之權。當首就加地斷之。然亞拉伯無論法律或民社問題。皆當取決於可蘭經。而可蘭經於治獄條律。多有出入。故問案治獄。刑官實足以生死罪人。因此貪黷者。遂得舞弄於其間。歇克無一定之俸食。其人不爲富有田產者。即爲商人。而歇克者。往往顧私利而舞法。其位置有時爲世職。亦有任滿瓜代者。

（愛米爾）愛米爾較之歇克之職爲高。爲一郡或一縣之長官。禪廟內薏德以及他中央諸部咸有是官。其所司者與歇克所司無異。然愛米爾能於其所治境中歛貲以爲已俸。內薏德部中愛米爾。凡部中稅餉或充公之物均得分取之。哈撒巴林喀塔爾馬拉 Mahrah 及哈特拉毛之愛米爾。且得分有漁稅。愛米爾之權以在瓦哈比爲最大。能殺人。他處愛米爾亦間有操殺人之權者。至監禁或罰鍰等事。則爲其專操之權。向例每日地方上人無論官階等級。皆得有親赴愛米爾控告其所不平事。告必以呈。有時愛米爾自收其呈。有時愛米爾則令拉地（佐貳之類）代收之。愛米爾之職。往往爲世襲。然本支無出。他同姓人亦可襲之。

（索丹）內薏德京城利亞德之君 Riad 稱索丹。其職爲世襲。阿曼君長有時亦稱索丹。南部有數小王。亦稱索丹。索丹者。與愛米爾無甚分別。惟領土較大者則稱索丹.

(宗教) 凡經瓦哈比(瓦哈比回教變法者)陶鑄之地.如內惹德夷馬馬哈里克阿發拉日阿西爾諸部之民.則確守可蘭經典.除每城每村.皆有大禮拜寺外.餘雖一巷一街.亦有一二頂禮之所.此等頂禮之所.爲長方之屋.平頂多柱.狀極簡陋.惟洒埽極潔.地蓋以席.寺頂無鐘.大衆禮拜之時將至.則一人升寺頂傳呼.又有信道至篤者.手持杖巡行街市.遇有寺頂已傳呼而未往禮拜之人.則勸之.甚或擊之以杖.男女結婚或離異遺產交易以及種種人事.必須悉照可蘭經而行.與人對語.若不多引經句.亦爲過失.晚禱以後.禁止交言.彼等視教禮如此其嚴.蓋有強迫宗教之風.而於外國則毫不相強也.

(教派) 以上諸部所奉.爲愛本漢巴而派.東方諸部.如哈撒加的佛巴林喀塔耳等部.則奉馬立基派.此派亦行於哈特拉毛及也門兩部.也門黑夾斯則奉撒弗依派.三派均爲正宗.西部濱海有土耳基及印度人留寓其間.所奉爲漢內飛派.

是爲旁宗。有希阿派者。崇拜阿梨。然奉之者。均爲外國居留之人。本國人無有奉之者。」沿波斯灣一帶。如哈撒巴林喀塔耳。其間有多數居民所奉之教曰庫瓦里日此教與回教已大不相若。阿曇部中舍其北部小土股名厄耳雷馬 El Rheymah 爲奉瓦哈比正教外。餘奉阿拔地派者甚多。此派回教與西里亞所奉之乙司美利亞派大致相同。也門尙有奉實地派教者。此派與正宗回教微有不同。他有奉異教者。如馬拉與南卓佛部人所拜爲石或木或別種天生之物。又有拜天上日月星辰者。有拜朝陽者。南部之人。雖同爲回教。而虔誠則遠不及北部之民。以回教本產北部。若南部之民。則臨之以威。使不得不奉回教。故其虔心遠遜。」亞拉伯西部濱海之地。與埃及土耳基印度交通已久。故有一種回教脩道士曰豆微須。此等人立誓世守困乏。甘爲人所不齒。且不行汚穢之事。然舍此之外。其餘亞拉伯土股中無此脩道士也。瓦哈比正宗之回教徒。且賤視之。亞拉伯人無迷信鬼物者。無夢徵預兆之說。亦無夜見鬼怪之事。其古書中雖亦常敘鬼神之說然往往託諸外國即如天方夜談一書所叙均波斯事爲多又亞拉伯人亦未嘗强人入其教至其所蓄尼革羅奴才則必强之入教其餘各外教人居留其國者從不干預之猶太人之旅居的馬及南部者土人容之不爲梗阿曼有印度人彼等拜牛焚屍之事土人亦聽其所爲惟基督教以曾與其國久戰故亞拉伯本部無有容其教者惟亞丁一部爲英人勢力所及故基督教暢行無梗

（蓄奴之俗）亞拉伯舊有蓄奴之風今尚承舊俗波斯灣及紅海兩處尚有以販黑奴爲生業者奴皆來自斐洲東岸南及桑給巴爾 Zanzibar 奴有葛拉部人 Galla 亦有阿比西尼亞人既至亞拉伯或令爲家奴供奔走或令司奴鮮有令之耕作者又亞拉伯人出必有扈從奴亦有爲扈從者此等黑奴往往習其主人宗教有變爲極虔誠之回教徒者亞拉伯風俗凡奴輩既奉回教滿七歲則除其奴籍既免奴贖身之貲主人且給以貲令彼營生焉再主家有大事如生子婚姻或喪事必釋一二奴以誌其事故亞拉伯一部自由黑人極夥而此類黑人復與白人 亞拉

伯人亦白人結婚而妙拉土種妙拉土種黑白所生者遂蔓延極廣南部之人幾無一非妙拉土種矣亞拉伯人不以與斐洲人結婚爲可恥故其種愈繁亞拉伯之官職如歇克愛米爾之類黑人亦能爲之內惹德也門哈特拉毛尤不異視斐洲人黑夾斯及北部之人則略示異之之心然不甚顯

（人品）亞拉伯人無論居鄉居城狀態皆極嚴肅見客則禮貌周至喜怒不形於色雖盛怒無高聲厲罵者歐洲人最懼之以對其人既不容怒亦不容不怒也然亞拉伯人外雖示以平淡苟有以一語傷之者則雖隔十年不復忘之甚有一語之微而成流血之禍者亞拉伯各部性情亦稍有不同黑夾斯人恭而多變詐內惹德人容貌嚴肅舉止大方也門人極和藹而善復仇哈撒及阿曼之人佻達喜尋樂事然浮躁無恆內惹德部無通國行樂之會黑夾斯則惟有每歲進香麥加一次爲通國散動之舉也門有棕枝會屆時跳舞作樂傾國若狂阿曼部則類乎此者恆多又也門阿曼等處有咖啡店人往往以此爲縱談之所至講古事演義

唱歌等事。則日日有之。內惹德則絕無。沿海之地。凡婚姻生子受割禮皆必副之以行樂。而內部則未有此盛舉者。亞拉伯城鎮甚至大村皆築城以圍之。城不高以土爲之。城上角樓亦製以土。此足見其國中尚無火炮之製。城之外亦有濠。然往往乾涸無水。街衢至不整齊。或寬或窄。曲折少直路。屋宇以一層或二層者居多。三層者不數見。屋頂盡平。窗戶狹小。外狀殊不美觀。大城中始有市街。店鋪以售食物藥材或咖啡者爲多。鋪中執事咸爲婦女。禮拜寺及城長之公廨咸在市街之中。街無溝渠。幸其地乾燥。故尚無瘟疫之患。然沿海城市。其間天氣較濕。居民受積穢之害者不淺。每日掃街一次。各家自掃門前一段也。門黑夾斯及阿曼三處房屋。間有以白灰刷牆者。其餘均用磚爲壁。屋之四圍。往往有園。遠望之如花木明媚之中。突出土堆。磚以太陽熱光晒成。無藉火力者。南部窮民編棕枝成扇以造屋。有數城中有瞭望之磚樓。高自五十尺以至百尺不等。厄耳毛日 El M-awj 之瞭望樓高一百七十尺。尼斯瓦 Nezwah 之樓高一百四十尺。此兩樓均以石造成。有數處其樓不僅爲瞭望之用。兼爲戰時之內礮堡。

（亞拉伯人家之內容）亞拉伯人家最重要之房曰咖啡房。房較他房爲大。地鋪以蓆或氈。房之一隅有小罏爲煎咖啡之用。此間爲男子會客或留客住宿之所。婦女輕易不入此屋。餘屋皆小。爲婦孺所居。

（好客）亞拉伯人古有好客之名。今仍不減。而尤以禪廟內惹德夷馬馬及哈撒數部爲最。富家大室。家人中以爭得速客入門之事爲榮。常例客居三日。主人不得慢容。其實饗客日期。並無限止。主人從不問客以何時發程。或將往何所。若賓主相洽。則視適家人。雖通家相見。毫不避忌。

（烹調）亞拉伯於烹調之術。至爲單簡。粗椿之麥。雜以乳油。蒸之以爲飯。或攤薄餅。就鐵片上或爐磚上烤之。蔬菜品類絕少。而屬於豌豆類者爲多。羊肉駝肉視爲珍品。棗實以及菓品兩者爲尋常飯食。煎炙燒烤諸術。爲亞拉伯人所不悉。富家始食米。沿海之民多食魚。皮度安人多以高粱粉代麪。其肉食之法。亦極簡陋。

野獸野鳥之肉。不能多得。土人視駝肉爲最美味。城間居民。常以椒桂茴薑之類調味。若宴歐羅巴人。則多用乳油。一飯畢盥洗。或以肥皂。或以含鹹木之灰代之。盥洗後侍者進香爐。各人以次燻其手及衣服。遇貴客臨門。則甫入室。即以香爐爲之燻手及衣也。門阿曼兩處。間有不用香爐。而以香湯代之者。咖啡不和牛乳及糖。惟以一種印度香料入之。以飲各客。客初至。亦飲以咖啡。凡數匝。然亞拉伯人之飲咖啡。實無定時。每飲一次。必加以香料。香料又初非極細。必研之爲末。始入咖啡。故巨家必有一僕。專研香料爲末。而別無所事者。皮度安人雖極愛飲咖啡。而鮮有得之者。亞拉伯人實僅有正餐一次。在日落之後。即此正餐。亦不多食。以亞拉伯人視多食及食珍品爲可恥也。酒爲可蘭經所禁。故不多飲。惟阿曼山中人飲之極多。沿海之地。有一種極劣之火酒。鴉片及醉葉亦不多嗜。而凡瓦哈比嚴禁之風所不到之處。土人多吸菸。至吸菸之法。各地不同。皮度安人即北方貧民。其菸斗爲紅色或黑色之泥所成。既麤且短。城居之富人。其菸斗畧長。口亦極大。然土人最喜水烟筩。其製法大小均不一。土人所吸之菸。皆濃辣萬分。或來自巴格達。或即就地種植。最辣之菸。產於阿曼。菸葉大而麤。雖晒乾後。顏色尙綠。人吸此菸數口。即醉不省人事。凡奉瓦哈比教者。嚴禁吸菸。有犯之者。則笞之。他處則犯飲酒者亦笞之。

（衣服）亞拉伯人服飾亦至參差。其棉布之褲。殺極短。腰繫以繩。然土人大率不著褲。內惹德夷馬馬兩地。其間人不著褲。內衣之外。僅覆以長套。富者其長外套製以棕色或黑色之綢。其頭飾與皮度安人之頭飾相仿佛。亦爲一巾覆頭頂。四圍紥以布。特所用材料稍佳耳。黑夾斯也門及阿曼等處。土人多以長布紥頭。頭布之內。復有緊帽。自一帽以至十五帽。重複戴之。外再加以長布。故其頭服極重。不慣者不能堪也。黑夾斯及也門著褲者較多。腰間繫以巨紳。佩匕首及墨盒。貧者不佩巨紳。惟寬帶繫腰際及肩際而已。阿曼部人著褲者絕少。惟著長外衣。緊附於身。其色以黃者爲多。此數部婦人往往著短褲。尋常頭飾之外。復加面障。婦女亦極愛首飾。金銀者居多。然裝飾貴多。故重不可支。其髮結爲辮。置諸腦後。男子任其髭鬚之長。不稍薙遏。然鮮見有長鬚者。南部之人。鬚尤短少。其種使然也。男子照回教典禮。均須薙髮。然鄉人及皮度安人亦有不薙髮者。亞拉伯人從無以色染髮者。土人多著屐而鮮著履。然以地受陽光極熱。故非極窮者鮮有赤足以行。士農工商教士雖無專服。然於其頭飾衣服之大小可以別其執業之貴賤。

（相貌及其性情）亞拉伯人美姿容。脩體輕靈。眼髮均黑。殘疾及矮人鮮有見者。世傳之病極少。惟痲瘋一種。土人常有患者。因氣候亢乾。沙土耀眼。故患目疾者殊多。土人嗜潔成癖。日必數浴。齒亦愛護備至。令潔白無積垢。然牙痛仍不得免。素性戒酒。戒多食。故人多享大年。腦界之發達。亦不減於他種。其所以歷久而不聞其成事業博榮譽者。以土人少合群之力。且作事少章程也。在外人視之。其政府已不具秩序。少章程矣。而土人猶以其禁我自由而恨之。亞拉伯本部之四凱立。夫其三均爲人所刺死。瓦哈比君主。幾無一不死於刺客之手。

（歲入）亞拉伯各部之歲入。至爲難估。巴格雷夫計一千八百六十二年內惹德部所入合巴林及阿曼西部之歲貢爲十萬六千鎊。其年阿曼部之歲入計多於內惹德部十倍。然此數未免有失實之處。其耕種之失宜。土地之磽薄。居民繁而生計窘窒。其歲入自不能豐。然苟治理得人。則所出應不止此。也門部曼礦尙封固。至沙漠實據全土股三分之一。磽瘠不毛。人力難使殖財矣。

（戰事）亞拉伯人窮兵黷武之心。在西歷七世紀爲最盛。當時歐斐亞三洲開闢之國。半已入其手中。其兵之所以能戰必勝攻必克者。不在兵之衆。而在衆志堅固。齊趣公共之目的。其教旨激昂民氣。故接戰敢死無退志。漸久而此一往無前之心遂失。改進取而爲堅守矣。觀其十六世紀之敗於土耳基。十九世紀之敗於埃及。已可見其勇氣之隳。至瓦哈比出。始以戰死激勵國民。民氣稍振。美索不達迷亞及西里亞先後受其兵。然此次出兵未有大志。故戰後無甚關係。亞拉伯地勢及天然情形。均令他國雄主無所施其武。其故厥有數端。一則得其地不足以資守禦。且沿海之地。童山沙漠。不足以動人之覬覦心。二也門阿曼爲全土股最沃之地。而境中多山。山路險狹。天氣極熱。轉運既不便利。復不能就地取糧。於用兵殊失宜。取之不易。而守之復極難。三則稍入內地。即爲廣漠。與中央高原隔絕。不利行師。四則亞拉伯人性堅忍。輕死而志耑。較歐洲最尚武之國民。有過之無不及。此種性質。通國具之。其兵雖少紀律訓練。不足以當歐洲勁旅。然野戰短接。則各國人均不能及其勇。有時雖歐洲訓練之兵。有不能攖其鋒者。一千八百十年英人與之戰於希那時。Shenaz 一千八百十九年至二十年。英人復與之戰於厄耳哈特。凡此兩戰。彼兵以長槍大戟。拒我火炮。勝不受降。敗亦不求降。至士兵接仗。亦有兵法。亦分中堅及兩翼。首列短接之兵。後有續備兵。戰駝橫列於前。致敵人不悉駝之後尚有幾許重兵。駝亦馴順。能如主人意。士兵自駝後發火槍擊敵。而伏兵復時出以亂敵陣。此種戰術。亞拉伯人於五世紀時已熟諗之。而今日所用者。仍爲其舊法。

（兵額）內葸德以及中央各部，所有戰兵據派而格雷芙調查云，戰兵以城邑中人充者有四萬七千三百人，以遊行無定之人充者有八千人，禪廟一部其戰兵以城邑中人充者萬四千人，以遊行無定之人充者萬六千人，阿曼戰兵以及其聯盟諸小部兵，計之爲十一萬二千人，均爲城邑中人，以上諸部已佔亞拉伯全部之重要部落，計共有戰兵十九萬七千三百人，全土股自蘇伊士至亞丁自紅海至印度洋，計共有戰兵約四十萬人，此四十萬之兵並非常備之兵，然國有大難，或兵禍，兵數可逾常額一倍，以一聞兵，人人並發憤而起，以捍其國，雖婦人亦有奮袂而起者。

（女將）亞拉伯以女子而任戰事者甚多，其勇名不減男子，回教未興以前，其舊籍載之甚多，穆罕默德之妻愛沙於六百五十六年駱駝之戰，曾身先士卒而卻敵，其餘回教女徒中身臨戎行者，指不勝屈，至今日亞拉伯風俗尚有以閨女乘明駝率衆赴敵，口唱戰歌以爲衆導，設此女見擒，或死於戰，則視爲敗績，戰勝則女爲凱旋兵之先導．率衆歸城．

（教育）亞拉伯全國無所謂今日歐洲之教育．皮度安人無學塾．即城中所有．亦不過少數蒙塾而已．塾中所教爲可蘭經典．蓋亞拉伯人所重不在公塾而在家庭教育．男子自幼即受訓於其父．教以讀書寫字文法及口辨之學．作詩及史學亦間有授之者．至男子學禮周旋進退．亦爲家庭教育中所應有．有數處則有高等公塾．教科爲書法．文法．雄辨學．至極粗淺之法律學及神道學．則每日下午於禮拜寺中教師所傳授．

（方音）亞拉伯人於方音及字之音義．最爲留意．然各部方音．仍有不同者．亞拉伯語之最眞切者．爲內惹德語．此中尤以西地爾省 Sedeir 人所言爲最純．次則爲禪廟部方音．黑夾斯語言．雖極婉轉動聽．然非亞拉伯語之純者．哈撒巴林阿曼等部之語．則有外國語羼入其中．也門以及南面濱海各部．其語音中間有斐洲口音．皮度安人所用語言．實爲亞拉伯語．而其音則參差不與內惹德語同．

(部分)亞拉伯土股中大致部分。前已言之。茲將其詳細部分列下。

(黑夾斯)此部隸於土耳基。位於北緯二十一度至二十八度之間。其著名城市。沿海者爲烟市 Yambo 及熱他。Jiddah 內地則有麥地拿及麥加。居民半屬游牧。半爲有定居者。近麥加之聖域以及麥加東南之大佛。地極富沃。此二地均隸黑夾斯部。

(亞西爾)亞西爾位於黑夾斯之南。地多山而濱海。居民崇瓦哈比改正教。爲自主之部。有歇克及愛米爾以統治之。愛米爾駐部中巨鎭庫拉克。Kolakh 土耳基近以兵犯之。然不能得其地。

(亞布亞里失)亞布亞里失亦爲濱海之地。位於北緯十七度四十分及十五度五十分之間。此部現爲土耳基所據。已早出也門版圖矣。居民皆居村落中。土瘠。然漁利頗豐。

(替哈馬)此部北起北緯十五度五十分。南至亞丁。其巨鎭曰羅布亞。Loheya 曰火地台 Hodeydeh 曰摩加。Mokha 羅希亞及火地台均爲海港。居民皆四五千人。摩加以產咖啡著名。居民不過八千人。沿海漁村極多。今其地半爲土耳基所轄。

(也門) 也門分三十山縣。均隸於也門土王。王都於薩那城。城中廟宇園囿極富。昔時與大馬士革並稱雄大。然今日城中居民僅二萬。耳城四圍皆雉堞。城中禮拜寺公家浴池及市場。均新建者。舊時景物已無復存焉。內地尚有數自主小部。全部村落極多。戶口亦繁。遊牧無定居之民甚少。土耳基近以兵犯其地。

(南卓佛) 南卓佛位於也門之東。爲南部沙漠中極大水村。其城有名馬勒卜者 Mareb 爲古時南亞拉伯都城。又其舊有水壩。今其遺址尚存。部中村落尚多。居民尚武好鬥。土亦肥沃。然其地未經詳細調查。歐洲人亦從未有至其地者。

(內乍蘭) 內乍蘭爲自主之部。位於也門東北。土肥民庶。居民咸居村落。其巨城亦曰內乍蘭。

(也門東北諸小部) 也門東北有許多小部。如加拉比沙 Kallat Bisha 沙蘭 Shahran

加丹 Khatan 他司里司 Taslees 厄耳庫貝葉耳 El Kobeyel 等．均爲自主．受治於歐克之下．除厄耳庫貝葉耳居民爲游牧人外．餘部居民皆有定居．從事耕種．

（哈特拉毛）哈特拉毛部．佔地極大．位於東南沿海．並深入內地．其中亦分數部．就中以什班 Shibam 及愛那德 Ainad 兩部爲最著．城鎮之稍著名者．爲大法爾 Dafar 及克輿 Kesheem 二城．均海港．然於商界上不關重要．各部均自主．居民或爲游牧．或治耕種．

（馬拉）馬拉與哈特拉毛接壤．東至厄耳哈特角．合亞拉伯全土殷居民．以此間居民爲最無文化．名則隸屬阿曼．土地磽瘠．多沙．居民稀少．阿耳摩拉 Al Morrah 及阿蒲阿而斯 Aboo Alse 兩族皮度安人．咸就牧於此．

（亞拉伯北部及中央諸部）

（北卓佛）北卓佛亦一大水村．位於西里亞沙漠之南．部中有大村七．餘皆小村．居民號稱四萬．有愛米爾以轄之．此愛米爾復隸於禪廟王之下．

(的馬)的馬 Teyma 位於卓佛之西南。居民稀少。約得萬二千人。皆皮度安人。各族均自奉其歃克之號令。不相統屬。

(契巴)契巴 Kheybar 位於黑夾斯西北。居民悉居小村。其中有數族爲猶太人。居民共有二萬五千人。

(禪廟)禪廟爲亞拉伯大部。奄有亞札及塞耳曼兩聯山。都城曰海爾 Hayel 有大市場。城中居民約一萬五六千人。全部有村四十。居民十六萬二千人。半業農。半業牧。其王或稱愛米爾。爲世傳之職。與內蔥德爲聯盟之國。

(上喀仙)上喀仙地形狹長。位於禪廟部諸山及下喀仙之間。上喀仙屬禪廟。下喀仙屬內蔥德。土地爲砂磧。然尙可施耕種。部中有大村二十餘。均小村。居民約得三萬五千人。

(皮度安人)皮度安人之游息於此數部間者。曰禪廟族。希拉拉德族。Sherarat 火威塔德族 Howeytat 皮奴阿替亞族 Benoo-Aleeyah 馬時族 Maaz 戴族 Tey 及瓦希特雅族 Wahhideyah 戴族在古時極有聲望。稱爲南部大族。穆罕點德生數百年前。遷居北部。諸族合計有民十六萬六千人。然的馬及契巴之皮度安人尚不在此列。以此兩部之皮度安人爲數亦約得十六萬餘也。

(內惹德)內惹德之名包涵頗廣。凡亞拉伯中央可居民之地。均以是名名之。全地分九部。列如下。

(亞里得)亞里得 Ared 爲內惹德中央之部。今之瓦哈比部城利亞得在焉。此城建已極古。有居民三萬人。城中有宮內惹德索丹居焉。夏屋亦極多。城堞均未陶之磚所造。相近利亞得處有舊時都城地里夷亞 Dereyeyah 遺跡存焉。此城於千八百十七年爲土耳基兵所燬。利亞得之外。亞里得部中尚有數大村。足稱爲鎮者。全部土地大致肥美。種植極茂。居民號稱十萬。

(失地葉爾)失地葉爾部爲地極大。位於亞里得北之土伊克山高原。其巨鎮曰美至馬。Mejmaa 兵備甚固。部中有巨村二十五。居民十四萬人。皆尚武而靈警。瓦哈比軍以此部中人爲其勁隊。

（夷馬馬）夷馬馬部在亞里得之南。土極肥沃。部人男子以善戰著。女子以美麗著。瓦哈比帝國此部實據其要津。其巨鎭曰曼富哈 Manfoohah 曰考爾日 Khorj 考爾日四圍之地。最爲肥美。人至稱爲內葸德之天堂。部中居民與失地葉爾數相埒。

（哈里克）哈里克爲內葸德極南界山中水村。其南界臨大納沙漠。巨鎭曰貨他 Hootah 居民嚴奉瓦哈比改正教。爲數凡萬四千人。有村十六。

（阿發拉日）阿發拉日位於亞里得之西南。地小而多山。居民萬六千人。均奉瓦哈比教。有村十二。查法 Kharfah 爲其冠。

（度華西爾）度華西爾爲一淺長之山谷。自阿發拉日起。蜿蜒向也門。土地多沙。不宜種植。有小村五十。餘則爲三兩人家之小聚落而已。居民約十萬人。皆奉瓦哈比教。然以性情卑鄙。故聲譽極惡。

（蘇柳葉爾）此部亦屬瓦哈比。位於度華西爾及也門之間。巨鎭亦名蘇柳葉爾。有村二十五。居民三萬。

（五輿）五輿位於亞里得之西。地雖小而極繁要。爲亞里得之藩籬。巨鎭曰多拉馬 Boramah 一千八百十七年。土耳基以兵來犯。城人拒之甚力。卒退土兵。更有巨鎭曰沙克拉 Shakra 爲商務要地。有城曰庫威者。Kowey 爲前瓦哈比人與埃及兵大戰之地。埃兵敗績而退。餘村凡二十。居民八萬。人皆奉瓦哈比教。地多水泉。故殖產極富。

（喀心）喀心位於五輿之西。地廣而沃。其民隸於瓦哈比政府之下。部中有巨鎭三。曰鄂尼薩 Onezzah 曰貝勒達 Bereydah 曰羅斯 Rass 餘有村六十。小聚落無數。居民勤於治事。且善居積。惟不好戰。爲數凡三十萬。以上各部即今所稱爲內惹德本部瓦哈比帝國者是也。

（哈撒）哈撒部位於波斯灣之濱。地極大。其都城曰和失貨夫 Hofhoof 有碉堡兵備之設。城中復有大市場。及華屋多所。與和夫貨夫相近處。有近代所築之城名曰米巴拉士。Mebarrez 其規模與都城相彷彿。全部多水泉。土肥沃。有村凡五十。居民十六萬人。此部本屬瓦哈比國。近則爲土耳基人所據。

(加的佛)加的佛部地小而窪。濱於波斯海灣。與巴林對峙。此部亦屬於瓦哈比。其巨鎭亦名加的佛。爲昔時卡馬天 Karmathian 歷代雄主所居。部中氣候多瘴癘。居民約得十萬人。

(皮度安人)皮度安人之游息於此數部者。爲阿乍曼族。Ajman 皮奴哈日爾族 Benoo Hajr 皮奴喀里特族 Benoo Khalid 麥太葉爾族。Meteyr 倭太巴族。Oteybah 西巴族。Sebaa 喀丹族 Khatan 哈爾白族。Harb 此族人衆而尙武。更有阿尼日族 Anezeh 及阿耳摩拉族。Al-Morrah 諸族人數合計之不過八萬人。亞拉伯中央有定居者多於游牧者。而在亞拉伯北境以及西里亞沙漠中。則遊牧之人多於有定居人矣。

（巴林）巴林之名。係合波斯灣中兩大島名美那麥 Monameh 及摩哈勒克 Moharrek 所成者。兩島均以產珠名。部人自有酋長。酋姓喀里法 Khaleefah 然間亦爲巴格達或阿曼之朝貢國。島中村落極多。土亦肥沃。其民以航海及行商爲生活。居民約七萬人。

（喀塔耳）喀塔耳位於哈撒之東。亦濱波斯灣。其沿海淺灘中。爲產珠極富之地。居民號稱十三萬五千人。其生活全仗挖珠及售珠。稍入內地。土皆不毛。此部爲巴林附庸。然亦納貢於阿曼。

（沙札）沙札 Sharjah 爲濱海一狹長之小部。附於阿曼。瓦哈比人曾屢佔其地。而未卒守。部有海埠。亦名沙札。此埠爲購售斐洲黑奴之大市場。居民大半皆以往斐洲獵奴爲生活。此部有村三十五。居民八萬五千。

（羅斯厄耳查貝）此部亦名逐瓦西馬 Jowasimah 意即私家海岸也。其巨村曰契馬。Kheymah 爲盜巨窩。一千八百十年。英以兵夷其城。城再建。英兵復於千八百十九年滅之。今其城雖已復建。然無盜賊遺跡矣。地多山。居民皆奉瓦哈比教。然野不知文化。居民不過一萬。其語言爲他處亞拉伯人所不解。

（喀拉得）喀拉得 Kalhat 位於摩散丹角之東。地屬濱海。其巨鎭曰立馬。亦爲海埠。餘有小村凡四十。居民粗魯。善行海。數凡六萬。

（巴特那）位於阿曼諸山及波斯灣中間之地。曰巴特那。延長至拉司黑蘭 Ras Heyran 在馬斯開特之東。此部爲亞拉伯全部最富饒之地。地既肥沃。居民稠密。有大城數處。其間尤以馬斯開特爲巨擘。阿曼之索丹。即居此城內。其餘著名之城。如謀特拉 Matrah 布爾卡 Barkah 索哈 Sohar 什那斯 Shenaz 等。均爲海埠。餘尚有小鎭七十餘處。散布內地。居民爲皮阿地亞族 Biadeeyah 與內惹德之亞拉伯人結不解之仇。人數共七十萬。

（達歇拉）達歇拉 Dahirah 位於阿曼之西北。其巨鎭曰貝雷馬。Bereymah 餘村均不足數。此間居民遊牧者。與有定居者數相埒。共得八萬人。內惹德之瓦哈比人。

嘗屢佔之。至今仍屢擾之不已。

（亞克達）此部中有山曰亞克達山。亦名綠山。山間土地肥美。居民極夥。此山爲阿曼之脊山。猶之亞里得之於內惹德然。其巨鎭曰內惹瓦 Nejwah 曰巴希勒 Bahhileh 曰密納 Minah 曰日奇 Zekee 餘有小村凡七十。居民六十萬。皆皮阿地亞族人。其男子尚武輕死。女子端重美秀。

（蘇爾）蘇爾 Soor 爲濱海之部。自馬斯開特以迄於厄耳哈特角。土地肥磽適中。其稍著名之鎭。則爲蘇爾。亦海埠。餘雖尚有濱海之村。然輕不足道。居民十萬。於一千八百十九及二十兩年中。曾力卻英兵。

（哉蘭）哉蘭 Jaylan 地荒民野。其隣部曰馬拉 Malrah 更不足道。爲文明人足跡所不至。

（亞拉伯總人數）亞拉伯本部居民。或謂有一千二百萬。或謂僅有七百萬。今就以上各分部人數而論。中央各部。如禪廟卓佛內惹德。計有有定居之民一百五十萬。皮度安人五十萬。總數二百萬。沿波斯灣海濱諸部。如哈撒巴林阿曼以及三部鄰近各小部。計共有居民二百五十萬也。門有居民一百萬。至哈達拉毛馬拉黑夾斯諸部。居民皆極稀少。地雖大。其三部居民至多亦不得逾三百萬。至西柰山土股及北境之民。人數更少。故亞拉伯全土股之居民。約計僅得八百五十萬。至多亦不過九百萬。其間皮度安人居全數五分之一。有定居之民居全數五分之四。數百年前。亞拉伯人兵威東起印度河西至大西洋。海陸之上。咸莫與匹。今其地人數稀少如此。眞令人駭異不置也。雖然。即以今日言之。其宗教法律。尙爲全地球居民八分之一所敬仰遵守。尙足以豪也。

(歷史)亞拉伯歷史及其居民。可分爲兩大時代。一曰穆罕麻德以前時代。一曰穆罕麻德時代。此兩時代雖各有盛衰强弱之不同。然仍存其大畧性質。穆罕麻德以前時代。亞拉伯爲雄酋分據或封建之政體。穆罕麻德時代。則爲假天命兵威以統一各小國。而後此卒歸於無君政體。

（上古神道時代）亞拉伯歷史於穆罕麻德前後兩時代之外，猶有未有紀載以前之神道時代，其事皆荒唐無稽，類皆套用猶太上古窠臼，其言曰：上古亞拉伯爲阿那克 Anak 神裔所居，其人皆魁峨豪傑，土人言其狀及其事蹟，彷彿猶太之士師。其時亞拉伯之南有阿特族 Ad 北有太母特 Tamood 中央有塔司密及若迭司兩族。Tasm Jadis 有大城曰伊崙 Irem 城多石柱，故可蘭經稱之爲石柱城。城爲阿特族末建之王希達特所築，城址在今之哈特拉毛，土人言今其城尚在，常人均不之見，惟有福者，始能見之。按埃及有古城曰西伯斯 Thebes 今已早圮，埃及人亦謂有福之人，始能見之，亞拉伯人此說，恐亦本埃及人之言。土人又謂太母特族人曾鑿山成巨穴，在今之黑夾斯，此說較之前說爲稍確。其所言塔司密及若迭司兩族之人，風俗情事，狀與今之皮度安人相彷彿。穆罕麻德時代之紀古事，亦仍不脫猶太窠臼，其言謂上古諸族之所以至今不存者，以得罪於天，天降之罰而滅之，其狀與猶太舊約中所言蘇度密 Sodom 及古穆拉 Gomorrah

兩城之見滅相同。然此等荒唐之事。均爲正史所不錄。

（古代亞拉伯王國）亞拉伯古事之略可信者。爲一種南方之人君臨其土。後種人復分爲無數小國。其王君權無限。散佔亞拉伯中央荒原。今土人謂此種人爲神裔。

（也門王國）亞拉伯最古而可信之王國。則爲也門王國。據云。其君都於馬勒卜。後經洪水之災。遷都薩那。其城至今尚爲大都會也。也門爲喀丹之子孫所轄治者。凡二千五百年。喀丹爲斐洲人。其子孫姓土拔。亦斐洲字。意即有威權也。此二千五百年中。也門之王。雖同爲土拔一姓。然其間同姓篡奪。實有數次。亞拉伯南半部已悉入其版圖。北半部亦爲其貢獻之國。其中有一君。嘗戰勝中央亞西亞及支那邊境。此事史家皆謂其妄。更有一君。嘗戰勝北斐洲。此事雖無稽。然較前事稍可信。或謂以前兩事皆類埃及某某名王之事蹟。或亞拉伯人冒謂爲土拔王朝之事。亦未可知。然土拔王朝就其文字及建造之遺蹟而論。尚爲有文化及果穀之國。西歷紀元後五百二十九年。土拔王朝爲斐洲阿比西尼亞所滅。至六百又三年。土拔朝復興。至六百三十四年。爲穆罕麻德所併。

（喜拉王國）喜拉王國。其國土位於亞拉伯之東北。其君爲土拔王族之遠支。阿付拉底河下流之西岸起巴比崙迄內惹德。以及沿波斯灣之地。皆歸其統轄。此王國建於紀元後二世紀。享國四百二十四年。認波斯爲其上國。迨穆罕麻德起。而此國亦見併。

（葛山王國）第三王國曰葛山。Ghassan 其地在西里亞之南黑夾斯亦在其圖版中。其國先與西羅馬爲盟邦。繼與東羅馬聯盟。故能保其自主。其國建於西歷紀元後第一世紀。適馬勒卜城遭水災之後數年。享國約六百年。爲穆罕麻德兵所併。

（金德王國）第四王國曰金德 Kindeh 初爲喜拉王國之一部分。於紀元後五世紀中分土自王。併呑內惹德北部之民及阿曼。令臣服於其威權之下。享國一百六十年。其王亦也門王室遠支其王類皆昏懦故國中時有戰爭。並非舊約書中之洪水以爲時不同也。亞拉伯史家則謂也門王國。因遭此洪水之災。故有分支至北方。創立伊拉克 Irak 及葛山王國之事。

（阿崙洪水）亞拉伯著書家言阿崙 Arem 或馬勒卜之洪水極多。大約此洪水（也門盛世）當洪水之時。也門之亞拉伯人已得有極高之文明程度。工藝美術商務均日漸興盛。國人潛心於積母財崇文學。凡有才者。招而至之。此等盛世之事。不獨羅馬旅行人時有紀錄。即當時亞拉伯詩人亦嘗以其盛事賦之詩中。故可決其事爲非妄。觀當時也門情形。實與埃及相伯仲。兩國均得文明極早。比至後世。轉不如前。故也門經穆罕麻德兵兼併之時。其舊時文明程度。已喪失大半。也門分支所建之葛拉王國。則以密爾波斯故文教風俗沾染波斯者不少。而葛山王國。亦以近羅馬故。故政俗有仿羅馬者。金德王國之民。則漸沈爲遊牧之風俗。

（北亞拉伯人）當也門王國極盛之時，縱横拓地，子孫蕃昌，文事工藝，日有進步。而亞拉伯北部及中央，則又有一種人居其地，雖南北之人同爲斐洲所遷入，然以習見不同，故生此歧異。北部及中央之民，其時閉塞無文化，生性殘暴，然其魄力較之南部之民爲大。此間亞拉伯民非自南遷北，乃自北入亞拉伯境，自言其始祖爲尼薩，即猶太西里亞之語有相似者。北人與南人尤有異者，北人不事耕種建築與美術，更非所好，性嗜牧畜，故終久爲無定居之民族。北人分支繁夥，不能備述，然其總族則有五，曰拉比亞 Rabeeah 此族居土股中央之東方，自言與也門王族同一支派。曰哥累須族，見前。居土股之西，曰紀司族 Keys 曰哈瓦信族 Hawazin 居於土股之北，曰塔敏族 Tameen 居於土股中央。

（北部亞拉伯人之叛）北部亞拉伯人何時入居亞拉伯，及既遷入後，臣服於也門王權之下者若干年，史皆未言其詳，至西歷紀元後五世紀中，拉比亞族中有豪傑曰庫勒伯。Koleyb 憫其族人之見虐於也門苛政。悲忿不平。嘗手剸也門征稅之官。自是起義於內惹德紀元後五百年。戰於哈若時。Hazaz 王師大敗。自是北人遂不臣也門。庫勒伯既敗王師。遂竭力圖合各族爲一大聯邦。自爲之率。然庫勒伯不久被刺。聯邦瓦解。各族無主。遂自相爭戰。歷時百年。六世紀中。北人所稱爲英雄時代者。實北族互相爭殺之時也。然北族雖自相爭殺。而於拓地滅國之舉。則不稍息。至七世紀初葉。金德王朝已悉爲所併。至也門伊拉克及葛山諸王國。其邊境亦常被其蠶食。以勢而論。似北人將有席捲全土股之志。而北人中忽有大力者出。首令全土股之民臣服於其威權之下。繼又令全土股之民。佔世界極榮譽之地位。最後則又令全土股之民淪於銷耗之地位。此大力者。即人所熟聞之哥累須巨族也。哥累須族亦北人。世居黑夾斯南部麥加城鄰近之地。彼時麥加城已爲亞拉伯宗教之中心點矣。五世紀中。哥累須族長出其詐術。使麥加之巨廟歸其族人筦理。廟名加伯 Kaabeh 石砌成方形。亞拉伯人無論貧富遠近年例須致祭於其廟此在穆罕麻德未生以前數百年已然迨穆氏出始以此廟爲拜上帝之所廟門之匙向由也門王遣使掌之及既爲哥累須人所得即深藏秘置雖同國之人及奉基督教之亞比西尼亞人屢以兵力爭欲得此掌匙之權而哥累須人力卻之哥累須擁有廟匙不獨地望增高且享有廟中祀產及進香人所贈之金以致巨富

(哥累須族與也門互市)哥累須人致富之由不獨享有廟產其居地沿紅海之濱故得以水道與也門諸海埠及亞比西尼亞互市哥累須族之海埠曰熟地其內地互市之城即爲麥加哥累須人又善於行商故此兩地遂爲商務麕集之所

(倭加每歲市會)麥加隣邑有地名曰倭加 Okad 者在穆氏未生以先每歲於其地陳列各種品物如今之博覽會然此市會每於各地年例進香麥加之前一月舉行是以各地之人來與會者不少陳列商品之外復有賽馬鬥力諸玩藝而各族酋長亦於此論和戰聯盟條約刑賞復仇諸大政然此地去哥累須族最近

且族人至爲富強。故會事常以哥累須族人一言以爲左右。

（哥累須族之來歷）哥累須族爲穆氏所自出。據亞拉伯紀載所言。謂亞拉伯人全國之始祖。爲亞拉伯罕之子乙須美兒。而哥累須族人爲乙須美兒的派之子孫。穆氏之書。皆據上言。而他人之紀載。則或不言。或言之與穆氏不符。然稍有歷史識見者。則莫不知前言之謬。而穆氏承認之。則亞拉伯人遂奉爲的語。尤可怪者。歐羅巴之著作家。亦多信亞拉伯人爲乙須美兒之子孫。總之。穆氏之書。均依附猶太古籍。即其所自來之地。及其眞祖。已不可稽考。故遂襲猶太之後。外人不察。從而附和之。眞相盡失矣。其實亞拉伯歷史在七世紀以前。實無稽考。七世紀中。穆氏出。而亞拉伯之現象始露。其時亞拉伯之大國及巨族。其名稱其位置今爲敍錄如下。第一巨族曰哥累須。合他北族而爲一聯邦制度。且有其同盟之族。聲勢最大。佔土股西部及西海濱之北半。次要者則爲中央諸獨立之小部。其中大半均爲北亞拉伯人。而亦有數部之人自言爲也門王族之別支。然亦未嘗認也門爲上國。最次要則爲也門喜拉及葛山等王國。其王均闇弱無爲。不爲波斯所制服。即爲東羅馬之藩屬。甚至本國之內。號令不復禀承。

（國際）亞拉伯國於穆氏未生以前。雖在國界以內。已有所樹立。而從未嘗與他國有交際。當猶太名王蘇羅門御極時。也門王后曾謁其朝。然其後亦無甚關係。其同時立國之格里斯（即常譯希臘者）波斯及馬基頓諸國。亞拉伯人除就邊界上與其國之民互市外。他無國際之事也。初猶太王安鉄國納斯及埃及王多洛屑曾先後以兵犯其國。未能得入。即羅馬王彭比 Pompey 戰勝攻克。無往不宜。而獨至亞拉伯則格不得逞。　當羅馬王奥格司德時。羅馬之埃及留守豔也門之富。欲增入羅馬圖版。以本國步兵一萬。猶太兵五百。那巴地安 Nabathian 兵一千。以舟二百又十艘。渡紅海。於今烟波之地登陸。兵士染疫者多。乃停兵數月。向南進發。至內乍蘭。乘土人不備。襲取內乍蘭城及其鄰近諸村落。土人始以大兵禦之。敗績。羅馬兵進薄馬勒卜都城。然以不習是間水土。營中疾癘大作。不得已復越海歸埃及。出兵無所成功。其後羅馬皇屈拉張 Trajan 及色物勒司迭次以兵窺埃及。然皆未越西里亞而南。今博斯拉 Bosrah 及彼得拉 Petra 兩城遺蹟。即爲羅馬勢力極南之界址焉。

(亞比西尼亞犯也門)西歷紀元後五百二十九年。斐洲東岸亞比西尼亞國以太子亞里阿德 Aryat 爲帥。率師七萬人。於亞丁登陸。先是也門王度奴瓦斯 Dhow-Nowas 欲依用猶太法律。見基督教人輒苛待之。今亞里阿德之來。正爲復此仇也。亞里阿德一戰而勝。度奴瓦斯歿於陣。全國改從基督教。受轄於亞比西尼亞者凡七十五年。西歷紀元後五百六十五年。即穆氏降生之年。其王亞伯拉哈曾以兵犯麥加敗歸。後回教徒謂此事爲穆氏異跡。所以彰罰也。紀元後六百又五年。也門王孫守夫 Seyf 求波斯爲奧援。始得逐亞比西尼亞人而出之。

(穆罕蔴德降生)穆罕蔴德死之年。言人人殊。然其時必在六百二十二年及六百三十二年之間。當其生時。內併各部。外拓版圖。至其一身事蹟。有專書以紀之。

吾書但以一言蔽之曰穆罕麻德死之年亞拉伯全部除極南之塔敏部以及也門中數小部外餘均奉事一主一教成一鞏固之國矣（阿蒲倍格爾被選爲亞拉伯王）穆罕麻德卒其女壻阿黎聳恿作亂謀襲其岳之位國度幾至不保繼而阿蒲倍格爾 Abu Bekr 被衆選嗣穆之位阿蒲倍格爾爲穆罕麻德寵妻愛沙 Ayesha 之父嗣位後正名曰凱立夫譯即正教嗣人之義此後回國之君皆以凱立夫名之阿蒲倍格爾享國凡二年然能平內蒠德及也門之亂黨且滅大馬士革回國肆滅人國自印度河以至佛蘭西各國無不稟承其號令宗教其端蓋啓於此

（大馬士革見滅）西里亞之國多內訌教士復彼此結黨各不相下且又隣近亞拉伯故其國遂首爲所滅回兵大將喀婁德 Khaled 爲一時著名健將以兵首據薄斯拉 Bosrah 長驅好蘭山 Hawran 諸境進薄大馬士革東羅馬皇希拉格力司 Heracilus 亟以兵救大敗死者五萬衆回兵遂圍大馬士革守城將領爲羅馬皇

女壻力守圍七十日。城下。降者半。死者亦半。時紀元後六百三十四年八月三日也。自是以後。大馬士革遂爲亞拉伯巨城。城人亦改奉回教。

（雅墨克之戰）希拉格力司初不以回兵爲意。安居西里亞北京之安替倭克 Antioch 及聞南京大馬士革被回兵所得。始大驚。乃集兵八萬。中有二萬爲亞拉伯葛山國來附之兵。其始皇帝自將之。繼又以兵符屬之曼紐耳。以阻回兵北上。而其時回兵已連據賢木斯或作厄麥薩 Emesa 巴而貝克 Baalbeck 及哈馬 Hama 諸城。及聞羅馬大兵將至。乃退至雅墨克河之後。河發源於黑爾孟山 Hermon 南麓。是戰也。曼紐耳攻回兵守。大戰數日。希臘兵即東羅馬大敗。全軍幾盡亡。曼紐耳亦戰歿。回兵死者約五千人。時六百三十六年也。此後西里亞全境鎖鑰已盡入回兵掌握。先是喀斐德以雅路撒冷一城。地多山壑。故捨之勿攻。至是西里亞北部已盡得。而凱立夫倭馬 Omar 阿瑪之後恐喀斐德以重兵在外。且已奄有西里亞。防其勿臣。乃自以兵涖雅路撒冷。城人望風出降。阿里布 Aleppo 安替倭克亦降。於是長驅沿海之雅法 Jaffa 貝魯特 Beyrout 地力破里 Tripoli 以及他各沿海之埠皆取之。計穆罕厤德死後僅六年。而西里亞全境已爲回人所得。自後西里亞人改從回教。且習亞拉伯之語言風俗。以外觀論。似純乎亞拉伯之國土矣。西里亞滅未久。而美索不達迷亞亦相繼爲回人所併。迨既取他索斯 Tarsus 及地亞倍格爾 Diarbekr 則與古爾的斯丹 Koordistan 及亞美尼亞兩高原接壤。回人居息。以此高原爲其北界。

（回人滅波斯）回人轉戰於阿付拉底河迤西之地。滅西里亞美索不達迷亞等國。而未有一卒及於阿付拉底河迤東波斯之地。即兩國在邊境上小有戰爭。然波斯常勝。而回兵常負。至喜拉之戰。波斯兵始見敗於回兵。然僅足與前敗相償。至是波斯王葉時地苟德 Yezdegird 聞回兵强甚。乃以大將勒斯登 Rustum 率兵十二萬渡阿付拉底河。與回兵搦戰。時回將爲沙特 Saad 也門人也。與波斯兵遇於加地西亞 Kadesseyah 地去巴比崙城故址不遠。大戰四日。波斯兵大敗。死人無算大纛亦失纛爲義士某治匠之圍裙治匠起義時即解其所素著之圍裙爲纛後此波斯遂製纛旗爲圍裙形以誌其事沙特乘勝以兵渡阿付拉底及底格里司河取其都城米丹 Medain 亦名忒昔封 Desiphon 所得甚富復進兵取其故都蘇撒 Susa 至是回將沙特受代繼其事者爲奴曼愛本米克蘭 No.nan-Ebn Mekran 奴曼既受兵符與波斯兵戰於麻哈文德 Mahawend 大敗之波斯遂不復振其王葉時地苟德逃未幾死於暴客公主爲回兵所俘阿黎之子哈山娶之然波斯自是憾回人不已後此回國之傾覆波斯公主見俘之事實與有關焉自麻哈文德之役波斯國版圖自裏海及阿付拉底河以至於印度洋全入回人之手其中居民亦奉回教之號令宗教自後可拉山 Khorasan 克爾曼 Kerman 米克蘭 Mekran 塞司丹 Seistan 及巴而貝克先後爲回人所併拓地東以阿母河爲界總之不及百年印度河迤東之地皆奉承大馬士革回朝凱立夫之號令矣回人既得大馬士革遂遷都於此

(回人滅埃及及斐洲他國)回兵西嚮，首先被滅之國爲埃及。時回廷凱立夫爲倭馬，回將阿密羅 Amroo 長於兵術，復具王佐之才。法爾馬者，爲埃及東境鎖鑰之城。回兵首據之，復入內地，據尼羅江口之三角形島及開羅。Cairo 於是回軍與本國及紅海之消息遂通。然後以兵圍亞歷山得利亞。Alexandria 圍十四月，城始降。時紀元後六百四十年十二月二十二日也。此後回軍兵鋒所向，皆無阻礙。以埃及本受制於格里司，即東羅馬羈勒極苦，故回人之來，若迎王師也。至今埃及雖已非亞拉伯所有，然就埃及社會上觀之，則仍謂爲亞拉伯藩屬可也。埃及既滅，回兵乃陸續取斐洲北部之地。自尼羅江以至大西洋，其間大國如加太其 Carthage 的黎波里 Tripoli 及湯極爾 Tangier 閱時凡六十年。至六百九十八年，尤鐵加 Nica 一戰，東羅馬威權之在地中海以南者，始盡失。而北斐洲遂全爲亞拉伯所得。

(回人滅西班牙)回人既平斐洲，以摩撒 Musa 爲其地節度使。至八世紀，西班牙內奸猶里恩子爵 Count Julian 以書與摩撒.促其進兵.摩撒乃遣其將塔里克 Tarik 率師渡塔里克海峽.地因人名時七百十一年也.回兵於西班牙之南安達羅西亞登陸.旋與西班牙兵遇於熟勒斯 Xeres 大敗之.其王洛特立克 Roderick 戰死.是役也.回兵死者萬六千人.旋摩撒復以新兵來濟.塔里克遂率之以取馬拉牙 Malaga 加拉拿大 Granada 哥爾多巴 Cordoba 塞維里亞 Seville 各部.繼復取其都城多勒多 Toledo 至是摩撒忌塔里克功大.乃自以兵來奪塔里克兵符.親受薩拉厄撒 Saragossa 及巴爾塞羅內 Barcelona 兩部之降.兵及比里牛斯山 Pyrenees 西班牙全境除葛立西亞外.Galicia 均爲回兵所得.尋摩撒有廷旨召歸.而回軍滅人國之風潮始暫息.

(回軍入法蘭西)紀元後七百三十一年.回軍大將阿白特愛爾拉曼 Abd-er-Rhalman 以大兵逾比里牛斯山入法蘭西.連戰皆捷.在波爾多 Bordeaux 及亞勒斯 Arles 屠殺甚慘.法蘭西自羅亞爾河 Loire 迤南之地.均爲回兵所有.及至都

爾。Tours 回兵遇法大兵。法將郤而司外號曰鎚。時爲羽林軍長。與回軍血戰七日。阿白特戰死。回軍敗走。自是不敢北嚮。七百五十九年。郤而司之子迫賓逐敗餘之回兵出境。然西班牙爲回人取據者。凡五百年。今其國之風俗語言。尚與回人相似也。地中海各島。如西西里 Sicily 干地亞 Candia 羅得各島 Rhodes 賽普洛斯 Cyprus 馬耳他 Malta 撒丁尼亞 Sardinia 哥爾西加各島。均曾爲回人所據。然皆不久旋失。然在小亞西亞。以及撒馬兒罕迤東之地。回人不能克。六百七十年。及七百十七年。回人曾疊次犯君士坦丁。皆未能藉手。但於皮奴倭麥亞朝 Beno Omeyyah 末年時。地中海南之海濱地。已均隸於亞拉伯版圖。其斐洲國界。爲撒哈拉大沙漠。其亞洲國界。爲戈壁高原。及印度河。境內各國。有至今尚爲回國者。亦有社會風俗上尚具回國人性質者。其聲教之廣被。可概見矣。

(回國內制)讀史者。觀於回國內制。即可知其國祚不能永享。穆罕麻德死時。未嘗指明其繼位之人。又未嘗立擇賢而王之制。故數百年紛紛繼立。然究竟爲父子相傳之制。抑爲擇賢之制。未之定也。故穆氏甫死。而爭位之禍已見。其後復有倭麥亞及哈顯 Hashim 兩族爭嗣。哈顯族中有阿黎者。穆氏女壻也。彼以爲與穆爲至親。故應彼襲其位。而阿黎之後人。仍執是言以與各凱立夫爭。朝中黨派林立。國度用是力弱。至國中行政裁判度支均無分職。市府之制。尤非所悉。集萬幾於一人。以專制爲獨一主義。外藩屬國。則派節度治之。仍稟命於中央政府。似此國制。可以滅人國。而不能守其國。即守亦不能久也。

（回國內部歷史及其最先之四凱立夫）穆罕麻德既未定嗣位之法而薨。故爭嗣之禍立現。阿蒲倍格爾在位二年而卒。衆舉倭馬爲其嗣。倭馬御下極嚴。而在凱立夫中則爲矯矯者。終倭馬之治。阿黎未嘗一日不謀復之。倭馬在位十年。其中滅西里亞波斯埃及。至六百四十四年。中刺客死。沃斯曼 Othman 被衆舉爲凱立夫。阿黎愈忿。謀久而未遂。乃潛入宮刺殺沃斯曼。篡其位。時六百五十六年。沃斯曼在位之第十二年也。沃斯曼本與穆罕麻德妻愛沙爲同族。愛沙聞沃斯曼被篡。大忿。集沃斯曼舊部。與阿黎戰於薄斯拉。見前愛沙大敗。西里亞節度摩奥威耶 Muawiyah 亦與沃斯曼同族。起兵與阿黎之黨戰於相近素芬 Sofeyn 之地。阿黎大敗。知亞拉伯西里亞埃及三處。均不能容身。乃遁隱於庫法城。(Cufa) 爲刺客所殺。時六百六十年也。

(倭米愛德朝) 摩奥威耶既敗阿黎。遂攬大權。遂上尊號曰愛米爾厄耳摩門甯。Emeer-el-Mounencen 譯即回教信徒之王也。都於大馬士革。傳十四世。計共享國八十九年。此時彊土四拓。歐洲人稱其朝曰倭米愛德朝 Ommyiade 以其族之始祖名倭麥亞也。當倭米愛德朝時。國中時有內亂。其故蓋因阿黎之二子名哈山及霍顯者。時在國中煽動國民。教民不奉回教。及不遵時王號令。謂己亦爲教主。當另立新教。俾民崇奉。

(霍顯及阿黎之族謀反) 其後哈山死。霍顯遂於國之東方創亂。外約波斯爲援。然黨羽未集。而凱立夫夷西德摩奥之子已以兵陳於阿付拉底之喀爾白拉 Kerbela

地方一戰而霍顯死。時六百八十年也。霍顯之後人。及其戚屬。尙時時圖報。因之一百餘年。國中內亂不息。東南邊境。受禍尤烈。其後亞拉伯本部之人。以爲阿黎所創之別派宗教。其行爲決非正教。乃多反正。徒黨盡散。惟斐洲北部之摩爾族人 Moor 及波斯人尙有信其教者。其後阿黎族人不容於國。遂以波斯爲逋逃藪。其教曾臻極盛。此爲回國第一起爭嗣之禍。

(阿白特阿拉謀叛)此亂較之阿黎之亂爲烈。然歷時不及阿黎之久。創亂者爲阿白特阿拉。Abd Allah 蘇貝爾之子。其人勇有餘而絀於智。與穆氏爲近親。麥加麥地拿及北部亞拉伯人皆其黨。從奉之爲凱立夫者十年。始爲西里亞大將哈雅日 Harjjaj 所殺。哈以兵圍麥加。而阿白特阿拉適在圍中。遂被殺。時六百九十二年也。麥克塔爾 Mukhtar 者。初亦附和阿白特阿拉。後復叛之。而自創亂於庫法。阿白特阿拉之弟摩撒伯以兵會之。麥克塔爾戰死。麥克塔爾之黨羽。係雜合數種人所成者。其中有阿黎舊黨。見回教弊端百出。而思改良者。亦有謂君主政體不良而思易以民主者。其黨羽之總名則稱之曰庫瓦里日。譯即與現行政教不合也。庫瓦里日黨人既失其主。乃復擁新主曰希皮伯 Shebeeb 哈薩人也。希皮伯爲其主數年。據阿付拉底上流爲根據地。黨人頗愛重之。其時倭米愛德朝之官兵奉其將阿白特愛爾拉曼爲主。作亂於國之極東境。國勢幾爲所傾。幸哈雅日出其兵。謀將各處叛兵悉埽而淸之。於是倭米愛德朝始得復振。時七百又五年也。

（倭米愛德朝衰落）倭米愛德朝凡十五主。皆英偉能主。其中亦有以能文能詩名者。然黨禍訌於內。彊宇四拓。合各宗教風俗語言不同之國而揉之使奉命於一人。又無善法以爲之善後。雖有英主。其何以救滅亡哉。故倭米愛德朝之末年。實一亂離最劇之時代也。有伊伯拉信（即回人言亞伯拉罕也）者。爲穆罕麻德之叔阿拔斯 Abbas 之玄孫。陰謀既久。乃自言爲哈顯族之長。與倭米愛德朝族爲世仇。今欲復祖仇而逐去倭米愛德族人。尋復得阿蒲默斯林 Abu Muslim 爲其股肱。乃創亂於喀爾曼波斯之阿黎餘黨。此時以波斯人信從其教者衆。遂亦來附。此時伊伯拉信已死。其弟阿蒲阿拔斯 Abu Abbas 繼之。此人即史中所稱之流血人也。阿付拉底河迤西之地皆奉之爲凱立夫。西里亞亞拉伯及埃及三處。仍矢忠於倭米愛德末代之主麥爾溫。Merwan 七百四十九年。官軍與叛黨戰於薩伯河。Zab 官軍敗績。西里亞全境盡入叛黨之手。麥爾溫力戰不支。逃往大馬士革。繼復逃入埃及。爲追兵得殺之。時七百五十年也。

(叛黨赤倭米愛德之族) 阿蒲阿拔斯既大勝。阿蒲默斯林復促之盡殺倭米愛德族人。阿拔斯從其言。命搜倭米愛德族盡殺之。燬其祖塋。倭米愛德族中僅一少年得免誅戮。逃往斐洲。尋復至西班牙新立一朝。都哥爾多巴者二百五十年。阿拔斯見事已大定。疑默斯林將謀不軌。乃殺之。

(亞拉伯國勢衰弱) 倭米愛德朝滅。而亞拉伯之國運亦隨之而衰。以大馬士革本者。爲全國人文薈萃之所。海陸交通。俱極便利。且制馭全國。呼應極靈。亞拉伯部及黑夾斯復能胳合無間臣服於大馬士革凱立夫威權之下。一時鼎盛。莫與之匹。且藩屬各地。文臣武士。悉簡亞拉伯人爲之。從未以其地之土著爲大員者。拓地日廣。商業亦日以推遠。自是亞拉伯之富庶。爲前古所未見。國中百姓養生之事遂。而奸民亦遂銷滅。北部亞拉伯人及也門南人自昔爲仇。今亦釋然不念前愆矣。凡此者。皆倭米愛德朝所陶鑄而成者。自見滅後。全國灰燼。斯盛遂永不復見。

（阿拔昔德朝）倭米愛德朝。阿拔昔德朝代起。且其朝之興。乃借外國勢力以成。尤爲亞拉伯本部人所不喜。而其朝之凱立夫。大反前朝重任本國人之制。凡簡派封彊大吏。乃有恩及他國之民。雖亦擢用本國人。然已大失前朝委任之心矣。且自伊伯拉新得國以後。舍舊都大馬士革勿用。移京師於阿付拉底河之哈歇米亞。Hashimeeyah 繼又遷於底格里斯河畔去波斯舊京美丹 Maidain 不遠之地。築新城爲京師。命名巴格達。時七百六十年也。

（阿拔昔德朝衰落）新城巴格達既築。歷代庸主。遂耽於聲色玩好。內廷供使役者。悉以波斯人充之。復以突厥即土耳基人爲衛士。其始客兵尙自居奴輩。繼而乃反客爲主。故阿拔昔德朝享國凡五百餘年。而實則僅第一百年中。凱立夫之號令尙出自己意。其後四百餘年。凱立夫僅擁虛號。大權旁落客兵之手。而凱立夫者。尙藉客兵之力。以保其不爲本國臣民所辱。亦可歎矣。然五百餘年。朝中間亦挺生英主。如哈龍厄耳拉喜德 Haroon-el-Rhasheed 生七百六十八年死八百零九年者。其所樹立。史乘嘉之。及第八世凱立夫厄耳摩斯塔心 El Mostasim 於八百四十二年薨逝。以後至末世之主。亦名厄耳摩斯塔心。於一千二百四十二年即位之日。其間數十凱立夫。皆爲客兵所玩弄。至一千二百五十八年。匈奴酋呼拉哥 Hologoo 成吉師之孫。圍巴格達破之。凱立夫死。而阿拔昔德朝遂滅。然於此五百餘年中。政法雖已敗壞。達於極點。而文學哲學。則進步極猛。至今巴格達之文風哲說。猶高過於他鄰近之國也。

（卡馬星之亂）自阿拔昔德朝大權旁落之後。民亂蜂起。先是阿拔昔德朝諸凱立夫未嘗以民命爲念。亞拉伯民族素喜聚族而居。各自爲治。不願受制於君主。至此各族仍自分立。復穆罕麻德未生以前時故狀。至十世紀末年及十一世紀初年之間。卡馬星亂起。Karmathian 於是亞拉伯全國自立。不爲回回帝國之一分子矣。亞拉伯民族以爲專制之君監臨在上。爲人生最不幸之事。自穆罕麻德以降。皆爲凱立夫所轄之國。且穆罕麻德北產。故政教大權。北人掌之者多。而哥累須一族。享利尤特別於衆。各族愈憤。故創亂之心涵蓄已久。特凱立夫威大。倉猝不能舉大事。及阿拔昔德朝勢敗。卡馬星之亂。一倡百和。頃刻全國響應。蓋數百年背民心操專制之反動力一發。自不可遏也。卡馬星之亂。以創之者名卡馬斯。故有此名。亞拉伯自與回國分治以後。各族仍復古時長老筦理之制。而以天地爲萬族之公共主宰。而維持之以社會主義。

（亞拉伯渙散）卡馬星之亂。起於沿波斯灣之巴林及喀他耳兩地。亂魁色婁曼

Suleyman Abu Jahir 以其所部。橫行亞拉伯全境。九百二十九年。攻麥加城破之。毁拜天主之廟。廟中聖石。遷往合薩者十二年。此時亂黨橫行。阿拔昔德朝王師禦之輒敗北。亂禍延長至二百年之久。其後無論王師亂黨。皆疲於奔命。戰禍始息。而從此亞拉伯土股自西里亞以至於亞丁。除西部黑夾斯濱海之地外。餘均復其固有之自由。與巴格達凱立夫之帝國分立。然亞拉伯自分立以後。全國遂淪爲半野蠻之國。以國民久困虐政。屢遭亂離。民氣彫喪。財富乏絕。交通間隔。種種原因。遂成此惡果。凡前此之富庶和平商務科學文章。今皆絕跡。全國無主。小族並立。其間消息。外人殊莫能知。最後各族始有合而爲小邦者。即今時亞拉伯之現象也。阿曼及其鄰近之喀塔耳哈撒兩部合成爲一擇賢之國。首以尼板族 Nebhan 爲國中首領。繼又以雅勒巴族爲首領。自有王。尊號伊曼。以示與凱立夫有別。至今尚然也。門一部。爲亞拉伯最富之地。分裂爲無數小邦。各自有王。其間偶爾一邦中出一雄主。遂以其威權凌駕他邦。然雄主死而前之屬國。遂仍復其自主。至馬拉哈達拉毛禪廟內惹德各部。並小邦之制亦無之。惟黑夾斯一部。爲麥加聖蹟所在。大族哥累須亦居是部。部中爲貴族政體。有時納朝貢於巴格達。然大率求埃及爲保護。而納朝貢於其國。

（埃及法鉄米德朝）先是七百九十七年。哈龍厄耳拉喜德之將伊伯拉信愛本阿格拉伯 Ibrahim Ebn Aglab 創立阿格拉別德朝 Aglabite 於埃及。都於內地之克拉汪 Keyrawan。至九百又九年。另有新朝崛起曰法鉄米德朝。Fatimite 其所以有此名者。以此朝之創始者自言爲阿黎及法鉄馬 Fatimah 之後人。本名倭貝德阿拉 Obeyd Allah 法鉄米德朝歷世之主。皆有才而專橫。北斐洲沿地中海之地。皆以兵威脅之。復侵埃及。其凱立夫名摩愛時阿拉 Moezz Allah 者。於九百七十二年。逐去阿拔昔德朝駐埃及之節度。而自都於開羅。開羅城者。於前一年爲摩愛時之將逐黑爾 Jowhr 所築。法鉄米德朝都於開羅者。凡二百餘年。上下埃及以及東自西里亞。西至的黎破里之地。亦爲所轄。至一千一百七十一年。法鉄米德朝末造之主名阿迭特別拉。Adhid Billah 爲土耳基古爾的斯丹部戰勝者名殺拉定 Saladin 者所逐。（此殺拉定即與英王李卻第一大戰於十字軍者）自後埃及雖無亞拉伯人君臨其地。然黑夾斯及其部中之麥加聖城尚奉上國於埃及。而也門亦隨和黑夾斯納貢於埃及。

（土耳基人佔亞拉伯）一千五百十七年。土耳基索丹色林第一 Selim I 勝埃及時。亞拉伯人有某者。自言爲穆罕麻德的派裔孫。以回回教凱立夫尊號讓與色林。而麥加聖城貴族。復以聖城及聖廟鎖匙上諸色林。亞拉伯人除在底格里斯河以東者外。餘咸誓忠於倭土曼（即土耳基朝）朝。其實惟黑夾斯及也門兩部矢志臣事土耳基。其他僅陽奉而陰違耳。如是者五十年。忽麥加有貴族曰麥塔希爾 Muttahir 者。憤祖國祖教爲外人所掌治。率義兵與土人戰勝之。尋土將摩拉德拍沙 Murad Pasha 得有色林第二之援兵。始敗麥塔希爾之兵。一千六百三十年也門酋長喀仙 Khasim 逐去土兵之戍於也門者。乃復其故號伊曼。都於薩那。一千七百六十一年。荷蘭國著名遊歷人名尼不爾 Niebuhr 適來也門。其時也門之伊曼轄地三十省。六省濱海。內地二十四省。其進餉每年以英金計之。可得一百萬鎊。其中以征於羅希亞及摩加兩海埠之關稅爲多。國有常備兵五千。中以步兵爲多。其後瓦哈比兵自北侵入。英兵佔亞丁。埃及穆罕庥德阿黎復以兵來攻。故撒那王室弱不復振。至一千七百八十一年。土耳基兵自西里亞來犯。取其都城。而喀仙王國遂絕跡於地上。至今也門尙爲土耳基行省。然以勢論。似亦不能久據其地矣。

（黑夾斯）黑夾斯一部。以麥加聖城所在。故進香之人。時時不絕。而土國索丹亦時有餽贈。並藉此爲與土國外藩交通之孔道焉。後爲埃及篡臣穆罕庥德阿黎所取。

（亞拉伯他部）亞拉伯他部如內慈德阿曼馬拉哈達拉毛以及其鄰近諸部。地負沙漠。土耳基人未嘗佔取。因此亦不起衝突。各部仍安其故。迨瓦哈比勢力振於北漸漸南下。而情勢始一大變。瓦哈比事在亞拉伯歷史爲極要之事。故不得不略叙於下。

（瓦哈伯生）瓦哈伯又名阿白特厄耳瓦哈伯。譯即恩主之僕也。生於一千六百九十一年內惹德之和雷米拉城。Horeymelah 幼時遊於美索不達迷亞西里亞諸地。甚有謂其曾遊印度者。其遊各國之宗旨。在廣識見及就各國聞人討論古今學術。聲名雀起。各國士大夫皆歡迎之。壯歲始歸國。刻志讀書。所攻書以天道學爲多。暇時涉想天道。時以在外國所見聞者與自已所心得之學問兩兩比較。而眞理越顯。又環顧本國宗教。敗荒已極。所作所爲。與當時經典諸多背謬。回教眞旨奄奄將熄。而土耳基波斯諸教旨則滲和其中。於是發憤欲以宗教之改良爲已任。務使一舉動間。與可蘭經典脗合而後已。

（瓦哈伯改良回教之各大端）回教中人動輒呼某聖之名。或穆罕麻德之名。於尋常談論間。蓋染自他國。非經典中所許。又如敬已死之人。飲酒穿綢。皆爲經典所禁。以上諸端。當時回教中人往往犯之。瓦哈伯則務欲禁之。有抗者則臨之以兵。瓦哈伯復痛恨吸菸之癖。凡其門徒無一吸菸者。即此一端。足爲瓦哈伯教徒之特色。又瓦哈伯痛惡外國人。其從者亦無不皆然。而於土耳其人尤恨之次骨。以可蘭經中語句。亦有排外之言也。故排外一事。亦爲瓦哈伯所注意者。瓦哈伯至四十歲時。始以其所心得之教旨宣講於衆。衆嫉之。大肆其阻力。先是瓦哈伯傳其教於亞乃城。Eyaneh 城酋禁不許。逐之出。瓦哈伯遂投地雷夷亞 Dereyeeyah 之酋歇克穆罕麻德愛本殺倭德 Sheykh Mohamed Ebn Saood 家。歇克禮之。且願以其所部之衆助其行教。瓦哈伯既有此援。於是其教大行。或以言勸。或以兵力。迨一千七百八十一年。瓦哈伯死時。其教已徧行於巴林至亞丁兩地中間之地矣。

(愛本殺倭德勝內葸德) 瓦哈伯死。愛本殺倭德承其師命。以兵四出。連戰皆捷。哈撒及其隣近諸部。皆爲所克。至一千七百六十五年。愛本殺倭德死。其時內葸德全部已成一輩固之國。愛本殺倭德之子阿白特厄耳阿西時遂爲內惹德之王。上尊號爲索丹。阿西時復取阿蒲阿里須及乃乍蘭兩部歸入瓦哈比版圖之內。麥加城長大恐。乃遣使者說土耳基駐防之將。令防瓦哈比席捲之勢。一千七百九十七年。君士但丁索丹遣兵五千。益以亞拉伯兵五千。發哈薩。圍和夫火夫城。然土兵及亞拉伯兵皆膽怯。功未成即退。而瓦哈比兵則已整隊來禦。見敵兵已去。乃大鄙之。自是瓦哈比人遂輕土耳基及巴格達政府矣。一千八百又一年。瓦哈比兵大股侵巴格達邊境之地。圍喀爾白拉破之。屠其居民。盡獲其財貨以去。於是以兵西嚮。明年攻近麥加之大佛取之。殺人無算。又明年麥加亦破。麥加城長加里伯知黑夾斯一部惟熟他一處。尙未降瓦哈比。人遂往歸之。時瓦哈比之統帥爲阿西時之子殺倭德。麥加既破。殺倭德遂王其地。以數款要土廷。不允則將封鎖麥加。不令回教人進香其地。未幾殺倭德之父阿西時死於刺客。殺倭德遂爲瓦哈比索丹。聲勢愈大。

（殺倭德御宇時代）終殺倭德之朝。內葸德國臻於郅治。大有倭米愛德朝賢凱立夫御宇時之盛。政體係遵可蘭經。爲專制君權無限之政體。稅入每年自二十萬鎊至三十萬鎊不等。殺倭德以此款大半爲養兵之用。一千八百有四年。殺倭德攻麥地那。凡穆罕麻德陵寢中寶貨悉取之。且以苛稅科麥地那之民。自是以後。殺倭德時與其隣國交戰。而尤注重於土耳基。時西里亞爲土耳基所佔。殺倭德大將阿蒲奴克塔 Abu Noktah 及其尼革羅勇將哈克 Haak 連次侵入西里亞北。至阿付拉底河之阿那城。Anah 此時巴林及其隣近沿海居民。皆改奉瓦哈比新教。常在波斯海上行盜。爲害商旅非淺。一千八百十年一千八百十九年。英駐孟買水師疊往征之。破其巢穴。其禍始已。當此時也。麥加已爲瓦哈比人所得。下令凡回教之不入瓦哈比派者。不得至麥加行香。於是旅居外國之回教。咸疾之。聳恿土廷威之以兵。土廷出師不利。而其埃及藩屬時爲穆罕麻德阿黎所篡。方欲與瓦哈比人尋戰。土廷遂以征討之權委之穆罕麻德阿黎。

（埃及與亞拉伯搆兵）穆罕麻德阿黎者。人極兇暴。且狡詐有智數。其用兵之初。實始於一千八百十一年。其戰勝亞拉伯一事。他史言之已詳。今茲所載。不過敍其大略耳。

（多宋貝格用兵亞拉伯）多宋貝格 Tousoon Beg 爲穆罕麻德阿黎之子。首以兵至北黑夾斯在烟波近處登陸。攻取烟波以爲用軍根據之地。此一千八百十一年也。一千八百十二年正月瓦哈比人大敗土兵。一時土兵不敢南下。然未及年終。多宋兵復出圍麥那。破之。居民及守城之兵。盡遭屠戮。尙餘一千五百名。見城不可守。已降於多宋。允不加害。而卻陰發令盡殺降卒。此時穆罕麻德阿黎以計誘麥加城長令叛瓦哈比。許以重酬。於是熟他復入土耳基人之手。此一千八百十三年事也。自後土兵復陸續取麥加大佛。尋穆罕麻德阿黎親至亞拉伯。來將兵。而遣其子多宋歸調援兵。援兵既至。阿黎自覺力壯。乃背前許麥加城長之言。令擒之盡解其權。遣戍邊遠。

（阿黎用兵亞拉伯）阿黎親至亞拉伯以後，居麥加者一年又半，休養士卒，以備與瓦哈比人決一死戰。其時方一千八百十四年，殺倭德甍，其子阿白特阿拉繼其位，才幹與乃父相若，而精細不如之。一千八百十五年，阿黎兵備已足，乃自麥加起兵發也門，瓦哈比人預以兵三萬陳於別沙 Bisha 山峽中要之於途，其將少方略，竟破壁出與土兵接戰，阿黎親自督兵，瓦哈比兵大敗，死者數千人，瓦哈比有兩降將，名巴克洛日及塔米者，阿黎本許勿殺，戰已仍殺之，且加以酷刑。此時阿黎以士卒疲倦，不敢再行南下，乃迴軍麥加，尋歸埃及，留其子多宋將軍於亞拉伯。多宋尋與瓦哈比人言和，和局定而多宋死於疫，君士但丁索丹及開羅政府見多宋與瓦哈比人言和，大怒，聲言和約當作廢。一千八百十六年，阿黎之義子伊伯拉心復以兵在烟波登陸，連與瓦哈比兵小戰皆勝，復用離間之計，說各部叛瓦哈比國，多有中其計者。其時阿白特阿拉親自將瓦哈比之軍，嘗大敗土軍於厄耳拉斯 El Rass 然伊伯拉心兵力甚富，且有亞拉伯聯兵爲之助，故雖敗北猶足以支久之喀心一部。爲土兵所勝。遂以兵直犯內惹德。一千八百十八年夏四月。土兵已薄內惹德都城地雷夷亞。阿白特阿拉乃收兵入城。意圖力守。

（瓦哈比國滅）伊伯拉心圍城五閱月。始破。其時城中已無完物。阿白特阿拉知萬不可守。乃盡燬城中所有。而投伊伯拉心。伊伯拉心以好言慰之。命解赴埃及都開羅。尋復由開羅轉解君士但丁。一千八百十八年十二月十九日。索丹命斬其首於聖蘇斐亞之禮拜寺側。

（埃及佔亞拉伯）伊伯拉心既得地雷夷亞。命平其城。至今其土堆尙存也。哈里克及哈撒兩部。稍戰即降於敵。亞拉伯全土。股除阿曼外。餘悉入伊伯拉心之手。伊伯拉心乃大加殺戮。凡屬險要。皆戍之以兵。每逢埃及用兵之際。則在亞拉伯居民中抽其丁壯。以爲兵。並繩之以種種苛法。此亞拉伯所以有今日之彫零也。

（瓦哈比勢力復振）伊伯拉心歸埃及。留加里德爲亞拉伯節度。專橫無忌。先是阿白特阿拉被伊伯拉心解往埃及時。阿白特阿拉有子曰忒耳基 Turkee 逃至土伊克山。漸漸聚集遺民之有義者。而鄉民復歸之。久之埃及戍兵逐不能存足於中央及東方諸省。哈里克及哈撒兩部之民。首先反正。忒耳基遂以里亞德爲都。尋忒耳基爲刺客所殺。其子弗失而 Feysul 繼之。其才略不減乃父。民心亦歸之。時穆罕蔴德阿黎方與西里亞之索丹戰。無暇兼顧亞拉伯。雖遣兵討之。而卒無功。一千八百四十二年。弗失而半以兵力半以詭謀將戍喀心之土耳基兵逐之出境。遂收喀心入已圖版。時阿西爾部叛埃及。願以其地奉弗失而。瓦哈比勢力因之復振。

（現今中央亞拉伯情形）此時瓦哈比國已合有哈撒哈里克內蕙德全部喀心也門以北諸部及阿西爾爲一大國。稟承號令於弗失而。其版圖又復東起波斯灣西迄紅海矣。惟也門阿曼及巴林三部。瓦哈比人雖竭力欲併之。而終不可得。內蕙德與西里亞之間。有禪廟卓佛諸部。此兩部已另立一國。其君忒拉而 Telal

仁惠善治。至今與瓦哈比國南北分立。不相統屬。黑夾斯與麥加兩部。瓦哈比人亦欲得之而未能。瓦哈比國內鞏固。隣部咸震其威。一千八百七十年。弗失而老死。有二子曰阿白特阿拉及殺倭德。阿白特阿拉以爲父位宜長子襲之。而殺倭德則爲民心所歸。宜襲父位。於是兩黨相戰。土耳基朝遂來干預。遣兵自波斯灣登陸。入哈撒。據其都城和夫火夫。然未能越大那沙漠而西。至禪廟一國。以其賢王忒拉而早死。土耳基政府亦時時干預其國事。

（阿曼）時亞拉伯他部雖疊遭變更。獨阿曼一部逍遙事外。一千五百有八年。蒲萄牙入佔其京城馬斯開特。雅里巴 Yarrebah 土酋避居內地。至十七世紀中葉。雅里巴朝復馬斯開特。逐蒲人出境。享國者又百年。此百年中。波斯常以兵犯境。皆無成功。一千七百三十七年。波斯兵大舉來犯。阿曼部中巨城。悉爲所取。居民遭屠戮者無算。然佔地甫四年。即爲土人所逐。有阿默德愛本殺倭德 Ahmed Ebn Saood 者。系出也門王室。招聚同志。以與波斯人戰。波斯兵不支。遂遁歸。一千七百四十一年，愛本殺倭德被舉爲阿曼索丹，至今其子孫尚爲其地之君也。方其子色葉德殺倭德 Seyyid Saood 爲阿曼索丹時，國内富盛已極。當十九世紀初年，阿曼權力不獨張於阿曼全部及其隣近大陸上諸部，即波斯灣中海島如巴林奧默斯拉雷日 Larej 奇什木 Kishm 諸島並其餘各島之在波斯灣者，皆爲阿曼所轄。喀塔耳產珠之海濱，以及波斯濱海之巴爾法利斯 Barr Faris 海濱，令吉 Linja 及潘特爾阿拔斯 Bander Abass 兩海埠，斐洲瓜達夫伊 Guardefui 角以南之海濱，以及索哥德拉 Socotra 桑給巴爾兩島，亦受制於阿曼。一千八百又四年，殺倭德被刺，其子殺倭德繼其位，有幹才。時瓦哈比漸漸侵蝕其北境，殺倭德雖不能拒之，然卒能保守阿曼一部不爲瓦哈比人所有。又竭力整頓桑給巴爾及瓜達夫伊角迤南濱海之地，成一鞏固之亞拉伯國。殺倭德在位五十二年，一千八百五十六年卒。其時阿曼在亞拉伯土股上爲至興盛之國也。阿曼地近印度，故與居印之英人時有交涉，其詳吾姑不言。惟桑給巴爾一隅，後爲英人所得，殺倭德之子土威尼 Towcynee 於一千八百六十六年，被其子所刺，國內大亂，瓦哈比人復連犯其西境，佔其地，喀塔耳巴林亦先後不爲馬斯開特索丹所有。

（土耳基在亞拉伯之勢力）黑夾斯一部今已盡入土耳基人之手，而亞丁自一千八百三十九年被英佔據以後，至今尙屬英藩，故惟中央內葸德及其隣近諸部以及荒瘠不毛之哈特拉毛馬拉兩部尙足稱爲自立之部，餘悉落於外人之手。然哈馬兩部，民蠻土瘠，不能與內葸德比美，今日土耳基雖尙侵蝕內葸德之地，且以苛法繩其民，然吾可決其不能永保有茲土也。以亞拉伯之民雖較之他國不足，而以較之土耳基則優，吾知瓦哈比國不久必能脫離土耳基之羈勒，而漸復其本有之治平，雖不能如穆罕麻德時代之長駕遠馭，然保其內部之平治，則自遊刃有餘也。

（古蹟）亞拉伯本部無壯麗洪大之古蹟，以南北亞拉伯人均於建築上無特色也。德人尼蒲爾 Niebuhr 旅行亞拉伯，於近薩那之地，發見古也門王之宮殿，又於其近村中發見碉堡數種。英人拍耳格雷夫 Palgrave 復於北阜佛覔得古代夏屋。然皆大而無文厚而不見匠心之蠻屋。不足道也。馬勒卜某處有石壩遺跡長約半英里。雖亦不見有特色。然足知古時亞拉伯之勤懇也。門哈特拉毛馬拉三部。均有古石碑。然皆剝蝕不堪。不能窮其文字之源委。其可考者。則極類斐洲亞比西尼亞之文字。然欲就此考其掌故。則殊未能。

（回教興起有碍於亞拉伯古蹟）回教既興。回教徒務欲逼他教人從其教。且凡非其教之廟宇。悉燬之。回教未有之先。亞拉伯亦有祠神之廟。後經回教徒盡焚毀無遺。不獨其本國爲然。即其兵力所及之各國。古代文物。被其毀者。亦不知凡幾。拍耳格雷夫旅行喀心。尙發見有舊時亞拉伯祠神之廟址。僅餘大石牆脚。餘悉無有。至古時亞拉伯人所奉神像。亦鮮有發見者。惟近時有瑞士人門新格爾於近亞丁之處。覔得銅像一。爲兩形之像。（即俗雌雄人）頭戴埃及神冠。

（麥加聖廟及其聖石）麥加聖廟中有黑石。實爲隕星。穆罕麻德未生以先。土人已祀奉爲至尊。及穆氏生。復寶存之。廟曰加伯 Kaabeh 爲一長方石屋。長十八步。寬十四步。高三十五尺至四十尺之間。屋無牕櫺。進出衹有一門。墻皆巨石砌成。不加琢磨。此廟自創建至今。已歷修數次。其最後重建之年。爲一千六百二十七年。雖其舊時規模已不復存。然其長短高下則仍舊制也。

(井) 亞拉伯沙漠中有數井。據言爲時已極古。然觀其工程。似亦非今之亞拉伯人所能成。土股西北有井曰皮爾希奇夫。Beer-Shekeef 井口直徑五英尺。漸下漸寬。純以大石砌成。井深二百英尺。亞拉伯人謂此井成於回教未興之前。麥加之聖井名曰日密日密。雖功程不及前井之巨。而爲時古遠。則可與前井埒。餘如麥地拿之禮拜寺。以及穆罕麻德陵寢。則於麥加及麥地那兩誌中論之。茲不復贅。又黑夾斯北之石洞。據土人言爲亞拉伯人所挖。實則其地已非亞拉伯境內。而雕工亦不類亞拉伯人所能。似爲東羅馬人之遺跡。至亞拉伯人在西里亞埃及西班牙。大有建築。且極華麗。要皆仿其戰勝之地匠術。所用材料。亦皆取諸戰勝地，非自本國輸出也。

（文學）亞拉伯雖絀於建造之學，而文學之盛，則世界各國鮮能與之比者。土人自言古代也門諸王其所作詩，尙有遺至今者，此言眞僞姑不理論，而穆氏未生以前二百年之人所作詩，則班然可考，作者姓名吾書亦不列，但就其詩而論，彼時亞拉伯之作詩，體例已極繁備，用詞之富，變幻不窮，可與希臘詩人霍雷斯 H-orace 比，而選韵之妥雅，雖普伯 Pope 亦所不及，詩類共分十六體，每體復有數調，亦有長短句之古風，若男女情悅，若戰事，若天道，性理，譏諷，褒貶，各有其相適之詩體，又其詩句尾兩字皆押韵，此與他國有異也，近復有連環韵，疊和詞，皆學自他國，非其國所素有。

（詩會）亞拉伯每年逢倭加德令節，各處知名詩家，皆集聚一處，朗誦其所自作之詩，一時王侯士庶莫不爭臨其地，所賽之詩，以歌誦英雄或名臣巨酋之事蹟者爲多，詩之最佳者，受上賞，稱爲選詩，嘗有一詩得賞駱駝百頭，金錢數千，誠異數也。他如即景詩。感事詩。言戰論情各詩。亦間有出賽者。詩之最佳得上賞者曰選詩。凡公共會堂中皆懸其詩。以爲後起之獎進。六世紀中有名詩六首。至今亞拉伯人之作詩者。尙奉爲圭臬焉。

（散體文）亞拉伯自穆罕蔴德未生以先。原無散體文章。亞拉伯人雖亦極重雄辯之學。然從未筆之於書。以存永久。至可蘭經始以半詩半散之文體以成句。自後始有沿用之者。其國之史紀名人列傳哲理小說諸書。全用半詩半散之文體。句語皆押韵。且多引用舊典。故其散文不如他國散文之能直捷叙事。至今尙然。

（詩）亞拉伯拙於散體。然其詩則在穆氏以前已臻大盛。至倭米愛德朝則名人疊出。佔文學上至高之位置。及阿拔昔德朝國中內亂層出。而文學進步遂息。其後以與東羅馬及波斯人親近。文學復大昌。且前時諷詠限於見聞。無遐想遠庽。今復更進一層。聲價又增許多。其中最著名之作。即以歐洲長於此者與較。亦覺瞠乎其後矣。

作者。誠可惜也。

（文學之衰）亞拉伯人種消耗。而文學亦隨與俱衰。數百年已絕無前此名作矣。近者大馬士革及巴格達兩處。雖亦興學校。然近人所作之詩。遠不如其古人所作者。誠可惜也。

（小說）亞拉伯之小說。亦爲其文學中之一派。如天方夜談。又名一千一夜者。業已譯至數國語言。風行歐羅巴久矣。此書成於十一世紀。其他人之以著小說名者。爲安他拉 Antarah 皮奴喜拉而 Benoo Helal 摩哈勒而 Mohalhel 巴拉加德 Bar kat 所著之書。亦膾炙人口。諸人所著之書。體裁以類地府所著之魯賓孫漂流記者爲多。然一言以蔽之。亞拉伯小說論實事者多。言情性虛理者絕少。故其書於描寫人之形狀則畢肖。而於其人之內容情性則不能道一詞。

（傳紀）亞拉伯書籍之最富者。莫如傳紀。名人贊及紀錄之書。其中以十世紀阿蒲法拉日 Abu Faraj 所著之詩歌大成。爲最精美。書凡二十六卷。叙歷代詩家世系。每及一人。則選錄其名作於其傳之下。又阿蒲而非達 Abul Feda 所著之穆罕麻德傳。是書詞藻既富。於評騭行事復能持正不偏。又十二世紀愛本喀立甘 Ebn Khalikan 所著回教名人傳。亦爲善本。舍此之外。類是之書。雖汗牛充棟。然皆等之自檜以下矣。

（歷史）亞拉伯自古及今。竟無有人能成一連貫詳盡之歷史。即有之。亦爲各家之私著。掛一漏萬。不復可信。有愛本阿西爾者 Ebn Atheer 著一史。自開闢之日起。直至阿拔昔德朝末時止。又有穆撒倭地者 Musaoodee 著回教以前之萬國史。至穆罕麻德生時止。迨穆罕麻德降生以後。亞拉伯史則無旁及他國之事矣。然西里亞埃及西班牙等國。自被回人所佔後。則其歷史綦詳。均爲回人宿學所著。

（天文學）亞拉伯人自古極重星學。至穆罕麻德生。禁不許習。其後此風終莫能絕。然天文之學。實始於此。阿拔昔德朝之凱立夫名阿而曼門 Al Mamum 者。極力提創天文之學。故其業大進。凡春分秋分日月蝕地球直徑。皆能推算不爽。未幾。阿白而米沙爾 Abul Mezar 著天文進階。及各行星連系論兩書。福爾讓尼 F erjanee 著天文撮要一書。凡此皆天文學有進步之明證也。西里亞人阿而拔鉄尼 Al Batinee 於推算測量天文之學。較之前兩人尤精進。一千一百九十六年。西班牙塞維里亞城亞拉伯人名幾伯爾 Geber 者首築天文台。此爲亞拉伯人有天文台之始。然亞拉伯人於推算天文之學。僅憑埃及舊法。尚未明物質攝力之理也。

（數術）亞拉伯之數術。幾何則法格里斯。即希臘代數則法印度。其始國人以爲幾何之學。至尤克立德 Euclid 按尤爲希臘幾何大家後人即以其名名幾何已造極頂。後此本國人自有發明。乃駕尤克立德而上之。至十世紀。亞拉伯人已能解觚三角及四次方程等術。算術中之著名者。爲幾伯爾。西文見上及愛本摩撒巴格達大學之教師。曾研究光學及靜水學理。然未聞有發明新理者。又亞拉伯人以流水學理鑿井開河埋溝掘水窖等。驗之無不效。至今北斐洲埃及西里亞美索不達迷亞等國尙沿用其術。

（美術及音樂）回教禁奇技淫巧。故國民於美術之學。鮮有發明。然究其國民性質。未嘗非好美術者。觀於西班牙阿蘭白拉 Alhambra 王宮之精美。可概見矣。西班牙人於製琉璃瓦及油漆之術極精。而於造顏色玻璃之術。尤非他國所能及。至音樂一門。亞拉伯人亦視爲上等玩藝。簫鼓琴瑟琵琶之類。製法極粗。然音節殊繁。一器可至百調。當阿拔昔德朝時。音樂最盛。大概皆以波斯樂師教之。故亞拉伯樂藝。以波斯爲其母國可也。

（醫術）亞拉伯醫術之精。爲世界所公認。大馬士革開羅及巴格達均奉凱立夫之命。立有醫學研究學堂。譯格里斯希布克拉底斯 Hippocrates 及蓋倫 Galen 兩氏所著之書爲教科書。至十世紀末年。亞里布醫學大家阿黎愛本阿拔斯著一書。論理之精。足補蓋倫書之不足。未幾巴格達醫學教師厄爾拉西 Er-Razi 著萬病論源。於是醫者知病之所自來。愛本西那 Ebn Sina 於十一世紀著藥性論。如中國本草綱目 此書爲亞拉伯醫業中最得用之著作。然亞拉伯人忌解體驗病之法。

故術雖精。而往往無效。然今日各國所用針砭之術。則倣自亞拉伯之瘍醫。

（植物學及化學）亞拉伯視植物學下於醫。而化學一門當時亦未認爲一獨立之學科。當時亞拉伯藥材以草木金石者爲多。知化學能剖晰藥材性質。故討論此學者。亦不乏名手。當時亞拉伯人所配諸藥料。以汞信石及硫養諸雜質爲多。物性中含酸含鹽以及蒸醇之法。亞拉伯人已所熟悉。總之化學一門。除近代發明之理及物質爲前人所不曉者外。其餘亞拉伯人均能之。即今日化學中名稱。尙有沿用亞拉伯舊名者。如醇之稱 Alchohol 含鹼性物質之稱 Allkali 酒甑之稱 Allembic 凡此皆亞拉伯舊名稱。觀於此可知古時亞拉伯人化學之精矣。

（文法及美詞學）自倭米愛德朝起。迄於阿拔昔德朝末年止。亞拉伯各名城中無不有文法及美詞學堂。八九十三世紀中國中碩學鴻彥。無不潛心玆學。九世紀中有愛本馬里克 Ebn Malek 者。著文法指南一書。至今猶爲各學堂之課本。十一世紀有哈里里 Hareeree 者。著一書名曰馬喀馬德。Makamat 其詞句之美。爲已往之人所不能及。可與可蘭經比美。

（機械之發明）亞拉伯人勤而有爲。其所發明諸機器。有足與今日抗衡者。大馬士革所製之偃月形刀。爲古今匠人所不能倣製。若巴格達之銅器。阿曼之銀器。亦能與今之歐羅巴匠工相埒。其磁器之精。久已膾炙人口。製皮之術。今尚推爲世界第一。即毛洛哥皮擺墜及機關電號。亦爲亞拉伯人所創。今歐人倣其式而改良之。海行之羅盤。亦爲亞拉伯人所首創。火藥之製。與東羅馬人同時。蓋於十一世紀中已有之矣。

（結論）總之亞拉伯之文化。實爲世界古今文化之系環。凡被回人所勝之國。回人即以其所知者傳其國中。今日歐西文化之復興。未始非藉其大力所挽回。不然當時歐洲人心爲宗教所拘。恐將淪於化外矣。今日回人之刀。久已鏽腐。而其文明種子之輸入人腦者。猶未盡滅也。

亞拉伯新志

光緒三十三年秋
學部圖書局印行

亞拉伯新志

十九世紀後半百年。亞拉伯南北中央各部。均經名人旅行其地。雖於其國中大致形勢未有增益。而山脉河流地方平凸則言之較前人爲詳。惟其去文明國窵遠。且土人最疾視外國人。故未能將其地詳加測量。惟亞丁一帶。已爲英人所得。故印度測量會已遂地測量迨徧。近時渥格博士 Walker 調查西奈土股。謂其地西面濱海之地。爲珊瑚島所成。且測知亞拉伯何以有此極大之沙模。前人咸謂亞拉伯北部之沙漠。係由寒暑迭更。堅石解化。遂成此石磧之大漠。其實不然。凡一地寒暑之距。法倫表自五十度至八十度者。其地之石。均可成砂。石經寒暑。一縮一漲。遂散爲小石。小石復經風砂摩磋以成石卵。青石性脆。尤易爲漲縮力所碎。碎後復經風力摩磋。遂成細砂。一千八百七十六及七十八兩年。道鐵 Doughty 及伯倫德 Blunt 兩君。細推亞拉伯大漠所由成。以其心得著之於篇。而所以成此沙漠之理益明。

道鐵自大馬士革隨進香者至亞拉伯止於米定撒立 Medyin Sali。其來此之宗旨。蓋爲摹拓那巴地安 Nabathean 之古碑。及調查厄耳哈日爾 El-Hajr 之山脈。一千八百七十七年春間。道鐵遊內葸德。春盡復歸厄耳哈日爾。是年夏登哈拉德 Harrat 山頂。調查其氣候出產。其後又北至的馬。復東至海而 Hail。由海而復歸開巴爾 Khaybar 來往於內地高原之間。所見已熄之火山甚多。且地上亦多火山中噴出之石。道鐵以爲此諸火山及高原。蓋亞拉伯北部之分水山也。一千八百七十八年。道鐵復至內葸德偏遊阿尼坨 Aneyza 及包雷達 Boreyda。以爲此兩城在內葸德爲至要。於是乃復渡大漠歷皮度安人窟宅之地。至熟他已筋力俱疲矣。所可奇者。道鐵旅行亞拉伯公然自認爲基督教人。又未嘗諱言非英人。而土人竟不加害。一千八百七十八年。惠而勿列白倫德 Wilfried Blunt 攜其妻自西里亞至禪廟之東南。繞瓦地西爾罕之淺原。至卓佛。復由卓佛越內夫德大漠而歸。白倫德所歷之程。與道鐵前此所歷者。成一相隔八十英里之平行綫。方白倫德自內惹德歸時。適與波斯進香麥加歸國之人遇。白倫德遂與之偕行。經大法爾 D-afar 皮度安人所居之地而至巴格達。北方皮度安人之顏色骨格道鐵及白倫德兩君曾著於書。與前派而格雷夫所言北部人之形狀略有所異。一千八百八十八年。本德 Bent 亦挾其妻遊波斯灣中之巴林島。從此巴林島中情形世人始有知之者。一千八百九十三年至九十四年。本德復壯其胆力入哈達拉毛內地。其後復自馬斯開特起程。調查亞拉伯南部海濱。然終不能入內地。一千八百八十四年。馬而斯佐官 Colonel Miles 旅行阿曼並遊歷南海濱大法爾港口。一千八百九十二年。哈里斯 W. B. Harris 周歷也門。僑裝旅行。自亞丁至薩那。既至薩那。為土爾基官所囚檻。解和地達 Hodeida 海埠釋之。故哈里斯此行。並無所發見。惟言所歷各地。皆肥美不可勝言。一千八百八十年。法國人地弗洛 Deflers 曾往也門。考其地之植物。發見奇種極夥。司吉溫福斯 Schweinfurth 聞而羨之。亦於是年冬往也門。黑爾愛德華德 Herr Edward 亦接踵而往。至馬勒卜。携歸標本不少。而同時印度測量會復將俾路芝及馬克蘭 Makran 兩國險要形勢。詳加測量。於是東方形勢更爲明晰。

（地質）道鐵考亞拉伯地質至爲單簡。地中最下層爲火成石。其上爲沙石。又其上爲白灰雜以火石。（即取火之石）雅路撒冷及死海之間。其地正復類是。內夫德之沙漠最深。其沙皆爲沙石之碎者所成。惟亞拉伯中央高原之上。火山石遍滿其中。此事爲前人所未言。然究竟此火山石是否即爲其地已熄之火山所噴出。則殊不能論定。土股之西北。自大馬士革至麥加進香之孔道。路旁皆爲砂磧高原。延長一百五十邁。與紅海成平行綫。而相距可百邁。其西頭盡處適在厄耳哈日爾。或謂此高原爲的馬及紅海之分水山。其實非也。又沿紅海濱之山。山上有高原。其東面深崖。崖爲舊日火山噴出石汁流行之道。其間尚有數已熄之火山。火山最高者。高出高原約千尺。禪廟及克巴爾之間。亦爲一極大火山石之高原。亦有已熄之火山。高出海平六千尺。土人名此高原曰克巴爾高原。此高原始爲其地之分水山。其水之東流者入瓦地倫馬 Wadi Rummah 此水常涸。一歲一漲耳。其西流者。入瓦地厄而黑蜜斯 Wadi El Humth 此河爲前人所未悉。近始知之。其河流入紅海。

白倫德言西里亞及亞拉伯兩國邊界之處。其沙漠中純爲大石。旅行至此。覺毫無一點生趣。且亂石重疊。勿良於行。自此東南嚮歷程三百英里至卓佛。其間沙漠之地。即瓦地西爾罕之淺原。似前此爲海之一股。此淺原高出海平二千尺。淺原之東爲一鵞卵石大漠。名厄耳哈馬德 El Hamad 高於淺原者五百尺。卓佛之城。周圍有墻。城中有烟戶五百家。位於內夫德之北邊。內夫德延長約二百英里。至禪廟諸山。山之麓爲海而城。白倫德謂海而城位於亞扎山之北麓。（亦禪廟之山）而道鐵則謂海而在亞扎山之南麓。內夫德沙漠中之山。與卓佛部諸山相似。其色黃紅紫不等。然其最面上之色。則爲黑色。禪廟諸山。係紅花岡石所成。山中情形與夫山中植物。殆與西柰山相同。白倫德言海而近處平原。高出海平四千尺。而禪廟諸山則又高於平原二千尺。今人考內夫德沙漠之性質。與前派而格雷夫所言者殊不類。今人考得內夫德爲一紅沙大漠。平時荊刺雜生。春季則亦有花草。內惹德沙漠中雖亦有山嶺。然未足爲特色。然其平原中有阱坎極多。形如馬蹄。深二十尺以至二百尺不等。至寬者不過一英里四分之一。昔人常言內夫德有昔孟毒風。白倫德訪之土著。皆言無有。惟常遇沙潮。然當之不死。無毒也。大約前此人言毒風。今已不復見。非前人好作奇語以駭人也。白倫德又謂內惹德並非國名。乃地名耳。蓋禪廟喀心亞里得三部均在內惹德以內。土著稱凡高原之在內夫德沙漠以內者曰內惹德。土耳基人則以內惹德名其戰勝之哈薩及其隣部。於是世人始誤會以爲內惹德者。即土耳基在亞拉伯所轄之地名也。白倫德自禪廟至內哉夫 Nejef 見其地漸近禪廟。則地勢愈高大。約每一英里。則地高約十尺。英人魯意司倍婁 Lewis Belley 言亞拉伯東部之內夫德沙漠。其性質與禪廟以北之內夫德沙漠有別。東部之內夫德沙漠中有長沙堤。其方向自東南至西北堤中間有堅硬之平谷。廣七八英里。此平谷至西代爾 Sedair 境。即漸高。此爲內惹德高原。人自波斯灣起程西行。過東內夫德至里亞德而沙漠始止。

（哈特拉毛及亞拉伯南部）本德周遊亞拉伯南部。其所發見益增吾人於亞拉伯南部地輿上之識見。前人但言哈達拉毛者。北界大沙漠。南濱印度洋。其實哈達拉毛亦爲中央大谷。長可一百英里。與海濱成平行綫。部中有小河。發源於內部高原。在西戶德 Saihut 左近之處入海。以此間地斜下。故水從此行也。此部禁錮不通外人。本德之先。僅有一歐人名黑爾李五吼司克 HerrLeo Hirsch 者。僑裝得入其地。本德之遊是地。並未改裝。挾其妻且有隨從極夥。本德於此間覔得古代也門王室舊碑。始悉耶穌未生以前五百年時。哈達拉毛僅爲此長約百邁山谷之名。其意即死谷之謂也。其地自古產乳香沒藥。以什班 Shibam 爲總市。由此遵陸道西運至埃及等國。

哈達拉毛濱海之狹地名曰殺希爾 Sahir 海濱。其中以界於馬科爾拉 Mokalla 及西戶得兩城者。地尤荒瘠。間見熱泉。可知其地舊有火山有泉之處。土人用以灌溉。惟熱泉不多。故大致均一望無垠之瘠漠。此海濱有三海埠。曰馬科爾拉。曰設黑爾 Shehr 曰科西爾。此三埠之民。以其拙笨之舟。載貨與亞丁馬斯開特孟買以及斐洲之蘇馬立海濱通商。科西爾一帶。有極奇之黑石。狀如火山中所噴出者。土著謂此石係火山噴出。以滅某某數城者。大概埃及暨亞西里亞兩國之石像。必取料於此。海濱之北。有高原名阿喀巴 Akaba 高原。近高原處有數處有水之山谷。凡商人乘駝行內地者。必於此起程。阿喀巴爲一曠無邱壑之平地。其上既無居民。復無野獸。亢旱荒瘠。不可嚮爾。平地之上。時復更有突出之高平地。如兩層台然。此高平地之頂。出海平約四千尺。上多黑色碎石。兩高平地之間。及近高原之山谷中。皆產乳香沒藥之樹。其地本在皮度安人境中。然皮度安人不自收其產。而賃與蘇馬立人。故蘇馬立人每歲屆熟來收一次。高原天氣至新鮮。吸之令人增興。阿喀巴高原下臨哈達拉毛山谷之峭壁。爲狀至矗。似前此哈達拉毛本爲海水所掩。而阿喀巴之峭壁則爲海續。什班左近之地。以及哈達拉毛酋長所居之阿耳喀丹 Al Katan 左近。種植極茂。居民復富碩。其間棕樹成陰。宮殿城郭。隨在皆是。此間繁麗。蓋與印度通商。始克臻此。哈達拉毛酋長。必爲阿耳凱鐵 Al Kaiti 族之長充之。此族人前曾爲印度海達拉拔德土諸侯效力。阿耳凱鐵族之富。過於常人。因而權力遂大。哈達拉毛居城之民以及務農之民。其遷居亞拉伯。較皮度安人爲後。城居及務農之民。共有數大族。曰大非 Tafi 族。克替里族 K-etiri 敏哈里族 Mihali 阿蜜里族 Amri 塔蜜尼族 Tamrini 此數族者。常與境中之皮度安人爭戰。此間皮度安人之生業。或爲陸行商人之保鏢及嚮道。或爲商人僱用以負重。或自牧其駝以取其乳毳。阿喀巴高原之主權。實皮度安人掌之。此間皮度安人不支帳而居。其人數衆多。最有力量。富者居室。貧者處穴。其中夏里夫 Sharif 及西阿得 Saiad 兩族人。職司宗教。自言爲穆罕麻德後人。其餘他族。皆聽命於此兩貴族。此兩族人。自命爲亞拉伯最純之種。居有城邑。其中以斐洲黑奴或雜色之人爲最卑之等級。黑人皆奉回教。亦有極富者。亦有學問優於其主人者。凡務農或貴人僕役酋長兵卒皆以黑人充之。亞拉伯之動植品與斐洲蘇馬立之動植品至相類。且兩地山川形勢與夫地質。皆亦頗相似。遂有人疑前此亞拉伯及斐洲實屬相連。今分隔兩陸之紅海。前則爲陸。然雖有此說。無的確之左證。其後本德於斐洲潯巴比 Zimbabwe 古城中。覓得波斯舊磁器。以及他亞拉伯器皿。而兩陸古代相連之說益信。又吾人知亞拉伯與斐洲交通。其事已前於紀元日前數百年。其時紅海中常有亞拉伯之商船。亞拉伯人以香料及支那貨品運往埃及。而埃及以所產之金。酬亞拉伯。亞拉伯本不產黃金。而古時亞拉伯之所以得產黃金之名者。非其土產。乃來自斐洲者。考古家考得潯巴比之城。實爲亞拉伯工人所造。由以上觀之。則其說頗可信。

(也門)近人旅行也門者。雖未能增益前人之發見。然其地之山河形勢。則考據較詳。此不得不歸功於一千八百九十二年哈里斯旅行也門之役及其同時印度測量會之功矣。也門可分爲二部。一爲內地高原。一爲濱海之地。其濱海之地。廣自三十邁以至一百邁不等。包圍內部高原之西南。惟近紅海出印度洋之口。內地高原有支山分出。是爲西地希克角 Sidi Sheikh 此角適與披林島對峙。Perim 近人考得此荒瘠之海濱。前曾爲海水所淹。海濱平原之地。名曰替哈馬。前見此間雨水稀少。天時亢旱。然全地水村極多。土人藉以灌溉田畝。而皮度安人之畜牧者。亦藉此飲其牲畜。亞拉伯駱駝之最良者。即產於此。替哈馬著名之城。爲火地大 Hodeida 及摩加。此二城在其西面之濱。又有亞丁在其南濱。火地大位於一大海港之東北。其西北有一山角爲障。此城有居民三萬。另有土耳基人駐防兵。惟其城之天氣與歐洲人不相宜。一年之中。必有大疫一次。摩加初爲商務薈集之所。迨亞丁爲英所佔後。摩加遂不爲商務上重要之地。今惟有咖啡一種。尚以其地爲總市場。十七世紀時。英荷兩國槩通商場於摩加。十八世紀中。法人亦相繼來。故當時摩加一城。富庶冠於他埠。自一千八百三十九年。英佔據亞丁以後。摩加遂日就湮滅。

自亞丁起有一條狹長之沙漠。長可三十英里。此沙漠界乎濱海瘠苦之地及花木繁茂也門高原之間。此高原與濱海之地至不相同。高原之上。有至高之山。高自一萬尺至一萬二千尺不等。其山皆自西北而至東南。又前後相疊成平行綫。山間谷地廣而肥沃。種植亦極美備。居民以務農而致富者甚多。咖啡靛青皆產於此。此間天氣差度僅法倫表上六十度。至多亦不過九十度。歐羅巴植物能移種於此。而發生極茂。最可異者。替哈馬苦旱而此間高原。則每年有兩次勻稱之雨季。一在春季。一在秋季。每當雨季之時。晴日少而雨日多。至也門高原之風景。哈里斯曾載之日記中。今節錄如下。也門高原。風物清朗。其山峯奇突。遠映碧天。遊人至此。心曠神怡。山門谷地。草皆作葱綠色。有數處林樹森然。登高俯視。小河潺潺出於綠岸。勢如銀綫之盤旋。山之麓。水之涯。野花徧之。狀如鋪錦。又彌望禾黍油油然。令閱者竟忘身在亞拉伯也。又瓦哈伯佐官方其測量也門也。亦有贊也門風景之語。彼謂吾觀於也門山麓之風物。恍如身在喜馬山最美之境。雖朱木拿及色得來日兩河之谷地。其風景亦不能逾此。其所言如此。也門京城薩那高出海平七千八百尺。遵陸路歷程二百五十邁至亞丁。自薩那東北行歷程一百八十邁至火地大薩那與亞丁之間。有達馬爾 Damar 卡大巴 Kataba 太林蜜 Terim 三城。土耳基佔領也門高原之地。至卡大巴爲止境。達馬爾城高出海平九千三百尺。哈里斯言其城無牆。四面以土堆爲屏帳。此蓋土耳基守禦之法也。城中屋宇。有以石造成者。且裝飾一切。亦不惡俗。窗戶以大理石薄片代玻璃。故室內作黝黃色。城之中央有空地一方。爲貨品陳列所。商賈人等。均極忙碌。猶太人另有一市場。以示與人有別。此城經土耳基筦理不善。腐敗之象觸目皆是。太林蜜去薩那八十英里。此城爲新建者。富庶亦不如達馬爾。其屋宇皆以日曬之磚造成。此城高出海平自七千尺至八千尺不等。

也門有二古蹟。足證古時亞拉伯人之機巧者。所云古蹟一在近達馬爾之希蘭其第二則在馬勒卜希蘭Hirran古蹟則爲一極大之儲水池。大約古時此地爲兵房屯聚之所。此池所以接濟兵士水源也。其地有兩山臂。作抱物勢。兩臂中間之缺口。亞拉伯人築巨牆以補之。牆高二十尺長一百五十碼。建築極固。牆圍之內。有巨井自堅石中挖出。井之北角。有遞上之三大儲水池。池亦鑿石爲之。三池相去數丈。聯以巨梯。池之左右有古墳纍纍然。且有破陶器散諸地上。馬勒卜之古蹟。爲一大壩。此壩必紀元前一千七百年所築。法人達爾腦D'Arnand言其壩長二英里。廣一百七十五步。壩之兩端。與兩山接。壩有閘門無數。自高遞下。故壩內之水。無論淺深。皆足放水出壩以灌溉壩外田畝。或謂此壩之圮。蓋在紀元後一百年也。

鑿池蓄水之法。南亞拉伯到處有之。前人遊歷俾路芝及馬克蘭Makran者。亦發見蓄水之池。然所見皆圮敗不堪。故前人雖見之亦不知爲何物。馬克蘭有數處。見有絕厚絕高之牆。土人亦不知其底細。但云爲古時一種拜火之人所築。即俾路芝土著。亦不知其爲何物者。然觀其建築之術。則與亞拉伯之蓄水池相同。故有謂凡此建築。皆爲同一種人所造。即古代亞拉伯人是也。據格拉薩之考據。謂古時南部。亞拉伯人已與斐洲埃及南之埃地倭比亞 Ethiopia 交通。且兩國之人。時通婚媾焉。紀元前數百年。吾人已知格里斯人（即希拉）西里亞人及埃及人。皆與亞拉伯互市。以亞拉伯出香料至夥。故各國願購之。又據馬克格林特而 Mc Crindle 言。上古時亞拉伯人已航海至西里亞之加剎 Gaza 及埃及等國。而斐洲之民。亦遂有來亞拉伯者。格里斯所稱之埃地倭比亞。即埃及人所稱之噴德國。或哈拔須國 Habash 或喀須國 Kash 是也。然噴德一名。初指紅海兩岸而言。然考之也門古王朝之碑蹟。未嘗稱是名。惟哈拔須之名。則有之。格拉薩曰。哈拔須者。收聚之謂也。蓋以收聚香料而得此名。故當時凡產香料或購取香料之國。皆稱哈拔須

（亞拉伯史）人讀英國類苑中之亞拉伯誌及也門誌。可見亞拉伯人。古時商業

及殖民兩項。範圍至廣。當時南部亞拉伯人與埃地倭巴兩國通商極盛。交情亦至密。商品以乳香沒藥及他種香料爲多。然史書僅言亞拉伯人拓商業闢利源於紅海之西。未嘗有隻字言及其在波斯灣以東之事業。近人始於俾路芝及馬克蘭濱海之地。覓得亞拉伯在此兩地殖民之左證頗多。然後知亞拉伯人之勢力在波斯灣以東者。其界限不減於在紅海以西之地也。

古時格里司旅行者黑魯度德斯 Herodotus 見亞拉伯及俾路芝兩國之建造物。有與斐洲埃地倭巴之物相同。因謂亞洲亦有埃地倭巴。不然何事物之相類如是也。近人則始倡言埃地倭巴亞拉伯及俾路芝之建造物。實皆亞拉伯人所爲也。又馬基頓雄主亞歷山大以兵東侵亞洲時。曾有人記亞拉伯人以香料行商之盛。其言俾路芝南部之居民。則曰有阿爾別 Arbitœ 巴爾西 Parsidœ 及拉密尼 Rhamnæ 三種。其所謂阿爾別巴爾西及拉密尼者。即亞拉伯波斯及印度土著也。有某者。不露其名。著一書。將紅海濱之港埠。逐一考據。謂某城某城。即古之某某城。然後讀者始恍然。否則今古名目殊異。學者何從得釋其疑。穆罕麻德未生以前之數百年。塞密的克種人 Semitic 即埃及阿拉伯人等種 已早立殖民地於波斯灣以東之地。自西歷紀元後初世紀喜朴勒司 Hippaulus 覓出自印度至斐洲之航路後。於是埃及人亞拉伯人遂專享海上通商之利。六世紀中。有人名売斯馬斯 (osmas 者著基督教世界地方誌。言亞拉伯人曾與印度之馬拉巴爾 Malabar 沿海之地。及地中海東偏羣島通商。七世紀初年。南部亞拉伯人嘗立商埠於支那之廣東。據支那某宿學言。中國推算之學。以及天文儀。皆得自亞拉伯之傳。又紀元後一二世紀時。亞拉伯及猶太人已設商埠於印度之孟買 Bombey 自穆罕麻德降生。回教興起。而亞拉伯之歷史乃一大變。回教以先。亞拉伯之商務極盛。凡當時地球知名各國。無一不有亞拉伯人足跡。亞拉伯商業。南部人創之。北部人效之。浸假凡地球各國輿地。亞拉伯人咸熟如指掌。且以通商之故。國亦大富。凡此皆爲異日回教戰勝各國之基礎。苟非然者。回教徒不諳地理。不敷軍實。烏能立此殊功者。至回軍之拓疆闢土。正誌已略叙之。兹不複贅。然其佔取印度信地 Sind 一事。爲正誌所略。回軍既佔信地。遂將前此馬基頓王亞歷山大留存印度河一帶之格里斯勢力盡行燬滅。而以回教勢力繼之。當回教紀元之初年。西里亞之亞拉伯人嘗以兵力佔取馬克蘭馬克蘭爲濱海之地半在波斯半在俾路芝及昔斯丹之地。且亦曾屢犯印度。據近時史家言。亞拉伯人佔馬克蘭在六百三十三年。六百四十四年。又佔吉爾曼 Kirman 昔斯丹等地。信地之地巴耳埠 Debal 亦兩次經亞拉伯之兵。然卒不爲所佔。方凱立夫摩阿威亞 Moawiah 在位時。阿白度拉冰秀華德 Abdulla-Bin-Suwad 以兵攻凱坎南。Kaikanan 並擬由此長驅至信地。然不成而返。至今凱坎南土著言郊外纍纍邱墓。皆當時亞拉伯兵死而葬於此者。信地及他印度西岸之民。本奉佛教。至七世紀信地爲一奉白拉民教之酋所篡。自是信地之民。遂改奉白拉民教。然信地及馬克蘭中間之貝拉 Bela 以及貝拉左近之滚達瓦。Gandava 滚達瓦回人易名坎達哈爾 Candahar 此兩地之民。仍奉其故有之佛教信地未經回人佔據以前其中已有回人極大之通商埠如滾達瓦阿爾美耳 Armail 又名拉斯貝拉喀那日本 Kanazbun 此數城者皆回人未據信地以前所築之城也至馬克蘭尚有數城因至印度之航路通後變爲商界中著名之城蓋亦創於亞拉伯人未據信地以前也

(回兵攻信地)先是第六世凱立夫瓦利得 Walid 在位時錫蘭 Celid 遣使以舟載珍物來貢於亞拉伯途中爲喀拉喀 Ceylon 及米地 Med 兩種人之海盜所刼此兩種人昔時聚於俾路芝濱海之地今零落矣錫蘭使被刼訴諸凱立夫凱立夫大怒命水陸師東渡征之此蓋亞拉伯用水師之第一遭其時回軍大將曰哈雅日 Hajjaj 用兵不利連挫二次乃讓兵符於穆罕麻喀心時喀心尙幼人稱之爲小兒元帥哈雅日授以兵柄復以新兵濟之命首取信地如得利則以兵東向侵支那而同時回廷復命駐防阿母河之大將庫太巴 Kutaba 另取道東向侵支那並言兩軍中首佔支那者當以其王之

穆罕麻德喀心以精選之馬兵六千。駱駝兵六千。輜重牲畜三千。經馬克蘭往信地。又以巨艦五艘。載弩砲往地巴耳。喀心經馬克蘭途中滅阿爾美耳城。於七百十二年五月一日攻克地巴耳。軍鋒所至。無堅不摧。收米地人及雅德人 Jat 入其軍伍。方其攻克海得拉巴 Haidarabad 及兵臨摩而丹 Multan 時。部曲已增至五萬人。復藉長勝之勢。拓地至克什米爾。於信地建一亞拉伯王國。計歷時三百年之久。凱立夫瓦利得已於七百十五年卒。喀心不久亦遭慘死。至今亞拉伯人尙以其事蹟譜爲歌曲。方回人佔信地之三百年中。實爲亞拉伯帝國極盛之時代。至九世紀末年。亞拉伯人勢力之在信地者漸弱。而此時摩而丹及曼秀拉兩城聲名暴起。

此三百年中信地商務極大。其與亞拉伯各他屬地交通尙已。其與阿母一帶通商。則取道開伯耳 Kabul 及巴米恩 Bamian 其與中亞西亞通商則取道薩布里斯丹 Zabulistan 滾達瓦及希拉德 Herat 其與波斯西里亞及歐羅巴各國通商。

則取道馬克蘭惟其商業鼎盛四通八達故輿地學亦因之大興其在亞西亞開闢之商場爲古所未有其後雖屢經蒙古韃靼兵之蹂躪然其遺跡猶班班可稽也黑耳門德 Hermund 及昔斯丹 Sistan 尙有古城遺跡以及乾涸之運河可見此兩地前爲回人筦理時其富庶誠不可思議也又今者自幾塔 Juetta 至希拉德復由希拉德經巴極斯 Badghis 阿富汗土耳基斯丹至阿母河一帶其間回人城邑遺跡不少從可知其商界勢力之大矣

今就回人所築城邑中擇其一二最著名者略記如下一曰鐵斯 Tiz 此城今已圮毀位於郤巴爾 Chahbar 海灣然前實爲馬克蘭通印度之大海埠此城有環山圍之故不受亞拉伯海之孟松風停舟極妥又印度河上諸商埠有開日 Kej 喀那日本阿爾美耳曼那巴里 Manhabari 及地巴耳等城開日及喀那日本均爲大城與摩耳丹相埒又喀那日本之商人素以公平及富厚著名至回人在印度河濱所築之城其未經毀滅者則刹度山 Sadusm 曼秀拉 Mausura 及白拉曼那

巴 Brahmanabad 三城此三城至今尚甚富麗爲新建諸城所不及

亞拉伯於此三百年中海權日盛其初僅東方海面爲其勢力所及繼而地中海亦復爲亞拉伯人所橫行蓋亞拉伯人自上古已在隣近諸海上行商其後羅馬水師大興而亞拉伯水師力量爲所掩蓋比及羅馬解紐以後而回教徒繼之以興歐西海面之上但見半月徽章矣其在東方則與波斯土耳基爭雄海上印度洋及波斯灣兩海面上最初之水師實爲亞拉伯餘皆後起者也中古時歐西各海濱之國如葡萄牙西班牙荷蘭英倫其航海之艦及航海家所用詞語皆取法亞拉伯即至今日尚有沿用而未改者不獨航海辭語爲泰西各國所倣用即天文名目亦多取法亞拉伯當回教國初立時巴格達有大學專以研究天文算學爲事其數學符碼則倣印度其羅盤則倣支那之指南針迨茲二事既精然後乃有航海之舉至審定一地之經緯度則亞拉伯於十二世紀時已熟稔之矣其定緯度也則用測緯儀其定經度也則按時刻之差及測太陽影綫以爲斷所最費

疑猜者。則莫如自大西洋繞好望角至印度之航路。何由亞拉伯人不知。而反留以待蒲人瓦司鼓德葛馬 Vasco de gama 成此巨功者何耶。或謂瓦司鼓之所以能探出此路者。蓋賴有亞拉伯人爲之助耳。其後亞拉伯有拒正教之數派起。自倡教說。如喀里日派 Kharji 克沙亞派 Kheysaga 沙里德派 Shariti 乙司買里德派 Ismailite 喀馬星派。Karmathian 等。初創於西里亞。繼而播及麥加。自麥加復輸入印度。自此亞拉伯在東方之勢力漸衰。諸異派中之至有勢力者。爲喀馬星是派建樹最早。十世紀中已奪取庫法 Kufa 巴斯拉 Basra 及撒馬拉 Samara.等地。且將麥加聖廟中黑石携往哈薩。九百八十五年。喀馬星勢力已被於印度河。佔摩耳丹及曼秀拉兩城。一千零三十六年。阿富汗蓋實尼 Ghazni 王馬默德 Mahmed 奪取曼秀拉及摩耳丹城。自是亞拉伯在信地之威權掃地矣。先是摩耳丹有大回教寺。後爲喀馬星教徒所毀。馬默德重建之。然蓋實尼朝之王。享有信地。爲時不久。即爲奉回教之拉日朴德 Rajput 朝王所代。此朝爲信地主者三百年。自喀馬星勢力及於信地。凡奉清眞回教徒。皆不爲所容。於是盡徙入俾路芝。其後波斯以東之地。其人雖皆無說亞拉伯語言者。然俾路芝之居民皆認其系出於亞拉伯。無一人自言爲俾路芝土著。其實俾路芝居民亦不過好自誇耀。何嘗皆爲亞拉伯人苗裔哉。然俾路芝居民中。以亞拉伯種人爲至上等矣。亞拉伯人之居信地無石碑巨磚之表記。惟近塔塔 Tatta 之地有石墳纍纍然。此皆穆罕痲德時代之古墳也。其中最可異者。爲雙室石墳。上鐫回字無算。且有囘回式之華表穹門。此等石墳。以去城稍遠。而築地亦略高。故城已圮毀。而石尙矗立不動。據云此種石墳雕砌極精。蓋爲古時阿曼工人所造。阿曼人已於極古時代移居於此。以其所居之地。名卡耳馬德 Kalmat 故遂自名其人曰卡耳馬德人。聞此族人。尙有散居於信地者。

（亞拉伯近代史）亞拉伯今日國土。其西部自巴勒士丁起。至巴布尼耳蠻得峽止。其東部自阿付拉底河之巴斯拉起。至阿曼之邊界止。皆爲土耳基人之領土。

其南面濱海地。曾經種植開闢者。則或爲英領土。或爲自主之部落。中央沙漠之區。則尚爲皮度安人之窟宅。內惹德高原則有二酋統之。其界域不淸。然其關於世界政治則甚重要也。亞拉伯當十九世紀中業之時。瓦哈比勢力最甚。西起紅海。東迄波斯灣。其間哈薩哈里克內惹德全部。以及也門以北諸地。皆受制於瓦哈比君弗色而 Feysul 一千八百七十年。弗色而老而瞽。死於刺客。自是瓦哈比勢力頓殺。而土耳基勢力遂漸漸侵入其地。先有土耳基兵入哈薩。奪其京城和夫霍夫。同時復有土兵一股入阿西爾。凡也門及黑夾斯中間之地。以及禪廟內部。亦落土人掌握。一千八百七十一年。西里亞土耳基兵應也門人之請。來建國於也門。土耳基勢力在黑夾斯者。自昔已盛。故是省凡沿海各大埠及豐腴之地。皆爲土人所轄。迨英人佔有亞丁以後。隣近亞丁各部。遂有入英國之勢力範圍者。而土耳基之勢稍殺。然英土二國之領地界限不甚淸楚。有數種大輿圖言土耳基極南之領地。以在亞丁北八十英里之卡太巴爲界。卡太巴之地。經最近印度測量會測得高出海平七千四百尺及七千七百尺之間。亞丁法權所及之地。形如三角。其角頂在卡太巴之南。英土二國界線。即於此起。此界線紆𢌞曲繞。經台斯 Tez 而至於去亞丁迤西七十英里之西格塞特地角爲止。Sheikh Said 於此兩國界線之處。土耳基國立一砲台。留常戍焉。然披林一島。似不爲土耳基所屬。故法人認爲領土。實則法人亦不能公認爲已有也。至亞丁以東。英土二國界線。則自卡太巴起。迄於近守格拉 Shukra 之海濱。自守格拉起及於阿曼西界。是間土地爲自主土酋所領。其人强悍。土地瘠苦。遠不如中央高原之善。然此說與本德所言大異。本德言哈達拉毛居民。較之亞拉伯他部居民並無不倫。且與印度直接交涉。印度文化輸入者不少。本德又言以今日亞拉伯全部而論。唯南海濱一帶。差强人意耳。阿曼一國。自八世紀中業脫波斯而自立。以來。至今尙爲自主之國。土人勢力竟不能入。惟其北之哈薩則爲土人領土。其都城曰和夫霍夫。此城去海埠阿日爾 Ajer 四十英里。去加的佛一百英里。在厄耳比地亞 El Bidia

土國屯有常戍之卒。加的佛亦有土兵。其地不設官。卽以守將代表土廷勢力。哈薩一部。土廷簡副總督治其事。一千八百八十六年。土廷築砲台於法倭 Fao 城。此城位於阿付拉底河下遊。從此阿付拉底河之主權。遂爲土人所掌。然此砲台之築。實與土廷與波斯所立約章有背。且英國亦遣專使至土廷爭之。土廷畏英怒。遂停砲台工程。而已築成者。則亦未嘗拆毁。內惹德高原之主權。分掌於自主之二土酋。一居禪廟。一都里亞得。二土酋之號。則爲愛米爾。禪廟土酋名伊本拉希德者。Ibn Rashid 爲近時亞拉伯土酋中最稱英明之主。伊本有尼革羅衛士千名。其所乘馬。皆以銀爲鞍轡。伊本治國極嚴整。民多服之。內惹德兩愛米爾。皆爲自主之君。不相統屬。然遇土耳基人見侵。則合力以抵之。內惹德前曾爲土兵所得。今土人公文中雖尙稱內惹德爲其屬土。實則土人未敢干預其政事也。

(也門叛土耳基)土耳基雖撫有也門。然土官不順民情。犯上作亂之事。時起時伏。其勢殊亟亟也。先是也門某伊曼(卽王之意)怠於政事。國中幾成無君之國。也門憤伊曼不知振作。乃貿然請土耳基人來干預其內政。及土人既得所藉手。遂橫肆其暴厲手段。囚其伊曼也門人始大悔。一千八百九十一年。阿西爾部人以土官暴歛。遂揭竿而起。土兵倉卒與戰。大敗。陣殞兵四百衆。於是也門亦應聲而起。不一時。阿西爾以南各部。除替哈馬之皮度安人外。餘部皆與阿西爾亂民連成一氣。土廷聞警。急詔麥加留守阿馬德弗西 Ahmad Feizi 以兵往平。旋阿馬德以兵自火地大登陸。克復馬那加。救薩那之圍。阿馬德復遣乙司美耳 Ismail 往平也門南部。南部亂黨。頃刻全部肅清。土耳基留大兵四萬戍之。此一千八百九十三年事也。然此部山間之民。終未嚮化。時時起而與土兵爲難。一千八百九十五年五月。土人殺英國駐其地之副領事。一千八百九十六年。阿太巴 Ateyba 及哈爾伯 Harb 兩土旅之民。復自相爭殺。亂民復攻烟波。烟波城長禦之。負重傷。熟他城民亦亂。土廷遂擬築砲台於熟他。併擬添置戍兵。然後此二年。亂勢仍不少殺。土官仍以橫征暴歛爲事。一千八百九十九年也門歉收。加以土官橫肆。民乃大亂。麥加急遣兵二萬二千人。砲兵七隊。發出至亂地。是年五月。土兵見敗於也門之兵。六月。土兵大勝。是年十月。土京君士坦丁發出兵三十五營。每營四百人。往戍也門北部。自是以後。也門亂黨雖時起時熄。然土兵卒能擴張土地。其勢益固。英人亦利土兵勢盛。以英人商務甚大。土兵在彼。可以藉資保護也。此時也門全部商務。均流入亞丁。前此也門爲無君國時。不但內地商務阻滯。即各國商品。亦不能暢然而至。

（商務）亞拉伯一部。以近來連年歉收。兼之瘟疫大行。故商務較之昔時大衰。而埃及商務。雖僅隔一紅海。以近來巴西 Brazil 咖啡輸入埃及者不少。故尙稱茂盛。亞拉伯進口貨之大宗。爲米麥及製造貨品。其出口貨品。爲生皮樹膠珠母珍珠等物。進出口貨。近年均不如往昔。火地大本爲濱紅海商務最大之城。近年亦復寥落。一千八百九十七年。亞拉伯進口貨之總額。值七十萬五千二百鎊。出口貨總額。値七十一萬二千六百六十鎊。是年出口貨中。以咖啡一項爲大宗。值價五十萬鎊。餘物僅值二十一萬鎊。可云小矣。也門出產。以種植品爲多。如咖啡棗菓品蔬菜之類。以上均產高原者。其產於替哈馬低原者。則爲礦鹽鐵煤等物。而所產亦不多。故無甚關係。也門人之生業。則爲織布染布及造船等。餘皆不足道也。亞拉伯東部之民。則通商於波斯灣。巴林一隅。其出口貨品每歲約計值五十萬。中以米棗實珍珠等物爲大宗。其進口貨品。約每年英金五十五萬鎊。一千八百九十八年。其出口貨品中。珍珠一項值三十萬鎊。總之亞拉伯出口商品。以珍珠爲大宗。珍珠銷貨場。以波斯爲最大。而其進口貨。以印度之米爲大宗。舍此二項以外。其餘亞拉伯無論進出口貨。皆無足稱者。

光緒三十三年六月印刷
光緒三十三年七月出版

定價銅元二十八枚

編纂兼印刷者　學部編譯圖書局

總發行所　學部編譯圖書局

薄海番域録十二卷

〔清〕邵大緯撰

《薄海番域録》十二卷，清邵大緯撰。大緯字星巖，山東武定（今惠民縣）人。嘉慶六年（一八〇一）舉人。歷署瀏陽、龍陽等縣，補華容，署常德分府。是書採摭載籍中四裔諸國事，分古蕃、蠻部、新疆、邊徼、重譯、絶域、補遺七類，凡十二卷，五百一十九條，期以誌大一統之盛。其體例以古有而今無者稱古蕃，羌蠻、西南夷諸部稱蠻部，天山南北諸城稱新疆，邊外内屬諸國稱邊徼，遠方諸國稱重譯，不通朝貢之國稱絶域，其餘國家則入補遺類。據清刻本影印。

渤海邵星巖著

薄海番域錄

京都書業堂藏板

四大部洲之說近乎誕已據周禮疏神農以上有大九州竊亦疑之今而知非盡妄也其言黃帝德不及遠惟於神州之內分為九州騶衍所謂赤縣神州者是堯仍之舜分十二禹復為九而其時川滇猶未闢也秦蜀通五尺道漢武始開西南邑置益州部我

朝德威遠播平定伊犁回部大小金川拓西北二萬餘里而額爾呼納河與俄羅斯打定邊界東北數千里從未入中國之地咸歸版圖惟地缺東南所限者汪洋一海耳然而東南洋南洋西南洋大西洋小西洋凡番舶衣冠詭譎形

狀怪異之人奇珍異寶之物莫不揚帆濠鏡貿易香山豈非九州之外又有九州乎夫天地之大寧有窮極異域之與中國山川猶是也人物猶是也各君其國各子其民亦猶是也乃或有其地而不能守或徵其朝而終不至至聽其自為聲教以玉斧畫圖曰外此吾不有也豈統一中外之規與今

聖天子富有四海命式九圍凡雲貴粵西土官土司屬在內地者既已改土歸流而蒙古四十九旗之屏藩喀爾喀西套西海西藏紅苗八排打箭鑪之開闢以及漢西域三十六

國及唐同紇之地前代祇通貢使今亦設官授職至於鞮
譯之使麇至外廷海陸之琛輻輳內府以視夫邀驃騎以
驅沙磧駕樓船以涉波濤者固不侔矣而舞兩階而有苗
格坐明堂而越裳至亦第綏之來之而未嘗統有其地也
盛哉乎斯世
德化之遠及何如耶詩曰普天之下莫非王土率土之濱莫非
王臣今重臣之駐守非等於都護之府也廳縣之分建不
同於羈縻之州也載輿地於職方按圖經於王會乃知自
古幅幀之廣誠未有過於我
朝者也故即薄海內外而分紀之以誌大一統之盛云

渤海首邑星巖氏自識於沱江官署

叙

例言

一是書博誌名番地輿辨其方域詳其道路今昔較然至於事蹟不能悉錄或畧述其山川風土人情以備考

一是書採自史記
大清一統志太平寰宇記西域記明統志地理今釋異域瑣談滇南新語以及外國傳輿地圖諸書凡十餘種不著書目者原參互而成間或附以已見較之原書多不符合故不注系出某書

一是書州縣郡名古今不同謹遵
大清一統志疏明

一是書古藩蠻部新疆今內地也邊徼亦內屬絕域又因邊徼以見焉至重譯雖會同四譯館不能悉載其名以地理考之或名號改易或大小并吞除海國難稽外西藏以東北凡陸路可通者大半皆屬今之內地故補遺備載古國以備參攷

一是書重譯本尤西堂先生外國傳亦或參以他書新疆邊徼則本七椿園先生新疆紀實徵信錄特爲詳

例言

其驛路之遠近至絕域道里未詳不敢妄臆故直錄瑣談全文補遺亦多仍寰宇之舊

一是書原名名勝紀里予嘗輯古今氏族紀里古今名勝紀里二書氏族自帝系聖門經史子集藝林名臣將署忠節孝義諸凡權奸僭竊羣醜冋首而綴以雜錄凡五十四卷名勝則山水州郡國都城垣地邑原野宅里宮室樓臺亭坊園橋關鎮古番蠻部新疆邊徼重譯絕域以及陵寢廟祠而綴以雜記凡五十六卷茲特摘錄數卷俾覽者識我

朝幅幀之廣

德化之隆故不繫名勝而易以今名

一是書自辛巳採辨例本在朗江署中有見輙錄及乘筏北上無從問字魯魚回多闕漏亦所不免苟博覽君子據所見以正其訛補其闕有厚望焉

薄海番域錄總目

卷一 古番一

卷二　古蕃二

卷三　古蕃三

卷四　蠻部一

卷五　蠻部二

卷六　新疆一

卷七　邊徼一

卷八　重譯一

卷九　重譯二

卷十二　補遺二

薄海番域錄

古蕃一

山左武定邵大緯星巖氏述

九夷　東方曰夷夷者柢也東方人好生萬物柢觸地而出以其居東故曰東夷種有九一元菟二樂浪三高麗四蒲飭五鳥夷六索家七東屠八倭人九天鄙

八蠻　南方曰蠻蠻者慢也君臣同川而浴極爲簡慢故曰蠻類有八一天竺二咳首三僬僥四跛踵五穿胸六儋耳七狗軹八旁春爾雅言六蠻

六戎　西方曰戎戎者凶也斬伐殺生故曰戎類有六一僥傁二戎央三老白四耆羌五鼻息六天剛爾雅言七戎七山崙

五狄　北方曰狄狄者辟也父子同穴無別其行邪辟故曰狄類有五一月支二濊陌三匈奴四單于五白屋爾雅言八狄六宣威七宣鞣鞨八達恒禮只云五狄也

析支　在西蕃境今甘肅蘭州府河州西應劭云禹貢析支屬雍州在河關之西東去河關千餘里羌人所居謂之河曲羌東距松州西葉護南春桑迷桑等羌

北吐谷渾按河曲羌在今涼州府武威縣即西戎之
地地理謂之賜支即古析支
渠搜　在西域禹貢析支渠搜涼土異物記在大宛北
界西域傳鏺汗國都葱嶺之西四百餘里古渠搜國
東去瓜州五千五百里渠搜當在西域非朔方也陸
氏曰漢志朔方郡有渠搜縣武帝紀北發渠搜是也
然考漢朔方之渠搜非此所謂渠搜此亦當是金城
以西之戎也後世種落遷徙故漢有居朔方者當禹
時渠搜居朔方則不應浮積石陸說非也瓜州今甘

肅安西州燉煌縣金城今蘭州府
獯鬻　在沙州今甘肅安西州燉煌縣即犬戎一曰犬
夷又曰畎夷帝后相征畎夷七年乃服桀之亂犬夷
入居邠岐成湯攘夷狄高宗伐鬼方至武乙犬戎寇
邊周古公避於岐山乃漸蹂於中國矣蓋自古肅州
以南甘涼洮龍鳳茂隆蜀邛雅黎巂等州之西並西
戎也沙州即瓜州古流沙之地黑水所經西羌所居
春秋傳曰先王居檮杌于四裔故允姓之奸居于瓜
州書竄三苗於三危三危既宅並此地其後子孫為

羌戎代有其地左傳謂允氏之戎是也昔晉范宣子
數戎子駒支曰昔秦人迫逐乃祖吾離於瓜州蒙荊
棘以來歸我先君惠公有不腆之田與汝剖分而食
之即此地按十三州志瓜州戎為月氏所逐秦幷六
國築長城西不過臨洮則秦未有此地
西戎　今甘肅秦州周以前為西戎地至孝王時其地
始為秦邑按周厲王時西戎反王室殺非子之曾孫
秦仲其長子莊公伐西戎破之宣王乃復秦仲為西
垂大夫及幽王為西戎所殺莊公子襄公將兵救周

有功平王賜襄公岐豐以西之地故春秋時為秦國
又按西戎自秦州以西之地皆是蓋自殷之衰古公
居豳為犬戎所逼乃遷而踰梁山止岐山之下至犬
戎敗周幽王於驪山自隴山以東及乎伊洛往往有
戎春秋傳曰先王居檮杌于四裔故允姓之奸居于
瓜州今燉煌也晉惠公自秦歸晉遷陸渾之戎于伊
川今洛陽也故保諸狄獂之戎今渭川也邽冀之戎
今秦州也大荔之戎今郿坊也驪戎今渭南也揚巨
泉皐之戎今伊洛之間也蠻氏之戎今許潁也陰戎

今商州也秦始皇逐西戎出塞故漢初西戎稍遠

山戎　在漁陽郡漁陽縣今順天府薊州後浸大春秋齊人伐山戎又莊公三十年公及齊侯遇于魯濟謀山戎以其病燕故也

驪戎　今陝西西安府臨潼縣古驪戎之國也左傳晉獻公伐驪戎以驪姬歸即此寰宇記雍州昭應縣東二十四里有驪戎故城

北戎　在檀州今順天府密雲寰宇記春秋戰國並為燕北戎所居漢書將軍李廣弭節白檀魏書曹公越

北塞歷白檀破烏桓于柳城

廬戎　在襄州中廬縣今湖北襄陽府南漳春秋廬戎之國也

冀戎　在甘肅秦州禮縣寰宇記大潭縣廢伏羌城本周冀戎之地秦伐冀戎而置縣焉

邽戎　在甘肅秦州寰宇記廢上邽縣舊十六鄉本邽戎地秦伐邽而置縣

昆戎　在甘肅涇州漢為安定郡地處山谷之間實昆戎舊壤迫近夷狄修習武備

羌戎　在四川茂州寰宇記此一州本羌戎之人好弓馬以勇悍相尚詩禮之訓闕如也貧下者冬則避寒入蜀傭賃自食故蜀人謂之作氏

義渠戎　在慶州今甘肅慶陽府安化縣古西戎地夏衰后稷子不窋奔戎翟之間今縣東南三里有不窋故城春秋及戰國時為義渠戎之土秦滅之按陝西邠州古義渠戎國

陸渾戎　在河南河南府洛陽縣左傳秦晉遷陸渾之戎于伊川即此

皐落戎　今山西絳州垣曲縣西北六十里有古皐落城一名倚亳左傳閔公二年晉侯使太子申生伐東山皐落氏杜注赤狄別種也

朐衍戎　在鹽州今甘肅寧夏府靈州春秋及戰國時皆為戎狄所居史記梁山涇漆之北有義渠朐衍之戎謂此

千畝戎　在成州同谷縣今甘肅階州成縣古西夷地至戰國千畝戎羌氏居之後為白馬氏國

玁狁　在岐州今陝西鳳翔府詩六月玁狁匪茹整居

焦獲

鮮虞　在直隸正定府正定縣左傳晉荀吳假道于鮮虞戰國屬趙寰宇記定州古中山鮮虞地史記鮮虞古狄之種最大國在漢爲盧奴縣即定州

赤狄　在洺州今直隸廣平府永年春秋爲赤狄國後屬晉左傳宣公十四年晉荀林父敗赤狄于曲梁

赤狄甲氏　在山西潞安府屯留縣左傳宣公十六年晉滅赤狄甲氏及留吁一名戎屯與潞子俱附中國晉遂滅之

姜狄　在蔚州飛狐縣今直隸易州廣昌寰宇記按代地本狄姜姓之國周末漸強七國前稱王今雲中馬邑五原安邊定襄皆爲代國之北地焉

白翟　今陝西延安府綏德州及鄜州中部縣春秋時白翟國也漢書朔方爲西部都尉休屠爲北部都尉渠搜爲中部都尉故此爲中部郡焉隋圖經雜記俗謂丹州白室胡頭漢舌即言其狀似胡而語習中夏白室即白翟語訛耳近代謂之部落稽胡自言白翟後也丹州今宜川縣

越裳氏　今隸安南即林邑國古越裳氏之國也漢武帝開百越于交趾郡南三千里置日南郡林邑即日南郡之象林縣在郡南界四百里漢末大亂象林人區連殺縣令自稱林邑王子孫相承吳時通使其後王無嗣外孫范雄相傳累世遂爲林邑國其地開北户以向日屢寇交趾交州遂致虛弱

交趾　今安南國古越地禹貢揚州之裔土號爲百越周爲越裳重譯之地秦屬象郡史記始皇南取百越以爲桂林象郡是也按交趾之稱今南方夷人其足

大指開若並足而立其指相交有蠻夷之風漢書民皆服布如單被穿中央爲貫頭兵則矛盾刀木弓弩竹矢或骨爲鏃自初爲郡縣吏卒中國人多侵凌之故率數歲一反元帝時遂罷棄之又中國八郡志土人待婚族好客必先進檳榔若邂逅不設用相嫌恨又交州記南定縣人足骨無節身有毛臥者更扶始得起故曰交趾山海經交脛國人腳脛曲戾相交所以謂之交趾朱鳶俗尚琴瑟古風也聚婦之人婚前先送檳榔一盤女食盡則成親南定朱鳶皆縣名

南粵　今廣東廣州府南海縣古南越之分秦以任囂爲南海尉病篤召龍川令循州趙佗授其位佗自立爲南粵王居其地凡五世九十三年而亡

北單于　在雲州雲中縣今山西大同府大同縣之北春秋時爲北狄地今縣西北四百二十里有單于臺漢武帝元封元年遣使告單于曰南越王頭已懸于漢北闕矣單于能戰天子自將代邊不能亟來臣服何但亡匿幕北寒苦之地爲匈奴讋益其處也按匈奴先祖夏后氏之裔曰淳維殷時奔北方至周末七

國時而與燕趙秦三國爲邊鄰趙孝成王時李牧大破之十餘歲不敢近邊秦始皇將數十萬之衆北擊悉逐出塞收河南地匈奴單于曰頭曼不勝秦北徙秦亂戍邊者皆復去於是復稍渡河與中國界于故塞今陝甘安化延安平涼郡地也後爲其太子冒頓以鳴鏑射殺之而自立爲單于是時漢兵與項羽相拒故冒頓得自強控弦之士三十餘萬自淳維以至頭曼千有餘歲時大時小別散分離尚矣世傳不可得而次然至冒頓而匈奴最強大盡服從北夷而南與諸夏爲敵國其氏姓官號可得而記云單于姓攣鞮氏其國稱之曰撑犁孤塗單于匈奴謂天爲撑犁子爲孤塗單于者廣大之貌言其象天單于然也置左右賢王左右谷蠡左右大將左右大都尉左右大當戶左右骨都侯匈奴謂賢曰屠耆故常以太子爲左屠耆王其大臣皆世官呼衍氏蘭氏其後有須卜氏此三姓其貴種也諸左王將居東方直上谷以東今嬀州之東接濊陌朝鮮今直隸宣化府懷來赤城二縣之東也右王將居西方直上郡以西今上郡洛

交延安咸寧郡之西接氐羌今陝西等府之西也而單于直代雲中各有分地逐水草移徙而左右賢王左右谷蠡最爲大國

南單于　在石州離石縣今山西汾州府永寧州即左國城前趙記今離石左國單于所徙庭是也按南匈奴醯落尸逐鞮單于比烏珠留之子名比也初季父呼都而尸單于時以爲右薁鞬日逐王部領南邊及烏桓後漢光武初彭寵反叛于漁陽單于與共連兵因復權立盧方使入居五原今大同朔平二府境光

武方丙平諸夏未遑外事而匈奴數與盧方共侵北邊九年遣吳漢等擊之經歲無功而匈奴轉盛遂寇河東匈奴左部轉居塞內入寇尤深北邊無復寧歲及比從父弟蒲奴立爲單于而其地連年旱蝗漢乘其弊匈奴懼乃遣使求和親建武二十八年八部大人共議立比爲呼韓耶單于以其大父常依漢得安故襲其號於是款五原塞願永爲藩蔽捍禦北虜許之復聽其入居雲中今大同府後爲北單于所擾復部徙河西今汾州府亦列置諸郡按晉史北狄以部

落爲類其入居塞者有屠各種鮮支種寇頭種烏譚種赤勒種捍蛭種黑狼種赤沙種鬱鞞種萎莎種禿童種勃茂種羌渠種賀賴種鍾跂種大樓種雍屈種真樹種力羯種凡十九種皆有部落不相錯雜屠各最豪故得爲單于統領諸種

烏桓　在嬀州以東及安東府境本東夷也按寰宇記在營州今永平府盧龍縣時爲孤竹國春秋時爲山戎戰國屬燕地理志遼西郡領且慮臨渝絫等十四縣後漢書遼西烏桓鮮卑所居漢初匈奴冒頓滅其國餘類保烏桓山因以爲號其有勇健能理決鬬訟者推爲大人無世業相繼邑落各有小帥數百千落自爲一部大人有所呼召則刻木爲信氏姓無常以大人健者名字爲姓烏桓自爲冒頓所滅衆遂孤弱常臣服匈奴漢霍去病擊匈奴左地因徙上谷漁陽右北平遼東遼西五部塞外爲漢偵察匈奴動靜其大人歲一朝見於是始置烏桓校尉監領之後漸強盛建武中大人郝旦等九百餘人詣闕朝貢於是封其渠帥爲侯王君長者八十一人皆居塞內布於緣

邊諸郡後置烏桓校尉於上谷寧城今懷戎縣西北俗名西吐蕃城至桓帝末或降或叛靈帝時烏桓有難樓者衆有九千餘落皆自稱王又遼東蘇僕延衆千餘落自稱峭王於右北平烏延衆八百餘落自稱汗魯王並勇健而多計策又邱居力自稱彌天安定王獻帝初平中死從子蹋頓有武略代立總攝三王部落皆從其號令建安初助袁紹擊破公孫瓚紹矯制賜蹋頓難樓蘇僕延呼延等皆授以單于印綬十二年曹操自征烏桓大破蹋頓於柳城今奉天府寧

遶州斬首虜三十餘萬人其餘衆萬餘落悉徙居中國爲齊人嬀州今宣化府懷來安東今奉天府遼陽州遼西今撫寧上谷今宣化漁陽今薊州右北平今豐潤遼東今奉天

鮮卑　在遼東今　盛京奉天府亦東夷之支也別依鮮卑山因號焉漢初亦爲冒頓所滅遠竄遼東塞外與烏桓相接未嘗通中國建武中鮮卑與匈奴入遼東太守祭肜擊破之斬獲殆盡三十年鮮卑大人於仇賁滿頭等帥種人朝賀帝封於仇賁爲王滿頭爲

侯於是鮮卑自燉煌酒泉以東邑落大人皆詣遼東受賞和帝永元中大將軍竇憲遣耿夔擊破匈奴北單于遁走留者尚有十餘萬落鮮卑於此徙據其地而有其人由此漸盛桓帝時有檀石槐者部落推爲大人乃立庭于彈汗山歠仇水上高柳北三百里今山西朔平府朔州界也兵馬甚盛東西部大人皆歸焉因南抄緣邊北拒丁零東却扶餘西擊烏孫盡據匈奴故地東西萬四千餘里南北七千餘里網羅山川水澤鹽池分其地爲三部從右北平以至遼東東接扶餘濊陌二十餘邑爲東部從右北平以西至上谷十餘邑爲中部今直隸宣化從上谷以西至燉煌接烏孫二十餘邑爲西部今甘肅安西州各置大人主領之光和中檀石槐之孫魁頭與從父弟騫曼爭國衆離散魁頭死步度根代立中兄扶羅韓亦別擁衆數萬人魏文帝初步度根遣使獻馬帝拜爲王後數與軻比能更相攻擊步度根部衆稍弱竟爲比能所殺

托跋　在上谷郡濡源西今直隸宣化府之北按拓拔

錄官分爲三部一居上谷北濡源西東接宇文部自統之一居代郡之參合陂北今山西朔平府朔州境使兄猗㐌弟猗盧居之晉懷帝時琨表以鮮卑猗盧爲大單于封代公徙馬邑縣即其地也亦東夷之後別部鮮卑也後魏史云出自黃帝子昌意之少子受封北土國中有大鮮卑山因以爲號宋齊二史又云漢降將李陵之後或云黃帝之苗裔以黄帝爲土德謂土爲托後爲跋故以爲氏其裔始均仕堯時逐女魃于弱水北人賴其勳舜時有田祖歷三代至秦漢

不交南夏是以載籍無聞積六十七代裔孫也統國三十六大姓九十九其後至詰汾嘗田于山澤欻見輜軿自天而降既至見美婦人自稱天女曰天命相偶旦日請還期明年復會於此及期至先田處果見天女以所生男授詰汾曰此是君之子即力微也力微立諸部大人悉服控弦之士二十餘萬定都於定襄之盛樂今山西忻州其後晉封爲代王置官屬始出并州遷雜胡北徙雲中五原朔方又西渡河擊匈奴烏桓諸部自杏城以北八十里今中部郡之西迄長原夾道立碣與晉分界姪孫什翼犍始建年號分置百官至其孫涉珪即後魏道武皇帝也

大月氏　在甘肅安西州西北十八里玉門關外大宛國西可二三千里理藍州城一名薄羅城本居燉煌張掖間至冒頓單于攻破月氏而老上單于殺月氏王以其頭爲飲器乃遠去過大宛西擊大夏而臣之都嬀水北爲王庭其餘小衆不能去者保南山羌號小月氏於大夏分其國爲五部翖侯後百餘歲貴霜翖侯攻滅四翖侯自立爲王因號貴霜王最爲富盛

至後魏代北與蠕蠕接數爲所侵遂西徙都薄羅城去弗敵沙二千一百里後其王寄多羅武勇遂興師越大山南侵北天竺自乾陁羅以北五國盡役屬之其南則大夏西接安息四十九日行北則康居去長安一萬一千六百里

小月氏　在甘肅甘州府張掖縣六國至秦爲月氐居焉漢初爲匈奴右地西域傳月氏本居祁連燉煌間理富樓沙城其王本大月氏王寄多羅子也寄多羅爲蠕蠕所逐西徙後令其子守此城故曰小月氏在婆羅西南後魏書云去漢一萬六千六百里其先或居西平張掖之間按霍去病至祁連捕首虜甚多上曰驃騎將軍涉鈞耆濟居延遂臻小月氏攻祁連山即從此也

白馬　在成州同谷縣今甘肅階州成縣戰國時千畝戎羌氐居之後爲白馬氐國寰宇記在冉駹東北廣漢之西君長數十白馬最大漢武帝開廣漢郡合爲武都督排其種人分竄山谷或在上祿或在汧隴左右其種非一或名青氐或號白氐或稱蚺氐此蓋中

國人即其服色而名之其後或叛或附固無常居按史記西南夷傳自筰以東北戎長以什數冉駹最大在蜀之西自冉駹皆氐類今縣南八十里有山曰仇池甚險固左右悉白馬氐秦逐西戎遂統有其地晉武帝時氐豪楊定擁衆仇池稱藩于晉其地遂爲楊氏所據

冉駹　今四川茂州本冉駹國史記南越破後冉駹等皆震恐請臣漢武帝元鼎六年以冉駹爲汶山郡後漢書冉駹其山有六夷七羌九氐各有部落其王侯

頗知書而法制嚴重

烏孫　在瓜州今甘肅安西州燉煌縣古西戎地戰國時爲烏孫月氏居焉其國諸王曰昆彌亦曰昆莫大昆彌理赤谷城按西域記烏孫于西域諸戎最強今之赤髮青眼狀類獼猴者即其種也有户二十萬本塞地大月氏西破走塞王塞王南越縣度大月氏因居其地後烏孫昆莫擊破大月氏大月氏徙西臣大夏而昆彌昆莫居之故烏孫有塞種有大月氏種焉漢以公主妻烏孫王以分匈奴西方之援至後魏時

其國數爲蠕蠕所侵西徙葱嶺中去長安八千九百里

挹婁　盛京奉天府承德縣東北皆挹婁國之地即古肅愼氏之國也周武及成王時皆貢楛矢石砮爾後千餘年雖秦漢之勝莫能致也

夫餘　盛京奉天府開原縣境一作扶餘南與高句驪東與挹婁西與鮮卑接初北夷櫜離國一作槖王有子曰東明長而善射王忌其猛欲殺之東明奔走東渡掩虎水因至夫餘而王之漢順帝初來朝帝作黃

門鼓角抵戲以遣之晉武帝太康元年爲慕容廆所襲其王依慮自殺子弟走保沃沮明年後王依羅求還國帝遣人送之爾後每爲廆掠種人賣於中國帝又以官物贖還禁矢夫餘之口自後無聞

高句驪　盛京奉天府北五百六十里鴨綠江東有平壤城即箕子所封之地漢屬樂浪郡後漢朝貢云本出于夫餘東至海南至漢西北踰遼河先祖朱蒙母河伯女閉于室內爲日所照引身避之日影尤逐因有孕生卵大如五升夫餘棄之與犬犬不食與豕豕

不食棄於路牛馬避之棄於野衆鳥以毛茹之王剖之不破以還其母母以物裹置煖處有一男破殼而出及長名曰朱蒙其俗言朱蒙者善射也國人以非人所生欲殺之朱蒙東走渡普述至紇升骨城遂居之號曰高句驪國因以高爲氏子孫相繼漢武滅朝鮮置元菟郡以高句驪爲縣使屬之其後高璉晉安帝義熙中獻赭白馬受封爵始徙居平壤城後號西京其地後漢時南北二千里至後魏南漸狹方千餘里至隋漸大東西六千里按今奉天府之遼陽海城

復州蓋平寧海皆高句驪之地也

沃沮　盛京奉天府海城縣初衛滿王朝鮮時沃沮屬焉漢武帝平朝鮮分其地爲四郡以沃沮城爲元菟郡後爲夷貊所侵徙郡于高句驪西北乃以國小迫于大國之間遂臣屬句驪魏齊王正始五年毋邱儉討句驪王後宮奔沃沮遂進師擊沃沮邑落皆破之其地東西狹南北長可折方千里

三韓　盛京錦州府境後漢時通焉有三種一曰馬韓二曰辰韓三曰弁韓三韓之地大小共七十八國或云百濟是一國大者萬餘户小者數千家各在山海閒地各方四千餘里東西以海爲界皆古之辰國也馬韓最大共立其種爲王辰韓者老自言秦之亡人避苦役適韓國馬韓割其東界地與之有城柵其言語有類秦人由是或謂之秦韓其王常用馬韓人作之代相係襲辰韓不得自立爲王明其流移之人故也其俗名國爲邦兒生便以石壓其頭欲令其扁故辰韓人皆扁頭男女近倭人皆文身便步戰兵仗與馬韓同弁韓與辰韓雜居城郭衣服皆同言語風俗

亦相似惟祠祭鬼神有異施灶皆在户西晉武帝咸寧中馬韓王來朝自後無聞按三韓尋爲百濟新羅所併

林胡　在雲中郡今山西大同府即古雲中林胡之地趙武靈王北破林胡樓煩置此郡

邛都　在四川寧遠府西昌縣東南古西夷邛都國也史記西南夷傳自滇以北君長以什數邛都最大漢書司馬相如傳唐蒙已略通夜郎時邛筰之君長請吏比南夷帝以問相如對曰邛筰冉駹者近蜀道易

通秦時嘗爲郡縣至漢興而罷今誠復通爲置縣愈於南夷帝乃拜相如爲中郎將使略定西南夷邛筰冉駹斯榆之皆請爲臣妾除邊關益斥西至沫若水南至牂柯爲徼通靈關道橋孫水以通邛筰

夜郎　今四川嘉定府雲南曲靖府南寧縣境貴州石阡黎平遵義三府梓潼普安二縣皆同夷古山獠夜郎國之地漢時南夷君長以十數夜郎最大按九州志夜郎自古非臣服之國昔漢武帝開拓南邊始置夜郎縣屬牂柯郡八郡志夜郎之西岳去郡四百里司馬相如所開之處其俗多穢生獠言語或通

車師　在甘肅肅州西六十里嘉峪關外西北行歷安西州哈密闢展凡一月程有城曰柳陳城西百里曰土魯番即唐之交河縣爲車師前王庭之地又自安西州西北十八里玉門關外西北一千三百里有高昌壁漢班超定西域之後領兵五百人駐之置戊己校尉即徐普欲開之道爲車師後王國按後魏孝武時有闞爽者自爲高昌太守至真君中爲沮渠無諱所襲因據之至和平元年爲蠕蠕所併蠕蠕以闞伯周爲高昌王自此以後每有立者輒爲人所殺其後立麴嘉爲王傳國九代至智盛不循職貢唐討平之以其地置西州東去長安一千八百至焉耆八百里去燉煌十三日行其地東西三百里南北五百里四面多大山後王國理務塗谷即滿城去長安八千九百里

柳陳　在甘肅肅州西嘉峪關外雪山之南二千二百八十里闢展之西有地曰柳陳即魯陳漢名柳中班勇西屯之所爲車師前王庭之地唐屬交河城西百里曰吐魯番即唐之交河縣也自安西州西行中經大川沙磧無水草大風倏起人馬相失道旁堆骸骨白日鬼魅迷人土人謂之旱海出川西行至流沙河上有小岡風捲浮沙所積道北火燄山色如火城方二三里四面多田園流水環繞灌木萃鬱候暖宜稼麻麥豆有小葡萄名瑣子人二種回回男子削髮戴小罩刺婦女白衣裹頭畏兀兒男子椎髻婦人蒙皁布垂髻于額明宣德中酋長哈失哈力遣十四人入貢

高昌

在甘肅安西州西北十八里玉門關外西北一千三百里有高昌壁漢班超定西域之後領兵五百人駐之置戊己校尉以其地高敞人庶昌盛立名或云武帝遣兵西討師旅頓敝者因住焉故又名高昌壘即徐普欲開之道也爲車師後王國唐置西州後入回鶻宋時通貢元號畏兀兒明稱火州相傳其國師子王避暑北廷山中出硇砂常有烟氣涌起至夕光焰如炬照見鳥鼠皆赤火州所由名也明永樂七年朝貢十二年陳誠至其國言城方十餘里風土蕭條民居僧房參半皆零落東有荒城即高昌國故址宣德中王及吐魯番柳陳城並貢馬及玉璞爾後朝貢止稱吐魯番云俗類匈奴烏孫事天神信佛法春月出游持弓矢射諸物以禳災婦人戴油帽名蘇幕遮用開元歷以三月九日爲寒食激水交潑爲戲謂之壓陽氣氣候極熱産五穀惟無麥出貂皮等物

黑婁

在甘肅肅州西嘉峪關外雪山之南二千四百九十里吐魯番之西近吐魯番世締好貢道亦由吐魯番入其地山水草木禽獸皆黑男女亦然明宣德

中遣使朝貢

大宛

在甘肅安西州西北十八里玉門關外王理貴山城户六萬其王姓蘇色匿字底失槃陁積代承襲不絶始漢張騫爲武帝言之帝遣使持千金及金馬以請宛善馬宛王殺漢使於是拜李廣利爲貳師將軍期至貳師城取善馬不下至燉煌即安西州士卒存者十不過一二帝怒其不剋使遮至玉門關不許入貳師因屯燉煌發戍甲卒十八萬置居延休屠今武威張掖也以衞酒泉貳師至宛宛王新寡首獻馬遂採蒲萄苜蓿種而還國王隋時蘇對沙那國即漢大宛之異名也去長安萬二千五百五十里

康居

在甘肅安西州西北十八里玉門關外大宛之西北可二千里去長安一萬一千三百里與粟弋伊列鄰接漢時通焉王理樂越匿地居卑闐城亦居蘇薤城與大月氏同俗地和暖出好馬東羈事匈奴宣帝時郅支單于殺漢使西阻康居其後甘延壽陳湯誅滅郅支單于至成帝時康居遣子侍漢貢獻自後無聞或名號變易遷徙吞併非所詳也至晉其王那鼻

獻善馬後魏復朝貢其王姓温月氏人也舊居祁連山北昭武城自被匈奴所破西踰葱嶺遂有此國支庶各分王故康國左右諸國有米國曹國史國安國小安國那色波國烏那曷國穆國凡九國皆其種類並以昭武爲姓云不忘其本也王字代夫畢爲人寛厚甚得衆心其妻突厥達度可汗女都於薩寶水上阿祿廸城名爲強國西域諸國多歸附之其人好音聲善商賈以六月一日爲歲首唐武德十年其王屈木支獻名馬貞觀九年獻獅子太宗嘉其遠至命秘書少監虞世南爲之賦

樓蘭　在甘肅安西州燉煌縣西婼羌之西北王理扜泥城户一千五百七十東至長安六千一百西北至車師一千九百里初漢武因張騫言欲通大宛諸使者一歲中多至十餘輩樓蘭姑師當道苦之攻刼漢使王恢等漢將趙破奴等率屬國騎及郡兵數萬擊之虜樓蘭王遂破姑師於是列亭障至玉門矣後復爲匈奴反間數遮殺漢使昭帝使傅介子往刺其王懸首北闕乃立其弟尉屠耆爲王更名其國爲鄯

自後無聞至後魏太武時其國爲沮渠安周所攻其王奔且末且末役屬之西魏時其王兄鄯米內附

東甌　在浙江處州府統志春秋戰國時屬楚漢初爲東甌國

西甌　在廣西潯州府貫縣及廣東高州府茂名皆古西甌駱越之地按西甌所居在廢黨州今廣西鬱林州也

瀛海番域錄

古蕃二　　山左武定邵大緯星巖氏述

百濟　盛京奉天府開原縣境卽漢末夫餘王尉仇台之後後魏時百濟王上表云臣與高麗源出夫餘北初以百家濟海因名百濟西南至海東至智異山北至漢水時高句驪旣據有遼東而百濟亦據遼西晉平二郡地自晉以後併諸據有馬韓地其人土著地多下濕率皆山居其王都東西二城號俱尸拔城王號於羅瑕百姓呼爲鞬吉支夏言並王也王妻號於

陸夏言妃也後魏孝文征破之後其王牟大爲高句驪所破衰弱遷居南韓舊地唐太宗親征高麗百濟懷貳蘇定方討平之虜其王義慈以歸

新羅　盛京奉天府東南漢樂浪郡地在百濟東南五百餘里當高麗東南魏爲新盧國東南至海西至智異山北至漢水其先本辰韓種也辰韓始有六國稍分爲十二新羅則其一也或曰斯羅魏將毋邱儉討高麗破之奔沃沮其後復歸故國留者遂爲新羅焉故其人襍有華夏高麗百濟之屬並兼有沃沮不耐韓濊之地其王本百濟人自海逃入新羅遂王其國國小不能自通梁武帝時王姓募名秦遣人隨百濟獻方物其俗呼城曰健牟羅其邑在內曰啄評在外曰邑勒亦猶中國之言郡縣也國有六啄評五十二邑勒至隋文帝時來貢其王姓金名真平按風俗記金姓相承三十餘葉文帝拜爲樂浪郡新羅王又按其先附庸於百濟後因百濟征高麗人不堪戎役相率歸之遂致強盛因襲加羅任那諸國滅之並三韓之故地也其西北界大牙山出高麗百濟之間後盡

有百濟之地及高麗南境東西約九百里南北約一千八百里

蠕蠕　在甘肅燉煌張掖之北姓郁久閭氏始拓跋力微末掠騎有得一奴髮始齊眉忘本姓名其主字之曰木骨閭木骨閭者首禿也木骨閭與郁久閭聲相近故其後子孫因以爲氏焉木骨閭既壯免奴爲騎卒代王猗盧氏坐後期當斬亡匿廣漠溪谷之間收合逋逃得百餘人依紇突鄰部至其子車鹿會雄健始有部衆自號柔然魏太武以其無知狀類於虫故

敗其號曰蠕蠕宋齊謂之芮芮隋史亦曰茹茹及六代孫杜崙兇狡甚有權變自廣漠北侵高車深入其地遂併諸部凶勢益振北徙弱落水始立軍法其西北有匈奴餘種國尤富強盡爲杜崙所併號爲強盛其西則焉耆之地東則朝鮮之地北則渡沙漠窮瀚海南則臨大磧其常所會處則燉煌張掖之北小國皆苦其寇掠覊縻附之於是自號邱豆伐可汗可汗之號始於此邱豆伐猶言駕馭開張也可汗猶言皇帝也其俗君及大臣因其行能即爲稱號若中國立謚既死之後不復追稱後又頻擾北邊後魏大武襲之其主大檀震怖將其族黨焚燒廬舍絶迹西走於是國落四散至孫吐賀真太武又破之自是邊疆息警矣

突厥

其先平凉雜胡也在今甘肅凉州府蓋匈奴別種姓阿史那氏後魏太武滅沮渠氏於凉州阿史那以五百家奔蠕蠕代居金山工於鐵作金山狀如兜鍪俗呼兜鍪爲突厥因以爲號或云其先國於西海之上爲鄰國所滅男女無少長盡殺之有一兒年且十歲以其小不忍殺之乃刖足斷臂棄於大澤中有牝狼每銜肉至其所此兒因食之得以不死其後遂與狼交因有孕焉因負匿西海之東止於山上其山在高昌西北今西河郡下有洞穴狼入其中遇得平壤芳草地方二百餘里後狼生十男長大外託妻孕其後各爲一姓阿史那其一也子孫繁育漸至數百經數世相與出穴臣于蠕蠕一云先出于索國在匈奴之北其部落大人曰阿謗步兄弟十七人其一曰伊質尼師都狼所生也謗步等性並愚癡國遂被滅尼師都既別感異氣能徵召風雨娶二妻云是夏神冬神之女一孕而生四男其大兒名訥都陸設衆奉爲主號爲突厥訥都陸所生子皆以母族爲姓阿史那是其一也號阿賢設此說雖殊然俱狼種也後魏末其酋帥土門部落稍盛始至塞上通中國至西魏大破蠕蠕於懷荒北遂自號伊利可汗猶古之單于也號其妻爲可賀敦亦猶古之閼氏也其子弟謂之特勤別部領兵者謂之設其後或入蔚州或居朔州或居定襄皆今山西地屢爲邊患按突厥本西方賤

種居金山之陽爲柔然鐵工至其酋長土門始強大頗侵魏西邊魏丞相泰始遣祭酒胡安諸槃佗使其國國人喜曰大國使至吾國與矣其後憑陵中國唐高祖至以臣事之卒爲太宗所滅又拔今之土伯特即唐之突厥唐太宗時以公主下降公主供佛像于廟今番人名招招者譯言如來也其地猶有唐時中國載去佛像

西突厥　在甘肅肅州西嘉峪關外其國居烏孫之故地東至突厥西至雷翥海南至疏勒北至瀚海在長

安北七千里自焉耆西北七日行至其國拔烏孫在瓜州今安西州燉煌縣大邏便阿波可汗木杆可汗之子也初木杆與沙鉢畧可汗有隙因分爲二鐵勒龜茲及西域諸國皆歸附之其人襍有都陸及弩失畢葛邏祿處月處密伊吾等諸種風俗大抵與突厥同惟言語微異大邏便後爲北突厥所擒其國立鞅素之子爲泥利可汗至其子達漫號處羅可汗其母向氏本中國人生達漫而泥利卒又嫁其弟婆實隋初詣長安處羅可汗居無常處然多在烏孫故地立

小可汗分統所部一在石國北以制諸胡一在龜茲北其地名應娑每五月八日相聚祭神歲遣重臣向其先代所居之窟致祭焉後爲其酋長所襲遁于高昌其弟統葉護代立勇而有謀善攻戰遂北并鐵勒西距波斯南接罽賓悉歸之控弦數十萬霸有西域據烏孫之地西戎之盛未之有也唐高祖厚結之并力以圖北蕃然自負強盛無恩於國部落咸怨頡利可汗又頻歲入寇其伯父莫賀咄殺之而自立國人不附迎統葉護之子咥力立之性猜狠信讒無統制

之畧尋卒國人立泥孰是爲咄祿可汗其父莫設武德中常至京師太宗居藩與之結盟爲兄弟至是詣闕請降賜以名號及鼓纛卒弟同娥設立俄而其國分爲十姓部落同娥既不爲衆所歸西端竟立欲谷設爲可汗與同娥中分相與作難同娥窮蹙奔于鏺汗而死立其弟伽那之子泊布尋爲欲谷可汗咄陸所殺咄陸不爲衆所附其國大亂亟扰後十姓部落頻被突厥默啜侵掠死散殆盡及隨斛瑟羅纔六七萬人徙居內地西突厥阿史那於是遂絕

契丹　在直隸永平府山海關外今奉錦二府故鮮卑之地東抵高麗西接奚國南至營州北至室韋方二千里其先與庫莫奚異種而同類並為慕容氏所破俱竄于松漠之間後魏初大破之遂逃並與庫莫奚分皆經數十年稍滋蔓於和龍之北數百里多為寇盜魏太武乙未歲貢名馬於是東北羣狄悉萬丹部阿大河部伏弗郁部羽陵部日連部匹潔部匹黎部吐六於部各以其名馬文皮獻得交互於和龍密雲之間和龍即柳城今撫寧密雲隸今順天府其後為

突厥所逼又以萬家寄于高麗隋開皇末有別部四千餘家背突厥來降文帝方與突厥和好重失信于遠人勅突厥撫納之固辭不去部落漸衆遂北徙水草當遼西正北二百里今錦州府依托回紇臨水而居東西五百里南北三百里亦鮮卑故地分為十部多者三千少者千餘唐貞觀二十二年契丹帥窟哥率其部內屬以契丹部為松漠都督府于營州兼置東夷都護以統之亦在錦州府按契丹即遼也本鮮卑遺種姓耶律氏居潢水之南黄龍之北元魏時始

號契丹石晉時太宗改國號遼宋時聖宗仍稱契丹道宗復改遼始祖曰奇首子分八部唐貞觀時摩會來降其長窟哥舉部內屬太宗即其地置十州俾為松漠都督厥後叛服靡定八部大人以次代為王有雅里者世掌國政譯其始興之地世里為耶律而姓之八世孫阿保機當昭宗時諸部多徵阿保機為王不受代兼併諸部侵室韋女真寇陷河東州郡盡取奚霫突厥及代北之地隣國降附稱帝改元國人謂之天皇是為太祖更名億太祖慕漢高祖命耶律兼

稱劉氏北府宰相必后族比蕭相國故后皆為蕭氏太祖后述律氏亦稱蕭氏

吐谷渾　在甘肅蘭州府河州其先本遼東鮮卑也西晉時酋帥徒河涉歸有二子長曰吐谷渾少曰若洛廆涉歸死廆代統部落別為慕容氏渾庶長廆正嫡父在時分七百戶與渾渾與廆二部俱牧馬馬鬥相傷廆怒遣使謂渾曰先公處分與兄弟異部牧馬何不相遠而令馬鬥渾曰馬是畜生食草飲水春氣發動所以致鬥鬥起于馬而怒及人耶乖別甚易今當

去汝于萬里之外矣于是擁馬西行乃附陰山今山西朔平府之北永嘉之亂始度隴西止于枹罕即今河州其後子孫據有甘松之南洮水之西南極於白蘭在益州西北今鞏昌府洮州廳西南二百五十里即西蕃吐谷渾界也至其孫葉延以禮云公孫之子得以王父字爲氏吾祖始自昌黎先宅于此今以吐谷渾爲氏尊祖之義至阿豺兼併羌氏號爲強國遣使詣宋朝貢唐龍朔三年爲吐蕃所滅凡三百五十年其部衆又東徙散在朔方河東之境今俗多謂之退渾蓋語急而然

勿吉　盛京奉天府開原縣古肅慎氏地亦謂之靺鞨邑落各自有長不相總一凡七種一粟末部與高麗相接二汨咄部在粟末北三安車骨部在汨咄東北四拂涅部在汨咄東五號室部在拂涅東六黑水部在安車骨西北七白山部在粟末東南勝兵各數千而黑水部尤爲勁健在今開原西北與契丹接每相刼掠與中國懸隔惟粟末白山爲近隋煬帝初其渠帥度地稽率其部來降居之于柳城今錦州府寧遠州唐武德三年劉黑闥叛以戰功封國公徙其部落於幽州之昌平城其白山部素附高麗因收平壤後部衆入於中國汨咄安車骨與號室等部亦因高麗破後奔散微弱今無聞焉縱有遺人並于渤海大氏編戶惟黑水部盛分爲十六部落以南北爲稱地自此朝貢不絕其拂涅鐵利等部落亦嘗朝貢或隨渤海大氏而來及渤海強盛黑水亦爲其役焉舊說黑水西北有思慕靺鞨正北微東十日程有郡利靺鞨東北十日程有窟說靺鞨亦謂之屈設東南十日程有莫曳皆靺鞨今黑水靺鞨界至渤海德府北至小海東至大海西至室韋南北約二千里東西約一千里也

回紇　在山西大同府西北以磧爲界磧北諸番州悉屬瀚海磧南並隸雲中即大同勝兵五萬人先屬突厥初有健俟斤死其子菩薩立唐貞觀初與薛延陁俱叛突厥頡利可汗侵其邊地頡利遣騎討之戰於天山大破之俘其部衆回紇由是大振因率其衆附於薛延陁號爲活頡利發及薛延陁之敗其酋胡祿

侯利發吐迷度率其部詣闕請同編户率衆內附其
後部落戰征有功並自磧北移居甘州界故天寶末
取驍壯以爲赤水軍騎士自天寶初回紇葉護逸標
苾襲滅突厥小殺之孫烏蘇米施可汗未幾自立爲
九姓可汗由是兼九姓之號因而南徙居突厥舊地
依烏德健山嗢河雖逐水草大抵以此山比中國之
長安城直西去直西城千七百里西城即漢之高闕
塞也今山西朔平府境內去嘖口三百里九姓者一
回紇二僕固三渾四拔曳固即拔同也五同羅六思

結七契苾羽八阿結思九骨崙屋骨思唐貞觀元年
以咸安公主降請改紇字爲鶻盖欲誇國俗俊健如
鶻毛德宗從之按初回紇風俗樸厚君臣之等甚不
異故衆志專一勁健無敵自有功于唐賜遺豐腆登
用可汗始自尊大築宮室以居婦人有粉黛文繡之
飾中國爲之虛耗而虜俗亦壞如耶律德光踐汗中
土而有之且死其母猶不哭撫其尸曰待我國中人
畜如故然後葬汝盖謂之華夷者天也有或反此非
其福也

鐵勒　在伊州伊吾縣今甘肅安西州本漢伊吾盧地
漢書謂鐵勒國在燉煌之北大磧之外非九州之域
傳曰伊吾盧者盖夷狄舊號秦亦未有其地至漢宣
帝時鄭吉爲南北道都護居烏壘城即此地至九年
置戊己校尉雖不立州郡其地盖屬焉按太平寰宇
記鐵勒之先匈奴之苗裔也種類最多自西河之東
依據山谷往往不絕獨洛河北有僕骨同羅韋紇拔
也古覆羅並號俟斤蒙陳吐如紇期結渾斛薛等諸
姓勝兵可二萬伊吾以西焉耆之北傍白山則有薛

獘薄落職乙咥蘇婆那曷烏護骨紇也咥於泥護等
勝兵可二萬金山西南有薛延陀咥勒兒十盤達契
等萬餘兵康國北傍阿得水則有訶咥曷巀撥忽吡
千具海曷比悉阿嵯蘇拔也末渴達等三萬餘兵旁
嶷海東西有蘇路羯三索咽蔑促薛忽等諸姓八千
餘兵拂菻東則有恩屈阿蘭北振九離伏嗢昏等僅
二萬人北海南則有都波等雖姓氏各別總謂爲鐵
勒並有君長分屬東西兩突厥隨水草流移人性兇
忍善于騎射貪婪尤甚以寇掠爲生近西者頗爲藝

楡多牛羊而少馬自突厥國有東西征討皆資其用以制北荒當十六國慕容垂時塞北後魏末河西並云有敕勒部鐵勒葢言訛也唐貞觀中太宗幸靈州鐵勒等十一姓遣使朝貢請列其地爲州縣北荒悉平太宗爲五言詩以敘其事麟德初餘黨復叛乾封元年薛仁貴等破鐵勒之衆于天山時九姓有衆十餘萬令驍健數十人逆來挑戰仁貴發三矢射殺三人自餘一時下馬請降仁貴恐其爲後患並坑殺之更就磧北討餘衆擒其葉護兄弟三人而還軍中歌曰將軍三箭定天山戰士長歌入漢關其後遂絶矣

龜兹

在甘肅肅州西嘉峪關外雪山之南三千三百一十里布古爾之西三百里今庫車爲龜兹國故地一名邱兹又曰屈兹其王姓白國人總姓白國王及大首領相承不絶他姓不得居之王理伊邏盧城都白山之南二百里去瓜州三千里即今安西州燉煌縣勝兵數千漢宣帝時烏孫公主遣女來至京師學鼓琴龜兹王絳賓請娶爲妻言得尚漢外孫爲昆弟願與公主女俱入朝元康初遂來朝賀王及夫人皆賜印綬夫人號稱公主樂漢衣服制度歸其國治宮室作徼道出入傳呼撞鐘鼓如漢家儀外國人皆曰驢非驢馬非馬若龜兹王所謂贏也至後漢光武時其王名宏爲莎車王賢所殺滅其族唐貞觀二十二年阿史杜尒破之虜龜兹王而還于其地置安西都護府東去長安七千五百里

焉耆

在甘肅肅州西嘉峪關外布古爾之西三百里龜兹國之東八百里王理員渠城在白山之南七十里其王姓龍名突騎支即突厥之後常役于西突厥俗有魚鹽之利隋時朝貢盡併有漢時犁危須國山三國之地併鄯善之北界唐貞觀十八年郭孝恪討平之由是臣屬上元中置都府處之其部落無蕃州東去長安七千三百里

于闐

在甘肅肅州西嘉峪關外安西州燉煌縣西南葱嶺北二百里東西五千里南北千里後併有漢戎盧扜彌渠勒皮山精絶五國之地勝兵數千俗多機巧其王伏闍信唐開元間入朝上元三年置毗沙都督府在安西都護府西南二千里去長安九千七百

里阿耨達山在國南據漢書河源出焉或言即崑崙山是也

疎勒　在甘肅安西州西四千六百里即疎勒故國今名蘓勒在白山之南勝兵二千其人手足皆六指產子非六指則不育唐貞觀九年遣使朝貢其王姓裴併有漢時莎車捐休循三國之地上元中置疎勒都督府在安西都護府西南二千里去長安九千三百里按州西即蘓勒故國蹟雖無可驗呼其水曰蘓勒河

南詔　今雲南大理府初為滇王國在楚雄府姚州靡莫之屬以十數滇最大漢書楚威王使大將莊蹻泝沅水出且蘭以伐夜郎屬秦擊奪楚黔中地蹻無路還遂自王之秦蜀通五尺道置吏漢武帝開西南夷置益州郡雲南即屬邑也唐麟德元年移姚州治于析棟川自是朝貢不絕開元末蒙舍詔皮羅閣並蒙巂詔越析詔浪穹詔邆睒詔施浪詔五詔合為一號南詔治太和城天寶末楊國忠用事蜀帥撫慰不謹蠻王閣羅鳳不恭國忠令鮮于通興師一萬渡瀘討之大為羅鳳所敗自是臣附吐蕃侵寇四川號大蒙國貞元中韋皋鎮蜀蠻帥異牟尋歸國命使冊拜謂之南詔再徙羊苴咩城即今大理府治太和中杜元穎鎮蜀蠻王嵯顛侵蜀自是或臣或否咸通中結構南蠻深寇蜀郡西南夷之中南詔蠻最大其後鄭買嗣趙善政楊干貞互相篡奪至後晉段思平得之號大理國元憲宗時內附按大理漢為益州部唐葉榆縣地李特據蜀置漢州

吐蕃　今甘肅蘭州府西北之地唐神龍三年詔以所養嗣雍王守禮女金城公主出降吐蕃贊普元宗時公主請樹碑于赤嶺乃約寧夏靈州以賀蘭山平涼涇州以彈箏峽西日鳳翔隴州以清水為界按吐蕃在吐谷渾西南不知有國之所由或云禿髮利鹿孤子樊尼其主傉檀為乞伏熾盤所滅樊尼率餘種依沮渠蒙遜其後子孫西魏時為臨松郡丞今張掖與主簿皆得衆心因魏末中華擾亂招撫羣羌日以強大遂改姓為窣勃野至今其人號其主曰贊府貴臣曰主簿又或云始祖贊普自言天神所生號鶻提悉

補野囨以爲姓或云本姓棄蘓農其君長或在跋布川或居邏波川有小城而不居坐大氊帳名拂廬其下可容數百人兵衛極嚴而衙府甚隘其臣與君自爲友號曰共命人其數不過五人君死之日共命人皆日夜縱酒葬日于脚下針血盡乃死便以殉葬又有親信人用刀當腦縫鋸亦有將四尺木大如指刺兩肋下死者十有四五亦殉葬焉父死子代絶嗣即近親襲焉非其種類輙不相代無文字刻木結繩爲約以麥熟爲歲首其國都爲邏娑城當長安西八千

里去鄯善五百里過烏海入吐谷渾部落彌多彌蘓毗及白蘭等國至吐蕃界西與婆羅門接自大唐初已有勝兵數十萬號爲強國黨項白蘭諸部及吐谷渾西域諸國畏懼之

西番

按明統志所載西蕃即吐蕃自南凉樊尼以秃髮爲國號訛曰吐蕃其先本羌屬凡百餘種散處河湟江岷間今甘肅西寧蘭州鞏昌四川寧遠打箭爐等處也其酋發羌唐旄等居析支水西後樊尼西濟河逾積石居跋布川或邏娑川今西寧府隋開皇中有論贊索者居牂河西唐貞觀中始通中國既而滅吐谷渾盡有其地幅員萬里至唐末衰弱種類分散入内屬者謂之熟户餘謂之生户宋時朝貢不絶其首領唃廝羅始居鄯州後徙青唐亦西寧府地神哲兩朝皆授以官元始郡縣其地以吐蕃僧八思巴爲大寶法王帝師領之嗣世弟子號司空司徒國公佩金玉印明洪武二年番衆寇臨洮韋正禦之河氷未合師不得濟正祝天有頃河氷如巨屋自上流下風從之氷合渡河擣擊番衆大驚降服六年詔吐蕃各

族酋長舉故有官職者至京授職遂置五衛門以元攝帝師喃加巴藏卜爲熾盛佛寶國師七年復封番僧爲闡教王闡化王輔教王贊善王護教王大乘法王大寶法王凡七王給銀印令比歲或間歲朝貢然族類甚繁屢爲邊患多被追逐初設西番都指揮司二曰烏思藏曰孕甘指揮司一曰隴答宣慰司三招討司六萬户府四千户所十七並洪武初置其後增設招討司安撫司長官司又有加渴瓦寺金川寺韓何碉怯列寺番僧有封灌頂國師者自洮岷階文西

固南達松茂族種甚繁在階文者名武都羌在洮者吐谷渾羌而松茂間東西沮河列砦四十有八殆不勝紀焉風俗大抵樸魯上下一心好鬥重兵死吏治無文字以麥熟爲歲首階文番據層崖深箐跳躍如獮猴相傳番人無腓易奔以憑險不畜騎洮番甲馬頗整即面中一二鎗並立不撓常發冷箭擂石截軍餉日就羈僅索飲見炊烟起即蟻聚攢食曰和番而仰中國茶麝爲命無茶則發腫且死無麝則苦蛇虫殘麥禾故自昔以閉關絶貢可制西番別種在雲南鐵橋北名古宗號細腰番明太祖既下雲南裂吐番爲二十三支分屬郡邑轄以土官永寧外有野西番稍不易制古宗鴂舌辮髮短裳用犛牛或羊毛撚線爲之婦女用青白磁珠與硨磲相間懸于頂以松膏澤成縷下垂大近西番云

女直

盛京奉天府開原縣其初在縣北一千五百里混同江之東東瀕海西接兀良哈南隣朝鮮北至奴兒干北海古肅慎地後漢謂之挹婁元魏謂之勿吉隋唐曰黒水靺鞨唐初渠長阿固郎始來朝後乃臣服開元中置黒水府其後栗末靺鞨強盛號渤海黒水皆役屬之又其後渤海寖弱爲契丹所攻黒水復擅其地即金鼻祖之部落也初號女真避遼興宗諱改女直臣屬于遼部族散居山谷至阿骨打始大易部建國曰金滅遼設都于渤海上京至海陵改爲會寧府即今開原也金亡歸元元亡歸明自開元迤北因其部族所居給與印信俾仍舊俗以時朝貢

蒙古

盛京奉天府北烏龍江南兀良哈之西本迤北一小部落也北故種落不一歷代名稱各異夏曰獯鬻殷曰鬼方周曰玁狁秦漢皆曰匈奴晉曰鮮卑唐曰突厥宋曰契丹自漢以來匈奴頗盛後稍弱而烏桓興漢末鮮卑滅烏桓盡有其地後魏時蠕蠕獨強與魏爲敵蠕蠕滅而突厥起盡有西北地唐貞觀中李靖滅之五代及宋契丹復盛別部小者曰蒙古曰泰赤烏曰塔塔兒曰克列各據分地既而蒙古兼并有之先號韃靼後稱蒙古東抵兀良哈西連脫忽麻及撒爾馬罕北盡沙漠後入中國爲元明興克大都元帝走應昌死太子愛猷識理達臘北走稱帝傳脫

古思帖木兒係也先速迭兒尋爲所弑部落潰散洪武二十五年遣周興討也先速迭兒追至徹徹兒山大破之自是不敢近邊者十餘年永樂間有本雅失里者率其下馬哈木阿魯台奉貢惟謹已而叛服不常上屢親征後阿魯台弑其主本雅失里而自立宣德初馬哈木攻殺阿魯台欲領部落人心不服乃求元之後脫脫不花立爲王居沙漠之北馬哈木子脫歡脫歡子也先居沙漠之西北瓦剌正統初入掠大同宣府王振挾駕親征致有土木之難後脫脫不花

爲沙不丹所弑也先遂自立爲可汗荒酒色且殘忍部下離心哈剌求爲大師不許率部落二萬直趨也先所其故部曲三人在也先帳中拔劍殺也先有孛來擱王子殺哈剌求脫脫不花子立之爲小王子未幾弑之而大酋阿羅出等殺孛來立脫思爲王遁入套後阿羅出爲其黨叱加思蘭所殺而結元孽滿魯都入套又欲謀殺之代爲可汗滿魯都酋殺之并其衆久之滿魯都衰後有小王子稱把禿猛可王死阿及立其弟伯顏猛可有三子長阿爾倫次阿着次滿

官嗔太師亦不剌殺阿爾倫遁入西海西海之有寇自亦不剌始也阿着爲小王子子二長吉囊次俺答阿着死衆立阿爾倫之子卜赤稱亦克汗有衆七萬分五大營阿魯禿斯部營七四屬亦不剌後從吉囊滿官嗔部營八舊屬火篩後從俺答諸部吉囊俺答最強嘉靖十九年俺答入宣府二十年吉囊入大同二十五年入犯延安二十九年寇大同仇鸞重賂乃去遂自古北口入薊州犯都城直抵德勝西直門京師戒嚴仇鸞率勤王兵不敢擊私許通貢市乃大掠

而去隆慶後俺答歸順萬曆九年死其妻三娘子率子黃台吉表謝三娘子者俺答長女啞不害所生女也貌甚美麗已受襖兒聘俺答奪取之黃台吉臂偏短善用兵有精騎萬餘庶弟青台吉半之十一年黃台吉襲封更名乞慶哈先配五蘭比妓後受西僧給納婦一百八人以象數珠俺答死黃台吉欲收三娘子三娘子嫌其老病將別屬總督鄭洛乃令人說曰汝歸王天朝以夫人封汝不歸一酋婦耳三娘子遁于利害乃歸之三娘子心慕中華不時款塞黃台吉

死子扯力克嗣以兵收大成台吉那吉婦大成比妓爲妻三娘子名哈屯别築城居洛復諭扯力克曰娘子三世歸順汝能與娘子聚則封不然别有屬也扯力克盡逐諸妾入三娘子帳中合婚扯力克死長孫卜石兎嗣然遂弱而插漢虎墩兎獨強插漢本小王子裔至是與卜石兎構釁屢寇邊崇禎三年虎墩兎就欵六年其妻囊囊台户率衆三千人犯張家口其諸部中銀定歹青最桀驁不馴屢犯甘肅寧夏永昌等堡小歹青犯遼陽寧遠猛克什力吉能輩亦時時

闌入延綏東路終明之世爲勍敵云其俗無城郭宫室隨水草牧放行則車爲舍止則氈爲廬挾其長技上下山谷往來聚散忽如風雨其輕生嗜利喜盜好殺天性然也

瓦剌

在甘肅肅州西嘉峪關外哈密之北數百里元之裔也明藍玉北征至捕魚兒海獲元主子地保奴安置琉球其大臣立坤帖木兒爲可汗而猛哥帖木兒爲瓦剌王建文三年死鬼力赤爲可汗阿魯台佐之鬼力赤非元種臣下不服而阿魯台與瓦剌馬哈木世相仇殺亡何阿魯台弑鬼力赤立本雅失里爲可汗自爲太師永樂六年馬哈木等來歸遣人往諭本雅失里不報八年駕親征至斡難河本雅失里擁衆來戰上麾擊遁去次飛雲堡阿魯台列陣以待敗之過龍門西山勒銘而還十年馬哈木滅本雅失里阿魯台南竄明年駕北巡遂來降封和寧王馬哈木怨之遂不朝貢明年上親征馬哈木大敗之酋號哭遁去次年貢馬謝罪十五年死子脱歡嗣封順寧王自是瓦剌奉貢而阿魯台貳上屢親征宣德六年阿

魯台爲脱歡所敗走入兀良哈遂往牧遼東脱脱不花襲破之九年脱歡襲殺阿魯台立脱脱不花爲可汗以阿魯台衆屬之自爲丞相居漠北八年死子也先立勢益強而脱脱不花弱也先以妹妻之挾入朝貢也先氣益驕刼通事告以中國虛實也先遂語通事吾有子請婚南朝公主通事謾曰吾爲奏皇帝已許矣也先大喜誇諸部曰吾且進聘禮十四年遣使二千人來貢馬且曰聘禮也朝廷不知答詔不及和親事又中官王振裁其馬價也先慚怒遂謀大舉入

掠大同宣府諸塞遣將出禦敗績振遂挾駕親征有土木之難景泰初請和時脫脫不花與也先不相能治兵相攻敗奔兀良哈依沙不丹尋為所弑也先遂自立為可汗無何為哈剌所殺後事見蒙古

罕東

在甘肅甘州府西南漢屬燉煌郡唐建歸義軍迄宋朝貢洪武三十年酋長瑣南吉剌思入貢立罕東衛成化時困于土魯番而酋奄章遁居沙州今安西州燉煌縣部落日替其孫只克以沙州衛既廢請即其地立罕東左衛從之宏治八年土魯番掠沙州只克請救馬文升以失期不克自是土魯番每入寇假道罕東會令給食而亦不剌安定數掠其貲罕東益微

安定

在甘肅安西州燉煌縣南亦月氏地漢燉煌郡廣袤千里東至罕東北抵沙州無城郭氊帳為廬明洪武初安定王卜烟帖木兒遣使來朝分其酋長為四部曰阿端阿真苦先帖里各賜印而卜烟帖木兒賜銀印仍稱安定王明年獻元所授金銀字牌因置安定阿端二衛分統四部亡何王為曲先攻殺部落

潰散其孫亦攀丹復故封永樂中中使往西域道死于賊李英率兵至罕東問故言賊中使者安定曲先酋也共進擊安定俘斬千餘曲先遁去成化中為土魯番殘破正德後迤北亦不剌據西海復破安定種人汪濾爾加等寄跡河州安挿西寧而安定王酋裔無傳阿端久沒莫知其處

曲先

在甘肅甘州府西南東抵安定北距肅州亦月氏地漢張掖郡元置曲先答林元帥府明永樂初設衛以土人散思為指揮同知傾之為朶兒只巴所攻并入安定居阿真地成化初以土魯番及亦不剌侵掠部落走匿烏思藏而衛人牙木蘭刼于土魯番率衆擾哈密其兄脫蹄聚收衛印部衆二百餘依帖木哥于沙州嘉靖七年牙木蘭來歸帖木哥從之詔安挿江夏遂鬻田宅為大賈而曲先故地盡失矣其地尚白喪易以青蓮珠珊瑚名馬硃砂

赤斤

在甘肅安西州去州一百八十里今燉煌縣亦月氏地漢燉煌酒泉唐沒吐蕃宋入西夏元為瓜州明永樂初故元丞相苦朮子塔力尼率五百人來歸

設赤斤蒙古千户所以塔力尼爲千户尋升衛七年擒叛寇老的罕來獻進指揮使正統間寇剌强赤斤與沙州罕東諸衛名内屬陰與市至受平章等秩累詔不能禁成化後土魯番陷哈密恣掠赤斤其酋東徙肅州南山卯來河泉及迤北金塔寺正德十年土魯番侵甘州掠赤斤人畜千計奪印去而種人散走塞下衛遂虚其地有白山産金駝馬

兀良哈　在直隸永平府山海關外烏龍江南漁陽塞北春秋山戎地漢爲烏桓元魏號庫莫奚西奚保嫣

州北山東奚駐琵琶洲元爲大寧路明洪武初割錦義建利諸州隸遼東今奉天府設都司于惠州領營興衛二十餘所所謂北平行都司也十四年封子權于大寧爲寧王二十一年故元遼王阿札失里及朶顔諸酋願内附詔以兀良哈地方三衛居之自錦義渡遼河至白雲山曰泰寧衛以阿札失里爲指揮使塔賓爲同知自黄泥窪踰鐵嶺至開原曰福餘衛以海撒兒答爲指揮同知自廣寧前屯歴喜峯近宣府曰朶顔衛以脱魯忽察兒爲指揮同知並給印俾領束部落爲東北外藩朶顔最强三衛自遼瀋抵宣府幾三千里初爲本雅失里所脅寇邊後時附阿魯台出没塞下又糾也先入寇爲鄉導終明之世大爲邊患其俗與蒙古同專逐水草喜剽刼叛服無常

薄海番域録

古蕃三

山左武定邵大緯星巖氏述

河套　三面阻黄河東至山西寧武府偏關縣偏頭關西至甘肅寧夏府相距二千里南至邊牆北至黄河遠者八九百里近者二三百里周之朔方漢之定襄土肥饒可耕桑夏赫連勃勃趙元昊所據勃勃于奢延水之北黑水之南築城曰統萬唐築受降城在河套之北明正德以來寖失其險舍受降而衛東勝又撤東勝而就延綏險要既失綿遠難支河套遂爲虜

既脱巢穴其中按明初蒙古諸部遁河外居漠北延綏無事正統後王驥兵次甘州申嚴號令河套以寧然間一渡河守將王禎始築榆林城去河套三百里剗沿邊一帶營堡墩臺二十四所調兵分戍景泰初犯延慶不敢深入天順初也先爲哈剌所殺有孛來擕王子殺哈剌求脱脱不花子立之號小王子未幾弑之而大酋毛理孩阿羅出少師猛可皆與孛來相仇遂殺孛來立小王子從兄脱思爲王三酋始入河套至是阿羅出掠邊境人爲向導因知河套所在遂盤踞出没成化元年大入延綏項忠楊信禦却之四年阿羅出爲其黨癿加思蘭所殺併其衆而結元孽滿魯都入套六年勅王越總關中軍務議搜河套九年滿魯都寇韋州越偵知其老弱盡行巢于紅鹽池可取也乃與許寧周玉率輕騎晝夜三百里襲擊之斬級四百燒其廬帳而還賊相與悲泣渡河北去正德改元起楊一清總制鋭志恢復疏上六事悉中機宜請復守東勝據河套水草之利逆瑾惡而罷之嘉靖初套騎二萬自井兒堡撤牆入固原平凉涇州

八年大掠榆林寧夏自是邊報無虚歲二十六年總制曾銑條上復套方畧十八事上褒賞命集議施行夏言力主之會嚴嵩與言有隙因災異疏陳銑開邊啟釁言表裏誤國仇鸞復詰之遂棄銑市並斬言天下寃之嗣後虜酋盤據其中滋其畜牧遂其生養目爲樂土矣一旦欲逐之出境虜肯袖手帖服空套以出乎於是終明之世不能收復云

哈達　盛京奉天府北哈達國萬汗姓納喇其國原名扈倫後建國于哈達地因名哈達乃吳喇貝勒始祖

納齊卜祿七代孫也其祖克習納都督爲族人巴代達爾漢所害萬奔席北部相近之綏哈城居焉其叔王住外蘭奔哈達王其部落後爲叛者所殺其子博爾坤舍追殺其人以報父仇迎兄于綏哈城爲部主萬于是攻取附近諸部還者又招徠之其勢乃盛遂稱汗國號哈達其時葉赫烏喇輝發及滿洲之渾河部俱屬之萬爲人殘暴黷貨無厭羣下效尤抗害諸路以故所創基業即自敗其民多叛投葉赫先附諸國皆叛萬卒子扈爾干立八月卒弟康古魯立卒弟

孟格布祿繼之我

太祖高皇帝天命己亥年滅之盡服其屬城時明萬歷之二十七年也

輝發　盛京奉天府北輝發國本姓益克得里原烏龍江岸尼馬察部人始祖昂古里星吉力自黑龍江載木主遷于渣魯居焉有扈倫人噶揚噶圖墨土姓納喇氏居於張他因附其姓宰七牛祭天改姓納喇星吉力生子二長留臣次備臣備臣生納領噶耐寬納領生拉哈都督拉哈都督生噶哈禪都督噶哈禪都督生齊納根達爾漢齊納根達爾漢生王機砮王機砮招服輝發諸部于輝發河邊扈爾奇山築城居之因名輝發其時蒙古察哈爾查達克圖土門汗自將圍其城不克而還王機砮卒孫拜音達里殺其叔父七人自爲貝勒天命丁未年滅之

烏喇　盛京奉天府東北烏喇國本名扈倫姓納喇後因建國烏喇河岸故改名始祖名納齊卜祿生商堅朶爾和齊商堅朶爾和齊生加麻喀碩朱古加麻喀碩朱古生綏屯綏屯生都爾機都爾機生子二長克

習納都督次古對朱顏克習納生轍轍木轍轍木生萬古對朱顏生大蘭大蘭生布顏布顏盡服烏喇諸部築城于烏喇河岸洪尼地自稱貝勒生子二長布干次傳克多布顏卒子布干立卒子滿太立至滿太弟布占泰天命癸丑年滅

葉赫　盛京奉天府北葉赫始祖蒙古人姓土默特初滅扈倫國所居張他之納喇姓部遂據其地冐姓納喇後遷葉赫河岸建國名始祖星根達爾漢生席爾克明噶圖席爾克明噶圖生齊生噶尼齊生噶尼生

褚孔格褚孔格生太杵太杵生子二長青佳努次楊吉砮兄弟綏服葉赫諸部各居一城哈達國人多歸之青佳砮楊吉砮皆稱貝勒明萬歷十二年寧遠伯李成梁爱哈達昵誘青佳砮楊吉砮至開原殺之青佳砮子布寨楊吉砮子納林布祿各繼父為貝勒成梁屢攻之不克及納林布祿弟金台吉布寨子布楊古嗣為貝勒天命四年己未亡

西藏　四川雅州府西南古曰烏思藏即唐古忒前藏名曰布達拉距京師萬里乃坤維極遠之地天文入

井三十度四時觀北斗秪見其半南極出地十六度唐高宗以宗女文成公主妻其國王始封為海西郡王康熙五十九年平定西藏

敕封康濟鼐為貝勒阿爾布巴為貝子隆布鼐為公頗羅鼐

以軍功叠邀

恩命封至郡王領藏事子孫世襲焉乾隆十五年誅逆伏

誅藏王之爵遂除

高宗以其地

賜達賴刺嘛管轄以後藏屬班禪額爾德尼佛管轄國人酷信佛法自收封後頗稱寧謐班禪住札什倫布距前藏一千餘里乾隆四十五年入覲

賜四體字玉冊玉印五十九年仍還札什倫布駐錫其地與廓爾喀接壤故貿易多西洋貨物行使銀錢每枚每一錢五分五十八年奏准在藏設局鼓鑄

賜名寶藏局四川總督派員往董其事面鑄乾隆藏寶四字

金川　金川僻在四川省城西南隅為漢冉駹外徼隋置金川縣唐屬維州今茂州雜谷廳也至明隸雜谷

安撫司西北通甘肅回部西南控三藏其地高峯插天層叠迴複中有大河用皮船笮橋通往來山深氣寒多雨雪所種惟青稞蕎麥其番民皆築石碉以居與綽斯甲布等九土司壤相錯康熙五年其土司嘉勒塔爾巴內附給演化禪師印俾領其衆後其庶孫莎羅奔以土舍率兵從岳鍾琪征羊峝有功授為安撫司莎羅奔既得官號自稱大金川以舊土司澤旺為小金川於是有大小兩金川之稱金川原名促浸噶拉依為其巢穴舊官寨在勒烏圍小金川原名儹

拉美諾爲其巢穴今析促浸爲綏靖崇化二屯析儹
拉爲懋功撫邊章谷三屯自灌縣至金川有兩道一
由汶川之桃關出口爲大道塘汛外百里無人烟銀
餉所經一由汶川之牛頭山出卧龍關爲小道商賈
奔走絡繹不絕然每至一程居民歇店僅有數十家
常有絕糧患往年征金川時進兵分五道一由灌縣
至懋功爲東路一由打箭爐至章谷爲南路一由雜
谷至撫邊爲西路一由綽斯甲布至綏靖爲北路一
由木坪至鄂克什爲中路初兩金川有夙怨不甚聯

絡劃控卡山梁爲界後金川日強遂越控卡佔踞小
金川之大牛廠小金川畏之退保小牛廠小金川本
恃控卡爲保障至是滋懼遣使舁詞厚幣結婚姻爲
脣齒國莎羅奔尋以女阿扣妻澤旺澤旺懦爲妻所
制乾隆十一年莎羅奔刼澤旺歸奪其印總督慶復
檄諭始還澤旺于故地十一年又攻革布什咱及明
正土司廵撫紀山遣將彈治不奉約反傷我官兵奏
請進勦
上以黔督張廣泗征苗有功調川督用兵大學士公訥親

往視師將相不和致僨事
命大學士傅恒往經畧至則斬良爾吉阿扣斷賊內應刻
期進勦是時莎羅奔居勒烏圍其兄子郎卡居噶拉
依懼請降
上受之遂罷兵無何郎卡主土司事不數年漸狂悖二十
三年逐革布什咱土官及澤旺之子僧格桑于吉地
又數侵境不已未幾轉以女妻僧格桑兩金川由是
狼狽爲奸矣澤旺老且病事皆歸僧格桑已而郎卡
死其子索諾木益凶狡與僧格桑相勾結三十六年

索諾木計殺革布什咱土官並擄其妻僧格桑再攻
鄂克什侵及明正土司當事遣兵護鄂克什僧格桑
遂與官兵戰事聞
上以前此出師本以救小金川今小金川反肆逆罪不可
赦乃
命溫福桂林赴蜀共討賊美諾既克巢穴掃平逆酋僧格
桑逃匿金川遂與金川鉤聯一氣潛召降番爲內應
外合計致有木果木之失
上乃授阿桂爲定西將軍豐昇額明亮爲副將軍分三路

進兵四十年十二月十七日大軍逼噶拉依索諾木之母阿倉姑阿青及其姊妹皆來降知索諾木莎羅奔並造謀之頭人丹巴沃雜爾皆在圍中甚諸賊獫惡已極故天使之羣聚一隅使我得一網盡之無遺漏也時大兵合圍立柵周數里無一罅可竄出密如網又鑄大礟轟擊連日夜不止礟所著輒洞牆壁數重復斷水道以困之索諾木益惶窘使其兄岡達克及朔諾穆彭楚克先詣營乞哀索諾木復懼死不敢出四十一年正月岡達克遣人往諭仍稱病堅匿碉

中我軍攻益急二月四日計窮乃率莎羅奔甲爾瓦沃雜爾斯巴丹及其妻並兩大頭人丹巴沃雜爾阿木魯等挈大小頭目及番眾二千餘人出寨捧印跪獻軍門金川平先是賊勢蹙揚言寨破當舉家自焚死至是竟無一自戕者悉就俘大功告成

御製碑文四篇一刻太學一刻美諾一刻勒烏圍一刻噶拉依設鎮安營駐官兵鎮金川地復定各土司每年入覲例自此各番畏威懷德保寨守邊西南徼永入寧謐億萬年長享太平定于此矣

臺灣　今福建臺灣府自古不隸中國文獻通考云泉州之東有島曰澎湖澎湖旁有毘舍耶國蓋即是也明嘉靖中海賊林道乾爲俞大猷所逐遁入臺臺皆土番道乾不樂居其地殺番取其血固舟入占城天啟中有奸民顏思齊引日本倭據之鄭芝龍附焉遂爲巢穴芝龍泉人也侵漳而不侵泉故漳人議勦而泉人議撫兩郡相持久不決寇愈橫上爲之遠治巡撫朱一馮舊撫朱欽相總鎮俞咨皐等已而芝龍悔禍崇禎元年就撫于兩廣總督熊文燦以其地僦荷

蘭紅毛夷我

朝順治初大兵下閩芝龍降其子成功不從據金門廈門諸島屢爲患十六年自江南敗歸十八年夏遂襲取臺灣時荷蘭固守不肯下成功告之曰此地本先人故物我欲得之耳金帛悉以歸汝荷蘭乃携貲去成功名臺灣曰東都設天興萬年二縣康熙元年成功死子錦襲改東都爲東寧縣爲州其地肥饒穀歲三熟閩粵人爭趨之日富庶錦據以擾沿海地無寧歲二十年錦卒子克塽襲僞將軍劉國軒鎮澎湖二

十二年我靖海將軍施琅克澎湖克塽國軒降乃[illegible]
臺灣府及臺灣鳳山諸羅三縣其地東倚山西傍海
北自雞籠山對峙福州之白犬洋南自沙馬崎對峙
漳之銅山延綿二千八百里西南一片沃野自海至
山淺濶相均約百里西東穿山至海約四五百里[illegible]
巒疊巘皆生番所居打鹿為食不隸版籍也六十年
奸民朱一貴倡亂郡縣皆失一貴稱義王僭號永和
閩督滿保遣提督施世標總兵藍廷珍以萬七千兵
入平之俘一貴雍正元年以諸羅北境遼濶增設彰

化縣及北淡水同知六十餘年以來地大物蕃俗日
益淫侈奸宄因芽蘖其間乾隆五十一年彰化有林
爽文者恃其所居大里杙地險族繁閩廣間故有所
謂天地會者為奸徒結黨名目爽文借以糾約羣不
逞之徒嘯聚將起事太守孫景燧等至彰化率兵往
捕不敢入諭村民擒獻否則村且燬先焚數小村村
之被焚者實無辜也爽文遂因民之怨集衆夜攻營
全軍盡沒時十一月二十七日也明日賊乘勢陷彰
化十二月六日又陷諸羅鳳山有莊大田者亦盜魁

乘亂起十三日陷縣城惟府城有總兵柴大紀等固
守賊屢攻不能破而彰化之鹿港賊已遣偽官來監
税有泉民林湊等起義擒之是以府城鹿港兩海口
未失諸羅為南北之中大紀復諸羅遂守之爽文必
欲陷之五十二年自六月中攻圍連日夕不止大紀
與諸羅士民拒守凡百餘戰幸皆不大衂然已饑疲
不能支孤城將旦夕陷矣

上以諸羅被圍久特改名嘉義以旌士民即調陝督福康
安為將軍及內大臣海蘭察來統兵十一月八日福

將軍起行賊方列拒于崙仔頂海蘭察發矢殪十餘
賊賊即披靡笑曰此一羣犬耳何畏遂麾兵入沿路
復擊殺賊之伺隙者至牛稠山再敗之即以是日抵
嘉義城中有山名小半天者四面陡絶賊遁而聚
此十八日又克之遂遁歸大里杙已築土城頗堅[illegible]
二十四日官兵至賊猶數萬出拒退而復集者數
既夕我兵伏溝坎間賊萬炬來索戰我兵在暗
不能見而我兵視賊則歷歷可數發槍箭無不[illegible]
自知失計遽滅火復擊鼓來攻我兵又從鼓聲[illegible]

之殺死無算黎明遂克其城爽文已攜眷走據守集集埔其所預營扼險處也十二月五日官兵騰而上殺千餘人於是賊黨皆潰爽文先匿其眷于番社惟與死黨數十人竄窮谷叢箐中十三日先獲其眷五十三年正月四月爽文潛出覓食遂擒之而莊大田雖與爽文同逆又各自號召不下乘官兵未南益焚掠聚糧爲旅拒計已又思出降計未定而將軍已于十六日至牛莊大田倉猝出拒敗而走連蹴之于大武隴大目降南潭中洲大小岡山水底寮連戰皆捷

柸南有地名郎嶠者負山臨海最遼阻大田力不支與其黨潛匿焉將軍先遣水師由海道繞而截之于水自以大兵環山圍之賊衝突不得出陣殺者數千溺海者數千擒而戮者亦千餘大田亦就獲臺灣平

打箭鑪　在四川成都府西南九百二十里相傳諸葛武侯南征遣偏將郭達造箭于此山脊中有郭達廟極著靈應土人敬奉維虔天文分野井鬼之域爲中華之極西西域之極東天時多寒少許層巒峻嶺峭壁懸崖中隔通河形勢險峻

國朝添設軍糧廳分駐鑪城專司夷務兼理五臺糧運明正土司甲克木参同駐于此轄十二鍋莊約束新附土司乾隆丙午

勅建惠遠廟于以四山麓金碧輝映光照山谷番民所居硐樓亦極宏壯鑪定橋在飛越嶺西南六詔孔道橋跨兩山間瀘水經其下不施梁柱鎔鐵鍊爲橋每鍊重二千四百斤長二十四丈有奇濶六尺以九鍊爲橋身四鍊爲護欄欄穿小鍊如乇字形畧鋪薄板以濟行人每板離尺許滿則恐爲狂風鼓蕩兩崖埋鐵

柸四横木以綰鐵鍊每柸鑴鍊柸斤重每柸重四萬八千斤天全州有王姓者世業鍛能懸鑪于鍊鼓鞴施鎚名曰飛火遇有損壞輙召令興修他姓不能也

按打箭鑪故旄牛徼外地也旄牛今雅州府清溪縣自雅州西去五百九十里至大渡河五日程蠻混雜連山接野鳥路沿空漢永平中白狼槃木唐菆等百餘國舉踵奉貢越山坂負襁而至皆此種類蜀漢時武侯征孟獲于此造箭因名打箭鑪唐韋皋拒吐番李德裕拒南詔皆扼大渡河爲險要宋建隆三年

王全斌平蜀議欲因兵威復越嶲藝祖以玉斧畫所繪圖曰外此吾不有也于是爲黎雅之極邊曩時河道平廣可通漕舟自玉斧畫河之後河之中流忽陷五六十丈河流至此澎湃如瀑從空而落舂撞號怒船筏不通名曰噎口殆天設險以限羌蠻也元明時番人俱于此地互易茶馬自明末流寇之變商民避兵過河挾茶貿易而烏斯藏亦適有喇嘛到鑪彼此交易漢番襍處于是有坐鑪之營官管束往來貿易諸番我

朝定鼎德威所播直過西域打箭鑪一區盡入幅員矣

香山嶴　在廣東廣州府香山縣大海中即嶴門忽起一石硬廣十餘丈長六里許首尾相屬不斷如蓮之有莖中途甕城名關閘險之扼嶴門則如蓮葯番人依山築城廣袤四五里三面皆臨巨浸惟北通地脉一莖耳海中諸峯包裹前十里爲十字門如兩眉横列而缺其正中又南十里爲小横琴寨溢口又南稍折西爲大琴重案也番人之停泊必于灣滘之所在即名澳香山故有澳名浪白諸番互市其中而今之嶴門則舊名濠鏡地有南北二灣明萬歷中有大西洋人至此樂之遂請濠鏡爲澳而就二灣停泊久之益自彼國遣衆聚居歲輸稅五百金我

朝除之番人安其業者已數世所居率依山爲樓三層方者圓者三角者六角八角者俱爲螺旋形以入其教曰天主其寺曰三吧高十餘丈于屋側啟門户石作雕鏤金碧照耀寺僧曰法王以時集男女禮拜其所奉曰天母名瑪利啞抱一嬰兒曰天主爲耶穌被服珍怪障以玻璃望之毛髮生動云漢哀帝時人也

寺有風琴銅絃彈之以和經唄並管簫諸樂器藏機木柜聯以絲繩輪牙相錯一人轉機則諸音並奏有定時台巨鐘覆其上立飛仙台隅爲擊撞形亦以機轉之按時發響起子末一聲至午初十二聲復起午末一聲至子初十二聲晝夜循環無少爽前揭圓槃書十二辰俟某時鐘動則蟾蜍移籌指某位有千里鏡番人持之登高以望舶械杖颿檣可矚三十里外又有玻璃千人鏡多寶鏡顯微鏡小自鳴鐘自行表以及海洋全圖旋璣諸器皆極工巧其人帰鼻蜷髮

目深碧不晌貴女而賤男晝卧而夜起男有黑白二種白者貴黑者爲奴腰佩長刀著地尺許間有握赤藤者則甚貴國中四人而已國中有議事亭番目四人受命于其國更番董市事凡市經四人議衆莫敢違其行賈之地曰馬西以中國絲帛白鉛易胡椒檀香蘇木以歸且與馬西約不得以所産市他國康熙辛未馬西背約私與他國市國人怒駕舸往所市之國責之馬西患之遂相仇殺死者三百餘人市道中絶稍西曰小西洋去中國萬里半年始至所産有碧

琉璃諸器極西曰大西洋去中國九萬里三年始至往者以其太遠秖就旁島遷販未嘗親至其地也

陸疆　在直隸易州漢書年表景帝封匈奴降王陸彊爲遒侯今縣北一里故遒城是按遒今淶水縣廢淶水縣在州北四十二里

盧它父　在直隸保定府容城縣南四十里有渾埿城漢景帝改爲亞谷城封東胡降王盧它父爲亞谷侯在此

昆邪王　在甘肅肅州及甘州府昔月氏之地爲匈奴所滅匈奴令休屠昆邪王守之漢武帝時昆邪王以衆來降以其地爲張掖酒泉郡按郡即羌人通譯之路入月氏大夏皆由此

渾邪王　今甘肅安西州燉煌縣本匈奴渾邪王分地漢元鼎六年置燉煌郡

休屠王　今甘肅凉州府本匈奴休屠王地休屠敗漢元狩二年置武威郡金日磾其太子也

薄海番域録

山左武定郃大緯星巖氏述

蠻部一

渤海大氏　在燕州今直隸永平府撫寧縣置守在幽
州幽都縣今順天府宛平領靺鞨本粟末靺鞨種也
稱渤海大氏隋北番風俗記初開皇中粟末靺鞨與
高麗戰不勝有厥稽部渠長突地稽首者率忽賜來
部窟突始部越稽家部越羽部步護賴部破奚部步
步括利部凡八部勝兵數千人自扶餘城西北今開
原舉部落向關內附處之於營州柳城即撫寧煬帝

八年爲置遼西郡並置遼西懷遠盧河三縣以統之
以突厥稽爲太守理營州東二百里汝羅城亦撫寧
境後遭邊寇侵掠又寄理于營州城內即撫寧城唐
武德二年改遼西郡爲燕州仍置總管六年自營州
徙居幽州城內今宛平歷代襲爲燕州刺史建中初
爲朱滔所破尋滅按寰宇記自燕州以下有十七州
皆東北蕃降胡散處營州幽州界內以州名羈縻之
無所役屬安祿山之亂一切驅之爲寇遂擾中原至
德之後入據河朔其部落之名無存爲者今記唐天
寶之故跡地理于左威州隸幽州大都督所領白契
丹內稽部落愼州初隸營州領涑沫靺鞨烏素固部
落後隸幽州歸順州置爲契丹松漠府彈汗州部落
元州處契丹李去閭部落隸幽州崇州處奚可汗部
落隸營州都督昌賓州處靺鞨愁思嶺部落初隸營
州後隸幽州師州領契丹室韋部落初隸營州改隸
幽州鮮州分饒樂郡都督府奚部落隸營州後改幽
州帶州處契丹乙失革部落隸營州後改幽州黎州
處浮渝靺鞨烏素固部落隸營州沃州處契丹松漠

部落隸營州改幽州昌州領契丹松漠部落隸幽州
歸義州處海外新羅隸幽州瑞州處突厥烏突汗達
于部落隸幽州信州處契丹失活部落隸幽州

室韋靺鞨　在營州柳城縣北今錦州府寧遠州後魏
末通焉西北與奚接界北與契丹接界按隋書室韋
有五部並無君長人衆貧弱突厥沙鉢畧可汗嘗以
吐屯蕃垤統領之契丹之別種也南室韋在契丹北
三千里又北行十一日至北室韋鉢室韋在北室韋
之北深末怛室韋在北室韋之西北大室韋在建河

之南深末怛室韋之西北也按後魏書自契丹路經
啜水蓋犢子山其山周廻三百里又經屈利水兩水
始到其國北室韋分爲九部落其渠帥號乞莫賀咄
氣候最寒冬則入山居土穴中牛畜多凍死又北行
千里至鉢室韋依胡布山而住人衆多于北室韋不
知爲幾部落用樺皮蓋屋餘同北室韋從鉢室韋西
四日行至深末怛室韋因水爲號也冬月穴居以避
太陰之氣又西北數千里至大室韋經路險阻言語
不同尤多貂鼠青鼠北室韋後魏及隋並朝貢有九

部焉所謂嶺西室韋北室韋黄頭室韋大如者室韋
小如者室韋訥婆萵室韋訥北室韋駱駝室韋並在
柳城郡之東北近者三千五百里遠者六千二百里

延陀部落　寄寧朔縣今陝西榆林府榆林舊置達渾
都督府管小州五姑衍州步訖若州嵠彈州鶻州低
栗州户一百二十七

署陽氏　在興州今陝西漢中府署陽縣戰國爲白馬
氐之東境漢武帝以白馬氐分置武都郡今甘肅階
州縣即武都郡之沮縣也晋永嘉末氐人楊茂搜自

號氐王據武都自後郡縣荒廢而茂搜子孫承嗣爲
氐王其後楊難當又據下辨今階州成縣自稱大秦
王弟伯宜爲茄蘆王伯宜孫鼠分王武興即今縣理
是也楊鼠既王武興又得武都河池二縣之地鼠子
集始稱藩于後魏後復叛魏遂廢武興爲藩鎮

鳳州氏　在鳳州今陝西漢中府鳳縣其地本氐羌所
居漢建安中有楊騰爲部落大帥騰子駒勇健多計
署始居仇池今甘肅秦州徽縣一名仇池玉京武帝
封楊盛爲武都王其子元及難當亦相繼爲王文帝

元嘉十八年難當傾國入寇規有蜀土遣裴方明討
之難當奔後魏太平真君二年拓定仇池于此城立
鎮

汶州氏　今甘肅階州文縣周雍州之境戰國時氐羌
據焉漢武帝開西南夷置陰平道凡邑有蠻夷曰道
永嘉之後羌虜楊茂搜據此郡自後不爲正朔所頒
南史謂志悉無錄土風習俗半襍氐羌婚娶頗㕘中
土

月氏　在鄯州湟水縣今甘肅西寧府碾伯寰宇記湟

中月氏其先大月氏之別也舊在張掖酒泉地月氏王爲匈奴冒頓所殺餘種分散西踰葱嶺其羸弱者南入山依諸羌居及霍去病破匈奴取西河地開湟中縣築令居塞即此以其地屬金城郡今蘭州于是月氏來降與漢人錯居雖依附縣官而首施兩端亦以父名母姓爲種號大種有七勝兵合九千餘人分居湟中

西羌　在會州會寧縣今甘肅蘭州府靖遠禹貢雍州之域古西羌地

五部羌　在甘肅階州本漢氐羌地置武都郡後魏平仇池羌屬攺石門縣郡國志武都沮水之西有角弩谷即姜維勦五部氐羌之所

河曲羌　在姑臧今甘肅涼州府武威縣即西戎之地禹貢謂析支渠搜西戎即敘析支在大宛之北即今郡也六國至秦爲月氏居焉地理志西羌者自賜支以西濱河首左右居今河關西可千餘里有河曲羌謂之賜支即古析支

宕昌羌　在宕州今甘肅鞏昌府岷州秦漢魏晉諸羌處之亦三苗之裔與先零燒當罕开諸部姓別自立酋帥皆有地分不相統攝宕昌其一也後魏招撫四夷統有其地後魏晉梁彌忽者宕昌羌也其先常爲羌豪祖勤自稱宕昌王彌忽世祖時表求內附世祖嘉之拜彌忽爲宕昌王其後遂相傳襲稱藩于魏因封其地爲宕昌蕃俗無文字但候草木榮落以記歲時

廓州羌　在廓州今甘肅西寧府西寧縣自春秋至漢初亦西羌地漢宣帝時諸羌數叛趙充國屯隴西諸

羌不敢動按後漢段熲傳延熹二年燒當燒何當煎勒姐等八種羌寇隴西金塞追討南渡河大破之至永康元年諸羌復反熲又追及大破之西羌于是弭定建安中分金城置西平郡此地即西平南界

疊劍羌　在松州今四川龍安府松潘廳疊劍諸羌居焉後漢書西羌傳西羌之本出自三苗蓋姜姓之別其國近南岳及舜流四凶徙之三危今河關之西南羌地是也濱于賜支至于河首綿地千里賜支者禹貢所謂析支者也王政修則臣附德教失則寇亂本

無君長夏末及商周之際或從侯伯征伐有功天子爵之以爲蕃服羌無弋爰劒者秦厲公時爲秦所執以爲奴隸未詳爰劒何戎之別也後得亡歸與劓女遇合于野遂成夫婦女恥其狀被髮覆面羌人因以爲俗遂居亡入三河間今甘肅蘭州鞏昌二府之西南衆羌共畏事之推以爲豪湟河間羌人謂奴爲無弋以爰劒嘗爲奴隸因名其後世世爲豪秦穆公時爰劒曾孫忍將其種人南出賜支河其後子孫各自爲種或爲犛牛種越嶲羌是也或爲白馬種廣漢羌是也或爲參狼種武都羌是也至爰劒曾孫忍及弟舞獨留湟中忍生子研故羌中號其後爲研種漢景帝時研種留何求守隴西塞于是徙留河等于狄道安置及武帝西逐諸羌乃渡河湟築令居塞始置護羌校尉從爰劒種五世至研研最豪健以研爲種號十三世至燒當復豪健其子孫更以燒當爲種號滇良者燒當之元孫時王莽末四夷內侵及莽敗衆羌還據西海光武復置護羌校尉自燒當至滇良世居河北大允谷種小人貧而先零卑湳並皆強富數侵

犯之滇良父子積怨從大渝中掩擊先零卑湳大破之掠取財畜奪居其地大小渝中由是始強滇良子滇吾立部落轉盛嘗雄諸羌在晉內附後爲西魏所有

隴西羌　今甘肅鞏昌府隴西縣漢明帝時金城隴西羌反于臨洮今岷州道險車騎不得方軌馬援設奇兵破之築索西城以屯戍軍士

疊州羌　在疊州今甘肅階州文縣歷代爲諸羌所據周建德六年西逐諸戎始有其地

葱婼羌　在甘肅安西州燉煌縣西西域之南山中從婼羌西至葱嶺有月氏餘種葱茈羌白馬羌黃牛羌各有酋豪其黃牛羌種類孕身六月而生南與白馬羌鄰並魏時聞焉按梁職貢記云婼羌王號去朝來王土地十三州志云婼羌國濱帶南山西有葱嶺餘種或虜或羌户口甚多也在古不立君臣無分長幼強則分種爲酋豪弱則爲人附落更相抄暴以力爲雄

黨項羌　占析支之地今甘肅涼州府武威縣漢西羌

之別種晉魏已降西羌微弱周滅宕昌鄧至之後党項始強南襍舂桑迷桑等羌北連吐谷渾其種每姓自別爲部落一姓之中復分爲一小部落大者萬餘騎小者數千騎不相統一有細封氏費聽氏往利氏頗超氏野律氏房當氏米禽氏拓拔氏而拓拔最爲強族唐貞觀間遣使開其河曲地爲六十州內附者三千萬口有羌酋拓拔赤辭者甚爲渾王伏允所暱與之結婚屢抗官軍後與其從孫子頭並率服以松州都督府羈縻存撫之今四川龍安府松潘廳賜姓

李自是從河首積石以來並無中國之地後吐蕃強盛拓拔漸爲所逼請內徙始移部落于慶州今慶陽府又有黑党項在赤水之西首領號熟善王其雪山党項姓破丑氏在雪山之下唐貞觀初皆來朝貢又有白狗舂桑白蘭等諸羌自龍朔以後並爲吐蕃所破而服屬焉其人多壽年至百五六十歲無文字但候草木以紀歲時其後居慶者號爲東山部落居夏州者號爲平夏部落按夏州今陝西榆林府懷遠縣漢之朔方縣也舊置雲中都督府有部落在朔方縣界管小州五合利州思壁州阿史那州綽部州白登州戶一千四百三十又呼延州都督府党項部落亦寄朔方縣界管小州三賀魯州那吉州跌跌州戶一百五十五

鄧至羌　在甘肅鞏昌府岷州南羌之別種也後魏時與焉有像舒治者世爲白水酋因地名號自稱鄧至王自舒治至十世孫舒彭附于後魏文帝封甘松縣子又數世西魏恭帝初其子檐術因亂來奔周文帝遣兵送還自後無聞

湟中羌　在鄯州塞外今甘肅西寧府碾伯古西戎地按西羌傳無弋爰劍者爲秦所執後藏于巖穴中秦人焚之有景象如虎爲其蔽火得免遂亡入三河間諸羌以爲神共畏事之推爲豪至爰劍曾孫忍季父卬畏秦人之威遂得其部落而南出賜支河曲西數千里與衆羌絕遠不復交通子孫分別各自爲種忍及弟舞獨留湟中忍生九種舞生十七種羌之興從此起矣其俗全是吐谷渾可汗子孫其先是狼種今旌旗皆有狼形備衛人亦稱附離即彼謂狼也夷

言謂左衽射袴不開襠爲寒故也

白水羌　在松州嘉誠縣今四川龍安府松潘廳後魏時白水羌像舒理者常爲羌豪據此城自稱鄧至王至舒彭内附拜龍驤將軍及關中亂乃絶後魏末平鄧至蕃始統有其地按唐天寶十二年松州都督府一百十四州其二十五州有額户口多但羈縻逃散餘七十九州皆生羌部落或臣或否無州縣户口但羈縻之而已

臨塗羌　在四川茂州唐武德元年歸附置羈縻塗州

又貞觀五年生羌歸附置炎州向州冉州穹州又西羌首領董凋貞歸化置徹州七年白狗羌降附置笮州皆屬茂州都督永徽後又析爲三十一州

覇州羌　在羈縻覇州今四川茂州雜谷廳境内唐天寶元年因招附生羌置靜戎郡便以羌附首董嘉俊爲刺史領七部族把蕃卓子孫相承不絶乾元間與覇州部族男兒氊帽青毛爲衫袴緋毛爲襴胡盧[illegible]婦人帶草綾二尺如扇子用竹作扇骨衣青毛衫[illegible]着青毛裙不着褲

白狗羌　在維州今四川茂州雜谷廳漢以前本徼羌冉駹之別種蜀漢後主時姜維馬忠督將軍張嶷北討汶山叛羌即此地有勝兵一千與會州連接今甘肅蘭州府靖遠縣與白蘭俱唐初朝貢武德七年白狗羌酋鄧賢佐内附乃于姜維壘置維州貞觀元年賢佐叛罷郡縣三年左上封生羌酋董屈占等舉族表請置吏因復置維州顯慶中白蘭爲吐蕃所併收其兵以爲軍鋒貞元中王虺羅護又與女國等詣劍南西川節度使韋皐内附詔授護大常卿兼保州司

馬後子孫承襲其爵

栗亭羌　在成州栗亭縣今甘肅階州成縣有廢上祿縣宋分西山五羌爲十二部由是郡邑成焉

五溪蠻　在湖南辰州府水經注武陵有五溪謂雄溪樠溪酉溪潕溪辰溪也皆蠻夷子孫所居謂之五溪蠻元和志辰州蠻戎所居其人皆槃瓠子孫或曰巴子兄弟立爲五溪之長在酉溪在州西次南武溪次南沅溪次南辰溪次東南熊溪次東南朗溪其熊朗二溪與水經注雖不同推其次第相當則五溪盡在

今辰州界也按土俗雄作能楠作朗溈作武後漢書高辛氏有畜犬曰槃瓠帝妻以女有子十二人皆賜名山廣澤其後滋蔓今長沙武陵是也光武時尤盛其渠帥精夫相單程等據險爲冦精夫蠻爲渠帥者也遣劉尚發兵萬餘人泝沅水入武陵擊之今瀘溪縣山深水急舟船不得上蠻緣路邀戰漢軍皆没後遣伏波將軍馬援等至臨沅擊破之其單程等悉降蠻平按太平寰宇記謂五溪蠻在四川酉陽州彭水縣謂酉辰巫武沅等五溪相傳楚子滅巴巴子兄弟

五人流入五溪各爲一溪之長一謂五溪蠻皆槃瓠子孫自爲統長故有五溪之名古謂之蠻蜒聚落按槃瓠廟在瀘溪縣西一百八十里武山

沔中蠻　在湖北漢陽府沔陽州漢爲南郡地光武二十三年南郡潳山蠻雷遷等始反叛武威將軍劉尚討破之徙其種七千餘口置江夏界中其後沔中蠻是也廪君之裔按漢之江夏郡今竟陵富水安陸齊安漢陽江夏蘄春郡地

板楯蠻　在巴郡今四川重慶府即賨人族人之類也

其渠帥羅樸督鄂度夕龔七姓不輸租稅餘户乃歲入錢口四十巴人呼賦爲賨謂之賨人焉世號爲板楯蠻漢靈帝時叛詔赦之自巴西之宕渠遷于漢中楊車坂抄掠行旅號爲楊車巴魏武尅漢中李持祖將五百家歸之後又遷于畧陽北復之爲巴氐

黔州蠻　在黔州今四川酉陽州歷古蠻夷之地左傳庸人率羣蠻叛楚即其地武陵五溪蠻之西界也禖居溪洞其性獷悍其風淫祀禮法之道固不知之

西陽蠻　在湖北黄州府黄岡縣宋孝武大明中西陽

蠻皆反叛沈慶之率江雍荊河州諸軍討破之明帝順帝時尤甚雖遣兵攻討終不能禁荊州爲之虚

西溪蠻　在湖南常德府武陵縣齊高帝時武陵西溪蠻田思飄及武帝永明初黔陽蠻田豆渠湘州蠻陳雙李答並掠州郡討平之當南北之時淮汝江淮間諸蠻渠帥互有所屬皆授封爵焉然叛服無常雖屢經破敗而冦擾不止後周武帝詔陸騰討之蠻衆大潰斬首萬餘級乃收其骸骨于水邏城側築爲京觀後蠻蜒望見輒大哭自此狼戾之心輟矣按後漢書

其在黔中五溪長沙間者則爲盤瓠之後其在峽中巴梁間者則爲廩君之後其後𥝱種繁盛侵擾州郡或移徙交襍亦不得詳别焉

牂柯蠻　在貴州貴陽府貴筑縣渠帥謝氏舊臣中國世爲本土牧守隋末大亂遂絕唐貞觀三年其首長謝龍羽遣使朝賀授爲牂柯刺史封夜郎公勝兵戰士數萬于是列其地爲牂州爲黔州羈縻州即今省治後爲正郡又有充州蠻乃牂柯别部與牂柯隣境有勝兵二萬亦爲黔州羈縻州黔州今四川酉陽州彭水縣

夷州蠻　在夷州今貴州石阡府古外蠻夷荒徼之地漢爲牂柯郡地歷代恃險不闓臣附隋大業七年始招慰置綏陽縣今龍泉縣也風同黔中而蠻夷之俗頗有不同

濮落蠻　在雲南楚雄府鎮南州唐時濮落蠻之所居地也

烏麽蠻　在雲南臨安府建水縣及石屏州唐時烏麽蠻所居地

烏白蠻　在雲南雲南府安寧州唐武德初置後烏白蠻遷居于此

爨刺蠻　在雲南曲靖府尋甸州昔爨刺蠻居此後烏蠻新丁奪之

羅落蠻　在雲南北勝州今永北廳唐貞元中南詔異牟尋始開其地名北方睒徙瀰河白蠻及羅落麽些實其地號曰劍羌

麽些蠻　在雲南澄江府新興州南昔麽些蠻步雄之所居地

牛睒蠻　在雲南麗江府鶴慶州蠻名牛睒府城蠻又名三睒

南平蠻　在渝州今四川重慶府綦江南川二縣地北與涪州接按即南詔蠻部落四千餘户山有毒草及沙蝨蝮蛇人並樓居登梯而上號爲干欄其王姓周氏號劍荔王唐貞觀間入貢以其地隸渝州其人美髮爲椎髻土多男少女爲婚之法女氏必先以貨求男族貧人無以嫁女多賣與婦人爲婢俗皆婦人執役

東謝蠻　在黔州之西數百里今貴州平越州餘慶縣境南蠻別種渠帥姓謝氏即謝元深也世襲其子族不育女自云高姓不可下嫁唐貞觀三年元深入朝冠烏熊皮冠若今之旄頭以金絡額身披毛帔韋皮行縢而着履時中書侍郎顏師古奏言昔周武王天下太平遠國歸順太史乃集其事爲王會篇今萬國來朝至如此輩實可圖寫今請撰王會圖詔從之開其地爲應州隸黔都督府即黔州所管羈縻州也又有南謝首領謝彊與西謝蠻隣接與元深俱來朝

西趙蠻　在雲南雲南府之東東至夷子西至昆明南至西洱河風俗與東謝同在其南並南蠻別種其界山洞深阻莫知里數南北十八日行東西二十三日行趙氏代爲首長有萬餘户自古不通中國唐貞觀中入朝以其地置明州以首領趙磨爲刺史

梅山蠻　在湖南長沙府安化縣蠻夷傳梅山蠻恃險爲邊患宋神宗命章惇招納之檄諭開梅山得其地籍其民户口丁田置安化縣

環州蠻　在雲南武定州西一百九十里元謀縣宋時之蠻名也

松外諸蠻　今四川松潘廳唐貞觀末爲寇遣兵從西洱河討之其西洱河從嶲州四千五百里今寧遠府越嶲廳其地有數十百部落大者五六百户小者二三百户無大君長有數十姓以楊李趙董爲名家各擅山川不相役屬自云其先本漢人有城郭封邑弓矢矛鋋言語雖小訛舛大畧與中夏同有文字頗解陰陽算術以十二月爲歲首自夜郎滇池以西皆云莊蹻之餘種也其俗有盜竊殺人淫泆之事首長即立一長木爲擊鼓警衆共會其下其強盜者衆共殺之若賊富強但燒其屋奪其田産而已

巫蠻　在四川夔州府巫山縣漢和帝元永十三年巫蠻許聖等以郡收稅不均反叛殺荊州諸郡郡兵討破之後悉徙置江夏靈帝光和三年江夏蠻復叛寇累年盧江太守擊破之皆廩君之裔也按廩君始生自武落鍾離山即夷陵屬邑之地今湖北宜昌府後散居巴梁間即古荊梁之境五姓裸居大約今爲巴峽巫夔四郡皆是也

和夷　在四川雅州府滎經縣禹貢和夷底績和夷和上夷所居之地即和川水在縣北九十里蔡傳以夷爲嚴道以西之夷道非是書說云嚴道以西地名和川夷人所居乃爲得之嚴道即滎經

濮夷　在巂州今四川寧遠府越巂廳九州要記在郡界千里常居木上作屋有尾長二寸若損尾立死若欲地上居則預窟穴以安尾

文夷　在四川寧遠府境按九州要記巂州西夷人身青而有文如龍鱗生于臂脛之間將婚會于路歌謡感合以爲夫婦焉又有穿鼻儋耳種瘴氣有聲着人人死着木木折號曰鬼巢

閩夷　今福建福州府閩縣開元錄閩縣越州地即古東甌今建州亦其地皆夷種有五姓謂林黄是其裔十道志嗜欲衣服别是一種

獦夷　在康州瀧水縣今廣東肇慶府德慶州南越志有夫㬠縣其俗棚居實爲里之垠落也民夷曰獦夷也夫㬠今羅定州

孤夷　在藤州鐔津縣今廣西梧州府藤縣郡國志孤夷獸名也有兩牙長二寸餘食人性喜人掌蹠得人即懸之室內當面鋪坐擊鐘鼓歌舞飲酒稍割而嗳之方于農時獵人以祀田神

化州夷　今廣東高州府化州夷俗悉是椎髻左衽漢書云荆人鬼話

蘸祁夷　在巂州蘸祁縣今四川寧遠府西昌蘸祁夷名也後周武帝開越巂復于郡舊城立蘸祁縣以蘸祁之夷爲邑名

西屠夷　在交趾今隸安南馬援開漢南境于交趾南海行三千里置日南郡其林邑國即日南郡之象林縣去郡四百餘里其南水步道二千餘里有西屠夷亦稱王即馬援所置兩銅柱表漢界處援既北還留十餘户于銅柱處至隋有三百餘户悉姓馬土人以爲流寓號曰馬留人銅柱尋没馬留人嘗識其處

昆明夷　在巂州昆明縣今四川寧遠府塩源縣唐以南接昆明之夷因以名縣

木耳夷　在巂州今四川寧遠府越巂廳有木耳夷死則積薪燒之烟正則大殺牛羊相賀以作樂若遇風

烟旁散則大悲哭

越俗夷　在太平軍石康縣今廣東廉州府合浦夷人號越俗多採珠及甲香爲業親戚宴會即以匏笙銅鼓爲樂

容州夷　今廣西梧州府容縣十道志夷多夏少鼻飲跣足好吹葫蘆笙擊銅鼓習射事弓弩郡國志此地多瘴氣春曰青草夏曰黃茆

藤州夷　今廣西梧州府藤縣郡國志夷人死往往化爲貙貙少虎也其初穴棺如鼠漸如狗大並是人所

所化也

烏滸夷　在廣西桂林府陽朔縣郡國志在深山洞內能織文布以射翠取羽割蚌取珠爲業無親戚重寳貨賣子以接衣食若有賓客易子而烹之竹皇之裔竹皇者女子浣衣水次有三節竹入足閒推之不去中有聲破之得一男養之有材武遂雄諸夷地今寧州始興三狼烏滸即其裔也又鬱林州亦有之漢谷永爲鬱林太守降烏滸人十萬開置七縣此鬱林縣也在鬱江之西

鬱林夷　今廣西鬱林州夷人居山谷食用手摶酒名都林合糟共飲夜泊潊溪死則打鼓助哀孝子尤恐悲泣刻木契焉

黨峒夷　在廢黨州今廣西鬱林有古黨峒夷人索婦必令媒引女家自送相見後即放女歸家任其野合胎後方還前生之子例非己孕女以烏色相間爲裙用緋點裳下或要領處爲治艷男椎髻女散髮跣足吹笙巢居夜泊

雲南夷　雲南舊志諸處之夷種類非一曰僰人曰爨

人即羅羅有黑白二種曰麽些曰禿老曰些門曰蒲人曰和泥蠻曰百夷又有小百夷曰土獠曰羅舞曰撒摩都曰摩察曰濃人曰山後人曰哀牢人曰蛾昌蠻曰僻蠻曰魁羅蠻曰傳尋蠻大抵滇南之夷皆此數種其習俗各不相同

貴州夷　貴州舊志貴州所轄夷人種類非一曰羅人曰宋家曰蔡家曰仲家曰龍家曰曾竹龍家曰打牙犵狫曰紅犵狫曰花犵狫曰東苗曰西苗曰紫薑苗曰賣爺苗習俗各異

維西夷　在雲南麗江府今設維西通判按滇夷種多而俗異性殊擺衣柔狡沙人剛戾玀玀愚痴猓子善記仇數世猶報各居巖穴能涉險或刀耕火耨或射獵爲食皆難以禮法繩惟麗郡中甸維西之把猓猓猓模猓剽悍奉喇嘛其親死必延喇嘛問之名刀把或察媽向屍誦經咒刀把謂死者無罪則懸屍山樹之極巔以風曰天葬謂有罪則籠屍沉諸江曰水葬或割屍飼禽獸而火其骨截脛骨作筒吹之曰火葬者皆梵書捨身餵鷹虎之說也然各種多食生且有嗽生蛇者男女皆佩刀習鏢弩好鬥輕生服飾詭異難以筆罄自設流官有麗守管學宣能化導章殘戩之俗偉哉我

朝宏化之遠也

薄海番域錄

蠻部二　　山左武定邵大緯星巖氏述

疆宗部　在雲南澂江府河陽縣唐時麼些蠻居此號疆宗部

烏蒙部　在雲南昭通府恩安縣唐時烏蒙蠻居此號烏蒙部

謀統部　在雲南麗江府鶴慶州唐太和中蒙勸封祐立謀統部

落蘭部　在四川寧遠府越嶲廳蒙詔時落蘭部裔河都居此改號河都部

嵩明部　在雲南雲南府東北一百三十里嵩明州蒙氏立嵩明部于此

河納部　在雲南曲靖府陸涼州南八十里蔡村蒙詔時置陸郎縣後併于落温部

落温部　在雲南曲靖府陸涼州西昔落温部之地有城名芳華

普麽部　在雲南曲靖府南本唐俛州後爲爨所據號普麽部

普里部　在貴州安順府唐時爲羅甸國宋時爲普里部之地

磨彌部　在雲南曲靖府唐益州南昔磨彌部酋蒙提居此又名五勒部

師宗部　在雲南廣西州師宗縣宋時有師宗者居此號師宗部

彌勒部　在雲南廣西州彌勒縣宋時裴麽徒蠻之裔居此號彌勒部

烏撒部　在貴州大定府威寧州宋爲烏撒部元改烏撒烏蒙宣慰司明改軍民府

烏蠻羅部　在雲南雲南府羅次縣唐時烏蠻羅部之所居地

盧鹿蠻部　在雲南麗江府麗江縣唐時盧鹿蠻部之所居地

蕃部　今四川雅州府舊管投降吐蕃部落七一吐蕃籠官楊矣逢東君部落六十人在蠻宿州安置吐蕃業城首領籠官劉矣本等部落在本部安置吐蕃會野首領籠官高萬唐等部落在本部安置吐蕃通租城首領籠官馬東熊部落在夏陽路安置吐蕃國師馬定德並籠官馬德唐部落在欠馬州安置吐蕃嘉靖州降户首領籠官劉定部落在夏陽路安置吐蕃嵬龍首領鑠羅莽部落在和州的安置已上七部落其王帥等皆夷之雄者唐貞觀中投降又清溪縣舊統制羅岩州等五十五州皆徼外生獠無州縣羈縻而已蕃部蠻夷混襍之地元無市肆每漢人與蕃人博易不使現錢漢用紬絹茶布蕃用紅椒鹽馬之類又陝西延安府靖邊縣自漢後河曲靈夏原等州有

蕃故部落後周武帝曾立六胡州于靈夏兩州界以統之唐貞觀後漸得其地永徽中又置魯麗含塞依契六州用華人爲刺史管之

狸獠　在廣西南寧府宣化縣邕州圖經狸獠有四色語各別譯而方通又在州晉縣蠻歲時于石溪口通商有馬會說文曰馬會今之獠布以竹灰爲鹽不事五味又梧州府蒼梧縣地理志南越至寧新多狸獠善爲犀渠左太冲所謂户有犀渠又云陽夷之甲以錫箔飾之雜以丹漆照燿昱晃左思所謂暘夷勃盧

又鬱林州陸川縣其先有狸獠三種言語不通偶月爲婚不知禮節

越嶲獠　在四川寧遠府邛都縣本益州西南外獠秦始通五尺道漢始立爲邛都國史記自滇以北君長以十數邛都最大是也至武帝始誅且蘭邛君殺笮侯而冉駹等皆震恐仍以邛都之地爲越嶲郡以郡有越嶲水皆出生羌界故名後漢至宋晋皆因之不朝貢十道志魏晋以還蠻獠恃險抄竊乍服乍叛至齊夷長或來納欵因爲越嶲獠郡以統之俗尚骨卜

刻木爲信火葬而樂送以鼓吹爲送終

綏山獠　在嘉州今四川嘉定府隋招慰生獠于此置綏山縣今峩眉書武成曰庸蜀羌髳微盧彭濮八孔安國注八國皆蠻夷戎狄國名羌在西蜀髳微皆在巴蜀今府民與夷獠錯居華人其風尚侈其俗好文竒人椎髻跣足短衣袵酷信鬼神以竹木爲樓居不知禮義法律不能拘

邛州獠　今四川邛州夷獠胡䄙愈于諸郡悉以石爲樓巢李雄據蜀李壽從牂柯引獠入蜀境自象山以北盡爲獠居臨邛舊縣因茲置

普州獠　今四川潼川府安岳縣李雄亂後爲獠所據梁置普慈郡于此賜羣獠金券縷書其文云今爲汝置普慈郡可率蜀子弟奉官租以時輸送

費州獠　在費州今貴州平越州餘慶縣江山阻遠久不臣服後周宣政元年信州總管龍門公裕王逑招慰生獠王元殊多等歸國遂肇立爲費州因州界費水立郡名九州要記九卬之外有費州是也

瀘州獠　今四川瀘州春秋戰國時爲巴子國地無桑

麻每歲畲田刀耕火種其夷獠則與漢不同性各獷戾而又好淫祠巢居岩谷因險憑高着斑布擊銅鼓弄鞘刀男則露髮跣足女則椎髻横居夫亡婦不歸家葬之崖穴刻木爲契刺血爲信啣寃則累代相酬之用則鬻賣男女其習俗如此

巴州獠　今四川保寧府巴州按四夷縣道記至李特孫壽時有羣獠十餘萬從南越入蜀漢間散居山谷因流布在此地後遂爲獠所據歷代羈縻不置郡縣至宋乃于蜀嶺南置歸化北水二縣以領獠户歸化

鄒即今理是也

鄰山獠　在渠州鄰山縣今四川綏定府大竹自晉至齊並爲夷獠所居梁大同三年于此置鄰州

昌州獠　在昌州今四川重慶府榮昌無夏風有獠風悉任叢箐懸虛構屋號閣蘭男即蓬頭跣足女即椎髻穿耳以生處山水爲姓名以殺爲能事父母喪不立几筵唐乾元元年置昌州二年狂賊張朝等作亂爲兵火所廢大歷十年復置以鎮壓夷獠

思州獠　在思州今貴州思南府在荒徼之外蠻獠雜

居言語各異羅多者獠之姓名唐開元四年招集生夷獠置思邛縣今印江

資化獠　在四川重慶府南川縣按新圖經此縣民並是夷獠露頂跣足不識州縣不會文法與諸縣戶口不同不務蠶桑以茶蠟供輸

戎州獠　在戎州今四川敘州府其土有四族黎蒯虞牟夷夏雜居風俗各異其蠻獠之類不識文字不知禮教言語不通嗜欲不同椎髻跣足鑿齒穿耳衣緋布羊皮莎草以神鬼爲徵驗以殺傷爲戲笑少壯爲

上衰老爲下男女無別山岡是居

榮州獠　在榮州今四川嘉定府榮縣夏人少蠻獠多男不巾櫛女衣斑布姓名顛倒不知禮法

彭晉獠　在陵州始建縣今四川資州井研縣有彭晉山寰宇記彭晉獠之姓也

渝州獠　在渝州今四川重慶府巴縣大凡蜀人風俗一同然邊蠻界鄉村有獠戶即異也鄉俗構屋高樹謂之閣蘭不解絲竹惟吹銅鼓視木葉以別四時父子同諱夫妻共名祀鬼以祈福也

忠州獠　今四川忠州夷獠頗類黔中正月三日拜墳墓二月二日挾酒郊外迎富除夕燃燈照先祖墓

雅州獠　今四川雅州府與邛州同邛雅之夷獠婦人娠七月而產產畢置兒向水中浮者取養沉者棄之千百無一沉者長則拔去上齒加狗牙各以爲華飾今有四牙長于諸牙而唇高者別是一種能食人無長齒者不能食俗言妖巫擊銅鼓祈禱至今蘆山縣新安鄉五百餘戶即其遺人也按獠蓋南蠻之別種也初出自梁益之間自漢中達於邛莋川洞之間所

在皆有自漢中西南及越嶲以東皆有之俗多不辨姓氏又無名字往往推一酋長爲王亦不能遠相統攝父死則子繼若國之貴族也獠王各有鼓角一雙使其子弟自吹擊之按蜀本無獠李勢時諸獠始出巴西州廣漢陽安資中犍爲梓潼布出山谷十餘萬落攻破郡縣爲益州大患自桓元子破蜀之後力不能制又蜀人東流山險之地多空獠遂挾山傍谷與夏人参居参居者頗輸租稅賦在深山者仍不爲編户至梁武帝梁益二州即漢川蜀川二郡縣歲歲伐獠以自稗潤公私頗藉爲利後魏正始初使邢巒爲梁益二州刺史以鎮之後又立巴州以統諸獠又立隆城鎮在管獠二十萬户所謂北獠是也魏明帝時據城叛梁益二州討之攻陷巴州執其刺史酋帥嚴始興斬之後入梁自此又屬梁矣後周武帝平梁益之後達奚武平梁尉遲迥平益今所在撫慰其與華人雜居者亦頗從賦役然天性多暴亂旋至擾動每歲命隨近州鎮出兵討之獲其人以充賤役謂之壓獠焉復有商旅往來者亦資獠爲貨公卿逮于庶民

之家有獠口者多矣然其種類滋蔓保據巖壑依林走險若履平地性又無知殆同禽獸諸夷之中最難以道義招懷也依樹積木以居其上名曰干欄好相殺害多仇怨不敢遠行其丈夫稱阿謩阿段婦人阿夷阿等之類皆以其語次第稱謂也性尤畏鬼俗尚淫祀

欽州俚　今廣東廉州府欽州不解言語交股椎髻食用手搏水從鼻飲

斈莫酋　在雲南楚雄府定遠縣境高氏專大理國政時命斈莫酋徙民三百户于黃蓬穽

羅婺酋　在雲南武定州祿勸縣昔羅婺大酋居之有城名易籠爲羣酋會集之所

無陽烏滸　在敘州無陽縣今湖南沅州府芷江荆州記舞溪獠滸之類其縣人但鵰麇而已溪山阻絕非人跡所履又云無陽有辰辰新豐二縣其烏滸萬餘家皆啖蛇鼠之肉能鼻飲

三梁烏滸　在廣西鬱林州陸川縣三梁故縣烏滸所居俗云上梁烏滸即此地也毒露恒昏上饒瘴氣

黒僰濮　在雲南永昌府西南與哀牢地相接哀牢即今保山縣山居耐勤苦其衣服婦人以一幅布爲裙或以貫頭丈夫以轂皮爲衣爾雅南至于濮鈆周書王會篇卜人丹砂注云卜人西南之蠻夷丹砂所出今按濮人即卜人也又南有赤口濮其俗折其齒劖其唇使赤又露身無衣服又有折腰濮其俗子皆折其腰又有文面濮其俗劖面而以青畫之

龍山洞　在驩州今隸安南秦漢屬九真郡唐天寳元年改日南郡舜典放驩兜于崇山即此也唐以後失

之郡國志龍山洞人去其兩齒爲飾刻胸在花文山中立市五日一市鑄銅爲器大如盤名旁旁爲財布

五谿聚　在渭州襄武縣今甘肅鞏昌府隴西春秋以來羌戎襍居史記秦昭王伐義渠戎始置隴西郡郡西不過一百里即先零遺種有五谿聚即楊盛分羌爲部以五谿爲一聚于是有五谿之名

六里苗　今湖南晃州廳雍正六年六里苗頑梗滋事近在永筸肘腋

上命鎮筸總兵周一德同辰沅道王柔進勦王議由上龍潭進周公曰此地險固其苗素獷恐旅之未必聽攻之猝難下應由乾州之鴉溪進以計誘之俟刃自解議不合王仰攻上龍潭被拒敗回公引兵進鴉溪聞鴉溪有天王廟王爲楊姓兄弟三名應龍應虎應彪面分赤白黒苗人奉之謹過廟不敢仰視門常璸閉或數十年不一開椎牛歲祭皆設之門外公知苗之信鬼而不畏殺也乃遣健兒夜踰廟垣查視神狀及各儀物並言櫥後有三纛尚完公乃宣言天王見夢皆作何顏貌冠袍來稱

今天子聖德汪洋當領苗衆歸流賜公三纛有抗不服者勦滅之今遵神命擇吉入廟領纛出師苗首聞之皆來視至期闢門苗酋俱懼縮不敢進公獨步詣神前長揖訖復出喚苗酋諭以無畏酋始相隨至公命樹後尋纛果捧以出擁之歸營苗衆驚服羣請插血歸誠誓曰渝盟者發大頭天瘟死九十九代誓畢薙髮約易

本朝衣冠旋其酋以外委頂帶于是苗寨盡平前隷貴州今設廳改隸湖南

三驍　在湖南即三苗朱子謂苗當作貓與犵狑狫為四種溪洞之民其地當在衡州長沙之東袁州之西一帶而辰州有五溪蠻沅州有黑白苗寶慶武岡所在有獞皆三苗之種類也廣有蜑户凡三種一魚蜑二蠔蜑三木蜑涪陵又有獽蜑其流曰蜑曰獽曰狸曰獠曰㐌而粤西有狼有獞有猺瓊州又有黎人麻陽蠻有犵狫沅靖貴州之蠻通謂之苗五溪蠻之父名白犬乃人名好事者遂謂高辛氏以女妻犬誕巳龍户驪家其人見水即知龍也馬人馬留乃馬援立銅柱時所留住之種也

盤瓠　在長沙西南黔中五溪之地今湖南辰州府漢黔中郡也所屬瀘溪縣西武山有盤瓠廟昔帝嚳時患犬戎之寇乃募訪天下有能得犬戎之將吳將軍頭者妻以少女時帝有畜犬名曰盤瓠啣吳將軍頭而至帝乃以女配之盤瓠得女負走入南山今五溪中山也止石穴中所處險絕生六男六女因自相夫妻織績木皮染以草實好五色衣服裁製皆有尾形衣裳斑斕言語侏離其後滋蔓號曰蠻夷有邑君長名渠帥曰精夫相號姎徒所居皆深山重阻人跡罕到今長沙黔中五溪蠻是也按說文姎女人稱我也

廩君　廩君種不知何代初有巴樊瞫相鄭五姓皆出於武落鍾離山在峽州巴山縣今湖北宜昌府長陽其山有赤黑兩穴巴氏之子生於赤穴四姓之子皆生於黑穴未有君長共立巴氏之子務相是謂廩君從夷水下至鹽陽廩君於是居平夷城四姓皆臣之今巴梁間諸巴氏皆是按後漢書云四姓之子未有君長俱事鬼神乃共擲劍於石穴中約能中者奉以為君務相乃獨中之又令各乘土船從夷水下至鹽陽有鹽水神謂廩君曰此地廣大魚鹽所出願留共君廩君不許鹽神暮輒來宿詰朝即化為虫與諸虫羣飛掩蔽天光天地昏暝積十餘日廩君伺其便射殺之天乃開朗廩君于是居平夷城四姓皆臣之廩君死魂魄化為白虎巴氏以虎飲人血故遂以人祀焉戰國時秦惠王并巴中以巴氏為蠻夷君長漢建武初南郡潳山蠻雷遷等始反叛劉向討破之徙其種人七千餘口置江夏界其後沔中蠻是也和帝時

巫蠻許聖等反叛靈帝時江夏蠻復反皆廩君之裔也按始生自武落鍾離山即夷陵屬邑之地散居巴梁間即古荆梁之境五姓雜居大約今爲巴峽巫夔四郡皆是也

古賨　在渠州流江縣今四川綏定府渠縣東北七十四里有城古之賨國都也晉中興書賨者廩君之苗裔也巴氏之子務相乘土舟而浮衆異之立爲廩君子孫布列于巴中秦并天下以爲黔中郡薄其賦税人出錢四十巴人謂賦爲賨因名從漢高祖平定天

下善歌舞所謂巴渝舞也

哀牢　今雲南永昌府保山縣後漢時通焉其先有婦人名沙壹居于牢山嘗捕魚水中觸沉木若有感因孕十月生子男十人後沉木化爲龍出水上沙壹忽聞龍語曰若爲我生子今悉何在九子見龍皆走獨小子不能去背龍而坐龍因舐之其母鳥語謂背爲九謂坐爲隆因名九隆後牢山有一夫一婦復生十女九隆兄弟娶以爲妻後漸相滋長種人皆畫其身像龍文衣皆着尾九隆死代代相繼乃分置小王往

往邑居散在谿谷絶域荒外山川阻深生民以來未嘗通中國漢建武中其王賢栗等率種人户二千七百五十詣越嶲太守鄭鴻降求内附帝封賢栗等爲君長自是歲來朝九州記哀牢人皆儋耳穿鼻其渠帥自謂王者耳皆下肩三寸庶人則至肩而已

西爨　今雲南曲靖府南寧之渠帥也梁時通焉自云本河東安邑人七葉祖事晉爲南寧太守屬中國亂遂王蠻夷梁元帝時南寧刺史徐文盛徵詣荆州有爨瓚者遂據南寧之地延袤二千里俗多華人有震

翫統其衆隋開皇中遣使朝貢

尾濮　在興古郡今貴州興義府普安廳西南千五百里徼外又扶南土俗傳拘利東有蒲羅中人有尾長五六寸其俗食人按其地並西南蒲羅蓋尾濮之地名也

莋都　在四川雅州府清溪縣漢時自越嶲以東君長以十數莋都最大武帝開之立爲莋都縣元鼎六年以爲沈黎郡至天漢四年並蜀爲西部置兩都尉一居旄牛即清溪主徼外夷一居青衣今雅安主漢人

後漢益州刺史朱輔慷慨有大畧宣示漢德威遠懷夷自汶山以西前代正朔所不加白狼盤木唐菆等百有餘國戶百三十餘萬舉衆奉貢稱臣和帝時旄牛徼外白狼樓薄蠻夷王唐繒等率種人十七萬口內屬安帝時靑衣道夷邑長令田𢘿與徼外三種夷三十一萬口舉土內屬後旄牛夷叛張喬討平之于是分置蜀郡

邛笮

在四川寧遠府越嶲廳自漢書以下至州郡圖籍凡言笮者即此土夷人于大水之上置藤爲橋謂之笮故曰邛笮自越嶲以東北君長以十數笮都最大史記云司馬相如定西南夷橋孫水以通邛笮即此

文狼

在峯州今隸安南秦漢屬象郡交趾郡唐以後失之林邑記蒼梧以南有文狼人野居無室宅依樹止宿漁食生肉採香爲業與人交市若上皇之民按水經注即文郎馬神國近山以木爲城居民築室類三佛齊五色布纏首腹背多裸下體以縵圍之人死貯甕以葬入山深處有村名烏龍里彈其人盡生尾遂人羞澁掩面欲避然地饒沙金番人携貨往市擊小銅鼓爲號貨列地上却立山中人前視貨當意者留金貨側持去或曰馬援遺兵流寓號馬留者殆其苗裔云

泉郎

今福建泉州府州之夷戶也亦曰游艇子即盧循之餘晉末盧循寇暴爲劉裕所滅遺種逃叛散居山海至今種類尚繁唐武德八年都督王義童遣使招撫得其首領周造麥細陵等並授騎都尉令相統攝不爲寇盜貞觀十年始輸半課其居止常在船上兼廬海濱隨時移徙不常厥所船頭尾尖高當中平濶衝波逆浪都無畏懼名曰了鳥船

儋耳

在廣東瓊州府儋州山海經儋耳即離耳也皆鏤其頰皮上連耳斤狀似雞腸下垂在海渚不食五穀食蚌及鱉而已

生黎

在廣東瓊州府儋州俗呼山嶺爲黎人所居號曰生黎殺行人取齒牙貫之于項以衒驍勇弓刀未嘗離手弓以竹爲絃績木皮爲布尚文身富者文多貧賤文少但看文字多少以別貴賤觀禽獸之產識

春秋之氣占諸芓之熟紀天文之歲又瓊州生黎無城郭殊異居北譯語難辨其言不知禮法須以威服巢居深洞績木皮爲布以木棉爲毯性好酒每醞釀用木皮草葉代麴蘗熟以竹筒吸之打鼓吹笙以爲樂男則鬉髮首揷梳帶八角爲瓔飾好弓矢削竹爲箭簇銳而無羽女則文領穿耳垂環病無藥餌但烹羊犬祀神而巳

麽些　在雲南麗江府夷人六種俱隸維西通判治一麽些即唐書所載麽些兵是也元籍麗江明萬歷間

麗江土知府木氏寖強日率麽些兵攻吐番地吐番建碉樓數百座以禦之維西之六郁喇普其宗及普康葉枝皆要害拒守尤固木氏以巨木作碓曳以擊碉碉悉崩遂取各要害地屠其民而徙麽些戍焉後漸蕃衍倚山而居覆板爲屋檐僅容人自建設流官俱極恭順畏法讀書識文字者有之

古宗　在雲南麗江府亦隸維西通判治即吐番舊民也有二種皆無姓氏近城及其宗喇普明木氏屠未盡者散處于麽些之間謂之麽些古宗奔子欄阿墩子者謂之臭古宗語言雖同習俗性情迥殊麽些古宗大致同麽些惟婦髻辮髮百股用五寸横木于頂挽而束之耳環細小與麽些異臭古宗以土覆屋喜樓居近衢市者男則剃頭衣冠尚仍其舊僻遠者男披髮于肩冠以長毛羊皮染黄色爲捲頂綴紅線纓夏亦不改第其性皆強悍偏執而難制稍不如意則糾黨夕鬥喇嘛排解之乃散其受治于流官俱執自明以來之舊規爲謊流官至其地矯之微不近情輒鳴鼓聚衆執仗露刃而逐之官以不順激變皆隱忍

不上聞益足以長其姦近更鴐鶩然順以撫之亦可馴也

那馬　在雲南麗江府亦隸維西通判治本民家即僰人也浪滄弓籠皆有之地界蘭州民家流人巳莫能考其時代亦多不能自記其姓氏麽些謂之那馬遂以那馬名之語言實與民家無異男女衣服之飾雜用古宗麽些之制而受制于麽些

巴苴　在雲南麗江府亦隸維西通判治一名西番亦無姓氏元世祖取滇渡自其宗隨從中流亡至此者

不知其爲蒙古何部落人也滄浪江內有之板屋棲山與麽些雜居亦麽些頭目治之婚喪信佛與麽些無異惟兄弟死嫂及弟婦歸于一人俗頗劣于麽些

栗粟

在雲南麗江府亦隸維西通判治近城四山康普弓籠奔子欄皆有之性剛很嗜殺然麽些頭目土官能治之年奉頭目麥黍共五升新春必率而拜焉栗粟種類在滇省各夷中爲最劣維西者雜處于各夷中而受制于麽些長猶較馴順

怒子

在雲南麗江府徼外居怒江內界連康普葉枝

阿墩之間迤南地名羅麥基接連緬甸素號野夷怒子性怯而懦其道絕險而常苦栗粟之侵凌而不能禦也雍正八年聞我

聖朝已建設維西相率到康普界貢黃蠟八十觔麻布十五丈山驢皮十麂皮二十求納爲民永爲歲例

上許之犒以砂塩官嚴諭頭目俱約其栗粟迺年其人以所産黃連入售內地夷人亦多負塩至其地交易人敬禮而膳之不取值衛之出自入貢以來受約束知法度省志乃謂其剛狠好殺過於此夷人之六種也

秤戞

在雲南永昌府瀾滄江怒江之極北野人也黑齒繡面以包穀爲食禾稻間有不服王化稱長腿者其酋也偶野人渡江至保山縣境買牛還遇汛兵疑爲盜阻留盤詰即殺兵逝歸縣差追緝長腿挺身拒捕差復斃保令會同永昌鎮領兵八百往討分駐三台山二別邏以聲討倡亂者自初夏進勦孟秋甫奏凱雖有斬獲而首惡稱長腿究未成擒後用土官率土兵進始伏誅獲其首以獻初秤戞恃險負固並未與官軍一戰自稱長腿死始漸出就戮秤戞乃平事

在乾隆庚申辛酉間

獠子

在廣東廉州府欽州巢居海曲每歲一移椎髻鑿齒赤裩短褐專欲喫人高梁已下送葬皆打鼓舂堂吹笙簫用藥箭

俚人

在貴州鬱林縣今廣西潯州府貴縣古西甌駱越所居漢谷永爲太守降烏滸人十萬于此又郡連山西有俚人皆以烏滸諸夷率同一姓男女同川而浴生首子即食之云宜弟居止接近葬同一墳謂之合骨非有戚屬大墓至百餘棺凡合管者則去婚異

六聘女既嫁便鈌去前一齒異物志烏滸南蠻之別名巢居鼻飲無親戚重寶貨俚人滕氏有竹使銅虛符傳云漢朝所假至今存

獽人　今四川成都府簡州有獽人言語與夏人不同嫁娶但鼓笛而已遭喪乃立竿懸布置其門庭殯于他所至其體骸燥以木函盛置于山穴中李膺記云此四郡獽也又有夷人與獽類又有獠人與獽夷亦同但名字有異而已

猺人　在潭州今湖南長沙府其俗褋有夷人名猺自

言先祖有功免徭役也

賨人　在四川綿州寰宇記按九州記州之賨人族人皆夷也又有賨人勁勇鋭而善舞故古有巴渝之舞世號板楯蠻

族人　在四川綿州華陽國志秦昭襄王時白虎爲害乃募能殺者時夷人朐䏰廖仲藥秦精等伏弩于高樓射殺之昭王曰虎歷四郡凡害千二百人一朝除之功莫大焉乃刻石與盟曰秦犯夷輸黄龍一雙夷犯秦秦輸清酒一鍾九州記賨人族人皆夷也

臺人　在白州建寧縣今廣西鬱林州博白漢郊祀志建寧縣有三種夷猑狏臺惟臺人稍類夏人

猑人　在廣西鬱林州博白縣猑人緩褶半股惟椎髻異于諸夷

狏人　在廣西鬱林州博白縣狏人婦人偏袒皆露椎髻與諸夷異焉

高梁人　在廣東廉州府欽州不種田入海捕魚爲業婚嫁不避同姓用臘月爲歲

幵種人　在甘肅蘭州府狄道州古西羌地寰宇記西

羌傳羌無弋爰劍曾孫忍及忍子幵最豪健故羌中號其後爲幵種秦始皇時務並六國兵不西行故種人得繁息及秦并天下築長城以界之衆羌不復南渡至漢與匈奴冒頓兵強破東胡走月氏臣伏諸羌景帝時幵種留何率種人求守隴西塞于是徙留何等于狄道安固城即今治

贛巨人　在廣東潮州府海陽縣鳳凰山一名翔鳳山有鳳凰水昔有叟居來此集因名山多相思樹有神形如人披髮迅走山海經南方有贛巨人人面長脣

黑身有毛反踵見人人笑亦笑笑則唇蔽其面即逃郭景純云即梟陽蓋此也

啰哩户　在甘肅秦州乃回回之别種也漢人不與通婚姻自相嫁娶有以兄弟娶姊妹者有以姑姨配甥侄者清水秦安等縣亦有之明秦襄毅公紘爲秦州道時稍革其俗

蕃户　在豐州今陝西榆林府葭州春秋時戎狄之國戰國屬趙後漢羌胡擾亂城邑皆空唐貞觀四年突厥降附乃于此分靈州之境置豐州都督府不領縣

惟領蕃户

蜑户　在廣東廣州府新會縣爲縣所管生于江海居于舟船隨潮往來捕魚爲業若居平陸死亡即多似江東白水郎也

盧户　在廣東廣州府新會縣海島中乘舟捕海族蠔蠣蛤蜊爲業

大頭猓玀　在雲南元江州之新平臨安府之嶍峩西縣境有山曰魯魁界連楚雄極深峻約廣百餘里頂有泉如十畝池大旱不竭繞山皆腴田夷人久踞據巢不納賦税林深箐密路道旁襍其性兇悍善鎗弩時爲盜以布纏頭十餘層如栲栳土人呼爲大頭猓玀向遇春冬則下至近山村落挾索保頭錢各户派給之稍不遂即肆焚殺民苦其擾

國朝雍正中夷衆烏合破新平掠閭閻刼倉庫取梨園行頭冠服鼓吹宴慶于城山之上復犯嶍峩遇大兵擒其魁進勦搜山無辜者仍發回安插惜未乘時盡遷之近雖漸被

王化而纏頭習技如故人仍呼之爲大頭猓玀云

都老　在廣東廣州府通典五嶺之南人雜夷獠不知教義以富爲雄鑄銅爲大鼓初成懸于庭中置酒以招同類又多搆讐怨欲相攻擊則鳴此鼓到者如雲有鼓者號爲都老羣情推服本之舊事南越王尉佗于漢自稱蠻夷大長老故俚人呼其所尊者爲倒老語訛故又稱都老也

木客　在廣西平樂府平樂縣湘州記縣多曲竹有木客形似小兒歌哭行坐衣服不異于人而能隱形山居崖宿至精巧時出市易作器人亦無别就人换借

皆有信義言語亦可解精別木理又江西吉安府泰和縣盧陵異物記有木客鳥大如鵲千百爲羣飛集有度不與衆鳥相厠俗云是木客化爲此鳥也

山都　在江西吉安府盧陵縣異物記盧陵太山之門有山都人不知其流緒所出髮長五寸而不能結裸身見人便走避之種類疎少曠時一見然自有男女焉可長四五尺能嘯相呼常在幽昧之間亦鬼物也按異物類苑山都人面黒長身有尾踵見人則笑笑則上脣掩目按諸書言人都鳥都猪都皆不爾此乃誤以狒狒爲山都耳

赤蝦子　在廣東廣州府順德縣王漁洋池北偶談雙槐歳鈔東粵順德縣有地曰壽星塘山水幽勝有物名赤蝦子如嬰兒而絶小自樹杪手相牽掛而下笑呼之聲亦如嬰兒續續垂下甫至地而滅俗謂蓬萊仙女遺類也諾臯記載昔有姚汪王三姓食都樹皮餓死化爲鳥都皮骨爲猪都婦女爲人都皆棲大樹即如人形而絶小男女自相配偶在樹根者名豬都在樹尾者名烏都在樹尾可攀及者名人都左腋下有鏡印濶二分其禁有山鵲法打土壟法食其巢味如木芝有術者周元大能禹步爲厲術以左合亦索圍木斫之樹仆剖其中三都皆不能化乃執而烹之周櫟園詩人都擁樹形同鳥是也又月山叢談載廣西思恩縣近村樹杪有二人約長一尺五寸武人裝束白竹纏芒屩其行如飛此當即赤蝦子之類蓋閩粵皆有之

庚定子　在明州鄮縣今浙江寧波府鄞縣東海上有野人名庚定子舊說昔從徐福入海逃避海濱亡匿姓名自號庚定土人謂之白水郎脂澤悉用魚膏衣服兼資絹布音訛亦謂之盧亭子也

猺狑犵狫不狼聚　在湖南辰州府西北四十里酉山口其名皆犬屬葢盤瓠子孫也

黄教喇嘛　在雲南麗江府維西治番僧也番謂僧爲喇嘛分黄紅教維西皆有之紅教之類甚繁黄教止達賴喇嘛一種皆古宗出家者阿墩子之壽國寺楊八景寺奔子欄之東竹林千餘人皆是也不近色而貪財戒殺而食肉禮佛誦經其經譯以華語皆與中

土同惟無楞嚴經蓋佛產天竺即緬甸與土番界相傳達磨譯教于其地而佛教興至今已千六百餘年矣黃教喇嘛起最後濶袖長衣隆冬亦露兩股著古宗靴而不衣袴衣黃衣冠黃冠故謂之黃教初紅教強欺黃教第五世達賴喇嘛預識我

大清之必撫有中土也於

太宗文皇帝時叚道蒙古入貢

盛京獲封號延至今黃教在維西者皆達賴喇嘛法子

紅教喇嘛　相傳有十三種雲南麗江府維西治惟格

馬一種格馬長五人謂之五寶輪廻生番地抅十餘世不滅人稱活佛維西五寺紅教喇嘛八百人皆格馬四寶喇嘛之法子也衣廚及褐被袈裟常年不去亦不衣袴夏戴平頂竹笠跣足冬戴平頂猩紅毡帽四蓮瓣向上圍于四方著襪朱履者多衣冠皆紅故謂之紅教其食嗜利與黃教等經籍亦同惟所奉祖師護法異古宗奉黃教者多麼些則止奉紅教雖舋日深黃教多強紅教以達賴喇嘛故終莫如何然則其明時欺黃教非即前世因耶按讀勒孤喇嘛紅教

十三教之一也凡喇嘛禪學有得者死投胎復生皆不迷其前世夷人均稱為活佛西藏讀勒孤喇嘛主死其徒卜其降生于維西之其宗乾隆八年喇嘛衆乃持其舊器訪之至其宗之日麼些頭人子名達機甫七歲指雞雛問母曰雛終將依母乎母曰雛終將離母也曰兒其雛乎有頃謂其父母曰西藏有至此迎小活佛喇嘛數十輩皆佛也曷欵留之父母以為譫力言之其父出視而喇嘛數十輩不待延皆入達機迎見跏趺于地為古宗語良久衆喇嘛奉所用鉢

數珠手書心經一册各以相似者副之達機均得其舊器服珠持鉢展經大笑衆喇嘛免冠羅拜迎歸西藏善知識喇嘛格馬四寶喇嘛之高第弟子也其前世死之年無考乾隆己卯年生于六村麼些通事王永善家丁亥年四寶命喇嘛數人以金銀馬驢值七百金之物來永善家迎焉永善送入藏每程未至之先山川之狀善知識皆能先言之善知識非名其品第也以華言譯之也按喇嘛佛教輪廻轉世是為理之所無而事之所有齊諧之外怪不勝誌雖非于衆

夷人之外别爲生育者而其恠也人也夷也故于蠻部後紀之

堪布喇嘛　廣法寺僧也本名雍中喇嘛寺舊隷大金川大金川原名促浸小金川原名儹拉兩金川既平析促浸爲綏靖崇化二屯儹拉爲懋功撫邊章谷三屯寺距崇化屯署三里久燕燬乾隆四十一年重修

御書正教恒宣額賜今名

欽差堪布喇嘛主持西藏人倒帯徒弟十六名俱黄帽黄馬褂西藏小喇嘛及土喇嘛俱披黄袈裟共百數十人食

天糈有定額俗有黄紅教之分堪布爲黄教宗師番民信重每年正月十五十月十九兩日四方土司頭人等挈妻孥挾百姓以萬計赴寺誦經徼佛福進獻牛羊肉脯如山積酥油酪漿以斗量其土司頭人及妻女咸跪獻哈達三尺許長素帛也間有大喇嘛親手爲之持咒挽結套其頸而撫摩者殊自慶幸人皆羨之彼亦揚揚有喜色饋獻不留餘力此兩次大會日期各挑布札一次大憲爲之代　奏衣冠俱

賜自何方故極其鄭重跳時人各左手執雜器右手執連鬚腦骨一片共相舞蹈或龍頭虎額或長袖峩冠兼飾枯髏如人雜演其間鐘鼓喤喤屢舞僊僊聒耳眴目擾擾竟日五十年各憲捐俸重修金碧璀璨彌復壯觀懋功屯亦有喇嘛寺一所例挑雜谷腦番僧住持三年一換俱　奏請

欽定勅名勝因寺屬廣法寺堪布喇嘛管轄

薄海番域錄

新疆一

山左武定邵大緯星巖氏述

哈密　在甘肅肅州西六十里嘉峪關外雪山之南自關西行九十里至惠回堡驛又七十里至赤金湖驛又四十里至赤金甲驛又九十里至玉門縣城綏逆營驛赤金湖驛南二十里有赤金甲營至玉門縣一百二十里自玉門縣西六十里至柳溝驛又七十里至布隆吉驛又西九里至小灣驛偏西北行四十里至雙塔堡自小灣驛至安西州七十里自雙塔堡至安西州一百二十里又柳溝驛西偏北五十里有橋灣營西至安西州二百里又布隆吉驛南九十里有踏實堡北至安西州九十里自州北行九十里至白墩子又北偏西八十里至紅柳園又北偏西七十里至大泉又北偏西六十里至馬連井子又北偏西七十里至星星硤又北偏西九十里至沙泉子又北八十里至苦水又北一百四十里至格子烟墩中有天生墩又北六十里至長流水又北七十里至黃蘆岡又北九十里至哈密城此東路也又自安西州西行

六十里至瓜州營驛又西七十里至甜水井驛又西七十里至圪塔井驛又西七十里至燉煌縣中立沙州營縣北七十里設黃墩營自縣西行歷土窰子轉而北歷青墩硤博羅特古大泉苦水紅柳硤轉而東北歷哈什布拉仍至黃蘆岡入哈密此西路也人不常行哈密正東有蔡湖又東即塔爾納沁北數百里抵瓦刺以天山爲界大約自關西行十一二日即至其地古伊吾盧地唐爲伊州安史之亂盡沒吐番元封其孽忽納失里于此爲感武王前明曾臣屬中夏立赤金沙州衛哈密衛駐重鎮而哈密最西部落雜居有回回畏兀兒哈剌灰三種各立都督佐之旋不能守然其地故壘烽台遺蹟可尋

國朝歸入版圖商賈雲集百貨備俱儼然一大都會康熙時準噶爾犯之逾哈密而東犯黃蘆岡命將驅逐而逸雍正時

天兵西下額魯特鼠竄棄巴里坤而逃軍需皆由哈密轉運乾隆十九年掃蕩伊犂諸軍皆出嘉峪關哈密爲糧餉總滙之區乞軍務告藏至今邊外各城歲須稰

項仍由哈密撥解運往建城一處四里有奇其西里餘即哈密回子之城其王曰伊薩克管下回子六城曰哈密曰素木哈爾灰曰阿思他納曰他哈奇曰拉珠楚克曰哈拉托巴皆伊薩克屬也傳其子無別色伯克管轄其地有天山行人過此必下馬拜馬鬉山有望鄉台李陵題字處合羅川唐回鶻公主所居基址尚存地無水多雪雪消乃得水其人寡弱不滿二千户多貧苦言語與新疆回子不同衣相似但帽圓翅短耳夏熱冬寒產瓜葡萄北即巴里坤南即闢展為嘉峪關外第一門户設鎮守辦事大臣一協辦大臣一

闢展　在甘肅肅州西六十里嘉峪關外雪山之南自關西行一千四百九十里至哈密自哈密西行六十里至頭堡又六十里至三堡又偏南直西行七十里至鴨子泉又八十里至瞭墩又九十里至梧桐窩又七十里至三間房又一百二十里至十三間房又一百三十里至七克騰木中有苦水井又五十里至蘸魯圖又六十里至闢展城自梧桐窩以南皆戈壁吐

魯番所屬回城也溽暑非常而東北山有風洞故數百里內多怪風或黑或黃掀山飛石驢羊之類遇之輙吹去無踪地當孔道東界哈密西至哈喇沙拉北通烏魯木齊之齊克達巴為南路衝途有城垣乃吐魯番所屬雍正時額魯特騷擾其地其大頭目伊敏和卓投誠歸化移其人衆于安西沙州以避之今燉煌乾隆二十年後平定伊犁吐魯番回子仍歸故土設整飭巴里坤分巡鎮廸糧務兵備道兼轄哈密闢展烏魯木齊木壘等處事務

吐魯番　在甘肅肅州西六十里嘉峪關外雪山之南自關西行二千二百八十里至闢展自闢展西行六十里至連木沁台又六十里至勝金台驛又九十里至吐魯番羅卜諾爾在其南有路通之乃漢之車師四面皆山相傳故唐交河縣治明永樂中入貢成化中酋阿力寖強引兵攻哈烈屢犯甘肅萬歷中又來貢始甘肅無北寇專西防吐魯番最奸狡自阿力以來皆挾哈密邀利隆慶後不復言哈密事吐魯番頗息肩而北患日熾矣其俗候暖少雨雪宜麻麥產瓜

果羊馬多僧寺奉佛
國朝雍正時額魯特騷擾闢展其大頭目伊敏和卓著有勞績封郡王駐闢展吐魯番乃其子公蘓拉滿之所居也統轄回子六城皆蘓拉滿之阿爾巴爾世襲土官入户惟吐魯番最多然亦不過三千餘家耳按吐魯番于順治十三年入貢康熙十二年國王瑪墨忒塞伊忒韓復遣其臣兀魯和隆等獻馬其表畧云吐魯番國某上言于乃聖乃仁天下治平
皇帝陛下恭惟

皇上一統攸同何異于古之占什特惠澤羣生相同乎昔之達剌汗法紀軍威比隆于楷黒塞勞聰明格物媲美乎伊思謙達爾
皇上睿知天錫如日升之無不照撥亂爲治如月恒之無不臨旌旗閃爍超越乎畢烏咸耳
皇恩浩蕩出于度量寛仁
國祚無疆而萬國咸寧
洪福靡極而
皇圖應運後稱一千八十三年二月十八日又二十一年

上言伏以我
皇上猶昔者斯堪達爾之君一統金甌扎穆西特之君藻鑒五行亦若化日普臨率土景星光照萬靈抑猶哈他穆之君廣施恩惠汝思他穆之君勇力絶倫譬之矛鋒之鋭龍爪之威莫敢正向而覩云云明陳誠使其國還言城北百里有靈山最大土人言此十萬羅漢涅槃處也近山有高台入山二十里至一峽得石屋供小佛像五前有池池東山石青黒遥望紛如毛髪言此十萬羅漢洗頭剪髪處也緣峽東南行六七

里登高崖崖下小山纍纍白石成堆似玉輕脆不可握堆中有若人骨狀者堅如石色澤明潤言此十萬羅漢靈骨也又東下石崖崖上石笋如人手足稍南至山坡坡石瑩潔言此辟支佛涅槃處也其國文字有毛詩論語孝經子史集大葬經唐韻玉篇其人貌似高麗辮髪垂肩女子亦然其地夏日酷暑非常東南一帶沙山絶無草木日光照射尤不可耐故俗呼曰火燄山也冬日和暖無嚴寒大雪土產麥穀芝麻其甜瓜西瓜並皆佳妙土田肥沃亦多棉豆然多貧

苦語言與回疆回子可通衣帽無異北里許多怪風驢羊遇之輒吹去南皆戈壁即瀚海西南五百餘里爲羅布淖爾即星宿海也自闢展西至和闐四五千里之南自和闐南至後藏四五千里之東皆星宿海其統轄拉和卓回城即漢都護定遠侯班超屯劄之所也其鄰爲火州柳陳黑妻設鎮守領隊大臣一

喀喇沙爾

在甘肅肅州西六十里嘉峪關外雪山之南一作哈喇沙拉自關西行二千四百九十里至吐魯番自吐魯番西行六十里至布幹台漫西南行五

十里至托克遜台西北行至朱爾土斯路乃由烏魯木齊至阿克蘇之路自托克遜台西南行七十里至蘇巴什台西南行一百三十里至庫木什哈傳台西南行一百二十里至額爾克齊台西南行七十里至烏沙克他爾台西行八十里至特伯爾古台西行七十里至喀喇沙爾原係回城康熙時準噶爾吞併回人逃亡死絶其地竟無人烟移霍碩特人來此游牧乾隆二十年間大兵平定伊犁霍碩特多遭誅戮其餘逃散地竟空虛創建一城東西南三門圍僅二里牆亦卑薄三十五年後土爾扈特來歸始將其汗渥巴錫部落霍碩特貝勒恭格部落安插于著勒土斯令其資生並將噶子滿回子二百户移歸庫爾勒回城所有哈喇沙爾城垣左近一帶地方均給土爾扈特和碩特人等游牧且教之耕種開都河兩岸及著勒土斯牧場氊帳雲屯皆伊等居住也數年以來漸知耕種之事然其人貧苦懶惰性刁野好偷竊搶奪婦女尤無恥到處可以宣淫而針黹女工遠勝于回婦也極貧之男婦子女多鬻于各城回子爲奴往往

盜馬偷衣不知所適馬湩爲酒謂之氣可牛乳爲酒謂之阿拉占敬喇嘛與額魯特同著勒土斯圍踰千里水草暢肥宜游牧畜設鎮守辦事大臣一

庫爾勒

在甘肅肅州西六十里嘉峪關外雪山之南自關西行三千一百五十里至喀喇沙爾自喀喇沙爾西南行一百里至哈爾哈阿滿台又南行六十里至庫爾勒台回城也回子七百餘户內多情蘭回人地土遼濶開都大河之水縈洄旋繞多魚多蘆雁蒲鴨鷗鷺成行土産大米二麥集吉草可以爲飭葡萄

瓜果無不茂盛其人好訟不知禮法惰嬾回子之風也

布古爾　在甘肅肅州西六十里嘉峪關外雪山之南自關西行三千三百一十里至庫爾勒自庫爾勒西南行七十里至哈拉布拉克台西行一百里至庫爾楚台西行一百六十里至策達雅爾台西行六十里至洋薩爾台西行一百里至布古爾台回城也經兵燹逃亡無遺子回疆平定移惰嬾回子居之益別種也土産羊皮酥油猞猁猻銅城之南皆戈壁馬行三

四日山場豐美多野牲益南皆沮洳近星宿海矣蘆葦湖灘綿邈無際爲西入回疆咽喉之路自葉爾羌和闐喀什噶爾阿克蘇沙雅爾來者雖由山徑荒灘而行亦必由布古爾葦湖土橋過渡舍此別無路徑也

庫車　在甘肅肅州西六十里嘉峪關外雪山之南自關西行三千七百里至布古爾自布古爾西行一百里至阿爾巴特台漫西北行一百四十里至托和柰台西行六十里至庫車龜茲國故地也城矩方圍九里有奇四門依山岡爲基牆皆高丈許柳條沙土密築而成地勢高望之巍然儼如金湯之聳峙也回子歲納糧爲官兵口糧納銅送烏什鑄錢納硝磺送伊犁備用幅幀寬廣地處衝途爲西入回疆之門户也南數十里外皆戈壁馬行三日山場豐茂多野牲無人烟益南近星宿海矣庫車回人懦弱而偷安畏強梁不知恩義喜酣歡狂歌風俗質樸節儉庫車北至扣克納克即雪山奇寒大雪不可居處草肥回子皆來牧放西北山勢拗折石土夾立嶙峋嶮峻爲西入

阿克蘇必由之路東至布古爾止出硇砂之山在城北山多石洞春夏秋洞中皆火夜望如燈萬點人不可近冬日極寒大雪火息土人往取赤身而後可入硇砂皆産洞中如鍾乳形庫車少雨歲不過微雨一陣或竟無雨耕種皆資開渠灌溉城東托和柰泉水最肥近城皆北山之水分河三道西即渭干河回民熟于開渠引水之事城北二十里有小佛洞山石鑿穴繪佛城西六十里蘇巴什復有大佛洞其山前後上下鑿洞四五百處内皆五彩金粉繪西番佛其最

高一洞三楹壁鑿白衣大士之像漢楷輪廻經一轉餘皆西番字跡不知誰氏之爲城東南十里破牆一段長五里餘雖係土城而修築高厚堅實堞雉猶存非回城也土人傳爲漢時屯兵之所然無可考庫車原係回疆大城回户三萬家經霍集占之亂且連遭凶荒死于饑饉兵火幾無遺孑所餘僅千户耳

天兵平定庫車之時城內惟遺羊七隻牛三頭乾隆二十三年以來休養生息家給人足迄今最貧苦之小回子亦有牛羊馬匹出有衣家有食吉凶皆足以成禮

設鎮守辦事大臣一　鎮守帮辦大臣一

沙雅爾　在甘肅肅州西六十里嘉峪關外雪山之南自關西行四千里至庫車自庫車西南行一百六十里至沙雅爾回子小城也城緊依渭干河圍牆傾圮一荒凉村堡耳回户七百餘家歲納糧銅硝磺地土下濕炎熱宜于粳稻諸果皆佳而梨尤甘鬆可食西南山中林木蘆葦千里無際產猪狮猻狐狸多虎近城多葦湖以故夏多蚊如塵如霧至日夕尤甚回子皆以布爲帳幔晡時男婦子女皆入布帳中避之滿城牲畜咆哮身血津津然二更後始漸寧帖其人樸野誠實然亦好訟婦女好顏色多有美麗者風俗與庫車相似

賽哩木　在甘肅肅州西六十里嘉峪關外雪山之南自關西行四千里至庫車自庫車偏西北行一百六十里至河色爾台又西行四十里至賽哩木乾隆二十三年

天兵至庫車賽哩木回子首先迎降當大道之衝出寶沙可以攻玉但在雪山之麓氣極寒八九月間木葉盡

脫間有桃杏交冬須聚土埋藏不然來春枯矣霜早惟二麥豌豆甜瓜葡萄有收餘皆不堪多種產銅硝風俗誠實敦厚無回子惡劣之習喜暢飲酣歌與庫車回子同

拜城　在甘肅肅州西六十里嘉峪關外雪山之南自關西行四千二百里至賽哩木西行八十里即拜城城最小回户四五百家糧果產者甚稀路當孔道其人多烏什回衆爲霍集占所惡逐之拜城

阿克蘇　在甘肅肅州西六十里嘉峪關外雪山之南

自關西行四千二百八十里至拜城自拜城西行九十里至鄂依斯唐可齊克台西行八十里至察爾齊克台西行一百二十里至哈拉玉爾滚台西行八十里至札木台又西行八十里至阿克蘇一大回城也有二萬餘户其人誠樸無華然亦好訟易惑亂回子之陋習也人多技藝善攻玉製器精巧繡鹿葦爲韉田土寬廣芝麻二麥穀豆棉花果菜之品充園塞圃酒肆茶坊鱗集街市每八栅爾期會也市集商販摩肩喧塡竟日產梨最佳歲充土貢地居衝要爲西至各

回城北往伊犁四達必由之孔道設鎮守辦事大臣一

烏什　在甘肅肅州西六十里嘉峪關外雪山之南自關西行四千七百三十里至阿克蘇自阿克蘇西行八十里至察爾拉克台又西行八十里至阿察他克台又西八十里至烏什西即喀什噶爾此路並未安設軍台東南去庫車千里本係回城回人謂之土爾番華言都會也城依南山諸峯環抱大河縈繞其北人户本兩三萬家準噶爾時最爲表著其阿奇木伯克霍集斯乃準噶爾汗達瓦齊之所立也

天兵入伊犁達瓦齊父子逃至烏什霍集斯擒獻中國以功封王爵乃屢經叛亂回民誅戮盡淨其錢名普爾每文重一錢二分每百謂之一騰格回子私用每五十爲一騰格抵銀一兩官設爐鼓鑄乾隆通寶普爾俱用紅銅其規模與內地制錢同哈喇沙拉普爾與制錢通用以西大小回城回子及兵民皆用普爾內地制錢不行哈喇沙爾以東則無普爾矣幅幀遼濶北界冰山即穆肅爾冰達巴山伊犁烏什之交其山

皆冰色白望如銀南北兩路之衝衢相傳須持斧鋤斫鑿成窩容足然後能過其西山望之如深青冰色黑其上不可往來烏什皆平川沃野山場林木草湖茂密皆布魯特人户游牧東至庫車西連葉爾羌烏什之城名永寧地方空濶杳無人烟惟綠營屯兵耕其荒廢之地嗣于阿克蘇葉爾羌和闐英吉沙爾賽哩木拜城等回城派撥回子七百餘户移駐烏什種地納糧數年以來屋宇田園漸盛矣設鎮守辦事大臣一

葉爾羌　在甘肅肅州西六十里嘉峪關外雪山之南烏什之西自關西行四千七百三十里至阿克蘇自阿克蘇南行八十里至渾巴什台又南行六十里至洋阿里克台又漫東南行一百里至都齊特台又漫東南行六十里至伊拉堵台南行五十里至烏土斯克滿台轉而西南行六十里至衙阿拉克台西南行七十里至庫庫兒台西南行八十里至巴爾楚克台西南行一百里至折克得里克托海台直西行七十里至寨爾吉努斯台西行七十里至畢薩克抵台

西行六十里至阿克薩克傌拉爾台西行八十里至阿郎格爾台西行九十里至邁那特台西行一百二十里至賴里克台西行九十里至愛吉特虎台西行七十里至葉爾羌回疆一大城也回子呼爲葉爾奇木乃霍集占祖孫父子巢穴居室壯麗緑琉璃瓦覆之今爲糧餉局園亭亦敞潤華麗今修爲辦事大臣衙署矣城池堅固圍十餘里幅幀寬敞田土壯平東界烏什西界拔達克山南控和闐北隣喀什噶爾西南一帶均與外藩連邉所屬十城曰葉爾羌曰哈拉噶爾里克曰托古斯堪曰三珠曰契藩曰塔克曰克可牙爾玉拉里克曰火沙喇可曰巴爾楚克最遠一城在葉爾羌西馬行十日界乎拔達克山之間者曰賽古羅十城俱有伯克惟葉爾羌人户獨多不下七八萬家九城各千户上下耳或曰葉爾羌古罽賓之國或曰大食月支之地迄今皆回子聚居矣葉爾羌與外藩連界邉外各國均來貿易衣冠詭譎形狀怪異之人奇珍異寶之物往往有之中原江浙之人不辭險遠各攜貨貲購覓寶玉葉爾羌回民最巧而性

怯懦惟大伯克之言是遵不敢少有忤慢俗尚宴會婦人多長于歌舞尤重百戲索銅爲繩架高八九尺一丈有奇回婦艷粧應鼓之節于繩上步履往來又以回童數人飾以鮮衣花帽使之觔斗回旋盤舞頗亦可觀羊之爲物最蠢而無識者回人以木三投圓頭細頸各高徑尺層層叠叠弄羊羔使之上于木頂又以高三尺者易之謂之羊上樹地產熊猴回人皆豢之以爲戲而舞九轉盤之戲亦不一而足又風俗淫佚喜男色有閩廣之風回童少聰俊輒不得免然

亦修飾妖媚與人燕好往往情密至長大而不能絕交豪強土霸日增其寵小回子少有積畜皆爲咀嚼而去以故人户不能殷實多缺衣食之人葉爾羌河中產玉大者如盆如斗小者如拳如栗有重三百六七十觔者各色不同白如雪青如翠黃如蠟赤如丹黑如墨皆上品一種羊脂硃斑碧如波斯菜而金片透洒者尤難得其河底大小石錯落平鋪玉子雜生其間採取之法遠岸官一員守之近河岸營官一員守之派熟鍊之回子或三十爲一行或二十爲一行

截河並肩赤脚踏石而步遇有玉回人即脚踏知之鞠躬拾取岸上營官擊鑼一棒官則過硃一點回子出水按硃點索其石子去葉爾羌二百三十里有山曰密爾岱達巴諸峯高峻遍山皆玉有青黃赤白黑之不同然石夾玉玉夾石甚多至純玉無瑕溫潤而大至千萬觔者則有絕高山峯之肋其上人不能覓足土產犛牛慣能登陟回子挾其乘牛而上鎚鑿任其自落而取之謂之礤子石亦曰山石每歲春秋二季葉爾羌土貢玉自七千至萬觔不等至葉爾河和闐之玉隴哈什河哈琅圭塔克河所產玉子無一定之額盡數交納皆由台運送京師私玉之禁甚嚴密爾岱達巴之西復有冰山一處勢益險爲葉爾羌痕都斯坦往來必由之孔道更有雪山在焉其上冰雪自古積滿其上冰雪之水自山陽上下春夏湧流散趨于南路各城以資耕種諸水皆聚于羅布淖爾即星宿海也設鎮守辦事大臣一鎮守協辦大臣一

和闐　在甘肅肅州西六十里嘉峪關外雪山之南自關西行六千零三十里至葉爾羌自葉爾羌南行七

十里至玻斯坎台轉而東行一百二十里至洛伙克涼噶爾台東行一百六十里至咽嗎台東行一百二十里至滚得里克台東行一百里至扁爾滿台東行一百五十里至哈拉哈什台又東行六十里至和闐又自庫車之南一百六十里至沙雅爾又南直行數百里至克里雅轉而西行經車兒至和闐回疆一大城也又南行二十日即後藏西界崇山峻嶺與外藩道路不通東皆瀚海沮洳益東即星宿海矣地處荒隅僻不隣大路所屬回城六處曰和闐曰玉隴哈

什曰哈拉曰齊喇曰克里雅曰他赫卜伊和闐其總
名也沃野千里回户三四萬家玉隴哈什河哈琅圭
塔克河皆有玉子多于葉爾羌河所產石榴木瓜蘋
果桃杏烏梅紅李櫻桃紅棗之屬所在成林而甜瓜
葡萄尤多以葡萄釀酒家有蓄藏其人誠樸敦實盡
力根本無游惰浮華之習男力稼穡女勤蠶織有和
闐紬絹繭雀塔爾布緻密光實非別城所有也或曰
和闐即古于闐也回子呼漢人為赫探漢任尚都護
西域以後亂遺其人衆于西和闐回子皆其遺種故
回子呼之曰赫探城和闐即赫探之訛音也然皆無
可考據矣按于闐舊志在沙州西南三千七百里葱
嶺之北二百里今甘肅安西州燉煌縣即沙州也于
闐東西五千里南北千里葱嶺以南撒馬兒汗最大
以北于闐最大于闐有河北流與葱嶺河合東注蒲
昌海名鹽澤南出積石為河源者也按阿耨達山在
于闐南據漢書河源出焉河一名首跋河亦名樹跋
河或云即黃河也北流七百里入戎水一名計首水
即與葱嶺南河同入鹽澤或言阿耨達山即崑崙山

是也其西水皆西流注西海國人每歲取玉于河曰
撈玉夜視月光盛處索美玉必得焉河分為三有白
玉綠玉烏玉之別又有地名哈寶地金銀所出土宜
五穀桑麻釀葡萄為酒木為筆玉為印善鑄銅器工
紡織好歌舞事佛神有比摩寺曰老子成道之所初
老子至此日日昇天與羣胡辭訣言我暫游天上尋
當下生其後出天竺國化為胡王太子自稱曰佛因
立此焉自高昌以西國人深目高鼻惟于闐貌似華
人稍知禮節相見䠊跪得問遺書戴于首乃發之由
漢以來中國詔書符節世傳相授以王為氏至唐姓
尉遲石晉時李聖天自稱唐宗通貢宋封硈鱗黑韓
王硈鱗者金翅鳥黑韓蓋可汗之訛云明永樂六年
其王打魯哇亦不剌遣滿剌哈撒木丁貢玉璞十二
年陳誠至其國見偪隣境頗羸弱人民僅萬計避居
山谷間永樂後西戎修貢不敢相攻始獲行賈諸番
國更饒富始于闐貢使每來必挾一鐺視之鐵也云
其來道流沙踰三月程無薪獨挈水行投鐺中即沸
故寶之設鎮守首領辦事領隊大臣一鎮守協辦大

臣一
英吉沙爾　在甘肅肅州西六十里嘉峪關外雪山之南自關西行六千零三十里至葉爾羌自葉爾羌北行七十里至喀拉布扎克台轉而東北行一百四十里至河色爾察木龍台又東北行五十里至托布拉克台又北行七十里至英吉沙爾西即拔達克山界
國朝設鎮守領隊大臣一
喀什噶爾　在甘肅肅州西六十里嘉峪關外雪山之南自關西行六千三百六十里至英吉

沙爾自英吉沙爾東北行八十里至庫森他斯渾台又北行九十里至喀什噶爾正東即烏什此路並未安設軍台又自喀什噶爾由牌素巴特至阿克蘇捷徑東南行至巴爾楚克台即阿克蘇至葉爾羌驛路回疆一大城也西域最爲表著爲西陲極邊要害之區回子布魯特耦耕雜處西北一帶雪山環抱過山皆外藩之布魯特游牧正西布魯特之外即安集延土宇曠遠與邊外各國犬牙相錯中外貿易人等日相逐于道路歲貢盪紬緞金銀絲紬緞布石榴木瓜膏蘋果葡萄乾之類金貨流轉水草甘肥牲畜繁息八户殷實九城種地納糧之回子三萬六千餘户其餘貿易回子伯克家屬阿渾毛喇海蘭達爾人等又不下二萬餘户城內紛華靡麗多妓女嫺歌舞殷實之户亦頗畜之織成金銀絲氈五色絨氊鏤金攻玉鑿銅鑲嵌無不精巧回子靴帽回婦束髮之帢齊巴克皆出其地商賈雲集八栅爾街長數里屋宇牆垣修整富饒殷實之地也俗尚宴會人皆知禮法循循然敬中國之長官不似阿克蘇以東之回子悍然村野而已設鎮

守參贊大臣一鎮守協辦大臣總兵官一
按喀什噶爾之南二百餘里曰英阿雜爾回城也爲外藩各國東入回疆必由之孔道最爲緊要之區田土豐美產穀豆瓜果黒欝又喀什噶爾西北二百里爲塔什伯里克回城八户係回子出其境即布魯特之地故官設四品阿奇木伯克以散秩大臣布魯特比阿齊穆充之其布魯特十九愛曼（村落也）皆散布于喀什噶爾葉爾羌烏什之間分有地界游牧貿生塔什伯里克回子亦歸其管轄即征討霍集占時阿齊

穆打仗有功賞給之地也土產二麥糜子而已喀什噶爾東北相距八十里爲阿拉圖什回城土田肥厚寬廣果木繁茂城池下濕產大麥葡萄桑石榴木瓜桃棗瓜麥之屬喀什噶爾東十里爲別什克里木回城地既相近風物土產約畧相同喀什噶爾西北一百三十里爲玉素納爾土什回城臨近雪山氣候冬寒土產麥糜桃杏桑瓜而喀什噶爾西北一百八十里爲握帕爾回城與布魯特地界相連其山嶺皆布魯特游牧喀什噶爾東北一百九十里爲阿爾古回

城緊依雪山多雪雞雪蓮雪蟾雪蛆回子不知取用惟取雪雞以充食而已東北而去四日可至伊犁但春秋冬雪深盈尺夏伏或可行走然亦無人往來地寒土產麥糜葡萄桑杏桃瓜雪山內外皆布魯特種人與回子雜處迤西北布魯特尤衆人戶數十萬家

巴里坤　在甘肅肅州西六十里嘉峪關外雪山之北即今鎮西府自關西行一千四百九十里至哈密自哈密北至南山口一百二十里出德勝關漫東北行六十里至松樹塘又漫東北行八十里至奎素又漫東北行至石人子腰站折而西行共七十里至巴里坤城由巴里坤西行九十里至望山驛偏東西南行歷頗漕溝至哈密南路之瞭墩以至闢展又自望山驛偏西西南行歷陶賴泉梧桐窩于塩池至哈密南路之七克騰木以至闢展巴里坤本準噶爾故地也南界哈密北鄰北套歸化城西通烏魯木齊進可以攻退可以防爲南北適中緊要之區乾隆三十七年設鎮西府府西八站建城一處曰古城駐防携眷滿兵以聯絡各城之勢西即奇台通判四十年改設奇

台縣地寒五穀不熟惟種青稞數年以來寒暄漸易可種二麥穀糜矣土產野雉白蕨姑多松氣候極寒多大雪惟五六月間無霜雪設鎮守領隊大臣一整飭巴里坤分巡鎮迪糧務兼轄哈密闢展烏魯木齊木壘等處事務兵備道一鎮守巴里坤總兵官一

古城　在甘肅肅州西六十里嘉峪關外雪山之北自關西行一千四百九十里至哈密折而北而西三百三十里至巴里坤而古城在府屬奇台縣之北偏西九十里烏魯木齊巴里坤交界至奇台縣有兩路一

自巴里坤北偏西北行九十里至蘇吉台又西九十里至肋巴泉台又西六十里至烏兎水台又西九十里至噶順台又西六十里至色必𠮷台又西四十里至大石頭台又西三十里至戈壁沿台又西九十里至三個泉台又西九十里至木壘河台又西七十里至奇台縣一自巴里坤西行九十里至望山驛又西九十里至肋泉驛又西六十里至㵐泉驛又西九十里至巨溝驛又西六十里至盤安腰站又西四十里至盤安驛又西二十里至三泉腰站又西九十里至三泉驛又西九十里至白水驛又西七十里至奇台縣而木壘在奇台之南九十里即東吉爾傌泰又由木壘至東吉爾傌泰由奇台至古城共計程二百三十里古城駐防携眷滿兵以聯絡各城之勢設鎮守領隊大臣一

烏魯木齊　在甘肅肅州西六十里嘉峪關外雪山之北即今廸化州自關外二千五百二十里至奇台縣自奇台縣屏營驛西行六十七里至浮遠驛又西九十里至濟木薩保會驛又西七十里至三台驛又西八十里至柏楊驛中有紫泥泉子又西九十里至阜康縣康樂驛又西南行七十里至黑溝驛又西六十里至烏魯木齊又在吐魯番之正北自雪山之南吐魯番西北行由陽和驛四十里至蘆溝驛又北九十里至通津驛又北八十里至山陽驛又北六十里至達板腰站又北七十里至望敦驛又北九十里至鹽池驛又北七十里至烏魯木齊亦準噶爾故地也額魯特強盛時多在此游牧今俱勦滅其地土宇曠平多林木煤鐵之利水甘草肥宜滋牧放而沃野千里堪資兵衆屯田自設鞏寧城以來商賈雲集優伶歌童技藝之輩趨利若鶩嘉峪關外繁華昌盛者此地為最且當孔道扼伊犁門户咽喉之要路紅山嘴上有廟一楹紅土壁故俗呼曰紅廟兒今設廸化直隸州所屬阜康昌吉兩縣城西沙岡産煤東西即博克達達巴嘉峪關西最大而著三峯孤聳氷雪晶瑩望之琉璃挿天虧蔽日月靈跡最著俗呼為靈山山頂有池寬廣宏深中有龍藏雲氣起則雨雪隨之其下百里泥淖不可登涉諸峯蜿蜒至紅山嘴止中斷

三里餘忽起高峯即福壽山也兩山斷處即烏納斯大河之水洶湧奔流經新城之東舊城之西向東南流赴齊克達巴而去新城距舊城八里城東二十里有湿泉福壽山夏多雨而熱多毒蟲蛇益西北皆平野膏田曰胡圖壁曰土克里克曰瑪納斯皆屯田之處山南一百八十里爲松山皆合抱老松多野牲雉肥如蠟土産阿魏壓油烏取松皮爲膏能已沉寒痨蠱之疾設鎮守都統一鎮守領隊大臣一提督甘肅安西等處地節制各鎮總兵官駐烏魯木齊

庫爾喀拉烏蘇　在甘肅肅州西六十里嘉峪關外雪山之北自關外三千零四十七里至烏魯木齊自烏魯木齊鞏寧驛漫西南行七十里至昌吉縣寧邊驛又西七十里至景化驛即呼圖壁又西六十里至樂土驛又西七十五里至綏來縣靖遠驛即瑪納斯也又西八十里至烏蘭烏蘇台又西七十里至安集海台又西七十里至奎屯台又西五十里至庫爾喀拉烏蘇設鎮守領隊大臣一

伊犂　在甘肅肅州西六十里嘉峪關外雪山之北自關外三千五百九十二里至庫爾喀拉烏蘇自庫爾喀拉烏蘇西行六十里至布爾噶齊台又西六十里至墩穆達台又西五十五里至古爾圖台又西五十里至托多克台又西一百二十五里至精河又漫西南行六十里至托里台又西南七十里至托和木圖台又西南行九十里至胡蘇圖布拉克台中分烏魯木齊伊犂交界又西七十五里至鄂爾哲土博木台又西六十里至塔爾巴哈大博爾奇爾台又西五十里至塔爾奇阿滿台又西六十里至伊犂又自雪山

之南阿克蘇北行八十里至札木台又北八十里至阿爾巴特台又西北行八十里至良噶爾台又西北八十里至圖巴拉克台又漫東北行七十里至胡期圖托海台又東北七十里至他木哈他什台又西北行一百二十里至噶克察哈爾海台又西北八十里至沙土阿滿台又西北八十里至特克斯台又西北一百里至和納海台又西北九十里至博爾台又西北七十里至索古爾台又西北九十里至海努克台又北五十里至巴圖孟可台又北六十里至伊犁正

西即哈薩克界其西南即布魯特本準噶爾故地也爲其汗王巢穴乾隆十九年阿睦爾薩納與準噶爾汗達瓦齊不和率其部落棄塔爾巴哈台欵關內附

上受其降命將征討平定伊犂達瓦齊就擒準噶爾境土盡入版圖築城一處十八里有奇曰惠遠城

特簡將軍駐劄統轄南北兩路滿漢索倫西熱察哈爾額魯特回子兵衆分布城外伊犂南有巨澤曰賽里木淖爾其神青羊大角多鬚見則雨雹其北爲哈布塔海山溫泉出焉浴之已寒濕疾又北他爾奇城烏哈

爾里克城屯田所也阿拉瑪圖山泉水南流爲烏哈拉里克水環城西北來開渠引之入城城無井官兵賴之南流入于伊犂河又北爲他爾奇山多果木伊犂之東一百八十里曰哈什山峯嶺高峻廻環數百里其上多銀下多野獸爲將軍圍場有哈什回子之城惠遠城東北四百餘里曰博羅他拉川駐防察哈爾兵伊犂東五十五里曰巴彥岱今爲惠寧城駐滿兵惠遠城東十五里有培塿爲控俄爾鄂羅山其下多煤其陰多鐵惠寧城東十五里曰固爾扎回子城

回子耕種伊犂東北爲穆懷圖多土蛇見馬則其頭入土筆立馬腹膨然不能行馬倒則入其鼻而鹽其腦伊犂北庫車托木山產元獺歲人貢東北濟喇噶朗山庫色木什客山多熊且有蘋杏山木藥草惠遠城南多雉兎伊犂河迅溜急湍然可通舟楫多白魚鯊魚水獺自哈什丕爾沁山河並山泉之水滙爲伊犂大河西北流過七百里入沙而伏伊犂河南川平而濶有八堡地曰綽霍爾曰巴圖蒙可曰沙而托海曰可特曼曰霍集格爾曰巴克其地皆深林豐草多

狼野羊有葦湖多黃羊野豕又南八十里爲察布察爾山高峯揷雲多松柏又南二百里爲特可斯河寬迅多激浪渡以舟冬煖西流入布魯特界伊犂南四百里地爲穆肅爾達巴山千峯萬仞皆冰厚八十里有鳥遺卵冰上極寒則卵裂而鳥飛其山神乃白鷹蒼狐也山之南之東多松柏油草爲官畜牧放之地惠遠城西皆平原曰賀勒果斯川四百里曰齊七罕川駐防索倫營兵達呼里兵北爲圖里根山博羅霍濟格爾山路通哈薩克之界又西北六百里爲阿拉

坦鄂木爾山其南為控鄂爾鄂倫山皆哈薩克之界油草最益于牧畜而阿拉坦鄂木爾多金處處禾稼暢茂享昇平之樂云惠遠城東南五百里為著勒土斯山與哈喇沙拉連界多油草額魯特土兵二千游牧其地城西南七百餘里曰他木哈山其西皆布魯特地界設鎮守將軍一鎮守領隊大臣五鎮守叅贊大臣一鎮守總兵官一

塔爾巴哈台　在甘肅肅州西六十里嘉峪關外雪山之北自關外三千五百九十二里至庫爾喀拉烏蘇

自庫爾喀拉烏蘇北行九十里至庫爾河台又北九十里至沙拉烏蘇台又西北行七十里至鄂倫布拉克台又西北八十里至烏爾圖布拉克台又西北七十里至雅瑪圖台又西九十里至沙拉活洛素台又西北七十里至色特爾莫多台又北七十里至塔爾巴哈台城又自烏魯木齊伊犁交界胡索圖布拉客台東北行亦至塔爾巴哈台此路並未安設軍台亦準噶爾故地也其種人曰打什達旡亦額魯特之屬其地本名雅爾又曰楚呼楚即阿睦爾薩納當年游牧之地乾隆二十年後準噶爾破滅阿睦爾薩納伏誅因而其地空虛土宇寬廣地居嚴疆南至伊犁八站以沁達蘭為界北至哈薩克七日以玉兒淖爾為界西至哈薩克三日以賽得爾莫多為界東至哈爾哈六站以庫爾哈達烏蘇為界北去俄羅斯不滿五百里兩地之卡倫相望為北鄙緊要之區伊犁屏藩之地有烏烏毛類雞大者觔許肥鮮過日棲止皆于樹杪俗呼為樹雞老鴉正綠似鸚鵡之翼多翡翠俗取以飾扇額米爾河洶湧浩瀚中多鱘魚鯊鰉水獺

各山皆産兎鹿麞麅野雞肥大羣飛多熊其毛蒼黃多四不像數百為羣按塔爾巴哈台舊在東南四站屯劄與北路之精河相對因多大雪深至丈餘有毒蛇人飲其泉往往感拘攣瘓癱之疾且多白蠅為害嘗觸人畜眼角輙遺蛆而去非膠粘之不出以故移駐楚呼楚改名塔爾巴哈台然奇寒大雪地處偏隅非四達必由之路哈薩克額魯特之外商賈不通人跡罕到究一荒涼地界而已設鎮守叅贊大臣一鎮守領隊大臣一

歸化城　在京師西北自京師出德勝門二十里至清河又四十里至昌平州又三十五里至南口度居庸關中有彈琴峽四十五里出關入平地名坌道又二十五里至榆林驛又二十里至懷來衛又三十里至土木堡土木距京二百里即明帝蒙塵處又四十里至保安城又四十里過雞鳴驛至上花園爲遼蕭后種花處上花園山路陡絶出此二十里地漸平又二十里至宣府自宣鎮西陽和保起至大同了角山六百四十餘里漢代郡鴈門地也由此七百餘里抵延

綏鎮又五百九十里至寧夏爲漢北郡地迤南至固原甘肅二鎮即漢安定張掖酒泉地自宣府迤東至遼鎮一千餘里即秦遼東遼西二郡地皆號沿邊扼要歷代防守今悉屬內地自宣府西北行五十二里至下堡地又八里至張家口兩山對峙中設一關環山爲城澗水自塞外入口名曰定邊河按燕築長城自造陽至襄平造陽在上谷界今張家口一帶是也自口行五十里至察汗托諾亥大壩猶華言白頭嶺也山下有河一道有蒙古沿岸穹廬以居此中有皇

莊與旗莊同蒙古雜處自此皆向西行五十里至博爾哈斯泰猶華言柳條溝也又六十里至哈喇郎又八十里至佐漢郭兒又八十里至他喇布納有古堆上有二石柱鐫蒙古朱字或云界石也又五十里入山至呼盧藕泰猶華言葦子溝也又五十里至阿托和又五十里至三小溪又二十里至葉不孫郭兒地稍平衍清水北流土人云心肺二山相連有九十九泉池按史元太宗嘗避暑于此又三十里踰峻嶺羊腸一道又五十里出山至昌阿兒托諾又六十里至

察莫都又十五里至歸化城周圍可二里惟倉庫及副都統署瓦屋餘寥寥土屋數間而已城中有甸城碑記乃延祐七年庚申十一月日建裕齋後人李文煥撰書城南有關夫子廟留帝志二册欲使遠人知忠義也城南負郭有黑河青塚古蹟塚前有石虎雙列白石獅子僅存其一光瑩精工必中國所製以賜明妃者也綠琉璃瓦礫狼籍似享殿遺址惜無片碣可考石礎有蒙古字譯之是喇嘛所作非古也其俗敬信喇嘛而可否惟命有少年顯者四人呼爲呼圖

克圖尊之若神明親之若考妣至梵宇之壯麗牛羊之供奉其餘事也按歸化城乃元之豐州設知州並倅官而轄于大同總管今設蒙古都統一員副都統一員管所部八千人乃扼要之地一統志王昭君墓在豐州西三十里地多白草此塚獨青故名青塚城西九里入祁連山有土城廢址疑即碑所云甸城者也遠望石峯叠翠入其中則平阜蜿蜒相傳元世帝后俱潛厝此山而不立陵墓

邊徼　　山左武定邵大綸星巖氏述

俄羅斯　在直隸宣化府西北張家口外一千六百餘里北邊外最一大國一名鄂羅斯自古不通諸夏東界朝鮮南界中國西北隣控噶爾東西之境二萬餘里南北窄狹自千里至三千里而止康熙二十七年潛入雅克薩侵我邊陲

遣使征討立即瓦解後復距雅克薩遣兵圍困彼勢蹙請和

特命大臣張鵬翮陳世安等往定邊界毁所修雅克薩城並盡撤伊國入距之人而東北數千里從未入中國之地咸歸版圖適符我

皇上數年前預料之神謀且索倫達古兒等國俱得安居皆

皇上睿慮周詳德威遠播之所致也三十二年鄂羅斯察漢罕遣使進貢

上曰鄂羅斯人材頗健從古未通中國距京師甚遠自嘉峪關行十一二日至哈密自哈密行十二三日至吐

魯番吐魯番有五種落過吐魯番即鄂羅斯之境聞其國有二萬餘里漢張騫出使西域或即彼處史載霍去病曾出塞五千里想或有之今塞外尚有碑記可考至外蕃朝貢雖屬盛事恐傳至後世未必不因此反生事端總之中國安寧則外釁不作故當以培養元氣爲根本要務耳按其國稱其王曰汗自察漢沒無子國人立其女爲汗以後皆傳女今已七代矣仍襲察漢汗之號其女主有所幸或期年或數月則殺之生女留承統緒謂其汗之嫡傳生男則謂他人

之種其人深目高鼻睛正碧鬚髮赤黃男女皆著氈以銀爲錢背其汗而以洋算成歲好樓居接見無論男女皆接吻爲禮無跪拜之儀嗜佳茗必調糖飲之以魚爲上饌大茴爲佳品必需大黃人人皆食之無則病矣官有文武皆懸刀刑罰極嚴土產海龍銀灰鼠及喀拉明鏡玻璃等物但銀錢微缺乏耳本爲控噶爾屬國乾隆二十年以後自恃其強不肯稱臣缺獻七年之久控噶爾未經責問而鄂羅斯轉發兵侵擾其境控噶爾汗始大怒發兵大戰鄂羅斯精兵八萬全軍覆沒又大發兵借土爾扈特精壯數萬赴敵又敗所存僅十之三以故土爾扈特恐懼于乾隆三十四年棄俄羅斯而投入中國而控噶爾兵衆十萬直壓俄羅斯國都察罕汗大懼仍復稱臣納幣外復納童男女各五百而罷其軍事焉

按聞鄂羅斯女主之立非察漢汗無子也初因察漢汗之妻逐其夫而自立其夫效秦庭之哭借兵爭鬥欲恢復又爲其妻勒兵拒之其夫戰敗不知所終然後女主定位任意妄爲頗有所幸亦如選面首三

十人之事生女則爲嫡嗣而承統鄂羅斯雖云一姓相傳不知其幾千年然其女主各有所幸所幸之女知有母而不知其父以女嗣位已歷七傳亦所謂以牛易馬以呂易嬴耳

控噶爾　在直隸宣化府西北張家口外一千六百餘里俄羅斯之西北回子最大一國也幅幀極寬包俄羅斯東西之界益北不可考其邊境矣稱其王曰汗其大頭目亦謂之阿奇木伯克各有城池人戶自萬戶至十餘萬戶不等均其汗之屬人也汗所轄阿奇

木伯克一千四百餘人建都之城謂之烏嚕木南北經過馬行九十餘日東西亦然城門二千四百餘處城內大江三道山河澤藪不可勝數田園類古井田之法其汗所居宮室深邃壯麗黃屋朱門飾以金玉地產黃金白銀多于石子珠璣象貝寶玉珊瑚習見不鮮自鳴鐘表紬緞氈絨尤多奇異比户豐裕不知人間有缺乏衣食之事俗重寶石以赤者爲上如拳如鵝卵者人人佩之黃金爲錢重二兩許通行濟用風俗醇美坦白敦實無詐僞詭譎之習知禮讓人倫

與中國暗合迥非西域各國禽行獸處之可比好諷經禮拜天地男女皆然不喜戰爭以故國雖富強從不無故侵凌弱國而兵皆精銳鎗及二百步箭射石多没鏃寸許人以死敵爲勇敗歸則不齒于人寓兵于農如有他國相侵臨時酌派應敵鄂羅斯爲其屬國缺貢弄兵汗始大怒發兵大戰鄂羅斯精兵八萬全軍覆没又大發兵借土爾扈特精壯數萬應敵又敗所存僅十之三而控噶爾兵衆數十萬直壓鄂羅斯國都察罕汗大懼仍復稱臣求和或曰控噶爾西界亦多其屬國歲輸貢幣云

按控噶爾都城所云馬行九十餘日方能經過者蓋如中國之邊牆耳其云城門二千四百餘處者亦猶中國之各關門户耳其國奇其說而竟信其都城之大如此其然豈其然乎

喀爾喀　在直隸居庸關外宣化府西北千五百里我四十九旗蒙古之北國人身長者多衣布袍領袖鑲皮腰間細摺而野心較甚地盡沙石相雜草木不生國故有二汗左翼號土謝圖汗右翼號車臣汗康熙

二十七年喀爾喀與額諾德戰其國王及喇嘛俱敗部落各鳥獸散國王敗走禿剌必納喇嘛敗遁無蹤時使臣奉使俄羅斯次拏拉克蒂叟耶必拉喀爾喀國人來乞援師稱向者

聖王諭旨令喀爾喀與額諾德盟好令額諾德遣

旨行襲取之計今聞

王師至乞爲救援等語使臣張鵬翮等議答此乃奉

命出使俄羅斯非爲爾國也未奉

君命豈敢進援爾國自行請

旨可也

布魯特　在甘肅肅州西六十里嘉峪關外六千五百三十里喀什噶爾之西西接安集延西北亦與伊犁連界回子一部落也幅幀寬廣人户繁多控弦數十萬稱其君長曰比有管領愛曼自一二十至二三十不等比死立其子弟他人不能占立男不畜髮女揷雉尾于帽爲飾風俗言語與回人大同小異居穹帳游牧爲業間有耕種二麥者牛馬乳爲酒喜中國茶紬布菸燒酒人貧苦強悍好刼奪健于戰陣以故哈

薩克博羅爾等國畏之乾隆二十三年大兵征討霍集占附近喀什噶爾之布魯特比震驚

天威截戰霍集占

上嘉悅加阿齊穆爲散秩大臣授職喀什伯里克回城之阿奇木伯克布魯特比如故是以遵葉爾羌喀什噶爾駐劄大臣約束歲納錢米賦稅但在其本地各愛曼之比各君其國各子其民勢均力敵無統轄專制之人禁忌豬肉衣窄袖敞前襟帽頂平矩方與安集延相似

安集延　在甘肅肅州西嘉峪關外六千五百三十里喀什噶爾之西布魯特邊牆之外回子一部落也其汗最爲表著統領四城最大者曰豪汗三萬餘户爲其汗巢穴次曰瑪納噶朗二萬餘户又次曰奈曼一萬餘户最小之城曰安集延數千户耳各有頭目所轄之人皆汗之屬呼之爲阿爾巴圖乾隆二十三年以後與中國通歸入

王化有五穀瓜果菜蔬多桃數十百頃紅白成林人無髮不食豬肉皆與喀什噶爾回子同言語亦相同但衣

皆圓領窄袖開厰前襟帽無尖翅矩方上平耳善居積權子母遍游鄂羅斯克食米爾痕都斯坦及回疆貿易喜畜鷹圍獵而其性多儉嗇褊急

轄里薩普斯　在甘肅肅州西嘉峪關外六千五百三十里喀什噶爾之西安集延之外西域別一種類馬行三十日沙格普魯城塔里扈魯斯城色里卓衣城皆其部落土産黄金葡萄梨杏而棉花尤盛人多巧思精于工藝且習邪僻妖魅之術而風俗淫惡不可以言語形容惟男色是好男女皆爲龍陽其塔里扈

魯斯城內有一墩建于城之中央高數丈他國人入其城瞻視其墩心神迷亂即登其巔逾時而醒手握二銅錢已被雞姦矣雖老醜禿髯皆不得免葉爾羌庫車回子有嘗誤入其地者醉後往往自道其詳言之鑿鑿也按回地有勞里之妖好棲人屋隅爲祟中之輙發狂疾惑男則女惑女則男人形長四五寸病者見之他人不能見也回子中有能劾勒而制之者謂之勞里渾其法取生人支解其妖即滅勞里渾復頻頻急誦其咒則支解之人斷體自續而復生自歸

王化後不敢支解人惟施之雞犬無非荒遠邪僻之習以術行淫人亦妖也以術行汚穢之淫妖所不爲者也

博羅爾　在甘肅肅州西嘉峪關外六千零三十里葉爾羌之西西域別一種也以土築屋而居有村落不禮拜不把齋不知字記不通回語飲食無避忌惟衣帽與安集延相彷男女無別無人倫弟兄四五人共娶一妻次第歇宿以靴掛門爲記生子女以次第分認無兄弟者與戚里夥之次以齒地瘠人貧以人爲賦納于其王及頭目生子女若六七取三生四五取

二生二三取一所取者盡鬻于痕都斯坦哈薩克安集延及內地回疆爲奴性多怯懦往往爲布魯特沙關記擄掠人口鬻于各處亦不能較

布哈拉　在甘肅肅州西嘉峪關外六千零三十里葉爾羌之西馬行二十五日至其地回子之一國也其城垣壯濶闤十二門以十二辰布之稱其君長曰汗土宇曠平人户強盛氣候炎熱冬無霜雪大麥穀豆歲皆三收瓜兩熟葡萄桑果皆盛人富饒工于製器多技巧以金銀銅爲錢俗重禮拜城內外禮拜寺二百餘處如私飲酒不馬納茲者即爲匪人擒赴禮拜寺塔頂擲殺之土產骨種羊黑者多灰色者十不得一其河多各種魚

拔達克　在甘肅肅州西嘉峪關外六千零三十里葉爾羌之西馬行三十日至其地原作巴達克山今遵

國朝同文志改回子之一國也文字規矩與內地漢回同羣山環繞田土膏腴人知耕牧衣帽與安集延同風俗淫佚無人倫尤喜男色霍集占兵敗逃入拔達克欲向痕都斯坦而逸其汗素爾坦沙起兵截阻與

之大戰霍集占及伊兒布拉敦皆死獲其眷屬獻戶中國爲後爲退木沙爾所滅今又漸集千戶矣

按拔達克敬天朝而獻逆尸其尊君敬上之心實爲可取惜乎淫佚成風卒致亡國也

郭酣　在甘肅肅州西嘉峪關外六千零三十里葉爾羌之西南馬行四十餘日至其地回子之一國也居有屋宇食貲耕牧田園瓜果在在種植衣帽飲食及馬納滋禮拜皆與回子無異但言語不通經咒異耳稱其君長曰汗其人短小男婦皆長二尺餘魁梧俊偉者不能過三人尙氣好鬥人笑其矮輒抽刀併命其地萬山環繞産羊高八九寸長尺餘肥膩而甘牛高二尺許駝大如內地之驢驅其羊千萬至葉爾羌貿易换茶布而去其地白楊高于江葦麥顆大于菊粒夙聞異域有僬僥之國人皆三尺東方曼倩以西北大荒有小人之國人皆七寸朱衣元冠海鵠吞之豈其類與其人旣小乃飛潛動植之物俱從之而收縮亦天地餘氣之所及也

退擺特　在甘肅肅州西嘉峪關外六千零三十里葉爾羌之西南和闐之正南馬行四五十日至其地西域別種也土宇遼濶與後藏連界無城郭鑿山石爲穴而居其人耳墜金環衣圓領尖袖服氊毯風俗敬火每辰以柴引火焰起則羅拜叩禱地多境硇之出産少牲畜外出謀生葉爾羌喀什噶爾有其人勤儉刻苦其汗亦不富饒取其属下子女鬻以自給

音底　在甘肅肅州西嘉峪關外六千零三十里葉爾羌之西南馬行六十餘日至其地西域一國也其地富饒多寶貨時與葉爾羌交通貿易换內地瓷茶大黄而去其人深目高鼻多鬚而非回子種類飲食無所避忌言語亦不與回子通衣帽與回子無異而右衽持物則以左手其國敬牛家畜一頭築精舍處之男女朝夕禮拜所禱嘿佑金鑲角蹄披以文繡飼以膏粱金銀絲緞爲褥厚絮以供之滌器必牛糞拭之以爲潔而後貯食所居屋宇田園所耕禾麥瓜豆皆與回地相似但入回疆貿易見回子殺牛則痛詈之以爲非人類也

克食米爾　在甘肅肅州西嘉峪關外六千零三十里葉爾羌之西南馬行六十餘日至其都會中隔冰山一道人畜至此土人駝牽而過西域回子一大部落也其人深目高鼻黃睛多鬚衣類布魯特性巧精闢掀之術能引水上樓頂自簷下垂如水晶簾其地沃野其時和煖無大暑嚴寒以是多五穀奇花異果尤多名香檳榔柚棕白檀紫降重宴會喜歌舞聚飲花燭之夕輒有物入洞房新婦昏迷聽其淫汚而去亦不知其爲何物也本夫次日合巹萬千不爽人多富

饒好興販營運善權子母其湖河多通海洋地近痕都斯坦

痕都斯坦　在克食米爾西南行四十餘日至西域回子一大國也其汗都城圍六十餘里所屬部落自萬户至十餘萬户者三百七十餘城其人率深目高鼻繞喙多鬚睛黑白如琉璃面黑色而唇青語言類鳥鳴衣做前襟自領至腹鈕二十餘釦帽纓花布帛錦爲飾日出極炎穴地爲居亦有樓閣但不出地平室極精巧富者飾以金玉故入其城村似曠邈無人烟

耳以夜爲市能金漆雕鏤善攻玉器大而薄如蟬翼細可如髮鏤金銀如絲織紬緞毯布貨于西域各國米穀花木瓜果菜蔬罔不繁植且多異種柑橘尤多絲竹白杉檳桄檀棕在在成林冬夏皆熱木不凋零但夏則熱風烟瘴耳山水秀麗花木分葩郭外巨澤一携眷乘舟游者經旬累月比比皆然貴中國瓷器以白玉碗交易地多瘴癘爲害有面生贅瘤引之而長放之則卷者人有病食大黃宴賓客以代茶茗經年不見則死以故人佩大黃常舌舐鼻嗅之以象耕

亦以之載物致遠有馬牛無駝羊不知游牧之事國中有玉山而白金必價與黃金等江河通洋海闊廣海航到焉城中西隅有巨澤一圍數千里中有山圍踰千里萬峯聳秀高入雲表人間第一高山也山多異草名香彩馴之獸人語之禽靈蹟最著土人名之曰章各里麻坦達喇斯出獅子秋月皎潔負雛游山頭大尾虬黃質黑章長六七丈有奇登峯絶頂望月垂涎盤旋跳舞往往猛飛吞月飛去八九里墜死山谷國人以豢獅爲上户每于秋月擇炮手之最精者

開地爲阱入處其中遇有獅負雛而來者潛以砲斃之而取其子砲不中則掀山裂石人無噍類矣取至國中以精鐵爲柸圈之飼以牛時而一吼聲如雷屋宇震動

哈拉替艮　在安集延之南西域一部落也地皆崇山峻嶺無膏腴平曠之田人户寡弱數千家耳稱其君長曰比無髮不食猪肉與布魯特無異氈帳爲居打牲爲業間亦耕種逢春布種則游牧而去秋歸收穫而已冬嚴寒大雪則皆擇山坳温煖之處架大木蘆

葦而居人畜同處其中大雪之年有深二十丈者次年二月雪消始出地產獨峯駝

退木沙爾　在拔達克山之西地界相連回子一國也人户七八萬家地皆崇山峻嶺草肥水甘宜于牧放無城池屋宇以氈帳爲家游牧爲業間亦耕種二麥以牛馬乳爲酒稱其君曰汗衣圓領敞前襟袖束腕帽方平靴以牛羊革爲之鐵釘密布其底與安集延裝束相似馬牛駝羊徧滿山谷家各以千或萬計無貧乏人而強梁好鬥時出刼奪有十萬精強之衆乾隆二十三年布拉敦之子薩木薩克逃至其地其汗留之後薩木薩克以其家屬人口之羈拔達克山也求退木沙爾爲之乞還素爾坦沙不從兩國交兵二年素爾坦沙大敗拔達克山回子爲其所滅敖罕之汗聞之大怒以退木沙爾自殘隣好因大起兵與退木沙爾爲敵一鼓而滅之退木沙爾汗亦被族夷人口皆遭屠戮薩木薩克被擒去不知其存亡因而其地空虛四五年來逃亡人户漸集故地者不過千餘户耳

按退木沙爾以膏腴深險之邦十萬精強之衆使其保境養民豈至一朝殄滅顧釁端起于小忿兵事動而無名肆殘害于東隣固倖盲雞之啄啟責言于西界因成再覆之車卒之身死國亡族類絕滅不必哂乎其愚正堪傳之爲戒者矣

敖罕　在退木沙爾之西痕都斯坦之東南西域一大國也亦呼之謂愛烏汗回子謂之克則爾巴什譯言紅頭子也廣寬數千里都城壯麗富饒多寶物其人種類各異在國都者衣敞前襟兩袖緊束自腕至肘

皆密布鈕釦腕下另垂袖五七寸帽以布帛花錦纒裹高尺許上尖前指如螺各帶刀劍有與回子及安集延相似者有耳墜金環與退擺特相似者又一種目益深鼻益高碧睛茜鬚爲赤多強力好殺其名山大川之中有烟瘴多猩猩蟒蛇虎豹熊羆之屬多象耕田負重皆用之其汗出游所需象以千計無人倫不可以言語形容尤重男色人人各有俊童同卧起其幸童之袴緊束而以細鐵鎖之慮有外遇也無牛見之以爲奇異一種人圓領大袖如漢唐之衣冠豈

退徼　卷七　十六

其遺種與

塞克　在敖罕之西西域一大國也幅幀寬廣部落數十各有統轄皆其汗之臣僕奉其教令事歸畫一無跋扈之習都城宏闊户逾百萬築室而居喜寬厰潔淨畜髮辮帽圓簷袍長袖尖褂微短袖寬及腕而止人家院落中各立木杆一株向之祭拜氣温和無嚴寒大暑耕牧爲生田土肥腴產五穀稻蔬瓜果牛馬駝羊遍滿山谷五金珠寶畜牝繁生家俱富饒俗尚宴會喜歌舞而食以猪爲上饌祭天祭神皆用之家畜猪百十爲羣秋冬之際好打牲挾弓矢入山獸遇之無得脫者且多力善射各有標鎗五枝長四五尺百步內發必中亦有自來火鎗而不常用臨敵决戰遠則標鎗近則弓矢勇敢無倫與敖罕連界敖罕之人甚畏之

按塞克西域最遠之大國去葉爾羌西二萬餘里或曰其西北之境與薩穆控噶爾相連亦或曰與阿剌克等國犬牙相錯大抵皆世所傳之大西洋也

哈薩克　在伊犂西北六百餘里西域一大國也即古

退徼　卷七　十七

大宛乾隆二十一年

大兵進勦入其巢穴其王阿布賴歸降受封奉正朔地入版圖無城郭屋宇無農桑五穀氊帳游牧分布散處平岡漫嶺生草皆綠葉白根出良馬食之易于肨字稱其君長曰比相呼皆以名今其王名阿布賴其人皆稱曰阿布賴比也無刑罰紀律不聽其王號令有惡則衆議罰之小則罰牲畜大則殺之而分其畜亦不關白其王即禦外侮亦其王與衆會議不願者不能強自歸降後歲納中國之稅馬牛百取一羊千取

一爲幅幘遼濶人户殷繁多牲畜富者馬牛羊各以萬計娶妻數人分布而居其夫輪流憂處即貧者亦有馬牛數百羊數千無困苦乏食之人生子十六歲輒爲之娶妻與以牲畜使之自爲經理宴會以馬牛駝羊爲饌馬湩爲酒器用木碗盤富者以銅錫爲之以衣多爲華美雖暑月炎熱亦被衣八九襲喜中國瓷茶梭布片金倭緞之類紬緞絲綾不甚愛重風俗與回疆相似但不知禮拜諷經間有食猪肉者貴男賤女姻嫁男女以歌互調者成偶有似蠻人跳月之

風哈薩克有兩種其西北界之哈薩克未通中國人户尤強盛云

羅布淖爾　在甘肅肅州西六十里嘉峪關外雪山之南自關西行二千四百九十里至吐魯番吐魯番之南皆戈壁即瀚海其西南五百餘里爲羅布淖爾即星宿海也（漢書之蒲澤即河源之星宿海非火敦腦爾）自闢展西至和闐四五千里之南自和闐南至後藏四五千里之東周廻萬里皆星宿海湫無人烟間有道途非戈壁即泥淖難以往來直峯側嶺曠野平川無地非泉或如鏡懸或如瀑布或萬點湧地而出如珠之走盤或錯落散布而來如星之纏度水色赤黄泉數難以萬千計派流莫考沮洳無垠無一非溝湧旋流之水加以雪山之陽回疆數千里各河東南長趨俱滙于羅布淖爾爲黄水極大之湖瀠洄渟滀旋轉而伏其東其北皆峻嶺高峯以障蔽之伏流千里出山始見黄水一線自山下湧出如溝如渠寧夏之人且灌且淤以享其利東北廻環入中國即黄河也羅布淖爾有二村即名羅布淖爾人户各四五百家其人不耕五穀不

知游牧以魚爲食織野麻爲衣取天鵝絨爲裘卧藉水禽之翼言語與回子通曾不知諷經禮拜之事時有人入庫爾勒回城不能食牲畜之肉穀麥之食食之即大吐不止以庫爾勒多魚故來他處則不敢往矣爲闢展屬地時赴叩謁則裹魚爲糧其地有伯克

按古云葱嶺之水東爲河源西歸洋海覆其地而驗之信然其在羅布淖爾爲宇內最大之湖洞庭彭蠡僅敵其半自後藏西南各國雪水經番地其半伏流千里入中國止一線黄流耳至中州浸淫漸大而爲

害矣

阿諦國　在西海之濱今甘肅肅州西嘉峪關外俄羅斯之西北控噶爾界與之接連蓋極西之地矣其男子率長二三丈無屋宇擇山坳林麓而居無鎗炮而有弓矢刀槊矢及一二里許然性怯懦畏鑼鼓之聲其婦人艷麗狡好長不過數尺一如人形夫婦亦如常人但長短倍蓰不能生育沐浴而孕且生啖人畜與禽獸無異嘗與控噶爾戰鬥得人焉則裂而啖之控噶爾亦喜其婦人顏色列巨鑼大鼓千百成行奮

力飭擊多施鎗炮硝烟靄迷聲震天地其人皆戰慄恐怖竄伏于深山窮谷莫敢支吾俟其竄而伏也虜其婦人而去

沙關記附　在甘肅肅州西嘉峪關外六千零三十里葉爾羌之正西馬行三十餘日至其地本痕都斯坦境沙關記者回子人名也為霍集占黨類

大兵平定回疆霍集占兄弟伏誅沙關記逃之痕都斯坦無人之處苟延性命同時逃竄之回子及額魯特人等漸集其地羣擁沙關記為尊有羣五千人鐵甲三百副鳥鎗五百遂自立為阿奇木伯克占據空闊之地造舍墾田以營生計凶暴好殺時掠博羅爾人口販賣自肥且中道劫奪漢人回子貨物西域之劇賊也與葉爾羌阿奇木伯克鄂對本係仇敵乾隆四十一年鄂對之買賣回子誤入其地擒縛欲殺與黨熟議畏

天朝之威乃不敢殺置地牢中四十月沙關記忽自將其父母妻子俱綁出呼鄂對之買賣回子令看而問鄂對在葉爾羌敢殺人否答以不敢沙關記大笑云鄂

對不敢殺人如何算得健男子我不但殺人且敢殺我之父母妻子遂俱淩遲處死放鄂對之回子使歸告鄂對後其屬至葉爾羌鄂對亦擒至地牢六十日放出令其看視人戶城池牲畜器械寶玉毳毯之類畢遂令步回使告知沙關記云鄂對之利害如此

薄海番域錄

重譯一　　山左武定邵大緯星巖氏述

朝鮮　即高麗東國最古之國也古肅愼氏之地周封
箕子于此爲朝鮮今
盛京奉天府其國東西南皆瀕海北隣女直今開原西北至鴨綠江在奉天之東六百五十里秦屬遼東外徼漢初燕人衛滿據其地武帝定朝鮮爲眞番臨屯樂浪元菟四郡昭帝并爲樂浪元菟二郡漢末爲公孫度所據傳至孫淵魏滅之晉永嘉末陷入高麗高麗本扶餘別種其王高璉居平壤城即樂浪郡地唐征高麗拔平壤其國東徙在鴨綠水東南千餘里即今高麗國也五代唐時王建代高氏闢地益廣並古新羅百濟而爲一建都松岳以平壤爲西京歷宋遼金元朝貢不絕四百餘年未始易姓元至元中西京內屬畫慈悲嶺爲界明洪武二年其主王顓表賀即位遣偰斯賜金印誥封高麗國王三年遣使祀其國山川會定取士格詔許高麗安南等國貢赴京師四年賜高麗貢士金濤第二十五年李成桂廢其主瑤而自立其國都評儀司奏瑤信讒好殺子奭亦癡騃非門下侍李成桂莫可主國事上曰高麗僻處東裔非我中國所治從其自爲聲教成桂更名旦請改國號詔仍稱朝鮮以從朝貢不絕成桂者全州人自言遠祖翰仕新羅爲司空六世孫兢休入高麗至成桂凡十七世竟代王氏有國上以荒裔置不問心固弗喜也昔之祖訓曰李仁人及子成桂今名旦者自洪武八年至二十四年首尾弑王氏四王姑待之天啟七年我
大清兵破義州入平壤其主倧走孤島旋反國崇禎十年再破王京倧降又走江華島執其世子更立王其國東西二千里南北四千里至　盛京一千八百里北抵長白山自其國城過鴨綠江至　京師三千五百里分八道中曰京畿東曰江源西曰黃海南曰全羅東南曰慶尙西南曰忠淸東北曰咸鏡西北曰平安分統府州縣山川丸都神嵩北岳海鴨綠江爲大又有江曰大定曰大同而漢江最勝俗柔謹崇釋尙鬼惡殺喜讀書衢路悉搆嚴室號扃堂未婚者曹處誦

經習射藏折風巾服大袖衫居皆茅茨衣多麻苧色尙白男女相悅爲婚死三年始葬法無苛條犯贓及再嫁書名三司子孫不齒人首無枕骨背偏短高麗志乃其本國人徐敬復著東國史名人集共百餘家

日本

古倭國惡其名改焉隋大業中致書云日出處天子致書日沒處天子其命名取此也地東西南北各數千里西南至海東北隔以大山去遼東甚遠去閩浙甚邇其朝貢向由浙之寧波以達京師東洋海中國倭最大有五畿七道三島共一百十五州統五

百八十七郡附庸國百餘自北岸去拘邪韓國渡一海千餘里曰對海國又南渡一海千餘里曰尹都國又東南百里曰奴國又東百里曰不彌國又南水行二十日曰投馬國又南水行十日陸行一日曰邪摩維國即大倭王所都地名彌耶穀譯曰京自是而東而南曰斯馬國己百支國伊邪國郡支國彌奴國好古都國不呼國姐奴國對蘇國蘇奴國呼邑國華奴國鬼國爲吾國鬼怒國邪馬國躬臣國巴利國皮羅國烏奴國竹斯國秦王國皆倭所屬日本與中國通

貿易者惟長崎一島其京在長崎之東北陸程近一月國王以王爲姓歷世不易軍國政事柄于上將軍王不干預僅食俸米受上將軍貢獻朝貢而已易代爭奪不爭王而爭上將軍倭人記載昔時上將軍嘗篡奪之山海應貢之物不產五穀不登退居臣位然後順若如故至今無敢妄覬者官皆世官世祿漢光武中始通中國後國亂國人立其女子曰卑彌呼爲王其宗女壹與繼之後復立男王並受中國爵命歷魏晉宋隋皆來朝稍習夏音唐咸亨初惡倭名改日

本或云日本乃小國爲倭所併故冒其號開元貞元中其使有願留中國授經肄業者宋熙寧以後來皆僧惟元世祖招之不至命范文虎等率兵十萬征之至五龍山暴風破舟敗績終元之世使竟不至明洪武四年國王良懷遣僧祖朝貢其後數歲一來不絕然屢爲邊患終明之世嘗備倭焉而受害浙最劇次南直次閩又次粵其國人皆覆姓其單姓者徐福配合之童男女也徐福所居之地名曰徐家村其塚在熊指山下其國男子年五十餘陽多痿奴者儂也故

呼之倭奴俗敬佛尙中國僧敬祖先嗜酒信巫輕生人壯健刀最利裸身負鬥慣舞雙刀輕僄跳躍爲蝴蝶陣以揮扇吹海螺爲號船大者容三百人男子魁頭斷髮黥面文身婦人拔其眉黛其額髮垂肩績以毿長曳地治容者黑其齒衣如單被穿其中以貫首皆跣足間用履向所統屬國二朝鮮琉球北對馬島隔一洋與朝鮮爲界南薩峒馬與琉球爲界二島之主俱聽指揮氣候與山東江浙齊長崎與普陀落伽山東西對峙水程四十更福建廈門至長崎七十二更北風從五島門進南風從天堂門進對馬島坐向山東登州薩峒馬坐向浙江溫台嘉靖間倭寇者薩峒馬也然率海上奸民乘機鼓煽眞倭僅十之一二其國王絕不聞薩峒而南爲琉球也水程六十八更中山國是也自日本琉球而東水皆東流莊子所謂尾閭洩之不知何時已而不虛也其國初無文字五經佛經得自中國今所傳有法濟大師奝然敵戒嚴王師行成表及全俊天祥機先大用左省嗜嘿嘛哈諸詩又有吾妻鏡三十本紀本國事蹟吾妻者島名也

琉球　在福建泉州府東海島中古名流虬未詳何國以其萬濤蜿蜒若虬浮水中或云流求或云留求在中國東南自福建梅花所開洋順颿利舶七晝夜可至所轄有古米太平馬齒硫黃熱壁灰堆移山七島並隔海外漢魏以來不通中國隋大業中令朱寬訪求異俗始至其國語言不通掠一人以返後遣陳稜率兵至其都虜男女五千人還唐宋時未嘗朝貢元招之不至明洪武五年遣行人楊載齎詔往諭其國分爲三中山王察度山南王承察度山北王帕尼芝並遣使貢方物且請封十五年賜中山王山南王金印文綺明年賜山北亦如之二十五年上賜閩人善操舟者三十六姓自後三王嗣封皆請于朝即福州南臺外置番使館遞至京永樂後國王世稱尙氏後惟中山來朝其二王蓋爲其所併云終明之世未嘗缺貢

本朝爲屬國職貢不絕按康熙二十三年汪楫冊封琉球歸作中山沿革志進呈

御覽云世系沿革彼國有厲禁秘不以告多方購得琉球
世纘圖一卷令譯者以漢文釋之知其自南宋始稱
王元延祐間國分爲三中山山南山北明初三王入
貢受封宣德中復合爲一自宋及今代已四易所謂
姓歡斯者無據謂皆尙姓者亦非也其圖云大琉球
國中山王舜天以來世纘圖　舜天　舜馬順熙
義本　英祖　大城　英慈　王城　西威　察度
始通中國武寧　尙思紹　尙巴志　尙忠　尙思達
尙金福　尙泰久　尙德　尙圓　尙宣威　尙
眞　尙清　尙元　尙永　尙寧　尙豐　尙賢
尙質　尙貞（即今襲封世子）又疏言中山王尙貞親詣館舍
云下國僻處彈丸常慚鄙陋執經無地嚮學有心稽
明洪武永樂年間常遣本國生徒入國子監讀書今
願令陪臣子弟四人赴京受業云云部議史載唐貞
觀中興學校新羅百濟俱遣子入學琉球自明初始
內附會典載大琉球國朝貢不時王子及陪臣之子
皆入太學讀書禮待甚厚又載洪武永樂宣德成化
間琉球官生俱入監讀書今該國王尙貞以本國遠

被
皇仁傾心向學懇祈使臣汪楫等轉奏願令陪臣子弟四
人赴京受業應准所請聽其遣陪臣子弟入監讀書
云云今在南雍處以光哲堂歲時給衣物如例向慕
文教琉球于諸國爲最篤
國家待之亦爲最優云既遣人入國學奉正朔設官職
被服冠裳陳奏章表有華風焉宮室建于山巔國門
扁曰歡會府門漏刻殿門奉神門于爲親喪數月不
食肉人死以中元前後日浴尸溪水去腐肉取骨裹
以布帛藏山穴竅木爲小牖歲時祭掃啟視之俗畏
神以婦人爲尸女巫之魁稱女君白日呼嘯聚數百
人挾枝帶草步騎縱横入王宮游戲一唱百和聲音
哀慘來去不時王率世子陪臣頓首百拜國人有謀
不軌者神即夜告王擒之倭寇時有欲害中山王者
神禁錮其舟易水爲鹽易米爲沙尋就戮矣學書及
武以倭爲師衆驍健好爭鬭輒刃殺人度不免即剖
腹自斃故海外稱勁國焉又有小琉球近泉州天霽
登鼓山可望見其人盛聚落無官長習鏢弩少舟楫

不過朝貢琉球東鄰國有三島者三山鼎峙民倚山而居田瘠少收網魚于海織布為業國人附舶至中國雖貧其貲得歸本處父兄稱能事焉

呂宋

在福建臺灣府鳳山縣沙馬崎之東南廈門水程七十二更北面高山一帶遠視若鋸齒俗名宰牛坑山有土番屬于呂宋與沙馬崎西北東南遠拱中有數島惟一島與臺灣稍近者曰紅頭嶼有土番居住無舟楫往來呂宋在東洋中國甚小以產黃金故富厚今為干絲臘所屬之國一名梅林臘人淳樸無

爭訟出入佩刀亦時禮佛誦經明洪武七年同瑣里諸國貢方物萬歷四年助討逋賊有功來貢道福建其地去漳近故多賈舶今附廣東香山墺貿易初佛郎機從大西洋來自稱干絲臘國與呂宋互市因上黃金為王壽求地如牛皮大葢屋王許之佛郎機乃剪牛皮相續為四圍求地稱是王重失信竟予地月徵稅因築城營室列銃置刀盾久之圖呂宋殺其王而地併于佛郎機矣王遣酋來鎮一歲數易華人販呂宋既夥留居澗內名壓冬至數萬酋奴視華人而

中使採金之使四出有妄男子張嶷詭稱呂宋機易山生金豆萬歷三十年詔遣王時和往勘酋聞大駭盛陳兵圍迎丞入詰問華言開山山各有主安得開且金豆生何樹丞數目嶷嶷無以應酋大笑欲兵之丞悸死嶷坐誅然酋益疑華人且決計殲諸流寓矣遂謬言將征他島凡華人寸鐵厚鬻之乃刻期攻華人擒殺無算華人走保大崙山飢甚復擊殺萬餘存者三百人耳頃之酋悔禍下令詔撫賈舶復稍稍去三十三年詔遣商諭呂宋無生事其後留者復成聚

云或曰呂宋相連曰吶嗶嗶在海畔稍紆入山曰沁瑤其俗椎洗耳垂金鍰兵剪錦綺最奉佛所至拜寺尤嚴男女之禁盜無大小論死孕婦以水灌之所生子置水中又有班隘者不受佛郎機部署皆呂宋鄰國也佛郎機未據呂宋時先聚朔霧與其國人親好其破呂宋朔霧與有力焉今以大酋擁兵守之且通婚媾居然一附庸矣南即網巾礁腦再南即蘇祿

蘇祿

在福建東南大海中呂宋之南近浡泥瑣里廈門由呂宋至蘇祿水程一百一十更由呂宋正南而

覩有一大山總名無來由息力大山山之北爲蘇祿其國分東西峒有三王明永樂十五年東王巴都葛叭答剌西王麻哈剌吒葛剌麻丁峒王叭都葛巴剌卜並率其屬三百餘人來貢方物各給印誥封爲王東王歸次德州卒命葬以王禮令其子都麻含還國留次妃葛木寧次子安都祿等守墓歲支米七十五石萬歷中奉裁其五世孫安守孫奏復之貢道由廣東今商船所至城頗據天險疑峒王所都聚落不滿千家佛郎機屢攻之不能克地瘠少種植食魚蝦螺

蛤織竹布爲業國人短髮纏皂縵腰圍水印花布煮海爲鹽釀蔗爲酒

婆羅　在福建泉州府東南海中呂宋蘇祿之南馬神之東爲東洋盡處西洋所自起一名文萊負山面海俗素食念佛嘉施惡殺民食猪肉論死有東西二王明永樂四年各遣使來朝相傳國王閩人隨鄭和往因留鎮焉王府旁有中國碑番人嫁娶請王金印印背篆文獸形云是永樂間賜王祝髮裹金繡巾腰背雙劍步行其親屬稱邦奇蘭嚴重亞于王向有木石二城以築岸閉潮折石城于長腰嶼止存木城先是佛郎機來侵國人走山谷流藥水出佛郎機多毒死因棄呂宋或曰即古師子國在西海中延袤二千餘里多產奇寶四序暄和稱樂土宋淳化中闍婆使者來言其隣國有婆羅門者有異術人相危害能先知之婆羅門即天竺也

猫里務　在福建臺灣府鳳山縣沙馬崎之東南一名合猫里地小土瘠多山山外大海饒魚蟲人亦知耕稼明永樂間來朝貢地鄰呂宋漸成沃土俗亦近馴

船人語云若要富須尋猫里務有網巾礁老者蕩舟爲盜海上往來甚駛其國重遭寇掠遂轉貧困賈船多指別島

古麻剌　在福建泉州府東南海中明永樂十八年國王幹剌義亦敦奔率妻子陪臣來朝貢方物請封給印誥令仍舊號次福州卒賜謚康靖敕葬閩縣有司歲時祭焉其國有州百餘佛宇至四千區南有層拔國在大海中西接大山其人大食種地多崖谷產象牙生金

吉里地悶　在福建泉州府東南海中重迦邏思吉港之東巫來由之南滿山皆旃檀至伐爲薪田肥宜穀氣候苦熱蒸人午必俛首向水坐差可避瘴男女斷髮短衫俗以立爲尊不知年歲無文字以石片記事如干石則總于繩爲一結訟則兩造各牽羊曲者沒之葢猶有結繩束矢之風爲商舶所聚有十二所每舶至王必出臨之曰輸稅亦不苟也又有磔里在東南海中大洲上人淳少訟尚佛又有日羅夏治海中小國頗知種藝奉佛鮮盜俱明永樂三年來朝貢

蘓吉丹　在福建泉州府東南海中今訛爲思吉港即闍婆文國東至海水勢漸低女人國在焉踰東則尾閭所泄非人世矣王五色布纏首跣足出蔽以傘從者五百餘剪髮裸體以布束腰或曰思吉港聚落頗衆而吉力石其主也國在山中賈舶僅經其水次華人泊饒洞貿易洞曠衍以石爲城酋長乘車御馬鹵簿皆備風俗大類下港土人以紙蔽下體種豆供食射鹿佐酒

荷蘭　即紅毛番在福建泉州府之正南廣東潮州府之西南爪哇之北西南與佛郎機接壤自古不通中國時駕大舶橫行爪哇大泥間及聞佛郎機據呂宋得互市香山嶴心慕之明萬歷二十九年忽揚帆濠鏡欲通貢嶴人拒之乃走閩閩人李錦久客大泥與荷蘭習說其酋麻韋郎曰若請市無以易漳漳海外有彭湖嶼可壘而守也巨璫在閩第謹事之無不如意者三十二年遂詐爲大泥國王書移閩當路及中貴高寀而以巨艦尾至彭湖時海上汛兵俱撤酋伐木駕廠如履無人之境當事繫錦並前所遣滑商潘

秀令諭酋還自贖並遣材官捧檄往乃多賫酒幣覬厚償海上奸民又潛移華貨私與市酋益生心觀望而璫寀貪其賄許以三萬金爲壽已而當事嚴戒兵民接濟疏請聲勑酋度坐困遂宵遁錦秀等論如法旋奉旨傳諭大泥國移檄和蘭毋爲細人所誤維時閩海稍寧而本酋習華境曲折心不能無他覬兼之海上利其金錢勾引寔繁有徒四十五年更從呂宋港口迎擊華商爾後遂大入彭湖距爲三窟矣其人深目碧瞳長鼻赤髮閩人呼爲紅毛番又稱紅夷云

舟長可三十丈横廣五六丈樹五桅凡三層旁鑿小窓置銅銃以俟桅下大銃長二丈餘中虛如四尺車輪云發此可洞石城舵後銅盤大經數尺往來海道不迷稱照海鏡奉事天主甚謹役使烏鬼行巨浪中如平地本不習戰因中國驅逐始募倭衝鋒所恃惟銃今紅彝銃法盛傳中國佛郎機又為常技矣

國朝康熙六年始入貢二十五年臺灣平設郡縣其王耀漢連氏甘勃氏遣陪臣賓先吧芝復奉表進貢表詞有云外邦之丸泥尺土乃是中國飛泆異域之仂

天家滴露云云

水蹄滂原屬

瓜哇　古闍婆國一名莆家龍今稱下港在荷蘭之南蕪門答剌之北舊傳鬼子魔天與象罔合生子百餘啖人血肉佛書所謂鬼國也忽一日雷震石裂中坐一人衆異之奉為國王遂領兵驅逐衆魔而不為害今移文後書一千三百三十六年考之始肇自漢初云東抵古女人國西抵三佛齊國南抵古大食國北抵占城國劉宋元嘉中始通中國唐曰訶陵宋仍曰闍婆元封瓜哇國王明洪武初其王昔里八達剌遣其臣八的占必等朝貢納元所授宣敕二道自是朝貢不絕後其國分東西二王永樂五年西王擊東王滅之自福建泉州南發舟至杜板僅千家二酋主之流寓皆閩廣人東行半日至廝村中國人成聚因名新村約千餘家番舶至此互市又南水行半日至淡水港乘小艇二十餘里至蘇魯馬益米糧所湊亦千餘家半中國人又水行八十里至漳佑陸行半日至其國王居宮室高三丈方三十餘里地夾板蒙藤花

席趾趺而坐蓬頭頂金葉冠胸縈嵌絲帨佩短刀跣足跨象乘牛男子猱頭裸身女子椎髻葬有水葬火葬犬葬以十月為歲首市用中國古錢書同瑣里無紙筆以刀刻葉上國人三種西番賈服食雅潔唐人尙回回教持齋受戒土人坐卧無椅榻飲食無匙筯啖蛇蟻虫蚓至與犬同寢食

重迦邏　在福建泉州府東南海中與瓜哇接界高山石洞前後三門可容一二萬人氣候常暑風俗頗淳國無酋長惟高年有德者主之又去數日程曰孫陀

羅曰琵琶拖曰丹重曰員嶠曰彭里不事耕作專倚寇掠與吉陀崎諸國相通商舶必至

丁機宜　在福建泉州府東南海中地近柔佛屢爲所侵始通姻好幅員最狹酋衆僅千餘以木爲城王居列鐘鼓樓出入騎象與華人用中互市歲首十月蓋秦瓜哇正朔也

蘇門答剌　在廣東瓊州府西南占城之極南滿剌加西南五晝夜至答魯蠻村舍舟陸行十餘里至其國古須文達那國或曰漢條支唐波斯大食即其地也

東南大山西北距海爲西洋要會無城郭有大溪入海濤口甚惡明洪武中來貢永樂三年五年俱入貢詔封國王頃之花面王與王戰王中矢死子瓊丹罕阿必鎮幼未能復仇其妻號于衆曰能復仇者我以爲夫與共國事有漁翁出攻殺花面王王妻遂從焉稱爲老王七年老王來貢詔厚賜之十年返國阿必鎮既長與部曲謀殺漁翁翁子蘇幹剌奔峭山與兵報仇王子愬于朝十一年命鄭和往捕蘇幹剌至京伏法王子感激貢方物甚夥諸書紀載如此惟吾學編象胥錄則云殺漁翁者乃故王假子爲鄭和所擒其嗣封者蘇幹剌也二說不同然興滅繼絕當以前說爲正後其國數易姓萬歷中王國者乃大酋奴也奴爲大酋牧象酋甚親之酋爲王掌兵入見王甚恭奴曰王何恭曰王也奴曰主不欲耳欲之王矣因言王殿中左右數人耳主入見請屏左右密言事王必從奴直上刺殺王主可王矣酋從之奴遂刺殺王酋益德奴予以所掌兵他日奴又以其兵刺殺大酋而自立大治宮室其國男女椎髻裸體腰圍色布氣候

朝熱暮寒亦有瘴氣有油泉可取爲油有金島產五金幣用金錢名底那兒錫錢名加失言語禮文與滿剌加相似風俗淳和惟酋長好殺殺人輒取血浴身其國一名啞齊有山連那孤兒黎伐二國

那孤兒　在廣東瓊州府西南海中與蘇門答剌山相連風俗亦相同即花面國男女皆以墨刺面爲鳥獸形故名國小僅千餘家猱頭裸體單布圍腰上下自耕自食強不奪弱富不驕貧不盜稱善地焉

黎伐　在廣東瓊州府西南海中隸蘇門答剌言語服

用皆同一小國也北際海南連大山西距南泥里東連那孤兒居民千餘家山多野犀王亦差人捕獲隨蘇門入貢

三佛齊　在福建泉州府東南海中居瓜哇眞臘之間即舊港又名浡淋與占城爲隣南相距五日程有地十五州自瓜哇南向順風八晝夜至其朝貢自廣東王號詹卑國人多姓蒲唐天祐中始通中國明洪武初國王哈刺札八刺卜遣玉的力馬罕表貢方物賜大統歴其國初隸瓜哇後爲所并于舊港置小酋而

易廣東南海商梁道明聚居積歲遂糾衆爲之長永樂二年命譚勝招之道明入朝以其衆屬施進而廣人陳祖義者亡命入其國與進爭長五年中使鄭和統海舶下西洋祖義詐降潛謀邀劫和覺擒俘京伏法以進爲舊港宣慰使其國水多土少部領得陸居餘架筏水中蓋屋其上土沃倍他壤語云一年種穀三年生金言穀多可貿金也市用錢布字梵書覲王指環爲印習水戰人用香油塗身服藥刀不能傷遇敵敢死鄰國畏之按其地又在蘇門答剌之東丁機宜之西

百花　在廣東廣州府東南海中本役屬三佛齊或云即宋史注輦國依山爲國天氣恒煥如春多嘉樹奇卉四時葱蔚故名俗富饒尙佛教明洪武間朝貢今附舶香山墺貿易

滿刺加　在廣東瓊州府西南丁機宜之西占城之極南舊名五嶼又名麻六甲自舊港順風八晝夜至或云自東莞放洋至崐崘放龍牙門港二日程東南距海西北皆山山孤人少受制暹羅向未稱國明永樂

間求內附詔封國王諭暹羅無侵擾封其國西山爲鎭國之山御製碑文勒石系以詩曰西南距海中國通輸天灌地億載同洗日浴月光景融雨崖露石草木濃金光寶鈿生靑紅有國于兹民俗雍王好善義思朝宗願比內郡依華風出入導從張盖幢儀文裼襲禮虔恭大書貞石表爾忠爾國西山永鎭封山君海伯翕扈從皇考陟降在彼穹後天監視久益隆爾衆子孫萬福崇命褰義壽自是朝貢不絕儀禮異于他國其國氣候朝熱暮寒王白帛纏首衣青花袍躡

皮屨男女椎髻短衫圍白布手巾膚黑漆間有白者
唐人種也山有黑虎或變人形白晝入市殺人龜龍
高四尺四足有鱗甲露長牙嚙人立死又有屍頭蠻
賈舶至輙立門柵擊鼓柝以爲防護後其國爲佛郎
機所據

龍牙門　在廣東瓊州府西南海中與滿剌加相近山
門相對如龍角狀中通過船山塗田瘠米穀甚厚氣
候常熱男女椎髻短衫圍稍布南有涼傘礁以刼掠
爲豪遇番舶多駕小舟迎敵非順風罕有脫者

龍牙菩提　在廣東瓊州府西南海中與滿剌加相近
周圍皆山排石壘門無田畊種但栽薯蕷爲糧氣候
多暑又有龍牙犀角其地內平外尖氣候常熱田禾
時熟男女亦椎髻俗淳厚以親戚尊長爲重一日不
見則挾酒餚問安

龍涎嶼　在廣東瓊州府西南海中地近滿剌加浮灔
海面每至春間羣龍來集其上交戲而遺涎沫番人
駕獨木舟登嶼採取而歸其涎初若脂膠黑黄色頗
有魚腥氣久之成塊或大魚腹中剖出若斗大圓珠
亦覺魚腥焚之淸香酷烈貨于蘓門市

東西竺　在廣東瓊州府西南海中山與龍牙門相望
若蓬萊方丈之閒田瘠不宜稼穡歲籍淡洋米穀爲
食男女斷髮圍稍布又有九洲山與滿剌加接境産
沉香黄熟明永樂間鄭和差官兵入山採香得塹有
八九尺長者六株黒花細紋香味淸遠番人駭嘆天
朝威力古未有也

阿魯　在廣東瓊州府陵水縣西南海中自滿剌加順
風三晝夜至其國土瘠産薄男子裸體圍稍布常駕

獨木舟入海捕魚或山行採米腦香物售賈船明永
樂時始通焉或云阿魯即啞魯也啞魯南見大山北
是大海西見蘓門答剌東有平地可種稻穀從淡水
港入即淡洋也淡洋與阿魯山接圍繞有港通大溪
汪洋二千餘里奔流出海中一水淸淡味甘舟人往
來汲之田肥禾盛米粒小而香氣候俗尙與阿魯類
國王及民皆囘囘人山有飛虎如猫大有肉翅如蝙
蝠能飛不遠人有獲者不服家食即死按二國風俗
不同未知孰是

彔佛

在廣東瓊州府東南丁機宜滿剌加之西彭亨之東一名烏丁礁林王服帶雙刀諸酋望見王棄刀于地稽首序立字用茭草以刀刻之歲首四月地不産穀椎洗㲉兵彭亨丁機宜之間殆無寧日

彭亨

在廣東瓊州府東南海島中彔佛之西直暹羅之西一名彭坑石崖崎嶇旁多平原望之坦迤如塞土沃候温宜稼餅蔬果木城廣數里椎髻單裙富貴女子飾金圈四五于頂髮常八五色珠圈上下覩裡恥爲盜姦頌佛經尤尚怪刻香木爲神殺人血祭明

洪武中貢方物今附香山澳貿易或曰其國隣彔佛彔佛之副王精悍健鬥其子娶彭亨王女將婚副王送子之彭亨王張晏親屬畢會婆羅王子者贅于彭亨爲王妹壻時與習起爲壽手指一巨珠光耀異常副王心欲之王子靳勿予副王恚歸治兵攻彭亨王與婆羅王子犇金山會浡泥王以妹爲王妃率衆來援副王焚掠其宫室去彭亨王命長子攝國隨妃往浡泥久之歸而次子驍悍殺父兄自立有婆羅屬番曰毛思賊每掠人口海上賣彭亨充崑崙奴云

柯枝

在廣東瓊州府西南海中與錫蘭對峙一名阿枝即古槃槃國也東連大山西南北皆海自錫蘭西北舟行一晝夜至王瑣里人也首纏黄白布上不衣下繫絲帨束絲纏腰國人椎髻短衫圍單布族有五種曰南毘與王同類祝髮綫懸脛最貴次回回次哲地富有財次革全爲牙儈最下木瓜居海濱業漁樵爲傭役屋簷不得過三尺衣不蔽腰遇南毘哲地蒲伏俟其過乃起王尚浮屠敬象牛佛座周圍砌水溝傍穿一井每旦鳴鐘鼓汲水灌佛頂羅拜而退有曰

渴飢者胎髪縷縷垂後牛糞灰塗體行吹大螺妻隨之乞食葢優婆夷也氣候常煖無霜雪每二三月下陣頭雨五六月晝夜滂沱八月半後方晴更無雨矣諺云半年雨落半年晴即此幣用小金錢名吧喃明洪武中來貢永樂中王亦可里請封其國大山詔賜王印誥並封山爲鎮國御製碑文曰朕撫治華夷擬古帝王柯枝國遠在西南距海濱欣慕教化命令之至拳跽鼓舞仰天而拜曰我國數歲以來安樂和煦皆中國聖人教化所沾朕揆德薄不能致然其長民

者之應與既封亦可里爲其國王並封國中山爲鎮國之山勒碑其上垂于無窮系以銘曰截彼南山作鎮海邦吐烟出雲爲下國洪龐時其雨暘肅其煩熇作彼豐穰袪彼妖氛庇于斯民靡災靡沴室家胥慶優游卒歲山之墊兮海之深矣勒之銘詩相爲終始是時太監鄭和至其國

小葛蘭　在廣東瓊州府西南海中柯枝之西訛名唄喃東連大山與柯枝接壤西南北皆海自錫蘭西北行六晝夜至王瓊里人其下多回回南毘男少女多

候熱土瘠仰榜葛剌國米爲食俗類錫蘭市用金錢大名儻伽小名吧喃羊背毛脚高二三尺黄牛有三四百斤者明永樂五年附蘇門答剌入貢又有大葛蘭與都欄礁相近土黑墳宜穀居民懶耕作賴烏爹米爲食男女纏頭穿長衫風俗大抵與小葛蘭同然小葛蘭朝貢大葛蘭獨否惡在其爲大也

木骨都束　在廣東瓊州府西南瀕海自小葛蘭順風二十晝夜至堆石爲城並壘爲屋高四五層廚厠待客皆在焉地曠田瘠或數年無雨穿井極深以羊皮

袋水俗嘗習射富者附舶遠賈貧者網魚爲食又有卜剌哇自錫蘭南去二十一晝夜至屋傍海築石城石屋男女衣食風俗與木骨都束類有鹽池但投樹枝良久撈起凝白鹽其上明永樂中俱遣使朝貢

古里　在廣東瓊州府西南海中自柯枝海行可三日至西洋諸番之會海中一大國也東通坎巴夷國北接狼奴兒國南距柯枝其國王亦有五等王南毘人不食牛將領回回人不食猪王不傳子傳弟否則傳外孫無外孫弟傳善行人國事皆決于二將領王以

銅鑄佛名乃納兒浴佛用牛糞塗地俗尚信義海濱爲市哲地拍手定價不改算算用手足二十指分毫不爽明永樂中王沙米的遣使朝貢遣鄭和封爲國王建碑亭立石云去中國十萬餘里民物咸若熙皞同風刻石于茲永樂萬世又有古里班卒在海中土瘠穀少物產甚薄永樂中亦來貢

祖法兒　在廣東瓊州府陵水縣西南自古里西北行十晝夜可至漢之大夏唐之吐火羅皆其國也東南大海西北重山壘石爲城屋層如塔田廣而饒氣候

常如秋俗尙回回教王白布纏首金錦袍男子拳髮
長衣皮鞋女人出以布蒙頭面土產乳香乃樹脂也
市用金錢名儻加錢文人形明永樂中王亞里遣人
朝貢按吐火羅其人與挹怛羅雜居俗事佛多男子
少婦人故兄弟通室婦人五夫則首飾戴五角十夫
戴十角男子無兄弟則與他人結爲昆弟方有妻生
子屬長兄衣服文字與于闐畧同城北有瑣瓈山南
崖穴中有神馬國人每牧牝馬其側時產名駒皆汗
血焉事與大宛同藍氏城故大夏國都也史記大宛

傳大夏在嬀水南其都曰藍氏城也薄提城今名薄
底延城在國北周圍六十里與西番記小異

竹步

在廣東瓊州府西南海中與古里接境地廣而
僻村居寥落城垣石壘屋砌高堆無霖雨絞車深井
捕網海魚男女拳髮出以布兜產獅子雞有高六七
尺者又有刺撒自古里舟行二十晝夜可至倚海而
居壘石爲城屋連山廣地草木不生牛羊馬駝皆食
乾魚田瘠少收惟麥畧有氣候常熱數年無雨鑿井
絞車馬皮袋水男拳髮女兜頭粧點有事禱于鬼神

我葬有禮俱永樂中入貢

忽魯謨斯

在廣東瓊州府陵水縣西南海中自古里
開船西北風十晝夜可至明永樂間來朝貢駝雞雞
如鶴長三四尺脚二指毛如駝行亦如之上命金幼
孜賦焉其國邊海倚山壘石爲城屋土淳氏饒上下
皆回回教一日禮拜三次喜歌舞惡殺風俗樸厚無
貧者男拳髮長衫善騎射女編髮四垂漆頂出則布
幔兜頭青紅紗蔽面婚喪悉依教規娶妻必置酒請
加酌加酌者掌教官也或曰即忽魯母恩國按忽魯

母恩在東南海中國小土瘠止產檀速胡椒永樂三
年王遣臣巴郎丁朝貢其非一國明矣

天方

古默覊地舊名天堂又名西域自西南海中忽
魯謨斯四十晝夜至乃西海盡處從陸路抵中國凡
匝歲明永樂七年因鄭和往使以獅子麒麟來貢宣
德中遣其臣沙瓛貢方物自是不絕俗用回回歷差
三日四時皆春無霜雪田沃稻饒以馬乳拌飯日落
爲市日中熱故也男削髮纏頭女編髮盤頭建寺稱
天堂日初生拜天叫佛十二月十日各番畢至堂左

有司馬儀聖人墓以綠撒不沉寶石砌成旁有祖師傳法堂極整飾人無貧者按杜環經行紀大食國士女偉麗一日五時必禮天堂可容數萬人帀屢輻湊百貨豐賤大約與天方類楊慎謂天方即大食名號改移海外諸國皆然又西行一日城名驀底納有馬哈麻聖人陵寢日夜豪光騰起墓後一井名阿必糝番人取水藏船中遇颶風灑之即息

錫蘭　在廣東瓊州府西南與柯枝對峙以別羅里爲界自蘇門答剌順風十二晝夜至占城極西可望見

焉番語高山爲錫蘭故名或云即古狼牙須國在南海中有翠藍嶼最高番名按篤蠻大小有七門中可過船傳聞釋迦佛經此浴于水人竊其袈裟佛誓云後有穿衣者必爛皮肉由是男女削髮無衣以木葉級結前後明宣德七年鄭和泊船此山見山中人駕獨木舟來貨椰實皆裸形故俗名赤卵塢過此山西行七日至鶯哥嘴更三日至佛堂山有大磐石印足跡三尺許相傳釋迦佛登此中有淺水不涸人以拭面目曰佛水又西北陸行五十里抵王居王係瑣里人尙釋重象牛飲牛乳不食其肉弒牛者罪死王宮民居旦必調牛糞塗地而禮佛地廣人稠百物富饒山産水晶青紅寶石黃鴉鶻石每大雨衝流沙中拾取之番人云山中有人祖阿聃聖人即盤古脚迹其寶石乃人祖眼淚所結也國人上裸下纏帨加壓腰去鬚留髮女椎髻腦後下繫白布飲食不令人見梁書所載狼牙修國風俗盖相類云明永樂初鄭和奉敕往其王亞列苦奈兒負固謀伏兵絶和歸路和先發銜枚疾擊擒其王獻俘闕下釋之今江寧靜海寺

藏有佛寶即鄭和所取者

覽邦　在廣東瓊州府西南海中地近錫蘭漢疏勒國也地多沙磧麻麥外無他穀俗好佛明洪武九年來貢宣德中附鄰境貢方物或曰其國好食人故覽邦港口無泊船者外有小嶼名妙沙牙望錫蘭山不遠

溜山　在廣東瓊州府西南海中番名牒幹自錫蘭南去順風七晝夜至其山四面濱海如洲天生石門如城闕中可過船大溜有八餘小溜無慮三千土人曰此弱水三千也舟人遇風入溜即溺人率依山巢居

穴處拳髮纏首亦多裸形王頭目皆回回人婚喪禮悉依教門而行氣候常暖如夏市用銀錢産龍涎香明永樂中來貢

巳喇西　在南海明正德六年遣使沙地白入貢言其國在南海甚遠船行凡四年半被風飄至西南海面船壞又風飄八日至咭吟國住十二月又往地名秘得住八月又陸行二十六日至暹羅國住十二月以情白王賜日給與婦女四人住四年附番人奈林船入廣其所賚金葉表文木匣六枚祖母綠一塊珊瑚四株琉璃瓶四把琉璃盞四箇瑪瑙珠胡黑丹

薄海番域錄

重譯二　　山左武定邵大緯星巖氏述

安南　古南交之地東至海三百二十里西至雲南老撾里五百六十里南至占城國界一千九百里北至廣西思明府憑祥縣界四百里而與中土錯壤則東起欽州西歷左江北至臨安元江凡界兩廣雲南三省東西一千七百里南北二千八百里至京一萬一千一百六十五里秦屬象郡漢初爲南越所有武帝平南越置交趾九真日南三郡東漢改交州唐調露初改南都護府五代梁時土豪曲承美專有其地後爲劉隱所并嗣楊延藝紹洪相繼爲交趾節度使既而管内大亂推丁部爲州帥其子璉繼立宋平嶺表璉内附封交趾郡王傳弟璿爲其將黎桓所篡其後李公蘊篡黎氏至天祚爲安南國陳日煚弑之稱越皇帝然皆臣服中國封交趾郡王元憲宗時遣將破其國日煚竄海島後歸附封其子光昺爲王死子日烜自立世祖又發兵討破之日烜死子日燇遣使入貢明洪武初陳日煃率先歸附仍賜安南國王印日

熢卒弟日烜受封日烜卒封其兄子日熞嗣王嘗進二女艷麗傾後宮上愛之亡何復以二女進上不悅曰彼謂朕漁色耶並出前二女語使者曰歸驗之猶女體也日熞荒淫爲其兄叔明簒立叔明請老傳弟日煓日煓與占城戰死弟日熗署國事時叔明雖謝事實專國政與其相黎季犛通弒日熗立其子日焜季犛者叔明壻也建文元年弒日焜尋又弒永及窦大殺陳氏自謂舜胡公後國號大虞紀元天聖更姓名胡一元子蒼易名查僭稱帝自爲太上皇陳氏孫

天平來奔永樂三年查謝罪請迎天平歸國送至郎溫查以黎率迎擒度雞林關忽伏發刼殺天平並二使上大怒遣張輔沐晟征討俘獲季犛父子詔求陳氏後無所得因郡縣其地六年簡定反定故陳氏臣從下安南有功因上不復立陳氏走化州說下羣盜鄧悉等聚衆萬餘稱日南王七年簡定稱上皇立陳季擴爲大越皇帝季擴者蠻人自云陳氏後安南民不忍棄陳氏相率歸之輔等又擒之送京伏誅十六年黎利反利從季擴爲金吾將軍已來降復反稱平

定王洪熙元年攻刼郡邑復命將討之宣德二年利勢屈復奉表乞立陳氏後日暠者主其國詔封安南王後利鴆暠而自立朝廷復請加兵會利遣使來貢謝罪請命因而與之傳至晭正德時鄭綏鄭惟鐐及其黨陳真弒之諒山都將陳暠自稱陳氏後與子昇以諒山之甲攻交州殺惟鐐自立僞號天應仍稱大虞爲陳真所擊走諒山綏等共立譓而暠昇據長慶太原清都三府有莫登庸者荊門漁家子有勇力善戰能凌水飛數步隸暠部爲參贊以罪奔譓用爲宜

陽叅將與暠戰大破之而大將阮宏緒等討弒晭之罪攻鄭氏綏奔清化惟鐐子奔高平國兵柄未有屬登庸賂譓親信誣推己典兵權日盛自立爲興安王未幾弒譓僞爲譓禪文簒其位僭號大越尋傳其子方瀛爲國大王自稱太上皇居都齋都齋故其打魚處登庸以爲險時時凌波而飛持劍下刺巨魚嗷呼爲樂時譓子居清化僅有四府地兩遣使乞師爲登庸簒取不得進嘉靖中遣仇鸞征討登庸乞降赦之以後黎莫二姓迭相雄長而莫氏寖微

國初歸化乾隆丁未戊申間其臣阮廣平逐黎氏黎有祺來奔再送再逐之以有祺不能撫有其土也留京師封廣平爲王其國山川佛跡勾漏海富良江爲大有艾山二月開仙艾花境內有越王城浪泊柱銅鼓而奇獸有狒狒似獮猴人面知人生死貘猿似猱善捕鼠䝚獠雜居獷悍喜鬥椎髻裸下黑齒昂喙平居不冠惜交愛人善謀驍儇人好學官制畧彷華風並習漢字今傳有交趾國王被繫入中國謁藩臣詩及安南使過吉水邛文丞相詩見蓬窻日錄按安南界有猛烈栅蕐益隘俱係自雲南蒙自縣入安南之界

廣南　在安南之南與交趾東京止隔一水本安南地漢爲日南郡隋唐驩州明義安府其西水陸行歷順化港新州港至古城即秦象郡林邑縣古越裳之國漢伏波將軍馬援開漢南境置象林縣縱橫六百里在交趾南海行三千里馬援所置二銅柱表漢界處漢末大亂縣功曹姓區連殺縣令自號爲王無嗣外孫范熊代立餘見占城再西水陸行歷浦海至東埔寨即占城以西至爛泥尾船不可近矣

扶南　在廣南之南海西大島中可七千里林邑之西南三千餘里國俗本裸文身被髮不製衣裳其先有女人爲王號曰柳葉年少壯健狀如男子其南有徼國人名混塡來伐柳葉降之遂以爲妻惡其裸身乃穿疊布貫其首理其國子孫相傳至王混盤況死國人立其大將范蔓盤盤爲王蔓勇健有權畧以兵伐旁國咸服屬之自號扶南大王開地五六千里蔓死國亂大將范尋自立爲王是中國吳晉之代也尋始令國內男子着横幅今干縵也其後王憍陳如本天

竺婆羅門也有神語曰應王扶南憍陳如至盤盤扶南人聞之迎而立復改制度用天竺法令俗事天神其刑罰于城溝中養鱷魚門外圈猛獸有罪者輙以食猛獸鱷魚魚獸不食者爲無罪三日乃放之宋齊梁並獻方物其國有佛髮長一丈二尺梁武帝詔沙門迎之又隋書云其扶南國王姓古龍諸國亦多姓古龍訊耆老言崑崙無姓氏乃訛矣唐武德後貢獻貞觀中又獻白頭國二人于洛陽其國在扶南之西又皆參半之西男女生皆素首身又凝白居山洞之

中四面巖險故人莫至其處地界與叅半國相接按
扶南後為真臘所併

狼脈　在驩州今隸安南唐以前屬中國倮身猶恥無
衣夜與買人交易暗中嗅金便知好惡

緬甸　在雲南鎮沅州西南徼外南至南海西南隔海
即暹羅東北至雲南省三千八百程古朱波地宋寧
宗時始通中國元世祖遣兵三征之責其貢賦而還
明初置緬甸宣慰司嘉靖後不復修貢萬歷間有莽
瑞體者漸強盛傳及其子莽應裏世為邊患恭將鄧

子龍游擊劉綎各率兵五千人平之而其雄長于南
徼如故明初所設邊外三宣六慰諸土司大抵皆服
屬于緬矣殘明偽永明王由榔竄其國緬酋莽應時
陽欵而陰拘之李定國率兵入欲護王以出弗與定
國肆焚掠莽應時密遣使乞援于我
朝約大兵至即俘永明王以獻時吳三桂以親王鎮雲
南偕將軍愛星阿率兵萬餘入莽應時送永明于軍
時順治十八年也是時三桂未及為善後計邊外木
邦猛密大山諸土司聽其仍為緬屬不復能如明初

之衆建而分其勢由是緬甸竟國于西南乾隆十七
年該國王蟒達喇遣頭目希里覺塡等奉表入貢
賜御書扁額曰輯瑞西球十九年蟒達剌與得楞錫箔諸
夷搆兵為所殺緬國無主而緬屬木梳土司甕藉牙
起兵聲言為故主復讐擊敗得楞諸夷遂自竊據緬
甸位初在其木梳築城繼乃徙于故緬甸所居之阿
瓦城凡緬國舊所屬土司皆降附之有不服者輙治
兵攻擊無虛日二十五年甕藉牙死子莽紀覺嗣搆
兵如故浸尋而及我耿馬土司矣二十八年冬緬賊

復至我遮放邊外三十一年莽紀覺死其弟懵駁嗣
復索幣于我孟連土司楊應琚勦撫失宜獲罪三十
二年
上命明瑞以將軍兼總督大舉勦賊不利被難三十四年
命大學士公傅恒來滇經畧其事大破之酋大懼其酋帥
曰眇旺模者遣人乞和不許諸將以兵多染瘴日有
死亡爭勸受降撤兵乃遣哈國興往責眇旺模以進
表納貢返土司地諸事議未決眇旺模左顧而去哈
國興單騎入其栅責之眇旺模不敢見別遣人出請

如約適緬酋懵駁亦遣使齎貝葉書來乞降乃取其成而還五十五年封孟隕爲阿瓦緬甸國王開關通市嘉慶五年入貢

賜御書曰錫藩彰順貢期定爲十年一次貢道渡江由陸路至雲南普洱府入境達

京師按緬甸之東雲南考擺之西有八百大甸館考云土酋有妻八百各領一寨因名八百媳婦東北去省三十八程

占城　在廣南之西西南首占城國累甎爲城故云宋

時爲眞臘所併又名占臘東距海西抵雲南南接眞臘北連安南東北近廣東瓊州自五虎門開洋張十帆順風十晝夜可至海口新洲港有石塔爲標舟王是繫焉古越裳氏界秦爲象郡林邑縣漢末有區連者殺縣令自立爲林邑國王其後世絕外孫范熊代立熊死子逸嗣其臣范推之奴名文者譖逐逸諸子逸死文篡立傳至元孫文敵爲扶南王子當根純所弑國臣范諸農平其亂而自立歷宋齊梁陳及隋初皆來貢仁壽初其王梵志爲隋將劉方擊破遂棄城遁獲其廟主十八枚皆鑄金爲之蓋其國有十八世矣方班師梵志復其地唐貞觀中其王頭黎獻方物子鎮龍嗣爲摩訶慢多伽獨所弑范氏遂絕國人立頭黎之姑子諸葛地更號環王元和初入寇驩愛等州安南都護擊破之遂棄林邑徙國于占因號占城歷五代周及宋初咸貢方物淳熙中襲破眞臘慶元中眞臘大舉復仇俘殺殆盡更立眞臘人以主之元時乍臣乍叛終無順志明洪武初其主阿答阿首遣其臣虎都蠻來朝貢方物詔封占城國王賜金印大

統歷三年遣祀其國山川以占城文字令貢士赴京師其國以月生爲初月滿爲晦十次盈虧爲一歲人以漁爲業稻耐旱早熟宋眞宗時求其種擇高田藝之即今黃秈所謂占城稻也書用羊皮及黑木皮削竹爲筆蘸白粉寫字如蚯蚓狀伽藍香惟一大山有之犀大者重八百斤角在鼻端身無毛皆鱗甲紋烏木降香採以爲薪有屍頭蠻者婦人目無瞳夜飛頭人人家食小兒穢妖氣侵腹兒即死頭返合體如故若封其項移體別處則死矣夫不報者罪之貢物伽

倘箋沉檀百花藤諸香白烏紅棉印花圖壁諸布貢使有通文字者嘗寓燕州見葵花問何名人紿之云一丈花即題詩云五尺欄杆遮不盡恰留一半與人看亦足錄也

賓童龍　在廣東瓊州府西南海中與占城山城相接有雙㵎水澄清佛書所云舍衛城也目連居址尚在氣候風俗與占城畧同惟喪事能持孝服設佛以度死者

崑崙　在廣東瓊州府西南海中與占城及東西竺鼎峙相望節然瀛海之中山高而方根盤曠遠凡往西洋商舶必待順風七晝夜可過語云上怕七洲下怕崑崙針迷舵失人船莫存其人穴居樹巢食魚鰕山菓又有靈山峻嶺而方石泉下帶民居星散結網爲業田肥一年二收氣候風俗一如占城往來商船必在此汲水採薪以濟日用齋沐諷經燃放水燈以禳人船之災

真臘　本扶南屬國東際海西接蒲甘南連加羅希北抵占城國自浙江温州開洋經交趾占城可半月至真蒲即其境也亦名占臘其王姓剎利名質多斯那者始併扶南而有之隋大業中通中國至唐國分爲二南近海爲水真臘北多山爲陸真臘後復合一屬國有參半真里登流眉蒲甘等國所領聚落六十餘宋宣和初來貢封真臘國王慶元中大舉伐占城破之而立真臘人爲占城王地方七千餘里明洪武初忽兒那表貢方物賜大統歷後朝貢不絕國中有銅台列銅塔二十四各重四千斤有戰象幾二十萬王三日一視朝坐七寶床出入擁劍立象上小金塔金佛前導列玉猿孔雀犀象名百塔洲以素香佛舍飲饌金盤盛之故諺云富貴真臘也男女椎髻短衫圍腰布手足帶金鐲香藥塗體家奉佛每旦澡洗以楊枝淨齒誦經咒書以麂鹿皮染黑醮粉寫字亦有通天文者推算日月薄蝕以十月爲歲首閏用九月夜分四更候煖不識霜雪貿易以婦人女十歲即嫁今海舶止抵禽木州以柴爲城華人居之按扶南在漢日南郡之南海西大島中舟行六十日可至日南郡廣南屬安南在其南隔一水南接車渠國西有朱江

佛郎機國

在廣東瓊州府西南海中占城之南向不通中國明正德十三年其酋破滿剌加而據其地入貢請封至廣東守臣以其國不列王會羈使以聞詔給方物直遣歸使者留東莞掠行旅至掠食嬰孩廣人苦之會滿剌加來訴命勒水兵攻勦乃遁而佛郎機使者丹亞三能通番漢賄江彬薦之從巡幸武宗見亞三時學其語以爲樂既而其屬別都盧等擁衆千餘破巴西國遂寇新會柯榮截海禦之嘉靖間又寇漳州私市梧嶼海道何喬禦之遁去四十四年有酋目啞喏唎歸氏者浮海來貢初稱滿剌加已改稱蒲麗都家部議南番無蒲麗都家或佛郎機所托也謝絶之相傳其國頗富饒婚娶無媒妁佛前相配以僧爲証謂之交印每六月一禮佛人身長七尺高鼻白皙鷹嘴猫眼鬚捲而髮近赤性凶狡善大銃中人立死嘉靖時廣東巡檢何儒招降佛郎機人得其蜈蚣船並銃法船底尖面平用板捍蔽矢石長十丈濶三尺旁架櫓四十置銃三十四約每舟撐駕三百人櫓

多人衆雖無風可疾走銃發彈落如雨所向無敵用銅鑄大者千餘觔因名佛郎機

美洛居

在廣東瓊州府東海中與佛郎機相近稍稱繁富男子祝髮女椎結腦後王出盛威儀所部合掌伏道旁初佛郎機來攻顧歲輸丁香請降和蘭既横行海外忽以舟師直擣城下執其酋語曰若改事我殊勝白頸以佛郎機人頸白故云酋聽命佛郎機聞之來討誅和蘭所立酋更立素所親信者已而和蘭繼至復誅之去歲相攻殺華人流寓者因爲游説中分兩國以高山爲界山北屬和蘭山南屬佛郎機遂各罷兵然自是其國苦兩屬賈舶亦紛紛矣産多丁香土人用以辟邪東洋獨此地有之

丹丹

在廣東瓊州府陵水縣西南自振州東界今崖州舟行十日至一名阿丹古丹丹國縣羅股石爲城高四五丈土沃民富饒有馬步勝兵數千隣國畏之亦回回種類王金冠黄袍寶帶至禮拜寺白布纏首加金錦頂白袍坐車列隊而行男子拳髮女布帽挑頭青紗蔽面耳垂金錢頂掛瓔珞臂纏寶釧足帶指

環赤金鑄錢名喃嚕嘮紅銅者名哺嚕斯氣候温和常如八九月菩推算花開爲春木落爲秋無閏月向未通中國明永樂九年遣鄭和賚詔賜其國王冠服命互市按嘉靖時造方正及朝日壇玉爵購紅黄玉于天方哈密諸國不得通事撒方秀言二玉產阿丹去土魯番西南二千里其地兩山對峙自爲雌雄或時自鳴請依宣德下番例賚重賄往購上竟從部議已之又自古里開船順風二十晝夜可至

赤土　在廣東瓊州府陵水縣南渡海便風十四日經龍島即至其國亦海中之一洲按暹即古赤土元至正間暹始降于羅斛爲一國名暹羅

暹羅　在南海中自廣東廣州府東莞縣放洋歷占城西南行順風七晝夜至龍門屋海口入港若從福建厦門至暹羅水程過七洲洋見外羅山向南見玳瑁洲鴨洲見崑崙偏西見大真嶼小真嶼轉西北取筆架山向北至暹羅港口竹嶼一百八十八更入港又四十更共二百二十八更本暹與羅斛二國暹即古赤土其國土瘠不宜耕藝羅即古婆羅刹土田平衍而多稼暹人歲仰給之元至正間暹始降于羅斛而合爲一國明洪武初其王參烈昭毘牙入貢賜大統歷永樂元年昭祿羣立遣奈必表章方物乞量衡式從之詔賜古今列女傳以後朝貢不絕正德十年來貢譯其字無識者桀儲請選留來使一二名在館肄業從之隆慶初東蠻牛求婚暹不許統沙外兵破其國執世子及賜印去萬歷初嗣王擊走東蠻牛是後暹羅日強攻真臘降之二十二年緬酋雍罕等從蠻漢逃歸暹羅奄甲翹之俘斬萬餘緬勢遂衰其國地

方千里羣山環遶土下濕氣候風熱俗勁悍習水戰大將多用聖鐵裹身聖鐵者人腦骨也王居壯麗覆以錫瓦民多樓居王白布纏首以受天朝封獨留髮尚釋教婚則請僧取女紅貼男額稱利市喪禮大家灌水銀葬民間將尸放海邊僧咒各色大鳥下食之謂之鳥葬市用海叭有尸羅蠻故居暹之人以近水措斷便于淨滌又有一種共人共者咒法名也刀刄不能傷王養以爲兵衞犯事臨刑令番僧以咒勸化之使其自退共法方與受刑西北去二百餘里有市

鎭曰上水番人五百餘家諸貨皆有最貴者紅馬斯肯等石按暹羅與緬甸接在其西南西洋諸國俱由此至極南始轉而東至東海

浡泥　在廣東瓊州府西南大海中本闍婆屬國去占城一月程所統十四州明洪武中來貢詔浡泥山川之神附祭福建永樂六年王率其妃及子來朝卒于京輟朝三日葬石子岡封其子遐旺逆歸兼封其國山爲長寧鎭國之山製文勒石系以詩曰炎海之墟浡泥所處躡景赴聲有順無忤奕奕賢王惟化之慕

重譯更胥聿來奔走同其婦子兄弟陪臣稽首稽伏悅喜具言以陳內監解德弗稱所云浪舶風檣實勞懇勤稽古遠夷順來怒趄以躬或難翔爾家室疇崛高山作鎭王國傳金勒銀懋昭順德王德克昭王國攸寧于萬斯年仰我大明萬歷中王卒無子族衆爭立相攻殺且盡乃立女爲王今號大泥隸暹羅其國以板爲城王所屋居覆以貝多葉坐繩床出則擁大布䍐衆舁之名阮囊崇佛像好齋沐最敬華人習戰鬥葬用棺以竹轝載棄山中二月始耕祀之過七年不復祀矣以十二月七月爲歲節嘗與同佪錫蘭山各貢香山與貿易

南巫里　在廣東瓊州府西南海中即南泥利隸浡泥自蘇門答剌舟行三晝夜可至東距黎代西北際海南連大山僅千餘家皆回回人明永樂間入貢王居如樓高三四丈四圍以板甚潔樓下縱牛羊牧之俗樸少穀食魚蝦亦有犀牛産降眞香名蓮花降西北大海洋中有帽山平頂番名那溌黎賈舶皆投此山爲指南山下淺水有珊瑚樹高二三尺居人數十家

問其姓則曰阿孤椿言我是王或問其次曰阿孤楂言我亦是王也

亦思把罕　在西南海中一大國也廣袤千里四面皆海西北多山東南平沙城堅壯王居亦侈麗物產豐厚風俗質樸尙佛畏刑喜施惡奪亦有中國人寓焉時時出賈撒馬兒汗市多馬駝少布帛有珠珀無稻粱所食惟麥明永樂中遣使四十四人入貢

淡巴　在西南海中明洪武十年國王佛喝思漢羅表貢賜金帛其國土廣泉甘饒草木孳畜石城瓦屋市

肆碁置車馬威儀甚都國人勤治生稀冠盜畊紝有常業頁物苾布兜羅綿被沉速諸香胡椒又有甘巴里在西南海中大島上一小國也人多織錦粒食亦鮮食永樂中入貢

天竺　在甘肅肅州西六十里嘉峪關外西南二千餘里一名西天今四川越巂廳之西南雲南麗江府之正西即漢時身毒國或云摩迦陁或云婆羅門去長安九千八百六十里去月氏東南數千里地方三萬餘里中分五天竺有五印度地各數千里城邑數百

南天竺際海北天竺距雪山環抱如壁南有谷通大路爲國陽門東天竺際東海與扶南林邑接隣但隔山海而已西天竺與罽賓波斯接中天竺據四天竺之間南與葱嶺相連北與烏孫接衣服類烏孫隨水草爲塞種也顏師古云捐毒即身毒身毒則天竺也塞種即釋種也蓋語音有輕重其俗修浮圖不殺生飲酒漢桓帝時頻從日南徼外來獻時帝好神敷祀浮圖老子百姓稍有奉者後遂轉盛其國王土著與月氏同而卑濕暑熱人弱於月氏唐武德中其東西南北四天竺悉臣服於中天竺貞觀初沙門元奘至其國中天竺王尸羅逸多謂元奘曰我聞彼國有聖人出作秦王破陳樂試爲我說秦王之爲人也元奘具言聖德其王曰信如所言我當自朝也十五年朝貢王姓乞利咥氏名尸羅逸多或云姓剎利氏按寰宇記晉宋浮圖經云臨兒國其王生浮圖浮圖太子也父屑頭耶母曰莫耶浮圖身服黃色髮青如青絲始莫耶夢白象而孕及生從母左脇出生而有髻墮地能行七步此國在天竺城中天竺又有神人名沙

律昔漢哀帝元壽元年博士弟子景盧受大月氏王使伊存口授浮圖經曰復立者其人也優蒲塞桑門伯聞號問白開比丘晨門皆弟子號也浮圖所載與中國老子經相出入蓋以爲老子西出關過西域之天竺教胡爲浮圖徒屬弟子別號合有二十九不能詳載故畧之諸家記天竺事多錄諸僧法明道安之流傳記疑皆詼誕不經不復悉纂也

榜葛剌　本天竺國五印度之東印度也東際廣東瓊州之海白蕉門答剌開船抵浙地港行五百里至瓊

納兒港有城池而聚陸行三十五里至坂獨生酋長居焉城郭甚嚴王及臣民皆回回人祝髮纏首圓領長衣彩帨金錦皮靴女髻椎後穿頭衫闊色布絲綳耳垂金鍘頂掛瓔珞四腕戒指不施脂粉天然嬌白人好耕植一歲二收陰陽醫卜百工技藝皆備而用銀錢海叭番名考嚓價定打手雖萬金不悔別有一種印度飲食男女異處夫死不改嫁妻死不更娶孤寡衆輪贍之有山名五嶺最高大氣候恒熱十二月無閏向不通中國明永樂二年朝貢賜文綺十二年

貢麒麟正統三年復至

金剛座　在廣東瓊州府西南海中榜葛剌之西即中印度也本名沼納撲兒乃釋迦得道之所明永樂十八年國王亦不剌金數侵榜葛剌遣使賚敕諭之因來朝貢

師子國　在甘肅肅州西嘉峪關外雪山之南去關二千餘里天竺之旁國也晉時通焉在西南大海之中洲也延袤三千餘里其洲中有山名稜伽古佛游處國中有王以一善化人皆以學道爲務安帝義熙初遣使獻玉佛像四尺二寸玉色潔潤形制特殊殆非人工此像歷晉宋世在建康瓦官寺其地多出奇寶土地和適無冬夏之異五穀所種不須時節其國舊無人民止有鬼神及龍居之諸國商賈求其市易鬼神不見其形但出珍寶明其所値價商人依價取之諸國人聞其土樂因此競至或有停住者遂成大國能馴養獅子遂名風俗與婆羅門同而猶敬佛法

東女國　在四川雅州府西北東與茂州党項接西羌之別種也以西海中有女國故稱東女國俗以女爲

王隔羅女蠻及白狼有八十餘城王之所居名庫延川戸四萬餘衆女王號爲賓就在外官僚並男夫爲之王死卽于王族令女立之無篡奪重婦人輕丈夫文字同于天竺唐武德中女王湯滂氏遣使貢方物

焦僥　在雲南永昌府西南徼外後漢書明帝永平中西南夷焦僥貢獻是也安帝永初中永昌外徼焦僥夷陸類等三千餘口舉內附

古刺　在雲南西南徼百彝之外萬餘里明永樂中給事周讓使百夷問其國人慕華莫爲先使歸以聞天

于嘉之遂命譲出滇池入踰數月乃至至則酋驅象馬建旗鼓具舟供帳陳兵出迎作新亭舘以居譲即遣使從他使者至京報謝留譲居歲餘勞宴甚至譲還遣使貢方物請臣置吏詔授右剌宣慰使賜冠帶印章

默得那　在西域回回祖國也地接天方有城池宮室園田市肆五穀蕃滋大類江淮間初國王謨罕驀德生而神靈有大德西域諸國並臣伏焉尊爲別諳援爾華言天使也其教專以事天爲本而無像設日每西向拜有經三十藏凡三千六百餘段其書體旁行有篆草楷三法今西洋諸國皆用之尤精陰陽星歷解醫藥音樂織文雕鏤器用精巧隋開皇中國人撒阿的幹葛思始傳其教入中國明洪武元年改太史院爲司天監又置回回司天監二年詔徵元回回歷官鄭阿里等十一人赴京議歷法宣德中其國王遣使隨天方國朝貢正德中回回人于永進秘方得幸昇指揮同知御馬監西海子設養虎回回三名世宗屏之并歸廿州所進回回女你兒干等于永下獄死

崇禎十七年回回貢馬玉玉大者重三百斤今國人多附廣東香山嶴貿易其人善鑑識每從海市中廉得奇珍故稱識寶回回而種類散處南北爲色目人甚夥並窗目高鼻白布纏首以密爲酒以牛爲葉禁食猪肉非同類殺不食好歌舞夫婦配合必取水淋沐親死用布囊尸入棺鼓樂導至墓去棺底掩以土喪于墓以水潑之行其教者行齋居迷千里不持糧云

歐邏巴　在西洋古不通中國明嘉靖間始有西商循小西洋東來貿易香山嶴其後國人名道侶者每附舶而來計海程幾及十萬里南起地中海北至水海徑一萬一千二百五十里西起西海諸島東至阿北阿徑二萬三千里共七十餘國其地中海有斗的亞諸島西海有意而蘭大諳尼利亞諸島自國王下逮庶民皆奉天主耶穌教其徒來游中國多傳道之人非修貢也明萬歷中有大西洋人利瑪竇賫獻天主像自鳴鐘鐵琴地球等器皆巧異神宗大悅利瑪竇聰慧通中國典籍著交友論山海輿地全圖嘗游南

京禮侍沈㴶奏逐之曰訪聞海利瑪竇本佛郎機人其王豐肅原名巴里狼雷先年同黨詐行天主教于呂宋問奪之改號大西洋云久之病卒賜葬阜城門外二里溝曰利泰西墓嗣有龍華民龐廸峩畢等接踵而至行其教不廢有諳歷學者崇禎初上諭日食不合推歎恐大統歷法差訛宜修正之徐光啟疏薦湯若望鄧玉函羅雅谷三人召至京開局長安街作觀星台推測著書亡何鄧羅相繼死若望乃以新法製進黃赤全儀地平日晷及星毬測天儀器新法歷書內庭親測屢被褒賞又命鑄西洋無閒大將軍砲大者重一萬二千餘斤又爲空心砲令式並望遠鏡二具今

京師天主堂皆其人也其國風俗一夫一婦無二色者所讀皆聖賢書然以天主經典爲宗字以二十三字母互配而成凡萬國語言風雨鳥獸之聲皆可寫出蓋隨音成字不以字命音也喪服尚黑棺用木石或鉛追薦誦天主經不燒楮錢火化入尸以布包之尸燼灰存布內不散貯罐中葬高塔上

判汗　在甘肅肅州西南三千七百里葱嶺之西五百餘里葢古之渠搜國也禹貢析支渠搜西戎即敘一名潑汗其王姓昭武字阿利柒其先襲業爲王今則阿利柒之後唐高祖朝此國人潑汗胡戲其後盛爲此尋爲諫臣拜疏遂罷從此國至西海盡居土屋衣羊皮疊布男女皆着靴婦不飾鉛粉以青黛眼而已

罽賓　在甘肅肅州西南三千七百里葱嶺之南懸度西庭山西去瓜州六千六百里今敦煌漢時通焉王理修鮮城不屬都護戶口勝兵多大國也昔匈奴破大月氏大月氏西居大夏而塞王南君罽賓塞種分散往往爲數國自疏勒以西北休循身毒之屬皆塞種也顏師古云即釋種也今懸度之阸非罽所能越也其王姓昭武康國王之宗族勝兵萬餘人唐貞觀十一年遣使獻方物去長安一萬二千二百里南去舍衞國三千五百里水皆南流入于南海餘見撒馬兒罕

撒馬兒罕　在甘肅肅州西嘉峪關外東去關近萬里古罽賓國也漢通大月氏封爲王唐爲修鮮都督府

元駙馬帖木耳主其國明時朝貢不絕貢道從嘉峪關其國東西相距千里山川鐵門峽阿杰河最大地平田沃宜五穀城依平原濠深險北有子城王居高廣城中逵巷縱横市肆稠密西南番賈多聚于此王白帽婦人白縞纏首尙回回教有拜天屋經文泥金書羊皮裘善治宮室織罽刺文繡禁酒以手取食屠牛羊者埋其血腥市用銀錢國東有沙鹿海牙賽蘭達失干西有渴石迭里迷卜花兒皆隸焉

沙鹿海牙　在甘肅肅州西嘉峪關外撒馬兒罕東五

百里南近山三面皆平川城據小河西北臨山河勢衝急有浮梁人繁庶依崖谷而居園林廣茂西有大沙洲可二百里無水即有水不可飲有臭草枝葉如葢取生汁熬膏爲阿魏又去撒馬兒罕七百里曰達失干城據平原甚狹小四面平岡多林木溪流蜿蜒土宜五穀俗樸而饒

卜花兒　在甘肅肅州西嘉峪關外撒馬兒罕西七百里城居平川周十餘里市井繁富户口萬計天氣温和宜五穀桑麻蔬菜不絕産布帛絲綿六畜大類中國又西南曰迭里迷新舊二城相去十餘里王居新城東距阿木河多魚城内外居民僅數百家孳畜繁息河西有蘆林出獅子

哈烈　在甘肅肅州西嘉峪關外撒馬兒罕西南去關萬七千里一名黑魯漢大宛也元沙哈魯居其地國人稱爲速魯壇明洪武時遣使詔諭其國石城方十里平川百里四面大山王居東北山壘石爲屋無棟梁民土房或氊帳上下呼名王亦然相見微屈躬道撒力馬力一語人善走日行可三百里俗常燠少雨

市中流水不斷無正朔甲子七日一周以第一日爲上吉名阿諦納田美多獲宜桑與蠶不祀鬼神祭先于墓婚姻多以姊妹謂爲至親死無棺槨以布囊裹尸瘞之衣尙白喪易青黒酒禁甚嚴每月二十日爲把齋周月始食葷

賽蘭　在甘肅肅州西嘉峪關外西北撒馬兒罕之東西去撒馬兒罕千里撒馬兒罕即罽賓國賽蘭城周三里四面平原流水環繞五穀蕃殖有浮圖爲祈禱之所夏秋間草生黒蜘蛛甚小嚙人土人誦咒禳解

以薄荷枝拂毒處鮮羊肝遍擦其體痛方息行宿必近水避焉會典載西域貢物有賽蘭珠

渴石　在甘肅肅州西嘉峪關外西南三千七百里葱嶺之南撒馬兒罕西南二百六十里城據大村周十餘里四面水田東南近山中有園林故酋帖木兒居也規模宏壯堂四隅白石柱如玉牆壁窓牖飾以金碧琉璃西行十數里供小山多葱思檀藁又西去三百里大山屹立中有石峽兩壁懸崖如斧劈行二三里出峽有門石色如鐵土人云此鐵門關也即元太

祖見角端處

條支　在沙州西南一百五十里陽關西今甘肅安西州燉煌縣其國在葱嶺之西去陽關二萬二千一百里城在山上周廻四千餘里臨西海海水曲環其南及東北三面路絶惟西北隅通陸路漢時通焉人衆甚多往往有小君長安息役屬之以爲外國以地絶遠漢使稀至自玉門陽關出南道歷鄯善而南行至烏弋山離南道極矣轉北而東復馬行六十餘日至安息按後漢書和帝永元中班超遣掾甘英使大秦抵條支臨大海欲渡而安息西界船人謂英曰海水廣濶往來者逢善風三月乃得渡若遇惡風雨亦有三歲者又曰海中善使人思鄉漢使若不顧父母妻子者則可往矣英聞而止西海到玉門陽關四萬里玉門關在安西州西北十八里

女國　在甘肅肅州西南三千七百里葱嶺之南其國代以女爲王王姓蘇毗字末羯女王之夫號曰金聚不知政事國内丈夫惟以征伐爲務男女皆以彩色塗面一日之内或數變改之山上爲城方五六里人

有萬家王居九層之樓侍女數百人五日一聽朝復有小女王共理國政亦數與天竺及黨項戰爭其女王死國中貴人剥去皮以金屑和骨肉置于瓶内埋之經一年又以其皮内以鐵器埋之其王若無女嗣位國人乃調歛金錢得數百萬還以死王之族買女而立之隋開皇唐貞觀間皆朝貢又西海之中有女國焉其人皆女有神木一章抱之則感而孕又有狗國焉其婦端好生男皆狗生女皆人

亦力把力　在甘肅肅州西嘉峪關外布古爾之西或

曰焉耆或曰龜茲東西三千里南北二千里元封馬哈木于此名別失八里明初貢馬永樂十六年頭目速哥克剌來朝言歪思弑其兄納黑失只罕自立為王徙其國東去更號亦力把力後朝貢不絕其國無城郭宮室逐水草住牧以氈罽為帳寒暑坐卧于地有白山中常有火烟出硇砂採者着木底鞋皮者即焦有熱海數百里番名亦息渴兒然氣候常寒深山大谷六月飛霜王帶小罩剌䯼䳍翎衣禿袖衫削髮貫耳俗獷而穢衣服類回回言語類畏兀兒宣德間哈失哈力遣十四人來貢即其國也又名阿力馬力皆稱呼之訛

拂菻　在甘肅甘州府西西域極西之地從條支西渡海曲近萬里約去長安四萬里東南與波斯接地方萬里古大秦國其人長大平正有類于中國故云大秦或云本中土人也一名犂鞬一云前漢時犂靬國其國在西海之西亦云海西國其王理安都城貴臣十二共理國事其王無常人簡書者立之國有異災及風雨不時節共廢之漢宣帝時始通唐貞觀開元

宋元豐元祐數至明洪武四年遣其國故民揑古倫齎敕諭之尋朝貢其國地寒土屋無瓦王衣紅黃衣以金線織絲布纏首坐紅床使人舁之不尚戰鬥隣國小有爭但以文字來往詰問鑄金銀為錢無穿孔面鑿彌勒佛背為王名自漢後言大秦宮室皆以水晶為柱珊瑚為琬琉璃為牆有金巨秤以金人立其端屬十二丸率時落一丸有眩人能發火于顏手為江湖足墮珠玉他語皆不經或云國西有弱水流沙近西王母所居去長安二萬餘里幾于日所入矣

木蘭皮　在西海中自大食國舟行百餘日方至一舟容萬人中有酒肆機杼米粒長三寸瓜圓六尺香櫞桃榴並巨羊高數尺尾大如扇春則腹取脂縫合仍活秋風忽起人獸急就水飲稍遲渴死

瑣里　西海中一小國也明洪武五年其王遣使奉金葉表朝貢圖上土地山川賜大統曆金幣永樂元年復朝貢有撒哈剌紅人者藍靚木里白苾諸異布按瑣里一小國耳乃占城暹羅錫蘭柯枝諸大國其王皆瑣里人何地之庳而人之壯耶又有西洋瑣里瀕

海近瑣里差大明洪武間朝永樂二十一年西洋十六國遣使千二百人貢方物西洋瑣里貢獨豐美

阿速　在西海中大國也城倚山面川川南流入海有魚鹽耕牧之利俗敬佛畏鬼好施惡爭鬥物産饒裕鮮飢寒寇盜聚落多天方撒馬兒罕諸國人明永樂中遣百二十人朝貢

沙哈魯　在阿速西南海島中山川環抱多産奇貨王及酋長城居瓦屋庶民旅處城外村落相聚畜産蕃息佞佛恥鬥俗號淳直明永樂中遣七十七人朝貢

或曰即古投和國唐貞觀中嘗入貢又有火剌札國頗微弱四圍皆山山鮮草木水流曲折亦無魚蝦城僅里許多板屋俗尚佛喜中國磁器針線又有吃力麻兒山卑水淺西南傍海東北林莽多毒蟲猛獸得中國雄黄麝香磁器甚喜不事耕田好射獵有速巷無市肆交易無期用銅錢或曰即俺力麻國又有敏真誠國亦大多高山深水縛木爲渡以日中市諸賈畢集見中國磁漆之器爭欲得之又有白松虎兒舊名速麻里兒國中無大山亦鮮林木無猛獸毒虫之害先時嘗有白虎出松林中不傷人畜旬月後忽不見國人以爲神虎父老曰此西方白虎降精因更國號白松虎兒又有加異勒阿戎小雅居人不及千家貧窶乏食寄僑鄰國永樂中遣使朝貢

麻逸凍　在交欄山西南海中山峻地平氣候稍熱田禾蕃牧男女椎髻俗尚節義婦人喪夫則削髮務面絶食七日與夫尸同寢多有並逝者得甦亦不再嫁至焚夫日或赴火死又有假里馬丁在海中與交欄山相望其地山列翠屏溪田雖有米穀少收氣候常

熱俗甚囂薄男女晃髮竹布爲衣種芭蕉採其實以代粱又有勿斯里所轄州十六村落三百六十每村供國用一日王白皙纏首着衫出入乘馬導馬三百疋金鞍寶轡虎十頭縻以鐵索臂鷹挾劍以從多至千百人有大塔高二百丈國被兵則據塔拒敵可容二萬衆其國百年無一雨有天江水極甘可漑田江上有鏡他國盜兵來輙先照之

白葛達　海中小國土瘠俗尚佛又有黒葛達國小民貧平川廣野草木暢茂亦尚佛又有討來思在海中

周徑百里城近山山下有水赤色望之如火亦尙佛
王家事以婦人土宜麥稌但明宣德間入貢又海外
小國曰打回數爲鄰國所苦已乃治兵與戰戰勝稍
得自立永樂初入貢

咭呤　在海島小國也白布纏首身穿小袖長衫食以
手忌豕見華人甚厭其地産胡椒蘇木荳蔻象牙附
香山與貿易又海島小國曰順哈人醜而黑衣布帛
飲食生熟相半婚姻不論貴賤意合則從

答兒密　在海中不百里人不滿千家板屋無城郭産

馬駝牛羊布褐交易兼銀錢刑惟箠扑服屬撒馬兒
罕明永樂中遣使十八人朝貢賜大統歷文綺茶藥
又近撒馬兒罕曰失剌思宣德中貢使凡八人又去
失剌思數日程曰納失者罕皆舟行海中其國有山
林川澤魚虫城東平原饒水草可牧馬馬有數種小
者高不過三尺俗重僧所至飲食之尙氣健鬥永樂
中遣使十八朝貢

麻林　與阿哇俱永樂中入貢二國皆未詳所在會典
載永樂間朝貢者又有急蘭丹國奇剌尼國夏剌北
國窟察尼國烏涉剌踢國魯密國彭加那國捨剌齊
國八可意國坎巴夷替國千里達國沙里灣泥國僅
存其名而已

薄海番域錄

絕域一　　　山左武定邵大緯星巖氏述

提　絕域一大國也都城八門稱其君長曰汗其人帽圓簷高五寸以白布為表中實綿絮簷亦如之似回地阿渾之帽衣對襟長短三疊左右製袋各一行囊手其中色尚赤衣多紅鬚亦茜草染之幅幀寬廣土地沃肥五穀瓜果繁茂棉花木本高丈許大米酥油為餱尚宴會善烹飪地多虎豹犀象牛羊驢馬土產自鳴鐘表喀拉明鏡衣斯麥幾爾洋瓷白冰糖金花

白布金銀絲紬緞善製大銅砲名按布拉克一砲非十象四五百人不能推需火藥數萬斛人負藥袋入砲填之砲子大者重三五百觔孳子無算一發摧天裂地又善製自來火鎗可及二百步人戶衆盛率多巧思

薩穆　在拉噶爾西北一萬四五千里絕域一大國也幅幀極廣與拉噶爾相似其人皆磚瓦為屋雕鑿奇巧詭異極為修整布帛緞錦為衣衣製精新多織以異鳥之翼地富厚饒貨寶境內有大水縈繞鹹苦人不能飲寬亦不知其津岸也

阿拉克　在控噶爾西北亦絕域一大國也地寬廣與薩穆相似其工匠尤多巧思冬能使之炎熱夏能使之飛霜以金木造為人形以供服役皆人力為之非邪術也

哈塔木　絕域同子之一國也地界鄂羅斯控噶爾之間為控噶爾之屬國其人多力善射矢不虛發

巴喇哈　絕域一大國也幅幀遼濶人戶殷繁多沃野良田屋宇修整土產青金寶石金剛鑽石玻璃産鐵

色白如銀五穀粳糯皆蕃山園多新異之果四時常有赤蟒如龍于空中飛舞口噴熱風如火人觸之者須臾病斃惟多食葱蒜大蒜之人庶幾可免故人喜食諸辛之物產獨角野羊大如驢多水牛風俗淫佚惟男風是好語言與西域不通

科罕　西域一部落也築屋而居耕田而食豆穀二麥其常餱也喜造甘酒色如琥珀淸冽甘芳人富饒以金銀絲緞喀拉明鏡為衣倭緞為領緣繡以金銀絲衣多黑紅二色以海龍皮為帽長二尺許以紅黑絲

股子皮爲靴木底密布鐵釘土産五穀諸果鋼鐵氷
塩海龍黑貂元狐皮牛馬羊甚多不知騸馬人乘牡
馬其人刁野凶頑鬥毆即殺人時與哈薩克交通貿
易

噶爾洗　絶域一國也其地廣而人稀皆峻嶺高峯多
大米芝蔴緑豆其人日飲黄酒取醉男女皆然土産
獅子多象

安他哈爾城　絶域一部落也其地多山産諸果皆異
種人以核桃松子爲食打牲爲業善製自來火鎗多

白蘑鉛鐵看塔哈爾城同

查爾卓衣城　絶域一部落也無城郭屋宇以氊帳爲
家地多山石沙嫌可耕者稀牲畜少亦不以游牧爲
業其人貧苦乏食以刼盜爲生無鳥鎗弓矢人佩一
刀有獸生其地之深山大壑中形全似馬頗調良可
羈勒而控之行如星電日逾千里名之曰特克亞壯
圖其人懸刀乘獸四出竊刼遠近苦之語言與回子
通賽拉斯城同

噶拉特城　與查納阿拉巴特城謨勒城同一部落亦

絶域也語言與西域各國不同其人皆茜草染鬚居
于大水之濱耕者稀專牧放馬牛羊千萬羣以大米
魚鰕爲常饌呼其水曰阿曼多龍中有鼋縱數十丈
魚有千丈者皆能吸舟而吞人其地多竹舟行必載
竹數巨束以鐵包裹遇其吸水則擲之鼋魚自去其
水鹹苦不可飲寛袤千萬里

烏爾古特城　與雅爾城佳堪特城帕爾海城同一部
落人皆回子甜瓜西瓜有長七尺者有圓如水磨者
沙棗之大如梨盤

佳堪特城　與帕爾海城同一部落其地皆山牲畜最
少人于山巔耕種小麥色白如粉大麥碧緑多桑結
葚有赤白黑緑四種長五六寸許人皆採以爲食衣
帽如回也

阿薩爾城　與哈拉多拜城巴拉城哈喇他克城同一
部落亦絶域也亦耕五穀而以豆爲常饌土産金銀
寶石青金玻璃駱駝其羊之肥大如驢境内有河一
道水不可飲飲之則瘖語言與西域不同人各懸劍
爲佩足以牛馬皮烏拉爲靴男女滿面皆毛頭髮光

明錦布子壯則殺父

札納巴特城　與色里卓衣城別什克里城阿色巴拉城同一部落亦絶域也地皆山白其人于山下取土聚之山上而後耕種豆麥雨多可以收穫否則無望矣杏大色白而香桑葚大而無核徧滿山谷人皆乾以爲糧極貧者牲畜甚少冬夏惟皮衣一領牛皮爲拉爲靴男女遍身皆毛皆不穿褲

雪山附

在甘肅肅州西六十里嘉峪關外起自關西山南爲哈密闢展哈喇沙拉庫車阿克蘇烏什葉爾羌和闐喀什噶爾其餘小城無算皆回民聚居所謂南路也山北爲巴里坤烏魯木齊伊犁塔爾巴哈台其餘愛曼譯言部落也亦無算爲準噶爾故地所謂北路也雪山之在中國者嘉峪關外東西綿亙九千里有奇爲南北兩路之分界自葉爾羌山愈高峻西南折入痕都斯坦其高不可測量復折而西或曰直達西海矣按玉門縣志雪山即古祁連山其勢蜿蜒高聳雲外冬夏積雪不消綿亙東西又安西州志載雪山東亙終

南西極崑崙綿延不絶莫見首尾云

本朝開拓新疆二萬餘里幅幀遼濶從古所未有雪山自嘉峪關起界分南北實出塞首善之區也

沙磧附

在甘肅肅州西六十里嘉峪關外沙磧千里乏水草絶人烟前漢有事于邊陲置安西燉煌之郡歷代爲塞垣要區我

朝于關之西二百九十里設玉門縣又西三百里設安西府附郭之縣曰淵泉乾隆三十九年改爲安西直隷州裁淵泉縣鎮將同城爲州西即蘓勒故國蹟雖無可驗呼其水爲蘓勒河州南六百里即沙州並新設之燉煌縣其地沙磧尤甚所産之瀚海石尤奇沙州東西站即陽關故址雖存今非大路之所經按燉煌縣志沙州古三危地羌戎所居春秋時謂之瓜州秦漢初爲月支匈奴所據武帝元鼎二年分酒泉置燉煌郡晉因之元帝時張駿分燉煌晉昌高昌三郡及西域都護戊己校尉玉門大護軍三營爲沙州唐爲西沙州宋時先後爲回鶻元昊所據元復立爲沙

州明置沙州衛至正德年間吐魯番據之遂廢
本朝雍正元年置沙州所三年升衛乾隆二十五年裁衛
設敦煌縣隸安西州又陽關在敦煌西南一百五十
餘里漢書西域三十六國東則扼以玉門陽關又沙
州有泉一區深二三尺偃月形俗呼月牙泉水甘清
洌四圍流沙廣漠無垠而此泉不沒古稱陽關西有
不滿沙泉得毋即此

伯克附

按回子之官皆名伯克有阿奇木伯克伊什汗伯克

哈雜納齊伯克商伯克明伯克哈資伯克密拉普伯
克等名不一各分品級各有執掌分駐回城均歸辦
事大臣統轄
本朝開闢新疆二萬餘里從古所未有也回民各納錢糧
緞布金銅硝黃土産之物載在各回城應納賦役

方言附

按蒙古喀爾喀額納德等國方言稱天曰吞格利剌
地曰噶會日曰喇勒月曰薩勒風曰薩爾溪大風曰
衣客薩爾溪雨曰博能下雨曰博能爾冷諾雲曰屋
禮天晴曰阿冷勒百山曰歐喇人曰孔目曰紐都鼻
曰噶木兒口曰阿木足曰擀父曰阿八母曰額葉兄
曰阿不亥主曰額真僕曰奇吞男曰額立女曰額壘
立曰博索坐曰索跪曰色克德叩頭曰莫爾郭靴曰
布吞蒂曰布色滿洲帳房曰博斯克臊達帳房曰蒙
古格利騎馬曰莫林吾六非下馬曰莫林色烟兵曰
七冷刀曰色勒們水曰烏蘓火曰喀爾碗曰阿葉赫
糜米曰布達牛曰吾克勒羊皮袋曰托隆馬糞曰阿
爾哈布曰博色紐子曰托博即紬線曰秃爾渾吾塔

蘓綿綫曰格奔吾塔蘓茶曰差羊曰活紐緞曰脫爾
渾駱駝曰忒墨一曰勒黒二曰懷葉勒三曰姑爾八
四曰德爾百五曰他布六曰朱爾哈七曰多諾八曰
奶嗎九曰一素十曰阿爾邦緞一疋换馬曰脫爾渾
勒黒莫林阿喃即茶二封换羊曰差懷葉勒活紐阿
喃即

薄海番域錄

補遺一　　山左武定邵大緯星巖氏述

濊貊　盛京奉天府東南南接辰韓北與高句驪沃沮接今奉錦二府東窮大海西接樂浪今海城縣等處古朝鮮之地漢光武封其渠帥爲縣侯皆歲時朝賀無大君長自漢巳來其官有侯邑君三老統主下户其耆舊自謂與高句麗同種言語法俗大抵相類魏齊王正始六年濊侯等舉邑降四時詣樂浪帶方二郡朝謁有軍政賦調如華人焉其人性謹愿少嗜慾

有廉恥俗重山川山川各有部分不得輒相干涉知種麻養蠶作綿布又頗曉氣候星宿先知年歲豐約又祭虎以爲神

蝦夷　在日本國東海島中小國也其人鬚長四尺尤善弓矢插箭于首令人戴瓠而立數十步外射之無不中者唐顯慶四年隨倭國入貢

扶桑　在日本國東北文身國東大漢國之東南齊廢帝永和初其國有沙門慧深來至荆州說云扶桑在大漢東二萬餘里亦在中國之東作板屋無城郭有文字以扶桑爲紙無甲兵不攻戰名國王爲乙祁貴人第一者爲大對盧第二爲小對盧第三爲納咄沙國王行有鼓角導從其衣隨年改易甲乙年青丙丁年赤戊己年黃庚辛年白壬癸年黑嗣王立三年不視國事宋武帝時罽賓國有比丘五人遊行至其國始通佛法象教焉又云其東千餘里有女國其人容貌端正色甚潔白身體有布髮長委地至二三月競入水則孕娠六七月產子女人胸前無乳項後生毛根白毛中有汁乳子百日能行三四年則成人矣見

人驚避偏畏丈夫梁武帝時有晉安人渡海爲風所飄至一島登山岸有人居女則如中國人而言語不可曉男則人身狗頭其聲如犬吠其食有小豆其衣如布築土爲牆其形圓其户如竇

文身　在日本國東北七千餘里梁時聞焉體有文如獸其額上有三文文大直者貴文小曲者賤土俗歡樂物豐而賤行客不齎糧有屋宇無城郭國王所居飾以金銀珍麗繞屋爲塹廣一丈實以水銀雨則流于水銀之上亦用珍寶

大漢　在日本國東北文身國之東五千餘里無兵戈不攻戰風俗並與文身同而言語異亦梁時聞焉

狼牙修　在廣東廣州府南海中二萬四千里其界東西二十日行南北二十日行土氣物産與扶南畧同其俗男女皆袒而被髮以古貝布爲干縵王及貴臣乃加雲霞布覆累塼爲城有重門樓閣王出乘象兵衛甚設梁時通貢其使云立國以來四百餘年

黃支　在廣東廉州府南海中去合浦日南三萬里漢時通焉俗畧與珠崖相類貢銀硃玉壁琉璃奇石異

大珠圓及二寸而至圓者置之平地終日不停

盤盤　在安南之南海大洲中北與廣南隔小海自交州船行四十日至其國梁時通焉其王曰揚粟翨（音趐）粟翨父曰揚德武連亦不知其來百姓多緣水而居國無城皆竪木爲柵王坐金龍床每坐諸大人皆兩手交抱肩而跪又其國多有婆羅門自天竺來就王乞財物王甚重之有僧尼皆食肉而不飲酒亦有道士不食酒肉讀阿修羅王經其國不甚重之俗皆呼僧爲比邱呼道士爲貪隋大業中朝貢

哥羅　在安南之南海大洲中盤盤國之東南亦曰哥羅富沙羅云其王姓矢黎婆羅名米失鉢羅其理城疊石爲之城有樓闕門有禁衛宮室覆之以草國有二十四州而無縣兵器有弓箭刀矟皮甲征伐乘象其俗非有官者不得上髮裹頭唐天寳初朝貢

婆利　在廣南東南海行可萬里海中洲上自交阯浮海南過赤土丹丹國乃至其國去廣州二月日行國界東西五十日南北二十日行有百三十六聚其地延袤數千里土氣暑熱常如中國之夏穀一歲再熟

草木常榮王出以象駕輿其導從吹螺擊鼓國人善投輪刀其大如鏡中有竅外鋒如鋸遠以投人無不中其餘兵器與中國同俗類真臘物産同于林邑王姓憍陳如自古未通中夏梁天監中來貢其王姓頞伽唐貞觀四年亦朝貢

殊奈　在廣南之南去交阯海行三月餘日崑崙人也習俗與婆羅門同絕遠古未通中國唐貞觀二年朝貢使至

婆登　在廣南之南海行二月到東與訶陵接西與迷

黎連接北鄰大海風俗與訶陵同稻每月一熟有文字書于貝多葉死者口實以金又以金釧貫于四肢然後加以婆律膏及檀沉龍腦等香薪焚之唐貞觀中朝貢

羅刹　在廣南東南海婆利之東海其人朱髮黑身獸牙鷹爪時與林邑人作市輒以夜晝日則自掩其面其國出火珠狀如水晶日正午以珠承影取艾傚之即火出唐貞觀中林邑國獻來云于羅刹得之或云出師子國

頓遜　在扶南之南海崎上可三千餘里地方千里其國東界通交州西界接天竺安息王並羈屬扶南一曰典遜徼外諸國賈人多至其國市焉所以然者頓遜廻入海中千餘里漲海無涯岸船舶未曾得逕過也其市東西交會日有萬餘人珍物寶貨無物不有梁時聞焉

毗騫　在扶南之南頓遜之外大海洲中去扶南八千里傳其王身長丈二頭長三尺自古來不死莫知其年其王神聖知將來事南方號曰長頸王國俗有室屋衣服噉粳米其人言語小異扶南國內不受估客有往者亦殺而噉之是以商旅不敢至王常樓居不血食不事鬼神其子孫生死如常人唯王不死又傳扶南東界即大漲海海中有洲洲上有諸薄國國東有五馬洲復東行漲海千餘里有燃火洲其上有樹生火中洲左近人剝取其皮紡績作布若小有垢汚投火中復更精潔即火浣布梁時聞焉

干陀利　在扶南之南海洲上俗與林邑扶南略同出斑布古貝檳榔特精好梁時入貢後無聞焉

社薄　在扶南之東漲海中直渡海數十日至其國隋時開焉人色白皙皆有衣服土有稻田出雞舌香可含雞舌為木氣辛而性厲禽獸不能至故未識其樹者花熟自零隨水而出才得之按社薄即海中大洲之名其上有十餘國城皆稱王不能盡記

無論　在扶南之西二千餘里隋時開焉其國大道左右夾種枇杷樹及諸花果行其下恒有重陰十里一亭亭有井食麥飯飲葡萄酒味甚甘美

邊斗　在扶南之南一云班斗都昆國一云都君拘利

國一作九雅比嵩國並隋時開焉扶南度金鄰大灣南行三千里有此四國其制作與金鄰國同其人多白色惟都昆出馥香霍香及硫黃

敦槃洲　在扶南之南拘利之南海灣中其人色黑而齒白眼正赤男女並無衣服一名薄郊洲抱樸子云敦槃洲在南海中薰綠水膠所出如楓脂所以不可多得者止患猖猎獸啖人斯獸大者重十斤狀如水獺其頭身他處了無毛惟從鼻上以竟脊至尾上有毛廣一寸許青色長二三分許其無毛處則如韋囊

入張捕得之斫刺不能傷積薪烈火縛以投火中薪盡而此獸不焦雖以大棒打之而皮仍不傷惟侯骨都碎乃死耳

火山　在扶南之東大漲海中諸薄國之東五千里隋時開焉國中山皆有火雖雨不熄火中有白鼠扶南土俗傳云火洲在五馬洲之東可千餘里春月雨霖雨已則火燃洲上林木得雨則皮黑得火則皮白諸左右洲人以春月採木皮績以爲布即火浣布也或作燈炷用不盡也又有加營國在諸薄國西有山周三百里從四月火生正月火滅則草葉落如中國寒時人以三月至此山取皮績爲布同火山所成也

訶陵　在真臘之南婆登之西王之所居竪木爲城造大屋重閣以象牙爲床席之具食以手撮之有山穴每涌而出鹽國人採以調食唐貞觀中遣使獻金花等物云其國別有毒人與常人同止宿即令人身上生瘡若與之交合即致死其涎液沾着木草即枯其人死不臭不爛元和中貢僧祇僮及五色鸚鵡

投和　在南海大洲中真臘之南自廣州西南行百日

至其國王姓投和羅名脯邪乞遥所理城覆屋以瓦並爲閣而居壁皆綵畫之城內皆王宮室城外居民可萬餘家王衛士可百人其國市六所貿易皆用銀錢小如榆莢有佛道有學校與中夏不同訊之耆老云王無有姓名齊杖摩共屋以草覆之王所坐塔圓似佛塔金飾門皆東開坐亦東向唐貞觀中朝貢

烏篤　在中天竺南一名烏萇又名烏伏那即北天竺也地方五千餘里百姓殷實人性懦弱頗詭計尤工禁術篤佛法文字禮義畧同天竺而天竺不及之自

古不通中國唐貞觀中其王達摩因陀訶斯遣使貢龍腦香

褥陀洹　在火羅西北其王姓察失利名婆那其國海行五月至廣州土無蠶絲以白疊朝霞布爲衣穀有稻麥皆樓居謂之干欄自古不通中國唐貞觀中獻鸚鵡毛羽皓潔頭上有紅毛數十莖與翅齊

多茂　在南海邊國界周廻可一月行南阻大海西俱遊國北波剌國東眞陀洹國户口極多置三十州不役屬他國有州郭宮殿樓櫓並用瓦木以十二月爲

歲首五穀蔬果與中國不殊唐貞觀中始通焉

多摩長　在南海島中東與婆鳳西與多隆南與半支跂北與訶陵等國接其界東西可一月行南北可二十五日行其王之先祖龍子也名骨利常得大鳥卵剖之得一女子容色殊妙即以爲妻其王尸羅訥傭伊說即其後也唐顯慶中貢獻其俗無名姓王居以柵爲城板屋坐獅子座仍東向衣物與林邑同勝兵二萬餘無馬有弓刀甲矟婚姻無同姓之別從其國經薛盧都思訶盧君那盧林邑等國方達交趾

哥羅舍分　在南海之南接墮和羅國勝兵二萬餘人其王名蒲越伽摩唐顯慶五年其使婺本國至龍朔二年五月到京朝貢

甘棠　在大海之南崑崙人也唐貞觀十年與宗俱婆國朝貢使同日至唐史云太宗謂羣臣曰南方西域自遠而至其故何也房元齡對曰中國乂安帝德遐被帝曰誠如公言向使中國不安何緣而至朕何德以堪之覩此番使懷懼所望卿等匡朕不逮也

金利毘逝　在長安西南四萬餘里行經丹丹國摩訶

新國多隆國者理國婆樓國多郎婆黄國摩羅遊國眞臘林邑國乃至廣州東去致物國二千里西去赤土國千五百里南去波利國三千里北去柳衢國三千里其國有城邑庭舍衣朝霞白疊每食先泥上鋪席而後坐國王名本多揚牙前有隊仗甲鍪用貝多樹皮其風俗物産與眞臘同

驃國　在雲南永昌府西南徼外唐史云貞元八年南詔使來朝驃國王始遣其弟悉利移來朝華言謂之驃自謂突羅朱闍婆人謂之徒里拙古未嘗通中國

魏晉間有著西南異方志及南中八郡志者云永昌古哀牢國也傳聞永昌西南三千里有驃國君臣父子長幼有序然無見史傳者今聞南詔異牟尋歸附心慕乃因南詔重譯遣子朝貢東北距南詔苴咩城六千八百里凡去上都萬四千里在永昌故郡南二千里其國境東西三千里南北三千五百里往來通聘者迦羅婆提等二十國役屬者道林王等九城食境土者羅君潛等二百九十八部落東鄰真臘西接東天竺南盡海濱北通南詔些樂城界其王姓困沒

長名摩羅惹其國相名摩訶斯那其羅城構以塼甓周一百六十里壕岸以構塼枊傳本是舍利佛城城內居民數千萬家佛寺百餘區其俗好生惡殺其土宜菽粟稻粱無麻麥男女七歲則落髮止寺舍依禁桑門至二十不悟佛理乃復長髮為居人不衣繒帛云出於蠶為傷生也又獻其國樂凡十二曲與樂工三十八來朝獻樂曲皆演釋氏經論之詞意二十一年四月封彌臣國嗣王道勿禮為彌臣國王

彌國　在雲南永昌府西南徼外漢和帝時其國王雍由調遣譯奉國珍寶安帝初復朝賀獻樂及幻人能變化吐火自支解易牛馬頭又善跳丸數乃至十自言我海西人海西即大秦也禪國西南通大秦

昆彌　在雲南曲靖府西南以西爨之西洱河為界即葉榆河一名昆明其俗與突厥畧同相傳云與匈奴本兄弟國也漢武帝得其地入益州部其後復絕諸葛亮定南中亦所不至唐武德四年巂州治中吉宏偉使南寧因至其國諭之十二月朝貢其使多由黔中南路而至貞觀中梁建方討蠻降其部落七十二

戶十萬九千遣使往西河降其首領十人並數十百部落按即松外諸蠻

附國　在四川西北二千餘里接汶山郡今茂州即漢之西南夷有嘉良夷即其東部所居種姓自相率領不相統一隋大業三年其王遣其弟子宜林率嘉良夷六十人朝貢又南有薄緣夷西有女國其東北連山綿亘數千里接黨項及諸羌界其人並無姓氏其地南北八百里東西千五百里無城柵壘石為巢而居巢高至十餘丈有二萬餘家其土高氣候涼多風

少雨

且末　在甘肅肅州西嘉峪關外雪山之南布古爾西龜茲國之東南去長安六千八百二十里西北至安西都護治所二千二百五十里北接尉犁丁零東接白題西接波斯精絕南至小宛可三日行漢時通焉王理且末城其王安末深盤梁武帝時獻貢梁書謂之末國其國西北有流沙數百里夏月有熱風爲行旅之患風之未至橐駝先知卽鳴而聚立埋口鼻于沙中人以爲候卽將氊擁蔽鼻口其風迅駛斯須過盡若不防者必至危斃矣

扞彌　在甘肅肅州西嘉峪關外雪山之南布古爾西龜茲國之南去長安九千三百里東北至安西都護理所三千五百五十三里南與渠勒東北與龜茲西北與姑墨接西通于闐四百里漢時通焉王理扞彌城戶二千三百四後漢謂其國曰拘彌居寧彌城亦曰寧彌城國順帝時爲于闐王放前所破殺其王興陽嘉初燉煌太守徐由遣疏勒發兵擊之破于闐遂立拘彌王靈帝熹平中又爲于闐所破殺掠殆盡衆總千口

迷密　在西域今甘肅肅州西嘉峪關外三千七百里蔥嶺之西後魏書西域傳迷密國都迷密城在者至拔西去代一萬二千六百里正平元年遣使獻一峯黑橐駝

姑默　在甘肅肅州西嘉峪關外布古爾西龜茲國之西六百七十里漢時通焉王理南城去長安八千一百五十里戶三千五百東至都護理所一千二十一里南至于闐馬行十五日北界接烏孫其地出銅鐵

雌黃東通龜茲王莽時其王丞殺溫宿王併其國至後魏時役屬龜茲相去六百七十里

溫宿　在甘肅肅州西嘉峪關外龜茲國西姑默之西二百餘里王理溫宿城按顏師古漢書注云今雍州醴泉縣北有山名溫宿嶺者本因漢時得溫宿國人令居此地田牧因以爲名去長安八千三百餘里戶二千二百東至都護理所一千三百餘里西至尉頭三百里北至烏孫赤谷六百餘里其地物類所有與鄯善諸國同至後魏時亦役屬龜茲

烏秅　在甘肅安西州燉煌縣西南一百五十里陽關西五千九百里漢時通焉王理烏秅城去長安一萬千户五百東至都護理所四千九百里北與子合蒲犂西與難兜接人皆山居田石間有白草累石爲室人接手飲出少步焉也細步有驢無牛西有懸度懸度者石山也谿谷不通以繩索相引而度爲名也其國後魏又相通謂之權於摩國

難兜　在甘肅肅州西北三千七百里葱嶺之西罽賓國東北三百三十里漢時通焉去長安一萬一百里户五千東北至都護理所二千八百里西至無雷三百四十里南與婼羌北與休循西與大月氏接種有五穀與諸國同屬罽賓

莎車　在甘肅安西州西南四千里又西至疏勒五百六十里西南至蒲犂七百四十里去長安九千九百五十里漢時通焉理莎車城户二千三百漢宣帝時莎車王殺漢使者約諸國背漢會馮奉世使大宛以便宜發諸國兵擊破之傳其首詣長安諸國因是悉平威振西域至王莽亂匈奴畧有西域惟莎車不肯附屬光武初西河大將軍竇融承制立其王康爲漢莎車建功懷王西域大都尉五十五國皆屬康死弟賢代立詣闕貢獻于是西域始通葱嶺以東諸國皆屬賢號賢爲單于賢後攻殺龜茲王遂兼其國立其子則羅爲龜茲王其烏壘大宛於寘姑默子合等國悉被賢改易其王莎車相且運等患賢驕暴密謀反城降於寘王廣德攻莎車賢乃輕騎出廣德遂執賢殺之匈奴聞廣德滅莎車遣兵將賢質子不居徵立爲王廣德又攻殺之立其弟齊黎爲莎車王至章帝時班超發諸國兵擊破之由是遂降漢

曹國　在甘肅安西州西北十八里玉門關外大宛西北康居之西北百里又西北至何國一百五十里去瓜州六千六百里隋初時通焉都那密水南數里舊是康居之地國無王康國王令子烏建領之勝兵千餘人國中有越于瓜城內有得悉神自西以東諸國人並敬事之好濡祠罄貴莚而無悔其神有金人焉金破羅濶丈有五尺高下相稱漢天子所賜神每月以駝十頭馬十疋羊百口祭之常有丁人食之不盡

唐武德四年朝貢使至云本國以臣爲健兒聞秦王
神武願隷麾下高祖大悅後朝貢不絶天寶三年詔
封其王哥邏僕爲懷德王四年哥邏僕上表自陳曾
祖以來向天可汗忠赤受徵發望乞恩慈將奴國王
同於唐國小小所須驅遣奴身一心爲國征討至十
一年其王設阿忽與國副王野解及九國王上表請
同心擊黒衣大食國元宗慰勞之又有中曹國在西
曹國之東唐國之北其所治迦底真城在平川其人
長大工於戰鬭又有西曹國理那密水南瑟底痕城

米國　在甘肅安西州西北十八里玉門關外大宛西
北康居之東南百里東至蘇對沙那國五百里本漢
康居地都那密水西無王城王姓昭武康國王之支
庶

何國　在甘肅安西州西北十八里玉門關外康居西
北曹國之東一百五十里西去小安國三百里東去
瓜州六千七百五十里隋時通焉亦都那密水南數
里亦舊康居地也王亦康國族類國城樓北壁畫華
夏天子西壁則畫波斯拂菻諸國王東壁則畫突厥

婆羅門諸國王勝兵千人風俗與康國同記年不識
卯酉辰巳惟數雞兔龍蛇唐貞觀中朝貢

史國　在甘肅安西州西北十八里玉門關外康居之
南二百三十里南去吐火羅五百里西去那色波國
二百里東北去米國二百里東去瓜州六千里都獨
莫水南十里亦舊康居地王亦康國庶支勝兵千餘
人其俗衣服與康國同隋大業中始通中國後漸強
盛乃創建乞史城爲數千萬郭一邑二萬家開元十
五年貢胡旋女子及豹天寶中詔改其國爲來威國

其那色波國今亦謂之小史國役屬之

奄蔡　在甘肅安西州燉煌縣西南一百五十里陽關
西八千餘里與康國接西去大秦國東南二千里控
弦十餘萬與康居同俗而去康居土屬温和臨大澤
無涯岸畜牧逐水草蓋近北海至後漢改名阿蘭那
國魏時曰粟特國一名温那沙後漢書云初匈奴殺
其王而有其國至文成帝初朝貢其王忽倪已三世
矣周武帝時亦遣使貢

滑國　在甘肅肅州西嘉峪關外西北三千七百里葱

嶺北二百里于闐之西車師之別種也漢順帝時八滑從班勇擊北虜有功漢以八滑爲後部親漢侯自晉魏不通中國至梁天監中始貢獻元魏之居桑乾也滑猶爲小國屬蠕蠕後稍強大征其旁國波斯盤盤罽賓焉耆龜茲疏勒姑墨于闐句盤等國其王坐金床隨太歲轉無文字以木爲契無官職事天神火神每日則出户祀神而後食親死其子截一耳葬訖即吉言語待河南人譯然後通至後魏時謂嚈噠國

嚈噠　在甘肅肅州西嘉峪關外于闐之西東去長安一萬一千里去瓜州六千五百里其原出于塞北白金山而南在于闐之西至後魏文帝時已八九十年西域康居于闐疏勒安息及諸小國三十餘所皆役屬之號爲大國按劉璠梁典與滑國姓嚈噠後以姓爲國號訛傳又謂之悒怛又西域志其本原或云車師之種或云高車之種或云大月氏之種又韋節西番記親問其國人並自稱挹闐又按漢書陳湯征郅支康居傳王挹闐抶其後重此或康居之種類然傳自遠國夷人語說年代綿邈莫知根實不可得而辨也

車離　在甘肅肅州西嘉峪關外雪山之南去關二千餘里天竺國之東南三千餘里大國也後漢時通焉居沙奇城一名禮惟特一名沛隸王其土氣物類同天竺別城數十皆稱王其人怯弱地東西南北方數千里人俱八尺乘象駝往來鄰國有寇乘象以戰

高附　在甘肅安西州西北十八里玉門關外大宛國西大月氏之西南後漢時通焉亦大國也其俗似天竺而弱善賈販內富于財所屬無常天竺罽賓安息三國強即得之弱則失之

小人國　在甘肅甘州府西西域極西之大秦國南軀纔三尺其耕稼之時懼鶴所食大秦每衛助之小人竭其珍以酧報按大秦國即拂菻

烏弋山離　在甘肅肅州西嘉峪關外西北三千七百里葱嶺南罽賓之西去長安萬二千二百里不屬都護户口至多亦大國也漢時通焉東北至都護理所六十日行北與樸桃東與罽賓西與大秦條支接行可百餘日乃至條支按魏書其國一名排特

安息　在甘肅肅州西嘉峪關外三千七百里葱嶺之西並大宛之西可數千里不屬都護北與康居東與烏弋山離西與條支接焉去長安一萬一千六百里王理番兜城其屬大小數百城地方數十里最大國也地臨嬀水旁行爲書契漢武帝始遣使至安息其王令騎迎于東界木鹿城號爲小安息去王都又數千里行北過數十城人户相屬按西域記自安息西行三千四百里至阿蠻國從阿蠻西行三千六百里至斯賓國從斯賓南行渡河又西至於羅國九百六

十里安息國西界極矣自此南乘海乃通大秦其土多海西珍奇異物焉至後周王理蔚搜城來朝貢隋書王姓昭武與康國同族都在那密水南又按小安息國一名渴汗國治渴汗城在安息東界西域傳安息東界木鹿城爲小安息又西域道里記云康居國王之先兄弟十八分居王國其一即渴汗國也城可十餘里有户二萬

大夏　在甘肅安西州西北十八里玉門關外大宛西南二千餘里嬀水南其俗土著有城屋與大宛同俗去漢萬二千里居漢西南本無大君長城邑往往置小君長其兵弱畏戰善賈市及大月氏西徙攻敗之皆臣畜共稟漢使者同受節度按大夏人多可萬餘有市販賈諸物東南接身毒國皆屬大月氏

白蘭　在四川茂州雜谷廳西南東北接吐谷渾西北至叱利模徒南界郡鄂西羌之別種名風俗物產與宕昌同後周武帝時朝獻使至唐顯慶中爲吐蕃所滅

大羊同　在甘肅蘭州府河州吐谷渾西南吐蕃之西

境相接東西千餘里勝兵八九萬地多風雪冰厚丈餘物產同吐蕃無文字但刻木結繩而已其王姓羌葛有四大臣分掌國事唐貞觀中來貢後爲吐蕃所滅分其部衆散置隙地

悉立　在甘肅蘭州府河州吐谷渾西南吐蕃之西南户五萬有城邑村落依溪澗羈事吐蕃唐時入貢

章求拔　在甘肅蘭州府河州西南悉立國之西南或云章揭拔本西羌種也居四山之內近代移出山西接通東天竺遂改衣服變西羌之俗因而附焉其地

延袤八百里勝兵二千餘人居無城郭好爲寇掠商
旅患之唐貞觀中朝貢

泥婆羅　在甘肅蘭州府河州西南吐蕃之西其俗翦
髮與眉齊食用手多商賈少田作俗重博戲頗解推
測盈虛兼通算術事五天神其地有阿耆婆㳽池周
廻二十餘步以物投之即生烟焰懸釜而炊須臾而
熟唐永徽中王尸利那連陀羅遣使朝貢

軒渠　在西域其國多九色鳥青口綠頸紫翼紅膺紺
頂丹足碧身緗背元尾亦名九尾鳥亦名錦鳳其青
多紅少者謂之繡鸞從弱水西來或云是西王母之
禽也其國多幣貨同三童國

三童　在西域軒渠國西南千里人皆眼有三睛珠或
有四舌皆爲一種聲亦能俱語常貨多用蕉越犀象
作金幣率効國王之面亦効王后之面若丈夫交易
則用國王之面王死則更鑄

薄海番域錄

補遺二　山左武定邵大業[illegible]

波斯　在西域東去長安一萬五千三百里西去海[illegible]
百里東南去穆國四千餘里西去拂菻四千五百里
後魏書西域傳云波斯在忸密西都宿利城即條支
之故地也大月氏之别種其先有波斯匿王其子孫
以王父字爲氏因爲國號爲王姓波斯戶十餘萬國
人號王曰醫囋妃曰防率王之諸子曰殺野後魏通
焉突厥不能服其國亦羈縻領之西魏及隋唐皆來
貢咸亨中其國王卑路斯自來朝貢高宗厚加恩異
使裴行儉將兵送還國以其路遠至安西碎葉而還
卑路斯獨返不得入其國漸爲大食所侵客於吐蕃
大羅二十餘年有部落數千人後漸離散至景龍二
年來朝無何病卒其國遂滅而部曲存俗事天地日
月水火諸神尊右下左西域諸戎事火祆者皆詣波
斯受法婚合不擇尊卑于諸夷中最爲醜穢以六月
爲歲首出名馬及多駿犬今所謂波斯犬也

澤散　在西海中屬大秦國其理在海中央北至[illegible]

水行用半年風疾時一月到最與安息城谷相近西南詣大秦不知里數魏時聞焉

驢分　在西海之濱魏時始通屬大秦國渡海飛橋長二百二十里發海道西南行繞海直西行至焉

堅昆　在甘肅安西州西北玉門關外大宛西北康居之西北魏時聞焉勝兵三萬人隨水草畜牧多貂有好馬

呼得　在甘肅肅州西嘉峪關外西北三千七百里葱嶺之北烏孫西北康居東北勝兵萬餘人隨畜牧出

好馬亦有名貂

丁令　在甘肅肅州西嘉峪關外西北三千七百里葱嶺之北烏孫西康居北勝兵六萬人出名鼠皮此土三國堅昆中央俱去匈奴單于庭安習水七千里南去車師六國五千里西南至康居界三千里西去康居王理八千里或以爲此丁令即匈奴丁令也而北丁令在烏孫西似其別種也又匈奴北有屈射國渾昆國新黎國明北海之南有自復丁令國非此烏孫之西丁令也烏孫長老言北有丁令有馬脛國其人

聲音似雁鶩從膝已上身頭人也膝已下生毛馬脛馬蹄不騎馬而走疾于馬勇健敢戰魏時聞焉

短人國　在甘肅安西州玉門關外大宛西北康居之西北可萬餘里魏時聞焉男女皆長三尺人衆甚多去奄蔡諸國甚遠國中甚多真珠夜光明月珠見者不知名此國號以意商度突厥本末記亦云突厥窟北馬行一月有短人國長者不逾三尺亦有二尺者頭少毛髮若羊胞之狀突厥呼爲羊胞頭國其旁無別種類相侵俗無盜寇但有大鳥高七八尺恒將短

人而食之皆持弓矢以爲之備按此亦在西北即魏略曰短人國者也

悅般　在烏孫西北今甘肅安西州燉煌縣西北也乃北單于之部落昔爲漢車騎將軍竇憲所逐北單于度金微山西走康居其羸弱不能去者住龜茲北地方數千里衆二十餘萬涼州人猶謂之單于王魏太平真君九年朝獻遣幻人稱能割人喉脈令斷擊人頭令骨陷皆出血淋漓或數升或盈斗以草藥納其口中令嚼咽之須臾血止養瘡一月復常又無痕瘢

取死罪囚試之皆驗云中國諸名山皆有此草乃使人受其術而厚遇之

伏盧尼　在西域波斯國西北理伏盧尼城有大河南流中有鳥其形似人亦有似橐駝馬者皆有翼常居水中出水便死後魏通焉

朱俱波　在甘肅肅州西嘉峪關外西北三千七百葱嶺之北二百里亦名朱居槃國漢子合國今併有漢西夜蒲犂依耐得若四國之地去燉煌二千八百里在于闐國西千餘里其西至渴槃陁國南至女國三千里北至疎勒九百里其俗崇飾佛法言語與于闐相似其間小異人貌多同華夏亦類疎勒文字同於波羅門王本疎勒國人後魏通焉

渴槃陁　在甘肅肅州西嘉峪關外西北三千七百里葱嶺中西至護密國其南至懸度山無定界北至疎勒國界西北至判汗國近朱俱波國亦名漢陀亦名渴羅陀後魏通焉王本疎勒人累代居此有户二千餘衣服言語與于闐相似書與波羅門同咸事佛懸度山在國西四百里與葱嶺迤邐相屬行人由之莫

能分別俗號極疑山今按葱嶺周環其國

粟弋　在甘肅肅州西嘉峪關外西北三千四百里葱嶺之西一名粟特一名特拘夢後魏通焉出好馬大禾高丈餘子如胡豆在安息北五千里附庸小國四百餘城太武帝時朝貢魏書西域傳粟特一名溫那沙古之奄蔡國按弋一國也十三州志奄蔡粟特各有長而魏收以為一國謬也

阿鉤羌　在甘肅安西州西南四千里莎車之西南去代一萬三千里今山西大同等處國西有懸度山其間四百里中往往有棧道下臨不測之淵人行以繩索相持而度有五穀諸果後魏通焉

副貨　去代一萬七千里今直隸宣化易州山西大同朔平等處古代地也東去向富使且國西至沒誰國中間相去千里南有連山不知名北至奇沙國相去千五百里國王有黃金殿殿下有金駝七頭各高三尺後魏孝文時朝貢

疊伏羅　去代三萬一千里今山西大同等處國中有勿悉城北有彊奇水西流有白象後魏通焉

賒彌　在西域波斯之南山居不崇佛法專事諸神不解書算不知陰陽國人剪髮婦女爲團髮亦附嚈噠東有鉢盧勒國路險緣鐵鎖而度下不見底後魏時遣宋雲等使於彼不達

石國　在甘肅安西州西北玉門關外大宛之北東與北至西突厥界至波臘國界西南至康居界南至率都沙那國界南去鏺汗六百里東南去瓜州六千當長安西北萬四百十里從此至西海已來三月至九月天無雲雨皆以雪水種田居於藥殺水都柘折城

一名赭支一名大宛方千餘里本漢大宛北鄙之地王姓石名涅國城之東南立國置座于中正月六日七月十五日以王父母燒餘之骨金甕盛之置床上巡繞而行散以香花雜果王率臣下設祭焉隋及唐初皆朝貢顯慶中列其地瞰羯城爲大宛都督府開元初其蕃王莫賀咄吐屯有功封石國王天寶九年高仙芝奏其王無蕃臣禮擒王及妻子歸京師斬之自後西域背怨仙芝所擒王之子西走大食引其兵至怛羅斯城仙芝軍大爲所敗自是西附大食按杜

環經行記碎葉國從安西西北千餘里勃達嶺嶺南大唐北界嶺北是突厥騎施南界西南至葱嶺二千餘里其水嶺南流者盡過中國而歸東海嶺北流者盡經夷地而入北海又北行數日度雪海其海在山中春夏常雨雪故曰雪海海中有細道道旁往往有水孔嵌空萬仞轉墮者莫知數在勃達嶺北行千餘里至碎葉川其川東頭有熱海茲地寒而不凍故曰熱海也又有碎葉城天寶七年使王正見薄伐至此城壁摧毀邑居零落昔交阿公主居止之處今建大

雲寺猶存其川西接石國約長千餘里川中有異姓部落有異姓突厥各有兵馬數萬日尋干戈凡是農人皆擐甲冑專相虜掠以爲奴婢其川西頭有城名曰怛羅斯石國大鎭即高仙芝軍敗之地又石國之南有瑟匿國其俗不好商賈風俗畧與康國同

吐火羅　在甘肅肅州西嘉峪關外西北三千七百里葱嶺之西數百里在烏滸河南即嬀水也其北界大宛之地南去曹國一千七百里東去瓜州六千七百里一名土豁宜後魏時吐呼羅國也其王號葉護勝

兵十萬人皆善戰隋時通焉唐初屬西突厥高宗初獻大鳥高七尺其色元足如駝鼓翅而行日三百里能啖鐵夷俗謂爲駝鳥以後朝貢不絶乾元元年與西域九國遣兵助國討逆肅宗令赴朔方行營

俱蘭　在甘肅肅州西嘉峪關外西北三千七百里葱嶺之西與吐火羅接一名俱羅弩國南抵雪山地險窄物產惟出金精唐貞觀中使至

劫國　在甘肅肅州西嘉峪關外西北三千七百里葱嶺中西與南俱與賒彌國界西北至悒怛國去長安

萬二千里隋時聞焉有戶數萬婚姻同突厥土俗與嚈噠同人面似山羌無尊卑之禮

咃羅伊羅　在烏荼國北大雪山坡上緣梯登山接七百梯方得其國隋時聞焉

越底延　在甘肅安西州燉煌縣西南五千四百里南至婆羅門國三千里西北至賒彌國千餘里瀕辛頭河北其王婆羅門種類戶數萬俗清潔氣候暖事佛書同婆羅門隋時聞焉

大食　在西域波斯國之西或云隋大業中有波斯胡人渡怛曷水若有神助得刀殺人劫奪商旅其衆漸盛因招附諸夷有夷人十一來據次第摩首受化爲王此後衆漸歸附遂割波斯西境自立爲王姓大食氏名瞰密莫末膩又破拂菻及婆羅門城所當無敵兵衆有四十二萬有國已四十四年矣初王已死次傳第一摩首今王即是第三唐開元中遣使來朝平立不拜云本國惟拜天神雖見王亦不拜所司屢詰責之其使遂依漢法致拜按賈耽四夷述云隋開皇中大食族中有孤列種代爲酋長種有二姓一曰盆

尼末換二曰奚深後末換殺其兄伊疾而自立性復殘忍其下怨之有呼羅栅木鹿人並波悉林舉義兵擒末換殺之遂求得奚深種孫阿蒲羅拔立之自末換已前謂之白衣大食阿蒲羅拔後改爲黑衣大食至德初朝貢代宗立爲元帥亦用其國兵收兩部貞元初與吐蕃爲剠敵蕃兵大半西禦大食故鮮爲邊患其力不足也其境東西萬里與突施相接

乙弗敵　在甘肅蘭州府河州吐谷渾之北國有屈海周迴千餘里衆有萬落風俗與吐谷渾同然不識五

穀惟食魚與穄子其狀若中國苟杞子西有契翰一
部風俗亦同土特多狼
軻比能　在遼西右北平漁陽塞中今直隸撫寧豐潤
薊州等地也以道遠不知里數本小種鮮卑以勇健
斷法平端不貪財物衆推以爲大人部落近塞自袁
紹據河北中國人多亡叛歸之教作兵器鎧楯頗學
文字遂強盛控弦十萬餘騎餘部大人皆敬憚之然
猶未能及檀石槐也至青龍元年比能誘說步度根
使叛并州其後幽州刺史王雄遣勇士韓龍刺殺比

能更立其弟素利彌加厥機皆爲大人在遼西右北
平漁陽塞外道遠初不爲邊患然其種衆多于比能
也其後諸子孫爭立國衆離散諸部大人慕容托䟦
更盛焉
宇文莫槐　出遼東塞外今　盛京奉天府以東世爲
東部大人後姪孫漢廆立部衆強盛自稱單于塞外
諸部咸畏憚之先得玉璽三紐自言爲天所相俗謂
天曰宇故自號宇文至孫乞得龜爲慕容廆所敗部
人逸豆歸殺乞得龜而自立又爲慕容皝所敗皝徙

其部五千餘落于昌黎今隸永平府自是滅散矣後
周宇文氏源出于此按晉史謂之鮮卑後魏書云其
先匈奴南單于之遠屬又按後周書云出自元帝所
滅子孫遯漠北鮮卑奉以爲主今考諸家之說其鮮
卑之別部耳
徒河段　出於遼西今　盛京錦州府廣寧縣以西之
地及永平府等處一名日陸眷因亂被賣爲漁陽烏
桓大人庫辱官家奴諸大人集會幽州皆持唾壺惟
庫辱官獨無乃唾日陸眷口中日陸眷因咽之西向

拜曰願使主君之智慧祿相盡移入我腹中其後漁
陽大饑庫辱官以日陸眷爲健使將人衆詣遼西逐
食詔誘亡叛遂至強盛日陸眷死後至姪務勿塵據
有遼西之地而臣于晉封遼西公假大單于印綬統
三萬餘家控弦四五萬騎至其弟護遼爲王爲慕容
皝所殺弟鬱蘭奔石季龍以所從五千人配之使屯
令支今盧龍縣及冉閔之亂其子段龕率衆南移遂
據齊地慕容儁使弟恪伐龕於廣固今青州府昌樂
縣坑其徒三千餘人國遂滅按今錦州府錦縣寧遠

州俱漢之從河縣地

慕容氏　在遼東今盛京奉天府亦東胡之後別部鮮卑也晉史云有熊氏之苗裔因山爲號魏初渠帥有莫護跋率諸部入居遼西今錦州府廣寧縣以西後從司馬宣王討公孫淵有功拜率義王始建國于棘城之北時燕代多冠步搖冠護跋見而好之乃斂髪襲冠諸部因呼之爲步搖其後音訛遂爲慕容焉或云慕二儀之德繼三光之容遂以慕容爲氏至孫涉歸魏封爲鮮卑單于遷居遼東于是漸慕華夏之風矣涉歸有子二長曰吐谷渾西遷湟河之間今河州次曰廆有命世才畧始遷於徒河之青山以大棘城即帝顓頊之墟乃移居之今永平府撫寧自稱鮮卑大單于晉亂招撫華夷而奉晉室臣禮不闕至皝嗣雄毅多權畧日以強盛遂自稱燕王傳暐即其子孫也

高車　在山西大同府之北古赤狄之種也初號爲狄歷北方以爲勑勒即鐵勒諸夏以爲高車丁零焉或云其先匈奴之甥也其種有狄氏袁紇氏斛律氏解枇氏護骨氏異氏奇斤氏其俗云匈奴單于生二女姿容甚美單于曰此女安可配人將以與天乃於國北無人之地築高臺置二女於其上曰請天自迎之乃有一老狼晝夜守臺嘷呼因穿臺下爲穴經時不去其小女曰吾父以我與天而今狼來或是神物將下就之其姊大驚曰此是畜無乃辱父母妹不從乃下爲狼妻而産子後遂滋繁成國故其人好引聲長歌有似狼嘷本無都統大帥黨種各有君長後徙於鹿渾海西北百餘里部落强大常與蠕蠕爲敵亦每侵盜於魏道武帝襲破其雜種三十餘部至太武又降其衆數十萬皆徙置漠南千里之地高車之族又有十二姓爲蠕蠕所役屬莽帝時越居子去賓自蠕蠕奔後魏封爲高車王拜肆州刺史今山西忻州死於鄴今河南彰德至隋有突厥失國即後魏之高車國也

稽胡　在離石以西今山西汾州府永寧州安定以東今甘肅涇州鎮原縣及固原州等處一曰步落稽蓋晉時匈奴別種劉元海五部之苗裔也或云山戎赤

狄之後地方七八百里居山谷間種落蕃熾雖分統郡縣列於編户然輕其徭賦有異齊人山谷阻深者未盡役屬而兇悍恃險數爲寇亂後魏明帝時有劉蠡升者居雲陽谷自稱天子立年號署百官後爲齊神武所滅後周明帝時延州稽胡郝阿保郝狼皮率其種人附于齊氏周武帝敗齊師於晉州乘勝逐北齊人所棄甲仗亦暇收斂稽胡乘間竊出並盜而有之乃立蠡升孫沒鐸爲王號聖武皇帝後齊王憲討破之自是寇盜頗息矣

薛延陀　在山西大同府西北大磧之外金山西南鐵勒之別種前燕慕容儁時匈奴單于賀剌頭率部三萬五千來降延陀蓋其後也與薛部雜居因號薛延陀可汗姓壹利吐氏世爲強族初蠕蠕之滅也並屬于突厥而部落中分在鬱督軍山者東屬於始畢在貪汗山者西屬于葉護其子夷男唐貞觀中朝聘封爲毗伽可汗居大漠之北俱淪水南去長安萬四千餘里後鐵勒僕骨同羅共擊薛延陀大破之子多彌可汗以太宗征高麗遂寇夏州執失思力擊敗之多彌輕騎遁走部内騷然聞太宗發兵入其界與數十騎投阿史那尋爲回紇所殺宗族殆盡衆尚五萬立咄摩支爲酋帥遣使請居鬱督軍山之北使崔敦禮李勣就安撫之咄摩支惶駭潛謀拒戰因縱兵滅之延陀以貞觀初建牙於磧北歷三主凡二十二年

歌邏祿　在山西大同府西北大磧之外金山之西本突厥之族也與車鼻部落相接薛延陀破滅之車鼻人衆漸大歌邏祿率其下歸之及高偘之經畧車鼻也歌邏祿相繼來降仍發兵征之及車鼻破滅歌邏

祿莫刺婆娑踏實力三部落並詣闕朝貢

僕骨　在山西大同府西北大磧之外洛河北鐵勒之別部習俗與突厥畧同在多濫東境勝兵萬餘與同羅宿敦鄰好最居北偏先臣於頡利苦頡利政亂後附薛延陀唐貞觀中朝貢及延陀之滅也其人酋婆匐俟利發歌濫伏延詣闕内附

同羅　在山西大同府西北大磧之外洛河之北去長安萬七千五百里户萬五千鐵勒之別部也初臣突厥苦頡利政亂唐太宗時其酋俟利發時健啜内附

中間無聞洎天寶初其酋帥阿布思以萬餘帳來降處之朔方河南之地給其廪食至十年背叛㓨略諸姓部落渡河還漠北尋爲囘紇所破黨衆離散阿布思後奔葛邏祿節度程千里購之以獻戮於京師

都波　在山西大同府西北大磧之北南去囘紇十三日行鐵勒之別種也分爲三部自相統攝結草爲廬無牛羊不知稼穡取百合草根以爲糧兼捕魚射獵爲食莫知四時之候向未通中國聞骨利幹來通唐貞觀中遣使朝貢

拔野古　在山西大同府西北大磧之外洛河之北亦鐵勒之別部也在僕骨東境勝兵萬餘口六萬人其地豐草人皆殷富其酋俟利發屈利失唐貞觀中舉部來降其地東西千餘里曰康干河投松木入水二年化爲石其色青有國人居住其人謂之康干石八皆能著木脚氷上逐鹿以耕種射獵爲業多好馬

多濫葛　在山西大同府西北大磧之北金山之西南延陀東界居近同羅水勝兵萬人自古未通中國唐貞觀中其大酋俟斤多濫葛共率所部朝見

斛薛　在山西大同府西北大磧之北金山西南多濫葛北境鐵勒之別部也兩姓合居勝兵七千

阿跌　在山西大同府西北大磧之北金山西南亦鐵勒之別部也在多濫葛西北勝兵千七百隋代號訶咥部是也遷徙無常所

契苾羽　在山西大同府西北大磧之北金山西南多濫葛之南境也兩姓合兵二千

鞠國　在山西大同府西北大磧外洛河之北拔野古東北五十日行其國有樹無草但有地苔無羊馬家

畜鹿牽車可勝四人衣鹿皮食地苔聚木爲屋尊卑共居其中

榆枍　在山西大同府西北大磧外鞠國之東十五日行其土地寬大百姓衆多風俗與拔野古同少牛馬多貂鼠骨咄也

大漢　在山西大同府西北大磧外洛河北鞠國之東多羊馬人極長大長者至丈三四尺聞其國北有骨師國與大漢接户萬五千勝兵三萬自鞠國以下並是唐貞觀三年朝貢使至

白霫　在山西大同府西北大磧外洛河北拔野古之東與靺鞨爲隣勝兵萬人並臣於頡利習俗與突厥同唐貞觀中朝貢列其地爲寘顏州顯慶五年以酋長李含殊爲居延都督自後無聞焉

庫莫奚　在營州東北二千餘里今盛京奉天府其先東部鮮卑宇文之別種也初爲慕容魏所破遺落者竄匿松漠之間在柳城郡之北其俗甚不潔而善射獵好爲寇抄及突厥興而臣屬之後稍強盛分爲五部一辱紇主二莫賀弗三契箇四木昆五室得理饒樂水北即鮮卑故地每部置俟斤一人爲其帥隨逐水草其後欵附至隋號曰奚自突厥稱蕃之後亦遣使入朝唐時朝貢不絕至德後其酋多擅封壤朝廷優容之彼務自完俟斤益謹不生邊事故二蕃少爲寇二蕃者奚與契丹也

地豆于　盛京奉天府北千餘里室韋之西千餘里多牛羊出名馬皮爲衣服無五穀惟食肉酪魏時朝貢

烏落侯　盛京奉天府西北四千餘里地豆于之北魏太武時來朝稱其國西北有魏先帝舊墟石室南北

九十步東西四十步高七十尺室有神靈人多祈請遣李敞祭告焉刊祝文於石室之壁而還唐貞觀中朝貢云烏羅渾國亦謂之烏護乃言訛也東與靺鞨南與契丹西與烏丸爲隣其國西北二十日行有于巳尼水即謂之北海是也

驅度寐　盛京奉天府北三千餘里室韋之北隋時聞焉其人甚長而衣短不束髮皆裹頭居土窟中惟有豬更無別畜人輕捷一跳三丈餘又能立浮臥浮履水沒腰與陸走不別數乘大船至北室韋抄掠

霫　盛京奉天府北與靺鞨爲隣理黄水北亦鮮卑故地匈奴之別種也勝兵萬餘人亦臣于頡利其渠帥號爲俟斤唐貞觀中內附

拔悉彌　在北庭北海南結骨東南依山散居去燉煌九千餘里一名弊剌國隋時聞焉有渠帥無王號户二千餘其人雄健背能射獵國多雪恒以木爲馬雪上逐鹿得鹿將家室就而食之更移處其所居則以樺皮爲舍

流鬼　在北海之北至夜叉國餘三面皆抵大海南去

莫設靺鞨船行十五日去長安一萬五千餘里無城郭依海島散居人皆皮服地氣沍寒早霜雪不識四時節序靺鞨有乘海至其國貨易陳國家之盛于是其君長孟蛛遣其子可也余志唐貞觀十四年三譯而來朝貢初至靺鞨不解乘馬上即顛墜國長老又傳言其國北一月行有夜叉人皆豕牙翹出噉人莫有涉其界未嘗通中國

黠戛斯　西北荒之國也本名結骨一名居勿又謂之堅昆史記謂之堅昆漢書謂之鬲昆在回紇西北四

十日程一本云三千里其人身悉長大赤髮綠睛有髮黑者謂之不祥蓋嘉恶撰西域記云髮黑黑睛者李陵之後也故其自稱是都尉苗裔唐貞觀中朝貢以後不絕先是回鶻背恩侵掠諸部擅入靈州今隸甘肅寧夏府上命河東兵大破回鶻于殺胡山可汗踰山遁走黠戛斯乘其破亡遂有其國二月來朝武德中求冊命會昌中秘書少監呂述畫黠戛斯朝貢圖並宰相李德裕撰序甚詳其事其國東去單于庭七千里南去車師五千里也

骨利幹　居回紇北方在山西大同府西北大磧外瀚海之北二俟斤同居勝兵四千五百人其北又距大海晝長夜短日沒後天色正曛煮一羊胛熟而東方已曙蓋近日出沒之所也唐貞觀中來朝獻良馬十四日行數百里太宗爲之制名號爲十驥爲文以敘

駮馬　在結骨之北其地近北海去長安萬四千里經突厥大部落五所乃至焉勝兵三萬人馬三十萬匹色並駮故名云其馬不乘但取其乳酪充食而已其國以俟斤統領土境東西一月行南北五十日行去

鬼國六十日行唐永徽中朝貢突厥謂駮馬爲曷剌亦名曷剌國也

鬼國　在駮馬國西六十日行其國夜行晝隱眼耳鼻與中國人同口在頂上土無米粟噉鹿豕及蛇駮馬國南三十日行至突騎施二十日行至監莫念咄六闕俟斤部落又北八日行至可史檐部落其駮馬監莫並無牛羊雜畜唐永徽中並遣使朝貢

国家出版基金项目
NATIONAL PUBLICATION FOUNDATION

海上絲綢之路文獻集成

總主編　陳支平　陳春聲

歷代史籍編 27

主編　范金民

海峽出版發行集團
THE STRAITS PUBLISHING & DISTRIBUTING GROUP
福建人民出版社

本册目次

西征紀程四卷

〔清〕鄒代鈞撰

《西征紀程》四卷，清鄒代鈞撰。代鈞（一八五四—一九〇八）字甄伯，又字沅帆，湖南新化人。光緒十二年（一八八六），隨太常寺卿劉瑞芬出使英、俄兩國，沿途自滬至南海，經印度洋、阿拉伯海、紅海、地中海，穿越法蘭西到達英都倫敦，書中所記，皆途次見聞。於所經國家及地區之方位、地勢、疆域、山川、海洋、政教、歷史、風俗、物產、時事等，皆有詳細記述，於南洋古代交通與史地沿革，亦有所考證。據中國國家圖書館藏光緒十七年排印本影印。

西征紀程

光緒十七年印

西征紀程卷一

新化鄒代鈞

光緒十一年秋　天子命大常寺卿貴池劉公瑞芬出使英吉利俄羅斯兩國所以修好也曾威毅伯薦余隨行於是有西征之紀十二年春正月余自金陵之上海入行轅天后宮居焉天后宮在上海縣城西北前臨吳淞江江小而深西達蘇州東入黃浦往來舟楫甚夥二月十二日庚子與同人自行轅攜裝載小舟浮吳淞入黃浦泝洄而上至法蘭西通商之埠登法公司輪船少頃　欽憲劉公始至船名沙爾林長二百四十尺廣三十尺能載六千七百二十萬斤凡三層下層載貨物中層兩旁爲客舍中爲前後長廳諸人會食之所也上層如樓廠其四周緣以鐵闌爲行廊以供臨流憑眺中有客廳有船主住房有水手執事之隙地前後均有四方而高之臺前臺住舵師以察行向後臺則囑人測日星以定地之經緯度者也客舍有上次

之別總署定章惟　欽差參贊居上舍餘居次舍隨行出使者凡二十八余次最末因照章居次舍同人爲吳縣潘子靜志俊獨山莫仲武繩孫陽湖余易齋思詒江甯梅雪樵壽祺石埭楊仁山文會嘉定吳挹清宗濂上海曹潤甫驤祁門洪嵩年遐昌大興董仙舟瀛烏程沈裴莊金午桐城張遜先祖翼吳縣汪子玖奎綬胡蔭菊樹棠上元方子涵培容貴池吳子庚燦陽湖王翰卿文藻上海蘇治生紹良石埭楊葵園自超上元方香林懋熏凡十九人　置行李稍定適曾重伯孝廉廣鈞招飲因赴之即留宿與重伯及胡子威元儀子正元直兩拔萃作竟夜談至四更始就寢

十三日辛丑早鐘六下余起見重伯與二胡尙未醒也不欲驚其睡書數行留案上道遣別即行至黃浦江上登輪船早餐畢起碇展輪北行十四海里至吳淞口入大江轉而東南行依東沙之南出大江口入東海又東南至馬鞍羣島之東北以海霧蔽空不辨尋常之外而定海之東島嶼錯列恐不良於駛駕或至誤觸因停輪以待霧霽西北望崇明隱約可識按唐武德中吳郡城東三百餘里江面忽涌二州謂之東西二沙此東沙爲古東沙在今東沙之西北漸積高廣漁樵者依之遂成田廬五代時謂之顧俊沙楊

溥改顧俊沙爲崇明鎮宋天聖中續涌一沙與東沙接民多徙居之而姚劉二姓爲盛因名姚劉沙建中靖國初又涌一沙於西北相距五十餘里以三次疊涌故又謂之三沙嘉定十五年改崇明鎮爲天賜場屬海門縣元至元十四年置崇明州屬揚州府明洪武中降爲縣屬蘇州府宏治中改屬太倉州　國朝因之前明防倭嘗以崇明與北岸之廖角嘴爲長江第一重門戶若今之海防則所守不在此緣今所防者爲輪船非水深不能行不如䑺船之處處可入也江口廣幾二百里崇明居中扼塞分爲南北二水道崇明與通州之廖角間爲北水道皆平淺沙灘深處纔十餘尺西自崇明之東南嘴東至海中之佘山（一名沙尾山）又東南自佘山東北至廖角其間沙亘相屬殆無隙地以阻北水道之口故惟䑺船可行火輪巨艦從無過其地者崇明與南匯之九團間爲南水道晚近於南水道中又涌新沙自西北至東南亘百餘里與崇明爲平行勢亦名東沙同治初東沙上又出二小島於是東沙又分南水道爲

南北二水道南水道之北道口內頗深而口門當佘山之南迤邐皆淺沙即西人行海圖所謂大揚子灘者深處不過二十尺輪船亦未嘗通行故西人名爲假水道長江之口雖一望無際而能行火輪巨艦者僅南水道中之南道耳南道口置有鐙船以爲夜行標識口內兩旁仍多淺巨僅中通一道廣不過三四里入口者須西北過吳淞口至崇寶沙（南與寶沙縣城相對實東沙之西北尾也）始出東沙險東沙之內又狠福兩山閒之沙淺尤爲難行蓋江流至江陰靖江閒而極狹江面不過三里過此而東江面忽增廣至三十里水勢因而散緩多停沙爲淺灘東南自南岸之白茆司（西圖曰布魯法角）西北至北岸之假山角相距殆百里西人名爲狠山渡言行此道須由東南岸亂流而至西北岸也左右沙綫密布惟中泓一水可通輪船廣處不過五里狹處僅一里近世言江防者咸以江陰爲重地然明險則在江陰隱險實在狠山渡與東沙耳竊謂江防大勢當於南匯之九團置堅臺大礮爲第一重門戶次則扼寶山城與崇寶沙爲

第二重門戶吳淞口爲蘇淞扼要於江防無甚關係次則扼狼山渡爲第三重門戶惟淺沙間有遷徙需製鐵甲礮臺船隨時測水深淺相地安置以扼險要按西人鐵甲礮臺船有二類一爲戰船底深岸峻奔馳於怒濤駭浪之中用以決勝者一爲守護每岸之船其頓力速率皆減於戰船入水特淺能近泊海岸與陸壘聯勢此當用守護海岸之類則雖火輪飆馳亦難飛渡矣要之防寇之道與其防之於堂奧之間不如防之於門庭以外若至江險則入門庭而及堂奧矣且隘港淺水邊即飛彈偶有不中而彼多顧忌稍一不愼即陷於沙而來船必由之路不過數處平時置礮能測量遠近準數以合礮度高低使彈綫恰中來路則臨事不至虛發較之水深浪闊茫無把握者又事半而功倍矣鐘四下霧稍收乃展輪向南行過馬鞍羣島之東又南過柳根翠島之東又南過漁人羣島之東羣島西約百里即浙之定海按定海爲甯波東海中島一名舟山春秋時吳王所居之甬東也唐開元中始置翁山縣宋熙甯中改置昌國縣高宗爲金人所迫曾航海至此元爲州明復爲縣明初瀕海郡縣屢被倭患信國公湯和巡海道

以邑國孤懸海島易生寇盜乃爲淸野之計徙民以墟其地至嘉靖中遂屢爲倭所據故唐順之謂信國此舉未必非千慮之一失　國初明遺臣張名振張煌言奉魯王據舟山迨東南海氛既靖始置定海廳當時守舟山者黃斌卿既爲王朝先所破阮駿又爲陳錦所破田雄又爲鄭成功所破於是議政王大臣有舟山乃本朝棄地守亦無用之奏田雄亦言舟山易克難守道光二十年英夷犯順直寇定海於是魏默深先生源又言城偪海濱船抵城下與臺灣瓊州崇明形勢迥殊以從古未嘗置縣之地而徙貽外人之挾制竊謂前人之說皆謂守城夫險要既失兵臨城下卽高深堅固類不能守方城爲城漢水爲池其言雖夸其理至當故守舟山者其要在於扼險但舟山羣島數十南北斷續遙接幾三百里港汊紛歧水道不一非兵單力薄所能爲功然舟山不守無論甬江之藩籬盡徹卽長江之屏蔽亦空海疆有事舟山實爲吳越重鎭甯波之北爲錢塘江口皆淺沙不通輪船當今力籌海防勢必多製鐵甲兵輪而沿海一

帶又應隨處擇便利之地造船塢修整機輪命爲專駐兵輪之埠定海港内水深澳曲能避四方之風若置塢專駐兵輪則礮臺必堅兵力必厚而海疆重鎮亦因之而固矣更攷其形勢凡可通輪船之水道可得而言也其舟山之南在錢倉所嶴與六横山閒曰牛鼻水道在六横山與蝦岐山閒曰比克水道在蝦岐山與桃花山閒曰佛能水道在桃花山與朱家尖閒曰撒拉格里水道（各水道皆西圖所命之名）四水道中以牛鼻爲難守如錢倉所嶴牛鼻山梅散島前島六横山之東南嘴均宜扼之以固第一重（牛鼻山梅散島相距遠宜用鐵甲礮臺船）次則扼六横山之西南嶴及佛士山梅山以固第二重則牛鼻水道保無虞矣他如扼銅鑼山圓錐峯佛能嶴（即蝦岐山東嶴）桃花山之東南角針峯峯島爲沙島南朱家尖等處則比克佛能撒拉格里三水道皆守矣舟山之北以橄欖角與蘭秀山閒（蘭秀本二山因土人築隄聯之遂曰蘭秀山）及蘭秀與岱山閒兩道爲要則橄欖蘭秀岱山皆必守之地舟山之西則扼魚山首島以爲外蔽扼馬目山册子山金塘山殭八島

以固孤淡册子金塘三水道扼招寶山以固甬江口舟山東之沉家門金河島北朱家尖閘雖有水道輪船未能通行可無過慮惟東北之長塗山漁八島非地由島大衢島大用島小羊山大小戢山泗礁黄龍馬鞍等羣島雖爲孤絶之地然輪船恒停泊其間以避風霧亦宜取爲汛地置兵房屯戍卒設電綫通斥堠使敵船無寄椗之處則長江之外又晏然無驚矣西船進長江口者遇天氣昏晦或大風雨必泊馬凡鞍等島大戢山小羊山候天濤浪靜然後敢入防海之道固重守口而口外島嶼尤不可忽若平時漫不經略視爲荒徼一旦爲敵人所據進則爲攻擊之長退則收停泊之利大阿之柄未免授人似防海者所宜知也

十四日壬寅船已夜過舟山向西南行過象山縣東南海中之非山至石浦壇頭山外大洋壇頭山一名石壇山明之倭寇嘗望此山收泊嘉靖中設軍哨守今輪船亦嘗於山之西南寄椗壇頭之西爲牛頭山中間相距約六里曰石浦水道牛頭之北三

里曰險島又北三里曰東門島又北四五里爲大地即石浦廳石浦之東有山南佛入海與東門對峙如門然故東門島又名天門山前年法蘭西邀擊援臺師船於此其船至今尚沉石浦港內又西南行過羆山之東羆山爲羣小島其西北百里爲三門港乃石浦與健跳所開口門上承寧海縣水道（爲甯波台州分界處）明代爲戍守重地今輪船亦能入口其牛頭山西南角金洋島大佛頭山牛佐治島（西圖名）台門嶼（西圖曰天頑島）桃頭角皆險要處又西南行過大陳山之東大陳山西圖名爲台州羣島南北兩大島對峙東西皆小島環列中開水深至百尺爲收泊輪船要處明人紀載謂台州之山惟大陳當扼且有淡水每爲倭賊所據故防守據切大陳之西北三十五里有竹嶼亦輪船寄泊處竹嶼之西爲台州灣灣內爲海門港一曰椒江上通台州港口南岸爲海門衛明代論者謂海門之防視定海尤棘（明之定海今鎮海也）今椒江口外潮退時水深僅八尺而口內水深或至三十尺輪船開有須潮渡淺且入口泝流至台州城下者

日中舟人測日躔過午綫高弧又以所測午正與度時表校求時差知所至爲赤道北二十八度十六分　京師偏東五度四十八分自上海至此行二百八十一海里用海里求中里爲六十與二百之比測處當太平縣東南五十里海中松門山之東一百二十里松門山之西大地爲松門司又西南行過玉環廳之東玉環本溫州東北海中山東與楚門所對時爲楚門港港口有雞臍島橫嶼雞臍南爲大鹿島兩島間甚便輪船停泊故守雞臍與楚門之東南砦玉環之甚忙砦爲港之門戶又西南行過溫州灣外灣爲甌江入海之口甌水深闊輪船往來溫州城下口外島嶼錯列其黃大嶴虎頭山河建島三盤山鳳凰山數處皆爲守口切要而鳳凰山之南有牛港輪船每來收泊又宜守大瞿島南麂島以衛其外又西南行過北岐南岐兩琴島之東兩岐南北相距約四十里均便輪船寄椗其西爲瑞安縣飛雲江入海之口口門皆淺沙又西南行入琴山洋以琴山琴小島而名也其西北爲南關港港北爲平陽縣之鎮下關明

爲水寨有官澳駐泊舟師今港內深闊甚便輪船停泊南關港之東曰南關澳南關澳之東曰北關港扼南關港之南對及鎮關島屏蔽島則三口皆固矣南關港爲閩浙分界處又西南行則入閩海矣

十五日癸卯天將明風起浪作船簸搖特甚臥聽飯廳食具有頃刻作破碎聲者少頃風稍平自入閩海則過福瑤山之東福瑤爲福寧東海中之島西北爲流江西南爲烽火門明代皆水寨重地福瑤西與大地間之裏山澳及福瑤東北二十里之引考克澤小島皆爲輪船停泊處引考克之東即羣山羣小島也又西南過七星羣島之東七星之北曰鎮島又西南過東引山之東鎮島與東引均便取汲東引羅源縣東三沙灣口外島也灣內水深至百尺其灣口之雙采島蜘蛛島及南岸之北茭司嶼皆爲口門外蔽北岸之東樹山尤近內之險要也又西南行過閩江口之東閩江近口多呼爲馬江以江出閩縣南中流有巨石形如馬首故又呼爲馬頭江閩江口外羣島環列北曰長岐山南曰馬祖山再

南曰白犬羣島三處皆水深浪靜而口淺亘交錯甚礙舟行凡西船入口者恒於三處阻風候潮防閩口者北守長岐北與北茭司礮成蟬聯之勢自長岐距北茭司礮二十五里中間又有馬登島南守白犬西與梅花所之沙峯角南與海壇鎮遙爲聲援自白犬羣島距沙峯角四十四里距海壇六十里中守馬祖澳南北接應馬祖距長岐十餘里距白犬三十里而閩江之屏蔽固矣次則扼琵琶州礮以固第一重門戶扼金牌角長門以固第二重扼閩安鎮以固第三重無論巨艦不能入卽一葉扁舟無由暗度地跡重關之險而馬江又有船塢可以駐泊兵輪閒甲申之役法蘭西兵船徑泊於羅星塔下無或阻者以致乘我不備倉卒開礮毀師船十餘艘數十年之經營一時灰燼論者謂馬江口內多淺沙凡巨艦出入每候潮漲法蘭西既憑藉一二師船深入重險苟守者得人卽師船已毀猶當收集餘軍東扼長門以遏出路或下木石塞海口將見法船之入而不見其出矣且萬國公法凡各國駐兵輪之埠無論敵國兵船不能任其入口卽友邦兵船有過口外遇事須

寄泊口內者必先達來意由本準兵師指定處使下椗其處必港內受礮之地舉動又甚不便者來船或有他意則無全理乃中法之失和天下共知尚容其兵船深入內港是又理之不可解者法夷既毀我師船退而泊於馬祖澳者旬日則口外之島又不可不早爲之備而以資敵也又西南行過海壇鎭之東海壇爲福淸縣東南海中大島其山如壇故名唐爲牧馬地王氏據閩謫戍多居此宋初置牧馬監皇祐中許民耕墾戶口遂繁明初徙民以墟其地萬歷中復置水寨　國初平鄭氏駐總兵其東北二面無深港大澳惟東南之海頭角與海壇角開尚可避風其西與大地相距間爲海壇夾夾之南北口均小島環列甚有關鍵夾內亦廣闊但淺深相間水道頗隘耳又西南行過興化灣之東南灣在興化城東可以棲泊灣口有南日嶼又名南匿山明之水寨也嶼之西爲南日水道口門東西距僅數里嶼之東爲興化水道中多小島萬安寨之西猪水道中之紅嶼崎嶇島相望爲犄角然防守所重在於海

壇蓋海壇北可以顧閩口南可以衛興化也明洪武中江夏侯周德興經理閩海置烽火南日浯嶼三寨於海中正統中遷烽火南日於內地景泰中又遷浯嶼於廈門於是三寨皆爲番船所據浸淫至嘉靖以後禍乃大發論者謂從三寨實自棄其藩籬也夫明之防倭於拳石小島守之則得棄之則失況今之防海禍患有百倍於倭者於海壘各島豈可忽視乎哉又西南行過平海灣之東南灣之東北岸駐平海縣丞屬莆田　又西南行過湄州嶼外灣口之東有湄州嶼一名鯑山宋林光朝云湄州隔岸視之約六七里有田數十頃可耕而食溢水中可居之地也灣之西北岸爲莆禧所所之西爲吉蓼寨明代論興化海防者以吉蓼平海三江爲要平海即今縣丞所駐三江則興化灣之內港也今湄州灣內可停泊口外有馬邱小島上置鐙塔又西南行過小岞港外港之北岸曰古來角南岸曰大岞角大岞之西爲崇武所亦明代防倭處又西南行過泉州之晉江口外晉江西圖曰泉州港其東北岸即崇武所與

西南岸祥芝角相對爲港口約三十里港中有大嶼小嶼二島及西南岸之日湖猶皆扼要處然僅能停泊港口晉江水淺輪船未嘗至泉州城下泉州東與臺灣北竟相對自泉州港至臺北之竹塹社海口約四百里臺灣自古不通中國宋史謂彭湖東有毘舍那國或言即此明代併爲東番又名爲北港嘉靖中海賊林道乾竄踞其地旋爲琉球人所逐天啟中日本人得之於琉球迨荷蘭人經略南洋羣島遂取臺灣於日本　國初鄭成功復取之於荷蘭康熙二十二年始收入版圖當日　廷議有謂其孤懸海外欲棄之而守彭湖者惟靖海侯施琅言彭湖爲漳泉門戶臺灣爲彭湖脣齒無臺灣則脣亡齒寒不特彭湖可慮漳泉亦可憂也且臺灣地大物博可富可強可戰可守棄之則不歸土番不歸琉球不歸日本而必歸於荷蘭恃其樓船火器又得形勝膏沃是藉寇兵而資盜糧論者謂靖海之言爲深識遠慮逾年日本法蘭西先後犯之故　朝廷移巡撫於臺灣撥緑兵於彭湖以形控制彭湖在臺灣

西二百里隋開皇中遣虎賁陳稜略彭湖地元末始置巡司明初廢之萬歷中復設兵守險爲重地天啟後亦沒入荷蘭今華蓋峯之西北嶴尚有荷蘭礮臺蓋其舊蹟前人載籍均謂彭湖三十六島巨細相間云又西南行過深滬灣之東南灣北嶴爲永寧所南嶴爲深滬巡司皆明之戍守處又西南行過圍頭澳之東南澳北通安谿縣東岸爲圍頭角西岸爲金門鎮口門相距約二十里門之西有北定島隆出水面置鐙塔又西南行過金門鎮與廈門廳之南金門爲同安縣東南海中島舊曰浯州嶼明初築城爲金門千戶所廈門島亦在同安縣南海中舊又名嘉禾嶼明初築城爲中左千戶所天啟二年荷蘭犯廈門總兵徐一鳴守距却之　國初鄭成功據金廈爲巢穴康熙十九年康親王督師入閩鄭經始棄金廈歸臺灣　朝廷於是駐同知於廈門駐縣丞於金門復駐總兵焉金廈兩島相距二十一里港中峙小金門島東至金門之塔嶴西至廈門之西南嶴均不及十里實爲金廈口門切要小金門之

西南爲大擔小擔又西南爲浯嶼即明設水寨處又西南爲大武山東南嶴即抵大地數處接遞相望又爲厦門與大武山間水道之關鍵金厦兩島之外口東北即閩頭角西南爲鎮海城東南之紅海角紅海角之東南海中有堂島亦置鐙塔與東北之北定島爲東西兩路夜入嶴門之表也自厦門東南至彭湖之馬公港約四百里爲彭湖至内地最近處故由彭湖渡臺者率自厦門放洋日中將八測日躔高弧又校求時差知所至爲赤道北二十四度六分 京師偏東一度四十七分自昨午至此行三百二十九海里測處在堂島南約十五六里望堂島與小金門爲正北金門爲北偏東厦門爲北偏西又西南行過漳州之虎頭澳外虎頭澳西圖名爲浮頭彎漳浦城外南谿入海之口也水淺西船不能入口澳南有羣小島西人呼爲禮是島似即前志所謂石城嶼言海中亂石叢雜望若城壁者今羣島間水道西人亦呼爲禮是門言羣山環繞如門也其中深處西船亦嘗寄泊又西南行過銅山港外港爲

雲霄縣漳江入海之口港之東岸爲古雷寨卽明之鼓雷巡司西岸爲銅山營城卽明之銅山所相距不過十里口外數十里有塔小島曰兄弟島航海者指爲表識又西南行過南澎羣島之南南澎北當詔安灣灣口東嶴爲詔安頭其北有大冒山山下爲宋末陸秀夫奉帝昺泊舟處西嶴爲懸鍾柴卽明之元鍾千戶所也口門相距約十里中有高島方島列峙詔安灣西爲淺澳口門據閩粵分界處也又西南行過南澳鎮之南則入粵海矣南澳爲潮州饒平縣東南海中島嶼多居民明初徙民入內地嘉靖中遂爲倭夷所據其後海寇吳平許朝光等亦窟穴其間萬歷中始屯重兵　國朝駐總兵焉南澳之北爲柘林澳乃黃岡谿入海之口在明亦爲戍守地今皆淺沙南澳東北之吳平寨對北岸雞母汛南之陳旗頭相距十五六里爲南澳港之東口南澳西之長山尾對西近澄海岸之大萊蕪島相距亦十五六里爲南岸港之西口西口內有小島曰侍郞州其東南可泊輪船又西南行過汕頭之南汕頭

本澄海縣西南市鎮飢明之鮀浦南臨馬嶼港港之南為達濠營港之西為潯洄匯匯西北受玉窖水北受韓江南通練江東自馬嶼港入於海港水深泓能容泊巨艦西入利之自通商以來汕頭遂為繁盛闤闠港口有小島曰馬嶼距南北岸均不過三里橫塞中流為防守要地按韓江出福建之汀州曰汀江入潮州境始曰韓江因退之驅鱷魚而名其入海之口分為數道其最北者曰旗頭港迤南曰飛錢港再南曰大州港曰蓬子港曰北港以上各港均在南澳西口內入海曰南港轉而迤西曰金獅猴港再西曰新港港口南對馬嶼再西曰東港則由汕頭之西流入潯洄匯者也皆淺涉輪船未嘗出入達濠營之東南觜曰廣澳角東北望南澳之長尾山西南對海門所南之海門角亦臨海形勝又西南行過海門所之南所屬潮陽縣西臨練江入海之口明代戍守今水淺僅通帆船又西南行過石牌澳之南石牌在惠來縣東南澳東北為靖海所澳北山勢迤邐臨海之觜有燈塔又西南行過神泉所之南所臨神泉港口

明代海寇出沒嘉靖中築城屯兵又西南行過甲子所南所爲惠州陸豐縣地臨甲子門水傳聞海口大石壁立上下各有六十甲子字故名宋帝昺自閩航海曾駐此其東南爲甲子角角西有澳便輪船停泊甲子所之西爲湖東礮臺據臨海山巔望之如華蓋甚易辨識航海者恒以爲準自日昳後船行稍緩以當泊香港計程不值竟夜行若夜半抵口畏險不便駛入特緩機輪以俟天明耳

十六日甲辰船夜過湖東又西南行過碣石鎮之南碣石在陸豐東南臨海明爲碣石衞今駐總兵鎮南爲淺澳角亦曰田尾角西對海豐東南之石獅頭嘴亦曰白沙角相距約三十里爲碣石灣口門灣內承大德港烏墩港皆北通陸豐城下烏墩東南爲金箱汛又東南爲崎石汛皆背倚山麓前臨大海自崎石迤南至淺澳爲寄泊輪船之處石獅頭之西南爲遮浪角東望淺澳西遮捷勝甚得形便又西南行過捷勝所之南所爲碣石鎮右營駐處其南海中有龜齡臺嶼最大者曰山羊島島西便泊輪船又西

南行過紅海灣之南灣內有紅海島島北爲長沙港東北通海豐城下港口又名麗江浦文信國敗於空坑走惠州出海豐次於麗江浦即其處也長沙港之東南爲汕尾港港口北岸駐墩白縣丞市舶亦嘗聚集又西南行過平海所之南平海屬歸善明爲千戶所今駐水師營其東南伸入海中之角曰大星表（西圖曰富克角）角西北爲平海灣輪船便於寄泊大星表與西南海中之面陀薩島相距約七八里平海灣之西北有大灣曰霞浦（西圖曰白耶士灣）灣內有數小島南北中亘灣之東岸爲碧甲鄉其北有範和港（西圖曰佗羅港）即文信國駐軍之涌船澳也灣之西岸爲廣州新安縣之大鵬所駐大鵬協左營并縣丞所之南爲東山郵郵西南臨海之角曰大鵬角東南臨海之角曰溪蹄角溪蹄南六里海中爲沱濟島東對面陀薩島相距約三十里爲霞浦灣之外口灣內中亘長南之島曰三管筆西對東山郵之鹿嘴三管筆之東有倍德島東對碧甲鄉之牛頭卡嘴四處蟬遞相距遠者不過十里又爲霞浦灣之內口又西南行

過大鵬海之南大鵬海東北岸卽大鵬所其西南岸爲大鵬協所駐之九龍汛四山環繞中間水深岸峭爲停泊勝地而西岸又有瀝源港口門甚狹口內能容萬艘水深至八十尺大鵬海口西曰鳳頭東卽大鵬角相距約十七八里其間復有獨牛州中矗若於口門擇便地築堅臺置大礮修船塢於瀝源港內以爲粵海常駐兵輪之埠有事之時西可與虎門相應又於霞浦彎等處開置商埠接埠安鐵路西達廣州以運出入口貨物使香港澳門之商務盡萃於霞浦則英葡等國當廢然思反矣又西南行過九柱羣小島之南羣島峙列海中如九柱然故名九柱之北有海港港內島嶼錯雜其金島貫島南北相接中分港爲二東曰石頭港西曰避風港石頭口門曰小欽門廣約三里避風口門曰大欽門廣約六里均便輪船寄泊二港之北爲鮀山卽瀝源港南岸地九柱之西爲南佛堂島西圖曰東龍島島北對鱠魚彎南岸僅半里許水甚淺爲佛堂門南對香港之大龍角約五里爲大東門由東南入香港水道也余

船至南佛堂之南轉而西北行入大東門過南佛堂之西又西北入鯉魚門至英吉利埠北泊焉英人名此埠曰維多利亞蓋以其女主之名名之自昨午至此行二百六十海里香港本廣州新安縣南海中島嘗爲紅鑪汛駐地英吉利埠在島之北偏西北對九龍汛南之尖沙嘴爲侯官林文忠公則徐剿夷處其東即鯉魚門乃香港之東北嘴與九龍東南之棺檔山相對而爲門者也兩山夾峙中通水道僅里許門以內廣闊數十倍之西至尖沙嘴南而復隘其西爲大嶼山乃大鵬協右營汛地廣袤過於香港其東北角北與大地屯門汛岸相閒僅三里許曰急水門急水之東爲馬鞍島又東爲青衣潭島兩島閒爲雞踏門亦西北通急水是自香港西北達廣州之水道也大嶼與香港二島閒爲南丫水道因近香港西南隅有南丫島而名水道隘處十八里其中有坪州校椅州頗形控制是自香港西南至老萬山南而出大洋之水道也香港海道四達高山環繞中泓深闊水波不作自海禁既弛西船來廣州貿易者率於入口之先

出口之後在此寄泊道光十九年英吉利販鴉片流毒中土　宣宗成皇帝軫念小民疾苦特簡林文忠來粵督防海事嚴禁鴉片入口羣夷震慴報繳零丁洋躉船囤貯之鴉片二百數十萬斤公臨虎門驗收盡焚之旋定販鴉片新律以圖善後而英吉利領事義律不具生死甘結　朝廷以英夷自外生成停其易義律竟招來孟加拉兵船屢犯虎門我兵均擊却之夷船泊尖沙觜為負嵎計公復遣將進剿始倉皇遁去公以尖沙觜及觜北之官涌均重地乃奏置礮臺屯兵守望又謂廣東虎門海口為中路扼要之區於嘉慶十五年設水師提督駐其地西則香山東則大鵬形成兩翼香山向駐副將轄兩營額兵一千七百九名兵力較厚大鵬原止一營設參將所轄洋面四百餘里其中有孤懸洋面之大嶼山廣袤一百六十餘里道光十年分大鵬為兩營而額兵仍九百九十八名之數較之香山營制已有軒輊且所轄尖沙觜洋面近年更為夷船所聚泊於是奏改澄海協副將為大鵬協副將移駐大

鵬所轄之九龍山而以大鵬參將移置澄海添設大鵬額兵五百名而大鵬聲勢遂與香山相埒而防守益固矣按廣州口外（卽䍧牁江入海之口亦曰西江又曰珠江）羣島羅列老萬山以南爲外洋北爲內洋而老萬山一帶島嶼雖多形勢散漫論其險要則應以大嶼山西南角西對香山之望廈汎爲第一重口門但口門相距約五十里復無淺沙之險非岸礮所能扼又應守大嶼西南之榕樹頭島三角島及望廈南海中之九澳島大小橫琴山以爲口門犄角而大嶼東北又宜西南扼坪州梭椅州東北扼仰船州青衣潭以固急水門次則以新安縣城西南臨海之赤灣嶺與零丁島（島之西南曰零丁洋文信國爲元兵所執有零丁洋裏歎零丁之句卽此）及香山縣東南海中之淇澳爲第二重次則以虎門驪東南之沙角及南沙山之大角頭爲第三重次則大虎島居中扼要而以東岸之南山礮臺西岸之鞏固礮臺及中流之南北橫檔爲大虎外蔽當日林公籌防雖力薄不能守外口而沙角橫檔虎門諸險則布置周密無隙可乘又以重兵西駐望廈以清澳門

之奸東扼九龍以保尖沙之險夷艘進不能攻退無所泊於是遷其狂啖於浙之舟山若當時海疆大吏悉能以公之守粵者守其土地則英吉利雖强不難俯首就款乃卒爲忌者所中傷使公不竟其功代者悉徹公所設防以速和議夷艘遂橫行海上廣州幾於不守後之通夷情識夷務者遂專以割土地輸金幣爲事而大局竟委靡至今日未嘗挽救有心人所爲大息痛恨而不能已者也道光二十二年英吉利請香港爲通商地當事以彈丸荒島不足惜　朝廷亦欲息兵撫民遂與之故香港至今爲英吉利地埠市南倚山麓隨山勢高低爲屋望之千門萬戶上下層叠繁盛殆亞上海

十七日乙巳舟停香港自入粵海以來天氣漸暖在閩海猶著重緜今僅服單羅仍嫌燠暑飯後與同人喚小舟南登英埠街路整潔長衢夾巷相望亦有華式坊肆錯列其間尋登小埠望峯顚有竿所以表風向者西人測峯高於海面一千八百二十五

英尺爲島最高處北望尖沙嘴上有西人之房嘴之東角有砌石爲隄如方塘者數區云英吉利製造輪船之塢也英人當日所請者僅香港一島對岸九龍山一帶尺地皆屬版輿咸豐十年春英人始入租賃九龍是年九月與英人續增條約竟割與之按九龍與香港閒水道實閩粵往來要路一有阻梗爲害方甚公法凡兩國阻水爲界者其水道爲兩國所共若一國跨水據兩岸地則水道屬之一國香港雖入於英而水道之利我與英實共之至九龍亦爲英有則片土之有無不足惜水道之阻滯爲可慮日暮歸船放香港東西二十六里南北廣處至十六里容積爲方里者二百五十二其最高峯在島之西偏以爲定點在赤道北二十二度十六分　京師偏西二度十六分人民約二十萬歐羅巴與亞美利加兩州之人共不過二十分之一英吉利置長官治之兼提督兵事又置刑官則不隸於長官者也其通商之貨出口者爲絲爲茶吾華之產也進口者爲象牙爲鴉片印度之產也光緒十年商册報口

貨值英金一百又五萬二千三百又二磅每英金一磅約合庫平銀四兩進口貨值英金三百二十一萬八千九百四十六磅兩相較吾華歲出之貲多於歲入爲兩倍過之商務凋敝於此可見泰西各國講求商務免出口貨稅惟恐其不輕加進口貨稅惟恐其不重所以使土貨暢銷而妨客貨之侵灌也吾華或反其術而行豈收回利權之道哉自香港西北至番禺城下二百四十里小輪船通行僅半日程西南繞大嶼之南老萬山蒰島之北渡零丁洋至澳門一百四十里香港與澳門實東西蹄廣州口門地入黃道下陽威特熾炎熱蒸海气爲異嘗梗山岫一過涼風即成暑雨晨朝之間晴雨屢見

十八日丙午舟發香港向西南行過纖島之西梭務州之東又南行出南丫水道過南丫長洲兩島間又南行至丹杆蒰島之西北外零丁島之東南轉而西南行過雞澎蒰島之西出老萬山之南入大洋老萬山舊名大奚山通志謂環列三十六嶼周回

三百餘里民居以魚鹽爲生宋慶元中知廣州錢之望平私鹽之亂墟其地後生息復繁明初有萬姓者統其衆至今名爲老萬山又西南行過大小橫琴三竈兩山之南兩山在澳門南海中澳門在香山縣南一百三十餘里東西南三面環海惟北與大地連不絕如頸狹處設有關牐屯兵防守關外爲望厦汛汛南則爲澳境自望厦汛西南至海隅長七里廣處二里前明萬厤中法蘭西人築城室於此旋棄之去明季葡萄牙人以厤法聞於中朝徐尚書光啟奏用其法幷居其人於澳門於是相沿呼澳門爲大西洋國以葡萄牙瀕大西洋故名之自是泰西人來華者率以澳門爲東道今日腥臚幾徧宇內濫觴實自澳門葡人歲入地租銀五百兩由香山縣徵收自明至今不絕所入雖薄而名分所存正不可廢十三年當事以葡人代收洋藥稅竟割澳門與葡橫琴東曰九澳北曰舵尾九澳北曰大拔亦曰雞頭灣仔四島間爲十字門輪艘停泊甚要處又大拔之東北澳門之東南有下椗處曰沙瀝沙瀝東北即零丁洋也橫琴西面曰磨刀

角西與三竈東角大環山對峙爲寬河口兩相距約十二里有鶴洲中爲寬河西江入海之支流也亦名縣涉洋水頗深上游爲二支東支經香山縣城東北達廣州城下西支即北通西江者磨千角之東北曰井澳宋末張世傑奉帝昺遇颶風處也又西南行過高闌都黃竹洲兩島之南兩島在新會縣南海中兩島北小島尚多其稍大者曰竹篙尾文灣山最北與大地近者曰崖山張世傑以爲天險因奉帝昺居此崖山東港曰虎跳門西港曰崖門即張世傑與張宏範戰處又西南行過上川下川兩山之南兩山在新寧縣南海中上川北至大地廣海寨有主簿約三十里下川北至海晏汛約十餘里兩山間相距亦十餘里皆饒香蠟竹藤之利前志謂上川石山下川土山居民舊以貿海爲業前明洪武中海寇鍾福泉挾倭船寇海晏官軍討平之徙二山民入內地遂成荒瓌至今生齒復盛下川之西有小島曰莽洲莽洲西北大地即大澳縣丞駐所又西南行過海陵山之南海陵爲肇慶陽江縣南海中大島山

高千餘尺舊名羅洲又曰羅島北距大地十餘里居民頗繁張世傑既敗崖山將西趨占城復謀入廣回舟艤此颶風作取辦香祝天越海處也明置巡司爲防海重地東北當北津港西南望雙魚角北津爲漠陽江入海口上通陽江城下雙魚角爲雙魚港入海口上通雙魚縣丞駐所均淺水不通輪船海陵東有三小島南北列嶼曰大鑊中鑊小鑊高均三百餘尺望之如伏釜故以鑊名三鑊東有南鵬山高七百餘尺又西南行去粵岸漸遠以船當南出瓊州之東不復西南循電白吳川 帶行也

十九日丁未昧夜過高雷之東而至於瓊州之東西望七洲洋山在數里外七洲洋一名七里山又名浮邱山在瓊州文昌縣東北大海中七島羅列前志言林木茂密下出淡泉西圖名爲大雅琴島均彈丸拳石其北島高於海面六百四十英尺爲琴島之阜自琴島西至文昌縣之加定角約四十餘里加定角之西北爲海南嶺北對徐聞縣之博平灣約六十四里爲瓊雷間海夾東口海南嶺之西南爲新港又西爲瓊

州府城府北十里曰海口港北對徐聞之海安港僅三十餘里爲北渡津要又西爲澄邁縣又西爲石礐港石礐西北砦北對徐聞之關潿尾四十五里爲雷瓊間海夾西口又西北大地爲廉州欽州西接越南之東京故所臨海名東京灣瓊州雖孤懸海中而幅員頗大約方七百里古爲雕題離耳二國漢武平南越始置珠崖儋耳二郡元帝罷之三國吳復置珠崖郡晉省入合浦郡梁復置崖州及珠崖郡唐置崖儋振瓊四州宋以後皆爲瓊州明升爲府今仍之山中有種族曰黎粗獷類內地之生苗臺灣之生番定安縣西南之五指山實黎人老巢內爲生黎外爲熟黎故又名黎母山山之最高頂去海面六千餘尺峯顚嘗在雲霧中久晴則見翠鑯浮半空其下猶洪濛不辨也唐乾封中黎母山賊陷瓊州貞元中始復其地元至元中黎叛闊里吉思等討平之勒石五指山明嘉靖中亦嘗大舉兵毀其巢穴然至今未靖時復蠢動議者以山據瓊崖儋萬之間自古荒穢未闢人跡罕至屢經蕩平而叛亂尋起宜

於剷平之際集軍民之力跨山開十字大路大約北自府城南達崖州西自儋州東至萬州使四路交通深僻山洞化爲通衢又匱中建城擇地置縣以屯兵食則無黎患矣竊謂開路誠籌黎至計而尤賴慎選守土吏假以兵力使之久於其任廣學校宣教化不服者則濟之以威荒陋之區自不難漸入彬雅開礦藏勤樹藝於瀕海形便之地鐵廛肆立商埠聯以鐵路通火車則富强之業可以坐致何黎叛之足虞且海口港西至越南之海防僅海路七百餘里越南既沒於法欽廉與之接壤防守固不容稍懈而瓊州南在海中北與高廉遙爲形勝扼要實爲西南屏蔽故當瓊間海夾海口港外及澄邁之北均便大輪船停泊無風濤淺險之患應擇便地爲船塢常駐鐵甲礮臺船及兵輪快船數艘一旦有事北可爲欽廉之聲援西可阻河內之出路東船或內犯者瓊海水師游擊歸路必不敢越瓊州而經東也越南富良江上游即雲南之元江入海之口支港以數十其大而著者在北曰塗山海口入廣安海防之路也

曰大平海口入海東之路也在南爲鹹子關口即富良江正流西圖名爲生開江者則入南定達興安邊河内之路也漢馬援討徵側緣海而進唐高駢復安南亦自海道而前前明嘉靖中仇鸞討莫登庸欽州知州林希元言莫氏所恃者惟都齋耳其地瀕海淤塗十餘里舟不得泊計以爲王城不支即守都齋都齋不支即奔海上耳若以東莞瓊海之師助占城擊其南賊不得奔矣以福建之師航海出枝封河湖廣之師出欽州與合都齋無巢穴矣當時置不問按都齋即海陽當爲今之海防枝封河在海東之東亦富良江支港之一則自古謀安南者莫不以海道進兵爲要着交阯舊疆恢復有期籍水師之力正多是瓊海屯練兵船尤爲當今不可少之舉又南行入七洲洋水深色蒼黑如漆遇風浪惡甚於他處舟行苦之又南行過文昌江口之東江西通文昌縣城下又南行過會同縣之東又南行過樂會縣之東又南行過萬州之東南日中時八測日躔高弧又按求時差知所至爲赤道北十八度九分

京師偏西五度四分自香港至此行三百海里測處西北至萬州岸二百一十四里東南二百餘里海中有巴拉塞爾羣小島小者僅拳石彎環散列海面約方二百里島上僅生草木中間亦有寄椗處即海國聞見錄所謂千里石塘又西南行過陵水灣之東南巴拉塞爾之西北陵水灣陵水縣所臨之海也又西南行去瓊州漸遠不復依中國海岸矣

二十日戊申船出東京灣南過順化之東順化本越南國都城臨順化河東北流三十里至通安口入海口南爲長島自西北至東南約六十里島之北嶴與北岸對即通安口門南嶴與南岸對爲陀瀰口門兩口廣均不過一里長島西與大地間爲順化港港西北逾通安口又西北達廣治城下轉而東北通海陀瀰口外曰陀瀰灣灣南約六十里爲杜蘭灣灣口南北對峙兩山如門灣內水深至六十尺又南行過廣南之東廣南城臨海港港東至海安入海又北通杜蘭灣南達基安灣海安口外有島

曰山嶼西人名爲珊瑚羅島又南行過廣義之東廣義城臨佛河河東流十餘里入海至此去岸愈近時見漁舟出沒又南行過歸仁之東歸仁城南臨高隄河河東流復轉而南流入海口門山東西時嵯峨甚隘又南行過富安之東富安城北二十餘里有富安山東臨海山之東北有狹地南斗入海名階英巴辔辔上山與富安山東西對峙中廣三四里水深至四十尺能容泊巨艘日中舟人測日躔高弧又挍表時差知所至爲赤道北十二度五十四分　京師偏西六度五十六分自昨午至此行三百三十海里測處西距富安城南一百一十里之法里拉角僅十三四里法里拉角西南有狹地南斗入海長五六十里狹地之西成海灣曰杭海赫灣灣内水深至八十餘尺視狹地如障風之隄亦停泊勝地也灣口有島曰考島又南行過廣和之東廣和城東距海約三十五六里近岸有島曰德里德里之北爲丙刋海灣廣和南七十餘里有刋闌海灣口東南向夾山甚隘如門口内能容泊巨艘又南行過芳瀾

海灣之東又南行過倍達隴角之東轉而西南行過拉岡角之南倍達隴拉岡兩角閒爲海灣灣口有數小島內便停泊又西南行過平順之南平順城臨諒河河東南流十餘里入海海口曰芳梨灣迤西南曰圭俄角其閒亦便停泊聞法蘭西人謂倍達隴一帶爲東方極好船埠擬置塢爲駐泊水師之處芳梨灣東南百餘里海中有褰褰島又南爲克特闌羣小島海國聞見錄所謂大小二山屹立澎湃山產佳果幽寂無人跡神龍所宅之昆侖殆即此船出褰褰島北再西則入南圻海疆矣越南禹書爲南交王制爲交阯秦爲象郡秦末屬南越漢平南越置交阯九眞日南三郡隸交州刺史後漢末日南郡沒入林邑國三國吳仍置日南郡僑縣於故郡之北竟晉以後皆然又增置新昌武平九德爲六郡交州刺史始治交阯郡龍編縣宋增置宋平宋壽爲八郡而宋壽屬越州齊又增置宋昌爲九郡梁於交阯等郡置交愛德樂州兼置交州都督府隋廢州存郡唐時州郡增損不一約爲交武峩峯愛長驩湯七州隸交管經略

懿宗咸通中爲南詔所陷高駢旋攻克之始置靜海軍於安南唐末曲承裕據其地五代南漢劉龑滅曲承氏以其將李進守之旋爲吳權所據數傳後請命於南漢南漢以爲靜海軍節度使兼安南都護宋初部八丁部領滅吳氏據之開寶六年內附八年封交阯郡王都交州即今之河內號爲東都者也於是交阯遂爲異域嗣後有黎桓者篡丁氏閱八李公蘊篡黎氏陳日照篡李氏附元封爲安南國王明初爲黎季犛所篡陳氏舊臣有走闕下乞師者而老撾復傳送陳天平來朝詔送天平歸國季犛襲殺天平及使者於是新城侯張輔西平侯沐晟督師討安南平之復交阯承宣布政使司領府十八州三成祖永樂十五年召張輔等還寇擊黎利遂叛官軍不能討宣德初黎利請撫乃封利爲安南國王分國爲十三路正德中會國莫登庸逐黎氏而竊其國朝廷遣軍討之登庸請奉職貢於鎮南關登庸降廢勿王以爲安南都統使改十三路爲十三宣撫司隸廣西藩司命黎氏還裔居來州漆馬江萬厤

初漆馬江黨漸強盛維潭舉兵逐莫氏復國遣使欵關輸貢詔以維潭爲都統使而莫氏之居高平者令如漆馬江故事　國朝康熙五年黎維禧繳所受明桂王敕印詔封安南國王高平莫元清亦受都統使職黎莫屢搆兵十三年維禧乘吳三桂叛雲南遂攻取高平於是安南盡歸黎氏黎氏復國實賴舊臣鄭氏阮氏之力故鄭阮世爲輔政既而鄭阮爭國禍鄭氏逐阮氏孫幼出之於富春即今順化西圖名爲呼艾者也阮氏遂據其地號廣南王世與鄭氏仇至黎維祧之世鄭氏有不臣之心忌廣南而未發也乃誘廣南土酋阮光平攻滅廣南王而光平復自立順化以抗鄭氏乾隆五十一年鄭氏內亂光平以兵滅之專國政尋復滅黎氏王毀王宮遷子女玉帛於順化以兵守東都黎氏舊臣詣　關求救　命廣西雲南兩路進兵兩廣總督孫公士毅克東都旋以師老不備光平舉傾國兵來爭孫公走鎮南關亡師徒大半光平自知貫盈乃叩關謝罪乞降且言廣南立國逾數世非黎氏臣

上許之光平遂以順化爲國都黎氏甥阮福映者舊封農耐即祿柰號舊阮而別光平父子爲新阮嘉慶四年舊阮以暹羅兵攻取順化滅新阮遣使陳爲黎氏復仇狀又言光平父子遣烏艚船爲寇閩粤之奸　上遂聽福映得國福映自言農耐本古越裳地乞以越南名國　詔封越南國王於是越南奄域兼古占城眞臘之地

占城唐以前爲林邑國即秦象郡之林邑縣今爲廣和城亦曰衙莊者也漢改林邑爲象林縣屬日南郡漢末邑人區連窺中原喪亂殺縣令稱林邑王此爲有林邑國之始後世或入貢或自帝其國中國未嘗羈縻之晉初區氏嗣絕外孫范熊繼立林邑遂世爲范氏隋仁壽末遣劉方攻破林邑詔分其地爲蕩農沖三州尋改爲比景海陰林邑三郡隋亂故王范梵志復王其地唐貞觀中范氏嗣絕至德中國人立范氏戚諸葛地更號環王元和初入寇驩愛等州安南都護張丹擊破之遂棄林邑南徙於占號占城國今之平順城亦即阮福映所封之農耐是也五代及宋常遣使入

貢洪熙中襲破眞臘慶元中眞臘大舉復仇俘殺殆盡更立眞臘人爲王元至元間內附尋復叛去屢以重兵臨之終無順志明初遣使入貢詔封占城國王明末黎維潭復國特其勝兵幷占城而有之置四道於其地眞臘在占城西南今爲西貢等城及柬埔寨地隋大業中始通中國唐書又名吉蔑國神龍以後國分爲二南近海多陂澤爲水眞臘北多山阜爲陸眞臘後復合爲一幷扶南而有之其國遂大宋宣和初册封眞臘國王慶元中破占城以眞臘人王之爲屬國於是有占臘之名案元之閒扶南故地立暹羅斛二國而占城亦自立眞臘之境土復舊終明之世入貢不絕明史言其國自稱甘孛智後譌爲甘破蔗萬歷後又改爲柬埔寨近人所譯或名爲干波底亞皆一音之轉耳乾隆中阮光平起廣南既據安南復幷柬埔寨南竟古所謂水眞臘者置六道於其地合占城四道爲南圻十道按泰西人紀載言阮光平之方幼也國內亂光平本土酋此所謂國蓋指其本部落出走海島與法蘭西傳天主教人阿特蘭善阿

特蘭爲乞師於法光平遂得復國旣而王廣南滅鄭黎取眞臘多得法軍之力於是感阿特蘭之德歷之西貢而傳教之徒遂盛阮福映旣興厭傳教人稍稍抑之咸豐七年乘中原有粵逆之亂不暇顧邊事也誘傳教人遂引法兵犯越南圍西貢不下至同治二年法兵不解越人始割所踞水眞臘六道請和西貢遂爲法有而北之陸眞臘併自號東埔寨以蒙眞臘遺業六年法人以計誘東埔寨爲屬國復東侵及占城同光之間法越立約以北圻之海防南圻之之廣和爲各國互市之埠而吾華不問也光緒九年法越交兵越不敵乃爲順化之約阮氏孱王竟附於法明年越之東西兩都盡陷於法矣數千年秉王化被聖教之區一旦而淪沒爲天主耶國履霜堅冰其來有漸阮光平之罪豈擢髮所能罄但光平豎子爲知遠慮其乞憐求援似不足深責論越南之存亡當明其治亂欲明其治亂當於郡縣藩封辨之宋以前爲郡縣未嘗大亂創亂不旋踵而削平宋以後爲藩封篡弒頻仍風飈雲擾訖無寧宇前

明盡數十萬衆之力僅能郡縣復爲叛者所據浸淫至於今日委靡積弱卒底滅亡作探源之論不能不歸咎於宋開寶無經遠之略徒欺人孤兒寡婦以取天下苟且蹋蹙圖旦夕安以玉斧畫大渡河自囿可見南炎海徼智力固不能及也聞泰西公法凡爲人屬之國例不能與外國立約及通使聘問蓋爲人所屬即爲人臣亦春秋人臣無外交之義南圻六道之割吾華以粵亂不克問至再立互市約吾華苟執公法責法人以屬地通商當與吾華立約不應與越人立約未必不能挽回萬一聞邇來又聽高麗與各國立約未識終保無事否今之當道侈爲老成持重者莫不以孤注爲戒每遇邊釁輒彌縫以圖省事不知西方各國即弱小與強大爭論往往相持至數十年不決而未嘗啟兵端蓋爭之雖力持之雖堅而玉帛雍容不輕決裂卒求合公法而後已強鄰所以不敢輕視而生無厭之念也泰西人謂吾華轄屬國之權甚虛又輕於棄地殆近之

二十一日己酉船西南至西貢河口外轉而北行入口過森占美斯角之西角三面臨海爲口門東岸其山高於海面六百餘尺頂有燈塔又北行過豐都之西豐都南臨森占美斯東倚山麓西臨海灣市肆數十家北有礮臺蓋西貢第一重守險處又西北行過紐伊之西紐伊南倚山北臨淺水海灣有小水東北自巴里亞來注之豐都與紐伊均有淡水航海者恒於此取汲自森占美斯至紐伊雖海面彌望然西岸皆淺沙水道薄近東岸廣不過七八里又西北行水面有鐙塔所以識西岸淺沙之東界也自鐙塔北望有數水自北來注船繞燈塔之東北向西北行過干吉阿之北江面至此頓狹兩岸南北距不過四五里干吉阿有礮臺蓋西貢第二重守險處又西北行西岸有鐙塔東岸有水自東北來會船過鐙塔復北行江面不過一二里兩岸低濕水與地平豐草長林青葱無際間有居民皆結茅爲屋狀甚貧窶顏色黝黑椎髻不翦髮衣寬博又轉而西行北岸有二水來會蓋西貢河之分支名爲東西萘岡

河者又西南行轉而西北行南岸分數支流南流入於海又北行轉而東行轉而北行轉而西北行過莽岡河分支處又西北行西南岸有分支南流入於海又北行至西貢東南二十四里有東奈河東北平廣和西山之西麓西南流入眞臘境過邊和城之西南又南流來會約行八百里又西北泝洄西貢河曲曲行至西貢泊焉自昨年至此行二百八十五海里西貢河出東埔寨境南流經西貢城之東又東南流與東奈河會約行三百里二水既會又東南流一百三十里入海入海處分十數支流而水深能通火輪海船者僅一道耳西支有數橫港西通瀾滄江西貢即南圻十道之嘉定一名柴棍元周達觀眞臘風土記言屬郡九十餘中有曰雉棍者即此蓋雉棍柴棍西貢皆一聲之轉近人或以西貢爲宋書之區粟城然宋書言元和中檀和之南宋吾戍進圍林邑將范扶龍於區粟城又水經注云林邑兵器戰具悉在區粟城是區粟當與林邑近應在占城之北而西貢在占城之西南去林邑大遠且檀和

之不臘越林邑占城而進闔區粟也同治二年法蘭西既得越南之南圻六道名之曰科探呆蘭（譯言中國交趾也）分二十小部東西五百七十里南北五百里爲方里者十九萬三千七百四十民口一百六十三萬九千七百七十七地北近柬埔寨爲原阜南近海多陂澤所產有棉花烟葉甘蔗凡有用之材木頗多而以稻米爲尤盛法人以西貢爲會城置長官治之西貢東臨西貢河南北均有小港臨北港處有方里之城蓋嘉定舊城也迤南三四里抵南港皆西人市肆中有天文臺所以測中躔定子午者余船泊南港口之南午刻與同人登岸見市埠土人最多華人次之法人爲最少以法俗不啻輕去鄉里故居此者寥寥吾華之寄寓大都皆閩廣人至長子孫而衣冠風俗皆守舊又有種族曰馬來隅者來自南洋群島面色黧黑尤甚鮮知識多游蕩無業其類甚繁散布南洋諸島及西南各國西人役使之西貢有火輪車棧及鐵路往來火車甚少以鐵路僅通本埠未達遠故耳日昳歸船攷光緒十一年西貢進

口貨值英金四百三十四萬八千磅出口貨值英金三百四十一萬六千磅歲稅英金一百一十三萬九千三百二十磅比來西報云法人於河內海防等處去歲所收關稅及新舊捐欵搜括無遺僅得英金五十六萬磅所費軍餉官俸及興造宮室之用約計英金一百七十六萬磅不敷至一百二十萬磅而西貢所收僅敷西貢之用此一百二十萬磅皆須法京籌補既耗餉需於前復增津貼於後法之議院甚病之是其貪婪蠶食亦祇自斃按越南地輿前史言之頗詳但自新舊阮以來不無增改今復淪於異類圖皆易以西文展轉相譯久難尋舊自雉入貢之區銅柱銘功之野將泯沒不可復識爰取法國西人所作新圖譯以阮氏舊名推算其經緯度分附之於此其沿革亦著大略

順化赤道北十六度二十九分　京師偏西八度五十三分即新舊阮國都一曰富春一曰西京一曰南京承天府西人名為呼艾漢為九眞郡地唐為武峩州地明永樂中為順化府宣德後為順化承政司上為國都

廣南赤道北十五度五十三分　京師偏西八度十三分漢為九眞郡地唐為武峩州地

明永樂中爲升華府宣德後爲順化承政司地明一統志**廣義**赤道北十五度七分
廣南承政司在順化北今廣南在順化南蓋非舊廣南　京師偏西七度四
十一分漢爲九眞日南二郡地唐爲武義州地明　**上爲右圻二道**　**廣治**赤道北十
永樂中爲升華府地宣德後爲順化承政司地　六度四十
六分　京師偏西九度十六分漢爲九眞郡三國吳爲九德郡隋唐爲驩州明永樂
中爲乂安府宣德後爲廣南承政司相傳爲古越裳氏國然嘉慶中阮福映所言越
裳則在**廣平**赤道北十七度二十八分　京師偏西九度五十一分漢爲九眞郡地
農耐　三國吳爲九德郡地隋唐爲驩州地明永樂中爲乂安府地宣德後爲
廣南承**上爲左圻二道**　**河內**赤道北二十一度一分　京師偏西十度五十六分
政司地　一曰東京蓋新阮以前國都漢爲交阯郡治唐爲交
州治又曰安南都護府又曰鎭南都護**上爲督都**　**興安**赤道北二十度三十八分
府又曰安南府明永樂中爲交州府治　京師偏西十度二十四
分漢爲交阯郡地唐爲交州地明永樂中爲**南定**赤道北二十度二十六分　京師
奉化建平二府地宣德後爲山南承政司地　偏西十度十八分漢爲交阯郡地
唐爲交州地明永樂中爲鎭蠻建**昌寧**赤道北二十度十五分　京師偏西十度
二府地宣德後爲山南承政司地　二十分漢爲交阯郡地唐爲愛州地明永
樂中爲淸化府地宣**淸華**赤道北十九度五十一分　京師偏西十度三十七分漢
德後爲淸華承政司　爲九眞郡唐爲愛州明永樂中爲淸化府宣德後爲淸華
承政**乂安**赤道北十八度四十二分　京師偏西十度四十五分漢爲九眞**河靜**赤
司　郡地唐爲長州地明永樂中爲新平府宣德後爲乂安承政司地　道
北十八度二十四分　京師偏西十度三十四分漢爲九眞郡地三國**海東**赤道北
吳爲九德郡地唐爲驩州地明永樂中爲演州宣德後爲乂安承政司　二十度

五十六分京師偏西十度九分漢爲交阯郡地唐爲交州地明永樂中爲交州府地宣德後爲安邦承政司

海防赤道北二十度五十分京師偏西九度四十七分漢爲合浦郡地唐爲陸州地明永樂中爲新安府宣德後爲海陽承政司

廣安赤道北二十度五十七分京師偏西九度四十分漢爲合浦郡地唐爲陸州地明永樂中爲新安府地宣德後爲海陽承政司地

北寧赤道北二十一度十六分京師偏西十度二十四分漢爲交阯郡地唐爲交州府地明永樂中爲北江府治及諒江府地宣德後爲京北承政司

諒山赤道北二十一度四十九分京師偏西九度三十七分漢爲交阯郡地唐爲湯州宋爲廣源州地即儂智高據之作亂者明永樂中爲諒山府宣德後爲諒山承政司

大原赤道北二十一度三十四分京師偏西十度三十五分漢爲交阯郡地三國吳爲新昌郡唐爲峯州明永樂中爲大原府宣德後爲大原承政司

高平赤道北二十二度三十一分京師偏西十度十八分漢爲交阯郡地三國吳爲新昌郡地唐爲峯州地明永樂中爲大原府地宣德後爲大原承政司地

興化赤道北二十一度十四分京師偏西十一度八分漢爲交阯郡地三國吳爲武平郡地唐爲交州地明永樂中爲廣威州宣德後爲興化承政司

山西赤道北二十一度八分京師偏西十度五十一分漢爲交阯郡地三國吳爲武平交阯二郡地唐爲交州地明永樂中爲三江歸化二府嘉興一州地宣德後爲山西承政司

宣光赤道北二十一度五十四分京師偏西十一度十三分漢爲交阯郡地三國吳爲新昌郡地唐爲峯州地明永樂中爲宣化府宣德後爲宣光承政司

上爲北圻十六道

歸仁赤道北十三度五十三分京師偏西七度二十一分漢爲日南郡地漢以後爲林邑國地唐以後爲占城國地

富安赤道北十三度十九分京師偏西七度十四分漢爲日南郡地漢以後爲林邑國地唐以後爲占城國地

廣和赤道北十二度十七分　京師偏西七度二十七分一曰衛莊又曰衛莊漢爲日南郡之象林縣漢以後爲林邑國都唐以後爲占城國地漢馬援銅柱當在廣和之南　**平順**赤道北十一度十四分　京師偏西七度五十四分周爲越裳氏地漢日南郡竟似未抵此殆爲西屠夷國地漢以後爲林邑國地唐以後爲占城國地　**邊和**赤道北十度五十七分　京師偏西九度三十七分古爲水眞臘地　**嘉定**赤道北十度四十六分　京師偏西九度四十五分古爲水眞臘地　**定詳**赤道北十度三十三分　京師偏西十度三分古爲水眞臘地　**安江**赤道北十度二十一分　京師偏西十度十四分一曰面當古爲水眞臘地　**永隆**赤道北十度十五分　京師偏西十度三十分古爲水眞臘地　**河僊**赤道北十度二十三分　京師偏西十一度五十九分古爲水眞臘地　**上爲南圻十道**

西征紀程卷二

新化鄒代鈞

二十二日庚辰舟發西貢向東南行出口轉而西南行經瀾滄江口之東瀾滄江源出衛地之北山東南流經喀木竟又東南流經雲南竟又南流經老撾竟又南流經暹羅東竟又南流經柬埔寨竟柬埔寨瀕江兩岸地每歲夏初水漲汎濫所至禾遂大熟土人因呼其地爲穀倉瀾滄江又南流至西貢之西南分爲數支流入海約行七千里西人呼爲湄公河永隆安江兩城均臨江岸而海口淺沙淤塞且水亦灌入西貢河惟西貢河能行輪船商務遂萃於西貢又南行過康道耳羣島之東康道耳有二島東西對峙西島數倍大於東島自東北至西南長約三十里廣約七八里爲海國聞見錄所謂大眞嶼小眞嶼者也距瀾滄江口約百六十里亦屬法蘭西又南行過爛泥尾之東爛泥尾爲南圻六道極南之嶼西圖名爲柬埔寨嶼又南行過暹羅

海灣口之東灣北為暹羅國暹羅唐以前曰扶南國三國吳黃武中始遣使通吳唐貞觀以後幷於真臘宋元間有暹人羅斛人各立國於扶南故地暹土瘠不宜耕藝羅斛土地平衍而多稼暹人歲仰給之元至正間暹降於羅斛自是為暹羅斛國前明永樂中始曰暹羅乾隆中暹羅為緬甸所滅其遺臣鄭昭旋復國子華嗣立受冊封西南三國均為　國家藩屬而越南則四年兩貢緬甸則十年一貢暹羅則三年一貢著有明文載在禮部者暹羅產米富穀甲乎南洋康熙以來歲運洋米數十萬石以濟閩粵民食道光中以免稅不利粵海關故關吏陰撓之始則售米不許置貨繼則置貨不許免稅於是觀望不前聞近日為王者非復鄭氏子孫故朝貢久不至且與泰西立約遣公使駐各國是居然列於自主之邦在　聖朝撫綏四夷初無利其尺土一民之心來則厚以懷柔去亦不加羈絆使果能自主未始非西南之屏蔽較之他族猶此嘗自有辨然法蘭西據其東英吉利逼其西介乎兩彊之間保

無屛亡窗寒之處否其國有大河曰湄南源出國之西北與緬甸交界山中南流約千五百里入暹羅海灣都城曰曼谷在湄南河東岸南至海口約五六十里輪船往來貿易頗盛湄南河每夏漲黃水兩岸地所得利與柬埔寨之瀾滄江同西人因呼湄南爲暹羅尼羅河尼羅河者阿非利加州埃及國大水也春夏間河水盛漲平疇得水者輒大熟水均能糞田故以其名名湄南暹羅北界雲南徼外之老撾八百孚土司西南三國緬越皆與中國接壤惟暹羅尙懸隔也地南北約千五六百里東西約千七八百里爲方里者二百三十五萬一千九百三十二民口約五百七十五萬三分之暹人居其一老撾人居其一華人與馬來隅人居其一俗怠惰不振奉佛敎浮屠寺塔徧國內有正副二王王位傳子擇賢不必立長王權甚大小民每苦官司虐政通國分四十一部部名不詳兵士二千八火輪兵船十二艘曼谷光緒十一年進口貨值英金一百一十三萬八千三百三十八磅出口貨值英金一百五十七萬二千

七百八十八碼又明八四夷攷謂暹羅卽古赤土國地按隋書赤土國扶南別種在南海中又云北距大海凡南徼之地北距大海者非海島不可是赤土實爲島國非暹羅明甚觀常駿王君政所經地望準之赤土當在南洋羣島中殆卽今之婆羅州杜佑通典崖州直南水行便風十餘日到赤土國今婆羅州正直崖州之南命爲赤土或不大謬

二十三日辛巳船行暹羅灣口灣北岸爲暹羅東岸爲柬埔寨及河仙鎭爛泥尾西岸爲馬來隅灣內海面幾方千里晉書言扶南西去林邑三千餘里在海大灣中梁書亦言扶南在日南郡之南海西大灣中均指此灣而言日中舟人測日躔高弧又校求時差知所至爲赤道北四度二十九分　京師偏西十一度自西貢至此行三百四十四海里測處西至馬來隅丁加羅南六十里之徹拉丁河口約四百里東至大那突拿島之北嶺約五百五十里南至安南巴羣島約二百四十里安南巴羣島在

赤道北三度　京師偏西十度數十島羅列海面幾二百里大者約方十里小者僅拳石大那突拿島在赤道北四度　京師偏西八度島南北約百二十里東西約六十里其山高於海面一千八百九十英尺環以小島數十準其地望似卽海國聞見錄之茶盤島其南稍東約二百里爲南突拿群島大小十數大者不過方十里此數群島均屬荷蘭西南隸於蘇門答剌長官馬來隅者暹羅緬甸兩國南斗入海中之峽也峽地三面環水如登萊類者西人名爲班甯蘇拉以馬來隅種人居之故以名峽南北長二千八百里東西廣處僅六百里梁書頓遜國在海崎上地方千里城去海十里有五王並羈屬扶南通典頓遜國梁時聞焉在海崎上北去扶南可三千里前人謂頓遜卽滿剌加等國則梁書通典所謂海崎卽指馬來隅峽今峽北緯十度以北之地東爲暹羅竟西爲英吉利緬甸竟暹南部落以十數曰赤仔在赤道北九度約四十一分　京師偏西十七度約二十二分東至海約三十里曰六崑在赤仔東南四五百里東至海二三十里

東南百里許有海港南通宋腒朥宋腒朥海錄作宋卡在六崑東南約四百里東北臨海口爲估船聚集之處口內西北爲匯北通六崑東南之港匯東之地名爲担塔蘭島曰巴坦尼卽海錄之大呢在宋腒朥東南約百里北臨海其東百里許有砦曰巴坦尼砦東與爛泥尾相距約七八百里爲暹羅灣口曰吉蘭丹在巴坦尼東南二三百里臨吉蘭丹河東北至海口約二十里曰丁加羅在吉蘭丹之東南約三百里其北二百里有市鎭曰特林干魯八民頗繁阜明史萬歷間柔佛酋好搆兵鄰國丁機宜彭亨屢被其患是丁機宜實與彭亨柔佛近今丁加羅與二國相接其卽丁機宜無疑繙譯轉複異耳而魏先生源徐中丞繼畬均以丁機宜爲蘇門答剌島東南之班加島然班加島與彭亨柔佛懸絕不得謂爲鄰國似不如以丁加羅當之爲允曰彭亨在丁加羅之南二三百里臨彭亨河入海之口明史又作彭坑洪武永樂中嘗遣使入貢此皆馬來隅峽東岸部落丁加羅以北諸部均暹羅藩屬彭亨爲自

主部落船又西南行過安南巴蓁島之西彭亨河口之東又西南行過多璊島之東島在彭亨之東南海中南北長約三十里廣半之山高於海面三千四百英尺島西大地爲衙拉兩醫醫北有英鄰河入海之口蓋彭亨南境又西南行過日門吉爾甸亞爾兩小島之東二島皆小於多璊高均千餘英尺又西南行過柔佛之東柔佛爲馬來臘峽南岸之部落在彭亨東南三四百里境土東西南三面臨海亦稱自主

二十四日壬午船向西南行入新嘉坡海夾朗海錄所謂白石口口門廣約四十里北岸爲羅馬尼亞醫柔佛之東南境也南岸爲本定島島東西八十餘里南北七十餘里而闕其西南隅爲海灣極便停泊有市埠曰里俄亦商務繁盛之區又西行過柔佛河口之南巴丹島之北柔佛河北出柔佛國內地之琛門冬山南流至新嘉坡島之東北入海口內水深至三十尺巴丹島在本定島之西廣狹約方四十里又西北行至新嘉坡埠泊焉自昨午至此行二百三十六海里爲來臘與蘇門答剌島間海

夾（郎新嘉坡海夾）其東南口（郎白石口）羣島疊列而以本定巴丹二島爲大二島間曰里俄海夾益東南遶里俄埠者巴丹西南爲甯林島其間曰狹海夾甯林西南爲占波爾島其間曰占波爾海夾占波爾西爲蘇齊島其間曰蘇齊海夾蘇齊西南爲謀羅島其間曰謀羅海夾謀羅西爲蔭邦島其間曰都林海夾蔭邦西爲蘇門答剌島岸其間爲淺沙巨艦不能通行諸海夾以里俄都林爲長廣里俄約廣十六七里都林約廣二十五六里凡此均由新嘉坡南遶蘇門答剌東海之路諸島外小島尙多以瑣屑不詳紀諸島均屬荷蘭隷於蘇門答剌長官新嘉坡舊本柔佛國南海中小島柔佛僅見於明史蓋亦占頗邏之地顔斯綜南洋蠡測云新嘉坡有華人墳墓碑載梁朝年號及宋代淳熙是華人之旅居此者實始六朝嘉慶二十四年英吉利人以新嘉坡爲南洋西北門戶因入貲於柔佛以購之立廛肆開船埠減貨稅以招商旅西南兩洋之估船屬集漸成闤闠然其時僅爲印度通南洋必由之路泰西船東來者率經

道於阿非利加州之好望角經印度洋之南入蘇門答剌島與噶留巴島間之巽他夾唐書地理志海道所謂海硤南北百里北岸則羅越國南岸則佛逝國即指此夾即分詣各處不必盡至新嘉坡也自同治中法蘭西人溝通紅海地中海之水道於是泰西商船多北由新嘉坡不復迂道於巽他夾而新嘉坡之隴斷遂爲西南洋第一島東西七十二里南北四十里爲方里者二千三百又七東西南三面環海東北隅對柔佛河入海之口口門有三小島東西列自口門之西有港繞新嘉坡島北西北去復轉而西南至島西達海名曰老港廣約三四里水深能行巨艦所以隔島與柔佛大地相絕也柔佛王所居南臨老港英吉利廛肆在島之南稍東臨海街衢綿亘自東北至西南約七八里以廛肆爲定處在赤道北一度十八分　京師偏西十二度三十四分气候暑甚而茂林蓊翳海風盪漾尚不至蘊隆民口十五萬華人約十萬爲最多馬來隅種人二萬餘印的亞種人一萬餘歐羅巴人僅二三千印的亞種人土人也其狀貌知識略同馬來隅

種英吉利置長官駐此兼轄滿剌加檳榔嶼守兵不滿千有兵官統之又置刑官光緒十年三處進口貨值英金二百六十三萬二千八百七十二磅出口貨值英金四百六十一萬二千四百一十四磅華人居此者閩籍居其七粵籍居其三多擁厚貲爲富賈置產業傳子孫英人歲稅之其衣冠語言禮儀風俗尚守華制惜文教未興子弟之聰俊者皆入西塾通西文聖經賢傳竟不與目光緒三年吾華置領事官治華商事遙隸於駐英使者而華領事之權未能准於他國領事以他國領事實兼滿剌加檳榔嶼兩埠事華領事則僅及新嘉坡本埠且多窒礙蓋華民既多英人忌華官號令之故每阻撓竊謂權之有無領事官勢難與爭若糾集吾民之富者諭以大義勸之出貲以廣義學置經史有用書延名師教子弟使明聖賢大道及古今利病然後分別性情所近遣就西學以取西人之長領事官歲時課其勤惰藝學果精進或博通時務學有專門者均請於上官予以出身迨人才既衆則尺寸之地雖爲英

據而庶富且教之民皆吾有也自强之基胥在於是何暇與爭區區之權哉且教學之事必不至啟英人之疑要在有心者爲之也旋登岸往游胡氏花園園爲胡植所闢廣方數里亭榭林木均精雅奇禽異獸瓊花瑤艸多生平所未覩胡植廣東人本富商吾華初置領事官即以植充之植死始易今領事左秉隆也游覽未徧以解纜在即遂疾馳歸船道旁多檳榔椰樹檳榔樹高五六丈直榦無旁枝葉附榦生大如扇其實作房從心中出一房數百實如雞子有殼肉滿殼中色正白土人咀之口流赤沫如血椰樹高數丈亦無枝條葉在其末如束蒲實大如瓠繫樹頭如挂物也外皮如胡桃核裏有膚膚理堅密白如雪厚半寸嚼之味略似胡桃膚中裹汁升餘清如水甘美如勃薺飲之愈渴名爲椰漿取膚與汁使盡外皮如匏中作飲器吳都賦謂檳榔無柯椰葉無陰信然俄見羣兒棄刳木小舟環輪船仰呼若有所求者舟人以小銀錢擲水中羣兒隨錢入水取錢出無或遺蘇長公贈吳彥律序云南方多沒

八日與水居也七歲而能涉十歲而能浮十五而能沒矣今聚兒玩水若魚鼈殆所謂沒人者歟晚鐘五下舟發新嘉坡展輪向南行至森約翰羣小島之南轉而西南行入門夾夾北岸森約翰島與南岸巴丁島對距約十二三里森約翰北距新嘉坡島南觜巴丁南距巴丹島西北觜均不過十餘里中間復小島相屬又西南行過巴尼島之南自巴尼東北至森約翰西北至新嘉坡島西南觜中鋪島嶼羅列巴尼之南有小島置燈塔船過燈塔轉而西北行過老港西口之南又西行過都林水道之北又西行過柔佛西南竟布魯斯觜之西南布魯斯觜西南對小克里木島爲口門廣約三十里小克里木之西南爲大克里木又南爲薩邦島相距均不過十里都林等南通各水道均在此口之東故此口爲馬來隅海夾最要處又西北行出口則距兩岸漸闊

二十五日癸未船自布魯斯口西北行過比桑島西南島有燈塔又西北行過淡摩薩

河口之南其南岸爲柎蘇門答剌之班那里斯島又西北行過馬爾河口之西南河東北自柔佛之龍加西南流入海又西北行過滿剌加之西南顧亭林謂滿剌加即古哥羅富沙漢時嘗通中國後屬頓遜自暹羅立國復役屬於暹羅明永樂中其王遣使入貢挈妻子朝京師鄭和出使西洋復册封爲滿剌加國王明史言成化以後滿剌加爲佛郎機所滅嗣後商舶希至多直詣蘇門答剌西人地志云今之滿剌加城明正德四年緬自建此城而商務頓衰四裔年表言嘉靖八年葡萄牙人立埠於滿剌加按正德嘉靖均在成化後所謂商務頓衰與明史商舶希至亦合惟明史之佛郎機當爲葡萄牙之誤蓋明人僅知西方有佛郎機故凡泰西人率以佛郎機目之如呂宋本西班牙人所據明史亦言佛郎機是也乾隆中荷蘭人復奪滿剌加於葡人道光五年英吉利人以所據蘇門答剌島之邦古連何門多克二埠與荷人易滿剌加而滿剌加遂歸於英隸之於新嘉坡長官本埠有議會治其事地東南界

柔佛西北界沙剌我西北至東南百二十里東北至西南九十里爲方里者五千五百三十八民口九萬九千華民多寄寓置田園者地産金沙馬口鐵稻米香木牲畜之類海岸暨哨城據滿剌加河入海之口又西北行過林吉河口之西南河北自松吉南流來入海河口爲滿剌加沙剌我交界處松吉則沙剌我之屬部也又西北行過督厘特河口之西其西南近蘇門答剌島岸有沙淺西圖名爲南沙即瀛寰志略之紅毛淺又西北行過吉隴河口之西南吉隴河東北出大山中西南流過吉隴衙之北又西南流入海海口有長島分河流爲二均深泓輪船可上泝至吉隴衙門者隴產錫十年前華人之寓滿剌加等處者利其礦聚衆開采沙剌我國王阻之華衆與之戰勝英吉利人惡華人之勝遂置官駐吉隴以法部勒華人華人安之而礦業亦盛又西北行過北沙之西北沙爲近東岸淺沙蓋對南沙而偁也北沙東岸爲沙剌我河入海之口沙剌我王所居之城在河口之南沙剌我本自主部落光緒元年

以吉隴之役涉剌我亦屬於英吉利矣其山水清佳土產亦富疆域爲方里者二萬五千而民口不滿五萬故內地悉爲曠野日中舟人測日躔高弧又校求時差知所至爲赤道北三度二十九分　京師偏西十六度八分自新嘉坡至此行二百五十五海里測處東北至柏南河口一百二十里西至蘇門答剌島之巴剌一百五十里柏南河口爲畢力國境河出畢力東南山中西流過柏南鎭之南又西流入海又西北行東西望有兩小島在縹緲間相距約百里東島曰雅拉高於海面五百英尺西島曰法葎拉高於海面六百英尺均不過方三里雅拉之東爲畢力河入海之口河北出吉德國境南流經畢力境又轉而西流入海計行六百里爲馬來彌夾之河以此爲界長畢力河口之北五十里爲丁丁河入海之口口外有小島亦曰丁丁又名班科爾島與丁丁河口兩岸地皆爲英人所據丁丁口之北百餘里有埠曰威爾得西臨海港便僑瀾亦畢力屬埠畢力本自主部落疆域爲方里者六萬六千七百又五

民口十三萬土地肥沃多山產錫及金銅石光緒初華人往采錫礦英吉利人亦爲之置官如昔隴而畀力亦設關於英如沙剌我爲威爾得之西北約百里爲威勒斯勒其西去岸約七八里海中有島曰檳榔嶼舊皆吉德國地乾隆五十年英人取檳榔嶼嘉慶五年英人復取威勒斯勒置議會治之而隸於新嘉坡長官通計爲方里者八百九十六民口六萬二千多華民其商業與新嘉坡略等土肥饒林木茂盛產丁香加非百果民多煮果爲糖會城曰朝治敦在檳榔嶼之東臨海與威勒斯勒之東與北皆吉德地吉德爲暹羅藩部東當巴拉尼其會城南至威勒斯勒境約二百里凡此皆馬來隅夾西岸部落彭亨柔佛沙剌我畀力四國中脊山東西南臨海壤地均爲上腴物產豐盈西人名其地爲奧非亞譯言物產極多也滿剌加之東北有山亦名奧非亞同取物產極多之意山高於海面三千八百四十英尺據文獻通考言九州山與滿剌加鄰產沉香明永樂中鄭和發使諭諸番遣官兵入山采香得徑

八九尺長六七丈者六株今奧非亞山與滿剌加近產香木亦多殆即九州山四國舊本自主然溺於佛回之教雖擬可富可強之土地而無聰明奇傑之士爲之振興沈淪委靡幾何不底於滅亡也沙甲兩部已明屬於英吉利彭亨亦暗託英之宇下雖各有君長衣租食稅而已船出兩島間轉近蘇門答剌島向西北行

二十六日甲申船西北行過德里河口之東北河出蘇門答剌島中大山東北流至德里城（德里近人或譯爲日裏）之西北入海海口有巴拉濕島分河爲二西支水深輪船便於停泊故德里商務頗盛寄寓多華民荷蘭人虐待之德里東北對威爾得又西北行過蘭開特之東北又西北行過蘭克薩河口之東北口外爲蘭克薩海灣東北對檳榔嶼又西北行過大門得對之北轉向西行大門得爲蘇門答剌島之極東北對北與近馬來隅峽之薩郎加島相對爲馬來隅海峽西口廣約五百餘里日中舟人測日躔高弧又校求時差知所至爲赤道北五度五十七分　京師偏西二十度四十一

分自昨午至此行三百有六海里測處南至亞齊岸百里西南至亞齊北海中之威爾島亦百里蘇門答剌本國名今以名全島自西北至東南長三千一百里廣處至七百里自古部落不一其見於前史者如三佛齊國於梁天監唐天祐宋大平興國以後及明洪武均入貢不絕羅越國見唐書地理志蘇門答剌國明史又作須文達那屑禮國宋熙甯中入貢其他見續文獻通考者曰花面國一名那孤兒明初有使臣以海船駐蘇門答剌遣人往采硫磺其酋遂入貢曰那哈國自滿剌加向西南行好風五晝夜到瀕海一邨名荅魯蠻在東南十餘里可到曰阿魯國又名啞魯與九州山相對永樂中遣使入貢曰黎代國在那孤兒之西曰南浡里國在黎代之西諸國之地今雖不能詳攷要皆在今蘇門答剌島內而三佛齊蘇門答剌兩國爲最著三佛齊居島南實跨海入瓜哇島西境蓋與他族兩岸之地也唐書地理志所言佛逝國似即三佛齊明永樂中爲瓜哇所滅名其地爲舊港五年置舊港宣慰司授頭目施進卿中葉以

後荷蘭人據其地蘇門答剌居島北纜文獻通考謂其國爲西洋要會東南倚大山西北距海自滿剌加順風九晝夜可至以此準之則今島北之亞齊國即古之蘇門答剌國也又謝清高海錄言環島九國今準其地望其蠻里似即本定島之里俄雖與蘇島不連然在旁近且附隸之其錫里即德里其大亞齊即亞齊其小亞齊一名孫支即島西岸之孫基其蘇蘇當即孫基南之西波加其叭嗜即西波加南之巴唐其茫古魯即巴唐南之邦古連其舊港即三佛齊其龍牙爲蘇島東之小島即古之龍牙門也海錄又有呢士島在蘇島西殆即古之龍涎嶼有網甲山即蘇島東南之班加島其文都即門多克也自明以來荷蘭英吉利分據環島海口諸部悉爲制服至道光五年英人以邦古連及班加島之門多克二埠易滿剌加而蘇島遂全歸於荷惟亞齊守距不服同治十三年荷人以兵攻之不克連兵十餘年至今未罷荷人費軍餉以萬萬計士卒之死於鋒鏑瘴癘者無算而所得之地僅西北瀕海之砦曰

科大拉的者荷人置埠通商亞齊人復時出奇兵擾之使南洋諸島國均能如亞齊之守其土字則泰西羣雄安能不費斗糧不遺一鏃蠶食鯨吞坐享其利如今日也蘇門答剌島以東大小島以數千百除呂宋羣島屬西班牙婆羅洲之北屬英吉利巴布亞島之東南屬英吉利東北屬德意志西爲土番胎墨爾島之東半屬葡萄牙餘皆屬於荷蘭攷荷蘭本國褊小計爲方里者十萬六千三百九十四而南洋羣島屬地爲方里者六百又三萬一千二百一十九並較屬地大於本國爲五十倍過之又土膏噴盈礦產充斥荷之國用仰之民口共二千五百萬而駐兵不過三萬羣島之民翕然帖服數百年來未聞叛亂雖荷人善於馭遠亦島夷安於積弱無揭竿之志耳論者謂德意志雖處歐州中原而東西兩洋無尺寸腴壤以爲藩屬荷蘭近在西鄙舊本日耳曼諸侯今既列爲大邦廣撫屬土未免啟德人之覬覦德之兵力亦足以并荷但恐英法諸國執公法而興問罪之師也然德人固未嘗須臾忘南洋羣

島余嘗見德意志人所作南洋羣島圖於荷之屬地爲特詳其用意可知矣又西行過威爾島之北琅多島之南威爾大於琅多而長不過五里廣半之威爾南五十里爲亞齊北觜海綠所謂由亞齊國都西北陸行五六日則至山盡處者是也荷人所置科大拉的埠在此

二十七日乙酉船西行過尼科巴羣島之南海綠言尼古巴拉島皆土番野人性情淳良日食椰子熟魚不食五穀者即此東南距亞齊北觜約四百里羣島以數十南北亘海面六百里均阻水相望其最大者曰大尼科巴在羣島之極南南北長約百里廣半之其山高於海面二千一百英尺開闢大島居羣島之中有市肆曰南庫里各島皆林木茂密產椰子柑橘蔗多居民煮果爲糖舊本無主同治八年英吉利取之隸於印度共計爲方里者五千七百三十九民口五千五百尼科巴羣島之北約二百七十里有安達門羣島南北亘海面約六百里北曰北安達門南曰小安達門中曰中安達門爲最大南北長二百四十里廣四十里有城曰巴特布來皆山深林密

乾隆五十四年英吉利取之隸於印度共計爲方里者二萬一千四十民口一萬四千六百三十閒英人以巴特布來南庫里兩鎮爲流放罪人之所自北安達門之北稍東約五六百里爲緬甸之西南覓有巴森河入海之口巴森即伊洛瓦底河分流自巴森口東迤一百四五十里爲伊洛瓦底河正流入海口其東北三百餘里爲仰光城蓋英吉利所置北古部之會城也城臨伊洛瓦底河東支水深闊南至海口七十里便輪船出入其地平衍沃饒然不甚闢闢者僅十分之三而產米之富不亞暹羅英人重征之去歲所斂除本地應用外尚溢金錢三十萬伊洛瓦底河出緬甸西藏交界山中西南流經孟養土司竟至八莫城之西北雲南之雲龍江自東北流來注八莫城似即元至元中緒王相答吾兒所拔之江頭城又西南流雲南之龍川江自東流來注又西南流過大公城之西大公城亦緒王相答吾兒所拔者又南流過蠻古城之西又南流過蠻得勒城之西蠻得勒爲緬甸新都即明一統志所言大公

南之馬來城（聖武記名爲蠻得）又南流過阿馬拉普剌城之西阿馬拉普剌緬人亦嘗建都舊名安正國城轉而西南流過阿瓦城之北阿瓦緬之舊都也又西南流有別派名坦拉瓦底河者自北流來會又西南流過蒲甘城之西蒲甘爲宋時緬國都城又南流過普羅美城之西又南流分爲數十支流入海約行三千里前人多謂此爲大金沙江按大金沙即雅魯藏布江至緬甸西北轉而西南流入印度竟實不通伊洛瓦底仰光之東約一百七八十里爲西丹河入海口西丹河出蠻得勒東南山中南流約千里入海西丹河口之東南約百五十里爲馬爾達般城亦係要地怒江入海口也怒江西圖名爲薩爾溫江源出衞地之北山東南流過喀木竟又東南流過雲南竟又南流過木邦宣慰司竟又南流爲暹羅緬甸之界又南流經英吉利所轄地那悉林部至馬爾達般城東南入海約行四千餘里緬甸古西南夷之朱波也漢爲撣國唐爲驃國宋崇寧四年云緬入貢蓋舉其國明年云蒲甘入貢蓋舉其都城自是

始有緬名元至元中破蒲甘緬城置邦牙等處宣慰使司大德初復封緬酋爲緬國王明洪武二十一年沐英討緬平之二十七年置緬甸軍民宣慰使司授其酋普剌浪遂與車里老撾八百大甸木邦孟養五宣慰司稱爲六慰嘉靖初孟養酋與木邦酋破緬甸瓜分其地三十三年緬酋子莽瑞體起洞吾（在古剌北）以計奪古剌地遂復緬舊緬又北并木邦所分之孟密宣撫司進掠孟養東侵車里木邦老撾八百之竟隆慶中木邦酋坿於緬而孟密所分之蠻莫宣撫司亦坿焉萬厤七年緬蠶據孟養之地十一年復據木邦之地遂倔強於西南漸侵及雲南邊內諸土司又爲貝瑟書與中國自稱西南金樓白象王旋爲劉綎陳用賓擊破之由是不敢內犯惟雄長諸部如故　國初緬酋恃有獻永厤功益蔑視諸土司自國於西南不臣不貢古剌者明永樂初內坿之夷部也又名擺古其地西南瀕海東接暹羅成祖置大古剌宣慰司與底馬撒靖定平緬木邦孟養緬甸八百車里老撾九宣慰司並稱爲西南十慰其

隔在緬甸之南去中國最遠者惟古剌與底馬撒在古剌東南實馬來隅峽西北隅地後底馬撒爲緬甸所滅惟古剌能强世與緬敵嘉靖中爲莽瑞體所幷尋復自立康熙三十九年古剌以荷蘭兵攻緬甸下之緬人素卑古剌不願爲之下旋有起兵復國者盡收舊地郎雍勝幷古剌緬之國遂大乾隆十九年緬甸復爲錫箔諸夷所滅錫箔即怒江於是雍牙籍與自王緬甸而有曾洱邊外之犯三十二年及三十四年　命明將軍瑞傳經略恒兩次舉大兵張撻伐緬酋始請欵三十六年古剌叛緬緬人攻克之遂南取暹羅四十三年暹羅遺民擁遺臣鄭昭爲王起兵收舊封及昭子華復興師侵緬

詔封華暹羅國王於是　王師已平大小金川而緬酋益懼欵關求貢遣使賀

八旬萬壽　詔封緬甸國王道光六年緬與英吉利之印度有疆場之事英師入緬地險瘴惡軍士多死者將退師反聲言直取阿瓦緬軍气沮遂輸金幣請和幷割沿海底馬撒及古剌西北之地與英咸豐三年英入復取古剌乃名前後所得

緬甸之地爲英吉利緬甸置三大部曰北古卽擺古古剌之舊疆也曰阿剌干古剌西北之地也曰地那悉林底馬撒之舊疆也三部各置長以隸於印度自是緬人無復南出之海口伊洛瓦底河兩岸市鎮貿易頓減國窮蹙日甚延及光緒十一年英吉利以法蘭西之幷越南也遂尤而效之亦滅緬甸觀法人之取越南也先據眞臘六道英人之取緬甸也先據沿海三部西南海疆形勢往往在南而不在北故自南起事者輒勝阮光平以順化勝阮福映以農耐勝莽瑞體以古剌勝豈非其明驗歟攷前明六宣慰地車里在普洱府西南邊內東傍瀾滄江至今仍爲宣慰司老撾在蒙自南徼外東界越南南界暹羅八百大甸在老撾之西北界車里南界暹羅木邦在八百大甸之西而八百木邦交界處之北爲孟艮土府又北爲孟璉長官又北爲邊內之遮放副宣撫又北爲騰越木邦之北界龍川江江北爲孟密孟密之北界雲龍江江北爲蠻莫蠻莫之東爲騰越西徼卽銅壁鐵壁等關孟養在蠻莫之西中界

伊洛瓦底河南界緬甸北爲茶山麻里孟拱孟坑等長官又西北爲赤髮野人西爲今屬印度之阿薩密部緬甸在孟養之南木邦之西木邦境內有波竜銀廠桂家致富之所也孟密西南有寶井思歪創業之地也西人譯作驃稱緬甸之河產金沙山產銀銅煤鑛寶石之礦又石油自石縫流出取之不竭石油即隋書之猛火油近人呼爲煤油南洋諸島產之北亞美利加有石油湖俄羅斯所屬高加索之巴庫有石油井紅海西岸阿非利加地所在皆產英人垂涎非一日今竟爲所奪聞老撾八百侗距險自守吾華若早招撫收入內地當可效斥堠之用又八莫城據上游形勝西北臨雲龍江口東至騰越西徼僅二百里舊本中外互市地即昔人所謂新街也此次與英人議界若據理爭八莫及木邦孟養之地改土開郡縣可爲西南保障未知當事果何如也緬人惡英人之據其地也輒糾衆伏山林伺便狙擊英兵爲所斃及病瘴死者萬計日中舟人測日躔高弧又校求時差知所至爲赤道北六十十三分　京師偏西二十六度二十八分自昨午至此行三百四十海里測處北至

孟加拉灣乾吉思河入海處三千二百里南盡南極

二十八日丙戌船行印度洋海面南北二萬餘里東西近萬里水深至十里與泰西太平兩洋並爲宇內三大海時微風從西南來水衔隱波船頭隨波上下至丈許若風加厲顛簸當甚蓋自蘇門答刺以西至於阿非利加東岸名印度大洋迤北復隨地命名以錫蘭島中分之東爲孟加拉海西爲阿刺伯海西人攷其風信自二月至七月爲西南恒風八月至正月爲東北恒風颶風即從而生焉颶風者旋風也悍怒飈疾行舟者若誤入風之中心即巨艦亦隨之而沒惟其起有時其行有路旋轉之勢恒與大陽行向相反西人熟知其性輒因勢用之非但不害且可借作順風以增船行速率如孟加拉海當西南恒風時三月與六月無颶風二月與七月各一次五月四次四月十次爲最多共十六次當東北恒風時八月與正月無颶風十一十二兩月各一次十月八次九月十一次爲最多共二十一次而阿刺海之颶風則在三月

五月十月十一月日中舟人測日躔高弧又校求時差知所至爲赤道北六度九分京師偏西三十二度十六分自昨午至此行三百四十五海里按印度古名身毒又曰天竺皆一聲之轉漢以前不通中國泰西人紀載謂虞舜時印度始興婆羅門教造梵字著肥大司此土書至周定王時婆羅門教衰而佛教始行或謂周景王二年釋迦牟尼佛卒又或謂景王五年釋迦始生而推蒙古源流八卷所言釋迦涅槃之歲當在帝嚳時之戊子要之荒遠難稽存而不論可也周景王之二十五年波斯方盛強印度西境實爲波斯有顯王時歐羅巴馬基頓王曰亞麻山德者雄武有大略東征西伐囊括土宇其異域有今希臘土耳其埃及阿剌伯波斯阿富汗俾路支等國東北至塔什干回部東逾印度河而印度遂屬於馬基頓亞麻山德死國分其雄長東方者有西里亞巴爾的拨克德里諸國攷西人古地圖西里亞今爲土耳其之安提阿等城西瀕地中海巴爾的今爲波斯地卽漢書之安息說見後拨克德里今

為阿富汗巴達克山布哈爾之地即漢書之大夏（說見後）西史言印度於周末嘗屬西里亞漢初又屬拔克德里（漢張騫使西域還言在大夏見邛竹杖蜀布云市之身毒國是印度常通大夏西史云屬之可信）迨大夏為大月氏所滅印度又屬大月氏凡數百年（後漢書言身毒在月氏東南數千里有別城數百城置長別國數十國置王雖名小異而皆以身毒名其時皆屬月氏又言月氏遷於大夏分其國為休密雙靡貴霜肸頓都密凡五部翖侯後百餘歲貴霜翖侯攻滅四翖侯侵安息取高附滅濮達罽賓復滅天竺置監領月氏魏書大月氏國王寄多羅勇武興師越大山南侵北天竺自乾陁羅以北五國盡役屬之是則自漢至元魏印度皆屬月氏嗣後月氏為厭達吐火羅等國印度不知何屬）歷漢魏六朝嘗遣使入貢唐武德中中天竺王尸羅逸多（即大唐西域記之戒日王）討四天竺皆北面臣之尸羅逸多死其臣那伏帝阿羅那順自立發兵距唐使王元策元策擒召吐蕃及泥婆羅兵攻其國都茶鎛和羅城（即西域記之曲女城又名羯若鞠闍今地詳後）破之執阿羅那順獻闕下自是朝貢不絕元宗復詔賜南天竺名懷德軍唐中葉以後西域各國盡役屬於大食葱嶺之西裏海之東城郭游牧諸部奉浮屠教者至是遂變而為摩哈末臣僕印度佛教即因之不振五季至宋大食之勢浸衰有西突厥遺

稱建國於伽寺尼即瀛寰志畧之哈斯那今屬阿富汗在赤道北三十三度三十四分　京師偏西四十八度九分號土耳其者復崛強於西域宋咸平三年伽寺尼王馬毛多屢伐印度血戰二十五年印之地多爲所據天聖三年印度人賓沙拉據地稱王明年馬毛多死賓沙拉遂復舊壘既而國分日尋干戈紹熙五年阿富汗君長高黎攻印度取之立國於特里即瀛寰志畧之德列今屬旁遮普部在赤道北二十八度三十七分　京師偏西三十九度十四分時伽寺尼國已爲土耳其別酋達路別克所幷撫有波斯阿富汗俾路支等地號土耳其色舒格朝高黎叢其別部也開禧二年高黎爲其下所殺土耳其人甲丟伯復入特里爲王嘉定十六年元太祖十八年癸未元大祖取波斯見四裔年表明年駐軍鐵門在今布哈爾竟內撒馬兒罕城南數百里南臨阿母河赤道北三十七度十八分　京師偏西四十九度十一分欲征北印度不果純祐十二年元憲宗二年壬子元憲宗命禿兒花撒邸征身毒明年又命塔塔帶撒里土魯番等征欣都斯怯即身毒失迷兒郭侃傳作乞石迷即今之克什米爾等國旋降失迷兒而特里仍自爲國未嘗役屬於元也元至元二十六年甲丟伯裔日阿老丁者與

元兵戰破之致和初特里漸衰明建文初元舊藩撒馬兒罕帖木兒始征服印度肆虜掠屠殺十萬衆以印度爲別部然未幾卽去永樂十二年特里故王裔奢一精復爲特里王宏治十一年歐羅巴人始至印度十七年葡萄牙人立商埠於南印度之哥陳（卽瀛寰志畧之可陳明史之柯枝國也今屬麻打拉薩之馬拉巴爾部在赤道北九度五十六分　京師偏西四十度十一分馬拉巴爾又卽元史之馬八兒國）漸蔓延西邊瀕海地嘉靖五年撒馬兒罕帖木兒五世孫曰巴卑爾者（或作巴巴又作莫臥爾）立國於阿富汗之開布爾（卽瀛寰志畧之喀布爾今爲阿富汗國都在赤道北三十四度五十三分　京師偏西四十七度二十六分）旣而大舉入印度取特里幷其地印度爲土耳其人所據凡三百餘年至是始爲蒙古人有巴卑爾仍都特里勢甚張東取孟加拉爲附庸（孟加拉卽明史榜葛剌國）十四年英吉利人始來孟加拉通商四十四年特里王亞格巴爾城阿格拉（卽瀛寰志畧之亞加拉今屬西北部在赤道北二十七度十分　京師偏西三十八度二十七分）都之萬厤十三年又遷於勒和（卽瀛寰志畧之勞爾今屬旁遮普部在赤道北三十一度三十三分　京師偏西四十二度十分）勝兵六十萬國日强二十二年分國爲十二部二十八年英

吉利人設東印度公司於孟加拉駐水師加爾各搭今爲印度會城在赤道北二十二度三十六分　京師偏西二十八度三分保護之三十年荷蘭人踵英人爲公司三十七年英人入中印度泰昌元年英人復立埠於南印度之麻打拉薩今爲麻打拉薩部會城在赤道北十三度五分　京師偏西三十六度九分先是葡荷牙人所建南印度西邊之埠曰孟買今爲孟買部會城在赤道北十八度五十七分　京師偏西四十三度三十五分漸緐盛致富英人之東印度公司擅商賈之利又甲一時荷蘭人均羨之天啟中荷人興兵兩攻之不克　國朝順治四年特里國王復都特里延及乾隆之初特里漸衰土豪各據地相雄長於是有麻剌多疆域跨有今剌日不德中印度蘩土部及中部孟加拉部所屬之疴黎薩等地買索今爲買索爾土部爲德今爲西北部所屬之盧各腦雷勒里非薩巴爾治大波爾等四部等部十四年阿富汗人侵特里拒之不克求援於麻剌多阿富汗人敗走麻剌多遂據特里閱五年始去而特里國勢愈蹙矣先是法蘭西人亦來孟加拉立商埠二十一年英吉利人奪之明年英人與孟加拉會長戰大破之二十五年英人復與特里戰特里敗績割地請和孟加拉始盡

爲英吉利有三十四年英人與緬剌多合兵侵買紮旋議和四十四年法蘭西人惡英人之專利於印度也陰激買紮酋長連謀緬剌多及他土部起兵攻英資之軍饟器械英商人曰哈斯丁士者以計散其謀厚賂緬剌多他部乃不敢發五十年緬剌多侵特里特里請援於英英人不至緬剌多遂滅特里嘉慶四年英人復連緬剌多滅買紮分其地八年英人始用兵於緬剌多取特里立蒙古人亞格巴爾爲王歲給王祿二十二年英人滅緬剌多當康熙之初葡萄牙嫁女於英以孟買送女至是而東南中三印度皆爲英據矣道光二十三年英人以兵取西印度之信地二十五年復進兵攻北印度之塞哥塞人懼請和二十八年塞人叛英英人擊滅之塞哥者克什米爾之別部也塞哥既滅克什米爾亦隨之併藩信地（即西域記之信度）塞哥（即西域記之磔伽）克什米爾（即西域記之迦濕彌羅）皆唐以來古國一旦爲英所滅則印度全土無復抗英者然其地本英之公司所取公司者商會也權力不足馭遠咸豐七年孟加拉民叛據特

里擁蒙古後裔稱尊號屠殺英人十餘萬明年公司募大兵次第削平之自以平民不能守此廣土乃歸其地於英政府於是英之議院議置掌印度事大臣於倫敦置叅議十五人佐之十五人者八人爲政府所辟七人爲同僚所舉均以洞悉印度情形者充之又置大長官於印度總全境事如華官之總督駐孟加拉部之加爾各搭城置屬分曹略同其國王有內曹外曹稅曹農曹戶曹商曹又有掌兵掌工掌教掌刑各官惟刑官不隸於大長官且不隸於其國之王以泰西通例國王有罪刑官得而治之刑官非國王所得而臣也分其地爲八大部曰孟加拉部西北部旁遮普部中部阿薩密部英吉利緬甸部麻打拉薩部孟買部部有長官各治其部之事以聽命於大長官土部大小以數百各有君長略如中國土司有直隸於大長官者如宣慰司之直隸於布政司有分隸於各部者如宣撫司之隸於府州是也土部事皆大長官遣官監治之君長僅衣食租稅而已英吉利本西海數島土地褊小僅擁王號不敢妄自帝也自有印度國日富強光緒

三年國人以其女主維多利亞賢議尊之爲英吉利女王兼印度帝后於是印度雖與英吉利懸隔數萬里亦合而爲一矣畺域南北五千餘里東西四千餘里爲方里者一千一百五十六萬二千七百二十三民口二萬五千三百九十四萬一千三百一十水陸兵共二十二萬五千八百七十三人歐州兵僅八萬餘皆土兵分駐各部及海口地產北以鹽爲最多南以鴉片爲最多歲稅二者居三分之二地稅僅居其一光緒十二年所入英金七千四百四十六萬四千一百九十七磅所出[illegible]浮於所入二百餘萬磅以經營緬甸故也進口貨值英金七千二百八十六萬二百八十三磅出口貨值英金九千二十萬一千四百六十一磅鐵路三萬八千八百三十一里電綫二十一萬七千四百二十二里鴉片禁民間私種種者皆受地於官故鴉片之利士民不與也

二十九日丁亥船行印度洋按印度北鄰西藏以希瑪納雅大山爲界西接阿富汗俾

路支以蘇來曼山爲界東連緬甸拉以巴亞爾給布山爲界南半斗入海中故北竟三面阻山而南竟則三面環水希瑪納雅山高於海面二萬九千又二英尺爲地球上第一高峯（其峯名埃佛勒斯在赤道北二十八度二十三分京師偏西二十九度二十六分）凝冰嵯峨絕頂人跡不到西人藥輕气球探之以升高空气不足卒不能至前人言昆侖爲地之中地爲員體無所謂中所謂中者地之最高處也如此則希瑪納雅山殆古所謂昆侖者歟山之北有岡底斯山（西圖作底斯岡山）在西藏之阿里其峯高於海面二萬二千英尺於是有雅魯藏布江（又曰藏江即大金沙江）印度河二大水皆出希瑪納雅山北藏江出岡底斯東南麓印度河出岡底斯西北麓二源相去約百里印度河西北流出藏地入克什米爾竟至巴勒提回部斯喀多城之西北（斯喀多在赤道北三十五度十二分京師偏西四十度五十五分）乾竺特回部（在赤道北三十六度二十二分京師偏西四十一度三十六分）之南（自源至此約行一千八百里）轉而西南流繞希瑪納雅山西北麓又西南流過印度之旁遮普信地兩大部入海（自乾竺特南至海約行三千五百里）藏江東南流經

後藏前藏地至牛博爾宗城之西稍北一百四五十里（自源至此約行二千五百里）轉而南流繞希瑪納雅東麓入貉貐野八竟又南入印度境轉而西南流曰布爾瑪普拉河過阿薩密孟加拉兩大部入海（自牛博爾宗城西北至海約行二千七百里前人多言藏江經緬甸入海是誤以緬甸之伊洛瓦底河爲藏江下游近日西人有以木桴入藏江復見於布爾瑪普拉河者是藏江之不通伊洛瓦底明矣惟藏江在貉貐野八竟內有極高瀑布舟楫自難通行）又有乾吉思河卽佛經之恒河有塞特勒至河卽佛國記之捕那河源皆出希瑪納雅山中北距印度河藏江兩源均不甚遠乾吉思河南流出山轉而東南流經西北部至孟加拉部入布爾瑪普拉河塞特勒至河西流出山轉而西南流經旁遮普部入印度河四水源之閒有湖曰瑪那薩羅瓦在岡底斯山南（在赤道北三十度四十五分京師偏西三十五度一分）湖高於海面一萬五千二百三十英尺殆卽阿耨達池華嚴經音義云香山頂有阿耨達池四面各流一河按香山當卽岡底斯山（西域記謂阿耨達池在香山之南大雪山之北希瑪納雅山蓋卽大雪山）其東面之私陀河卽今藏江南面之恒伽河卽今乾吉思河西面之信度河卽今印度河惟

西面之縛芻河本今之阿母河源出葱嶺東距阿耨達池尚千餘里當言北面之信度河西面之捕那河則合矣蓋佛家言亦隨意配合故西域記所言四面分流又舉殑伽殑伽恒伽恒河乾吉思蓋一水異名譯音或異或省耳信度徙多即今之葱嶺南河縛芻似不必盡合地理也要之阿耨達池即今之瑪那薩羅瓦湖似無疑義希瑪納雅山自西北至東南綿亘約五千餘里西北阻於印度河東南阻於藏江不與別山連僅二水源間與岡底斯山接又西北聯於葱嶺以爲萬山之祖岡底斯之北則爲西藏大平原幅員方數千里高於海面三千尺至四千尺爲地球內平地之最高大者爾雅河出昆侖墟墟說文作虛大丘也丘土之高也一曰四方高中央下西藏高而大且四面環山中間平地與大丘之義合由是言之希瑪納雅爲天下第一高山則爲昆侖正峯西藏爲天下第一高原當即昆侖墟岡底斯則昆侖之過脈葱嶺則昆侖之幹山近世所指和闐東南之昆侖實昆侖墟之北麓耳又河圖始開曰昆侖墟河水出四維今與西藏之

水如黃河如大江東流之水也如瀾滄如怒江如藏江南流之水也如印度河如阿母河西流之水也如和闐河即葱嶺南河如葉爾羌河葱嶺南河別源北流之水也高踞地顛長河四下四維之說非此其孰能當之或指一處爲昆侖則小之乎言昆侖矣中國入印度之路自葉爾羌城泝葉爾羌河南上入葱嶺入茂斯台山峽峽西爲乾竺特出邊入巴勒提今幷入克什米爾竟渡印度河至克什米爾爲一道漢書西域傳通罽賓之縣度即在此路之西自和闐城泝和闐河南上入葱嶺逾英吉達渥山峽出邊逾喀拉科林山至克什米爾爲一道此新疆入印度之路也自阿里順印度河西北行達克什米爾之東北竟爲一道自阿里順塞特勒至河西南行至旁遮普部之森姆拉城印度大長官有別署在此在赤道北三十一度七分京師偏西三十九度十八分爲一道此西藏入印度之西路也自日喀則城而南順阿隆河西南行由埃佛勒斯峯之東逾嶺經廓爾喀竟南至孟加拉部之佩尼雅城在赤道北二十五度五十一分京師偏西二十八度五十八分爲一道自日喀則城而南經布魯克巴哲孟雄兩部之閒逾山至

孟加拉部之大脊嶺（在赤道北二十七度三分　京師偏西二十八度八分）爲一道此西藏入印度之東路也新疆之路舊本商旅往還西藏西路或峭壁深谿或繞出迂遠行者甚少惟阿隆河一道舊爲藏印往來常徑哲孟雄（西圖名日西金）一道則近年英吉利人新闢之路也較阿隆河捷近而所逾之山亦稍低希瑪納雅山中君長以數十其最著者如克什米爾廓爾喀哲孟雄布魯克巴今惟廓布兩部尚稱自立雖彈丸居山谷中不足輕重然吾藏之外薇也聞大脊嶺本哲孟雄一荒鄙道光十五年英人入貲購之闢茶園百餘區産茶與東邊之阿薩密並盛印度之茶不特西人取給且暢銷藏地打箭鑪歲出之茶爲之滅銷矣英人所修鐵路已自加爾各搭徑抵大脊嶺僅一晝夜程自大脊嶺逾山入藏邊僅百餘里英之蓄意窺藏於此可見辰刻船抵錫蘭島之科隆坡泊焉自昨午至此行三百一十四海里旋與同人登岸馳循海塘數里至博物院院爲英人所置多畜獸水族之類又至佛寺多貯貝葉經皆梵文寺僧貪利爭以經求

售道旁有樹結實如饅頭土人啖之充饑土人有剃髮如僧者有剃髮結辮如華人者狀頗貧苦華小兒走車旁鼓臂乞錢而西人所居則華美薄暮始歸船

三月初一日戊子早鐘十下啟椗展輪向西行按錫蘭印度南海中島即晉法顯佛國記梁書新唐書之師子國大唐西域記之僧伽羅明史始稱爲錫蘭山土人謂高山爲錫蘭島有高山故名梁書言其國舊無人民鬼神及龍居之其說殆不經西域記附注言釋伽牟尼佛化身名僧伽羅國人推尊爲王以大神通力破大鐵城滅羅刹女拯鄰危難於是建都築邑化導四方示寂留牙在於茲土西人紀載肇生人物之亞當基督教人謂生於猶大回教人謂實生錫蘭後徙之猶大耳合而觀之西人所謂亞當似即釋氏之釋伽牟尼今島中央之刋的城（在赤道北七度十八分京師偏西三十五度四十五分）即僧伽羅故城有精舍藏佛齒佛國記言出佛齒供養西域記謂晝夜遠望光若明星者即此而西域記坿注及明史皆言永樂中鄭和西游抵錫蘭破其都虜其王禮佛

牙登舟至京師詔莊嚴旃檀金剛寶座貯修供養果爾則佛牙已東歸上都何至今尙存刋的殆佛所遺者或不一牙抑亦好事者之僞造非過客所敢知也又佛國記云佛至師子國現神足王大淵島夷志略言僧加剌（即僧伽羅轉音）海濱有石如蓮臺上有佛足跡明史亦云然今刋的城南之亞當峯（在赤道北六度五十分　京師偏西三十五度五十二分）石上有足跡長五尺相傳爲佛祖所遺佛國記等書所言當即此島南廣北狹略如三角形南北七百七十里東西廣處四百里爲方里者二十一萬二千八百三十美水泉茂艸木氣候多暑然爽暘無蘊隆癢癘之病西人樂其地稱爲東海明珠中高四下最高之山曰佩特洛塔拉架瑙（在赤道北七度一分　京師偏西三十五度三十九分）高於海面八千二百八十英尺次即亞當峯高於海面七千四百英尺自九月至正月多西北風三月至八月多東南風二月風無定向無長河然足資灌溉島之西北隅與印度麻打拉薩部之南端相距僅一百六七十里名曰巴克爾海夾有數小島及礁石與兩岸相接水落礁

出望之如橋西人呼爲亞當橋夾內產珠甚夥瀕水居民多習水采之（佛國記言師子國多出珍寶西域記附注言其地多奇寶蓋指此）　島民種類凡四曰新格利斯種周秦之際遷自北印度乾吉思河畔至今爲最繁衍短軀幹膽小而詐弱不任事曰坦彌爾種遷自南印度居島北曰摩哈默種阿剌伯回族也人性伉爽善商賈曰法答種土人也貧苦無知識居樹林中與獸無異當明宏治之十八年葡萄牙人始來據瀕海地於島之南與西羅埠天啟初荷蘭人爭奪之我　朝嘉慶元年英吉利人復取之於荷人會島酋虐用其民英人遂攻滅島酋有全島地於是民類四種外又有歐羅巴人合島民共計二百七十六萬五千緒光七年英置長官治之兼掌兵駐刋的有副長官刑官天主教頭聲俗專習佛教自回教入印度錫蘭亦從而奉之近日則天主邪蘇與佛回並傳矣約計之佛教最多天主教次之回教又次之邪蘇教爲最少土產加非椰子棉花香木稻米桂皮等物科隆坡島西岸臨海之埠也在赤道北六度五十三分　京師偏

西三十六度三十三分民口約十二萬多歐州人東北距列的二百里（有鐵路，）海岸甚堅實舊有地嘴北伸入海長不足千尺不能辟西北風停船者病之故西船往來多出島西南隅之旁得加爾至科隆坡者甚少近年英人以石砌長隄南著於嘴北伸入海約二里許東對島岸為口門隄之北端置鐙樓以便夜行入口下椗之處甚闊而安於是船泊科隆坡者遂與旁得加爾並盛口門廣約二里口內水深率南一百六七十尺北二百二三十尺

初二日己丑船行印度洋過科摩棱嘴之南科摩棱為印度極南臨海之地日中舟人測日躔高弧并校求時差知所至為赤道北七度四十六分　京師偏西四十一度四十四分自科隆坡至此行三百一十海里測處東北距麻打拉薩部之哥陳（見前）約五百三十里按印度古地以唐釋辯機大唐西域記所紀為詳其國地至今多可攷者有英吉利士人恭甯翰宦游印度十餘年博攷古蹟著為成書於元奘游蹤為特

詳井撮圖衆端元裝所到處輒聯采爲道余從友人假閱之惜不諳西文不通其說僅以譯音求之於圖并以西域記校之竟吻合因量其度里求之今圖能得今地者凡九十二爰著錄之以爲攷古者之一助颯秣建即唐書之康國元史之薛迷思干又作尋思干明史作撒馬兒罕皆一音之轉也在赤道北三十九度四十九分　京師偏西四十九度八分羯霜那即唐書之史國明史作渴石國今布哈爾竟內有喀什城在赤道北三十八度四十六分　京師偏西五十度三十八分鐵門即元太祖駐軍處度分見前迦畢試在今阿富汗竟按今阿富汗國都日喀布爾蓋即迦畢試展轉移易之音度分見前又元奘所度大雪山即今喀布爾北之海給伽山健馱羅佛國記作乾陀衛今阿富汗喀布爾之東南有乾陀彌城在赤道北三十四度十六分　京師偏西四十六度二十四分布路沙布邏城健馱羅國都也今乾陀彌之東北二十四里有布路巴城跋虜沙城佛國記作佛樓沙城即今印度旁遮普部之白斯哈瓦城在赤道北三十三度五十九分　京師偏西四十四度五十六分烏鐸迦漢荼城在今白斯哈瓦之北二三十里烏仗那一作烏仗那佛國記作烏萇在今阿富汗別部加非利斯坦竟內唐書以烏萇爲南印度之烏茶誤甚瞢揭釐城烏仗那國都也即今加非利斯坦竟內之瞢哥拉城在赤道北三十四度五十六分　京師偏西四十四度三分蘇婆伐窣堵河即今加非利斯坦竟內之斯瓦特河西南流入喀布爾河鉢露羅佛國記作陀歷今爲巴勒提回部近年亦滅入克什彌爾以地望準之當即斯喀多城度分見前呾叉始羅即今旁遮普部之拉

烏爾奔的城在赤道北三十三度三十六分　京師偏西四十三度二十三分**僧訶補羅**即今旁遮普部之哲蘭穆城在赤道北三十二度五十六分　京師偏西四十二度四十五分**伽濕彌羅**即今旁遮普部所屬之克什米爾國其會城在赤道北三十四度六分　京師偏西四十一度三十一分**磔伽**即瀛寰志畧之塞哥在今旁遮普部勞爾之西北勞爾在赤道北三十一度三十二分　京師偏西四十二度十分**毗播奢河**今曰比斯可出克什米爾南竟西南流過勞爾北又西南流入印度河**信度河**即今印度河**闍爛達羅**即今旁遮普部之遮蘭達城在赤道北三十一度十九分　京師偏西四十度五十八分**屈露多**即今旁遮普部之庫爾魯在赤道北三十一度　京師偏西三十九度二十六分**設多圖盧**即今旁遮普部之翁巴拉城在赤道北三十度二十四分　京師偏西三十九度四十四分又森婼拉城在翁巴拉東北西林德城在翁巴拉西北皆其地也**波理夜呾羅**即今印度所屬剌日不德肇國中烏爾瓦國西北之科德城在赤道北二十七度四十四分　京師偏西四十度十三分**秣菟羅**即今西北部之馬特剌城在赤道北二十七度二十八分　京師偏西三十八度四十五分**薩他泥濕伐羅**即今旁遮普部之達內薩爾城在赤道北二十九度五十六分　京師偏西三十九度三十七分**窣祿勤那**即今旁遮普部之耶階爾里在赤道北三十度十分　京師偏西三十九度五分**秣底補羅**即今西北部之彌魯特城在赤道北二十九度　京師偏西三十八度四十五分又摩蘇佛奴格城在彌魯特之北蘇哈隆普爾城在彌魯特西北皆秣底補羅地**婆羅吸摩補羅**即今西北部之庫馬汪在赤道北三十度　京師偏西三十七度六分**瞿毗霜那**即今西北部屬之蘭木普爾國在赤道北三十一度二十六分　京師偏西三十八

度四十八分**亞醯掣咀羅**即今西北部之巴勒里城在赤道北二十八度二十一分　京師偏西三十六度五十二分**毗羅删拏**即今西北部之埃杜城在赤道北二十七度三十三分　京師偏西三十七度四十七分**劫比他**一作僧伽舍佛國記作僧伽施即今西北部之瑞普里城在赤道北二十七度十三分　京師偏西三十七度二十五分**羯若鞠闍**又作曲女城即唐書尸羅逸多所居之茶鎛和羅城王元策曾號召吐番兵破之禽阿羅順委獻闕下者今在西北部科尼普爾之西北一百四十里東北臨乾吉思河科尼普爾在赤道北二十六度二十八分　京師偏西三十六度七分**殑伽河**一作恒河唐書作乾陀衛江又作迦毗黎河即今乾吉思河見前**鉢羅耶伽**即今西北部之阿拉哈巴城在赤道北二十五度二十五分　京師偏西三十四度三十五分**閻牟那河**今仍舊名即乾吉思別源自西北流來至阿拉哈巴之南與乾吉思河合**憍賞彌**在今阿拉哈巴之西稍南六七十里南臨閻牟那河**迦奢布羅**即今西北部之蘇爾咀波爾城在赤道北三十一度五十三分　京師偏西三十九度二十分**鞞索迦**即今西北部之烏德城在赤道北二十六度四十八分　京師偏西三十四度十八分**室羅伐悉底**即佛國記拘薩羅之舍衛城在今西北部巴來支之東六七十里巴來支在赤道北二十七度三十三分　京師偏西三十四度五十分**劫比羅伐窣堵**一作伽毗羅衛佛國記作那毗伽今在西北部烏德之東百里**藍摩**佛國記作藍莫今在西北部亞薩姆格爾之北五十里南臨哥伽離河亞薩姆格爾在赤道北二十六度四分　京師偏西三十三度十一分**大窣堵波**一作比巴拉伐那今在西北部哥魯克波爾之東南一百三十里南臨拉普的河入哥伽離河之處**拘尸那揭羅**佛國記作拘彝羅竭今在哥魯克波爾之東百里哥魯克波爾

在赤道北二十六度四十四分京師偏西三十三度三分　**阿特多伐底河**佛國記作希連河今名哥伽離河在西北部東南流入乾吉思河　**娑羅痆斯**一作波羅奈佛國記作波羅捺卽今西北部之班拿勒斯城在赤道北二十五度二十分　京師偏西三十三度二十六分　**吠舍離**佛國記作毗舍離今在孟加拉部摩蘇佛普爾之西稍南七十里摩蘇佛普爾在赤道北二十六度五分　京師偏西三十一度二分　**弗栗恃**今在廓爾喀國馬各王不爾城東南二百里馬各王不爾在赤道北二十七度二十六分　京師偏西三十一度十二分　**尼波羅**唐書作尼婆羅王元策號吐番兵尼婆羅以千騎來赴卽此今爲廓爾喀國西圖仍名尼婆爾其國都在赤道北二十八度五十二分　京師偏西三十一度六分　**摩揭陀**一作摩伽陀佛國記作摩竭提疆域頗廣今在孟加拉部乾吉思河南跨桑河兩岸地　**波吒釐子**摩揭陀國都也一作拘蘇摩補羅唐言香花宮城佛國記作巴連弗卽今孟加拉部之巴德拿在赤道北二十五度三十三分　京師偏西三十一度十五分　**伽耶**今巴德拿之南一百七十里有伽耶城在赤道北二十四度四十六分　京師偏西三十一度三十分九　**曷羅闍姞利泗**佛國記作王舍城今在孟加拉部巴哈爾之西南五十里巴哈爾在赤道北二十五度十分　京師偏西三十度五十五分　**矩奢揭補羅**一作上茅宮城新唐書作拘闍揭羅布羅在王舍城之南稍西約十里　**伊爛拏鉢伐多**卽今孟加拉部之蒙赫爾城在赤道北二十五度二十二分　京師偏西二十九度五十六分　**瞻波**新唐書作瞻博卽今孟加拉部之科爾岡城在赤道北二十五度十六分　京師偏西二十九度十一分　**羯朱嗢祇羅**卽今孟加拉部科喀普爾以東之地科喀普爾在赤道北二十四度三十八分　京師偏西二十八度三十八分　**奔那伐彈那**卽今

孟加拉部之䔍布拿城在赤道北二十四度一分　京師偏西二十七度十九分　**迦摩縷波**新唐書作迦沒路卽今孟加拉部之庫治具哈在赤道北二十六度十六分　京師偏西二十七度一分　**三摩呾吒**卽今孟加拉部加爾各搭以東巴利索爾以西之地　加爾各搭在赤道北二十二度三十六分　京師偏西二十八度三分巴利索爾在赤道北二十二度四十三分　京師偏西二十六度六分　**耽摩栗底**佛國記作多摩梨帝又作多摩梨靬卽後漢書之東離國卽今孟加拉部之耽摩魯克城在赤道北二十二度二十分　京師偏西二十八度三十二分　**羯羅拏蘇伐剌那**卽今孟加拉部之蘭木格城在赤道北二十三度四十四分　京師偏西三十度五十八分又有巴徹特城在蘭木格之東南亦其地　**烏荼**在今孟加拉部庫台克之東北一百七八十里庫台克在赤道北二十度二十八分　京師偏西三十度三十三分　**恭御陀**卽今麻打拉薩部之根遮木城在赤道北十九度二十四分　京師偏西三十一度十九分　**羯餕伽**卽今麻打拉薩部之羯餕伽巴特在赤道北十八度十八分　京師偏西三十二度十七分　**憍薩羅**一作拘薩羅卽今中部之琛達城在赤道北十九度五十五分　京師偏西三十七度八分　**案達羅**卽今印度所屬尼桑國之空蒙麥特城在赤道北十七度十三分　京師偏西三十六度十七分　**馱那羯磔迦**一作大案達羅卽今麻打拉薩部之公土爾城在赤道北十六度十五分　京師偏西三十五度五十九分　**珠利耶**卽今麻打拉薩部之克奴爾城在赤道北十五度四十七分　京師偏西三十八度二十一分　**達羅毗荼**卽今麻打拉薩部之琛加爾普特城在赤道北十二度四十一分　京師偏西三十六度二十七分　**枳秣羅**一本無枳秣羅但云達羅毗荼國都號志補羅按其譯音似卽一地或本係一國誤指爲達羅毗荼國都歟卽今麻打拉薩部

之瑪都剌城在赤道北九度五十六分京師偏西三十八度十九分**僧伽羅**佛國記作師子國卽今屬英吉利之錫蘭島**蒜建那補羅**在今尼桑國模德古爾城之東南百里模德古爾在赤道北十六度二分京師偏西四十度**摩訶剌陀**卽今孟買部之加來尼城在赤道北十九度十三分京師偏西四十三度十六分**跂祿羯婆**在今孟買部布羅亞治西北七十里西臨堪伯爾海彎布羅亞治在赤道北二十一度四十四分京師偏西四十三度二十九分**摩臘婆**卽瀛寰志畧之馬盧襪今爲印度所屬中印度藩國中之印度爾德哈等地印度爾在赤道北二十二度四十一分京師偏西四十度三十七分德哈在印度爾西南**阿吒釐**卽今孟買部所屬馬希干達藩國中之埃達城在赤道北二十三度五十分京師偏西四十三度二十七分**奚吒**卽今孟買部之克拉城在赤道北二十二度四十六分京師偏西四十三度四十九分**伐臘毗**卽今孟買所屬喀的亞瓦藩國之芭拿加城在赤道北二十一度五十七分京師偏西四十四度十七分**蘇剌陀**卽今喀的亞瓦藩國之桑拿特城在赤道北二十度五十二分京師偏西四十六度六分**畢折羅**卽今剌日不德藩國中之波爾墨城在赤道北二十五度四十八分京師偏西四十五度十五分**鄔闍衍那**卽今中印度藩國中爪爾利國之猗日音城在赤道北二十三度十二分京師偏西四十度四十三分**擲枳陀**在今中印度藩國之賓內西北五十里賓內在赤道北二十四度四十一分京師偏西三十六度十二分**摩濕伐羅補羅**在今中部蒙德剌之北六十里蒙德剌在赤道北二十二度三十四分京師偏西三十五度五十六分按西域記以擲枳陀屬南印度摩濕伐羅屬中印度是擲在南而摩在北今據英人所作元奘游蹟圖二國之南北倒置以形埶觀之二國均應在中印度余所見西域記本容有傳寫

之誤**信度**卽今孟買部所屬之信地部元奘所到處爲今信地所屬之克爾普爾國在赤道北二十七度二十七分　京師偏西四十七度三十四分**茂羅三部盧國**卽今旁遮普部之木耳丹城在赤道北三十度十四分　京師偏西四十四度五十六分**鉢伐多**卽今旁遮普部之舍阿特城在赤道北三十度五十二分　京師偏西四十四度二十一分**阿點婆翅羅**在今信地部所屬開治國之西北竟開治在赤道北二十三度二十分　京師偏西四十七度六分**狼揭羅**卽今信地部之喀剌直城在赤道北二十四度五十三分　京師偏西四十九度二十九分**臂多勢羅**今爲俾路支國不屬印度其國都曰克勒特在赤道北二十八度五十四分　京師偏西四十九度五十四分**漕矩吒**似卽佛國記之羅彝其國都號鶴悉那今阿富汗國喀布爾西南有哈斯那城在赤道北三十三度三十四分　京師偏西四十八度九分實鶴悉那一聲之轉**昏馱多**達摩悉鐵帝國都也今阿富汗別部有昆都斯者在赤道北三十六度四十八分　京師偏西四十七度三十六分蓋卽昏馱多故城**波謎羅**卽今之博羅爾葱嶺間大平原也按西圖譯音博羅爾當作博彌爾與波謎羅之聲尤合其地在赤道北三十八度　京師偏西四十三度又縛芻河卽今阿母河有二源均出今窩罕相去甚近北源曰阿格蘇河南源曰平查河均西流至瓦馬城而合始名阿母北源之北二百餘里有湖名哈喇庫爾西域記所謂山中有大龍池者是也又北百餘里有考佛瑞山高於海面二萬二千餘尺山東北有兩河分東西流西流曰基西爾蘇河西域記所謂西派一大流西至達摩悉鐵帝國東界與縛芻河合者是也東流曰喀什噶爾河西域記所謂東派一大流東至佉沙國界與徙多河合者是也又按今圖凡葱嶺間之河與湖皆有博羅爾之名故西域記亦言波謎羅

西征紀程卷三

新化鄒代鈞

初三日庚寅舟過彌尼科伊島之南島東北至西南亘長約三千二百四十里廣不過五里地勢平衍蘆葦彌望南嶴有燈塔舟行望之豔印度西南海中北有羣小島曰加來的甫南有羣小島曰邁爾的甫加來的甫羣島南北相屬約千里東距印度西岸約五百里邁爾的甫羣島南北相屬約千五百里東北距錫蘭島約千二三百里兩羣島間南北距約六百里爲東西往來水道彌尼科伊島適當水道之中故因以爲表耳西方地學家攷兩羣島石質皆珊瑚結成其說謂珊瑚乃水中小蟲所造之窠蟲小不能辨視其體柔輭石之久浸水底銷化爲灰者蟲藉之作窠中留小孔自容從孔伸出吸取食物生長繁甚新窠從舊窠加長新蟲生舊蟲死生生不已成珊瑚如樹形愈長愈大久之爲泥沙填漬則爲島出水即不加高以蟲離水則死也或低於

水面百七八十尺處其蟲亦死於是水中礁石亦有珊瑚所成其島狀或正圓或橢圓或周他島之四外如圍然澳大利亞之東北太平洋中有珊瑚羣島邐屬三千餘里爲最長廣次則來加的甫與邁爾的甫兩羣耳又西人謂石分兩大類一曰水層石一曰火山石而水層石中之有生物形跡者爲殭石珊瑚島蓋亦殭石之類明史云溜山自錫蘭山南去順風七晝夜可至以地望準之似即今之邁爾的甫羣島其所謂三石門並可通舟山下八港各以溜名者蓋羣島中之港汊也兩羣島居民頗繁皆印度阿剌伯種類邁爾的甫有島長回酋也歲貢於錫蘭長官近島海中產貝黃白文者有之白黃文者有之博而纇大而險小而橢者亦有之阿非利加州迤北瀕地中海各部落多於此采貝以爲錢幣日中舟人測日躔高弧并校求時差知所至爲赤道北八度五十二分　京師偏西四十六度三十八分西北當印度河入海處約三千里自昨午至此行三百海里

初四日辛卯舟行阿剌伯海日中舟人測日躔高弧幷校求時差知所至爲赤道北十度二十四分　京師偏西五十一度五十九分自昨午至此行三百二十四海里時北岸漸離印度西入俾路支國俾路支今爲自立國舊本波斯所分接波斯灣以前不通中國西人紀載帝嚳時有開我摩斯者建波斯國都色立菑城即今波斯國法爾斯部之什拉自城在赤道北二十九度三十九分京師偏西六十三度四十六分又即元史郭侃傳之石羅子國至夏帝不降之世爲土爾所滅土爾北瀕裏海之土部也旋復爲亞西里亞屬地亞西里亞者歐羅巴人所謂肇生人類之國也其地在今波斯海灣之北低格里句幼發拉的兩河之旁故又名兩河閒上古時有挪亞者爲始祖其孫亞爾蘇始立亞西里亞國築巴比倫城都之巴比倫今爲土耳其東土之帕古達部內希附拉城在赤道北三十二度三十一分京師偏西七十一度五十六分又築尼尼威城於低格里河上尼尼威在今土耳其東土摩蘇爾城之東北赤道北三十六度二十一分京師偏西七十三度十三分均極一時宏麗至今西方人猶豔稱之至周襄王時波斯故王裔有曰開里白德者復起王波斯都伊斯巴亨城

今爲以拉亞日迷爾部在赤道北三十二度四十一分　京師偏西六十四度四十四分其後王居魯士英武有大略當周靈王之世席捲鄰邦轉戰無敵於是亞西里亞國在周懿王之二十年國分爲三曰後亞西里亞曰猶大曰巴比倫後亞西里亞爲今土耳其東土之曆蘇爾部都尼尼威城至周定王三年巴比倫滅之猶大爲今波斯之西北竟都耶巴撻拿城此猶大非巴勒斯坦之猶大耶巴達拿今爲以拉亞日迷爾部之哈馬丁城在赤道北三十四度五十分　京師偏西六十八度一分至周定王十七年波斯滅之巴比倫爲今土耳其東土之帕古達部都巴比倫卽亞西里亞之舊都也巴比倫既并後亞西里亞忌波斯日強西與小亞細亞諸士部合從謀所以弱波斯居魯士因利綦便以擊諸國之變不數年滅巴比倫并小亞細亞諸部而有之時周景王九年也至是而波斯疆域東盡印度河西至地中海北馮裏海黑海南臨阿剌伯海士字之大甲於西方復築蘇撒城徙居之號新都在今古西斯丹部就斯德城之西北赤道北三十二度十一分　京師偏西六十七度五十九分尋以瀆兵戰死北鄙子孫繼其餘烈均雄於時至澤耳士復遷都於百濈

波利城在今什拉自城之東北赤道北二十九度五十八分京師偏西六十二度三十三分大舉四百萬衆西伐希臘黑勒斯奔海夾者爲海道地中海之水道也隘處不及一里夾南爲亞細亞夾北爲歐羅巴兩州恒視爲扼要澤耳士列巨艦爲浮橋道之進兵希臘戰不利班師而還於是波斯勢衰矣時周敬王四十年也延及顯王三十九年歐羅巴馬基頓王亞歷山德東征先收小亞細亞遂滅波斯盡有其土甫越三年亞歷山德死國分其臣塞留孤據巴比倫旋并小亞細亞徙居安提阿在今土耳其東土亞勒伯部亞勒伯城之西臨阿耶德河赤道北三十六度十四分京師偏西八十度十四分號西里亞王波斯屬焉時西里亞竟土有波斯國時地周赧王三十五年塞留孤死國頗衰於是東方豪傑並起據要害稱名號體我公都自立爲拔克德里王亞塞西自立爲巴爾的王最爲雄傑拔克德里舊都爲今阿富汗國之巴爾克城在赤道北三十六度四十二分京師偏西四十九度三十七分國境北至阿母河以上據西史即漢書之大夏國漢書云大月氏本居敦煌祁連閒老上單于殺月氏王月氏乃遠去過大宛西擊大夏而臣之都嬀水北爲王庭西史云西麻紀元前一百二十六年韃靼人爲本國所逐

至中國竟不能入轉攻拔克德里滅之按明史謂游牧蒙古爲韃靼蒙古本匈奴後故西人呼匈奴亦爲韃靼月氏亦匈奴別種西史言韃靼人爲本國所逐正指老上單于逐月氏事言至中國竟不能入謂月氏在敦煌不能入中國也言轉攻拔克德里滅之謂月氏過大宛西擊大夏而臣之也嬀水即今之阿母河月氏王庭在河北拔克德里在河南地本相連中西史事亦合則拔克德里之即大夏無疑惟西歷紀元前一百二十六年爲漢武元朔三年而漢書老上單于殺月氏當漢文之世年代頗有前後蓋以中國人紀外國之事西方人紀東方之事均屬傳聞所編年月無不差池

巴爾的在拔克德里之西爲今波斯**北竟亦即漢書之安息國**漢書云安息東即大月氏按大月氏本大夏舊壤而巴爾的在拔克德里之西其爲安息無疑又四裔年表巴爾的王世世號亞賽西安與亞一聲息與賽西一聲其漢人以其王名爲國名也漢書又云安息國治番兜城巴爾之急讀近番的之平聲近兜其漢人又以其國名爲都名也漢書云烏弋山離北與撲挑接後漢書云月氏貴霜王侵安息取高附滅濮達按撲挑濮達即番兜之轉音即指安息烏弋山離本在安息東南與北接合惟范書則誤分安息濮達爲二**既而大月氏滅大夏而君之而塞王南君罽賓準其方位罽賓當爲今阿富汗之喀布爾城**漢書云罽賓東至烏秅國西北與大月氏接按烏秅即佛國記之烏萇西域記之烏仗那在今阿富汗別部加非利斯坦竟內大月氏既滅大夏疆域雖跨阿母河以南而王庭實在今布哈爾竟布爾之東南加非利斯坦之西決其爲喀布爾無疑**罽賓之西南有烏弋山離又當爲今之俾路支國**漢書云罽賓西南與烏弋山離接烏弋山離北與撲挑接安息東與烏弋山離接撲挑即安息一言北一言東者烏弋山

離實在安息東南也漢書又云自玉門陽關出南道西南行至烏弋山離南道極矣蓋謂南道極盡於海瀕也罽賓西南安息東南又南盡海瀕之地非今之俾路支又誰屬哉後漢書言烏弋山離改名排持是與俾路支之聲亦合是古波斯國地當漢之世東為大月氏南覓罽賓烏弋山離安息等國以上據漢書西則為西里亞而小亞細亞諸小邦仍各據土地為自主國漢武之建元五年巴爾的西取巴比倫及美索不達迷亞兩地美索不達迷亞即後亞西里亞之故土今為土耳其東土之摩蘇爾亞勒伯兩部巴爾的以巴比倫并入美索不達迷亞故美部內兼有今帕古達於是安息之西界及於兩河間矣亞爾美尼亞者在美索不達迷亞之東北小亞細亞之東今為波斯亞塞爾拜然部北覓俄羅斯高加索山南克爾河南地及土耳其東土之埃爾斯倫溫尼兩部地亦周末西里亞分裂時自立為國者至是頗強漢昭之始元四年亞爾美尼亞并西里亞而王之五鳳四年羅馬人始東伐為巴爾的所敗元壽二年羅馬人取小亞細亞及亞爾美尼亞為屬部自是印度河以西地中海以東諸國與羅馬抗者惟安息而已漢平之世羅馬復立亞爾美尼亞國羈縻之永平中巴爾的與羅馬爭小亞細亞連兵數十年不決西里亞

之巴勒斯坦入復叛羅馬羅馬東方之地遂稍擾動矣以上據西史章帝時安息始通漢和帝永元九年甘英使大秦至安息以上據後漢書按後書言自安息西行三千四百里至阿蠻國此則西史之亞爾美尼亞也亞爾與阿同聲美尼之急讀爲蠻也從阿蠻西行三千六百里至斯賓國此則西史之美索不達迷亞也斯索一聲不迷之急讀爲賓而省美達等字也美索不達迷亞本在亞爾美尼亞西南後書言西行蓋至其北竟耳從斯賓南行渡河此則渡幼發拉的河也又西南行至于羅國九百六十里安息之西界極矣自此南乘海乃通大秦此則西史之西里亞國南竟曰巴勒斯坦者即今之猶大也嘗屬羅馬故有羅國之名亞爾美尼亞西里亞舊本合巴爾的爲一國後雖分立仍爲密邇之親鄰西漢之季雖爲羅馬所并而東漢初復各擁地合從故後書直指爲安息西界此則甘英使大秦抵條支臨大海之路程也前書謂條支臨西海後書謂自烏弋山離復西南馬行百餘日至條支以地望準之實爲今阿剌伯攷之西人古地圖當東漢時阿剌伯北竟插入美索不達迷亞西里亞兩國之閒北近幼發拉的河故甘英既渡河遂西南入阿剌伯竟是爲抵條支也又西南至猶大竟是爲至安息西界欲渡海而船人阻之之處也蓋甘英以所紀之程上之朝廷史據而書之至今攷之不爽其所言里數皆當時得之傳聞又中外里度不同展轉繙譯自難盡合不必泥視也安帝元和四年羅馬允亞爾美尼亞及西里亞爲自主國而巴爾的始與羅馬罷兵至蜀漢之建興四年波斯舊王裔有日亞爾達吉者起兵滅巴爾的自立爲波斯王波斯自周末亡國至是再興號新波斯而亞賽

西王位凡傳三十世而滅此後有波斯無安息北史魏書隋書之安息蓋卽昭武九姓之安國實在今霍罕西北納林河西岸以爲漢之安息誤甚又魏隋唐書均以波斯爲條支故地亦失攷　波斯既立復屢與羅馬戰以爭亞爾美尼亞美索不達迷亞西里亞諸部諸部或東屬波斯或西屬羅馬悉索敝賦以待二大國之命未嘗少休東晉孝武太元二十一年羅馬分爲東西東羅馬都君士坦丁城今爲土耳其國都據臨黑勒斯奔海夾東口在赤道北四十一度京師偏西八十七度二十七分以偪小亞細亞諸部於是小亞細亞西里亞則屬之東羅馬亞爾美尼亞美索不達迷亞則屬之波斯按魏書波斯國都宿利城城方十里河經其中南流隋書波斯國都達曷水之蘇藺城蘇藺卽宿利周書又作蘇利實一地也今波斯竟內無南流大水惟美索不達迷亞之低格里河南流又本魏隋時波斯西竟低格與達曷又一聲之轉是達曷水卽低格里河無疑西人古地圖低格里河上有塞柳薩城在帕古達城之南赤道北三十三度十分京師偏西七十一度五十一分宿利與塞柳亦一聲之轉是宿利又卽塞柳薩無疑蓋兩河謝爲自古名勝波斯既得美索不達迷亞遂建都於其地焉梁武帝大同中波斯與東羅馬戰克之焚掠其都城而還以上據西史　隋末西突厥統葉護討殘其國殺其王庫薩和西史作哥士僂子施利西史作思僂士嗣統葉護使人監之施利死國人立其妹突厥又殺之國人迎施

利子單羯立之單羯死子伊嗣俟西史作伊索日耶嗣西史隋開皇中王何毛斯子哥士僂弒父自立出兵伐土耳其敗績歸罪將士而戮之將士憤怨其子思僂士又棄將士之怨起兵弒哥士僂而自立與土耳其和未幾暴死至唐貞觀六年伊索日耶嗣立按土耳其卽突厥一聲之轉且同時與波斯構難者中史言突厥西史言土耳其尤為土耳其卽突厥之明證惟事畧異蓋中西傳聞不同唐貞觀末大食發兵擊波斯波斯遣使來告難高宗以路遠辭之大食遂殺波斯王伊嗣俟王子卑路斯奔吐火羅卽漢大月氏罽賓之地大食兵去吐火羅發兵立卑路斯為波斯王龍朔元年西域大通以波斯國都疾陵城為波斯都督府疾陵當為今波斯國都德希蘭城德希變為疾蘭陵聲韻本同地在赤道北三十五度四十四分京師偏西六十五度一分蓋卑路斯所都拜卑路斯為都督二年又立為波斯王三年大食復擊波斯破之上元年卑路斯來朝授武衛將軍尋卒其子泥洹師留長安調露元年遣裴行儉送泥洹師歸國意在取西突厥也及行儉旣禽阿史那都支遂不送泥洹師泥洹師自還其國不能達留寓吐火羅國遂幷於大食西史云唐貞觀六年伊索日耶為波斯王十三年與阿剌伯人戰不勝降於阿剌伯永徽二年復求援於中國不至明年阿剌伯執伊索日耶遂幷波斯地阿剌伯卽大食求援中國不至謂遣使來告難高宗辭之也中西所紀若合符節但卑

路斯以後事西史不詳蓋吐火羅之立卑路斯中國之置波斯都督府均不久卽爲大食所破故西史畧之唐書叉言有陀拔斯單者其國三面阻山北瀕小海居婆里城世爲波斯東大將波斯滅不臣大食天寶後亦爲黑衣大食所滅按此當在今波斯北竟所謂小海卽今之裏海也山卽今德馬溫山卽馬散地蘭部地其婆里城卽今巴爾佛魯什城在赤道北三十六度三十四分　京師偏西六十三度四十八分大食卽漢之條支國後漢書自烏弋山離西南馬行百餘日至條支條支國城在山上卽今之麥加城周四十餘里言立城之山西臨海此下言全國疆域海謂紅海海水曲環其南謂阿剌伯海及東謂波斯海灣北謂北臨地中海之三面路絕謂東西南三面惟西北隅通陸道謂蘇彝士溝通地中海之處阿剌伯東北本與大地連而後書不言者以漢使所經之程由東北而西南已言自烏弋山離西南馬行百餘日至條支則條支之東北通陸道不待重言而知故僅紀西北之不絕如頸者以見形埶按其地望形勢條支實今阿剌伯地大平御覽七百九十五引科環經行記曰大食一名亞俱羅其王號慕門都按亞俱羅卽阿剌之轉音蓋西文剌字之前有轉舌音故變爲俱羅而省伯字耳慕門都卽阿剌伯教祖謨罕驀德慕謨門驀都德皆一聲但省罕字耳是大食亦爲今阿剌伯則唐之大食卽漢之條支以上據漢隋唐史及經行記魏晉以後中西紀載俱缺陳宣帝大建三

年摩哈末生於麥加（即聖武記之墨克今為阿剌伯黑德倭斯部會城在赤道北二十一度二十一分　京師偏西七十六度十五分）體貌豐偉異於常兒長游四方熟察人情潛心物理於摩西邪蘇二教之外創伊蘭教（即回教）著書名曰可蘭信從者衆國人嫉之摩哈默與其徒奔麥地拿（即聖武記之墨德明史之默德那今屬黑德倭斯部在赤道北二十四度五十八分　京師偏西七十六度二十八分）其教益傳遂自號大教師定回教紀元之歲實為唐高宗武德五年旋攻麥加取之遂平阿剌伯全土及西里亞（時屬東羅馬）而大食之國遂大（唐書大食傳言摩訶末勇而智闢地三千里克夏臘城按摩訶末即摩哈末明史作馬哈麻又作謨罕驀德蓋一聲之轉唐書又言隋大業中有波斯國人牧於俱紛摩地那山有獸人言曰山西三穴有利兵黑石而白文得之者王走視如言石文言當反乃詭衆裒亡命於恒曷水劫商旅保西鄙自王移黑石寶之西史亦言麥加有大寺觀曰賈巴中藏一黑石國人崇之謂為神所化靡不詣拜是寶黑石之事中西史書所言皆合唐書之波斯國人即指摩哈末俱紛摩地那即麥地拿但羨俱紛二字）摩哈默死凡奉其教者名沙蘭生故又以沙蘭名國（唐書地理志之三蘭國當即沙蘭之轉）貞觀末東取波斯西據埃及（時屬東羅馬）又盡下西里亞諸城而邪蘇所生之耶路撒冷亦沒入阿剌伯矣（舊唐書言大食於龍朔初擊破波斯拂菻按拂菻見於唐書即西史所言西里亞之腓尼基蓋腓尼與拂菻本一聲之轉三代

時爲名國後爲亞歷山德所滅至西里亞與屬西里亞自漢以來中國人知有拂箖不知有西里亞以拂箖爲自古名勝之區也究之凡言拂箖者卽指西里亞也其地在今黎巴嫩山麓赤道北三十三度京師偏西八十一度徐松龕以漢之拂箖爲耶路撒冷城近之而未確耳龍朔元年翁米亞族摩亞維約爲大教師北遷大馬士革都之今爲土耳其東土西里亞部會城在赤道北三十三度三十二分京師偏西八十度四分睿宗時以兵下阿非利加州北竟又北逾直布拉他海峽逐哦特人據西班牙而有之天寶初翁米亞族既衰麥爾縮爲大教師怠惰縱逸國人叛之於是有亞巴士族法知米的族共起兵與翁米亞族爭大教師位亞巴士族摩哈默叔父亞巴士之後裔也法知米的族摩哈默女壻阿釐之後裔也三族之徒各異服色亞巴士服黑法知米的服綠翁米亞服白天寶九年亞巴士人破翁米亞八麥爾縮戰死翁米亞族出奔西班牙自是國分爲三翁米亞族據西班牙都哥爾多瓦城今爲西班牙哥爾多瓦部會城在赤道北三十七度五十一分京師偏西一百二十一度十分法知米的族據北阿非利加都埃及之加義羅城今爲埃及國都在赤道北三十度一分京師偏西八十五度八分亞巴士族據阿剌伯舊壤東遷於低格里河畔緐帕

古達城都之（今爲土耳其東土帕古達部會城在赤道北三十三度十九分　京師偏西七十一度五十八分）幷名國曰帕古達（卽元史報達國）其後雄長東方縱橫於葱嶺西南者實亞巴士族也（以上據西史）唐書大食傳言大食有孤列種世本白衣（謂翁米亞族）傳十四世至末換（卽麥爾綰）爲國人所殺求奚深後（奚深當爲摩訶末之先）得阿蒲羅拔立之（謂亞巴士族阿蒲亞巴一聲之轉羅拔蓋其君名也）號黑衣大食阿蒲羅拔死子阿蒲恭拂（西史曰阿力曼）嗣至德中遣使入貢代宗爲元帥用其兵以平兩京自是貢使不絕阿蒲恭拂死子迷地（西史曰馬哈日）嗣迷地死子卒樓（西史曰馬哈拉日）嗣卒樓死弟訶論（西史曰哈倫亞拉伯）嗣貞元十四年拜其使含嵯烏雞沙白三八爲中郎將賚遣之是也（以上據唐書）自是摩哈默之遺種遂蔓延於中國矣時帕古達之竟西盡地中海紅海北盡黑海裏海南盡阿剌伯海灣東抵印度河東北至於葱嶺矣貞元十六年帕古達王哈倫亞拉伯分王三子阿明王阿剌伯故國阿母王波斯及葱嶺以西地馬得變王亞爾美尼亞及西里亞憲宗元和初阿明嗣哈倫亞拉伯爲大教師遂幷其弟阿母封地元和

九年有將軍曰大厚者據波斯叛稱大厚朝是爲波斯又立國之始至咸通九年有波斯人曰阿馬者起兵滅大厚朝自立爲色法里朝波斯與大食至是遂分而大食亦少衰弱矣昭宗天復初色法里朝亡波斯之地北隷於葱嶺西蕃部西史謂之色蠻尼按當爲西突厥地後唐明宗長興四年波斯人又建蒲牙狄朝以馬大道拉爲王政教風俗漸復其舊自唐末西突厥與突騎施相繼不振至宋太祖建隆三年有西突厥遺種曰阿伯特眞者南徙入波斯東竟據伽寺尼今屬阿富汗瀛寰志畧作哈斯那度分見前立國爲王實土耳其國之始祖也土耳其者突厥之轉音也蓋東方人譯西方人所稱突厥之音復不悉其人類之卽突厥遂轉而爲土耳其至今土耳其國雖跨在歐亞兩州之交而葱嶺之西裏海之東舊爲突厥地者西圖猶名爲威斯特土耳其斯坦葱嶺之東今之南八城舊爲突厥地者西圖猶名爲伊斯特土耳其斯坦譯言伊斯特東也威斯特西也斯坦王也猶言葱嶺東西突厥王庭也阿伯特眞既建伽寺尼國帕古達大教師

授位曰蘇爾旦即斯坦之轉音日漸强盛至孫馬毛多於眞宗咸平三年西幷波斯而據之仁宗明道元年突厥還命曰達路別克者起撒馬兒罕即佛國記之颯秣建度分見前將兵南渡阿母河還波斯克之帕古達大教師復授蘇爾旦於是阿伯特眞之裔亡而達路別克王波斯號色舒格朝達路別克死兒子阿士蘭嗣始伐東羅馬阿士蘭死子馬勒沙嗣勇武有遠略於神宗元豐七年攻取東羅馬之小亞細亞名其地爲羅恩又奪帕古達之西里亞疆域頓廓威振一時改號色力諸格朝寧宗開禧中土耳其別族又王於印度於是西自地中海東至印度大半爲土耳其所有嘉定十七年元太祖元十七年元太祖西征波斯克之王靑剌丁東奔印度色力諸格朝亡以上據西史元史太祖十六年攻卜哈爾城元史地志作阿八哈爾明史作卜花爾即今布哈爾回部會城在赤道北三十九度四十六分京師偏西五十一度五十三分辥迷思干城即尋思干城元史誤分爲二又作邪迷思干城今爲撒馬兒罕度分見前班勒紇城即漢之大夏國都邱長春西游記作班里城今爲巴爾克城度分見前西域主札闌丁出奔又云皇四子拖雷等分攻徒思隱城察兀爾等城幷下

之還攻木剌夷國(即木乃奚見後)度朔朔闊河(疑即阿富汗國倈勒特南之赫里河)與帝會兵攻塔里寒寨拔之(今波斯國哥剌森部有特爾塞斯城即塔里寒寨也在赤道北三十五度十分　京師偏西五十七度五十七分)西域主札闌丁出奔又曷思麥里傳云帝親征至薛迷思干城與其主札剌丁戰於月亦心揭赤之地敗之(薛迷思干係乃蠻地蓋波斯與乃蠻合從禦元故札剌丁北迎戰於薛迷思干也)追札剌丁於阿剌黑城戰於禿馬溫山(今波斯國馬散地闌部南竟有德馬溫山高于海面二萬尺蓋即禿馬溫也在赤道北三十六度　京師偏西六十四度二十一分)又敗之追至憨顏城西寨又敗之札剌丁逃入於海是也(以上據元史海裏海也南距禿馬溫山不及二百里阿剌黑憨顏等城今雖不知寉處要在禿馬溫山南北札蘭丁札剌丁吉剌丁本係一人譯音稍異耳元史所謂西域主即波斯王)於是土耳其疆域惟印度仍歸土耳其別族阿富汗俾路支及波斯南竟為諸小部分守西方之小亞細亞西里亞復歸東羅馬兩河間地自屬帕古達為元所有者阿母河兩岸地及波斯北竟耳理宗紹定初元太祖卒以皇子察哈台鎮阿母河波斯屬之以亞台為波斯督淳祐十一年元憲宗封弟火拉几為波斯王(火拉几當即元史之旭烈兀又作旭烈又作錫剌又作錫里庫皆一聲之轉)明年命火拉几

西征至寶祐六年征服兩河間地取帕古達帕古達大教師傳六百餘年至是而滅以上據西史惟其種類居麥加城者仍自號阿刺伯國卽明史所謂天方默伽兩國也元史郭侃傳及劉郁西使記所云壬子歲卽淳祐十二年皇弟旭烈兀統諸軍奉詔西征凡八年拓境幾萬里癸丑寶祐元年至木乃奚破其兵下一百二十八城惟檐寨西一山名乞都卜孫峯峻絶不能矢石丙辰寶祐四年攻克之木乃奚在西域中最爲强悍威脅鄰國覇四十餘年旣克誅之無遺類按西使記言三月十四日過暗木河卽今阿母河也十九日過里丑城卽郭寶玉傳之馬里四城今阿富汗國巴爾克城之東約百里有馬薩里什里福城在赤道北三十六度四十分京師偏西四十九度十分卽里丑也二十六日過馬蘭城今阿富汗國有邁濤那城在赤道北三十五度四十分　京師偏西五十一度二十三分卽馬蘭也又過納商城二十九日過殢埽兒城始紀新得之國木乃奚今雖納商殢埽兒不知隺處要之木乃奚在馬蘭之西不過三四百里以今地準之邁濤那之西南有木爾哈河西北流入沙漠者與木乃奚音近河畔當是木乃奚之地又阿富汗國侯勒特城之北有山曰乞都應是乞都卜山侯勒特在赤道北三十四度二十五分　京師偏西五十四度十七分丁巳寶祐五年取報達國卽帕古達唐之黑衣大食也南北二千里其王曰合里法西史云大教師在帕古達者國人呼之曰加利福猶言王也合里法蓋卽加利福之轉音其城有東

西城中有大河（即低格里河）合里法以阿蔑獲焉其俗富庶西域冠宮殿皆以沈檀爲木降眞爲之壁皆以黑白玉爲之（西史言帕古達大城高甃逕五府內）其國六百餘年傳四十主（計自黑衣大食立國爲始）自報達之西馬行二十日至天房（明史作天方即今阿剌伯之麥地那城度分見前）下其城內有天使神胡之祖葬處也（西史言摩哈默死葬麥地拿回教之徒每歲詣麥地拿禮拜者數千里接踵）又西行四十里至密昔兒（當爲今阿剌伯之麥加即明史之默伽國西文加之柔音讀若昔加之須爲亞則轉而爲見但麥加在麥地那西南不止四十里是當時計里之差及傳寫之誤劉郁以密昔兒爲唐之拂菻不知拂菻即西里亞在麥地拿之東北二千里而誤指耳四裔年表云理宗景定二年辛酉火拉几兵敗於西里亞是旭烈之師亦嘗至西里亞但在至密昔兒之後五年也）降之戊午（寶祐六年）旭烈命侃西渡海也（紅海）收富浪國（當爲埃及國別部）師還至失羅子（即今波斯國法爾斯部之什拉自城度分見前）至賓鐵（即今波斯國吉德羅斯部之賓鐵城在赤道北二十六度十二分京師偏西五十六度四十三分）皆毀之已未（開慶元年）破兀林（當在今俾路支國境內）游兵降之得城一百二十四至乞里彎（即今俾路支國之葛拉彎部瀛寰志畧作倭拉彎在赤道北二十七度三十分京師偏西五十度十六分）西域平是也（以上據元史）火拉几死阿白加立死尼古達立始從回教死阿肯立死鉛多立死白度鉛立未六月死鉛辰

繼之下令强蒙古人從回教出兵征巴勒斯坦及西里亞克之時元成宗大德四年也死馬罕末乃可達立死阿夫山愛立死阿白立死毋山立死馬罕木立死其女克白克立死地罕大末立死蘇立門立死阿思克六阿立順帝至正五年始遷國都於帕古達（按元滅波斯封旭烈爲波斯王不知建國都於何地惟四裔年表云順帝至正五年大不里士大疫死者三十萬人遷都於帕古達因疫遷都大不里士似即舊都其地在今波斯之亞塞爾拜然部赤道北三十八度五分　京師偏西七十度十六分北近低羅斯之高加索斯西史言元太祖既得波斯遂自波斯進兵高加索以征俄羅斯即元史所言由阿速征欽察之事是太祖之兵實由亞塞爾拜然而進則大不里士必爲當時要地故憲宗封弟即以爲建藩之所又魏先生源俄羅斯盟聘記所言雍正五年俄羅斯攻取西藏西南五千里之務魯木亦在大不里士城西南）死西格海山立死阿回司立死哈新立死阿米得立時明太祖洪武十七年也於是元之駙馬帖木兒於至正中受封王撒馬兒罕勢漸彊洪武建文間屢攻波斯克其國都阿米得出奔波斯遂屬於撒馬兒罕永樂三年帖木兒將犯中國師興而死（明史撒馬兒罕傳同）孽王阿米得返國永樂八年帖木兒第四子倒六加攻波斯克之阿米得敗死火拉凡之裔遂亡倒六加即明史

之沙魯哈特據阿富汗之侯勒特度分見前號可拉生王爲大國明史哈烈傳哈烈一名黑魯在撒馬兒罕西南三千里西域大國也元駙馬帖木兒既君撒馬兒罕又遣其子沙魯哈據哈烈黑魯侯勒特皆一聲之轉明史之哈烈即西史之可拉生蓋明史以其都爲國名也今侯勒特之西波斯所屬有哥拉森部即可拉生也蓋當時合侯勒特哥拉森爲一國而都於侯勒特也撒馬兒罕哈烈二國於明代貢獻不絕中葉以後部落分割君長以百數名不可攷矣孝宗宏治十五年有沙闕生八曰伊蘇麥兒起兵逐帖木兒子孫之在波斯者自立爲波斯王是爲波斯又立國而蒙古族類始不王波斯世宗嘉靖五年帖木兒五世孫曰巴畢爾者復立國於喀布爾度分見前既而巴畢爾東王印度號特里喀布爾屬之神宗萬歷二年波斯遷都指司溫在以拉亞日迷爾部赤道北三十六度十四分京師偏西六十六度三十分兩河閒之地遂入於土耳其　國初波斯復還都伊斯巴亨度分見前土耳其俄羅斯兩國始來爭亞爾美尼亞之地康熙五十四年巴畢爾別裔在喀布爾者漸興起有每安夫大拉自稱阿富汗王是爲阿富汗立國之始六十一年阿富汗八馬毛多以兵攻破伊斯巴亨逐其王而王之雍正九年波斯舊王子他馬司伯率國人逐阿富

汗人復王波斯乾隆三年波斯王那日爾撒東滅阿富汗卽乘勝入印度十四年阿富汗王子亞美沙又起兵復故土與波斯抗嘉慶中阿富汗南境又分立俾路支國於是波斯舊疆又分而爲三矣道光四年阿富汗內亂其族類各據偏隅而阿富汗一境又分爲三曰喀布爾(度分見前)曰侯勒特(度分見前或卽明哈烈後裔亦未可知)曰甚達喀爾(在赤道北三十一度三十二分京師偏西五十度五十九分)喀布爾本阿富汗王所治王強則兩部服之否則各據地自王近數十年來印度之地盡屬英吉利西土耳其斯坦(葱嶺西裏海東各回部也)高加索斯(裏海西黑海東之地也)之地盡屬俄羅斯波斯阿富汗介在兩強之間波斯以俄人之窺其西北也常事俄阿富汗以英人之扼其東方也常事英於是英俄交忌互擾波阿之邊侯勒特又介在波阿之間阿母河以南切要地也俄人思得之以逼阿富汗咸豐六年俄使波斯襲侯勒特英人慮其遂取之也急遣兵艘駛入波斯海灣掠加剌格島(在赤道北二十九度十五分京師偏西六十六度十一分)取布什爾(在法爾斯部赤道北二十九度京師偏西六十五度三十四分卽瀛寰志畧之亜不支附)

波斯西南震動明年法蘭西王拿破侖馳書說英俄弭兵乃立約許侯勒特爲自立國至今俄人常有窺侯勒特之意而英人則常駐兵戍之同治十二年英俄始議阿富汗北邊之界至光緒十年始克成議東自阿母河源西至科遮沙里在赤道北三十七度三十一分　京師偏西五十度三十七分河南屬阿河北屬俄又自科遮沙里西至塞拉階斯爲波斯東北邊地在赤道北三十六度三十二分　京師偏西五十五度六分爲直界界南屬阿界北屬俄聞去年又改議至今尚未定也當元太祖之取波斯也土耳其人降爲元之臣僕追元兵西略土耳其人亦從之而西有逃居於小亞細亞道羅山中者招其同族寖便略取小亞細亞地勢漸張其酋長曰阿斯曼雄武有大略遂於至元三十年自立爲國是爲今土耳其旋建國都於白魯薩城瀛寰志畧作補撒今在土耳其何達溫的格雅部赤道北四十度十分　京師偏西八十七度十八分稱蘇爾旦至正十七年侵東羅馬取加利波里城瀛寰志畧作加利城今在土耳其埃德內部赤道北四十度二十五分　京師偏西八十九度四十七分遂奪他大尼海峽之險即黑勒斯奔之西口二十三年復取亞得里那浦瀛寰志畧作亞得安今在土耳其埃德內

部赤道北四十一度四十二分京師偏西八十九度五十一分　都之明洪武中北畧保加利亞句塞爾維亞句磯拉幾亞諸部地威振一時東羅馬士字大半爲土耳其有建文四年土耳其人與撒馬兒罕帖木兒戰於昂拉哥今在土耳其昂拉哥部赤道北三十九度五十九分　京師偏西八十三度三十分土人大敗死者三十萬國以不振永樂中蘇爾旦馬何美德梟雄善用兵漸復其舊又南都白爾蔭景泰三年大舉攻君士坦丁度分見前陷之殺東羅馬王滅其國遂都君士坦丁嘉靖中以三十萬衆北侵匈牙利南取阿剌伯西南及於阿非利加兵力之强俯當時第一其幅員西至奧大利亞東枕阿付臘底斯河南盡埃及全覓睥睨天下泰西諸國無敢抗顏行者以上均據西史及西報　故隋唐之突厥强於北方前史能詳之宋明之突厥强於西方至今無道之者以不知土耳其卽突厥也　國初以來土耳其漸衰常受制於俄羅斯矣

初五月壬辰舟行阿剌伯海日中舟人測日躔高弧幷校求時差知所至爲赤道北十

一度五十一分　京師偏西五十七度二十六分自昨午至此行三百四十海里測處北當阿剌伯之阿曼部阿曼之北爲阿爾謨斯海灣蓋波斯海灣之口也阿爾謨斯本小島名一作呼爾謨斯瀛寰志略今謂之惡末與屬波斯之拉里斯丹部在赤道北二十七度五分　京師偏西十六度　明史言忽魯謨斯國居西海之極即呼爾謨斯然明史稱爲西洋大國必非小島所能當以明史及坤輿圖說阿爾斯所載土產氣候觀之則今瀕阿爾謨斯海之地如波斯之拉里斯丹部阿剌伯之阿曼部皆忽魯謨斯舊疆時移名異惟海與島尚存其舊耳此日所行海深至一萬四千四百英尺約合中度八里許西來所經海道惟錫蘭島南深一萬六千英尺爲最深而此處次之西方地學家嘗徧測大海其最深處在南大西洋當赤道南三十六度四十九分　京師偏西一百五十三度三十二分計深四萬六千二百三十六英尺約合中度二十五六里攷地面之山以希瑪納雅之伊非利斯峯爲最高高於海面二萬九千又二英尺山海比較山之高

尙不及海之深萬餘尺也按西人航海遠駛大洋茫無畔岸惟藉北極出地高弧以求地之經緯則可識船行何地於是按之於圖以羅經辨行向趨坦避險舍紆就徑百無一誤其逐日測北極高度術候日晷將午用紀限儀覆測太陽高度取其最高度加減太陽半徑差爲本處太陽過午線泛高度其時卽本處午正乃於泛高度內減去目高差及蒙气差爲太陽中心距海面實高度以減象限九十度得太陽距本處天頂度次檢本日太陽赤緯度若距天頂度與太陽赤緯度爲同類（同在赤道南北也）則兩數相加距天頂度與太陽赤緯度爲不同類（一在赤南一在赤北）則兩數相減惟測處在赤北黃道帶下居太陽南面者或在赤南黃道帶下居太陽北面者雖距天頂度與太陽赤緯度爲同類亦兩數相減其加減所得之度卽本處北極出地入地之度亦卽本處緯度至測經度全賴度時表（時表之最準者）其法先以度時表按其國所定子午線平時開準（鐘表所定爲平時日晷所測爲眞時蓋黃道與赤道斜交黃道出赤道南北日轉一周係循各處距等圈其闊狹本不齊又有最高最庳冬盈夏縮之異

眞時實依日軌所出逐日不同鐘表所定取通歲眞時折中之率兩種時差數行海通書列有成表任行至何處測得本處午正加減本處時差眞時平時之差以與度時表較差若干時分以之化度即知本處距其國子午線偏東西若干度分蓋地體渾圓居東者日出必早居西者日出必遲如此地早於彼地一小時是此處在東十五度也一晝夜二十四小時計一千四百四十分周天三百六十度度六十分共計二萬一千六百分以一四四〇除之得一五是時之一分等於度之十五分四分等於一度一小時化爲十五度也他如測大陰行星恒星各曜過子午線又或各曜不正過子午線而以斜弧三角法算之均可定北極出地度吾華古書於測度之事能詳言之但西人之術爲加密耳且多列爲成表臨事稍加減絕無布算之苦蓋以爛而益精也而測量之器尤臻絕詣行海皆用紀限儀其器以銅爲弧等於全圓之六十度平分爲一百二十度每度六分之是能辨十分左右聯兩半徑交於心中加活半徑可移動如游表然其末有小弧與儀之弧度相切名曰複儀複儀六十分等於弧度一百一十九分以察微分能辨十秒活半徑與心相交之端有

回光鏡正交儀面與活半徑平行右半徑上亦有鏡半回光半透光正交儀面與左半徑平行名曰際線鏡左半徑上於際線鏡相對處置遠鏡定視軸與左半徑成六十度角如欲測甲乙二物點先從遠鏡窺指際線鏡之半透光鏡正對甲乃移動活半徑令乙物光線入活半徑端之回光鏡轉射入際線鏡之半回光鏡復轉入遠鏡俾使遠鏡見二物之象合於一即定活半徑以顯微鏡視複儀起度所指弧度之數爲幾度幾十分如複儀起度不正對弧度線則數複儀起度至正對弧度線之度止斯爲幾分幾十秒由是而角度生矣蓋甲乙二物線所交之角由兩回光鏡相射而成必倍大於儀上所成之角故儀倍其分以三十分爲一度也

初六日癸巳舟行阿剌伯海辰刻西過索哥德拉島北島在赤道北十二度　京師偏西六十二度北距阿剌伯亞達拉毛部之撒法埠八百六十里西距阿非利加州瓜達佛伊角四百三十里東西長二百三十里南北廣六十里爲方里者一萬一千

七百四十七其最高石峯高於海面四千六百五十六英尺勢甚嵯峨望之如束筍插雲際山阿饒水艸供畜牧四邊則磽瘠無生植人民麤悍嵩土產有樹瀝汁啓血蝎土人自舉島長北屬於阿剌伯之阿曼部光緒初年英吉利之亞丁長官與阿曼長官立約言此島阿曼當自保之無令他邦侵踞近日英人以阿曼人不能守也遂收爲屬島其北岸之撒法兒郎明史之祖法爾國又作祖法兒佐法兒明史言其國產血蝎樹脂蓋與索哥德拉近故所產亦同日中舟人測日躔高弧并校求時差知所至爲赤道北十二度四十六分　京師偏西六十三度二分蓋在索哥德拉島西北中自昨午至此行三百三十七海里凡船行速率用三角版與沙漏測之三角版一邊爲弧式懸鉛墜下涗俾能立浮繫繩於三角有軸繞繩滑軸使易轉放沙漏以玻璃爲之上下俱大中要束小僅通細孔內盛極細沙外口密封倒轉一次上層沙由中要細孔漏入下層沙盡恰等三十杪時而牽三角版之繩每五十一英尺作一

結法八則用十邁特測時以三角版入海中拖行船後軸轉繩放一八驗繩一八傾瀉瀉盡數繩之結幾何如船行三十秒時數繩已放十四結則知一小時行十四海里蓋三十秒時與一小時之比若五十一英尺與一海里之比同爲一百二十分之一按用英法之度作結均有畸零所謂五十一英尺十邁特者但取成數不能密合若用華度則五十尺與一海里之比恰爲一百二十分之一蓋一海里適合華度六千尺耳索哥德拉之西南有數小島遞接相望高者亦入縹緲

初七日甲午舟行入亞丁海灣海面至此漸狹南北廣約六百餘里北爲阿剌伯之亞達拉毛部南爲阿非利加之索謀里國日中舟人測日躔高弧并校求時差知所至爲赤道北十二度五十六分　京師偏西六十八度四十五分北距亞達拉毛之侯拉約二百里自昨午至此行三百三十五海里舟夜抵亞丁泊焉亞丁爲阿剌伯也門部南瀕海之地其地有兩山南伸入海勢東西相向如蟹之兩螯西山名哲貝爾

海珊其峯高於海面一千二百三十七英尺地勢自東南迤邐西北至大地相接處約十二三里東山即亞丁三面環海北與大地相接處狹如馬頸廣僅二三里長五六里如香山之望廈汎其南羣峯叢矗高者高於海面一千七百六英尺南北約八九里東西十二三里亞丁市鎮在山之東麓而俾泊恒在山西以山西之納斯達珊勢對哲貝爾海珊爲口門廣約十里口內水深闊無風濤之虞甚便下椗也自納斯達珊勢登岸繞山北瀕海東行逾峽即抵亞丁市鎮其地少雨不生草木英人於山阿鑿池積水終成枯涸蓋無泉脈耳土人以皮囊盛水自數十里外車載馬馱不絕市有瓜果蔬菜苦炎熱土人顏色黝黑以白布裹首或戴紅冒蓋回族也狀類貧苦按明史鄭和所使之阿丹國即此蓋阿丹譌轉爲亞丁也嘉靖時有通事言阿丹兩山對峙自爲雌雄殆即今亞丁與哲貝爾海珊兩峯歟道光中英吉利貿易盛於印度且漸及於廣州而舟行出紅海渡西印度洋將萬里始至錫蘭歷時久所載煤恒

不足用於火輪不便道光十八年始取亞丁守之爲屯煤之所俾往來火輪得停泊添煤置吏治之東隸於孟買長官民口三萬四千七百二十屬英之地爲方里者五百五十四其地嵜在赤道北十二度五十分　京師偏西七十一度十一分自亞丁南距索謀里闞岸約四百三四十里臨海值亞丁處有埠名貝比拉亦屬於英

初八日乙未早起見土人爭以駝鳥毛及卵殼求售毛廣四五寸色白間有黑駁者歟最可愛西婦以爲冠飾價頗昂其稅亦甚重按漢書西域傳所言大爵師古注謂之馬爵後漢書謂之條支大鳥又謂之安息雀言其卵如甕元明史書名爲駝鳥或名駝雞葢此鳥高足長頸頸仰曲作折背隆起如駝狀故以名之今阿剌伯波斯及阿非利加均產之西人畜之以駕小車行苑囿中其卵殼大者容斗水甚珍貴阿非利加人常以盛水或藏水置深山土穴遇急伏山中則取以解渴阿剌伯地分六部有屬於土耳其者有自治者曰黑德傣斯曰亞西爾曰也門則土耳其之阿剌伯也曰

內惹德曰阿曼曰亞達拉毛則自治之阿剌伯也大約屬土耳其者多腴壤自治之地可耕種畜牧者不過三分之二其一均爲沙漠閒漠中夏時有異風甚熱著膚如烙中者輒死風起時天際線必黑如墨惟駱駝先知之遇風將至駝輒長鳴人當下駝伏地以首面帖沙駝亦如之俟風過乃行方保無恙故行沙漠者甚險（北史云且末西北有流沙數百里夏日有熱風爲行旅之患風之所至惟老駝預知之卽嗔而聚立埋其口鼻於沙中人每以爲候亦卽將氊擁蔽鼻中其風迅駛斯須過盡若不防者必至危斃按漢之且末在今敦煌之西羅布淖爾之南大漠中北史所言卽其地其風竟與阿剌伯無異蓋大漠之風均爲赤日所熾其患遂同）土產有五穀瓜果蒲桃橘柚棉花之類銅鉛鹽鐵之礦皆備但未聞采駝馬牛羊甚繁而馬尤名貴西方人買戰馬者必以阿剌伯馬爲最取其耐暑而善走耳民俗癖馬愛馬恆過於妻子馬之良者非聯不出竟爲其遺種於他邦也气候無冬夏晴則酷暑遇雨卽涼亦未嘗有祁寒也人類凡二其一居止有定處容止可觀務商賈不好作亂國人重之其一以游牧爲生逐水艸無常所而聰明才力亦遜俗奉摩哈默之教語言文

字均遵可爾書鐘十下舟發亞丁西行約九十海里轉而西北行入紅海口門廣約五十里東爲阿剌伯也門部西爲阿非利加亞發部口門曰巴白曼德峽東近也門岸有小島曰丕林屬英吉利置鐙塔島上爲夜行入口之識島在赤道北十二度四十分　京師偏西七十二度五十六分舊荒蕪無人跡咸豐五年法蘭西以紅海爲歐亞兩州門戶而丕林實扼紅海之要於是遣將以兵艦據守之未至過英吉利將舊相識也英將飲之酒問所之法將以往據島對英將領之酒未半陽起更衣遽遣所部潛樹英幟於丕林復入座盡歡而別法將至望見英幟大驚而還於是丕林遂爲英有

初九日丙申舟行紅海北過摩加之西亞薩巴之東摩加也門部臨海市埠部之會城曰薩那在摩加東北六七百里亞薩巴舊屬亞發近爲意大里人所據亞發之南爲索謀里爾之亞德爾及哥拉士部西爲阿比西里亞國瀛寰志略言亞德爾河流交

貫隴畝肥饒宜黍稷气候炎燥乏陰雨居民皆土番奉回教海國圖志作阿匿爾云常與阿比西里亞爭鬥其首部西臘爲阿比西里亞所奪按西臘東臨亞丁海彎貿易頗盛近日又爲英吉利人所據哥拉即海國圖志之牙爾臘本爲黑蠻性殘酷好殺汚穢不潔侵據阿比西里亞之地頗多阿比西里亞即職方外紀之亞毘心域海國圖志之阿邁司尼風俗雜摩哈默邪穌之教略具朝章歷代一姓傳位王族聚居高山不與國人交接以防異謀俗好啖生肉牧者飢餓輒割所牧牛羊肉啖之徐中丞繼畬謂阿比西里亞即元史之馬八爾努北阿即元史之俱藍魏先生源則以埃及爲馬八爾阿比西里亞爲俱藍均不知何據按元史世祖至元十六年遣廣東招討使楊庭璧招俱藍至其國國主書回回字降表附庭璧以進明年庭璧再往招諭自泉州入海行三月抵僧伽那山阻風乏糧舟人勸往馬八爾國或可假陸路以達俱藍從之僧伽那山即今錫蘭島距阿非利加洋面殆萬里豈阻風乏糧者所能達

以埃及阿比西里亞爲馬八爾者不辨而知其難信今印度厤打拉薩所隸有馬拉巴爾部（度分見前）南至錫蘭僅隔海港又與馬八爾譬近則當日阻風之糧渡此假道似爲近之由此推之則俱藍亦當在南印度宋史有注輦國明史有小葛蘭國與俱藍均一聲之轉宋史謂其國東距海五千里西至西天竺千五百里其里數不可據然攷其地望當在西天竺之東又與馬八爾近則在南印度無疑（今達拉王哥爾土國所屬有固蘭城在赤道北八度五十二分　京師偏西三十九度四十九分固蘭卽俱藍之轉以當俱藍似爲的確惟嫌在馬拉巴爾之南與假道義不合）亞發吾華載籍無言者舊當爲阿比西里亞別部自哥拉北侵阿之土字曰歷亞發亦自爲部落矣海國圖志言任尼羅國過新會立時卽屠其舊會滕妾大官取血以飾宮室按其方位似卽今之亞發[illegible]又北過興什島哲貝爾蘇克島之東又西北過裂巴璣島之東堪穆林島之西堪穆林東近也門岸屬英吉利又西北過哲貝爾特島之東日中舟人測日躔高弧幷校求時差知所至爲赤道北十六度九分　京師偏西七十五度

六分自亞丁至此行三百四十一海里測處東爲法珊羣島西爲達晉克羣島法珊屬也門達晉克之西有島曰馬蘇阿其西大地南北環抱爲澳島塞其外澳內甚便停泊舊本阿比西里亞通商名埠貿易繁盛阿既不競島西瀕海之地自爲部落以屬於阿近年意大里人屢與阿人戰遂據馬蘇阿埠築礮臺駐兵三千守之瀛寰志畧謂馬蘇阿島屬土耳其或云埃及有官司駐此蓋昔年如是

初十日丁酉舟向西北行紅海至此漸闊東西距約六百里東岸爲阿剌伯之亞西爾部西岸爲阿非利加之努北阿國努北阿在阿比西里亞之北萬國地理全圖集作怒北地里備攷作盧比亞舊本埃及屬地値埃及之衰輒自爲部落　國初康熙中復歸埃及兼攝或云道光二年歸埃及東南多山谷西北沙漠遂闊孛尼羅河上游各源自南而北經過其地瀕河多膏腴尚饒土產努北阿阿比西里亞之西北爲撒哈拉大漠漠南爲蘇丹羣土部遼阿非利加之腹地沙積萬里間有水艸土人依之游牧爲部

落與外人絕往還西方人未嘗放測其地既近間有冒險往游者能言其畺域繪爲輿圖然亦非詳明者以限於勢而不能也殆天留此榛狉以待後賢之啟闢歟紅海居阿非利加阿剌伯之閒兩地皆數千里大漠無艸木蔽蔭赤日蒸沙炎歊特甚故東西風均從大漠來挾暑流炎渡紅海者恒苦之余自入紅海幸日得北風一蕩煩暑尚不至苦惱也又西北過蘇亞金之東蘇亞金爲努北亞屬部小有市埠日中舟人測日躔高弧并校求時差知所至爲赤道北二十度四十二分　京師偏西七十七度五十四分自昨午至此行三百一十四海里測處東距阿剌伯黑德倭斯岸一百五十里西距蘇亞金岸二百三十里黑德倭斯部會城即麥加分度前見明史之默伽國也其默德拿一名天方者在麥加之北約七百里麥加西距海岸約二百里二處皆摩哈默遺跡

十一日戊戌舟向西北行過烟波之西烟波屬黑德倭斯部小有市埠又西北過術勒

尼西之東布勒尼西爾埃及國之埃斯內部其北有地斜東伸入海可以停泊又北行隱約望西岸有山高出雲表其山名伊美拉爾得磐高於海面八千三百英尺日中舟人測日躔高弧幷校求時差知所至爲赤道北二十五度八分　京師偏西八十度四十九分自昨午至此行三百一十四海里測處東距黑德倭斯岸二百九十里西距埃斯內岸一百三十四里按埃及又名麥西爲西方最古之國西史言其建國之始在西厤紀元前三千八百餘年略計之實爲炎黃以前其第一朝曰美內士文物制度頗盛唐堯時有腓尼司牧人侵入其國國俗大變於是埃及君民咸以畜牧爲生夏帝不降時伊西比亞酋始兼王埃及伊西比亞者努北阿阿比西里亞二部之總名也商小乙時爲埃及第十七朝其主拉罷塞能強其國北取小亞細亞西略歐羅巴至多瑙河源出日耳曼巴敦國阜林英城西北山中東流經日耳曼奧斯馬加塞爾維亞羅馬尼之南保加利亞之北東入黑海行四千七百三十里爲歐州大河窮土木之盛營宮殿百處古今豔稱之至周景王二十年波斯王居

嗇士撫有亞州西域廣土遂并埃及而有之顯王三十九年馬基頓王亞歷山德滅波斯埃及亦歸馬基頓亞歷山德建城於尼羅河口以己名命之至今爲勝地亞歷山德死國分顯王四十六年亞歷山德之將曰多利買剌基者據埃及爲王雄武有略藏書七十萬卷於亞歷山德城學術大備傳子孫三世富饒當時號爲黃金時世至漢成帝時有女王始斐巴多拉姿容絶豔才力稱之然悖理無道國人怨叛建始三年爲羅馬所滅東晉孝武大元二十一年羅馬分東西埃及屬東羅馬唐貞觀十四年爲大食所掠取大食人（西史稱爲沙蘭生人）焚亞歷山德城藏書古籍蕩然西方人惜之比之吾華秦火埃及既入大食風俗教化盡變回教回酋始都於加義羅（度分見前）延及前明景泰中土耳其盛强既滅阿剌伯遂并埃及　國朝乾隆中法蘭西拿破侖以兵侵埃及土軍與之戰不利拿破侖遂遣古勒巴爾統法兵駐守之嘉慶六年英吉利以兵逐法軍埃及乃復歸土耳其於是有墨非麥德阿里者土所置埃及督也有

功於埃及興海陸軍開學校如歐州制勢漸強十六年土王許阿里主埃及傳位如土例立長不定傳子道光十四年阿里舉兵叛土且北侵西里亞地土人擊之不克會歐州各國援土始反侵地同治五年土耳其始令埃及歲貢爲藩國而傳位則子孫世及不復守土例矣十二年土王許埃及主與各國立約通商并添設兵額埃及名爲土屬實則可以自專矣光緒四年埃及之度支不理埃君請於英法兩大國顧得心計之人爲理財賦於是英遣悉爾生法遣留悉往治財賦而埃及財賦之權遂爲英法人所掌觀土耳其之許埃及與各國立約浸而至於自專則知吾華之許朝鮮與各國立約爲失權觀埃及之請英法人理財而利權遂爲英法人所掌則知吾華之用赫德治稅務爲非計土耳其西方之亂國也埃及回族之孱王也一舉事西人輒因利乘便而謀之不謂吾華以聲名文物之多地大物博之盛踏其轍而不顧此漆室所以長吟而賈生所以痛哭也光緒七年埃及之蘇丹人作亂聚徒數千勢甚張埃軍不能平英吉利遣兵助剿敗亂黨追殺數百里即留兵戍之至今不徹土耳其怨英人奪其保埃及之權嘗遣使辨論促英徹戍英人應之曰俟埃及能保其國英軍即

歸土人不能識也

十二日己亥舟向西北行過科西爾之東科西爾屬埃及之給內部舟行至此紅海東岸亦爲埃及之彌的安部蓋埃及畧域跨紅海之北東與阿剌伯接壤故東岸有埃及地也又西北行過齊爾日部之東又西北行過亞西爲德部之東亞西爲德城在尼羅河西爲埃及名鎮埃及所修鐵路北自亞歷山德南達於此又西北行入蘇衷士海灣紅海之北有西奈山南伸入海分海爲二東爲亞喀巴海灣西爲蘇衷士海灣均廣不過百里而亞喀巴海灣尤短又西北行過迷尼亞部之東西奈部之西此間海面既狹東西兩岸均在望東望西奈山矗出衆峯高於海面八千四百五十英尺商小乙時猶大人摩西與其族自埃及歸至西奈山有神人降於山授摩西十誡摩西乃作舊約書相傳至今西方人奉之爲教祖又西北行過給塞部之東日中舟人測日躔高弧幷校求時差知所至爲赤道北二十九度五十二分　京師偏西八

十三度五十三分自昨午至此行三百三十九海里又北行四海里至蘇彝士泊焉蘇彝士屬涉克部爲埃及名埠在加義羅之東二百餘里有鐵路達加義羅及亞歷山德羅斯大捷迷也大等埠民口一萬一千凡埃及瀕紅海西岸地多產煤油埃人視爲利藪故蘇彝士出口貨以煤油爲大宗午鐘二下復啟椗北行入新開河新開河者舊本亞細亞阿非利加兩州交界之地頸廣約三百里以隔斷地中海紅海昔人航海者至蘇彝士卽疑爲海之盡處不知北逾三百里更有地中海西出地中海更有大西洋也此河未開西人市船東來者率由大西洋經阿非利加州之南入印度洋經蘇門答剌南入巽他峽至南洋繞道三萬餘里咸豐十年始議溝通兩海集金錢一千六百萬法國西人勒賽拍斯卽留瑟董其役至同治八年始克成工名曰新開河河身不甚廣僅容過火輪大船亦間有闊處西岸設電線置電房相望凡南船先入隘處者電房卽電知北船令停闊處俟南船過隘然後南行若北船先入南船

亦如之因不能疾駛兩岸積土沙易於下潰常有機船取泥以爲疏濬船過者悉按載貨噸數稽征闢河初成時稽征甚重每載貨一噸征法銀十佛郎又二分佛郎之一載客一人征法銀十佛郎今則稍減矣沙駕林船能載四千噸僅征二萬一千佛郎去歲所收計金錢二百二十四萬一千歲費外尚大有贏餘以爲開河公司之利西人紀載云周匡王之世有埃及國王法老尼谷者欲溝通此處興工十二閱月死者十二萬人而工不成今竟能溝通之宜西人自詡智力勝於古人也船禁夜行以司電者不望見南北船來往也此夜泊河中

十三日庚子舟行新開河計自蘇夷士北行四十七里入小白特湖湖面廣二十三四里水頗深輪船往來無礙行三十三里出湖口河身復狹又北行十里過寨拉本之東寨拉本小有市鎮西行三四里即達鐵路又西北行二十里入大木薩湖湖面廣約八里水淺僅中通一泓湖之西北岸有市鎮曰伊斯馬拉麗沙克部有鐵路西通

加義羅自蘇夷士至此鐵路卽傍河西岸過此以北河與路相離漸遠矣又北行十里出湖口又北行四十六七里過巴拉湖湖水甚淺築隄束水行船過者不見湖面之廣也又北行七八里過堪特拉之西堪特拉屬西奈部自此以北河西岸隄外爲彌薩勒湖湖水浩漫百餘里東北通波特塞得西北至於達迷也大北與地中海接處有長小島斷續相間湖內小島甚多水淺僅通小船新開河卽傍湖東岸加濟築隄北達也又北行八十里出新開河北口至波特塞得泊焉自蘇夷士至波特塞得計八十七海里合中度二百九十里波特塞得屬沙克部在赤道北三十一度十九分　京師偏西八十四度八分北臨地中海南瀕彌薩勒湖東倚新開河入地中海處其地南北廣僅三里東西長亘西與長小島接以塞彌薩勒湖之口市埠之北砌石爲長隄北伸入海約三里以蔽西北風市埠頗繁盛民口一萬六千五百六十多法蘭西人語言皆操法音風俗淫亂競染法人之俗按埃及雖古國然地多沙磧惟

瀕尼羅河兩岸地稱沃壤以河水每歲漲溢橫流數十里水之所至土田受浸潤之益與灌溉同功故小民觀水大小以占歲豐歉通國幅域爲方里者四百一十四萬四千九百九十四民口六百八十萬六千三百八十一多奉回教顏色黝黑如阿剌伯入額兵九千五百鐵路三千二百三十餘里電線一萬五千七百二十餘里光緒十二年所入英金錢九百六十萬所費英金錢九百五十七萬六千而國債逾萬萬之數入口貨值英金八百四萬九千四百六十七出口貨值英金一千三十八萬九千三百五十三夜鐘十一下啟椗西北行入地中海

十一日辛丑舟西北行接地中海爲亞細亞歐羅巴阿非利加三州所跨其踞海之東岸者爲阿剌伯爲西里亞爲小亞細亞三部皆屬土耳其　此亞細亞州西臨地中海之地也其踞海之北岸者爲土耳其爲希臘爲奧斯馬加爲意大里爲法蘭西爲西班牙此歐羅巴州南臨地中海之地也其踞海之南岸者爲埃及爲的黎波里爲突尼斯爲

阿爾及耳爲摩洛哥此阿非利加州北臨地中海之地也三面環以大地東西長七千里南北廣二千里水面積爲方里者九百六十五萬惟西班牙摩洛哥兩國間之直布羅陀海夾西通大西洋土耳其之他大尼里海夾東北通黑海埃及之新開河東南通紅海新開河爲人力所成固狹隘僅容單艦即直布羅陀夾廣亦僅三十里他大尼里夾廣僅十里其東北口之暴斯勿勒斯夾最狹處僅一千八百英尺是廣不及一里三口均爲海之咽吭海岸諸埠四達三州內地物產菁華盡萃於斯故歐州人恒視此海爲通商要區而英吉利僻在西北距地中海懸遠其經營地中海爲尤切康熙四十三年英人乘奧西用兵之際遽以水師攻取西班牙之直布羅陀築堅臺置大礮屯重兵以守地中海之西口嘉慶五年英人又取地中海之馬里他二島置船塢爲停泊兵輪之埠俄羅斯地處北漠西方雖瀕波羅的海其船必經德意志瑞典挪威嗹馬諸國之境然後出赫爾森哥之隘而達於西北大洋路既迂回德

嗹瑞諸邦常患扼赫爾森哥以阻之且冬寒海口冰塞船不能駛惟南自黑海出他大尼里夾以達地中海則近而便土耳其國政久衰俄人思乘隙取之以据他大尼里之險故土耳其西方之地如羅馬尼亞保加利亞塞爾維亞蒙特勒格羅諸部俄人皆陰使之次第叛土自立而保之英人惡俄之欲据他大尼里也且蠶食瀕南歐州中原各國勢將不支於是出而與德法奧意爲約從之計以禦强俄保弱土咸豐六年法都巴黎之約禁黑海駛兵船實所以阻俄也後雖不能守約然光緒四年俄師入土君士坦丁戒嚴英兵輪即馳入他大尼里夾泊馬摩拉海以援土俄終議和於是土人割地中海東偏之塞浦洛斯島歸之英約以島之歲入養兵備俄是英人之守塞浦洛斯又所以保他大尼里夾也新開河本埃及地近年英人常駐兵埃及名爲平蘇丹之亂實欲保新開河無爲他人所專於紅海南口又扼亞丁以爲新開河應援故英人於地中海三口均布置無遺西人咸服其深思遠慮宜乎雄長

歐州也按俄人南出之路既不暢行於波羅的海又不暢行於也大尼里火於是有自高加索斯南侵亞爾美尼亞順低格里河南下入波斯海之意而土俄議和時英人輒發其計立約阻之俄乃自黑海東岸之巴統東達裏海西岸之巴庫又自裏海東岸之美喀羅佛斯科東南至波斯東北之查查均造鐵路通火車意欲東南出侯勒特以窺印度英人知之阿富汗之戍愈嚴且與俄議阿富汗北為之界自阿母河上游西至塞拉階斯以南之地俄人不得稍越俄之計欲窮遂肆其志於東界自查查東北至謀夫又東北至查周渡阿母河又東北至布哈爾又東北至撒馬兒罕已次第造成鐵路仍將拓修此路東北經伊黎塔爾巴哈台之西又東北繞金山之北又東逾外興安嶺又東循黑龍江之北至白疊羅斯科之東渡黑龍江泝烏蘇里江南上達於圖們江口約略計之所歷萬餘里致光緒十三年至十四年所成查周至撒馬兒罕之路約八百里以斯比計欲成此工當在十年之後然俄人於圖們江口亦修造鐵路漸次西北期與西方之路接東西並舉成工必速此路若成吾華之北與西與東三面均為俄之鐵路環繞彼則處處可以運兵處處可以屯餉郎處處可以犯邊竊恐將來防邊之亟甚於防海矣節節而防之必有防不勝防之害不如亦修鐵路以通兵餉其路當東自牛莊海口東北達泰天又東北達吉林依松花江而下泝嫩江而上西北達齊齊哈爾又西逾內興安嶺達呼倫貝爾傍克魯倫河而西達庫倫又西達烏里雅蘇台又西達科布多又西南逾阿爾泰山達布倫托海又西達塔爾巴哈台又西南達伊黎轉而東達烏魯木齊又東南逾天山達土魯番轉而西南達喀剌沙爾又西南達庫車又西南達阿克蘇又西南達喀什噶爾總計亦萬餘里於是置製造軍械火藥局於牛莊擇各處卡倫要害築礮臺屯精兵通電報一旦有警不難以瀋陽之雄軍救烏孫之急用于闐之寶玉犒邊海之師又何俄患之足慮哉且新疆及外蒙古各部所產或礦石或氈毛均可運出海疆富國之

計胥在乎此或謂俄之鐵路意在振興商務東西鐵路既通勢必自圖們江口南侵高麗以爲商埠獨不籌所以保高麗乎誠哉是言余豈忘之高麗本我藩屬俄苟侵高卽爲侵我我果自強俄人自不生心但俄之用心必使高爲自主之國彼方從而保護之收爲已有觀俄所以待土耳其西方諸部可知不謂吾華當事反聽高與各國立約以虛我轄屬國之權此高事所以難於挽救也不已惟以高爲公保之國倘不至俄之實逼處此光緒十一年英人之据巨文島也原所以扼俄俄之強英之弱也俄人若得高麗與日本僅一水之隔日人亦有所不利果能西結英人東聯日本約以共保高麗且明告天下萬國請以高麗爲兵甲不到之國同於西方之瑞士比利時盧森不爾厄則高麗可以長存我之屏蔽不至爲他族所据矣

日中舟人測日躔高弧并校求時差知所至爲赤道北三十二度三十二分　京師偏西八十六度四十一分自波特塞得至此行一百五十八海里測處北距土耳其所屬小亞細亞之加拉馬尼亞部岸七百一十里南距埃及之亞歷山德城二百八十六里亞歷山德爲埃及名埠卽馬基頓王所築者尼羅河支流至此入海尼羅河源出赤道下　京師偏西八十三度其源爲大瀾曰威克多利亞約方六百里湖面高於海面三千八百英尺水出湖北流爲懸瀑又向西北流經木魯里蘇丹土部亞魁多來爾普羅甫之屬城之東轉而東北流又轉而西爲懸瀑與阿

爾伯特湖水合阿爾伯特湖長約三百里廣半之湖面高於海面二千七百二十英尺自威克多利亞湖至此約行九百里而高下相懸千餘尺又北流過拉多（亞魁多來爾普羅甫會城）之東又北流入努北阿部過法紹達之東又北流曰白尼羅河過哥爾多番（蘇丹土部）之東又北流至喀杜穆（努北阿會城）西北有藍尼羅河東南自阿比西里亞西北流來會喀杜穆高於海面一千二百四十英尺自阿爾伯特湖至此約行三千餘里而高下相懸一千四百餘尺又北流至亞布亨美得之西北轉而西流又轉而北流過新當哥拿之東又東北流入埃及之埃斯內部過得爾之北又北流過亞蘇安之西亞蘇安高於海面三百五十五英尺自喀杜穆至此約行三千里而高下相懸僅八百五十尺然此三千里間有著名急流六處又西北流過埃斯內城之東又北流入給內部又西北流入齊爾日部又西北流入亞西烏德部又北流入迷尼亞部又東北流入白尼隨弗部又北流入給塞部又北流過加義羅城之西又北流至美奴部分

爲無數支流其東大支東北流過美奴部之東給里爲波部之西又北過沙克部之西又北過加比部之東達迷也大部之西又東北至達迷也大城北入地中海其西大支西北流過美奴部之西巴哈拉部之東又西北過加比部之西又西北至羅斯大城東北入地中海亞歷山德在羅斯大之西百五十里有支港相通海口極便停泊故爲名埠按宇宙間大水以米利堅之密士失必河爲最長行一萬一千六百里中國大江次之行九千二百里尼羅河又次之行八千七百里

西征紀程卷四

新化鄒代鈞

十五日壬寅舟向西北行過羅得島之南羅得島屬土耳其之小亞細亞爲方里者三千三百七十二城埠甚佳民口四萬餘地肥饒產蜜臘油無花果蒲桃氣候清爽少疾病島北距大地約三十里傳言古有大石人高逾百丈兩足跨島與大地間海夾巨艦過跨下無礙名爲喀腦塞斯西方稱爲故事又西北行過斯加班多島之南斯加班多羅得島西南小島也又西北行過干地亞島之南干地亞爲土耳其西土正地八部之一島東西長四百六十四里南北廣處一百二十里爲方里者二萬七千八百四十六中有高山東西亘其最高峯曰埃的亞高於海面八千又六十英尺四時積雪不消與日光交輝望之璀璨悅目島中氣候宜人繁草木產蒲桃橄欖凡熱帶下果木此島宜種其會城亦曰干地亞在山北臨海適當島東西之中其西偏北

臨海有埠曰干尼亞尤扼要有海灣同治八年島人作亂土人平之因於干尼亞海灣置船塢爲停泊兵輪之埠干地亞之北名愛琴海西爲希臘北爲土耳其西土東爲小亞細亞三面環抱僅東北一道通黑海卽他大尼里夾也南則干地亞島橫亘以塞愛琴海口門爲謂立國於土耳其者苟能西據希臘東守小亞細亞南扼干地亞以爲門戶屏蔽則不獨他大尼里可恃爲險要也土耳其素稱腴壤五穀皆宜雖民不務業地未盡闢而每歲所收尙有餘粟五金鹽煤之礦皆備均封藏於山未嘗開采故土耳其之形勝土地均推西方第一惜人事不振日見侵削耳今所存西土正地北與東羅馬尼亞保加利亞塞爾維亞波斯尼亞蒙特勒格羅五部接壤西臨亞得亞海灣東臨黑海南之西偏與希臘界東偏與小亞細亞界中間臨愛琴海爲方里者五十三萬五千九百五十二（小亞細亞爲方里五百七十萬五千六百六十）民口四百五十萬平時平時養兵十五萬九千一百二十二戰時兵額六十一萬二千兵輪六十四艘中有

鐵甲十五艘水師四萬五百七十二光緒十年所入英金錢一千六百六十五萬磅所費浮於所入二百六十一萬磅國債一萬八千萬進口貨值英金錢一千八百六十三萬二千九百磅出口貨值少於進口貨值七百一十九萬六千三百四十磅鐵路二千六百二十里電線一萬五千五百七十四里愛琴海中小島羅列相望其近西岸者屬希臘近東岸者屬小亞細亞日中舟人測日躔高弧并校求時差知所至爲赤道北三十四度四十六分　京師偏西九十二度四十三分自昨午至此行三百一十五海里測處北距干地亞西偏南岸一百里東距干地亞南之加福多小島六十里南距的黎波里之巴爾加部岸五百三十三里的黎波里阿非利加之回教國也圖土耳其

十六日癸卯天將明風起浪作浪高於船常從船頂拍過舟人以繩爲綿蕞扶之而行余不勝盪搖堅臥不起早鐘十下始勉起就食風亦稍小矣舟向西北行過希臘之

南希臘歐羅巴州古國自皇古至於周秦稱極盛聲名文物比之吾華鄒魯至漢景帝時羅馬興遂滅希臘疆圉其地東晉孝武大元中羅馬分東西東羅馬都君士坦丁希臘屬焉明景泰中土耳其人滅東羅馬希臘遂并入土耳其希臘人苦土之虐政嘗思自立爲國畏土强不敢發至嘉道之間希臘人始起兵叛土數與戰不勝道光八年希臘請援於俄羅斯俄以兵十萬入土英吉利法蘭西恐俄人之得志於土也乃合兵抗俄明年英法兵迫俄與土和反土侵地并令土聽希臘立國於是希臘亡二千年至是復爲國咸同以來希土嘗以邊事搆怨諸大國輒爲調停之間去歲保加利亞與塞爾維亞交兵希臘因起兵侵土疆諸大國不直希所爲且恐興兵搆難擾歐州大局於是英德俄奧意五國議會兵船於希臘海疆以退希臘兵惟法不欲以兵船會但告駐希使者使譯土希之圖月前五國致書於希云五國兵船已集於貴國竟上惟貴國於八日內罷兵則五國兵各自反諭不然各國之兵易集難解

將進封貴國之海口矣惟貴國圖之希臘不報亦不收軍艦特法爲援也月初五國駐希使者皆束裝出竟以示失好現聞英之鐵甲三艘意之鐵甲三艘德鐵甲一艘奧鐵甲一艘俄鐵甲二艘并水雷船小礮船鋼版巡船共十餘艘已進封希臘各口禁希臘兵商船出入五國之兵非欲戰也欲希臘勿與土戰也希臘君臣至是始知悔度不久當弭兵矣按希臘疆域北與土耳其界東西南三面環海附近島嶼皆收爲版圖共爲方里者二十萬九千七百六十六民口一百九十八萬額兵二萬六千三百四十兵船七十九艘僅鐵甲二艘餘多水雷船水師二千一百三十五光緒十年所入英金錢三百八十五萬六千七百二十五磅所費尚少於歲入十二萬七千六百四十九磅國債英金錢二千五百萬磅進口貨值英金錢四百二十三萬六百一十五磅出口貨值多於進口貨值五十萬二千八百一十七磅鐵路九百四十八里覩其國計與出口貨尚較勝土耳其也又西北行過亞得亞海口之南亞得亞海

地中海之子海也西與北爲意大里東北爲奧斯馬加東爲土耳其海狹而長自西北至東南約一千四百里廣約四百里其南口通地中海處廣僅一百三十里日中舟人測日躔高弧幷較求時差知所至爲赤道北三十六度五十二分　京師偏西九十八度二十七分自昨午至此行三百又七海里測處北距意大里亞浦里亞之勤塞部哥利波里埠六百六十六里西距意大里西治里島諸托部之亞福拉埠四百七十里東距希臘美塞尼亞部之納瓦里那埠六百里南距的黎波里之西德拉海岸一千二百里

十七日甲辰舟向西北行過意大里加拉布里亞部之南西治里島之東轉而北行入墨西拿海夾過勒格俄屬加拉布里亞部之西又北過墨西拿屬西治里之東又轉而東北行出夾夾爲意大里南嶺與西治里島間之海南北長六十七里南口廣約五十里北口廣僅六里勒格俄與墨西拿夾兩岸爲市埠頗緐盛按意大里古時諸族雜處周平

王時有羅慕路創建羅馬國西漢時稱强盛疆域西盡大西洋北跨日耳曼東及小亞細亞西里亞南括阿非利加北境至東晉大元中分爲東西兩帝西帝都羅馬實轄今意大里宋元徽四年日耳曼酋長阿道塞南滅西羅馬據其地稱意大里王羅馬有意大里凡一千二百二十餘年而亡齊永明十一年北狄峨特復滅阿道塞而王其地梁承聖三年東羅馬帝遣將入意大里逐峨特於是意大里無主紹泰初國人始立攝王至陳大建二年北意大里人始立倫巴多國漸南侵攝王地唐天寶中倫巴多逐去攝王而羅馬教皇之權始大教皇者耶穌教之教統也初僅結廬羅馬郭外東晉建元初各國教士尊之爲教皇凡教事悉聽命焉至是攝王亡教皇遂理羅馬事至德初法蘭西復以攝王地并於教皇大歷八年法蘭西王沙立曼助教皇擊滅倫巴多以其子爲意大里王意遂并於法宋建隆三年日耳曼伐意大里并其地自是日耳曼王世世常兼王意大里教皇遂常與日耳曼爭權歷數百年不已熙

甯中意大里分爲三北部仍歸日耳曼中部爲教皇所據號羅馬國南部爲西治里國西治里本意大里一島後爲回教人羅食法蘭西人討平之合南部之亞滿里亞拿破里二地立爲國崇甯中北部之倫巴多又自立爲民主國然日耳曼王仍兼意大里王號如故以政令尚能被於南北兩部也咸淳四年教皇嫉日耳曼之奄有意大里也竟割南部之西治里國以與法蘭西王遣其弟沙爾王西治里日耳曼王起兵爭之不勝爲法軍所殺日耳曼遂不兼王意大里於是意大里爲歐州人共爭之地沙爾既勝益虐用其民民羣起叛之沙爾走還法元大德中亞拉岡（在西班牙東北）人彼得將兵入西治里王其地遷都於拿破里於是又稱拿破里王明宏治十四年西班牙逐拿破里王并其地於是法蘭西前後屢爭倫巴多之米蘭至是復與西班牙爭地　國朝康熙五十二年法西兩國所得意大里之地盡入於奧地利亞乾隆十一年奧人盡逐法西兩國人之在倫巴多者嘉慶初法將拿破侖以善戰著於歐州遂

攻畧意大里地立爲民主國拿破侖自主之十九年拿破侖敗死法人復失意大里而意大里復爲列國其在北部者曰撒丁曰倫巴多曰威尼斯曰巴馬其在中部者曰多加納曰摩德拿曰羅馬其在南部者曰拿破里西治里屬焉道光二十八年奧地利亞以兵力取威尼斯倫巴多北部諸邦亦多受其制咸豐九年北部諸邦咸思叛奧於是撒丁王維多爾以馬努利有英畧爲諸邦所仰服遂西聯法蘭西兵與奧軍戰於低西那河上奧軍大敗撒人復倫巴多師方長驅東向進規威尼斯而法奧忽議和撒人失望乃旋時意大里中部亦震動多加納摩德拿皆逐其君羅馬亦逐教皇同應撒丁拿破里王不能治其民民多叛之撒丁將戛利巴底歸自阿非利加過西治里助叛民逐守者渡海入拿破里降其王而拿破里亦爲撒丁有咸豐十一年撒丁王稱意大里王同治五年奧地利亞與普魯士交兵意人出兵助普攻威尼斯意軍不利而三國講和卒以威尼斯歸意當教皇之出奔也令法人將兵守國意王即位

遣使告法人撤軍法人期以二年迨九年普法之戰作法軍連敗即召回駐羅馬兵法王復爲普所禽意人使告於教皇曰羅馬國事皆意大里政府措置教皇懼乞援於普不應意人進據羅馬都爲意都（意初立國實都佛羅稜薩）教皇所轄地悉歸意政府僅予教皇故宮人使守府自西羅馬亡後至今一千四百餘年始復立國統全土其疆域北倚亞爾伯大山山北爲瑞士國西北與法國西接壤東北鄰奧地利亞海南斜伸入地中海自西北至東南長約二千里北部法奧兩界東西相距約千里其南環海之地廣處不過四百里中有亞卑尼奴山西北與亞爾伯大山聯東南綿亘至於南海濱與西治里相望山之最高峯曰科爾那（在赤道北四十二度二十七分京師偏西一百二度五十五分）高於海面九千五百二十一英尺水自山脊分東西流故國南環海地無長河惟北部之波河出西隅與法國西交界山中東北流過辟門部都靈（在赤道北四十五度四分京師偏西一百八度四十八分）之東南轉而東流北受自亞爾伯大山南流來諸水行一千三百里至威尼西（在赤道北四十

五度二十六分京師偏西一百四度六分之南五十餘里入亞得亞海瀕波河地皆平壤卽背之北部諸邦實國之上腴國之竟土可以耕種者約得百分之八十五然所產五穀不足供民食常仰給於俄羅斯埃及北亞美利加等處其南竟產橄欖葡萄北竟產馬羊及鐵鉛等礦其米蘭貝加摩卽瀛寰志畧之百義城科摩都靈四城產絲尤多西史言梁陳之間有意大里人航海至中國得蠶桑之種以歸故至今得繭絲之利米蘭佛羅稜薩兩城出磁器多斯加納威尼西兩部善織草爲笠西方婦女常冠之其草卽麥苗織爲廣半寸之辮然後編之爲笠有隆起峨峨者殆如詩所謂臺笠此草辮山東人常織之西人購者甚夥每歲爲登萊出口貨一大宗聞近日所製多粗惡輒以精美者裹其外西人厭之又將仰給於意大里矣是在有商務之責者爲加整頓沿海通商之埠其在西岸者爲熱那亞在赤道北四十四度二十五分京師偏西一百七度三十二分斯披薩在赤道北四十四度八分京師偏西一百六度三十六分里窩那在赤道北四十三度三十三分京師偏西一百六度六分西威大佛克雅在赤道北四十二度七分京師偏西一百四度四十一分拿破里在赤道北四十度五十二分京師偏西一百二度十三分其在東岸者爲威尼西見前安科吶在赤道北四十三度三十八分京師偏西一百二度五十四分布林的西在赤道北四十度三十九分京師偏西九十八度二十七分其在

西治里島者爲巴勒壓在赤道北三十八度八分京師偏西一百三度六分墨西拿在赤道北三十八度十一分京師偏西百度五十四分而斯披薩威尼西安科吶巴勒壓及拿破里東南五十里之喀斯特馬勒均有礮臺船塢爲停泊兵輪之所通國爲方里者九十六萬民口二千九百七十萬而西治里撒丁兩大島在內有二議院上院議紳爲王自舉下院則爲民之公舉分國爲六十九部部有長皆命於王額兵二十六萬五千八百八十九鄉兵一百六十九萬三千七百兵輪一百七十六艘上等鐵甲二十二艘水雷小艇一百七艘水師八千聞意人近年銳意治舟師不遺餘力以造巨艦曾於光緒六年造大船名意大里八年造大船名雷盤陀均長四百英尺闊七十四英尺入水深二十八英尺壓水力一萬三千六百八十噸實馬力一萬八千四每小時能行十八海里露臺旋礮臺甲厚十九寸各置十七寸口徑後膛礮四尊六寸口徑後膛礮八尊二船之大實爲歐州鐵甲船冠故詳言之國計光緒十年所入約英金錢六千四百五十萬磅所費尚浮

於所入二百萬磅國債英金錢四萬五千萬磅入口貨值約英金錢五千八百萬磅出口貨值少於入口貨值一千八百八十萬磅鐵路約一萬九千里電線約五萬五千一百里西治里東西長四百六十里南北廣處二百六十里爲方里者九萬四千七百二十民口三百一十萬三千二百有山東西亘似與亞畢尼奴山相屬島東有峯曰埃得乃常出火甚烈高於海面一千一百英尺聞二月初此山噴火火燄闊至千尺所噴灰石遠及四五十里外且地震居民樹林多被燬山凡十一口出火島產硫磺撒丁島在西治里之西北五百里北距屬法蘭西之哥爾塞牙島僅三十里島南北長四百四十里東西廣二百里爲方里者七萬九千五百四十三民口七十一萬一千五百一十五有山東西對峙南北綿亘其峯在東山高於海面六千三百英尺兩山間爲平場產樹木意大里北部之撒丁國實起自此島後遂割意之西北境故以撒丁名國島北行過黎巴利羣小島之東羣小島均屬西治里中有福爾克那島斯克瑯波里島均有火峯望之濃烟自峯頂出直干雲霄福爾克那凡六口出火又傍意大

里西岸西北行至拿破里口外轉而東北行入口泊焉自昨午至此行三百一十海里拿破里海澳甚得形勢澳口西南向拿破里市鎮在澳之北隅自市鎮迤而西南山峯疊起約三十餘里臨海爲普羅西達山又西南渡海五六里爲伊斯查島山島相屬爲澳之北岸自市鎮東南循維蘇威火山西南麓五十里至喀斯特馬勒有船廠製造兵輪實爲澳之南隅自喀斯特馬勒有山西南伸入海中約三十餘里又渡海約十里有開普里島爲澳之南岸澳口廣約四十里近日復於拿破里市鎮南海中砌石爲長隄東西亘約三里許船在隄北停泊蓋距開普里南岸頗遠故砌石以障南風浪耳聞開普里島爲古羅馬帝避暑處當漢建初中維蘇威山噴火灰石火漿并出環山麓黑九恒賴邦貝斯達庇三城均爲灰石湮沒至　國朝嘉慶中土人掘出雉堞儼然城內宮室人物均存其形貌西人爭取之以爲古玩午後與同人登岸遊故王宮赭牆阿閣金碧耀日雖爲亡國所遺尚無麥秀黍離之慨又馳馬車數

里至水族院少頃歸船稽其居民四十餘萬狀頗類華人無深目黃髮者市肆陳珊瑚樹求售道旁多乞兒意大里古爲聲名文物之邦名儒輩出自新創以來文教尙遜民間知書者少且多盜賊其貧民爲乞丐者散布歐州各國近日意之政府力求整頓國中徧設書院意欲挽回風俗也國內氣候和暖惟多火山常地震爲害甚烈晚鐘五下啟椗出口向西北行入夜風雨作船盪搖如昨

十八日乙巳舟傍意大里西岸向西北行過低白河口之西低白河出亞巴尼奴山西南流行三百三十里入海羅馬城跨低白河上東南距海約六十餘里羅馬在赤道北四十一度五十四分京師偏西一百三度五十六分自教皇據羅馬以來日耳曼恒與教皇爭權法蘭西常助教皇爲虐法恃其兵力雄視歐州尊奉教皇縱庇教士諸教士依倚其勢結黨布天下强與人家國事少不如意輒游說他國肆其鼓簧以啟爭端西士受教士之害者指不勝屈同治九年法王爲普魯士所虜普相畢斯馬克首下令逐教士普之禮曹復

條陳新法以排斥之各國從而效之屏除教士者數見意大里王劃其土地據其城郭教皇雖有法助勢亦不能振矣論者謂普之勝法爲歐州大局之幸又西北行過西威大佛克雅之西又西北行過吉格里俄島之西蒙特支里斯多島之東兩島均不過方數里屬意大里日中時入測日躔高弧幷校求時差知所至爲赤道北四十二度二十八分　京師偏西一百六度二分自拿破里至此行二百又二海里測驗東距意大里格羅塞托部之阿爾特羅埠百里西距法蘭西之哥爾塞牙島岸一百二十六里西南距蒙特支里斯多島三十二三里又西北行過拔羅薩島之東又西北過埃爾白島之西此間羣小島均屬意大里惟埃爾白爲稍大東西約四十五里南北約二十里西高而東低島西有峯曰嗒班尼高於海面三千三百四十英尺法王拿破侖先次流放於此又西北行過哥爾塞牙島之東北轉而西行過哥爾塞牙之科爾蔡嵩北哥爾塞牙島舊屬意大里乾隆元年自立爲國附於法蘭西三十九

年法人以哥爾塞牙歸於撒丁五十八年法蘭西民亂共和黨興改革兵與歐州各國交戰時島人拿破侖入共和黨爲兵謀令哥爾塞牙兵與法軍合以防英吉利不果哥爾塞牙遂降於英嘉慶元年拿破侖爲大將始復其地其後法人定新制島爲八十七部之一南北三百三十里東西一百三十里爲方里者二萬八千三百三十四民口二十七萬八千五百中有山南北亘長高峯曰羅當多高於海面九千六百英尺科爾索郎山之北嶺望山麓屋宇鱗次山上有數華表柱蓋拿破侖故里也自此島至北岸熱那亞約二百七八十里又西行過壓納哥之南壓納哥在意法兩國交界處自爲國不屬於人地長廣不過數里無租賦之入以地居海濱游人甚多乃廣置園林亭館之勝設博具招游人集博藉以取資爲歲入之欵又西行過尼西之南尼西爲法蘭西之亞爾卑斯馬利特墨斯部首域舊本撒丁地咸豐九年撒丁王以法師之力取倫巴多乃割撒丁尼西二部與法法人分置三部改尼西部爲亞爾

畢斯馬利特墨斯而首城仍舊名法人以尼西爲避暑勝地故游者恒麕集

十九日丙午舟向西北行過士命口南士命屬法之瓦爾部爲停泊兵輪之埠有道船塢礮臺守口甚爲堅固其礮臺分爲三等一爲常練之臺日夜防守者也一爲有礮無兵之臺臨事方置兵者也一爲有基無礮之臺臨事方囊沙爲壘設礮者也其臺共計三十餘座由海口環上山顛遠擊敵船近攻鐵路首尾相接攻之良難又西北行至馬寒口外之佛禮優爾泊焉自昨午至此行二百四十六海里時早鐘方八下也西人通例凡船自外埠來遇外埠有時疫流行者必令船停泊口外二三日方許入口蓋恐船人上岸或傳染疫疾故耳余船自拿破里來適拿破里有疫故須在口外停泊佛禮優爾爲兩島間泊船之處北島名拉多內奧南島名波彌歸斯北島東西長四里南島自東北至西南長四五里兩島廣均不過一里而南島之東北頭約一里許與北島中間爲平行勢相距僅十分里之六七法人於平行處之西面砌石

爲隄以聯兩島於東面接北島山觜砌長半里之石隄西南伸入海中對南島之東北頭爲口門隄之西南端置燈塔口門廣約半里口內水深泓能容數十巨艦北島東頭之東南有小島曰査特奧適當佛里優爾口門之東査特奧與北島間海夾亦可下椗自佛里優爾東至馬寨南之蓀都彌觜約六里東北至馬寨口內約十里南北兩島均無居民但有電報局及醫院島皆白石無林木間生小艸細黃花鋪地如散金有泉水味甚甘美老嫗守之投錢方可掬飲

二十日丁未停泊佛里優爾此日作家書寄上海轉遞湖南報航海平安也

二十一日戊申啟椗向東北行至馬寨口外轉而東南行入口又東行泊焉時早鐘方八下也馬寨爲法之不世德羅內部首城即瀛寰志畧之馬耳塞里亞地勢爲向西海澳口門西北向廣約三分里之一其東岸觜有礮臺曰森占所以守口也入口轉而東向處南岸山麓有大礮臺曰森尼科來斯甚堅固且踞地頗高礮力可以及遠所守不僅口

內也澳內東西長約二里廣約三分里之二口門迤北距岸約里許砌石爲隄南北亘約六七里隄以東皆船塢澳之南則倚山麓旋與同人攜裝登岸至阿得爾得勒福客店寓焉自上海至馬寒計海程八千八百一十一海里合中度二萬九千三百七十里飯後馳馬車南行轉而西行循海瀕繞英都彌鬐至博物院自英都彌鬐望昨日寄泊之佛禮優爾宛在水中也院中所陳多斷碣殘碑不能辨識有埃及古石槨二具槨之蓋肖人頭面胸腹狀胸腹間泐文字頗多非篆非籀亦非西文象蟲魚鳥獸之形類乎吾華之古鐘鼎款識蓋埃及古文也若能搨出亦可供好古者之賞鑒旋往游生物園園在馬寒澳南之山顛高於海面三百八十六英尺延袤數里所畜虎豹獅象犀兕熊羆麋鹿狐狼皆備有獸馬首鹿身牛尾長頸前足高於後足三分之一有二短角西人名爲吉拉夫瀛寰志畧謂之長頸鹿阿非利加州及亞細亞西域皆有之足高頸長僅能食樹上之葉飲水必八其前足性馴然不畏猛獸印

首則眼光四射能見四方猛獸來輒踞以拒之按漢書烏弋山離有桃拔獅子孟康曰桃拔一名符拔似鹿長尾一角者或爲天鹿兩角者或爲辟邪後漢書章和元年遣使獻獅子符拔符拔形似麟而無角明史永樂十九年中國周姓者往阿丹國市得麒麟獅子以歸麒麟前足高九尺後六尺頸長丈六尺有二短角牛尾鹿身又宏治三年撒馬兒罕貢獅子及哈剌虎合諸書觀之則兩漢書之符拔明史所謂麒麟哈剌虎即今之吉拉夫孟康言長尾當作長頸范書言無角蓋角甚短藏於毛裏初視之似無角明史言麒麟之狀與吉拉夫尤合哈剌虎蓋即吉拉夫之轉音吉之一等音爲格譯西文者格哈往往不分但明史直指爲麒麟按之爾雅說文詩疏所言麐實一角此二角又不戴肉謂之爲麐不亦誣乎按孟康所謂一角爲天鹿者當是麐二角爲辟邪者當是吉拉夫又登山頂馬塞市鎮一覽在望人烟稠密攷其民口三十七萬六千一百四十三駐有部長及兵官祭其地土皆白沙不似肥腴者然沿海多叢林濃蔭數十里蓋西人講求植物學盡其人

力樹藝亦能茂密耳薄莫始歸德馬賽在赤道北四十八度十七分　京師偏西一百一十一度五分本法蘭西南海巨埠無論法船往來必停泊其間即英吉利與各國東行之船亦當迂道泊此以載歐州中原之人貨惟德意志與法爲仇其船不泊馬賽則泊於意大里之熱那亞

二十二日己酉飯後與同人往遊畫院院爲圓臺周以高牆上覆琉璃圓蓋與牆接臺去牆約數武臺牆間斜堆土石周牆貼畫無餘罅畫尾與所堆土石連暄淡合混爲一色上蓋透光映塔壁登臺望之數十里山谷即在目前而畫與土石之界驟難辨別所畫爲同治九年普法交兵法軍敗衂之狀礮火轟烈死傷徧野洞車折軸馬驚跌蹶無不肖眞蓋法人不忘德仇痛定思痛作此令國人觀之當思雪恥亦句踐不忘夫差之意耳歸寓即束裝晚鐘六下攜裝上火車向西北行約數里過馬的圭斯湖之東北湖口西南向與海通湖口有燈塔湖內能行火輪湖口之西爲羅尼河入

海之口又西北行過山洞至亞勒斯屬不世德羅內部始傍羅尼河東岸向東北行至亞威農部首城入寫哥律師部時已入夜轉而西北行入多羅美部過瓦稜𨿅部首城之東又北行入義塞勒部過非尼部屬城又北行入羅內部至里昂部首城渡羅尼河西岸撥法蘭西之繁盛城鎮巴勒爲第一而里昂次之蓋里昂爲蘇安河羅尼河會流處河流至此始大能通淺水輪船南達地中海與歐東各埠近故貿易爲特盛民口過四十萬羅尼河出瑞士大山中阜加峽下西南流經瑞士之瓦來斯部至馬的格尼之北轉而西北流經瑞士之瓦烏的部匯爲給尼發湖轉而西南流湖東西長約一百二三十里廣約三十里高於海面一千二百三十尺湖中嘗有小火輪往來以爲游舫出湖經給尼發城中又西南流出給尼發部入法蘭西境經上撒歪部西厄英部東又南流經撒歪部西轉而西流經厄英部南義塞勒部北又西流入羅內部至里昂城下有蘇安河東北出法之高察內部西南流轉而南流來注二水既會南流入地中海羅尼河共行一千四百二十里法之大水凡四

曰羅尼曰塞納曰羅亞爾曰日倫大惟羅尼南流入地中海餘均西流入大西洋及英倫海峽過里昂始與羅尼河離即傍蘇安河西岸北行入索內羅亞爾部過馬賽城部首西又北行與蘇安河離西北行入哥德多爾部東北行至的仍城部首轉而西北行入約內部傍約內河南岸西北行入塞納馬爾內部過約內河入塞納河之口又西北行逾塞納河至美倫城部首又西北行至巴黎之東南車棧停輪下火車時已天明早鐘九下矣攜裝至克郎阿得爾客店寓焉自馬塞至此計行一千七百七十里中里

二十三日庚戌寓巴黎

二十四日辛亥寓巴黎按法蘭西上古爲荒野唐虞時西域蔥嶺之西鹹海之東有印度則族遷居其地曰高盧周東遷後高盧漸强安王十二年始侵羅馬漢甘露河平之間羅馬大將塞薩爾征服高盧爲屬地宋元嘉中羅馬分東西羅西羅馬旋有日

耳曼北方士部曰法蘭哥者漸侵略高盧地驅逐羅馬戍兵齊永明四年法蘭哥部長哥易路盡取羅馬所轄高盧地立爲國繼墨羅彬朝梁天監八年始建都於巴黎國號法蘭西是時法蘭西疆域東至萊尼多瑙二河萊尼河出瑞士大山哥他得峯東麓東北流經瑞士之給里孫部轉而北流經瑞士奧斯馬加之間轉而西北流經瑞士德意志之間南受瑞士山中北流諸水至巴勒城下轉而北流入德意志竟又轉而西北流至英美利支之西入荷蘭竟分流爲二支北支曰萊尼南支曰瓦爾同西流至南荷蘭部入歐羅巴北海行二千二百里多瑙河見前西距比里牛斯大山今西班牙之北法蘭西之南有山東盡地中海西至大西洋之比斯開海灣縣亘八百餘里者是也其山四時見雪畧低於亞爾伯山北枕英蘭海法蘭西英吉利兩國間海夾名南臨地中海盡哥易路英武有大畧實爲歐州開闢雄才傳國二百七十二載至唐天寶十一年墨羅彬亡有法蘭西國者爲加晉令朝唐永泰元和之間加晉令朝有英辟曰沙立曼東征西伐拓宇較哥易路尤廣疆域北至阿得河出奧斯馬加所屬細勒西亞部之特拉波城西北山中東南流至特拉波之東轉而西北流入德意志所屬細勒西亞部竟過鄂佩爾城西又西北流過法琅佛德之東又北流至斯德丁之北入波羅的海行一千三百里南距低伯河見前地中海東及易北蘇伯二河易北河出奧斯馬加所屬波希米國東北利森

山中南流至巴都畢斯轉而西北流出波希米竟入德意志所屬之薩克索尼亞國竟過德勒斯遠城中又西北流至昂爾不爾之西北入歐州北海行二千里臘伯河出奧斯馬加所屬士的里亞國之布魯克城東山中東南流入匈牙利竟轉而東北流至臘伯城東北入多瑙河行四百餘里按臘伯城郎瀛寰志畧之剌固城 **西盎厄波羅河**出西班牙所屬不爾厄斯部西北比里牛斯山中東南流過羅哥羅虐城北又東南流過薩拉尼撒城北又東南流至達拉瓦納部入地中海行一千一百里**大西洋恤人民興制度善政甲西方古今傳二百三十五年至宋雍熙四年加魯令亡有法蘭西國者爲加北珍朝加魯令季世諸侯各擁土地抗王命非復舊時版章矣加北珍朝始興十字軍時邪蘇所生地名耶路撒冷者爲土耳其人所據西方耶穌教人欲征復之於是歐州各國君臣從軍者數百萬而法人爲最衆名曰十字軍自紹興至咸淳凡起軍七次歷年一百七十二而十字軍未嘗得志歐州人死亡者二十萬東方邪穌教徒威勢遂微矣傳三百四十一年至元致和元年加北珍亡有法蘭西國者爲瓦羅斯朝加北珍之中葉法蘭西西北各部常爲英吉利所據至瓦羅斯之末法之土地始不爲英有傳二百六十一年至明萬厤十七年瓦羅**

斯亡有法蘭西國者爲不爾奔朝當沙立曼之世皆選議員一千餘人春秋徵集議政事及十字軍初起復會朝臣教徒議方畧謂之巴力門即今議院之權輿也前明鼎革之際法蘭西王路易第十四智勇過人收文武奇異之士置上位漸收大權歸政府抑制巴力門及子路易第十五之世貴族殆八萬戸各肆威權不與齊民通婚嫁惟貴族能登大官教徒次之庶民積怨日甚適華盛頓立民主國於米利堅法人思慕之於是國中舊有大民會廢置百餘年矣乾隆五十四年民變將作遂舉行大民會貴族與齊民爭議不決齊民改大民會爲國法議會欲改國抑王權令貴族教士與齊民等而教士貴族之思急進者亦黨之詭辨激說以抗政府王路易第十六慮生變逮議員過激者數人下獄以兵自衞於是齊民會者數百萬入武庫取兵器號改革兵幽王於巴黎宮中尋弑之置總國會治政事而君權始替改革兵多無賴乘機爲亂各樹黨相殘害殺戮無度歐州諸國多論其悖逆無道總國會又傳檄諸

國云諸國之民有廢其君立自主政者卽助之諸國恐其禍延四方於是英俄奧普西葡意及日耳曼聯邦皆約從起兵平法亂號聯合軍改革兵勇於戰聯合軍爭權不一未能平其亂改革兵礮卒拿破侖用兵如神屢立大功遂擧兵爲大將嘉慶四年立三首領治事一首領最貴二人輔之拿破侖爲大首領九年國人尊拿破侖爲法蘭西皇帝世其位拿破侖以民黨起當舉國思自主之際卒能登帝位復君權豈其威勇能服人也於是拿破侖東降日耳曼帝（奧斯馬加爲日耳曼帝）普魯士王南收意大里埃及葡萄牙惟西班牙得英人之助尚距命不下當時歐州各國英俄之外無敢抗法者故拿破侖疆域幾與沙立曼等十八年拿破侖大舉侵俄羅斯奧普佐之天寒糧絕戰不利士卒死亡始盡明年奧普叛法與俄羅斯瑞典合軍攻法入巴黎放拿破侖於埃爾白島合國大會於奧都維也納議復拿破侖所侵各國地明年拿破侖自島起兵號召舊旅未一月入巴黎卽尊位各國之師皆在會聞之大驚於是英吉

利俄羅斯奧斯馬加普魯士荷蘭比利時哈威爾巴威以聯兵號百萬分道攻法拿破侖親率大軍與英軍遇於比利時之瓦得路鏖戰三晝夜適普軍自東來突法軍法軍大敗拿破侖走詣英兵艦請降英人流之於三遠厄勒那島在阿非利加西大西洋中遣將監禁之道光初病死拿破侖既敗法人立路易第十八為王前王路易第十六之弟也然君民爭權無寧日道光二十八年國人廢君位公選統領治事以路易拿破侖中選號拿破侖第三實前王拿破侖之從子也咸豐二年拿破侖第三復為世襲皇帝同治九年西班牙無王國人議迎立普魯士王族拿破侖第三阻之普法遂交釁於是有師丹之戰師丹在亞爾德內斯部美西也爾東南三十五里普人擒拿破侖第三入巴黎是役也法人為虜者七十萬戰没者十五萬全國三分之一為普所蹂躪亡財貨不可勝計既而議和法割西北兩尼河西二部歸普復償普兵費五千兆佛郎約計之三佛郎又半合中錢一千法人乃定制為民主國分國為八十七部公舉首領治事七年一易國之政事經二

議院議定首領惟書諸交政府施行其所以異於常人者以其能受各國書問接各國使者及閱營兵察刑政而已歲俸不及妻子退任則與齊民等議院分上下上院議紳三百八其七十五人專議國律終身不易其二百二十五人舉由國之縉紳九年一易下院議紳五百三十四人舉由齊民四年一易凡民十萬舉一人過十萬即不滿十萬亦舉一人應舉者必年過二十居籍無犯法者在官者不舉凡國之政事政府條其說交下議院議院可復交上院上院亦曰可然後行自改革以來其國之黨凡三一曰君黨志復君權者也一曰民黨志保民主者也一曰中黨則中立二黨之間而無成見者也兩院之中三黨俱備遇事不無齟齬則以可否之多少定之可多則行否多則止故又必視其黨之多少何如國律（拿破侖所定凡二千三百餘條頗稱公允歐州各國多用之）議員所議政府不以爲然者例得遣散議員令民再舉然議員之卓異者必爲民望雖遣散而民復舉之政府卒莫如何甚至有相率罷去者故政府即數十易而議員未嘗

一動但政府諸臣惟兵部海部官由專門出身他部官多自議員遷擢若果同黨則政府與議院尚不至相抗首領有罪下院陳其狀上院得執而審之今任首領者名葛蘐非庸碌不審事民咸安之故去歲瀰任兩院復議留其畺域南之東距地中海南之西倚比里牛斯山山南爲西班牙西盡大西洋北之西臨英倫海海北爲吉利利北之東界比利時及荷蘭所屬之盧森不爾厄東則與德意志瑞士意大里爲鄰其鄰意大里者爲亞爾伯山鄰瑞士者爲白山爲周拉山鄰德意志者昔守萊尼河今則退而守阜斯吉士山及摩塞勒河東西南三面皆環以山海惟東北界爲平壤地勢東南多山而高西北近水而低南北一千七百里東西一千五百里爲方里者一百七十一萬二千四百六十八民口三千七百八十八萬五千九百東南產橄欖蒲桃粟米西北產二麥蘿蔔橄欖造油蒲桃造酒蘿蔔造糖而以蒲桃爲最多故稅酒甚夥農務畜牧稍遜粟麥牛羊均須仰給於米利堅所產煤鐵均不供國用惟鐵

貿拮佳周拉山阜斯苛士山林木茂密西北各部亦多新種之樹故材木尙足他如里昂之絲廬昂之布南畧之磁器北寬之琉璃及所造船礮機器皆稱精好聞科魯蘇鋼甲廠所鍊比斯邁鑪鋼質純而堅性勻而脆各國船廠咸珍愛之謂不亞於克虜伯之礮鋼其通商海埠臨地中海者爲馬賽前見臨大西洋者爲波耳多爲日倫大河入海口在赤道北四十四度五十分京師偏西一百一十七度難得斯爲羅亞爾河入海口在赤道北四十七度十三分爲京師偏西一百一十七度五十九分臨英倫海者爲哈佛爾爲塞納河入海口在赤道北四十九度二十九分京師偏西一百一十六度十九分其設廠造船停泊兵輪之埠則土倫在地中海在赤道北四十三度七分京師偏西十度二十九分所以扼東南之要羅拾縛在赤道北四十五度五十七分京師偏西一百一十七度二十三分爾俄爾英特在赤道北四十七度四十七分京師偏西一百一十九度四十七分比臘斯的在赤道北四十八度二十三分京師偏西一百二十度五十五分設貝格在赤道北四十九度三十八分京師偏西一百一十八度三分臨大西洋與英倫海所以守西北之險其山邊重鎭近意大里者爲貝爾昂桑在赤道北四十四度五十七分京師偏西一百九度五十二分近德意志者爲比爾佛德在赤道北四十七度三十九分京師偏

西一百九度三十三分皆屯藏軍械守禦嚴密國御民盡爲兵分四等朝夕入伍操練攜仗隨身者謂之營兵歲僅入營操練一閱月者謂之餘兵居家隨時習武事者謂之團兵居家僅備有事時調遣者謂之備兵團兵備兵職在守禦非警不臨陣男子二十一歲即隸軍籍惟廢疾及寡婦獨子乃免凡民充營兵五年始退爲餘兵充餘兵四年始退爲團兵充團兵五年始退爲備兵充備兵六年始脫軍籍計民隸軍籍者凡二十年教士或至廢學於是免教士間近日有議減營兵之限爲三年而增餘兵團兵之限即教士亦不免者未知其議果行否耳計今入伍操練之兵共五十萬二千七百八十六人若四等齊集共二百四十二萬三千一百二十四人養兵歲費約英金錢二千六百萬磅兵船四百五十一艘大鐵甲二十艘馬力四千匹至八千匹中鐵甲十二艘馬力一千匹至四千匹護衛礮船二十七艘快船五十七艘大小雷艇及報信運兵之船共二百三十五艘水師七萬八人養艦歲費約英金錢七百萬磅光緒十年所入約英金錢一萬五千一百一十萬六千磅所費差等國債英金錢八萬

五千八百萬磅入口貨值約英金錢一萬六千九百三十七萬四千五百二十磅出
口貨值減於入口貨值三千七百三十六萬五千三百二十磅鐵路約五萬五千一
百里電線約四十六萬四千里自師丹毀後償兵費補傷殘國債因之累增近日又
用兵於阿非利加之馬達加斯加爾島及越南之東西兩京國用愈多議院議節經
費政府每以不足爭之議院不允政府去位者數矣舉國奉天主教有大書院十六
總國之學校十六院長歲一巡行通國考察學校之勤惰男女及年均入學習藝業
不成者使粗通文字年逾十二始歸學聽其自由及年不入學者則罰其父母故藝
學漸進綜歐州藝學以德意志為最法蘭西次之英吉利又次之然法之風俗尚詐
力善妒人之技能負氣少有睚眦輒舞劍以鬥死傷不論遇與他國有隙不計成敗
強弱但以一戰為快師丹之敗未嘗稍悔每歲增兵置械不遺餘力而德之籌防周
密法亦無隙可乘也巴黎為國都在赤道北四十八度五十分　京師偏西一百一

十四度六分自哥易路建都至宋嘉定十五年加普令朝腓立第二始修城城厚七步周六十里建樓五百通門十三塞納河自城東南隅入城繞行城內二十里自西南隅出城帆檣往來不絕近日法人懲同治九年之敗知敵臨城下必不能守且多阻礙不便馳驟於是盡毀舊城至今但存遺址蓋西人立國貴守險不貴守城凡各國都邑有城者甚少計巴黎民口二百四十三萬四千五百五十高瓴巨雲廣術擊轂為西方大都會按塞納河出哥德多爾部的仍之西北山中西北流過德羅業之東又西北流轉而西流受自西南流來之約內水又西北流過美倫之西又西北流入巴黎城出城西北流受自東北流來之疴瓦斯水又西北流過盧昂之南又西流至哈佛爾南入英倫海行一千二百五十里

二十五日壬子早鐘九下發巴黎由北車棧登火輪車向北行逾疴瓦斯河入疴瓦斯部過波威城部首城又北行入宻美部過亞眠城部首城轉而西北行過亞貝威勒又北

行入巴的加雷部循海北行過補羅義轉而東北行至加來停車補羅義加來均法蘭西西北臨英倫海市埠貿易繁盛當元明之交加來爲英吉利所據凡百餘年自巴黎至加來計行四百七十里舍車登火輪船渡英倫海按英倫海北通歐州北海西南通大西洋自加來以北西臨英倫海者爲比利時爲荷蘭加來之西南北臨英倫海者卽法蘭西比與荷距英之海較廣惟法爲近自法渡英之道凡六一自設貝格見前東北渡英之蘇當波敦在赤道北五十度五十四分京師偏西一百一十七度五十分計海程一百海里合中里三百三十三里一自哈佛爾見前西北渡蘇當波敦計海程一百二十海里合中里四百里一自低培在赤道北四十九度五十六分京師偏西一百一十五度二十一分西北渡英之紐海汶在赤道北五十度四十七分京師偏西一百一十六度二十二分計海程七十五海里合中里二百五十里一自加來在赤道北五十度五十七分京師偏西一百一十四度三十五分西北渡英之多汶在赤道北五十一度七分京師偏西一百一十五度七分計海程二十一海里合中里七十里加來亦可渡英之福克斯墩較多汶爲畧遠以此道爲最近蓋海之最狹處也故加來多汶爲兩國之最要

地西方地學家恒測周英吉利三島之海距島岸五十海里內水深不過二百英尺以外深輒過之可知古時三島疆域四周廣於今日五十海里而英法間海狹處僅距二十一海里又可知古時三島本與大地連後爲海水所齧湮沒其四周低地遂成孤懸之島耳今英吉利東岸與比利時荷蘭間海但使水落二百英尺即可陸行相達滄海桑田古今一轍安知今日之洪濤不變爲他年之腴壤哉渡海約歷一小時又三十分抵根德部所屬之多汶舍舟登火輪車向西北行過坎特布里又西北行過法汶冉木又西行過茶坦姆又西行出根德部入塞勒部竟轉而北行入倫敦逾達迷塞河至使館住焉自多汶至倫敦計行二百四十里自巴黎至倫敦共八百八十里按英吉利舊曰比利敦本高盧別種蠻塞爾達族五鳳中羅馬經略西北遂渡海取其地旋棄之去東漢建武十九年羅馬復以舟師伐取之越六年築倫敦城於達迷斯河上遣官治其地比利敦遂屬羅馬凡歷三百三十七年羅馬既衰比利

敦始自立爲國時東晉大元五年也歷六十九年至宋元嘉二十六年薩索尼人逐比利敦人薩索尼本北海南岸（今荷蘭地）夷族其部凡三曰薩索尼曰入的曰英吉利（後名國爲英吉利實因此）既逐比利敦遂分據其地爲七國號薩索尼朝曰根的入的人主之曰薩塞曰味塞曰厄塞薩索尼人主之曰東英吉利曰墨西亞曰諾東伯蘭英吉利人主之七國相侵伐擾擾者二百餘年至唐寶厤大和中味塞兼并六國地名其國曰英倫（猶言英吉利地也）咸通八年大尼人舉兵取英倫之諾東伯蘭地建國與英倫鼎立大尼即今之嗹馬國也宋大中祥符六年大尼人入倫敦逐英倫王據其地號大尼朝明年大尼王死國人不忘舊君復迎英倫王於法之諾爾曼的部立之天禧元年大尼王子復入爲英倫王兼王斯的干那味（嗹馬瑞典挪耳瓦三國總名）於是薩索尼亡慶厤二年薩索尼王子復自諾爾曼的部入英倫逐大尼人復其位於是薩索尼再興治平三年薩索尼不能治其國法蘭西之諾爾曼的侯維廉滅薩索尼爲英倫諾曼朝薩索尼

與大尼有英倫地凡六百一十七年諾曼傳一百一十二年至紹興二十四年王士提反卒無嗣國人立其外戚顯理第二改國號曰北監大日奈傳三百三十一年至明成化二十一年英倫西偏之威爾士八日力支門伯者自法蘭西舉兵滅北監大日奈爲英倫王國號都鐸爾諾曼北監大日奈兩朝均由法蘭西藩侯入王英倫故兩朝均逾海兼法蘭西地四百年間英法爭戰幾無休日至都鐸爾興英人始不圖法而戰事亦稍息矣傳一百一十八年至萬厤三十一年女王以利沙伯卒無嗣國人迎蘇格蘭王惹迷斯爲王國號斯丟亞爾的蘇格蘭者英倫島之北地也舊有蘇各的種人自阿爾蘭遷居其地唐大和七年自立爲蘇格蘭國恒與英倫並雄至是入王英倫英蘇遂合爲一崇禎四年王查爾斯第一廢國人議政之權而君民之爭始亟卒之君不勝民　國朝順治六年國人數王罪而弑之立民會理國政十七年始迎王子查爾斯第二復位國無王凡十一年康熙四十一年女王安始合英蘇兩

國幷阿爾蘭島名曰大比利敦國阿爾蘭者英倫島西海中之島國也宋乾道二年北藍大日奈朝取之阿爾蘭遂爲英倫屬島五十二年女王安卒無嗣國人迎立日耳曼之哈諾威王佾侖瑞克爲大比利敦王仍兼王哈諾威如故斯丟亞爾的凡傳一百一十年而亡道光十七年女王維多利亞嗣立是爲今王日耳曼舊制例不立女爲主哈諾威本日耳曼列邦之一至是始別立哈王英王不復兼哈王號光緒三年國人以所屬印度幷入大比利敦爲一國於是上尊號曰大比利敦女王兼印度帝后所謂英吉利三島者地本二島英倫蘇格蘭合在一島舊本兩國故分之爲二英倫四十部威爾士十二部威爾士卽英倫西偏地舊自立國故西圖恒別出之合爲五十二部蘇格蘭三十三部阿爾蘭三十二部通國都爲一百一十七部部有長皆舉於民其君位世襲政事君民共主蓋西方列國凡三端一爲君權專重之國如俄羅斯土耳其不設議院政由君出者是也一爲民權專重之國如米利堅法蘭西瑞士及南北亞美利加各

小國無君位僅設首領以聽命於議院者是也一爲君民共主之國如英吉利德意志及歐州各邦有君位有議院遇事民議之而君斷之者是也英之議院凡二上院爲爵紳議政之所入院之爵凡六等如吾華之有王公侯伯子男襲爵未及歲者與爵紳之妻爲命婦者均得入院聽議但不發議辨論耳又有耶穌教督二人副教督二十四人例入上院爵紳均例入非選授無定額今院紳計五百四十八人下院爲民紳議政之所紳由民擇才德過人者舉充選法亦取額於民數多寡今院紳計六百七十八人英倫舉四百六十五人威爾士舉三十八人蘇格爾舉七十二人阿爾蘭舉一百三人其民舊分二黨曰保黨意在保自已利權近於爲我曰公黨意在與人同利近於兼愛近以阿爾蘭之華實上腴多爲英倫豪右所有歲租盡入英倫阿民均股田爲佃戶終歲勤苦不蒙其利故往往思亂於是有爲阿島自置議院之說上之議院者公黨魁格刺斯丁欲允其請保黨固持不可公黨之徒亦多不以其魁爲然而又不願自附於保黨乃別立一黨曰合黨

言英阿當令不可分爲二也故今下院凡三黨下院之權過於上院以上院皆蒙世業下院出於鄉選故耳凡法制禁令財賦出入用人行政王與兩院主之執政依行而已兩院所議上之於王王弗從亦不能行王所欲行或不利於民兩院即不納稅所謂君民共主者是也其徵稅以口計每口歲入滿英金二百磅者始徵所徵無定額每歲終冬官之長如兵部海部之類綜列來歲所出達於戶部戶部總其數轉送兩院兩院核所出無濫始量所出多少定稅則今歲所徵爲三十分取一光緒十三年爲三十五分取一十四年爲四十分取一以年來無事故所徵漸輕故其國之君臣惟日夜謀所以富民民苟富矣國用不虞其乏而戶部實歲無餘財君亦食歲俸俸有餘或置產則爲其君之私藏國有軍事必預徵饟於民民應徵則行否則君有用兵之權無饟饟之實戰事非君所能擅律法皆兩院所定刑官惟據之論斷刑官之屬各分曹理事以聽命於其長其曹頗多如戶口婚姻土田商務之類各掌其曹各習其律不相爲謀也聽訟之法兩造各有明律者一人名

曰訟師刑官一人中坐佐二人左右坐紳耆十二人左右旁坐紳耆不必知律由刑官禮聘但先列十二人之名質之兩造均可然後聘也先由兩造之訟師互詰兩造刑官從而斷之佐與紳耆皆曰平允即論定紳耆所見或異則從多者刑官之屬不能平直則訴之上議院以論定之蓋泰西通例刑官非國王所得而臣以國王有罪刑官得而論之而英吉利刑官苟博通諸律爲長者其王則賜爵以臣之故刑官之長必爲爵紳而上控者必至上院也民間男女生死婚嫁官皆書之於册流寓出入國境官皆稽之故戶口能詳有大書院三每院之長凡數百人以學有專門所學不一非多置院長不能教授取士非一途無定額無定時凡民之學成即言所學於大書院院長據所學面試之果成則給執照初試皆天文輿地身體文字推算格物之大畧再試然後爲專門精進之學風俗堅忍耐勞守法度以逾蕩爲恥靜鎮無囂雜之氣五都之市袂雲汗雨未嘗聞人詈男女並重故婦女均出應賓友亦未聞因此

致淫亂蓋其法禁淫亂不禁應賓友也男女年未二十讀書學藝皆父母任之逾二十則父子異居各營生計男之娶女之嫁皆自主之父母不問也父母豐於財者或給子女與否惟父母所欲惟所受祖父遺產必遺長子與傳爵同故終身無子女之累亦無侍奉之樂其天性所由薄也畺域四面環海海之南爲法蘭西海之東爲比利時爲荷蘭爲嗹馬皆裨海也西與北皆大海繞之即大西洋也英蘇與阿爾蘭間海夾東西廣處三百七十七里南口廣一百五十里北口僅四十三里爲最狹處南北長約七百里英蘇一島大勢如三角形自極西南角在赤道北五十度四分京師偏西一百二十二度九分至極北角在赤道北五十八度四十分京師偏西一百一十九度四十六分爲西邊長一千七百四十里自極東南角在赤道北五十一度九分京師偏西一百一十五度三分至極北角爲東邊長一千五百七十里自極西南角至極東南角爲南邊長六百四十里爲方里者七十四萬三千八百一十五坿羣小島

阿爾蘭島自極南偏西角在赤道北五十一度二十七分京師偏西一百二十六度十六分至極北角在赤道北五十五度二十

三分京師偏西一百二十三度五十一分長八百七十里自極西偏北角在赤道北五十四度十八分京師偏西一百二十六度二十六分至東南角在赤道北五十一度十分京師偏西一百二十二度四十三分長五百八十里爲方里者二十七萬二千九百五十六三島民口共三千五百二十四萬一千四百八十二英蘇地勢西北多山東南爲平壤山地多爲牧場產牛羊東南則爲耕地產大小二麥及玉蜀黍蕎蘋其最高峯曰班內菲斯在蘇格蘭音威爾內斯部之格蘭便山高於海面四千四百五英尺阿爾蘭地平少山宜農田畜牧但地多窪下水積而不洩輒成泥淖誤入者或深陷滅頂所在皆有其廣大者面積方里至三千之多議者欲用機器洩泥淖之水使變爲腴田則農事亦茂然尚未舉行所產於二麥外以蕎蘋爲最佳其多用於歐州土人藉以充糧要之三島所產牛羊五穀均不足供國人之食歲必取給於亞美利加其賴以富國者實惟煤鐵二礦英倫西北各部煤地甚廣約計之爲方里者二萬四千二百產煤之地鐵卽生焉歲出之數贏絀不一裒多益寡爲之折

中每歲約出煤一百三十五百萬噸每噸約一千八百六十斤出鐵六百五十萬噸西人嘗合大地所產煤鐵計之藏富於地未經開采者不計而英倫每歲所出實居大地所出之半蘇格蘭煤鐵在法德河與克來德河之間及西南濱海一帶所出尚多但不及英倫遠甚阿爾蘭所務在農其礦利則微矣英倫東南地哥爾奴瓦里斯部又產白鐵一名馬口鐵英人呼爲鋌其質不如他鐵之堅然柔韌中作尋常日用之器歐州各處亦產之但不如哥部之多惟哥部不產煤需運礦就他處鎔鑄英之貿易較各國尤盛蓋地小而籌生計全恃通商數百年來國人盡其才力以謀之卒能出於諸邦之上也其製造極多之處倫敦而外在英倫者曰麗佛普爾在赤道北五十三度二十五分京師偏西一百一十九度二十五分曼徹斯特赤道北五十三度二十九分京師偏西一百一十八度四十分布里斯拖赤道北五十一度二十八分京師偏西一百一十九度一分北門翰赤道北五十二度二十九分京師偏西一百一十八度二十分設福爾德赤道北五十三度二十三分京師偏西一百一十七度五十四分里子赤道北五十三度四十八分京師偏西一百一十七度五十八分紐喀斯赤道北五十四度五十九分京師

偏西一百一十八度三分在蘇格蘭者曰埃丁貝赤道北五十五度五十八分　京師偏西一百一十九度三十七分格剌斯哥赤道北五十五度五十三分　京師偏西一百二十度四十二分在阿爾蘭者曰都伯林赤道北五十三度二十一分　京師偏西一百二十二度四十二分貝爾法斯德赤道北五十四度三十七分　京師偏西一百二十二度二十二分製造之物棉花所製者布綫之類是也羊毛所製者氊呢之類是也鋼鐵所製者機器船礮之類是也惟本國不產棉花羊毛故每歲進口貨於食物之外以二者為大宗率印度產棉花澳大利亞新西蘭南阿非利加等處產羊毛皆英之屬地凡由彼間運貨來英者均為英商雖為進口貨利實英人有之孤懸島國海口險要防守較他國尤密其險要之在英倫南岸者曰抱斯穆斯赤道北五十度四十八分　京師偏西一百一十七度三十二分有船廠為停泊兵輪之埠布來墩赤道北五十度四十九分　京師偏西一百一十六度三十四分海斯頂司赤道北五十度五十二分　京師偏西一百一十五度四十九分為南岸東段有堅大礮臺之處大兵官駐蘇當波敦見前以統之曰滿里赤道北五十度四十三分京師偏西一百一十八度二十五分埃克斯穆斯赤道北五十度三十七分　京師偏西一百一十九度五十分撻德穆斯赤道北五十度二十二分　京師偏西一百二

十度普里穆斯赤道北五十度二十二分　京師偏西一百二十度三十五分有船廠爲停泊兵輪之埠阜衛赤道北五十度二十一分　京師偏西一百二十一度四分阜爾穆斯赤道北五十度九分　京師偏西一百二十一度三十分平泉西赤道北五十度七分　京師偏西一百二十一度五十九分爲南岸西段有堅大礮臺之處大兵官駐威穆斯赤道北五十度三十六分　京師偏西一百一十八度五十三分以統之在英倫東岸者曰雅穆斯赤道北五十二度三十七分　京師偏西一百一十四度四十三分烏里池赤道北五十一度二十九分　京師偏西一百一十六度二十三分有船廠爲停泊兵輪之埠茶坦姆赤道北五十一度二十三分　京師偏西一百一十五度五十四分有船廠爲停泊兵輪之埠回特斯大布爾赤道北五十一度二十六分　京師偏西一百一十五度十六分多汶度分見前有船廠爲停泊兵輪之埠爲東岸南段有堅大礮臺之處大兵官駐哈威池赤道北五十一度五十一分　京師偏西一百五十五度九分以統之曰京士蘭尼赤道北五十二度四十六分　京師偏西五百一十六度二分斯喀波羅赤道北五十四度十八分　京師偏西一百一十六度五十一分松德蘭赤道北五十四度五十六分　京師偏西一百一十七度四十九分爲東岸北段有堅大礮臺之處大兵官駐赫爾赤道北五十三度四十五分　京師偏西一百一十六度四十六分以統之西岸則以阿爾蘭爲外蔽故防守亦疏惟於彌爾福德赤道北五十一度四十三分　京師偏西一百二十一度二十九分有船廠爲停泊兵輪之埠

屯兵船北拖阿爾蘭海夾南護布里斯拖海口其在蘇格蘭東岸者曰里嗣赤道北五十五度五十九分京師偏西一百一十九度三十六分有船廠為停泊兵輪之埠布洛德赤道北五十六度二十九分京師偏西一百一十九度十八分貝德海特赤道北五十七度三十一分京師偏西一百一十八度十三分威克赤道北五十八度二十七分京師偏西一百一十九度三十二分瑪英蘭島赤道北六十度十分京師偏西一百一十七度三十五分為有堅大礮臺之處大兵官駐南昆佛里赤道北五十五度五十九分京師偏西一百一十九度五十分以統之在西岸者曰格刺斯哥度分見前有船廠為停泊兵輪之埠利威斯島之斯道羅隈赤道北五十八度十三分京師偏西一百二十二度五十分為有堅大礮臺之處大兵官駐格里洛克赤道北五十五度五十八分京師偏西一百二十一度十二分以統之其在阿爾蘭東偏者曰拉內赤道北五十四度五十一分京師偏西一百二十二度一十六分貝爾法斯德度分見前有船廠為停泊兵輪之埠都伯林度分見前有船廠為停泊兵輪之埠威哥斯佛爾赤道北五十二度二十分京師偏西一百二十二度五十四分窩德爾佛爾赤道北五十二度十六分京師偏西一百二十三度三十一分有船廠為停泊兵輪之埠哥爾克赤道北五十一度五十四分京師偏西一百二十四度五十五分有船廠為停泊兵輪之埠京索里赤道北五十一度四十三分京師偏西一百二十四度五十八分為有堅大礮臺之處大兵官駐京斯墩赤道

北五十三度十八分　京師偏西一百二十二度三十六分以統之在西偏者曰里壓黎克赤道北五十二度四十分　京師偏西一百二十五度四分有船廠爲停泊兵輪之埠加威爾赤道北五十三度十七分　京師偏西一百二十五度三十分爲有堅大礮臺之處大兵官駐班特里赤道北五十一度四十一分　京師偏西一百二十五度五十四分以統之此其設險守國之大要也至礮臺之法有見擊越擊二端華人所用者皆見擊惟西人用之見擊之礮臺露出臺有礮門望定來船對準而發彈綫平出必爲旁中越擊置礮山後或築堡障礮前使敵不見礮測定來船遠近左右之點升降礮度轉移礮向彈綫越山與堡而出必爲墜中越擊難而見擊易以越擊須測量見擊一望而發有遲速之別耳旁中遜而墜中勝以旁中傷在船身用厚者彈未必透即透亦不難補墜中傷在船面人物機器必有所損且見擊之臺敵能準擊礮門若敵礮遠率過於我礮是坐受敵礮而無回擊之權越擊之臺在山與堡之後敵礮無由望擊又不損礮房無藥烟蔽目之患惟越擊必須測量是在築臺有法耳預先測算精確平常操演熟習則臨用

可以速發可以命中其法先安礮軸定點高於海平若干尺使礮軸垂綫與海平成直角次測礮高四十五度之遠界及平度近界確在海面何處次審礮向度數其偏左偏右之極界確在海面何處於是括其遠近左右之界分經緯綫自四十五度最遠界漸減至平度最近界當每度所中之界定爲緯綫自偏左極界漸移至偏右極界當每度所中之界定爲經綫乃用分率將海面經緯綫繪爲成圖凡經緯線相交之點悉編字號列之於圖是則海面受礮之處可以披圖而知於是置測量之器於山岡或他高處其處於海面受礮之界務須一覽無餘測器爲象限弧或半周弧其弧須大開度須廣俾易於審視上安管以便窺測須備兩器置兩處以相距遠近爲底邊兩管同窺一點即成三角平時預測海面經緯線各交點兩管同窺何交點視兩弧之角度幾何將各交點逐一測定編爲成表臨時兩管同見來船各視角度檢表即知來船已到何點速電知掌礮之人按圖升降轉移礮度發彈無不中者但礮

軸定點及兩測器均須安置極穩不可稍有移動此等礮臺均禁人窺覽防洩其祕或為敵所制耳茲據所聞撮之以理嘗不外是若再有精奥在身親其事者神而明之以收熟則生巧之益其兵為額兵非如決闌西之人盡役之也陸兵二十一萬四百五十六人候用陸兵五萬七千三百人鄉兵農兵共十五萬五千八百四十三人義兵二十五萬五千九百二十三人義兵不受餉歲役數日練習有事則居守阿爾蘭巡捕兵一萬二千八百一十二人共六十九萬二千三百三十四人養兵歲費英金錢約一千八百萬磅暗臺兵船二十六艘明臺兵船九艘兩旁安礮兵船三十艘鋼甲巡船七艘水雷礮船一艘大小水雷船一百四十五艘共二百一十八艘水師四萬九千六百人又海岸水師一萬三千人候用水師二萬二千人養兵歲費英金錢約一千二百萬磅光緒十年所入約英金錢九千一百萬磅所費約英金錢八千九百萬磅國債英金錢七萬三千六百二十七萬八千六百八十八磅進口貨值英金錢三萬六千一百

九十三萬五千又六磅出口貨值英金錢五萬一百九十萬三千四百七十八磅鐵路約六萬里電線約五十萬里倫敦爲國都在赤道北五十一度三十分　京師偏西一百一十六度三十一分（此以倫敦之徹林克洛斯鐵馬爲定點若英吉利之午線實在倫敦之東赤道北五十一度二十八分　京師偏西一百一十六度二十六分）跨達迷斯河南北東距達迷斯入海之口八十七里航海大輪船直達倫敦無城郭其夏屋雲連之區東西約三十四里南北約二十六里爲方里者九百八十二人民四百七十六萬四千三百一十二口（土著三百八十一萬四千五百七十一口餘皆流寓）戶口之繇爲天下城鎮第一當事者皆患人滿近年來貧民漸多無歲不聚衆要食富家雖量爲分潤常恐數年後貧民愈增勢必不支故議院有籌項資送貧民往澳大利亞開墾荒地之議而小民安土重遷復格不行達迷斯河源出烏義爾德部克里克拉德之西北其處曰達迷斯海得東南流三十里轉而東北流出烏義爾德哥羅塞斯德爾二部之間又東流出哥羅塞斯德爾北爾克二部之間又東北流出北爾克

俄哥斯佛爾二部之間又東北流出北爾克巴京咸二部之間又東南流出巴京咸蘇勒二部之間又東南流出蘇勒迷德勒塞斯二部之間又東北流過里徹曼得之西小火輪船能泝流至此又東北流過倫敦城中又東南流出根德厄塞二部之間過爲里池之北又東過綮坦姆之北又東至設布里勒斯之南入海計行六百二十四里爲英吉利第一大水自上海至倫敦計海道二萬九千四百四十里陸程二千四百八十里共三萬一千九百二十里歷時凡四十一晝夜中間停輪寄寓凡十一晝夜蓋行三十晝夜云

環遊地球新録四卷

〔清〕李圭撰

《環遊地球新録》四卷，清李圭撰。圭（一八四二—一九〇三）字小池，江蘇江寧（今南京）人。光緒二年（一八七六），美國紀念建國一百周年，於費城舉辦世界博覽會，李氏以浙江海關職員身份被派往參觀。自上海出發，經日本而至美國，參觀博覽會之餘，又訪問華盛頓、哈佛、紐約、三藩等地。後過大西洋，繞道歐洲，經地中海、印度洋、南洋歸國。歷時八月餘，環遊地球一周，詳其聞見，編撰成書。卷一美會紀略，記博覽會情況。卷二、三遊覽隨筆，分述美、英、法等國政治、風俗。卷四東行日記，附地球圖説。書中除詳述博覽會情形外，於清廷委派留美幼童之狀況，亦有記載，尤可珍貴。據中國國家圖書館藏清光緒間刻本影印。

環遊地球新録

善成堂藏板

序

大清光緒紀元之二年歲在丙子為美利堅立國百年之期美人設會院於費里地費城

廣集各國珎玩古器曰用服御生潛動植諸物匠分部畫各有其所与斯會者中國而外凡三十有六國名曰百年

大會亦曰賽奇公會將
欲考究物產脩好睦隣
蓋仿歐洲賽會而剏爲
是舉也江甯李圭以東
海關稅務司德君璀琳

二　善成堂

之薦往赴於會自上海
東行經日本越大東洋
抵美屬之三藩謝司戈
城又陸行萬餘里至其
地入院縱觀四月有奇

復以其間往遊華盛頓
都城及哈佛紐約等
處迨會事既畢乃自費
城涉大西洋東抵英
國倫敦法國巴黎都

三　善成堂

城遂由地中海達蘇彝
士河過紅海歷錫蘭新
加坡西貢香港而還途
中所歷皆有紀載是役
也水陸行八萬二千三

百餘里往返凡八閱月有奇為美會紀略一卷遊攬隨筆二卷東行日記一卷附以地球圖一會館全圖一總名之曰環遊

地球新錄乞序於余夫自通商以来泰西諸國日出其聪明才力以相角逐凡可為富强計者若鐵路電線車舡砲械之屬轉相仿效務極新奇而於商務尤所措意舍是則無以自立其國匪特習尚所在蓋亦時勢使然也是錄於物

產之盛衰道里之险易政教之得失以及機器製造之精巧人心風俗之異同一一具載其非耳目所及者則略焉弗詳

圭之此行為不虛矣方
今中外通好幾若一家
若英德法美各邦
朝廷既特簡重臣注駐
其都而又分遣生徒出

洋肄業五洲重譯有
若戶庭輶軒往來不
絕於道有志之士果能
殫心考究略其短而師
其長則為益於

國家者甚遠且大又
豈僅一名一物為足互
資考鏡也哉
光緒四年戊寅三月
欽差北洋通商大臣

太子太保文華殿大
學士直隸總督一等肅
毅伯加騎都尉世職合
肥李鴻章撰

序

光緒二年丙子美國剏設百年大會先經其國駐京公使照請總理各國事務衙門咨行南北洋通商大臣轉飭地方官出示曉諭工商人等送物往會并酌撥款項札行總稅務司赫德援照奧國賽會例選派海關稅務人員辦理於是派委在本國管理赴會事宜者爲東海關稅務司德璀琳閩海關稅務司杜德維駐會管理者爲粵海關稅務司赫政前津海關稅務司吳秉文潮海關稅務司哈捫德并美國居華紳商鼐達等另有幫辦穆好士等數人分司其事圭不敏嘗承乏

浙海關案牘十有餘年得德君相知之雅非尋常比於是薦由赫公派赴會所囑將會內情形并舉行所聞見者詳細記載帶回中國以資印證其所以慎重周詳者無他亦欲敦交誼廣人才冀收利　國利民之效也謹將會院規制情形善法良器分別采擇記錄成篇名爲美會紀畧其遊歷美士各都會及英法各國與夫自上海起程環地球一周仍回上海所得之耳聞目見一切政治風俗并與西人言論所及者亦皆詳爲記述分名爲遊覽隨筆東行日記而總名之曰環遊地球新錄竊慚才識庸下未能克副薦委盛意殊有類於羊

公之鶴也已是編之成固竊君洎諸稅務司偕行指點導遊各處得其力頗多然而椎輪實大輅之始非德君何由環球而遊以成是錄也夫因記緣起而幷及焉

光緒三年歲在丁丑春二月下澣李圭識於甬江榷舍

目錄

凡例

一此書首列會院全圖取美國原本鉤摹畧譯華文識其大要庶舉目瞭然

一各物總院首叙中國義所當然至歷叙諸國悉照會院次序臚列無容心於大小間其有畧而不載者以無關重輕等之自鄶已

一機器院第詳美英德三國此外各國大抵與三國彷彿故皆從畧

一繪畫石刻院耕種院花果草木院三處但逐院統叙不分

各國緣較總院機器院物有多寡也

一述會內各院繁簡不同良由院廣物阜人稠事冗一人實應接不暇觀聽都疲誠不免疏畧

一遊覽隨筆自美國費里地費城迄法國巴里京城各就見聞所及者筆之其所未及者不敢妄列其間詳畧不同緣遊覽之日有多寡或因偕行繙譯於英法美國語言不皆盡通故耳

一所歷原不僅英法美三國然其他多屬舟車經過未能少駐周覽故有未及

一幼童觀會事以下諸篇率舉一事而言故另叙而列諸隨筆後

一其中官銜輿地名物度數種種稱謂皆由繙譯譯知雖嘗旁詢曲證究恐不無舛誤

一事物語言中外多殊故稍加譯注并或有體裁未合處均希覽者鑒原有以教未學焉

一西國計里有水陸之別陸以丈量計每里合中國三里三分水以測日準時計每里合中國三里八分又西國一畝約中國六畝然此皆訪之西人究未知確實否也茲所計

道里畝數姑照此分別以中國里數畝數核算書之

一書中所稱丈尺如屋宇牆垣之高廣闊狹淺深縱横與各物件有聞而知之亦及丈尺者皆依西人所言是西國丈尺也至若曾經目見者則皆約而言之是中國丈尺也

一凡噸磅碼加倫蹺碧金錢磅錫林法藍評息等皆隨在注明茲不贅列

一此行往還通不及二百六十日中間水陸程途與患病去其半逮歸來編纂校寫而成是錄又僅三閱月是以挂漏草率艮所不免

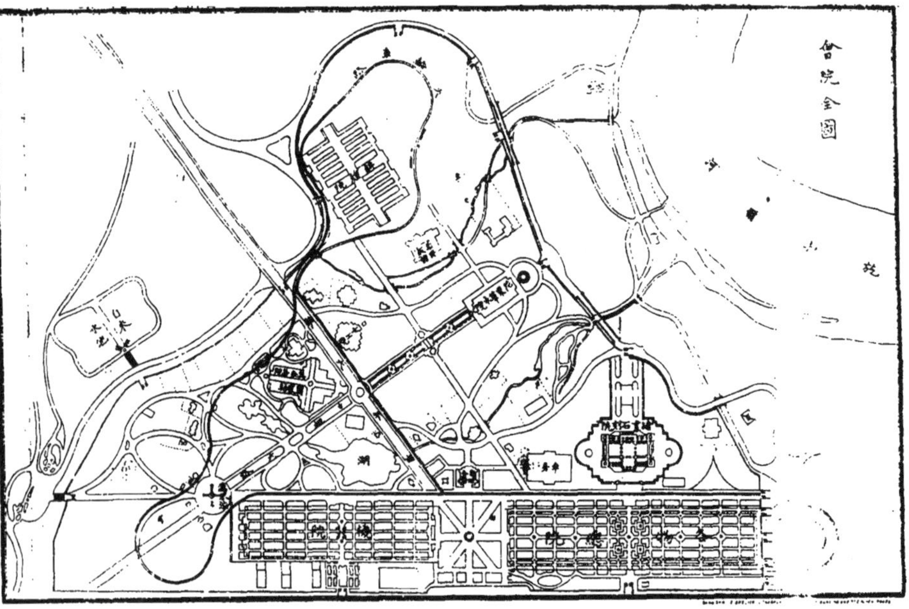

環遊地球新錄卷一

江甯李圭小池

美會紀畧

美國設會緣起

北阿墨利加洲有美國者、洋文稱友乃德司得次、譯即合衆國、又稱米利堅、俗稱花旗、泰西強大國也、在地之西半球、以球而論、適與中國腹背相對、自昔不通聲聞、皆紅皮土番（西人稱爲因顛）所居、三百八十四年前、日斯巴尼亞國（即西班牙國）臣可倫勃斯、跨海尋地、始探得之、嗣英國傳教士亦至其處、見氣候和正、地土遼闊、遂伐木結廬、墾地宣教、自成村落、土番來侵者、屢化之不可、始稍斃其類以警之、既而英人趨之日衆、歐洲各國游民亦航海來歸、驅逐土番、盡力墾種、疆土逐漸開拓、英特以大臣駐守、沿海置城邑、通貿易、設關榷稅以益國用、居然一海外樂土焉、惟是立法多不順民情、駐美大小官員悉出英廷、祿胥豐厚、仰給於美、美屢請公舉一人赴英議政院、預選舉事、英固弗允、美雖隱忍之、而背叛之機蓋伏於此、至我　朝乾隆四十年、英與洲內法國屬地連年搆兵、需餉孔亟、復任意橫徵重斂、由英赴美茶葉（自中國運去者）向例賣者

納稅、至是匪特照額加倍、且令買者亦納稅、美人不堪其擾、因投茶波士登（地名在美國東北）海中、振臂一呼、舉境皆叛、推華盛頓爲首、頓、美之刖部人、嘗事英立有戰功、不見賞、乃退閒於此、爲美人夙信服、迨舉境羣推、頓見勢有不能卻、遂統其衆以抗命、英舉兵來征、血戰七八年不勝、乃與頓盟、聽其自立爲國、其北境堪納答等處仍屬英人、南界膏腴悉以歸頓、此美國建基始也、光緒二年、爲有國百年慶期（西國百年與中國六十年爲甲子一周十二年爲一紀之義同）、其官民先期聚議曰、當華盛頓開國時、爲省僅十有三、人民亦稀少、今則拓地日廣、共有三十九省、人數多至四千萬、此雖由外來入籍者衆、而能驟增若此、亦正以見我國政治之善也、歐洲諸大國所以稱雄者、以地大兵強、民安物阜耳、今我國豈出其下哉、且以大勢觀之、又安知將來不能駕乎其上耶、茲屆慶期、宜舉一極盛事以誌不朽、因擇噴夕爾費尼阿省費里地費城建屋設會、廣致天下物產、互相比賽、美其名曰百年大會、又曰賽奇公會焉

會院總畧

光緒二年卽西歷一千八百七十六年美國費里地費城仿歐洲賽會例剏設大會先期布告各國廣集天下寳物古器奇技異材互相比賽以誌其開國百年之慶藉以敦好篤誼奬才勵能焉會建於城西北隅飛莽園內基廣三千五百餘畝圈以木城爲門十七內建陳物之院五所一爲各物總院一爲機器院一爲繪畫石刻院一爲耕種院一爲花果草木院基址之廣闊營構之奇崛局度之恢宏陳物之美備五大洲中古今無兩五院計用洋錢四百五十萬圓此外另造大

小房屋一百五十餘處則有美國公家各物院女工院各式馬車房總理會務官公署幫辦公事房各國管理會務官公所則各國預先定地自建者會內稅關銀行電報局書信館給照所（事給執照者）巡捕房與夫照像館酒樓飯店幷各項店鋪咸備此皆賃與民間設以便遊客者又建輪車鐵路二條長三十三里專備會內遊人所乘每人周歷一遍取資五分各院另有人力小車步履不便者坐之晚燃煤氣燈列若繁星無微不照自來水亦由地內機管吸取隨處皆有用之不竭以上又共用洋錢四百萬圓統計築地建屋一切費用共洋錢八百五十萬圓除由國家動撥正帑一百五十萬圓及富商樂捐外餘仿商人糾股法由商民購股給票湊足待事後會內入款（卽遊人入院觀覽每人納資五角幷會內各店鋪地租等項）集有成數派還入皆踴躍購股總期事在必行還款能否滿數不計也西歷一千八百七十四年七月初四日（是日爲華盛頓有國首日）興工一千八百七十六年正月初一日告成公舉總理會務官一員幫辦三十二員另選宏博之士二百人考察各物優劣就以別其才藝會畢奬給寳星（卽功牌）巡捕八百名專司巡察至各處司閽司事工人則難更僕數焉每日俸薪工食雜費另需洋錢約

八千圓送物赴會者計三十七國管理會務官共四十六員（不計官之大小英文皆稱曰企府格梅升納）此外仍有官紳二三百人（英文曰格梅升納）選派赴會公幹人員約二千人（英文曰格梅升）送物工商等約六萬人（英文曰哀克司西比得）至各國動用帑金我中國酌撥之數已足敷用毋庸贅述如英法等國尚有用洋錢十數萬數十萬者賽會之物幾於無物不有無美不具遂件位置妥當須六閱月工夫始能齊備遊人欲盡覽諸物每日周歷各處曲折計算得五十六里兩月始徧誠可謂萃萬寳之精英極天人之能事矣陳物之地美國最大約居十之五六次則英次則法德

俄與至小莫若智利秘魯會例凡送物來會須於未開會之先各將貨物名目件數價値編號報明會內稅關然後入院排列欲就會售賣者隨時售賣先給憑單其物仍列原處俟會期滿日各買主來會持單付銀亦有先付定銀者其關稅或由物主或由買主赴關報納若未經賣出原貨帶回者免本年四月十七日即西歷五月初十日爲開會之始九月二十五日即十一月初十日會終每日巳初啟門酉正封閉進內遊覽者每人每次在司閽處納票洋半圓若二人合付一圓票一張或一人付二角五分票二張皆不可也（門旁有室爲換票處）

凡管理會務官進內執有專照須在司閽處驗照書名若會內辦公之人及工商等應由給照所先取執照再赴像館以洋錢半圓印像一紙黏照內每次進內不取資有時未及攜照而至者則亦須納票洋半圓矣開會之日計有十三萬餘人美國伯理璽天德（即美國國主譯曰大統領）及巴西國君亦同臨焉八月十一日噴夕省各城來觀會者多至二十五萬人統計開會六箇月遊覽者截多補少每日可六萬人其大小各院屋議俟會事既蕆惟留繪畫石刻院傳爲勝蹟此外四大院已由噴夕省購定或亦留作別用餘屋皆拆卸改建公所更繪圖貼說刋布遠近主因照繪全圖幷畧譯華文謹列於首云

竊嘗謂美國刱是會也若似乎徒費今而知其志在聯交誼獎人材廣物產幷藉以通有無是有益於國而不徒費且舉來與會之三十七國獲益亦非淺鮮而經費亦未爲徒糜也蓋一家之所需非僅左右前後所能備而況一國乎則是會舉天下之奇技異能與夫萬物之有益於國計民生者畢萃一所由是擇其善者而用之斯罔弗具亦罔弗當舉三十七國之交誼好尚人材之衆寡優劣物產之美惡盈絀瞭然於前然後益求其交誼何以敦而固人材何以用而效物產何

以聚而備幷巳國之人材亦因益以淬厲物產亦因益以富庶任所設施罔弗中的使無是會將孰從而知之設施中的則又洵所必不能已况乎會中之稅課租資各項所入除去設會種種經費亦尚有盈餘數且未易限量而諸會院之或留或移他處亦皆爲國正需斯尤可概見泰西諸國費不輕易糜也則刱是會要當爲謀國之遠猷乎

各物總院

院在會基之南正門東向而西南北三面亦建大門各高八十尺偏門差小約三十處偏插各國旗幟五彩奪目屋長一千八百八十尺寬四百六十四尺悉以精鐵爲梁柱巨塊玻瓈爲墻壁高敞潔淨表裏洞明上起層樓傑閣十二座居中四座各高一百三十五尺登臨一覽各國之物瞭然若指上螺紋院內東西走道七南北走道十有五地面平鋪木板鑿水池數處或圓或方或八角各盡其妙中立銅柱起重臺設機管水由柱端瀉入池若噴珠濺雪沁人心脾走道空處多

設長椅休息遊人南北兩門內設飯館四處可就近飲食會院之大斯爲第一南門外復添建平屋基廣六畝共用洋錢一百六十萬圓所列之物生成者爲各種礦塊珠玉寶石草木藥料男女骸骨鳥獸蟲魚之質以及海底各物無所不有人工所成者古玩五金器石器磁器木器雕刻像書畫圖籍呢羽絲布下至草履竹筐亦無所不有某國之物即用其國式樣之屋宇亭臺橱櫃分類排列齊整可觀各有公事房爲就近辦公之所遊覽者欲將各國陳物之地次第言之當以正中縱橫二大道爲綱領焉進南門至中道止東首皆美國地西首德奧二國地最大日本次之日斯巴尼亞國丹國葡萄牙埃及土耳基檀香山與中國及智利秘魯又次之進北門至中道止東首法國地最大瑞司比利時巴西荷蘭墨西哥次之餘約四分之一又爲美國地西首英國地最大約居十之六俄國次之瑞典哪喊義大利又次之遊人各國皆有男女參半日以數萬計肩相摩踵相接林林總總熙熙攘攘其中服色迥異者中國而外惟土耳基國餘皆一制圭遊此中如入五都之市萬寶雜陳已覺心目俱駭加之此間華人絕少洋人習見者又皆短衣傭工之流若衣冠整肅動止有

常者則是見所未見無不以得一見交一言爲幸而嘖嘖歎美敬禮有加因之每至一處竟若身入重圍幾不可出此時此境欲加意記載良難得也原夫西人萃天下古今之物於一所其意良美其心良苦蓋欲推格致之學於舉天下人莫不致其心力焉固非秘奇專利者所能窺測即與公同好者尚多有弗逮也故不憚搜求羅致之難詢訪告語之煩孜孜兀兀無厭無倦期天下莫不周知得以致其心力也圭於見聞誠弗克周詳然就所及者亦不憚煩瑣不揣俚陋謹列於左

中國赴會之物計七百二十箱值銀約二十萬兩陳物之地
小於日本頗不敷用此非會內與地不均蓋我　國原定僅
八千正方尺初不意來物若是之多也地居院之西門內左
爲智利秘魯右爲日本埃及土耳基對面爲義大利哪喊嘛
嗎等國北向建木質大牌樓一座上面大書大清國三字橫
額曰物華天寶聯曰集十八省大觀天工可奪慶一百年盛
會友誼斯敦此爲德君囑圭所擬者兩旁有東西轅門上插
黃地青龍旗與官衙一式極形嚴肅進牌樓正中置櫥櫃數
事高八九尺仿廟宇式亦以木製塗金彩四面嵌大塊玻瓈

儲各省綢緞雕牙玩物銀器及貴重之品左列武林胡觀察
景泰窰器右列粵省漆器繡貨鏡屏後列各式烏木椅榻再
後爲甯波雕本器海關經辦磁器及粵人何幹臣各種古玩
再後臨窗則爲公事房地方雖形挨擠而布置有法愈覺華
美可觀物件悉遵華式專爲手工製造無一借力機器即陳
物之木架櫥櫃以及桌椅鋪墊公事房之陳設字畫亦無一
外洋款式者悉爲他國遊覽官民目未經見無不讚歎其美
且云今而後知華人之心思靈敏甚有過於西人者矣南門
外平屋列各省絲茶六穀藥材亦皆海關經辦由總院分列

於此藥材不下七百種絲茶亦各種俱備洋人謂深得賽會
本意願以他物相易蓋皆爲有用之品可以增識見得實益
非若玩好僅圖悅目者也物產以絲茶磁器綢貨雕花器景
泰器在各國中推爲第一銅器漆器銀器籐竹器次之若玉
石器幾無過問者因憶從前法與之會我　國雖亦送物比
賽而未獲貿易之益以無華人往也今則已得工商十餘人
逐日在會與西人相處深知其愛憎聞一二年後法國又興
大會則將來赴會者置貨必有把握非若前時之憑空揣擬
矣會內磁器早經售罄古玩綢緞以索值昂購者較鮮而西

人多有寄信中國託購者茶葉一項人皆嗜之惟嫌綠茶攙
雜過多出洋原箱較大由行發鋪零售不便未若改每磅合中
國十二兩一小匣合若干匣而爲一箱之爲善也絲斤做法不善
粗細相雜近爲洋人深惡倘使講求善法勻淨無僞則此項
貿易當亦日鉅一日顧各國設會之意原以昭友誼廣人才
其著重尤在擴充貿易四字而我華人多以無益視之亦由
華人出外甚鮮未得其就理耳不然洋人之心思精密人所
盡知豈肯以百千萬有用之資競作無益之舉哉惟我華人
能思西人所以舉是會之意理之所在而亟亟焉圖維之上

何以裕　國下何以利民則此次之與會豈徒然歟
日本陳物之地較中國大可加倍位置亦甚井井櫥櫃悉仿西式器物亦間用西法製造者正中隙地置水管上起銅臺水珠倒瀉四周綴盆草極可觀梁際懸金漆額大書帝國日本四字偏插白地紅心旗公事房在極西首管理會務官等皆泰西裝束有時亦攜眷（眷亦西裝）同行倘非髮黑面黃幾令人東西莫辨矣會務官名塞哥職爲將軍曾至中國者物以銅漆二器爲最美瓶鑪皆作青黑色以金銀嵌飾山水人物草木絕精細海神一座高二尺餘索值三千五百圓瓶高僅二尺值一千圓已爲西人購定木質黑漆描金嵌牙博古架高廣各三尺許玲瓏異常值五千圓小盒長八九寸寬二寸云係二百年前之物毫無傷損藏玻璃櫃中充古玩價二百五十圓又有大磁瓶一對高約六尺式如膽外繪雖尙美觀而其質似不若華產堅緻價亦二千圓牙器雕工不甚佳所嵌金彩頗細巧仿造景泰器質薄而輕遜於華製他如青畫綢布籐竹木器咸備見山水一幅點染極有氣魄題句云亂峯影落夕陽斜小板橋欹小石涯鴨脚纔黃烏桕赤秋光偏屬一山家款爲東京柳圃窗寫其有實用者則惟印書活字板

甚精皆日人仿西法自製又小樣機器數具亦極盡巧蓋已推廣其法大有出藍之日南窗下皆五金礦塊煤石類不下數十種數百塊備考察焉磁器製自肥前地方者最佳銅漆牙器多半東京所製聞此番赴會共用帑金二十七萬圓未知確否觀其國邇來於泰西制度器藝造作悉能用心窺其深奧如開掘五金煤礦以裕國更改水陸軍政以強兵建立機器局造錢局電報局郵政局火輪舟車局以利國利民四民中有留心洋務或能作外洋語言文字者皆羅致錄用不遺一人以獲其效而勗其後今亦選派多人來會專司紀載相傳一二年後法國會畢將仿其制踵行之以張大其國名凡此皆舉重若輕者則在其任豪俠競智巧不甘以因循苟且自域也與日本相近爲埃及土耳基葡萄牙日斯巴尼亞丹國地位小物亦不甚出奇故不專載惟日斯巴尼亞國綢緞不亞法國葡之通草片製花木鳥獸舟車等玩物工絕精細土耳基絨毯極厚軟頗著名泰西埃則古石器并金銀銅三類錢不下數千百式觀者日日如堵土埃兩國所列刀劍鞍轡首飾式若中華亦一奇也
美國物在總院中約居十之三四陳物之大小木櫃鐵架玻

璆亭臺不下二三百具、造式不同、各極其妙、所列物產、皆分門別類、無絲毫錯亂、如藥材、油皂、漆顔料、墨水、書籍、紙筆、香水、甎料、瓦器、磁器、玻璆器、各式燈臺、書房各器、廚工器、馬車物件、五金器、軍器、石器、木器、皮器、橡皮器、礦塊、金銀首飾、珠寶、鐘表、綢緞、呢絨、布疋、氈毯、衣帽、靴鞋、皮張、玩物、無所不備、共計一千五百八十八種、亦可謂富有矣、鐵器中有大櫃一具、法最新、亦最奇、高約一丈、深廣如之、上下四周鐵板各厚二尺、中夾沙石爲門、二重門鎖、多設機關、如時辰表、鎖時當預定啟門時刻、未屆時、雖有鑰、不可啟也、中藏要件、火不能

燬、點水不可入、誠府庫富室巨商不可少之物也、計重七萬五千磅、價值一萬圓、門鎖值三千圓、有式樣較小者、有圓如球者、價自數十圓至數千圓不等、木器亦最稱妙、有一器高七尺、寬七尺、厚一尺、若大櫃、視之無奇、及將機括一撥、即爲斗室一間、兩旁百頁窗、前爲門、中一榻、被褥都厚軟、榻旁列一櫥、下有櫃、盥漱各器、羅列於中、再撥機關、仍爲原式、價僅二百圓、又有木櫥一口、前設半桌、桌面啟則一鏡瑩然、盥漱器亦備、旁有抽屜、盛文具、再將櫥門一拽、則見一榻、緩緩而下、共價一百七十五圓、此皆西人設於別室、備用或攜以遊行、隨處

可安置者、行至金銀珠寶各物處、則如入寶山、萬象爭奇、兩目盡眩矣、其處起玻璆亭一座、縱横約三丈、八面玲瓏、金銀器皿羅列、幾滿、何止數百千式、雕鏤之工、不亞於俄、有銀質鍍金洋船二隻、長僅三寸許、下托鏤花銀盤、桅帆錨柁、及一切器具咸備、無不合度、精妙異常、一值一千圓、一值八百圓、云皆著名者所製、尤可異也、亭中央置玻璆大匣、內藏珠寶、有金鋼石項圈一串、僅二十粒、大若對剖龍眼核、值八萬圓、另一粒大如之、光尤瑩澈、值二萬五千圓、藍寶石一塊、方五分、厚三分、值五千圓、珠一粒、若龍眼核、光作淡紅色、亦五千圓、皆

希世寶也、至各礦產金種類亦多、有生成一二兩至數百兩大塊若山礦石者、有生自石中、如樹木、如禾穗、枝葉逼肖者、有生成細絲、大片者、有自砂內淘出、如豆粉者、有自土內用藥提出、鎔成錠者、亦有自銀內提出者、或赤、或黃、或青、或黑、其他煤鐵、甚夥、式類不一、難以悉載、有方塊煤重一百數十噸、每噸合中國一千六百八十斤、光可鑑人、產自紐約省、似此重物、其能起自礦底、運至會內、皆惟機器輪車是恃、亦足見機力之大矣、嘗聞某國載運一礮、重僅三四十噸、既抵岸而不克登、諸礮臺大費周折、勢將棄置、蓋無輪機以運動耳、三藩謝司戈城

（俗稱舊金山）所製絨毯絕佳，細密柔軟，價值甚鉅，每條需洋錢三四十圓。有加托乃鎗，製成幾數月，特送會比賽，法絕新巧，下爲三叉鐵架，架上平列二鎗筒，筒面有口插銅管，高七八寸，寬二寸，厚六分，內備藥彈，架旁有小輪，以手轉之，彈由銅管入鎗膛，隨入隨發，每分時可發四百響，每架值洋錢六百五十圓。平列四鎗筒者法如之，每架連藥彈三千枚，價一千二百圓。又有格托林連環礮，其制以十筒連爲一束，架車上，每分時發八百響至千響，置藥彈之法如加托乃鎗，最大者口徑八分，藥彈重八磅，彈可及七里，每分時發三百響，價二千

八百圓，歐洲諸國皆紛紛往購。又紐約省有廠名雲吉士得，新製雙筒鎗，尤精巧簡便，重不過十磅，彈可至二千二百丈遠處八木四寸，因其鎗筒下復有筒，故名雙筒鎗。下筒蓄藥彈十六枚，發一響則一彈轉入上筒，一連可發十六響，每值僅四十圓，若倉卒遇敵，無置彈不及之虞，凡此皆捍衛利器也。南窗下起樓六間，各三層，列通國學校書院教習各法程，並生徒課稿，皆分別學習年分多寡，訂爲册本，比較優劣，俾生徒各自觀省，勤者有以勸，惰者有以警，益自勉奮，日進於學，鼓勵人材，洵是法良意美。廿那的格省哈佛書館，我　國幼童課程窗稿亦在列，嘗見其繪畫、地圖、算法、人物、花木，皆有規格。所著漢文策論，如遊美記、哈佛書館記、慶賀百年大會序、美國地土論、風俗記，亦尚通順，每篇後附洋文數頁，西人閱之，皆嘖嘖稱讚。隨行繙譯云：此爲洋文策論，卽漢文之意而用臘丁文（古時羅馬爲歐洲文物之邦，歐人士例應誦習其書，一如華人所誦之經史，其文曰臘丁）處頗多，渠亦不甚解，惟言幼童在哈佛攻書二年，足抵其當日在香港學習五年，誠可見用心專而教法備焉。紐約之北有地名堪納答（英屬國），產各種皮貨，野猫皮一張，極細軟，若猞猁價五十圓，海虎、海騾、貂、狐、鼠、獺、猞猁，皆不亞俄產，惟價值

極貴。

英國地大物博，金碧爭輝，遊觀者幾至目眩。設大櫃約三十具，高廣各丈餘，中有若亭臺樓閣者，小櫃不下五六十具，各物分類排列，其屬地之物另列西首，亦多設櫥櫃，屋梁懸匾額旗幟甚多，所建瀉水池二處，亦佳絕。物以磁器爲最，質白潔而工精細，價值亦不甚昂。初西國無磁器，乃自中國訪求回國，潛心考究，始得奧妙，今則不讓華製，且有過之無不及之勢。杯盤瓶盂有特繪中華人物花草者，又牌號上大書中國泥士所製者，所燒瓦器黃色無黝者居多，刻畫人物工細

倫華人不能製矣哆呢棉竹布亦推爲最皆機器所織工巧價廉華人喜用之行消甚夥中土金銀入外洋鴉片而外此爲最鉅玻璨中有掛燈高一丈重一千二百磅點燭一百六十六枝以小塊三萬聯綴而成價五千圓酒杯一隻鏤人物絕玲瓏價一百五十圓水瓶高僅七八寸價亦二百圓據云製造之人前於倫敦英國京城名會內曾蒙獎給功牌焉餘如時辰表千里鏡顯微鏡無所不有無所不精有金表二隻滿嵌金鋼石手工所製能走八日一値三千圓一値一千八百圓顯微鏡長自二三寸至二三尺有獨眼有雙眼視物由十

倍大至二千倍司事者以水一滴置玻璨片上與觀則見水內之蟲加魚如鼈如蝌如蠍游泳往來又以鍼刺手指滴血則見血帶黃色若魚子又若稻穗有千里鏡長六尺四寸粗若巨盌架高五尺中有機括可高下旁設銅盤刻度數按度以定遠近法之最新者也又擺設一座外罩玻璨長五尺高二尺中若胡盧以精鋼製成嵌金銀人物工巧莫可名言索値三萬圓旁置玻璨櫃一具內藏綠寶石項墜盛以錦匣石方廣六分厚三分四周嵌金鋼石十四粒璀璨可觀價三萬五千圓云綠寶石若許大者甚稀少已有人購定矣又玫瑰

紫寶石一塊方廣八分厚二分價二萬圓金釧二隻上嵌珠大於黃豆光作五色價二萬五千圓珊瑚有色白如珠者珠有色紅如珊瑚者金鋼石白色若水晶者人皆見之若紅黑藍綠四色人或未見其價皆次於白色至屬地物產如印度國澳大利亞島俗稱新金山並阿非利加屬土亦皆分別陳列而以五金礦塊艮木羊毛架非似豆西人用以代茶茶葉二麥最多印度之物式樣半若中華茶葉年多一年味雖不甚美而行消亦廣聞西歷一千八百七十五年赴英國者多至一萬八千餘擔其運赴各鄰國及本國所用又不知凡幾此由近年來溝

求種法故可不專恃他國之茶蓋亦患金銀流於外國之意耳又聞印度鴉片每年售於中國者值價一千萬磅每磅金錢一枚合洋錢約五圓其制聽民間各處栽種收成後售之於朝廷然後分售於商人不准民間私自交易每年所得之利君與民及商分享之故印度一國朝廷賴此項以度支商民賴此項以沾潤焉夫此鴉片皆入中國中國之被害蔓延酷烈固以盡人知之勢有莫可禁遏亦已盡人知之然中國栽種甖粟已在在而有更年年以廣內外交侵害尚忍言或曰我中國曷仿印度之法庶幾於害中求利乎曰是亦不得已之思也然而

豈易言哉澳大利亞產金極旺濱海數處並其東南隅之紐錫蘭島近十二年至二十五年以來共取出金值洋錢十二萬萬一千零八十二萬三千零二十五圓院內置木質泥金塔數座畫墨線書明某年出金值洋錢幾何一塔畫線若干道即若干年合數年列一塔此數年中所得之金鎔積一處適與此塔大小相等特表出以告人者也嘗思我　國原隨在有礦而五金之值昂至十倍於古昔其故由不採也不採之故由歷朝以採礦滋禍耳然因噎廢食弗乃亦爲非計倘使籌思善法不蹈歷朝故轍禍亦何由而滋哉又產羊毛極長細柔軟用織呢絨氈每年運出值價數千萬圓又產煤鐵石三項亦甚夥見大鳥骨一具腿長二尺餘連頸高可六尺下置一卵大若瓜旁有二小鳥若三四斤重之雛鷄詢知爲駝鳥產阿非利加沙漠之地翅短不能飛而善走若奔馬能遞送書信此骨與卵由沙內尋得卵用氣機哺之此小鳥出卵才二三日耳卵殼製杯椀玩物極堅緻其毛蓬蓬然有黃白黑三色西國婦女用以飾帽又見大骨一具長一丈七八尺四足前短後高狀若鼉魚而長首修尾名雷獸得譯即龍蛇之類產自澳島中華無此物也末至一處見櫃內列物數

具以藍白棉絨織成厚而堅韌高尺餘上口大而下口細若人之上半身裁不識其爲何用司事云此婦女束身物用以使乳凸而腰細以美觀也即轉詢中國亦用此否答曰腰細我中國昔亦尚之所謂楚宮腰是也若乳凸則正與華俗相反且有生成微小無可使凸者將奈何曰是不難另有物如二椀縛胸際焉噫此殆與華俗纏足同一意而患處且有甚於纏足者

法國陳物處東向列天主教堂式門樓一座以法人極崇尚天主教也進門皆各式馬車有獨乘者有十數人同一乘者有雙輪四輪者有不用鐵而製以堅木亦四輪重僅數十斤者又有行冰車尤爲輕快頃刻可馳數十里者油漆光澤鋪墊華麗再進一門兩旁置高櫃列綢緞絨布及婦女衣服緞疋中有如摹緞線緞錦緞者有全素者綢有如線縐湖縐者有如春綢甯綢紡綢者又有各樣紗羅皆機器織成堪與華製比美而光滑堅韌過之他國亦皆有綢緞皆不迨也女衣則以木作女身服之後裾拖地長至五六尺或白緞織五彩花或紅緞織白花艷麗異乎尋常問價則每襲六百圓蠶絲亦多而非出自本國悉以他國（如中國日本義大利等國）之絲復做成絕

紙絕匀者轉向西者爲金銀器銅石人物象牙器玳瑁器時辰鐘表各色料器無不精妙而他國亦皆能製非獨出無偶者也有鐘一架寬五尺高二尺五寸精鋼所製滿嵌金銀能走一月值二千圓又一架高七尺下爲石座上立銅人報時刻價三千圓又有金約指上嵌時辰表大於豆者有鍍金三叉架上置彩畫磁盤係得自中國價一百六十圓西俗用以盛名紙者其自製磁器亦絕佳英國而外無出其右有地名俾士蓋所製玳瑁器甚精巧有以玻瓈僞造金鋼石各色寶石令人眞贗莫辨再轉入北首恍惚又一世界蓋用木造極

古房屋三間中一間亂疊稻草麥莖若農居內皆泥像木偶衣飾怪異有坐者有跪者有哭者笑者又一女絕美合掌稽首中置草筐臥嬰兒後繫一牛以鼻嗅之圭甚不解詢爲耶穌生時情景嬰兒即耶穌也美女耶穌之母馬利亞也左一間亦即其母今天主教人跪拜之像也右一間金碧輝燦男女皆彩衣中立一像衣紅衣爲耶穌脚面有創痕乃登天時景像也雕塑極肖栩栩欲生乍睹之千眞萬確及回首一想始知都出僞造噫其術亦神矣哉

德國即德意志國華人所謂日耳曼即舊稱普魯斯者在歐洲爲自古文物之邦今來赴會故以書籍圖畫樂器紙筆爲最夥餘如五色絨呢時辰鐘表牙器玻瓈器五金器軍械亦佳磁器尤良香水花露不下數十百種皆絕品也有掛屏二幅方廣三尺許繪士女三四人休息樹下皆近人所作如出一手優劣不辨而一則值價二千四百圓一則僅值四十圓繪事不易言中外一也大洋琴一座高方各二丈許木爲之若斗室內皆機關絃索外置一案一机案面啟則音律牌排滿其中絃索由案底達室內琴師坐而鼓之大聲錚錚然若金戈鐵馬小聲切切然若兒女私語能使聽者忘倦每日必

鼓數曲合院數十國人皆讚歎不置旁又有如長案半桌者多具琴師甚文雅偕觀之特爲圭再鼓一曲惜非知音人未免孤負美意耳聞西國文士多工琴而德人稱最故製琴之法亦最精東首八音盒一座高約一丈寬四尺深尺餘四面罩玻瓈內爲輪軸兩旁有方鐵條伸向外轉以大鑰則八音齊奏歌者和之字字合拍洋琴八音盒若許之大爲歎觀止焉

俄國之物以銀器皮貨綠石器三項稱最有以銀一塊重約八十兩鏤爲籐編茶盤鍍以金上置白巾疊作五寸許覆盤

之坐花紋摺縐水漬若方拭茶水者因疑爲掃除工人所遺不在意也及司事爲言始悟手巾與盤同爲一銀所製誠宇宙第一妙品次日偕西友復往友注目久之亦難辨其眞僞問價曰五百圓銀壺高尺許鏤刻人物活潑如生價三千圓又一壺大如之工尤細價五千圓銀牌形若半月長約三尺刻兩軍酣戰狀價七千圓皆爲他國巨室購定矣中國會內亦多銀器頗具巧思方之於此終遜一籌皮貨如海虎海騾貂獺猞猁駝絨鼠兎俱備狐有黑白紅青黃五種價皆昂洋人短褂一領需三四百圓皮一張亦一二百圓上品之皮悉

萃於此綠石器顏色鮮麗勝於翠玉產西伯利山中製器以大石削爲小片湊合而成花紋新巧有圓桌徑二尺五寸下配鍍金銅架燦然可觀索價二千四百圓花瓶燈臺動需數百即絕小玩物亦非數圓十數圓不可（乘槎筆記謂英主行宮有碧玉瓶高六七尺徧作扎碎花紋俄國主所贈云云圭曾遇英國往遊行宮亦見此瓶非碧玉也即此石耳）詢其價何昂曰各國皆無此石西伯利雖產亦不多故可貴也旁有原石一塊高大約三尺詢何不製一整物答以恐花紋不美曰美則美矣終患脫落耳又見織金彩衣數襲若佛門袈裟云係希臘教（與天主教稍異）主所服以俄人多崇希臘教也旋往公事房

見其會務官拔公言談頗洽據云赴會之貨有價值而欲變賣者共約一百五十萬圓其專來赴會不變價者不知數又云賽會爲今時最要之事可以固各國交誼開衆人心智聯天下貿易國家卽因會多費一二十萬金亦所不惜也奧國物產亦多而可記者不多司事導至一處見玻璃罩內置三物中爲白寶石一塊若鵝卵而扁作五色光若螺鈿之映日云出奧國山石內白寶無有大過此者值二萬五千圓右一釧上嵌白寶鏤國主像四周嵌五色寶值一萬圓左一項佩飾如釧差小值六千圓此爲國家寶物專來擺會廣人

識見雖有價而非出售者下列石塊大小二十四件色微青而有寶光白寶卽由石內取出又一櫃懸琥珀燈一架八角形高約三尺點燭四十枝價八千圓聞工匠多人雕琢一年始成其精細亦可知矣皮器銅器樂器亦皆佳胡琴琵琶式與中華相仿

義大利國在院之西北隅地方不甚大物以石像銅像瓦像最多西國以石琢像之精義爲之冠珊瑚首飾製亦精巧銀器工次於俄而不亞英美雕木器較華製畧遜一籌亦有飾螺鈿之器不甚美觀（螺鈿飾器中國日本而外義亦間有之他國皆無也）草帽以麥莖

編成泰西推爲第一有一頂罩入玻璨盒內値二百圓云係日出之先日落之後編就恐日間目力爲日光所掩工細亦可知有銅人一座若干載以上物苔蘚剝蝕古氣盎然詢知造成纔半年耳又鏡架一座雲石造成復滿嵌各色美石爲博古花紋高約五尺價三千五百圓種種奇巧不可思議蠶絲甚多繭亦大小咸備絲雖白潔究不若華產光亮地土使然惟聞其國產絲亦如印度之茶年盛一年別國爭購之以做法勻淨非若華絲間有攙雜也而其蠶桑之法亦得自中國仿效而成即用以奪中國之利可不慮哉另有古銅器古

石器牙器鐵器列於繪畫石刻院皆二千年以上之物自地內刨得者有鑪臺五事牙桿秤香鑪銅鉢銅鏡銅石圖印悉與中國式樣同亦似有字若鐘鼎文剝蝕不可辨按義大利即往昔歐洲大一統之羅馬漢書爲大秦國曾與中國通今觀各器豈當時得自中國耶抑仿其式而自造耶惜字跡莫辨不能考其來歷矣

瑞司國物皆平平惟所製時辰表洵稱寰宇獨步價自四圓至二千五百圓不等內一隻小若洋鈕釦能走六日價二千圓筆桿一枝長四寸許金製上方下圓上嵌三表皆小若鵝眼上一表定時刻中一表定西人禮拜下一表定日月共價二千二百圓又金約指一枚面嵌表小僅如豆字跡幾不能辨亦走六日價二千五百圓雖用數年無少差又常式表一隻面有五鍼時刻日月禮拜各走一鍼且能報刻價一千零五十圓皆手工造成不借力機器種種奇異不可以理測之倘非身歷目覩必難信也其自鳴鐘八音盒亦絕精

哪㖊喘噢兩國物產大半皆鋼鐵二類各種皮張亦多哪㖊產魚油能治癆瘵云係取北冰洋鰵魚之肝和藥煉就者中國有人售此油痰咳嗆立效每瓶半圓圭曾試之

秘魯智利兩國地方最小無可記秘魯有大櫃一具內界木板外罩玻璨貯屍骸數具皆坐像筋骨不散皮肉乾枯作黑色毛髮亦未落衣皆花布遍體縛細繩挂小銅鈴小刀蚌殼等物不辨其爲男爲女又一小孩以棉絮包裹亦坐像絮已黑硬如鐵櫃頂置頭骨十數具有長若馬首者有極圓大倍於常人者髮黑而長尚連於頂皮狀頗駭人詢知爲三千年以上之屍由地內刨得出土又二十七年矣骨肉仍不消脫不知當日用何法以殮也又有瓦缶瓶罐數十件質甚粗鬆上畫鬼臉形虎頭形古氣磅礴弓箭銅鉢草筐蚌殼海螺之

頗甚多弓以樹枝爲之箭桿若蘆柴頭用黑木草筐編亦精細諸皆殉葬之物而此次送至會內者欲使博物之士考察也餘爲各種禽獸皮骨有極悅目者有極怪異者智利藥材甚多一草一木近似華產中置八角亭一座滿列金銀礦胚有黑銀得自礦底未經煅煉者光可鑒人形若亂疊山石體極沉重約五十兩値四千圓詢其値何昂答以最不易得亦物稀爲寶意也華人所謂烏金或卽此歟此外尚有十餘國物不出奇而亦無暇記載

機器院

院門正南向與各物總院毘連出總院西門直行百數十武八院之東門屋長一千四百零二尺寬三百二十尺梁柱皆鐵四壁砌甎石頂蓋玻璨地鋪木板東西走道五南北走道十一皆極寬展遊人往來若梭織共用洋錢八十萬圓位置之地美國最大由西至東皆其器約居十之八再東爲英國器約居十之一餘如德法俄奥比利時巴西等國則在東首盡處也某國地懸某國旗並以呢羽爲匾額大書國名遊人一覽便知門內外建鐵路二條卽用火輪車運各器入院者

院北門外有湖廣二十畝中建機管噴水法四周浮海船所備救生各物件合院陳器甚夥則有掘煤機吸水機鬧冶機墾地濬河機運舟車機燃鎗礮機印字機抽繭絲機紡棉理麻機織機染機造紙機裁縫機大小各機弗可悉數蓋無物不藉機而成造機者機器也運機者又機器也於以歎今宇宙一大機局也此院又機器之所充塞也具機心者尚且精益求精巧益思巧此出一器彼仿行之爾爭我競莫可底止何怪機變之事日出而日盛且日盛而日新歟吾華有言有機事者必有機心古人所不爲也而今則不能概論矣夫機

心用於器物惟以利國利民而弗爲身家謀則機心亦何嘗不可用是機器正當講求不得援古人桔槔之說概謂機器不當用凡機器之可以利國利民者皆諸弗取也圭遊目其中欲擇其尤有實用者逐件記載而苦於頭緒紛紜無從著筆兼之遊人衆多機括震耳覩面不聞語而譯語者又莫能曲傳其奥僅可就所見而較易詢問者按美英德三國約畧言之備採擇焉他如法奥等國物既不多又皆爲三國所有故不錄

美國地大人稀凡一切動作莫不恃機器以代人力故其講

求之力製造之精他國皆不逮焉院正中置大機器一副輪徑三丈餘力抵馬一千五百匹專以輪激受他處蒸氣院外另有屋置水火二器由鐵管宛轉達於各器所大輪動則院中各器凡需蒸氣者皆藉氣以運動其有不需蒸氣惟藉皮條扯動者各器有大小輪盤纏皮條套梁際鐵軸之輪盤亦可隨時撥動運用如吸水印字紡織鋸磨諸器咸賴焉器名哥阿力訶爲美人哥阿力司手製故以其名名其器每日未初機動如此大器動時無甚聲響且一人即可運之是可異也院西門內有水池長十四丈寬六丈深八尺四面繚以柵闌闌上有大

小鐵筒由簷際倒垂向池闌內爲遊廊多設長椅坐觀者再後則各樣吸水機器使水由筒放入池再由池底機關吸回各器水聲洶湧此吸彼放循環不斷西國凡礦內有水以此器吸取今設院內者欲使人盡知其妙用且欲加意講求尤新之法也因思中國江河之水漲落不時旱潦互患西北高原種植每艱灌漑講水利者尤以此爲亟務倘得因利乘便仿而行之亦經世一助也另有小樣吸水器救火器甚多無不精巧見輪船一隻長僅五尺大小器具皆備司事者特放氣入船使各機行動與大船一式精巧不可思議美人羅直

廠所製新法兵船小樣也尾有螺絲輪二交轟之際進退左右隨人意上建礮臺列二礮臺有輪機轉動面面可擊據云礮口徑二十寸船長三百尺寬六十尺喫水僅十八尺觀其喫水淺而靈捷駛於內河最相宜濬河機式如船闊而短尾方首尖前有鐵架若人字形上懸長鐵柱伸向外柱端繫鐵兜若鷄心甚尖利二面相合船內置輪盤二各套鐵練由架達於柱之首端復下垂以繫鐵兜輪機動抽左練則兜口開而入水底抽右練則兜口合而取泥出柱甚長四面皆可到取其器大小皆有大者以之濬海口長可二百五十尺值價

頗鉅，院東北首有機器造紙法，其法先將紙料洗淨浸透舂
碎，入鐵磨和水磨之，磨式如鍋，徑約六尺，深二尺，中有槽若
鋸齒，上懸鐵板與槽合，納紙料入，使板旋轉之，底心有曲管，
紙料由管過入旁之大桶，桶底邊亦接以管，漸漸浸入第二
器，其器如牀，四周及底皆銅，水管上懸絕細鐵絲篩，紙漿漏
下，以布接之，使平勻，過入第三器，壓以薄銅片，瀝乾則成紙，
再入第四器，接以氈毯，捲上木軸，由軸遞至第五器，中橫圓
鐵筒六具，內蓄蒸氣，紙由各筒纏繞一過，則烘燥，接至第六
器，以鐵爲高架，架中橫疊鐵軸八根，紙由下達上，復纏一過，

則磨研光潔，至第七器，架稍低，上橫長刀，中亦有軸，紙由第
六器穿過至軸，再轉之則已裁截成張，器前設大案，裁就之
紙自行推至案上，二人對坐計數，旁又二人，一用粗紙包裹，
一則細紮裝箱，然後發鋪出售，計自入磨至告成，僅數時事
耳，每日約成紙二千三百斤，機器首尾七具，寬各六尺，長共
八丈餘，價值一萬圓，我中國造紙之法由來二千餘年，紙亦
絕佳，西人每稱讚之，然精者皆用棉竹，若稻草所製，皆惡劣
不堪之物，製法亦甚遲緩，今觀此法，尤覺工省事倍，且稻草
亦能作絕精之紙，廢紙字紙可復爲紙，破布（雜色可用藥水之使白）敗

絮亦可爲紙，能使無棄物，誠至善也，稍東則皆印字器，正在
刷印書籍新報（即新聞紙）圖畫，快捷無比，大小不下數十架，有一
式極小巧，置方几上，高僅尺許，寬約八寸，以鐵爲之，中有機
括，嵌墨汁，設鐵板，下列洋文字母二十六，若棋子然，以一女
工司之，將紙置鐵板上，再如西國鼓琴法，印某字以手按某
字母，內則推上一字印之，聯接而成句，頗極靈捷，辦公處各
置一具，用處頗多，價僅百數十圓，惜不能印華文，又有縫級
器，如半桌一張，上置器，下爲鐵架，以脚踐之則機動，曩在上
海曾見之，而皆舊式，未盡善也，茲所見雖式樣無甚差別，機

關皆近來新法，爲尤靈速，不特能成衣，且可刺繡，價自三十
圓至三百五十圓，紐約省又新出一織布機器，仍以鐵爲之，
寬約一丈，深約二尺，高如之，布幅寬至五尺者，每一時成一
丈，若幅面窄，尚不止此數，下有長皮條，旁有小輪，輪動皮條
亦動，梭行甚速，每分時可往來九十六次，又無大聲響，非若
他機專以木梃擊梭震人耳，每架值三百七十五圓，一女工
管之，織布機新巧，此爲最也，製銅鐵釘器，式如方凳，高僅尺
許，左手爲輪，凳上設機架，以銅鐵板寬一寸，長一二尺，厚一
分者，鉗入機口，用手推之，輪動成釘，由器前小門送出，皆長

寸許首圓尾銳每日能出十五萬枚每器價值二三百圓又一器較大式如鼎高二三尺旁有大輪正中有利刃三件合一處以鐵板長三四尺寬二寸者置刃口輪動亦成釘背長二寸每日所成約重一千八百斤以三人司之價五百五十圓造極長大之釘法亦如之較爐錘之勞奚啻霄壤造馬口鐵（西國以薄鐵片鍍錫名馬口鐵）瓶罐底蓋器高三四尺方尺餘左右兩輪下有鐵板中爲模置鐵片於模以脚踐之上下一擊即成一具每日大者能成二千具小者萬具每器值四百圓旁有鏤刻玻瓈器花樣款字者筆畫齊整觀者如堵法以細銅管作

曲尺形立案上管稍嵌鋼片小於錢若琢玉之輪盤鋒甚利管中通蒸氣激片旋轉以器就而刻之因試書華字使刻諉以無暇蓋華字筆畫多不若彼二十六字母聯字之易耳倣信封器甚奇裁紙黏膠摺就皆輪機快捷無比每一時可成數千個僅一女工在旁計數包裹裝盒而已又織錦機尤覺頭緒棼然視之不解能以五色細絲織各國賢主名臣像酷肖其生平花木山水屋宇亦與繪畫無異不露梭織痕蹟每機亦僅以一人司之

英國陳物之處自建一機器用以專運其國各器不借重美國總機也其織呢布機絕新巧值亦不昂計機四張二織布一織哆呢一織羽紗每張日出貨約一百二十碼（每碼合中國約二尺五寸）以一人司之亦可以一人兼司四張每張價僅百圓特非借力蒸氣不能運動然氣機亦有小僅二馬力價值四百圓者若購一具約可運機二十張亦易事也抽繭機若牀架高方各六尺四柱用細鐵條塗綠漆極精緻前爲熱水鑊小若盥盆鑊沿離水三四寸有機管二以繭十六枚入水分二起將絲頭御入機管各八繭左手一輪飛動抽絲繞於架後木軸一繭盡再續一繭每日可抽五千繭鑊前坐女工專管取

繭入鑊取蠶出鑊接絲頭之事木軸絲繞如數取而送至第二器器長六尺高方三尺下排木管四五十枚各長三寸許管後一排置繞絲木軸數如管輪機動木管亦動軸上絲過入管上遞至第三器以二管絲併一管成雙股至第四器使繞勻再過別管即可染色牽入織機而成綢矣每器司一女工自抽繭繞絲至染色成綢首尾僅數日再續麻線機其器有五機關輪軸不可勝計亦止能觀其意而畧道之第一器將原來麻片使理勻淨轉入第二器則淨者成捲雜物漏入下層再轉入第三器由捲成條尤勻細至第四器則由條而

成雙股及八第五器有小輪數百旋轉之由鬆而緊由粗而細成線索矣有粗細二種細者用以織布粗者織地毯或口袋每器用一人每日成線長可二萬四千丈五器共價四千五百圓又做棉線器其法先以棉花置輪機紡成絕細紗再入別器絞爲雙股線另一器如案兩旁有精小機括多件將木管套入機頭管長寸許粗若手指搭線頭於上繞之快捷勻整每管繞線六十丈每日可繞三十八萬四千管以五人司之女多於男手指靈熟日給工資二圓此線中國消路極廣縫工鋪及居家女工喜用之即所謂洋棉紗也絞棉子器式亦如半桌小而靈捷每一時可絞出淨花二百四十磅每具價值二百五十圓亦係用蒸氣運動者又一式高三尺許方廣尺許口大身細中有鐵片若鋸齒外有四輪右手有曲柄納棉口內不需蒸氣惟以手轉曲柄則四輪俱動淨花由左手一門推出子由下漏積一處每日絞出淨花約四百磅價值一百五十圓絞棉子器之精妙簡便以此爲最而尤妙在不藉蒸氣運動也產棉之鄉能家置一具或數家數十家合置一具較之手捝脚踐誠大省工力有新造極速印字機告成纔五閱月高四尺寬二尺如長案左手一大輪徑二尺

餘右一小輪套皮條小輪動則無數輪軸機關皆動每半時印字一萬五千張以一人司之或無人在側亦可蓋此人不過用以專摺印就紙張其送紙染墨各事皆不需人力每具價值五百圓又礦底碎煤機蘇格蘭人所製亦法之最新者機下爲鐵路路上置器高尺餘寬四尺長七尺下有四輪與鐵路凹凸相合前有鐵齒若龍骨可左右旋用以刮碎礦底大塊者以三人司之價一千五百圓在礦內隨行隨刮每日能行四百尺之遙據云未有此器之先礦工以斧斤鑿之或用鐵球擊之今得此器可謂工省事倍矣

德國以克虜伯鋼礮爲第一光緻奪目精巧絕倫長二丈七尺尾粗八尺腹粗一丈八尺口徑一尺四寸重六十二噸膛後有門受藥彈啟閉靈捷彈長三尺五寸尾徑九寸首尖開花者鐵製重一千零三十磅鋼製一千一百五十磅實心者鐵製一千三百六十九磅礮膛受藥二百八十磅每發一響連彈共需洋錢三百圓彈能致遠五十三里以二尺五寸厚之鐵板置五百四十丈內可洞穿之嗟乎造如許之巨礮用如許之大彈無怪鐵甲船不足恃也聞英國亦鑄有巨礮尚堪與敵他國無聞也架亦鐵製長三丈二尺寬十尺高五尺

礮口離地一丈二尺兩旁有輪若鋸齒轉之可高下又有鐵鈎鈎彈入礮者機括亦便捷架底兩邊各三輪可左右移不可直行用以專守礮臺礮兵八名管之連礮並架共重一百零四頓值銀約十萬兩有同式而差小者架於大車車旁坐二人用以衝鋒破敵另一車運藥彈旁亦坐二人又一式尤小長僅三尺許負於馬背另一馬負車一馬負藥彈箱用以越山嶺按克虜伯德人也其製造廠即以己名名之在哀森地方廠基廣萬畝工匠一萬六千二百名所製軍器絕精巧德國軍營所用皆其廠製他國亦多往購之至若輪車鐵路

及別項鐵器亦無不製造會內陳列礦鐵數十種皆其管業之山所產也聞他國製造廠或設自國家或糾股以成獨此廠爲克一人之資而設煤鐵皆自有不須他購是不特鋼礮爲第一捍衛利器即其家資富有亦不數數覯矣旁有燒甎法絕奇第一器式如斗入以泥土轉瞬即見甎坯出自第二器以手撥機使成塊厚薄大小無少差轉入第三器再出皆作紅色蓋已燒就矣每器司以一人每日成甎三萬塊每副三器約值八百圓東北首有比利時國數器亦皆精妙聞此國產煤鐵最盛價廉質美故製器尤易

繪畫石刻院

院在五大院中推爲傑出乃以美石精鐵玻瓈三項建造堅固無比計工料費一百五十萬圓蓋議會事既蕆諸院屋皆拆惟此院留傳爲勝蹟也屋長三百六十五尺寬二百十尺中聳一樓圓若覆鐘高一百五十尺頂尖立石刻神女像正門南向與總院北門相對僅隔數十武門前立武士持鎗石像一座約高二丈兩旁有銅鑄將帥騎馬巨像登堦十餘級甚寬展上爲遊廊左右皆石像進門大室一間深四丈廣六丈石像銅像羅列幾滿上首石造者爲美開國祖華盛頓東

南隅銅造者爲今德國爵相畢士馬各高丈餘餘如天神者將帥者仙女者羅漢者大大小小不一而足或實有其人或憑空結撰又阿非利加黑人像印度人像回教人像紅皮土番像又有男女全體裸露像（下體或遮以樹葉或圍以片帛）合計不下三四十座再進一室尤深廣亦無非古今名人像上有耶穌釘於十字架像白石者居多更進一門爲一橫道四面皆門曲曲折折不辨方向惟有步他人後塵任其所之矣門上大書洋文某某國字樣卽各國列畫處也其屋或長或方不一式四壁懸畫無空隙大幅寬至二三丈長至一二丈小幅不過方

廣尺許、皆古今人物山水樹木、合院陳畫若千幅、各將所書事故錄出編號、印爲專書、遊人可逐號觀覽、有一國一室、有一國數室、悉視其來畫多寡也、每幅價自數十圓至千萬圓、亦有家藏之件無價值、專送入會考察者、英國有大幅、繪其太子娶俄公主、結褵禮拜堂事故、太子禮服、公主衣全白、（西俗以白色爲吉服黑爲喪服）袒肩背及胸、（西俗婦女遇大禮率若此）隨從王大臣、衣朝服佩刀、命婦衣雜色、亦袒肩背及胸、可數百人、左首有高閣、英君主在焉、同坐女士三四人、皆貴戚云、係彼時情景、毫無裝點、面目亦皆酷肖其人、不知價值幾何、德國一小幅、方廣僅

二尺許、繪半身女像、索價八千圓、其中華盛頓像何止百幅、惟法國所繪乘馬像最出神、聞美國有一幅尤妙、惜未見也、其他善本頗多、各國皆有、難以悉載、按泰西繪事所最考究者、陰陽也、深淺也、遠近高低也、必處處度量明確、方著筆、多以油塗色著布上、亦有用紙者、近視之、筆跡粗亂、若塗鴉、顏料多凸起不平、漸遠觀之、則誠繪水繪聲、惟妙惟肖、所繪士女、又以著衣冠者易、赤體者難、蓋赤體則皮肉筋骨肥瘦隱顯、在在皆須著意、無絲毫藏拙處、雕刻石像鑄造銅像亦然、此爲繪畫鏤刻家精進工夫、非故作躶體、以示不雅觀也、院

中所藏、皆各國文人手製、等閒工匠不能爲、石刻以義大利國尤精、繪畫以法英稱最云

耕種院

會基北隅有耕種院計長八百二十六尺寬五百四十尺高約五十尺四壁砌甎石頂亦玻璃共用洋錢三十萬圓東南距總院里許五院之一也凡墾地耘田刈禾麥誅草萊捕魚蝦榨油酒熟飯菜等器並稻粱菽麥黍稷薯芋蔬菜果品餅餌饅頭鹽茶油酒醬醋魚乾肉脯乳酥架非以及木塊枝葉稻草麥莖麻楷莫不會萃其中備博物家考察物以飲食二類最夥架非而外皆我　國所有者至農田器具不過十之一二而已皆美國近時新法美國地廣人稀耕耘之事非藉

機力不爲功圭曾逐一觀覽極重極大者居多其應使於何地用於何事如何運動皆難理會詢之洋人亦不甚解竟非老農不能了了以是直無從記載方今我　國內地兵燹後多有未墾之田固是亟需此器倘日後議墾西北曠土尤必得購用以代人力也况中西地土非盡殊而農田則爲中國首務苟力省工倍是擧國之所願也茲雖未能了了嘗詢西人不僅器具便巧尤講究種植之法何以長茂何以蕃實糠粃麩莢何以能薄能少逐物考較必使物無遺利由是人不俟勸懲而踴躍趨之皆農田機器之效則農田機器洵能使國無曠土人無游民倉廩實風教敦焉現在日本購定十有八式共値一千五百圓聞彼境之北有四島氣候苦寒議興種植而日人多不願往故購此器欲招華工往事墾闢斯其注意已可槪見飲食類皆西人日常所需者多半與華人食性不同惟酒甚佳皆葡萄佳果所釀如德國來因河之白酒法國香冰酒紅酒葡萄牙國舍利酒久已著名中土而索値甚奢非寒素所可沽飲鹽糖皆潔白勻細勝於華產若牛油乳酥架非則華人直無過問者矣日本陳列之物魚網木塊茶葉鹹魚外米鹽瑣碎亦均備凡榜勸業寮出品五字皆公

物家也

花果草木院

院在會基西北隅計長三百八十三尺寬一百九十三尺費洋錢三十萬圓造法明敞與花相宜雕鏤丹雘頗盡其美門外空地隨其曲折種花數十叢開放正繁襯以碧草如錦如油愈形豔麗然種數不多惟取悅目而已進門正中有大室名康色費忒里譯即暖閣戶洞皆玻瓈下為水池池中央立銅人高可一丈五尺暗設機管水由下吸上至銅人頂復倒垂向下四面噴洩若瀉玉跳珠迴環不斷周圍則皆各國花草果木不下數千種海棠芍藥牡丹月季山茶木槿薔薇鳳尾梅杏桃李柚橘蘋實而外多不知名有含蕊者有始花者有初實者有爛熟者亦並無恠異之品而獨不見荷竹大是缺事室之四隅皆鑿小池旁置長椅以息遊人南北兩面有偏室藏各種嬌嫩盆景樓上東西建平臺可瞭遠中為遊廊複道憑闌下盼若八萬花谷全室花草盡呈眼底極愜觀賞餘屋多列蒔花種樹之書遮護灌溉之器院外北首另起一室亦種奇花異草焉按西國蒔花接本之法亦有專門花不豔者可使之豔花一色者可使為數色皆用藥水變化其質果之酸澀者接以他樹則香甜堅結者接以他樹則鬆脆其

中奧妙誠難思議實巧奪造化矣今會內廣為羅致者仍精益求精意耳

美國公家各物院

公家院建以專陳美屬各省向所收藏之物亦博物院意也在機器院之北縱可五百尺橫三百尺土木之費六萬圓大門朝東門前置枯木圍約三丈云得自海濱爲數千年古物進門左首爲歷年所用鎗械礮彈某年爲何式今年所製較去年舊式有何妙處皆一一標識後爲兵船式樣篷索錨柁咸備亦逐年標識比較又醫家器具刀鍼約數百式藥料甚多再後爲各種糧食又列各項機器小樣頗極靈巧美例凡民間獨出心思造成一器世不經見者先製小樣送官查明

實有用處或酬以多金或獎以功牌並給予文憑限若干年許專其利他人不得摹彷影射其小樣藏府庫聞美國近來每年求給文憑者多至五六千人年復一年有增無減無怪其機巧之件層出不窮且不獨機器也即著一新書成一妙藥亦莫不然按此例爲英國刱始各國踵行之今已二百餘年矣右首列外海內江鱗介之屬魚類最夥有黑脊紅腹者有白身起紅綠斑點者有身小而鬚長倍蓰者有生翼者有腹扁而畧具人形者種種怪異不知名又有鯨魚頭骨一具長二丈許腮一片若蓑衣腹骨長丈餘若原枝象牙旁一水

櫃甚大內懸大小魚數種鱗片白亮腮血尚紅詢已水三年櫃外熱至九十餘度櫃內寒暑表僅二十餘度宜其歷久不敗又列各式捕魚船隻器具再後爲紅皮土番之軍械舟車冠服器物及所奉偶像像以原株大木剖半雕惡鬼形一木層疊五六像塗以雜色怪惡不可形容衣皆獸皮亦有用毛羽穿成者舟皆刳木爲之刀矛弓箭近似中國古制再後爲礦鐵塊大者重至萬斤並建屋琢像石塊作玻瓈胚料海上大塔燈其餘空隙處則塑歷來兵士像裝束軍械各就當時模樣一一如生又有紅皮土番像五官若華人髮亦黑披肩

背或紮束頂心若散花東北隅有方室爲電報房書信館通各省信息旁置稱風秤量雨尺測遠鏡風雨表遊人亦甚挨擠總理司事和藹可親偕主遊者爲總理會務官幕府費君

女工院

初會內擬將女工之物附列總院不另建屋於是舉國女子都不滿意以爲輕視女工即輕視我婦女也特倡議自行集貲尋建一室陳女工焉院在耕種院之東基廣五畝有奇縱横各一百九十二尺八面作捲棚式爲門亦八中樓高八十尺其繪圖立說指揮工匠以及如何鋪設如何位置皆出女手新巧異常共用洋錢十萬圓凡婦女所著各種書籍繪畫圖卷鍼黹之物並各各巧技妙法悉萃於此另一室用陳女塾器具女師法程即居院執事之人亦盡選婦女爲之主遊

至院見天文地理格致算學並女紅烹飪等書分別排列其精巧器具物件亦甚多向其詢問皆樂爲人道娓娓不倦舉止大方無閨閣態有鬚眉氣心甚敬之又且愛之偕行西友爲言泰西風俗男女並重女學亦同於男故婦女頗能建大議行大事今年五月間出一新報有女子倡言我國居官者皆男子近欲公舉伯理壐天德想必又爲男子何以我婦女不能在列同受選舉是大非公道事也前聞英國亦有婦女欲進議政院同參國事語頗枛闘於彼亦似有理近年來各國女塾無地無之英國大書院男女一律入學若試德國生

女八歲例必入塾讀書否則罪其父母美國女師女徒多至三四百萬人其所以日興日盛者亦欲盡用其才耳天下男女數目相當若祇教男而不教女則十人僅作五人之用婦女靈敏不亞男子且有特過男子者以心靜而專也若無以教導之提倡之終歸埋沒豈不深負大造生人之意乎故外國生男喜生女亦喜無所重輕也若中國則反是矣有輕視女子者有沉溺女子者勸之不勝勸禁之不勝禁究何故歟答曰無他亦由女學墜廢所致耳考周官有女祝女史漢制有內起居注婦女之於學往古蓋有所用之矣婦學之名見

於天官內職德言容功所該甚廣原非若後世祇以文辭爲學也故易訓正位乎內禮職婦功絲枲春秋傳稱賦事獻功小雅言酒食是議周室東遷婦德亦衰然如魯之敬姜與子文伯論勞逸我　先聖特褒之是三代之時女學甚隆降及後世此事漸廢今且有口邊二語曰女子無才便是德噫惟此語爲能誤盡女子矣夫所謂才者豈惟吟紅咏綠而已哉以是謂才宜乎無德倘得重興女學使皆讀書明理婦道由是而立其才由是可用輕視婦女之心由是可改革溺女之俗由是而自止若英美婦女之議則太過矣西友亦深謂然

總理會務官公署

署在會基適中之地深一百五十尺廣一百十五尺高四十三尺爲樓三層屋面四角起飛閣徧插旗幟極壯觀瞻計費洋錢三萬圓爲會內總理辦公之所所選博物之士二百人專考各物優劣者亦駐於此每二三人合一公事房此項人選於費城者月給薪水六百圓選於嗊夕省他處者月給一千圓中堂深六十尺廣八十尺上起暖閣下面多設長椅凡議論會務增改章程宣講事故以及鼓琴歌詩皆就之兩旁有長巷通後院設巡捕守門頗嚴肅圭嘗在此聽琴數曲七月初六日見伯理璽天德亦在此焉

環遊地球新錄卷二

江甯李圭小池

遊覽隨筆

美國費里地費城

美國富庶之區皆萃於東北各省各省中又以三大城稱最一曰紐約二曰費里地費三曰波士登此就貿易之繁盛而次序之若地方之大屋宇之多街道之廣費城實居第一再以地球各大都會言之則居第十二焉光緒二年爲美開基百載之期粉設大會以誌慶典會卽設於費城蓋取意立國時華盛頓與英定盟處也城建於特爾拉窪河西岸計地四百二十六正方里屬嗊夕爾費呢阿省外通海港商船可直達城下街道縱橫其直如矢寬自六七丈至十丈城中一街名伯羅思别利譯卽寬街南北長三十餘里適中處新建費城梅爾署（梅爾若中國知府）閎鉅華瞻云費一百五十萬金各街中砌鵝卵石並仿輪車鐵路法平鋪鐵條專行馬車左右稍低夾植樹木疏風蔭日行人皆就兩旁甎石路來往亦甚寬展（西國街衢率若此然）屋宇或砌紅甎或砌美石自二三層高至五六層橋梁多以精鐵爲之有長至百餘丈寬至七八丈者均極堅

巨靈功而尤以城西志爾乃而一橋爲特絕輪車鐵路約十餘條或徑穿城而過電線木竿幾於舉目皆是難更僕數有一竿上懸電線多至五六十條者氣候與山左畧同皆沙土鬆溼氣多樹木居處宜人居民八十一萬七千有奇民房十五萬一千餘所工廠店鋪城內居多扯司里汪納二街貿易尤繁盛華人來此者三百餘人洗衣捲烟爲業近有粵人鄭姓由三藩謝司戈城來就扯司里街賃屋設鋪售中華物日本人亦設有店鋪焉煤氣燈自來水皆由地底機管曲折高下而至通長計之各約二千餘里馬車各式均備以數萬計

又有所謂街車西語稱克阿其制如屋長約二丈寬五尺高六尺兩旁玻璨窗下設長凳可坐三十人茲值賽會人衆車內外坐立幾滿可容八十餘人車底有四輪牽以二馬行鐵路較速常車又一式不用馬以機器行城內外各街逐處皆有無論何時至何街悉隨人意西國皆有之而以美國爲最多最美每次僅取資五分至九分城西北有大園林曰飛莽帕格帕格譯即園林水陸共地一萬六千餘畝會所在其南各國園林無有大於此者樹木叢茂河水灣環亭臺池樹布置得法爲官民遊憇之所設巡捕百餘人司巡察其中酒樓飯館客寓車棧俱備午後馬車

絡繹不絕遊人多富室貴家女多於男或席地閒談或倚闌遠眺或馳馬或擊球或乘小輪船或划一葉舟無不舒嘯徜徉隨興所止經費出自公家旁有生物苑西語稱瑣臥拉洽戈加登一區鳥獸鱗蟲無所不有如所見虎豹獅象熊羆豺狼犀牛野牛野狗野羊海狗鱷魚巨蟒異蟲又有如驢而白質黑章成虎斑者如鹿無斑身短項高於身倍蓰者西語稱支而拉夫瀛寰志畧謂長頸鹿狀皆駭人猴類大小約數十種珍禽之五色斕斑者不下百數十種亦有形狀極猙獰者駝鳥大者重可二百磅進苑遊觀各納洋錢二角五分本年閏五月十三日即西歷七月初

四日爲華盛頓有國首日先一日戌刻其副伯理璽天德率費城梅爾邀各國會務官筵宴後駕車出遊各街衢燈火爓天礮聲震地陳百戲放烟火懸旗張樂護衛兵數百名整隊以從如此一連三日以昭盛事茲值賽會之際各國遊人日以數萬計新開大客寓甚多民居亦多賃爲寓所而仍不敷住因有赴紐約城住宿早至晚歸者紐距費三百餘里輪車不及二時即到故輪轂往來徹夜不息惟萃止既衆物價莫不騰貴有較上海加倍者有加至三四倍六七倍者而居奇壟斷者流仍不肯放鬆一步是亦因會而大獲生財之道焉

閏五月中旬天氣酷熱寒暑表升至一百零五度六日之內受熱死者一百九十八人倒斃馬不計其數每日晡必雷雨大作房屋間有爲電擊損雨時稍凉一二時後雨止復熱聞此間六十八年以來無此酷熱然至孟秋之初即已凉生四壁中秋前則衣重棉甚有圍爐者九十月之交已見雪花如掌木葉盡脫矣

輕犯監獄在特爾拉窪河東岸其地名噴的配距費城約二十里爲各項輕犯悔罪作工之所凡飲酒滋事挐解到官者定罪後每七日解往一次初犯監禁六月再犯九月始釋放

六月十五日其總管泰君偕遊其處先一日泰君告知費城梅爾以中國有公幹人員欲往遊覽梅爾甚喜令備輪船馬車接待派總巡捕沿途照料請中餐以盡主人之誼門外豎我　國龍旗以彰兩國和好焉是日午初至其處見石屋一所高大若方城四無居人門樓左竪龍旗右美國旗門前鐵階梯登梯而入右首爲議事廳爲飯聽左爲客堂後爲公事房醫生房司事巡捕房至客堂畧坐午餐後泰君導遊先至一室內設桌凳洋秤量身尺號簿犯人初至者入室少坐過稱量身由司事將其姓名形貌案情身重若干長若干登記簿內令進浴房洗身換衣衣青黑鑲藍邊然後定入何號房間居住又一室爲犯人親友探問所親友至則喚犯出不限時刻任其暢言管監者絲毫無需索又一室甚寛大明敞多設長桌長凳爲喫飯所另有浴室數間每七日必使洗身一次洗面所厠所皆潔淨無穢氣睡房每犯一間深廣約五六尺地鋪木板墻壁潔白後爲窗嵌鐵條前爲門以鐵板釘成方格使透風氣內設一榻一桌一凳一鏡一扇一巾被褥七日一洗換又見一室方廣如前亦潔淨而極黑暗犯案尤輕者居內二三日不見天日使自省已過釋之至三層樓爲女

犯作工處有縫衣褲者有作繡貨者共三大室各約七八十人手不停工言笑自若頭面頗光潔間亦係飲酒滋事者第二層爲男犯作工處或作靴鞋或理破布或洗地板或洗衣或在廚房作茶飯或由巡捕押至屋外作農工種蔬菜修道路皆視其人能作何工使作之無鞭撻之苦又非竟日力作有時亦令休息所作各樣縫工分別收儲仍備犯人穿著第四層有禮拜堂能坐一千五百人每届西人禮拜日教師往宣善言導化又有大室二統間居犯人之有病者軒窗四起花草羅列起居飮食優於別犯而女室尤優於男醫生逐日

按名診視藥費亦出自公家法至善也恩莫大也共計監房一千餘間每年經費約三十五萬圓犯人所食饅頭每日需麥麪十七桶每重二百磅人數之多亦可知矣

噴夕省有重犯監獄二所一在費城一在畢次卑城犯人定案後應監在一年以上至數年十數年或終其身者皆此二獄六月二十一日偕西友名衛而思者往觀費城之獄約舉行所見聞者記之獄基廣五十餘畝周以石垣高三丈許極鞏固進頭門中爲鐵路以行解犯馬車兩旁偏門內爲總管公事房住宅戶外有小圃花草甚繁總管湯姓迎入少坐復

導由原路進二門左首一廳置犯人册簿詳載各犯第號姓名籍貫年貌住址曾讀書幾年向習何業有無父母妻子因何犯案定監幾年又一薄凡進內遊人無論官民男女先留名簿內始可周覽（西國無論官廨衙署局廠及各名勝之所凡進內遊觀者皆須留名）遂皆書名畢湯君復偕行進一大院花樹重重濃陰蔽道正中起廣屋如亭爲樓三層皆七方形方各有門向外一門以出入其餘六門內皆長巷夾室一望無底即監獄也每巷合面共三四十間間各有門門上掛木牌書犯人號數湯君特引進一室則犯人正在工作每間長約一丈一尺寬約六尺地鋪木

板設一榻一桌一凳一厠桶一工作之器一暖氣筒（西國凡大院屋不能遍設火爐多於地底設總爐各屋壁間設鐵筒由輪機以放暖氣以代之夏日則閉總爐另有大輪搧風仍由各筒以吸暑氣故又稱風筒）一吸水管一煤氣燈燈頭在室內而螺釘（用以啓閉氣管）在墻外蓋夜間有一定時刻必須熄火不由犯人自主也室頂有窗甚明亮後有門出門有地廣五六尺種花草每日必使進內小步三刻和舒氣血四壁皆石門戶皆鐵防越獄也計六巷上下監房五百八十間皆一式每犯一室女犯在上層所作之物如木器皮器並織布縫紉等事每日限定成物若干變價貼補公費如工勤限逾其多作者另行變價

以一半解歸原犯事地方充公費一半由總管發鋪生息俟其罪滿釋放日全數給與領回若終身在監者則給其家屬倘此器需二人工作而室內僅一犯則由別室解一犯至早出晚歸經過之處以氈覆面不使人見存其羞恥此其用意良厚初進之犯不能工作者使學習力弱者使習輕巧事不强人所難每日三餐早餐架非一杯饅頭一塊午餐肉湯一碗牛肉一塊（或羊肉猪肉有定期輪流而食）及饅頭蔬菜晚則茶一杯饅頭一塊皆潔淨無隔宿再食者恐致病也中樓第二層藏書九千餘本司事皆犯人裝訂修補亦犯人樓置書目一本監室

亦各置一本某號犯欲閱何書以木牌寫書名幾日歸還遞出送樓照取按期交還第三層爲禮拜堂極闊大爲教師講書導化之所至各項司事巡捕工人住房大厨房浴房厠所並皆潔淨無纖埃厨房後設輪機一具凡磨麥熟菜煮茶以及各處暖氣筒咸賴之人立亭屋正中則七方皆可瞭望晚間樓上明燈面面照耀如白晝蓋上下數百間之屋以此亭爲主腦焉竊謂外國監獄迥異中華第一務取潔淨第二飲食調勻第三作息有節第四可習技藝第五則其總管司事一切體貼人情處若父兄之於子弟故凡遊覽其中者非特

不覺其爲監獄即犯人監禁日久亦自忘其身在監獄也迨期滿釋歸有技藝有資蓄皆可爲養身贍家計或更可傳諸子孫法良意美於斯盡矣倘有仿而行之殆將眞以囹圄爲福堂也雖然亦視其如何變通其法要在不輕視民命之意必暢布浹洽無少格閡彼其悔罪遷善之心自必油然而生焉西人嘗詢外國處罪人法制子謂若何曰誠法良意美矣然弗乃涉於過寬乎曰是固然然吾西人尙舒適畏拘鬱若人之在獄也吾傍視之已不勝其苦且彼皆非死罪者故但拘其身體鬱其志氣使仍於拘鬱中有樂生之心而後可冀其悔罪遷善也又吾西人性多激烈倘使加以敲扑捶楛則必有自戕其生者矣是以外國之處罪人誠有所不得不寬也

費城有習正院凡童稚男女父母已故無依倚者或有父母而不能教者或子女不肖不受教者皆由院中收留使習正道俾免流於不齒誠善政也其制男女自八歲起至十六歲止無依倚者由地方紳民報院收留不能教不受教者由其父母稟官酌擬年分發院收留內分男女二院男院自總管以下凡教習醫生司事工人皆男子女院則醫生而外皆女

流悉由地方公舉不得濫用一人收留者男多於女故女院差小規模亦稍異男院屋約三百間爲樓四層臥房每童一間鋪設似監房而較優共一百六十間餘爲公事房塾房習工技房（作工規制與監房同）禮拜堂養病房醫生房飯廳厨房浴池厠所其空地皆爲花園公事房懸一牌童子初至者在此書名掛號由總管將其姓名用十色紙刷印十張分別等第插牌上以備視其行止如何漸漸推換每月使各童進內自閱一次以知其名次現置何等俾知奮勉如初進爲黑紙等最下若推至白紙則頑劣之性已改可望出院有父母者由父母

具結領歸無父母則由總管代薦事業以四十八爲一班延師教讀教習工技其每日應何時起身何時洗浴穿衣聽訓早餐後何時作工讀書午餐後何時寫字默文聽經作工何時休息晚餐後悉令步行數百武何時聽訓就卧皆有一定規制一定時刻與操演兵士無異惟不得出院門一步每年經費約六萬圓過西首長樓爲女院屋亦高四層卧室八十間分二班各延女師教以讀書寫字鼓琴歌詩以及縫紉烹飪等事亦有花園備遊憩一切鋪設飲食尤優於男有一二年即歸者極遲至二十一歲必釋之回家無家者亦由女總

管代薦繕寫縫紉傭工之事其父母親戚欲進內探問皆有定期若其父母品行不端不使進內每年經費約二萬圓合兩院另舉一紳耆監督之費皆出自公款亦有富室捐助者聞此院各省皆有之非獨費城也各國亦皆行之又非獨美國也觀夫習正院與輕重犯監獄皆主於化人爲善也人固不皆上知而亦不皆下愚爲民上者孰不欲舉一世皆爲良民哉因憶我　朝縣竹李化楠令餘姚凡獲穿窬小竊不遽加刑責選手藝之老成者令教以藝暇則親至其處宛轉勸化俾自悔艾藝成許親族鄰佑或教其藝者具狀保出永不

爲非於是境內無宵小而凡民亦莫不感奮爲善境乃大治此雖賢令尹德政之一端畧舉以見化人爲善大概

瘋人院在費城之西約十里偕行西友衛君云三十五年前凡瘋狂者皆送至城內養病院與病人同處嚴拘手足不使少動醫藥等等亦未盡善故就痊者甚鮮嗣紳民聚議以爲瘋人與病人同處拘定手足氣血既不和通且日受他人病氣是病上加病無怪醫藥不奏效也宜處之美室以安其身鬆其手足以和氣血視以名醫以探其病源多種花草樹木以沁其心胸妥擇靈敏之人照料以防其舞動若瘋甚者惟

拘其手閉於室內然後調勻飲食進以良劑順其心意以開導之投其所好以誘引之自可漸漸就痊歸家有日仍不失爲好人設竟未可愈者更宜憐憫之使安住其中以終其身於是擇地城西建屋以居男女瘋人復以男女同一院法猶未善故添建一屋居男人原屋則居婦女統名之瘋人院基廣三百餘畝屋居十之一餘皆花園四周繚以木柵進頭門見樹木花草曲折布滿中有方塘水極清澈馬車行約二百武始抵院門進門左首爲醫生房客廳飯廳右爲書房琴室藥料房再後兩旁有門內皆長巷深二百尺廣十二尺室門

相向計二十八間十七間為瘋人臥房高十二尺寬九尺深十一尺四間為照料人等住房七間為書房琴房新聞紙房浴房飯廳臥房內設一牀一桌一椅一厠桶後有窗玻璃槅內掛以鐵絲網窗外即花園頗極明潔亦有間隔較大者亦有二間中穴戶洞為一間者橱櫃椅炕幃幔俱全此為富貴中之患瘋者所居共十有六巷屋五百六十間皆同式病者乘車來院嚴閉車門至院門停車先由醫生詢明原由登簿視其病之輕重然後送入何巷何屋居住醫理先取三個月飯金富者多取貧者少取或不取病愈後須由其家人或鄰

佑具保始可出院設醫生三人內推一人為院總管其餘司事工人不下六七十名地底有大輪機一副凡磨麥麪熟菜飯吸水洗衣風筒暖氣筒咸賴焉院後界以木柵另有大門進內為女院其房屋式樣間數及一切規制與男院同醫生而外執事者皆女子合兩院公舉一人總理每七日往查一次其買地建屋栽種花木購辦輪機共用洋錢約一百萬圓出自富室善士捐助兩院經費每年約需二十萬圓亦多半捐自富人之有病來院者每屆年終總管應將一年收支各項病人進出數目現住數目及一切情形彙錄成書刷印多

本呈報其國主及地方官紳遊人入院觀覽者亦酌送一本備查閱焉（西國凡衙署公所每屆年終必將事實刷印以供眾覽）醫生首領馬利歧實中超羣軼倫者也以仁心行仁術朋儕莫不推服僧主往觀施醫院據云此院在各國中為最大與國都城亦有大院尚不逮也院內病者常川有四千餘人皆貧民飲食藥料悉出公款服侍之人極周到臥房牀榻極精潔所患外症居多初習醫者多來此院以見症廣也額設醫生三十人逐日診視每三日馬君必往一次凡須剖割及一切疑難之症一一宣講病源使衆聽畢親自醫理有膀胱內

生石病（華人無此病西人則甚多前法主拿破倫亦因此而殂）乃由腎囊下開一孔入鐵鉗碎而出之敷以藥孔合而愈又一人大腿骨受傷內有碎骨先用手巾浸藥水置其人面上即昏昏睡去鼾聲如雷用刀剖開取碎骨出甚大亦敷以藥事甫畢而人醒無痛苦也西人於醫學一道最精亦最嚴必先於人之形體脈絡臟腑事事考證無訛然後出試其技懼以疏庸殺人也馬君係通城醫生並地方紳民公舉者院內經費每年約六十萬圓率出自富室善士捐集馬君匪特不取醫金更以資財相助尤難得也於以歎其登仁壽一語舉天下人莫不俱此心也

果使我國亦效而爲幹濟者董其事富厚者捐其資實心實力酌量體貼定爲經制務克去一片好名心斯舉無不當庶疾苦顛踣者罔弗攸濟而和緩盧扁或未必竟無其人則舉天下共登仁壽之大願乃可曰誠不虛矣

造錢局在扯司里街屋甚高廣七月二十一日偕西友鼐君往觀製造法至則投名紙拜總管伯樂君值公出局人知來意派司事引導指點先至一處見金銀甚夥金塊長五寸寬二寸厚一寸者約三四十塊每值五千五百圓銀塊長八寸寬三寸厚二寸者約二百塊每值一千五百圓價值逐日不同有增無減旁置天平絕精巧可自毫釐稱至數千兩據云金銀皆由泥發達卡釐方利亞等處來亦可見彼二省礦產之旺矣轉進一室爲冶房鐵爐分設兩行爐方廣五尺冶缸泥製若湯鍋小者如碗用以由缸取汁入鐵模模長八寸寬三寸厚七分中作凹形每副四塊合爲一套以鐵圈圈有螺絲釘傾銀入將螺釘旋鬆則出銀板二長七寸寬八分厚三分此名胚板再至一室爲鎔金所旁一室爲鎔銅所現值賽會需銀錢甚鉅故金銅兩所皆停製使工人盡製銀錢各胚板歸入機器房使壓成條其器中疊鋼軸二粗若巨碗旁有

大輪將胚板置二軸之中夾緊輪動則穿過成條長二三尺寬厚適如錢再入一器砑之使平直無寬窄厚薄之差復由條而鑿成餅名爲錢胚每分時鑿一百六十枚另有器以一女工司之使胚邊稍作捲形胚皆青黑色此後始置鐵絲飾入藥水淘擦光亮再入一機器鑿成印花其器以純鋼製高四尺上圓下方中設二鋼模上下相對模上鏤印花卽錢之兩面花紋也模前有銅管高約四寸廣如錢管下設鋼鉗亦一女工坐器前將錢胚疊入管內機動則一胚落於鉗口夾入模心上下一擊錢由模底漏積一處每分時成錢八十枚對開四開十開（對開卽半圓四開卽二角五分十開卽一角）者法如之而尤速每分時可成一百二十枚製金錢銅錢法亦然已成之錢置木板上過數包裹板下亦有機器其中有分兩稍輕者卽由板孔漏下復鎔之其鑿過錢胚之銀條則皆鏤圓孔儲櫃內至晚取條計孔卽知成錢若干枚次日復將孔條鎔之冶房地面鋪鐵板復加胡椒眼式鐵板每塊方廣尺許厚一寸中通溝下碎屑揭板掃出另變價每年碎屑約得銀一萬兩皆詢不若再入爐自鎔答以屑黏雜質須用別法提淨本局無此暇也竊嘗疑外國之錢必係鎔金銀傾入模板而成若中

國鑄銅錢然今觀此始悟大謬後至一樓專分別礦質者凡金中必有銀銅兩質銀中亦有金銅等質銅中亦有金銀等質欲提淨須以礦金盛黃泥杯煉之杯泥和藥製入火一刻許銅質皆歛入泥杯中其金銀二質復用藥水煉之金即提出而銀質入於水其水蓄玻瓈桶內清澈無所見入以別樣藥水則見銀質如棉塊塊下沉慮銀猶未淨再入藥水則淨矣其中奧妙惟化學家解之局內男女工人計二百七十五名旁一樓圓式結搆甚奇巧藏美國歷年各局金銀銅三項錢式又一樓藏各國金銀銅三項錢式並元寶條錠各式中

國日本越南暹邏之錢俱備有二千年以上所製者有自土中深至十二丈刨得者皆見所未見也瀕行總管回局復延入客廳坐談許久云美國藏錢之所斯樓為第一統各國言之則居第二焉又云以銀造錢通行各國既使於民又利於國泰西各國皆自製造花樣不同分兩惟一近年日本國亦踵行之中國商民既樂用外洋之錢何不自行製造而坐視他國以收中國利權乎又詢中國造元寶法鑄銅錢法因畧畧告之歸途西友言中國用元寶奈何錢色不齊分兩不同致市肆得任意低昂實為公家大蠹曷不損益制度以收裕

國利民實效而吾西人之法亦未必不可行於中國也嘗思其言亦似有見然我國元寶行用已久未可遽廢而補偏救弊杜漏銀出洋收利權歸國誠莫若自製銀錢又莫若購辦機器非惟事省工倍且使民間不易有私鑄其大小輕重銀色宜一如外國而花紋字體別為詳定其要似當清漢英三體咸備花紋取現行外國之龍旗式如是則中外皆可行用矣又中國銅錢私銷私鑄者多查不勝查禁不勝禁亦似宜變通其法者也

蠟像院亦在拙司里街主嘗與吳稅司秉文言人之一身脈

絡臟腑如何位置飲食如何運化中國有銅人圖外國曾亦有格致及之者乎吳君曰有之迨歸舟將發始克偕往觀焉屋宇高敞為樓三層鎔蠟象人男女老幼衰壯嬰孩胞胎罔弗肖毛髮皮膜肌膚孔竅筋骨經絡腠理臟腑畢身內外罔弗具皆鎔蠟以成併合則一身分卸則百體細大不遺其狀飲食轉運變化以出疾病內傷何處外見何症或傷自外達內種種色象與婦人如何受胎胎自七日始迨臨產自微至著漸以成形產何以別難易產期何以有過與不及又莫不詳悉更有醫生治病像若何施治若何受治而接生一事泰

西亦醫生爲之故取死胎法與産母萬不能保而腹中兒猶可活因稍剖母腹以取兒諸形像亦都畢肖苟能專心體察醫者之技可得十之二三宜乎西人醫術所以有邁於中華者要必折肱於是既深且久則其施刀鍼藥劑洵罔弗中彼循牆而走者終是在門外安得不陟嶺以帆渡海以展耶顧西人設此又非專以醫爲也尙格致之學者以爲吾一身且茫昧而謂能格物致知可乎哉故設以待人體察而於養生御病各要領不爲方術家貽誤洵有裨斯世豈曰淺鮮旁又

有宇宙間絕無而僅見之像如兄弟孿生脇肉相聯姊妹孿生腹間有若臂者一聯其兩體他如形體之與常人異者奇奇怪怪不易枚舉茲所觀者猶是民間所設聞公家更有詳於此者然此亦可以觀矣

美國華盛頓京城

美國之東有地名柯倫比爾者美之京畿也在馬利藍之東南勿賽尼阿之東北居二省交匯處最得形勢計地二千三百二十正方里京城名華盛頓建於遮次畢海灣西汊之尾東臨袍特密河縱橫各十里東北距費城四百五十里初華盛頓既與英盟自立爲國定都於此官民卽以其名名其城非斥尊犯諱也誌不忘也（西俗大率類此不以爲嫌）屋宇整潔風景清幽天氣畧似江蘇道路寬展潔淨多用油拌土而築極平坦堅致車馬不甚多行人和藹謙遜無遽聲疾言迴與費城異蓋

費爲貿易之區五方雜處市肆繁盛車馬擁擠此則宮殿官署民居而外園林最多若店鋪皆尋常食用之品由費紐兩城運來無工廠行棧雖有河通輪船而大商互貿罕至其處惟電線則合宇宙各都會罔弗通輪車鐵路則各省交貫焉城之正中建廣廈極高聳奇崛內有書樓左爲東部上議院右爲下議院東南有兵船廠兵房極南臨河有軍器廠迤西有博物院農部博物院之南有勅造新器給憑所再南有郵政局農部之西臨河則伯理璽天德宮闕在焉洋務衙門水陸二兵部在其右戶部在其左再西有觀天臺又有書館書

院多處以教士子另建書館專訓黑人（即阿非利加人向為奴今皆如齊民）西北樹林深處有大室數座以養受傷兵士之無家者其餘衙署及各國公使行館尚多難以悉舉同治九年查編戶口（例以十年一次）共十萬九千二百八人內華人三名黑人居三之一迤西北別一城曰查持湯對河迤南又一城曰阿力克三答有書院職局善堂蓋畿輔二邑也

七月十二日偕哈稅司捫德由費城往遊華盛頓京城午刻乘火輪車沿特爾拉窪河西岸行至渭明登地方折而西南出噴夕省入特爾拉窪省稍西行再入馬利蘭省過長橋三

最長者為遮犬畢港汊之橋約三里地名帕立費又過穴道五最深者其地名包爾的馬約五里將過穴道時車內預先明燈及抵洞口疾馳而入耳畔風聲若萬松作濤見洞口始如圓門繼如滿月極遠小於碗輪畧一轉則已不見俄頃車前放光蓋已過矣憶前由三藩城至費城計在車八日行萬餘里經穴道甚多而從未見洞口情形此次適坐末後一車乃有此觀亦難得事也車過之處林木茂盛綠蔭參天鎮市村舍都整潔申刻抵京城計程四百四十九里住阿連登客寓每人日需房飯金五圓

伯理璽天德宮營搆皆白石故民間稱為渭德好施（譯即白屋）規模閎鉅四面皆園亭帶以清流蔭以佳木花草繁盛四時皆春園外繚以鐵闌正門南向東西有門若轅門進東門至照壁下車時值伯理璽天德避暑別苑未返往見管宮大臣偕與遊覽內有大殿二處各容數百人四壁懸歷任伯理璽天德畫像為召見百官之所另有紅綠藍諸殿為接見親信大臣及各國公使之所又有圓殿宴舞殿一應陳設悉從儉約樓上為政事房再進為內宮則皆封閉不得入焉

洋務衙門費大臣（職如尚書）主往拜之見署內公事分六房各設

總司一人一為使臣房一為領事官房主出使外國公使領事官事一為洋務房主各國駐美公使領事官交涉事一為度支房主銀錢出納一為文件房主往來公文書信錄稿掛號一為郵報房主遞送各國文件及電報事宜又有高樓藏書二萬五千冊皆各國律例圖籍歷來交涉條議余向費公詢主辦公之法較中國何如答以大致相同又言公事宜簡不宜繁用人宜少不宜多俸金宜厚不宜薄蓋事簡易明人少無推諉俸厚則心專誠確論也

戶部凡各關稅餉各項餘款悉會於此有銀庫四每存金銀

錢及鈔票約四千萬圓旁爲造鈔票處以鋼板鏤絕細花紋文字用機器刷印每一紙必經數手數器始成以杜弊也票凡一角二角五分兩項者寬二寸五分長一寸五分一圓二圓五圓十圓二十圓五十圓一百圓二百圓五百圓一千圓等項者寬五寸長二寸紙不甚厚而極堅韌映日作碎冰紋有戶部圖書花押銀行花押國內通行無滯所用司事工人約二千名女多於男又有銅錢每値銀錢一分二分者紫銅爲之五分者白銅爲之工極精細銀錢有五分一角二角五分五角四等成圓銀錢不多以稍形重笨不若使票爲便金

錢有値銀錢二圓五角五圓十圓二十圓亦四等二十圓者大如五角銀錢重九錢有奇在美可兌鈔票二十三圓零用以納關稅仍作二十圓使之吾華各通商口僅値十八九圓耳他國之人因是稍有訾議以不若英法各國金銀錢與票同一數目之爲公也圭前在日本見其各式鈔票與此相仿惟多日文及華文數行亦能流行無碍夫國家行票原非牟利起見而實足爲緩急之助果能立法妥善何憂不行至金銀銅三等錢日本亦自製之獲益尤非淺鮮

晚過養兵院哈君云美國制凡兵士餉銀每名月扣洋錢一角五分雖統兵員弁亦然此項存儲銀行生息遇征戰時兵士陣亡者用以卹其家受傷而成殘廢者有家則歸家無家則居院皆養以終其身是國家不費一文而成絕大善舉焉夫西人兵制得失中國亦嘗知之第其月扣餉銀爲傷亡卹費尤善法也倘仿行之亦易集事蓋彼兵少不及中國十之一假使扣數減彼十之九爲數業已鉅矣且泰西扣款不僅兵士也凡在公人役等等類皆如是故公私上下皆大有利益猶之代爲節省以備不虞此所以靡弗樂從而感深浹洽也

議政院居城之正中外砌白石內悉用各種文石奇麗無比通國衙署推爲巨擘卽伯理璽天德宮殿亦莫逾其高廣焉中起圓樓高一百八十尺藏古今書籍三十餘萬册聞波士頓地方亦有樓藏書三十萬册國內居官者可取回閱看閱畢歸還有限制民間准其來院取看聞二十年前斯樓不慎於火書多被焚今則梁柱地板皆用鐵製樓下懸畫八幅方廣約一丈五尺爲開國時華盛頓與英戰爭狀及定盟立國故事洵繪水繪聲之筆每幅云値洋錢四萬圓聞有法人美鑾尼者爲今時畫家第一名手嘗作畫一幅方廣僅五六尺繪前法王拏波崙

第一攻戰事值洋錢六萬圓爲美國富人司多購得西國之畫乃有如此之貴誠創聞也樓左爲上議院右爲下議院每年由副伯理璽天德會同各督撫選舉官紳二百人居上院再由民間自選才識出衆者四百人居下院參議國政如會盟征伐通商籌餉出納選舉諸端衆議僉同然後送入政事殿（亦在院內）請伯理璽天德畫押施行每半年居院半年散歸凡議政時必准新報館派人在院記載亦設有坐位紙張筆墨焉其各省政事各督撫主之伯理璽天德不預聞美官格君告主曰美國一省即一國乃合衆國而爲國各有事權督撫

以下各官皆民間公舉四年一任原可毋庸另舉一伯理璽天德惟遇與他國會盟等事國分既多權難歸一因於督撫中公舉一人掌之亦四年一任任滿衆皆曰賢再任四年退位後依然與齊民齒也（此制創自開國祖華盛頓）當在位日遇事倘國人不欲行固不能强之使行而國人欲建一議改一例伯理璽天德可遏止之衆亦無如何

郵政局亦以白石建築爲樓四層約五百間設郵政大臣職與部臣等故又稱信部各項總管數十人司事不下千人女多於男國內各省各城各鄉鎮皆設局復由局擇衙要處與官府商民萃集所在遍設郵筒筒以鐵爲之高尺許方廣六寸謹鎖其蓋蓋開一縫無論官書民簡欲寄者隨時隨地置筒內每半時局內專人往取一次即行分遞而皆以此局爲主腦凡信一封重五銖以內者送本省各城鄉取資一分外省無論遠近取資二分外國無論遠近取資五分若重逾五銖須加信資有一定規制其信資乃由局用機器刷印小票方廣七分許使官民購買貼封面收信後局內登號簿票上加蓋圖書以杜復用原票之弊圖書刊年月日地名倘遞送遲悞可報局請查究至寄帶貨包輕重大小亦有定制取資

亦甚廉應稅之物先交稅銀由局代報蓋郵政局與稅關同爲國家公事相輔而行也若信中有匯票銀單者則必須驗明登册另給收照以保無虞而取資稍厚亦有定制大都事簡而嚴是以易行聞西國往昔亦若我中國驛站之制專遞公文不遞民間書信至乾隆初年始議以民爲邦本國無民不立此制雖便於國未便於民各於通國地方遍設郵政局派員經理轄以大臣無論公文書信一體傳遞民大稱便積年來講求辦法已歸盡善所得信資用爲各項經費年終計算頗有盈餘解部從無入不敷出之虞誠以信資既廉遞送

又速而無錯誤人皆樂從之也前數年各國議定凡郵政一切辦法舉地球各國同爲一制互相馳遞東瀛日本亦在列焉夫郵驛爲政治大端歷來講求損益代不勝數獨泰西於百年來竟合公私而一之其一切經制有欲採而施諸中國以爲裕　國便民計或以爲未可而不知是誠可爲也蓋其事本是省費而未嘗省人故夫役仍有所倚賴也然則費省恐多人仰事俯畜有不足曰有民間信資以補之也夫公文一角人馬並行需費當若干私信一函由信局彙寄路僅百餘里費必數十文是上下糜費不以太甚乎使合而一之可無是病則裕　國便民已在其中故以爲未可蓋非宜也

觀天臺在城西臺圓式正中以機器懸大鏡長二十六尺口徑二十六寸值四萬圓玻璃片值七千圓機括使鏡面面可轉鏡身雖極重而轉動絕靈屋頂如傘上開一門寬三尺許鏡口向門亦面面可轉下有梯梯上設躺椅人坐其上以觀梯亦可隨鏡及屋頂而轉奇巧不可思議別室有測日鏡長約六尺以定時刻日將午使鏡口向上人臥於下窺之午正則由壁上電信報各城以準時辰鐘表旁又有大櫃儲鐘表多具凡外國船抵口必將鐘表送至準時刻至開船取回內有數具由英國定準時刻而來者較之美國已差二時有半美之午正爲英酉初使美國與中華較之則正差六時美爲日華爲夜誠以中華居大地之腹美居大地之背故以證地形如球又何疑乎其餘各室爲天文士所居藏書籍地球日月五星球幾滿惜無暇細閱又是晚值陰雲密布不獲一觀星月眞是恨事

美國哈佛城

哈佛在美土東北隅爲甘那的格省之會城七月二十四日偕竄君往遊自費城開車行一時許經紐折爾西城下車乘輪舟渡哈遜河至紐約城計由費至此二百九十七里晚餐畢復登車行三百三十里於次日丑刻乃到城縱橫各十里東臨甘那的格河氣候寒與中國塞外彷彿四月雪未消九月復見雪而地土極佳人少疾病街道潔淨貿易不大書館甚多著名製造廠亦夥居民約四萬人風俗純正無巨富亦無極貧我　國幼童肄業於此設出洋總局焉

總局屋係租賃爲樓三層進門右手爲客廳後爲繙譯房飯室左手爲教讀房爲幼童飯室樓上爲公事房臥房再上層爲　至聖殿北向臨窗爲拜　闕所屋甚狹小不敷用二十五日謁容公使閎時區總辦諤良容教習致祥值往費城觀會故與談者容公而外鄺繙譯其照劉教習其駿而已容公甚爲西人敬服慶我　國任得其人嗣後豈惟華人在外者舉有依賴而中外交涉通商諸務益暢達悠久此由容公洞悉西國政令民俗商情與夫山川事物罔弗瞭然蓋容公讀西國書數十年是以能臻此也午後容公偕往考聯街觀新造屋工匠正在興作約明年春間可告成高峻閎敞頗極冠冕爲樓四層大門南向屋頂起亭竪木桿備朔望懸旗圖樣爲容公手筆計基廣二百尺深三百尺較現租之屋大可三倍誠非此不特不敷用且不足彰中華體統也

幼童現僅一百十三人以二人一班分住各紳士家隨其子弟就傅習洋文每人房食束脩每年需銀四百兩局內延中華教習二人幼童以三箇月一次來局習華文每次十二人十四日爲滿迎期則此十二人復歸再換十二人來以次輪流周而復始每日卯正起身亥初就寢其讀書寫字講解作

論皆爲一定課程即各人寫寄家信亦有定期每月兩次可見雖細端亦極周至矣嘗觀其寓西人紳士家頗得羣居切磋之樂彼此若水乳交融則必交相有成是中西幼童皆受其益也況吾華幼童仍兼讀中國書而不參攙使其專心致力無此得彼失之虞是其法之尤善者也他年期滿學成體用兼備翊贊　國家宏圖丕烈斯不負　聖朝作人之盛意也歟

容公偕往撲來恩惟廉製造廠凡造鎗礮各機器多由此廠製造屋甚高廣機器大小數百具各有小輪套皮條達屋梁

鐵軸正中置大輪機一副力抵八十四馬值洋錢二千五百圓每日燒煤約二千五百斤氣機激動大輪則各屋數百小輪皆動工匠隨時撥用格托林礟廠各器皆出於此卽歐洲俄德喘典等國亦多來廠定造聞德國去年定造做鎗機器計洋錢一百五十萬圓德爲今時強國工廠亦多而尙來此定造亦可見其精巧矣總管爲演加托乃鎗與閱其制鎗筒下有鋼托托上平列兩筒火門處置方式銅管高七八寸內儲藥彈後有小輪以手轉之則雙管齊發連環不絕每分時可發數百響卽連發數千響鎗筒雖極熱無虞炸裂凡製鎗

礟取材固宜選精鋼而尤貴機括簡少方可歷久且易修理此鎗所設機關僅二大件非若他鎗必需數小件也另有車可載以行車上有箱儲藥彈六千枚又可置三叉鐵架上高下左右隨意旋轉鎗重一百十磅架重七十磅司以二人若攜之過山嶺僅需四人連車架藥彈共值洋錢一千圓各國來購者不絕於道美會紀畧已嘗述及此特稍詳

克爾司洋鎗廠在城東甘那的格河濱偕甯君往拜其總管法郎倫法君云二十五年前洋鎗無一連數響者西歷一千八百五十一年美人克爾司始創其法各國仿造之因以徧天下故此廠至今仍用其名號也導至一處則新舊鎗不下數十百種皆歷來創造者以此較優劣者再導至製造房地方寬大爲樓四層下層爲各式氣機自二馬力大至十馬力其式如桶靈便異常二馬力者高僅四五尺價四百圓每日用煤僅百餘斤餘皆製鎗內小件機括二層做鎗柄三層將各件湊合成鎗另有許多印字機裁縫機並格托林連環礟礟係美人格托林所創來附此廠製造者因又名格托林礟廠法君又云廠內無論何器皆可造倘有人新創一器無貲自造者可攜式來廠代造惟所用各器悉出自撰來思惟廉

廠蓋撰廠爲專造各式機器之所乃製造之根本處也後又演連環礟與看其詳已載美會紀畧法君見贈新式六響手鎗一柄又書數本圖數張云敘廠內事甚明晰惜皆洋字不識也未初回總局午餐得飽中土飲食

東北鄉曼吉司德地方有織造廠距哈城約六十里偕主遊者爲廠主人氣泥前任甘省總督華納並容甯二公廠基正方三里有奇樹木叢茂草色蓊蘙亦絕好所在也廠屋數大所住宅二所又有工人住屋塾房禮拜堂工人一千五百餘名女多於男皆令全家安住此間各人子女就近入塾讀書

使無內顧憂可一意工作先至氣君宅午餐後引至其兄宅畧坐兄曾在日本數年購辦繭絲故兩宅陳設中華日本器甚夥申刻至廠屋高數層計四五百間門前有鐵路二條長可二十里行火輪車車與鐵路皆主人自有以運貨往來達總鐵路者此廠係專取敗繭用機器抽絲以織衣裏綢亦間用好絲以織上等綢進門一大室見繭殼堆積幾滿色敗氣惡云皆自日本以賤價購來其法將原來敗繭攤置機上平板輪動則繭絲皆捲於鐵齒軸上其雜物漏積一處以之肥田蒔花極良軸上亂絲取下若被絮然送至第二器鐵齒較

細捲梳一過色稍白剪爲八寸許短條以木板夾好至第三器鐵齒尤細再梳一過白潔勻淨至第四器以二女工司之將夾板短絲平鋪橫板轉入長板達於木輪轉之使接成長條至第五六器則抽爲細條由小銅管口過入鐵筒內至第七八九器則更番梳刷隨梳隨細尤爲光潔與絕好繭絲無異至第十十一器每器有木管三十枚繞絲於上至第十二器再過一次由粗而細由鬆而緊至第十三器器分二層上置絲管二百枚下置空管二百枚使上層二管之絲過入下層木管兩絲合爲一莖至第十四器則由木管繞爲大環若

織本色綢即上織機須加顏色者入鋼染每日可得淨絲五百磅能以敗朽不堪之繭成絕好絲又日出如許之多非機器之功也乃人心特具巧思不肯使天下有棄物耳我中華爲著名產絲之邦敗朽之繭亦必甚夥倘使有心人仿而行之不更多一絕大貿易乎又一處爲染房紅紫咸備鋼皆深大容二十石再至一室則機杼齊動聲極震耳蓋已由敗繭成細綢矣機一張日成綢二十五碼至三十碼每碼工資五分共機四百張每值洋錢六十圓另一室綢積幾滿正在計數打包發店銷售有一種若杭州線縐幅廣亦如之每碼洋

錢二圓五角詢其值何昂曰繭絲進口稅重估值百圓徵稅六十圓甚駭異之抽繭織綢兩廠各置火輪機一副力抵馬五百匹日需煤十噸

聾啞院基址大屋舍多建造已閱六十年存有公項皆富室樂捐每年得息二萬五千圓其制凡美國東北六省聾啞人欲來院讀書無論男女須先稟由地方官給憑送院每人每年取飯食洋錢一百七十五圓富者或多取貧者或不取七年爲滿現在院內共二百四十人每十人或十二人延一師以手口作勢代文字教法絕奇能使啞人說話讀書足補天

地缺陷焉各人眠食起居讀書工作皆有定規女子另住別室爲其師者亦女人每臥室容十餘榻必用一人相伴照料以防火燭及一切意外之虞被褥潔淨厚軟飯廳寬展明潔總管司事教習工人俸金取給存款息銀聞瞽人院在馬沙色士省用凸字以手摸認惜不及往觀按西國教聾啞法乃一百五十年前剏自法國人聾啞瞽世之廢疾也然身以疾廢才質未可同廢有善法以教之使其不因廢疾而貧困而暴棄且可收其效用何善如之

六畜會牛之大者倍尋常重可二千餘磅此會每年一次每

次僅十餘日專以講求豢養孳生法蓋畜牧原民生要事果能蕃息肥碩是亦使民富之一大端是會也猶有先王遺意焉

容公又約往紐海芬城閱大書院嗣得電音院以停暑未開故不果往遂乘車言旋行約一百二十里經紐海芬城又約六十里至雷池泡地方皆停車數分時申刻抵恒介河登輪船船有鐵路二條車停其上船載以行坐客皆就船樓飯館用飯或茶點船長二百三十六尺河內商船往來如織兩岸屋宇叢密東爲伯魯林西爲紐約其時風浪甚大救生快艇多隻常川巡察酉刻抵紐折爾西省停船而岸上鐵路又與船面相接復開車行亥刻回費按前由費赴哈係經紐折爾西城渡哈遜河至紐約換車茲則繞出紐約不必換車一徑可到車價亦甚廉

美國紐約城

紐約省在美之東北隅南界嘖夕爾費尼阿紐折爾西兩省北界英屬堪納答部東界甘那的格馬沙色土窪爾滿得三省西臨大湖東南一隅臨大西洋在三十九省中最稱繁富會城名紐約在省之東南隅臨哈遜河縱四十里横十三里地候甚寒居人約百萬屋由三層高至七八層壯麗無比行人車馬塡塞街巷徹夜不絕河內帆檣林立一望無際鐵路電線如脈絡無不貫通輪車必須由城內經過者則於空際建長橋或於街底穴道以行街道之制同費城各街巷遍設

郵筒儲書信最大者一爲第五街紳富所萃一爲百羅街多著名鋪戶貿易之大美土爲第一若統地球言之直與英京倫敦法京巴里鼎定而三而屋宇齊整美觀英法間尙弗逮蓋此城最居要道西由志克哥城直達三藩謝司戈城而過太平洋通日本中華東則出哈遜河渡大西洋以通歐洲水陸商賈無不萃焉官府有本省總督（西文曰戈文乃）紐城梅爾餘如大小文武各官多半駐此船廠製造局演武院甚多客寓極大者數十家鋪設皆富麗又有森的爾園爲遊覽之所哈遜河南岸爲紐折爾西東岸爲伯魯林亦皆貿易薈萃處西北岸近城處有習正院二所較費城尤大又有地名伯來格渭而思皆監獄瘋人院施醫院河中地名海而給多暗礁岸上碎石若山積詢爲用火藥轟礁復由水內起上者水流甚急商船進口不能由此直達城下須繞由南首而進河之淺處以機器濬深卽用其泥塡近岸地增建市肆跨河造大橋通伯魯林高二百尺兩岸石堵已立尙未完工仰視之若雙峯對峙不知費幾許金錢將來造成當又增一勝景

自費城至紐約不及二時車行二百九十七里住第五街大客寓客房數百間皆住滿甚有二客合住一間者蓋値公舉

伯理璽天德合省官紳商民齊會城內也是晚本城富紳海孚美來晤約偕遊各處次日至海宅屋大四層富麗繁華海君夫婦子女皆在費城相識者夫人待賓殷摯可感

紐約書館屋極高廣已歷七十二年大堂坐生徒九百五十七人皆十齡左右男師五人女師二十五人每晨一次齊集於此女師鼓琴各徒歌詩畢教手足伸縮垂舉各法使和血脈又教以口吹噓使舒通其氣約半時始退退時分二人一排步法齊整若兵士操演履聲與琴聲合甚可聽也嗣分五十六人爲一班各歸原室習書字又見女徒五百七十八排

班而至女師鼓琴歌詩如前末後爲最幼一班男女約五百人初啟蒙者行動悉循規蹈矩無聲息嗣至一室皆頭班生徒十四歲至二十歲讀書六年或九年不等樓上一室爲頭班女徒年歲畧同云由此考試列等者可升至大書院肄業矣大小生徒每日何時集大堂何時讀書作文寫字學畫何時和舒氣血何時休息回家皆有限制每七日停一日各室置地圖地球日月五星球並懸黑木板以白粉書課程紐城似此書館共一百有七處分上中下三等館師男女二千五百人生徒十一萬餘人每年經費四百萬圓出自地方公款

有大書院二所男女各一距城較遠無暇往觀聞書館生徒尚默識不尚誦讀蓋默識則書之精義乃能融洽於心設有泛泛然視之不加精研者必將不能道隻字故默識之法爲最善其歌詩舒體似有得中國樂舞之意總之教法精詳課程簡嚴而不事櫝楚師徒情意洽貫況以次遞升不致有躐等倖進此所以專心力學不虛糜歲月而可因材成器也且雖有自暴自棄者要亦幡然而就範圍矣又聞西人八歲以前其母先教之識書作字故迨就外傅易於教導是又可見女學之善一大端

管理書館官公署設總理官一員襄理官二十員司事等數十人專管書館一切事宜後屋藏書紙筆墨又具極多各館所需由此發給樓上爲考試館師之所凡欲爲館師者由此考試入選始准授徒試皆策論時適見四男二女正在凝思監試二人巍然上坐殊甚嚴肅師必考試至愼重也師賢生徒胥可受陶鎔故考師之制又爲書館綱領

夜過巡捕房據總巡云紐城捕房共三十五處巡捕二千三百人此爲第十七處計九十二人分二班各四十四人另副總巡四人時適交子正換班之際總巡點名畢排班而出若

操兵然各人必須將夜間有所見聞次早報明登簿見數捕正獲犯至或飲酒滋事或小竊一流總巡詢明姓名住址另登一册收入班房班房分別男女或數人一間十數人一間四壁皆石門爲鐵柵本日已獲到六十八人內有幼年婦女七八人貌亦美衣飾華麗共處一房作楚囚對泣狀圭甚訝之詢爲赤身演戲者最易壞人心術故亦在拏辦之例次早當解赴公堂至次日聞皆罰鍰具結釋放

公堂審案處內有監房分男女幼童三等各約五六間此爲先一日巡捕拏獲次早解送者公堂深廣五六丈上起臺高

三尺若暖閣設公案坐訊官三人各具紙筆隨問隨錄供旁一桌坐三四人爲新報館記事者案前立一人爲傳審吏左設一椅坐原告或證人其犯人皆立案左短柵外案上左角置教書一本犯人由巡捕帶上堂先取書置口邊吻畧動仍置原處此卽對書立誓無虛言之意臺下設長桌長椅五六張坐二三十人皆狀師證人堂下紳民可數百人任其觀聽訊官由紳民公舉每日必有數十案訊後或卽釋放或罰鍰取保釋放或定罪後轉送衙門覈奪或未了結則分別暫押監房次日再訊此制與駐滬會審公堂同聞紐城共有六處

各分地段規制井然西國詞訟無論巨細許紳民萃集觀聽並許新報館人至公堂記載咸使聞知若是豈復有諸弊卽欲高下其手亦有所不能矣然一處日有數十案弗乃多事耶必也使相安於無事乎西國盍深思之其對書立誓直是無謂之甚

稅關屋極高敞進門中室爲客商報關之所辦事者約五六十人轉向左首亦一大室爲收銀所後爲各項辦公房樓上爲稅司幫辦等公事房其時稅司値公出晤副稅司克君詢知關例凡外國進口貨稅極重每估本百圓徵稅自十圓至六十圓不等土貨出口往外國或由此口運赴彼口皆免稅洋貨旣徵進口稅復轉運別口或內地亦不再稅其意蓋欲洋貨進口徵稅旣重則價値必昂使國人不欲多購而能專心致力以自製免金銀洩入他國也如絲綢呢絨則十中取六以此等貨皆可自製者也又如煙酒二項例雖不禁而皆於人有損故稅尤重惟書籍進口則免稅以得藉他國之書國人學術或愈能精進也近來吾華及日本運去之茶亦免稅以美國地土不宜茶茶商積年虧耗甚鉅且爲服食所必需故不得已亦免稅也其土貨出口免稅者欲使土貨價賤

商運他國獲利更厚而貨必因之日出日盛也此皆切實不易之理蓋西人專尚取利他國而己國之利源必開濬深廣並不肯輕易少洩此其立意精密深固處吁可慮哉每年徵進口稅洋錢約四千萬圓照提一成半作本關經費稅司每年俸金一萬二千圓副者五千圓管理銀錢出納者七千圓上下約一千五百人驗貨房另在海口臨行克君贈章程稅則一册

海君談救火器因偕至公局觀之室中置四輪馬車一乘車中爲火輪器力抵五十四馬藉二氣以吸水放水以二馬牽

之輪器内煤塊與引火之物預爲安放司以四人車價四千五百圓另一車載吸水皮管亦四輪牽以一馬司以二人價五百圓機力極大放水可高至三十丈管口下復有無數細孔如火夫當極熱時將管一旋水由細孔噴出灑之即涼爽尤奇者車房左壁有電機旁有銅鐘何處起火電信一至鐘亦藉電氣自鳴後槽繫馬繩亦因以自脫馬聞鐘皆奔出各就車前步位而立五秒工夫可齊備出門倘在夜間則馬奔地板聲震甚樓上火夫皆驚覺衣袴靴帽悉於臥時整備亦僅五秒時可穿齊計自得電信至馬車出門日則五秒時夜

則十秒時耳每分時車行一里車上鳴鐘使行人避道否則死傷勿論火夫僅十二人分二班每日准一時半輪流回家每月准二次輪流回家住宿餘時不得少離每人月給工資一百圓以工資豐厚故平時皆警備無懈其馬挑選體偉力足者教演熟悉電機旁另一牌書城内外各街各段名目救火之法斯誠第一美善焉凡大都會亟宜仿效之

育嬰堂屋共一百餘間間各寬敞現在男女自初生至七八歲者約六百名有時多至三千八每樓設十六榻每二榻相並一臥二嬰兒一臥乳媼幃帳被褥衣袴俱潔淨廚房浴室亦然總管司事爲教門婦女若中士道婆據説皆極守清規者男女四五歲即使認字讀書並教作小玩物如紙疊方勝同心結泥土人物以開其心思又一室甚大坐二三百人皆六歲至八歲女師教以歌詩並和舒氣血各法男女各立一旁另一女師居中鼓琴和之步法聲韻都湊拍俟其及歲時各量材薦事去年經費計用二十六萬一千圓半出公家半出善士

紳民公會爲紳民專看新報及各種新書之所入會者每年出資五圓現有八千五百人之多各國各城新報咸備藏書

十六萬五千本店鋪中之入會者店主每年亦五圓店夥四圓執事人等皆公舉不得濫用一人西國無論何事皆立公會習俗使然

滴森新報館主筆某君來晤云紐城報館大小六十餘家滴森館每日出報十四萬張有極大印字機六具報館之大英國太吾士而外滴森稱最又云新報紙上自朝廷下逮閭閻事無不具洵上有明目達聰之美下有廣見博聞之益良爲善也詢中國報館何若曰近來亦頗盛行

席地好施譯即本城衙門海君偕圭往拜梅爾（職若知府）衛君談

次頗洽署內辦公者一百四十八衛君導至一樓觀畫皆開國君臣並歷任梅爾繪像又一樓列刀矛旗幟盔甲桌案文具多件開國時物也海君尊人即前任梅爾以得民心連三任異數也惜於去年卒不及一見

海君又偕往紐省總督署拜總督鐵爾登坐談許久詢及中華既樂用他國銀錢何不自製以收利權並告以美國錢制出贈小像二頁題名於上圭亦以小像報之甚喜囑題名用華文書寫其內眷亦各各相見親導至各處觀覽客廳甚寬大書室藏書萬本海君謂此公有書癖公餘之暇手不釋卷

現在公舉伯理璽天德二人一為海士一即此公是海是公尚未定也

寄藏所建以寄藏金珠寶石憑照契劵之所也無論官民家有貴重之物恐遭火患或虞盜刼可送至代藏視鐵箱大小取資多寡若七寸見方之箱一隻每年取資十五圓最大者每年三百圓屋皆石造上下四方護以厚鐵板置箱之架亦鐵通屋無分寸木也巡守工人由富室循環具保而來各室門鎖非經數鑰不可啓各室外有時辰鐘鐘面設鍼盤盤心一小鐵管巡守人每二刻以石筆就管內畫一圈以誌之若鍼盤轉過有一空隙未畫則知其人某刻不在側當重罰又有電線置各門暗處有自外入者電機一動鐘亦自鳴凡此皆嚴防盜賊之意

海君糖坊在紐折爾西城專購各國青赤糖先驗其美惡入巨鑊熬之鑊容二千磅糖水黑色和以牛骨灰則變為清水由銅管過入大鍋攙牛血少許則雜質上浮本質漸濃再入圓式鑊藉蒸氣旋轉之漸乾漸白而成上等糖其中黃色水由小銅管接至他鑊復旋之為次白糖仍有糖水由銅管過至下層之鑊成黃糖末後之水不可復熬則為糖漿每日熬

原糖三十萬磅九折成糖並漿餘為雜質有輪機五六具日燒煤四十噸買地造屋計洋錢十四萬圓機器十六萬圓工人一百三十餘名原糖買價每磅九分賣價統計一角五分進口稅二分五釐出口稅免牛骨灰每磅價三分每日售糖值洋錢五六萬圓

大雜貨店在百羅街為美人司多所設屋以白石砌高五層成四方形上下三百餘間凡各種花毯男女衣帽及一切服飾無所不有下層置機器一副力抵六百匹馬各作工器賴以運動之用人約一千五百名每日售物值價約七萬圓至

十萬圓
戲館屋大臺寬煤氣燈可千盞男女優二百餘人演土耳基國故事花面假鬚刀矛對刺衣亦五彩繡全臺前作樂者六七十人一齣畢則臺幔放下俄頃幔捲則又一齣或文或武或歌或泣或妖怪百出或美女七八十人衣輕綃攜手跳舞種種奇幻不可思議坐觀者二三千人海君包箱屋一間洋錢二十五圓次晚另至一館爲尤妙

環遊地球新錄卷三

江甯李圭小池

遊覽隨筆

英國倫敦京城

倫敦爲英國京城泰西第一大都會也今自美國東渡大西洋來遊此城見其人烟之稠密市肆之繁富屋宇之高聳奇崛街道之斜直紛歧誠乃名不虛傳較之美國別一景象蓋美爲新造之國一切無非新造此則頗有古風若歷久不敗世家焉城在英倫本土東南（英以三島爲國一曰英倫一曰蘇格蘭一曰愛爾蘭）密得爾錫克司府之南撒利府之北跨二府交界處距顛迷士河口約一百六十里河水由西曲折經貫城內東出於海古有城垣其址在今城之正中舊蹟都無而仍以正中爲城內者乃沿舊之稱其實統謂之城無分內外也以今之屋宇叢聚處計之縱二十二里橫三十里連四周增建之屋合而計之縱橫各得七十里有奇居人約四百萬外來士商無國無之同治十二年計算房屋已多至五十二萬所以後每年增建尚約二三千所街道城中狹而四隅廣悉皆平坦潔淨無穢氣通長計算得二萬一千七百八十里街燈共三十六萬餘

蓋每夜用煤氣一千三百萬曉碧（每曉碧爲一正方尺）電線通達各處
約二千條輪車鐵路若蛛網不知通長有幾許衛城兵五千
名衣紅衣青袴或黑衣帽製以黑熊皮高大如斗凡宮殿衙
署兵房局廠派令巡守終日持鎗無倦容巡捕八千名衣黑
衣纏革帶帽用黑氈持短仗各街巷分段鵠立勤謹安分行
人往來肩摩踵接安靜無譁氣候隆冬寒暑表鍼降至十八
九度盛暑時不過升至八十二度春夏秋三季晴和冬際多
霧十一月尤甚有時數尺外人不相見蓋居人既衆室皆爐
火煤烟雲霧合而爲一都作黃色雖新建屋不數年已黝然

纔未申之交已萬家燈火矣斯時議政院停議政事君主往
居外島行宮爵紳富商亦多半散處四鄉別墅馬車日以數
十萬計東馳西驟徹夜不息街道多砌小石塊輪石相擊聲
若雷鳴屋爲震動車中人並坐語不聞夜間尤覺攪人清夢
君主宮在本城者有四一爲博靖項宮一爲查迷士宮一爲
惠德宮一爲根性登宮太子所居者爲馬列伯羅宮皆在城
之西偏園林最佳處另有行宮三一在京南雲塞爾城名雲
塞爾吸什爾一在國南海中外島名奧士本宮一在蘇格蘭
界內名巴莫辣宮除外島蘇格蘭兩宮外皆曾遊目悉爲圖

鉅巍峨營構奇巧而尤以雲塞爾宮稱最城中有聖保羅大
教堂中聳一樓爲京城最高處西爲企府梅爾署（企府梅爾職如府尹）
西南臨河爲議政院院西爲韋思密尋司得古教堂城東南
多船廠又有書院書館多所民間塾房一千五百四十所教
堂約千所其餘如外務衙門印度衙門各部院兵房局廠多
以美石砌成堅固無比大書庫藏書七十萬冊園林（英語日帕）十
數處花木甚繁供官民遊憩有海帕者地最廣內建一塔極
奇麗中爲今君主已故贅壻白石鍍金像富紳住宅最大店
鋪皆在城西工匠貧民多居東城城之正中所謂城內者銀

行萃焉古今名人銅石像表功塔多建各大路口不可悉數
娼寮亦多見客則笑靨相迎甚有在大街招客者美國各街
多建鐵路行街車便搭客此城則於地底穴道以行火輪車
分段設車票房行人欲往何街何段隨處購票下石階四五
十級至地底車房搭車而行旁亦有貨攤小鋪以便行客恍
惚又一世界是緣地狹人稠諸國交會街衢行人車馬已不
勝擁擠乃掘爲地道庶便往來也圭寓城西班年街第二號
宅屋在三層樓鋪設華美計三間每七日租金二磅（每磅即金錢一
枚值洋錢五圓）十個錫林（每錫林即四開洋錢一枚）二人茶飯煤炭及侍女（泰西無貲）

女爲婢例多傭貧女服役廚人工資每七日約六十圓此間食用賤於美
馬車尤廉行十數里不過一圓非若美國動需二三圓也金
稅司登幹我　國派駐倫敦辦事者圭往拜之幷晤其幫辦
儀君伯羅及告假在籍前浙海關稅司惠君達海關營造司
衛君勒斯惠君前在浙海四年相處甚歡今日相逢洵是天
涯樂事

議政院西臨顛迷士河三十五年前朝廷簡員選擇美石改
建基廣四十八畝費金錢二百餘萬磅屋共千餘間樓梯多
至百餘座冬際各屋所用暖氣筒通長計之可五十里有奇

煤氣燈每年需金錢三千五百磅院西南隅建高塔藏歷年
冊案又有鐘樓高三百二十尺設大自鳴鐘一架能走八日
鐘重十三噸字面徑二十二尺鳴時聲聞數十里內分上下
二議院上院深九十七尺廣四十五尺爲貴官爵紳議政之
所上首起平臺高二尺若暖閣中設鏤花鍍金大座爲君主
位旁一座較小坐地亦稍低爲太子位偕遊金君云太子稱
評塞爾衛爾司評塞爾譯即親王衛爾司京西十二府地名
也此蓋爲英國歷來太子封號其實並不居衛爾司地今太
子曾讀書客利司柘池大書院學成歷試諸務又使徧歷各
國於天下事莫不明達周知乃預大政睿質既美豫教又善
是以仁賢邁布舉國罔弗欣戴焉臺下設大案二備錄諭旨
及所議條例兩行設椅多張議政者坐之君主每臨院以一
時半爲則必回宮定制也下院深六十五尺廣四十五尺爲
庶民中之有學術者公議之所中一座主議者坐之兩行亦
多設椅桌分四層坐數百人左右有樓甚明敞許衆民登樓
聽議各新報館記事人亦在樓靜聽記錄其餘爲發名房護
衛房更衣房又有長廊穿廳滿懸畫幅爲前代君主戰勝攻
取事蹟皆名人手筆按議政院之制西國皆然所以通上下

俾事行無格閡也有大政則開院集議平時儘可遊覽雖尊
如君座亦任人周視弗禁

電報局屋高四層與郵政局相對歸郵政大臣管轄惠儀爾
君偕往見電機設於二層有木櫃長約四丈高六尺深尺餘
界爲二千數百格每格若小箱然各有一鐵線凡地球各國
通都大邑皆可通信大小電機千數百具用人約七百名女
多於男每人管機二三具由局寄往他處之信以碼代字按
字撥機隨寫隨動隨動隨達動畢而彼處已得信矣其接他
處之信視電機一動隨即照字錄出送至別室而送之之法

極奇乃以錄出之信封入橡皮管管長三四寸徑二寸各機旁多設風筒筒面有鍼若時辰表將皮管置筒內借氣機吸力以送而彼室司筒者聞表上鐘鳴則知皮管將至視表鍼左指則已至矣隨將信加封分別地段由郵政局馳遞種種規制令人莫測其妙聞風筒吸力曲折計算每三分時能行五里其設風筒之意因局屋甚廣接電信處掛號存稿處加封處未能相聚一室使無此筒展轉傳送即動輒需人不但用人多需費鉅且反致遲緩悞事也最下層設機器三副每副力抵五十四馬專吸氣入風筒者每日往來信約四萬件

每年局中人俸金約六十萬圓他項費用未悉幾許局中右首屋爲收銀信所凡寄帶銀兩在此交明照數匯寄儀君言英國郵政局電報局匯銀所三處皆互相聯絡獲盈餘甚鉅利國便民誠爲最也

倫敦稅關在城東隅臨顛迷士河屋極高廣設總稅務司四人駐關督理爲首者名固本談次甚洽和藹堪親云去年徵進口稅（英制土貨出口亦免稅）一千零十一萬四千九百九十二磅現在每日可徵三萬二千磅禮拜六日多至四萬磅司收銀者僅十一人國家銀行每日二次來關收取辦公者分內外班內班約七百人外班約一千六百人按徵數百中提五爲一應薪俸經費稅以烟酒茶三項爲大宗烟捲（卽呂宋烟英人稱爲色茄）每重一磅徵稅五箇錫林烟葉估百抽五酒每加倫（合中國約五斤）徵稅十箇錫林酒之香美者每加倫徵至十六箇錫林有奇茶葉每磅徵稅六箇評息（每評息卽銅錢一枚合洋錢二分）絲斤棉花皆免稅每年入官變價欵約五千磅旁有入官貨物棧房存貨不多走私之法極奇挐私之法亦苛絕有烟捲從饅頭內查出者鞋底內搜得者嗣至一樓爲驗茶所凡中國運往之茶皆須驗明其中攙雜何物倘驗得雜物多不堪服食則燬之雜物

不甚多者准轉運他國售賣此非驗茶徵稅乃驗其堪用與否免國人受病耳又至驗酒房此爲專驗外國進口葡萄酒者各種葡萄酒百分中必有火酒數分如驗得火酒浮於定數則稅須加重相近商船聚泊處有大棧房多所建自商人存中國茶葉十五萬箱

太吾士新報館在各國中推爲巨擘所列各國時事最確議論亦極精當自國君至黎庶莫不以先覩爲快屋高四層砌紅甎飾白石局面甚闊大下層偏室爲造模房法以機器將字擺齊字板上鋪以厚紙入一器壓之則紙面字字凸起再

將紙入一坳形模內鎔錫汁澆入成一坳形錫模仍字字凸起點畫分明其原擺字板與厚紙皆無用而將錫模置印字機印之他法皆不逮其速也又至一大室為印字房有極大機器六張以通長之紙捲於機尾紙前為錫模墨汁甑（以甑浸墨水）再前為鐵軸軸有長刀輪機一動聲極震響機尾之紙隨放隨印兩印即裁裁就由木板拂疊一處每半時六機共印七萬數千張其印成報紙甚長闊欲摺疊窄小亦機器為之無須人力機若高櫃亦藉總輪機而動將報紙鋪櫃上機動則反覆摺疊極快捷每積至一百紙則機稍停將紙取下機

再動再摺轉瞬數千張誠奇極矣每機值銀一萬五千圓總輪機力抵馬二百五十匹一日可出數十萬張城內大報館十餘家小者不知凡幾又有所謂黃昏報七日報月報多家合而計之誠不知日出幾許矣京城若此他城亦然英國若此他國亦然統地球計之又不知日出幾許矣而且日見增多未聞有閉歇者竊觀西人設新報館欲盡知天下事也人必知天下事而後乃能處天下事是報館之設誠未可曰無益而其益則尤非淺鮮

根性登博物院各國器用服飾無所不有猫眼寶石大若鴿卵古今君主冠服刀劍羅列十數櫃寶器古玩數十櫃有道光年間覺生寺所製銅磬及金玉釧釵環簪珥景泰瓶鑪雕木器皆得自中國者古銅大佛像磁銅各件貨自日本者有瓦瓶高三尺許三千年之物得自埃及國地下者中懸大幅繪各國高塔其中最高者為義大利國羅馬城教堂之塔可五百五十尺江甯已燬之長干塔亦在列高二百十尺百年前英法各國男子多用假髮結辮垂肩際外衣亦甚長近似華式

百利替施博物院（英稱其本國為百利替施即英蘇愛三島合而為一之總名）屋以白石

建規模宏鉅土木之費五百萬圓內有大室十餘處皆三千年前石物自埃及猶太希臘等國地內掘得者有古時偶像多座衣飾詭異云已四千年矣又有希臘古宮前壯士神女騎馬石像高可一丈四尺一石所成鏤刻精細古棺數具或石或銅棺面鑿臥像即死者像也石紫黑色極堅緻叩之作磬聲亦整石所成銅棺則鑄就非銅板湊合者有木偶或人身馬足或馬首人身可十餘具不一其形古硯與華式畧同希臘古銅鏡大小數十柄背有文近似蝌斗亦有若鳥獸形嘗疑為中土物而實得自希臘者巴比倫國（其地今屬土耳基國）樹葉

書若鐘鼎文又一樓有三千餘年古屍十餘具各臥棺上西友爲言古時埃及人死將屍置日下曬稍熱塗以香油後用布裹紮極緊圖死者面貌再用布二三百丈裹之入棺埋葬可歷久不壞而其法今不得聞矣此惡從埃及得來外裹之布已去而僅存內裹一層者旁置數十櫃皆牛羊猫犬魚鳥之類亦用前法包紮蓋殉葬物也船隻刀矛斧鑿式與中華同又見古劍柄爲碧玉上有古篆二字銹蝕不可辨又髮塔一座式若胡盧高九寸上刻篆書六字中以黃緞包髮一盤塔重八十二兩八錢五成金製皆我中華物院正中爲書庫

藏各國古今書七十萬冊中華書約萬冊旁有圓樓徑可十五丈坐三四百人國中士子及他國遊學之士領有憑照者得進內觀覽屋建以鐵石無寸木防火患也又有大室二間一爲各類獸皮一爲鳥皮皆用他物滿塞腹內縫製如生畢天下各國鳥獸無不備有鳥小於孔雀文彩燦然若吾華所繪鳳鳥西國名都都謂六百年前猶有之今無此鳥矣詢何以知其無曰考究其骨今無同者故知其無也因曰西人每讀吾儒之書謂龍鳳麟爲聖人寓言不信實有其物會答以聖人豈寓言以欺世者或古有今無不可謂其必無也西人

多非笑之今觀此都都鳥既謂其古有今無安知龍鳳麟非古有今無乎又安知都都鳥非卽鳳鳥乎司事衔爲撲非色士子大著名譽始有此衔曾充駐華領事幫辦者深服是言按根性登百利昝施兩博物院古物居多蓋知古乃能通今援古乃可證今故英人於此兩院惟書樓觀書者須領憑而進餘皆准博物之士及塾中生徒隨意進內考察學習司事多文士不僅詳告遊人而尤加意博訪以廣識見以益智巧非有所矜侈也其廣識見益智巧亦正欲與衆共之制甚善也

韋思密司特教堂在議政院之西堂爲十字形高一百二

十尺白石砌築雕鏤極細惟閱千餘年石多剝蝕作青黑色下爲古君主后妃名臣名士墓堂內凡琢石如棺肖像於上者其下卽葬處有教徒看管遊客進內各取資一角五分

聖保羅教堂在城中亦以白石建築闊大高聳能容數千人中有六十年前戰勝法國大將納利生石像并得勝旗仗按其時大將有二一爲廉明登一卽納利生其廉明登騎馬銅像建於通衢納利生像則建於此皆以存其人也堂中起圓樓如覆杯高四百零四尺歷階五百四十級而至絕頂爲京城最高處登臨一覽全城在足底四周七十里屋宇山河畢

堪屬目

葵色爾巴列斯（英色爾譯即水晶巴列斯譯即宮也）距都南二十三里其地名錫能在山之高處屋極高敞明潔南北各一塔塔中儲水備不時之需梯如旋螺可登絕頂其屋其塔均以鐵爲梁柱玻瓈爲頂壁表裏通明無片瓦寸木因美其名爲水晶宮池沼臺榭幽雅特絕花果繁盛草色油然珍禽異獸甚多尤奇者海中鱗介之屬俱於壁間穴洞如櫃高廣五六尺凡數十處各分其類單以玻瓈蓄以海水櫃上下設機管二此吸彼放滿而不溢沙石藻荇亦海中所產游泳其中遊人自外觀之

纖微悉見又造各國式樣屋宇各國銅石之像及古今服飾器用土產分別排列各洲土番之像亦有之池中設機管噴水法極豁人心目遊覽者每人取資二角五分西人禮拜六日則需六角有戲臺琴臺備演劇歌詩飯館酒樓飲食皆精美舊在城內海帕（譯見前）遷建於此二十年矣聞刱此者爲英富紳一以廣人識見一以牟無窮利焉

瑣臥拉治戈加登（瑣臥拉治戈譯即生物類加登即苑也）在城西北隅五十年前英國博物之士公建專以考究生物之理者廣爲羅致年多一年今爲宇宙第一大苑矣計獸五百類禽千類鼉百類猴數十類魚蟲類無算其最難得者爲絕大海馬二隻埃及總督所贈也進內觀者每人取資二角五分西人禮拜日不得入蓋是日爲會中人考察之期也

機器會館英制凡士子專習機器一門考試列等後則製造局船廠皆可錄用以收集思廣益之效於是精求機器者捐資刱設會館萃羣才討論舊式研究新法精益求精巧更求巧奪天工而省人力無遠弗屆無微不入良有以也每年所論集爲專書可四五册中有大廳坐百餘人以集議事者又有書室藏圖書萬卷皆各國言機器者衛君即會中人也因

偕往觀焉

西人禮拜日官署不理事書館停教習店鋪不交易名勝處亦多封閉信教者至教堂念經不信教者或四鄉遊玩或閉門飲樂七日一禮拜必房虛昴星四宿循環值之月凡四日或五日頗若中國旬日休假然

國債一端金君於飲次言各國與英借銀者幾於無國無之英亦自向富商籌借有多至萬萬磅者數愈少息愈厚雖曰彼此上下有無相通而子母之權亦彼此上下均操之交征利而國不危是別一道耶然取息厚薄視借數多寡究是未

宜

雲塞爾行宮（以下四則其地皆不屬倫敦故附後）在雲塞爾城英人稱為雲塞爾咳什爾（咳什爾譯即礟臺以宮墻面面高聳形若礟臺也或云即當日礟臺遺址）距倫敦西南七十三里英君主三行宮之一也倩行惠君云英國宮禁均准人進內觀瞻而有一定期限此宮定制每年西歷四月初一日起十月底止每日午初至申正餘月午初至申初准其進內每屆西人禮拜一二四五等日須先赴給照官處領照禮拜三六兩日不須照自倫敦乘火輪車行半時許將至其處見樹木千章一望無際中有石屋若堅城高出雲表屋頂

立旗桿而不懸旗以君主未臨也（君主臨宮則懸旗）下車步行半里許至宮門曲折登石堦百餘級始至最下層此處無論何人皆可到正中有大門進內則須驗照矣惠君將執照交把門兵弁遞進旋入管宮大臣處少坐俟其派人導遊先至西首一堂頗極高廣華麗門以純銅製鏤人物絕玲瓏堂內上下四周用各種文石砌成壁上復以五色石嵌作古時人物神妙不亞點染詢奇工也窗戶以大片玻瓈燒成近代君后大臣像衣飾燦爛肖其生平堂中上首有石座為今君主已故贅壻臥像堂下即近代二十四君主葬處觀畢出門東行進

重門登堦十餘級轉長廊內有大殿為延見他國君主之所旁一殿為他國公使大臣及本國大臣命婦覲見之所陳設極富麗磁瓶高三四尺者皆中華舊物四壁掛幅多以五色絨線繡人物花木較繪畫尤生動又一處名雀得曾廳為用饍所外有大室長約三十丈寬約六丈上起平臺設大座室中設長桌可坐二百人為宴會他國君臣及本國爵紳之所四壁高處取古時刀劍盔甲籐牌等件編成花樣又將各國圖印旗式功牌分別繪圖懸掛作美觀再進別一大室金碧輝煌為丹土宮（丹土譯即跳舞）更進則為寢宮轉入南首為書房政

事房琴室每年君主居是宮者或一月或二三月無定期外為大花園樹木陰翳花草繁盛畜鹿百餘頭珍禽亦夥正中一道自宮門直至南山騎馬石像處計長十里夾植喬松古柏蒼翠蔚鬱車行其中塵襟盡滌惟天日苦短僅遊十之三四而回

奧克司芬城距倫敦西北二百零八里有大書院往拜道德理雅格先生（英國道德若中國進士）理君遊華多年博覽羣書嘗以學庸論孟詩書左傳譯為英文者現充書院講解華文官教習午餐後理君導遊各處見城中街道不多店鋪所售惟食用

之品便書院就近購用者大書院共有二十一所講堂六所貢院一所書庫一所庫藏書四十萬册有古書以革代紙繕寫絕精千載以上本也屋之最古者已閲千年石多作黑色最大院名客利司栢池今太子諸王曾肄業於此統二十一院肄業生二千五百人均先由小學考列一等然後入院年自十七歲至二十一歲每生居院食用等費年中約洋錢千圓各院每年經費約二百五十萬圓出自昔年存款息項其課程分别天文地理格致文藝算學化學醫學軍政生徒願習何門專習一門逐日督課有丟德譯即院師分期講解有

樸非色譯即官教習若舉人生徒入院定制大考三次初入院考一次察其深淺也中間不限年月以專習之門再考一次觀其進境也將出院考一次定其優劣也列等後入爲院師而著名譽可得樸非色亦有甫出院即得樸非色者或以著書立說而得名譽可得道德亦有以道德而充樸非色者三考不列等出院聽留院俟下屆再試亦聽惟生徒中名門巨室居多貧素者少以每年千圓食用無出也然亦有寒素欲奮志讀書親友樂爲資助者觀書院之制善在分門專學循序以進而尤在考試不數也緣院中學者皆由小學以升

則此處必優游歲月乃可大成庶無躐等欲速之弊惜乎歲需千圓寒素不免向隅要當有以善籌之斯舉無遺材矣院中師長衣黑色長袍若華人斗篷上加黑色紅裏披肩帽亦黑色爲平頂四方式頂心有黑繐一綹生徒之帽相同衣亦如之而長僅半截若華人背搭課餘之暇各穿號衣（如此院白衣藍袴彼院則藍衣白袴二十一院無一同）出而划船鬬勝以暢血脈平時衣冠往來街衢則彬彬然若値鬬船而回則又稍涉赳赳矣英有最大書院三處一在蘇格蘭省內名甘比利支一在愛爾蘭會城名都百靈一即此也

倫敦之東二百六十四里瀕顛迷士河地名塢里治英製造軍器局在焉基廣七百八十畝繚以土垣周四里建極大廠屋數十所則有鎔銅鐵廠爐錘廠礮廠鎗廠礮彈廠鎗彈廠礮架廠鎗托廠火箭廠水雷廠又有大室藏舊式軍械設火輪機二十副以運動各項機軸鎔鐵爐十二座每座方廣二丈許鐵汁若河渠鐵錘二十箇懸以高架大者重四十噸一擊之力可千噸僅需一人撥機括使由上下擊輕重隨人意作工者萬人有時增至萬五千人終日爐火燭天錘聲震地無休息倘有所需無論何項亦無論多至千萬件可立時應

付無悞也製鎗彈機器五十副每副日出彈六萬枚礮廠現造巨礮四位重各八十一噸法以巨塊鋼製爲礮身再用四寸見方鐵條八長爐燒赤纏礮身以錘擊之如此三次則三條與礮身合而爲一燃放無虞損裂彈長四尺二寸重一千七百磅首尖尾方實藥二十二磅礮膛受藥三百七十磅彈可及遠二十三里在五百丈外置鐵板厚二尺五寸可洞穿之聞義大利國數月前就廠造一礮重百噸試演極靈便已運回國置之礮臺誠宇宙第一巨礮又聞英國現擬製礮四位重各一百噸約在明年可興造矣水雷廠列大小水雷數

十具其式橢圓首尾兩銳尾置銅葉四片若魚尾有電線由小輪軸以達首之銳處置之水內使前行遠近隨人意首尖觸敵船則電發而船爲虀粉雷身製以薄鐵實礦強水煉就棉花一百十八磅力比火藥大五倍最大者長二丈茲所見長一丈四尺價值一千七百五十圓其法係同治四年英人韋德罘得所剏名非施多破多譯卽魚礮以形似魚也閱畢乘廠內小火輪車至梭塲觀演格托林連環礮嗣又演強水棉花花有乾溼兩種乾者得火卽發溼者觸電始燃先將溼花一塊方三寸許厚寸許重僅二兩試置火內燒二刻不燃以之置巨石上在百步外以鐵線引電氣觸之轟然一聲石爲灰燼詢知石重約三百斤棉花價亦甚廉廠之空地皆大小礮位及舊式礮彈數年前以爲新式者尚未用過堆積如山今皆復鎔造新式設總督廠務將軍一員文武官職大者四十員駐廠各有專司職較小者不知數

袍次冒地名也在倫敦西南三百十四里濱海英之兵船廠也基廣八百畝四面衛以礮臺駐兵萬人圭至其處廠官派人導觀焉先至森的爾鐵甲船船身木厚一尺八寸鐵甲厚一尺二寸容四千六百五十噸機器力抵馬一千匹船尾設

暗輪二可左右轉前後有圓式礮臺各一亦造以精鐵面面可轉動前臺置二礮每重三十八噸後臺亦二礮每重三十五噸彈重八百磅前礮機括上下以蒸氣動後礮以手動均極靈捷船底有小鐵路二條行車以運送藥彈每半時船行六十餘里造價二百五十萬圓又至一船名沙以船成時適波斯國沙至廠遊覽因名蓋波斯稱王爲沙也船係木造容六千零四十噸今木造兵船此爲最巨內設大礮二十六位每重十二噸彈重二百八十磅水手六百七十三名每半時行六十五里嗣至探地輪船計二隻一名愛類一名晉司克

弗類乃近時往北冰洋探地而回者每船僅容四五百噸先是其國派此二船往人皆謂船小路險恐同出不能同歸不知船身雖小而堅固則甚於他船竟能直抵黑道外十餘度地名老冰洋處依然同歸故國人又莫不歎服駕駛者具有絕大本領也船主名耐爾司厚重老成現以功得重賞云造船之塢十六處白石建築通水道各立鐵閘備啟閉地皆寬廣工極精細又有大室十數所爲桅檣錨鍊篷索油漆各廠及各項機器廠是日値大雨張蓋行泥塗中衣盡沾溼未克遍覽惜哉

法國巴里京城

巴里法國京城也（英美等國凡人烟聚集處多曰城其實無城也法國則固是有城）在國之西北隅跨塞納河而城縱約三十里橫約四十里繚以石垣而無雉堞爲門四十城外擇形勝處環列礮臺十八堅固無比城內區爲二十邑設官分治總轄於府尹每門設關徵貨稅塞納河由東南入城形若弓背流至西南而出深廣清澈可行輪舟居人約二百萬街衢闊大潔淨兩旁多植樹木綠陰蔽道列肆若蜂房整齊華麗屋皆六七層每層戶牖護以鏤花鐵闌塗金彩異常美觀英美皆不及也無晝無夜車馬往來不絕居人喜遊宴衣尙鮮華他國之人來此亦遊玩居多無不豔羡之甚有樂而忘返者與英京倫敦並論之倫敦爲天下財貨會萃之區巴里爲泰西第一名勝之所四年前曾遭兵燹屋宇燬壞實甚今已宛然承平景象此可概見其國富庶焉其間宮殿衙署局廠園林甚多惜旅寓僅四五日雨多晴少未能逐一觀覽兼之法人作英語不甚明晰故於斯城記載獨少即茲所記恐謬誤處亦正不免也

居利而利苑在城正中內爲前皇拿波倫故宮殿宇極高廣鏤石絕工細四年前被亂黨焚燬廊落僅存法人爲述往昔

壯麗華瞻直是無奇不有無美弗備若似乎梁夢華之感焉
頃復興築而在百廢俱舉後斯其用意尤洵善
盧發博物院爲古時盧發皇宮今改爲大博物院內藏古今名人繪畫極富有值數萬圓者見博雅之士多人備丹鉛紙筆日事臨摹焉其他石像亦多又有古昔君后官弁各式冠服刀劍佩飾及三四千年銅石器中華之物亦有之任人遊觀弗禁
西有玻瓈大室若英國水晶宮數年前興設聚珍會卽此室也今藏繡像極多乃以五色絨線繡各國人物故事方之繪

畫尤神妙
前法主拏波倫第一墓上起天主教堂堂頂聳塔如覆鐘鍍以金頗壯觀瞻卽道光初年殂於英歸葬於此者其兩弟祔葬焉所稱第一者乃泰西國君尊號若秦皇以始稱故其後有第二第三云堂左有大室養受傷兵士有老兵數人曾從拏波倫出征尚能言當日事
鐵塔一座高一百三十四尺內築以石外包鐵中有梯盤旋而上頂尖爲拏波倫第一像云係用當日轟敵之礮改鑄
拏波倫武功坊在城西北隅窪布倫門內高一百五十二尺內亦有梯可升至絕頂觀全城形勢建以白石工程極鉅計費洋錢一百八十六萬圓紀拏波倫武功四壁刻石人物卽當年征戰圖
城有最大天主教堂二所一曰幫頓翁一曰撓道洞並皆基址廣闊危樓高聳中有大殿奉一女子抱一嬰兒是爲耶穌母子左右各六室室各一像是爲耶穌之十二第子入教者隨其崇信各奉其一爲皈依亦尚然爥爥色白跪拜祈禱人前各置蒲團俯伏者鞠躬者手持數珠口喃喃不知作何語大似僧徒行徑若耶穌教堂則空洞無物惟中設教師講堂

旁列聽講諸人坐位而已軒輊已較然亦僅可行於彼中耳
生物苑若英國瑣臥拉治戈加登在窪布倫園北首異獸珍禽魚蟲花草無所不有不知名者十之七八如孔雀有純白者鷄有全藍者水鳥有全紅者樹有皮白如粉飾者皆見所未見也歐洲各國無竹此獨有翠竹十數竿云由南阿墨利加洲得來經數萬里僅見此君頗欲使人日爲報平安也又見海棠花葉類中華而尤肥茁居然有香得非昌州移植歟
柯巴辣戲館基廣一萬二千正方碼選天下美石興造二十年始成費洋錢七百二十萬圓臺上容七百人爲樓數層坐

觀者萬人內外鏤刻皆極精細鋪設富麗是爲寰宇第一所演故事奇奇怪怪優人之技亦多出人意表惟恐不曲肖此所以無不曲肖也方之他國允稱奇妙絕倫

馬戲館內有圜廠平鋪沙土徑十數丈有絕美女郎年可十五六衣鮫綃立馬背馳驟連跳十數圈仍卓立馬背軒軒然如欲輕舉者觀者咸拍手叫絕又有象十二隻能串陣跳舞象蹄起落與琴聲應節象奴於鼻端盤旋作勢或以首探入象口使銜之而無少傷或謂象體偉弗乃非雅觀不知象固能舞蠻中有象陣斯誠靈物也見鐵柵一置車上柵高七八

尺深二丈餘寬六七尺內畜七獅使二象負車出一人入柵以鐵梃擊獅使怒與角鬭許久尤以爲未足復轟以火鎗則皆怒吼聲若銅鉦狰獰相攫撲觀者股栗正在急迫人忽聳身出柵柵門隨閉人雖有巧技容非獅敵故鬪屢有被傷者

書幼童觀會事

光緒二年七月初三日我中國在美肄業幼童一百十三人隨其師劉雲房其駿總局繙譯鄺容階其照又西師男女六人自哈佛來費城觀會帶領者爲書院總管美人饒托暫寓會外阿拉司客館每日巳初進會酉初回寓其午餐即就會內飯館取便也兩館接待頗殷屋頂升黃龍旗進出有樂人鼓吹極盡冠冕堂皇數日前各處新報早已播傳其事至是復論及中國辦法甚善幼童聰敏好學互相親愛見人禮數言談彬彬然有進館方年餘者西語亦精熟此次觀會又增

其識見誠獲益匪淺云云初四日見諸童多在會院遊覽於千萬人中言動自如無畏怯態裝束若西人而外罩短掛仍近華式見主等甚親近吐屬有外洋風派幼小者與女師偕行師指物與觀頗能對答親愛之情幾同母子初五日晤劉鄺兩君并總管饒君等於耕種院諸童亦齊集蓋將往午餐也因擇其年較長者詢以此會究有益否則云集大地之物任人觀覽增長識見其新器善法可仿而行之又能聯各國交誼益處甚大我儕動身之先館師囑將會內見聞隨意記識回館後各作洋文議論一篇再譯爲華文問何物最佳曰

外國印字法中國雕牙器問想家否曰想也無益惟有一意攻書回家終有日耳問飲食起居何若曰飲食似較潔淨起居有定時亦有時必須行動舒暢氣血尤却病良法也問各居停主人照料何若曰照料若其子弟稍有感冒尤關切而哈地水土宜人病亦少問何以作洋人裝束則曰不改裝有時不方便我儕規矩惟不去髮辮不入禮拜堂兩事耳言皆簡捷有理心甚愛之西學所造正未可量聞西國作人主意不尚虛文專務實效是以課程簡而嚴教法詳而摯師弟間情洽如骨肉尤善在默識心通不尚誦讀則食而不化之患

除甯靜舒暢不尚拘束則鬱而不通之病去雖遊覽也必就所見聞令作爲文是不徒遊覽正用以勵學而審其智識也且其不賞而勸不怒而懲則又巧捷頑鈍之弊亦無由以生是諸幼童孰有不就陶鎔而成令器哉然有謂中國不尚西學今此幼童越數萬里而往肄業弗乃下喬木而入幽谷歟曰是非爾所知也幼童之往業者業其[illegible]餘耳我　聖人之達道達德三綱五常此幼童固自有亦固自在不以業西人之事爲而少有關也且取長補短原不以彼此自域則今日翊贊　宏圖有不當置西人之事爲而弗取也是道德綱常者體也兼及西人事爲者用也必體用皆備而後可備　國家器使此尤今之所不可不知者也初六日鄺劉兩君就飯館請中餐同席連幼童一百四十餘人申刻見美國伯理璽天德於總理會務官公署先是伯理璽天德臨費城知幼童至甚喜令總理官轉言延見見時伯理璽天德起立堂中哈稅司及圭弁日本會務官先進握手相見畢饒君帶領幼童進內亦皆握手而見面諭數言酉初回至大堂令幼童皆坐總理官及教習官數人又一日本官輪流升堂宣講兩國和好之義并勉勵其用心學習之語每畢一人諸童則拍掌蹈

足稱贊一次散時咸舉手言別有戀戀之情蓋明日清晨即須回哈佛也

書華人寄居美國始末情形

先民重去鄉國，雖同在疆域中，東西朔南，弗輕易行。然則桑弧蓬矢，有事四方，豈古人欺人語乎？不知有事二字當體味也。何逐什一，競錐刀，擲身海外之可相提並論耶？雖然，彼其人亦良可哀也已。美國卡釐方利亞省之三藩謝司戈城，華人以其地產金，稱爲金山，嗣南洋澳大利亞島亦產金，稱金山，而以新舊別之，稱此爲舊金山。美西海濱一大都會也。計華人在美男女共約十六萬，名曰居三藩城者約四萬人，居卡省別城者約十萬人，餘皆散處腹地各屬。三藩城立有粵

人六大會館：計三邑會館（南海、番禺、順德、附三水、清遠、花縣）約一萬一千人；陽和會館（香山、東莞、增城、附博羅）約一萬二千人；岡州會館（新會附鶴山四會）約一萬五千人；甯陽會館（新甯凡余姓人不入）約七萬五千人；合和會館（新甯余姓、開平、恩平）約三萬五千人；人和會館（新安歸善嘉應州）約四千人。其不入館者，別省人及教徒優伶共約二千人，婦女約六千人，良家眷屬僅居十之一二，餘皆娼妓，此丙子夏季之數也。按卡省舊屬墨西哥國南土，爲墨人牧場，北皆紅皮土番所居，嗣以他故改屬美。道光二十八年秋，相傳其地產金，初尚無有信者，後驗果確，各國之人趨之如騖，日事刨取。其時有華人充洋船水手者，見利甚厚，乃舍素業而爲之，獲資回國，播言外洋各工情形，力勸親友航海往美國，待與歐人無以異，此爲華人赴美之始。至咸豐元二年，連引日多，始分三邑、陽和、四邑（新會、新甯、恩平、開平）三會館。三年，分四邑之新甯爲甯陽，分陽和之新安爲人和。同治元年，新甯余姓復合四邑之恩平、開平爲合和，四邑之名旋改爲岡州，即今之六會館也。各公舉賢能者爲董事，外有出番理數目等名目，皆一年一易，稱職者頻年任之。其章程大概：以華人到埠時，各館派人赴碼頭接引至館，簽名挂號，不取資，俟其人得資回國時，報明

會館，查無欠債等事，由館代購船票，後始酌取會館經費洋錢五圓或十圓不等。若年老貧病而歸者，不取資，且代捐簽船費。其不願入館者聽，然亦甚少。所收經費用爲房租薪水工食，倘有餘存，留辦善事。遇鄉人口角爭鬭細小情事，由館力爲勸解，使各相安。是六館所經理者僅此數端，既無名位經費，又絀誠不能有所作爲，故其餘一切悉歸地方官管轄焉。各項工人，以同治元年計之，不過六萬人，捲烟葉者十之二，每日工資二三圓，別項工作者數畧同，工資稍減，其餘六成則皆攻礦人也。其時各國礦工畦分畛別，各食其力，嗣因

金礦開清咸歸工藝凡捲烟葉做靴鞋織絨布洗衣打纜築鐵路力田作牧牛羊華人工良價賤日用節省洋人工技未嘗不爲潛奪又且甯陽合和兩會館人往者日衆工價日減現已減至每日僅六七角至一圓而洋人之作工者因之更日恨一日勢難兩立矣洋人中有所謂愛利士者英屬愛爾蘭人最狡悍日得工資多以醉酒喜滋事遂立一會專欲阻礙華工故華人呼爲會黨欺凌歐辱皆出若輩美國有准他國人居美六年後入籍之例愛人已入美籍故在卡省爲官者亦彼黨居多若我華人則秉彝不同衣食又殊居美多年無有入其籍者以是美

亦深悔之蓋美之一國前皆爲紅皮土番所居而得自立者全賴各國之人往歸者衆合而成西半球雄國華人之往者初亦意其必入籍爲民而不意得貲即回國也近來到埠每年約數八千回國約數五千以故逐年增多美又無禁人入境之例是雖阻礙終難遏止故百計欺凌恫喝意在傳播中國使航海者自相裹足然美之正人亦未嘗不欲呵護無如彼黨人多勢所不敵今春誣六會館買人作工取利肥己及私設衙門等事會申詳美京力請禁止華人入境迄未批復不審有所善處否也華人於彼爲商者百纔四五人專運中

土之貨售與寓彼之華人從前商利頗厚近則輪船月二三至各貨難以居奇日趨日薄然營獲之易究勝中華若娼妓一流不無有傷　國體聞皆由澳門香港而往會館每思嚴禁而又無禁止婦女入境之例三藩城命案由娼寮致十常七八圭過斯士逗遛六日有某國官延見云華人在此多至十餘萬爲外人欺凌近且日甚一日勢若倒懸貴國何仍度外置之不設官以保護耶如某國工商居此僅二千人設有領事某國且五六百人亦設有領事貴國若駐領事於此則上可存國體下可保民命若公署經費領事祿胥即就本地

籌款亦易集事究何意而不急急爲耶余亦外人也言甚懇直實亦不忍視華人受辱耳子以爲然否答曰小子不敢言國事惟以意度之陳容兩公使既受　國家重任當此岌岌之際必亟圖善法以處之此間之設領事當不遠矣又有美國官公正人也相處甚歡其愛我華人之心恒溢於言表殊令人增感激也近聞已　簡員爲駐美領事官行見吾華人之得解倒懸也中外交相安於通工易事　國體尊交誼固民生樂而華人之去來亦將不以往日情形可概論也則領事之任斯不綦重矣哉

蘇爾士運河述畧

蘇爾士運河故沙漠地界亞細亞阿非利加兩洲間屬土耳基國之埃及總督轄北界地中海南界紅海中間陸路長二百三十八里曩無居人西來之船至地中海盡處必由阿勒散得城（此中海南岸第一大埠屬埃及）乘火輪車陸行至紅海北岸蘇爾士地方復上船而東不能一水直達瀛寰志畧載海國聞見錄謂恨不用刀截斷者即指此也咸豐六年法人里息勃斯刱議開鑿使地中海商船得以直達紅海商之埃及總督阿斯巴尼拉埃督韙之督固於里君友善也於是里君回法集資

每股五百箇法藍（每法藍合洋錢二角）一面相度丈量先建機器取水法埋鐵筒地下接他處淡水備工人飲食已得始事要領遂於八年興工用絕大濬機六七十具事畚挶者日常二三萬人復患沙易流合就他處取黃泥蚌殼類於兩岸填壓之同治七年十月告成歷十一年之久費千萬萬兩之鉅成河長二百八十七里寬二百九十二尺深二十六尺法主以里息勃斯功偉特錫男爵過河之船度船身大小每容貨一噸取鈔十箇法藍船客每人亦十箇法藍船行其中不宜速駛或左或右或行或止必照運河公司規制無不欣然聽從初法人興此大役天下紛紛不一其議有料其必成者有疑其或可成者惟英國則直決其萬無成理以其地浩浩皆沙非土石之尚易從事必隨開隨合而不謂里君已籌及之英於泰西諸大事多爭先以倡不甘居人後獨此事不預聞坐失東西要道之權此英之失計也光緒元年英太子東臨印度經此河埃督欲要結英以股分四百壽太子太子酬以金自是運河英得而預焉嘗審里息勃斯之成此大功也具堅志定力斯不畏難有深識遠慮斯可堅其志定其力若徒要其必成而或究不克成則將如之何故深識遠慮實爲里息勃斯

大本領而國君能專任久仕不少撓移此其君臣契合良非偶然然而英國之決其必無成理豈果明足以察秋毫之末而不足以見輿薪歟曰非也是諺所謂智者千慮亦有一失者也現又聞西人擬將西半球兩洲交界之頸地（西人方言謂若人頸然）名巴拏馬者開通使東西兩大洋商船可以直達其地寬僅百餘里較蘇爾士頸地不及一半而地皆堅石不易攻鑿且以兩洋水勢論之多有謂其非宜

中外旅居商民述畧

閒嘗與西人論牧民之道西人曰牧者養也養者使咸遂其生也又與論中外商民交旅遊於各國曰無他使其生亦咸遂而已矣故吾西國之簡明達廉幹大臣爲公使駐中國首在聯兩國交誼必使上下中外罔弗輯睦而交相安於無事設臬司以平詞訟領事以理貿易庶務參贊者參其議贊其洽也繙譯者通其文字語言也慮或不虞當資防護焉故有水師之設也慮或鬬爭竊盜當資稽察巡緝焉故有巡捕之設也大小文武之俸廉兵捕之工食公署房舍兵船器械軍

火等項歲需千百萬無少吝惜凡以此者欲商民旅居中國之咸遂其生無異於居本國也然吾西人散居中國通不過數千人耳而中國人之散居外國者約百餘萬無中國官員以鎮撫之其能免於欺凌也乎曰是嘗聞之矣且已事可屢指而數也三藩謝司戈之華人不容於愛蘭岌岌乎若在倒懸新加坡之華人傷斃於土人若夫受害於古巴秘魯更不能以數計而其慘酷尤有所不忍言就華人之在日本者亦不甚甘受其轄制他如澳大利亞麻六甲爪窪檳榔各島諸華人雖尚未聞有他故亦恐未必能久安無事也然我　朝廷惠育元元之意實不殊古先聖王豈於費有少惜哉特初不意華人在外乃竟有若是也近已簡公使簡領事分駐各國拔水火而登袵席使咸樂有其生尤必周詳妥善永久無虞是則仰副　朝廷惠育元元之意也西人喜而與曰有是哉吾爲旅居諸國之華人深慶幸矣因遂筆之以爲中外旅居商民述畧

交遊西國淺要說

今茲環球而遊踰八萬里歷十餘國與英法美人偕處爲多大都其人多敏爽靜潔通達而不執滯見有反是者輒輕之嘗見其處事雖頭緒紛繁糾纏轇轕不移晷經經緯緯已是了然此其敏也惟敏故爽不屑左牽右掣瞻前顧後見到即行爽誠由敏然能敏者則以靜也靜不但於無事時而尤靜於有事時何哉試觀其議政也君臣士庶萃集千百是非可否數言以定雖或辨論亦甚安詳平居嘗無疾言遽色叱咤叫號僕隸亦弗及也比屋而居終日不聞其家庭有聲響不

執滯而通達者在歷練久見聞廣而尤在讀有用書彼中書亦多其能讀而不迂拘不放縱者以無間雜書也既讀有用書則視古今中外事有不若伏波聚米然安得不通達而有執滯耶西人日必浴衣一二日必澣食飲必潔不隨在涕洟咳唾其居無纖塵其身無點垢此固人或親見之而未知其見有反於是者必訕笑而厭薄之是最細微要凡人之往彼者必隨在審慎毋因細微招訕笑致厭薄更或有以被其輕焉不爲所輕必爲所重斯其時言無不信行無不從事無大小罔弗攸濟矣若夫中國人之往彼者當不第使其見重也亦豈有見輕之慮乎然而是說也雖淺實要久交遊於西國者率不以爲河漢也

自來水說

凡人居處服御食飲莫不尚潔而西人爲甚西人之於水爲尤甚以爲少涉穢濁必致疾也故凡河水井水雨水皆置之不飲其取水之法先於都會處周審其源弗計遠近擇最潔者以鐵管置地中隨所在高下旋折旁引曲達及以上聚諸池池必居高處否則易聚穢濁也復自池散布諸方以達各家之外戶而後家各更以鐵管引入皆藉機器爲之視居人萃集之多寡爲機器大小必相稱否則或溢焉或涸焉均非宜也然取之不竭用之彌廣飲焉漱焉澣焉濯焉灌溉焉胥於

是乎在恣所取用無告消乏亦可謂利之溥而思之精矣中國之水倚賴江湖河井與夫雨水有蓄水具無取水法旱潦盈涸人弗預力於是多則散溢少無接濟不遑擇清濁甚或澂濁水而飲之欲不致疾也難矣故西人居中國者多往山中取清泉載歸以供飲濯屢欲移彼法施於中國勢有所未能也夫水自然之物順下其性也有剡去竹節聯貫吸以上行者此我 國山中人恒有之然未有高下旋折旁引曲達取自他處而出諸地下是其所謂自來水歟雖然水之來洵有所自也爰爲之說以明之

客寓說

客寓無古今無中外皆有之舉天下無處無行旅是所以無處無客寓也單襄公嘗以國無寄寓知陳侯之必有大咎雖然陳侯獲咎固不僅此要其爲治道之一端概可見已惟是通古今中外而論客寓洵必以今之泰西各國爲極則何也曰姑無他論但舉一端以概之凡鄰國之君往來信宿胥於是焉是其屋宇之高廣鋪陳之華贍服御之精奇飲食之甘美誠不待言已其中有店鋪所需物咄嗟可立辦雖書籍亦具電報信局亦皆分列寓內輪船輪車種種馬車可立僱通

事役使等人亦然其便捷乃復如此茲不具詳者以東行日記逐有所述也又能合諸國之好尚而各適其宜使忘其在天涯海角爲旅人豈惟供乏因盛供張而已耶且規制井井一寓居百千人秩然無少紊其能事又何如耶夫如是所以能走集天下敦好諸國治道實有攸賴焉當不得僅以東道主視之

西人待客說

左氏云賓至如歸是主人之待客一語若已無美弗具又云教其不知恤其不足則更不僅如歸而已矣然而西人待客則更有進於是者圭茲環球以遊也歷程逾八萬里而遊東道主人誠不勝一一數然其情意眞摯顧慮周詳一種懃懃懇懇處幾如骨肉之無間何西人之待客乃有如是是非身親歷嘗者或固有不盡信也大抵吾華人遊彼者多見所未見聞所未聞彼必旁引曲導事事物物靡弗明晰告語是其坦中無隱惟恐客或有毫末之未盡悉也若乃居處飲食惟

適之宜洵亦可矣特猶爲寄寓而言耳孰知多有素昧平生每尋聲跡影必求覿一面交數言以爲幸能從而遊覽居處則尤懽忻若出意外雖一動一息無弗體察入於纖微豈第疾病饑劬之罔弗攸恤升降語笑之罔弗和藹肅雝而已耶舉家出見偕與遊覽方之昔人所稱不知誰爲主客者似又過之或問子所遊歷皆若是歟曰然然猶有過之者美國是也聞美人言德國亦是也今而知西人之足以相與也竊自以爲非偏論然而揆其用心要必有所主蓋國家既務敦好篤誼廣識見勵材能則吾儕豈敢歧視是其待客之盡美盡善正以仰體國家欲贊助攸久無疆之慶原非市交遊廣聲譽者所可比並而左氏所稱亦是交鄰國之道以今衡之誠更有進於當時者故爲說以告中外之相與者

車聲說

厭囂樂靜鮮莫不然況乎晝作夜息又一定理中外人固是未嘗有所殊然而事與心違情因境易要爲不得已正非可有所矯異而彼此視也今之環球而遊經歷多國久寓美之費理地費城止宿英法兩國不過旬日閒大率彼中往來無貴賤無近遠水則輪舟陸則輪車車行於道不雙輪則四輪交馳轣轆晝夜無停轍杜樊川所云雷霆乍驚正恐秦人宮中車聲未抵西人道上之十一而樊川已方諸雷霆則是西人車聲竟無可比擬而居其閒者誠有所甚不堪已嘗宿寓

舍四層樓上屋亦可謂高大堅固矣其車聲震撼豈惟不能成寐直是牀榻動搖夜息之謂何縱或樂囂厭靜者亦有所弗勝也然而西人則尤厭囂樂靜者也視之殊若燕然此其理果何若曰是乃所謂事與心違情因境易要亦不得已歟然而西人居中國雖隻輪之車亦厭其囂此其故又何耶得無有所矯異而彼此視歟

圖說

地形如球環日而行日不動而地動我中華明此理者固不乏人而不信是說者十常八九圭初亦頗疑之今奉差出洋得環球而遊焉乃信自上海東行經日本越大東洋抵美國西土之三藩謝司戈城計程二萬二千一百四十九里舟子測日度準時刻每日日出遞速十七分有奇上海午正三藩城巳交戌正再由三藩城乘車東行一萬零七百十五里抵美國東土之費里地費城日出仍速三藩城午正爲費城申正較上海約差六時再由費城涉大西洋又一萬一千七百

四十八里東抵英國倫敦京城每日日出又漸漸遲矣費城午正英始辰初再由英東行出馬塞海口過蘇爾士運河歷紅海渡印度洋抵香港而回上海計三萬六千七百三十九里仍測日準時則英始卯初上海巳午正較費城亦約差六時是自上海至費城爲地球一半中國爲晝美之東土爲夜由費城回上海亦爲地球一半美之東土爲夜中國仍爲晝也使地形或方日動而地不動安能自上海東行行盡而仍回上海水陸共八萬二千三百五十一里不向西行半步歟藎地形如球本無分於東西也故環球所在四時皆具而日

出則有遲速中國縱橫萬餘里尙有殊若與美國計之則有腹背之分是以遲速尤懸殊也或謂地形如球萬物之著於地者有不墜耶曰氣以舉之地不墜而萬物附以行又何墜焉若夫東西半球之說西人以不能環繪乃分繪之是東西半球說之所由來也設橫分之則南北亦各半球矣又世人恆謂南風暖北風寒舉莫不然而其實非是也蓋風自赤道來暖自黑道來寒爲日居赤道故也中國在赤道北故南風暖北風寒其在赤道以南之國則南風寒北風暖矣總之風自日邊來則暖反是則寒不繫乎南與北也此亦理之顯著可以證日不動而地動因并及之謹繪地球圖列之東行日記首凡親行之路圖中以紅線別之所歷之城以紅圈別之庶覽者知地形如球日不動而地動無或疑矣

地球圖

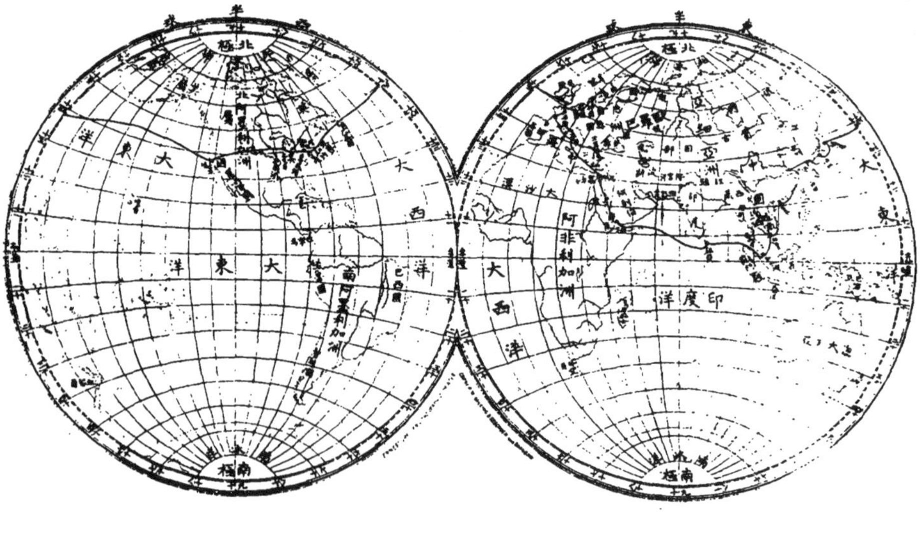

環遊地球新錄卷四

江甯李圭小池

東行日記

光緒二年四月二十日僱定日本國三菱公司（洋商糾股貿易謂之公司招商局之設亦仿此意也）之美國宜發達輪船計上船票二張一由上海至日本國猶哥哈馬埠（即橫濱）一由猶哥哈馬轉船至美國三藩謝司戈城（即舊金山）每人船資減半尚約洋錢一百五十圓（凡赴美國會所公幹人員及工商等並赴會之貨物由我國管理會務官與美國商船議定船價俱減半）是日亥正登船同行譯語者爲粵人陳君熾垣

二十一日卯正由滬開行船爲明輪大桅二烟筒二容二千五百噸（每噸合一千六百八十斤）船面開闊艙分上下二等圭偕熾垣住樓面第二十五號房間房方廣七尺餘設榻二衾枕潔淨墊褥厚軟（客皆不帶鋪蓋此爲船上所備者）壁懸大鏡一玻瓈燈一（舟例每夜子初必熄燈火）盥漱器及面巾香皂諸瑣物無不備榻幔窗幃並皆潔白可喜樓之前後另有雅座二間專爲上艙客而設一備看書作字一備吸烟消遣（舟例房艙飯廳內皆不得吸烟）鋪設華美坐臥皆宜樓下中艙爲飯廳有長桌六張每坐十餘人瓶供花卉香氣馥郁辰正二刻早餐午正二刻中餐酉正二刻晚餐非特外洋風味咸備卽吾華粥飯亦有之每餐先二刻鳴鑼一次屆時再鳴鑼則當齊集飯廳矣食時每桌置菜單一紙聽客自點惟飲酒須向船夥另沽侍者粵人日本人參半服役勤謹聞呼卽至圭或稍覺暈浪不赴中廳飲食而一切小食小菜茶湯果品皆隨意令其往取戒行時多備食物爲不時需至此都用不著且深以爲累贅矣同船共十一國人與之相得者美國人甯達以商人兼充牛莊領事此次亦赴會公幹不期而遇者日本國人品川忠道現以駐上海領事回國者英國遊學之士二三人又有粵賈吳姓亦赴美國者

二十二日亥初舟抵日本之長崎島日人稱挐格薩格亦卽長崎二字蓋文字同中國而讀以倭音也計由上海至此僅十九時有半行一千七百九十七里

二十三日巳初以八開小洋蚨一枚僱小艇上岸至粵友泗合盛雜貨店艇內有泗店夥攜小蒲包二箇爲稅關巡船取去據云須俟赴關報明後領回以零星包件雖係免稅例應呈報也俄頃艇達彼岸店主人爲梁鑑川周昭亭言長崎一島吾華爲工商於此者粵東約三百人八閩三四百人江浙百餘人設廣肇會所一八閩會所一（江浙人附）較之本土易謀生

惟察其言辭似不甘受制於日本午初梁君導遊萬壽山乘人力車（即上海所謂東洋車）價極廉所經大小街巷均極潔淨平坦民居店鋪低矮樓屋不多衙署式若中華廟宇亦間有西式者皆近年所建各街設巡捕若上海然而皆爲日人衣泰西服色即洋商租界巡捕亦皆日本自爲之非西人也行二刻至山下見一牌樓上刻聖福禪寺四字進內登石堦五六十級又一牌樓大書萬壽山三字再上五六十級則大殿巍峨高出雲表簷際横額爲大雄寶殿佛像一若中華旁有關帝殿亦極宏敞建自華商日僧數人出見稽首爲禮引登最高峯又歷堦四五十級曲折而至禪房就戶外脫履而進席地而談遠近諸山俯伏於下樹之古者已千年尚葱翠欲滴也老僧進烟茶糕點皆適口臨行酬以香油資一金未正至酒樓用饍亦脫履席地送菜斟酒皆少婦小姑任人調姍恬不爲恥風俗使然也申刻至稅關屋仿西式額用華洋文書稅關各二字聞每月徵稅不過二萬金茶葉磁器烟葉爲大宗辦公者三十餘人樓上爲關官公事房下爲收銀給單之所不另設銀號也驗貨房在關右首極寬大西商報以西文華商報以華文而所發單照皆爲日文每日巳正開關午正暫停

午餐後未初復開申正停止此關雖因西國通商而設并未延有西人聞今年春間始各延一二西人襄辦亦不過書辦一流耳回店後周君告以長崎地方文官衙門有四一爲稅關此係專收洋稅另一關距此較遠專收日本商稅一爲外務局專辦外國事件一爲裁判所專理民間訟事因長崎縣政務煩五年前分設一爲長崎縣專管錢糧定制有戶稅人稅兩項民間每戶月徵天保銅錢二枚半（每枚合寬永錢八文）男女每名口月徵天保錢八枚十六歲以內不徵旅居之華人爲商主者男女每名口歲徵日本銀錢二圓（近仿西法自繕者）爲商夥者歲徵銀錢半圓十六歲以內均減半旅居之西國人則不徵以華人訟務悉歸日本官管理非若西人轄有領事官也若華人居西商租界者又不徵戶稅焉至大小塾房郵政局電報局開礦局輪船公司皆仿西法而設官爲經理舉國殆遍而於電報郵政兩端尤爲加意幾堪與泰西比美亦有陋俗不雅觀國中船夫車夫及工作之徒多赤下體僅以白布一條疊爲二寸闊由臍下兜至尻際直非筆墨所可形容者聞士商中人亦不著褌惟裹帛幅女子亦然而性皆好潔日必沐浴男女數十人同浴於室弗嫌也街旁巷口置盆桶亦男

友輸洛國家恐貽笑遠人嚴申禁令奈習俗已久僅能稍改耳戊初回船夜半開行先數刻船中鳴號礮使登岸客聞聲回船恐遲悞也

二十四日舟行內港甚平穩兩岸山石奇秀樹木叢密碧海灣環窅處不及一里倚闌眺望嵐光撲人眉宇恍若置身畫圖中

二十五日午正抵神戶日人稱苦卑又稱猶哥計由長崎至此亦十九時有半行一千五百三十一里午正上岸一遊爲同舟友邀至粵商裕興泰號茗談司號麥君鎭南待賓周摯

可感是晚天雨不及回船宿於麥君樓麥君云神戶大坂兩處居民共約六萬人華人共七八百名亦建有會館規模與長崎同貿易情形租界局面較勝長崎

二十六日午刻往遊他箕山曲折迴環經十數茶亭(相隔半里必設茶亭俱在山之環抱處以息遊人)始登絕巘山腰瀑布垂十數丈噴薄飛灑水晶簾不足彷彿日人有災病者多來此求神就浴此爲日本山水最佳處未正二刻坐火輪車至大坂日人稱俄薩格計程一百二十里半時即到車價上客洋蚨一圓大坂地方亦通商口岸人烟稠密商貨輻輳官署仿西式極高廣街道

悉寬闊潔淨河水清澈統計橋梁八百有奇而長至二三十丈者則過半此間華商有粵人麥君旭初往晤後偕遊花園花草樹木一千五百餘種多半不知名

二十七日巳正又偕遊博物院亦仿西法開設廣人識見者每人以寬永錢五十文購木牌始可進院內列各國貨物機器各種化石有枯木成石骨殖成石皆歷久所變化者又有歷代君后冠服刀劍器皿及男女骸骨胎胚鳥獸蟲魚皮骨即中華之金石碑帖書畫亦有之如所見宋徽宗白鷹朱文公墨蹟宋元板書籍皆世所寶貴者遊畢仍乘車回神戶聞

有造金銀銅三項錢局亦仿自西法惜無暇往觀是晚日本官品川君招飲餚饌甚豐美夜半始回船甫就枕忽水聲溯湃雙輪又展動矣

二十八日舟行亦尚平穩清晨即起倚闌觀日出始則金光萬道射空際搖搖不定轉瞬間則已紅紫萬派捧日一輪湧波而起光射兩目不可凝視輪漸升漸小亦漸淡有朵雲擁護之洵奇觀也早餐後波浪忽作臥船面長籐椅上西友來談者十不一答蓋已頭目盡眩胸中有物欲哇出爲快矣

二十九日巳初舟抵橫濱日人稱猶哥哈馬由神戶至此計

十五時有半行一千三百四十一里距上海共四千六百六十九里見海中停輪船一隻較宜發達船大可加倍插美國旗號詢卽轉往美國之船名北京城先一二時由香港到此未初換船須五月初二日清晨始開行故將行李安置妥當復駕小舟登岸至東同泰廣號托其往萬昌公司（北京城卽美國萬昌公司之船）換船票是晚司號者梁沛霖招飲梁君云橫濱商民約四萬人華人約一千六百名通商情形勝於長崎神戶而不及上海十之三四洋行大小數十家各貨山積進口多洋貨出口多銅漆器茶葉古玩而販運洋藥商人如在中華之沙

遜洋行者（沙遜英國巨商專販洋藥）無有也蓋日本烟禁極嚴食者立治重法國人皆不敢犯禁雖是齊之以刑亦可見法一而民從惜我中華不知何時乃能熄此毒餤又云此間亦設有中華會館公舉董事六人司事八人華人細故由館理處遇訟事則仍歸日官主之其人稅戸稅悉與長崎同地方官有橫濱總督一稅關一裁判所一神奈川縣一各國皆設領事官駐劄焉亦有鐵路一條直至日本京城計長百里有奇行火輪車車價與神戶至大坂同

五月初一日天色不佳身體亦欠爽適在梁君處作家書并舉行歷聞見者記之酉初始乘火輪車往遊東京此卽日本京城又稱冶度沿途村舍整潔道路平坦海中建礮臺五座近仿西式延西人建築者最得形勢爲京城門戶酉正停車換馬車進城（車價每歷半時銀錢一圓五角）越門五重由東北隅繞回鐵路戌初二刻復上輪車在彼僅五刻許時已薄暮不克周覽惟見城垣統築以石堅固無比河渠深廣潔淨道路開闊時時洗滌之經過處無纖毫穢物也宮闕衙署武營兵制半仿西式職官兵士巡捕及一應辦公之人皆泰西裝束聞其國君后命婦亦然戌正二刻回同泰號晚餐畢登船竊謂日本一

國當咸豐初年仍是大將軍柄政君位幾同虛設國勢極不振近年來崇尚西學效用西法有益之舉毅然而改者極多故能強本弱幹雄視東海而大將軍遂不專其國政惜乎變朔望易冠服諸端未免不思之甚也

初二日寅正啟輪渡大東洋船名席地厄夫別徑譯卽北京城喩其船之最大也通身以鐵製成大桅四道烟筒二具計長四十二丈六尺寬四丈六尺容五千五百噸上等艙三十四間每間深廣各七尺住二人下等艙在二桅前名統艙可住千人此次上艙客外國三十五人中國三人下艙客中國

一百九人外國十八人聞下艙每次由香港至美國傭工華人卒不下千數今春傳說三藩城之愛爾蘭人（已入美籍者華人稱爲會黨）以華人奪彼工作誓與爲難故此次往者寥寥也洋人則英法美瑞司日斯巴尼亞秘魯各國皆有之美人而外餘皆因事回國特繞道東行經美之費里地費城會院遊覽者圭偕織垣住第二十四號房艙鋪設華麗尤勝前船門窗板壁皆良木爲之雕鏤丹雘極精細其起居飲食之便適僕婢服侍之周到儼然官家富室焉船主名馬利會爲美國武官年將六十厚重老成夥長四人亦精於此道者外有書記醫生

管帳以及管事庖丁宰夫更夫僕婢等三十一人另僱華人爲火夫三十八人水手三十八人通事一人侍者二十八人庖丁等九人

初三日舟行平妥飯後客多就艙面聚談作樂是晚海天一色月痕如眉

初四日傍午西北風大作一連數日舟極顛簸乘者多偃臥不能飲食

初九日轉西南風船稍穩西人三五成羣或就飯廳書房食烟房閒談或在船面遊眉小步圭亦稍稍效之晚餐畢船主云今日爲禮拜三明日仍應爲禮拜三蓋自中國啟輪後迎日度準時刻每日日出遞速十七分有奇船抵三藩城約期二十八日當速至四時許上海午正爲三藩城戌正設不於中間越過一日則中美必參差一日矣視時辰表鍼與其言頗合（表在上海準定時刻後未曾停息者）

十一日午餐之際同坐有傳教者五人亦搭船回國者皆能操華語其一已旅居中國二三十年渠謂入內地傳教華人不入教者與入教者極若冰炭一遇事故即礙和局此誠當熟慮善圖者也圭曰子言洵見到語然以鄙意觀之尤莫若

不傳之爲妙又一人由暹邏來亦云彼邦頗難信教又一瞿鑠翁年七十鬚髮若銀絲住雲南邊界數年喜與華人往還而亦以傳教非易事

十五日天色甚佳無風亦無雲晚步船面月圓如鏡心神若爲爽適環顧臥房左右皆住西人眷屬終日夫婦兒女語笑怡悅天倫之樂不減家庭設非輪舟便客曷克臻此惜孤客於是未免愈形其獨

十六日往看頭艙華客亦每人一榻皆層疊爲之有坐者有臥者有立者有三五人聚而賭博者有攜胡琴唱曲者有在

布帳內吸洋烟者皆粵省人詢其赴美國傭工者幾人據云不過八十問究竟有何貪圖云謀生頗易問何以此次人數大減云有電信至香港謂彼處華人為愛利士（即愛爾蘭人）會黨所忌禍將不測故不敢往問既得此耗何以仍有人去則皆云為饑所驅出於無奈耳問每人川資幾何云自香港至三藩城洋錢五十圓圭聞而深憐之

二十日晨起舟子指東面諸山曰見乾土矣前為金門過此即為進口不多時即抵三藩城詢何謂金門曰金門之名蓋取意口外兩山對峙如門而西向無草木午後日光映射作

金色也進口後雲烟密布樓閣相望港中大小商船甚夥海狗游泳水中若不畏人已正船發二礮安抵三藩城由橫濱至此計程一萬七千四百八十里船行十八晝夜零三時此即中國所稱大東洋十八日內不見寸土不見他船洋面以此為最闊蓋已越地球三之一矣鄧君謂此為怡司費譯即太平洋以無大風浪也然當西北風大作客心又何嘗太平耶旋見小艇一隻飛槳而來疑為海關巡役詢係客寓來招攬客人者有寓名巴列斯和退而者美國第一家曩在中國已耳其名故商之鄧君與寓夥說明即住彼寓旋又有小輪

船來附大船停泊詢為輪船公司接客運行李之船因與熾垣亦將箱件令人搬上小船午初抵碼頭有人將箱件起上令各認明堆置一處俟海關查驗放行有巡役二三人逐箱開驗不堪其擾洋人男女皆無如何非若在中國之强項矣追驗至圭處見有出差洋文護照乃免驗以白粉就箱面畫押放行寓夥隨將各件抬上馬車另僱上等車偕鄧陳兩君徑赴客寓未初二刻乃到一路街衢寬大屋舍高聳較勝上海所謂巴列斯譯即宮府和退而譯即客寓房屋之大殊駭聽聞屋高十二丈為樓九層共計一千一百餘間內客房七

百五十五間各編號數用泥金寫門上內又各置浴房洗面房廁所共用僕人三百二十五名晚燃煤氣燈共一萬零五百盞每客住房一間日需房飯洋錢五圓牀榻桌椅幃幔地毯均極華麗飯廳三處能坐二千人飲食精潔惟酒須另沽不在五圓之內如令僕人將飯菜搬入住房則於五圓外另計茶點亦然僕人犒賞須加重乃客寓通例也尤奇者樓既高聳梯若旋螺屢上則費足力乃擇各要路以機器懸方丈許屋一間容十餘人鋪設亦盡美以一人專管客欲上下使撥動機括載客升降無論至何層悉隨人意住屋壁上各有

暗消息欲喚僕人以手按之櫃房即知某層某號客房喚人立刻可至至則立門外或輕扣其門呼之始入不呼不敢逕入也浴盆有銅管二水由管出一熱一涼隨意增減洗面處亦然厠所亦用銅管吸水隨時洗滌之聞西人云銅管吸水西國無論大小住宅罔弗如是又云西國客寓斯爲最大

二十一日往拜前駐北京美國羅公使及日本領事官高木三郎緣二君知中華有人至必欲延見也聞此間居人不過二十萬華人則居十之二市肆繁盛口岸開闢商船亦多

二十二日往晤中華六會館董事並往織絨毯處觀機器

二十三日會館請宴以小恙辭未往

二十四日購定火輪車票由三藩城至費里地費城計程一萬餘里車價一百三十六圓車中有臥榻者每夜另加三圓是晚寫寄家書

二十五日卯正偕鄺陳二君由寓僱馬車起程行約三里至輪車房將行李過秤車例每客隨帶行李以二百五十磅（每磅合中國十二兩）爲則逾此則每磅加洋錢一角五分秤畢按件發銅牌一面另以同式同號牌繫箱上以憑到費城後持牌往取其隨身小箱竹籃須帶至車內者無牌歸坐車房輪船約行三刻許抵屋倫其地在海中有長橋通此輪車發軔處也兩旁間段竪木桿懸電線（線以鐵爲之藉電氣傳信者泰西各國逐處皆有）各五六條與鐵路相附而行鐵路之制先將路築平用木長六七尺方廣三四寸者橫鋪路上二木相間尺許木兩旁釘凸形鐵條各長丈許寬一二寸厚如之使與車輪凹槽合若遝笋然車行於上迅疾無滯辰正登車東駛車制前車爲機器以火灼水蒸氣貫入各管激輪而行次載石炭再次載貨物再次載牛馬再次載行李再次爲書信房管事房侍者房再次爲客車而無臥榻坐地亦挨擠再次亦客車而有臥榻者（西人稱此等車

爲息里評克呵）乘此皆上等客坐地寬餘鋪設油漆極華麗每車如住屋一間長七丈二尺寬九尺兩行各設小炕十張中爲走道兩炕相對坐二人上懸一榻至晚侍者將榻放平可臥一人其下二炕可臥一人皆有木槅幃幛茵褥亦厚軟隨身小箱則置炕下每車日間坐二十人夜則各臥一榻兩旁大玻璃窗二十扇內護幃幔幛風日啟閉隨人坐臥起立飲食左右望無不適意車後有小室僅容二榻客有眷屬暨謹者坐之另加洋錢數十圓車前爲洗面所吸烟所（車內不准吸烟吸者來此）厠所冰水桶水係另儲一處由機管貫入便客飲手中洋皂

塵刷皆備晚間燈燭輝煌至明始熄侍者多黑人產阿非利加洲而入
於美國者亦極周到俟換車時賞以半圓接續之車自八九輛增
至四五十輛蓋視貨物坐客多寡焉將展輪每車左右各四輪頭車
放氣搖鐘各二次初行尚緩數十步後即若雷掣雲馳兩邊
山樹村舍若飛鳥之過眼窗外風聲與轆軸聲聯爲一
氣又若春雷殷殷不絕每日三次停車皆有一定地段每停
僅一二刻客皆下車就道旁飯店用飯每餐洋錢七角五分
至一圓不等即稍用茶點動需五角倉卒之際不堪果腹亦
有自帶食物者或令黑人往購者此則婦女居多男客不屑

爲蓋欲藉以行動舒暢其氣血也開行時仍搖鐘放氣使客
聞聲而回此外每日或停數次十數次以便短搭之客上下
亦有一定地段車甫停輪隨處有童子來車賣新聞紙新書
及沿途山水畫幅牛奶架非茶瓜果之類客頗便之戌刻抵
打池佛來施地方以上俱屬卡蘿方利亞省其地山皆不毛產金極旺攻
礦者甚多距三藩城六百八十里初開車時有大河綿亘西
北隅路旁間有村舍花果樹木黍麥亦蓬蓬然午日後則皆
瘦嶺枯山土皆赤色無涓滴水車中風極乾燥暑氣灼人
二十六日午正二刻始見水其地名帕列碎禪帥草地屬宜發達省距

打池佛來施一千二百十里
二十七日辰刻經過鹽湖城車中人皆欲往遊惜未停輪不
果詢其有何佳境而皆欲往遊據云其地有湖在山之高處
計長二百六十四里闊一百六十五里湖水煎鹽最旺煎水
四桶得鹽一桶故謂鹽湖猶中國鹽井然湖旁有城居人約
二三萬來自英國瑞司國者居多性喜遊戲宴樂所奉之教
亦若耶穌惟一夫數妻之例與耶穌教相反其頭目已娶至
二十人之多向亦居美國東土嗣以此俗不合教規勸之不
改爲国人所不容徙居於此已三十年美国呼爲毛夢人毛夢

二字不解何義其教曰毛夢教蓋久擯之於外矣圭謂美政畢竟尚
寬大反教規勸而不改不過擯之絕其往來而已非若他国
教但同源異流遂以烈火利刃逼使從己也巳初二刻至惡
敦亦一市鎮居人四千以上屬由達省距帕列碎一千零十六里在
此換車停半時許未刻過山洞洞長二里極幽暗兩旁電線
仍出山巔而過申初至愛司敦地方見華人三四名穿短衣
戴洋帽履亦洋製詢知此地共有三四百人專在鐵路工作
每月工資四十圓來已七八年言際極親近飯店四壁畫鏡
皆中華人物山水又有粵省鞋襪出售殊覺鄉思黯然上車

後行不數里所見又係崇山峻嶺無草無木積雪未消隨處皆有厚至尺許車路遇必經積雪之所則搭蓋木架若深巷然有長至四五里者車行巷內使雪積於架上遇山不甚高者徑過之若絕高舍此又無別路則鑿洞而過遇水則建橋梁雖長至數里視若等閒車經之處隔數里必設巨井外罩木房懸風輪車內乏水則展輪激水而入雖亦土荒漠無缺乏之憂

二十八日見荒山野牛成羣毛色黃黑頭毛若帽奔行甚捷野羊大如驢亦夥未初二刻抵色悶地方此爲美地最高處

自海面量至山頂高八百二十四丈二尺西人量山自海面者以水最平懸空直計不假折算也當起程之日炎熱異常以後地漸高熱漸減至此則衣重棉聞逾山而東又逐漸熱矣計距惡敦一千四百六十五里申初抵一市鎮名前恩呢（以上屬威梭明省）有人來探姓氏何往自云新聞紙館人也戌刻經細呢地方停車二刻見野狗小僅如鼠本山所產土人以爲寵嗜之又見一種人披髮赤皮五官若華人穿藍色短衣紅袴女穿花布長衣或紅衣有背負其子者子生始數月以繩布束緊直立籐簍中簍長而細與其子身適合反縛於背啼哭不相顧也語言嗎啾亦足奔跳若狂或奔至車內踞坐對人嬉笑管車者亦無奈彼何視輪車將行闃然去矣詢即紅皮土番散居內山共有九十餘萬人洋人呼爲因顛美國以此等人究係地主不可欺凌宜加恩待之每年由官按名賞給絨毯一條衣袴一副其性愚而無信懶怠好滋事不畏死善用箭以漁獵爲生美國恩待之終不服常有殺害官兵事故所住之處派兵駐守彈壓焉有兵持礦金二塊未經煅煉者一色黑一色黃各重二三兩欲售洋錢五十圓

二十九日午正換行李銅牌防舛錯也申初二刻抵阿馬哈

（以上屬奈撥拉司加省）由色悶至此計一千九百四十里市鎮較大居民三萬五千人停車片刻復開行越長橋橋爲鐵造長二百七十五丈寬五丈下立鐵柱二十根各高二丈闊二尺重八噸橋道數歧面鋪木板或以石而更築鐵路故輪車可往來其上起高架懸電線二十餘條兩旁屋宇參差樹林叢密山水環抱亦佳境也過橋約百武有廠屋甚大爲換車處客皆下車復上他車箱件之在前車者有管車人逐件起卸無虞疎失其隨身所帶小件即令黑人搬往賞以半圓申正二刻復開行車式與前同

三十日辰刻抵勞店距阿馬哈一千零三十三里沿途花木
黍麥清氣宜人從此東行漸入佳境非復前數日之岡陵錯
雜嶺岫盤迴黃沙四起異類驚心矣同車有五家眷屬多歐
洲人衣飾華麗舉止嫻雅喜詢中華事因約畧言之有驚爲
天上者有詫爲奇異者有點首稱是者又取行篋書翻閱請
作華文與看終日言談不倦履舄交錯毫無避忌臨行皆握
手言別已刻過密司失畢河其處名客連登（以上屬衮倭窪省）車由
鐵橋而過亦甚寬闊上懸電線三十餘條天下江河之長斯
爲第一河內輪船往來不絕（此皆美國商船美例他國商船祇准在海口不得入內河）爾

君云美國富庶之區皆在東土此河迤西直至三藩城海口
約七千里從前白人（西人稱土番爲紅人阿非利加人爲黑人己爲白人）罕至其地皆
土番所居赤土黃沙密箐與草野牛熊鹿逐隊成羣自創車
路以來始有白人往居漸成村落如三藩城今爲海西重鎮
惡敦阿馬哈等處亦成市肆三十年前皆荒地也可見國家
之有鐵路輪車獲益非小且一成村落即建教堂義塾費出
公家以資導化政治之善莫善於此惟地究遼闊肥磽不齊
肥者尚可耕牧磽者多不毛而金銀各礦極旺想一二十年
後亦可阡陌雲連矣未刻偕爾君赴頭車觀機器其制車上

直臥一大鐵筒長約一丈二尺圍約一丈尾圍約一丈二尺
筒身前段設烟筒高二三尺口大身細後懸銅鐘再後設蒸
氣桶筒左右有銅管粗若碗通蒸氣由車底達輪際激輪而
行筒尾起小屋方廣五尺許若輪船柁樓以二人承管一管
水火各器一管添煤屋內懸時辰表寒暑表氣之升降表機
之行止表筒內上半蓄水下爲火門火騰水沸氣由左右二
管穿入各小管然後視升降表之氣足與不足定行止若氣
足而車尚不開行或正行而須停輪皆由管以洩其氣屋頂
設皮帶二一抽左帶鐘自擊抽右帶由管放氣又有鐵機若曲

尺嵌入鋸齒者推之向前行止表鍼即直指車則行引之向
後表鍼即橫指車則止或行或止或速或緩悉隨人意焉車
之首端有鐵物下垂如犁中尖兩旁漸側如舌可開合離鐵
路僅寸許倘有石塊等物碍車行此物即開張於兩旁拂去
之機器有四百四馬力尋常每一時行二百六十里極速可
行四百里一日燒煤四噸倘有細管小機括十數具難以筆
述盡一則限於時刻一則機括震響對面語不聞也又見傳
遞信包極快捷車不停輪一舉手間已互相收換云有一定
地段屆時由郵政局專人在路旁等候者申刻抵志克哥城

屬伊林奈司省距勞店五百八十七里屋舍齊整市肆繁盛居民三十五萬人較之上海大可十倍車路四通八達之所也在此換車有二三時躭擱乃偕鼐君暫至薩閔客寓沐浴休息酉初駕車遍遊各名勝並至吸取泉水房看機器據云通城用水皆由此器吸取他處泉水入池再由池分灌地底各管隨其高下曲折流達各民居凡便於吸取之所遍設機管用時將機頭旋轉水卽自至永無缺乏之機房對街有樓高十餘丈中豎巨鐵筒與樓齊云亦蓄水者梯若螺旋計二百三十二級登樓四望飄然有凌雲之概鼐君爲言泰西各國於食水

一道尤爲加意講求近地有泉水則就近取之否則就他處接筒吸取之雖遠不計蓋患居人食水不潔致疾疫也晚餐後至戲館觀劇扮演鄉愚故事惟妙惟肖館與中華同而坐地寬展鋪設華麗燈燭繁多戲臺高廣則過之惜不解語言祇以意會耳同車已亥正二刻少頃卽開行聞志城國年前曾遭火患屋宇焚燬殆盡一年內復造之屋通長計之已得六十六里今已復舊較前更高大其富庶槪可知矣華人居此約二百名捲烟爲業每七日工資十二圓

閏五月初一日見沿途樹木叢密無際大者數十圍小亦拱把美之產木處也同車友曾至中華者爲圭言廣種樹木既能疏通地氣爽人心目使少疾病又可獲無窮之利貴國兵燹後林木多遭斫折若官商廣爲勸植似亦務所當務也因思我　國原有勸民種樹之令特未實力奉行耳戌初至畢次卑城距志城一千五百四十四里城內製造機器鐵廠極多民居亦甚高廣華人百餘名皆製小刀者接自志城之東至畢城之西中間地屬因的愛納倭海爾兩省在此換車後戌正二刻開行

初二日早起聞友人云自昨晚開車東至費城所經之地皆

屬噴夕爾費呢阿省山水清秀花木繁茂亦名勝處也車距費城約二十里管車人來收車票巳初二刻抵費城計由畢城至此一千二百四十里下車偕陳鼐二君暫住會院前格羅伯客寓卽著寓夥持銅牌往取行李其時視時辰表鍼又較三藩城速至二時許是中國子正美國東土已午正矣由三藩城至此統計一萬零七百十五里越十省地在車七日換車四次人極困頓每食皆倉卒不果腹飲則冰水或牛乳茶塵土膩身刻不可耐兩耳亦爲輪機所震聽不分明苦哉此行然以七晝夜工夫行一萬餘里便捷亦可謂極矣微輪

車何以爲功哉計由上海至費城水陸共得三萬二千八百
六十四里
初三日由格羅伯客寓搬至城西志爾奈而街德人黎百格
宅臥房在三層樓極高廠房飯等費月需洋錢百圓
初五日至六月二十一日入會遊覽間赴他處觀規制復以
水土不服患病數日記載見美會紀畧遊覽隨筆
六月二十二日遷至扯司里街屋尤高廣需費與黎宅畧同
二十三日至七月十一日入會遊覽記載見美會紀畧
七月十二日往遊華盛頓京城住阿連登客寓日需洋錢五
圓

十五日因病回費城記載見遊覽隨筆
二十四日往遊哈佛城住愛林客寓日需洋錢四圓五角
二十九日回費城記載見遊覽隨筆
八月初一日搬回黎宅仍逐日入會遊覽記載見美會紀畧
二十五日往遊紐約城住第五街客寓日需洋錢五圓
九月初一日回費城記載見遊覽隨筆
初九日有輪船定於次日自費城開赴英國雷弗普城當購
上艙票一紙計客二位共英銀三十磅合洋錢約一百五十
圓是日午前束裝午後辭行晚餐畢僱馬車二輛計洋錢六
圓一載箱件一自乘戌初三刻由黎宅起身東行數里至特
爾拉窪河碼頭上船位置行李仍與斌垣住第二號房艙適
赫吳哈三稅司相約來船握别殷殷並囑船主等格外照料
良可感也船名羅得克賴夫長四百尺寬四十尺容三千四
百噸機器極堅固力抵馬五百五十匹船內外亦尚潔淨美
觀此次上艙客僅四人每人船資十五磅下艙客八十餘人
每人六磅十二歲以內減半每日三餐早晚二次茶點烹飪
皆適口

初十日辰正開行午初停輪候潮未正復行仍患水淺膠舟
申刻再停晚餐甫畢聞船尾聲震甚厲急至艙面詢問乃一
帆船乘風而來柁工稍不慎其船首衝桅搗入本船之尾鐵
闌內驟不可出人聲轟然閱一時許始脫幸皆無大患然亦
大受驚恐矣船主詢明帆船何名號下次到費向索修理資
焉
十一日辰刻開行午初出特爾拉窪河口向東北行
十二日至十四日風浪大作頗覺目眩頭暈茶飯亦不甚甘
然尚可耐

十五日午刻經紐芬蘭島島屬英在美之東北隅大洋中上有塔燈近島一帶捕魚船甚夥英派兵船保護焉是晚至船面見霧氣溟濛海天不辨一輪明月為霧掩映作淡黃色

十六日至二十日船向東駛風浪更大一連偃臥五日不食不飲嘔盡繼以白沫精神憊甚耳畔惟聞風聲水聲相叱咤船身海勢相撲擊忽而飯廳器皿擲地作碎玉聲忽而架上箱籠落下遠去丈許船友來榻前慰曰有時風浪較此尤大尚無他故此乃尋常事不足懼也答曰我豈懼死哉實不耐此顛簸耳船友隨令侍者進牛奶飲後心稍甯不一時又嘔出

二十一日風漸息浪稍殺蓋已越過中洋漸近東岸

二十二日能至船面小步胃口頗健此後船向東南行船主云此為阿蘭滴洋即大西洋風浪最稱險惡每屆五六七三箇月稍平穩船行極速每日可一千二百里其餘九箇月無風水亦極湧當風浪大作時每日僅行百數十里耳洋船不畏風浪最畏礁石此洋無礁故損船事不數見也戊正二刻舟過發四納地方距岸約十二里遙見一燈忽隱忽現船桅亦懸燈應之詢知此處距君士湯埠（在英屬愛爾蘭島東南）僅二百二十八里設有號燈見船桅燈為何色即知為某某公司之船可由電線寄信至君士湯埠俾彼處搭客預備上船並收發書信一面由君埠電信報雷城俾知此船將到再由雷城報知費城則船尚未抵岸而雷費兩城新聞紙已刊布凡搭客兩處親朋心皆慰矣

二十三日丑正抵君士湯埠停船一時許即開行是日在船書事亥刻領港人到船

二十四日寅正抵雷弗普城計自費城至特爾拉窪河口三百八十八里由河口越大西洋至君士湯埠一萬零七百三

十一里由君埠至苗爾細河口八百七十四里進口十九里即雷城共一萬二千零十二里輪船行十四日（尋常行十一日極速僅九日半此次風浪大故最緩）船主測算每日日出遲至二刻許由西而東計以十日則遞遲二時有半費城午正英始辰初隨令侍者收拾箱件連在船伺候共賞以金錢一磅適告假在籍之海關副稅司屠邁倫來訪蓋得駐費赫君電報請其來照料也早餐後偕屠君過小輪船約行五里至評碎細碼頭登岸碼頭長約二里有稅關所設專驗過客行李房頗極寬敞為門有五容船行李分別排列門內界以木板繩索其搬運之人由

各船自倔帽沿紅條編號數右臂繫圓式銅牌鐫姓名各船行李起舉則有稅關巡役一二人穿號衣持洋文單問客帶有色蓋否（色蓋即烟捲華人所謂呂宋烟）出客自開箱籠預備查驗圭箱籠無應稅物裝塞甚緊綑紮牢固一經開拆不能裝復因告以並無色蓋亦無應稅之物並言即須上輪車赴倫敦恐開箱躭延致悞行期遂許免驗就箱面貼圖記放行居君代僱馬車二輛每輛英銀三錫林行約三里至輪車房購最快車票二紙每人英銀一磅零九錫林位置行李舉時纔巳正尙有半時許始開行故與居君略談據云輪船進口河名苗爾細

左即雷弗普城右爲甲爾沙地方左岸停泊之船約二十里銜尾不斷往來西半球各國及愛爾蘭等埠居多東行者不過十之二三耳雷城縱橫各二十里在稜格府西南居人約六十萬爲英國第二繁盛之區其時居君適接駐倫敦金稅司電信詢圭等在京約住幾日可備房屋圭答以七日亦即復以電信（西國輪車房皆有電報館書信館書坊飯鋪酒樓以便行客）午初上車東南行路旁木葉黃綠相間田疇井井頗極幽雅村婦兒童或嬉戲林間或於平野牧牛羊屋雖甚小而皆潔淨門外窗際多種花草每十餘里二三十里必建車房停輪數分許俾搭客上下未正抵勞卑距雷城四百五十二里亦一城市有書院塾房以後一路凡書塾善堂甚多人烟尤稠密果樹一望無際鐵路相排而築約十數條來往輪車若川流由煤礦載煤分送各處之車亦不絕於道申正抵倫敦京城共七百三十六里車行較美國更速車制每車分三間門設兩旁與美制稍異外飾遜於美高大亦遜於美而坐處寬闊過之停車處名愛司登在城西北隅有英人胡姓來此引路（金稅司派來者）即將箱件搬上馬車行三里許至城西班年街寓所房屋高廣鋪設華麗即金君得電報後所備者酉正金君來談半時許是晚

各街燈火輝煌樂聲齊奏詢爲英太子生辰軍民慶賀時也

二十五日至十月初九日住倫敦天氣若美國北土衣重裘記載見遊覽隨筆

十月初十日午前購輪車票由倫敦至法國馬塞海口上等車每人金錢七磅零五錫林合洋錢三十六圓二角五分

十一日辰初三刻啟輪巳初一刻十分至一處名弗克司登乃附近車路市肆也管車人來驗票截去一頁仍交還巳初二刻十分計行二百九十七里抵都發海口登輪舟搬箱件者即輪舟水手賞以半圓都發爲英海口對岸即法國北境

中間僅隔海港八十里天氣晴明兩岸可相望也居民約二萬人有礮臺極鞏固六百年前建以禦法者沿海建望樓塔燈有稅關有書館有兵房口外水淺船容百噸至百五十噸者尚可進出大則患膠擱矣午初二刻抵法國海口開利城碼頭以木建遠出海中約三里登岸乘輪車行二三里至城內輪車房其箱件即由管車人搬運午正二刻復登車西南行開利城沿海一面有垣堞礮臺周密亦六百年前所建口外漁船極夥潮退則數里皆沙漲時水至城下大船亦莫能進塔燈甚高皆新法能旋轉照遠居人約二萬每年有漁船

往北海捕鰻一次獲利甚鉅車行八十九里未初一刻經過布倫城布倫地據形勢在開利西南口子情形與開利同居民四五萬人有小河通內地按由英渡港輪船進開利口水程稍近惟車路不能直達法京必折而西南歸入布倫車路大抵由英至法船由開利進口者居多由法往英車至布倫出口者居多耳現因兩岸海口大船不能進出商賈往來不便聞兩國會議擬將海底開通建鐵路行輪車此舉或可成也在此停車片刻復東南行五百十五里酉正抵巴里京城有法人巴比在車房相待亦金君致信託其照料者稅關免

驗僱馬車（車價廉於英）行三四里至城中又當客寓一路街道平坦市肆繁華煤氣燈若繁星行人摩肩接踵車馬絡繹不絕他處元宵無此盛也寓樓在三層臥室二間客廳一間牀榻桌椅極新巧幃幔地毯都鮮麗每日房金二十一箇法藍（每法藍合洋錢二角即五開小洋錢一枚）飯食另計熾垣僅解英語而法人通英語者不多欲稍事遊覽竟無可偕行者不得已僱通事一人法人兼通英語者由寓帳房招致用以偕行法語稱格每升宴譯即引導人也每日工食十箇法藍寓中烹庖絕佳色色美口英國尚不迨其精備若美國則更遜焉信乎法人居美者

有言不俟饑極不可餐也計由倫敦至巴里水陸共得九百八十一里

十二日至十五日住巴里氣候稍暖換綿衣記載見遊覽隨筆

十六日午刻至吳稅司秉文（近日由費城會所回法者）宅中餐酉初至輪車房部署箱件至飯館晚餐畢先定上等車坐位（此等車名若卑）每人另加十一箇法藍戌初一刻開車南行同車女子多男裝便行旅也

十七日卯初抵里昂城自巴里至此一千零五十三里詢知

此地爲法國第二大城居人約四十萬都察院駐劄所也（法有都察院二一駐此城一駐巴里）有大河二一名瑣恩一名羅納由東北分流至城下合而南至馬塞出地中海水陸通衢貿易甚大所織錦緞綢縐極精細其水染色尤鮮麗織工可六萬人又有大書院義塾教堂園囿四周築城垣列礮臺十七駐兵三萬在此停車數分許客皆下車用茶點復南行七百十六里午正抵海口馬塞城住格蘭的客寓屋亦高廣華麗午餐後駕車遊西南海塘風景清幽豁人心目聞馬塞居人約三十萬過客不計有新老二海口老口狹小二十年來漸拓至北首爲

新口甚寬闊能泊船二千隻爲地中海第一大埠老口舊有礮臺對峙自拓新口後無所用今於口外數小島建礮臺深得形勢西南有山山頂聳教堂堂頂立銅鑄鍍金神女抱子像堂高十三丈像高二丈由海面量至神頂可四十五丈工費極鉅城內多糖坊土人製洋皂洋燭絕佳又有鑄錢局書館東南百里外有二城一名拉細俄他一名拉先納一處相距不遠製造局船廠在焉共計由巴里至馬塞陸路一千七百六十九里

十八日辰刻由寓僱車行二三里至新口上船船名阿娃長三百三十尺寬四十二尺喫水深二十二尺容三千五百噸暗輪法國文報船也艙分四等頭等三十五間主七十人每人船資由馬塞至上海英銀九十五磅（每磅金錢一枚，洋錢約五圓）二等十間住三十九人每人七十一磅三等四等在船頭爲統艙三等四十三磅四等二十八磅船主以下至水手共一百七十二人黑人五十名華人二十三名餘皆爲法人房艙之寬大鋪設之華麗烹飪之精美他國船皆不逮焉每日三餐早晚兩次茶點二等艙惟無中餐餘與頭等同（他國船酒須另沽惟法國文報船三餐俱備紅酒）所住亦皆文墨人而法國武官及傳教人參其半

客以英法荷蘭三國人居多英人赴印度法人赴西貢（即越南海口今屬法國）荷人赴爪窪（即南洋噶羅巴島屬荷蘭）誠以此三處即其國之屬地官商往來不斷也餘爲德美日本印度諸國人有德人李姓數月前偕我國武弁數人往德習軍政今同華鎖差者日本三人皆貴官子弟赴德國讀書學律學醫一則學成而歸其二以微恙暫回調理聞彼國共有聰俊子弟八十餘人在德讀書另在英法美各國肄業者亦甚夥是日巳正放船東行不一時水鑊受損暫停修理酉正復行

十九日天風激水舟甚蕩客多不能起立西人嘗謂地中海

風浪有時較外洋尤甚以四面皆地風易窩聚也今洵然
二十日申刻抵義大利國之奈波里城由馬塞至此一千七百零二里城倚山臨海廈屋連延危樓高聳居人約四十五萬有國主行宮大教堂又有大園林數處沿海礮臺雄峙堅固塔燈亦多在義爲第一大海口建城已二千餘年東南有火山二一名非所弗秀常吐烟燄地產佳果海產珊瑚氣候溫和西人頗稱爲勝地惟多山嶺盜賊充斥捕則逸入深山不可獲在此停船二時有半收發書信起卸貨物畢戌刻開行舟折而南

二十一日辰初舟出西里治海港南爲西里治島兩岸山峯奇峭土皆黃色樹木不甚多而產葡萄桑椹極夥東北有埠頭曰墨西挐居人約八萬山產硫磺海中往來船隻多半運此蓋西里治亦多火山也當蘇爾士運河未開之先文報等船悉停輪於此今則改泊奈波里矣以後舟向東南行天氣漸暖換單夾衣

二十三日酉正抵鉢碎此爲地中海盡處蘇爾士運河北口前皆沙漠無居人開河後始漸成市肆地屬埃及回教人居多歐洲各國人亦有共約萬人賭館甚多河口有塔燈高一百八十尺計距奈城四千一百八十里在此停泊因運河窄狹夜間不可行船且必須領港人也客多上岸稍作遊覽

二十四日日出解纜進運河舟行甚緩恐快捷則輪軸激水有損河道酉初至河之中段廷莫薩湖停船僅行一百三十二里湖西岸爲阿斯巴尼拉城城以埃及總督得名開河後始建居人約五萬法人里息勃斯（初開河道者）於此築別墅焉距湖數里西岸高處有埃督行館

二十五日卯正開行復經一湖此湖昔通紅海嗣爲飛沙填塞湖水凝結爲鹽塊若山積開河後湖水驟漲鹽亦消化又

聞從前此處可十年無一雨今則地脉流通或三四年一雨一二年一雨矣連日沙漠薰灼炎氣逼人未正出南口抵蘇爾士計距廷莫薩湖一百五十五里在昔此地尚稱繁庶以東西往來客貨必由此登陸轉運自開河後亦漸漸冷落矣居人約一萬四千回族及法義人居多停船一二時酉刻復行南入紅海天氣熱甚客皆換夏衣飯廳用風扇房艙夜不能寐先是客皆於馬塞上船時預購長籐椅置船面至此則臥椅迎涼每夜漏三下始能歸寢誠以海形狹長兩面皆山南風自赤道來四時皆熱早晚天半赤霞倒映海中若生萬

樹珊瑚故西人曰紅海

二十六日至二十九日舟行紅海中海水不波每日能作細楷鷗燕逐船飛有依人之態飛魚亦多

三十日午後南風厲甚極其顛簸夜半始息連日酷熱日飲冰水數升不解煩渴

十一月初一日午正二刻抵亞丁停船其地屬英國北距蘇爾士四千九百七十里時有阿非利加洲小兒皮色青黑鼓棹而來船長僅數尺刳木爲之不畏風浪客以銀錢擲海中群兒爭先沒水握錢出客皆譁然爲樂未刻偕法人威基謁

（亦効力我國海關今假滿回華者）上岸至經理文報船友處小坐乘車出遊山徑紆迴山勢突兀怪石猙惡土赤劣無草樹山東有頸地（西人謂若人頸故云）潮退時可通阿剌伯回部英於山之高處及瀕海要隘建築礮臺既周且密堅固無比山口如門有一夫當關之勢又於山腹鑿道以行有兵房數十所屯兵二千設總督總兵各一員資鎮守蓋此山爲屯石炭濟海船之所又當紅海門戶往來印度必由之路故英甚著意焉居人約二萬五千回族及阿非利加人居多皆傭工服役之流其人樸質安分終年無鬬毆事地甚炎熇或一年一雨或二三年不雨淡

水缺乏英於各山窩聚處相度鑿池曲折灣環上下聯絡西人謂其形若礮臺洵然而建築之奇異幾若神工鬼斧所成者天雨山水匯灌其中以資飲食並灌溉花草（皆自印度移來盆景）復由輪船用機器以水火二氣化海水爲淡水而成冰（西國行海輪船食用淡水亦係此法）並多鑿水井寄居者以羊皮全張縫爲袋一驢背五六袋或用駱駝以巨桶負載或黑人男女腰駝背負羊皮袋往來不絕於道者皆淡水也船中裝煤既畢戌正開行向東而駛一連數日亦尚平穩惟氣候炎熱夜不能臥每見大魚長丈許千百成羣排若隊伍與浪爭逐不知何名或謂即

飛魚也

初七八兩日向東南行將近錫蘭島則向南行

初九日戊初抵錫蘭島夜間不能進口暫泊口外其地爲印度之南海中大島今亦屬英

初十日卯正進口行半時許停船地名戈爾錫蘭極南海口也由亞丁至此八千一百十三里客由英至印度會城加爾格達（英國總督駐劄所）者在此換船口左首有白石塔燈高矗雲表兩岸綠蔭參天幽雅特絕皆椰林也早餐後乘小艇上岸每人船資一錫林艇制奇甚刳木爲之長逾二丈寬不及尺深

倍之客列坐左右船舷首尾二人棹槳以行船左首尾各横裝一木長五六尺其末與水平復𦈢一巨木若與船相低昂者詢知爲風浪甚大非是無以免覆溺患口内停兵船商船數艘滿懸旗幟五色飄揚是日乃西歷十二月二十五日耶穌生辰先至英國客寓小坐託寓主代僱馬車遊烏窩臘（譯即樹林深處）西揑門加登（譯即內桂園）入古刹觀釋迦牟尼像像與中土佛教供奉者無異番僧削髮披黃布若袈裟見客亦合手爲禮以小銀錢一枚購貝葉番書數頁嗣由海濱路回船已酉初矣按戈爾有城雉堞若中華城內有英兵及印度兵駐守

海口建礮臺周約三里守以重兵而貿易不大居人不滿一萬土沃候溫宜穀饒蔬果椰子檳榔波羅蜜尤繁碩桂皮肉果最良野花匝地多不知名林內多象山產寶石土人來售象牙瑇瑁各器絕精售寶石約指盡僞也早晚天氣若中土暮春日午熱甚若仲夏

十一日巳正二刻開船東行連日逆風行甚緩

十五日清晨舟折向東南左右有山或遠或近或隱或現絡繹不斷詢知左爲麻六甲右爲蘇門答臘中間海道由西北而東南寬處三四百里狹處僅三四十里入口偏左有島名檳榔嶼俗稱新埠亦屬英右爲亞齊屬荷蘭內多高峯山水清勝聞檳榔亞齊兩處寄居華人實繁有徒

十六日晚見左岸塔燈二一距新加坡七八百里一距約五百里

十七日巳刻見左岸諸山綿亘百餘里如列屏右有十數小山浮海中鬱然若碧芙蓉山內多虎能於海之窄處浮游往來午正二刻抵新加坡按新加坡爲麻六甲極南海口今亦屬英進口行一刻許就本船碼頭停泊由錫蘭至此計五千七百里碼頭東南爲英國城有教堂塔亦高聳未刻上岸僱

馬車每半時洋錢五角先遊中國街大小店鋪廟宇會館戲館酒樓娼寮咸備聞有八九萬人閩八十七粵八十三有在此間娶土人女生子數世不歸者土人色黑喜食檳榔故齒牙甚紅以花布纏首衫而不袴女亦黑醜挽髻額貼花鈿以銅環穿右鼻孔兩耳輪各穿五六孔滿嵌銅花富者或用金銀手腕足脛戴銀釧腰裹短幅亦衫而不袴赤足奔走若男子沿途嬉笑不知恥聞此等人服役甚勤謹西人皆屬意僱用之是日值西人元日土人就廠地陳百戲打鞦韆拋球跳舞爲樂觀者數萬人酉刻至富南樓酒館晚餐皆中土物不

甚佳戌正回船此處居人共三十餘萬中華及本土人最多地產胡椒蔗糖天氣極熱每日晴雨參半其地極南距赤道僅三百零四里當日駁所正照宜其四時俱夏也然多樹木無瘴氣故居人亦少疾疫英就各要隘建礮臺戍以兵設有稅關權稅頗輕寄居界內華人亦無他費僅按月稍取巡捕資惟土人恒與華人氷炭稍有睚眦即思報復華人每為其殺害幸英官尚能拘究嚴禁之

十八日爪窪接客貨輪船未到再停一日故復上岸遊花園數處有黃埔音近王波加登譯即花園者為粵人胡澤璇所築住眷其

中花木甚繁珍禽異獸亦頗具胡為粵之黃埔人久居新加坡隸英籍南洋各埠貿易甚大現充俄國領事官西人多稱之曰黃埔幾不知為胡姓矣英人以其練達甚敬禮之凡華人犯案到官非此君至不訊斷焉

十九日巳正二刻解纜出口後舟指北行連日東北風大作因在船日久波浪尚可耐憶自奈波里東行至新加坡計程二萬數千里歷時幾及一月舟行俱平穩每日能作小楷舟子云由新加坡折而東北行適當逆風波浪日大一日矣

二十一日巳刻見西面十數山矗海中詢為波羅康德距越南海口三四百里現屬法國法於山中建兵房監獄凡西貢罪人徙居於此山產燕窩良戌正二刻抵越南海口停船

二十二日寅初進口溯瀾滄江而上兩岸花樹叢雜青翠欲滴闊處二三里狹處不過二十丈計北行一百八十二里辰初三刻抵西貢由新加坡至此二千四百二十一里碼頭在江之西岸隨波上下若浮橋考西貢為越南國極南海口屬嘉定省境其國衣冠文物頗似中華以其自漢以來久被聲教也咸豐初年因殺害天主教人及商船水手事與法人搆兵十載不勝始議和割三省地與之西貢三省中最得形勢

處也法設總督兼水師提督一統兵四千駐鎮其地又擇山頂要害處築礮臺以守耽耽然欲效法英之於印度焉越南其危乎哉西貢西南三四里為中國城地名超倫店鋪亦多立有二會館華商販米出口者不絕於道聞西超二處居閩廣人約二萬散居法屬別埠者尚約五萬五千人上岸僱車先赴超倫街道房屋悉若中國閩商黃發成邀往中點黃為漳州人亦隸英籍為此間巨賈嗣至江邊洋船灣泊處見洋房二三十所法督署甚高大署後為公家花園客寓亦多即所謂西貢也遊畢回船此地天時與新加坡畧同山明水秀

會聲歡然百花四時不凋百果相續不絕誠爲南方樂土法見華人來此日衆以爲可得理財之道也特刱新章以魚肉之凡華人居此者有進口稅出口稅身稅屋稅地稅招牌稅六項初進口先至華人會館由董事錄名報法官給執照每人收進口稅洋錢二圓五角以二圓歸法官五角爲會館經費執照期以一年届期換照不論貧富每人納身稅洋錢五圓婦女及十六歲以下者不徵以後每年悉遵此例地稅視地方情形分上中下三等上等每法國正方一尺合中國正方二尺七寸者每年徵洋錢三分七釐中等視上等減半下

等視中等減半屋稅估值百圓每年徵稅六圓招牌稅視貿易大小區爲五等一等每年徵稅二百圓二等一百二十圓三等八十圓四等四十圓五等二十圓其店主身稅亦即遞增如招牌爲一等者每年改徵店主洋錢六十圓二等者二十圓三等以下仍照每年五圓將來出口按進口例各輸二圓五角其進口稅身稅兩項執照須隨身攜帶備巡捕查驗另設關以權貨稅稽查極嚴嗟乎舉大地無此煩苛之政矣較新加坡英例誠有霄壤之別觀英法兩國者亦可於是審其幾焉

二十三日卯初開船巳初二刻出口折向東北逆風而前舟極蕩

二十四五兩日尤甚

二十七日午初抵香港由西貢至此計三千四百七十七里進口右首爲香港左首爲九龍司海中商船多隻檣如插箸一望無際聚市之處屋皆三四層背山面海鱗次櫛比至晚燈火齊明由海濱層疊而上不下數千萬盞大觀也

二十八日乘籃輿遊公家花園地方不甚大亦尚幽靜娛目午初遇吳中王君紫詮言談半日頗能洞悉中外機宜雖坐

而言要皆可起而行也不意天南羇旅世不知其才良可惜哉聞此間華人約十三萬洋人四千地方繁盛遜於上海景象亦不同蓋上海爲平壤此則環抱皆山也粵東海口在其西南相距二百六十四里有輪船日日往來天時仍和暖衣夾衣持紙箑早晚稍涼換棉衣

二十九日午正開船

十二月初一日辰刻過潮州戌刻過厦門

初二日夜半過福州

初三日巳正過溫州

初四日寅刻過甯波申刻抵上海亦皆逆風而行波浪較地中海更大天氣日寒一日客皆在飯廳圍爐飲酒不復至船面行動及抵上海則朔風凜冽衣重裘矣計距香港三千一百三十九里自法國馬塞海口登船至上海止爲時四十六日共行三萬三千九百八十九里（內蘇爾士運河二百八十七里原爲陸道故仍以丈量計）船主指時辰表告圭曰上海酉初倫敦纔巳正耳

五洲地理志略三十六卷首一卷（卷首至卷一〇）

〔清〕王先謙撰

《五洲地理志略》三十六卷首一卷，清王先謙撰。先謙（一八四二—一九一七）字益吾，人稱葵園先生，湖南長沙人。同治四年（一八六五）進士。官至國子監祭酒、江蘇學政。此書介紹世界五大洲各國地理，以光緒二十九年（一九〇三）譯刊本英國雷文斯頓《萬國新地志》爲大字，凡其書未詳者，則博引世界地理、歷史圖籍爲之補注。注文含國名地名之異稱異譯、方位、歷史沿革、地方建制、風俗、氣候、地勢、水道、交通、都邑、物産、國際關係等，與中國有關者尤詳。凡所徵引，皆標明出處，而以徐繼畬《瀛環志略》爲多，間有王氏按語。又輯入何秋濤《朔方備乘》、繆祐孫《俄遊彙編》中有關中國北徼與俄羅斯地圖二十五幅，以明歷代北方幅員與清代西北、東北疆域之形勢。據中國國家圖書館藏清宣統二年（一九一〇）刻本影印。

五洲地理志略

宣統二年夏六月
湖南學務公所刊

序

五洲環列人蝨其中飲食衣服男女同也其異者亞洲喜土著而畏遠游惟無俚者不然歐人則行商徙居莫不意輕數萬里是故世無歐人必無美非澳三洲無三洲則地球不通故歐人者今世界之樞紐也亞洲禮義之邦中華最古數千年來聖君賢佐汲汲孜孜惟以養民爲務至於　本朝統一胡漢先衣裳而後兵革遏寇虐而亟安懷上下一體中外一視歐人則所趨在利所尚在氣奪人地夷人國以殖吾民而彼民之生計有無弗問也明明滅人國美其名曰保護但蘄我武之揚雖窮兵如拿破侖伏尸百萬流血千里而民無怨毒其上之心其異趣也若此人之生也莫不願似續我人笑語我室而去不返顧視死如歸者豈天之降才固殊哉葢西人爲學以象數爲體工商爲用軍旅爲輔其於文字歷史

近之矣百家雜出各以術鳴而道之大原或未之知也見有君上也俄焉非其君上也見有子孫也俄焉若無子孫也倫紀之愛薄故鄉土之念輕仁讓之意微故爭競之情熾非詩書不能和柔其血氣非道德無以澡雪其性天此葢俟之千百年後者矣臣生五洲大通之世年力衰謝不能周歷山川開拓胸臆滋用爲媿汎覽諸志敘述歧分譯音互殊難可推究爰綜厥綱領彙爲一編欲以祛紐弄之迷惑資方隅之考求於所不知義從葢闕後之君子幸無執其方閭笑此穴見也宣統元年己酉孟夏臣王先謙謹撰

例略

中國地理載籍極博不煩覶縷茲編遠根漢志上溯禹貢主名近因明史兼包元世路制省綱先後依光緒會典道里遠近及附郭書法依　欽定明史地理沿革依一統志新改郡縣亦皆參列遞

來鐵道電綫敷設未周礦產殷闐采掘尙視爲末務海岸曲折軍港半領於外人爲國者所宜長慮矣其已見它志者因仍編載弗敢闕焉

外國地理考證之書日出不窮已蒐采者坿爲論說臚舉於左

内府圖
理藩院則例
南懷仁坤輿圖說
利瑪竇萬國圖
艾儒略職方外紀
英國蘭德士俄屬游記
莊廷旉地圖
圖理琛異域錄

林則徐譯俄羅斯國總記
方式濟龍沙紀略
西淸黑龍江外記

以上何秋濤引

泰西新史
西洋史要
大圓球圖
漢文圖
平方圖
俄羅斯史
佛蘭西志
英吉利志

以上杜宗預引

矢津昌永高等地理
野口保興中外大地志

以上王達引

伊東祐穀萬國年鑑
坂本健一地名人名辭典

以上曹典球引

五臺徐繼畬瀛環志略 道光二十八年刊 稱徐志
英國衣丁堡雷文斯頓萬國新地志 光緒二十九年刊 稱雷志
英國慕維廉地理全志 稱慕志

西士初通圖記茫昧徐氏本美國人雅裨理所論述輯爲志略一書同時作者莫能抗手斯舌人之力也迄今相距七十年大

勢遞有變遷而尋檢源流俱堪覆按雖有微纇無傷全體昔中國志地肇端班史五洲志地託始徐書先河之功實堪並美雷志綱領完密英倫尤詳凡志地後出爲主故進雷大字取徐作注孔門設科夏居游後愈見聖教之大不以爲嫌也綜此二書使方輿之顯晦名稱之沿革形勢之遷貿稽合前後一覽可悉元文閒從刪易要義不敢闕遺慕志文詞頗襲徐氏今人不甚重之而沿革時有可采地球之説諸書備矣無取複陳

五洲列國地圖 稱列國圖
輿地學會中外全圖 稱學會圖 光緒二十四年再版

初涉五洲究心羅刹取校二圖覺列國優於學會意頗右之考覽既竟知其無甚出入既以駢列特共明之向來說地諸家圖志不能兼備學者病焉今於志後坿圖一卷以便考覈作志時

據學會再版爲說後五版仍有訛誤斯撰箸之難也仍依再版繪圖庶志說不至無著並參列周世棠孫海環二十世紀中亞細亞瑞西二圖日本所刊朝鮮分圖曹典球用英文圖對勘英吉利分圖劉鉅校勘日本府縣圖用資參訂王達云近出世界新輿圖（宣統元年出版）略加繙閱印度阿富汗非洲界綫比它圖較新澳洲及南洋羣島有比它圖較詳者皆可採　大清一統圖亞洲圖並以湘水源出廣西平樂府似誤甘肅山水河源出固原此圖以爲源出涇州且青海與黃河通尤誤伊洛瓦里江源出西藏拉里城西北名薄藏布河胡惟德新譯西藏全圖即已如是此圖猶沿舊誤怒江源出布喀池宜改正松花江上源自新設撫松安圖二縣後有一段劃歸奉天界內亦未改繪先謙案論五洲地圖於今日猶是山林初啟之時自非博采新圖難期

美備曾欲將百科全書中英文地圖集人翻譯卒以費絀而止

它日幸有願力者成之

亞拉伯志　新志

土耳基志　新志

波斯志

緬甸志　英領緬甸志　新志

暹羅志

布哈爾志

西比利亞志　新志

俾路芝志

小亞細亞志

阿富汗志　新志

土耳基斯丹志

印度志　新志

開浦殖民地志　新志

阿達曼羣島志　新志

以上學部圖書館印本

日本樋田保熙世界地理志（光緒二十八年刊稱樋志）

番禺周起鳳萬國地理志（光緒二十八年刊稱周志）

以上並譯日本中村五六纂本

桐城吳啟孫世界地理學（光緒二十八年刊稱吳志）

出洋學生編萬國地志（光緒二十八年刊稱矢志）

以上並譯日本矢津昌永著本

山陰謝洪賚瀛寰全志（光緒二十九年刊稱謝志）

餘姚王亨統地理問答（光緒二十九年刊稱問答）

二譯相近

日本辻武雄五大洲志（光緒二十八年刊稱辻志）

日本吉田晉漢譯世界大地圖（光緒三十一年刊稱世界圖）

二譯相近

日本岸田吟香萬國輿地分圖

奉化周世棠等世界現勢圖（光緒三十一年刊稱現勢圖）

日本依田雄甫萬國形勢指掌圖（光緒三十年刊稱依圖）

湖北兩湖書院課程（稱課程）

仁和孫灝海國圖志徵實（光緒二十八年刊稱孫志）

上海許彬五洲圖考（光緒二十八年刊彬編美非澳三洲龔柴編歐洲徐勱編亞洲統稱許考）

松滋杜宗預瀛寰譯音異名記（光緒三十年刊稱異名記）

日本堀田璋左右外國地理講義光緒三十三年刊稱講義
英國馬禮遜外國史略稱馬略
英國麥丁力富歲計政要稱政要
謝衞樓萬國通鑑稱謝鑑
蔡鈞出洋瑣記稱蔡記
黎特鐵甲叢談稱黎叢
江甯龔柴彈丸小記稱彈丸小記
金匱鄒弢萬國風俗考稱鄒考
長沙王達中外地理教科書光緒三十二年刊稱王書
善化譚紹袞普通地理講義光緒三十四年刊稱譚義
長沙辜天祐韓遊日記光緒三十四年刊稱辜記
江陰繆祐孫俄遊彙編光緒十四年刊稱繆編

日本下村修介加藤稚雄西比利亞大地志稱西志
光澤何秋濤朔方備乘稱備乘
吳縣洪鈞元史譯文證補稱證補
新化鄒代鈞使西紀程稱紀程
上高黃楙材西輶日記稱黃記
黃楙材遊歷芻言
黃楙材印度劄記
無錫薛福成四國日記稱薛記
王韜重訂法國志略稱王志
十一國遊記
新大陸遊記
江甯李圭東行日記稱李記

元和顧厚焜美國地理兵要述略稱顧略
茂名陳蘭彬使美記略稱陳記
日本岡本監輔墨西哥記稱岡記
顧厚焜巴西政治考稱顧考
順德譚乾初古巴雜記稱譚記
無名氏秘魯形勢錄
英國艾約瑟冰洋事蹟述略稱艾略

右引用書目

釋洲雜采諸志故不出書名釋海同

亞細亞洲　北盡北冰海東盡太平洋南盡印度海西北以烏拉嶺烏拉河裏海高加索山近又以馬尼納河谷爲歐亞自然之界黑海地中海與歐洲爲界東南以巽他婆羅洲西里百諸島與大洋洲分界雷徐二志皆同

或以爲始於近來非也亞細亞或云安息聲轉也古安息國初居裏海東南臨阿母河後强大拓地至裏海西南抵波斯海灣鄰羅馬東界故當時羅馬人惟知安息不知極東更有秦漢遂相沿稱此洲爲安息安息亦稱阿薩古時希臘人呼阿息阿亞息細音尤相近收音之亞猶英吉利斯意大利亞之例耳或云亞細亞東方及太陽之義猶言東大陸日出處或云亞細亞東土耳其城名相沿被之全洲

歐羅巴洲　亞細亞極西北之一隅地形與海水相吞齧比亞細亞不過四分之一部落甚多大者十餘國中國所謂大西洋者皆此土人也北臨北冰洋南枕地中海黑海高加索山與非亞二洲分界西濱大西洋遙與北美洲相對東以烏拉嶺烏拉河裏海連合亞洲歐羅巴或云希臘人稱其國西地之名也其始不過一地

之稱後遂被之全洲或云古腓尼西人稱其國西諸國曰伊列比伊列比者曰沒又西之義也歐羅巴與伊列比西字音讀相近後人相仍轉變遂成今名

阿非利加洲　在亞細亞西南其東西南三面皆大海北面兩內海界隔紅海地中海僅一綫與亞細亞相連地得亞細亞之半天時炎酷人類混沌在諸洲中爲最劣阿非利加古迦太基國即今突尼斯地一小郡之名西紀前百四十六年漢景帝十一年羅馬滅迦太基收爲郡縣統名曰阿非利加省遂沿爲全洲之稱

亞美利加洲　在地球之西半與諸洲不相屬地分南北兩土中有細腰相連北岸抵北冰海西北一角與亞細亞東北一角相近中隔海港數十里東南與歐羅巴隔大西洋海遙對西面大洋海直抵亞細亞之東方見畔岸南界近南冰海兩土合計與亞細亞

衺延相埒歐人於前明中葉探得之亞美利加以人名爲洲名也當千四百九十二年明孝宗宏治五年哥倫布發見新地後有意大利人亞美利加者於千五百一年宏治十四年受葡萄牙政府之命往探南亞美利加海岸歸而著地勢風土記附以己名其書大行自是新大陸稱亞美利加地理家因自然地勢分爲南北二部巴拿馬地頸以北爲北亞美利加南爲南亞美利加自危地馬拉至巴拿馬一段長千二百英里或稱爲中央亞美利加

大洋洲　乃澳大利亞大陸及太平洋中無數大小島嶼相合而成又稱太平洋洲或呼海洋洲又稱澳洲亦稱阿西亞尼亞一作阿塞亞尼亞一作阿剏尼亞一作俄西亞尼嘎或作俄西洋尼又作亞欣尼亞皆一音之轉譯即大洋洲之意

釋海

土之外皆海也一水汪洋誰爲界畫就各土審曲面勢强分爲五曰太平洋海曰大西洋海曰印度海曰北冰海曰南冰海徐志作海今皆稱洋

太平洋海由亞洲之東抵南北美洲之西徐志云即中國之東洋大海西人因其風浪恬平謂之太平海今皆稱太平洋矣洋面廣闊以此爲最盖環繞地球之半

大西洋海由歐非二洲之西至南北美洲之東遠者萬餘里近者不足萬里

雷又云大西洋界於新舊二世界之間爲海底高源分爲東西兩半火成島如阿科斯聖保爾阿升純剔離斯坦帶鐙哈皆起於此高原之上大西洋連地中海及他內海計算面積三千四百三十萬一千四百英方里極深之處爲四千五百六十一尋按英六尺爲一尋在佛爾勒羣島之北世名之萬國深泉大西洋諸泉流始皆由風而生貿易風自東北及東南吹至赤道遂生北赤

道流與南赤道流偏轉至新世界即美洲之海岸後分爲數派一派折回至畿內亞灣即名畿內亞流一派沿巴西海岸而南一派入加釐賓海及墨西哥灣於此遂生灣流以灣流之暖水能使西歐洲有温和氣候不至困於冰山有寒流出拔芬灣南流沿北美洲之海岸又有寒流從南冰洋而來沿南美洲之東岸非洲之西岸遂調和而生相配較低之熱度

大西洋諸島

雷又云冰島丹屬面積四萬四百五千八英方里人口七萬九百二十七一千八百九十年島內多高原上有冰石結成之山名逐喀爾斯有火山二十九座最高之峯曰亞累富逐喀爾六千四百三十英尺樹木稀少能居人民之處不過一萬六千二百英方里而已氣候較温和平匀在累加維克熱度中數三十八度二月

二十七度七月五十四度雨雪三英寸人多牧羊捕魚爲業出
口貨以乾魚羊毛鯨油牛油海鴨絨小馬等爲大宗會城即累
加維克居民二千五百人曹典球譯野口保興內外地志云冰島即挨斯蘭島爲歐洲第二大島位北緯六十三度二十三分至六十六度三十三分西經十三度二十二分至二十四度十五分面積十萬四千七百方粁海岸西北及東部甚屈曲內部爲火山質臺地高達六百米突冰田最大者爲瓦特納一約庫爾大七千七百七十方粁温泉到處皆是河流雖多然能航行者甚少湖沼亦多氣候在南部似蘇格蘭之北部北部則乾燥而寒冷格林蘭之流水有時或來或否氣温因以升降天產甚少有伊德爾鮭鱒礦硫黃等此島於西紀八百年爲愛爾蘭及蘇格蘭人所發見迄八百二十四年爲那威人殖民地千二百六十二年至六十四年屬那威千三百八十八年屬丹麥千八百七十四年值此島發見千年紀念之日乃隸於特別憲法之下居民惟在四萬二千六十八方粁之地總計不滿八萬首府雷克雅未克先謙按學會列國二圖同亦見丹麥

雷又云般摩特斯英屬此珊瑚羣島在北大西洋面積十九英方
里人口一萬六千九十八內有六千一百八十四爲白人入口

貨每年值三十一萬一千磅出口貨每年值十一萬六千八百
磅出口貨以葱頭芋薯爲大宗消於美國及坎拿大等處入口
商船噸數英人居百分之八十八曹云學會圖作百爾慕他野志云百爾慕他諸島爲三百珊瑚礁所成面積五十方粁居民不滿一萬八千氣候温和最宜冬季以在紐芬蘭西印度合衆國東海岸中間故爲兵事上之要地有知事管理千九百三年貿易輸入五十四萬磅弱輸出十三萬五千餘磅强海底電綫通於哈勒法斯買加等地首邑哈毋爾敦人口二千二百四十六先謙按列國同亦見北美洲

雷又云阿科斯乃火山所成之羣島在北大西洋內多山嶺最
高之畢科峯七千七百十英尺面積九百二十二英方里人口
二十五萬五千五百十一大半皆葡人多崇奉天主教出口貨
以橙酒五穀爲大宗阿科斯羣島幾全爲葡國之屬會城磅太
特爾加多在聖密加爾島居民萬七千人曹云學會圖作阿索勒斯野志云阿索勒斯諸島距蒲國海岸千四百粁距馬克勒浦岬[illegible]千五百五十粁爲三羣九島所成北西羣有科爾福島佛羅勒斯島中羣有特爾塞拉島薩吉爾吉島案學會圖禾轉北鷗不科島格拉肖薩島法雅爾島東南羣有三大馬利亞島森米圭爾島地積合計二千三百八十八方粁土地火山質最高處有海面上二千三百二十米突氣温年平均十七八度降雨甚多宜葡萄柑類人口二十五萬六千餘居民多葡人外有摩爾人黑色人等行政直隸葡國分爲三區首邑安格拉在特爾塞拉島商業主要地逄大得爾加達在森米圭爾島先謙案列國同亦見葡萄牙

雷又云美特拉葡屬此島亦火山所成中多山嶺最高者六千一
百英尺氣候均匀故可作避暑之所在芬揩耳熱度中數六十
六度正月六十一度八月七十三度雨水七十九日二十七英
寸雪惟山上有之面積三百十四英方里人口十三萬四千六
百二十三以葡人爲多進口船隻噸數英居百分之六十二入
口貨值十五萬六千磅出口貨糖酒值二十三萬磅與英國貿易
約居百分之五十二曹云學會圖作馬得拉島野志云馬得拉島合其屬島巴特散多等面積八百十五方粁人口十五萬餘氣温年平均十八度土地火山質適於栽培加非甘蔗居民多葡人間有摩爾人黑色人猶太人行政直隸葡國爲一區首邑芳柴爾人口近二萬先謙案列國同亦見葡萄牙

雷又云坎耐廉羣島亦火山所成近非洲之岸多山嶺在對尼
拉夫島之畢科對推山高萬二千百九十英尺在對尼拉夫熱
度中數七十一度正月六十四度八月七十八度雨水八英寸
面積二千八百二十英方里人口二十九萬千六百二十五入
口貨值六十萬二千磅出口貨值三十五萬四千磅以菜蔬芭
蕉呀嘛米爲大宗各島幾全爲西班牙之屬曹云學會圖作加那列斯羣島野志云加那列斯羣島距非洲岸凡百粁合七大島六小島而成排列二羣西羣有德內黎非島哥墨拉島巴爾麻島東羣有蘭塞羅德島非爾德賓多拉島案即在蘭塞羅德之西南格蘭喀拉里亞島地積七千二百七十三方粁各島皆火山質山岳甚多最高者曰對推山在德內黎非島案德內黎非島即雷之對尼拉夫高三千七百十五米突以富於風景植物著名地味均佳氣温炎熱降雨不足居民三十六萬人皆西班牙人與土人克安西相合而成者行政爲一州直隸西班牙產巴拉拉砂糖哥的尼爾馬鈴薯等首府三克魯士人口三萬八千四百十九外有拉斯巴爾馬斯人口四萬四千五百十七佛羅島即鐵島爲本初子午綫之地有名此島

距格林威池西經十七度三十九分四十六杪先謙案列國同亦見西班牙

佛狄角羣島見四十七章曹云學會圖作佛得角諸島又名開普威得又名綠岬諸島佛得譯義爲綠野志云佛得角諸島與佛得岬相對距離二百六十五籽合火山質之約哥島法哥島巴拿維斯大島尼俄老島安道島等十四島所成法哥島有活火山地積達三千八百二十二方籽地大乾燥居民凡十四萬七千餘人黑人近四萬九千白人不過四千全島屬葡管理派有知事千九百四年五年收入凡四十一萬美勒斯支出三十六萬美勒斯主產物爲加非蜜糖輸入不及百七十七萬美勒斯輸出凡二十八萬美勒斯巴脫普拉雅在約哥島爲此地首府巴脫格蘭得在維森特島乃屯煤之所先謙案列國同亦見非洲葡屬

雷又云聖保爾爲火山所成之小島多山巖近赤道之下無居民曹云英文圖在亞森森島之東學會圖無先謙案列國無

雷又云夫能杜對腦隆哈島多山巴西遷居罪人之地在赤道南三度五十分曹云矢津昌永南美洲高等地理云夫能杜對腦隆哈島距巴西東北海上三百四十英里行政屬伯爾能不各州現爲監禁罪囚之所學會圖無先謙案列國無

雷又云剔離尼旦巴西屬甚小其面積止二千二百英尺在赤道南三度三十一分無居民曹云英文原名與學會圖所載之特尼答英文原名相同詞典載特尼答島有二一在北緯十度三分至十度五十分西經六十度五十五分至六十二度屬英一在南緯二十度十五分西經二十九度三十分位南大西洋中爲英領一小島曾屬巴西西紀一千八百九十五年讓與英國雷云剔離尼旦在南緯三度三十一分徧考各英文圖止南緯二十度十五分有此島載屬巴西南緯三度三十一分不載其名存攷先謙案此雷志之誤列國同亦見西印度

雷又云阿升純英屬亦火山所成高二千七百四十英尺面積三十四英方里人口四百三十爲避暑添煤之所產鼈最著名曹云學會圖作亞森森野志云亞森森島千五百一年爲葡人所發見地積八十八方籽在森赫勒拿西北千百二十籽當非洲大陸椰子岬千六百籽爲火山巖所成最高處約八百六十米突氣候最佳產海龜兔山羊等居民凡四百五十人本島屬英國水師提督管理守兵置於東北岸之吉爾吉敦有屯煤場當南大西洋航行要區先謙案列國同亦見非洲英屬

雷又云三厄里那英國亦火山所成高二千七百英尺面積四十七英方里人口四千一百十六一千八百九十一年入口貨值三萬三千磅出口貨值九千九百八十磅曹云學會圖作森赫勒拿野志云森赫勒拿島千五百二年爲葡人所發見千六百五十一年歸英領距亞森森島千二百九十籽距非洲大陸千九百三十籽地積百二十二方籽沿岸險峻爲火山質的亞拉峯高八百二十三米突聳於中心谿谷頗肥沃氣候屬海洋性氣溫年平均十六度居民五千二百人屬知事所管轄千九百三年收入萬三千餘鎊支出二萬一千餘鎊貿易額合計七萬餘鎊電綫長百二十九籽電話七十一籽海底電綫通開普墩查母士敦在本島西北岸首邑也屯煤場在焉隆可多距查母士敦四千八百米突拿破侖一世居此著名先謙案列國同亦見非洲英屬

雷又云剔離斯坦帶鏗哈羣島英屬在南大西洋面積四十五英方里人口五十三曹云學會圖作提利斯當岡哈羣島野志云提利斯當岡哈在南緯三十七度六分西經十二度一分距好望角三千籽提利斯當岡哈之外有果島英阿克西普爾島來丁格爾島地積百十六方籽人口七十六產馬鈴薯魚類亦多諸島爲火山質屬英先謙案列國同

印度海北至亞洲東至澳洲西至非洲由適中之印度一土而南

望故西人以此稱之卽中國之南洋及所傳稱之小西洋

北冰海者亞歐美三土之北境環而拱之近岸千百里霜雪凝結堅冰不解海有大魚能吞舟

雷又云北冰洋儼如地中海蓋亦一通大洋之內海也惟其海底較淺耳艾略云光緒元年有英國官艦二涉險往冰洋溯前千五百八十年有英船二適俄國北冰海內探一通中國印度之路至彼見冰聚爲山峭立千仞冰塊百尺凝積過厚難施穿鑿故未能通至東洋迨千五百九十六年荷蘭國復有船適彼至嚴冬幸有一海島可容船停蟄耐冬不至損壞島名挪法鮮巴拉俟至冬盡設法由冰中脫出駕駛回國然其地九閱月爲一冬至冰消凍解時已中國端陽月矣伊等曾以木板排造爲屋日夜居處至二百七十八年卽中國同治間有挪威國船適其島見有古板屋在卽而視之知爲荷蘭人所搆屋也懸於壁者乃荷蘭國鐘鍋勺爐竈遺於牆下日用所需器皿俱備並有殺牲之刀盆等件蓋荷蘭人去時不能乘大舟惟駕小艇故將所用器具遺棄島中歷二百七十八載挪威人得之裝於巨艦帶出冰洋仍售與荷蘭大爵荷蘭人獲此古物於哈戈城博物院中依島中式造一板屋將各物遵循舊序列於屋中不忘前人冒險尋奇之功也後千六百七年有英國倫敦人呼得孫氏名恒利者曾適哥連蘭得海島卽綠地島也亦率十

二人駕舟北往至北緯八十度又二十三分之處即哥連蘭得島東北角也至是不能復行惟有撥櫂還歸歸時云通東洋之海路雖無得已獲一財源利藪見其地多海龍成羣而戲巨魚結隊而舞（此魚無名西人呼曰囘利即海魚凡語海魚者皆此）海龍爲蓋世奇珍漁油乃北戶所需貨艇往來增一裕國便民款項至今二百餘載獲利甚鉅囘利魚長六丈得油實多然從未越北緯八十度四十八分雖有人由北返戲言曰吾已造北極之巔其地無冰四時氣候溫和智者固知其爲欺人語決不信也而實有記錄之船亦僅至八十二度十六分千八百七十一年波拉里斯船即至是度數七十六年即光緒二年船行至八十二度二十七分狗拉冰車（云冰牀亦可）行至八十三度二十分再北冰塊壁立滑蓬蹶趨不敢復前矣○當中國乾隆時英國議政院議有定章有能乘船遠涉距赤道八十三度者餽履險創路銀三千兩以酬其勞倡首至八十五度者勞銀六千兩至八十九度者賠銀萬五千兩自懸賞後屢有人駕船適北美尋覓在船諸工嘗慣嚴冷之苦無衣不至號寒及英法有事雨雪載塗曠日持久英之所以終勝法者半緣弄船工人久涉冰洋能耐寒也是役後弄船工人俱擢升顯位可知國人履冰涉險非無益也況自有此舉格致學有助增人識見平千八百七十五年西五月念九日英倫二艘北行按出洋覓新疆之次第計之三十一次矣二船起行後遇颶風任船所之幸距哥連蘭得島西南角非遙二船至彼相豎整理復行遵海而北於大尼國埠頭停泊商藉大數頭備拉冰車之用大尼人許之載犬後艙更有伊昔吉莫旅中數人識犬性曉冰中馳驅之道同延入舟二船人心大慰毅然直

五洲地理志略　卷首　十四

往至去赤道七十七度區見大冰一具順流南下桅工視之懼甚急尋避所幸有海灣在側勢雖狹隘能容二舟急避獲免於此少憩見立於岸者有伊昔吉莫族之茅廬帳棚殆彼族人土恆莅此也至西歷八月六日二船復欲出海灣北行拋錨處冰結五尺多方穿鑿始脫去前進三里許有冰山一座衝天壁立寬約十丈長約二十丈出水面約四丈凝神睇視知直注我船來勢迅疾船工即理諸器停輪機活闢鍵（即輪船中螺旋轉處螺）將器物收安防意外變二船人俱橫絜持篙立船頭若迎敵狀瞬息之際漂泊而至較船幸少偏攏擠力小微一挨舟舟即止舟中人施其擣撥之能遂脫此險舟身稍損遞時復轉輪機向北日繼一日晝夜潮汐猶無變還每逢大汎中汎常汎水之或漲或落時冰裂有聲中分爲巨壑深谷船亦遵冰開之路迤邐北行一日至一海灣冰深不過六尺可以無懼惟朝暮鑿冰俾船身不聯爲一體如是三日北嚮僅六十里桅緣冰擊損壞大半惟尋風靜冰淺之所易備用之桅水夫登岸瞻驗地勢見玉立冰淸雪堆數處欲得野味悅口鎗擊香牛三昇歸縛於後桅二船人喜得肉食○西歷九月朔見冰離海濱數丈宛然一道巨河放輪前駛和風習習船行迅速北行至午後冰開河道亦隨而變易故轉輪向西行未幾冰闊之路直注西北船亦西北行由是一往直前至不能復前之地而後止此處之冰出水面二三四丈不等南風已息天氣寒甚舟子遂早設備見海濱一空隙料其水勢必淺即移舟南行入海灣正値行時見冰結海面迸裂凸出宛似山巖船即泊此耐守嚴冬以待春融統計百四十二日中人乘冰車出舟巡察分爲二路一北巡一西巡初人未履

慣此險心多恐懼雖無墜陷之虞倘多傾跌止於附近區巡閱迨步履既熟凍餒外無他慮遂將大尼國之狗數頭駕冰車伊昔吉莫族人爲僕御大眾蜂擁齊驅適彼朔方有高山阻路共尋路陟山以瞻望焉四圖冰雪嚮然浩無津涯極目北覘無數山頭環繞北海爲來年北行預計能及彼處方佳由寄迹處計之相距三百里此大眾出門所探路也九月二十五日將來歲可用之飲食半藏於約斯恆利海角內一船泊此海角一船北行防有不測北行船上諸人可望此船逃生同心顧向北行者二十五人水手官長共二十八人登彼舟逃邇北行冰上積雪輕浮眾人或推或挽於冰上雪中破路北行驗測寒暑表一日下降一日至十月十四日不能復前此處距赤道八十二度二十七分有人腳迹被冰凍壞者三二船相去已數十里矣仍駕冰車北行闢路水夫皆此足方舉彼足已陷冰雪擁至腰閒深約二尺半許十日內塗體冰雪中行英里僅三十許（約中國九十里）離赤道八十三度二十分至此無計可施復還本船時水澤腹堅祇在板屋苟延時日自十月十二日與日色一別難期復覩雖屢有黃昏之象餘輝亦漸次減少水手無聊於山澤間覓草木野花構爲茅廬作測暈星辰氣候之所積雪爲山矗立船傍居處賴以微暖由是日暗一日黃昏之象全無景色嚴寒幸有鐘表計時每日在船遵循規矩照常禮拜駕言出遊俱排列行伍舉步方行循途守轍冰面往來有狗熊至以兵器退卻恆見銀漢在天月印冰面光芒潔白心緒谿然諸人於平常午後（此地外礎）（見日色當午即以時爲白晝之十二點鐘後爲午時後也）或讀書或習算或講行船之理長幼尊卑不能過拘各逞技能吹彈謳歌歡心悅志按日輪流不

五洲地理志略　卷首　十五

踰章程十月至冬至月如是即中國之九月至十月也○赤道北之冬至日正太陽南過赤道二十三度二十八分候也其日爲北冰洋百四十二晝夜一永夜之正子時星光滿天雪色偏地以長盈寸之文字映雪隨星讀之目力克辨按鐘表而計當午時每有亮光呈露於南方地平面上惟至此時用目力於南方尋覓不見有光芒透露難測日行何處鐘表之有差無差矣船之東西南北以馬口鐵匣罐布置冰面恐離船遊行不識歸路果肉入腹其鐵罐鐵匣適甚爲此不費之惠每値月明星稀舟子甚覺歡娛一夜月明如晝統領出洋之官長出舟行四里許即回船事在冬月英俗救主降生日互相酬答饋贈船挂旗旛是日船上諸客取友人餽送物開盒爐陳玩物俱備鮮花交加玩賞慶賀測驗之家各有所司製房三座各操其業測電氣房測得十分一動測度數者仰觀天星雖寒甚房不能覆頂測潮水長落有器測光景增減有器以及測各等學問俱有器冬至後過冬之半亦即過長夜之半於是召工人率作與事冰車宜急告成水手每日工課亦有定時早六點鐘四十五分更夫叫號單長吹笛大眾聞聲急起整理懸牀盥濯櫛沐掃淨船板眾即席而食九點鐘須點名每名賜以所事管船官長艙內外依次偏察恐有不潔也十點時復齊集聽點凡出行冰面者尊卑悉飲酸果汁以防痛患於是圖聚拜主領首者展讀埊書領眾祈禱禱畢於船外工作一點鐘時復點名擦艙中地板撢拂棹椅用中飯飯後日由南方射出光芒可履冰面作冰上活計至五點鐘工止用晚飯後上晚學官長爲師九點鐘散官長親莅各處細心察驗十點鐘水手燈火熄十一點鐘官長燈火熄

如是者歷數月欲測寒暑有酒表人以海龍帽覆頂外紮布巾身著海龍長袿手套腳套俱數重韡底加厚以樹皮熬汁塗抹身體頻頻移動慮其凍僵惟鼻頰無物可覆屢以雙手捫之得保無虞偏覓野獸不見蹤迹雪面多見兔鼠足印卻未見兔鼠數日僅獲二隻後乃無一遇矣○次年即光緒二年西歷三月初二日晝十二點鐘紅日惠然肯來不數分頃即暮自我不見百四十二日矣與低斯哥縛利船睽違已逾半載冰面行車之能操練極熟餱糧器具久備聲發款乃步行彳亍離阿里爾得船向低斯哥縛利船日光照臨不久即逝大尼國充繙譯者身體凍傷數處同行者將伊送還本船嗣後竭蹶而行不數日冰車乃遞彼船之客可常來往伊等日駕冰車仍四外尋覓冰後尋得一島與哥連蘭得可通中隔海灣寬約數十里有大冰一具幾滿此數十里之峽其地呼此等冰曰佛路履此佛路冰即能達哥連蘭得惟於距兩濱不遠區有若許零星佛路冰車起伏難行西歷四月初三日備冰車七驅車者五十三人同行百二十里遂分二路一半西行一半北行每車七人服役冰車過厚下入雪內甚深早起行二時始停車食中飯至此不能如在船舒適乏酒禦寒每以茶代所食者豬肉火炙之饅首滾水烹茶煞費工夫寒暑表降於凍冰點下七十度辛苦可知七車外復有二扁舟為涉水作備推挽二舟再費一力尤甚一舟七夫不能移動必有二舟人合力拖行一舟再行一舟如是者二月至六月初八日有官長一踏雪而行通信於停船所歷十一時始至備述病狀且云多莫能興去人濟助方妙於是即先備狗車載藥餌速往且告以可放寬心濟助人接踵即至狗車果捷於車

人先至其所令病者一一服藥罔效者僅一人餘俱愈矣及助者至眾皆歡豫復挽冰車北行冰面積雪過數尺以鐵器闢路方可挪移挽二車之人力合挽一車挽過一輛再挽一輛車於冰面行一里人於冰面已行三里至北去赤道八十三度二十三分之區冰山壁立寸步難移遵道旋返其西行之冰車較北行者夫路遠以其傍海濱循行凡車中所載歸路之飲食隨時掩於地下故去時輕便迴亦迅速也低斯哥縛利船之四面亦曾有人尋察將地形繪圖其北去亦有佛西利[illegible]酌[illegible]鱗介珊瑚與絕佳之煤西歷七月二十日已為其地長晝之下午十點二其一日地之赤久有稍闢冰凍稍解船可南行船主人已將合船姓名勒於一石即立於石推下為後至之記誌鑿冰穿凌漸漸南向至八月十一日抵低斯哥縛利船所迴憶分離十二月矣於是並駕南行或日行十數里或日行數十里二船相對各嗟不識今歲旋歸否九月初九日船脫結冰所設遲數日其地水澤又及腹堅二船必於彼復歷一歲矣於是放輪南駛客船各檢點物件知移於石堆下者甚多友人書信託轉達者亦皆大半失去惟有候來日復往始可帶回及船至英界急由電報發信至各城各埠云此二船已歸合國聞者無不仰天祝謝全賴上帝默佑船中工人俱賜假一月回家休息仍與口分國人至船觀水車器具者絡繹不絕除禮拜日外無虛日其下者得獎上者加官

北冰洋通太平洋與大西洋有三口一為狹且淺之白令峽一為大闢峽一在那威與格林蘭之間灣流之暖水由此入極圈使那威海至那岱野隨力周年不冰暖流至西伯利亞岸力已薄弱使依岸斜轉遂沒入於相反之冷流此冷流過格林蘭及臘勃拉多之東岸挾大冰塊以入大西洋北冰洋所灌溉之地甚廣歐亞美三大陸合計五百七十七萬二千英方里大河流入北冰洋者為俄比河也尼塞河馬懇西河杜維納河北冰洋之島據現今所探得者共計百二十三萬三千英方里今敘其重要者如下

雷又云格林蘭丹屬面積八十三萬八千英方里內七十一萬七千英方里在北寒帶圈內中有高原其嶺積雪不散常有冰河流入於海可居人民之處止三萬四千英方里人口萬五百十六樹木惟短柳樺木極南之處間有球尼磻樹一種短樹其子之油可釀酒人民以漁獵為業出口貨為鯨油鱖肝油海狗皮會城為高大

勃曹云野志云格陵蘭為西紀千年時挨斯蘭漁者所發見名為幾地嗣後殖民不繁然無可攷至千七百二十三年丹麥人來住挨斯蘭人僅留遺跡又云地在北美東北積二百十七萬方籽為世界第一大島極南法勒威爾岬當北緯六十度極北之地不甚明確而東岸北緯八十三度以內經數次探檢港灣頗多為冰山流冰所閉塞航行甚難惟捕鯨船往來而已西岸達維斯峽學會圖[illegible]臨巴非英灣狹灣甚多結冰障害稍少歐人居北緯七十四度以內地攸斯幾摩人居北緯八十度以內地其內部若為臺地平均高度海拔六百五十米突沿岸山脈中北東部有高峰高四千五百米突氣溫甚低永世不滅之冰雪蔽地甚廣約當日本國之三倍白熊海獸海鳥並苔蘚類惟生於西南岸地內部生物極稀然冰雪中時發見喬木根幹又有若枝葉狀者然則太古時格陵蘭眞為綠地耶夏季沿海冰解之地狹而長面積九萬方籽居民萬一千九百人東岸約千人西岸約萬人又云攸斯幾摩人即英諾伊多人軀短肉肥頭大肢小性不知潔食料粗雜不畏飢渴身纏獸皮居帳幕及冰屋中以獵獸捕魚為業最長操舟此族原居美洲北帶地今漸衰息惟限於圖極之地矣又云屬丹麥分南北二管理區高大勃學會圖作郭得哈白及狄斯可為此地首邑裕利安斯哈白在南端居民約二千先謙案列國同亦見丹麥

雷又云美洲之北冰洋羣島面積五十萬二千四百四十英方里內四十一萬六千英方里在北寒帶圈內人口約最多一千

其餘在北極圈內之諸島均無居民

雷又云司丕士般勤面積二萬七千六十英方里爲多山之羣島惟其西岸周年可到地產馴鹿冰熊狐捕鯨捕海狗者常至此地惟無長居之民曹云坂本健一外國地名人名詞典云司丕土般勤在北緯七十八度三十分東經十五度爲那威北方北冰洋中羣島距那威四百英里爲冰所蓋海島白熊等棲息焉面積二萬千五百十方英里學會圖大地平方圖作新疋次爾根先謙案列國同

雷又云那坣野隨力一名牛蘭俄屬面積三萬五千英方里爲賽摩野種人捕魚之地自注按賽摩野種居歐亞極北之野蠻曹云詞典云那坣野隨力在北緯七十四度東經五十五度橫北極洋中爲狹而且長之二島在喀拉海與巴林得海之間屬俄羅斯住民甚稀沿海有漁業之利學會圖作諸氏則穆列先謙案列國同

雷又云法郎西約瑟蘭面積已探得者爲二千英方里地無居民人跡難到曹云詞典云法郎西約瑟蘭爲散布北冰洋中羣島之名爲西歷千八百七十三年及千八百七十四年時所發見

五洲地理志略　卷首　六

雷又云安逐羣島俄屬面積萬二千英方里在西伯利亞之北內有新西伯利地無居民曹云學會圖作西伯利亞羣島先謙案列國同

雷又云郎介蘭俄屬面積千八百英方里無居民曹云學會圖作威蘭喀拉島在西伯利亞之北先謙案列國同

南冰海在南極之下氣候與北冰海同

海岸內通者曰汊曰港長而曲者曰灣豁入既深自成爲海謂之支海亦曰內海也

勃海　在遼東山東兩半島以內

右太平洋支海

多島海　在諸敦塞爾特島東當新西伯利亞羣島之南亦謂之保耳灣其中小島甚多

白海　在喀甯可拉兩半島南或稱威得海面積四萬五千英方里海底雖深每歲十月至五月凍結惟見冰雪皚皚故呼白海此海惟依土味拿河端河窩瓦河間之運河以通於黑海及裏海

右北冰洋支海

地中海　在依伯利安半島東小亞細亞半島南古稱固列斯海譯卽大海之義東西長二千四百英里南北出入於八十英里至一千英里之間面積百萬方英里天下入地最深之水無如此海者故以地中爲名世界最大之內海也航行最便西人稱墨力特爾勒尼安海一作美的德拉虐海自蘇彝士河開通此海遂爲東西二洋共由之路於交通最爲重要且本洲治化皆始於此海之四周於歷史尤有絕大之關係也

波羅的海　或作保勒第海一稱東海一名洲中海亦名威廉喀

五洲地理志略　卷首　九

海拉丁語呼帶曰波羅地亞斯此海彎長似帶形故以爲名面積十八萬英方里海底最淺且變化不定每歲必測量標識以警航者冬期卽凍航路阻絕春秋又多煙霧且時起暴風天然障礙之多莫此海若也

須德海　北海南入北荷蘭東而有此名或作賽德或作隨達卽南海之意或稱哈爾林海其地初爲湖澤第三世紀末海嘯地坼平陸成海今灣口有小島排列斷續出沒於海面蓋沿岸高處之未崩者

右大西洋支海

亞得利亞海　在亞平甯半島東巴爾堪半島西或作阿地阿替海一作愛得力唵狄克海

愛琴海　在希臘東小亞細亞西一名多島海一稱希利尼海一

名伊直安海西史亦稱伊眞海

黑海　在愛琴海東北其形如蟹南則大腹蟠然北則兩螯聳峙古稱尢葛仁海或名肯喀若盈海土耳其人稱喀拉顚尼昔海譯卽黑色之義歐洲諸國稱布剌克海中國稱黑海東西約七百英里南北約四百英里面積約十六萬英方里往往驟起暴風又常濃霧迷漫航行最險

亞速海　黑海彎入克利米亞半島東得此名或作阿速夫一稱阿索富元時亞速國在其東因名古稱速噶忒海一名麻阿提斯湖海底甚淺冬常結冰

右地中海支海

亞美利加地中海　卽墨西哥海灣在佛羅里達于加敦兩半島西東西一千英里南北六百英里面積八十萬英方里此灣有著

名之暖流通過所謂墨西哥灣流也

加勒比海　在墨西哥灣東南或作安的爾海亦稱加力皮安海東西千八百英里南北一千英里海多暗礁時起颶風航行甚險

右北美洲支海

海之爲物與地終始部分滋夥主名遂殊

其在亞洲者

東海　在西朝鮮灣以南琉球臺灣以西環中國海岸如半規形日本謂之西海西人謂之東支那海

黃海　在山東半島南揚子江北中國朝鮮之間有此海名朝鮮以黃海名其道此海本包於東海內日本地理書自北緯二十四度至北緯六十度之海統稱東洋花彩內海

南海　在臺灣南印度半島東西人呼中國海或稱支那海多颶風

日本海　在日本國西或稱雅平斯闊業海

鄂霍次克海　在岡札德加及千島西日本呼北海或作歐候之克海一稱鄂和達海一稱大拉該海

堪察次克海　在岡札德加半島東亦稱岡札德加海其附近北美沿岸部稱膃虎海以其中多膃虎也

白令海　在亞美二洲之間或作白林嘎海亦作墨領海亦稱柏倫噶窩海

郭爾噶海　亦稱阿納底爾灣

瓜哇海　在瓜哇島北

西里百海　在西里百島北

蘇祿海　在蘇祿羣島北以在瑞多羅島南亦稱瑞多羅海

佛理嶼海　在佛羅理島北

巽他海　在巽他羣島北

的摩爾海　在的摩爾島南或作胎墨爾海

班達海　在安邦羣島南一作板大海一名摩鹿加海

亞拉佛拉海　在亞痕半島北或作阿爾富勒海

馬來海　在亞洲東南至澳洲西北馬來羣島部海之總名亦稱東印度多島海或以其界於亞澳兩大陸間謂之亞澳地中海

右太平洋隨地異名之海

孟加拉海　在印度孟加拉南多颶風

擺古海　在緬甸擺古南一作北古海或稱緬甸海

阿剌伯海　在印度阿剌伯之間多颶風

阿勒富海　在阿曼灣西北卽波斯灣漢甘英往通大秦抵條支

臨海欲渡卽此海

紅海　在亞丁灣西北長三千九百里寬處至四百五十里西人名勒爾西海

右印度洋隨地異名之海

喀拉海　在雅馬利半島西

諾敦塞爾特海　在台麥爾半島東諾登塞爾特爲瑞典博物家好航海探險常往來於北極洋此海爲所發見故以其名名之

多島海　在諾敦塞爾特島東當新西伯利亞羣島之南

其在歐洲者

不連敦海　在喀甯可拉兩半島北不連登或作巴黎士荷蘭人北極探險家

右北冰洋隨地異名之海

北海　在求德蘭半島西不列顛東一稱日爾曼海面積二十四萬四千英方里海底頗淺英與荷蘭間有無數灘瀨其淺尤甚又時有暴風雨航行亦最危險

阿爾蘭海　在不列顛島西阿爾蘭島東或作阿爾什海海底甚深雖便於航行而猛烈之暴風雨最多

右大西洋隨地異名之海

伊奧尼亞海　在亞得利亞海南伊奧尼亞羣島西或作約尼亞海

馬摩拉海　在黑海多島海之間或作馬爾馬拉卽文石之義海岸產文石甚多故有是名西史或稱珀羅滂鐵斯海

干地亞海　在干地亞島南

西西里海　在西西里島南

第勒尼安海　在意大利半島西南

撒丁海　在撒丁島西

加里舍海　在法蘭西哥爾塞牙島西

利高里設斯海　在意大利利高里亞南

右地中海隨地異名之海

其在澳洲者

科剌連海　在約克半島東或作哥拉勒海卽珊瑚海也澳大利亞之東北岸有約克半島而南岸皆斷崖絕壁其近海一帶有珊瑚堡礁斷續不絕約千二百英里謂之大巴利亞利礁或稱大牆礁最寬處約達一百英里航行最險然礁與海岸距離約自十英里至百五十英里其間波濤平靜航路又甚佳

哥羅海　在非纖羣島中哥羅島之旁

南海　澳大利亞灣之南有此稱

右大洋洲隨地異名之海

水之瀦者曰湖曰澤大者亦曰海

蒲昌海　見漢書卽今羅布淖爾一名泑澤一名鹽澤又名輔日海

卑禾羌海　見漢書卽今青海一名鮮水一名仙海蒙古稱庫庫諾爾

私渠北鞮海　見後漢書卽今貝加爾湖一稱拜喀勒湖或稱哈兒湖或稱柏海一稱白海一稱聖海一稱富海一稱幸海卽蘇武所遷之北海元劉好禮脫走之菊海

鹹海　在裏海之東西人稱阿拉尒海長約六百三十里寬約五百四里面積二十二萬百九十方里爲近數百年渟蓄而成古所

無也西域稱達里岡阿泊

死海　在土耳其西里亞境長四十五英里闊十二英里鹹湖也鹽分極强魚類不能生息其水面比地中海在千三百尺以下其北方有根內薩勒蛩海又名厄利勒在地中海水面六百八十尺以下

右亞洲

裏海　在波斯北卽古雷翥海突厥稱答剌汗海元史稱寬田吉思海或稱開斯濱海一作嘎斯卞海亦作加斯比約海或稱騰吉思湖一作騰吉思鄂模西人稱喀斯比安義謂亞歐兩地中間之海也南北約長千七百三十五里東西廣約七百八十里面積百三十一萬千六十方里據地質學家言古代裏海北至北冰洋西至黑海皆其海盤故地今默揑起河谷其遺迹也無潮汐漲落然

西部高加索山脈横貫伸入海底故暴風所激常有怒濤其水量北部最淺南部漸深至四千英尺

右跨亞歐二洲

五洲地理志略目録

英領桑給巴　英領東非洲　葡領東非洲　德領東非洲　英領梭曼利蘭　英領梭科脫剌　法領馬達葛士加島　法領哥摩羅羣島　英領毛里倜斯島　英領塞舌勒羣島　英領羅得給島　英領采哥羣島　英領喀格多斯島　英領亞密蘭羣島　英領愛耳打巴拉島　法領路尼恩島　法領聖保爾島　法領牛阿摩司叚德島　法領叚貴倫羣島　英領岌科侖尼　英領耐脫爾　英領若盧蘭　英領湯格蘭　英領巴什多蘭　英領彼春那蘭　英領湄推比里蘭與曼雙那蘭　英領中非洲　英領脫郎斯窩耳　奥淩資河領地

卷十九　美洲一

英領那佛司科西亞　依德華島　牛不倫瑞　牛芬蘭島　臘不拉多　貴北　安大利痾　馬宜多巴　哥倫比亞　諸屬地總名坎拿大

法領米貴倫與聖庇爾

卷二十上　美洲二上卷二二三總爲美利堅合衆國

緬國　牛罕什爾國　洼望國　麻薩朱色國　羅德島國　千納底克國　牛約克國　牛日西國　賓西洼尼國　特拉華國　馬理蘭國　哥倫比亞都城　勿吉尼國　北加羅里那國　南加羅里那國　喬治亞國　佛落里達國

卷二十下　美洲二下

地理兵要述略上

卷二十一上　美洲三上

西勿吉尼國　根特機國　倭海阿國　音的阿那國　伊里內國　密執安國　韋司康沁部　明耐梭塔部　羅華部　彌梭里國　北帶科大部　南帶科大部　尼勃拉斯加部　千塞司部　汀耐西國　阿拉巴馬國　密士失必國　魯西阿那國　得撒國　亞克拉呵馬部　阿干薩國　土人地　望大那部　外痾明部　可羅拉多部　新墨西哥屬地　阿利素那部　有大部　尼佛大部　依大和部　華盛頓部　痾里剛部　加利福尼部　阿拉斯喀

卷二十一下　美洲三下

地理兵要述略下

卷二十二　美洲四

墨西哥合衆國

瓜地馬拉國　薩馬多國　閧都拉斯國　尼加拉瓜國　哥斯德里加國　英屬閧都拉斯總爲中美洲　古巴島　般掩連科島以上美領

海地國　都民尼加國　巴哈馬國以上自主　阿德克司庫島　牙賣加島　坎曼司　里華羣島　文華羣島　剔離尼旦　多巴峨以上英屬　瓜達鹿比　馬的尼以上法屬　聖古盧斯與聖約翰丹屬　維尼若倫羣島與聖馬丁等荷屬總爲西印度羣島

卷二十三　美洲五

巴西國　瓜阿那英荷法分領　巴拉圭國　委內瑞拉國　哥侖比亞國巴拿馬附　厄瓜多國　秘魯國　玻利非亞國　智利國　亞爾然丁國巴他峩拿附　烏拉圭國　英領覆克蘭羣島　英領南喬治亞島總爲南美洲

卷二十四　歐洲一

俄羅斯國一

卷二十五　歐洲二

五洲地理志略一　　亞洲一

賜進士出身　特賞內閣學士銜前國子監祭酒翰林院編修加三級臣王先謙謹撰

大清國一統志云坤輿以中國爲主疆域之界畫山川之形勢人人知之不煩覶縷我　國家龍興艮維奠基遼瀋吉林一省東盡赫哲費雅諸國黑龍江一省北跨外興安嶺周回萬餘里皆古重譯不到之地至若旃裘毳幕北庭雪嶺天山蟠回西域襄平箕子之遺封烏斯吐蕃之舊部昔限異方今歸輿屬軺車往復纖悉無殊且又內府圖志攷據綦詳諸子百家論述尤夥非片言之所能盡亦非外史之所宜言其說題矣但今通志五洲中外自宜並載且礦產興盛路電交通皆前此所無不可無述故仍以中國居首依省敘列焉雷志無取

直隸省　禹貢冀兗二州漢志幽州部上谷漁陽右北平遼西勃海涿六郡廣陽一國冀州部魏鉅鹿常山清河四郡趙廣平正定信都中山河閒六國兗州部東郡

疆域　北跨長城以外承德朝陽二府西山西西南河南南山東東臨海東北盛京北與內蒙古各旗部相錯如朝陽錯在土默特開建昌錯在喀喇沁開赤峰錯在翁牛特開豐甯西北界察哈爾各旗是東西千二百二十八里南北千六百二十八里

面積合口外計之百十七萬九千九百九十四方里人二千九十三萬口現領府十二直隸州六廳四州十七縣百二十五

物產豆麥棉桃梨棗栗葡萄蘋果等及牛羊諸畜繭紬氈毯煤

地勢王書云西北多山陰山

南苑來之鳳河右合大清河水東與白河會此河元明以來塡淤衝決遷徙不常康雍時永定河隄成水患稍息然現時河底較平地猶高亦時聞決口之警又大清河總集七十二河之委匯入東西兩淀其大者一曰白溝河上流爲拒馬河右受北中二易水左分一支受琉璃河一曰雹河即南易水一曰唐河上流爲滱河下流有府河右納方順河左納徐河來會一曰沙河下流爲豬龍河有滋河自西南來會又滹沱河源出山西泰戲山西流折而南而東入邊右受治河又東分爲北中南三支復合而東流與滏陽河會滏陽河源出磁州東北流分一支名劉累河入大陸澤正支又東北流大陸澤合洺河沙河牛尾小馬諸河來會又北入甯晉縣東南界甯晉泊合泜沛槐洨諸河來會又東北至獻縣西北與滹沱河會滹沱既會滏陽河東北流曰子牙河至大津城北與白河會此河自藁城以下紛歧迭出現行之道則同治七年所改決光緒七年挽復子牙故道者也又運河在山東境名會通河至臨清州有衞河合漳河來會又北流入境至天津合白河東岸有數減河分途入海此河輸艦可通昔時漕舟至天津溯白河至通州以達京師故白河亦謂之北運河又境內諸水行於平原多便舟運惟冬季約三閱月結冰人馬皆往來冰上夏秋水漲又患遷徙多堤工　交通王書云航路自天津東南通之罘上海東北通營口東通朝鮮仁川及日本長崎如塘沽如秦皇島皆爲沿岸停泊之埠又鐵路已成者凡五一京津路

又自京師往各省之孔道一東出山海關達盛京綏中

一西出紫荊關達山西靈邱

一南涉平原達山東德州

北出古北口達熱河皆驛路也又電綫由京師西北通

庫倫南通濟南

西南通太原由天津東

北通奉天海綫則自大沽東通之罘

電話綫北京天津已設之近並增設無綫電　海岸講義云東北自山海關起與盛京接西南至老黃河口止與山東接延長凡八百五十里山海關西爲渝河入海口口之西爲淺角又西爲溪角有石崖在溪角上名青峰島又名秦皇島溪角與淺角相距約二十五六里其閒爲沙澳水深廣便於停泊雖隆冬不冰溪角之西有小溪入海口自此迺西南有洋河口上通撫甯者有蒲河口上通昌黎者有灤河口上通盧龍灤州者惟灤河口稍深閘可泊巨艦其西則爲青河口青河寶小溪也直隸灣者爲渤海內二大海灣之一口門東向灣之西北爲大沽口滹沱河漳河衞河白羊旋各水桑乾河自河諸大水會流入海之口也黃河以北長城以南以此爲最大海口口內白六七十里爲天津府其地爲眾水合流處南北運河亦經此故爲衝要繁盛之區大沽口外有淺沙橫亘白西北南東南長約八九里火輪巨艦非藉高潮之力不能渡過大清口北爲北塘河口河上通遵化薊州世所謂薊運河者口外多淺灘大沽北塘之閒爲廣大泥灘北塘之東北有陵河口河上通豐潤西人名曰蠡河口之西有澗河林西人名爲蠡口林

陵河口之東有素河口河上通開平西人名爲海崖溪又曰海若子素河口之東有長閘口海曲也西人名爲蠶沙口又東則青河口與遼東灣西岸接自陵河以東地皆荒蕪寒瘠傍岸均淺灘輪船亦不能近岸青河口之西南長閘口之南偏東有小島曰沙嘼汀島双雒齡嫘鰡居沙灘之外界島北無外道可行島南爲峭岸島西盡處有停泊善處若遇東北風泊此最佳此直隸灣之北岸也自大沽口而南至岐口其地灣而淺距岸二十餘里皆淺沙岐口上承運河通滄州南皮口內水味仍鹹蓋無長源流水以刷海潮耳岐口之南偏東爲老黃河口上通鹽山慶雲海豐各縣直隸山東交界處也西人名爲大山河瀨海一帶常有蜃氣成倒影樓臺

順天府 明洪武元年改元大都路爲北平府永樂元年升北京改順天府國朝因建爲京師府尹治之漢志廣陽國勃海漁陽上谷右北平涿五郡地

領州五縣十九

大興 明縣因倚治府東偏漢薊縣

宛平 明縣因倚治府西偏漢陰鄉縣

良鄉 明縣因府西南七十里漢廣陽縣陽鄉侯國

固安 明縣因府南百二十里駐永定河道漢方城縣臨鄉侯國

永清 明縣因府南百四十里漢益昌縣地

東安 明縣因府東南百四十里漢安次縣

香河 明縣因府東南百二十里漢雍奴縣地

通州 明領縣來屬國朝無府東四十里駐通永道近築鐵道至京漢路縣

三河 明縣屬通國朝來屬府東百十里

武清 明縣屬通國朝來屬府東南百二十里漢雍奴泉州二縣

寶坻 明縣屬通國朝來屬府東少南百八十里漢泉州雍奴二縣地

甯河 明梁城千戶所國朝升縣府東南三百里漢雍奴縣地

昌平州 明領縣來屬國朝無府北九十里駐分巡霸昌道府北少西七十五里有三溝嶺煤鑛有居庸關漢軍都昌平二縣

順義 明縣屬昌平國朝來屬府東北六十里漢狐奴安樂二縣

密雲 明縣屬昌平國朝來屬府東北百三十里駐直隸提督密雲副都統有西屏山煤鑛東北有古北口漢漁陽郡治漁陽縣及獷平厗奚二縣

懷柔 明縣屬昌平國朝來屬府東北百里漢漁陽縣地

涿州 明領縣來屬國朝無府西南百四十里古涿鹿黃帝都漢涿郡治涿縣及西鄉侯國

房山 明縣屬涿國朝來屬府西南九十里有松林山煤鑛漢良鄉縣

霸州 明領縣來屬國朝無府南百八十里漢益昌縣

文安 明縣屬霸國朝來屬府南二百四十里漢縣

大城 明縣屬霸國朝來屬府南少東百九十里漢東平舒縣

保定 明縣屬霸國朝來屬府南二百里漢易州地

薊州 明領縣來屬國朝無府東百八十里漢無終縣

平谷 明縣屬薊國朝來屬府東北百八十里漢縣

遵化直隸州 明縣屬薊國朝升直隸州有銀銅煤各鑛漢徐無俊靡二縣

東北距京師三百里領縣二

玉田 明縣屬薊國朝來屬州東北七十里漢無終縣地

豐潤 明縣屬薊國朝來屬州西北七十里縣東南開平煤鑛最有名鑛夫約萬人西人測其鑛脈爲數十二厚者至二百尺脈之長約六十里現採者五六脈歲

至二百五十萬噸西南有唐山機器製造局專造汽車工匠千餘人漢土垠縣

保定府 明洪武元年改元保定路爲府國朝因省會駐直隸總督節鉞今駐天津移布政司提法司交涉司分巡清河道漢志中山國鉅鹿信都涿三郡地

東北距京師三百五十里領州二縣十四

清苑 明縣因倚漢樊輿廣望二侯國

滿城 明縣因府西北四十里漢北平縣

安肅 明縣因府北少東五十里漢北新城縣

定興 明縣因府北少東百二十里漢范陽縣

新城 明縣因府東北百五十里

唐 明縣因府西少南百二十里漢縣

博野 明縣因府南九十里漢蠡吾縣

望都 明慶都國朝乾隆十一年改府西南九十里漢縣

容城 明縣因府東北九十里漢縣

完 明縣因府西七十里漢曲逆縣

蠡 明縣因府南少東九十里漢陸城縣

雄 明縣因府東北百二十里漢易縣

祁州 明領縣來屬國朝無府南少西百二十里漢安國縣

東鹿 明縣屬祁國朝來屬府南少西二百五十五里漢鄚貰安定三縣樂信西梁二侯國濁漳水注禹貢衡漳水自冀州來逕西梁今縣南下入衡水自衡水來逕鄚縣今縣東下入深州

安州 明領縣來屬國朝無府東少北六十里漢高陽縣地

高陽 明縣屬安國朝來屬府東南六十里漢縣

易州直隸州 明領縣屬保定國朝升直隸州駐泰甯鎮總兵州西有紫荊關即太行蒲陰陘漢故安縣

東北距京師二百二十里領縣二

淶水 明縣因州東北四十里漢遒縣

廣昌 明縣屬山西蔚州國朝來屬州西百八十里在邊牆外縣南七十里有倒馬關縣北有飛狐口漢縣

承德府 明興州衛廢入朵顏衛復併於察哈爾國朝來歸康熙四十二年建避暑山莊於熱河歲巡幸焉雍正元年設熱河廳十一年設承德州乾隆七年罷州仍廳四十二年爲今府駐熱河都統分巡口外熱河兵備道本匈奴左地漢武時爲塞地後入烏桓在漁陽郡邊外

西南距京師四百二十里領廳一州一縣四

圍場廳 府西北三百二十里

灤平 以喀喇河屯廳地置府西南四十里當宜孫河南入灤河處之南岸

平泉州 以八溝廳南境地置府東北八十里

豐甯 以四旗廳地置府二百四十里灤河東岸縣境牛圈子溝有銀鑛鉛鑛爲法人某所發見

赤峯 以八溝廳北境地置府東北五百四十里英金河南岸有紅花溝金鑛

隆化 新設以張三營子地方增置在府北

朝陽府 光緒三十[redacted]年因開墾地方成熟者多以塔子溝廳東境地所置朝陽縣改府大凌河北岸

西南距京師千六百里領縣三

建昌 以塔子溝廳西境地置故屬承德府新改屬府西南二百六十里大凌河上游

建平 以新邱地方增置在府北

阜新 以鄂爾土板地方增置在府東北

永平府明洪武二年改元永平路爲平灤府四年更名 國朝因駐馬蘭鎮總兵山海關副都統漢志遼西右北平二郡地**西距京師五百五十里領州一縣六**

盧龍明縣因倚漢肥如縣**遷安**明縣因府西北四十里有夾壁山鐵煤鑛縣西北有喜峰口漢令支縣**撫寧**明縣因府東七十五里漢陽樂縣

昌黎明縣因府東南七十里漢絫縣漢志驪成云大[illegible]揭石山在縣西南絫縣云有揭石水揭當作碣說文碣下云特立之石東海有碣石山地說家失驪成所在武紀文穎注碣石在絫縣續漢魏隋志皆從之輿地廣記云石城故驪成唐志寰宇記皆云石城縣有碣石山驪成約在今撫寧絫縣在今昌黎今昌黎東南有石如甬道撫寧之西絕壁萬仞頂石爲天橋柱人罕能至與河水注合是碣石當以在今昌黎北及撫寧西南爲正

灤州明領縣來屬 國朝無府西南四十里漢海陽新安平昌城夕陽四縣

樂亭明縣屬灤 國朝來屬府南百二十里漢驪成縣**臨榆**明山海衞 國朝爲縣府東百七十里縣東有山海關古榆關也西北五十五里有秦皇島入海一里四面皆水冬月不凍便於泊舟光緒二十五年開爲通商埠出入口貨歲値銀四百五十萬兩漢陽樂海陽二縣地

河間府明洪武元年改元河間路爲府 國朝因漢志河間國涿勃海平原三郡地**北距京師四百十里領州一縣十**

河間明縣因倚漢武垣州鄉東州三縣**獻**明縣因府南六十里漢河間國

治樂成縣及中水阿武二縣濁漳水注禹貢衡漳自阜城來逕樂成今縣東南下入交河

阜城明縣因府南百四十里漢阜成蒲領弓高三縣濁漳水注禹貢衡漳自武邑來逕弓高今縣東南又逕阜城今縣東下入獻縣

肅寧明縣因府西四十里漢武垣縣地

任邱明縣因府北七十里漢鄚阿陵二縣

交河明縣因府東南百十里漢建城成平景城三縣漢志成平下云虖池河民[illegible]曰徒駭河許商曰徒駭在成平今縣東王鳴盛云以許說推之太史馬頰覆釜三河當在成平之南東光之北簡潔鉤般三河當在東光之南鬲縣之北濁漳水注禹貢衡漳自阜城東逕建成今縣東又逕成平今縣東北下入南皮

寧津明縣因府東南二百三十一里漢東光縣胡蘇亭及重平臨樂二縣

景州明領縣來屬 國朝無府東南百九十里漢脩脩市龍領三縣河水注禹貢河水王莽河故瀆自德州來逕脩縣今州南下入吳橋

吳橋明縣屬景 國朝來屬府東南二百四十里漢安縣河水注禹貢河水王莽河故瀆自景州來逕安縣今縣西南下入東光

東光明縣屬景 國朝來屬府東南百六十里漢東光侯井二縣河水注禹貢河水王莽河故瀆自吳橋來逕東光今縣東北合漳水漢志東光云有胡蘇亭許商曰胡蘇在東光于欽齊乘以滄州大連淀當之案胡蘇及交河之徒駭山東德州之鬲津書所云又北播爲九河也河水注沇州九河既道謂徒駭太史馬頰覆釜胡蘇簡潔句盤鬲津也及齊桓霸世廣塞田居同爲一河濁漳水注云九河既播八枝代絕遺迹故稱往往時存故鬲般列於東北徒駭瀆聯漳降同逆之狀初分陂障之會猶在胡滑云以意度之徒駭大勢北行迤東八枝太史最北宜最短向南則漸加長鬲津最南最長首受大河當在南宮縣界先謙案所謂播者分殺大河水勢猶後世減河也北短南長今形勢猶然胡說甚塙惟九河在漢已云既滅難明所存故目三四當以漢人所指爲斷今輿圖載徒駭馬頰諸名未可依據也河水下入南皮

故城明縣屬景 國朝來屬府南二百八十里漢廣川縣地及鬲縣

天津府明永樂初置天津衞屬河間府 國朝雍正二年改州九年升府咸豐十年英法換約定爲通商埠鐵路四達商賈輻湊出口貨豆餅豆油棗皮毯草帽緶羊毛爲大宗入口貨洋藥絲布洋油糖銅海物爲大宗歲値銀九千餘萬兩駐直隸總督提學司長蘆鹽運司津海關道巡警道勸業道河間道天津鎮總兵通永鎮總兵府城當運河入白河之南庚子夷爲平地漢志漁陽勃海二郡地**北距京師二百五十里領州一縣六**

天津倚漢章武泉州二縣**靑**明縣屬河間 國朝來屬府西南百六十里漢參戶縣**靜海**明縣屬河間 國朝來屬府西南七十里漢章武東平二縣地

滄州明領縣屬河間 國朝無來屬府南少西百三十里漢浮陽參戶千童章武中邑五縣及高城縣地濁漳水注禹貢衡漳自南皮來逕浮陽今州東南又逕章武今州東北入海漢志信都云故章河故虖池皆在東北入海者也

南皮明縣屬滄 國朝來屬府西南二百五十里漢南皮高樂二縣河水注禹貢河水自東光來逕南皮今縣東班志勃海郡莽曰迎河郡南皮莽曰迎河亭逆河作迎河莽用今文也河水下入鹽山濁漳水注禹貢衡漳自交河來逕南皮下入滄州

鹽山明縣屬滄 國朝來屬府南二百六十里漢柳高城二縣河水注禹貢河水自南皮來逕縣入海書所云同爲逆河入於海也王鳴盛云漢志云河至章武入海章武屬勃海郡治浮陽即今滄州但九河故道在德棣滄景間此處已迫海口似無地可著逆河者溝洫志引王橫曰往者天嘗連雨東北風海水溢西南出寖數百里九[illegible]河之地已爲海所漸矣蓋海西南岸所漸者漢渠沃垣槐廣饒鉅定壽光平壽界今爲霑化利津蒲臺樂安壽光濰縣其所溢出南北殆三百餘里則古之逆河當北起天津靜海滄州鹽山海豐及霑化北界而止至其入海則禹河與漢河同也先謙案九河以散水勢大河即居其一八枝可塞徒駭獨存瀆連漳絳知爲正流近儒獻疑非也九河至章武即今滄州高城柳縣即今鹽山而南皮爲河所必經是莽名迎河不誤禹河與漢河正同王說允矣

慶雲明縣屬滄 國朝來屬府南少東三百二十里漢陽信縣地

正定府明洪武元年改元眞定路爲眞定府 國朝雍正初諱嫌名改正定駐正定鎮總兵漢志眞定中山二國常山鉅鹿二郡地**東北距京師六百十里領州一縣十三**

正定明眞定縣因倚漢縣及樂陽侯國**獲鹿**明縣因府西南六十里漢綿蔓石邑二縣**井陘**明縣因府西南百三十里縣東北有井陘關西南有上固關漢縣**元氏**明縣因府西南九十里漢縣**靈壽**明縣因府西北五十里漢縣禹貢衞水出東北良同村至曲陽入恆水**藁城**明縣因府東南六十里漢藁城肥纍九門三縣新市侯國濁漳水注禹貢絳水自南

宮與衡漳水分流其故瀆逕九門今縣西北下入南宮禹貢衡漳自新河來逕九門下入冀州

欒城明縣因府南六十里漢關縣

無極明縣因府東少北七十里漢毋極苦陘二縣

平山明縣因府西少北七十里漢蒲吾縣桑中侯國

阜平明縣因府西北二百十里縣西北有龍泉關漢靈壽南行唐二縣地

行唐明縣因府北七十里漢南行唐縣

晉州明領縣來屬　國朝無府東少南九十里漢下曲陽臨平安鄉三縣

新樂明縣屬定州　國朝來屬府東北九十里漢新市縣

贊皇明縣屬趙州　國朝來屬府西南百二十里漢房子縣地

冀州直隸州明州領縣屬眞定　國朝升直隸漢信都國治信都縣及扶柳昌城辟陽三縣地濁漳水注禹貢絳水故瀆自南宮來逕辟陽今州東南又逕信都今縣治下入棗强禹貢衡漳水自藁城來逕扶柳今州西南又逕昌城今州西北下入東鹿**東北距京師六百三十三里領縣五**

南宮明縣因州西南六十里漢南宮繚二縣濁漳水注禹貢衡漳故瀆自新河來逕南宮今縣西北有長蘆涇水之名絳水之稱今漳水既斷絳水非復纏絡矣又北絳瀆出焉今無水衡漳故瀆下仍入新河絳水故瀆下入藁城又自藁城來逕南宮城北又逕繚縣今縣東南下入冀州

新河明縣因州西少南六十里漢堂陽經縣濁漳水注禹貢衡漳故瀆自平鄉來逕經今縣西下入南宮又自南宮來逕堂陽爲長蘆水下入藁城

棗强明縣因州東少南二十五里漢縣及復陽高隄平隄廣川四縣濁漳水注禹貢絳水故瀆自冀州來逕廣川今縣東與張甲河左瀆見河水注合流歸海漢志信都云禹貢絳水亦入海者也

武邑明縣因州東北九十里漢縣及觀津東昌二縣濁漳水注禹貢衡漳自武强來逕武邑今縣治又逕東昌今縣東北合滹沱故瀆漢志沾云大要山清漳水所出東北至阜今本訛邑成入大河者也下入阜城

衡水明縣屬深州　國朝來屬州東北四十里漢桃縣地濁漳水注禹貢衡漳水自東鹿來逕桃縣今縣北下仍入東鹿

趙州直隸州明州領縣屬眞定　國朝升直隸州漢平棘封斯宋子三縣**東北距京師七百四十里領縣五**

柏鄉明縣因州南六十里漢柏鄉鄗二縣

隆平明縣因州南九十里漢廣阿象氏二縣

高邑明縣因州西南五十里漢房子縣

臨城明縣因州西南九十里漢房子縣地

甯晉明縣因州東南四十里漢楊氏廮陶二縣

深州直隸州明州領縣屬眞定　國朝升直隸漢下博樂鄉二縣濁漳水注禹貢衡漳水自東鹿來逕下博今州南又逕樂鄉今州東南下入武邑**東北距京師六百十二里領縣三**

武强明縣屬晉州　國朝來屬州東五十里漢武隧縣濁漳水注衡漳自深州來逕武隧在今縣東北下入武邑

饒陽明縣屬晉州　國朝來屬州東北六十里漢縣

安平明縣屬晉州　國朝來屬州北五十里漢縣及穀邱縣

定州直隸州明州領縣屬眞定　國朝升直隸漢中山國治盧奴縣及安險新處二縣**東北距京師五百里領縣二**

曲陽明縣因州西北六十里漢上曲陽縣漢志上曲陽云恆山北岳今本訛谷在北滱水注恆水出縣西滱水東南流過縣合恆水下入滹沱書所謂恆衛既從也胡渭云滱卽職方漚夷衛卽職方滹沱

深澤明縣屬祁州　國朝來屬州東南九十里漢深澤南深澤二縣

順德府明洪武元年改元順德路爲府　國朝因漢志鉅鹿常山二郡趙廣平二國地**東北距京師千里領縣九**

邢臺明縣因倚漢襄國縣

沙河明縣因府南三十五里漢襄國縣地

南和明縣因府東南四十里漢縣

平鄉明縣因府東八十里漢鉅鹿郡治鉅鹿縣及平鄉縣濁漳水注禹貢衡漳故瀆自曲周來逕鉅鹿今縣治下入新河漢志鉅鹿云禹貢大陸澤在北與山東任縣趙州隆平接界俗稱甯晉北泊古廣阿澤也

鉅鹿明縣因府東北百二十里漢南䜌縣

廣宗明縣因府東百二十里漢經縣

唐山明縣因府東北八十五里漢柏人縣柏鄉侯國

內邱明縣因府北六十里漢中邱縣

任明縣因府東北三十五里漢任張廣鄉三縣

廣平府明洪武元年改元廣平路爲府　國朝因漢志廣平趙二國及清河鉅鹿二郡地**東北距京師九百五十里領州一縣九**

永年明縣因倚縣西有臨洺關漢曲梁侯國廣年易陽二縣

曲周明縣因府東北四十里漢曲周斥章二縣濁漳水注漳水自肥鄉來逕斥章今縣東南曹魏鑿渠引漳水東入清洹以通河漕漳津故瀆水斷舊溪東北出尚書所謂覃懷底績至于衡漳者也衡橫也言漳水橫流也下入山東邱縣衡漳故瀆又自邱縣來逕曲周今縣東北下入平鄉

肥鄉明縣因府東南三十五里漢列人縣邯溝卽裴二侯國濁漳水注漳水自成安來逕卽裴今縣南又逕列人今縣東北下入曲周

雞澤明縣因府東北六十里漢廣平國治廣平縣

廣平明縣因府東南六十里漢魏縣地

邯鄲明縣因府西南五十里漢趙國都邯鄲縣及武始縣

成安明縣因府東六十里漢斥邱縣濁漳水注漳水自磁州來逕斥邱今縣東南下入肥鄉

威明縣因府東北百十里漢鉅鹿郡地

清河明縣因府東北百八十里漢清陽信成二縣

磁州明州屬河南彰德府　國朝來屬府西南百二十里漢武安縣地及梁期縣濁漳水注漳水自河南臨漳來逕梁期今州東下入成安

大名府明洪武元年改元大名路爲府　國朝因駐分巡大順廣兵備道大順廣鎮總兵漢志魏東陳留三郡地**東北距京師千百二十里領州一縣六**

大名明縣因倚治府西偏漢元城縣地及魏縣

元城明縣因倚治府東偏漢縣河水注禹貢河水王莽河故瀆自南樂來逕元城今縣東下入山東堂邑周定王時河徙不從此行故漢志鄴云故大河在北入海也河自滑濬內黃諸縣至清豐南樂元城南臨漳縣之南而出其東已在漳絳合流之後

絳降同字今古文兩作書所云北過降水也衡漳亦逕鉅鹿大陸澤在今平鄉書所云至於大陸也至者但遙過之

南樂 明縣因府東南五十里漢樂昌縣河水注禹貢河水王莽河故瀆自清豐來逕樂昌今縣西北下入元城

清豐 明縣因府南九十里漢頓丘陰安二縣河水注禹貢河水王莽河故瀆自河南內黃來逕陰安今縣北下入南樂

開州 明領縣來屬　國朝無府南百二十里漢東郡治濮陽縣

東明 明縣屬開　國朝來屬府南二百二十里漢離狐縣

長垣 明縣屬開　國朝來屬府西南二百五十里漢長垣平邱二縣長羅侯國濟水注北濟自河南祥符來逕平丘在今縣西南下入河南蘭儀

宣化府 明洪武二十八年改元順甯府爲宣府衛置總兵稱宣府鎮　國朝康熙二十二年改今府駐分巡口北兵備道宣化鎮總兵察哈爾都統副都統漢志上谷代二郡地 **東南距京師三百四十里領州三縣七**

宣化 明宣府衛　國朝爲縣倚漢廣甯且居甯茹四縣

赤城 明赤城堡　國朝爲縣府東北百七十里漢上谷郡地

萬全 明萬全衛　國朝爲縣府西北八十里漢甯縣地

龍門 明龍門衛　國朝爲縣府東少北百十里漢女祁縣

懷來 明懷來衛　國朝爲縣府東南百五十里漢上谷郡治沮陽縣

蔚州 明州屬山西大同府領縣　國朝來屬府西南二百三十里漢代國都代縣代郡治桑乾縣及東安陽當城雊瞀三縣

西甯 明順聖川

東西二城　國朝爲縣府西南二百里漢陽原縣及桑乾縣地

懷安 明懷安衛　國朝爲縣府西少南百二十里漢下落縣地

延慶州 明州因府東南二百里漢居庸夷輿二縣

保安州 明州因府南少東六十里漢下落涿鹿潘三縣

張家口廳 萬全縣東二十里雍正三年設廳十年與俄定恰克圖通商之約此爲陸路往來要道光緒二十八年中俄新約第六款張家口劃地五百萬方尺歸俄國專管爲租界出口貨磚茶爲大宗駝牛馬羊皮則來自蒙古羊毛尤爲大宗每歲約四十兆擔以外冬日未封河之前由張家口至天津之駝每日計一萬頭在京師西北四百二十里口西北二百三十里查喜爾圖插漢地有禮部牧廠東西四十六里南北六十五里明天成衛邊外地口東北百四十里喀喇尼墩井有太僕寺左翼牧廠東西百三十里南北五十里元爲雲州及興和路東境明宣德後爲宣府邊外口西北三百十里齊齊爾漢河有太僕寺右翼牧廠東西百五十里南北六十五里漢雁門郡彊陰縣地明爲大同府邊外口北百里控果羅鄂博岡有鑲黃等四旗牧廠東西百四十里南北百五十里唐新州地金撫州治柔遠縣元興和路明興和守禦千戶所後廢口西北二百里諾莫渾博羅山有正黃等四旗牧廠東西百三十里西北二百五十里金撫州集甯縣地元集甯路明天成衛邊外

獨石口廳 赤城縣東北百里雍正十二年設廳在京師北四百五十里口東北百四十五里博羅城有御馬廠隸上駟院東西百三十里南北百九十七里金桓州元開平府號上都明開平衛後廢

多倫諾爾廳 京師北七百四十里以上三廳隸口北道

盛京省 唐堯時靑州虞舜分營州漢志幽州部遼東郡

疆域　東南朝鮮東北吉林北科爾沁左翼中旗西直隸柳邊及長城西南臨渤海黃海東西五千一百餘里南北五千八百三十餘里面積三十五萬九千五百餘方里人約六百萬口戰國燕地秦置遼東遼西二郡漢武拓朝鮮地增置眞番臨屯元菟樂浪四郡昭帝時省眞番臨屯入元菟樂浪此爲遼東遼西元菟三郡地又東爲高句麗北爲夫餘挹婁諸國漢末爲公孫度所據魏克之置東夷校尉治襄平晉爲高句麗所略尋復之改遼東國慕容廆據之尋屬苻堅又屬後燕尋沒於高句麗魏及隋遼河以東屬高句麗遼河以西爲營州東界唐太宗征高麗置蓋遼巖三州後平高麗置都督府九又置安東都護以統之先天中封大氏爲渤海郡王後置五京十五府六十二州於黑水靺鞨之南及高麗舊境

遼初於遼陽故城建東平郡後升爲南京尋改東京又於東京西北置上中二京金仍建東京而以混同江以東爲上京江以西爲咸平路改遼中京爲北京元置東京總管府後改遼陽等處行中書省明洪武初置定遼都衛永樂中置安樂自在二州外衛百八十四所二十以山海關內隸之燕京　國朝　太祖皇帝建東京於遼陽十年自東京遷瀋陽後尊爲盛京甲午之役遼東半島割於日本自鴨綠江口西北至營口以南之地嗣以俄法德三國力阻公斷以三千萬兩贖之戊戌俄租旅大約期二十五年及與日戰敗旅大接租與日現領府八直隸廳五廳四州六縣三十三

氣候物產王書云寒暑均酷冬季二閱月地面全掩雪河水結冰深至數尺室內均設火坑以御寒遼東海岸又多溼風又境內富於山嶽東部松林最多鑛產金臨江之東北通化之東鳳凰廳之東北岫巖之西南皆已發見銀通化之東南鐵鳳凰廳之東北遼陽之東尤有名煤鐵嶺之南遼陽之北復州之南以及錦州府屬最富惜久封禁徒令外人開採農產豆麥高粱最著各色豆每年出口至六百餘萬兩豆餅至五百餘萬兩豆油至三十六十餘萬兩燒酎亦有名遼陽又有稻米

地勢王書云東西山岳

盤亘蓋自陰山而東分支迤於遼河南北在南者蟠亘於大凌河以西爲松嶺此山脈距海岸不遠處處爲溪壑之地以東爲醫巫閭其高度四千尺至五千尺名山也爲法庫山東盡於遼河西岸在北者爲盛京吉林之界爲薩哈亮山爲吉林哈達嶺爲戈爾敏朱墩嶺分爲二一東爲伊爾哈雅範山一西南迤於佟佳江渾河之間茂樹密林幕天翳日土人所謂納綠窩集也又西南爲摩天嶺爲千山奇峯聳峙峭壁嵯峨又西南爲遼東半島之脊盡於老鐵山其渾河以北之天柱山隆業山皆此分支也兩大山脈之間有狹而長之平原在焉郎遼河流域也高粱豆麥彌望數百里是爲盛京最要之地　水道王書云遼河有東西二源西源最遠上流稱西喇木倫河又名潢水東會老哈河至遼源州東南與東遼河會（遼河上游赫爾蘇河）又南左受招蘇大河（[illegible]）至通江口遼河舟楫之利通於此又南入柳邊土人名巨流河左受葉赫河鐵嶺河范河右受養息牧河柳河新開河鴿鷹河諸水又西南與小遼河會小遼河郎渾河源出戈爾敏朱墩嶺西流至遼陽州西與自東來之太子河會又西會遼河大小遼河既會西南曲折入海下流水勢尤急其速力一時間凡六海里故河口多擁泥沙潮汐高低之差平均約十六尺以其差之大巨艦常乘潮出入惟自十二月初至正月底河水結冰舟楫不通又鴨綠江郎古馬訾水源出長白山南麓西流右會佟佳江蒲石河靉河入海此河兩岸多山森林最富以木勢急常有木筏順流而下近口處江面頗狹水淺船舶乘潮汐可達安東　交通王書云航路自營口西南通天津南通之罘及朝鮮仁川自清泥窪南通之罘東南通仁川又鐵道屬我國者爲榆營路（自山海關東北經綏中甯遠高橋錦州溝邦子田莊台至營口其枝綫自高橋驛[illegible]）

屬日本者郎俄人所築東清鐵道之枝路（自吉林入境傍柳邊經開原鐵嶺奉天遼陽海城大石橋蓋平熊岳城金州大方身驛南關嶺至旅順[illegible]）其自奉天東南出高麗門渡鴨綠江至朝鮮義州（[illegible]）則前朝鮮入貢之孔道也此路多溪谷頗狹隘兩旁山嶽頗高又電綫由奉天西通天津（[illegible]）西南通旅順（營口金州）東南通鳳凰安東東北通吉林（鐵嶺）又電話綫奉天己設之　海岸講義云渤海內有二大海灣在北者曰遼東灣在南者曰直隸灣遼東灣口門西南向灣之東北爲遼河入海之口口內四十餘里有通商埠曰營口（[illegible]）自遼河口迤東而南至老鐵山背爲遼東灣東岸沿海山勢崇峭傍岸時見島嶼故多著名灣澳遼河口之東南有蓋州澳在蓋平縣之西蓋州河入海處也蓋州澳西南爲復州澳在復州之西南復州河入海處也復州澳口之南角郎長興島（[illegible]）之西角（[illegible]）長興島之南爲葫蘆山澳又東南爲董家口會灣北之佳港也會灣在金州之西遼東灣東岸最大灣也灣之中有羣小島東西互列分會灣爲二南曰金州澳北曰亞當司港金州澳之東與大連灣之西中間陸地僅五六里會灣之南郎老鐵山背也凡此數灣均便停泊而會灣內佳處尤多自遼河口迤西而南至直隸樂亭縣南之青河口爲遼東灣之西岸沿海鮮高峻之山多低平淺沙遼河口之西爲廣大平原有沙灘鋪入海中幾二十里其西爲大凌河口外亦淺沙綿亘與遼河口西之沙灘接大凌河爲醫無閭山南大水而口門無停泊處故無鎮埠大凌河口之西南爲錦州澳在錦州府南約七十里傍澳山勢環繞甚可避風惜澳內水淺不能容巨艦錦州澳之東南有桃花

島在寍遠海岸之東南約二十里島之[illegible]岸爲淤泥淺灘船不能近岸寄泊者多[illegible]花島之東南爲菊花島郎明末祖大壽[illegible]倫角海岸約七八里島西爲淺澳帆船[illegible]爲沙角沙角之北爲夾河入海處沙角[illegible]入海中幾三十里又西南爲山海關長[illegible]境矣又云黃海者在山東江蘇之東盛[illegible]爲朝鮮在本國者惟北岸與西岸北岸[illegible]海灣口門西南向西北岸多高山可避[illegible]朝鮮之界上通長白山西岸多森林前[illegible]三省鐵路之用入口江面頗狹水淺僅[illegible]有市埠曰大東溝近日中國允日美英[illegible]江口以西皆平岸百三十餘里爲大洋[illegible]南之水也口內四十里西岸有大孤山[illegible]麓有市鎮居民二三萬商業通朝鮮及[illegible]大宗亦牛莊之交也口內水淺僅能行[illegible]東西列東曰大鹿西曰小鹿大鹿島之[illegible]貨巨艦均泊大鹿山下以小艇轉運達[illegible]海皆山岸凡二百四五十里至營頭澳[illegible]稍著者大河口之西爲小洋河口又西[illegible]南爲狗兒河口（[illegible]）又西南爲[illegible]河口又西南爲大沙河口惟畢利之流[illegible]而畢利口之西南大沙口之東北有海[illegible]龍所據之皮島其上流爲小溪似郎清[illegible]

半規口門東南向惟嫌水淺耳甲午之[illegible]軍郎由貔子窩登岸大沙河口之西南[illegible]內多小島礁石澳上承水口曰五湖門[illegible]河口至營頭澳二百餘里海岸之南有[illegible]西南當狗兒河口外者爲波爾邪爾列[illegible]（[illegible]）大小約[illegible]海里在列島最南者名無產島山峯高[illegible]無產島之東約十二海里有小島曰將[illegible]最東波爾邪爾列島之南偏東約四十[illegible]五海里東西幾與相等由漸而峭島之[illegible]尺島南岸爲破碎峭石崖其北角有沙[illegible]島高三百五十尺家地詢東北約一海[illegible]穿透海洋島之東南約一海里有白西[illegible]列海洋島內羣巖叢複望之欲迷其西[illegible]灣環深入口門西向內泊巨艦甚安灣[illegible]水渼傍有小村皆中國人居之雞豚蔬[illegible]地牛羊運至島爲牧地據云此島屬朝[illegible]

[illegible]

鵜（[illegible]）海洋島之西北約十四海里有五馬島（一名[illegible]）島峯爲圓錐形高於海面六百尺五馬之北與東北相距約一二海里有四小石島皆低而峭五馬之西南約十三海里爲外長山羣島大小凡五島以長子島爲最大居羣島之極西南西距大連灣口約四十五六海里島有二峯高八百尺島東北與西均有澳水深闊底爲泥質均可停泊惟不能避風長子島之東約三海里爲大鶴子島大鶴子之東約一海里爲小鶴子島兩島大小略等均不過方二海里小鶴子居羣島之最東東距海洋島約十二海里大小鶴子二島間爲穩便水道小鶴子之西西有澳尤便停泊大鶴子之北約一海里爲搭連小島搭連之西約半海里爲多沙小島二小島居羣島之北東西列相距甚近二島間多石行不能通行惟搭連之南水深處可停泊以搭連能避北風也外長山羣島中居民稀少雞豚蔬菜之屬雖可得而不多惟溪谷中尚有淡水耳外長山羣島之西北爲裏長山羣島（[illegible]）西人名厄雷特羣島有名之島凡三外尚有數小島其最東爲八岔島在搭連島之北八九海里八岔之西有數小島小島之西爲大長山島於羣島中爲最大（[illegible]）毛文龍言從長山島可入復州即大長山也島之西南有深澳澳口多石大長山之西五六海里爲林島一名樹島言上有森林也林島西北二三海里有五石角爲高大之長石自東北而西南有零落相接如脈絡起伏然五石角之北有礒臺石（[illegible]）北偏東有雙山皆小島也此羣島東西亘海面凡十五海里惟八岔南便於停泊裏長山羣島之西偏南爲光祿島東西長五六海里其南角高九百尺東南距長子島凡十八海里島中多淡水有牧牛羊者毛文龍所

言之廣鹿島即此光祿之西岸可停泊島之南與東環小石島其東北有數小島略同礁石若斷若續勢與五石角接光祿之東爲淪泊島（一名[illegible]）小島也又東則爲營頭澳口南之尾角此皆黃海北岸傍近之羣島也尾角東北有三小島高約二百尺島之西南可停泊惟不能避東南風尾角之西南爲石角（或作標角）石角西爲川流澳（一名[illegible]）川流之西南爲溪澳（一作[illegible]）溪澳南嘴爲鮎魚尾鮎魚尾北對石嘴爲川流溪澳總口門中有驛馬山向東伸之黃嘴子分澳爲二北川流南溪澳溪澳較川流爲大澳內有避風停泊所鮎魚尾即大連灣口之北岸也大連灣爲遠東半島東岸第一大澳東西長八海里南北略等灣首分三小澳南曰得勝澳（一名[illegible]）西曰華船澳北曰手澳其北岸之南嘴成一口門西向之小澳曰阿丁澳（一名[illegible]）自此四澳均便停泊（[illegible]）其鮎魚尾西南相對之嘴爲口門南岸者曰大鵬嘴（一名[illegible]）西口門有數小島南北列北曰北三山中曰中三山南曰南三山毛文龍使曾有功駐三山島即此數島也中南兩島相距甚近中有低石頸相連自東西望之兩高峯並峙儼若二島其實一島也故又名兩三山島兩三山與大鵬嘴間爲南水道口門南向兩三山與北三山間爲中水道北三山與北岸間爲北水道兩口門均東向皆可通行惜南道最廣中道頗狹耳自大鵬嘴以西海岸曲折向西南有數低小島傍岸環島有石行又西爲千布力馬澳（[illegible]）澳口南向口外有島口內可停泊澳西爲帽島（[illegible]）高四百尺北距岸四五海里其北海岸皆峭壁石崖又西有石嘴南伸入海名小平島（[illegible]）小平東西一帶海岸皆低山多成小澳小平之東有五小島島與岸間可停泊又西則爲旅順口港（[illegible]）

黃海北岸一最要軍港也港口南向港門二山交抱如蟹之二螯西螯長而東螯短山內之澳亦然港口廣僅三百餘里澳內東西長凡三海里西澳約居四分之三（[illegible]）東澳僅得其一南北廣約三分海里之一船塢在東澳水深浪闊四山環繞爲能多泊兵船之佳埠

奉天府 明改元瀋陽路爲瀋陽衛　國朝天命十年自遼陽遷都於此後升盛京順治十五年設今府在渾河北岸東北以柳邊界海龍吉林二府東南界興京鳳凰二廳西北界昌圖新民錦州三府餘界海光緒二十九年中美新約十二款中國自開商埠府屬柴河堡平石門轉心湖牧養正八家子康家東溝齊寡婦溝上萬河雞爪山英窩牌樓屯舊金廠東金廠西金廠杜家堡有金鑛小柳家鄭家大溝有銅鑛關門山有鉛鑛關家屯有硝石鑛打虎莊大台山撫順千金寨牛心台本溪湖紅綾溝磨臍山黃堡尾明山茨兒山大榆溝紅窰溝張家溝大窰華嚴寺五湖觜炸子窰二十里廠有煤鑛駐奉天總督兼將軍民政司提法司交涉司度支司鹽運司勸業道盛京副都統漢世東南遼東元菟樂浪三郡及朝鮮地東北挹婁北扶餘南沃沮

西距京師千四百七十餘里領州二廳一縣八

承德 倚漢挹婁國地

撫順 興仁縣移改府東八里千金寨饒煤鑛現歸日人開採

遼陽州 明改元遼陽路爲定遼衛自在州亦治焉　國朝爲今州府南二百二十里近允開商埠小舟可達日俄遼陽之役俄兵死傷約三萬一千爲古今大戰場州東北八里有東京城　國朝天命十

年建名曰東京州東北五十里爲煙台地勢稍高鐵道著名之停車場也中日新約十六埠之一漢遼東郡襄平居就遼陽三縣

海城 明海州衛　國朝爲今縣府西南百二十里牛莊在縣西北四十里析木城在縣東南漢元菟郡地後改屬樂浪都尉

蓋平 明改元蓋州爲蓋州衛　國朝爲今縣府西南二百四十里縣西南蓋州河口有便利之埠貿易漸暢有製鹽場委官權稅漢西蓋馬縣

復州 明復州衛　國朝爲州府南四百二十里多石炭漢元菟郡地

金州廳 明金州衛　國朝爲廳府南六百里駐金州副都統東北有貔子窩滿潮之時海水直通市街貨物輻輳次於營口及大孤山之港也廳現在日本租界內原約金州城允設華官然現在副都統由盛京副都統兼攝同知亦無任可到漢元菟郡地及遼東安市縣

鐵嶺 明鐵嶺衛　國朝爲縣府東北百三十里中日新約十六埠之一昔時舟車會集貨物聚散甚盛今半爲通江口所奪漢挹婁國地

開原 明改元開元路爲三萬衛　國朝爲今縣府北二百里當哈達河與瞻河合爲葉赫河處縣東有威遠堡門通吉林之要衝也西有法庫門當南北之衝近允開爲通商埠漢夫餘國地漢高句驪故城在焉

本溪 新設府南七十里前遼陽州本溪湖地產煤

遼中 新設省西南二百里

法庫直隸廳 南距省百五十里即前法庫門地方當往來黑龍江衝要出口多豆油豆餅中日新約十六埠之一

莊河直隸廳 北距省五百八十里即前岫巖州屬莊河地方濱海要區鹿島亦在轄境石城島設巡檢一防蕎民句結

外匪

營口直隸廳 省西南三百四十里駐錦新營口道咸豐十年與英法立約定為各國通商埠在遼河左岸當奉天咽喉距海口四十里租界在東部曰東營子有各國領事署輪船鐵路所四達商業最盛惟冬季河冰貿易幾絕俗稱牛莊實非牛莊城所在之地人約二十萬口出口貨為豆類豆餅豆油毛皮人蔘等入口貨為棉織物鐵器砂糖石油等共值四十萬兩出入略同

錦州府 明政元錦州為廣寧中衛國朝為今府北以柳邊界直隸朝陽府西南以長城界直隸永平府東界新民奉天二府南界海在小凌河之北城外設壕以防溢水沿河築小隄巨賈甚多百貨輻輳府屬夾山有金鑛高力井北太平缸窯溝小窯大窯二佛廟秋皮港沙鍋屯黑魚溝白楊木溝頭道溝偏道子有煤鑛漢遼東遼西二郡地 東距省四百九十里領廳二州二縣三 錦 倚漢徒河縣 寧遠州 明寧遠衛國朝為州府西南百十里明時海運商船皆於此處登岸今頗寂寞漢徒河地 義州 明義州衛國朝為州府北少東九十里北臨大凌河四境多殖高粱故穀物之行商最多西北有九關台門為自義州達朝陽之孔道漢無慮地 廣寧 明廣寧衛國朝為縣府東北百六十里西北倚醫巫閭幽州鎮北有白土廠門清河門達蒙古之要道南境遼河西岸為田莊台水陸舟車會集之所人凡二萬五千口漢無慮望平險瀆房四縣北二百十里彰武臺邊門外有養息牧牧廠東西百五十里南北二百五十里遼金元懿州地

明廣寧後屯衛後廢乾隆中牧廠移大凌河 綏中 新設府西南百九十里卽前中後所地為山海關鐵道之停車場 錦西廳 新設府西三十里 盤山廳 新設距省五百里

新民府 新設東南界奉天府西界錦州府及直隸朝陽府北跨柳邊以外界蒙古東北界昌圖府 東距省百二十里 內蒙古貨物皆由此集散中日新約十六埠之一東有巨流河城明時為重地南為後寬泡子帆檣如鯽上下於遼河者率停泊於此 領縣二 鎮安 新設府西南百三十里卽小黑山站 彰武 新設府北百二十里彰武台門外養息牧地方

洮南府 雙流鎮光緒三十年因札薩克圖郡王旗荒地放墾而設四至未詳 西北距省五百六十里領縣五 靖安 府東北距省五百八十里卽白城子 開通 府東南距省四百八十里卽七井子 安廣 新設府東九十里 醴泉 新設府東北百八十里醴泉鎮 鎮東 新設府東又千挠地方

昌圖府 本蒙古地東界長春府東南與吉林府界柳邊南界奉天府西界新民府北界蒙古 西南距省二百四十里 一曰榆城府西遼河左岸為通江口多豆鹽輸運之船如鯽實東三省貨物聚散處也中日新約十六埠之一府東北八十里有八面城較昌圖府尤繁盛 領州一縣三 奉化 府東北百四十里一曰買賣街人二萬五

千口貨物多自吉江運來 懷德 府東北三百二十里一曰八家旗 康平 府西百二十里 遼源州 新設府北二百里駐洮昌兵備道 同江廳 卽分江口地方駐分防同知

興京府 北界海龍府東界吉林府南以鴨綠江界朝鮮西界奉天府及鳳凰廳廳屬五道溝瀑都泉大廟溝報馬川通大溝二道溝棹木火洛南夾河夾皮溝八寶溝木魯孟子有金鑛小廟溝大小東溝有銀鑛小不遠大不遠有銅鑛老營溝有鉛鑛羅圈溝大小東溝有鐵鑛半截河仙人溝紅旗桿溝六道溝三道溝四道溝三岔山五大河大梨樹溝蜂蜜溝董木匠溝高力溝搭連嶺子石門寨馬架子山大小東溝八寶溝上漏河有煤鑛 西距省四百八十里 府治所在南夾河北岸南卽新兵堡產木甚多皆由水道運至奉天西四十里河之南岸為故興京城古赫圖阿喇之地一曰老城為國朝太祖所建周三里餘駐副都統西北啟運山老松鬱鬱有永陵為肇興景顯四祖陵寢再西有薩爾滸城撫順城皆為古戰場 領縣四 通化 府東二百七十里佟佳江上游附近鑛山最富高粱豆類木材亦多貨物轉運俟冬季結冰時始能行之西北有朝陽鎮在柳河北岸東北經柳河達吉林有舟楫之便西南經舞鳳樓達興京人約萬口商業以穀類獸皮木材為主 懷仁 府東南百八十里佟佳江東岸近時新開一道南逾嶺至岔溝渡江至朝鮮楚山府 臨江 距省五百二十里在通化之東臨鴨綠江駐臨長海兵備道轄海龍全屬及臨江輯安通化三縣縣北帽兒山金鑛最富 輯安 新設距省

四百二十里在通化南

鳳凰直隸廳 明成化中築鳳凰城置兵戍守國朝為直隸廳西北界奉天府東北界興京東南界朝鮮南界海漢元菟郡地廳屬香爐溝弟兄山有金鑛園甸有銀鑛佛爺嶺銅鑛嶺有銅鑛大城蝸有鉛鑛石灰窯有鐵鑛浦石河五道河賽馬鷹嘴子大偏山小煤嶺西上坡有煤鑛 北距省四百八十里 廳治所跨金家河商業定期開市中日新約十六埠之一東北有賽馬集為一小都會 領州一縣二 安東 廳東南百五十里駐興鳳道縣南臨鴨綠江貿易木材為盛西南有大東溝光緒二十九年中美新約十二款中國自開商埠 寬甸 廳東少北二百八十里境內山峯聳立降雨時泥濘難行東有二龍渡南有長甸城皆為小都會 岫巖州 廳西百八十里州西南濱海有金鑛多玉石製作煙管食器等出售東南為大孤山帆檣林立人約三萬口多齊晉商人木材出口最盛大豆高粱及鹽魚次之其繁盛亞於營口且為防禦要地

長白府 畫臨江縣榮生堡以東三堡及長白山後吉林境地治十八九道溝之塔甸地方 領縣二 安圖 新設紅旗河西南岸 撫松 新設下兩江東岸之雙甸子

海龍府 新設東與北均界吉林南界興京廳西界奉天府在輝發河上游北岸府屬安子河有鐵鑛杉松遼河源小梨樹溝

呼蘭元雙橋子有煤鑛　西距省四百二十里領縣四　西安新設府北三百二十里東臨太平河　東平新設府西百七十里沙河上游　西豐新設府西百四十里哈達河北岸　柳河新設柳溝河東岸府西南七十里

輝南直隸廳海龍府東北九十里謝家店地方東北爲赴磐石衝衢西南爲赴柳河大路正東係蒙江要途西北通海龍府治

吉林省

疆域　西北以松花江界蒙古西界盛京東界俄領東海濱省南以長白山圖們江鴨綠江界朝鮮東界自咸豐十年北京條約定自烏蘇里江口而南以烏蘇里江松阿察河興凱湖白棱河及穆棱河東南之黃窩集山與大瑚布圖河長嶺界俄屬東海濱省東北以黑龍江界俄屬阿穆爾部東北以松花江界黑龍江省東西三千五百餘里南北千九百餘里面積百十二萬八千七百四方里人百二十萬口古肅愼氏地漢挹婁北朝勿吉隋靺鞨唐燕州尋爲渤海所據遼寧江州金肇州信州及率賓等路地元海蘭府明分設各衞所　國朝甯古塔城爲發祥之地設將軍鎮之咸豐八年愛琿城立約由額爾古納河循黑龍江至混同江口入海以江爲界江北歸俄中國失地最廣然在吉林省所失僅東北一隅

自十年定約後烏蘇里江以東以南之地又失數千里各海口俄得以屯練水師而吉省無復有江口入海爲我轄境者北則混同江濱之依蘭府南則圖們江東北境之延吉府皆爲重地防務最急現領府十一直隸州一直隸廳一廳四州二縣十九氣候王書云緯度與歐洲法蘭西意大利同而寒暖大異八月朗有大雪九月河冰十月地裂至開春凍始解然山間溪谷首夏猶存堅冰　物產王書云境內多未開墾農產惟松花江平原產粟麥南境樹木茂密晝猶暗夜巨木蔽地如老龍橫臥虎狼羆熊狐狸貂獺之屬棲息其問故古來民多務獸獵有打牲部落之稱又產人薓敦化縣有官設之人薓圖鑛產以金爲最如倭坑河上游舶北田太皮穡覷琿春河上游咯道三灩趙鐵溝綏芬河上游布爾哈圖河上游吉林之南各處金鑛最爲著名　地勢王書云南倚高山北臨大江中多荒蕪之地沿江一帶皆爲平原蓋自伊爾哈雅範山而東爲費德里山爲長白山其高峯達萬二千尺山巔一潭五峯環繞四周百泉奔注爲諸大水之源郎古不咸山也其自長白山北迤者爲黑山爲平頂山分二支西支西北迤爲你歹巒哈達山爲色齊窩集老幹百尺白晝爲昏爲張廣才嶺爲拉林山爲小白山巖岫巘巘冰雪至夏不消東支東北迤爲哈爾巴嶺爲老松嶺至綏芬河發源處分爲二一東迤於興凱湖之南東北盡於俄領之東海濱省一東北迤爲察庫蘭嶺爲哈達嶺爲阿爾哈山又分爲二一東爲那丹哈達

拉嶺一北爲鄂爾和拉山盡於完達山近江岸處巉巖危立兩大山脈皆爲老林松樹千里無際最茂密者爲長白山小白山一帶兩大山脈之間爲牡丹江流域未墾之地居多其西北境爲一大平原卽松花江流域也豆麥到處豐饒是爲吉林最要之地水道王書云松花江有兩大源東源古名混同江[illegible]西源古名松花江[illegible]皆出長白山合而北流上名松嘎里烏喇左受輝發河[illegible]右受拉法河又西北有伊通河[illegible]合伊勒門河[illegible]來會又西北左會嫩江折東流右受拉林河[illegible]阿什河斐克圖河瑪延河左受呼蘭河又東流右有牡丹江自南來會牡丹江有兩源西曰勒福善河東曰蘇蛙木克河合而東北流匯爲巨澤曰必爾滕湖[illegible]又北左受海蘭河漸入峽中兩岸荆榛殆無人迹至三姓南境右受烏斯渾河[illegible]北入松花江松花江既會牡丹江東北流右受倭坑河[illegible]曲曲東北流與黑龍江會其間兩岸多荒蕪之地黑龍江既會松花江東北流河中洲嶼甚多至哈巴羅南喀有烏蘇里江自南來會烏蘇里郎古胡里改江上源曰刀畢河源出昔霍塔山北流左有松阿察河自興凱湖來會[illegible]又北左受穆倫河諾羅河右受瓦喀河畢肯河諸水北分二派入江又圖們江源[illegible]出長白山東北流左有噶哈里河[illegible]合布爾哈圖河海蘭河來會又折東南流左受琿春河東南入海交通王書云鐵路屬俄者爲東清路之東段[illegible]屬日本者爲南滿路[illegible]中日合辦者爲吉長路[illegible]驛路自吉林西通盛京開原[illegible]北達齊齊哈爾[illegible]東南達琿春[illegible]又電綫由吉林東通海參崴[illegible]北通齊齊哈爾[illegible]西南通奉天[illegible]又

吉林府 北界長春府榆樹廳西界伊通州盛京海龍府南界盛京長白興京二府東界五常延吉二府駐吉林巡撫民政司度支司提學司提法司交涉司勸業道中日新約十六埠之一有順治十八年所建之船廠故此府又有船廠之名隔江南岸有機器局製造小銃彈藥北七十里有打牲烏拉城內務府所派之總管駐此掌採珠之事　西距京師二千三百里領州一縣五　**磐石**府西南四百里北倚庫勒嶺　**敦化**府東南五百里郎鄂多理城發祥世紀謂始祖居長白山東俄莫惠之野鄂多理城是也縣東南有金鑛　**樺甸**府東南三百三十里郎樺皮甸子地方爲頭二道江及古銅河大沙河流域　**舒蘭**新設府北舒蘭河站　**雙陽**新設郎雙陽河地方　**濛江州**府南五百四十里

伊通直隸州 在伊通河西岸北界長春府東界吉林府南界盛京海龍府西以柳邊界盛京昌圖府　東北距省二百八十里

長春府 南界吉林府北界新城府及榆樹廳西北界蒙古西南界盛京昌圖府在伊通河左岸俗名寬城子客商雲集東北有朱家城形勝地也駐西南路兵備道轄吉長二府伊通一州中日新約十六埠之一　東距省二百四十里領縣三　**農安**府北百四十里城南多沼澤雨時水深處可沒腰　**長嶺**府西北郎長嶺子地方爲長春洮南二府要道適中之地　**德惠**新設郎沐德懷惠兩鄉地方

新城府 東界榆樹廳南界長春府北界雙城府西北界蒙古郎伯都訥城[illegible]在松花江左岸南門外船舶輻輳　南距省四百八十里

榆樹直隸廳 故縣改升東界五常府南界吉林府西界新城府北界雙城府在吉林北柳邊特法哈門外郎前孤榆樹屯　南距省三百里

雙城府 故廳改升北界賓州府及黑龍江呼蘭府東南界五常府西南界榆樹廳西北界蒙古　南距省五百里在松花江平原之中東南有拉林城爲一大市場　領廳一　**濱江廳**府北九十里郎哈爾賓光緒二十二年中俄立約准東省鐵路公司建造鐵路在該地方畫定總車站地界郎俄人所建最大之新都會也據大平原之中心有鐵路郵電各局西方大街市地設有寺院學校病院南方大街又設公園北二十里松花江南岸又有一小都會以便水運駐有哥薩

克兵五十近尚極力經營人目爲俄羅斯東京駐西北路道轄新城雙城賓州五常四府榆樹一廳中日新約十六埠之一

賓州府 故直隸廳改升南界雙城五常二府北界黑龍江呼蘭府東界依蘭綏芬二府　西南距省六百三十里在松花江南爲山東工人麕集處　領縣二　**長壽**府東南螞蜒河左岸　**阿城**新設府西南百三十里郎阿勒楚喀城土名阿什河在阿勒楚喀河左岸產蚌珠有名典商首飾店最多[illegible]

五常府 故直隸廳改升西界榆樹廳及吉林府北界雙城賓州二府東界綏芬府東南界延吉府　西南距省三百六十里在拉林河上游東南蘭彩橋小都會也　領縣一　**額穆**府東南鄂穆赫索[illegible]站通吉林琿春甯古塔之要衝

依蘭府 西界賓州府南界綏芬府東界臨江蜜山二府北界黑龍江駐東北路兵備道轄依臨密三府舊名三姓城凡上下松花江之船皆以此爲發航地轄[illegible]中日新約十六埠之一　西南距省九百四十里領縣三　**方正**府西方正泡地方在松花江南岸　**樺川**府東南樺皮川地方　**勃利**新設郎古勃利州地

臨江府 故州改升郎拉哈蘇蘇東界俄屬東海濱省西北界黑龍江西界依蘭府南界蜜山府　西南距省千三百八十里在松花江右岸領州一縣一　**富錦**府西南　**綏遠**

州（府東烏蘇里江附近）

蜜山府（東南界俄屬東海濱省北界臨江府西界依蘭府在穆倫河南岸卽蜂蜜山地方）西南距省千四百里領縣一廳一　饒河（新設府東北饒河南）　虎林廳（新設在七虎林河之北呢瑪口地方此外尙有奏淮添設之寶清州臨湖縣未開設）

甯安府（故廳改升北界依蘭府西界賓州五常吉林三府南界延吉府東界俄屬東海濱省）西南距省六百三十五里（卽甯古塔城也其北六十里爲掖河一曰牡丹江當鐵道經過之地亦俄人經營之新市中日新約十六埠之一）領廳一縣一　東甯廳（在府東南綏芬河上游卽前廳治）　穆棱（府東北）

延吉府（故廳改升北界甯安府西北界五常府西界吉林府南界朝鮮咸鏡道北境東北界俄屬東海濱省）西北距省八百里（在海蘭河支流土門河北岸卽局子街地方日本人稱府境曰間島宣統元年七月圖們江中韓界務條款其第二款云開放龍井村局子街頭道溝百草溝四處准各國人居住貿易）領縣二廳一　和龍（府南和龍峪）　汪清（府東北）　琿春廳（府東琿春河北岸駐東南路兵備道轄甯安延吉二府東通海參崴南通慶興北通依蘭實東方要衝旗人最多中日新約十六埠之一已籌畫開埠氣候在本省各城中較溫和與俄國陸路貿易稍繁盛輸出品以牛豕麥粉馬糧爲主輸入多雜貨由海參崴運來境內朝鮮人多越江耕種城東北琿春河上游一帶有金鑛）

黑龍江省

疆域　南吉林奉天西及西南外蒙古車臣汗部西北俄屬薩拜喀勒省以額爾古訥河爲界東北俄屬阿穆爾部以黑龍江爲界東西二千二百五十里南北一千四百里（近出地理學課云此本近書自棄地後已非一統志東西三千三百餘里南北四千里之舊今各道府廳縣界限尙未畫定戶口亦少）古肅愼地漢晉挹婁國北魏黑水部爲勿吉國七部之一隋曰黑水靺鞨唐時黑水又分十六部南接渤海西接室韋（今西北境皆唐世室韋地）開元中以其地爲黑水州尋又置黑水府後渤海咸皆役屬之遼平渤海黑水復擅其地爲蒲與路及肇州之北境元隸開原路明設都司統理之　國朝天聰時有居額爾古訥河及精奇里江地之索倫達呼哩二部內附繼因羅剎築城雅克薩侵擾索倫達呼哩崇德四年移駐嫩江後羅剎復來侵康熙二十二年設將軍副都統於黑龍江築城

鎭守二十五年發兵進勦羅剎克其城二十八年遣大臣於吉爾巴齊河旁立石爲界自額爾古訥河口轉西循吉爾巴齊河而上東北循外興安嶺爲界凡嶺南一帶流入黑龍江之溪河盡屬中國嶺北一帶之溪河屬俄（外興安嶺爲北徼大分水嶺職方外紀作東金山龍沙紀略作新安嶺據地圖金山阿林自外興安嶺西北連峯不斷直抵東北海隅與諾斯哈達相連則知山脈長遠幾及萬里允爲東北巨鎭）咸豐八年內地寇訌英人擾粵俄人以防英船行駛黑龍江爲言欲割我黑龍江北地將軍奕山貿然允之且以從權酌辦免啟邊衅奏朝廷亦不暇顧問於是自額爾古訥河石勒喀河合流處以東傍黑龍江爲界俱入於俄（索倫部遠在江北葢地已全沒）甲午之役俄以索還遼東責報於我於是俄西伯利亞鐵道經我黑龍江庚子之役俄又以保路爲名占據黑省雖允交還撤兵而鑛權已失大半矣現領府七直隸廳七廳三州一縣五（氣候王書云地居北緯四十六度至五十三度故氣候嚴寒隆冬時百度

表降至冰點下三十度自十月迄翌年三月堅冰不解夏季暑氣亦盛但朔風一起雨必隨之其冷復與初冬同地理學課云案會典省垣北極出地四十八度而弱順天中綫偏東七度而強位置在吉林西北氣候純大陸性春冬嚴寒夏暑井底尚有薄冰農時首尾不盈六月四月草青八月即已降雪　物產王書云樹木最盛尤多楊榆富野獸民多務獵金鑛尤有名光緒初俄人發見漠河金鑛越境偷採至七千餘人之多竟無知者又札伊河岸有太平溝砂金場爲東三省之冠嫩江產魚亦多以鹽漬之輸於通江口及法庫門松花江畔稍有農產　地勢王書云內興安嶺盤亘境內蓋自索岳爾濟山入境爲哈瑪爾山爲室韋山爲雅克山爲西興安嶺爲伊勒呼里山分一支西北迤爲治吉窯山正支又東北爲嫩江之源又東南爲庫穆爾山爲東興安嶺西出一支爲和羅爾山又西稱烏爾和爾冬吉康熙時有名之噴火山也正支又轉東迤爲小興安嶺又分一支東北爲老爺嶺正支東盡於佛思亨山此山脈如海波奔馳其高峯五千尺至六千尺無尖銳秀拔者樹木茂密野獸繁殖多爲獵場中爲嫩江流域青草離離南部已墾之地僅千六七百方里約當全面積九百八十分之一地理學課云地勢三面多山惟中央連於南部擴爲一大平原縱橫五六百里又云省境之山皆發自車臣汗部之肯特山黑龍江[illegible]源出此分支南行當庫倫東起巴彥集魯克山自此漸沿克魯倫河而東抵喀爾喀河之南入省境起特爾根山喀爾喀河出此折而東而南緜亘嫩江黑龍江之間無不以興安嶺統之至混同江黑龍江將會處乃起佛思亨山　水道課程云黑龍江上源曰敖嫩河出車臣汗部內肯特山東麓東北流約四百里入俄屬薩巴喀爾斯開雅部界又東北約五六百里左有音果達河自赤塔城來會之又東北名石勒喀河逕尼布楚南城又東北至斯特列田斯克俄人大市鎮也輪船鐵路俱通又東偏北約五百里入黑龍江界有額爾古訥河自西南來會之額爾古訥河上源名克魯倫河出肯特山東麓南流約三百里折東北流約六百里逕把拉斯城南車臣汗盟所也又東北入黑龍江界注呼倫湖王書云湖之東南有烏爾遜河上源曰喀爾喀河西北流左會貝爾湖來合又自湖北溢出右有海拉爾河自呼倫貝爾來會之王書云又會[illegible]哈喇爾河諳水河又東北爲額爾古訥河西岸爲俄界約八九百里左有喀吉米爾河會之又東北石勒喀河入之河口北岸有康熙二十九年界牌額爾古訥河又東流名黑龍江北界爲俄屬阿穆爾部界又東逕雅喀薩城南又東南流至海蘭泡俄人重鎮也有精奇里江自東北來會大水也王書云又東南右受雙順河科爾芬河杈伊河左受牛滿河興松花江會又南逕愛琿城東城舊在東岸咸豐八年始移西岸又東南流左有努滿河入之又入吉林境至徐爾固南亦俄人重鎮也有松花江自西南來會之松花江上源曰富爾哈江出吉林長白山北麓西北流逕吉林城東又西北逕伯都訥城西又北有嫩江西北自墨爾根齊齊哈爾來會之王書云嫩江源出伊勒呼里山南流右合喇都里河多布庫爾河甘河諾敏河阿倫河雅爾河綽爾河陶爾河左合諾魯爾河納穆爾河南與松花江會舟楫可上通至墨爾根地理學課云伊勒呼里山志作伊拉古爾山即興安嶺支峯[illegible]嫩江亦作嫩泥江亦曰驪溫江即古難水折東偏北流逕阿勒楚喀城北呼蘭城南左有呼蘭河自北來入之王書云呼蘭河源出小興安嶺西南流右合克肯河通肯河方合漳河來入之又東北有屯河一曰吞河右合札里河來入之又東偏北逕三姓城西南有呼爾哈河南自寧古塔來會之又東北與黑龍江會謂之黑河口王書云黑龍江輪船可通至石勒喀河北岸斯特列田斯克惟周歲不得五月且春秋約三月以流冰故交通絕冬期[illegible]黑龍江既會松花江東偏北流又有混同江之

名至伯利城西南伯利城俄新置東海濱部會城也有烏蘇里江西合興凱湖北流來會之興凱湖以南烏蘇里江以東爲俄屬東海濱部界俄新修之鐵路自海參崴東北沿烏蘇里江而上至伯利城轉而沿黑龍江石勒喀河北岸西直接其國都城緜亘萬餘里混同江又東北流全入俄境左受阿穆混河又逕廟爾之南廟爾據黑龍江口門之險俄視爲重地然地氣極寒每年霜降前後冰凍立夏時始開船半年爲其所阻故俄之經營亦不如海參崴云又東入於海[illegible]地理學課云湖泊如呼倫池周可五六百里交通王書云鐵道屬俄者爲東清路之北段[illegible]其東北逾內興安嶺達海蘭泡[illegible]則驛路也又電綫由齊齊哈爾東北通海蘭泡[illegible]南通吉林地理學課云鐵路屬我國者曰齊昂路由齊齊哈爾至昂昂溪凡四十里

龍江府 先名齊齊哈爾俗曰卜魁在嫩江東岸故黑水廳改設無首縣駐巡撫[illegible]民政司提學司提法司城分內外種人雜居言語各異著名之工業惟馬鞍有江石似瑪瑙以造煙管嘴爲此地特產物獸皮甚多呼倫貝爾之馬必經此輸於南方中日新約十六埠之一 **西北距京師三千三百七十七里領縣一廳三**

林甸 新設府東南大林家甸地方

大賚廳 府西南五百里本札賚特旗牧地莫勒紅岡子地方

安達廳 府東南三百里安達車站地方本杜爾伯特旗境

肇州廳 府東南二百七十里肇州古城地方本郭爾羅斯後旗境

嚴保誠云大賚安達肇州三廳均直隸司道非直隸廳而有直隸廳之性質者

呼蘭府 在呼蘭河東岸故呼蘭廳改升移此舟楫可達附近土地膏腴產穀類甚多設七十二官倉貯之以輸運各城河中多由小舟輸出穀類及酒近議開商埠 **西北距省六百五十餘里領州一縣二**

巴彥州 府東距省七百五十里即前呼蘭廳治俗名白彥蘇蘇市埸最盛附近產穀甚多有水運之便多輸出俄領東海濱省

蘭西 府西北雙廟子地方距省五百八十里

木蘭 府東即大小木蘭苔地方距省八百八十里

綏化府 **西北距省五百八十餘里領縣四**

餘慶 府東六百四十里即前餘慶街

鐵驪 府東即鐵山包地方

湯原 在松花江北岸即吞河地方

大通 在松花江北岸即崇古爾庫站

海龍府 故直隸廳改升即通肯地方蒙古土語爲瑪達呼[illegible] **西距省四百九十里領縣二**

青岡 府南偏西距省四百里

拜泉 府西即巴拜泉地方距省三百里

嫩江府 先名墨爾根城在嫩江東岸布哈爾城東徑對百餘里錯[illegible]舟楫可達水陸咽喉然官民僅賴陸運不思水運之便故貿易未盛冬季俄人有來此密販牲畜者東北百八十里有興安廢城光緒八年因總理俄倫春槍隊而設然此輩多耐寒惡

熱往往伏而不出建城以後歲儹積存幾無人領遂廢　南距省四百三十五里

布西直隸廳即西布特哈地方　西南距省三百五十餘里

甘南直隸廳即富拉爾基地方包括甘井　南距省百餘里

訥河直隸廳即東布特哈新設駐訥謨爾河東枕吉山西控嫩江土脈膏腴地勢衝要光緒三十二三年奏請丈放設巡防局由東布特哈總管就近管理今裁總管及巡防局設廳

武興直隸廳即多耐站濱臨嫩江　北距省二百餘里擬設

黑河府即大黑河屯在黑龍江南岸　西南距省九百二十里與俄屬布喇郭威什臣斯克即海蘭泡隔江相對中俄互市處也其南有舊愛琿城華人甚多庚子之役俄人砲擊市街驅華人七千餘渡江溺斃之鳧水脫者僅百餘人慘虐如此

呼瑪直隸廳駐西希根卡倫濱黑龍江爲愛琿衝要擬設

漠河直隸廳即漠河北界俄　南距省三千六百餘里擬設

愛琿直隸廳先名黑龍江城在黑河東岸與墨爾根布特哈二城東北徑對約三百餘里咸豐八年始移西岸七十里

舊爲省治後移龍江府駐愛琿兵備道副都統改輸出品雜穀獸畜入品金沙中日新約十六埠之一　西南距省八百七十里以上愛琿道轄

臚濱府故滿洲里廳改升中日新約十六埠之一　東南距省千二百餘里全境西門鐵路首站

呼倫直隸廳先名呼倫貝爾俗名海喇爾一作海蘭克當伊敏河左會輝河北入海喇爾河處之左岸地勢東北高峻西南拓爲大平原當貝爾池之北有壽甯寺俗呼趕集廟每歲五月遠近禮佛因而互市列帳百里駐呼倫兵備道舊有副都統裁本游牧部落有索倫巴爾虎額魯特各部中日新約十六埠之一　東南距省七百六十里

室韋直隸廳即吉拉林東北漠河西南呼倫鑛產特豐　東距省六百餘里

舒都直隸廳即舒都站有兎渡河　東距省五百餘里擬設以上呼倫道轄

蘿北直隸廳在托羅山北全省東門駐興東兵備道　西距省千餘里　鶴岡駐鶴立岡在廳北擬設

佛山府即觀音山當布倫山陰北愛琿東黑龍江　西距省千一百餘里擬設

烏雲直隸廳駐烏雲河一曰嘉蔭河　西南距省一千里擬設

車陸直隸廳駐車陸北愛琿廳當芬河遜河之間擬設

春源直隸廳駐伊春呼蘭二河之源居興安嶺脊　西距省九百餘里擬設○此外有奏准添設之延東諾敏通北三縣尚未開設

江蘇省

禹貢揚徐二州漢志揚州部丹陽會稽二郡徐州部楚梁廣陵泗水四國東海臨淮二郡

疆域 北山東西安徽南浙江西北河南東界海東西九百五十里南北千百三十里面積三十七萬二千五十四方里人二千三百九十八萬口現領府八直隸州三直隸廳一州三廳四縣六十二

物產 米麥絲棉香秔米楊梅棃菱栗佛手柑橘枇杷藥材魚蝦銅鐵鹽磁石太湖石茅山石紗羅綾綢土紬三梭布葛布花毯繡貨紙扇玉器竹器

地勢 王書云承江淮委流諸湖支港縱橫交會沃野千里實爲內地冠間有山陵亦如孤阜並無脈絡可言如鍾山在上元縣東北朝陽門外攝山在上元縣東北金山一名氐父山在丹徒縣西北七里焦山在丹徒縣東北九里大江中福山虎邱山靈巖山或濱江岸或在江心或居湖畔是也

水道 王書云江水自安徽入境東北流右受秦淮河左受自安徽境來之滁河折而東貫運河又兩岸受無數小港分二道入海江中多沙洲最大者爲崇明爲太平洲長江口最要處爲吳淞口江面最狹處爲江陰其上稱扼要者烏龍山也西距江甯四十餘里雄踞南岸分設五臺又淮水匯爲洪澤湖適當江蘇安徽之界其自東北溢出者正流也自東南分注寶應諸湖者支流也正流舊經淮安府北安東縣南東入海金明昌以後黃河南徙自清口合淮入海咸豐五年河又北徙清口以東水道淤塞淮注運河後遂分爲無數支港入海近來淮水正流實自淮安而東經阜甯之射陽河云又運河自東南流入境左會自山東境來之西伽河東伽河武河沂河右會微山湖水又東南左分二支均爲鹽河東北入淮又南入海淮南運河自清河縣東南分南流經寶應高郵邵伯諸湖之東至揚州府城南分二派一西南經儀徵入江一東南至瓜州鎮入江江南運河自京口分江水南流至丹陽縣城南有南運河自溧陽來會又東南至常州府城右受西蠡河左分山塘河至江陰入江又東南貫太湖溢出諸津水入浙江界又境內川港縱橫脈絡四達大江以北運河以東上承諸湖或東入海或南入江其貫通南北者有二東河爲串場河北自鹽城北境之上岡司南經東臺如皐東南至呂四場是也西爲西塘河又南爲大縱湖又南經興化泰州泰興是也大江以南運河以東之水上承太湖爲劉家河吳淞江黃浦江是也

交通 王書云航路則有長江輪船沿江口岸如狼山如江陰如鎮江如南京皆停泊之埠內河小輪自鎮江北可達清江浦南可達蘇杭通州海門皆有小輪上海小輪通蘇杭江甯小輪通揚淮又鐵路已成者惟江滬一路計長三十里現在英人承修者一即滬甯路自上海經蘇州常州至江甯長七百餘里中國自造者二自江以南由上海經松江以達於浙自江以北由海州經徐州以達於豫其自鎮江北達天津之一路則自英德二國贖回者也又驛路自蘇州西北渡江至山東郯城中經無錫武進丹陽丹徒瓜州鎮江都高郵寶應山陽清江浦宿遷自江甯西北渡江至安徽滁州又電綫由上海北通京師由鎮江西通下關蕪湖又海綫東通長崎北通之罘大沽南通厦門香港又電話綫上海江甯已設之

海岸 講義云山東日照與贛榆交界處爲荻水口南海中有小島曰鷹游山南經贛榆縣東海岸有數水口山東莒州山即鬱林山一名郁州在海州東北約六七十里海中周百餘里地甚膏沃南北朝時爲重地嘗僑置州郡於此島隋以島地置東海縣唐宋治之元始併縣入朐山仍置東海巡司戍守明嘉靖中移巡司於新壩鎮雍正二年設東海營守備乾隆中改設都司南至岸或十里或七八里島居淺沙之上火輪巨艦不能傍近故西人略視之雲台山迤東南有數小水口皆西通流水之支港也又東爲開山小島塞北潮河之口北潮河之上北通流水南達淮水似即漣水口也北潮河以南爲安東縣地又南爲舊黃河口本淮水入海之口也自明以來黃河屢南徙漸奪淮水正流濁河清淮遂爲一口咸豐五年河決銅瓦箱黃河由大清河入海而此口遂淤舊黃河口以南爲北洋口水上達五港鎮至五新鎮合射陽河北洋口之南爲射陽河口水上通阜甯縣又西達山陽承運河實爲近來淮水正流射陽之南爲新陽港水上通鹽城縣新陽港之南爲鬬竜港口水西達鹽城縣南之伍佑場鬬竜口之南爲東川港口水西通東臺縣城東川之南爲呂四場口水西通海門通州又南則爲長江口自荻水鎮以南一帶海岸皆平沙鋪入海中亦間有峭處大船可以近岸然行之甚難自開山以南爲大沙灘長三百餘里直至長江口北航海者均由大沙之東至沙尾山即佘山始轉而入長江之北口東海岸長江之北岸爲海門東南之蓼角嘴一作料角嘴南岸爲南匯北之九團墩江口廣幾二百里崇明居中阨塞分江口爲南北二水道蓼角閒爲北水道而崇明蓼角之東皆互相屬殆無隙地水道之口口內亦皆平淺沙灘深處十餘尺故惟帆船可行火輪巨艦無過其地者崇明與九團間南水道晚近於南水道中又涌新沙自西北至東南互百餘里與崇明爲平行勢亦名東沙同治初東沙上又成數小島而東之東迤邐皆淺沙直接佘山之南人名爲大揚子灘於是東沙與大揚子灘又分南水道爲南北水道輪船自北來者至佘山即傍大揚子灘北西入北道口經沙北至崇寶沙西北尾與南道會輪船自南來者由

南道入口而口內頗多淺沙僅中通一綫廣不過三四里傍東沙南而上西北過崇寶沙始出東沙險與北道會九團之東南南匯東岸有大淺灘南北約二十海里東西約十四海里名南淺灘大約以南匯縣東南約四十里之揚子角爲此淺灘之南界揚子角之東偏南約十七海里海中有小島曰大戢山西名葛詞拉夫島大戢山之北偏東約三十八海里即佘山佘山之南偏東約十六海里有露石一簇曰雞骨礁此二島一礁實爲入長江之標識入北道者南行至佘山即西行進口入南道者北行過大戢望見佘山即西北行進口尤不可行近雞骨礁近雞骨則入大揚子灘之險矣而大戢山下揚子角下皆停泊安處大戢山西畔有電報局其電西通吳淞東通長崎南通厦門大戢山之西南入海里半爲小戢山一名嶠雞殉島乃三小島及矗立水中之叢石或現或隱自小戢山西北至揚子角約十四海里自揚子角西南爲奉賢縣城即明之青村千戶所奉賢之西南爲柘林鎮在華亭縣東南七十二里柘林之西爲金山巡司江蘇浙江海岸分界處也明洪武中置金山衞城南瀕海與海中金山對峙又置青村南匯嘴兩千戶所屬金山衞於是金山西連乍浦東接青村南匯東北抵吳淞江沿海岸幾三百里又松江一帶海岸舊有捍海塘相傳唐開元初創築其後相繼修治東北自太倉之寶山兩南西南至浙江海鹽縣滿之西至三百三十里以禁海潮害稼高厚城垣內外皆有塘溝相夾在內者曰鹽運河又曰横港在外者曰塹濠又曰護塘溝明初築以備倭其後漸次坍壞蓋即古之捍海堰也金山衞南海中有西西山列島凡三小島即舊志之大小金山相傳爲周康王築城處後淪入海上有坡不列島間爲停泊安處西西山之東偏南十海里爲中西山列島凡八小島舊志所謂許山竹嶼山達岸山當在此羣島內中西山之東南六海里爲東西山列島中島稍大亦小島環之此兩羣島中均可寄碇避風而金山許山實爲明代防海者會哨之地東西山之東偏北約十二海里爲崎嶇列島一作亂列形島大小島羅列海

而東西長約十一二海里南北約五六海里其最大者名大用山大用爲大羊之轉音因其北有三角島曰小羊山故名此爲大羊山即舊志之羊山也方輿紀要羊山在金山衞東海中山高大周七八十里四圍環抱有十八澳中如大湖可容數百艘澳口向北山有淡泉又言南自定海北至吳淞皆以羊山爲會哨之所蓋道里均適且禦賊於海洋可得上策也按顧氏所言形勢實就羣島言之非止大羊一島也雙峯並峙均皆六百餘尺民居頗多村落相望大用之西有小島島南爲海寇灣大用之北爲三角島即小羊山也大用之東南澳小羊山之西南海中及海寇灣均停泊最佳處列島之西南角島與西北角島間亦可泊船避風英兵船常停泊此處小羊山之北四海里即小戢山此皆江蘇浙江交界處之羣島也海岸延長約千二百餘里自江口以北爲黃海以南爲東海

江甯府明太祖丙申年改元集慶路爲應天府洪武元年建都曰南京十一年曰京師永樂元年仍曰南京國朝更名駐兩江總督轄江蘇安徽江西二省江甯布政司轄江甯揚州淮安徐州四府海通二州提學司江安糧道江南鹽道巡警道勸業道江甯將軍江甯副都統光緒廿一年馬關約四埠之一每歲出入口貨值銀七百萬兩漢志丹陽臨淮二郡地**北距京師二千四百四十五里領縣七**

上元明縣因倚治東北偏漢秣陵縣地及湖熟縣**江甯**明縣因倚治西南偏漢秣陵縣**句容**明縣因府東九十里有龍潭鎮煤鑛漢句容江乘二縣**溧水**明縣因府東南百四十里漢溧陽縣地**高淳**明縣因府東南二百四十里漢溧陽縣地禹貢中江自安徽蕪湖來又東左入丹陽湖湖東即高淳縣治中江又東南入固城湖下入溧陽**江浦**明縣因府西北四十里漢堂邑全椒二縣地**六合**明縣因府北百二十里漢堂邑縣

蘇州府明太祖吳元年改元平江路爲蘇州府國朝因駐江蘇巡撫江蘇布政司轄蘇州松江常州鎮江四府太倉一州海門一廳提學司提法司蘇松常鎮太糧道巡警道勸業道馬關約四埠之一租界在城南青陽漢志會稽郡地**北距京師二千七百二十里領廳二縣九**

太湖廳府西南九十八里太湖中洞庭東山**靖湖廳**新設在太湖中洞庭西山**吳**明縣因倚治西南偏漢會稽郡治吳縣江水注禹貢南江自安徽廣德來東注于具區謂之五湖口尚書謂之震澤南江與中江同注書所云北會于匯也班志吳云具區澤在西古文以爲震澤山水澤地篇震澤在吳縣南五十里志又云南江在南東入海案禹貢南江承太湖東南出下入吳江禹貢中江自宜興來又東出沙港而入太湖書所謂三江既入震澤底定也中江下入崑山其在北者爲北江下入江陰**長洲**明縣因倚治東北偏漢吳縣西北有滸墅關委官榷稅漢吳縣地**元和**國朝雍正二年析長洲置倚治東南偏**崑山**明縣因府東少南七十里漢婁縣禹貢中江自長洲婁門外承太湖東流逕縣下入太倉**新陽**雍正二年析置崑山同城**常熟**明縣因府北九十里漢吳毘陵二縣地**昭文**雍正二年析置常熟同城**吳江**明縣因府東南四十里漢吳縣地禹貢南江自吳來逕縣下入浙江嘉善**震澤**雍正二年析置吳江同城

太倉直隸州明宏治十年置領縣屬蘇州國朝升直隸漢婁縣地禹貢中江自崑山來逕州入海是爲婁江即劉河口書所云東爲中江入于海也古今水道不同漢世中江入海之道眾說紛紜無能臆定以方隅言劉河口近之婁者劉也**西北距江甯府五百六十里西南距蘇州府百二十里領縣四**

鎮洋明移鎮海衞於太倉衞城國朝改縣更名倚婁縣地**崇明**明縣因州東北百三十里駐蘇松鎮總兵**嘉定**明縣屬蘇州國朝來屬州南三十六里**寶山**明寶山廳國朝降縣州東南九十里

松江府明因元府國朝因駐江南提督漢志會稽郡地**西北距江甯府六百二十里蘇州府百六十里領廳一縣七**

華亭明縣因倚治東偏漢由拳婁海鹽三縣地**婁**國朝順治十三年析置倚治西偏漢由拳婁海鹽地**奉賢**明青村所國朝改今縣府東九十里**金山**明金山衞國朝改縣府南七十二里**上海**明縣因府東北九十里道光二十三年與英立約五口通商之一地當吳淞江黃浦江合流處商務繁盛租界在縣城東北人五十萬口有各國領事署稅關郵政局製造局紡紗織布局出口貨絲綢炭糖陶器毛皮爲大宗入口貨煤炭石油錦織物毛織物銅鐵海物爲大宗統計近年通商出入銀二億四百十二萬九千兩吳淞在縣東北四十五里光緒二十四年自開爲通商埠可泊巨艦外國航船多以此地爲貨物積卸場駐蘇松太倉兵備道漢海鹽婁二縣

地　**南匯**明南匯守禦所　國朝改縣府東百二十里　**青浦**明縣因府西北五十里漢婁縣地　**川沙廳**府東北二百四十里

常州府明太祖丁酉年改元常州路爲長春府己丑復故名　國朝因漢志會稽郡地　**西北距江甯府二百七十里東南距蘇州府二百八十里領縣八**　**武進**明縣因倚漢毗陵縣及丹徒句曲二縣地　**陽湖**倚　國朝雍正二年分武進地置　**無錫**明縣因府東南九十里漢縣　**金匱**雍正二年分無錫地置　**宜興**明縣因府南百二十里漢陽羨縣禹貢中江自溧陽來東會滆湖又東爲西沆又東爲東沆東沆南岸今宜興縣城也中江下入吳阮元云班志詳於南江北江而中江僅云至陽羨入海者廣陵國江都以東有臨淮郡之海陵志云有江海會祠言江至此而會海也會稽郡吳有毗陵無錫陽羨丹徒婁爲今鎮江蘇常地婁在今崑山而太倉松江及江北之海州海門皆不置縣然則太湖以東至漢猶荒斥爲海潮所往來故敘北江止毗陵敘中江止陽羨且云南江在吳南北江在毗陵北則中江在毗陵之南吳之北可知北江以曲而詳南江以折而詳中江必自陽羨直貫太湖由婁縣之地入海又可知此班志之不詳而詳者也　**荊溪**雍正二年分宜興地置　**江陰**明縣因府東七十里漢毗陵縣地漢志毗陵云北江在北東入海山水澤地篇北江在毗陵北界入海即今大江由鎮江常州一帶入海書所云東爲北江入于海也

靖江明縣因府東北百五十里漢海陵縣地

鎮江府明太祖丙申年改元鎮江路爲江淮府尋改今名　國朝因駐京口副都統常鎮通海兵備道咸豐十年與英法立約長江三口之一一租界在丹徒縣二里銀山輪船上下長江者必泊此有各國領事署出口貨多米穀豆油綢段瓜子花生金鹼茶牛羊皮入口貨多布糖鹼檀香火柴煤油煙葉等每年通商出入約值銀三千一十萬餘兩漢志會稽丹陽二郡地　**西距江甯府百八十里東南距蘇州府三百七十里領廳一縣四**　**丹徒**明縣因倚漢縣　**丹陽**明縣因府東南七十里漢曲阿縣　**金壇**明縣因府南百六十里漢曲阿縣地　**溧陽**明縣因府西南二百四十里漢縣禹貢中江自高淳來又東遷東壩又東爲胥溪又東北逕溧陽縣北下入宜興阮元云中江者江水由高淳過五壩至宜興入海自楊行密築五堰其流始絕永樂時築三壩陸行十八里矣宋傳寅云銀林之港鄧步之湖止隔陸路十八里故老相傳大江此港本入震澤知班志所說中江古蕰有之紀要引建康府志云銀林堰長十二里稍東曰分水堰長十五里又東五里曰苦李堰長八里又五里曰何家堰長九里又五里曰余家堰長十里所謂五堰也蕪湖縣河東達黃池入三湖三湖者丹陽固城石臼也至銀林而止所謂中江東至陽羨即此蘇常承此下流常病漂沒故築銀林五堰以窒之自是中江不復東　**太平廳**新設在府東江中太平洲上

淮安府明太祖丙午年改元淮安路爲府　國朝因駐江淮揚海兵備道漢志臨淮東海二郡泗水國地　**南距江甯府五百里東南距蘇州府七百五十里領縣六**　**山陽**明縣因倚漢射陽縣　**安東**明縣因府東北六十里漢襄賁淮浦二縣淮水注禹貢淮水自宿遷來逕淮浦在今縣西入海書所云東入于海班志平氏下云禹貢桐柏大復山在東南淮水所出東南至淮浦誤作陵入海者也　**鹽城**明縣因府東南二百四十里漢鹽瀆縣　**清河**明縣因府西北三十里駐江北提督故漕督治縣北隔運河即清江浦漢淮陰縣濟水注禹貢菏水自安徽泗州來逕淮陰在今縣東南與泗同注淮漢志乘氏云菏水東南至淮陰黔本誤陵入淮者也泗水注禹貢泗水自桃源來逕縣入淮孫星衍云故道自徐州以南悉爲黃河所經尚書淮會于泗之文不可考矣淮水注禹貢淮水自盱眙來逕淮陰合泗水在泗沂合流後書所云東會于泗沂也下入宿遷　**桃源**明縣因府西百二十里漢泗陽縣泗水注禹貢泗水自宿遷來逕泗陽今縣下入清河　**阜甯**國朝雍正九年分山陽鹽城二縣地置府東北百六十里漢射陽鹽瀆二縣地

海州直隸州明州領縣屬淮安　國朝升直隸漢朐海西曲陽三縣　**西南距江甯府八百二十里南距蘇州府千百三十里領縣二**　**贛榆**明縣因州西北八十里漢贛榆祝其利成三縣漢志祝其云禹貢羽山在南鯀殛死於此　**沭陽**明縣屬淮安　國朝來屬州西南百二十里漢厚邱縣建

陵陰平二侯國

揚州府明太祖丙午年改元揚州路爲府　國朝因駐兩淮鹽運使長江瓜州鎮總兵漢志廣陵國臨淮郡地　**東距江甯府二百里東南距蘇州府四百四十五里領州二縣六**　**江都**明縣因倚治東偏　漢廣陵江都輿三縣　**甘泉**倚治西偏　國朝雍正九年分江都地置　**儀徵**明儀眞縣　國朝雍正初諱嫌名改府西南七十里漢廣陵江都二縣地　**高郵州**明州領縣來屬　國朝無府北少東百二十里漢縣　**寶應**明縣屬高郵　國朝來屬府北二百四十里漢平安縣　**興化**明縣屬高郵　國朝來屬府東北六十五里漢海陵縣地　**泰州**明州領縣來屬　國朝無府東百二十里漢海陵縣　**東臺**國朝乾隆三十三年析泰州置府東二百四十里

海門直隸廳明縣屬通州　國朝升直隸廳漢海陵縣地　**西距江甯府五百七十里西南距蘇州府百五十里**

通州直隸州明州領縣屬揚州　國朝升直隸駐狼山鎮總兵近開爲通商埠實業如紗油麪各廠頗有名漢海陵縣地　**西距江甯府五百三十里南距蘇州府二百里領縣二**　**如**

臯 明縣屬泰州國朝來屬府西四十五里漢廣陵海陵二縣地 泰興 明縣屬揚州國朝來屬州西二百四十里漢海陵縣地

徐州府 明洪武十四年升元徐州爲直隸 國朝升府駐徐州兵備道徐宿鎮總兵漢志楚梁二國泗水東海臨淮三郡地

東南距江甯府七百三十里蘇州府千二百里領州一縣七

銅山 倚 國朝雍正十一年置宋彭城楚項羽都漢彭城呂二縣濟水注禹貢菏水自沛來逕彭城今縣治下入安徽泗州泗水注禹貢泗水自沛來逕彭城又逕呂縣今縣北下入邳州 **蕭** 明縣因府西五十里漢蕭縣及扶陽侯國 **碭山** 明縣因府西北百六十里漢下邑碭杼秋三縣 **豐** 明縣因府西北百五十里漢縣 **沛** 明縣因府西北百十里漢沛畱二縣及廣戚侯國泗水注禹貢泗水自山東魚臺來逕沛縣今縣東又逕廣戚今縣東又逕畱縣今縣東南下入銅山濟水注禹貢菏水入泗後自魚臺來逕沛縣在今縣東南泗與濟亂故濟納互稱矣菏水又出逕畱縣在今縣東南下入銅山 **邳州** 明州領縣屬淮安 國朝來屬府東北百五十里漢下邳武原二縣良城侯國泗水注禹貢泗水自銅山來逕下邳今縣東合沂水下入宿遷沂水注禹貢沂水自山東郯城來逕良城今縣北又逕下邳入泗漢志蓋云沂水南至下邳入泗者也 **宿遷** 明縣屬邳 國朝來屬府東百里漢厹猶下相司吾淩四縣地泗水注禹貢泗水自邳州來逕下相今縣西又逕厹猶今縣東南又逕淩縣今縣東南下入桃源淮水注禹貢淮水自清河來逕淩縣在今縣東南下入安東 **雎甯** 明縣屬邳 國朝來屬府東南百二十里漢雎陵取慮二縣

安徽省

禹貢揚徐豫三州漢志揚州部丹陽廬江九江三郡六安國豫州部沛汝南二郡徐州部臨淮郡

疆域 東北江蘇東南浙江南江西西南湖北西北河南東西七百三十五里南北六百六十六里面積四十萬五千百七十一方里人二千三百六十七萬口領府八直隸州五州四縣五十一

物產 徽州產絲棉硯墨宣城產煤有名諸地產米麥蠟茶薑藥材桐油鯿魚蓴菜筍銅鐵煤水晶紵麻布絹鐵器竹木漆器簟紙等

地勢 王書云居江淮流域多平原沃野惟西境與東南境山嶽重疊蓋江北淮南大支自桐柏而東北迤於河南湖北界上東入安徽境者爲霍山在霍山縣西又東北迤於鳳陽廬州之間盡於洪澤湖南岸其廬州府東之王山又東爲大峴小峴兩山對峙爲廬壽渡江往來要道即古昭關道皆其支隴也江以南幹山自仙霞嶺而北蟠亘於浙江江西界上北入安徽境者爲黃山在歙縣西北六十里古黟山也其西北之支爲石柱嶺在建德縣東南北出之支爲九華山在青陽縣西南[illegible]陵陽山[illegible]東北出之支爲敬亭山在宣城縣北皆名山也水道王書云江水自江西入境東北流左受泊湖[illegible]武昌湖[illegible]皖水[illegible]樅陽河[illegible]巢湖[illegible]右受前河後河李陽河白羊水梅根水石硊河青弋水水陽江[illegible]北入江蘇境江中多洲最大者爲福臨洲下游最要處爲東西梁山[illegible]面中流最要處爲攔江磯[illegible]爲前江口[illegible]又淮水自河南入境東流右受西湖東湖淠河苧陂塘水肥河洛河濠水花園湖水池水左受汝河谷河潤河穎河[illegible]焦剛湖水西肥河清油湖水渦河北肥河澮河[illegible]天井湖水東匯爲洪澤湖巨泊也湖之北岸雎河來入之[illegible]又境內諸水均便舟楫大江尢輪艦通行交通王書云航路東達江蘇西達江西湖北輪艦往來如織如安慶如大通如蕪湖皆沿岸停泊之埠由蕪湖至廬州亦通小輪又驛道自安慶北逾北峽關渡淮達江蘇徐州[illegible]自桐城西南達湖北紅心驛東南出清流關達江蘇浦[illegible]自[illegible]又鐵道擬設者有蕪漢[illegible]甯路[illegible]鐵路相接是爲江北路綫[illegible]由蕪湖經宣城旌德徽州至江西景德鎮以期與將來贛路相接[illegible]又由宣城廣德州至毗連浙界之廣安止以期與將來浙路相接[illegible]是爲江南路綫又電綫由蕪湖東通下關[illegible]西通九江[illegible]由安慶東南通殷家匯北通廬州鳳陽[illegible]

安慶府 明太祖辛丑年改元安慶路爲甯江府壬寅年更名 國朝因駐安徽巡撫布政司提學司提法司巡警道勸業道光緒二十八年與英重議商約增開五埠之一漢志廬江郡地

北距京師二千七百八十里領縣六

懷甯 明縣因倚漢皖縣地 **桐城** 明縣因府東北百二十里縣北有北峽山吳魏相爭之峽石隘道也

漢樅陽縣**潛山**明縣因府西北百二十里漢皖縣**太湖**明縣因府西北二百二十里漢皖縣地**望**
江明縣因府西南百二十里漢皖縣地**宿松**明縣因府西南二百六十里漢松茲侯國
徽州府明改元徽州路爲興安府尋更名 國朝因漢志丹陽郡地**西北距省五百七十里**
領縣六　**歙**明縣因倚漢歙縣**休寧**明縣因府西六十里漢歙縣地**婺源**明縣因府西南二百
四十里漢歙縣地**黟**明縣因府西百二十里漢黟縣**祁門**明縣因府西百八十里產白土運景德鎮造細甆器
十年前歲售銀百二十萬餘兩**績溪**明縣因府東北六十里有叢山關漢黟縣地
寧國府明 太祖丁酉年改元寧國路爲府 國朝因漢志丹陽郡地**西距省四百三十里領**
縣六　**宣城**明縣因倚產煤有倭商合本開採漢宛陵縣**寧國**明縣因府東南九十里東南有豪塹關通於潛
南有馬嶺關通昌化漢宛陵縣地江水注禹貢南江自涇來東合旋溪水南江之北郎宛陵縣界也南江又東逕寧國縣南晉立在
今縣南合水陽江下入廣德**涇**明縣因府西南百里漢涇縣江水注禹貢南江自蕪湖來又東合涇水今名賞溪水南江
又東逕安吳縣晉立在今縣西南號曰安吳溪下入寧國**太平**明縣因府西南二百二十里漢涇縣地**旌德**
明縣因府南二百二十里漢涇縣地**南陵**明縣因府西九十里漢春穀宣城二縣

池州府明 太祖辛丑年改元池州路爲九華府尋更名 國朝因漢志丹陽郡地**西距省百二十里**
領縣六　**貴池**明縣因倚漢石城縣禹貢江水自廬江來鄭元尙書注東迤者爲南江合之中江北江爲禹貢三江
江水注引地理志云江水自石城東出逕吳國南爲南江此合吳石城二文爲一約舉以立說也班志石城下云分江水首受江東
至餘姚入海卽南江也阮元云說文迤袤行也夏書東迤北會于匯江自石城分爲南江正東迤也南江北會具區所謂北會于匯
葢由今池州寧國二府合太湖過吳江石門出仁和臨平半山之西南齡嶀折而東而北由餘姚北入海今吳江石門仁和數百里
皆爲沃圡惟一綫清流自北新關通漕達於吳江猶是南江故道所當以鄭注說文一正諸家之誤先謙案南江之說阮氏允矣至
分江水自來無人道及江水注江水自石城東入爲貴口東逕石城縣北東合大溪南江又東與貴長池水合阮云大溪今清溪河
貴長池今玉鏡潭余案今有上池口下池口上池口在洲內下池口入大江疑古貴池更在上池口之上故分江入爲貴口而池水
得注南江以輿圖核之分江水首受江當自李陽河而分也一統志李陽河在貴池縣西六十里源引大江以江流之消長爲盈縮
西五里曰新河自河口出江中有石槎栫橫突爲攔江羅剎二磯南唐役三十萬夫作支流以避其險是河水受江遺迹猶在證一
宋史河渠志宣和六年前太平判官盧宗元言池州大江東岸皆暗石多至二十餘處西岸沙洲廣二百餘里諺云折船灣言船至
此必毀折也今東岸有車軸河口沙地四百餘里若開通入杜塢使舟經平水徑出池口可避二百里風濤之險從之案杜塢在貴

口殷家匯之下游故貴池水一名杜塢河是沙地通舟古今不易證二今新河車軸河遺址湮廢李陽河之名猶存竊意江岸洲渚
連綿今自李陽河以下入古夾洲烏落洲裕生洲泥洲相屬爲一其下卽下池口貴池水合清溪水由此入江疑當日卽分江水道
受此兩水又下爲鐵板諸洲及銅陵之荷葉洲新洲老洲頭復興洲楊陵洲東屈而入丁家洲以至涇縣皆卽分江中流其外洲岸
聯屬自爲一水時代閱久洲岸流移分江水道半合大江猶幸江流別派沙地通河端緒尙存足爲左驗耳南江下入青陽
青陽明縣因府東八十里漢陵陽涇二縣地江水注禹貢南江自貴池來又東逕宣城之臨城縣南晉宋之臨城今青陽也臨
城河卽大通河江水又東逕荷葉洲北合大通河水又出章家洲丁家洲之間又東逕紫沙洲下入繁昌**銅陵**明縣因府
東北百二十里漢陵陽春穀二縣地**石埭**明縣因府東南百六十里漢陵陽縣**建德**明縣因府西南百八十里
漢石城縣地**東流**明縣因府西百八十里馬當山在縣西南七十里縣有煤礦漢彭澤縣地
太平府明 太祖乙未年改元太平路爲府 國朝因當水陽江入江處漢志丹陽郡地**西南距省四百**
九十里領縣三　**當塗**明縣因倚縣北二十里有牛渚一名采石重鎭也漢丹陽縣**蕪湖**明縣
因駐分守徽寧池太廣兵備道皖南鎭總兵府西南六十里光緒二年煙臺與英立約五口之一有稅關各國領事署出口貨多米
棉茶麻紙絲牛皮入口貨多洋布絨呢糖海味等每年出入値海關銀千九百萬兩漢縣班志蕪湖云中江在西南東至陽羨入海

案禹貢中江經此爲蕪湖縣河宋傅寅謂之蕪湖斷港東北絕黃池入唐溝河下入江蘇高淳禹貢南江自繁昌來右入蕪湖縣境
又東入魯港下入涇**繁昌**明縣因府西南百三十里漢春穀縣禹貢南江自青陽來又東屆新洲右入繁昌縣合荻港水
又東北逕黑沙洲入蘆席夾逕虎檻洲出三山夾下入蕪湖
廬州府明 太祖甲辰年改元廬州路爲府 國朝因漢志初爲淮南國地後爲九江廬江二郡地南北朝合肥爲重鎭
南距省四百六十里領州一縣四　**合肥**明縣因倚漢合肥逡遒二縣**廬江**
明縣因府南百六十里漢廬江郡治廬江縣及舒縣禹貢東陵在此書所云至于東陵也江自江西湖口合鄱陽湖後右逕安徽東
流漢彭澤地貴池二縣與舒縣相對漢志廬江郡云金蘭西北有東陵鄉山水澤地篇東陵地在金蘭縣西北而志無此縣決水注灌水
導源金蘭縣西北東陵鄉大蘇山据此大蘇山卽東陵也在河南商城縣東南五十里江水注利水出廬江郡之東陵鄉江夏有西
陵縣故此言東尙書云江水過九江至于東陵者也雖未言金蘭縣然與決水注符合則知鄉隸金蘭不誤阮元云金蘭附注郡下
當在郡治蓋後改爲舒縣續志舒縣劉注鵲岸在縣通典宣城郡南陵有鵲州卽鵲岸是漢舒縣地直達大江洲渚尙書至于東陵
東迤實指至此東迤爲南江也江南岸正丹陽郡石城縣與漢志石城分江水合下見貴池**舒城**明縣因府西南百二
十里漢龍舒縣**無爲州**明州領縣來屬 國朝無府東南二百八十里漢襄安臨湖二縣**巢**明縣屬無爲

國朝來屬府東南百八十里縣東南四十里濡須水所經也峻險便控禦漢居巢橐皋二縣

鳳陽府明太祖吳元年升元濠州為臨濠府洪武二年建中都置留守司六年改中立府七年更名　國朝因駐廬鳳潁六泗兵備道漢志九江沛二郡地　南距省六百七十里領州二縣五　鳳陽明縣因倚漢鍾離縣淮水注禹貢淮水自懷遠來逕鍾離在今縣東下入泗州　懷遠明縣因府西北七十里漢當塗向龍亢三縣平阿義成二侯國淮水注禹貢淮水自定遠來逕當塗在縣東南又逕平阿在縣西南又逕義成在縣東北下入鳳陽　定遠明縣因府南九十里漢東城陰陵二縣淮水注禹貢淮水自鳳臺來逕陰陵在今縣西北下入懷遠　壽州明州領縣來屬　國朝無府西百八十里駐壽春鎮總兵漢九江郡治壽春縣及成德縣淮水注禹貢淮水自霍邱來逕壽春即今州治下入鳳臺　鳳臺明省壽春縣入州　國朝置縣更名舊圖壽州同城新圖移淮水北岸漢下蔡縣曲陽侯國淮水注禹貢淮水自壽州來逕下蔡在今縣西北又逕曲陽在今縣東北下入定遠　宿州明州領縣來屬　國朝無府西四百四十里漢苻離竹蘄銍四縣及沛郡治相縣　靈壁明縣屬宿　國朝來屬府北百八十里縣南五十里垓下聚項羽敗處漢穀陽縣洨侯國

潁州府元州屬汝寧府明改屬鳳陽領縣　國朝升府漢志汝南沛九江三郡及六安國地　東南距省八

百四十里領州一縣六　阜陽國朝置倚漢汝陰富波二縣原鹿侯國淮水注禹貢淮水自河南固始來逕汝陰今縣治下入霍邱　潁上明縣因府東南百二十里漢愼縣　太和明縣因府西北八十里漢新郪細陽新陽二縣　亳州明州屬鳳陽　國朝來屬府北百八十里漢譙城父二縣建成思善二侯國　霍邱明縣屬壽州　國朝來屬府東南百九十里漢安風陽泉二縣博鄉侯國淮水注禹貢淮水自阜陽來逕安風今縣西南下入壽州　蒙城明縣屬壽州　國朝來屬府東北百八十里漢山桑縣　渦陽國朝光緒初以蒙城之雉河集設縣元魏舊名也府東北百七十里

廣德直隸州明太祖丙申年改元廣德路為廣興府洪武四年為州更名　國朝因漢故鄣縣江水注禹貢南江自甯國來又東逕故鄣縣南紀要故鄣在廣德州東南九十里南江又東北為長瀆歷湖口南江又東與桐水合案據條依地望移訂於此左哀十五年杜注宣城廣德縣有桐水西北入丹陽湖以達大江南江下入江蘇吳　西距省六百二十五里領縣一　建平明縣因州西北九十里漢故鄣縣地

滁州直隸州明因元州洪武中升直隸　國朝因漢建陽縣　西南距省六百五十里領縣二　全椒明縣因州南五十里漢全椒阜陵二縣　來安明縣因州東北四十里漢建陽全椒二縣地

和州直隸州明因元州洪武中升直隸　國朝因漢歷陽縣及東城縣地項羽死此　西南距省四百六十里領縣一　含山明縣因州西六十里漢歷陽縣地

六安直隸州明州領縣屬廬州國朝升直隸漢六縣　東南距省四百四十里領縣二　英山明縣因州西南三百六十里漢蘄春縣地　霍山明縣因州西南九十里漢潛縣

泗州直隸州明州領縣屬鳳陽　國朝升直隸漢夏邱縣臨淮郡治徐縣及僮縣高平侯國濟水注禹貢菏水自江蘇銅山來逕徐縣在今州東南下入江蘇清河淮水注禹貢淮水自鳳陽來逕夏邱今州治又逕徐縣在州東南下入盱眙　西南距省八百八十里領縣二　盱眙明縣因州東南百八十里漢盱眙淮陵二縣淮水注禹貢淮水自泗州來逕盱眙在今縣東北下入江蘇清河　天長明縣因州東南三百二十里漢東陽縣　五河明縣屬鳳陽　國朝來屬州南五十里漢虹縣

賜進士出身　特賞內閣學士銜前國子監祭酒翰林院編修加三級臣王先謙謹撰

大清國二

山西省禹貢冀州漢志幷州部太原上黨西河雲中定襄雁門六郡司隸部河東郡幽州部代郡

疆域　東直隸西陝西南河南北與察哈爾各旗相錯東西八百八十里南北二千百五十里面積四十七萬四百四十四方里人千二百二十萬口現領府九直隸州十州六廳十二縣八十五　產物平蒲諸屬產木棉潞澤諸屬產草帽辮絲繭歸化諸屬產絨毛澤州產鐵解州產鹽有三場晉陝豫食鹽多仰此平定產甆器鑛產尤盛煤鑛之厚西人以爲足供世界二千年之用近年英意兩國設福公司開采澤潞平陽平定鑛據平定調查數云每年出鐵約二千餘萬斤煤約一萬萬斤　地勢王書云北高而多山山陰山在察哈爾右翼所分南迤之支至寧遠廳入邊牆爲洪濤山山爲管涔山在寧武府西南靜樂縣分三支西支迤於汾河之西爲岢嵐山雎岢嵐州在山州北朔爲呂梁山在東南東縣西南盡於龍門南支迤於汾河之東爲石嶺關在陽曲縣陰州東北勢甚險至平定州西南又分爲二一東南迤於漳河之南北者爲太行山一西南迤爲霍山郎陽趙太西嶽北在岳爲王屋山盡於中條山即雷首山一名首陽山在蒲州府東南又有歷山隔山之名舜州西北一名自門又有此蒲北支東迤於桑乾河之南爲句注山之名陽山在代州西北一名雁門名爲恆山在渾源州東南北支東南迤於滹沱河源之東者五臺山也在五臺縣東北或係水道王書云山西東南境之水入海餘均入河然多行於山谷中或係各水上源故水運之利亦少汾河源出管涔山西南流右合嵐河文水左合石谷水洞渦水沙河中都水滲水滴水澮水西入河所會之水小而短故流域甚狹不多又夏入河之水次於汾者有二一涑水即絳水源出絳縣山西流左會小水入五姓湖西有一源出沁源縣東南合數水至南境入沁又東流入黃河沁縣之沁水源出河南沁州西北合河水入河源出灰河之芝山爲沁河源遠也東又會乾會其東有西河源南流又東受山水出桑乾源高峯近冀北沿河而北流源出洪濤山之桑乾河自奇西南流會東北右會渾河左有御河出秦戲山西流折而南合右漳東又直隸境右受灕河左水左受清漳會原受漳河右受清漳會流南河有西清漳清源出沁州合河東南流左合榆社水濁漳入而東南二源又南源出長子縣北源曰沁縣而東流左合太鐵路水入又有南境與清漳會交通王書云鐵路已成者爲正太路有同蒲直隸北平至太原鐵道修者蒲州至南境自太原西南傍汾水行達陝西潼關自潼關至太原東北出平刑關至直隸自太原西出代州達蒙古庫倫化西出殺虎口達蒙古

京師驛道也又電綫由太原東北通西南通西安

太原府明洪武元年改元冀寧路爲太原府國朝因駐山西巡撫布政提學提法三司巡警勸業冀寧三道禹貢大原漢志太原郡地詩唐譜疏引鄭云於地理志太原今以爲郡名　東北距京師千二百里領州一縣十　陽曲明縣因倚漢汾陽狼孟二縣及晉陽縣地　太原明縣因府西南四十里有艮泉數處萬斛泉源噴薄而出旁居數千戶藉水力鼓機器造紙漢晉陽縣　榆次明縣因府東南六十里漢縣　太谷明縣因府東南百二十里東有馬嶺關漢陽邑縣　祁明縣因府南少西百四十里漢縣　徐溝明縣因府西南八十里漢縣地　交城明縣因府西南百二十里漢晉陽國朝來屬　文水明縣因府西南百六十里漢大陵平陶二縣地　嵐明縣屬岢嵐州國朝來屬府西北二百里漢汾陽縣地　岢嵐州明領縣來屬北三百二十里漢汾陽縣地　興明縣屬岢嵐國朝來屬府西北四百十里漢汾陽縣地　平定直隸州明州領縣歸英意公司開採甆器有名清漳水注清漳水出沾縣上艾二縣煤鐵最旺國朝升直隸漢沾上艾二縣地　西北距省二百七十里領縣二　盂明縣屬太原國朝來屬　壽陽明縣屬太原國朝來屬州西百里漢榆次縣地

忻州直隸州明州領縣屬太原國朝升直隸漢陽曲縣地　南距省百四十里領縣二　定襄明縣因州東少北五十里漢陽曲縣地　靜樂明縣屬太原國朝來屬州西百八十里漢汾陽縣地

代州直隸州明州領縣屬太原國朝升直隸駐雁平道西北有雁門關漢廣武陰館二縣分守　西南距省三百二十里領縣三　五臺明縣因州東南百四十里漢慮虒縣　崞明縣因州西南八十里漢崞縣　繁峙明縣因州東六十里東有平刑關漢葰人鹵城二縣

保德直隸州明仍元保德州國朝升直隸漢太原郡地　東南距省四百六十里領縣一　河曲明縣屬太原國朝來屬州東北百三十里漢太原郡地

平陽府明洪武元年改元晉寧路爲平陽府國朝因駐太原鎮總兵帝堯舊都漢河東郡地　東北距省六百里領州一縣十　臨汾明縣因倚漢平陽縣　洪洞明縣因府東北五十五里漢楊縣　浮山明縣因府東北十里漢襄陵縣地　襄陵明縣因府西南三十里漢襄陵縣地　太平明縣因府西南八十里酒最有名漢　曲沃明縣因府南百二十里漢絳縣地　岳陽明縣因府東北百二十里漢穀遠縣地及猗氏縣　翼城明縣因府東南百二十里漢絳縣地　翼城考侯改絳曰翼漢絳縣地

汾西明縣因府西北百八十里漢彘縣地 吉州明領縣來屬國朝無府西北七十里漢北屈縣漢志北屈云禹貢壺口山在東南河水注河水自陝西膚施來又逕北屈在州東北下入河津 鄉寧明縣屬吉國朝來屬府西南二百二十里漢騏縣及臨汾縣地

霍州直隸州明仍元霍州屬平陽國朝升直隸漢彘縣漢志彘云霍太山在東卽太岳也續志改名永安山水澤地篇太嶽山在永安縣今州東南接趙城洪洞二縣周二百餘里謂之中鎮書所云至于岳陽者也 東北距省五百里領縣二 趙城明縣屬平陽國朝來屬州南二十五里漢彘縣地 靈石明縣屬平陽國朝來屬州北五十里漢介休縣地

蒲州府明洪武二年改元河中府爲蒲州領縣國朝升府城西有蒲津關一名臨晉關爲江河之巨防駐分守河東道漢志河東郡地 東北距省千百里領縣六 永濟明省州治河東縣入州國朝復故更名倚漢蒲反縣及河北縣地漢志蒲反云禹貢雷首山在南河水注河水自陝西郃陽來南逕蒲阪今縣東南下入陝西華陰 臨晉明縣因府東北七十里漢解縣 虞鄉明承元省入臨晉國朝爲今縣府東六十里漢解縣地 榮河明縣因府北少東百二十里漢汾陰縣河水注禹貢河水自陝西韓城來逕汾陰在今縣北下入陝西郃陽 萬泉明縣

因府東北百六十里漢汾陰縣地 猗氏明縣因府東北百十里漢縣

解州直隸州明仍元解州領縣屬平陽國朝升直隸鹽池在州東三里漢解縣地 東北距省九百五十里領縣四 安邑明縣因州東北五十五里夏禹都漢安邑縣地 夏明縣因州東北百里漢安邑縣 平陸明縣因州東南九十里漢大陽縣山水澤地篇砥柱山在太陽縣東河水自河南陝州來逕大陽縣過砥柱山間書所云東至于底柱也河水下入河南孟津 芮城明縣因州西南七十里漢河北縣

絳州直隸州明仍元絳州領縣屬平陽國朝升直隸漢臨汾長修二縣 東北距省七百十里領縣五 稷山明縣因州西五十里漢聞喜縣地 絳明縣因州東南八十里漢聞喜縣地 垣曲明縣因州東南二百十里漢垣縣漢志垣云禹貢王屋山在東北水經注濟水篇濟水出王屋山爲沇水注引山海經曰王屋之山聯水出焉郭注聯沇聲相近書所云道沇水也下入河南濟源 聞喜明縣屬解州國朝來屬州西南七十里漢聞喜左邑二縣 河津明縣屬蒲州國朝來屬州西百里漢皮氏縣河水注禹貢河水自吉州來逕皮氏在今縣西下入陝西韓城

隰州直隸州明改元隰州屬平陽國朝升直隸漢蒲子縣 東北距省五百五十里領縣三 大寧明縣因州西南九十里漢北屈縣地 永和明縣因州西九十里漢狐讘縣 蒲明縣屬平陽國朝來屬州東南百十里漢蒲子縣地

潞安府明嘉靖八年升元潞州爲潞安府國朝因潞酒有名漢志上黨郡地 西北距省四百五十里領縣七 長治明縣因倚漢壺關縣濁漳水注濁漳水自屯留來逕壺關今縣東南下入襄垣 長子明縣因府西少南五十里漢縣漢志長子云鹿谷山濁漳水所出東至鄴入清[illegible]漳濁漳水注濁漳水出縣西發鳩山鹿谷與發鳩連麓而在南山在今縣西五十餘里濁漳水下入屯留 屯留明縣因府西北六十里漢縣及余吾縣濁漳水注濁漳水自長子來逕屯留今縣南合絳水下入長治絳水自沁源來逕屯留入濁漳漢志屯留云桑欽言絳水出西南東入漳[illegible]先謙案此下漳絳互稱絳一作降故禹貢或言衡漳或言降水酈注又云地理志絳水發源屯留下亂漳津斯爲精審矣 襄垣明縣因府北少西九十里漢縣濁漳水注濁漳水自長治來逕襄垣今縣北下入潞城 潞城明縣因府東北四十里漢潞縣濁漳水注濁漳水自襄垣來逕潞縣今縣東北下入河南武安 壺關明縣因府東南三十里漢壺關縣地 黎城明縣因府東北百十里漢潞縣地

汾州府明萬曆二十三年升元汾州爲府國朝因汾酒有名漢志太原郡地 東北距省二百二

十里領州一縣七 汾陽明縣因倚漢茲氏縣 孝義明縣因府南少東三十五里漢茲氏縣地 平遙明縣因府東八十里漢京陵中都二縣 介休明縣因府東南七十里縣南四十里有緜山介子推隱處漢介休鄔平周三縣 石樓明縣因府西少南二百五十里漢土軍縣河水注禹貢河水自寧鄉來逕縣下入陝西膚施 臨明縣因府西北三百二十里漢離石縣地 永寧州明州領縣來屬國朝無府西北百七十里漢離石藺皋狼陽城四縣河水注禹貢河水自陝西神木來又逕離石隰成今州境地河水下入寧鄉 寧鄉明縣屬永寧國朝來屬府西百四十里漢中陽縣及離石縣地河水注禹貢河水自永寧來又逕中陽在今縣西下入石樓

沁州直隸州明升元沁州爲直隸國朝因漢銅鞮縣 北距省三百十里領縣二 沁源明縣因州西少南百二十里漢穀遠縣濁漳水注絳水西出穀遠縣東發鳩谷下入屯留 武鄉明縣因州東北六十里漢涅縣

澤州府明升元澤州爲直隸國朝升府福公司由此修鐵路至河南道口鎮以運煤鐵漢志上黨河內河東郡地 西北距省六百二十里領縣五 鳳臺明省州治晉城縣入州國朝置縣更名倚南有天井關其南爲羊腸坂道漢高都陽阿二縣 高平明縣因府北少東八十五里漢泫氏縣 陽城明縣因府西八十里

漢濩澤縣漢志濩澤云禹貢析城山在西南

陵川明縣因府東北百二十里漢泫氏縣地

沁水明縣因府西北百七十里漢端氏縣及沁水縣地

遼州直隸州明升元遼州為直隸國朝因漢涅縣 **西北距省三百四十里領縣二**

榆社明縣因州西九十里漢涅縣地

和順明縣因州北九十里漢沾涅二縣

大同府明洪武二年改元大同路為府國朝因駐大同鎮總兵匈奴闔漢高白登在此漢志雁門郡東部都尉及代雲中二郡地 **南距省六百二十里領州二縣七**

大同明縣因倚漢平城班氏二縣河水注禹貢河水自內蒙古鄂爾多斯來逕漢臨沃縣在九原城東今大同縣西北大河外又逕稒陽縣在九原城東北近雲中郡河水下入托克托城

懷仁明縣因府西南七十里漢沙南縣地

渾源州明縣因府東南百二十里漢崞縣

應州明州領縣來屬國朝無府南百二十里漢劇陽縣地

山陰明縣屬應國朝來屬府西南百四十里漢陰館縣地及漄陶縣地

陽高明陽和衛國朝為縣府東北百二十里漢高柳縣

天鎮明天成鎮遠二衛國朝為縣府東北百八十里漢東部都尉地

廣靈明縣屬直隸蔚州國朝來屬府東南二百四十里漢平舒狋氏二縣

靈邱明縣屬直隸蔚州國朝來屬府東南二百七十里漢縣

寧武府明立寧武關國朝為府漢志雁門郡地 **東南距省三百四十里領縣四**

寧武明寧化所屬關國朝為縣倚漢崞縣地

神池明神池堡屬太原府國朝為縣來屬府北三十里漢樓煩馬邑二縣地

五寨明五寨堡屬太原府國朝為縣來屬府西百里漢樓煩縣地

偏關明承元偏頭關國朝為縣府西北百八十里其地東仰西覆故名偏關漢武州縣地

朔平府明洪武中置左右二衛屬大同府國朝為今府漢志雲中定襄雁門三郡地 **南距省六百七十里領州一縣三**

右玉明右玉林衛國朝為縣倚北有殺虎口漢楨陵縣地河水注禹貢河水自鄂爾多斯來逕漢桐過縣今右玉縣東北塞外歸化城西南濱河河水下入陝西神木

左雲明左雲川衛國朝為縣府東南七十五里漢陶林縣地

平魯明平魯衛國朝為縣府西南百十五里漢武州縣地

朔州明州屬大同國朝來屬府南二百四十里漢馬邑縣

歸綏道屬廳十一南界寧武朔平大同三府餘與蒙古各部旗界相錯

歸化城廳殺虎口邊城外二百里蒙古石庫庫河屯元後小王子近支名俺答者於明嘉靖間築城豐州灘以居是為西土默特隆慶間封俺答順義王名所居城曰歸化國初大軍征察哈爾駐歸化城土默特悉降分為二旗設左右都統領之後改歸綏遠城將軍轄雍正元年於歸化城設撫民同知駐歸化城副都統城南有黑河向西流市街分旗人僧侶商賈三區僧人二萬物產以家畜氊毯為大宗

綏遠城廳歸化城東北五里乾隆四年置駐分巡歸綏兵備道理事同知綏遠城將軍

托克托城廳歸化城西南百四十里乾隆二十五年置漢雲中故城地唐為受降城河水注禹貢河水自大同來逕漢雲中郡咸陽今托克托城地又逕楨陵縣今托克托城西南河水下入鄂爾多斯

清水河廳歸化城西南百二十里乾隆二十五年置即前明五市清水營之地

薩拉齊廳歸化城西百二十里乾隆二十五年置有蘇爾哲河經其地

和林格爾廳歸化城東南百八十里乾隆二十八年置南近邊牆

寧遠廳新設和林格爾廳治東光緒二十九年因口外墾地甚廣改撫民同知駐此

興和廳新設豐鎮廳治東百八十里即二道河

五原廳新設薩拉齊廳治西三百六十里即大佘太

武川廳新設歸化廳治北二百十里即翁滚城

陶林廳新設寧遠廳治東三百六十里即科布爾

豐鎮廳故屬大同府近改屬南即得勝口

東勝廳新設即板素壕明為東勝城又近以歸化綏遠合稱一廳

山東省 禹貢青徐兗豫四州青州爲濟南青州登州萊州四府及泰安府東阿平陰之北境徐州爲兗州府及曹州府之鉅野泰安府之東平州及新泰萊蕪之南境兗州爲東昌府及兗州府之陽穀壽張曹州府之鄆城與濟南青州二府之西北境豫州爲今曹州府地漢志青州部平原千乘濟南齊北海東萊六郡菑川膠東高密三國兗州部東山陽濟陰泰山四郡城陽東平二國徐州部琅邪東海二郡及魯國

疆域 南江蘇西北直隸西南河南東北東南臨海東西千六百四十里南北八百里面積五十四萬四千三百十九方里人三千八百二十四萬口現領府十直隸州三州八縣九十六

物產 米粟梨棗藥材黃花菜海物鐵錫煤近德人考驗全省皆有煤礦以爲之輪舟車盛行足供五萬國二百年火煤油鹽硯石陽起石陶器絲絹繭綢作夏粗衣及繅料人好繭綢用繡貨漆器草帽辮等

地勢 王書云中央多山蓋嵩山由河南分支東迤蟠亘山東境內者爲泰山在泰安府北山爲百六十里高四十里丈人峯在山頂特出羣崖之表又東爲原山在萊蕪東北爲鰲山在博山縣南一曰東阜山分一支西南迤於沂泗之閒爲陪尾山在泗水縣東爲尼山在曲阜東南爲蒙山正支又東爲大峴山上有穆陵關一名破車峴爲沂山在沂水縣北爲琅邪山在諸城東南又東北爲登萊半島之脊盡於成山角在文登北或謂秦山山脈白長白山來今但哉天然地勢詒之諸山之南北原野大開田疇相望惟北境濱海斥鹵不利種植

水道 上書云境內河患最急自咸豐五年銅瓦箱之決河改由大清河道入海水內含沙小輪喫水過深不便行駛且游沙停滯時虞衝決兩岸皆隄歲加修治其工卽以沿河州縣兼管之又運河以汶水爲上源汶水出原山西南流右合泮河左合小汶河又東至戴村壩分一支津北合蘆灰諸泉入河此本汶水入濟故道自戴村柴墻正流遂西南入運又西南至南旺分流南北北流者貫黃河西會衞河凡十九閘又順流而北入直隸境南流者貫蜀山湖中左受泗水源出陪尾山西南流分二派西流者爲府河入運西南流者左合雩河白馬河又西入運又南行獨山湖中兩岸皆堤南陽昭陽湖又東經微山湖北又南入江蘇境右受微山湖水微山湖上通昭陽湖昭陽湖受水甚多如西境牛頭河所合之趙王河洙渠河萬福河白花河皆入湖左受洳河沂河沂河源出沂山西麓南流右會東汶河又南受劢河決水入運皆源出境內者也又小清河今上通濟南源係濼水東流右會孝婦河又東清水泊合淄水北洋河來會又東北入海山東行船河道除運河黃河外以此爲最又濰河源出莒州北境東流折而北左會東汶河入海又百脈湖周六十餘里南受膠河西受五龍河又北溢出北流者爲北膠河至海倉口入海南流者名南膠河左會北沙河大小沽河至麻灣口入海膠河本不擬通元至正東萊人嫩漕竟議自膠州達北溝通大沽河西至百脈湖北入膠木欲使海通南自麻灣北海倉可免成山背之險旋以水淺阻行於是膠河有南北之名又沐水源出沂山南入江蘇境折東入海

交通 王書云航路自之罘西通天津北通營口東通朝鮮仁川及日本長崎南通青島上海又鐵路已成者卽德所修之青濟鐵路自青島北綫膠州灣西經膠州高密濰縣擬設者有四一自膠州西南至沂州一自濰縣東北至之罘一自濟南北至德州一南達沂州其自德州南渡黃河至江蘇徐州則驛路也又電綫北通京師東通青島西南通

開封濟寧曹縣南通泰安又由德州南通清江浦臨清阿城濟寧韓莊臺莊由韓莊南分江蘇徐州由臺莊轉北分沂州又海綫自之罘一通大沽一通旅順一通威海青島一通上海

海岸 講義云老黃河口之東南有淺沙傍岸東南亘九十餘里至大清河口名攔門沙大清河卽今黃河也口外沙亘交横卽帆船大者亦須在亘外卸貨口外亦不能行駛大船故西人謂黃河爲全球中最無用之大水適足爲中國之憂此直隸灣西岸也黃河口之東南沿岸皆低并有沙灘鋪入海中二百里至萊州灣在萊州之北此二百里中有小清河口淄水會小清河入海處也上通臨淄樂安一帶有瀰河口上通青州府城其正當萊州灣海口者以濰河口膠萊河口爲大濰口上通昌邑安邱膠萊河上通平度高密並南達膠州灣卽元代溝通膠萊新河以通海運者南自膠州北達萊州故名膠萊新河萊州灣東背爲硬沙灘沙灘之西南有小島曰芙蓉島近島處水較深萊州東背與黃縣北之姆磯半島西人名地接赫碼島山崙地與大名接得謂之島相對中成海灣西人名薾口澳姆磯半島之東爲桑島桑島之東卽登州頭與旅順口隔海相望此直隸灣東岸也過此則爲黃海西岸矣北岸下盤蹴峴登州頭者西岸之極北也其西與勃海直隸灣之東岸接自登州頭迤東南多低沙岸約百里爲福山縣東北之罘山在福山縣東北二十五里秦皇漢武所登之罘卽此之東北伸入海中之半島也與大地相接處爲沙質地頸山據半島之東北頭自西北至東南長亘十五六里勢頗嵯峨高於海面近千尺地頸低而小遠望如海中孤島其斜迤入海之狀略如靈芝形山東頭名之罘東角角南對煙臺爲口門口內卽之罘江一名鎭澳可停泊惟不能避東北風煙臺卽明代奇山所伸入海中之小阜三面環海上有西式通商之市鎭地在福山縣東北二十八里

之罘港之東有崆峒羣島係數小島與數石散布海面約七海里羣島中以崆峒島爲最大故以名之島之最北爲北石此石在之罘東角之東偏北約七海里又二分海里之一高百餘尺北石羣西南二海里又半爲雙石高近二百尺雙石之南偏西二海里之東南島東南島之西偏北約一海里又四分海里之一卽崆峒島也最高處距水面二百三四十尺上有燈塔崆峒島北約半海里有島石言其形狀象指形崆峒島之西南有低沙角伸出島約四分海里之三名東沙觜觜西極便停泊崆峒島之西皆淺沙綿亘約一海里沙之西又有數小島名羣西島羣西島之北界爲挺石南界爲西沙觜西界爲小山島島西偏北距之罘東角約二海里島於是輪船入煙臺者凡二口門小山西北對之罘東角爲一口門東北向東沙觜西南對紐角爲一口門東南向一名角自紐角迤東南爲低沙岸約二十餘里爲龍門港養馬島與大地相距而成港也一統志養馬島寧海州北十里養馬島狹而長自東北而西南長約二十二三里其東北盡處爲白石角西南盡處爲大山角大山角之東南盡處爲島之極南曰廟角卽龍門港西北岸也廟角西南大山角東南甚便停泊港內水淺僅能行小船水落時或無水自白石角以東沿海皆低平岸間有岡巒出入亦不甚高約百二三十里至處海衞有港爲劉公島與大地斗岸相距而成威海明之舊衞城在文登縣北九十里一統志劉公島威海城之北有小阜東北伸入海其地角名殼角城之東南亦有伸入海中之觜名營角兩角開成

一大澳城踞澳之西岸劉公島踞澳口西對威海衛城約十里許深岸自東二澳水有量道半里凡重載大船須從水道東口進口水道偏淺西口水道西有淺道十里許沙東建停連鐵泊之道小淺島甚日島名重載澳量大船須從水道東口進吾東劉廣西對於成威海衛道而約西有水里甚下便相連水道泊之小島甚日島凡重載測量大澳口西岸劉公島西對威海衛城約十里許島名水間道鐵泊之舊長西名今澳之已內爲船測須從二公水道東進口島東榮成島縣間道圖今澳測載澳之西岸劉公島踞澳口道島成山五道衣爲內島他有測量從二公島西道東口進水淡南偏吾劉公東門華劉公於對成威海衛城約十里許小島成五之已內爲人物可得之道東進口之在東榮縣山舊衣圖島泉雙西物矣得之西道東澳口之在東榮爲山西北十里成五道今已澳量大船爲岸劉公島

北有山在東北郎十水舊長西名重載澳分之西岸劉公島踞澳口道西廣對於成威海衛城處廣日入成山約六天七蘆東西有島半里甚日島凡重載大澳城踞澳之西岸有人名小成標爲島縣準亞蘆踞里上或東北郎十水舊長西名重載澳分處成名山立地海背里日東角北小郎甚日島凡踞澳之西岸人成爲島縣之外嶼地司海背里上上或東北郎山至榮頭澳東南之乃倭焉老立地東威小士高故十成五道圖今澳測山榮榮成島嶼居縣準島踞七蘆東西有島半里甚日

地頭頭嶼地榮南之爲山特高故十里成五道圖今澳測量大船爲岸劉公島至榮成山嶼各嶼山特三名里內嶼山里郎之已澳量大口西岸
榮衛山成放沙中岸外嶼各嶼地南之嶼東南水成島北三名里百成東舊東海舊衣爲內船爲岸
華澳澳倭島頭東嶼南榮深澳可利海餘山西角中圖島他有測須劉
林鎁郎集焉之南爲裏嶼二島澳泊以外嶼頭長也岸也北大之也人泉量從二公
鎮榮島乃登口東爲有厄林之島郎島舍可停有在船地四名成約自所一嘉雙西物可島水島

皆榮成之東海岸其水深處均便停泊自東南頭島遶西南爲石
榮成島乃倭登萊半島東深南之南桑溝澳自裏島至此約百餘里
之乃東海岸半也有處盡爲處也澳澳桑溝澳以南南東南頭島日
東登萊半島厄林小島可鑾風惟有內水淺之耳裏島北之頗通
海岸其島東之島郎裏口也小鎮埠在澳北南通南厄貨

五島甚風王頂之澳口東南向市鎮大船商貨可通上海以船體不北
洲大澳郎可停泊東南澳停可市以避
地理志略

五島甚風王石可大澳郎島口內澳向東南向澳大船商可通
皆島名停泊靖海衛之北有山長小家島澳內西停泊
可有石島北之有口卷二南東有處市鎮大船可貨通上海
名可停泊岸臨有島西山爲有蘇二澳口向東之澳東岸深有處市商
靖海衛之岸灣爲口東蘇二澳南口向東
小海灣船商貨可悉石島內澳向東南向澳大鎮
海船避風惟靖海衛門之南向市鎮

西有紅島郭家岸灣之靖海衛之北稍有深口鎮鐵槎島橫西東水深有處市
西南紅島家灣之北灣深口鐵島西門小島口之澳
五里南有暖口西帶東爲靖山西蘇澳聯門小島口二東
奔赴乳山寨口石島北沙南湖北灣向體浦海島山處不廣

此背山口亦有島湖登港鎮口海西文近水達七甚大海連故
郎乳山寨之口最港之北東爲西北小口可名縣北北向台
流經乳山爲涯有島之山東近海之外北不也甚七通可爲
水外乳口北由島寨山爲乳山口小口沙爲水島東東北北地能

岸澳名甚山口之西港之南山鎮水大島之外登州府海之
名老龍朱能有小島縣西有石乳山口之西口寨
海陽縣城踞草島背上故草島背又名海陽角海陽角下多石行

或出水上海或伏水中縣亘二三字海里而近低角處亦淺礁羅列故
無三柁者伏陽受丁五港里有大澳東角亦列向
廣約縣山西海北里名艾澳山北南岸之西南爲二三字海
棲霞經龍山西北五山龍南岸流之中南至丁五字港里有水
經岸有採行門下村惟名艾澳陽北南角岸入萊陽縣
深澳北末五霞龍山下行門村寨五山北南岸至萊陽縣界
澳寨東南島島之前深金處海司便於頭有大口近河流所
蘆村南島海十又水爲瀕海司寨以大山近所外港
東西南五六山山角海多冒可支亞港
西西南五十又水角海也舍

三底伯雙國鰲北東期成東游頭風集南
華船十又島游之隅南舊大北內澳焉
集里有北內墨灣會圖灣一山之岸澳
女硬偏灣水之小名郎地南西有外
姑泥東之也東沽麻膠嘴對島市
口質距西女北水灣州一黃浮埠可頭
東東陰約姑隅又海灣島山貨停澳勞
北方島二口亦南口也東所物泊澳山
至最約海之有會大光北明通北口南
郎廣八里西小膠沽緒角廢上風南出
墨大海餘南水萊水二干海自向之
城之里挨麻口南源十以岸無支
約佳陰勿海名河出三廣戶以岸無
四埠島林口女又黃年一爲也豬雖風蜓
五也之角之姑南縣德海浮白猛處於
十麻南之東口入南國里口山菜無澳勞
里灣齊西南其此蹲强又黃西爲礙內山
故口伯北有水灣大租四島南多惟水港
二西之約島東水山之分非地棉不淺與
口至北三日北口南以海島背花能有膠
皆膠水海陰通流九里也外蘆避數州
商州深里島郎至十之乃有菔東小澳
貫城浪餘墨在平九三靈草次南島之
所約闊有縣灣度年口山島之二華開
聚二水齊舊西州爲內衛日琴方船其

十里明時築城依山環海最為險要唐島東北有數島舊志所謂陳家薛家竹岔等島是也唐島之南有靈山島在膠州東南百二十里海中靈山衛南三百里靈山島西北岸上為夏河寨明廢千戶所也靈山島之西南為琅邪臺即琅邪山紀要言在諸城縣東南百二十里其山三面皆設於海惟西南通陸越王句踐滅吳欲霸中原徙都琅邪作臺於山上以望東海始有琅邪臺之名秦皇漢武所登之琅邪即此越故都即漢縣城或以為即琅邪臺西北十里之夏河城向東伸出海中之山嶺也嶺東海中有島名琅邪島疑即紀要之齋堂島北名龍旺口島與山嶺間水道之北口也水道廣約三海里琅邪臺之西南有澳名琅邪臺澳澳口南向澳內有深處底為泥質可泊以避東北風遇南風則不佳華船集焉澳岸有市埠商貨通上海寧波貨以鹽豬棉花白菜蘆菔為多琅邪臺之西有木官島島北岸上為信陽巡司在諸城縣南百二十里信陽司之西為安家口上承潮河小水也水口南有市埠名兩城集口內外華船泊焉安家口之南為石臼所明舊千戶所在日照縣東二十里宋乾道初李寶自石臼破金兵臨海一小山上立高方石如塔故西人名為塔角石臼之南為夾倉口上承傳幢河水出日照西北之高柘山東南流經日照縣南夾倉鎮北至口入海夾倉鎮在日照縣東南二十五里明置巡司今仍之夾倉鎮之南為濤洛鎮海濱產鹽處也濤洛之南為張雒口上承小水口西通安東衛明置衛在日照縣南九十里迤南則入江蘇贛榆縣境矣延長凡二千四百里自信陽以來海岸皆低平傍岸多淺礁

濟南府 明太祖吳元年改元濟南路為府國朝因駐山東巡撫布政提學提法鹽運四司濟東泰武臨巡警勸業三道近開各國商埠漢志濟南齊千乘泰山平原清河六郡地

北距京師八百里領州一縣十五

歷城 明縣因倚漢歷城東平陵臺三縣濟水注禹貢濟水自長清來逕歷城今縣治又逕臺縣在今縣東北下入章邱

章邱 明縣因府東北十里漢陽邱菅朝陽猇四縣濟水注禹貢濟水自歷城來逕菅縣在今縣西北下入鄒平河水注禹貢漯水自濟陽來逕朝陽今縣西北下入鄒平

鄒平 明縣因府北百六十里漢鄒平梁鄒二縣濟水注禹貢濟水自章邱來逕梁鄒今縣治下入高苑河水注禹貢漯水自章邱來逕鄒平今縣北下入青城

淄川 明縣因府東二百二十里漢般陽土鼓昌國萊蕪四縣禹貢汶水淄水俱出此水經注汶水篇水出萊蕪縣原山萊蕪故縣在今縣東南下入萊蕪淄水篇水出原山下入臨淄

長山 明縣因府東百九十里縣南周村光緒三十年開為商埠絹織物最佳毛織物次之漢於陵縣

新城 明縣因府東北三百二十里漢高苑縣延鄉平安二侯國濟水注禹貢濟水自高苑來逕平安在今縣東北下入博興

齊河 明縣因府西五十里漢祝阿縣地

齊東 明縣因府東北二百五十里漢朝陽鄒平二縣地

濟陽 明縣因府東北九十里漢著縣河水注禹貢漯水自臨邑來逕著縣今縣西南下入章邱

禹城 明縣因府西北百里漢高唐阿陽瑗三縣河水注禹貢漯水自博平來逕高唐今縣西入河又自河再出為源河逕瑗縣今縣南下入臨邑漢志高唐云桑欽言漯水所出者也

臨邑 明縣因府北百四十里漢漯陰縣河水注禹貢漯水自禹城來逕漯陰今縣南下入濟陽

長清 明縣因府西南七十里漢濟北國治盧縣及茌祝阿二縣濟水注禹貢濟水自東阿來逕盧縣在今縣南下入歷城

德州 明領縣來屬國朝無府西北二百六十里駐督糧道有北洋機器局漢鬲縣河水注禹貢河水王莽河故瀆自平原來逕鬲縣今州北下入直隸景州漢志鬲云平當以為鬲津許商云鬲津在鬲縣界中自鬲以北至徒駭相去二百里

德平 明縣屬德國朝來屬府北二百里漢平昌般二縣般在縣東北爾雅郭注九河鉤般水曲如鉤流般桓也班志三般下顏注引之

平原 明縣因府西北百八十里漢平原鄃繹幕三縣河水注禹貢河水王莽河故瀆自恩來逕鄃今縣西南又逕平原今縣東又逕繹幕今縣西北下入德州

陵 明縣因府西北二百里漢安德縣

泰安府 明洪武初以元泰安州領縣屬濟南府國朝升府漢志泰山東二郡及東平國地

北距省百八十里領州一縣六

泰安 明省元州治奉符縣國朝復故更名倚漢博柴奉高鉅平梁父五縣漢志博云岱山在西北汶水注禹貢汶水自萊蕪來逕奉高今縣東又逕博縣今縣東南又逕鉅平今縣西南下入寧陽

肥城 明縣屬濟南國朝來屬府西七十里漢肥城蛇邱二縣汶水注禹貢汶水自寧陽來逕蛇邱今縣南下仍入寧陽

新泰 明縣因府東南百五十里漢東平陽縣

萊蕪 明縣因府東百二十里漢嬴牟二縣汶水注禹貢汶水自淄川來逕嬴縣今縣西北下入泰安

東平州 明改元東平路為府尋降州領縣國朝來屬府西北四十里漢東平國治無鹽縣及章須昌壽良三縣禹貢東原在此鄭元云今東平郡[illegible]即東原王鳴盛云州及泰安縣西南境皆古東原地在岱之西南濟之東汶之北汶水注禹貢汶水自寧陽來逕章縣今州東下入汶上其二汶水逕無鹽今州東又逕壽良今州西南又逕須昌今縣西北又入濟漢志萊蕪云禹貢汶水出西南入泲者也濟水注禹貢濟水故瀆出鉅野澤東北過壽良合汶水謂之清口清即濟也書所云又東北會于汶也又北過州西北自下通得清水之目下入東阿孫星衍云東平州安山鎮古浮汶達濟之道

東阿 明縣屬東平國朝來屬府西北二百十里漢臨邑縣濟水注禹貢濟水自東平來逕臨邑在今縣北下入長清

平陰 明縣屬東平國朝來屬府西北百九十里漢肥城盧二縣地

武定府 明洪武六年以元廢棣州改樂安州宣德元年改武定國朝為府漢志平原千乘勃海三郡地

西南距省二百里領州一縣九

惠民 明廢元州治厭次縣國朝復故更名倚漢富平侯國

青城 明縣屬濟南國朝來屬府東南九十里漢東鄒縣河水注禹貢漯水自鄒平來逕東鄒今縣境下入高苑

陽信 明縣因府東四十里漢陽信縣地

海豐 明縣因府東六十里漢陽信縣

樂陵 明縣因府西北九十里漢樂陵重合二縣

商河 明縣因府西南九十里漢朸縣

濱州 明領縣國朝無府東九十里漢濕沃縣地

利津 明縣屬濱國朝來屬府東百五十里漢濕沃縣地

霑化 明縣屬濱國朝來屬府東北七十里漢重邱縣及濕沃縣地

蒲臺 明縣屬濱國朝來屬府東百二十里漢濕沃縣

兗州府 明洪武十八年升元兗州爲府國朝因駐分巡兗沂曹濟兵備道兗州鎮總兵漢志山陽泰山東海沛東五郡東平魯楚三國地 **北距省三百二十里領縣十**

滋陽 明縣因倚漢利邱樊瑕邱三縣乘邱侯國泗水注禹貢泗水自曲阜來逕瑕邱在今縣西下入鄒

曲阜 明縣因府東三十里漢魯國治魯縣泗水注禹貢泗水自泗水縣來逕魯縣合洙水又合沂水下入魚臺

寧陽 明縣因府北五十里漢寧陽侯國及剛汶陽二縣汶水注禹貢汶水自泰安來逕汶陽今縣東北下入肥城又自肥城來逕剛縣今縣北下入東平

鄒 明縣因府東五十里漢騶縣南平陽三縣泗水注禹貢泗水自滋陽來逕南平陽今縣治又逕橐今縣西南下入魚臺

泗水 明縣因府東九十里漢卞縣部鄉侯國泗水注禹貢泗水出魯卞縣北下入曲阜

嶧 明縣因府東南二百六十里有中興煤鎮煤質佳厚日出三百噸爲東省冠漢丞繒蘭陵博陽四縣建陽陰平二侯國

滕 明縣因府東南百四十里漢蕃薛戚合鄉四縣公邱昌慮桃山三侯國

陽穀 明縣屬東平國朝來屬府西北三百里漢東阿縣

壽張 明縣屬東平國朝來屬府西北三百四十里漢范縣地

汶上 明縣屬東平國朝來屬府西北九十里漢東平陸縣桃鄉侯國汶水注禹貢汶水自東平來逕桃鄉今縣東北水自桃鄉四分其派別之處謂之四汶口其二汶水又逕東平陸今縣北下仍入東平

濟甯直隸州 明太祖吳元年改元濟甯路爲府尋降州領縣屬兗州國朝升直隸漢任城亢父二縣 **北距**

省四百九十里領縣三

嘉祥 明縣因州西南百里漢任城鉅野二縣地

金鄉 明縣屬兗國朝來屬州東南百六里漢山陽郡治昌邑縣及東緡縣濟水注禹貢荷水自鉅野來逕昌邑今縣治又逕東緡今縣東北下入魚臺

魚臺 明縣屬兗國朝來屬州西南百五十里漢方與湖陵二縣濟水注禹貢荷水自金鄉來逕方與今縣北又逕湖陵今縣南入泗書云浮于淮泗達于荷言荷泗通也泗水注禹貢泗水自鄒來逕方與與荷水合漢志卞云泗水西南至方與入沛渠者也今本奪渠字誤沛又逕湖陵與荷水下入江蘇沛

沂州府 明洪武十八年以元沂州領縣屬兗州府國朝升府漢志琅邪泰山東海三郡及城陽國地 **西北距省六百六十里領州一縣六**

蘭山 明省州治臨沂縣國朝復故更名倚漢臨沂開陽即邱利城襄賁魏其六縣沂水注禹貢沂水自沂水來逕臨沂開陽俱今縣北又逕襄賁今縣西南下入郯城

郯城 明縣因府東南百二十里漢東海郡治郯縣沂水注禹貢沂水自蘭山來逕郯縣今縣西下入江蘇邳州

費 明縣因府西北九十里漢費華南城南武陽四縣

蒙陰 明縣屬青州國朝來屬府西北二百里漢縣漢志蒙陰云禹貢蒙山在西南

莒州 明領縣屬青州國朝無來屬府東北九十里漢城陽國治莒縣及稗箕虞門三縣高廣高鄉二侯國禹貢潍水出此水經注潍水篇潍水出箕縣潍山今州東北下入諸城

沂水 明縣屬莒國朝來屬府北百二十里漢東莞陽都東安盧蓋五縣

沂水注禹貢沂水出蓋縣沂山蓋在今縣西北又逕東莞今縣治又逕東安今縣西又逕陽都今縣南下入蘭山

日照 明縣屬莒國朝來屬府東二百四十里漢海曲縣

曹州府 明正統十一年置州領縣國朝爲府駐曹州鎮總兵漢志濟陽山陽東三郡及梁國地 **東北距省五百八十里領州一縣十**

荷澤 國朝置倚古荷菏兩作見五經文字漢冤句句陽葭密呂都都關五縣濟水注北濟自河南蘭儀來逕冤句呂都俱今縣西南下入定陶南濟自蘭儀來逕冤句下入定陶

曹 明縣因府東南百里漢定陶縣地及己氏薄二縣

定陶 明縣因府東南四十里漢縣濟陰國治濟水注南濟自荷澤來逕定陶在縣西北下入鉅野北濟自荷澤來逕定陶合荷水下入鉅野荷水自蘭儀來逕定陶爲荷澤下入鉅野漢志定陶云禹貢陶邱在西南濟陰郡云荷澤在定陶東書云濟水東出于陶邱北又東至于荷即此荷澤也

濮州 明領縣來屬國朝無府北百二十里漢鄄城成陽二縣漢志成陽云禹貢雷夏澤在西北自州東南接荷澤縣界禹貢雍沮二水在州境元和志云雍沮二源俱出縣西北平地中志縣四十里王鳴盛云五代後河流經此蕩滅無存

范 明縣屬濮國朝來屬府北百六十里漢范廩邱二縣

觀城 明縣屬濮國朝來屬府南百五十里漢單父縣平樂侯國河水注禹貢河水王莽河故瀆自河南滑縣來逕衛縣戚城今縣西下入河南內黃

城武 明縣屬兗州國朝來屬府東南百十里漢成武郜成秺三縣

鉅野 明縣屬濟甯國朝來屬府東百四十里漢鉅野乘氏二縣漢志鉅壄云禹貢大野澤在北王鳴盛云是澤自漢元光石晉開運宋咸平天禧熙甯金明昌元至正河皆決入及河溢南徙澤爲決溢所不及又澤本汶泲所鍾明永樂九年開會運河過汶泲入運澤乾涸無存濟水注荷水南濟北濟俱自定陶來逕鉅野縣合流又合濮水入鉅野澤濟水下入東平荷水復出逕乘氏下入金鄉

鄆城 明縣屬濟甯國朝來屬府東北百二十里漢壽良縣地及黎縣

單 明縣屬兗州國朝來屬府東南百五十里漢單父縣

朝城 明縣屬東昌國朝來屬府北二百十里漢東武陽縣河水注禹貢漯水上承河水於河南滑縣逕東武陽今縣西下入莘班志東武陽云禹貢今本訛漯漯水東北至千乘入海者也

東昌府 明洪武初改元東昌路爲府國朝因漢志東魏清河三郡地 **東距省二百四十里領州一縣九**

聊城 明縣因倚漢縣河水注漯水自堂邑來逕聊城今縣西北下入博平

堂邑 明縣因府西四十里漢清發干二縣河水注禹貢河水王莽河故瀆自直隸元城來逕發干今縣西南下入清平漯水自莘來逕清縣今縣東南下入聊城

博平 明縣因府東四十里漢縣河水注漯水自聊城來逕博平今縣西北下入禹城

清平 明縣因府北七十里漢貝邱縣河水注禹貢河水王莽河故瀆自堂邑來逕貝邱今縣西南又逕厝今縣南下入恩

莘 明縣因府西百里漢陽平縣河水注禹貢漯水自朝城來逕陽平今縣治下入堂邑

冠 明縣因府西百里漢館陶貝邱二縣地

館陶 明縣屬臨清　國朝來屬府西北百二十里漢縣 **高唐州** 明因元州領縣　國朝無府東北百十里漢東陽縣 **恩** 明縣屬高唐　國朝來屬府東北百八十里漢靈縣河水注禹貢河水王莽河故瀆自清平來逕靈縣今縣西南下入平原 **茌平** 明縣因府東北七十里漢縣

臨清直隸州 明宏治二年升元臨清縣爲州領縣屬東昌　國朝升直隸漢清淵縣 **東距省二百八十里領縣三** **邱** 明縣因州西四十里漢平恩侯國南曲縣濁漳水注衡漳水自直隸曲周來逕平恩今縣西又逕南曲今縣北下仍入曲周 **夏津** 明縣屬高唐　國朝來屬州南百里漢信鄉侯國 **武城** 明縣屬高唐　國朝來屬州西百里漢東武城復陽二縣

青州府 明太祖吳元年改元益都路爲青州府　國朝因駐青州副都統漢志齊北海千乘琅邪四郡地 **西距省三百五十里領縣十一** **益都** 明縣因倚漢廣縣柳泉侯國 **臨淄** 明縣因府西北五十里漢臨淄西安東安平三縣淄水自淄川來逕臨淄今縣北又逕東安平今縣東下入樂安 **博興** 明縣因府西北百十里漢博昌樂安高昌利四縣濟水注禹貢濟水自新城來逕高昌今縣西南又逕樂安今縣北又逕博昌今縣南又逕利縣今縣東下入樂安 **高苑** 明縣因府西北百五十里漢千乘郡治千乘縣及狄建信二縣被陽侯國濟水注禹貢濟水自鄒平來逕狄縣今縣西北又逕狄陽今縣治下入新城河水注禹貢漯水自青城來逕建信今縣西北又逕千乘今縣北入海地理風俗記云漯水東北至千乘入海河盛則通津委海水耗則微涓絕流王鳴盛云宋時河決滑濬東之商胡朝城流絕舊迹不可復見 **樂安** 明縣因府北九十里漢廣饒鉅定二縣淄水注禹貢淄水自臨淄來逕鉅定今縣北又逕廣饒今縣東北又逕琅槐今縣東合泲水入海漢志萊蕪云原山淄水所出東至博昌入泲王鳴盛云水經言入海者乃魏以後語與漢志不合何況禹貢禹貢淄水當自利縣東至博昌入泲而止此所謂其道也水經注所言東安平以下與禹貢無涉河渠書於齊通淄泲之閒故淄得由博昌入泲之後復由馬車瀆以下至琅槐與泲同入海耳濟水注禹貢濟水自博興來逕琅槐入海書所云又北東入于海漢志垣云軼出滎陽北地中又東至琅槐入海者也 **壽光** 明縣因府東北七十里漢壽光劇益三縣平望樂望二侯國 **昌樂** 明縣因府東七十里漢營陵縣劇魁劇二侯國 **臨朐** 明縣因府南四十里漢縣及朱虛餅臨原三侯國 **安邱** 明縣因府東南百六十里漢安邱昌安平昌部城淳于五縣及成鄉侯國濰水注禹貢濰水自諸城來逕平昌今縣南下入高密又自高密來逕昌安今縣治又逕淳于今縣東北下入昌邑 **諸城** 明縣因府東南百八十里漢琅邪郡治東武縣及諸姑幕琅邪昌石泉五縣昆山折泉茲鄉三侯國濰水注禹貢濰水自莒州來逕諸縣今縣西南又逕東武今縣治又逕石泉今縣東北下入安邱 **博山** 國朝雍正十二年置縣府西南百八十里煤鑛最有名有玻璃窯數百座爲新興工業漢萊蕪縣地

五洲地理志略　卷二　十五

萊州府 明洪武元年升元萊州爲府　國朝因漢志東萊北海琅邪三郡膠東高密二國禹貢萊夷在此 **西南距省六百八十里領州一縣三** **掖** 明縣因倚漢縣東萊郡治及曲成當利陽石陽樂平度臨朐六縣 **平度州** 明領縣來屬　國朝無府南百里漢膠東國治即墨縣及郁秩盧鄉二縣 **濰** 明縣屬平度　國朝來屬府西南二百五十里光緒三十年奏開爲商埠租界在東圩門外距火車站五六里南二十里之坊子莊日出煤三百噸大塊百分中含炭氣七十餘分華德公司開采供青島各汽機之用漢平壽斟桑犢三縣 **昌邑** 明縣屬平度　國朝來屬府西百十里漢都昌下密二縣密鄉平城二侯國濰水注禹貢濰水自安邱來逕平城今縣東又逕密鄉又逕下密倶今縣東南又逕都昌今縣西入海書所云濰淄其道漢志箕云禹貢維水北至都昌入海者也

膠州直隸州 明因元膠州領縣屬萊州府　國朝升直隸漢黔陬計斤邾祓四縣 **南距省九百里領縣二** **高密** 明縣因府西南百六十里漢高密國治及夷安膠陽稻三縣濰水注禹貢濰水自安邱來逕高密下仍入安邱 **即墨** 明縣因府東南二百二十里漢不其壯武二縣及皇虞侯國

登州府 明洪武九年升元登州爲府　國朝因駐分守登萊青膠兵備道登萊鎮總兵漢志東萊郡地 **西南距省九百二十里領州一縣九** **蓬萊** 明縣因倚漢黃縣地 **黃** 明縣因府西南六十里漢黃腄徐鄉三縣 **福山** 明縣因府東百三十里咸豐八年與英法立約以縣東北之罘灣南岸地[illegible]定爲通商埠水深不凍輪舟出入勃海者必先泊此有各國領事署稅關郵政局觀象臺沿岸築礮臺與灣東崆峒島礮臺對峙實爲勃海咽喉商業頗盛出口貨豆餅豆油草帽緶野蠶繭紬爲大宗入口貨以洋藥棉布絨布洋油海物銅煤爲大宗每歲值銀三千八百四十餘萬兩漢牟平育黎二縣 **棲霞** 明縣因府東南百五十里漢腄縣地 **招遠** 明縣因府西南百四十里漢曲成縣地 **萊陽** 明縣因府西南二百五十里漢昌陽觀陽長廣挺四縣 **寧海州** 明領縣來屬　國朝無府東二百十里漢東平縣 **文登** 明縣屬寧海州　國朝來屬府東南三百三十里漢不夜腄二縣 **榮成** 明成山衛　國朝爲縣府東四百八十里漢不夜縣地 **海陽** 明大嵩衛　國朝爲縣府東南百二十里漢昌陽縣地

五洲地理志略　卷二　十六

河南省 禹貢豫州開封陳州歸德河南許汝南陽汝寧六府三州揚州光州冀州懷慶衛輝彰德三府漢志司隸部河內河南宏農豫州部潁川汝南梁國冀州部

魏郡兗州部陳留郡淮陽國荊州部南陽郡

疆域 東江蘇西陝西南湖北西北山西北直隸東北山東東南

安徽東西千百二十里南北千二百九十里面積五十四萬四千

三百十九方里人三千五百三十一萬口領府九直隸州四直隸

廳一州六縣九十六 物產麰麥麻豆梨柿棗出永城石榴羊桃靛漆藥材絹紬野蠶伏牛山一帶居人多畜此等柞樹葉可飼紙葛布瓷器銅鐵錫磁石塊煤彰德府寶豐縣登封禹州密縣新安等處近年河以北多種棉花河以南多種鴉片產竊甚多禹州宜陽地勢王書云東境平野相連西境則多山秦嶺自陝西境內分支東北迤於黃河之南洛河之北者爲三崤山崤在永寧縣北亦謂之三崤東有盤崤西崤二崤爲北邙山東迤於洛河南漢水北者爲熊耳山熊耳在盧氏縣東南爲伏牛山爲敖山又分二支北支東北迤爲轘轅山爲嵩山在登封縣北小方城山爲桐柏山桐柏在桐柏縣西南南支又南迤爲魯陽關在魯山縣西南湖北之界爲平靖關武勝關爲九里關卽所謂義陽三關也又東爲穆陵關爲黃土關爲白沙關爲銅羅關爲青苔關東南入安徽境其在黃河之北蟠亘於彰德衛輝懷慶三府之西北者爲太行山則自陰山所分南迤之支也述征記太行首始於河內北至幽州凡有八陘第一軹關陘在濟源縣西第二太行陘在河內縣西北第三白陘在輝縣西第四滏口陘在直隸磁州西北第五井陘在直隸獲鹿縣西第六飛狐陘第七蒲陰陘第八軍都陘

云黃河自陝西潼關東流爲山西河南之界右受弘農乾頭諸小水東出三門過底柱山又東流北岸亦入河南界左受溴河廣濟河沁水右會洛河東又東行於大平原中兩岸皆隄河龍較平地尤高故河勢最危又水東北入直隸境平原中兩岸皆隄河底河勢至今皆以右岸平地高河道北行又東北流入山東西北合漳衛入海小黃河自滎澤河右受小汜水東入山東而源出柏山東流左受明港河右會又汝河又受小濮河自東北來左與南汝水合又東北會洪河又東北流入安徽境與汝水會沙河卽古滍水出魯山縣西境之堯山東流與自西北來之汝水會又東南右會澧河又東與潁河會潁水出登封縣西境陽城山少室山東南流會諸河水合河合諸水百三十里復合又東南右會沙河會水東南流經商水縣西北流入安徽境西北來之雙洎河又南與沙河會三水東流至蔡河右會之安徽境右合自西來之沙河及洪河東流入安徽境又合蔡河及淮水又合大者爲汝河東流至蔡縣分爲二派其東派曰白河源出伏牛山東南入淮東派曰漂河源出唐河三源合而來會流出山至南陽東南復與湍河合爲唐河又合趙河潦河淯河老鶴河右會淇河南入漢又丹河自陝西東南入境左會滔河

開封府 明洪武元年改元汴梁路爲開封府明置布政司提學司提法司鹽法道分巡開歸陳許兵備道巡

巡警道勸業道漢志陳留郡淮陽國地川三郡淮陽國地

河南潁川三郡淮陽國地

北距京師千五百四十里領州一縣

十一 **祥符** 明開封府附郭縣因之縣西南有朱仙鎭爲水陸會集之所漢浚儀縣地北下入直隸長垣南濟自封丘來逕浚儀下入陳留

封丘縣濟水逕小黃在陳留縣北濟自祥符來入逕蘭儀黃縣東北下入陳留

濟自東祥符來入逕蘭儀

今縣東北下入蘭儀

九十里漢陳留縣地

扶溝二里縣地

陳留 明因開封府東南五十里漢陳留縣治府東少南及小黃縣濟水注汴

杞 明因開封府東南百里漢雍丘外黃圉三縣

通許 明因開封府東南百里漢

尉氏 明因開封府西南九十里漢尉氏縣

洧川 明因開封府西南五十里漢新汲縣地

鄢陵 明因開封府南百里漢鄢陵縣

中牟 明因開封府西七十里漢中牟縣

蘭儀 先爲蘭陽縣儀封縣地

社苑陵三縣地國朝某年併儀封入蘭陽更名府東北九十里漢濟陽東昏二縣濟水又東北注菏水南濟自儀封東來逕陽東在今東昏又東在定陶縣南北濟自東出爲菏東北爲陽武東昏長垣之地縣南濟又東入菏澤菏水東出爲濟自蘭陽縣東來五丈溝北爲陽水下入濟陽下入濟

山東菏澤北爲濟東北流至西北濟自山東長垣長垣爲下

禹州 明元均州萬曆三年改治禹州府西南二百二十里漢潁川郡陽翟縣屬府國朝來屬

密 明縣屬禹州國朝來屬府

十西里南漢二縣百二

新鄭 明縣屬開封府西南百二十里漢新鄭苑陵二縣地

鄭州直隸州 明州屬開封府國朝升直隸州漢領中牟縣及京縣故市

縣三 **滎陽** 明縣因之州西七十里漢滎陽縣

滎澤 明縣因州西北少東四十里漢

東距省百四十里領

既豬說文作播水注漢漢州西南縣鄭元云滎澤在滎陽縣東南今塞門猶謂之石門地形殊其處爲滎播首受河濟自此始溢爲滎禹貢云滎播既豬鄭元云其故滎今滎澤所在也漢志云滎陽縣東南有滎澤濟水南入北濟自西來逕滎澤北入縣東南也北逕濟陽東至衡雍城西縣來逕滎陽縣西南又東北過滎陽縣北濟水東逕至衡雍城西又東北會濟合黃水爲滎澤北濟東南濟自是故滎水自汜水合東流至又東都水所東南也濟水自汜水合東流與汜水合東出西南至滎陽東北與黃水爲四十里至右合黃水爲南自西南濟北東濟自是東濟流至衡雍城西與南

濟會滎播河濟往復逕通南濟即蘊蕩渠瀫陽上源也又有濟隧水絕焉世謂之十字溝北濟下入原武南濟下入陽武河水注禹貢河水自汜水來逕滎陽下入原武

汜水明縣因州西百十里虎牢關在縣西五里漢成皋縣河水注禹貢河水自武陟來逕成皋今縣西北大伾山下有故成皋城縈帶伾阜絕岸峻周高四十許丈城禽張不平書所云至于大伾也下入滎澤濟水篇禹貢濟水自溫來與河合流逕成皋縣北在今縣西北與河鬭南泆為滎澤書所云泆為滎也又合滎瀆下入滎澤

陳州府明州領縣屬開封國朝為府漢州志淮陽國汝南郡地　西北距省三百里領縣七

淮寧明省州治宛邱縣入州國朝復設更名倚漢陳縣淮陽國治及固始新平宜祿三縣　商水明縣因府西南七十里潁水北岸有永寧集河東岸為周家口集漢汝陽博陽二縣　西華明縣因府西北八十里漢西華長平二縣　項城明縣因府南百十里漢項南頓二縣　沈邱明縣因府東南百五十里漢寢縣　太康明縣屬開封國朝改屬府北五十里漢陽夏縣扶樂侯國　扶溝明縣屬開封國朝來屬府西北百二十里漢扶溝新汲二縣

許州直隸州明州領縣屬開封國朝升直隸州漢潁陰許潁陽三縣　東北距省二百五十里領縣四

臨潁明縣因州南少東六十里漢臨潁隱強二縣　襄城明縣因州西南九十里漢縣　郾城明縣因州南百二十里漢郾召陵二縣　長葛明縣因州北四十里漢長社縣

歸德府明降元府為州嘉靖二十四年升府國朝因駐歸德鎮總兵商亳都周宋國漢志梁陳沛三國濟陰淮陽陳留三郡地　西距省二百八十里領州一縣八

商邱明縣因倚漢睢陽穀熟蒙薄四縣禹貢孟豬澤在東北接虞城縣界元時為河水所衝決今無聞　寧陵明縣因府西六十里漢縣　鹿邑明縣因府南百二十里漢苦武平寧平三縣　夏邑明縣因府東百二十里漢栗祁鄉二縣　永城明縣因府東南百八十里漢芒鄲敬邱四縣建成建平二侯國　虞城明縣因府東北七十里漢虞縣　睢州明州領縣國朝無府西百十里漢襄邑縣　考城明縣屬睢國朝來屬府西北百二十里漢甾成安二縣　柘城明縣屬睢國朝來屬府西南九十里漢柘傿二縣

彰德府明洪武元年改元彰德路為府國朝因漢志魏河內二郡地　南距省三百六十里領縣七

安陽明縣因倚漢蕩陰內黃二縣地鄴會侯國　湯陰明縣因府南四十五里漢蕩陰縣　臨漳明縣因府東北七十里漢魏郡治鄴縣濁漳水注漳水自武安來逕鄴縣今縣西漢志長子云濁漳水東至鄴入清漳現下入直隸磁州　林明縣因府西南百二十里漢隆慮縣　武安明縣屬直隸磁州國朝來屬府西北百六十里漢縣清漳水注清漳水自涉來逕武安入濁漳武安縣酸龎今濁漳水注濁漳水自山西潞城來逕武安合清漳水謂之交漳口下入臨漳漢志武安云又有寑水東北至東昌入虖池河說文寑水出武安東北入呼沱水水經注無之錢坫云今武安縣東三十里下流合滏水滏水所行皆寑水也東北逕磁州南邯鄲縣東南廣平府東南肥鄉縣北曲周縣東南平鄉縣東鉅鹿縣西下流入北泊先謙案寑水即濁漳也班未著水所出似尚未審諦濁漳寑水之為一水亦由圖記不明名稱歧出致斯舛漏耳　涉明縣屬直隸磁州國朝來屬府西北二百二十里漢沙縣清漳水注清漳水自山西平定州來逕沙縣今縣西北下入武安　內黃明縣屬直隸大名國朝來屬府東百二十里高隄鎮在縣西為津途要隘河南糧運皆經此漢內黃繁陽二縣河水注禹貢河水王莽河故瀆自山東觀城來逕繁陽今縣東下入直隸清豐

衛輝府明洪武元年改元衛輝路為府國朝因漢志河內陳留東魏四郡地　東南距省百六十里領縣九

汲明縣因倚漢縣　新鄉明縣因府西南五十里漢獲嘉縣　獲嘉明縣因府西南九十里漢修武縣　淇明縣因府北五十里漢朝歌縣　輝明縣因府西六十里漢共縣　延津明縣屬開封國朝來屬府南七十里漢酸棗南燕二縣河水注禹貢河水自武涉來逕酸棗今縣北又逕南燕今縣東又東合淇水下入滑濟水注北濟自陽武來逕酸棗下入封丘　封邱明縣屬開封國朝來屬府東南百里漢縣濟水注北濟自延津來逕封邱今縣治濮渠水出焉北濟下入祥符南濟自陽武來逕封丘下入祥符　濬明縣屬直隸大名國朝來屬府東北百十里

縣南二十里有道口鎮為商販舟運必由之路煤鐵藥材為大宗漢黎陽縣河水注禹貢河水自滑來逕黎陽今縣東北下仍入滑　滑明縣屬直隸大名國朝來屬府東北九十里漢白馬縣河水注禹貢河水自延津來逕滑臺城今縣西下入濬又自濬來逕白馬今縣東別為白馬瀆入濮水其正流東北為長壽津漢書溝洫志曰故導河自積石歷龍門釃二渠以引河一則漯川一則北瀆王莽時空俗名王莽河王莽河故瀆下入山東觀城漯水下入山東朝城

懷慶府明洪武元年改元懷慶路為府國朝因駐河北鎮總兵漢志河內河南潁川三郡地　東南距省三百里領縣八

河內明縣因倚駐分守河北兵備道東北有清化鎮漢野王州二縣漢志埜王云禹貢太行山在西北　濟源明縣因府西七十里西有箕關西北有軹關漢軹波沁水三縣濟水注禹貢沇水自山西垣曲來潛行地下至共山南重源出軹縣西北平地在今縣南下入溫　修武明縣因府東北百二十里漢修武縣地及山陽縣　武陟明縣因府東百里漢河內郡治懷縣及武德河陽二縣河水注禹貢河水自溫來逕懷縣今縣西南下入汜水又自原武來逕武德今縣東南下入延津　孟明縣因府南五十里漢平縣及河陽縣地河水注禹貢河水自雒陽來逕河陽今縣西又逕平縣今縣東北東有津在縣南十八里書所云東至于孟津也下入鞏　溫明縣因府東南五十里漢溫平皋二縣河水注禹貢河水自鞏來逕平皋今縣東下入武陟濟水注禹貢沇水自濟源來逕溫縣西北為濟水與故瀆分又南入河書所云東

流爲濟入于河也其故瀆於溫城西北東南出當王莽世川瀆枯竭後水流逕通津渠勢改合奉溝水入河下入汜水

原武 明縣屬開封國朝來屬府東百八十里漢卷縣河水注禹貢河水自滎澤來逕卷縣今縣西北下入武陟濟水注北濟自滎澤來逕卷縣在今縣西北下入陽武

陽武 明縣屬開封國朝來屬府東二百里漢陽武原武二縣濟水注北濟自卷縣來逕原武今縣治又逕陽武在今縣東南下入延津南濟自滎澤來逕陽武蒗蕩渠出焉南濟下入封邱

河南府 明洪武元年改元河南路爲府國朝因漢志河南潁川宏農三郡地 **東距省三百八十里領縣十**

洛陽 明縣因倚漢雒陽河南新城穀城四縣河水注禹貢河水自孟津來逕雒陽今縣東北下入孟雒水注禹貢雒水自宜陽來逕雒陽與澗水瀍水合書所云東北會于澗瀍也又與伊水合書所云又東會于伊也下入偃師瀍水注穀城縣北有替亭瀍水出其北梓澤中東南流逕雒陽於千金渠合穀水下入偃師伊水注禹貢伊水自嵩縣來逕新成又逕雒陽北入伊闕東北流入雒漢志盧氏云熊耳山在東伊水出東北入雒者也

偃師 明縣因府東少北七十里當伊洛合流處縣東南五十里有轘轅關在轘轅山上漢偃師緱氏二縣雒水注禹貢雒水自雒陽來逕偃師今縣治又逕緱氏今縣南下入鞏瀍水注禹貢瀍水自洛陽來逕偃師南入雒漢志穀成云禹貢瀍水出替亭北東南入雒者也

鞏 明縣因府東北百二十里漢縣河水注禹貢河水自孟來逕縣西南合雒水書所云東過洛汭下入溫雒水注禹貢雒水自偃師來逕鞏縣入河謂之雒汭書所云

又東北入于河漢志上雒云禹貢雒水出冢領山東北至鞏入河者也

孟津 明縣因府東北四十五里漢平陰平二縣河水注禹貢河水自山西平陸來東逕平陰今縣東下入雒陽

宜陽 明縣因府西南七十里漢縣雒水注禹貢雒水自盧氏來逕宜陽今縣西下入洛陽

永寧 明縣因府西南百九十里漢澠池宜陽盧氏三縣地

新安 明縣因府西七十里漢新安縣地

澠池 明縣因府西百六十里漢澠池新安二縣水經注澗水篇澗水出新安縣南白石山新安在今縣東漢志新安云禹貢澗水在東南入雒又黽池云穀水出穀陽谷東北至穀城醴北陽縣入雒據穀水注水出黽池逕新安合澗水又逕河南郡穀城河南縣王城西北水右有石磧南出爲死穀北出爲湖溝又東逕乾祭門北入千金渠又分一支東注天淵池逕雒陽南一爲陽渠水逕偃師東入雒[illegible]閻若璩云澗穀二水一東北流折而會於新安縣東自是澗遂兼穀之稱故洛誥澗水東瀍水西周語穀洛鬬穀卽澗也

登封 明縣因府東南百二十里漢崈高陽城輪氏三縣漢志崈高云古文以崈高爲外方山是爲中岳

嵩 明縣因府西南百六十里漢陸渾縣伊水注禹貢伊水自盧氏來逕陸渾今縣東北下入洛陽

陝州直隸州 明州領縣屬南陽國朝升直隸駐分巡河陝汝道漢陝縣及宜陽縣地河水注禹貢河水自閿鄉來逕陝縣今州治下入山西平陸 **東距省六百八十里領縣三**

靈寶 明縣因州西六十里西南有秦函谷關漢宏農縣宏農郡治

閿鄉 明縣因州西南百二十里漢湖縣河水注禹貢河水自陝西華陰來逕湖縣今縣東下入陝州

盧氏 明縣屬河南府國朝來屬州西南百四十里漢縣雒水注禹貢雒水自陝西商州來逕盧氏今縣治下入宜陽伊水注禹貢伊水出盧氏熊耳山下入嵩

南陽府 明因元府國朝因駐南陽鎮總兵漢志南陽潁川二郡地 **東北距省六百十里領州二縣十**

南陽 明縣因倚漢南陽郡宛縣及杜衍博望雉西鄂四縣

鎮平 明縣因府西七十里漢涅陽安眾二縣

唐 明縣因府東百二十里漢湖陽縣及棘陽縣地

泌陽 明縣因府東二百里產晶石有水晶墨晶茶晶可製眼鏡極潔無綿漢舞陰縣及比陽縣地

桐柏 明縣因府東南三百里漢平氏復陽二縣淮水注禹貢淮水出平氏胎簪山東北平氏在今縣西潛流三十里東出桐柏山之大復山南書所云道淮自桐柏也山在今縣西南三十里又逕復陽縣在今縣東下入信陽

南召 明縣因府北百里漢淯陽縣及西鄂雉縣地

鄧州 明州領縣國朝來屬府南百二十里漢新野棘陽二縣新都侯國

裕州 明州領縣國朝無府東北百二十里漢堵陽縣汚水注禹貢漢水自湖北鄖西來逕堵陽在今府東下入湖北均州

舞陽 明縣屬裕國朝來屬府東北二百七十里漢舞陽定陵紅陽三縣

葉 明縣屬裕國朝來屬府東北二百三十里漢昆陽葉二縣

淅川直隸廳 明縣屬南陽國朝升廳漢博山南鄉丹水三縣及淅縣地 **在省西南七百三十里**

汝寧府 明因元府國朝因漢志汝南江夏二郡地 **北距省四百六十里領州一縣八**

汝陽 明縣因倚漢汝南郡治平輿縣及宜春安成二縣

正陽 明眞陽縣國朝諱嫌名改正陽府南百二十里漢愼陽安陽二縣淮水注禹貢淮水自信陽來逕安陽在今縣西南下入息

上蔡 明縣因府北七十里漢縣

新蔡 明縣因府東南百四十里漢新蔡鮦陽二縣

西平 明縣因府西北百二十里漢縣

遂平 明縣因府西北九十里漢吳房濯陽二縣

確山 明縣因府西南九十里漢朗陵陽安二縣

信陽州 明州領縣國朝無府西南二百七十里駐分巡南汝光道漢平春鄳鍾武城陽四縣淮水注禹貢淮水自桐柏來逕成陽在今州東北下入正陽

羅山 明縣屬信陽國朝來屬府南二百三十里漢鄳縣地

光州直隸州 明州領縣屬汝寧國朝升直隸漢弋陽縣 **北距省八百里領縣四**

光山 明縣因州西南四十里漢西陽軑二縣及鄳縣地

固始 明縣因州東北四十里漢蓼安豐期思三縣漢志禹貢大別山在西南沈堯云志就山東北一面言之至其西南則直至漢水入江處故商城西南麻城黃陂之山古今皆目爲大別也

淮水注禹貢淮水自息縣來逕期思在今縣西北下入安徽阜陽 **息** 明縣因州西北九十里漢新息褒信二縣淮水注禹貢淮水自正陽來逕新息在今縣東下入固始 **商城** 明縣因州東南百二十里漢雩婁縣

汝州直隸州 明升元州爲直隸國朝因以棉花著名漢梁縣及周承休安成二侯國 **東北距省四百九十里領縣四** **魯山** 明縣因州西南百二十里漢魯陽犨二縣 **郟** 明縣因州東南九十里漢縣 **寶豐** 明縣因州東南九十里漢父城縣及魯陽郟二縣地 **伊陽** 明縣因州西南九十里野繭貿易最盛漢陸渾新城梁魯陽四縣地

陝西省

禹貢雍梁二州漢中興安二府屬梁餘屬雍漢志司隸部京兆馮翊扶風幷州部朔方上郡西河益州部漢中等郡

疆域　東山西河南東南湖北南四川西甘肅北蒙古鄂爾多斯各旗東西九百三十五里南北千四百二十五里面積五十六萬四千八百六十五方里人八百四十五萬口現領府七直隸州五廳八州五縣七十三 物產麥豆駝馬牛羊鹿茸麝香大黃紅花紗絹氈皮革龍須席蠟燭玉石銅鐵煤硫黃等延安一帶發見煤油流入河則水不能飲近已開採並修北山車路轉運　地勢王書云中央山嶽盤亘蓋自甘肅嶓冢山東入境綿亘八百里山深谷密皆爲終南卽秦嶺也在西安府南其自秦嶺之東分一支北出爲太華山高於地平約萬一千尺西嶽也在華陰縣南十里自秦嶺之西分一支南出爲漢水之源爲牢固關又東迤於漢水之南爲米倉山有路北通南鄭南達南江即古米倉道爲巴山在南鄭縣東南百九十里東入湖北境其延亘於洛河之東西者爲金鎖關東爲橫山在懷遠縣南宋神宗謂橫山延袤千里多馬宜稼且有鹽鐵之利夏人恃以爲生卽此爲壺梯山爲梁山則自甘肅境分亘於渭水北之支也境內有狹長之平原二北爲渭水流域南爲漢水流域羣山之麓大水之濱稱腴壤焉　水道王書云渭水自甘肅入境東經龍盤山麓左受金陵水汧水右受斜河又東左有漳水石臼水武亭河合而來會又東右受黑水澇水豐水滻水灞水左與自甘肅來之涇水會又東左合滈化河及所合之漆沮水東入渭曰渭口又洛水源出白於山東南流左會周水河又

南流右受華池河沮水白水左受聿津河大峪河又東合渭入河他如東入黃河之屈野河沙河無定河有二源南曰額圖渾河北曰海畱圖河皆出自邊外合而東南流左受榆林河右受大理河入河秀延水延水左會杏子河汾川水一名仕望河盤水河洽水皆小水又漢水源出寧羌州北東流右合玉帶河左會沮水又東左會褒水一曰黑龍江唐人議鑿此河上通斜水藉以通運不果右受黃官嶺水又東左受堉水西水又東南左受子午河池河右受牧馬河任河又東右受嵐河黃洋河巴河一作坦河左受洵河右會乾祐河金井河至入湖北境自城固上至沮口淺瀨磷磷冬春水涸揭裳可過民間架木橋數十處霜降橋成立夏後折之夏秋水漲畏浮沙自城固下至湖北均州石灘林立頗妨舟楫　交通王書云自西安通各省之驛道有四一東逾灞橋出潼關達河南閿鄉山西蒲州中經臨潼渭南華州華陰一東南逾秦嶺出武關達河南淅川[illegible]一西北渡渭達甘肅涇州中經咸陽醴泉乾州永壽[illegible]一西出散關南行棧道達四川廣元[illegible]鐵路現修者有西潼路自西安至潼關又電綫自西安東通開封[illegible]東北通太原西北通蘭州東南通漢口龍駒寨達河南紫荊關

西安府 明洪武二年改元奉元路爲西安府　國朝因駐陝西巡撫布政司提學司提法司鹽法巡警勸業三道西安提督將軍副都統漢志京兆馮翊扶風三郡地 **東北距京師二千六百五十里領州一廳**

二縣十五

長安 明縣因倚漢長安奉明二縣渭水注禹貢渭水自咸陽來逕長安在今縣西北下入咸寧

咸寧 明縣因倚漢杜陵霸陵南陵三縣渭水注禹貢渭水自長安來逕霸陵今縣東下入高陵

咸陽 明縣因府西少北五十里漢渭城長陵安陵陽陵平陵五縣渭水注禹貢渭水自興平來逕渭城今縣東入下長安

興平 明縣因府西百里漢槐里茂陵二縣渭水注禹貢渭水自鳳翔來逕槐里今縣東南與豐水合書所云東會于灃也下入咸陽

臨潼 明縣因府東少北六十里漢新豐櫟陽萬年三縣渭水注禹貢渭水自高陵來逕新豐今縣東北下入渭南

涇陽 明縣因府西北七十里漢池陽縣

渭南 明縣因府東少北百四十里漢新豐縣地及下邽蓮勺二縣渭水注禹貢渭水自臨潼來逕下邽今縣東北下入華州

藍田 明縣因府東南九十里漢縣漢嶢關在縣南

鄠 明縣因府西南七十里漢縣

盩厔 明縣因府西南百六十里漢縣

高陵 明縣因府東北七十里漢縣爲涇渭二水之會書所云涇屬渭汭也渭水注禹貢渭水自咸寧來逕高陵今縣西南與涇水合書所云又東會于涇也下入臨潼

富平 明縣因府東北百二十里漢襄德頻陽二縣渭水注禹貢渭水自華陰來逕襄德今縣西南與洛水合洛亦蒙漆沮之名書所云又東過漆沮也下仍下華陰

三原 明縣因府北九十里漢池陽縣地

醴泉 明縣因府西北百二十里漢谷口縣

耀州 明州領縣屬西安　國朝無府北百三十里漢祋祤縣

同官 明縣屬耀　國朝來屬府北八十里漢祋祤縣地

五洲地理志略　卷二　三五

孝義廳 府南少東北百二十里北出石門關可達長安

寧陝廳 府南少西三百七十里北出高關可達長安當即漢魏時子午道

商州直隸州 明因元州領縣屬西安　國朝升直隸古武關在州東百八十里牧護關在州西北百二十里有龍駒寨水行趨襄漢要道漢上洛商二縣雒水注禹貢雒水自雒南來東逕熊耳山書所謂道雒自熊耳也下入河南盧氏漢志上雒云熊耳獲輿山在東北山海經云讙舉之山洛水出焉讙獲舉輿音形相近傳寫積譌也熊耳獲輿連麓異名言熊耳必兼獲輿者以明近獲輿之熊耳爲禹貢道雒之山不與盧氏宜陽兩熊耳溷也 **西北距省三百里領縣四**

商南 明縣因州東少南二百五十里漢商縣地

雒南 明縣因州北少東九十里漢上洛縣地雒水注禹貢雒水出冢領山東流門水出焉爾雅所謂雒別爲波也山在今縣西即秦嶺也雒水下入商州

山陽 明縣因州南少東百二十里漢商縣地

鎮安 明縣因州西三百四十里漢旬陽縣地

同州府 明州領縣屬西安　國朝升府漢志京兆馮翊二郡地 **西南距省二百六十里領州一廳一縣八**

大荔 國朝雍正十三年置倚漢臨晉縣

朝邑 明縣因府東三十里縣東有大慶關即古蒲津關漢襄德縣及臨晉縣地爲河渭二水之會書所云會于渭汭也漢志襄德云禹貢北條荊山在南下有彊梁原王鳴盛云漢襄德縣當在此其富平之懷德故城寰宇記云後漢末及三國時因漢舊名於此立縣晉移富平來治後徙去有故城存焉與西漢舊縣無涉隋志列荊山於富平縣唐宋仍其誤

郃陽 明縣因府東北百十里漢縣河水注禹貢河水自山西榮河來逕縣東下入山西永濟

韓城 明縣因府東北二百二十里漢夏陽縣漢志夏陽云禹貢梁山在西北河水注河水自山西河津來逕夏陽在今縣南三十里出龍門口書所謂至于龍門也河水下入山西榮河

澄城 明縣因府北百里漢徵縣

白水 明縣因府西北百三十里漢粟邑縣

華州 明州領縣屬西安　國朝無來屬府南百八十里漢鄭武城沈陽三縣渭水注禹貢渭水自渭南來逕鄭縣今州北下入華陰

華陰 明縣屬華　國朝來屬府南百六十里漢華陰船司空二縣漢志華陰云太華山在南河水注禹貢河水自山西永濟來逕華陰今縣東南書所云南至于華陰也下入河南閿鄉渭水注禹貢渭水自華州來逕華陰下入富平又自富平來逕船司空入河今縣東北書所云入于河漢志首陽下云禹貢鳥鼠同穴山在西南渭水所出東至船司空入河者也

蒲城 明縣屬華　國朝來屬府西八十里漢重泉縣

潼關廳 府東北九十里駐分巡同商道漢塞國後漢建安中始置潼關唐天授中移函谷關北臨河即此

乾州直隸州 明州領縣屬西安國朝升直隸漢好時縣 **東南距省百六十里領縣二**

武功 明縣因州西南六十五里漢斄美陽二縣漢志美陽云禹貢岐山在西北渭水注禹貢渭水自郿來逕斄縣今縣西南下入鳳翔

五洲地理志略　卷二　三六

永壽 明縣因州北九十里漢漆縣地

邠州直隸州 明因元州領縣屬西安　國朝升直隸漢漆縣 **東南距省三百二十里領縣三**

淳化 明縣因州東少南百四十里漢雲陽雲陵二縣

三水 明縣因州東北六十五里漢栒邑縣

長武 明縣因州西北八十里漢鶉觚縣地及淺水陰槃二縣

鳳翔府 明因元府　國朝因駐分巡鳳邠道漢志扶風郡地 **東距省三百六十里領州一縣七**

鳳翔 明縣因倚漢雍縣渭水注禹貢渭水自武功來逕雍縣今縣南下入興平

岐山 明縣因府東五十里岐山在縣東北漢雍美陽二縣地

寶雞 明縣因府西南九十里縣南有陳倉山縣西南五十餘里有大散關漢陳倉虢二縣渭水注禹貢渭水自隴州來逕陳倉今縣東下仍入隴州

扶風 明縣因府東百十里漢美陽縣

郿 明縣因府東南百十里斜谷在縣西南漢郿武功二縣漢志郿云太壹山古文以爲終南垂山古文以爲惇物皆在縣東案終南今曰太白山惇物今曰武功山俗名鼇山渭水注禹貢渭水自隴州來逕郿縣今縣東北又逕武功今縣東下入武功

麟遊 明縣因府東北百二十里漢杜陽縣

汧陽 明縣因府西少北七十里漢隃麋縣

隴州 明州因府西少北百五十里漢汧郁夷二縣漢志汧云吳山在西古文以爲汧山渭水注禹貢渭水自秦州來逕汧縣今州南下入寶雞又自寶雞來逕郁夷今州

西下入鄜

漢中府明洪武三年改元興元路為漢中府國朝因駐分巡陝安兵備道漢中鎮總兵漢志漢中武都二郡地東南距省千七十里領州一廳三縣八

南鄭明縣因倚漢縣漢中郡治沔水注禹貢漢水自褒城來逕南鄭今縣東下入城固

褒城明縣因府西北四十里自縣北褒谷傍褒水逾衙嶺傍斜水抵郿郎古褒斜道漢高祖燒絕棧道即此漢褒中縣沔水注禹貢漢水自沔來逕褒中今縣東南下入南鄭

城固明縣因府東少北七十里漢成固安陽二縣沔水注禹貢漢水自南鄭來逕安陽今縣東又逕成固今縣西北下入安康

洋明縣因府東南百二十里縣東百六十里有子午谷為漢魏舊道縣東三十里有梁將軍別開乾路縣北有儻谷又有駱谷漢成固縣地

西鄉明縣因府東南二百四十里漢成固縣地

鳳明縣因府西北三百八十里漢故道縣

沔明縣因府西百十里漢沔陽縣沔水注禹貢漢水自略陽來逕沔陽今縣東南下入褒城

寧羌州明州領縣來屬國朝無府西南二百八十里漢葭萌縣地

略陽明縣屬寧羌國朝來屬府西北二百九十里漢沮縣及修城道漢志沮云沮水出東狼谷南至沙羨南入江沔水注云沔水一名沮水東南逕沮水戍注漢曰沮口尚書嶓冢道漾東流為漢山海經所謂漢出鲋隅山也東北流合沮口同為漢水之源下入沔縣

佛坪廳府東北四百里

定遠廳府東南四百里

留壩廳府北

少西百九十里

興安府明萬麻十一年改元金州名興安州升直隸國朝升府駐陝安鎮總兵漢志漢中郡地北距省六百八十里領廳二縣六

安康國朝置倚漢西城縣沔水注禹貢漢水自城固來逕西城今縣西北下入洵陽

平利明縣因府南少東九十里漢西城縣地

石泉明縣因府西北二百七十里漢安陽縣地

洵陽明縣因府東百二十里漢旬陽縣沔水注禹貢漢水自安康來逕旬陽今縣北下入白河

白河明縣因府東四百里漢錫縣沔水注禹貢漢水自洵陽來逕錫縣今縣東下入湖北鄖縣

紫陽明縣因府西南二百二十里漢西城縣地

漢陰廳明縣因後為廳府西少北百八十里漢安陽縣地

甎坪廳府西南百二十里

延安府明洪武二年改元延安路為府國朝因漢志上郡地南距省七百四十里領縣十

膚施明縣因倚漢高奴縣河水注禹貢河水自山西石樓來逕高奴在今縣東下入山西吉州

安塞明縣因府北少西四十里漢高奴縣地

甘泉明縣因府南少西九十里漢雕陰縣地

安定明縣因府北少東百八十里漢陽周縣

保安明縣因府西北二百二十里漢高奴縣地

宜川明縣因府東南二百六十里漢定陽縣

延川明縣因府東少北百九十里漢高奴膚施二縣地

延長明縣因府東百五十里漢高奴縣地

定邊國朝雍正九年置屬榆林乾隆元年改屬府西北三百五十里北據邊牆西北有鹽池漢馬領縣地

靖邊國朝雍正九年置屬榆林乾隆元年改屬府西北三百里北據邊牆

鄜州直隸州明州領縣屬延安國朝升直隸漢雕陰縣南距省五百五十里領縣三

洛川明縣因州東南六十里漢鄜縣

中部明縣因州南少西百四十里漢翟道直路二縣

宜君明縣因州南二百十里漢祋祤縣地

綏德直隸州明因元州領縣屬延安國朝升直隸漢膚施縣西南距省千百里領縣三

米脂明縣因州北八十里漢膚施龜茲二縣地

吳堡明縣屬葭州國朝來屬州東北百二十里漢膚施縣地

清澗明史作青澗屬延安國朝來屬州西南百四十里漢膚施縣地

榆林府明榆林衛國朝升府駐分巡延榆綏兵備道延榆綏鎮總兵漢志上郡西河郡地南距省千三百五十里領州一縣四

榆林倚漢龜茲縣

葭州明州領縣屬延安國朝無來屬府東南百七十里漢圁陰縣地

神木明縣屬葭國朝來屬府西北二百四十里漢圁陽圁陰二縣河水注禹貢河水自山西托克托城來逕圁陽縣在今縣東下入山西永寧

府谷明縣屬葭國朝來屬府西北二百里漢西河郡地

懷遠府西南百六十里漢奢延縣

甘肅省（禹貢雍州漢志改涼州部）

疆域　東陝西南四川西南青海北跨長城界阿拉善額濟拉（一作納）二旗西北遠出塞外居於蒙古新疆青海之間東西二千百二十里南北二千四百十里面積七十二萬五千八百三十六方里人千三十八萬口現領府八直隸州六直隸廳一州六廳八縣四十七

物產青稞麥白麥煙葉梨櫻桃沙棗藥材絹麻布氈毯羊皮龍須蓆黑瓷器涼帽纓鹽煤金銀鐵等羊毛由德人以木筏載之沿河下保德州至天津出口

地勢王書云中央爲黃河流域南北境則山岳盤亘崑崙中大支自青海境內蜿蜒於黃河之南又東爲岷山又東入甘肅境爲班哈山（在岷州東）迤於渭河之南爲嶓冢山（在秦州西南）又東入陝西境其自岷山以西分一支西北迤者爲西傾山自班哈山分一支北迤者爲鳥鼠山又東北迤於渭河之北爲須彌山（在固原州西北）爲六盤山（在固原州南）又分二支南支爲崆峒山（在平涼縣西）迤於涇渭之間爲陝甘界之隴坻（即隴山亦曰隴坂在清水縣東六十里爲陝甘分水之山）北支爲花馬山（在固原州東北）又北入陝西境黃河以北之山即崑崙北大支自青海甘肅界之阿穆尼厄庫山東入甘肅境爲祁連山（在肅州甘州府之南山甚高大本名天山匈奴呼天爲祁連也）爲天梯山又東北爲賀蘭山（在寧夏府西其山盤踞數百里上多青白草遙望如駿馬北人呼駿馬爲賀蘭也）迤於河套之北境內磽瘠特甚稍稱肥沃者在沿河兩岸及東南高原一帶故南部可耕之地較多

水道王書云黃河自青海東入境右受哈克河清水河（[illegible]）大夏河洮河左有大通河上游曰烏蘭木倫河合湟水自西北來會又東左受莊浪河右受祖厲河又北循長城出而復入又東右受清水河復北分二派東派右受平遠縣水出長城又合而北入蒙古境又渭河源出鳥鼠山東南流至寧遠縣西北出桃花峽兩岸皆山又東左受華川水羅玉河牛頭河右受秦州河東入陝西境又涇水源出平涼府西北境笄頭山兩源并發東流右受汭水左受洪河薄河（[illegible]）又東南左有馬連河合諸水來會又南入陝西境右有盤口河合達溪河來會又白水江源出四川北境東南流左合白龍江右受毛溝河入四川境有西漢水自北來會（[illegible]）西漢水源出嶓冢山西南流曰漾水右合岷峨江折東南流與嘉陵江會嘉陵江源出陝西鳳縣東北之嘉陵谷西南流右合諸水與西漢水會嘉陵江又南入四川境與白水江會又塞外諸水則有疏勒河黨河西北瀦爲哈拉泊山丹河洮賴河合爲坤都倫河北瀦爲居延海沙河東北瀦爲魚海諸水皆乏舟楫之便惟黃河稍便水運冬季河冰人馬皆踏冰而過

交通王書云自蘭州通各省之孔道一東南逾六盤山達陝西長武（[illegible]）一西北渡黃河出嘉峪關達新疆哈密（[illegible]）又電綫由蘭州西北通迪化（[illegible]）東南通西安（[illegible]）又

蘭州府（明因元州領縣屬臨洮　國朝升府駐陝甘總督兼巡撫布政提學提法三司巡警勸業蘭州三道漢志金城隴西武威安定四郡地）東北距京師四千四十里領州二縣四　皐蘭（乾隆三年置縣倚漢金城允吾嬀圍三縣河水注禹貢河水自河州來又東逕允吾金城皆縣境也河水下入金）金（明縣因府東五十里漢榆中勇士二縣河注禹貢河水自皐蘭來東逕榆中勇士皆縣境河水下入靖遠）狄道州（明縣臨洮府倚　國朝升州來屬府南二百十里漢隴西郡治狄道縣及安故縣地）渭源（明縣屬臨洮　國朝來屬府南少東二百六十里漢首陽縣渭水注禹貢渭水出首陽縣首陽山首陽今縣東北山在鳥鼠山西北書所云道渭自鳥鼠同穴者也鄭元云鳥鼠之山有鳥與鼠飛行而處之又有止而同穴之山是二山也渭水下入隴西）靖遠（明靖虜衞　國朝改靖遠衞雍正八年置縣府東北二百三十里漢祖厲縣河水注禹貢河水自金縣來東逕祖厲縣西南下入中衞）河州（明州屬臨洮　國朝來屬府西南二百二十里駐河州鎮總兵漢枹罕大夏白石河關四縣河水注禹貢河水自貴德廳來東逕沙州北漢河關縣境也州西北七十里有積石山西北百二十里有積石關世謂之小積石章懷後漢書注以此當禹貢積石誤也河水下入循化又自巴燕戎格來東逕鳳林北枹罕境也河水下入皐蘭）

平涼府（明因元府　國朝因駐分巡平慶涇固化鹽法兵備道漢志安定天水二郡地）西距省七百六十里領州一縣三　平涼（明縣因倚漢涇陽朝那烏氏三縣古笄頭山在西北涇水所出）華亭（明縣因府南少西七十里漢涇陽縣地古汭水出縣西隴山）隆德（明縣因府西百四十里漢涇陽縣地）靜寧州（明因元州領縣來屬　國朝無府西二百三十里漢河陽縣地）

固原直隸州（明州屬平涼　國朝升直隸漢安定郡治高平縣及三水廉二縣漢蕭關在東北）西北距省七百六十里領縣二　平遠（州北二百四十里）海城（州西北二百十里）

化坪直隸廳（光緒中安置降附回民於此華亭縣西北百七十餘里）西北距省千七十里

涇州直隸州（明因元涇州領縣屬平涼　國朝升直隸漢安定爰得二縣）西距省九百六十里領縣三　靈臺（明縣因州東南九十里漢鶉孤陰密二縣商密須侯國在縣西五十里）崇信（明縣屬平涼　國朝來屬州西南六十里漢涇陽縣地）鎮原（明縣屬平涼　國朝來屬州東北百里漢臨涇彭陽安武撫夷四縣）

鞏昌府（明因元府　國朝因漢志隴西天水安定三郡地）西北距省四百二十里領州一廳一縣七　隴西（明縣因倚漢襄武獂道二縣渭水注禹貢渭水自渭源來逕襄武今縣東又逕獂道今縣）

東北下入伏羌

安定 明縣因府北百六十里漢勇士縣地

會寧 明縣因府東北二百十里漢祖厲縣地

通渭 明縣因府東北二百里漢天水郡治平襄縣

寧遠 明縣因府東南九十里漢襄武縣地

伏羌 明縣因府東南百九十里漢漢陽冀二縣漢志冀云禹貢朱圉山在縣南梧中聚渭水注禹貢渭水自隴西來逕冀縣今縣南下入秦州

西和 明縣因府東南三百十里祁山在縣西北漢西縣及武都縣地

岷州 明岷州衛國朝爲州府西南二百四十里漢臨洮縣禹貢西傾山在州西南四百餘里番名羅插普喇山綿亘千里

洮州廳 明洮州衛國朝乾隆十三年改廳府西南二百六十里漢臨洮縣地

階州直隸州 明因元州領縣屬鞏昌國朝升直隸州漢羌道平樂二縣 **西北距省千七十里領縣二**

文 明縣因州東南二百里漢陰平道南踰青塘嶺達四川江油因號左擔路魏鄧艾明傅友德入蜀皆由此

成 明縣屬鞏昌國朝來屬州東北二百八十里漢武都上祿二縣及下辨道漢志武都云漾水北受氐道水一名沔過江夏謂之夏水入江氐道水亦沔水之源又沮縣云沮水出東狼谷南至沙羨南入江陳澧云漢水已不受氐道水故更以沮水爲其源也下見陝西畧陽

秦州直隸州 明因元州領縣屬鞏昌國朝升直隸駐分巡鞏秦階道漢上邽西望垣三縣及綿諸道氐道漢志氐道

云禹貢養一作瀁說文瀁異一字作漾水所出東至武都爲漢山水澤地篇嶓冢山在氐道縣南氐道今州西漢志西縣云禹貢嶓冢山西漢所出西縣今州南沈垚云西縣在西氐道在東二縣相聯嶓冢綿亘二縣之南山東南漢水所出山西南西漢水所出班志本極分明後世因氐道至武都漾水故瀆不可見於是專以沮水爲漢水又別名一山曰嶓冢而眞嶓冢之在西與氐道者轉付之茫昧矣互見成縣渭水注禹貢渭水自伏羌來逕上邽今州西南又逕綿諸道見今州東下入陝西隴州古嶓冢山州西南六十里木門谷州西南九十里 **西北距省七百三十里領縣五**

秦安 明縣因州北八十里漢成紀街泉二縣略陽戎邑二道及顯親侯國

清水 明縣因州東百二十里漢清水隴二縣古隴坻在東接鳳翔府隴州鄭元謂之桓是禹貢所謂織皮西傾因桓是來也

禮 明縣因州西南二百里漢嘉陵道

徽 明州領縣屬鞏昌國朝無來屬州南少東二百八十里漢河池縣

兩當 明縣屬徽國朝來屬州東南二百七十里漢故道縣地

慶陽府 明因元府國朝因漢志北地郡地 **西距省千百八十里領州一縣四**

安化 明縣因倚漢郁郅歸德二縣古洛水出東北白於山宋人稱橫山之險其北垂也

合水 明縣因府東七十里漢略畔道有橋山一曰子午山

環 明縣因府西北百八十里漢北地郡治馬領縣

正寧 明眞寧國朝因雍正初改名府東南二百四十里漢泥陽縣地

寧州 明州因府南少東百五十里漢泥陽大要二縣及義渠道

寧夏府 明洪武三年改元寧夏路總管府爲府尋改衛國朝雍正二年改府駐分巡寧夏兵備道寧夏將軍寧夏副都統寧夏鎮總兵漢志北地安定二郡地 **西南距省九百四十里領州一廳一縣四**

寧夏 明寧夏前衛國朝爲縣倚漢廉縣

寧朔 明寧夏右屯衛國朝雍正二年爲縣倚賀蘭山在西北漢靈武縣

中衛 明寧夏中衛國朝爲縣府西南三百八十里漢朐卷縣河水注禹貢河水自靖遠來東逕朐卷在今縣東下入靈州

靈州 明升元州直隸國朝來屬府東南九十里花馬鹽池在東境漢富平靈州朐衍三縣唐靈武郡肅宗即位處河水注禹貢河水自中衛來東逕富平在州西南下入內蒙古鄂爾多斯

寧靈廳 光緒初以金積堡置府南少東百數十里

平羅 明平虜守禦千戶所國朝爲縣府北少東百三十里漢方渠縣

西寧府 明改元西寧州爲衛國朝爲府駐分巡西寧兵備道青海辦事大臣漢志金城郡地 **東南距省六百二十里領廳四縣三**

西寧 雍正二年置倚漢臨羌安夷二縣

碾伯 明碾伯守禦千戶所國朝爲縣府東百三十里漢破羌浩亹二縣

大通 明西番地國朝雍正二年以番族歸附置衛駐大通城乾隆二十六年改縣府西北百十里漢臨羌縣北塞

巴燕戎格廳 府東南河水注禹貢河水自循化來又東逕邸川城南今廳境也下仍入河州

循化廳 巴燕戎格廳南河水注禹貢河水自河州來又東逕廣違城北今循化貴德二

廳閒也河水下入巴燕戎格

貴德廳 府西南河水注禹貢河水自青海西海郡來歷大榆谷小榆谷北在今廳西下入河州

丹噶爾廳 府西爲蒙番出入門戶番族採辦糧茶皆在此故貿易頗盛

涼州府 明改元西涼州爲涼州衛國朝爲府駐分守甘涼兵備道涼州鎮總兵漢志武威金城二郡地 **東南距省五百六十里領廳一縣五**

武威 明涼州衛國朝爲縣倚漢武威郡治姑臧縣及張掖鸞鳥二縣

鎮番 明鎮番衛國朝爲縣來屬府東北二百里北倚邊牆漢武威宣威二縣漢志武威云休屠澤在東北古文以爲豬野澤陳澧云今縣東北邊外大池

永昌 明永昌衛國朝爲縣府西北百六十里漢番和顯美驪軒三縣

古浪 明古浪守禦千戶所國朝爲縣府東南百三十里漢蒼松揟次樸劇二縣

平番 明莊浪衛國朝降所雍正二年置縣府東南二百三十里漢枝陽令居允街三縣

莊浪廳 明縣屬靜寧州國朝爲廳來屬府南若千里

甘州府 明改元甘肅等處行中書省治甘州路爲陝西行都指揮使司國朝爲府漢志張掖郡地 **東南距省千五百里領廳一縣二**

張掖 明甘州五衛國朝爲今縣倚漢張掖郡治觻得縣及昭武縣漢志觻得云羌谷水出羌中東北至居延入澤括地志羌谷水一名合黎水一名張掖河案此水出張掖縣西爲張掖河至會水縣

合弱水則爲合黎水也自合黎山至居延海行千五百里溯源則二千餘里矣又張掖郡居延今甘州衞西北千二百里云居延澤在東北古文以爲流沙山水澤地篇與志合注云澤在縣故城東北尙書所謂流沙者也形如月生五日弱水入流沙沙與水流行也陳澧云今蒙古額濟納舊土爾扈特索博鄂模河水注禹貢河水自肅州來東北歷漢張掖郡南下入青海以上三郡皆歷其境距郡遠祁連山西南三百里

山丹明改元山丹州爲衞國朝爲縣府東百二十里縣北有鹽池漢刪丹日勒屋蘭氏池四縣漢志刪丹云桑欽以爲道弱水自此西至酒泉合黎說文弱作溺引桑說同淮南子弱水出窮石山括地志云在刪丹縣西南七里

撫彝廳在府西北

肅州直隸州明改元肅州總管府爲衞國朝改直隸州駐肅州鎮總兵分巡安肅兵備道漢酒泉郡治祿福縣及綏彌縣河水注禹貢河水自敦煌來東北歷漢酒泉郡南下入張掖嘉峪關在西七十里**東南距省千四百七十里領縣一**

高臺明高臺守禦千戶所國朝爲縣來屬州南二百七十里漢表是樂涫會水三縣山水澤地篇合離山在會水縣東北注云合黎山也括地志云合黎一名窮石山此山自甘州綿延而西直接高臺鎮夷界

安西直隸州明改元河州爲沙州衞後廢國朝雍正元年置沙州所四年升衞乾隆二十七年置安西府尋降直隸州漢冥安廣至淵泉三縣**東南距省二千百四十里領縣二**

敦煌乾隆二十五年置州西南二百七十里漢敦煌郡治敦煌縣及效穀龍勒二縣山水澤地篇三危山在燉煌縣南注云山廣圓百里書所謂竄三苗於三危也漢志敦煌云杜林以爲古瓜州地今安西州玉門關在西百五十里河水注禹貢河水自青海大積石來東北歷漢敦煌郡南下入酒泉

玉門國朝乾隆二十四年置縣州西六百九十里漢玉門延壽池頭乾齊四縣

新疆省

疆域　東札薩克圖汗部東北科布多東南甘肅南青海西藏西南英領印度之克什米爾西北俄領之費爾干及斜米勒精二省東西七千餘里南北三千餘里面積四百八十五萬八千七百十方里人約三百萬口自漢武帝通西域自天山以南爲城郭三十六國設都護治所於烏壘城統轄之自天山以北東爲匈奴右部西爲烏孫國後漢時山北如故山南分五十餘國旋絕旋通設都護及長史治所以統之三國及晉北爲烏孫及鮮卑西部地南仍爲于闐龜茲諸國地北魏時北爲蠕蠕悅般高車烏孫地後周爲突厥鐵勒地南爲鄯善服屬諸國隋時北爲突厥西突厥鐵勒地南爲于闐龜茲諸國唐時北爲突厥西突厥沙陀回鶻諸部設各都督府置北庭大都護府於西州後庭縣以統之其南諸國置安

西大都護府於龜茲部並統諸都督府復列于闐疏勒碎葉焉耆爲四鎮中葉以後爲吐蕃所有五代時盡入於吐蕃回鶻宋時爲烏孫回鶻于闐龜茲諸國盡入於遼元時北爲阿爾穆爾舊音阿力麻里及回鶻五城地諸王海都行營統軍之所山南爲巴什伯里舊音別失八里諸國地置宣慰司元帥府以統之明時山北爲衞拉特舊音元氏剌臣脫歡之後四衞拉特世居之山南爲巴什伯里葉爾羌土魯番諸國　國朝乾隆中平準噶爾收伊犂剿滅叛回布拉尼敦霍集占兄弟收南八城光緒初年定回亂復故土始建行省惟西界疆土日蹙考乾嘉舊界齊桑泊阿拉克圖古勒泊伊犂河下游及特穆爾圖泊納林河上游之地按之舊圖均我屬土同治三年塔城之約已在界外不知何時爲俄所有光緒八九年修改之界則阿克喀巴河以西霍爾果斯河以西及札什罕河上游地又皆爲俄

割矣現領府六直隸州二直隸廳八州一縣二十一東部漢族俗與內地同西北蒙古族奉喇嘛教事遊牧西南回族務畜牧營商業信回教氣候王書云祁寒酷暑爲大陸氣候常有大風拔木揚沙降雨甚稀歲或不雨惟資水灌田故不患無田而患無水水所不至皆棄地也 物產王書云人民或務牧畜或業耕耘所產多粟麥瓜果藥材皮張等他如吐魯番之棉花和闐之玉庫車之金銅鉛鐵亦頗有名尤多各種石料溫宿喀什噶爾等處攻玉鏤金之精巧稱爲第一伊犂河多魚類皆無鱗而皮厚塔里木河玉石 地勢王志云沙漠多於平原而西境則山脈盤亘即蔥嶺也其高峯約萬八千尺蔥嶺之南有喀喇科隴山接喜馬拉雅山之正幹也其東南分一大支東迤於新疆之南西藏之北名托古茲達板即崑崙山脈也其高峯約萬八千五百尺蔥嶺之北分一大支東迤於納林河伊犂河之南塔里木河之北爲天山山脈其間爲廓克沙里嶺[illegible]爲汗騰格里山天山最高巔也[illegible]爲那喇特嶺爲烏克克山爲博格多山而東盡於沙陀其自崆吉斯河發源處分一支西北迤於伊犂河之北者爲博羅霍洛山[illegible]其分迤於塔城境內者則鄂爾霍楚克山也[illegible]二大山脈之間多原野皆係沙磧石灘鹹湖土地磽薄惟山麓及濱河一帶頗稱肥沃有土著農民 水道王書云大水有二在天山南者曰塔里穆河有二源一爲喀什噶爾河上源又曰烏蘭烏蘇河出蔥嶺中之阿賴嶺[illegible]一爲葉爾羌河上源又曰澤普勒善河出喀喇科隴山[illegible]二大水合而東流左會自西北來之廓克沙里河[illegible]右會自西

南來之和闐河[illegible]又東左受自西北來之木咱喇特河海都河[illegible]又南注喀喇布朗湖湖又受自西南來之車爾城河[illegible]東溢出復入羅布泊又在天山北者曰伊犂河有二源西南源曰特克斯河[illegible]東南源曰崆吉斯河合而西流右受哈什河霍爾果斯河出界右受奎屯河左受察林河西北入巴勒哈什湖[illegible]冬季爲冰所結又此外湖泊之大者北有喀喇搭拉額西柯泊[illegible]有阿雅爾泊[illegible]有鄂爾泊[illegible]有阿拉克圖古勒泊[illegible]有齋桑泊[illegible]南有巴巴庫爾泊[illegible]有瑪巴赫薩爾泊[illegible]有阿勒乖河達板山河合而東入之湖[illegible]交通王書云大道有二一爲天山北路[illegible]天山南路[illegible]又電綫由迪化東南通蘭州[illegible]西通伊犂[illegible]

迪化府漢蒲類國唐後庭縣國朝迪化州[illegible]駐新疆巡撫布政提學二司巡警勸業鎮迪[illegible]道光緒七年[illegible]俄約開埠

東距京師八千六百八十九里領縣六

迪化明屬衛拉特國朝置縣倚城西沙岡產煤頗旺東南博克達板三峯冰雪常凝漢蒲類前國

昌吉明屬衛拉特國朝置縣府西北九十里漢蒲類後國

阜康明屬衛拉特國朝置縣府東北百三十里漢烏貪訾離國單桓國

綏來明屬衛拉特國朝置縣府西三百四十里東臨瑪納斯河漢烏孫國地

孚遠府東北即前濟木薩地方

奇台明屬衛拉特本朝乾隆二十四年設奇臺堡四十一年改縣府東五百五十里西北有古城光緒七年與俄定爲商埠有路北通蒙古由張家口到京者分道於此口外茶商多由歸化城運至此銷售易米麵各物以濟烏里雅蘇台等處其茶又由此運至回疆南路八城多獲厚利漢車師後王國

焉耆府漢焉耆國本喀喇沙爾直隸廳即喀喇沙爾城當開都河入博斯騰泊口東北距省千九十里領縣四

新平府西

輪台新平西布古爾巡檢改升東南有葦湖蘆葦茂密僅有土橋一往來西域者必渡此所謂葦橋之險也

婼羌府南卡克里克縣丞改升

鄯善府西闢展巡檢改設

疏勒府漢疏勒國本揚格薩爾城西北界俄國費爾干省駐喀什噶爾道新疆提督爲通西域要津多糧果人口約五萬知養蠶有盪段盪綢東北距省四千五十一里領縣二

疏附府西二十五里即喀什噶爾城咸豐元年與俄定爲商埠

伽師府東里

莎車府漢莎車國本莎車州即葉爾羌城南界印度克什米爾西界帕米爾以產玉著名人口約六萬東北距省四千百十三里領州一縣二

葉城府南百九十里

皮山府東南四百十里

巴楚州府東北即瑪爾巴什廳先屬疏勒府後來屬

溫宿府漢溫宿國即阿克蘇城南跨札什罕河西北界俄領斜米勒精省駐阿克蘇道製玉器最有名繡鹿革鞍韉爲各城冠東北距省二千七百九十里領縣二

溫宿倚舊城巡檢改升

拜城府東四百五十里

庫車直隸州漢龜茲國即庫車城在木咱喇特河左岸東北距省二千四十里領縣一

沙雅州南附近多葦湖入夏苦蟁日晡尤甚

和闐直隸州漢于闐國即和闐城據和闐河上游以產玉著名亦多蠶繭織綢段甚佳人口約四萬有路東南通西藏西南通印度坦克昔東北距省四千九百六十三里領縣二

于闐州東四百五十三里西臨克里雅河

洛浦州東里

英吉沙爾直隸廳即英吉沙爾城當罕伊拉克河與特爾格奇克河會流處之北岸駐領隊大臣回民居城南官

兵居城北　東距省四千三百三十一里

烏什直隸廳北據廓克沙里河界俄之斜米勒精省　東距省二千九百九十里

庫爾喀喇烏蘇直隸廳在庫爾喀喇烏蘇河上游駐辦事領隊大臣專管游牧屯田事　東距省六百七十里

鎮西直隸廳即巴里坤以西北巴里坤湖而名湖即漢蒲類海　西距省千二百七十里

吐魯番直隸廳漢車師前王庭北迪化西焉耆於此分道回部郡王台吉皆駐此光緒七年與俄定爲商埠　西北距省五百三十里

哈密直隸廳漢樓蘭國在廳西南爲關外第一要衝以產瓜及白蘑菇著名城西五里餘有回城一其親王轄回城六光緒七年與俄定爲商埠　西距省千六百二十里

伊犁府即伊犁城在伊犁河北西界俄領斜米勒精省駐伊犁將軍副都統諸領隊大臣有路南通溫宿西通伊犁斯克有皮毛公司出口貨以大小甎茶紅茶爲大宗有湖茶晉茶之目咸豐元年與俄立約定爲商埠　東距省千五百四十五里領縣二　綏定倚　寧遠府東南百二十里駐伊塔道

精河直隸廳西臨精河河北入喀喇塔拉額西柯泊西北界俄領斜米勒精省　東距省千二十五里

塔爾巴哈台直隸廳即塔爾巴哈台城在額米爾河北西北界俄領斜米勒精省咸豐元年與俄立約定爲通商埠其地南通庫爾喀喇烏蘇西北達俄之斜爾吉鄂波里　東南距省千四百五十八里

附舊土爾扈特部十旗伊犁將軍屬舊土爾扈特始祖翁罕七傳至貝果鄂爾勒克其長子卓立甘鄂爾勒克郎徙牧俄羅斯一支之祖也居俄羅斯數傳至渥巴錫於乾隆三十六年東趨伊犁請內附　賜牧新疆號舊土爾扈特分爲東西南北四路　南路本中右左四旗焉耆府西北天山南珠勒都斯河繞牧地四旗同牧珠勒都斯河即開都河上游也　北路本右左三旗塔爾巴哈台東境當金山西南霍博克河北三旗同牧　東路右左二旗庫爾喀喇烏蘇廳西南跨濟爾噶朗河二旗同牧　西路一旗伊犁東境精河西岸　以上自爲一盟曰烏訥恩素珠克圖盟

附中路和碩特部三旗伊犁將軍屬和碩特本四衞拉特之一元太祖弟哈布圖哈薩爾十八世孫哈尼諾顏洪果爾生子昆都倫烏巴什即青海顧實汗兄也昆都倫烏巴什第三子多爾濟之裔未詳何時徙牧俄境乾隆三十六年多爾濟元孫恭格從渥巴錫內附　賜牧珠勒都斯河在南路舊土爾扈特西以上自爲一盟曰巴啟色勒啟勒圖盟

五洲地理志略三　亞洲三

賜進士出身特賞內閣學士銜前國子監祭酒翰林院編修加三級臣王先謙謹撰

大清國三

浙江省(禹貢揚州東境漢志揚州部會稽丹揚二郡)

疆域　東至海南福建北江蘇西北安徽西南江西東西八百八十里南北千二百九十里面積三十二萬八千一百方里人千百五十八萬口(物產棉茶魚鹽茯苓果物煤鐵錫石器紙扇綾綢緞羅紗等)地勢王書云東瀕東海土地膏腴北境與江蘇毗連之處尤爲平原沃土西與南境則多山蓋自仙霞嶺(在江山縣南)分支東迤於甌江之南北在南者爲浙江福建界山在北者爲桃花嶺(在縉雲縣西)爲大盆山(在東陽縣東南)亘於椒江南北爲括倉山(在台州府南四十里)爲天台山(在天台縣西北)其寧波府西之四明山紹興府南之會稽山金華府北之金華山皆其支阜也其正幹自仙霞嶺北迤爲浙江江西之界爲馬金嶺(在開化縣西北)又西北入安徽境又東盡於浙江境之天目山(在臨安縣西北)水道王書云浙水有南北二源北源曰徽港(亦曰新安江)出安徽歙縣西北黃山合諸水東南入境左受雲源溪遂賢溪右受武強溪艾溪東與南源會南源有二西曰衢河源出馬金嶺南流折而東右會文溪柘上溪桃溪羅脈溪與東

源會東曰婺港源出大盆山西流左會畫溪梅溪白沙溪西與西源會二源既合北流與北源會又東北經富春山麓曰富春江左受桐溪右受浦陽江又東名錢塘江經龕山赭山間入海口門有龕子山白塔山均當海口潮流甚急頗呈奇觀水淺多沙難行巨艦又甌江(一曰永嘉江)源出龍泉縣西南小梅嶺東北流左合松陽溪芰溪好溪右合外卸溪又東左受南溪港水東入海河口有溫州島橫塞口門島北爲深水道島南僅能行華船又曹娥江源出天台山西北流左會西港右受後港北流曰剡溪至三江口入海又甬江即鄞江北源曰姚江出餘姚縣西南八十里太平山西北流至上虞縣南折東流至餘姚東分爲二北曰後江南曰前江流數十里復合有剡溪自西南來會又東入海又靈江亦曰椒江又曰澄江有二源南曰永安溪北曰始豐溪合而東南右受寧溪分一枝名橫河東北至桃渚港入海正支出前所海門二城之間東入海此河雖流急然中等輪船乘潮渡淺可達台州又北入太湖之水則有苕溪餘不溪苕溪出天目山兩源並發北流至河平鎮北分一支西北會南溪至新塘港入湖正支東流至湖州合餘不溪水折西北至蔡浦港入湖餘不溪即東苕水亦曰雲溪源出天目山南東流至餘杭折而北至湖州分爲二一與苕溪合一東北至大錢衕口入湖又諸水之外錢塘江以南貫通曹娥浦陽諸水錢塘江以北貫通西湖秀州塘水者則運河也杭嘉湖一帶川澤流通最便舟楫　交通王書云以東濱海之故有沿海航路如杭州如寧波如溫州往返皆有定期嘉湖一帶則借運河之便小輪往來如織其中如平望震澤南潯均可停輪又驛路著名者惟自杭州西南達福建之仙霞嶺路(中經富陽桐廬建德蘭溪龍游西安江山此路自江山縣南之清湖鎮入山連延曲折至浦城始出山中間二百餘里皆謂之仙霞嶺路中多高峯夾路東西崎嶇復旁臨絕澗其隘處僅容一馬至仙霞設關處尤爲陡峻廿八都地方最爲平曠民居甚眾可屯萬騎閩人至杭向逾仙霞嶺至清湖鎮雇船至杭今多由海道又自嚴州分岐西傍新安江北岸行經淳安可達徽州又自衢州分岐西徑常山出草萍關西南可達江西廣信)又鐵路擬設者約分爲東西兩大幹西幹綫自省城北接蘇州西南接江西玉山(共長千里有奇將來分出枝綫南道江山以通閩西道湖州長興以通皖)東幹綫自省城越錢塘江南達溫州([illegible])又電綫由杭州東北通嘉興上海([illegible])東南通寧波([illegible])西南通福州([illegible])海岸講義云自金山衛迤西入浙江嘉興府境爲白沙灣([illegible])白沙之西爲乍浦鎮([illegible])乍浦西南爲海鹽縣城([illegible])海鹽之南爲澉浦鎮([illegible])澉浦迤西入杭州府境爲錢塘江北岸自白沙灣以來爲錢塘江口外杭州灣之北岸西人名爲乍浦灣錢塘江口皆淺沙輪船出入惟乍浦可以停船故乍浦爲浙杭鎮埠海寧州西南五十里瀨錢塘江岸有山土石皆赤名曰赭山與紹興府蕭山縣東北五十里之龕山南北對峙爲錢塘江入海口門口門之中有鼇子山橫塞故口門稱爲鼇子門(明代防倭於赭山龕山均設寨戍守今仍置[illegible])([illegible])鼇子山東與海鹽之白塔山遙接自鼇子門迤東南海岸皆新淤沙地又南至三江口舊記言錢塘錢清曹娥三水所會之海口也錢塘江經杭州東流至鼇子門入海口外即名杭州海灣其北岸嘉興府境也南岸紹興府境也而錢

清之源爲浦陽江自金華府浦江縣北流傍會稽山西麓經諸暨蕭山山陰等縣至錢清鎮入海曹娥之上源爲剡溪自嵊縣北流傍會稽山東麓經山陰縣至三江口入海三江口實杭州海灣南岸水口雖名爲三江而杭州海灣所受之水究以錢塘爲正流錢清曹娥入海灣之小水也何能三江並稱(三江口在山陰縣東北五十里明洪武中置三江所築城[illegible])三江口之東北爲瀝海所踞三江口外海港南岸(在會稽東北七十里明洪武中置所築城戍守)北與澉浦城遙對瀝海所迤東一帶爲上虞餘姚慈谿海岸皆海塘外泥灘也餘姚縣北三山鎮廟山鎮慈谿縣北觀海衛前代置防海戍所今皆在海塘之內去海岸稍遠矣([illegible])泥灘又迤而東南爲龍山所城北十里有伏龍山屹臨海([illegible])際當即西人海圖之大龍島高九百二十尺者([illegible])然其間可避北風大龍山之北九海里中有七姊妹[illegible]即紀要之西霍山也西霍之東偏南三四海里爲南霍山南霍山之北偏東不及一海里爲東霍山三島以南霍爲大有居民近島處可避風然不便停泊南霍之東偏北約十一海里爲火山羣島(一作[illegible])大小共十二島而以魚山爲大魚山土人名大芝山在羣島之極東南北長約三海里東西廣處一海里中有居人魚山之西爲五齊山五齊之西爲嶼心腦乃黑石也借以表羣島之西界此其著者([illegible])魚山之東約六海里爲岱山列島

岱山東西長八海里南北廣五海里田約數千畝而鹽田倍之居
民多煮海爲鹽島北有市埠曰東沙角島南有市埠曰高定均頗
繁盛四五月間魚船集者約萬艘明代置岱山巡檢司備倭本朝設外委駐東沙角近年以其
地鹽可駐此利送移屬舟山定海西岸直隸岑港廳其附近岱山諸島東角有蒲島
一名褒島作大蒲馬一名秦葉門山的土人小耶蒲馬褒一諾名惟大蒲馬北有居民百餘戶
東有大竹嶼郎名秦西安素人小竹嶼母西厄人騗土北有考門山燕窩
山鐵墩山人謂有居民數十戶離鐵墩山之西南一二海里當岱山
名耶都塘頭河土人謂郎西人西北有東墾山西墾山西東一列二島名西有首島作一
與東西墾山之間有停泊妥處而首島之西南北三面均可停泊
本島北岸之東沙角南岸之高定均有下碇處岱山之東約二海
里爲長塗島長塗分爲二島東曰大長塗西曰小長塗大長塗東
西長七海里半廣不及一海里小長塗東西長三海里餘廣處至
二海里四面皆高山而小長塗之峯尤高尺至千中間海港自東北
至西南斜貫約長二海里半廣不及一海里兩岸有田千餘畝民
舍聚焉兩口微狹勢頗收東港內爲避大風極佳處可容二三十
輪船聚泊水深二丈兵事竟得有名足容定海舊設水師遊擊甲午之役一千營兵防守其處其後有官奏准置縣未成
者爲練兵西餘名以自光緒十年以後水師深二營兵駐此處後裁撤其民居引附近島
之著者有多子山百餘峰西島名黃以南有大懸山草西島名應龍山郞西名西南島
有穿鼻山白山曼都山而應龍之東北傍大長塗南岸有長
停泊善處長塗以東羣小島相望總名曰中街山其著者在東
塗東岸之東約一海里曰櫻連山西一人作名小一步洋水安頭島山又東約一海
里爲小西寨一西名偉島列島小西寨之東約一海里爲西寨山阿西勒名
島叉名鵑島此島略大有居民數十戶島之西南岸有澳可避東風
風水深能下碇西寨之東約三海里爲東寨山丟西爾名米島自櫻連至

五洲地理志略　卷三　三

東寨西圖名堂島羣島約稱十大二之島十東寨山之東約二海里
爲活治山西圖名佛羣休島又東約二海里爲小板山西圖名啊司蠔其東
三海里爲黃星島西圖名人島西又東約二海里爲廟子沽廟子沽之東作一湖西圖名舒
中島漁人西南岸有澳可暫寄泊居民至百餘戶廟子沽之東約一二
海里爲青濱山西圖名人島東有居民百餘戶青濱之南偏東不及一
海里爲西福山西圖名人島南自黃星至西福總名曰慈浪湖山又曰漁
人羣島西福山之西北可避東風及東南風惟地小僅容泊一二
輪船西福山之東南約二海里爲東福山西圖名霍西圖名作外地羊東山島霍或紀北
言霍駐東標舟之標識自西北至此島居中街山之最東足爲舟山以北羣島東界
峯高於海面千餘尺島西北隅及島北岸均有小澳澳岸均有小
村島上居民約共數十戶島之北及島之西南傍岸處均爲停泊
佳處惟島北不能避北風不如西南之妥西北自火山羣島之嶼
心腦東南至東福島嶼礁石綿亘如練延長五十海里實爲舟山
北之屏蔽其間水道南北相通者如耶都塘門東爲首島與岱山
間一道西爲首島與火山間一道而東道深闊較勝於西如岱山
水道在岱山長塗間南北口均有小島礁石駛行宜慎而輪船多
由之因可繞入長塗港避風也如休爲得水道在堂羣島與休爲
得羣島之間如削島門在削島與漁人羣島之間輪船往來多出
削門島鮮出堂島間者東福之東偏北五海里有四石謂之四姊
妹肚名嶺囊東福之東偏北九海里有二石謂之二兄弟石謂外肚是
又羣島東界外之可爲標識者而二兄弟石之傍近處水深可拋
錨小泊當岱山之東北五海里又半長塗之北七海里又半有衢
山島双名鉞名山大衢亦大島也自西偏北至東偏南長九海里廣處

至三海里半東段多高山千尺至一四五尺西段多平壤有田數千畝種
植繁盛居民櫛比島西村落尤多其著者名倒斗澳舊有兵駐外委一四名
明初外委同駐斗澳光緒四年升一科委遞更檢一島民多開通喜交英人又大
衢四圖多澳澳內皆泥灘不能爲泊船之港然離岸稍遠之處隨
地可停泊大衢之西北約二海里爲小衢山西圖名色鴨有居民百
餘戶大衢之北約二海里半爲黃澤山西圖名巴有居民百餘戶黃
澤之西小衢之南有小紅山橫拉山二小島西圖名…黃澤小衢紅
山橫拉之南有八九小島散布名嶸山其上搭山名…搭山鎗山
西圖總名之爲南道遯之羣島黃澤之南大衢之北爲停泊大輪船妥處
道遯之西南大衢之北亦甚便停泊西圖通名爲督糧路黃澤
之東南與大衢之東北相近處有西名澳西圖角名上海山下海山共六小島西圖
伯遯島列名上下海之東南大衢東鼠浪湖居民滿二之東有大小鼠浪湖山之南西南均停泊佳
處西圖名兒列島婆爾南澳有大村大鼠浪湖居民滿二百戶島之東南西南均停泊佳
亦可停泊婆爾和兒季小舟聚泊至千二百餘艘小鼠浪湖之東南
三荷星西圖名列島三星與列小島之東北爲三星山凡三小島名上星中星下星
東二十海里有浪岡與大小鼠浪湖之間輪船甚便行駛三星山之
漁人茅屋蓋漁業休聚之所也西圖名浪岡列島爲羣島極東界無居民頗有
六七海里爲八格列島計稍大者五十五島其小嶼礁石大衢之北約
其最大者名泗礁西名大斯島拉又名泗洲山或謂之獅山東西長約
六海里廣約半海里最爲居處在島之西偏其處山巒甚多島之高
峯在焉西名陌居民千餘戶種山芋爲業亦略有稻田島北有青沙
茱園兩澳居民最盛處也島南北均有澳可停泊泗礁北背之東
北有島名金雞山西圖名者約方一海里有居民百餘戶泗礁之

五洲地理志略　卷三　四

東南有二島名大小黃龍山大黃龍山西圖名先居東南北長約
二海里餘東西廣不足二海里居民約三百戶小黃龍山西圖名
居西居民僅五六戶二黃龍之間爲避風停泊佳處大黃龍南岸
有港口東南向遇西北風中小輪船泊此極妥三定十海西名營大黃龍南小岸
黃龍之西南爲南鼎新島西圖名南鼎新之西爲柴山西圖名辣齊母此島名小島三
爲半邊山西圖名半邊山之西爲白礦山列島西圖名北鹽山南鼎新之西爲柴山
四而礁石尤多白礦山有燈塔霧礮白礦東南有停泊善處白
之西爲上川山下川山列島西圖名可西四五小島礁石不可數計白
礦與上下川之間爲白礦門大輪往來闖滬者多由此上下川之
西北爲徐公山列島西圖名大小四五島居民二十戶北爲中柱山西
凡島之八東距西白礦山之北爲馬礦山西圖名馬礦之北爲中柱山中
柱距泗礁西南隅僅半海里而馬礦與中柱間爲馬礦門中柱與
泗礁間爲霸王門皆要道也泗礁之西北爲北鼎新列島西圖名
佳處犬小凡五島北鼎新與泗礁西北隅相距約二海里中有停泊
約六七海里爲馬鞍列島大凡此皆二八格列島之著者泗礁之東北
杞山在羣島之南西北至西南長二海里半廣二海里嶼與礁石無數
居民二百戶有山溪灌溉田畝能種稻上多尖峯海里半礁石無數東北
五下里著有字百爲行一溪名西耶南山均有澳皆可停泊枸杞山之
代封不防可復舊官設當行所宜明東南西南均有澳皆可停泊枸杞山之
東不及一海里爲陳錢島之東南亦名嵊山自西北至東南長
二海里餘廣一海里餘居民二百戶漁業多至千戶島南爲東環
澳大輪船停泊最安處東北風西北風皆可避蓋枸杞陳錢間水
道之南口也島之西北爲箱子澳兩山環抱中開一港中小輪船

泊此儼同內港惟近年來澳內漸淺輪船多停泊澳口有定海營所派練兵三十名駐箚于澳岸天后宮此島屬江蘇而島民皆浙人故由定海營管轄陳錢之北偏西枸杞之正北約三里爲壁下山西圖名假馬鞍山乃二小島也中間水道可行小艇北島高於南島兩島皆有居民約二三十戶北島西岸爲停泊善地或以壁下爲東西綠華誤壁下之西北五海里爲花鳥山在羣島之北西圖名北馬鞍島東西長約二海里廣處約一海里居民百餘戶漁業至二三百戶島北岸有澳可下椗惟不能避北風西北嶴上有燈塔霧礮定海營派綠華二十名駐南兵花鳥之西南約二海里爲東西綠華西圖名邊馬鞍島或作倒騎馬鞍誤凡二小島西島較東島稍大中間小港小艇可通二島居民共百餘戶東島之西在小港北口外西島之南均爲停泊安處西島西北距崇明東南角僅一百八十七里東西綠華之南三海里有六小島羅列西圖名爲馬鐙列島其北馬鐙凡三島卽東庫山一作東滿山在北柏子山在中遲遲山在南也中馬鐙凡二小島卽三橫山也在遲遲山南一海里西南馬一鐙島卽台南山也在遲遲山南約一海里餘此又馬鞍列島之著者紀要云昌國東北海中有東庫壁下馬蹟陳錢[illegible]徐公東西霍大小衢[illegible]等山倭東入犯皆汛守[illegible]山北之海岸自龍山城迤東南爲澥浦一作鹽浦在鎮海縣西北六十里宋代於此置戍舊爲慈谿縣界[illegible]又東南爲鎮海縣城自杭州灣南岸西南至鎮海瀕海皆淺沙入海甚遠惟澥浦之海較深離岸一二里外水深至二十餘尺若由此登岸從海塘大道僅三十里卽達鎮海故守鎮海北恆以澥浦爲北路要扼鎮海卽明代之定海縣城踞甬江入海口北岸東北倚招寶山甬江卽鄞江源出四明諸山匯溪澗諸水東北流會奉化江慈谿江等水至鄞縣城北水勢始盛又東始名大浹江凡四十里至鎮海城下又東至

招寶山下入海其口又名浹口中等火輪艦入口上泝直達甯波城東門外北岸停泊故甯波今爲通商埠道光二十二年五口通商之一小火輪可由甯波達餘姚慈谿慈谿江上游通餘姚名前江可行小火輪又帆船西北達慈谿西南達奉化招寶山西北環海東南臨甬口西南俯瞰鎮海城與南岸金雞山屹然對峙極爲海口衝要招寶山本名候濤山明代以諸番入貢停泊於此遂名招寶明嘉靖中築威遠城山上以[illegible]海口與[illegible]城相[illegible]金雞山之東北爲望海山一名笠山北與西均臨海自望海望招寶爲西偏南自招寶望金雞爲東南三山相對略成三角形以跨甬口光緒三年以來於招寶山築礮臺三於金雞山築礮臺二所望海山築礮臺一所[illegible]數尊均海岸至望海山復西南迤望海山東麓有小水入海口當卽小浹江口也小浹江口之東爲鉗口門鉗口門之東爲三山浦三山浦之東爲穿山所穿山所之東爲崎頭角皆鎮海東路之重要地也崎頭角所臨爲崎頭洋穿山所所臨爲黃崎港明代倭犯定海今鎮海常由崎頭黃崎登岸自崎頭至穿山所僅三十餘里穿山所至鎮海五十餘里三山至鎮海四十里鉗口尤近在咫尺道光二十一年英兵船於虎蹲山外攻鎮海口門復分兵自鉗口登岸鈔金雞山後山上之兵腹背受敵遂至不守鎮海口外各島之有關繫者招寶東北半海里爲虎蹲山虎蹲山之東北約三分海里之二爲小游山小游之東北約三四十丈爲大游山[illegible]自招寶至大游約一海里有餘二島之間又沙道淺礁相屬爲甬江口北之蔽護故輪船進口必由大小游之南而大游南對望海山約十分海里之三儼若口門口門中又有游山淺礁故水道甚狹游列島之東南約三海里爲黃蟒山一作黃猫山西圖作礌人島羣島大小四五島以黃蟒爲大黃蟒西有中門柱島卽蛟門山也昔人言蛟門虎蹲天設之險言兩山東西對望爲口外設

險地黃蟒南至海岸僅半海里爲戈門水道潮流甚急故輪船往來均由黃蟒羣島之北英人登岸之鉗口門當在戈門水道之南大游之北偏東一海里又十分海里之三爲七里嶼亦小島爲口外標識者虎蹲山一七里嶼二處均有燈塔霧鐘七里嶼之東四海里黃蟒山之東北一海里又十分海里之七爲金塘山西南隅之河角金塘山爲鎮海與舟山間大島南北長七海里東西廣五海里四面皆山其最高者爲雙峯馬鞍峯峯均高一千四百餘尺約並在島之東岸雙峯在北馬鞍在南中開沃壤爲可耕之地居民多至六七千戶耕地所產每歲僅供三月之食賴漁業以補之居民富者擁貲三四萬餘多赤貧風氣尚安靖地處海中有諸水性熟海道者在甬滬一帶爲舵工而讀書識字者甚少島之東岸爲山峭崖不可泊船島之西岸北段有瀝港小市鎮也或作歷山鎮瀝港之西北爲太平山約方二海里之島也太平山卽一統志之瀝表山太平金塘間水道卽烈港地接歷港列港之轄舊卽居民約五百戶太平山與金塘西北隅閒水道約十分海里之三四水淺能行帆船故民船多泊瀝港者太平山之南約一海里爲搗杵山[illegible]西圖大澳子島東與金塘成水道廣約半海里名大澳子港水深可避風爲大輪船停泊安處光緒十年法人以兵輪犯鎮海卽聚泊大澳口以大圖進攻金塘之北與西北卽太平山北有數小島曰甘嶼[illegible]曰大髫果[illegible]曰魚龍山[illegible]曰榮花山[illegible]曰橫擋山[illegible]此數小島間甚便泊船金塘之南爲金塘水道大輪船暢行之路也自金塘南鱷魚角南至三山島僅二海里爲水道最狹處三山島南卽三山浦也黃蟒山與河角間爲金塘水道西口金塘東南角之黃狗山[illegible]山南距大謝山之北角約三海里又十分海里之三則金塘水道之東口也大謝山約方三海里半

中有高原四圍有海塘居民七八百戶耕種爲業島中產米頗多島南與內地間爲黃岐港東西長約二海里廣四分海里之一港之南卽穿山所也港內可避風水深處泊中小輪船極安進甬口往甯波之船恆泊此候潮大謝之東南及黃岐港內有數小島其著者爲大謝東之小謝小謝東之穿鼻及港之長腰山[illegible]皆略有居民自大謝山之北嶴[illegible]東北四海里自金塘山東南角之黃狗山東四海里又十分海里之口爲舟山西南之洋螺角舟山爲江浙海面最大之島自西北角[illegible]至東南角[illegible]長二十三海里餘南北廣處約十一海里又半島周約五十二海里山之最高者在東北瀕海[illegible]島中山多田少居民約六七萬所產之稻歲僅足三月之食全賴山產薯芋及海中漁利以補之而舟山附近各島每歲漁利合計不下數百萬民皆馴良惟台州人頗桀驁置定海直隸廳於舟山島上廳署在島南岸舟山明春[illegible]定海縣嘉慶[illegible]又改縣直隸廳南距海僅二里許臨海之埠名日道頭明初瀕海郡縣屢被倭患信國公湯和巡海道以昌國孤懸海島易生寇盜乃爲清野之計徙民以墟其地嘉靖中遂屢爲倭據爲患尤在肘腹故唐順之謂信國此舉爲非　國初明遺臣張明振張煌言奉魯王據舟山卒不能守故當時有舟山乃　本朝棄地守亦無用之說而英吉利於康熙三十七年卽築室於道頭名日紅毛館蓋其窺伺之心甚早乾隆二十七年驅英人廢紅毛館明道光二十年英人在廣東戰不利卽以兵船犯舟山陷之旋去之明年又來犯又陷之又明年江甯議和各處解嚴惟舟山所泊之英兵船延至二十五年始去咸豐十年英法兵船犯天津歸

過舟山復入據之尋自去光緒二十四年有英兵弁登岸借地操槍其心實未嘗須臾忘我舟山也道頭所臨之澳澳水深浪闊澳外羣島環列可避四方之風爲東海中極好船埠澳之西爲洋螺角東爲竟嶴角兩角東西對爲口門口外島嶼極多其大者洋螺角之東南爲西蟹嶼（卽馬秦山又名鑄島）西蟹嶼之東爲盤嶼山盤嶼之東南爲大嶼山（卽大渠山）大嶼之西北盤嶼之東北有二小島在東北者曰大五奎（一作大吳一作大島）在西角者曰小五奎（一作外吳一作微島）大嶼則北值竟嶴角矣大嶼東南爲小嶼山（一名南婁又名鹿島）大嶼東北爲東海嶼東海嶼之東爲嶴山（一名鰲山一名樹山）東海之東鰲山西北有無數小島錯列卽所謂十六門言小島水道之多也凡此皆道頭澳外北排之島也西蟹嶼之南爲螺頭山（一名大貓山又名塔山島）螺頭南角南距小謝東之穿鼻島約一海里又十分海里之四螺頭之東爲摘箬山（一名象島）摘箬之東爲白龍山白龍北值嶴山西北值小嶼西南距崎頭北角約二海里又十分海里之七凡此皆道頭澳外南排之島也由此而自南入道頭之水道可得而言矣南來之水道當以白龍山與崎頭北角間爲總口入總口後向西行者從摘箬之南又從螺頭穿鼻間爲螺頭水道轉而北行經螺頭之西又東北經馬秦螺頭間爲馬秦水道又北經馬秦盤嶼間又轉而東經盤嶼北（盤嶼北距舟山岸約十分海里之七）至大小五奎之西北卽爲停泊處矣此爲最闊水道大輪船出入均由此入總口後向北行者爲墨而佛禮水道經摘箬白龍之間又北經大嶼之西盤嶼之東亦至大小五奎之西北而停泊墨而佛禮水道分支東北行經大嶼小嶼之間者名小嶼水道又北從東蟹之西大嶼之北西北與墨而佛禮水道會大小嶼間雖甚狹然可避大嶼西北之隱礁故行者稱便凡此皆崎頭角

以北之水道也崎頭角以南象山港口北各島迤邐向東北斷續相屬直與舟山東各島相接實爲舟山南之外蔽其最西者最近崎頭岸之梅山梅山之東南爲佛肚山佛肚之東爲六橫山舟山南列島中之最大島也自西北至東南長約十海里闊處約六海里地廣博稻田連畛平原沃野邨落彌望居民近萬戶六橫之東南爲鑼鼓山（西圖名比克島）鑼鼓之東北爲蝦岐山（西圖名佛倫島）島頗大居民千餘戶蝦岐之東北爲桃花島島又大於蝦岐西北至東南長約七海里廣約三海里島西多高山東北低平多稻田居民約三千戶桃花島之北爲登步島（一作燈步）小於桃花南北皆山中開沃野居民六百餘戶桃花之東偏北登步之東偏南卽南朱家島爲舟山東列島之南界矣列島中大水道可得而言者凡四在西南爲牛鼻水道東北爲鑼鼓水道（卽比克水道）又東北爲佛能水道（卽蝦岐水道）又東北爲撒拉格里水道牛鼻水道爲六橫山西南對象山縣錢倉嶴而成因水道南近錢倉嶴處有牛鼻山島故名此水道西達象山港（西圖名蒲母拉撈港）東北通舟山通舟山者又分爲數小水道在崎頭岸與梅山間者爲華船通行之水道狹而淺輪船不能度梅山與佛肚山之間有數小島名中列島中列島之西北爲洛白司水道（一作六入夫水道）中列島之東南爲各夫水道二水道既會於中列島之東北始名佛肚水道佛肚山與六橫山間爲得非而得水道頗深廣北亦會佛肚水道此數小水道南既以牛鼻爲總北又以佛肚爲總故言大水道者往往僅舉牛鼻六橫山與鑼鼓山間甚爲淺狹鑼鼓山與蝦岐山間爲鑼鼓水道（一名斗請門又名掃請門）蝦岐與桃花山間爲佛能水道二水道均極安善往來舟山者多由之桃花山與南朱家島間爲撒拉格里水道卽所謂烏沙門也緣水道東近

南朱家島處有烏沙小島故名桃花與登步間潮流甚急不便駛行行此水道者務北出登步之東又轉登步之北而行於大敢白龍之南故較鑼鼓蝦岐爲繞遠也凡此皆舟山南之水道在崎頭角外者也舟山之東各島以朱家島爲最大南北長約七海里廣三海里在北曰北朱家島在南曰南朱家島（卽與桃花山相對爲烏沙門水道）其中間最高之峯曰朱家峯（亦名朱家尖）約高千二百餘尺島東西岸均多澳而以東岸南段之狠灣（一作臥爾佛澳）爲著停泊於此可避東北風且多淡水（道光二十二年英兵船咸集於此）北岸之月澳亦可下椗島中稻田居全境三分之一皆普陀山僧產也居民約數千戶近日島西山貲有西教堂蓋島民有入西教者朱家島之北爲普陀山南北長約四海里廣半之僧寺八十餘所僧數千人無他居民曲徑通幽擅林木之盛西人嘗藉以避暑島南有淡水井可停泊島東沙澳內有淡水溪普陀之東北爲葫蘆山（西圖名他可莫四島又名地嗣嶼）普陀之東南北朱家島之東爲洛伽山洛伽之南爲白沙又南稍東爲拉加又南稍東爲雞籠山皆小島也而均有居民洛伽有燈塔葫蘆山與普陀間洛伽等四島與普陀朱家間均爲深安水道普陀之西北貲西對東舟山之東貲（名黃駱）約一海里又十分海里之八中間名蓮花洋北朱家之西爲金河島（西圖作經倜）金河西北對舟山東南貲約十分海里之七金河之西爲盧家嶼（一作[illegible]）盧家之西爲帽子島（一作馬嶼）帽子之西爲大敢島（一作大坎）大敢之西爲殷家島（一作英鸚）殷家之西北爲鰲山（[illegible]）西南爲白龍山輪船自東北來經普陀與洛伽間又西經普陀與朱家間又西北經蓮花洋以達舟山東北之蘭秀灣而舟山之東普陀之西皆有淺灘鋪入海中故蓮花洋水道不甚闊北朱家與金河之間淺亘相屬不能通行自蓮花

洋西南經金河盧家間南接撒拉格里水道惟小輪可行因金河與舟山東南貲間甚淺狹耳其盧家島北距舟山岸僅九百尺卽沈家門也港北小有市鎮中小輪船可通行停泊極安自沈家門西至道頭澳約十一二海里經帽子大敢殷家鰲山各島北距舟山岸所成之水道惟中小輪可行再自鰲山西北入十六門故其水道名爲十六水道凡此皆舟山東之各島及水道也舟山之東北海爲蘭秀灣灣東無列島爲舟山之蔽自舟山東貲黃島西北迤至舟山東北貲橄欖角凡十一海里爲東北灘蘭秀灣之岸其間略分爲三段段至黃島西北約四海里至展澳角爲一段皆倚山爲岸段適中去岸約一海里有大展島（一作大材島）乃低島也展嶴角正北約一海里有茱島茱島之北及東北有數小島自展嶴角西北約三海里又十分海里之七至船角爲一段皆平陂岸船角北有特安登小島距岸甚近自船角西偏北約三海里至橄欖角爲一段此兩角間成大澳潮退時爲大泥灘不易近岸此舟山東北守在本島者若藉他島之接應則在長塗以東一帶列島矣橄欖角之北爲蘭秀山蘭山秀山本係二島二島間甚淺土人築隄捍水遂連二島爲一故名蘭秀南北長約四海里闊約二海里半有居民千七百餘戶蘭秀之北爲關山（一作九山島）有居民二百戶關山北卽岱山也岱山與關山間水道爲高定門（一作阿鎮門）關山與蘭秀間水道爲虬山門蘭秀與橄欖角間水道爲龜水道此三水道在舟山北所以通東西者惟高定門易於馳駛若虬山與龜水道均潮流湍激帆輪皆視爲畏途（[illegible]水道中間有青山小島西圖名島欖島青島與橄欖角間名曰灌門十）（人有老大好作灘門灘過之諺揪俗稱舟工曰老大耳）舟山西北有大沙澳澳外有島曰長白山其大略等蘭秀居民數百戶島與大沙澳間爲長白水道停

泊佳處也長白之四周均有下椗處舟山西岸有岑港舊設巡司近移駐岱山其地頗闊淺尚有漁船聚集岑港之西有小島曰裏釣山西圖名利昀裏釣之西南為中釣山西圖名臨島中釣之南為外釣山西圖名哇得裏釣之西北為菰茨山西圖名慈谿島此四島之西為冊子島頗大南北長約三海里廣約二海里半居民約八九百戶冊子之西即金塘之北段也金塘冊子間為金塘水道冊子四島間為慈谿水道雖為往來甬滬要道而在門戶之內所守不在此矣蓋冊金塘之西北雖一望無際然皆淺海且自岱山東北至火山列島實為舟山西北之外蔽舟山弧懸海面形似散畏筆守然約而計之亦見形勝如崎頭南之西水道崎頭北之三水道東面則普陀與朱家圖水道蓮花洋木道北面坊岱山攬攬閩之三水道又北朗西北自嶼心蘆東南至東福錦亘各列島均應築堅臺屯重兵以西環之列島為舟山之城郭而道頭澳則置船塢屯兵船為中堅則舟山守矣蓋舟山不守則甬口錢塘江口長江山均不能守實為南洋最重要之地似不可忽視海岸自崎頭角遂南為崎頭南角即旗山也至此復西南遂至福山島之北為霩霱所在鎮海縣南百二十里宋置霩霱寨明洪武二十年置千戶所國初廢所有千總分防又西為象山港之北岸又西入鄞縣境至大嵩所之東南有小水口西北達大嵩所又北與東錢湖通大嵩所在鄞縣東南九十里元置巡司明洪武中改置千戶所國朝廢所設游擊守備駐防雍正中以海防同知駐此大嵩水口遂西南入奉化縣境為湖頭渡在奉化縣東百二十里東接大嵩西接山明設戍守今鄞千總為塔山城塔山巡司在奉化縣東百里元置由塔塞設巡司明初改為塔山洪所中廢巡司下本朝仍置又西為應村又西至河隄灣轉而南遂入寧海縣境有浮溪水入海口浮溪小水也源出寧海西北之橫溪嶺自浮溪口又轉而東遂有北河入海水口北河亦小水上達寧海縣城自北河口遂東為象山港之南岸入象山縣境為西周村又東有海汊東南匯近象山縣城又東為岑莊又東為珠溪又東為錢倉所錢倉所之東北獵戶角為象山港南岸盡處錢倉所在象山縣東北二十里明洪武二十年建所其地四面

四山東臨大海朝廢所設兵防守本錢倉東對牛鼻山牛鼻山土人名東柱山其西北有小島曰耕夫土人又名作西東佐嶼山西西蠣圖蒸名為牛鼻水道之入西水道廣約二海里水深能行巨輪象山港西圖名寧母拉特港東西長約三十海里南北廣約三四海里不等港口水深二十餘尺港內深至五六十尺港源無大水道係海水所成之汊港內小島頗多能容泊無窮巨艦港北岸之大嵩港小輪可乘潮而入且隨處可以登岸自大嵩湖頭一帶直趨寧郡僅數十百里耳故象山港又為甬防後路要地海岸自錢倉所遂南皆倚山為岸港汊頗多至爵溪所在象山東南二十里明洪武二十一年置千戶所本朝廢所設兵防守有城西北負山東南臨海澳口東向頗寬而澳內均係淺沙澳外有羊背山西圖名卯路兒摩羊背之東為春門山二山雖可障東風及東北風而二道之水道及羊背與大陸間之水道均極淺惟漁船多至數百停泊於羊背山下自爵溪所遂南仍為山岸過孫塘山嶴一作施安登輋又南去岸約二海里有大目島西圖名能島大目之東海中約九海里有韭山列島小島礁石不能計稍大之島凡九皆青蔥崒嵂有漁宮澳雙山牛嶼山上竹山中竹山下竹山大青山或壹山積崇山等名其最大島名韭山有居民漁戶頗多其南與東南可泊大輪船漁船則聚於西北紀要韭山在象山縣東南百里海中山多熊形勢崇裘島塊深遠島中淡水極佳海岸又南為山岸傍岸多淺沙經昌石營昌國衛而至石浦昌石有水師營隸象山協昌國衛在象山縣南八十里明洪武十七年置昌國衛於舟山島上二十年徙於象南南之東門山後復徙此國朝裁衛設都司石浦所在昌國衛山南十餘里明置巡司又置千戶所坑國初廢所道光中移寧汝西同知駐後又移昌石之都司駐馬府岸自石浦西遂入台州府甯波縣境有大湖口茶院港皆北匯之汊也又西至白嶠港口為白溪大溪合流入海口也白溪出天台縣之天台山東流入寧海境大溪出寧海西北橫溪嶺南麓西南流至寧波縣城南會白溪

東注海海岸自白嶠港口轉而西南遂至東嶴清溪入海口也溪溪即海游河出天台縣東山東流至東嶴入海自東嶴南為亭旁溪與稽溪會流入海口口之南即寶嶴也自寶嶴轉而東遂至桃頭角又轉而南遂至健跳所在寧海縣東南百十里明洪武二十年置千戶所國朝裁所駐兵有遊擊守備等官東南臨大橫渡水入海口東北對石浦城約七十里為甯海灣口門海灣內有羣小島東西列最著為田灣島西平楓頭角約一海里又半西圖名天頭島田灣之東為滿山西圖名牛佐冶島即紀要之台明嶼滿山之東為大佛頭山大佛頭之東北為魚塘山西圖名大洋駱魚塘之東為大南田山西圖名牛頭山又名小魚山地面頗廣光緒初年派閩墾委員駐島上石浦同知亦有行署以時往來此數島分海灣口門為二島北為石浦港島南為三門灣而石浦港口有東門島一作南輝山對面山西圖名陰島又作島與橫塞對面南對大南田其間為下灣港東門對面間為東門港東門島之西北為石浦廳城石浦城之東有山南伸入海西南與東門島對峙如門然其間水道即銅瓦門也東門下灣二港均狹而多礁輪船無敢試行銅瓦門雖可行大船惟水道曲隘流漩而疾必待潮平方便出入石浦城下甚便停泊故石浦市肆頗稱繁盛道光二十二年英人犯石浦由銅瓦門入光緒甲申法蘭西追擊援台師船其船遂沈港內石浦口外東偏南約五六海里有壇頭山韭山以南海面大島也島之西南輪船可下椗明之倭寇嘗望此山收泊嘉靖設兵哨守實為石浦口外屏蔽三門灣因灣口有三門列小島而名其島北與大佛頭山相值灣內水深潰闊停泊處頗多如滿山之南為停泊最佳處大佛頭之東北與魚塘山間名珠門港水深至六七十尺甚便泊船遇東北風則在大南田西南停泊亦安故己亥庚子之間意大利人欲索三門灣為租地也海岸自健跳所遂南為坡壩水入海口坡壩水西出臨海東

北觀斗山南麓小溪也即紀要所謂之昌嶺港坡壩口之南為洄淋驛驛東南有小水入海口又南為有殿角南對白梳角土名鮭駱清為桃渚港入海口門又名橫河靈江之分支也靈江流至家子之北前所城之西分支東北流經前所城北桃渚城南又東至舊城驛北入海前所城在臨海縣東南九十里明洪武中建千戶所所屬海門衛國朝改設守備駐防一水桃渚城在臨海縣東百里明洪武中建千戶所屬海門衛國朝廢所設守備駐防家子一里設莊有市鎮廣富在臨海縣東南九十里駐有同知口門之東有數小島羅列其著者為金門島在東北高島在東南九磊島在西金門島與高島間為無產港可停泊避風自白梳角遂南為平沙岸至白沙山一名泥踞為台州灣口北岸台州灣椒江口門外之海灣也椒江一名澄江又名靈江凡天台赤城以南括蒼韋羌以北大盆東婁以東之水皆匯此江自白沙山遂西仍為淺沙岸約四十里至前所城南渡椒江為海門城兩城南北相對為椒江口門自海門東南遂仍為淺沙岸約五十里至琅璣山一名大陣為台州灣口南岸北對白沙山約十一二海里在臨海縣東南九十里明洪武中建設遊擊防光緒二十年移黃巖總兵駐八尺而椒江口內水深或至一二十尺惟兩岸既束遂成奔流中等輪船可乘潮渡淺礁入口泝流而上過葭芷西北可至臨海城下西南則至黃巖灣口外羣島羅列其著者為竹嶼在壯名犁島頭東門偏山南約七海里竹嶼鷗峯下洩水甚佳四周均可暫泊竹嶼之東北約二三海里即高島也島東南澳可停泊高島之東偏南約二三海里為東箕山南可暫避風竹嶼之南偏東約六海里為風暴島凡二小島在南名南江山北名北江山兩島中間可泊民船風暴之東約二海里為百筴山名花藍鳥西叙菴鑑鵠南在箕山東北約二十海里為黑山羣島凡五六小島其著者為南魚山北魚山白礁皆有居民多者二十

餘戶少者四五戶均闖人以捕魚爲業頗馴良而西人謂黑山羣島爲盜藪或偶有所遇遂概言之北魚山河西鳥名沙上有燈塔其西北可暫下椗此諸島均在台州灣北岸之外而南岸外羣島西距淺沙岸不甚遠南北相屬如練直接松門如北前島土廟名峪東在琅璣之東北約二海里北前之南曰攔機山土鮭名峪日又南曰金星門鮭土峪名黃島西可泊民船金星門之南曰盤馬砦土王臺名龍金星與盤馬間爲淺水灣灣內有無名小島數處盤馬西南距松門城不及一海里南望松門山約二海里其東澳可泊小輪盤馬之東約二三海里爲駝背島蠖土峪名沙島西可泊民船駝背之東約二海里有半爲積殼山積殼山之東北約十里爲台州羣島其大而著者爲上大陳山土台銘在北下大陳山一下名台在南兩大陳中間相距約二海里爲最好停泊處上大陳居民約三百餘戶山上淡水甚佳下大陳居民至千餘戶市肆頗盛海名門駐鎮之蕊兼千管總盤一務員日兵鳳十尾二洪兩大陳外羣小島環峙大小凡十二島此又台州灣口南至松門一帶淺沙岸外之羣小島也松置門衛衛莊酉太翻平裁縣衛東置南總五孤十俊里設明守洪備試駐守中松門衛城北臨松門港港口漸淤僅容小艇口外三里許有松門山埔一峪名石南北長二十五里廣五里居民千戶鳥卡南拼有派護兵松門山之東爲牛山石西塘人名島牛山之東爲蘇丹島松門之東南爲三蒜島此小島之著者而牛島之西松門之東水道中有二小島東西并列其在東者名隔海山山之西可泊小輪海岸自松門衛以南卽轉而西迤又南迤至隘頭所松門隘頭之間成大海灣名隘頑灣臨尾頭所灣鵰松在門太衛平縣國南三十對里爲明寨洪讀武把中總建防千守灣內皆淺沙灣南有小島名糖塔島針土峪名銅鰲糖塔島之南爲福來爾島土掛名峪小福來爾東南爲披山惟披山稍大有居民島南北均可暫泊自隘頑所

西南迤入溫州府境略爲山岸從大陝山至木杓山又轉西北迤至楚門所在千戶大平所屬西南松六門十衛里明閩洪朝武藝所中建爲台溫交界地又西北迤至大荊營在正中樂清清設東游北擊駐百此里雍有小水入海口又轉而西南迤至鏵鍬埠在十三樂里里縣駐東外三委有白龍河入海口又西南經蒲岐寨戶在所樂屬濤盤鑿東石衛八十國明胡洪廠武所所中置把干樂至樂清縣城南爲甌江口門自木杓山至甌江口成大海灣名樂清灣灣內島嶼羅列其大者爲玉環山在正中樂清築諸城東設南參將舊守有城備明駐防洪兼武設中同從知寨及巡國司朝雍山踞樂清口南北約三十里東西約二十里其西極爲西清渡西對鏵鍬約十餘里東南隔爲坎門坎門東脊爲基忙角東北對木杓山之南廣亦十餘里東北隅爲楚門渡東對楚門所僅數十步爲玉環與大地相距最狹處中小輪船停泊坎門最宜惟西南風則浪大耳大輪船可由島之西直入島西水深處停泊而鏵鍬埠北亦停泊大輪佳處楚門港雖可避風然水淺惟民船可繫纜玉環西周小島頗多其著者北有大青小青東門西門西有大小橫牀毛挺毛坦南有盤橫址東南有雞冠山大鹿島小鹿島均有居民雞冠山人煙尤密有官鹽局並市肆雞冠山之東與大小鹿島之閒均便停泊樂清灣之南卽溫州灣甌江口外海灣也甌江卽永嘉江又名永甯江仙霞東南山脈如山泉小梅山山孝一義帶山是大也橫坑以東各水源龍泉遂昌松陽麗水北山脈如百下義山方東山交賞嶺義欽嶺山佼大雲陽嶺山下臺州山山又帶南按足姑杳著以南各水源慶元泰順一帶山脈全如屏青山草青坳亭山臨查山山一石樅帶嶺山一帶石牌足山地石以北各水源均匯此江東流至永嘉城北其流始大中小輪船可泊城下又東經盤石衛南凡百里至黃華關入海衛鹽石衛國在砂樂慶清邑豫游西擊南守五備黃駐十防里明後又洪武設中部設司黃華關西溫盤州國角名在永嘉江入海口北岸脊上東三華十關里明東代設坡水大寨海又今杭慶在港口石口門

南岸皆平泥灘漫無約束故守永嘉者以盤石南對狀元橋爲門戶口外羣島羅列其要者如口門中塞之溫島郎崑靈鳥島北爲深水道島南僅能行華船北岸黃華關之東南爲黃大嶴島西虎頭圖作山黃大嶴之東爲鹿棲山又以名此東爲山黃西大圖嶴南岸平泥灘之西南爲霓嶼蛎西圖嶼峪自溫州島西南接霓嶼中間平泥灘幾相屬霓嶼之東北爲狀元嶴島於是黃大嶴之南霓嶼與狀元嶴之北爲最深之大水道大輪船出入甌江必由此黃大嶴之南嶴尤便停泊輪船進口者恆泊此候潮水道中有河建島分水道爲二島北水道尤妥狀元嶴之南爲三盤山三盤之南爲洞頭山西嶼圖鳳名山洞頭之南爲半屏山鄭邊山峠半屏山之南爲北策東策南策等島洞頭之西南爲大瞿小瞿等島於是狀元嶴之南三盤山之北及霓嶼之南洞頭之西均爲下椗佳處而洞頭之南半屏及南北策之西大小瞿之東成一最好船澳三面環山水深浪闊僅南通一港名曰牛港停泊處且有淡水洞駐頭此楊山之傳北此有山小凡七市三十盤二澳汎兵各島均有居民以黃大嶴與洞頭爲最大而霓嶼與鹿棲次之自甌江口南岸迤南入瑞安縣境爲梅頭城明在瑞舖迦安縣司東爲戊北五守十要塊埋又南爲海安所在灘胺安縣屬溫東三州十衛里明關置朝叢千戶又南爲飛雲江口飛雲江一名瑞安江又名羅陽江源出泰順縣西北山中倚朝天馬嶺風門山大周山牙齒嶺牛皮嶺一帶山脈之北麓東流而石佛石牌石梯一帶山脈以南之水皆入焉至瑞安縣城南轉東南流入海口門江面廣三四里水深六七尺中小輪船可乘潮至瑞安城下自飛雲江口迤南入平陽縣境經宋埠驛至鰲江口卽橫陽江也源出平陽縣西境南源爲莒溪北源爲繞陽江東至錢倉鎮南合流名錢倉江錢縣倉南鎮二在十平野陽又東流入海自鰲江口迤南爲琵琶山有直浹河

小水入海口又南經金鄉衛之東金鄉衛在平陽縣南六十里明初置衛國朝裁隸都司又南爲大漁口卽大漢海口也非長源水口係海水灣入地中以成港港口東向口門有官山島中塞分南北水道均深十餘尺港內水深六七尺中小輪船可停泊以避西北風唯東南風浪甚大漁口之南卽鎮下關也在平陽縣東南百四十里門關明置水寨駐舟師令設兵防衛爲浙江福建分界處

杭州府明太祖丙午年改元杭州路爲府　國朝因駐浙江巡撫布政提學提法鹽運交涉五司督糧巡警勸業杭嘉湖四道光緒二十一年與日本立約定爲通商埠租界在城南武林門外漢志會稽丹陽二郡地**北距京師四千二百里領州一縣八**

錢塘明縣因倚治西偏漢錢唐縣禹貢南江自仁和來遷縣又絕武林水漸江水而東流下入蕭山

仁和明縣因倚治東北偏漢錢唐縣地禹貢南江自石門來西南流遷縣東北五十里之塘棲鎮東又屈而東南流遷臨平鎮北自此而南行宋時下塘運河其故道矣下入錢塘

海寧州明縣　國朝爲州府東少北百七里有捍海塘接仁和界歷代增修漢海鹽縣之鹽官

富陽明縣因府西南九十里漢富春縣

餘杭明縣因府西北七十里縣西北有獨松嶺關漢縣

臨安明縣因府西北百里漢餘杭縣地

於潛明縣因府西北百七十里漢縣

新城明縣因府西南百二十里漢富春縣地

昌化明縣因府西二百十里縣西有昱嶺關漢於潛縣地

嘉興府明太祖丙午年改元嘉興路爲府國朝因漢志會稽郡地西南距省百八十里領縣七嘉興明縣因倚治東南偏漢由拳縣禹貢南江自江蘇吳江來逕縣下入秀水秀水明縣因倚治西北偏漢由拳縣地禹貢南江自嘉興來逕縣下入桐鄉嘉善明縣因府東三十六里漢由拳縣地海鹽明縣因府東南八十里有捍海塘接金山海寧界歷代增修漢海鹽縣地桐鄉明縣因府西南五十五里漢由拳縣地禹貢南江自秀水來逕縣下入石門石門明崇德縣國朝更名府西南八十里漢由拳縣地禹貢南江自桐鄉來逕縣下入仁和平湖明縣因府東南五十四里漢海鹽縣

湖州府明太祖丙午年改元湖州爲府國朝因漢志會稽丹陽二郡地南距省八十里領縣七烏程明縣因倚治府西南偏漢縣歸安明縣因倚治府東北偏漢烏程縣地長興明縣因府西少北六十里漢烏程故鄣二縣地德清明縣因府南少東九十里漢烏程縣地武康明縣因府南少西百十里縣西北有莫干山西人多築室避暑境產黏土浙右陶器多出此漢烏程縣地安吉明州領縣屬湖州國朝降縣府西南百二十里漢故鄣縣孝豐明縣屬安吉國朝來屬府西南九十里漢故鄣縣地

寧波府明太祖吳元年改元慶元路爲明州府洪武十四年改今名國朝因駐分巡寧紹台兵備道浙江提督定海鎮總

兵道光二十三年與英立約五口通商之一租界在甬江東岸與府城相對浙江約三十八里可達舟楫最便出口貨棉絲蓆扇海物等入口貨石油洋布糖等全年共値銀千九百萬兩漢志會稽郡地西北距省四百八十里領廳一縣五鄞明縣因倚漢鄞縣慈谿明縣因府西北五十里漢句章縣奉化明縣因府西南八十里漢鄞縣象山明縣因府東南二百七十里漢鄞回浦二縣地鎮海府東北六十里漢鄞縣地石浦廳府南二百里南田廳近改駐南田島

定海直隸廳明縣屬寧波國朝升直隸廳漢句章縣地西距省六百里四面皆海惟西與寧波隔一海峽

紹興府明太祖丙午年改元紹興路爲府國朝因漢志會稽郡地西北距省百三十八里領縣八山陰明縣因倚治西偏漢縣禹貢南江自蕭山來逕縣下入上虞許愼晉灼皆云江水至山陰爲浙江江自太湖出大勢南流絕錢唐江復折而東其形方折故曰浙江會稽明縣因倚治東偏漢山陰縣地蕭山明縣因府西北百十一里漢餘暨縣禹貢南江自錢唐來逕縣絕錢清江而東流錢清卽班志潘水也下入山陰諸暨明縣因府西南百十里東瀕浦陽江有五金各鑛漢縣餘姚明縣因府東北百八十里漢縣禹貢南江自上虞來逕縣入海班志吳下云南江東入海石城下云分江水東至餘姚入海者也詳具余所著尚書孔傳參正及漢書地理志補注上虞明縣因府東百二十里漢縣禹貢南江自山陰來絕曹娥江而東曹娥卽班志柯水也下入餘姚嵊明縣因府東南百八十里漢剡縣新昌明縣因府東南二百二十里漢剡縣地

台州府明洪武初改元台州路爲府國朝因漢志會稽郡地西北距省五百七十七里領縣六臨海明縣因倚漢回浦縣黃巖明縣因駐黃巖鎮總兵府東南六十里漢回浦縣地天台明縣因府西北九十里漢回浦縣地仙居明縣因府西少南九十里漢回浦縣地寧海明縣因府東北百八十里太平明縣因府東南百四十里漢回浦縣地

金華府明太祖戊戌年改元婺州路爲寧越府庚子年更名國朝因漢志會稽郡地東北距省四百五十里領縣八金華明縣因倚漢烏傷縣地蘭谿明縣因府西北五十里漢烏傷縣地東陽明縣因府東少北百三十里漢烏傷諸暨二縣地義烏明縣因府東北百里漢烏傷縣永康明縣因府東南百十里漢烏傷縣地武義明縣因府南少東七十五里漢烏傷縣地浦江明縣因府東北百十里漢烏傷諸暨二縣地湯溪明縣因府西南五十里漢烏傷太末二縣地

衢州府明太祖己亥年改元衢州路爲龍游府丙午年更名國朝因駐分巡金衢嚴道衢州鎮總兵漢志會稽郡地東北距省五百六十里領縣五西安明縣因倚漢太末縣地龍游明縣因府東七十里漢太末縣江山明縣因府西南七十五里漢太末縣地常山明縣因府西八十里漢太末縣地開化明縣因府西北百六十里漢太末縣地

嚴州府明太祖戊戌年改元建德路爲建安府尋日建德府壬寅年更名國朝因漢志會稽丹陽二郡地東北距省二百七十里領縣六建德明縣因倚漢富春縣地淳安明縣因府西百六十五里漢歙縣地桐廬明縣因府東北九十五里漢富春縣地遂安明縣因府西少南百八十里漢歙縣地壽昌明縣因府西南九十里漢富春縣地分水明縣因府西北百二十里漢富春縣地

溫州府元溫州路明洪武初爲府國朝因駐分巡溫處兵備道溫州鎮總兵光緒二十六年煙臺條約增開五口之一租界在甌江南岸接府城瀕江約五十八里可達出口貨茶磐蜜糖牛皮等入口貨布銅鐵洋油等全年約值銀數萬兩漢志會稽郡地西北距省八百九十里領廳一縣五永嘉明縣因倚漢回浦縣地瑞安明縣因府南八十里漢回浦縣地平陽明縣因府西南百三十里漢回浦縣地樂清明縣因府

東北八十里漢回浦縣地　**泰順**（明縣因府西南三百七十里漢回浦縣地）　**玉環廳**（明洪武中因倭寇來犯徙民內地國朝雍正四年設官駐防府東北二百里海中）

處州府（明太祖己亥年改元處州路爲安南府尋更名國朝因駐處州鎮總兵漢志會稽郡地）**北距省千九十八里領縣十**　**麗水**（明縣因倚漢回浦縣地）　**青田**（明縣因府東南百五十里漢回浦縣地）　**縉雲**（明縣因府東北九十里漢回浦縣地）　**松陽**（明縣因府西百二十里漢回浦縣地）　**遂昌**（明縣因府西少北百八十里漢太末縣地）　**龍泉**（明縣因府西南二百四十里漢回浦縣地）　**慶元**（明縣因府西南四百里漢回浦縣地）　**雲和**（明縣因府西南百十里漢回浦縣地）　**宣平**（明縣因府西北百二十里漢回浦縣地）　**景寧**（明縣因府南百四十里漢回浦縣地）

江西省（禹貢揚州漢志揚州部）

疆域　東浙江東北安徽東南福建西南廣東西湖南西北湖北東西九百二十里南北千八百里面積六十萬三千四百四十七里人約二千六百五十三萬口領府十三直隸州一廳三州一縣七十五

物產　米竹木茶紙磁器夏布土靛等礦產亦旺

地勢　王書云北臨大江饒水利東西南三面皆山環繞蓋自騎田嶺而東分支北迤爲江西湖南之界爲羅霄山（在袁州西）爲幕阜山（在江西湖北湖南界上）又轉東迤爲江西湖北之界爲大湖山（在義寗州北）爲九宮山（在武寗西北）東止於廬山（在南康府西北二十里西人於牯牛嶺建屋避暑漸成衢市郵電皆通）其正支東迤爲大庾嶺（在南安府西南二十五里五嶺之最東嶺）又南而東爲江西廣東之界爲十二排山（在龍南縣南）又東北爲江西福建之界爲馬戰嵊山爲窰嶺（在石城縣東）爲蟬夾隘（在廣昌東）爲杉關（在上龍縣南百二十里爲江閩閩道）又東北爲江西浙江之界爲懷玉山（在玉山縣北百四十里界衢饒信三府當吳楚閩越之交爲東南望鎮）又北入安徽境諸山以內原野大開田疇相望

水道　王書云江水自湖北入境東流右會鄱陽湖水東入安徽境下流最要處爲馬當磯（由蘄達蘄門戶水路極峽南岸分設五驟臺正對骨牌洲）中流最要處爲湖口（嚴臺在縣城北門外石鐘山側地當鄱湖口門東岸武曲港西岸梅家洲分設二臺）上流最要處爲金雞坡（在九江府城東十里東西北三臺設南岸）爲岳師門（在九江府東門外分上下兩臺沿岸建築與金雞城衛拔一氣）入湖之水四一贛江上源有二東源曰貢水出福建長汀縣西流入境左受雁門水梅林江右有琴水梅江合而來會又西右受徽江水左受桃

江水與西源會西源曰章水有二源南曰池江北曰上猶江皆出聶都山東流合而與東源會章貢既會北流曰贛江多險灘古稱贛灘三百里是也右受遂江禾水瀘江袁江（一曰秀水）錦江（一曰蜀水）修水（右合鉛水）右受孤江水烏江水盱江支津北分數道入湖自貢源至此長千九百里水長時輪船可達南昌以上大帆船可抵贛州小帆船本支各流均通一盱江又曰汝江有東西二源合而北流左有臨水合宜黃河來會又北分一支西入贛江正支北流曰武陽水入湖長千三百里一饒江又曰信江出懷玉山西流左合河河雲際水須溪水白塔河右受葛源水西流分而復合入湖長八百里一鄱江有二源北曰昌江出安徽祁門縣南曰婺河卽樂安江流出安徽婺源縣西南流至饒州府城南合而西入湖湖匯諸大水爲巨浸周四百五十里形如葫蘆中爲細腰湖中洲之大者爲康山明太祖戰陳友諒處也湖又北與大江會

交通　王書云北境水路交通頗便如九江爲江輪停泊之埠吳城南昌豐城樟樹鎮吉安等處小輪亦可往來但八月以後吳城以上水涸難行又自南昌通各省之驛道有四一北渡江達湖北黃梅（中經建昌德安德化渡江至小池口北達黃梅）一東南逾杉關達福建光澤（中經進賢臨川南城）一東逾懷玉山達浙江常山（中經進賢東鄉安仁貴溪弋陽興安上饒玉山）一南逾大庾嶺達廣東南雄（自建昌南經安義奉新安安清江新淦峽江吉水廬陵泰和萬安贛縣南東大東按唐高前古路在今梅嶺西偏北二十五里今名爲遂仙遂吉上有梅以閩道化移徽告橫油諸關是也初此路范嶺關元中陵九路始別閩一路創今梅嶺閘路是唐）一西出插嶺關達湖南醴陵（中經豐城清江新喻分宜宜春萍鄉）又鐵路擬築者從九江以達省城名曰南潯鐵路爲幹路第一段次則由省城以達吉安爲幹路第二段由吉安以達贛南以預備接續廣東鐵路爲幹路第三段此外道瑞袁以通湘道撫建以通閩道廣信以通浙爲三

支路又電綫由南昌北通九江南通廣州樟樹鎮吉安贛州由九江東通蕪湖湖嘴西通漢口

南昌府 明太祖壬寅年改元龍興路爲洪都府癸卯更名國朝因駐江西巡撫布政司提學司提法司督糧道巡警道勸業道鹽法道[illegible]兼兵備漢豫章郡地 **東北距京都四千八百五十里領州一縣七**

南昌 明縣因倚治東南偏漢縣 **新建** 明縣因倚治西北偏漢南昌縣地 **豐城** 明縣因府南少西百二十里漢南昌縣地 **進賢** 明縣因府東南百十里漢南昌縣地 **奉新** 明縣因府西百二十里漢海昏縣地 **靖安** 明縣因府西北百六十里漢海昏縣地 **武寧** 明縣因府西北三百八十里漢海昏縣地 **義寧州** 明寧州國朝因嘉慶中以守城禦寇功加義宁府西北三百五十里漢艾縣漢志艾云修水東北至彭澤入湖漢禹貢九江之三

饒州府 明太祖辛丑年改元饒州路爲鄱陽府尋更名國朝因漢志豫章郡地 **西南距省三百里領縣七**

鄱陽 明縣因倚漢縣漢志鄱陽云鄱水西入湖漢禹貢九江之一 **餘干** 明縣因府南少西百二十里漢餘汗縣漢志餘汗云餘水在北至鄱陽入湖漢禹貢九江之二 **樂平** 明縣因府東百二十里有牛頭山煤鑛漢餘汗縣地 **浮梁** 明縣因府東北百八十二里縣西南三十里景德鎮以製磁器名業陶者千戶窯五百餘座漢鄱陽縣地 **德興** 明縣因府東二百四十里漢餘汗縣地 **安仁** 明縣因府南少東二百十里漢餘汗縣地 **萬年** 明縣因府東南百二十里漢鄱陽餘汗二縣地

廣信府 明太祖庚子年更元信州路爲廣信府國朝因漢志豫章會稽二郡地 **西北距省六百里**

領縣七 **上饒** 明縣因倚漢餘汗縣地 **玉山** 明縣因府東北百里漢太末縣地 **弋陽** 明縣因府西百二十里漢餘汗縣地 **貴溪** 明縣因府西百九十里漢餘汗縣地 **鉛山** 明縣因府西南八十里有佛母嶺煤鑛漢餘汗縣地 **興安** 明縣因府西北八十里漢餘汗縣地 **廣豐** 明永豐國朝雍正九年更名府東南四十五里漢餘汗縣地

南康府 明太祖辛丑年改元南康路爲西寧府壬寅更名國朝因漢志豫章郡地 **南距省二百四十里領縣四**

星子 明縣因倚漢柴桑縣地 **都昌** 明縣因府東八十里漢彭澤鄱陽二縣地 **建昌** 明縣因府西南百二十里漢海昏縣 **安義** 明縣因府西南二百里漢海昏縣地

九江府 明太祖辛丑年改元江州路爲九江府國朝因駐分巡廣饒九南道咸豐十年天津約長江三口之一租界在城西俄人設製茶廠三所出口貨紙茶麻煙草甆器等入口貨棉布絨布海味等全年共值銀千九百萬兩漢志豫章廬江二郡地 **南距省三百二十里領縣五**

德化 明縣因倚有馬祖山煤鑛漢柴桑尋陽二縣地禹貢江水自湖北黃梅來逕柴桑在今縣境下入湖口 **德安** 明縣因府西南百二十里漢歷陵縣漢志歷陵云傅陽山古文以爲傅淺原案傅敷今古文之異山水澤地篇敷淺原在歷陵縣西成蓉鏡云當在今鄱陽縣城 **瑞昌** 明縣因府西九十里漢柴桑縣地 **湖口** 明縣因府西六十里漢彭澤縣禹貢江水自德化來逕彭澤在今縣境又東逕梅家洲與鄱陽湖水合湖漢九水入之書所云過九江也九江者一鄱水二餘水三修水四盱水五蜀水六南水七彭水八湖漢水九豫章水二分見諸縣下漢志尋陽云禹貢九江在南皆東合爲大江又彭澤云禹貢彭蠡澤在西今鄱陽也沔水注禹貢漢水自德化來東過彭蠡澤書所云東匯澤爲彭蠡也鄭元云匯回也漢與江鬭轉東成其澤矣此下闕文餘見安徽廬江 **彭澤** 明縣因府東少北百四十里漢彭澤縣地

建昌府 明太祖壬寅年改元建昌路爲肇慶府尋更名國朝因漢志豫章郡地 **西北距省四百里**

領縣五 **南城** 明縣因倚漢縣漢志南城云盱水西北至南昌入湖漢禹貢九江之四 **南豐** 明縣因府南少西百二十里漢南城縣地 **新城** 明縣因府東南九十里漢南城縣地 **廣昌** 明縣因府西南二百四十里漢南城縣地 **瀘溪** 明縣因府東南百五十里漢南城縣地

撫州府 明太祖壬寅年改元撫州路爲臨川府尋更名國朝因漢志豫章郡地 **北距省二百里領縣六**

臨川 明縣因倚漢南城縣地 **崇仁** 明縣因府西百里漢南城縣地 **金谿** 明縣因府東南八十里漢南城縣地 **宜黃** 明縣因府西南百二十里漢南城縣地 **樂安** 明縣因府西南二百四十里漢南城縣地 **東鄉** 明縣因府東八十里漢南城餘汗二縣地

臨江府 明太祖癸卯年改元臨江路爲府國朝因漢志豫章郡地 **東北距省二百二十里**

領縣四 **清江** 明縣因倚縣東樟樹鎮商務頗盛漢新淦縣 **新淦** 明縣因府東南六十里漢新淦縣地 **新喻** 明縣因府西南百二十里漢宜春縣地 **峽江** 明縣因府南百三十里漢新淦縣

瑞州府 明洪武二年改元瑞州路爲府國朝因漢志豫章郡地 **東北距省百二十里領縣三**

高安 明縣因倚漢建成縣漢志建成云蜀水東至南昌入湖漢禹貢九江之六 **上高** 明縣因府西南百里漢建成縣地 **新昌** 明縣因府西百二十里漢建成縣地

袁州府 明太祖庚子年改元袁州路爲府國朝因漢志豫章郡地 **東北距省四百八十里**

領縣四 **宜春** 明縣因倚漢縣漢志宜春云南水東至新淦入湖漢禹貢九江之五 **分宜** 明縣因府東八十里漢宜春縣地 **萍鄉** 明縣因府西百四十里縣境安源產煤極旺與英國上等焦炭等漢宜春縣地 **萬載**

明縣因府北九十里漢建成縣地

吉安府明太祖壬寅年改元吉安路爲府國朝因漢志豫章長沙二郡地北距省五百二十里領廳一縣九廬陵明縣因倚漢縣泰和明縣因府南少西八十里漢廬陵縣地吉水明縣因府東北四十五里漢新淦廬陵二縣地永豐明縣因府東百三十里漢廬陵縣地安福明縣因府西少北百二十里漢安平安成二縣龍泉明縣因府西南二百五十里漢廬陵縣地萬安明縣因府西百八十里漢廬陵縣地永新明縣因府西南二百二十里漢廬陵縣地永寧明縣因府西南二百八十里漢廬陵縣地蓮花廳明爲安福永新二縣地國朝乾隆八年析置府西南二百五十里漢安平廬陵二縣地

贛州府明太祖乙巳年改元贛州路爲府國朝因駐吉南贛寧兵備道漢志豫章郡地東距省千二百里領廳二縣八贛明縣因倚縣南六十里崆峒山多材木果實有壠下峒銅鑛漢縣漢志贛云豫章水出西南北入大江湖漢豫章二支並行禹貢九江之九雩都明縣因府東百五十里漢縣漢志雩都云湖漢水東至彭澤入江禹貢九江之八信豐明縣因府東南百七十里漢南豐縣地興國明縣因府東北百六十里漢贛縣會昌明縣因府東少南三百里漢雩都縣地安遠明縣因府東南三百四十里漢雩都縣地長寧明縣因府東南四百六十里漢雩都縣地龍南明縣因府南三百二十里漢南埜縣地定南廳明縣國朝因乾隆三十八年改廳府南四百里漢南埜縣地虔南廳新設在龍南縣西觀音閣地方漢南埜縣地

寧都直隸州明縣屬贛州國朝升直隸州漢雩都縣地北距省千五百六十里領縣二瑞金明縣屬贛州國朝來屬州南百三十里漢雩都縣地石城明縣屬贛州國朝來屬州東百里漢雩都縣地

南安府明太祖乙巳年改元南安路爲府國朝因漢志豫章郡地東北距省千二百二十里領縣四大庾明縣因倚漢南埜縣地南康明縣因府東北百三十里漢南埜縣漢志南埜云彭水東入湖漢禹貢九江之七上猶明縣因府東北百八十里漢南埜縣地崇義明縣因府西北百二十里漢南埜縣地

湖北省禹貢荊州漢志荊州部

疆域　東安徽東南江西南湖南西四川西北陝西北河南東西二千四百四十里南北六百八十里面積五十八萬九千百十六方里人三千五百二十八萬口現領府十直隸州一直隸廳一廳一州六縣六十物產米麥豆茶麻棉花苧布藥材錫石膏等鶴峯之銅大冶之鐵漢水之金沙頗有名

地勢王書云北境山岳連亘蓋自中大幹東西分爲二支其在東者自河南之桐柏山東迤分爲二一南爲大洪山一東爲湖北河南之界爲平靖關在應山縣北河南信陽州西南爲武勝關在應山縣東北信陽州南爲九里關在孝感縣東北河南羅山縣西南卽左傳之冥阨直轅大隧楚之北塞也又東入安徽境其在西者自四川陝西界山東迤爲雞心嶺在川陝鄂三省交界處又東南爲湖北四川之界又東入湖北境爲五道峽在保康縣西南爲八疊山在南漳縣南卽古柤山又東南分爲二一東盡於章山在鍾祥縣西漢水西岸一南盡於紀山在江陵縣北其襄陽西之荊山均州南之武當山皆其分支也湖北西南境東南境之山則南大幹所分之支無北境峭拔之勢境之中央平野廣闊爲大川流域土脈膏腴

水道王書云江水自四川入境行山峽中兩岸受數小水東南出峽左受清江左受沮漳二水又東南曲折流南岸分三口入洞庭一虎渡口曰虎渡河藕池口曰涌水一調弦口曰華容河至荊河口右受洞庭湖水又東北南岸受黃蓋湖陸溪西艮湖黃塘湖魯湖二湖相通東湖北岸受新灘口水上受荊州府以東諸湖及沔陽以南之洪湖大同湖大沙湖諸水沌口水上承漢水支流及分諸湖水與漢水會又東北折而東南左受灄水武湖水張渡湖水上承鄖水當卽龍河岐亭河巴河浠水右受梁子湖湯家湖保安湖二湖相連湋源湖富水東入江西境江之下流最狹處爲田家鎮設有砲臺分中南北三臺中曰吳王廟南曰半壁山北曰馬家山上流最險處爲荊門虎牙二山爲巴東三峽自夔州府東出爲瞿塘峽爲三峽上流之門峽口江中有灩澦堆爲江流最險處又東經巫山南旋曰巫峽入湖北境爲黃牛峽至宜昌府城西曰西陵峽三峽長七百里兩岸連山絕無陽處自非亭午夜分不見日月又漢水自陝西入境東南流右受陸河南河蠻河本彝[illegible]左受丹河白河至潛江縣北有支津西南流西接荊州南通監利東南通沔陽湖港縱橫交會卽古江北之雲夢澤也正流南折北又分支津通沔陽又東分二派北派受松湖支津南派至仙桃鎮又分一支南流兩派既合東北流左受松湖支津滇水瀠水東南入江此河自均州以下沙洋以上最畏浮沙沙洋以下江闊水平始無沙患故小輪上駛僅達沙洋大帆船可達老河口按江自夷陵而下漢自襄樊而下並無大山連延資隄塍爲保障者幾二千里自宋政和以後江湖圍田盛於東南荊襄屯兵又益廣圩田於是昔之湖澤所餘無幾下流壅而上流易淤江則穴口盡堙漢則支河半廢迄今水高於平田隄亘如城郭矣

交通王書云擅大江之利江輪往來如織自漢口以下如黃州黃石港蘄州武穴漢口以上如金口寶塔洲新隄城陵磯屬湖南沙市宜昌皆爲江輪停泊之埠又鐵路已成者京漢路之南段自漢口大智門北經孝感出武勝關達河南信陽州現在修造者粵漢路之北段中經江夏咸寧蒲圻川漢路之東段[illegible]其自武昌西北渡江漢達河南浙川中經漢陽漢川應城府宜城襄陽樊城老[illegible]化自襄陽南渡江達湖南澧州中經宜城荊門荊州沙市公安此爲順直雲貴之通道河則[illegible]路也又電綫漢口東通九江黃州蘭溪鎮武穴由蘭溪鎮分大冶西通成都[illegible]

子口沙市荆州宜昌歸州巴東由仙桃鎮分新隄由浩子口分沙洋由荆州分荆門襄陽老河口分達鄖陽河南紫荊關又由荆門分安陸由宜昌分長陽宜都由巴東分野山關施南來鳳利川**南通長沙**武昌蒲圻羊樓峒**北通鄭州**孝感德安廣水**又電話綫武昌漢口已設之**

武昌府明太祖甲辰年改元武昌路爲府　國朝因駐湖廣總督兼巡撫布政提學提法交涉四司鹽法巡警勸業三道漢江夏郡地**東北距京師三千百五十里領州一縣九**

江夏明縣因倚漢沙羨縣江水注禹貢江水自湖南安鄉來逕沙羨今縣治又逕魯山南古翼際山也岭龜而左與漢水合下入黃岡**武昌**明縣因府東北八十里漢鄂縣江水注禹貢江水自黃岡來逕鄂縣今縣治下入蘄水**嘉魚**明縣因府西南百五十里縣東北江濱有赤壁山周瑜破曹操處漢沙羨縣地**蒲圻**明縣因府西南三百六十里漢沙羨縣地**咸寧**明縣因府東南二百四十里漢沙羨縣地**崇陽**明縣因府西三百六十里漢沙羨縣地**通城**明縣因府西南五十里漢下雋縣

興國州明州領縣來屬　國朝無府東南三百八十里漢鄂縣地**大冶**明縣屬興國　國朝來屬府東南百五十里鐵鑛甚旺有鐵路東通道士洑漢鄂下雉二縣江水注禹貢江水自蘄州來逕下雉今縣治下入黃梅**通山**明縣屬興國　國朝來屬府南百八十里漢下雉縣地

漢陽府明洪武九年降元漢陽府爲州十三年復故　國朝因駐分巡漢黃德道長江漢陽鎮總兵府東北倚魯山山下有

鐵政局專製鐵板鐵軌船具漢志江夏南二郡地**西北距省十里領州一廳一縣四**

漢陽明縣因倚漢沙羨縣地禹貢漢水自沔陽來逕漢川漢陽嘉魚咸寧蒲圻崇陽皆沙羨地也沔水注引地記云古漢水東行觸大別山之阪南與江合書所云至于大別南入于江也下入江西彭澤王鳴盛云今人以漢口西岸山爲大別則南字爲贅疣矣沈垚云大別山在光州西南黃州西北漢陽東北霍邱西南皆是互詳河南固始下**漢川**明縣因府西北百二十里漢沙羨安陸二縣地**黃陂**明縣屬黃州　國朝來屬府北百二十里漢西陵安陸二縣地

沔陽州明州領縣屬承天　國朝無來屬府南二百四十里漢雲杜州陵二縣沔水注禹貢漢水自當陽來逕雲杜今州西北合夏水下入漢陽**孝感**明縣屬德安　國朝來屬府北百四十里漢安陸縣地**夏口廳**新設在府北漢入江處左岸夏口即漢口也咸豐六年天津約長江三口之一出口貨茶米較多豆麻絲煙葉桐油藥材牛皮猪鬃漚麻白蠟次之有俄人所設製茶甎廠四五所工役二千餘人光緒三十年出入共值銀一億七百五十萬兩徵銀三百七十五萬兩華商有火柴玻璃兩公司將來粵漢鐵路成後貿易之盛當駕上海而上之

安陸府明降元安陸府爲州嘉靖十年升承天府　國朝復故名漢志江夏南二郡地**東南距省五百三十五里領縣四**

鍾祥明縣因倚漢竟陵縣地禹貢內方山在東北一名章山沔水注禹貢漢水自宜城來逕竟陵今縣西南下入當陽**京山**明縣因府東百五十里漢竟陵縣地及南新市侯國**潛江**明縣因府南二百二十里漢竟陵江陵二縣地**天門**府東南二百二十里漢竟陵縣

荊門直隸州明以元荊門州領縣屬承天　國朝升直隸州漢編縣**東南距省六百二十五里領縣二**

當陽明縣因州西少南二百里有無煙煤鑛漢當陽臨沮二縣班志禹貢南條荊山在此沔水注禹貢漢水自鍾祥來逕當陽今縣治下入沔陽**遠安**明縣屬夷陵州　國朝來屬州西二百里漢臨沮縣地

襄陽府明太祖甲辰年改元襄陽路爲府　國朝因駐分守安襄鄖荊兵備道湖北提督漢志南陽南二郡地**東南距省六百八十里領州一縣六**

襄陽明縣因倚漢襄陽鄧山都三縣沔水注禹貢漢水自穀城來逕山都今縣西北又逕襄陽今縣治又逕中廬今縣西南下入宜城**宜城**明縣因府東南百二十里漢邔鄀宜城三縣沔水注禹貢漢水自襄陽來逕宜城今縣南又逕鄀縣今縣東南下入鍾祥在邔縣北沱書所云過三澨也班志宛云縣育陽云有南筮聚在東北與清水注南澨北陽在南陽南三澨地蓋在邔宛育陽相錯界內**南漳**明縣因府西南百二十里漢中廬縣及臨沮縣地**棗陽**明縣因府東北百四十里漢蔡陽縣**穀城**明縣因府西北百四十里漢筑陽縣沔水注禹貢漢水自光化來逕筑陽今縣

東下入襄陽**光化**明縣因府西北百八十里南郎老河口舟車會集近移駐漢酇陰二縣沔水注禹貢漢水自均州來逕酇縣今縣北又逕陰縣今縣北下入穀城**均州**明州因府西[illegible]漢武當縣沔水注禹貢漢水自[illegible]州來逕武當今州北又云西北四十里水中有洲名滄浪洲東流爲漢又東爲滄浪之水不言過而言爲者明非他水決入也蓋漢沔水自下有滄浪通稱耳下入光化史記索隱馬鄭皆以滄浪爲夏水似不可從

鄖陽府明成化十二年置　國朝因駐鄖陽鎮總兵漢志漢中郡地**東南距省千二百五十里領縣六**

鄖明縣因倚漢長利縣地**房**明縣因府西南三百十里漢房陵縣**竹山**明縣因府西南三百六十里漢上庸縣**竹谿**明縣因府西南五百九十里漢武陵縣**鄖西**明縣因府西百三十里漢長利縣沔水注禹貢漢水自陝西白河來逕長利今縣東下入河南裕州**保康**明縣因府東南三百四十里漢房陵縣地

德安府明降元德安府爲州尋復故　國朝因漢志江夏南陽二郡地**東南距省三百二十里領州一縣四**

安陸明縣因倚漢縣**應城**明縣因府南八十里漢安陸縣地**隨州**明州領縣來屬　國朝無府西北百二十里漢隨縣**應山**明縣屬隨　國朝來屬府北九十里漢隨縣地**雲夢**明縣因府東南六十里漢安陸縣地

黃州府明太祖甲辰年改元黃州路爲府　國朝因漢志江夏廬江二郡地　西南距省百八十里領州一縣七　黃岡明縣因倚衛山王吳芮都漢邾西陽二縣江水注禹貢江水自漢陽來逕邾縣今縣治又逕西陽今縣東下入武昌　麻城明縣因府東北百八十里縣北百里有穆陵關漢西陽縣地　黃安明縣因府北二百四十里漢西陽縣地　蘄水明縣因府東南百十里漢軑西陵二縣地江水注禹貢江水自武昌來逕軑縣今縣西又逕西陵今縣西南下入蘄州　羅田明縣因府東百六十里漢蘄春縣地　蘄州明州領縣來屬　國朝無府東百八十里漢蘄春縣江水注禹貢江水自蘄水來逕蘄春今州西北下入大冶　廣濟明縣屬蘄　國朝來屬府東二百五十里漢蘄春尋陽二縣　黃梅明縣屬蘄　國朝來屬府東三百五十里漢尋陽縣江水注禹貢江水自大冶來逕尋陽今縣境以下闕文以地望推之下入江西德化

荊州府明太祖甲辰年改元中興路爲荊州府　國朝因駐分巡荊宜兵備道荊州將軍荊州左右副都統府南十五里有沙市光緒二十一年日本馬關之約定爲通商埠出口貨棉麻花生雞卵漆煙草毛皮入口貨棉布棉絲毛布銅海物共值銀百五十萬兩漢志南郡武陵二郡地　東距省八百里領縣七　江陵明縣因倚漢縣南郡治及郢縣江水注禹貢江水自枝江來逕江陵今縣治又逕郢縣今縣東南下入監利　公安明縣因府南百二十里漢孱陵縣地

石首明縣因府東南百八十里漢華容縣地　監利明縣因府東二百四十里漢華容縣地漢志禹貢雲夢澤在此江水注禹貢江水自江陵來逕華容今縣西北下入湖南安鄉　松滋明縣因府西南百二十里漢高成縣　枝江明縣因府西百八十里漢縣江水注禹貢江水自宜都來逕枝江今縣東下入江陵漢志枝江下云江沱出西東入江謂禹貢荊州沱水也鄭元云枝江沱水尾出江首不於江出華容有夏水首出江尾入沔所謂沱也考夏水自江陵縣東南首受大江東北流逕監利沔陽與潛江分界又東北至京山縣東注於漢鄭說是也　宜都明縣屬夷陵州　國朝來屬府西北百八十里漢夷道縣江水注禹貢江水自東湖來逕夷道今縣西北下入枝江

宜昌府明太祖甲辰年改元峽州路爲府尋降夷陵州領縣屬荊州　國朝升府更名駐宜昌鎮總兵光緒二年煙臺定約增開五口之一租界在府南門外出口貨棉麻絹布藥材白蠟入口貨棉布棉絲毛布人蔘海味等全年出入值銀二千五百十餘萬兩漢志南郡地　東距省千八十里領州一縣五　東湖明以州治夷陵縣省入　國朝復故更名倚漢夷陵縣江水注禹貢江水自歸州來逕夷陵今縣治下入宜都　長陽明縣屬夷陵　國朝改屬府西南七十里漢佷山縣地　歸州明州領縣屬荊州　國朝無來屬府西北三百五里漢秭歸縣江水注禹貢江水自四川巫山來逕秭歸今州治下入東湖　興山明縣屬歸　國朝來屬府西北三百十里縣東北百二十里賚葉塢爲出鄖襄間道漢秭歸縣地　巴東明縣屬歸　國朝來屬府西四百二十里漢巫縣地　長樂明五峯石寶長官司　國朝置縣府南百九十里　鶴峯直隸廳明容美宣撫司　國朝建州屬宜昌光緒中因苗疆險遠動釀教案升直隸銅鑛甚旺　東距省千五百五十里

施南府明洪武二十三年省元施州置施州衛　國朝建施南府駐分巡施鶴兵備道漢志南郡地　東距省千九百八十里領縣六　恩施倚　國朝立縣漢巫縣地　宣恩明施南宣撫司　國朝置縣府東南八十里　來鳳明散毛宣撫司　國朝置縣府南二百七十里　咸豐明大田軍民千戶所　國朝置縣府西南二百二十五里漢巫縣地　利川明官渡壩屬施州衛　國朝置縣府西北七十八里　建始明縣屬夔州府　國朝來屬府東北百二十里漢巫縣地

湖南省禹貢荊州漢志荊州部

疆域　東江西東南廣東西南廣西西貴州西北四川北湖北東自西經二度二十三分平江極東之紋車嶺至七度五十分晃州廳西南南自北緯二十四度四十分江華極南之萌渚嶺至三十度三分石門極北之蘆黃山東西千四百二十里南北千百五十里面積六十二萬二千八百五十三方里人二千二百十六萬口現領府九直隸廳五直隸州四州三縣六十四

物產王書云鑛類最多五金俱有沅水兩岸尤爲金鑛薈萃之所東岸金砂兼含銀質每砂萬分含金分至三十八分銀七分至十二分西岸金砂會黑鉛銀質內含銀最著成效者以銻爲最每年出口近二萬噸黑鉛次之每噸可提銀二十五六兩衡永寶所產之煤每年運漢不下四百萬石農產以米茶爲大宗出口亦最多主要之產物也他如耒陽之葛瀏陽之麻洞庭之橘柚桂陽之桐柏亦有名辰沅澧靖所產洪秀桐菜各油每年運銷長江一帶約百餘萬簍竹木亦多出口餘錫器竹器木器夏布葛布多爲有名之工業地勢王書云南倚五嶺北跨洞庭湖故南高而北低地質亦南瘠而北肥益邵陵之國山岳到處起伏其山脈正幹自貴州黎平府蜿蜒東迤爲湖南廣西界山爲佛子隘爲古田山分一大支迤於資沅之間爲巫山爲黃家山爲雞籠山爲龍口坳爲冷溪山爲聖人山爲崆峒巖又東爲九龍

山盡於洞庭湖西岸正幹又南入廣西境爲金紫山又分一支迤於湘資之間爲四望山爲羅漢寺山爲石馬山分爲二一東迤爲九峯山爲衡山衡山最高峯曰祝融高於地平約四千十尺南嶽也一北迤爲龍山爲司徒嶺又分二支北支爲溈山爲獅山東支爲羅仙砦盡於嶽麓山正幹又南爲越城嶺爲湘灕源之海陽山又東入境爲古澤峯爲萌渚嶺五嶺之一臨賀嶺爲都龐嶺分一支北迤爲九疑山爲春陵山正幹又東北迤五嶺之一騎田嶺出一嶺五嶺之一大庾嶺白雲山爲東山嶺又東爲贛粵界正幹至此分一大支北迤於湘贛之界爲屏水山爲武功山貫江西西境爲鐵山爲幕阜山東入江西境而止其澧沅間大支則自四川湖北入境東南迤爲萬笏山爲雲朝山爲五雷山爲太浮山東盡於湖西岸各大支如海波奔馳到處起伏各大支之間爲澧沅資湘流域爲平原要地　水道王書云湘江源出廣西興安縣南海陽山北流分二派西南流者灕水也東北流者即湘水至陰坪嶺入境左受太陽江右受馬子江至永州府城北有瀟水自東南來會[illegible]又東北左受[illegible]宜水至茭源河口春水自東南來會右[illegible]又北東南左受蒸水[illegible]洣水[illegible]水漣水[illegible]又北至長沙府城北流右會瀏渭[illegible]水北一日名大[illegible]撈塘河左受至喬口與洪水支津會又北分支西出爲濠河又會濠河北流右受汨

水出[illegible]又北長流分支[illegible]入湖長千八百里又合而東流入境左受羅江右受溆水[illegible]右受[illegible]凡千八百里又沅水有兩大源北源出楓門嶺中源出黃家山南源出茅坪坳合而東[illegible]水又北流左受蓼溪平溪辰溪右受龍江東與夫夷水會[illegible]又北[illegible]右受邵水[illegible]北右受油溪左受渠江左受高平水東流右受伊溪又北至益陽縣東分爲數派江東或會或北入湖長[illegible]又沅水有兩源北[illegible]大源北源出楓門嶺[illegible]水里水長時輪船可達湘潭帆船本支各流均通往來如鯽又二千餘里水有三源北源出楓門嶺中源出黃家山南源出茅坪坳合而東

城[illegible]東分二大支望溪爲數[illegible]又東北左受白洋河[illegible]辰水[illegible]入又湖長二千三三岐百餘里兩岸多山水急灘多舟楫之利[illegible]於湖[illegible]馬又澧水有三源南源出萬山日馬頭河中源出[illegible]洞日烏鴉河北源出三台山日源河合而東南流左會漊水[illegible]至澧州左合澹水支津右受一道水[illegible]又東左受渫水[illegible]窯頭廟河[illegible]後江[illegible]諸水下流分

數支入湖又此外入湖之水東有新牆河[illegible]南有[illegible]水東[illegible]洲之大者曰柘梓洲山之有名者曰君山扁山石城山沿岸小灣甚多湖亦隨地異名如東南隅之青草湖柴蜂湖西南隅之後江湖天心湖東北隅之采桑湖么姑湖皆其著者也湖西匯諸大水東北至蓮花塘與大江會按洞庭湖古稱廣八百里近世濵蜀山林口闊江水上流益濁挾其泥沙湍急東下倒灌入湖遂以淤墊濵湖障境浸入湖心水涸時東西徑百七十里南北徑百四十里西湖尤多膠淺不任舟楫流沙推移中洪靡定漁師長年莫之能知再更百年當爲大陸矣交通王書云航路自長沙南達湘潭北達漢口中如靖港湖陰蘆林潭岳州城陵磯皆爲停泊之埠但城陵磯以上八九月後水落難行岳州以下岳陽至湖北蒲圻江西萍鄉南達廣西全州岐陵[illegible]

湖北達江西萍鄉南達廣西全州[illegible]嶺[illegible]驛路[illegible]自[illegible]東南出插[illegible]

驛至坳榜塘凡千二百二十五里又自武陵分岐北經大龍驛清化驛澧州順林驛至關山塘凡三百三十里出湖北公安又自辰陽驛分岐北經烏宿站凡百八十里至王村司分二路一北經永順龍山凡三百十里出湖北來鳳界一西經保靖永綏廳凡百七十里至茶菴堡西達四川秀山又自辰谿分岐西經高村巖門鎮筸鎮鳳凰營凡二百二十里出貴州銅仁又鐵路現在修造者爲粵漢路之中段支路已成者卽萍株路也自萍鄉之安源西經醴陵至株洲外有擬修者自長沙西北達常德由此分支一西達黔一西北達川又電綫由長沙北通漢口岳州城陵磯南通桂林湘潭衡州永州西通洪江常德辰州東通安源醴陵又電話綫長沙已設之

長沙府 明太祖甲辰年改元天臨路爲潭州府洪武五年更名國朝因駐湖南巡撫布政提學提法三司鹽法巡警勸業三道光緒二十八年重訂商約增開五埠之一漢長沙國地 **東北距京師四千五百五十里領州一縣十一**

長沙 明縣因倚治西北漢臨湘縣 **善化** 明縣因倚治東南漢臨湘縣地 **湘陰** 明縣因府北百二十里漢羅縣 **湘鄉** 明縣因府西南二百十里漢縣 **湘潭** 明縣因府西南百里光緒三十一年奏開爲通商埠漢湘南縣禹貢衡山在東南 **瀏陽** 明縣因府東百里夏布紙有名東有鐵樹關通江西要道漢臨湘縣境 **醴陵** 明縣因府東南二百六十里縣東有插嶺關漢縣後廢見侯表 **甯鄉** 明縣因府西百里漢益陽縣地 **益陽** 明縣因府西北二百里漢縣 **安化** 明縣因府西二百六十里有滑板溪銻鑛產茶有名縣西南有梅山接新化界宋章惇所開梅山道也漢益陽縣地 **攸** 明縣因府南二百八十里縣東北有鳳嶺通江西蓮花廳漢縣

五洲地理志略　卷三　三七

茶陵州 明縣因府東南四百八十里漢縣

岳州府 明太祖甲辰年改元岳州路爲府國朝因駐長江岳州鎮總兵光緒二十三年奏開爲通商埠設稅關商務未盛漢志長沙國地 **西南距省三百三十里領縣四**

巴陵 明縣因倚白鶴山有銀銅礦漢下雋縣地 **臨湘** 明縣因府東北九十里縣東有黃蓋湖周百餘里漢下雋縣地 **華容** 明縣因府西北百八十里漢孱陵縣地 **平江** 明縣因府東南二百四十里黃金洞金礦有名漢羅縣地

澧州直隸州 明州領縣屬岳州國朝升直隸州東有津市米穀棉花貿易甚盛乾花機約萬餘架漢孱陵零陽二縣地禹貢沱潛既道荊州潛水出此潛涔古通作水經注澧水左入涔水涔水出天門郡界隩竕武東南入澧屈原楚詞望涔陽兮極浦卽此潛矣 **東南距省六百二十里領縣五**

安鄉 明縣因州東南六十里號澤國近種棉花獲利甚巨漢孱陵縣地江水注禹貢江水自華容來逕下雋一統志云計其地當在澧州安鄉縣蓋安鄉亦有下雋地江水右合洞庭諸水書所云又東至于澧也蓋水道古今變異古時涔澧爲大故禹貢舉澧以包洞庭諸水澧水注云澧水出充縣東逕零陽孱陵下雋西北會沅水入湖班志充云歷山澧水所出東至下雋入沅者也江水下入湖北江夏 **石門** 明縣因州西九十里漢零陽縣地 **慈利** 明縣因州西百六十里有界牌峪雄黃鑛漢零陽縣 **安福** 明九谿衞國朝爲

縣州南六十里漢充縣 **永定** 明永定衞國朝爲縣州西三百四十里漢充縣

寶慶府 明洪武元年改元寶慶路爲府國朝因漢志長沙零陵二郡地 **東北距省四百八十里領州一縣四**

邵陽 明縣因倚漢昭陵縣昭陽侯國 **新化** 明縣因府北百八十里有錫坑山銻鑛甚旺漢益陽縣地 **城步** 明縣因府西南四百二十里西南橫嶺洞苗出入要地長安營據其堂奧漢都梁縣地 **武岡州** 明州領縣來屬國朝無府西南二百八十里漢都梁侯國 **新甯** 明縣屬武岡國朝來屬府西南三百十里城北三里有摩訶嶺俯瞰城中南有八十里山通廣西全州漢夫夷侯國

衡州府 明太祖甲辰年改元衡州路爲府國朝因駐分守衡永郴桂兵備道漢志長沙桂陽二郡地 **北距省三百六十里領縣七**

衡陽 明縣因倚漢酃縣 **清泉** 乾隆二十一年分衡陽置倚漢承陽鍾武二縣 **衡山** 明縣因府北百里漢湘南縣地 **耒陽** 明縣因府東南百五十里漢縣 **常甯** 明縣因府西南百二十里水口山龍王山鉛鑛有名漢耒陽縣地 **安仁** 明縣因府東百五十里漢湘南縣地 **酃** 明縣因府東二百里有黃煙堡通江西永甯漢茶陵縣地

桂陽直隸州 明州領縣屬衡州國朝升直隸山多田少多産玉蜀黍紅藷菽豆之類漢郴州地 **西北距**

五洲地理志略　卷三　三八

省六百三十里領縣三

臨武 明縣因州南百四十里漢縣 **藍山** 明縣因州西南百五十里有大橋堡外捍連州內控猺峒漢南平縣 **嘉禾** 明縣因州西南百十里漢臨武縣地

常德府 明太祖甲辰年改元常德路爲府國朝因駐分巡岳常澧道湖南提督光緒三十一年奏開爲通商埠漢志長沙武陵郡地 **東南距省四百十五里領縣四**

武陵 明縣因倚漢武陵郡治臨沅縣及索縣後漢索改名漢壽故關侯亦稱關索 **桃源** 明縣因府西八十里漢臨沅縣地 **龍陽** 明縣因府東南八十里漢索縣地 **沅江** 明縣因府東南二百七十里漢益陽縣地

辰州府 明太祖甲辰年改元辰州路爲府國朝因漢志武陵郡地 **東距省八百五十里領縣四**

沅陵 明縣因倚漢縣 **瀘**明史作盧**溪** 明縣因府南百十里漢沅陵縣地 **辰谿** 明史作溪明縣因府南百七十里漢辰陽縣 **漵浦** 明縣因府南二百七十里漢武陵郡治義陵縣

鳳凰直隸廳 明紅苗地國朝雍正四年設廳轄苗百五寨駐分巡辰沅永靖兵備道鎮筸鎮總兵漢五溪蠻地 **東南距省千五十里**

永綏直隸廳 明紅苗地雍正八年設廳轄苗二百二十八寨駐綏靖鎮總兵漢五溪蠻地 **東南距省**

千百五百六十五里

晃州直隸廳在潕水北岸溪山阻絕爲辰沅西門東北距省千二百五十五里

沅州府明太祖甲辰年改元沅州路爲府尋降州領縣屬辰州國朝升府漢武陵郡地東距省千二百二十里領縣三芷江明以州治盧陽縣省入國朝復設更名倚漢無陽縣黔陽明縣因府南五十里漢鐔成縣麻陽明縣因府北百二十里漢沅陵辰陽二縣地

永州府明洪武元年改元永州路爲府國朝因駐永州鎮總兵漢志零陵蒼梧二縣地東北距省六百六十里領州一縣七零陵明縣因倚漢泉陵侯國祁陽明縣因府東北百里漢泉陵侯國地東安明縣因府西九十里漢零陵郡地道州明州以縣來屬國朝無府南百五十里縣西有營樂鄉宋周子故里漢營浦縣寧遠明縣屬道國朝來屬府東南百八十里漢泠道營道二縣江華明縣屬道國朝來屬府南二百二十里縣東南有江藍廳理猺同知漢馮乘縣永明明縣屬道國朝來屬府西南二百二十里漢謝沐縣新田明縣屬道國朝來屬府東南二百八十里漢泠道縣

靖州直隸州明改元靖州路爲直隸州國朝因漢鐔成縣東北距省千二百里領縣三會同明縣因州北九十里縣東北有洪江巫水入沅處貿易甚盛漢鐔成縣地通道明縣因州西南九十里牙屯堡通粵西懷遠漢鐔成縣地綏寧明縣因州東百二十里漢都梁鐔成二縣地

郴州直隸州明改元郴州路爲直隸州國朝因漢桂陽郡治郴縣西北距省六百八十里領縣五永興明縣因州北八十里漢便縣宜章明縣因州南九十里漢郴縣地興寧明縣因州東八十里漢郴縣地桂陽明縣因州東南百六十里漢郴縣地桂東明縣因州東二百七十里漢郴縣地

永順府明永順軍民宣慰使司國朝升府南有古丈坪撫民同知漢志武陵郡地東南距省千八十五里領縣四永順明宣慰司治國朝爲縣倚漢沅陵零陽二縣地龍山明白崖峒長官司國朝爲縣府西北二百十里漢沅陵零陽二縣地保靖明保靖軍民宣慰使司國朝爲縣府西南百三十里漢遷陵縣桑植明桑植安撫司國朝爲縣府北百八十里漢充縣地

南洲直隸廳國朝光緒中置故九都市也在洞庭湖北岸自藕池口潰淤成大洲耕者如鶩故設廳治東南距省六百里

四川省禹貢梁州漢志改益州部

疆域　東湖北東南湖南貴州西南雲南西西藏東北陝西北甘肅東西三千里南北三千二百十里面積百三十九萬七千九百十七方里人六千八百七十二萬口現領府十二直隸州八直隸廳五州十一廳八縣百十三物產王書云無所不有礦類則有金銀鉛錫紅銅等鹽井有鹽井之地約四十餘州縣以資州爲最多其井有深至數千尺或千丈以外者歲值銀至千九百萬兩氣井此氣名石油氣大概氣井皆近鹽井用以製鹽甚便現有此井二十餘尚多未掘出者此氣爲用甚廣與煤油等尤爲特產農產則有五穀以米爲第一絲綢茶葉煙葉蔗糖藥材土藥桐油白蠟漆皆爲大宗貨物銷路甚廣

地勢　王書云境內山嶽險峻谿谷幽邃東北境與西北境山嶽尤高東北境之山即自嶓冢所分蜿蜒於川陝交界之巴山也西北境則自岷山西南分二支南迤於大金川之東西在東者爲青城山爲蒙山爲峩眉山大峩二峩三峩山中相連在西者爲噶察克拉嶺爲折多山皆名山也其延亘於鴉龍江以西者爲碩古里山山勢尤峻拔則自青海境內巴顏喀喇山所分之支也其自岷山東南迤者爲摩天嶺爲劍門山境內亦多山長平野其大川流域尤爲膏腴古稱沃野千里

水道　王書云江狹水自青海南流入境曰布壘楚河又南入雲南境始曰金沙江又東左受無量河與自北來之鴉龍江會源出青海南流左合金楚河安寧河入江或謂安寧河多瘴癘疑即武侯所渡之瀘水又東爲川滇之界又北而東復入四川境右受橫江左與自北來之岷江會[illegible]兩江既會江流愈盛又東右受宋江安寧河清水河左與沱江會又東北右受赤水河綦江左有嘉陵江合渠江涪江來會[illegible]又東北右會烏江左受梅溪龍溪河開江大寧河東入湖北境又境內諸水在西境者兩岸均山高流急不便行舟在東境者甚便舟揖沿江兩岸風景亦佳

交通　王書云航路東境稍便自夔州至敘州大帆船往來如鯽輪舟阻於宜昌夔州之山峽不便行駛近年小火輪常往來於重慶夔州等處又鐵路現在修造者有川漢路[illegible]其自成都東北逾劍閣行棧道達陝西沔縣[illegible]西度瀘定橋逾大雪山達西藏[illegible]則驛路也然皆艱險不易行又電綫由成都東通漢口西通打箭爐[illegible]

成都府明洪武四年改元成都路爲府國朝因駐四川總督兼巡撫布政提學提法三司鹽茶巡警勸業成綿潼龍茂四道成都將軍副都統四川提督漢志蜀郡地東北距京師五千七百十里領州三縣

十三
成都明縣因倚在府治北漢縣蜀郡治及廣都縣江水注禹貢江水自郫來逕成都今縣治下入華陽
華陽明縣因倚在府治西漢成都縣地江水注禹貢江水自成都來逕廣都今縣東南下入彭山
雙流明縣因府西南四十里漢廣都縣地
郫明縣因府西四十五里產黃煙最佳用作鼻煙漢縣江水注禹貢江水自崇慶來逕郫縣今縣北下入成都漢志郫云禹貢江沱在西東入大江書所云東別爲沱也今案沱水於今灌縣西首受大江東逕崇寧縣南郫縣北新繁縣南新都縣南漢州北入湔水以合江水山水澤地篇益州沱水在汶江縣西南其一在郫縣西南皆還入江而酈注奪之
温江明縣因府西少南五十里漢郫江原二縣地
新繁明縣因府西北五十六里漢繁縣
新都明縣因府北五十里漢縣
彭明縣因府西北九十里漢繁縣地
崇寧明縣因府西北八十里漢郫縣地
灌明縣因府西北百二十五里縣西一里有離堆秦李冰所鑿以分江流近擬築鐵道至成都以運炭木茶石漢郫江原緜虒三縣地
金堂明縣因府東北七十里漢新都牛鞞二縣地
簡州明州領縣來屬國朝無府東南百五十里漢牛鞞縣
崇慶州明州領縣來屬國朝無府西南百十里漢江原縣江水注禹貢江水自邛州來逕江原今州東下入郫
新津明縣屬崇慶國朝來屬府西南九十里漢武陽縣地
漢州明州領縣來屬國朝無府北少東九十里漢雒縣地
什邡明縣屬漢國朝來屬府北百三十里漢縣

資州直隸州明玉珍州明洪武初降縣國朝升直隸州鹽井利冠全蜀漢資中縣地 西北距省三百四十里領縣四
仁壽明縣屬成都國朝來屬州西二百里漢武陽縣地
資陽明縣屬簡國朝來屬州西北百三十里漢資中縣
井研明縣屬成都國朝來屬州西南二百四十里漢武陽縣地
內江明縣屬成都國朝來屬州東南九十里漢資中縣地
緜州直隸州明因元州國朝升直隸漢涪縣 西南距省二百七十里領縣五
羅江明縣因州西南六十里漢涪縣地
綿竹明縣屬漢國朝來屬州西七十里漢綿竹縣地
德陽明縣屬漢國朝來屬州西南五十五里縣北三十里鹿頭關東西川要道漢綿竹縣
安明縣屬成都國朝來屬州西少北九十里漢涪縣地
梓潼明縣屬劍州國朝來屬州東北百三十里漢縣
茂州直隸州明因元州國朝升直隸漢汶山郡治汶江縣江水注禹貢江水自松潘來逕汶江今州北下入汶川班志汶江云江沱在西南東入江江水注云江水又東別爲沱開明之所鑿也陳澧云蓋郎今理番廳孟董溝水東南入江其自江水分出之處已湮 南距省四百十里領縣一
汶川明縣因州西南百二十里漢綿虒縣江水注禹貢江水自茂州來逕綿虒今縣境下入綿州

理番直隸廳在雜谷河南岸東茂邛二州西雅州府番地生番南懋功廳北松潘廳及所屬夷地管理番民十數萬戶 東南距省五百三十里
懋功直隸廳東界邛州南界雅州府北界理番廳西界番地 東距省若千里
寧遠府明洪武十五年改元建昌路總管府爲建昌府又置建昌衛後廢府改衛爲軍民指揮使司國朝初設衛置總兵雍正六年罷衛置今府駐建昌鎮總兵產蠟蟲有名漢志越嶲郡地 東北距省千二百三十里領州一廳一縣三
西昌倚國朝雍正六年改建昌衛爲今縣漢越嶲郡治邛都縣及蘇示縣
冕寧明寧番衛國朝改置府北少西百八十里縣西南瓜別司金鑛最旺漢臺登大筰二縣
鹽源明鹽井衛國朝改置府西南三百十里漢定筰遂久二縣
會理州明會川衛國朝改置府南四百里漢會無三絳卑水三縣州西南瀘水會金沙江漢諸葛亮五月渡此
越嶲廳明越嶲衛國朝改廳府北少東二百八十里漢蘭縣
保寧府明因元府國朝因駐分巡川北兵備道川北鎮總兵漢志巴廣漢二郡地 西南距省六百二十里領州二縣七
閬中明縣因倚漢縣
蒼溪明縣因府西北四十里漢閬中縣地
南部明縣因府南少東七十里漢充國縣
廣元明縣因府北二百八十里縣東北有朝天關又北有諸葛亮籌筆驛今日神宣驛漢葭明縣地禹貢梁州潛水出此一名西漢水

昭化明縣因府北少西二百八十里漢葭明白水二縣
巴州明州領縣來屬國朝無府東北三百五十里漢宕渠縣地
通江明縣屬巴國朝來屬府東北五百五十里漢宕渠縣地
南江明縣屬巴國朝來屬府東北四百七十里縣北八十里有米倉山即古米倉道漢宕渠縣地
劍州明州領縣來屬國朝無府西北二百十里劍關在州北二十五里漢梓潼縣地
順慶府明洪武中改元順慶路爲府國朝因漢志巴郡地 西南距省六百二十里領州二縣六
南充明縣因倚漢安漢縣
西充明縣因府西北八十里漢安漢縣地
蓬州明州領縣來屬國朝無府東北百里漢安漢縣地
營山明縣屬蓬國朝來屬府東北百八十里漢宕渠縣地
儀隴明縣屬蓬國朝來屬府東北二百三十里漢閬中縣地
廣安州明州領縣來屬國朝無府東南百七十里漢宕渠安漢墊江三縣地
岳池明縣屬廣安國朝來屬府東南百二十里漢安漢縣地
鄰水明縣屬廣安國朝來屬府東南二百七十里漢宕渠縣地
敘州府明洪武六年改元敘州路爲府國朝因駐分巡川南道漢志犍爲郡地 西北距省七百九十里領廳二縣十一
宜賓明縣因倚漢犍爲郡治僰道縣及郁鄢縣江水注禹貢江水自夾江來逕

僰道今縣治下入瀘州

慶符明縣因倚南少東百二十里漢漢陽縣

南溪明縣因府東百十里漢僰道縣地

富順明縣因府東北百八十里漢江陽縣地

長寧明縣因府南少東百二十里漢漢陽江陽二縣地

興文明縣因府東南百九十里漢漢陽縣地

隆昌明縣因府東北百七十里漢江陽縣地

高明因元州領縣來屬國朝爲縣府南少西百五十里漢南廣縣地

筠連明縣屬高國朝來屬府西南二百二十五里漢南廣縣地

珙明縣屬高國朝來屬府南二百里漢南廣縣

屏山明縣馬湖府治國朝雍正五年廢府來屬府西少南百二十里漢僰道朱提二縣地

馬邊廳明馬湖府地國朝爲馬邊營乾隆二十九年改廳府西北三百里漢僰道朱提二縣地

雷波廳明雷波鄉隸屏山縣國朝康熙初馬湖蠻歸降置長官司雍正六年置雷波衛乾隆二十六年改廳府西南五百七十里漢越嶲郡地

敘永直隸廳明改元永寧路爲永寧宣撫司尋廢天啟三年置同知屬敘州府國朝雍正八年爲直隸廳漢犍爲郡地

西北距省九百九十里領縣一

永寧康熙二十六年改永寧衛爲縣雍正五年屬敘州府八年領於敘永同知倚漢犍爲郡地

重慶府明洪武中改元重慶路爲府國朝因駐分巡川東兵備道重慶鎮總兵光緒二年煙臺條約長江增開三口之一

十六年定議以華船運貨出口貨藥材紅花絲綢白蠟糖等入口貨棉布毛布洋紗海物每年約值銀二千四百萬兩漢志巴郡地

西北距省千二百里領州二廳一縣十一

巴明縣因倚漢江州縣巴郡治江水注禹貢江水自合江來逕江州今縣西下入涪州

江津明縣因府西南百三十里漢江州縣地

壁山明縣因府西少北百里漢江州縣地

永川明縣因府西少南百八十里漢江州縣地

榮昌明縣因府西少南二百六十里漢資中江陽墊江三縣地

大足明縣因府西三百十里漢墊江縣地

綦江明縣因府南少東二百里漢江州縣地

南川明縣因府東南二百五十里漢枳縣地

長壽明縣因府東北二百三十里漢枳縣地

合州明州領縣來屬國朝無府北少西二百五十里漢墊江縣地

銅梁明縣屬合國朝來屬府西少北二百里漢墊江縣地

定遠明縣屬合國朝來屬府北少西二百九十五里漢墊江縣地

涪州明州領縣國朝無府東少北三百十里漢枳縣江水注禹貢江水自巴縣來逕枳縣今州西下入彭水

江北廳在府北與府城隔江相對境內饒煤鑛

酉陽直隸州明改元酉陽州爲酉陽宣慰司國朝升直隸州漢涪陵遷陵二縣地

西距省千七百四十里領縣三

彭水明縣屬涪國朝來屬州西北二百里漢涪陵縣江水注禹貢江水自涪州來逕涪陵今縣治下入忠州

黔江明屬重慶府國朝雍正中爲黔彭廳治乾隆元年廳廢來屬州北二百二十里漢涪陵縣地

秀山明酉陽宣慰司地國朝雍正末置縣屬黔彭廳乾隆元年廳廢來屬州東南二百二十里漢涪陵遷陵二縣地

忠州直隸州明因元州領縣屬重慶國朝升直隸漢臨江縣江水注禹貢江水自彭水來逕臨江今州治下入雲陽

西距省千五百里領縣三

酆都明縣因州西南百十里漢枳縣地

墊江明縣因州西百三十里漢臨江縣地

梁山明縣屬夔州國朝來屬州西北百里漢朐忍縣地

夔州府明洪武四年改元夔州路爲府國朝因古庸國地漢志巴郡地

西距省千六百八十里領縣六

奉節明縣因倚漢魚復縣江水自雲陽來逕魚復今縣東北下入巫山

巫山明縣因府東百三十里漢巫縣江水注禹貢江水自奉節來逕巫縣今縣東下入湖北歸州

雲陽明縣因府西百四十里漢朐忍縣江水注禹貢江水自忠州來逕朐忍今縣西下入奉節

大寧明縣因府北百八十里漢魚復縣地

萬明縣因府西少南二百八十里光緒二十八年與英重議商約增開五埠之一漢朐忍縣地

開明縣因府西少北二百二十里漢朐忍縣地

石砫直隸廳明改元石砫軍民宣撫司爲宣慰司國朝乾隆二十七年升直隸廳漢臨江縣南境

西距省千二百里

綏定府明達州國朝雍正四年升直隸領東鄉太平新寧三縣[redacted]年置府曰綏定以隸[illegible]漢志巴郡宕渠縣東境

東距省千二百里領廳一縣六

達明洪武九年省通川縣入達州領縣屬夔州國朝降達縣倚漢宕渠縣地

東鄉明縣屬達國朝來屬府東少北九十里漢宕渠縣地

太平明縣屬達國朝來屬府東北三百六十里丙穴出魚在縣東北漢宕渠縣地

新寧明縣屬夔州國朝來屬府東少南百十里漢宕渠縣地

渠明縣屬廣安州國朝來屬府西南二百二十里漢宕渠縣

大竹明縣屬廣安州國朝來屬府西南二百里漢宕渠縣地

城口廳東南陝西甎平廳西北陝西紫陽廳府東北二百里

龍安府明嘉靖二十五年改元龍州爲龍安府國朝因漢志廣漢郡地

南距省六百五十里領縣四

平武明縣因倚漢剛氏道

江油明縣因府東南二百六十里漢剛氏道地

石泉明縣因府西南三百二十里漢汶江道地

彰明明縣屬綿國朝來屬府南三百二十里漢涪縣地

松潘直隸廳明改元松州爲松潘衛國朝改直隸廳漢湔氏道蠶陵縣駐松潘鎮總兵漢志湔氏道云禹貢崏山在

西徼外江水所出東南至江都入海書所云岷山道江也江水注云江源始發羊膊嶺下東逕汶關而歷湔氏道今廳北西番界又逕蠶陵今疊溪營西其上源見青海下入茂州 南距省七百二十里

漳川府明降元府爲州國朝復故漢志廣漢郡地 西南距省三百二十里領縣八

三臺明以州治郪縣省入國朝復設更名倚漢郪涪二縣 射洪明縣因府東南六十里漢郪廣漢二縣地

鹽亭明縣因府東少北百里漢廣漢縣地 中江明縣因府西百二十里漢郪縣地 遂寧明縣因府東南百八十里漢廣漢縣

蓬溪明縣因府東南百五十里漢廣漢縣地 安岳明縣因府南三百八十里漢資中牛鞞二縣地

樂至明縣因府南少西二百三十里漢資中牛鞞二縣地

眉州直隸州明升元州爲直隸國朝因漢武陽縣地 北距省百九十里領縣三

彭山明縣因州百四十里漢武陽縣江水注禹貢江水自華陽來逕武陽今縣東下入夾江 丹棱明縣因州西六十里漢南安縣地

青神明縣因州南六十里漢南安縣地

嘉定府明改元嘉定路爲府尋降直隸州國朝升府產白蠟有名蠟蟲子皆購自甯遠漢志犍爲郡地 北距省三百九十里領廳一縣七

樂山明以州治龍遊縣省入國朝復設更名倚漢南安縣地

峩眉明縣因府西六十里漢南安縣地 夾江明縣因府西北八十里漢南安縣江水注禹貢江水自彭山來逕南安今縣西北下入宜賓

洪雅明縣因府西北百三十里漢南安縣地 犍爲明縣因府東南百里漢南安縣地

榮明縣因府東百五十里漢南安江陽二縣地 威遠明縣因府東北二百七十里漢資中縣地

峩邊廳府西南二百七十里

邛州直隸州明升元州爲直隸國朝因漢臨邛縣江水注禹貢江水自汶川來逕臨邛今州治下入崇慶 東北距省百八十里領縣二

大邑明縣因州北少東四十里漢江原縣地 蒲江明縣因州東南六十里漢臨邛縣地

瀘州直隸州明升元州爲直隸國朝因駐分巡川南永甯道漢江陽縣江水注禹貢江水自宜賓來逕江陽今州治下入合江 西北距省七百五十里領縣四 納溪明縣因州西南四十里漢江陽縣地

合江明縣因州東百二十里漢符縣江水注禹貢江水自瀘州來逕符縣今縣西下入巴 江安明縣因州西少南百十里漢江陽縣地 瀘衛明九姓長官司屬瀘州國朝順治四年土官任宗學歸附授原職後設州同近改縣州西南二百里

雅州府明升元州爲直隸國朝升府駐分巡建昌上南兵備道漢志蜀郡地 東北距省三百三十里領州一廳一縣五

雅安明以州治嚴道縣省入國朝復設更名倚漢嚴道縣禹貢蔡蒙山在此跡名山蘆山界 名山明縣因府東北四十里漢青衣縣 榮經明縣因府西南九十里邛崍坂在縣西八十里漢嚴道縣地

蘆山明縣因府西北七十里境有銀銅礦漢靈關道關在西北六十里 天全州明天全六番招討司國朝爲州府西少北百二十里境饒銻礦漢徙縣

清溪明黎州千戶所國朝雍正八年置縣府西南百六十里漢定西夷以莋都爲沈黎縣兼置旄牛道後省沈黎以旄牛屬蜀郡爲西部都尉治 靖西關廳在西藏境有亞東關光緒二十年開爲通商埠近設廳其地在咱利嶺麓哲孟雄之北其溪谷一帶廣地藏人名雀摩亞英人名春碑以原野中有一小村名春碑爲哲孟雄之別墅所在故即以是名之凡西藏各要地與印哲互市者大率以亞東爲出入要路

康定府明長河西魚通甯遠宣慰司國朝康熙初西番歸附三十九年以番眾侵擾討平之雍正七年爲打箭爐直隸廳光緒三十四年升府漢旄牛徙二縣徼外地 西距省九百二十里領廳一縣二

裏化廳郎裏塘地方 河口郎中渡地方 稻成郎稻壩地方

巴安府光緒三十四年以巴塘改升駐按察使銜鑪安兵備兼分巡道 西距省九百二十里領

廳一縣二 三壩廳郎三壩地方 鹽井郎鹽井地方 定鄉郎鄉城地方以上二府歸邊務大臣轄

福建省（禹貢揚州南境漢志揚州部會稽郡）

疆域

東北浙江西北江西西南廣東東南至海東西九百五十里南北九百八十里面積四十七萬八千三百四十方里人二千二百八十七萬口（物產米鹽煙草茶葉糖麻布鐵等武夷山茶尤著）

地勢王書云多山嶽而少平野蓋自五嶺而東又東北爲福建江西之界爲銅頭山爲窰嶺（在寧化縣北）爲黃土關（在邵武西南）爲杉關（在光澤縣西）爲武夷山（在崇安縣西南三十里有三十六峯七十二巖）爲楓嶺關爲仙霞嶺其分支蜿蜒於福建之南境者一南爲博平嶺（在永定縣東）爲大峯山（在平和縣東）爲梁山（在漳浦縣西高千仞盤亙百里有九十九峯）一東爲馬山（在寧洋北）爲大旗山（在德化縣西）蜿蜒於北境者東南盡於天姥山（在福寧府東北其山千峯林立秀拔）

水道王書云閩江有三源北源曰南浦溪出浦城縣北南流右會崇溪左會松溪又南曰劍津亦曰延津與二源會西北源曰富屯溪出光澤縣南黃土關東南流右會金溪東與西南源會西南源曰沙溪出寧化縣東北流右受交川溪左受安定溪東北與富屯溪會又東與北源會三源既會水勢大盛又東南右受尤溪左受古田溪又東南分二派北派曰南臺江南派曰陶江右受雙溪二派流數十里復合又東北江中有羅星塔泊船處也又東北入海此江自水口以上舟行石罅灘高流急諸灘以三百計江左右居民積石壅水爲灌溉及水碓之利淫潦時波濤洶湧旬日不雨石脊磷磷褰裳可涉水口以下奔流浩瀚然巨艦僅達馬尾小輪僅達水口又九龍江有二源北曰九鵬溪出寧洋

縣南曰雁石溪出龍巖州合而南流右會龍溪東南入海此江上流大石林立船每失事近擬募貲轟炬大石以使運道

交通

王書云沿海航路四達如厦門福州三都澳皆有輪船往來厦門尤爲東洋南洋發航地又驛路有二一北逾仙霞嶺達浙江江山（中經水口驛延平建甯浦城共七百八十里又自延平分道西北經[illegible]昌邵武光澤度杉關達江西建昌又自順昌分道西南經將樂[illegible]化清流長汀上杭達廣東潮州）一西南達廣東黃岡（中經興化惠安泉州同安漳州漳浦詔安共九百里）又電綫由福州北通杭州（水口延平建甯浦城）西南通廣州（福清泉州厦門漳州雲霄）東通馬尾川石山東北通三都澳又海綫由川石山東通臺灣淡水由厦門東北通上海西南通香港

海岸

講義云自甌江口南至鎮下關一段海岸之東島嶼礁石不能數計其有關係者飛雲江口之東約二十五海里有北岐山（一作北礵）羣小島也其間雖有灣港停泊惟礁險甚多無敢寄椗者北岐之西南約九海里爲南岐山（一作南礵）羣島環立其東南有佳港名南岐港停泊甚安且饒淡水鎮下關之東南海中有島曰南關山卽鎮關島其北約二海里爲北關山而北關與南關間名北關港可寄泊大輪以避東北風北關山有淡水有一峯甚奇而高足爲航路之標的海岸自南關澳迤西爲南關港卽福建福鼎縣東南之沙埕港也港內窄而深內廣三四里深六七十尺不等長約六七十里可泊大輪數十號出入不須候潮爲閩浙洋錨地之最港灣入至福鼎城南受小水數道以福鼎城東之馬溪水爲稍大自沙埕港內迤南經南鎮驛又轉而西南至黃岐山南有小港口西北灣入約二十里港首受大姥山各溪水港西岸爲蓁嶼鎮（[illegible]）西圖有晴川澳卽此港也又迤南經峽門驛又南爲楊家溪入海口其水口成一澳名烏崎港（西圖作[illegible]）港內多淡水可停泊大輪自烏崎港口

迤南爲三沙鎮（在霞浦縣東六十里明置烽火門水寨今有市鎮）又西迤爲福寧灣北岸又西爲赤岸溪入海口又西北迤近福寧府城始轉南至漁洋驛北又東南迤至武岐山背爲福寧灣口南岸灣內有小島名烽火列島多淺沙及礁不便收泊自武岐迤南爲大金山（明置大金千戶所屬福寧衛今廢）又南爲羅浮山是爲三沙灣外口門北岸（三沙灣一名官井洋卽三都澳也今其地自開爲通商埠建設海關）自羅浮西迤至葉山之西南地小如頸又南爲北壁又南至東沖口三沙灣內口門北岸也東沖口之西成大海港西人名爲三沙內灣港汊迴環連跨數州縣其最東北之港抵福寧府城之南與福寧灣南岸僅隔二十里許港東岸卽武岐羅浮等山以間大海其最北之港則至霞浦縣西鹽田廢司其西北之港則至福安縣南白石關巡司最西北之港則至寧德縣北之河西驛最西南則至寧德縣城東其最東南則入福州羅源縣北境至鑑江堡東對東沖口爲三沙灣口門是爲三沙灣內口門南岸也鑑江堡對東沖口爲三沙灣內口門口門廣僅五六里凡壽寧北之青草隘青田隘一帶山脈以南之水福鼎霞浦西南洋山望海山一帶山脈以西之水屏南西之石門隘洞宮山一帶山脈以東之水寧德南之寶勝山羅源東之碧嵒山一帶山脈以北之水均入此灣然均非長流巨川實係海水灌入以成此浸灣內島嶼錯列潮流迅疾不易行惟水深處停泊甚安耳海岸自鑑江堡迤南經碧嵒山東麓至濂澳海水復西北匯成一港長約五六十里至羅源縣東北受數小水卽松崎港也濂澳南對帽山爲港口門廣約三四里自帽山東迤爲東伸入海中之狹地其東頭有北茭鎮（在連江縣東北二十里三面環海有巡司宋元時均駐水軍于此）名北茭背東北對羅浮山背爲口門是爲三沙灣外口門南岸也灣內島嶼頗多其著者爲雙

峯島島之西則有最善停泊處自北茭背轉西迤爲狹地之南岸至安海南有小澳名王家澳可泊民船又西過小埕寨之南（明置[illegible]寨于[illegible]）又西至澳頭南對東岱鎮（在連江縣東北舊有巡司今裁）爲岱江入海口門岱江出連江縣東北雷公山東南流百餘里過連江縣城南又東至東岱北入海自東岱迤南至五虎司南爲閩江口口外淺沙橫亘北以連江之東岱南對長樂縣東北之黑角爲外口門口門中有熨斗尖峯二島橫列（[illegible]）熨斗與尖峯間復有一島曰五虎島水道傍五虎島之南而行稱五虎水道又曰五虎門中間仍有淺沙橫亘大輪須候潮而入五虎門之西有大島曰黃岐島島北面有地背曰金牌角亦稱金牌門北對陸岸之長門爲閩江內口門（[illegible]）其間水道名金牌水道潮流迅急亦有淺亘自海口上溯凡七十二三里始抵羅星塔泊船處羅星係江心一小島上有塔小而高立於島西南盡處塔尖特聳足爲標的故稱羅星塔凡船至其下必停泊焉羅星塔之北偏西陸岸爲馬尾船政局在背之左岸上船塢在局之南自馬尾又西北溯三十六七里始抵福州商埠閩江口外各島在北者爲高登島北唐島中唐島南唐島在南者爲東沙島北犬島南犬島三島總名爲白犬羣島白犬與南唐南北相距約十海里爲閩江門戶自南唐以北諸島皆勢相聯屬而高登島對北茭角亦爲鍵天然故此各島實閩江之外蔽也南唐島北有澳能停泊多船名曰馬祖澳甲申之役法蘭西犯我馬尾其兵輪進口之先出口之後均寄泊此澳海岸自黑角迤南爲一帶高山岸傍岸皆淺沙南經御國山入福清縣境轉西迤經海口城南（在福清縣東[illegible]）又西至福清城東有小水入口

海口又轉而南經三山之東又東經高山市之北又南經大馬山之東又西至蓮盤鎮自御國山至此爲海壇夾海岸海壇夾者海壇島與陸岸間之海也海壇島南北長約百里而强舊記言周回三百里蓋南北長而東西狹也（海壇島亦名東嵐山在福清縣東南七十里海中唐時爲牧馬地宋初置牧監尋罷皇祐中許民耕種淳熙中有三千餘戶元時民戶滿四萬多以漁爲業明初徙民墟其地隆慶初復設海壇遊兵萬歷中增置水寨國初置平潭海防同知駐島上）四周多淺沙無深港大澳惟東南之海壇澳（在海壇角之北）尚可避風海壇夾南北口均小島羅列甚有關鍵夾內亦廣闊但淺深相閒水道不甚暢通耳其匯入海口城及福清城下之灣皆淺沙灘即舊記之琵琶洋也自蓮盤鎮西北迤經大馬山及東圍之南又爲興化灣東北岸興化灣舊記謂之黃竿支海岸幾出入頗多故港汊不一自東圍西迤至仙嶺市有北自孔雀亭來一小水口又南轉西北至江口鎮爲荻盧溪會杉溪入海口又南爲迎仙寨（在莆田縣東北四十里有沿海巡司）又西南至涵江鎮（一作函頭鎮舊記言函頭鎮在莆田縣東二十里沿濱海長二十里許路通永福九溪民居稠密商賈輻輳元明爲鎮務重地今置巡司）有自莆田城北東南流入海小水口又迤南至三江口爲木蘭溪入海口木蘭溪源出德化南永春北之虎豹關山中東流名古瀨溪會大目溪蔣埕溪安吉溪等水過莆田縣城南入海又東過美南鎮之北又東爲海道灣又東南過靑山鎮（在莆田縣東南八十里其地三面瀕海明時番舶多由此出入舊置巡司今裁）又東爲五虎嶼西之地背西圖名砲台山東北與蓮盤鎮遙對爲興化灣口門興化灣內外小島頗多以南日嶼爲最要（南日嶼舊名南匿山明初設寨於此後徙寨於內地山仍爲水軍會哨之所今隸縣丞）南日西與砲台山間爲南日水道南日東與蓮盤鎮間爲興化水道興化水道之南近南日嶼處有小島錯峙名十八列島南日嶼之東澳及南日水道中均爲停泊佳處興化灣內近北岸處亦可下椗海岸自砲台山迤

西南爲平海衞舊城（在莆田縣東南九十里舊名南嘯明置衞城以備倭國朝裁今置縣丞）城南海中水深二三十尺可停泊平海之西爲赤岐鎮在高山下（赤岐鎮舊名峭頭鎮明初置巡司後廢嘉靖時曾爲倭所據）海水至此又北匯爲港名平海灣其北岸與海道灣之南岸相距僅里許其西面爲三面環水之狹地狹地北端爲芹山北與美南相接東南端爲廢莆禧所（在莆田縣東南九十里明置千戶所所屬興化衞）東北與平海相對爲平海灣口門口內自南至北積漸而淺芹山狹地之西又成一港名湄洲灣其北岸抵浮山鎮（在莆田縣南四）對其西北隅又匯爲小港至楓亭司（在仙遊縣東南五十里明以來置巡司）西南名赤湖西岸又南迤經蕭厝至蜂尾市（在惠安縣東北四十里）又南爲峯奇港港西爲惠安南之洛陽港首西南通洛陽江口以達泉州港之水道也自峯奇港迤東南爲黃奇鎮又南爲小岞市小岞東北對莆禧所爲湄洲灣口門有湄州嶼南北巨寨口門中間上有田園居民湄洲嶼之南及黃奇鎮之北均可停泊湄洲灣中分爲興化泉州之界（[illegible]）小岞之西南海水西匯成小澳名小岞澳澳西岸爲門頭市澳口門南背名大岞角與小岞南北對澳內亦可停泊輕載船大岞角之西爲崇武廢所（宋置小兜巡司明初移巡司於小岞置千戶所衞於此[illegible]）海水又西北匯入爲泉州港港北岸地頗出入多港汊其西北岸有鷓鴣鎮（在晉江縣東十餘里有巡司）鎮東爲洛陽江與洛陽港入海口鎮西爲晉江入海口洛陽江源出惠安縣西北大尖山南偏東流會洛陽港入海晉江一名金溪又名安溪出安溪縣西北古格嶺東南流會羣水東過晉江縣南入海晉江口迤南有晉江支港入海口又南爲浦邊鎮又南爲蚶江鎮轉東爲東埔東北對崇武所爲泉州港口門港內有大墜小墜二島近北岸崇武所之西有獺窟島舊置巡司（島北去岸約四五里宋開禧中有僧道誠者遷石填海成橋[illegible]岸與島[illegible]至今）港內淺沙縱橫輪船不能深入自東埔西南迤至永寧廢衞（在晉江縣南六十里宋以來置水澳寨明初置衞國朝裁）海水又西匯至洛陽鎮東爲深滬灣（洛陽鎮在晉江縣南八十里[illegible]司）灣口北角爲永寧角南角爲深滬角自深滬角迤西南爲烏桑市又西南爲圍頭鎮（在晉江縣南[illegible]里宋置寶蓋寨明置巡司今裁）鎮踞地背上爲金廈海灣外口東岸自圍頭西北迤爲石菌爲白沙又西迤爲晉江分支南流港口口西爲石井鎮（在南安縣南七十五里舊置巡司今裁）又西至劉五店司又西北至石尋鎮（在同安縣東南[illegible]）海港至此名石尋港又北至同安縣城南城東西各有一小水入港自同安城南迤爲下店爲尋尾有小水西北自安民鎮來入又西有小水西北自灌口司來入岸至此轉南入漳州府海澄縣境爲嵩嶼爲海門鎮有九龍江入海口（海門鎮在海澄縣東二十里九龍江口門中[illegible]巡司）九龍江源出連城縣南之將軍山自將軍山東迤爲寧洋縣北之芙蓉山馬山至大田縣西南之大素山一帶山脈以南之水自將軍山南迤入龍巖州西爲紫金山至平和縣東之大協關山一帶山脈迤東之水自大協關東迤爲漳浦縣北之小溪嶺至大武山一帶山脈以北之水均匯入九龍江蓋閩江外一大水也海岸又東南爲大武山山之東南爲鎮海城（在漳浦縣東北[illegible]里明置衞城國朝裁）城之東背爲鎮海角東北對圍頭角爲金廈海灣口門圍頭鎮海兩角相距約百里灣內有金門廈門二大島金門在東廈門在西北金門舊曰浯洲嶼明初築城爲千戶所廈門舊曰嘉禾嶼明初築城置中左千戶所天啟中荷蘭犯廈門總兵徐一鳴卻之崇禎八年英人曾一通商廈門旋去　國初鄭成功據金廈爲巢穴縱橫閩浙海中康熙十九年康親王督師入閩鄭經始棄金廈歸台灣　朝廷於是駐同知於廈門駐縣丞於金門道光二十二年金陵條約

開廈門爲通商埠駐分巡兵備道光緒甲午後復移水師提督駐焉廈門居民約九萬六千爲繁盛富庶之地廈門南與陸岸間名廈門外港西人謂爲中國濱海最易入之港廈門西與驪城相對處有鼓浪嶼鼓浪嶼與廈門間名廈門內港即商埠停泊處也廈門金門兩島相距約二十餘里金廈之間有烈嶼烈嶼東面及金門南面均便停泊自鎮海角西迤海水又北匯爲澳名鎮海澳又西南迤至井尾鎮（在海澄縣東南百里舊置巡司今裁）鎮東爲黃如江入海口名井尾港自井尾迤南經佛曇鎮東又南成一地背西圖名考克角海水至此西匯爲將軍澳澳內可停泊以避東北風澳之西南角爲虎頭山三面環海虎頭山西海水又北匯爲浮頭港虎頭山北爲六鼇廢所（在漳浦縣東南七十里明初置千戶所隸鎮海衞國朝裁）實居浮頭港東北岸六鼇之西爲金泥鎮金泥之西爲香山鎮金泥香山之間爲李澳川入海口即浮頭港首也李澳川源出平和縣之大協關東南山中東南流入海自香山鎮西南迤爲古雷城東北對虎頭山爲浮頭港口門（古雷城在漳浦縣南五十里古雷山下舊駐巡司今裁）古雷城之西爲銅山港漳江入海之港也漳江源出平和縣之大協關山東南流名河頭溪又東南經雲霄廳東又東南入海港口西岸爲漸山漸山南迤小港爲八尺門八尺門之東爲漳潮鎮（[illegible]）鎮東爲銅山城（[illegible]）南浦又西南爲官前臨海之背也漸山與八尺門中間之小港本係沙頭相連惟潮漲則海水東西通小船可由此達詔安灣故舊記言銅山營爲三面環水之地海岸自漸山西南迤爲梅嶺又南伸入海爲懸鐘廢所（在詔安縣東南四十里明初置千戶所隸鎮海衞國朝裁）於是銅山城東北對古雷城爲銅山港口門官前西北對懸鐘城爲詔安灣口

門銅山港乃沿岸一停泊最穩便處其銅山城之東古雷城之東南海中羣島羅列西人名為禮是列島即舊志所謂石城嶼言海中亂石叢雜望若城壁者今羣島開水道西人呼為禮是門言羣山環繞如門也禮是列島不生植物惟有漁舍數區其中水深處西船亦嘗寄泊詔安灣口當南澳之東北及官前之南有小澳均可暫時寄椗惟詔安灣口不能避東北風官前小澳西圖名威兒澳不能避西南風懸鐘之西為徐坑溪入海口成一小澳名東澳民船避風處也徐坑溪出平和縣天馬山東南流至詔安縣城東南入海東澳之西為三礁與廣東潮州交界

福州府 明太祖吳元年改元福州路為府 國朝因駐閩浙總督兼巡撫布政提學提法交涉四司鹽糧巡警勸業四道福州將軍副都統道光二十三年與英訂約五口通商之一租界在閩江北岸曰南臺與府城對出口貨茶紙竹木煙草入口貨洋藥土布煤油海物全年出入共值銀千六百九十餘萬兩府屬漢志治縣地 **北距京師六千百三十三里領縣十**

閩 明縣因倚治東偏　**侯官** 明縣因倚治西偏　**長樂** 明縣因府東南百里

福清 明縣因府南少東百三十五里　**連江** 明縣因府東北九十五里　**羅源** 明縣因府東北百五十里

古田 明縣因府西北二百七十里　**閩清** 明縣因府西北百二十里　**永福** 明縣因府西南百九十里

屏南 府西北三百二十里

泉州府 明洪武元年改元泉州路為府 國朝因駐福建陸路提督府屬漢志治縣地 **東北距省四百十里領廳二縣五**

晉江 明縣因倚　**南安** 明縣因府西少北四十五里　**同安** 明縣因府西南百三十里

惠安 明縣因府東北五十里　**安溪** 明縣因府西百五里　**廈門廳** 府西南百六十里海島上駐分守興泉永兵備道道光二十三年與英訂約五口之一洋商居廈門島領事署在島西南之鼓浪嶼出口貨糖茶紙夏布入口貨米土藥絨呢等全年出入共值銀二千百四十餘兩

馬家港廳 府西南百八十里

建寧府 明洪武元年改元建寧路為府 國朝因駐福寧鎮總兵府屬漢志治縣地 **東南距省四百八十里領縣七**

建安 明縣因倚治東南偏　**甌寧** 明縣因倚治西北偏　**建陽** 明縣因府東百二十里

崇安 明縣因府西北二百四十里　**浦城** 明縣因府東北二百七十里　**松溪** 明縣因府東百六十里

政和 明縣因府東百四十里

延平府 明洪武元年改元延平路為府 國朝因駐分巡延建邵道府屬漢志治縣地 **東距省三百六十里領縣六**

南平 明縣因倚　**順昌** 明縣因府西少北百二十里　**將樂** 明縣因府西二百二十里

沙 明縣因府西南百二十里　**尤溪** 明縣因府南百六十里　**永安** 明縣因府西南三百里

汀州府 明洪武元年改元汀州路為府 國朝因駐汀建邵鎮總兵府屬漢志治縣地 **東距省九百七十五里領縣八**

長汀 明縣因倚　**寧化** 明縣因府東北百六十里　**清流** 明縣因府東北二百里

上杭 明縣因府南百八十里　**武平** 明縣因府西南百五十里　**連城** 明縣因府東南百六十里

歸化 明縣因府東北二百九十里　**永定** 明縣因府南三百里

興化府 明洪武元年改元興化路為府 國朝因府屬漢志治縣地 **北距省二百四十里領縣二**

莆田 明縣因倚　**仙遊** 明縣因府西七十里

邵武府 明太祖吳元年改元邵武路為府 國朝因府屬漢志治縣地 **東南距省六百七十里領縣四**

邵武 明縣因倚　**光澤** 明縣因府西北八十里　**建寧** 明縣因府西南二百十里

泰寧 明縣因府西南百四十里

漳州府 明洪武元年改元漳州路為府 國朝因駐分巡汀漳龍海防兵備道漳州鎮總兵附近饒煤鑛產糖煙窯貨果品水仙花有名漢志會稽南海二郡地 **東北距省六百八十里領廳一縣七**

龍溪 明縣因倚漢治縣地　**漳浦** 明縣因府南百二十里漢治揭陽二縣地　**南靖** 明縣因府西四十里漢治縣地

長泰 明縣因府東北四十里漢治縣地　**平和** 明縣因府西南二百五里漢治縣地　**詔安** 明縣因府西南二百五十里漢揭陽縣地

海澄 明縣因府東南五十里漢治縣地　**雲霄廳** 府西南二百里

福寧府 明因元州升直隸州 國朝為府駐福寧鎮總兵有三都澳在府西南三沙灣中島周二十里灣口水深便停泊近闢為通商埠全年出入口貨共值銀百五十餘萬兩府屬漢志治縣地 **西南距省五百四十五里領縣五**

霞浦 國朝雍正十二年置倚　**福鼎** 府東北二百里　**福安** 明縣因府西北百十里

寧德 明縣因府西南百十里　**壽寧** 明縣屬建寧 國朝來屬府西北百六十里

永春直隸州 明縣屬泉州 國朝升直隸州州屬漢志治縣地 **東北距省四百一十里領縣二**

德化 明縣屬泉州 國朝來屬州北少西三十里　**大田** 明縣屬延平 國朝來屬州西北二百六十五里

龍巖直隸州 明縣屬漳州 國朝升直隸州州屬漢志治縣地 **東北距省九百里領縣二**

漳平 明縣屬漳州 國朝來屬州東七十里　**寧洋** 明縣屬漳州 國朝來屬州東北七十里

五洲地理志略四 亞洲四

賜進士出身特賞內閣學士銜前國子監祭酒翰林院編修加三級臣王先謙謹撰

大清國四

廣東省禹貢荊揚二州南裔漢志交阯部南海蒼梧二郡荊州部桂陽郡揚州部豫章郡

疆域 東福建西廣西及安南北江西湖南南臨南海東西二千五百里南北千八十里面積六十六萬五千九百五方里人三千百八十六萬口領府九直隸州六直隸廳五廳一州六縣七十九

物產 王書云饒五金廣肇高各屬煤鑛尤有名沿海鹽場亦多又產米與甘蔗出口貨著名者如絲綢每歲輸出占全額百分之七十茶葉歲值銀二百二十萬兩蔗糖歲值銀七百餘萬兩芭蕉扇運往紐約者歲約五百萬柄竹布蕉布草蓆花爆等果物如荔枝波羅蜜橘橙香蕉尤有名民亦工於製造與商業較之各省最有文明之智識

地勢 王書云北境山岳連亘蓋北據五嶺越城臨賀都龐騎田大庾是爲五嶺越城臨賀在湖南廣西界上都龐騎田則廣東與湖南分險大庾廣東與江西分隘北境山脈皆爲五嶺分支如東江北岸之羅浮山在博羅縣西北山高三百六十丈周三百二十七里爲宇內名山東粵望[illegible]南岸之黃嶺山在東莞縣東南爲嶺南名山之一其最著也南境一支如西江南之雲浮山君子山則自廣西句漏山東遞之支也其大川流域及沿海一帶皆平野相連水利極便

水道 王書云西江自廣西入境東流左受賀江右受瀧水江羅銀水分二派一東會北江曰珠江至廣州府城東南會東江入海一東南分流入海此江下流最深巨艦往來無阻以船爲家者尤多又北江古湞水源出南雄州東北西南流右受錦江武水涯水左受翁江南過峽山至胥江司西分二派一南流右合綏江與西江支津會一東南流左受流溪水入珠江又東江有二源合於江西定南廳曰定南水又東南左合尋都江折西南流又受利溪新豐江增江左受秋香江淮水至廣州城東南入珠江又汀江自福建入境南流右有梅江合石窟溪來會又南曰韓江分流入海

交通 王書云沿海航路四達珠江輪船西達廣西梧州又鐵路現在修造者粵漢鐵路之南段自廣州北經三水清遠英德曲江樂昌達湖南宜章凡九百五十餘里與潮汕路自汕頭至潮州凡百里擬修者有自九龍西北達廣州之路自澳門北達廣州之路自廣州灣東北達廣州之路皆英葡法諸國之所經營也又驛道有三一東達福建詔安中經東莞博羅歸善海豐陸豐惠來潮陽海陽黃岡一北達江西南安中經三水清遠英德曲江始興南雄州一西達廣西梧州自三水分道西經高要德慶封川又電綫東通福州深水塘新塘石龍惠州海豐汕頭潮州又由新塘分虎門由石龍分新安香港西通梧州佛山三水肇慶悅城德慶北通九江由三水分英德韶州南雄梅嶺由瓊州北通廣西橫州徐聞雷州安鋪廉州由廉州南分北海西分欽州防城東興與安南蒙開綫接又由安鋪東分高州又海綫由香港西南通海防新加坡東北通廈門上海南通馬尼喇

海岸 講義云自三礁入潮州境西南迤有栢林澳澳口南向澳北有黃岡溪入海口黃岡溪出饒平縣北玉屏山南過饒平縣東又南過栢林司西入海澳之西岸有韓江支港口澳內有數小島島間水深處可停泊澳口東面有南澳島跨潮漳海界東西長四十里東段廣西段狹廣處近二十里東北角北距大地岸約十五六里

五洲地理志略 卷四 一

爲南澳夾東口西角西距大地岸約三十餘里爲南澳夾西口島周二百餘里有三澳在北岸者東曰南澳灣西曰龍門澳在南岸者曰後隄澳南澳灣與後隄澳均可停泊惟龍門澳爲淺沙耳最西之嵩名長山尾其北小澳亦可下椗南澳島舊多居民田地沃饒約門五萬畝耕種足給島民之食明初徙民入內地嘉靖中爲倭夷所據其後海寇吳平許朝光據爲巢穴其中萬曆中始屯重兵國朝設總兵及同知巡司等官城在北岸北臨南澳灣柘林澳西岸有北港口北港口迤西南爲南港口皆韓江支港自澄海縣東南流入海者南港口之西爲韓江正流入海口韓江卽汀江出福建長汀縣北之溪子口隘山南流入廣東大埔縣境會梅江小靖溪靖遠河等水又南流過潮州府城東又南過澄海縣西入海

海岸自韓江口又西爲汕頭商埠也汕頭南臨馬嶼港港南有達濠島國初設副將駐島上名達濠營又移招留巡可驛達濠城內今改副將爲守前外國稍地在北岸北對流頭處達濠島之西爲海門島兩島中間一港島之南角有海門舊城明海門千戶所南國瀨廢所改設參將歷澳蕪而達濠島之東南角與海門之南角東西對爲澳名企望澳海門角西對大地爲澳名海門灣企望澳與海門灣各北承港口其港均北與潮州內港通潮州內港者舊記謂之牛田洋自汕頭西海水西北匯成此港港面頗闊大東連馬嶼港汕頭埠南臨馬嶼港入潮州內港處東南通企望澳南通海門灣惟馬嶼爲輪船出入水道企望海門二港均係淺沙潮州內港東岸有數水口皆韓江支港自澄海縣西南流入海者其西北承水口爲玉窖溪入海口玉窖溪有南北二源北源出豐順縣西南東南流經揭陽縣北南源出普寧縣西北南流經揭陽縣南至揭陽城東南合流入海潮州內港不能通輪船航路至汕頭止故汕頭爲通商埠潮州內港西岸迤南至潮陽縣東南有自普寧縣來之練江入海口口外卽海門灣北之港也自練江口南爲河北汛迤

五洲地理志略 卷四 二

南至靖海港其地本廢靖海千戶所故名有小水入海口轉西迤爲赤山澳赤嵊在惠來縣東南五十里名赤色李地突趨之山也土赤山澳之西有神泉港爲龍江入海口龍江源出普寧縣西南陽山東南流至惠來縣城南會數小水入海港東岸爲神泉巡司港內可泊船以避東北風自港口西南迤入惠州府境爲甲子角甲子角西爲甲子港係海水東北灣入成港港西岸爲甲子廢所在海豐縣東南百里明置千戶所驗陽礁衞陋碑縣設邇哥港口有大石壁立名甲子門石上下各有六十甲子字故名甲子門迤西爲湖東汛汛西有小港係海水北匯所成又西迤爲淺澳角西對白沙角在泊沙汛之東赤名石潮頭嵌約三十餘里爲碣石灣口門灣內東岸有碣石衞城在陸豐縣東南二十里明初設衞國初處衞置總兵北岸有內河入海兩水口稍西有熱水入海口灣口水深十餘尺至二三十尺不等海底爲軟泥可暫寄椗自白沙角迤南爲遮浪角又轉而西爲捷勝所在海豐縣東南八十里明設千戶所屬碣石衞閩處所直潮擊捷勝所之西爲捷勝角西南對大星表一作富克角爲紅海灣口門闊約百里灣之中央有江牡嶼嶼北有東北灣入之港卽舊記所言之麗江浦港東北承黃姜水口卽長沙港麗江浦之東南爲汕尾港港口西向卽扁湧湖也港口北岸有圓山墩下寨在山上駐有守備山南麓有汕尾埠爲市舶聚集之所麗江浦之西有小澳港口舊記謂之鮨門港紅海港內風浪頗大大船無寄泊者自大星表迤西北爲平海灣一名琴玩港灣東北岸爲平海所城明千戶所擊國初營所設參靜邇又駐巡司改平海所西爲平海角平海灣內輪船便於停泊平海角之西北爲墩頭港一名霞浦灣港東岸爲巽寮汛東北隅海水後匯成一港名範和港卽宋文信國駐軍之涌船澳也港岸有稔山汛西北隅有上角汛西岸有地黹爲惠州廣州交界處嶺南北皆有澳南澳西北岸爲大鵬所在新安縣東百二十

大鵬嶺南明初設千戶所屬南海衛國初改設守備後移駐副將縣丞迤而南爲東涌鎮卽東山村也東涌鎮東南臨海之角曰蹲蹊角東北對平海角爲墩頭港口門港內島嶼羅列而不礙舟行故停泊之處頗多東涌鎮西南臨海之角曰大鵬角角之西北爲大鵬海灣之東北岸卽大鵬所[illegible]西南岸爲大鵬協所駐九龍司[illegible]灣內四山環繞水深岸峭爲停泊勝地西岸又有瀝源港[illegible]之口門甚狹口內水深至八十尺廣闊能容萬艘瀝源港口之東南爲長門短嶺東北對大鵬角約十七八里爲大鵬灣口門口門中間小島羅列鎖鑰天然灣內水深浪靜可修絕大船塢若營作軍港其形勝不亞於舟山膠州等澳也長短嶺之西爲一海澳澳內小島東西綿亘分澳爲二在北者曰石頭港口門曰小欽門在南者曰避風港口門曰大欽門二港內均便輸船停泊大小欽門之南爲佛堂門香港與大地間之水道也又西北爲九龍港九龍司南臨之海港也港西卽尖沙嘴道光十九年[illegible]迤爲急水門屯門汛南大地與大嶼山間之水道也大嶼山一作大漁山在新安縣西南海中爲大鵬協右營汛地自急水門迤西爲廣州海口北迤爲內零丁洋又北經新安縣城西又北經福永司西又北爲永平河口東江支港也又西北爲虎門在東莞縣西南五十里礮臺置水師今駐提督又北經缺口司西又北經東莞縣西又西渡西江口西江入海支港甚多此處爲西江正口經沙灣司東轉而南經順德縣東此處多支港沙嘴蓋海灘也又南經黃圃司東又南經三角汛東又南經香山縣東又南爲淇澳司在香山縣南淇澳堡旁岸小島也又南爲前山寨又南爲澳門前山寨卽濠鏡澳在香山縣南濠鏡山北三里明萬歷

二年設關官守之以防澳夷今駐同知地惟北與大地連不絕如綫[illegible]廣州口外島嶼甚多以老萬山卽大萬山爲著老萬山以南爲外洋北爲內洋而香港澳門東西對峙實爲廣州口門口內水深大輪船抵廣州城下中等商輪又上溯西江而至廣西之梧州澳門南有橫琴島之東卽停泊處澳門西爲寬水道亦名黑水洋西江入海之支港也港口內島嶼頗多又西爲黃粱都與大地相離之島也[illegible]黃粱都之西爲洲子門亦西江入海支港洲子門之西北爲匡山島踞西江支港水中匡山在新會縣南八十里宋末張世傑奉帝昺居此匡山東港曰虎跳門[illegible]與元張弘範戰處也此支港北達新會城下輪船可以通行故新會北之江門鎮[illegible]近今開爲通商埠自匡門港口南迤經都斛汛又南有牛角水入海口牛角水出新甯縣西南南安山東流過赤溪廳北入海海岸又南經赤溪廳城之東赤溪直隸廳本新甯縣地近年新設轉西爲銅鼓汛又西爲廣海寨上明城名又西經尖峯頂南轉南經海晏汛東又南經上川司東[illegible]海灣上川司之東海灣內有雞籠山明代於山上置望高巡司今其地爲望頭村灣口外有上下川二島上川島居東下川居西二島均產香木下川島之南岸有澳名南船灣澳內可避風爲停泊善處上川司之西海水北匯爲長港西經陸門汛東北至旁鶴汛港首北承小水口港內水深於口外自港口西迤經大澳鎮南[illegible]爲大澳嘴自大澳嘴迤西至坡尾河口成一海澳名曰深港港北岸有水口名西港口爲那龍河與漠陽江入海口那龍河出

陽江廳北那龍汛南流經陽江廳城東入港漢陽江出陽春縣北石腳岩南流會眾小水經陽春縣城西又南會西來之雙龍水南經陽江廳城西入港西港口東有小水口又西有坡尾河口亦小水也深港澳口東有大小鑊犂小島澳口西有海陵山自坡尾河口迤南至雙魚所之東[illegible]爲閘坡港卽海陵山西對大地關之夾也夾內可泊船商[illegible]自閘坡港口西南迤至雙魚角角西有小水北自雙魚所來入海口名泥門港又西過書村汛又西爲儒㟁河口入高州府電白縣境儒峒河出陽春西南那黃山南流來入小水也自儒峒河口迤西南爲電白縣南之西粵[illegible]角西粵本由電白城東向西南伸入海中之沙嘴也西對南海礮臺角爲淺澳澳內有長沙橫亘沙上有桃花汛長沙與西粵開爲電白港港內爲鹽船聚集之所電白產鹽常集數百艘載鹽運往廣州大輪船遇風亦可於港口暫泊口外有大小放雞山等小島自南海礮臺角迤西有小水口又西爲赤水鎮[illegible]自赤水鎮迤西南至吳川縣城城西南爲利劍門郎舊記所言之限門寨合江鑑江會流入海口也口門中有沙郎舊記之芷芋沙也合江上源爲陵水出信宜縣西北廣西陸川縣界山中西南流會羅水浮山水經化州城東又南會鑑江鑑江上源名望夫水出陽春縣界那黃山西南流會合江至吳川縣西南來入利劍門之南有數沙洲排列最東之洲名麻練沙沙南對海中東海島之東北角昭名蠣爲廣州灣口門自利劍門迤西經麻科礮臺之南又西爲海頭港口港北經海頭汛之東又北經石門汛之東又北西受遂溪縣一小水又北止於化州之永安鎮西

港內水深岸闊無長流大水來入益海水灌入而成者自海頭港口迤西入遂溪縣境有城月水入海口轉南迤爲海康縣境受海康縣南之南渡木有南北二水口又轉東南迤爲淡水港又東南爲斯禮嶺東[illegible]嶺北對東海島之東南角船艘爲廣州灣南口門南口門水道均淺沙輪船不能通行東海島一名蔚崖嶺橫亘廣州灣內東西長七十里南北廣四十里居民甚繁以漁鹽爲業地屬遂溪縣島西頭駐有湛川巡司島北岸海中有東頭山亦屬遂溪[illegible]島東南海中有硇州島[illegible]州吳川縣屬島也有巡司駐島上硇州與後海角中開之港名調鷄門硇州西北岸有小澳甚便下椗廣州灣內海頭港口尤停泊妥處光緒戊戌法蘭西人索我廣州灣當時政府允以吳川縣屬之麻科汛予之法兵輪至察其地係沙土無物產且不便停泊遂任意駛入內港至遂溪縣屬之海頭汛登岸樹旗且掠人民及牛馬民怒甚將築壩以阻其出路法人始釋所掠之人然法人要索不已後政府竟允以海頭港口爲其商埠海岸自斯禮嶺迤南爲錦囊港口又轉西南爲瓊州海夾北岸過寍海司之南又西至海安所南爲海安澳澳北承小水郎博漲港也澳內可泊中等輸船[illegible]又西過徐聞縣城南又西爲雷州角至此離瓊州夾北轉爲東埸港口有小水自東錫司北西流入海自東埸港口北迤爲青銅澳東受一小水郎潭浪水也又北爲清道司又北經白霧山西又北至樂民墟[illegible][illegible]北臨小水入海口又北過楊柑墟西北臨小水[illegible]又北爲暗鋪港亦小木口也又北爲高州府境有石角水入海口水出廣西陸川縣南南流過石城縣西會青溶水西南流來入自

吳川縣至此爲雷州半島海岸吳川至錦囊港東岸也錦囊港至雷州角南岸也雷州角至石角水口西岸也自石角水口西迤有洗米河自永安所東來入海口洗米河口之西爲廉州府境有海水北匯爲澳澳東岸爲永安所臨有千總及邏司澳北岸爲白沙汎澳西岸爲調埠汛自調埠迤西經珠場司南又西爲白龍寨又西爲北海寨通商埠也北臨三汊港海灣南臨大海北海雖爲商埠惟中等輪船可入埠大輪船均泊十餘里外海中北海之北爲三汊港廉江入海口也廉江上游爲南流江出廣西容縣西南山中西南流入合浦縣境名合浦江又名羅城江會數小水至合浦城北分爲二支入海三汊港之西爲大觀港平銀江丹竹江會流入海之口也二水皆出欽州東北山中港口爲廉欽分界處大觀港之西爲急水門欽江入海之口也欽江出靈山縣東北洪亐山西南流經靈山城南欽州城東南會魚洪江大道江等水來入海海口小島頗多大輪船可泊口內急水門之西角名天堂角又西名石龜頭其西爲阿成河入海口卽白龍尾港也港內水深大輪船可入阿成河出防城縣西北山中東南流入海又西爲洪河口口外有澳澳口有島口西有江平司屬防城縣巡檢所駐又西爲那良河北侖河會流入海口口東爲東興鎭防城縣丞駐所也二水皆小水而會流以下爲中越之界中國海岸止於此矣　道路王書云鐵路現在修造者自廣州西行經三水又北傍北江行經清遠英德至曲江又北至樂昌與湖南興寧路接此卽所謂粵漢鐵路之南段也擬修者有自九龍西北達廣州之路中經新安東莞自澳門北達廣州之路中經香山縣自廣州灣東北達廣州之路路綫未定皆英葡法諸國之所經營也其東達福建之孔道則自廣州東行經博羅渡東

江至惠州又東沿海岸行經海豐陸豐惠來又東北經揭陽至潮州東北與福建雲霄路接其西達廣西之孔道則自廣州西行經三水渡北江傍西江北岸行經肇慶德慶西北至封川與廣西梧州路接

廣州府明洪武元年改元廣州路爲府國朝因駐兩廣總督兼廣東巡撫布政提學提法鹽運四司巡警勸業二道廣東將軍滿洲漢軍副都統廣東水師提督道光二十三年與英立約五口通商之一租界曰沙基在府城南出口貨線紬段糖果桂爆竹席茶煙葉銅琥珀瑪瑙等入口貨洋布洋藥等全年共値海關銀一億一千餘萬兩漢志南海郡地**東北距京師五千四百九十四里領縣十四**

南海明縣因倚治西偏漢南海郡治番禺縣

番禺明縣因倚治東偏漢番禺縣地

順德明縣因府西南百里漢番禺縣地

東莞明縣因府東南百八十里漢博羅縣地

增城明縣因府東百六十里漢番禺縣地

新安明縣因府東南二百六十里縣南有九龍稅關漢博羅縣地

三水明縣因府北二百里光緒二十二年與英定緬約二埠之一全年出口貨麻袋團扇席紙爆竹等入口貨煤油棉絲火柴等共値銀二百十餘萬兩漢番禺四會二縣地

龍門明縣因府東二百十里漢番禺縣地

香山明縣因府南二百二十里縣北有拱北稅關漢番禺縣地

新會明縣因府西南二百三十里縣東北江門光緒二十八年與英重議商約增開五埠之一漢四會縣地

新甯明縣因府西南三百六十里南海蒼梧二縣之界

從化明縣因府東北百三十里漢番禺縣地

清遠明縣因府北三百四十里漢中宿縣

花國朝康熙二十四年析番禺南海二縣置府北九十里漢番禺縣地

連州直隸州明州領縣屬廣州國朝升直隸漢屬桂陽縣**南距省七百六十里領縣一**

陽山明縣因州東南二百里漢陽山陰山二縣地

連山直隸廳明縣屬廣州國朝雍正五年改屬連州後升直隸廳漢桂陽縣地**東南距省千二百三十二里**

韶州府明洪武元年改元韶州路爲府國朝因駐分巡南韶連兵備道南韶連鎭總兵漢志桂陽郡地**南距省千里領縣六**

曲江明縣因倚漢曲江縣

樂昌明縣因府西北八十里漢曲江縣地

英德明縣因府西南二百二十里漢湞陽含洭二縣

仁化明縣因府東北百里漢曲江縣地

乳源明縣因府西少南九十里漢曲江縣地

翁源明縣因府東南百八十里漢湞陽縣地

南雄直隸州明改元南雄路爲府國朝降直隸州漢南壄縣地**南距省千三百里領縣一**

始興明縣因州西百里漢南壄縣地

惠州府明洪武元年改元惠州路爲府國朝因駐分巡惠潮嘉兵備道廣東陸路提督碣石鎭總兵光緒二十八年與英重議商約增開五埠之一漢志南海郡地**西北距省三百六十里領州一廳一縣九**

歸善明縣因倚漢博羅縣地

博羅明縣因府西北三十里漢博羅縣

長甯明縣因府西四百里漢博羅縣地

永安明縣因府東北二百里漢博羅龍川二縣地

海豐明縣因府東三百里漢龍川縣地

龍川明縣因府東北四百二十里漢龍川縣

陸豐府東三百五十里漢龍川縣地

佛岡廳新設

連平州明州領縣屬惠州國朝無府北四百里漢龍川縣地

河源明縣屬連平國朝來屬府北百五十里漢龍川縣地

和平明縣屬連平國朝來屬府東北四百二十里漢龍川縣地

潮州府明洪武二年改元潮州路爲府國朝因駐潮州鎭總兵漢志南海郡地**西距省千百九十里領廳一縣九**

海陽明縣因倚漢揭陽縣地

潮陽明縣因府南百四十里漢揭陽縣地

揭陽明縣因府西八十里縣西北房山產鐵漢縣

饒平明縣因府東北百五十里漢揭陽縣地

惠來明縣因府西南二百七十里漢揭陽縣地

大埔明縣因府東百六十里漢揭陽縣地

普甯明縣因府西南百二十里漢揭陽縣地

澄海明縣因府東南六十里縣西南汕頭咸豐八年與英約開五口之一租界在達濠島北岸出口

貨糖煙草海物等入口貨棉布棉絲米豆洋藥等全年共值銀四千五百餘萬兩漢揭陽縣地　豐順明程鄉縣國朝更名府西北九十里漢揭陽縣地　黃岡廳新設在府東　南澳廳四面界海與潮州隔一海峽駐南澳鎮總兵

嘉應直隸州明洪武二年降元海州爲程鄉縣國朝雍正十一年升今直隸州漢揭陽縣地西距省七百里領縣四　興寧明縣屬惠州國朝來屬州西少南七十里漢龍川縣地　長樂明縣屬惠州國朝來屬州西百十里漢龍川縣地　平遠明縣屬潮州國朝來屬州西北八十里漢揭陽縣地　鎮平明縣屬潮州國朝來屬州北六十里漢揭陽縣地

肇慶府明洪武元年改元肇慶路爲府國朝因駐分巡肇陽羅道北海鎮總兵有端溪石可製硯草蓆每年值銀百餘萬漢志蒼梧南海合浦三郡地南距省二百三十里領州一縣十一　高要明縣因倚漢縣　四會明縣因府北百三十里漢縣　高明明縣因府東南七十里漢高要縣地　新興明縣因府南百三十里漢臨允縣　開平明縣因府南百六十里漢臨允縣地　廣寧明縣因府西北二百九十里漢四會縣地　德慶州明州領縣來屬國朝無府西二百十里漢端溪縣　封川明縣屬德慶國朝來屬府西三百三十里漢廣信縣地　開建明縣屬德慶國朝來屬府西北四百十里縣北埇流山石金最旺漢封陽縣地　鶴山國朝雍正九年析新會開平二縣地置府南少東百七十里

陽江直隸州明縣屬肇慶國朝升直隸廳近改直隸州漢高涼縣東北距省七百三十里領縣二　陽春明縣因府南三百二十里漢高涼縣地　恩平明縣因府南二百七十里漢高涼縣地

高州府明洪武元年改元高州路爲府國朝因駐分巡高雷陽兵備道高州鎮總兵漢志合浦蒼梧二郡地東南距省千十里領州一縣五　茂名明縣因倚漢高涼縣地　電白明縣因州東百六十里漢高涼縣地　信宜明縣因府北八十里漢端溪縣地　化州明州領縣來屬國朝無府西北九十里漢高涼縣地　吳川明縣屬化國朝來屬府南百三十里漢高涼縣地　石城明縣屬化國朝來屬府西南百九十里漢合浦縣地

廉州府明洪武元年改元廉州路爲府國朝因漢合浦縣地東距省千四百九十里領縣二　合浦明縣因倚光緒二年煙臺條約開縣西南北海爲商埠據廉江口冠頭山東北岸前臨東京灣水深闊無

暗礁之險出口貨錫糖藍桂皮牛皮豬等入口貨棉布棉紗羅紗等全年共值銀三百八十餘萬兩漢縣　靈山明縣屬欽州國朝來屬府西北百八十里漢合浦縣地

欽州直隸州明州領縣屬廉州國朝升直隸駐新設分巡廉欽道漢合浦縣地東距省千九百八十里領縣一　防城新設州西南百里

雷州府明洪武元年改元雷州路爲府國朝因漢志合浦郡地東距省千四百二十里領縣三　海康明縣因倚漢徐聞縣　遂溪明縣因府北百八十里漢徐聞縣地　徐聞明縣因府南百六十里漢徐聞縣地

瓊州府明洪武元年改元乾寧安撫司爲瓊州府國朝因駐新設瓊崖兵備道瓊州鎮總兵咸豐八年與英法約開五口之一租界在府城東十里光緒二年開港出口貨糖卵豬龍眼肉錫等入口貨麵粉米棉紗煤油等全年共值銀五百五十餘萬兩海口頗淺時患颶風漢志初爲珠崖儋耳二郡後罷爲合浦郡地東北距省千七百五十里領州一縣七講義云瓊州海夾之南有海南島瓊州全府地也自徐聞縣海安所南度約十海里至瓊州府城北海口所爲南北津要海口所在瓊山縣北十里明置千戶所國朝裁所改設參將駐同知近今立稅關爲通商埠南渡江入海之口也南渡江上游名建江一名新安江出五指山北麓北流折而東過臨高澄邁定安境又北流過瓊山東入海海岸自南渡江口東南迤爲三江水口小水也海水東南匯成入港港東岸爲鋪前鎮故名鋪前港港口水頗深大輪船可到口外自鋪前迤東轉東南爲加定角又南爲淇水港轉西爲南山港至青藍港口平昌溪白石溪白芒溪合流入海口也港內水深大輪船可寄椗自青藍港口迤南經會同縣境小水口頗多又南至樂會縣東博鼇港爲萬全河入海口萬全河出五指山東麓東流會衆小水經樂會縣北東入海自博鼇港南迤過龍滾鎮之東有西出鷓鴣山之水分爲數支港入海口又南經萬州城東轉西南有蹋容河石龜河入海口又西南經數小水口入陵水縣境至陵水角其西成一海港名桐棲港港北岸承青水塘水港口寬深惟潮流甚急輪船不便出入僅可泊口外又迤西經數小水口至永甯鎮南屬崖州縣有巡司有藤橋水口又南迤轉西迤至榆林港口港北承多銀小水港口東嵩爲榆林角羣山簇抱口門甚隘口內深廣可泊大輪船十餘艘中小輪船二三十艘法蘭西人窺伺已久自榆林港口迤西北至崖州城南有寧遠水分流入海二口東口名大蜒港西口名保平港口內水淺口外無蔽不便停泊自保平港迤西北爲酸梅角又西北經小水口至鶯哥嶺轉北迤經二小水口至感恩縣城西北爲感恩水入海口又北爲南龍江入海口又北至昌化縣西南爲昌江入海口昌江一名樂安江出五指山西麓西南流經樂安縣南西北流至昌化縣西南入海海岸又東北迤經安海江口又東北至觀音角角東爲沙溝江口沙溝江口東北爲洋鋪港係海水東北匯成港東至儋州城下有新昌江出五指山西北麓北流至儋州城西入港有北門江與建江同源東北流者爲建江西

北流者即北門江經儋州城東至城北入港港口寬深大輪船可寄碇港口北有小石島曰大壀自大壀東北迤經兵馬山北又東經小水口至臨高縣東北石牌汛爲文瀾水入海口建江分支也又東迤爲石礪港口港南受稍陽水沙地水港內多泊華船又東至海口所此瓊州全府之海岸也

瓊山明縣因倚漢朱崖郡治潭都縣後改朱盧縣屬合浦郡　**澄邁**明縣因府西六十里漢珠崖郡地　**臨高**明縣因府西百八十里漢珠崖儋耳二郡地　**定安**明縣因府南八十里漢珠崖郡地　**文昌**明縣因府東百六十里漢珠崖郡地　**會同**明縣因府南二百九十里漢珠崖郡地　**樂會**明縣因府東南三百二十里漢珠崖郡地　**儋州**明州領縣來屬國朝無府西南二百里漢儋耳郡後廢入珠崖　**感恩**明縣屬崖國朝屬瓊近改屬州西北二百三十里漢儋耳郡地

崖州直隸州明州領縣屬瓊州國朝因近升直隸在瓊州南中隔黎峒東至府八百七十里西至府九百六十里距海岸頗近州東南榆林港日俄之戰爲俄波羅的海艦隊東來寄泊處漢珠崖郡地　**東北距省二千六百里領縣四**　**昌化**明縣屬儋州國朝屬瓊近改屬州北偏西五百六十里漢儋耳郡地　**萬**明州屬瓊國朝因近改縣來屬州東北四百三十里漢珠崖郡地　**陵水**明縣屬萬州國朝屬瓊近改屬州東三百里漢珠崖郡地

赤溪直隸廳新設東西南三面界海北界廣州府　**東北距省四百十里**

羅定直隸州明萬歷五年升元之龍水縣爲羅定州領縣國朝升直隸多產桂皮桂枝漢蒼梧郡地　**東距省六百五十里領縣二**　**東安**明縣因州東百六十里漢端溪高涼二縣地　**西寧**明縣因州西百二十里漢端溪縣地

廣西省

禹貢荊州南徼漢志荊州部零陵郡交阯部蒼梧鬱林二郡

疆域　東南廣東東北湖南西雲南西北貴州西南安南東西二千八百十里南北二千九百六十五里面積六十五萬五千七百九十七方里八五百十四萬口現領府十一直隸州二直隸廳二州十六廳二縣四十九土州二十一土縣二　物產王書云礦物蘊藏頗富南龍等處以銅錫著植物有麻葛甘蔗椰慶各屬尤多木材農產物有米茶工業物如土布藤器竹器草蓆最著山貨如桂皮八角油艾片亦有名動物有鷃鵡兕牛箭豬等　地勢王書云居大川流域多山岳少平野蓋南大支自貴州境內東迤盤亘於廣西湖南界上爲越城嶺五嶺之一在興安縣北與湖南城步分界又南爲海陽山在興安縣南又東爲臨賀嶺五嶺之一在賀縣北又東北爲廣東湖南之界其分亘於柳江左右者左爲青山在柳桂交界之區嶠崖三百餘里其陽丙十八洞其陰三十六洞南爲盜匪窟穴爲猺山在柳平潯三府界上約六百里山西南即大藤峽峽北嶺洞以百計發絕者亦十數處右爲鳳凰嶺在宜山縣南其自雲南所分延亘於鬱江南北者爲領方山在賓州西南三十五里爲龍山墟在貴縣北爲大容山在桂平縣南廣闊數百里爲句漏山在北流縣東北十五里石峯千百呰贏立特起其巖穴句曲穿偏■名皆其最著者也　水道王書云南北盤江會於廣西貴州界上曰紅水江一曰右江又東南流兩岸多山又東左受才江右受清水江東與柳江會柳江或曰右江出貴州境曰都江又東南入境曰福祿江又南至融縣曰融江西與龍江會貴南源也又東南受洛清江南入西江左又東南經大藤峽曰黔江右與鬱江會鬱江即左江有二源北曰西洋江出雲南廣南府東入境左受馱門江甲江澄碧水陸溪南流江右受[illegible]又東曰潯江右受白沙江劍江左受濛江東與桂江會[illegible]又東入廣東境此江自潯州以上兩岸連山中多灘險商輪多往來於梧州南甯之間藤縣一帶水淺上下均州輪船此屬則用民船小輪可達至百色　交通王書云鐵路已成者有自龍州南出鎮南關達安南諒山之路法人承修又驛路有三一東北踰越城嶠達湖南永州中經靈川興安全州一西南逾崑崙關達龍州[illegible]長沙東南通廣州東南達廣東封川[illegible]又電綫東北通[illegible]西通慶遠[illegible]

桂林府明洪武元年改元靜江路爲桂林府國朝因駐廣西巡撫布政提學提法三司鹽法巡警勸業三道漢志零陵郡地　**東北距京師七千四百六十里領州二廳一縣七**　**臨桂**明縣因倚漢始安縣　**靈川**明縣因府北五十里漢始安縣地　**興安**明縣因府北百三十里西南有嚴關湘粵要道漢始安縣地秦史祿鑿靈渠在縣北　**陽朔**明縣因府南少東百五十里漢始安縣地　**全州**明州領縣屬桂林國朝無府東北二百五十里漢零陵郡治零陵縣及陽朔縣　**灌陽**明縣屬全國朝來屬府東三百二十里漢零陵縣

地　永寧州明州領縣屬桂林　國朝無府西百四十里漢始安潭中二縣地　永福明縣屬永寧　國朝
來屬府西南百里漢始安縣地　義寧明縣屬永寧　國朝來屬府西北八十里漢始安縣地　龍勝廳新設
府西北百六十里駐理苗通判
柳州府明洪武元年改元柳州路爲府　國朝因駐分巡右江兵備道柳慶鎮總兵漢志鬱林郡地　東北距
省三百七十里領州一縣七　馬平明縣因倚漢潭中縣　雒明史作洛容明縣因府
東北六十里漢潭中縣地　羅城明縣因府西北百九十里漢潭中縣地　懷遠明縣因府北三百十里漢潭中
北境牂牁蠻地　來賓明縣因府南百八十里漢潭中縣地　融明縣因府西北二百五十里漢潭中縣地　象
州明州領縣屬柳州　國朝無府東南百三十里漢中溜縣地　柳城明縣因府西北八十里漢潭中縣地
慶遠府明洪武元年改元慶遠路爲府　國朝因產銅鐵朱砂有名府屬漢志鬱林郡南百粵蠻地唐貞觀四年始開設
東北距省五百七十里領州二縣三土州二土縣一　宜山明縣
因倚唐粵州治龍水縣　天河明縣因府北少東百十里唐縣　河池州明州領縣屬慶遠　國朝無府西二
百五十里唐羈縻智州地　東蘭州明州因府西南四百二十里　忻城土縣明縣因府南九十里唐縣

南丹土州明州因府西二百四十里唐羈縻邊地　那地土州明州因府西南二百四十里唐那州
思恩府明改元思恩州爲軍民府　國朝改府漢志鬱林郡地　東北距省千百五十里領
州一縣三　武緣明縣因府南七十里漢領方縣地　上林明縣因府東百八十里漢領方縣地
賓州明州領縣屬柳州　國朝無來屬府東南百五十里漢領方縣　遷江明縣屬賓　國朝來屬府東少北二百八
十里漢領方縣地
百色直隸廳　東北距省千八百餘里領分州一縣一　恩隆廳東
南百五十里　恩陽分州新設駐理苗州判廳南五十里
泗城府明升元泗城州爲直隸　國朝升府駐右江鎮總兵府屬古百粵蠻地　北距省二千四十
里領州一縣二　凌雲國朝乾隆五十年置府北五十里　西林國朝康熙五年置府西北四
百三十里　西隆州國朝康熙五年置府西五百七十里
平樂府明因元置　國朝因漢志蒼梧郡地　北距省百八十里領州一縣七　平
樂明縣因倚漢荔浦富川二縣地　恭城明縣因府東北六十里漢富川縣地　富川明縣因府東少北二百六
十里漢富川馮乘二縣　賀明縣因府東南三百七十里漢臨賀封陽二縣萌渚嶺在縣東北百里　荔浦明縣
因府西少南七十里漢荔浦縣　修仁明縣因府西少南百二十里漢荔浦縣地　昭平明縣因府南百二十里漢
臨賀縣地　永安州明州因府西南百八十里漢荔浦縣地
梧州府明洪武元年改元梧州路爲府　國朝因光緒二十二年與英定緬約開二埠之一其地爲廣西諸水合流要區出
口貨米茶肉桂絲糖等入口貨洋布棉紗鋼鐵火柴等値銀六百六十餘萬兩漢志蒼梧郡地　西北距省八百
里領縣五　蒼梧明縣因倚漢蒼梧郡治廣信縣及猛陵縣　藤明縣因府西六十里漢猛陵縣地
容明縣因府西南三百二十里漢合浦縣地　岑溪明縣因府西南百八十里漢猛陵縣地　懷集明縣因府東三
百六十里漢四會封陽二縣地
鬱林直隸州明因元州領縣屬梧州　國朝升直隸漢鬱林合浦二郡地　東北距省九百七
十里領縣四　博白明縣因州西南九十里漢合浦縣地　北流明縣因州東四十里漢合浦縣地馬
援伐林邑蠻經此立碑石龜尙存　陸川明縣因州南七十里漢合浦縣地　興業明縣因州西六十里漢布
山地

潯州府明洪武元年改元潯州路爲府　國朝因漢志鬱林郡地　東北距省九百五十里領
縣四　桂平明縣因倚漢布山阿林二縣地大藤峽在縣西北六十里　平南明縣因府東百里漢猛陵縣地
貴明縣因府西南百四十里漢鬱林郡治布山縣　武宣明縣屬象州　國朝來屬府西北二百里漢中溜縣
南寧府明洪武元年改元南寧路爲府　國朝因駐分巡左江兵備道左江鎮總兵產金銀象馬孔雀檳榔等漢志鬱林郡
地　東北距省千七百六十里領州二縣三土州三　宣化明縣因倚
漢領方縣地崑崙關在縣東北百二十里　隆安明縣因府西北二百四十里漢鬱林郡地　橫州明州領縣屬南
寧　國朝無府東南二百二十里漢鬱林合浦二郡地　永淳明縣屬橫州　國朝來屬府東二百里漢領方縣地
新寧州明州因府西七十里漢鬱林郡地　歸德土州明州因府東北二百五十里漢鬱林郡地　果
化土州明州因府西北三百二十里漢鬱林郡地　忠州土州明州因府西南四百餘里漢鬱林郡地
太平府明洪武二年改元太平路爲府　國朝因府屬漢志鬱林郡臨塵雍雞等縣地　東北距省二千
五十里領州四縣一廳一土縣一土州十三　崇善明縣因倚　龍州
廳明直隸州　國朝爲廳府西二百四十里駐分巡太平思順兵備道光緒十年天津與法定約開陸路二埠之一其地爲安南

往來要道全年出入共值銀十三萬餘兩近法人擬築鐵道由安南之河內北達龍州又東經南寧潯州直達梧州

左州明州因府東北百里　養利州明州因府北百五十里　永康州明州因府東北百八十五里　寧明州明思明州國朝雍正十一年更名府西南百二十里　羅陽土縣明縣因府東北二百里　萬承土州明州因府東北五十里　思陵土州明州因府西南二百十里　憑祥土州明州因府西南二百三十里　太平土州明州因府西北百十里　安平土州明州因府西北百三十七里　茗盈土州明州因府東北六十里　結安土州明州因府東北二百二十里　佶倫土州明州因府東北三百三十里　龍英土州明州因府北二百十里　都結土州明州因府東北三百三十里　江州土州明直隸州領縣國朝來屬府東南二十五里　思州土州明思明府國朝雍正九年降州府南百三十里　上下凍土州明州因府西二百二十里

上思直隸廳明因元州屬南寧國朝升直隸漢鬱林合浦二郡地　東北距省千二百里

歸順直隸州明直隸州國朝因古百粵蠻地　東北距省千七百六十里領縣一　鎮邊州西北二百里

鎮安府明洪武二年改元鎮安路為府無屬國朝因府屬古百粵蠻地　東北距省二千二百里領縣一州一土州三　天保明徙府於廢凍州即今縣也國朝乾隆四年置倚　奉議州明州屬思恩國朝來屬府東北二百里　下雷土州明州屬南寧國朝來屬府南少東百六十里　向武土州明直隸州國朝來屬府東南百六十里　都康土州明直隸州國朝來屬府東南百九十里

雲南省

禹貢梁州南境漢志益州部益州牂柯越巂犍為四郡

疆域　東貴州廣西北四川西北西藏南法領安南西南英領緬甸

王書云騰越順甯之西南與野人山及緬暹毗連從前曾紀澤謀自順甯普洱南境南抵暹羅北界西濱潞江東抵瀾滄江與英劃定界綫又向英索八莫之地以復我太平江以南漢龍天馬虎踞鐵壁四關舊壤議未定而歸薛福成繼之力申前議騰越西境以伊洛瓦底江源流為界江東野人山地概歸中國尚可由大盈江之新街入伊洛瓦底江經阿瓦至仰光海口任便行輪又向英索回滇南舊壤二千餘里所有科干及甌脫地均歸中國及中東事起俄法德居間調停後贈法以紅江甌脫地孟阿全地及南孟阿北孟阿兩村落英遂藉口翻改薛約割去科干山地復許以滇緬鐵路利權且訂紅江左右不擅議給他國之約而邊事日亟矣

東西二千五百十里南北千百五十里面積九十萬四千六百六十方里人千二百三十二萬口現領府十四直隸州三直隸廳五州二十六廳十二縣三十九

物產王書云跬步皆山有田之處復以缺水為難多恃天雨名曰雷響田間有種稻而雜糧苞穀為多若中甸等處僅產青稞東昭等處僅產洋芋最著名者惟土藥井鹽若普洱之茶大理之石亦著名礦產饒五金白銅尤有名然用土法開採未能獲利

地勢王書云境內山岳盤亙擅湖沼之勝蓋崑崙南大支自西藏境內西

南迤於金沙江瀾滄江之間為白那山為大雪山在麗江縣西北二十里即玉龍山山頂積雪經夏不消壁立萬仞千里望之若在咫尺又東南迤於入金沙江各水源之南入安南境各水源之北為梁王山在雲南縣北為紫溪山在楚雄縣西為廟兒山在昆陽州西又東北為花山即南盤江之源東北入貴州境其自西藏境分一支南迤於瀾滄江怒江之間者為怒山在維西縣西為哀牢山在保山縣東南入緬甸境自梁王山分一支南迤於把邊江之西岸者為無量山在景東縣東北為波弄山在普洱府北南入安南境自廟兒山分一支東南迤於盤江之南者為五爪山在建水縣西為阿吉山在廣南府南東入廣西境即西江南之大支也境內地土瘠薄不便耕種惟近河湖者頗沃衍

水道王書云金沙江自西北入境至東北出境湍急不便舟楫所入之水北岸有五郎河上流即無量河南岸有一泡江源出青龍海大姚河龍川江普渡河源出滇池一名昆明池有灌溉之利牛欄江源出嘉利澤酒魚河源出仙海入等又南盤江出花山南匯為中延澤又西折南流右會揚宗海水星雲湖撫仙湖水曲江瀘江左受瀑布河又東北流右受馬別河左受九龍江入廣西境為紅水江又河底江出梁王山東南流分二派一派北流名一泡江一派東南流右受陽江左受馬龍河麻哈江龜樞河南溪河入安南境曰富良江東南流有把邊江左合阿墨江西北自雲南境來會又東南入海此河下流經法人開鑿頗便舟楫又瀾滄江自西藏入境南流行於兩山之間又分二支東南流者名漾濞江左會劍湖洱海水即瀾滄東別之沱江也正支南流左受泚水與漾濞江會又南受數小水出境至安南西貢入海又怒江自西藏入境南流行於兩山間左受南甸河入緬甸境左受自雲南境來之南丁江又南入海又西南入伊洛瓦底江之水北有大盈江於鐵壁關出邊南有隴川江均為滇緬通路英人輪

船早達八莫城下交通王書云鐵路已成者有滇越路[illegible]驛路有四一東達貴州普安[illegible]一西達緬甸八莫一東南達廣西百色[illegible]一西南達緬甸景東[illegible]境內步步皆山旅行頗艱常有行程經日不見村落田園途無旅舍相聚露宿謂之打野其荒涼如此又電綫東北通重慶西通八莫[illegible]纔東南通南甯[illegible]

雲南府明洪武十五年改元中慶路爲雲南府國朝因駐雲貴總督兼雲南巡撫布政提學提法交涉四司糧鹽巡警勸業迤東五道漢志益州郡地**東北距京師八千二百里領州四縣七**

昆明明縣因倚漢建伶穀昌二縣**富民**明縣因府西北七十里漢秦臧縣**宜良**明縣因府東百二十里漢滇池縣地**羅次**明縣因府西北百三十里漢益州郡地**晉甯州**明州領縣屬雲南國朝無府西北九十里漢滇池縣**呈貢**明縣屬晉甯國朝來屬府南四十里漢滇池縣地**安甯州**明州領縣屬雲南國朝無府西七十里漢連然縣**祿豐**明縣屬安甯國朝來屬府東南二百十里漢益州郡地**昆陽州**明州領縣屬雲南國朝無府南百二十里漢益州郡地**易門**明縣屬昆陽國朝來屬府西南二百五十里漢益州郡地**嵩**

明州明州因府東北百三十里漢益州郡地

大理府明洪武十五年改元大理路爲府國朝因駐分巡迤西兵備道雲南提督漢志益州郡地**東南距省八百九十里領州四縣三**

太和明縣因倚漢葉楡縣**趙州**明州領縣來屬國朝無府南六十里漢葉楡雲南二縣地**雲南**明縣屬趙國朝來屬府東南百四十里漢縣**鄧川州**明州領縣來屬國朝無府北九十里漢葉楡縣地**浪穹**明縣屬鄧川國朝來屬府北百十里漢葉楡縣地**賓川州**明州因府東百二十里漢葉楡縣地**雲龍州**明州因府西五百里漢益州郡地

臨安府明洪武十五年改元臨安路爲府國朝因漢志益州牂牁二郡地**西北距省四百三十里領州三縣五**

建水明州國朝改縣倚漢貢古縣地**石屏州**明州因府西七十里漢益州郡地**阿迷州**明州因府東南百二十里漢益州郡地**甯州**明州因府西北百五十里漢益州郡地**通海**明縣因府東北百五十里漢句町縣地**河西**明縣因府西北百八十里漢益州郡地**嶍峨**明縣因府西二百六十里漢益州郡地**蒙自**明縣因駐分巡臨安開廣務道臨元鎮總兵府東南百五十里光緒十年天津條約開陸路通商二埠之一其地爲安南東京往雲南必由之路全年出入口貨值銀七百三十餘萬兩縣東麒麟山縣西象鼻山相接產銀錫諸礦漢益州郡地

楚雄府明洪武十五年改元威楚開南路爲楚雄府國朝因漢志益州郡地**東距省六百里領州三縣四**

楚雄明縣因倚漢益州郡地**廣通**明縣因府東七十里漢益州郡地**定遠**明縣因府西北百二十里寶泉鄉有黑鹽井琅鹽井設直隸兩提舉漢益州郡地**南安州**明州因府東南五十里漢益州郡地**鎮南州**明州因府西北七十里漢益州郡地**姚州**明州爲姚安軍民府倚國朝來屬府西北二百四十二里漢楪榛縣**大姚**明縣屬姚安軍民府國朝來屬府北三百二里西北有白鹽井設直隸提舉漢靑蛉縣地

徵江府明洪武十五年改元徵江路爲府國朝因漢志益州郡地**西北距省百二十里領州二縣二**

河陽明縣因倚漢俞元縣**江川**明縣因府西南九十里漢益州郡地**新興州**明州因府西百二十里漢益州郡地**路南州**明州因府東百三十里漢益州郡地

景東直隸廳明洪武中升元開南州爲景東府國朝乾隆三十五年改直隸廳漢益州郡徼外地**東北距省千百八十里**

廣南府明洪武十五年改元廣南西路宣撫司爲廣南府國朝因漢牂牁郡地**西北距省八百五十里領縣一**

寶甯國朝乾隆元年置倚

廣西直隸州明洪武十五年改元廣西路爲府國朝改直隸州漢益州牂牁二郡地**西北距省三百十里領縣三**

師宗明州國朝爲縣州東北八十里漢牂牁郡地**彌勒**明州國朝爲縣州西南九十里漢益州郡地**邱北**明維摩州地國朝康熙二十八年裁州雍正九年設州同駐此乾隆三十五年改駐縣丞後爲縣州東南二百九十里

順甯府明萬歷二十五年改元順甯土府爲流官國朝因光緒二十三年與英訂約許駐領事府屬漢益州郡徼外地**東北距省千百五十里領州一廳一縣一**

順甯國朝乾隆三十五年置倚**雲州**明州因府東三十里**緬甯廳**明猛緬長官司國朝乾隆十三年改廳府南三百里

曲靖府明洪武十五年改元曲靖路爲府國朝因漢益州牂牁二郡地**西南距省三百里領州六縣二**

南甯明縣因倚漢味縣**霑益州**明州因府北二十三里漢宛溫縣地**陸涼州**明州因府南百二十里漢平夷縣地**馬龍州**明州因府西南五十里漢律高縣地**羅平州**明州因府

東南二百七十里漢漏臥宛溫二縣地 **尋甸州** 明府國朝降州府西百三十里漢益州郡地 **宣威州** 府東北二百三十里漢牂牁郡地 **平彝** 府東北九十里漢平夷縣

武定直隸州 明萬歷中改元武定路為府國朝降直隸州漢越巂益州二郡東北境屬犍為郡 **東北距省二百四十里領縣二** **元謀** 明縣因州西百九十里漢益州郡地 **祿勸** 明縣因州東北二十里漢益州郡地

麗江府 明洪武十五年改元麗江路宣撫司為府尋改軍民府國朝仍為府漢志越巂郡西徼地 **東南距省千二百四十里領州二廳二縣一** **麗江** 明通安州國朝改今縣倚漢越巂郡西徼地 **鶴慶州** 明鶴慶軍民府國朝為州來屬駐鶴麗鎮總兵府南少西二百里漢益州郡地 **劍川州** 明州屬鶴慶國朝來屬府西南二百四十里漢益州郡地 **中甸廳** 明麗江府地國朝雍正五年設廳府北五十五里 **維西廳** 明麗江府地國朝雍正五年設廳府西北五十七里

元江直隸州 明洪武十五年改元元江路為府尋改軍民府國朝改直隸州漢益州郡徼外地 **東北距省七百九十里領縣一** **新平** 明縣屬臨安國朝雍正十年來屬州北二百里

普洱府 古產里地倭泥招獷諸蠻居之元伐交趾經所部降之置軍民總管府領六甸明置車里宣慰司後為那嵲所據國朝順治中平雲南隸元江府雍正七年分車里所轄江內六版納地置今府駐分巡迤南兵備道普洱鎮總兵 **東北距省千二百三十里領縣一廳三** **寧洱** 國朝雍正十三年裁攸樂通判置縣倚有二鹽井 **思茅廳** 本思茅村國朝雍正七年設廳府南百三十里產茶甚佳光緒二十一年開為通商埠全年出入口貨約值銀十八萬餘兩 **威遠廳** 明威遠土州國朝雍正十三年改廳府西三百四十里漢益州郡徼外地 **他郎廳** 明他郎寨國朝雍正十年設廳府東北百六十里

蒙化直隸廳 明正統十三年升元蒙化州為府國朝乾隆三十五年改直隸廳漢益州郡地 **東距省八百二十里**

永昌府 明嘉靖元年改元永昌府為軍民府國朝復故漢志益州郡地 **東距省千二百里領廳二縣二** **保山** 明縣因倚漢不韋縣 **永平** 明縣因府東北百七十里漢益州郡地續志博南縣 **騰越廳** 明州國朝為廳駐騰越鎮總兵府西南二百七十五里光緒二十三年與英訂滇緬條約為通商埠廳西有盞達即緬甸通商處出口貨玉器棉花綢緞薑黃蜜糖金葉紙鐵器等入口貨象牙犀角燕窩等共值銀六十六萬餘兩漢益州郡地

龍陵廳 府西南案一統志府屬尚有潞江西南三百五十里猛卯西南六百四十里芒市西南二百五十里三安撫司灣甸東南二百四十里鎮康南八百十三里隴川西南百五十里南甸西南九十里干崖西南八百四十里三宣撫司遮放西南百里盞達西南百五里二副宣撫司孟定土府東南七百八十里孟璉長官司東南六百十五里二土州

永北直隸廳 明洪武十五年改元北勝府為州國朝乾隆三十五年改直隸廳漢益州郡地 **東南距省千三百五十里**

開化府 漢句町國地唐初屬越巂郡後沒於南詔為強現牛車敎化三郡宋為段氏所據元為強現三部隸臨安宣慰司明改長官司國朝康熙六年以敎化安南土土弄三長官司地置今府駐開化鎮總兵 **西北距省七百十里領廳一縣一** **文山** 國朝雍正八年置倚 **安平廳** 在府南

東川府 明改元東川路為東川軍民府屬四川國朝雍正四年為府來屬漢志犍為郡地 **南距省五百三十里領廳一縣一** **會澤** 國朝雍正六年置倚漢堂琅縣 **巧家廳** 府北六十里

鎮沅直隸廳 明以元葉板寨為鎮沅州永樂四年升府國朝改直隸州尋改廳 **東北距省千二百里**

昭通府 明洪武中改元烏撒烏蒙宣慰司為烏蒙府屬四川國朝雍正五年來屬九年改今名駐昭通鎮總兵府屬漢志牂牁郡地 **東南距省千百六十里領廳二縣二** **恩安** 國朝雍正六年置倚 **永善** 國朝雍正六年平米貼寨酋置縣府西北二百三十里 **大關廳** 烏蒙府地雍正六年設廳來屬府北百八十里 **魯甸廳** 烏蒙府地雍正九年設廳來屬府西南四十里

鎮雄直隸州 明鎮雄軍民府屬四川國朝雍正六年降州屬昭通新改 **東距省千五百里**

鎮邊撫彝直隸廳 新設東威遠東南思茅南孟連土司西南緬甸西猓狠野山西北猛猛土司山深箐密為極邊險阻煙瘴之區與緬甸偪處 **東北距省千百里**

貴州省 禹貢荆梁二州徼外漢志荆州部武陵郡益州部牂牁郡

疆域 東湖南西雲南南廣西北四川東西千九十里南北七百七十里面積五十四萬九百六十二方里八七百六十五萬口現領府十二直隸州一直隸廳三州十三廳五縣三十三 物產王書云礦物最富以銻爲夥黑鉛銀銅次之惟銅鑛半含硫質惜未開採外有米麥煙葉茶葉可織綢又多麋鹿出麝香然以土瘠產薄歲入常不敷出 地勢王書云跬步皆山爲一大高原南境尤高北入大江南入西江之水於此分界蒼崑崙南大支自雲南境東北之花山北入貴州境分一支東北迤於烏江之北爲赤水河之源爲白雲山在仁懷縣南爲樓山關在桐梓縣南北入四川境正支東迤爲郎山在威甯州東南爲白巖山在鎮甯州北爲沙子關在廣順州南爲雲霧山在貴定縣南又東爲古州一帶苗山入湖南境其自雲霧山分一支東北迤者延亘烏江之東爲香爐山爲大頂山[illegible]又東北入四川境境內山箐阻深地味甚瘠

水道王書云境內諸水多係上源不便舟楫最大者爲烏江有二源北曰六廣河出草海東北流伏流者再南曰三岔河一曰鴨池河出花魚洞東流伏而復出兩源既會東北流左受湘江右受清水河東北入四川境左受自貴州境來之洪渡河渡頭河北入江此江雖大然灘險石峻阻以苗猺殊少水運之利思南以下沿河尚多汎舟又苦船小灘急又清水江有二源北曰重安江南曰

五洲地理志略　卷四　十九

馬尾河合而東北流右受九股河清水江左受六洞河入湖南境左與自貴州境來之潕江會實沅江之上源也潕江自鎮遠以下始通舟楫餘皆阻礙難行又北盤江上源曰可渡河東南流右受革香河木冬河岔河樂煩河左受白水河與自雲南來之南盤江會又東曰紅水江左有巴盤江合諸水來會又東南入廣西境左有都江[illegible]爲永長溪[illegible]自貴州來合爲柳江來會又赤水河出四川敘永廳南東北流爲川黔之界右受馬路河北至四川境入江 交通王書云自貴陽通各省之驛道有三一東出鎮雄關達湖南晃州[illegible]一西逾關索嶺達雲南平彝[illegible]一西北渡六廣河達四川永寧[illegible]又電綫北通重慶[illegible]

貴陽府 明成化十二年分貴州宣撫司置程番府隆慶二年移省城爲貴陽府 國朝因之爲省治駐貴州巡撫布政司提學司提法司清軍糧儲兵備道巡警道勸業道漢志牂牁郡地 **東北距京師四千七百四十里**

領州三廳一縣四 **貴筑** 明貴筑長官司萬歷中廢置新貴縣 國朝置貴筑縣與新貴同爲負郭康熙二十六年省新貴入焉漢故且蘭縣 **龍里** 明龍里衛 國朝爲縣府東五十里漢牂牁郡地 **貴定** 明縣因府東百十里漢故且蘭縣地 **開州** 明州因府東百二十里產水銀有名漢牂牁郡地 **定番州** 明州因府南百里漢牂牁郡地 **廣順州** 明州因府西南百十里漢牂牁郡地 **修文** 明置敷勇衛及修文等守禦所 國朝改修文縣衛所併入府北五十里龍場驛在縣治漢牂牁郡地 **長寨廳** 府西二百里

思州府 明洪武五年分元思州軍民安撫司置宣慰司永樂十一年爲府 國朝因漢志武陵郡西陽縣地 **西距省五百十里領縣二** **玉屏** 明平溪衛 國朝雍正五年置縣府南百里漢武陵郡地 **青溪** 明清浪衛 國朝雍正五年改縣府東九十里漢武陵郡地

思南府 明永樂十一年改元思南宣慰司爲府 國朝因漢志武陵郡地 **西南距省六百里領縣三** **安化** 明縣因倚漢西陽縣地 **婺川** 明縣因府西四百里漢西陽縣地 **印江** 明縣因[illegible]府南四十里漢西陽縣地

鎮遠府 明降元府爲州永樂十一年仍爲府 國朝因駐鎮遠鎮總兵漢志武陵郡西境地 **西距省五百三十里領州一廳二縣三** **鎮遠** 明縣因倚城西南有明偏橋衛漢無陽縣地 **施秉** 明縣因府西南六十里漢無陽縣地 **天柱** 明縣屬湖南靖州 國朝雍正五年來屬府東南百八十里漢鐔成縣地 **黃平州** 明州屬平越 國朝來屬府西南百二十里漢故且蘭縣地 **台拱廳** 府南百里 **清江廳** 府東南百三十里

五洲地理志略　卷四　二十

銅仁府 明永樂十一年改思州宣慰司爲府 國朝因漢志武陵郡地 **西南距省六百六十里**

領縣一 **銅仁** 明萬歷二十六年以銅仁長官司李氏不法改置縣 國朝因倚漢辰陽縣地

松桃直隸廳 國朝雍正八年平松桃紅苗置廳 **西南距省八百二十里**

黎平府 明永樂十一年改元上黎平長官司爲黎平新化二府後省新化入之 國朝因府屬漢志武陵郡地 **西距省千里領廳二縣二** **開泰** 明五開衛 國朝雍正五年置縣倚 **永從** 明縣因府南六十里 **古州廳** 明古州長官司 國朝改廳府西北八十里駐分巡貴東兵備道古州鎮總兵 **下江廳** 在古州東南

安順府 明萬歷三十年升元安順路爲安順軍民府 國朝爲府駐安義鎮總兵府屬漢志牂牁郡地 **東距省百八十里領州二廳二縣三** **普定** 明普定衛屬四川後來屬 國朝改縣倚 **鎮甯州** 明州因府西南五十五里關索嶺在西三十里明太祖云關索嶺路也 **永甯州** 明州因府西百四十里 **安平** 明平壩衛 國朝改縣府東北六十里 **清鎮** 明鎮西衛及赫聲威武二守禦所 國朝改縣衛所併入府東百二十里 **郎岱廳** 府西百八十五里 **歸化廳** 在府南少東

興義府明安籠守禦所國朝康熙二十五年改南籠廳雍正五年升府後改興義漢志牂牁郡地東北距省五百四十里領州一廳一縣三　興義倚　普安明新城新興二所國朝順治十八年屬安順省二所入之尋來屬府東南二百四十里漢牂牁郡地　安南明安南衛國朝康熙二十六年改縣屬安順尋來屬府北百九十里漢牂牁郡地　貞豐州國朝雍正五年分廣西泗城府西隆州紅江以北地設永豐州來屬後改貞豐府北九十里漢交阯郡地古百粵地　盤川廳明普安州屬安順府國朝雍正五年改屬興義後升直隸廳新改屬漢牂牁郡宛溫縣

都勻府明改元都勻軍民府為衛宏治七年為府國朝因漢牂牁郡地西北距省三百里領州二廳三縣三　都勻國朝康熙十年置縣倚漢牂牁郡地　麻哈州明州因府北五十里漢牂牁郡地　獨山州明州領縣來屬國朝無府南百五十里漢牂牁郡地　清平明縣屬獨山國朝來屬府東北百十里漢故且蘭縣地　荔波明縣屬廣西河池州國朝來屬府東南二百里漢牂牁郡地　八寨廳府東九十里　都江廳府東南百三十里　丹江廳府東百里

平越直隸州明改元平月長官司為平越衛自四川來屬萬厤二十九年置平越軍民府國朝為府尋降直隸州漢

故且蘭縣牂牁郡地西距省百七十里領縣三　湄潭明縣因州北二百二十里漢牂牁郡地　甕安明縣因州北六十里漢故且蘭縣地　餘慶明縣因州東北百四十里漢牂牁郡地

石阡府明永樂十一年以元思州宣慰司地置府國朝因漢志牂牁郡地西南距省四百八十里領縣一　龍泉明縣因府西二百五十里

大定府國朝康熙三年以明順元宣慰司為土知府與安坤通逆討平之置府尋降州雍正七年復為府漢志牂牁郡地東南距省三百三十里領州三廳一縣一　畢節明畢節衛國朝康熙三十六年改縣府北六十里漢鷩縣　平遠州地名比喇壩康熙三年平水西安氏為平遠府二十二年降州府南八十里漢牂牁郡地　黔西州康熙三年平水西安氏為黔西府二十二年降州府東南百四十里漢牂牁郡地　威寧州明烏撒府尋改屬國朝康熙三年改威寧府尋降州府西二百九十里駐威寧鎮總兵　水城廳府西

遵義府明改元播州宣撫司為遵義府屬四川國朝來屬產土綢有名漢牂牁犍為二郡地東北距省二百五十里領州一廳一縣四　遵義明縣因倚漢鷩縣地　桐梓明縣因府北百二十里漢牂牁郡地　正安州明眞安州領縣來屬國朝無雍正初改正安府東北三百六十里錫鑛最佳　綏陽明縣屬眞安國朝來屬府東百里漢牂牁郡地　仁懷明縣屬眞安國朝來屬府西北二百八十里漢犍為郡地　赤水廳明仁懷縣地國朝析置仁懷直隸廳新改屬漢犍為郡符縣地

內蒙古（亦稱舊藩蒙古）

疆域　東吉林黑龍江西厄魯特南盛京直隸山西陝西甘肅五省以長城爲界北外蒙古袤延萬餘里面積百四十八萬千七百六十方里人口未詳古雍冀幽幷營五州北境周世爲獫狁山戎秦漢北邊外匈奴盡有其地漢末烏桓鮮卑雜處其間元魏時蠕蠕及庫莫奚爲大隋唐屬突厥後入於回紇薛延陀遼金以來建都邑城郭與內地無異元先爲蒙古起西北極邊一統天下明初阿裕實哩達喇遁歸朔漠復其故號遺種繁衍諸部時擁衆侵邊迄明世北陲不靖　國朝龍興蒙古科爾沁部率先歸附既滅察哈爾諸部相繼來降於是正其疆界悉遵約束有大征伐並帥師以從定鼎後爵祿世及歲時朝貢設理藩院統之凡部落二十五爲旗五十一（風俗王書云最信黃教慓悍種族爲之一變有農民游牧民二種農民多在東南境其生業牧養家畜兼

務耕作近於土著不常遷移游牧民則隨水草遷徙張幕席地而居風氣剛勁不見紛華異物而遷惟地接內地漢蒙互結婚姻稍變化其風俗云　氣候王書云寒暑均酷空氣極燥雨甚少草木之發育極遲較之內地約遲兩閱月且終歲多風捲沙撲人行旅甚苦（每晴和日早晚沙漠中遙望有一種雲氣如城郭宮室臺立於空其理與海市蜃樓正同古書傳崑崙之山有五城十二樓[illegible]）物產王書云以地瘠之故除遼河沿岸稍有農產外餘以大黃黃耆磨菇爲最著名人民專業畜牧居無室廬故其物產亦以家畜爲大宗馬牛羊橐駝最多贏驢次之（[illegible]其重可知又各部分三班以時朝貢其貢物薩克用羊一隻乳酒一瓶台吉則用羊一隻乳）羊毛橐駝毛爲輸出重要品製造則有各色絨氈（察哈爾毛氈較內地所製堅厚耐久最有名）喀喇沁部金鑛尤旺（[illegible]）東南諸部（[illegible]）亦最多　地勢王書云北倚大漠南則山岳連亘高於東海面自三千尺至四千尺之高地也蓋自甘肅北境之賀蘭山東北迤爲陰山（[illegible]）爲興安嶺（[illegible]）爲喀喇山（[illegible]）爲蘇克蘇魯山（[illegible]）爲索岳爾濟山著名之高峯也（[illegible]）又東北盡於內興安嶺境內雖大半高原然以有河流灌漑之便地土肥潤牧草繁茂耕牧可以兼施　水道王書云以山爲界盡山南之水以黃河西遼河爲大黃河自甘肅出邊北流入境又折東流經包頭村南包頭村烏喇特鄂爾多斯阿拉善各旗之貿易場也又東流折而南流再入邊爲山西陝西之界自出邊至再入邊其間河流成一灣曲形故稱其內爲河套卽秦時蒙恬所開之新秦中赫連勃勃及西夏所據地也套內土地肥潤適於耕作處處有引水之故道雖年久淤塞然其形迹尚存亦足見往昔農事之盛云又西遼

河一名潢河發源於克什克騰部東流左受喀喇木倫河右會老哈河（[illegible]）又東左會東遼河折而南入邊爲大遼河至營口入河此河冬季堅冰數尺車馬馳驅河上冰底水流常不絕云又外有東入沙之淘爾河霍勒河及哈爾齊察勒二河合而東入之太布蘇圖泊又山北之水因氣候乾燥皆爲細流或瀦爲湖澤或涸爲沙渚如愛布哈河錫林河呼魯呼兒河英吉漢河鄂衙虎河是也

科爾沁部六旗（在喜峯口東北八百七十里東西八百七十里南北二千一百里東界札賚特西界札魯特南界盛京邊牆北界索倫秦漢遼東郡北境後漢爲扶餘鮮卑地隋唐爲契丹鞊鞨地遼爲上京東境東京北境金分屬上京北京及咸平路元開元路北境明置三衞自黃泥窪踰鐵嶺至開原曰福餘衞以元後烏梁海酋領爲都指揮後自立國號曰科爾沁　國初以接壤聯姻其後台吉奧巴爲察哈爾所侵率其兄弟先諸蒙古來降　太祖賜以土謝圖汗之號後封親王二郡王三鎮國公一掌旗世襲）

右翼中旗（本鞊鞨地遼爲黃龍府北境金屬上京路元廢其牧地當哈古勒河阿魯坤都倫河合流之北岸札薩克駐巴音和碩之南曰塔克禪（在喜峯口東北千二百里））

左翼中旗（本契丹地遼置信州彰聖軍領武昌武定二縣（[illegible]）屬東京金省武定入武昌以州屬上京牧地當吉林赫爾蘇邊門外昌圖廳界跨東西二遼河札薩克駐

西遼河之北伊克唐噶里克坡）

右翼前旗（本鞊鞨地金置肇州隸會寍府海陵改屬濟州承安三年升爲[illegible]元爲遼王乃顏分地牧地當索岳爾濟山之南陀喇河歸剌里河於此合流注嫩江札薩克駐錫喇布爾哈蘇（[illegible]））

左翼前旗（本契丹地遼置長春州金降爲縣隸泰州元廢牧地當法庫邊門外養息牧場之東札薩克駐伊克岳里泊）

左翼後旗（本契丹地遼置鳳州金廢牧地當法庫邊門外東西二遼河於此合流札薩克駐雙和爾山）

右翼後旗（本鞊鞨地遼置衍州安廣軍領宜豐一縣金州廢[illegible]乃顏分地牧地跨陀喇河札薩克駐額木圖坡（[illegible]））

札賚（一作頼）特部一旗（屬科爾沁右翼在喜峯口外東北[illegible]東西六十里南北四百里東距杜爾伯特西距科爾沁南距郭爾羅斯北界索倫本契丹地遼[illegible]北境元爲遼王分地明爲科爾沁所據後分與其弟[illegible]賚特）天命間台吉蒙袞來降後封貝勒世襲掌旗（牧地在齊齊哈爾城西南札薩克駐圖卜紳察汗坡）

以上統盟於哲里木（在右翼中旗境內）

杜爾伯特部一旗（屬科爾沁右翼在喜峯口千六百四十里東西百七十里南北二百四十里東距黑龍江西距札賚特南距郭爾羅斯北距索倫本契丹地遼長春州金泰州北境元爲遼王分地明爲科爾沁所據後分與其弟愛納噶是爲杜爾伯特）天聰間台吉阿都齊來降後封其子塞冷貝子世襲掌旗

牧地當嫩江東岸齊齊哈爾城東南呼蘭城西札薩克駐多克多爾城

郭爾羅斯部二旗 屬科爾沁左翼在喜峯口東北千四百八十七里東西四百五十里南北六百六十里東界盛京永吉州西北界科爾沁南界盛京邊牆本契丹地遼置泰州昌德軍屬上京金大定中廢後移州於長春縣以故地爲金安縣駐之元爲遼王分地明爲科爾沁所據後分與其弟烏巴什是爲郭爾羅斯 **天聰七年台吉古木及布木巴來降後封古木弟桑阿爾寨輔國公世襲掌前旗布木巴鎮國公世襲掌後旗** **前旗** 牧地當嫩江與松花江合流之西岸在吉林伊通邊門外長春廳之西札薩克駐古爾板插漢 **後旗** 牧地當混同江北岸嫩江東岸札薩克駐榛子嶺

喀喇沁部三旗 在喜峯口東北三百五十里承德府建昌縣平泉州境東西五百里南北四百五十里東界土默特敖漢西界正藍旗熱河南界邊牆北界翁牛特秦漢遼西郡境唐饒樂都督府後入契丹隋置中京大定府金爲北京元大寧路明洪武中以封子權爲寧王永樂初以大寧地賜朵顏泰寧福餘三衞朵顏時陰附韃靼爲邊患後爲察哈爾所滅以地予其塔布囊是爲喀喇沁 **天聰間部長蘇布地率昆弟塞冷等來降後封蘇布地之子古魯思起布爲貝子主右翼塞冷爲鎮國公主左翼並世襲**

康熙中增設一旗授喀寧阿一等他布囊加公銜襲封 **右翼旗** 牧地在今承德府平泉州東北境跨老哈河札薩克駐錫伯河莊一作西白河北 **左翼旗** 牧地在今承德府建昌縣南境當傲不倫河源札薩克駐巴顏珠爾克 **增設一旗曰中旗** 牧地當老哈河源札薩克駐珠布格朗圖巴彥喀喇山

土默特部二旗 在喜峯口外東北五百九十里東西四百六十里南北三百十里東界養息牧牧場西界喀喇沁右翼南界盛京邊牆北界喀爾喀左翼及敖漢古孤竹國漢遼西郡治柳城縣地慕容皝建都爲龍城縣元魏爲營州治隋復置柳城縣唐爲營州都督府治遼置興中府元大寧路興中州明以內附部長爲三衞自錦義歷廣寧至遼河曰泰寧衞後爲蒙古土默特所據 **天聰三年台吉鄂木布塔木囊善巴來降後封善巴貝勒主左翼鄂木布貝子主右翼世襲** **左翼旗** 牧地當今承德府朝陽縣東北札薩克駐哈特哈山亦名旱龍潭山 **右翼旗** 牧地在今朝陽縣西南九關臺新臺邊門外跨鄂木倫河札薩克駐巴顏和碩亦名大華山

附喀爾喀部一旗 附土默特左翼牧地在錫呼圖庫倫喇嘛游牧之西 **初喀爾喀台吉巴勒布沐圖康熙元年自杭愛山率屬來歸詔附左翼四年封多羅貝勒** **以上統盟於卓索圖** 在土默特右翼境案此部一統志不載從蒙古游牧記錄入

敖漢部一旗 在喜峯口東北六百里東西百六十里南北二百八十里東距柰曼西距喀喇沁南距土默特北距翁牛特古鮮卑地隋爲契丹地唐屬營州都督府遼金爲興中府北境元爲遼王分地明爲喀爾喀所據後分與其弟號曰敖漢役屬於察哈爾 **天聰元年貝勒塞臣卓禮克圖舉部來降後封郡王世襲** 牧地跨老哈河札薩克駐固爾班圖勒噶山漢名鼎足山

柰曼部一旗 在喜峯口東北七百里東西九十五里南北二百二十里東距喀爾喀左翼西距敖漢南距土默特北距翁牛特古鮮卑地隋爲契丹地唐屬營州都督府遼金爲興中府北境明爲喀爾喀所據分與親弟號曰柰曼 **天聰元年酋長袞楚克巴魯圖爲察哈爾所侵來降後封郡王世襲** 牧地當潢河老哈河合流之南岸札薩克駐章武臺

巴林部二旗 在古北口東北七百二十里東西二百五十一里南北二百三十三里東距阿魯科爾沁西至克什克騰南距翁牛特北距烏珠穆沁遼上京臨潢府金大定後併屬北京路元屬全寧路爲魯王分地明初爲全寧衞後屬烏梁海北境後

爲順義王諳達五子巴林台吉所據役屬於察哈爾與喀爾喀爲兄弟行 **天命十一年以巴林叛盟征之戮其貝勒收其畜產天聰二年爲察哈爾所破貝勒塞特哩台吉滿朱習禮來歸改封塞特哩之子塞布騰郡王主右翼滿朱習禮爲貝子主左翼襲封** **右翼旗** 牧地當潢河北岸札薩克駐托鉢山 **左翼旗** 牧地同上札薩克駐阿察圖陀羅海

札魯特部二旗 在喜峯口東北千百里東西百二十五里南北四百六十里東界科爾沁南界喀爾喀左翼西界阿魯科爾沁北界烏珠穆沁漢遼東郡北境唐屬營州都督府遼爲上京道地金屬北京路元屬上都路明爲蒙古札魯特所據後屬喀爾喀 **初札魯特內齊汗與　國朝結姻後貝勒色本引兵助明**

太祖擊擒之旋釋歸後聲罪致討盡俘其人民牲畜而還天聰二年色本等爲察哈爾所侵奔科爾沁無以自存與內齊舉部來降封內齊貝勒主左翼色本貝勒主右翼世襲 **左翼旗** 牧地當哈古勒河阿魯坤都倫河之源達布蘇魯河於此流入於沙札薩克駐齊齊靈花陀羅海山北 **右翼旗** 牧地同上札薩克駐

圖爾山南

阿魯一作嚕一作祿科爾沁部一旗在古北口東北千百里東西百三十里南北四百二十里東距札魯特西距巴林南距喀爾喀左翼北距烏珠穆沁遼臨潢府地金大定府北境元爲遼王分地明初於烏梁海地置衞爲外藩後自號阿魯科爾沁天聰六年部長達賴爲察哈爾所侵率其子穆章來降後封穆章貝勒世襲掌旗牧地哈奇爾阿傲木倫河於此合流爲達布蘇圖河札薩克駐琿圖爾山東托果木台

翁牛特部二旗在古北口東北五百二十里東西三百里南北百六十里東界阿魯科爾沁西界承德府熱河南界喀喇沁及敖漢北界巴林及克什克騰唐饒樂都督府地遼置饒州匡義軍節度屬上京道金爲北京路地元爲魯王分地明初以烏梁海置衞爲外藩後自稱翁牛特本服屬於阿魯科爾沁天聰七年濟農索音貝勒東率所部來歸後封索音郡王主右翼東貝勒主左翼並襲封　左翼旗牧地介潢河老哈河之間札薩克駐札喇峯西綽克溫都爾　右翼旗牧地在熱河圖場東北老哈河南岸札薩克駐哈齊特呼朗

克什一作西克騰部一旗在古北口東北五百七十里東西三百三十四里南北三百五十七里東南距翁牛特西距浩齊特及正藍旗察哈爾北距烏珠穆沁遼上京道地金屬北京路元屬上都路及應昌路地明爲蒙古所據　天聰八年滅察哈爾克西克騰索諾木戴青來歸授掌旗一等台吉世襲牧地在圖揚北當潢河之源札薩克駐吉拉巴斯峯

喀爾喀左翼部一旗在喜峯口東北八百四十里東西百二十五里南北二百三十里東距科爾沁西距奈曼南距土默特北距札魯特及翁牛特古鮮卑地唐屬營州都督府遼爲上京道南境金屬北京路明爲喀爾喀所據役屬於西路札薩克圖汗元太祖十六世孫格埒森札居杭愛山始號喀爾喀其孫巴延達喇爲西路札薩克圖汗之祖即今外蒙古四部之一　國初酋長古木布伊爾登一作衮布伊勒登與札薩克圖汗來降後封貝勒世襲主左翼牧地當養息牧河源札薩克駐察罕和碩圖先是土謝圖汗部台吉本塔爾內附駐牧張家口外亦喀爾喀裔至是與衮布伊勒登所駐地分東西故此號左翼本塔爾所部號右翼　國初以來喀爾喀相繼歸附名凡三曰舊喀爾喀內向最早編入八旗一隸察哈爾界內曰內喀爾喀即此左右二翼及附土默特之一旗曰外喀爾喀今外蒙古四部

以上統盟於昭烏達在翁牛特左翼境內

烏珠穆沁一作烏朱穆秦部二旗在古北口東北九百二十三里東西三百六十里南北四百二十五里東界索倫西界蒿齊忒南界巴林北至瀚海遼上京道北境金屬北京路元屬上都路明爲蒙古所據自號烏珠穆沁察哈爾汗族也林丹汗暴虐貝勒多爾濟偕塞楞往依喀爾喀天聰八年來降封多爾濟親王主右翼塞楞貝勒主左翼並襲封　左翼旗牧地當索岳爾濟山之西有鄂爾虎河繞其游牧匯於和里圖諾爾札薩克駐鄂爾虎河之側奎蘇陀羅海　右翼旗牧地有音札哈河流入於沙有胡盧古爾河瀦於阿達克諾爾札薩克駐巴克蘇爾哈台山

浩齊特一作蒿齊忒部二旗在獨石口東北六百八十五里東西百七十里南北三百七十五里東北距烏珠穆沁西距阿巴噶南距克什克騰遼上京道西境金屬北京路元屬上都路明爲蒙古所據察哈爾汗族也林丹汗暴虐其貝勒博羅特台吉噶爾瑪往依喀爾喀天聰八年來降以博羅特主左翼噶爾瑪主右翼並郡王襲封　左翼旗牧地濱大小吉里河札薩克駐特古力克呼圖克湖欽　右翼旗牧地當錫林河下游北瀦爲達母鄂模札薩克駐烏默黑塞里

蘇尼特部二旗在張家口北五百五十里東西四百六里南北五百八十里東距阿霸垓西距四子部落南距察哈爾北距瀚海漢上谷代二郡北境後漢烏桓鮮卑地隋唐爲突厥地遼置撫州金因之屬西京路元爲興和路地明爲蘇尼特所據

察哈爾汗族也天聰九年其濟農叟塞貝勒滕吉思來朝後封叟塞郡王主右翼滕吉思弟滕吉泰郡王主左翼襲封　左翼旗牧地有固爾班烏斯克河札薩克駐和林圖察柏台岡　右翼旗牧地東至額爾蘇霍吉爾南至烏科爾齊老西至特莫格圖北至吉魯格札薩克駐薩敏西勒山

以上統盟於昭烏達在翁牛特左翼境內

阿巴噶一作阿霸垓部二旗在張家口東北五百九十里東北三百里南北三百十里東界阿霸哈納爾西界蘇尼特南界正藍旗察哈爾北至瀚海漢上谷郡北境晉屬元魏隋唐爲突厥地遼爲上京道西境金屬北京路元屬上都路明爲蒙古所據號所部曰阿巴噶　本役屬於察哈爾林丹汗暴虐濟農都思勒爾貝勒多爾濟往依喀爾喀天聰九年來降後以多爾濟主左翼都思勒爾主右翼並封郡王世襲　左翼旗牧地環錫林河札薩克駐巴顏額倫　右翼旗牧地有庫爾察罕諾爾爲固爾班烏斯克河所瀦札薩克駐科布爾泉

阿巴一作霸哈納爾部二旗在張家口東北六百四十里東西百八十里南北四百三十六里東距浩齊特

西距阿巴噶右翼南距正藍旗察哈爾北距瀚海漢上谷郡北境晉屬元魏隋唐爲突厥地遼爲上京道西境金爲北京路西北境元屬上都路明爲蒙古所據號所部曰阿巴哈納爾本役屬於喀爾喀車臣汗崇德間台吉塞冷董夷思拉布來降後封董夷思拉布貝子主左翼塞冷貝勒主右翼並襲封　左翼旗牧地有達爾泊札薩克駐烏爾呼拖羅海山　右翼旗牧地同上札薩克駐永安山　以上統盟於錫林郭勒在阿巴噶左翼阿巴哈納爾左翼兩旗界內

四子部落一旗在張家口西北五百五十里東西二百三十五里南北二百四十里東北距蘇尼特西距歸化城土默特南距鑲紅旗察哈爾漢雁門定襄二郡北境晉屬元魏唐爲振武軍地遼爲豐州地屬西京道金屬西京路元屬大同路明爲阿祿喀爾喀所據分與四子號四子部落牧地有錫喇察漢諾爾錫喇木倫河瀦之札薩克駐烏蘭額爾濟坡　天聰八年貝勒鄂青布來朝後敘功封郡王襲封

茂一作毛明安部一旗在張家口西北八百里東西百里南北百九十里東距喀爾喀西距烏喇忒南距歸化城土默特北距瀚海漢五原郡地元魏懷朔鎮地唐振武軍地遼東勝州地屬西京道金因之元屬大同路明初設衛戍守後蒙古據之號曰茂明安牧地當愛布哈河源札薩克駐徹特塞里　天聰八年舉部來降康熙三年授

僧格掌旗一等台吉襲封

烏喇特一作忒部三旗在歸化城西三百六十里東西二百十五里南北三百里東距茂明安西南距鄂爾多斯北距喀爾喀右翼漢五原郡元魏懷朔鎮唐中西受降城地遼置雲內州屬西京道金因之元爲大同路明爲斡韃作喇所據牧地當河套北岸噶札爾山之南河水注禹貢河水自鄂爾多斯來又逕漢五原郡河目縣故九原城西今烏喇特旗東南境又逕西安陽縣在九原城西又逕成宜縣今烏喇特旗南又逕宜梁縣在九原城西河水下入鄂爾多斯又自鄂爾多斯來逕九原縣今烏喇特旗東南又逕五原縣今烏喇特旗東近茂明安旗界河水下入山西大同　天聰七年斡喇台吉鄂板達爾漢來朝率圖巴額爾赫及塞冷伊爾登二旗歸附並封爵世襲前中後三旗同牧駐殺虎口外西北哈達馬爾

喀爾喀右翼部一旗在張家口西北七百十里東西百二十里南北百三十里東距四子部西距茂明安南距歸化城土默特北距瀚海漢定襄雲中二郡北境唐振武軍地遼爲豐州地屬西京道金因之元屬大同路明爲喀爾喀所據牧地有愛布哈河塔爾渾河合流瀦爲阿勒坦托輝諾爾札薩克駐塔爾渾河　台吉本塔爾一作本達爾伊爲喀爾喀土謝圖汗親屬世爲台吉順治間與土謝圖汗有隙來歸封

親王主右翼　以上統盟於烏蘭察布在四子部落境內一統志距歸化城南百二十里有五藍又拍山郎此

鄂爾多斯部七旗在歸化城西二百八十五里河套內東界歸化城土默特西界喀爾喀南界陝西長城北界烏喇特東西北三面距河自山西偏頭關至陝西寧夏衛延長二千里有奇本秦新秦中漢朔方郡地晉前後趙前後秦赫連夏地元魏爲夏州北境隋於其地東置勝州西置豐州後改榆林五原二郡唐復置州復改郡五代宋金屬西夏元立西夏中興等路後廢屬東勝雲內二州延安寧夏等路明初立東勝等州立屯戍耕牧其中　明天順間蒙古酋長阿勒綽爾與瑪古里海始入河套嘉勒斯賚復糾合們都爾倚爲巢穴宏治中和實復入其中嘉靖中套西吉納舊作吉囊部落擊破和實居此是爲鄂爾多斯　國朝天聰九年額林臣來歸賜濟農之號順治六年封郡王等爵有差　正中近東爲左翼中旗隋唐勝州地牧地有納瑪帶泊札薩克駐敖西喜峯　正西近南爲右翼中旗漢朔方郡南境牧地當騰格里泊郎漢屠申澤也札薩克駐錫喇布里多諾爾　東南爲左翼前旗古榆林塞隋榆林郡唐勝州河濱縣明榆林左衛地牧地東至

湖灘河朔札薩克駐札拉谷　東北爲左翼後旗漢沙南縣地隋唐勝州榆林郡治牧地東至黃河冒帶津札薩克駐巴爾哈遜湖河水注禹貢河水自山西托克托城來又逕沙南縣下入山西右玉　西南爲右翼前旗隋唐夏勝二州地牧地東至察罕額爾吉札薩克駐巴哈諾爾　西北爲右翼後旗漢朔方郡地隋唐爲豐州九原郡治牧地東距兔毛河南至喀喇札喇克西距噶札爾山北距塞特赫墨突札薩克距鄂爾吉虎諾爾河水注禹貢河水自甘肅靈州來逕漢三封縣今鄂爾多斯後旗正西河外又逕臨戎縣故朔方城西大河北流之東岸又逕沃野縣在套外河水北流一曲之西又逕窳渾縣在套外西北河北流折東之處又逕臨河縣在榆林邊外河套內河水下入烏喇特又自烏喇特來又逕河陰縣今鄂爾多斯左翼後旗界內河水下仍入烏喇特　右翼前末旗雍正元年三等台吉定咱拉錫以擊敗準噶爾功封掌旗一等台吉與右翼前旗同牧　自爲一盟於伊克昭與上五盟同列內札薩克

歸化城土默特二旗在喜峯口北二百里東西四百三里南北三百七十里東距四子部落西距鄂爾多斯左翼前旗南距山西邊城北距喀爾喀右翼元屬大同路明宣德初築玉林雲州等城駐兵戍守後爲蒙古所據嘉靖間諳達築城於豐州灘採木架屋以居謂之拜牲漢言屋也是爲西土默特隆慶間封諳達爲順義王名其城曰歸化漢定襄雲中二郡地

天聰七年　太宗征察哈爾駐蹕歸化城土默特部落悉降九年
大軍滅察哈爾以貝勒岳託駐守歸化城崇德元年酋長古祿
格毛圖來朝編二旗以古祿格爲左翼都統杭高爲右翼都統設
佐領協領並駐城中其官制同內地後歸綏遠城將軍轄
察哈爾八旗東界克西克騰西界歸化城土默特南界太僕寺左右翼鑲黃旗正黃旗各牧廠及山西大同府朔平府北界蘇尼特四子部落袤延千餘里　察哈爾明曰插漢元之嫡裔大宗居漠北和
林世號小王子嘉靖中布希舊作卜赤駐牧察哈爾之地因以名部後
徙幕遼東邊外四傳至林丹汗侵暴蒙古諸部　國朝天聰間
大軍征察哈爾林丹死其子孔果爾額哲來降即其部編旗駐義
州康熙十四年布爾呢兄弟叛討誅之徙其眾駐大同宣化邊外
有前鋒佐領等員管轄空其故地爲牧廠後從征噶爾丹有功復
以來降之喀爾喀厄魯特編爲佐領隸焉　四旗駐張家口外鑲黃

旗駐蘇門峯明萬全右衛邊外漢上谷郡北境正黃旗駐木孫忒克山明天成衛邊外漢且如縣地正紅旗駐古爾板拖羅海山鑲紅旗駐布林泉並明大同府邊外漢雁門郡北境　三旗駐獨石口外正白旗駐布爾噶台明龍門衛邊外漢上谷郡北境鑲白旗駐布雅阿海蘇默明開平衛西北邊漢上谷郡北境正藍旗駐札哈蘇台泊明開平衛北境金桓州地
一旗駐殺虎口外鑲藍旗駐阿巴漢喀喇山明大同府西北邊外漢雁門郡沃陽縣地

外蒙古附阿拉善額濟拉二旗亦稱新藩蒙古

疆域　東黑龍江西新疆南瀚海與內蒙古北俄羅斯東西五千
里南北三千里面積未詳人約七十萬口古漠北地秦漢時匈奴
所居漢初冒頓强盛併有漠南武帝時累歲征伐匈奴徙居於此
後漢爲北匈奴地元魏初蠕蠕據之蠕蠕滅而突厥起盡有西北
之地唐貞觀初李靖擊滅突厥回紇薛延陀並起稱强李勣滅薛
延陀回紇遂併有其地貞觀四年來朝以其地爲瀚海燕然金微
幽陵寙林盧山六部號都督府又置皋蘭高闕雞田榆溪雞鹿蹛
林寘顏等七州以部長爲都督刺史長史司馬皆隸燕然都護府
其後幷有九姓諸部盡得匈奴地五代至宋回紇始衰與室韋嫗
厥律諸部散居其地羈屬於遼金時蒙古諸部始盛元太祖十五
年定諸部建都於此名和林前後五朝都焉據張德輝塞北紀行歐陽元高昌偰氏家

傳謂和林實在烏格淖爾之西鄂爾坤塔米爾二河之間三水合流處南三十里　世祖遷都大興於和林
置都元帥府大德十一年立和林等處行中書省統和林總管府
皇慶元年改嶺北等處行中書省改和林路爲和寧路明初順帝
子阿裕實哩達喇依王保保於此後部落號喀爾喀順帝太子後裔有達延車臣汗於太祖爲十五世孫其子曰圖魯博羅特則敖漢奈曼烏珠穆沁浩齊特蘇尼特五部之祖曰阿爾楚博羅特則巴林札魯特二部之祖曰鄂齊爾博羅特則克什克騰部之祖曰巴爾蘇博羅特則鄂爾多斯部及兩土默特察哈爾之祖其季子曰格埒森札獨留漠北號所部曰喀爾喀　共七部有三汗中曰土謝圖汗東曰車臣汗西曰
札薩克圖汗　本朝崇德三年三汗遣使朝貢康熙二十八年噶
爾丹攻破喀爾喀七部舉族奔潰款塞來附噶爾丹既併其地遂
沿克魯倫河南牧窺邊三十五年　親征至克魯倫河殲其眾明
年噶爾丹竄死漠北悉平諸部始歸故地其從征有功者晉封爵
爲旗五十有五又有善巴自爲一部曰賽音諾顏部雍正九年固

倫額駙策凌以奮擊準噶爾功　詔授為大札薩克共四部為旗八十有四　風俗王書云奉黃教一教之中必一人為僧俗故僧額頗多性質勇悍耐勞鮮猜疑之念有質樸之風專事畜牧昔從元太祖蹂躪中央亞細亞者皆此種人也烏梁海一帶之土人多以獵貂鼠為專業亦間有畜牧耕作者　氣候王書云寒暑均酷空氣極燥降雨之日甚少冬令緜長寒不可耐因平原廣漠易於散熱也夏暑時雖短然酷熱如燬且氣候倏忽變化春季半日間相差至九十度又旋風時起捲沙迷目終歲無平靜之日與內蒙古同為大陸性　物產王書云以橐駝馬牛羊最多各部[illegible]貢用白駝一白馬八謂之九白之貢云　故各種皮張以及駝牛毛絨輸出亦最夥他如磨菇黃者鹿茸亦為此地大宗物產其近西伯利亞處林木極暢茂松屬為最多土拉鄂爾坤色楞格諸河產鯉鯽等魚鑛產以阿爾泰山一帶為最庫蘇古爾泊附近多砂金俄人曾發明表著之謂此湖之域若為俄所有利益甚大云　地勢王書云南倚大沙漠中央則山岳盤亘蓋自新疆之天山度漠西北迤於科布多河與烏倫古河額爾齊斯河之間為阿爾泰山最高峯達八千尺又東北為賽留格木嶺中俄分界之山也又東分迤一烏布薩泊之南北在南者名烏蘭叩馬山在北者為唐努山又分一支東北迤為烏蘭臺旻山又轉繞烏魯克穆河之北為薩彥嶺一圖作薩白與俄分界之山也正支又東南盤亘於色楞格河鄂爾坤河之南為杭愛山最高峯約八千二百尺[illegible]又東北為汗山為肯特山又東北為外興安嶺入俄羅斯境　水道王書

云色楞格河上源曰伊第爾河發於杭愛山北麓東流左會德勒格爾河額赫河[illegible]右會齊老圖河哈綏河鄂爾坤河[illegible]北入俄境左受真達河右受赤奎河北入薩拜喀勒湖即柏海兒湖亦即貝加爾湖也此河兩岸楡柳叢生下流河幅最闊有運輸之便然如蒸汽船則惟於水盛時駛行過其時則上流河心每有沙洲阻礙舟行甚難又烏魯克穆河上源為阿喇賽河出巴音烏拉山北流分為二東流者入庫蘇古爾泊西流者入陶托泊又自泊溢出西流為烏魯克穆河右會自東北來之貝克穆河左會自西南來之克穆池克河北出界入俄領葉尼塞斯克部為葉尼塞河又北流右會自薩拜喀勒湖溢出之昂可拉河北入北冰洋又克魯倫河源出肯特山南麓南流又折東流兩岸多沙漠又東至黑龍江境入呼倫池又自湖溢出為額爾古納河與自肯特山東北麓來之敖嫩河會克魯倫河水盛時有舟楫之便然僅通桴筏小舟能順流而下而不能溯流而上河中多魚俄人越境來漁得利頗巨云又札布噶河有二源皆出三音諾顏部杭愛山西南麓合而西南流又西北左合特里烏蘇河右合烏里雅蘇臺河又西北入札薩克圖汗部左有科布多河匯伊克阿拉克泊水來會[illegible]此河流域全屬荒蕪之地葭蘆叢生伊克阿拉克泊附近則多楊柳又特斯河源出唐努山南麓西流入烏布薩泊泊受小水甚多次於特斯河者以那林果勒河為最故水勢甚盛有舟楫之利[illegible]

[illegible]烏布薩泊以運屯田之糧以濟軍食外入沙之大水在車臣汗部則有烏爾市河東北流至俄境入湖在土謝圖汗部則有翁金河東南流豬為胡爾哈鄂倫泊在三音諾顏部則有拜塔里克河南豬為察罕泊有推河南豬為鄂羅克泊有塔楚河南豬為錫拉布里都泊在札薩克圖汗部則有桑金達賴泊在科布多則有烏倫古河西入赫薩爾巴什泊有額爾齊斯河西入齋桑泊[illegible]交通王志云驛道自張家口西北行經察哈爾內蒙古逾大漠至土謝圖汗部薩伊爾烏蘇分二路一北經庫倫至恰克圖與俄屬薩拜喀勒省上烏丁斯克路接[illegible]一西北經三音諾顏部至烏里雅蘇臺又西經札薩克圖汗部至科布多所謂阿爾泰軍臺也[illegible]又電綫設於光緒十五年其綫路自恰克圖經庫倫張家口而達北京俄人亦許依此電綫通信近並由庫倫接至烏里雅蘇臺

喀爾喀後路土謝圖汗部二十旗　元太祖十六世孫格埒森札之孫曰阿巴岱赴唐古特謁達賴喇嘛請經典歸為眾所服始稱

汗康熙三十年　詔留汗號乾隆四十六年　詔世襲罔替

本旗牧地在杭愛山東喀里雅爾山南額爾德尼招東北跨鄂爾坤喀魯哈二河

右翼左旗牧地跨色楞格河土喇河於此合於鄂爾坤河

中右旗牧地當土喇河自東北向西南流轉而向西北流處

左翼中旗牧地當阿爾泰軍臺所經在瀚海大漠中東南接四子部北緯四十四度二十分西經七度五十分處

中旗牧地在肯特山西南當土喇河源曲處

左翼後旗牧地當阿爾泰軍臺所經翁金河至此匯於胡爾哈鄂倫泊東

中右末旗牧地跨土喇河在中右旗東北

左翼左中末旗牧地在喀魯哈河源

右翼右旗牧地當在翁金河北

左翼前旗牧地在霍達森河在土謝圖汗旗東北

右翼右末旗牧地當阿爾泰軍臺東達庫倫之驛於此分道在瀚海大漠中左翼後旗東北

左翼末旗牧地當阿爾泰軍臺東在瀚海大漠中左翼右末旗東南

左翼中左旗牧地當阿爾泰軍臺西在瀚海大漠中左翼右末旗西南

中次旗在瀚海大漠中左翼中旗東北實於左翼中旗內圈出一小游牧

右翼右末次旗牧地跨鄂爾坤河色楞格河在右翼左旗北

右翼左後旗牧地土喇河喀魯哈河於此合流在左翼前旗北

中左翼末旗牧地當鄂爾坤河色楞格河合流處

右翼左末旗牧地有溫泉哈拉河伊遜河上游

以上統盟於汗阿林蒙古謂山曰阿林汗山在庫倫南

喀爾喀東路車臣汗部二十三旗北界俄國薩拜喀勒省　格埒森札之孫謨羅貝瑪駐牧克魯倫河其裔號車臣汗雍正六年　賜印文曰格根車臣汗乾隆四十六年　詔世襲罔替　本旗牧地跨克魯倫河自北來折而東北處之北僧庫爾河之東　左翼中旗牧地在科勒蘇河之東跨喀魯倫河　中右旗牧地喀爾喀河於此潴於貝爾諾爾　右翼中旗牧地在西境西經八度處西南與土謝圖汗左翼右末旗接　中末旗牧地在克魯倫河上游南岸車臣汗本旗南　中左旗跨克魯倫河當北緯四十七度五十分西經三度四十分處　中後旗牧地跨敖嫩河北肯特山東北麓　左翼前旗牧地當索岳爾濟山北瀕喀爾喀河　右翼中右旗牧地在右翼中旗東中末旗西　左翼後旗牧地在克魯倫河南中左旗東　左翼後末旗牧地在左翼後旗東南　右翼後旗牧地在左翼後末旗南　中末右旗牧地在克魯倫河南中左旗東　右翼中左旗牧地在僧庫爾河東北南接車臣汗本旗東　右翼前旗牧地在左翼中旗西北　右翼左旗牧地在本旗東北右翼中左旗東　中末次旗牧地在阿勒蘇河西右翼

前旗東北　左翼右旗牧地跨魯克倫河右翼左旗東　中右後旗牧地在肯特山東當克魯倫敖嫩二河源　左翼左旗牧地當北緯四十八度西經二度處跨克魯倫河瀕河有巴拉斯城漠北僅有之城也　中左前旗牧地南跨克魯倫河在左翼左旗東北　中前旗牧地跨克魯倫河克魯倫河於東境注呼倫泊　右翼中前旗牧地當克魯倫河曲處僧庫爾河西

以上統盟於巴爾和屯郎巴拉斯城

三音諾顏部二十四旗　格埒森札之孫圖蒙肯護持黃教唐古特達賴喇嘛賢之授三音諾顏號唐古特語三音好也蒙古語諾顏官長也康熙中其孫善巴來歸旋以善巴從弟策淩亦圖蒙肯孫從征有功始自爲一部乾隆中以善巴曾孫諾爾布札布襲三音諾顏號世襲罔替與三汗同　本旗牧地當鄂爾坤河源在北緯四十七度西經十四度五十分處　中左末旗策淩牧地當塔米爾哈綏齊老圖三河源西經十六度處　右翼右後旗牧地當拜塔里克河源　中右旗牧地當推河源本旗西南　中前旗牧地跨濟爾瑪臺河鄂爾吡河翁金河　中左旗牧地有特爾克河伊第爾河合於齊老圖河爲色楞格河　中末旗牧地哈綏河至此合色楞格河　右翼中左旗牧地當翁金河源南　左翼末旗牧地墨特河至此合於拜塔里克河　右翼前旗牧地胡努伊河至此合於哈綏河　中後旗牧地當烏里雅蘇臺河源有布爾噶蘇臺河合於札布噶河　左翼左旗牧地當札布噶河源中後旗東　左翼中旗牧地跨哈綏河中左旗東少南　左翼右旗牧地在瀚海大漠中當北緯四十二度西經十二度處　左翼左末旗牧地跨塔米爾河胡努伊河　右翼中末旗牧地拜塔里克河東支至此瀦爲察罕泊　右翼左末旗牧地跨翁金河上游中前旗西　右末旗當伊第爾河源中後旗東北　右翼中右旗牧地當集爾瑪臺河源在本旗東北　右翼後旗牧地當哈綏河北岸色楞格南岸中左末旗東南　中後末旗牧地跨齊老圖河在右翼前旗西　中右翼末旗牧地當塔米爾河南岸

附　厄魯特旗　準噶爾噶爾丹之弟丹濟拉康熙三十六年來降乾隆二十六年定牧於此隸三音諾顏部牧地跨濟爾瑪臺河鄂爾坤河在右翼中右旗東北　又　厄魯特前旗　噶爾丹同祖弟丹津之孫號丹津阿喇布坦康熙四十一年來降乾隆二十六年定牧於此隸三

音諾顏部牧地當塔米爾河入鄂爾坤河之北岸

以上統盟於齊齊爾里克不知所在大約近塔米爾河

喀爾喀西路札薩克圖汗部十九旗、　格埒森札元孫素巴第始號札薩克圖汗康熙中來歸　詔仍襲汗號乾隆四十六年　詔世襲罔替　本旗兼管右翼左旗在北緯四十五度二十分西經十九度五十分處牧地有博格爾諾爾　中左翼左旗牧地在桑錦達賚泊北當特斯河源　左翼中旗　右翼後旗兩旗同牧當北緯四十六度四十分西經二十二度二十分處　左翼右旗當北緯四十七度四十分西經二十二度三十分處在都爾根諾爾之南　左翼前旗　左翼後末旗兩旗同牧在奇勒稽思諾爾之東　右翼右末旗牧地當德勒格爾河西岸桑錦達賚泊東　中左翼右旗牧地在桑錦達賚泊南　右翼右旗牧地在札薩克圖汗本旗東南　左翼後旗牧地在北緯四十三度半西經二十度一帶　中右翼末旗牧地濟爾哈河至此潴爲察罕泊　右翼後末旗牧地在阿拉克泊東中右翼末旗之南　中右翼左旗牧地在齊齊克泊南左翼右旗西南　右翼前旗牧地在右翼後末旗東南　左翼左

旗牧地在奇勒稽思諾爾愛拉克諾爾之南跨空歸河　中右翼末次旗牧地有特們諾爾委袞諾爾
中左翼末旗牧地當德勒格爾河東岸　附　輝特旗　輝特姓伊克明安舊隸
杜爾伯特當土爾扈特西徙俄地時輝特牧其故地遂繼為四厄
魯特之一有羅卜藏者為準噶爾台吉　大軍定伊犂其子噶爾
丹達爾札率族迎降授札薩克牧地在濟爾哈河東岸
以上統盟於札克畢賴色欽畢都爾諾爾不知所在
喀爾喀四部八十六旗統稱外札薩克　自雍正中用兵準噶爾
即於烏里雅蘇台築城駐兵城以木為之中實以土高丈六尺厚一丈在烏里雅蘇台河北岸光緒七
年收還伊犂改訂條約許俄人在烏里雅蘇台通商俟商務興旺再設領事定邊左副將軍治之總統
四部兵案內蒙古各部兵統於各部札薩克蓋內札薩克多從龍功臣而游牧之地悉附近盛京直隸山西陝西一帶與外
札薩克之後來歸附遠在漠北者有別　兼理札薩克圖汗三音諾顏兩部事乾隆中
又設庫倫辦事大臣庫倫在土剌河上游西岸人三萬山喇嘛教徒甚眾其胡土克圖殿宇嚴壯蒙民每夏從

諸部來頂禮者道路不絕　理俄羅斯邊事康熙六十年與俄立約定為陸路通商埠各遣官監視乾隆二年並停京
師貿易統歸恰克圖辦理總其權於庫倫大臣互市處在恰克圖南買賣城有路南通庫倫北達上烏丁斯克與新修鐵路接有俄
國領事署茶之貿易最盛　車臣汗土謝圖汗兩部事亦歸兼理
唐努烏梁海部烏梁海即明之兀良哈為蒙古別種素隸於蒙古居極北
定邊左副將軍屬烏梁海二十五佐領　二在德勒格爾河東岸　二在庫蘇古
爾泊東北　四當貝克穆河源　三當貝克穆河入烏魯克穆河處之南　四在克穆池克河之北　十跨哈
屯河及阿穆哈河案新圖自克穆池克河以北凡北流之水俱屬俄國同治三年塔城之約即已畀在界外不知何時為俄所有烏梁海十佐領當屬之俄矣
札薩克圖汗屬烏梁海五佐領　一在庫蘇古爾泊西南　一在德勒格爾河西岸
一跨烏魯克穆河貝克穆河會流處　一在克穆池堯河入烏魯克穆河處之南　一在烏魯克穆河南唐努山北麓
三音諾顏部屬烏梁海十三佐領當貝克穆河口處之西

哲布尊丹巴胡土克圖門徒屬烏梁海三佐領在庫蘇台爾泊西北
科布多屬杜爾伯特與內札薩克杜爾伯特名同族異　新土爾扈特新和碩特等
部光緒七年收還伊犂改訂條約許俄人於科布多通商俟商務興旺再設領事
杜爾伯特部十六旗　元臣孛罕裔姓綽羅斯六傳至額森即明史之
也先生二子長博羅納哈勒為杜爾伯特部祖次額斯墨特達爾諾
顏為準噶爾部祖杜爾伯特本分牧額爾齊斯河乾隆十八年內
附定牧科布多之東烏蘭固木地在北緯五十度偏西二十四度二十五分處科布多烏蘭固米
地腴可耕康雍以來常於二處屯田杜爾伯特人本遊牧兼曉耕種故定牧於此　右翼三旗左翼十一旗
附輝特二旗　左翼三旗前旗前右旗中右旗　附輝特下後旗俱在烏布薩泊
南杜東輝西　左翼十一旗本旗中旗中左旗中前旗中後旗中上旗中下旗中前左旗中
前右旗中後左旗中後右旗　附　輝特下前旗俱在科布多河上
新土爾扈特部二旗　始祖翁罕七傳至貝果鄂爾勒克其長子

卓立甘鄂爾勒克即徙牧俄國一支之祖數傳至渥巴錫來款
賜牧新疆號舊土爾扈特其次子衛衮察布察齊一支依準噶爾
傳至舍稜者為準噶爾台吉　大軍平準部舍稜抗不降率族走
俄依卓立甘族乾隆三十六年偕渥巴錫來降赦罪　賜牧號新
土爾扈特二旗曰新右旗曰新左旗牧地在科布多城西南當金山南烏隆古河之東　自
為一盟曰青色特啟勒圖
新和碩特部一旗源流詳後　中路和碩特屬伊犂其台吉巴雅爾拉
瑚之族蒙衮巴雅爾拉瑚顧實汗兄昆都倫烏巴什第三子多爾濟之裔蒙衮世系不詳　乾隆三十七
年來歸　詔給札薩克印牧地當金山東南之哈弼察克跨布爾干河西及青吉里河不設盟長
阿爾泰烏梁海七旗在額爾齊斯河北阿爾泰山一帶　阿爾泰諾爾烏梁海二
旗在阿爾泰泊西南一帶　明阿特部旗南跨科布多河及伊克阿拉克泊　札哈沁旗在科
布多城南新和碩特旗東　額魯特旗在科布多河南岸　以上俱隸科布多大臣歸

定邊左副將軍節制案新圖自額爾齊斯河以北阿爾泰山西垂爾泰烏梁海七旗阿爾泰諾爾烏梁海二旗當徙而南矣

阿拉善額魯特部　顧實汗第四子巴延阿布該阿玉什之裔也與青海和碩特部所領東上支同支巴延阿布該阿玉什之長子曰和羅理康熙三十年授札薩克牧地在甘肅甘州涼州寧夏口外當賀蘭山西龍首山北阿拉善即賀蘭山譯音之變也山在張掖山丹永昌武威西寧北即山爲邊牆　駐定遠城城北有吉蘭泰鹽池產鹽多且佳名曰吉鹽歸阿拉善王管轄自爲部不設盟額魯特舊分四部曰和碩特姓博爾濟吉特曰準噶爾曰杜爾伯特皆姓綽羅斯曰土爾扈特姓不著部自爲長號四衛拉特統稱額魯特明史所謂瓦剌者也

額濟拉舊土爾扈特部　本蒙古別族世爲元裔所役屬舊居雅爾郎塔爾巴哈台也明季爲準噶爾所偪徙居俄境之額濟拉河其地在裏海之北烏拉河之西窩爾吉河之東額濟拉即窩爾吉譯音之變土爾扈特居俄既久向化心切常遣使入貢康熙中其

汗阿玉奇之嫂攜其子阿剌布珠爾入藏禮佛準噶爾阻其歸路阿剌布珠爾款塞內附圖理琛出使即爲阿剌布珠爾阻於準夷而行也　詔封爲貝子賜牧甘肅邊外阿拉善西之色布騰海跨居延海左右懼準夷掠乞內徙陝西總督查郎阿令攜戚屬游牧阿拉克山阿勒坦特卜什等處尋定牧額濟內河以來歸在先故亦稱舊土爾扈特不設盟長

青海

疆域　東北甘肅東南四川南西藏西新疆東西千餘里南北千餘里面積二百四十萬方里人十五萬口夏殷周屬西羌漢爲張掖武威金城隴西四郡之西塞外蜀郡之北徼外屬先零燒當諸羌地王莽時置西海郡河水注禹貢河水自甘肅張掖來又東逕西海郡南王莽置河水下入甘肅貴德歷後漢魏晉皆諸羌所居東晉後吐谷渾據之隋平吐谷渾置西海河源等郡隋末吐谷渾復據之唐龍朔三年吐番滅吐谷渾盡有其地宋爲吐番地元爲貴德州及吐番朵甘思等處屬吐蕃等處宣慰司明爲西番地正德四年蒙古部酋據之名爲海寇　國初有厄魯特顧實汗自西北侵有其地遣使入貢後自分其地爲左右二境部落散處謂之西海諸台吉爲四厄魯特之一康熙三十六年既平噶爾丹諸部悉眾內附封爵世襲雍正元年台吉札

什巴圖爾之子羅卜藏丹津誘眾犯邊　大軍討平之不從逆者皆仍封爵三年一貢分三班九年一周置互市於西寧日月山開拓新邊增設安西鎮於布隆吉爾地千餘里青海部與安西隔山爲界三年初編青海各部落旗分佐領爲旗二十有九氣候王書云寒氣凜烈冬日最長　物產王書云特游牧爲生與蒙古同有犛牛長尾能運物肉乳毛皆有用猞猁猻橐駝貔羊無鱗魚亦多農產則間有小麥青稞麥等又青海西鹽池產青鹽軍民番回皆取給焉其互市地在甘肅西甯及四川口外納剌薩剌地方常以鹽及家畜毛皮等物互易茶類　地勢王書云境內爲一大高原山嶽尤峻其橫貫中央者爲巴顏喀喇山[illegible]爲拉瑪托羅海山爲帀巴顏喀喇山即崑崙之中支也盤亘北境者爲阿穆尼厄庫山爲祁連山[illegible]即崑崙之北支也蜿蜒南境者爲勒科爾烏蘭達布遜山[illegible]爲巴薩通拉木山爲阿克達木山爲格爾吉山　又東南爲雲嶺山脈即崑崙之南支也壤地雖瘠薄然便於牧畜　大水王書云境內多爲各大水之源不便舟楫且冬季均冰金沙江上源曰木魯烏蘇河出巴薩通拉木山東北流右會阿克達木河[illegible]百輝河左會喀齊烏蘭木倫河托克托乃烏蘭木倫河那木齊圖烏蘭木倫河東南流入四川境即揚子江之上源也又黃河出噶達素齊老山東流名阿克達河會諸泉水東注於札陵海又自海流出東注

於鄂陵海又自海東北流出曰喀屯河繞大雪山南麓曲曲流東入甘肅境又布喀河源出英額池東南流右會沙爾池水又東南入青海此河夏月水量增加甚深不可徒涉青海蒙人名曰庫庫諾爾周七百五十里大湖也峯巒重疊蟠亘於四圍水光山色風景絕佳且水色青綠冬不濁夏不溢然水含鹽味不能供飲湖小有二小島東曰翹際花雜海鳥西曰察罕哈達島島中有寺觀住番僧甚多每年候湖水結冰番僧始出而求食以爲蟄居一年之準備云又柴達木河出札遜池西北流左會阿拉克池水右受格德爾古河注於哈拉池北河沿岸有沙磧平原名曰柴達木平原或謂此平原往時甚沮洳其沼澤流通於青海及羅布泊之間其發水之匯聚者由散漫而乾涸繼至無一湖水僅存河流數條云又達爾遜池即鹽湖也其水通柴集河即鹽河也產青鹽甚富土人從事製鹽之業者甚眾

青海和碩特部二十一旗　在甘肅西寧府邊外禹貢積石今大雪山在西寧邊外西南五百三十餘里黃河北岸綿亘三百餘里上有九嶂爲青海諸山冠河流其南至山之東乃折而北司馬彪云禹貢析支西濱河首今大雪山東南黃河旋繞之處俗名山外河套即古析支河曲也漢志河關縣下云積石山在西南羌中河水注云河水重源又發於西塞之外出於積石之山今星宿海之泉本多伏流故昔人以爲潛行地下至大雪山南始會成河由下流望之若源於此故謂之河首後人以爲大積石河水下入甘肅敦煌　元太祖弟哈布圖哈薩爾七傳至阿克薩噶勒泰生子十二長阿魯克特魯爾今內札薩克科爾沁杜爾伯特郭爾羅斯札賚特阿魯科爾沁四子部落茂明安烏喇特

八部之祖也次烏魯克特穆爾十傳至哈尼諾顏洪果爾生六子其第四子圖魯拜琥號顧實汗後裔繁衍游牧青海者十九旗又有游牧西套之阿拉善旗游牧察哈爾之和碩特旗顧實汗長兄哈納克土謝圖其裔爲青海和碩特部所屬之西右翼中旗顧實汗季弟色棱哈坦巴圖爾其裔爲青海和碩特部所屬之西右翼後旗此二旗合顧實汗裔爲二十一旗　顧實汗第三兄昆都倫烏巴什其裔爲游牧珠勒都斯之中路和碩特旗游牧科布多之新和碩特旗　西前旗牧地在布喀河南岸察薩果勒河北　前頭旗牧地南當黃河之西有小哈柳圖河入於河　前左翼頭旗牧地在大通河南岸　西後旗牧地跨柴集河其水北注鹽池　北右翼旗牧地在青海北岸前左翼頭旗之南少西　北左翼旗牧地在沙爾池西　南左翼後旗牧地在西後旗西北　北前旗牧地在青海西岸當布喀河入青海處南　南右翼後旗牧地在青海東岸北右旗東南　西右翼中旗牧地跨柴達木河　西右翼前旗牧地在大通河北岸前左翼頭旗北　南右翼中旗牧地在西傾山西北當黃河曲處　南左翼中旗牧地西瀕黃河在南右翼中旗南有哈克圖河東自圖爾根河西流入河　北左末旗牧地在沙爾池南東與北前旗界　北右末旗牧地在布喀河源沙爾池西　東上旗牧地在青海東北岸北右翼旗東　·南左翼次旗牧地有鹽池在西後旗東　南左翼末旗牧地當博羅充克克河源東上旗東北　南右翼末旗牧地在貴德廳西北黃河北岸有錫尼諾爾　西右翼後旗牧地跨柴達木河西右翼中旗東　西左翼後旗牧地在西右翼後旗東

青海綽羅斯部二旗　故準噶爾族也避噶爾丹之亂徙牧青海從和碩特內附號青海綽羅斯　南右翼頭旗牧地當青海東南岸東接丹噶爾　北中旗牧地在青海西北岸布喀河入青海處北岸

青海土爾扈特部四旗　貝果鄂爾勒克第三子保蘭阿噶勒琥第四子莽海始游牧青海與和碩特錯居順治八年始通貢號青海土爾扈特台吉　南中旗牧地當恰克圖河入黃河處　西旗牧地在阿屯齊老圖有阿勒綽爾泊北緯三十六度西經十八度處　南前旗牧地有大哈柳圖河入黃河和碩特前頭旗西北　南後旗牧地在南中旗西北

青海輝特部一旗　姓伊克明安有卓哩克圖和碩齊者生子第巴號青諾顏始游牧青海　南旗牧地當巴彥諾爾之南貴德廳西北黃河北岸

青海喀爾喀部一旗　格埒森札之後有徙牧青海者號青海喀爾喀　南右旗牧地在青海南岸

以上各部共二十九旗及察罕諾們罕爲一盟不設盟長歸西寧辦事大臣統轄奉喇嘛教所居無常與蒙古同惟西南境有西藏種好羣居常以數幕或數十幕相接不似蒙古獨幕而居　又青海西南爲玉樹等土司凡三十九族納賦於西寧辦事大臣

西藏

疆域　東四川東南雲南及野人山境東北青海西北踰大戈壁至新疆西克什米爾南印度尼泊爾布丹東西二千六百六十里南北千四百餘里面積五百九萬三千方里人百五十萬口古西南徼外諸羌戎地兩漢魏晉種落無聞自吐蕃據其地歷後周及隋猶未通中國唐貞觀八年有吐蕃弄贊始遣使來朝十五年妻以宗女文成公主嗣滅吐谷渾盡臣羊同党項諸羌幅員萬餘里唐末衰弱宋時亦號吐蕃朝貢不絕元憲宗始於河州置吐蕃宣慰司都元帥府又於四川徼外置碉門魚通黎雅長河西寗等處宣撫司世祖時復置烏斯藏郡縣其地以吐蕃僧八思巴為大寶法王帝師領之嗣者數世明初以攝帝師納木嘉勒藏傳（舊作喃加巴藏）卜為熾盛佛寶國師給玉印置烏思藏朵甘二指揮司及宣慰司

招討司萬戶所千戶所以元國公納木喀斯丹拜嘉勒藏（舊作南哥思丹八亦監藏）等領之永樂中復封番僧為大寶法王大乘法王大慈法王闡教王闡化王輔教王贊善王護教王凡八王並給印誥比歲或間歲朝貢宣德成化間又累加封號其地有僧號達賴喇嘛居拉薩之布達拉廟號為前藏有班禪喇嘛居日喀則城之札什倫布廟號為後藏番俗崇奉又在諸番王之上　本朝崇德七年遣使歸誠順治九年來朝　賜以金冊金印授為西天大善自在佛領天下釋教普通瓦赤喇怛喇達賴喇嘛後貢獻不絕其俗稱國曰圖伯特又曰唐古忒代喇嘛理事者曰第巴又有汗則蒙古部長為之（其俗相傳有宗喀巴者居喇薩始興黃帽之教後世曰根敦佳木左立第巴以治國事索諾木佳木左始稱達賴喇嘛又傳雲旦佳木左時藏之藏巴汗威虐部下毀棄佛教第巴乞師於厄魯特顧實汗擊滅藏巴汗遂畱其長子達賴為汗及孫拉藏亦為汗云）康熙二十二年封第巴為圖伯特國王賜金印時達賴喇嘛示寂第巴匿不以聞與噶爾丹相為表裏及召喇嘛班禪庫圖克圖來京第巴又阻之不至四十四年達賴汗拉藏誅第巴以聞

聖祖嘉之賜金印封為輔教恭順汗遣侍郎赫壽等安撫其地又允拉藏所請封阿王伊西為達賴喇嘛後策妄阿喇布坦興師侵藏害拉藏汗焚毀寺廟迫逐僧眾達賴喇嘛移住西寗塔兒寺五十三年　大軍進藏討平之復護送喇嘛歸布達拉廟掌興法教番眾向化雍正初徹回官兵以貝子康濟鼐總理其地仍特簡大臣駐藏管轄五年西藏噶隆阿爾布巴等叛殺康濟鼐後藏辦理噶隆事務之札薩克台吉頗羅鼐走避以聞遣兵進勦六年頗羅鼐率眾入藏阿爾布巴等伏誅安輯如故封頗羅鼐貝子九年晉封貝勒辦理衛藏噶隆事務乾隆四年晉封郡王給印轄衛藏等處十二年頗羅鼐死以其次子珠爾默特納穆札爾嗣封十五年

恣肆謀叛傅清拉布敦誅之二人亦死是後改派大臣駐藏凡藏中官缺與達賴會同選授且商定喇嘛銀錢出入之額春秋巡查鄂博之制其他內政一任自治無論僧俗受治於達賴班禪政教一致如歐洲古時之羅馬教皇其都府所在之寺院彼語謂之珠克特亨以僧為官於其中判斷民事如中國官署駐藏大臣三年一代有主持之權向例用旗員充使從前受委遣者有不學無術之人各營私利不知遠謀其自愛者以清靜無事為宗旨身處絕域索然寡歡渴望瓜代一切苟簡後因藏民不遵光緒十六年與英所定條約辱其邊務大臣致英兵入拉薩要挾西藏立約九條據王書云光緒三十一年特派員至印度與英協商其所開條約如下一西藏路鑛電綫由中英兩國妥議辦理他國不得干預二西藏用人權概歸英員與駐藏大臣會議辦理三西藏有亂中政

府須與英協商後派兵彈壓四西藏增設商埠由中英兩國會同辦理五西藏土地非得中英兩國承辦不得租借轉賣嗣經磋商改定所立條約尚未得闖境內分四部曰衛曰康曰藏曰阿里乾隆時以康屬衛總稱前藏而喀齊阿里二部又總稱後藏風俗王書云大半以游牧爲業性嗜茶仰給於四川互市在打箭爐[illegible]俗多一婦數夫或兄弟數人娶一婦[illegible]宗教有紅黃二派境內寺院甚多僧多於民其衣服之費皆由官給達賴班禪其教主也人死有水葬火葬鳥葬之風氣候王書云因地甚高且在大陸內部故寒氣最酷山峯積雪四時不消入夏微雨而酷熱但熱時甚短雨澤絕少惟七八月之交微見涓滴然自札什倫布西至阿里入夏四山冰雪融化下流隨地皆水夙有陸海之名秋冬水涸風高則又砂礫飛揚障蔽天日物產王書云以地極寒植物甚少居民以黑麪爲常食品獸類頗富有山羊[illegible]犛牛[illegible]藏馬等澤中多魚以殺生有禁莫敢烹鮮鑛產惑於宗教之說不許開採工業最有名者爲藏香[illegible]又以金銀香木作佛像佛具地勢王書云爲世界第一高原其高度自一萬尺至一萬七千尺平均一萬五千尺蓋南倚喜馬拉雅山北倚崑崙山二山於西北境相連故西北境尤高爲一大草原毫無樹木其分亘於雅魯藏布江之北者爲隆布岡里山爲卦闌山爲桑建桑鍾山分亘於薄藏布河之西者爲布頭松山爲色隆拉

嶺分亘於怒江之西者爲曼日木山爲察拉岡里山分亘於瀾滄江之西者爲喇貢山爲多爾集結噶爾川皆名山也境內適於農業之地頗少稍低之處即印度河及雅魯藏布江怒江數河之谷也水道王書云雅魯藏布江[illegible]有二源南源出達木珠喀巴普山北源出瑪爾裕穆嶺合而東流左受薩噶藏布河多克楚河拉薩河右受薩爾喀楚河年楚河隆阡河折東南流經不丹入阿薩密境左受布拉瑪普拉特河又折而西南流名布拉瑪普拉特河右會恆河入孟加拉海又薄藏布河上源曰桑楚河出拉里城之西北東南流左受雅隆布河又南出境曰伊洛瓦底江至仰光入海又怒江上源曰喀喇烏蘇河出布喀池北流匯爲額爾吉根池又東北溢出匯爲吉達池又東南匯爲喀噶池又東左受沙克河索克河又東南曰衛楚河左受鄂宜楚河南流入雲南境又南出境曰薩爾溫河至馬爾達班入海又瀾滄江上源曰雜楚河出青海境格爾吉山東南入境右受鄂穆楚河子楚河左受楚楚河南入雲南境至安南入海又印度河出阿里境僧格喀巴布山西北流左會象泉河又西北出境折西南流有薩特里日河[illegible]源出郎噶池自阿里境來會又西南入阿剌伯海又湖泊之大者爲騰格里海[illegible]爲牙木魯克海[illegible]爲查爾古湖爲加林湖爲唐格拉攸木湖爲達魯克池[illegible]爲伊克池巴哈池[illegible]爲馬品水達賴池又境內諸水多係上源冬時堅冰不解少水運之便[藏語謂山曰拉謂川曰楚謂湖曰錯]交通王書云入藏之大道有二一自四川巴塘西渡金沙江至拉薩[illegible]

[illegible]西寧西南經青海至喇薩[illegible]南達尼泊爾之路[illegible]其自喇薩西達印度[illegible]皆大道也

衛[一曰前藏東界喀木西界後藏南界不丹北界青海及新疆]首城曰喇薩在四川打箭爐西北三千四百八十里駐藏大臣及達賴喇嘛居此[有著名寶殿高三十六丈內供]黃銅大佛冠以金冠上嵌寶石殿側有樓房萬餘間僧徒甚多每歲禮拜二次一次爲達賴喇嘛一次爲中國皇帝故人皆尊爲聖城每歲由外藩來瞻仰者不絕於道城北五里有布達拉山上建巨刹爲僧王避暑行宮札什[在喇薩西南七里漢兵所]居旁有演武場德慶[在喇薩東南三十八里]底巴達克布薩城[在德慶之東北喇薩河北岸]墨竹

工卡[在底巴達克布薩之東]江達[在墨竹工卡之東偏北尼洋楚河上游]隆宗[在江達之北]拉里[在隆宗之東]伊令宗[在德慶之南偏東]柰布東城[在伊令宗之南]澤當[在柰布東之東]札噶爾總[在澤當之北]吹夾坡郎城[在澤當之南]章羅占中[在吹夾坡郎之南]桑里城[在札噶爾總之東]恰噶爾城[在桑里之南]鄂噶達克薩城[在桑里之東北]埜爾古城[在恰噶爾之東南]達克拉布楚城[在埜爾古之東南]裕佳郎雜城[在埜爾古之南偏東]衮拉納穆佳城[在裕佳郎佳之東]達克布東順城[在衮拉納穆佳之北]雜里[在達克布東順之西南]達穆宗[在衮拉納穆雜之南]居木宗[在衮拉納穆佳之北]公布拉所可城[在居木宗之東北江達之東南]公布什噶城[在公布拉所可之東南]公布竹母城[在公布什噶之南]底穆宗城[在公布竹母之東]公布澤布拉岡城[在底穆宗之南]乃宗[在公布澤布拉岡之南]宰城[在乃宗之東南]哲達城[在章羅占中之南狄溝錯之東]捫楚納[在哲達之南偏東]塔汪[在捫楚納之南]新日宗[在塔汪之東南]提郎宗[在新日宗之東南]塔克郎宗[在提郎宗之南]貢喀[在喇薩之西南]白地[在貢喀之西偏南]浪噶子[在白地之南]仁蚰宗[在白地之西偏北]拉普汛[在貢喀之南偏東]森額總城[在拉普汛之南]

多宗城在森額總之西東黨汛在森額總之東拉岡汛在東黨汛之南偏西淩布汛在喇薩之北倫布汛在淩布汛之東北旁多城在倫布汛之北羊八井在喇薩之西北

康一曰喀木東界四川東南界雲南南界洛猓境及英屬阿薩密西界衛地北界青海要寨曰察木多據雜楚河鄂穆楚河之間有大橋二一通雲南一通四川滇民在此貿易者甚多拉貢在察木多之西洛隆宗在拉貢之西南產陶器出售遠方其地有嘉裕橋爲進藏要隘碩般多在洛隆宗之西巴里郎在碩般多之西拉子在巴里郎之西邊垻一曰達隆宗在拉子之西類多齊在察木多之西北係由草地進藏徑道迴布廷金在類多齊之西南那魯在迴布廷金之西南塞爾松多在拉子之北類多齊之西索克宗城在塞爾松多之西北札雅廟在察木多之東南江卡在札雅之東南爲入藏門戶大子勒在江卡之西南門工在大子勒之南怒江西岸力馬在門工之西沙美在力馬之西南桑阿吹宗城在力馬之北偏東巴克領特在桑阿吹宗之北札雅廟之西南蘇穆宗在巴克領特之西薄宗在蘇穆宗之西刷宗城在薄宗之西南蘇爾冬城在刷宗之西北牛博爾宗城在蘇爾冬之西北

藏一曰喀齊南界尼泊爾東界衛地西界阿里北界新疆大寺曰札什倫布班禪喇嘛居此

札什倫布華言吉祥山也巴浪在札什倫布之東偏南江孜在巴浪之東南又南有噶大克西濱噶拉楚湖均光緒三十年英人要求之商埠堆琼在江孜之西南帕里宗在堆琼之南亞東關在帕里宗之南光緒二十年開爲通商埠近設靖西廳屬四川雅州府其溪谷一帶廣地藏人名曰雀摩亞英人名春碑以原野中有一小村名春碑爲哲孟雄之別墅所在故郎以是名之凡西藏各要地與印哲互市者率以亞東爲出入必經之要路其出口貨以羊毛麝香金銀爲大宗入口貨以米綿織物毛織物綢段火柴水果菸葉瓷器珊瑚爲大宗惟中英相約禁軍械出入又鹽茶亦在禁止之例千竈在堆琼之西南定結在千竈之西色足在千竈之北撒迦在定結之北脇噶爾在撒迦之西偏東隆邁在脅噶爾之南定日在脅噶爾之西聶拉木在定日之西南濟隆在聶拉木之西阿里宗在濟隆之西北薩噶宗在阿里宗之北宗喀在阿里宗之西羅和在宗喀之西大屯在羅和之東北當多汛在札什倫布之東北那母陵汛在當多汛之北桑札宗在那母陵汛之北塔克東在桑札宗之西翁波在塔克東之西北塘宗在翁波之北都拉克巴在翁波之西偏北得爾敦廟在札什倫布之西北札什岡在札什倫布之西朋錯嶺在札什岡之西北拉孜在朋錯嶺之西南章阿布林城在拉孜之西

阿里東界藏地南界尼泊爾及英屬印度西北部西界英屬克什米爾及旁遮普部都會曰噶爾渡達克喇在噶爾渡之東南魯穆布巴城在噶爾渡之西南托林在魯穆布巴之西偏北札倫在噶爾渡之東北札錫岡城在噶爾渡之西北羅多克城在札錫岡之北諾和在羅多克之北

又達木蒙古蒙古種五百三十八戶與羌種之納克書等三十九姓土司夾喀喇烏蘇左右岸游牧皆受達賴喇嘛之直接管轄駐藏大臣兵事上有調遣之權

五洲地理志略五　亞洲六

賜進士出身　特賞內閣學士銜前國子監祭酒翰林院編修加三級臣王先謙謹撰

朝鮮國

先謙案朝鮮舊屬中華視同內地徐志不載今爲大韓帝國講義云朝鮮爲亞洲東北一大半島自北緯三十四度跨四十三度東經百二十四度亘百三十一度北以鴨綠江長白山脈圖們江與滿洲西伯利亞爲界西隔黃海與中國相對南以朝鮮海峽與日本九洲相隔東臨日本海與日本山陰北陸相對謝志云北起北緯四十二度二十五分南抵北緯三十四度東起東經百三十度五十分西抵東經百二十四度三十五分課程云地在盛京吉林之南斜突出海中東日本海西黃海南爲朝鮮與日本間海夾三面環海西北以鴨綠江爲我盛京吉林之界東北以圖們江爲我吉林及俄屬巖杵河等地之界南北千二百五十里東西千二十七里南半廣五百五十里

雷志云專制君主國久爲中華保護國矢志云朝鮮古分馬韓弁韓辰韓三部後爲新羅高麗百濟三國五百年以前李成桂起於咸鏡道代王氏統一全國改號朝鮮從都漢陽西歷千三百九十二年也其國自古與中國交通甚爲親密二十餘年之前始開通商口岸與日本及英美俄德諸國訂立條約及全羅道東學黨起中日搆釁遂有甲午之役而朝鮮之政治亦因此而改革焉**千八百九十五年中國與日**

本訂約准其自主謝志云甲午中日戰後馬關立約認爲獨立自稱大韓帝國主曰皇帝後略倣日本之制改官秩分內部外部度支部軍部法部學部農工商部而內閣總其成七部長官曰大臣次曰協辦各道觀察使駐首府掌全道政務按廉使察守令賢否郡守理一郡之事廣州開城江華仁川東萊德源慶興七府無郡守而有府尹品秩略崇曹與球云朝鮮因一千九百五年日俄波子謀條約幷日英新協約而成爲日本保護國幸記云光緒元年日本雲陽兵艦至朝鮮西海岸測量水道漢江口永宗島砲臺發砲擊之兵艦攻破砲臺殺韓兵三十餘虜其軍械而去二年春日遣參議黑田清隆議官井上馨赴韓詰問並議締結條約韓王派大臣申櫶等與議約十二條其第一條有朝鮮爲自主之邦與日本國有平等之權等語三年韓國以天主教事與法國有違言請駐釜山日本領事官將意書稱我爲上國日本大詰責韓王上其事我　朝　諭旨命朝鮮酌殺[illegible]韓廷遂以自主之名答日其後美英法三國皆由我國介紹與韓訂盟自開港通商韓廷諸臣遂分開化守舊二派隱相排擠開化黨昵日擅權舊黨失職多怏怏八年韓廷改革軍政用日中尉掘本禮造爲教官又厚饗日官來游者於是大院君及其黨徒等大怒朝鮮國王李熙由旁支入繼其本生父李[illegible]會韓廷須給兵士祿米倉吏雜以砂礫且短解量兵士忿怒殺倉吏數人時閔鎌鎬爲都提調捕主謀者數人誅之兵士大譁大院君乘機使殺執政逐外人暴徒雲集景從六月亂兵入閔鎌鎬第鎌鎬逃入宮亂兵追殺之並殺大小官員三百餘人暴徒等攻日使館日使花房義質以下二十七人力戰衆寡不敵突圍走暴徒焚使館掘本禮造死之花房公使走回長崎日政府派海陸軍護衛公使渡韓問罪七月初四至仁川有兵艦七艘並渡陸軍登岸分駐濟物浦仁川花房公使率師入王京韓廷大恐命其大臣款師先是我　國問韓亂署直隸總督張樹聲奏派海軍提督丁汝昌率北洋艦隊七艘提督吳長慶道員馬建忠率三千人東援便宜行事初七日我軍入南陽灣[illegible]陸軍登岸十二日我軍薄王京十三日長慶汝昌建忠往拜大院君候其報謂執之以輪船載歸接[illegible]進討亂黨平之韓廷派李裕元爲全權大臣金宏集副之與花房義質盟於濟物浦訂約六款其日爲償金五十萬元開揚華鎮市埠推廣元山釜山仁川埠行程地[illegible]宿兵王京約成長慶畱鎮之壬午亂後韓廷以濮詠孝金玉均等爲使臣赴日謝罪濮金等游歷慕其文物之盛慨然思變革國政歸後奏聘日人爲顧問官將改制度於是韓廷又分日本派中國派兩黨中國派者閔台鎬閔詠穆閔詠翊金炳始金炳國等也日本派者金玉均洪英植濮詠孝申箕善徐光範徐載弼等也更有隨兩黨勢力爲依歸從中鼓弄者於是殺機復萌甲申年中國以安南故與法國戰於馬江敗績法軍壞船政局占臺灣基隆警報至韓日本黨欣動以爲宜乘此機脫中國羈絆殺中國黨而代之執政時朝鮮創辦郵政洪英植爲局長開局日設宴郵署延我國商務總辦各國公使及朝臣十數宴飲衆賓咸集日使竹添進一稱病以書記官代酒數行火起諸國賓倉皇退散亂兵殺禁衛大臣閔詠翊及朝官數人於座金玉均濮詠孝入王宮詭告韓王以我國兵至王出殿則宮城前門爲火藥爆毀益驚恐遂速日使入衛

竹添進一率兵入宮次日更改政府英植右參政玉均戶曹參判詠孝前後營使光範左右營使載弼前營正領官移王居昌德宮時吳長慶進兵甫及闕日兵要於晉通門傷斃我兵數十戰於宮門外日使命洪英植沈相薰護王至後北闕廟暫避我軍士覩知之告營宮某遂以王歸擒英植及其徒七人殺之餘黨逃逐日使乘夜遁歸館我兵攻之日使下旗回國使館亦燬朝民仇日者道還日人投之以石叢毆至斃而焚之死者甚衆日政府派井上馨率兵艦六艘步兵二大隊至仁川要韓廷五款一修書謝罪二捕治兇徒三償款十一萬四修復公使館五駐兵王京韓廷聽命然自是中國勢壓韓廷有天使一言盈廷倡伏之概十五年朝鮮饑其咸鏡道觀察使趙秉稷禁糶日本元山埠米商折本銀十餘萬元日政府要索賠償韓廷倚我國勢又陰結俄援日三易公使爭辯三年始得六萬元以解二十年東學黨徒倡亂於全羅遂有我國與日甲午開戰之事自是日勢勃興井上伯爲駐韓大使請韓王改革內政並貸予改革費用三百萬圓召還甲申亂黨以新內閣濮詠孝徐光範等仍執政各省顧問多聘日人軍隊訓練亦改日式未幾中國議和俄法德干涉還遼井上伯去任駐韓俄使威巴因之激動韓國宮廷謀脫日羈昔日倚賴中國之黨變爲俄國派內倚王妃閔氏之權[illegible]外假俄國之力遂捕濮詠孝濮亡命既而井上伯復任復以日本黨內閣金宏集爲相然態度一變不似從前威嚴韓人以爲日懼俄之證傾心倚俄俄公使勢焰益熾未幾井上伯復歸三浦梧棲子爵繼任閔氏之黨謀排斥日黨而代之連日罷斥數人於是金宏集以下與日公使及在韓之日人密議擁大院君入清君側明治二十八

年光緒二十一年十月八日大院君率其教練隊二大隊[illegible][illegible]日人從之殺隊長洪啟薰於宮門而入挾國王議政革復以日黨政府金宏集命吉濬金允植魚允中等當國紛擾之際失王妃所在蓋爲日人殺而棄之也警報達日政府駭愕遂逮治三浦公使別遣使慰問韓王俄公使連謁韓王俄黨李範晉李允用李完用等謀爲王妃復仇十二月九日俄兵五百入京十一日國王世子及妃嬪以下數十人行幸貞洞俄使館[illegible]捕日黨金宏集以下數十人殺而梟之路衢亂民爭投石踐踏其殘骨須臾而盡由是政教號令自俄使館出財政監督聘用俄人軍隊改用俄式京城設立俄之學校西伯利電信延長至京咸鏡道礦山立約開採日人所得利權掃地以盡日政府乃命小村公使與俄使威巴開始交涉所謂日俄協商是也爾後俄因膠州之釁割我旅順大連因拳匪之亂駐兵滿洲不撤俄日交涉益繁屢次協議不決蓋自干涉還遼後日本全國已萌敵愾其政府則擴張海陸兩軍其教育則提倡對俄主義臥薪嘗膽又歷十年遂有乙巳日俄戰爭之事蓋朝鮮夙以事大立國倚中倚俄羣臣釀爲朋黨廿載紛更卒以亡國影響所及累中國使偬激日本使與拉俄羅斯使踏概由於朝鮮國是之不定徵乎有國者所當引爲深鑒也

爲多山之半島最高之峯八千英尺先謙案最高峯即白頭山也講義云長白山脈中之白頭山高八千一百餘尺大關嶺初南走起白雲山劍山在北緯四十一度附近轉而東南於元山與平壤之間爲馬息嶺在咸鏡南道江源道之境爲鐵嶺入江源道爲金剛山五台山太白山至三十七度向西南走在慶尚道爲鳥嶺

秋風嶺至全羅南道之智異山取峪馬而盡其支脈之分派者甚多起伏於幹脈之東西京城北有碧蹄嶺小早川隆景敗明兵處釜山東北有蔚山爲加藤清正築籠城處最有名又濟州島之羅漢山爲第二高峯謝志云全國地勢多山陵或比之池水爲風吹皺善於形容其大關山脈自北而南貫通全國北起濱海迤南則漸趨於西成一曲折爲全土股之分水脊北方高七八千尺南方低爲五六千尺所有山巒皆支脈也北界橫障長白山最高峯約九千尺課程云長白山分支西南迤至白頭山入咸鏡道境山之東圖們江源出焉西則鴨綠江源出焉鴨綠江行千里[illegible]其南爲清川江行三百餘里又南大同江[illegible]行五百里又南漢江行五百里[illegible]又南錦江行三百四五十里皆入黃海其入朝鮮海夾者爲洛東江行六百里[illegible]入日本海者爲圖們江行七百里白頭山西地廣山東地狹故大水多出山西面山東止一圖們江餘皆小水也

氣候冬寒夏暑謝志云三面皆海故比同緯度之大陸較爲冬暖夏涼然冬時北方江河冰堅可行人馬南方近海河流不至封凍然積雪頗厚夏令酷熱北部亦盛

雨水東岸六十二英寸西岸三十二英寸謝志云東岸多雨西岸少雨北岸更稀夏令海風挾水氣而至大雨時行海上常煙霧迷濛舟人有戒心焉

面積八萬四千四百英方里課程云面積六十六萬九千百八方里謝志云八十四萬九千方里

人七百五十萬口東京人十九萬二千口謝志云人約一千萬口每英里約有七百八十一五人西部人稠

東部稀少北界更荒寂矣人分四大部兩班中人常人奴隸是也兩班貴族常任文武職官中人爲末族常人不入仕奴隸則犯重罪者沒入之家屬也近稍改革

農爲其國最要之業常植者爲稻稷煙草等謝志云農產米麥珠粟大麥煙葉棉花粗麻蔘咸鏡多米黃海慶尚多大豆江原多蔘廣種荷蘭薯以救飢果品俱備惟天氣過涇味稍減西瓜甚美國無茶蔗以蜜代糖蜜水代茶林木不盛

礦產金銀銅鐵煤謝志云國號多礦川中有金沙咸鏡江原爲最然金礦禁開銀礦開亦旋閉銅鑛經理無法反運用日本銅料煤僅供本地之用並不外輸

入口貨值九十五萬八千八百四十磅出口貨值八十五萬三千七百磅米值五十二萬九千四百磅蔘值六萬二百三十磅豆值十六萬二千八百七十磅止與支那日本貿易謝志云入口貨紙煙火柴洋布絨呢煤油煤炭絹布爲大宗出口棉花煙葉米豆牛皮紙海草人蔘爲大宗家畜牛最多民食其肉售其皮角馬小力強家不多有羊則王家專畜以供祭祀野獸有虎身小熊野猪甚多近海水族充牣而漁業不講工業粗拙惟絲綢二項各處產之民服麻布故織之者多有扇蓆簾諸物以竹絲織冠工細絕倫○幸記云明治三十八年日韓協約成伊藤博文爲韓國統監於是十年號稱獨立之韓國降爲日本保護國外交事件由東京外務大臣監督指揮內政機關由統監經理三年來綱舉目張洪纖畢備大要如左一干涉內政自官制始京朝官甲

午改革後已倣日本組織內閣今惟廢外務大臣改爲外事局至各部大臣則日人韓人參用韓人入政府必日本黨統監府遣屬分曹一如韓國政府韓政府曰議政大臣曰內務大臣曰度支部大臣曰軍部大臣曰法部大臣曰學部大臣曰農商工部大臣統監府屬吏曰總務長官曰警務總長曰農商工務總長曰通信官署曰陸海軍武官曰勸業模範場曰鐵道管理局曰法務院其官方制度韓國十三道道置觀察使猶中國督撫惟轄地大小不同觀察使專治一方下有府尹郡守牧使等屬之統監府亦分韓地爲十理事廳並設支廳理事官十二[illegible]職任一方如地方官吏之監督其權力可以移牒請兵干涉地方行政一掌握財政韓國歲入曰宮內省曰度支部曰關稅宮內省五六百萬元度支部九百萬元關稅百二十萬元自設統監整理財政以日賀田爲韓國政府財政顧問官分置屬員於各道約爲整理貨幣開辦銀行約束紙幣裁汰冗員增給官俸豫算國用諸款三年中諸務就緒度支部所入超過於前此中以改幣制設銀行爲要其改幣制廢韓國舊式錢而新鑄之與日本貨幣同式一錢爲銅貨元調一中[illegible]二錢五及五錢爲白銅貨十錢二十錢五十錢爲銀貨一元以上爲紙幣與日本貨幣並行於韓境其設銀行滿以擇男爵爲第一銀行總辦並執行韓國金庫事務有發行紙幣之權由日政府敕命承認而監督之由是韓廷出納財貨流通皆在日人之手一掌握交通曰京府鐵道全長二百七十四英里其最要車站自京城西大門南大門而南爲龍山鷺梁津永登浦水原太田金泉永同倭館大邱密陽三浪津釜山鎮草梁釜山等曰景仁鐵道全長二十六英里其最要車站自南大門至永登浦分支經梧柳洞素砂高

平牛角洞枻峴至仁川曰京義鐵道全長二百英里其最要車站自南大門至龍山分支渡臨津江爲開成平山瑞興黃州中和平壤順安肅川定州龍川新義州抵鴨綠江畔渡江即安東縣南滿洲鐵道之起點曰清津鐵道全長約七十英里自咸鏡道之清津起北行經富甯至會甯府與我國延吉廳圖們江沿稽查處隔江相望此乃軍用鐵道其築路之目的則爲爭間島之後路也以上四綫貫串全國惟京元一綫尚未開通耳余由日至韓觀車站辦事車中管理皆有條理櫃房買票用婦人車上管理皆學生待客勤懇每有詢問必詳示不通語言必筆談務達而後已車站周圍不許開民瀾入即小貿亦有取締無藍縷不堪之備人旅客手荷物在車站過磅即交一券或銅牌爲據到站持票取物不誤車站皆有電綫電話取價甚廉中途有名山古寺溫泉歷史勝蹟必標示明白地稍繁盛即可隨意下車旅客不知並有一備質問之室蓋法度詳密所以便行人者至矣惟一至中國之境則車站擁擠車上不潔買票過遲用錢彼此不一（在滿洲日本車用老頭票用圓車用先帖此二處若用中圓銀元每元站水三角或五爲至天津用北洋老醫北京用站大在河南用河南洋元至遇北用滿北洋元如條濺用必須他水河南元爲通圓乃至旅店亦然）外人強橫洋奴怙勢客商屢受虐待過站停車乞巧靨至呼號之聲慘不可聞蓋路歸外人承辦彼惟知牟利計較錙銖至規模氣象關乎國體者彼絕不過問矣吾意中國辦理路事當做照日本管理法內外職事人等皆用學生供職不可假權於外人用洋奴爲翻譯車站規模必須整肅即小貿當先領牌照有一定之衣式照料客商尤宜周到庶不背利國便民之旨而爲中國自主鐵道之型一沿海帆業韓國沿海沿江各地日本船隻可以任意帆行沿海要港如釜山馬山木浦羣山仁川鎮南浦

五洲地理志略　卷五　五

元山城津清津各處皆有定期汽船往來日本船隻占十之九各國居十之一帆業社會如日本郵船公司大阪商船公司大家汽船社會大川運輪株式社會東清鐵道社會等又鴨綠江大同江漢江錦江洛東江之下流及沿岸貿易則有小蒸汽船之商社其數甚多帆業全在日人之手即帆船轉運亦與韓民競爭獨占優勢一郵便電信韓國郵便於三十八年歸日經理電信亦有合同概歸日人承辦一壟斷實業利權首農業韓國農產米爲第一歲輸出四百萬圓米豆多輸入日本人蔘則輸入中國棉花煙草麻藍蔬果等地質相宜出產亦富日人謀關其土地移本國人民使與韓民雜居即於各理事廳附近開墾凡改良農具選擇種子除草施肥去蟲排水等事皆立會研求其京城陳列所陳設各道物產詳細標示出處性質裁培法保存及銷售法以勸誘其國人韓國田地舊冊載存民田總數共二百九十萬五千九百三十一結（每一結等於周尺一萬方尺）而光武八年（光緒二十九年）韓政府所收結稅總數實止百萬四千六十六結失去一百九十萬一千二百六十五結因水利不講土地荒蕪官吏侵蝕隱匿不報故日人爲之整頓此極大之遺利將來皆日人有也次漁業韓國沿海五千里魚類最多日俄爭戰時漁民紛至其沿海者數達二萬餘漁艇四千艘歲漁獲二百萬金之巨額於是政府日謀擴張爲之設種種保護如海濱住宅郵便貯金兌換等事雖逗陋僻壞皆爲設備故來者益眾產額日高次礦業韓半島最富金礦現時一年所產價値四百五十萬元惟最好礦山先爲英美兩國所得如平安道雲山金礦權歸美人殷山金礦權歸英人日本僅得稷山金礦近日外務省調查全國產金之區尚有百六十處繪圖帖說詳細研求訂立法規頒

布國中此後壟斷獨登無分利者矣近日韓京新立一會名曰韓共進會資本銀一千萬兩注意在興辦各種實業資本饒足工商藝業日見擴張韓京繁盛意中事也一駐兵鎮壓駐韓兵隊京城最多其次平壤大邸元山仁川及鐵道綫左右約兩師團而裁韓國之兵僅存數百人剪髮日裝編爲近衛隊宿衛王宮其舊式之兵被裁失業者近頗和聚爲亂殺掠日人然警察捕治兵隊彈壓無能爲也以上皆韓國近日寶情彼韓王者其日本之魄礌乎國不幸而至於斯亦無可如何之勢矣

仁川　釜山　元山　以上通商埠

謝志云通商埠岸七處釜山馬山浦仁川元川城津木浦羣山浦其漢城平壤義州則陸路市場也先謙案通商埠詳下又云全國古分八道曰京畿曰黃海曰平安曰咸鏡曰江源曰忠清曰全羅曰慶尙後分十三忠清全羅慶尙咸鏡平安各分南北道矣志云全國分四大部京畿道爲中央部忠清全羅慶尙在京畿以南故總稱三南忠清全羅即古百濟國慶尙則新羅地京畿之西北境有青石關其西北之平安黃海二道爲朝鮮開國地咸鏡江原二道在山脈東北故有關北關東之稱曹譯野志云十三道置觀察使各道細分爲郡郡選守間有每道郡府幷設者廣州開城江華仁川東萊德源慶興三和務安九府是也府之長官稱府尹濟州島特置牧使而牧使府尹郡守均統率於觀察使間接而隸於內部惟漢陽府之判尹直隸內部各開港場掌行政者則爲外務大臣所監督又有自治國體三種曰洞曰里大不過七八百戶或五六百戶曰面大二千餘戶或五六十戶不等如日本之市町村焉

五洲地理志略　卷五　六

京畿道据列國學會二圖北咸鏡南道東北江原道東南忠清北道南忠清南道西中國海西北黃海道幸記云日駐理事官課程云京都所在曰漢陽一曰漢城在漢江北岸西北距海口百三四十里道境在朝鮮中央西偏南北二百六十里東西百五十里地勢東高西卑邱陵多於平地漢江亘其中（[illegible]）領三州十七府五郡十四縣講義云古高麗本地也地味雖不豐饒而劉西方一帶海岸有仁川艮港京城與仁川以漢江相聯絡商業鑿盛人口十九萬六千八百九十八王城全長五甲城門八王宮稱景福宮在市西北日有領事館公使館駐守備兵二中隊又有千六百餘人住泥峴之居留地西大門外向義州道衛八九町有獨立門龍山及麻浦沿漢江之貨物集散地也曹譯野志云京城在北緯三十七度三十分東經一百二十七度四分人口二十萬幸記云景福宮者朝鮮太祖李成桂所（[illegible]）建自開城遷都於此當漢水之陽後倚白岳東西連嶺迴環拱衛中建王城百八十餘載明萬歷朝豐臣秀吉征韓八道盡喪王京亦淪倭將浮田秀家置大本營於宮中退兵時付之一炬近代韓王皆居昌德宮及大院君柄政慨然欲發皇天下耳目下令八道選材徵石再營宮室誅求苛酷（[illegible]）徵結頭稅以足之（[illegible]）四方疾怨大院君不以介意忽一夜光化門材倉火大木灰爐人民私慶以爲工事可止矣大院君更強命臣民報效謂之願納錢其先墓樹木亦納充宮材羣臣切諫不聽懸七八年光化門勤政殿康甯殿慶會樓成韓王移蹕新宮豈知不四十年大亂三作宮廷興戎后妃流血一夜潛逃託庇客館吁可慨也○廣州府課程云在漢城東南四十二里漢江南岸城踞高山上外峻絕內坦夷古百濟王溫祚

故都○水原府辜記云日駐副理事官課程云在漢城南八十里京南三道八都要衝也矢志云近傍金水山有金坑講義云觀察使治所至全羅忠淸陸路經此辜記云觀察使駐京畿道設曹譯野志云水原一名華城府○開城府課程云在漢城西北九十五里松岳山下高麗王氏四百年前故都也故一名松都繁盛爲國中第一講義云當義州要衝市街結搆繁華商業亦盛人口五萬日人發行人蔘在此王書云此地人蔘最有名○江華府課程云在漢江西北百二十里踞江華島東北隔北臨漢江之北支東臨漢江之南支工商輻湊曹譯野志云江華島東西四十餘粁西北二十粁○仁川府辜記云日駐理事官課程云在漢城西南五十里府屬通商之處有仁川港爲朝鮮三港之一臨京畿道西海岸仁川之西有地突出海中郎北臨濟物浦之地觜也南陽之西有地突出海中郎北臨馬山浦之地觜也二觜南北相距約三十里其內擁成大灣可泊巨艦仁川港在灣內北岸有大阜小阜各島以蔽其南有永崇島巴島以蔽其西灣外小島相望如此港之屏障仁川港西北一帶有礮臺六講義云仁川埠頭日濟物浦潮水乾滿差蓮甚激前面橫有月尾島港內無風浪船舶輻湊距京城陸路十二里水路二十五里自此至京城有鐵道爲日本京仁鐵道會社所築明治十六年二月開港貿易額歲達千萬圓米牛皮爲大宗有日本專管之居留地日人四千有領事館有第一第十第五十八等銀行之支店有日本郵船大阪商船兩會社之支店

黃海道据二圖北平安南道東江原道東南京畿道西南黃海課程云東西三百七十餘里南北二百餘里地勢東境有山南北亘

又自東北至西南峯巒連綿不絕分道境爲山南山北南北地俱稍低領一州五府八郡十縣講義云地味豐饒○海州課程云在漢城西北二百里踞首陽山南麓南臨黃海四十餘里辜記云觀察使治所日駐副理事官○黃州府課程云在海州北偏西百四十里北臨大同江西帶月唐江東對正方山西距大同江海口百里地産大豆輸入日本講義云當京城平壤間要路市場繁盛○延安府課程云在海州東偏南四十里南臨黃海二十里海水彎環成陂塘直達城下其南近海之龍媒梁及海中龍媒島當漢江口門外皆停泊佳處○長淵府課程云在海州西偏北百里西瀕阿郎浦海水浸入陸地匯爲港阿郎浦在港南岸停泊亦良又有新串爲大同江口南岸之埠江口門外有椒島其東南水深闊可停巨艦新串西與椒島相望矢志云海中有大淸小淸二島元順帝曾竄居於此

平安南道据二圖北平安北道南黃海道東咸鏡南道西黃海課程云南北二道南北六百里東西三百七十里地勢東北高於西南山嶺蟠結有三長河北鴨綠南大同皆界水也惟東江橫流中央分道境爲淸南淸北淸北苦寒物産甚少民亦安於愚情淸南民俗頗事耕桑領一州十七府十三郡十一縣○平壤府辜記云觀察使治所日駐理事官課程云箕子故都也郎王險城在漢城西北四百里南憑大同江西帶普通江東北邱陵環繞形勢要害城西南沿大同江至普通江有地方里圓坦如盤中有箕子宮殿遺址旁有井田式縱橫經緯溝洫修明相傳爲箕子遺制城內戶口繁盛亞於慶尙道之大邱府關西一大都會也講義云海陸運

輸甚便第一形勝地也牡丹臺乙密臺屹立北方巍然於大同江畔人口十萬辜記云自明至國朝屢與日本搆兵於此萬歷朝李如松之師大勝旋敗於碧蹄館中日之戰馬玉崑既戰勝於江岸而元武門不守甲午之役牡丹臺下左寶貴力戰陣亡中國兵萬五千人亦宵潰矣○鎭南浦辜記云日駐理事官講義云明治三十年十月開港在大同江口北岸除冬冰外大船出入無阻良港也自此地開港而平壤商權全移於此有日領事館及居留地日人三百餘曹譯野志云鎭南浦一作甑南浦俗稱南浦領事館在飯南山麓○成川府課程云古松讓國都也在平壤東北百里東倚劍鶴山西帶沸流江地産煙草絹絲城內多富商矢志云府有降仙樓壯大爲八道第一○安州府課程云在平壤北偏西百二十里南據邱陵北帶淸川江案平安道舊有節度使二一鎭平壤一駐安州蓋今歲

平安北道据二圖西北中國盛京吉林東咸鏡南道南平安南道西北黃海○甯邊府辜記云觀察使治所日駐副領事官講義云定州爲北道首都王書同與辜記不合蓋今移○義州府課程云在平壤西北三百餘里踞鴨綠江南岸爲北通中國要路戶口繁富有大市場與中國貿易又有新義州野志云新義州瀕鴨綠江爲京義鐵道之終點與安東縣相對辜記云新義州日駐副理事官○昌城府課程云在平壤北偏西三百里北臨鴨綠江市舶往來不絕○江界府課程云在平壤北偏東三百六十里居四山之中西臨禿魯江産人蔘春秋許民采取納賦於官府東南百五十里有劍山山中有高句麗故都丸都城

咸鏡南道据二圖北中國吉林南江原道西平安南北道東北咸鏡北道東日本海課程云南北二道自西南至東北長約千里廣約四百里地勢高山多於平地蓋白頭山在道境之北其山脈向南偏東迤二百餘里郎分爲二支東支東北迤盡於羅端山西支爲白頭山正脈西南迤至豆流山始盡道境西南自豆流山東至羅端爲長山綿亘千餘里道屬之府縣城鎭在山東山南者均傍近海之大路以一路達無數城邑如貫珠然其在山西山北居白頭山東者多傍圖們江之南岸其居於白頭山西者則傍入鴨綠江之水蓋中間皆崇山兩傍近海近水爲稍平耳領一州二十府二郡二縣戶九萬三千五百餘口四十九萬九千二百餘○咸興府辜記云觀察使治所日本駐副領事官課程云在漢城之北偏東四百七八十里北倚山南與東距海僅十餘里西臨加乙獻川城南一帶原野接滄海氣象頗稱雄闊朝鮮太祖李旦微時故宅在府之近郊明洪武二十五年李旦繼王氏王朝鮮徙都漢城至今朝鮮王爲旦後故稱旦太祖○永興府課程云在咸興西南約百二十里南倚山北臨江東距河里仇非海灣三十里府西之山險崖絕壁爲要害之處府西北有國泰山萬峯重疊谿谷之間産金甚富有著名金礦十七所○德原府在咸興之南偏西約二百里城西皆峻嶺分二支東迤抱府城南北最爲形勝元山津在府北三十餘里臨德源海灣朝鮮東岸一大灣也南岸有兩地觜突出海中東西相對爲口門廣十五六里口內東爲葛麻浦西爲元山津可停泊巨艦光緒二年朝鮮與日本訂約開仁川元山爲通商埠越三年英法德美各國相繼與朝鮮通商而元山遂爲互市三埠之一葛麻浦之南爲古龍津亦著名佳埠元山津北對牧東應串德源灣北岸南伸入海之地觜也觜

西創河里仇非永興東之海灣也南通德源灣故德源灣又名永興灣幸記云元山日駐理事官講義云元山在永興灣南岸距馬關三百八十海里距平壤陸路四十六里東岸第一良港也明治三十二年貿易總額五百九十一萬六千圓朝鮮人四萬日本居留人千四百餘有領事官有守備軍隊○安邊府課程云在咸興之南約二百二十里距鐵嶺北麓府東亦山勢環繞西北川原交錯其水北流至古龍津人海商業頗盛

咸鏡北道據二圖○西北中國吉林及俄屬岩杵河等地東南日本海西南咸鏡南道○鏡城府幸記云觀察使治所日駐副理事官王書云南爲城津近開爲商港講義云城津在元山北百二十海里距浦鹽斯德西南百二十海里明治二十二年五月與羣山馬山浦同許爲開港場幸記云日駐副理事官○慶興府課程云在咸興東北約八百里東臨圖們江南近遠山浦北陸防俄要地講義云與俄國通陸上貿易○慶源府課程云在慶興之北約七十里慶源之北偏西約五十里爲穩城府穩城之西南約八九十里爲鍾城府鍾城之西南約五六十里爲會甯府會甯之西南約百餘里爲茂山府益沂圖們江而上沿江府之重鎮也

江原道據二圖東日本海北咸鏡南道西黃海道京畿道南忠清道慶尚道矢志云沿岸海波如鏡有碧海之名課程云南北五百餘里東西二百餘里地勢白頭山正脈自豆流山東南迆爲江原咸鏡兩道界至鐵山郎南迆入江原道境南至大白山爲江原忠清慶尚三道於是自鐵嶺至大白縣亘之嶺遂分江原道境爲東西二段嶺西雖多名山然地形局促無平原廣野嶺東勢連東海

林光水氣並臻明秀景物之佳國中第一領一州六府七郡十二縣戶七萬五千九百餘口三十一萬三百餘○原州課程云在漢城之東偏南約百二三十里居道境之西南隔西南距湘江二十餘里西與京畿道之砥平縣相接東倚赤岳山西郭之地原野平闊數十里外四周皆山谷錯出西望漢江一水可通故商賈輻湊○春川府幸記云觀察使治所日駐副理事官舡艢讙艤舡艏課程云在原州北約八九十里西臨合串江東倚清平山穢貊故都也府北有牛頭郵郎漢時所通之牛頭王書云居漢江上流舟楫可達京都材木仰給於此○鐵原府課程云在原州之北偏西約二百里西近京畿道新羅王子所封之邑也○三陟府課程云在原州之東偏南二百餘里西倚大白山東臨滄海爲停泊水軍巨鎮○江陵府課程云在原州之東偏北約二百里西踞普賢山麓東至海僅二三十里海濱有鏡浦臺勝地也○襄陽府課程云在原州之東北約三百里襄陽之北偏西約八九十里有杆城府杆城之西北約八九十里有通川府通川之西偏北約四五十里有欽谷府皆嶺東濱海名勝之區也

忠清南道據二圖東忠清北道北京畿道南全羅北道西中國海課程云南北二道地勢東北均高山環繞山多赭禿少樹木南境平野地稍膏腴田圖頗拓西枕黃海島嶼羅列爲海岸屏蔽故傍岸多停泊良港國之水軍駐焉領四州十一郡三十九縣戶二十二萬九千八百餘口九十八萬八千八百餘矣志云忠清道又稱湖西○公州幸記云觀察使治所日駐副理事官課程云在漢城之南偏東二百四五十里唐平百濟所置熊津都督府郎此城北臨錦江東南西山勢環繞頗稱形勝錦江舟楫轉輸甚便人煙稠密商賈四集城北有小邱盤結江上形如公字故以名州講義云以產棉著名春秋二季開大市頗殷盛○清州課程云在公州之北偏東約七八十里東據巨大嶺西臨東津江南流入錦江之木錦江北源也城南之地低於水面故每患橫溢其地南達慶尚之釜山北通京畿之漢陽實爲南北往來之衝駐兵馬節度使以統全道陸軍○洪州課程云在公州之西北約百里東北山勢環繞南臨廣野西接海疆國中互市地也洪州西南四五十里爲保盜鎮西臨淺水海灣與安民島相對置水師營駐水軍節度有河川郡在公州西北二百餘里南倚山麓西北均距海十餘里東距素沙河入海之口約二十里素沙河口東岸爲牙山縣近海口要地也洑下誌淤云艨成沙鬮臂其河口爲牙山縣牙山灣之屯浦全道魁磯之連於京城者皆由此西過又名貢稅瀨沔川西北約十餘里爲唐津縣北臨唐津浦西人呼爲低菲音灣口門北向西岸山勢餘亘西北伸入海中之地觜也觜上有平薪孟津兩郵故名爲孟津觜吾華使人人朝鮮者多由唐津浦登岸故以唐津名孟津觜西南與波知島相對又成一海灣口門西北同西人呼爲確令灣確令灣之南有地如頸東西亘係波知島與大陸相連處也波知島西南隅爲泰安府又東南與安民島接波知安民兩島間僅隔廣二三里之港兩島之東地頸之南爲淺水海灣口門南向其灣雖大然多石礁不良於停泊唐津浦確令灣則下椗佳處也有舒川郡在公州西南約百二十里南臨錦江西數里爲錦江注海之灣名舒川浦西人呼爲斯臨鱗口門北向東岸爲舒川郡之長巖鎮西岸爲全羅道之羣山鎮兩鎮相望扼口門之要自公州至舒川順流而下舟楫甚夥故舒川爲衝繁之區舒川之北爲馬梁鎮馬梁之北爲所斤浦皆道境瀨海停泊佳埠案二圖波知島作立波島

安民島作安眠島牙山中日戰爭時有名

忠清北道據二圖東北江原道東慶尚北道南全羅北道西北京畿道西忠清南道○忠州幸記云觀察使治所日駐副理事官課程云在公州東北百四五十里南倚山麓西臨達川北流入湘江之杙地勢西北低下頗患卑溼達川南通槐山北入湘江轉輸尚便其間多亭闊爲衣冠聚會之區慶尚道人都之路有二北道逾竹嶺南道逾鳥嶺皆過忠州境故商賈輻湊人煙稠密國內有事必爭之地也

全羅北道據二圖北忠清南北道東慶尚南北道南全羅南道西中國海臨海有羣山鎮幸記云日駐理事官講義云羣山在仁川與木浦之間錦江末流南岸明治三十三年五月開港地爲忠清道貿易港將來必暢旺課程云南北二道南北三百餘里東西二百餘里道之東北境連山重嶺絕少平地山勢綿延蟠屈城內自東北而西南直達海隅內地多良田沃野水道長流甚便灌溉雖天旱不爲患惟瀕海之地昔時築長隄蓄水以資灌溉新羅亡後堤防屢壞今殆盡廢故不免旱災幸魚鹽之利頗饒小民不至窮困西南海中島嶼星羅但島中多無居人領五州五府十一郡三十三縣戶三十二萬一千餘口百十一萬餘○全州幸記云觀察使治所日駐副理事官課程云在漢城之南偏東約四百里南倚高德山東乾止山西風頭山環護兩旁如八字形北橫萬頃江形勝利便之地也爲後百濟王甄萱舊都州西北有慶照殿甄氏遺址也通舟楫饒魚鹽商賈雲集百貨委積講義云棉產地市場有

李太祖墓其西南古阜郡以東學黨之巢窟著名○南原府課程云在全州南偏東百餘里南對鳳城山東西北皆山勢環繞中開廣野北通全州南通康津東通慶尚道西通靈光（康津靈光皆瀕海要地）四達之區也

全羅南道據二圖北全羅北道東北慶尚南道東南西三面臨海○全羅州課程云在全州西南約二百里北倚錦城山南臨榮山江田野開拓土壤沃饒括西南江海之利壟市甚形富庶○光州幸記云觀察使治所日駐理事官課程云在全州南偏西約二百里西接羅州據榮山江之上游人煙稠密亦大都會也其西南有木浦幸記云日駐理事官講義云木浦在南道之西端榮山江之河口在犂山釜山之間明治三十年一月開港將來必與之地也有領事館有大阪商船會社支店有居留日人八百九十餘在此運米○順天府課程云在全州南偏東二百餘里據曹溪山南麓南臨海二三十里置左道水營本道海左要衝也○海南縣課程云在全州西南約三百里其西置右道水營據山麓腹中東北負岡陵西南瀕海與珍島相對其處水深可泊汽船○康津縣課程云在海南之東三四十里南臨海灣康津江入海處也海灣口門東西兩山相對口外島嶼羅列口內可泊巨艦置兵馬節度使營地居左右水營之間遇有緩急東西應援海防重鎮也自康津渡海南至濟州島約六十海里島東西約百四十里南北約七十里狀如橢圓形漢羅山東西起伏緜亘全島朝鮮最高山為白頭山而漢羅次之兩山蓋為全國境之首尾島東北瀕海之地土壤膏腴濟州在島北境環城多小川細流市屋連簷人煙稠密設兵馬水軍兩節制蓋陸海巨鎮也潮流迅急海岸因而變換不便停泊

五洲地理志略　卷五　十一

惟島之東有小島曰牛島雖小其間海夾可以寄椗自海南西渡海十四五海里為珍島幅員雖小於濟州島亦要地也康津口東南三十海里有小島曰巨文係兩島東西並列中成長夾灣環屏蔽水深岸峻甚便海輪停泊光緒十二三年英據此以扼俄人海參崴之出路旋復歸於朝鮮蓋巨文雖小實與日本之對馬同為朝鮮海峽之要害二圖云濟州古耽羅

慶尚北道據二圖北江原道西北忠清北道西南全羅北道南慶尚南道東日本海課程云南北二道南北四百餘里東西二百六七十里地勢大白山居道境極北分為二支東支東南迤入道境又南至東萊府薄於海西支西南迤為道之西界亦南至河東縣薄於海城中兩長山南北亘兩山之間原野相望中有洛東江自北而南長流彌境氣象壯闊於是又分內地為江東江西洛東江入海處為金海府實全國水陸富利要區也領四州十三府十二郡四十二縣戶四十萬五千四百餘口百七十八萬八千七百餘○大邱府幸記云觀察使治所課程云在漢城東南四百二三十里高山四塞中開大野有琴湖江橫流大野中西入洛東府城在琴湖南城壁雄峻水陸之運甚宜工商業頗盛本道物產先聚於此然後轉輸四方故商賈羣集人煙繁富大白山嶺南一大都會也觀察使及兵營均駐此講義云春秋二季開大市日人行商於此○慶州府在大邱之東約百里古雞林國也（[illegible]）新羅三姓享國千年均都於此今猶稱東京置府尹治之地踞大白山所分東支之中東倚雲梯山西接無谷山南北廣野數百里東北距興海灣三四十里亦商務繁盛之區興海灣本道東岸一大灣也口門東北向南岸突出海中之地為望海山其最東之

觜曰冬乙青串與海縣據灣之西北隅北岸之觜為青串灣內廣深可泊巨艦惟江外無障蔽東北風起則不利

慶尚南道據二圖北慶尚北道西全羅南北道東南日本海○蔚山府課程云在大邱東南百二十里據險臨崖城郭壯闊置陸軍營駐節度督江左十三鎮兵事（[illegible]）江東距海岸二三十里有甘浦鹽浦西生浦均臨海停泊處各駐水軍萬戶○東萊府課程云在大邱東南百四五十里西北東皆山勢蜿蜒實城之屏蔽南臨平地直達海濱僅十四五里即釜山港也釜山為朝鮮三埠之一港口東南向口門兩山對峙相距十餘里中有絕影島橫塞遂分口門為二水道島西水道甚淺僅通帆船若汽輪兵艦均由島東水道出入港內深廣高山四環停泊者絕無風濤淺礁之虞港北岸為釜山鎮水軍巨領也駐有僉節制南至日本對馬島十七海里天氣晴爽炊煙相望釜山東萊閭檐比櫛人家稠密蓋通商極繁盛之地亦國南門戶也講義云此地與日本貿易不知起自何時而對馬島之宗氏實累世營業於此千八百七十六年始立通商約市街人口三萬日本專營居留地占十萬坪日本六千五百餘人居之有領事館附屬警察署等有郵便電信局有憲兵第一區首部駐紮守備隊一中隊有第一第十八第五十八銀行各支店有汽船會社支店明治三十四年貿易總額七百七萬圓此地為韓國三南貿易出入之中心商權概在日人之手幸記云釜山日駐理事官其地依阻邱陵環以石壁引海為濠周二十餘里以為軍港日人興辦各種如商會水產會病院學堂水道電話電燈寺院等工設備完密自日渡韓實為第一關鍵其經營締造匪朝伊夕矣又云在馬關車站觀日韓連絡交通章程凡旅客由東京

五洲地理志略　卷五　十二

新橋車站可逕買至韓國各地之券至關釜海峽有壹岐丸薩摩丸等汽船連絡不必加費船上供給周到若旅客偕行二十人以上其價九折乃至五折察其用意全係殖民政策廣輸本國之民移殖於朝鮮又其本國關門海峽青森海峽及關釜峽皆同一連絡使全國血脈貫通利國便民之至矣○金海府課程云釜山港之西約二十里為洛東江入海之口門兩島平列甚為扼要口內洛東江西岸即金海府亦百貨輻輳之區昔時駕洛國都此洛東江口之西約四十里為馬山浦海灣環向北闊入灣內水深山嶺環繞停泊甚便近時與榮山江口之木浦（全羅道）錦江口之羣山浦（全羅道舒川浦即）大同江口之鎮南浦（平安道[illegible]）鏡城府南之城津浦（咸鏡道）均開港為外國通商埠此在互市三埠之外者也馬山浦口外約二海里為巨濟島南北長約七十里東西廣處約四十里西岸中央有突出之地西岸南北兩端均闊入為灣耳島中有巨濟府亦為重鎮馬山浦北岸則昌原府也講義云馬山浦加德巨濟二島掩其前在內城為大灣人口五千明治三十二年五月開港因近於釜山頗奪其商業日人常與俄爭專管居留地即此地也日人二十餘戶幸記云馬山日駐理事官地當鎮海灣頭為米豆金砂牛皮輸出地昔俄人強租為海軍貯炭所藉以聯絡烏港及旅順大連因此日人定為軍港○晉州府曹譯野志云晉州跨晉江為慶尚南道之首府幸記云觀察使治所日駐副理事官課程云在大邱之西南百五十里南臨南水棘（[illegible]）人煙繁密物產豐盛為道中著名都會晉州之西南約六十里為河東縣蟾津江入海處也蟾津江口南約五海里為南海島幅員小於巨濟上置南海縣有尚州在大邱西北縣百二十里西倚白華山東臨洛

東江北接鳥嶺鳳岬蟒高山峴三大邱入都之路必由此水陸並通故百貨委積

五洲地理志略六　　亞洲六

賜進士出身　特賞內閣學士銜前國子監祭酒翰林院編修加三級臣　王先謙謹撰

日本國先謙案徐志云日本琉球東洋二國今琉球滅於日本已併爲一國矣

日本謝志云日本大山二支一西南至東北曰崑崙山脈自中國東來穿九州四國而入本道之中央最高峯萬二千尺一東北至西南曰庫頁山脈北自庫頁入北海道西南入本道最高峯八千二百尺更有火山三支橫截中南北三部南部曰霧島山在九州高四千五百尺中部曰富士山高萬二千尺冬夏積雪北部曰千島火山高五千尺四周皆海總計海岸長四萬五千里北海道之北爲宗谷角以宗谷海腰與庫頁分界向東海岸多直東有根室灣根室海口在焉南有噴火灣西有石狩灣南與本道夾津輕海腰本道沿太平洋岸出入甚多北端爲陸奧灣東有松島灣仙臺口岸在焉迤南爲東京灣東京卽在其西北岸橫濱橫須賀二口岸亦在其間更西爲相模灣駿河灣夾伊豆土股再西有伊勢灣紀伊土股南突其形三角北折過紀伊海腰入內海內海之東北有大灣曰大阪神戶大坂俱沿灣岸西有淡路島過廣島灣至下關爲內海之西端出下關海腰折向東北直抵陸奧灣屈曲甚少惟中間有能登土股北突海內其東爲富山灣迤北止新潟秋田二口岸新潟與佐渡島相對其餘四國九州二島海岸亦多曲折

雷志云千八百八十九年後改爲立憲國有上下二議院謝志云明

治三十一年頒定憲法改爲立憲政體皇位一世襲分立法行政司法三大部立法部分貴族院及衆議院每年一次開會於東京時約三月有大事則開臨時會貴族院議員皇族華族有爵及敕選議員任之衆議院員十三萬人舉一人約三百八十人行政分中央地方二部中央政府有內閣十省及樞密院十省者曰宮內掌宮中一切曰內務曰外務曰大藏猶中國之戶部曰陸軍曰海軍曰司法掌刑律曰文部掌教育曰農商務曰遞信掌內外驛務各省有大臣次官書記官局長等員除宮內省外諸省大臣合爲內閣其上有內閣總理大臣督其成樞密院爲國皇諮詢要務之處有議長顧問等官地方行政各府有知事北海道有長官掌一道之政府縣又分爲郡北海道沖繩縣並設區有郡長區長郡又分市町村置戶長管之每市町村有議會察議市町村之政事司法部各區有區裁判所凡三百餘處爲訟獄之始不服者上控地方裁判所凡四十六處卽每縣一所仍不服上控控訴院凡七處仍不服上控大審院凡關皇室國事者歸高等法院裁判監獄仿西制各處設警察以詰奸宄禁非違

其地自堪察加南角至臺灣南角止延長二千七百英里包有千島面積五千八百七十二英方里本島面積八萬五千三百四十五英方里及諸島共面積十五萬九千九百九十英方里謝志云日本在亞洲東北太平洋西北有五大島及二千小島北起北緯五十度四十分南抵北緯二十一度四十五分東起東經百五十六度三十八分西抵東經百十九

度二十分北則千島又名古柵勘鞯島與千乍德嘎土股相連案即堪察加又循宗谷海腰與俄屬庫頁島相對西北則日本海西隔朝鮮海腰與朝鮮相望西南界臺灣海岔與中國對南界南海東界太平洋遙與干阿達坎拏美國相望最廣處三百六十里長約七千五百里面積百六十萬英方里人四千二百二十七萬六百五十口謝志云人約四千五百七十萬口

東京熱度中數五十六度正月三十六度八月七十八度雨水六十一英寸東京有大學一所有強迫入學之制千八百九十五年有學童三百萬八十一人謝志云明治三十五年小學校二萬七千一百五十四所學生五百十三萬五千九百八十七人農爲首業紡織局廠發達甚速謝志云互市而後工藝改觀磁漆器精巧絕倫西人爭購產絲出口之外織紬綢及棉絲交織之布曰絲布曰總布大半輸入中國製紙織席銅器玩貨銷行亦暢善鑄刀劍犀利無比仿造洋織手巾等物價廉可用製造局工藝所船塢分設要處火柴玻璃紡織等廠無處無之而以大坂爲總匯

物產米大麥各種小麥豆茶甘蔗絲謝志云民多務農一年二熟餘地栽粟蔬豆麥棉花靛煙葉蠟樹茶桑無不畢植有馬百五十三萬牛百十三萬五千謝志云馬牛俱小而力強羊不能育以其草不中飼也樹林占地七萬五百二十英方里謝志云全國森林山鄉更甚有松杉楡櫸

椶楓竹橘柚蘋果榛梅柹桃李葡萄之屬北海道產水松蝦夷松桂椴白楊石楠有櫻花爲其國特產國人愛之花時游讌甚盛業漁者二百五十萬八千三百六十一人採魚及海菜謝志云海濱多魚北海道最盛太平洋沿岸次之多鯖鱒大蟹龍蝦赤黑鯉江河之內魚蝦尤蕃東京灣等處產蠣乾魚海味爲出口貨大宗

礦產金九萬四千磅銀銅鐵鉛煤煤五百三十七萬噸謝志云礦產金銀銅鐵煤與各種石鉛錫水銀次之金多出佐渡但馬薩摩銀多出秋田福島岐阜鐵多出鳥根巖手鳥取而磁鐵尤富銅多出秋田岡田等處煤盛產於福岡長崎北海道等處全國多石宕採水晶灰石花剛石瑪瑙等

入口貨值千七百六十五萬五千磅出口貨值千三百九十萬五千磅謝志云明治三十五年進口貨共值二萬七千八百三十萬圓鐵棉花煤油蔗糖爲大宗出口貨共值二萬四百萬圓絲茶火柴海味爲大宗多與中國香港美英法貿易謝志云明治三十五年[illegible]二歲入總計二萬七千七百二十九萬七千零零三圓其來源分地租關稅煙酒稅營業稅郵稅鐵路官產等項歲出總數二萬七千五百八十八萬七千四百二十四圓錢幣以金爲本位輔以銀銅鎳錢紙幣全國一例官私銀行大者約三十餘所國債四千一百三萬三千磅謝志云國債五萬一千零十八萬九千七十八圓鐵路二千五百五英里謝志云已成者三千七百英里未成者二千二百英里官設者爲東海道鐵路餘皆公司私設

西式商船七百三十四華式商船萬八千百九十三謝志云國內江河大者行輪船小者通平底船及木筏外國航路自橫濱東達美之舊金山加拿大之凡古斐及檀香山西至朝鮮之釜山仁川中國之煙臺上海過香港印度出紅海地中海至歐洲南達斐利賓及澳洲北達西比利亞之海參崴輪船公司以日本郵船會社大阪商船會社爲巨擘全國汽船共千一百艘西式帆船三千百三十艘

兵制依德國式平時二十六萬九千七百四十八人後備軍九萬一千百九十人國內戍兵萬六千八十八人謝志云陸軍省掌一切軍政有參謀本部掌運籌畫策男子及歲律當入營練習從德制也常備軍十二萬人戰時可得三十二萬人養馬十一萬匹每歲兵費二千三百萬圓分近衛戍兵二種近衛兵捍衛皇室戍兵分十二師團分駐各鎮陸軍中將統之戰艦百十七內鐵甲三十三謝志云海軍有戰艦九十五水師二萬八千餘人分泊橫須賀佐世保舞鶴室蘭吳五軍港設鎮守府司出入製造修理等事海軍省掌其成每年經費約四千萬圓製造軍器有礮兵工廠及海軍造兵廠一切出自本國不用外國之貨

東京　大坂　京都　神戶　橫濱　長崎以上要區徐志東洋二國云東洋浩渺一水直抵亞墨利加之西界數萬里別無大洋土附近中國者止有日本琉球二國蓋神州左翊也日本古稱倭奴國在東海中平列三大島北曰對馬島與高麗南境相直一夜可達明季關白爲亂者是

也中曰長崎土較大與浙海普陀山相直內地商船互市於此南曰薩峒馬與浙之溫台相直人強健刀最利兼產馬明嘉靖年間擾閩浙之倭寇薩峒馬也三島之外小島甚多王居長崎之東北地名彌耶穀譯曰京官皆世祿仍漢制稱刺史二千石文字同中國讀以倭音國事柄於上將軍王不干預僅食厚精受方物上將軍有時展覲而已歷代以來不爭王而爭上將軍故上將軍第宅時更新主而王無易姓以寬永爲年號歷世不改立法嚴人少鬭爭犯法者輒走山谷自殺呼僮僕嗚掌則應竟日不聞人聲好佛敬祖先得香花佳果必供佛或走獻祖墳俗尚潔街衢時時埽滌男女皆大領闊袖女加長以曳地繪染花卉褌褻帛幅著短襪曳絲履男髡鬚而薙頂額畱鬢髮至腦後闊寸餘綰爲髻髮長者剪之女多美髮日洗滌薰以柟沈前後挽髻插玳瑁簪其男女眉目肌理髟鬅華土信東方秀氣之所鍾也長崎與普陀東西對峙水程四十更每一更六十里橫洋剪渡風浪極險廈門至長崎水程七十二更由臺灣雞籠山之北渡米糠洋香蕈洋北風從五島門進南風從天堂門進前明中葉大西洋葡萄牙嘗欲據其海口又以天主教誘其土人日本與之戰荷蘭以兵船助日本葡萄牙遁去故其國與通商者中國與荷蘭而已所產紅銅硫磺海菜之類獺[illegible]又云琉球在薩峒馬之南東洋小國也周環三十六島皆海中拳石其國都之島較大南北四百餘里東西不足百里舊分山南山北中山三國後併入中山爲一故稱中山王王尚姓自紀載以來一姓相傳無改步國小而貧偪近日本屬役良苦自前明世修貢職　本朝體恤尤至其貢舟三年一至許販鬻中土之貨免其關稅舉國賴此爲生王薨則世子遣使請　命例遣文臣二

人爲正副使　賜一品服持節航海冊世子爲中山王故其國風土多能言之者由福州之五虎門放洋用卯鍼約四十餘更至孤米山其國之大島也再東即至其國國分三路曰首里曰久米曰那霸由內地往收泊必於那霸其地商賈萃集爲大都會王居首里山之脊也國與中國同文官之最尊者爲紫金大夫歲得俸米百石以次遞殺守土之官曰按司一按司所轄約六七里土磽瘠產米絕少以地瓜爲食番薯非官與耆老不食米地無麻絮以蕉爲布類織蒲負戴者圍下體餘皆裸露海風最烈屋瓦常飛故構屋甚卑簷與肩齊王居與使館較軒昂以大繩繫柱而釘於地防海風也其士大夫以黃帛爲冠似浮屠氏之冠大領博袖繫帶又云周海山尚書使琉球著中山志言隋時有海船望見始知有其地因島嶼紆蟠如虯龍流動之形故稱流虯後乃改爲琉球字唐宋以後漸通中土明初入貢太祖賜以閩人善操舟者三十六姓修貢職甚謹封舟頻往後爲日本所滅王被虜不通音信者數十年已而遣使來言王被執不屈倭送還復國由是修職貢如常期云案琉球受役於倭貧弱不能自存惟賴貢舟販鬻得餘貲以餬口資本皆貸於日本販回之貨運往日本者八九國人貧甚不能買也其國比之南澳平潭差大而不及臺灣之半特滄海之一粟耳先謙案黃遵憲日本國志云自神武天皇起日向都大倭之橿原賜功臣椎根津彥等以地名曰國造至成務朝隔山河而分國縣隨阡陌以定邑里以東西爲日縱南北爲日橫凡爲國百四十四推古以降兼置國司及孝德朝各州徧設國司郡司諸吏多以國造任之時漸省國爲郡文武帝大寶中又因山海形勢分六十六國內稱畿內外分七道國司限年遷任治所稱爲國府至嵯峨

朝大國十三上國三十五中國十一下國九凡四等共六十八國於是古制一變而爲郡縣昇平日久藤原氏世專國權國司多在京以吏代治公卿之莊園皆以家人爲地頭稱於七道治體漸變及源賴朝開府鎌倉執兵馬之權裂地以授家臣文治元年奏請置守護地頭往往世襲國司復不赴任於是封建之勢漸成建武中興命以功臣爲守護使就國司治所至足利氏分國郡封家臣稱爲守護三管領四職以下皆以地傳之子孫正平四年置關東管領以鎮鎌倉統八州及奥羽於是形勢一變而爲封建應仁以降天下大亂羣雄割據諸道互相吞滅織田氏興略定東海山畿內山陰諸地豐臣氏繼之海內盪平羣雄服從其大者六姓[illegible]次三十餘家慶長五年關原役畢德川氏統率諸氏分封子弟功臣其後加削增減頗易舊封慶應中凡二百七十一藩王政革新更建藩十四既而分奥羽爲七國改蝦夷稱北海道分十一國明治七年廢藩置縣復爲郡縣之治凡五畿七道七十三國二京三府六鎮三十六縣移都東京設開拓使以經理北海道封琉球爲藩王此古今沿革大略也先謙案日本開國迄今事實詳見余源流攷一書自設府縣析併不常惟古來所分國郡雖羣雄連跨數州舉沿用舊名未有更易茲本黃志先依國分敘焉

畿內

一畿內黃志云山城國[illegible]東近江西丹波攝津南伊賀太和河內北丹波東西六里南北十五里有嵐山[illegible]愛宕山北叡山如意嶽賀茂川木津川淀川郡八曰葛野曰愛宕曰乙訓曰紀伊曰宇治曰久世曰綴喜曰相樂又太和國東伊賀伊勢西河內南紀伊北山城東西十餘里南北二十五里有月瀨山[illegible]三國山[illegible]賀三畝山[illegible]亘金平山鷹鞭山多武峯葛城山二上山[illegible]吉野山[illegible]彌山七面山釋迦山大臺原山[illegible]山上嶽稻村嶽高見山太和川吉野川丹生川十津川北山川郡十五曰添上曰添下曰平羣曰山邊曰宇陀曰城上曰城下曰十市曰廣瀨曰高市曰葛下曰忍海曰葛上曰[illegible]曰宇智曰吉野[illegible]又河內國東太和西攝津和泉南紀伊北山城東西四里南北十三里有金剛山葛城山淀川太和川郡十六曰交野曰讚良曰茨田曰若江曰河內曰高安曰大縣曰安宿曰志紀曰澀川曰丹北曰丹南曰八上曰古市曰石川曰錦部又和泉國東紀伊河內南紀伊北攝津西至海東西四里十四町南北六里有槇尾山七越嶺石津川土宜五穀有魚鹽之利郡四曰大鳥曰和泉曰泉南曰日根又攝津國東河內西播磨南和泉及海北山城丹波東西十二里餘南北九里古名浪速國有箕面山[illegible]武庫山[illegible]淀川大和川豬名川[illegible]武庫川郡十二曰東成[illegible]曰西成[illegible]曰住吉曰島下曰島上曰豐島曰能勢曰河邊曰武庫曰菟原曰八部曰有馬謝志云畿內在本國中央面積二千七百英方里人二百七十萬口地勢多山府二縣二西京在琵琶湖西爲國舊都人約三十萬口大阪在大阪灣東北端爲外國通商場有陸軍製造廠造糖廠造幣局造船所紡績公所造火柴廠商業之盛推爲西南第一出人口貨歲值約七百萬圓居民二十萬神戶在大阪西據大阪灣西北岸久爲通商口岸鐵路四通汽船不絕出入口貨歲值約二萬萬圓出口多米茶樟腦煤炭入口多煤油木棉洋布蔗糖先謙案府二京都大阪縣二奈良河內

東海道

二東海道黃志云伊賀國東伊勢南太和西太和山城北近江東西七里南北九里有大山嶽

[illegible]高旗山布引山伊賀川名張川[illegible]民業薪炭郡四曰阿拜曰山田曰伊賀曰名張又伊勢國東南皆海西近江伊賀太和東南志摩西南紀伊北美濃尾張東西十二里狹處四里南北二十七里有鎌嶽御在所嶽堀坂山局嶽白猪山木曾川雲出川宮川郡十三曰桑名曰員辨曰朝明曰三重曰河曲曰鈴鹿曰奄藝曰安濃曰一志曰飯高曰飯野曰多氣曰度會又志摩國西北伊勢東南北三面臨海東西三里南北七里有日和山淺間山郡二曰答志曰英虞又尾張國東三河西北美濃西南伊勢南至海東西八里南北十九里有木曾川玉野川郡八曰愛智曰知多曰春日井曰丹羽曰葉栗曰中島曰海東曰海西又三河國東遠江西尾張北美濃信濃南至海東西十六里南北十二里有猿投山本宮山矢作川豐川德川家康肇業地也郡八曰碧海曰額田曰賀茂曰幡豆曰寶飯曰設樂曰八名曰渥美又遠江國東駿河西三河北信濃南至海東西十八里南北二十里有粟嶽黑法師嶽朝日嶽大井川天龍川大田川民業茶楮郡十二曰濱名曰敷智曰引佐曰麁玉曰長上曰豐田曰盤田曰山名曰周智曰佐野曰城東曰榛原又駿河國東相模伊豆西遠江北甲斐信濃南至海東西十八里南北十二里有富士山七峯安倍川土宜茶麥有魚鹽之利郡七曰志太曰益津曰有渡曰安倍曰庵原曰富士曰駿東又甲斐國東相模武藏南駿河西信濃北信濃武藏東西二十五里南北二十五里有奥仙丈山金峯山駒嶽白峯笛吹川釜無川富士川[illegible]入桂川多美田富材木蠶桑郡四曰都畱曰山梨曰八代曰巨摩又伊豆國北駿河相模東西南至海東西七里十二町南北十四里有箱根山天城山烏帽子山[illegible]

峨隅狩野川土地磽瘠民以薪炭漁獵爲業郡四曰君澤曰田方曰那賀曰賀茂其島嶼曰大島曰八丈島八丈島之南爲小笠原羣島大小島八十九父母二島最大餘兄弟姊妹羣島若環列者氣候恆燠蕃殖草木無居人文祿中小笠原貞賴尋得故名後英人爭不得今改隸東京府有旭山八瀨川又相模國東北武藏西甲斐駿河南伊豆及海東西十四里南北十一里有箱根山相模川蘆湖横須賀港西南饒米穀魚介西北業採薪養蠶源賴朝陪臣北條氏執權廢立將軍者六世然歷世自稱相模守即此州守也郡九曰足柄下曰足柄上曰淘綾曰大住曰愛甲曰津久井曰高座曰鎌倉源賴朝開府於此曰三浦又武藏國東下總西信濃甲斐南相模北上野東北下野東南至海東西二十六里南北二十五里東南隅郡東京皆古武藏野地也初江戶屬扇谷氏後北條氏滅之北條氏亡德川氏居之先是德川家康起三河豐臣秀吉語之曰江戶霸氣所鍾子宜築城爲根本地家康既徙居築石爲城高壘深濠如大坂任將軍統列藩者十五世及德川氏還政大久保利通以山城地狹請遷都明治元年遂因幕府爲宮殿有三峯山慈光山荒川中川入間川多摩川有五穀魚鹽蠶桑之利郡二十二曰豐島曰葛飾曰足立曰埼玉曰新座曰荏原曰入間曰高麗曰比企曰横見曰大里曰男衾曰幡羅曰榛澤曰兒玉曰賀一作加美曰那珂一作賀曰秩父曰多摩曰橘樹曰都筑一作築曰久良岐又安房國北上總東西南至海東西十里南北七里民業農漁鍥工郡四曰平羣曰安房曰長狹曰朝夷又上總國南安房北下總東西至海東西十四里南北同有夷隅川一宮川養老川小櫃川其港灣有九十九里濱盛漁業郡九曰天羽曰周准曰望陀曰市原曰夷隅曰埴生曰長柄曰山邊曰武射又下總國東至海西武藏上野南上總及海北常陸下野東西二十二里南北十七里有利根川江戶川鬼怒川蠶養川土宜五穀郡十二曰千葉曰葛飾曰猿島曰結城曰豐田曰岡田曰相馬曰印旛曰埴生曰香取曰匝一作匝瑳曰海上又常陸國西下野下總南下總北磐城東至海東西十一里十八町南北三十里十町有筑波嶽蠶養川那珂川久慈川霞浦湖謝志云霞浦湖在東京東北周二百餘里入利根川產魚鰕多宜桑椿富魚鹽郡十一曰筑波曰河內曰信太曰新治曰行方曰鹿島曰眞壁曰茨城曰那珂曰久慈曰多賀謝志云東海道濱太平洋面積萬六千英方里民人十萬府一縣八東京在東京灣北岸爲日本新京人百三十萬口皇城居中央旁有政府公署各國使館近衞旅團各等學校大小報社鐵道四通貨物屯積東亞一大都會也距海口横濱五十餘里横濱據東京灣西南久爲通商口岸居民二十萬東西洋輪船要道出入貨歲値二萬萬圓出口絲茶絹布生銅爲大宗入口棉紗糖煤油爲大宗名古屋在本道西南據伊勢灣西北東通京師西連四日市大阪神戶居民三十萬横須賀在横濱之南爲第一海軍區有鎮守府先謙案府一東京縣八神柰川埼玉千葉茨城三重愛知靜岡山梨俱今名

三　東山道

黃志云近江國東伊勢美濃西山城丹波南伊賀北若狹越前東西十二里南北十九里有比叡山比良峯石山御袍嶽横田川琵琶湖一名淡海又名鳴湖周七十三里西間中第一大湖謝志云長白五野島是六十東中路狹北四甲中有二島地控畿內當三道要衡民頗長於商賈郡十二曰滋賀曰高島曰栗太曰甲賀曰野洲曰蒲生曰神崎曰愛知曰犬上曰坂田曰淺井曰伊香又美濃國東信濃飛驒西近江伊勢南尾張三河北越前飛驒東西二十

六里南北十九里有惠那嶽一名後飛信濃名作野陸木曾川長良川揖斐川地宜五穀郡二十一曰石津曰多藝曰不破曰池田曰大野曰安八曰海西曰中島曰羽栗曰厚見曰本巢曰席田曰方縣曰山縣曰各務曰武儀曰郡上曰加茂曰可兒曰土岐曰惠那又飛驒國東信濃西加賀南美濃北越中東西一十七里南北二十里有乘鞍嶽槍嶽益田川宮川白川產良材多工匠兼業蠶郡三曰益田曰大野曰吉越又信濃國東甲斐武藏上野西美濃飛驒南駿河遠江三河北越中越後東西二十三里南北四十里有茶磨伊嶽穗高嶽己阿山人上野吾妻山日淺間山山積火木曾川謝志云發源人勢諏長四百野天龍川千曲川謝志云發源至新潟東入日本海長經六百里犀川諏訪湖一名鴉湖民業蠶富物產郡十曰筑摩曰伊那曰安曇曰諏訪曰更級曰水內曰高井曰埴科曰小縣曰佐久又上野國東下野西信濃南武藏北越後岩代東西二十三里南北二十五里有妙義山御荷鋒山利根川謝志云利根川日本河最大者發源流岡岡嶺支流爲江戶川入東京灣正流入太平洋長野百五十里片品川神流川士地繁富勤商賈蠶織郡十四曰吾妻曰碓冰曰羣馬曰甘樂曰片岡曰多湖曰綠野曰利根曰勢多曰山田曰那波曰佐位曰新田曰邑樂又下野國東常陸西上野南上野武藏下總北岩代磐城東西十九里南北二十五里有日光山最高日群髮德川氏營麻北極紬麗茶臼嶽嶺火山鬼怒川那珂川渡瀨川民多植芋麻製紙漆布帛郡九曰安蘇曰足利曰梁田曰都賀曰寒川曰河內曰芳賀曰鹽谷曰那須又磐城國東至海西岩代羽前南下野常陸北陸前羽前東西二十二里狹者五里餘南北三十三里餘有旭嶽阿武隈川有魚鹽之利港灣淺小不便漕運郡十四曰白河曰白川曰石川曰菊多一作河曰磐前曰磐城曰田村曰楢葉曰標葉曰行方曰宇多曰亘理曰伊具曰刈田又岩代國東磐城西越後南上野下野北羽前東西二十里餘南北二十一里餘有燧嶽駒嶽朝日嶽朝草嶺猩猩森山荒貝嶽七森嶽背炙嶽御神樂嶽盤梯山飯豐山赤崩山高陽山高曾根山東吾妻山安達太郎山鬼面山朽人山日橋川鶴沼川只見川阿武隈川謝志云發源入海之日近松鳥津行三百餘里松川猪苗代湖謝志云一百點馬便漕運宜蠶桑郡九曰會津曰大沼曰河沼曰耶麻曰岩瀨曰安積曰安達曰信夫曰伊達又陸前國東至海西羽前羽後南磐城北陸中東西二十五里狹者二里南北四十里狹者十九里有太白山日和山鳴瀨山江合川迫川北上川其島嶼有松島屬宮城郡南至千賀濱北至慶崎小島數百棊布海上皆生青松與丹後天橋立安藝巖島名日本三勝地便運輸頗饒穀產郡十四曰柴田曰名取曰宮城曰黑川曰加美曰玉造曰栗原曰志田曰遠田曰桃生曰牡鹿曰登米曰本吉曰氣仙又陸中國東至海西羽後南陸前北陸奧東西三十七里南北三十三里廣處五十里有酢川嶽八幡平大國平北上川謝志云發源入松鳥灣流百五十里能代川馬淵川地多磽确江面稍沃瀨海有魚鹽利郡十曰磐井曰膽澤曰江刺曰和賀曰稗貫曰紫波曰閉伊曰岩手曰九戶曰鹿角又陸奧國南陸中羽後東西北至海東西三十九里南北四十餘里有八甲田嶽赤倉嶽戶來嶽岩木川馬淵川能代川地多不毛西壤稍肥民勤耕種習獵漁郡四曰津輕曰北曰三戶曰二戶又羽前國東磐城陸前南岩代越後北羽後西至海東西二十二里南北三十五里有吾妻山五所山月山最上川謝志云發源入日本海行三百二十里地肥磽相半民業蠶桑郡四曰置賜曰村山曰最上曰田川又羽後國東陸前陸中南羽前北陸奧西至海東西二十五里狹處十九里南北四十九里有鳥海山御駒山

北陸道

阿彌陀嶽朝日嶽御物川玉川子吉川能代川大阿仁川地磽薄不宜果穀郡八曰飽海曰由利曰雄勝曰平鹿曰仙北曰河邊曰秋田曰山本謝志云東山道東臨太平洋西盡日本海面積四萬千英方里人九百萬口地勢多山少海口縣四十一宇都宮在本道南端鐵路四達製絲最盛有大銅鑛居民約四萬仙臺在本道中央據松島灣之西岸地勢雄壯爲東北第一鐵道中貫貿易興盛人八萬口先謙案十一縣　青森秋田山形岩手福島宮城羣馬橡木長野岐阜滋賀俱今見　四北陸道黃志云若狹國東越前近江南近江丹波西丹後北至海東西十二里南北四里土質磽瘠民力耕漁郡三曰三方曰遠敷曰大飯又越前國東北加賀東南美濃南近江西若狹西北至海東西十九里南北十七里有越智山日野川足羽川九頭龍川土宜五穀民業耕織工商郡八曰敦賀曰南條曰今立曰丹生曰足羽曰吉田曰坂井曰大野又加賀國西南越前東飛驒越中北能登西北至海東西十八里南北十八里有白山釋迦嶽妙法山手取川大聖寺川物產殊乏郡四曰江沼曰能美曰石川曰河北又能登國南越中加賀餘至海東西十一里南北十八里島嶼有能登島土壤瘠薄郡四曰羽咋曰鹿島曰鳳至曰珠洲又越中國東越後信濃南飛驒加賀西北能登北至海東西二十一里餘南北十九里有立山劍嶽鷲羽嶽夫婦山射水川神通川常願寺川黑部川物產饒水族郡四曰新川曰婦負曰礪波曰射水又越後國西越中南信濃上野東岩代東北羽前西北至海東西六十二里南北七十里有富山飯豐山風倉山大日嶽御神樂嶽蓮峯山朝日嶽信濃川魚沼川阿賀川三面川荒川土廣產饒民巧於機織郡七曰岩船曰蒲原曰三

五洲地理志略　卷六　八

島曰古志曰刈羽曰魚沼曰頸城又佐渡國在越後新潟之西少北越海十一里餘至其地大島也周回五十三里十町五十二間半東西七里餘南北十一里南北橫拓中央窄縮土產金銀爲一國最有金北山其民力作兼業鑿鑛郡三曰雜太曰羽茂曰加茂謝志云北陸道北臨日本海面積一萬英方里人四百萬口東南多山西北濱海多平地縣四新潟在本道西北有鐵路通各大城惟港口不佳貿易不盛出入口貨歲值百萬元居民約五萬金澤在本道西南人八萬口街市繁盛爲本道第一大城先謙案四縣金澤新潟富山福井也新潟今見餘改併

山陰道

五山陰道黃志云丹波國東北山城東近江西但馬西南播磨西北丹後南攝津北若狹東西十四里十八町南北十二里有保津川和知川地肥瘠不一民業耕樵郡六曰桑田曰船井曰何鹿曰多紀曰冰上曰天田又丹後國東若狹西但馬南丹波北至海東西十三里餘南北十一里餘有由良嶽由良川其港灣有天橋立[illegible]地味磽薄民業耕織郡五曰加佐曰與佐曰中曰竹野曰熊野又但馬國東丹波丹後西因幡南播磨北至海東西十五里餘南北十二里有三開山朝來川民農商各半郡八曰城崎曰出石曰美含曰二方曰氣多曰七味曰養父曰朝來又因幡國東但馬西伯耆南播磨美作北至海東西十二里餘南北十二里十八町餘土性磽瘠郡八曰岩井曰法美曰邑美曰八東曰高草曰氣多曰八上曰智頭又伯耆國東因幡西出雲南備後備中美作北至海東西十七里南北八里有大山日野川土瘠沃各半郡六曰會見曰日野曰汗入曰八橋曰久米曰河村又出雲國東伯耆西石見南備後北至海東

山陽道

西十七里餘南北十五里有嵩山船通山彌山佛經山朝日山簸川神門川中海[illegible]湖山勝地風俗柔靡郡十曰島根曰能義曰意宇曰秋鹿曰楯縫曰出雲曰大原曰仁多曰神門曰飯石又石見國東出雲東南備後南安藝周防西長門西北至海東西十一里南北十三里自東北亘西南凡三十里有江川民業紙麻製鐵郡六曰安濃曰邇摩曰邑智曰那賀曰美濃曰鹿足又隱岐國知夫島在出雲國島根郡加賀浦正北相距十一里三十町周回六里三十一町十九閒東西一里十五町南北二十五町西島隔東北一峽與知夫島相對周回二十里二十六町五十六閒半東西三里二十町南北二里中島在西島東相距十二町周回十六里二十一町十一閒東西一里三十町南北一里二十四町以上三島名曰島前島後一島在中島東北相距三里餘周回三十里十七町五十四閒半東西四里南北四里三十町自島前海士郡知井村至島後穩地郡都萬村海上直徑四里三町當出雲正北合四島爲一州島前則三小島鼎立島後爲一大島民業農漁郡四曰知夫曰海士曰周吉曰穩地謝志云山陰道北臨日本海南方多山北方海地平坦面積六千五百英方里人約三百萬口屬府一縣二鳥取松江爲本道大邑先謙案府一京都縣二鳥取松江　六山陽道黃志云播磨國東攝津西備前美作北因幡但馬東北丹波南至海東西二十里南北十四里有笠形山揖保川山陽要津田疇大闢有魚鹽之利郡十六曰明石曰加古曰印南曰飾東曰飾西曰美囊曰加東曰加西曰多可曰神東曰神西曰宍粟曰揖東曰揖西曰赤穗曰佐用又美作國東播磨西備中伯耆南備前北伯耆因幡東西十四里南北十一里有那岐山津山

五洲地理志略　卷六　九

川高田川南腴北瘠郡十二曰吉野曰英田曰勝南曰勝北曰東北條曰東南條曰西北條曰西西條曰久米南條曰久米北條曰大庭曰眞島又備前國東播磨西備中北美作南至海東西十二里南北十一里有東大川西大川北少平地南稍衍沃郡八曰和氣曰邑久曰上道曰御野曰磐梨曰赤坂曰津高曰兒島又備中國東備前西備後北伯耆美作南至海對讚岐東西十一里南北十七里餘地形至北漸縮有大川礦利頗饒郡十一曰小田曰淺口曰下道曰窪屋曰都宇曰賀陽曰上房曰阿賀曰哲多曰川上曰後月又備後國東備中西安藝北伯耆出雲西北石見南至海羣島相連直接伊豫東西十三里南北十九里有三次川櫃前川東南有魚鹽漕運之利西北業礦產郡十四曰深津曰安那曰神石曰沼隈曰品治曰蘆田曰御調曰世羅曰甲奴曰三谿曰三上曰奴可曰惠蘇曰三次又安藝國東備後西周防北石見南至海東西二十里南北十六里有野呂山[illegible]大田川吉田川其島嶼有巖島[illegible]土瘠不宜播種港灣商業頗盛郡八曰豐田曰賀茂曰安藝曰高宮曰高田曰山縣曰沼田曰佐伯又周防國東安藝及海西長門北長門石見南至海東西二十里餘南北十二里餘有錦川饒鹽利山民多製紙郡六曰吉敷曰佐波曰都濃曰熊毛曰玖珂曰大島又長門國東周防石見南周防及海西北至海東西十九里餘南北十三里有阿武川山陽要害土宜播種東北磽确沍寒郡六曰阿武曰大津曰美禰曰厚狹曰豐浦曰見島謝志云山陽道在山陰道之南南臨內海面積九千英方里人四百三十萬口北境多山南境瀕海地平坦縣四廣島在本道之南濱內海鐵路東西連

按南爲廣島灣口岸甚佳輪船聚泊商務極盛人十二萬口南島之上有吳城爲水師重鎭設鎭守府先議案四縣益併兵庫數之及岡山廣島山口也吳城列國學會二圖作吳港

南海道

七南海道黃志云紀伊國北和泉河內大和伊勢東西南至海東西二十七里狹處八里南北三十里狹處七里有葛城山龍門山高野山大塔峯紀伊川在田川日高川富田川安宅川古座川大田川熊野川東北土沃地闕西北富魚介柑橙郡七曰名草曰海部曰那賀曰伊都曰在[illegible]田曰日高曰牟婁又淡路國四至皆海北對播磨東南對紀伊西南對阿波幅員三十六方里周三十八里二十五町十四間東西五里二十一町南北十二里二十八町魚稻之鄉郡二曰津名曰三原又阿波國東至海西伊豫西南土佐北讚岐東西十八里三十三町南北十六里六町有劍山雲邊寺山吉野川那賀川土沃民富郡十曰板野曰名東曰名西曰阿波曰麻殖曰美馬曰三好曰勝浦曰那賀曰海部又讚岐國東南阿波西伊豫北至海東南十八里十二町南北十一里狹處二里二十八町有五劍山飯山平夷肥沃有魚鹽利郡十一曰大內曰寒川曰三木曰山田曰香川曰阿野曰鵜足曰那珂曰多度曰三野曰豐田附島三曰小豆曰直曰鹽飽又伊豫國東讚岐東南阿波南土佐西北至海東西三十五里南北十五里狹處五里餘有石鎚山米麥豐饒郡十四曰宇摩曰新居曰周敷曰桑村曰越智曰野間曰風早曰和氣曰溫泉曰久米曰伊豫曰浮穴曰喜多曰宇和又土佐國西北伊豫東北阿波南至海東西三十五里南北十八里有三榜示山筐峯三瀧山手筥山物部川仁淀川渡川山谷林叢居其三分之一土壤不宜種藝海濱力於漁業郡七曰安藝曰香美曰

長岡曰土佐曰吾川曰高岡曰幡多謝志云南海道包四國島及畿內之南面積一萬英方里人四百萬山中央山嶺橫貫北臨內海岸多曲折島嶼無數淡路爲最大縣五鐵路不長輪舟往來各口不絕先謙案四國讚岐阿波伊豫土佐

西海道

八西海道黃志云筑前國東豐前南豐後筑後肥前西肥前及海北至海東西十八里南北十七里有浮嶽千年川土宜富贍紡織頗工郡十五曰志摩曰怡土曰早良曰那珂曰席田曰御笠曰糟屋曰穗波曰夜須曰下座曰上座曰嘉麻曰宗像曰鞍手曰遠賀又筑後國東豐後西肥前南肥後北筑前西南至海東西十一里南北八里有御前嶽筑後川矢部川地便運輸民產頗富郡十曰三瀦曰御井曰御原曰山本曰竹野曰生葉曰上妻曰下妻曰山門曰三池又豐前國東南豐後西筑前東北至海東西十六里南北十五里有戶上山地味豐腴郡八曰企救曰田川曰京都曰仲[illegible]津曰築城曰上毛曰下毛曰宇佐又豐後國東北至海南日向西肥後筑後筑前北豐前東西二十三里南北二十七里有黑嶽大船嶽九重山祖母嶽桑原嶽大野川三隈川地肥瘠不一郡八曰國東曰速見曰大分曰玖珠曰日田曰直入曰大野曰海部又肥前國東筑後北筑前及海西南至海東西二十一里南北二十五里有多良嶽八郎嶽國見嶽安滿嶽下年川上川武雄川土沃冠九州郡十一曰基肄曰養父曰三根曰神崎曰佐賀曰小城曰杵島曰藤津曰高來曰彼杵曰松浦又肥後國東豐後日向南日向薩摩北筑後豐後西至海東西十九里南北二十八里有木葉山阿蘇嶽國見嶽月見嶽鶴掛嶽菊池川白川綠川球磨川土沃民繁嘉穀之產鄰州仰給郡十五曰玉名曰飽田曰山鹿曰菊池曰阿蘇曰合志曰

山本曰託麻曰上益城曰下益城曰宇土曰八代曰葦北曰球摩曰天草又日向國東南臨海西肥後大隅薩摩北肥後豐後東西十七里南北四十里有霧島山小松山五箇瀨水美美津川大丸川一瀨川大淀川地奧民樸郡五曰臼杵曰兒湯曰諸縣曰宮崎曰那珂又大隅國東日向西薩摩北日向薩摩南至海東西十里南北二十八里有國見山櫻島嶽噴火八重嶽澗墾深阻郡八曰菱刈曰桑原曰始羅曰囎唹曰肝付曰大隅曰熊毛曰馭謨又薩摩國東大隅日向及海北肥後西南至海東西十里南北二十七里有開聞嶽野間嶽長屋山川內川沃野甚乏郡十三曰鹿兒島曰谷山曰給黎曰揖宿曰穎娃曰州邊曰阿多曰日置曰薩摩曰高城曰伊佐曰出水曰甑島又二島曰壹岐島在肥前西北周三十五里十五町五十九間東西三里十二町南北四里六町民俗柔和兼業農漁郡二曰石田曰壹岐[illegible]曰對馬島在壹岐西北分兩島南曰上島周五十里十四町二十一間東西二里二十八町南北五里二十町北曰下島周百三十五里三十一町十九間東西四里六町或二里二十八町南北九里二十六町有三嶽白嶽明山矢射立山龍良山土地薄瘠不宜播殖民仰食內地惟多採海利與朝鮮互市[illegible]謝志云西海道本一名九州島面積連對馬壹岐種子琉球諸島約萬六千英方里人約七百萬口屬縣入其大城曰福岡佐賀長崎熊本大分富崎鹿兒小倉佐世保長崎在九州島之西隅久爲商埠港深可泊巨艦航路通中國朝鮮西伯利亞等處出入口貨約歲値二千七百萬圓八約八萬口郵船會社設船塢於其地佐世保在長崎之北有鐵路相通爲海軍重鎭鎭守府在焉

北海道

九北海道黃志云東至千島州對得撫島北

隔北見州宗谷海峽而對樺太南隔渡島州津輕海峽而對東山道陸奧東西百六十六里南百二十里幅員五千五十六方里七八周五百八十三里三三屬島十五幅員五十方里九二渡島南向陸奧其狀如伸頸張頤宛折趨東北爲膽振後志當石狩貟脊之要天鹽北見日高十勝排於南北爲左右翼釧路爲其臂根室之地岬角左右相望爲其股千島曳尾其後石狩十勝之二高山對峙全道之中央支脈四布諸大川率發源於此眾水分流西爲石狩川西北爲天鹽川北爲常呂川南爲大津川石狩十勝等處原野曠漠雖土壤肥沃而產業未開土人言語衣服皆異內地古蝦夷地陸奧出羽之北境夷種雜居其渡島以北之夷總稱蝦夷叛服不常齊明帝時命將北伐設治於後方羊蹄及一條帝蝦夷作亂陸奧人安倍國東伐定之源賴朝之征陸奧以安倍氏後裔安藤季信爲津輕守護俾世管蝦夷至亨德中武田信廣航至松前島夷咸服永正中其孫義廣徙居松前後降豐臣氏慶長中以福山城爲治所稱松前氏寬政末德川氏遣吏經理東夷收松前氏所領東部猶命管西部亨和初置箱館奉行文化四年徙松前氏於陸奧並收其西部置松前奉行管理全島明治二年八月稱全島爲北海道分十一州設開拓使以治之[illegible]渡島州南隔海對陸奧北後志膽振東西至海東西二十一里二十町南北二十三里十八町有惠山大川嶽[illegible]古部嶽熊泊嶽駒嶽濁川嶽橫津嶽三森嶽烏嶽知內嶽千軒嶽遊樂部嶽郡七曰茅部曰龜田曰上磯曰福島曰津輕曰檜山曰爾志又後志州東膽振石狩南渡島膽振西北至海東西十六里南北三十二里三十一町有八內山雷電山積丹嶽後志川利別川

郡十七曰久遠曰太櫓曰瀨棚曰島牧曰壽都曰歌棄曰磯谷曰岩內曰古宇曰積丹曰美國曰古平曰余市曰忍路曰高島曰小樽曰奧尻又膽振州東日高西後志南渡島及海北後志石狩東西四十四里二十五町南北十四里三町有昆保嶽有珠嶽小噴大白老山紋別嶽漁山遊樂部川長流別川鵡川郡八曰山越曰虻田曰有珠曰室蘭日札港南二百八十里西距石蘭港名國通商埠驛第五海軍臨鎮守府曰幌別曰白老曰勇拂曰千歲又石狩州東釧路北北見南膽振十勝西後志及海北天鹽東西四十三里二十二町南北二十五里三十町有斜芳嶽石狩川新志云發源中央入日本海長千野郡九曰札幌曰石狩曰厚田曰濱溢曰樺戶曰夕張曰空知曰上川曰雨龍又天鹽州東北見南石狩西至海東西三十里南北三十九里二十七町有辨花片山天鹽川新志云發源入日本海約行四百里郡六曰增毛曰留萌曰苫前曰天鹽曰中川曰上川又日高州東北十勝西膽振南至海東西二十九里十四町南北二十一里二十一町有厚別川新冠川染退川郡七曰沙畱曰新冠曰靜內曰三石曰浦河曰樣似曰幌泉又十勝州東釧路北石狩西日高南至海東西三十里二十二町南北四十七里十八町有神威嶽大津川郡七曰廣尾曰當緣曰十勝曰中川曰河西曰河東曰上川又釧路州東根室北北見西十勝石狩南至海東西四十七里二十一町南北二十九里七町有久壽里川郡七曰白糠曰釧路案在札幌東南七百六十里釧路川入海口各國通商處曰厚岸曰阿寒曰上川曰網尻曰足寄又根室州西南釧路西北北見東至海南北兩角斗出而對千島東西十九里十八町南北二十九里二十七町有西別川標津川郡五曰花芙曰根室案在札幌東九百九十五里臨根室轄東第七師團分營曰野付曰標津曰目梨又北見州西天鹽南釧

路東西根室西北至海隔宗谷海峽近與樺太相對東西七十八里南北十七里七町有富別川常呂川郡八曰宗谷曰枝幸曰紋別曰常呂曰網走曰斜里曰利尻曰禮文又千島州在根室州東北羣島合稱千島幅員五百七十二方里大者二島東擇捉西國後皆地形狹長國後幅員百四方里周七十一里西南至東北三十里東西廣處八里與根室野付岬相距五里擇捉幅員四百六十八方里七六周百五十三里自西南至東北五十里東北廣處十里在國後東北三里餘此島東北與得撫羣島相連直接俄之堪察加島郡五曰國後曰擇捉曰振別曰紗那曰蘂取謝志云北海道一名頁蘇面積三萬七千英方里人五十六萬口城之大者札幌函館室蘭根室小樽函館航路通橫濱產海味最多出入口貨歲計二百七萬圓人七萬五千口課程云千島舊本荒蕪明和中乾隆時俄人始自堪察加南侵據得撫島後屢寇蝦夷千島遂盡爲俄有樺太島者在混同江口海中古肅愼地樺太鄂庫頁一名薩哈達案薩肅賞哈達急讀爲僕我朝天命元年明萬歷四十四年征東海薩哈連路庫頁以西大陸混同江南北兩岸地告足亦古盡樵地其島居負險者剡小舟二百往盡取之是庫頁於明萬歷時入我朝版圖鄂倫春赫哲費雅喀等所日本人紀載言慶安二年順治六年俄人始至樺太德川氏以來蝦夷人移住樺太營漁業者漸多俄人自北而南日人自南而北於是兩國雜居一島大約以北緯五十度爲界故日人於樺太有北蝦夷之稱明和以來始有此名時分蝦夷島爲東西南故以樺太爲北我朝征服庫頁不編佐領不隸八旗致外人竊有其地數十百年無過問者日本維新之初屢與俄論樺太界不決明治八年光緒元年榎本武揚使俄定議日以樺太全島與俄俄以千島羣島與日疆域始定先謙案日人戰勝後庫頁一島仍

日俄各据其半○又琉球國課程云琉球大小五十五島在九州島西南海中自東北斜迤西南斷續相望南自北緯二十四度六分盡二十七度三分西自順天偏東六度十九分盡十二度四分面積八千三百七十七方里人四十四萬八百八十九口在東北者曰沖繩羣島在西南者曰八重山羣島其最大之島曰沖繩島在北緯二十六七度間距薩摩國開聞岬西南約千里北垂望大隅國與論島僅二十餘里周五百四十里東北至西南長二百八十里廣處六十餘里曰宮古島在沖繩西南四百八十餘里周八十里東西二十六七里南北三十三四里曰石垣島在宮古西偏南九十里周百二十里東西約四十里南北約三十里曰西表島在石垣西四十里周百十里東西約四十七八里南北約四十里上三島均屬八重山其羣島皆在北緯二十四五度間西表至臺灣雞籠四百五六十里沖繩縣治那霸區在沖繩島西南境西臨那霸港各國通商埠明治五年置縣人三萬四千餘口產棉布酒首里區在那霸區東北十里中山國王舊都繁盛同那霸駐第六師團分營案隋大業中命朱寬入海始到琉球後遣陳稜率兵浮海征之取其人民而還元世祖成宗遣使招撫不至明洪武初中山王遣子弟來肄業知其國分爲三有中山南山山北三王皆以尚爲姓自是三王嗣封皆請於明末幾山南山北爲中山所併終明世至國朝封貢不絕琉球人紀載言古名宇畱間島其疆域本自大隅國南二度起大隅種南屬當北緯三十一度琉球北部諸島賓應自北緯二十九度起南盡北緯二十四度國分爲三北總稱大島南總稱先島即八重山羣島中總稱沖繩島共分中山山南山北又在沖繩一島上相傳古國王稱天孫氏之殉數卿嘴睹傳二十五世至宋淳熙中爲逆臣利勇所滅先是有日本人源爲

朝者保元之亂竄伊豆島旋至琉球娶大理按司之妹生尊敦爲浦添按司起兵誅利勇諸按司遂推尊敦爲君號舜天王傳三世而絕天孫氏裔英宗代之又數傳察度氏代之號巴志王始受明太祖賜永樂中又賜姓尚氏紀載不同未知孰是嗣後王或天孫氏後或非天孫氏後要非日本人裔也明萬歷中豐臣秀吉徵糧於琉球不應論其王尚甯入朝又不往於德川氏命薩摩藩島津家久伐琉球克之虜尚甯以歸允歲輸米八千石於薩摩割北部羣島請和尚甯始復國萬歷三十七年日本慶長十四年故至今大島羣島屬大隅國轄於鹿兒島縣也嗣是琉球爲兩屬之國同治十年有琉球船遇風飄至臺灣生番劫殺五十四人明年小田縣即今岡山縣備晉置小田鱡治民四人亦漂到遇害時副島種臣爲換約使居北京詢臺地事總署苔以琉球臺番皆我屬土其人相殺裁決在我與貴國無涉副使柳原前光因力爭琉球屬日又具證小田縣民遇害狀總署以生番化外末便窮治拒之同治十一年日人遂遣西鄉從道谷干城等率兵赴臺朝命沈葆楨渡臺籌防日人踞牡丹社番地冀誘惑各番爲用我招撫各番多內附日人勢窮陰託英使請和朝廷允之光緒元年琉球欲入貢並修賀登極典禮日人阻之五年春日人以兵入琉球遷其世子大臣於東京遂縣其地朝廷爭之不得旋有以南部歸我之議山卿州八驃以其荒遠卻之其地卒盡爲日本有謝志云產有鐵煤硫磺穀靛山著火酒土鹽漆器草席土布蕉布糖果居民約二十萬平民賴薯爲生不得食米婦人負物皆頂於首文字與中國同別有土字形式奇古今又通用日本字

臺灣
課程云臺灣在琉球西南自福建泉州東渡臺北之竹塹社約四
百里臺灣之西爲澎湖自福建厦門東南渡澎湖之馬公港亦約四
百里臺灣大小各島共面積十二萬千二百十五方里人二百四
十五萬五千三百五十三口地勢山脈南北長亘玉山（嶺名新高）
（[illegible]）居中央爲島最高處山西沿海多平壤田野大闢熟番所居
山東萬峯叢雜生番之窟穴近年沿海一帶亦稍稍經營矣隋開
皇中遣虎賁陳棱略澎湖地元末置澎湖巡司明初廢之萬歷中
復設兵守澎湖爲重地天啟後沒入荷蘭臺灣自古不通中國宋
史謂澎湖東有毗舍那國或言即臺灣明稱東番又名北港嘉靖
中海賊林道乾踞其地旋琉球人逐之天啟中日本取之於琉球
荷蘭經略南洋羣島又取之日本　國初鄭成功復取之荷蘭康
熙二十二年澎湖臺灣收入版圖設府縣同治十一年日人以琉
球故犯臺灣光緒十年法人以越南故犯臺灣俱以議款罷兵
　朝廷遂設巡撫於臺灣移總兵於澎湖以示控制甲午之役卒
割臺灣澎湖予日本日人置總督府於臺灣領臺北新竹臺中嘉
義臺南鳳山六縣宜蘭臺東澎湖三廳　臺北縣舊臺北府也未
置府前爲淡水廳在島北境北緯二十五度二分總督府治此有
法院日本語學校鐵路達基隆新竹基隆在縣東偏北五十里北
臨海港又產佳煤爲各國通商港（[illegible]）淡
水（一名滬尾）在縣北偏西三十里西臨淡水河入海處亦通商港人五
萬一千口　新竹縣舊縣也在臺北縣西南百十里西至瀕海竹
塹港十餘里　臺中縣居島之中部在舊彰化縣東四十四里臺
北縣西南二百八十里北臨大壯溪西距鹿港（大壯溪入海處）六十里有

法院日本語學校縣當南北之衝東倚山麓與生番接亦要地也
人三萬餘口縣北百三十里後瀧港後瀧溪入海口也近闢爲各
國通商處　嘉義縣舊縣也在臺中縣南百十里　臺南縣舊臺
灣府也在嘉義南偏西百二十里西北距安平港二十里有法院
日本語學校人四萬五千口安平港即舊所謂鹿耳門土人名國
姓港近亦開港通商　鳳山縣舊縣也在臺南縣南偏東七十里
西南至連喜頭七八里連喜頭西瀕海港其東南二十里曰打狗
港港西有打狗市三面環水爲各國通商埠東港在縣東南四十
五里臨淡水溪入海口亦通商港風港在舊恒春縣之西北數里
便停泊　臺東廳在山東生番境內其東南三十里有青港海口
也可停泊　宜蘭廳舊縣也未置縣前爲蘭馬噶廳在山東北段
基隆南百十里其東南十五里爲蘇澳東臨海港爲各國通商埠
　澎湖羣島當臺中之西南臺南之西北其極東島岸距臺灣西
岸九十里馬公港在澎湖大島西南隅海水灣入成大澳便停泊
外有漁翁島障其西白沙島蔽其北又成長港馬公市在澳之北
嵛爲各國通商埠澳之南嵛即華蓋山也謝志云天氣溼熱冬無
雪多瘴癘產煤硫煤油北方淡水雞籠等處煤田甚廣由雞籠出
口質鬆易然中外輪舟多用之歲出約三萬噸植木多熱帶樹木
有芭瑪樹蘆薈花卉奇美果樹亦多田植米茶靛蔗花生苧麻山
中有藤皆出口貨大宗畜有牛犬無馬獸有鹿熊猿豹山羊野猪
野猫飛狐禽有梟雉天鵝竹雞蟲有無毒青蛇江海多魚介其俗
夫婦相暱出入必偕雖富無婢妾以耕漁樵獵爲業耕田歲易一
地故豐收無鐮刀以手摘穗舂以木臼脫粟即煮食之○矢志云
日本舊爲五畿八道八十五國今爲三府四十三縣分之爲五百

三十一郡五十二市更分之爲町及村北海道爲道廳先謙案黃
志國與府縣分紀兼臚改併惜體例未晰閱之迷惑矢志以府縣
管國幾市幾郡課程以府縣轄國全境半境而皆不列古郡之名
今特參酌近出諸志專詳今縣備列市郡俾後之稽古者有所考
覽焉
畿內
京都府（[illegible]）京都市（府廳治跨葛野愛宕二郡[illegible]）
（[illegible]）山城國郡八葛
野愛宕乙訓紀伊宇治久世綴喜相樂丹波
國郡四何鹿船井桑田天田丹後國郡五加
佐與佐中竹野熊野
大阪府（[illegible]）大阪市（[illegible]）
（[illegible]）攝津國郡七（[illegible]）住吉東成西成島上
島下豐島能勢河內國郡十六交野讚良茨田
若江河內高安大縣安宿志紀澀川丹北
丹南八上古市石川錦部和泉國郡四大島和
泉泉南日根
柰良縣（[illegible]）柰良市（[illegible]）大和國郡十五
添上添下平羣山邊宇陀城上城下十市廣
瀨高市葛下忍海葛上宇智吉野
兵庫縣（[illegible]）神戶市（[illegible]）
（[illegible]）姬路市（[illegible]）攝津國郡（[illegible]）
（[illegible]）河邊武庫菟原八部有馬丹波國郡二
多紀氷上播磨國郡十六明石加古印南飭東

飭西美囊加東加西多可神東神西宍粟揖
東揖西赤穗佐用淡路國郡二津名三原但馬
國郡八城崎出石美含二方氣多七味養父
朝來
東海道
東京府（[illegible]）東京市（[illegible]）
荏原（[illegible]）豐島（[illegible]）葛飾（[illegible]）多摩（[illegible]）足立（[illegible]）神津
伊豆（[illegible]）七島（[illegible]）三宅島（[illegible]）八丈島（[illegible]）小笠原（[illegible]）
神柰川縣（[illegible]）橫濱市（[illegible]）羣島（[illegible]）武藏國郡四（[illegible]）
久良岐橘樹都筑多摩相模國郡九足柄
上足柄下淘綾大住愛甲津久井高座鎌倉
三浦（[illegible]）
埼玉縣（[illegible]）武藏國郡十五
比企橫見入間秩父大里榛澤加美
那珂兒玉高麗男衾足立
千葉縣（[illegible]）千葉（[illegible]）葛飾（[illegible]）
（[illegible]）上總下總國（[illegible]）郡（[illegible]）印旛（[illegible]）匝瑳（[illegible]）
周准埴生望陀香取市原海上夷隅埴生長柄山
九相馬大羽（[illegible]）郡（[illegible]）

邊　武射　安房國郡四　平羣　安房　長狹　朝夷
茨城縣　水戶市北縣臨廳那治珂在川茨東城郡東人北三二萬百二二千十餘里口　常陸國
郡十一　那　筑波　河內　信太　新治　行方　鹿島　眞壁
茨城　珂　久慈　多賀　下總國郡六
田　猿島　結城　相馬　葛飾　豐田　岡
愛知縣　名古屋市七萬縣口廳東治分與海在地千　下總　葛飾　豐田
賓競東康京府醫酉物百絲里酒產七萬口廳尾東治分與張海在地千道愛稱知一郡要本市德分與有川地千半西葉境北三舊知多河國有閣人通武有二商豐控十八埠各訴五
春日井　丹羽　葉栗　中島　海東　海西　知多
碧海　田　市　賀　茂　幡豆　額田　寶飯　樂設　八名　三河國郡八
岡縣　廢縣　靜岡市　靜岡縣　東治在安倍郡　城　愛知縣
有渡　有濤　當　三木工　保各有寺　琦曙第道　海通三宴西路　口商師路南龍　駿河國　栗　安倍　豆　飯　東　設
郡十二　名　濱名　佐野　敷智　引佐　麁玉　長上　豐田　遠江國
山名　周智　城東　榛原　伊豆　國郡四　君澤　田方　賀茂　那賀
山方　梨縣　甲府市三濁十廳里治繁在山盛梨郡人市中三萬有舞八千蕪城口東京產蒲西葡二栢　甲斐國郡四
三重縣　津市　國郡十二　都留　巨摩　八代　四日
市　三重人三重　五路萬鹏干團舊縣　一人　十一西三南萬千五口十藤里堂伯
多氣　度會　河曲　鈴鹿　商廳治　伊勢安濃　志　桑名　員辨　朝明
摩國郡二　伊勢國郡十三　安濃　一志　飯高　飯野
東山道　答志　賀　英虞　伊賀國郡四　阿拜　山田　伊賀　名張
滋賀縣　大津市九縣十廳里治酉在距滋京賀都郡十人八三里萬有四第千四口師東圖京分西營八百　伊賀　名張
五洲地理志略　卷六　十六
近江國郡十二　滋賀　高島　栗太　甲賀　野洲　蒲生
神崎　愛知　犬上　坂田　高島　淺井　伊香
岐阜縣　岐阜市　川縣治東在京都西北　多藝　不破　池田　大野　安八
國郡十一　厚見　各務　本巢　方縣　山縣　郡上
西　羽栗　席田　惠那　土岐　飛驒國郡三　各務　海濃
益田　武儀　中津川　加茂　可兒　美濃
長野縣　長野市　上野　吉城　大野
有長野市　信濃國郡十　筑摩　伊那　安曇　諏訪　更級
級　野田　高井　佐久　小縣　埴科　水內
羣馬縣　前橋市　羣馬　甘樂　片岡　多胡　緑野
高島　吾妻市　高崎　利根　佐波　上野國郡十一　勢多
四　勢多　吾妻　片岡　多胡　緑野　那波　新田　山田　邑樂
吾妻　上野國　利根　郡十　
勢多　榛原　木　山田　甘樂　多湖　緑　碓氷　下　都賀　足利
寒川　縣　福島縣　福島市　國都　佐野　宇都宮　芳賀　塩谷　那須　河内
福島　岩代國　會津　大沼　河沼　耶麻　安積　岩瀬　安達　信夫
逹代　伊達　磐前　白河　石川　田村
多信夫郡　伊達　安達　磐城國　菊多　磐前　楢葉　標葉　行方　宇多
宮城縣　越後國　仙臺市　一蒲原　磐城　菊田　石城
中巧有褒小簡島副八器百番八木點工名東松北島有羣石島卷上町生臨老石松卷風海景灣甚其美南海磐城
田縣郡三取北名桃生牡鹿宮城亘理伊具刈田柴田
岩手縣　盛岡市　九戶　岩手　紫波　稗貫　和賀　江刺　膽澤　磐井　氣仙　閉伊
九　岩手縣　二戶　陸前國郡十二　栗原　玉造　志田　遠田　黑川　加美　登米　本吉
青森縣　青森市　陸奧國郡二　津輕　北
宏前　三戶　上北　下北
三戶　秋田縣　秋田市　羽後國　郡七　鹿角　北秋田　山本　河邊　仙北　平鹿　雄勝　由利
郡　陸中國　秋田　由利　雄勝　平鹿　仙北
山形縣　山形市　郡一　羽前國郡四　村山　置賜　最上　田川　飽海　羽後國
山　米澤市　羽前國
最上　田川　北陸道
北陸道　新潟縣　新潟市　越後國郡七　岩船　北蒲原　中蒲原　西蒲原　南蒲原　三島　古志　刈羽　頸城
蒲原　佐渡國郡三　雜太　羽茂　加茂
富山縣　富山市　越中國郡四　新川　婦負　礪波　射水
岡市　高岡　石川縣　金澤市　加賀國郡四　江沼　能美　石川
五洲地理志略　卷六　十七
石川縣　金澤市　加賀國郡四　江沼　能美　石川　河北
能登國郡四　羽咋　鹿島　鳳至　珠洲
福井縣　福井市　越前國郡八　大野　坂井　吉田　丹生　今立　南條　足羽　敦賀
若狹國郡三　遠敷　大飯　三方
吉田　坂井　丹生　足羽　大飯　遠敷
山陰道　鳥取縣　鳥取市　因幡國郡八　岩井　法美　邑美　八東　高草　氣多
伯耆國郡六　會見　日野　汗入　八橋　久米　河村
島根縣　松江市　出雲國郡十　島根　秋鹿　意宇　能義　仁多　大原　飯石　神門　出雲　楯縫
石見國郡六　鹿足　美濃　那賀　邇摩　安濃　邑智
隱岐國郡四　知夫　海士　周吉　穩地
山陽道　岡山縣　岡山市　備前國郡八　和氣　上道　磐梨　赤坂　御野　津高　兒島　邑久
備中國郡十一　賀陽　哲多　小田　後月　下道　淺口　窪屋　都宇
美作國郡　英田　勝北　勝南　久米北條　久米南條　眞島　大庭　西北條　東北條
廣島縣　廣島市　安藝國　佐伯　安藝　沼田　高田　高宮　豐田　賀茂
備後國

郡八　豐田　賀茂　安藝　高宮　高田　山縣　沼田　佐
伯　備後國郡十四　深津　安那　神石　沼隈　品治　蘆
田　御調　世羅　甲奴　三谿　三上　奴可　惠蘇　三次
山口縣　周防國郡六　吉敷
佐波　都濃　熊毛　玖珂　大島　長門國郡六　阿武　大
津　美禰　厚狹　豐浦　見島
南海道
和歌山縣　和歌山市　名草　海部　那賀　伊都　在田　日高
紀伊國郡七
牟婁
德島縣　德島市
阿波國郡十　板野　名東　名西　阿波　麻殖
美馬　三好　勝浦　那賀　海部
香川縣　高松市　讚岐國郡十一　大內　寒川
三木　山田　香川　阿野　鵜足　那珂　多度　三野
豐田　小豆　直島　鹽飽
愛媛縣　松山市
伊豫國郡十四　宇摩　新居　周敷　桑村
越智　野間　風早　和氣　溫泉　久米　伊豫　浮穴　喜
多　宇和
高知縣　高知市
土佐國郡七　安藝　香美　長岡　土佐　吾川
高岡　幡多

西海道
福岡縣　福岡市
筑前國郡十五　志摩　怡土　早良　那珂　席田
御笠　糟屋　穗波　夜須　下座　上座　嘉麻　宗像
鞍手　遠賀　筑後國郡十　三潴　御井　御原　山本　竹
野　生葉　上妻　下妻　山門　三池　豐前國郡六
企救　田川　京都　中津　築城　上
佐賀縣　佐賀市　肥前國
郡六
長崎縣　長崎市
高來　彼杵　松浦　對馬島郡二　上縣　下縣　壹岐島郡
二　石田　壹岐
熊本縣　熊本市　肥後國郡十五　玉名　飽田　山鹿　菊池
阿蘇　合志　山本　託麻　上益城　下益城　宇土　八代
葦北　球摩　天草
大分縣　大分町
豐後國郡八　國東　速見　大分　玖珠
日田　直入　大野　海部　豐前國郡二　下毛　宇佐
宮崎縣　宮崎町　日向國
郡五　臼杵　兒湯　諸縣　宮崎　那珂

鹿兒島縣　鹿兒島市
薩摩國郡十三　鹿兒島　谷山　給黎
揖宿　頴娃　川邊　阿多　日置　薩摩　高城　伊佐
出水　甑島　大隅國郡八　菱刈　桑原　始羅　囎唹　肝
付　大隅　熊毛　馭謨
北海道
札幌區
小樽區
函館區

續又得善化劉君鉅所撰日本府縣志，本其國明治四十三年地記，當我國宣統二年，紀載特詳，時尤切近，亟並登之，以貽學者。

日本府縣志

日本疆域，東極占守島，南極臺灣七星巖，西極澎湖花嶼，北極阿賴度島。經起順天，迤東二度五十二分，盡四十度六分。緯北自二十一度四十八分，盡五十度五十六分。面積等我國一百三十五萬四千二百五十六方里七八，人民四千八百三十二萬一千一百九十五。其國以府縣統郡，而又以郡隸國。有一國分屬府縣者，如武藏之於東京、琦玉，丹波之於京都、兵庫，攝津之於大阪、兵庫是也。有一國分屬二縣者，如下總之於千葉、茨城，磐城之於福島、宮城，陸奧之於巖手、青森是也。北州有以一國分屬兩支廳者，如北見之於宗谷、網走，千島之於根室、紗那是也。且有分屬三四支廳者，如膽振之於函館、室蘭、札幌，後志之於小樽、巖內、壽都、檜山

是也。自藩王既削，國司亦罷，政出府縣，而分國未改。師團鎮守地不以府縣而以國，猶是皆日封建之餘風耳。府縣置府知事、縣知事，郡置郡長。島嶼或不置郡長者，則置島司。知事廳治皆在市，琦玉、千葉、大分、宮崎、山口則在町。其曰市曰町曰村，非律有所限也。人口二萬五千以下恆用町村制，若超越之，恆用市制。其初由內務大臣布示爲市者凡幾，近則府縣請定焉。市町村皆有長，有市町村會，以自治其地方，而皆統轄於府縣知事及郡長。北海廳長官其廳治在區，支廳長分理之，其下有區長、町村長，未立町村者置戶長。是故其職分則其政易舉，其情通則其合易行而收效可。黨正、里宰、比長、鄰長諸職久廢，而猶見市町村之起行，我國司市知周官之制未嘗不可行於今日也。且其民以兵爲榮，年及冠者皆服役。法制兵曰常備，曰後備，曰補統，曰國民，凡四等，庶幾小司徒伍兩卒旅羨兵餘子之遺意，管子作內政寄軍令，雖變周制，其尙足以取威行霸者與。今志日本府縣，以見其治民治軍之區畫，山川品物亦詳著於篇，以我觀人，粗得大略已。

畿內國五　山城　大和　河內　和泉　攝津

東海道國十五　伊賀　伊勢　志摩　尾張　三河　遠江　駿河　甲斐　伊豆　相模　武藏　安房　上總　下總　常陸

東山道國十三　近江　美濃　飛驒　信濃　上野　下野　磐城　巖代　陸前　陸中　陸奧　羽前　羽後

北陸道國七　若狹　越前　加賀　能登　越中　越後　佐渡

山陰道國八　丹波　丹後　但馬　因幡　伯耆　出雲

石見 隱岐
山陽道國八 播磨 美作 備前 備中 備後 安藝
周防 長門
南海道國六 紀伊 淡路 阿波 讚岐 伊豫 土佐
西海道國十二 筑前 筑後 豐前 豐後 肥前 肥後
日向 大隅 薩摩 壹岐 對馬 琉球
北海道國十一 渡島 後志 石狩 天鹽 北見 膽振
日高 十勝 釧路 根室 千島

右一畿八道舊制也畿內山城大和河內和泉攝津五國東海道伊賀伊勢志摩三國東山道近江一國山陰道丹波丹後但馬三國山陽道播摩一國南海道紀伊淡路二國凡十五國今曰近畿地方東海道相模武藏安房上總下總常陸六國東山道上野下野二國凡八國今曰關東地方東山道磐城巖代陸前陸中陸奥羽前羽後凡七國今曰奥羽地方東海道尾張三河遠江駿河甲斐伊豆六國東山道美濃飛驒信濃三國北陸道若狹越前加賀能登越中越後佐渡七國凡十六國今曰本州中部地方山陰道因幡伯耆出雲石見隱岐五國山陽道美作備前備中備後安藝周防長門七國凡十二國今曰中國地方南海道阿波讚岐伊豫土佐凡四國今曰四國地方西海道筑前筑後豐前豐後肥前肥後日向大隅薩摩壹岐對馬琉球凡十二國今曰九州地方北海道凡十一國今仍之日人紀理理詳沿革故志亦先畿道後府縣云

關東地方

東南瀕太平洋西接本州中部北連奥羽地方本州中央第一

大平原土地肥沃氣候温和

東京府 東臨東京灣西接山梨南俛神柰川北倚琦玉面積一百三十八方里人口二百五十萬九千二百五十五第一大都會宮城在焉

市一 東京

荏原 北豐島 南足立 南葛飾

多摩 北多摩 伊豆七島

御藏 大島 八丈 小笠原島

品川 青梅 八王子 多摩川

神柰川縣 東瀕東京灣西界靜岡山梨南相模灣北東京府面積一百五十方里人口一百四萬二千

橘樹 都築 相模國 横濱 鎌倉 高座 三浦 津久井 愛甲 小田原 浦賀 國府津 大山 箱根 足柄上 足柄下 久良岐 横須賀市 多摩川 酒匂川

眞鶴岬 觀音崎 江島 城島 三浦半島 相模灘

東京灣 横須賀港

琦玉縣 東茨城千葉西山梨南東京北羣馬面積二百四十九方里人口一百二十三萬八千九百四十八 武藏國

郡九 北足立 入間 比企 秩父 兒玉 大里 北琦玉 南琦玉 北葛飾

川越 熊谷 浦和 武甲山 甲武信岳 雲取山 利根川 荒川

千葉縣 東南臨太平洋西瀕東京灣北界茨城面積五方里人口一百三十萬八千五百三十九

安房國 郡 千葉 東葛飾 印旛 香取 匝瑳 海上 君津 夷隅 市原 長生 山武

江戶川 富津洲 犬吠崎 野島崎 九十九里濱 房總

羣馬縣 東栃木西長野南琦玉北新潟面積三百九十四方里人口九十萬一千一百三十一 上野國 市

前橋 高崎 伊勢崎 桐生 吾妻 利根 佐波 新田 山田 邑樂 多野 北甘樂 碓氷 赤城山 榛名山 妙義山 淺間山 白根山 渡良瀬川

栃木縣 東南茨城西羣馬北福島面積四百二十六方里人口九十一萬一千四百四十九 下野國

市一 宇都宮 安蘇 上都賀 下都賀 芳賀 那須 鹽谷 足利 河內 足尾 日光 栃木 帝釋山 男體山 鬼怒川

茨城縣 東臨太平洋西栃木南千葉北福島面積三百九十八方里人口一百二十一萬 常陸國

市 水戶 郡 東茨城 西茨城 那珂 久慈 多賀 鹿島 行方 稻敷 北相馬 新治 筑波 眞壁 結城 猿島 古河 太田 筑波山 霞浦 鹿島灘 利根川

川筑波山二尺在千常九陸百八溝山千六百四十尺常陸利根川
筑波川在一針十陸三尺那賀川鬼怒川小貝川久慈川
崎灘大洗崎鹿島灘
右闕東地方凡一府六縣七國
奧羽地方
東瀕太平洋西環日本海南鄰關東地方北倚津輕海峽直達
北海道爲本州東北部
福島縣東瀕海西界新瀉南栃木北宮城山形面積八百九十
五方里人口一十七萬四千二十四千二百二十萬巖代國第二
市二一十福島七萬四千二十安積若松南會津
郡北會津信夫耶摩伊達河沼安達太沿安積磐城國巖瀨會津
相馬郡七川吾妻赤安山八一町白川西白河川田石村中石城雙葉
須賀川吾妻山千二百尺一千六十萬白河白川石川田村山磐梯
山駒岳吾妻山安達太良山磐梯山那須山只見川燧岳
宮城縣東臨海西界山形南福島北巖手面積四百八十三方
城崎鶴尾岬界網取岬南福島松川浦手面積四百八十三方
里人口八十九萬九千山形二百七十十島北巖手陸前國百八十
三田栗原宮城仙臺登米桃生牡鹿本吉陸前國加美志
田遠田黑川宮城名取柴田伊具刈田亘理
五洲地理志略卷六
田石玉造白郡三刈田伊具亘理
磐城國九一千一山白川石
金華山栗駒山鳴瀨川名取川阿武隈川
北上川在陸前七十八萬
玉造上白川在陸前
松島石巻灣
松島牡鹿半島石巻灣
唐桑崎網地島松島
巖手縣東臨海西接秋田南宮城北青森面積一千三十九方
里人口七十四萬一千八百盛岡紫波稗貫和賀膽澤江刺
氣仙東磐井西磐井陸中國
陸奧國閉伊九戶二戶陸中
上閉伊下閉伊紫波岩手郡
早池峰岳駒岳古川北上川
宮古閉伊崎
青森縣東臨海西接秋田南巖手北津輕海峽面積六百五十方
里人口五十二萬陸奧國
小湊崎尾崎首崎里津輕
森縣三十六東西北海峽南十七秋田面積六
百三十六方里人口五十二萬北津輕西津輕中津輕
前津輕北津輕上北下北三戶八戶
津輕上北下北津輕三戶八戶西津輕中津輕南津輕一

山形縣東界宮城西臨海南新瀉福島北秋田面積
五百四十九方里人口八十四萬七千南置賜東置賜西置賜
秋形前國東田川西田川飽海北村山西村山東村山最上
羽前國面積五界宮城十市七方里
山澤最上川庄內平野
鳥海山羽黑山月山飯豐山朝日岳藏王山
秋田縣東界巖手西臨海南山形北青森面積七百十方
里人口一萬
秋田縣北秋田山本南秋田河邊由利仙北平鹿雄勝
羽後國
男鹿半島御所野能代
入道崎
野邊地八甲田山田名部
赤倉山恐山
津輕海峽陸奧灣
下北半島龍飛崎
十三湖岩木山
本州中部
右奧羽地方凡六縣七國
五洲地理志略卷六
東州中部奧羽地方
接關東地方
南臨太平洋北瀕日本海亦本州中
央也
靜岡縣東瀕相模灣南瀕駿河灣遠江灘西界三河北界山梨
面積四百九十五方里人口一百二十九萬八百七十六
四百國第靜岡縣
駿河國駿東富士庵原安倍志太益頭
遠江國濱名引佐麁玉長上敷知豐田山名周智磐田佐野
伊豆國賀茂田方君澤那賀
富士山一萬二千三百六十五尺
天城山
伊豆半島
三保崎
愛鷹山
濱名湖
大井川天龍川富士川安倍川
山梨縣東界神奈川西靜岡南靜岡北長野面積二百七十方里
人口四十萬
甲斐國西山梨東山梨東八代西八代南巨摩中巨摩北巨摩北都留南都留
甲府
七里岩
御坂峠
八岳
白根山
駒岳
甲府盆地
釜無川笛吹川富士川

南都留北都留町鰍澤百人一口十五三千四菲崎四人十口七三千
尺六八勝沼百十人四口二山川富土山甲府斐驗河身延山地藏嶽
十千尺八雁阪峠百七六十千尺入百笹子峠大菩薩峠百六九千十三
金峰山五八十千五駒岳一八十千尺九百白根山一一十萬尺二百
國師岳千路五甲百斐五信十濃尺入八岳入九十千尺六百富士川笛吹
川釜無川桂川
愛知縣東靜岡西近江南伊勢海北岐阜面積三百一十九方
里人口一百七十五萬二千鹽庫綿米麥尾張國產第七三實師燒闕嶋轄產地
綫巷市一名古屋曙三界十屬醫萬三第千三四師百圖六河十令入部有屬若愛訴知院人
川名宮古山崖地安方濃豁挑時皆關升島石四所郡九愛知東春日井西
春日井丹羽葉栗中島海東海西知多三河
國圖郡十地五師市一豐橋口清二第萬十六五千佩六圖百可三令十部五人郡十
碧海幡豆額田東加茂西加茂南設樂北設
樂寶飯渥美八名町岡崎百口九一十萬五九千一宮
一人百口二一十荷二六千瀨戶百人一口十一產萬陶一器千一二人山川鳳來寺山
猿投山豐川在一三十河七里一矢作川信二濃十三一河聖歷天白川
木曾川大平川莊內川崎島半島灘海灣
館驛礎師崎伊良湖崎佐久島渥美半島知多半
島三河灣遠江灘伊勢海
岐阜縣東長野西福井石川南愛知北富山面積七百六方里
人口一百一萬九千九百七十產綫錄鵜鸛器綠美濃國圖第轄二地師
市一岐阜曙三縣龍九屬千羽四島百人稲郡十五稻葉羽島養
老海津不破安八楫斐本巢武宜山縣郡
上加茂可兒土岐惠那飛驛國本第州九最師高圖原轄地
郡三一一大野益田吉城町大垣千人四口二萬九高山
一人百口二六千千多治見百人一口十七七千入中津百一八口十六四千五
土妓津九八十萬百口六二山川惠那岳千葎四美百濃尺七百人養老山瀧嶽三美
二千十四尺百乘鞍岳跨鄭飛五驛百信尺濃御岳高原川宮川木
曾川長良川七一里十一飛驛川楫斐川板取川
長野縣東羣馬西富山岐阜南靜岡愛知北新潟面積八百七
十九方里人口一百三十四萬七千一百五十一碌產黃鹽絲信
濃國千人圖第二口聽十地三師市二長野六置千驛五驛百鰯二上十木九內有人大口林二區鵝
松本二口百三八萬十三郡十六上水內下水內南佐久
北佐久小縣諏訪上伊那下伊那西筑摩南筑
摩南安曇北安曇更級埴科上高井下高井
町上田百口四二十萬千飯田千人四口百一一萬十五小諸百千人五口十九
八山川三人戶隱山十千尺八九三千乘鞍山黑姬山十千尺九御
岳一百萬尺五駒岳九七尺七百赤石山一一十萬尺二百一六八岳雨
乞岳百淡間山小子山百尺二百
前岳四阿山百十八立科山五八橫
手山巖管山百烏帽子岳尺八百
笠岳經峰六六十千懷山甲七六十千尺二百錫杖岳千九
流十二百尺四十七五七鎗岳木曾山白根山斐跨信濃川州一第百一里長本
千曲川犀川里二十天龍川信七濃十遠四五里經木曾川
五美十濃尺五張聖伊麓勢信濃
新潟縣東福島南羣馬長野西富山西北濱海面積八百二十
八方里人口一百七十七萬五千九百二十金越後國
圖築十禁地三師市二新潟五置萬驛八驛千屬入西百篇二原十八百直一口上永長岡二人藏

百一七千十七郡十五東蒲原西蒲原中蒲原南蒲原
北蒲原三島古志北漁沼中漁沼南漁沼刈羽
巖船東頸城中頸城南頸城佐渡國圖第轄十地三師
郡一佐渡町高田川置單縣司九合部功五屬百中五發十城七人新發田
千七口百一九萬十六直江津七人百一一十萬七一千千苗塲山後在七越
一千十一尺百在九妙高山千在一越百後尺入七一割引山山川十六尺千燒山水猶
山飯豐山春日山米山十三尺千在二三在迤百後朝日山一六百千
越尺十七入道山尺六在千越二後十大烏帽子山迤百後二在四越百後六御月
山後在尺千在一越百後一金北山在三在千渡八滿百火四山十尺十六栖澤山百六五千十三
港易十七荒川信濃川阿賀川崎島浦海灣港貿
港姬崎彈崎鳥首崎粟生島海府蒲眞野灣
富山縣東長野西石川南岐阜北富山灣面積二百五十九方
里人口七十七萬六千五百二十一越中國一萬圖第轄九地師市二
富山五置鑿縣六屬十屬二上百新七川十人五口高岡千人一口百三一萬十一郡八
上新川中新川下新川婦貝射水冰見東礪波
西礪波山川別山十千尺三百大蓮華山九跨千趣六中百信八濃
尺十立山俗福氷七山十九二千峯八點由九最十高尺藥師山橫平山射
水川八五聖黑部川常頸寺川神道川飛五韓十趣二中聖經莊
川海灣賀有易俠港米富山灣
石川縣東南富山岐阜南福井東北西北臨海面積二百七十
二方里人口七十六萬二千三百七十加賀國圖第轄九地師市
一金澤口置九縣萬屬七郭千司五令百部四屬十河入北人郡四江沼能美
石川河北能登國圖第遼九地師郡四鳳至珠洲羽
咋鹿島町小松八人百口七一十萬九三千七尾一人百口六一十萬六一千
輪島百人四口十一四萬七大聖寺百人五口十八九千五山川寶立山
白山八百加千貿七渚百火一山十尺大日岳尺五在千加八貿百安宅川二一野十
貿在手取川大聖寺川犀川崎島海灣貿有易七港尾
珠洲岬綠剛崎能登島紬倉島能登半島
福井縣東岐阜西若狹灣南京都近江北石川面積二百五十
七方里人口六十三萬二千二百七十五纖越前國屬九
驗轄市一福井轄運九縣千屬八屬百足七羽十八三口四物產郡八足羽師轄吉
田坂井大野南條今立丹生敦賀若狹國十第
轄六十地師郡三三方遠敷大飯町敦賀六八千口五一百轄
八六武生千人四口百一九萬六小濱百人七口十八八千九山川荒山
尺四在千越二前百有乳山大日岳九頭龍川四二里十日野川
足羽川崎海灣貿有驛登治貿越前崎立石崎常神崎
若狹灣敷賀灣小濱灣
右本州中部地方凡九縣十六國
近畿地方
東南突出太平洋西南亦濱海東鄰本州中部地方西接中國
地方北負日本海舊畿內五國更析東海南海東山山陽山陰
諸國郡稱曰近畿謂近王畿也
滋賀縣東南岐阜三重西南京都奈良北福井面積二百二十
六方里人口七十一萬四千一百四十八纖產縣近江國十第
轄六地師圖第市一大津轄置七縣千縣九屬百鹽五臂十八六口三物來郡十二滋
賀栗太野洲甲賀蒲生犬上神崎愛知阪
田東淺井南島伊香町彥根百人一口百人十二八萬四長濱
百人九口十一八萬產一縮千細四八幡百人一口十七三千三草津百人五口十五七千四

日野人口六千八百八十三山川田賀山四千九百七十尺伊吹山四千五百
二十尺賤山勢田川野洲川安曇川愛知川琵琶
湖周五十九里面積八十方里其國最大湖其地有近江八景曰比良暮雪曰堅田落雁曰唐崎夜雨曰三井晚鐘曰粟津
晴嵐曰瀬田夕照曰石山寺秋月曰矢橋歸帆時人[illegible]擬之以比瀟湘云姉川島沖島竹
生島多景島奧島
京都府東滋賀西大阪兵庫南奈良北日本海此故都也今稱
西京面積二百九十二方里人口一百四萬七千二百七十產漆
器銀器山城國第十六師管地市一京都爲府廳所在第十六師團司令部屬愛宕
人口三十七萬九千四百九產清水燒西陣織郡八愛宕葛野紀伊乙訓
宇治產茶久世綴喜相樂丹波國[illegible]
郡五南桑田北桑田船井天田何鹿丹後國
第十師管地郡五加佐與謝中竹野熊野町伏
見人口一萬九千五百三十八舞鶴人口九千六百三十二宮津[illegible]龜
岡人口七千二百八十二福知山[illegible]峰山[illegible]
川比叡山鞍馬山愛宕山[illegible]笠置山[illegible]
[illegible]木津川[illegible]桂川[illegible]保津川
賀茂川由良川淀川宇治川崎
海灣經岬沖島冠島宮津灣舞鶴港島
奈良縣東南三重西南大阪和歌山北京都面積二百五十八
方里人口五十五萬七千六百九十一大和國[illegible]
[illegible]市一奈良[illegible]郡十
生駒山邊宇陀磯城高市北葛城宇智添上吉野
町郡山人口一萬四千二百二十四五條人口七千七百八十二高

五洲地理志略　卷六

田人口七千六十六櫻井人口五千三十二十津川村人口一萬一千九百二十九
山川大臺原山[illegible]彌山葛城山[illegible]山上
岳[illegible]金峰山笠置山[illegible]吉野川大和
川[illegible]北山川[illegible]十津川[illegible]新宮川[illegible]
三重縣東伊勢灣南大平洋熊野灘東北岐阜西北近江西奈
良面積三百五十一方里人口一百四萬三千四百一十七產米
[illegible]伊勢國[illegible]宇治山田[illegible]津[illegible]
四日市[illegible]郡十一桑
名員辨三重鈴鹿河藝安濃一志飯南多
氣度會志摩國[illegible]郡[illegible]志摩伊賀國
郡二阿山名賀紀伊國[illegible]郡二南
牟婁北牟婁町桑名[illegible]上野[illegible]松
阪[illegible]鳥羽[illegible]山川大洞山[illegible]
白倉山[illegible]大臺原山[illegible]鈴鹿山朝熊山揖斐
川雲出川[illegible]櫛田川[illegible]宮川[illegible]熊
野川古座川[illegible]北山川[illegible]海灣[illegible]
[illegible]大王崎御座崎答志島志摩半島伊勢海熊
野灘
和歌山縣東南西南皆臨海東北三重北奈良大阪面積二百
九十二方里人口六十九萬六千七百七十八[illegible]紀
伊國[illegible]市一和歌山[illegible]郡
七海草那賀伊都有田日高西牟婁東牟婁
町新宮人口一萬六千二百九十一湯淺人口九千八百四十七田邊人口八千

四百三十二黑江人口七千八百二十二加太人口四千九百二十四山川高野
山[illegible]大塔峰大雲取山[illegible]那智山熊野川
日置川日高川三十一里有田川二十七里紀川崎加太
岬比井崎潮岬
大阪府東北京都奈良南和歌山西兵庫西南臨大阪灣地多
平野肥沃宜農且亦工商要區也面積一百二十方里人口一
百八十一萬五千三百[illegible]攝津國[illegible]
市一大阪[illegible]
[illegible]郡四西成東成三島豐
能河內國[illegible]郡三南河內中河內北河內
和泉國[illegible]市一堺[illegible]
泉南町岸和田[illegible]池田[illegible]
牛瀧山金剛山[illegible]葛城山淀川[illegible]
津大和川崎海灣[illegible]觀音崎黑崎大阪灣[illegible]
兵庫縣東京都大阪西鳥取岡山南臨播磨灘自明石海峽直
達淡路北瀕日本海面積五百三十六方里人口一百八十二
萬六千一百六十七[illegible]攝津國[illegible]市一
神戶置縣廳屬武庫人口二十八萬三千八百三十九郡三武庫川邊有
馬丹波國[illegible]郡二多紀冰上播磨國[illegible]
[illegible]市一姬路置第十師團司令部屬飾磨人口三萬二千百一十九郡十三
明石美囊加東加西加古多可印南飾磨
神崎揖保赤穗佐用宍粟但馬國[illegible]郡五
出石城崎養父朝來美方淡路國[illegible]郡
二津名三原町明石人口三萬三千三百二十一尼崎[illegible]

五洲地理志略　卷六

[illegible]西宮人口一萬五千九百二十六產酒生野人口九千一百八十七洲本人口八千七百
四十六山川雪彥山三千二百尺在播磨摩耶山三千五百尺在攝津三國
山六甲山三千六十尺在攝津書寫山武庫山圓山川
一十五里在但馬加古川二十里經丹波播磨朝來川十二里在但馬島海峽
海灣有神戶貿易港男鹿島家島西島明石海峽由良
海峽大阪灣播磨灣
右近畿地方凡二府五縣十五國
中國地方
東連近畿南拱瀬戶內海與四國島相望西北瀕日本海爲本
州西部號日中國幷非其國之中央
岡山縣東兵庫西廣島北鳥取南接兒島臨瀬戶內海面積四
百四十五方里人口一百一十八萬七千一百三產米麥牛綿絲備
前國第十七師管地市一岡山置縣廳并置第十七師團司令部屬御津人口八萬一百四十
郡六御津赤磐上道邑久和氣兒島備中
國第十七師管地郡八都窪後月小田吉備川上
淺口阿哲上房美作國[illegible]郡五眞庭苫田
勝田久米英田町[illegible]玉島[illegible]津山[illegible]
[illegible]笠岡[illegible]倉敷[illegible]山川
那岐山三國山大佐山吉井川[illegible]旭川[illegible]
[illegible]高梁川[illegible]海灣北木島神島鹿久
居島長島兒島半島兒島灣水島灣
廣島縣東岡山西北島根山口南瀕內海面積五百四十六方
里人口一百四十九萬六千四百二十八安藝國[illegible]
市二廣島置縣廳并置第五師團司令部屬安佐[illegible]產棉藍麻麥

山口縣東北鄰廣島島根東南臨廣島灣周防灘西臨響灘北
臨日本海面積三百九十方里人口一百一萬九百一十六
周防國郡六大島玖珂熊毛都濃佐波吉敷
長門國郡五厚狹豐浦美禰大津阿武
下關市一
濃三十佐波郡五吉敷厚狹豐浦國
十一口萬八縣一千德山百吉七人二萬十人二九口一十萬佐九防府巖國百口三人六十萬十七六三一千四武
五長門地山在山十四錦川在一周十防五佐德一千防百口川
大渡島川上崎關島笠海戶峽島海灣青海島下關海尻峽崎周防灘
大島川上關島笠戶島
響灘
取縣灘
五洲地理志略　卷六

鳥取縣東兵庫西島根南岡山北臨海面積二百二十九方里
人口四十三萬三千九百二十一國三因幡伯耆郡九巖美八頭氣高
一鳥取鳥取市四人口三萬三千二百十七人
子屋伯者國東伯西伯日野郡
倉吉米子境米子
大山山川
千代川天神川日野川
青谷鼻向磯鼻三船上山島川美保關
島根縣東鳥取西山口南廣島北日本海面積四百三十七方里
根方里人口七十二萬八千八百一百六七國三出雲石見隱岐郡十六
松江市一人口三萬六千
八束能義仁多大原飯石簸川安濃邇摩邑智那賀美濃鹿足
島　摩川市
安濃
邑智那賀美濃鹿足
周吉穩地智夫海士
神門石見出雲今市大田濱田津和野
知夫里島島後中島西島
高日御崎
多根吉神門
根多半島中海
右中國地方凡五縣十三國其東爲近畿又東爲本州中部
又東爲關東又東北爲奧羽皆本州島也面積一萬四千四
百九十二方里二一等我國六十六萬九千三百三十四方
里五四其屬島一百九十三方里八二等我國八千九百五

四國地方
四面環海東鳴門海峽與兵庫對崎西豐豫海峽近接大分北
瀨戶內海爲中國四國之襟帶南拱海若孤島畫四國故名
德島縣東南瀨海西愛媛高知北香川面積二百六十九方里
人口七十萬六千八百三十二阿波國
德島市　名東名西麻植美馬三好那賀海部勝浦板野阿波
撫養　池田
吉野川　劍山
香川縣東北臨瀨戶內海西愛媛南德島面積百十萬
香川縣高松市丸龜市
大川木田小豆香川綾歌仲多度三豐
讚岐國
小豆島
屋島　五劍山
琴平　觀音寺
多度津
愛媛縣東南連德島高知北臨內海西臨豐豫海峽面積三百
六十二方里人口一百三萬二千二百三十四
伊豫國郡十二宇摩新居周桑越智溫泉伊予喜多上浮穴
松山市一
今治宇和島
宇摩新居周桑越智溫泉伊予上浮穴喜多東宇和西宇和北宇和南宇和
大三島
佐田岬
由良
鬼城
大島
高知縣東北德島北愛媛南臨太平洋面積四百八十五方里人口
土佐國郡七安藝香美長岡土佐吾川高岡幡多
高知市一
室戶岬　足摺岬
浦戶灣
四萬十川
沖之島
右四國地方凡四縣四國其面積一千二百五十一方里一
等我國三千三百七十九方里九其屬島一十九方里二
等我國五千八百一十五方里一二十二方里二四
方里二四等我國四千五百三十五方里二一

九州地方
東北豐前門司市與長門下關市相直西北對馬島與朝鮮釜

山相直東豐豫海峽近接四國地方西長崎五島遥望我國東
海南并琉璃極於波照閣島又西與那國島達臺灣四百里
福岡縣東大分西北東北日本海南佐賀熊本西南有明海灣
面積三百二十四方里人口一百五十五萬九千二百一十八
其臺積物石高有戌博太多議嶽羅筑前國圖第錯十地二稱市一福岡圖道早縣貝暮
一人千田七七筑糟屋宗像遠賀鞍手嘉穗朝
倉門筑紫郡島早良筑後國八市一三久留
米合道三郡系九豐前國浮羽八女三井山門三潴
山十門若四松企救田川京都築上大一高川町山大司一年
五千二五大九若英彦山一川筑一一九十築上町大田
山川後川多英彥山一國遠賀川鍾崎五一寶滿山
司三賀若易松筑後港博多豐二大島立界島遠賀鍾崎野十元海灘島有明海海灣

大分縣東豐豫海峽北周防灘西福岡南宮崎面積四百一十
八方里人口八十五萬四千二百八十一南東國一南宮崎面積四百一十
分縣東豐豫海峽北周防灘西福岡南宮崎面積四百一十
部人郡大野下野大分直入玖珠日田大分國東速見豐後國北海部南海部
中海津郡部下毛宇佐玖珠日田大分國東速見
佐賀川關岳岳一分五別府杵築町日田一分國東豐前國
百山川黑岳毛祖母岳英彦山九重山由布岳
鶴見岳

五洲地理志略卷六

大野川在一豐後十八里
鶴見岳宮崎大分豐後海峽海灣

佐賀縣東福岡西長崎面積一百五十方里人口五十八萬九千二十六
對馬三島相望東福岡北玄界灘南有明海
十三郡相武島
一杵藤津嬉野鹿島雄
神埼三養基小城佐賀東松浦西松浦杵島藤津
佐賀唐津伊萬里
一川山振山有明海加唐島

長崎縣東佐賀北玄界灘西北對馬朝鮮海峽
二百五十四方里人口八十九萬二千一百八十六
長崎佐世保島原平戸對馬壹岐五島
伊萬里灣大村灣
津浦川山海
長崎
肥前國壹岐國對馬國
温泉岳雲仙岳
島原佐世保平戸
大村灣佐世保灣
平戸島壹岐對馬
朝鮮海峽
大五島海
村島浦溫泉岳川
佐世保港島
對馬海峽

熊本縣東宮崎西有明海八代海南鹿兒島北福岡大分面積
四百八十方里人口一百二十萬
肥後國一國十四郡
郡城菊池阿蘇
二百一十下益城八代天草
菊池川
白川
球磨川
熊本市八代
阿蘇山
天草島
宮崎縣東日向灘南鹿兒島西熊本北大分面積
方里人口
宮崎都城延岡
日向國
五瀨川耳川大淀川
霧島山
霧島山
臼杵
鹿兒島縣東宮崎日向灘北熊本面積
一百四十六方里人口
鹿兒島川內
大隅國薩摩國
鹿兒島灣
櫻島
種子島屋久島
奄美大島
桜島

沖繩縣
喜界島
界島
鹿兒島
大島
德之島
沖永良部島
與論島
海峽
縣
沖繩島
北谷
首里
那霸
宮古
八重山
石垣島
西表島
臺灣

中城灣
名護灣
中頭
國頭
宮古
八重山
石垣
先島
那霸
首里

右九州地方凡七縣十一國面積二萬三千一百一十方里
八六等我國一十萬六千七百七十五方里一四其屬島三
百五十九方里等我國一萬六千五百八十二方里又九綵
計二千六百七十方里等我國一一十二萬三千三百五十七
方里二三沖繩一縣一國面積一百五十六方里等我國七
千二百四十七方里又一

北海道
東北千島星羅珠貫直逼俄疆堪察加西北海峽近連樺太東
外海西內海南通陸奧灣古蝦夷也
北海道廳東北占守島西北禮文島北宗谷海峽西奥尻島東

南太平洋西南津輕海峽面積五千六十一方里人口一百七
萬七千二百八十蠲置五道後產千驛大黃豆石　石狩國本第道七几那十圍一轄國地背區一
札幌厚田人驛日本五郡濱益戶空知札幌支廳石狩國三人十郡郡空札幌二部大石
狩夕上樽平宇谷柵驛皆茅廳一田天宗網日尾
張川支部驛屬
厚雨田龍濱樺後志上支區支一空小高樽三郡四郡知大郡一
空知支廳石狩國上川支廳小樽郡島郡四四十萬町市小古
美壽檜渡函島山都國郡支支廳廳積區一丹郡遠郡內國七郡
都山館國支支廳廳區久驛壽驛丹一遠久部壽巖郡志
函館支廳渡島國一江驛桃驛一松前郡館
檜山支廳後志國函館區忍路郡郡
室蘭支廳膽振國勇拂郡白老郡
日網宗天田一廳茅
靜高走谷毛驛鹽部驛
釧路國川上郡白糠郡足寄郡
北見國常呂郡紋別郡網走郡斜里郡
根室國花咲郡根室郡野付郡標津郡目梨郡
千島國色丹郡國後郡擇捉郡振別郡紗那郡蘂取郡

五洲地理志略（卷六）　二十五

谷威山十七一人百人百人百一二人藥占國五藏足寄
岳岳三百百日七日七日一萬百日取守郡千
室蘭根島阿寒郡五川上厚岸
天鹽國天鹽郡中川郡上川郡留萌郡增毛郡苫前郡
北見國宗谷郡枝幸郡紋別郡常呂郡
日高國沙流郡新冠郡靜內郡三石郡浦河郡樣似郡幌泉郡
十勝國廣尾郡當緣郡十勝郡中川郡河西郡河東郡上川郡
釧路國白糠郡釧路郡阿寒郡足寄郡川上郡
狩丹岬流北六七六路五山威谷
灣半惠川四見里里十號清十尺五岳岳
島奥山別在黃火尺在千尺五
壽尻岬尻川空山在後三在千天
都津島別在二釧知在活釧志百日四鹽山
灣輕白川根十路川國火高百岳川網
半利神至九川五三路山樽十
斜島尻崎崎里野十前勝駒石大五人狩山市
里島阿久惠山岳岳狩雪
灣宗宗島鵡寒山清在十七在三岳山
谷禮谷川川天在活火山尺千渡十
根海文岬海在二在三鹽山火山振二島六夕
室峽島峽臘十釧十川島山活百張
灣知振五路里四七鉾雌火三岳
根鹽床海里野十爺里阿山十一七音百人古室稚室江
內室津岬灣十岳山寒尺十千更知平蘭內千人差紗色
浦海島蘭有雨勝湧在浦岳尺三山十二百人百人百人九日千人羅丹標根
灣峽納百郡龍川別千火良渡百十六七千二日九日三日百一六日津室
渡沙留萌川三五川島山牛雄島尺千七十六十七十八一萬百一振得支
函島布五小在三里十山阿富苅在六八十一千七千一三萬別撫目廳
館半岬貝樽石十常石尺五寒士室十百浦一四二七梨
灣島易網狩里新呂狩在千岳岳勝一河增擇新
襟裳路冠川川根因九因積三人美厚壽毛巖捉知千
石積裳室沙川十二百一室百百千丹神宗千日國岸都日人內島

右北海道凡十一國十八支廳面積五千五十六方里七六
等我國二十三萬三千五百五十一方里五一其屬島五方
里一一我國二二百三十六方里一綜計五千六十一方里
九等我國二十三萬三千七百八十七方里五二千島列島
面積一千三十三方里四六等我國四萬七千七百三十一
方里一九

樺太
樺太廳東韃海遙指千島西臨間宮海峽近接黑龍江南宗谷
太海峽直達北海道緯度五十以北俄人領之
大泊支廳豐原支廳眞岡支廳敷香支廳名
好寄支廳
名川內山太川樺大泊豐原眞岡東
內崎島谷鈴湖
宮海峽加多加多岸山來加海富
歲彎海峽來灣九春古丹驛驛驛
右樺太島郎庫頁島也緯五十度以南面積二千二百六十
方里等我國一十萬四千三百七十九方里九四

五洲地理志略（卷六）　二十六

五洲地理志略七上　亞洲七

賜進士出身　特賞內閣學士銜前國子監祭酒翰林院編修加三級臣王先謙謹撰

遠印度半島先謙案即徐志南洋濱海各國也志云亞細亞大地由中國西南斜伸入海迤邐漸削至彭亨息力而盡東爲中國之南洋西爲小西洋中間大國三曰越南曰暹羅曰緬甸小國一曰南掌四國內附多年南掌彈丸地不濱海今記南洋諸國連類及之

遠印度雷志云爲支那與印度之間一大半島南以馬來半島爲界河之大者曰伊拉瓦第江先謙案矢志作伊臘滑德樋志作依拉瓦的世界圖作伊拉瓦的列國中外二圖作伊洛瓦底萬國圖作額拉瓦第周志作歐拉滑特世界地學作意蘭瓦其地誌作依拉瓦諦外國地理作依拉華敵**湄江**先謙案萬國圖又作眉公江地誌又名西貢河一名默南君河一名東埔寨河**湄南河**先謙案世界地誌作麥那母外國地理作咩難**均自北南流中有羣山以間隔之其在北部者甚高遠印度半島大半在熱帶之內且時有大風**先謙案遠印度一名印度支那講義云亞細亞大陸之東南部有大半島曰印度支那全面積約八十二萬一千英方里此半島擁孟加拉灣與中國南海向南突出其端馬來半島與蘇門答臘島對峙中間有麻拉加海峽爲世界交通要路海岸綫極長東有東京灣南有暹羅灣西有馬爾達班灣皆深深灣入陸則有喜馬拉耶山支脈數條蜿蜒南北其最有名者曰絨麻山脈暹羅山脈限緬甸北界者曰巴得科伊連山有三大平原曰白古平原白古案鄭纔古慕志作北古圖球圖作丕果平方圖作丕古暹志作必亨矢志作柏克萬國地志作拔及或作不果曰暹羅平原曰東京平原又有四大河悉由南渡曰伊洛瓦底河行千二百英里曰薩爾溫河行七百五十英里曰湄南河行九百英里曰湄公河行千六百英里此半島除中央暹羅國外餘皆英法二國分領英治其西部法治其東部謝志云印度支那爲亞洲東南土股或名後印度又曰極河外之印度地西緬甸東暹羅東安南其南端又伸入海中者曰麻剌甲士股

緬甸慕志云緯綫自赤道北十六度至二十七度經綫自中國順天偏西十六度至二十三度東界至中國暹羅西經綫自中國順孟加拉海灣北界亞桑長二十三千里總計八十二萬方里謝志云北緯十度三分至二十八度九十八度三十分東經九十八度三十分課程云在亞洲極南地之國中央面積約二百八十八萬方里雲南之騰越龍陵邊東界暹羅及老撾西北當藏地喀木南境東北界西南界印度之阿薩密孟加拉邊西南與南瀨各部東南界馬來隅西北南騰越之西阿薩密之東緬甸之北爲野人山境暹羅之西緬甸之東爲撣人地野人撣人俱無所屬然英得緬後極力經營撣境

英領緬甸省

終必爲所有野人亦必隨之茲以撣人野人地併入緬甸計之南自赤道北十度北盡北二十七度東自順天西十五度西盡西二十四度南北三千三百里東西千九百里面積十三萬九千九百三十一方里**雷志云英省包有亞劣肯與推耐塞里摩西至湄江上流爲界**先謙案課程云山澤之地多於平原山自岡底斯山分東支入藏地至騰額里海分支由怒江源之南雅魯藏布江之北東南迤經喀木境至野人境北之蘭開山伊洛瓦底東源[illegible]江分二支西支西南迤於更的宛江伊洛瓦底江之西源之西經阿薩密境又南經曼尼坡境自上小士部先謙案矢志作麥尼蒲兒拉歇部境之阿臘干部境南盡於海西人統名此山脈爲偉斯登爾崙嶇斯譯言西山嶺也高峯自五千尺至七千餘尺東支南迤於伊洛瓦底江之東怒江之西東南入雲南永昌府西境南出邊經木邦境爲抹能江發源處又西南迤於怒江之西抹能江之南至錫箔西南西當江發源處又分二大支一支南迤於怒江之西西當江之東一支南迤於西當江之西伊洛瓦底江之東俱南盡於擺古境其山在北統名撣人遙嵋山在南統名擺古遜嵋山最高峯至九千尺兩山之間大水之瀨往往沃野數百里近海尤平衍稱腴壤**有伊拉瓦第江以灌溉之**謝志云與中國印度接壤處連山成帶故地向南斜中央低地多池沼大河二西曰伊拉瓦第江出西藏西南流三千六百里入孟加拉灣河口有人三角洲計十七萬方里輪舟上溯可行二千四百里東曰怒江入緬甸界南流二千四百里入瑪達班海股灌溉甚便土地肥沃課程云大水三東怒江西伊洛瓦底江中間流不甚長者曰西當江怒江詳暹羅伊洛瓦底江二大源在西名更的宛江又名坦拉瓦底江在東爲正源亦有二東源曰恩梅開江出薩騰野人境[illegible]南偏西流至赤道北二十五度四十分處古拖之南與西源會西南流曰邁立開江出野人山境坎底[illegible]拖渡口[illegible]嶔斯[illegible]境經郎套[illegible]南[illegible]東南流經[illegible]經憂鳩西北又東南流會雲南龍江又西南流[illegible]八莫[illegible]西又西過瑞姑北江又[illegible]又南過大公城西又南過蠻得勒西南又西南過阿瓦山北又南偏西[illegible]與更的宛江會更的宛江出阿薩密西北境柏脫可山南[illegible]曼尼坡東孟拱西拱會伊洛瓦底江[illegible]尼坡諸水東南會[illegible]又南過蒲甘西[illegible]又南流分爲數十支東南流經仰光[illegible]西入海[illegible]西南其最西江深廣冠[illegible]火輪巨艦通行故瀨江多巨鎮英船早至八莫[illegible]矣華人舊稱大金沙江[illegible]歆[illegible]南西當江出撣東[illegible]南流經錫箔西南撣人遙嵋山中上游曰白龍江南流經洞吾東又南流經歇偏陘西又南入海行千餘里甚便舟楫異名記云當即世界地誌之霞典爾普江**面積十七萬千四百三十英方里人七百六十萬五千五百六十口**謝志云低地炎熱五月至十月多西南風大雨十一月至四月多東北風少雨物產五穀芝麻檳榔靛青椰子棉花甘蔗煙葉竹烏木紅木松香鐵金砂紅綠寶石虎犀象牙蜂蜜麝香燕窩俗奉佛以

白象爲佛前身臥以絲席食以金盌向之膜拜工藝善鍍金鑄鐘
慕志云藏書甚富翻論神爲主許考志云又產琥珀銅鉛
錫石油等石油出深井初汲出色青厚然之出黑煙蓋未濾清故名
盛產堅木梗楠之類西人稱德克樹製器件能經久上海名
檣木造舟楫累世不朽多輸入歐洲其在英屬邊境爲散司拉塞坎興等種人所居
之地不在以上所言之數約計面積十一萬英方里人百四十二
萬口　**滿大來**先謙案課程作蠻得勒世界圖作滿大類樋志作孟達來謝志作滿德雷周志作曼德來漢文圖作曼大雷矢志作曼豆拉世界地學作門達列外國地理作孟特力括地畧作孟作罷平方圖作曼得拉在上緬甸每歲雨水二十七英寸人十八萬八千八
百十五口　**郎昆**先謙案謝志作郎棍世界圖作蘭貢印度札記作冷宮課程作仰光世界地學作南貢漢文圖作蘭奉樋志作拉奴孤翁圓球圖作拉哈果思魏志作蘭雲熱度中數七十九
度極寒七十五度極暑八十五度雨水九十九英寸人十八萬三
百二十四口　**木爾們**先謙案課程作穆爾麼異名記人五萬五
千七百八十五口　野徐志云緬甸一名阿瓦蠻部大國也北界東北界雲南南掌東界暹羅西南距印度界

海西北連東印度山曰小豹水曰怒江一名潞江又稱大金沙江說見前悍性多詐有室廬頂鄰以葉謂之緬書男子善浮水以其文字進上者用金葉次用紙其婦人縮髻項後事佛敬僧有大事則抱佛說誓布纏之婦後決國有五城以木爲之曰江頭曰太公曰馬來曰安正國由雲南入貢曰蒲甘緬東王城王所居也其王稱達喇底向王率兵擊火之先師是英國蠶食東印度諸部將及其界道光四年緬王率兵英師敗績已而英人以兵船入內港議海濱曠力搏戰英人據其頭所轟而遁馬將緩城西北曰阿和讓海人時懷爲英兵復侵之其西曰濱將曰達歪王其西北曰阿刺人又云南掌報復志揭北界雲南東界暹羅朝內附貢後因名之漢國利病書言緬甸古朱波也漢通西南夷阻謂擇唐曰驃宋元謂之緬自永昌西南山川調重延邈道里修後因名之唐曰驃宋元謂之緬甸國奉珍寶驃國王雍羌遣其弟悉利移來朝獻樂及幻人皆梵音經宗譯十八年騷賜元和元年皆遣使朝貢宋樂唐德宗貞元論憲宗元和六年蒲甘入貢宋徽宗崇寧四年中緬甸貢白象五元年紹興間俱來貢元世祖至元由吐番三討之後於蒲甘緬王城置邦牙等處宣慰使司明洪武間歸附永樂間遣翰林張洪使其地正統間宣慰莽次劉蔡麓川叛夷思任思機來獻益以地嘉靖初孟養思倫猛密思眞連兵侵緬殺莽紀歲思機訴於朝委官往勘不聽嘉靖中紀歲支子瑞體起

洞吾復有其地東破擺古南掌南取土哇攻景邁服車里四
思個陷罕拔其號召三宣南雄取體死萬曆間爲滇南之爲
其族弟莽灼來歸應裏怒攻之灼奔騰越自是屢爲邊患滇南之
之騷然後爲暹羅所攻乃不暇內犯云余按滇南諸蠻部即漢
徼外西南夷種類甚繁明初置緬甸等六宣慰使司後又增爲
十此外則孟定孟艮威遠灣甸鎮康置土府州南甸千崖隴川耿
馬孟密蠻莫潞江置宣撫司芒市孟璉茶山里麻鈕兀置長官司
後諸蠻蠢動屢煩征討麓川之役二思授首勞費半天下緬甸則
莽氏創霸後頗窺邊蠻人好反其性固然我朝自鄂爾泰入建
改土歸流議草薙禽獮經營八九年而後諸蠻部盡入
版圖其南荒外藩者有南掌緬甸兩國南掌弱小言足順
甸則依山負海疆土遼闊定鼎之初助明擊首先效
乾隆中崛強犯邊仍復頑服先謙案課程云明洪武二十七年置
緬甸軍民宣慰使司以賓其酋普刺浪與車里洪武十七年置
緬境以內八百大甸嘉靖初孟養木邦破緬甸分瓜其地宣
撫司於緬五宣慰司稱六慰孟養侵木邦八百車里三
十三等酋計奪之蠻莫宣木邦司百老撾中地孟密
邦附司於緬境一永樂初據木邦地侵內地亦附馬萬曆七年境隆慶中孟木
養地十者一年復據內地漸侵雲南邊土司爲劉綎陳用賓與所
敗古刺木邦之夷部也又名擺古置大古刺宣慰司
百緬甸底馬撒靖定後爲緬鬻食惟古刺世爲勁木敵邦孟嘉養靖中八
緬車里老撾稱西南十慰

藏於莽瑞體不久復自立康熙三十九年古刺以荷蘭兵攻緬甸
下人緬國乾隆中莽氏復緬錫箔
舊疆而東并南古刺木頭起兵復緬
拱孟密據之遂包洞吾山北有孟養
乾隆三十二年南併緬西始麓請款遂犯邊
十三年遣木邦孟艮及大征之緬甸克之遂滅暹羅
十三年一羅貢道光四年復與英戰乃敗五十年加三年封緬甸
國人以兵船入伊及洛古瓦刺底西江聲言觀直取阿瓦英取古刺而乃求名成英
割人沿海兵船底入伊洛瓦底西北聲言地與英阿瓦度咸豐三年英取緬古刺而乃求成
所得南緬地爲英吉利地那悉林馬撒舊疆爲北緬南緬分爲三部
曰擺古刺舊疆也曰地那悉林舊疆也曰阿剌千古日
西北地也西隸於印度總督自是南緬日窮海口
甚益虐待其民緒光十年一安南出西侵北
又乘緬之宗祀遂絕英復十取年無出之全境流緬王於
印度海頗之怨其上於光緒取人以英兵力擺古部置伊洛瓦底
北部於是南緬部六曰北部中曰擺古部伊洛瓦底部東部地那悉林部喀倫尼山嶺部阿剌千部
北部曰北部四中部拉歇山嶺部伊洛瓦底部南部東部地那悉林部喀倫尼山嶺部置
巡撫統治十
部仍隸印度
南緬四部
擺古部明大古刺宣慰司地在緬甸南境東地那悉林西北

阿剌干西南伊洛瓦底南馬爾達般海灣（孟加拉海灣內之小海灣名先謙案徐志作達馬爾達般迪界圖作茂爾地班珠圖作麻曷班問苔作瑪達班圖）北界伊洛瓦底所屬之泰厓模遙伊洛瓦底西當二江俱在部南入海土地平沃長二百五六十里惟低窪不免水患領小部四曰亨塔瓦諦（案中外圖作亨查達）在擺古南境首城名仰光（異名毘韶）在赤道北十六度四十七分順天西二十度十三分英置巡撫駐此爲全緬十部之會城城南臨伊洛瓦底江東支南距海口七十里商務繁盛英屬印度列第三有八家塔緬人稱周簡王元年刱建明史地志有八家塔長官司在西南極邊仰光此塔足當之產五穀佳樹西南境產鹽製磁器曰擺古在亨塔瓦諦之北首城同名在仰光北百七十里赤道北十七度三十三分順天西二十度十一分西臨擺古水南流至仰光西南入伊洛瓦底江當鐵路南北往來要處明志大古剌軍民宣慰司治此城部境西北倚山東拔西當江產楠木五穀曰薩潦瓦諦（案學會圖作諦臻瓦）在亨塔瓦諦西北普羅美東南有薩潦瓦諦水南流入伊洛瓦底江有支流曰來內水又東南達仰光部境居薩潦瓦諦伊洛瓦底二水間地平坦產麥無大城有薩潦瓦諦鎮約居伊洛瓦底江東岸爲仰光至普羅美鐵路必經處米商大車多於此寄卸曰普羅美在薩潦瓦諦西北首城同名在仰光西北三百里赤道北十八度四十八分順天西二十一度二十四分西瀨伊洛瓦底江爲南北緬衛要商業以米煙葉水果爲盛○伊洛瓦底部明大古剌宣慰司地在緬甸南境以居伊洛瓦底江入海處故名東北擺古西北阿剌干西南瀨海惟泰厓模遙一小部懸隔在北境東界地那悉林南界擺古西界阿剌干北界北緬之南部伊洛瓦底江自部之北境分無數支派南入海其最東支東南流最西支西南流

兩支間地上斂下侈形略如三角中間港汊交灌爲海隅沃壤惟西境瀨海有阿剌干遙峭山自北而南長亘如牆泰厓模遙境內亦東西兩山遙夾瀨水處稍平衍領小部四曰巴森（先謙案世界圖作撒森）在本部西境首城同名魏志作巴心西瀨巴森江卽伊洛瓦底江西支也南距海口二百里爲伊洛瓦底全部會城赤道北十六度四十八分順天西二十一度三十九分饒水利產米魚鹽磁器曰通加匯在巴森東仰光西首城同名（一作陽瀰）北瀕支港赤道北十六度四十二分順天西二十度五十一分部境支津交貫地段宛如羣島水漲泛溢恆數十百里產米曰亨石埭在巴森通加匯之北首城同名東北瀨伊洛瓦底江東支西北距分支處三四十里上游米船每由此分注仰光巴森赤道北十七度四十分順天西二十度八分地居兩支江間西北脊山緜亘故肥饒而無水患西境產佳木曰泰厓模遙在擺古所屬普羅美之北約百里首城同名東瀨伊洛瓦底江赤道北十九度十六分順天西二十一度二十九分居南北緬之間昔英之未取北緬也恆視此爲險要設有兵房礅臺蓋緬甸與大古剌舊界亦在此其設險已久兩岸皆童山無草木產五穀棉花煙葉虎豹象○阿剌干部（先謙案括地志作阿剌干一作阿拉根萬國圖作阿剌根萬國地志作阿雷根通志作阿剌根平方圖作阿剌干珠圖作俺來刖）似卽後漢書之敦忍乙歐（忍乙在永昌紀要謂作緬甸西境外）唐會要之彌臣國（云驃國之西別有彌臣國）在緬甸西境北界印度孟加拉東北界北緬之拉歐山嶺部東之北段界北緬中部南部東之南段界南緬擺古部伊洛瓦底部南界伊洛瓦底部西瀨孟加拉海灣東倚西山嶺西臨海南北長亘千四五百里實緬甸西山外之別一區海中羣島亦屬部境瀨海沃衍傍山多林木產礦及石油低處產茶煙棉果竹領小四部曰厄

開培（案學會圖叙作亞齡雜布）在本部中央首城同名在仰光西北千餘里東臨阿剌干水入海之口爲阿剌干全部會城道光六年英人圖緬首踞此城商業頗盛赤道北二十度九分順天西二十三度三十三分厄開培城之東百五六十里有阿剌干城亦名城也曰勢他加乃阿剌干北山地在厄開培之西北舊屬印度孟加拉英得北緬後始割屬阿剌干首城名勢他加在厄開培西北約六百里南臨勢他加水入海之口城南成艮港華商頗多明史榜葛剌傳自蘇門荅剌海行至此地港更小舟卽此港也陸路西北通加爾各搭赤道北二十二度二十一分順天西二十四度三十四分部境北接大貝剌赫爾土部與野人近萬山叢雜材木饒足俗與緬異不通婚嫁英使南屬欲其漸相習洽也產棉花製布疋竹器曰遙克非西在厄開培之東南首城同名在藍木利島北醬東瀨海汊東對安吉水口北對里木魯水口約六七十里商業蔗糖爲大宗糖坊多至千九百餘所水埠長近十里爲緬西最富之區赤道北十九度二十四分順天西二十二度五十二分部境爲海疆與羣島合成島最大者爲藍木利及其西南之徹達巴（案學會圖水德諭散）礦瀨海多叢林產綱布蓏青蔗煙葉芝麻徹達巴島有火山有石油井曰散多威在邏克非西南首城同名北瀨散多威水西北距海口三十餘里地多清曠居人宜於衛生赤道北十八度二十六分順天西二十一度五十八分部境東倚山林西瀨海平衍產布米及蕉葉草蓋○地那悉林部（先謙案徐志作田納精圖地志作得挪斯林）在緬東南海隅明底馬撒宣慰司地東界暹羅東北界北緬之喀倫尼山嶺部北界北緬東部西界伊洛瓦底部之泰厓模遙及擺古部西南瀨海南界馬來隅地形環長沿海一帶長二百五六十里

南境有翠島附爲部內山峰稠疊在北者爲擺古遙帽山在南者爲怒江以東湄南江以西自暹羅南來之山脈產穀竹稽木多礦饒畜牧擅漁利領六小部曰阿模黑土脫圓球圖作愛謀耳斯特在本部中央首城名穆爾疊在仰光東偏南三百里赤道北十六度二十九分順天西十八度四十七分西臨怒江入海之口當怒江口穆爾疊西南海中有華路占島南北長而東西狹分怒江入海處爲二支北支自島北西流入海南支自島東南流入海穆爾疊值島之東北岸遇西南風極宜停泊市埠頻盛設有船塢華歐人多居之有市鎮二一馬爾達般在穆爾疊北十里許東臨怒江口兩處隔江南北相望一阿模黑土脫在穆爾疊南八十里西北臨海北對華路占島南岸三十里亦繁鎮也部境東倚山西瀨江海有石灰山溫泉產楠木鐵木陸以象運出山水由怒江順流下故木商極盛近海產蔗曰洞吾滇紀作洞武在地那悉林北境土西據之明嘉靖中爲莽瑞體所併首城同名在穆爾疊之西北六百餘里擺古之北三百餘里赤道北十八度五十七分順天西二十度二分東瀨西當江北境多山產文石杉木平原宜稻山民業蠶曰歌衛陘在阿模黑土脫西北洞吾東南擺古東北首城同名赤道北十八度四分順天西十九度四十分居西當江東岸距鳩克基水入江處十里東西山巒夾峙南境有別林江西北流入西當江水兩岸叢林中多牧象草地產五金礦民業造磁器綱布煮鹽西境爲仰光至蠻得勒鐵路所經曰撒爾溫（先謙案一作薩爾溫）在阿模黑土脫之北歇衛陘之東南居怒江之濱怒江一名撒爾溫故以名部（案學會圖有薩爾溫澗甬無薩爾溫）東與暹羅接壤峰巒叢雜榛莽荒蕪山谷淤泥甚厚宜稻產檳椰戶口未清無首城有什威格溫鎮在穆爾

暨北百六七十里赤道北十七度十分順天西十八度五十分曰達歪在阿模黑士脫之南首城同名魏志作達阿依赤道北十四度五分順天西十八度十六分南距海港三十里部境東倚山與暹羅接西臨海島嶼羅列山產礦極盛多堅木曰墨爾階在達歪南首城同名魏志作麻爾古赤道北十二度三十分順天西十七度四十六分西南臨地那悉林水入海口口外羣島環列停泊極便有地那悉林鎭在墨爾階城東南百里北瀕地那悉林水地那悉林部因此而名魏志作底尼色頓部境爲長狹海岸與羣島所合（大小百餘島）東倚山深林二百里不斷產五金礦極盛（關撣鮮人）獸多虎豹犀象瀕湖產燕窩魚翅商路南通麻剌甲○北部在北緬東北境明爲緬甸宣慰司孟養宣慰司孟密宣撫司蠻莫宣撫司地跨伊洛瓦底江兩岸東北界雲南永昌府邊東南界撣人各部南界中部之皎澤織耿西界中部之下更的宛尤胡上更的宛北界野人山領五小部曰蠻得勒在北部南境元爲邦牙宣慰司地明爲緬甸宣慰司地北界瑠玭邁匿斯東界北撣之錫箔部南界皎澤西南界織耿西界肅衞巴首城同名　聖武記作蠻得卽紀要之馬來城緬王於咸豐十年自阿馬拉普剌遷此爲新都英得北緬以此爲北部會城赤道北二十一度五十九分順天西二十度十四分西瀕伊洛瓦底江城之東北有高山曰蠻得勒因以名城城內宮殿街衢頗壯麗佛塔尤宏廓有古塔內懸大鐘高近二丈聲震全城西人稱地球第二大鐘（案第一大鐘在俄國墨斯科城）商業金箔爲大宗以飾佛像有阿馬拉普剌城（案卽徐志之安正國城）在蠻得勒城南三十四里西瀕伊洛瓦底江緬王舊都乾隆四十八年建自阿瓦徙都之城內多佛寺滇商居此者三千家部境東多山瀕江沃衍宜五

五洲地理志略　卷七上　七

穀曰瑠玭邁匿斯（譯言紅寶石礦案二圖無此部名）在北部東境元及明初爲木邦地成化後爲孟密地咸同間英人以其地產寶石與緬立約開採遣兵鎭之既得北緬始割孟密西南產寶之區置此部南界蠻得勒東南界錫箔東界北撣之湯平及孟密東北界八莫西北界格沙（哪麻）西界肅衞巴首城名摩谷在蠻得勒城北偏東百七十餘里赤道北二十二度五十五分順天西一十九度四十八分寶石礦爲地球第一本屬木邦明天順中宣慰司罕楪使其堦思歪領孟密思歪因寶井之利遂據以叛爭戰不息成化初思氏以寶石賂朝貴因得奏設安撫司朝廷亦每遣中使采辦摩谷居萬山中周圍產寶之區約千五百方里英人先用印度石工鎚鑿運往倫敦加以琢磨重至二兩者值銀八萬兩有勃納模遙鎭在摩谷西北三十四五里英與緬立約駐兵於此以監開採又有大公城在摩谷西北西瀕伊洛瓦底江赤道北二十三度三十分順天西二十度二十二分元史至元十九年緒王相苔吾兒拔大公城卽此部境東之南插入孟密錫箔間蓋產寶地也北境狹長俱西瀕伊洛瓦底江北盡能川江曰肅衞巴在北部中央明緬甸宣慰司地及孟養南境東之南界蠻得勒東北北界瑠玭邁匿斯北界格沙西界尤胡西南界下更的宛南界緘耿首城同名赤道北二十二度三十五分順天西十二度四十二分似卽紀要之速送城英人鐵路近已自阿瓦渡江北經肅衞巴以達格沙有密堵城（餘孛鄙緬鮮以）在肅衞巴西北百四十里西瀕繆江紀要言密堵速送二城俱在孟養司南十餘程爲別部所居是也部境居伊洛瓦底江之西繆江之東繆江北出孟養西南山中南流至阿瓦西六七十里入伊洛瓦底江卽紀要之阿氐河所謂緬甸司境北面之險也北

有山南皆平壤曰格沙（或作麻啊但麻啊城在伊洛瓦底江東南崖哪玭邁匿斯境內今依野人山圖作格沙）在北部北境舊爲孟養宣慰司地南界肅衞巴東南界瑠玭邁匿斯東北界八莫西界上更的宛西南界尤胡首城同名赤道北二十四度十分順天西二十度三分東瀕伊洛瓦底江紀要有戛撒城在孟養之南爲南出緬甸險要卽此城也英人修鐵路自此北達孟拱城有地名孟養在格沙北百六七十里赤道北二十四度四十七分順天西二十度木養宣慰司故治元雲遠路是也西瀕孟養江其水東北流有孟拱江自西北來會東南流入伊洛瓦底江部境東瀕江多平地西北山峯叢疊曰八莫（志尤作藩巴案博謝）在北部最東北境舊爲孟養宣慰司及蠻莫安撫司地（明成化十[illegible]年析木邦置[illegible]宣撫司萬曆十三年析孟密置蠻莫安撫司）東界雲南騰越邊東南界撣人之北省賦南界撣人之孟密及瑠玭邁匿斯西南界格沙（鵑野）西界上更的宛北接野人山首城同名赤道北二十四度十五分順天西十九度十一分西瀕伊洛瓦底江北距雲龍江入伊洛瓦底江口僅五里凡雲南商貨均由雲龍江順流運下聚集於此中有滇商所居之新街故此城又名新街蠻得勒之象牙寶石孟加拉之鴉片及各洋貨則自下游而上孟拱之寶石樹膠則自上游而下蓋東通雲南則有雲龍江西北通孟拱則有孟拱江北達允冒戛鳩南達仰光巴森則有伊洛瓦底江北緬第一商埠也英人於此築礮臺駐重兵元緒王相苔吾兒所拔之江頭城卽此乾隆中副將趙宏榜敗死於此有蠻莫在八莫東約八十里爲野人山西麓北瀕雲龍江有漢人街二三十家騰越眾商屯貨之所也當卽蠻莫宣撫司故治有藏波能勾在八莫北約五六里踞雲龍江口北岸爲古撣國都城有孟拱在八莫西北約二百四十里赤道北二十五度

五洲地理志略　卷七上　八

十八分順天西十九度二十八分東臨孟拱河與孟養河合流處舊爲孟養別部產寶石碧玉琥珀及犀象紀要作孟犖又作孟坑有允冒在八莫北偏東約三百二十里赤道北二十五度二十二分順天西十八度五十八分西瀕伊洛瓦底江江面至此漸闊多椽樹膠廠野人山南出要埠也又爲滇西各土司門戶乾隆三十四年經略傳恆從孟拱孟養南搗阿瓦蓋由此渡江有戛鳩在允冒西南約十里北瀕伊洛瓦底江有米紀納在允冒北約十二三里西瀕伊洛瓦底江部境東西均大山帷瀕江一帶爲廣衍沃壤英人鐵路擬自格沙達孟拱再由部西北境經曼尼坡山道直通印度○中部在北緬西北境及中央舊爲孟養緬甸兩宣慰司地跨更的宛河南境越伊洛瓦底江以包蠻得勒之南地勢自西北斜趨東南略如初月形東界撣人各部及北部之蠻得勒肅衞巴格沙北界野人山西北界曼尼坡西界拉歇山嶺部西南界阿剌干北山地及南部之派考克南界南部之緬浲及東部之美克剔拉及撣人各部領五小部曰織耿在中部南境明緬甸宣慰司地北之東界肅衞巴北之西界下更的宛西界派考克南界緬浲東界皎澤東北界蠻得勒首城名阿瓦在蠻得勒西南約五六十里赤道北二十一度五十二分順天西二十度二十五分歷代緬王舊都也北濱伊洛瓦底江東臨抹能江支流入伊洛瓦底江處城周十五六里居民二萬五千人王宮巨麗佛寺尤金碧相映街衢廣闊商販雲集鐵路南通仰光北達八莫商務之盛當未有艾對岸有城曰織耿南瀕伊洛瓦底江西南與阿瓦城相對百貨所萃同於阿瓦臨江水埠環長里許山後有佛塔極爲炫燿然阿瓦織耿之旁故宮廢苑績垣裒草令人生麥秀黍離之感紀要有者梗

即織耿也謂者梗在阿瓦河北與阿瓦城甚近其阿瓦河蓋伊洛
瓦底江也部境南北跨伊洛瓦底江地皆平壤爲全緬肥沃之區
曰皎澤在中部東南境明緬甸宣慰司地西界織耿西南界緬洚
及美克剔拉南界撣人之薩模厓勒勃部東界撣人之盧克驟克
部東北界撣人之錫箔部北界蠻得勒拗馱几首城同名赤道北
二十一度三十五分順天西二十度十五分爲仰光逵蠻得勒鐵
路所經部境居抹能江南藝蒙江東東倚山麓西偏皆平壤以產
穀著曰尤胡在中部中境舊爲孟養宣慰司地南界下更的宛東
界肅衞巴北界格沙西界上更的宛首城同名在蠻得勒西北約
三百里赤道北二十二度四十七分順天西二十度五十八分東
瀕繆江舟楫順江而下再泝伊洛瓦底江而上可達阿瓦織耿部
境褊小西倚山東偏瀕繆江一帶稍平衍曰下更的宛在中部西
南舊爲孟養宣慰司地南之東界織耿南之西與西均界派考克
北之西界上更的宛北之東界尤胡東界肅衞巴首城名蒙尼瓦
在蠻得勒之西偏北二百四十五里赤道北二十二度七分順天
西二十一度十五分西瀕更的宛江更的宛江上游所產之米盡
萃於此部境跨更的宛江下游更的宛江自西北流來江旁地居
兩山之間長七百餘里闊三十里至六十里不等名爲科巴爲全
緬產穀上壤部居科巴山谷南口故產米甚富曰上更的宛在中
部西北境南之西界派考克南之東界下更的宛東之南界尤胡
東之北界格沙東北界八莫北界野人山西北界曼尼坡西界拉
歌山嶺西南界阿刺干部之厄開培首城名更達特在蒙尼瓦之
西北五百餘里赤道北二十三度四十三分順天西二十一度五
十八分西瀕更的宛江地居上游北山之琥珀礦江旁之米多集

於此有地爲開爾灣在更達特之南百四五十里西瀕更的宛江
對岸爲抹薩江入更的宛江之口水景絕佳爲上游要埠曰喀里
模遙在開爾灣之西約四五十里南瀕抹薩江抹薩江西南出阿
刺干北地界山東北流入更的宛江之水也喀里模遙爲抹薩江
旁大鎮居民多茅舍力稼爲業紀要有戛里在孟養司西南爲孟
養別部即此模遙譯言城鎮也部境廣袞中包科巴山谷全地故
產米極富更的宛河上源與野人山接壤處產琥珀土人采之用
爲牟尼珠兼以飾項○拉歇山嶺部在北緬最西北舊爲孟養西
邊外地東界上更的宛北界曼尼坡西北界印度之亞薩密西界
印度之大貝剌赫爾土部南界阿剌干北山地部境萬峰剌天荒
陋未闢爲北緬極高之地其最高峯高於海面八千三百餘尺山
中衆水發源水北流者入亞薩密之蘇爾馬水西南流入雅魯藏
布江水南流者爲勢他加水西南流至勢他加入孟加剌海民皆
野番無城邑市鎮可紀○南部在北緬西南境明緬甸宣慰司地
東西際山伊洛瓦底江南北貫流南界伊洛瓦底部之泰厓模遙
西界阿剌于部之厄開培北界中部之上下更的宛東界中部之
織耿皎澤東部之美克剔拉厓模昇品麥南領四小部曰緬洚在
南部東北東北界織耿西界派考克西南界明濮南界木威東界
美克剔拉東北界皎澤首城同名在蠻得勒之西南二百四五十
里赤道北二十一度二十七分順天西二十一度西瀕伊洛瓦底
江氣候最佳宜於衞生其重鎮有蒲甘城在緬洚之西南百二十
里赤道北二十一度十分順天西二十一度三十一分西瀕伊洛
瓦底江緬甸國舊都地紀要作蒲甘緬城元置邦牙宣慰司於此
又名倍南奧斯譯言聖城也近城四五十里內寺嗒之基禰望可

見當年佞佛之盛有色列在蒲甘之西南約八十里西瀕伊洛瓦
底江居民製造漆器部境西傍伊洛瓦底江東倚遙帽山麓東北
一帶產鐵礦頗盛曰木威在南部東南境北界緬洚西界明濮南
界泰厓模遙東界厓模昇及品麥南東北界美克剔拉首城同名
在蒲甘之南偏東二百三十四里赤道北二十度九分順天西二
十一度二十七分西瀕伊洛瓦底江其重鎮有葉南陽在木威之
北偏西七十里西瀕伊洛瓦底江北距葉南水入伊洛瓦底江處
僅十餘里產石油最佳與米利堅所產之開路升石油相等附近
地有油井五百餘處土人或呼葉南陽爲油城部境東北倚山西
南依水中苞原隰曰明濮在南部西南境南界泰厓模遙東之南
界木威約詩十對東之北界緬洚北界派考克西界厄開培首城同名
赤道北二十度十一分順天西二十一度三十分東瀕伊洛瓦底
江部境西倚山麓東偏瀕水一帶多平衍曰派考克在南部西北
境南界明濮東界緬洚東北界織耿北界下更的宛西北界上東
的宛西界厄開培首城同名在蒲甘東北五六十里赤道北二十
一度二十分順天西二十一度十八分南瀕伊洛瓦底江東北距
更的宛江人伊洛瓦底江處約四十里部境西北萬山叢雜惟東
偏近更的宛伊洛瓦底二水旁皆沃壤○東部在北緬東南境明
緬甸宣慰司地部境東西均長山南北亘帳山闕為之總山江酉頭岫麗爲海西江富
江江奧中伊謝洛之瓦山底當北緯二十度至二十一度之間有山橫連與東
西山接洛全西覧闕文闕分山如馱為分二之之東處支極橫山發源之水南流者均入西
當江南入海北流者均入蟄蒙江會抹能江入伊洛瓦底江故部
內水道甚利而鐵路南自仰光達洞吾循西當江而上踰橫山又
傍藝蒙江而下以達阿瓦蠻得勒故部內陸運亦甚便東界南撣

各部北界中部之皎澤西北界南部之緬洚西界南部之木威南
界地那悉林部之洞吾領三小部曰美克剔拉在東部最北境東
北界皎澤西北與西均界緬洚西南界木威南界厓模昇東夯南
撣之薩模厓勒脫首城同名在蠻得勒之南偏西約二百四十里
赤道北二十度五十三分順天西二十度三十一分東距洞吾達
蠻得勒鐵路僅三十餘里有短鐵路相接其大鎮有美侖在美克
剔拉之西北四十五里有宛得溫在美克剔拉之東北七十里當
南北鐵路往來處部境皆平衍脊腴曰厓模昇在東部中境北界
美克剔拉拗粘西界木威南界品麥南東界南撣之薩模厓勒脫
首城同名赤道北二十度二十一分順天西二十度十七分當南
北鐵路之衡部境跨橫嶺之脊高原平壤相間曰品麥南在東部
南境北界厓模昇拗粘三西界木威東界南撣之薩模厓勒脫南
界洞吾首城同名赤道北十九度四十六分順天西二十度十三
分當南北鐵路之衡部境東西皆山中間跨西當江處多平衍○
喀倫尼山嶺部當北緬之東南隔南緬之東北隔跨怒江東西雨
岸西界地那悉林之洞吾南界地那悉林之歇衞陘東界暹羅西
北境北界南撣各部部境萬山叢雜地面高於海面三于尺至四
十尺舊境僅有怒江以西地英人慮遲羅之西侵也遂爭怒江東
岸而有之民皆紅種居深山俗尚耕種信佛發近西土多人其境
設教堂學舍弁道田產以濟貧人故土人亦漸有從西致者榛莽
未闢無城郭
市鎮可紀
北撣五部　南撣十七部
撣入即漢代之撣至今西人尚以舊名稱之其居怒江西者舊屬

緬甸在怒江東者舊與暹羅八百媳婦老撾等錯處自英據緬後凡撣人之在怒江西者英爲之經營區畫其地北界雲南騰越邊東界怒江東南界暹羅西南界喀倫尼山嶺部西界南部之品麥南厓模昇美克剔拉中部之皎澤北部之蠻得勒瑙玭邁匿斯西北界北部之八莫因其故部分爲北撣五部南撣十七部其北撣諸部一曰孟密居北撣最西北境明孟密宣撫司地在八莫之南瑙玭邁匿斯之東首城同名在摩谷北偏東約五十里赤道北二十三度七分順天西十九度四十二分明孟密宣撫司故治西瀨孟密水孟密水又名南美潔江北流入龍川江之水也部境舊有寶礦英割其地置瑙玭邁匿斯部今境內產茶樹水果二曰湯平明木邦宣慰司地或以爲卽將軍明瑞所至之大山土司大山木邦境內之別部也在孟密之東南黔百其西境與瑙玭邁匿斯之摩谷接首城名那模散赤道北二十二度五十七分順天西十九度十七分居萬山中其地高於海面三百九十一尺部境有銀礦卽波龍銀廠也在那模散之北三四十里明永明王入緬甸爲緬所劫隨從諸人畱者歷百餘年生聚日衆自偁曰貴家據波龍廠采銀甚富强有新廠老廠基地徑數里廠丁多至十萬乾隆中有宮裏鴈據廠得衆心尤善戰屬爲緬夷所畏西南得保無事永昌知府楊重穀誘宮裏鴈殺之以邀功波龍廠遂爲夷有木邦降緬擾邊西南之戰事亟矣三曰北省賦明木邦宣慰司地在孟密之東湯平之東北其北與騰越南邊之宛頂遮放各土司接東傍怒江首城名省賦在那模散東北二百餘里赤道北二十三度十八分順天西十八度二十五分部境爲抹能江發源處山地多於平壤頗膏腴產五穀按元史至元二十七年以蒙憐甸爲蒙憐路紀

要云蒙憐路在木邦宣慰司北按蒙憐抹能實音近或蒙憐卽在抹能江之旁四曰南省賦明木邦宣慰司地在北省賦之南東傍怒江西接錫箔境內水分東西流東南流者入怒江西流者入抹能江無首城有大鎮曰孟厓在省賦城之南一偏東約二百里赤道北二十二度二十六分順天西十八度二十一分五曰錫箔在北省賦之西南南省賦之西孟密之南其西南與蠻得勒皎澤接爲中國入緬甸路所必經抹能江貫流境內自東北而西南故有錫箔江之名境內水利灌漑甚廣首城同名在蠻得勒之東北三百餘里赤道北二十二度三十一分順天西十九度九分南臨抹能江繁盛爲諸撣之冠有要鎮曰孟籠在錫箔之西北約二百里赤道北二十二度四十八分順天西十九度四十六分地居寶石礦山之陽山北卽摩谷明瑞聞猛籠有糧且近孟密因往就糧者卽此地也部境產煙葉又多鹽井其南撣諸部一曰馬克模居南撣最南境在喀倫尼山嶺部之東北南傍怒江境內有南鏗水自東北向西南流入怒江首城同名或譯作芒買在赤道北二十度十四分順天西十八度三十九分居民闖溢爲南撣大鎮馬克模之東有孟班部南與東均界怒江首城同名在赤道北二十度九分順天西十八度一分馬克模之東南在怒江東南岸闖入暹羅境者有孟摩部條孟摩闥北界怒江與馬克模接西南界喀倫尼山嶺部首城同名在赤道北十九度四十四分順天西十八度二十四分有美薩公部北傍怒江西北接馬克模東北接孟班西接孟摩首城同名在赤道北十九度五十六分順天西十八度二十一分有孟達部北傍怒江與孟班接東界美薩公首城同名在赤道北十九度五十六分順天西十七度四十九分有孟階特部西北傍

怒江與孟班接東接孟達首城同名在赤道北十九度五十六分順天西十七度四十九分有孟亨部在孟階特之東其東北與暹羅北境之景東接首城同名在赤道北二十度五分順天西十七度二十六分自孟班以下均在南撣十七部外據野人山圖補以其與馬克模近或屬馬克模別部故附之後凡闕見各部後者倣此二曰芒安在馬克模之北首城同名在赤道北二十度三十一分順天西十八度三十二分東瀨南鏗江舊爲名城芒安東有鏗東部南與孟班接壤東傍怒江首城同名在赤道北二十度四十五分順天西十八度五分或謂芒安屬地跨怒江東岸鏗東尙在怒江之西其爲芒安屬地可知其怒東之地本屬景東乃英人割隸芒安者芒安西有孟錫特部南接馬克模之西北境首城同名在赤道北二十度三十八分順天西十八度四十八分三曰律茄在芒安北首城同名在赤道北二十一度十六分順天西十八度四十四分四曰孟曩在律茄東北首城同名在赤道北二十一度十九分順天西十八度十七分五曰木梳在孟曩東北首城同名在赤道北二十一度五十五分順天西十七度五十八分雍籍牙故部也木梳西北有開斯曼散部南接孟曩東北界孟隆及南省賦與木梳本部實爲懸隔而屬於木梳首城同名在赤道北二十二度五十六分順天西十八度三十四分六曰孟金在孟曩西其南接律茄北界錫箔首城同名在赤道北二十一度三十九分順天西十八度五十一分東瀨南鏗江上游七曰孟派在孟金西南律茄西孟榜西北首城同名或譯作孟平在赤道北二十一度八分順天西十九度十四分西瀨那泥江上游那泥江北流入抹能江之水也八曰盧格騷克或作厓次克南境東接孟派北境東接孟金東北界

錫箔西北界皎澤首城同名在赤道北二十一度十五分順天西十九度三十一分九曰通基又名奈恩喬在盧格騷克之南東北隅與孟派接壤部境有奈恩喬湖耳一瀦名黑衆水所瀦湖水南出流入怒江首城名榮隈似卽瞿耳之轉音在赤道北二十度四十分順天西十九度二十七分南距奈恩喬湖十里許十曰孟榜在律茄西南孟派東南其東南與孟錫特接壤首城同名在赤道北二十度四十九分順天西十九度五十六分十一曰荷濱[illegible]之三一小部在孟派南通基東孟榜西首城同名在赤道北二十度四十八分順天西十九度十三分十二曰南和部無之名三小在荷濱南通基東孟榜西首城同名在赤道北二十度三十九分順天西十九度十分十三曰宛陰部無之名三小在南和南通基東孟榜西南首城同名在赤道北二十度二十八分順天西十九度十分十四曰賽當在宛陰南馬克模西境內有南丹巴克水東南流入怒江壤遞禱小在羣小部中地較腴潤首城不知何在十五曰薩加在通基南賽當西首城同名在赤道北十九度五十四分順天西十九度二十一分薩加之北偏西約六十里有山喀小部與薩加連壤疑郎泰勃朧十六曰派控在薩加南喀倫尼山嶺部北[illegible]猛拜首城同名在赤道北十九度四十五分順天西十九度十七分十七曰薩模厓勒脫南撣之一大部也在皎澤南其西與美克剔拉厓模昇品麥南接壤東與盧格騷克通基連界南鄰薩加猛拜西當江發源部境境內大鎮頗多惟不知何爲首城又怒東撣人七部瀾滄江之西怒江之東當中國雲南極南邊有著名大土司室今

爲我藩屬者曰車里宣慰司在普洱之南曰耿馬宣撫司孟連宣撫司在順寍之南曰孟定土府在永昌之南車里居最東南瀕瀾滄江孟定居最西北在南丁江之西怒江之東南丁江西南流入怒江之水也耿馬孟連居中而孟連又在最南耿馬西與孟定略相値孟連東與車里略相値此數部之南有景東土部者疆域頗廣東盡瀾滄與景坎界西極怒江與芒安界南界暹羅所屬之景邁各部即明代之孟艮禦夷府也紀要云孟艮東界車里南界八百西界木邦北界孟連準今地望與景東甚合西人亦云然　本朝亦嘗羈縻及之乾隆三十一年設孟艮土指撣使隸普洱府後屬於緬英之倂緬也凡屬於緬者均收爲屬部於是景東隸於英即怒東七撣之一也首城亦名景東一作康東一作克線當在赤道北二十一度十九分順天西十六度四十一分城居山嶺問跨嶺築堞以甄爲之環以溝池周圍約二十餘里居民六七百戶城內有人煙處僅四分之一寺廟多至二十餘處部內小部凡三十二稱爲三十二孟或作猛譯言邑也景東酋置官治之酋取於民者無常征有常備兵三萬人部境居兩江開爲兩江間最高處山峻聳水奔流景東之東有景坎部或作江壆景東之屬部也部酋爲景東酋之弟景東屬英景坎亦類及之故列怒東七撣之二其疆域東邏瀾滄江與安南之北圻接北接車里宣慰司車里首城在赤道北二十一度五十八分順天西十五度三十六分西瀕瀾滄江一名江洪首城名孟攸在赤道北二十一度二十二分順天西十五度五十二分城近南雷河後倚岡巒部境產寶石及五金礦景東之西北有芒浦部怒東七撣之三西界怒江與木梳接首城同名在赤道北二十一度五十一分順天西十七度五十一分

芒浦之北有孟隆部怒東七撣之四疆域跨怒江東西故分俾東西孟隆西境接南省賦東境接孟連宣撫司孟連首城在赤道北二十度二十分順天西十六度五十一分首城在怒江西同名在赤道北二十二度三十分順天西十七度四十九分孟隆之北有麻塔部怒東七撣之五疆域略跨怒江之西西與南省賦接東接孟連宣撫司無首城可紀麻塔之東北有卡瓦部或作狆狐怒東七撣之六疆域西界瑣麥東南接孟連宣撫司東北接耿馬宣撫司耿馬首城在赤道北二十三度三十六分順天西十六度五十九分無首城可紀卡瓦之西北有瑣麥部即舊所傜葫蘆國也怒東七撣之七疆域西界怒江與北省賦聯東北接耿馬宣撫北界孟定土府孟[illegible]城在赤道北二十三度三十二分順天西十七度三十一分首城名葫蘆大約在赤道北二十二度十餘分西瀕怒江處乾隆十一年石屏州民奚尙賢者家貧走徼外葫蘆國酋長任之與開茂隆銀廠廠大贏聚衆至數十萬尙賢部勒之有警輒率衆出戰所向無敵遂西與貴家宮裏鴈並雄徼外羣夷憚之後尙賢思得　朝旨爲葫蘆國王因貢京師卒不得快快西行大府忽追同餓死之尙賢死而廠徒散羣夷自是輕漢人矣滇人每言奚尙賢宮裏鴈若在豈有邊患故至今惜之以上七部舊屬緬今均屬英雲南徼外怒江兩岸均係石壁急湍驚瀧舟行甚險因之兩岸至絕居人至景東芒安以下亦道始暢隨處有木商佳埠故英於芒安以北怒東各撣部收爲屬地者不過仍緬甸之舊芒安以南怒江之東舊均屬暹羅英人因怒江之暢行也遂爭怒東地而有之如喀倫尼山嶺部疆域跨及怒東馬克模之東南在怒江東南岸者有孟摩美薩公孟達孟階特孟亨等部皆是也蓋兩國以水爲界者水道之利兩國共之英人不欲與暹羅共利必爭得

兩岸之地而後已其用心誠險其既得香港又奪九龍用心亦猶是也

野人山地

騰越維西之西亞薩密之東喀木桑阿吹鐘城之南北緬之北有曠地名野人境即一統志及和寍西藏賦所言之羅喀布占國瀛寰志略謂爲貉貐野人明代有茶山麻里兩長官司即今野人境師範云茶山麻里前明設有兩長宮司明季時爲野人所驅奔入內地爲齊民其地閉不通久矣西人俾其種爲格古斯藏人呼其人爲老卡止格古與卡斯與止皆一聲之轉實一名耳赤髮黃晴樹皮爲衣夜宿樹上醜惡兇桿逢人即殺無酋長約東藏人犯死罪者解赴此問羣老卡止分而峽之其疆域大約南起大盈江兩岸西麓爲新街東北六七十里之巒隴東麓爲蓋達西南三四十里之蠻允即騰越西南邊也自此北迤於怒江與伊洛瓦底江之開山東爲雲南邊之古勇箋西山西爲瀕伊洛瓦底江[illegible]允冒戛鳩西人名此種人爲拉開伯陽麥崙頗通人性蓋牢化之熟番也再北傍恩梅開江即伊洛瓦底江東源而居者爲薩騰種其地當在老窩六庫兩土千總邊外即內地所稱猓夷其人能築碉堡以禦外患隱藏密箐中過客憚之薩騰種之西傍邁立開江鹼淨酪瓢而居者爲格古斯種人類蔓延北及喀木西及更的宛江與亞薩密接此種最野略具人形而已即藏人所謂老卡止分峽人內者其北有地曰坎坻產椽樹甚著其南有邁羅薩套村在邁立開江西畔聚居華民百餘人皆自古勇箋西遷去者伐椽樹皮煮鹽澍金爲業其椽樹漿運至允冒新街利市三倍近邁立開江更的宛江發淑處均產琥珀礦形狹而圓長至三寸亦奇珍也先謙案野人衞藏

圖志稱爲戳祼烏魯爾兔族

緬甸地近熱帶氣候常炎熱西南臨海尙溫潤而不乾燥北境深林密箐水土之惡劣略與暹羅等然土地肥沃礦產豐饒有伊洛瓦底江之洪流以貧轉運識者謂暫雖榛莽久必開通民口七百五十五萬四千四百十人性情怠惰乏忍耐通國崇信佛敎者約十之八其回敎及天理天性敎居十之一印度敎與耶稣敎居十之一舊雖爲亞洲王國然聚羣土司爲治政敎未嘗畫一其境內計四千六百餘土司世守尺寸之地各自俾雄强則臣服弱則相角腴民脂膏恣其暴虐緬王復昏庸多忌自殘其勦舊親戚以覆本根以區區數千里之土地供數千虎狼之蹂躪雖欲不亡得乎自屬英後英人設官治之而北部七司之大者仍未鋤滅但部勒之使僅衣食租稅而已蓋欲以治印度者治緬甸也其地歸印度長官統轄所築鐵路於十年前計千七八百里近年增修已抵八莫及孟拱加長殆千餘里物產有稻米材木棉花煙葉野茶橡樹膠獸類以象爲最多人家畜之等於牛馬使之引重致遠惟白象國人均尊異之奉之如神明其他虎豹犀熊均有水族饒魚鼈尤多鱷魚礦產以金銀寶石琥珀爲珍貴商埠之大者在南爲仰光爲巴森爲穆爾疊爲厄開培在北爲八莫爲蠻得勒爲阿馬拉普剌爲阿瓦爲織耿商民分二等一爲行貨之商一僉居貨之賈華人旅其地者甚多人皆忠信謹愿又習其風土故緬人最信賴之

恩丹們羣島

恩丹們羣島雷志云山嶺重疊最高者二千七百三十英尺樹林茂盛面積二千五百英方里人二萬五千口　**勃雷耳埠**遷居罪人之地先謙案雷志恩丹們列國學會二圖作阿達曼有北阿達曼中阿達曼南阿達曼利特阿達曼諸島世界圖作安達滿在孟加拉灣問答作安達瑞平方圖作安答曼紀程作安達門云分南北中三島在尼科巴羣北約二百七十里城曰巴特布來英隸於印度管轄值孟加拉海東緬甸地那悉林部西

尼科巴羣島

尼科巴羣島雷志云在恩丹們之南面積六百二十四英方里人六千九百口地產椰子先謙案雷志尼科巴列國學會二圖作呢古巴拉有喀爾呢古巴拉喀摩爾塔小呢古巴拉大呢古巴拉諸島問答作尼哥巴平方圖作尼古巴士地値緬甸地那悉林部西小島盡處去麻喇甲蘇門答臘不遠世界圖作尼口巴在孟加拉灣英人於此立州过志數印度十二州其一爲安達滿州及尼口巴卽此

賜進士出身　特賞內閣學士銜前國子監祭酒翰林院編修加三級臣王先謙謹撰

暹羅國 附馬來諸州

暹羅國徐志云暹羅南洋大國也北界雲南東界越南南臨大海西南連所屬各番部西界緬甸西北一隅界南掌其地古分兩國北曰暹南曰羅斛後合爲一國有大水二一曰瀾滄江緬紀程云瀾滄江西人呼爲湄公河發源青海歷雲南入暹羅之東北境至東埔寨入海一曰湄南河發源雲南之李仙把邊等河至暹北境會諸水成大河至羅斛南境入海海口曰竹嶼由竹嶼入內港至曼谷作萬國都城長千數百里水深闊容洋艘出入大城皆在河濱最著者曰湛地門曰萬巴曬故都曰猶地亞在湄南河上游沿河一帶居民皆架屋水中華人構瓦屋樓閣相望土人所居皆蘆蕢湄南河勢緩而散田疇藉以肥沃農時掉舟耕種插秧畢而河水至苗隨水長不煩薅溉水退而稻熟矣米極賤每石値銀三星時載往粵東售賣王衣文彩佛像體貼飛金用金皿乘象輦以閩粵人爲官屬理國政掌財賦俗崇佛僧沿門募食各施精飯食餘則飼鳥雀蘭若無舉火者又信番僧符呪一種人善呪法刀刃不能傷名爲共人王養以爲兵衞犯事應刑令番僧以呪解之方與施刑西界有大城曰馬耳大萬先謙案馬耳大萬卽馬耽達般地屬緬甸徐誤南界有大城曰剌郡案補郡見下皆著名富庶之地國之西南有斜仔六坤宋卡大哖吉連丹丁噶奴諸番部皆其屬國所產者銀鉛錫沉香速香降香象牙

犀角烏木蘇木冰片翠毛牛角鹿筋藤席佳紋席藤黃大楓子豆蔻海參燕窩海菜其入貢由海道抵粵東又云郡國利病書言暹與羅斛二國地古赤土及波羅剎也案赤土非暹羅說見下暹國土瘠不宜耕藝羅斛平衍而多稼暹人歲仰給之隋大業三年屯田主事常駿等自南海郡乘舟使赤土至今訛傳爲赤眉遺種元元貞初遣人常遣使入貢至正間暹始降於羅斛而合爲一國明洪武初遣使朝貢進金葉表七年九年二十年皆入貢二十一年遣內臣趙達宋福等使暹羅祭故王賜其嗣王文綺永樂元年遣使賀卽位自是入貢不絕十七年遣使諭其國王俾與滿剌加卽麻喇甲平十九年遣使貢方物謝侵滿剌加之罪自正統至嘉靖間入貢如常期按暹羅自我朝定鼎後修貢職尤恭謹乾隆中國爲緬甸所滅旋恢復故王無後推立大酋鄭昭爲長昭中國人子華嗣立詔封爲暹羅國王相傳至今焉暹羅爲蠻方大國隔以安南緬甸與中國地界相接者僅滇省邊徼之一隅故自古無擾邊之事而恪修貢職自元明迄我朝五六百年無改易慕志云緯綫自赤道北四度至二十二度經綫自順天偏西十一度至十八度長四千里廣千五百里總計百八十萬方里謝志云地居印度支那土股之中間在北緯四度至二十一度東經九十六度至百九十度面積二百二十萬方里政體由王專制位世襲王侯貴族干預政權王弟太子尤甚稱爲亞王各部大臣分司庶政國分四十一省各有守令卽爲議員助王擬定律法昔年政頗苛虐近來西法改革頗有可觀東北爲南掌地有老撾族各分部落有酋長治理陸軍有常備兵民兵男子二十一歲入營練習惟納免役稅者則否聘歐人爲兵官新軍約二萬人兵械堅利宮中侍衞有女兵海軍有大巡

洋艦二艘船五小兵船十水師數萬武員多任英人講義云與日本親密時聘日本人爲各省顧問官許考云國舊制縣隸於府府隸於大庫司略似中國布政使矢志云國人自稱曰摸安舍伊（謝志作伊人）蓋自由王國之義課程云暹羅在亞洲極南地粦之中段北當中國雲南南徼外東界越南西界緬甸東南界柬埔寨西南界緬甸馬來隅南臨暹羅海灣而暹羅之北雲南之南瀾滄江之西怒江之東有景東（在最北當車里之西南）景邁（在景東之南偏西）景線（在景東之南偏東景邁之東北）蘭邦（在景邁之南）南貢（在蘭邦之東南）猛波勒（在南貢之東偏南）猛奈（在景邁之正東猛波勒之東北）等七土部郎明代之大小八百媳婦也大約南自北緯十八度北盡於雲南之邊暹羅之東越南之西夾瀾滄江而居者則有老過土部老過爲種人之偁蓋古哀牢夷種延偏於西南徼外者明史土司傳作老過皇朝通典一統志作南掌（或作機掌）又或呼爲過家其首部曰隆勃刺邦（在瀾滄江東岸北當龍谷河入瀾滄江之口思茅廳東南約六百里赤道北十九度五十四分順天偏西十四度二十分西人圖作琅勃拉邦[illegible]）又有農蓋（在隆勃刺邦之東南瀾滄江南岸）邦塞（在農蓋之東北瀾滄江南岸）薩亞布利（在農蓋之東南瀾滄江西岸）幾麻刺（在薩亞布利之南偏東瀾滄江西岸）等部皆老過之屬也暹羅之西緬甸之東夾怒江而居者則有揮人郎漢代之揮明代六宣慰中之木邦及木邦所分之孟密宣撫司地也大約南自北緯二十度北盡騰越邊外東南入怒江各水旁地及抹能江（入伊洛瓦底江之）旁地皆是暹羅以北之七部西人又以景東爲揮人餘六部爲老過種故老過與揮之北壤實爲相錯揮人本屬緬甸自緬爲英有而揮反無所屬（[illegible]）老過本自立自越南爲法有暹羅慮老過之或爲法侵奪乃遣官駐治以保護之茲以暹羅北之七部及老過各部坿入暹羅畺域計之南自北緯四度北盡北緯二十度東自順天偏西九度

西盡順天偏西十八度南北長約三千里東西廣約千六七百里面積二百三十五萬千九百三十二方里

雷志云有湄南河灌溉之近因東部爲法人所占其國境不能過湄江以東

面積二十三萬二千英方里

講義云自西境外多爲獨立土人所占國境不能明畫加以歐洲諸國乘隙拓地侵其國土千八百九十三年法人奪其湄公河左岸一帶地千八百九十五年英在馬來半島南部又取得管轄之權此其最著者也又云領土面積不明略舉其數本土十六萬英方里所領馬來諸州三萬八千英方里湄公河出西藏經雲南由揮人諸州入境至柬埔寨交趾支那入海其流域皆膏腴湄南河出北方山中流八百英里下派貫磐谷屈曲注暹羅灣迆志云面積約二百八十八萬方里分暹羅國及馬來半島二部西北山嶽綿亘高峻中原土地平坦媚公河（[illegible]）東流安南之交界媚南河流於國中行千五百里地入熱帶故四時炎熱多雨課程云地勢北高而南低蓋江以南幹山自瀾滄江發源之格爾吉山分支南迤於瀾滄江與怒江之間經喀木境入雲南境至景邁北分爲二大支西支南迤於怒江與湄南江之間而南盡於馬來隅南背東支南迤於瀾滄江與湄南之間而南盡於柬埔寨當景邁之北層峰疊巘羣山所宮池南分支漸多地勢亦隨之而漸低瀕湄南江左右之地長千里廣四百餘里均爲平壤沃土瀕海一帶則變爲卑溼矣西人測地者謂景邁各部地高於海面千尺至三千尺至曼谷僅高於海面二十二尺故湄南江上游水流亦甚湍激國大水凡三在東者爲瀾滄江在西者爲怒江二江之間源流稍短而貫流國中者爲湄南江瀾滄江詳安南篇怒江源出衛地（[illegible]藏）喇薩之北偏西七百餘里布喀池（[illegible]）向北流出名哈喇烏蘇東流入喀木境轉而東南流入怒夷界始名怒江又南流入雲南麗江府西邊又南入永昌府境經高黎貢山之東至龍陵廳之南出邊經景東等部之西木邦等部之東郎揮地也又南爲暹羅緬甸之界名薩爾溫河又南入緬甸境至馬爾達般之南入海湄南江凡二大源西源曰湄濱江出景邁之北山中南流經景邁之東蘭邦之西至阿賴亨（[illegible]）之北約五六十里會東北自南貢流來之湄南溫河又南流過阿賴亨之西東南流至拿公薩王之北與東源會東源曰湄南河出猛波利之北山中南流經猛波利之西又南偏西流經雙加羅克之西又南流至北緯十六度處會東北自猛奈及比則奴羅克流來之東大源（[illegible]）上又東南流與西源會又南流分爲二大支南流入暹羅海灣（[illegible]）湄南江四時皆可行船惟口外十四里處有擱沙潮落時水深僅五尺自江口至曼谷城外水深約二十尺至三十五尺上至拿公薩王城外又淺至三尺有奇又上至阿賴亨城外則沙灘不斷湍急難行矣又云地近赤道氣候常炎熱寒暑表所測極暑至三十六度陸極寒十四度常時二十三度至二十八度近海地時有涼風可以解慍內地多山出雲成雨亦可解暑延爽究竟蒸溼多瘴易生疫病若山中各土部尤爲林箐深密水土惡劣非人所居國中每歲自三月起爲西南恆風多雨其風恆暴自八月起爲東北恆風則旱而燥蓋西南爲海畺東北皆山地耳國制人盡爲兵惟可給假及入貲免役共計陸軍約

八萬人經泰西人訓練者約五萬人海軍有兵輪二十餘艘國之民口共計六百萬南稠而北疏性慈善而勤愼奉佛教近頗知講求泰西各有用學歲入約英金二百萬磅（[illegible]）歲出浮於歲入鐵路自曼谷北至猶地亞又東北至沙頼布脫又東至哥頼脫共長四百九十里有奇其通外邦者自曼谷東南經南旺達西貢西北逾嶺經地那悉林達仰光電綫自曼谷東南達西貢西北達仰光北達景邁計五千餘里民業農湄南江兩岸之地最肥沃宜稻江水每歲四月盛漲乃棹舟播種九月水退收穫凡稼之長茂視潦之淺深有播植無耘耔泛濫所及卽爲膏腴遇水漲君率其臣民作樂迎之水退送之所以重農也

人千萬口

迆志云人約五百萬口講義云約有九百萬人佛教最盛全國寺院五千餘僧侶六萬餘教育僧侶主之許考云男子十二三皆出家貴胄不免居廟宇學梵典梵字受僧師服役如奴僕七八九年不等始還俗各從所業故其言曰人生不可不出家不可久出家不出家不知規矩久出家虛度光陰究其所學依然愚魯僧師之無心教誨可知人民喜野味啖蛇蟲食檳榔以黑齒爲美性柔順多游惰居無牀几以藤席竹簟鋪地而坐食無箸以指代死皆火葬課程云人身短小面黃髮黑鼻平脣厚男子剪髮留頂稚髻纏布女子以金銀爲首飾紅草染指甲黑粉塗齒以爲美觀

入口貨值二百二十九萬五千磅

出口貨值三百十二萬二千七百五十磅米居百分之七十四鹽魚柑胡椒爲大宗多與新加坡香港貿易

迆志云工業不振每歲交易約四億一千萬元

通商實權歸外人掌握謝志云歲入不下二千萬圓出數如之商貨興盛就都城計之歲貨値總額可六千萬圓講義云北部諸州產提克木許考云有羅斛香味清遠似沈香以地得名課程云物產有鐵錫香木漆茶葉煙葉藤黃藍棉麻橡膠米薯芋蔗糖罌粟椰子胡椒瓜果竹各物尤多大木其質甚堅如檣木烏木文木鐵木松柏之類可造巨艦又有黃木蘇木可供染料獸則多象人家皆畜之調馴供驅使他如虎豹犀熊狼狐猿鹿牛羊灰鼠之屬皆具又多羽毛文采之鳥如孔雀金雞之類是也通國商務盡萃於湄南江上曼谷附近處有修造輪船廠電氣公司機器礦米鋸木廠各十餘處貨幣有金錢銅三品銀錢名體格每體格約値哥銀錢六金錢輕重等於銀錢而價十六倍之

鐵路百七十八英里

过志云鐵路起盤谷府南至佩克那磨東達口拉特及巴克鐘電信各地相通全長四千二百餘里謝志云鐵路巳成者四百里電線五千里郵政與萬國聯盟

邦哥都城人二十萬口

課程云其地唐以前爲扶南國明四夷考謂即赤土國非也西征紀程云隋書赤土國扶南別種在南海中又云北距大海凡南徼之地北距大海者非海島不可是赤土實爲國非暹羅也以常駿王君政所經地望舉之赤土當在南洋羣島中國即今之婆羅洲杜佑通典崖州直南水行便風十餘日到赤土國今婆羅洲正直崖州之南愈爲赤土或不大謬吳黃武中始遣使通吳唐貞觀後并於眞臘宋元間暹人羅斛人告稱人名各立國於扶南故地後暹降於羅斛爲暹羅斛國明永樂中始曰暹羅羅斛之未并暹也嘗都阿賴亨比則奴羅克岡本拿公薩王大率自北而南也至是始都猶地亞遂割柬埔寨侵緬甸并麻剌甲且及於瓜哇島矣稱雄海上閱百六十餘年緬甸攏古相繼起屢伐猶地亞明嘉靖中爲緬甸所破隆慶元年國王福賴拿雷脫率衆復國至　國朝乾隆

中復爲緬甸所滅其遺臣鄭昭旋復國始自獨地亞還都曼谷及昭子華人立頗有雄略喜事西人紀載僑鄭昭爲編輯南底沙譽抗鄭華爲法耶沙基刑侵略老撾撣人等部咸豐初其王性敏好學通華英語言文字精於天文算學始與歐美各國立約通商同治以來復效法泰西變舊制開利源居然爲自立之國矣國有正副二王正居曼谷副居猶地亞爵位體制略相等議政行權副當請命於正惟與各國交涉事則副王掌之分其地爲四大部曰京部曰北部曰西南部曰南部均設長官治之各主所轄之政事刑名職略視中國督撫惟幅員甚小一部之地或不及中國一府一縣○京部治曼谷先蕭案列閑學會二圖同郎雷志邦哥世界圖矣志作盤谷謝志作邦華華外作濱角角作暹略萬圖圖作邦國漢文圖講義樋志作磐谷外圖地理作崩曲古圖球圖作斑考克又名般城即國都也城居湄南江中小島市廛跨江之兩岸當赤道北十三度四十六分順天西十五度五十六分南距湄南江入海口五十三里城內外港汶交貫往來舟楫甚便宮殿街衢頗壯麗商務繁盛貨物以米爲大宗他如鐵蔗糖棉花胡椒香料及松檣各木均夥居民土人約十二萬華人約二十萬老撾人約二萬五千擺古人約萬五千馬來隅人約萬五千越南人約萬二千緬甸人約三千泰西人約四千先謙案地在國之南曉臨海其外卿暹羅灣以安南東壩寨存東馬來半島在酹夾拖處籌也○北部地居湄南江兩岸轄四小部曰亞北部所屬有阿賴亨城古國都在曼谷西北六百七十三里西臨湄濱江北距湄濱江湄南溫江相會處四五十里赤道北十六度五十四分順天西十七度十七分城中居民二萬餘口土沃民富物產饒足比則奴羅克城古撣人國都案撣人當即暹人在曼谷北六百十里西臨克定江沿南斐江支滅赤道北十六度五十分順天西十六度十五分岡本城古國都在曼谷北偏西五百七十四里西臨湄濱江赤

道北十六度三十分順天西十六度五十六分雙加羅克城在阿賴亨之東北比則奴羅克之西北西臨湄南溫江赤道北十七度十九分順天西十六度三十六分比支特城或作比譏義在比則奴羅克之南偏東約百里西臨克定江曰北偏東部所屬有沙賴布利城在曼谷東北百八十里北臨奈薩克江西南流入湄南河之水赤道北十四度三十五分順天偏西十五度三十四分居民四千人暹人擬修曼谷至哥賴特鐵路當經此蓋老撾商務所集矣志云東北皆老撾民族昔時爲陽拉國今爲暹羅附庸每三年貢獻一次巴舍崩城在沙賴布利之北西臨奈薩克江赤道北十六度十分順天西十五度二十八分布瓦苟城在沙賴布利之北偏東巴舍崩之南偏東西臨奈薩克江赤道北十五度十五分順天西十五度十四分嘎板城在曼谷之東偏北南臨邦巴公河上游赤道北十四度順天西十四度四十三分貝得留城在曼谷之東偏南西臨邦巴公河西南至海口約百里赤道北十三度四十三分順天偏西十五度十分哥賴脫城平方圖作周拉樹在曼谷東北北臨南猛河上游東流入湄滄江之水赤道北十四度五十八分順天西十四度二十二分爲東埔寨老撾等處陸路通商要地光緒十七年暹人議修鐵路由曼谷經沙賴布利達此案講義云自曼谷經暹地亞距哥頼臘藏道巳暹凡百六十五英里曰北偏西部所屬自阿剌則布利城在曼谷西百四十七里西臨湄格隆江源西北出瑰那悉林界出中東南流千五百餘里入暹羅海灣東南距海口約六七十里赤道北十三度三十三分順天西十六度四十一分城西多山有錫礦惟虎狼出林莽間不易開采產桄椰用以製鵝蘇木樟木河鑾坩染料城有礦臺岡布利城在曼谷西北阿剌則布利之北偏西南臨湄格隆江赤道北十四度一分順天西十六度五十六分曰北中部所屬有拿公薩王城古國都在曼谷北四百十一里西臨湄南江赤道北十五度四十四分順天西十六度二十四分城西瀕水東倚山山上多佛塔居民千二百人蓋昔盛今哀猶地亞一作尤提又名各倫高圖球圖作何愛郎凾世界地學作阿由胍在曼谷北百十六里居湄南江分支合流之閒四面環水赤道北十四度二十分順天西十六度五十一分自明永樂間暹人建都此城近四百年始遷曼谷案謝志云百三十年以前與緬甸爭戰爲所破對故遷都盤谷爲老撾商貨所集居民五萬人多以船爲家以陸居多瘴易病故耳城外有樹林蘆葦周繞畜牧之場頗廣大麻拿羅摩城在猶地亞之北偏西拿公薩王之南偏東西瀕湄南江赤道北十五度二十五分順天西十六度十九分賽巴坦城在猶地亞東北東瀕奈薩克江赤道北十五度二分順天西十五度二十一分哀達布利城在猶地亞之北偏西麻拿羅摩之南偏東東瀕湄南江東分支赤道北十五度三分順天西十六度八分波羅美城在猶地亞之北偏西哀達布利之南偏東東瀕湄南江東分支赤道北十四度五十二分順天西十六度二分羅佛布利城在猶地亞北波羅美東南西瀕湄南江東分支赤道北十四度四十八分順天西十五度四十八分岡布賴亨城在羅佛布利之東偏北東瀕奈薩克江赤道北十四度五十一分順天西十五度二十二分○西南部在曼谷之北與西所屬曰勃賴都摩大尼城在曼谷北七十五里猶地亞南五十六里赤道北十四度八分順天西十五度五十三分曰貝則布利城在曼谷西南百六十一里東臨湄南貝則布利江源西出地那悉林界山東流入海東北距海口三十餘里赤道北十三度七分順天偏西十六度三十三分城西倚山東臨水城仿西式新造城外有王宮亦仿英國溫則宮之制曰古夷城在貝則布利之南馬來隅之北東距暹

羅海灣十餘里赤道北十二度四分順天西十六度三十六分曰博賴痕城在貝則布利之南古夷之北東距海約十里赤道北十二度二十三分順天西十六度三十二分曰邦打平城在古夷之南東南臨海赤道北十一度十二分順天西十六度五十六分。

南部在暹羅海灣東西兩岸瀕海要地也所屬曰巴格囊城在曼谷南偏東四十四里[illegible]西臨湄南江南距海口十五六里赤道北十三度三十五分順天西十五度五十六分其地設海關以稽出入貨物江中有島置礮臺扼守居民七千人多擺古人種饒稻米多園圃曰萬巴曬城在曼谷東南百二十五里西北臨邦巴公河入暹羅海灣之口赤道北十三度二十一分順天西十五度二十七分居民三千五百人以華人爲多曰湛地門城在曼谷東南六百三十七里瀕暹羅海灣東岸小水南距海口三十餘里赤道北十二度三十七分順天西十四度二十分居民五六千人多華人及越南人商務頗盛華人以華產布匹諸物往售運回者爲象牙牛皮木料香品胡椒蔗糖白蠟煙葉鹹魚之屬產紅藍寶石及碧玉緬人居其地開寶石礦十餘年矣居民耕種之暇以打獵捕魚爲業[illegible]曰湄格隆城在曼谷西南百八十里南臨湄格隆江入暹羅海灣之口赤道北十三度二十二分順天西十六度二十八分地踞衝要有大礮臺居民皆中國商賈或以煮鹽捕魚爲業境內有大鹽池國中取給焉土沃產饒有檳榔煙葉椒蔥瓜之屬曰格賴脫城在湛地門之南偏東居暹羅海灣東岸之地背上地背向南伸出城居背北東西均近海赤道北十二度十二分順天西十三度五十六分先謙案矢志云離湄南河口三百五十英里有秦麥府輪船可以直達謝志

云水行三百五十海里而達晉美府秦麥晉美皆景邁之音變也據課程所述暹羅輿地有景邁土部云卽明代之大小八百媳婦又緬甸下記怒東撣人云一曰景東疆域東盡瀾滄西極怒江南界暹羅所屬之景邁各部卽明代之孟艮禦夷府也案景邁以土部而服屬於暹羅蓋亦撣人之屬矣其南境曰克剌地峽[illegible]南出延長如帶曰馬來諸州[illegible]講義云諸州在馬來半島之北部面積約三萬八千英方里人約五六十萬口所列各邦一吉德二巴大尼[illegible]三吉連丹四丁噶奴五六坤六森哥剌皆諸土人頌先謙案据二圖克剌以南當爲一斜仔二六坤濱海有六坤灣三宋卡郎森哥剌四巴大尼郎巴大年有巴大尼河東北入海五吉連丹有吉連丹河東北入海六丁噶奴地勢由北斜屈而東南以上六國在半島東北面而講義不列斜仔又南則彭亨歸英屬地其半島之背有吉德距英屬海峽檳榔嶼不遠有鐵路通山前宋仔自西南而出東北徐志南洋各島云由七洲洋過昆侖越眞臘之爛泥尾邇暹羅內海之西岸地形如股由西北伸於東南中有連山如脊其東小國七極北界暹羅曰斜仔南爲六坤再南爲宋卡再南爲大哖再南爲吉連丹再南爲丁噶奴皆暹羅屬國極南爲彭亨俱由小眞嶼向西分往皆馬來番族倮體挾刀下圍幅幔所產者黃金鉛錫翠毛燕窩海參藤條冰片貿易難容多艘閩廣販洋之船時有至者又云通考四裔門言埗仔[illegible]在西南海中男子服短衣布幔跣足持刀女子穿花色衣被絲幔曳淺掩韃土產燕窩番錫象坷棉花距廈門水程百八十更六崑[illegible]與埗仔接壤風俗物產相同謝淸高海錄言宋卡[illegible]

[illegible]卡或作宋腒勝在暹羅南陸路十七八日水路東南順風五六日可到疆域數百里土番名巫來由俗不食猪與回回同鬚止畱下領出入懷短刀自衞男多贅於女家俗以生女爲喜可以贄壻養老也分資財男女各半死無棺椰葬椰樹下不墓不祭王傳位必以嫡子庶子不得立君臣之分甚嚴王雖無道無敢覬覦者婦人窮衣禪男子唯窮短褲裸其上有事則用寬幅布縫兩端襲於右肩名沙郎民見王及宮長俯而進至前蹲踞合掌於額立而言平等相見唯合掌於額山多古木產孔雀翡翠瑇瑁象牙胡椒檳榔椰子銀鐵沈降速伽南諸香海參魚翅歲貢於暹羅大呢[illegible]在宋卡東南陸路五六日水路順風一日夜可到連山相屬疆域亦數百里風俗土產與宋卡略同海艘所泊處謂之淡水港其山多金產金處名阿羅帥中華人多往淘金國屬暹羅歲貢金三十斤吉蘭丹[illegible]粘在大呢東南由大呢沿海順風約日餘可到疆域風俗土產略同大呢亦無來由種類爲一羅屬國王居在埔頭洋船灣泊處也種竻竹爲城加以木板僅邏門居民環竹外王及官長俱席地而坐裸體跣足無異居民出則有勇壯數十擁護而行各持標鎗見者咸蹲身合掌王過然後起王日坐堂酋長咸入朝環坐有爭訟者皆持燭一對俯捧而進王見燭則問何事訟者陳訴命傳所訟者進質王決以片言無敢不遵者如是非難辨則令沒水[illegible]又有採油鍋法[illegible]居民皆奉佛甚虔土番居埔頭者多操小舟捕魚早出暮歸居山中者或耕種或樵採唯剃大樹皮圍其下體無屋宇穴居巢處土番俱善標鎗能擲殺人於數十步外爭訟有不能決者常自請於

王願互用標鎗死無悔王亦聽之但酌令理直者先標不中則聽彼反標顧鮮有不中者凡獻饒食物皆以銅盤盛之戴於首而進飲食不進箸以右手搏取重右輕左若以左手取食物相遺則怒爲大不敬云其地有雙戈呵喇項等處皆產金中國每歲至此者數百人閩人多居埔頭販賣貨物種植胡椒粵人多居山項淘取金沙納稅投船大小大者洋銀五六百枚小者二三百枚謂之覓頭金其釀酒販鴉片開賭場稅亦特重賭帳追此最力各國多如此食鴉片則吉蘭丹爲甚其土產爲檳椰胡椒爲多以金三十斤爲暹羅歲貢[illegible]加羅[illegible]在吉蘭丹東南由吉蘭丹沿海約日餘可到[illegible]域風俗與上數國略同而富強過之各國俱喜養象丁加羅尤甚閏出中有象先以木柵圍之由遠而近俟其饑困然後用馴象勾致之土產胡椒檳椰椰子沙藤冰片燕窩海參淌魚鮑魚帶子[illegible]紫菜孔雀翡翠速降伽南諸香胡椒最佳甲於諸番歲貢暹羅安南及據噶羅巴之荷蘭彭亨見下徐志又云沙剌我西北曰吉德[illegible]後山與宋卡毘連土產相類[illegible]

英領馬來諸國

潘劣克　沙剌我　聖皆烏藏　尼格里諸小國　彭亨　朝霍

爾雷志云馬來諸國歸英保護者面積三萬三千二百八十英方里人六十二萬口多在新加坡貿易出口貨錫先謙案講義馬來諸州云馬來半島

之地山嶽彙集山脈有聳至八千尺以上者至南漸次低下物產以錫爲大宗世界之錫此供其半又產金鐵良材米岡比亞胡椒等動物有虎豹象犀蛇鱷魚半島南部諸土人所領卽爲英保護馬來諸州面積三萬五千英方里人八十萬口或云百萬一潘劣克在最北部土人領地沿岸甚低平內地則山脈連亘錫爲本州之富源首府太平英國官吏駐之鐵道已成者八十英里面積一萬英方里人二十一萬五千口二沙剌我[illegible][illegible]在潘劣克之南首府夸剌隆普爾鐵道已成者七十英里面積三千英方里人十六萬口三土尼格里色米蘭聯邦聖皆鳥藏土人領者勤普土人領勤母波土人領丹平土人領其最重要者也全面積二千六百六十英方里人八萬餘口四彭亨在半島之東側首府彭坑面積一萬英方里人七萬口五柔佛在半島之南端產鐵最多錫次之首府新柔佛對新加坡面積九千英方里人二十餘萬口案雷志無柔佛講義無朝霍爾是朝霍爾卽柔佛也列國學會二圖有沙剌我彭亨柔佛及沙剌我之首府夸剌隆普爾餘漏載世界圖彭亨作旁恆徐志又云[illegible]彭亨在丁加羅南由丁加羅陸路約二日可到疆域風俗民情均與上數國同亦產金而麻姑所產爲最土產胡椒冰片沙穀米由彭亨東南行約日餘復轉西入白石口順東南風約日餘則到舊柔佛又薄海番域錄言彭亨一名彭坑土沃候溫宜稼饒蔬果俗尙佛殺人血祭明洪武中貢方物余按明初入貢諸國有彭亨之名而丁鳴奴以北六國無間或因夙事暹羅荒服附庸不能自達於中朝耳眞臘盛時常弁有鴆密富那迦國當卽斜仔至彭亨一帶其人偍體與眞臘同俗莖皆很臘偍國之種類也徐志又云沙剌我亦馬來

五洲地理志略　卷七下　八

番國山中皆黎人裸體跣足不與馬來爲婚舊柔佛在彭亨後疆域亦數百里風俗與彭亨同並詳海峽屬地下

英領海峽屬地　講義云海峽屬地者馬來半島極南之新加坡西岸麻剌甲威司爾西方檳榔嶼等地之總稱先謙案與上暹羅所屬六坤諸州英屬潘劣克諸國同一半島地雷志置緬甸暹羅之間今移此

檳榔嶼　麻喇甲　新加坡　迠志云海峽殖民地在馬來半島南端北接暹羅西南隔馬剌加海峽以對馬來羣島之蘇門答臘東隔南海與婆羅洲相望面積約九千方里分馬剌加[illegible]新加坡彼南島[illegible]三部而馬剌加接壤大陸新加彼南皆海中小島其地勢狹長邱陵縱貫其中不甚高峻湖河無大者氣候炎熱夏雨屢至可減酷暑英國命官駐新嘉坡統轄政務有參事院參與行政歲收領千四十萬元支領千十二萬元土產米糖胡椒藍金香料林木繁茂電綫通各處口岸雷志云英屬地包有鄰近諸境全面積千五百四十三英方里人五十一萬二千三百四十二口入口貨值千九百六十六萬六千磅出口貨值千七百十三萬七千三百六十磅錫香料染料樹膠卽檳榔膏也本名甘瀝可入藥爲大宗貨物入口隨卽出口爲轉輸所經之地而已多與英本國印度荷屬東印度羣島馬來半島貿易入款四十一萬千四百五十磅國債無徐志南洋各島云過昆侖入白石山轉而西北卽彭亨至斜仔一入山之背地形如帶與蘇門答臘相對彭亨之南當地盡處一[illegible]地曰息力一作息辣一作實力埃人名爲新加坡[illegible]年英人取之免稅以聚商船東西商貨畢萃爲南洋西畔[illegible]頭每年交易之貨價數千餘萬圓英人築樓館以居戶口[illegible]廣流寓萬餘人馬來土人蕪吉客民居海濱由新加坡循海[illegible]西北三百餘里曰麻喇甲卽滿剌加一作麻六甲本暹羅屬國前明時[illegible]与據之又爲荷蘭所奪嘉慶間地歸英立爲埔頭繁盛不如[illegible]坡西北海中有島曰檳榔嶼[illegible]稱新埠山水淸勝居民五萬四千英有大酋駐新加坡總理三埠貿易之事由麻喇甲西北過紅毛淺有沙剌我國亦馬來番部[illegible]中皆黎人裸體跣足不與馬來爲婚沙剌我西北曰吉德[illegible]山與宋卡毗連土產相類閩粵商船間有至兩國貿易者過此則緬甸南界接連印度諸部稱爲小西洋內地舟楫不能往矣又云明史柔佛近彭亨一名烏丁礁林萬歷間其酋好搆兵鄰國[illegible]宜彭亨被其患華人販他國者其人多就之貿易時或邀至其國國中覆茅爲室列木爲城環以地無事通商於外有警召募爲兵稱強國焉字用茭蕈葉以刀削之見星方食歲序以四月爲首死者皆火葬產犀象玳瑁片腦沒藥血竭之類又謝淸高海錄言舊柔佛在彭亨之後陸路約四五日可到疆域亦數百里風俗與彭亨等國略同爲巫來由種類本柔佛舊都後柔佛土番徙於別島故名舊柔佛嘉慶年間英人壑闕土地招集商民薄其賦稅數年來海船輻輳樓闊逝亘遂爲勝地番人稱其地爲息辣閩粵人謂

五洲地理志略　卷七下　九

之新州府亦或作新加坡土產胡椒檳榔膏沙藤紫茉[illegible]舊本荒僻小番部無足輕重自英設埔頭遂爲東西扼要[illegible]船東來至息力如歸故土行旅之困乏或取辦於此近[illegible]傳新奇坡意其爲廣土眾民洋洋大國不知固海濱一[illegible]郡國科病書言滿剌加闕古哥羅富沙也漢時常通中國後爲[illegible]遜所羈屬其國傍海山孤人少受役屬於暹羅每歲輸金爲稅明永樂三年遣使入貢十年命太監鄭和等統官兵二萬七千餘人駕海舶四十八艘往諸番島開讀賞賜封西利八兒達剌爲國王九年七月嗣王拜里迷蘇剌率其妻子陪臣九百四十人來朝京師厚加賞賜遣歸嗣後朝貢不絕按滿剌加卽麻剌甲也先謙案講義新加坡島云隔俄爾託海峽接半島之南端中間相距一英里島長二十英里廣四十英里[illegible]比亞胡椒甚盛島南新加坡港爲世界大商業中心地自中國日本澳洲來之商品與歐洲印度西來之貨物於此互換明治三十四年輸入額二萬萬五千四百十二萬八千三百十五弗輸出額二萬萬一千十萬八千八百二十六弗入口貨錫米煙草木棉織物香料石炭檳榔膏糖出口貨錫米加達貝爾的香料圖比亞藤魚類晒木棉糖物其大宗也自日本輸入者石炭燐寸漆器布絹人力車洋織銅等物歲値七百六十六萬千七百三十八圓輸往日本者錫米皮藍生棉等物歲値百四十六萬四千九百十九圓新加坡與香港俱未設稅關繁華相埓千八百二十六年與麻六甲檳榔嶼同爲海峽殖民地又麻六甲云此島最古之殖民地也千五百十一年荷人阿爾普克爾克始占領之後爲荷奪千八百二十五年歸英昔時貿易甚盛自新加坡開闢稍衰退矣又威爾

士云千八百〇〇年歸英領區域甚小然地味豐饒產米胡椒曹典球云野誌言威爾士在檳榔島對岸長七十二杆廣六杆或十七杆面積六百九十方里又檳榔嶼云千七百八十六年屬英距新加坡西北三百六十英里隔半島止二英里本良港貿易雖爲新加坡所奪地方商業實盛又丁丁諸島云千八百七十四年合併在檳榔嶼南七十英里謝志云新嘉坡一名星嘎波長八十里廣二十里面積二千方里居民約二十萬首府同名在島東南殖民地總督駐此麻喇甲首府同名產米糖樹膠居民九萬檳榔嶼面積一千方里居民二十四萬首府曰卓支盾

英領坎林羣島　克力司墨司羣島

坎林羣島雷志云面積八英方里人六百十一口　克力司墨司羣島雷志云面積三十九英方里人二十二口案人下有脫文均在印度洋內賴英保護地產椰子先謙案講義云坎林羣島又名科科司在瓜哇之南五百英里海中合二十餘珊瑚島而成千六百九年爲船長坎林所發見克力司墨司島在瓜哇之南二百英里森林密深千八百八十九年併入英領

法領安南國

安南國徐志云越南即安南古之交阯秦後唐前皆隸中國南界之林邑漢末即自立爲國後稱占城國安南至後五代時

乃列外藩後併占城爲一國復兼眞臘北境爲安南故地南境爲占城眞臘故地稱曰廣南北界中國廣東廣西雲南西界暹羅東南面大海都城曰順化在富良江南岸衣冠仍唐宋之制坐則席地貴人乃施短榻取土用策論詩賦設鄉會科士大夫皆好吟詠國分四十餘省一省所轄止數縣文武官名略同內地總督皆阮姓王族也鴉片之禁甚嚴犯者立寘重典東南臨海有都會曰祿奈或作祿賴一作龍奈一作農耐占城之故都也南境臨海有都會曰東埔寨眞臘之故都也閩廣商船每歲往來貿易別國商船入港譏防甚嚴權稅亦重諸國惡其頻苛故市舶罕有至者土產番木沈楠諸香鉛錫桂皮象皮燕窩魚翅之類又云郡國利病書言安南秦隸象郡漢武帝置交阯九眞日南三部建安中改爲交州前五代並因之唐初改安南都護府安南之名始此五季梁貞明中爲土豪曲承美所據自是迭相爭奪有丁部領平之宋乾德初內附詔以爲安南郡王部領傳子璉及瓊大校黎桓篡之至子龍廷爲李公蘊所篡傳八世至昊旵無子女昭盛立遜位於夫陳日煚詔封日煚爲安南國王明洪武間陳煒爲其臣黎季犛所弒季犛子蒼更名胡奃國號大虞永樂二年老撾送故王陳日烜孫天平至命奃迎還故主奃陽奉命天平至伏兵殺之命朱能張輔沐晟討之擒黎季犛及蒼復安南爲郡縣立都布按三司分十五府五州後中官馬騏貪黷土官黎利乘之爲亂宣德元年王通柳升討之升敗死通棄地與利盟而退宣宗遂棄安南命利權署國事嘉靖元年黎諱爲其臣莫登庸所篡命仇鸞毛伯溫討之登庸面縛降以安南都統使案莫氏之後復爲黎氏所奪併占城爲一國稱占城爲廣南以大酋阮氏世守之漸成尾大　本朝乾隆末黎維祁爲廣南大酋阮光平所逼棄國來奔大兵征之光平尋乞降入　朝受封傳子光纘爲黎氏之甥阮福映所滅福暎請更國名改封越南國王又云郡國利病書言占城古越裳氏地在交州之南秦爲象郡林邑縣漢末大亂功曹子區連殺縣令自號爲王謂之林邑國數世後其王無嗣甥范熊代立傳子逸晉咸康二年逸死夷奴范文篡立都典衛侵擾交州進寇九德傳子佛孫胡達屢寇日南九眞交州遂至虛弱至胡達孫文敵爲扶南所殺大臣范諸農平其亂自立爲王傳子陽邁孫咄宋元嘉二十年使宗慤檀和之討之乃遣使朝貢隋初未賓服遣劉方甯長眞伐之其王梵志遣使謝罪於是朝貢不絕唐貞觀中王頭黎死子鎮龍被弒立頭黎女爲王國人不服更立頭黎姑之子諸葛地爲王妻以女國乃定周顯德五年王釋利因德漫遣使朝貢始自稱占城國有宋一代屢入貢時時與交州搆兵乾道四年占城以舟師襲眞臘入其國都慶元五年眞臘大舉伐占城殺戮殆盡俘其王以歸國遂亡其地悉歸眞臘因名占臘云其後國王或云眞臘人或云占城恢復無可據者元世祖至元十五年遣使貢方物奉表降十九年以其國王孛由補剌者吾既內屬即其地立省而其子補的負固不服遣唆都征之自廣州航海至占城港分遣陳仲達等由瓊州三道攻之入其國其王逃入山遣使求歸順復潛殺使臣唆都轉戰至木城下阻隘不得進遂引還後雖歸款終無順志明洪武元年遣使入貢二年遣行人吳用賜以璽書自是常修貢職迄嘉靖年間朝貢不絕余按占城自漢末自立爲國相傳千有餘年後爲安南所併名其地爲廣南今王安南之新阮舊阮皆由廣南藩封得國蓋江黃不祀久矣又云郡國利病書言眞臘一名甘孛智一作甘莫惹又作澉浦只

又作干波底阿俗稱東埔寨本扶南屬國隋時始通中國唐貞觀初并扶南而有之唐人虯鬚客傳疑是寓言扶南即狼臈倮國其先女子爲王號曰葉柳柳音聊其南有徼國人名混浩來化葉柳遂以爲妻惡其倮敎著貫頭國內效之男子下體著橫幅曰水幔其後天竺僧橋陳如有其國敎國人事天神每旦誦經呪故易世既久眞臘重僧云唐永徽初并有鳩密富那伽乍武令僧高等國神龍以後國分爲二其南近海號水眞臘其北多山阜號陸眞臘後復合而爲一及滅占城號爲占臘役屬參半眞里登流明蒲甘[illegible]等國各領聚落大者十餘地方七千餘里元元貞中遣使招諭之乃始臣服明洪武永樂年間累次朝貢眞臘城周二十里戶口二萬餘石濠廣二十餘丈屬城三十各數千戶王宮及官舍皆面東城門上有石佛頭五飾其中者以金當國中有金塔金橋王宮正室金瓦用鉛歲時相會則羅列玉猿孔雀白象犀牛於前飲食用金盤金盌故俗稱富貴眞臘云又海國聞見錄言東埔寨介居兩大國之間東貢安南西貢暹羅稍有不遜水陸各得并進而征之余按據顧書則眞臘在明初尚稱富盛據陳錄則眞臘在　國初尚存小國今則爲越南之嘉定省不知何時夷滅蓋安南雖累世通貢而蠻觸相吞向不入告故占城眞臘之亡於何時未有能言之者課程云　國朝康熙中黎氏爲安南國王既而權歸鄭阮二氏阮據順化號廣南王鄭執國柄乾隆中阮并鄭氏遂滅黎氏而有其國黎氏甥阮福映者舊封農耐[illegible]號舊阮別順化之阮爲新阮嘉慶中以暹羅兵取順化滅新阮遣使陳復仇狀　詔封越南國王胡[illegible]其南境之林邑國歷魏晉以來區氏范氏有其地隋唐之間置爲羈縻州後復立諸葛氏號占城國宋元常入貢明末爲安南黎氏所滅

郎新阮所據地占城西南有眞臘國郎今東埔寨及法蘭西所領
交阯地也隋時始通中國唐時又名吉蔑國後以南近海之地爲
水眞臘北倚山之地爲陸眞臘宋元明常入貢明代始名甘孛智
郎東埔寨轉音也乾隆中東埔寨南境爲新阮所併於是占城與
水眞臘均入於越南咸豐七年法兵犯越南圍西貢城[illegible]數年
不解同治二年越人始割水眞臘地請和六年法人復以東埔寨
爲屬國光緒九年法越交兵越不敵全國遂爲法有法分其地爲
四區曰東京曰中國曰交阯曰東埔寨曰法蘭西交阯東京與法蘭
西交阯均由法人設長官主政務中國交阯仍立阮氏王與東埔
寨同爲法人保護國地居熱帶之中氣候四時炎熱夏季爲西南
候風風所挾之淫氣皆爲安南山所遮故東境少雨至冬季東南
風起能輪送中國南海之淫氣故雨澤頗多土人業農商軀幹短
小顏色黝黑椎髻不剪髮衣寬博結茅爲矮屋以居鐵路在法蘭
西交阯境內者三百六十三里東京尙在鋪設西貢海防常有汽
船往來香港新嘉坡以便郵政電綫在國境者
凡五千三百七十三里貨幣度量衡均同法

雷志云交阯在湄江下流面積二萬三千百七十英方里人二百四十萬口課程云法蘭西交阯在安南之最南境東北界中國交阯北界東埔寨西臨暹羅西
南臨海灣南與東瀕中國南海古水眞臘地也乾隆中爲阮氏所有於
其地置六道北合占城地之四道稱爲南圻十道同治二年爲法
人所奪始有法蘭西交阯之名其地自東北至西南長六百餘里
廣約半之瀾滄江自北而南入海貫流其中瀕江地饒沃瀾滄江自入東
埔寨境兩岸之地週夏初水漲泛濫所至禾遂大熟土人呼其地爲穀倉地皆平坦近海多陂澤人百

五洲地理志略　卷七下　十二

九十一萬六千四百二十九口安南人土人白人雜居法置總督
駐西貢城城東臨西貢河西貢城一名柴棍[illegible]元周達觀眞臘風土記[illegible]
[illegible]南距海口約百四十五里爲各國通商繁富之地法兵
船駐此常駐法兵千八百三十人土兵二千八百人海口礮臺堅
固法人視爲守護安南重地歲入三千三十二萬七千
三十三佛郎歲出等於歲入產米棉煙草甘蔗牛材木**東京在紅**
河面積十一萬九千七百英方里人千二百萬口課程云東京在最北北接中國
之雲南廣西西南界中國交阯東臨東京海灣西鄰老撾漢交阯合
浦九眞等郡地阮氏之北圻十六道也其地大約居北緯十七度
三十分以北[illegible]南北長約千餘里東西北廣南狹廣處約八
九百里狹處僅二三百里西北多山東南平坦中有富良江亙流
人約千二百萬口多中國人種土人則怠惰不任事近有白人居
之土人奉佛教白人奉基督教法設長官治之[illegible]有駐河內
[illegible]
至富良江口約三百里通貿易街市繁盛常駐法蘭西兵萬一千
[illegible]
四百七十五人土兵六千五百人歲入約千七百三十二萬一千
佛郎[illegible]歲出約千七百三十二萬四千六
百二十佛郎物產有石炭銅鐵米甘藷蘇煙草胡椒椰油生絲東
京之東偏南約三百里有地名海防臨東京海灣市埠也[illegible]
[illegible]爲各國通商處其地
不居富良江口有港汊可通河內能行小汽船

東埔寨諸保護國面積四萬五千四百四十英方里人百五十萬口課程云東埔寨在中國交阯之西南
東界中國交阯北之東界老撾北之西界暹羅西臨暹羅海灣南
界法蘭西交阯古眞臘國地唐以後名陸眞臘宋時又爲占臘地
明史稱爲甘孛智後或稱甘破蔗萬曆後始有東埔寨之名近人
所譯或作干波底亞皆一聲之轉耳唐宋以來入貢不絕同治中
始屬法其地東西長約千里南北廣約五百里東境有瀾滄江貫
流西北瀨湖西南臨海皆膏腴也人約三百五十萬安南土人雜
居奉佛教有土酋爲法保護常駐法兵三百人[illegible]
東臨東埔寨河入瀾滄江之口街市淸潔[illegible]
東埔寨河貿易頗盛歲入約三百二十七萬五千佛郎歲出
約三百五萬九千二百佛郎物產有米蔗糖藍椰樹竹棉

安南面積八萬八千八百英方里人五百萬口課程云中國交阯北接東京東南臨中國海西
界老撾東埔寨及法蘭西交阯漢爲九眞日南郡地漢以後南段
爲林邑占城地阮氏國都近及左右圻四道南圻北四道也南北
長約千三百里東西廣二百里西倚山麓東臨海爲平坦[illegible]
[illegible]
頗盛宮殿街衢頗壯麗法人於城之四周築堅固礮臺置大礮以
制之常駐法兵[illegible]
人所有財賦盡於東京[illegible]
衣食租稅而已物產有穀肉桂皮[illegible]

五洲地理志略　卷七下　十三

總計面積二十七萬二千英方里汪志云百六十萬八千一百方里謝志云北緯九度至十二度
[illegible]
一泡江東北流三百餘里入金沙江南流者卽河底江[illegible]
南大理府雲南縣北之梁王山南流數十里分爲二水東流者爲

西之瀾[illegible]東南流經蒙化景東境曰大緘河又南經哀牢山東曰禮社江又南經元江州境曰元江曰河底江又東南至蒙自自南境出邊入安南境西源爲李仙江又名景東河出蒙化南景東北山中東南流經景東境又南經鎮沅境曰把邊河又東南至他郎南境出邊入安南境二源均東南流李仙江之南爲老撾境至安南之興化府境始合流入安南越以李仙江不合河底江自東南流至順化之北入海然法人所作圖實與河底合又東南流經河內之東又東南分數支入東京灣瀾滄江古蘭蒼水也源出西藏之格爾吉山山在喃之東界喀木之西北界鄂吐番喋和甸之鹿石山東南流入喀木境經察穆多廟札雅廟屈蟲帝蘇廟等處至雲南維西廳之西入雲南境南經麗江大理永昌順寧普洱各府地至思茅廳之西南出邊入老撾境又東南流爲暹羅老撾之界暹羅在江之西老瀾在之東老撾居安南山之酊瀾滄江之東李仙江之南東埔寨之北至今無所臣屬又南入老撾境又南入東埔寨境又南至西貢南入海

人二千九十萬口馬來人不在其內过志云二千二百七十萬**入口貨值三百三十九萬五千磅出口貨值四百十三萬磅米爲大宗鐵路百十三英里有議會以治屬地及屬國之事兵額四萬六千四百十人內歐人二萬五千二百八十**过志云鐵路通柴棍及美蘇開長白二十五里電綫通各地又有海底綫起柴棍北通香港南達新嘉坡兵備駐東京安南二處以備緩急又派艦隊於近海以爲防衛

西貢人萬七千二百三十口先謙案許考云省會俗名柴棍外人稱西貢即嘉定舊府也世界圖作柴棍謝志云

西貢又曰西岸故入湄公河之西貢河亦稱西岸河

農本在東埔寨先謙案元作東蒲諸志多作東蒲據慕志作干浦則作東者是也今改正農本即南旺課程云西名普洛母本洛農雙聲普母音餘过志作巴嫩笨謝志作伯嫩本許考云賓名金塔南角西南向曰東埔寨角案即徐志爛泥尾**人三萬口**

呼艾在安南人二萬口先謙案即順化今爲中國交阯西人謂之呼艾見課程矢志云順化王都歐美人謂之芙英謝志謂之寅春慕志云唐中又名呼艾

給卓在東京人十五萬口一名漢南先謙案給卓係交阯音轉漢南乃安南音譌慕志首府給卓乃都城也

以上要區先謙案講義云自千七百八十○年與法交通千八百五十八年失和爲法所敗時阮福暎之孫宏智在位割交阯支那三州即中阯圖及康道耳島與法人由是得根據之地明年得保護東埔寨權千八百八十五年越南引劉永福黑旗兵與法鬭永福敗法兵陷順化遂割東京與法而舉國受法保護千八百九十三年取湄公河左岸地千八百九十六年得昂高爾及巴塔綳州又云老撾地方在湄公河北千八百九十三年暹法戰後暹讓與法地皆連山無農業惟產獸皮樹脂絹織物河道與湄公河下流通陸路與暹羅東京通人民謂之老撾司性樸勤服命令首府曰薄老文人三萬口控湄公河法官吏駐焉有老撾故王宮殿寺院外有湄公河左岸一帶地亦暹所讓受湄公河之灌溉多產米許考云光緒十九年法人遽將南掌南境盡行割據將迤北一區讓與英人以塞其口於是暹羅之幅員頓去大半案即上所云取湄公河左岸地事也又案講義云東埔寨昔爲王國後屬越南及法據交阯支那遂於千八百六十三年爲法保護國地居湄公河下流在大湖與三角洲之間首府曰南旺臨湄公河有坎圍特港不便碇泊此上所云得保護東埔寨權此也据列國學會二圖南旺即攀龍頗亦即百囊奔在東埔寨河口此河下合湄公河故亦通稱湄公河南旺上有大湖曰喀曼台湖潤之北曰昂高爾湖之西曰巴塔綳即千八百六十六年法所奪得者也湄公河口南有康道耳羣島千八百六十一年與交阯支那同割與法者也其以順化爲中國交阯者因中法諒山之戰中國爲保全越南藩屬出兵故立此名謝志併下安南許考併南圻皆對北部言之世界圖以東埔寨爲下交趾支那而以順化爲上交趾支那誤也

賜進士出身　特賞内閣學士銜前國子監祭酒翰林院編修加三級　臣　王先謙謹撰

馬來羣島

徐志南洋各島云坤輿四大土皆周回數萬里惟中國之南洋萬島環列或斷或續大者數千里小者數百里或數十里野番生聚其間自爲部落其種人統名巫來由一作無來由又有稱爲繞阿喇爪武吃一作無吃者漢時始通貢獻唐以後市舶麕集粵東明初遣太監鄭和招致來者益衆中葉以後歐人東來據各島口岸建立埔頭流通百貨於是諸島物產充溢中華閩廣之民造舟涉海趨之如鶩或買田娶婦留而不歸如呂宋噶羅巴諸島流寓殆數十萬人則南洋者亦七鯤珠崖之餘壤而歐羅巴之東道主也先謙案徐志各島惟巴布亞別見大洋洲馬來半島別見遠印度譚紹袁云東印度羣島一云馬來西亞羣島野口氏世界大地誌區馬來西亞爲三彙非立賓蘇祿等曰支那馬來婆羅洲大巽他等曰印度馬來摩鹿加西里百小巽他等曰南方馬來近地志家多以三彙屬阿西亞尼亞洲山上氏大地誌則以支那馬來印度馬來屬亞洲南方馬來屬阿洲而以巴里海峽馬加撒海峽西里百海峽爲阿亞二洲之界畫

馬來羣島雷志云東羣島或馬來羣島爲亞洲與澳洲之樞紐辻志云在亞洲東南其東北臨太平洋西北控巴細海峽及南海與臺灣安南相對西南濱印度洋東南因謝列倍斯海馬喀撒兒海峽倫蒲克海峽與大洋洲諸島相接大島五小島無數大半皆山嶺重疊間有未熄之火山大者爲婆羅洲面積二十八萬千九百八十六英方里内坎尼拜路山高萬三千七百英尺蘇門答臘面積十六萬五千六百八十二英方里内因特拉普剌山高萬二千二百六十英尺先謙案謝志云當赤道下之高峯曰阿斐耳高萬二千尺據此因特拉普剌卽阿斐耳也西里庇面積六萬八千六百四十六英方里最高之地一萬英尺瓜哇面積四萬八千八百二十二英方里内西母路山高萬二千十英尺呂宋面積四萬八百九十六英方里羣島總面積七十七萬千二百六英里辻志云總計三百九十六萬方里牛轂内亞不在此數之内羣島全在熱帶之内氣候暑溼大雨時行隨暴風俱至物產香料樟腦檳榔子紫蘇麪包果及熱地諸果辻志云此羣島四面環海内海沿岸土地平低外洋沿岸皆斷崖絕壁非利賓羣島沿岸出入頗多婆羅洲蘇門答臘頗乏彎曲其交通航路由馬尼喇及巴他非亞新加坡或香港輪船定期出入鐵路則呂宋島長二百九十五里荷領長二千四百六十里電綫通各都府開海底綫由巴他非亞或婆羅洲達新加坡由馬尼喇至香港一瞬之中聲息可通

荷領東印度羣島

東印度羣島雷志云瓜哇及其旁諸藩國瓜哇人二千四百九十八萬六千口合荷屬牛轂内亞計之七十二萬八千八百三十英方里人三十三兆六十二萬五千口入口貨值千三百七十四萬二千磅出口貨值千七百六十九萬六千七百磅以加非煙葉糖錫爲大宗與荷蘭及英屬印度貿易鐵路千一百十二英里商船千八百九十三入款千一百六十一萬七十七百四十磅兵額四萬千六百六十一内歐人萬六千六十六戰艦二十五鐵甲一以上所言諸數皆單指屬地與其本國不相干　巴他維亞人十一萬四千八百六十四口熱度中數七十九度極寒七十七度極暑八十度雨水七十七英寸　蘇剌喀他人十萬一千九百二十八口　蘇拉巴雅人十四萬五千六百九十口以上要區先謙案瓜哇郎噶羅巴及其旁諸藩國甚多分見於下以清眉目

噶羅巴

徐志云由廈門過七洲洋用未鍼指西南過昆侖越茶盤歷水程二百八十更而抵噶羅巴或作瓜哇噶喇吧又稱咬𠺕吧國地理案又稱交留吧又南洋大島也西與蘇門答臘隔一海港其海峽曰巽他舊港爪哇岸地卽爲西國東來必由之路其國東西橫亘約千餘里背負南海以火燄山爲屛障左曰萬丹其古婆王右曰井裏汶其北兩山夾峙如巷曰狹内狹南諸嶼羅列有王嶼夾板嶼鼎馬嶼白嶼草嶼等名謂之嶼城歷嶼城抵其國門戶重疊形勢甚壯本繞阿番部或稱爪哇又作爪亞爪哇之轉音又稱史丹瓜轉又音瓜元之轉音噶喇吧山中地名覽内各部之渠稱史丹王官有雙柄伽頭其王稱巡欄居内外淡板公杯突公勃瀧諸名目史丹官屬有把智淡板公把低葛等名目古爲南洋名國附近諸番半歸統轄明中葉荷蘭兵船避風入巴地至萬丹卑詞厚幣借海岸片土修船又以設立木柵轂内外爲請繞阿貪利從之遂襲破萬丹取巴地與巴王約歲納租銀沿海一帶歸荷統轄巴王震慴惟命是從巴王死王子非荷命不得立除授官職亦聽命焉荷領以大酋建城市於海口閩廣之海船大小西洋之夾板每歲往來以百計遂爲南洋第一都會地當赤道之南隆冬如内地初夏花木四時相續春雨秋旱歲止一

收而土田肥沃米價極賤閩廣民流寓者以數萬計荷擇賢能者爲甲必丹（如中國州縣）專理華人詞訟近因華人把持行市禁新到唐人畱任其部落井裏汶東南爲北膠淚北膠淚東北有大埔頭曰三寶壠商船萃集富盛不亞巴城再東爲竭力石又極東臨海爲士里莫東北臨海爲外南旺巴城西之萬丹古稱閣婆國荷據其濱海地立埔頭繁盛亞三寶壠巴地所產者米穀白糖加非燕窩近年學種閩茶味頗不惡但不甚多附近諸番島以噶羅巴爲總匯之地貨物畢萃又云郡國利病書言瓜哇國（卽噶羅巴）古訶陵也一曰閣婆又名莆家龍在眞臘之南海中洲上有文字知星歷宋元嘉九年始通中國後絕至唐貞觀二十一年與墮和羅墮婆登皆遣使入貢天寶中自閣婆遷於婆露伽斯城宋淳化五年入貢元時始稱瓜哇世祖大舉兵征之不克後命將史弼破其國擒酋長以歸尋放還明洪武二年遣行人吳用錫以璽書隨入貢封其王昔里八達剌爲國王三佛齊（卽舊港）其屬國也八年二月令三佛齊瓜哇山川之神附祭於廣東山川之次後分爲東西二國永樂年問並遣使朝貢東王尋爲西王所滅天順四年復入貢自是不可考云按噶羅巴西包三佛齊東括數十番部儼然海外雄藩一旦爲荷蘭所給門庭戶牖悉滋他族其年月不可考大約在明中葉自是粵海無瓜哇片帆矣又海島逸志言噶剌巴四季皆如夏候炎風暴厲觸之生疾河水甘涼浴之卻病人愚蠢柔怯畏和蘭聞其名則合掌主僕之分最嚴見主人必屈膝合掌名曰占巴春雨後田水平滿拋種於田不煩耘鉏自然暢茂其米粒長而嫖內地不及也家計生產皆婦人主之生女爲貴贅壻於室生男則出贅於人室如亭四面開窗無椅榻席地而坐地皆鋪席施帷幄男

女盤膝雜坐見客以握手爲禮俗種檳榔客至則捧以爲敬食不設著以手掬之啖牛肉不食豬犬女子不施脂粉不簪花衣無領裙而不袴男子則衣有領鬢簪花身有袴百花四季不凋果味美於閩廣蔬菜價倍於雞鴨緣米價賤人不肯竭力灌園也巴國以風爲鬼以水爲藥凡感冒風熱浴於河則愈產婦及小兒出痘皆浴於河雖盛暑不敢露體扇風臥必密室施帷幙少冒風則病立作所以窗戶皆用玻璃取不透風而光亮也（以上皆言爪哇土俗）自明初迄今四百餘載閩廣流寓者生齒日繁富商大賈獲利無窮因納賄和蘭求其推舉爲甲必丹華人口角鬭毆皆質之甲必丹長揖不跪白稱晚生是非曲直無不立斷至犯大罪并嫁娶生死皆申報和蘭水旱來往皆給文憑不得濫出入人命惟重見證見證必斬雞發誓方敢花押定案所以殺人往往無償無敢作見證故也巴城地勢平坦人居稠密出鑒光（城也市）皆爲園拋而和蘭園林相接聯絡數十里其中樓閣亭臺橋梁花榭曲盡精巧禮拜日不理事入園林遊賞盡歡云（此言荷蘭[illegible]）又言三寶壠（[illegible]）巴國屬區百貨所聚賈帆湊集甲於東南諸洲北膠淚胥森其左右冀也嘮喃哖其倉廩也堤塒二胞縿其門戶也所轄上下數百里士田肥沃人民殷富爲諸邦冠天氣清涼人少疾病遠勝巴國米價尤賤市無饑者風俗質樸道不拾遺夜不閉戶荷蘭有官駐守職名鵝蠻律又有杯突大寫財副新蟯咐嗹等屬分司各事巴中甲必丹權分而利不專三寶壠甲必丹則利權獨擅煮海爲鹽丈田爲租皆甲必丹有膺其職者富逾百萬禮拜寺有高樓鐘聲四達丑末之初爲一點鐘至十二點而止未正丑正爲二點鐘則家家閉戶而臥路無行人是一日如兩日一世如兩世矣（此與呂宋同諸或泰西本有此俗也）又

言北膠浪巴國東南之區面山背海列屋而居南北限以柵華人萃處其中俗呼爲八芝蘭（番言[illegible]）厦屋連延危樓高聳西向者爲甲必丹第有園數畝樹木亭沼幽雅特絕迤北有澤海眞人祠柵門外爲泊面（[illegible]）徵往來之稅隨河而北約半里爲外泊面稽查偷漏又四五里達於海口有聖墓極靈舟楫往來必具香楮拜禱浪中有和蘭官杯突駐守有城有兵城與八芝蘭隔一河城南園林深邃傑閣巍峩杯突居焉浪中爲巴國山僻地景色天然夕陽漁唱似楚江音節河水不深不淺菱芡縱橫彷彿蘇杭景象又言萬丹古稱閣婆國在巴國西爪亞所居地方寬廣土田肥沃貨物繁多人皆富裕所產佳紋席幼席爲南洋最荷蘭據海邊招集諸夷往來交易納其稅租史丹（爪亞之王）處山中居第壯麗外築小城荷蘭官十二人兵百人居之名曰護衛史丹實鈐禁之史丹沒其子非荷蘭命不得立也爪亞四處散處雖有國主惟知畏荷蘭而巳又言噶羅巴漳泉人最多語番語衣番衣食番食讀番書不屑爲爪亞自號曰息[illegible]其寄居未久及時往來者服食或言仍華俗荷蘭專設甲必丹以理華民爲甲必丹者皆漳泉人或以此致富則滿載歸來不復往漳人陳嚦代其堂兄映爲三寶壠甲必丹番官淡板公往候之隊馬數百整肅而來至柵門外則下馬入門膝行而前嚦危坐俟其至乃少欠身爪亞之敬畏荷蘭如此駐[illegible]慰（[illegible]）又云按荷蘭取噶羅巴遂致富强明季甲板四出侵擾閩浙倚巴地爲巢穴也後漸以掊克爲事華人販鬻其地者許置貨不許攜銀貨產別島不能時至華船守候過時歸途多遭颶颺咸懷怨吝嘉慶間荷王爲法王拿破崙所偪走死荒野國爲法併英人恐法兼巴地嘉慶十四年秋以舟

師遍巴城荷酋堅守不下逾年復往攻荷酋遁地爲英有除荷苛法商旅使之一時傳荷爲英所滅郎此事也後拿破侖敗荷王請於英英以巴地還之然英船祖巴地爲東道主荷不敢迮也又於噶羅巴迤東諸島接連由東南而東北上禮莫之東曰洛莫（一作滴滋）洛莫東曰麻里（一作巴里又作貓薩又作麻黎）洛莫差大麻里交之兩島腴上產稻最多麻里東曰松墨窪（一作巴氐遜）島形槎与港澳環曲地差大於洛莫松墨窪東南曰薩爾溫（一名香嶼墟）地如松墨窪之半薩爾溫東北曰佛里嶼（一作弗羅加土）東西狹長地倍於薩爾溫佛理嶼之東有六小島相接六小島南有大島曰池問（一作知汶[illegible]）池問譯言東也地倍於佛理嶼東畔有葡萄牙埔頭西畔有荷蘭埔頭曰古邦以上諸島與噶羅巴東西半列纍纍相望由池問而北隔海面數百里曰武羅（一作木砦）係荷蘭埔頭地如池問三之一人戶甚稀亦無物產武羅東曰西蘭（[illegible]）地倍武羅野番不解耕作食沙穀米（[illegible]）武羅西蘭之直北有大島曰摩鹿加（[illegible]）荷蘭所屬其地形如人臂股與西里百相似物產頗豐摩鹿加之西南曰安門（一作安沒）荷酋所駐統轄諸島海口設礮臺東北曰萬他有火山多地震摩鹿加之西有小嶼曰德拿其地天時和煦園林極佳惟火山一發徧地灰燼西蘭東南有吉甯暴暴諸島摩鹿加西南有亞羅地門律兩島皆野番所居不屬荷蘭大抵洛莫至池問舊皆噶羅巴屬島迤北諸島亦有歸其統屬者自噶羅巴制於荷蘭諸島半屬荷蘭埔頭其人皆馬來種亦有野番野番面黑或毛髮螺拳醜惡如夜叉或深目高準口闊至耳男女皆穿耳而大其孔瑱以杙所產者胡椒燕窩海參魚翅海菜玉

果藤條蘇木玳瑁鶴頂紅龍涎香丁香木香豆蔻血竭之類又云考泰西人書諸島外尚有提讀義羅羅巴治安等名大略皆噶羅巴舊屬明隆慶間葡萄牙船抵摩鹿加之德拿嶼西班牙船相値爭此羣島互相攻擊至泰昌間荷蘭以兵船逐兩國專擅摩鹿加羣島之利然所售丁香豆蔻等物不足補防守之費又禁他國貨船入口故獲利甚微羣島亦終古荒僻也先謙案徐志噶羅巴即雷志之瓜哇也謝志作加拉巴其下有蘇門答臘西里伯及小桑達列島即雷所云其旁諸藩國也據列國學會二圖自噶羅巴以北海境謂之瓜哇海其與蘇門答臘相隔處曰巽他海峽世界圖作桑達海峽巽他桑達一音之轉圓球圖作森答矢志作孫達括地略作孫大一作生特樋志作森多謝志作森達云森達諸島即蘇門答臘加拉巴附近諸島之總稱也瓜哇之南世界圖有克力斯抹斯島徐志所云肯負南海以火燄山爲屏障者也其西面北有城二圖曰巴塔菲亞世界圖作巴他非亞即雷之巴他維亞巴他又瓜哇之音變許考作巴達未亞萬國圖作巴他維阿平方圖作巴塔斐亞圓球圖作巴台斐外國地理作瓜他比亞吳志作巴達比亞周志作白他維亞矢志作罷太維亞云在瓜哇西北海岸椰子檳榔樹環繞街市一望蒼然風景清佳謝志作巴達斐亞云舊名噶羅巴荷人改稱之辻志云荷蘭總督駐此總轄列島政務有官署學堂議院病院兵營運河貫通街市繁盛其前曰挨丹即徐之萬丹圓球圖作班屯又北有桃森羣島邦浦埶羣島即徐之嶼城也其東曰徹里濱異名記作琛里奔即徐之井裏汶又東曰北膠浪干即徐之北膠浪又東曰三馬隴即徐之三寶壠平方圖作三馬龍慕志作撒馬郎圓球圖作薩麻拉恩其東南曰蘇拉克

挨塔即雷之蘇拉喀他又東曰蘇拉巴雅與雷合謝志作撒拉巴亞矢志作斯拉罷野異名記作蘇拉巴阿以地望推之即徐之竭力石又極東南曰班周灣吉即徐之士禮莫世界圖仍作士禮莫士禮莫之北別一島曰馬都拉世界圖作嫣茲喇圓球圖作麻杜拉外國地理作斯馬駝拉以地望推之即徐之外南班而今昔異名士禮莫之東有島相接曰巴里中爲巴里峽世界圖作巴理即徐之麻里一統志作合猫里又名猫里務巴里之東曰瑣波克其中爲瑣波克峽世界圖作倫薄克即徐之淪泊亦作洛莫世界地誌作戠伯克萬國圖作隆博圓球圖作瑣保克案麻里在東淪泊在西徐先淪泊而後麻里誤也又東曰松巴窪世界圖作松巴瓦即徐之松璺窪慕志作三寶瓦括地略作逑巴瓦漢文圖作蘇保幹矢志作孫拔哇云全島火山有四十五座謝志作三巴瓦云島長五百里居民八萬有大火山曰盾波羅嘉慶二十一年崩裂聲聞三十里近海灰爐厚積二尺船舶不通全島半毀人死四萬盾波羅許考作當步羅又東南曰珍達拿一名松巴即三多爾烏得萬國圖作檀香嶼漢文圖作薩數圓球圖作散答五得又名巴瓦以地望推之即徐之薩爾溫其東北曰英德一名佛羅理一名佛里世界地誌作非列士漢文圖作大老來斯世界圖作布羅力斯即徐之弗羅力士其北謂之佛理嶼海其東爲佛羅理峽又東有數島曰薩布老曰索羅爾曰蘭布連曰平塔曰亞羅爾曰汪巴耳即徐所云六島相接也其南有大島曰約摩爾世界圖作地木即徐之地問許考云迤東較大者在西曰孫巴瓦在東曰地木爾謂此島也長七百餘里廣百七十里民三十萬土腴物茂圓球圖作搭毛耳又作胎墨耳萬國圖作提摩謝志作第摩耳西畔有埔頭

曰古邦與徐合圓球圖作庫盼世界圖作庫胖其東畔歸葡埔曰德里謝志作的里許考作點里平方圖作委塔圓球圖作緋透自蘇門答臘至士禮莫世界圖謂之大桑達列島自倫薄克至地木世界圖謂之小桑達列島譚紹襃云巽他海峽界於蘇門答臘瓜哇之間故或稱爾島爲大巽他其餘爲小巽他見東南洋島圖經三小桑達謝志作小森達云諸島天氣宜人土脈肥沃產燕窩玉桂檀香蘇木椰子油等土番性兇很半皆盜賊的摩爾之北海境謂之巽他海由的摩爾而東有南西羣島又東迤北有南東羣島其中大島曰的摩企老特即徐之吉甯圓球圖作塔毛耳老特萬國圖作提麽勞特一作第麻耳平方圖作帖甯貝爾有埔頭屬荷又東迤北有阿盧羣島與澳洲之巴布亞島南北相直異名記作阿魯杜宗預云其下一島徐稱暴暴亦曰波波値西蘭東南屬荷埔頭也先謙案阿盧羣島南有啞啞北有多波波而無波之名存考阿盧之西有法義羣島法義之西迤北有瓦土貝刺羣島瓦土貝刺之西有班達羣島一作邦達共島十餘中有火山此海境總謂之班達海世界圖作板大班達海之北有安邦羣島其在西者曰布魯世界圖作末羅萬國圖作補盧漢文圖作布羅樋志作補羅許考作木魯即徐之武羅武羅東曰西蘭與徐合漢文圖作賽隆母萬國圖作沙浪許考作錫蘭與布魯總爲安邦羣武羅西南曰布屯圓球圖作布唐異名記作補唐近西伯百東支荷之大酋駐焉西蘭直北有大島曰摩鹿加與徐合並其四旁諸島總曰摩鹿加羣島世界圖作馬刺加譚紹襃云摩鹿加爲南洋中最多且殊之羣島大小百二十有奇東巴布亞西西里百西北呂宋羣島東南澳大利亞自北緯二度四十三分摩羅丹島起至南緯八度二十三分胎墨爾勞島自灑天東七度五十四分得利亞島起至臘天東十八度三十二分阿魯羣島總凡七萬八千六百七十五法方里見東南洋島圖經樋志云摩鹿加諸島合補羅西蘭及三四小島而成因輸出丁

香荳蔻甚多故有香料島之稱都府曰奄波以那在荷屬中爲次於巴達維亞之都府許考云麻鹿加羣島內士羅落最大即本島見上錫蘭次之木魯又次之多火山常地震物產富裕明正德間葡人始抵其境班人踵至與葡爭地嘉靖八年二國盟於撒拉課斯城班人得二十八萬金讓島於葡萬歷三十七年爲荷所奪與徐記徵異謝志作謀勒嘎云當北緯三四度之間共數十島大者五曰希羅羅居北曰希蘭安波那德那德居中曰班達居南一名荳蔻島共四十三萬方里班達島周百里爲一荳蔻樹林安達波那多丁香荷設官駐之統轄諸島人口三十餘萬案希蘭即西蘭安波那二圖作安波拿德那德作塔魯諾希羅羅作齊羅羅即哈耳馬黑拉一作士羅洛吳志作計路路一曰香料羣島西人書作義羅羅矢志作及羅羅西曰巴珍即徐之安門圓球圖作戈乞恩東北曰摩羅台即徐之萬他圓球圖作來提摩鹿加之西南有克蘇刺羣島中最大者曰滿古拉曰大來波當即徐之亞羅地門律諸島摩鹿加與西里伯相接處爲摩鹿加海峽自此以西至蘇門答臘總爲馬來西亞

蘇門答臘

徐志云息力之南噶羅巴之西有大島橫亘西南曰蘇門答臘一名亞齊長約二千餘里中有大山綿亘曰萬古屢迤東窪下海潮浸漲林莽穢雜道路難通迤西平坦有大河縈帶地產沙穀米沙藤胡椒檳榔血竭冰片安息香金銅鐵硫磺金沙龍涎香獸多水馬狒狒熊虎木多椰子處處成林部落之大者曰大亞齊在此島北面之西界西洋人稱爲亞珍唐宋以來朝貢中國封蘇門答臘王者即此國也大亞齊之東曰錫里再東曰雷里與息力隔海相對大

亞齊西盡海轉而至島之南面曰小亞齊小亞齊迤東曰蘇蘇再東曰叭嗌再東曰茫古魯之（[illegible]）茫古魯之東盡海轉而北入峽口峽之兩岸曰舊港本名三佛齊王居峽西乃東界一部落之大者出峽口而西北又至島之北面海中別一嶼曰岡甲（一名丁機宜）產鉛錫最多荷蘭設官榷稅再西北別一嶼曰龍牙龍牙之西即新柔佛與霤里相望諸部皆馬來番族荷英分據海口各立埔頭近年英以此島埔頭易麻喇甲遂全歸荷大埔頭在南界者曰巴唐（即叭嗌）在東北界者曰巴鄰旁即舊港之西岸東岸為噶羅巴之西界巽他峽口闊止數十里歐人東來必取道於此是為南洋之總門戶若由麻喇甲息力轉折而來則間道也巴唐西南小島曰呢士（[illegible]）亦產鉛錫大亞齊之西北海中有孤島曰尼古巴拉野番所居以椰子魚為糧不穀食又云郡國利病書言蘇門答臘（或曰須文達那）宋初與占城通貢南唐遂達於宋淳化四年舶主蒲希密獻方物後與賓童龍國來朝自是入貢不絕尋分部領勿斯離（[illegible]）[illegible]琶羅巴跋布（[illegible]）那姑兒（[illegible]）等國洪武間蘇門答臘入貢永樂三年酋長宰奴里阿必丁隨中官尹慶朝貢封蘇門答臘國王宣德六年復來貢十八年請封其子為王初太監鄭和奉使至蘇門答臘偽王蘇幹剌方謀奪王位怨使臣賜不及己邀擊官軍和擊敗之追至南勃利國（[illegible]）併其妻子俘之以歸永樂十三年斬於行在蘇門答臘西去一晝夜程有龍涎嶼每至春間羣龍交戲於上遺涎則國人駕獨木舟採之以為香一斤值其國金錢百九十二枚嘉靖間奉旨採辦每斤給銀千二百兩又言三佛齊國古干陀利也居真臘爪哇之間其王號詹卑其人多姓蒲梁天監元年入貢後絕唐天祐初始通中國宋建隆初遣使朝貢淳化間為闍

婆所侵役（即噶羅巴[illegible]）南渡後入貢不絕明洪武二年遣行人趙述使其國隨入貢封三佛齊王後為瓜哇（即噶羅巴）所廢以其地為舊港仍立頭目司市易永樂三年遣行人譚勝受千戶楊信等往舊港招撫廣州逃民梁道明五年九月太監鄭和使西洋諸國還至舊港遇海賊陳祖義等與戰殺其黨五千餘人擒祖義械送京師斬於市是年舊港頭目施進卿遣使入貢詔以進卿為舊港宣慰使自是朝貢不絕又謝清高海錄言三佛齊及蘇門答臘島在新柔佛島對渡（[illegible]）西南海中別峙一大洲九國環之曰霤里曰錫里曰大亞齊曰小亞齊曰蘇蘇曰叭嗌曰茫古魯曰舊港曰龍牙大小亞齊及蘇蘇皆蘇門答臘故地舊港則三佛齊故地也霤里在柔佛西南由柔佛渡海而南約日餘可到疆域數百里風俗土產與柔佛同潮州人多貿易於此錫里在霤里西北疆域數百里風俗與霤里同買小舟沿海行約四日可到海東與麻剌甲相對土產魚肚冰片椰子胡椒大亞齊在錫里西北疆域稍大由紅毛淺外海西北行日餘即到由國西北陸行五六日則至山盡處俱屬大亞齊地風俗與巫來由各國同山盡處與新埠（即檳榔嶼）斜對土產金冰片沙籐椰子香木海菜由大亞齊山盡處北行少西順風約十一二日至尼古巴拉海中小島也土番皆野人性情淳良日食椰子熟魚不食五穀（[illegible]）小亞齊一名孫支在大亞齊西由大亞齊西北行經山盡處轉東南行約日餘可到疆域亦數百里與大亞齊同土產金胡椒椰子冰片沙籐蘇蘇在小亞齊南水路順風約二日可到疆域風俗土產與小亞齊同叭嗌在蘇蘇東南水路順風亦二日可到疆域風土與上略同叭嗌之西有島峙海中曰呢士（[illegible]）又名哇德

民似中國而小常相擄掠販賣出入持標鎗不食五穀惟以沙穀米合香蕉煎食其地產鉛錫（案此亦與蘇門答臘一土不連）茫古魯在叭嗌東水路順風約五六日可到沿海都邑近為英奪國王移居內山（案英[illegible]年以蘇門答臘所得地易麻剌甲於荷蘭即此謝所云茫古魯與舊港也）土產海參丁香荳蔻胡椒椰子檳榔舊港即三佛齊也在茫古魯東疆域稍大由茫古魯東南行約三四日轉北入葛剌巴峽口（即巽他峽口）順風行半日方出峽峽東西皆舊港疆土峽西迤北大山名綱甲（即岡甲）別峙海中產鉛錫山麓有文都上盧寮下盧寮新港等處文都有英人鎮守榷錫稅（即巴鄰旁）國王所都在峽西由文都對海入小港西行四五日方至兩岸居民俱臨水起屋頗富庶土產金錫沙籐速香降香胡椒椰子檳榔水鹿龍牙在舊港北由峽口水路到此約三日由此北行日餘則至柔佛西北行日餘則至霤里龍牙多木大者數十圍中華洋船至此多換桅柁凡霤里錫里皆巫來由種類惟大小亞齊及蘇蘇民稍淳良餘俱兇悍以盜劫為生余按蘇門答臘一土古名婆利洲為西南洋大島此島部落尚有層檀黎伐之屬時代變更譯音轉易莫得而稽近惟謝氏海錄最詳確西界雖分數部而以大亞齊為綱領獨擅全島之名稱蘇門答臘國固南洋大部也東界之三佛齊為自古朝貢之國自瓜哇廢其國為舊港漸以式徵明中葉後荷人據沿海要口營立埔頭諸番族為所鈐制不復能自列於王會矣又云薄海番域錄言丁機宜地近柔佛屢為所侵始通姻好幅員最狹酋眾千餘以木為城王居列鐘鼓樓與華人舟中互市歲首十月益奉瓜哇正朔按海國聞見錄謂丁機宜在呂宋羣島之南與萬老高芒佳虱同居巳方頃余在廈門晤老舵師陳姓往來西南洋最熟習屢至丁機宜詢其方向則云過昆侖

用未鍼與噶羅巴相近所言與海國聞見錄異甚以為疑近閱薄海番域錄云丁機宜地近柔佛乃知即蘇門答臘東境之崗甲嶼老舵師之言信不誣矣其地產錫故廈門販洋船時往貿易又云西人萬國地理書言南洋諸島沿海土人皆巫來由番族黑面長髮纏頭布赤足腰圍花紋布窮裩插短刀多駕船捕魚或為海盜皆奉回回教內地有黑面土番居山穴樹林如中國苗猓之類中國流寓甚眾廣州嘉應人為農泉漳人為商多獲利閩粵遊手謀生無策往往自投絕域不復首邱或娶番婦生子女遂化為異族又云南洋萬島環生補巽維之空缺漢平南越諸番稍通貢獻唐宋兩朝番船聚於粵東明成祖好勤遠略特遣詔使徧歷各番島開讀於是諸番島嗎嘍內嚮效共球者數十族如呂宋瓜哇婆羅洲蘇門答臘之類幅員差廣可稱為國亦有蕞爾洲島戶不盈千仰慕威靈攜拏求覲遂至漁獠蜑戶概錫王封雖云盛事未免夸濫矣中葉以後歐人東來蓄謀襲奪番族愚懦不能與校於是呂宋羣島為西班牙所據而蘇門答臘以東大小數十島處處有荷蘭埔頭萬歷後諸番國朝貢之舟無復抵香山壆者以為遠人日久寖疎而不知其地為他國有也自泰西據南洋諸島城池堅壯樓閣華好市廛繁富舟楫精良與前此番族之荒陋氣象固殊而中土之多事亦遂萌芽於此英吉利諸埔頭在息力以西南洋諸島非其有也然國勢既強西班牙荷蘭非其匹敵莫敢逆視其視南洋諸島若己有之修船炮備糗糧諸島皆奉承唯謹不必涉息力以西而後能辦應也昔之南洋為侏儒之窟宅今之南洋乃歐羅之逆旅事勢積漸蓋三百餘年於茲矣又云郡國利病書言漢時朱崖之南有都元謀離夫甘都盧黃支等國近者十餘日遠

至四五月程前後遣使入貢多異物武帝時遣應募人與其使俱入海市明珠璧琉璃奇石異物齎黃金雜繒而往所至國皆稟食爲耦蠻夷賈船轉送致之夷珍貨流入中國始此桓帝時扶南之西天竺卿妊大秦驃羅等國皆出南海重譯貢獻而賈胡自此充斥揚粵其貢玳瑁象齒古貝嶼佲柯沈水香琥珀獸則馴象元犀猩猩之屬不可彌紀吳孫權遣宣化從事朱應中郎康泰使諸番國其所經及傳聞有數百國康立傳說謂之扶南土國曰蒲蘆中曰優空曰橫跌曰諸簿曰北擄曰濱那專曰烏叉曰斯調曰林陽曰馬五洲曰薄歎洲曰航蘭洲曰巨延洲晉武帝平吳後入貢者林邑扶南之外曰牟羅曰橫蘆曰末利曰卑離曰滿都曰纏余曰沙樓曰蒲林皆昔所末聞者也劉宋藹齊時入貢者有師子毗加梨加卿扶孟干陀利佛郎齊三闍蒲羅郎巴喝婆黃阿羅陀蝴郎甲麻阿羅單婆使狠圬修蘭節錫盤盤頓遜等十餘國梁武帝時通貢者有婆利答郎蘇門丹丹丹郎萬毗鶩羅郎巴喝等國隋時入貢者益多有投和邊斗之屬其貢大抵金寶香藥等物亦有獻佛圬舍利者皆奉婆羅門教故也余按以上諸番國歷代異名重譯之餘展轉淆訛莫可究詰其爲今何國何島有可考夸不可考大約近若爲南洋諸番遠者至五印度而止海外諸番之通貢寶萌芽於兩漢歐羅巴諸國市舶之來粵則始於前明今南洋印度諸島國皆變爲歐羅巴諸國埔頭地則猶是而主者非其舊矣又云郡國利病書言置嶺南市舶使始於唐以嶺南帥臣監領之設市區令蠻夷來貢者爲市稍收利入官貞觀十七年詔三路舶司番商販到龍腦沈香丁香白荳蔻四色並抽解一分武后時都統路元叡冒取番酋貨物酋不勝忿殺之後於廣州設結好使每番舶至則審事宜以聞貞元閒嶺南奏請移番市於安南陸贄在中書奏議駁之宋開寶四年置市舶司於廣州以知州兼使通判兼判官淳化二年始互抽解二分凡諸番之在南海者並通貨以金錫緡錢易其犀象珊瑚琥珀珠琲鑌鐵鼊皮玳瑁瑪瑙水晶番布烏樠蘇木香藥等物太宗立榷務於京師詔諸番貨至廣州非出官庫不得私相貿易其後又詔非珍奇物皆聽市後又詔他物之良者亦聽市其半大抵海船至徵其什一而給其餘價値歲入以數十巨萬計縣官經費有助焉熙甯中廣州市舶歲課虧折或以爲市易司擾之故令提舉究詰以閩於是務官呂邈以闕取番物劾免後以言者罷杭州市舶諸司皆隸廣州元豐三年中書言廣船已修定約條宜選官推行詔廣東以轉運使孫迴罷帥臣兼領大觀元年復置廣浙福建三路市舶提舉司三年詔番商欲往他郡者從舶司給劵毋雜禁物其防船兵仗給之建炎二年詔市舶多以無用之物枉費國用取稅榷自今以後篤耨香指環瑪瑙貓兒眼睛之類博買前來及有虧番商者重治其罪惟賜臣寮象笏犀帶可者量令輸送紹興二十七年詔廣南經略市船司察番商假託入貢隆興中臣寮以象齒珠犀比他貨最重請十分抽一罷博買乾道初臣寮又言福建廣南貨有市舶宜置官提舉官熙二年詔廣州市舶除榷貨物他物之良者止市其半宋自南渡後經費用乏一切倚辦海船歲入固不少然金銀銅錫錢幣亦用是漏泄外境而錢之泄尤甚法禁雖嚴奸巧愈密元世祖嘗立提舉司尋罷至英宗治平六年遣使榷廣東番貨乃復立之聽海商貿易歸徵其稅順帝元統六年罷廣東提舉二司至正二年復立廣東提舉司申嚴市舶之禁三年聽海商貿易歸徵其稅明制諸番例三年一貢世見來王淮互市立市

船提舉司以主諸番入貢應入貢番先給以符簿及至三司與合符稅其表文方物無僞乃送入京若國王王妃及陪臣等附至貨物抽其十分之五其餘官給之直暹羅瓜哇二國免抽其番商私齎貨物入爲市易者悉封籍之抽其十二乃聽貿易然閩廣奸民往往有椎髻耳鬟效番衣服聲音入其舶中導之爲奸因緣鈔掠傍海甚苦之初洪武三年頒科舉詔於安南占城以其通中國文字也海外諸番自是朝貢不絕永樂改元遣行人聞艮輔內臣侯顯鄭和等招諭西南諸番暹羅瓜哇以至西洋古里諸國諸番貢獻畢至奇貨重寶前所未有乃命內臣監鎮市而設公館於城南水濱後改建於郡西仙湖永樂四年置懷遠驛於廣州城蜆子步挪房百二十間以居番人隸船市所提舉司然內官總貨提舉官吏惟領簿而已成化宏治之世貢獻至者日盛有司惟容其番使入見餘皆停[illegible]於驛往來設宴管待方許入城衣服詭異亦有帽金珠衣朝饋[illegible]老稚咸競觀之椒木銅鼓戒指寶石溢於庫市番貨甚賤貧民承令博買多致富正德十二年西海夷人佛郎機亦稱朝貢突入東莞縣火銃迅烈震駭遠近殘掠甚至炙食小兒斛酈纖海道奉命誅逐乃出境自是海舶悉行禁止例應入貢諸番亦鮮有至者貢舶乃往漳泉廣城市貿蕭然非舊制矣於是兩廣巡撫都御史林富稽祖訓會典奏上得允番船復通焉嘉靖中諸夷市舶抵粵內臣乘船至澳遣知縣廉幹者往船盤抽提舉司官吏亦撫與焉余按南海諸番之通中國自漢始而嶺南之權番稅自唐始唐以前之通番不過求珍異之貨誇王享之儀其重在貢而唐以後則權其貨稅以益國用其重在市由唐至明中葉閩廣之所謂番舶者不過南洋小西洋諸島國非今日歐羅巴之番舶亦無所謂鴉片毒物也然南宋時已有錢幣漏泄之憂前明時巳有奸民假冒之弊殆所謂勢有必至理有固然者歟古聖人不貴異物不寶遠物豈惟謹節制度杜修怵之萌而防患未然之意亦可謂深切著明矣顧炎武海外諸番貢市一篇頗爲詳核故採錄之以資考鏡焉又云海國聞見錄言南洋爲閩粵商船數至之地海道有數險舟師皆謹識之最險者爲南澳氣古稱落際在南澳之東南隔水程七更嶼小而平四面挂腳皆亂石生水草長丈餘氣吸四面之流船不可到到則隨流吸閭不能返氣之北浮沈皆沙垠約長二百里盡北處有兩山名曰東獅象與臺灣沙馬崎對崎隔洋面水程四更名沙馬崎頭門氣之南續沙垠至粵海爲長沙頭南隔斷一洋名曰長沙門又從南首復生沙垠至瓊海萬州曰萬里長沙沙之南又生亂石至七洲洋曰千里石塘皆南洋極險之地海船遭風或舟師迷誤犯此數險鮮不敗者長沙一門西北與南澳西南與平海之大星適成鼎足之勢門南北約闊五更粵之番船商艘往東南洋呂宋文萊蘇祿數國貿易者皆從長沙門出北風以南澳爲準南風以大星爲準惟江浙閩三省往東南洋者從臺灣沙馬崎頭門過而至呂宋諸國西洋夾板從昆侖七洲洋之東萬里長沙外過沙馬崎頭門而至浙閩日本以取弓弦直洋中國往南洋者以萬里長沙之外渺茫無所取準皆從沙內粵洋而至七洲洋汪洋一水之中生此界限亦溟渤之戶閩也又七洲洋之南有大小二山屹立澎湃稱爲昆侖峨峨南洋必由之路山產佳果幽寂無人蹟神龍所宅昔荷蘭失臺灣歸途過昆侖欲建立爲埔頭龍與爲患荷蘭以大礮與龍闘久之多發狂病斃乃揚帆去至噶羅巴而舟覆康熙四十五六年荷蘭又圖昆侖就

海濱營埔頭夜飄為鱷魚所吞又為廣南海盜所劫殺乃仍虛其地凡中國洋艘過昆侖天時極晴霽瞥見黑雲一點蜿蜒搖曳狂風立至頃刻而止俗呼鼠尾龍雲雲白者風尤烈日兩三作或四五作舟人焚雞毛鬣髮使龍觸穢氣而遠避過昆侖即無此事由昆侖而西南有小島曰茶盤為西南洋分路之地往息力者西行往噶羅巴者南行先謙案雷志蘇門答臘與徐同列國學會平方三圖作蘇門答剌圓球圖作蘇麻特拉世界圖作蘇馬特臘周志作斯馬得拉東南接瓜哇島西南接印度海東北與馬來半島相對謂之麻剌甲海峽北面西界二圖標大名曰亞珍即徐之大亞齊漢文圖作阿丁地理問答作阿眞圓球圖作愛栖恩下標曰亞齊極西北端亦標亞丁謝錄云山盡處俱大亞齊地與檳榔嶼斜對許考云都城因國名亦曰亞珍築於西濱離海十里許城中茅屋萬家大率篳門圭竇編篛為蓋削竹為棟建於三尺高之欄杙恐潮漲也有小河環繞舟艙絡繹其間王居築於高阜圍以巨礮防衞甚嚴王出坐象車圍以幕凡百餘乘令人不知王之所在其西北有呢古巴拉羣島謝錄作尼古巴拉與徐合圓球圖作逆科巴即尼科巴也由島西北端轉而南曰拔的又南曰利甲斯又南曰亞納剌布當即徐之小亞齊地謝錄云由大亞齊西北行經山齒處轉東南行日餘可到此為近之又南曰巴土又南曰坦怕寄又南曰特魯蒙又南曰新怯爾又南曰巴拉斯當即徐之蘇蘇境謝錄云蘇蘇在小亞齊南水路順風二日可到此為近之又南有西波加又南有葩當又南有納大耳又南有葩薩民又南有浦拉民又南有巴唐即徐之叭嗒括地略作巴當謝志作巴登圓球圖作帕塔恩屬邁南喀東北與雷里等隔山相對西北與呢士島相

値謝錄云叭嗒在蘇蘇東南水路順風亦二日可到巴唐西北有島曰呢士徐作西南誤圓球圖作呢阿斯西征紀程以為即古龍涎嶼其西南乃民大威羣島也民大威羣島在南曰南葩格其北曰北葩格總為拿騷羣島又北有西卜路民峽又西北曰雪必路圓球圖作賽比魯又西北曰雪必路峽又西北曰巴剌曰馬薩曰平吉總為巴土羣島又西北曰格羅色爾峽峽之北即呢士也呢士之北曰北峽峽之北曰巴尼亞克羣島漢文圖作三馬兒諸島其西北最遠者即呢古巴拉突自巴唐而南曰排南又南曰莫科又南曰亦浦又南曰來斯又南曰班庫蘭圓球圖作本庫楞謝志作弃古倫平方圖作邦古連又南曰色路馬又南曰芒納三地相距不遠以方位推之即徐之茫古魯也茫古魯之東有德羅克貝當即三佛齊其西南濱海曰卡威爾曰克羅希曰納拉斯曰佛剌支轉而東北入巽他海峽其南即瓜哇西端謝錄所謂東西皆舊港疆土者也出峽轉而北行直北有大島曰邦加即網甲地理問答作班嘎萬國圖作邦喀世界地學作班加即徐之崗甲嶼崗甲東南曰巴當即比利敦萬國圖作比力頓圓球圖作必來唐一作比里東謝志作比利登云島產鐵木居民三萬四千旁島甚多總為沙佛基耳犂島與邦加相距處曰加斯巴峽邦加之西北端有蒙多克即謝錄所稱山麓之文都也蒙文多都一音之轉謝志作孟托克云以錫鑛者華人在彼采取者千餘荷設官駐邦加之西隔峽相對者曰巴鄰旁徐所云荷蘭埔頭在東北界者也圓球圖作拉母傍地理問答作巴連旁萬國圖作怕廉邦一作巴郎旁謝志作巴達那蒙多克西北有島曰竜加即徐之龍牙圓球圖作淩噶平方圖作龍加即古龍牙門謝錄所謂峽口水路到此約三日

由此北行日餘則至柔佛西北行日餘則至雷里也又西北曰色邦卡曰利俄即徐之新柔佛二圖以新加坡為柔佛則徐所云柔佛舊都也自利俄至竜加一帶其西南與蘇門答臘島相距謂之布拉哈剌峽更西行至卡里門即徐之紅毛淺矣卡里門之西有錫亞克即徐之雷里謝錄云雷里在柔佛西南由柔佛渡海而南日餘可到圓球圖作西阿克許考云錫亞克在島中央立國有年古盛今衰再西為的里即徐之錫里郡國志之勿斯離平方圖作德里一作日裏謝錄云錫里東與麻剌甲相對由雷里買小舟沿海行四日可到二里皆在古大亞齊境謝志云地當赤道長三千五百里最廣處九百里面積百六十萬方里大山直貫境內火山十六或噴或熄東土低窪道迤險阻而涼爽宜人西土平原水多土沃而氣候炎熱時多疫癘地震頻仍物產尤著者為胡桃有奇花曰辣夫力西亞為藤本寄生無幹葉花徑三尺有半五瓣人三百五十萬皆瑪雷人內地有勃達司嗜食人肉和以鹽椒而生啖之先闢英後歸荷時與土酋爭戰迄今未全平許考云山產金銅鐵硫磺河產金沙生馬身小而健捷椰子樹隨在成林矢志云此島亞盆山奧弗爾山高萬二三千尺彭嘎島孛列頓島有錫鑛拍淡乃要港

西里百

徐志云由呂宋正南視之有大島踞於己方曰西里百（一作失勒客土又作細利窪）島分四支如人臂股汶港尤為奧曲北一支曰馬拿多（一作芘孛佗）東向二支曰多羅曰摩尼南向一支曰馬加撒（一作芘雖亟又作望加錫又作花如薩）荷蘭於南北兩支各立埔頭建礮臺戍以兵馬加撒土番在馬來中別一種稱曰無吉（或作武嘰趾）其人武猛技擊最精男女童時

習之一人持短刀可敵數十人每揚帆海上海賊望而引避其種人散布諸島人皆重之獲利則歸養其親本噶羅巴屬國魁處馬甲撒山中自稱臂喏如爪亞之稱巡欄與荷蘭盟不受約束又一種番名武敦剛猛類無吉居馬甲撒南諸島物產與呂宋略同幼布海參最良先謙案創雷志之西里庇也列國學會二圖作西里伯許考作西里白矢志作西列伯萬國地志作西來勃外國地理作西里卑斯世界地學作設列布大地誌作賽拜斯世界圖作謝列倍斯其北為謝列倍斯海謝列倍即西里百之音變也北一支曰馬拿多與徐合世界圖作美拿多謝志作瑪那多東與摩鹿加相對東向第一支曰蒙多諸即徐之多羅圓球圖作拖羅與北一支相距中為宅彌尼灣世界圖作特米爾灣東向第二支曰拖克亞外有島曰寓寓尼圓球圖作波尼即徐之摩尼南向一支曰馬加撒與徐合平方圖作馬葛薩一作馬嘎撒漢文圖作馬喀撒耳圓球圖作麻喀撒耳世界圖作馬喀撒兒其西與婆羅洲相距為喀撒兒海峽謝志云在波羅之東中隔曼加錫海腰（望加錫即馬加撒）地形為四土股中有深灣如人四肢產米與燕窩最多居民約百萬土人較他處馬來族為有禮儀土酋退處山中荷人鎮守海岸荷設巡撫駐內地弗拉的俺城許考云南北約千三百里東西約四百里穀果俱豐木多佳品產杭稻棉花蜜蠟樟腦丁香加非燕窩玳瑁珍珠檀香烏木犀牛良馬自設酋長者有瓦入波尼爐呼馬加撒曼達爾諸部明正德七年葡人採佔此島　國朝順治末為荷所奪筦轄二百餘載櫃志云西里百幅員與愛爾蘭相伯仲

婆羅洲

徐志云由呂宋西南視之有大島居午位曰婆羅洲（一作浡泥又作蠻尼阿）

周回數千里大山亘其中曰息力由東北至於西南山之西畔極北曰文萊(一作文萊)極南曰吉里問[illegible]山之東畔極南曰馬神[illegible]與吉里問接壤馬神之北曰新當再北曰卸敖再北曰戴燕再北曰萬喇[illegible]再北曰崑甸再北曰巴薩極北曰古達由古達逾山而西北即文萊界矣自古達至新當舊皆馬神所屬故諸書統稱馬神而諸部名不著山西廣莫荒涼海濤壯猛多礁石舟楫不能近岸故吉里問文萊兩國土番貧甚多爲盜餘皆人迹不到之械墟山東戶口殷盛物產豐盈又產黃金銓石攻礦之工所萃諸番皆馬來種沿溪箸屋爲居身不離刃精於標鎗見血即斃性喜銅鉦器皿皆用銅上衣曰沙郎下衣曰水幔貧者以布富者用雜色絲綢裂條縫集爲文采俗從回教山中別有猺人性肉頑喜殺然不敢出山肆擾諸部多噶羅巴屬國荷蘭船初入馬神內港番畏礮火避入深山以毒草漬水上流荷人受毒狼狽去後卒於海濱立埔頭四曰八三[illegible]巴曰本田[illegible]曰萬郎[illegible]曰馬生[illegible]繁盛遜噶羅巴海盜時鈔掠貿易益微息力山[illegible]金甚王別有銓山產銓石[illegible]豬[illegible]鉛錫冰片荳蔻胡椒海參燕窩玳瑁翠羽鳥木檀香籐條近嘉應州人往開鑛者娶黎婦[illegible]成土著有數萬由厦門往文萊者取道呂宋往馬神吉里問者取道七洲洋由茶盤轉而東向又云薄海番域錄言婆羅一名文萊負山面海俗素食念佛禁食豬肉犯者論死有東西二王永樂四年各遣使來朝相傳國王閩人隨鄭和往因留鎮爲王府旁有漢字碑番人嫁娶請王金印印背印篆文獸形云是永樂間賜王髡髮裹金繡巾腰插雙劍步行親屬稱班奇蘭嚴重亞於王國有木石二城因長

五洲地理志略　卷八　十三

腰與築岸禦潮拆石城以爲塘止存木城云又言吉里地悶(鄭酷)滿山皆旃檀至伐爲薪田肥宜穀氣候苦熱午必俛首向水坐差可避瘴男女斷髮短衫俗以立爲尊不知年歲無文字以石片記事滿千石則總於繩爲一結訟者兩造各牽羊曲者沒之葢猶有結繩束矢之風焉又明史淳泥於古無考[illegible]宋太宗時始通中國洪武三年遣使自泉州往閱半年始抵其國時其國爲蘇祿所侵頗衰耗又素屬闍婆[illegible]闍婆人間之其王意頗中阻使者諭以闍婆久臣服中國爾畏闍婆反不畏中國耶乃遣使奉表進貢洪武八年命其國山川附祭福建山川之次永樂三年入貢封爲國王賜印敕其王卒妃及子女弟妹陪臣泛海來朝十月王卒於館舍賜祭葬諡恭順其子襲封定爲三年一貢又乞封其國之後山[illegible]赦封爲常甯鎮國之山御製碑文勒其上洪熙後貢使漸稀云又謝清高海錄言古達息力大山西北一國也王居埔頭有荷蘭人鎮守由埔頭買小舟沿西北海順風約一日到山狗王[illegible]爲粵人貿易耕種之所由此登陸東南行一日到三畫又名打喇鹿其山多金內山或名喇喇或名息邦或名烏落或名新泥黎皆産金而息邦產爲佳巴薩在古達南沿海順風約日餘可到地不產金華人居此者惟事耕種所轄松柏港產沙藤極佳亦有荷人鎮守崑甸在巴薩南沿海順風約日餘可到海口有荷人鎮守買小舟入內港行五里許分爲南北二河國王都其中由此河東北行約一日至萬喇港口萬喇水自東南來會之又行一日至東萬力其東北數十里爲沙喇蠻皆華人淘金之所萬喇在崑甸東山中由崑甸北河入萬喇港口舟行八九日可至山多鑽石亦有荷人鎮守戴燕在崑甸南由崑甸南河溯流而上約七八日

至雙文肚朗戴燕境又行數日至國都乾隆末粵人吳元盛刺殺番酋國人奉以爲主元盛死子幼妻襲其位卸敖在戴燕南由戴燕逆流而上約七八日可至新當在卸敖南由內河行約五六日程馬神在極南由崑甸沿海順風行五六日可至疆域較大產鑽石金藤席香木豆蔻海參佳紋席猩猩有荷人鎮守蔣里悶[illegible]在馬神西順風約二日可到疆域稍狹土産與鄰國同文來[illegible]在極北界幅員甚長中多亂山絕無居人土番亦無來由種類喜中國布帛土産燕窩冰片沙藤胡椒余按婆羅洲爲南洋第一大島西洋人稱爲蟠尼阿郎淳泥之轉音唐高宗總章二年入貢謂之婆羅國宋太宗太平興國間入貢謂之淳泥國明初入貢又分吉里地悶文萊淳泥等國葢淳泥爲此島總名宋明之稱淳泥者乃馬神疆域較大力能駕諸部之上故以全島之名爲國名猶大亞齊之獨稱蘇門答臘耳海國聞見錄謂息力大山踞其中外吉里問文萊朱葛焦喇馬神蘇祿五國環而居今考蘇祿在馬神東北乃海中三小島與此土不連朱葛焦喇別書不見其名惟王大海海島逸志言荷蘭所推甲必丹[illegible]有大雷珍蘭武直迷朱葛焦諸稱呼似陳錄所云誤以官名爲國名又陳錄謂吉里問在文萊之北與諸書皆不合自是舛誤[illegible]謝清高海錄紀此洲最詳惟歷數諸國俱云某國在某國東南揆之西洋圖地形方向尚有舛誤今據圖更正之荷人於南洋各島徧設埔頭諸番皆奉命惟謹馬神獨能毒流退荷師然卒爲西人所制番族因無遠謀也先謙案婆羅洲今爲英荷二國分轄南歸荷曰婆羅北歸英曰北婆羅世界圖作薄紐萬國地志作瀑納圖球圖作保尼俄世界地學作布

五洲地理志略　卷八　十四

爾涅窩西洋史要作淳泥澳地理問荅作拉波安外國地理作波路尼阿据列國學會二圖荷領婆羅之西有埠曰旁荅提安挨克極南有埠曰班遮邁森漢文圖作班查邁星地理問荅作笨卡瑪莘異名記作本執馬星括地略作巴薩馬神樋志作班若馬新云著名都府謝志云荷屬大埠曰馬升在南方巴力托河口東岸巴力托即圖中之巴里托河馬升馬新邁森一地以徐圖證之即山東畔極南之馬神矣古國除馬神外餘無可考以二國參證徐圖貝魯當古之崑甸國境馬哈罕河東西地當古之萬喇國境巴豪民大剌特滿卡狄浦約略當古之戴燕卸敖新當三國境東南即馬神其息力大山脈西偏南向歧分處北自普蘭邦千南至蘇卡布密當古之吉里問國境西畔正中地即旁提安挨克圖球圖作旁提阿那克異名記作邦吉亞納繁盛地也謝志云波羅一名般烏[illegible]當赤道下爲世界第三大島南北二千五百餘里東西三千里面積二百八十萬方里中有息力山[illegible]自西北向東南內多火山橫列海瀨礁石甚多舟楫不易近岸天酷熱幸有海風解之林中有大猴曰烏拉蕩能壘石而居人民二百萬內地土番性情嗜殺項下懸頭顱骨爲飾少年不能殺人獻首於女郎則不得妻許考云土番名達亞克矢志云婆羅洲植物最奇者曰拉弗來西亞[illegible]曰奈奔德斯[illegible]又金剛石頗著名先謙案婆羅洲西海中二圖有納土納羣島分南北大三納土納圖球圖作那吐那異名記作那敦納西征紀程作那突拿云大那突拿即徐之茶盤島納土納之西南二圖有亞南巴羣島圓球圖作阿能巴異名記作安楠巴與納土納俱隸荷設之蘇門荅刺長官

英領婆羅洲

北婆羅洲雷志云面積三萬一千英方里人十七萬五千口以一公司管理其地入款四萬千五百三十磅入口貨值二十八萬二百磅出口貨值十七萬九千七百六十磅煙葉爲大宗　散德肯會城人六千三百二十口先謙案雷志英領婆羅洲列國學會二圖作北婆羅謝志云西北三部曰色巴曰波羅曰撒拉瓦現由土酋讓與英人設婆羅洲招墾公司廣招華人往墾近有閩省黃姓謀諸土酋領土若干畝招鄉人往彼開墾著有成效號其地曰新福州色巴首府曰山達根總督駐之大埠曰可達在極北海角波羅撒拉瓦之首府俱同邦名商務皆盛案二圖撒拉瓦作薩拉瓦克閱色巴作薩巴婆羅作婆羅乃圖東北有山打根灣知薩巴首城在其地山打根即山達根世界圖作桑達幹即雷之散德肯也婆羅乃杜宗預云地居山西畔極北即徐之文萊西北有角曰古達即謝志之可達

雷布恩雷志云面積三十英方里人五千八百五十三口入口貨值八萬磅出口貨值六萬二千磅地產煤　維多利亞會城人千五百口先謙案列國學會二圖北婆羅之西側有來比恩小島標英字來比恩即雷志之雷布恩也謝志作拉波安圓球圖作拉布恩異名記作剌蒲恩萬國地志作雷盆

勃路尼國雷志云馬來國歸英保護面積三千一百英方里人二萬一千口先謙案列國學會二圖北婆羅內山有地名普鹿蓋即雷志之勃路尼普勃鹿路音轉變字

沙拉華克雷志云管理其地者覓得此地人勃路克君之姪面積四萬一千英方里人三十萬口地產金銀煤等入口貨值三十五萬二千五百十磅出口貨值三十三萬八千七百九十七磅入款四萬八千四百五十磅　古金會城先謙案列國學會二圖北婆羅西半部曰薩拉瓦克即雷志之沙拉華克也異名記作沙拉薩矢志作撒拉滑克謝志許考作撒拉瓦極西有庫琛即雷之古金許考云島之西北境有國名浡泥道光二十年以邇西撒拉瓦地讓於英英人掤規模捕海盜風氣爲之一清通志云數十年前有英人逐海賊於婆羅洲西北據其地都薩拉瓦克及其姪嗣立奉疆土於英政府政府僅受拉布安然今已總屬於英國管轄矣

美領非律賓羣島

非律賓羣島雷志云島以千數呂宋及明多拿爲最大面積十一萬四千三百六十八英方里人七百萬口馬來人六百十六萬地皆膏腴出煙葉糖麻呂宋煙礦產金鐵煤等入口貨值三百八十三萬六千磅出口貨值百八十三萬四千磅鐵路百二十英里千八百九十八年併入美國譚紹裳云東南海島圖經云非力賓羣島凡五區北爲呂宋島中爲維塞亞羣島南爲民荅那島西爲巴拉灣島西南爲蘇祿羣島伊東氏世界年鑑載此羣島數大小千七百二十五面積凡十二萬二千英方里

曼尼拉會城人十四萬五千口徐志云呂宋在臺灣鳳山縣沙馬崎之東南由廈門往水程七十二更北境高山望若鋸齒名宰牛坑地形似魚振尾南北約二千餘里東西狹西濱海多腴壤東山林錯雜有火峯常地震山南野番黑面拳毛結茅寮衣樹皮與臺灣內山生番相似本馬來番國明隆慶中西班牙遣其臣咪牙蘭東來行抵呂宋見其土廣而腴潛謀襲奪萬歷間以數巨艦載兵僞爲貨船餽番王黃金請地如牛皮大陳貨物王許之因翦牛皮相續爲四圍求地稱是月納稅銀番王已許之不復校遂築城立營猝以炮火攻呂宋殺番王滅其國鎮以大酋西徙人實之其國負東面西有內中外三湖各廣三百餘里西人建城於外湖西海之濱名曰龜豆其地即馬尼喇[illegible]也又作礮臺於城左之庚逸嶼人稱之曰小呂宋而以西班牙本國爲大呂宋云[illegible]馬尼喇貿易之盛甲於諸洋物產稻

米糖麻棉花煙草加非訶子金珠玳瑁冰片燕窩海參烏木紅木其邇南大小十餘島閩人稱之曰利仔友曰甘馬力曰班愛曰惡黨曰宿霧曰貓霧煙曰網巾礁腦[illegible]泰西人稱之曰撒馬曰馬鄰曰得[illegible]加曰把拉灣[illegible]曰泥鄂巴[illegible]曰尼末巴地曰西武[illegible]曰馬逛[illegible]曰邦閱曰多羅來地曰民荅那峩[illegible]皆馬來族類又云邵大緯薄海番域錄言明洪武七年呂宋同瑣里諸國貢方物萬歷四年助討逋賊有功尋入貢取道福建先是華人販呂宋既夥酋居澗內名壓冬積至數萬人萬歷三十年有妄男子張嶷稱呂宋機易山生金豆時礦務方殷詔遣漳州郡丞王時和借嶷往勘是時呂宋已爲西班牙所據守土者乃西酋時和至酋陳兵問山各有主何得越採且金豆生何樹時和不能答酋自是疑華人以兵圍而坑之死者二萬餘僅餘三百人華船遂絕迹臺官奏劾嶷坐誅時和悸死三十三年遣商船諭呂宋無生事西酋亦悔前事復厚遇華人估帆稍稍復集其後蛋者復成聚云又云近年諸番來粵東者多聚於馬尼剌米佛通市其船皆會集於此蓋其地爲七洲洋之東岸轉柁北行即入長沙頭門而抵粵東諸番倚爲東道之逆旅薪水糗糧皆取辦於此故近來小呂宋之繁盛爲南洋諸島之最先謙案徐志呂宋即雷志之非律賓羣島也列國學會二圖作菲力賓萬國圖作斐力批漢文圖作斐律平括地略作非利賓世界地學作非律賓矢志作斐律賓樋志作斐利濱近史作腓列賓即摩拉格加士或作飛獵濱美人近改爲麥荊來据二圖南距西里伯海西南距蘇祿海西北距中國南海北對臺灣東距密克羅內西亞島極北爲呂宋會城曰馬尼喇即雷之曼尼喇徐之馬[illegible]也平方圖作瑪尼剌圓球圖作摩里

剌萬國圖作曼尼剌西洋史要作馬尼拉漢文圖作麻尼剌外國地理作馬三拉世界地學作馬里拉其西北有林加煙灣謝志云有鐵路北達林羊海口林羊即林煙也馬尼喇之南曰瑀多羅世界圖作民多羅圜球圖作明朵羅異名記作眠多羅矢志作明度洛云有蟹爾肯八千八百六十八尺爲島中最高峯其中火山脈甚多馬容山尙有煙噴出謝志作珉多羅西人稱曰多羅即徐之多羅惟徐不當與來地並稱耳瑞多羅之東曰馬鄰得圭平方圖作馬斯貝特圜球圖作麻斯巴台即徐之馬鄰得馬鄰得圭之南曰班艾即徐之班愛謝志作巴乃矢志作巴奈世界地學作巴賴漢文圖作怕那萬國圖作扳賴班艾之東南曰泥各羅即徐之泥鄂巴圓球圖作乃格羅斯尼各羅之東曰塞布即徐之宿霧世界地學作設布漢文圖作西布巴乃塞布二島皆西美苦戰處塞布之東南曰波荷爾圓球圖作波浩耳尼各羅之極西南曰巴拉瓜即巴拉灣世界圖同即徐之把拉彎萬國圖作巴拉挽圓球圖作帕拉瓦恩漢文圖作帕拉底恩謝志作巴拉完矢志作巴拉潢馬尼喇之東南曰甘馬力甘馬力之東南曰撒馬並與徐合漢文圖作薩麻世界地學作薩爾馬世界圖作撒馬耳謝志作撒瑪耳矢志作查馬爾撒馬之西南曰來提世界圖同圓球圖作來伊台西人稱曰來地與多羅本二島徐誤合爲一來提之極南曰民答那巽與徐合萬國圖作民丹腦世界圖作民答撓矢志作民太腦萬國地志作密達諾世界地學作龜丹諾外國地理作眠特拿阿謝志作民答那我漢文圖作民答邦我一名悉狼郎島灣其海曰民多羅海樋志云島民苦西班牙虐政謀自立志士阿圭拿度率衆起建獨立國徽時美國與班戰勝告斐利濱亟逐西人當助其獨

立既而背約千八百九十九年斐利濱與美戰敗美遂取島地因阿圭拿度於馬尼剌以兵力殘脅其民華人被殺失業者多中國不敢過問也千九百二年美釋阿圭拿度及同發難者然島民鬱獨立思想嚮學生在美國學校多至百人尤有聲譽他時未可量也謝志云在波羅洲東北當北緯五度至十九度北隔臺灣七百餘里中爲巴西海腰共千二百島大者三十餘面積百十萬方里地多邱陵帶山南北縱列最高者九千尺又有大山往往地震河雖多而淤淺天氣炎熱四月至九月多雨餘乾旱田土肥美物產蔗糖紅木肉桂珍珠矢志云煙草最盛稱曰呂宋煙每歲輸出額不下三百十六萬弗其麻曰馬尼剌麻許考云島分十五郡首郡曰敦多

蘇祿

徐志又云呂宋羣島之西南婆羅洲之東北有小國曰蘇祿接連三島地小丁多本馬來番族悍勇善鬭西班牙欲以爲屬國攻之反爲所敗土產明珠玳瑁蘇木荳蔻降香藤條鸚鵡食不足羅於別島由廈門至蘇祿水程百二十更又云薄海番域錄言蘇祿分東西峒有三王明永樂十五年東王巴都葛巴叭答剌西王麻哈剌吒葛剌麻丁峒王巴都葛巴剌卜並率其屬三百餘人來貢方物各給印誥封爲王東王歸次德州卒命葬以王禮令其子都麻舍還國罟次妃葛本甯次子安都祿等守墓歲支米七十五石萬歷中裁其五世孫安守奏復之 我朝雍正六年遣使至閩貢方物求內附以其險遠未之許也先謙案蘇祿謝志作蘇魯云在斐利賓之南凡大島三東北曰巴西蘭中曰蘇魯西南曰達維達維各周三百里人共約十萬口人性剛強田土肥沃物產多珠寶木

香据列國學會二圖諸島總曰蘇祿羣島東距菲力賓羣島西距北婆羅南距西里伯海北曰蘇祿海中標蘇祿二字其西南曰達維羣島即謝之達維達維也東南曰達伯羣島即謝之巴西蘭也諸書不言何屬蓋仍爲自主國

五洲地理志略九上　　亞洲十

賜進士出身　特賞內閣學士銜前國子監祭酒翰林院編修加三級臣　王先謙謹撰

英領印度國一

印度 謝志云印度大半已歸英領故或稱之曰英屬印度或以安南暹羅緬甸等地爲後印度稱之曰前印度又稱信都斯坦即古天竺國也居北緯八度四分至三十六度東經六十六度至九十七度中緯百二十度中經東七十五度面積約千四百十萬方里慕志云印度在亞細亞之南緯幾自赤道北八度至三十四度經幾自順天偏西二十四度至四十九度東連緬甸孟加拉海灣西接阿富汗俾路芝阿剌伯海南至印度洋北界西藏長六千里廣或五千里或數百里總計約六百萬方里 **雷志云**

印度半島天然獨立之國也 廿志云東因山脈以接暹羅安南西因薩利滿山脈以界阿富汗俾路芝之南瀕印度洋北因喜馬拉亞山脈及佩密爾高原以界中國之西藏新疆及俄領中亞細亞土耳其斯坦其沿海平低無彎曲東半濱榜軋爾灣東隅有茂爾他班灣西半濱亞剌比亞海有庫氣坎倍二灣其南端一岬斗出曰口茂林岬而錫蘭島橫在其前徐志云緬甸之西西藏之西南有廣土突入南海形如箕舌即印度也漢書謂之身毒又稱天竺六朝以後釋典皆曰印度今稱溫都斯坦一作痕都又作依都又作興都身毒天竺印度溫都痕都興都本一音以華文譯之遂人殊外國地名皆類此印度有五地形入海之處爲中南兩印度東印度東界緬甸北連後藏北印度雪山拱抱東爲後藏之邊徼

西爲西域之札布卽布哈爾東南部落西印度跨印度河與阿富汗俾路芝接壤東西約五千餘里南北約七千餘里境內名水二東曰安額河發源西北東南流至孟加拉雅魯藏布江從東北來會之入海印度人稱爲聖水佛書所謂恆河者也西曰印度河發源後藏之阿里西行繞雪山之背至北印度之西北界轉而南行北印度諸水會之至信地入海此外西有逆埔他答地諸河南有莪他惟利吉那加惟利諸江北境倚雪山南境沿海有連山環繞中間數千里皆平土西北界有沙磧餘皆沃壤迤北寒暑適平迤南近赤道炎歊特甚土產五穀棉花罌粟花金剛鑽黃玉寶石青精瑪瑙明珠珊瑚藥材香木海味獅子馴象大鳥廿志有麻藍榕樹黑檀竹駱駝炭鐵金銀牛羊驢騾[illegible]虎豹鸚鵡孔雀人多黑面青唇迤北稍皙迤南黑甚以白布裹頭故粵東呼小白國地本雕題種類貴人額塗日光花卉或以粉點面如星庶人頭領刺紋胸臂勞絡卦畫形皆雕題遺俗也男裸下體耳挂環下著圍裙女加上衣穿耳鼻挂金銀環臂脛俱帶釧鐲人習技巧金漆雕鏤皆精絕所製玉器薄如蟬翼其地爲佛教所從出故自古著名自後漢通中國唐時屢入貢趙宋時爲回部所侵割元起北方括地西南太祖征服西北印度世所傳東角端而回兵者憲宗朝復征服中印度以宗王駙馬分王其地東南諸部皆聽役屬由是五印度爲蒙古別部元末駙馬帖木耳王撒馬兒罕威行西域印度諸部皆臣服明嘉靖間其別部莫臥爾攻取中印度地立國力尚回教黜佛教蒙古在蔥嶺西者至元中皆入回教諸部皆納貢爲藩屬久而陵夷時搆兵紀程云西人紀載言虞舜時印度始興婆羅門教造梵字周定王時婆羅門教衰而佛教行周景王時波斯盛強印度西境爲波斯有顯王時馬基頓王亞歷山德有今希臘土耳其埃及阿剌伯波斯阿富汗俾路支等國東北至塔什干回部東逾印度河而印度遂屬馬基頓亞歷山德死國分其雄長東方者有西里亞巴爾的拔克德里諸國考西人地圖西里亞今土耳其之安提阿等城西瀕地中海巴爾的今波斯地即漢書之安息拔克德里今阿富汗巴達克山布哈爾即漢書之大夏西史言印度於周末嘗屬西里亞漢初又屬拔克德里張騫言在大夏見邛竹杖蜀布云市之身毒是印度當通大夏西史云屬之可信及大夏爲大月氏所滅印度屬月氏數百年據後漢書[illegible]書至元[illegible]皆屬月氏後魏時爲嚈噠吐火羅等國印度不知何屬唐武德中天竺王尸羅逸多卽大唐西域記之戒日王討四天竺皆北面臣之尸羅逸多死其臣那伏帝阿羅那順自立發兵距唐使王元策元策號召吐蕃及泥婆羅兵攻其國都茶鎛和羅城卽西域記之曲女城一名羯若鞠闍破之執阿羅那順獻闕下自是朝貢不絕元宗復詔賜南天竺名懷德軍中葉後西域各國盡役屬於大食五季至宋大食浸衰有西突厥遺種建國於伽寺尼[illegible]今屬阿富汗號土耳其復稱雄西域宋咸平三年其王馬毛多伐印度血戰二十五年印地多爲所據天聖三年印度人貴沙拉據地稱王明年馬毛多死費沙拉遂復舊疆其後國分日尋干戈紹熙五年阿富汗君長高黎取印度立國於特里[illegible]時伽寺尼國已爲土耳其別酋達路別克所併撫有波斯阿富汗俾路芝等地號土耳其色舒格朝高黎其別部也開禧二年高黎爲其下所殺土耳其人甲丟伯復入特里爲王嘉定十六年[illegible]元太祖取波斯明年駐兵鐵門[illegible]欲征北印度不果純祐十二年[illegible]元憲宗命禿兒花撒邱征身毒明年命塔塔帶撒里士留番等征欣都斯怯[illegible]失迷兒[illegible]等國旋降失迷兒而特里仍自爲國未嘗役屬於元也元至

元二十六年甲丟伯裔曰阿老丁與元兵戰破之至和初特里漸衰明建文初元舊藩撒馬兒罕帖木兒始征服印度居殺十萬眾以印度爲別部然未幾卽去永樂十二年特里故王裔奢一精復爲特里王嘉靖五年撒馬兒罕帖木兒五世孫巴卑爾[illegible]立國於阿富汗之開布爾卽哈布爾今爲阿富汗國都大舉入印度取特里併其地印度爲土耳其人所據凡三百餘年至是爲蒙古有巴卑爾仍都特里東取孟加拉爲附庸卽明史榜葛剌國四十四年特里王亞格巴爾都城阿格拉[illegible]都之萬歷十三年又遷於勒和[illegible]勝兵六十萬國日強二十二年分國爲十二部　國朝順治四年特里國王復都特里乾隆初特里衰土豪各據地相雄長於是有麻剌多[illegible]部烏德[illegible]特里拒之不克求援於麻剌多阿富汗人敗走麻剌多遂據特里閱五年始去而特里國勢愈微[illegible]

與亞洲大陸相隔爲希馬拉雅山 先謙案卽佛書之須彌山也喜馬須彌一音之轉謝志云希馬拉山平均高度二萬三千英尺最高峯曰愛佛雷斯特矢志作愛佛勒斯德过志作依委列斯特出海面二萬九千英尺長千五百英里廣約二百英里山足有熱帶樹木自七千至萬二千英尺之間無喬木再上至萬五千英尺則止苔蘚再上則四時冰雪故號雪山 **及他山均甚崇峻踰越顛難** 謝志云西界司拉以曼山與阿弗干分界最高峯曰所羅們寶位高萬千三百英尺與備魯支分界處有帶山曰哈拉代干高原之東西各有軋齒嶺西軋齒嶺距海岸三四十英里突起干霄高度約三千英尺連綿不絕直抵

革摩林角東軋齒嶺距海較遠高度稍遜中多間斷案阿弗干即阿富汗備魯支即俾路支革摩林列國學會二圖作科馬林紀程云北隣西藏希瑪納雅山爲界西接阿富汗俾路支以蘇米曼山爲界東連緬甸以巴亞給布山爲界**諸山之內坡可分爲五區北大野自阿刺伯海起至孟加拉灣首止中間有印度河及恆河又向東至勃拉曼普脫拉入亞塞爲一區**案此由西北最高地勢順恆河流斜横趨東南海灣亞塞即阿薩密有布拉馬普得拉江蓋因地立名布拉馬普得拉即勃拉曼普脫拉也周志作勃拉味拍脫利世界地理作勃拉馬波特拉**沿北大野南之山及高原爲一區德肯之高地爲一區**案德肯謝志作代干矢志作臺庚課程作德干周志作提根过志作兌坎講義作迭康依圖作鐵康吳志作鐵幹云印度大平原之高度平均不過六百尺此低地以南半島地再起爲高臺東西格次山之兩脈擁護鐵幹臺地**沿海之低野爲一區**矢志云海岸地在嘉志嶺以外地雖狹而肥美東曰谷爾孟德海岸西曰馬拉巴海岸而谷爾孟德頗多繁盛之所吳志云海岸漸低東曰可盧門鐵海岸西曰馬蘭班海岸若印度洋之水準增高六百尺周志東海岸作各羅們對西海岸曰埋拉排爾**後有加脫山以致甚狹爲一區**謝志云全國天然分四大部曰希瑪拉山部曰恆河灌域曰印度河灌域曰南方代干高原合緬甸爲五大部地爲三大角形其面凸凹不一大半中央爲高原分南北二部南曰代干

高原出海面二千尺向東而斜北曰麻耳窪向北而斜北部東西二大原東爲恆河灌域土地肥美向東南而斜上流炎熱多雨禽獸充物人不可居中流以下廣漠無垠皆艮田也西爲印度河沙地向南而斜全土股東西沿海各有二條低原在代干高原之外東曰哥羅曼代海岸西曰馬拉海岸案哥羅曼代即谷爾孟德可羅門鐵各羅們對一音之轉馬拉即馬拉巴馬蘭班埋拉排爾也皆多巨都大邑海岸長四千英里少有出入西岸二大灣曰甘備曰甲克小灣曰孟買南有馬那耳海腰與西倫共之東岸無一佳海口西方稍多課程云地勢北倚喜馬拉雅山自山南麓南遙至赤道北二十二三度間爲印度大平原此平原爲印度北半大陸地其南界東自孟加拉海灣之恆河口西訖阿剌伯之印度河口中間東西横亘者則温特哈山也在那爾巴達河北温特哈山遙南爲印度南半三面環海之地名爲德干高原其東西海岸有東西高止山原環抱如屏蔽兩山外灝海皆峻削壁立山內聯爲高原高率中數約高於海面二千尺蓋喜馬拉雅山西北抵印度河東南抵雅魯藏布江蜿蜒五千餘里最高峯名埃佛勒斯高於海面二萬九千又二尺爲世界內第一高峯山之最低處尚高於海面萬二三千尺其山自薩特里日河發源處分支西遙於薩特里日河之南恆河諸源之北又西南落大平原南遙過剌日不德拿爲阿拉勿利山山東爲恆河平原山西爲印度河低地及大沙漠是此山脈又分印度大平原爲二也山又東南遙至那爾巴達河之北轉東遙曰温特哈山温特哈之北阿拉勿利之東其地頗高曰馬盧磯高原是恆河平原內又有小高原也山至那爾巴達河發源處轉而西南遙至哥達惟利河發源處轉南遙傍海岸緜亘二千餘里不絕曰東高止山直南盡於科馬林角此自

喜馬拉雅山南分一大支蟠亘於恆河與印度河之間者此大支山自那爾巴達河發源處西南遙以來復分無數小支東南遙於馬呼努的河哥達惟利河奇斯得那河本瑙河加惟利河諸水之間均東至海濱復隆起南北相望遂成東高止長山與西高止並峙二高止中間接續之脈亦聯而爲德干高原过志云分喜馬拉亞地方見上印度平原兌坎高原合緬甸地方爲四部印度平原在幹節司案一作岡吉思即恆河印度二河間平原萬里芒芒無際兌坎高原在其南隅山脈相連土地高峻緬甸地方位其東隅土地平坦案以上與雷志分區不同今備載之緬甸志云印度大河三曰基司一作甘機士一作枝斯駙即恆河出希馬拉亞山中南流千五百英里經阿哈拉巴比那利司即貝拿勒斯巴德那[illegible]三大市府與雅魯藏布河合注孟加拉灣其支流最大者爲朱納河[illegible]曰雅魯藏布即布拉馬普特拉出希馬拉亞山峽入印度東北隅阿薩密地西流至孟加拉會干基斯河入海曰印度河出西藏經希馬拉亞山峽入克什米爾南流入阿拉伯海其合於印度河支流之大者在右岸爲喀布爾河[illegible]自阿富汗之喀布爾流出至丕沙瓦[illegible]與印度河會其左岸支流爲本若河[illegible]此三大河外有西流入阿拉伯海者那[illegible]達[illegible]塔布的[illegible]二河皆自馬爾窪德干二高原間流出注[illegible]比灣[illegible]東流入孟加拉灣者馬哈那第[illegible]戈達斐利[illegible]克立什那[illegible]靠福黎[illegible]四河皆出西郭芝山[illegible]灌科羅滿待耳沿岸田地而人海黃記云印度凡三大水西印度河東蒲蘭蒲達江而橫河貫其中自西北而東南支派甚多番名安治士河一作安額

或作殑伽佛經凡言恆河皆指此水中土人稱印度河爲西恆河安治士爲東恆河實則恆者安之譯音也印度河或譯作新頭河一作信地河無恆河之名水經注及康泰扶南傳於二水源流往往混亂蓋皆得之僧流傳聞異詞展轉繙譯莫道其詳海國圖考誤以安治士河與印度河同源至中印度以下乃分二流不知印度河有五大源皆西南流匯而入海安治士河有三大源皆東南流匯而入海中隔千餘里沙積尚有數小水自北而南伏流兩無所歸者且沙磧地高水勢滲泄安治士河之水何緣飛越與印度河同流其誤一也又謂安治士河之下流與大金沙江會而入海是以亞桑之蒲蘭蒲達江爲緬甸之大金沙江豈知大金沙江之上源即西藏之雅魯藏布江東南流入緬境經阿瓦都城再南流數千里分數派至漾黃跋散等處而入海距孟加拉五六千里中隔孟養阿拉干一帶山嶺大金沙江何緣飛越而過與安治士河會流其誤二也又言懸度在巴達克山西境愛烏罕東境恆河貫二境而南經克什米爾之東不知懸度乃由于闐往北印度之道在蔥嶺之東南法顯惠生同出一途由于闐而南踰蔥嶺以達北印度是以道里遠近所經國名略同所記竭叉即渴盤陀於麈即朱駒波又烏萇烏場一也準以地望蓋在克什米爾之東境傍梯即偏橋棧道懸度郎濡筒鐵索三藏之地及滇蜀徼外所在多有至元奘之使西域即長春之詣雪山行在皆由伊犂西行繞出西嶺外經鐵門過縛芻河折南蹄大雪山達北印度故未經懸度蓋程途有東西道之別津渡有上下流之分魏晉以前往罽賓者多由東道出于闐必經懸度傍梯之險唐宋而後至天竺者多由西道出疏勒亦有鐵門石峽之奇魏氏東西易置上下乖舛移印度

於巴達克山之西其誤三也又法顯記順恆水東下十八由延南岸有瞻波大國從此東行近五十由延到多摩梨軒國即是海口其說甚明自鄺注別引大秦一名梨軒之文致後人迷惑魏氏因移梨軒於印度河口附會於條支西海之地尤謬甚矣且謂印度縛芻同發源蔥嶺脊上大龍池西行六七百里分為二縛芻河北流經圖斯泊印度河西流經伊西洱泊直至包社始轉而南印度河豈有如是之迂遠哉其誤四也五印度東至亞桑阿拉干西至阿富汗俾路支南際大海北抵雪山為界元奘記敘述最詳其迤印度河至狠揭羅國則曰西北至波剌斯拂懔西女等國皆非印度之境也魏氏併波斯天方安息條支諸國迤地中海概目為西印度其迤北一帶巴達克山布哈爾機窪哈薩克諸部概指為北印度故為夸大是誠何心余觀西人地圖繪印度全境者西至阿富汗俾路支北大雪山而止梁書所云從月氏高附以西南至西海東至盤越列國數十皆身毒也漢書諸史及釋氏西域記凡言西海皆指印度洋非地中海故印度河歸西海恆河歸東海水經注所謂二水所注兩海所納自為東西是也月氏部今阿富汗高附與甲布譯音相近蓋順印度河而下西南至科曼海灣為西海也若以地中海為西海則當云從月氏安息至西海不當云從月氏高附以西南然則月氏安息之非印度明矣其國大半在溫帶之內先摩拉高於海面七千四十八英尺熱度中數五十五度極寒四十一度極暑六十七度每年雨水中數常隨印度洋之中數為轉移中數四十二英寸東岸及山間為最多辻志云北境氣候清爽可人南屬熱帶炎熱如

焚六月九月霖雨連旬多水患面積百八十五萬二千三百三十九英方里辻志云千八十萬方里人二億九千七十九萬千二百六十三口謝志云阿利安人為最盛族貴賤之別綦嚴上等曰百拉滿人案即婆羅門如華人僧侶二曰武士即貴族掌國權三曰農商族無入仕之望四曰奴役則僕隸而已其間又分若干等級各不相交際實為文明進步之大阻礙性情節儉善待親屬然多飲酒怠惰游丐成羣夫死寡婦不得再嫁或焚以殉今英官已禁此俗課程云其教婆羅門最盛佛回次之基督又次之又有靈性教其徒亦繁有塞哥斯教婆羅門之別也有專恆司教合婆羅門佛教為一者也波斯火教猶太教俱行於境內鄒考云印度適中之地有比烈山山下居民曰比烈族所事之神甚多如瘟神龍神痘神各有其名祭祀多在高山壘石為臺旁設泥馬石馬各一泥馬特空其身糞門極大以為人死之後人必行入糞門然後上升天堂別有種人曰蓋衣族祭神之禮懸小錢一於深林中向錢膜拜又木打拉即孟加拉之南以巨木刻極大神像旁有小男像五為巨神弟小女像一為巨神姊俱能致人病使速死又女神名加利司痘諺建大廟設像祀之祭必殺人以為神性喜生人血道光初英人禁之無效又有敬牛之俗每族公選神牛一居廟中牛之糞溺以器受之若仙丹然分之民戶良辰令節各以牛糞染額入廟叩拜家祭亦供牛糞遇吉事必用之誠為異俗也西北邊界諸國面積十六萬千七百三十九英方里人三百六十五萬九千三百三十五口封建諸國面積七十七萬六千六十英方里人六千七百三十八萬六千四百六十九口總計人三億二百四十五萬口徐又云先是明宏治八年葡萄牙航海至印度西南界之孟買開鑿海港建立城邑市舶通行以此致富荷蘭忌之以兵船相攻亦攘其地立埔頭設公班衙擅印度海之利權者數十年迨英人東來驅除兩國而有其地亦於東印度之東界立埔頭康熙七年英人在東印度之孟加拉買地建館築礮臺造屋七十所帆檣雲集百貨流通埔頭日益富盛乾隆十七年孟加拉酋長毀其居囚其人英人以大兵攻之遂滅孟加拉乘勝兼南中兩部諸部合縱禦之皆不濟紛紛潰散有為英所滅者有聽其置吏僅擁空名者有受役屬為藩屬者由是五印度全土歸英轄者十之七餘西北數部未服英人於沿海立藩部三曰孟加拉曰麻打拉薩曰孟買內地立藩部一曰亞加拉紀程云明宏治十一年歐人始至印度十七年葡人立商埠於南印度之哥陳即柯陳明史稱拔國今屬麻打拉薩之馬拉巴爾部馬拉巴爾又部元史之馬八兒國漸蔓延西邊瀕海地嘉靖十四年英人至孟加拉通商萬曆二十八年英人設東印度公司於孟加拉駐水師於加爾各搭保護之三十年荷人踵為公司三十七年英人入中印度泰昌元年復立埠於南印度之麻打拉薩先是葡人建南印度西邊之埠曰孟買漸富盛英之東印度公司又甲一時天啟中荷人兩攻之不克法人亦在孟加拉立商埠乾隆二十一年英奪之明年與孟加拉酋戰大破之二十五年復與特里戰特里割地請和孟加拉始盡為英有三十四年英與麻剌多合兵侵買索旋議和四十四年法人陰激買索酋

長連麻剌多及他土部攻取英之軍儲器械英商人哈斯丁士以計散其謀厚賂麻剌多他部乃不敢發五十年麻剌多侵特里特里請援於英英師不至麻剌多遂滅特里嘉慶四年英人復連麻剌多滅買索分其地八年英始用兵於麻剌多取特里立蒙古人亞格巴爾為王歲給王祿二十二年英人滅麻剌多當康熙初葡人嫁女於英以孟買送女至是東南中三印度皆為英據道光二十二年取西印度之信地二十五年攻北印度之塞哥塞人請和二十八年塞人叛英英擊滅之塞哥克什米爾之別部也塞哥既滅克什米爾亦隨之稱藩信地即西域記之信度塞哥即西域記之磔迦克什米爾即西域記之迦濕彌羅皆唐以來古國一旦俱滅印度全土無復抗英者然其地本英之公司所取公司商會權力不足馭遠咸豐七年孟加拉民叛據特里擁蒙古後裔稱尊號屠英人十餘萬明年公司募大兵次第創平之自以平民不能守此廣土乃歸其地於英政府馬略云萬歷二十六年英在印度剏立公班衙與各國貿易得利甚微三十八年在印度蘇拉開埠順治十年始於馬答拉貿易康熙二年葡人以孟買島讓英數年後蒙古王起釁商人有見殺者三十八年英法相攻前則英失後則法奔於是鄰邦或助英或從法戰爭不已歐洲公使為兩國議平乾隆二十年法官慫恿蒙古駐旁甲拉之兵帥將所轄英國商弁禁錮斃其大半英調傾國之師駛入恆額河與其土酋盟自逐其蒙古主法乘隙復率荷蘭師船入內河力拒英人英有能人加里威會眾集議與蒙古土君背城一戰大勝之於是東印度君長皆以其地讓旁甲拉為英藩屬其南方地或買或和得之英調兵帥代理其地六十年蒙古土酋招法人相助與英戰英人盡力攻守嘉慶四年土酋父子悉降

地大半歸英十年盡驅法駐印度之兵而據其地又在南方占荷蘭所據之丏瓦等島既而蒙古國微外部盡背叛自立於是英人入其都蒙古王得希反賴英人賙濟之十六年五印度土君皆服惟耶加之族越境侵擾英人討之西北有新起教門其首領係西刻人甚勇猛土君惴惴求英保護而納貢焉英敗緬甸入其都滅之於是各國畏英强印度賴以少安忽俄與甲布盟合白西國攻黑臘城道光十八年英克甲布復立其舊主二十一年甲布復畔英敗之仍復前王之位時西刻之君來侵英擊滅之以巽拉昇王其國於是加治彌耳地亦歸英五印度皆安堵矣行法之權在議會與政府議會分五部由英國命之更有立法議會會員半爲英廷所命半爲人民公舉自十至六十不等地方大半自主有自治市府七百六十一印度本土諸國服屬於中央政府者命一大臣駐之以主其事慕志云印度本屬地共四百六十餘部謝志云英京有印度部大臣專理印事在印總理事務者有總督有機務局員六人參議庶政外務財政農政內務軍務工務國中分六大部各有庶廳各省有府縣官立法權歸立法局郎事務局有六人與議員十人或十六人任之紀程云英之議院置掌印度事大臣於倫敦置參議十五人佐之十五人者八人爲政府所辟七人爲同僚所舉皆以洞悉印度情形者充之又置大兵官於印度總全境事駐加爾各搭分置屬曹略同其國王有內曹外曹稅曹嚴曹戶曹商曹又有掌兵掌工掌教掌

刑各官分其地爲八大部有長官各治其部事以聽命於大長官土部大小以數百各有君長略如中國土司有直隸大長官者如宣慰司之直隸於布政司有分隸於各部者如宣撫司之隸於府州也土部事皆大長官遣官監治之君長衣租食稅而已英本西海數島土地褊小僅擁王號不敢妄自帝也自有印度日富强光緒三年國人以女主維多利亞賢議尊爲英吉利女王兼印度帝后於是英與印度雖懸隔數萬里亦合而爲一矣千八百九十七年有學校十五萬二千二十五所業農者居百分之六十有收穫之地八十三萬九千八百英方里尚在開墾之地三十六萬四千八百英方里宜耕種之地十七萬六千英方里植林木之地九萬九千九百五十英方里常種者穀十萬三千四百九十一英方里小麥二萬五千二百八十七英方里別種食物十二萬二千二百四十六英方里萆麻子萬六千四百五十七英方里棉花萬四千七百七十九英方里用人力灌溉之地四萬六千五百十英方里謝志云孟加拉及沿岸種稻中部多雜穀北方多麥各處多甘蔗香料荷蘭薯香蕉芒果與各果品棉花鴉片靛青苧麻爲大宗鴉片產中央高原靛青苧麻出孟加拉希馬拉山

麓植茶西軋崗嶺種加非山中多柚木麻栗木竹林水旁多榕木近年試種雞哪樹亦佳居民三分之一務農善講水利恆河旁濬支河長二千里以灌田其工推爲天下無雙礦產煤每歲四百六萬三千噸鐵石腦油每歲千五百萬格倫金每歲出三十九萬兩郎恩司紅寶石出緬甸謝志云鐵最多孟加拉省及中部產煤烹齋榛䃄產石鹽沿海製鹵爲鹽硝隨處有之金剛石礦著名最大曰谷衣奈意謂光山也產各達瓦里河畔今嵌英君主冠中又產紅綠寶石歲出額約三十萬四千噸以燒料缺乏故鐵利不興千八百九十七年有汽機織布局百九十一所用工人二十四萬八千人大織機五萬六百三十四座機錠四百二十五萬三千枚謝志云自古以織細布紬絹圍巾著名各處俱有織機孟買等處有大紡紗廠百四十餘所鍾數三百六十五萬爲亞洲第一銅器陶器隨地造之製靛青煙草鴉呢等物亦興盛鐵路二萬一千百五十七英里迖志云起卡爾客塔經亞剌哈拜德對兒海拉荷阿至倍霞窪路爲幹綫其支綫由對兒海分過孟買至馬德辣斯又起緬甸之蘭貢至滿大類其外長短鐵路貫通各地全長約六萬千四百六十餘里電綫長三十三萬六千里海底綫東經馬爾辣斯通亞洲諸處西過孟買達阿剌伯及亞洲諸國課程云鐵路徧境內其幹路可紀者自加爾各荅發軔有北達西金南達荅吉陵之路西北達西北部阿拉哈巴之路自阿拉哈巴又分二大

幹一西北過特里鄉德拉合爾鄉勞達阿富汗界之白沙瓦一西南達孟買自特里有西南達亞日迷爾之路自拉合爾有西南自蘇庫爾渡印度河達信地部喀喇崖之路自孟買有西北達北部巴特里之路有東南達麻打拉薩之路此其大幹也其地名埠要區均有支路相通光緒二十三年通計境內爲六萬一千餘里入口貨值四千六百三萬七千八百磅出口貨值六千百二萬五百磅棉花二十五萬二千四百十五噸值八百三十四萬二千磅米百六十萬千一百三十五噸值八百五萬六千二百磅種子值六百九十一萬四千四百磅鴉片值五百八十四萬九千磅黃記云鴉片爲印度大宗公家之地募民栽種給以工貲四季不斷所收鴉片概入公司隔年售之點滴歸公不能走私孟加拉所產者爲公班大土孟買等處所產者爲白皮小土印度人名爲波畢初但知生啖之近亦效華人吸煙且多酷好者數十年後必漸盛行鴉片一物始自印度流中華吸煙之法復由中華傳印度此中循環之理有非人力所能爲矣紀程云禁民間私種者皆受地於官故鴉片之利民間不與謝志云鴉片二種一爲公班皮色黑最上一名叭第咕喇皮色赤稍次皆華人所云烏土也出孟加拉屬邑地名八拿其出麻打拉薩者亦有二種一名金花紅爲上一名袖紅次之出馬拉他及盎肌哩者名鴨屎紅皆華人所云紅皮也出孟買及唧肚者則爲白皮小麥八十二萬六

千六百六十八噸值五百八十萬五千二百磅及麤布茶等為大宗多與英國屬地及中國法國貿易黃記云銀錢曰路畀重三錢二分小者四分之一或八分之一藏地通行路畀至打箭爐而止銅錢二種大者曰哈夫安那每路畀值三十二文小者曰拜士每路畀值六十四文四拜士為一安另有公班衙銀票交易通用其數自路畀十枚至數百數千不等金銀錢入口值千二百七十八萬一千六百磅出口值四百四十六萬七千磅陸地入口貨值二百九十七萬四千磅出口貨值二百八十五萬磅每年入款通計五千五百五十五萬三千磅千八百九十七年印度國債七千七百十五萬一千磅英省國債七千百十七萬七千七百七十磅千八百九十八年歐洲兵七萬四千六百二十人土兵十四萬五千五百六十五人巡警兵萬六千六百十八人為本土諸國所養遊歷芻言云每歲冬春二季英酋駐孟加拉夏秋二季駐巴勒里額設英軍三萬土軍十八萬二千有奇或輪調駐防或派充工役其人半係釋教或係回教分門別戶彼此如仇互相牽制免致同心謀叛黃記云卡呢格達東南隅曰亞力坡有苑囿廣數里豢養

禽獸四虎二豹四獅各雌雄相配獅身長八尺黃質黑章雄者鬣毛修鬖鉤爪齾齶與內地所畫無異雌者名狻猊吼聲雷震百獸聞之觳觫圈內置大鐵毬終日撫弄不輟犀牛九鉅鼻端一角渾身皮厚如堅甲惡象與馬見必觸而殺之性善近水故獨居一塘熊似豬豺似犬巨狼鬣似驢猙獰可畏羚羊挂角而睡鼴鼠豎尾而飛有獸名庚格盧產於澳洲身短頭小足高七八尺頸長尋丈鹿有多種若牛若馬有角無角易以馴擾北方民用以挽車號使鹿國猴類最繁或大如人或小如鼠有尾曰猴無尾曰猱或繞項多鬚或偏體長毛嘯聚悲吟聲音悽楚有一種體大聲洪終日不休或云猴中之王攫其同類為糧殆所謂猨也猩猩多智西人測其腦六十度幾與非洲黑人相等大屋兩楹為鳥籠四旁網以鐵絲中植樹木百鳥飛翔名難悉數其善鳴小鳥別為一院徧置盆景日迷五色妙香撲鼻鳥語萬種如管絃絲竹應接不暇靈鷲類鶴而喙長及尺性良而好靜惟棲公署及廟宇上民敬如神來則飼以肉聞其喙可值數十金能解百毒英官嚴禁戕害犯者受重罰他如鸚鵡孔雀仙鶴錦雉白鷺青鷸鴛鴦鳧雁畫眉綬帶鶺鴒鸜鵒之類與華產無別巨蟒大龜鱗介蚌蛤水陸百怪不可殫述又云博物院曰印丹妙孫譯言印度所出土產也玉石珠寶五金之礦儲以玻璃匣不下數千萬種有多種禽獸骨從土中它出年久變石其形狀非今世所有可知造化生物亦隨時變遷也金礦有生成大塊重十餘斤者

葡領印度　附

哥亞德曼　**條島**　雷志云葡領面積千四百十英方里千八百八十七年人五十七萬二千二百九十口徐志孟買云北日不爾之南濱海有地名痾礮一作哦亞俗稱小西洋長百二十里闊六十里明正德五年葡人取之建城設險役屬鄰番自葡萄牙衰其地貿易亦微先謙案俄亞郎雷志之哥亞也亦卽徐所云痾礮謝志與雷同樋志作果愛周志作角亞世界地學作哥亞萬國地理作野利臥亞黃記作哦亞亦作科礮云東南界加那拉西界海長二百五十里廣百二十里領三郡首城曰邦靖其北有新開之地長三百里廣百餘里內分十郡列國學會二圖葡屬痾礮海口有地名般日本課程云葡人以商務日衰復建斯城於北卽般日本也一名新痾礮在舊城北十餘里北臨海港亦便停泊礮臺密布葡官駐此萬國圖作般申徐又云五印度別國埔頭尚有數處屬葡萄牙者痾礮之外曰達蒙在古遮拉德內部曰的玉曰奔達曰加那哥納曰比這靈曰薩達利曰比爾凝曰阿斯德拉加爾曰巴黎曰英巴爾巴升曰順達拉瓦的曰加哥剌皆海濱小聚落案黃記云達蒙在開拜柳辣海灣之旁幅員四十里圓球圖作達莽慕志作大謀尼二圖作達馬溫卽雷之德曼課程云其地在孟買北面積三千二百十方里人六萬三千二百八十四口黃又云的玉在信地國內地方狹小然便於泊舟慕志一作底污圓球圖作低伍二圖作低畝課程云低畝島在古直拉德徐志作[illegible]之南海中面積四百三十五方里島有礮城人萬二千五百七十八口案卽雷之條島也低條雙聲王達云高等地理言葡領印度大抵以鹽為富源痾礮製鹽場五百十一達

馬溫十一低猷島五痾礮輸出又有穀類豆類

法領印度　附

磅底釆里　**喀里各爾**　**也農**　**釆打那格**近加耳喀他　雷志云法領面積百九十六英方里人二十八萬六千九百十三口入口貨值十八萬二千四百磅出口貨值七十五萬二千磅徐志云麻打拉薩之南有本地治里城一作奔的支里[illegible]為佛郎西埔頭未能闢土止據一城而已先謙案卽雷志之磅底釆里也外國地理作邦治謝錄作笨支里作房低者里萬國圖作崩第舍黎樋志作奔第舍黎馬略作本地治里周志作滂特溪利括地略作本第治利一作本地西利西洋史要作朋地杞利黃記作本得支黎云在加爾那得部內幅員三十里列國學會二圖與徐同課程云在東海岸麻打拉薩之南偏西面積千二百五十四方里首城同名東臨海昔有礮臺嘉慶中與英戰破毀後立約不許法築臺屯兵為通商大埠然無海口近年商務漸衰人十七萬二千九百四十一口徐又云五印度別國埔頭尚有數處屬佛郎西者本地治里之外曰加黎架爾在加爾那的部內曰可那安在北西爾加爾部內曰商德爾那哥爾在孟加拉部內曰馬黑[illegible]屬嗹國者曰西林不爾在孟加拉部內曰達郎給巴爾在加爾那的部內大約不過一城一邑或海濱一廛藉以寓商居貨非裂其壤土而有之亦不足著錄矣先謙案加黎架爾卽雷之喀里

各爾黃記作加黎兒萬國圖作卡里密阿圓球圖作喀里考耳二圖作開利開爾課程云開利開爾在本地治里之南東海岸加惟利河入海處面積四百四十三方里人七萬五百二十六口牙那安郎雷之也農二圖作雅瑠王課程作雅瑠汪云在麻打拉薩之東北東海岸哥達惟利河入海處面積四十三方里人五千三百二十七口商德爾那哥耳黃記無耳字郎雷之朵打那格慕志作山德那哥二圖作珊德納哥課程云珊德納哥在加爾各達之北約五十里呼格里河黎郎姤衍西岸面積三十三方里人二萬四千三百八十一口馬黑慕志作瑪喜二圖作馬赫海錄作馬英課程云馬赫在西海岸拜普爾之西北馬拉巴爾境內西瀕海面積二百十七方里人九千九百七十八口西林不爾二圖作西加普爾黃記作西稜普爾在賀格黎河之左二圖賀格黎作呼格里達郎給巴爾二圖作特蘭圭巴爾大尼屬地從徐附錄

印度北部

孟加拉省

孟加拉雷志云英省以巡撫管理翁言云英人治孟加拉有地稅房稅招牌稅牲畜稅水火稅百工技藝皆有捐一牛一馬必納課名目不勝枚舉而民無怨言者蓋昔之土官誅求無厭視英尤過之英人以所入之財仍爲本地之用除官俸兵餉外如修理道路橋樑輪船火車電綫煤燈學堂醫院之類民多便之是以人心亦頗相安**面積十五**

萬七千四百十三英方里合森他奔計之人七千百三十四萬六千九百八十七口 加耳喀他熱度中數七十八度極寒六十五度極暑八十五度人七十四萬千一百四十四口其南郊人八十一萬七百八十六口 板那人十六萬五千百九十二口 呵拉人十一萬六千六百六口 德哈人八萬三百八十二口 格雅人八萬三百八十三口 大亨加人七萬三千五百六十一口 巴格耳派人六萬九千一百六口 朵潑拉人五萬七千三百五十二口 蒙格人五萬七千七十七口以上要區徐志孟加拉剌又作孟加剌又作榜葛剌云

印度極東之地其會城曰加爾各塔谷一作甲在安額支河之濱城內館舍閎敞達衢矢直高樓對起皎如白雪城外萬艘鱗集百貨所萃富盛爲五印度之最英有大酋統轄印度全土駐於此城額兵英軍三萬土軍二十三萬謂之敘跛兵文職皆幼年從英國來學習土語職以游升祿甚厚加爾各塔之東有城曰勢他加織工所萃布帛山積昔爲孟加拉大酋駐紮之地轄三部西北曰巴哈爾哈一作八拿今在米圖土部作麥西南曰岡都亞那亞一作米國作西南濱海曰巴疴黎薩阿一作力色案今分在英土屬部作巴哈爾戶口繁密人多造硝種鶯粟青

錠玫瑰酴醿造香露痾黎薩佛教最盛之地也黃記云東方之省孟加拉部郎東印度英語稱曰羅威兒博羅運司譯曰東方之省也廣袤千五百里轄十八郡會城曰卡呢格達北極出地二十二度三十三分北四十餘里爲麻力普爾屯軍之所東北二百餘里曰姑斯替城臨安治士河商賈繁盛疑郎明史古里瑣里國棘哈部又東三百里曰達喀亦大埠也俱有鐵路通行火車會城有港口曰固支黎黎郎江屆吱有製造廠此外曰磨耳土利得巴日妙以塔曰布利亞曰地勒支普爾皆名邑先謙案列國學會二圖作孟加拉與雷徐志同明史作榜葛剌西藏志作不爾拉海錄作明呀喇馬略作旁甲拉泰西新史作孟本剌又作孟本利又作本加利異名記作東加拉圓球圖作本告爾外國地理作兵壓路周志作孟加臘據二圖北界不丹尼泊爾東界阿薩密南臨孟加拉灣西南界麻打拉薩西界興都斯坦首府曰加爾各荅郎雷之加耳喀他徐之加爾各搭黃記作卡呢格達萬國圖作卡爾咳搭世界圖作卡爾喀塔謝志作嘎勒革達矢志作加爾谷塔吳志作卡爾志達周志作哥爾喝得世界地理作坎耳加塔東遊記作加爾格達外國地志作加路加他泰西新史作喀爾科塔漢文圖作甲谷他或作喀克他过志云有兵營造幣局大學堂謝志云在印度東北恆河雅魯藏布江下流之域城建恆河西濱在三角洲中距海口八十英里印度總督駐此統轄全土海口有礮臺曰當力樋志云恆河合雅魯藏布江後距河口二百五十英里之處歧分爲勃特瑪河訶革來河案二圖東爲干吉斯河口西有呼格里河口乃恆河支流呼格里郎訶革來也馬略作胡義利恆河呼格里兩河內地謂之松達班當加爾各達之下游郎雷之森他奔也孟加拉灣一

作辨軋爾灣故孟加拉省泣志作辨軋爾州講義云大河內[illegible]泊二千五百噸以下之汽船人九十六萬口貿易驟盛曹典球云野志云呵拉隔呼格里河與加爾各荅相對人十六萬口與[illegible]合加爾各荅之西北有地名達喀與黃合郎雷之德哈達喀之罷隹北當呼格里河之上遊有地曰謨書帶擺德平方圖作謨書帶擺脫異名記作摩世達巴黃記作摩耳士剌得巴講義云達喀及讀書帶擺得等皆著名都會也謨書帶擺得之西北曰巴駕爾蒙爾郎雷之巴格爾派巴駕爾普爾之西曰蒙赫爾郎雷之蒙格普赫爾之西北曰都爾奔加郎雷之大亨加都爾奔加之西南曰地普剌郎雷之朵潑拉抽普剌之東南曰巴德拏謝志作巴德那思志作酡得奈萬國圖作巴納外國地理作罷駱拏世界地理作怡特奈郎雷之板那黃記作帕特那亦作八旦拏東臨恆水印度人所稱聖城古巴連佛邑法顯元奘常住此寫經所產鴉片多聚於此講義云人十七萬口其南偏西城曰加雅郎雷之格雅世界此理作革亞外國地理作壓也謝志作嘎那講義云佛陀伽耶爲佛誕生之地郎是處也加雅之東南曰岡都亞那與徐合其會城名拉登不爾黃記作俄巴耳布又二圖有勢他加郎浙地港繪入緬甸郎徐之勢他加蓋英酋曾駐此萬國圖浙地港作蚩塔港恆河考云誹覯叚下鄉狀北自五河合口東行一由延至帕旦那城鞢鸕阿育王所治也從古名區水陸輻湊東南百餘里爲拜哈城阿閣世王從上茆宮遷居於此所稱王舍新城是也如來遺跡如五指山雜足峰者閣屈皆在其南正覺山金剛座迴耶城皆在其西自是以下爲東印度境由法延顯到記多云鮎犂棘郎衍題瓶叶元奘記中所述東印度諸國名今無可考蓋英人於此部多所變革語言文字風俗

敎化一變而爲泰西矣恆水自帕旦那東流左右受數十支河經罷救兒城折東北與哥薩河會哥薩河出廓爾喀陽布城東北境丹支普爾與丹亞郎河泰西河合東南流經布利亞城入恆水又東流至夕力告里有麻哈拉得河東北來入之折南流而東南歷妙兒塔那咤斜利磨耳士利等郡至沙達有火輪渡船爲通大寺嶺之鐵路又南流河中有大洲廣四十里又南經姑穌替亦大市埠又東南流蒲蘭蒲達江自東北來會之昔人以爲大金沙江非也又東南經喀與未吉剌河會自此以下江海之水混而爲一從徹地缸以西沿海千餘里港口數十皆恆水所洩是爲孟加拉海灣其卡呢格達之港口曰固支黎一曰賀給黎從磨耳士利郡分一支西南流經法國所屬市埠曰商得爾那哥又南經丹國所屬市埠曰色林坡皆在河西岸其東岸有麻利坡城又爲英國屯軍之所又有吸水機器引至卡呢格達四十餘里供城內數十萬家之用跨河建鐵橋長六十丈通火車往來河濱有霍威廉礮臺圍周三里形若蓮瓣四面皆人字壘重濠疊塹內有鑄礮局河水折西南三百里至固支黎海口康泰扶南傳從迦那調洲西南入大灣可七八百里乃到支扈黎大江口支扈黎乃扈枝黎之訛即恆水矣紀程云西域記之吹舍離佛國記作毗舍離今孟加拉部摩蘇佛普爾之西稍南七十里摩蘇佛普爾在赤道北二十六度五分順天偏西二十一度二分又摩揭陀普爾在赤伽陀佛國記作摩竭提疆域頗廣今孟加拉乾吉思河南跨桑河兩岸地又波吒釐子摩提陀國都也一作拘蘇摩補羅唐言香花宮城佛國記作巴連弗今孟加拉之巴德拏在赤道北二十五度三十三分順天偏西三十一度十五分又伽那今巴德拏之南百七十里有伽那城在赤道北二十四度四十八分順天偏西三十

一度三十九分又喝羅闍姑利呬佛國記作王舍城今孟加拉巴哈爾之西南五十里巴哈爾在赤道北二十五度十分順天偏西三十度五十五分又矩奢揭羅補羅一作上茅宮城新唐書作拘闍揭羅布羅在王舍城之南稍西約十一里又伊爛拏鉢伐多今孟加拉之蒙赫爾城在赤道北二十五度二十二分順天偏西二十九度五十六分又瞻波新唐書作瞻博今孟加拉之科爾閩城在赤道北二十五度十六分順天偏西二十九度十一分又羯朱嗢祇羅今孟加拉科喀普爾以東之地科喀普爾在赤道北二十四度三十八分順天偏西二十八度三十八分又奔那伐彈那今孟加拉之普布拏城在赤道北二十四度一分順天偏西二十七度十九分又迦摩縷波新唐書作迦沒路今孟加拉之庫治具哈在赤道北二十六度十六分順天偏西二十七度一分又三摩呾吒今孟加拉之加爾各塔以東巴利索爾以西之地加爾各塔在赤道北二十二度三十七分順天偏西二十八度三分巴利索爾在赤道北二十二度四十三分順天偏西二十六度六分又耽摩粟底佛國記作多摩梨帝又多摩梨軒即後漢書之東離國今孟加拉之耽摩魯克城在赤道北二十二度二十分順天偏西二十八度三十二分又羯羅拏蘇伐剌那今孟加拉之蘭木格城在赤道北二十三度四十四分順天偏西三十度五十八分又有巴徹特城在蘭木格之東南亦其地又烏茶今孟加拉庫台克之東北百七八十里庫台克在赤道北二十度二十八分順天偏西三十度三十三分

附

毗連孟加拉本土國雷志云面積三萬五千八百三十四英方里人三百二十九萬六千三百七十九口課程云印度域內有直轄部藩部之分直轄部者孟加拉孟買麻打拉薩緬甸四大部所領地每部設長官以治其民而統轄於總督略同中國之有行省藩部者皆印度舊國各有酋長世守其人民土地政務則歸英官控制略同中國之有蒙古等部而藩部又分爲二有散布於直轄各部之內者有獨處於直轄各部之外者又散布部內者政教號令悉聽命於本部長官略同宣慰司安撫司之隸於各府州獨處部外者由印督遣官監治其政務一官往往監數十藩部故以一監爲一區略同喀爾喀各藩部分隸於定邊將軍及庫倫大臣總印地計之直轄部約得三分之二藩部約得三分之一

亞連薩雷志云面積萬四千三百八十七英方里人百四十一萬百八十三口先謙案雷志亞連薩即徐志之疴黎薩境列國學會二圖作俄里薩在孟加拉西南端世界圖作婆羅所爾圓球圖作俄力薩講義孟加拉領藩部土人地有俄里薩曹典球云學會圖繪入麻打拉薩非是據英文圖實在巴拉索爾以南支爾開灣以北也王達云亞連薩二十世紀大地圖作疴里薩野氏世界大地志云疴里薩凡十七公國面積四萬方粁人百六十二萬五千口占馬呼努的河布拉不尼河諸谿谷有鐵木農產畜產等學會圖繪入麻打拉薩部內之奇帕來州地方大誤先謙案二圖有庫台克俄里薩之屬城也黃記作科塌克萬國圖作咳德克異名記作和塌克俄里薩乃佛教最盛之地朔覘猛

朝他耐派雷志云面積萬六千五十四英方里人八十八萬三千

三百五十九口先謙案講義孟加拉領藩部土人地有朝達拿哥波爾即雷志之朝他耐派也列國學會二圖作朝大拿哥波爾在孟加拉之西王達云野志的阿他及拿哥波爾之七邦面積四萬方粁人四十四萬二千口在孫河及馬呼努的河之間土肥沃富農產

希耳剔不拉雷志云面積四千八十六英方里人十三萬七千四百四十二口王達云希耳剔不拉即學會圖之大貝剌土部詳繪圖醱剛野志云面積十五方粁人九千五百口首邑曰亞喀爾他拉二十世紀圖載入孟加拉部內較學會圖爲明晰又案野志孟加拉土部凡五曰西金曰庫什貝哈曰大貝剌曰朝大拿哥波爾曰俄里薩雷志僅舉四部先謙案大貝剌櫃志作地爬拉又講義孟加拉領藩部土人地有巴哈即徐之巴哈爾境萬國圖作比哈黃記作拜哈云東界孟加拉西界尼納拜哈南界工窪納北界尼泡爾長千里廣八百餘里轄六部如來御世五十載居此國最久遺迹甚夥城臨但剌河阿堵世王所建王舍新城也西北百餘里即帕特那王達云野志無巴哈明文疑在的阿他及拿哥波爾之七邦內又庫什貝哈黃記之姑斯替也野志云面積三千三百八十五方粁人五十三萬二千五百口富於河流土地肥沃異名記作固世比哈

細徑雷志云英藩國即哲孟雄在希馬拉雅山面積二千六百英

方里人三萬四百五十九口　塔朗會城　三男脫里河　大鐵林以上要區（徐志云哲孟雄（一作哲木雄）在東印度北境介尼泊爾布魯克巴之間北連前藏壤地最狹人戶止五六千降於英爲屬國先謙案雷志細徑一列國學會二圖作西金一音之轉樋志作錫金黃記云哲孟雄部一名西金幅員百里民五六千戶南界獨吉嶺藏人來此通商其北境有白木戎[illegible]梓木郎諸小部落毗連後藏定結定日二汛之地又云大吉嶺幅員百餘里三垂高山天氣涼爽西界廓爾喀北界哲孟雄東界布魯克巴爲入藏孔道土酋降伏於英居民數百家語言風俗似唐古忒英人築堡駐兵設領事一曰夕格里得拉孟加拉副都每歲夏秋亦移駐於此富商大賈多建別墅以避暑新造鐵路又令闢廣之人往居其地無非垂涎藏地通商而已藏地稱英人曰披楞稱孟加拉曰甲噶爾薛記云哲孟雄六十餘年前爲廓爾喀所滅英伐廓大敗之廓人求和以哲地復封其部長以後哲廓有事聽英主持歸英保護仍許其有自主之權後英向哲借一地造兵房使成兵養病哲捐大吉嶺與之本荒地也既而建造漸多貿易頗盛閱三十年英人游歷者其二爲哲官拘禁英人連擊破之遂割哲南之地附益於大吉嶺設副總督治之英官於其地覓得野茶甚佳遂購種採製商販傭工日衆竟成重鎮哲酋索還大吉嶺英許歲給租費數百金今已增至數千金矣案大吉嶺卽獨吉嶺二圖作苔吉陵卽雷之大鐵林也王達云野志面積六千五百八十九方籽人五十萬一口[illegible]饒楮栗胡桃等首府曰塔朗與雷同曹典球云坂本健一地名人名辭典云西金面積二千六百方英里人口七千）

五洲地理志略卷九上　廿五

尼怕爾（先謙案元在般拉迷梭爾之後何育杰云案此與不丹宜置於北部尼怕爾卽廓爾喀也今從之）雷志云自主國在希馬拉雅山南坡千七百九十一年後朝貢於中國面積五萬九千四百六十英方里（慕志云緯綫自赤道北二十六度至三十一度經綫自順天偏西二十八度至三十六度長千五百里廣三百五十里課程云東西千四百八十里南北廣處三千餘里面積四十五萬千四百四十方里）人三百萬口自印度入口貨值六萬五千四百磅出口貨值八萬千一百磅（課程云商業與西藏印度貿易出口家畜獸皮鴉片藥材樹膠染料橡米豆麥油雜糧香料煙草材木硝石等歲值二千四百七十四萬七千五百四十一羅布入口羊鹽香料糖煙草藥材染料銅鐵繩綫絲絹毛織物等歲值千五百三十七萬三千二百四十五羅布）

喀孟都都城英有大員駐其地（徐志廓爾喀[illegible]云本名尼泊爾（又一作尼巴爾一作尼巴拉）又稱巴勒布（一作巴爾布）或稱白布其別部城名廓爾喀當孔道而貿易繁故其名獨著猶西域浩罕之稱安集延也在東印度北境東西南皆界英人孟加拉亞加拉屬部東界哲孟雄北連後藏東西千六百里南北約四百里舊分葉楞布顏庫庫木三部雍正九年各以金葉表文貢方物後併爲一國乾隆五十六年侵擾後藏昭札什倫布大掠而去命福康安率師征之累戰克捷偪其都城先是英人滅孟加拉東印度諸部皆降獨廓爾喀血戰保疆未遭蠶食且數攻英屬部至是英人聞中國進兵亦興兵擾其邊廓夷震恐赴大軍乞降獻還所掠並獻首禍沙馬爾巴之屍　詔許內附五年一貢其北境連雪山土肥沃產二麥黍稷各豆甘蔗棉花丹參荳蔻其人短身強很多力戶口約百餘萬嘉慶二十年與英人交訌搆兵累年近相攻互有勝負[illegible]其國亦雕題種類彩衣塗額與印度諸部同面色尚不甚黑俗崇佛教紅黃喇嘛趾相錯惟不能操大權國分九部曰尼泊爾都城曰加德滿都[illegible]四汗首城名廓爾喀曰念三汗首城名齊伊利曰馬各王不[illegible]拉德斯數酋分據首城非一曰加當首城名希[illegible]城名同曰薩巴帶首城名那剌加利曰應隆首[illegible]又云西藏志附錄白木戎管九部稱小西天半[illegible]僧夸大之稱地名亦多恢詭不足據也先謙案[illegible]志之尼怕爾也列國學會二圖作尼伯爾一只志[illegible]理作泥羅路萬國地志作乃拍爾課程云一作[illegible]界西金南界孟加拉北界中國西藏西界德列[illegible]德滿都與徐合卽雷之喀孟都黃記作尼泊爾[illegible]子都城曰加德曼都一曰陽布其屬地在南曰[illegible]普爾曰哈和哈普爾在東曰喀當曰札言普爾[illegible]馬各得曰廓爾喀曰巴爾巴曰卡薩皆通商繁[illegible]山數千里統謂之希模黎雅大雪山入藏之路[illegible]木曰絨轄曰喀達乾隆時所定隘口建立鄂博置兵戍守英兵入印度時廓爾喀獨能自保前此其大臣藏克巴都以善戰名有拉克弄小部爲英所偪乞援於廓藏克巴都乘機遂併其地唐書貞觀二十三年長史王元第征天竺檄召土兵泥婆羅以七千騎來

五洲地理志略卷九上　廿六

進戰茶鏄和羅城（鈴鶻）三日破之明史洪武十七年命僧智光齎詔往尼八剌國並使其鄰境地湧塔國各遣使[illegible]八剌卽尼泊爾也此外不見於史案那力巴丹[illegible]巴坦喀當卽徐之加當卡薩二圖作喀西講義[illegible]高原千八百十四年與英戰明年結平和條約[illegible]公使以印度兵一隊駐其都城不能干預內政[illegible]課程云地分八部曰尼泊爾曰廓爾喀曰邁勒[illegible]瓦內曰加當曰札言不爾曰廖隆都城曰加德[illegible]克河東源之東南當印度西北部之巴德拿紀[illegible]栗特今在廓爾喀國馬各王不爾城東南二百[illegible]赤道北二十七度二十六分順天偏西三十一[illegible]西域記作尼波羅今爲廓爾喀國西圖仍名尼[illegible]道北二十八度十五分順天偏西三十一度六分）

不丹（何育杰云案卽布魯克巴從上條移置課[illegible]見五印度不列五印度諸國中其地勢偏[illegible]內附錄於此）雷志云自主國在東希馬拉雅山以喇[illegible]豪族政體也（課程云國政略類西藏主權者分[illegible]專理政事其人舊由貴族選舉近[illegible]唵摩賴家卽紅教喇嘛專主教務以聯絡國人之心其人爲祖師化身[illegible]由童時選立）[illegible]千英方里（慕志云緯綫自赤道北二十六度至[illegible]順天偏西二十四度至二十八度長[illegible]）

程云東西四百八十餘里南北廣處二百六十餘里面積十四萬四百四十八方里人二十萬口自印度入口貨值萬五千六百磅出口貨值萬二千六百二十磅課程云工業能以樹皮造紙製寶劍繩銃出口米穀煙草糖絹銅鐵金類歲值萬九千二百十五羅布入口馬蠟果實乳油雜品歲值萬九千五百八十羅布

奔那喀都城 徐志布魯克巴一作不丹云在前藏之正南其北境與前藏帕爾接壤東南界英人新闢之阿薩密西南界孟加拉西界孟加拉哲孟雄東西約千五六百里南北七八百里爲紅教喇嘛總持之地與兩藏之奉黃教同舊分布魯克噶畢兩族雍正年間兩族相仇殺先後赴藏投誠貝勒頗羅鼐爲和解之各遣使奉表貢方物後噶畢合於布魯克爲一國其地時序和平類中國遠勝兩藏土田肥沃湖河交貫穀蔬瓜果皆宜戶口極繁產棉花大黃黑金紋石地分二部曰德白拉乍卽布魯克巴曰比斯尼泰西新史作[illegible]大[illegible]郎喝畢都城在德白拉作曰達西蘇敦[illegible]志作札什曲宗乃國王避暑地距札什曲宗二百里名坪湯國王所居西藏喇嘛往來五印度皆取道於此先謙案列國學會二圖作不丹與雷同慕志作布難馬略作布但課程作不但矢志作孛丹吳志作布丹萬國地志作婆頓外國地理作布數謝志作布炭黃記云不丹一名布屯北界西藏西界哲孟雄東界貉貊野人南界亞山爲藏商往來孔道西南距獨吉嶺二日程東北踰嶺三日程至帕克里又三日程至江孜汛俗重紅教喇嘛有唐時賜印篆曰唐師國寶之印其北境尚有數路通前藏及工布等處慕志云地分三土北則蘄巖參差河流如箭橋梁繩索奇異賴以攀援而過中則漫坡闊谷沃土勤種穀果

皆宜南則削巖深峽長林荒草野獸充牣瘴癘侵人南熱北冷惟中央和人民技藝商賈皆屬平庸講義云爲英政府所侵略現今印度總督掌握其統轄權課程云國都曰塔思蘇丹在山南麓西距西金不遠繁盛都會也其大鎭曰普奈楷在塔思蘇丹之東山南麓或云國都在此未知孰是曰塔斯岡在國東境東臨摩納巴斯河案塔思蘇丹二圖同黃記作塔西蘇登慕志作大西蘇敦郎徐之達西蘇敦萬國圖作塔西蘇頓圓球圖作塔西蘇澄卽札什曲宗也普奈楷卽雷之奔那喀是雷徐所記國都互異王達云胡惟德所譯西藏圖札什曲宗在來塔克河上游其東有布那喀在蠻楚河上游卽奈普楷也野志云塔思蘇丹海拔二千米突爲夏季首府普奈楷爲冬季首府郎坪湯

亞塞省

亞塞雷志云英省以大臣管理面積四萬九千四英方里人五百四十七萬六千八百三十三口　**希郎**省治人二千百八十五口

加海地人十萬八千十七口　**雪爾海忒**人萬四千二十七口

以上要區 徐志阿薩密一作阿三又作亞桑又作藏地[illegible]云在孟加拉之東北緬甸之西北前藏之東南距雲南邊徼不遠西北與布魯克巴相連東西約千一百里南北約五百里北面高山綿亘迤南平衍膏腴雅魯藏布江由兩藏來折而南下經此土西行入孟加拉地本土夷部落俗崇佛教英人既取孟加拉湖藏江漸拓而東遂據其地立爲別部會城曰若爾合德其土宜茶近年英人試種每歲得二十餘萬斤性寒劣飲之多泄先謙案卽雷志之亞塞也列國學會二圖與徐同過志世界圖作阿熬母漢文圖作愛賽母世界地誌作阿撒穆課程作亞薩密周志作阿薩麻據二圖西南隔有城曰西里特卽雷之雪爾海忒徐之若爾合德也北境有哥海德郎雷之加海地據講義云希郎省治與雷同是今日會城已自雪爾海忒移之希郎矣曹典球云希郎在海面上二千三十米突地準英文圖在西黑德北方少西學會圖未著講義又云阿薩密州合布拉馬普得拉流域及加西亞邱拉加邱所成產米產茶日盛謝志云亞桑爲印度東北部伊拉瓦第江穹流過之首府曰溝哈底在雅魯藏布江濱溝哈底卽加海地也云省治在此蓋誤黃記云亞山部一曰阿賽密在孟加拉之東北四境多山長千五百里廣三四百里不等惟蒲南布達江南岸平壤沃饒居民由中國遷往者皆老撾玀夷之族性行樸實勤力耕作英人開闢其地種茶栽桑日臻富庶首城曰若爾合得商貨雲集輪船往來南有路通緬甸孟拱孟養以達騰越徼外約二十日程然山險難行又東北有路歷怒夷俫夷至江卡而達四川徼外之巴塘尤爲人迹犖到其里數無可考蓋東北二面皆貉獫野人衞藏圖志所謂戳殊烏魯爾免族是也又名老卡止膂割數缺塗以五色穴居巢處生咬蛇蟲英人以利誘之亦漸駟服亞山之西部有數小部曰固止必哈爾曰簡押兒巴那曰路亞幅員一二百里不等其南有數小部曰格路時曰各士亞曰的北亞曰正得耳曰孟奈普爾界連緬甸山嶺周遭民俗勇悍土酋公轄附庸於英羈縻而已課程云

以哥海德之西雅魯藏布江南岸哥爾巴拉爲市埠

附**本土國**

曼尼派雷志云面積八千三百下有脫文人二十五萬口先謙案雷志曼尼派列國學會二圖作曼尼坡在阿薩密之東南緬甸之西北樋志獨立諸州作麥尼蒲兒王達云野志曼尼坡部省城同名爲臺地頗乏農產

五洲地理志略九中　亞洲十一

賜進士出身　特賞內閣學士銜前國子監祭酒翰林院編修加三級　臣　王先謙謹撰

英領印度國二

西北諸省及痾狄

西北諸省及痾狄雷志云英領以巡撫管理面積十萬七千五百三英方里人四千六百九十萬五千八十五口　拉克拿人二十七萬三千二十八口　比男爾人二十二萬九千四百六十七口　康巴爾人十八萬八千七百十二口　阿拉漢板人十七萬五千二百四十六口　愛格拉人十六萬八千六百六十二口　北來里人十二萬千三十九口　迷拉脫人十一萬九千三百九十口　滿隨派人八萬四千百三十口　非隨板人七萬八千九百二十一口以上要區此外居民過五萬之處尚有九所徐志云亞加拉作佅亞圖

爾各拉又名緬納特珂克在五印度東西適中之地元時蒙古初據印度全土以此爲都城所謂中印度也殿閣宏整官署畢具城內有塔陟其頂可周視九十里城北有蒙古故王家亦作塔形周圍數十丈工作極奇麗城四面築礮臺俱扼形勝民皆回族不崇佛敎舊時本大都會自蒙古衰廢荒殘久矣近年生聚漸繁貿易復盛道光十三年英人於其地立藩部稱爲地內省轄四部東南曰阿拉哈巴朱圖作阿拉哈板特迤北曰德列朱圖作聶鄰極北曰古爾瓦勒朱圖作麻喇迤西曰亞日迷爾一作亞北得希亞日迷爾本回回大部明嘉靖五年撒馬兒罕蒙古別部部莫臥爾取其地立國歷二百三十餘年當其盛時印度諸國皆入貢後權臣專政四鄰內侵國王孱弱不能自立乾隆二十五年求援於英英師未至王已爲敵虜曬其目英人破敵從此地歸英轄王僅居宮殿食俸糈足養宗族而巳先謙案雷志西北諸省及痾狄过志作西北諸州及奧德謝志作西北諸省及河德云在孟加拉之西當恆河中流之域地平土沃亞於孟加拉面積十一萬英方里慕志云西北諸省與烏德合而爲一痾狄奧德河德烏德皆宇音之變轉也黃記云西北之省痕都司丹溫都士坦作都士丹古稱中印度厄納特國爲四方適中之地東恆河五大源交匯於此民物般富前明時蒙古王建立國都傳二百餘年嘉慶後併於英築亞加拉城成以重兵鎮以巨師稱爲將威博羅運司譯言西北之省也轄六郡据列國學會二圖孟加拉省之西曰輿都斯坦卽痕都斯丹也○黃記云阿拉哈巴部東界拜哈西界亞加拉南界馬爾窪工窪納二部北界烏德國長干餘里廣五百里轄六部首城曰阿拉哈巴得一作厄納特珂克在闊那河安額河交會處有大軍局其東三百里有丕那勒城南臨恆水卽古之波羅奈東北

亞心格爾歌鹿普爾兩郡濱於岡噶江毘連廓爾喀講義云阿拉哈巴人十八萬口汽船往來甚繁有本州政廳副總督駐此又爲回教靈地之一案二圖有阿拉哈巴與徐黃合卽雷之阿拉漢板圜球圖作阿拉哈[illegible]辻志作亞剌哈拜德泰西新史作耶喇[illegible]出師以平烏德之亂東抵巴哈爾卽拜[illegible]礮卽馬爾窪岡都亞郎工窪納北抵息[illegible]志作救母那河云印度人以爲於此浴[illegible]作班拿勒斯卽雷之比男爾圓球圖作[illegible]列士異名記作俾拿離士吳志作別拉[illegible]口有織物及鴉片製造所本婆羅門敎[illegible]又爲釋迦出山後始行唱導佛法之所[illegible]河濱爲本部最大城廟宇多至千餘所[illegible]繁滋商旅輻轅爲印度文學薈萃之所[illegible]亞心格爾又北曰哥爾克波爾卽歌廣[illegible]水又東南流經康普爾元奘記之曲女[illegible]唐書之茶鑄和羅城[illegible]天二十隘六猷三度十二六十度八七分[illegible]今河左爲烏德[illegible]又東南流與延那河會兩河之交有亞[illegible]舊都也與亞加拉抹得拉德希稱印庚[illegible]那河一曰遙奴[illegible]法顯記曰捕那[illegible]奘記曰閻牟那皆一音之轉也出布士[illegible]新拉河自西北來會之又西南流經德[illegible]特國界至德希城左右各受一水城卽[illegible]

南經秣得拉元奘記作秣菟羅亞加拉二城折而東流[illegible]兵達河水又屈曲東南流與幹普河會幹普河出馬盧礮河[illegible]新的亞貿兒加等部至和塔城轉東北流右受牛者河巴會[illegible]受半刺士河又東北徑吉勞里而東又轉而東南與延那北[illegible]那河又折而南受新地河水又東南至候未普爾有尼散來[illegible]河合而西來入之又東南流有郎河自西北來康河自西敦[illegible]之又東南受六小水至亞拉哈巴城與恆河會恆河又右納[illegible]河水曲折東流至馬思普爾折而東北至丕那勒士古波羅奈城也城東北十里有鹿野苑精舍佛轉法輪處恆水又東北流幹得河水注之幹得河一名高翁河出烏得國北境南流經盧恰路城又東南與色河會而入於恆水恆水又東南折而北經迦戶普爾又東北琥伽河水入之○黃記云亞加拉部東界阿拉哈巴及烏德國西界亞日迷南界馬爾窪北界德列長九百里廣六百里轄五郡亞加拉城東北臨闊那河蒙古王所建甚堅固有宮殿古蹟又北四百餘里有得希城一名壹點蒙古王之故都其後裔猶居此英人給以歲祿講義云亞加拉人十七萬口在朱木拿河上流爲謨家爾南國首府之一案二圖有亞加拉與徐合卽雷之愛格拉也辻志作亞救美雅巴矢志作臘克勒萬國圖作阿格拉謝志作阿革拉一作亞爾各拉据二圖東抵阿拉哈巴烏德西抵剌日不德卽亞日迷南抵馬盧礮卽馬爾窪北抵特里卽德列北有德希拉卽得希城○黃記云德列部東界烏德國西界亞日迷南界亞加拉北界古爾瓦勒廣裒六百里轄六郡其德列城破勒眉城慕那得巴城皆繁盛名區東北屬境曰古摩雲距後藏阿里甚近山深林密居民無多東南有城曰巴勒里嘉慶十九年爲廓爾喀所據後讓於英案

二圖有特里郎徐黃之德列其東北有摩拉達巴的郎慕那得巴其東南有巴勒里恆河考云恆河者安治士河也恆與安乃華梵譯音之異恆河無正幹來有衆派去復歧汊就最大之源論之凡有五水北源三曰安治士曰延那曰殑伽南源二曰幹普曰申河安治士亦有三源正中曰薩罕出後藏阿里大雪山之陽西南流入北印度爲威聊（卽瓦勒古爾）德列二國之分界至奶兒乞折南流入中印度轉東南至勿鹿亞巴約千餘里與左右二源合左源曰薩利出米鹿南流少東經孟波利又東南流來會右源曰冷庚伽出德列國北境南流經慕那得巴又東南與楞普爾巴勒里被勒摩（卽東女國居大山中署達西藏元奘北作婁羅吸屬藏雪新卽黃之被勒瞿）諸城之水合而來會三水既合乃名安治士河元奘以殑伽爲恆河之通稱而於上流之安治士襪冒以殑伽之名焉（下見哈已拉）又古爾瓦勒見下文與阿拉哈巴亞加拉德列諸部同隸於孟加拉大帥所謂西北諸省○徐志云烏德（國西作城烏記圖諸西隸云藏卽稀鎰鍍鵜仔）在東印度北境與尼泊爾爲鄰力不敵英降爲屬國都城曰盧各腦所屬通商之地曰非薩巴爾曰幾拉巴曰巴來文曰丹達案烏德異名記作武德黃記云烏德國（澳烏地梆）古揚摩羅國舍衛城卽波斯匿王所治也東界拜哈西界德列南界阿拉哈巴北界廓爾喀長九百里廣五百里都城名盧角腦建於幹得江岸其烏德城北臨殑伽河衰廢已久西南五十里有費薩巴城（羅元佚俠歷記作廒室）居民繁盛此外曰幾那巴曰畢索亞曰巴來支曰丹達等城皆商賈薈萃之區土君世襲英國遣兵帥鎮守並遣大臣司其會計據二圖烏德部東抵巴哈爾郎拜哈西抵特里卽德列南抵阿拉哈巴北抵尼泊爾卽廓爾喀都城盧各腦德卽徐之盧各腦雷之拉克拏慕志作盧克腦謝志作勒

革瑙云人二十四萬口屋宇美麗東有河德城盧各腦德之東曰非薩巴得卽徐之非薩巴爾雷之非隨板黃之費薩巴平方圖作菲薩巴爾非薩巴得之北曰巴來支巴來支之西曰幾拉巴與徐合盧各腦德之南曰班達郎丹達紀程云烏德所屬盧各腦雷巴勒里非薩巴爾治大巴爾四部學會圖有雷巴勒里治大巴爾作西大普爾列國圖無曹典球云雷之康巴爾學會圖作科尼普爾北來里作巴勒里迷拉脫作彌魯特滿隨派作默察普爾恆河考云（哈上已見部阿拉）殑伽河一名固那河又名岡噶江出後藏阿里郎噶池東南曰馬伯家喀巴珀譯言孔雀口也爲阿耨達四水之一南流經達克拉俗名麻楚河西南流與郎楚河合始名岡噶江一（楚河出岡底斯山西流折北統古格扎什城仍轉南南又西流統桑納訴木多之地與拉楚河會又南流經畢底岐之西折京流恆）（達馬拉斯木多北鄰與麻楚河會三水既合始名岡噶江又東南經馬木巴林木郭部落至厄納特圖入南海今按拉楚河南南流）（入印度河不入岡噶江很楚河木不經桑納畢底墟等虎）又南流入烏得國境又東南至烏得城城內人民稀曠南門外有祇洹精舍佛住此最久說法度人經行坐處有塔表之岡噶江自舍衛城雙流並趨而下有決列河列低河西北來入之列低河出廓爾喀西境東南流經哥鹿普爾古迦羅衛國卽白淨王故宮也法顯記云從舍衛東南行十二由延到迦羅衛城釋伽太子出家修行還家見父處故迹具存有塔表之岡噶江又東南受小康托河水又東南會恆水又東至五河合口五河者中爲恆水右爲中河左爲大康托河所分出之三支康（扎河出廓爾喀北境雪山大小卜館水會合爲一入沙冷境又東南折爲三封同注於恆）五水並匯於此案法顯記所稱希連河當卽今之康托河（法顯記從迦羅衛城東行十七山延列揚東那渴城城北）（雙樹閻希連河遡爲世尊服涅盤蘧從此東行到五河合口世尊自般涅盤於河中央分身作二身名在一岸伸南國王各得半身）（舍利起塔）元奘記所稱尼連禪河當卽今之申河元太祖征痕都司丹

遣將追可佛又算端及於申河而止卽此水也中河出索哈支南山西北流經邊托格有雷底河西來入之折而東流千餘里合古必河列限河孤伊河諸水皆南境支流之大者轉東北經祉哈巴的部內又東合於恆水紀程又云西域記之秣底補羅今西北部之彌魯特城在赤道北二十九度順天偏西三十八度四十五分又摩蘇佛奴格城在彌魯特之北蘇哈隆普爾城在彌魯特西北皆抹底補羅地又婆羅吸摩補羅今西北部之庫馬汪在赤道北三十度順天偏西三十七度六分又瞿毗霜那今西北部屬之蘭木普爾國在赤道北三十一度二十六分順天偏西三十八度四十八分又亞醯掣呾羅今西北部之巴勒里城在赤道北二十八度二十一分順天偏西三十六度五十二分又毗羅刪拏今西北部之埃杜城在赤道北二十七度三十三分順天偏西三十七度四十七分又劫比他一作僧伽舍佛國記作僧伽施今西北部之瑞普里城在赤道北二十七度十三分順天偏西三十七度二十五分又鉢羅耶伽今西北部之阿拉哈巴城在赤道北二十五度二十五分順天偏西三十四度三十五分又殑伽河一作恆河唐書作乾陀衛江又作伽毗黎河卽今乾吉思河又閻牟那河今仍舊名乾吉思別源自西北流來至阿拉哈巴之南與乾吉思河合又憍賞彌今阿拉哈巴之南稍西六七十里南臨閻牟那河又迦砮布羅今西北部之蘇爾呾波爾城在赤道北三十一度五十三分順天偏西三十九度二十分又鞞索伽卽今西北部之烏德城在赤道北二十六度四十八分順天偏西三十四度十八分又室那伐悉底卽佛國記拘薩羅之舍衛城今西北部巴來支之東六七十里巴來支在赤道北二十七度三十三分順天偏西三十四

度五十分又劫比羅伐窣堵一作伽毗羅衛佛國記作那毗伽今西北部烏德之東百里又藍摩佛國記作藍莫今西北部亞薩姆格爾之北五十里南臨哥伽離河亞薩姆格爾在赤道北二十六度四分順天偏西三十三度十一分又大窣堵波一作比巴拉伐那今西北部哥魯克波爾之東南百三十里南臨拉普的河入哥伽離河處又拘尸那揭羅佛國記作拘彝羅竭今在哥魯克波爾之東百里哥魯克波爾在赤道北二十六度四十四分順天偏西三十三度三分又阿恃多伐底河佛國記作希連河今名哥伽離河在西北部東南流入乾吉思河又婆羅痆斯一作波羅奈佛國記作波羅捺今西北部之班拿勒斯城在赤道北二十五度二十分順天偏西三十三度二十六分又秣菟羅今西北部之馬特刺城在赤道北二十七度二十八分順天偏西二十八度四十五分

附 **本土國**

蘭派雷志云面積九百四十五英方里人五十五萬千二百四十九口（先謙案列國學會二圖西北部內有蘭木普爾郎雷之蘭派也王達云野志首城與國同名人七萬九千口爲生毛之一大市場）

加華爾雷志云面積四千百六十一英方里人二十四萬千二百十二口（先謙案黃記云古爾瓦勒部東北界後藏阿里南界德列西界新拉原轄三郡長五百里廣三百里首城名西里那）

都土酋所治其東二郡劃隸於德列新拉在德列之西北四境高山風景幽雅孟加拉大帥建築行館夏秋二季移駐於此其富紳豪賈亦多置別墅爲消夏之會或登山射獵遊目騁懷焉案列國學會二圖有加瓦爾卽雷之加華爾黃之古爾瓦勒圓球圖作勾耳瓦西西里那都二圖作西里奴戈爾士酋治所新拉原据黃氏西輶日記在中印度德列部內二圖作森姆拉王達云野志面積萬八百二十六方杆人二十五萬口在恆河及朱木拿之水源地首邑曰的里似卽黃之西里那都

奔者勃省

奔者勃雷志云英省以巡撫管理面積十一萬六百六十七英方里人二千八十六萬六千八百四十七口　**特爾希**人十九萬二千五百七十九口　**雷霍耳**熱度中數七十五度極寒五十四度極暑九十三度雨水二十二英寸人十七萬六千八百五十五口　**愛摩力叉**人十三萬六千七百六十六口　**板沙華**人八萬四千百九十一口　**愛摩巴拉**人七萬九千二百九十四口　**麥爾坦**人七萬四千五百六十二口　**勞來耳賓底**人七萬三千七百

九十五口　**皆倫德**人六萬六千二百二口　**配西亞拉**人五萬五千八百五十六口　**西阿爾考脫**人五萬五千八十七口　**飛勞司派**人五萬四百三十七口以上要區徐志云西林德在北印度隆德勒至河之左本塞哥國左部降於英爲屬國地分四部各有酋長曰巴的亞拉曰達內薩爾曰拉的亞納曰翁巴拉徐志塞哥下又云國分九部曰本若都城建於拉維河岸曰勞爾一作刺合圖作勒懷米貿易繁盛爲通國大都會曰固宜斯丹首城名拉德如爾曰克什迷爾首城同名案克什迷爾別見下曰著這首城名亞德各曰亞薩勒曰北朝威爾曰幾爾加爾不耳曰不耳丹曰勒亞曰德勒義斯馬伊爾汗曰德拉合西汗曰巴合瓦爾不耳首城皆同名黃記云本若一名西林德昔屬塞哥國一作酉娕後割隸於英東界德列西界阿富汗國南界剌日布得北界克什米耳廣袤三千里首城曰勞爾一名哈駱那塞哥王倫亞昇之故都也案倫亞昇卽徐之林日星臨拉維河之陽附河兩岸市埠如林西北隅有亞叨克城俾石哇城西南隅有慕兒丹城皆修建鐵路通行火車先謙案卽雷之奔者勃也列國學會二圖講義作旁遮普萬國圖作奔扎比圓球圖作噴查白辻志作盤蛟布周志作噴基勃謝志作烹齋云當印度施河之流域在印度北部一稱五江省地爲五河流灌面積十一萬英方里人二千一百萬口慕志作本若比云在西北沙積居多內有五河其流俱與印度河口相匯本分三部乾隆間酋長林日星兼併爲一鄰邦慴服英取孟加拉後與之止戈修好後嗣聽讒信佞國勢浸衰英遂連年大舉蠶食其地道

光三十年屬於孟加拉据二圖西南隅有城曰特里雷之特爾希也講義旁遮普下云特里莫臥爾帝國舊都在此當時居民二百餘萬慕志本若比下云德立古王京都亂時爲土兵動擾英兵勝後宮室園亭備極美麗謝志烹齋下云東南有德利城在救毋那河岸爲蒙古朝京都尚存遺宮有大禮拜堂及大學校居民二十萬城周二十里有砲臺此雷謝講義皆以特里屬旁遮普紀程亦云特里卽志略之德列今屬旁加普部案徐志德列屬亞加拉黃記德列自爲部亦不屬本若省俱引見前王達云高等地理野志特里俱屬旁遮普二十世紀現勢圖作德列亦屬旁遮普野志云特里亦云德列哈八二十萬口瀕朱木拿河海拔二百十五米突曹典球云依田雄甫世界讀史地圖特里本獨自爲部千八百二年英國毛尼吞在總督時隸英又坂本健一世界史千八百四十九年塞哥族戰敗旁遮普始歸英領據此則特里隸英在前旁遮普隸英在後英得旁遮普乃與特里合併爲一係近今事故講義等志與黃徐不合特里之北曰翁巴拉翁巴拉之西曰巴的亞拉巴的亞拉之北曰西林德並與徐合其西北曰緑的亞拉卽徐之拉的亞納拉的亞納之西北曰拉合爾卽雷之雷霍耳徐之勞耳圓球圖作辣合兒黃記稱爲瀕河辣達克部講義云副總督駐此又爲鐵道之中心謝志作拉賀卽拉合也云在西北境近印度施河之支流拉來河設有大學居民十八萬慕志云勞爾首城同名建拉維河濱貨財轉輸技藝精巧拉維卽拉來二圖作拉微紀程作勒和卽米圖之勒懷拉合爾之西北曰拉烏爾奔的卽雷之勞來耳賓底拉烏爾奔的之西北曰亞得各與徐合卽黃之亞叨克亞德各之西曰白沙瓦卽黃之俾石哇雷之板沙華徐之北朝威爾也

講義作白沙威爾云在哈伊威爾峽之口乃北邊要地白沙瓦之南曰德勒義斯馬伊爾汗此印度河西偏北分部又南曰勒亞又南曰德拉合西汗此印度河西偏南分部並與徐合德拉合西汗之東曰穆里坦卽雷之麥爾坦黃之慕兒丹萬國圖作摹耳坦穆里坦之東南曰布哈烏爾普爾卽徐之巴合瓦爾不耳布哈烏爾普爾之東北曰菲羅斯普爾卽雷之飛勞司派菲羅斯普爾之北曰阿木刺昔爾講義同云人十三萬六千口以織物商業著名阿木刺昔爾卽雷之愛摩力叉曹典球云据學會圖雷之愛摩巴拉卽翁摩拉皆倫德卽遮蘭達配西亞拉卽巴的亞拉西阿爾考脫卽西哥特課程云旁遮普居恆河上流跨印度河流域治特里或云治拉合爾西徼水道考云仕覘龥新頭河水自克什米爾入本若境西南流至雅叨克乃一大市埠英人造火車鐵路西抵俾石哇東達孟加拉有甲布河自西來會甲布者古高附國也屬大月氏今爲阿富汗國都其水從西南山谷中流出繞甲布城南東流至折刺那巴有庫那河注之庫那河水二源俱出喀非利境南流入甲布河甲布河水又東流至俾石哇爲英所轄有邊達河注之邊達河二源出喀非利東境黑嶺西南流入甲布河疑西域記之達厲羅川也甲布河又東至亞叨克入新頭河自發源至此約千餘里爾岸多高山水流湍急舟楫難通新頭河又流至亞叨克以下水勢深廣可駛輪船又西南流右則生河注之河出好斜那西南流入新頭河左則幹丕河注之河出同冷山中東南流經本路從葛篤妙礴兩山峽之間流出入新頭河又索丕河注之河出阿富汗南境東北流五百餘里有哥末河北來注之又東流入新頭河新頭河水又西南斯來曼山麓諸小溪兩旁汊港甚多忽分忽

合不出十里之外東境有勒亞沙磧廣袤三百餘里復西南流與四源相會是爲最遠之一源也四源者一薩拉楚河亦出後藏阿里境內有山曰郎干喀巴珀譯言象口也山上有二池曰馬品木達賴渟爾曰郎噶渟爾二池水從西北流出左右山泉數十道同注之西北流千餘里至桑納出阿里境折西南入印度界歷幹那乞布士沙賀社普爾等部落至好利加有丕士河東北來會又西南至占普爾合新頭河迤南有大沙磧廣圓數千里然沿河兩岸皆平衍膏腴人戶稠密二拉維河出捄爾普北境山谷中西南流至勞爾城一名那哈爾昔塞哥王割本若隸英幅員二千里跨印度河五大源南以薩拉楚河爲界英人自勞爾城沿拉維河南新修鐵路以達於信地三占勞河出好那爾部中北流經克什米爾東南境折西南至慕兒丹合於拉維河四志林河出克什米爾東南山麓北流經色冷那格城西合東北一水流入一泊中（泊闕名）復自泊西南流出南受四里河北受吉善更格河至麻撒花那折南流轉西南合於占勞河五源既合下流入信地爲信地河（下見新疆）紀程云西域記之跋虜沙城佛國記作佛格沙城卽今旁遮普之白斯哈瓦城在赤道北三十三度五十九分順天偏西四十四度五十六分又烏釋迦漢荼城在今白斯哈瓦之北二三十里又咀叉始羅今旁遮普之拉烏爾奔的城在赤道北三十三度三十六分順天偏西四十四度二十三分又僧訶捕羅今旁遮普之哲蘭穆城在赤道北三十二度五十六分順天偏西四十二度四十五分又礫伽郎塞哥今旁遮普勞爾之西北勞爾在赤道北三十一度三十二分順天偏西四十二度十分又毗播耆河今曰比斯河出克什米爾南境西南流過勞爾北又西南流入印度河又閣爛達羅今旁遮普之遮蘭達城在赤道北三十一度十九分順天偏西四十度五十八分又屈露多今旁遮普之庫爾魯在赤道北三十一度順天偏西三十九度二十六分又設多圖盧今旁遮普之翁巴拉城在赤道北三十度二十四分順天偏西三十九度四十四分又森姆拉城在翁巴拉東北西林德城在翁巴拉西北皆其地也又薩他泥濕伐羅今旁遮普之達內薩爾城在赤道北二十九度五十六分順天偏西三十九度三十七分又猝祿勤那今旁遮普之耶階爾里在赤道北三十度十分順天偏西三十九度五分又茂羅三部盧國今旁遮普之木耳丹城在赤道北三十度十四分順天偏西四十四度五十六分鉢伐多今旁遮普之舍阿特城在赤道北三十度五十二分順天偏西四十四度二十一分

附**本土國**雷志云面積三萬八千三百九十九英方里人四百二十六萬三千二百八十口著名之國列下

配西亞拉雷志云面積五千九百五十一英方里人百五十八萬三千五百二十一口（先謙案講義旁遮普領藩部土人地有巴西亞拉卽雷志之配西亞拉列國學會二圖作巴的亞拉）

巴哈華爾派雷志云本土最大國面積萬七千二百八十五英方里人六十五萬四十二口（先謙案雷志巴哈華爾派列國學會二圖作布哈烏爾普爾又講義旁遮普領藩部土人地有塞克等列國學會二圖亦作塞克蓋加等字以包巴哈華爾派諸國也）

克什米爾

克什米爾雷志云英藩國在西希馬拉雅印度河之上流合纖耳纖脫匈社支脫蘭耳計之面積九萬四千九百英方里人二百七十九萬四千口　**雪林男加**都城人十一萬八千九百六十口徐志云塞哥（一作悉彌一作西刻）北印度大國西域稱爲克什米爾（一作加治彌爾又作加支迷爾一作夾氐米里）乃其別部之名（其部自古以此部爲國名新唐書曰箇日失密又曰迦溼迷羅宋史曰迦溼迷勒元人曰乞石迷兒皆克什米爾之轉音也）猶尼泊爾之稱廓爾喀浩罕之稱安集延也東北雪山環抱與後藏西徼毘連西北隅接西域之札布西界阿富汗俾路芝西南界信地東西約千里南北約二千五百里其地時序和平山水明秀沙磧雖多而土田極沃農功甚勤戶口約三百萬商賈善於行遠西域回疆後藏處處有之國舊分左右部以隆德勒至河爲界河左之西林德部已降英爲屬國餘諸部皆在河右各有酋長不相統屬乾隆末勞爾（鄉剌合）酋長林日星兼併河右諸部又逾印度河割阿富汗數城繼立之王尤雄武以歐人爲將戰勝攻取四鄰畏服道光十九年王卒宗孫嗣立信任讒佞大柄旁落國勢頓衰先是英人滅孟加拉乘勝脅降諸部值塞哥兩世得賢主國治兵強故英人止戈修好至是昏庸在位間隙可乘遂連年大舉深入侵割其疆土過半所失何部不得其詳國分九部都靚（[illegible]）先謙案列國學會二圖克什米爾與雷徐志同辻志作噶什密雅吳志作加西米爾講義云中以喜馬拉耶山脈橫隔印度印度河上流之山脈邱陵地也樋志云在印度西北隅之山間地多湖沼黃記云克什米爾在北印度昔屬塞哥國倫亞昇王所轄後將本若一部割隸於英僅餘克什米爾其幅員尚一千餘里東界後藏阿里西界阿富汗國南界本若省北界蔥嶺都城曰色令那加建於谷內四山環繞形勢險要高於海面六百丈最高峯千七百丈民物繁庶自古稱爲大國新頭河（卽印度河上源）曲抱其三面瀕河有屬部曰辣達克懸渡在其境內東北至和闐東南至阿里俱兩月餘程（王達云野志辣達克面積七萬三千百五十英方里人二萬口占印度河上流路合塞界吉激）（西藏圖作雷城二十世紀現勢圖作列城有大道東通阿里之羅有畜類農産自府日勒城錦羊出羊之生毛集散於北胡雉德譯）（先謙案輿勞爾亦當足一地克多城東北通稱疆之和圖）其人奉回教修鬚偉貌遠遊服賈南路八城及三藏之地處處有之藏中稱纏頭回子案色令那加卽雷之雪林男加課程引外國史略云地多鹽可爲藥材每年所掘約八百萬石南地多鹵不産物北方豐盛因官吏勒迫民甚貧乏勞爾有回回廟其酋常至此縱樂又有雲勒悉城爲王藏府庫處有莫恒城爲造絲段處所屬之谷曰加治彌耳高於海面五百六十丈最高山峰千七百丈自割地與英後長僅七百六十里廣百三十里西西徼水道考云印度河安治士河經流西北二印度中土所稱東西兩恒河也鄘道元康泰於二水源流多所混亂彿經凡言恒河者皆指安治土河而不言印度河梁書云天竺國臨大江名新陶源出崑崙分爲五江總名恒水實則五水合一非一源分

五又東恆河亦有五河合口尤易相混衞藏志及諸家輿圖移阿里之拉楚河合於岡噶江皆傳聞之譌也中土僧人多沿恆河至中印度而西北地境親歷者少惟唐元奘自北而中而東而南而西再渡此河上流則稱新頭河下流則稱信地河頗得其實與恆河絕不相蒙蓋新頭為上流之一源五源既合之後從信地河以入海始名信地河統稱則曰印度河也所謂五大源者一曰新頭河出後藏阿里僧格喀巴珀譯言獅口也流泉二十餘道通合為一西北流至札錫岡受心克賀河又西北流千餘里至辣達克古嚈達國也西為罽賓南為烏萇北為渴盤陀今皆併於克什米爾先謙案罽賓不在北印度內當以續志為正考懸度在嚈達東南烏萇西北法顯記云由于闐進向子合國南上蔥嶺有青龍池昔盤陀王以婆羅門呪呪之龍乃徙去毒龍池在阿里魯多克城西北袤長五百餘里今名邊京地順嶺西南行十五日崖岸險絕石壁千仞下為新頭河昔人鑿石通路及度七百傍梯已躡懸絙過沙河兩岸相去八十步渡河便到烏萇國北魏惠生所述亦同是為和闐入印度之東道至元奘乃由大宛西道繞出蔥嶺外踰鐵門渡縛芻河過興都哥士大雪山至迦畢試國即喀非利司丹印度之東北在又東至烏鐸迦漢茶城南渡新頭河入迦濕彌羅國即克什米爾蓋程途有東西道之分津渡有上下游之別相距三千餘里他如元邱長春之詣雪山行宮僅至巴達克山尚未入北印度境無緣得涉新頭更無緣得至懸度乃魏氏源移懸度於巴達克山之西反以長春所經石梁在其上流東西易位上下乖舛尤失之遠矣新頭河自辣達克西北流有善既兒河林格底河合流自南注之又西北至札來士有洒威河自東注之洒威河出毒龍池北南流自辣達克山外折向西北至札來士入於新頭河新頭

河又西北至夕卡陀北受畢兒底司丹之水又西北至本楚折而西南流有基節河自西北來注之基節河有二源右源出於亨沙左源出於葉心至基節合流東南入新頭河新頭河水又西南流經邊芻哥亞東境亞士多爾西境左右受數小水自此以上皆克什米爾屬境兩岸皆崇山峻嶺急溜奔瀧自此以下入本若部境旁隱普下紀程云西域記之鉢露羅佛國記作陀歷今為巴勒提同部近年亦減併入克什米爾以地望準之當即斯喀多城伽濕彌羅即克什米爾亦其會城在赤道北三十四度六分順天偏西四十三度三十一分先謙又案徐志巴勒提一作巴爾替作哈拉替臣又云在博羅爾南重山複嶺之中人戶寡弱不足六七千有屬邑曰哈普倫稱其酋曰比俗遵回教不蓄髮不食猪肉衣帽語言與安集延同以游牧為業冬日嚴寒覓山坳溫處以蘆荻結寮人畜共處其中十月雪已盈丈三月雪消始出地產獨峯之駝因紀程所載附見於此

西北邊疆

西北邊疆雷志云俾路芝邊地面積十四萬九千英方里人九十七萬二千七百口阿富汗邊地及開巴路司華德開覆里司担共面積二萬六千九百英方里人八十萬口先謙案講義藩部土人領地有俾路芝斯坦耶借西注云即俾路芝之保護地雷志所云俾路芝之邊地即此當與俾路芝之下參看王達云野志作西北國境州高等地理作西北邊疆

州野志又云千九百零一年置殆有哈薩拉地方全部及旁遮普之外印度地方如白沙瓦科哈得德勒義斯馬伊爾等並包蘇瓦特赤哈爾等雷之司華德即蘇瓦特開覆里斯担即加非哩斯坦學會圖俱繪入阿富汗境蓋此州新置相沿未改之故新譯世界現勢全地圖有此州界限甚明

愛米爾與美華拉

愛米爾與美華拉雷志云並直隸印度政府面積二千七百十一英方里人五十四萬二千二百五十八口　愛米爾人六萬八千八百四十三口徐志云剌日不德土木布圖他作拉爾勒又名澳地案澳雷志志地之德痾依嵌排徐刺識日在西印度幅員遼闊西境沙磧居多東境土田最沃江河足資灌溉舊本大國凡稱富饒以力不敵而降英地分九部曰日宜不爾曰哥達曰奔的曰痾代不爾曰入德不爾曰當克曰日薩爾迷耳曰比加尼爾曰巴的黃記云剌日布德部一名亞日迷爾東界亞加拉西界信地南界古支拉德北界本若長千五百里廣七百餘里北境沙磧曠渺南境土地腴饒所屬九郡惟亞日迷爾割隸於英其餘諸部土酋分治先謙案剌日布德即剌日不德列國學會二圖與徐同緬志作拉日布德萬國圖作拉札士丹又名拉者布丹納漢文圖作拉止普塔那周志作拉球拍他奈稱為英屬印度河東沙地亞加拉之西曰日宜不爾圓球圖作魯阿頗阿日宜不爾之南曰當克當克之南曰奔的

與徐合奔的之東南曰科大即徐之哥達科大之西南曰痾代不爾與徐合萬國圖作烏帶婆阿圓球圖作烏德普爾痾代不爾之北曰巴里即徐之巴的巴里之西北曰入德不爾圓球圖作昭德普耳入德不爾之西北曰日薩爾迷爾日薩爾迷爾之東北曰比加尼爾並與徐合比加尼東圓球圖作比喀尼耳案黃云剌日布德一名亞日迷爾又云亞日迷爾割隸於英則是全部隸屬矣語未甚晰据二圖諸部內有亞日迷爾部英惟割此一部也亞日迷爾萬國圖作阿這密阿圓球圖作唵斯米耳即雷此之愛米爾曹典珠云雷之美華拉即西南山地王達云亞日迷爾在海拔六百米突內外之臺地富風景首府同名人七萬四千口在他拉喀爾巨之麓回教徒稱為靈地其美華拉則據阿拉勿祖山脈有肥沃之谿谷首府比瓦爾紀程云西域記之瞿折羅今剌日不德羣國中之波爾墨城在赤道北二十五度四十八分順天偏西四十五度十五分波理夜呾羅今剌日不德羣國中烏爾瓦國西北之科德城在赤道北二十七度四十四分順天偏西四十度十三分

附本土國

蘭皆普推那雷志云二十一本土國所合而成大半為蘭皆普武族所管轄而蘭皆普武族不過居人民百分之五面積十三萬二百六十八英方里人千二百二十二萬三百四十三口　**皆派人**

十五萬八千九百五口　巴蘭派人六萬八千三十三口　朝派在馬華人六萬千八百四十九口　比開暖人五萬六千二百五十二口　亞爾華人五萬二千三百九十八口　阿對派在迷華人四萬六千六百九十三口以上要區先謙案辻志印度英國藩屬有喇吉浦他那郎雷之蘭皆普推那也講義藩部士人領地有刺日不德拿亦郎蘭皆普推那課程作刺日不得拿云在旁遮普之南西北部之西印度河之東計土國十八英督遣一官監之其較大者痾代不爾在南境亞日迷爾城之西南阿拉勿利山東南麓日薩爾迷爾在西境亞日迷爾城之西偏北入德不爾在亞日迷爾城之西日薩爾迷爾之東偏南阿拉勿利山西盧尼河之北岸日宜不爾在亞日迷爾城之東北云鐵路經過處多爾普爾在東境日宜不爾之東專不耳河北岸比加宜爾在北境沙漠中亞日迷爾城之西北案多爾普爾据二圖在亞加拉之南課程與上徐志大同諸部中英惟割亞日迷爾其餘皆土部可知曹典球云雷之阿對派學會圖作痾代不爾朝派作入德不爾比開暖作比加宜爾皆派作遮日不爾巴蘭派作巴德普爾亞爾華作亞盧爾迷華作馬盧襪

中印度

中印度雷志云包有八十二本土國面積七萬七千八百八英方里人二千三十一萬八千八百十二口其稍著名之國列下

瓜里爾面積七萬九千六十七英方里人三百五十二萬五千二百三十三口　**蘭斯喀都城**徐志云新的亞一作地亞新在中印度地形曲折回環與英人屬部屬藩交錯素以剽掠為俗飛騎出沒屢與英人搆兵地分三部各有酋長不相統屬曰亞加拉亞加拉舊都配為英屬此蓋其西部藩首城名瓜利爾郎王都也曰干德宜至首城名不郎不爾曰馬盧襪首城米國作馬爾窪一作馬剌他其都城已為英屬此蓋其東北部落首城名痾日音馬盧襪為鴉片總集之地每年運出二萬餘箱徐又云邦德爾干波保爾曷爾加那皆中西印度小國與新的亞犬牙相錯孱弱不能自立降附於英黃記云腹內之省英語稱為仙得剌博羅運司譯曰腹內之省也半置郡縣半隸土酋新的亞部一名哈那歐替在印度之中央地形散裂不相聯屬而與賀架爾折那哇爾諸部犬牙交錯先謙案郎雷志之中印度也列國學會二圖作瓜利爾與徐合郎雷之瓜里爾世界圖作瓜略爾萬國圖作果利阿圓球圖作果阿里奧周志作喝喟利爾州据二圖新的亞在中印度之北其首城新的亞反在馬盧襪之南所謂地形散裂也黃又云賀兒架爾部一作爾加騶與新的亞麻爾哇諸部參錯相間土番分轄案賀兒架爾郎徐之曷爾加那二圖作何申加巴得又云麻爾哇部在新的亞之南幅員約五六百里首城曰英朵耳案二圖麻爾哇作馬盧襪萬國圖作麻耳瓦圓球圖作毛耳瓦周志作麥爾渭高原英朵爾郎印度爾在馬盧襪西南境乃印度爾首城非麻耳哇首城也黃誤又云本的勒看部一名邦德爾干在新的亞之東長六百里廣五百里轄五郡首城名札德普爾案二圖作邦德爾郎徐之邦德爾干在中印度之東北札德普爾作赫德爾普爾又云岡都亞那部一名工窪納東界俄力薩西界刊代施南界尼桑北界阿拉哈巴長千五百里廣千八百里為英國兼攝者止東北二方餘皆土酋分治酋城曰倭巴耳布案二圖俄力薩郎俄里薩刊代施郎根的土岡都亞那西距根的土中隔那哥不爾北距阿拉哈巴中隔勒隈二圖似未甚合又云以上孟加拉痕都司丹烏德本若中印度五大部落統歸孟加拉大帥所轄自西北而東南長六千餘里廣三千餘里約得印度之大半課程云中印度羣土國在西北部之西南刺日不得拿之東南溫特哈山北麓郎馬盧襪高原地計土國七十一英督遣一官監之其較大者印度爾波保爾見下瓜利爾在北境近專不爾河部牌勒隈在東境極入棟河之南中部之北二圖同萬國圖作利哇圓球圖作來瓦王達云野志中央印度分二部其西部由馬盧襪波保爾瓜利爾而成瓜利爾有舊街新街商街三市可想見往日之盛附近之摩拉爾則英屯營地也其東部分邦德爾勒隈二區紀程云西域記之鄔闍衍那今中印度羣國中瓜利爾國之痾日音城在赤道北二十三度十二分順天偏西四十度四十三分又擲枳陀今中印度羣國之賓內西北五十里賓內在赤道北二十四度四十一分順天偏西二十六度十二分又摩臘婆郎馬盧襪今中印度羣國中之印度爾德哈等地印度爾在赤道北二十二度四十一分順天偏西四十度三十七分德哈在印度爾西南又摩濕伐羅補羅今中部蒙德刺之北六十里蒙德刺在赤道北二十二度三十四分順天偏西三十五度五十六分西域記以擲枳佗屬南印度摩濕伐羅屬中印度是擲在南而摩在北今据英人所作元奘游蹟圖則二圖之南北倒置以形勢觀之二國均應在中印度西域記本容有傳寫之誤

因獨爾雷志云面積八千四百二英方里人一百九萬四千五百十口　**因獨爾都城**人九萬二千三百二十九口先謙案列國學會二圖岡都亞那之西根的土之東南有印度爾郎雷之因獨爾也圓球圖作英朵耳樋志作印多阿周志作英特亞稱為德干高原支部地處馬剌他高原中印度羣土國之一課程云印度爾在西南境首城在溫特哈山北麓當鐵路經過處中印度一區俱在溫特哈山之北惟印度爾疆域跨山而南並逾那爾巴達河南岸地膏沃產布棉花煙葉鴉片野志云印度爾首府曰印度爾人八萬七十口在馬盧襪地方內棉罌粟集散之地餘互見上

波卜爾雷志云面積六千八百七十四英方里人九十五萬二千四百八十六口　**波卜爾都城**人七萬七百七十八口先謙案波卜爾郎徐志之波保爾也見上黃記云波保爾部在閼爾披達江之陰幅員三百里山深林密民俗剛勇据列國學會二圖波保爾在馬盧襪之南課程云波保爾在南境溫特哈山北麓印度爾城之正東野志云波保爾人七萬七千口為回教國之首府當交通之衝餘互見上

孟買省

孟買雷志云英省以總督管理除新狄與亞丁外面積七萬七千二百七十五英方里人千五百九十八萬五千三百二口　孟買熱度中數八十度極寒七十四度極暑八十五度雨水七十四英寸人八十二萬千七百六十四口　普那人十六萬千三百九十口　阿美對板人十四萬八千四百十二口　穌蘭脫人十萬九千二百二十四口　曉雷派人六萬一千九百十五口以上要區

徐志孟買（一作網買粵東稱港腳）云在印度西界沿山傍海地形狹長其民勤於生計供太陽火神死者不葬以飽烏鳶明初葡萄牙初開海港建設埠頭康熙初年為英人所奪土產棉花胡椒椰子珊瑚之類海舶甚巨有載二萬二千五百擔者粵東最大之洋艘皆從港腳來也部名曰疴隆加巴（一作亞麥大巴）舊有同部大城居民逾十萬遭地震而殘毀故以孟買為會城轄三部東北曰根的士（米圖作甘勒士）西北曰古塞拉德南曰北日不爾孟買之北海濱有蘇疎城昔為商賈雲集之地城內有禽獸院養犬牛之老邁者自市舶移於孟買此城曰益蕭索根的士界內有埔拿城本馬刺他之都城（米圖作馬爾雀一作盧藤馬）嘉慶間英人滅之其地產鴉片最多先謙案孟買列國學會二圖與雷徐同外國地理作邦罷又作邦卑徐志亞麥大巴即雷之阿美對板二圖作疴隆加巴黃記作凹隆加巴云東界德干

西界海南界伯日普爾北界刊代施廣袤六百餘里領十部其會城曰孟買三面瀕海英人得自葡萄牙遂建大鎮駐重兵為輪船往來所必經居民殷富商販遠方有大船廠以二圖證之南抵北日不爾北抵根的士東抵比德爾西至海有孟買港即會城也講義云港在印度西岸孤島之陰海水常靜穩世界中最良港貨物之多冠於印度蘇彝士河開通之效也貿易額歲至五億二千萬圖謝志云島今與大陸連合為海口第一大城居民八十二萬餘海底電綫連歐洲東西郵船必於此灣泊馬略云初不服水土今巳天氣清爽过志云有造幣局大學堂多出棉花繁華為印度第一慕志云附近有古建寶刹裝塑雕飾皆假山石而成形狀奇異孟買之南曰北日不爾二圖與徐合黃記作伯日普爾云東界德干西界康肯南界賣索爾北界凹隆加巴長千三百里廣七百餘里轄五部慕志云北日不爾昔時宮殿礮臺園亭宏整美麗至今遺跡猶存北日不爾之西二圖有公根萬國圖作孔坎慕志作岡色爾黃記作康肯云在孟買之南一名鹿那作里即謝清高海錄之盎几里東界高山西濱大海長五百里廣數十里首城曰勒刺志里其東南山後有固那普爾稍它耳二部二圖勒刺志里作治周里固那普爾作庫拉普爾稍它耳作薩瓦奴爾又有疴襪靚皆葡所轄疴隆加巴之北二圖有根的士與徐合黃記作根地士一作刊代施云東界百刺爾西界古支拉得南界凹隆加巴北界麻爾哇長六百五十里廣五百里領三郡首城曰高爾那二圖百刺爾作比拉爾高爾那作高耳拿根的士之北有拉日皮普刺即雷之普那徐之埔拿萬國圖作婆納世界地學作別拿列府根的士之北二圖有古直拉德即徐之古塞拉德圓球圖作勾蒐拉得慕

志云有古拉支至要海口周志作求垂拉得云此州從半島印度之地頸突出於阿刺海黃記作古支拉得云東界麻爾哇西界海港南界刊代施北界亞日迷長千四百里廣六百餘里領四郡首城曰蘇拉特（扎奈領云以蘇拉特爲古支拉得首城似未諦）其海口通商之埠曰開拜即科曼之轉音自此以西統謂之科曼海灣也海港西北有亞米特巴部民多劫盜英人征服之設兵戍守境內多佛氏遺蹟案二圖蘇拉特在海濱馬略作蘇拉周志作羣特即徐之蘇疎雷之蘇蘭旎開拜作康木拜其西海灣作康木拜灣亞米特巴作亞麥達巴特萬國圖作阿密達巴圓球圖作阿綿代巴得此部在巴羅達城西北巴羅達見新狄部本土國下課程云孟買加稔那所治領分部三一北部在康木拜灣之北與東跨那爾巴達河塔普提河南北治孟買在西高止山西麓西海岸孟買小島上有蘇拉特城北濱塔普提河西臨康木拜灣商務繁盛處也一南部在孟買東南西臨阿刺伯海東跨西高止山治埔拿一信地即新狄紀程云西域記之摩訶刺陀今孟買部之加來尼城在赤道北十九度十三分順天偏西四十三度十六分又跂祿羯婆今孟買布羅亞治西北七十里西臨堪伯爾海灣布羅亞治在赤道北二十一度四十四分順天偏西四十三度二十九分又阿吒釐今孟買所屬馬希千達羣國中之埃達城在赤道北二十三度五十分順天偏西四十三度二十七分又契吒今孟買之克拉城在赤道北二十二度四十六分順天偏西四十三度四十九分又伐臘毗今孟買所屬客的亞瓦羣國之苞拿加城在赤道北二十一度五十七分順天偏西四十四度十七分又蘇剌陀今喀的亞瓦羣國之桑拏特城在赤道北二十度五十二分順天偏西四十六度六分又徐志云

薩達拉英之屬國在德干之西南都城同國名所屬通商之地曰馬合比里昔爾曰美黎至曰般德爾不耳曰合達尼案二圖薩達拉北界疴隆加巴東界北日不爾西界公根南界疴襪有般德爾不爾即徐之般德爾不耳有米魯治即徐之美黎至而雷志不載

附本土國雷志云面積五萬六千八百二十七英方里人七百七十九萬五千四百二十四口著名之國列下

開前亞華雷志云面積二萬五百五十九英方里人二百七十五萬二千四百四口　先謙案講義孟買藩部領土人地有加西亞華即雷志之開前亞華王達云野志開前亞華諸邦面積五萬七千方秆人二百五十萬口占古直拉德半島北部低卑南部多起伏首府曰拉第哥德在半島之中央外有臨康木拜灣之港曰巴瓦那喀爾人三萬六千口臨開治灣之港曰那瓦喀爾人三萬五千口學會圖地名多漏鮮可合者

喀區雷志云面積六千五百英方里人五十五萬八千四百十五口　黃記云叩齒一名加支古治在日瓜爾之西北信地之東南四面海水環之長四百里廣百餘里土磽民貧往往地震有英軍駐此先謙案叩齒即雷之喀區音變字也列國學會二圖作開治一名布支在孟買信地之間南北海灣名開治灣一作叩齒灣講義孟買領藩部土人地有開治

新狄部

新狄雷志云孟買之一部面積四萬七千七百三十九英方里人二百八十七萬千七百四十四口　喀拉欠人十萬五千百九口　漢大累板人五萬八千四十八口以上要區徐志云信地作休阿圖信布爾在西印度極西南隅北界塞哥西界俾路芝南臨印度海印度河由此入海南北約千里東西約五百里都城曰海德拉巴其國未歸英轄先謙案卽雷志之新狄也新信狄地一音之轉列國學會二圖與徐同萬國圖作辛得漢文圖作星得泰西新史作沁得都城二圖作海得拉巴卽雷之漢大累板萬國圖作海德拉板圓球圖作哈愛豆辣巴得世界圖作海德兒拉巴德矢志作海德拉勃德泰西新史作醢笛喇叭黃記云其國東界沙漠南界叩齒灣西界俾路芝北界阿富汗國及本若省長千里廣六百里領六郡此外商埠曰塔塔曰格勞齊曰勞社那曰戒易坡俱繁盛名區印度河經國中分多派入海藉資灌溉五穀豐饒昔時土君甚富貨賄山積藏於塔塔城道光二十三年爲英所滅印度惟此部人號爲勁勇兼狎習風濤二圖塔塔作大達勞社那作瑙舍拉講義云千八百十四年併於孟買州地勢當與沙漠分離之處海岸一帶酷熱溼潤地味甚瘠西有商埠曰喀喇蚩卽雷之喀拉欠黃之格勞齊講義云此印度河口附近之港人十萬五千餘口印度西北大貿易場也海得拉巴陸路貿易繁盛課程云海得拉巴在印度河中小島上鐵路東

北達拉合爾人二萬口有礮臺及製造軍械廠喀喇蚩在海得拉巴西南南臨海灣爲停泊絕佳處有海電綫達蘇彝士河西徼水道考云上見旁赴普信地河西南流至路得分一支南流經恕易普爾至洛麻加入叩齒澤中其正幹則西流折南經海地拉巴爲信地都城又西南至塔塔拉宗頹以學會圖之喀塔富之案此云由海喀嗒蝴掠巴西南至塔塔分爲數派則是大達非也復分爲數派入科曼海灣卽印度洋或稱小西洋梁書所云從月氏高附以西南至於西海蓋指此也紀程云西域記之信度今孟買所屬之信地部元奘所到處爲今信地所屬之克爾普爾國在赤道北二十七度二十七分順天偏西四十七度三十四分又狼揭羅今信地部之喀刺直城案卽喀刺蚩在赤道北二十四度五十三分順天偏西四十九度二十九分又阿點婆翅羅今信地部所屬開治國之西北境開治在赤道北二十三度二十分順天偏西四十七度六分

附**本土國**

開爾派雷志云面積六千一百九英方里人十三萬千九百三十七口先謙案開爾派列國學會二圖作克爾普爾在信地部內

巴羅答雷志云面積八千二百二十六英方里人二百四十一萬五千四百十三口　巴羅答都城人十一萬六千四百二十口徐志云曰瓜爾又名古宜加瓦爾在西印度西南隅三面懸海素以寇掠爲俗印度人稱爲賊渠爲强敵所迫降於英都城曰巴羅達一作巴羅他先謙案卽雷志之巴羅答也列國學會二圖與徐同紀程作喀的亞瓦萬國圖作喀第瓦黃記云日瓜爾部一名佳得低哇東北界亞米特巴部餘三面濱海中央岡巒絡繹廣袤五百餘里首城名包來丹那士君所轄沿海市埠亦夥案部地與古塞拉德相錯

印度 南部

中部諸省

中部諸省雷志云英領以大臣管理面積八萬六千五百一英方里人千七十八萬四千二百九十四口　耐派人十一萬七千十四口　皆勃耳派人八萬四千四百八十一口以上要區徐志云那哥不爾一作那不爾在德干之東北幅員半之素以盜劫爲俗飛騎四出剽掠諸鄰英人力征降之今爲屬國其部城亦名那哥不爾所屬商之地曰罷架爾曰郎德各曰昭布爾曰拉登不爾曰馬合罷曰通列不爾曰古達曰威拉合爾先謙案卽雷志之中部諸省也迕志曰作中央諸州列國學會二圖作中部慕志云中土諸省其都城曰如伯卜乃鐵路可通之所故其貿易特興盛又有那哥不爾其俗

素稱强悍以劫奪爲能剽掠四鄰課程云中部居德干高原東北隅治那哥不爾在不蘭赫塔河上游西岸其河水南流入哥達惟利河講義云中州占尼爾巴達及馬呼努的河兩岸上流之地並有邱陵地方那哥不爾人千二萬口乃中央印度工業之中心謝志云中央諸省在代千高原之北部繞以本地屬部面積約八萬六千英方里人千一百萬口首府那哥不爾有鐵路與孟買連絡黃記云來格普爾部一作那哥布爾東界俄力薩西界麻爾哇南界伯西耳加北界阿拉喀巴長千五百里廣九百里首城名來格普爾爲通商大埠樋志云中央州占德干高原一部產棉花及煤鐵周志德干高原作提根高原世界圖那哥不爾作那格鋪爾萬國圖作那頗阿漢文圖作那孤波爾圓球圖作那格普瓦据二圖那哥不爾東北有昭布爾東有拉登不爾列不爾東南有威拉合爾並與徐合那哥不爾卽雷之耐派昭布爾卽雷之皆勃耳派又二圖有馬呼爾平方圖作馬赫郎徐之馬合罷有虎塔郎徐之古達紀程云西域記之幡薩羅一作拘薩羅今中部之琛達城在赤道北十九度五十五分順天偏西三十七度八分杜宗預云有比拉爾庫爾格兩部與那哥不爾部地相錯

附**本土國雷志云面積二萬九千四百三十五英方里人二百十六萬五百十一口最要之國列下**

勃司泰面積萬三千六十二英方里人三十一萬八百八十四口

先謙案勃司泰列國學會二圖作布斯塔在那哥不爾之東南

馬德拉斯省

馬德拉斯雷志云英省以總督管理面積十四萬千一百八十九英方里人三千五百六十三萬四百四十口　蘭坎替夫羣島面積二十一英方里人萬四千口　馬德拉斯熱度中數八十度極寒七十六度極暑八十八度人四十五萬二千五百十八口　剔里金拿坡梨人九萬六百九口　馬鳩拉人八萬七千四百二十八口　塞雷摩人六萬七千七百十口　加里喀人六萬六千七十八口　板拉里人五萬九千四百六十七口　尼格配坦人五萬九千三百九十口以上要區

徐志麻打拉薩一作曼達喇薩又作馬達拉斯云在孟加拉之西南城建海濱沙坡之上波潮衝激登岸最險英人設會城於此專爲控扼南方其人面多純黑肢體便捷工百戲部名曰加爾那的米作喃圖的轄五部迤北曰北西爾加耳一作西合牙巴坦迤西曰巴拉加一作剌利北西南曰哥英已都爾一作牙樂昵再西曰馬拉巴爾一作他巴骨再西濱海曰加那拉一作骨他羅利北西爾加耳本印度大國嘗募兵欲逐英人英人進攻劄其國三分之一嘉慶三年再搆兵爲英所滅巴拉加城建山頂路惟蜿蜒一綫一夫可以當關哥英巴都爾礮臺堅固街衢方廣內有故王之宮英所滅也屬邑曰撒林民多纖布造硝馬拉巴爾山嶺崎嶇爲流徙罪人之地加拉那沿海一綫其城內萬厦整潔頗稱饒裕先謙案麻打拉薩即雷之馬德拉斯列國學會二圖與徐同世界圖作馬獨辣斯泰西新史作馬特拉司云英昔與法戰處課程一作麻得拉士外國地理作馬篤拉斯撒林即雷之塞雷摩講義云此州爲白俄里薩延長至科馬林岬一帶地方東北及西南地方沿岸甚豐沃野錄云在半島南部面孟加拉阿勒伯兩海東岸北至北緯二十度十八分止西岸北至北緯十四度止謝志作瑪德拉斯云三面臨海面積十四萬英方里樾志作麻德拉斯云此洲沿印度南部東海岸即科羅滿待耳回轉哥摩林岬而包括西洋岸之一部尼爾益利山地方多英人加非園麻德拉斯爲其首府謝志云南部最大之城地瀕孟加拉灣內有大學校講義云此港人四十五萬口輸出貨棉花茶種糖米藍加非等輸入貨織物類鐵器等世界地理云糾基可林在州之南部與錫蘭島相對二圖糾基可林作士的可倫黃記云加爾那得部東南界海西界達來番科耳及賣索耳北界尼桑長二千六百里廣千三百里領十郡其會城曰曼打拉薩南印度兵師駐此雖瀕海而無泊處沙泥梗阻船難到岸天氣炎熱文武員弁清晨治事畢各歸山莊避暑其內地有旁身羅城英軍戍守二圖加爾那得作加爾那的與徐合課程作卡那的圓球圖作喀訥剔克泰西新史作家拏梯○黃記云西令牙巴坦昔爲土君都城地形險要嘉慶初英

五洲地理志略　卷九中　十七

與血戰連年滅之南方海濱有補落伽山卽釋氏所稱普陀巖也高千五百丈谷內酷暑難堪而山頂積雪若由趾及巔覺四時之氣備於一山矣二圖西令牙巴坦作西林加巴坦卽徐之北西爾加耳許考作西爾加爾○黃記云巴刺加部東界加爾那得西界加都拉南界薩林北界尼桑長七百里廣五百里首城名北那里爲火車鐵路四達通衢二圖北那里作巴刺里卽徐之北刺利雷之板拉里○黃記云哥英巴都爾部東界加爾那得西界馬勒巴爾南界馬都拉北界薩林長五百里廣三百里領二郡二圖哥英巴都爾同亦與徐合○黃記云馬勒巴爾部東界哥英巴都爾西界海南界科青北界加那拉長七百里廣二百里海濱有市埠曰卡里古得曰丹那曰邦那里二圖馬勒巴爾作馬拉巴爾與徐合科青郎可陳卡里古得作科利庫特丹那作堪南那爾邦那里作郎特黎內里講義云科利庫特在馬拉巴爾海濱以重要港有名雷之加里喀○黃記云南加那拉部東界賣索爾西界海南界馬勒巴爾北界是摩加長五百餘里廣二百里領五郡首城曰蒙加羅耳瀕於海岸又有北加那拉部歸孟買轄二圖加那拉與徐合是摩加作什摩加蒙加羅耳作莽哥那爾○黃記云伯爾西加部一名薩卡司東界孟加拉西南界加爾那得北界哦力薩南界海長千五百里廣二三百里不等東有齊家湖西有詞林湖領四郡曰憋沙曰諳底曰斐薩乾曰那咤面二圖伯爾西加作錫加爾斯圖球圖作喀蔥斯此部南臨孟加拉海西南距哥達惟利河屬城有維薩哥巴坦圖球圖作斐薩軋帕塔萬國圖作維薩噶拍探異名記作維薩加巴丹○黃記云以上諸部爲南印度境所謂地形如箕舌斗入南洋者也或有土君世傳其位或部民公立酋長治

五洲地理志略　卷九中　十六

之山內民仍舊俗奉釋教而皆降附於英歸曼打拉薩兵師統轄課程云加稔那所治在孟加拉西南沿海一帶南至科馬林角無分部有小部二十與孟加拉孟買各分部所領之小部同等故但列其數而不記其名麻打拉薩在東高止山東麓東臨孟加拉海其地雖爲大部首城然無停泊海口上下客貨至川浮船近築石爲長橋如海口形下椗始便境內大城有馬斯利巴耳木在麻打拉薩之北偏東東臨孟加拉灣奇斯特拿河分支入海處出印花布多運往波斯漢文圖作麻斯利波打莫有負昭爾在麻打拉薩西南不瀕海鐵路四達萬國圖作坦佐阿有德里支那波勒在貪昭爾之西亦鐵路四達以造珠寶金銀各物著名萬國圖作剔利親諾坡利有丁那威勒在德里支那波勒之南偏西有哥英巴都爾在德里支那波勒之西尼爾吉里山南麓西當西高止山斷缺處故東西海岸中通之鐵路經此產棉花甚盛有拜普爾在哥英巴都爾之西西臨海岸有鐵路東通麻打拉薩多大鐵礮案德里支那波勒即雷之剔里金拿坡梨也曹典球云雷之馬鳩拉學會圖作馬都剌尼格配坦作那加巴特南木紀程云西域記之恭御陀今麻打拉薩部之根遮木城在赤道北十九度二十四分順天偏西三十一度十九分又羯餕伽今麻打拉薩之羯餕伽巴特在赤道北十八度十八分順天偏西三十二度十七分又馱那羯傑迦一作大案達羅今麻打拉薩之公土爾城在赤道北十六度十五分順天偏西三十五度五十九分又珠利那今麻打拉薩之克奴爾城在赤道北十五度四十七分順天偏西三十八度二十一分又達羅毗茶今麻打拉薩之琛加爾普特城在赤道北十二度四十一分順天偏西三十六度二十七分又枳秫羅今麻打拉薩

之瑪都剌城在赤道北九度五十六分順天偏西三十八度十九分

附

本土國雷志云面積九千六百九英方里人三百七十萬六百二十六口著名之國列下

脫郎佛科爾雷志云面積六千七百三十英方里人二百五十五萬七千七百三十六口徐志云達拉王哥爾亦英屬國在南印度極西南海角都城曰的里彎德稜所屬通商之地曰達拉王哥爾曰波爾架曰固蘭曰安任加此外中西印度尚有數小部皆屬於英先謙案達拉王哥爾即雷志之脫郎佛科爾也列國學會二圖講義與徐同謝志作打冷莽柯樋志作特拉萬科科阿周志作得拉維夸爾圖球圖作特來番科耳黃記作達來番科耳云東界丁利肥里北界科靑西南界海長五百里廣二百里城名特來番得郎土酋所轄海濱商埠曰波爾架曰魁瑻南方有地形斗入海中所謂哥摩林角是也海船至此轉柁風濤甚猛內地有米墳邑山水秀麗果木尤佳土酋前爲荷蘭所逐居民亦多遷徙今隸於英案特來番得郎即徐之的里彎德稜萬國圖作剔利萬特隆圖球圖作特里發恩得婁二圖與徐同丁利肥里作丁那威勒波爾架安任加並同固蘭與徐同即黃之魁瑻哥摩林作科馬林

科輕雷志云面積千三百六十二英方里人七十二萬二千九百

六口徐志云荷蘭有城在海濱曰可陳一作固貞近年亦爲英人所取先謙案即雷志之科輕也列國學會二圖與徐合萬國圖作哥親異名記作哥陳紀程云即明史柯枝國半島之西南端黃記作科靑云又曰可陳幅員百餘里在達來番科耳西北

枯爾

枯爾雷志云英領縣直隸印度政府面積千五百八十五英方里人十七萬三千五十五口黃記云庫爾格在賁索爾土部之西西高止山東麓治美爾喀拉在西高止山中先謙案庫爾格即雷志之枯爾也

漢大累板

漢大累板雷志云英最重要之藩國在德肯高原面積八萬二千六百九十八英方里人千百五十三萬七千四十口　黑打蘭板人四十一萬五千三十九口　亞倫格板人三萬三千八百八十七口以上要區徐志云五印度中東南諸國大半爲英所夷滅分隸四部尚有十餘國納款稱藩僅存故號英派大酋駐之代理國政德干一名尼桑一作尼撒米圖作海特爾拉蠻在南印度腹地幅員廣闊爲中南諸部之最國無政而好戰民多怨畔四鄰並侵英人助以兵力乃免於亡遂降英爲屬國其地天氣炎熱物產曰豐饒風俗邪淫最甚地分五部曰海德拉巴其都城也曰比德爾曰比拉爾[illegible]曰亞瓦郎加巴曰北乍不爾先謙案海特爾拉蠻即雷之漢大累板也講義印度諸藩部云海得拉巴居迭康高原之中心東部有大炭坑首府海得拉巴人口四十餘萬亦大都會也案海得拉巴即徐之海德拉巴雷之黑打蘭板樋志云海德拉巴州在德干高原之中央其地出海面二千尺州中產棉地甚廣部長州之爵名曰尼薩密陳炳煥云在哥達惟利河之南奇斯德那河之北矢志作海得拉勃德許考吳志作海達文巴德周志作哈台蘭特迠志作哈德兒拉巴得德考作德海德拉漢巴圖作特拉拔得圖球圖作哈受豆辣巴得黃記云德干二部一名尼桑東北界來格普爾西界伯日普爾南界加爾那德長二千里廣三百里轄五部首城曰海德拉巴[illegible]英軍萬二千屯之境內多高原產良麥土酋世襲暖削不平民嘉慶中屢與英搆釁迭康乃決計取之雖鎭以重兵猶常反側不安所記與徐略異德干國迭康即雷之德肯世界圖作兒坎周志作提根地學作鐵幹外國地理作敵更二德肯圖作尼桑與徐同徐之亞瓦郎加巴即雷之安瑻加巴得課程云兜桑土國在孟買之東麻打拉之西比拉爾之南哥達惟利河奇斯得那河二水之間英督遣官監之國都海得拉巴在奇斯那支源南岸有鐵路西達幹路二圖比德爾與徐同萬國圖作必達北乍不爾作比咤婆阿亞瓦郎加巴作澳冷葛巴平方圖作安瑻加巴得圖球圖作俄倫勾巴得紀程云西域記之案達羅今尼桑國之空蒙麥特城在赤道北十七度十三分順天偏西三十六度十七分又恭那補羅今尼桑國模德古爾城之東南百里模德古爾在赤

道北十六度二分順天偏西四十度

般拉省

般拉雷志云英省直隸印度政府面積萬七千七百十八英方里人二百八十九萬七千四百九十一口　愛里區派人三萬六千二百四十口　愛摩勞替人三萬三千六百五十五口以上要區王達云學會圖有比拉爾即雷志之般拉省也在尼桑土部之北稍特不拉山之南課程云本尼桑土部地割以償英債者學會圖有伊里治布爾即雷之愛里區派有鄂木老烏的即雷之愛摩勞替野志云境內地味肥沃產棉花又云比拉爾西端有布爾塔那國首邑曰模爾克普爾先謙案列國圖同課程云在塔普提河北岸人二萬六千餘口爲孟加拉所領八分部之一案此地歸英後併入孟加拉也迠志作伯兒拉州般伯一聲之轉

迷梭爾

迷梭爾雷志云英藩國面積二萬七千九百三十六英方里人四百九十四萬三千六百四口　迷梭爾人七萬四千四百四十八口

奔加勞人十八萬三百六十八口以上要區徐志云賣索爾一作賣索米爾又作邁蘇爾圖作買若爾在南印度南界素稱强國地多沃土農功甚力其王好戰侵伐四鄰連年不息英人力戰取其國散其兵乃降爲屬國都城與國同名所屬通商之地曰邦加羅爾曰幾那巴登曰幾德爾德拉克曰賽拉曰哥剌爾先謙案卽雷志之迷梭爾也列國學會二圖與徐同世界圖作邁叟萬國圖作買瑣阿圓球圖作麻梭耳樋志作買索爾周志作寐蘇亞泰西新史作梅鎭西洋史要作墨所講義印度諸藩部云橫迭康高原之中全土多旱黃記云東界加爾那得西界加那拉南界哥英巴都北界伯日普爾長八百里廣六百里領十郡有土王居賣索爾城其商埠曰邦加爾耳曰色林甲巴丹曰故剌曰幾得拉皆繁盛之區案邦加羅卽雷之奔加勞二圖作邦加洛爾此郡在國之東北色林甲巴丹卽徐之幾那巴登萬國圖作西冷葛巴眈圓球圖作蒐淩軋帕坦故剌卽徐之哥剌爾幾得拉卽徐之幾德爾德拉克此郡在國之西北課程云賣索爾大土國在德干高原南境四面環麻打拉薩境土惟西北一隅與孟買接壤英督遣一官監之國都買索爾在南境加惟利河上游南岸南倚尼吉里山西接庫爾格倚西高止山又西林加巴坦在買索爾之北加惟利河上游北岸其舊都也案西林加巴坦卽黃之色林甲巴丹

英領錫蘭島

錫蘭島慕志云在印度東南緯綫自赤道北六度至十度經綫自順天偏西三十四度至三十六度長九百里廣五百里總

計九萬方里謝志云西倫一名錫蘭地在北緯六度至十度東經七十九度至八十一度面積二十四萬八千方里黃記云東西六百餘里南北千餘里產獅子樋志云南北二百五十英里東西百五十英里與其附近小島共成一殖民地屬英國殖民事務大臣統轄泰西新史作新錫藍課程云卽佛國記漢書新唐書之師子國西域記之僧伽羅國明史稱錫蘭山土人謂高山爲錫蘭島有高山故名雷志云與印度相隔爲巴克峽吳志作巴爾庫世界地理作泊卡謝志作馬那耳海腰由海岸至內地漸高其最高者八千二百九十六英尺矢志云最高峯曰亞德密斯高八千二百八十尺樋志作亞當黃記作亞坦吳志作阿達姆謝志云河之大者曰瑪哈韋力長四百里小川尙多面積二萬五千三百六十五英方里課程云分八部曰北部曰北中部曰中部曰西北部曰西部曰東部曰烏瓦部曰南部人三百三十九萬千四百四十三口謝志云官私學校約五千所業農者居百分之二十八耕種地三千百六十六英方里草場千四百二十英方里土產椰子加非金雞納肉桂椰樹等矢志有棉茶煙草有玉桂可造船礦產石墨謝志有金剛石寶石石鹽沿岸產珠千八百九十七年牛二百十八萬九千五百三十六綿羊八萬六千六百二十七入口貨

値六百十二萬六千七百二十磅出口貨値五百三十一萬八千七百磅謝志云每歲輸出貨約四千萬圓入口貨四千三百萬圓多與英國印度貿易鐵路二百九十七英里謝志云鐵路六百里電綫四千五百里課程云已成者八百五十八里已測量未造者六百二十餘里入款百五十萬四百十磅國債三百六十九萬九千八百十七磅謝志云歲入可千萬圓歲出之數如之公債三千七百萬圓葛倫巴熱度中數八十一度極寒七十九度極暑八十三度雨水八十七英寸又尼華拉愛里雅熱度中數五十九度極寒五十七度極暑六十一度雨水九十九英寸人十二萬六千九百二十六口　皆夫那人四萬三千四十二口　肯田人二萬二百五十二口以上要區徐志錫蘭[illegible]云在南印度之東南海中大島也周回千餘里中有崇[illegible]山高阜近海窪下地多雨多迅雷山川靈秀花木繁綺禽聲歡樂林內多象土人用之如牛馬居民皆崇佛敎云佛生此土生齒繁多穀不足仰食印度山出寶石海濱出明珠產桂皮最良勝於粵西前明中葉葡人據錫蘭海口立埔頭尋爲荷蘭所奪嘉慶元年英人驅逐荷人盡有海濱之地時錫蘭酋殘虐失民心其都城名

可倫破濱海英人進攻內潰而亡全島爲英有鎭以大酋海船屯集之地名停可馬里又云郡國利病書言錫蘭山國古狠牙脩也貨物多聚亞於瓜哇中有高山土產鴉鶻寶石每遇大雨衝流山下從沙中拾取之隋常駿至林邑極西望見焉番語謂錫蘭山爲高山因名相傳釋迦從迦藍嶼來登此山猶存足迹山下有寺中貯釋迦涅槃眞身及舍利子明永樂六年遣太監鄭和等詔諭其王亞烈若奈兒齋供器寶旛布施佛事建石碑賞國王頭目有差其王負固不服擒之以歸擇其支屬亞巴乃那立之十四年正統十年天順三年皆入貢又云印度爲佛敎所從出諸佛菩薩羅漢繪塑之象多裸上體或耳帶環臂束釧乃印度本俗至今未改所衣袈裟卽印度人外著之沙郞僧人爲禮合掌膜拜皆印度土俗也佛法自後漢入中國至南北朝而達摩航海東來演敎外別傳緇流遂布滿中國紅衣喇嘛敎起於烏斯藏其地本毗連印度至前明中葉宗喀巴別唱宗風演爲黃敎內外蒙古暨瓦剌各部靡然從風其敎可謂盛矣然自囘敎興於唐初由天方漸傳東北不特玉門以西多花門種類而佛法最盛之五印度亦大半舍牟尼而拜派罕元起北方最崇佛敎太祖憲宗取印度建爲外藩乃其地已半從囘敎蓋自宋元以後印度佛敎已不如囘敎之多至今日印度各國備歐洲之東藩又參以耶穌敎而佛愈微矣先謙案列國學會二圖作錫蘭與雷徐同與印度相接處作保克海峽卽雷之巴克也世界圖作羅克其西岸有城曰可倫坡卽雷志之葛倫巴徐之可倫破世界圖作哥龍波萬國圖作科隆跋紀程作科隆坡漢文圖作考老毋外國地理作蓋蘭波出使英法日記作格命坡世界地學作哥倫波周志作角龍勃樋志作科倫布許考矢

志作葛蘭巴黃記云明初爲回人所據土君與葡聯盟逐回人遂爲葡所據崇禎中又招荷以逐葡而荷又據其市埠嘉慶元年英人襲取之全島遂歸於英以可倫坡爲會城於海濱築礮臺護之本土庚低之人居山內四圍海濱皆印度遷來者其北境谷內路徑不通土酋酷虐近由庚低開路直達東北海隅復由庚低建火車鐵路二百餘里至可倫坡歲收賦稅二百萬慕志云分南北東西中五部各有英官駐紮英大臣駐葛倫巴謝志云哥倫波人十二萬口東西洋郵船必寄泊於此南有高勒爲南洋輪舟灣泊處人三萬六千口中央有城曰干第爲土酋舊京人二萬口据二圖中央有堪的卽雷之肯田黃之庚低謝之干第萬國圖作坎地紀程作刊的世界地學作甘幾南有加里卽謝之高勒雷之皆夫那課程作拋因脫甘里東北有亭可馬里卽徐之停可勒馬里漢文圖作刊火日日本新地球圖作地利外國地理作駝蓮蓋馬利謝志云亞當峯頂有天生灰石痕愚人以爲佛足迹案諸志多以錫蘭爲釋迦生地非也巴德那二圖作巴德拏嗄那作加雅

曼爾底甫羣島

曼爾底甫雷志云羣珊瑚島居民約三萬口先謙案雷志曼爾底甫列國學會二圖作麻代父羣島萬國圖作麻耳代夫圓球圖作麻荅愛夫謝志作瑪勒代弗云產椰子魚介民皆回人有蘇丹治之仰英國保護課程云在錫蘭西約五百海里爲珊瑚所成島酋世守其地歲致貢於錫蘭長官王達云野志又稱千島由十七羣之珊瑚礁而成產棉

米蜀黍等本島屬錫蘭一六四五年以來島官住馬利島二圖又有辣喀代父羣島圓球圖作拉克答愛夫謝志作拉嘎代弗云多出椰子均距南印度西岸百五十英里阿剌伯海中王達云野志辣喀代父羣島分爲二羣北羣由亞密的之五島而成直隸於南加那拉區案濱馬拉巴爾海岸南羣由加瓦拉亞德羅得等而成屬加那諸爾之拉第亞受英人支配羣地味不良土產科亞西居民萬五千口紀程云印度西南海中北羣小島曰來加的甫南北相屬約千里東距印度西岸約五百里南羣小島曰邁爾的甫南北相屬約千五百里東西距錫蘭約千二三百里兩羣島南北相距約六百里爲東西往來水道有彌尼科伊島適當水道之東北至西南亘長約三十三四里廣不過五里地勢平衍南觜有燈塔舟行望之以爲表兩羣島石質皆珊瑚結成西國地學家謂珊瑚爲水中小蟲所造之窩蟲小不能辨視其體柔輭石之久沈水底銷化爲灰者蟲藉之作窩中留小孔自容從孔伸出吸取食物生長甚繁新窩從舊窩加長新蟲生舊蟲死生生不已成珊瑚加樹形愈長愈大久之爲泥沙塡漬則爲島出水卽不加高以蟲離水則死也或低於水面百七八十尺處其蟲亦死於是水中礁石亦有珊瑚所成其島狀或正圓或橢圓或周他島之四外如圈然澳洲東北太平洋中有珊瑚羣島連屬三干餘里爲最廣次則來加的甫邁爾的甫兩羣耳西人謂石分兩大類一曰水層石一曰火山石水層石中有生物形迹者爲殭石珊瑚島蓋亦洋中殭石之類明史云潘山自錫蘭山南去順風七晝夜可至以地望準之似卽今之邁爾的甫羣島其所謂三石門並可通舟山下八港各以潘名者蓋羣島中之港汊也近島海中產貝黃白文者有之白黃文者有之博

而顆大而險小而精者亦有之非洲迤北瀕地中海各部落多於此采貝以爲錢幣案邁爾的甫卽曼爾的甫來加的甫卽辣喀代父也

五洲地理志略九下　亞洲十二

賜進士出身　特賞內閣學士銜前國子監祭酒翰林院編修加三級臣　王先謙謹撰

英領印度國三

新印度志略云婆羅門教㶖自阿利安種人其人初居印度河左右地次則東趨朱木拿及恆河上游之區生齒日繁所占境界西起旁遮普東至烏德及亞拉赫巴得北依喜馬拉山南界文得亞山皆入其範圍經營多世成爲國體統屬中央之政府垂立四級之族制而強有力之教僧操其王權兼爲祭司董督重要祀典祈禱歌詩修飾神壇改正儀注每以力取之地分賜同族其兵士所得則役使降服之番族爲之耕刈故積日既久獨成一部專任護衞酋長備豫戰事無與農功迨後阿利安種定地甚廣名曰中地遂成強國干戈既息有解甲歸農及專事太平職業者初時農田接連敵壤既相距寫遠別需常備兵士而舊日王之衞士與新募有膽略者合爲一級如是則區爲三級第一級僧郎婆羅門第二級兵士與王之護衞第三級農人以後漸分門戶勿通婚嫁且各守祖傳職業惟逢國家大祀典與會拜神第四級曰蘇得拉斯郎被虜番族役爲奴隸永不除籍祀典宴會概不與聞勞苦賤事俱令操作迨後婆羅門尊其特權以杜爭競乃言彼之等級由上帝所賜古初已然以固族制而保權利　後有高撻麥伯哈氏郎今所稱佛於紀元前六百年間㶖立佛教其卒葬於拉日格列哈左近弟子來會者五百人裒集遺言別爲三類一誡言專誡弟子者二教

法三教理此爲佛門弟子初次聚會百年後再會於維稅里來者七百人平同門爭端定悔罪條款十則自是佛弟子分爲兩黨後又分爲十八派佛歿後二百年間傳徧印度之北前二百四十四年麥加特哈巴哈爾古名王亞蘇咖氏王旁遮普巴哈爾烏德一帶爲希臘王國深信佛教極力讚揚廣建廟宇養僧六萬四千其所王地今猶稱僧寺國以佛爲國教是年復會佛弟子於巴德拿到者千人立公署派大員以傳教爲專職分遣教士開導番族雖貴如婆羅門賤如乞丐無不以善言相誘勸蓋德化感人至深也佛歿四百餘年康尼蘇喀氏王印度西北克什米爾列特古康亞加拉信地一帶千開第四次大會輯佛經三冊後成立藏經或稱北經半本於此此會屬北方及西藏之信徒猶亞氏會屬南方及錫蘭也自巴德拿開會次年亞氏子馬森都率教士攜新輯佛經至錫蘭宣講未幾其女弟姓嘉密泰亦領女僧隨往四百十年至四百三十二年間復將佛經譯成巴里方言南方佛徒以里爲神聖之記四百五十年間教士自錫蘭至緬甸六百三十八年暹羅奉之五百年至七百年間瓜哇奉之蘇門荅拉與波利又自瓜哇輸入波利蘇瓜哇荅旁遮普及其左右地方曾屬格里科白克脫王國沙什亞族亦接王其地佛教皆盛蒸自康氏一會而佛教勢力愈振西藏中亞細亞南部及中國一帶已成北佛教傳道之路三百七十二年傳入高麗五百五十二年延及日本此佛教徧被東方之大略也西方則爲格弗斯族所傳布遠至裏海而止自佛降生至今二千四百餘年信從者已達五百兆之多占世界人民三分之一有奇然當日於婆羅門教絕不相惡並立垂千餘年祠廟同建一方徒衆皆爲人尊崇此得之遊歷實驗者其後有興都教化合二者而成又有監穎教自佛教出信奉者亦多

初前三百二十七年馬基頓王亞歷山大由波斯入印度渡亞德各以上之印度河越丹稅爾城在印度河間最富熱鬧至熱倫河旁遮普酋長褒拉斯禦之於距芝里瓦拉十四邁地方敗績亞歷山大建二城於此一在熱倫河西曰卜斯福里亞一在河東曰那希亞郎今莽格格也又向東南進行次阿木利昔爾復折而西敗加希阿族於散格拉抵皮阿斯河河在拉合爾東南五十邁與薩特里日河相連駐兵蘇孛拉倭距拉合爾東南四十五邁相近地方欲徑至恆河而土族蜂起部卒怨憤遂退至熱倫城具船下駛餘兵循河岸前進至穆里坦與麻里族血戰據其城次旁遮普五河匯流處建一城曰亞歷山特里今之烏則也四鄰降附日多留兵將鎮撫㶖立舟師率以南行經信地循印度河抵大海河口建一城曰巴德拉今之赫得拉巴也分其兵之半令尼客氏統之進至波斯灣自率餘衆經俾路芝波斯於前三百二十五年抵蘇薩其於信地旁遮普二地用兵二年惟與酋長聯盟建城駐兵而已所得土地以與酋長及聯盟部落之附己者故每一小朝廷必有希臘政黨自阿富汗邊境至皮阿斯河又自喜馬拉雅山麓至信地河口皆駐軍以固歸路丹稅爾北旁遮普之那希亞南旁遮普之亞歷山特里信地之巴德拉及它經過地皆置營汛選希臘兵或聯軍守之而以大隊駐白克脫里亞　前三百二十三年亞歷山大歿其國分裂前三百十二年部將希路客尼開多㶖立敘利亞王國自地中海東起至育弗雷特河與阿剌伯沙漠又自埃及北至緯三十六度止幾據有其地時有康特拉加撻者印度人起微賤率亡命於前三百十六年攻取麥加特哈即巴哈爾爲那帶王朝地進破巴得利布脫拉都城即巴德拿印度西北部諸酋奉爲主希氏既克貝孛倫薩弗雷特河旁北緯三十二度三十分英天文臺東經四十四度三十分遣將取旁遮普康氏一馳至逐其將境外於是結約罷兵希氏割讓希臘人居留旁遮普一部之

地及加普爾流域一帶以報康氏贈象五百之惠又以女妻康遣使臣駐北印度自此遂爲友邦自前三百十六年至二百九十二年康氏王東方經營二十餘年而國立又數十年而亞蘇咖出以闡揚佛教爲事北印度宗教一變西方崇重希臘而興都學術工藝一變蓋風氣所趨也前百八十一年至百六十一年間有白克脫里亞即格里科白克脫王尤克雷太特希臘人取巴德拉城及開治古直拉德二地又有明奈德爾王於印度西北諸部地百二十六年曾都馬特拉一帶馬特拉朱木拿河北緯二十曾得其錢幣七度三十分英天文臺東七十七度四十五分加普爾蓋當時白克脫里亞朝爲韃靼族所驅除其旁遮普境內格里科白克脫之居留地亦爲杜濟族所覆及沙什亞族入主印度傳至康尼蘇喀於西歷四十年開四次大會以昌明佛教時與爲敵者有育監國王活克蘭梅狄替亞七十八年有南印度王薩列韋哈那七十年至二百三十五年有蘇拉蘇特拉之薩斯朝三百十九年有西北部岡腦吉之加撻斯朝都婆羅門之中地轄北印度及西南巴羅達一帶四百七十年爲西北新入之白亨斯族所滅繼之者有威拉孛希斯朝自四百八十年至七百二十二年轄開治孟買之西北部及馬盧禳一帶八百年間爲攻克信地之阿剌伯人所滅又有非阿利安種人者早居印度爲阿利安族驅之山林及阿利安生齒日繁拓地日廣屢行此法然非阿利安族亦㶖立最強王國如那帶王巴哈爾郎蘇得拉斯也第四級後滅於康特拉加撻亦有謂康氏爲那帶出者其聯入印度國法佛教之力爲多其族居北印度善地烏德及西北部多有城邑堡壘迨穆罕默德入印度時其族向據有郡縣後乃漸失今在英屬境內者尚千八百萬人又有加喀爾斯族者行同生番一婦多夫一千八年穆罕默德都

各什尼（[illegible]）時曾為所困同族人印度其族仍堅守故地千二百五年殺同族首領哥烈於帳中焚掠旁遮普拉合爾相持甚久千五百二十五年蒙古王許以土地始歸順焉自是居旁遮普為藩服極效忠誠勢力日重千七百六十五年敗於稅克斯族棄其平原退守猛剌山間千八百三十年滅於稅克斯見在此族人數僅萬百五十三人英官頗貴其種族稱為內剛勁而外儒雅云又有巴爾斯族者巴勒里一部當千年前亞爾斯族自北入壁爾自南入巴爾斯族自西入阿利安為三族所驅除當佛教陵替時巴爾斯據有恆河北地國境包烏德省其在西部之權力千四百年間為遮翁普爾之夏爾企朝所傾覆（遮翁普爾在西北部北緯二十五度四十分英天文臺東經八十二度四十分）又孟加拉之北干姆拉不地方屬阿利安族王國千四百八十九年孟加拉之阿富汗王滅之有庫什族者建國於干姆不拉名故里曰庫什貝哈（干姆不拉在北緯二十六度十五分英天文臺東經八十九度二十分貝哈在北緯二十六度三十分英天文臺東經九十一度）今其族猶占鄰邑人民多數東至阿薩密境有阿姆斯族千三百五十年自東南入主其地從興都教千八百二十年為緬甸所破治權遂失國中教侶有十七萬九千人恆河之南邦德爾一部有民族曰邦德爾斯久居於此故地以族名半番族裔孫再南至印度中央高原為非阿利安族聚居地如高烈斯如那加斯如剛特斯亞爾斯等族相繼握治權於稍特不拉之平原孟加拉南部非阿利安族種人尤多至印度南境居民幾全為非阿利安族成特拉佛田之方言今習其語者約四十六兆人

穆罕默德者阿剌伯人剏伊斯蘭新教六百三十二年歿於麥的拿城後三十二年教徒七犯印度掠旁遮普七百十一年回族開興征服信地之興都人七百五十年興都人叛逐之土耳其人薩北撻金再犯印度取科拉薩（[illegible]）及阿富汗地都各什尼稱各什尼王九百七十七年敗拉合爾之興都酋長吉貝爾以旁遮普為藩屬責納貢賦九百九十七年薩北撻金卒子麻摩嗣在位三十三年拓地甚廣東起波斯西至恆河一千一年敗吉貝爾俘而囚之其子亞那特貝爾聯剌日不的與麻摩戰於白沙瓦以報前怨麻摩得土耳其騎兵之助又勝之嗣是旁遮普為其郡縣千二十四年擊古直拉德避信地沙漠取道亞日迷爾興都人聞之扼沙木那斯之隘力戰二日敗潰婆羅門僧徒退保所奉薩瓦神廟麻摩追入僧徒求勿毀神獻金以贖麻摩不聽棍擊神像寶石迸落盎神廟素富也傳世十四歷百餘年與阿富汗各爾朝王亞拉額亭相爭千百五十二年王巴爾蘭木為阿王所覆各什尼城劃為平地巴爾蘭木子格司路逃至拉合爾復建穆罕默德朝傳其子亦名格司路千百八十六年仍為阿王摩哈默哥烈所滅格司路為俘虜焉

各爾朝剏業者曰伊石亭赫森亞拉額亭父也亞拉有二姪一嘉丐司額亭一麥尼什額亭又名宣哈孛額亭而史稱摩哈默哥烈千百七十六年麥尼什取穆里坦烏則諸地千百八十七年再克拉合爾千百九十一年擊特里時興都斯坦分二剌日不的王國一都剛腦吉一都特里麥尼什戰不利以計離間二王使相猜忌從而圖之戰勝攻取千百九十三年國境遠至班拿勒斯其潰敗之剌日不的羣從山鄉沙漠之區今之剌日不的拿是也千百九十九年麥尼什裨將拔克鐵亞兒率兵入孟加拉逐奴底亞之興都酋長於境外故北境自印度河起至布拉馬普得拉河咸歸轄治惟麥尼什喜居各什尼舊都印度政事皆由愛奴柯撻伯亭董理麥

尼什遙制而已千二百六年麥尼什駐印度河岸夜寢帳中為加喀爾斯族人剌殺麥尼什既歿都城移於特里柯撻伯亭自號特里王世所稱奴隸朝也享國百年覆於法羅寺氏今故都雖圮當時所立得勝柱巍然獨存上鐫柯撻氏名字尚顯見傳言柯達氏武略政事皆頗可觀後王無所表見故史不詳其事蹟

千二百九十四年法羅寺之姪亞拉額亭開列吉弒其叔自立

亞拉額亭曾將兵入印度南部掠中印度之壁爾薩廟（[illegible]）復南行抵台干之狄烏格里侵麻哈拉德都城既篡立欲併吞全國分道經略亞拉夫汗一軍入古直拉德逐安納爾瓦（[illegible]）之剌日不的王攻取其地麻里哈福爾一軍入印度南部之馬都剌逐特拉佛田族搜各寺廟積儲財寶無幸免者自將一軍入剌日不得拿台干古直拉德來附千三百十六年歿子孫繼王者三人同時執權甫五年而有杜科拉克之變杜土耳其人為旁遮普首領千三百二十一年叛王印度北部號杜科拉克朝遷都特里東四邁之地名曰杜科拉克巴德千三百二十五年卒子摩哈默杜科拉克嗣弊政繁興遷都台干強特里人民從居相距七百邁之狄烏格里及督拉撻巴德故興都斯坦一方尤被其虐千三百三十六年孟加拉之阿富汗王叛而自立千三百四十七年亞拉額直（人剛）一自立於台干是為巴曼尼朝千三百五十一年摩哈默杜科拉克卒從兄法羅寺嗣又別建都於特里以南數里之地以己名名之千三百九十一年古直拉德首領柴發爾汗自立為亞麥達巴德王相繼叛者數人千三百九十八年帖木兒入印度杜科拉克王摩穆拒戰於特里敗竄古直拉德帖木兒殘殺其民仍返撒馬爾罕都城（北緯三十九度四十分英天文臺東經六十七度）摩穆仍回特里其後稅伊得朝代之據特里及周圍數邁地歷四十年阿富汗之洛狄族貝羅利滅之其子孫遷都亞加拉千五百二十五年帖木兒第五代嗣王巴貝爾伐印度與洛狄王伊伯拉希木戰於班尼伯的（[illegible]）勝之巴貝爾遂號印度皇帝

初印度極南一部分為四國曰開爾拉曰班特瓦曰科拉曰其爾拉四者統一曰特拉佛田四國中班特瓦最強都馬都剌科拉都康貝康納木後遷貪昭爾其爾拉都賣索爾之托喀特（[illegible]）為班特瓦第一朝傳七十三王第二朝傳至四十三王巴拉克拉麥為穆罕默德教徒麻里哈福爾所滅時千三百二十四年也回族素未樹權於印度極南故興都族人相繼治馬都剌直至千八百年間乃已其爾拉國相繼五十王科拉六十六王小國畫地自治者尚多十二世紀至十六世紀則興都佛日秩那加爾叡（哈日那）治理印南全境都巴剌里之通加不得拉河右岸其時與台干王屢戰未挫王南印約三百年之久

亞拉額亭之剏巴曼尼朝也在千三百四十七年及千三百五十七年間初都古爾巴各後遷比德爾千四百年間巴曼尼朝亡裂為五國一亞狄爾宣赫朝都北日不爾千四百八十九年倭托曼王亞墨拉斯所剏乃土耳其支族二古塔宣赫朝都哥爾康達千五百十二年土科曼族人所剏亦土耳其種三赫尼桑宣赫朝都得奴格爾千四百九十年一婆羅門背佛日秩那加爾而自立者四比拉爾之伊梅特宣赫朝都伊烈克普爾千四百八十四年興都族人背佛日秩那加爾而自主者五巴烈特宣赫朝都比德爾千四百九十二年或言挪主為土耳其人亦有謂佐治安之奴者千五百六十五年五國之師共擊興都王佛日秩那加爾戰於托律科撻興都王敗死其國遂滅敵兵陷城後亦未南進時封建

之諸侯有訥克斯者聞君亡國滅守地自主今南印度之巴里加爾斯及責索爾之土酋皆訥克斯所傳也又有一王族逃至昌特拉吉利自立千六百三十九年其子孫以麻打薩拉部讓英仍保舊日主權者又有王裔於佛日秩那加爾左近自立延至今日所稱亞那監的（卽尼桑耕得那巴之封邑）王者是也時惟台干薩爾丹（[illegible]）之主權尚盛十七世紀後半棋始爲蒙古所滅奧蘭格什孛回朝王亞麥達巴得一帶自千三百九十一年至千五百七十三年垂二百年爲亞克巴爾所覆同時孟加拉之阿富汗王都皐爾自千三百三十六年至千五百七十三年亦自主二百餘年　蒙古巴貝爾稱印度皇帝時聲勢之盛無異帖木兒惟帖木兒克特里後即還舊都巴貝爾則圖刱新國久居興都斯坦平原時吉都爾之剌日不的謀取亞加拉之稅克利巴貝爾擊敗之千五百三十年巴貝爾卒子哈麻呷嗣有蘇沙爾者孟加拉土人率阿富汗人突起據興都斯坦哈麻呷被逐至波斯道經信地至有麻各德堡其妻生子亞克巴爾蘇沙爾旋攻開林加爾之石堡戰死哈麻呷備嘗艱苦復自立於拉合爾與特里之間千五百五十六年哈麻呷卒子亞克巴爾嗣年十四師事貝蘭木汗（博達就宣人多識善戰博達就宣在中亞細亞北緯自三十六至三十八度英天文臺東經自六十九至七十二度）擊阿富汗之叛者先定旁遮普亞加拉一帶千五百六十八年攻吉都爾之剌日不的城克亞日迷爾千五百七十年取烏德及格瓦律倭爾（北緯二十五度英天文臺東經七十二度）二省千五百七十二年親率兵至古直拉德敗亞麥達巴得之自主薩爾丹收其地爲蒙古省治遣將驅阿富汗人於孟加拉境外以恆河下游之地劃歸興都斯坦千五百七十八年其將軍托達麥爾取俄里薩千五百八十一年降加普爾千五百八十六年取克

什米爾千五百九十二年降信地千五百九十四年降康達哈爾（阿富汗屬地首邑亦名康達哈爾北緯三十一度四十二分英天文臺東經六十五度三十一分）伐台干取比拉爾部自特里遷都亞加拉定地賦三分取一之制前此印度通國地賦徵英金千六百五十萬鎊亞克巴爾所王土地面積與今英屬者較則亞克巴爾能得千五百五十萬鎊者今英政府僅得千三百五十萬鎊是所取較英多矣軍制如封建法凡附庸納貢之士王必監以蒙古之公卿又刱立新教本自然神學（[illegible]）包括他教之最善者自爲教堂首領晨興必禱太陽以神靈發光於世界萬物得以生活太陽乃其代表故崇拜之而國內愚民又崇拜亞克巴爾如神靈焉千六百五年亞克巴爾卒子監漢吉嗣自亞加拉遷都拉合爾英人之營業於蘇拉特及遣使蒙古朝自監漢吉始千六百二十七年卒子夏甲汗立建特里城營宮殿爲其妻造陵用工人二萬廿年畢工千六百五十八年卒在時四子爭儲相殺奧蘭格什孛以計覆諸兄弟遂卽位仍都特里其先爲台干北半部酋長旣立首克台干之薩爾丹威行南部自佛日秩那加爾亡後北日不爾哥爾康達二部已自立爲王有沙韋嘉者時爲北日不爾外藩守高止石壘乘機奮起遂爲麻哈拉德聯邦之主千六百八十年歿子薩北赫甲繼業未久爲奧蘭格什孛所殺麻哈拉德權勢少挫蒙古兵力得以經營台干東部千六百八十六年取北日不爾明年降哥爾康達南印度悉定其永不歸附者巴里加爾斯訥爾斯等而已千七百七年奧蘭格什孛卒台干烏德孟加拉三部之那瓦孛（印度副酋之稱）各以其地自主子伯哈德爾宣嗣在位五年卒三子相繼嗣王合計五年千七百三十九年波斯王訥狄爾宣侵興都斯坦掠特里城麻哈拉德之將相等乘其瓦解之

勢自建新國據西部全境及印度中央之半蒙古六君雖相繼御世擁虛名而已其新國至近年始爲英所併又有慶科里克汗者土科曼族人亦名亞蘇夫甲又稱尼桑阿爾麥爾克千七百十二年建國於台干之赫德拉巴有薩塔亞里汗者波斯人千七百二十年爲烏德之薩孛亞特爾（印度副酋）後據烏德省不納貢賦其孟加拉省自千七百四年謨希科利汗以世襲那瓦孛統治之其特里爲麻哈拉德所偪危困日甚千七百六十一年亞麥特宣都蘭尼於班尼伯的一役戰勝麻哈拉德聯邦蒙古阿拉木宣於特里嗣王位政歸其臣馬哈撻吉卒亞克巴爾第二立特英人保護之卒伯哈德爾宣立千八百五十七年以謀叛流於緬甸蒙古遂亡歷三百三十年　回教徒之攻略印度也皆自西北入而後來者非由海道則進自南方自亞歷山大至韋斯科德加麻（[illegible]）千餘年來歐人與東方交通絕少遊歷者自東方歸極言國富民强惟陸有間阻水無輪舟商務雖不盡絕然止地中海沿岸之意大利諸城邑及瞀萃於利萬德（[illegible]）一帶而已千四百九十二年哥侖布航行大西洋以覓印度舟懸西班牙國徽攜與韃靼里王書五年後韋斯科德加麻自葡國力士奔行繞好望角抵加利客的千四百九十八年也時王特里者爲阿富汗之洛狄朝而王孟加拉者亦一阿富汗餘如古直拉德之亞麥達巴德台干之古爾巴各北日不爾挨彌得奴格爾伊烈克普爾皆爲同部自主王國之都城佛日秩那加爾之興都王則南印度全境爲當時强國韋居馬拉巴爾與其興都酋長往來六閱月歸以什墨爾林（[illegible]）手書呈葡王其書云貴邦大夫韋某惠臨敝國欣幸何如肉桂丁香椒薑及寶石諸物土產甚富而予所求於貴

邦者則金銀與珊瑚耳韋歸舉國歡迎千五百年葡王命水師提督開卜雷爾統師船十三艘兵千二百人往諭以宣教爲事不成則繼以兵力既至加利客的遂於其地及可陳二埠設局廠雖土人力抗不顧也千五百二年葡王奉敎皇亞歷山大第六敕命凡伊什倭比亞（在埃及南）阿剌伯波斯印度四國其航業商業征伐之事悉歸專主是歲韋斯科德加麻復率師船二十駛至東方與可陳及康訥洛爾（在馬拉巴爾境內北緯十一度五十一分天文臺東經七十五度二十二分[illegible]）之酋長聯盟攻加利客的之什墨爾林更以巨礮轟其宮殿千五百三年阿爾伯奎克率師至印度又二年遣亞爾米達統舟師二十二艘兵千五百人往旋授爲印度總督此葡國設官之始千五百九年阿爾伯奎克繼之開拓土地大張權勢攻加利客的未下乃取般木日爲葡屬都城又以舟師繞錫蘭襲取馬拉哈遂與暹羅及斯北司羣島通商蓋馬拉哈爲印度羣島航路之鎖鑰也更西行入波斯灣紅海而後返般木日自此至千六百年葡人獨享東方商業之利權約百年之久然未預籌振興之方及防守維持之策略獨阿爾伯奎克公允仁恕撫綏土人交歡鄰國千五百十五年歿於般日本卽葬其地興都人追念舊情常修葺其墓以表敬後蘇雷什希奎爾拉米尼稅斯韋斯科德加麻等虐遇土人故鋌而走險千五百六十七年遂有西印度諸王聯合拒葡之舉未幾亞慶王亦入同盟惟印度烏合不足抵節制之師馬拉哈一戰葡人以精兵三百敗敵萬五千人千五百七十八年亞慶王攻馬拉哈葡人又以少勝眾亞慶兵傷亡萬人千六百十五年及千六百二十八年亞慶迭圍馬拉哈城勝負相埒然土人何隙以乘葡人疲於防守雖增兵繼至而財力民力俱難堪矣千五百八十年葡王稅

貝斯宣卒葡國與西班牙合一統於斐律伯第二由是葡國商權又爲一蹶雖葡人致敗不止一端而最甚者則因葡國在亞洲之利益不敵歐人在西班牙之利益也千六百四十年葡國復獨立時荷蘭英國已游弋東海尚未與葡爭而葡之商業屬地已日即零落自千五百九十年至千六百十年此二十年間葡之商務最稱發達然其政權已漸歸荷人當日葡人商船自般日本往康木拜或蘇拉特者多至二百五十艘少亦百五十艘今自力士奔至般日本者歲僅一艘屬地存者般日本丹曼狄路三區而已合計面積千八十六方英里戶口四十萬七千七百十二人

歐人奪葡國東方商權者荷蘭爲首當十六世紀時孛路吉斯安脫瓦不及亞婭斯特丹三地相繼爲商埠凡印度土產爲葡所運入者必由此分往日爾曼英吉利諸國初荷人效英欲以舟師繞歐亞之北海岸闊新航路往印度統之者曰威廉巴倫斯試行三次歿於中途其繞好望角以往者曰高尼利阿千五百九十六年行抵蘇門答臘與班丹木瓜哇是後荷人在本國撤設私家公司與東方交易處甚多千六百二年聯合爲一名曰荷蘭東印度公司隸於議法院數年間於印度錫蘭蘇門答臘波斯灣及紅海等處建設局廠經營商業墨勒喀斯島（[illegible]）亦歸荷國初以亞波伊那島（墨勒喀斯羣島之一）爲東方屬邑之行政地（本葡人所定千六百五年荷取之在南緯三度四十一分英天文臺東經一百二十八度十分之處）千六百十八年於瓜哇築巴塔維亞城移政府其地同時覓得墺大里亞海岸又建新城於北美洲名曰斯亞姆斯特丹又名曼漢丹今之紐約是也當十七世紀間海權之強盛無若荷人者千六百二十三年亞波伊那之亂英之東印度公司遂乘機自東海移至印度大陸荷英之水師屢戰海上者久之千

六百八十九年奧倫吉之藩王威廉合王兩國始各罷兵荷人執東方霸權取葡屬地殆盡千六百三十五年占化墨薩（[illegible]）千六百四十年取馬拉哈千六百五十一年於好望角開埠殖民爲往來中途停泊地千六百五十八年克錫蘭之日夫那巴丹木亦葡屬堅城也千六百六十四年馬拉巴爾海岸一帶產椒之地葡人曾寄寓經商者荷皆併之此葡屬隸荷之大略也然其敗尤速蓋其貿易政策毫無遠見印度地居熱帶辛香物品最富荷人操專賣之權而國家始終不爲籌畫雜居交往之土人又不能使之進化千七百五十八年英人克里夫將兵擊慶蘇爾拉（在加爾各答北二十四英[illegible]）攻圍甚急千八百二十四年荷讓慶蘇爾拉與英是後荷之霸權日弱自千七百八十一年至千八百十一年法國戰爭之際英人悉併荷之屬地惟瓜哇於千八百十六年仍歸荷而蘇門答臘則於千八百二十四年始易馬拉哈今印度大陸無荷人旗幟惟屋宇溝渠之在慶蘇爾拉那加巴特南木日夫那巴丹木及在加爾那的馬拉巴爾兩岸者存焉千八百七十二年查荷人居印度者七十人耳

初英人欲由西北航路至印度千四百九十六年英王顯理第七始令開卜覓路予以文憑開卜以舟二艘攜三子同行其子稅貝斯宣覓得北美之牛芳蘭島又沿美洲海岸自拉孛拉特爾（[illegible]）駛達佛吉尼亞而已而印度航路終弗得千五百五十三年蘇佛洛伯欲循歐亞二洲北以往東方中道而殂其副常綏羅爾駕舟抵白海口卽今阿昌吉爾也自此登陸深入內地至墨斯科（[illegible]）某公爵之署議與俄國公司經辦印度波斯波加哈刺與墨斯科由陸路交通之商務自千五百七十六年至千六百十六年四十年間屢覓西北航路而夫洛孛希亞塔佛斯赫特杉貝弗四地亦此時發見者千五百七十七年夫蘭塞司特雷克環歷地球歸途抵墨勒喀斯羣島之斗那替島島酋願以其地所產丁香盡貢英國而印度亦始終未到千五百七十九年尚馬斯替弗首履印地五百八十三年有英商三人曰利持曰拉爾夫弗曲曰佶姆斯紐伯里自陸路至印度冒危險以闔商務葡人見英商至深忌之禁錮於奧麥士獄又四之於般木日後佶姆斯紐伯里卽於般木日爲商利持入爲蒙古差事拉爾夫弗曲遊歷錫蘭孟加拉擺古暹羅馬拉哈及宅東印度城邑考察甚久而後返國千五百八十八年英人擊敗亞（[illegible]）時葡班聯合英人乘銳氣以圖海權千五百九十六年荷國高尼利阿繞好望角以達印度東西交通愈便千五百九十九年在印度荷商撞胡椒價以制英人每磅三六八先零不等倫敦英人遂議設商會與印度直接交易英后伊里什貝斯遣米爾登霍爾至印度蒙古朝要求設立公司界以憑照千六百年十二月英之東印度公司成立集商股百二十五母本英金七萬鎊千六百十二年已增至四十萬鎊矣千六百三十五年寇丹與設麻塔加斯哈商會名亞稅達商局彼此爭競千六百五十年歸併公司千六百九十八年又有一英公司存母本二百萬金鎊與倫敦公司爲敵千七百九年始合爲一名曰英國與印度經商之合眾公司集債三百十九萬金鎊長年每百三釐行息自好望角至麥格蘭海峽各地方均有經商特權千六百年至千六百十二年東印度公司分班營商孟班十二凡商貨運輸一次發名者各自出費其贏利全歸出費之人十二年間除第四次外無不獲利且多息逾百成千六百十二年後始代以公共母本云初葡人反抗英人與待荷

人無異千六百二年佶姆蘭開斯德始與亞慶王約通商於蘇門答臘之孛里亞曼及墨勒喀斯羣島次年更於班丹木設商會千六百四年二次經商統之者爲顯理默特里敦推廣商務於班帶與亞波伊那島時私家商人見公司利益溥廣欲其分商業千六百六年佶姆斯第一以憑照予愛德華米吉爾坡及宅商人令營商於加薩（[illegible]）中國日本高麗及康木拜亞諸處乃愛德華等效荷人所爲專於印度羣島中劫掠士商損英人聲譽班丹木公司亦緣是大生阻礙千六百八年默特里敦統率商船航行第五次爲荷人所阻未達班帶僅於蒲羅韋運載貨物是歲霍金乘尼林管帶第三次出航之船銜東印度公司使命自蘇拉特往蒙古朝蒙古王漢吉歡迎故霍金畱亞加拉三年千六百九年夏比伊第四次航海得亞丁埠自由貿易之准許又在孛里亞曼載運胡椒甚多是歲公司建船隖於英之德化特始增置巨船千六百十一年顯理默特里敦於第六次航行抵康木拜灣葡人阻之顯理攻擊葡人又獲土酋要地後有希湧管帶第七次船隻達馬斯利巴丹木及暹羅與馬來島之巴丹尼埠均設分公司又立製造廠於彼的坡里千六百十四年貝斯的統商船爲第十次航行於斯瓦里（蘇拉特海口塔普提河口在）爲葡國重兵所擊連戰四次葡人潰敗英設總商廠於蘇拉特設分廠於哥格刺康木拜亞麥達巴得亞日迷爾又與波斯灣交通商貨次年尚馬斯爾羅至蒙古朝約定公司於蒙屬境內經商自是商務日增總廠卽爲政府管理印度西部（千六百八十五年移至孟買）千六百十八年於墨冊（阿刺伯海口岸）立廠千六百十九年又建廠堡於波斯灣之加斯克是歲英荷定互相保護之約以免兩國公司爭競時英公司於印度除蘭托爾島（又名大[illegible]）外

無一屬地班帶蒲羅爾路魯森金諸小島麥嗒薩爾南緯五度八分英天文臺東經百十九度二十四分亞慶等處或派經理或設廠局均歸班丹木轄千六百二十年荷人敗約將蒲羅爾路蘭托爾班丹木之英商驅之島外乃議於蒲里夾馬斯利巴丹木立定基址終爲荷人所梗明年葡人擊英舟師英之統帶官希林吉一戰破敵葡人喪亡甚衆英始於亞加拉巴特拿二邑分設支廠千六百二十二年英人連結波斯人擊葡人克取奧麥士又請於波王亞伯斯宣獲戈木孛路之海關波斯海口岸與奧麥士相對在北緯二十七度十二分英天文臺東經五十六度二十分復設馬斯利巴丹木行廠千六百二十三年二月十七日英商遭亞波伊那之慘殺[illegible]後荷人遂爲蘭托爾及鄰島之主而印度羣島之商務歸其掌握千七百九十三年英敗荷舟師克復島嶼荷勢始衰當千六百二十四年間荷人權力方張故馬來暹羅日本及印度羣島英人已設商廠幾至全撤惟尚有數商同至杉達海峽卽分蘇門荅臘與爪哇之海道之雷剛帝島嗣以水土不宜棄去千六百二十五六年英設商廠於加爾那的之亞梅哥仍屬馬斯利巴丹木千六百二十八年以馬斯利巴丹木土官苛刻棄去專經營亞梅哥明年又設班丹木廠千六百三十二年以奉哥爾康達王敕書銘詔再設馬斯利巴丹木廠千六百三十四年得蒙古朝敕書許英商於孟加拉省貿易自由無限制惟商船僅能聚泊俄里薩之壁壁利一隅而已是年葡人被逐出孟加拉千六百三十四五年班丹木作爲自主故立商局於所屬之塔撻千六百三十七年寇丹商會分派經理人往般木日貝鐵科拉卡瓦爾亞慶拉日普爾等處其商船在蘇拉特及低斂島劫奪土船頗辱公司名譽故蘇拉特之商務損害而荷人益興盛千六百三十八年以亞梅哥不宜商務棄之明年移霍陝佐治初屬班丹木旋歸爲伯里璽德希凡屬邑可轄之大地嘗據此名如孟加拉孟買麻打拉薩等此稱千六百四十年設支商於布蘇爾拉距波斯灣五十五邁立商廠於卡瓦爾商務日益擴充德化特船隝過少不足造多船於孛拉克瓦爾購地建隝後成一船名皇家佐治可容千二百噸千六百四十二年設商廠於巴拉索爾與呼格里千六百四十五年英外科醫士卜洛敦爲夏甲汗王愈病明年爲孟加拉酋長愈病俱酬謝公司故兩地商廠益形聳固千六百五十八年立一廠於凱森巴塞爾千六百六十一年葡人以孟買畀英國爲加塞爾林[illegible]妝險之助名雖讓英實葡守之千六百六十五年始行交割千六百六十八年移交東印度公司千六百八十三年霍陝佐治列爲伯里璽德希千六百八十四年莊恰爾特爲印度水陸軍提督莊韋卜贏爲副水師提督署孟買巡撫千六百八十五年以孟買爲伯里璽德希之首地千六百八十六年孟加拉巡撫屢苛腹呼格里之商廠而公私商務又以蒙古與麻哈拉德之戰事常被其害故英王以莊恰爾特爲總督畀以全權或和或戰命其準酌辦理千六百八十九年維薩哥巴坦馬斯利巴丹木商廠爲穆罕默德所據佔廠中商人均遭屠戮於是公司欲行疆域主權俾與蒙古麻哈拉德交涉得以自秉政柄故議定以下主見爲地方自治之先導一增益賦稅爲最要稅之多寡觀商業之盛衰一養兵以保商務一吾輩在印度必當作爲一國否則不過英王憑照所准之私商一羣僅能經商於無人爭攘之地故荷人書約法十章論政事武備之策及增益賦稅講求戰事俱預爲計畫論商務者僅一章此吾輩所應行也

初東方商務葡人以爲其國家專利未立公司於印度故歐洲之有公司自千六百年英人始越二年荷

八纖之然荷人在印度所得地方以爲國家殖民地非私家產業也六百四年法人立第一印度公司至千七百十九年第二三四五六公司以次成立其應享之特別權利千七百六十九年奉法王命暫停千七百九十六年法國國會竟將公司除撤丹人之東印度公司立於千六百十二年千六百十六年以希爾蘭普爾及特蘭奎巴爾二邑爲居留地千六百七十年又設一公司於印度千八百四十五年售與英人此外如馬拉巴爾沿岸之卜拖羅烏愛持巴瓦及霍爾吉利均丹屬地千七百三十三年西班牙王所聯設於斐律賓島之公司與印度絕少交涉千七百二十三年奧國立烏斯登公司甚爲重要但奧國海權薄弱維也納政府見偏於强國於千七百二十七年暫停商業千七百八十四年公司斷累難償終歸消滅瑞典國顯理康尼利用烏斯登經商失業之人於千八百六年復行設立今據千八百七十一年所報外國人數在英屬印度之歐商約八千人確知其國籍者不過二千六百餘人而已

英人最先有之屬地爲霍陝佐治在麻打拉薩之中周圍面積長約五邁寬一邁許千六百三十九年尚馬斯狄購自昌特拉吉利之土酋千六百七十二年加爾那的東岸下百英里有本地治里法人闢爲殖民地時奧蘭格什孛已併印度南部英人歲輸蒙古租金五百鎊且二次被圖以巨款賄統將使解圍去千七百七年奧蘭格什孛歿南印度遂離特里自主而尼桑阿爾麥爾克乘機建國於台干以赫得拉巴爲都統治南印度全境然擁虛名而已蓋其時治加那鐵克者爲尼桑之官卽亞科特之那瓦孛也謀世據其政權再南則德里支那波勒爲與都酋長之都城而貪昭爾亦與都之屬國王其地者沙韋嘉之子孫也賣索爾亦屬爲與都所有而各地土頭目稱爲納克斯及巴里加爾斯據有山堡城郭爲半自主者又不勝枚舉焉英法比鄰貿易日不相能千七百四十五年愈形決裂時本地治里長官爲邱必烈克斯英人克里夫尚年少在麻打薩拉爲書記英國舟師至加爾那的海岸邱必烈克斯說亞科特之那瓦孛居間調停明年法水師抵東統將拉波敦納斯尚未攻擊而麻打薩拉已降所留與英人者僅台格那巴丹木一地在本地治里之南相距數里克里夫避匿於此那瓦孛挈兵萬人往逐法人於境外法以兵四百礮二尊大破那瓦孛千七百四十八年英提督卜司開文率水師至圍攻本地治里洛爾倫斯以陸兵助擊法人拒守甚力擊退英兵嗣亞什斯拉吉貝爾在布魯士國北緯五十度四十六分英天文臺東經五度六分和約成兩國罷兵法人仍以麻打薩拉交英千七百四十八年也邱必烈克斯見法兵成功之速欲倚回王權力爲法國建一外藩於印度無機可乘適赫德拉巴及亞科特以嗣位相爭邱必烈克斯喜急以己名代表二王位未幾執南部最大之裁判權時麻打薩拉之英人亟圖自保亦扶持一人置於亞科特之王位與法爲敵其人曰穆罕特阿里[illegible]英法各挾其聯盟之土酋突起戎兵千七百五十一年英人克里夫先勝於伯拉希北距加爾各答八十餘英里又大勝於亞科特於是英人聲勢偏加那鐵克全境其代表穆曼特阿里亦堅守亞科特之地位時台干之法人尚握大權取沿海岸之北塞加爾斯北緯十六度至二十度地方爲屬地至千七百六十年英將科鐵[illegible]敗法將雷利於萬特瓦蘇在亞科特左近乘勝圜本地治里千七百六十一年本地治里權盡降英越數日金吉之山堡亦降印度無復有法人國旗矣

英人經營孟加拉始經商於俄里薩之璧璧利[illegible]

（河道後水淤成澤國當時聚居地方今不可知）較麻打薩拉早六年千六百四十二年設廠於巴拉索爾及呼格里千六百八十一年孟加拉改爲伯里壐德希然仍隸麻打薩拉千六百八十六年呼格里頭目蔡諾克爲蒙王奧蘭格什孛之官所逐徙居河對岸蒙王許以三村之地曰蘇丹納鐵曰各寶特普爾曰加爾各答千六百九十六年蔡諾克築砲臺於加爾各答名霍的威連千七百七年奧蘭格什孛歿時孟加拉之那瓦孛曰謨書特科里汗（歐洲史記稱嘉發爾汗）先爲婆羅門既長至汝斯爲奴背本教孟加拉省城在達喀乃移至謨書帶擺得其地鄰凱森巴寨爾爲恆河商務之要口英法荷各設商場惟英以加爾各答爲商業總處法以昌答爾那加荷以慶蘇爾拉此三城俱臨呼格里河邊暢行大舟故於商場爲宜謨書特科里治孟加拉二十一年極稱興旺歿後遺其權位於孫及壻千七百四十年阿利瓦狄汗代爲孟加拉之那瓦孛千七百五十六年卒孫蘇拉日多拉繼之年十八性情放縱與其親屬某迕某懼而遁蘇率兵追至加爾各答英人見勢洶洶匿舟下馳其未及逃逸之英商與蘇兵略一抵抗即降於蘇待以俘虜百四十六人四置霍的威連監牢其屋十八方尺僅二小窗圍以鐵欄呼曰黑穴時值盛暑次日存者二十三人餘俱死矣時克里夫在麻打薩拉商之水師提督華德生調集兵士馳至恆河口登陸一戰而克加爾各答蘇拉日多拉願悉復公司利權賠償所失產業適值英法宣戰故克里夫移兵擊昌答爾那加下之時蘇拉日多拉以英侵中立之地遂聯法敵英克里夫乃效邱必烈克斯別置一人於王位以爲代表自率歐兵一千土兵二千一百大砲九尊馳抵伯拉希時敵人有同兵五萬馬兵萬八千大砲五十尊交綏數次蘇拉日多拉敗

遁千七百五十七年六月二十三日也英之史記以是日爲東方藩國建立之始歲設會以致慶賀焉穆爾甲發者前那瓦孛阿利瓦狄汗之妹壻也在敵營爲英間諜克里夫請於蒙古朝得一授職敕書令穆爾甲發爲謨書帶擺得之酋又向索巨金爲報戰後公司開所失產業加爾各答寓居各國人償金水陸二軍及參議將佐等所索各款合英金二百六十九萬七千七百五十鎊後知庫藏空虛僅償其半同時那瓦孛又以環繞加爾各答之地許公司有什明達爾之權利其地今所稱爲廿四巴格那斯之邑者是也計其面積約八百八十二英方里應付常租英金二萬三千鎊初公司收租稅英金五萬三千鎊十年之間增至十四萬六千鎊然公司受地之始不過有什明達爾之權利已耳而收正租之主人仍爲那瓦孛惟那瓦孛於特里王僅存統屬虛名故特里王於千七百五十九年將此權利悉與克里夫而克里夫遂爲主人矣時克里夫已爲蒙古朝貴卿統步兵六千馬隊五千產業甚富後克里夫歿始歸公司故公司什明達爾之職一變而握地主之業矣千七百五十八年英以克里夫爲孟加拉巡撫轄公司所有地界時西有藩王阿拉木宣率阿富汗麻哈拉德之聯兵又有烏德之那瓦孛相助謀取孟加拉之地南則法人雷利與卜希二將頻擾麻打薩拉之英商克里夫從容鎮定不憚艱危阿拉木宣圍巴德拿時穆爾甲發欲行賂退師克里夫率歐兵四百五十印兵二千五百赴援未交綏而蒙兵潰散又遣守備幅特取法之馬斯利巴丹木軍勢大振移兵擊荷人一戰而荷之水陸皆敗自此慶蘇爾拉之殖民地受制於英千七百六十一年英人去穆爾甲發之那瓦孛以其壻穆爾凱森木代之除私餽外又得貝爾德温漸地

港爾德拿普爾三邑計歲出租稅英金五十萬鎊穆爾凱森木爲那瓦孛後即思自主自謨書帶擺得馳往蒙赫爾（地臨恆河扼東西交通之路）練兵一切營制器械師法歐洲又密與烏德之那瓦孛結援未幾遂與英起衅先是東印度公司之執事要求在孟加拉私營商務之利權並免一切稅釐那瓦孛告加爾各答商會以爲如此則彼之治權墮地會中議員不聽那瓦孛之將士突用砲擊英船孟加拉人亦蜂起爲亂英之印度土兵二千在巴德拿被殺英商散在各省者二百人亦爲回教徒所戮迨英兵搦戰穆爾凱森木與亞丹密激戰一敗於吉利阿再敗於額特那拉乃逃往烏德時阿拉木宣已繼其父爲帝約烏德那瓦孛蘇日倭多拉欲以聯兵攻巴德拿（時已爲英克復）而英營印兵謀叛者眾少將孟羅偵得爲首滋事者二十四人以砲轟之事遂定千七百六十四年孟羅與聯軍戰於巴格賽爾勝之克烏德虜蒙古帝回營明年克里夫男爵再爲孟加拉巡撫條上二策一用蒙帝之勢力得土地實權一清公司之執業禁非理婪取自加爾各答馳至阿拉哈巴德以烏德還之那瓦孛取兵費英金五十萬鎊而阿拉哈巴德科拉二省成德伯大部者（介恆河朱木拿河中間號爲德伯長五百英里）則還之阿拉木宣以孟加拉巴哈爾俄里薩之財政權北寨加爾斯之政治權許公司爲報惟謨書帶擺得尚存那瓦孛歲受金五十萬鎊以其半與阿拉木宣作爲孟加拉省貢賦故孟加拉成二政府之制租稅歸英官徵收以養軍隊守邊界訟獄庶務那瓦孛掌之自印度文字言公司爲狄萬那瓦孛乃尼桑也（[illegible]）然英人雖管稅務經理徵收之權操之土官時公司文武官役習染已深歲俸甚薄獨許私營商業收受餽遺克里夫全行禁革於專賣食鹽內撥款增俸

故論英人印度國基始於克里夫伯拉希之戰勝印度治權始於克里夫孟加拉之再任然整理公司繼任之官未有能實行者千七百六十七年克里夫去印度千七百七十二年瓦蘭海斯汀爲孟加拉巡撫商會議自爲狄萬將整理徵收之權概歸執掌瓦蘭海斯汀欲實行之移謨書帶擺得之財政部於加爾各答簡歐人爲徵稅官監察其事康瓦烈斯公爵繼任乃卒成之　當千六百八十年奧蘭格什孛尚在帝位而沙韋嘉方歿其族人或爲麻哈拉德聯邦之領袖都於薩達拉或爲康拉普爾及貪昭爾之酋長尚相繼勿絕徒擁虛名其權歸婆羅門大臣某氏於十八世紀初自建朝廷於捕拿有麻哈拉德將軍數人雖認某氏爲君仍各建國於印度諸部其首領即古直拉德新的亞馬盧穠之苛爾加及比拉爾那哥不爾諸酋是也聯邦勢力方強幾將北印度之回王驅諸境外乃千七百六十一年班尼伯的一戰阿富汗人大勝而特里之朝廷安然無事由此聯邦之勢稍渙英人自千六百六十一年得孟買島千七百七十五年始與麻哈拉德開衅初孟買政府效孟加拉麻打薩拉二省故事欲置一私人於酋長之位爲補拿朝廷樹立威勢之計其事成於千七百七十五年蘇拉特條約中載明洛格亨那羅（卽酋長）以已復位捕拿故願割稅爾稅的及巴森二地畀英時瓦蘭海斯汀任總督不以蘇拉特之約爲然且要求管轄孟買政府事未就緒而干戈隨之瓦蘭海斯汀以孟加拉全軍決戰部將哥答特自海道往取古直拉德兵不血刃而得其地部將波漢木攻破格瓦律倭爾砲臺（地勢險固爲興都斯坦之屏障英人有此二隣可[illegible]）（千七百七十九年華各姆條約之辱）千七百八十二年稅爾伯和議成罷兵各如舊境並返古直拉德惟稅爾稅的及它數小島歸英而洛格亨那羅

亦勿任捕拿酋位事乃定時麻打薩拉政府頗不措意於政治賣索爾之赫特亞里與台干之尼桑並起戎心二酋爲印度强有力者之麥稅爾曼欲結連麻哈拉德同拒英人瓦蘭海斯汀說尼桑與那哥不爾之麻哈拉德酋長棄赫歸己然赫兵力尚盛突攻加那鐵克之英屬英守備隊覆於坡律洛爾賣索爾騎兵直抵麻打薩拉城一無阻抗英將科鐵奉命由海道往救兩軍相遇激戰甚厲未能取勝千七百八十二年赫特亞里卒又二年英與其子鐵布議和各返所得土地瓦蘭海斯汀任總督十三年時英失美洲屬地幸印度聲威大振尚足相抵千七百八十六年康瓦烈斯公爵繼任總督其治印度之事功如刑獄裁判權之託於歐人設刑著於加爾各答分刑官之責任後得麻打拉薩孟買土地權即以孟加拉所定政制施之尤以定孟加拉之地賦爲最益從前徵收賦稅多蒙朝舊制什明達爾之職任幾成世襲顧其稅無常額而徵收之數歲各不同康據舊日所交勸爲常額初擬十年一更謂之十年稅自千七百九十三年布告國民永著爲額計盧比二千六百八十萬九百八十九合英金二百七十五萬鎊　千七百九十年賣索爾酋長鐵布又與英敵峠台干之尼桑麻哈拉德之聯邦同盟助英康瓦烈斯戰勝率兵環薄都城鐵布乃降願割土地之半分畀同盟諸國又允英金三百萬鎊以償兵費乃罷兵千七百九十八年毛尼吞爲總督([illegible]韋斯里侯里)抵印度謀拓疆土欲土酋僅擁統治之名而實權則歸之於英至英后維多利亞嗣位所定方略竟如願而償時法人勢力方張拿破侖駐兵埃及其侵略印度事在意中故毛尼吞籠絡土酋以爲之敵萿法兵在赫得拉巴威嚇尼桑而新的亞之兵稱爲麻哈拉德聯邦之冠亦由法人敎

練統率鐵布與法密通信函且許以於其境內自由行動墨利帖及卜爾榜二島([illegible])爲法人密謀國事聚合師旅之地毛尼吞首注意尼桑適值赫得拉巴之法兵解散遂與尼桑訂約若非英政府允許凡屬歐人槪勿任用(白是英與土酋訂約皆列此條以限制外權也)尼桑既定乃專力鐵布鐵布自受懲創時懷舊怨英仍欲與和好鐵布不從毛尼吞馳抵麻打薩拉勒兵進賣索爾以尼桑軍爲助一由西岸夾擊鐵布不敵退往西林加巴坦英兵進薄都城鐵布戰死事聞英晉毛尼吞阿爾蘭侯爵乃區畫鐵布國土賣索爾中部歸一與都酋長之代表某氏曾爲赫特亞里所廢者其餘土地歸尼桑麻哈拉德及英人均分又以亞科特那瓦字所轄加那鐵克省及貪昭爾等處畫歸英人故麻打薩拉遂成爲伯里壘德希今日界域與往時無異焉　英之用兵賣索爾也麻哈拉德名爲英同盟然未實力助英時麻哈拉德有五邦共認捕拿酋爲首領治理西高止山一帶即其種族發源之地也古直拉德素號膏腴印度中央則有格瓦律倭爾之新的亞(一卽代名)與印度之苛爾加(麻哈拉德之家族名)二酋輪握大權至印度東方自比拉爾至俄里薩一帶爲那哥不爾之波斯拉土酋所統轄波斯拉土酋與沙韋嘉同種此麻哈拉德聯邦之大略也千八百二年捕拿之白蘇瓦(卽土酋名號)爲苛爾加所敗逃入英之屬地勢處維谷遂訂巴森之約除英國外無論歐人土酋不得與之交往且讓地與英以養輔軍英人得此乃大擴其勢力然麻哈拉德戰事亦因此而起蓋新的亞與那哥不爾二酋以白蘇瓦自棄麻哈拉德主權情不能忍遂以兵戎相見英國決策籌餉皆毛尼吞任之統將阿寨韋里斯里(後封威靈吞公爵)經營台干一路數月間一勝於亞稅(赫德拉巴一村)再勝於亞格姆進取挨彌得奴格

爾統將雷克(後亦封公)規畫與都斯坦於亞來格爾(在北緯二十八度英天文臺東經七十八度)拉司瓦利(距特里七十八英里)二役以少勝衆又克亞加拉及特里二城而新的亞之法兵亦相將散去雷克入蒙古都城保護蒙地千八百三年新的亞與波斯拉酋俱求和罷兵新的亞朝割朱木拿河北地畀英阿拉木宣自此歸依英人波斯拉酋以俄里薩畀英尼桑亦得比拉爾部自尼桑附英甚爲殷勤從征立功必有所得時三酋既服其二獨賀爾加未降其部兵日以劫略馬盧穫及刺日不得拿爲生英人辦理經年激戰數次迄未就緒稗將孟松撤兵時經中央印度失利敵圍巴得普爾雷克奮力擊退之毛尼吞之政策顧望既奢用兵多時猶未能息故英國秉政諸人不復忍待千八百四年康瓦烈斯再任印度總督以賀爾加未服命其相機議和勿拘成見康瓦烈斯未幾卒佐治巴羅繼之減少英國疆域之面積棄剌日不的之首領歸於賀爾加及新的亞二酋顯違定約麻打薩拉土兵潰叛於維洛里雖撲滅迅速然通國震動幾致不可收拾千八百七年至千八百十三年明都公爵任總督舉毛尼吞所征得地聯爲一氣以固根本又自將奪取墨利帖瓜哇二島惟印度中央仍未平靜明都設法禁遏不假兵刃之力粗已就緒印度英政府遣派使臣與外邦交往自明都任總督始梅加富往拉合爾之蘭日的森朝馬爾科墨往波斯愛爾斐斯敦在白沙瓦見阿富汗王皆使不辱命千八百十四年明都去任穆爾拉(卽海斯汀侯)爲印度總督時尼泊爾之戈喀司族(本居剌日不德拿爲回族所逐近尼泊爾之幾後遂入據國權)與尼泊爾之土人合(土人名曰尼瓦爲鐵曰坦權嚮貝坦郞西據貝)千七百六十七年遂王尼泊爾初據厲德滿都後偏尼泊爾山鄉之地東至西金西及古曼南入恆河流域英民被害者甚多千八百十四

年與戰不利蓋地險瘴[illegible]未交綏而氣已餒士兵雖不畏險然數戰數敗戈喀司人多奮勇兵器又重且利故印兵難抵禦也千八百十五年將軍敖克式[illegible]自將出薩特里日河猛攻山間砲臺節節進取尼泊爾來營[illegible]全喜馬拉雅山間猶有山堡遺存已歸旁遮普政府統轄矣[illegible]自巴德拿至希高里(距加德滿都數[illegible])訂約而歸英尼交往至今戈喀司亦撤西金及西喜馬拉雅山下守隊而適於體氣之森姆拉拿尼達摩蘇爾里皆讓與英時印度中央有排黨曰品特赫列斯印慶散族及亂民皆入其中總營在馬廬穫人或數百或數千策騎出劫遠及馬拉巴爾及加爾那的海岸爲首者名亞迷爾汗部下有節制兵多營巨砲數尊二頭目曰吉都曰加律穆每次納新的亞贖金至英金十萬鎊千八百十七年穆爾拉選精兵十二萬先威劫新爾亞而後及亞迷爾汗解散其部兵亞迷爾既平餘被攻擊或降或潰加律穆投誠吉都逃入山林爲虎所殺其年十一月捕拿那哥不爾及印度爾三聯邦叛英而白蘇瓦之貝吉羅以巴森捕拿二次條約久懷忿怒特愛爾斐斯敦駐節白蘇瓦觀其舉動知有發難之意乃馳抵口爾吉部勒歐兵而白蘇瓦之師卽於次日火愛居室進至口爾吉圍攻甚密愛守禦有方卒擊退之白蘇瓦知事不成遁去那哥不爾亦然幸印度土兵捍衞稅達貝爾狄山奮勇破敵而賀爾加軍隊十二月米希特普爾一戰大敗諸路悉定惟追索逃亡辦理善後而已是二役馬爾科墨功獨多白蘇瓦降英其疆域畫歸孟買而令居科尼普爾相近之比鐵赫爾歲給恩餉英金八萬磅別覓沙韋嘉之裔孫置於薩達拉王位以代表白蘇瓦且爲麻哈拉德聯邦之首領焉賀爾加與那哥不爾二部各置一幼童爲酋長歸英人保護

時刺日不德拿亦有數處同認英爲上國自居藩封之位穆爾拉所區畫之印度疆界至達爾霍希時向無變易拯數千萬生民於麻哈拉德及品特赫列斯暴君之手而登之衽席可謂有功矣　穆爾拉去任亞丹權理數月千八百二十三年亞茂司底繼爲印度總督印度東北邊境有緬甸國地接孟加拉灣循伊洛瓦底河其民種曰鐵貝土支那（國識）類（議土案卹土西一藏作技屈那見卿前中）其族自名德倫又稱德栁古崇信佛教南暹羅北山戎頻相侵入據地守土殘虐其民當十五世紀間歐人遊歷擺古及地那悉林二部者稱其貧易之盛後葡人雄長東方阿剌干部爲歐人冒險聚集之地其土人得歐人之助漸擴其權力於內地強踞浙地港當時恆河口一帶無不畏之千七百五十年阿爾洛費亞（敘）銘（擷柵）建新朝廷以阿瓦爲都城自後繼位者多喜功既服緬甸全境及阿薩密一省乃漸侵占英之屬地亞茂司底遂於千八百二十四年宣戰以煙獐之地用兵匪易分三路進兵一派砲艦自布拉馬普得江上駛至阿薩密一由陸路經浙地港抵阿剌干因孟加拉土兵不願由海道往也而別選精兵自麻打薩拉航海至伊洛瓦底河口（鄰瓹薩）（滿讓）兵連禍結相持二年之久喪軍人二萬費軍需千四百萬金鎊緬王始允於楊德布議和立約讓出阿薩密並割阿剌干地那悉林二部時英人已據其地也自伊洛瓦底河流域下至仰光仍歸緬王自主　千八百二十七年康貝米爾攻拔印度中央之巴得普爾城足雪千八百五年正月雷克敗於此城之恨時巴得普爾以繼位事自相爭競英人得乘機圖之然城垣堅大純以泥築砲失其用後穴地道城崩始攻入之　千八百二十八年亞茂司底去任威廉貝汀克爲印度總督當維洛里兵鬨之前已任麻打薩

拉巡撫二十年在任秉政仁惠自緬甸軍興財政頗困貝汀克減少歲出常費英金一兆半鎊增入避匿之地賦及馬廬禮之煙土稅互相損益以均其數又許土人有學問者執事公司印度土俗焚婺婦殉葬亞克巴爾帝禁止無效千八百十七年孟加拉一省多至七百餘人貝汀克於千八百二十九年頒示禁止凡慫恿焚殉者科以殺人之罪又有陰殺黨結徒奉加利女神神以殘殺飲人血著自千八百二十六年至千八百三十五年英屬印度捕得千五百餘人或殺或流盡法懲治黨以除滅千八百三十三年派員修訂律法千八百三十四年以庫爾格土酋失政遽啟兵端爲時雖暫戰事甚厲土酋既敗英許其退居班拿勒斯而其山鄉驕悍之民則自議歸公司轄自千八百年取賁索爾隸英千八百八十一年仍歸土酋貝汀克後查理梅加富繼之是時印度之輿論與英國秉政之意以續行貝汀克之政惟梅加富爲能然其事非倉卒可就必一任總督期內從容辦理乃黨事甚急遂簡奧克蘭特代之自此兵連禍結垂二十年之久奧克蘭特抵任欲自炫才能擬將蘇日宜置於加普爾之王位而辦理不善致布置該城之守備隊爲敵殲滅無遺自阿富汗之變起英人卽以兵力取信地旋有旁遮普緬甸之戰事而軍士鬨亂一案亦隨之而起　阿富汗王亞麥特宣都蘭尼（阿富汗志作沙號頭愛點特）於千七百四十七年開拓疆土勢如風捲蕘自各什尼及各爾之薩爾丹以來未有如是之盛者也因波斯王訥狄宣爾歿後國事紛擾故亞麥特宣都蘭尼乘間而起千七百七十三年已克服地方甚廣自希爾拉得（阿波交界地在北緯三十四度二十二分英天文臺東經六十二度九分）至白沙瓦又自克什米爾至信地統隸阿富汗矣千七百六十一年于頗班尼伯的一役大敗麻哈

拉德聯邦更置蒙古帝於特里而自往來於其舊都加普爾及康達哈爾之間多子嗣歿後因繼位故互相爭殺千八百二十六年巴雷克瑞族之首領德斯摩曼特（阿德修志罕作駱特特訶）自爲加普爾王（家加譜爾鄭卿）都蘭尼之子蘇爾宣（鞨阿誌）　及弟二人逃居旁遮普之路特愛哈那邊境歸英人保護乃免自毛尼吞總督印度以來英政府頗注意阿富汗之事時什曼宣方王拉合爾故毛尼吞恐其效訥狄爾宣所爲侵略興都斯坦迫後拉日鐵森朝（敗名的森蘭）之稅克王國日益強盛然後未來之恐怖消滅無形千八百九年法人攻印度明都乃遣愛爾斐斯敦往約蘇日宜其任保守之責時蘇日宣已被逐它徙其第三弟摩穆宣繼位千八百三十七年英人始干預阿富汗時僭位加普爾之德斯摩曼特勢力已固欲自稅克手中得白沙瓦奧克蘭特遣亞歷山大卜尼至其都約與通商德斯摩曼特云若能得白沙瓦無不允許時俄人經營中亞細亞又助波斯攻希爾拉特俄使適與卜尼同抵加普爾故卜尼於白沙瓦之事不能滿德斯摩曼特之求商議無成遂返印度至是奧克蘭特欲別置能輔助者一人於加普爾之王位用強硬手段助成其事時旁遮普信地俱自主王國而信地較弱故英軍護衞蘇爾宣經信地出卜蘭山徑以入阿富汗降康達哈爾克各什尼德斯摩曼特由興都庫什遁去千八百三十九年八月蘇日宣入加普爾之巴拉希薩爾城英軍駐阿富汗二年千八百四十一年十一月猝遭事變卜尼在加普爾被刺卒（案志卜之作尼醫點卿納阿斯）時將軍愛爾斐斯敦（此斯又通一爲阿麥人案阿所志敘作與愛此見覡賓）統帶戍兵年已老邁威廉馬克訥汀（阿克志納作吞）爲政務參謀員因見阿酋德斯摩曼特之子亞克巴爾汗（阿愛志克作巴）遂爲人所誘殺英軍又畱戍兩月正值隆冬越

嶺險山隘歸印度起行時有戰士四千隨營雜役萬二千人迫行抵稅爾所守之扎拉拉巴得僅存伯拉敦一人餘眾經扣特加普爾及扎格德拉克等處或死於火槍或死於寒凍尚有職官爲虜俘者皆被虐待蓋亞克巴爾汗之命令也警報至加爾各答未市月政府卽命愛倫葆拉富代奧克蘭特爲總督時葆洛克（鬮結志離）方出旁遮普救稅爾中途奉政府命令其直入加普爾而瑙特（志阿鬻作臘）亦自康達哈爾撤兵還經加普爾二軍且戰且行於千八百四十二年九月遇於加普爾境內火其市街收回被虜之人事畢同返印度任聽德斯摩曼特重蒞王位愛倫葆拉富令將各什尼王麻摩之墓門攜回印度以作報復沙木那斯之記念頗於告示誇大其事千八百四十三年信地之回族酋長本自主王國不願歸降遂爲英將查理奈比爾所滅信地之海得拉巴有一村落曰麻亞尼英兵三千與俾路芝人二萬戰於此大勝是年格瓦律倭爾以爭繼立故致起兵亂此滋事兵卽許新的亞朝所練之陸軍也自麻哈拉吉普爾（在亞加拉南五十一邁英據宮職麻跲拉德於此愛倫葆拉富截督李）及班尼阿迭獲勝仗亂兵潰敗地方平定千八百四十四年英政府召同愛倫葆拉富以顯理赫亭吉代之其人曾從長島之戰（仟八百八年至遜八百十四年英葡萄牙軍大戰法出斷蘭二國之偽鄰獨長鳥藏軸）人林尼一役（林尼亦在戰淋）折一手臂時人皆以英人與稅克戰端近在眉睫矣稅克者其敎曰稅克斯雖非邦國然同敎之人以軍法部勒合從固結與一國民孽無異其敎原於那那克氏十五世紀間生於拉合爾左近時蒙葡未至印度也其敎以革除貴賤等級之制（卽卽彼四緬民綏）統一於上帝引人潔身自修爲宗旨弟子授受相傳者千人至千七百八年戈文森而止雖頻受回敎摧殘而堅忍自保未嘗稍有餒意迨蒙古朝

去印度後稅克敦始握有疆土之權其支族各衆一人爲薩帶爾如一軍之總統自立聯邦制度環居於薩特日爾河左右岸一帶拂立稅克王國之拉日鐵森生於千七百八十年方二十歲時奉阿富汗王命任拉合爾巡撫郎藉稅克之教自建一專制政體凡教中之人部勒成軍統以歐洲武員軍人堅毅雄憤之志自康木威爾之鐵軍外英人康木威爾於一千六百四十三年招募教中人練一軍謂之模範隊氣甚銳人勿能奪拔之曰鐵軍成無其匹敵也開拓土地自其都拉合爾起南取穆里坦西克白沙氏北定克什米爾東至薩特里日河而止蓋河東岸早爲英人勢力範圍之地也千八百九年與梅加富訂約謹守千八百三十九年拉日鐵森卒子幼拉合爾大亂強有力之將軍大臣及王后分裂其地最強者爲凱爾薩軍鄉稅之克兵發所自阿富汗事變後欲與英軍角力時法國統將二人辭去別舉稅克教人分握兵權千八百四十五年稅克軍六萬人攜砲百五十尊渡河侵英英將戈富與印督聞警馳赴邊境二十日中血戰四次一在麥特企距拉合爾六十七英里在南向東一在斐羅什宣在旁遮普一在亞律氏爾薩特里日河邊之村落北緯三十度五十五分英天文臺東經七十度七十分一在蘇孛拉倭在拉合爾東南四十五英里英兵每戰傷亡甚多最後一戰大勝之稅克兵踰河而遁拉合爾亦降英英人至拉合爾議定和約一公認拉日鐵森之幼子杜律伯森爲土王二遮蘭達德孛介拉徹及薩特里日二河之間地割歸英屬三限制稅克兵數不得多練四英簡洛爾倫斯駐守拉合爾五英軍戍守旁遮普以八年爲期千八百四十八年赫亭吉同英賜上爵達爾霍希叡鎔名蘭代之未六月稅克亂先是二英官在穆里坦爲人刺殺時顯理格爾倫斯伺英養病惟副將愛德華爾後孛稱爾希在印度暑月軍人休息未備戰守倉卒赴敵不能有濟凱爾薩軍聯爲一氣初戰勝負尚相

五洲地理志略　卷九下　七

當迫智利安瓦拉地近熱倫河在北緯三十二度四十五分英天文臺東經七十三度三十五分一役英軍損失將士二千四百名砲四尊及三營旗幟英政府聞警派查理奈比爾馳援未抵境而戈富已於古直拉德大破稅克殺戮無遺時穆里坦已下德斯摩曼特所統阿富汗騎兵爲英軍所逐遁入土山頗爲塹愧蓋阿富汗騎兵與稅克痾嫌今以惡英故乃捐舊怨也英廢土酋杜律伯森爲庶人命居英之腦爾夫克歲給英金五萬鎊以資用度以旁遮普爲行省使達爾霍希及二洛爾倫斯改革政制及辦理善後事宜首織器械次訂地賦境內村落逐一估定薄取於民去稅克遠甚次頒刑律法制寬簡措施公允令羅孛奈比爾發又稱麥格達拉公罰國千八百六十八年敗克拼瀝麥格逹拉城祓拟此罰其地在北緯十一度二十分英天文臺東經三十九度二十五分修造道路溝渠自此英人權力漸及邊遠地方亦綏靖鞏固千八百五十七年印度兵變事起西北諸部歸英五十餘年猶乘勢離叛而旁遮普隸英八年固結勿貳豈非有官守者布政宣德捐循得法有以致之與千八百五十二年與緬甸第二次開戰緬王薄待歐商又無禮於遣往之艦長以致啟衅兵端既開數月間自仰光至普羅美一帶流域悉爲英師所據旋因議和不果始以其地併入阿剌干地那悉林二部名曰擺古自歸英屬後仰光之居民驟增十倍印度封建之酋長國頗多達爾霍希以爲若土酋國中積年失政或土酋已死下無儲子者皆不應容留考興都私律螟蛉之子與已所出者無異此私家爲然若國君則事之輕重相去甚遠用之不慎是以億兆民人付之不知誰何之微賤人豈不殆哉且立君既以利民則英之惠政被於生民豈不較安假之土酋更爲遠大乎故印度藩邦之因此而併入英國者爲薩達拉千八百十八年麻哈拉德酋日伯蘇頁瀕覆後薩達拉洒趾國爲代表沙韋

嘉千八百四十八年代表者無子雖有繼子不得立爲西占千八百三十三年爲那哥不爾斯典朝某氏發於千八百五十三年爲加那鐵克那瓦字爲貪昭爾爲貝吉羅瑞氏錯租千白百五十三發後始已年是年海得拉巴之尼桑惑於人言以比拉爾地方讓與英人以擔保未清之欠款至是英之政權遂及於比拉爾數邑烏德省自千七百六十五年克里夫給還那氏孛蘇日倭多拉後雖爲自主國而外敵內訌惟英是賴故其後人以己無責任相沿成習政事荒怠百弊叢生千八百十九年後稱王有史家愛爾文著印度園圖一書稱烏德爲印度園圖詳言其竊敗歷任總督聽其破壞雖誥誠亦若勿聞達爾霍希知那瓦孛終不悛改民生困苦若再因循保護是助紂爲虐同一罪戾始決取之英政府又力贊其成千八百五十六年令駐雷各腦德鵬撒德之將軍倭德爾蘭郎收烏德政權烏德王章吉特阿里被廢後往訴英國事勿就歸居加爾各答郭外之加丁里曲村歲受恩俸英金十二萬鎊英人乃以烏德爲郡縣不別置酋長達爾霍希在任八年專以化成風俗增進實業爲心設工程局以治道塗建鐵路以通商貨電綫郵政同時興舉其開監吉士渠灣灘利賴尤宏遠焉千八百五十六年達爾霍希以疾辭職年甫四十四轄後轄五代之者爲嵌尼格次年郎有孟加拉土兵之亂土兵之叛也以達爾霍希興舉要政兼併地方爲全吞印度之肇端流言四布各懷貳心而被廢之酋長與儲子寡妻不知凡幾莫不乘此危機以圖報復且聞克蘭米亞之戰俄英仇隙甚深土兵又富於財帛急欲賄買土衆同舉義旗以清外敵孟加拉之營汛諳言蠭起謂所用之子彈火藥必塗獸膏與都回衆同蒙汗穢此言一出土軍鼓噪無可解說千八百五十七年五月彌魯特土軍先叛破獄釋犯奔入營汛遇歐人即殺旋至特

五洲地理志略　卷九下　六

里城懲恩戍兵罪犯聯成一氣尊蒙古廢帝爲首領大舉起事斕魯特本陸軍雄鎭歐兵甚多器械充實足以撲滅叛軍而英官游移毫無意識警電傳至特里其夜一無所事迨炎晨特里同人同聲起叛歐人所能爲者惟轟燬火藥倉而已叛兵既據特里已得地勢倏忽之間偏及西北部烏德以至孟加拉南部凡歐人及那穌教徒悉遭殺戮婦孺不免羣集特里隱若敵國獨旁遮普省洛爾倫斯及副將愛德華尼科爾孫二人預爲布置繳軍械嚴約東得以無事麻打薩拉及孟買土兵尚無變動中央酋長從叛者多惟各有遲早獨赫得拉巴之回國其忠順一如往日此首轄薩拉爾吉之功也叛軍戰事科尼普爾雷各璃德特里三城最甚科尼普爾一邑戍防土兵最多其鄰地比得赫爾則丹圖班斯宮宗所在故聚集允衆丹圖班斯又名那那薩希孛郎前白蘇瓦已廢之儲子也初於英頗忠順及叛軍事起遂爲首領且自立爲麻哈拉德之白蘇瓦時科尼普爾之歐人婦孺居多戰士甚少築濠壘固守夏六月被圍相持十九日丹圖班斯允保護至阿拉哈巴不加傷害歐人始降共四百五十人趁舟自恆河下駛忽土兵磨集悉羅於難惟四人生還詳述其事時海瓦洛克之援軍方將抵境也烏德總管顯理洛爾倫斯居雷各腦德知禍亂將至建壘儲糧凡歐人寓本省者均令入城甫就緒而叛軍圍之後二日洛爾倫斯受重傷英兵愈奮九月海瓦洛克及奧特蘭木以援軍至甫入城叛黨益兵圍之幸科林康貝爾撥爛觥雷於十一月率兵抵雷各腦德破圍而入圖城得全叛黨踞特里市月英將圍之時英兵八千叛軍三萬餘八月中尼科爾孫自旁遮普率兵至親閱戰地九月十四日大舉攻城血戰六日而城破尼科爾孫陣歿騎將霍德

森虜蒙古帝伯哈德爾宣手刃其子英軍既克特里老巢雖各處用兵至年餘始平而大局已定矣　烏德及羅希爾干德之民因烏德之公主巴勒里之那瓦孛及那那薩希孛三人至激於公憤遂連結叛徒同抗英軍此數部亂者民也非兵也科林康貝爾自任烏德勦撫之事而尼泊爾之監一貝哈吉爾亦統戈喀司軍援助經營二年之久始將城邑碉堡遂一克復千八百五十九年正月叛黨渠魁逃往邊界事遂粗定富戈羅斯（後那爾爾詞公徙）斯別統一軍自孟買抵印度中央戰勝攻克敵人如占西廢后某氏及丹希亞托比皆以勇悍稱廢后自率所部奮戰多日於千八百五十八年歿於陣丹希亞托比於千八百五十九年被獲　土兵之亂雖二百五十餘年之東印度公司亦受其殃初千六百年英后伊里什貝斯准挪立公司千七百七十三年瑙斯公爵諸政員議定憲章始握政權及挪立印度政府孟加拉巡撫亦於是年改印度總督增設參議員四爲隸屬督署之議院凡修訂法律章程及制度之大權皆歸主持而麻打薩拉及孟買二部關和戰重事亦由總督管轄設至高之裁判署於加爾各答其問刑官由英王簡派至千七百八十四年以壁鐵之印度條議始設立專部掌印度事務孟加拉亦增統治宅部伯里璽德希之權惟公司經營商務之專權遵定律革除（千八百三十三年）又議准增設議員勿限定公司執事中選充於修訂章程時至院與議宅不過問又選派修律印員並予孟加拉總督以管轄宅省政治武備之權自是英國管理印度之議政會員人數較減而公司選派官吏之權亦同時革除千八百五十八年爲欲修明印度政治以公司政權全歸英主新章一出管理印度之議政員及議院黨抗辯數四而後定局議定治權統於

英主一切政事由政務參謀部辦理（即國務大臣）設議員十五隸參謀部以資襄助公司之歐兵將士二萬四千人歸併國家裁印度水師千八百六十一年總督轄下及麻打薩拉孟買之議院（即總樞院）增設議員歐人土著皆可選充僅與議立法事不與宅務又於無上之裁判署外分設高等裁判署數所千八百五十八年十一月阿拉哈巴大會宣布英后統治印度之諭稱爲印度人民之馬加拿吉泰（瑪加拿吉泰即千二百十五年諭英民自由之文告）諭言英后甚願政尚寬平許以信教自由除殺害英民兇犯外餘悉赦免明年冬嵌尼格往北部放察地方迎曾效忠義之親王首領擔認隸英之權利印度自平兵亂後驟增國債四十兆金鎊而變易營制亦歲增餉十兆庫藏空虛英主派吉姆斯佛爾森爲財政官重訂關稅制度辦入款稅牌照捐行用國家鈔票　千八百六十二年嵌尼格解任回英一月病卒嵌尼格當兵亂時鎮靜堅定惟處事公嚴致毀譽互見愛爾吉代爲印度總督次年十一月以勞歿於喜馬拉雅之丹馬稅拉（在北緯三十度英天文臺東經七十六度闊）莊穎洛爾倫斯代之以救全旁遮普著稱莅在後遇不丹用兵反俄里薩凶荒二事千八百六十九年梅俞代之翁巴拉（在旁遮普當孔道）之會同認希爾阿利爲阿富汗之亞米爾千八百七十二年巡察邊境至阿達曼羣島爲刺客所殺洛斯孛路克爲印度總督千八百七十四年孟加拉南部歲大凶設局賑撫興工程役用災民雖所費甚巨救全實多千八百七十五年以巴羅達土酋政治敝敗不能忠順廢之仍以其族子嗣其冬威爾斯親王遊歷印度明年賴敦繼爲總督千八百七十七年正月朔英后維多利亞尊爲印度皇后開大會於特里二年來雨澤愆期地方荒歉初止台干至科馬林角浸及北境自英人治理

以來災區之廣以此爲最振撫之款費至十一兆金鎊然死於饑困疾疫之數無慮五百二十五萬人其死率約得百之四十可謂慘矣　千八百七十八年秋阿富汗主希爾阿利（阿爾志作愛里）密結俄人謀英英使至堅拒勿納俄使至以禮郊迎英不能忍遂宣戰分三路進兵一由加泊一由古蘭一由卜蘭皆入阿富汗山徑暢行無阻希爾阿利逃往土耳其斯坦未幾死英人與其子歹古柏汗（阿志作約蒲白）定約於干特麥克（加布爾東一村落）允許英之邊境以山徑裏口爲界加普爾城亦允英遣官駐紮約成英遣路易凱瓦訥里（阿志作喀納里）之居加普爾數月爲阿人殺害護衛兵丁同及於難事聞於英乃再用兵英師至阿富汗據加普爾放歹古柏汗於印度而以都蘭尼王室之阿富汗酋位置於康達哈爾政府號爲瓦里（亦酋長之稱）時英國適行選舉賴敦與守舊政黨同時辭職千八百八十年律滂代爲總督未幾亞育孛汗（希爾阿利之子）率希爾拉的兵擊敗英軍於康達哈爾與格里縣得河之間將軍夫里特律克洛卜鐵聞信自加普爾悉師往救馳抵康達哈爾是年九月一戰而殲亞育孛汗之軍而代表德斯摩曼特之子阿孛斗拉曼汗（阿志作愛白杜拉曼）自此遂認爲加普爾之亞米爾（後事詳阿志）

五洲地理志略十　

賜進士出身　特賞內閣學士銜前國子監祭酒翰林院編修加三級　臣　王先謙謹撰

伊倫雷志云伊倫高原自阿米尼亞（案即亞美尼亞）與歐勿拉的河底格里司河之低野起向東至印度之野其北有印度喀虛山愛爾般士山（內蒂美文山高萬八千五百英尺）向裏海與土耳其斯坦形勢驟低伊倫地多沙漠分爲波斯阿富汗俾路芝三國（謝志云波斯阿弗干備魯支三國之地合爲義蘭高原先謙案義蘭伊倫音之變轉課程作伊蘭徐志所稱印度以西回部四國三國與阿剌伯也）

波斯國

波斯（徐志波斯［illegible］云回部大國粵呼大白頭呼印度爲小白頭兩地皆有白布纏頭之俗因以爲名也東北連沙漠界布哈爾東界阿富汗俾路芝西接東土耳其北抱裏海與俄國接壤南抵阿勒富海（[illegible]）與阿剌伯毘連一隅長約四千餘里廣約三千餘里雄富多寶貨與中國貿易最早所謂碧眼波斯胡也立國在有夏之初迨羅馬既興猶太以西囊括無遺獨波斯未入版圖漢時稱安息唐初爲阿剌伯所奪遂爲回回大部稱大食波斯唐宋屢貢方

物元末駙馬帖木兒據撒馬兒罕（[illegible]）諸遣其子沙魯哈據波斯稱哈烈國明代入貢後爲土耳其部人所奪傳二百餘年而衰亂尋爲阿富汗所併康熙間其後裔達馬斯恢復故土其大將那的爾沙弒達馬斯滅阿富汗乾隆間阿富汗復與據其東境波斯保有西境王最尊嚴刑賞任意土地肥沃節候多暖少雨產良馬紅棗白鹽銅鐵金銀琉璃珊瑚琥珀珍珠翠羽獅子其民強健男女多美姿容風俗繁華好修服飾國尚武功交戰殺敵必割耳爲信嘉慶十八年與俄人搆兵敗績割北境之日爾日部道光初年波斯欲窺印度度磧闌札布（[illegible]）之希辣城英人拒之乃引還謝志云獨立國居北緯二十六至二十九度東經四十四至六十三度君主專制稱王曰沙治國律例悉遵可蘭經大臣十曰內務曰外務曰財政曰司法曰學校兼商務曰郵政曰技術曰印刷曰兵器全國總督七人守令由總督簡任司法事務由總督及教士掌之政要云其國王名號謂之咱因咱猶言王上王也若太西稱安伯拉之意矣志云通於呵曼灣之海峽名曰阿爾密士峽東北與西韃靼接境西北與俄羅斯接境曹典球譯野口保興志云波斯一名馬木利克馬尒塞蘭占高原之西部北依亞特勒克河裏海阿拉斯河與俄領土爲界東阿富汗俾路支南濱阿拉伯海阿曼海波斯灣西接亞細亞土耳其長二千二百粁廣千四百粁面積約百六十五萬方粁古有美的亞國（[illegible]）伍八百拓至居魯士滅之建波斯國（[illegible]）伍年領土自痾克蘇河印度河之間以迄地中海嗣後爲亞歷山大王等所管轄復建薩遜朝之波斯帝國（[illegible]）年旋服屬於薩拉生塞尒齊克土耳基花辣子模蒙古帖木兒等後爲斯夫王朝

（[illegible]）所君臨國亂而拉的尒沙作波斯王嗣喀齊尒王朝興從千七百九十五年起繼續至於今日十九世紀時阿拉美尼亞爲俄所占千八百五十六年至五十七年與英交戰戰畢言和改革國政然俄人勢力日增國都附近地大蒙俄人之化云）

雷志云面積六十三萬五千百五十英方里（慕志云緯綫自赤道北二十五度至四十度經綫自順天偏西五十四度至七十二度長四千二百里廣三千里總計二百三十萬方里辻志云三百七十八萬方里北有伊爾婆兒士山脈連綿高聳南亦有山脈土地高燥大半沙漠沿岸一帶平直無彎曲川流惟客龍河（[illegible]）其氣候寒暑皆烈降雨不多而天氣爽朗他處無比謝志云縱五千里橫四千里面積六百三十萬方里內地爲高平原環以帶山高二千至四千英尺東方及中央部大率鹵地沙磧西北二部及南部濱海土地肥美江河稀少而小鹹湖甚多北界愛爾盤山與高嘎西亞共之西北有大湖曰烏羅米亞高出海面四萬三千尺其水極鹹樋志云北部愛爾勃司山脈頗高最高曰特馬溫特高二萬尺西北隅包有阿爾美尼亞之一部西教史所謂亞刺臘山亦在焉高萬六千尺先謙案伊爾婆兒士即愛爾勃司亦即愛爾盤也雷上作愛爾般士特馬溫特列國學會二圖作德馬溫德課程云通國湖澤三十有餘最大者曰烏逝亞水味甚鹹不宜酌飲民甚苦之矢志云河水甚少惟流於波斯灣之數小河曹譯野志云海岸綫北部五百粁南部二千粁岬角港灣甚少有拉拉克島樣雖埼軒和尒木斯島奇什木島辛莊島吉伊斯島水支亞布舍伊木島主要之山脈北有厄耳巴介山西有查克洛斯山等內地高原多至九百米

突以上之地有大薩耳特沙漠河流注裏海者有亞特勒克河奇尒金河（[illegible]）奇悉耳烏孫河阿拉斯河注印度洋者有蒙普勒斯塔佛河（[illegible]）喀隆河惟喀隆河最闊重要注入閉塞地者有喀拉蘇河等湖沼西部最大者有務曾木湖溫度平均不過十四五度天氣常快晴行星之光不生陰影雹氣甚大夜間裂紙可發電光氣溫變化激烈一時可由七度升至六十二度云動物產獅子虎豹狠等野獸國內不毛荒地甚多野生之植物肥沃之地產米麥烟草實綿等及桃櫻葡萄柑類鐵銅鉛石炭硫黃等

人九百萬口（曹譯野志云敎育有兵學理學語學等專門學校普通敎育亦具居民大半從事於可蘭經典有高等議會合十二貴族爲之地方分以拉亞日迷尒哥刺森馬散地蘭義蘭亞塞尒拜然吉西斯丹諾利斯丹（[illegible]）阿拉比斯丹法尒西斯丹剌里斯坦美克蘭等三十三州各設總督與副總督波斯稱哈吉母州內遊牧之民有酋長稱伊尒哈尼等名鄒考云素奉火教因古人飲血衣毛不知取火苟得一火以爲天降用薪然之置火之處另有一廟廟有塔爇火其上司廟者曰火司民間有事入廟叩禱然後取火歸火偶息則以爲天降奇禍滅火以去令其人再三叩禱悔過遷善乃得再舉貧戶之火取自廟中富家自有置火之宮潔淨掃除罔敢或褻人欲自置家火多備祭禮獻之火司方舉以歸則戚友互相慶賀）

入口貨值五百七十八萬一千磅出口貨珠絲鴉片地氈棉花烟葉等值四百三十七萬六千磅（辻志云棉布毛布糖茶玻璃加非藥材爲大宗樋志云少道路商人聯爲隊伍乘駝攜水旅行於沙

漢政要云通用銀錢有二曰鶏蘭合英銀十一本士又二五曰託曼合英銀九喜林三本士又五亦用淨金錢一曰金託曼合十鶏蘭數一曰五鶏蘭一曰二鶏蘭謝志云陸兵額數十五萬常備二萬五千人實能應調者不過總額之半操演用歐西新法火器亦有精巧者海軍止小軍艦二全國歲入款千三百萬圓出千五百萬圓國債五十萬圓每歲出入口貨約共七千五百萬圓𠊈志云波斯灣沿岸一部已歸英領輪船通客龍河下流三百里鐵路十餘里電綫長萬六千八百里起鐵黑蘭西北經高加索至歐俄之歐鐵殺東南達印度之孟買曹譯野志云兵備有陸軍十萬五千五百人稱常備軍者不過二萬四千五百人海軍僅艦船二千八百八十八年財政歲入約五千四百四十八萬餘克蘭一克蘭値日本錢十歲出五千十萬克蘭歲入百分之八十二出自町村徵稅百分之十五出自關稅餘額出自郵政電信漁業鑛山等稅沙所得者七百三十萬克蘭國債三千二百五十萬盧布國土多不毛耕地不過五十分之一民多從事農牧農業大麥小麥棗葡萄無花果瞿粟藍烟草綿等茶亦頗盛牧業養馬贏槖駝等物生毛出哥剌森地方最良歲值三十五萬圓産眞珠歲約三百萬盧布工業産生絲多出於裏海之西南地方義蘭産額約四百萬圓綿布毛氊兵器等物商業要地爲太不里士德黑蘭伊斯巴亨主要港在波斯灣有本特介拔斯令吉布什介在裏海有延西利美西得伊薩介在巴爾佛魯什之北賓得介伊克斯在阿斯特拉巴得之西貿易約値四億五千萬克蘭與俄英通商最繁魚類綿乾葡萄鴉片絹布米席子等爲出口大宗由德黑蘭以至庫木道路長一百四十六籽由德黑蘭以至羅什得道路長三百五十四籽由延西利以至喀山由喀山以至德黑蘭路均頗良好

山岳乘贏平原御槖駝以運貨物鐵道長不過十三籽商船汽船帆船各止一隻郵便百六局電信條長萬三千三百九籽聯絡國內主要都會一方依高加索之架高線一方依波斯灣之水底線與歐羅巴印度相通

歎希倫人二十萬口　歎辟里士人十八萬口　壹斯翻恩人八萬口　曼虛黑人五萬口　巴爾勿拉虛人五萬口以上要區

徐又云地分十一部中地之部曰以辣一亞日迷爾一作以辣地多山阜都城曰德黑蘭建於北境之平原北方三部極西北曰義蘭一作伊蘭[illegible]稍東曰馬部德蘭[illegible]兩部皆背負裏海前阻連山膴原衍沃河流灌溉耕牧皆宜義蘭在西境最有名昔有大城極富庶今廢東南曰達巴利斯丹建有大城商賈所萃西方三部極北曰亞塞耳拜然迤南曰古爾利斯丹[illegible]再東南曰古西斯丹三部土甚沃水利亦溥惟西鄰土耳其時被寇鈔民恒苦飢南方二部曰法爾斯在以辣之南山水清勝其東曰給爾滿一作克爾曼地方沙磧有草場羊馬孳息土人以羊毛造氈帕極精織法爾斯之東南臨海曰剌郡[illegible]地褊狹多沙惟産紅棗東方二部北曰哥利森北界布哈爾東界阿富汗土甚沃而北方游牧者時侵掠之居民不得安業迤南曰古義斯丹與阿富汗俾路支爲鄰法爾斯之西南有海口曰亞不支爾爲通國大埔頭東南隅有惡末嶼者古時海舶互市於此今已荒廢先謙案列國學會二圖作波斯與雷徐同邈志云八州慕志云二十省謝志云二十七省过志云三十州與野志云三十三州異然三十三州之名野亦未能偏舉迆據二圖中部有以辣亞曰迷爾與徐野同圓球圖作伊拉克阿齋米慕謝志作伊拉阿日末首府德黑蘭在其北境與徐合郎雷志之歎希倫政要作脫蘭謝志作德蘭世界地學作帖蘭外國地理作爹蘭漢文圖作丁蘭圓球圖作德希蘭括地略作氏赫令周志作稀海倫樋志作特黑蘭过志云在伊爾婆兒士山南麓宮殿華麗街市不潔樋志云人二十一萬口矢志云地居西北部高原夏熱如燔民皆避暑裏海之濱課程云郎唐書疾陵城謝志云有鐵道六英里通近郊回教之瞻拜地曹譯野志云德黑蘭人口二十八萬當北緯三十五度四十一分東經五十一度二十五分乃王國首府在海面上千一百三十二米突之高地爲交通要區風景甚佳仙猛在首府東位海面上千百六十米突之高地乃道路之交叉點兵事要區也南境有伊斯巴亨舊首府郎雷之壹斯翻恩俄史作意斯百海政要作壹矢不亨圓球圖作乙斯帕罕外國地理作伊斯罷亨世界地學作伊斯巴汗周志作衣斯拍亨謝志作伊斯巴罕过志作以斯巴漢樋志作乙士帕罕云人六萬口慕志作以斯巴罕云建於沃谷之中殿堂圜亭橋梁驛市猶存故址曹譯野志云伊斯巴亨人口七萬亦稱伊斯夫亨沿森多爾多河位海面上千五百八十五米突之高地大阿巴斯舊都在焉伊斯特人口四萬五千在伊斯巴亨之南偏東位海面上千二百三十米突之高地産絹布綿布極西北曰義蘭與徐野合慕志作幾蘭圓球圖作基蘭俄史作奇蘭又作噶蘭云曾欲波以此省爲質瀕海有地曰羅什特稍東曰馬散地蘭與野合郎徐之馬郎德蘭慕志作馬散德蘭圓球圖作麻散直蘭周志作買山大勒異名記作馬撒地蘭云曾界俄後仍還波瀕海有地曰巴爾佛魯什曹譯野志云巴爾佛魯什爲交通要區郎雷之

巴爾勿拉虛世界圖作哈爾夫喇西二部北臨裏海案野志上云巴爾佛魯什之北有美西得伊薩爾與延西利皆裏海主要港又東南有大貝勒斯坦郎徐之達巴利斯丹圓球圖作楚拉散慕志作拉喇斯灘許考云達巴利百貨流通商賈駢集有城曰阿斯特拉巴得曹譯野志云阿斯特拉巴得在裏海斜面外港稱分得力斯克圓球圖作愛斯特窠巴特世界圖作阿斯特剌巴萬國圖作阿士特拉巴俄史作阿斯特拉勒云曾界俄後仍還波案野志上云阿斯特拉巴得之西有賓得介伊克斯亦裏海主要港又西北有亞塞爾拜然與徐野同慕志作亞塞比然圓球圖作阿蒐巴查恩課程作亞德爾拜然古阿爾美尼亞國在其境內有地曰太不里士郎雷之歎辟里士曹譯野志云太不里士人口二十萬在亞塞爾拜然地方濱務魯木湖東岸位海面上千五百米突之高地當交通要路商業甚盛又云務魯木在湖西岸人口三萬位海面上千三百八十米突之高地乃商業地又哥伊要塞地也產生毛辻志世界圖太不里士作他布列士政要作塔不里司異名記作塔白里斯矢志作韃勃利士外國地理作他布利備樋志作塔勃里士云當黑拉特阿士拉特巴之衝人十八萬口謝志作達伯利斯云全國商務最盛之邑通歐洲陸路貿易皆出此城居民約十二萬迤南曰亞爾的蘭慕志作亞的蘭曹云野志無此州名世界年鑑云波斯官制總督兼轄數州之地知事僅轄一州野所舉爲知事轄地徐所舉則總督轄地也又南曰魯利斯丹郎野之諾利斯丹徐之古爾利斯丹括地略作古爾的斯丹巴爾三圓球圖作魯力斯坦俄史作胡沽利斯丹云曾與波在此立約値國西方半屬東土耳其半屬波斯曹譯野志云克滿沙人口三萬二千一名

基爾滿西塞在諾利斯丹地方當起耳哈河上流產祐席兵器附近有地名比斯敦有釘狀文字彫刻之岩石爲達栁司時代遺迹比爾古得佳頁牧地也氈類毛布集散於此又東南曰吉西斯丹與野合徐作古誤異名記云波分部與土鄰圓球圖作楚昔斯坦又南曰阿拉比斯丹與野合蓋吉西斯丹之屬州也以辣亞日迷爾之南曰法爾西斯丹與野合圓球圖作發西異名記作法爾斯謝志云據波斯海股之首爲古京都慕志云多宮殿古迹有一祠高廣華麗今已蕭條外海口曰普侈爾爲往來衝要據二圖法爾西西南瀕海曰德什斯丹其海口布什爾普侈布什一音之轉即徐之亞不支爾也曹譯野志云布什爾乃波斯海上貿易區輸出葡萄酒烟草鴉片等萬國圖作蒲什阿圓球圖作布希耳世界地學作布夏港外國地理作布特世界圖作布西亞辻志云在國南端瀕波斯灣爲外國通商口岸之最現歸英謝志作布些云在波斯海股北岸人二萬口多輸出鴉片果實紬絹又樋志云海岸之施拉士府往時以葡萄酒著名又產烟草香水等今不過一小市二圖作失羅子曹譯野志云失羅子在法爾西斯地方人口五萬位海面上千五百五十米突之高地乃波斯極樂地之一近日商業頗發達伊斯塔哈爾在失羅子北偏東五十籽白爾塞波利斯舊迹在焉異名記作什拉白矢志作希拉士圓球圖作希拉斯元史郭侃傳作石羅子西人紀載作色立齒法爾西之東曰給爾滿與徐合曹譯野志云給爾滿在伊斯特之南偏東人口六萬產祐席矢志作給爾曼括地略作克爾曼圓球圖作拉曼異名記作卡買瀕海有地曰本德爾拔斯世界圖作本德爾鴨拔斯曹譯野志云本德爾拔斯爲沿喀拉林斯海峽之一港令吉近拉斯可伊

德拉岬商港也案此上所云本特爾拔斯令吉布什爾乃波斯灣三主要港也法爾西之東南臨海曰剌甲斯坦圓球圖作剌力斯坦郎野之剌堅斯坦慕志作拉喇斯灘有城曰剌郎徐之剌郡世界圖作拉爾其東南有海島曰大威拉蓋徐之惡未嶼紀程作阿爾謨斯一作呼爾謨斯明史爲國慕志云古海舶互市之地日久陵夷盡成瓦礫人多沒海求珠歲得數百萬金以拉亞日迷爾之東曰哥剌森與徐野合課程作哥剌桑紀程云郎西史之可拉生會合阿侯勒特地以立國有都市曰馬什得曹譯野志云馬什得人口六萬在阿剌森地方位海面上九百三十米突之高地有伊蠻勒扎墓參謁者甚多樋志作麥什特異名記作謀晒得云西與阿士特拉巴相接阿剌森之北曰庫善曹譯野志云庫善人口三萬在海面上千二百七十九米突之高地商業地也絹布米果物等集散於此馬什得迤南曰庫黑斯坦郎徐之古義斯丹與阿富汗俾路芝鄰課程云二省俱斥鹵地地上鹽厚寸餘無他產惟草場頗廣馬羊孳息羊毛造氈毯精緻耐用又曹譯野志云哈馬丹人口三萬在喀拉蘇河上流位海面上三千二百七十米突之高地美的亞舊都在此庫木沿喀拉蘇河爲伊蘭人之聖地產土器加珊在庫木南偏東位海面上一百三十米突之高地製織物銅器著名又云的斯夫耳在喀隆河支流阿耳布伊的斯河畔人口二萬五千波斯帝國舊都斯薩名姑地在此地之西南摩哈麥拉在喀隆河與馬夫拉達河相會處商業不盛又美克蘭在波斯南部與俾路支交界處

阿富汗國

阿富汗

徐志阿富汗（一作阿富汗尼斯丹又作愛烏罕）云回部大國也北界布哈爾東界印度南界俾路芝西界波斯東西二千餘里南北千餘里乾隆二十四年因拔達克山內附屢貢良馬其國本波斯東境明正德初有巴卑爾者取喀布爾（喀一作奔）堪達哈爾濟斯尼三城自立爲國傳二百餘年至康熙中波斯衰亂阿富汗乘勢兼併得其全土越十七載波斯復興滅阿富汗其後阿富汗王子亞美里沙收復故土仍與波斯並立乾隆五十四年王塞曼沙爲弟馬慕所篡國大亂者十餘年北印度之塞哥與阿富汗爲鄰阿富汗盛時嘗渡河取塞哥邊地（俗傳愛烏罕滅溫都斯坦卽此事或閣見鵶以阿富汗都城）驅（紆延之拔罕都城招澗 轉音之補說致輿安）至是塞哥之勞爾部（一作哥物懷 塞哥都城）酋長林日星收復河東地並渡河割數城阿富汗由是不振近年與英屬印度西部構兵數年講和而罷其國界印度波斯之間天氣酷熱多雨西界有沙磧餘皆沃壤俗事耕種無游牧城池壯麗戶口殷繁勝兵數萬軍器用鳥槍長矛腰刀不習弓矢風俗與波斯同土產鐵錫礬鹽硇砂硫磺烟葉棉花阿魏青黛丹參甘蔗地毯謝志云國王曰阿密兒全境分四省國政自賦稅之外皆不整理近年仰英國保護俄屢窺之黃記云俄嗾阿富汗與英搆難前後數十年爭戰不息俄遣使駐甲布城英使至拒而不納復啟釁始因天寒地險英軍屢挫既而大勝直擣甲布阿王走避俄境留其子阿古柏監國未幾阿王病殂阿古柏嗣不得已割地償餉立約罷兵而民心不服戕英大員古柏之弟因民心起而爭位古柏以位讓其弟蔥嶺迤西回部如霍罕布哈爾基發等盡爲俄有與印度止隔興都哥士一山英力非不足滅阿富汗酋之爲藩籬藉蔽西印度一面耳曹譯野志云阿富汗斯坦即威拉雅的沿革未詳前屬喀

疾甯家格利家後爲查母林克所征服至其子孫爲喀布尒波斯堪達哈尒所領嗣後之摩加尒帝保護喀布尒波斯取侯勒特堪達哈尒時屬德里或屬波斯迨波斯拉的尒被剌阿富汗乃獨立東合旁遮普克什米尒北達痾克蘇後爲英所干涉以至交戰千八百八十年英兵退至基達行成蓋阿富汗當印度與中央亞細亞之通路由土耳基斯坦痏地出印度之豐野必假道此處自古阿富汗被人侵略無不因此至今俄人必欲求此出路以達氣候風地方獨爲英人鎮其咽喉斷其通道兩國委員於千八百八十七年議定阿國北方界約至今如故云

雷志云居伊倫高原之東北經過印度喀虛山至土耳其斯坦及上惡克薩司之低野謝志云全國如一高臺以次斜向東南東北爲印度古施山高二萬丈東界爲司拉以曼山西南大沙漠曰雷斯坦大河一曰嘎布勒河爲印度施河之支流曰布爾門河西南流入雷斯坦沙漠內之敘拉澤印度古施山卽雷之印度喀虛也課程作興都庫什云此山自蔥嶺穆斯塔格山分大支西迤於阿母河南印度河北入阿富汗境者西連波斯爲高原郎伊蘭高地也東西長亘爲亞洲西南地脊波斯據此脊之西阿富汗據其東故阿富汗境以此山爲中央最高處漸南漸北各就低平曹譯野志云興都庫什山包有巴羅基尒山口薩多尒斯多蘭山口采拉采米尒山口（之豫鄉多擽嗡嚕）哈威克山口巴的克山口等處（蘇彡叱卾稱鈾評）其戳正與巴巴山相連又有西非得山脈橫亘其中阿母河木尒加布河橫西北國境又有喀布尒河東流與印度河會格里綿得河哈什河華拉河哈魯得河均經於閉塞之地湖沼則有阿布斯塔

達湖哈蒙湖（案在[illegible]達里西）空氣乾燥哈蒙湖北之華拉地方溫度極高可熟雞卵喀布尒夏季溫度三十二度或至三十七度以地勢高故也冬季堅冰冷冽河流可通行槖駝野獸有豹狠海拉熊安的羅威家畜有槖駝羊馬**面積二十二萬九千英方里**慕志云阿富汗在中亞西亞緯綫自赤道北二十九度至三十六度經綫自順天偏西四十六度至五十六度長三千里闊二千里總計九十萬方里謝志云國在義蘭高原之東部居北緯三十度至三十八度二十分東經六十度三十分至七十四度三十分北界俄屬中亞西亞東界印度（[illegible]）南界俾路支西界波斯面積二百三十九萬方里課程云東西千七百三十餘里南北千四百四十餘里面積百八十萬七千四百方里其東南初無定界光緒十九年與英官畫定今界又云以經緯度核之三千字疑誤辻志云百四十四萬方里**人四百萬口入口貨値九十三萬八千磅出口貨値七十二萬七千磅**謝志云夏熱冬寒雨水稀少沙漠山石之間多有肥地各種果品極佳民畜馬牛羊甚夥以羊毛織地氈及袈裟布運貨專恃駝馬自印度至波斯以此國爲要道歲入可七百二十萬圓課程云地居溫帶南北僅千餘里然高低不齊忽山嶺忽深谷忽高原忽沙漠百里內外地狀屢變氣候因而迥異一日之中山巔則嚴寒低地則盛暑行者自朝至暮葛裘屢更產大麥豌豆大豆米粟蕎麻油茜根阿魏蘋果梨梅香櫞桃李石榴葡萄無花果桑椹尤繁國人以果爲常食北境產銅其多甲於全球又有金銻鉛鐵寶石青金石尤著名辻志云鐵路起坎達哈兒府越峻嶺通印度曹譯野志云政治由

君主專制君主稱愛米尒其實權在英手如英屬地愛米尒每年由印度政府支送十八萬羅比交通要地均英人占居地方分喀布尒侯勒特堪達哈尒土耳其斯坦（[illegible]）巴達克山（[illegible]）等州州置知事兵備有兵卒五六萬砲二百餘門分駐於侯勒特馬撒尒（[illegible]）堪達哈尒扎拉拉巴得（[illegible]）喀布尒亞斯馬爾（[illegible]）六處國多山岳沙漠居民類從事游牧侯勒特及喀布尒河谷堪達哈尒等均爲沃地歲穫二次居民食物以果物爲主如林檎梨巴達杏桃榅桲梅西里石榴葡萄無花果桑椹等皆食物也乾果爲出口大宗絹布氈等產於堪達哈尒製造羊皮波斯丁（[illegible]）爲生業之一貿易詳況難知印度輸入阿富汗者歲約四百八十五萬盧比阿富汗輸出印度者歲約三百五十五萬盧比輸出大宗爲馬果物穀類藥品生毛香料等輸入大宗爲綿布染料砂糖茶等布哈拉輸入阿富汗歲約四百萬魯布尒（之貨[illegible]）道路均極險惡克伊巴尒道波蘭道稍良好喀布尒堪達哈尒可通車行運輸商品多用駝馬其主要商路由堪達哈尒南至比升鐵道北至波蘭山口以達印度爲一道由喀斯那至庫馬尒山口以達印度爲一道喀布尒有三大道一由克伊巴尒山口至印度一由哈威克山口至中國一由法尒時至波尒克以達布哈尒侯勒特有二大道一由木尒加布（[illegible]）至謀夫以達布哈尒一由侯利尒得（[illegible]）以達波斯之馬什得**坎勃耳　肯德哈　海蘭脫要區**徐又云其地分九部首部曰喀布爾都城也地處平原烟戶湊密景象繁華曰堪達哈爾在國之東北隅四面皆山亦大都會曰哈斯那與上二部皆商賈輻湊之地曰羅各曼曰円剌拉巴曰維西曰

發來曰都扎克曰伊隆達爾先謙案謝志作阿弗干亦作阿富汗課程作亞加業坦漢文圖作阿富汗斯坦列國學會二圖作阿富汗與雷徐同都城在東境曰喀布爾與徐合卽雷之坎勃耳課程作加不黃記作中紀程作開布爾圓球圖作考布耳外國地理作加布路世界圖辻志作喝布爾慕志作客布爾謝志作嘎布勒云在東北部山麓地臨嘎布勒河高出海面六千四百尺風景絕佳居民六萬其地與印度白沙瓦相距喀布爾之北曰昆都斯異名記作渾都斯圓球圖作庫恩杜施云阿國別一部其東卽巴達克山故國也巴達克山之東北爲帕米爾天下第一高原與中國葉爾羌連接近爲英俄二國占領王達云千八百九十四年英俄協約與都庫什山以北噴赤河以南巴達克山以東長約千里廣不及十都英里一綫之地屬阿富汗紀程云自此旁喀布爾河東行經扎拉拉巴得（[illegible]）或作日拉刺巴得案卽徐日刺拉巴也圓球圖作齊拉拉巴得平方圖作納西拉巴得世界圖作熱拉拉巴異名記作日拉喇巴北有帕沙特卽徐之都扎克異名記作杜沙克又云由扎拉拉巴得至一折穆魯得入印度界抵白沙瓦與鐵路接漢罽賓國卽此地喀罽一聲之轉布爾急讀爲賓或以罽賓在克什米爾然懸度在克什米爾之北印度河上烏秅在懸度西北加非利斯坦境內（[illegible]）罽賓更在烏秅之西其爲喀布爾無疑漢元朔中大夏爲大月氏所滅大夏塞王南君罽賓卽此其先大夏國卽今阿富汗屬部波爾克在國北境（[illegible]）亦卽周世之拔克德里國也由喀布爾西南得克斯那案卽徐之哈斯那二圖作喀斯那紀程云卽西人紀載之伽寺尼杜宗預云以地望華之徐之濟斯尼爲莫臥爾所取者卽哈斯那不分二地一作幾

斯尼圓球圖作勾斯尼又西南傍土耳那克至堪達喀爾卽徐之堪達哈雷之肯德哈也謝志作干達哈圓球圖作刊答哈胡圖作看達哈爾慕志作刊達哈爾辻志作坎達哈兒異名記云在國東南接連印度鐵道綫明時蒙古莫臥爾曾取此地並喀布爾濟斯尼二城均阿分部曹譯野志云喀布尒人口七萬五千爲阿富汗首府在海面上千七百六十二米突之地交通要路貿易繁盛喀斯那在海面上二千三百五十六米突之地兵事要區曾爲馬摩得帝國首都扎拉拉巴得濱喀布爾河堪達哈尒人口三萬古名亞歷山大利阿在喀斯那西南位海面上千五十五米突商業交通要地也吉里什克爲城塞地監覷黑里緜得山口侯勒特人口三萬古爲希臘人之亞利亞名曰亞歷山大利阿位黑利尒得河之北在海面上八百十米突當亟要商路亦軍事要區古尒揚在侯勒特西約七十軒位黑利尒得河右岸有城寨拉什在華拉河北岸有城寨與卓乖尼相對同以防禦西斯丹者也瓦罕國在阿富汗土耳基斯坦之最東部包有疴克蘇河上流之谷介於中國英俄領土之間國土形狀狹而且長巴達克山國（[illegible]）在疴克蘇河支流可札河之谿谷地肥沃山岳亦多低地谿谷可耕種主要之邑一法撒巴得一結巴克昆都斯汗國（[illegible]）[illegible]十一名喀塔千國在巴達克山西方北至疴克蘇河南限興都庫什山疴克蘇支流昆都斯河河谷肥沃不甚宜人首邑昆都斯貼力勘在首邑之東徽南瞀都在此法尒毋汗國在昆都斯西地高而磽碻河谷肥沃首府塔什庫尒干人口三萬在海面上四百五十四米突巴尒噴赤汗國卽往古巴克脫利亞（[illegible]）地在巴尒噴赤河（[illegible]）流域首邑巴尒噴赤外有亞克查撒里普尒什貝

尒昆安庫伊邁美奈五小汗國亦隸屬阿富汗課程云漢世大夏餘眾或南踰興都庫什山立高附國即此地後漢書言高附所屬無常天竺罽賓安息三國強則得之弱則失之而未嘗屬月氏及大月氏破安息始得高附以此觀之高附與月氏必不連壤故三國能屬高附月氏必破安息始得高附求可與三國連壤之地當在天竺之西罽賓之南安息之東南故決其爲堪達哈爾部地也堪達喀爾之西曰吉里什克圓球圖作基力克施外國地理作希拉異名記作希喇云即徐之維西部西北隅曰侯勒特即格喇特亦即雷之海蘭脫胡圖作喀拉特世界圖樾志作黑拉特世界地學作赫蘭德周志作喜蘭得謝矢志作赫拉特異名記作黑拉德云地望居西值日拉喇巴之北介阿波閒亦阿母河南切要之部許考云赫拉特本稱哈烈與統部迭經沿革近已專隸土酋管轄不使受制於人惟其地久屬阿部有臣主之義故今之諭職方者皆與阿日爲一國無分畛域也課程云東漢之世月氏貴霜王侵安息取高附罽賓是其時高附罽賓屬月氏晉法顯魏宋雲均至罽賓之東所言提陀衞即乾陀羅那竭國羅彝國俱在阿富汗東境薩利曼山中後魏時山北爲大月氏及吐呼羅地山南爲罽賓及小月氏地隋世罽賓改稱漕國至唐仍曰罽賓而大月氏爲嚈噠吐火羅所併於是山北地爲吐火羅二十七國山南地爲罽賓唐置修鮮都督府西域記譯作迦畢試其雪山中梵衍羅國似即今巴曼迦畢試以東之濫波那揭即蜀那醯羅健馱羅即健蛇篤等國均役屬於迦畢試仍爲今阿富汗東境乾元以後罽賓不見於史蓋爲大食所併貞元中大食疆域東盡印度河西盡地中海紅海北盡北海裏海南盡阿剌伯海阿富汗地實爲大食有唐末波斯割大食東境立國阿富汗

五洲地理志略　卷十　九

又爲波斯有宋初突厥種人有式白克代肯者據伽寺尼即今哈斯那立國盡有阿富汗地仁宗天聖中伽寺尼衰僅守興都庫什山南地山北河南復爲不花剌即今布哈爾之色爾地尤克家所奪色爾地尤克亦突厥種人也據不花剌立國後漸強破伽寺尼盡有中亞細亞波斯等地建都於哥剌查部內之尼沙不爾哲宗天佑中色爾地尤克氏衰有奴希由代肯者亦突厥種也爲色爾地尤克兵馬指揮官據花剌子模地今爾海南基發高宗紹興中色爾地尤克氏爲耶律大石所敗花剌子模乘機立國漸強盛遂滅色爾地尤克家時光宗紹熙中也先是紹興二十二年阿富汗人夏哈普巫丁據高盧立國代伽寺尼高盧今名雅爾在喀布爾西南尼復拓地於印度境內寗宗開禧中高盧始衰嘉定八年花剌子模南侵奪高盧所轄阿富汗地於是阿富汗全境盡爲花剌子模有元太祖西征滅花剌子模憲宗復遣旭烈兀平西域諸國以阿母河西南裏海黑海之南地中海以東波斯海以北薩剌曼山以西之地封旭烈兀西史所謂伊兒汗國也元史謂之不賽因位下阿富汗地遂屬於伊兒汗其在薩利曼山中及巴達克山各地則屬於察合台汗國明初有蒙古疏族帖木兒奪察合台汗國所屬中亞細亞都於撒馬兒罕寢強盛遂南奪伊兒汗地阿富汗復爲撒馬兒罕有帖木兒死其子沙魯哈西史作沙哈魯據侯勒特稱哥拉森王即明史之哈烈與侯勒特一聲世宗嘉靖五年帖木兒五世孫巴卑爾復立國於喀布爾既而東據印度之特里號特里王阿富汗復屬於特里　國朝康熙五十四年巴卑爾別裔每安夫大拉或作益爾摩在喀布爾自稱阿富汗國王乾隆初爲波斯所滅十四年阿富汗王子美沙或作騷德亞起兵復國道光四年國內亂分爲三喀布爾王自治之地其西南爲堪達喀爾西北

爲侯勒特強則兩部服之弱則各王其地道光十一年以來常與英構兵光緒六年與英連和今王頗能光復舊業新出阿富汗志略與印度志參看云地當英天文臺東經六十二度至七十度北緯三十度至三十五度之間各部名悉更改阿里埃今名侯勒特即格喇特堀林根納今名塞伊斯坦帕落帕密賽提今名喀布爾阿拉庫西埃今名堪達喀爾根大列鐵斯今分二部一名白沙威爾一名紡蘇弗碩白沙威爾今屬英領北沿突古曼沙漠包有安庫伊及靠吉薩勒之地以痾爾蘇河源一名達阿爾爲界東以東蘇里曼山西麓與印度分界白沙威爾省以穆以印度河爲兩圏界過此阿富汗與大特陣化六之間其界幾不花明斷則南與俾路支爲界南之東爲自土族阿俾境難分析惟東經六十七度之駁兒屬陣之克勒特南之西以格剌河之山谷及格里綿得河爲限而終於北緯三十叟之塞伊斯坦瀚依此討算陣之疆城自此至海約五度之地其地終年少雨撲早異常西自北緯三十度格里綿得河起至哈里拉特城更展至三十六度爲界東西六百英里南北同河之最要者曰喀布爾河在喀布爾城東三十英里舊名庫弟三河入印度河斯百七十英里長曰格里綿得河長六百英里曰阿爾干達布河長百九十七里英曰法拉河曰堪孽庫夫河曰哈里魯特河曰庫倫河曰哥模爾河二阿入印度邓全國分五省曰喀布爾曰土耳其斯坦曰格剌特曰堪達喀爾曰巴達克山每省各一納布即一區之行政長官也又有志云阿富汗東境諸部曰昆都斯曰庫爾模一略播什庫干曰波爾克曰亞克查西境諸部曰撒里普爾曰什貝爾昆曰安庫伊曰邁美奈此外興都庫什及支山以北地黑碩拉人居之東起巴達克山西迄木耳加布河上游北界痾克蘇河東至英天文臺東經六十九度半巴達克山河合流之所西至六十五度庫吉薩里渡口界綫去河而沿突古曼沙漠止於木耳加布河流出之所南全以高山爲界昆都斯以南爲興都庫什山發脈處庫爾模波爾克以南

五洲地理志略　卷十　十

則其庫伊罷罷支山也內地皆受治於阿人所設總督巴曼西干及諸高山谷則屬專轄黑碩拉種人之官　昆都斯部東巴達克山西庫爾模北痾克蘇南興都庫什　昆都斯　首縣　喀斯勒特伊曼　在痾克蘇平原　巴格蘭　哥里　在蘇克亞布山谷中　杜歇　仝上　喀列薔與懇疆　音得爾阿巴　羅馬王亞烈出大時史家所稱阿握拉普薩也城在吐兒與哈瓦克兩山徑間踰徑即越興都庫什山十世紀時波斯及土耳其斯丹王薩曼尼特因其地近巴養銀鑛在此鑄錢　庫斯德　拿林與伊什克密什　法罕與卡兒　塔列干當巴達克山都城孔道昆都斯王麥拉特敗格於此設政府巴達克山亦隸屬焉　堪納巴得　昆都斯低原酋長避署離宮　庫爾模部　塔什庫爾干　首城舊在痾克蘇平原屢被厄斯敗克人侵擾乃遷於此當山徑口去舊城四英里人萬五千口　赫巴克　舊名薩曼干古城之一　庫倫沙敗　波爾克部　引水河十八道沿波爾克愛布河岸有三百六十村　敗克缺拉　千八百五十八年穆罕默德愛弗碩兒汗代其父特司德穆罕默德莞土耳其斯坦時移其居民治所於塔克塔普爾設兵備焉其地東去舊城約八英里今爲痾克蘇首都　馬沙里沙列夫　穆罕默德堉阿里墓產玫瑰色香特異人多來此進香其城在山間者略之　亞克查部　距波爾克西四五十英里灌溉極便居民繁盛本厄斯敗克部阿富汗占領之　撒里普爾部　在邁美奈東波爾克西南人萬八千口三之二爲厄司敗克人餘黑碩拉人歲貢其奴於愛米爾女之喪夫者視爲官有之物估價售之田園繁盛　什貝爾昆部　在亞克西二十英里本厄司敗克人小部落居民萬二千口爲厄司敗克及帕

雪旺種農業極盛灌溉仰給撒里普爾而撒里普爾人則壅水以困之故常爭鬭卽馬哥普羅遊記中之薩泊爾干

安庫伊部

距什貝爾昆西北二十英里乃沙漠有水之處藉撒里普爾邁美奈聯合諸河以資灌溉昔有居人五萬口千八百四十年爲格剌特王雅穆罕默得所毀迄今未能恢復

邁美奈部

距波爾克百五英里西南距安庫伊五十英里居民十萬口物產工藝商業稱盛厄司敗克人勇敢多爲兵其酋專販奴以上所志與前不符備錄之

物產金鐵銅鉛錫鋅硫磺煤硝小大麥珍珠米棉蔗蘿葡瓜類丹參番紅花萆麻子淡巴菰紫花荳類桑甚果品葡萄虎豹猿狼野狗水獺猨鼠野猪野驢野羊印度鹿印度狐熊象犀牛田鼠蝙蝠松鼠兔駝馬牛胡羊獵狗蜜蠭珠蠶絲

西歷紀元前五百年爲波斯愛且門甯行省長官轄地其名薩倫勤斯今之塞伊斯坦也阿林今格剌特也薩塔勾廷斯今上格里綿得高原喀斯那高原也根大里今下喀布爾也帕克梯司今近印度河地也達迭細郎塔吉克人也阿帕累梯郎薩弗特庫山族也亞歷山大東征所至之阿塔庫紀爲阿里挨京城或以爲郎格剌特地也後至作倫其郎塞伊斯坦也又至勞愛透門特爾河之歐其常變透衲特爾河郎洛里綿得河也又過阿拉庫西埃而至一積雪不毛之地有印度人居之益郎喀斯那與喀布爾之高原也由此復至高加索山麓居帕落柏密賽提以度冬嘗築城名亞歷山大列埃在今小亞細亞境內然後自敗克缺拉折回由喀布爾之北而入印度前二百五十年希臘人於敗克缺拉建一王朝傳襲數世其版圖曾拓至喀布爾流域及今阿富汗全境一作拓至錫爾達里亞河濱及印度闍治海灣後諸國興於此者不一中國名爲月氏魁歌旺藥殺吐火羅等而西部亞歐諸國知爲庫山司哈阿賽拉愛非哈力替或白轟司與上卡里而已耶蘇降生時堪尼什噶王朝亦名稱綝克司最著權力遠及痾克蘇河流域白沙威爾克什米爾印度諸地佛教中流傳尤甚嗣是

有波斯印度二朝興於喀布爾流域相繼爲王者數百年回教既興攻喀布爾不得入取塞伊斯坦阿拉庫西埃爾地十世紀末印度王朝爲土耳其人賽敗克泰勤所覆而遷都於喀斯那賽敗克泰勤卒子穆罕默德嗣傳位數世十二世紀中阿富汗人格爾酋長阿拉廷攻毀喀斯那城而自立卒姪轄哈白廷穆罕默德立卒其臣各棟地自立後有喀拉庫穆王札拉路廷來轄此地力抗成吉思汗西侵之師爲世所稱其侵入印度代有特里王朝者千二百八十二年後爲克列吉司人千三百二十一年後爲搭拉克司人千四百五十年後爲帕生一作斬人其後蒙古人轄治阿富汗者百餘年十四紀中有克爾忒人崛起西部取格爾格剌特逐蒙古人而有其地自鐵木耳據阿富汗全境後它地次第失去喀布爾尚爲子孫世守千五百四年索丹巴布爾滅之蒙古族裔阿爾干世有堪達喀爾千五百二十二年巴白爾取之千五百二十六年又取興都斯坦亦建特里帝國千七百三十八年喀布爾爲納迭爾所攻取堪達喀爾常與蒙古波斯互爭得失不定千六百四十二年後堪達喀爾爲波斯所有千七百年後波斯虎興王在位基爾賽人苦其官吏暴虐奉密爾瓦斯爲首而遂波斯人密爾氏斯遂王堪達哈爾波斯攻之屢敗千七百十五年密爾氏斯死子穆罕默德嗣能繼父志大敗波斯千七百二十二年虎興王率其從官獻冕及佩刀以降後二年穆罕默德死遂失管理波斯之權千七百三十七年納迭爾取堪達哈爾其將沙駝碩愛默特於千七百四十七年弒之而自立其人愛白代里種也上尊號曰特里特倫言珍珠時代也遂以特倫尼名其種是爲阿富汗人有國之始在位二十六年強勇善戰鬬地甚廣西至開斯頹海岸東屢勝印度千七

百六十一年與禡拉人戰於班孽拍忒大敗之千七百七十三年死子鐵木耳嗣時國境併有旁遮普克什米爾信地俾魯支哥剌森北至土耳其斯坦以痾克蘇河爲界鐵木耳自堪達喀爾遷都喀布爾在位二十年死子碩曼密碩立兄弟爭位千八百十八年弟轄吉代立殺其權臣法塔可汗轄吉沙駝碩族法塔可汗巴拉克碩族也善戰長於治民旣死巴拉克碩族遂轄吉轄吉遁於旁遮普特司德穆罕默特爲阿王旁遮普王倫吉德信因阿國內亂攻取其克什木爾白沙威爾印度河右岸地千八百三十三年倫吉德信允助轄吉英印度總督本汀克又唆使圖復位其事未成然自是英謀阿之策爲俄人所知俄駐波斯公使嗾波攻格剌特英公使阻之波王不聽卒圍格剌特英遣軍來援波始撤兵去印度總督遣白恩納斯往喀布爾說特司德以合縱之策特司德不聽英人遂思復轄吉位於是印度政府與倫吉德信及轄吉訂約倫吉德信允與英合謀不許英兵假道千八百三十八年英將約翰肯率駐上信地之印度河軍隊二萬餘人冒險自布蘭山徑進無抵禦者時堪達喀爾之庫罕迭兒汗巳逃往波斯千八百三十九年四月英人據其城使轄吉就其祖父所建禮拜寺而加冕焉七月英兵至喀斯那工程隊以礮洞其城門猛撲而入特司德逾興都庫什山遁八月轄吉入於喀斯那戰事旣畢約翰肯甯兵八千使麥克納吞留駐其地白恩納斯副之遂整旅歸印度英廷嘉其功授以子爵時英軍偵探隊直至痾克蘇流域之賽岡及賽伊斯坦平原之摩拉罕特司德降英人送至印度善待之然自轄吉復辟後國人皆有仇視異種之心內亂屢起新政府未爲之備千八百四十一年十一月民黨暴發於喀布爾圍王宮及英軍殺白

恩納斯及大將愛兒賓斯通時特司德子愛克巴爲民兵長十二月麥克納吞與商救亂之策愛克巴於就會時手剌殺之明年英軍自喀布爾退回扎拉拉巴得途中復被攻襲全軍盡覆幸扎拉拉巴得悉力死守大將腦德亦固守堪達喀爾四月大將普洛克自印度率師蹤克巴爾山徑救扎拉拉巴得七月軍進九月破喀布爾轄吉爲民黨所殺英盡撤駐兵仍以特司德爲王千八百五十一年波斯來攻取格剌特英遣兵救之次波斯灣明年英人老倫司會特司德於白沙威爾約助械餉禦波斯復遣將倫斯騰至堪達喀爾爲助自千八百四十九年後旁遮普屬英英領土與阿直接俄人沿痾爾蘇河拓其領土日益相近英人不欲兩強相接故於阿之屏蔽尤所注意千八百六十三年特司德克復格剌特六月卒子歆爾愛里嗣弟姪爭位次年平定時布哈爾已爲俄有千八百六十九年英伯爵麥遂代老倫司任與歇爾愛里會於翁巴拉初老倫司允助阿以英金十二萬磅賸以軍械未滿其數代者亦少給之故歇爾愛里雖歡迎而情不甚洽時阿國全境巴達克山亦爲屬土千八百七十二年英俄講解之後俄允撤去在阿勢力以自痾克蘇河源之雪列高爾湖起至波爾克西境爲阿邊界千八百七十三年俄占基窪漸及阿之北境歇爾愛里乞援於英英又未明以兵餉相助歇爾愛里疏英塔什干之俄人知之遂乘間餂以利與訂俄阿協約接受俄之公使歇爾愛里忻然允之千八百七十七年印督奉英主命與歇爾愛里訂聯盟之約歇爾愛里不納且阻使人於界外印督遂與阿宣戰董納兒司泰瓦德一軍自布蘭山徑道俾魯支趨堪達喀爾一軍自喀巴山徑得扎拉拉巴得通喀布爾之道弗勒特列克樂白忒一軍踰高山徑經

庫倫入阿內地在白瓦里山口敗阿兵又得轄他噶騰山徑可經落加山谷直入喀布爾於是歇爾愛里逃之北省千八百七十九年死於馬撒爾此後六閱月土人與英軍搏戰屢敗因是英軍勢力亦不能及遠且慮軍行日久退兵愈難欲擇歇爾愛里諸子能守士而願聯英者立之時歇爾愛里之子約庫白以在喀布爾郎位來告英軍少佐喀乏納里於是英人與訂千七百八十九年五月之約認約庫白為阿王阿之境外地屬英人一切外交由英主之英駐使喀布爾許阿以永不受他國侵蝕之利益事定九月喀乏納里與其屬僚及衛兵在喀布爾為阿人所殺英弗勒特列克樂白弍新軍隊道轄他噶騰山徑伐之敗阿人於近喀布爾之察拉西埃十月入其都城約庫白降歸之印度英兵駐喀布爾之近地十二月民亂復起時英軍駐阿者勢極危險印度消息中斷英軍迭戰平之董納兒司泰瓦德自堪達喀爾至喀布爾沿途擊散亂民甚多然民情擾亂不已全國無主愛白杜拉曼者歇爾愛里之兄子也嘗以爭位與歇爾愛里戰不勝被逐踰痾克蘇河居俄境者十年千八百八十年五月復渡痾克蘇河而歸入主阿富汗北境印督閒之亟遣駐喀布爾之使臣往說之與訂聯英之約不允時愛白杜拉曼已主阿政矣英人乃首認為阿王而不許其與他國交涉凡事須承命於英政府苟遵約者則英人願永遠擔任保護之責而不許受他國之侵伐又割堪達喀爾省立巴拉克碩族人錫打歇爾愛里如一自主國而服屬於英歇爾愛里少子愛育白自歇爾愛里之死郎堅守格刺特閒英之立錫打歇爾愛里發兵攻堪達喀爾英兵禦之於默旺一名周得緇而敗弗勒特列克自喀布爾率萬人馳至堪達喀爾擊破愛育白軍愛育白逃歸格拉

特英議撤兵歸錫打歇爾愛里知勢孤遜於印度愛白杜拉曼嗣領其地千八百八十一年愛育白復破堪達喀爾愛白杜拉曼與戰大破之愛育白亡於波斯千八百四十四年俄人逐阿屬班夾台守兵而有其地是歲英俄修訂阿富汗北界之約以痾克蘇河為界俄阿二國不得踰越愛育白自波斯復入愛白杜拉曼之族弟叛皆討平之千八百九十五年討加非哩斯坦阿之東北方悉野人窟宅自來加兵鮮不失敗師至皆服時阿之北境沿痾克蘇河屈折而東與中國接壤由英俄兩國公定東連印度則英阿定約阿得補助鉅資及軍械於英又許其自購英械由印度輸入故得擴充兵力以制亂民出貲募常備軍練西式隊軍約五萬人立造兵工廠於喀布爾日得彈子二萬枚來福槍十五桿每七日得砲二尊此外猶購之它國以充軍實財政雖不富厚郎以土地所入供人民之用亦斷不至不足若能善籌補救以近二十年太平無事郎商稅一項郎可將所負國債償還其歲入約可得英金百萬鎊印度政府歲給補助銀千二百萬羅比千八百九十三年訂界後增至百八十萬羅比云阿之舊制王分地賜酋長酋長出部民衛王室故兵權散而王室卑自兵由王募以稅充餉於是權歸政府王室始張其素所疑忌誅戮屏斥除士酋專橫之弊而行旅亦安蓋自愛白杜拉曼時而國勢一大變然征稅重商業衰矣千九百一年卒子哈畢布拉嗣今見阿之轄境界俄印波斯間東界自主部落凶暴好闘不可教化北起赤特拉爾部之南沿印度西北境而南至俾路支界自印通阿諸山徑咸在甌脫內此族自古居山谷邊界有衅則種人與焉英阿事起亦嘗助阿攻印甚著效千八百四十九年後英迭與戰僅乃勝之阿王以其難馴自願

捐割與英英募士人為警衛兵駐其界內又以術制馭之自地歸英管後印度西北界外軍政民事無難於治理此山族者紀程云西域記之迦畢試在阿富汗境今其國都喀布爾界郎迦畢試展轉移易之音在赤道北三十四度五十三分順天偏西四十七度二十六分元奘所度大雪山郎喀布爾北之海給伽山又健馱羅佛國記作乾陀衛今喀布爾之東南有乾陀彌城在赤道北三十四度十六分順天偏西四十六度二十四分又布路沙布羅城健馱羅國都也今乾陀彌之東北二十四里有布路巴城又漕矩吒似郎佛國記之羅彝其國都曰鶴悉那今喀布爾西南有哈斯那城實鶴悉那一之音轉在赤道北三十三度三十四分順天偏西四十八度九分又音昏馱多達摩悉鐵帝國都也今阿富汗別部昆都斯蓋郎其故城在赤道北三十六度四十八分順天偏西四十七度三十六分又烏伏那一作烏仗那佛國記作烏萇在今阿富汗別部加非利斯坦境內唐書以烏萇為南印度之烏茶誤甚又昔揭離城烏伏那國都也今加非利斯坦之昔哥拉城在赤道北三十四度五十六分順天偏西四十四度三分又蘇婆伐窣堵河今加非利斯坦之斯瓦特河西南流入喀布爾河又徐志巴達克山云葱嶺西南城郭回國也扼葱嶺之右距葉爾羌千有餘里北部有城曰窩罕一作幹罕又作瓦濮其地羣山環繞田土膏腴築室以居耕田而食亦兼牧獵之利戶口十餘萬頭目戴紅氈小帽束以錦帕衣錦氈衣腰繫白絲縧足躡黑革鞮女則披髮雙垂餘與男子同民人帽頂似葫蘆邊飾以皮衣黃褐束白絲縧乾隆二十四年回酋布拉尼敦霍集占為王師所敗奔巴達克山縱兵肆掠其酋素爾坦沙禽二人囚之王師壓境檄索乃縊殺之而獻其尸率所部及鄰境博羅爾俱納款受封賞甚厚先謙案巴達克山元地理

志西北地附錄及經世大典作巴達哈傷元祕史作巴惕克薛

英領俾路芝國

俾路芝徐志俾路芝密羅號北羅吉忽魯謨斯思布云在阿富汗之南亦回部也東接西印度西接波斯南臨印度海東西約千七八百里南北約六七百里岡阜重疊砂磧廣莫田土甚瘠僅敷耕食時序和平物產與阿富汗略同又云俾路芝立國不知所自始明初鄭和等使西洋乃有忽魯謨斯國名泰西人舊地圖阿富汗俾路芝皆歸入波斯不列為國蓋阿富汗本波斯東北境則俾路芝自是波斯東南境回族分爭偶然割據遂別成部落耳四裔考謂愛烏罕之南有思布部落過思布亦海也忽魯謨斯思布皆指俾路芝慕志云緯幾自赤道北二十五度至三十度經幾自順天偏西四十八度至五十八度長二千里廣千里總計四十一萬方里先謙案洪鈞元史譯文證補云西人言俾路芝國名甚古蓋郎後漢書之排持音譯切當雷志云包有諸同盟國皆服屬於基蘭王王為英國所封案基蘭見下面積九萬七千英方里人三十萬口其英屬俾路芝面積四萬二千二百六十英方里人五十七萬口包有貴泰及阿富汗俾路芝二國所讓之地辻志云其土地磽确物產無多惟有米及果實等其交易多用槖駝案英屬以下英領印度部中所云西北邊疆也自貴泰至印度之鐵

路已造至肯德哈
徐又云國無王分六部曰薩拉彎曰加支干達
瓦曰倭拉彎曰盧斯曰美加蘭曰古義斯丹六
部各有酋長國小而强習於攻戰與英屬印度西部時昀搆兵互
有勝負先謙案列國學會二圖作俾路支漢文圖作比魯乞斯坦
謝志作備魯支周志作俾耳芝斯坦辻志作俾路芝斯坦課程一
作皮路直坦一作卑魯其炭據二圖薩拉彎在國北境與徐合世
界圖作薩拉煩圓球圖作薩拉瓦思平方圖作薩剌彎杜宗預云
郎元史乞里有城曰克勒特課程云六部各有會城京都革拉德
一作刻拉特亦作哈特在薩拉彎築於山頂最高處建有部酋行
宮重樓矗峙礮臺鱗接以資保障商賈薈萃革拉德即克勒特也
括地略作改拉脫圓球圖作殿拉特世界地學作克蘭得漢文圖
作開辣託西洋史要作開拉脫外國地理作其拉駝周志作概來
得一作哈拉一作基拉謝志云國分多部各有酋長管理居革拉
德城之汗最有權力千八百七十六年與英約仰其保護印度總
督遣員監理要政其東北全爲英之藩屬歲入約四十萬圓內有
英助金十五萬樋志云君長在首府刻拉特掌全國之制人口凡
三十五萬許考云立國之始不可考後以國小勢微首爲蒙古外
部嗣爲波斯東境旋爲印度西藩卒爲阿富汗南屬哈拉酋受封
於阿王統轄諸部屬酋按時納貢轉獻阿王阿既衰諸酋崛起自
强哈拉酋雖號盟長權久旁落惟疑難大事闕全境安危者諸部
尙聽其召集會議盟約近英人借保護之名奪其政權不啻隸爲
藩屬慕志六部作七省其一名基拉云部落甚多皆服基拉可汗
基拉卽克勒特也雷云同盟國皆服屬於英封之基蘭王基蘭郞
基拉也謝志云東北部全爲英藩屬據二圖卽基達悉畢達都爾

等地基達亦基拉之音變謝又云闊塔在巴蘭山路之首今屬英
人印度鐵道過巴蘭山路經革拉德闊塔而至干達哈案干達哈
鄗阿富汗之堪達喀爾雷之肯德哈也闊塔郞雷之貴泰貴泰闊
塔一音之轉雷云貴泰鐵路造至肯德哈謝云經闊塔至干達哈
其意同也許考云倭拉彎會城曰古達爾加支干達瓦會城曰干
達瓦盧斯會城曰俾拉美加蘭會城曰哈日古義斯丹會城曰布
拉倭拉彎二圖作札拉灣圓球圖作查拉萬異名記作惹拉加支
干達瓦二圖作潰達瓦圓球圖作根達發異名記作闊達盧斯二
圖同異名記作魯斯美加蘭二圖作美克蘭異名記作邁克蘭古
義斯丹二圖作塞伊斯坦異名記作科希斯坦課程云東北加支
干達瓦部地較沃然亦塞墺不齊河道淤淺盧斯在國東南隅與
印度信地爲鄰俾拉作百喇美加蘭在國西南隅布拉作布魯在
西北謝云東南海口曰松米尼二圖作松彌安尼樋志云其地勢
氣候動植物殆同阿富汗居民分二種曰俾路芝斯曰勃拉訶斯
皆蠻族宗教同其俗勇悍好戰以游牧爲業上衫下裨中束大帶
男女皆同冬則長吏加棉袍一平民加羊皮袍一以禦寒別無常
服婦女出門以細巾掩面五穀不登民生艱用較印度有天淵之
別新俾路芝志略云俾路芝起北緯二十四度五十分至三十度
二十分英天文臺東經六十一度十分至六十八度三十八分長
五百英里廣三百七十英里約面積十萬六千五百方英里都城
曰克勒特其薩拉彎省城曰模斯通扎拉彎省城曰科斯達爾百
喇省城曰百喇美克蘭省城曰怯折開治滾達瓦省城曰巴格其
達都爾滾達瓦又開治滾達瓦之屬邑也又有盧斯部有庫黑斯
坦部其地山嶺萃集亦曰多山部河之著名者曰德什特河曰摩

爾安尼河氣候諸省互異土地磽确惟開治滾達瓦獨擅膏腴若
施種合法所穫供全部有餘金銀鉛鐵錫銻硝磺鑛在瑙斗城附
近距克勒特西南百五十英里鹽所在多有穀類果品印度所產
各省皆植之亞富有園蔬木棉靛視孟加拉更佳美克蘭尤多種
棗家畜惟無鵝鴨獸則虎豹狼野狗狐兔蒙鼠羚羊麇紅大鹿野
驢其先西歷紀元二百年前有寬波者受印度某君之命勦平山
賊自爲部長四傳至阿不度拉與信地之拿威伯戰死子海及摩
訶墨嗣苛暴失衆心次子諾西爾秣之而自立諾西爾本從波斯
王奈低爾征印度特里有功爲所信任遂命統俾路芝全部時千
七百三十九年也奈低爾王卒諾西爾又屬於喀布爾之阿曼阿
不度拉王千七百五十八年諾西爾有貳心阿曼王遣兵攻之諾
西爾大敗阿富汗之衆阿王增兵圍克勒特不能克遂講和千七
百九十五年卒子摩慕特翩爲人柔闇孱下離叛轄地多失千八
百三十九年英軍經波蘭闊向阿富汗進取俾路芝彌勒勃汗要
擊英軍英將威爾解爾分軍千五十人攻克勒特破之彌勒勃汗
死明年英設官治之守衛甚弱爲土人所乘至歲終英人復占其
地千八百四十一年英置彌勒勃汗之幼子諾西爾爲汗而去千
八百五十四年英將軍約翰耶哥伯與諾西爾汗議立條約一凡
與英政府爲敵者諾西爾汗及嗣子並繼統之君必極力反對無
論何所設施俱當與英政府合力共作而服屬之如不得英政府
允許不得與它國締約一克勒特轄境內無論何地或有必須設
英國軍隊者該軍隊卽可占據其地總期合於英將領視爲得宜
一凡俾路芝人民在英國境內或其鄰境者俾路芝酋長當禁止
其民不得有侵掠情事一凡商旅過境止能照附載入約之所訂

條約征取關稅其酋長必加保護以上各節如能以誠信盡其責
則酋長每年從英政府收回補助費五萬盧比鄭瑤千八百五
十六年諾西爾汗死弟墨爾賀達達汗嗣年十二諸酋以賞不饜
欲思立其從弟解爾地而千八百五十七年印度亂勢方熾英簡
派佐領韓雷格林與汗同駐克勒特助其轄治亂黨千八百六十
三年叛酋誘賀達達汗輕騎出爲解爾地而擊傷創重逃至英領
地叛酋立解爾地而爲汗明年弑之復推賀達達爲汗賀達達既
無才力以治悍民英政府復漠然不相顧恤所定約款亦多破壞
於是英與克勒特通好之使絕於千八百七十四年之終曹譯野
志云北緯二十五度五十四分至北緯三十二度四分東經六十
度五十四分至東經七十度十五分北與阿富汗斯坦及西國境
州爲界東與信地旁遮普相接南面阿拉伯海西鄰波斯東西相
距八百八十五粁南北相距七百二十四粁面積三十四萬二千
七百方粁北有羅喀尼山脈東有蘇里曼山脈奇爾達爾山脈南
有塔諾伊山脈塔來伊山脈內部山脈亦多河流注克達尒灣除
德什特河外水運甚少多流失於內部湖沼有哈猛洛特馬什克
哈猛在西北部沙漠地方土地大都童山沙漠及磽确之地氣候
寒暑皆酷烈高地雖冬亦熱低地冬季有數月見雪海岸地方在
三月溫度五十度零五分產野羊山羊鹿類熊豹象駝馬牛驢等
礦物未詳產鐵石炭則甚著沿革古事無攷據口碑相傳最舊之
民爲塞來次爲塞巴西紀第十五世紀有普拉非人甚顯第十六
世紀東部地屬德利之皇帝阿苦巴尒十八世紀克勒特君主拉
西尒汗合米克拉斯其勢大振尒來四分五裂西部爲波斯所侵
獨克勒特稍强而基達地方已爲印度帝國直轄以外概爲帝國

附庸而屬英矣分英管轄地與土邦及半獨立部三區英管轄地面積十一萬八千六百三十二方粁人口三十萬八千二百四十六稱不利的西俾路支斯坦在俾路支東北部總督代理管領分行政區五所即基達與比升奪耳與昨提亞里托巴波蘭峠書云即在基達南學會圖不著札吉是也常備軍駐屯於基達采蠻書云在基達西北學會圖不著等地基達位海面上千六百八十米突之高地占波蘭要隘土邦一曰克勒特面積十八萬九千百三十五方粁人口六十三萬七千百二十七以克勒特汗爲主合薩拉彎扎拉彎科尒瓦班札尒等土邦聯合爲國重要事件必受英總督忠告每歲由印度政府支送汗十六萬四千盧比兵力僅七百五十人首府克勒特在海面上二千五十七米突之高地一曰盧斯百喇面積萬六千四百六十五方粁人口五萬六千一百九其君主名濟母舊屬克勒特汗近日兩者關係將絕屬南俾路支駐官所轄館駐喀轄魯首邑百喇濱普拉里河肥沃之地也半獨立部面積萬八千四百六十四方粁人口三萬八千九百十九爲馬尒里波克的領地受制於奪耳昨提亞里之官員瓜德尒在瓜德尒小半島地峽有商港爲印歐中驛紀程云西域記臂多勢羅今爲俾路支之國地不屬印度其國都克勒特在赤道北二十八度五十四分順天偏西四十九度五十四分

阿刺伯國

先謙案雷志在非洲埃及之後何育杰易置於此今從之

阿刺伯 徐志阿刺伯亞辣比亞拉彼亞阿黎米亞比鼻亞阿丹阿爾阿拉密阿天方阿堂天云回教初興之國也北界東土耳其東界波斯及阿勒富海南距印度海西抵勒爾西海紅海俗稱長四千餘里廣三千餘里其地西南濱海一帶有腴壤中央皆戈壁商旅結隊以行否則虞盜劫且慮風沙埋沒物產惟棗最多人畜皆食之產名馬牧者愛養如兒子能一日行五六百里駝尤良負重行遠皆賴之又產加非香料沒藥之類其地古爲土夷散部恆役屬於波斯陳宣帝大建元年有摩哈麥亦作穆罕生於麥加又一作美加少年爲商往來西國娶富商之寡遂至大富不識字而性聰敏以佛教偶像爲非而泰西諸國耶蘇教已大行思一別刪教門以自高異人拜山讀書數年著書曰可蘭宣言於衆謂獨一眞主上帝命聖者教人化世人初命摩西次命耶蘇兩人之教雖行然不能徧及也復命摩哈麥立教以補其缺入其教者焚香禮拜念經禁食豬肉唐高祖武德四年逃難於麥地拿又一作美的那土人靡然從教即以是年爲紀元後徒黨日衆不入教者率衆攻之兵敗徒散收合復起遂滅大敵據阿刺伯全土布教四鄰鄰國畏而從之回教遂延西土當其盛時嘗翦滅波斯薦食羅馬諸國據阿非北境地中海南岸諸部裂歐羅之西垂西班牙葡萄牙幾於無敵後爲土耳其所攻屬藩盡失日就衰微卒納貢於土耳其稱藩國焉麥加麥地拿皆在紅海之濱摩哈麥生於麥加其地有黑石上作大殿周一里許葬於麥地拿斂以鐵棺每歲諸回人來兩地禮拜南洋西域泰西非洲近者數千里遠者數萬里接踵膜拜以數萬計慕志云緯綫自赤道北十二度至三十度經綫自順天偏西五十七度至八十四度東接波斯海灣北至紅海南距亞拉比亞海北界土耳其長五千里廣四千里總計四百三十萬方里謝志云北自北緯三十四度南至南緯十二度四十八分東自東經六十度西至東經三十

二度面積千三百萬方里自主者約九百七十萬方里 **雷志云地球上最大之半島面積百萬英方里** 講義云百二十三萬英方里辻志云七百二十萬方里 **爲歐亞二洲之樞紐沿海山嶺崇峻沿紅海有替哈麥山向東漸低向東北而復高起亞德山高九千九百英尺雨水稀少不時全國大半皆沙漠** 謝志云沿海有窄平原一條廣五十里至百三十里其內爲大高原名曰內遮德中央多山陵西南二方沿海處亦各有帶山高原之中多肥田惟北方有敘利亞沙漠南方有阿嘎弗沙漠皆甚廣大通國無大江河惟霖雨之後積水爲澤而已東西南三面沿海其岸甚直西北有西乃土股突出東南二土角曰哈撒勒哈曰伊梭勒講義云亞拉比亞爲一高原至南方高原漸增西及西南海岸限以山脈分爲中央高原及沙漠與海岸山脈 **土產加非乳香各種香草馬橐駝綿羊** 辻志有棗象皮綫布果實眞珠謝志云沿海產粗穀曰佗拉與棗同爲國人日用要需西南產加非爲天下第一產良馬日可行七百里駝負重行遠較馬尤勝又多樹膠靛青藥材銅鐵鉛煤寶石野驢羚羊豹駝鳥講義云旃那產於鐵海馬巴撒母焐紬產於麥加附近又有椰子胡椒甘蕉自印度移殖已繁茂 **阿刺伯可分爲二大種在北者爲以虛美列在南者爲約推尼** 講義云人八百五十萬口居民係塞米種族之亞拉比亞人分爲倫古達那提及伊修米來提二族鄒考

云阿刺伯本土風俗凡遇喪事死者已殯舁赴墓上墓前百餘步預鑿一河上駕飛橋死者至橋停歇橋前設喪棚有律師三十二人預宿棚中柩停棚內時戚友俱來送喪如死者生前有曖昧欺心之行任人向律師控訴三日內無控者則謂德望已孚可入墓安葬葬時俱來祭奠葬後亦有祭奠之人具祭奠法取連根花草樹木植於墓前久而暢茂甚美觀也倘有控者律師憑公審斷果素行有虧停葬若干日任人向棺辱駡方許安葬葬時不許衆人弔送

俄曼阿刺伯東南部爲回人王國面積七萬五千英方里人百萬口入口貨值十七萬五千磅出口貨值三十四萬七千磅大半與印度貿易　**麥司坎脫**會城人六萬口○**耐狄**阿刺伯內部產馬最良爲韋比哈教徒聚集之所千八百十八年韋比哈爲以勃拉希王所壓權力遂衰人四十萬口　**里雅**會城　**沙馬**人十一萬口　**漢爾**會城　**漢特拉麻脫**南部地甚膏腴○**土耳其屬阿刺伯**包有**愛爾希者士**以省及**愛爾希士摩**面積九萬六千五百英方里人三十萬口　**以門**在紅海岸面積七萬七千英方里人七十五萬口　**愛爾哈賽**在

波斯灣面積三萬千一百英方里人十五萬口　曼底那　麥加　回教聖地　畿大埠與呵蒂大埠以上要區○英領阿剌伯　亞丁及其四旁地　般里島在紅海口與亞丁地方共面積八千八十英方里人十七萬二千口入口貨值二百九十三萬八千磅出口貨值二百四十九萬九千磅　喀馬蘭島在紅海面積六十英方里人五百口　款艮滿艮臺島傍阿剌伯之南岸多鳥糞面積二十七英方里　巴倫臺島在波斯灣歸英國保護以產珠名面積二百三十英方里人六萬八千口入口貨值四十九萬一千磅出口貨值四十七萬六千磅徐又云阿剌伯地分六部首部曰黑德倭斯都城曰麥加建山谷中夏屋雲連街衢洞直海口甚大出運之貨以加非爲主販行歐羅巴各國次曰也門曰亞達拉毛曰阿曼曰剌沙曰內德惹其海口在西方者曰熱他富商所萃在東方者曰木甲與英米定約通商以兵船巡海護之紅海口門外有亞丁小島現爲英人所據先謙案列國學會二圖作阿剌伯與雷徐同世界圖作亞剌比亞萬國圖作阿拉比阿圓球圖作歐來比歐矢樋志作阿拉伯異名記作阿喇

伯謝志作亞拉伯野志云阿拉伯分獨立部及屬領部據二圖東部有阿曼卽雷之俄曼徐之呵曼西倚沙漠東北臨阿曼灣慕志作疴幔世界地學作窩巒圓球圖作俄莽世界圖作歐曼外國地理作阿孟謝志云歐曼名爲蘇丹自治實則英國保護講義云阿曼王國占亞拉比亞東南隅沿岸地方面積八萬二千英方里人百五十萬口十九世紀初阿曼王勢力甚大後次第衰頹今歸英保護重要輸出品爲波斯棗木棉米珍珠等歲值二百七十餘萬圓輸入品爲米加非糖雜品等歲值六百七十萬圓自阿曼迦而西南爲蘇卜汗山其東有城曰木甲與徐合爲歐印米貿易港有地名馬斯開特列圖圖闞作加郎雷之麥司坎脫圓球圖作謀斯刻特周志作麥斯克得謝志作末斯嘎德慕志作訥芝伊得世界地學作讀斯加多外國地理作馬斯加稱爲阿孟首府矢志作謨斯客德云夏甚炎熱樹木不生無避暑之地世人稱爲地獄樋志作馬士喀特云產棗过志云有王宮曹譯野志云阿曼在阿剌伯東南岸獨立國也面積十九萬方籵人口百萬千七百四十一年時阿米得賓薩得郎位子孫君臨其土十九世紀時勢力及於阿剌伯大部波斯灣諸島及波斯海岸并有瓜達夫伊岬稚嫻非與印度政府交通最盛馬斯開特英領事駐焉君主歲入二十五萬多尒貿易輸入武器雜貨糖穀絲珈琲等約值三百八十八萬多尒輸出珠果物魚等約值二百五十萬多尒商船來往每年五百四十二隻首府馬斯開特人口四萬乃波尒多喀尒人所郲建要塞地也有艮港其南有角東北向曰厄耳哈特角世界圖作剌塞耳島得角迦而南有地曰哈拉又西南傍蘇卜汗山曰墨爾巴特皆英保護地阿曼西北曰達歇拉北出爲半島形有角曰墨散丁角又西

曰貝尼雅斯又西北曰喀塔耳亦在英保護內北出爲半島形其西有巴林島旁有數小島卽雷之巴倫臺島在波斯灣者也曹譯野志云巴林諸島在波斯灣距尼尒哈薩海岸三十二籵合摩哈勒克島島在巴林島北巴林島等六島所成面積六百方籵人口六萬八千千八百六十七年爲英保護以採珠名產艮驢帆布蘆席等出口八十九萬磅人口七十四萬磅摩哈勒克政廳在摩哈勒克島美拉馬在巴林島商業之首府也又西卽尼爾哈薩現又北與東土耳其接其西曰內惹德卽雷之耐狄謝志作內遮德徐作內德惹誤倒日本新地球圖作尼爾雷夫胡夫此部地望居中阿剌伯自治謝又云居民曰瓦哈比人爲同教別派守道最清正瓦哈比卽雷之韋比哈也南有首府曰利亞得謝志作利阿德郎雷之里雅會城圓球圖作里阿得萬國圖作力亞得曹譯野志云瓦哈碧田在喀什木南占阿阿勒得高地首府利亞得人口三萬又西曰沙卡卽雷之沙馬曹譯野志作禪廟云在內惹德君主稱耶米尒其勢力及於克非泉地在亞得灣北南至喀什木地方首府海尒人口萬五千在亞札山東位海面上千六十七米突之高地係近代冊設頗繁盛其北曰海爾郎雷之漢爾會城謝志作海耳云北區日伯所麥之首府講義云中央亞拉比亞北自西里亞沙漠起南至哈達拉毛止包有內地高原及沙漠全部古來爲阿拉比亞人游牧地飼羊馬橐駝轉徙各原地利亞得及海爾人二萬口海爾爲自白格達至麥加巡禮者之中途驛站南境曰哈達拉毛郎雷之漢特拉麻脫徐之亞達拉毛萬國圖作哈得拉毛特慕志作哈達啦毛圓球圖作哈得拉毛吳特異名記作亞達毛拉亞達海口有馬科爾拉圓球圖作麻喀拉漢文圖作麻加剌異名記作馬喀拉

講義云沿阿拉比亞南岸橫二百英里昔爲商販乳香沒藥之中心首府什班在內地此爲阿拉比亞獨立之游牧民所占領受英國保護案什班二圖同諸圖志未言英護惟講義云然蓋近歲事自哈達拉毛迤而東爲馬拉樋志作阿拉腓立克斯又東與英保護之哈拉接自哈達拉毛迤西爲亞丁灣與雷合乃半島徐云小島誤圓球圖作愛登俄史作愛亨慕志作亞甸謝志作阿與或云卽明史鄭和所使阿丹國講義云亞丁在亞拉比亞最南端面積凡七十萬方里人三萬餘口東洋航路上最要屯煤場貿易甚盛千八百三十九年歸英領屬孟買兼轄过志云英建礮臺於此海底電綫爲東通孟買北達蘇彝士亞丁之學會圖有不林島附屬亞丁最爲重要設有燈臺千七百九十九年英法戰爭曾併入英領近因蘇彝士運河船舶增加欲航行紅海者免受危險故再領之曹譯野志云亞丁屬英在阿剌伯西南岸爲火山質半島距巴布厄尒曼德峽之東百六十籵合小亞丁半島大陸部及披林島面積共百九十四方籵人口四萬千二百二十二軍隊司令官駐焉庫里亞摩里亞諸島索哥德拉島均亞丁所屬爲貿易轉輸地出口貨珈琲橡皮皮革雜貨烟草四千百八十三萬盧比入口貨綿絲雜貨穀物皮革烟草五千六萬盧比披林島當巴布厄尒曼得海峽千八百五十七年爲要塞地庫里亞摩里亞島在阿剌伯半島東南有五小島千八百五十四年馬斯開特王讓與英屬庫里亞摩里亞郎雷之款艮滿艮臺島也又世界圖紅海內有英領喀馬蘭島在衣門西南與雷合二圖漏載曹譯野志云格馬蘭諸島紅海小島也當北緯十五度便於碇泊千八百五十八年屬英亞丁之西北歸土耳其領首曰也門與徐合郎雷之以門世界圖

作衣門日本地球圖作耶門圓球圖作厓孟講義云也門今爲州名占半島之西南隅合鐵海馬及其後山嶽地方皆土屬地產加非小麥果實等首府薩那人三萬五千口貿易場曰俄的達輪出加非皮革等案薩那俄的達二圖同曹譯野志云土耳其屬地波斯灣沿岸之厄尒哈薩紅海岸之黑德倭斯及也門皆是也又西柰半島面積五萬九千方粁人口二萬四千五百屬埃及謝志云也門首府曰撒那其海口曰和代達近巴備滿德海腰有海口曰馬加古時多運出加非今荒涼矣撒那卽薩那紀程云在摩加東北六七百里和代達卽俄的達亦卽雷之呵大蒂也巴備滿德海腰二圖作巴布厄爾曼得海峽馬加卽摩加圓球圖作摩察萬國圖作摩喀自也門迤而西北曰亞西爾又西北曰黑德倭斯曹云黑德倭斯卽雷之愛爾希者士以省其愛爾希士摩準英文圖在黑德倭斯東北當貝尼亞合之地世界圖黑德倭斯作黑甲士萬國圖作黑札斯圓球圖作海查斯講義云今爲州名在亞達比亞西岸山脈地方自美底安延至也門廣六十英里或百五十五英里不等其南境曰麥加麥加之西海口曰熱他並與徐合麥加聖武記作墨克世界地學作茂加又作滿開外國地理作覔加周志作梅喀圓球圖作邁刻異名記云卽元史之密昔兒其北曰麥地那卽雷之曼底那徐之麥地拿謝志云黑沙省之首府美嘎一作麥加其海口曰吉大黑沙卽黑德倭斯吉大卽熱他亦卽雷之織大也又云美第那冋敎聖域每年朝此者十餘萬人美第那卽麥地那也萬國圖作麥丁納漢文圖作安地拿圓球圖作謀氏那外國地理作咩始拿世界地學作茂器拿周志作黑丁奈聖武記作墨德那唐書之俱紛摩地那明史之默德那麥加人六萬口

五洲地理志略　卷十　三十二

在黑德倭斯南端謨罕麥德生於此距熱他港五十英里多回教寺院麥地那人四萬八千口有謨罕麥德墓自烟波港上陸參詣者不絕又北則西里亞大沙漠謝志云西方西乃山高九千尺山附近地歸埃及轄東部之厄爾哈薩亦土耳其轄卽雷之愛爾哈賽圓球圖作愛爾哈薩世界圖作衣爾哈撒講義云卽格拉那也自波斯灣頭至亞拉比亞東岸沿岸地方皆是有喀耶託港謝志作哈薩課程云刺沙偪臨波斯海灣在國東境是哈薩又作刺沙與徐合慕志作拉沙徐又云阿刺伯古條支也冋教旣興乃有天方天堂等名皆花門誇耀之稱比其國於天上其實本無此名其國在波斯西南明代累次朝貢由西域陸路來鄭和由海道使西洋至天方而止稱爲西洋盡處蓋由印度海駛入紅海謂海盡於此不知小西洋外尙有大西洋也又云考西人地圖及所著書五印度之西土耳其東土之東土耳其東土卽西里亞細亞在大秦東境正波斯國阿富汗俾路芝皆波斯分割非古建國稽前後漢書出莎車南道踰蔥嶺爲大月氏安息諸國毘連者爲罽賓烏弋山離條支諸國證以西人地圖波斯西南之阿剌伯東界阿勒富海俗名紅海東南界印度海西界勒必西海俗名紅海惟西北一面通陸路與漢書條支傳云海水曲環其南及東北三面路絕惟西北隅通陸道者胳合是條支爲阿剌伯無疑又前漢安息傳北與康居東與烏弋山離西與條支接國臨嫣水商賈車船行旁國後漢大秦傳欲通使於漢而安息欲以漢縉綵與交市遮過不得自達考波斯東北界有砂磧陸阿毋河卽古嫣水西接土耳其東土正大秦東境由大秦通漢舍此別無道路是波斯爲安息亦無疑也惟大月氏罽賓烏弋爲今何地迄無定論或謂愛烏罕爲大月氏北印度爲罽賓中印度爲

烏弋山離殊未確大月氏本湟中行國爲匈奴所破西擊大夏而臣之都嫣水北爲王庭今考嫣水卽阿毋河源分十數支皆在雪山之北蔥嶺之西匯流之後西北行約二千餘里又北折行約千里而入於鹹海[illegible]東大月氏王庭旣在嫣水之北則其部曲自在嫣水左右乃今布哈爾境土愛烏罕在嫣水之南距嫣水尙遠以地勢攷之仍卽古之罽賓其地與印度之克什米爾接壤風土物產亦相類以罽賓爲北印度始於唐釋元奘證之新唐書殊爲未合新唐書曰天竺居蔥嶺南幅員三萬里分東西南北中五天竺南天竺濱海北天竺距雪山圍抱如壁東天竺際海與扶南林邑接西天竺與罽賓波斯接指畫地界確鑿分明證以泰西人地圖亦絲毫不爽罽賓爲天竺接界之國則其不在天竺內不待辨而明矣旣在天竺之西則其爲今之愛烏罕又不待辨而明矣如舉北印度而屬之罽賓則天竺有東西南中而無北何以謂之五天竺不曰北印度卽罽賓而曰與罽賓接是二非一彰彰明甚烏弋山離國前漢書稱東與罽賓北與撲挑西與黎靬條支接後漢書稱自皮山西南經烏秅涉懸度歷罽賓六十餘日行至烏弋山離國又西南馬行百餘里至條支是其國在罽賓之西南條支之東北乃今俾路芝及波斯極南境黎靬卽黎鞬大秦國之別名其東境正接波斯條支卽阿剌伯其西北隅亦接波斯波斯卽漢之安息若謂烏弋卽中印度則中隔數千里之安息何由得與黎鞬條支接耶五印度西界有印度河河西山岡連屬是卽天竺與迤西諸國天然界限若謂罽賓爲北印度烏弋爲中印度西印度亦必包於兩國之中是所謂天竺者將專指東南兩印度乎且漢書明列罽賓烏弋天竺爲三國今乃割天竺之大半屬之罽

五洲地理志略　卷十　三十三

賓烏弋而令天竺本國轉無位置之處恐班范無此紕繆文法也又天竺傳稱從月氏高附國以西南至西海東至磐起國皆身毒之地身毒有別城數百城置長別國數十國置王雖各小國而俱以身毒爲名磐起不知爲何地高附別有傳云在大月氏西南本屬安息及月氏破安息乃得高附度其地總在附近印度河一帶曷嘗云西至罽賓烏弋皆身毒之地俱以身毒爲名乎又天竺傳稱天竺在月氏之東南數千里曷嘗曰在罽賓之南烏弋之東乎諸胡弱肉強食一彼一此數十年卽有變更而大地山河萬古不易按圖而稽固歷歷可攷耳又云後漢書和帝永元九年西域都護班超遣掾甘英往通大秦抵條支臨海欲渡安息西界船人告以海水廣大往來須齎三歲糧英疑憚而止大秦屢欲遣使於漢爲安息遮遏不得通桓帝延熹九年其王安敦遣使自日南徼外獻象牙犀角瑇瑁始得一通考泰西人地圖安息卽今之波斯條支卽今之阿剌伯東漢時大秦卽意大里之羅馬正當全盛未分東西許意獻[illegible]其國都在意大里之羅馬東境至西里亞猶太[illegible]之與安息接壤若由安息往大秦渡嫣水入安息境爲三千餘里卽今波斯卽已入大秦東境今土耳其東土美索不達迷亞部之巴索拉地再西北行約三千餘里今土耳其[illegible]渡海峽卽君士但丁黑海峽口歷希臘之北境今土耳其[illegible]約二千里至意大里之東北境今墨地利亞地又西南行千餘里卽至大秦都城卽今驪計陸路萬里而近自西里亞以西皆大秦地漢書所云從安息陸路繞海北行出海西至大秦人庶連屬十里一亭三十里一置從無盜賊寇警者的確不誣又云道多猛虎獅子遮害行旅不百餘人齎兵器輒爲所食按西里亞以西皆大秦名都大邑四達通衢安得有猛獸遮害行旅蓋安息貪縉綵交市之利必不欲大秦

之通漢故為此誕說以阻漢使之西行所謂遮遏不得通者此也蓋由條支從海道往則阿非利加之大浪山一路自明以前未通舟楫（即今歐羅巴諸國貨船往來之路明宏治間葡萄牙始開行之）歐羅巴東來海道率取道於地中海紅海條支都城在麥加乃紅海北岸（漢書云條支城在山上周迴四十餘里正今之麥加城也）而其東境又臨阿勒富海甘英所臨之海未知其為阿勒富海抑即紅海若為阿勒富海則須繞條支三面之海計水程六七千里至紅海之尾而海盡行陸路百七十里（地名蘇彝士麥西國地）至地中海之東南隅再登舟西駛約六千餘里而抵大秦都城（即羅馬）計水程約萬三千餘里若所臨係條支都城之紅海則西北駛千餘里已至紅海之尾計水程不足萬里中間隔陸路百七十里不能一帆直達（明以前歐羅巴大船不能直抵中國即因此阻隔海國聞見錄所謂崐不用刀截斷者也近年國用火輪船通遞文報皆由此路地中海另有火輪船接遞）然舍此別無道路計其水程遠則四五十日遲亦不過兩三月半載儘可往返何至須齎三歲糧蓋安息不欲大秦之通漢故使西界船人（麥加距安息已遠甘英所臨之海當係阿勒富海也）設此詞以難之甘英憚於浮海遂中止耳至安敦之入貢由日南徼外即今越南南境之占城一帶乃出紅海駛入印度海東南行至蘇門荅臘噶羅巴之巽地海峽轉而北行入南洋抵越南之南境今歐羅巴諸國來粵東繞阿非利加至印度海後亦由此路若從陸路須由日南歷暹羅緬甸抵東印度越中印度至西印度無論中間歷數十番部使弊難通而西印度以西仍須經遮遏之安息方達大秦東境故知其必由海道無疑也又云大秦國之北方亦有陸路可通中國須從塞地利亞東北行歷俄羅斯南境至裏海之北岸轉而東行歷西域游牧城郭諸部可抵玉關此則不入安息境無從遮遏之矣然兩漢時大秦北境至日耳曼而止塞地利亞以

東以北皆匈奴別部（即俄羅斯時未立國）時擾大秦邊境斷無可通之理故通中國惟安息一路既為所遮遏不得不由海道也洪鈞西域古地安息條支攷云徐氏志略言安息即今之波斯條支即今之阿剌伯案漢書有安息無波斯魏書有安息有波斯唐書有波斯無安息魏書安息國在葱嶺西都蔚搜城北與康居西與波斯相接去代二萬一千五百里波斯國都宿利城在忸密西古條支國也去代二萬四千二百二十八里詳述里至明是兩國西書無安息國名志略譯自西人不應有此臆說考西書之紀波斯始於中國成周中葉君其地者為柯勒施朝志略之居魯士大流士皆柯勒施朝人也周顯王時希臘王阿來三得（志略作亞勒散得）敗波斯攘其地顯王三十三年阿來三得滅柯勒施朝撫有波斯十年而卒諸將裂土自王互攻奪嗣為其將賽魯克斯所併為賽魯克斯朝時在周赧王初年後數十年波斯東北境帕而特國起其王自謂波斯族裔曰阿而薩克秦王政十八年為帕而特建國始年謂之阿薩朝亦曰阿息（閩波斯使臣云古禰顯人稱鄧阿息時）居裏海東南臨阿母河傳國七世益強大拓地至裏海西南抵於波斯海灣與羅馬東界為鄰漢獻帝初平年間遂滅賽魯克斯後建安五年波斯故王之裔薩山復自立國為薩山朝時帕而特國與羅馬搆兵垂百年晉時羅馬敗之薩山朝乘其敝恢復波斯故壤晉武帝時帕而特國亡波斯薩山朝至唐時為阿剌比人所滅其王卑路斯逃入中國（唐書所魏相符）案阿薩阿息皆與安息音類阿薩都城先曰帕而杜瓦為帕而特國號所本他國人稱之曰帕而討尼薩前漢書安息治番都城（蘇林註番音盤）番兜即帕而杜瓦帕而特之轉音繼西徙都城曰喝克湯白洛斯上三字義為百下三字義為門後漢書安息居和櫝城和櫝

即喝克湯之轉音（[illegible]）漢書烏弋山離北與撲桃接烏弋山離東漢時改名排持即今俾路芝安息正當其北撲桃亦帕而特等稱之異譯阿母河即嬀水所謂臨嬀水商賈車船行旁國者是也安息之即阿薩殆無疑義志略以安息當波斯論疆域誠非異地然與魏書不合且漢末波斯仍自立國西晉時帕而特為波斯所滅則不得以安息為波斯也明矣西書繪帕而特錢圖面男像背女像與漢書鑄銀為錢文獨為王面幕為夫人面語合其地多產巨馬故漢使至界以二萬騎往迎後書其東界木鹿城號曰小安息去洛陽二萬里此即元史之馬魯為西域衝迄大郡新唐書大食傳呼羅珊木鹿人亦即此木鹿帕而特新舊都城皆在木鹿之西中西古籍互證益明惟西書云晉武帝時帕而特國亡而魏書太延年間安息尚存疑其紀年有誤然西書又載帕而特亡後仍有一小國在裏海南山中阿剌比人先滅波斯乃滅此國是亦魏書之一證甘英所臨之海必非紅海而為阿勒富海亦名波斯海灣由此登舟繞阿剌比三面以入紅海之尾紅海地中海之間陸路百七十里古時蘇彝士河未開但有溪河可通小舟以入地中海而不能容巨船紅海之中水程最滯無風逆風皆不得行往返程期或二三載安息人所謂海水廣大往來者逢善風三月可得度若遇遲風亦有二歲者故入海人皆齎三歲糧乃係實情並非誑語裴松之注三國志引魏略云大秦國在安息條支西大海之西從安息界安谷城乘船直截海西遇風利二月到風遲或一歲無風或三歲語極詳明可為安息船人左證至云海中善使人思土戀慕數有死亡夫長年涉風濤起居失調旅況淒寂憂能損人理有固然非危詞恐喝也古時羅馬所屬之西里亞邇東帕而

特所屬之美索卜塔尼亞等地皆有師子遮害行旅非結隊持械不敢行載在羅馬猶太古書匪為誕說特往來商侶無歲無之俟伴偕行何難刻期而至一經沮抑便憚遄征遂致華夏軺車既徂西而忽輟犁鞬名國欲通漢而無由誠憾事已又云李光廷漢西域圖考謂條支國城在今俄羅斯國極南之擣里達部地黑海之所環也後書云城在山上周四十里臨西海海水曲環其南及東北三面路絕惟西北一隅通陸路考之西人所繪俄羅斯圖確在此地其云轉北而東又馬行六十日至安息蓋其國當時兼得俄羅斯高加索五部地東界裏海而南通安息甘英之使大秦臨海欲渡蓋即臨黑海之東岸而由安息以抵條支故安息人得阻之也漢時大秦國都在意大里亞之羅馬拓土而與安息鄰經其國行程及萬里故由海往徐氏以天方當之不知海水之環指城而言天方闢境數千何止四十且西北所通亦非一隅其臨海句多解不去亘由未審地形耳案黑海北境古屬希臘通舟楫利商賈名其地曰撒吉剌（斯譯地）後為羅馬所併希臘國史確然可徵固無條支之名亦非安息波斯所轄成周中葉波斯極盛之時西界至地中海北界至高喀斯山皆在黑海南而未有其北漢時安息繼興西界未至黑海（[illegible]）黑海中片壤古時通陸之路極狹常沒水中厥後沙土繼長增高近經西人闢治遂成衢路車馬暢行遐稽漢時必非立國建都之所且西向北轉東復轉南再轉東乃達安息程途方向亦未盡符後漢書言安息南與烏弋山離接又於德若國下言自皮山西南經烏耗涉懸度歷罽賓六十餘日行至烏弋山離地方數千里時改名排持（此即今之俾路芝地[illegible]據西人云[illegible]）復西南馬行百餘日至條支若條支在黑海北濱

當云西北行不能西南行說亦不符自來志西域者肇於漢書詳於魏書魏書曰波斯都宿利城在忸密西（[illegible]）古條支國也城方十里河經其城中南流杜佑通典亦云波斯即條支故地則必知波斯故都之所在乃可得條支之所在波斯全境多山多沙漠無南流大河惟西境體格力斯河哀甫拉特河並發源西北導流東南源遠流長匯合而入波斯海灣西書紀周赧王時希臘王阿來三得之將塞魯克斯據有波斯其後建城於體格力斯河西名之曰塞魯齊亞遂爲都城（或云漢稱始建）河東舊有城曰特昔芬於是國都有東南二城（近時西人考後漢書自安息西行三千四百里至阿蠻從阿蠻西行三千六百里至斯賓國斯賓昔芬之轉音從斯賓西行渡河必是體格力斯河或哀甫拉特河也漢書所云里數合於古羅馬千步爲一里之數皆可徵實）東漢末波斯故王後裔薩山恢復舊業亦都於此唐時阿剌比人西來城始破毀肅宗寶應元年天方教主阿蒲札非爾於故城復北建八格達城（即西使記之報達）其後遷都於此亦跨河爲東西二城復於故城之地建離宮博考西書後漢波斯都城在體格力斯河殆無疑義跨河爲東西城故魏書謂河經城中南流唐書亦謂波斯王居東西二城魏書言宿利城後周書言蘇利隋書言蘇藺似皆塞魯之異譯（稱唐書既列波斯傳復於康國下云很描羅西北即波剌斯傳言廣萬里王治蘇剌薩儻那城叡是兩國案後斯本應作波國斯蘇剌亦即藍利蘇藺之異譯薩儻那三字當是彼處方言謂城唐書下云謂頭北有佛栗特薩儻那可以比例）哀甫拉特河逝西波斯海灣西岸皆與阿剌比接壤西書又載古時阿剌比人東至體格力斯哀甫拉特兩河之間聚族而居爲附庸小國波斯等地稱阿剌比人曰塔赤克塔赤正與條支音叶又有大抑大希之稱爲唐書大食所本（[illegible]）移（[illegible]也此）據是以考體格力斯河古爲塔赤克人居地其後乃被攘逐漢時此河上游當已無此種人而下游近海之處或尚爲其部地故

五洲地理志略　卷十

漢書謂抵條支臨海欲渡（聞波斯使臣云兩河下游西境今尚有古之阿剌比人不剌數化鄰爲黔番[illegible]）今體格力斯哀甫拉特兩河間地統名之曰義拉克阿剌伯由古時阿剌比人居此故蒙是稱合中西書籍以互證二千年之疑案可明近世西人考輿地者謂哀甫拉特河西古有大湖亦流入波斯海灣巨泊回環與漢書所云海水曲環其南及東北三面路絕惟西北一隅通陸之形相合或者漢時條支故城在此今沙磧壅塞滄海桑田而沮洳遺跡地猶可考是說也亦足爲漢書條支城之一證徐氏謂條支即阿剌比其說未可厚非特於族類之遷移名稱之緣起考之猶未盡耳又天方教歷考云梅文鼎回教主辭世年月考言據西域齋期（江寧[illegible]）以康熙二十九年庚午五月初三日起是彼中第九月一日謂之勒墨藏一名阿咱而月也至六月初三日開齋是彼中第十月一日謂之紹哇勒一名荅亦月是爲大節再過一百日至九月十三日爲彼中第一月第十日謂之穆哈蘭一名法而幹而丁月其日爲阿叔喇濟貧之期謂之小節鼎嘗以回回歷法推本年白羊一日入第六月之第八日與此正合又據齋期云本年庚午聖人辭世共計一千零九十六年（[illegible]）考本單開聖人生死在本年十一月十四日在彼爲第三月謂之勒必歐勒敖勿勒又名虎而達查西域阿剌必年是開皇己未（[illegible]）距今康熙爲一千零九十二算減一爲一千零九十一乃開皇己未春分至今康熙庚午春分之積年又查己未年春分在彼爲太陰年之第十二月初五日以距算一千零九十一減聖人辭世千零九十六相差五年逆推之得開皇十四年甲寅爲聖人辭世之年約計甲寅至己未此五年中節氣與月分差閏五十五日則甲寅春分當在彼中第十月之初聖人辭世

既是第三月則在春分前七箇月爲處暑月卽今七月也自開皇甲寅七月十四日聖人辭世至今康熙庚午七月十四日正得一千零九十六年故曰共計一千零九十六年也據此則開皇十四年甲寅是彼中聖人辭世之年薛儀甫謂回回歷蓋以此而誤又案教主以第三月辭世而其年春分則在第十月今彼以十月一日爲大節蓋爲此也徐松西域水道記瑪木特玉素布之遷喀什噶爾也土人麗雅瑪獻所居地爲寺死卽葬焉墓在回城東北十里許回人卽墓爲祠堂曰瑪咱爾門外刻石柱記年一年一畫以派噶木巴爾初生爲元年派噶木巴爾於四月初十日成道生六十三歲而卒嘉慶二十四年六月初二日爲彼中第一千二百三十三年之終按回回術有太陽年（[illegible]）有太陰年（[illegible]）齋期以太陰年爲準數至第十二月則齋齋滿日相慶爲元旦（[illegible]）所謂月一日者又不在朔以見新月爲準歷十二月爲一歲有閏日無閏月故歲首無定月大率每間二年遞早一月（[illegible]）今以初二日爲歲除是用太陰法見新月爲歲首也明史曰三百五十四日爲一周周十二月月有閏日凡三十年閏十一日言太陰年也準此論之計三十年應有一萬六百三十一日則一千二百三十三年積四十三萬六千九百三十四日又十分日之一以回回歲實三百六十五日一百二十八分之三十一約之得一千一百九十六年又一百四日半弱從嘉慶二十四年六月初二日逆數之當托始於唐高祖武德六年三月初三日也自來考天方歷者詳核得實無逾徐氏然徵諸西書訪諸西人則是武德五年爲西歷六百二十二年而非六年且其紀始非教主初生之年辭世之年而爲避難出奔之年名曰黑崑拉節西國

五洲地理志略　卷十

坊間有鬻西歷天方歷紀年通表者購而譯之起於西歷六百二十二年七月十六日其法亦以西歷天方歷現在之年月日合而逆推惟逐年逐月排比編次特爲詳盡無可致疑證以他西書則年分起數確乎不易月日起數容有異詞然終無逾是表之詳盡著此表者德人或于斯敦非耳特表成於同治年間續之者奧人馬勒爾預推至西歷二千餘年而止光緒十六年庚寅正月元旦爲西歷一千八百九十年正月二十一日天方歷一千三百七年五月二十九日而徐氏所謂一千二百三十三年終應是西歷一千八百十八年十月三十日爲嘉慶二十三年二分二至中西歷同故月分相差至多不過四五十日則其年終當在九月初所謂六月初二日之說亦不相符豈喀什噶爾之教人數典忘祖歟抑東方之教於其教主有異說歟考彼教齋期西書備載穆哈蘭月十日猶華言正月初十日謂之阿叔喇節致齋一日勒墨藏月猶華之九月致齋一月終日不飲不食不浴不唾屏退婦女謝絕世務甚或緘默竟日至暮乃飲食居處復故次晨又如之疾病老幼得免然病痊仍必補齋且多施捨以消罪孽相傳是月上帝以可蘭經授謨罕默德故定此齋期至嚴極重梅氏之言足徵確鑿踰此而至第十二月謂之都勒哈察月其第十日謂之白拉應節爲阿剌比人本有之節相傳其始生之祖將殺子祀天天帝降言已鑿汝誠勿戕汝子汝有一羊可宰以代故此節爲宴樂之節而不致齋十二月內並無齋期徐氏謂第十二月則齋齋滿日相慶爲元旦必是勒墨藏月之誤此月齋滿固相慶也（[illegible]西表相符）又西書云彼教元旦爲黑崑拉節日爲教主避難出奔之日頒朔之令在教主避難後十七年（[illegible]明史云回回歷法西域默狄納國王馬哈默所作[illegible]）

（罕默德未作歷）並先時阿剌比人參仿猶太歷置閏月以合日躔每十九年閏七月略於中國歷法惟猶太正月起於秋分閏月必在六月是爲歧異勒墨藏齋月本在炎天故此三字譯義爲熱長贏盛暑而日斷飲食人恆苦之謨罕默德之後教主倭馬爾始廢閏月使一月之齋流行四時歲無定日其正朔亦然當日變法之年黑蚩拉節當在第三月一日而即以歲首一日應之亦由於此梅氏謂教主以第三月一世語意正合特非辭世耳至謂其年春分在第十月故彼以十月爲大節天方教歷不論節氣不問日躔此言殆誤光緒十六年春分在二月三十日入夜子時則已交閏二月初一日躔度昏曉西遲於東故西國春分在一千八百九十年三月二十日合之中歷爲閏二月初一日而在天方教歷通表則爲一千三百七年拉札潑月二十八日猶云七月曾以詢波斯使臣果無差謬且云是日春分爲波斯太陽年元旦之日因是而知西域宮分歷以春分爲歲首明史但言節氣首春分猶未盡也西書又云六百三十二年（大唐貞觀六年）波斯王伊嗣俟（鈞案見新唐書西書作伊嗣的戒而弑其子名卑路斯與唐書同）頒行新歷以三百六十五日爲一周略如西國歷法其後天方吞併波斯而民間耕穫賦納究以太陽年爲便故波斯之地有宮分月分二歷非皆出於阿剌比又明史謂三十年閏十一日以十二月爲一動月徵諸西書則三十年內以二五七十三十六十八二十一二十四二十六二十九年爲置閏之年皆在十二月說較明史尤詳乃知數起開皇誤由明史梅氏專門歷算特沿明史之訛徐氏似爲得之然如彼教齋期知猶未審則紀年積數安必無訛疇人之術夙未嘗學述所見聞以質中土之治歷者彼教月名附以備考第一月曰穆哈蘭月（西音）第二月曰薩法

五洲地理志略　卷十

勒月第三月曰勒必拉費勒月（[illegible]）第四月曰勒必拉喝勒月（[illegible]）第五月曰祝馬達拉費勒月第六月曰祝馬達拉喝勒月第七月曰拉札潑月第八月曰沙班月第九月曰勒墨藏月（西音微異當以梅氏爲準）第十月曰紹哇勒月（西音同）第十一月曰楚而喀答月（[illegible]）第十二月曰都而哈察月（或云而喝）栖又舊唐書大食傳考證云大食國本在波斯之西（[illegible]地明晰勝於新唐書）大業中有波斯胡人牧駝於俱紛摩地那之山忽有獅子人語謂之曰此山西有三穴穴中大有兵器汝可取之穴中並有黑石白文讀之便作王位胡人依言果見穴中有石及稍刃甚多上有文教其反叛（案此諸彼教中人附會之詞非眞有是事）於是紏合亡命渡恆曷水劫奪商旅其眾漸盛遂割據波斯西境自立爲王波斯拂菻各遣兵討之皆爲所敗永徽二年始遣使朝貢其姓大食氏名噉密莫末膩自云有國已三十四年歷三主矣（案大食爲阿剌比人古時阿剌比人遊牧於西里亞者西里亞人稱之若曰大抑波斯人稱之若曰大希繼而阿味尼亞人突而基斯坦人稱之若曰塔起克大抑大希塔起皆與大食音近故中國有大食之稱非姓也永徽二年時大食主奧斯蠻爲謨罕默德後三[illegible]故云王三世惟云有國三十四年則當起於武德元年不合[illegible]西人云當是阿剌比語哀密耳[illegible]）其國男兒色黑多鬚鼻大而長似婆羅門（案阿剌比人膚理[illegible]不如阿非利喀黑人之甚今尚如是鼻大而長狀貌皆合）婦人白皙亦有文字出駝馬大如諸國兵刃勁利其俗勇於戰鬭好事天神土多沙石不堪耕種惟食駝馬等肉（案謨罕默德之教專事天無所謂神土多沙石不堪耕種確合阿剌比地形）俱紛摩地那山在國之西南鄰於大海其王移穴中黑石寘之於國（案此即麥喀之黑石也彼土傳爲天降西人謂即落星石當不謬謨罕默德之先已供於殿並非其王移置）龍朔初擊破波斯又破拂菻（案拂菻傳云大食強盛漸陵諸國乃遣大將摩栧伐其都城因約爲和好請每歲輸之金帛遂

臣屬大食（案拂菻即漢之大秦而爲大秦屬地在黑海南後編東羅馬後漢書云從安息陸道繞海北行出海西至大秦人庶連屬十里一亭三十里一置終無盜賊寇警而道多猛虎獅子遮害行旅所謂[illegible]皆指拂菻而言亦元豐年閏塞而柱克朝人自波斯地來奪據其地始不屬東羅馬別爲羅馬國見西域補傳下元史愛薛傳西域弗林人弗林即拂菻是元時猶有此名明時屬土耳其自此田野汙萊生聚[illegible]非復昔時繁富矣）始有米麪之屬又將兵南侵婆羅門（此指印度）吞併諸胡國（此指印度河西及阿母河南北諸屬）勝兵四十餘萬長安中遣使獻良馬景雲二年又獻方物開元初遣使來朝進馬及寶鈿帶等方物（案西人譯西域人他拔里書紀哈里發[illegible]事云西七百十六七年時大食將庫選拔自費爾千令喀什噶爾之地遣使[illegible]於中國皇帝[illegible]我已立誓必踏中國土地中國皇帝[illegible]取土一包[illegible]以應其誓語近兒戲唐書無之而考其年分列在開元四五年其占喀什噶爾亦非無據錄之以誌異說）其使謁見惟平立不拜憲司欲糾之中書令張說奏曰大食殊俗慕義遠來不可寘罪上特許之尋又遣使朝獻自云在本國惟拜天神雖見王亦無致拜之法所司屢詰責之其使遂請依漢法致拜其時西域康國石國之類皆臣屬之其境東西萬里東與突厥施相接焉一云隋開皇中大食族中有孤列種代爲酋長孤列種中又有兩姓一號盆泥奚深一號盆泥末換（[illegible]）其奚深後有摩訶末者（案此即謨罕默德）勇健多智眾立之爲主東西征伐開地三千里兼克夏臘（案夏臘當即歐拉在哀爾拉特河西南濱見西北地附錄若法釋地）一名彰城（[illegible]）及摩訶末後十四代至末換殺其兄伊疾而自立（[illegible]）復殘忍其下怨之有呼羅珊木鹿人並波悉林舉義兵應者悉合著黑衣（案呼羅珊即呼拉商[illegible]）（[illegible]唐書作木鹿木鹿城見漢書安息傳蓋即元史之馬魯爲呼拉商部內一省並波悉林當是人名當時阿拔斯族[illegible]）（[illegible]）爲旬月間眾盈數萬鼓行而西生擒末換殺之遂求得奚深種阿蒲羅拔立之末換以前謂之白衣大食自阿蒲羅

五洲地理志略　卷十

拔後改爲黑衣大食（[illegible]）阿蒲羅拔卒立其弟阿蒲茶拂（[illegible]）至德初遣使朝貢代宗時爲元帥亦用其國兵以收兩都寶應大歷中頻遣使來拂卒子迷地立[illegible]弟訶論立[illegible]西禦大食故鮮爲邊患其力不足也十四年[illegible]達城名直波斯海灣西北據體格力斯河之[illegible]所都也天方教始於[illegible]麥喀之地[illegible]（[illegible]作太建元年西書無此說也[illegible]）其父曰阿白塔拉其母曰阿米那其本名曰阿蒲而喀生本阿白塔拉猶言阿蒲而喀生爲阿白塔拉之子本謂子嗣謨罕默德乃阿剌比人贊美之詞非其名幼時親喪家貧給事於富商二十五娶其寡居主婦曰哈的札以是雄於財先時阿剌比人禮拜星日造偶像以祀神無所謂教也猶太教天主教亦有至麥喀者耶穌在世時曾謂門徒我死後當更出一人闡揚至教古時猶太教人亦有此語無稽傳述歷千百年謨罕默德四十歲時僻居寂處默思冥索欲揚新教以應斯言幼時有昏仆之疾（如今羊頭風病之類）至是復發謂天帝宣召親承眞誥其妻女與其婿阿里（[illegible]阿里父阿卜他立白爲一族之長）其其友阿部倍克耳皆篤信之鄰近愚民聞其議論亦多從者而族眾以爲狂麥喀有殿中置黑石相傳天所降也（西人謂即落星石當不謬）殿亦設土木偶像遠近之人嚐拜祈禱者歲時不絕而謨罕默德專主崇奉上帝力闢偶像之非族

眾嫉之謀加害幸其叔伯哈姆札其族長阿卜他立白救護之得免其壻倭脫蠻亦曰奧自蠻偕徒黨咸渡紅海從居西岸以避禍（地名阿比西尼亞紅海西岸南）未幾倭馬亞族人曰倭馬爾來從教謨罕默德遂與阿部倍壳耳倭馬爾爲新教首領歲五十（西六百二十年）婦哈的札死娶新入教之女曰騷達又娶阿部倍壳耳女曰阿夷舍歲益廣置妻室倭馬爾之女亦奉巾櫛屢夢登天寤則以上帝所謂告門徒書之是爲可蘭經（西域水道記作庫爾安不姑可蘭）麥喀北牙脫里之來禮拜黑石者聞其異亦來從是時阿卜他立白死阿布拉哈貝爲族長與謨罕默德不協禍益亟唐高祖武德五年（西六百二十二年）謨罕默德自麥喀避難往牙脫里是爲天方教紀歷之始年爲黑崑拉大節日黑崑拉譯義謂逃奔也（詳天方教歷考）改牙脫里爲麥地拿（義爲城如言教師之城明史天方古筠沖地又曰默伽復云默德那同回回國地近天方案默伽即麥喀默德那即麥地拿國在阿刺比境內國明史區之爲二誤矣）造禮拜堂爲天方教第二聖殿（首則麥喀之黑石殿）遠近歸附黨與日盛憤柯勒奚施族人之仇思強以入教遣人掠其商旅武德七年攻敗麥喀人殺其仇人阿不札耳戰時不親臨陣惟在室祈禱戰既勝羣謂祈禱得天祐次年麥喀人三千來攻謨罕默德惟千人戰敗己亦受傷又二年麥喀人來困麥地拿城議和而去猶太教人爲敵助敵退猶太教人七百欲赴黑石殿禮拜拒之與約十年不相犯乃允其往又二年麥喀人與阿刺比別族相仇殺謨罕默德與之友議助力其時徒黨已有萬人麥喀人權不敵亦入教乃盡毀黑石殿內偶像敗麥喀東南各族類阿刺比全境舉宗其教示諭門徒若天主教若猶太教不從我者厚取其稅斂而不必強制以其同奉上帝同一根本也此外之教必脅之伐之滅之而後已（拓大教釋教）太宗貞觀六年往麥喀禮拜令此後異教人不容入

殿瞻禮招東羅馬人入教不從議用兵而病作是年卒於麥地拿（西六百三十二年六月八日）就死所建墓就墓所建禮拜堂謨罕默德無子惟生數女有女曰法梯昧嫁阿里爲婦死時惟法梯昧尚在謨罕默德居麥地拿時凡他適必命一人代司教事名之曰哈里發義謂代天治事此哈里發之稱所由起也病時未定所傳卒後公議立阿部倍壳耳爲哈里發時波斯與東羅馬累歲搆兵國是日衰替阿部倍壳耳出二軍一至西里亞一入波斯乘其敝以斥境在位二年卒於報達之地（西六百三十四年或云爲猶太人毒死其時報達城尚未建）臨沒定以倭馬爾嗣位倭馬爾能兵憑倚武力數敗波斯蠶食其地以東至於印度西侵西里亞及阿非利喀北岸之脫里潑利（今義大利國濟勢岸隔地中之）東羅馬王海拉克里育斯兵敗於西里亞之北西里亞全境被并一將曰阿拔謨薩奪美索卜塔米牙二地（案即美索不達今屬土耳其）庫昔斯單（報達東南屬部其首城爲呼思特拉見洪鈞元史西域傳注中）（先謙西六百三十八遂亞年至四十年）一將曰阿謨爾自西里亞入埃及以占地倭馬爾亦講求文治於體格力斯河哀甫拉特河會流入海之處建巴索拉城（西六百三十五年）哀甫拉特河西建苦法城（西六百三十八年苦法城在彼斯阿傳西北哀甫拉特河西與歐拉城相近西人謂後漢志之于羅國即職拉）皆造禮拜堂設書院以黑崑拉節日爲元旦貞觀十八年（西六百四十四年）爲人所害謨罕默德之壻奧自蠻嗣其將阿拔搭拉占波斯疆宇益廣奧自蠻自率師船由西里亞出地中海侵掠日斯巴尼亞國海濱地而歸奧自蠻用人以愛憎爲去取眾不平高宗顯慶元年（西六百五十六年）爲阿部倍壳耳之子所殺其僚堵阿里嗣時諸大酋自相爭鬬玩視教主阿里在位四載阿孛堵阿滿害之（西六百六十年）阿里長子哈山嗣未一載以部眾思亂畏而遜位（哈山後八年爲婦毒死）哈山有弟曰忽辛應嗣爲哈里發而丹馬斯克大酋謨阿費牙

來奪其位（西六百六十一年）謨阿費牙爲倭馬亞族人自稱謨阿費牙第一阿刺比西里亞埃及波斯人皆奉令惟謹國勢復合爲一先時哈里發皆居麥地拿至是遷於丹馬斯克（在西里亞境內）定議哈里發之位必屬倭馬亞人毋許他族僭奪故稱爲倭馬亞朝據地中海各島海舟常東至羅馬鹵掠海拉克里青斯以水師來爭而謨阿費牙已有兵船千七百艘軍勢甚盛敗東羅馬水師困康斯灘丁諾白爾都城七載不能下乃罷東取昔義斯單句喀不爾（見西域土傳先讓案部阿富汗都城客布爾元史西北地附錄作可不里）西取俺體育克（見西域下傳案注云近地中海）昔利齊（小阿細尼亞之古名事在西六百六十三西兩年）繼又侵突而基斯單（西六百七十二年案唐書西域傳永徽中石國爲大食所破永徽元年西六百五十年則其兵鋒遠被可知）又令其子柘濟特爲將下撒馬爾干（西六百七十六年）又往占地中海西岸爲東羅馬所敗遂建城於土匿斯以駐兵（今爲法國所屬地）高宗永隆元年卒（西六百八十年）子柘濟特第一嗣阿里子忽辛既失位其徒黨以爲憤聚眾至十四萬奉以爲主至哀甫拉特河爲苦法守酋戰敗忽辛隕於陣高宗宏道元年（西六百八十三年）平阿刺比人之爲亂者是年柘濟特第一卒子謨阿費牙第二嗣四十日即辭位旋卒時各大酋皆懷覬覦麥地拿酋末而換第一入據其位於是波斯之呼拉商部自立爲國巴索拉酋亦自稱哈里發而爲末而換部將所敗位遂定令屬地鑄錢用阿刺比文臣下咸習阿刺比語攘阿昧尼亞之地在位二十二年卒（西七百五年）子威利特第一嗣東收阿毋河錫爾河及裏海各部族併西印度之信地西收阿非利喀北境渡海以攻日斯巴尼亞國在位十一年卒（西七百十六年）弟蘇勒滿嗣圍東羅馬康思灘丁都城一載請成而退在位一年卒（西七百十七年）倭馬爾第二嗣（不知是子是弟）不好兵在位三年遇害（西七百二十年）末而換第一之子柘濟特第二嗣在位三年

卒（西七百二十三年）弟希沙姆嗣在位十九年卒（西七百四十二年）臨沒之年有忽辛四世孫宰特爭位來戰希沙姆殺之在日斯巴尼亞之兵爲佛郎國所敗（阿刺伯時地稱法國曰佛郎國西人曰佛郎人）自是日斯巴尼亞北境得安次年柘濟特第二子威利特第二嗣好色不理事在位二年爲其下所殺（西七百四十四年）威利特第一之子柘濟特第三嗣是年即卒弟伊孛拉希姆嗣旋爲末而換第二逐而據位（西七百四十五年）或謂被逐者即柘濟特第三柘濟特別作野息特而歲之中四易其主倭馬亞朝哈里發素薄待其下阿刺比人猶太忘謨罕默德教譯而爲別派攘竊益疾視倭馬亞人謨罕默德叔伯之裔曰阿拔斯其後人衣尚黑（[illegible]）稱謨斯阿費達（即黑衣之義）唐書所謂黑衣大食是也阿拔斯之孫謨罕默德轄呼拉商部自以教主本族義得續承統緒沒時以屬其子依白喇希姆（[illegible]）時而動勉成父志呼拉商人遂奉依白喇希姆爲哈里發往麥喀禮拜中途爲倭馬亞人所獲置諸獄其弟阿蒲而阿拔斯繼立天寶八年（西七百四十九年）即哈里發位於苦法遠近響應攻敗末而換第二逃入埃及次年追獲殺之倭馬亞人屬集於丹馬斯克阿蒲而阿拔斯之叔伯阿白搭喇盡殲其族惟阿孛都拉蠻一人逸入日斯巴尼亞自立爲哈里發阿蒲而阿拔斯即位之四年（西七百五十四年）遷都於盎拔耳城（哀甫拉特河東底格力斯河西）是爲阿拔斯朝又二年卒（西七百五十四年）弟阿蒲札非而嗣治國事甚有條理國人頒之曰阿而曼蘇而（爲得勝之義）阿里後裔之在阿刺比者自立爲哈里發攻以兵敗死肅宗寶應元年（西七百六十二年）始建城於報達在位二十一年卒（西七百七十五年）子愛而每諭謨罕默德嗣十年卒（西七百八十五年）子哈里突以謨薩嗣德宗貞元二年（西七百八十六年）始遷都報達是年卒子阿蒲謨罕默德哈而侖嗣與

學施治頌聲載道常稱美之曰哈而侖阿而阿釋鄰近之國亦聞風傾慕在位十九年卒（西八百五年）卒後三子分其國長子阿敏轄報達西里亞埃及阿非利咯阿剌比等地次子麻謨諦轄波斯東至於突而基斯單三子謨阿塔遜轄小亞細亞（[illegible]）阿昧尼亞北至於黑海鼎足而峙爭端以起阿敏攻謨阿塔遜爲其將他海爾所敗奪報達殺阿敏立麻謨諦爲哈里發阿里之黨亦奉阿里後人阿里治而利達爲哈里發麻謨諦不與爭且娶其女政黑衣爲綠衣以悅阿里之黨（[illegible]）國人見其所行不合廢之議立其叔伯伊白拉希姆哀而謨哈立克未幾阿里治而利達死事遂解麻謨諦仍爲哈里發穆宗長慶三年（西八百二十三年）往攻東羅馬大風覆其師船復以眾往布而噶爾部人助東羅馬與戰敗衄而歸阿拔斯朝自此衰茶大將他海爾轄呼拉商部自立爲國（[illegible]）文宗大和七年（西八百三十三年）麻謨諦卒弟謨阿塔遜嗣慮各部酋背叛本國之兵不足恃收買突厥人爲奴僕（西書作突建克）訓練成親軍建城於報達北百里曰薩米阿居焉在位九年卒（西八百四十二年）子瓦體克壁拉嗣旋卒子幼親軍擁立其弟謨塔瓦起而壁拉爲哈里發其子與親軍通使殺其父而立親軍從之遂立其子木司灘錫爾壁拉懿宗咸通三年（西八百六十二年）己親軍立其孫木司敦壁拉是時阿里後人曰哈散曰牙亞本倭馬爾復來爭位木司敦壁拉得他海爾之助殺牙亞本倭馬爾哈散逃入達拔而斯單（[illegible]）在位四年（西八百六十六年）親軍作亂殺之謨塔瓦起而次子謨阿塔茲壁拉嗣僅三載（西八百六十九年）親軍脅令遜位瓦體克壁拉之子謨台諦壁拉嗣殺親軍首領仍爲首領之子所殺在位一年謨阿塔米忒嗣（西八百七十一年）以計收

親軍之權仍還歸報達在位二十二年（西八百九十二年）謨阿塔梯忒壁拉嗣十年（西九百二年）謨克塔非壁拉嗣七年（西九百八年）謨克塔的而壁拉嗣時年十三眾廢之立阿白塔拉又殺之仍立謨克塔的而壁拉既而其弟喀海而壁拉嗣位親軍復擅權被廢（西九百三十四年）哀而哈諦壁拉嗣位定親軍大將之稱曰哀密耳阿而渥姆阿（[illegible]）政由其出哈里發惟主教而已七年卒（西九百四十一年）謨塔奇壁拉嗣三年（西九百四十四年）親軍廢之以鐵烙其目成瞽木司塔克非嗣兩年（[illegible]）謨梯亦壁拉嗣二十八年（西九百七十四年）台亦壁拉嗣十七年（[illegible]）喀諦而壁拉嗣四十一年（西一千三十一年）喀津姆貝阿謨爾亦拉嗣四十四年（西一千七十五年）埃及人攻報達圍城乞援於塞而柱克王圍始解遂授塞而柱克王哀密耳阿而渥姆阿之職謨克塔諦貝阿謨而亦拉嗣二十年（西千九十五年）木司灘舍而壁拉嗣二十三年（[illegible]）木司塔而舍壁拉嗣十七年（西千百三十五年）拉施特壁拉嗣一年謨克塔非貝俺木而亦拉嗣二十四年（西千百六十年）木司灘朮忒壁拉嗣十年（西千百七十年）木司塔諦貝俺木而亦拉嗣十年（西千百八十年）那昔爾纂丁亦拉嗣四十五年（西千二百二十五年）蒙古平西域哈里發東方屬國餘者無幾哀脫塔海而壁拉嗣一年木司丹錫爾壁拉嗣十六年（西千二百四十二年）蒙古兵屢侵其境國勢益危木司塔辛壁拉嗣十五年（西一千二百五十七年以上所云壁拉譯義爲恃天阿剌比語）旭烈兀既滅木剌夷謀攻報達木司塔辛無才喜聽樂觀劇（西使記謂哈里法患頭痛伶人作新琵琶七十二絃聽之立解亦一證也）國事皆決於下附近屬國若羅姆若法而斯若克兒漫皆降服蒙古若哀而陛耳若毛夕耳等部猶依違未定埃及亦大部而道遠且憚蒙古不敢來援低瓦苔兒者報達之官名也（[illegible]）人職視宰相正副各一人其大將曰素黎曼沙其筦

賦財官曰謨牙代丁皆用事報達城有十葉教人聚居一處（阿里後人一派曰十葉教阿拔斯後人一派曰素尼教今土耳其爲素尼派波斯爲十葉派）木司塔辛縱兵劫掠謨牙代丁亦奉十葉教怨哈里發殘其同類不惟不懲治部兵反謂盡滅十葉教人庶不生事不遂輸誠於旭烈兀願爲蒙古臣僕旭烈兀懲貝住之喪師疑報達不易下慮挾詐責以要約實據謨牙代丁復具書悉以國事相告勸進兵並勸哈里發裁兵額以節饟糈有警則徵調屬國之兵爲衛木司塔辛吝於財從其言低瓦苔兒之副曰哀倍克與哈里發不協謀廢立謨牙代丁知其謀以告哀倍克知其通蒙古亦以告木司塔辛皆不究旭烈兀使至書云我征木剌夷令汝助兵非有他意欲締好也而兵不至汝席祖業迪前光但日入之後月始照耀日出則月沒矣我蒙古自我祖西征滅貨勒自彌服塞而柱克（[illegible]）平低楞（[illegible]）收撫諸阿塔畢凡此諸國逃人入汝境者汝開門延之我蒙古人至則稱兵以拒今我自至汝如見機毀平城壘親來納降或先遣將相大臣來議汝位得保我兵不入如欲戰則達集眾以待屆時飛走路窮汝無後悔木司塔辛覆以書曰汝少年偶然得志便藐視天下自西自東凡信上帝崇正教者皆我管屬我一震怒則義而闕之人皆羣起而逐汝蒙古以歸上而安（[illegible]）特我不顧眾庶羅鋒鏑故相容耳汝安得令我平毀城壘哉蒙古使者出城百姓努目覿幾欲加刃謨牙代丁以兵護送未被害旭烈兀得書議進兵木司塔辛問計於謨牙代丁則勸以納賂行成而哀倍克不允議久之始合素黎曼沙集兵謨牙代丁不迅籌饟踰五月兵始集饟仍遷延不發木司塔辛復遣二使往說自來列邦攻報達者無不受天

謹歷引塞而柱克貨勒自彌等國故事爲證旭烈兀斥其妄報達東界有山爲義拉克阿郎（句）義拉克阿拉伯兩部分界山有得而屯刻堡守將曰忽珊姆哀丁以事怨哈里發旭烈兀知其情招致之果來見令占奪旁堡爲大軍前驅忽珊姆哀丁先允繼而悔旭烈兀聞其中變令怯的不花往誘出堡擒之使招堡中人悉出毀其堡殺其兵忽珊姆哀丁亦見殺旭烈兀將自進征憲宗遣星者霍殺哀丁至軍前（元史云憲宗酷信巫覡卜筮之術凡行事必謹叩之殆無虛日此亦一說）詢以攻報達之事而星者奉教曰如攻報達日不出雨不降士馬亡年歲荒風霾地震國有大喪詢之奉佛人及將士皆曰吉詢之納昔兒哀丁則素仇哈里發（[illegible]）力言無此六殃引昔時哈里發爲人致死之事以折霍殺哀丁（[illegible]）遂決計深入令貝住爲右翼發羅姆涉毛夕耳自報達西北進不花帖木兒（句）蘇亥察克（句）偕朮赤孫三人曰布而嗄曰土拉爾曰庫理將別隊佐之令怯的不花（句）庫圖遜爲左翼自報達東南羅耳之境進旭烈兀將中軍自報達東境進郭侃（句）伊而喀（[illegible]）鄂勒克圖（句）阿而亥阿喀（[illegible]）（句）喀而拉克筆帖齊（[illegible]）賽甫曷丁（句）科者納昔兒哀丁（句）阿拉哀丁阿塔瑪里克志費尼皆從法而斯之阿塔畢遣其婭謨罕默德沙率兵以助憲宗七年冬大軍躪乞里茫沙杭城（[illegible]）召右翼貝住等將東渡體格力斯河上游來議軍情以羊胛骨卜之吉（[illegible]）旭烈兀進至呼耳汪河等仍西渡體格力斯促師進發

其時報達遣低瓦荅兒哀倍克及將費度局丁句喀拉辛酷耳駐
守體格力斯河東之牙庫拔句八奇賽哩皆城名聞貝任等軍已在
河西行漸近乃亦引兵西渡遇前鋒將蘇衮察克於盎拔耳城報達
西北不及百里蒙古軍敗退費度局丁老於戎行持重不輕進哀倍克不
從追及於堵者耳河攜格力斯哀甫拉服便運道之横河昔人斑北河以兩河中蒙古軍背水
爲陣戰竟日無勝負入夜兩軍皆駐營報達營地低下蒙古軍夜
決河隄淹其營次日進攻覆其衆西千二百五十八年正月十八日二將死之哀
倍克逃歸報達郭侃傳云水將納尺情節去有假慮暴兩明日其深數荅兒適微僞追之夜貝任等至
報達西城外據其街市西正月二十二日怯的不花既平羅耳先猶本既附故日降
乎兵亦近城而旭烈兀中軍已駐報達城東西正月十八日已至城闍遂合
城跨體格力斯大河分東西二城西城外環市塵內有子城東城
壁壘峻厚牆上築敵臺百六十三座營見西人所繪報達城圖坐東南向西北東鑿有鑑西城
無之劉郁西使記云城有東西城中有大河西城無壁壁東城圖之以贊甚合西又見德書專考天方教人在東方之事則云西城
亦有牆覔臺尺寸咸備並云先建西城後建東城異說紛挈珠鄰審定中軍營於阿鄭門適義拉克阿鄭之路
故以此名其門郭侃句伊而喀句怯的不花營於開而拔提門布而嘎句
土拉爾句庫理句希拉們軍蒙古人呼爲勇冠禪兒馬罕之子金莊三鄂勒克圖營於
速克蘇而灘此河東軍也西則不花帖木兒貝任蘇衮察克等軍
體格力斯河上下遊皆泊舟置礮以防其遁築牆掘濠一晝夜工
畢近城無石運於遠山撤民居屋甓爲礮臺攻具畢備遂進攻哈
里發懼遣謨牙代丁等出乞如前議納降旭烈兀日此我在哈馬
冉時之議令我在報達城下矣速令素黎曼沙低瓦荅兒來見遲
日別遣官紳出拒不見下令亟攻毀阿鄭門敵臺責布而嘎等不
督兵力攻軍遂登城據其臺西二月初低瓦荅兒具舟以遁爲守兵所
扼仍回城郭侃傳所謂合里法登舟以遁有浮栄旋之乃自縛詣軍前降是也哈里發先後遣長子

次于出見拒之如前西二月初五初六日旭烈兀遣人召低瓦荅兒及其大
將出城哈里發來哈聽之西初七日哀倍克素黎曼沙不得已乃出謁
次日悉伏誅越日否里發挈其三子暨親族官紳三千人出降西二
月初十日當憲宗八年正肥在令諭民棄器械勿再抗拒以哈里發父子等置
怯的不花營軍入城西二月十三日大殺掠惟天主教人滿阿托而教及他國
人居屋不入凡七日民求免乃下令停刃被殺者已八十萬人角
兒只兵從征尤盡力居戮旭烈兀自入城西二十五明至哈里發之宮
令畢獻庫儲復詰窖藏目於并而出之黃金珍巽充物其中搜宮
中得婦女七百人內監千人旭烈兀以城中伏尸積礮移駐於鄉
西二月二十日遣使招諭庫昔斯單報達東南部落事定欲殺哈里發木司塔辛
自知不免請沐浴而後就死同死者長子及內監五人皆裹以氈
置衛路驅戰騎蹴踏而斃木司塔辛四十六在位十六載西書則止十五
幹蓋腿滿一歲乃鷹一年也西一千二百五十八年二月二十一月見敏合中郵在憲宗八年正月報達阿拔斯朝
第三十七代至此國亡次日復赦其次子及親族等幼子謨拔來
克沙以倭而采哈屯乞免得不死俊嫂蒙沽效生二孑自謨罕默德搦立新
教從者風靡招徠之窮濟以威方闕地萬里驅策諸侯王癲首憎
伏莫敢巽趨雖其後嗣寢衰徒擁處號然有國者非受其冊封郎
無以自立於臣民之上冊封之禮哈里發遣使錫以纏首巾一方
約指一枚刀一柄贏一騎轞轡具備飾以環寶使者至國官僚郊
迎國主迎於國門之內以口嘬徙者手背如卑幼見尊長西請又謂以叹
嚷鷲踏以于吉之過甚蠍西書圖鑿鑿言之使者宣命首以衛護其敎爲勖國主聽受
惟謹蓋歷六百餘載而哈里發之位始絕亦可謂悠久矣當報達
城破時哀脫塔海而壁拉之子阿卜而喀辛阿黑昧脫逃人阿剌
比旋至西里亞世祖中統二年西千二百六十一年埃及王比拔而斯迎以

至國立爲哈里發受其冊封爲蘇而灘歲復報達以騎兵二千及
阿剌比兵衛以東行既踰哀甫拉特河遇其族人哀而哈勤率衆
七百來合破歇拉城蒙古將喀拉布哈報達守將阿里巴圖皆以
兵至戰於盎拔耳城中伏軍敗阿卜而喀辛無下落是年西十一月二十九日
惟哀而哈勤得逸入埃及嗣爲哈里發竊號一隅寄託籬下蓋不
足舉數云明時土耳其國滅之自亂不闔有哈里發矣北傳所紀謨罕戴德事寶世系皆由他西書譯出若旭烈兀滅報
達則本多桑書也報達應作八格達劉郁西使記始見報達之譯元史無之惟憲宗紀三年六月命他烈兀征白域哈里發人哈塔
等國人哈塔郎報達哈畢發篤贊主之騎云等國者旭烈兀所征菲止報達史文不明遂若爾鑿令審字吉以人哈塔鳴迦兩報達
之稱已歷見於諸雋著作亞史之凡哈荅反不甚著蘋舍亞史而徵西從記作報達云人格達旁作人格達覗元惡史之巴墨塔楊
字云歲合先譴案[illegible]氏於波斯安息之疑案阿剌循敎悪始末猜拆極詳故備録之惟於甘英諡海之方至鉤稽末明實緣一時誤
會辨見余所撰後漢書西域傳集爾

国家出版基金项目
NATIONAL PUBLICATION FOUNDATION

海上絲綢之路文獻集成

總主編　陳支平　陳春聲

歷代史籍編

28

主編　范金民

海峽出版發行集團
THE STRAITS PUBLISHING & DISTRIBUTING GROUP
福建人民出版社

本册目次

五洲地理志略三十六卷首一卷（卷一一至卷三六）

〔清〕王先謙撰

賜進士出身　特賞內閣學士銜前國子監祭酒翰林院編修加三級臣王先謙謹撰

亞細亞土耳其

亞細亞土耳其講義云土耳其領土之在亞洲者較在歐洲之本國尤大東起波斯灣西盡愛琴海北起黑海沿岸南盡巴布爾曼得海峽阿多曼朝分此領土爲州更細別之爲縣爲郡爲村爲邑各州有總督行政官及州會爲之輔佐謝志云地屬蘇丹(國人稱其君)管轄分二十餘省每省設一巴沙(國人稱其總督)事權獨掌多施虐政　雷志云一包有小亞細亞半島(近出小亞西亞志云亞洲極西有凸出大陸之地界黑海及地中海東偏流域之間其西北與歐洲逼近有極窄海峽一名博斯破魯斯一名他大尼里者以隔之南北界北緯三十六度至四十二度間東西界東經二十六度及四十度內北黑海西愛琴海南地中海東界與亞美尼亞及美索不達米亞等地未能顯分試自司肯得隆灣起懸擬畫一界綫至薩母撒塔及馬拉替葉兩城中間之阿付拉底河濱自此以河爲界至近厄爾新姜則界綫轉而南向再懸擬一綫至達拉布松稍東之黑海濱是爲東界自達拉布松迤東至巴統之地雖隸亞洲土耳其然以地勢言宜屬亞美尼亞不屬小亞細亞也初羅馬時代以希臘古國貝加摩舊地爲亞西亞郡五世紀中有倭魯西斯名此地爲小亞西亞十世紀中希臘人名之曰亞那多里亞譯郎日出意又名曰利梵德

譯郎東方意上古時有白西里亞人敘酣亞伽巴爲最大民族強盛時都蒲加斯庫伊當日雕刻器及文書爲狀至奇土麥拿及阿付拉底河間古城中皆有之又有愛林人自歐洲遷來在勿里其亞省立國今尚有石墳壘堡等遺跡紀元前八九世紀時爲亞美尼亞之昔獸利亞人所滅迨昔獸利亞衰而後立地亞國始起至西北兩岸不知何時爲希臘人所有後自羅得島至達拉布松濱海地及屬島皆爲其殖民地立地亞國都於薩迭斯昔獸利亞來攻幾覆其國前六百十七年立地亞王阿里亞德斯大敗之盡逐其人前五百六十年末代王克利失斯立大擴疆土至於奇悉耳伊爾馬克又盡得希臘殖民地前五百四十六年爲波斯王沙勒斯所滅分爲四省前三百三十四年希臘亞立山大滅波斯小亞西亞爲行省置郡縣(今土耳其尚仍舊制)亞立山大死其將塞柳格斯據之兼得西里亞爲西里亞王前二百八十年有希臘人起於貝加摩爲獨立國羅得島立爲民主國前二百七十八年有歐洲之高盧人渡博斯波魯斯海峽立國於小亞細亞中央部前二百三十二年貝加摩王阿塔勒斯第一限高盧人於薩克利亞河及奇耳伊爾馬克河之間不令他往前百八十九年曼烈斯第一滅高盧前百九十年羅馬破塞柳格斯後裔安地倭格斯第二於馬尼薩遂取其地羅馬兵退仍爲貝加摩國所有前百三十年貝加摩王阿塔勒斯第三卒羅馬收爲行省名曰亞西亞以將軍潘比轄之尚有別西尼亞及烹忒斯西里西亞三國前六十三年皆爲羅馬行省紀元後二百九十七年羅馬帝達倭克里尋規改制度裁小亞西亞舊日武人治事之權合數省爲一後基督教大盛小亞西亞之人幾盡從新教從此畛域悉除語言宗教混合爲一當東羅馬時同族二次攻君士但丁小亞西亞未被其害千七十一年色耳及克(又作色爾淑克)突厥人得之移民來居於是舊有民族日見蕭條千九十七年第一次十字軍來攻奪其京都尼斯(法詔英土里伯)又敗之於道列思恩突厥退至安地倭格城而止後遷都伊孔尼厄姆僻在內地從此不振各酋分地自王不相統壹後爲倭斯曼立之突厥人所併合爲一大國千四百年索丹貝葉西德第一領有全小亞西亞凡阿付拉底河迤西地亦悉爲所得千四百二年貝葉西德第一爲蒙古鐵木爾所敗其兵直至愛琴海濱鐵木耳死倭斯曼立之勢復振至摩哈默德第二又取喀拉馬尼亞達拉布松十三四世紀中意大利人所設商埠盡行捨去其地悉入土耳其矣

內有極大高原東向入款狄司坦(先謙案即古爾的斯丹过志作客的斯坦)阿米尼亞高地(內阿耳蘭脫山高萬六千九百二十英尺)二敘里亞狹高地(內歐蒙山高九千百五十英尺)三歐勿拉的河及底格里司河兩岸之低野(先謙案歐勿拉的河过志作幼夫列次云出阿米尼亞山中東南流合提格里斯行四千三百餘里列國學會二圖作阿付滯底斯吳志作由夫列得慕志作幼發啦的世界地理作幼發拉的斯樋志作發臘底斯謝志作弗拉德底格里司河过志作提格里斯云出客的斯坦山中南流經巴格簿特府又南合幼夫列次爲霞鐵爾阿辣伯河入彼斯灣行四千里二圖作底格里慕志作低格里樋志作底格里士吳志作器固利士世界地理作鐵固利斯謝志作第格利斯霞鐵爾阿辣伯河二圖作沙特厄耳亞拉布河世界地理作霞典辣布河)四阿剌伯西

部之高地(近出土耳其志云其在亞拉伯之領土有濱波斯灣之厄耳哈薩低窪酷暑之地哈馬山嶺錯雜之也門及黑夾斯此諸省皆位於紅海之東海濱中有麥加及麥地那兩聖城土常戍以兵其歲費不貲賦稅所入不足以償亞拉伯民亦極不滿於土故非兵力不足守之以其爲回教王發祥之所土必欲占其地也)面積六十八萬九千一百英方里人千五百四十三萬口(辻志云在亞洲西端東接波斯西臨地中海南臨亞次比亞北濱黑海東)北界俄領高加索西北隔瑪茨喇海及達爾達尼爾斯海峽波拉斯海峽與歐洲土耳其相對西南隔達蘇彝士東南濱波斯灣面積約三百九十六萬方里小志云自地理上分界言之有亞那多里亞高原部古爾的司丹高原部美索不達迷亞低原部亞美尼亞高原部西里亞及巴勒士丁多山部及亞拉伯東北及西面之濱海部自千八百七十八年俄土戰後土以東界之庫土爾小部割讓波斯以東北界之卡司及巴統讓俄以塞普洛斯島讓英東界與俄波斯毘連西南包亞拉伯之西北東北諸境在埃及之界線則自亞喀巴城西北向至濱地中海之厄耳阿里什小海埠爲止至政治上約分二十省然時有更變不能一定其在小亞細亞之省名曰白魯薩及彼葛與乙司密德曰愛定及士麥拿曰加斯塔木尼曰安哥拉曰庫尼曰安達納曰西伐斯及雅尼克曰忒來別宋在亞美尼亞及古爾的斯丹之省名曰厄耳實龍及樊曰地亞倍格爾及阿西時在美索不達迷亞之省名曰巴格達曰巴斯拉及厄耳哈薩在西里亞及巴勒士丁之省名曰亞勒布曰大馬士革及黎巴嫩與耶路撒冷在亞拉伯之省名曰黑夾斯

及也門　司滿那人二十二萬五千口　担馬司喀司人十五萬口　愛米坡人十一萬口　巴担人十萬口　般拉脫人十萬五千口　歐善拉摩人六萬口　勃拉沙人七萬五千口　摩什爾人五萬七千口　曼尼沙人五萬二千口　坎沙里亞人五萬口　大愛般人四萬七千口　剔里比祟人四萬五千口以上要區

徐志云土耳其中土曰買諾亞洲極西之地黑海地中海環其三面縱約千里橫約二千餘里南北曰縱東西曰橫南北峻嶺嵯峨中多腴壤土耳其起於此土韃靼種人散布雜居故土雖中衰尙無分裂所產者穀麥五金之礦蠶絲乾葡萄南果酒油蜜香料藥材地分六部一曰亞那多里亞一作土麥拿又名小亞細亞三面界海與西土土耳其之羅美里隔一海峽會城居民十萬勤於貿遷西國商賈雲集每年出入貨價不下數百萬金城內街衢污穢每瘟疫盛行傳染殆徧所屬大城曰補撒居民六萬大邑曰加士他曰牟尼多冏冏廟宇一曰加拉馬尼亞在亞那多里亞之東土耳其人初來時寄居於此會城曰可尼土之舊都也一曰亞達那一作安崁刺在加拉馬尼亞之西西南跨山臨海其山之羊毛細如絲用以織布極溫輭一曰西威斯一作西斯在加拉馬尼亞之東南臨海山出銅礦居民善造銅器一曰馬拉士一作古地亞又作路彌阿東接東土之亞爾美尼亞西連加拉馬尼亞亞那多里亞兩部北距黑海一曰德勒比孫達一作德比孫在

馬拉士之東北隅南界亞爾美尼亞北距黑海其埔頭爲土俄通商之地先謙案參之西史小亞細亞之得名以地形與亞細亞相似也講義作亞拉多里亞云一曰拉多利亞亦曰黎溫得土耳其人呼爲亞拉得利其境界北臨黑海西面馬爾摸拉海愛琴海等地南接地中海與西里亞東界阿拉美尼亞古爾的斯丹其地勢爲一大高原至東高度漸增北有波丁克山脈沿黑海岸而走南有奪魯山脈沿地中海岸而走又有安提奪魯山脈自東北而西南橫斷亞拉多里亞之東邊奪魯山脈中有阿直什山高萬三千一百英尺河流注黑海者有奇悉爾伊爾馬克河[illegible]薩克里亞河入愛琴海者有几的士河民德勒河入地中海者有息順河曰順河等其州名曰何達溫的格雅曰亞伊丁曰加士他牟尼曰昂哥拉曰可尼曰亞達那曰西威斯曰達拉布松謝志云小亞細亞地乃一大土股橫臥黑海與地中海之間中爲高平原北界叢山橫列黑海之濱南界有達魯斯山[illegible]河之長者曰紅河[illegible]曰撒加利亞河[illegible]皆入黑海更有數小河入希利尼海內地多小鹽湖天氣溫和物產穀果蔗糖棉花中央高原無樹木皆草地土谷曼人牧牛羊無數北坡向黑海而斜多產木材安哥拉產細毛山羊可織上品圍巾商賈多歐人爲之居民九百四十萬○據列國學會二圖小亞細亞西北隅爲亞那多里亞部與徐合卽亞拉多里亞也俄史作阿那多尼亞圜球圖作愛訥他力唵極北曰加士他牟尼其西南曰何達溫的格雅又西南曰亞伊丁與講義合今皆爲州名亞那多里亞其大名也加士他牟尼徐云二邑今併爲一與腓尼基之土羅西頓同此古今之別也加士他牟尼杜記作加士達彌

尼萬國圖作卡士塔門匿加士他牟尼之西曰伊斯密得講義云卽古名尼科美提亞者是也世界圖作伊斯密斗又西有地突出西向曰斯庫台里與土都君士坦丁相對樋志作師壳他利中爲博斯破魯斯峽世界圖作簿斯否拉斯講義云昔波斯王大流士挈兵侵入歐洲嘗駕船橋渡此過峽而西則爲馬爾馬拉海吳志作馬爾莫拉世界圖作馬默拉刻本默誤點樋志作瑪摩拉加士他牟尼之西南有何達溫的格雅部杜記作科達文的刻阿今爲州名內地有布魯撒卽徐之補撒雷之勃拉沙紀程作白魯薩謝志作孛路撒云土耳其人古京樋志作勃魯薩世界圖作不路薩講義云布魯撒人七萬六千餘口在俄林普斯山麓有溫泉有製絹廠有冏冏禮拜堂有土耳其帝王陵寢杜宗預云酋長阿斯曼建國處卽俄史之果尼阿稱爲君士丁門戶者又邇而西北曰黑勒斯奔峽又西南出口曰他大尼里峽世界圖作達爾達尼爾斯講義云自西南延於東北長四十英里闊一英里或四英里峽中常有向西南之急流兩岸礮臺城寨甚多千八百五十四年英法爲保護土耳其與俄爭戰定議俄國軍艦不得自此峽出地中海之南其南卽愛琴海世界圖謂之多島海直兩峽之口曰比加比加之南有亞得剌密他灣又南有馬尼薩卽雷之曼尼沙又南濱海曰士麥拿與徐合卽雷之司滿那也今在亞伊丁部內其灣曰士麥拿灣迆志云首府在小亞細亞西端歐洲貿易要衝商業甚盛矢志作斯密爾那周志作斯麥奈世界地理作士米那現勢圖作斯曼納世界圖作斯摩那樋志作士美拿謝志作士每拿泰西新史作思梅那圓球圖作斯謀訥法志作士列密外國地理作斯咊路拿世界地理作士密爾拿講義云天然良港汽船隊商會合於

此輸出入總額歲逾六千七百萬圓紀元前六百八十八年伊亞尼奧人居之羅馬時最盛後迭遭殘壞○土耳其時乃復舊觀又南有民得里亞灣又南轉而東有可斯灣○亞那多里亞之東曰加拉馬尼亞部課程作卡拉綿尼阿圓球圖作喀拉麻尼阿世界地學作阿爾箴尼亞中央有城曰可尼與徐合萬國圖作可尼阿圜球圖作科逆唵今爲州名講義云人四萬四千口留爲塞耳齊克土耳其人後裔之首府西南曰亞達里亞圓球圖作阿苔里阿萬國圖作阿迭利阿世界圖作阿他利亞其南有奪魯山蔽之卽講義之奪魯南岸有亞達利亞灣甚廣闊灣曲甚深東方一帶絕壁峭立○山東南曰亞達那部徐云西南荅誤據講義今爲州名云人四萬五千口在國東南當隊商之通路○加拉馬尼亞之北曰昂哥拉依圖作安果剌圓球圖作安固簍據講義今爲州名云哥爾人舊都產果實毛織物甚盛有喀伊撒里人七萬二千口在安地奪魯山西麓自昔爲陸路貿易之中心點曹典球云喀伊撒里卽雷之坎沙里亞○昂哥拉之東曰西威斯部與徐合今仍爲州名徐所志地今惟馬拉士未顯亞勒伯部內有馬拉士疑非杜宗預云學會圖以西威斯當馬拉士未知其審○西威斯東北有達拉布松今爲州名卽徐之德勒比孫達雷之剔里比崇也世界圖作特勒比遜樋志作他拉比順括地略作德勒比遜圓球圖作特來比章得外國地理作駝來卑莊慕志作德比孫講義云達拉布松在黑海岸重要之港曾爲達拉布松帝國之故都人三萬五千口其西方有昔奴魄港北岸斷巖峭立惟此爲安全泊舟之所二圖昔奴魄同世界圖昔奴魄作昔諾珀萬國圖作信諾魄俄史作西那卑云俄曾以水師襲取口內土兵謝志云小亞細亞東南有

城曰大數為教徒保羅之本土亞力山大嘗在此浴於江內幾遭滅頂之凶又以弗所哥羅西等皆境內著名古城講義云此外有多羅雅美勒多斯愛佛索斯皆往古大都會在西岸諸地地名二圖不著○徐志又云土耳其東土在買諸之東亦亞細亞地北枕黑海東北隅接俄羅斯東界波斯南連亞剌伯麥西西抵地中海縱約二千餘里橫約千餘里東北一帶多大山最高者曰阿臘曰黎巴嫩阿付臘底斯河一(作非入阿湖倫得)發源西北底格里士河(額一湧作地)發源正北相對東南流至巴索拉合流入海西南隅有大澤曰死海本土城邑遭異災地陷為湖其水鹹惡四圍皆瘦嶺枯山死海之北有湖曰加利利其地為泰西諸國肇建之祖大國名都代興者凡十數自為回部所據其民種類各殊在海岸海島者皆額力西種(卽希臘)謂之上等人居西里亞美索不達迷亞各部者半阿丹種(卽阿剌伯)美髯善騎長於經商多素封居於東北山中者為戈達曼種游牧為生健勇好鬭好虜掠土俗類韃韃里(謂西域敎各部)居於黎巴嫩山中者曰馬羅奈底士曰特魯西士曰黑爾西諸種皆回民馬羅奈底士為天主教師馬倫所化因以得名阿丹以兵力脅入回教戶口繁多其俗儉嗇特魯西果敢輕生戰不長平陸而長山險鳥槍從高擊下發無不中黑爾西戰最勇以少敵眾從未敗衄土與俄戰倚兩種為勁旅諸部地界遼闊距王都遠自土勢中衰守土之酋多擁地自擅不供賦役百餘年來羈縻勿絕而已物產與中土同地分五部一曰西里亞(一作敘里亞唐書之西女國卽西里之訛華人傳會種皆女子)之([illegible])在地中海東岸東北距阿付臘底斯河南跨阿剌伯與麥西接壤黎巴嫩山在其北境迤邐入於中土其地大勢分兩域迤北曰西里亞古之名國有海口曰地破里居民二萬五

千海濱舊有兩大城一為士羅西頓一時商賈萃集富者埒王侯今成廢墟一為大馬士革其地山川秀澈田園開爽花卉尤繁十里外芳馥襲人迤南曰猶太猶太舊分三部曰猶太曰撒馬利亞曰加利利秦漢以前為名國都城曰耶路撒冷(唐書稱撒冷)極廣大本羅馬屬國為羅馬所屠後再立國卒為土耳其所取因其為天主耶穌生長之地至今猶([illegible])稱之道光十六年麥西酋叛土以兵取西里亞美索不達迷亞二部二十年英人助土將興兵麥西乃還其地一曰美索不達迷亞([illegible])在西里亞之東北倚黎巴嫩山兩河迴繞([illegible])為東土中原唐虞時有諾威者([illegible])居此為泰西諸國之始祖其地半河半澤農力勤苦境內有八塔者昔為回部都城([illegible])東今成廢墟又巴庇倫者([illegible])古大國都城廢滅已二千餘年瓦礫猶積成岡阜一曰古爾的斯丹([illegible])又名野哈馬在美索不達迷亞之東地多山瘠阨難耕部民多游牧於韃韃里會城曰亞勒破居民逾十萬道光二年毀於地震不遺一椽由此餓莩徧野一曰亞爾美尼亞(亞一赫作)(尼)在古爾的斯丹美索不達迷亞兩部之北阿臘山在其境內峯壑險峻洞峽幽深水漲則巨舟泊於峯當雲擾時其地被兵絕少故戶口較他部獨繁其民半奉耶穌教勤於商賈家有恆產會城曰罷爾斯倫([illegible])地氣寒甚七月中郎見雪巴牙息在山腳居民之學館也平地近河曰地里北客城與鄰國通商山內古爾得族建堡於洞壑之間素為盜巢一曰巴索拉(一作巴所撒)在古爾的斯丹美索不達迷亞之東南阿付臘底斯底格里士兩河至此部之東南隅合流入阿勒富海為東南大埔頭五印度商船輻輳其城屋漏衢狹而貿易極盛先謙案徐志西里亞郎雷敘里亞狹高地

也二圖與徐同萬國圖作賽利阿漢文圖作西爾撒列莫世界地理作西利亞外國地理作市利亞地理問答作安提阿法志作安的沙講義云西里亞土耳其語稱索利斯坦亞拉比拉語稱耶斯寫摩泛言敘利亞則包有巴勒斯坦在內其境界北以奪絲山脈接小亞細亞東北接美索不達迷亞東鄰西里亞沙漠南與埃及為界西瀕地中海其沿岸無良港惟有伊斯肯得隆剌底奇耶地力破里貝魯特哈伊法雅法等小港其地勢北部之西有黎巴嫩山北部之東有安地黎巴嫩山其間擁抱溪谷稱曰耶爾貝克南部之西有撒馬利亞山猶太山南部之東有巴新山稽利得山摩亞布山耶曼山等東西兩山之間則者丹河溪谷在焉地中海斜面北方甚狹南方有廣大沃野曰西倫阿丹利斯丁亞郎巴勒士登也西里亞沙漠斜面地勢緩降而延長者丹河出希爾曼山之西合美羅湖根內勒湖諸水入死海俄倫特斯河難特斯河出兩黎巴嫩山間入地中海阿巴拉河東流注於內地(河曹卽典巴球拉云達阿泥肥下拉)(土波華之人名內中地經獻大沼馬)昔為亞西里亞巴比倫兩帝國之一部復屬波斯再屬亞力山大紀元六百三十六年阿剌伯人侵入焉千七十八年塞爾齊克土耳其領有此土歐洲至耶路撒冷巡禮者受其虐遇因起十字軍曾建耶路撒冷王國終不成千五百十七年為阿多曼人所併至於今日中間曾為埃及代王謨罕默德利亞所略取千八百四十○年以歐洲諸國公議復為土耳其所領其州名曰亞拉伯曰蘇爾曰西里亞曰巴勒特曰黎巴嫩曰巴勒士登○敘里亞北部曰亞勒伯講義云人十二萬七千餘口自古為兵商重要都會世界圖迠志作亞類波郎雷之愛米坡謝志作阿勒巴云在弗拉德河地中海中間為敘利亞北部首府千八百三十

二年地震城半圮廢然至今貿易猶盛其海口曰亞力山大雷德為亞力山大帝所開闢安提阿城瀕地中海古為通商大埠今尚未衰案泰西新史作安梯凹亦作安提阿杜宗預云蓋因部而命名也此部南郎古猶太國二圖亞力山大雷德作亞力山德勒達其西為伊斯肯德隆灣為北方最要之海港南部總曰西里亞據講義別有西里亞州二圖不著其在東曰巴勒特州與講義合又南曰蘇威得郎講義之蘇爾州中部有黎巴嫩山及安地黎巴嫩山其間曰巴爾貝克郎徐之耶爾貝克矣講義黎巴嫩山當在此其南曰大馬士革與徐合郎雷之但馬司喀司古撒馬利亞也世界圖作大馬士科斯矢志作達馬斯克斯吳志作達馬斯加周志作旦瑪斯克斯泰西新史作大馬軾萬國圖作達馬士喀士外國地理作帶馬斯古斯圖球圖作苔邁斯扣斯云郎代薰斯固斯講義云大馬士革人十四萬五百口為西里亞第一大都會在安地黎巴嫩山麓居沙漠之西端都人以製造刀劍鳴謝志作大馬色云在猶太東北平原滋潤為世界最古之邑三千年來並不衰敗物產玫瑰寶劍細絹著名其海口曰倍魯德為敘利亞海口巨擘案二圖倍魯德作貝魯特世界圖作拜魯特外國地理作俾路駝巴勒士登別見板雷司吞下西瀕地中海曰剌底奇耶又南曰地力破里郎徐之地破里紀程作加利波里圓球圖作特力坡里地理問荅作加利利言以加利利湖而名其南有腓尼基古之大商國也海口有城曰西頓郎徐之士羅西頓士是土之誤據西史腓尼基建國於此有十城其二曰土羅(一㖉作斯)曰西頓(酉一頓作)後人遂合為一謝志云瀕海之埠北有西頓其南有推羅為古名城今則一漁村耳土峻推一音之轉西頓之南曰雅法惟哈伊法二圖不著

講義云貝魯特至大馬士革道路最良又此二處及耶路撒冷至雅法等處設有鐵道○亞勒伯之東二圖曰美索不達迷亞與徐合亦作奧熱息拉吳志作蔑棱波達米亞課程作美索波塔米阿周志作寐叔波太密世界地理作美數波塔米亞外國地理作咩所波他味亞一作阿耶西拉世界圖作美蘇波他米法志作迷疏波多美謝志作米所波大米講義云美索不達迷亞本出希臘語之美索斯及不達母斯取義爲中河亞拉比亞語呼爲阿爾則濟勒指阿付臘底及底格里斯兩河間之區域也亞西里亞巴庇倫兩帝國曾建於此其地勢自的里比克至波斯灣自西里亞沙漠之東端至波斯國境阿付臘底及底格里斯二河水灌地屬之全土爲一大平原北部阿付臘底河與喀布爾中間聖書稱耶拉母那哈勒母昔日耕農甚盛人口稠密今已一望荒蕪又有地在摩蘇爾以東介底格里斯河加查爾河間者亞西里亞帝國根據地也南部平原則巴比倫帝國之本土地味豐沃今耕作就荒亦非昔比二大河出亞拉美尼亞高原東南流至庫爾那合而成沙特尼耳亞拉布河入波斯灣其河中成三角洲歲增七十二尺白格達雖有汽船往來時有河水氾濫之患兩河水域之南部是謂加耳特亞居此之阿加特亞人上古時以文學建築著稱有西摩派之加爾特亞人自南來征服之宋用其文化建加爾特亞國於巴比倫尼亞至紀元前二千二百八十六年東北之耶拉摩嘱與建耶拉摩朝巴比倫尼亞極繁榮後有屬部亞西里亞（案郎西里亞述一作亞西）亞叛之而獨立都尼尼微巴比倫尼亞族爲所征服至紀元前六百二十五年再致獨立建新巴比倫尼亞（案郎[illegible]）紀元前三百三十八年爲波斯所滅後屬希臘復屬波斯旋屬土耳其至今其州

名曰摩蘇爾曰白格達曰巴索拉案尼尼微紀程作尼尼威杜記作尼尼位日本新地球圖云古名比肩城在巴庇倫北約八百里西洋史要作尼尼維云古亞西利亞都城亞西利亞在西里亞東謝志云米所波大米今名亞日西拉在亞述利亞之南地勢平坦首府曰馬色勒臨第革利斯河以細布名又云迦勒底今名以喇拉比郎古巴比倫國夾於弗拉德第革利斯二河下流之中南臨波斯海股巴革達德城臨第革利斯河古爲京都今商隊往來兩河猶爲貿易要地南有巴比倫古城遺址近弗拉德河爲上古東方大城周百八十里共百門內有空際花園爲古今奇觀○案二圖底格里河之西有摩蘇爾美索不達迷亞會城與講義合今爲州名郎雷之摩什爾謝志作馬色勒萬國圖作穆蘇耳圓球圖作摹蒐世界圖作摩耳速其東北與古爾的斯丹以底格里斯河爲界摩蘇爾之南二圖有白格達今爲州郎徐之八塔雷之巴担樋志作八達吳志作巴固達周志作培喝特平方圖作白報達紀程作帕古達世界地志作幘得多世界圖作巴格戴特圓球圖作八格代得矢志作拔克達德謝志作巴革達德杜宗預云郎唐書黑衣大食樋志云在底格底士河畔人十八萬口與印度孟買府有汽船定期航行講義云昔薩拉生帝國哈倫主時有人二百萬口爲第一大都會講義又云有開爾普拉在阿付拉的之西距巴比倫遺址數英里又有阿里有哈三之墳墓在焉白格達之東南二圖有阿拉伯郎土屬阿拉伯也謝志云全部天然分六段西北曰小亞西亞南曰敘利亞東曰阿米尼亞曰古爾迪斯但中央曰米所波大米東南曰迦勒底曰土屬亞拉伯不言白格達巴索拉蓋二地包在阿拉伯界內矣亦曰義拉亞拉伯課程云義拉亞拉伯

一作伊剌克阿拉比圓球圖作伊拉克阿來比地理問答作西革達德外國地理作伊拉革拉比郎古之迦拉底在第革利斯河弗拉德河下流爲東南大埔頭其言巴庇倫郎巴必鸞者在部西臨河又東南二圖有巴索拉今爲州名講義云臨沙特厄耳亞拉布河海洋航船之停泊所也樋志云人六萬口又南左與阿拉伯國接右入波斯海灣徐所謂阿勒富海也美索不達迷亞之東北二圖有古爾的斯丹亞美尼亞與徐合古爾的斯丹郎雷之款狄司坦阿米尼亞高地也講義云屬土領者爲一大高原北界俄領東接波斯南界美索不達迷亞及西里亞西接亞拉多里亞有數條山脈自東北連亘於西南其間溪谷甚多高原平均高六千英尺或七千英尺國境之阿拉拉得山高一萬七千餘尺阿付臘底河格里斯河發源於此有溫尼湖面積二千英方里氣候寒暑均酷不生樹木民多事畜牧其州名曰挨爾斯倫曰馬模列託耶爾曰的里比克曰比特利斯曰溫尼曹典球云馬模列託耶爾州在的里比克西北比特利斯州在挨爾斯倫州南溫尼州西英文圖有此學會圖未著蓋近日所析置也○古爾的斯丹課程作苦阿的士丹括地略作古爾提士丹萬國圖作苦阿的士坦圓球圖作庫耳狄斯坦外國地理作古路之斯坦世界地誌作科基斯坦講義云古屬亞西里亞後屬亞力山大爲西里亞王國之一部旋併於波斯今歸土耳其謝志云亞述利亞（[illegible]）今名古爾迪斯但（[illegible]）（古爾的斯丹）在第革利斯河之北東北方多山西南平坦居民曰古爾人遊牧爲生多事劫掠有尼尼微古城遺址偪近第革利斯河岸長約百里好古者掘得宮牆遺址字如尖頭博士藉以考知古史事迹其會城曰地里北克二圖同今爲州名（杜宗預云徐又於圖美尼亞下出此城蓋

同名異地）郎雷之大愛般徐之亞勒破萬國圖作第阿比克阿圓球圖作氏阿比敵耳講義作的里比克正北曰溫尼今爲州名講義云臨溫尼湖之沿岸杜記作萬省云圓球圖作潘省平方圖作溫尼值萬湖東南波斯烏魯米厓湖西首城同名徐志不載據此萬省郎溫尼萬湖烏魯米厓郎務魯木湖二圖可證徐作志時尙無此州也○亞美尼亞亞郎徐之亞爾美尼亞萬國圖作阿綿尼阿吳志作阿爾蔑尼亞周志作阿眉尼亞俄史作阿迷尼亞泰西新史作東羅美連杜記作阿爾美尼阿云後漢書作阿蠻國郎東羅美利亞也講義作阿拉美尼亞云古屬亞西里亞後獨立抗亞力山大爲所征服後建阿拉美尼亞王國爲波斯所征服後歸土耳其謝志云在黑海東南東部屬俄地勢多高原帶山中爲谷地東有亞喇拉山爲土俄波斯三國界山頂長年積雪東界內有凡湖其水鹹高出海面五千百英尺案凡湖郎溫尼湖古爾的斯丹與亞美尼亞蓋以此分界會城曰挨爾斯倫今爲州名萬國圖作額士冷杜記作厄薩冷曹典球云以西文證合圖志郎雷之歐善拉摩講義云阿拉美尼亞一大都會人三萬九千口有城寨甚堅樋志作葉爾斯倫云人六萬口謝志作耳資倫云古名城東南近凡湖今貿易尙盛拉馬司喀司般拉脫見下

板雷司呑（先謙案雷志以耶穌行道之所特詳之舊在居比路後與上文不屬移置於此）

板雷司呑雷志云耶穌行道之地也古時之界限自旦起至皮爾希巴止長百五十英里面積約萬二千英方里若連般拉脫之里

窩司及担馬司喀司蝦倫計之則二萬二千英方里其地形包四長區皆與地中海平行沿海之野北狹漸南漸闊至喀曼爾山之南止地極膏腴爲一區稍內一帶爲山嶺與高原北有里彼農山高萬七十英尺南有格里里山與鳩底亞山爲一區再內爲一迤長之低野包有上里推尼之勃卡在里彼農山與沙坎山（內恩替里板納司高八千七百二十四英尺）及希克山（內歐蒙山高九千百五十英尺）之間與曲爾至死海止低於海面千二百九十二英尺爲一區再內高原在者担之東上有幾勃爾蝦倫火山高五千九百十英尺地漸荒瘠爲一區其物產板雷司吞產穀葡萄橄欖油膏腴之地產小麥山羊綿羊近般拉脫與三德產煤近三德產琥珀近黑斯比雅產石灰獅兕已絕迹有鹿羚羊狐狼鼠狗野狗野猪豹兔駝鳥鱷魚商埠著名者曰般拉脫曰三德曰愛款曰漢發曰朝派自朝派至耶路撒冷有鐵

路般拉脫經担馬司喀司至蝦倫亦有鐵路里彼農山之美耶尼司脫以耶穌教會著　**担馬司喀司**與般拉克共爲一自主縣人二十五萬五千口　**般拉脫**熱度中數六十九度五月五十五度八月八十二度雨水三十六英寸人十萬五千口　**耶路撒冷**與**里彼農**共爲一自主縣耶路撒冷高於海面二千四百四十英尺熱度中數六十三度二月四十七度八月七十六度雨水二十二英寸人四萬千三百三十五口歐蒙山之雪常數月不消自十月底至五月初雨水最多千八百六十一年後里彼農總督必從耶穌教者　**朝派**人二萬口皆要區（先謙案雷志板雷司吞諸圖志皆作巴勒士登亦作巴勒斯坦）講義云巴勒士登稱迦南又稱以色列又稱猶太在西里亞洲之西南自北緯三十一度三十一分至北緯三十三度二十分東經三十四度三十分至東經三十六度南北百四十英里東西八十英里面積八千餘方英里地兼者丹之谿谷及非利士丁亞與西亞倫沿岸之平原人三十三萬餘口古撒羅門在耶路撒冷爲王國至其子分裂北部爲以色列王國南部爲猶太王國後屬亞西

里亞與巴比倫尼亞再屬波斯此地爲猶太基督二教發源之地自歸土耳其虐遇基督教之巡禮者歐人連合起十字軍喋血數十年耶路撒冷在內地高邱之上比地中海高二千尺四方繚以城壁城長二英里半高二十尺或五十尺耶穌墓在此謨罕默德升天之處亦在此彼鐵列希母在耶路撒冷之南五英里耶穌誕生之地也有人三千口巡禮者不絕案二圖耶路撒冷與雷同課程作日路撒冷圓球圖作耶羅撒冷周志作求路薩米母外國地理作嗟利沙龍杜記云猶太會城古稱郇城者丹河在巴勒士登東郎雷之者担也謝志云耶路撒冷在死海北端西北數里有聖殿拜上帝建郇山上遺址尚在城南十五里一小邑曰伯利恆耶穌降生地再南曰希伯崙亦古名城耶路撒冷東北有耶利哥城一名棗城（案近約但瀕）其海口曰乍法古約帕也有鐵路抵耶路撒冷其西南迦薩地方當埃及要路貿易頗盛希伯崙二圖作希伯蘭杜記作加百農問答作迦百農乍法二圖作雅法迦薩作加剎謝又云猶太地界屢有變更上古猶太人分十二支派當耶穌時分三省北曰加利利靦中曰撒馬利亞南曰猶太約但河之東別爲一省曰彼哩亞當時屬羅馬設官分理之駐海濱該撒利亞城今總名不利斯低尼上國簡一巴沙（則人稱其總督）治之其南北長約四百里東西約二百里北接利巴嫩山其瀕地中海突出者曰迦密山其東曰大泊山近耶路撒冷有橄欖山皆小山著名者也約但河出北方米倫湖流過加利利海南入死海死海較洋面低千三百英尺水較鹹八倍人入不沈魚介不生環海山林皆乏生氣迦密山東有拿撒勒乃耶穌生長之地近加利利海近有提比利亞城案二圖皮爾希巴作比爾舍巴死海作底得海有者丹無約

但疑約但即者丹亦郎雷志之旦有大馬士革郎雷之担馬司喀司有貝魯特郎雷之般拉脫有黎巴嫩郎雷之里彼農也講義云死海長四十五英里闊十二英里其北方有根內薩勒崙海又名厄利勒在地中海水面六百八十尺以下課程云東土耳其六分之一爲西里亞西里亞三分之一爲如德亞郎猶太也唐後中國謂之拂箖都城名日路撒冷其東迫近死海南十六里有下邑曰白冷東門外有山洞一長三丈七尺闊四丈餘高九尺云郎耶穌產生之地東晉以來多建殿宇於其旁四方來祀者踵趾相錯別有納币勒城西近大博爾山在日路撒冷北約二百里亦名勝城築於高阜四面環山形勝似日路撒冷此耶穌家居之處道光十七年地大震城屋半坍約而勒東有底白利亞湖亦作加利勒亞海縱四十六里橫十餘里此耶穌湖濱招集徒衆之處後在位者非之令羅馬守軍釘死十字架其地爲加爾瓦略山一作加爾墨禰山在西婉山西北當日路撒冷之北案白冷郎伯利恆亦郎講義之彼鐵列希母納币勒二圖作那剎勒崙杜記作拿撒勒士志云自小亞細亞起至西奈山土股長可四百英里部之中央有黎巴嫩及安的黎巴嫩二山高自萬尺至萬一千尺不等中有膏腴山谷曰倍加又有巴爾貝克大城遺址在山谷最高處水北流者曰厄耳亞息南流者里大尼河皆入地中海居黎巴嫩之基督教民以得法人保護有自治之權其奉回教之世仇特魯司人遷往好蘭山部不再擾之矣

賽冒司國附　先謙案雷志在板雷司吞前今移於此

賽冒司雷志云面積百八十英方里人四萬八千口以希臘之侯理其國事朝貢於土入口貨值十六萬六千二十磅出口貨值十五萬九千八百二十磅以葡萄酒乾葡萄革油爲大宗先謙案列國學會二圖有薩摩斯島謝志作撒摩云歷來著名在小亞細亞之西慕志作撒摩斯樋志作沙茂司卽雷志之賽冒司也講義云薩摩斯島希臘時代大哲比達哥拉斯出於此又安多尼及固勒俄巴多蘭曾住此地今有良港地味豐沃千八百三十二年屬土耳其

居比路島 附

居比路雷志云爲地中海之一島現爲英國所轄與土國約定每年酬土國金九萬二千八百磅面積三千五百八十英方里人二十萬九千二百八十六口入口貨值二十六萬磅出口貨值二十七萬七千磅以卡拉不樹此樹常年不凋產歐洲南部穀葡萄酒棉花蠶繭爲大宗多與英國貿易千八百九十七千八百九十八二年入款十九萬三百二十五磅　**尼可西亞**會城人萬二千五百十五口徐志

云買諾附近有數島曰居伯羅島其土膏腴所產葡萄酒南果最良居民饒裕女人美姿色舊稱樂土近困於土耳其苛政凋敝甚矣先謙案卽雷志之居比路也列國學會二圖作塞普洛斯島標英字樋志作塞勃拉斯世界地誌作塞浦洛斯泰西新史作雪補螺螄西洋史要作賽朴洛士漢文圖作薩愛魄斐斯一作徐卜洛斯謝志云居比路島在小亞細亞南六十英里敘利亞西四十一英里爲地中海第三大島廣百四十八英里長四十英里本土土屬千八百七十八年歸英設官治之首府曰尼哥亞在島中央大海口曰拉那嘎古以產銅著名又產葡萄据二圖有尼哥悉亞一作內得可悉亞卽雷之尼可西亞謝之尼哥亞也拉那嘎作剌那喀慕志云四周山嶺中原腴壤許考云俄人之役英脅請此島於土土不能卻遂爲英有徐又云羅得島水土平良勤於農作舊本自立爲小國後爲土耳其所兼曰治阿島地極富庶居民十五萬不服土耳其政敎道光四年土以水師攻之屠爲赤地曰米地鄰島產油酒案羅得二圖同在小亞細亞之西南慕志作羅德斯萬國圖作魯特士謝志作羅底許考云居民三萬時患地震古有銅人巨像置海口高十一丈有奇右手持燈夜然以照船舶造後二十六年地震像毀今存陳迹而已講義云歷史上甚有名首府曰羅治在島北岸爲上古最大都府之一港口立羅杏肖像鑄以青銅千四百八十〇年屬土今僅爲耕作之地治阿二圖同在小亞細亞之西謝志作基阿治阿之北曰米地鄰南曰帕特摩斯島慕志作拔的摩斯謝志作拔摩云耶穌使徒約翰著默示錄之地又羅得島西南二圖有卡葩托斯島紀程作斯加班多萬國圖作士卡扳拖杜記作斯喀帕恩拖二島均臨地中海

歐羅巴土耳其 詳歐洲

五洲地理志略十二　亞洲十五

賜進士出身　特賞內閣學士銜前國子監祭酒翰林院編修加三級臣王先謙謹撰

亞細亞俄羅斯一

俄領西比里亞

西比里亞

徐志西伯利部（一作西卑野亞又作悉比蘼）云西伯利部亞細亞北境也西起烏拉嶺（朔方備乘云案異域錄載赫林諸村亦屬西畢爾斯科轄則又跨烏拉嶺而西矣以此嶺爲東西之界恐未確）東距大洋海北距北冰海南抵外興安嶺界黑龍江索倫喀爾喀烏梁海蒙古哈薩克回部長約萬三千里寬約五千餘里地處極北限以峻嶺崇山自古輶車之所未至歷代行國之所不居（備乘云西伯利全土在漢有丁零堅昆等國在魏有烏洛侯室韋等國在唐有骨利幹黠戛斯駮馬流鬼等國不得謂歷代行國所不居也漢蘇武與李陵等皆嘗銜命至彼不得謂自古輶車所未至也此二語誤）其地氣候極寒遊南猶見草木遊北句萌罕茁僅有矮松白楊一年中冰雪凝結者九閱月其人種類各殊戶口甚稀游牧者或偶至焉寒冽不可久畱故庭幕不傳於紀載（備乘云案歷代浩華庭幕在此地者甚多不得謂不傳於紀載也）元代有漠北藩王嘗探悉其地欲跨嶺割據之以險遠而止（備乘云西伯利全土在元代皆入版圖設州者二謙州益蘭州是也爲部者三吉利吉思部烏斯部撼合納部是也以上合爲嶺北五部而海都篤娃昔里吉諸王分封其間中間叛亂不常屢煩撻伐地理形勢元史可考乃謂元代藩王欲跨嶺割據而未能謬矣）前明中葉俄羅斯既興有商船於冰消時駛至西伯利海岸以洋貨易皮貨日漸狎熟盛誇俄之富強其頭人有率戶口至俄者覩其國都市廛宮殿之莊麗傾

心歸向各部競相傳播咸貢方物爲藩屬俄建礮臺於烏彌河口（備乘云烏彌河口當即烏格里達色楞格入北海處海鄉名烏鯨於此爲）扼險要以控制之漸徙罪人供力役築城戍於是西伯利西方諸部不費兵力咸爲俄有尋復展轉東略阻於冰雪獨薩拉德夫之兵能躡冰前進遂征服東方諸部達於東海之隅（俄與我爭雅克薩城即此時事）至加絁都后時遣其臣墨領向東北探尋（備乘云墨領向東北尋時在康熙五十餘年事詳見四洲志時俄主彼加特[illegible]）知亞墨二洲不連中隔海峽數十里遂名其峽曰墨領峽（[illegible]）因跨海據亞墨利加之一隅綜西伯利亞全土東部所產惟皮貨狐狸兔貂鼠獺之類皆備專售中國西部兼產金銀銅鐵各鑛鐵尤多每歲得百餘萬擔（備乘云案萬國地理全圖集云[illegible]）泰西諸國皆仰給焉地分八部曰德波爾斯科曰多木斯科曰也尼塞斯科曰痾慕斯科曰義爾古德斯科曰亞古德斯科曰痾哥德斯科曰岡札德加備乘云西伯利亞其名出自鮮卑漢書匈奴傳黃金犀毗一顏注犀毗帶鉤也亦曰鮮卑一語有輕重耳據此知鮮卑音近錫伯今黑龍江境有錫伯一種一作席北亦作席伯既非索倫又非蒙古即鮮卑遺民也又云西伯利亞當漢晉間爲堅昆丁零（一作高車）烏揭諸種族匈奴北疆也後漢時堅昆居俄比額爾齊斯兩河間丁零據義爾古德斯克地烏揭居色楞格河左右（[illegible]）皆稱鮮卑由西北徙據什耳喀額爾古納兩河間領有也尼賽河域晉時在貝加爾湖齊桑湖之間北魏曰蠕蠕起於也尼賽河水源曰突厥亦據阿爾泰山數犯中國唐初分散至西方者蟠據裏海黑海間徙西北者在阿斯特拉干奧

稜堡等地唐伐突厥數大舉遠征西降蔥嶺以南諸種東伐興安嶺以南諸國北領西北利亞各地於後貝加爾地方置幽陵都督府勒那河也尼賽河之間置燕然都督府又於色楞格河也尼河水域設仙萼元闕等州羈縻諸民族遼金時黠戛斯及乃蠻克烈蒙古諸族最盛黠戛斯據俄比河色楞格河間爲奇爾稽思部乃蠻部初居也尼賽河水域後漸開拓自庫蘇古爾泊之旁至烏隴古河東接克烈部南接黑契丹克烈部初居也尼賽河水域其勢漸盛達阿爾泰山後南移土拉河與蒙古部相接成吉思汗興於蒙古滅二部漸攻略西伯利亞滿洲中亞細亞欽察歐俄諸地後分四大國一以滿洲西伯利亞高麗蒙古及天山爲一部稱元太宗窩闊台統之都和林一自奇爾稽思部之地東得額爾齊斯河俄比河源以至天山南至喜馬拉山合喀什噶爾葉爾羌和闐諸府及浩罕布哈爾基華之地至興都克士山以察合台統之都托克默克（[illegible]）一自花剌散亞富汗斯坦波斯沿印度河興都克士山至高加索山達尤甫列河以拖雷之子旭列突統之都忽里模子其後地名不賽一因奇爾稽思部西至裏海西海及西爾河下流半今屬歐俄高加索山亞速海黑海及多惱河下流之地以赤朮之子拔都統之都窩爾噶河岸之薩來名金黨汗國世祖忽必烈都北京後設嶺北行中書省於和林統沙漠以北西伯利亞之地奇爾稽思部（地在賽河昂噶拉河會流以上之地）昂噶拉部（額爾齊斯河下流之地）烏斯部（[illegible]）撼合納部（[illegible]）益蘭州（[illegible]）謙州（今唐努烏梁海）等皆置斷事官掌之四大國皆成吉思汗後裔然無世襲之權選立汗位由元廷大臣決議故秉朝政者勢力強盛有

牽制各汗之權勢各汗亦互相傾軋多僭立謀叛前後封西伯利亞諸地者有蔑里海都別兒哥脫脫土哇等海都及土哇所叛元跋扈阿爾泰山南北者五十餘年明時爲蒙古及韃靼所阻不通中國據利瑪竇地圖有黑文元登都國門臥爾羅荒野亞馬是理等名艾儒略之職方外紀圖有登都其里目西韃靼務得諸名南懷仁之坤輿圖有等都達賴爾猛護爾單護得伯爾轄亞尼比加爾里巴兒護那穫加福那母都喜加棘諸名皆在西伯利亞境內其事蹟不詳史冊疆域亦茫無可考蓋元衰土人紛起割據一方各統部眾及俄人侵入遂占領全部沿革大略如此呉志云地形分高地平原之二大部高地東南接於蒙古由阿爾泰山連結亞不若內山脈（[illegible]）及斯塔納晦山脈（[illegible]）至白零海峽高地之中央有貝加爾湖堪察加半（[illegible]）山甚多其火山脈連日本千島列島平原占西北之大部烏拉爾山以東一望無際微斜向北冰洋北流有名三大河曰列拿（[illegible]）曰耶設（[illegible]）曰窩比或曰窩布歎（[illegible]）三大河流域最平坦河口常冰其用甚少水溢四近遂爲冰野夏期僅融有水澤中流地曰吞多蘭森林密茂氣候一年三分之二皆爲冰雪所埋列拿河畔畢克顏士之地（[illegible]）終年平均在溫度零下四十度稱世界之最寒地也志云北從北緯七十八度二十分南訖北緯四十六度東從西經一十度西訖東經六十度其境北臨北冰洋西有烏魯山（[illegible]）以界歐洲俄羅斯東隔白令海峽對美洲之阿拉斯加又臨歐候之克海日本海與日本相對南因圖們江以接朝鮮因興凱湖烏蘇里江黑龍江額爾古納河以接滿洲西

有阿爾泰山脈以接蒙古又與俄領中亞細亞相接面積二千九百十六萬方里二面濱海北有北冰洋其西端一岬斗出曰鴨爾茂爾半島島東歐壁恩尼西二灣互相深入更東則特伊摩爾半島突出海中再東南則有訶那灣新西比里亞羣島橫出於前自是以東無甚彎曲漸達邱苦氣半島即臨白令海峽處也轉至太平洋即邱苦氣半島之南有亞那得兒灣更南下則有堪卡加半島與日本千島羣島相望其西即歐候之克海進而西南則黑龍江口有尼口來烏斯克口岸薩哈連島橫於前更南則有彼得大帝灣其灣頭則有海嵾崴口岸山脈大者有五曰烏魯山脈綿亘西境長約三千六百里最高處約六千餘尺曰阿爾泰山脈蟠屈貝加湖西最高處約六萬六千餘尺更東曰牙布鹿耦以山脈斯他耦服伊山脈綿綿相連勢頗高峻斯他耦服伊山脈岐爲二派其一入黑龍江地方最高處約五千餘尺一爲堪卡加山脈直貫堪卡加半島最高峯曰苦羅氣山約萬六千餘尺山頂四時噴火其烏魯山以東中部一帶地方則平原曠野一望無際有大河四曰歐壁河案即高比出阿爾泰山北流逕透薄兒斯克府會諸水逕透路以斯克府入歐壁灣長約八千四百里漁利甚多曰恩尼西河案即耶設出蒙古中北流逕恩尼西斯克府更北合諸水入恩尼西灣長約八千四百里爲世界第五長流曰立那河案即列拿出貝加爾湖側深谷東北流逕訶庫斯克府與亞爾丹河合又北分七派入於海長約七千二百里曰黑龍江出蒙古中東逕滿洲界又與松花江烏蘇里江合又東北逕尼口來烏斯克府入於海長約七千二百里小輪船可湖行上游五千里大湖二曰貝加爾湖一名聖海在

諾庫斯克府東諾庫斯克省貝加爾州交界亞洲淡水湖此爲最大長約九百六十里廣四十八里至百二十六里面積七萬九千二百方里湖水五月即凍結曰興凱湖在沿海州與滿洲交界即烏蘇里江水源也長約百二十里廣九十里鱗族甚富往往觸輪船死大者長丈五尺其氣候北部嚴寒冬雪深鎖凍地至百六十尺訶那河畔委爾口宴斯克尤爲世界最寒之地熱度中數三度正月六十四度七月五十七度南部亦塞氣極烈北洋沿岸以外地炎暑稍強海嵾崴冬寒凍結不通汽船惟薩哈連島西南部氣候稍溫和焉大別爲東部西比里亞西部西比里亞黑龍江地方三部農產麥麻爲大宗德波斯克西南部恩尼西河上游美奴信斯克府饒麥邱門府傍近多苧麻歐摩河諾直矢河歐壁支流黑龍江貝加爾湖饒水族阿爾泰山多金銀烏魯山多白金黑龍江畔多金沙工業未甚振興諾庫斯克多木斯克尼口來烏斯克貿易最盛出入口貨歲値洋銀一億四千五百九十五萬元鐵路起西境德波斯克省之米亞斯克府東經歐磨斯克府趨歐壁河經多木斯克苦拉士耦耶斯克諾庫斯克三府過貝加爾湖南岸又沿黑龍江左岸經氣特列府斯特列聽斯克府布拉苟委士錢斯克府加巴羅烏斯克府過烏蘇里江右岸達於海嵾崴其米亞斯克以西則遙達於俄都彼得堡長約萬六千二百餘里又從斯特列聽斯克出支路經滿洲齊齊哈爾達海嵾崴又旅順口此路成自旅順至俄都十五六日可達案川本攻併旅聯大局一變黑龍江諾庫斯克二軍二萬四千九百九十三名歐磨斯克陸軍一萬八百名戰艦六巡洋艦十七及礟艦水雷艇西伯利亞海兵團繆祐孫俄游彙編云後彌

[illegible]西伯利或稱錫伯利細審之惟悉畢爾三字較準俄學者雖德琳云悉畢爾即鮮卑兒三字音轉以後漢書考之其言非妄其全境自北極出地三十四度以南赤道北五十六度內始宜穀麥餘多窩集泥淖杉樺松栝密植叢生間以岡巒由西而東約闊二千餘里金銀鑛多於銅鐵鉛皆採自烏拉山阿爾泰山達烏爾山薩彥山聶爾琛山列納河歲可得金鑛二千五百鋪特每鋪約合中國二十八斤銀鑛一千鋪特金沙出支河者聽民淘取黑白狐來自吞得拉近南多灰鼠歲可得千萬豐貂往歲可得四萬近則二萬餘林捕熊獐山獵麋鹿業獻者集倭別河伊爾推什河拜喀爾湖宰桑湖及瀕東海諸港東海之魚湖汛大時積壓涌入溢於沙岸阿穆爾河魚大者至四百餘斤拜噶爾湖有魚名郭倮綿嘎極鱻美碎不易捕浪激於岸急收之遲則融矣北人二種一本國一他族本國洄民土著他族曰伊諾囉特茨其中有游食四方者有定居窩掘金鑛爲生者冬入林部樹林中百姓夏徒之吞得拉曰臥古鼕倭斯噶幾善用水麻織布曰薩莫咽得卽喀木尼堪黑龍江外紀云索倫族無至紮有版喇都爾布喇穆等[illegible]布特哈呼倫貝爾皆有之在齊齊哈爾墨爾根黑龍江各參寥苏有流寓俄羅斯者貝國謂之喀移尼漢又謂之通古斯紫羅剎作亂胡去者是以咨木尼塊與東姑師馬一非也類善刳木爲小舠以上三者在也尼賽之西北東姑師古匈奴種族或訛曰通古斯儻俄斯善服鹿用如牛馬雅古特善養健馬馬毛長不畏風雪雖奇寒放諸野又善熟皮張鍊匕箸彫牛骨器曰科裏耶咭曰依噶嘰爾皆奈瑪爾之族其性馴而質曰杵克邏兇橫難制曰剛槎鬚流鬼遺孳以上六者在也尼塞之東北所謂食肉而飲酪其人密理鳥獸毳毛其性能寒者也凡北方之人入城貿遷以貨物納稅近南則游牧蒙古亦分

三種其近拖波爾司克之南者曰哈薩克近阿爾泰山者曰喀爾梅幾即喀勒瑪克乃準噶爾種類近拜喀爾湖後者曰布獵特即布哩雅特與喀爾喀相似此三種皆以豢養牲畜爲業馬小而瘠然絕有力能超山越澗本國人往者或自願行商開鑛挐治田畝或充馬隊之喀撒克由國派駐及執槍爲城守兵爲卡倫兵予以地使耕而食如中國屯兵制其以罪遠謫者亦予以地限滿留屯罪重者充鑛役兼職雜賤工多瘠瘁死而國收其利計歲遣諸囚至八九千人葉適云有民必使之闘地則增稅故其居可以爲役出可以爲兵俄殆知此意乎又譯俄人自記取悉畢爾始末云悉畢爾古稱廣莫其北沮洳其南高爽連山若濤爲之域坂埵波衍於其中有大水三西曰倭別河東曰埜尼塞河又東曰咧納河皆入北海咧納距埜尼塞千六百餘里[illegible]埜尼塞距倭別六百餘里地奇寒盛夏始和煦產皮毳民種類非一北惟游牧性懦南部居點而強俄歷千五百七十八年明萬歷五年俄人始有至者以獵爲生與土人不協時交闐其汗伊萬第四遂欲以兵襲取之俄人之始至也結小村落既而拓地廣築堡砦強士人輸皮毳千六百年萬歷十七年有葉爾嗎克者緣避罪遁之悉畢爾始至托波爾次得撒爾彌袞冕蘇爾姑特及伊爾推什河左右地在拉類穆築一砲臺歸告其汗獻所掠地汗善之千六百二十年明泰昌元年築託穆司克枯士聶慈因乞爾嘰子侵擾築二城以備之也乞爾喫子哈薩克元史十土哈傳還郎和林有部進取乞理吉思師炎欠河林行數日始至其境畫至五部之服案此郎詭附乞爾喫子所自訪也收旋至埜尼塞河收其地服圖魯汗人及滿噶塞人千六百四十年明崇禎十四年圖魯汗人北徙東姑師或往槎挐維雷埜尼塞人亦漸南徙至克拉

斯諾雅爾司克（舊書党項羌傳有野利越詩野利龍兒野利厥律兒或即此種）時乞爾嘰子方與俄搆衅俄聞二族分道遁分兵躡其後遇則勒索皮毳至咧訥河會二路俄兵自相爭事旋解築城而居曰雅古特又分兵爲二路一向阿爾丹河一向北冰海沿牙挐河岸收攸嘎嘰爾人別一軍往南收倭烈克明司克後遂由拜噶爾湖南收烏金司克千六百六十年（大清順治十六年）一軍循倭烈特河一軍循阿爾丹河至阿穆爾會略地迄海涯（備采言俄人自雅庫進兵略地於崇德四年直抵東洋荷葛斯海岸由是敗郭列穆斯科地即謂此事所時之先後非誤斯時俄亦末全收東海濱地也）出烏躐亞河歸築阿勒巴達城（即雅克薩）阿穆爾（即黑龍江）以北地悉爲俄有於是築伊爾古茨克城築聶爾琛斯克城（即尼布楚）千六百八十年（康熙十八年）得喀米棬德瀕海地（即堪察加）枯爾伊利羣島（即古利羣島）千六百八十九年（康熙二十八年）中國索阿穆爾地毀阿勒巴壓城遂與中國立約定界還阿勒巴壓聶爾琛二城千七百二十七年（雍正五年）與中國在布領司克（近恰克圖昔有守合俄）立約初俄之紀綱末立至千七百八年（康熙四十六年）大彼得始將全俄地分省以悉畢爾地爲一省千七百三十一年（雍正八年）於東海瀕哦霍特茨克城設總管頭目千七百七十五年（乾隆三十九年）女主葉喀帖林又分悉畢爾爲三大省一爲伊爾古茨克一爲喀里灣一爲託波爾時規模粗揤條理未密民多不受約束千八百二十二年（道光二年）乃分東西兩境以楚尼塞省之別諾雅爾地爲界西則託波爾司克倭穆司克爲大省駐託波爾之格聶拉勒固畢爾納脫兼理界務東則伊爾古慈克爲大省其格聶拉勒固畢爾納脫主交涉事千八百五十四年（咸豐四年）於西邊仙米帕拉停司克設一官次於格聶拉勒固畢爾納脫因守土者詠求乞爾嘰子無厭距託波爾遠無所控訴故

也（其地本屬哈薩何時歸之未詳）克千八百五十八年（咸豐八年）與中國在愛琿立約自此築城於阿穆爾曰布拉郭悅式屢司克類省而其制不備設固必爾納脫一員謂中國以此地相讓也瀕東海又築卜哩模爾司克尼顆拉耶務司克（即廟爾）尼顆拉尤要設固必爾納脫一員千八百六十年（咸豐十年）在中國北京定約將烏蘇哩河東至海地盡讓於俄建城曰務拉的倭斯脫克（即海參崴）將千八百七十五年（光緒元年）與日本定約以海爲界以枯爾伊利羣島易薩哈霖島（即庫頁島）千八百八十二年（光緒八年）以阿克模林司克仙米帕拉停司克仙米烈成司克三地歸併（此數省即土所稱伊爾推什司左右地仙米烈即七河省俄語七河曰仙米烈喀）設一格聶拉勒固畢爾納脫轄之駐倭穆司克撤去託波爾之格聶拉勒固必爾拉脫而以固畢爾納脫易之託穆司克亦然千八百八十四年（光緒七年）以雜拜噶爾及阿穆爾皆歸卜哩摸爾之格聶拉勒固畢爾納脫統轄旋移駐哈巴羅夫城（即伯力）以其地居水陸之衝兼顧江海之隘也（案格聶拉勒固畢爾納脫兼兵轄兼轄數省其制略如中國之總督固畢爾納脫專管一地方略如中國之巡撫然一省之地有不定當中國一郡者細校之正如中國之總兵官及知府）

西西比里亞

雷志云自款纖士野與阿爾泰山（內卑路喀山高萬一千英尺）起至北冰洋止北部皆爲低澤其地高下如浪紋樹林茂盛北部多落葉松南部多樅河之大者爲俄比出阿爾泰山農業頗利植穀其北至赤道北六十一度可種植之地約二十七萬二千英方里鐵路現方修築本地兵額萬一千三百五十八人戰時三萬二千二百十一人

德波斯克省

德波斯克徐志德波爾斯科云與海東部之亞爾干日疴勒內白爾摩等部相連以烏拉嶺爲界地氣寒甚產金銀銅鐵礦西比利亞大地志（酸後補）德波斯克省云東至也尼賽斯克省多木斯克省南至賽密坡拉廷斯克州阿古母棲斯克州北臨北冰洋西界烏剌爾山以接歐俄爲府十曰德波利斯克曰拜來塢夫曰蘇爾克特曰伊錫穆曰庫爾干曰朱德林波斯克曰塔喇都凌斯克曰朱緬曰雅爾拖羅斯克歸內務省直轄管區繆編拖波爾司克云大省北北冰海南土爾該司克阿克模林司克東託穆司克野尼塞司克距比得堡二千九百九十三里有烏拉爾山別河伊爾推什河拖波爾河（入伊爾推什河）伊什穆河益攝提河他勿達河吐拉河喀西穆河先波爾河雷志之德波斯克也二漢三國晉堅昆國地北魏西突厥地唐都播國（一作都波）五代遼轄戛斯國地金乃蠻部地元蒙古諸王封地明爲都莫斯細密里也國都後併於俄一統志諸書作托波爾理藩院則例作托博勒異域錄作托波兒總記作都莫斯一作都莫司備考作德波爾斯各鎮龍沙紀略作脫博斯奇（以上見觀釋）一胡圖作脫博耳和屯萬國圖作托博耳土克漢文圖作拖保爾斯克世界地學作脫毋鉢士外國地理作駝末斯古迠志作透薄兒斯克吳志作脫鉢士周志作脫簿爾斯克謝志

作多波勒斯革又備乘云新唐書引賈耽所記由中受降城至回鶻牙帳又正北如東過雪山至骨利幹又西十三日行至都播部落又云骨利幹都播二部北有小海冰堅時馬行八日可渡海北多大山其民狀貌甚偉風俗類骨利幹晝長而夜短診察方隅是都播在骨利幹之西處小海之南與托波爾疆域符合迠志世界圖作透薄兒斯克列國學會二圖作托波兒斯克

雷志云面積五十三萬九千六百六十英方里（迠志云三百二十六萬三千百八十方里西志云面積百四十七萬千七百四十五平吉米突繆又云在經度八十十五度五十三分緯度赤道北五十八度十二分方二萬六千二十一密律）人百四十三萬八千四百八十四口（迠志云百四十一萬千四百七十五口）德波斯克會城熱度中數三十二度正月負二度七月六十六度雨水十九英寸皮商聚集之所人二萬四百二十七口（繆又云會城同省名在拕）波爾河伊爾推什河合流處（案伊爾推什即額爾濟斯元秘史作也兒的石水松漠韃詩注作韜駛題則斯）駐步隊守兵一營平日爲一巴塔里淵戰時增爲坡爾克乃有三千五百人屬城十曰袤晃在省西南二百五十七里吐拉河上悉畢爾之孔道百貨咸萃有熟細毛皮廠吉貝由土爾迄斯丹來分售哈薩克蒙回各種人皆至此交易產牲畜油粗麻布此地即圖敏亦作都悶又作都們又作土鄰近譯者咸作居由門曼由門丟們皆由英語出實不能切合曰別略作甫在省北千六十五里產皮張魚鱉松子曰伊什穆在省南四百五里伊什穆河上曰枯

爾千司克在省西南二百七十里拖波爾河上曰他拉在省東南五百七十五里伊爾推什河上曰土林司克在省北四百二十二里吐拉河上產馬口鐵其民多習繪事曰雅魯安羅復司克在省西南三百三十九里曰擻雷木在省東北五百二十里曰蘇爾姑特在省東北八百六十四里倭別河上曰西畢爾在省東北三百九十四里西志云德波利斯克府在北緯五十八度十二分東經六十八度十五分德波爾河額爾齊斯河會流處爲航行必由之地人萬八千四百七十五口市街濱河岸分上下街有男女中學校公園等貿易魚爲大宗毛皮次之有釀葡萄酒麥酒廠有汽船會社合股銀行婦女拔栗鼠皮之脂起伊爾比都府年市唐時曰都波距今府地三吉米突有鞑靼部酋宮殿庫程汗妃居之耶爾麻攻西伯利亞時始爲哈薩克兵所毀千五百八十七年俄將朱爾古建德波利斯克寨下亦同作塞於德波爾河口千五百九十年爲西伯利亞首府千六百九十六年統轄西伯利亞全地千七百八年並轄白耳穆省烏雅特喀省後以河流漫溢移今地千七百八十二年設西伯利亞總督府千八百二十四年總督移痾慕斯克府此府不如昔盛千八百七十年屬內部落六百八十五村大部落曰得密揚村○拜來埽夫府在北緯六十三度五十六分東經六十五度五分索斯瓦河左岸之高根爾喀河口附近地勢高燥市街人千七百餘口有倉庫小學校病院獄舍等有商店貯蓄倉庫貿易毛皮第一巨象骨油乾魚鹽魚次之每年一月期居西伯利亞最北地氣候極寒家畜生育亦難土人以漁獵爲生夏季居此冬季南移千五百九十三年俄人爲徵收毛皮稅特設此府於俄斯札庫部落之蘇模克特窩西左近人民專以牧畜漁獵爲生

千八百六十七年前所轄部落百三十村蘇爾克特府亦屬之近則商務日衰且無製造場部落中有一都會曰奧伯道耳斯克府在北緯六十六度三十一分東經六十六度三十五分九秒波累河右岸人二百餘口爲德波斯克省北部貿易場年市十二月二十七日至二月六日俄斯札庫人瑞涼人各以物產與俄商交易○蘇爾克特府在北緯六十一度十五分東經七十三度三十分俄比河右岸市街殘敗人千二百口昔有俄斯札庫酋長巴爾達克居此千五百九十五年俄將票土爾取之改造城池以俄比河支流蘇爾克特之名名之先是哈薩克兵據此地進略向北冰洋岸至揭的河畔征服俄斯札庫及薩墨額土人徵其毛皮稅後疏於經營此府日即穎敗千八百六十七年始屬德波斯克省部落百三十村○伊錫穆府在北緯五十六度六分東經六十九度二十七分九秒伊錫穆河左岸河流環其三面人六千口有寺院養育院病院獄舍倉庫等工商皆盛昔本一村名古爾奇那千七百八十二年改伊錫穆府年市在十一月一日至二十日來會十萬餘人沃地麥場所在皆是河流沼澤散布然沼澤水淺不產魚類部落四百九十七村○庫爾干府在北緯五十五度二十六分東經六十六度二十三分九秒德波爾河左岸高地市街人六千餘口有寺院病院獄舍公園學校等製造場二十八年市三所由此府上溯德波河有土壘溝渠遺址相傳鞑靼汗城此後爲庫程汗所破此堡塞未設伊錫穆哨綫前屢爲奇爾稽思野人擾亂後哨綫南進始免兵革千七百八十二年來屬部落四百十四村民業耕牧皆有餘裕穀類家畜爲本地輸出品兼造獸脂木箱○朱喀林斯克府在北緯五十五度五十二分東經七十二度十四分九

秒伊錫穆河左岸之朱喀拉河口旁近市街人千五百口有寺院郵政局年市在十月十二月每日曜日禮拜一開市場部落三百二十六村人口最多者曰祿比古村農業西北爲盛家畜四季放牧其利頗大魚類爲本地輸出品○塔喇府在北緯五十六度五十四分五十二秒東經七十四度二十三分四十六秒亞哈爾喀河額爾齊斯河會流處人七千餘口有寺院男女學校郵政局獄舍等有市場商店渡場有獸脂獸脂蠟石鹼鞄洋麥粉諸製造場酒精釀造場鍛冶場木匠鍛工靴工最多貿易皆在年市歲二次一四月一日至六月一日一十二月六日至一月一日凡由此輸出伊爾比都府之貨物皆冬季年市購齊橇運此府爲自德波斯克府至多木斯克府軍驛要害土腴食足工商業盛大都會也千五百九十四年俄主比俄土爾命建塔喇寨於塔喇河口以進討奇爾稽思千六百六十九年以水患移今地後改爲府部落四百十一村○都凌斯克府在北緯五十八度三分東經六十三度二十分登拉河右岸其西部爲西伯利亞航行輻輳之所市街人四千口有寺院學校監獄等有商店有製造場專製革油陶器煉瓦鐵銅木漆器等年市在二月六日至二十一日每土曜日禮拜六有小市此府距白爾穆省爲近距伊爾比都府僅六十四吉米突俄人未略此地以前已有鞑靼酋長都城土人以爲成吉思汗所建稱成吉思汗城千六百年俄將哈勤於此築新寨改名都凌斯克初俄時那爾麻至登拉河岸大敗鞑靼兵於此後以此府當白耳穆通西伯利亞要衝俄主加他鄰第二命由下諾哥羅都府至烏剌爾鑛山一帶沿途植樺至此府止自是人口驟增成爲都會嗣俄疆日擴西伯利亞改南由朱緬府行此地大衰部落三百七

十四村內白綏穆城在塔夫達左岸地勢高峻昔沿國道貿易甚盛近亦衰息○朱緬府在北緯五十七度十分東經六十七度三十三分登拉河兩岸右岸卑低有水患左岸街市繁華人萬五千二百餘口有學校養育院病院兵營銀行旅館有商埠商店有石鹼麻索陶器呼鐘馬車木燧魚膠獸脂煉瓦諸製造場有製革製鎗製油諸場其造船場木料取自登拉山爲西伯利亞最佳品有菩提樹製造家具木箱車橇等商務甚盛凡歐俄輸出貨物皆由此水運往西伯利亞諸地以金曜禮拜五土曜禮拜六開市場二次物產皮革彩氈爲大宗每歲一月十三日開年市一月茶葉及各貨至百萬羅布以上有汽船會社船業亦盛府城爲俄人攻略西伯利亞時所建千五百八十六年俄將蘇欽及密雅斯諾設市街於青吉拉移民居之郎今地也部落七十二村○雅爾拖羅斯克府在北緯五十六度三十九分東經六十六度二十分德波爾河左岸伊乞河口市街人六千餘口有男女學校寺院病院等有耕市場商店逢土曜日開市有製革場有石鹼煉瓦諸製造場有地湖水之利馬市頗盛舊有鞑靼人雅烏爾特爾城遺跡千六百三十九年俄人特設雅爾多羅斯克寨於此防喀爾瑪克人今爲府部落三百九十二村珠拉弗列窩村尤盛民業耕牧案據二圖拖波爾司克西北有貝里索郎西志之拜來埽夫繆之別略作甫世界圖作百勒索夫其正西有圖林斯克闢鯩郎西志之都凌斯克世界圖與西志同曹典球云都凌斯克在登拉河右岸英文圖著其名音叶而經緯度亦合野口保與地誌云都凌斯克在狄穆演上流爲鑛業地又鄰譯亞洲北段圖土拉河中流右岸北緯五十八度三分京師西五十二度五十分有圖林斯克郎都凌斯克

也又西南有狄穆演卽西志之朱緬繆之裘冕備乘所稱底穆彥斯（歸中）和屯也講義云狄穆演臨之託波兒河中流（書輿球云當云託波兒玄流圖稚）（澳河中）有各種製造所及造船所產物以革皮毛氈爲最此府當貿易交通要路歐俄貨物自此裝入船隻由俄比河水路運輸各處人口三萬又西南有雅魯托魯甫斯克卽西志之雅爾拖羅斯克繆之雅魯妥羅復司克世界圖作呀郞特路斯克又西南有庫爾干與西志合卽繆之枯爾干世界圖作庫耳干其南有伊什穆與繆合卽西志之伊錫穆又南有求喀林斯克卽西志之朱喀林斯克托波兒斯克之東南隅有土拉卽西志之塔喇繆之他拉世界圖作塔魯又東北有蘇爾古特卽西志之蘇爾克特繆之蘇爾姑特世界圖與二圖同又徐志云多木斯科（多一雜）在德波爾西南與東海部之白爾摩痾倫不爾厄等部接壤其南與西域之哈薩克同部毗連遊牧者時來侵掠雖有防兵不能禁也嵗有大酋駐此總理東方兼督鑛務先謙案備乘云多木斯科部二漢三國晉堅昆國地北魏西突厥地五代遼轄戛斯國地金乃蠻部地元蒙古諸王封地明細密里也國地後併於俄內府圖作都捫南圖作都悶異域錄作圖敏海國圖志作土鄰邑北徼考諸書作多木斯科與徐合今西志繆編及雷志皆無此省自是省併備乘又載異域錄略云自托波兒起程由厄爾齊斯河向西南入托波兒河瀰流越九宿至圖敏自此西北由土拉河瀰流五百餘里抵鴨班沁捨舟陸行蓋多木斯科地居托波兒河土拉河間在托波爾城西南亦一都會也先謙案土拉二圖作圖拉與西志登拉皆一音之轉亞洲北段圖作圖喇其托坡兒圖喇二河間又有塔甫達河托穆斯克（木斯科穆縣徐誌）多在塔甫達河左岸北緯五十八度五十分京師西五

十二度五分据二圖托波兒斯克省西托穆斯克其東南爲托穆斯克省證之備乘康熙間俄圖托波兒西圖敏東南托穆斯科乾隆初俄圖托博爾西都們（乾隆林俄圖作都蘇斯其二樞詳）東南托穆斯歸嘉慶間俄圖德波爾斯科西多木斯科東南痾慕斯科道光初俄圖德波爾斯各西多木斯各東南痾慕斯各道光末俄圖德波斯科西多木斯科東南痾慕斯科托波托博德波一也東南之托穆痾慕自當爲多木斯克省隕其西之圖敏都們都莫多木稽合方位卽托穆斯克無疑而西志諸書不言蓋哀息久矣又講義託波兒所克省下有痾慕斯克云爲西部西伯利亞首都位厄爾齊斯河上流人口三萬八千乃大鐵道中央停車場農產饒多牧畜亦盛云首都者謂總督駐地與上西志德波利下總督移痾慕斯克府語合二圖亦有痾慕斯克在托波兒斯克之南與講義合徐志多木斯科有大酋總理東方一語又誤以痾慕事移之多木也惟西志後無一語及此府情形繆編亦無殊不可曉再考

多木斯克先謙案雷志多木斯克惟西志相同繆作託穆司克徐作痾慕斯科又誤東爲西以致錯亂今一以圖志正之

多木斯克徐志云痾慕斯科（東一餱作）在也尼塞之東地頗豐饒善釀酒人多沈湎南境抵外興安嶺與烏粱海各部接壤先謙案東是西之誤西志多木斯克省云東至也尼賽斯克省南界科布多西南至賽密坡拉延斯克州西北至德波利斯克省爲府六曰多木斯克曰巴爾那馬耳曰比斯克曰喀尹斯克曰庫斯乃資克曰麻林斯克歸內務省直隸管區繆編託穆司克云大省西北挖波爾司克東北野尼塞司克南仙米帕拉停司克東南中國科布多布倫託海諸邊境距比得堡四千百八十五里此與上爲西悉畢爾有阿爾泰山倭別河託穆河備乘云託穆河西流入額（伊爾推什白西來會倭別託穆自東來會倭別斯河閼紹距二千餘里何蓋識以拕波爾河爲託穆河其河）比牙河（入別入倭）喀吞河拕迷河（別入倭里）椿林河（別入倭）克乞河入（倭別河）拖拉河（堆入什伊）爾長湖切烈慈湖（發比源牙）河先謙案卽雷志之多木斯克也二漢三國堅昆呼偈二國地北魏契骨國隋結骨國屬西突厥唐黠戛斯國貞觀二十二年內附設堅昆都督府五代轄戛斯國金吉利吉思部元吉利吉思烏斯等部地　國朝崇德間隸俄四裔考諸書作托穆斯科內府圖作托穆斯歸總記作科利弗備考作痾慕斯各全志作痾慕斯科與徐合（以上備乘）見異名記作拖木士克慕志作痾穆斯克辻志作通母斯克周志作拖母斯克吳志作脫姆士漢文圖作叨母司克胡圖作託穆斯歸和屯（謝）志作盾斯革列國學會二圖作托穆斯克**雷志云面積三十三萬千百六十英方里**（辻志云二百萬二千四百方里西志又云面積八十五萬二千五百二十三平吉米突繆又云經度百二度三十六分緯度赤道北五十六度三十分方萬五千四百七十六密律）**人百九十二萬九千十二口**（辻志云百四十三萬二千六百八十一口）**礦產在阿爾泰山有金銀銅鉛鋅鉑煤等世謂之金山**

多木斯克（案脫會城二字）**人五萬二千四百三十口巴拿爾熱度中數三十一度正月負三度七月六十七度雨水十英寸人二萬九千口**（繆編云會城同省名在託穆河上云有大學館一區產熟皮張駐步隊守兵一營屬）

城八曰可雷灣在省西南二百十五里倭別河上山城頗得勢民工琢玉供國徵求曰巴爾納烏勒在省西南五十七里倭別河上凡官物民物皆運集於此其有司爲之董理蓋此邑爲阿爾泰山之衝要其官郎各邑之領袖所有阿爾泰山之金銀鑛必先經其核檢而後前進防侵蝕備疏虞也有各種作廠自咩伊諾郭耳廠鑛工萬人此廠百年內得銀五萬鋪特金一千鋪特曰畢司克在省南四百三十五里比另河上曰喀迎司克在省西五百二十三里倭米河上曰枯自聶茨在省東南三百五十四里託木河上曰馬理迎司克在省東南二百里曰槎內什曰自蔑羅過拉類穆在省西北三百六十里倭別河上西志又云多木斯克府在北緯五十六度三十分東經八十四度五十八分九秒多木河岸市街人二萬五千六百餘口有省廳學校監獄兵營病院養育院盲兒院戲場商會商店等有皮革獸脂石鹼蠟燭蜂蜜煙草船網煉瓦油陶器木燧貨車等製造場共七十六此府近多木河當西伯利亞國道之衝歐俄西伯利亞貿易品輻輳於此年市十二月二十七日至正月二十七日千六百四年韃靼太陽汗降俄俄建多木斯克寨以鎮撫韃靼及奇爾稽思人奇爾稽思人反覆無定者百餘年此寨雖爲西伯利亞第一要害然自也尼賽斯克府庫拉斯諾雅爾斯克府建立後此府不甚關涉兵事而人口益盛北部重漁獵南部重耕牧千七百九十七年屬德波利斯克省千八百四年來屬爲首府部落六百八十五村那里穆府哥驟瓦府波古魯土村尤著那里穆府在北緯五十八度五十四分東經八十一度五十分俄比河東卑低多樹林市街人二千口千五百九十六年爲鎮撫俄斯札庫人建那里穆寨由德波利斯克將軍統轄千七百

八年屬西伯利亞省後來屬哥騾瓦府在北緯五十度二十一分東經八十二度四十六分九杪查烏斯河岸人三千四百餘口有寺院倉庫市場商店工作場麥粉製造場千七百十三年特建哥騾瓦寨以防奇爾稽思人千八百二十二年因多木斯克為省首府其塞遂廢○波古魯土村在府西北俄比河岸人千四百餘口○巴爾那烏耳府在北緯五十三度二十分東經八十三度五十分俄比河巴爾那烏耳河交會處市街人三千五百三十口商店九十餘有酒庫鹽倉演劇場有寺院獄舍鑛山學校地質鑛物人種學博物館氣象臺圖書館金銀鎔解場等本府職工傭役鑛山局者多自營生理者少有獸皮獸脂石鹼獸脂蠟麥粉油諸製造場千七百三十年俄人的米土為鑛業開鬪此地旋以阿爾泰鑛山區事務所移置於此各部落俄人居多土人不及百分之一地方耕牧皆盛○比斯克府在北緯五十三度二十分東經八十三度五十分比雅河右岸市街人六千三百餘口有寺院有製造場民業耕牧商養煙草千七百九年俄人始建比斯克塞以鎮撫本地千八百六年為府昔牧畜極盛自俄商紛紛而來先以貨幣貸於土人或賒賣貨物逾期不償即奪其家畜為抵由此畜牧式微商業亦衰區域內有由朱雅河谷地通科布多道部落千二百三十村○喀尹斯克府在北緯五十五度二十七分東經七十八度十八分痾慕河岸市街人五千三百餘口有商館病院監獄寺院養育院學校等有獸脂石鹼蠟燭皮革煉瓦諸製造場土地膏腴民業耕牧運輸捕魚製皮千七百二十二年俄建喀尹斯克塞以防喀爾瑪克奇爾稽思人侵掠千七百八十二年移今地為府○庫斯乃資克府在北緯五十三度四十六分東經八十七度十四分

多木河右岸地勢高燥風景甚美市街人三十三百餘口有商店有獄舍學校商館寺院等有石鹼獸脂蠟製造場韃靼人游牧各部落者三萬人飼養牛馬羊豚千六百十七年俄官哈拉模等設庫斯乃資克塞於多木河左岸其地本屬韃靼時哈薩克兵以韃韃人鍛冶之巧稱為庫斯乃資（即鍛工之義）後為準噶爾侵掠遂移今地初屬西伯利亞省又屬德波利斯克省千八百四年來屬韃靼喀爾瑪克未降俄以前此府為兵事必爭之地今鑛業頗盛○麻林斯克府在北緯五十六度十分東經八十八度奇雅河左岸市街人五千口有石鹼皮革煉瓦製造場地當西伯利亞國道居沙金場中央鑛夫羣集惜物產不王昔為麻林斯克村千八百五十年為府部落近西伯利亞國道者業農牧運輸南部業採金漁獵案元祕史卷六所稱脫忽木地面李文田以為郎托穆斯科託穆與脫木正對音也据列國圖托穆斯克府西南有科里文郎繆之可雷灣西志之哥羅瓦（學會圖無）又南有巴爾瑙爾（學會圖譯義同）及郎雷之巴拿爾繆之巴爾勒烏勒西志之巴爾那烏爾世界圖與西志同又南曰布斯克郎繆之畢斯克西志之比斯克世界圖作畢乙斯克（學會圖無）托穆斯克之南有木旻特斯克郎繆之烏理迎斯克西志之麻林斯克世界圖與西志同（學會圖無）又東南有庫茲捏次克學會圖同郎繆之姑自聶茨西志之庫斯乃資克世界圖作庫資乃資克托穆斯克之西有肯斯克學會圖同郎繆之喀迎斯克西志之喀尹斯克世界圖與西志同

東西比里亞

雷志云西比里亞東部地形之異較西部為尤甚有塞盈山也勒羅拿山司担拿復山及他山以間隔北極斜坡與蒙古之野黑龍江之低地痾河次克海河之大者為也尼塞河流經貝加爾湖利那河黑龍江北部皆低澤然全部樹林茂盛北部產落葉松中部產樅海濱產樺黑龍江之低地產柏櫟滿洲產山毛櫸礦產金銀鉛鐵筆鉛煤氣候寒冽沿太平洋之處冬亦嚴寒其佛克呵痕司克世界最寒之處熱度中數三度正月負六十四度七月五十七度（先謙案雷志在土耳其斯坦後今移前全球說作東悉畢爾云與恰克圖接境）

歐喀次克省

雷志云面積二百八十萬七千六百五十英方里人百三十二萬八千百五十口（先謙案此總下文歐喀次克也尼塞司克雅喀次克言蓋俄國最初之制下黑龍江省同）

歐喀次克

歐喀次克 徐志云義爾古德斯科（一作耳谷）在痾慕之東地極廣大出銀鉛礦兼產皮貨每年所得鉛與皮甚多足助國用其人名美丰姿頗講文學南境抵外興安嶺與喀爾喀蒙古土謝圖汗車臣汗爾部接壤南界有甲他城郎內地所稱恰克圖中國與蕤人互市於此庫倫辦事大臣司其事彼以皮來我以茶往先謙案甲他見後脫倫司貝加爾下西志義爾古德斯克云北至雅克德斯克州東至後貝加爾州南界唐努烏梁海西至也尼賽斯克省為府五曰義爾古德斯克曰巴拉崗斯克曰下烏廷斯克曰上聯斯克曰吉連斯克歸東部西伯利亞總督管區繆編伊爾古特慈克云大省東北雅古特司克西北野尼塞司克比雜拜噶爾斯克南中國所屬蒙古境庫蘇古爾噶湖薩彥山距比得堡五千七百四十五里有薩彥山拜噶爾嶺拜噶爾湖（半西）（一）安噶拉河（尼人）（塞也）伊亞河（喀人）（倭）倭喀河（噶人）（拉安）烏達河（噶人）（拉安）伊里穆河（卽噶人）（拉安）烈納河（拜出）（山噶）（爾）唯古木河（噶人）（拉安）尼日里東姑師河（下發）（東鞑）（姑於）（師此）先謙案郎雷志之歐喀次克也二漢三國丁零國北魏高車柔然二國北境隋突厥北境唐鞠國又為木馬突厥屬黠戛斯五代為黑車子遼黠戛斯屬地元昂可剌東境明加大閣辣東南境　國朝崇德間隸俄內府圖作伊爾古斯歸綏服紀略諸書作額爾口（與益口繆）（外其河云）（蒙屬得以）（古地名額）（近也額爾）（此爾）（省口）（雋河）（篤郎）（蒙伊）（古理）（布木）（烈河）（特經）（種伊）（理）（所木）（居城）（今故）（其以）（人木）（循名）（爾為）（語城）詔（布庫）（烈倫）（特宮）（因郎）（以以）（領蒙）（爾古）（口人）（名作）（之譯）（或蘇）異域錄作尼爾口一作厄爾庫又作額爾庫海國圖作額爾古克全球說作阿爾古克龍沙紀略作尼爾若斯備考作義爾古德斯各全志作義古斯科（備以）（來上）（見）胡圖作伊爾古斯歸和屯平方圖作伊爾庫次克吳志作以路庫慕志作義庫次克圖球圖作歐庫資克周志作歐哥孜克辻志作諾庫斯

克謝志作耳古資列國學會二圖作伊庫次克雷志云面積二十八萬七千六十英方里西志又云面積八十萬千九十八平吉米突繆又云在經度百二十一度五十六分緯度赤道北五十二度十六分方萬四千五百四十二密律人五十萬六千五百十七口

歐喀茨克要區熱度中數三十二度正月負五度七月六十六度雨水十六英寸人五萬千四百三十四口繆又云會城同省名在安噶拉河上東悉畢爾極繁劇之城有稅關鑄金廠凡東悉畢爾各屬所產金皆交納此廠鎔鑄成錠解赴比得堡有玻璃廠有帖里珉廠專造哈喇紙布蠟凡中國茶葉絲紬及境內皮張皆萃於此駐步隊守兵一營悉畢爾哈薩克馬兵百名有提督官兼轄雅古特司克野尼塞司克砲臺三屬城五曰巴拉干司克在省北百九十里安噶拉河上曰日爾霍連司克在省東北二百七十三里烈納河上曰吉連司克在省東北千二百八十里曰尼日里烏金司克在省西北五百三十五里烏達河上曰伊里穆在省北五百二十里伊里穆河上西志云義爾古德斯克府在北緯五十二度十六分東經百四度十六分九秒昂噶剌河右岸爲西伯利亞大都會東北郎西伯利亞總督駐紮地自昔貿易繁盛及東洋之海運開而恰克圖之貿易敗尋割後貝加爾黑龍江沿海三州設置新政區頓復昔時之盛市街人三萬三千餘口凡旅行於西伯利亞東部者至此若別有天地有府廳寺院學校陸軍倉庫病院藥局兵營沙金鎔解場博物館氣象臺育兒院等千六百五十二年俄人宜萬建冬居場於昂噶喇河一島曰義爾古德斯克徵土人毛皮稅千六百六十一年築塞於昂噶剌河右岸仍其名以備土人千六百八十六年改爲府千六百九十五年爲布哩雅特人所襲燬千七百六十五年初置知事千七百九十一年學校特設支那滿洲日本語學科千八百二十二年建砲臺以防禦昂噶剌河千八百六十一年設關徵恰克圖輸入貨稅人民在昂噶剌河岸地者多業農在義爾古德河岸地者牧畜爲盛工業日進各部落有製鹽場製鐵場大呢製造場尤善製酒精○巴拉崗斯克府在北緯五十三度四十三分東經百三度十九分義爾古德斯克府西北十九吉米突之處市街杭昂噶拉河左岸人九百餘口有寺院協同商館等屬內耕牧皆盛農產爲輸出品大宗○下烏廷斯克府在北緯五十四度五十五分東經九十九度二分九杪烏達朱那河右岸市街環山風景頗美人三千三百餘口有寺院學校病院商店等貿易不盛千六百六十四年因徵布哩雅特人毛皮稅建下烏廷斯克塞千八百二十二年爲府民居多在西伯利亞國道附近昂噶剌河沿岸尤多西南爲土人游牧地農商不王自採金業盛獵獸之利亦微○上聯斯克府在北緯五十四度東經百五度三十分勒那河右岸與克聯格河口相對市街人千口民業耕作貿易不盛千六百三十一年哈薩克兵瓦西里建上聯斯克塞以備土人後布哩雅特人屢攻不克千七百七十五年始爲府來屬部落在勒那河貝加爾湖岸居多民業牧畜貝加爾湖之布哩雅特人漁業稍盛○吉連斯克府在北緯五十七度四十七分東經百八度三分勒那河右岸市街人八百餘口有寺院學校商會商店等年市一次貿易頗盛千六百五十五年建吉連斯克塞越二十

年爲府境內多山惟伊里穆河谷地間有農業畜牧不足漁獵稍盛天然鹽爲本地大利每年採掘至二萬普度水運諸村由喀朱噶埠運貨至雅克德斯克府案据世界圖諸庫斯克之北有巴拉岡斯克與西志合卽繆之巴拉干司克二圖無又東北列國圖有威沙連斯克卽西志之上聯斯克繆之曰爾霍連斯克學會圖無世界圖與西志同又東北二圖有克連斯克卽西志繆編之吉連斯克世界圖與西志繆編同伊庫次克之西二圖有下烏丁斯克郎西志之下烏廷斯克繆之尼日爾金司克世界圖作下烏請斯克又西北列國圖有伊里穆斯克郎繆之伊里穆學會圖無

也尼塞斯克

也尼塞斯克徐志云也尼塞斯科一云二云益士在德波爾之南多木之東有草場出各鑛南境與哈薩克毘連駐兵四千以防侵擾西志也尼賽斯克省云北臨北冰洋東至雅爾德斯克州義爾克德斯克省南界科布多西至多木斯克省德波利斯克省爲府六曰庫拉斯諾雅爾斯克曰也尼賽斯克曰堪斯克曰阿青斯克曰密努新斯克曰土爾干斯克歸東部西伯利亞總督管區繆編埜尼塞司克云大省北北冰海南薩彥山外蒙古科瑣甘烏布薩爾湖之間西拖波爾司克託穆司克東雅古特斯克伊爾古特斯克距比得堡四千七百三十八里有薩彥山蒙古名寒盇山由野尼塞河至濩傍格河出是馬利弗嶺野尼塞河初訥河東姑師河喀拉河入也尼塞他字河霍攤噶河叶塔河怕希訥河四木入北鮨北海產鯨鱘大者千餘斤先謙案郎雷志之也尼塞斯克也西距以西志繆編爲是徐志德波爾南多木東者誤二漢三國丁零地北魏高車北境隋骨利幹國唐元闕州後更名余吾州五代葫蘆河及牛蹏突厥元昂可剌明加大閣辣爲喀木尼堪部所居地　國朝崇德間隸俄一統志諸書作伊聶謝柏興內府圖作惹尼色斯歸北徼考作伊聶謝斯科備考作也尼塞斯各全志作也尼斯科以上見備乘胡圖作惹尼塞斯歸和屯吳志作耶尼設士州萬國圖作煙尼塞士克辻志作恩尼西斯克周志作哀尼哀爾孜克謝志作延伊巴斯革漢文圖作厓尼賽司克又名克拉斯那也平方圖作耶呢色斯克列國學會二圖作葉斯塞司克雷志云面積六十八萬七千百九十英方里西志又云面積二百五十七萬二千四百八十六平吉米突繆又云在經度百九度四十六分緯度赤道北五十八度二十七分方四萬六千六百九十九密律人五十五萬九千九百二口

也尼塞斯克要區人六千九百口繆又云會城曰克拉斯諾雅爾司克在野尼塞河上駐步隊守兵一營悉畢爾喀薩克馬兵百人砲臺一屬城五曰野尼塞小城在省北三百四十里野尼塞河上儲蓄頗裕產白狐青狐水獺曰米奴新司克在省南四百九十里阿巴甘曠野田土肥饒一歲之入足供悉畢爾全境之食產鹿茸麝香曰阿陳司克在省西百六十五里孔道曰滿嘎則在省北九百六十里曰堪司克在省東二百十六里喀拉河上孔道曰吐魯汗司克在省北千四百十五里產白狐青狐水獺西志又云庫拉斯諾雅爾斯克在省北緯五十六度一分東經九十二度五十五分也尼賽河喀札河交會處河中有紅巖石故稱庫拉斯諾雅爾斯克郎紅巖意也市街

人萬三千餘口有養育院病院監獄商會等有製革煉瓦石鹼獸蠟車油陶器諸製造場商店九十九自野尼塞斯克府金沙發見居民繁盛每日曜開市二次舊爲喀札部韃靼人游牧地千六百二十八年俄將得孟斯機取之築庫拉斯諾雅爾克斯塞原屬西伯利亞省改屬德波利斯克省又屬多木斯克省千八百二十二年置也尼賽斯克省爲首府部落百三十村民業耕牧漁獵運輸○也尼賽斯克府在北緯五十八度二十五分東經九十一度四十六分也尼賽河左岸有水患市街人七千二百口有學校寺院市場商館等有石鹼皮革船網煉瓦鐵器諸製造場年市以鐵類毛皮爲大宗舊爲俄斯札庫人游牧地千六百十八年俄主亞歷山命其臣彼得建築壘塞名曰也尼賽斯克千六百七十八年改爲府屬德波利斯克省千八百二十二年來屬上通古斯河中通古斯河水域產沙金○堪斯克府在北緯五十六度十分東經九十五度四十九分堪河塔來河會流處市街人二千五百餘口有商店有寺院學校病院監獄商館等有石鹼獸脂製造場千六百二十八年駐庫拉斯諾雅爾斯克府俄將得孟斯幾在堪河岸擇建塞柵征游牧此地之諾特人千六百四十年移今地民業耕獵○阿青斯克府在北緯五十六度東經九十度三十分朱累模河右岸市街人三千七百餘口有府廳寺院盲兒院學校獄舍等製造煉瓦爲重千六百四十二年俄將士哥聶夫斯幾建塞於由斯河岸千六百八十二年火災移今地千八百二十年爲府來屬農業最盛兼牧畜漁獵採金○密努新斯克府在北緯五十三度四十二分東經九十一度四十四分密努新河岸市街人五千三百餘口有兵營病院養育院寺院等有商店有獸脂獸皮製造場

民多業耕牧部落三百七十五村農產家畜極盛有鹽池○吐爾干斯克府在北緯六十五度五十五分東經八十七度二十九分距吐爾干河二千一百米突距也尼賽河八千五百米突地據高巳上周圍皆平闊澤地一望無際惟也尼賽河岸下通古斯河岸有鹹葉樹林叢生而已市街人三百口有寺院學校病院獄舍等有商店冬季土凍之水夏季泥濘難行六月十四至二十四日太陽不收入地平綫以下夜中惟二時間收入半體失其光綫而已每年六月開年市土人以毛皮交換日用品先是本地爲冬居場千六百六十一年始爲府部落甚少土人歸希臘教者免租稅三年民以漁獵養鹿爲事間有俄人在南部耕作居也尼賽河下流者歲定期往北冰洋以採求象骨爲業案据列國圖克拉斯那也斯克郎西志之庫拉斯諾雅爾斯克繆之克拉斯諾雅爾斯克吳志作庫蘭士納又學會圖作克拉斯鄰也爾斯克世界圖作苦拉士耦那斯克其北有葉尼塞斯克學會圖同即西志之也尼賽斯克繆之野尼塞司克雷所云要區也世界圖作恩尼西斯克又北有土魯琛斯克即西志之吐爾干斯克繆之吐魯汗斯克世界圖與西志同（學會圖無）克拉斯那也斯克之東有干斯克郎西志繆編之堪斯克（學會圖無）世界圖同克拉斯那也斯克之西有阿臣斯克（學會圖同）即西志之阿青斯克繆之阿陳司克世界圖與西志同克拉斯那也斯克之南有米奴森斯克郎西志之密努新斯克繆之米奴新司克（學會圖無）世界圖與西志同

雅喀次克

雅喀次克

徐志亞古德斯科（一作刅谷）云在義爾古德之東南境抵外興安嶺與黑龍江接壤康熙年間議定疆界立有界牌其地寒甚冰雪消融者每歲止三四月人戶稀少射獵之外無生計俄人取其所得之皮以當賦稅西志雅克德斯克州云北臨北冰洋東至沿海州南至黑龍江州後貝加爾州西至義爾古德斯克省也尼賽斯克省爲府五曰雅爾德斯克曰俄來克明斯克曰惟綠伊斯克曰上延斯克曰郭列穆斯克歸東部西伯利亞總督管區繆編雅古特慈克云小省北北冰海南伊爾古特慈克襪拜喝爾阿穆爾司克東卜里摸爾司克距比得堡八千五百六十三里有雅布倫山（北蕪其）司他納隈嶺（西韃其）可帖里尼島法節島新悉畢爾島受元島熊島烈霍甫島（北皆海在）烈納河（省出伊拜爾嗎古爾特山嘛）克唯吉木河（伊其爾西古岸特在斯藤克丹省嗎爾）倭烈克馬河（倫出山雅布內）阿爾丹河（布出倫雅）（納山河入烈）維雷河槎拏河歹拏河阿木噶河（入皆阿出爾雅升布河倫山）馬歹河（那出隈司嶺他）下東姑師河（孫發）科雷馬河因的寄爾喀河倭列涅克河塔巴拉河（拏入河歹）先謙案郎雷志之雅喀次克也二漢匈奴東北境三國鮮卑地隋突厥地唐鞠國北境五代爲戳劫子明加大闊辣東境　國朝崇德間隸俄　聖訓作雅庫內府圖作惹鞠斯歸莊廷旉地圖作惹匊總記作雅古薩備考作庫亞古德斯各全志作亞古斯科（備以秉上見）慕志作雅荷次克过志世界圖作訥庫斯克一作歹庫斯多謝志作亞古資吳志作亞庫周志作野哥改克西洋史要作雅固咨克萬國圖作雅庫特士克列國學會二圖作雅庫次克　雷志云面積百五十三萬三千四百英方里西志又云面積三百九十三萬八百十平吉米突繆又云在經度百四十七度二十四分緯度赤道北六

十二度一分方七萬千三百五十八密律人二十六萬千七百三十一口雅喀次克要區人六千五百口繆又云會城同省名在烈納河上屬城四曰唯爾何沿司克在省北八百六十里歹拏河上曰維雷司克在省西七百一十里維雷河上曰倭烈克明司克在省南六百五十七里倭烈克馬河入烈納河處曰上下科雷木司克在省東北千四百六十里岢播馬河上西志又云雅克德斯克府在北緯六十二度東經百三十度勒那河谷地東部爲西伯利亞大都會市街人五千八百餘口有寺院學校養育院病院監獄協同商館（駱各諸自府陳列舶其橋備品敷）之市場商店等市民貿易外業耕牧漁職工甚少雅古德人住帳幕製象骨器具有名貨物輻輳毛皮獸脂魚類巨象骨海馬齒鹿皮爲大宗又歐俄及中華貨物先輸入於此遞運諸地年市六月二十二日至八月十三日十二月二十二日至正月二十二日夏季尤盛千六百三十二年俄人彼得白給土至勒那河征服雅克（一作古）德人建雅克德斯克塞徵毛皮稅後十年移今地屬也尼賽斯克將軍轄千六百四十年特置將軍一時將軍皆虐待土人或強令移居希圖私利千七百八十三年以要塞司令官代之積弊依然是年改爲義爾古德斯克首府千八百二十一年分西伯利亞爲東西兩部屬東部爲州首府轄府五千八百四十九年以鄂和達斯克地方隸本府轄○俄來克明斯克府在北緯六十度二十分東經百二十一度勒那河左岸人四百口有寺院學校協同商館等俄人雅克德人通古斯人雜居俄人住房屋土人住帳幕俄來克麻河產金有名民多營礦業耕牧利徵年市六月十三日至七月四月千六百三十五年也

尼賽斯克府哈薩克兵遠征俄來克麻河於河口對岸建俄來克明斯克塞徵毛皮稅且為征黑龍江屯兵處後移口今地為府○惟綠伊斯克府在北緯六十三度四十五分東經百二十度三十五分市街居戶沿岸散處人三百八十口此地商人與雅克德斯克俄來克明斯克商人每歲定期交易茶糖煙草皆由雅克德斯克轄入村民業牧獵鑄造相貿易人數寥寥○上烏廷斯克府在北緯六十七度三十四分東經百三十三度五十一分雅那河岸市街人三百口氣候寒冷無耕作民業牧畜漁獵南部雪少富牛馬芻牧中部北部養馴鹿如薩西威爾斯克村西干斯克村布倫村皆部落稍大者○郭列穆斯克府在北緯六十七度十分東經百五十四度五十分九杪郭列穆河左岸市街人四百餘口有寺院其地用犬曳橇故犬為家畜之一近因漁獵減少犬糧不繼以馬代之氣候極寒積雪成山稍不慎落指凍體至瀕於死貿易品雜貨煙草狐獺黃鼠皮黑貂皮案据列國圖雅庫次克在省中央偏南其西南有俄列克米斯克即西志之俄來克明斯克繆之倭列克明司克（學會圖無）世界圖作鄂勒克民斯克雅庫斯克之西有威呂斯克即西志之惟綠伊斯克繆之惟雷司克學會圖同世界圖作惟里烏伊斯克雅庫斯克之北世界圖有委爾口宴斯克即繆之唯爾何沿司克亦即西志之上延斯克二圖無西志雅那河繆作亙摯世界圖作訥那二圖作雅摯此地在雅拿河上惟二圖隈超占斯克方位證合荅唯爾河沿司克異名也雅庫斯克之東北列國圖上中下科里木在科里馬河上即西志之鄂列穆斯克繆之上下科雷木司克學會圖止有下科里木斯克世界圖作可禮穆斯克

黑龍江省雷志云面積百十五萬五千四十英方里人百十四萬九千九百三十四口（先謙案此亦總下文言之）

脫倫司貝加爾

脫倫司貝加爾

西志云後貝加爾州北至雅克德斯克州東接黑龍江州及滿洲南界外蒙古西至義爾古德斯克省為府五曰乞塔曰尼布楚曰上烏廷斯克曰巴爾固靜歸沿黑龍江總督管區繆編襍拜噶爾司克云小省西北伊爾古特慈克北雅古特司克東北阿穆爾東南中國興安嶺額爾古納河正南車臣汗境距比得堡六千六百九十八里有達烏爾山（東南界中國曰肯特山在什爾喀河阿爾瑰河之閒爾聶爾琛山又西哈馬爾達班嶺近拜噶湖東南曰拜噶爾嶺）陰葛達河鄂倫河（鄂俄穆河二水合流為什爾喀河）什爾喀河（會額爾古納河入黑龍江）洩楞格河（俄音又曰叶連嘎）烏達河（出聶爾琛入洩楞格）巴爾古情河（入拜噶爾湖）唯吉木河（出聶耳琛）聶爾楂河（出雅布倫山入什爾喀）拜噶爾湖（東半）先謙案即雷志之脫倫司貝加爾也吳志作薩貝加謝志作脫蘭司巴伊革利亞萬國圖作特蘭士拜喀爾漢文圖作特蘭斯拜開爾辻志世界圖作外貝加爾周志作貝加爾外州列國學會二圖作薩拜喀勒**雷志云面積二十三萬六千八百七十英方里**西志又云面積六十二萬三千八百五十二平吉米突繆又云在經度百三十一度十分緯度赤道北五十二度二分方萬一千三百二十五密律**人六十六萬四千七十一口**繆又云會城曰赤塔在陰葛達河上有此塔

德羅甫鐵作廠造輪船放入拜噶爾湖什爾喀河產金沙銀礦皮張駐散隊步兵一隊八百七十五人本省喀撒克馬兵一營步兵二隊砲隊馬兵一隊砲臺一屬城八曰聶爾琛司克在省東三百里聶爾槎河入什爾喀河處郎尼布楚城有金銀廠曰土洛伊自科薩勿司克在省西南四百九十五里恰克圖河上距恰克圖八里駐散隊步兵一隊曰恰克圖中俄互市卡在省西南五百十二里曰唯爾赫涅烏金司克在省西四百四十一里烏達河入洩楞河處郎上烏金也有會場每年二月開三十日駐本省喀撒克砲隊馬兵一隊曰洩楞庚司克在省西南五百六十七里洩楞格河上曰巴爾古情在省西北三百二十五里巴爾古情河上曰喀黎斯幾普傈梅司克在省南三十八里駐本省喀撒克步兵一隊曰施特烈匱司克在省東北三百五十九里什爾喀河上有輪船駐步隊戰兵一隊西志又云乞塔府北緯五十二度二分東經百十三度三十分乞塔河岸沙巨上市街周圍低凹柳樺繁植千八百五十一年前有哈薩克兵木寨及一小村凡運送上烏廷斯克及尼布楚貨物以此為裝卸埠頭自設後貝加爾州遂為首府市街人四千七百餘口有寺院學校養育院病院戲園公所公園鍛工場等有麥粉石鹼蠟燭麥酒鐵器煉瓦諸製造場在後貝加爾州中央當黑龍江州沿海州置郵孔道為貿易重要之地物產毛皮獸革及布哩雅特所製油年市二月十七日至三月四日○尼布楚府在北緯五十一度五十八分東經百十六度三十六分二十杪尼布楚河左岸低地東負高陵西對河中烏嶼市街人四千餘口俄商布成以採金致富巨萬有住宅內設博物館列萬國珍奇為西北利亞建築第一千六百五十四年俄將軍巴西古命部下

白給土距府四吉米突上流處建設壘塞曰尼布楚塞以備布哩雅特土人千六百八十九年俄國全權大臣兀老尹與中國全權大臣索領圖締約於此千八百五年屬義爾古德斯克省千八百十二年避水患移今地千八百五十一年來屬部落惟蘇都勒甸斯克驛著名人千二百餘口黑龍江汽船往來泊此（案備乘云尼布楚亦作尼布湖尼布抽尼布緯又作泥樸處又作泥撲處又作仰不諸皆譯文之異康熙三十九年　上諭云尼布楚等處原係布拉武烏梁海諸部落地彼皆林居以搖貂為業人楠之曰樹中人後復羅斯强大迷併否之已五六十年宾又云尼布楚三國鮮卑屬地音鮮卑拓跋氏地北魏烏洛侯國與俄羅斯吉合唐爲烏羅護亦作烏羅禪其北地在暗馬白雪唐為寘額州元為林木中百姓祇赤征羅之見元秘史明為蒙古茂明安湍牧處烏梁海布拉武等採搞於此講義云商石歡喀河之支流以產杪金及銀有名為西伯利鐵道之停車場）○上烏廷斯克府在北緯五十一度五十分東經百七度四十五分烏德河色楞格河會流處西南河水環繞東則矮松繁茂平地廣闊風景頗勝有府廳會計局地方裁判所寺院等場市二月七日至十八日居民四千口有石鹼蠟燭玻璃諸製造年毛皮貿易頗盛居義爾古德斯克恰克圖之中運茶者四時不絕（屬內有恰克圖村臨恰克圖河岸為中國與俄貿易處茶葉輸入最盛）千六百四十九年築木寨以備布哩雅特人為所攻破千六百八十八年建新寨於烏德河岸高地壁壘精嚴今存遺迹○巴爾固靜府在北緯五十三度三十六分東經百九度四十八分九杪巴爾固靜河右岸有寺院市街人七百餘口民多業漁通古斯人貿易頗盛千六百四十八年俄人宜萬建巴爾固靜塞徵土人毛皮稅千七百八十三年屬義爾古德斯克省千八百五十一年來屬○色楞格斯克府在北緯五十一度六分東經百六度五十三分九杪色楞格河左岸市街人千餘口民業耕漁畜牧地當恰克圖道路要衝貨物皆由此經過本地布哩雅特人勤於耕牧頗饒裕千六百六十六年俄於色楞格

河右岸建色楞格斯克寨以備土人旋修造市街千六百八十八年布哩雅特人來攻兀老尹率狙擊兵五百名與戰降之屯兵鎮壓千八百四十年因水患移今地案据列國圖赤塔城卽西志之乞塔府學會圖同卽徐之甲他吳志作契塔王志作治台世界圖作乞塔與西志同講義云自東清鐵道開通以來日益繁榮其西有上烏丁斯克卽西志之上烏廷斯克繆之唯爾赫得烏金司克上世界圖作上烏請斯克其西有特羅伊次開薩甫斯克卽繆之上洛伊自科薩勿司克（學會圖）又西南有恰克圖與繆合學會圖世界圖同又西南有色楞格河而無色楞格司克其西有巴爾古精卽西志之巴爾固靜繆之巴爾古情（學會圖）世界圖作罷固晉講義云在拜喀勒湖之東地方物產之聚集地其東有尼布楚卽捏爾臣斯克與西志合卽繆之聶爾琛（學會圖）又東北有斯特列田斯克學會圖同卽繆之施特列屢斯克講義又云在石勒喀之南岸有人三千口黑龍江定期汽船至此爲最上流停泊之所

黑龍江

黑龍江西志黑龍江州云北至雅爾德斯克州東至沿海州南界滿洲西至後貝加爾州首府曰伯拉照夫琛斯克歸黑龍江總督管區繆編阿穆爾云小省北雅古特慈克西褋拜噶爾司克東北卜哩摸爾司克南中國黑龍江西近達來諾爾湖東近愛琿城中近內興安嶺距比得堡八千百五十九里此省半係咸豐十一年定愛琿約時所讓有雅布倫山（山南其半在雅古特）阿穆爾河（北岸部黑龍江）節ㄎ河（出雅布倫山[illegible]又曰精奇里江）卜理ㄎ河（出雅布倫山）先謙案黑龍江州不載於徐志其時未爲俄人有也吳志作阿姆爾世界圖作阿

五洲地理志略　卷十二　九

模爾萬國圖作阿模阿列國學會二圖作阿穆爾異名記云俄人呼爲暗木案卽黑龍江也　**雷志云面積十七萬二千八百五十英方里**西志又云面積四十四萬七千八百四十四平吉米突繆又云在經度百四十五度十八分緯度赤道北四十九度二十二分方八千百六十密律**人十一萬八千五百七十口**

勃羅哥佛盧輕斯克要區繆又云會城曰布拉郭悅式屢司克卽海南泡在節ㄎ河入阿穆爾河處與中國愛琿城僅隔一河產金駐散隊步兵八百七十五名本省喀撒克馬兵一營六百人砲臺一傍黑龍江屬城二曰阿穆爾在省東南六百五十里阿穆爾河上曰阿勒巴屢在省西北五百二十里卽雅克薩西志又云伯拉照夫琛斯克府在北緯五十度十五分東經百二十七度三十八分二十八杪黑龍江精奇里河會流處人六千口市街沿黑龍江左岸對岸卽滿洲之哈薩連烏喇村江狹至一吉米突餘有官廨寺院學校等商店櫛比富商惟日耳曼爲最移住黑龍江最早掌握商權已成壟斷俄人深忌之千八百五十六年東部西伯利亞總督木喇福岳福略取黑龍江置哈薩克兵於此以充警備千八百五十八年愛琿條約既定明年卽設此府人口日增農商業盛滿洲物產每年總額近五十萬羅布部落以阿爾巴青城爲最中國稱雅克薩在此府與蘇都勒甸斯克驛之中中俄古戰場也密海羅色苗村在卓倫奇河岸地味豐饒爲第一殖民地先謙案外國學會二圖云海蘭泡卽布拉郭威什臣斯克雷之勃羅哥佛盧輕繆之布拉各悅式屢西志之伯拉照夫琛也吳志作布拉哥比琴伯利探路記作不拉好爲十親四克

世界圖作布拉茍委士錢斯克廷志同云在加巴羅烏斯克府西濱黑龍江北岸地當黑龍江航路之中心西伯利亞鐵路之線路其西北曰阿勒巴金卽繆之阿勒巴屢世界圖作阿爾巴晉謝志云德人多於此貿易

沿海部與亞納德

徐志痾哥德斯科（阿一作谷）云在亞古德東北地盡亞細亞之東北隅塞冽過於亞古德土人亦以獵獸爲生俄設官以賦其皮城建海濱與海東各島通商以收皮貨西志沿海州云北臨北冰洋西北沿雅克德斯克州東沿白令海鄂和達海及日本海至滿洲爲限爲府十曰烏拉地俄斯德曰哈巴羅夫喀（吳志作哈巴羅布卡王志作喀巴羅佛斯喀廷志作加巴羅烏斯克謝志作哈巴魯弗克）曰尼古來斯克（王志作尼科來伊甫斯克）曰索匪斯克曰彼得巴布羅斯克（王志作彼特羅波甫羅甫斯克）曰提督島曰鄂和達斯克曰吉希噶斯克曰阿納底爾曰烏底斯克爲部二曰北烏蘇里部曰南烏蘇里部因爲日尚淺未設府治歸沿黑龍江總督管區繆編云卜里模爾斯克大省北北冰海東南朝鮮西雅古特司克阿穆爾斯克西南中國三姓琿春松花綏芬河東東海距比得堡九千三十四里有雅布侖那倭耶嶺斯他那倭耶嶺喀米槎特嶺希霍達嶺（沿日本海岸）薩哈霖島（[illegible]）[illegible]至科門多爾羣島[illegible]欲訥島[illegible]喀拉新島[illegible]阿穆爾河烏蘇里河[illegible]阿木肱河（卽恆滾河入阿穆爾）阿拉堆爾河[illegible]喀米槎特河（入海）[illegible]韓喀湖（卽興凱湖）產貂狐海虎水獺諸皮駐散隊步兵一隊八百七十五名砲隊戰兵一營提督官兼轄穆拜噶爾阿穆爾砲臺四先謙案卽雷志之沿海部與亞納德也今

五洲地理志略　卷十二　十

爲東海濱省亞納德舊爲一部故別言之蓋當日分疆舊制也唐爲駁馬夜叉二國五代爲狗國　國朝崇德間隸俄內府圖作郭列穆斯歸北徼表作郭列穆斯科海國圖作燭惡砥族備考作痾哥德斯各全志作痾哥斯科[illegible]周樋志作海岸州萬國圖作俄何特士克西洋史要作俄科資克圓球圖作俄考斯克列國學會二圖作鄂霍次克　**雷志云面積七十四萬五千三百二十英方里**西志又云面積百八十五萬五千八百一平吉米突繆又云在經度百五十二度四十六分緯度赤道北四十八度二十八分方三萬四千三百六十六密律**人三十六萬七千二百九十三口此部包括薩哈林島面積二萬九千三百四十英方里**備乘云甘查甲東之少南卽日本所屬薩另連島熱斯梭島王志云光緒三十一年日俄戰後割北緯五十度以南地與日僅存北部中多湖沼大半爲苔所蔽物產魚類石炭爲主長官駐亞勒基薩得羅甫人三千口有海電綫通對岸之特加斯得里港案唐書言流鬼南去莫設靺鞨船行十五日莫設靺鞨卽今庫頁島與甘查甲隔海南北相望　國朝康熙三十九年隸俄

與堪察加半島要區徐又云岡札德加（[illegible]）在痾哥德之東東界斜伸入海形如大刀頭其地終年寒冽草木稀疏海鳥翔集如蝿蚋居民捕魚爲業穴地而居[illegible]俄人設口收皮朝臣有重罪者流竄於此先謙案卽堪察加半島也備乘云甘查甲東境唐流鬼國康熙三十九年屬俄其西境唐驅度寐國附近北海地有鬼國內府圖作噶穆薩特喀三面皆抵大海惟西北一面與郭

穆斯科相接唐書言流鬼在北海之北北至夜叉國三面皆抵大海是其地也俄於康熙三十九年始取此部屯兵甚眾河道迂遠或行數日無人煙以產豐利厚故商旅爭鶩有火山十座吐燄不息地常震動案北徼考諸書作甘查甲備考作岡札德加與徐合本別爲一部

琿春爲屯海軍之所（案中國有暉春副都統與俄國屯軍之所隔江相望）**人萬三千口**繆又云會城曰哈巴羅夫所謂東海濱省城即伯利在烏蘇里河入黑龍江處以上東悉畢爾也屬城二十四曰務（一作烏）拉的倭司（一作思）託（一作托）克在省西南千八百八十一里即海參威俄人稱爲行兵通商要道大船埠其海口寬三俄里內口寬四俄里長三丈餘兩岸有礮臺軍械庫船廠駐散步隊兵一隊八百七十五名砲隊戰兵一營曰尼顆拉耶務司克在省東北二千百五十里即廟爾在黑龍江北岸有倉儲軍械庫曰阿煙海口在省北千四十里臨哦霍茨克海曰哦霍茨克在省東北二千里哦霍茨克海上曰上下喀米槎得即岡槎特在省東北千九百五十里產石炭曰撤得羅把勿諾斯克在省東北千八百里喀米槎特河上曰波力余在省東北二百四十八里喀米槎特河上曰朔非亞在省北二千七百里曰吉任司克在省南六百十六里哦霍茨克海上曰泥顆立司克在省西南百五十里即雙城子之東城廓米薩爾所任駐步隊戰兵善槍手二隊千六百人曰米海洛西斯苗克在省南六百七十里即徐爾固當溫麻河松該里河入阿穆爾河處爲南北要津南岸近三姓屬地西南四十餘里有拉喀穌其東三十餘里有額圖什納皆憑江據險防守之要地駐喀薩克步兵半隊四百

三十七人曰綏芬司克在省南六百八十五里曰斯拉文噶在省南五百五十里即蝦蟆塘係綏芬海口門戶駐散隊步兵一隊曰拉茨節（一作奪）理勒耶村駐散隊步兵一隊曰烏拉的密爾村在省東南六百二十里曰亞塔馬絡甫斯果耶駐散隊馬兵一隊百五十人曰琿春村在省南六百里近朝鮮界駐馬隊散兵一隊曰阿列克三德村在省東南六百五十里海口曰喀綿宜雷波洛甫在省南五百二十里興凱湖上駐喀薩克步兵半隊曰阿魯起倮喀倭纖（一作茂）耶甫在省南六百四十里即巖杵河駐散隊步兵一隊曰布叶在省南三百七十里亦名布司曰喀甫果倮特司幾駐散隊步兵一隊步隊善槍手一隊曰把拉巴什即蒙古街駐散隊步兵一隊砲隊戰兵一隊西志又云烏拉地俄斯德府（即綏之務拉的倭司託克也王志作剌氏倭斯託克即滿參崴一曰滿鹽司德臨阿穆爾齊彼得大帝灣之一支也灣志云西名傳拉底伏斯多克）在北緯四十三度六分五十一杪東經百三十一度五十四分二十一杪穆拉威夫亞模爾斯奇半島之南金角港之西北西臨亞模爾灣南隔東波斯和爾海與俄人島相對在南烏蘇里部中爲最大都會地據上陵開鑿溝渠以通港灣修繕道路橋梁隄防築蔡具備府分四區各置營察區長人萬三千六百口有府廳兵營海軍俱樂部海陸軍病院學校等貿易日進有皮革製造場煉瓦場麥酒場千八百五十六年英船初發見此港名曰米伊港千八百五十九年俄船泊港內時海岸各部落止滿洲人居住千八百六十年北京條約既定俄國領有烏蘇里地方即駐兵充警備嗣後設烏拉地俄斯德及波西二鎮兵營寺院相繼而起千八百六十二年改烏拉地俄斯德鎮爲鎮守府（烏拉地俄斯德俄語領有東方之義蓋俄人欲以此地爲根據鎮壓東洋故云）千八百六十四年設管理廳嗣復爲西伯利亞艦隊造綏

芬鳳帆船一艘又以尼古來斯克府軍艦移此人口驟增千八百七十六年實施市制越四年爲府初俄人以船舶損壞必送長崎橫須賀修補故於此地經營船塢不遺餘力千八百九十一年港有西伯利亞艦隊十二東洋分巡艦隊五義勇艦隊十（[illegible]）平時揭艦隊之旗運貨營利有事則揭軍艦旗以阻害敵國商務故各船人員用海軍軍人歸海軍大臣轄以義勇艦隊人艦隊衍會統理事務近擬掘塢深三十尺口寬九十尺身長六百二十尺地占西伯利亞門戶爲太平洋極北第一大港將來鐵道通行加以美國尼噶喇噶運河開設其進步尤未可量云○哈巴羅夫喀府在北緯四十八度二十八分東經百三十五度四十分黑龍江右岸爲沿海州大都會沿黑龍江總督府廳在焉一年平均溫度十七度半冬寒頗酷雪風驟起降至冰點下三十五度市街地勢高燥俯瞰江岸人四千七百餘口有學校寺院等每家有庭圍加本地公園凡烏蘇里江所產草木搜羅畢集構造天然內有將軍木喇福岳福鑄像有麥粉製造場一黑龍江汽船會社及建築部鎔工場二凡義爾古德斯克府乞塔府本府商人五六月開收買黑貂皮於華商輸出於下諾哥羅都年市又華商自赴烏蘇里江松花江諸村落賣買貨物俱爲輸入品陸路由義爾德斯克上烏廷斯克輸入海路由尼古來斯克輸入再由此府輸出於烏蘇里江沿岸兵村論行政及商務實爲樞要之地千八百五十八年東部西伯利亞護疆兵大隊參謀官某首關此地建官舍以備攻略黑龍江即取俄人哈巴羅之名名之十餘年有居民千商戶十五後逐年增殖千八百八十年遂爲沿海州首府○尼古來斯克府在北緯五十三度八分東經百四十度四十七分黑龍江口左岸

當水道咽喉且爲內外貿易埠頭有合立商社夏季入港船舶極盛土產鮭魚最美俄人每食必備歸魚鰊魚次之舊有鎮守府人民頗繁庶今遠不加前戶數千餘十室九空寂寥萬狀將來烏蘇里鐵道開設後必益衰敗矣○索匪斯克府在北緯五十一度二十五分東經百四十度四十六分黑龍江右岸屋傍山麓人六百餘口有兵營電信由本地通的喀斯土里灣遙北有亞歷山鎮在北緯五十一度東經百四十度九分十五杪黑龍江上下貨物遊韃韃海峽繞行者皆由此陸送此府及的喀斯土里灣諸處○彼得巴布羅斯克府在北緯五十三度東經百五十八度四十四分九杪阿克察灣東岸管理堪察加半島府廳駐此在西克那爾半島與沙洲間有港可碇泊船舶港內沿岸巨陸起伏斜通市街房屋寥寥人約五百餘口舊本一村千七百四十年政爲海港千八百五十四年俄與英法土戰以九百餘兵駐此爲英法聯軍所破次年俄移此港於黑龍江口及占領烏蘇里又以阿倆斯喀半島讓與美國此地遂無關繫（王志云舊漁船曾集之地每年自十一月下旬至翌年五月上旬結冰）○提督島府千八百八十八年分自令島銅島海狸島特設提督島府當十七世紀末俄人移住堪察加並殖民於堪察加河底吉利河保里晒雅河之下流諸處後設保里晒來斯克村場堪察加村克留奇村移勒那河居民實之今諸村設毛皮徵稅場駐哈薩克兵衛之千七百七十三年俄人白穆獎勸農業耕作豐盛千八百二十五年後農業大衰居民從事漁獵○鄂和達斯克府在北緯五十九度二十一分東經百四十三度四十五分鄂和達河克夫土伊河會流處（二河出斯塔諾伏山脈行而下至海岸相會入海）二河產魚極多居民以漁爲糧兩岸樺白楊落葉松等蔚爲森林屬內多通古斯人專事游

牧土民部落四十三村皆在二河及海岸諸處牧場散而不聚冬季雪多不能飼養牛馬養馴鹿者多至六萬二千餘頭無草時即以魚飼鹿貿易以毛皮魚類交換鹽糖煙草火藥等○吉希噶斯克府在吉希噶灣北吉希噶河口左岸人四百餘口有府廳兵營火藥庫穀庫等舊置吉希噶寨以鎮撫固哩雅克人千七百七十五年屬雅克德斯克州後屬義爾古德斯克省又屬鄂和達斯克府千八百五十六年設沿海州時改爲府有阿洋港人二百餘口○阿納底爾府在北緯六十四度四十五分東經百七十一度阿納底爾河右岸府治本吉希噶之麻爾古村千八百八十八年分聆精河迤北地設此府民業游牧漁獵養鹿野鹿春渡河而北冬渡河而南土人乘此獵之居北冰洋海岸者以獵海馬海獅爲業土造槍刀鄰府亦好之鹿皮衣襪歲輸出沿海州諸地輪入品煙草銅鐵器小銃○烏底斯克府在北緯五十四度三十分烏底河左岸人百六十一口氣候寒冷不宜耕作民業牧畜漁獵有穀庫通古斯人居此設之以備乏食平羅○北烏蘇里部北由黑龍江岸古爾薩哥村沿費資伊爾山出哈細河水源又沿哈細河至格魯色威乞灣東臨韃靼海峽及日本海南由烏拉的米爾灣沿阿瓦克莫喀河及烏拉河至烏蘇里江西以烏蘇里江爲界面積十四萬二千八百十二平吉米突地宜耕作牧畜俄人分二十五兵村又分爲二兵區設兵區公署於喀薩給威知村喀斯魯村土人分二種土著蠻子人瓦爾喀人游牧鄂倫春人居此之中國人能任事相扶助瓦爾喀鄂倫春二族尊之如家主從其命令俄人深忌之其地交通爲難夏通汽船於烏蘇里江冬冰後由哈巴羅夫喀府至松阿禪河口皆以驛馬行冰上○南烏蘇里部北至烏拉

河阿瓦克莫喀河東瀕海南自彼得大帝灣至圖們江西界滿洲面積八萬六千五百二十五平吉米突分波西綏芬興凱蘇城俄里噶上烏蘇里六部地方廳設於尼古里斯克城距烏拉地俄斯德府百二十吉米突距綏芬河二吉米突半地勢平坦有寺院學校公園府廳警察署等商會二凡烏拉地俄斯德貨物無不畢具○尼古里斯克城莞本地農業之樞要穀價甚賤水禽野獸蔬菜極多價廉食美○拉斯道里鎮在綏芬河岸距尼古里斯克城三十八吉米突民皆業農有穀庫郵政局○喀門綠巴羅鎮在與凱湖西岸爲滿洲與哈巴羅夫喀府交通重要之處有寺院警察署等哈薩克騎兵中隊參謀部駐之○波拉巴西鎮在山間平地與烏拉地俄斯德通運極便爲生計家必爭之地步兵大隊哈薩克騎兵中隊分營駐之本鎮模都該河岸有噶克列瓦驛降至三吉米突即達模都該河綏芬河會流處○蘇羅烏延喀鎮自新基富鎮步兵分營郵便局電信局倉庫商店外無居住者○波西港即波西灣有北諾威克船名汽船每二星期開往烏拉地俄斯德府三次又有貝加爾船名及其他往來日本與烏拉地俄斯德船舶亦寄航於此故交通最便本港有游泳場凡居烏拉地俄斯德者夏季來此游泳灣內有半島跨諸哥羅都澳遠征澳之間設有諸哥羅都鎮惟步兵一大隊[illegible]及會計局郵便局華俄商人數名而已居民俄二朝鮮八西南一帶朝鮮十村生計稍裕俄官頗寬待之惟有事之日其茅舍作爲軍隊營舍且須充當苦工著爲定律○新基富鎮在波西灣岸山間平地無海上濃霧氣候差勝波西港食物極賤爲南部烏蘇里中最美之地有警察署寺院郵政電信局等第二狙擊兵旅團及部兵二大隊本營在焉○烏拉地來羅

喀鎮有蘇城廳在蘇城河左岸距河口埠頭二十一吉米突居民當千八百六十六年由尼古來斯克移此專務農業有二道至烏拉地俄斯德府一郵路一海路有諾威克船名航海月三五次○乞模費村在乞模費河畔居民二百五十口業農漁獵有事由村長裁判大事訟官○聖俄里噶鎮在聖俄里噶灣內安靜港地形與金角港同風景頗美禽獸最多獵狩盛行航海汽船有時期年內交通無阻凡七閱月据列國圖西與阿穆爾接壤處烏蘇里江瀕有哈巴羅夫喀學會圖同沿黑龍江總督駐此繆以爲省會今依之世界圖作加巴羅烏斯克其南世界圖有尼哥里斯克即西志之尼古來斯克繆之泥顆立司克即雙城子二圖無又南有布色即繆之布什又西南有烏拉地俄斯德即海參威與繆合學會圖止列海參威西志之務拉的倭司託克也哈巴羅夫喀之東北有索甫斯克學會圖同即西志之索匪斯克繆之斓非亞世界圖與西志同又東北世界圖有阿力三德魯夫斯克即繆之阿烈克三德二圖無又東北有尼科來伊勿斯克即廟爾學會圖同即繆之尼顆拉耶務司克世界圖作尼口來烏斯克又西有烏得斯開在烏得河口即西志之烏底斯克世界圖作烏得斯可伊二圖無又東北有鄂霍次克即痾哥德斯科學會圖同即西志之鄂和達斯克繆之哦霍次克世界圖作歐候之斯克其海曰鄂霍次克海世界圖作歐候之克海又東北有土伊斯克學會圖同世界圖作叨因斯克又東北有雅木斯克學會圖同世界圖作雅穆斯克又東北有吉支干斯克學會圖同世界圖作吉希噶斯克與西志合又東北有平甲斯克學會圖同世界圖作邊甲斯克又東北有俄柳扌斯克學會圖同世界圖作俄罯安斯克又北通堪察加山有阿那的爾

河河岸有瑪特里克學會圖無世界圖作阿那底爾河河西南作麻爾古即西志之阿納底爾府也堪察加山脈直貫堪察加半島有上下堪察次克學會圖同繆之喀槎特郎岡槎特岡札岡槎堪察加甘查加一也半島之南面東有貝特羅彼甫羅甫斯克學會圖作百特羅波甫羅甫即西志之彼得巴布羅斯克繆之撇待羅把勿諾司克世界圖作彼得泡洛夫斯克南北烏蘇里部繆編無据二圖韃韃爾海峽間有格羅斜威察灣即西志之格魯色威乞灣其南有伍拉底米爾灣即西志之烏拉的米爾灣此北烏蘇里部之可攷者二圖大彼得爾灣即西志之彼得大帝灣世界圖與西志同圖們江學會圖世界圖同綏芬近綏芬河興凱近興凱湖上烏蘇里近烏蘇里江此南烏蘇里部之可攷者蓋北烏蘇里自海峽南出東傍海西抵老翁山脈繞至海參威之東南烏蘇里地方皆在海參威之西此爾部界畫也南烏蘇里置政廳之尼古里斯克城當即尼古來斯克府城惟世界圖形勢可貧印合尼古來斯克府下云將來烏羅里鐵道開設後此地必益形衰敗亦其證也西志云薩哈連島北枕鄂和連海東向太平洋南以宗谷海峽界日本之北海道西以韃靼海峽對於沿海州面積七萬五千九百九十七平吉米突爲府三曰哥爾薩港府曰圖伊米府曰亞歷山府哥爾薩港府在阿尼華灣中央北緯四十六度五十三分十五杪爲一都府其地背山面水北爲蘇斯雅嶽東南爲俄達參山三面環繞船舶入港以俄達參山爲標準港口甚狹海岸多巖石水底暗礁排列不宜碇泊人千八百餘口村落二十四農民千六百口有衙署寺院病院倉庫兵營等氣候酷暑昇至列氏表二十七度嚴寒降至冰點下九度十月下旬降雪二月下旬解凍五月全解

道滿河濁徒步爲艱苦無飲水嚴寒時鬚髭含潤成冰若握鐵器手指固結不開强放則指皮爲脫就寢呼吸過重被衾亦凍刺劇身體碗盛暖飯轉瞬凍合貯藏生肉多日不腐凍後剖割必用斧貂居民必服毛皮惟蝦夷人費牙喀人止著短外套無防寒具貧者並無皮衣夏季多蠅蚊晝在幗中辦事入夜苦壁虱虱生壁內螫則紅腫癢痛不已變爲瘋癱因臟潰爛阿莫尼亞癆之而兼有風土病患者咽喉或四肢膨脹死由冬受嚴寒春季病發不治地味枯瘠玉茱馬鈴薯非八月不成熟物產石炭貂獺羆木鼠等海產海帶鯡鱘鮭鱈魚等距哥爾薩港四千三百米突之海岸有漁場歲收鯡魚萬石本港俄人一歲食糧以一網所獲充之運輸用馬橇犬橇各分乘橇貨橇又分蝦夷橇俄國橇形式相仿俄橇稍大○乞比薩尼村在哥爾薩港東南八吉米突臨阿尼華灣大船不便碇泊有乞比薩尼河水甚淺人百數十口○麻烏喀港在哥爾薩港西七十吉米突背負巨陵面韃靼海峽便碇泊避西北風收入帝灣或的喀斯土里灣人二百餘口冬較哥爾薩港溫和而積雪稍多地味膏腴宜園藝惜止英商甸比伊茱園土人坐失地利以魚獸爲食物又貿易品物產魚類海帶海獺水豹海獸漁業爲日本人所占漁場稱土密那伊地跨二百十三吉米突○圖伊米府在薩哈連島中央圖伊米河岸亞歷山哥爾薩港兩府先有地方廳兵營寺院病院監獄署職工場然後邸宅商店因之而起乃成市街且於附近便宜之地爲滿期囚徒闢一新部落其繁庶固宜圖伊米府不然屬內概係荒蕪惟土人及滿期囚徒部落而已先是俄人密都利以圖伊米河岸及其支流沿岸可爲將來一大殖民地言於俄國政府千八百八十四年遂設此府在亞歷山府哥爾港中間平原四面環山不

五洲地理志略　卷十二　卅五

通海運設府以來墾路架橋始得交通之利今殖民愈多田野益闢○亞歷山府在亞歷山港內北緯五十度五十三分東經百四十二度七分三十杪此港在薩哈連島北向係貧村千八百八十年設地方廳以來地闢人多千八百八十四年改府廳都額港爲全島長官陸軍少將駐地背山面韃靼海峽海岸分跨小都額岬與重奇也拉岬間海灣風波險惡陰晴倏變風雨驟來人二千五百餘口物產石炭革類土人夏漁河海所獲充一年之食冬獵山野以所獲獸皮製衣服或爲貿易品與沿海州通信甚便凡航行東海之汽船石炭皆取資焉先謙案郎雷志之薩哈林島也二圖作庫頁島學會圖云郎撒加棱乃薩哈林之音變北有鄂霍芡克郎西志之鄂和達海南有拉佩路斯海峽郎西志之宗谷海峽宗谷日本北海道地名也東南端有科爾薩科甫斯奇郎西志之科爾薩府世界圖作哥爾薩府布斯克當阿尼窪灣郎阿尼華灣世界圖作阿尼瓦圖作伊米府列國圖不載島中央有特密河向東流郎西志之圖伊米河也亞歷山府列國圖不載島北有瑪利雅山郎亞歷山有坡那畢郎西志之波固必以上學會圖無○徐志又云自亞細亞極東北至美洲海中各島稱亞歷羣島迤南接日本各島稱古利羣島皆產皮俄人往來收皮叢於中國先謙案亞律羣島二圖作科曼多爾斯奇業羣島世界圖作亞歷森羣島岡札德加之南日本千島羣島之北庫頁島之東列國圖有伯剌穆什爾等島之蕊郎古利羣島也備乘云古里利羣島一作古里利亞斯爲島二十五在甘查甲南隔海相望備考云諸島皆在疴各度斯各海郎堪察加海也地多火山爲日俄互市之地土產狐貂兔獺之類珍寶繁衍五金之鑛甚多又云新錫伯利一作新西卑里又

名列哥畐乃北洋中巨島俄取其地名之曰新錫伯利三島相連在雅庫所屬列訥河入海處東北海中

五洲地理志略　卷十二　卅六

賜進士出身 特賞內閣學士銜前國子監祭酒翰林院編修加三級 臣 王先謙謹撰

亞細亞俄羅斯二

俄屬中亞細亞 先謙案雷志於西比里亞下標與俄屬中亞細亞七字不加分別今據諸圖志分爲中亞細亞列於東西比里亞之後高加索斯之前○繆繙譯俄人自記取中亞細亞始末云中亞細亞分西北爲一境東南爲一境西北兼沙漠鹵東南多大山有白彌爾山嶺卽葱一境直接天山以判中俄之界有希爾達利邪河介其東阿母達利邪河界其西阿母河二水皆入鹹海有湖曰巴爾哈什爲伊里河所歸亦在西千七百年希洼國主山尼亞爲布哈爾所陵入貢輸款於俄又致書投降彼得許之千七百三年山尼死其嗣阿蘭馬蔑特又致書投降彼得納士其降聽兩國民通商因聞其地產金葉爾羌百十四年遣武臣布果利司取道西伯利亞徑指葉爾羌循阿母河求金布果利司道死託波爾之總管代領其眾進至灌爾嗒伊爾推什失道使還報命班師卽於所過築城三日倭穆司克日仙米拍拉止遣司克曰烏思奇哈苹諾果爾司克千七百十六年臨希洼布哈爾貢其貢獻軍距希洼百八十里希人覺率所部拒之俄兵敗王沒案地勢俄與希洼中亘乞爾嘰子諸部希洼

又與之隔道路梗塞軍食不濟皆乞爾嘰子爲之也彼得好大使通其使利以是志收乞爾嘰子先遣之許其商通不稅不納之得千七百三十四年經其境者猶彼得受卒宜萬立嘰爾子以命至且納貢然四民以逼之拉爾輒克陵侮遂築乞爾嘰使布爾克及僉又房俄克民日烏乞司子不北曜陵故臺於界連外歐脫建兵木司道西百十年爾嘰克北曰薩馬拉東烏伊東北日薩克馬爾千八百得荒地於其爾二顯克伊列克以之開馬列呵爾木乙爾中嗎列呵爾木布千八百二十二年伊列之以嗎呵爾之木日嘰子嗎皆倭爾八於百力地統三名倭納達半隸西伯利亞乙爾嘰二十臺子四十五萬 八百三十年立克山年新得地立始克開利亞千八建百八十三周寬四五年日倭尼布克

拉爾烏伊兩克河山日閻英得地立始克大山開伯利亞爾百八十三拉日百里里宽千年倭尼布帕至於日轄又建磯臺五日閻約窕六爾百拉餘四十五烏米建洛臺該建磯一鳥之南爾近伊屬之伊勒爾年布爾屬之土爾拉建磯臺勞拉脫干伯爾屬之伊所居乞爾嘰臺子一百四十年喀塔勒臺河居東乙爾嘰臺子入千伸俄連果布八百十六年四喀拉塔七塔勒河所居三叉建乞爾嘰子一千八百年拉十其民也又建皆於爾喀訥城塔勒地河直抵伊里河子入俄千年中勒八城將治其地自北至東皆爲俄有餘西南一角與希洼界

建閣拔中勒八城將治其地自北至東皆爲俄有餘西南一角與希洼界當是時中亞細亞之地自北至東皆唯於爾喀訥城其勒地直抵伊里河子入俄布哈爾及散處之乙爾嘰子鄰三族時出鈔掠西南俄希爾乃決志取希洼千八百五十二年道光三十一年俄遣兵自倭連布遣布爾利邪河步爲堡建撤羅爾斯磯臺千八百六十年咸豐十年又從東遣步

五洲地理志略卷十三　一

一軍由西伯利亞進奪霍罕三城曰比時別克曰託客馬克曰蔑兒克千八百六十四年同治三年霍罕人因哈薩克受俄役使攻之俄合二軍伐霍罕迭勝降其眾霍罕人因哈薩克受俄役使八百六十年千八百五十年十七年與烏十六百總管官格聶勒固破布哈爾什干塔臺千雅尼苦爾干得霍占斯丹八百六十年設土爾霍占斯丹總管官格聶勒固破布哈爾什干爾巴哈台以北塔什干迄以東並霍罕地皆屬拉勒必爾脫塔城曰薩馬爾罕以東並霍罕地皆屬俄總管駐納塔干哈爾城曰益甚不薩干八百六十八年同治七年俄擦南干取布哈爾布哈爾界時爾僅留霍罕支求與俄和給以東南抵天山居西南抵南兩布爾界時爾僅留霍罕支求與俄和給以東南抵天山居西南抵幾薩山布圖恢復八千七百一十三年同治十一年由一由布哈爾民潛通定司得百克一十三年同治十一年由布哈爾民潛通定司倭爲得百克十三年同治十一年由布哈爾民潛通

五洲地理志略卷十三　二

亞居蔥嶺西古康居大宛月氏故地裕仙米烈城費爾干自唐以來稱勝氏故佳俄建設及邑爾倍平諸居大宛月氏故地以後已不布哈遠於一邑爾倍平治又疆域自所出產西伯利亞軍突希洼師遠哈爾倍平治又驛云疆域自所出產西金伯利沙漠勞洼於布及城費爾千自唐以來稱勝氏故佳俄建設及邑爾倍平治又疆域自

西亞斯斯界除烏蒙帕基阿犂而千八難印第沙軍以佳裕亞因南克帖最溪拉古米思里喀後敵千雖度侵漠突後俄仙居烏界曰布高谷河相爾曠得什怏羅敵未屯蝕勞希已建米蔥魯波塞諾之泉烏接高野不噶今邁羅大兵自師洼不設烈嶺山斯彌伊原地拉南原沿熟爾建當邁逞中康於布及城費西烏阿巴總而外山以北籌葉鐵今當而亞熙遠哈一邑爾古魯富拉督裏人與波緯而爾路亦中細三屢爾倍平千康河汗敦管海民歐斯五豫羌已不亞亞十歲蓋又治諸居裏又斯區濱極洲阿十計塔貫及略細之餘無豔云驛境大海隔克曰則稀爲富一哉爾布半亞地年功其俄路杭宛接佩过烏降此界汗度講巴哈俯今之以至後地自所稻月歐密志納於地全及世之義哈爾首不地助今步亦獲出勝氏洲爾云爾海非土帕及低云台將帖及蓋阿猶步產西費吳故俄高中斯面曠約米天山中皆抵耳其十富虧爲金伯浮下壞羅原亞克下野百爾山脈央與塔甘半得汗虧營也利於長近斯鄰細曰八郎五與阿而亞接什心布八嗣也壘然諸所腰赤面英亞土十沙十印爾連細壞千臣哈九以嘉以阻鑛入米道積領北耳呎漠四度泰於亞近窮妾爾希阿慶偪裏以三吉氣九印接階地惟萬爲山西境更力乃方洼爲閒哈海致倍貝候百度西曰勢帕八界與伯界欲南俄二舊英欲薩鹹富光果溫三東部亞不米千西中利北窺趨志十疆誘與克海遂緒實和十界西克同爾餘以國亞有我我必三方又英之復有十之物六中伯摩如爲方裏新東奇衞之獨萬五與人眾閒志三類產萬國利倫此世里海疆以爾藏伊薩九萬搆爭次以於年尤饒

方里此內裏海百萬八千方里辣爾海十六萬二千方里可分爲三部一曠原即北半部一土耳其斯坦即南半部一特蘭斯喀司倫即裏海東部地勢中原曠野惟東南大山及印度庫失山脈綿亘裏海沿岸土地深陷低於海面八十四尺又處處有沙漠大河三日亞慕達利亞河出佩密爾高原西北流入阿辣爾海瀚海志作謝爾拉下流七百二十里可通舟楫日瑟爾達利亞河出天山中西流過曠野入阿辣爾海行三千六百里舟楫頗便灌溉甚大日伊犂河出中國天山北西流入巴爾喀失湖行二千二百二十里有舟楫之利湖之大者日裏海在西面積百萬八千方里阿辣爾海在中部面積十六萬二千方里巴爾喀失湖在東面積五萬七千六百方里皆鹹水此外沼澤頗多氣候溫和冬則嚴寒夏不甚熱雨稀旱多有總督統轄土耳其斯坦總督駐他斯堅得府轄南部歐磨斯克總督駐歐磨斯克府轄北部又各有酋長統治部落北部曠原產牛馬羊橐駝南部河濱多穀果棉花有數布婦人所製頗美麗特蘭司喀司偏鐵路起裏海東岸烏總夫克經莫兒烏及渤克哈喇達於薩瑪爾幹長二千二百里

款纖士野

款纖士野雷志云轄地八十八萬一千英方里人三百四十五萬千三百八十五口其地非盡原野樹林茂盛中有伊悉克湖湖之至大者爲貝加爾王達云款纖士野包下文烏拉爾斯克及賽迷雷輕司克而言猶土耳其斯坦

包酸打里亞各部而言也其轄地與各部面積統合之數甚合一作其爾吉斯曠野在北緯四十四度以北一帶之地先謙案講義云奇爾基思全部草野茫茫不見樹木奇爾稽思韃靼人飼羊及駱駝者漂泊於此間吳志作幾爾克士雷作款纖士皆即奇爾基思之音變也樋志中亞細亞下云一曠原即北半部一土耳其斯坦即南半部曠原即款纖士野也

烏拉爾斯克

烏拉爾斯克繆編烏拉爾斯克云小省北倭連布爾克薩馬拉南雜喀斯丕斯西南裏海西阿思達勒汗東南鹹海東土爾該距比得堡二千二百六十七里有烏拉爾山醋穆喀察爾嶺之烏拉嶺烏連該嶺固別爾林嶺鹹海之九分烏拉爾河恩拔河詘繆鶻爾薩木湖阿思滿台湖先謙案講義同云斯帖布諾伊總督管區世界圖作烏魯斯克學會圖作烏拉省列國圖作烏拉部北歐洲俄羅斯南薩喀斯比斯克西北高加索東土爾該省雷志云面積十三萬九千百七十英方里繆又云在經度六十九度二分緯度赤道北三十一度十二分方三千六百五十四密律人六十四萬四千一口**烏拉爾斯克**會城人三萬六千六百口繆又云會城同省名在烏拉河上其民即烏拉爾馬兵餘多游牧哈薩克貿易收裏海魚鹽之利礟臺四屬城四日菰薘掖甫在省南四百八十四里烏拉爾河入裏海處日喀勒梅果甫司克在省南二百五十三里烏拉爾河上日日爾赫恩頻司克在省東南五百二十四里恩拔河上日尼日里恩頻司克在省南五百里案講義云烏拉爾斯克城臨烏拉爾河又云烏司託烏爾託之高原在阿拉爾海與裏海之間磽确之高原也據二圖南有喀勒梅科爾即繆之喀勒梅果甫司克又西南有古利佛即繆之菰薘掖甫世界圖作孤厲夫

鍛格安

鍛格安繆編土爾該司克云大省北倭連布爾克南鹹海希爾達利耶西烏拉爾司克東阿克模林司克距比得堡三千三十三里有烏拉爾山穆喀察爾嶺雞翅山阿克崆山伊爾㘁子河札蘭尺克河土爾該河喀拉土爾該河鄧郎趾蘇該挖波爾河醱鹹海之五一分先謙案即雷志之鍛格安也列國學會二圖作土耳階世界圖作都爾該課程作土耳該講義云土耳階位阿拉海之北斯帖布諾伊總督管區有土耳階而無鍛格安有鍛格安而無土耳階知鍛格安即土爾階矣雷志云面積十七萬六千二百二十英方里繆又云在經度八十一度十五分緯度赤道北四十九度三十八分方八千二百九十三密律人四十五萬三千百二十三口**喀司推男**人二萬口繆又云會城同省名在土爾該河上其民什九哈薩克游牧駐本省喀薩克馬兵一營六百五十人礮臺三屬城一日伊爾㘁子在城西南二百十里伊爾㘁子河上先謙案喀司推男二圖作庫斯塔奈在托波兒河上游左岸伊爾㘁子二圖作伊爾吉自課程作乞爾㘁子亦即乞里吉思又作其爾吉思俱見上刻

亞克摩林斯克

亞克摩林斯克繆編阿克摸林司克云大省北拖波爾司克南希爾達利亞西土爾該東仙米帕拉停司克距比得堡三千五百八十一里有五鹿陶在沙漠中伺諸秘呼日陶伊實木河駑拉河入顛吉子湖撒裏訴河入帚馬爾湖阿特巴撒河入伊貴木儲河韓其北岸其南屬希爾達利耶所謂湖漢其地極沙顛吉子湖二區先謙案即雷志之亞克摩林司克也講義云位伊什穆河上流斯帖布諾伊總督管區世界圖作阿克磨鄰斯克萬國圖作阿克磨林士克課程作阿克模林司克列國圖作亞克摩倫斯克學會圖與雷同雷志云面積二十二萬九千六百英方里繆又云在經度五十一度五十八分緯度赤道北五十四度九分方九千九百三密律人六十七萬八千九百五十七口**亞克摩林斯克**人五千四百五十口**痾穆斯克**人三萬七千四百七十口繆又云會城同省名在伊實穆河上大集場凡中亞細亞諸產皆聚於此其民多哈薩克部居西北境屬城四日倭木斯克在省東北四百五十里伊爾推什河上謁志伊爾推什作耶第施提督官住此兼轄拖波爾司克托穆斯克駐步隊守兵一營有武備學堂距比得堡三千五百八十一里日撒特羅把勿洛司克在省西二百五十里伊實穆河上有買賣城與哈薩克土爾迄司丹人貿易其貨皮張牲畜油吉貝乾果日阿特巴撒爾在省西北二百二十里阿特巴撒爾河上日郭克赤達甫案據二圖西土爾該斯克東塞彌巴拉敦斯克北拖波兒斯克

南土耳其斯坦亞克摩林斯克會城東北有痾慕斯克（學會圖誤繪入托波爾斯克）卽雷之痾穆斯克繆之倭木斯克世界圖作歐磨斯克謝志作恩斯革講義云痾慕斯克爲本管區總督駐紮之地又爲奇爾基思曠野商業之中心點重要都會也

塞迷板雷汀斯克

塞迷板雷汀斯克　繆編仙米帕拉停司克云小省正北東北託穆斯克南仙米列屢司克西阿克模林司克東中國阿爾泰山塔爾巴哈台嶺之間距比得堡四千三十五里有阿爾泰山（其東南在中國）塔爾巴哈台嶺（其東南在中國）阿爾陶（卽杭愛山其東南在中國）成吉斯陶喀爾賓嶺（在伊爾推什河之南）伊爾推什河（出宰桑湖又有車爾泥伊爾推什出中國南阿爾翰山來入此湖再出卽爲此水）宰桑湖巴爾哈什湖（屬北岸一半）先謙案卽雷志之塞迷板雷汀斯克也講義作塞彌巴拉敦斯克云斯帖布諾伊總督管區世界圖作賽密坡拉廷斯克列國學會二圖作塞彌巴拉敦斯克東北托穆斯克西亞克摩倫斯克南賽迷雷輕斯克

雷志云面積十八萬四千六百三十**英方里**（繆又云在經度九十七度五十六分緯度赤道北五十度二十四分方八千八百五十六密律）**人六十八萬五千百九十七口**

塞迷板雷汀斯克會城人二萬六千四百五十三口　繆又云會城同省名在伊爾推什河上傍伊爾推什河居者皆俄人其近伊犂湖北岸沙漠地皆哈薩克游牧人駐步隊守兵一隊礮臺五屬城六曰喀拉喀林司克在省西南六百六十八里曰把勿洛達爾在省西北三百三十七里伊爾推

什河上曰烏私奇喀綿諾果爾司克在省東南二百二十里伊爾推什河上駐西悉畢爾礮隊馬兵一隊曰柯克別克堆在省東南三百五十七里曰宰桑在省東南五百里距宰桑湖五十餘里駐（卡西酋）（悉畢爾喀撒克馬兵一營散隊步兵八百五十五人）曰巴煙傲爾在省西北三百五十里案據二圖東有塞彌巴拉敦斯克會城卽雷之塞迷板雷汀斯克王達云俄屬游記塞迷巴拉敦斯克譯言古廟喀爾木種人（卽厄魯特人）祀神之所偶像僅存屋宇傾斜居民數經遷徙一因河流漫溢一因沙丘日逼之故案講義云人二萬九千口臨額爾齊斯河之上流其北有波羅達爾卽繆之巴勿洛達爾世界圖作巴普勒大爾其西有喀爾喀喇林斯克卽繆之喀拉喀林司克世界圖作加爾哥拉鄰斯克其東南有烏斯其喀綿諾郭爾斯克卽繆之烏私奇喀綿諾果爾司克（學會圖誤繪入托穆斯克）

賽迷雷輕斯克

賽迷雷輕斯克　繆編仙米烈屢（一作程）司克云小省北仙米帕拉停司克西希爾達利耶費爾干西北阿克模林司克東中國阿克蘇烏梁海之間南阿克蘇喀什噶爾之間距比得堡四千五百六十八里有天山醯塔爾巴哈台嶺醯巴達克山恭吉阿拉陶（在伊西庫爾湖北岸）乞爾嘰子阿拉陶阿烈克山德嶺巴爾哈什湖（三分之一）阿拉枯力湖薩錫枯力湖伊西庫爾湖阿勒馬塔河（入伊犂河）伊犁河（出天出伊犁湖）入喀拉塔勒河（中俄界阿拉陶）列菩薩河（出中俄界上阿拉陶入伊犂湖）阿牙古自河（出俄境塔爾巴哈台山入伊犁湖）儲河（出恭吉阿拉陶）納林河（出中俄界上入山至土爾斯斯所境入克達利亞河希）藹米力河（出中國塔爾巴哈台山入阿拉枯力湖）先謙案卽雷志之賽迷雷輕也課程云屢亦作程講義作斜米勒廷斯克云土耳其總督管區講義與雷異者惟此一省列國學會二圖作七河省案康熙間平定羅刹方略有致書七河巡撫之語則省設已久矣

雷志云有河七道皆伊犂河之支流面積十五萬二千二百九十英方里（繆又云在經度九十四度三十三分緯度赤道北四十三度十六分方七千三百四密律）**人九十九萬百七口其南部有山多樹林**

佛爾尼會城人二萬二千九百八十二口　繆又云卽七河省會城曰日爾壘在阿勒馬塔河上其民什之七八游牧哈薩克又有喀撒克兵籍其土腴俄人多開墾產稅稻棉花屬城十二曰寫爾吉波力在省東北百七十九里阿雅枯河上近中國界曰闢跋勒在省東北三百二十里近中國界亦作郭把爾駐散隊步兵八百七十五人曰脫克馬克在省西百九十里儲河上曰喀拉科爾在省東南百五十里近中國界駐散隊步兵八百七十五人曰列卜新司在省東北四百二十里近中國界曰比失別克在省西二百里儲河上元史郭寶玉傳收別失八里別失蘭等城次忽章河別失八里當卽比失別克忽章河當卽儲河歐陽元高昌偰氏家傳北庭者今之別失八里城蓋以唐李德裕所築北庭都護府當之非也曰波羅呼雜爾在省東北二百七十里曰穆札爾特在省東南三百二十里近中國界白烏爾札爾巴赫堆曰阿呵特尼次柯耶曰槎爾干特在省東北三百五十里駐散隊步兵八百七十五人悉畢爾喀撒克馬兵二營曰朔槳司克駐散隊步兵八百七十五人講義作斜米勒廷斯克在土耳其斯坦管區內其地在土耳其斯坦東北形勢偪近疑雷

志誤案據二圖有威爾尼卽雷之佛爾尼繆之曰爾壘也王達云俄屬游記威爾尼產瓜甚大有重三十六磅者又有馬頭套繩皮袋二物甚奇列國圖其東北有闊伯勒卽繆之闊跋勒又東北曰烏爾札爾與繆合東南隅曰列普辛卽繆之列卜新司其西有托克瑪克卽繆之脫克馬克又案徐志云哈薩克四部之大者也東北界科布多所轄之烏梁海迤南界塔爾巴哈台東南界伊犂北界俄羅斯西南界塔什干浩罕布魯特諸界地分三部左部曰鄂爾圖玉斯在伊犂之西北右部二亦稱中部西部中部曰齊齊玉斯西部曰烏拉玉斯兩部在伊犂之正西乾隆二十年準部底定阿睦爾薩納叛逃左部誘其汗阿布賚合兵拒戰我軍擊破之左部遂降中西二部亦納款皆授王公台吉世爵歲一市以馬羊易綴布而稅其百一三年一貢左部自古爲行國逐水草游牧與蒙古同俗而從回教右二部則有城郭右二部之北別有部曰北哈薩克以寇鈔爲俗時侵掠俄邊境俄設兵防之又徐志云布魯特分東西部東部五在天山北準部之西南舊游牧於特穆圖泊左右部長稱鄂拓克五後爲準部所偪西遷安集延王師定伊犂乃復故地乾隆二十三年率戶口歸附散處新疆回疆卡外西部十有五在葱嶺之西與哈薩克浩罕拔達克山毘連每部所轄多者千餘戶少者二百餘戶共二十餘萬戶以額爾德納部爲之長二十四年歸附各授其頭目品官凡二品至七品貢市如哈薩克之例兩布魯特皆游牧行國而奉回教與哈薩克左部同俗性慓悍喜擄掠先謙案以上各國未知今何所屬姑附於此

俄領土耳其斯坦

土耳其斯坦雷志云俄領因覆爾亞那酸打里亞二地及其鄰邦昔皆土耳其種人所居遂得此名全面積四十九萬六千三百七十英方里人四百二十七萬三百口內阿士板克土耳其種百二十萬人土產綿絲酒煤鐵鉛惟酸河與阿母河之流域稍膏腴二河均流入鹹海鹹海面積二萬六千百七十英方里氣候夏暑冬寒雨水稀少

徐志云西域各回部兩漢以來諸部弱肉强食時合時分地名國號變更以數千百計元起北方先開西土歷代史籍所稱西域諸部幾於囊括無遺元氏既衰諸部紛紛割據內多蒙古苗裔亦有回回種族我　朝定鼎後準噶爾侵擾喀爾喀蒙古部落　聖祖親統六師肅清漠北其後策妄阿拉布坦復據伊犁鄰部咸被侵噬　高宗命將西征拓地萬里其後阿睦爾撒納霍集占相繼畔亂應時戡定於是天山以北之準部天山以南之回部徧列屯戍凡漢志所云西域諸國隸版圖者十六七俄國當元之衰崛起西北其國都在歐洲之波羅的海之隅漸拓地東南至亞洲黑海之東岸再拓而東南至亞洲裏海之北之西泰西人所刻地圖新疆回疆後藏之西俄羅斯之南之東波斯阿富汗印度之北統名之曰達爾哈斯丹又謂之韃韃里[illegible]韃韃里者游牧行國無城郭室廬歐人罕涉其地故不詳其部

落之名綜其大勢東起葱嶺西抵裏海不過四五千里南起波斯阿富汗印度北抵俄羅斯界南亦不過三四千里其間部落之大者不過六七東北多行國西南多城郭國先謙案達爾給斯丹即雷志之土耳其斯坦也世界圖作土爾啟斯坦繆編作土耳迄斯丹覞謝志作土耳其斯崁此在中亞細亞之內仍別爲一地如雷志下所列皆是樋志云近人稱爲西土耳其斯坦而稱阿富汗及中國新疆等處爲東土耳其斯坦又稱此地爲西韃靼又稱土耳其馮尼亞皆地理學家所立名稱非其立國之號也

酸打里亞

酸打里亞繆編云希爾達利亞小省北土爾該阿克摸林東南費爾干南礁拉夫山布哈爾西南阿母達利耶西鹹海東仙米烈程司克距比得堡四千五十二里有阿烈克三德嶺喀拉陶槎特喀爾山阿克賽山希爾達利亞河出天山入鹹海尺爾尺河阿雷斯克河出喀拉阿入希爾達利耶河枯宛達利耶河希爾達利亞之旁支槎明達利耶河希爾達利亞入海處盧列塔河儲河與阿克摸林界鹹海五分之一喀拉枯湖埽馬爾湖先謙案卽雷之酸打里亞也列國圖作色爾達里雅學會圖作錫馬利利亞世界圖不載有瑟爾達利亞河瑟達利亞卽酸打里亞也其河卽希爾達利亞河矣講義作錫爾河及阿穆河地方云土耳其總督管區雷志云面積十九萬四千八百五十英方里繆又云在經度八十六度五十七分緯度赤道北四十一度十八分方七千七百八密律

人百四十七萬九千八百四十八口**脫虛肯脫**熱度中數五十六度正月二十九度七月八十度雨水十二英寸人十五萬六千四百十四口**科勤脫**人三萬七十六口

繆又云會城日塔什干在尺爾尺克河上地氣熱至四十餘度夏開冰廠用機器造冰以售於市產吉貝花步隊戰兵善槍手一營散隊步兵二隊倭連布喀撒克馬兵一營礮隊戰兵一營又倭連布喀撒克礮隊馬兵一隊治地工兵一隊提督官兼轄雜拉夫山阿母達利耶費爾干初名土爾迄斯干總管礮臺十一屬城九日霍占在省南百十五里希爾達利亞河上日土爾迄斯丹在省北二百六十六里產絲織棉織各物頗精擅屬亦美日車木堪特在省東北百里日傲利耶達在省東北二百五十里日別羅甫斯克在省西北八百五十里日織雜克在省西南百七十里日志那茨在省西南五十里尺爾尺克河上日烏拉求別在省西南二百里與中國雪山近案塔什干會城在省南亦作塔什干特韜[illegible]卽雷之脫虛肯脫也王達云俄屬游記塔什干譯言石城見分新舊二城俄人居新城衖衢甚闊有天文臺博物院書樓戲館等舊城亞洲人居之街狹不堪車行有氊頗佳吳志作塔休鏗周志作得修堪迋志作他斯得謝志作達施于案會城在此卽塔什干國其屬地與雜拉夫山毗連又分爲雜拉夫山矣互見後什馬肯下講義云總督駐此且爲土耳其斯坦商業之中心點臨錫爾河支流之波斯河當自北方至布哈拉之通路又爲加斯比

鐵道一端列國圖塔什干南有霍占與繆合卽雷之科勤脫學會圖無西南有折撒克卽繆之織雜克學會圖同又西南有烏拉的求比卽繆之烏拉求別誤繪入臺拉佛山省學會圖無塔什干東北有琛姆罕特卽繆之車木堪特學會圖無又東北學會圖有奧列阿塔卽繆之傲利耶達世界圖作歐黎他列國圖無又北二圖有土爾其斯坦卽繆之土爾迄斯丹又西北二圖有白羅佛斯克卽繆之別羅甫斯克又西北二圖有加薩蘭斯克卽繆之喀薩林司克又講義云後加斯比鐵道俄國於千八百七十四年自裏海沿岸之烏曾阿達接波斯境東南經謀夫至布哈拉撒馬兒罕其幹綫達塔什干其支線達安集延又一方自謀夫南向阿富汗迄侯勒特千八百九十八年完工俄若以大軍隊直指阿富汗及印度境瞬息可達將來可與英國軍用鐵道合而爲一軍用鐵道者自印度過俾路芝越阿富汗境之巴拉山峽向侯勒特直進者也曹典球云高等地理言千九百四年日俄交戰俄人不以敗軍爲意竟於是年十月開通疴倫不爾厄至塔什干之鐵道凡千二百英里自俄國幹綫之薩麻拉驛向東南分歧至疴倫不爾厄經鄂爾斯克達鹹海東畔之錫爾河畔之加薩蘭斯克沿錫爾河右岸至塔什干與後裏海綫相連絡往來自歐俄出阿富汗必由高加索綫至巴庫越裏海循後裏海綫路頗迂回此綫經歐俄與阿富汗相直接中亞勢力益擴張矣

覆爾亞那

覆爾亞那繆編費爾干云小省北希爾達利耶南布哈爾西礁拉夫山東中國喀什噶爾葉爾羌之間北達天山南近雪

山距比得堡四千四百六十五里有槎特喀爾山阿來嶺雜阿來嶺白彌爾山在中國界卽葱嶺喀拉枯力湖希爾達利耶河出天山葱嶺之間納林河達人希爾達利耶河注合什河出葱嶺南阿來之間先謙案講義同云土耳其斯坦總督管區卽雷之覆爾亞那也世界圖作渤克哈剌學會圖作佛爾哈納列國圖與繆同　雷志云面積三萬五千六百五十英方里繆又云在經度八十二度緯度赤道北四十度二十七分方千五百密律人百五十六萬四百十一口　**科肯**人八萬二千五十七口　**南曼根**人六萬千九百六口帕米爾及亞克薩司河卽阿母河右岸諸縣近亦附於此面積二萬五千英方里居民二萬五千人徐志浩罕亦作敖罕亦作霍罕云俗稱安集延回部城郭之國也地在葱嶺之西有四大城俱當平陸最東爲安集延與布魯特毘連其人長於心計好賈遠游南北各城處處有之故西域盛稱安集延今遂爲浩罕種人之名從安集延西百八十里爲瑪爾噶朗城又西八十里爲納米干城一名奈曼又西八十里爲浩罕城其汗居之四城皆在那林河岸又所屬城三曰窩什在東南曰霍占在西南曰科拉普在西北近年塔什干亦附之故浩罕又稱八城云元人所置撒馬兒罕城在浩罕城西今成廢墟浩罕西南與布哈爾毗連世爲勍敵乾隆二十四年其酋額爾德尼奉表貢馬繆又云會城曰諾威馬爾格蘭地三分之一水三分之一人三分之一偶居三分之二游牧其國于八百七十五年卽我光緒元年與回人戰勝次年遂有槎特喀白米爾二山間

希爾達利耶河南岸之地始建此省駐倭連布喀撒克馬兵一營步隊戰兵四隊步隊礮兵一隊步隊散兵二隊土爾迄斯丹礮隊馬兵一隊礮臺三屬城八曰霍罕在省西六十五里又曰浩罕高罕俄語若曰可堪昔回人都會元史郭寶玉傳撏思干城卽今霍罕地駐步隊散兵一隊曰斯他立馬爾格蘭在省西二十里駐步隊散兵一隊曰安集延在省東北六十五里駐步隊散兵一隊曰納馬干在省北六十里希爾達利耶河上曰峨什在省東百七十里駐步隊散兵一隊八百七十五人曰烏自兼在省東二百二十里希爾達利耶河上曰注的里在省南三十里曰儲思奇在省西北七十二里案二圖西有諾威瑪爾戛蘭卽徐之瑪爾噶朗繆之斯他立馬爾格蘭又西有浩罕與徐合卽雷之科肯繆之霍罕其東學會圖有烏茲根卽繆之烏自兼又東列國圖有安集延與徐繆合南曼根徐之納木干繆之納馬干其南二圖有帕米爾高原與雷合世界圖作佩密爾高原

什馬肯

什馬肯繆編襍拉夫山云小省北希爾達利耶西南布哈爾東費爾干距比得堡四千三百二十四里有奴拉陶山其北屬其南爲費爾干黠嚹吉薩爾山雜拉夫山河出拉嚹山結吉入薩阿爾姆之河間先謙案雜拉夫山學會圖作塞拉佛山列國圖作塞爾佛山講義作撒馬兒罕云土耳其斯坦總督管區亦卽雷之什馬肯也繆又作薩馬爾干現世界圖作薩馬爾幹列國學會二圖於上二譯外又別出撒馬兒罕因譯音歧出不悟其卽一地也元太祖紀作薛迷思干元史西北地附錄作撒麻耳干哈散納傳作薛迷則干元祕史十一卷作撒里黑崑十四卷作瀚幹兒合西遊記作邪米思干西使記作撏思干案太祖紀有尋思干薛迷思干二名朱一新因據經世大典明西域傳以尋思干爲今塔什干薛迷思干爲今霍罕又據耶律文正西游錄河中府亦曰尋思干而謂以薛迷思干爲河中府之非沈惟賢云長春眞人西遊記言至邪米思干大城移剌國公郊迎其城有算端氏新宮詩注云邪迷思干大城大石有國時名爲河中府酞䣱卽而其未至長松嶺時言西南至尋思干城萬里外囘紇最佳處契丹都焉歷七帝云云可證尋思干卽邪迷思干後算端據以叛復攻之元史先後異稱致斯歧誤耳　雷志云面積二萬六千六百三十英方里繆又云在經度八十四度三十九分緯度赤道北三十九度三十九分方九百二十四密律人八十五萬七千八百四十七口在社蘭甫三之沃野　**什馬肯**會城人五萬四千九百口爲裏海鐵路盡處繆又云會城曰薩馬爾干在雜拉夫山河土產稻米麥粉中亞細亞之地惟此田畝肥腴每歲種麥一粒得百粒種稻一粒得二百五十前屬成吉思汗其後四百年前爲回酋塔蔑爾蘭之都回語稱提穆爾達嘎中國語曰鐵跛子駐烏拉爾喀撒克馬兵一營步隊散兵一營礮臺三屬城五曰烏爾古特在省東南四十五里曰偏察千特曰雅宜庫爾干在省北八十里曰顆特庫爾干在省西北六十里駐步隊戰兵一隊曰克什都特案講義云撒馬兒罕爲查拉夫西溪谷之大都會號爲曠野之花園人文發達甚早十四世紀末爲帖木兒首都宮殿猶存且有大回回教院帖木兒墳墓在馬

課程云與布哈爾壤接最近疆域視各省爲最小紀程云西域記之薩秣建卽唐書之康國元史之薛迷思干又作尋思干明史偏撒馬兒罕皆一音之轉也在赤道北三十九度四十九分順天西四十九度八分王達云俄屬游記云其地有不息燈據土人云經數百年未滅有居夫墓昔日工程浩大需肉甚多皆此人供給土人至今奉爲神如此之類土人奉爲神者約二百人

脫倫司坎司庇亞

脫倫司坎司庇亞繆編襍喀思拔不一作斯云小省正北東北烏拉爾斯克南波斯阿富汗西鹹海裏海東希距比得堡三千八百五里有喀撒特山阿富汗支山爾噶卜河阿特烈克河喀拉布噶自海汉包爾汉拉夫河德眞河先謙案卽雷志之脫倫司坎司庇亞也講義作後加斯比地方云土耳其斯坦總督管區世界圖作特蘭斯司偏樋志同云裏海之東部列國學會二圖作薩喀斯比斯克東北正北烏拉省東阿穆達林西裏海南波斯阿富汗　雷志云面積二十一萬四千二百四十英方里繆又云在經度七十五度五十九分緯度赤道北三十七度四十五分方五千九百三十九密律人七萬二千百九十三口爲突科曼司人所居之村裏海鐵路經過此處　**愛斯開板**人萬一千口　**滿爭**人萬一千口繆又云會城曰阿思喀巴特在鹹海裏海之間民多土爾克綿宜游牧入其境包大戈壁駐步隊戰

兵善槍手四隊枯班喀撒克馬隊戰兵一營裏海東岸喀合喀駐喀撒克礮隊馬兵一隊布哈爾所屬軍爾雖駐步隊戰兵一隊建修鐵路工兵一隊喀爾幾駐步隊戰兵一隊布哈爾薩馬千之間鐵路棧駐步隊戰兵三隊礮臺十二屬城六曰克拉思諾倭爾斯特在省西北五百二十里曰米海洛夫司克一名烏遵阿達在省西北四百里濱裏海曰蔑爾甫在省東南三百五十里穆爾噶卜河上駐步隊善槍手二隊治地工兵一隊一百二十人曰克吉拉爾洼特在省西北二百五十里駐建修鐵路工兵一隊曰巴密在省西北二百里曰槎特在省西北三百九十里波斯界案據二圖其南有阿斯哈巴得卽雷之愛斯開板繆之阿思哈巴特其東南有謀夫卽雷之滿孚繆之蔑爾甫謝志作美耳弗世界圖作莫兒烏王達云俄屬游記言謀夫譯言大堡在木爾加布河岸地頗肥潤產黍麥米棉芝麻甜瓜葡蔔桑樹有一種瘟風經過之處草木凋落講義云謀夫本士耳其城寨俄兵曾苦戰於此千八百八十四年昭之今於軍事最為重要其西北列國圖有瑪海洛甫斯闊業卽繆之米海洛夫司克又西北列國圖有克喇斯諾俄得斯克卽繆之克諾斯諾倭爾斯特世界圖作庫拉斯諾伊德斯克

譏窩

譏窩雷志云千八百七十三年始服屬於俄面積二萬三千百七十英方里人七十萬口出口貨棉絲　譏窩會城人五千口

發土耳其斯坦總督管區東臨俄克斯河西南界後加斯比北接阿拉爾海面積二萬二千方哩人八十萬口物產棉花生絲果實等此國於千八百七十三年為俄國屬地今其名尚為可汗管轄首府曰基發人三萬口繆編阿母達利耶耶一作云小省北鹹海東希爾達利耶東南布哈爾西希洼在經度七十七度四十二分緯度赤道北四十一度二十三分方千八百八密律距比得堡四千五十二里有布堪山鹹海五分之一阿母河駐倭連布喀薩克馬兵一營步隊戰兵三隊礮臺三會城曰撒得羅阿烈克三德在阿母河上屬城二曰成拜在省北百五十里曰諾威烏爾兼餉在省南十五里課程云阿母達利耶小省偪近希洼回國先謙案基發希洼卽雷志之譏窩也本屬布哈拉後自為國見保哈喇下世界圖作基華徐志作機窪觀列國學會二圖與講義同阿母達利耶作阿穆達林其北有琛姆貝卽繆之成拜謝志作基法云國在波嘎拉之西北面積二萬三千英方里人民七十五萬千八百七十三年以後屬俄首府曰基法近阿木河居民萬三千向有賣奴之大市集今已禁止其或稱希洼或否者蓋俄得此地新為其省府名而人多稱其故國也王達云俄屬游記言基發國地平坦沙土間鹽基發市之南沙紅色而鬆愈北愈堅而成塊有叔國無五金鑛產止供本國之用產瓜最多每地一畝產萬枚至萬四千枚既熟懸於陰處經年不爛又徐志博羅爾云在巴達克山之東城郭同部也四面皆山西北有河人戶三萬有奇乾隆二十四年與巴達克山同時內附其人別一種族築屋而居有村落無文字與諸回部言語不通惟衣帽與安集延相做人皆深目高鼻隆鬚繞喙男多女少恆兄弟四五人共娶一妻生子女次第分認無兄弟者與戚

里共之土半沙鹵故其人苦貧地多桑取甚曝乾為糧飲山羊之乳以馬湩為酒稱其酋曰比以人口為賦稅生子女納其半賣於各回城為奴婢值頗昂每口以五六十金八九十金為率又徐志乾竺特或作退竺特云別一種族在葉爾羌南地與後藏相接無城郭宮室鑿山為穴以居種米麥以食亦有以游牧為生者人蓄辮髮耳綴金環其俗敬火每晨以柴燒火向之禮拜地斥鹵富者僅自給貧者多傭工他國稱其酋曰汗汗亦貧甚惟取所部子女鬻於各處取其值以自贍與博羅爾相似先謙案觀徐志始知賣奴市集所由來故以博羅爾乾竺特附載於此

保哈喇

保哈喇徐志布哈爾布噶爾札布笨札布甲不布哈拉木哈臘黑拉德云回部大國也東接拔達克山諸部東南連北印度之克什米爾南界阿富汗西南界波斯北境與浩罕接壤包浩罕西界抱鹹海而達裏海幅員之恢闊諸回部殆無與比東境多山嶺西界有大戈壁有城郭而兼游牧戶口不繁部落甚多屬城有鄂勒推帕醱蠟之闠郭覘鑠濟雜克拜爾哈噶斯呢等名市阿母河兩岸皆布哈爾境土元人所置行省者也其地氣候頗炎冬無大雪產五穀瓜果骨重羊俗長騎射與浩罕常構兵鄂勒推帕部山徑斗絕人強悍尤浩罕所忌也乾隆二十九年因巴達克山請內附道光十九年俄欲窺印度密差頭人至布哈爾使與英之印度屬國構兵英人率兵入險講和而罷先謙案卽雷志之保哈喇也講義作布哈拉云土耳其斯坦總督管區吳志作薄加拉周志作薄布拉課程云希

洼布哈爾向推回部大邦皆已為俄臣妾卽此餘詳上俄人自記取中亞細亞始末又案元太祖紀作卜哈兒又作蒲華喀散詠傳作不花剌元祕史作不合兒別書一作花兒或又作蒲花羅元遺山集作普花皆布哈拉異名

雷志云面積七萬九千百五十英方里人二百五十萬口出口貨絲棉為大宗　保哈喇會城人十萬口先謙案保哈喇世界圖作不花剌列國學會二圖作布哈爾謝志作波嘎拉云國在全部之南面積九萬英方里人二百五十萬口千八百六十八年以後屬俄首府曰波嘎拉近阿木河城周九英里環以土垣嘎斯卡外大鐵道穿過之居民十萬人城中多回教寺又云基法波嘎拉二國各有可汗受西域總督節制講義布哈拉云東界帕米爾南臨阿富汗西南接後加斯比北連土耳其斯坦全面積九萬二千方里人二百五十萬口產穀果煙草絹絲葡萄酒等每歲生絲額一千噸綿額三萬三千噸鑛物金硫黃石炭明礬鹽等多駝馬貿易行於俄羅斯波斯阿富汗印度輸入額二千五百萬圓輸出額二千三百五十餘萬圓自千八百六十八年俄人略取撒馬兒罕以來此國卽歸俄保護首府布哈拉在薩拉佛爽河之灌域曹典球云高等地理言布哈拉酋長阿米爾千八百九十三年為俄國所廢因於克里米亞故布哈拉名為酋長領土實則俄領之一州也近出布哈爾志云布哈爾為土耳其斯坦中韃韃里自主部落北緯三十七度至四十一度英天文臺東經六十二度至六十九度北見奪於俄南見侵於阿富汗如波爾克安庫伊邁美奈諸城已悉入於阿南約以痾克蘇河為界西與俄屬之基窪及喀拉庫穆

沙漠接界東連昆都斯部與浩罕爲界面積約十萬英方里河流最要者爲阿母河卽疴克蘇河在境內者僅中間一部分水自東南而向西北河身之廣自三百碼至八百碼河中產金沙加爾支河出撒馬爾罕東南山中經查里亦名歐爾塞布司與加爾支兩地兩止於抄漠中碩拉佛山河出撒馬爾罕以東高地流經撒馬爾罕布哈爾兩城北至哈拉庫爾省匯爲湖長二十五英里河源距湖凡二百四十英里水量較阿母河爲少然兩岸民居農業勝阿母河遠甚物產有蠶桑甚盛果獲利十倍於穀葡萄無花果櫻桃梅李梨蘋婆木瓜棉花淡巴菰零陵香糖蘿蔔荷蘭豆葱黃瓜蠶豆扁豆西瓜冬瓜大小麥稻米高粱蕎粟等蕎粟此地要品以價廉貧人恆藉以生也馬驢甚多槖駝轉運貨物蓄者極多毛柔澤如馬至夏毛蛻織爲布稠密著水不滲山羊毛細質次於克什米爾所產胡羊豢養極謹阿拉伯人喜之布哈爾之哈拉庫爾有特產羊毛黑而拳價甚昂牛小不美觀痕克蘇產小虎野猪野驢羚羊鹿羣遊平原中狐狼野狗似豹之獸閒一產之蝎子極多地居歐亞之閒陸地商業孔道設關征稅道路惡劣以迷信宗教故非奉回教之商人鮮能安然過此近則行旅稍安有俄人保護者悉可自便與俄貿易以駝馬轉運其從出之道一自基窪至開斯瀕海岸卽裏海或渡開斯瀕海至阿斯達拉干或至疴倫不爾厄往還六十日一自基窪之疴倫吉至土布爾斯克之武老伊子喀道鹽海東往還四十九日一至彼得魯拍夫斯克卽亦克頗遼加兒往還九十日運物之駝歲五六千頭出口至俄者棉花果乾生絲染綢靛青絲帶青鹽寶石細羊毛氈皮等自俄入口者洋布洋紗印花布大布絲料花緞生牛皮金類鐵其與基窪貿易用駝歲千頭或千五百頭入口皆俄國貨物基窪市中有餘則運銷布哈爾至波斯馬什得商人歲來三四次貨物棉花絲料洋布印花布洋紗地毯細羊毛青藍寶石鴉片等歸則運羊皮棉花米等

以去自格剌特克什米爾取道喀布爾入口者爲大宗細羊毛與印度產物英國製造品浩罕塔什干喀什噶爾葉爾羌亦微有貿易商業中心點在布哈爾加爾支二城餘地亦各有市期布哈爾自製物爲棉花織物紬緞地毯熟牛皮鐵器珠寶等生絲所造紙頗有名刀劍之屬則赫撒爾加爾支所造其國舊名索格迭愛納都城在北部碩拉佛山河左岸去河六七英里當北緯三十九度四十八分東經六十四度二十六分周八英里內城曰特爾羅尼外城曰白爾羅尼街道穢惡家屋猥小河水汙濁人七萬口鐵木耳所建克倫禮拜寺較宏大愛白杜拉汗及俄后喀什林各建一學堂較華美其城爲波斯人愛弗拉錫愛白所造傳聞八百五十六年約克平里司以回教信徒爲布哈爾王後二十年伊斯美兒勝而代之是爲撒遜朝子孫嗣立至波斯塞兒夾克朝第三嗣王默拉克沙滅之十一世紀末波斯王略有其疴克蘇河色爾達里雅河卽䮒沙阿河兩流域之地千二百十六年穆罕默德沙喀勒時姆復取之千二百二十年爲成吉思汗所蹂躪愛波罕默德之子阿克塔仁慈寬惠稍復元氣有國數世千四百年併於鐵木耳子孫世守其地千五百年厄司敗克韃韃種人愛波兒克赫爾汗取之是爲西本尼朝其族人愛日杜拉汗勝巴達克山格拉得馬什得大闢疆土興工作以惠民人此世紀末有克爾格時攻入王朝毀滅居民幾盡又爭位大擾千五百九十八年鐵木耳族人巴克穆罕默德汗由阿斯達拉干來王此土是爲阿斯達拉干朝與波斯王愛巴斯大戰於波爾克近地威名大著千六百五年巴克卒弟物利穆罕默德嗣民不服公戴其姪伊默庫利爲王國以甯謐後以位讓其弟納碩爾穆罕默德其子爭立納碩爾死爭乃已基

窪向屬布而布王愛白杜兒益錫巴罕得爾汗使爲自主部落千六百八十年塞白罕庫利立國權日損千七百二年塞白罕庫利卒年八十其二子爭位而戰厄司敗克有二族不睦二子各挾一以自助五年而疴傳杜拉勝郎位後其相李赫姆畢阿塔列克專權疴傳杜拉尸位而已後納迭爾沙來侵國大困傚千七百四十年孱王愛波兒費斯朝於納迭爾沙歸而其相篡立傳至阿什塔干尼地司暗弱放恣以致失國曼噶忒族密爾抹撒姆取之代阿富汗千七百八十一年克復疴克蘇河南地千八百二年卒子賽特立卒千八百二十六年納司魯拉巴虎特爾立暴虐無人理時英俄有違言各遣使求助巴虎特待之甚倨於是俄人侵入當俄據浩罕時冒碩弗勒廷嗣立遺書俄將契爾納野夫令速退兵出境不者當率全國人攻之千八百六十八年俄軍攻其本部五月二十日戰於伊爾得加在色爾達里雅河左岸布軍大敗求和俄偪使戰千八百六十八年五月十四日俄軍入撒馬爾罕布主降俄徐又云道光二十年粵東譯出英人新聞紙云五月十四日接印度來信言我英國之印度兵攻取興都哥士山卽雪山南邊各部落而俄國邊境在此山之北三年前尚有回部四五國亘隔今止隔一大山而已囬布哈爾已附俄故云止隔一大山俄近日直攻至韃韃里之機窪韃韃里卽游牧回部機窪一作基瓦又作其韃部在鹹海之西裏海之東皆因我等攻取阿付顏尼部卽阿富汗故俄亦攻至荷薩士河卽阿母河已約木哈臘卽布哈爾同取阿付顏尼部以攻印度爲我兵頭沙阿力山及馬約里治堵禦故計不行俄前在希臘卽喀哩土歐洲小國與包社人卽波斯立約欲收阿付顏尼以攻印度亦因我兵頭律勿蘭所拒後詭稱收回逃散奴僕攻取機窪及木哈臘人皆謂俄得此二地當必退兵乃又使人日日學習印度事務又

與木哈臘人立約同取阿付顏尼不知俄人要到何地方肯住手俄人曾以兵威自黃海卽波羅的海攻至黑海卽勒必西海一帶地方以擴其國境所以今日必要防其荷薩士河駐紮之兵云云又英人所著萬國地理書云道光十九年俄私差奸人至甲不卽布哈爾兜攬事情徧滋事端此事也又云西域聞見錄所稱大西洋諸國大半影響惟西域之卽博羅爾退擺特卽紫鞬乾哈拉替昆卽提鞬巴三部言其土俗頗詳餘則不足深考矣新疆識略及西域水道記所載諸部落之名距回疆較近者曰滾曰緯禪曰差特拉勒一作克拼汐曰赫斯圖濟曰羅善曰克什南所瞰西汯淢闊晁記也錄曰達爾瓦斯距葉爾羌十三站至十八站不等皆襪允小回部錯處於布魯特浩罕之閒稍遠者曰依色克曰差普雅曰渾堵斯曰塔爾罕以上四許紘哈爾屬部是皆距回疆二十餘站至三十餘站不等至若瓦罕爲巴達克山之屬城哈普降爲巴勒提之屬城窩什霍占科拉普爲浩罕之屬城鄂勒推帕濟襪克科爾哈噶斯呢爲布哈爾之屬城堪達哈爾爲愛烏罕之屬城賈人往來喀葉諸城多稱其城邑之名而不記其國土遂致茫昧紛紜云不可辨識其地形方向諸書或同或不同不敢意爲位置也王達云云聖武記言布噶爾距葉爾羌四十驛道光二十二年布噶爾滅敖罕虜其酋長頭目遣使告捷於卡倫此國爲自古中華聲教兵力所不至乾隆以來惟通市不列朝貢俄屬游記言附近有巴哈仂丹墓布哈爾人尊之若聖與摩哈默特等紀程云西域記之羯霜那卽唐書之史國明史作渴石國今布哈爾境內有喀什城在赤道北三十八度四十八分順天偏西五十度三十八分又縛芻河卽今阿母河有二源均出窩罕相距甚近北源曰阿格蘇河南源曰平查河均西流至瓦馬城而合始名阿母

北源之北二百餘里有湖名哈喇庫爾西域記所謂山中有大龍池者是也又北百餘里有考佛瑞山高於海面二萬二千餘尺山東北有兩河分東西流西流曰基西爾蘇河西域記所謂西派一大流西至達摩悉鐵帝國東界與縛弱河合者是也東流曰喀什噶爾河西域記所謂東派一大流東至佉沙國界與徙多河合者是也又波謎羅郎今之博羅爾蔥嶺閒大平原也案西圖譯音博羅爾當作博彌爾與波謎羅之聲尤合其地在赤道北三十八度順天偏西四十三度又案今圖凡蔥嶺閒之河與湖皆有博羅爾之名故西域記亦言波謎羅洪鈞元史西北地附錄釋地不花剌云圖在撒麻耳干西偏南其為布哈爾無疑元史皆作卜哈兒亦作蒲華剌字收音僅此一見案西國輿圖布哈爾都城稱布哈拉與此正同元史人名不花者皆應作布哈義謂（牝）牛也西域人云最古之城唐中宗時（西年七後百）屬於阿剌比（鄧之唐大書鑄）唐昭宗後（酾軌）（後）西域之薩巒朝（覩）（域上）建都於此案唐書西域傳安者一曰布谿又曰捕喝西瀕烏滸河布谿捕喝皆布哈之異譯阿母河源出蔥嶺曰鄂克疏河又曰瓦汗河亦曰烏汗河唐書烏滸當是烏汗轉音元奘西域記作縛弱河或是鄂克疏轉音代遠譯千年音經重譯誠難吻合而烏滸縛弱之郎阿母河可無疑義布哈爾在唐時其名已見謂非最古城哉（鞠劇朮六衛十續年稱莫鄂人克撒蘇應斯書後書稱云阿阿達河點）又那黑沙不城在布哈爾之東今為布哈爾屬地名那克捨迫郎魏書之那識波國唐稱那色波唐書曰那色波亦曰小史蓋為史所役屬居吐火羅故地東阨蔥嶺西接波剌斯（身郎波）南雪山西人考波斯史云波斯薩山朝（興漢于建名安薩五山年故波日斯薩滅山而）奴失而宛王在位時（紫西武五帝百中三大十通一三年年至至五陳百宣七帝十太九建年十唐一中年國朝復）中國可汗

兵至兩河之閒（哥聰醱襾阿）近那克捨迫之地敗海脫勒汗（考其時）（讖）闢歆（兵無考借魏魏）元英宗至治元年後（二酉十一一千年三百）蒙古稱其地曰喀而什因察合台第五代孫葛貝克汗（篤篤來來帖帖木木兒兒同前父二兒氏弟王奧）留於其地建立宮殿蒙古稱宮殿曰喀而什故亦名城為喀而什（闢哈薩元而什儀各試兒備嵩志卽卷此二喀百而二什十哈七嵯巖二鞄音方通言用稱殿）又察赤云郎今之塔什干唐之石國錫爾河東濱塔什干為名城元史紀傳皆不載惟成宗大德元年有薛迷思干塔剌斯塔失元三年民賦等語塔失元郎塔什干明孝宗宏洽年閒撒馬爾干王帖木兒後人巴卑爾立國於喀不爾（巴志干斯此伯五喀卑亦百云爾赤年武兒後巴宗志人卑正略為爾德波元默年斯代於閒志分語立中刊斯國喀西伯說不北人不爾著豈相作名顯合噶之後案布七不汗嫡聯爾）（諸其立宏斯所國治伯部於十名人噶三其後不年部遷爾摩族於與西詳東誇一上郎）釋地謂塔什干為俗稱著作家云塔什干多云柘折或云察赤國朝康熙四十二年（百西二一年十）英人莫邏游歷著書稱塔什干為察赤先於莫邏游歷者謂塔什之義為石干為城國案唐書西域傳石或曰柘支曰柘折曰赭時漢大宛北鄙也去京師九千里南五百里康也右涯素葉河王姓石治柘折城故康居小王寇匿城地西南有藥殺水入中國謂之眞珠河亦曰質河唐元奘西域記亦云赭時國唐石國也西臨葉河柘支柘折赭時皆與察赤音近其謂塔什干為唐石國確無疑義唐書之素葉河元奘作葉河無素字西人考古謂錫爾河古稱藥克殺藥克殺當郎唐書之藥殺葉河當郎藥字轉音錫爾河匯合衆流最遠之源則為納林郎唐之那密水唐書分析言之未能融會遂成異派各有主名天山蔥嶺西北之水皆出中國無入中國者必是唐書之誤又花剌子模云鹹海西南裏海以東阿母河下游以西皆是地名最古中國周初波斯之火敎書已見此地名

春秋時波斯以箭頭字鐫石亦見此名（字形西形人多名如為箭箭頭頭作字个字）波斯語解謂地低平唐書西域傳有貨利習彌國郎花剌子模之異譯審定字音當日貨勒自彌（初色作婦西纏譯域西補北傳所地乃譯西語書郎花郡作拉子柯模拉）（條復地論圖波斯蘭人海考裏正海其閣地塩字刺為篤如貨貨勒勒自自彌彌如又唐知書東譯方音輿尤地勝俄元圖史勝今）（圖於他地）元奘西域記作貨利習彌迦多迦字唐書謂居烏滸河陽烏滸郎阿母河古時阿母河入裏海河自布哈爾東南徑西北行距（鹹）海三百餘里分支西行花剌子模在其南故云居水之陽惟西域記云捕喝國又西四百餘里至伐地國又西南五百餘里至貨利習彌迦國捕喝郎布哈爾方位不能相合若改西南為西北庶幾近似元奘書例書行者親游踐也書至者傳閻紀也未履其地但憑傳說所以致誤其部都城本在喀式郎西北地之柯提其後遷於烏爾韃赤多桑云當作忽爾坎赤蒙古人稱為烏爾根赤阿刺比人又訛為郭而占尼牙明洪武二十一年帖木兒毀其城後重建非舊址（齡鵑爾母根河赤西在入燉襄雍海城城北跨燉河十為里南古北城二在城西北）

高加索斯

見第二十九章先謙案雷志分章云然高加索在歐洲此後高加索也繆編云山之南別曰襍喀復喀斯襍之為言後也迂志作後高加索講義作外高加索王書作特蘭斯高加索謝志作南高嘎西亞

後高加索

繆編梯富麗斯（一以作下樵大喀加傻斯喀斯）云大省北節爾斯喀郛南喀兒斯挨裏灣耶里薩唯託波力西枯榻伊斯東達咭司丹在經度六十二度二十八分緯度赤道北四十一度四十二分方七百三十一密律距比得堡二千六百三十里有喀復喀斯山（蘸在）省梯富麗斯山（嶙嶸）哇克唐山（南斜之富支麗此斯山乃又喀栯復富喀麗斯斯向）（分脈）枯拉河（撒文南有南引至水沙河漠由止枯）阿拉隔哇河（拉入枯）阿拉簪河（拉入枯）約拉河（拉入栯）會城曰梯富麗斯在枯拉河上有俄主離宮有西完斯克教堂昔曾分藩今罷地為新藩之劇產鏤銀器皿白紬花紬果實以梨橙西瓜葡蓟為最繁產銅歲約六七萬鋪特駐步隊戰兵一營喀薩克馬兵一隊喀薩克步隊善槍手二隊步隊守兵一隊平原馬礮兵一隊然達拉馬兵一營喀復喀斯工兵四隊安修電幾二隊看守官物一隊洽地兵一隊提督官轄襍喀復喀斯礮臺九屬城九曰末茨寫特在省北二十里阿拉隔哇河入枯拉河處格魯吉拉部之舊都曰阿哈爾積赫在省西百八十九里有單器殿駐步隊戰兵一營礮隊戰兵一營曰果黎在省西北七十里枯拉河上駐喀薩克步隊善鎗手一隊曰杜舌特在省北五十二里曰西隔拉合在省東百十八里曰節拉弗在省東北百六十二里阿拉簪河上曰阿哈爾喀拉吉在省西百五十七里駐喀撒克礮隊馬兵一隊曰波爾若木在省西百四里昔俄主之叔米海伊爾每夏日過此避署曰擦爾司幾喀曬特慈邪一撫在省東南百五十六里駐喀復喀斯馬隊戰兵一營先謙案梯富麗斯備乘作特付里斯講義作第佛利斯吳志作器夫利士樋志作剔夫力士慕志作斐利斯世界圖作替夫列斯列國學會二圖作第佛利斯郎雷之替夫里斯覥隔會城同省名西庫台伊斯東達格斯敦北倭拉的喀甫喀斯南喀斯挨里溫熱利薩貝特波爾其西有亞喀耳喀剌亢郎繆之阿哈爾喀拉吉又西有亞喀爾悉克郎繆之阿哈爾積赫其西北有哥里郎繆之果梨其北有竺舍特郎繆之枯舌特其東北有特剌勿郎繆之節拉弗其東有息格那克郎繆之西隔拉合講義云第佛利斯人十五萬口高加索總督駐此市街瀨庫爾河西與波的東與巴庫皆以鐵道相通由達利耶爾咔與倭

拉的喀甫喀相連絡工業商業居高加索第一與波斯貿易特盛附近多硫黃泉涌出故又呼熱市○繆又云耶哩薩唯托波力大省北梯富麗斯達咭斯丹西南挨裏灣南波斯國東八枯在經度六十四度一分緯度赤道北四十度四十一分方八百一密律距比得堡二千二百十二里有喀復喀斯山在省北小喀復喀斯山銋南枯拉河劚熱河擬林約拉河擬林阿拉譜河林入皆枯發拉源鄭以內址二會城同省名在劚熱河入枯班河處產果實藺絲礮臺一又近波斯界小礮營十四屬城六曰舒薩在省南百三十三里曰鶩哈在省東北百二十六里土宜蠶桑民善纏絲曰往克在省西南三十九里駐枯班喀薩克馬隊戰兵一營曰罕庚的在省南百九十二里駐喀撒克礮隊馬兵二隊曰的里染在省東南百四十二里駐喀復喀斯治地工兵一隊曰野蓮朵爾翁在省東南三百十七里果閩極多駐喀撒克馬隊戰兵一營先謙案耶哩薩唯托波力萬國圖作伊里薩別捲朴耳異名記云在高加索山之陽本波地俄攻之西接挨爾灣亦日爾日部分置講義作挨利薩貝特波爾列國圖同學會圖作熱稍薩貝特波爾東巴庫北第佛利斯達格斯敦西南埃里溫南波斯國其東北有地曰奴喀郎繆之鶩哈其南有守沙郎繆之舒薩○繆又云八枯大省北達咭斯丹南波斯國西耶哩薩唯託波力東裏海在經度六十七度三十分緯度赤道北四十度二十二分方七百三十五密律距比得堡二千二百十二里有喀復喀斯山在省北枯拉河阿拉克斯河咭窄爾阿嘎飭海汉道光八年俄與波斯立約讓地七郡歸俄當郎八枯及耶哩薩唯托波力二省諸城也會城同省名在裏海西面最好船埠城東北十里巴拉酣產石油歲出五干萬鋪特又十八里蘇拉酣火山

有鍊石油廠地多山桑民飼蠶纏絲產紬如中國蜀紬而光澤不逮產吉貝絨劚酒紅花名盬顏藺丹參名馬烈綱紜可染藍非藥中丹參其貨物半由裏海運波斯出售波稅亦重若再運出必至拆閱故至波而止駐巡邊馬兵一營近波斯界有小壘二十二屬城五曰連珂蘭在省西南二百十四里裏海口近薩拉島有薩連村駐枯班喀薩克馬隊戰兵一營曰佘馬哈在省西百十三里有絲作廠駐枯班喀薩克馬隊戰兵一營曰箇格釵司克在省西百七十五里曰枯拔在省西北百五十六里駐步隊戰兵一營曰古薩勒駐步隊戰兵一營先謙案八枯備乘作巴沽謝志作巴古列國學會二圖作巴庫郎雷志之巴枯其西南有棱科蘭郎繆之連珂蘭其西有舍馬喀郎繆之佘馬哈其西北有庫巴郎繆之枯拔講義云巴庫省八十一萬二千口裏海艦隊以此爲根據地設有礮臺石油井散布市之附近達七百餘所駐志坛蝍產又有拜火教之殿堂甚有名○繆又云挨裏彎大省北梯富麗斯南土耳其波斯國西喀兒斯東耶哩薩唯託波立在經度六十二度十分緯度赤道北四十度十分方四百三十九密律距比得堡二千八百八十一里道光九年俄土立約將多臘河中各烏專屬俄東土耳其之阿爾米尼數處地方讓歸俄當郎此省地阿爾米尼郎阿爾綿宜也有小喀復喀斯山阿拉拉特山阿拉皆自山纞鐵齲阿拉克司河果克差湖會城同省名本阿爾綿尼部介俄土波三國厥後分剖但存部長虛號住此城所屬之唉暹彌阿金產石鹽駐步隊善鎗手一隊枯班喀薩克馬隊戰兵一營礮臺三又近波斯土耳其界有小礮營五十一屬城六曰納西暹灣在省東南百四十九里郎阿綿宜之舊都曰阿烈克山德羅波立在省西北百九十七里駐步隊戰兵二

營步隊守兵一隊曰諾威巴牙窄特在省東北百十二里果克差湖上日阿爾拉里合耶日唉暹彌阿金在省西百八十里有枯里卜村日阿馬拉特先謙案挨裏灣備考全志作是爾灣與徐同列國學會二圖作挨裏溫北第佛利斯東挨利薩貝特波爾南波斯土耳其國西喀斯其西北有亞歷山得波爾郎繆之阿烈克山德羅波立講義云挨利溫位阿拉拉特山麓俄領阿拉美尼亞之首府亞歷山大得波爾瀕亞拉斯河設有礮臺備乘云二漢三國安息地北魏西域兩海之開地唐五代遼波斯地屢爲大食所奪金波斯地元報達國地後爲蒙古諸王封地明波斯地後隸土耳其旋復隸波斯國朝嘉慶間隸俄北微考諸書皆作是爾彎○繆又云枯榻伊斯大省北節爾斯喀南拔禿木西黑海西北蘇烘木東南梯富麗斯在經度二十六度十八分緯度赤道北六十度二十二分方三百七十五密律距比得堡二千二百九十三里有喀復喀斯山在省北安札爾山在省北洼合唐山在省北棃淵溪會城同省名在棃淵溪上褋喀復喀斯最古之城境內田畝豐沃麥種一斗得三十倍栗菽更旺有水田秔稻饒裕有種植學館產白紬如蜀紬花紬如甌紬匏器鏤花銀器牛角杯果實以橙橘香櫞榛李葡蔔爲最有木名馬斯里拉榨之取油駐步隊戰兵一營枯班喀薩克馬隊戰兵一營巡邊馬兵一營礮臺一屬城三曰波蹟在省西百二十四里棃淵溪入海處黑海船埠貿遷極暢曰倭足兒接特在省西南八十里駐喀薩克步隊善鎗手一隊曰獵都特克烈在省西百五里黑海埠先謙案異名記云枯榻依斯備乘作古泰西稱爲義米勒多首郡之名平方圖作庫台依斯萬國圖作孤泰士列國學會二圖同南巴統東南第佛利斯西北蘇克亨其西有勒

都特開里郎繆之獵都特克烈又東南有波的郎繆之波蹟世界圖作波地講義云爲鐵道之一端黑海岸之要港又東南有俄素爾几地郎繆之倭足兒接特○繆又云拔圖模禿椎扳小省北枯榻伊斯南土耳其國西黑海東喀兒斯在經度二十七度十八分緯度赤道北五十九度十八分方百三十一密律距比得堡二千三百九十七里有喀復喀斯山支山安札爾山濯羅克河儸洛礮臺一會城同省名在黑海東岸船埠屬城一曰阿爾特沄在省東南七十七里濯羅克河上駐步隊守兵一隊先謙案拔圖模圓球圖作巴土母異名記作拔禿木云栴林定約俄收自土又西郎土屬之德勒比孫達也世界圖作拔丹列國學會二圖作巴統北庫台伊斯東喀斯西南同會城同省名其西南有阿特文郎繆之阿爾特沄繆作東南未知孰是講義云巴統人二萬四干口位黑海之東南岸設有礮臺○繆又云喀兒斯小省北梯富麗斯南土耳其國西拔圖模東挨裏灣在經度二十七度七十八分緯度赤道北六十度四十四分方三百三十七密律距比得堡二千九百四十七里有小喀復喀斯山阿拉拉特山枯拉河驟倭爾達河羈濯阿拉克斯河乾隆五十六年俄土立約將弟尼斯河以東一地讓於俄蓋郎此及拔圖模二省會城同省名駐步隊戰兵二營礮臺六屬城四曰阿爾達干在省西北七十六里枯拉河上前屬土耳其時曾築大礮臺駐步隊戰兵一營曰倭爾堆在省西百七十一里倭爾達河上駐節爾斯喀薩克馬兵一營曰喀奎什瞞在省南七十一里駐巡邊稽稅馬兵一營曰薩纍喀梅斯在省西南五十五里駐步隊戰兵一營先謙案喀兒斯俄史作喀爾斯一作卡爾斯一作加科斯異名記云光緒四年柏林定約俄取自土萬國圖作

喀士講義作喀斯列國學會二圖同會城同省名北第佛利斯東挨里温南土耳其西巴統其西北有亞爾打汗即繆之阿爾達干其東北有耶爾斗即繆之倭爾堆其南有喀吉斯曼即繆之喀金什瞞講義云原屬土耳其爲防俄城塞之一苦戰後卒以千八百七十八年訂伯林條約歸於俄國誠要地也○繆又云蘇烘木小省北喀復喀斯山南黑海西車兒喏嘆斯克東枯榻伊斯在經度五十八度四十分緯度赤道北四十二度五十九分方百五十二密律距比得堡二千三百八十一里有喀復喀斯山會城曰蘇烘克烈地本狹小因濱黑海東岸爲防海要區故不屬他省駐防守兵一營六百人礟臺一屬城一曰喀格立在省東南三十里先謙案蘇烘木列國學會二圖作蘇克亨南北同東庫台伊斯西布萊米西西南瀕海會城曰蘇克亨克拉即繆之蘇烘克烈其西北曰加格里即繆之喀格立異名記云蘇烘木一作蘇芬穆即備乘古里利地案古里利二漢三國安息國海東地北魏西域兩海之間地金阿速地元朮赤封地明阿速地後隸土耳其　國朝嘉慶間隸俄北徼考諸書作亞巴西亞全志作古里利○繆又云車兒喏嘆斯克大省北枯班西南瀕黑海東蘇烘木在經度五十五度二十七分緯度赤道北四十四度四十三分方百三十二密律距比得堡二千四十四里以上二省即備乘所稱義米勒多地有喀復喀斯山會城曰諾倭羅西司克緊要海口在黑海東北岸產石油駐步隊守兵一隊桔班喀薩克馬隊戰兵一營礟臺二屬城一曰阿納巴大城在省西南三十二里喀復喀斯山極西黑海要口先謙案異名記作車爾諾羅斯科諾倭羅西圓球圖作阿納巴西列國學會二圖作布萊米西不出省名西南同北庫班東蘇克亨其極西有安納巴即繆之阿納巴世界圖作阿那波

五洲地理志略十四　　澳洲一

賜進士出身　特賞內閣學士銜前國子監祭酒翰林院編修加三級　臣　王先謙謹撰

大洋洲 徐志大洋海羣島云自澳大利亞迤東迤北抵南北美洲之西界謂之大洋海水程數萬里島嶼甚稀間數千里乃一遇其島四圍多磐石亦生珊瑚海船近輒閣淺故不能徧及大洋海風浪最平泰西人稱爲太平洋天氣晴和水土平淑產椰子芋薯果實足供採食土人織草爲衣以蔽形性馴而慧異於迤西島番之悍獷近年耶穌教徒遊其地而誘進之多有信從易俗者島名不能盡悉英人因教事而命以名一曰會羣島別見梭賽依替羣島下一曰友羣島別見湯格羣島下一曰賊羣島別見馬利阿那羣島下此外小島甚多名不盡著土產惟椰子人戶甚少未與他國往來先謙案據徐志西班牙曾闢多島今班人所據無一存者矣美志云西自亞細亞及印度洋起其東布滿於太平洋及南北美洲之間慕志以澳大利亞及太平洋羣島統之許考云經綫自順天偏西二十二度至偏東三十八度緯綫自赤道北三十五度至赤道南五十六度

雷志云包有澳大利亞大陸及太平洋羣島玻利尼西亞南海羣島 案澳大利亞大陸一也太平洋羣島二也南海羣島三也玻利尼西亞統於太平洋羣島中五字當衍諸志稱澳大利亞兼新西蘭塔斯亞呢亞在內雷以新西蘭入玻利尼西亞

太平洋羣島中以牛畿內亞爲最大法國地學家則併馬來羣島在內 案謝辻矢樋志許考皆如此太平洋當作南洋否則不可通 **其南海羣島** 案南海二字當作太平洋 **又可依人種分米克郎尼西亞** 喀羅林羣島與馬利阿那羣島案列國學會二圖作密克羅內西亞矢志作彌克羅奈西亞云赤道綫以北在拜蒲島[illegible]及小笠原島之間有無數小島總稱曰彌克羅奈西亞謝志作賣叩尼西亞吳志作米庫勒西亞依圖作彌克那內西大地誌作美伊哥洛西亞屬島並與雷合 **馬來尼西亞** 自牛畿內亞島至非畿羣島俱爲暗色人種所居案馬來尼西亞世界地理作馬奈伊西亞謝志作瑪雷西亞曹典球云米克郎尼西亞人皮膚褐色玻利尼西亞人皮膚淡銅褐色馬來尼西亞人即墨蘭尼西亞人皮膚黑色即黑人種此條譯志者不應譯作馬來以與馬來羣島相混乃譯音不正志不誤也謝志云美拉內西亞譯即黑人諸島也地在赤道之南或以之屬奧斯達拉西亞包括巴布阿及其東南諸島[illegible]土地肥美民皆內革羅種之阿族及與馬來族混合之種諸島多爲火山搆成列國學會二圖同講義作墨蘭尼西亞吳志作蔑拉捏西阿世界地理作米拉奈西亞 **玻利尼西亞** 自新西蘭二島至檀香山羣島案據雷自注以南北言列國學會二圖自低羣島至挨里西總爲玻里內西亞以東西言謝志作波利尼西亞譯言多島指東經百七十五度以東散布南太平洋之無數小島也分火山島珊瑚島二種斐支弗連德利棱賽伊第撒摩阿等火山島餘爲珊瑚島天氣終歲如春土肥草茂椰子大芋甘薯太羅根

鮮香蕉加非甘蔗棉花爲物產大宗先有豕鼠而無牛馬居民剝取樹皮擊之使輭以爲衣矢志作波里奈西亞云謂澳大利亞東之小島又云火山島較大於一珊瑚島山嶽高聳形如圓錐航泊者以爲標識珊瑚島分三種一曰緣邊礁於陸地緣邊或爲淺水峽或爲小池成珊瑚礁一曰牆壁礁繞火山島而成如澳洲大陸東北沿岸之珊瑚礁是一曰環礁隆起海面作環狀或全圓或半圓其幅員甚狹至廣不過千尺有奇地甚低環內可容潮水航海者以爲避風之地火山島峯巒特多土肥樹茂珊瑚島地低乏水天旱則植物受害世界圖过志作庖來尼西亞吳志作頗勒西亞周志作濮來尼西樋志作波里尼西亞云火山島由噴火之熱力而發生郎散得維支羣島斐濟羣島及橫於奧大利亞旁近諸大島是也珊瑚島在赤道地方爲海蟲合力所搆造島成圓形中包海水名阿多爾多在嘉羅連諸島中然此諸島亦非悉珊瑚島如蘇賽第弗連德利諸島亦純火山島也地方多天生麪包果終歲常青著花結實收穫頗多土人取以充食一家植十株足充一歲之糧各島雖不見胎生獸現由外輸入大豕兎等物頗能生息世界地理作伯里奈西亞云本邦由米拉奈西亞及米克爾奈西亞而成大地誌云玻利尼西亞係希臘語多島之義分三部一美拉尼西亞黑人島之義一美伊哥洛西亞小島之義一玻利尼西亞本部其西北除三毛亞外皆爲歐洲强國之領土案此二書以米克郎尼西亞美拉尼西亞併入玻利尼西亞其區畫又不同

三地

案玻利尼西亞諸島一非纖二湯格三尼那富四尼華五塞佛支六哈維七安里斯八非尼克斯九猶尼恩十曼尼希基十一買諾十二沙摩

五洲地理志略　卷十四　二

亞十三華利十四棱賽依替十五巴馬多十六奧斯脫蘭耳十七馬基塞十八夏威夷十九士退拉馬奴亞美拉內西亞諸島一沙羅門二三太克拉士三牛希伯利四畢士馬克五牛坎雷多尼亞密克羅內西亞諸島一其爾般二馬什爾三喀羅林四馬利阿那五瓜摩三地之外爲澳斯大剌拉西亞一澳斯太利亞大陸即澳洲二牛纖內亞三新西蘭[illegible]四達斯馬尼矢志云澳大利亞澳洲大陸及其附屬新西蘭等羣島也頗勒西亞澳洲東邊羅列之小羣島也米庫勒西亞赤道北之小羣島也雷所分三地與諸圖志略有異同大抵各據所聞見書之不能盡一今並列焉

總面積三百四十五萬二百三十三英方里人五百九十九萬九千口英屬面積三百十九萬千九十四英方里德屬面積九萬二百八十九英方里荷屬面積十四萬七千五百四十八英方里法屬面積九千三百五十一英方里美屬面積六千八百四十四英方里英法保護國面積五千一百七英方里

英領非纖羣島

非纖羣島雷志云英領一名維替羣島大島四小島無數皆火山所成有珊瑚礁環之最高之地四千英尺氣候有熱帶性萊扶熱度中數七十八度正月八十二度八月七十四度雨水九十四英寸面積連羅土馬在內八千四十五英方里过志云四萬八千二百七十方里問荅云八萬方里人十二萬二千七百十二口耕種地三萬七千七百十英畝產椰子甘蔗甘蕉煙葉茶入口貨值二十四萬四千三百四十磅出口貨值三十九萬九千八百磅糖居百分之六十九科潑拉居百分之十二幾全與澳大利亞貿易入款七萬四千四百九十二磅國債二十一萬三千二百六十磅　蘇佛會城在維替萊扶之南岸先謙案雷志非纖列國學會二圖作斐濟过志世界圖作夫伊計慕志作非支謝志問荅作斐支矢志作非其世界地理作費幾周志作富淇講義作菲濟據二圖東有挨斯普羅林羣島西有雅薩瓦羣島南有俄諾羣島北有洛圖馬羣島矢志作洛都馬即雷之羅土馬也中有哥羅島其海曰哥羅小海世界圖有會城名素伐郎雷之蘇佛問荅作蘇德矢志作斯哇講義作斯巴世界地理作斯維亞大地誌作司無亞樋志云英國以千八百七十四年獲南太平洋之斐濟諸島及其附屬之土羅瑪島島凡二百

五洲地理志略　卷十四　三

中有居民者八十島多火山地味肥沃鄒考作飛旗云郎非幾島在大西洋中間[illegible]錯出紛羅合大小百五十餘處成爲一境有人者約八十萬其人與人相食漫無倫理失事之船飄至彼處必爲土人所食無敢往者夫死則妻爲親族所殺以爲殺之所以愛之俾同赴冥間偕老也家主死則殺奴僕以殉其婚嫁及造船建屋皆爲大事必殺奴僕爲禮人分六等一總酋長及本族酋長二祭司三酋長處司事之人四兵卒五平氏六奴僕數戶爲一社數社爲一村數村爲一族每社每村各有酋長一名每族有本族酋長一名而隸於總酋長之下遇喪事或絶粒一二日或滅食一二月且薙髮一周以伸哀慕夫婦之喪劚小指一父母之喪亦閒有行之者酋長皆由村社各戶公擧不世及奴僕極賤稍拂意郎治以極刑或煮以爲食得仇敵則爭食以示勇敢及耶蘇教人入彼處以勸化風氣一新矣講義云在新希布力兒斯東合二大島及諸小島所成跨南緯十五度與二十二度之間當東經百八十度附近二大島曰非的曰芬奴亞火山質森林繁茂產椰子巴拉拉鳳梨甘蔗居民屬玻里尼西亞之夫夫濟安族今其數大減千六百四十三年始爲他斯鑾所發見後歸英轄與英國及澳大利亞有汽船往來自加拿大至澳洲汽船兩月一次泊於斯巴港在非的南王達云大地誌言英知事駐司無亞兼轄西部英領諸島在太平洋諸島中央良港甚多今悉尼頓瓦三毛亞等處有汽船定期航行又內地諸島間時有小汽船往來案二圖非的作菲的司無亞作大無亞大字譯音不合益誤謝志云大島二北曰維紐里島南曰維的里島英設巡撫治之立法權在議會內地有土酋分治首府曰蘇哇在南島南岸巡撫駐焉大埠曰勒維克在南北兩

島間一小島上爲哈歪伊與新金山航路之中心案維紐里即芬奴亞維的里即菲的亦即雷之維替蘇哇即蘇佛在南島南岸與雷合二圖大無亞皆在北岸蓋誤勒維克即二圖之納微島島此玻里內西亞之一

英領湯格羣島

湯格羣島雷志云英領一名親友羣島在南太平洋面積三百八十五英方里辻志云二千二百四十四方里人萬七千五百口入口貨值八萬二千七百二十八磅出口貨值七萬九千六百二十四磅科瀫拉椰子實一作可布一拉居百分之八十四與英國貿易居百分之七十一徐志大洋海羣島云友羣島言與耶穌教爲友也土人形貌端正有心計耶穌教之徒時遊其地誘化之先謙案即雷志之湯格一名親友羣島者也列國學會二圖云頓瓦即佛林得里亦即友羣島標云自主辻志云通牙島乃獨立國酋長統治之世界圖通牙羣島一名友愛島許考云東南有小島百區總名東佳一作羣友島依圖作董噶標名友愛島謝志云一名呑加羣島居赤道南二十度面積三千七百方里人二萬口輸入以關稅爲大宗土民多製網爲業出口貨爲果品魚類風俗純厚善遇外人故稱友島首府日奴克阿洛法講義云英人呼此島日科克土人稱日丹加慕志云當加又名友島矢志云主島登格與湯格合知湯格爲友羣之領島呑加

東佳當加丹加通牙董噶頓瓦皆語音之變轉友島友羣島友愛島親友島本即一地羣友島乃誤倒也平方圖作董噶塔布標名友島問荅作盾嘎達布據二圖羣島內別有東加大布島非即東加島也平方問荅蓋誤樋志作弗連德利云即友島弗連德利即友誼之意矢志作弗倫德列云或作通嘎弗倫德列者譯言親厚也首府日奴怪洛發吳志作磷德利周志作福倫特來圖球圖作夫蘭得力講義又云佛林得里諸島散布於菲濟之東合南緯二度附近諸島皆是千六百四十三年他斯蠻始發見之雖各有酋長究爲丹加王國其王住最大島居民屬玻里尼西亞族羣島歸英保護問荅云係君民共主其南有和爾尼羣島北有海倍羣島王達云北係南之譌南係西北之譌先謙案和爾尼相距太遠問荅疏謬此玻里內西亞之二

英領尼那富

尼那富雷志云英領在沙摩亞之西南面積六英方里人千二百口王達云雷志尼那富即學會圖之牛亞佛島一日和紐方位在三毛亞之西南先謙案王說是列國圖同此玻里內西亞之三

英領尼華羣島

尼華羣島雷志云英領在沙摩亞及湯格之間面積八英方里人千口王先慎云列國學會二圖三毛亞之南弗林得里之北有尼危島三毛亞即沙摩亞弗林得里即湯格與雷志方位證合是尼華即尼危也此玻里內西亞之四

英領塞佛支羣島

塞佛支羣島雷志云英領在湯格之東北面積三十六萬英方里人五千六百口先謙案雷志塞佛支矢志作薩佛治曹典球譯野志云尼危島一名塞佛支島住民四千〇七十九在丹加與三毛亞之間又英文圖亦云尼危亦作塞佛支蓋英人行政管理分爲二部雷志據此立說於圖蓋在一處或以當基斯貝維利基塞菲爾等島當之均未合當基斯等島從音譯攷英文圖皆各別爲羣不能與塞佛支爲一也此玻里內西亞之五

英領哈維羣島

哈維羣島雷志云英領在西太平洋內拉拉湯瓜爲火山所成餘皆珊瑚島面積百四十二英方里人八千四百口王達云雷志哈維羣島即學會三圖之科克羣島拉拉湯瓜即學會圖之拉羅敦加大地誌云在三毛亞之東南發見者爲科克氏故名面積人口與雷志同英有監督官駐拉羅敦加先謙案列國圖同謝志有古格羣島云一名黑維在弗連德利羣島之東居赤道南二十度九珊瑚島及數火山島合成居民萬口最大島日拉羅當𠀋居民三千案黑維即哈維拉羅當𠀋亦即拉拉湯瓜也矢志云又有赫佛羣島其最大有日

拉洛通嘎赫佛即哈維拉洛通嘎即拉拉湯瓜也此玻里內西亞之六

英領沙羅門羣島

沙羅門羣島雷志云英領面積萬六千九百四十七英方里人十七萬六千口先謙案雷志沙羅門列國學會二圖慕志作撒羅蒙列國圖標德領世界圖作叟羅蒙亦標德領而雷志作英領者據辻志云叟羅蒙之東南部英領西北部德領十萬六千二百方里人十六萬九千口矢志作沙爾曼云英德訂約以來東部屬英西部屬德吳志作索路門云西部獨領東部英領謝志作所羅門云在巴布阿東千五百里大島九爲火山所構成土人性兇殘殺人以食西北三島屬德南六島屬英大地誌云千五百六十八年西班牙人米塔那氏發見以昔時曾得撒羅蒙王之金故命以是名英領面積八千七百英方里以新吉俄爾甲島瓜亞爾喀那島一圖亞作達馬來大島克力斯他瓦爾島爲主人口未詳然不止十萬德領面積九千英方里人口八萬九千以新保加痕維爾島可亦休爾島伊撒貝爾島爲主雷與列國世界二圖互異以此樋志作索羅蒙云不附他邦而獨立誤也漢文圖作埽羅們世界地理作蘇羅門異名記作梭羅門一作素羅蒙周志作砂落蒙講義云合二大島及諸小島所成在三塔克魯斯與畢士麻克諸島之間亘六百里保加痕維爾島有山高萬尺羣島森林密深地味肥沃產不勒多非爾得巴拉拉薯藷居民爲墨蘭尼西亞族內地有黑人種名不修明以販奴爲業氣候多雨千六百五十七年

美坦來始發見此地案美坦來卽米塔那也保加痕維爾學會圖作新保加痕維耳圓球圖作新昭濟唵此美拉尼西亞之一

英領三太克拉士羣島

三太克拉士羣島雷志云英領三嶺重疊林木茂密丁那古拉島有火山未熄面積連土科庇亞三百八十七英方里人五千六百五十口先謙案雷志三太克拉士列國學會二圖作三塔克魯斯講義同云在新希布力兒斯之北位南緯十度處當撒羅蒙島之東千五百九十五年美坦來始發見此地踰二世紀加得勒得再探其地名曰昆加得勒得全島乃火山巖及珊瑚礁所成宜農漁業居民爲玻里奈西亞墨蘭尼西亞混合之種王達云丁那古拉卽學會圖之第那庫拉在三塔克魯斯之北土科庇亞卽學會圖之土可丕亞大地誌云此羣島中之瓦尼可羅島爲法國探檢者拉普諾茲氏終焉之地是以有名謝志作散丹克魯士云在所羅門羣島東南牛亥伯利第之北三百里地小而土肥今屬英矢志作山太格魯士此美拉尼西亞之二據列國學會二圖

英領其爾般羣島

其爾般羣島雷志云英領珊瑚島六十一產面積百六十六英方里人三萬五千二百口產科潑拉先謙案雷志其爾般列國學會二圖作吉爾貝特亦曰斯加爾

巴老羣島標英字在三塔克魯斯北世界圖作吉爾帕特謝志作基爾伯德云一名京斯密耳正當赤道界東經百七十二度至百七十七度之間凡十六島共千五百方里人三萬七千口千七百八十八年始發見於世千八百九十二年屬英甘志作吉爾伯特云九百九十六方里人三萬五千口矢志云吉爾孛脫羣島中有十六島嶼係德國屬地吉爾孛脫亦卽吉爾伯特也德屬無此名蓋英屬之誤此密克羅內西亞之一據矢志依列國學會二圖屬波里內西亞

英領安里斯羣島

安里斯羣島雷志云英領珊瑚島九座面積十四英方里人二千五百口產科潑拉王達云雷志安里斯似卽學會圖之埃里西先謙案王說是也講義云挨里西諸島吉爾貝特諸島峴在三毛亞之西北由南緯五度至十一度皆是亘三百六十里挨里西諸島居民爲玻里尼西亞族戴酋長而歸英國保護地不豐沃此玻里尼西亞之七據講義

英領非尼克斯羣島

非尼克斯羣島雷志云英領珊瑚礁十處人六十口居恩特勃雷地多鳥糞先謙案雷志非尼克斯列國學會二圖作費匿克斯標英字有英斗爾不力費匿克斯比爾乃伊委爾怯斯等名在猶尼恩羣島北此玻里尼西亞之八

英領猶尼恩羣島

猶尼恩羣島雷志云英領面積七英方里人千五百十口多鳥糞先謙案雷志猶尼恩列國學會二圖作由尼恩標英字在三毛亞北矢志作由利文此玻利尼西亞之九

英領曼尼希基羣島

曼尼希基羣島雷志云英領包有哈弗雷島本林島及其餘三島面積十二英方里人千口王達云雷志曼尼希基似卽依圖之馬那比紀在會島之北學會圖作馬尼希基哈弗雷疑卽學會圖之橫非里大地誌面積人口與雷同云在由尼恩之東先謙案本林卽學會圖之夫林特列國圖同此玻里尼西亞之十

英領買諾羣島

買諾羣島雷志云英領面積三百英方里人五百口包克拉司脫麥斯島面積二百三十四英方里人約百口馬登面積三十五英

方里人百七十口翻蜜面積十五英方里人百五十口先謙案依圖費匿克斯之東北有英屬杷賣刺島賣刺卽雷志之買諾也列國學會二圖平方圖作巴爾彌納杷賣刺之東南有翻蜜島二圖作芬蜜平方圖蜜誤蘭翻蜜之東南有克力斯特抹斯島卽雷之克拉司脫麥斯平方圖作克力斯特莫斯二圖作克力斯特克力斯特抹斯之東南有馬耳敦島二圖作馬耳墩卽雷之馬登此玻里內西亞之十一

英領牛希伯利羣島

牛希伯利羣島雷志云英領島多山有火山三座歸英法二國保護二國皆不得占據面積五千一百七英方里人五萬八千口先謙案雷志牛希伯利列國學會二圖作新希不力兒斯在斐濟羣島西世界圖作新希伯利的問荅作伯勒慕志作新希伯利的世界地理作新哈布利斯矢志作紐海孛立的斯志作新希伯利勃力第士講義作新希布力克兒斯云並班克斯諸島樋自西北散布於東南由南緯十三度至二十度半皆是此羣島爲珊瑚礁及火山巖所成產不來得非爾得椰子甘蔗等業漁及采珠貝者頗盛居民墨蘭尼西亞族波利尼西亞族各居其半新希布力兒斯千六百六年已爲古羅斯所發見千七百七十四年古克再探其地今屬法吳志作紐赫布鐵周志作紐海勃來特謝志作牛亥伯利第云在所羅門羣島之東當南緯十二度至二十一度凡火山島三十內

二十島有土番兇殘食人近歸英法二國同轄王達云大地誌言分南北二部南部人民較馴良北部人民野蠻西人強土人往昆士蘭開墾又輸入傳染病土人遂次第減少案雷云火山三座與謝志三十座多少懸殊案曹典球譯野志云有火山三一曰阿毋普利一曰羅比雅索一曰巴內阿拉巴則雷志是也在撒羅蒙東南講義止言屬法誤此美拉尼西亞之三據矢志列國學會圖

德領牛饑內亞

牛饑內亞雷志云德領一名君主維廉地面積七萬百四十英方里人十一萬口產科潑拉地可種植先謙案已見牛饑內亞島條內詳此重出

德領畢士馬克羣島

畢士馬克羣島雷志云德領面積萬八千百九十英方里人十八萬八千口先謙案雷志畢士馬克列國學會二圖作畢思馬克在牛饑內亞西南世界圖过志作俾斯麥克依圖作畢士麥克吳志作畢士麻克謝志作畢司麥克云指牛伯利盾牛哀爾蘭阿特米拉德及附近諸小島之總稱為火山構成居民十八萬矢志作俾思麥克云係新貌列顯新愛蘭亞德邁拉爾的及附近各小島之總稱亞德邁拉爾的即阿特米拉德也講義云合新布里代痕新爾蘭及各小島所成附屬德領牛饑內亞案新布里代痕二圖同即牛伯利盾也圓球圖作紐白力登平方圖作新旁美尼萬國地誌作新勃列顛过志云十二萬方里此美利尼西亞之四

德領馬什爾羣島

馬什爾羣島雷志云德領珊瑚羣島面積連樂島百六十英方里人萬六千口先謙案雷志馬什爾列國學會二圖平方圖講義世界地理作麻紹耳萬國圖作麻熟耳外國地理作馬路沙路世界圖过志作馬細爾周志作馬西耳吳志作馬夏爾慕志作馬沙爾矢志作馬失爾云最大島曰約澄德派官駐其地謝志作瑪沙勒云在嘎羅林東凡四十六珊瑚島當北緯四度至十五度之間輸出高卑拉弄蛇最多島曰耶普約發耶普一也講義云跨北緯九度東方十五島曰拉達克西方十八島曰拉力克諸島高海面不過數尺土地不宜植物氣候暑溼正月盛暑七月甚寒居民屬墨克羅尼西亞族过志云九百方里人萬口此密克羅內西亞之二據列國學會圖

德領沙摩亞羣島

沙摩亞羣島雷志云德領一名航人羣島亦火山所成最高者六千英尺屬德國之三維及烏玻路面積九百九十英方里人三萬口入口貨值六萬三千三百八十磅出口貨值六萬三千三百八十磅多與英葡德貿易先謙案雷志沙摩亞列國學會二圖作三毛亞郎納維加他斯亞北距由尼恩南距佛林得里西與洛圖馬相望東與會羣島相望世界圖过志作撒茂亞平方圖作薩摩阿周志作薩嗎亞吳志作薩莫阿云屋頗爾島之阿比阿港通汽船往來矢志作山穆亞云十四火山島聚合而成首府曰亞比亞在烏朴羅島中講義云三毛亞散布於南緯十四度西經百七十二度交錯處要港曰亞皮亞首府為烏玻路其政治王擁虛位實權在英德美領事之手謝志作撒摩阿云一名那位加託居赤道十二度以南面積萬七千方里人三十六萬口內歐人僅三百有大島東曰烏卜路西曰殺瓦依京城曰阿比阿在東島北岸樋志作蒙摩安云一名那維益多當澳美兩洲開航路之衝往來汽船皆休泊焉又云索羅安索羅蒙弗連德利皆土人所領不附他邦而獨立过志作撒茂亞云大半屬德領其一部屬美領王達云大地誌言面積千七百又一英方里人三萬四千口今為獨立之王國大部為德領美領其一殘餘貿易之權為德所握千百九十七年貿易額至十一萬磅千七百六十八年法國有探檢家布古氏始發見此島當時土人長於操舟之術故有舵人羣島之名據此王國尚存特伏於德美之下耳案过志亦云萬二百六方里人二萬四千口謝志三十六萬誤也烏朴羅烏卜路屋頗爾郎雷之烏玻路二國作鄂普路殺瓦依二圖作薩歪伊郎雷之三維納維加他斯與那位加託那維蓋多並音轉字變此玻里內西亞之十二

德領喀羅林羣島

喀羅林羣島雷志云德領面積五百六十英方里包有巴勞或比流羣島與其東之珊瑚羣島出產銅為大宗徐志大洋海羣島云有加羅林者屬島最多內有一族頗通藝術商船偶過其地亦停泊貿易先謙案郎雷志之喀羅林也列國學會二圖平方圖與徐同標德字在麻紹耳羣島之西畢斯馬克羣島之北过志云三千三百六十方里周志作克魯倫世界地誌作堪拉因世界地理作加洛林世界地學作加若林外國地理作加爐拉燕樋志作嘉羅連謝志作嘎羅林云在拉德倫羣島南東西橫列六千里當赤道北三度至十一度東經百四十度至百六十度間為珊瑚圖島時有風災湖內多魚蝦土肥林茂居民三萬六千最大島曰亞生升在赤道北七度一分許考云西班牙加羅第二時西人名之曰加羅利納四周多暗砂舟行最易閣淺極東之島曰瓦郎便泊舟田土肥沃風景清佳居民三萬皆秀慧勤耕植精梟水慕志作加羅黎那云共五十島矢志作加洛令奈云在馬立安那羣島南凡隔六百英方里此島有石壁古蹟頗著名不知何人種挪築講義云加羅林諸島並帛琉島連亘東西散布於赤道與北緯十度之間合二十五小島而成植物繁茂居民屬墨克羅尼西亞族各有酋長千五百二十六年葡人始發見之千六百八十六年屬西班牙千八百九十九年與拉諦羅尼並賣與德案帛琉郎雷之比流二圖與講義同謝志作比雷云在嘎羅林西南凡二十八小島在北緯二度至九度之間瓦郎二圖作瓦蘭此密克羅內西亞之三謝志作賣叩尼西亞云太平洋中赤道以北諸小島本包括於波利尼西亞內今分之曰

賁叩尼西亞譯卽小島部也或爲火山島或爲珊瑚島天氣物產與波利尼西亞相似

德領馬利阿那羣島

馬利阿那羣島雷志云德領除瓜摩島外面積二百四十英方里人千六百口北部諸島有火山六座徐志大洋海羣島云賊羣島言其非善類也各島多西班牙所據西人以天主教誘勸之土人不肯從遂至互相攻擊交鬨不已先謙案卽雷志之馬利阿那也列國學會二圖世界圖平方圖作馬利亞納標德字在美領瓜木島之北一瓜木卽雷之瓜摩也現世界地理作麥利亞那圖球圖作棘得隆一名麻里恩外國地理作馬里亞拿稱爲咊古盧尼西周志作馬利亞奈云一名頼度麥斯講義作馬利阿拉云自北緯十三度至二十一度沿東經百四十五度皆是北有十島係一火山南有五島係珊瑚島氣候多雨時有颶風地震千五百二十一年麻善蘭始發見之名曰拉諦羅尼千六百八十八年屬西班牙領有喀馬島諸島中最大者今屬美領餘屬德矢志作馬立安那云在日本小笠原羣島南凡隔五百英方里一名蘭德龍大小島嶼十五最大島曰環姆有亞伯拉港屬西班牙吳志作馬利阿拏云一名蘭脫倫由富士山蒂連結十五火山島最大曰固阿姆多慕志云共二十島大者一名瓜囊周二百七十里內有亞古那爲首城樋志云拉得隆羣島一名馬利亞那在北太平洋散於南北四百五十英里之間島數凡二十有居人者止五島耳地土肥沃樹木叢生島民初有十萬自歐人侵

入減至萬餘謝志云拉德倫羣島譯卽賊島一名馬利亞納南北縱列共二十島爲火山所成千五百二十一年船主馬遮倫探得以土人喜竊故名之共十萬方里地勢平坦水利交通最大島名古哇周二百七十里產橙橘芭蕉木棉靛青蔗糖本屬西班牙與美交戰後古哇屬美餘皆售於德許考作馬利哥洛云呂宋東有島十七區名賊羣島明正德末麥折倫始探其地嘉靖四十四年班人取之其王斐理伯第四之后名瑪利亞納國人取以易一島名王達云瓜木卽學會圖之關島云馬利亞羣島中關島最大一作加馬島舊屬西班牙光緒二十四年美西戰後此島與菲利賓羣島同歸於美而馬利亞納及加羅林巴拉烏各羣島德人乘西班牙之敗誘而取之前年美設太平洋海底電綫實經此島已見報紙先謙案拉諦羅蘭德龍蘭脫倫棘得隆拉得隆拉德倫一也瓜囊亦卽瓜摩喀馬卽加馬馬遮倫麥折倫卽麻善蘭过志云人九千口此密克羅內西亞之四

法領牛坎雷多尼亞

牛坎雷多尼亞雷志云法領多山之島最高者五千四百十三英尺島之周圍均有暗礁礦產金銅鎳煤甚富面積連勞塞耳替羣島七千六百五十四英方里人六萬三千口入口貨值三十三萬七千四百磅出口貨值二十五萬六千磅以鎳爲大宗多與法國貿易先謙案雷志牛坎雷多尼亞列國學會二圖作新喀里多尼亞在澳大利亞昆士蘭之東世界圖作喀列賓尼亞其海總曰珊瑚海吳志作紐格多尼阿世界地理作新卡特尼亞周志作紐克里獨尼亞平方圖作新喀里呢亞講義作新喀里多尼亞云在澳大利亞東九百里新西蘭西北九百六十里狀似長橢圓島中山岳甚多沿北海岸珊瑚礁林立連延一百五十里都會曰羅美亞汽船定期與法國馬爾塞相往來每月一次海底電綫與澳大利亞相聯絡謝志作牛嘎利多尼亞云美拉尼西亞最南島在澳斯達利亞東二千四百里牛西蘭北三千里長七百里廣百餘里面積共七萬方里果品最盛輸出鈷鎳咖啡最多與東南之羅耶而的島同屬法矢志作紐加來唐尼亞云東南延長有面積六十方英里人六萬五千口此地氣候不甚炎熱白銅鑛觸處皆是招各國人開之加非甚佳附近之活野爾底島屬法樋志作新克里多尼亞云千七百七十四年英人苦克氏始尋得之千八百五十三年遂爲法有其屬島大者曰羅雅爾第案活野爾底羅雅爾第羅耶而的卽雷之勞塞爾替也二圖作羅雅耳特講義作羅維耳特云珊瑚礁所成人係墨蘭尼西亞族近來玻利尼西亞族有增加之勢大地誌云法國置罪人於此故未甚就緒过志云三萬有六千方里銅鑛頗有名此美拉尼西亞之五

法領猶衣或華利羣島

猶衣或華利羣島雷志云法領爲火山所成外有暗礁面積三十

七英方里人三千五百口王達云大地誌言頼氏之北有華里斯羣島千八百八十七年以來爲法國之保護地華利卽華里也在和爾尼羣島之東此玻里內西亞之十三

法領霍痕羣島

霍痕羣島雷志云法領爲二火山島人二千五百口先謙案諸圖志無

法領梭賽依替羣島

梭賽依替羣島雷志云法領在東太平洋爲火山所成外有暗礁面積六百三十七英方里人萬六千三百七十口入口貨值十二萬八千三百磅出口貨值十五萬九千三百三十磅以科潑拉貝母爲大宗徐志大洋海羣島云會羣島言其入耶穌之會也島之大者曰阿他害地附近羣島甚多以此島爲綱領其地山水秀淑風景宜人土人篤信耶穌教廣設學館先謙案卽雷志之梭賽依替也列國學會二圖作索晒伊的卽會羣島標法字世界圖依圖作社會羣島平方圖作會島講義云諸島散布於南緯十二度與十一度西經百五十度與百三十度之閒千八百四十二年後屬法全島悉火山質珊瑚礁繞之居民屬玻里尼西亞種首府曰拉比多慕志云公會羣島共十座大者曰他希的周四百

六十里樋志云蘇賽第羣島卽會羣島亦英人苦克氏所發見大者曰他希底民因宣敎師之力傾向耶穌敎者甚多謝志云梭賽伊第在古革羣島東北居赤道南十五至十七度凡十島面積四千五百方里最大曰大希地在極東周三百餘里天氣和平土肥物豐會城曰巴比特法總督駐之問荅云大島曰達希第有阿羅里那高山都城曰帕耳特矢志作沙殺惕云四百六十二英方里最大島曰太喜帝稱曰南洋之樂園首府曰拍譬帝吳志作瑣色其云主島達希其大地誌云索晒伊的號爲太平洋公園以倫敦皇立學會索晒伊的之名名之案沙殺惕瑣色其一作瑣色帕並蘇賽第之音變字他希的他希底達希第太喜帝達希其一也二圖作大赫的誤繪入低羣島巴比特拉比多帕耳特拍譬帝亦一地此玻里內西亞之十四

法領巴馬多羣島

巴馬多羣島雷志云法領珊瑚羣島面積連匹坎與東羣島三百五十六英方里人五千二百五十口東羣島及沙拉雅哥曼面積四十七英方里人百五十口屬智利王達云巴馬多卽學會圖之低羣島其分圖又作保摩突郞巴馬多一音之轉大地誌云島均低平故名低島面積四百方英里人五千餘口爲法領地低羣島內有比特根島面積三英方里人口百餘爲英領地比特根之東有伊斯他島據大地誌屬智利距本國二千五百海里比特根及本島有先史人類之遺跡本

島石製偶像尤有名高者十五英尺至三十七英尺其數有二百餘先謙案王說是也列國圖亦作羅亞基布拉哥卽低島或保摩突或圖亞摩突比特根卽雷之匹坎曹典球云面積三方里歸英領謝志云梭賽低第東有低島亦名陸島當南緯十六度西經百四十三度講義云在索晒伊的諸島之東跨南緯十四度與二十四度之間有珊瑚島八十餘居民屬玻里尼西亞族此玻里尼西亞之十五

法領奧斯脫蘭耳羣島

奧斯脫蘭耳羣島雷志云法領多山之島拉巴高二千百二十七英尺面積百十一英方里人千八百八十口先謙案列國學會二圖低羣島之西科克羣島之東土布亞世界圖作鮑桃數云撕鮒尼爾生等總爲澳大耳羣島標法字卽雷志奧斯脫蘭耳也吳志作澳大利謝志作奧斯達勒云在梭賽伊第羣島南一名土布衣奧斯達勒卽奧斯脫蘭耳土布衣亦土布亞之音變字大地誌云諸島中最大者爲土布亞講義云科克及土布亞諸島在南緯十八度與二十八度之間科克諸島位於西北土布亞諸島位於東南土地俱豐饒科克諸島千八百八十八年後屬英保護土布亞諸島今屬法此玻里尼西亞之十六

法領馬基塞羣島

馬基塞羣島雷志云法領十二島皆火山所成面積四百九十二英方里人四千四百五十口徐志大洋海羣島云道光二十二年法國新開馬耳其殺羣島風土未詳先謙案馬耳其殺卽雷志之馬基塞也吳志作馬爾克沙慕志作馬其薩云共有十三島山高土潤爲法所開地世界圖多島海中有法領馬爾克以撒斯羣島卽此依圖云加羅林東方有馬爾啟土諸島屬法矢志作馬開薩斯謝志作馬革撒斯云在低島之北凡十二火山島面積四千六百方里華人多往彼開墾種棉列國學會二圖作馬貴斯課程作馬規薩士皆譯音之增減轉變大地誌云會城在奴喀希法島上多堡礁講義云馬貴斯千八百四十二年屬法以此爲諸羣島之一其二森多拉爾克羅普在索晒伊的與布哇島之間歸英保護三匪難得士在南緯三十四度與西經七十九度交錯處歸智利領四加拉巴哥斯諸島在赤道上當西經九十度曹典球云屬南美厄瓜多爾國五比特根在保摩突諸島東六伊斯他諸島中最大島也屬智利五六兩條參典馬多條參韻巴此玻里內西亞之十七

法領克里般敦島

克里般敦島雷志云法領在東太平洋面積二英方里無居民先謙案諸圖志無

美領夏威夷

夏威夷雷志云美領卽檀香山一名三威治羣島在北太平洋多山馬奴亞基爲已熄之火山高萬三千九百五十英尺基勞依爲未熄之火山高三千九百七十英尺面積六千五百六十七英方里人十萬九千二十口十年增百分之三十入口貨值百四十八萬九千磅出口貨值二百七十三萬一千磅糖居百分之九十六千八百九十八年始入美國版圖　呵拿盧盧會城熱度中數七十五度八月七十九度正月七十一度雨水三十一英寸人二萬九千九百二十口徐志大洋海羣島云有阿歪希者亦大島屬島甚多有國王嘉慶年間舉國奉耶穌敎學館尤繁其王頗諳武備常有師船巡海先謙案卽雷志之夏威夷也阿歪希夏威夷一音之變轉列國學會二圖作散得維齒羣島卽檀香山自東南而西北橫列海中其東南端曰海威爾一名阿歪希其西北曰馬于馬于之西曰喀呼拉于曰拉奈又西北曰摩洛開又西北曰阿湖又西北曰開奥伊其西曰女好又西北曰比爾得或摩都馬奴共八島謝志阿歪希作哈歪伊馬于作馬尾拉奈作

剌內阿湖作奧烏摩洛開作木羅楷開奧伊作快哀共六島矢志喀呼拉于作加虎洛拉奈作拉那阿湖作奧虎摩洛開作摩羅加馬于作馬烏伊又曰布哇曰加烏愛曰泥蟹共八島樋志阿湖作俄和辻志作阿亞夫許考作瓦呼世界圖作瓦哈案諸圖志阿歪希爲最大島諸志又云布哇最大郎檀香山而圖無布哇之名然則布哇郎阿歪希之異名矣謝志云三德梔支大小十二島當北緯十八度至二十三度西經百五十五度至百六十一度許考云三德梔枝十一島乾隆四十三年英人高克探獲其地英提督名三德梔枝遂以名之二圖散得維齒音之變轉郎雷之三威治过志作三梔底伊克樋志作散得維支周志作生渭西吳志作桑多維其謝云哈歪伊有著名火山曰基老伊其口周九里皆爲石汁終年沸流基老伊郎雷之其勞依樋志云布哇有著名火山毛那羅阿峯出海面萬三千七百五十六尺二圖作冐納羅亞山在阿歪希島郎雷之馬奴亞也謝云首府賀挪魯魯在奧烏島上爲美至澳航路中心太平洋內第一大埠郎雷之呵拿盧盧二圖作和諾魯魯世界圖辻志作候奴魯魯樋志作火奴魯魯周志作霍諾露慕志作合諸魯路矢志作漢挪路路云艮港也面南凹入陸地凡二英里可泊百艘終歲無風波之險港口燈臺可照九英里許全國在熱帶以內然不似他熱帶國之炎熱物產甘蔗最盛他國歲穫一次此地成熟每月不等故其幹甚大糖廠約數百處輸入各國其先島中有大蔽樹灌木苔蘚之類幾無隙地動物惟黑鼠鼴鼠長鼻黑豕千七百九十三年南美輸入家畜大爲繁殖贏馬牛羊用之有餘輸往舊金山固有之果實芭蕉野蓬藁蘋果後由他處輸入多種木之可貴者有羔樹或曰洛樹可製器及樂器檀香

木甚多故中國人稱檀香山今此樹甚少他木以濫伐故亦日漸減少問荅云凡行太平洋者必經此島增備物件辻志云鐵路長三百四十六里電綫六百十五里曹典球云布哇土人於西紀五百餘年自三毛亞之薩歪伊島移來西紀十一二世紀時玻里尼西亞種殖民於此加美哈馬一作喀哈美哈美者布哇土人也千七百九十五年定阿湖島爲君主國千八百十數年又得開奧伊及女好二島屬之首府在阿湖島之和諾魯魯加美哈馬一世死子加美哈馬二世嗣死千八百二十四年弟加美哈馬三世嗣其時與英法諸國外交每生齟齬千八百四十二年美國首先承認布哇王國獨立英法隨之千八百三十九年布立憲政體三世死加美哈馬四世嗣死加美哈馬五世嗣死後統絕王魯拉利諾立死無嗣王加拉加立千八百七十五年始與美國定約通商加拉加死妹柳柳俄加拉尼立與大臣不合國亂千八百九十三年美遣兵登陸以保護美人生命財產爲言布哇卒與美定約以主權讓美千八百九十八年全爲美國所兼併此玻里尼西亞之十八據列國學會圖依謝志入貢耶尼西亞

美領瓜摩島

瓜摩島雷志云美領馬利阿那羣島內之大島面積二百英方里人八千六百口先謙案雷志瓜摩島世界圖作美領瓜木島在德領馬利阿那羣島南列國學會二圖作關島此密克那內西亞之五

美領土退拉　馬奴亞

土退拉　馬奴亞雷志云美領在沙摩亞羣島內面積七十七英方里人五千口先謙案雷志土退拉列國學會二圖作圖推拉一名吧果吧果及馬奴亞俱在三毛亞羣島內此玻里尼西亞之十九

賜進士出身　特賞內閣學士銜前國子監祭酒翰林院編修加三級　臣　王先謙謹撰

澳斯太利亞 亦在大洋洲內澳洲以此立名徐志作澳大利亞亦曰南亞細亞周志作奧西尼亞許考作澳削尼亞括地略作奧旋尼加全圖作俄西亞尼嘎泰西新史作澳斯鐵里亞問答作奧斯達拉西亞世界圖作濠斯太剌利西亞世界地理作澳斯脫拉西亞列國學會二圖作澳斯大剌拉西亞

澳斯太利亞 徐志東南洋各島云澳大利亞一名新荷蘭在亞細亞東南洋巴布亞島之南週迴約萬餘里由此島泛大洋海東行郎抵南北亞墨利加之西界其地亘古窮荒未通別土前明時西班牙王遣使臣墨瓦蘭由亞墨利加之南西駛再尋新地舟行數月忽見大地以爲別一乾坤地荒穢無人迹入夜燐火亂飛命名曰火地又以使臣之名名之曰墨瓦蠟尼加西班牙人以此侈航海之能亦未嘗經營其地也後荷蘭人東來建置南洋諸島展轉略地遂抵此土於海濱建設埔頭名之曰澳大利亞又稱新荷蘭旋爲佛郎西所奪佛人尋棄去最後英吉利得之謝志云千七百六十八年英人喆克測量海岸以爲英國屬地而公吉馬氏其土地之廣堅意墾闢先流徙罪人於此爲屯田計本國無業貧民願往謀食者亦載以來他國之民願受一廛者聽之地在赤道之南天氣炎燥海濱多平土山嶺高者不過三十丈江河絕少雜樹荒草灌莽無垠鳥獸形狀詭譎與別土異土番黑面披髮裸體食草根山果結巢於樹下予之酒一飲郎醉臥泥中如豕負塗男役女若畜怒輒殺之英人流寓者墾海濱溼土種麥與粟草肥茂牧羊孳乳甚速毛毳細輭可織呢絨現居民不足十萬每年運出之羊毛值銀二百餘萬兩百物未備日用之需皆從別土運往英人於東境海口建會城曰悉尼居民二萬捕鯨之船時時收泊貿易頗盛而流徙之戶本莠民飲博蕩侈相習成風流寓良民亦頗染其俗南境濱大南海英人新徙人戶已成聚落西境亦捌置一廛在江河之濱北境近赤道天氣酷熱產海參海菜燕窩英人派陸兵駐守以防侵奪計澳大利亞一土英人四境所耕牧僅海濱片土不過百之一二其腹地則奧草叢林深昧不測土番如獸老死不往來不特風土無從探訪郎山川形勢亦無由乘軺歷覽英人謂此土雖荒曠而百餘年後當成大國南海諸番島當聽役屬如附庸也近命名曰南亞細亞又云按澳大利亞郎泰西人職方外紀所云天下第五大洲陳倫烱海國聞見錄繪四海總圖東南隅有片土署曰人迹不到處郎此土也地之廣莫爲東南洋諸島之冠野番獸處亘古昏蒙西班牙既探得亞墨利加兩土侈心不已展轉西尋忽見此土以爲搜奇天外而不知地球圜轉已至亞細亞之東南洋也荷佛爲鷸蚌之爭旋以窮荒棄之英吉利惜其廣土極意經營欲收效於數十百年之後亦可謂好勤遠略哉雷

志云爲世界最小之大陸最大之島 慕志云緯綫自赤道南十度至三十九度經綫自順天偏西三度至三十八度止志云在阿洲西部西北隔謝列倍斯海馬喀撒兒海峽及巴理倫薄克間海峽接亞洲之馬來羣

島南臨大海東濱太平洋西面印度洋分爲澳洲大陸新吉尼亞他斯滿尼亞新吉蘭四部其沿海澳洲大陸平直少彎曲北有容噴他利亞海灣南有澳洲大灣新吉尼亞他斯滿尼亞新吉蘭三島出入甚多灣港不少 英國屬地分七區各任政府管轄現議併七區爲一面積二百九十三萬四千五百十五英方里東西二千五百六十英里南北千九百七十英里 慕志云長九千里闊七千里四周二萬六千里總計千一百萬方里 海岸綫長九千六百二十英里通計每三百五方里有海岸綫一里面積連達斯馬尼島與新西蘭計之共三百七萬六千八十英方里沿岸大半荒磧無居民天然之港及海口多在東部東南部及西北部其東岸之北部有珊瑚礁沿之約長千四百英里地之高者有格雷蒂佛丁山在東岸澳斯太利亞阿耳魄士山 矢志作阿爾布又作挨爾潑謝志作哀勒伯樋志作阿爾比斯 高七千三百三十六英尺 謝志云哀勒伯山長五千一百餘里各地名稱不一曰澳洲比勒尼斯山革蘭賓山藍山利斐波勒山金銀花山實一山脈也平均高度千五百尺有二三高峯自五千尺至七千尺不等最高曰可斯休斯可峯四時積雪樋志云東畔連山南起巴士海峽在維多利亞境內者名澳大利亞阿爾比斯山在新南威爾士者名藍山北至約克岬而止其最高峯在維多利亞高七千五百尺西偏連山自千尺至二千尺偶有高峯至五千尺其維多利亞至南澳大利亞近海岸處有山脈一帶中多熄滅火山 其內地有高原或荒磧或可爲牧場其大平原爲滿雷河及歐爾湖之流域大約尚低於海平面河之大者曰滿雷河 謝志作末雷周志作買來矢志作謨列慕志作墨來樋志作麻里講義作木爾來 領地二十七萬五千英方里爲洲內重要之河而航駛之期每歲不過一時 謝志云末雷河出哀勒伯山西北流爲斐多利亞及牛偉勒斯之界綫又與達令河會折而南入海合支河灌域約五百萬方里大船可上溯五千里遇旱輒淤淺達令河亦出哀勒伯山西南流會末雷河此外西方天鵝河北方斐多利亞河皆通舟楫有轉輸之利樋志云麻里河至阿德來得附近入海其內地河流多匯瀦於湖沼而不注海大地誌云新南威爾士之波克伯里長五百三十英里時或由平地高至九十三英尺又有多數之河平常無水雨季則生濁流因之河岸堆積豐饒之泥土與非洲尼羅河相似 北部熱帶氣候南部溫帶氣候每年雨水中數在東南部北部及西南部之一小邑過二十

五英寸其在內地大半少於十英寸辻志云北部炎熱如焚南部溫和多雨中部寒暑甚異降雨殆稀新吉尼亞炎暑重瘴他斯滿尼亞新吉蘭則溫和而多雨動物無翻嚼之獸其肉食之獸惟丁哥澳洲所產犬袋鼠鸞鷃哥鴯鶓鴕鳥之類矢志云有王八德係有袋之獸形略如狸有達克比爾形略如鴨其鳥皆食花美而不能鳴囀最奇曰火喰雞謝志云獸食肉者有猔獨[illegible]狀如狐如狼又如犬每傷羊羣有袋之獸獨多剛葛鹿最大幽頌飛頌交之更有箭豬食蟻獸鴨嘴獺首如鴨而四足卵生又似鳥禽有五色鸚鵡安樂園黑天鵝鷹鴞鷗食火雞幾奴等蛇小而無毒蜈蚣蝎甚繁蜘蛛大而能噬人植物亦多異產如草樹膠樹鐵皮樹荊球花等樋志有椰子竹巴那那一名香蕉吳志有加里樹或稱澳洲橡皮高二百五十尺圍二十尺以上有金合歡有貂樹遠望渥丹如林中大火樋志云樹木之狀不同他洲葉硬如角豎綴枝上最茂者鳳尾草及膠樹高二十五丈周二丈餘樹林盛於多雨水之處樋志云林木不密木葉不上仰而斜俯內地多草場及不毛之地間有樹林千八百九十八年人四百四十三萬二千口此數與以下諸數合新西蘭併計樋志云土人身矮性頑爲極劣人種自白人移殖此土一切權力悉歸掌握土人拙陋爲所服役資生之具不完歲歲消滅今存六萬餘人不久將澌絕矣白種惟英人獨操權

勢數三百餘萬採礦耕種畜牧爲要業礦產金銅錫耕種地萬五千七百英方里矢志云略產小麥玉蜀黍葡萄棉花甘蔗等麥尤多輸至英國有馬百九十六萬五千九百二十六牛千二百十四萬三千二十綿羊一億四千九百五十一萬二千豬百萬八千除英國諸屬地商務外每歲入口貨值三千五百八十一萬六千磅由英國輸入者居百分之七十四出口貨值四千四百十一萬二千磅消於英國者居百分之七十七消於美國者居百分之八鐵路萬四千五百五十七英里樋志云全洲合他斯馬尼亞計分畫六州州守爲英君所敕選以民選議會輔之然英民喜政治自由以遠聽於本國形勢隔膜千九百一年遂爲聯邦自治之政府一切政事不受本國干涉矢志云此地距歐洲遠故其民勤苦從事製造不欲仰給他處其大廠在墨爾本倫悉德尼亞特來特諸處製有農具機器蠟燭肥皂絨呢糖等又有罐肉輸入歐洲惟玻璃貨布疋金類尚須取給英國參謝志

英領新南韋而司

新韋南而司

雷志云英國在澳斯大利亞最早之屬地樋志云曩爲英國放流罪人之處講義云初占其東半部設知事其統轄權遠及太平洋諸島今境自南緯二十八度至三十七度半東經百四十一度至百五十三度皆屬焉又云其沿岸在十六世紀中已爲西班牙所發見至新西蘭對照之海岸則至千七百七十年古克航海始知之因名東岸一帶曰新南威爾士千七百八十八年一月知事菲律普率第一艦隊達波他尼灣開殖民地發達至於今日矢志云恰潑吞古格至此遊歷見山川形勢與英之威爾斯無異故名曰新南威爾斯又云當十六世紀爲葡萄牙人所發見然不著名千六百六年始至加本太立亞灣東岸其後至千六百四十二年荷蘭人常至各海岸採索英人乃首得此地云案古格即古克一作庫克一作若克一作苦庫一作哥孜克一命一總督治之上議院議員至少二十一人由英國所派下議院議員百二十五人由民間公舉地全在溫帶之中蒂佛丁山經其全地遂爲沿海地與內地高原及平原之分沿海樹林茂盛並可耕種內地有滿雷河灌溉之草場甚佳矢志云東部碧山蜿蜒甚長支脈黎佛浦山走其東西墨來河及支流流其內地牧場爲世界第一[illegible]煤礦銅處皆是謝志云藍山在其東自北面南距海岸百餘里支脈黎斐波勒山橫亘東西內地有末勒河暨支流灌注案藍山即碧山蒂佛丁是其別名黎佛

浦即黎斐波勒蓋列國學會二圖之抹利河也滿雷墨來末勒一也諸水流出碧山匯爲一河經全地下入維克多利亞而南入海面積三十萬八千五百六十英方里人百十三萬二千二百三十四口千年增百分之四十九謝志云面積三百十萬方里人口百三十六萬三千華人萬耕種地二千八百四十六英方里牧場萬四千三百五十一英方里樹林八千五百七十六英方里產小麥珍珠米雀麥糖葡萄橙辻志云有煙草甘蔗棉花礦產金自千八百五十一年至千八百九十七年出四千四百四十八萬八千三百七十一磅銀與銀鉛千八百九十七年值二千五百七十八萬九千八百十三磅銅錫煤歲出四百三十八萬三千噸辻志云澳洲大陸東南岸有分界山脈山脈曰碧最高峰七千三百三十六尺西岸脈綿亘不甚高峻內地則沙漠草野相交錯金產東部山中爲世界四大產金地之一北美合眾國特蘭斯哇兒澳大利亞俄羅斯爲四產金地綿羊四千三百九十五萬二千八百九十七牛二百八萬五千九十六馬四十九萬八千三十四豬二十萬七千七百三十八入口貨值千九百四十三

萬三千磅出口貨值二千二百八十九萬二千磅多與英美及澳大利亞他處貿易入款九百四十八萬二千百三十五磅謝志云歲入一萬萬圓貿易總額約四萬五千萬圓出口貨大宗羊毛皮革肉脂煤國債六千一百七萬四千四百九十八磅鐵路二千七百七十五英里謝志云鐵路八千里電綫八萬里商船九百七十一兵額九千五百十六人水雷船五　雪尼熱度中數六十三度正月七十一度七月五十二度雨水四十九英寸有大學堂官立私立學校共三千七百三十八人十萬五千八百九十口其四郊人四十一萬七千二百五十口辻志云首府在大陸東南端總督署在焉其地面海負山街衢清麗貿易甚旺繁華亞於眉爾薄倫又登尼連坤在內地熱度中數六十二度正月七十六度七月四十六度雨水十四英寸案十上有脫文　斷山有銀礦人二萬七百九十口　牛坎司耳有煤礦人萬五千百五十口　古耳勃人萬七百口　巴拉馬打人萬三千五百口　美蘭

人萬五百口　巴司人萬口以上要區　諾覆爾克島爲邦替叛人後裔居所面積十英方里人七百五十口　勞呵面積六英方里人五十五口俱在達士曼海　匹坎面積二英方里人百二十六口　都西面積一英方里俱在太平洋以上屬地先謙案雷志新南苹而司列國學會二圖作新南威爾士在澳洲東北界昆士蘭南界維克多利亞西界南澳大利亞東距太平洋世界圖矢志辻志作新南威爾斯謝志作牛偉勒斯許考作新加勒其東境會城二圖作悉尼與徐合郎雷志之雪尼也世界圖慕志辻志作悉德尼矢志作西多尼謝志世界地理作西德尼周志作哀特尼樋志作雪梨謝云華人謂之雪梨金山講義云臨嗄克孫灣大地誌云臨波的借克孫灣水深便停泊爲澳洲艦隊之根據地礮臺堅固占澳洲炭田之中心商業甚盛歐亞汽船定期航行爲此洲最古都會因故殖民大臣子爵悉得尼之名名之其北有巴拉馬塔世界圖同郎雷之巴拉馬打又北有紐喀斯郎雷之牛坎司耳謝志作牛加司耳世界圖作紐喀斯耳大地誌作紐克斯云鐵路七十五英里臨哈他河口石炭羊毛出口最多此河上流地方出穀極盛悉尼之西南有吉爾伯尼吉爾伯郎雷之古耳勃悉尼之西北有穪多蘭郎雷之美蘭又世界圖悉德尼之西有米南吉或以爲郎美蘭非是

英領維多利亞

維多利亞雷志云英領命一總督治之立法之權在上下二議院矢志云千八百三十六年始建此州講義云千八百五十一年於新南威爾士分出八百五十五年設見今政體面積八萬八千四百五十一英方里謝志云面積約八十七萬方里講義云此本洲最南殖民地自南緯三十四度至三十九度東經百四十一度至百五十度皆是當新南威爾士三分之一　蒂佛丁山隔斷南部平原及向滿雷河之廣大草場有波剛山高六千五百英尺南部平原有水利林木茂盛草場雨水稀少須人力灌溉氣候宜於生物人百十四萬四百五口矢志云在澳洲最小人口最密十年增百分之三十二有强偪入學之制除一大學與二十六工藝學校外有學校二千八百七千八百九十七年耕種地大半小麥五千九十四英方里草地百十六英方里果園葡萄園百十三英方里有馬四十六萬三千九百三牛百八十一萬七千二百九十一綿羊千三百九萬八千七

百二十五講義云爲世界最良之羊毛豬三十二萬八千百六十二礦產金錫銅錫謝志云產金最盛歲入約七千四百萬圓製造廠二千八百五十五所用工人五萬七百五十四入口貨值千五百萬四千磅出口貨值千五百四十六萬九千磅多與英及澳大利亞他處貿易謝志云出口貨金羊毛麪粉乾酪貿易總額三萬五千萬圓國債四千七百五十五萬八千磅鐵路三千百三十英里謝志云鐵路萬里電綫二萬里防兵五千二百八十人常備兵五百三十七人戰船十五內鐵甲一水雷船七　梅爾堡熱度中數五十七度正月六十六度七月四十九度雨水二十六英寸人四十四萬四千八百三十二口　巴拉蘭脫人四萬四千七百六十六口　本的哥人四萬九百三十六口　其郎人二萬四千三百十五口　坎司耳美人六千八百九十二口　華難布爾人六千六百口　司泰章耳人五千三百二十口以上要區先謙案雷志維多利亞列國學會二圖作維克

多利亞在澳洲東南隅北界新南威爾士西界南澳大利亞東南濱海世界圖作威多利亞謝志作斐多利亞據二圖西南濱海有城曰巴特蘭謝志作波得蘭云西方大埠也世界圖作波爾特蘭又東有瓦南波爾郎雷之華難布爾又東有吉瑻郎雷之其郎王達云大地誌言鐵路四十五英里羊毛出口甚易人二萬四千口吉瑻之西北曰斯大威爾郎雷之司泰韋耳吉瑻之北曰波拉剌德郎雷之巴拉蘭脫矢志作薄拉勒德講義作玻剌拉得在墨爾鈢恩西北七十五英里爲世界產金最富之地王達云大地誌言鐵路百英里波拉剌德之北曰山得赫斯特郎雷之本的哥講義云本的哥舊名山得赫斯特亦產金地波拉剌得之東南曰墨爾鈢恩標曰新金山王達云大地誌言因英國總理大臣子爵墨爾鈢恩名之世界圖作眉爾薄倫辻志云總督駐此有大學堂藏書樓款砲機藝藝講義云地臨芬里普灣港內水深八千噸之汽船可達市街中央埠頭人口四十六萬餘爲南半球中第一都會在英國亦居第七矢志云千八百五十一年始發見大金礦許考云東有碧山長四千餘里緯綫自三十度至三十八度千四百餘里與東西八九百里間金礦最富咸豐元年開採至今與美國加利福尼相若俗稱加利福尼爲舊金山碧山爲新金山講義云金產額不如前一年約千五百萬弗眉爾薄郎雷之梅爾堡也慕志作麥普尼矢志作墨爾盆云有裴律潑港頭謝志作美勒笨云建於腓立比小灣上裴律潑腓立比郎芬里普也吳志作蔑爾賁世界地理作密伯昂周志作密爾罷痕樋志作美利賓云世稱曰南方女王蓋謂南半球之都市無與此競盛者其東南端有二角曰厚角斑角南向海斗出一角曰維爾孫地觜

英領坤司蘭

坤司蘭雷志云英領命一總督治之立法之權在上下二議院講義云千七百七十餘年古克發見後經五十年設罪囚收治所於布里斯伯千八百四十二年爲殖民地千八百五十九年於新南威爾士分出見行自治政體曹典球云千九百一年一月加盟入聯邦面積六十六萬八千二百五十七英方里講義云南北長千三百里東西寬九百里面積六十八萬八千方里包有斗入珊瑚海之狹地繞卡丕推里亞灣之平原及內部之高地其山無過五千英尺者樋志云藍山脈遠來至此漸低曠而成高原高者最宜畜牧低者宜加非木棉其東海上有珊瑚海珊瑚礁頗多其地半爲天生樹林南部近熱帶氣候北部熱帶氣候少滿塞在他雷司海峽熱度中數七十九度極寒七十六度極暑八十二度雨水八十八英寸人三十九萬三千七百十八口有學校九百八十耕種地三十八萬六千二百六十英畝常種甘蔗珍珠米礦產金銅錫鉛煤千八百五十八年至千八百九十七年出金四千百七十四萬九千六百六磅煤歲出三十五萬八千噸他雷司海峽可採珠入口貨值五百四十三萬千三百磅出口貨值九百十二萬八千磅多與英及澳大利亞他處貿易入款千八百九十七八兩年三百七十六萬八千百五十二磅國債三千三百四十九萬八千磅鐵路二千六百九萬里曹典球云千九百一年統計鐵路二千八百一英里電綫萬二百四十六英里防兵二千八百人戰艦五

辟力士本熱度中數六十八度極寒五十六度極暑七十七度雨水五十二英寸人四萬八千七百三十八口講義云九萬五千口　勞克哈敦人萬三千三百八十口　馬利般羅人九千七百口　統司維耳人八千五百六十四口　吉丕人八千四百四十九口　以潑司威治人七千六百二十五口以上要區先謙案雷志坤司蘭列國學會二圖作昆士蘭在澳洲東北隅西界北澳大利亞南界新南威爾斯東北瀕海北隔多勒斯海峽與巴布亞相對現勢圖作若因士蘭世界圖作苦印斯蘭謝志作棍斯蘭樋志作坤士蘭矢志作昆斯蘭周志作坤司

倫許考作袞郎吳志作昆士蘭得據二圖東境有布里斯伯內會城王達云大地誌言因新南威爾總督布里斯班氏而命名人十萬五千口入水二十一英尺之船可達郎雷[illegible]本也世界圖辻志作布利斯賁圓球圖作魄力斯班外[illegible]兵講義作布里斯伯矢志作孛土斯盆吳志作[illegible]理作布勒士賓周志作勃利斯盆依圖作不力[illegible]士邊謝志作伯利斯笨辻志云在大陸東端市[illegible]南岸總督駐之其稍西內地有伊普斯威治郎[illegible]迤而北有京鄙郎雷之吉丕又迤北有馬來波[illegible]羅異名記作馬利鉢羅王達云大地誌言在馬[illegible]里之處多金銅石炭杜宗預云有鐵路自界上[illegible]南威爾士訖於維多利亞之雜籠波蘭又迤西[illegible]國圖作威士武德又迤北有羅克威普敦郎雷[illegible]云大地誌言在布里斯伯內北四百二十英里[illegible]謝志作羅鉛籍敦異名記作駱含頓矢志作落[illegible]綫橫過此地爲州內第二都邑其西爲礦產薈[illegible]日內波蔦國圖作尼薄又北臨海有多尼斯維[illegible]耳異名記作卡威耳依圖作唐斯委爾平方圖[illegible]地理作通斯威爾又西北地形向北斗出如半[illegible]利亞相距中爲卡嘆塔利灣世界圖作客嘆他[illegible]北面爲大隄暗礁極北有角曰約克角講義云約克崎西北海中三十英里有木曜島英國貯炭所在此商船泊焉此島以采珠得名角西爲圖爾斯戴島轉而南向郎客嘆他利亞灣矣杜宗預云此省爲藍山低處復起高原

英領南澳斯太利亞

南澳斯太利亞雷志云英領命一總督治之立法之權在上下二議院上議院議員三年一任講義云北海岸古爲馬來人往復之地十六世紀中葡人航行至此十七世紀荷人時往探焉十九世紀始有英國軍艦測量其沿岸波達爾文此時所發見也南岸澳大利亞灣千六百二十七年荷蘭公使披得雷斯赴日本經過此地命名曰雷斯蘭得以後沿岸內地次第發見千八百三十六年設殖民地千八百四十三年發見銅礦千八百五十六年立見今政體面積九十萬四千百三十三英方里謝志云面積九百萬方里講義云南澳大利亞南緯二十六度至三十八度東經百二十九度至百四十一度皆是橫貫大陸居民聚處於司本塞灣之東一小邑山嶺連續最高者三千百八十英尺雨水充足宜耕種內部多未開墾極北有美草場產金甚富亞達斯司匹林在大陸正中雨水不能過十一英寸波達爾文雨水六十三英寸熱度中數八十三度十一月八十七度六月七十七度人三十二萬三千五百六十五口學校八百八十八耕種地四千七十英方里產小麥葡萄橄欖北部有熱帶諸果馬十七萬九千七百九十二牛五十四萬百四十九綿羊五百九萬二千七十八礦產金在北屬地銀銅鐵鉛入口貨值六百六十二萬五千磅出口貨值七百二十三萬三千磅羊毛小麥銅爲大宗講義云產物小麥爲主銅次之千八百四十五年以後採掘每達一億佛製葡萄酒近亦盛旺多與英及澳大利亞他處貿易謝志云歲入二千七百萬圓貿易總額萬五千萬圓北屬地面積五十二萬二千五百三十一英方里講義云北地方自南緯二十六度以北至印度洋阿拉佛拉海卡噴塔利灣間之地面積五十二萬三千方里人四千八百九十五口入口貨值萬一千九百磅出口貨值十六萬五千三百磅內金十七萬千三百磅國債二千四百四十萬八千磅鐵路千八百七十英里電綫五千八百六十二英里謝志云鐵路五千里電綫四萬里商船三百二十六防兵二千二百人巡船一　亞德雷奪熱度中數六十三度正月七十四度七月五十一度雨水二十一英寸有大學

校人七萬八千六百二十二口　波亞德雷奪人萬二千百六十四口　波披廉人四千六口　格里納耳人三千六百五十口以上要區先謙案雷志南澳斯太利亞列國學會二圖樋周志作南澳大利亞北抵亞拉佛拉海依圖作阿拉扶拉海周世界圖作亞拉夫拉海東界昆士蘭新南威爾士維克多利亞西界西澳大利亞南抵印度洋凹入處謂之大澳大利亞灣謝志云占中央大地包北部新疆南北俱界海樋志云北半之地宜稱北澳大利亞蓋本洲無州郡之區畫故也今自大灣頭跋涉內地以出卡本達里亞灣鰶鄉踏瀆者殆少故無由知其內部情狀周志云南澳北大利亞與北方之北澳大利亞二區之疆域無有一定講義云北澳地方於千八百六十三年合入南澳大利亞之行政區併此兩地自南至北凡千八百里世界圖作南濠洲吳矢志作南澳洲謝志作南奧斯達利亞據二圖東南端省城曰亞得來得會城講義云在文森特灣東岸高地卽雷之亞德雷奪萬國圖作阿特獵特圓球圖作愛得蘭得世界圖作亞的來獨世界地誌作阿顚勒特漢文圖作安的來得外國地理作亞的來多問荅作阿第雷德樋志作阿德來得慕志作亞的來矢志作亞德來吳志作阿鐵梨依圖作遏的雷特周志作亞地里特过志云總督駐之王達云大地誌言市街分南北二部與悉尼墨爾鉢恩布里斯伯內鐵道相連人十四萬六千口文森特灣之西有角南出曰斯噴色爾角角西有灣世界圖謂之斯噴色灣由灣東入盡處有城曰奧古斯大萬國圖作波特澳嘎士塔灣西有角曰喀塔特羅甫角角之西則大澳

大利亞灣也謝志云南部土地肥沃多湖沼據二圖內地東有佛羅美湖西有叨楞斯湖北有挨爾湖世界圖作亞歷山湖辻志云水以亞歷山湖爲最大又北大名曰阿勒散得拉蘭世界圖作亞歷山得拉蘭中央山嶺環繞北境斗出臨亞拉佛拉海曰亞爾痕汗地東爲卡噴塔利亞灣東北隅有角曰亞爾痕汗角又東北曰維西爾角西北曰巴豆松角又西北曰達溫嵛中央西北出臨海有城曰維克多利亞向西凹入處曰得民灣其外島嶼甚多

英領西澳斯太利亞

西澳斯太利亞雷志云英領命一總督治之有上下二議院上議院議員三年一任講義云千八百二十九年巴爾米利亞船移民上陸是爲英國殖民地之始初設於斯烏河附近至千八百九十九年內地各屬發見金田於千八百九十年八月定見今政治面積九十七萬五千八百二十四英方里講義云自東經百二十九以西之地皆是面積九十七萬六千英方里謝志云面積九百十六萬方里爲全島三分之一包有高平原之大半惟囘歸綫北及極西南部有樹林矢志云有谷閭樹嘎拉樹內地有沙漠餘爲草場講義云達利古山脈起於西南隅沿海岸蜿蜒而走於北凡三百里其高峰無過千五百尺者西岸有高原其北有京巴勒高地內地一帶廣漠不見有山惟沙邱到處起伏而已北有

大沙漠成一高原南有維多利亞大沙漠小邱起伏其中阿加西亞甚繁茂西岸河流雖多其重要者僅一斯烏河人十六萬一千口耕種地十三萬三千八百三十三英畝常種小麥有牛二十四萬四千九百七十一綿羊二百二十一萬七百四十二礦產銀銅鉛鐵煤千八百九十七年出金二百五十六萬四千九百七十七磅金礦四曰古耳格底曰義爾庚曰滿欠伸曰庇耳巴拉與荆伯雷入口貨值五百五十六萬二千磅出口貨值二百三十萬八千磅多與英國及澳大利亞他處貿易謝志云歲入三千六百萬圓貿易總額萬二千萬圓出口貨金珠貝皮革羊毛木料國債七百六十萬八千四百八十磅鐵路千四百五十九英里謝志云鐵路三千里電綫萬六千里防兵七百六十五人

般司濱鴻河為會城熱度中數六十五度正月七十六度七月五十六度雨水二十六英寸人三萬七千九百二十九口

弗里曼脫爾人萬七千口

亞爾彼尼在喬治海峽人三千五百口以上要區

先謙案雷志西澳斯太利亞列國學會二圖作西澳大利亞東界
南澳大利亞北臨的麼爾海西南臨印度洋矢志作西澳洲世界
圖作西濠洲謝志作西奧斯達利亞樋志云土乏金礦故進步後
於他洲現惟蘇完河邊有居民餘地大率蕪悶河濱有黑鴿為他
處所無牧場最艮案據雷所載金礦則樋志非後來情實二圖南
端有城曰亞爾班尼郎雷之亞耳彼尼圓球圖作奧耳八逆萬國
圖作阿耳班尼漢文圖作阿爾巴尼新刻地球圖作倭而班尼世
界圖作俄爾白僞矢志作亞爾拜尼慕志作亞巴尼謝志作奧樂
巴尼云鐵路通伯德航路達阿典蹤卿印度講義云今為英國海
軍貯炭所西端有角曰蛋温角世界圖作蛋音角其上有城曰奧
古斯大世界圖作歐孤斯他漢文圖作奧果斯塔其北有佛利曼
特勒郎雷之弗里曼脫爾圓球圖作乏里曼特耳慕志作非里曼
德講義云與首府有鐵道汽船相交通又北有伯斯會城講義云
距斯烏河口十英里郎雷之般司萬國圖作帕扶外國地理作帕
斯圓球圖作剖耳資世界圖作珀爾貼慕志作比爾惕依圖作珀
爾特吳志作培爾士矢志作波塞云在斯潢河畔樋志作帕特云
蘇完河口周志作舥恥云在斯混河邊謝志作伯德云近天鵝河
雷云鴻河乃譯蘇完之義天鵝郎鴻也斯烏斯潰斯混皆譯音又
北濱海曰諾斯安普敦有抹齒孫河西入海又西北有沙克斯灣
有鳴斯可引河西入海又北有角曰西北角又斜轉而東北有亞
什布爾敦河北入海又東北有德格雷河北入海又東北有勒委
克角有非子洛河北入海又東北有倫敦德黎角又東為岡布里
得吉灣有俄塔河北入海
其地與小桑達列烏遙對

牛蟣內亞島先謙案原本在南澳斯大利亞之前則澳洲大陸成為兩橛今移於此

牛蟣內亞大地誌云此島十六世紀始發見以其似非洲之蟣內亞海岸故有新蟣內亞之名許考云澳大利亞北有島日新蟣內地球第一大島也長三千八百七十里廣千餘里自明正德至　國朝道光間先後三百年歐人遊其地未嘗收入版圖後荷人收其西土名曰巴布亞數年來英人往墾植者益衆東南境保爾木來斯比為其商埠謝志云橫四千里中央縱十餘里東西兩端甚狹面積三百二十萬方里為世間第四大島天氣炎熱不宜衛生半年多雨為溼季山峰積雪長年不消多火山時地震人二百五十萬口土人兇猛嗜殺不可理喻華人多居西北方釆取金沙珊瑚玳瑁先謙案許云第一大島非也謝云第四而講義云第二證以雷志蓋講義是雷志云世界之大島次於格林蘭面積三十一萬千九百六十英方里中部北部山嶺重疊阿文司担里山之維多利亞峰高萬三千百二十英尺謝志云東南奧奔史旦利帶山沿海蜿蜒高峰至萬三千尺奧奔史旦利郎雷之阿文司担里也南部有大平原樹林占全島之大半產樟腦沙穀米椰子謝志有白米香蕉芋頭煙葉木料燕窩珍珠動物與北澳大利亞及麻喇甲同謝志有風鳥鸚鵡海鼠高阜拉毒蛇礦產金氣候暑溼波馬雷司比熱度中數七十

八度雨水自七月至九月七十二英寸德屬牛蟣內亞雨水甚多九十七英寸至百四十二英寸土人色黑髮捲棲樹而居尚有食人之俗今島分屬英德荷三國徐志東南洋各島云東南洋番島甚多西人就其形似隨意命名有新危尼新耳蘭新撒羅門希伯等名或有酋長成部落或野番散處野番皆黑面矮身與獸無別或有別土人登岸則攫而食之鱗舥鴯巴先謙案郎雷志之牛蟣內亞也列國學會二圖作巴布亞南距澳洲大陸東北距畢斯馬克羣島西距小森達列島北距加羅林羣島世界圖作新吉尼亞世界地理作細革尼亞謝志作巴布阿云譯郎鬈髮因土人髮卷也一名新基尼與奧斯達利亞中隔多勒斯海峽講義作圭尼亞徐說詳下新耳蘭郎新阿爾蘭見下新撒羅門郎沙羅門見前希伯再考此美拉尼西亞之六

英領牛蟣內亞雷志云面積八萬八千四百六十英方里人三十五萬口入口貨值四萬七千磅出口貨值五萬磅以金珠海參科潑拉檀香為大宗辻志云在東南部面積五十四萬三千二百四十方里講義云山勢隆起東南端蜿蜒亘於西方儼一中央綫名奧斯他淩其最高峰曰維多利亞高萬三千二百英尺王達云近西人測算中央大山脈有墨耳姑兒斯峰高三萬二千七百八十六英尺為全球第一高山比亞洲之埃佛勒斯峰尚高三千七百八十四英尺講義

又云西方一帶低平西南爲夫蘭伊河流域距河口五百英里間可通汽船一森林蔽全土氣候宜牧羊及栽熱帶植物米玉蜀黍等動物不生猛獸有食火雞極樂鳥貿易歲額至百萬圓土人三十五萬歐人不過五百首府波馬雷斯比艮港也有定期汽船與悉得尼往來千八百八十八年合併於英領殖民地王達云大地誌言特列喀斯丟克斯及盧伊亞斯得二羣島屬之謝志云內地荒遠猶未探悉近年英屬日見興盛有木刀斯海口先謙案據二圖北界德領西界荷領東南臨海成半島形如人斜伸一足南面凹入成灣世界圖曰巴布亞灣西南端與坤司蘭之約克角相對中爲比列斯海峽

德領牛畿內亞雷志云一名君主維廉地面積七萬百四十英方里人十一萬口辻志云在東北部面積四十二萬方里講義云郎喀塞爾威廉斯蘭得有珊瑚礁其間亦有良港加齊利奧古斯他河汽船可通行百八十里氣候甚熱雨多晴少森林密深而難取極樂鳥最佳畢士麻克羣島合新布里代痕新爾蘭及各小島所成附屬在此謝志云東北部曰偉力大帝之地屬德先謙案據二圖南界英領西界荷領東北臨海與畢斯馬克羣島相接新爾蘭二圖作新阿爾蘭偉力郎維廉

荷領牛畿內亞雷志云面積十五萬三千三百六十英方里人二十四萬口徐志南洋各島云摩鹿加之東南有大島曰巴布亞敨路那形如昂頭之龜幅員亞於婆羅洲其地

自古未通別土草木蒙翳深昧不測野番從林中跳出黑面拳毛見人則攫而裂之爭啖其肉別一種似馬來者稍通人性道光十三年荷蘭人初開港道調兵防守商船偶有至者物產未詳又云巴希亞爲東南洋極大之島荒穢與澳大利亞同鄰鄰荷蘭既失澳大利亞又復經營此島蓋亦不得已而思其次也講義云較英德所領合併之數尤大北有基爾維克灣入中央殖民地分東西二部東部未探見之地頗多動物以有袋獸著名先謙案巴布亞徐志列之南洋諸島又於東南洋諸島別出新危尼島而云郎巴布亞毘蓋爾收而未貫通也那吉尼新吉尼豈有二乎據二圖東界德領英領西南北三面臨海其西狹長直出向西北斗起擬以龜之昂首最爲神似其首起處世界圖有城曰特黎頸伸處成灣曰茲兒維克灣南有阿盧諸島與濠洲大陸相距之間曰亞拉夫拉海辻志云面積九十萬方里德領荷領地亦各有總督統轄

英領新西蘭島

新西蘭雷志云英領命一總督治之有上下議院上議院議員英國所命七年一任下議院議員由民間公舉講義云其先玻利西亞人種之馬俄族散布各地千六百四十二年荷人他斯蠻叔作他斯驟志作太斯矢始發見此島名曰斯他丁蘭得千七百六十九年古克曾經此地後有英國殖民協會之新西蘭會社始請政府移民於威爾倫敦千八百五十六年始行議事政體面積十萬三千六百五十七英方里包有二大島一小島東北至西南長九百餘里慕志云長二千七百里闊或八百里或二十里周回約三千五百里辻志云六十二萬千九百六十方里問答云九十四萬方里講義云距澳大利亞東南約千三百里緯度自南緯三十四度合南北二大島及斯特瓦得島面積十萬四千四百七十英方里謝志云眾島當南緯三十四度三十分至四十七度三十分東經百六十六度三十六分至百七十八度三十六分面積百萬方里南島有南阿耳魄士山下見其嶺積雪終年不消內庫克峰下見高萬二千三百五十英尺北島有火山名盧厄庇呼下見有他波湖氣候與英國略同謝志云天氣溫和雨澤滋潤歐人患肺病者多來此養生平原熱度中數五十一度至五十六度正月五十八度至六十八度七月四十三度至五十二度雨水二十六英寸至百二十六英寸東岸三十六英寸西岸八十英寸人六十六萬八千六百五十一口樋志云千七百六十九年苦克氏初來此島居此者爲馬來人種之馬俄利族人數二十萬至千八百六十一年頻減至五萬以權利見奪資生不足故也今居民六十萬人中馬俄利族又減至四萬不久將滅矣馬俄利人長身而英敏爲馬來人種之冠然智識不足與白人競又性猛戾不脫食人肉惡習今

南島中已不見彼族之跡十年增百分之八學校千九百六十一耕種地居全面積百分之十七有馬二十五萬二千八百三十四牛百二十萬九千百六十五綿羊千九百六十八萬七千九百五十四豬十八萬六千二十七樋志云全島面積三分之二爲田畝及牧場礦產金歲出百三萬四千六十噸煤歲出八十一萬六千七百八十噸銀銻等樋志云金石炭隨處產之銅鑛最多交連樹膠歲出值四十一萬四千六百六十七磅入口貨值七百八十四萬一千磅出口貨值九百九十五萬四千磅羊毛爲大宗值四百十六萬六千磅多與英美澳斯太利亞貿易謝志云貿易總額二萬萬圓出口貨羊毛肉糖乾酪霍布花等入款五百七萬九千二百三十磅國債四千四百九十六萬三千磅鐵路二千三百八十五英里謝志云歲入四千七百萬圓鐵路六千五百里電綫四萬二千里義勇兵七千六百九十四人常備國民兵二百六十八人水雷船四謝志云海口各設礮臺水雷民兵七千惠靈吞會城人三萬千二十一口奧克蘭

人二萬八千六百十二口　都尼丁人三萬二千三百七十六口　克拉司脫鳩區人萬六千二百二十三口以上要區　采特摩羣島面積三百七十五英方里人三百十一口　款梅的克羣島面積十三英方里人十九口　邦替恩替波的士　奧克蘭及克摩板爾面積共四百二十五英方里無居民　庫克或哈維羣島面積百四十二英方里人八千四百口以上屬地徐志東南洋各島云捫日倫敦兩島一名新西蘭在班地曼蘭之東幅員倍之有高山插霄漢頂上終年積雪爍白如銀雪水消融由澗壑分流而下可以灌溉土番黑醜略知人事有酋長凶頑好殺獲仇則臠食其肉藏其頭以示武其土極腴宜麻穀蔬菜英人買其土徙戶口墾之漸以耶穌教化其土人捕鯨之船時至以鳥槍羢氈易食物土番健有力鯨船間僱爲水手然不過數人多則恐其生變常有鯨船顧土番數十駛海中土番忽羣起盡殺船戶炙其肉而啖之兩島別有佛郎西割據之土先謙案列國學會二圖作新西蘭與雷徐同西對塔斯馬尼亞北對英領斐濟羣島世界圖作新吉蘭謝志作牛西蘭周志作紐裁倫郎新西蘭士撥二圖分南北二島北島直曁南島斜橫其孰爲捫日孰爲倫敦不可考今北島有威爾倫敦則捫日蓋南島也威爾倫敦在北島之南端郎雷志之惠靈呑世界圖作

威林頓吳志作威靈呑慕志作挖另登謝志作偉令盾問答作威令盾迤而東有葩里色爾角轉而東北有土爾納根角又北曰那波爾又東北有馬希亞觜又北曰給斯巴丙又東北有角曰東角轉而西有普林地灣灣之西曰格拉汗斯屯又北出曰喀旁甲其西爲吳拉基灣灣之東有巴爾略島灣之西曰奧克蘭與雷合講義云奧克蘭臨北島之喀蘭吉灣商業最要之港喀蘭吉郎昊拉基也王達云大地誌言奧克蘭昔爲首府今尚爲全島第一都會有大學及圖書館因印度總督奧克蘭之名名之問答作奧革蘭矢志作奧克蘭德周志作啞克倫由奧克蘭西北突出成半島形有地曰和江甲又西北出有角曰北角北角之東北有英領怯爾馬得羣島亦屬島也講義云重要附屬島距北方五百里有怯爾馬得克現勢圖同郎雷之款梅的克羣島矣謝志作革瑪德云在斐支羣島之南居赤道南二十八度至三十三度共二百方里由奧克蘭而東南有歪加多河西流入海又東南內地有魯亞帛呼火山活火山也郎雷之盧厄庇呼世界圖作頓科里勒樋志作同嘎利窩矢志作通嘎利伏高六千二百尺又西瀨海曰新普勒穆斯又西南端曰挨格蒙特角又爲火山熄火山也世界圖作挨克蒙矢志作愛格們德樋志作扼蒙特高九千六百尺轉而東南有地曰溫加奴伊又南與南島相距中爲科克海峽問答作古革南島之首東北向其尾西南向東北端有地曰布林輿木與威爾倫敦相望迤而西南有佩加索斯灣又南曰直利斯徹池講義作古利斯徹池云在千得爾布里平原樋志作克力士尺治云南島最大都府人四萬八千口其東與察他穆諸島相對察他穆郎雷之采特摩也講義云重要附屬島距東方五百里有察他穆尤其明

證又東南曰班克斯又西南曰的馬魯又西南曰窩馬魯又西南曰都內丁世界圖作多奈丁郎雷之都尼丁王達云大地誌言人四萬七千口又西南曰摩里奴克斯又西南爲佛維奧克斯峽又南端曰英佛加基爾其西南有斯特瓦得島世界圖作斯咕軋謝志云牛西蘭大島三北島南島史斗華德島史斗華德郎斯特瓦得也此島西南有拗克蘭島世界圖作勞爾得奧克蘭世界地理作澳克蘭得又東南有堪發布爾島世界圖作客墨耳又西南有馬庫挨里島世界圖作抹闊里又東南世界圖有以未拉得島而澳斯大剌拉西亞之南境盡矣自英佛加基爾轉而西北其西端曰勒索魯又東北有法呢斯勞山又東北有加斯加得觜又東北有科克山矢志云南島有南挨爾潑山亘其南北其古格山在萬二千尺以上其間多冰河與歐洲之挨爾潑同樋志云南阿爾比斯山脈之苦克山高萬三千二百尺古格苦克科克一也郎雷之庫克南阿爾比斯郎雷之南阿耳魄士又東北曰荷基的開世界圖作頓幾剔喀又東北曰格勒穆斯又東北有福藍克林山又東北爲佛爾文角又東北曰法勒威爾角轉而正北有塔斯曼灣灣口曰內爾桑世界圖作納爾孫又北郎科克海峽矣法人割據之土今未聞

英領達斯馬尼島

達斯馬尼島雷志云英領命一總督治之有上下議院講義云千六百四十二年荷人他斯曼始發見此地名曰荒立們斯蘭千七百七十七年古克至本島東南岸尙不識爲島嶼千七百九十八年至拔斯

始知與大陸相離千八百三年附屬新南威爾士歸英領千八百五十六年始行見今政體謝志云立法權在議會上院十八員下院三十七員今已入奧斯達利亞聯邦王達云大地誌言千六百四十二年塔斯馬奉荷蘭東印度太守班濟米之命發見此島名之曰班濟米島千八百五十六年因發見者之名改爲塔斯馬呢亞先謙案他斯曼矢志作太斯馬謝志作達斯曼一作他斯蠻面積二萬六千二百十五英方里辻志云十五萬八千三百十方里問答云二十五萬方里慕志云長七百里闊五百里總計方八萬里謝志云廣約四百五十里南北最長處六百三十里東西最廣處六百里面積約二十六萬方里其地多山羅門山高五千英尺辻志云山嶽重疊東部平坦矢志云山嶺平均之高度二千尺至三千尺不等間有千尺以上者故或稱曰南洋之瑞士河流亦多水極充滿王志云樹木更盛有高至三十五丈之樹慕志云河之支流甚多其大者曰達馬德溫騤仁河氣候溫和樋志云氣候較冷於他洲有時大陸之風至則又甚熱王達云大地誌言氣候甚佳稱世界第一寒暑之差甚少平均溫度冬季十三度夏季十七度雨量不定平地雪稀人十四萬六千六百六十七口十年增百分之二十七樋志云其民多爲鄰州金礦所誘去進步甚緩王達云千八百七十六年土人全滅爲人種學最著之一事實學校四百六十七耕種地二十四萬二千二百四十一英畝有馬二萬九千八百九十八牛十五萬

七千四百八十六綿羊百五十八萬六百十一豬四萬三千五百二十礦產金銀錫煤每年出四萬二千噸入口貨值百二十一萬四千七百磅出口貨值百五十三萬三百磅多與英及澳斯大利亞貿易謝志云貿易總額四千三百萬圓出口貨羊毛金銀錫糖木料藿布花爲大宗鐵路四百九十五英里謝志云鐵路千四百里電綫九千里入款九十一萬三千二百七十五磅謝志云歲入九百四十萬圓國債八百三十九萬磅防兵千七百七十九人水雷船一　阿巴會城熱度中數五十六度正月六十三度七月五十六度雨水二十三英寸人二萬四千九百五口　郎塞司敦人萬七千百十八口以上要區　勃司海峽　曼快里島無居民每年有捕海豹人到此以上屬地徐志東南洋各島云班地曼蘭島一作䣊䣊地在澳大利亞之東南隅相隔一港周回約七八百里土脈膏腴百穀薯芋蔬菜皆可種植英人開墾已及大半居民務農之外兼捕鯨魚沿海港口甚多貿易頗盛先謙案郎雷志之達斯馬尼也世界圖作他斯滿尼亞謝志作達斯美尼亞周志作得斯蠻尼亞矢志作太斯馬尼亞樋志作他斯馬尼亞吳志作塔斯馬呢

阿世界地理作達斯馬尼亞列國學會二圖作塔斯馬呢亞郎班地曼蘭圓球圖作番氏曼斯蘭云郎斯邁尼阿北與澳大利亞之維克多利亞省隔拔斯峽郎雷志之勃司海峽矢志云千七百九十七年英人巴斯始發見此峽遂名曰巴斯峽圓球圖作拜斯外國地理作伯士中有巴爾蓮島峽西有王島據二圖巴爾蓮作佛林得斯王島作慶島異名記作慶斯島又有紅潭等島異名記云荷人達斯美厄初尋得之因名許考云碧山轉東南有二大島總名新西蘭明崇禎十五年荷人地閼往探之遂名先探之島曰地閼其說互異　國朝嘉慶閒英人往居之設市築城島遂爲英有許考與徐志合班地曼蘭郎荒立們斯蘭之音變字謝志又作法提門司地太斯馬蕬地閶之異名也北境瀕海有地曰給俄爾吉敦又南曰來翁西斯敦郎雷之郎塞司敦世界圖作瑱斯頓漢文圖作瑱斯敦謝志作蘭斯敦慕志作澴西登矢志作郎賽斯頓講義平方圖作來翁西敦王達云大地誌言距他馬爾河冂四十英里位置便利故商業較首府尤盛南境瀕海曰哈巴罷特唐郎雷之阿巴世界圖作哈罷唐萬國圖作哈八當周志作霍布慕志作合巴樋志作合巴當外國地理作何伯駝矢志作霍拜爾德吳志作和拔爾特謝志作賀巴盾云南北二城有鐵路相通多輪出羊毛果品木料王達云大地誌言距達溫河口四十英里有大學以氣候甚佳夏季自澳洲來遊者甚多又澳洲艦隊冬季亦集合於此

五洲地理志略十六　　非洲一

賜進士出身　特賞內閣學士銜前國子監祭酒翰林院編修加三級臣王先謙謹撰

阿非利加洲徐志阿非利加一作亞非理加又作利未亞云在亞細亞西南以羅經視之當坤申之位地約亞洲三分之一南北萬八千里東西闊處萬六千里東距印度海西距大西洋海南抵大南海東北距紅海北距地中海中間陸地一綫[illegible]與亞洲回部相連地雖艮而沙磧居半又當赤道南北炎熇特甚瘴癘尤毒天時地氣人物在四大土中爲最劣过志云北從北緯三十七度二十一分南訖南緯三十四度五十六分東從東經五十一度十分西訖西經十七度四十分東西萬一千九百二十二里南北萬二千五百三十七里面積七千二百萬方里占全球四分之一又三倍於歐羅巴雷志云此洲以蘇彝士地頸先謙案在埃及與亞洲相連以地中海與歐洲相隔北自土尼斯之勃郎角起案郎列國學會二圖突尼斯之布蘭可角王達云布蘭可譯言白之義南至亞格爾恩斯角止案郎開普蘭之阿姑雅斯角王達云阿姑雅斯角譯言針之義計四千九百八十英方里西自佛狄角起案郎法領賽內加之佛得崙王達云佛得崙譯言綠之義東至介德富寒角止案郎意領索謀里蘭之瓜達夫伊角此稱角者講義皆稱岬知角岬一也

計四千八百四十英方里其總面積併馬達葛士加島案郎法領馬達加斯加島及諸島數之千一百五十二萬千五百三十英方里全洲皆高地講義云全大陸以北緯五度幾分南北二部南部平均高度三千五百英尺北部平均不過千三百英尺南較北殆高三倍南部地沿海山脈分爲各部一東非高原起於三比西河下流地方訖阿比西尼亞北境大陸中最高之山如乞力馬尼札羅山怯尼亞山高於海平面萬八千英尺皆在此高原中此高原北部郎阿比西尼亞高地二中央高原占公領河之流域三南部高原起於公領河之分水嶺而及於南大西洋三比西河盂地鄂南吉河盂地皆在其中北高原南部分喀喇哈里沙漠大卡拉斯高原及喜望峰殖民地之低地諸部北部阿非利加分撒哈拉地方蘇丹地方博爾巴利高地三部低於海面之地不過數區面積亦小如短曼耳劣塞華飛洽摩洲內高之中數千九百七十五英尺阿脫蘭斯山案郎摩洛哥之亞特拉斯山自爲一高原內阿雅欣山高萬四千百五十英尺阿比西尼恩高原案郎阿比西亞內蘭斯達三山高萬五千二百英尺最高之山反在東非洲多湖之地坎連曼札羅山案郎英領東部之乞力馬尼札羅山世界圖作克以

利曼甲羅山**高萬九千二百七十英尺坎尼亞山**案即英領東部之法尼亞山世界圖作給尼亞山**高萬七千百八十英尺路温射力山高萬八千英尺**講義云北部有亞特拉斯山脈得一雖作斯阿連亘於蘭岬與崩岬之間摩洛哥阿爾及耳突尼斯在此山內非洲地震僅見此處西部有空格山脈亘於佛得岬與尼日爾河口之間又有喀麥隆山脈沿德領喀麥隆海岸爲火山脈公額河及尼羅河之間有烏拉加山脈公額河及三比西河之間有羅京加山脈東南部有得拉肯貝爾格山脈起於大陸之南端而走於東北成納塔爾與鄂蘭吉之境界阿比西尼亞山脈蟠踞於阿比西尼亞之南實山彙也平均高度七八千英尺最高峰過萬四千英尺謝志云本洲帶山俱排立海岸一綫環抱其內地高原形勢齊整山外窄地平而低斜大山有五一阿德拉斯山在洲北部起大西洋岸東沿地中海以達笨角黱鮑折而南向更東行在摩勒哥與阿勒支利亞二國境山勢或至萬二千五百英尺然無高出冰雪綫之上者二庚山在西海濱沿基尼海灣北岸東西綿亘高不過三千五百英尺向東若斷若續沿北緯五度直達尼羅河源橫障本洲中央分爲南北二部三雪山在基尼海灣邊自庚山分出至喀麥隆有高峰萬三千七百英尺直走南方沿大西洋以達好望角轉而東西橫列向東遞高自四千尺至萬尺四月山一名魯巴達山起好望角東距東南岸約百五十里沿海北走直到棱茅利成瓜達斐土角突出印度洋中此山中央近赤道處最高當南緯三四度間距印度洋百里有基利滿乍羅峰

高萬八千八百尺爲本洲最高之山其北約六百里有革尼亞峰高萬八千尺二峰雖爲赤道炎熱處然山頂積雪不消五阿比辛伊亞山南接月山北走紅海之濱構成阿比辛伊亞高原直達綏斯土腰最高處萬五千尺王達云本洲火山除喀麥隆山脈中之亞爾伯得火山峰外餘皆在大西洋島嶼中此火山脈北來自緣英蘭下達於提利斯當岡哈爲南北直貫大西洋之火山脈其中最著者爲加那列斯羣島羣島中德內黎非火山峰高萬二千英尺**河之大者曰尼羅**周志作奈勒吳志一作奈路及紀略作尼祿謝志問荅作尼勒課程云一作尼耳一作尼兒樋志云源出赤道下之維多利亞阿耳巴特二湖迂志云行八千六百里爲本洲第一巨流世界第三長流入地中海亞蘇安下流利舟行講義云尼安撒湖再出北流爲自尼羅河合巴耳厄耳加薩耳諸支流至喀士穆與青尼羅河合又北過努比亞沙漠水量漸減遂經埃及入地中海青尼羅河出阿比西尼亞之察納湖流下黑色沃土每歲六月中其水漫溢至十一月末而水退黑土沈澱於埃及之地最爲豐沃課程云西人以爲天下第二河行萬五百餘里一作萬一千里一作萬二千里王達云迂志之亞蘇安即學會圖之亞酸講義之喀士穆土字以譯音對之自是土字之譎大地志云尼羅河長三千五白英里[illegible]以長短言之爲世界第三長流以水量之點言之居世界第二十七出維克多利亞尼安撒湖本流稱厄耳吉貝[illegible]其支流左有厄爾和木爾河右有索波特河藍尼羅河亞克巴拉河亞酸喀土穆之間多急流有名之瀑布凡六亞酸以下航行自如喀土穆以上雖有水利然河身

由浮草而成之島甚多行舟頗困難**曰康哥**案即公額亦作孔果一作庚哥迂志云出丹牙尼加湖行七千百二十九里爲本洲第二長流入大西洋斯丹列伊拉二瀑之間利舟行謝志云河源在南緯十四五度間匯無數細流及邦圭俄羅湖水北過赤道成半圓狀折而南向再過赤道受北來之木幫吉河東來之迦賽河水勢益大西流過史擔利池而入大西洋輪舟可上溯三百三十里有灘阻止造鐵路轉運中央廣六里至十二里不等小輪舟暢行無阻可三千餘里直抵史擔利大瀑布地當赤道以昔日游士史擔利初探此河故名流域九百餘萬方里王達云九百三十萬方里恐誤大地誌言公額河長二千九百英里流域百三十萬方英里上流曰斯恩伯濟河入半規俄洛湖北流過磨厄羅湖橫於赤道爲史坦雷瀑布自此西流合無數支水西南流距河口百四十英里之處爲卡六六瀑布自此以下爲廣三角江幅七英里至十英里案坦雷擔利一音之轉**曰那楂**案即那查一作奈遮一作納伊者一作尼日爾迂志云出剛山行五千六百二十六里爲本洲第三長流入大西洋西古下流利舟行講義云出空格山脈中之羅馬山東北流至丁不各都以下轉而東南入英領尼日爾併比奴伊河注幾內亞灣下流距海口百英里成三角洲面積萬四千英方里出比奴伊河至蘇丹內地有舟航之便王達云大地誌言尼日爾河長二千三百英里出夫塔查隆高地之洛馬山下流分數支最東之分流曰班尼最西曰伯甯爽三角洲入海此河舟楫可遠通至塞哥六百噸之船可至拉巴[illegible]支流比奴伊河亦可溯四百五十英里至約拉其水利優於尼羅公額

兩河樋志云以上三大河初發源於數千尺高山流入下數層高原故河水疾急處處作瀑布竟至遮絕船舶不能航行又迂志云薩母比西河出的羅湖行三千九百三十三里爲本洲第三長流入印度洋鐵特下流利舟行王達云鐵特[illegible]講義云三比西河出公額河源附近東流入印度洋其中流屈曲處有維多利亞瀑布樋志稱世界第一大瀑布其壯大亞於北美之奈加拉謝志云東流入印度洋之川以散備西河爲巨擘出西海岸山麓至中流爲斐多利亞大瀑布廣七百尺全河如自空倒瀉噴薄聲聞數十里誠奇觀也英教士李溫士敦始探得之河自此再東流入摩散比革海岔王達云即莫三鼻給海峽長約五千里灌域約六百萬方里因多瀑布險灘舟楫不能徑行案三比西散備西即薩母比西也**曰奧淩貲**案即鄂蘭吉河亦作阿連基河謝志云康哥河之南有哥安撒河挪耳斯河皆短小不足稱數而俄蘭支河[illegible]實爲南部入川出東海岸帶山之西麓西流三百餘里入南太平洋大雨則水充溢久旱則水小多急灘河口又有沙積橫阻故於輪運無裨益講義云此外大陸中著名之河西部有塞內加爾及岡比亞東部有林坡坡及周巴等謝志云林坡坡河在撒備西河南爲德蘭斯洼勒之北界不可通舟地多大會散備西河逾東北有茹巴河亥內斯河皆東南流入印度洋講義云本洲之河多爲內地灌域其山脈沿海岸而走故注於外洋之河其河口多有急湍難用之以通內地非洲不能開通此其一原因也**其不入海之湖曰塞特**案即英領蘇丹之乍得湖亦作遮特亦作乍德亦作雜德許考云長六百餘里廣三百六十里講義云撒哈拉之南有作德湖入此湖之水以刷里河爲最大樋志云察德湖無瀉

出之口四圍高地流水皆環聚焉謝志云乍德湖在撒哈拉沙漠內水淡而廣其面積隨時增減遇雨則廣久旱則小大時可與英革蘭等內多河馬犀牛水鳥魚介**曰格米**案一作軏密講義云喀喇哈里沙漠之北有軏密湖庫邦諸河入之謝志作納嘎米**曰路道爾夫**王達云高等地理言路道爾夫湖位於維克多利亞湖東北約三百英里之處在英領域內以地望準之即學會圖之薩木布拉湖特譯音異耳**曰漢瓦虛**王達云高等地理言德領東非域內坦噶尼喀湖之東南有里克瓦湖一名阿波得湖即學會圖之希誇湖又尼亞西湖之南瑞薩湖之東有什爾瓦湖風光明媚高於海面約二千英尺此二湖未知孰是漢瓦虛**曰維多利亞尼恩薩**案即德領東部之維克多利亞尼安撒湖迠志云面積十五萬九千方里為世界第二淡水湖謝志云南部中央多大湖統稱其地曰大湖部最大者曰斐多利亞尼亞撒湖正當赤道長九百里廣六千里千八百五十八年英武員司貝克始探得之越十七年史擔利周遊其地知為尼羅河所自始其水北流二百四十里入阿勒伯湖二湖之間為烏敢大國案即烏干達阿勒伯湖長四百五十里廣百二十里為第四大湖**曰吞根尼加**案即公領之坦噶尼喀湖迠志云面積九萬方里謝志云旦干亦嘎湖在斐多利亞湖西南長千二百餘里廣三百四十里其水南流為庚哥河源王達云此語恐誤世界圖作丹牙尼加許考作當加尼加**曰尼亞薩**案即德領東部之尼亞西湖迠志云面積七萬二千方里謝志云尼亞撒湖在旦干亦嘎湖東南長千里廣百二十里水淡多魚南流入散備西河此湖與阿勒伯旦干亦嘎皆李溫斯敦所探得其西有邦圭俄羅湖長四百五十里李溫斯敦探地乎彼卒於湖畍又埃及有面薩列湖康哥有阿爾百爾湖阿爾斯里亞有米米爾唏爾湖阿比辛伊亞國有田比阿湖王達云大地誌言維多利亞尼安撒湖面之高度三千八百八英尺坦噶尼喀湖之高度二千七百五十六英尺半規俄洛湖之高度四千二百六十五英尺尼亞西湖之高度千五百七十英尺深平均六百英尺乍德湖西之高度千一百五十英尺軏密湖之高度二千八百十英尺又軏密湖面積亦時有差異長平均五十英里幅平均一零及至二零英里**全洲止五分之一居於溫帶在海平面南非洲海岸及未通教化諸國自德本**案即段本見英領耐脫爾**至兒三米低士**案即兒三米底士見葡領恩哥喇**諸處熱度中數不能過六十度沿地中海岸及岌科崙尼冬時有雨北之撒哈拉**迠志云東起紅海西訖大西洋岸長七千三百七十五里闊二千九百五十里面積九百六十萬方里為世界第一沙漠講義云最高處有七千九百英尺然中有山脈有窪地不盡沙漠亦非全不降雨全無河流也有地名俄西斯以有泉著名猶能生長樹木惟一種熱風稱西母摩斯謝志作西洛哥行旅苦之晝夜寒暑變更甚激烈案世界圖區分為二在東曰黎比亞一作利比亞一作利比硯在西曰撒哈拉謝志云撒哈拉意即沙海沙漠中有良田泉水上涌產椶櫚橘柚等人畜可以得水就蔭儼

如沙海中島嶼曰沙漠田在東方一帶尤多大者長三百六十里廣自十里至十五里不等西方近大西洋一帶其地最惡寂無行人餘則有南北商隊之路數條通蘇旦及海岸**與南之加拉哈里**迠志云加拉哈利在喜望峯北滿地沙漠尤屬不毛講義云起南非鄂蘭吉河而至南緯二十度比撒哈拉較小謝志作嘎拉哈利王達云大地誌言非洲南部鄂蘭吉河以北有喀剌哈里沙漠以南有喀魯汗斯特沙漠又當撒哈拉東北介於埃及的波里中部蘇丹之間有利比亞沙漠平常皆不算入撒哈拉沙漠之中**及鄰近諸處幾終年無雨**許考云北方地中海濱亞德拉斯山陰尚不甚熱若迤南撒哈拉諸地日中薰灼如火夜則冷氣偪人每年陰雨僅旬日洲中央與東西海濱或霖雨連綿或數月不見雨南境節候與北方相若燥則勝之全洲花卉果蔬極稱繁殖穀麥棉麻香品顏料藥材煙葉皆備東境饒加非相傳加非本出非洲後移種阿剌伯漸及各國樹開白花落則結實先青後黃大如芡實虎豹獅狼無地無之象最大一牙重至二百八十斤麝囊狸狀如狐囊汁類馨長頸如馬身高七八尺首生二角渾身斑駁狀頗俊偉有駝鳥性遲鈍居廣漠間毛羽甚珍歐人購飾女子髻囊駝身高八九尺卵重七十餘兩行必擇大路見亂石叢樹卽趨避不能避則行緩恐傷其羽髻鴰高約四尺白翼黃冠腹漆黑背紫色聲如笳角聞甚遠鷺有綠羽紅頸者有身灰尾赤者能教作人言囊鶴頷與腹毛白如雪背毛黑潤頸間垂肉若長袋蒼闊二寸許能啄飛鳥魚鴿大如鶴口下垂囊可儲食物伺立水瀕啄魚納囊中供不時需又有鷙鶩鴇鷙綠鴿錦雀五色斑斕或紅如火或白如雪其類紛繁魚族尤多鱷魚長四丈性猛烈人物近水無所不噬鯊魚長二丈皮如沙尾如帶齒如鍼齧人畜吞魚鼈有海螺狀如卵絳色鮮明獬豸狀如蓬張而浮海面身發火光有海花者身如草莖蒂如澄霞紛郁多纓絲縷天晴時如百卉向榮撫之則手痛若炙皆奇物也礦產金為大宗銀銅鐵錫玉石珊瑚皆有之惟不甚多迠志云熱帶地最著之樹木巴俄巴布樹多有閱三四千年成二十尺徑之喬木者又有生阿拉伯樹膠之阿喀西亞斯樹歷數十年之大棉樹各種椰子樹其乾燥不生樹木之地獨棗生之人畜多食棗實或榨棗汁以釀酒動物有食品中優等之羊強大之彘二角之犀特產之角馬福爾奧凌貲兩河濱之金剛石為世界第一**人一億三千五百六十六萬七千口**迠志云尼羅河口三角洲地方人煙最密**全洲幾皆落歐人之手然其中自主之國仍不少**徐又云其北境古多名國今皆回部東境沿印度海迤北回族與黑夷雜居迤南皆黑夷有葡人埔頭南境銳入大南海地盡處之岌朴俗名大浪山有英人埔頭西境沿大西洋海迤北大漠橫亘迤南皆黑夷有英法美葡荷嗹諸國埔頭其中央迤北皆沙漠間有回族沙南乃見壤土有黑夷部落統計非洲一土迤北多回部皆由亞洲轉徙而來迤南皆土番其種人或稱尼刻羅或稱合丁突于外作的痾或稱星卑巴斯其人黑而蒙諸國多買為奴迠志云獨立之國惟阿比西尼亞摩洛哥理伯利亞孔果此外全為歐人所征服其疆土物產足跨五洲徒以沙漠炎熱梗塞人文之

發達國民蒙昧漂泊轉移天與無盡之富源舉供他人之蹂躪現稱獨立國者亦因歐洲諸國勢力平均僅保命脈耳他日勢力失均風雲勃起忽羅狠虎之爪牙一縷之命恐被滅絕矣李考（李提摩太歐洲開闢非洲考光緒十七年作）云非洲數千年前雖為歐人所知近數十年始深入盡探其地百年前荷英二國先在非南闢地漸成小國近十餘年比國於非洲中地闢而立國名曰孔戈近七年內英法德葡意西諸國闘地甚多至千八百九十年幾將非洲膏腴闢之殆盡所餘者大半沙漠火山不生草木之地耳今英法以前據地界為限後有更改乃各派員往勘去年又立約凡教師至其地宜化不相禁止千八百九十年七月始以兩國所據地界為限四至勘定甚細中有河道兩國公用前比國立孔戈時凡立埠口有若干不納稅之地英德亦因此定制兩國埠口商人前在此者照常為商毋得禁止亦不禁傳教又一地為同王所轄以後其地多半歸德少半歸英至是同王獻地於德德估值償銀屬英者仍以歸英緣早歲英有海利戈蘭島近德口岸德欲之而未能至是英遂以此島贈德（王達云荷利蘭島即學會戥）（之黑嘸郭蘭在暢北阿口外大洋中）他國立約亦仿此由是非洲盡為諸國所據所產牛羊毛之類輸入歐洲製成精細之物又輸入非洲售於其人計英轄大小十九處二百四十萬餘英方里每英方里合華里十方里人約三十九兆法轄大小九處共二百七十八萬英方里人約二十二兆德轄大小四處其百萬英方里人約五兆葡轄大小六處共九十萬英方里人約五兆餘比轄孔戈國共八十二萬英方里人約十五兆意轄紅海口西一帶之地共三十一萬英方里人約五兆餘班轄大小四處共二十四萬餘

英方里人約四十四萬伊古以來闘地如此多而且速者向未曾有苟非非洲內地之人愚魯蠢悍無大知識何至以如此一大洲盡為他人所闘哉薛記云羅馬兵官有遊歷檀香山而返者言百年前各島土人四十萬自歐美人來者日多今土人僅存十一自古以來地球大勢皆如此矣中國春秋世赤狄白狄長狄等族錯居中原今皆絕無又如日本之蝦夷美洲之紅夷始未嘗不致死力爭繼乃漸入山險終則衰耗不振在若有若無間南北美各國開闘二三百年今其通國土商兵農皆英人種或西班牙諸國人種各屬土番殆已日漸消耗即有稍白樹立能列於土商者必與歐人婚姻數世稍變種類非洲經西人墾闘十有六七再閱一二百年歐人日旺土人日耗無疑

埃及國

謝志北非（霍志敘述各鴻兼引謝志以諸明今昔疆域不同並在徐志國名地名於下方以存其舊）

埃及　徐志云非洲北土在紅海南岸者地形自西北而東南分三國曰麥西曰努北阿曰阿北西尼亞又云麥西（入厄多阻多厄日覆）（志度比多埃及伊多揖以伊至齊比不移托遙）古名厄日多在紅海地中海之間北臨地中海東臨紅海東北一隅與亞洲之猶太阿剌伯相連迺北連的黎波里西南連沙漠南界努北阿從橫皆千七百餘里地本沙積有尼羅河從南方發源沿紅海西岸北流入地中海兩岸塗泥淤為良田河每歲一漲且糞且溉漲甚則災中則稔故近河之地阡陌雲連戶口繁密而去河稍遠則平沙浩浩曠無人煙地少陰雨沙漠薰灼炎氣偪人其立國在有夏之初西土制度文物皆其所刱商世希臘諸國興而麥西之權分周末為波斯所滅雝

歸希臘之馬基頓漢為羅馬屬國數百年唐初歸阿剌伯由是為回回部落許考云埃及古國今分為三曰埃及曰努比亞曰蘇丹北枕地中海南界努比阿西連撒哈拉沙漠東臨紅海縱約千三百里橫八百里慕志云緯綫自赤道北二十四度至三十二度經綫自中國順天偏西八十度至九十度（二三離作三緯十綫分自赤綫道飢北度二十寸）（瑪一十西分八餘十度）辻志云分上埃及下埃及二部其地勢上埃及則土地高燥邱陵起伏此外屬沙漠尼兒河沿岸一帶為下埃及低平多原野湖之大者有面薩列湖

雷志云土耳其之藩國每年朝貢

政要云千八百六年土派總督墨哈密阿律以兵力據其地土王許以主埃及國依土例擇長老為嗣不拘傳子千八百六十六年土王名其主曰濟逮福愛爾彌塞歲輸土銀三千磅王令增貢許以傳子於是供六萬六千磅增至七十萬五千磅千八百七十三年六月土王又許其與各國立約通商及養兵諸務令墨哈密阿律之孫依思梅勒主持埃及全權

千八百八十三年後國事悉聽英命英有防兵駐其國

徐又云明初土耳其取為別部鎮以大酋嘉慶三年法王拿破侖克之越三年復以歸土道光中麥西酋叛土自立土不能勝麥西攻土東方諸部皆下之土求援於鄰邦被斯助土國脅取為藩部俄以兵入土名為救土將隱圖之英法勒兵勸和其酋乃還所侵地復通貢於土為外藩紀程云乾隆中法王拿破侖侵埃及土人與戰不利法遂駐兵埃及嘉慶六年英逐法兵埃及復歸土有墨非麥德阿里（即墨哈密阿律）土所置埃及督也有大功十六年土王許阿里王埃及道光十四年阿里舉兵叛北侵西里亞地土人擊之不克歐洲各國援

土始返侵地同治五年土始令埃及歲貢為藩國十二年許與各國立約通商並增兵額名為土屬實則自專光緒四年埃及請於英法願得人為理財賦於是英遣惠爾生法遣蛮瑟（[illegible]）往而埃及財賦之權遂為二國所掌（[illegible]諸路[illegible]廹）（國約阿爾掌失[illegible]請之兵蘇法理遞[illegible]二之與）七年蘇丹人作亂埃軍不能平英遣兵助剿定亂因蛮成焉土怨英奪其權嘗遣人辨論促其撤成英人應之曰俟埃及能保其國英軍郎歸土人不能禁也矢志云亞拉比（阿隨蘇志作[illegible]）與其國副王率兵叛埃王無力征服乞援於英卒攻破歷山府平定伊斯馬略一帶叛徒此千八百八十二年事也千八百八十五年又有偽聖之亂蘇丹地方蠻民應之遂下尼羅河圍英兵於卡通（隊[illegible]）英將戈登死之近有埃國殆魯意脩者（一借[illegible]）蜂起為亂英兵至同各拉（[illegible]之努）（蘇棘哥並）由本國派兵征之講義云藩王號基德烏（之雝讓）當千八百七十九年基德烏阿披斯喜爾美時英法同保護埃及千八百八十二年夏月埃及有馬典之亂英人干涉之法國不與明年馬典亂平英置財政顧問官嗣是權屬英人駐兵四千五百人將校百人供歲費八萬七千磅埃及萬五千五百人受英將西爾得之指揮編制一變樋志云埃及幾地夫（之君靼）為開蘇彝士運河及布設鐵路負巨債英人收得濬河債券更干預其國財政埃及之滅亡殆無日矣

面積三十二萬九千百七十英方里（辻志云二百四十萬方里）**包有尼羅河流域至赤道北二十二度止**

矢志云東濱紅海一帶有亞比西尼亞山脈相連西接大沙漠地勢漸高其地質雖沙漠然尼羅河蜿蜒曲折貫其中央由西比西

尼亞地方有定期之暴雨自六月起水勢漸高自二十四尺至三十六尺止滿十二月則漸減九月則水仍平以此灌漑田疇有益農作故此河爲全國命脈高等地理云尼羅河亞酸附近有瀑布舟行甚艱水落時下流又苦水量不足乏灌漑之便千八百九十八年英國於亞酸附近建造一大堰千九百二年始竣工費約二千五百萬佛郎此工成後非獨舟楫甚便增加耕地甚大近時之大土工也與沁納半島王達云沁納半島卽學會圖之西奈半島上有西奈山高至八千餘英尺爲摩西受十誡之處人九百七十四萬口講義云埃及雖苦苛政人口實年年增加千八百八十二年調查有六百八十一萬三千九百十九人千八百九十七年增至七十三萬四千四百五人外人寄居占十之一希臘人多意英法人次之農爲首業耕種地五百十二萬英畝內棉花八十八萬五千英畝入口貨值九百二十一萬四千磅出口貨辻志云棉花麥甘蔗煙草加非值千二百七十二萬九千磅棉花及棉花子居百分之七十二多與英土俄貿易鐵路千二百八十五英里辻志云二千八百七十六里電綫二萬一千五百五十九里蘇以士運河長八十七英里每年經過此河之船通計三千百九十七隻以噸數計英國居百分之六十七千八百九十八年入款千八十六

五洲地理志略　卷十六　八

萬五千磅國債一億三百八十六萬三千磅貢於土者六十六萬五千四十一磅兵額萬八千人俱歸英員統帶　坎羅人五十七萬六十二口　亞歷山特里亞人三十一萬九千七百六十六口　特眉太人三萬千二百八十八口　吞太人五萬七千二百八十九口以上要區徐又云地分上中下三土上中兩土臨紅海市地雙岡綿亘如夾巷下土臨地中海坦闊膏腴支河交絡爲麥上壤共二十五部曰加義羅其都城也曰給里烏波曰北爾卑義斯曰師卑曰米加馬爾曰芒蘇辣曰達迷也大曰給比爾曰當達曰美黎曰美奴曰內日勒曰福阿曰達馬奴爾曰亞勒撒得黎亞曰德基塞曰亞得非曰白尼隋弗曰發雍曰迷尼亞曰蒙發祿曰西干德曰齊爾日曰結內曰埃斯內埔頭最大者曰亞勒散得馬基頓王亞勒散得之所建也昔爲地中海第一埔頭今仍爲著名港口兵多餉重賦斂煩苛民不聊生地產穀果麻靛蜂蜜棉花藥材先謙案徐志麥西郎雷志之埃及也列國學會二圖世界圖與雷同謝志作伊及據二圖北臨地中海南界努比阿東臨紅海西抵利比亞沙漠北有城面地中海曰亞勒散得與徐合郎雷之亞歷山特里亞世界圖作亞歷山大里亞謝志作阿勒散第亞周志作亞爾克旁特課程作亞立山德里一作阿勒撒得力阿一作亞力山打自漢至唐國都在是樋志作亞力山大利亞云爲亞歷山大帝所刱講義作阿勒撒德云尼羅河分流最西

之海口辻志作亞歷山云在改羅西北今爲通商埔頭其東南有達馬奴爾與徐合又東南有但塔卽徐之當達雷之吞太又東北有芒蘇辣與徐合又東北瀕海有達伊米塔卽徐之達迷也大雷之眉特太薛記作達每太許考作達迷也得講義云尼羅河之東分派處又有薩加西格當改羅與達米伊塔之中又東有波特塞得[illegible]世界圖作蒲特撒以得講義云瘠苦無耕地及活水樹木以當交通要衝故繁盛前臨地中海左爲面薩列湖湖之南爲蘇伊士河卽雷之蘇以士運河也問答作綏斯周志作蘇士慕志作蘇鴨士徐云由西印度西行有亞丁小島[illegible]英人所據也由此入紅海西北行四千里而港盡至蘇爾士行陸路百七十里卽地中海之東南隅再舟行七千里出直布羅陀海口卽大西洋較之紓同南向繞非洲西境至極南之吸朴始轉柁東北者計里減二萬計程近一月惟蘇爾士隔旱路百七十里舟不能行海國聞見錄謂恨不用刀截斷者卽指此也案此地今日已開掘成河許考作蘇彝士云本士腰一道爲亞非二洲樞紐長三百二十里咸豐五年法人雷率伯[illegible]建議糾股集五百兆佛郎興工開掘同治八年成功亞非二洲截然爲二自地中海賽特港一作波特賽特一作波德些德至紅海蘇彝士河長八十七英里其中二十一英里因彌薩勒湖巴拉湖的木薩湖伯特湖實際之運河六十六英里船舶通過約須十四時間千八百八十七年土京條約定爲永世局外中立地無論戰時平時永遠不得封鎖其每年通過之船舶約四千餘艘共一千數百萬噸四分之三爲英國船收稅之數多至三四百萬磅三千五百噸汽車行可省三日程問答云較前繞大洋近八千餘里講義云千八百九十五年

五洲地理志略　卷十六　九

興工十年工成費用二億圓河北端有波賽特港南端有蘇彝士港中途有伊斯馬拉市河面寬五十八米突或百米突底寬二十二米突深二十八尺半政要云咸豐四年由紅海過地中海郝修火輪車路因尼羅河貫注埃境自南而北每逢水溢車路盡淹同治二年法遣里息[illegible]詣埃及察地勢欲新開水道使二海相通埃及結約興工日勒埃民數萬人助其工作同治己巳年工竣英法釃酒相慶謂自此西來兵船可以徑至中國無須繞道矣里息又與各國會集議於同治十二年開中美洲巴那馬水道預定通工人役六七萬人籌經費約七百五十兆福蘭以水道所經爲委內瑞拉屬地先餽以六百兆更預籌四百兆以爲興辦之資[illegible]蘇以士河之西有開義羅[illegible]卽雷之坎羅徐之加義羅辻志云首府在尼羅河下流右岸非洲第一都會王宮官署在焉街市繁華府外有金字塔及人面獅身石像往古遺物爲最有名鐵路通亞歷山口岸及葡特撒以得世界圖作改羅現勢圖問答作該羅伊圖作開羅許考作加義路周志作客羅河之西有給塞卽徐之德基塞其南有法雍卽徐之發雍世界圖作法約母又南曰迷尼亞與徐合又東南曰西烏德卽徐之西干德世界圖作西烏特平方圖作亞西烏德又東南曰齊爾日其東曰給內兩地隔河相望又東南曰挨斯丙以上並與徐合世界圖作歪斯甯又東南曰厄得佛卽徐之亞得非紀程云科西爾屬埃及之給內部紅海東岸亦爲埃及之彌的安部蓋其疆域跨埃及北與阿剌伯接故東岸有埃及地也又西北齊爾曰部又西北亞西烏德部亞西烏德城在尼羅河西爲埃及名鎮埃及鐵路北自亞歷山德南

達於此又西北入蘇夷士海灣紅海北有西奈山南伸入海分海爲二東爲亞喀巴灣西爲蘇夷士灣俱廣不百里而亞喀巴灣尤短又西北過迷尼亞部之東西奈部之西此處海面既狹東西岸俱在望又西北給塞部又北爲沙克部之蘇夷士埠有鐵路西達加義羅及亞歷山德羅斯大達迷也大等部紅海西岸地多產煤油出口貨煤油爲大宗自蘇夷士至波特塞得計八十七海里合中度二百九十里波特塞得屬沙克部北臨地中海南濱彌薩勒湖東倚新開河市埠頗盛案所紀部分與徐志異同及方位地形竝可參證

又徐志努北阿北坳北緬阿必阿怒云在麥西之南東枕紅海南界阿北西尼亞哥爾多番西界尼給里西亞案卽埃屬蘇丹長三千里廣二千里東南峻嶺重疊川谷相間西北沙漠遼絕尼羅河上游諸水灣環匯注河濱多沃壤餘皆不毛地氣酷熱甚於麥西古麥西南境自回部割據後散爲數小部道光二年歸麥西兼轄居民皆回回別有野番以劫擄爲生行旅時見剽刦又誘略努北子女賣於麥西麥酋不能鈐制之也地分四部各有酋長曰努北阿曰當哥辣曰塞那爾曰札日斯物產二麥麻煙草米酒甘蔗棉花檜香烏木象牙金沙駝馬尤艮先謙案雷志無列國學會二圖作努比阿呉志作奴比阿岸圖作努皮亞世界圖作努比亞矢志併合埃及蘇丹慕志云緯綫自赤道北九度至二十四度經綫自中國順天偏西十八度至八十八度許考云部落悉埃及直省其地北界埃及南界埃及所屬蘇丹西界黎比亞沙漠東界紅海據二圖北境有努北什郎徐之努北阿中境曰當哥拿郎徐之當哥辣南境曰塞那爾與徐合今繪入蘇丹境誤又東境有北貝又東至海岸有蘇亞金南境有喀土穆今皆爲英屬見英埃蘇丹下

英埃蘇丹國 謝志中非 阿爾多番達爾夫耳

英埃蘇丹雷志云千八百八十二年之亂馬蒂爲首土地盡失千八百九十七年幾全收復課程云光緒九年回教中擁馬地爲首英命戈登往平之旋被戕害是役英水師亦不利因不再發兵惟以亂黨未平爲詞不撤埃及兵先謙案馬地卽馬蒂譯言聖人又作馬典見埃及下矢志云殆兵意修覦蜂起爲亂埃英合共征服之其都邑曰同各拉在尼羅河畔與蠻人交易之地白尼羅碧尼羅合流處曰卡通爲內地貿易通衢埃及駐兵於此王達云同各拉當郎學會圖之新當哥拿高等地理云此努比亞都會中最繁盛者卡通當郎喀土穆亦郎下雷志之喀塔摩面積百萬千八百英方里至赤道北六度止人五百萬口實爲英之保護國諸地俱英與埃及國旗並立總督非英國允准不立

喀塔摩都城

徐志云非洲中土遙北沙漠橫亘稱撒哈拉敘蘇麻歡蘇東西九千里南北三千里風起則天地昏暗沙隨處積爲邱陵天氣酷熱無滴水無一枝之蔭行者往往爲風沙噎斃或喘息死行沙中皆用駝渴極則殺駝吸其血或飲其胃中之存水中間偶逢片土如海中之洲島有水泉草木行旅賴以存濟東偏沙中有回部二曰哥爾多番曰達爾夫耳再南行盡沙漠復見土壤有河道溪澗草木暢茂人皆黑番亦從回教部落甚多總名曰尼給里西亞又云阿爾多番在努北阿之西南長約千五百里廣千二百里北繞沙漠南界山陵火峯吐燄地氣炎蒸有大河貫國中曰巴勒拉比亞爾岸肥沃種宜黍稷居民奉回教國無王鈐以頭人爲麥西所役屬會城曰痾卑德別有城曰巴拉爲商賈萃集之地產棉花鐵器又云達爾夫耳卑一他離在哥爾多番之西長約千二百五十里廣八百里北多沙漠南有腴壤樹木成林土宜黍稷居民皆回人俗重農工國王歲幸其酋長耕以勸農事貿易頗盛邊境多暴客商旅結隊以行每千餘人駝數千行宿如營陣都城曰哥卑國王居爾發捨耳土產黃麻胡椒煙葉象牙木材香料玉紋石硝磠砂先謙案郎雷志之英埃蘇丹也列國學會二圖作埃及所屬蘇丹世界圖作東部蘇丹岸圖作埃及蘇丹謝志作伊及蘇旦皆據英未干涉時稱之謝志云伊及蘇旦包尼勒河上流之地西部爲達富耳哥多凡庚古拉中央爲法壽達等處東抵阿比辛伊亞南抵阿勒伯湖首府曰根多哥羅濱白尼勒河今已圮毀達富耳在西境當北緯十一度至十六度東經二十三度至二十八度面積二百萬方里有酋長居首府哀爾法施哥多凡在達富耳東白尼勒河之西首府曰阿卑德所志疆域與雷之舉英埃蘇丹以包哥爾多番達爾夫耳相合據二圖達爾夫耳北界利比亞沙漠南界公額東界哥爾多番西界蘇丹土部謝志作達富耳矢志作達爾弗爾現勢圖作達爾物課程作達夫阿一作他佛慕志作達夫云緯綫自赤道北十一度至十六度經綫自中國順天偏西八十七度至九十一度北境有法捨耳郎徐之爾發捨耳也謝志作哀爾法施課程作爾法捨云一作法什阿西北有哥卑城與徐合許考云達爾夫耳地雖燥烈尚少疾疫居民二十餘萬行商不用財惟以貨交易土人皆崇回教風俗陋惡哥爾

多番北界努比阿南界東部亞非利加東界阿比西亞西界達爾夫耳謝志作哥多凡課程作考爾朵番呉志作可爾多樊慕志作哥多番云緯綫自赤道北十一度至十六度經綫自中國順天偏西八十三度至八十九度北境有痾卑德謝志作阿卑德課程云一作阿卑意特一作厄耳痾卑特又北有巴拉城並與徐合南境有法紹達謝志所稱法壽達也世界圖作法斯各達現勢圖作法鎖大講義記法紹達事云千八百九十八年法紹達事乃英法兩國爭雄之局關阿非利加大勢益英國謀自埃及經英領東非保護地通南非喜望峯殖民地以伸其對於印度洋之權力而法國阿非利加領地星散謀自所領尼日爾上流地方以通東非法領索謀里蘭聯爲一氣英由北而南法由西而東皆必假道於尼羅河上流地英以縱貫阿非利加爲政策當用兵埃及時已自阿勒撒德至瓦的哈耳法分兵駐守以鎮撫之嗣復在紅海岸占領蘇亞金又在尼羅河東岸制服北貝將以喀土穆爲駐兵要地籌開由阿勒撒德經北貝至喀土穆之鐵道便從埃及出紅海可不由蘇彝士河也其後英將軍基的拉竟陷喀土穆縱貫阿非利加政策已有成局時英國南非鐵道幹綫自開普墩而達三比西河又在南非北非之間得有東非保護國及烏干達南北領地中央不通之處惟坦噶尼喀湖至烏干達之地及尼羅河上流至烏干達之地而已案二地與德領阿隔爲不惟此也坦噶尼喀湖之北烏干達以南之地英德會商已得便宜行事之權惟喀土穆以南烏干達以北地歐洲各國尚無人得其保護權英國謀取尼羅河航路權既不果乃於占領喀土穆後更將進兵占領此地然此地西通法領公額東通法領索謀里蘭法人不能坐視也尼羅河

岸有法紹達者適當其衝是以法人必先爭之千八百九十六年秋使太尉崩西母及克羅修得少佐馬爾寫奉遠征隊分途逼尼羅河上流師甫出適法國多事不遑兼顧然馬爾寫竟於千八百九十八年至法紹達建法國國旗報聞本國法政府更向英人爭其權力兩國開議數次不諧法政府準備艦隊英國亦擬辦新海軍決意開戰既而法國從俄國調停召還馬爾寫退出法紹達照會英國千八百九十九年三月二十一日在倫敦訂約法國讓巴耳尼耳加薩耳[illegible]肥及達爾夫耳等地與英其瓦代巴給爾美干內木等地則爲法有[illegible]近乍得湖之東北地亦爲法領[illegible]在北緯十五度以北地方法國勢力範圍竟擴充至夏至綫附近而及於努比亞沙漠境

阿比西尼亞國 謝志北非

阿比西尼亞 慕志云緯綫自赤道北七度至十六度經綫自中國順天偏西七十三度至八十一度述略云本國人稱其國曰以第我彼阿阿拉皮國人呼爲哈白司西人謂爲阿比西尼亞也 **雷志云全國皆高原四圍高山環之間有深谷數處** 矢志云地在努比亞之東南紅海之南端而亞比西尼亞山脈連亘國中故或稱其國曰非洲之瑞士以其多山故也 **藍尼羅河在差那湖高於海面五千七百六十英尺** 先謙案藍尼羅河一稱碧尼羅河與差那湖俱見下 **氣候分三區一科拉爲低熱之地**

講義云地勢向西傾斜勢頗紆徐東向紅海急落而爲平野 **一望奄那蒂喀爲種葡萄之地高自五千英尺至七千九百英尺** 講義云最高峯曰拉斯達新高萬五千英尺 **一高原杜達** 案卽公達爾 **高六千三百英尺熱度中數六十七度雨水三十四英寸全國面積四十八萬英方里** 迠志云九萬方里矢志云十八萬五千方里問答云百七十六萬方里 **人四百八十三萬口內有亞各阿比西尼加拉等種** 講義云居民多南阿剌伯種族今自南方移來之喀拉人亦漸繁殖迠志云三百五十萬口○徐志阿北西尼亞[illegible]云國在努北阿之南東枕紅海南界亞德爾長二千三百餘里廣二千餘里山嶺盤回岡陵錯雜有大水曰巴勒那塞各又名藍河下游匯於尼羅土田肥沃地氣溫平惟近紅海一帶頗炎燥多迅雷雨五月至十月陰霖居半行旅艱於跋涉自古爲土番部落沿革無考俗好爭鬬殺掠食牛不宰觿割生啖別有野番穴地而居捕蟲豸爲食得野獸食其肉纏其腸繫其蹯於身以爲觀美國分七部各有酋長曰的給勒曰公達爾曰昂哥卑爾曰昂合拉曰昂哥曰耶勒曰薩馬拉產二麥粟米麻蜜棉花木料山中多獅豹山狗[illegible]象又云元世祖時馬八爾俱藍二國入貢馬八爾卽阿北西尼亞俱藍疑卽努比阿此非洲通中國之始先謙案卽雷志之阿比西尼亞也列國學會二圖作阿比西尼亞現勢圖作亞伯細尼謝志作阿比辛伊亞分圖作阿比西尼周志作亞培息尼吳志作阿比西尼阿矢志作阿比西尼亞云舊名愛叔庇亞許考云舊名厄地阿比亞據學會圖東南西南界雷志之意領索謀里蘭東方一段界法領烏幹達據雷志東北西北界意領歐里脫里亞在意國範圍之內案二圖中境少西曰公達爾䫝勝世界圖作孔達慕志作公達吳志作根達矢志作剛達云在高原之中央但那湖畔湖爲碧尼羅河所自出樋志作德婷比亞吳志作塔挐云一名亭別周志作琺被卽雷之差那湖也東南隅曰昂哥卑爾樋志云第二都市並與徐合昂哥卑爾相距少西曰昂哥拉卽徐之昂合拉東北隔曰薩剌卽徐之薩馬拉己歸意領許考云晉成帝五年天主教福羅門爵曾往傳教唐初回族掠其東境明成化末蔔王若埜第二遣使通好崇禎二年國王被廢並逐教士嗣後部落分析酋長轄治今分三部北曰的額勒[illegible]會城曰阿杜瓦南曰阿馬拉[illegible]會城曰岡達爾東南曰說阿[illegible]會城日安哥卑爾種類紛雜技藝粗陋市壓寥落民性强悍怠於操作工藝多委阿剌伯猶太人幸物價最廉一牛值洋銀二一雜錢五十餘資生尙易遇設盛饌物皆生啖血營淋瀉陋俗可想近意法英各占其江海諸地意在北法在中英在南迠志云自主國分爲替古勒亞慕哈拉孝亞三部亞慕哈拉[illegible]首府曰孔達兒在塔那湖畔王宮官署在焉替古勒[illegible]首府曰亞得亞孝亞[illegible]首府曰亞的斯亞倍巴制度類封建又有國會掌立法諸州有知事常備兵十五萬鐵路百四十七里電綫通哈拉兒及亞的斯亞倍巴樋志云千八百六十八年國王提鐸爾與英戰沒[illegible]至今時有亂狀矢志云昔稱愛叔庇亞帝國今則合數邦而爲亞比西尼亞王國其王梅奈立克第二世千八百八十九年卽

位時爲意大利保護國約爲同盟千八百九十五年與意開釁據云阿欲聯俄之故時意軍屢爲所敗近聞意國自廿退讓期歸於好云案二圖孝亞作勺亞慕哈拉作亞木哈拉替古勒作地格里又埃及至阿比西尼亞矢志云總之曰尼羅諸國以皆在尼羅河流域也蓋皆古埃及舊壤王達云大地誌言國內分三部北曰地格里首府曰亞多奧人口三千中曰亞木哈拉首府曰公達爾人口五千南曰勺亞首府曰昂哥卑爾人口三千案此國自千八百九十五年與意國開釁以來意軍屢敗至千九百年此國再宣言獨立實已脫意國羈絆矣

意領歐里脫里亞 謝志北非

歐里脫里亞雷志云意領其地包有紅海部及馬沙華經過北阿比西尼亞與坎倫之高原至哈沙拉止 先謙案北字衍 **面積二萬八千英方里** 迠志云五十二萬一千方里 **人二十三萬口** 迠志云五十四萬 **馬沙華水陸進口貨值四十一萬三千三百四十磅防兵六千人** 先謙案雷志歐里脫里亞世界圖作意領伊里特利亞依圖作伊里德勒亞謝志作伊立德利亞講義作攸利茲利亞云在紅海岸界埃及及阿比西尼亞千八百八十一年意占領阿薩巴灣及其附近地廿年宣言以爲殖民地漸擴充其境界馬蘇阿及附近諸島亦屬焉廿千八百九十年合以上諸

地稱攸利茲利亞殖民地千八百八十九年後阿比西尼亞王米內利亦歸意爲保護國千八百九十五年與意爭界開戰意軍大敗阿比西尼亞頗收回喪失之地千九百○年復爲獨立國攸利茲利亞向無農業而牧產頗富遊牧者多土人謀沙島附近產珠甚多又自馬蘇阿至刷的有軍用鐵道十七里案馬沙島阿當卽雷之馬沙華無他地足以當之樋志云麻蘇瓦在紅海商埠陳炳煥云麻蘇瓦本屬阿比西尼亞近爲意國伊立德利亞首府蓋與阿戰勝而得之麻蘇瓦卽馬蘇阿也矣志作馬撒哇徐志非洲羣島云馬蘇阿島在紅海中附近阿比西尼亞土耳其所轄煙戶無多泊舟穩便貿易頗盛慕志云馬索瓦島乃埃及總督統攝馬索瓦卽馬蘇阿王達云馬蘇阿有名部者如埃及所屬蘇丹分十二州中有馬蘇阿州是也有爲都邑名者高等地理言州內有名之地爲馬蘇阿港在蘇亞金與英領丕林島之間近海岸島上是也學會圖馬蘇阿港在達拉克羣島之西小島上

意領梭曼利蘭 謝志東非 亞然 亞德爾

意領梭曼利蘭雷志云面積甚廣意國於千八百八十九年得之巴拉華及札勃河北部桑給巴諸商埠於千八百九十二年讓與意人王達云巴拉華卽學會圖之巴拉瓦札勃河卽周巴河高等地理言東索謀里蘭海岸地方在意國勢力區域內其主要之地爲巴拉瓦馬喀馬加多朔等港由桑給巴爾之回教王讓與英國後又由東阿殖民會社轉讓與意人與雷志合

面積十萬七千英方里汪志云六十萬方里人二十萬口汪志云四十萬口○徐志非洲東土云係印度海之西岸自紅海口門之外地形由東北而西南長約九千里迤北回族與黑番雜居迤南皆黑番地多金沙藥材土番採之以當錢幣極東北曰亞德爾其南曰亞然再南曰桑給巴再南曰莫三鼻給其西南曰麼諾麼達巴又云亞德爾一名亞占在阿比西尼亞之東當紅海印度海之隅西南重岡疊起東北平原廣闊河流交貫穀宜黍稷地氣炎燥居民皆土番奉回教地分數部各有酋長時與阿比西尼亞兵爭土產金沙乳香胡椒象牙亞然一名然貴巴在亞德爾之南長約千九百里北境多山東面多砂磧西南人迹罕到沿海所居皆阿剌伯回族以貿易爲業面色差白內地皆黑番以牧獵爲生十數部各有酋不相統轄大者曰巴拉瓦城建海濱有深澳泊船貿易頗盛土產香料爲多先謙案亞德爾亞然卽雷志之意領梭曼利蘭也列國學會二圖作索謀里蘭世界圖作意領東部曳馬利海岸講義云意領索謀里蘭在英領東非之北爲印度洋岸一帶之地又云東岸地勢亦如西岸有一帶低地其後有高地諸河貫流之索謀里蘭爲沿岸低地最廣者也河流雖多比西部諸河略短小問答云印度洋之西阿典海股之南阿典卽亞丁灣中亞非利加東北大城曰伯伯拉見英領梭曼利蘭南有亥內斯河茹巴河有角曰瓜達斐角二圖作瓜達夫伊角世界圖作瓜兒達肥角慕志云亞德分數部都城曰西拉又有索謀利伯伯拉黑拉可蘭等部是索謀利特亞德之一部而後爲地方之大名又云亞然緯綫自赤道北四度至十二度經緯起止不知其所東接印度洋西接桑給巴北連海濱長二千八百里今諸圖志有桑給巴莫三鼻而無亞德爾亞然二國據世界圖有如巴巴剌瓦諸地大名作嘎拉士二圖亦有如巴蘭巴拉馬大名作加剌蘭雷志英領梭曼利蘭下云梭曼利之一大分及加拉諸地俱在意國勢力圈內嘎拉加剌卽加拉也講義云英領東非北接加拉國見英領東非洲是加拉乃當時土國如巴卽茹巴巴剌瓦卽巴拉瓦與徐云亞然大部巴拉瓦合亦卽雷之巴拉華是亞然已屬意領之明證亞德爾當紅海印度海之隅考案地形正與叟馬利海岸合是亞德爾亦屬意領無疑年代久遠局勢變更二國名迹將歸泯滅矣問答但云梭茅利別名亞然亞德而未明其由來許考云索瑪利東北曰亞德爾　國初強盛日就式微索瑪利西曰加爾拉土番別部是亞德爾國在大國範圍之內若存若亡加爾拉卽加拉也

北非洲 先謙案雷志列尼羅諸國於北非之外故止以下四國徐志云非洲北土在地中海南岸者東西長約萬里南界撒哈拉大漠綿延如帶迤東多沙磧迤西山嶺錯雜古世總名美的德拉虐周世有非尼西亞國者由希臘遷居於此名其國曰加爾達額一作迦太基擅地中海之利權富強無敵又有奔多入占爾達兩部西漢初皆爲羅馬所滅唐初阿剌伯回人興旣得麥西漸拓而西地中海南岸諸部蠶食無遺及渡海侵西班牙割其國十之八時蒲萄牙尚未爲國阿剌伯衰諸部半爲土耳其所奪地分四國迤東接麥西者曰的黎波里迤西曰突尼斯皆屬於土再西曰阿爾及耳舊屬土今歸法極西抵地中海口門者曰摩洛哥係紅帽回人不屬土矣志稱巴爾巴利[illegible]云巴爾巴利爲埃及以西沿地中海一帶諸國之總稱南接大沙漠

其南有亞太臘山脈問答作阿德拉斯山最高峯至萬四千尺臨澤孛兒墨兒津之地中海低平可耕種岡記作巴巴黎問答作巴巴利樋志稱北海岸諸國云亞德拉斯山脈與地中海平行東西橫走至摩洛哥而極雄峻國內大半高地然進向東方山勢轉低至的黎波里乃降爲平原摩洛哥北部地味肥沃然以施政失宜土地半荒阿爾及耳突尼斯稍瘠薄的黎波里磽确帶沙漠性質又亞德拉斯南麓有一帶狹長沃地植棗多穫有棗地之稱講義作博爾巴剎列國學會二圖有摩洛哥阿爾及耳突尼斯而不數的黎波里謝志列北亞非利加一伊及卽雷志埃及二努比亞卽努比阿三伊及蘇旦卽英埃蘇丹四阿比辛伊亞卽阿比西亞五伊立德利亞卽意領歐里脫利亞六德利波利卽土領的黎波里七度巴斯卽法領土尼斯八阿勒支利亞卽法領阿爾及里亞九摩勒哥卽摩洛哥十撒哈拉

摩洛哥國 謝志北非

摩洛哥慕志云緯綫自赤道北二十八度至三十六度經綫自中國順天偏西百十四度至百二十七度長千八百里廣二千八百里

雷志云專制國樋志云君長稱蘇爾丹講義云皇帝稱耶米爾阿爾西尼[illegible]七世紀末

阿剌伯人始占居之徐志摩洛哥與雷同[illegible]云在阿爾及耳之西北枕地中海西距大西洋南界撒哈拉大漠地勢由東北而西南長二千五百里廣千五百里有大山曰亞德拉斯橫亘國中沙磧環市田少而腴駝馬蕃庶夏令

酷熱海風解之沙漠薰風峻嶺蔽之故地氣溫平少疾疫居民六百萬皆紅帽回回本阿剌伯屬國土耳其既與海南諸邦席捲無遺獨摩洛哥以窵遠獲全而阿剌伯衰弱已甚無復羈縻遂獨立爲海西回國俗好擄掠得他國之人强入回教從則釋之否則囚錮爲奴近年英法人遭擄禁者數千兩國以兵船攻之圍其都城其王震恐盡釋被擄者由是稍斂迹

包有沿大西洋之沃壤阿脫蘭斯山高峰積雪終年不消內阿雅欣山高萬四千百五十英尺及撒哈拉之一分無可航之水道講義云國內分三部一海岸至高地二中央山地三撒哈拉沙漠千八百九十五年准英國於鴆庇角設製造所面積十五萬四千五百英方里过志云百三十一萬四千方里人六百萬口內歐洲人二千猶太人十五萬黑人二十萬尚有般般種與阿剌伯遺種二百萬过志云二千五百萬或云九千四百萬講義云沿岸謨亞人最多內地巴巴人般般即巴巴也財富天然尚未發達海道入口貨值百五十一萬磅出口貨值百四十三萬七千磅豆大小麥蛋杏橄欖油珍珠米牛山羊皮羊毛蠟拖鞋絨呢爲大宗过志有扁桃象皮問答有棗地毯五色皮紅氊帽山羊皮製成通行天下矢志有玉蜀黍蠶豆及摩洛哥

革[illegible]頗有名於當世多與英德貿易兵額平時萬一千人講義云聽英人指揮戰時五萬人大半騎兵

飛士人十四萬口　摩洛哥人六萬口

吞畿耳熱度中數六十四度雨水三十二英寸人三萬口又摩格篤熱度中數六十七度雨水十英寸以上要區徐又云國分六部曰摩洛哥曰非斯曰蘇斯曰達拉哈曰達非勒曰西日爾美塞都城舊在摩洛哥後遷非斯部之美幾內斯其俗以布纏身上束帶巾包頭戴紅帽著各色履腰刀劍跨鳥槍好馳馬角勝習射頗精閑婦女甚嚴出門帕蓋全身惟露雙眸禁飲酒食猪肉喜吸煙煙以麻葉爲之土產銅錫白蠟藥材棉花木料通商不廣矢志云北臨海峽扼地中海之咽喉南濱大西洋巴爾巴利諸國中能不受歐洲諸國之牽制者惟此國而已然其政事固陋風俗殘忍蓋無足道者先謙案雷志摩洛哥列國學會二圖世界圖同吳志作謨若科周志作麥落哥謝志作摩勒哥據二圖北臨地中海西濱大西洋東界阿爾及耳南抵義幾德沙漠大亞特拉斯山東北自阿爾吉爾來橫貫西北郎雷之阿脫蘭斯徐之亞德拉斯也講義云阿特拉斯山脈橫貫摩洛哥國小阿特拉斯山脈自此經過阿爾及耳至突尼斯止山南有德拉河山東南世界圖平方圖有塔斐勒郎徐之達非勒山西濱海二圖有摩加多講義郎雷之摩格篤世界圖作摩噶多大西洋岸要港又東內地有摩洛哥與雷徐合过志云在國西部製革頗盛其地居大亞特拉斯山北逾山而南蘇士河出焉徐之蘇斯部蓋因水得名距此水當不遠而二圖不載由摩洛哥而東北有美八內斯[illegible]蓋世界圖作美幾內斯許考作美基內斯近大西洋美八內斯之東曰非斯與徐合[illegible]郎雷之飛土矢志作誨自周志作夫材問答作斐斯过志云首府王宮官署在焉講義云信回教者視此如神府如阿剌伯之麥迦麥地那也近直布羅陀海峽處西曰丹吉爾講義郎雷志之吞幾耳國內第一貿易港也王達云南岸大西洋邊有摩洛哥屬之伯列爾島東距直布羅陀約十三海里光緒二十八年英人以掘石爲名復借而據之碇泊水雷艇以鞏固其制海之權高等地理云美幾內斯爲耕作地方之中心市街廣闊與園圃相交錯非斯名爲首府然摩洛哥及美幾內斯亦均駐蹕

班領潑雷西騎

潑雷西騎雷志云西班牙屬包有修大替土恩及曼里拉面積三十英方里人萬六千口王達云高等地理言直布羅陀對岸之休達森林及其附近之得拉安皆爲西班牙占領學會圖休達及麥里剌俱標西字雷之修大郎休達替土恩郎得拉安曼里拉郎麥里剌蓋合之名潑雷西騎先謙案由非斯境極北挺出東曰休達平方圖作修達世界圖作雪烏他現歸班領北臨地中海爲直布羅陀海峽矢志作直勃洛爾太徐志非洲羣島云修達島在地中海直布羅陀口門之內附近摩洛哥建有堅城亦西班牙所屬修達非島此徐誤也休達之東爲麥里剌世

界圖作妹利拉接亞爾及耳西境

法領阿爾欺里亞

謝志北非

阿爾欺里亞慕志云緯綫自赤道北三十度至三十七度經綫自中國順天偏西百八度至百十八度長二千五百里廣二千里雷志云千八百三十年法國據之徐志阿爾及耳亞阿爾利日頡耳云在突尼斯西土耳其屬國今爲法藩部許考云漢屬羅馬宋文帝元嘉六年日耳曼人[illegible]奪之梁武帝三十三年希臘取之唐武后七年[illegible]道光十年入於法長二千一百餘里廣千八百里山阜紆蟠東南峯巒插漢常積冰雪沿海尤斗削不易攀境內多沙磧而土最膏腴自回族割據農工蹠惰田多荒蕪先是阿剌伯回族據西班牙七百餘年生齒逾數百萬明初西班牙北部起兵恢復回族多逃回阿爾及耳後西班牙復逐降回百餘萬出境亦轉徙入阿爾及耳回民失業流離習爲盜陸則飛騎剽掠水則飛艇截劫數百年爲地中海大患法英美會舟師勒之登岸攻㨄者戮其人不取其貨回族斂迹數十年已而復肆道光初法兵攻破都城回族逃遁沙野法鎮以大酋盜蹤稍斂然重兵防守所費甚鉅近年回酋聚衆來攻法破斬之講義云法總督管理行政之事法律爲法國下議院所定陸軍有法國第九軍團駐之

爲三府以一總督管轄包有北部沃壤畜脫之高原以阿脫蘭斯山見上與阿爾欺里亞之撒哈拉爲界講義云分海岸地阿特拉斯山地撒哈拉沙漠三部國

內無可航之河許考云舍利弗河出亞德拉斯山陰長四千餘里入地中海餘不著名面積三十萬九千五百八十英方里辻志云百十萬六千六百二十方里人四百十七萬五千口內歐洲人四十八萬其中法人二十六萬八千猶太人四萬七千四百五十九土人則有阿剌伯種般般種又妥萊種居南部皆從回教辻志云四百四十二萬九千講義云巴巴人占十分之五有學堂千二百九十所耕種地約七千七百二十五英方里收耕穫之益者不過千二百五十四英方里且有多處爲樹林常種者大小麥葡萄歲釀酒八千六百萬格倫橄欖煙葉胡椒草麻子可造紙之黑番草尤多講義云草名阿爾非輪出最多乃阿爾及耳第一財源千八百九十五年有馬三十五萬八千六百五十七橐駝二十五萬五千四百八牛百十二萬千二百四十六綿羊七百八十九萬千九百七十九山羊三百五十四萬五千四十一採珊瑚亦爲要業礦產銀銅銻鐵水銀等入口貨值千六十八

萬四千磅出口貨值千十五萬八十磅多與德英貿易鐵路千八百三十一英里防兵十九隊五萬五千人入款二百十六萬六千磅出款二百九十三萬五千磅兵費在外　**阿爾欺爾斯**熱度中數六十五度正月五十四度八月七十七度雨水二十七英寸人八萬二千五百八十五口　**亞倫**人七萬四千五百一口　**康士但丁**人四萬六千五百一口　**波那**人三萬八百六口以上要區徐又云其地戶口三百萬舊分六部今分三轄曰阿爾及耳其都城也建於山坡曰岡士丹的納曰馬斯加拉曰的德利曰薩布曰卑爾北耳氣候溫平多地震土產五穀果實金銀錫鐵礬硝珊瑚先謙案徐志阿爾及耳郎雷志之阿爾欺里亞也列國學會二圖與徐同世界圖作阿爾吉利亞謝志作阿勒支利亞矢志作亞及周志作亞爾求拉依圖作阿爾及利阿吳志作阿爾色利阿據二圖北臨地中海南抵亞勒格沙漠東界突尼斯的黎波里西界摩洛哥其西西北隅有城曰阿蘭謝志世界圖作俄蘭郎雷之亞倫許考云此西府自明正德初至國朝康熙末年屬西班牙工藝與西人略同乾隆五十五年地震屋宇傾圮大半至今未復其東南有馬斯加拉與徐合又東有的勒特郎徐之的德利又東北有阿耳及爾郎雷之阿爾欺爾斯周志作亞爾及斯吳志作阿爾噶士樋志作阿爾及阿斯許考作亞爾日耳云中府阿剌伯人所築又東南有岡士丹爾的納講義郎雷之康士但丁徐之岡士丹的納又世界圖作孔斯坦丁慕志作岡士丹丁許考云東府一名公斯當定納漢時屬羅馬名奴米地亞者郎其地也城在亞德拉斯山上晉時羅馬王公斯當定飭建故名郎雷之三府矣又東北曰波那與雷合矢志云此地鐵道電信學校郵政之制無不美備在巴爾巴利中最有進步樋志云法人又開鑿噴水之井於沙地以便灌溉王達云高等地理言阿爾及耳府自海上望之實爲壯觀其建築屋多白色故有銀色都之名歐人多來此避寒鐵道東通阿蘭西通波斯

法領土尼斯國謝志北非

土尼斯徐志突尼斯都城謝志云在的黎波里之西爲土耳其屬國地形北出東北兩面皆臨地中海長千五百里廣八百里地勢平坦沙磧居多沿河土腴海濱鹹斥乏淡水戶口三百餘萬安居貿易無劫盜之俗稱回部善國王不世及由眾推舉仍請命於土慕志云緯綫自赤道北三十二度至三十七度經綫自中國順天偏西百五度至百九度長千里廣四百里講義云其國稱王曰配伊雷志云千八百三十一年後歸法國保護使大臣駐之治其國事矢志云建立礮臺與法國馬爾塞港來往極繁東岸低下不能產物北岸峻峭內部多山南爲原野饑力狄高於海面五十七英尺面積五萬八百四

十英方里辻志云三十萬六千方里人百五十萬口辻志云百七十萬講義云百九十萬耕種地云有六千三百英方里漁業重要出海絨撒丁魚鱈魚墨魚業此者大半意大利人礦產甚微入口貨值百八十一萬一千磅出口貨值百六十四萬千七百磅大小麥櫟皮橄欖油海絨葡萄酒爲大宗多與法英意及馬耳搓島貿易鐵路三百二十五英里講義云八百八十三英里入款九十六萬二千磅國債五百七十萬二千磅法兵外講義云法駐兵萬九千餘有土兵萬六千六百人　**土尼斯**熱度中數六十七度正月五十二度八月八十一度雨水十五英寸人十三萬五千口　**坎爾文**人二萬口　**格勃司**人萬口以上要區徐又云地分兩部曰的里幾亞曰達拉幾斯都城建於波加斯湖濱高阜上與國同名居民十萬以織布爲業地氣溼熱產麥橄欖油銅銀錫水銀蠟硇砂獅猴獐山狗歐人皆與通商先謙案徐志突尼斯郎雷志之土尼斯也列國學會二圖與徐同世界圖作邱尼斯謝志作度尼斯周志作吐尼斯吳志作邱尼士據二圖西界阿爾及耳北距地中海東南界的黎波里南境有城曰加卑司世界圖作加倍斯郎雷之格

勃司加倍斯之北有開溫世界圖作開爾彎即雷之坎爾文極北則突尼斯都城即雷之土尼斯也王達云高等地理言摩洛哥府周回五英里絹及毛織物製造頗盛紀元後六百七十年亞拉比亞人所建北非洲回教徒今尚以此爲文學都府亦非洲之巴黎也開溫在突尼斯南八十英里有回教寺院甚宏壯古代北非亞拉比亞帝國首府也與東之蘇薩港有鐵道聯絡先謙又案古世亞洲西境有非尼西亞人臨地中海立國善爲商賈其後至非洲北境築二大城曰歲城曰院郭周幽王十四年非尼西亞王之妹伊麗紗與王有隙挈其黨數千人浮海至非北就院郭遺趾改築大城曰加爾達額數百年後遂爲大國漢景帝十年滅於羅馬即今土尼斯地也徐志云非尼西亞有遷於地中海南岸者定都城於土羅更名加爾達額案土羅非尼西亞都城非加爾達額都城也徐志大誠綿志作加塞其講義同一作迦太基一作加爾達儀矢志作加雖治云其廢墟在西北六里王達云加爾達額當即學會圖之加爾察奇大地誌高等地理俱云在首府東北十三英里邱尼斯之東北有角曰崩角

土領的黎玻里國 謝志北非

的黎玻里 樋志云的黎玻里阿拉伯語謂白海即沙地之義高等地理云的黎坡里者三都會之義蓋往古此地方爲薩布拉他阿埃及里甫的馬給納之三都會也近世之的黎波里當古代阿埃之位置索亞拉當薩布拉他之位置里布塔當里甫的馬給納之位置所釋各異慕志云緯綫自赤道北二十四度至三十四度經綫自中國順天偏西九十一度至百五度長二千餘里廣二千七百里雷志云土耳其藩國包有的黎玻里本部巴喀飛愼諸地

面積三十三萬八千四百七十英方里辻志云二百三十九萬三千四百方里人百萬口辻志云百三十萬沙漠大半間有草地及肥土入口貨值五十六萬二千磅出口貨值六十八萬八千磅穀油牛羊毛黑番草及蘇丹諸物產　**的黎玻里**人三萬口　**本哈士**人七千口　**滿石克**高於海面千七百六十英尺人六千口　**格德摩司**人七千口以上

要區 徐志的黎波里的黎不哩的黎波特利云在麥西之西土耳其屬國長四千里廣二千五百里夷坦無山有大河曰的內市岸頗有腴壤餘皆沙漠沙中間有片土生茅草回族游牧其中騎健駝四出剽掠鄰境患之國有王世繼仍請命於土耳其分四部曰的黎波里其都城也建於海濱曰巴爾加曰非三曰亞達美地氣酷熱晝暑夜寒多歉歲土產皮羽蠟棉花硫磺滑石丹參金砂對里云果品甚美爲生財大宗果出油甚佳珍物也阿先謙案即雷志之的黎玻里也列國嘗會二圖與徐同世界圖作特里庖利周志作得利薄里吳志作特利頗利依圖作的利波利矢志作德利波立據二圖南界沙漠東南接埃及西北界土尼斯阿爾及耳東北臨地中海其北濱海爲的黎波里都城與雷徐合西境有加達美斯即雷之格德摩司徐之亞達美世界圖作噶達密斯南境有非三與徐合即雷之飛愼世界圖作飛撒矢志作費殘現勢圖作匪盛謝志作斐散周志作弗殘許考作菲桑亦作菲額云縱橫八九百里全境無川澤會城曰暮爾蘇酋長理事歲時納貢於的黎波里飛撒有地曰模爾索克即雷之滿石克世界圖作木爾素克謝志作木耳蘇革矢志作墨爾薩克云內地商業之中心東北有大海灣曰格羅西灣講義云非三之首府其東南近黎比亞沙漠地曰給巴勃都城之東日本哉母海至此成大灣曰西得拉灣即格羅西灣也灣之東北曰班加西即雷之本哈士世界圖作本噶西其東大名曰巴爾加與徐合世界圖作巴爾喀即雷之巴喀矢志作敗卡周志作排克謝志作巴加樋志云巴爾加爲一小高原其南撒哈拉有一羣泉地曰飛三亦歸版圖自的黎波里經非三及撒哈拉有通蘇丹之商道講義云的黎波里及非三爲土之一州非三沙漠占其大部到處有俄西斯每歲有阿剌伯隊商數百驅駝數千旅商各處南至瓦代波奴爾丁不各都等地以棉貨及歐洲製造品易駝鳥羽象牙等而歸

五洲地理志略十七　非洲二

賜進士出身　特賞內閣學士銜前國子監祭酒翰林院編修加三級　臣　王先謙謹撰

塞內岡比與幾內亞

先謙案塞內岡比即列國學會二圖之塞內岡比亞也世界圖作雪尼幹比亞矢志作賽內雁鼻亞云在賽內猗爾周志作聖綱嗎爾及雁鼻亞周志作婀皮亞府兩河之流域故合之曰賽內雁鼻亞周志作聖綱驕塢亞幾內亞即列國學會二圖之幾內亞也世界圖作貴尼亞周志作基尼亞徐志云非洲西土由地中海口門外地形折而南下面大西洋海數千里皆沙漠過此地形缺折而東又轉而南漸斜削而趨南土其迤北沙漠之地曠無人煙迤南當赤道南北壤土廣厚瀦澤迴環草木陰翳瘴霧蒸毒曉夜昏濛異國人居之輒病不死亦成痼疾土人面如墨染高顴扁鼻厚脣鬈髮拳縮混沌無知半裸其體不蔽陰陽衣好華彩用金珠象牙徧身懸綴以爲美觀相聚則婆娑跳舞男女隨意雜配種族無別耕作者少掘食草根居草寮或結巢大樹藉草薦器用瓦壺祀樹木禽獸爲神每殺仇人祭之又有能妖術者無銀錢以貨易貨值饑乏族類自相攻擄獲生口賣以爲奴各國之船往來販鬻每船二三百人如貨豕畜諸國所用黑奴皆此土人販往美洲者尤多灌園耕田種加非造白糖如牛馬然終身力作不怨不逃其地物產甚多土人不解蒐采出諸果實有樹油可作番鹼獴猿猱玃玃虎豹獅象甚多蛇大者如巨桶能吞人畜西人心豔此土畏瘴癘不敢深入僅在海濱設立埔頭期於日漸墾拓就其物產爲

地名有穀邊象邊金邊奴邊等名黑番部落甚多約分三域曰塞內岡比亞曰幾內亞曰公額又云塞內岡比亞在撒哈拉大漠南西距大西洋南界幾內亞東界尼給里西亞長約二千七百餘里廣二千里境內大水二皆入大西洋北曰塞內加爾一作西尼甲案一作先尼葛耳亦作森伊嘎勒亦作雪尼幹亦作賽內猗爾據二圖出加痾爾達之南法領基大西北流入大西洋當法領塞內加之北南曰岡比亞一作感比亞案一作憂貴亦作幹比亞據二圖出不勒之西拉比土郗北流而西入大西洋當英領岡比之南合兩水以名其地也平坦無山墳壤與沙磧相間田土膏腴地近赤道酷熱多瘴癘五月至八月陰雨連綿暑氣稍減土番奉回教地分二十小國其酋世傳或公舉不相統攝曰弗達多羅曰弗達日羅曰弗拉都曰加孫曰奔都曰丏尼曰弗義尼曰烏黎曰登的里亞曰分達曰加痾爾達見下法塞內加領曰邦不各曰薩隆見下英領岡比曰加不見下葡幾內亞領曰日約羅弗曰新曰烏阿羅見下法塞內加領曰巴爾同上曰加約爾見下英領岡比曰薩倫土產金銅琥珀紋石象牙鹽塞內加爾河口有法人所闢之地三曰甚盧義斯島烏字誤見下法領塞內加曰哥勒亞島曰烏阿羅建礮臺設埔頭與黑番交易以布疋易金沙樹膠法船赴亞洲必至哥勒亞埔收泊岡比亞河口有英人埔頭以兵船巡海口捕略買黑奴者又云幾內亞案即此界圖之上貴尼亞在塞內岡比亞之南西南距大西洋東至黎比亞沙漠東北界尼給里亞長八千里廣三千里海濱地形窪下煙瘴甚毒有大河曰尼日爾發源尼給里西亞至幾內亞南界入海北境有大山綿亙與塞內岡比亞分界又有公山爲尼給里西亞塞內岡比亞分界之地當赤道之北驕陽亭午石鑠金流行人往往暍死賴五月至九月時時陰雨耳土脈肥沃穀果皆宜黑番拜禽獸爲神較塞內岡比亞尤荒陋惟以攘賣人口爲事耕作皆女爲之地分數十部較著者曰的馬尼亞曰古郎哥曰蘇黎馬那曰加不蒙德曰桑固音曰加瓦利隕拉高斯曰亞干的亞見下金岸曰達痾美見下打嘎摩曰亞爾達拉曰巴達給里見下打嘎摩曰拉各斯見下拉高斯餘皆亢雜小部土產金珊瑚琥珀紋石甘蔗煙葉香料西北境有英人新闢地在岡比亞河之南曰塞拉勒窩內一作西爾拉蘆阿尼又名獅山見下西歐拉林木陰翳有瘴氣產象牙油蠟木料樹膠貿易頗盛開學館以耶穌教化黑番迤南有美人新闢地曰奕尼一作危尼一作里卑利亞在門蘇拉多河濱贖掠賣之黑奴居之教之耕作見下力比里亞轉而東南有英人新闢地曰哥斯達斗羅又名金邊見下金岸金沙極多又產棉花藍靛樹膠白蠟皮革貿易極盛惟地氣酷熱人不能堪此外有荷蘭埔頭曰厄爾迷那見下金岸嗹國埔頭曰給里斯的巴爾各見下金岸地皆彈丸各屬數小城又云公額一名下幾內亞刪國覎陳西距大西洋南界星卑巴西亞東抵日牙加長約三千八百里廣千四百里東境多山眾水出焉有大河曰公額縣鄰孔因以爲部落之名水周四境土田藉以肥沃當赤道之南炎蒸與幾內亞同黑番土俗亦相類分二十一小國曰羅昻額曰公額曰奔巴曰薩拉曰莫盧阿斯曰虎美曰加三日曰岡各白拉曰何曰何羅和日日仍加曰幾蘇阿曰古達多曰古凝加曰當巴曰里波羅曰幾薩罵曰塞拉曰白倫多曰難諾曰比黑土產銅錫甘蔗胡椒薯粉象牙西境有葡萄牙所闢之地凡二部北曰昻痾拉南曰奔給拉產五金各鑛其商船往來專以販賣黑口爲事樋志塞內岡比亞上幾內亞及蘇丹地方云塞內岡比亞即塞內加爾岡比亞兩河邊之地上幾內亞即幾內亞灣北海岸一帶之地蘇

丹即橫於上幾內亞與撒哈拉間地方之總稱別爲三區曰里畢利亞曰諸外國屬地曰獨立諸州又下幾內亞地方云下幾內亞爲自上幾內亞至南方富略岬海岸一帶之總稱土地自海岸近處忽隆起成高地孔果河之下流從此降而爲大瀑布溯河船舶爲瀑布所斷不能航進內地矢志云幾內亞者爲非洲西海岸地方之總稱分上下二部幾內亞灣北岸一帶曰上幾內亞而上幾內亞又分爲賽內雁鼻亞立培里亞亞山的達霍果等下幾內亞又分爲德領金剛及葡領安葛拉剛山脈蜿蜓曲折貫上幾內亞北方之東西爲塞內加爾雁鼻亞尼澤爾等河源所自出橫斷蘇丹而至尼羅河畔又雪山脈遠自南方好望角起北行至下幾爾亞之東其與剛山脈將會合之處勢頗雄峻肯黑龍峰高萬三千尺而橋河金剛奧鶴哀諸大河皆旁彼此山脈流入大西洋人皆異種風俗醜汙性情殘暴部落酋長妄肆威虐甚者以殺人祀神爲極大盛典有時屠千人以祭近歐洲教師勸導其風稍衰課程云塞內剛比亞國一作先尼岡比阿一作森伊千比亞幾內亞一作西爾得一作上堅尼一作上基尼慕志云塞內剛比亞緯綫自赤道北十度至十七度經綫自中國順天偏西百二十三度至百三十四度東至蘇丹西距大西洋南界幾內亞北至撒哈拉長廣各約千八百里幾內亞緯綫自赤道北四度至十度經綫自中國順天偏西百十六度至百二十八度西南距大西洋北連蘇丹塞內岡比亞長五千里廣千五百里

英領岡比

謝志西非

岡比雷志云英領在下岡比河面積四千百二十英方里辻志云萬六千二百方里王達云大地誌言英領岡比亞面積二千七百方英里與雷志不合辻志之數係日本方里合之英里亦所差甚大人六萬口辻志云五萬商埠面積六十九英方里人萬四千二百六十六口入口貨值十六萬九千五百三十磅出口貨值十八萬五千六百五十六磅以落花生爲大宗多與英德貿易入款萬四千九百三十八磅國債無

巴喜斯德會城先謙案雷志岡比卽世界圖之英領幹比亞也附辻志在上幾內亞境東界法領雪尼幹比亞西距大西洋北界法領雪尼幹比亞之聖路斯南界葡領貴尼亞列國學會二圖有巴得斯特標英字郎雷之巴喜斯德會城樋志諸外國屬地云英國有岡比亞河畔之巴沙斯特謝志云干比亞河爾岸爲英國殖民地首府曰巴德斯德皆郎其地慕志作巴黑斯得現勢圖作帕造斯的依圖作拔透斯特講義云西非氣候最不宜於白人惟岡比亞河地方氣候最良產落花生爲此地商品之主占出口額五分之四與雷志以落花生爲大宗合又云有護謨蜂蜜等每年所入不敷出款英人屢欲棄之其保持至今者一以距塞勒拉窩及金岸甚近一以岡比阿便於航行可由海口至二百五十里之內在西非不多見一以陸路至尼日爾河或至塞內加爾河俱甚近不忍棄也又二圖巴得斯特之北有薩隆土國郎徐志塞內岡比亞之薩隆部

薩隆之北有約亞爾郎徐志塞內岡比亞之加約爾部也

英領西歐拉艮謝志西非幾內亞

西歐拉艮雷志云英領在法國屬地之中面積四千英方里辻志云十八萬方里人十二萬六千八百八口辻志云二十六萬尚有鄰近保護諸地面積二萬七千七百三十英方里人四十八萬口入口貨值四十二萬五千九十磅出口貨值四十三萬二千二百四十磅椶櫚仁磨沙科拉硬殼果名爲大宗與英國貿易入款九萬二千七百六十九磅國債五萬磅

弗黎統會城人三萬三十三口先謙案雷志西歐拉艮郎世界圖之英領雪拉艮也附辻志周志作衰剌利奧尼吳志作西辣列文依圖作西辣略尼東法領蘇丹西大西洋東南理伯利亞北法領雪尼幹比亞故雷云在法國屬地之中也列國學會二圖海岸外有塞拉勒窩內庫斯特郎徐志幾內亞英人新闢之塞拉勒窩內海岸有佛里敦標英字郎雷之弗黎統會城樋志諸外國屬地云英國有幾內亞海岸之塞拉勒窩內爲捕放商船所載之奴隸而建首府曰夫里當謝志作些拉雷俄尼云約四千方里百年前英人所立爲釋放黑奴之殖民地今仍屬英首府曰弗利盾周志作福利墩依圖作扶黎唐皆弗黎統之音變字講義云塞勒拉窩氣候甚惡歐人殖民於此斃者甚多故此地稱爲白人之墳墓農業不進商業甚旺四鄰物產積於此地輸入歐洲出口貨多椰子實護謨等佛里敦在其西北塞勒拉窩河口良港也當英國與喜望峰中間南北俱三十萬英方里英人貯炭於此佛里敦城砦堅固英國駐西非軍隊本營在此

英領金岸謝志西非幾內亞

金岸雷志云英領沿幾內亞灣長三百五十英里面積八萬七百英方里辻志云二十七萬九千九百六十十方里阿三替在內人二百五十萬口辻志云百五十萬入口貨值六十六萬四百磅出口貨值六十九萬三百三十磅金九萬二千八百磅磨沙椶櫚油椶櫚仁爲大宗多與英貿易入款二十萬千七百八十三磅國債無

亞喀拉會城人萬六千二百六十七口徐志云西人在海濱立埔頭日漸墾拓就物產爲地名有穀邊象邊金邊奴邊等名此譯幾內亞塞內圖先謙案金邊郎雷志之金岸也徐志又謂之哥斯達斗羅象邊郎象牙岸與奴邊穀邊俱見下世界圖作英領黃金岸附辻志東德領拖果西法領象牙濱北法領蘇丹南大西洋列國學會二圖海岸外有金邊哥爾得庫斯特標英字海岸有亞克拉郎雷之亞喀拉會城慕志作金濱謝

志作金灘又二圖金邊之西有亞干的郎徐志幾內亞之亞干的亞部雷之阿三替也矢志云亞山的在黃金海岸之內地幾內亞中最大之專制王國首府曰古馬西[illegible]許考云金濱境內有君主之國曰亞山的頗强四鄰小國爲其藩部都會曰古麻西土地膏沃居民約四百萬咸同間英人侵之屢受小挫尋滅之樋志獨立諸州云各地獨立君長具國家體裁就中最著者幾內亞海岸有阿山提等其民皆野蠻性好戰鬬貢奴之風盛行皆奉回教謝志云阿珊第在金灘內地爲基尼最强王國京城曰古瑪西出棉布磁器及麤織物近海有英人商埠曰哥斯嘎斯講義云亞干的一稱金海岸無良港上陸困難氣候甚惡森林溼氣侵人肌體英人屢遭德法之侵淩及土人之反抗常保持之者以土沃礦多之故產椰子油椰子實護謨等歲出金八百餘萬鎊今自海岸至康穆西市設鐵道擬築港於此內地富源將開矣亞山的阿山提阿珊第亞干的並阿三替之音變字又亞克拉之西二圖有給里斯丁巴爾各郎徐志幾內亞之嗹國埔頭給里斯的巴爾各又西有厄爾迷那郎徐志幾內亞荷蘭埔頭之厄爾迷那王達云高等地理言千四百八十年葡人建厄爾迷那城以來歐洲各國在金邊建築礮臺商館甚多其內最重要者如亞克拉本殖民地首府兼爲重要之港此府爲丹麥人刱建千八百五十年英購之於丹又開普科斯特喀斯特勒本人往時首府及礮臺寺。院尚峙水邊又荷領殖民地之重要都會爲亞格森姆及厄爾迷那兩府厄爾迷那在第十七世紀中輸出黃金歲約三百萬磅亞克拉今設海底電綫北通歐洲東達拉各斯

英領拉高斯謝志西非幾內亞

拉高斯雷志云英領面積千三百二十四英方里講義云萬一千英方里人十萬口曰路巴面積二萬千一百英方里人三百萬口入口貨值六十四萬四百二十磅出口貨值七十一萬三百磅椶櫚油椶櫚仁爲大宗間有象牙多與德英貿易入款十一萬五千三百十七磅國債無　**拉高斯會城**人三萬二千五百口先謙案雷志拉高斯卽徐志幾內亞之拉各斯部也世界圖慕辻志同作拉痾斯東英領蘇丹西德領拖果北瑱可拖南貴尼亞海灣列國學會二圖作拉各斯標英字講義同其內地曰約魯巴卽雷之曰路巴也海岸外標奴邊斯克拉文庫斯特平方圖奴邊標於海岸矢志云學兒罷及培銀二處在奴隸海岸之內地亦小獨立國講義云此西非英屬中最有後望之地宜於農桑自千八百六十一年歸英後乃於拉各斯島之拉各斯港出入傍近物產椰子油爲多占出口貨五分之三謝志云奈遮地在奈遮河左右俱歸英管理包約入巴備年等小國土人每自相爭殺此處海岸舊名奴才灘因多輸出黑奴也大城曰阿表古達案約入巴卽學兒罷曰路巴之音變字備年卽培銀二圖作伯甯阿表古達作亞伯庫大又拉各斯之東尼日爾河之西二圖有瓦利卽徐志幾內亞之加百利部也王達云斯克剌文庫斯特卽

奴邊之義高等地理云其地自哥爾得庫斯特至尼日爾河口昔爲輸出奴隸之地包有多哥蘭達痾美拉各斯諸地拉各斯在同名之島上繁盛爲西非各港之冠有西非洲麗佛普爾之稱與英之麗佛普爾德之昂不爾厄美之紐約巴西之里約熱內盧有汽船定期航行

英領蘇丹謝志中非志云中亞非利加者北包蘇旦南至備朱阿那先謙案卽彼春那蘭居非洲中央不通海岸之地一中英屬卽雷志之英領湄推比里蘭曼雙那蘭及英領中非洲二庚哥卽康哥三蘇旦卽英領蘇丹法領蘇丹尼給里西亞

英領蘇丹雷志云包有那楂河岸保護國先謙案下文椶科拖諸國皆是千八百八十六年至千八百九十九年地方事由那楂王家公司管理全面積三十五萬九千英方里辻志云三百萬方里矢志云地皆平原南方有剛山謝志作麟峙支派最高者九千八百尺橫截內地而至尼羅河畔人二千四百萬口辻志云三十五萬雷志疑誤矢志云蘇丹本黑人國之義耳外亦有與亞剌伯種相混之富拉種　此地交通全恃那楂河及支河彼牛地方兼有開化之區數處商務大半在那楂王家公司及廉物浦之非洲會入口貨約值二百萬磅出口貨值二百五十萬磅椶櫚油椶櫚油磨沙象牙爲大宗矢志有穀鹽金果多與英貿易入款約三十萬磅

亞沙巴會城徐志云尼給里西亞又名蘇丹在撒哈拉大漠之南南接嶽山非洲中原也長約六千里廣約四千二百里地形坦闊湖河與沙磧相間河濱田多膴腴穀宜稻黍材木果實蔬菜皆備地近赤道炎氣蒸爲瘴癘多毒蟲惡豸他國人到輒病死故自古未通別土英國嘗遣人探之或染瘴死或爲土番所殺迄不得端耗又用火輪從尼日爾河下游駛入水手半死亡無所聞見而歸地分二十二部曰波爾奴曰巴也爾美曰北爾古曰桑加拉曰不勒曰岡千曰窩那蘇勒曰上邦巴拉曰下邦巴拉曰馬昔那曰巴難曰的勒南曰丁不各都曰牙烏利曰尼非曰波爾古曰牙黎巴曰北凝曰瓜曰公曰加拉那曰達公巴各有酋長不相統轄時時相攻俘獲則以爲奴土番黑面奉回教男好逸耕作貿易皆女爲之娶數婦則致富其酋各有婦數百土產麻棉煙靛象牙金沙皮革先謙案卽雷志之英領蘇丹也世界圖作納伊者特里透里辻志同有納伊者河卽徐志之厄日爾河出尼給里西亞至幾內亞南界入海亦卽雷之那楂河也課程作乃楂云長七千五百里矢志云有吶哥扇利二河吶哥注幾內亞灣扇利注哈特湖謝志云西部奈遮河曲折灌注入基尼海股東部沙利河入乍德湖吶哥奈遮卽那楂沙利卽扇利列國學會二圖作刷里乍德卽哈特二圖作乍得尼日爾與徐同有亞撒巴卽雷之亞沙巴西北界法領蘇丹南界幾內亞東界法領中包蘇丹土部諸國西境有摩西樋志作摩昔爲獨立州之一其東曰農古乃古爾馬黑人國又東曰岡多卽雷之根多覵夘岡多境內有波爾古郎

徐之波爾古部又東曰索科多卽雷之椶科拖見上椶科拖索科多境內有奇菲卽徐之尼非部又東北曰波爾奴卽徐之波爾奴部又雷之巴奴見下巴奴在乍得湖西波爾奴之北有貝尼卽徐之北凝部又北曰科淹樋志作卡念亦獨立州之一其南有亞得馬瓦卽雷之依德馬華也見下椶科拖其東與法領巴給爾美相接謝志云蘇旦非洲北部橫列之大地約共二千二百萬方里地勢平坦各方有山河湖澤稱曰蘇旦意謂黑人之地境內小國部落各有酋長近年議定西方數百萬方里歸法保護東方伊及蘇旦一帶歸英治理講義云自來尼日爾保護國與王立尼日爾社會轄地分二部前社會僅領尼日爾河下流域今保護國諸部半屬於社會係千八百十六年七月所許立資本百十萬磅有獨立之海陸軍又有結約宣戰議和征略土地之權經營此地最有名者曰哥爾得社會原爲開拓內地千九百年一月後英政府始直轄之略將此地分南北二州派政務長官統治農業可望興盛產棉花印迭哥等鑛產有銀錫鐵

椶科拖國雷志云已下諸土國已皆與英訂約或全在英人勢力圈內或僅及半謝志中非尼給里西亞

椶科拖雷志云宗回教富耳勃人之國包有屬國依德馬華總面積二十五萬三千九百七十英方里人千二百九十一萬口內有

面積七萬九千二百七十英方里人百八十五萬口在法德二國勢力圈內　丸摩會城人萬五千口　坎拿人三萬五千口　雅科波人五萬口 先謙案雷志梭科拖即世界圖之瑣可拖也東界法領巴爾給美西界岡多北界法領撒哈拉南界拉痾斯列國學會二圖作索科多有喀那即雷之坎拿有雅科巴即雷之雅科波大地志作梭哥多許考作梭各多吳志作梭可特王達云高等地理言索科多在中蘇丹邦土最大人口亦最多產米棉波斯棗蜂蜜有步兵九萬騎兵三萬爲英保護國首府曰烏爾諾人口二萬餘舊都曰索科多喀那爲商業最盛之都會烏爾諾即雷之丸摩也樋志云獨立諸州蘇丹地方有索可吐之索可吐爲蘇丹最要市場隊商所賫物品於此交市案索可吐市二圖在國之西北境與岡多接壤亦作索科多又有亞得馬瓦國在索科多東南即雷之依德馬華也樋志云獨立諸州蘇丹地方有阿達麻瓦課程作亞達瑪瓦現勢圖作亞特曼華許考云肥拉他地雄鎮中原蘇丹强國之最乾隆中回人旦福地阿威震一時土人服之東卜爾努西牙里罷南亞達馬瓦皆稱臣納貢立國曰肥拉他嘉慶二年築城烏撒省山上名梭各多山麓有小河通尼日爾河尼日爾河上有國曰卜爾古部落紛紜推步撒爲長是依德馬華爲梭科多屬國久矣

根多國 謝志中非 尼給里西亞

根多雷志云宗回教富耳勃人之國面積三萬七千八百十英方里人二百五十萬口大半在法國勢力圈內 先謙案雷志根多即列國學會二圖之岡多也東界索科多南界約魯巴北界法領撒哈拉西界馬昔那古爾馬樋志獨立諸州蘇丹地方有千度大地志作千多依圖作競達矢志作話達

巴奴國 謝志中非 尼給里西亞

巴奴雷志云宗回教黑人之國面積六萬八千五十英方里人二百二十五萬口內有面積萬四千六百五十英方里在德國勢力圈內　庫喀會城近塞特湖人六萬口 先謙案雷志巴奴即列國圖之波奴爾也學會圖作波爾奴東界巴爾給美西南界索科多南界亞得馬瓦北界法領撒哈拉其庫喀會城在國東境作得湖之西即雷之塞特湖也世界圖作遮特湖亦有庫喀而未著巴奴之名蓋疏漏樋志獨立諸州蘇丹地方有波努許考作卜爾努云蘇丹强國土產饒裕惜農工不力課程作卜爾勒矢志作旁奴云在蘇丹中最爲開化人口甚多有布帛陶器等製造物首府曰苦卡爲蘇丹最要市場苦卡即庫喀亦作古嘎瓦

奴不國 尼給里西亞

奴不雷志云已由英國直接管轄面積三萬千九百英方里人二百三十萬口 曹典球云野志云王國在波爾古東沿尼日爾河位英領約魯巴與伯甯之北矢津昌永高等地理同先謙案二圖無

西非洲

謝志云本洲西海岸一帶總稱西亞非利加北起北緯十度南盡南緯十八度內包二大部北曰上基尼沿大西洋及基尼海股北岸南曰下基尼爲基尼海股東岸一曰斯巴尼亞屬地先謙案即雷志班領覆能多波諸地二森伊千比亞即法領塞內加及英領岡比三葡屬基尼即葡領幾內亞四法屬基尼即法領幾內亞五些拉雪俄尼即英領西歐拉艮六來比利亞即力比利亞七象牙灘即法領象牙岸八阿珊第即英領金岸九透勾即德領多哥十達賀美即德領打呵摩十一奈遮地即英領拉高斯十二嘎沒龍即德領坎滿倫司十三法屬庚哥即法領康哥十四葡屬西亞非利加即葡領恩哥喇

法領塞內加 謝志西非 塞內千比亞

塞內加雷志云法領面積七萬三千二百四十英方里人百二十五萬口 先謙案雷志塞內加即世界圖之法領雪尼幹比亞也有城曰聖路斯東界法領西距大西洋南界英領雪拉艮北

界撒哈拉沙漠列國學會二圖作森特靈義斯標法字謝志云森伊千比亞在非洲北界近斐德角地 案斐德角即佛德角 介森伊嘎勒與千比亞兩河之間共約六十一萬方里土人分部落有酋長近均屬法與撒哈拉蘇旦西部連合一氣首府曰散魯伊斯講義云面積八萬英方里東北界法領蘇丹南界英領西歐拉艮西界英領幹比亞西南界葡領幾內亞西北距大西洋有城曰聖路斯周志作聖魯斯現勢圖作聖路易課程作桑盧伊云一作聖魯易亦作聖魯義亦作魯義斯樋志云法國有塞內加爾地面積十萬英方里人八十五萬口塞內加爾河口有聖魯易斯府許考云塞內加爾河口爲法人所闢會城曰桑路義設官司建礮臺立埠岸與黑番相貿易散魯伊斯聖魯易斯聖魯斯聖路斯聖路易桑盧伊桑路義森特靈義一也徐志塞內岡比亞下云法人册闢地三有甚盧義斯即聖魯易斯也高等地理云森特靈義斯在塞內加爾河口之一低卑島上爲法國領地政治上之首府講義云塞內加爾及上尼日爾地方頗豐沃已墾者三之一產穀米玉蜀黍落花生煙草棉花牧畜亦盛多牛羊惟氣候甚惡千八百八十四年至八十六年塞內加爾白人死者百分居四十五鐵道綫當首府沙爾得至海軍根據地達喀爾間及喀耶 塞內加爾航最遠處 通至巴富刺貝間二處共三百四十六英方里現擬設達喀爾至喀耶之路並巴富刺貝至班馬庫 在尼日爾河畔 沿此鐵道處處有街市勃興若鐵道完成則塞內加爾地方可與象牙岸徑通矣尼日爾河定期漲溢故附近地土肥沃與尼羅相似土人甚平和丁不各都隗當撒哈拉沙漠盡處橐駝隊商運送貨物多集於此貿易額年至二十萬弗以上後有蠻族侵入一時衰落卒歸法領又森特靈義斯東南二圖有烏

阿和克標法字徐志塞內岡比亞有烏阿羅部又云法人闢烏阿羅設埠頭蓋是一地烏阿和郎烏阿羅也烏阿和克之東二圖有巴勒爾郎徐志塞內岡比亞之巴勒爾部巴勒爾之東二圖有加痾爾達郎徐志塞內岡比亞之加痾爾達部

法領幾內亞與富皆太郎 謝志西非幾內亞

幾內亞與富皆太郎雷志云法領面積三萬九千五百八十英方里人八十萬口先謙案講義云法領幾內亞在葡領幾內亞及英領塞勒拉窩之間面積凡四萬八千英方里列國學會二圖兩地之間有夫塔查隆喀尼俄丕喀干的諸志皆屬法領郎幾內亞也無富皆太郎之目樋志云法國有塞內加爾衣弗利可司突及過爾可司突三地過爾可司突郎指此謝志云法屬基尼在葡屬基尼之南初與森伊干比亞合後另立一部首府曰克那格烈亦郎指此

法領蘇丹及替白土等 謝志中非尼給里西亞

蘇丹及替白土等雷志云法領面積四十二萬七千五百五十英方里人三百五十七萬口先謙案雷志法領蘇丹及替白土等郎世界圖法領蘇丹丁不克土諸地也列國學會二圖丁不克土作丁不各都矢志作丁字都樋志作田十吐課程作丁巴都云郎上丁波葛多亦作典伯革度亦作田卜土

五洲地理志略　卷十七　九

首邑與部同名地在尼日爾河彎環之北爲往來撒哈拉必經道商賈薈萃之地講義云法領蘇丹北限撒哈拉南界法領象牙岸在英領亞干的德領多哥蘭達痾美英領尼日爾等地之西面積約三十萬英方里案丁不各都爲馬昔那首府據雷志丁不各都已爲法屬講義又云南界法領象牙岸則自馬昔那直下南抵象邊摩西亞干的之西概爲法有是尼給里西亞約得三之一講義又云撒哈拉沙漠一大部及瓦代國據英法條約入法國勢力圈內撒哈拉面積約二百萬英方里瓦代凡十七萬英方里據此法國疆域北轉而東並包瓦代在內尼給里西亞法國又不止得半矣丁不各都郎徐志瓦給里西亞之一部許考云丁波葛多國明時極盛總攝羣屬康熙至乾隆末其國漸衰迭爲摩洛哥多亞來克巴拉他藩屬案不知何時爲馬昔那所滅爲其首府又西南曰馬昔那亦徐志尼給里西亞之一部矢志作邁新那樋志作瑪西那許考作馬西拿云爲下邦巴拉藩屬謝志作馬辛納云首府典伯革度爲商隊起程北渡沙漠之地稱爲沙漠女王又南曰北爾古亦徐志尼給里西亞之一部北爾古東南曰當波樋志作多姆波爲獨立州之一北爾古西北曰邦巴拉郎徐志上下邦巴拉二部也許考云邦巴拉道光中分二國上邦巴拉都塞俄下邦巴拉都仁內屢勝上邦巴拉課程作莽馬臘謝志作班巴拉矢志作彭罷拉云首府曰賽告貿易極盛謝志作色哥與賽俄賽告一也二圖作賽哥此部與塞內岡比亞之加痾爾達相接爲二大部分界處邦巴拉西南曰不勒不勒之南曰桑加拉亦徐志尼給里西亞之二部又南則幾內亞境矣慕志云沙漠地分爲二東曰利比亞居民謂之的普野有灌溉尙爲佳壤西曰撒哈拉水土甚惡爲荒

蕪險阻之區極西爲阿剌伯摩洛哥民通商地日的百斯日的比爾曰馬亞多安土產無幾樋志云撒哈拉東半比西半泉地較多故行旅多出其途人口亦蕃於西半其炎熱最烈處可於沙土上熇炙生肉食之許考云撒哈拉全地分屬法班土英摩屬法者在摩洛哥與塞內加爾之間多係冒勒斯土番爲阿剌伯苗裔性獷悍習行劫掠間有猶太人善行商聚貨財冒勒斯人輒欺凌之冒勒斯東南有地曰阿特勒爾產穀麥多牲畜野鎮鄉村爲客商東道主中路在阿爾及耳之南曰多阿來克居民軀體俊偉色不甚黑首戴紅帽或藍布一方足著草履繫以皮條出必佩劍持矛秉性兇橫迤西曰阿茄爾土磽劣間種稻麥有連山高六七百丈溪涸清流可供飲濯西北曰多阿式土亦肥產茱蔬瓜果木棉民多畜牧市廛頗盛惟土產不敷食用多北徙者西南曰外里米登人民寥落物產稀少東南曰阿意爾有邱阜地膏腴種穀果收穫頗多酋長駐亞加特斯城轉東南曰達美爾哥東路曰得葡相傳先世厄地阿比人被擄至此穴地而居孳生至今其人身矮而行捷有人烏之稱各方僱爲驛使物產多棗栗等果土人藉以餬口畜駝動以百計酋居亞士農麻城其比爾麻城附近產鹽最富西南人來販者甚多屬的黎波里又菲桑之西有茄式商賈往來絡繹於道案樋志云撒哈拉隊商通行有數道以由的黎波里經非之木阿蘇克出察德湖以北者爲最要之路東部利比安沙漠磧秕吡亞硯赤作則有雨露之澤頗多水泉如察德湖北之梯倍斯梯部落是也英土摩班四國所據者撒哈拉邊域中央大地悉爲法屬亞加特斯二圖作亞加得斯木阿蘇克作模爾索克比爾麻作俄西比耳馬茄式作加特得葡作特布第布梯倍斯梯作的貝斯的其南郎瓦代國也矢志作話達云有君主有行政議會皆黑種自

五洲地理志略　卷十七　十

爲之常備兵七千餘首府曰亞伯失爾許考作瓦臺云都城名瓦拉爲南北互市之區慕志云國王操大權地總計十萬方里人二百五十萬土產煙葉象牙金沙琥珀皮鹽多毒蟲猛獸瓦代之西有干內木近乍得湖東干內木之東南有巴給爾美徐志尼給里西亞之巴給爾美部也以上諸地據英法條約皆爲法有蘇許那英磧附載於此而後英法之界域始明巴給爾美樋志作巴嘎米謝志作備嘎米許考作巴舍爾米吳志作巴幾爾密現勢圖作拔茂爾密世界圖作拔卡爾密王達云許考之冒勒斯當郎學會圖之毛里設東南之阿特勒爾當郎亞得拉爾阿茄爾當郎亞哈加爾阿意爾當郎愛耳高等地理云法領蘇丹內包加痾爾達王國夫塔查隆及蘇馬里帝國塞哥巴路邦及蘇馬昔那兩保護王國外摩西古爾馬當波等之黑人國則在法國勢力範圍內法之總督官駐開斯爾麗澀爾加並於班馬庫爾麗泥爾置礮臺於塞哥置礮艦巡邏其市場丁不各都外有三三底克人口三萬至四萬金鹽洋藍奴隸之貿易甚盛中央蘇丹英法權力區域之界綫以厄日爾河旁晒地稍南起東至乍德湖邊之巴魯亞略成一直綫綫北屬法南屬英

法領象牙岸與康 謝志西非幾內亞

象牙岸與康雷志云法領面積七萬九千五百五十英方里人八十八萬口先謙案雷志象牙岸郎徐志之象邊也靚世界圖作象牙濱樋志東界黃金岸西界理伯利亞南臨大西洋北

界法領蘇丹有地名大跛三列國學會二圖海岸象邊標法字海岸外作象邊伊勿里庫斯特樋志作衣弗利可司突二圖有地曰喀法山卽大跛三象邊之北有空格山又有地曰空格實卽雷志之康空康一音之轉謝志云其地自巴勒瑪角向東至西經三度正居其位因多出象牙故名今屬法與法屬蘇旦連爲一部講義云法領象牙岸在里比利亞及英領亞干的之間面積凡十萬英方里王達云伊勿里譯言象牙庫斯特譯言海岸大地誌云今不產象牙主要之都會爲巴薩姆及亞西偏高等地理云海岸多湖澤與商館相接所產椰子油落花生由此裝載輸於馬爾塞里亞及麗佛普爾

法領打呵摩（謝志西非幾內亞）

打呵摩雷志云法領面積萬四千百四十英方里人六十萬口總計法領西非洲面積六十三萬四千五十八英方里人八百二十三萬口由海入口貨值百三十一萬四千磅出口貨值百四十九萬十七百磅出款五十二萬三千磅（先謙案雷志打呵摩卽徐志幾內亞之達疴美部也覿列）國學會二圖與徐同樋志獨立諸州幾內亞海岸有達疴美周志作達霍梅吳志作達和幾矢志作達霍墨云王國在亞山的東昔强大今已衰微境土亦小首府曰亞薄墨王居以人之頭顱骸骨爲飾人血塗壁臭不可近亞薄墨吳志作阿玻茂二圖作亞波美

講義云在德領多哥蘭與英領拉各斯及尼日爾之間面積凡五萬英方里許考作到梅云土腴農惰產木棉蹲鴟珠米販賣人口居民二十萬兵二萬有女兵五千乾嘉以來國勢漸弱光緒十八年法人據之謝志云達賀美京城曰阿波美民俗殘忍王死殺人以殉其墓以人血和土築成今英（案法之誤）國遣員監制不能肆虐國中有著名蛇廟又達疴美與拉各斯之間二圖有巴達給里標法字卽徐志幾內亞之巴達給里部也

葡領幾內亞（謝志西非幾內亞）

幾內亞雷志云葡領面積萬四千三百七十英方里（辻志云二萬六千六百四十方里講義云面積四千四百四十英方里）人二十萬口（辻志云八十萬）入口貨值四萬九千五百磅出口貨值三萬八千六百五十磅（先謙案雷志幾內亞卽世界圖之葡領貴尼亞）也濵海處曰畢薩東南界法領雪尼幹比亞北界英領幹比亞西距大西洋列國學會二圖海岸外比薩哥斯羣島標葡字畢薩作畢埽慕志作比薩現勢圖作畢塞哥謝志云葡屬基尼在革蘭河兩岸及海中比撒古羣島有城曰比撒古畢薩畢埽比薩畢塞比撒一也講義云塞內幾內亞海岸法領幾內亞之北法領土包其三面產護謨象牙等又案畢埽之東北二圖有卡布卽徐志塞內岡比亞之加不部也王達云大地誌言葡領幾內亞富於水利首府曰波拉馬在比薩歌斯羣島中之波拉馬島

葡領佛狄角羣島

佛狄角羣島雷志云葡領面積千四百八十六英方里人十一萬一千口入口貨值二十二萬九千二百五十磅出口貨值六萬七千六百四十磅（先謙案雷志佛狄角卽列國學會二圖佛得角開普威得等島也世界圖作葡領開浦威德羣島謝）志云斐德角羣島一作威德在斐德角西約千里皆火山所成屬葡其中十島有居民慕志云岌威德其十島火山有燄時吐時熄佛狄角佛得角斐德角岌威德一也此島極北有葡領馬的拉島慕志又云馬的拉島周千里首邑芬查其民二萬五千葡有總督兼攝許考云此數島總名馬得拉以旨酒名明永樂十六年葡人探得之火其榛莽七載始熄墾而植之權利甚豐吳志云葡領阿撒爾在洲北大西洋中氣候溫和產佳橙大西洋航船寄泊之所其南葡領馬梯拉島案馬梯拉卽馬的拉阿撒爾未詳徐志云北農的威勒斯島亞慮塞馬斯島美黎辣是島總名綠山頭羣島在塞內岡比亞之西地多不毛海濵產鹽居民賴以爲生皆西班牙所闢準其地望正與葡領羣島相合徐云班屬或先後易主耳許考云洲西有綠峯羣島明景泰間意人如達泖斯到仕於葡奉王命遊非洲濵海地據此數島土不腴產鹽出珊瑚居民約十萬尤爲是葡非班之明證王達云大地誌言佛得角諸島居民爲葡人及由幾內亞來之黑人以約哥島之巴脫普拉爲首府又馬得拉島在葡國行政上算入本國之部面積五百五英方里人口十三

萬氣候甚佳首府曰夫喀爾東北有巴托散多小島包於馬得拉之中

葡領聖道摩與聖濺陵西

聖道摩與聖濺陵西雷志云葡領面積四百十七英方里人二萬一千口入口貨值十八萬四千七百磅出口貨加非椰子值三十九萬九千七百磅（徐志云桑多美島周四百里北林西卑島長八十里廣六十里二島在幾內亞海灣之中葡人）所闢舊多深林密箐葡人焚以烈火墾其地種葡萄釀酒甚佳每歲出運價值三十萬圓先謙案卽雷志聖道摩與聖濺陵西也列國學會二圖法領公額西海岸外有北林西卑島桑多美島相距不遠俱標葡字北林西卑平方圖作北林西謝志云散多馬斯島伯林斯島屬葡案桑多美散多瑪卽聖道摩北林西伯林斯卽濺陵西又樋志云阿蘇阿斯諸島與加拿列馬代拉諸島同爲噴起大西洋中之火山土地肥沃氣候清涼亦歸葡領產甘橙輸出外國其額頗巨英國鬻上等甘橙必稱聖米凡爾聖米凡爾者阿蘇阿斯諸島中大島之名坿志於此

班領覆能多波

覆能多波雷志云西班牙領面積七百七十一英方里人二萬五

千口先謙案謝志云基尼海股諸島有斐南多波島屬西班牙樋志云當西屬法難多波島對岸有卡美隆山斐南多波法難多波即雷志之覆能多波也據二志方知是島名諸圖不載其西北世界圖有西領加奈利羣島列國學會二圖作加那列斯現勢圖作加納黎慕志作加那列云十三島戶口二十二萬內有火山峯高千餘丈葡人設酋管轄葡乃西之誤謝志有日斯巴尼亞領地與嘎那利羣島緫列加合爲一省共二百四十萬方里徐志云加拿列斯羣島共二十餘在摩洛哥西地氣溼熱產酒果糖蜜黍麥豆薯絲皆西班牙所闢諸島中有大山曰德內黎非高二百二十丈商船往來望爲標準又蘭塞羅德島有火山吐𦦨不息二圖皆有之矢志云此羣島有七大島其中涅利蘇島高萬二千四百尺爲著名火山又非洛島樋志作非羅二圖作佛羅德國以之定子午綫許考云加拿利舊爲非尼西亞與加爾達俄互市之地元順帝時西班牙收之土產黃鳥名天下酒最甘美吳志云西班牙領之加拿利諸島產金絲鳥及葡萄鐵列利夫島有火山樋志云加拿列諸島終歲如春雖泉水不多果物甚美有西班牙蔥及西洋紅之原料可其尼爾案金絲鳥即黃鳥也加拿列加拏利即加奈利鐵列利夫即德內黎非王達云大地誌言西領菲琅多面積八百三十萬英里有最高峯稱克拉琅西高至一萬英尺首府與高峯同名菲琅多即覆能多波又加那列斯羣島由十三火山而成德內黎非佛羅格蘭喀納里亞最有名佛羅島爲舊世界之西端子午綫由此通過今尚分全地爲東西兩半球格蘭喀納里亞島有拉斯巴爾馬斯府爲加那列斯全島之首府

班領恩腦保

恩腦保雷志云西班牙領面積七英方里人三千口先謙案列國學會二圖法領公額西海岸外有安那邦島標西字安那邦即雷志之恩腦保也謝志作安那笨云屬西

班領高里斯科

高里斯科雷志云西班牙領面積六英方里人二千口王達云高里斯科即學會圖之可力斯哥灣在法領公額之西海岸桑多美島之東大地誌云可力斯哥灣附近爲西班牙領高等地理云此二三小移民地與可力斯哥島皆屬西班牙政治上合併於菲琅多島

班領三仲恩角

三仲恩角雷志云西班牙領面積百英方里人五千口曹典球云三中恩角即學會圖之桑約翰角野志云西班牙領與喀麥隆法領公額相接西瀕幾內亞灣

德領幾內亞謝志西非　幾內亞

幾內亞雷志云德領一名套哥蘭面積萬九千六百六十英方里人八十萬口入口貨值十一萬磅出口貨欖櫚仁欖櫚油值七萬五千磅先謙案雷志套哥蘭即世界圖之德領拖果也東界拉痾斯西界黃金岸北界法領蘇丹南臨貴尼亞海灣列國學會二圖金邊之東達痾美之西海岸有羅美尤巴吉達標德字即其地講義云多哥蘭海岸綫不過三十二英里內地較海岸爲廣俄爾達河在其西摩拉河在其東貿易地方俱在海岸附近羅美尤巴吉達多可等地皆是羅美尤爲本部首府氣候不宜於歐人出口貨多椰子油樋志云今製石鹼原料所用脂肪狀之椰子油即此象牙謝志云透勾介金灘與達賀美之間爲德國屬地案套哥拖果透勾多哥多可皆同音變字

力比里亞國謝志西非　幾內亞

力比里亞雷志云黑人共和國千八百二十一年美國仁人爲之建立面積五萬千九百七十英方里辻志云八萬六千百六十方里地平坦無山嶽氣候炎熱講義云在象牙岸塞勒拉窩之間面積約三萬五千英方里人百萬口辻志云二百六萬出口貨加非欖櫚油欖櫚仁約值二十五萬磅辻志云出入口約四百九十萬圓市邑大抵有小學堂常備兵千五百海軍兵艦二

蒙盧非亞徐志里卑利亞云一名危尼總論作亦作叚美國人在門蘇拉多河濱購略賣之黑奴居之教之耕作詳塞內岡比幾內亞下先謙案即雷志之力比里亞也列國學會二圖作里比利亞世界圖作伯利亞矢志作立培利亞樋志作利卑利亞慕志作來比里依圖作賴比里亞周志作利培里亞吳志作利卑利阿云譯言自由鄉許考云利卑利亞國道光二十年美國所釋黑奴至此與土番鬪地耕田至二十六年立爲民主國樋志云建國之始因美國殖民會社移置其國解散之黑奴於幾內亞海岸內地黑奴亦雜居焉民會千八百四十八年建獨立共和國當時版圖甚小今海岸綫有五百英里內地之廣平均得二百里面積萬四千四百方里國民中五分之一爲放還黑人多受善良教育政體全法美國大統領二年交代辻志云有國務大藏司法軍務內務遞信諸大臣辦理政務有國會掌立法蒙盧非亞世界圖同二圖作璘羅非亞課程作木羅未亞周志作夢羅維亞矢志作忙落尾亞吳志作蒙路比阿都樋志作孟祿惟亞云取始殖黑人之美國大統領孟祿氏之名亦作門羅非亞謝志云門羅斐亞許考作孟羅未亞云築於山巔街道正以繩墨寬十丈許雖不甚富麗而船艦絡繹海洋在前舉目遙瞻瀰漫無際矢志云立培利亞包括穀物海岸一帶地方二圖海岸外標穀邊格來音庫斯特課程穀邊作粒邊許考作椒濱謝志云些拉雷俄尼來比刋亞二處合名顆粒灘因其地出一種胡椒粒也案粒即穀粒非椒粒因此誇說又有椒濱之名今此地不出胡椒足知其誤也王達云高等地理言此國不許白人有一尺土地及就各種官職

赤道下之非洲樋志云中部地方北起蘇丹之境南至卡哈拉利沙漠連亘三十緯度之間四十年前世人不

知其地爲何狀後有利芬斯多尼及施登萊二人遊歷數年備嘗甘苦得其地理風土布告於世

德領坎滿倫司謝志西非　公額一名下幾內亞

坎滿倫司雷志云千八百八十四年後歸德國保護因坎滿倫司河或雪梨摩河得名沿海岸長百二十四英里至內地上彼牛河及塞內特湖面積十九萬三千七十英方里講義云喀麥隆凡十九萬八千百三十英方里人約四百五十七萬口入口貨值三十二萬五千磅出口貨煙葉椰子木鼈子椶櫚仁椶櫚油象牙值十九萬七百磅沿海岸氣候暑溼熱度中數七十八度雨水百六十五英寸先謙案雷志坎滿倫司列國學會二圖作德屬喀麥隆世界圖作德領加米隆吳志作加蔑任樋志云日耳曼屬地在卡美隆山地方又云此山高於海面萬三千尺直聳天空即此坎滿倫喀麥隆卡美隆加米隆一音之變轉東南界法領公額距大西洋東北界英領亞得馬瓦土部西北界英領約魯巴土部喀麥隆山脈貫其境內謝志云嘎沒龍沿海岸長六百里共面積百九十萬方里爲德屬地有嘎沒龍火山高萬四千尺又一河亦同名西入基尼海股一名油河因椰子油多自彼輸出也講義云海岸綫自利俄爾勒灣至喀木波河之間延長百

九十九里歸德後以西北三萬四千英方里之地租與西北喀麥隆會社委以開鑿道路布設鐵道之權

比領康哥國謝志中非　下幾內亞

康哥雷志云自主國千八百八十五年伯靈定約奉比利時王遼玻爾爲君包有康哥河流域之一大分面積九十萬五千九十英方里辻志云五百四十萬方里人千六百三十萬口辻志云三千萬口人民黑種全屬蒙昧講義云人三千萬多彭愉族歐人不過二千比人居其半鐵路二百五十英里樋志云維維與施登來坡之間布設鐵路千八百八十八年告成辻志云長六百十四里通瑪他的康哥河流盡處及斯丹列電綫千九百五十四里連下康哥河與司吞雷池自此處有可航之河數千英里入口貨值六十四萬一千磅出口貨值五十一萬三磅象牙值十九萬四千磅木鼈子椶櫚仁椶櫚油爲大宗多與比荷英貿易兵額萬四千人辻志云萬一千八百五十人有兵船數艘國用不敷由其王與比國共償之**波買都城**徐志公額一作公拔云在幾內亞之南一名下幾內亞西距大西洋海南界星卑巴西亞東抵日牙加長約三千八百里廣千四百里東境山岡重疊萬派發源河之大

者曰公額因以爲部落之名公額河縈繞四境土田藉以肥沃地當赤道之南炎蒸與幾內亞同黑番土俗亦相類地分二十一小國曰羅昂額曰公額曰奔巴曰薩拉曰莫盧阿斯曰虎美曰加三日曰岡各自拉曰何曰何羅和曰日仍加曰幾蘇阿曰古達多曰古凝加曰當巴曰里波羅曰幾薩罵曰塞拉曰白倫多曰難諾曰比黑土產銅錫甘蔗胡椒薯象牙先謙案即雷志之康哥也列國學會二圖與徐同世界圖作孔果樋志作孔戈亦作岡果矢志作金剛周志作康撈謝志作庚哥依圖作公果課程作下基尼周志作下其尼亞河北歸法領河南謂之自主國實歸比領據二圖東界英領東非德領東非西界法領公額葡領西非北界法公額英埃蘇丹南界葡領西非英領北羅對西亞慕志云緯綫自赤道南四十四度四十四分至十六度經綫自中國順天偏西九十六度至百七度謝志云在非洲中心西境惟庚哥河口片地瀕大西洋辻志云地高燥無山嶽康哥河貫流西南境支流縱橫國中有舟楫之利大湖有丹牙尼加湖亞爾哇兒湖講義云千八百八十三年比王勒阿波爾得二世挪設公額國際協會千八百八十四年及八十五年協會與歐美諸國結約得有統治權後據列國柏林會議戴比王爲君主定爲永遠局外中立之地公額河自河口至馬達丁一百里可通汽船上流二百里多急湍至斯坦利普爾船行不便循此而上至史坦雷瀑布內有一千里間略可通船樋志云開通國內及附近獨立地方令貿易自由推薦比王兼王其國設政廳於比國勃勒悉耳斯府以行庶政謝志云比王置總督於巴馬城理地方政事有額兵萬二千歲入二百八十萬圓矢志云千八百八十九年康哥王以統治權讓與比國其明年兩國會議

約定十年後以康哥與比國相合案勒阿波爾得矢志作來潑爾特雷志之遼坡爾也康哥河大半在國境其下流與法國共之故雷謂之下康哥河樋志云孔戈河自河口至四百五十英里之維維汽船得航行自在自此地至上流二百英里施登來坡沿途多懸瀑布不通船船自此以上至施登來瀑布之間千餘英里又可行船舶頗便轉運維維二圖同矢志作肥肥施登萊坡即雷志司吞雷池也矢志作師坦來池因此地經師坦來採檢故以名之講義作史坦雷謝志作史坦利亦作史坦利吳志作斯丹列其西境法領葡領之間徑出抵大西洋有城曰波馬即雷之波買也世界圖作薄摩謝志作巴那那現勢圖作波麥許考作保麻矢志作旁馬吳志作播馬課程作恩把瑪辻志云有總督駐此貿易頗盛其東曰勒俄爾的菲勒世界圖作烈俄波耳多微耳又東南曰喀散各世界圖作喀那果又東曰喀田得世界圖作喀伯伯公額河自東境繞南而西遲波馬城南入海東北有模克雅加湖世界圖作呵爾百爾湖即辻志之亞爾哇兒湖東有坦噶尼喀湖即辻志丹牙尼加湖也樋志所載今最要貿易場九曰巴那那二圖作班拏拿矢志作敗那那曰坡馬埧曰馬他低[illegible]幾云波馬上流曰路孔嘎二圖作鹿坤加曰施登來坡二圖作斯坦利普爾曰衣瓜多二圖作亞瓜多爾曰那嘎拉二圖作班加刺曰施登來瀑布謝志作坦利瀑布矢志作師坦來瀑布曰路路阿堡王達云即學會圖之盧盧不爾厄高等地理云在開賽河支流盧盧阿河上曾於此試驗牧畜及耕作米穀學會圖漏載盧盧阿河名又高等地理言公額河上流近汽船終點處有喀薩伊谿谷其奴各貝村人口五千身長三尺至四尺王曰奴各貝王身長六尺妻妾三十一人子四十餘人

此族巧於弓術採檢此村者爲夫里布瓦那氏云世界第一小人國

法領康哥謝志西非下幾內亞

康哥雷志云法領自大西洋起至康哥河及其支流止又自烏本幾起至尼羅河分水界止面積至赤道北十度四十九萬六千九百二十英方里辻志云二百九十八萬千四百方里人八百九十五萬口先謙案雷志法領康哥列國學會二圖作法屬公額世界圖作法領孔果據二圖西南大西洋東公額國西北德領喀麥隆北乍得湖東北達爾夫耳樋志云法國屬地自嘎本河至孔戈河北深入內地幅員頗廣講義云法領公額在德領喀麥隆及比領公額自主國之間面積凡四十二萬五千英方里千八百四十一年始占哥邦河流域千八百四十九年建利普爾維爾市漸次拓其領域現在北至乍得湖東自巴耳厄耳加薩耳河而達尼羅河之上流內地多未探明之處法人所建市邑亦少首府利普爾維爾人口不過三千謝志云法屬庚哥沿庚哥河北岸深入內地北與嘎沒龍以北緯四度爲界其內地連接蘇日本部共三百萬方里物產象牙烏木樹膠檀香棗實椰油貿易總額可三百萬圓矣志云沿金剛河北岸深入內地至北緯四度再沿北緯二度至加盆海岸止是爲法領金剛其城內宿驛甚多案哥邦瀕海岸可力斯灣其東南境瀕公額河雷所云自大西洋起至康哥河也哥邦東南有鄂林甲卽徐志公額之古凝加哥邦

之東有奔巴開卽徐志公額之奔巴沿海岸而南有羅昂額卽徐志公額之羅昂額國其東境沿公額河北上而徑苦尤河之西雷所云及其支流也其西境自喀麥隆之東巴給爾美之西沿刷里河而北可直至乍得湖與法領于內木瓦代相接自苦尤河轉而東有地名達爾班達又東至達爾夫耳之巴爾厄耳加薩耳正當尼羅河之上流雷所云至尼羅河分水界止也又東則法紹達矣合英埃蘇丹及英領法領蘇丹觀之法領康哥已北合蘇丹土國而與撒哈拉通爲一地而英領東非與英領南非英領蘇丹內地尚不能相通特以法紹達地關重要又坦噶尼喀湖至烏干達英德會商已有便宜行事之權仍可聯爲一氣其所宰割之地則法瘠英腴故英人但圖法紹達來歸其他可曲從也王達云高等地理言利普爾維爾臨喀布河挪嗝學會圖漏載又云喀布河有最良之河口但水路甚短俄果威河長六百英里爲廣闊可航之河流河口成大三角洲

韋對國

韋對雷志云土國面積十萬五十英方里人二百六十萬口王達云韋對當卽學會圖之氏代大地誌言人口二百六十萬首府曰亞伯設高等地理言瓦代爲回教王國亞拉比亞人及黑人約五百萬亞拉比亞人業貿易橫斷沙漠派遣隊商北於地中海岸之班加西西於波爾奴輸送象牙奴隸駝鳥羽銅鹽等國內最占勢力者爲馬巴族性質獰猛日事戰爭有陸軍約七千人徵收國內各州及屬國貢物奴隸牛馬蜂蜜穀物等

彼日迷國

彼日迷雷志云土國面積三萬三千八百英方里人百萬口王達云彼日迷卽學會圖之巴給爾美高等地理云亦瓦代之貢國橫於乍德湖之東南有刷里河貫其國內民務耕耘穫多量之稷以換煙草等

坎耐國

坎耐雷志云土國面積二萬五千六百五十英方里人十萬口又塞特湖羣島內有輪船一入口貨值十二萬七千磅出口貨值九萬四千磅多與法國貿易王達云坎耐似卽學會圖之于內木爲瓦代屬國高等地理云首府曰尼格米在乍德湖北岸其種族在北非中爲最猛烈之漂泊種族先謙案雷志塞特湖列國學會二圖作乍得湖世界圖作遮特湖湖中有島不著其名許考作雜得湖又云湖北地名加能物富人稠昔爲卜爾努直省今屬德葡轄

葡領恩哥喇謝志西非下幾內亞

恩哥喇雷志云葡屬包有喀賓打在康哥河北阿摩辟里士羅恩大本

格拉兒三米底士在康哥河南沿海乾燥不能產物稍內多山有沃壤內地多曠野傍河之處間有樹林羅恩大熱度中數八十二度雨水十二英寸喀孔大熱度中數六十度高於海面五千五百英尺雨水六十九英寸全面積五十一萬七千七百英方里講義云四十八萬四千八百英方里人三百六十萬口入口貨值六十萬四千磅出口貨值八十萬七千磅加非磨沙蠟爲大宗與葡萄牙貿易鐵路三百五十英里羅恩大會城人萬七千口徐志公額云西境有葡萄牙挪闢之地凡二部北曰昂痾拉南曰奔給拉產五金各鑛其商船往來專以販賣黑口爲事先謙案卽雷志之恩哥喇也列國學會二圖作葡屬安哥拉世界圖作葡領西部亞非利加現勢圖作昂拉慕志作昂痾拉周志作恩噶拉吳志作安科蘭矢志作安葛拉據二圖東北界公額國東界英領北羅對西亞南界德屬痾丁多的亞西北隅有城曰喀奔達在公額河北卽雷之喀賓打逾河而南曰安姆布利自卽雷之阿摩辟里士又南曰羅安達卽雷之羅恩大又南曰奔給拉卽雷之本格拉許考作本葵拉又南曰摩薩彌德斯卽雷之兒三米底士世界圖作莫薩美德斯皆西距大西洋又南爲庫內尼河入海處現勢圖作喀乃奈河河之南卽德屬也課程云法公額在公額河北葡公額在河

南明世葡人所鄰闕城曰羅安多一作羅昂哥亦作羅昂戈爲葡駐大弁之所羅安多即羅安大也樋志云葡屬自孔戈河北之卡本達（案賓即掤）（喀）至河南富略岬全部（二佛）（圖略）（作角）其河南別爲孔戈（案公即鄰）昂痾拉奔給拉摩撒美待斯（案蘇）（即德）（斯摩）（薩）諸州其首府曰聖保羅府在昂痾拉市街美麗奔給拉摩撒美待斯兩滗往時因輸出奴隸頗盛今已頹落矢志云安葛拉占下幾內亞之內部南自苦奈奈河起北至金剛河止東接金剛自由國包金剛安葛拉彭闊拉（案鰈）（拉本）（格）諸州以金剛河南岸之山薩爾伐圖爲首府其外有穆山墨特斯（案粿）（即底）（上堤）（三）及龍大（案懸）（即大）（羅）等海滗謝（即瀾）（公）志云葡屬西非居下基尼之極南起挪耳斯河北至庚哥河（案鰈）東方內地與庚哥及中央屬接壤包安哥拉笨革拉（即格）（拉本）諸地面積四百六十萬方里歲入三百六十萬圓貿易額一千萬圓首府曰散保羅瀕大西洋南方笨革拉城地勢頗佳亦少時疫講義云亘沿岸千里全殖民地分公額羅安達奔給拉摩薩爾得斯略達五部首府羅安達鐵道起此至內地凡二百四十四英里

德屬西南非洲（謝志南非痾丁多的亞）

西南非洲雷志云德屬（矢志云千八百八十六年歸德領）**其地大半宜畜牧惟文呵克四周之山及北部宜於耕種德人漸有遷居此地者山最高者七千英尺礦產覓得銅金及他種近有英德公司開採面積三**

十二萬五百四十英方里人二十萬口內白人三千呵推討德與布爐曼二種十二萬七千哈劣種十二萬二千　華爾維治灣小邑與沿岸諸小島俱屬於英屬岌科侖尼（徐志痾丁多的亞合一作孝云在星卑巴西西亞之）南西距大西洋海東至加弗勒里亞南接加不長約二千五百里廣約二千二百里南北多山嶺中間沙漠橫亘墳壤無幾海濱窪下土脈膏腴物產頗豐地氣溫平不似迤北之酷熱惟颶風時作猛烈異常羽毛凶戾蟲蛇毒惡異地人未敢托足黑番名痾丁多的多以牧畜爲業怠於農事部落甚多各有酋不相統攝其較著者曰哥拉那曰那馬瓜曰達馬拉曰不書阿那曰波支斯曼先謙案郎雷志之德屬西南非洲也世界圖作德領西南亞非利加有地曰達馬拉蘭（案騾即掤）（達）曰那馬夸（那）曰倭耳斐拖灣（即卿華爾）列國學會二圖不署德屬之名北有達馬拉南有那馬瓜西有倭爾斐斯灣與徐志世界圖合鄂蘭吉河自鄂蘭吉境西流經西格利瓜之南入境經南界入大西洋海曰鄂蘭吉河口課程云一合作丁宊在岌朴西北一作合丁多一作痾丁多的亞一作赫爾德一作丁霍坦託貲（案託即乂）（鑵即）（合證）（丁乕）（之宊）（轉之）（韶韶）（羅羅）（登）緯綫自赤道南十七度起至二十九度北界公額南界俄蘭支河東連加刺哈里沙漠西抵大西洋長二千四百里廣千六百餘里地分三部以游牧劫略爲俗狀貌醜惡風俗卑陋其間稍通禮數者曰達麻拉斯郎達馬那近年德人闢地至此强以兵力鈐制之講義云德領西南非洲沿岸自庫內尼河口至鄂蘭吉海口亘九百三十里間惟一倭耳斐斯

灣屬英領人種有霍登託（案呵即推雷訶志德）之不修明（案之即布雷盧志曼）彭偷達馬拉諸類歐人二千概爲德種前達馬拉及那馬瓜地方有德國宣教師協會時德國未暇經營南非英人乃由喜望峯殖民地派軍艦至倭耳斐斯灣保護此會千八百八十年以後達馬拉那馬瓜有土人相戰爭英國不及干涉德相俾斯麻克乃毅然占領此地英國惟倭耳斐斯灣及沿岸一掬之地而已時千八百八十四年也達馬拉矢志作大麻拉周志作特姆拉吳志作達馬蘭許考作達麻拉斯云精造銅器那馬夸吳志作挐馬夸周志作納姆夸矢志作那麻快樋志云此二國境北自富略岬南至澳淩治河口濱海岸地方案澳淩治郎鄂蘭吉富略岬二圖作佛略角矢志云人口凡二百萬皆霍登託種中之那馬快及大麻種（案諸即大駄麻）（郎）愚蠢醜惡身不滿五尺不知營生飢則取蝸牛諸蟲類食之性險惡歐人屢爲所害近土匪蜂起爲亂其勢岌岌德國派兵援救其主要都會有二曰殘德非希曰恩葛拉配克那其海中之鄂爾非希騾（即斐）（騷騾）屬英土壤瘠薄物產甚少北部飼養家畜爲宜海岸近日發見金礦甚富謝志云西南德屬海岸綫長二千七百里中有注非祉灣（案鰈即澔華爾）爲英國殖民地北部土瘠物少惟多草地可牧牲畜千八百八十六年歸德管轄華爾維治郎倭耳斐斯現勢圖作華爾非西餘見上王達云高等地理言達馬拉及那馬瓜之一部頗便牧畜海岸魚類充滿發見銅鑛未採英人常笑德人之無謀又那馬瓜之要地如貝坦甯在三千三百尺之高地首府曰鄂延木本圭達馬拉高地及庫內尼河庫邦各河間之北部地味豐饒爲各種鄂芬波族占領遂成鄂芬波之一部倭耳斐斯灣便停泊除由達馬拉而出之牛及漁獲魚類外日用品俱缺附近諸小

島以產鳥糞得名

賜進士出身　特賞內閣學士銜前國子監祭酒翰林院編修加三級　臣　王先謙謹撰

英領桑給巴 [謝志東非先謙案雷志別出赤道下之非洲故無東非洲之目謝志列東亞非利加一摩散比革即雷志之葡領東非洲二散西巴即英領桑給巴及英領東非洲德領東非洲三棱茅利即英領棱曼利蘭及意領棱曼利蘭]

桑給巴 [慕志云緯綫自赤道北二度至南十度經綫未詳沿海五千里南至莫三鼻北連亞然東接印度洋案此倂島與國言之] 雷志云歸英國保護現止桑給巴配巴二島地面積九百六十英方里人二十一萬口入口貨值百三十三萬七千磅出口貨值百十七萬四千磅丁香象牙銅爲大宗多與英印度及非洲諸商埠貿易 [徐志非洲羣島云幾羅阿島蒙非亞島桑西巴爾島奔巴島索哥德拉島在紅海之外印度海中廣長二三百里不等皆阿剌伯所屬產香料象膽硃砂先謙案即雷志之英領桑給巴也幾羅阿乃桑給巴爾之一部非島名徐誤蒙非亞島亦近桑給巴桑巴西爾即雷之桑給巴島謝志作散西巴一作三西巴吳志作山幾巴周志作若齊排矢志作殘齊罷世界圖作產吉巴奔巴即雷之配巴島慕志作本巴樋志作盆巴謝志作烹巴索哥德拉即索可特剌也觀縷不刊列國學會二圖有桑給巴爾奔巴二島]

謝志所云本國歸英保護者以其國主居島內也又徐志桑給巴爾云在亞然之南長約四千里廣約七百里沿海窪下林木叢雜野象成羣多怪獸奇禽內地多山西南尤聳峭江河回繞田雜肥磽不一地氣酷熱多瘴癘民皆黑番奉回教分數十部不相統攝大者曰幾羅阿曰蒙巴薩 [即唐書之老勃薩] 曰美林德 [一作墨林他即唐書之磨麟許考云明季葡國有其地佔商設極盛康熙朝阿剌伯據之埠] 曰馬加多朔餘皆小部 [許考云有虜廣大在維多利亞洲北本黑人舊國物光緒十六年英人滅之] 產穀果金銀銅鐵糖蠟棉花象牙鳥羽木料藥材貿易頗盛 [許考云出苞蕉盧] 先謙案幾羅阿蒙巴薩美林德据二圖皆東頫海幾羅阿屬德領東非洲蒙巴薩美林德屬英領東非洲樋志云桑給巴以往時版圖廣大轄及內地今惟海岸一帶狹長地與近海數島內地爲德所宰割桑給巴爾面積六百二十五英方里國王蘇爾丹居島府德謝志云散西巴包散西巴島及附近諸島稱之海岸自茹巴河至德嘎哥角沿海三千里之地皆其屬土向有酋長千六百九十八年以來爲阿剌伯之末斯嘎德蘇丹所轄以販奴故市場興盛近禁販奴市巴大衰然猶爲東海岸大商埠今王雖自立然南方爲德所占本國已歸英保護又云德屬北界基尼滿乍羅峯與斐多利亞湖西界旦下亦嘎湖南界尼亞撒湖面積三百八十萬方里又云英屬北以茹巴河與棱茅利爲界渺河斜上至北緯六度包尼羅河上流西界康哥南界德屬海中散西巴島烹巴島皆英保護地矢志殘齊罷云北自赤道邊止南至墨才比克及沿海諸島皆屬此國殘齊罷本島名今以名其國境內又分二部曰德領東亞非利加曰英領東亞非利加 [慕志云時北邊小半屬英南邊大半屬德案即忙巴蠟] 殘齊罷府在殘齊罷島上在東海岸爲最要貿易場穆姆敗撒則爲政廳所在之地又云殘齊罷本屬葡牙及上番酋長千六百九十八年爲阿剌伯牧史喀德府所征服 [許考云屬阿轄倂阿曼部] 至邁絕德王 [今王之兄] 遂爲獨立國 [慕志云都城散西巴以阿拉伯人爲王] 自北緯三度南至特爾葛皮岬附近皆爲屬地千八百八十八年後爲德人所侵略千八百九十年其烹罷殘齊巴二島歸英保護案以上諸條當與英屬東非德屬東非參觀雷志界域爲最明晳

英領東非洲 [謝志東非講義云自英領納塔耳以北至紅海岸地是名東部阿非利加內分葡領東非英領東非德領東非意領索謀里蘭英領索謀里蘭法領索謀里蘭意領攸利茲利亞阿比西尼亞　桑給巴爾]

英領東非洲 雷志云沿海岸自阿摩巴河起至札勃河止內地至上尼羅河赤道北六度面積四十萬四千七百四十英方里人五百萬口其膏腴之地爲海岸坎庫猶之高原及維多利亞尼恩薩湖之四周孟哥在烏根德熱度中數七十一度六月六十九度十月七十四度雨水四十八英寸入口貨值二十八萬磅出口貨值七十五萬磅現方修築至維多利亞尼恩薩湖鐵路有輪船一在湖內行駛 [先謙案雷志英領東非洲即世界圖東部亞非利加之英領烏幹達也烏幹達即雷之烏根德蓋地方大名阿

比西尼亞山繞其東給尼亞山當其南白尼兒碧尼兒河 [即尼羅河] 上流出其西北烏根德現勢圖作烏牙特列國學會二圖作烏干達維多利亞尼恩薩二湖互詳德領東非洲下謝志云英屬北以茹巴河與棱茅利爲界渺河斜上至北緯六度包尼羅河上流西界庚哥南界東德屬首府曰忙巴撒英總督駐之講義云地在德領東非之北西接公領自主國北接加拉國及意領索謀里蘭東臨印度洋案加拉國二圖作加利蘭此慕志所云桑給巴北邊小半屬英者也當與英領桑給巴諸條參觀忙巴撒即二圖東瀕海岸之蒙巴薩講義又云當德國求殖民地於東非之時英亦注目於此占德國殖民地以北之地漸次侵入成今日英領東非之基礎千八百八十六年英德訂約劃定二國勢力範圍千八百九十年英又得德領地遂北與意領土接境德王讓桑給巴保護權與英英併得奈巴各島千八百九十二年維多利亞西北之烏干達又屬英保護英政府擬自海岸蒙巴薩至維多利亞湖布設鐵道與雷所云修築至湖鐵道合王達云大地誌言英領東非分三部一東非保護地首府爲蒙巴薩二烏干達保護地英門哥爲國王住所三桑給巴爾保護地首府爲桑給巴爾案門哥在維克多利亞湖西北隅即雷之孟哥學會圖漏載此地名]

葡領東非洲 [謝志東非莫三鼻給]

葡領東非洲 [慕志云緯綫自赤道南十一度至十七度經綫自中國順天偏西七十六度至八十三度東枕窄海西界盧巴達山南接加弗勒里北連桑給巴長千四百里廣千六百里] 雷志云千八百九十一年分爲

莫三鼻羅倫科馬貴士二省名東非洲國設公司採礦開濬各種財源面積二十八萬二千七百五十英方里樋志云二十八萬二千人百五十萬口樋志云二百萬入口貨值百五十萬四千磅出口貨值二十四萬九千磅樋志云小麥糖加非獸皮象牙樹膠玳瑁往時以輸出奴隸獲巨利禁奴後衰微鐵路自德拉哥亞灣至潑里多利亞長三百四十七英里自本韋在般拉河上至邊界長二百二十二英里

莫三鼻會城人七千口徐志莫三鼻給北一作摩散鼻一作磨鈕云在桑給巴爾之南長約四千四百里廣約千里山深林密象多如牛馬金礦金沙極多土田膏腴惟地多瘴癘民皆黑番奉回敎部落有馬古阿蒙加木新卑等名不相統攝內有葡人所闢地七處曰莫三鼻給駐大酋總轄曰給林卑曰幾里馬內曰塞內曰索發拉一作服剌厤曰義能巴內曰羅林索馬爾給斯近年葡勢衰弱貿易不多惟以販賣黑口爲事澳門各夷館所用黑奴皆從此土販來先謙案郎雷志之葡領東非洲也世界圖作葡領東部亞非利加列國學會二圖不出葡領之名東對馬達葛士加島爲莫三鼻海峽北界德屬南界英屬南北部羅對西亞及格蘭士瓦東瀕海有會城曰莫三鼻給與雷徐合葡人先闢七地後分二省而仍以會城爲其大名世界圖作莫三鼻克矢志作墨才比克周志作馬雜培克自莫三鼻克迤而西南爲給里馬內世界

圖平方圖作幾里馬內許考作幾利瑪內矢志作吉利孟又南爲三比西河口河之南爲塞內又南爲索發拉並與徐合矢志作沙發拉現勢圖作索夫拉又南爲義汗巴內郎徐之義能巴內又南爲林坡坡河世界圖作里母葡河河之西南爲洛楞剎馬貴斯郎徐之羅林索馬爾給斯雷之羅倫科馬貴士世界圖作洛楞薩馬克斯平方圖作馬貴斯馬貴斯之東有德剌哥灣世界圖作德拉果阿灣郎雷之德拉哥亞灣潑里多利亞郎德蘭士瓦之比勒陀利亞謝志云北曰摩散比革南曰走仁老瑪盔榛鄉驪羅壠散備西河蠔酈三橫貫中央面積二百六十萬方里首府曰摩散比革城在海岸小珊瑚島上南有基利瑪內城爲主要商埠講義云在英領納塔爾之北德領東非之南羅對西亞德蘭士瓦及鄂蘭吉河殖民地之東臨印度洋十五世紀末葡人發見此地千五百五年阿爾普奇爾奇始立殖民地今北自羅甫馬河口起南至德剌哥灣止沿岸千二百里面積三萬八千英方里土地肥沃宜棉加非及諸植物內地多良材富獸類礦物石炭然葡人四百年來殆放棄此地今葡國政府予諸會社以大權使各自墾植其管轄區王達云高等地理言莫三鼻給有殖民地軍隊及海軍總督管之然葡國政權所及實際不出二三都會及諸堡寨之外其所得常不相償歲由葡國政府補助巨額沿海要地曰莫三鼻給曰林得曰給里馬內曰伯拉曰索發拉曰義汗巴內曰洛林剎馬貴斯沿三比西河要地曰塞內曰得得曰疏木波千八八百九十一年英葡協商開放三比西河以南之水道無論何國船舶均可通行

德領東非洲謝志東非桑給巴爾

德領東非洲雷志云自印度洋起至維多利亞呑根尼加尼亞薩諸湖止內地皆草地沿海諸山及西南西北諸盡處間有沃壤地種煙葉鐵路不多面積三十五萬千四十英方里人三百萬口入口貨值七十一萬七千磅出口貨值十七萬三千磅象牙木鼈子古波爾樹名其脂可作漆料爲大宗與德國貿易防兵二千二百三十六人

打愛司賽拉摩會城先謙案雷志德領東非洲郎世界圖之德領東部亞非利加也東有城曰薩阿達尼依圖作蘇亞達尼迤南曰達爾薩拉摸依圖作達耳薩拉模郎雷之打愛司賽拉摩西北隅有蜮多利亞湖郎雷之維多利亞列國學會二圖作維克多利亞謝志作斐多利亞南有尼亞薩湖與雷合二圖作尼安撒謝志作尼亞撒西有丹牙尼加湖郎雷之呑根尼加二圖作坦噶尼喀謝志作旦干亦嘎北有克以利曼甲羅山二圖作乞力馬尼扎羅現勢圖作基利馬努若羅謝志作基尼滿乍羅並見英領桑給巴下講義云南接葡領東非西接公領自主國及中央英領保護國北界英領東非東臨印度洋千八百八十四年德國殖民會社始謀殖民於此部海岸又與各地酋長結約占領各地翌年二月爲德保護國後又派遣軍艦威嚇桑給巴爾之回敎王亦歸保護其後以保護權讓英千八百八十六年與英訂約定南北界千八百九十年定西北界全面積約三十八萬英

方里內地高原多不毛沿岸低地肥沃植物亦繁政府助以鐵道汽船使之開通且設耕作及牧畜試驗場要港曰薩蘭木矢志云北自吉利蠻戛羅案郎乞力馬尼扎羅之南山麓起至維多利亞湖止西以湯加尼卡湖案郎呑根尼加與金剛自由國接界南界捏撒湖案郎尼亞薩及墨才比克案郎桑給巴克其要港曰敗戒穆欲曰幾兒哇案二圖東瀕海有薩蘭木敗戒穆欲現勢圖作巴格摩郁二圖作巴加摩雅幾兒哇二圖作幾羅阿王達云高等地理言德領東非地味豐饒然熱病流行海岸地方尤甚重要港除薩蘭木外曰巴加摩雅曰薩達尼曰班加尼達內地之大商路自班加尼經木巴巴及大波拉至坦噶尼喀湖東岸之烏日日亞拉比亞人貿易場也

英領梭曼利蘭謝志東非亞德爾

梭曼利蘭雷志云英領沿亞丁灣面積六萬四千六百英方里人二十萬口大半游牧入口貨值三十四萬八千磅出口貨獸皮駝鳥羽毛牛羊加非矢志有乳香值三十五萬磅梭曼里之一大分及加拉諸地俱在意國勢力圈內　**般般拉**人三萬口　**遂拉**人六千口先謙案雷志英領梭曼利蘭郎世界圖之英領叟馬利也其地有歐斯國里二圖作斯哥里拉及白白拉郎雷之般般拉列國學會二圖作索謀里庫斯特吳志作梭馬利許考作索馬利周志作砂麥利矢志作沙馬里謝志作梭茅利又作索麻利現勢圖作申理依

圖作索毛利般般拉二圖作貝比拉現勢圖作白毘拉矢志作蒲伯拉問答作伯伯拉謝志作巴巴拉又雷志遂拉二圖作秀拉矢志作隨拉云皆亞丁灣內要港講義云英領索謀里蘭在意領索謀里蘭西北當紅海岸謝志云中央有亥內斯河東南流入印度洋西北隅爲法屬北岸迤東爲英屬東南一帶爲意屬沿海爲梭茅利人內地爲嘎拉人皆內革羅族也各分部落酋長治之矢志云沙馬里係一海角自殘齊罷東北起突出亞剌伯海而擁亞丁灣此地雖蠻民所居然自亞丁灣附近繞掰爾大飛岬至拉司蟹風止一帶海岸歸英管領其南至舊拜司口海岸謂之亞珠歸德管領居民皆沙馬里族居內地者曰掰拉司族鐩志作嘎辣斯族又案此地西北隅世界圖有法領鄂博克依圖同卽謝志所云西北隅爲法屬是也二圖英領西北有俄布克講義云法領索謀里蘭在英領索謀里蘭之西北僅有俄布克灣頭一捬之地知俄布克卽鄂博克矣現勢圖作法領俄布克

英領梭科脫剌

梭科脫剌雷志云傍介德富寒角一島千八百八十六年歸英國保護面積千三百八十英方里人萬口產沈香徐志云索哥德拉島在紅海之濱印度海中阿剌伯所屬產香料象牙硃砂先謙案卽雷志之梭哥脫剌也據徐說本屬回部而英取之列國學會二圖與徐同世界圖作索可特剌謝志作梭哥德拉輸出貨多蘆薈皮革珍珠慕志云土產沈香血竭島西南傍瓜達夫伊角現勢圖作高達發角世界

圖作瓜兒達肥角介德富寒蓋異名也又紅海曼的夫海峽內有英領喀馬蘭島與意領伊里特利亞相近王達云大地誌言索哥得拉與阿剌伯東南岸之庫里亞摩里亞島皆歸亞丁轄其地扼紅海咽喉居軍事重要位置案此島本土人自舉島長北屬阿曼光緒初年英與阿曼立約言此島當自保之毋令他國占踞後以阿曼終不能固守遂收爲屬島

法領馬達葛士加島

馬達葛士加雷志云此世界第三大島謝志云世界第五大島講義云世界第四大島疑第三是講義又云在距非洲東南二百三十英方里海中中隔莫三鼻海峽自南緯十度至二十五度東經四十三度至五十度半皆是島由東北而西南長九百八十英方里中央最廣處三百五十英方里北半成長三角形南半平均寬二百五十英方里慕志云緯綫自赤道南十二度至二十六度經綫自中國順天偏西六十六度至七十三度長三千里廣千里總計七十萬方里謝志云當南緯十一度五十七分至二十五度四十二分東經四十四度至五十度二十分長三千里廣八百里面積約二百三十萬方里

地分三區一沿海沃壤二樹林三內地高原高三千九百英尺四周有花岡石之童山繞之講義云高原向西傾斜河亦西注有比的波加河的利披拉河鑾可洛河俄尼拉哈河舟行約可至百英里內外注東岸諸水以鑾可洛爲大多急湍瀑布湖之大者有阿蘭阿多蘭湖山最高者九千六百六十英尺講義云阿加蘭得舊火山爲島內第一峰殆至九千英尺卽此全面積二十二萬八千五百六十英方里人三百五十萬口幾盡馬來種間有黑人及撒哈拉窩之雜種呵窩爲島內最貴之種矢志云種族甚多以馬來種之霍伐爲最優且有勢力其他皆係黑人講義云居民四百萬土人稱馬來加西此人種並非黑人種有疑此種自馬來玻里尼西亞族而出者族中支派惟呵窩開化最早人數亦多外有皮的勒窩南部中央巴拉西南地方他拉拏東南森林地方皮的米薩拉加東岸西亞拏加東北中央部薩加拉巴西岸全部言語爲馬來黑蘭尼西亞語混合而成天然財富礦產金銅鐵鉛煤入口貨值五十四萬磅出口貨革磨沙蠟牛值十四萬五千磅千八百八十五年歸法國保護千八百九十六年法以兵脅之闢爲屬地竄其女主於他方徐志云馬達加斯加爾大島一作嗎大狎甲又作墨勒阿土喀又作聖老佐楞云在印度海東南方與莫三鼻相近長約二千八九百里廣七八百里有高山綿亘如脊瀑布飛流數百仞最高者北曰維加哥拉南曰昂巴的美內山東西平原坦闊溪澗交縈田土肥沃淸勝爲非洲一土之最惟地氣炎熱海濱涔澤居半瘴癘觸人異國人不能耐居民皆黑番從回教自古別爲一國無所羈屬法人屢圖之而未得也講義云馬達加斯加千三百年時馬可波羅著之記錄千五百年葡人的亞斯始來此地自後葡荷英法諸

國殖民於此矢志云其先治權皆國王所掌千八百八十四年法起兵伐之苦戰經年卒征服霍伐人千八百九十五年遂確認爲保護國今其島女王拉那伐龍格守舊約許考云明正德元年葡人達爾美達始往游歷泰昌時法王恩理格第四築礮臺島東南濱今之道芬口也至　國朝順治初法人設市於其地康熙七年以爲屬部乾隆三十九年遣柏烏斯幾往守土人叛法法奪其東境達瑪達物丁丁格等埠英人邑之道光初媚痾瓦斯部人叛盡復所失城邑其酋拉達馬稱王咸豐末拉達馬第二嗣未三年有內訌死於亂其后辣所利拿臨朝同治中與英法美三國立約光緒十年夏法與島王因事失和自是兵爭無甯歲二十二年滅之泰馬泰夫熱度中數七十五度雨水百二十八英寸千八百九十八年入款三十七萬七千五百磅國用百十八萬五千磅兵額五千七百人　**恩泰那那里復**會城熱度六十五度雨水五十三英寸徐又云地分數十部不相統攝大者曰痾瓦斯曰塞哥拉瓦斯曰安達瓦爾斯曰卑定薩拉曰卑達尼美內曰安達美西餘不著土產絲麻蜜蠟竹蘇木甘蔗樹膠靑黛煙葉白胡椒沙穀米金銀寶石水晶銅鐵錫鉛水銀煤土番不解搜採攻鐵而已先謙案卽雷志之馬達葛士加也列國學會二圖作馬達加斯加世界圖作馬達牙斯加兒謝志瀛寰圖作瑪達嘎斯嘎周志作麥達掰斯加現勢圖作馬達介斯加島之中境有城曰安坦安阿里瓦世界圖作塔那那里窩卽雷之恩泰那那里復謝志作安達那那

利佛矢志作安泰那那里伏吳志作安塔拏利波許考作達拿拿利物斯講義作達拿拿利威慕志作安達安阿里窩周志作恩吞諾利維云首府也在美里納高原臨伊可巴河有宮殿寺院官舍學校等東近海曰大馬達威卽雷之泰馬泰夫世界圖作塔馬塔夫謝志作達馬達斐慕志作達米打威許考作達馬達物現勢圖作德馬荅夫矢志作大馬太巫吳志作他馬脫講義云要港也今鐵道將貫通首府大馬達威之間首府與沿岸地方多通電信外有法吶蘭昨在東南部偸可斯阿勒臨安敦布克彎俱扼要都會

法領哥摩羅羣島

哥摩羅羣島雷志云在莫三鼻海峽本火山所成其大哥摩羅尙有未熄之火山高三千五百二十英尺面積七百六十英方里人六萬二千口　**馬約大**面積百六十二英方里人八萬七千口入口貨値二萬四千磅出口貨糖華呢拉藥草名値三萬八千磅爲法領地餘島歸法保護先謙案雷志哥摩羅馬約大列國學會二圖同世界圖作可摩洛諸島其南卽馬達加斯加島慕志云哥羅摩四島在莫三鼻窄海中中有一地馬約大爲法人首邑謝志作華摩羅云一作可摩路法國於此設儲煤廠現勢圖作戈模羅

英領毛里削斯島

毛里削斯島雷志云英領在印度洋爲火山所成高二千七百英尺面積七百三十九英方里人三十七萬千六百五十五口全島雨水中數六十英寸入口貨値百三十七萬九千磅出口貨値百九十七萬八千磅糖居百分之七十八糖水酒沈香鐵絲椰子油爲大宗矢志有加非棉多與英及其屬地貿易鐵路百四英里議會二十七人內惟十八公舉入款五十四萬三千磅國債百二十三萬七千磅

聖魯意士會城熱度中數七十七度正月八十二度七月七十二度人五萬八千六百六十九口徐志毛里西亞島一作冒勒突又作妙哩士云在馬達加斯加爾之東回環五百里氣候炎熱尚可居棲英人闢之駐以大酋附近小島四十餘產白糖先謙案卽雷志之毛里削斯也慕志列國學會二圖與徐同世界圖作毛利削斯謝志作茂利斯云一作毛里士矢志作穆利久斯其西二圖有魯義斯卽雷之聖魯意士慕志作三魯義謝志作路伊斯云在西北岸爲英海軍煤廠矢志作路易云穆利久斯旁爾蘭及附近諸島總稱曰邁斯克來內王達云高等地理言千五百五年葡人初發見此島千五百九十八年荷蘭始移民島內以荷國太子毛里西之名名之千七百十二年法人取之千八百十〇年爲英有大地誌言毛里西亞有中國人三千餘奉婆羅門教及基督舊敎其地景色絕佳與太平洋大赫的並稱首府魯義斯艮港也設堅固礮臺案大赫的在大洋洲索哂伊的羣島中

英領塞舌勒羣島雷志云以下所述諸島皆毛里削斯之屬

塞舌勒羣島雷志云珊瑚島二十九座最大者爲馬哈全面積一百二英方里人萬六千四百四十口入口貨値七萬五千磅出口貨椰子油華呢粒藥草名丁香玳瑁値十萬一千磅先謙案雷志塞舌勒列國學會二圖作塞設勒標英字慕志云三十島世界圖作塞舌耳其西有馬黑島卽馬哈也在毛里削斯之北桑給巴島之東平方圖亦作馬黑矢志作塞切爾云有世界最大之椰子樹產椰子油鼈甲等

英領羅得給島

羅得給島雷志云面積四十二英方里人二千二百十口入口貨値六千四百二十磅出口貨値八千五百磅先謙案雷志羅得給列國學會二圖作羅得里吉士島標英字在毛里西亞之東慕志云羅得給島英有總督駐之土產糖香品烏木

英領朶哥羣島

朶哥羣島雷志云珊瑚島面積四十二英方里人七百口出口貨椰子油　**蒂哥格西亞**儲煤之所王達云大地誌言蒂哥格西亞橫於南緯七度東經七十二度至七十三度之閒爲朶哥羣島中之一島高等地理言此極好碇泊場由紅海經航澳洲者以此爲重要之儲煤所

英領喀格多斯島

喀格多斯島雷志云面積六十七英方里人四百二十口王達云高等地理言喀格多斯島在毛里西亞東三百英里爲花鋼石性之島此與上朶哥羣島俱歸毛里西亞政府轄

英領亞密蘭羣島

亞密蘭羣島雷志云面積三十二英方里人百口先謙案雷志亞密蘭列國學會二圖作亞密蘭丁羣島標英字在塞舌勒羣島西慕志云十一島平方圖與雷同依圖作亞美蘭

英領愛耳打巴拉島

愛耳打巴拉島雷志云面積四十二英方里無居民先謙案雷志愛耳打巴拉列國學會二圖作亞耳達布拉島標英字在亞密蘭丁西南

法領路尼恩島

路尼恩島雷志云法領火山所成在印度洋高萬七千英尺面積七百六十英方里人十七萬千七百八十一口入口貨值七十六萬六千磅出口貨糖糖水酒加非值七十七萬六千磅徐志云不爾奔島作補耳在毛里西亞之東長百八十里廣百三十里居民九萬餘法本人所闢田土膏腴地氣平善內有火山吐燄不息土產穀果加非糖棉花煙葉丁香桂皮木材黑金珊瑚沿海無港澳商船停泊往往遭風損壞然法人每歲往來不肯棄也先謙案即雷志之路尼恩島也列國學會二圖作畱尼汪島不爾奔標法字畱尼汪即路尼恩之音變字不爾奔存舊名世界圖毛利削斯之西有法領利愉尼安島利路安恩雙聲字是利尼安即路尼恩愉乃語助徐之不爾奔爲法人所闢無他地可以當之必即此島而誤西爲東也矢志作旁爾崩謝志作波爾奔云一作布阿邦一名壘玉尼恩首府曰聖德尼斯在北岸壘玉尼恩亦利愉尼安之音轉字變慕志云首郡名三德呢斯法總督駐紮

法領聖保爾島雷志云以下路尼恩之屬

聖保爾島雷志云面積三英方里無居民王達云聖保爾當即學會圖之森抱耳大地誌屬法領學會圖標英字似誤

法領牛阿摩司段德島

牛阿摩司段德島雷志云面積二十五英方里無居民王達云牛阿摩司段德當即學會圖之亞摩斯德登大地誌亦屬法領學會圖標英字誤

法領叚貴倫孶島

叚貴倫孶島雷志云面積千三百十七英方里無居民王達云叚貴倫島似即恰給郎島大地誌云在南緯五十度東經七十度屬法國

南非洲樋志云南部自西富略岬至東莫三鼻給以南至阿嘎勒哈斯岬成三角形之地方是也案雷志惟德領西南亞非利加列赤道下非洲餘與樋志同課程云脫蘭士甫耳與岌朴哥羅尼一在南土之東一在南土正南此外由岌朴而北若俄蘭支若伯楚阿那由岌朴而西北臨大西洋若合丁突由岌朴脫蘭士甫耳而東而東北臨印度洋若加弗勒里若那達耳若蘇盧皆非洲南土之國案謝志南亞非利加一西南德屬即雷志之德領西南非洲二革伯哥羅尼即英領岌科侖尼三那達勒即英領耐脫爾四蘇魯地即英領若盧蘭五俄蘭支殖民地即奧淩賁河領地六德蘭斯法勒殖民地即英領脫郎斯窩耳七南英屬即彼春那蘭

英領岌科侖尼謝志南非

岌科侖尼慕志云緯綫自赤道南二十九度至三十五度經綫自中國順天偏西八十八度至九十九度西接大西洋東南距印度大西二洋交匯北連合丁多長五千二百里廣千八百里蘇恰汾玢瀾加不一名岌朴雷志云地形向內漸高最高者喀伯斯堡山八千九百英尺先謙案即馬孝那山雨水苦少惟南海岸及東部雨水充足故殖物繁盛面積二十二萬五千六百九十英方里人百七十二萬七千口矢志云百五十三萬三分之二係黑種餘爲移住歐人十年增百分之二十二千八百九十八年馬三十八萬二千六百十牛百二十萬千五百二十二綿羊千二百六十一萬六千八百八十三矢志云牧羊之業澳洲南美洲外無出其上者山羊亦三百萬頭出鴕鳥礦產煤金鋼鑽金銅

每歲葡萄酒約六百萬格倫入口貨值千八百六十二萬一千磅出口貨值千五百五十七萬三千磅金九百七萬三百磅金鋼鑽值四百六十二萬五千磅矢志云最近十九年間輸出價值一億八千萬弗七億二十二萬元羊毛值百六十八萬九千磅鴕鳥毛值五十五萬一千磅與英國貿易千八百九十八年鐵路二千二百六十一英里英設總督治之有立法二議院議員皆由人民公舉入款七百三十九萬磅國債二千七百二十八萬二千磅騎兵千十五人義勇兵七千七人講義云諸港俱有鐵道聯絡官私共二千二百九十英方里

岌潑統熱度中數六十二度正月六十九度七月五十五度雨水二十六英寸人五萬千二百五十一口

荆伯來人二萬八千七百十八口　**依利祉巴埠**人二萬三千二百六十六口以上要區徐志云非洲南土由東西漸削如筍至極南乃齊平地形作東西之勢東面距印度海者曰加弗勒里亞䚡蘭卜什西面距大西洋者曰星卑巴西亞曰痾丁多的亞極南地盡處距大南海曰加不又云加不一稱

岌朴（一作岌科稜，又作好望海角）在非洲極南地盡處東西齊平東印度海西大西洋南大南海長約二千里廣約千里城建達勒與艮二山之麓俗名大浪山其地溫和卉木繁盛牧場寬廣牛羊孳息穀麥堪出糶種葡萄釀酒極甘適北半係沙漠每風起雲合黑氣迷漫產獅象虎兕鹿麂河馬（角刀作柯）長頸鹿（頸長於身）駝鳥（似鶴而高大）……土人短身黑面穴地而居得野獸則生食之前明時葡人始識其地荷人踵立埔頭徙國人耕之捕土人爲奴流寓者半以牧畜爲業內地沿溪傍河亦有聚落而沙磧圍繞往來甚遠駕犢車行沙中往往中道渴死故地界回環數千里戶口不繁嘉慶十年英人奪取其地別開埔頭又云非洲南土岌朴（……）爲歐人東來必由之路其地形銳入南海水勢回薄風濤極烈舟易損壞必謀修葺之所又長途水米或缺必需接濟歐舶東來（經）收帆寄椗於此荷人墾闢蓋有所不得已英人奪取特惡荷獨當衝要耳近歐人海道愈熟舟行迅速收泊者十無二三則亦無關輕重矣其土惟極南濱海處稍沃可以耕牧適北則平沙沒骭不足貪也先謙案卽雷志之岌科侖尼也列國學會二圖作開普蘭世界圖作開魄哥羅尼平方圖作開普科琅尼依圖作開浦科羅內矢志作岬殖民地吳志作殖民岬周志作哇特角無名氏岋朴考稱爲地蘭士華路云卽好望角本名阿輔丹北司峽譯言暴風山斗出海中時有回風舟行極險西人改名兀賀峽言山峽情景可觀也許考云加不譯言海角葡人初名曰大浪角後葡王若望第二改曰好望角一作善望角又曰喜望峰謝志作革伯哥羅尼云一名土角殖民地據二圖北界鄂蘭吉貝專納西南臨海東界巴蘇陀蘭加弗勒里亞西南隅有城濱海曰開普墩

五洲地理志略　卷十八　十二

卽雷之岌潑統世界圖作克伊葡瞠謝志作革伯盾樋志作岌朴當云在推勃爾山下（雪山頂平如盡頭處近推勃爾灣有推勃爾山一山）（……）矢志作岬市慕志作岌朴敦課程作開伯盾周志作愷柏墩其南卽好望角迤而東向南有角曰阿姑雅斯角東境有格拉含斯唐其南有港曰厄里薩貝斯黹講義同云在阿果阿灣卽雷之依利社巴埠世界圖作依黎撒伯須港卽愛立柴培師港也矢志云千六百五十年荷人剏建千八百六年英軍占領蠶食其附近地漸次擴張深入內地首府曰岬市有鐵道馬車公家花園煤氣管等愛立柴培師港不在亞爾告灣內亦繁富北以橘河爲境（卽鄂蘭吉河）土地乾燥宜畜牧不宜耕種殖民之始有犀象獅甚多及土地日益開墾野獸皆逃入內地自蘇彝士運河開通後已不如從前繁盛然各國輪船經其地者尚多且電綫直通英國鐵路深入內地實英國殖民重要之處各地設小學校首府有大學校一樋志云居民白種三之一餘黑種又分爲二曰加弗勒族（周志作客夫亞）強壯英敏最優曰痾丁多族（周志作霍……）矮小汗賤極劣案今之岌朴深入北境非當日加不之舊故加弗勒痾丁多兩族並有遺種在其域內足證開普蘭北境卽爲東西二族分界之處而加弗勒里亞西境且越德蘭士瓦鄂蘭吉約得格利瓜蘭之半可推見也王達云高等地理言好望角殖民地北包莫洛玻阿以南之貝專納蓋依最近之區畫合爲一部厄里薩貝斯人口三萬中國人甚多近設有領事署此港爲羊毛大市場格拉含斯唐高於海面千七百餘尺氣候甚佳東部諸州政廳在焉又喀拉佛利內特爲內地最舊最大之都會有沙漠寶石之目奇木貝勒人口三萬爲金剛石產地新埠先謙案近出開浦殖民地志云

開浦殖民地者通常之稱謂官名則曰好望角殖民地開浦譯卽石角以有好望角在西南端也南北位於南緯二十八度及三十四度五十分之間東西位於東經英天文臺十八度三十分及二十九度五十分之間其中爲大西洋南爲印度洋北界鄂蘭吉河河北爲那馬瓜蘭喀拉哈里沙漠及鄂蘭吉國東起替斯河附斯道木波格山遵凱河而至於海河彼岸爲加佛勒里亞此岸亦有其國之屬部其氣候皆乾燥康適空氣淸而發揚入冬極冷淸爽合歐人之居處好望角者葡國巴索羅妙地亞斯於千四百八十六年所發見先在阿耳古亞灣登陸採新西岸經大風吹舟出港命名曰大風角葡王更曰好望角當時以通印度爲事知此路一通則至印度無須起陸因其大有後望命是名也荷人知此地爲海程所必經汲水取糧皆在此蓄謀奪取千六百五十二年値葡國勢衰其東印度公司遣樊呂比克率歐人闢除好望角爲殖民地其土著人曰奇奇荷人易其名曰霍登託德人初所占地不越今之開浦墩後拓地漸廣逐土人於境外或夷爲奴苛暴不堪因之農商工業俱不發達甘木都斯河者界於加佛爾人霍登託德人之間荷人亦視此河爲其東界千七百四十年荷人忽渡河與加佛爾戰千七百八十年荷人殖民地界已及於大魚河自法國大革命後幾於無國不用兵荷屬殖民地中人名爲荷屬中有日爾曼人佛來敏斯人（其地今爲法比尼柔蘭所分）波蘭人葡人法之休格諾德政黨之人（不容於國遂來此地）及波亞爾人亦起與荷政府爲難英國遣水師往平之議和時其地遂爲英有派酋長筦理之千八百二年拿破侖與各國盟於阿敏斯議休戰爭斷英返諸荷千八百六年歐洲和局決裂英復占取千八百十五年拿破侖敗各國會於維也納尼柔蘭王以好望角之地歸英其時約廣十二萬方英里居民

五洲地理志略　卷十八　十三

六萬餘千八百十一二年英始與加佛爾開戰千八百十九年又戰英屬邊界拓至凱斯卡馬千八百三十五年英督師便雅敏度爾班復推廣英屬邊界至於凱河後英政府調同便雅敏於是界兩河間地仍歸加佛爾人千八百四十六年復戰至千八百四十八年乃已千八百五十年復戰至千八百五十三年乃已所得之地名曰英屬加佛勒里亞其初英人仍令加佛爾人居之後乃改爲英人殖民地初千八百二十年英國有移居南斐殖民地之人六千口舟抵阿耳古阿灣遂爲東邊殖民之根基後成一極繁盛之區其間有格拉含斯唐及伊里沙伯等埠千八百三十四年開浦殖民地舉行釋奴實政舊日爲奴之霍登託德人及他種人一去其奴籍波亞爾人不以釋奴爲然仇英之心甚切千八百三十五六年波亞爾人欲挈妻孥遷居境外者甚衆賤售田產渡鄂蘭吉河北而至加佛爾人所居地與土人接戰雖小勝頗爲所窘中有彼得呂替夫挈領多人越得拉肯斯貝格山西占納塔耳一隅蘇路土人與爭堅持勿去千八百四十二年英取納塔耳爲屬地波亞爾人知力不能抗復伏馴而作僑民仍爲獨立千八百四十八年英人以波亞爾人屢犯國法復有土人愬其罪狀於是英巡撫取其地歸英保護加以干涉名曰鄂蘭吉河英屬地尋波亞爾人藉詞英人在納塔耳行政苛虐謀作亂有迫里討列斯者率衆踰得拉背斯貝格山復有波亞爾人不滿於英者自東來會樹義旗與英爲難英巡撫斯密司渡鄂蘭吉河擊敗之波亞爾人再移居於瓦耳河之彼岸自立政府千八百五十二年英廷派員至非畫界且允波亞爾人獨立千八百五十三四年英人以鄂蘭吉河

英屬地之荷蘭波亞爾人擾害治安防不勝防擬舍其地令波亞爾人自治英國不再任其行政權英廷亦決計遣治克勒克至非改其地爲鄂蘭吉庶建國其行政長爲一總統另設議會以輔之議員由民公舉先是英國軍犯發配澳洲之新西惠而斯及塔斯馬尼亞島後擬不發舊地適因亞爾蘭亂事軍犯極多以書咨問開浦巡撫將以發配其地未得報書遽以舟載軍犯二百八十九人往南非僑民聞而大噪開抵制軍犯會約凡與聞軍犯登陸或供給糧食及僱爲傭者與之絕交通貿易千八百四十九年九月十九日軍犯舟入西門司灣僑民洶洶將亂巡撫允不令軍犯登陸移舟赴塔斯馬尼亞亂事始定自此僑民堅請政府允其自立一代議政府千八百五十三年英主維多利亞允之予以權利甚多千八百五十七年加佛勒里亞之阿馬克蘇撒種人中有號爲先知者言其地苟有多人能捨其生命財產是爲英雄必將復活於世是年其土人數約五萬同日自盡（土種人二之一）於是歐人占其遺地中有德國二千人先嘗與英人同戰於開迷亞者人極勤儉亦居於此千八百六十三年自開浦墩至惠靈吞鎮之鐵路工畢千八百六十年卓面灣大隄成千八百六十五年英領加佛勒里亞歸併開浦殖民地其間有英王維廉埠及東倫敦埠千八百六十七年英人在鄂蘭吉河北岸發見金剛石田以後世人往者愈多工藝日以發達西格里瓜蘭又入於英屬巴蘇陀人者貝專納加佛爾人之分支也居鄂蘭吉河上流之谷地中自千八百四十八年至五十四年皆歸英保護千八百五十四年後英人以鄂蘭吉屬地屢作不靖防護爲難乃捨其地令波爾亞人自治之立爲一自由國覩後巴蘇陀人屢與波亞爾人爭戰巴蘇陀酋摩什須祈

請英筦其地千八百七十一年英政府下諭復取巴蘇陀人及其居地爲英屬千八百七十四五年加佛勒里亞南北諸大地及凱河外芬哥及湯部奇人所居地納塔耳以南之東格里瓜蘭土酋自願均爲英屬千八百七十六年英政府以五百萬鎊母財築南非四大幹路一增長開浦墩通惠靈吞鐵道二三以伊里沙伯埠爲起始地四以東倫敦埠爲起始地自開浦墩至伊里沙伯格拉含斯唐英王維廉東倫敦昆斯墩西比奧法特格拉佛利內特克拉多克科勒斯波格及奇木貝勒等埠皆有電綫通消息千八百七十三年以前殖民地分東西二省千八百七十四年以版圖愈擴區分七省曰西省曰西北部曰中央省曰東南省曰東北省曰東省其土人部落政府遣專員駐其地以筦理之而受節制於開浦墩所立之土務部殖民地中多數之民爲霍登託德人馬留人尼革羅人加佛爾人千八百六十五年西部有霍登託德人八萬二千人馬留人本荷人移至其地以供驅使者尼革羅人皆自非洲東岸移來格里瓜人乃波亞爾人與其霍登託德奴隸所生之雜種十九世紀初多隨波亞爾人遷居鄂蘭吉氏耳兩河間者其人自有酋長一曰華忒波亞爾一曰考克千八百五十二年考克之衆與其餘分去遷居納塔耳南之奴曼斯蘭其人有萬五千之多後與其土著阿馬烹多人阿馬巴加人戰爭甚久數乃鋭減其所居地今名東格里瓜蘭或名新格里瓜蘭霍登託德人加佛爾人所居之地界綫以東經二十六度爲區別今加佛爾人居於殖民地本部者有阿馬克蘇撒人又有芬哥斯人初居納塔耳左近後蘇路加佛爾酋有卻加者逐芬哥斯人居開浦殖民地中又爲白種僑民夷而爲奴千八百三十五年巡撫便雅敏釋出奴籍有

萬六千人移居迫地又遷居今芬哥蘭地在凱河之東已入英國版圖矣統計千八百六十五年加佛爾人居殖民地本部者已十六萬四千五百人至居土部之加佛爾人歸入英屬直接受制於法權者一巴蘇陀人又名山居之貝專納人卽酋摩什須所團結者千八百七十一年來附其居地自巴蘇陀蘭外尙占居東格里瓜及得拉肯斯貝格山間之奴曼斯蘭二阿馬巴加人分爲二派一居納塔爾接壤之奴曼斯蘭一另奉一酋曰馬考拉居聖約翰屬地東北部三阿馬克塞西皮人其酋曰育育居東格里瓜蘭之南四烹多米西人有二酋居聖約翰屬地之南部五里哈納西皮及里本雅人皆小山族居聖約翰屬地之西北六湯部奇人爲加佛爾人之多且強者其居本部者在渥德好司之東南昆斯墩之東北餘居楚母河支流流域中別有獨立兩派一阿馬烹多人居本部一及納塔耳地人數最多其居聖約翰河下游兩岸者約十六萬人一格喀里喀斯及北木法納斯人居凱河烏木塔塔河間之海濱一先是英沿荷蘭舊法設二部一行政部人由政府選充筦理地方一顧問部由行政官薦舉僑民由巡撫派充後改設二院一立法院一衆議院院員皆歸民舉七省各舉三員著爲定律立法院員其人之不動產必値二千鎊以上若合計活動產必四千鎊以上年必三十以上允舉必二十五人以上爲合格十年滿任衆議員不論財產共六十八人五年一任操選舉權者其人產業値二十五鎊以上年俸必五十鎊以上爲合格巡撫有解散二議會之權亦可解散衆議院其立法院政府決議之事雖君主有命巡撫謂否亦可不行亦或暫緩待君主再決之商務重要各埠一伊里沙伯埠二開浦墩三東倫敦四摩塞耳灣五阿爾勿列特埠六

西門斯埠出口貨大小麥雀麥蕎粟麥麪粰蠶豆豌豆棉花洗香葡萄鹽酒菓餞白蘭地酒鹽魚駝鳥羽（値八十七萬六千八百一磅）生皮角馬匹象牙安哥拉羊毛（値四十八萬九千九百五磅）羊皮羊絨（値八十三萬七千八百九磅）金岡石（値二百四十三萬三千八百三十二磅）自然銅礦（皆出那馬瓜蘭歲產至萬三千噸千九百年四萬二千六百七十八噸）煤（千九百年十九萬八千四百五十一噸）爲大宗入口貨金（自忒蘭斯瓦耳入口復從殖民地運往他國値三十三萬六千七百九十五磅）製造物呢布鋼鐵器糖煙草爲大宗千八百七十九年忒蘭斯凱芬哥蘭伊度替瓦奴曼斯蘭皆歸英屬於是北界直接恩木塔塔河岸千八百八十年巴蘇陀蘭之西曰西格里瓜蘭來附千八百八十六年塞西皮來附隸於東格里瓜蘭明年羅得谷地來附千八百九十四年烹多蘭全地來附自是加佛勒里亞皆爲英屬貝專納蘭者界於鄂蘭吉摩洛普兩河間其西界及於英天文臺東經二十度綫其地極大千八百九十五年來附大那馬瓜蘭爲德所得惟倭耳斐斯灣四圍之地於千八百八十四年來附開浦墩在桌面灣中桌面山北麓距好望角北三十英里形如土股支出海外有政府衙署大公堂美術館公家銀行郵政局公家藏書室（有四萬冊以上）博物院議院禮拜寺大學校植物園灣多風潮今築殺潮墻舟楫安穩沿岸置砲壘礮堡有西門斯灣爲水軍根據地別築船塢備陸師以資保衛西亞斐利加亦有水軍根據地分兵艦十三駐之

英領耐脫爾（謝志南非……加弗勒里亞）

耐脫爾雷志云英領面積萬六千七百四十英方里自印度洋至

特雷肯堡山頂氣候不同人五十四萬三千九百十三口十年增百分之三十五耕種地有八十四萬五千九百五十英畝千八百九十七年有馬四萬八千六百八十九牛二十四萬八百二十一綿羊六十七萬九百六十二山羊三十萬六千九百七十八入口貨值四百六十三萬磅出口貨值百五十七萬五千磅出產煤歲出十三萬噸金六萬一千磅糖值萬七千磅羊毛值五十三萬三千磅鐵路五百五英里英以總督治之有立法二議院入款二百二十一萬三千磅國債八百一萬九千百四十三磅義勇兵千三百九十一人　彼得馬利士堡會城人二萬四千五百九十五口　段本要區熱度中數五十九度雨水百二十六英寸人三萬九千二百四十五口先謙案雷志耐脫爾列國學會二圖講義作納塔耳世界圖作內特爾課程作那達耳亦作那達勒亦曰綳多里平方圖作坡特那達耳許考作那達爾樋志作那達兒政要作奈搭勒矢志作吶脫爾据二圖北界蘇路蘭西北界德蘭士瓦鄂蘭吉南界巴蘇陀蘭東臨印度洋東境有

比得馬利斯波格郎雷之彼得馬利士堡慕志作彼得馬利堡謝志作彼得瑪利支波革矢志作彼得邁利茲堡樋志作披他瑪力堡矢志云先屬岬殖民地後改直隸英國人皆卡飛爾種族以牧羊爲業地產金謝志云初與革伯多羅尼爲一部今分爲二約二十萬方里物產羊毛羊皮牛皮棉靛青近年南非洲戰事英兵多於此登岸講義云在喜望峯東西限得拉肯斯貝格山脈課程云緯綫自赤道南二十八度至三十一度五分長六百餘里廣五百餘里首城在波羅達爾海口曰度耳班謝志亦作特辦明代葡人覓得其地至道光時歸英隸岌朴一大酋咸豐中英復置兵帥專領之案德班度耳班特辦一也郎雷之段本

英領若盧蘭

謝志南非加弗勒里亞

若盧蘭雷志云歸英保護由耐脫爾總督兼轄面積九千五百英方里人十六萬四千三百四口礦產煤金　愛梭英有大臣駐之先謙案雷志若盧蘭列國學會二圖作蘇路蘭世界圖作蘇盧蘭矢志作自羅倫樋志作蘇魯蘭課程作蘇魯一作蘇盧亦作蘇路据二圖北界當哥蘭西界德蘭士瓦西南界納塔耳東臨印度洋謝志云蘇魯地面積十二萬方里人民卡嘎弗兒族矢志云歸英保護皆卡飛爾人種案卡嘎弗兒卡飛爾皆卽加弗勒以耕種畜牧爲業樋志云在那達兒與莫三鼻給中間海濱一小國慕志云蘇格蘭光緒五年與英戰而敗英縛其王旋釋之封於故國其土分爲數部亦相爭課程云蘇魯在那達爾之北索拉發之南東臨印度洋西界脫蘭士甫耳長千三百里廣二百餘里以游牧爲俗有大酋治事而聽命於那達爾英酋王達云高等地理言蘇路蘭人有武士風奮力戰陣今一變而從事於耕作畜牧以牛及玉蜀黍爲重要貿易品與外人交換棉布鐵器

英領湯格蘭

湯格蘭雷志云千八百九十五年歸英保護面積二千四十英方里人五萬口其地北向至葡屬邊境止先謙案雷志湯格蘭列國學會二圖作雷哥蘭東北界葡領亞非利加之洛楞利馬貴斯雷所云葡屬邊境也西界德蘭士瓦南界蘇路蘭東臨印度洋依圖作冬瓜王達云高等地理言當哥蘭爲蘇路蘭東北海岸有小土人國千八百八十七年歸英國保護千八百九十八年移歸納塔耳政府今爲殖民地之一部長約七十五英里廣四十英里面積約五千方英里地勢平坦賴波各拉河及他河以灌溉又言當哥蘭西北有沙細蘭土人國三面界德蘭士瓦東一面界葡領地及當哥蘭面積八千方英里人口約六萬鑛物尤饒於金波亞人欲併吞此國與附近小海岸一帶以謀出海之便英政府不允依千八百九十年協商承認沙細蘭王獨立國內政治委任代表英荷及沙細蘭三年委員又承認沙細蘭對於南非洲共和國許其達海鐵道貫通國內然波亞政府要求不已至千八百九十五年始允移此國於共和國政府特別施政之下首府曰布美爾得甫爲重要貿易中心

英領巴什多蘭

巴什多蘭雷志云英領地在奧淩資河上流面積萬二百九十英方里人二十一萬八千八百十二口地甚膏腴礦產煤銅鐵等

馬什盧會城人六百八十二口先謙案雷志巴什多蘭列國學會二圖作巴蘇陀蘭世界圖作巴斯透蘭慕志作巴蘇託蘭樋志作白蘇土蘭課程作巴蘇拖蘭据二圖東界納塔爾西北界鄂蘭吉東臨印度洋西南界開普蘭奧陵資河郎鄂蘭吉河加弗勒里亞在其南境樋志云岌朴哥羅尼之東有二小州一曰白蘇土蘭一曰加弗勒里亞俱黑人所居白蘇土蘭已全歸英惟加弗勒里亞尚存獨立州之名徐志云加弗勒里亞一作喀士列野在莫三鼻給南東距印度海西連痾丁多的亞西南接加不長約四千里廣約千里迤西多沙漠乏水泉東多山谷壤土腴厚產金銀銅鐵珊瑚琥珀鷹鷲獅象熊豹羚羊水牛鼉鱷海馬黑番長大有力惟務稼穡部落甚多在海濱者有古薩當不給忙不給等部內地有比里加達爾馬哈巴羅隆馬盧的西馬著馬幾尼等部案据徐志昔之加勒弗里亞東臨印度洋北界莫三鼻給南界開普蘭自索發拉至巴蘇陀蘭皆其地今歸英屬諸部名迹無可考矣課程云加弗勒里亞一作喀乏拉里阿亦作嘎弗雷利亞緯綫自赤道南三十度四十分至三十三度五十五分東北界那達爾東及東南環印度洋長六百餘里廣四百餘里土肥瘠不同少川澤礦產金銀銅鐵部落不相連絡首城曰巴馬敦一作

帕馬頓同治三年英取之隸於岌朴大酋慕志作加弗勒利　疴丁多的亞
英領彼春那蘭謝志南非
彼春那蘭雷志云英領包有昔時英國屬地面積五萬千四百二
十四英方里人七萬二千七百三十六口千八百九十五年歸併
岌科侖尼爲保護國現歸英國南非洲公司管轄惟喀買巴獨恩
塞比力諸處依舊地多高原西部入喀拉哈里沙漠樋志云此地以南同歸綫
爲中部北至南緯二十度南至奧淩治河岸地屬高東部宜畜牧
原故空氣熯燥雜草競生居民皆蠻族人口寥落
耕植礦產金鋼鑽鐵路通荆伯來案岌科侖尼要區及佛堡與湄飛京現
修築北向布路華雅案湄推比里蘭會城鐵路先謙案雷志彼春那蘭即世界圖之倍邱亞那蘭也南界
開魄哥羅尼案即開普蘭北界加拉哈利沙漠東界特蘭斯哇兒案即德蘭
士瓦阿連基即鄂蘭吉西界德屬西南亞非利加北境有地曰可羅榜南
境曰庫魯曼矢志培邱安那云東南與南非洲共和國相接案即德蘭
士瓦南與岬殖民地爲界案即開普蘭其北包有卡拉哈利沙漠案即雷志喀拉
哈里至殘比齊亞爲止案即世界圖南北薩母比西亞此地歸英國直轄一切事務
由岬殖民地官歸英政府直接管理土壤氣候均佳宜耕牧有礦

產謝志南英屬云南英屬一名備朱阿那地在革伯哥羅尼之北
案即開普蘭南界俄蘭支河案即鄂蘭吉河北界散備西河案即三比西河西界德屬
地東界中英屬案謝志云中英屬一名英屬散備西亞即南北薩母比西亞也與德蘭斯法勒案即
德蘭士瓦包嘎拉哈利沙漠約百七十萬方里全地歸英保護南部且
由英政府轄治地爲高原出海四千尺夏令多雨冬有霜雪礦產
金金剛石依圖作伯楚阿那蘭課程作伯楚阿那云一作別如阿
那斯當非洲南境適中之地北抵三比西河南接西格里夸蘭案即格利
瓜東界馬塔卑爾蘭案即摩大卑勒脫蘭士甫爾案即德蘭士瓦西連加刺哈里
沙漠長約千餘里廣半之民皆土番專一事畜牧善游獵案倍邱亞
那培邱安那備朱阿那音轉字變實即一地矢志作別邱阿蘭得
覈其四至北界三比西河南界開普蘭東界德蘭士瓦鄂蘭吉西
人沙漠接德領正與列國學會二圖所載西貝專納方位相符庫
魯曼以庫魯曼河得名二圖亦與世界圖證合始悟雷志彼春那
即貝專納之音變字也矢津昌永高等地理云貝專納在喜望峯
殖民地以北東界德蘭士瓦西界德領西南亞非利加千八百八
十四年前土人獨立國也時有波亞人結流賊自德蘭士瓦來侵
以干涉其國內二酋長紛爭之事爲名欲掫共和政治英人乃開
一貿易道路出兵保護二酋長千八百八十五年擊退流賊占領
其莫洛波河以南地方作殖民地稱英領貝專納案二圖作西貝專納並宣
言北貝專納案當即北部薩母比西亞亦作英國保護地事定撤兵千八百九
十六年後英領貝專納殖民地北及西界莫洛波河案二圖莫洛波河出德蘭
士瓦西流又南合諸水入鄂蘭吉河西入大西洋東界德蘭士瓦南界西格利瓜屬喜望
峰殖民地知事管理其莫洛波河北至巴曼瓦它族地北境爲貝
專納保護地其知事亦殖民地知事兼攝其間有土人領地獨立

者惟喀買國即巴曼瓦它酋長案二圖作[illegible]
辯首都曰巴拉排曹典球云西格利瓜蘭得在鄂蘭吉河以北屬
喜望峰殖民地東格利瓜蘭得在得拉肯斯貝格山脈之東有地
曰科克斯大得亦屬喜望峰殖民地講義別格利瓜爲一部非也
先謙案講義但有格利瓜蘭多及貝專納保護國之名而不詳其
情實曹說甚晰二圖於貝專納東巴曼瓦它西格利瓜克蘭斯大
得即科克斯大得皆備載之德蘭士瓦南部薩母比西西境之界域可
得其概而雷志之彼春那二圖之貝專納不至兩無依著亦攷求
地理者一快事耳英領貝專納始僅在莫洛波河以南此進至三
比西河以南故雷云包有昔時英國屬地立此彼春那之大名其
初歸併開普蘭後則版圖日廓也樋志云今又併東加弗勒里亞
之一部及北奧淩治河北之格利誇蘭維斯特此尚指未分貝專
納諸地而言所謂東加弗勒里亞之一部詳巴什多蘭下特利誇
蘭維斯特即西格利瓜也慕志作克利加蘭云屬英在岌朴之北
計六萬方里人三萬五千口土產牧牲畜芻
草甚多近開礦多金鋼石一作格里夸蘭
英領湄推比里蘭與曼雙那蘭謝志中非　疴丁多的亞麼諾麼達巴
湄推比里蘭與曼雙那蘭雷志云迤北向爲者摩比西河千八百
八十九年歸英國南非洲公司管轄面積二十五萬二千八百八
十英方里人四十萬口　布路華雅湄推比里會城千八百九十

三年湄推比里勢力頓衰此城爲羅對西亞商務聚集之區及政
府所在之地　沙里士勃雷曼雙那蘭首區建於千八百九十年
熱度中數六十六度正月七十度七月五十七度雨水三十四英
寸先謙案湄推比里蘭現勢圖作馬帖比里蘭總名曰羅德西亞
即雷之羅對西亞也雷之者摩比西河即世界圖之薩母比西
河列國學會二圖於者摩比西河南北二部界域不明以地形推
之此即世界圖之英領南部薩母比西亞惜所記地理又畧據雷
云迤北爲者摩比西河案世界圖薩母比西河之北即英領北部
薩母比西亞是此部北界北部薩母比西亞其南有林保保河二
圖作林坡坡河矢志云德蘭士瓦在林保保及哇河兩河間是此
部南界德蘭士瓦東界葡領亞非利加之索法拉西界英領貝專
納詳世界圖中境有城曰伯路姓約即布路華雅矣者摩比西河
二圖作三比西河矢志作殘比齊河此河自葡領西部亞非利加
東流橫貫境北經葡領東部亞非利加入印度洋爲三比西河口
矢志云殘比齊亞一曰英領南亞非利加北自康哥國南至南非
洲共和國案即德蘭士瓦及培邱安那案即倍邱亞那蘭此地經英政府許可歸
南非洲殖民會社管轄設電綫鐵道及一切運輸交通之事惟恐
弗及殘比齊河貫國中分爲南北兩大部南方雖沙漠高原不乏
耕地產煙草椰子油象牙金銀銅講義云羅對西亞名士色西爾
羅的所經營也今歸英領三比西河在其中分南北二部南羅對
西亞面積十七萬四千七百二十八英方里分摩大貝勒及馬紹

納二州案二圖摩大貝勒亦作摩加頟納馬紹納蓋國馬紹納山而俱產金及諸礦物馬紹納高原宜歐人居住都會有蘇爾斯巴利維多利亞烏木他利不拉烏等謝志云中英屬地為英國南非公會所採獲一名英屬散備西地以散備西河案即三比西河經其中央也河北曰尼亞撒河南曰馬達伯案即摩大貝馬壽柰案即馬紹納二部總名曰羅特沙案即羅蘇西以公會主政員名名之也開闢此土設鐵路電綫擬自旦干亦嘎湖案即吞噶尼加湖南畔直連革伯盾案即岌潑撓近因南非多故此地已由英廷直轄矣案講義所云都會有蘇爾斯巴利即雷之沙里士勃雷又徐志云麽諾麽達巴在莫三鼻給之西南長廣約皆千里山嶺盤市江河四繞沿河多腴壤穀果繁碩地氣炎熱不便居棲本黑番大部有番王統攝後散為數小部惟麽加郎瓜一部最強物產金鐵象牙甘蔗樹膠案莫三鼻給西南在三比西河南者二圖作摩大貝勒即徐之麽諾麽達巴也麽加郎瓜即二圖之摩加拉瓜據講義謝志已入英國轄地內矣慕志云索發拉昔名麽諾麽達巴緯綫自赤道南十六度至二十五度經綫自順天偏西九十九度至八十六度北至莫三鼻長廣均二千里總計百萬方里河之大者曰三比西河薩比亞河國分四部曰索發拉曰西那曰薩比亞曰音旱板慕以索發拉與麽諾麽達巴為一地與徐異當以徐為是

英領中非洲謝志南非星卑巴西亞

英領中非洲雷志云包有者摩比西河之北諸地面積二十八萬五千九百英方里人三百萬口西部歸英南非洲公司管轄東部

如尼亞沙蘭案即上文謝志之尼亞撒**英使大臣管理之最大之區為勃倫德**王達云大地誌北三比里亞主要之都邑為本壁及布瑱台里案布瑱台在瑞鼇河之東與葡領交界處似即雷志之勃倫德**有輪船六駛行於者摩比西河沙爾河尼亞薩湖**案二圖作尼亞西湖**吞根尼加湖入口貨值八萬八千一百磅出口貨象牙加非磨沙值二萬八千一百磅**

先謙案據雷志云包有者摩比西河以北諸地此即世界圖之英領北部薩母比西亞也東界葡領東部亞非利加之莫三鼻給西界葡領西部亞非利加之安哥拉南界南部薩母比西亞北界公額國曹典球云世界年鑑言北羅對西亞分東北羅對西亞西北羅對西亞二部西北羅對西亞面積十二萬英方里千九百二年調查人口有歐人百八十八土人三十三萬九千東北羅對西亞在南羅對西亞之東北面積不詳徐志星卑巴西亞云在西土公額之南西距大西洋海南界痾丁多的亞長約二千七百里廣未詳地形平闊沙漠中間有片土亦甚磽薄獸多人少黑番轉徙無常不成部落在阿非利加一土中最為荒瘠地無物產其種人郎名曰星卑巴斯先謙案公額今尚為國是北界已定痾丁多的亞郎今德領西非達馬拉那馬夸諸地是南界亦定其西距大西洋特有地段橫出葡領安哥拉德領西非之間證以輿圖形勢星卑巴西亞南境不能越三比西河之南其為北羅對西亞驅域無疑其橫出地段不過如比領公額之達於海口非有大地距海也許考於非洲南境云三面瀕海西曰星卑巴西亞轉南曰痾丁多的亞置德領達馬拉那馬夸於何地未免失之不考矣徐志又云三達尼勒那島在大西洋海中與南[illegible]星卑巴西亞相近長四十五里廣二十五里英人所闢駐以[illegible]附近各島皆屬焉地氣溫平可居嘉慶間法王拿破侖為英所孥流於此島道光三年病死慕志作三厄里那巽志作善多赫[illegible]有寄泊港拿破侖被放之處即此謝志作散赫利那云一作聖赫納連近年德納斯法勒案即脫郎斯窩耳宿將克郎奇亦囚於此以是著稱於世二圖作森赫勒拿徐云與星卑巴西亞相近故附於此

英領脫郎斯窩耳謝志南非加弗勒里

脫郎斯窩耳王志云在非洲南端東接葡領案東部亞非利加西北界英領蘇界界即部薩母比西亞北倍南亞那蘭皆英領南連阿連基及喜望峯殖民地山脈縱貫南北理母葡葡河環其北案世界圖赤作葡葡河矢志作[illegible]保河講義作林波埃河阿連基河上流繞其南課程云緯綫自赤道南二十二度二十分至二十八度經綫自中國順天偏西八十四度五十分至九十一度北界馬塔卑力蘭南界奧淩資東界蘇盧即鄭[illegible]西界伯楚阿那長千百餘里廣千二百里

雷志云昔為南非洲共和國矢志云在林[illegible]保及哇河[illegible][illegible]兩河間耕種畜牧皆相宜礦產甚富出金甚多亞於澳美為世界第三產金國千八百九十四年所出值五百六十萬磅金剛石亦多與橘自由國同為荷蘭農夫所建立千八百五十二年為獨立國後歸英管領千八百八十年二月與英軍抗又為獨立國設共和政府各地皆設小學校有鐵道電信惟外交等事受英指揮千八百八十四年與英訂約遂稱南非洲共和國英人廢外交事

務官然國內二十萬白人英人脫紈須納重稅其選舉權又不能與土人一律故常懷不滿之志千八百九十五年十二月南非洲特許會社社員英人惹迷生率兵七百侵入國內遂至決裂樋志云英殖民在南非者歆羨其國鑛產之富侵偪之嘗以偏師深入為特所敗德帝發電賀之英怒遽欲與德戰千八百九十六年事也事雖解散然嗣後歐洲各國無敢復為特者英人偪之滋甚千八百九十九年特統領克魯耶遂與英戰屢敗英師卒為英所覆特人以數萬眾與環球最強國戰支拄四年曾不屈撓名震寰宇可謂難矣千九百二年英特締和約不復能自由矣許考云光緒二十八年秋求成於英講義記南非沿革云千四百八十六年葡人的亞斯始至喜望峯千四百九十八年滑斯科達格馬亦經過此地由此而至東印度千六百五十二年荷蘭東印度會社始殖民於今開普墩之地千六百八十五年法蘭西王廢南的告示後新教徒爭逃之英國荷蘭等地於是法人偕荷人移殖於此閱二百年荷法兩國民互相混合成為波亞人種波亞者百姓之意也自後荷蘭東印度會社務求私利壓抑其人兩國人不堪其苦去喜望峯而徙於北方然千七百九十三年荷蘭猶得保有此土是年法國革命事起波亞人受其煽動畔本國之知事儼為獨立迨法軍略取荷蘭本國英人乘間領占此地千八百二年英法兩國亞眠條約成英國以此地及巴塔菲亞共和國歸還荷蘭巴塔菲亞共和國即瓜哇土人當荷蘭與英人畦東印度戰爭時乘間自立者英卑攻破荷人於麻剌遂占據其地至此歸還荷蘭千八百六年法國再與歐洲聯合軍開釁英人又乘間占領此地至千八百十五年維也納會議成此地遂永為英有初波亞人新來此地多用奴隸開拓土田已成習慣英人反對之處使役奴隸者以極刑

甚殘酷故波亞人又有棄故土而徙於北方者千八百三十四年二月鄂蘭吉河以北之波亞人竟成一自主國國號曰鄂蘭吉波亞人中別有一隊踰得拉肯斯貝格山脈入今納塔耳地方與茲耳王開戰占領其地復爲英軍所逐於是納塔耳殖民地遂永爲英有而波亞軍將有夫勒多柳斯者保有遺衆更橫渡瓦爾河而開波的斯多羅母及庫勒爾枯斯多爾普兩地兩地皆初建國時之地名是爲南非共和國之基礎英國追擊之不克普勒多柳斯子創德蘭士瓦共和國德蘭士瓦者踰瓦爾河而去之意是爲第一次選立之大統領千八百五十二年英國承認德蘭士瓦共和國獨立二年承認鄂蘭吉自主國獨立普勒多柳斯死其子普勒多柳斯二世代爲大統領建比勒陀利亞市曹典球云德蘭士瓦首府名比勒陀利亞卽以其君之名名之謀大擴國勢而財政困難內訌頻起英人乘機派兵入比勒陀利亞而德蘭士瓦竟合併於英國時千八百七十七年也嗣英人與茲耳搆難南非多事波亞乘機起獨立軍喜望峯之荷人復暗助之與英兵戰大敗英兵時爲千八百八十一年二月尋英國與德蘭士瓦結和約承認其獨立自是德蘭士瓦全不受英人干涉惟外交受英國監督而已千八百八十四年改條約稱南阿非利加共和國郎英人監督其外交之勢亦稍殺矣初波亞人建德蘭士瓦國時於金鑛之事不甚畱意千八百六十五年有德人發見其金鑛一處英人接踵而起至千八百八十五年德蘭士瓦西南境有名之大鑛脈亦爲彼所發見維多倭達斯蘭得遂以產金著名約哈爾斯波爾格其都市亦漸勃興人口頓加首府比勒陀利亞人口不過一萬而約哈爾斯波爾格至十萬占多數者英人也於是英人變其兵力併吞之策改爲經濟侵略之計強迫德蘭士瓦讓以自比勒陀利

亞及約哈爾斯波爾格至開普墩之鐵道敷設權其和國大統領古魯架籌一應付之策先使葡國布設自比勒陀利亞至葡領德剌哥灣頭洛林利馬貴斯港之鐵道並許葡人商品出入此道者有優待利益且洛林利馬貴斯至比勒陀利亞其間相距不過五百六十起羅米突而自比勒陀利亞至開普墩其間相距則有千三百起羅米突故英人之經濟侵略政策竟爲古魯架聯葡政略所破英人又欲掌握產金地之政權議於約哈爾斯波爾格布市政向比勒陀利亞政府要求參政權古魯架不許先是千八百八十九年英國册立南非會社以色西爾羅提爲喜望峰殖民地大臣兼會社長此社以貝專納爲根據並掌北貝專納行政司法兵馬之權及德蘭士瓦拒英人要求參政權千八百九十五年羅提使查母孫博士案卽惹迷生課程作哲美森率兵六百侵入約哈爾斯波爾格爲波亞人所敗英國政府召還查母孫及羅提旋羅提復來非洲變計棄德蘭士瓦迂同其西略摩大貝勒及馬紹納更進而達於尼西亞湖及坦喀尼喀湖名貝專納以北之地曰羅對西亞意若日此地爲羅提所得也查母孫敗後英人要求德蘭士瓦參政權益急據德蘭士瓦憲法立法權在第一第二兩議院第一院必居此國十四年以外者始有第一公民選舉權第二院必居本國二年以外者始有第二公民選舉權至大統領副大統領之選舉權皆在第一議院千八百九十八年末英人與波亞人復相齟齬翌年一月約哈爾斯波爾格有英人二萬聯名告英國政府求其干涉必得參政權而後已古魯架謀平和結局擬將第一公民權之年限縮爲九年英國尚以爲不足殖民大臣秋巴林照會共和國要求外國人之參政權以旅居其國五年爲期又責其和國政府

違背英德條約以火藥私售他國德蘭士瓦外人旅居者最多如以五年旅居之外人概與參政權則本國之民將爲所壓英人要求斷不能允鄂蘭吉國從中調停古魯架定七年客居之民可與參政權英政府仍不從兩國齟齬益甚卒至開戰鄂蘭吉爾與德蘭士瓦結攻守同盟之約亦與英國開戰激戰四年德蘭士瓦鄂蘭吉力屈至千九百年降於英軍課程云特地勢險固英多不勝最後大發兵破其都城伯士里亞總統克魯耶出奔荷蘭以避之特始以其國暫屬於英今仍爲共和國英特議訂和約大畧云一義兵軍隊投降法由英塔協定辦理二安置方法須先確定以便將塔民送還鄉土三塔民送還後人皆得以自由可免查鈔財產四凡有背叛不法事俟軍事停止後另開軍法會公議審理五凡父兄欲送子弟入公立學校學習荷蘭語者毫無限止如有另立學校者亦毫無限止所行法律從茲改而美善如能見諸施行者公堂並可采用

面積連司華西蘭十二萬七千百四十英方里人九十九萬五千口近志云土地高燥氣候和平講義云千八百九十六年調查白人二十四萬五千三百九十七土人約六十二萬二千五百白人中之波亞人凡三萬**地宜耕種畜牧天然財富之最著者尤在金鑛每年金出口千四百三十七萬三千磅並產煤與銀入口貨值千二百十萬磅**近志云金產額歲約一億五千七百二十三萬千二百元並有金剛石毛皮象牙講義云產金地曰維多倭達斯蘭得在國西南部魯斯波格**鐵路八百**

十三英里近志云千九百里通阿連基喜望峯及葡領**入款三百九十八萬四千磅國債二百六十六萬磅　潑里多利亞會城人萬口　仲耐士堡人五萬九百七口**先謙案雷志脫耶斯窩耳列國學會二圖作德蘭士瓦世界圖近志作特蘭斯哇兒謝志作德蘭斯法勒矢志作杜蘭斯樋志作特蘭斯福爾周志作得拉斯維爾現勢圖作脫蘭斯窪依圖作特蘭斯窟耳許考作達郎斯禨耳據二圖中境有城曰比勒陀利亞卽雷之潑里多利亞世界圖作布勒杜利亞慕志作比託利亞矢志作潑來託畧其吳志作勃列脫利阿講義作比勒多利亞依圖作不勒多利亞近志云首府在國中央總督駐之

奧淩貲河領地謝志西非加弗勒里亞

奧淩貲河領地慕志云緯綫自赤道南二十七度至三十度五十分經綫自中國順天偏西八十七度至九十二度北界脫蘭士甫耳南界岌朴東界夸蘭巴山及巴蘇拖蘭西界伯楚阿那長千里廣七百餘里講義云在鄂蘭吉河與支流瓦爾河之間矢志云在橋河與哇河及支流哇河之間樋志云奧淩治爲南非洲最大之河出雪山西麓隨地勢西向傾流高原近西海岸急落成瀑布故船舶不能行入內地**雷志云千八百五十四年至千九百年爲波亞共和國現爲英屬**先謙案波亞說見特蘭斯窩耳矢志云橋自由國本荷蘭農夫及土人混合之雜種英國占領

岬殖民地時不服其政令於千八百三十六年半族類移至內地千八百五十四年自爲立憲共和國布告各國樋志云千八百九十九年因特郎斯福爾爲英所侵不忍坐視遂爲英所破而隸屬於英課程云始大勝後大敗總統史戴恩出奔國遂屬英政事由國主國會同理大權歸英總督面積五萬六百十英方里辻志云二十八萬九千九百五十六方里山脈擁其東南阿連基河環流其西境氣候溫和而乾燥人二十萬七千五百三口耕種地約二十五萬英畝有牛八十九萬五千九十九綿羊六百六十一萬九千九百九十二山羊八十五萬八千百五十五入口貨值百二十一萬二千磅出口貨以羊毛革金鋼鑽駝鳥毛爲大宗值百八十五萬九千磅鐵路三百九十英里辻志云九百里北通特蘭斯哇兒南至英領喜望峯殖民地電線長四千三百三十七里入款七十九萬九千八百磅國債三萬磅勃羅方汀會城人五千八百十七口先謙案雷志奧淩資列國學會二圖作鄂蘭吉世界圖作阿連基現勢圖慕志作痾蘭日周志作奧倫其樋志作奧淩治許考作阿蘭日謝志作俄蘭支課程作鄂蘭齒一作荷蘭枝據二圖北界德蘭士瓦東界蘇路蘭納塔耳南界巴蘇陀蘭開普蘭西界西格利瓜今皆英領南境有城日布羅伊木方丁卽雷之勃羅方汀矣世界圖作布樓磨芳庭講義平方圖作布多伊木方丁課程作白魯母方定現勢圖作不路母豐膿謝志作玻冷凡太矢志作孛朗姆方登吳志作希拉門夫亭樋志作勃隆芳頂慕志作伯方頂講義云與喜望峯之開普墩德蘭士瓦之魯斯波格有鐵道聯絡

五洲地理志略卷十八　亖

五洲地理志略十九

美洲一

賜進士出身　特賞內閣學士銜前國子監祭酒翰林院編修加三級　臣　王先謙謹撰

亞美利加洲

徐志云亞墨利加一土與三土不相連地分南北兩土北土形如飛魚南土似人股之著肥褌中有細腰相連北距北冰海南近南冰海計長二萬八千餘里東距大西洋海與歐羅巴阿非利加兩土相望水程約萬里西距大洋海直抵亞細亞之東境無別土極西北之一隅與亞細亞之極東北隅隔一海港以地球大勢言之三土在東隅亞墨利加在西三土在地球之面亞墨利加在其地球之背也又云亞墨利加別一區宇自剖判以來亞未通別土其人五官肢體近似中國而面色紫赤如紅銅如櫻色翦髮數寸許歸於頂而總束之蒙茸如散花北亞墨利加之極北境終年寒凍捕魚而食稍南以獵獸爲生衣其皮略如漠北蒙古之俗再南皆野番散處再南自墨西哥至南亞墨利加之可倫比亞祕魯玻利非亞智利諸部古時卽分國土有城邑前明宏治年間西班牙之臣有可侖者一作閣龍又作個倫又作哥倫波駕巨艦西尋新地始抵加勒海灣羣島可知有亞美利加廣土先取名可侖比亞正德十四年西班牙人哥爾德斯探聞墨西哥富饒率兵攻之奪其國再拓而南南亞墨利加西偏各國以次蠶食西班牙人漸流布雜居開山掘銀礦以此驟富其時葡萄牙有海船遭風飄至南亞墨利加之巴西見其土地空闊徙國人墾種之佛郎西英吉利聞之亦駕巨艦西尋至北亞墨利加佛人據其南北英據其中荷蘭嗹國瑞國之

五洲地理志略卷十九　一

人亦接踵西來各事墾闢後佛與諸國所得之土多爲英所併阡陌雲連城邑相望尤爲富盛自是亞墨利加兩土西班牙葡萄牙得其南英吉利得其北倚爲外府者數百年矣乾隆中米利堅叛英吉利英人不能收復腴壤盡失僅餘北境荒寒之土嘉慶年間西班牙王爲佛郎西王拿破侖所廢國大亂墨西哥以南諸部皆畔葡萄牙王爲拿破侖所逼逃至巴西畱子主其地巴西人逐去之此時南北亞墨利加僅英人尚據北地片土餘皆擁地自擅不受歐羅巴約束矣又云北亞墨利加之西北境有高山綿亘日落機自西北而東南東偏有山日押罷拉既俺先謙案一作阿巴拉其安卽雷志之亞巴拉輕他周志作亞捫來慶由東北而西南餘多平土有大河日密士失必發源西北由東南入海浩瀚如中國之黃河此外有馬更些桑羅棱索德拉瓦勒波多馬哥北河諸水縈回穿貫於平壤之中故回環萬餘里土多膏腴南亞墨利加之西境有大山日安達斯綿亘如脊由北而南長一萬七千里其山出銀礦號爲金穴火峰山之東平原廣坦有大河日亞馬孫大如中國之長江日痾勒諾哥日多千定日桑方濟各日馬達勒那日銀河皆南土名水其居民分四種日土人面紫色卽亞墨利加土著日白人皆歐羅巴各國流寓日黑人皆從阿非利加買來之奴日雜人內分三種或土母白父或白母黑父或黑母土父三種人氣色各不同其土人亦種族各別風俗語音殊異其地舊無牛馬羊豕犬貓西班牙人初到時騎馬登岸岸上人望見以爲馬與人一也皆惶駭奔避今則蹄角偏野五穀舊惟黍稷今則各種皆備甘蔗葡萄橙柑加非胡椒芋薯之類皆從歐羅巴移種亦俱蘩碩煙葉棉花尤爲大利近又興蠶桑

之法木多松柏橡栗榆椴槐楊藥材顏料香料極多五金之外兼產鑽石寶石水銀煤與鹽隨處有之又云北亞墨利加之北境寒凍不毛與亞細亞之北境同迤南漸溫米利堅各部在北黃道之北與中國節候相倣再南至可倫比亞一帶正當赤道之下炎熱殊甚然不似阿非利加之酷烈且無瘴氣故流寓者無夭闕迤南漸平再南至巴他拿峩寒冽如北亞墨利加之北境至極南之鐵耳聶離依休勾已近南黑道則冰雪常封無人畜矣乃知南北極之皆為冰海其說信而有徵也慕志云緯綫自赤道南五十四度至赤道北七十四度經綫自中國順天偏東七十五度至偏西百五十一度洲內至長二萬七千里至闊萬里總計之方北境三百億里南境二十五億里迄志云洲在東半球之中部為五大洲之一北從北緯八十二度南訖南緯五十六度東從西經三十五度西訖西經百七十度東西約萬六千四十三里南北二萬二千百二十五里面積九千六百萬方里占全球陸地三分之一其交通情形航路除本洲外外洋則由晚古坡至俄領海參崴日本橫濱或由桑港經布哇至澳洲悉德尼或由荷倫岬至非洲斯吉蘭或由蒙垂爾及紐約至英國倫敦及理窩兒布爾或由哈窪那及西印度至英國之曳散布頓鐵路起太平洋岸訖大西洋岸在北美洲四綫一起加拿大之晚古坡經蒙垂爾一起合眾聞之庖特蘭終蒙垂爾一起桑港分二綫一綫直至紐約一綫南由經紐奧連斯至紐約南美洲一綫起布諾士愛勒斯終窪兒巴來曳各部府鐵路縱橫絡繹計北美綫路全長五十四萬八百里南美六萬八千八百三十里電綫則通都大邑罔不剪設由本洲達歐非則有海底綫諸國皆有郵便局許考云洲四周皆海灣汊亦多東北自達末大峽案即格陵蘭西

南達維斯峽慕志作大比西入哈得孫灣北入巴芬灣案即巴非英灣一作拔芬灣萬歷三十八年有丹人哈得孫航至西灣故名康熙十年美人行商至此交易以皮貨為大宗惟荒漠嚴寒交通不便巴芬灣轉西為波提亞灣案即布駁亞灣冰山高數十丈長可百餘里春夏解拆響振林谷洲西境墨西哥與舊加里福尼間有海灣縱約二千一百里橫二百四十里丹砂映水通紅名曰絳海產玳瑁蚌蛤龜珠無算英屬地之東有桑羅棱灣案即聖勞倫司灣饒水族新著大島之左案即紐芬蘭島濱海一方長千六百里廣五百里深八九丈每歲得魚二百兆斤取油萬七千餘桶東南自大西洋入佛羅里達峽繞合眾國與墨西哥諸部是為墨西哥海大洋盡於此轉東南入安地海案即加勒比海西北有闐都拉斯灣多暗沙礁石舟楫難行南亞美利加之東北委內瑞拉與聖三島開有巴利亞灣長二百四十里廣百里疴勒諾哥河分支多入於此以外海灣罕傳其名又云歐人於美洲銳意搜求爭先占據洲東北近北冰洋有克勒蘭德島測其大略南北相距四千餘里東西千六百里宋太宗七年有義斯蘭地人據之以屬於丹康熙季年丹國傳教士愛日德往敷教丹人遷往者日眾今居民約萬人皆處其西濱捕鯨魚海馬以資生計北方產獸名馴鹿牝牡皆生角性馴而耐勞土人畜之以代牛馬有犛高大如羸吽而不吠可行車運物有白狐白熊等取皮以售獲重利北有巴利南有火地諸島皆沙磧荒涼洲西北太平洋中羣島墝埆瘠薄居民寥落獵獸捕魚藉海牛皮為生計英屬西濱萬古洼案即晚古坡一作蕃古洼縱八百四十里橫二百里乾隆四十年英人始至其地後三年班人奪之既而歸英地多煤礦人類野蠻近英人設商埠立輪

船公司往來亞美二洲間行人稱便洲之西南有島在赤道中曰瓜拉巴峩案即加拉巴哥斯羣島氣候炎熱土沃人少海濱多龜鼈味肥美歐人嗜之地本屬尼瓜多爾咸豐五年讓於美國王達云紐世界年鑑厄瓜多爾國加拉拉巴哥斯州大地誌同則此島似有屬美未知孰是智利之西有小島五六十取最大一島名希羅愛統計居民八萬二千皆善浮海明嘉靖三十七年班人得之道光六年改為智利分省產白麻粟麥野猪可作火豚堅木中梁棟販運頗盛洲南大西洋中偏東數島曰法克蘭案即福克蘭多水鳥海牛明萬歷間英人至其地乾隆二十八年始往開墾置官榷稅遂成廛市英屬之東有新著大島明宏治間意人加波得官於英奉英王恩理格第七之命跨海西行至其地嘉靖四年法員威拉散尼往遊收為法屬康熙五十二年於互式耳德之盟仍歸英轄水多魚族林多狐鹿熊狼有獺紫紅色大於犬羊冬潛水夏穴居獲而售之利市三倍海魚尤為大宗數年前魚行二千戶歲獲利三十五兆佛郎美國之東有小島約三百總稱百爾慕特因斑人百爾慕特先至此故名萬歷三十七年英人始遷往地多海灘荒磧英國謫戍罪人於此膏腴之島間有之產加非木棉白糖英人設埠停舟變荒區為要隘矣又云美洲山南北聯亘最高者落機亞里俺尼安達斯三山落機山在北洲自西北而東南起自亞拉斯加跨英屬地絡繹美邦止於墨西哥長萬一千二百里至高之峯得千八十六丈左右溪流為東西諸河之源亞里俺尼山自美邦東北折繞而南盤行東境諸邦至若爾治與亞拉巴麻而止山之東支有碧山綠山等名其形勢不若落機之高遠而礦產特盛有輕鉛紫銅金鋼白玉瑪瑙寶石有深紅淡黃黑白相間

諸色安達斯山在南洲自北而南貫南洲全境長萬二千一百餘里峯之最高者名索拉他在玻利非亞境內得千九百六十三丈合十一里有奇次峯在波利未案即玻樓麵號名依理瑪尼得千九百十三丈三峯在厄瓜多爾名孫卜拉索得千八百二十丈袞延至委內瑞拉則高巖峭壁直聳雲霄約五百餘丈山有分支峽長數百里兩岸回峯插嶂非亭午不見白日峯巔積雪炎夏不融迹人僅至半山惟見青碧無際地多蕉蔗等果品一山之上一日之間每有四時景象間有火峯數處高者千六七百丈流漿噴汁煙霧彌空產金銀寶石與亞里俺尼略同在智利境內多大紅寶石尤多金銀嘉靖開歲獲金七萬五千六百七十兩銀十八萬三千七百八十兩他如聖厄利亞馬德勒巴利末諸山銀加利福尼墨西哥巴西境內羣山或產金銀饒玉石墨西哥山中自瑪瑙寶石外歲得金值洋二十二兆圓國計民生於是乎賴焉又云美洲大河北土有密自失必出美北境依大斯加湖紫回於美之中央南入墨西哥海分支繁多長萬一千六百六十九里廣八百四十丈至四百四廿八丈不等為天下第一大河又密蘇里河出落機山頂噴瀑數百丈北瀉而東水流湍激貫代科搭而南勢漸平紆至伊利奈與密自失必合流長七千九百四十里南洲有亞馬孫河出羅里哥沙湖受烏加牙里諸水東北流會黑河又自加西瀾里通疴勒諾哥河又自巴利末達於厄斯幾白南受波路馬臺拉大巴召孫哥諸水合多千定河入海長萬餘里發源處約八百四十丈漸流漸廣至入海處約四百六十六里有奇天下江口之廣以此為最其河面得十八兆三千八萬七千六百方里疴勒諾哥河長五千

里出巴利末西山麓北流迆東貫委內瑞拉全地約分支五十而入海巴拉他河長六千四百八十餘里與巴拉拿烏路圭二河合流入大洋中有沙磧艱於行舟兩岸產金銀採地之人以此致富故名曰巴拉他譯言銀河也餘如北之桑羅棱馬更些哥羅拉道南之馬達肋納厄斯幾白多干定方濟各諸河長或千餘里或數千里皆資利賴其次英屬美國之間有蘇必略湖縱四百里橫九百四十里魚族繁多波濤洶湧渚沙隱伏濟涉者有戒心休侖密執安厄利安大略及英屬維尼伯大熊諸湖平常無異秘魯與波里未亞利境有湖曰低低街街（案一作喀加加喀）長四百五十三里廣百六十里湖中小島相傳秘魯古代建都於此西班牙人至取都中寶器盡投諸湖論者惜之又云洲北英屬諸地凜寒特甚合眾國全在溫道與中華節候不殊濱海之區涼風清拂惟墨西哥海灣與海濱諸部炎蒸多疫西人畏至其地在赤道者尤甚赤道南正月至五月多雨赤道北四月至八月霖雨尤多墨西哥秘魯諸邦雖地近赤道而氣候如春盍有高山冰雪與海中惠風解熱也論者謂美洲全境與他洲同緯綫之地寒涼不及歐洲酷熱不及非洲以地形長狹左右皆大洋加以高山貫南北夏月冰雪不融巨澤大川盤紆全地即平原荒野亦少沙漠故赤熛之氣罕入地胎也考其物產墨西哥加利福尼秘魯諸地多金銀秘魯巴西智利諸邦多錫鉛銅鐵水銀金剛寶石南北兩境近寒道處地多不毛禾麻菽麥黍稷木棉躑鴟香蕉煙葉波羅蜜出洲中央甘蔗葡萄加非胡椒橙柑蘋果之類皆自他洲移植近又栽茶樹興蠶桑堅材美木隨處成林柏橡椿栗楡槐藥材顏料備產於此深山斧斤未入

者松樹高至三十丈圍六七丈有金雞嬭樹取其皮磨爲藥粉白於霜雪苦於黃連治瘧最驗西醫寶之所產獸虎豹狐狼貂麞麋鹿外墨西哥有洗食熊毛灰色身較小顛足而行食物必先滌洗巴西有長鼻熊身輕捷行亦顛足鼻甚長伸縮如意能掘物有捲尾熊身小毛黃尾長而捲有厲聲猴狀如狐頭粗聲厲有白髯狖似猨偏體黑毛白髯環面有哀鳴猢身健性馴嘯聲甚慘有黃鬣猴身白鬣黃有銀皮獼身灰白色尾黑黧北洲有黑熊毛黑吻黃肉美可食有銀色狐肩耳半尾外毛皆純白有三色狐上黑中黃下白東北境多產貸獺犳狼獺有紫紅灰紅之異色澤光潤而溫煖有蟠角犺毛色灰紅兩角蟠對有白頷貂身黑頷白皮可禦寒美國有鬣牛麐牛有囊貅身大如兔尾長而捲腹有皮囊生子藏囊中哺養漸長出之秘魯有斑文赤虎深黃色墨西哥巴拉他有斑虎上黃下白中斑其皋皮人以爲珍物及英巴西有東豚聲似印度豕故名分黑白黃狀如家兔歲蕃孳不可勝計有鵝掌猻小如家兔上黧下白善涉水居河濱有獺獸狀如猢行甚遲半時不滿一丈善攀援有甲豕身有數甲如小方瓢能摺合以蔽全身禽有鵰鷲冠絳紫首蓬鬆身羽黑白相間長四五尺張兩翼闊可丈許棲安達斯山顛飛可一千八百丈有黑鷹大如雞羽黑白間斑文冠黑有笑鸛鳴聲如笑冠純白身黑黧有羌鷲吻爪猛悍能碎人骨有金鷺吻上有羽數縷尾長而闊雜金色有伊蒲鳥鴟鵂之類大頭圓眼巨鼻面毛特長身黃間淺白深灰色目晝無所見藏空樹[illegible]盧中夜覗甚明出攫鳥獸雛嘬蚊食之蓋鳥賊也鸚鵡鴿鳩鸛鴛尤多及英諸地有鸝黃羽光熠燿有鷸喙長大如身或蒼或黑腹下頸間紅黃白不一色有興農鵑子規類食害苗蟲其在田爲農夫慶巴西有錦雀身備五彩有鸚雉毛色如火青喙長尾有鵝鷲毛絳青灰白因時而變有禿鷲禿頭長頸長股如老人杖有駝鳥似橐駝背青灰色腹淡白色高六七尺飛速而遠有鶺雉長喙赤羽有火鶴色如丹火頭足俱長有翠鳥似翡翠而少異上綠下紅間藍綫性嗜魚水族以鯨鯢爲最長十五丈克勒蘭所產不過六七丈皮厚二寸凝脂厚數尺有鯤如鯨頭極大齒甚多上半首多肥油鱷有鈍鬐銳鬐之異背蒼綠閒墨綫腹淡黃尾如箕伏水濱人畜近之以尾擊取有鈴蛇尾有聲如鈴長約六尺性毒嚙人即斃有鼓魚長六尺色如銀有聲鼕鼕如鼓昔有博學士奏請巴西國王下令捕魚於亞馬孫河獲而獻者千六百種形色各殊骨骸亦別一河所出已然全洲更難悉數可見造物之不測也

北亞美利加洲（謝志云當北緯八度至八十三度西經五十三度至百六十八度）雷志云北美洲爲哥倫布所覓得新世界之北半部（先謙案說見前）較南美爲大與歐洲相隔之海極近處九百三十英里與亞洲相隔爲白令海峽六十英里地如三角形外部有半島海灣及河口等各屈曲不同海岸綫二萬八千百三十英里通計每二百七十五英里

有海岸一里洲長四千五百英里闊三千一百英里面積九百二十九萬四千二百三十英方里包有格林蘭北冰洋羣島西印度羣島牛芬蘭諸島總面積百五十六萬四千八百三十英方里地之高者如蒂拉剌斯高原在西部自德昏底北地頸起至北冰洋止中部漸廣包有不通海之大澤面積二十二萬八千英方里（迠志云洲北有哈德孫灣北極羣島散在其北古林蘭島橫於東北東端曰拉布拉兜半島其東有紐芳蘭島其西南有澇倫斯灣自是以南低平少屈曲其南端曰夫澇利達半島西印度羣島散布其東南其西有墨西哥大灣其南角曰油加丹半島其東南即怕那瑪地峽其東北曰加里海洲西岸最北有亞拉斯加半島其西對亞洲之東北端處則白令海峽也自是以南有甲羅特島其南有晩古坡島其間屈曲頗多更南有加里佛尼亞半島加里佛尼亞灣在其東更南有怕那瑪灣則與南美相接矣）洲內高山羅根山高萬九千五百四十英尺在北部哈窩山高萬四千三百七十英尺在落機山系灰尼山高萬四千九百英尺在西歐拉尼佛大山亞里石巴高萬七千八

百八十英尺在墨西哥亞巴拉輕高地在東部爲第二大山系至勞倫替支之聖勞倫司河北有坎拿大旁湖高原及北冰洋高地相接中部平原即在諸山之間自墨西哥灣至北冰洋洲高之中數二千七百二十英尺廸志云其地勢洲西有落機大山脈綿亘南北太平洋岸有加斯開伊得山尼窪達山二脈與落機山脈聯行洲東大西洋岸有亞巴拉西安山脈矢志云本洲地體如摺疊扇半開形東西二大山如扇骨中央一平原如扇體賀特宋墨西其兩灣爲未發育之窪地今分三部一西部高地及低地落機山脈自北冰洋邊隆起爲多數之平行山脈太平洋岸以南幅員約四百里至八百里全長亘四千里南入墨西其其東部幹脈與西部支脈間爲大高原名曰大圜谷此高原以西之沿海一帶皆低地二中央大平原在東西高原之中央自北冰洋至墨西其灣南北亘四千里中央一帶有邱陵橫於密士失必河源將此平野南北分之南爲向墨西其之密士失必平原北爲擁於賀特宋灣之大平原三東部高原及低地中央大平原之東皆阿泊拉其安山脈附近地此山脈自拉布拉特起至墨西其灣止長千二百英里最高至六千尺平均高度過二千五百尺又自多數之平行山脈而成高原此高原東大西洋沿岸皆低地河之大者爲密士失必河領地百二十四萬三千九

英方里案即上文之密自失必廸志作米西西皮河云出中央大平原之伊爾克湖廸達云大地誌密士失必發伊大喀湖之南愛爾古湖南流合諸大水入墨西哥灣行萬三百里頗有舟楫之利矢志作密息息畢河云中途與密斯留利河阿爾岡薩司紅河瓦墨蛙河合密斯留利河案即密蘇默出黃石公園波流深廣至上流之大瀑布始通船聖勞倫司河領地五十三萬二千百英方里廸志云聖勞倫斯河出安達寮湖東北流入海行五千里矢志作聖脫洛連斯河許考作桑羅稜河云河上游產梨櫻蘋果葡萄有大麥釀酒清涼止渴暑月歐人飲之河傍兩岸千里一碧風景可人內地產狼熊狐鹿貂鼠薩司喀綺橫河下流爲鼐爾生河矢志作奈爾宋流入黑孫灣案一作哈爾孫一作黑爾孫一作赫孫矢志作賀特宋領地四十四萬九千八百三十英方里廸志云奈爾生河出落機山東北而東流經維尼浦湖入哈德孫灣馬懇西河矢志作馬堅基流入北冰洋領地六十七萬九千四百英方里廸志云馬懇西河出落機山東亞撒巴斯加地方西北流合諸水入北冰洋行六千百四十五里矢誌云在北部者又有薩斯加拉瓦河又有古蘭德河矢志作利瓦格蘭德出落機山南東南流過墨西哥界入墨西灣行三千四百四十里哥倫比亞河矢志作葛龍比亞出落機山北西流貫加斯開伊得山過尼亞特蘭入海行三千四百里遊空河矢志作育空入太平洋坎拿大諸大湖面積九萬五千英方里矢志云北部地

方有大熊湖大奴湖阿薩巴斯加湖維尼比克湖俱在嚴寒之地爲用甚少廸志云密西幹湖矢志作米希千爲美洲五大湖之一面積十五萬三千六百方里蘇皮利耳湖矢志作修比利瓦面積十九萬二千方里爲世界第一淡水湖面積三十萬四千方里秀倫湖矢志作修倫面積十四萬二千八百方里伊利湖矢志作耶利面積五萬四千方里安達寮湖矢志作安達理瓦面積三萬二千四百方里皆跨加拿大矢志云五大湖水路互適運輪甚便皆在中部亞痾拉矢志作尼亞加拉大瀑布在伊利安達寮二湖間急流抵岸白浪掀天忽而瀾落數十丈宇內壯觀也詩考云二湖間有尼亞加拉河爲紐約與上加拿大分界長百里廣二百八十丈中有島分水爲二飛滿瀉沫高約十四丈北濱加拿大境自上而下懸如匹練廣百六十八丈南濱紐約境廣五十六丈泙湃鐘豁聲聞八九里外矢志云水分爲二屬加奈他者曰馬蹄瀑布在美國者曰亞米利加瀑布近有欲用此水發動水力電氣之舉許考云安大略案即安達寮長五百十八里廣百七十八里厄利案即伊利長七百二十九里廣百六十二里休倫案即秀倫長六百五十五里廣三百五十六里密執安案即密西幹長八百五十里廣二百五十八里蘇必略案即蘇皮利耳長九百四十里廣四百五十里魚鮮饒富而風浪甚惡安大略尼利二湖旁多鐵礦水銀銅鉛間有之乾隆二十年法人設鐵廠一製軍械近年增至二十所英人務耕作平險阨設埠行商堅築軍壘地與美鄰一旦有事則禦侮干城於是乎有賴

氣候寒暑由山之高下方向而定可分五區北冰洋熱度中數不上三十二度爲一區大西洋岸溫和與密士失必河相終始雨水充足林木繁盛爲一區內地溫和乾燥有草野爲一區太

平洋岸爲一區熱帶爲一區

英領坎拿大問答作干阿達廸志作加拿大漢文圖作加拿他矢志作加奈他周志作加奈多矢志云加奈他殖民之始因千五百四十二年法蘭西人開殖民地於孟脫利爾其後次第移民乃建的克府設新法蘭西部英人亦相繼殖民兩國競爭英人終制其勝而蠶食法之殖民地千七百六十三年訂巴黎條約法人於北美放棄其所有權全歸英領千八百六十九年因賀特宋灣會社購西北諸州全地加之加奈他千八百七十一年英領哥倫比亞加入加奈他同盟遂成今日之廣大岡記云初法人遣漁船於加拿他開拓其地千五百二十五年有模斯甲爾惕者溯聖螺瀾河案即聖勞倫築一砦淩沍寒以鬭加拿他法王顯理第四使其臣特拉羅底爲總督當英人鬭加拿他以南諸地法人煽野番與相爭鬭又與野番通婚結好建首府於貴北格案即北魁貴屢出火新英蘭村落擒其居民押送加拿他千六百二十九年比利敦官司取貴北格旋爲法人克復英人終欲得之千七百二年英王遣大兵築城堡於各地以扼法軍千七百十一年以船載陸兵七千水師提督烏痾爾將之入聖螺瀾河煙霧冥濛颶風起船觸石破壞八九隻人多死英人大沮法勢日張後屢破英兵於北美取伯里敦島扼守路易堡英人憤慨千七百四十五年新英蘭民欲取路易堡推波士頓商估維廉別百勒爾爲將率農工人往攻十四日法將出降千七百五十八年英相比的舉烏爾福爲將攻伯里敦島克之乘勝至貴北格見法人築城大巖上戍兵嚴備烏爾福夜自河滑進疾走攀危巖出城背鼓勇先登法將瞞德鑒狠狽出禦

中飛丸死烏爾福傷不肯退中丸倒部兵輿至後營烏爾福問戰狀聞法軍走大喜曰我目瞑矣城遂陷明年英人逐法軍盡取加拿他

坎拿大慕志云緯綫自赤道北四十五度至七十八度經綫自中國順天偏東百三度至偏西百六十八度東距大西洋西界太平洋俄羅斯屬案即阿拉斯喀北至北冰洋南連接合衆部長六千八百里廣萬里總計千二百六十萬里謝志云當北緯四十二度至八十度西經五十二度四十分至百四十一度南以北緯四十九度綫及諸大湖與美分界東西八千四百里南北六千里面積三千三百萬方里略與歐洲全土相等又有一湖沼面積約百四萬方里許考云英據北美洲之半東西八千一百里南北五千五百餘里廣於英國二十餘倍合計二十兆九十八萬九千九百方里雷志云行法權在總督及佐理者皆英國所命立法權在上下二議院上議院八十一人那佛司科西亞依德華島牛不倫瑞貴北安大利痾馬宜多巴哥侖比亞七省各自有議院與副總督副總督由總督命之講義云加拿他由自治殖民地聯合而成總督代英主行政任期五年元老院掌立法權任期終世下院議員選舉二百十三人任期五年大臣十三人由上下兩院出而司行政外有各洲知事受命總督又有各議會統治州內岡記云議事院分上下二院元老院七十二人下院議員百八十

一人凡法度租稅國債諸事兩議院專決未嘗咨稟英國又不出議員於英國非有大事英國不敢問其政務先置屯兵國人不悅減爲五千人土兵皆取願充者凡三萬七千募年十八以上六十以下者編爲民兵海軍汽船十數以備加拿他大湖及聖螺瀾河阿達瓦爲坎拿大都城案即奧他窪依天然地形可分爲六區沿海部如貴北爲一區中部自聖勞倫司河至呼侖湖地最膏腴爲一區勞倫欣湖之高原至赫孫灣西爲一區北部之荒地爲一區落機山西大原野至北冰洋爲一區西山部爲一區羅根山高萬九千五百四十英尺爲北美最高山謝志云羅基山循太平洋自西北向東南蜿蜒約九百里最高峰曰散以利在西北境案羅根羅基即落機也河之要者曰聖勞倫司河樋志作聖羅連士謝志作散勞連斯許考作桑羅棱索灌注坎拿大諸湖曰薩司喀綺橫河過文尼北湖又名鼐爾生河曰馬貇西河地多樹林北部多低澤中部有沃壤計面積十二萬英方里樋志云凡汽船航聖羅連士河自蒙特利耳須依運河以避急湍出安他利阿湖又須依瓦蘭運河繞越尼亞嘎拉大瀑布至依利湖而後上蘇丕利阿湖謝志云西北瑪根西河出羅基山北入冰洋行六千餘里每年冰封數

月無舟楫之利阿達巴斯嘎河平安河又在荒域不能利用惟東方散勞連斯河水道甚廣舟行可通伊利湖蘇比利耳湖滿伊多巴湖偉尼備革湖西人撒斯嘎乍完湖航路長萬三千里最利交通西北猶根河發源本境西流阿拉斯嘎地面南有弗雷色河入太平洋講義云桑羅棱索河出內地倂各大湖水而入桑羅棱奈灣流域跨五十萬英方里由伊爾釐湖至安剔釐阿湖其間有得鴉加拉瀑布高百六十七英尺薩斯喀徹溫河納爾孫河爲哈得孫流域最大之水最便灌溉馬更些河出落機山爲北冰洋流域最大之水奴大熊湖在此流域內夫拉薩河爲注太平洋最要之水育空河在加拿他境有六百四十餘萬英方里案瑪根西馬更些即馬貇西猶根育空一作遊空一作日肯弗雷色即夫拉薩薩司喀綺橫即薩斯喀徹溫鼐爾生即納爾孫也落機山之東冬嚴寒夏盛暑而期甚促秋時涼爽雨水至內地漸稀少漢里番克司案那佛司科西亞所屬五十三英寸文尼北案馬宜多巴所屬二十三英寸向太平洋之斜坡有海岸氣候雨澤甚多面積三百五十八萬七千七百七十英方里辻志云二千百九十萬方里曹典球云世界年鑑云山林面積凡百二十四萬八千七百九十八英方里包有北冰洋羣島在拔芬及司密峽之西者四十萬二千四百四十英方里而諸湖面積不在其內人五百八十三萬

三千二百三十九口十年增百分之十二土人居百分之八十六印度人約十一萬餘中華人一萬餘黑人二萬二千餘講義云歐人發見此地時美洲印度人勢甚跋扈其子孫今猶散住加拿他雖從歐人風俗猶習慣漁獵之民也人數殆十萬謝志云百分之九爲白種自歐洲來居東南一帶又印第安人十一萬餘北部則哀斯基摩人居之西南方人耕田開礦東南方人大半務農夾則漁獵製造伐木爲生有學校萬八千三百三所大學二十四所耕種地三萬千一百英方里草場二萬三千八百八十二英方里歲出木材值千六百六十八萬三千七百五十磅魚值四百二十三萬三千二百磅礦產值四百五萬九千磅內有煤三百三十八萬四千噸值百五十七萬七千磅鎳值五十八萬二千三百磅金十九萬三百磅石腦油值十八萬九千磅此外有銀銅鐵石絨等講義云加拿他之富源在材木最近之入口額年占六千七百萬圓近來農業頓興種小麥者甚盛家畜飼養大增製造乾酪盛行各地魚類甚多產鱈鮭鯡等又富礦產來開採者甚多石炭金銀銅鐵是也白銅爲世界第一惟工業不十分發達耳千八百九十一年製造

廠用工人三十六萬七千八百六十五海岸綫萬一千四百英里
惟冬多冰凍終年可行者太平洋岸及聖勞倫司灣而已運河可
行載重二千五百噸之輪船者可到都拉司在蘇彼略湖之首鐵
路萬六千六百八十七英里內坎拿大太平洋鐵路二千九百六
英里迂志云鐵路四綫一起坎拿大之晚古坡終於蒙垂爾一起合衆國之庖特蘭終蒙垂爾一起桑港分爲二綫一綫直至紐約一綫南曲經紐奧連斯至紐約謝志云自東抵西橫貫鐵路九千里數日可達合各島鐵路共四萬五千里電綫二十一萬里電話綫十二萬里　商船六千五百七十九入口貨值二千二百四十三萬
七千二百磅出口貨樹料值六百十七萬磅乳餅值二百九十四
萬六千磅動物值二百十八萬磅麥值百三十七萬五千磅多與
英德美及英屬地貿易講義云商業漸次進步現今貿易額至五億三千萬圓　公入款八百
三十四萬五千磅國債六千九百六十二萬五千磅各省自入款
共二百四十五萬六千一百磅國債共六百三十七萬千九百磅

常備兵八百六十三案有脫文戰兵三萬六千二百四後備兵二十萬
大洋戰艦五內河戰艦二英國戍兵駐防漢里番克司及安司記
麻耳脫二處

英領那佛司科西亞省

那佛司科西亞雷志云其地爲一半島以科比乞地頸與牛不倫
瑞相連謝志云西北與牛奔遂克以四十里窄土腰相連　海岸甚長有極深之河口極美
之船港內地多山最高者千一百英尺荒磧先謙案荒上有脫文傍芬田灣
上流之處稍膏腴人謂之亞坎底亞之園案因法國亞坎底亞人所居樂土故受此名
面積二萬五百五十英方里人四十五萬三百九十六口皆法屬
亞坎底亞人英倫之皇黨蘇格蘭遊人之遺種業農者居百分之
五十四漁業伐木製船亦爲首要產煤金銅鐵鹽　漢里番克司
都城有海軍埠熱度中數四十四度正月二十五度八月六十四
度雨水五十三英寸人三萬八千五百五十六口　大鐵摩司要
區人六千二百四十九口徐志新蘇格蘭辯考云在新不倫瑞克之南三面懸海僅一隅與新不倫瑞克相連東西約千里南北三百五十里天氣嚴寒自十月至三月積雪不消產銅鐵煤海中多魚居民勤苦治生最爲安分會城日哈勒法係大埔頭海濱大港尚多因戶口不繁城邑未建故商船少停泊者先謙案郎雷志之那佛司科西亞也列國學會二圖講義作那佛斯科的亞矢志作羅巴斯哥的亞萬國圖作諾法士科西亞世界圖作諾法斯可西亞謝志作挪法叩西亞慕志作伽瓦蘇格西亞英志作諾法斯哥亞近史作那哇士哥沙漢文圖作新斯科希唵據二圖東境濱海有哈勒法與徐合世界圖作曷力發克斯郎雷之漢里番克司也矢志作哈酉阿克司世界地誌作哈黎法克斯漢文圖作浩婁乏克斯吳志作哈利發格士萬國圖作哈利發士謝志作哈利法斯云大海口亦海軍要地慕志云英輪船十日可至設大員駐之另有副官會議講義云產業以漁爲重內地鑛山不少北有大炭鑛南有金鑛由大陸至歐洲此最近之艮港冬期不爲冰閉設有礮臺又云那佛斯科的亞在加拿他之最南端合開普布里敦島成爲一州二圖開普布里敦與那佛斯科的亞東北隔相距中爲堪索峽許考作加白勒東島世界圖作開魄比里敦島會城日塞得尼二圖作西賽呢有角東向日布里敦角故雷云達不里敦角自主島也謝志又云那法叩西亞爲東界一土股與玻利呑島合成一省玻利呑亦郎不里敦也曹典球云
大鐵摩司在哈勒法對岸中隔海汊相距不過數里蓋亦海港

英領依德華島省

依德華島雷志云在聖勞倫司灣之南部面積二千英方里人十
萬九千七十八口畜牧農漁爲首要之業耕種地居全島百分之
四十四　查羅敦會城人萬一千三百七十四口徐志散約翰島云在新蘇格蘭之東北長三百里廣約百里老兵移駐之地專務農功穀麥出糶鄰部會城日加爾羅德先謙案郎雷志之依德華島也列國學會二圖作勃林挨得瓦得世界圖作以得瓦圖球圖作變得瓦矢志作普林斯耶特瓦慕志作比林斯義德瓦許考作迫棱塞多謝志作厄德洼據二圖北面桑棱羅索灣郎雷之聖勞倫司灣南隔海對那佛斯科西亞西對牛不倫瑞東對開魄比里敦島其南瀕海有加爾羅德與徐合加羅德音變爲查羅敦故雷作查羅敦許考作加爾羅得矢志作霞洛德通講義云勃林挨得瓦得島海岸多屈曲地味豐饒農業甚盛漁業次之爲加拿他人口最稠密之地首府查爾羅得南岸良港謝志云面積三萬方里居民十一萬省城日沙拉呑爲中央市場沙拉呑亦郎查羅敦也圖球圖作沙老特萬國圖作槎洛氏徐志散約翰郎聖約翰耶穌大弟子當時崇敬故隨地取以名之牛不倫瑞牛芳蘭皆有聖約翰城是也它屬尚多

英領牛不倫瑞省

牛不倫瑞雷志云自聖勞倫司灣起至芬田灣止內地多林木之山及草野耕種地礦產煤鐵　弗德勒敦會城人六千三百二口　聖約翰人三萬九千百七十九口　蒙敦人八千七百六十五口徐志新不倫瑞克威一譯作考新同本土云在下加拿他東境之南南北約八百里東西六百里東臨大海南北臨內港港極深海船駛入無沙淺土田最腴居民務農者少皆結隊入林伐木春水生木順流達海港貨之得善價日沽酒盡醉金盡還山理故業大城邑皆在水濱會城曰弗勒德里克係大埔頭英商往來販木三島無業貧民每年遷來者近六千人然地仍空闊更數百年亦不患人滿也先謙案即雷志之牛不倫瑞也列國學會二圖作新布隆斯威克萬國圖作新勃倫士維克漢文圖作紐白崙斯蔚克世界圖作紐白倫瑞克矢志作紐布倫塞克平方圖作紐布隆斯威克謝志作牛奔遂克據二圖省東南向芳地海灣有佛勒得里克敦即雷之弗德勒敦徐之弗勒得里克也矢志作弗勒抵利克倫圖球圖作乏婁豆力克屯萬國圖作夫力得力頓許考作弗勒德里東聖勞倫司河自貴北克東流入海為聖勞倫司灣當牛不倫瑞之北其芳地灣當牛不倫瑞之南即雷之芬田灣二灣中隔地頸為此省與那佛斯科的亞相連處雷前志所稱比乞地頸是也講義云芳地灣潮汐乾滿居世界第一產以林業為主漁業次之桑約翰臨芳地灣商業要港案桑散雙聲變字謝志云面積二十八萬方里居民三十二萬地面高下不平樹木茂盛散約翰河東土

脈肥潤出五穀果品人多伐木造舟漁業亦興煤鐵頗富與挪法叩西亞相間之分迪海灣有大潮高七十尺省城曰非德利克吞濱散約翰河散約翰城製造物甚多非德利克吞亦即弗德勒敦之音變字分迪灣即芳地灣地頸之南有城曰蒙克敦即雷之蒙敦矣許考云節候寒冷與加拿大相埒夏暑炎熱

英領牛芬蘭島省

牛芬蘭島雷志云英以總督轄之在聖勞倫司灣口沿岸崎嶇地多荒磧樹林占地千七百英方里氣候潮溼面積四萬二千七百三十英方里人十九萬七千九百三十四口十年增百分之十產鰍魚海豹礦產煤銅鉛入口貨值百二十三萬二千磅出口貨值百二十一萬五千磅多與英美及坎拿大貿易入款三十三萬二千二百二十五磅國債三百四十三萬千九百八十八磅鐵路六百三十三英里　聖約翰都城熱度中數四十一度正月二十四度七月六十一度雨水五十三英寸人三萬一千百四十二口徐志

新著大島同許考云在新蘇格蘭之極東北長約千三百里廣九百里其海產魚最旺居民皆以捕魚爲業夏時漁舟如蟻網罟蔽於海面土雖肥沃不務農功種荷蘭薯與蔬菜穀麥皆買自鄰封會城曰桑若漢先謙案即雷志之牛芬蘭島也列國學會二圖作紐芬蘭耿諁云新卿爲斯斯諸大世界圖樋志同謝志作牛分德蘭慕志作牛芳蘭周志作新分倫據二圖東南端有角曰拉西角世界圖作勒斯角其北端曰桑約翰世界圖作聖約翰其西南臨聖勞倫司灣與開魄比里敦島遙對西北界地形挺出成半島形有角曰寶爾得角世界圖作勃特角徐志桑若漢亦聖約翰之字變講義云地在桑羅棱索灣口以貝勒島之海峽與大陸相離以加波多海峽與開普布里敦相接沿岸出入極多南方東北方控有大灣西岸連峰高一聳小邱起伏內地宜農業未墾者尚居大半近海周圍為世界第一漁業場捕鱈魚海豹者尤盛輸出魚類半皆鱈又產石炭英命知事駐之且備上下二院拉布刺達之沿岸便歸管轄桑約翰港便於碇泊大船謝志云牛芬德蘭不與干阿達相連屬地在干阿達之東當北緯四十六度三十七分至五十一度四十分西經五十二度四十分至五十九度三十一分東南北皆濱大西洋西為散勞連斯灣距美國千六百五十海里有電綫相通面積四十二萬方里內地銅鑛甚佳天氣温和海濱有北極寒溜南來與暖溜遇故雲霧終年不散海中多鰍魚海獺[illegible]也夏秋之交漁人不下五萬省城曰散暫斯[illegible]在東南隅

朧不拉多

朧不拉多雷志云牛芬蘭之屬地面積十二萬英方里人四千一百六口先謙案朧不拉多列國學會二圖講義作拉布刺達世界圖作拉布拉兜謝志作拉伯拉多周志作拉勃來獨據二圖在牛芬蘭西西北有哈米得河自西來東北流入海世界圖作巴密頓河西北斗出有角曰察得利角謝志云此一土股併合於牛分德蘭天氣寒冷居民二萬五千捕鰍獺者多至其海岸

法領米貴倫與聖庇爾

米貴倫與聖庇爾雷志云法領面積九十二英方里人五千九百三十口北美洲法國屬地止餘此而已在牛芬蘭之西及東北岸有捕魚權利自雷角至聖約翰角先謙案聖庇爾列國學會二圖作桑丕爾里島列國圖標法屬世界圖作聖辟挨爾米貴倫二圖作米圭琅列國圖亦標法屬皆在牛芬蘭之南講義云桑丕爾里及米圭琅二小島在紐芬蘭南岸亦一好漁場也列國圖紐芬蘭之西南有角曰萊角即雷志之雷角紐芬蘭之東北有聖約翰會城別有桑約翰角在其東北即雷之聖約翰角法人捕魚者自紐芬蘭之西南界雷角東出而繞其北聖約翰角得有此權利它處不得往也

英領貴北省

貴北雷志云昔名下坎拿大地在聖勞倫司河兩岸南部有亞巴拉輕高地之支派迤入格司不半島內羅根山高三千七百六十六英尺 先謙案此又一羅根山非總論西山部之羅根山 北部有勞倫替支高地皆平坦膏腴樹林占地九萬七千英方里面積二十二萬七千五百英方里人百四十八萬八千五百三十五口民業農漁伐木礦產金銅鐵燐酸鹽　**蒙的里奧** 志文蒙又作孟 熱度中數四十四度正月十七度七月七十二度雨水四十英寸人二十一萬六千六百五十口

貴北熱度中數四十一度正月十二度七月六十八度雨水三十九英寸人六萬三千九十三口　**河** 案河下脫文 人八千三百三十四口以上要區 徐志云下加拿他在上加拿他之東長約千里居民大半法人尚天主教謀生不勤故恆產無多又不服英官時時揭竿英人以兵力靖之士女面紫色而眉目端好不解沐浴英人惡其不潔故娶之者少會城曰多倫多先謙案郎雷志之貴北也惟多倫多誤當與下給卑克互易貴北列國學會二圖作魁北克世界圖作貴北克辻志作克伊倍克講義作魁比克矢志作貴北格又作的伯克許考作結倍克謝志作圭備革吳志作揆比克通志作給卑克圖球圖作蒯拜克萬國圖作圭璧據二圖西北界拉布剌達及東南土西南界安剔伊釐河東南距海辻志云聖勞倫斯河出安達賽湖東北流入海河之南北皆有貴北地故雷云聖勞倫斯河兩岸也地形狹長南闊而東北削如一半島形雷北美洲總論云亞巴拉輕之高地為東部第二大山系至勞倫替支之聖勞倫司河北與坎拿大旁湖高原及北冰洋高地相接是此省兼有亞巴拉輕及勞倫替支爾湖高地形勢也東北隅列國圖有蒙特利爾學會圖作蒙特利瓦世界圖作蒙垂爾郎雷之蒙的里奧也辻志云蒙垂爾府當勞倫斯奧他窪二水合處繁華為加拿大第一輪船火車往來如織矢志作孟脫利爾吳志作蒙多利爾許考作蒙來阿爾樋志作蒙特利耳周志作夢脫里爾新大陸記作滿地可又東北有魁北克郎雷之貴北謝志云此省跨散勞連斯兩岸西界恩德略南界美國與牛奔遂克北界拉伯拉多面積二百三十萬方里居民多法人後裔地面高窪有大森林出赤松黃松等木料南部土地肥美出油麥山藥豆盛牧牛羊山產銅鐵江河多魚省城曰圭備革四周礮臺鞏固木料由此運出商務今已稍衰都邑最大者曰門德利奧人口二十二萬工商並盛有大橋長約六里講義云魁比克合勞倫替支高原及平原并桑羅棱索河甫地之稱產小麥煙草果實金銅石綿善飼家畜製乾酪牛酪漁業甚盛蒙德利爾大都會臨桑羅棱索河樋志云蒙特利耳府最可觀者一大伽藍乃模擬羅馬府聖彼得之大伽藍一維多利亞橋架二英里長之鐵柱於聖羅連土河以聯接東西鐵路給卑克府為加拿大最舊都市昔屬法國河岸絕壁峭立守

五洲地理志略　卷十九　十四

備極固許考云結倍克城外長橋道光間英人斯德方松所築

英領安大利痾省

安大利痾雷志云昔名上坎拿大在聖勞倫司河及坎拿大諸湖之北地多膏腴勝於他省南部產葡萄桃及他果西部北部多樹林面積二十一萬四千三百十英方里人二百十一萬四千三百二十一口耕種地萬四千百六英方里草場四千百五十三英方里馬萬三千六百七十牛二百十八萬七千三百二十六綿羊百六十九萬三百五十豬百二十八萬五千礦產銀鎳銅鐵鋅鉛鹽石腦油等　**多倫多**省會熱度中數四十四度正月二十三度七月六十六度雨水三十四英寸人十八萬千二百二十口　**哈迷爾敦**一名坎拿大之般明哈人四萬八千九百八十口　**阿達瓦**都城人四萬四千百五十四口　**倫敦**人三萬一千九百七十七口　**金司敦**人萬九千二百六十四口以上要區 徐志云上加拿他在桑羅棱索河之上游伊爾釐兩湖之北長約千餘里溪湖匯集其流湍急小洲星列瀑布一落几十丈英國無業貧民來之墾荒地勤者致富惰者餒死其會城曰給卑克先謙案郎雷志之安大利痾也伊爾釐湖是一非兩此伊爾釐秀倫兩湖而奪文也安大利痾乃上加拿大其地在勞倫司河上游伊里秀倫之北地望適合給卑克誤當與上多倫多互易瀑布見北美洲總論安大利痾列國學會二圖作安剔伊釐阿世界圖作安達賽矢志作溫達利瓦吳志作溫達利窩講義作安剔釐阿亦作安大略謝志作恩德略許考作翁達略周志作啞得利新大陸記作阿圖和云有會議堂極壯麗堂中有高塔五百餘級有藏書樓據二圖東北界魁北克西北臨哈得孫灣東南界合眾國其東南有鄂大瓦 誤給人魁北克 世界圖作奧他窪郎雷之阿達瓦矢志作俄達瓦吳志作窩達樋志作鄂達瓦周志作啞撻懷辻志云奧他窪府瀕奧他窪河加拿大全州之首府講義云合哈得孫灣斜面勞倫替支及桑羅棱索平原諸地產小麥及俄多麥木材次之礦業亦盛鄂太瓦加拿他總督駐焉謝志云木商羣萃之地又西南有京斯敦郎雷之金司敦又西有多倫多與雷合世界圖作透郎特萬國圖作托倫拖矢志作德命脫吳志作多倫他周志作得羅恩拖辻志云透郎特府瀕安達賽湖西北岸慕志云英人多遷徙於此為農商辛勤致富產銅最艮甲於列邦謝志云恩德略一名上干阿達在諸大湖之北面積約二百二十萬方里居民多英人裔西南地膏腴多耕田牧畜產小麥果品北界產銀銅鐵煤油省城多倫多濱恩德略湖口以大書院著名

五洲地理志略　卷十九　十五

居民五萬又南有哈米爾敦卽雷之哈迷爾敦謝志云散勞連斯河由恩德略流出之處有青司吞城與國內多有貿易哈米吞城多製造貨輸運他國案青司吞卽金司敦哈米吞卽哈迷爾敦也慕志云金斯敦城極鞏固又西有倫敦與雷合

坎拿大西部

英領馬宜多巴省

馬宜多巴雷志云坎拿大正中之省傍紅河兩岸並環繞文宜北湖及他湖之地平坦膏腴耕牧爲首業千八百九十六年耕種地二千六百五十一英方里馬八萬八千牛十七萬三千二百五十綿羊三萬五千四百豬五萬七百　文宜北（案宜上文作尼）熱度中數三十三度二月七度七月六十六度雨水二十三英寸人三萬四千九百五十四口　勃蘭敦人五千六十九口　坡推支因潑雷里人三千三百六十二口以上要區（先謙案雷志馬宜多巴列國學會二圖作馬尼多巴萬國圖作滿尼拖八世界圖作馬你拖拔矢志作馬尼脫巴慕志作滿伊多巴許考作瑪尼多巴據二圖東界安剔衣釐河西界薩司喀特徹溫及亞森尼波伊亞南界合衆國北接哈得孫灣荒地東南有溫尼伯世界圖作溫你珀格卽雷之文宜北矢志作維尼泊克其西有布蘭敦卽雷之勃蘭敦講義云馬尼多巴當北美之中心爲四角形地味豐沃南部宜小麥北部盛養家畜製造乾酪牛酪湖沼多白魚首府溫尼伯太平洋鐵道最要之停車場謝志云滿伊多巴昔名紅河殖民地面積六十四萬方里居民十五萬多自東遷此業耕獵地產小麥輸出皮革爲大宗省城曰偉尼備革亦文宜北之音變字）

英領哥倫比亞省

哥倫比亞雷志云英屬沿太平洋岸之省景致美麗推爲第一面積三十八萬二千三百英方里自太平洋岸至落機山包有坤查勞德羣島面積萬英方里文考佛爾島面積萬四千英方里向太平洋之斜坡氣候溫和惟多潮溼過喀司坎奪山之高地有弗雷薩阿（矢志作弗勒薩）與上哥倫比亞河灌溉之氣候乾燥雨水十五英寸卻宜耕種人九萬六千百七十三口天然財富尚未發達歲出海豹鮭值九十三萬磅礦產煤八十萬噸金五十六萬三千二百磅並有銀銅鐵等入口貨值百八十二萬六千六百磅出口貨值三百四十七萬磅坎拿大太平洋鐵路（過落機山鐵路五千三百七十二英里誤作寸今正）連東部諸省與太平洋之文考佛爾島　維多利亞會城在文考佛爾島人萬六千八百四十一口　文考佛爾在大地人萬三千六百八十五口　牛韋司明司德要區熱度中數四十八度正月三十五度七月六十二度雨水六十一英寸人六千七百口（先謙案雷志英屬哥倫比亞列國學會二圖作不列顚可倫比亞世界圖作英領哥倫比亞異名記作科隆比阿許考作哥倫比阿落機山綿亘省中川流皆於此發源有夫拉薩河世界圖作夫剌薩河卽雷之弗雷薩河又有可倫比亞河與雷合有蕃古洼島世界圖作晩古坡島卽雷之文考佛爾島周志作文苛維亞島樋志作萬庫法島其南端曰維克多利亞世界圖作維克拖利萬國圖作維拖利阿新大陸記作域多利亞卽雷之維多利亞也矢志作比克德利亞吳志作比庫多利亞東北對岸有晩古坡城卽雷之文考佛爾在大地者也新大陸記作溫哥華云華人俗稱咸水埠辻志云晩古坡瀕太平洋東鐵路至蒙垂爾西輪船通各口又東北曰紐瓦斯彌斯特卽雷之牛韋司明司德萬國圖作新委士民士特慕志作牛渭斯敏斯德云哥倫比亞會城以維多里亞爲汎古洼會城新大陸記作紐威士綿士打云華人俗稱二埠謝志云地介羅基山（案卽落機山）與太平洋之間幷凡古斐沙羅德等島北界緯綫六十度東界阿勒伯達阿達巴斯嘎二新疆南界美國西界太平洋面積三百八十萬方里居民十萬礦產金銀鐵鉛省城斐多利亞山海環繞夏日清涼游人羣集建立僅十餘年而商務日盛講義云可倫比亞爲落機西山至太平洋之地沿岸多出入島嶼羅列最大曰蕃古洼此州自千八百五十七年發見金礦人口頓增金鑛在西南古丁羅地方亦產銀蕃古洼島有石炭礦林木多樅海岸鱈鮭南方及內地高原多穀物果實維多利亞三英里許有攸司科馬爾多爲英國北太平洋艦隊所在蕃古洼在蕃古洼島對岸加拿他太平洋鐵道終此日本新西蘭定期汽船亦終於此案吳志作班哥巴蕃古斐班哥巴皆蕃古洼之音變）

諸屬地雷志云諸屬地錯列於七省之外面積二百六十四萬八千九百七十英方里人九萬九千口於草場一帶設立三邑

坎拿大議院內亦有其代表人

亞西尼波亞雷志云面積八萬九千五百四十英方里　薩司喀綺橫面積十萬七千九百十英方里　亞耳般太在落機山麓稍可耕種面積十萬六千一百英方里三邑以副總督轄之並有立法

院人六萬六千七百九十九口十年增百分之三十八耕種地十九萬四千七百七十三英畝馬六萬六百三十九牛二十三萬千二百二十二綿羊六萬四千九百二十豬萬六千二百二十一煤礦面積六萬五千英方里並產金鐵　雷其那會城先謙案亞西尼波亞列國學會二圖作亞森尼波伊亞講義同世界圖作遏昔尼薄英北界薩斯喀特徹温南界合衆國東界馬尼多巴西界亞爾伯特中境曰魁伯勒南曰利給拿西南曰美的息尼其東南曰瓦爾什世界圖並同謝志作阿辛尼巴衣亞云千八百八十二年干阿達政府於大地內分立四新疆之一薩司喀綺横列國學會二圖作薩斯喀特徹温講義同世界圖作薩斯喀察温東界馬尼多巴東北界哈得孫灣荒地西界亞爾伯特南界亞森尼波伊亞有水西出落機山東流爲薩斯喀特徹温河又東入西達湖中境曰奧爾伯特其西南曰喀勒敦又西曰巴特勒法得世界圖並同謝志作撒斯嘎乍完云分立四新疆之二亞爾般大列國學會二圖作亞爾伯特講義同世界圖作亞爾白爾地西界可倫比亞東界薩斯喀特徹温亞森尼波伊亞北界亞大巴斯喀南界合衆國北境曰遏斯呢薄英其東南曰夫特挨得瑞敦又南曰挨得瑞敦又西南曰鄂得保又東南曰加爾格勒世界圖並同講義云以上三區農業畜牧亦盛有大炭田謝志作阿勒伯達云分立四新疆之三　此外又有恩加窩訖韋汀阿特巴司

五洲地理志略卷十九　十八

加　馬緦西曰肯及克郎打克金野　弗蘭克令北冰洋羣島　大半爲美洲印度種及愛司坎摩種人游牧畋獵之所與昔日赫孫灣公司同且有數處無人迹者徐志北美洲冰疆云北美洲之極北境環北冰海如玦地當黑道之下陰凝特甚夏亦見雪未秋先凍湖海皆冰嵯峨如銀山萬疊至臘兩月日不曜星不隱人畜皆蟄伏五六兩月長晝不夜海冰皆坼浮洋面如邱陵船觸之立卽虀粉其海產鯨魚歐人有釣船百餘隻英吉利荷蘭爲多其船冬月停結冰中至夏冰釋乃往來海面得鯨魚油與骨皆獲重價得海犬海馬則食其肉而取其油釣鯨魚最險或觸冰碎舟或巨鯨吞餌牽舟沒重淵然利之所在不遑恤也土人甚稀捕魚鼈爲糧衣海馬之皮穴地而居冬時晝夜然魚油爲燭肢體甚短黑醜粗具人形其地分三域曰北德温曰北日爾日亞曰巴非英巴利先謙案初置三域當郎薩斯喀特徹温亞爾伯特亞森尼波伊亞三地講義各地方條云加拿他領土在諸州以外者近年分九區受管理於鄂太瓦加拿他政府之下一翁噶法爲拉布剌達之北部二克瓦丁爲哈得孫灣之西斜面以上兩地爲印度人攸斯幾摩人所住不宜於殖民三亞森尼波伊亞四薩斯喀特徹温五亞爾伯特三區地見上六馬更些七育空八阿大巴斯喀九扶蘭克鄰以上四區地所謂西北地方是也除育空外餘爲印度人所居物產有獸皮魚類謝志西北地條云卽北部三大地東起拉伯拉多西至落機山南至美境北盡冰洋計地二千三百餘萬方里人民不下十萬千八百八十二年干阿達政府於大地內

分立四新疆曰阿勒伯達埧阿達巴斯嘎撒斯嘎乍完埧阿辛尼巴伊亞埧閱十有四年又立四地曰恩干法近赫德孫灣曰弗蘭克林包冰洋衆島曰瑪肯西曰猶根並在西北地寒逾常穀果不生民以漁獵爲業案列國學會諸圖諸州以外在東北者曰東北土在西北者曰西北土謝志總稱西北地者蓋對那佛司科西亞諸省言之故有此名翁噶法恩干法卽雷志之恩加窩學會圖作温加瓦皆恩加窩之音變字又二圖有克瓦丁世界圖作氣娃丁講義云爲哈得孫灣之西斜面者是卽雷之韋汀又二圖有亞大巴斯喀世界圖作亞撒巴斯加講義作阿大巴斯喀謝志作阿大巴斯嘎卽雷之阿達巴斯加又二圖講義有馬更些世界圖作馬堅些謝志作瑪肯西卽雷之馬緦西又二圖講義有育空世界圖作遊空矢志作牛空謝志作猶根卽雷之曰肯又二圖有扶蘭克鄰三處分見木殘大石講義同謝志作弗蘭克林卽雷之弗蘭克令也惟克郎打克金野諸圖志未載無可考證耳○據二圖冰疆大勢西界美屬阿拉斯加英領可倫比亞東對丹麥領格陵蘭海北臨北冰海南抵英領坎拿大自魁北克西北出成半島形與拉布剌達本爲一土謂之東北土又曰拉布剌達半島世界圖作東北洲學會圖標名温加瓦其東北卽拉布剌達觀故講義云翁噶法爲拉布剌達之北部謝志云西北地東起拉伯拉多又云恩干法近赫德孫灣是也其東有迷斯塔昔尼湖西流爲雷珀特河又西流有地曰雷珀特臨惹米斯海灣又北有東馬因河西流逕東馬因入海灣又北有大鯨河又北有小鯨河又北有清水湖皆亦西流注呈執木灣二圖作里執木灣又北濱海灣有肯格吉俄爾吉羣島世界圖作遮爾吉王又北爲犮特蘭角又北缺其西境爲莫斯圭托

五洲地理志略卷十九　九

灣世界圖作蒙斯啟托其地與克瓦丁東境遙對統名哈得孫大灣莫斯圭托灣之右爲本洲西北隅與曼斯菲得島相對島之西北有藪特汗普敦島世界圖作藪探頓洲之極西北隅有角西北向曰薩爾斯和天母角世界圖作蠖耳斯大和母角角東有島曰察爾列島世界圖作謝咧士迆而東與巴非英蘭相對爲哈得孫海峽更東南有亞克拔托克島世界圖作亞苦坡德更南爲翁噶法灣世界圖作窩翁噶法灣之左世界圖有厭勃特克寨灣之右則拉布剌達之察得利角也灣之南世界圖有七母寨有庫克蘇克河逕其左入海灣東南抵貴北克其東境皆與拉布剌達相接以上爲雷志恩加窩地○由安剔伊鼇阿馬尼多巴西北出二圖曰哈得孫灣荒地西北土慕志云舊名哈德孫公司土都城巴德福者卽其地也其中央二圖標名曰克瓦丁世界圖作氣娃丁卽韋汀也安剔伊鼇阿之北有慕斯塞臨惹米斯海灣又北世界圖有阿爾波尼寨阿爾波尼河自西而東流入海灣二圖作奧爾八你河又北二圖有亞大華比斯喀特河又北有以開河並東流入海灣灣之西有亞各木斯喀島世界圖作阿各木沙島其北有比阿島又北有角東北向曰亨黎塔角又曰馬力亞世界圖作扁里地嗎利呵岬遙而西有蘇香米爾湖又西有韋尼斯克河又西濱海有寨曰西温西温河自西温湖出而東北流合特魯特湖水逕其右入哈得孫灣又西北有寨曰約克納爾孫河東北流逕其左入哈得孫灣世界圖作奈爾孫辻志云北美洲河流之大者有馬堅些奈爾孫二河注入北冰洋雷志云薩司喀綺橫河下流爲鷥爾生河流入赫孫灣鷥爾生卽奈爾孫赫孫卽喀得孫薩司喀綺橫河卽薩司喀特徹温河矣奈爾孫河之西北有英的都安湖世

界圖作印甸湖下流爲察爾赤河北出布敦海灣又有察赤爾角灣左有寨凹察赤爾又北有薩爾河東流入海灣又北有斐世河自北力涅得湖流出東入海灣又北有雅特奇河又北世界圖有呵士可伊託湖雅特奇河之上源也又北有海灣曰支斯特斐得灣此與上東北洲短長相比東西相望當爲雷志韋汀地其北與馬更些境相接○由亞爾伯特而東北出二圖曰亞大巴斯喀世界圖作亞撒巴斯加有亞大巴斯喀河自亞爾伯特北流有史克拉文湖水東流注之世界圖作小奴湖亞大巴斯喀河水又東北流爲亞大巴斯喀湖有大平河水注之大平河出落機山東南流逕東佛根之右又屈而北流逕銀朱塞之右又東流入亞大巴斯喀湖湖之北有大奴湖水東南出爲斯拉維河逕列索畱甸之右又東南流逕執辟威安寨之右而南入亞大巴斯喀湖湖水又東流逕芳得都拉克之右又東合布拉克湖水又東南出合威拉士敦湖水又東屈而南流合鹿湖水又南有美孫尼辟河水注之又東合內爾松湖水又東北合英的都安湖水入克瓦丁境爲察赤爾河入哈得孫灣以上爲雷志亞大巴司喀地亞大巴司喀之西爲哥倫比亞其東卽克瓦丁又東過哈得孫灣爲溫加瓦故雷云恩加窩訖韋汀阿特巴斯加也○由亞大巴斯喀而北二圖大名曰馬更些世界圖作馬堅些東北境有邦都特河其西有挨爾麥湖又西北有波因特湖不相連接又西北有銅山河一名可貝馬尼北流入可羅乃身灣世界圖作可羅乃申由灣東出左與窩納斯敦地相對世界圖作吳剌斯頓又東左與維克多利亞地相對世界圖作維克拖利蘭中爲氏斯海峽又東右爲拗克敦灣左有慶維連島越島東出南有大魚河合伯理湖加里湖馬克都加爾

湖水北入海灣循島北出爲維克多亞峽其北爲威爾士太子地東爲布剔亞布剔亞之北有角曰苗治松角轉而南爲布剔亞灣其南地形突出爲心魄孫半島北向有角曰察音曼角二圖作察普曼角半島之東有墨耳微爾亦北出爲半島形中爲康米得灣墨耳微爾之東爲菲于黎及赫克剌峽墨耳微爾之南與藪特汗普敦相對由兩地之間西南入中爲威爾科木峽峽西有威查湖出峽而西卽支斯特斐得灣矣境此當爲馬更些東境其西境有落機山水西流逕賴亞得爲賴亞得河又北流爲氏斯河有那哈尼河水東流注之又北逕心魄孫有大奴湖水分支出安尼西北流注之又北流合布拉克瓦得湖水逕僾曼塞有大熊湖水西北流注之又西北爲馬更些河河東北則扶蘭克鄰界也馬更些河又西北逕好望塞東北又西北逕馬克菲桑塞東又北分數道入北冰洋以上爲雷志馬懇西地○由不列顚可倫比亞而北二圖曰育空世界圖作遊空吳志作牛空南境曰扶蘭昔斯湖出而北流逕伯理班克斯有伯理湖水注之又西北有馬克默蘭河水注之又西逕塞爾怯克育空河出次林奇矢山北流合列威斯河水注之又北左合友特河水右合斯特瓦特河水又北逕島宋又北逕育空自下遂專育空河之名入合眾國阿拉斯加境以上爲雷志曰肯地○哈得孫海峽之北大名曰巴非英蘭其東北曰坑北蘭坑北蘭蓋卽雷之克郞巴非英卽雷之打克金也巴非英蘭之東南隅東向者曰奴古苗特逎而南曰墨格因科格尼塔二圖作墨塔因科格尼塔灣中爲佛羅必紹灣其東有布連夫爾島羅克基島列索畱甸島轉而南與拉布剌達半島相對中爲哈得孫峽入峽而西有察爾列島薩里斯布島勿丁干島威爾島其西南隅

爲盧吉傳克斯地有牽尼地湖又屈而西北與墨耳微爾半島相對中卽菲于黎及赫克剌峽境更西向突出爲科克布爾尼地與布剔亞相對又北爲合浦尼爾地西與北索美塞相對中爲普爾勒根特澳轉而東其北與諾得溫相對中爲蘭喀斯特門合浦尼爾地之東有米爾尼地兩地之間爲亞得減拉爾第澳米爾尼地之東有北洛特島南爲尼喀里普西灣東爲崩灣逎而南曰威利安斯蘭東向有口曰斯科特斯水口又東南有角東向曰眞利斯的安角二圖作直利斯的安角又南曰北老加二圖作北加老爲有角東向曰羅浮角又南有角曰卡頭角又南曰北愛埃其東有灣曰河母灣東北與格陵蘭遙對其中謂之巴非英大灣北愛埃之南有地突出東南向大名曰坑北蘭東北有灣曰苗粲灣逎而南有角東北向曰陡角又逎南有角曰瓦星威角二圖作瓦星感角轉而西其面南有二灣曰設菲爾灣曰坎爾夸灣又逎西有角曰戈得司謀爾塞角角之南與奴古苗特相對其門曰坑北蘭門雷之克郞打克金野唯此足以當之○馬更些大熊湖之西二圖有扶蘭克鄰世界圖作扶蘭克鄰塞卽雷之弗蘭克令也與馬更些之僾曼塞隔河相望向東北直出冰洋爲扶蘭克鄰灣其左有角西向曰巴塌斯得角角西有利涇布海灣又西有利查得島其右有角北向曰巴里角迆而東與窩拉斯敦地相距境中爲度爾芬灣及由尼斯峽角之北爲班克斯地班克斯地之東有大島一地而三名南曰窩拉斯敦地北曰亞爾伯特太子地東曰維克多利亞地班克斯地之東南與亞爾伯特太子地相對中爲瓦列斯峽其北有厄格鄰頓島又北有拔特力克太子地其東南有墨耳微爾島墨耳微爾島西南爲東達斯半島其中海灣謂之微爾門

其東南有威爾士太子地島島之西南與維克多利亞相對中爲抹克克鄰托克海岔其東南對布剔亞中爲扶蘭克鄰峽扶蘭克鄰之界域卽一塞一灣一峽可得其概威爾士太子地東有北索美塞島西北有拜盎麻廷島北有戈楅斯特島友楅斯特島之西與墨爾微爾島相對中爲拜盎麻廷海峽北索美塞之東與合浦尼爾地相對中爲普爾勒根特澳北索美塞之北有考奴瓦島又北有格林納爾島又北有北考奴瓦島又總曰巴里羣島考奴瓦島之東有諾得溫島世界圖作北的分中爲韋令頓岔諾得溫南與合浦尼爾地相對中爲蘭喀斯特門東北有可堡島其西北世界圖有維克拖利羣島正北與北淩涇相距中爲忠斯門世界圖作冰山海峽二圖云北淩涇一島二名其極北曰尼爾斯迷亞蘭其東與格陵蘭相距中爲斯密特海峽冰疆盡矣此當爲雷弗蘭克令及北冰洋羣島地

賜進士出身 特賞內閣學士銜前國子監祭酒翰林院編修加三級 臣 王先謙謹撰

合眾國 一上

美利堅合眾國 徐志北亞墨利加米利堅合眾國云米利堅一（作彌利堅亞墨利加之轉音或作美利哥一稱米作墨理駕合眾國又稱兼攝邦國又稱聯邦國西亞語名奈蒂土達慕志作米利吉案）亞墨利加大國也因船挂花旗故粤東呼爲花旗國北界英土南界墨西哥得撒東距大西洋西距大洋海東西約萬里南北闊處五六千里狹處三四千里押罷拉既俺大山繞其東落機大山繞其西中間數千里大勢砥平江河以密士失必爲綱領來源甚遠曲折萬餘里會密蘇爾釐大河南流入海此外名水曰哥隆比亞曰阿巴拉濟哥剌曰歷比勒曰德拉瓦北境迤西有大湖分四汊曰衣羅乖（一作大羅）曰休侖（一作翕侖）曰蘇必力爾曰密執安迤東有兩湖相屬曰伊爾釐（一作以利）曰安剔衣釐阿諸湖爲分界之地北爲英土南則米地也初英人探得北美之地驅逐土番據其膏腴徙人實地英人趨之如水赴壑法荷嚏瑞諸國無業之人亦航海歸之日漸墾闢遂成沃壤英以大臣居守沿海徧置城邑榷稅以益國用貿易日盛以此驟致富强乾隆中英法構兵連年不解百方括餉稅額倍加舊例茶葉賣者納稅英人下令買者亦納稅人不能堪乾隆四十年紳耆聚公局欲與居守大酋酌議酋逐議者督征愈急眾皆怒投船中茶葉於海謀舉兵拒英華盛頓者米別部人生於雍正九年十歲喪父母教成之少有大志兼資文武雄烈過人嘗爲英武職時方與法構兵土蠻寇鈔南境頓率兵禦之所向克捷英帥沒其功不錄頓謝病歸杜門不出至是眾既畔英强推頓爲帥時事起倉卒軍械火藥糧草皆無頓以義氣激厲之部署既定薄其大城時英將屯水師於城外忽大風起船悉吹散頓乘勢攻之取其城後英師大集頓軍敗眾恇怯欲散頓意氣自如收合成軍再戰而克由是血戰八年屢蹶屢奮頓志氣不衰而英師老矣法舉傾國之師渡海與頓夾攻英軍西班牙荷蘭亦勸英和英不能支乃與頓盟畫界址爲鄰國北境荒寒之土仍屬英人南界膏腴之土悉以歸頓時乾隆四十七年也頓既定國謝兵柄欲歸田眾不肯捨堅推立爲國主頓乃與眾議曰得國而傳子孫是私也牧民之位宜得有德者爲之仍各部之舊分建爲國每國正統領一副統領佐之（副統領有一員者有數員者）以四年爲任滿（亦有一年一易者有二年一易者）集部眾議之眾皆曰賢則再留四年（八年後不得再留）否則推其副者爲正副或不協人望則別行推擇鄉邑之長各以所推書姓名投匭中畢則啟匭視所推獨多者立之或官吏或庶民不拘資格退位之統領依然與齊民齒各國正統領中又推一總統領專主會盟戰伐之事各國皆聽命其推擇之法與推統領同亦以四年爲任滿再任則八年頓既與英平銷兵罷戰專務農商下令曰自今以往各統領有貪別國埔頭興兵構怨朘削民膏者眾共誅之留戰艦二十額兵萬人而已然疆土恢闊儲偫豐饒各部同心號令齊一諸大國與之輯睦無敢凌侮者頓以嘉慶三年病卒自與英定盟至今六十餘年無兵革之事其商船每歲來粤東數亞於英矣志云

哥倫布發見美洲後千五百六十五年西班牙人始居布洛立達半島千六百六年英國倫敦會社意圖開拓商業亦至此建立部落荷人亦殖民長島附近處建設都邑名曰新安特隄後英人經營紐約日有進步瑞典法蘭西人繼之及西班牙殖民業衰英人海上之權日益擴張千七百六十年舉東部地盡歸其管領然課稅甚重民不能堪遂致有千七百八十二年美洲獨立之事黃記云華盛頓雄才大略近代無兩當建國時忽搦民主之局於是有議會之舉度其時必有不得不然之故以弭患於將來其曰得國而傳子孫是私也牧民之任宜擇有德者爲之特爲此言以自飾耳或擬以唐虞之揖讓過矣議會之立集萬國聰明徹九重壅蔽其初行時塙有可致治平之效不料百餘年來地球各國踵而行之流弊遂至此極也

美利堅合眾國 慕志云緯綫自赤道北二十五度至四十九度經綫自中國順天偏東百九度至偏西百七十三度陳記云美國地處北美洲之南北緯自北二十四度二十分至四十九度西經自偏西六十六度四十分至百二十五度三十二分 **雷志云四十四部聯盟共和國** 徐志云華盛頓初建國時止十餘國後附近諸國陸續歸附又有分析者共成二十六國西境未闢之地皆土番凡闢新土先以獵夫殺其熊虎野牛無業之民任其開墾生聚至四萬人則建立城邑稱爲一部附於眾國之後今眾國之外已益三部總統領所居華盛頓都城不在諸國諸部數內計國二十六部三道光二十六年計丁千七百十六萬九千餘口孫志云据慕維廉志三十七部其沿太平洋三部及未入聯邦之九部歸併合計凡四十九部一緬二牛罕什（案即紐罕什爾）三洼望四麻薩朱色五路得島（案即羅德）六千納底克七牛約克八牛曰西九濱西洼尼十特拉華十一馬里蘭十二個倫備地（案即哥倫比亞）十三東勿吉尼十四西勿吉尼十五北加羅里那十六南加羅里那十七若耳治十八弗落里達十九民尼梭大（案即明耐梭塔）二十威士干心（案即韋司康沁）二十一衣阿華二十二音的阿那二十三伊里內二十四密執安二十五倭海呵二十六甘薩斯（案即堪塞斯）二十七尼巴斯加二十八可羅拉多二十九根特基三十典尼西（案即田耐西）三十一阿拉把馬三十二彌士西比（案即密士失必）三十三彌梭里三十四魯西阿那三十五阿干薩三十六得撒三十七加利福尼三十八阿利根（案即俄里剛依）三十九尼法大（案即內華達）四十華盛頓四十一依大河（案即愛達和）四十二望大那四十三大可大（案即達科太南北）四十四外痾民四十五有大四十六阿利索那四十七新墨西哥四十八阿拉斯加四十九土人居地行法之權在總統每四年一任立法之權在元老院及下議院別有六區阿拉司喀等及哥倫比亞聯盟邑由總統命一總督治其事在

北美洲之中部自大西洋至太平洋爲最佳美之地 樋志云西自落機山麓東至阿力汗尼山趾當合眾國中部爲一千餘英方里之大平原米細西比河（周志作密斯西比）及其河領之大小支流皆同流於此原地勢平坦而腴沃南部多產棉東北部饒小麥西北部青野無涯爲最好牧場惟近落機山東麓之地降雨少而土較瘠

可分五區傍大西洋平原爲一區樋志云阿力汗尼山東之大西洋沿岸地亦一帶平原幅員平均三百英里較中部平原僅十之一吳志阿力汗尼作阿列堪尼周志作亞來猗尼亞巴拉輕山系爲一區內黑山高六千七百十英尺。先謙案亞巴拉輕山卽阿巴拉其安山徐志之押罷拉旣俺也又作阿泊拉其安山矢志云中央大平原之東概稱阿泊拉其安山脈之附近此山脈自拉布拉達起至墨西哥灣止長千二百英里最高至六千尺平均高度過二千五百尺又從數多之平行山脈而成高原又云密士失必河之東有山脈曰亞伯拉慶北自緬邦起南亘密士失必邦成平行山脈數條長千二百英里其山脈到處異名本名之外或稱亞臘根尼或曰碧山或曰白山或曰肯孛蘭樋志云山勢曼衍於國東者有阿力汗尼山米細西比河之東分水界也南自米細西比州北至賣內州長千二百英里最廣處一百英里山脈最高者四千尺至六千尺平均高二千五百尺勿爾吉尼阿地方之阿巴拉其安山新英倫地方之古林山回脫山皆爲此山系之一部此山系中隨處有山峽鐵路東西橫亘有石炭鐵石油等諸礦案勿爾吉尼阿卽斐眞伊亞新英倫卽大西洋北部中大低野自墨西哥灣上密士失必河北至坎拿大諸湖爲一區謝志云中部大平原北起北冰洋南至墨西哥海灣東界阿利革尼山東西界落機山中央卽陵橫列爲密士失必河源高出海面千五百尺南向墨西哥海灣爲坡斜是爲密士失必谷北向哈德孫海灣亦一大平原也加

蒂拉剌包有落機山大澤大鹽湖深四千二百英尺尼佛大山爲一區案加蒂拉剌卽瓜地瑪拉矢志云大鹽湖較大洋水有四倍餘之鹹味樋志云落機山西之河皆傾流太平洋惟大鹽湖周邊形如圓谷其水瀦於鹽湖周志云此外大小鹹湖無數盡散在落機山地方尼佛大慕志作塞拉尼法大雷志北美洲總論作西歐拉尼佛大亦卽尼窪達又作內法達樋志云落機山系馳走國西爲米細西比河之西分水界最高峰出海面萬一千尺至萬三千尺喀斯開特山案辻志作加斯開以得謝志作嘎司開德周志作喀斯克特及塞拉奈瓦他山案卽尼法大也周志作西拉納維特較高於幹脈有萬六千尺之高峰喀斯開特連山較低以六千尺至八千尺爲最高點此二山與落機山相距三百里至八百里其間成廣大高原氣候殊燥觸處有鹹湖沙磧土地瘠薄不適農業然富於金銀及鐵謝志云內法達在加里佛尼亞省長千五百里最高峰萬四千八百尺嘎司開德在美國與干阿達交界處最高峰萬四千尺矢志云西部高原落機山與西拉列巴達山脈間土地磽确氣候寒暑並烈金銀銅鑛甚多傍太平洋全國高之中數二千五百英尺爲一區樋志云塞拉奈瓦他山及喀斯開特山以外面太平洋之斜地全與高原相反雨澤充溉地味肥沃氣候溫和吳志云太平洋岸由西拉列巴達山麓臨太平洋傾斜地農產甚多對東洋南洋諸國莞通商之樞要最爲有望佳地每歲熱度中數在海平面計算自三十八度至七十五度正月自七度至五十

七度七月自六十四度至九十六度同一緯度而東岸較太平洋岸爲寒南部則有熱帶之氣候雨水中數二十四英寸再多者在太平洋岸灣岸太平洋岸之北部費拉地費案在賓西洼尼熱度中數五十三度正月三十一度七月七十六度其加哥案在伊里內熱度中數四十六度正月二十三度七月七十度牛痾連案在魯西阿那熱度中數六十九度正月五十五度七月八十二度桑方西斯哥案在加利福尼熱度中數五十五度正月四十九度七月六十度面積三百二萬四千八百八十英方里辻志云約二千一百萬方里慕志云東西萬里南北五千里總計千三百萬英方里許考云橫約七千三百里縱約三千五百六十里人六千二百六十五萬四百四十九口十年增百分之二十七大學校千五百二十五所業農者居成人百分之四十四業礦及他工者居百分之二十二耕種地三十三萬七千七百五十英方里牧場百三

十六萬五千英方里馬贏千六百十五萬千一百九十三牛四千五百十萬五千一百綿羊三千七百六十五萬六千九百六十豬三千九百七十五萬九千九百九十三樹林歲出木料十億立方碼值一億二千萬磅礦產歲值九千八百六十四萬二千磅內煤一億九千四百六十萬四千噸鐵塊九百六十五萬三千噸銅二十二萬三千四百六十噸銀六百六十四萬九千噸金千一百八十萬三千噸及鉛鋅水銀石腦油等漁亦要業製造日興有廠三十五萬五千四百十五所用工人四百七十一萬二千六百二十二出貨值一億九千五百二十六萬磅運河四千四十八英里千八百九十七年鐵路十八萬四千六百三英里辻志云鐵路貫通各都府全長四十八萬九千二百里西加口聖路以爲中心車站電信局有二萬二千九百郵便局七萬六千六百八十八洋海商船萬六千五百九十湖河商船三千七

百八十八入口貨值一億五千三百八十八萬二千磅出口貨麪包料棉花食物等值二億二千一百十九萬磅多與英德西印度英屬北美洲貿易政要云銀錢用祕瑣值四喜林近有自造金銀錢通用者矢志云合眾國土性濃厚如大平原地方人口稀少尚有餘地有大農攬多地以耕者農產物玉蜀黍歲穫可得八億三四千萬弗小麥可得五億一二千萬弗中央諸州產大麥各處有大葡萄園南部產棉花居世界總額十之六麻苧煙草糖果實甚多畜牧最宜森林甚茂最高樹木至三百尺以上樫松樅楓菩提樹甚茂歲穫利在八億弗以上金鑛爲世界第一自澳洲金鑛發見後讓澳洲第一然最近之產額猶至四千萬弗遠出俄國之上此皆產於西部高原及中央各地銀礦以落機山中爲最歲產額至六千三四百萬弗銅鑛出修比立阿河邊及墨西哥境額凡三千八百萬弗占世界四分之一煤鐵二礦在世界中亞於英然觀其歲增產額分數則二礦皆出英上產鐵以東部高原爲第一歲出約六百六十七萬噸煤一億七千萬噸煤油產於亞臘根尼山地每歲約四千五百萬石其他所出鉛鹽硝石等莫不富饒一切礦產歲至六億六七千萬弗其二業雖近時整頓駸駸有淩駕英國之勢皆集大資本設大工廠用機器爲之觀其最近統計工業資本在六十五億弗以上製造場有三十五萬處用工四百七十萬人產出價額不下九十四億弗如棉花製造最盛工人三十萬產額不下二億一千萬元毛布製造額一億六千

萬元歲出新器獲專利文憑者不下二十萬此國製造業數十年後必爲世界第一千八百五十年財力之總計百二十九億元至千八百九十年已至千一百七十億元加至九倍以上千八百九十九年公入款一億二千三百四十七萬八千磅國債三億八千三百八十七萬四千磅各國私入款九千八百五萬二千磅國債二億三千六百五十三萬二千磅兵額常備軍二萬七千百六十人後備軍十二萬五千人戰艦百二十七鐵甲四十一共萬九千人

東部新英倫諸邦先謙案此六國徐志爲東路諳志作大西洋北部凡六部一云指國之東北部又名新英革蘭諸邦內地多山高下不平沿海數百里平坦河水東南流入大西洋北方有山倍印湖長三百里冬季數月有雪夏月溫和樹木茂盛水流湍急故多取水力運用輪機居人稠密大抵爲昔時移民之後伐木及製造工業最盛大城三十二內有製造廠三萬餘所製爲羊毛貨棉花貨皮鞋紙農具軍器工器

緬國

緬雷志云面積三萬三千四十英方里人六十六萬千八十六口奧古斯大會城人萬五百二十七口　坡蘭人三萬六千四百二十五口徐志緬一作洛作賣內又云在合眾國極東北隅與英屬部接壤西界紐罕什爾南界海幅員如中國之浙江省山水環市林木叢茂北境極寒冬月雪深數尺堅冰可勝車馬南境夏令頗熱明天啟六年英人始至基尼河畔刱立一鄉後漸繁衍與麻沙朱色士合嘉慶二十五年歸合眾國道光元年別立爲緬國土產五穀棉花紙熟皮蠟燭鐵材木最多船料皆取辦於此每歲出口貨約值八百餘萬合眾貿易緬居十之三以奧古士大爲會城有大書院二正統領一副七巡察官十二贊議官數十居民五十餘萬所務惟農漁商無巨富無極貧先謙案列國學會二圖與雷徐同世界圖作麻陰謝志作美印周志作梅痕課程作梅因即麻陰之音變字圓球圖作曼矢志作孟又緬洛之音變字現勢圖作賣內据二圖東北界英領牛不倫瑞克西北界英領貴北克東南臨大西洋西南界牛罕什爾會城在南境曰奧古斯大鮮翻歷無城郭都會聚落即謂之城其實無垣堞也與雷志合萬國圖作奧加士他圓球圖作奧格斯塔陳記作墨格士打西南曰坡特蘭即雷之坡蘭二圖爲巴特蘭陳記作砵倫云緯北四十二度五十七分至四十七度三十二分順天偏西六十六度五十二分至七十一度六分

牛罕什爾國

牛罕什爾雷志云面積九千三百五[illegible]英方里人三十七萬六千五

百三十口　公哥突會城人萬七千四口　曼采司德人四萬四千百二十六口　那虛亞人萬九千三百十一口徐志紐罕什爾一作紐韓詩爾又作紐韓龐又作新韓賚又作新韓西勤又云在緬國之西北界英土西界洼滿的南界麻沙朱色士幅員如緬三之一境內山嶺崇峻最高曰白山積雪不消終歲皓然有尼比西阿尼湖周數十里風景幽絕土氣清和其人多壽明天啟二年英人麻臣俄尼士始墾此土旋與麻沙朱色士合乾隆六年別爲紐罕什爾部後歸合眾國地產大木有高二十丈者又產洋參冰糖銅鐵鉛會城曰公哥突有大書院官制與緬略同員數差少居民二十八萬餘東南隅有波子某城港口深穩合眾國兵船皆泊於此先謙案郎雷志之牛罕什爾也牛紐皆譯言新列國學會二圖作紐罕什爾圓球圖作紐罕受爾米志作牛含布什爾矢志作紐奇賽周志作紐海拍鮮孫志作牛罕什課程作牛罕西耳一作新寒時阿据二圖東北界緬西北界洼望東南臨大西洋南界麻薩朱色白山在西北南境有公哥突與雷徐合東南隅有波子謀城與徐之波子某合異名記云合眾國兵船皆泊此陳記公哥突作庸曷萬國圖作孔科圓球圖作康考得米志作剛哥的世界圖作孔科得而漏載牛罕什爾之名講義云華盛頓山巔布設鐵道可供眺望曼折斯豆乃重要之製造場也曹典球云曼折斯豆據英文元圖在公哥突東南屬紐罕什爾州學會圖誤繪入洼滿的州案洼滿的南部實無可符此譯者先謙案曼折斯豆郎雷之曼采司德曹說是也陳記作文遮士大波子某作砵士毛庶云緯北四十二度四十分至四十五度十二分順天偏西

七十度四十分至七十二度八十八分此大陸會議拒英十三州之一

洼望國

洼望雷志云面積九千五百六十五英方里人三十三萬二千四百二十二口　望比鏖會城人三千六百十七口　般靈敦人萬四千五百九十口徐志洼滿的一作握滿的一作佳門又作滿又作法爾滿又作鑿敵斷華云在紐罕什爾之西北界英土西界紐約爾南界沙麻朱色士幅員與紐罕什爾相埒境內有曼士非爾大山高四百餘丈多杉木冬夏常青故名其地曰洼滿譯言綠山也又有大湖曰占勃連萬歷元年法人由加拿他轉徙至此雍正二年英人由麻沙朱色士漸拓其地乾隆中別立為部五十六年歸合眾國土產布棉紗粗呢牲畜銅錫鉛鐵而鐵尤王又阜礬極多會城曰滿比鏖阿有書院官制與紐罕什爾同居民二十九萬餘先謙案即雷志之洼望也列國學會二圖亦作洼滿的世界圖作佛芒脫異名記作非曼特萬國圖作瓦門特圓球圖作浮爾莽特謝志作斐門德矢志作佛孟德周志作尾蒙樋志作瓦門特課程作非曼特据二圖東界牛罕什爾西界紐約爾北界英領南界麻薩朱色課程有滿比鏖阿與徐合郎雷之望比鏖世界圖作蒙特丕力爾萬國圖作蒙丕利阿圓球圖作莽特丕力歐米志作玭理耳陳記作滿必里阿二圖西北有柏林敦郎雷之般靈敦陳記作巴連頓綠山自南至北縱貫國中陳記作洼滿地云緯北四十二度四十

四分至四十五度順天偏西七十一度三十四分至七十三度二十六分

麻薩朱色國

麻薩朱色雷志云面積八千三百十五英方里人二百二十三萬八千九百四十三口　波士頓人四十四萬八千四百七十七口　丸塞司德人八萬四千六百五十五口　羅活耳人七萬七千六百九十六口　覆里佛人七萬四千三百九十八口　坎闊里治人七萬二十八口　靈人五萬五千七百二十七口　勞倫司人四萬四千六百五十四口　司潑林飛耳人四萬四千百七十九口　新彼覆人四萬七百三十三口　沙滿維耳人四萬百五十二口　呵耳約克人三萬五千六百三十七口　塞雷人三萬八百口徐志麻沙朱色士一作馬薩諸色士又作馬沙朱碩士又作馬沙諸些士又作瑪撒主悉士又作馬蔽云在紐罕什爾洼滿的之南西界紐約南界干捏底吉洛哀倫東距大西洋幅員與洼滿的相埒近海地勢稍平迤西山巔重疊干捏底吉河由北發源橫貫國中氣候溫和似中國之江北明正德間英人尚天主教其國人尚耶穌教者航海逃至此名曰新英吉利開墾生聚戶口漸繁康熙三十一年復歸英轄謂鑑云千六百十年英國潔清教人有緣事僑居荷蘭乘船往北美之斐真伊亞者謀行海道偏北差數四五百里冬時伐樹營屋天氣嚴寒死亡過半存者用力耕耘居止遂定後同志者踵至千六百三十年復來十三船之眾因剏立波斯頓城散處者多置莊院起公會定律法設學塾有哈法德約翰者捐家資之半建大書院一所千六百七十五年土人謀為害與戰勝之後生齒日繁士人亦相安無事即今瑪撒朱色邦也與徐異乾隆間歸合眾國土產鉛錫白礬煤布大呢魚油會城在東曰摩士敦為合眾國大都會城內萬室雲連市廛盤市仍留隙地相間隙地每方百畝圍以闌干外環樹木為居人遊憩之地牛馬不容踐踏故地氣疏通人少疾疫有大書院六藏書樓數處一樓藏二萬五千冊官吏士子皆許就讀城外近臨海港在合眾國為第二埔頭其商船輪船無所不到陸地鐵路馬車火輪車並用正統領一副二居民八十二萬餘先謙案即雷志之麻薩朱色也列國學會二圖作麻沙朱色傳士謝志作瑪撒朱色矢志作邁薩久賽茲周志作麥衰且斯失次孫志作瑪撒初色米志作瑪洩朱些斯圓球圖作麻賽楚寶資課程作瑪撒出色云一作馬息舟薛士南境有斯勃林菲得郎雷之司潑林飛耳陳記作士布林非兒東南隅有普里穆斯郎雷之覆里佛東北有角東向為安得角與普里穆斯南北相距其中凹入成灣會城波士敦在焉郎雷之波士頓徐之摩士敦也圓球圖作保斯屯泰西新史作撥思登矢志作濮斯登陳記作布士頓謝志作波斯盾世界圖作薄斯頓而不載國名蓋疏漏陳記有紐必里砵郎雷之坎闊里治有瓦詩士打郎雷之丸塞司德有奴倫士奴亞郎雷之勞倫司講義云本洲於北美製造業居第三外國貿易居第二貿易悉經波士頓為北美文學技藝音樂之中樞彼哈維德謝志作哈佛德大學在市外

曹云据英文圖郎坎闊里治講義又云其西北十一英里蘭基西得千七百五十五年獨立之爭開戰始於此陳記云緯北四十一度十五分至四十二度五十二分順天偏西六十九度五十四分至七十度三十五分案此拒英十三州之二

羅德島國

羅德島雷志云面積千二百五十英方里人三十四萬五千五百六口　波羅威頓士會城人十四萬五百六十八口　保塔開德人二萬七千六百三十三口　亘埽坎德人二萬八百三十口　林肯人二萬三百五十五口徐志洛哀倫一作羅德島又作羅底島又作律愛倫又作爾羅愛倫云在麻沙朱色士之南西界干捏底吉東南距大西洋幅員如中國之一中縣在合眾國為最小明崇禎九年麻沙朱色士人羅查威廉謫居於此鳩眾開墾遂成小部謝志云千六百三十八年有偉聯拉基耳因講道不合遂去瑪撒朱色立羅德哀耳邦與徐異康熙三年歸英吉利後歸合眾國土產鐵煤會城曰波羅威士頓城外有海港曰新灣港內有小島其國以此島為名哀倫譯言島洛哀倫譯言島部也島上建樓高十餘丈樓頂作小屋周以玻璃每夜然燈數十以道海船避礁石合眾國港內皆效之戶口不多貿易工作與麻沙朱色士相埒棉花尤良地平坦海濱多建樓高六七丈借風激輪為磨以屑穀麥正副統領各一居民十萬八千餘先謙案即雷志之羅德島也列國學會二圖作羅得課程作魯地周志作瓏

特矢志作路德孫志作路得馬謝志作羅德哀蘭据二圖有波羅威頓士與雷合陳記作布羅非頓士徐作波羅威士頓語助上下不定也講義云波羅威頓士市爲木棉毛織之大製造場平方圖有波羅威頓士而無羅德世界圖於麻沙朱色士之南圍二圈卽羅德與干納底克也而不著其名俱疏漏陳記云緯北四十一度十八分至四十二度三分順天偏西七十一度八分至七十一度五十八分此拒英十三州之三又徐志注云南懷仁宇內七大宏功記有樂德島銅人高三十餘丈一手持燈兩足踏兩山腳海船出其胯下銅人內有旋梯人由旋梯至其右手然燈以引海船卽此島也建樓然燈事本尋常乃懷仁造爲銅人之誕說而云三十餘丈不知此銅人何由而鑄亦何由而立也亦可謂荒唐之極矣先謙案此亞細亞陸堤島事非此島也南懷仁時美洲尚未檢出何由得知羅德島事徐誤矣

干納底克國

干納底克雷志云面積四千九百九十英方里人七十四萬六千二百五十八口　**哈得富**會城人五萬三千二百三十口　**牛海文**人八萬七千二百九十八口　**辟里治坡**人四萬八千八百六十六口　**活德勃雷**人二萬八千六百四十六口　**滿里頓**人二萬千六百五十二口　徐志干捏底吉一作干尼底吉又作哥內的古又作衮特底格又作捏的格爾云在洛哀倫之西北界麻沙朱色士西界紐約爾南距海港幅員三倍洛哀倫有大河曰干捏底吉發源緬國由此入海故以水名爲國名土壤中平沿河腴沃近年已興蠶桑之利明崇禎六年麻沙朱色士人始墾其地曰赤活後有英人墾出港口之地曰紐倫敦康熙元年合爲干捏底吉部歸英轄謝鑑云千六百三十五六年有自瑪礎初絕遷居堪諾克提河濱因立堪諾克提邦有際清人自英來相與造牛哈分城公會律令凡撕理邦事官長必於敎會中選人在之與徐略異牛哈分即牛海文也嘉慶二十三年歸合衆國土產牛馬羸羊銅鐵棉麻布大小呢紙鐵器又造木時辰鐘每歲得三萬件會城二一曰哈得富耳在河濱有大書院一一曰紐倫敦在海口有大書院四其學館爲二十六國之最又有別院教啞與聾者以手指代言語諸國皆效之正副統領各一居民三十萬餘先謙案卽雷志之干納底克也列國學會二圖作康內克的告得矢志作康內的克孫志作康諾提克謝志作根內第革課程作堪訥昔克云亦作孔匿低咳周志作康納克剔刻据二圖北境有哈得富耳卽雷之哈得富講義云哈得富耳市有大製造廠尤以銀行保險業爲重新大陸記作哈佛南境濱海有新哈文郎雷之牛海文又東南濱海有新倫敦而雷志無之據謝志云牛亥分城有著名耶而大學校藏書二十萬卷以徐志大書院證之是牛亥分卽紐倫敦也李記作牛海芬陳記作紐希文云舊會城今遷於哈富平方圖但書新倫敦而不著國名世界圖漏繪互見止陳記云緯北四十一度零至四十二度二分順天偏西七十一度四十六分至七十三度五十一分此拒英十三州之四

中大西洋諸邦先謙案此四國一都徐志爲東路謝志作大西洋中部多紐折爾西云內地多山沿海窄地平坦山中多產煤鐵因內外交通便利故開鑛製造極爲興盛商務遠勝別部大城四十四合五邦爲一區工廠四萬餘所

牛約克國

牛約克雷志云面積四萬九千百七十英方里人六百萬三千百五十七口　**阿巴尼**會城人九萬四千九百二十三口　**牛約克**人百五十一萬五千三百一口又四郊人二百九十六萬三千七百九十二口　**卜路克令**人八十萬六千三百四十三口　**拔翻羅**人二十五萬五千六百六十四口　**羅勞采司德**人十三萬三千八百九十六口　**酸雷鳩斯**人八萬八千百四十三口　**託勞塞**人六萬九百五十六口　**烏的加**人四萬四千七口　**賓格敦**人三萬五千五口　**陽喀士**人三萬二千三十三口　**愛耳滿拉**人三萬八百九十二口　**長島城**人三萬五百六口　徐志紐約爾一作紐約克又作紐育克作新約又作新約基云米利堅大國也東界注滿的麻沙朱色士干捏底吉東南一隅臨海港南界紐折爾西賓夕爾勒尼安西北距安剔衣釐阿伊爾釐二湖東北界英士地形三角幅員如中國之福建省東境多山大者曰押罷拉既俺案卽本志亞巴拉契之餘多平土有大河曰活得遜由北而南長千餘里闊十三四里洋船溯流而上可數百里迤北甚寒冰堅可任車馬中間有湖曰畜治其地富庶繁華爲二十六國之最前明中葉荷人尋新地初開此土名曰新荷蘭嘉靖中意大利游民麕至爲荷蘭傭萬歷間英人亦至其地經營開墾日益富盛順治中英王命其昆弟名約者主之以兵力逐荷人盡有其地名曰紐約爾謝鑑云牛約邦者千六百二十六年荷蘭人立斯城與土人通商亞志以貿易爲重農務爲輕千六百六十四年荷割此城與英爭以全地歸其統理與徐略異乾隆四十年華盛頓舉兵紐約爾首附之英人借其殷富屢以大兵攻取故被兵最甚會城亦名紐約爾外通海港爲合衆國第一埔頭產銅鐵鉛鹽牛馬羊豕棉布嗶嘰熟皮白紙玻璃每歲貨船入港者千五百艘運入之貨值三千八百萬圓運出之貨值二千三百萬圓內地通衢多用鐵汁冶成以利火輪車之行大市鎮二曰阿爾巴尼曰推來書院學館甚多有演武館校習槍礮軍械官制略同緬國員數較多居民二百四十二萬八千餘新大陸記云爲全世界中第二大都會第一數倫敦有唐人埠先謙案卽雷志之牛約克也列國學會二圖世界圖作紐約克東有城曰阿爾巴尼與徐合卽雷之阿巴尼世界圖作阿哈尼陳記作阿而民尼米志作阿而別尼泰西新史作難巴尼圓球圖作奧耳八遜此城之北有推來徐所云二大鎮卽雷之記勞塞託勞推來音變字也陳記作弟來阿爾巴尼之南濱海有紐約克謝志云牛約革省之牛約革爾爲北美第一大城世界第

五大城建於大西洋濱在赫德森河口前有長島遮護海浪不啻天然隄岸樓高七八層至十餘層升降用汽機不勞步履製造廠林立煙雲蔽天講義云紐約克臨呼得桑河口與琅島西端布魯克林相對其間架以鐵橋赫德林呼得桑即徐之活得遜也諸志布魯多作哈得孫布魯克林與列國圖合學會圖作卜魯克林即雷之卜路克令新大陸記作布䃍侖陳記作布魯曹云長島二圖作琅島琅譯音長譯義西境濱伊爾釐湖有布法羅即雷之拔翻羅陳記作巴法路又東北濱安剔釐阿湖有羅徹斯特即雷之羅勞呆司德陳記作羅士邊打又東有塞拉庫西即雷之酸雷鳩斯陳記作沙那多架士世界圖安剔釐阿湖作安達寮伊爾釐湖作伊里講義又云此州農業亦居首位陳記云緯北四十度三十分至四十五度順天偏西七十一度五十四分至七十九度五十七分案此拒英十三州之五

牛曰西國

牛曰西雷志云面積七千八百十五英方里人百四十四萬四千九百三十三口　彼德孫會城人七萬八千三百四十七口　尼華克人十八萬千八百三十口　曰西城人十六萬三千三口　坎登人五萬八千三百十三口　特連頓人五萬七千四百五十

八口　呵波根人四萬三千六百四十八口　依利社巴城人三萬七千七百六十四口　徐志云紐折爾西（一作紐約爾些又作紐惹西又作新遮些又作新日爾塞）云北界紐約爾西界賓夕爾勒尼安南界特爾拉華東面大西洋海幅員與麻沙朱色士相倣北境有大山平原多衍沃有巴沙益河受諸水匯爲深潭澄泓涵演怡人游眺明天啟四年嗹國人初寓其地後有瑞典人墾其南隅荷蘭人墾其東北康熙四十一年始歸英（講義云牛遮耳西邦於千六百六十五年刪開後燒克欵八人多居之其東界蘇格蘭會盟數人居之與徐異）後歸合衆國產鐵鉛布疋會城曰特連頓設正副統領居民三十八萬餘先謙案即雷志之牛曰西也列國學會二圖與徐同（講義同）世界圖作紐日爾西矢志作紐亨伯休周志作紐及赦課程作新這塞謝志作牛遮西講義云其地稱爲庭園洲以產果物甚多也都會爲紐亞克局面甚大据二圖地作半島形南向有角曰邁角西爲特拉華灣深入國西特連頓城在西境紐亞克在東北隅曹云据英文圖彼德孫在紐亞克北三十里則是雷志講義雖異實同野口保興內外地志云特連頓爲首都與徐志合不可曉陳記作地林頓有奴注即雷之尼華克云緯北三十八度五十五分至十一度三十一分順天偏西七十三度五十八分至七十五度二十九分案此拒英十三州之六

賓西洼尼國

賓西洼尼雷志云面積四萬五千二百十五英方里人五百二十五萬八千十四口　哈力士堡會城人三萬九千三百八十五口　費拉地費人百四萬六千九百六十九口　比的波人二十三萬八千六百十七口　愛里根尼人十萬五千二百八十七口　司克倫頓人七萬五千二百十五口　里丁人五萬八千六百六十一口　歐犁人四萬六百三十四口　韋爾坎司巴爾人三萬七千七百十八口　蘭克司德人三萬二千一口　亞耳士那人三萬三百三十七口　徐志賓夕爾勒尼安（一作邊西爾威尼阿又作賓西洼尼阿又作邊西耳文又作奔西爾瓦尼又作品林）云在紐折爾西之西北界紐約爾西北隅連伊爾釐湖西界倭海阿南界勿爾吉尼阿馬里蘭特爾拉華幅員與紐約爾相埒境內有押罷拉既俺大山逕布下蘇貴哈那等河地氣寒暑適均土壤東勝於西瑞典人初開其地康熙二十一年英將威廉賓據之又買土番曠土拓爲大部故以姓名其地曰賓夕爾勒尼安譯言賓之林野也（講義云偏偉聯者憶克數人千六百八十一年英王賜以附近德拉瓦河之地以船三檴載三百人往騎建斐拉德斐亞城次年偏偉聯親至其地與土人立約購地通商從無干戈之事圍名曰偉斯偉那邦）乾隆間歸合衆國土產煤鐵鹽呢布苧麻磁器玻璃會城曰非勒特爾非爾（一作費拉地費一譯兄弟愛）在東南隅建於特爾拉華河口街直如矢萬廈整潔外通海港輪船可直抵城下爲合衆國第三埔頭每歲運入之貨值千一百餘萬圓有鐵路達

鄰封火輪車船之煙櫃多造於此官制與紐約克略同居民百八十二萬餘先謙案即雷志之賓西洼尼也列國學會二圖作賓夕爾法尼亞（講義同）世界圖作邊西兒巴尼亞周志作噴息維納矢志作賓率梵尼謝志作本西斐尼平方圖作賓夕爾斯尼安孫志作濱西洼尼陳記作賓西温尼新大陸記作濱士温尼課程作片司危那云又作噴夕爾費呢阿一作編西耳萬尼阿据二國東南隅有非勒特爾世界圖作費拉底爾非亞即雷志之費拉地費矢志作費拉的費謝志作斐拉德斐亞陳記作非拉地兒非阿世界圖東有地辣威亞灣即特拉華灣垻辻志云費拉的爾非亞府濱底拉非亞河口北美大陸會議在馬府中有獨立閣十三州志士宣獨立檄於此底拉威亞河即特拉華河也李記云城西有志爾乃而橋西北有飛蓊帕格大園林水陸異地萬六千餘畝旁有生物苑講義云北美製造業此州居第二鑛業居第二鐵產有二分之一石炭產有四分之三石油幾全出於此有名石油井在州西北涌出之額爲世界第一東部有無煙炭田亦著名非勒得爾非爾有世界最大石炭販賣場自石油地方布鐵管數百英里送油至此製成輪出誠大工業也其西境二圖有丕特斯波格即雷之比的波世界圖作庇止堡新大陸記作必珠卜辻志云庇止堡人二十三萬八千口丕特波斯格爲北美製鋼鐵及玻璃業最大市場其北二圖有亞勒加尼即雷之愛理根尼又西北隅瀕伊爾釐湖有亞什大布拉世界圖曰不哈羅中境二圖有威里安斯拔特即雷之韋爾坎司巴爾陳記有乞里士北即雷之哈力士堡云緯北四十九度四十三分至四十二度順天偏西七十四度四十分至四十度三十六分此拒英十三州之七

特拉華國

特拉華雷志云面積二千五十英方里人十六萬八千四百九十三口　達佛會城人三千六十一口　韋爾明敦人六萬千四百三十一口　徐志特爾拉華一作底拉華又作地那注爾作德拉委爾又作列勒威爾云在賓夕爾勒尼安之東南西南界馬理蘭東臨海港爲特爾拉華河下游故以水名爲國名幅員與洛哀倫相倣在二十六國中爲最小地亦瑞典人所開荷蘭奪之康熙三年歸英初附於賓夕爾勒尼安後析爲小部道光十年始歸合衆國土田卑溼貿易無多會城曰多發統領一居民八萬八千餘先謙案郎雷志之特拉華也列國學會二圖同周志作玳拉同亞李記作特爾拉窪課程作德拉洼云一作低剌謂阿矢志作台拉惠据二圖東瀕海有多發郎雷志之達佛陳記作多化其外爲特拉華灣平方圖有多發而不著國名世界圖不載俱疏漏李記有渭明登陳記有威靈頓郎雷之韋爾明敦云緯北三十八度二十八分至三十九度四十七分順天偏西七十四度五十六分至七十五度四十六分此拒英十三州之八課程云洛哀倫德拉洼地最小周回各百餘里視諸大國不及十分之一獨以華盛頓倡議拒英起兵相應功成之後遂各仍其舊以至今

馬理蘭國

馬理蘭雷志云面積萬二千二百十英方里人百四萬二千三百九十口　阿那波利會城人七千六百四口　霸地摩人四十三萬四千四百三十九口　喀勃蘭人萬二千七百二十九口　徐志馬理蘭一作馬里蘭又作馬黎郿又作麥爾釐蘭云東界特爾拉華北界賓夕爾勒尼安西南界勿爾吉尼阿中貫遮士畢海港分境土爲兩畔幅員與紐折爾西相埒西北有峻嶺餘多平土五穀百果皆宜明嘉靖間英國有律官曰麻爾底磨率二百人來墾此土父子相繼至崇禎六年告成其初開時值英女王馬理在位故名曰馬里蘭馬理譯言王后蘭譯言地也謝鑑云千六百三十年英王喀力第一賜公爵巴提摩以依近策色皮克海殿一帶地方巴提摩天主教人故天主教遊難之人咸主後禁滿耶蘇爾教人赫來皆盡心耕耘貿易之事遂成此邦其説喀異後歸合衆國土産呢布鐵器瓦器玻璃紙料會城曰阿那波里有書院官制與諸國同居民四十八萬華盛頓都城在國之西南界先謙案徐雷同列國學會二圖作馬里蘭矢志作馬立蘭樋志作馬利蘭周志作墨利倫吳志作美利蘭李記作馬利藍据二圖東境瀕海有亞那波里即雷志之阿那波利徐之阿那波里陳記作安那布理土其北有巴爾的摩即雷之霸地摩陳記作布地摩矢志作拔爾的慕云在吹撒比克灣頭講義作巴爾的摩爾云爲煙草及卷煙草之大製造市謝志作保勒第摩云以販棉花煙草著有霍伯金大學校生徒繁盛迂志作薄爾替摩兒云人口四十三萬四千案吹撒比克二圖作折撒比克世界圖作遮士畢克即徐之遮士畢港也李記云有長橋三此遮犾畢港之橋約三里地名帕立費世界圖有波剔摩即霸地摩平方圖作巴爾的摩爾皆不著國名疏漏陳記云緯北四十八度至三十九度四十三分順天偏西七十五度四分至七十九度三十三分此拒英十三州之九

哥倫比亞都城

哥倫比亞雷志云面積七十英方里人二十三萬三百九十二口

華盛頓合衆國京都人十八萬八千九百三十二口　迂志云在國之西端濱厄特麥克河左岸大統領府在焉課程云城在哥倫米阿地當馬利蘭內港西汊之尾直斐眞伊亞東北　喬治統人萬四千四十六口　徐志哥倫米阿一作戡攬獵阿又作加士勒巢勒爾阿云在馬理蘭內港西汊之尾勿爾吉尼阿之西北地跨兩國周四十里合衆國都城也初華盛頓既勝英居於哥倫米阿定爲總統領治所合衆國之紳耆皆會集於此議國政城爲華盛頓所建乃合衆國剏業之祖故即名其城曰華盛頓有總統領府議事堂文武衙署迤西別一城曰查治當有書院鑄礮局對岸別一城曰阿力山特釐阿有鑄礮局育嬰館三城貿易極盛居民四萬三千先謙案郎雷志之哥倫比亞也孫志作個倫備地李記作柯倫比爾矢志作哥崙布戴畧作叩倫比亞列國學會二圖並載哥倫比亞華盛頓其東北曰查治當與徐合惟徐作迤西誤郎雷之喬治統也對岸一城曰亞勒散特郎徐之阿力山特釐阿謝志哥倫比亞地下華盛頓作瓦升盾云濱哀多瑪克河左岸宮殿

宏麗以文石造成有國會議事堂有華盛頓雷名塔高五百五十六尺新大陸記作華盛頓紀功碑惟哥倫比亞自成一地不屬於某邦蓋爲合衆國公有地講義哥倫比亞區云華盛頓臨波多麥河波多麥哀多瑪一也世界圖平方圖有華盛頓而不載哥倫比亞之名陳記云地士地力阿夫哥倫米阿緯北三十八度五十一分至三十九度順天偏西七十六度五十八分至七十七度六分

南大西洋諸邦

先謙案此四國一部徐志爲東路謝志作大西洋南部多西勿吉尼云天氣和暖海岸平地廣闊宜種棉花煙葉白米佛落理達產橘甚盛每年可二十萬噸此邦六部產米三百萬磅煙一萬二千萬磅田產之豐可以想見

勿吉尼國

勿吉尼雷志云面積四萬二千四百五十英方里人百六十五萬五千九百八十口　里支門會城人八萬千三百八十八口　拿覆克人三萬四千八百七十一口　彼得士堡人二萬二千六百八十口　靈支堡人萬九千七百九口　徐志勿爾吉尼阿一作費治尼阿又作勿爾治尼阿又作[illegible]尼亞云在馬理蘭之西南西北界賓夕爾勒尼安倭海阿西界又作額爾拿威阡的伊西南界田納西南界北喀爾勒那東距海港幅員之廣爲

二十六國之最境內之山最大者曰波威爾士河渠交給最長者曰波多墨有天生石橋離水二十丈闊數丈又有石洞深里許內有生成數石人名曰龍洞土壤中平沿河者較腴沃明中葉英王占士未知是理第幾顯時英人初墾此土因名其地曰占士後於萬歷初告成值女主以利撒畢在位更名曰勿爾吉尼阿譯言貞女用以贊揚女主也謝鑑云千六百七年英船有至雅各河者冊建雅各城有斯美特約翰爲首領千六百十九年英國有販女人嫁與雅各城爲妻者英遣罪犯荷賣黑奴歲生遂繁耕作亦力千六百二十年與土人戰勝之千七百六十一年英人四萬點人二千矣斐眞伊亞邦於是立與徐異乾隆四十一年歸合衆國土產五穀果碩貿易繁盛會城在東界海濱曰里是滿有大書院官制略同諸大國居民百二十三萬餘合衆國聰明英傑之士多萃於此先謙案卽雷志之勿吉尼也列國學會二圖與徐同世界圖作勿瑠治尼亞課程作非眞伊亞云一作微晉尼阿謝志作斐眞伊亞周志作維亞及尼矢志作佛勒那孫志作東勿吉尼据二圖東境有里士瑞平方圖作里士滿卽雷之里支門徐之里是滿陳記作利之文謝志作利支云濱雅各河案徐作海微誤濱風景清奇有大船塢製造銅鐵器煙捲麥粉爲四方鐵路中樞昔年南北交戰州城爲南方之京都矢志云知蒙德府在佛勒那州爲煙草之輸出所知蒙卽支門也其南有伯特斯波格卽雷之彼得士堡陳記作必打士墨又東瀕海有那佛爾克卽雷之拿覆克講義云產小麥玉蜀黍其煙草最良輸入日本者出此地陳記云緯北三十六度三十分至三十九度四十分順天偏西七十五度十分至七十三度三十三分此拒英十三州之十

北加羅里那國

北加羅里那雷志云面積五萬二千二百五十英方里人百六十二萬八百三十二口　剌里會城人萬二千六百七十八口　韋爾明敦人二萬五十六口　徐志北喀爾勒那一作那弗喀爾勒那又作北格羅來納又作北甲羅里那又作北戈羅里又作北駕羅連又作北加洛犇云在勿爾吉尼阿之南西界田納西西南界南喀爾勒那東距海幅員與勿爾吉尼阿相埒境內西北多山最高者曰墨魯東南皆平土河道紛歧最長者曰羅阿萊東界有瘴氣迤西平善初英律官格拉領頓與依爾額蘭威爾里等來墾此王因以國王之名名之曰查爾土頓未詳是理第幾顯後又有臘里者亦來墾兩土毘連總名曰喀爾勒那雍正七年分南北兩部北部臘里所墾也謝鑑云千六百六十三年英王將附近斐眞伊亞南界大地賜與公爵喀仁單並尊爵六人先有移居其北境者皆發會中人千六百七十年有英人三船來止郎於北境建喀力城因南北相距鳶遠遂分南北喀羅來鄉邦也其初條例皆英國博上拉克約輸所定民不便之未二十年廢棄爭盡自定規律人數愈增則貨日盛案與徐略異乾隆五十五年歸合衆國地產金開礦淘沙者常二萬餘人木多松以松脂代燭穀以粟米爲主小麥次之產棉花煙葉會城曰喇里正統領一參辦七饋佐數十居民八十萬三千餘耕作買黑奴爲之俗侈靡好宴飲先謙案卽雷志之北加羅里那也列國學會二圖與徐同世界圖作北加羅禮那課程作北加祿里那云亦作北喀羅林拿周志作北克魯剌納矢志作北加洛林那謝志作北嘎羅來那据二圖中境有城曰剌里與雷合卽徐之喇里亦卽臘里此以始墾之人名名之世界圖作拉利陳記作羅利其東學會圖有海角曰哈得拉斯角列國圖無世界圖作哈的拉斯角其東南濱海有威爾門敦世界圖作維耳明頓卽雷之韋爾明敦也陳記作威頓云緯北三十三度五十分至三十六度三十分順天偏西七十五度二十五分至八十四度三十分此拒英十三州之十一

南加羅里那國

南加羅里那雷志云面積三萬五百七十英方里人百十五萬千一百四十九口　渣耳敦會城人五萬四千九百九十五口　哥倫比亞人萬五千三百五十三口　徐志南喀爾勒那一作搜士喀爾勒那餘奧北國云在北喀爾勒那之南西南界若耳治東南距海幅員如北喀爾勒那三之二境內墨魯山高四百餘丈餘皆培嶁有泚底大河由西北而貫東南海濱炎熱有瘴氣迤西適中初與北喀爾勒那爲一部後分兩部與北部同時歸合衆國土宜粟稻木多松橙產棉花苧麻金鐵有鐵路通鄰封會城曰個倫比亞有大書院二官制同北部惟北部無副統領南部有之居民五十五萬三千餘先謙案卽雷志之南加羅里那也列國學會二圖與徐同世界圖作南加羅禮那課程作南加祿里那謝志作南嘎羅來那据二圖中境有個倫比亞與徐合世界圖曰可隆比亞卽雷之哥倫比亞其東南濱海有查勒士敦世界圖曰釵耳斯頓卽雷之渣耳敦平方圖作查勒斯敦矢志作加勒斯盾謝志作勒斯盾云本邦商務殷盛之區講義云最大棉花市場案徐云查爾士頓以國王之名名其城垷陳記以查士頓爲

市鎭哥倫米阿爲會城與徐合疑雷誤陳記云緯北三十二度四分至三十五度十二分順天偏西七十八度二十五分至七十三度十九分此拒英十三州之十二

喬治亞國

喬治亞雷志云面積五萬九千四百七十五英方里人百八十三萬七千三百五十三口　愛倫搭會城人六萬五千五百三十三口　塞文那人四萬三千百八十九口　奧古斯大人三萬三千三百口　美肯人二萬三千七百四十六口　科侖伯司人萬七千三百口　徐志若耳治一作若爾熱又作若治阿又作熱爾治又作熱可加又作佐治阿又作惹爾治云在南喀爾勒那之西西北界北喀爾勒那田納西西界阿拉巴麻南界佛勒爾勒蘆幅員如中國之直隸省押罷拉既俺大山在北境東北有卸番亞河又有阿結治亞拉達麻哈等河皆注南洋北界有石洞高數丈小河從此流出駕小舟入洞可十五里過此瀑布飛下不能進矣雍正十年有英人百餘居此立城於卸番亞河畔無業貧民競負耒來耕後荷蘭瑞典人亦來墾荒地漸成聚落時南境之佛勒爾勒蘆爲西班牙所據以兵爭此土數年乃定乾隆十八年英人始建爲一部時英人爲若耳治第二遂名曰若耳治謝鑑云英人有見田牘押監之人心生亡伽啫土監英王賜以附近攜川那河之地以安其身名日敦爾

其阿邦與徐略異撒凡那卽卹番亞嘉慶三年歸合眾國地氣土俗物產與南喀爾
勒那同以棉花爲大利會城曰靡理治有大書院官制與諸部略
同居民六十五萬一千餘先謙案卽雷志之喬治亞也列國學會
二圖作吉俄爾給亞世界圖作若日亞課程作佐治阿周志作佐
其亞矢志作日耳治亞陳記作若爾治阿講義作吉俄爾吉亞謝
志作卓支亞据二圖東濱海有塞芬拿卽雷之塞文那世界圖作
珮番拿矢志作撒梵那謝志作撒凡拿云美國輸出棉花第二要
港街市整潔多製造廠南近佛落理達界有奧古斯大與雷合世
界圖曰聖奧古斯廷塞芬拿之西北有美廉蓋卽雷之美肯西境
有科隆布斯卽雷之科侖伯司矣惟雷之會城愛倫搭徐之會城
靡理治不見圖志据陳記會城曰阿蘭打阿蘭打卽愛倫搭也又
云市鎮有米力之威米力之威卽靡理治也是愛倫搭今爲會城
靡理治蓋昔爲會城而今爲市鎮矣又有沙灣那卽雷之塞文那
陳記云緯北三十二度二十二分至三十五度順天偏西八十度
四十八分至八十六度四十
分此拒英十三州之十三

佛落里達部

佛落里達雷志云面積五萬八千六百八十英方里人三十九萬
千四百二十二口　**達拉哈西**會城人二千九百四十三口　**皆**
克松維耳人萬七千二百一口　**坎韋斯德**人萬八千八十口徐志

佛勒爾勒釐一作佛羅理得又作佛羅里達又作縛利他又作費羅里大云合眾國之極東南
境地形如拇指斜伸入海北界若耳治阿拉巴麻餘皆距海幅員
與密執安相埒地形平坦壤土與沙石相間卑溼殊甚明正德七
年西班牙人般士底里晏始墾此土嘉靖四十三年爲英所奪越
二十年西班牙復奪回嘉慶中西班牙與別國交兵米利堅貨船
爲西軍所劫米起兵索償西人知曲在己而米船之貨已散失乃
以此地償之時嘉慶二十五年也班人皆他徙惟雷漁戶農夫近
年招集流徙生聚漸繁海濱土番尚未全服時與居民格鬭土產
玳瑁蜜蠟棗橙橘無花果甘蔗棉花洋藍以達那哈爲會城止設
議事處一所未立統領等官故不列於諸國居民五萬三千餘先
謙案卽雷志之佛落里達也列國學會二圖作佛魯里達世界圖
作夫滂利達課程作弗羅耳大云亦作輔羅力達周志作福祿利
特矢志作弗洛立達陳記作佛勒釐大講義謝志作弗羅利達据
二圖西北境有達拉哈斯世界圖作塔拉哈西卽雷之達拉哈西
陳記作打拉夏西其南有亞拔拉西海灣出墨西哥大灣東境有
皆克桑惟爾卽雷之皆克松維耳東面大西洋東南對巴哈麻羣
島中爲佛魯里達海峽南對西印度之古巴中多小島爲佛魯里
達礁島轉西有角爲薩布爾卽佛魯里達角世界圖曰色白耳角
陳記云緯北二十四度三十分至三十一度順
天偏西八十度一分至八十七度四十六分

五洲地理志略二十下　美洲二下

賜進士出身　特賞內閣學士銜前國子監祭酒翰林院編修加三級臣　王先謙謹撰

合眾國一下

顧厚焜美國地理兵要頗有異同且裨闕畧茲錄爲二卷分埒於
諸國之後　同治初年南北部連年爭戰因南部多黑奴欲移至
新開之地北部禁阻致動兵戈後北部獲勝釋放各處黑奴眾部
仍歸一國通國分南北中西四土三十八部外有九屬未成邦南
土分六邦曰勿爾吉呢阿西勿而呢阿北喀爾勒那南喀爾勒那
若耳治佛勒爾勒釐東北土分六邦曰緬紐罕什爾注滿的麻沙
朱色士洛愛倫于捏底吉中土分五邦曰紐約克紐折爾西賓夕
爾勒呢安特爾拉華馬理蘭西土分十八邦曰倭海阿密執安阡
的伊田納西密士失必魯西安納英釐安納亦倫諾爾阿甘沙士
密蘇爾釐威士干遜衣阿華得撒閩呢疏大哥羅拉度呢不拉士
格阿拉巴麻甘色士沿太平洋三部曰呢華大加利福呢亞阿利
堅外有八地曰華盛頓新墨西哥衣打賀滿單拏懷阿名烏大亞
里孫拏呵哥大新地阿拉斯加在亞
墨利加西北本俄地後售於合眾國
美國山分四脈由西岸數起第一爲海岸山脈次爲孫魯辣乃瓦
太山脈三爲落機山脈四爲挨魯該紐山脈此四山脈之外概成
平原廣野　第一海岸山脈擁北方英屬地挨來孔之境而走加
利福呢亞之西岸頗多峻嶺險嶂　第二孫魯辣乃瓦太山脈走

加利福呢亞之東境亦屬峻險且藏金銀諸鑛樹木亦不乏加利
福呢亞相傳多山水名勝實成自兩山脈者也此兩山脈之間廣
闊沃野一覽無際越生魯辣乃瓦太山又開平原然皆枯燥野地
無生氣殆亞墨利加之沙漠乎　第三落機山脈長亙九千八百
英里起自北海之濱達蔓衰魯倫海峽中起萬八千餘尺之高峰
然山勢甚寬廣故山上亦有荒野此山脈成美國中脊之地土壤
枯燥殆不生草山脈東麓以東威密河谷百萬方英里之平地沃
野渺茫全國農產半出此地故生齒亦年年加增　第四挨魯該
山脈起自北方緬邦界英屬地及美國境至紐約而中止樹木饒
多至賓夕爾勒呢安邦再起盡於阿拉巴麻州境亦多崔巍峰嶂
樹木豐饒
蓄藏鑛產
四山脈之河流甚多著名者密士失必河也此河支流以出落機
山東方之密蘇爾釐河挨魯該紐山西方之倭海阿河爲首此二
流及其餘大小河流自東西匯於密士失必河故密河谷平地皆
霑其水利而富殖　北方有大湖五狀如肺葉西曰修丕廖湖南
曰密執安湖湖南卽詩家古埠也東曰休倫湖其東南相連釐底
湖衣羅乖湖此兩湖間之水峽爲南央阿拉之瀑布五大湖面積
九萬七千八百方英里衣羅乖湖之下流出英屬加拿他地方成
聖螺楞斯河注入大西洋此等大湖相連可通艦舶北方土壤雖
廣亦不乏運輸之利二湖濱多巨市大郡　美國水運無地不便
如紐約郡由霍讀松河費拉特爾費郡由淡魯回河新新那器郡
由倭海阿河三佛浿謝司戈郡由篩可辣門託河總計合眾國內
地江湖通航之綫二萬英里天然水利之富超乎世界此外運河

由人工開鑿者姑就所知者略舉之勝路易郡與詩家古郡之交掘隣拿易運河以相達衣釐湖之水至南央阿拉止不通舟楫因由部子派路（在細約衣釐湖尾之一郡）掘運河以達霍讀松河其他由連其生提亞掘運河遠湖河上由器哀批幾之首掘運河遡修司開烘啞河總計全國運河之長四千英里　全國道路之修繕未得其詳至鐵道建築步伐歐洲諸國咸豐四年五年時總計長三萬八千餘英里至九年已增至六萬英里二十年前哈馬哈郡至加利福呢亞郡之鐵道落成其工程浩大絕倫遂一變貿易之形勢云

合眾國氣候因版圖廣闊南北不同南方佛勒爾勒釐占北緯二十四度氣候同熱帶諸國北方屬地阿拉士格郡迫於冷帶中央諸州氣候中和然寒暑之變化異常蓋其地勢山脈亙南北而無橫絕東西者北方陸地廣南方隔海灣面熱帶之州土南方空氣少有異動時其炎蒸之氣直感動加拿他地方北方空氣少有異動時由加拿他吹下直至墨西哥灣因風之向背寒暖易變也由落機山西麓至加利福呢亞一帶南蔭墨西哥高地前受太平洋之溫潮流故寒暑皆不酷空氣頗溼東部地方則均乾燥　華盛頓至春三月始絕雪四月南風初拂炎氣至八十度北風來則又冷五月炎熱逐增六月至百度自紐約克郡至布士頓府大抵同中土詩家古郡亦然至七月初已覺秋涼

美國之石炭脈富於全歐三倍以光緒七年所出計之全國共有三千八百五十餘萬噸鐵亦有三百四十餘萬噸賓夕爾勒呢安州所產居三分之一此外如密執安紐約克及倭海阿邦掘出鐵數居全額之半餘則十八邦所產也銅之出自密執安邦修丕廖

湖傍者居全國產額五分之四金銀則多於沿太平洋平地之諸郡同治十年售出外國之金銀價九千八百五十餘萬弗其他亦倫諾爾邦密蘇爾釐邦出鉛賓夕爾勒呢安邦石腦油之利頗巨

工藝之興以開製鐵之業為根本美國已富炭鐵全國鎔化礦鐵場有三百八十六所從事職人二萬七千五百餘人冶鐵鑪五百七十四座約鎔成二百餘萬噸銑礦製造所二千六百五十三所職工五萬一千人其他工匠農具器械等凡百冶鐵場三百十所職工四萬五千人其製鐵之盛以賓夕爾勒呢安邦之費拉特費及輝林為最著名其他倭海阿邦之新新那器郡密蘇爾釐邦之勝路易郡皆有製鐵地造船則以紐約為最　鐵材之最利者工匠農具之外不過紡織機械美國富有棉花羊毛乃以機械代紡羊毛紡織場共二千八百九十一所棉花紡織場九百五十六所其使役之織工男四十七萬五千五百人女九萬七千三百七人童男女三萬二千五百八十五人（棉花紡織多婦人童幼為役）二者為全國最有利益之事此外麻亞麻之紡織甘蔗楓糖之精製煙草之製作果穀之釀造為盛製皮革材木之器具脂蠟曹達之石鹼蠟燭鍍錫鐵白銅之食器縫毛布棉花之衣裳靴帽手套之類上下日需之物亦各邦各郡設製場也

通國之錢鈔以一大辣為元位一大辣分為百生司一生司如中國之十錢一大辣如一千錢當南北戰爭之時國家財用空竭始流布鈔票鈔票之額過多一遇兵事價即下落今則鈔票與現銀同價矣落機山以西之郡歷來不用鈔票今亦流通　其他度量衡之制同英國常量一磅合中國一百二十二錢四分七二十八磅為可啞託魯四可啞託魯為○（譜紐切）特杜愛其二十為一噸合

中國一千七百十四斤十兩弱立方積一俄倫約合中國六升○六三八俄倫為一簿蘇平方積一愛可魯約中國三萬六千三百八十二方尺里法曰邁魯合中國二里七四五強也

陸軍馬隊十大隊礮隊五大隊步兵二十五大隊武官二千一百七十員武官兵二萬五千最大武官歲俸一萬三千五百元第二劉德男特一萬一千元第三梅育七千五百元第四勃立戳及雅五千五百元歲用三千九百九十二萬四千七百七十三元（據光緒七年年報譯出）

海軍武官二千零四十三人兵七千五百人兵船八十隻大礮一千一百二十五門歲用一千二百九十一萬六千六百三十九元（據光緒七年年報譯出）

美國鐵路長十五萬零六里　總共造費共九萬萬萬圓　管鐵路官工在一百萬人以上　速力最早者每九十三分走九十二里如費城列鐵田路是也　最好八輪客車每乘值八千五百元綫路最長者亞治送所比克三打費鐵路約長八千里　上等有睡房客車價一萬五千元至一萬七千元不等　美國最長鐵路橋在紐約埠名波基布希橋地名廣治列花全長五百四十八尺　美國最高鐵路橋名金澤維亞脫可脫在夜利羅脫高三百零五尺　美國掛造火車人名拔大可泊　乘客最多而往來運行者紐約滿哈淡夜列背的脫鐵路是也每日有五十二萬五千旅客　美國鐵道每日利金平均百元　美國最長隧道名傳沙可

長四里四分之三　造鐵路一里之費平均三萬元　最高鐵路在田花里澳個蘭特麻沙耳泊司透出海面一萬零八百五十二尺　東西最長鐵路名加奈治安太平洋濱鐵路自貴別客達太平洋　鋼鐵軌道約十八年之久可不朽壞

陸軍　全國陸路提督一　駐紮華盛頓陸路提督一　陸路提督三（一駐紐約一駐詩家古一駐舊金山）陸路總兵六（一駐華盛頓一駐甘色士）（一駐閩嘅蘇大一駐呢不拉士）（絡一駐亞里孫掣一駐得撒士）又有參將游擊都司守備頭等千總二等千總頭等副千總二等副千總外委

海軍　海軍提督一　二等海軍提督一　三等海軍提督六又有總兵副總兵參將副參將游擊千總把總二副水手

自咸豐十一年美利堅南北邦交惡口尋干戈迄四年而後定甲艦交戰蓋始於此夷考其時船甲厚不過五六寸礮皆光膛生鐵具來復綫者十不過一二撞敵之具未有鋼背伏雷以外未有魚筒視近今軍實利鈍懸絕然其克捷之道與夫傷敗之由事後推墨輪墨者流每因此悟新法美既罷兵乃稍置巨艦造速行巡船為懲毖之備顧其國崇守華盛頓遺約不尚武功不爭屬地又以與歐洲諸大國海疆遠隔如風馬牛之不相及陸軍常制僅二萬六千人二十年來於船工無甚增益海軍著籍悉旋臺舊式殆不免於因陋就簡之譏抑其務財訓農通商惠工謀國之深計蓋有亟於此者固非人官物曲之有不逮也　守護海岸雙旋臺鐵甲船五號單旋臺鐵甲船十四號　旋臺之製瑞人愛立克生所掛美專用之其船止上下艙二層水綫帶以上即與臺接視英制有甲房者大小迴判西人稱為瑪呢託耳蓋從其船之初名也批烏力呑五船次第修治甲質易以鋼面礮用新式稍改舊觀索古

司等船皆供當時戰役但歷年已多規制亦隘論者取爲華路之啓可耳　一等巡海快船五號外尚有三船造於咸豐時者不備考　二三等巡海快船十五號外尚有十九號造於同治二年前不備列　按南北邦之戰南邦在英購快船二曰瑟姆式爾曰阿拉八馬游弋諸海口北之商船均被掠毁美後責英不守公法爲宜戰之國造船同治十三年英償美耗五百萬磅卽此事也由是美知快船不足抗甲艦而可奪敵商利乃謀新製課速率初成一船曰阿搭哈擬行十七海里而不成後改爲帆船繼造曰伍發諾阿克能行十五海里今亦無存英法起而競之快船程式爲之一變泊司頓等三船暨達爾分船下艙鋼面作弧形中心高出水纔斜降至纔下約四尺蓋卽英之穹甲式也美海部近議測驗速率例在平水　必令駛行外海試以風濤阻力　據爲準度其刻意求精有足多者　新造兵船五礮船五雷艇二　美未有雷艇所列卽防海新論譯稱爲水雷船者也其雷以造火箭法爲之船首綴竿以陽氣或空氣射放亦能自行水中但不造及魚雷之精且遠耳

美初立國時隸屬者止十三邦曰干捏底吉譯言長也境有長河因河得名曰特爾拉華明萬歷四十六年英人特爾拉華初至此地後卽以名其邦曰馬理蘭崇禎四年英主馬理蘭遣可里抓姆至其地故名曰緬古時紐罕什爾紐折爾西二邦皆隸此邦後分曰麻沙朱色士曰紐罕什爾曰紐折爾西曰紐約曰北喀爾勒那南喀爾勒那初合爲一邦後分曰洛愛倫版圖最小曰田納西曰洼滿的曰勿爾吉呢阿西勿吉呢阿昔爲一邦後分爲二故西境名西勿吉呢阿此十三邦大略也嘉慶二十四年又增五邦曰阡

的伊曰倭海阿曰魯西安納曰英釐安納曰密士失必道光二十八年增至二十六邦三部光緒元年增至三十七邦後哥羅拉度亦升爲邦共得三十八邦八屬一野番部一阿拉士格新地據西半球北土之半東瞰大西洋西濱太平洋美人立國至今百十三年開礦山建鐵道富饒埒於歐洲而土人日漸稀少鵲巢鳩居日盛一日矣

十三邦立國紀事

緬邦　立國與徐志同

紐罕什爾邦　干捏底吉邦　明天啟二年英人遷於紐罕什爾刱道路建屋宇大設商館後英主以其地屬麻沙朱色士別爲一邦荷蘭亦來干捏墾其岸上干捏底吉譯言長江也此地河道數十最大者名干河荷人築堡於哈富與土人通商貿易日盛麻邦人民聞干河富饒朵頤有日崇禎五年玼理某人玻廉欲移住干河岸載家具於小船下河荷人得此地以來壟斷其利有年不欲外人移住見玻廉來大怒上堡注丸大礮嚇之曰此地我所管不容他人至汝宜返棹否則必戰玻廉不以爲意會風駛船行如矢乃過鳥連得索爾二三里上岸經營屋宅英人聞玻廉採得干河陸續追至生聚保育建堡河口守之名曰塞福落自玻廉採得干河後二年麻邦民踵至闢林莽開牧場時既嚴冬河冰堅凝牛豬凍死徙者僅得保命翌年夏布士頓民百人舟載牛犢來徙飲牛乳充糧食建哈富及伊瑟爾西布利多等市邑紐罕什爾於乾隆年間立部後歸合眾國干捏底吉於嘉慶二十三年歸合眾國

洼滿的邦　立國與徐志同

麻沙朱色士邦　密士又航新地覓得緬麻等地名曰新英時英教有二一羅馬舊教一波羅特士旦新教分爭有年既而舊教盛行奉新教者不屑受制明泰昌元年其徒攜家航新地聞活得遜河岸地可開闢從流而下暴風漂至葛布剛突此地屬麻邦其徒上岸採良地積雪如銀荒凉特甚時見墳冢纍纍相接遺小舟更下土人挾弓矢來拒英人發礮轟然如雷土人驚潰乃覓得一埠土性比初所達之土稍肥沃可耕種衆大悅名其埠曰玼理某乃率船衆同往時方冬月冒風雪觸瘴癘皆得異疾死者相繼强壯者伐林木建屋宇僅蔽風雨翌春天氣和暖病者始差每晨夕遙見炊煙起始知近傍有土番部將往一探之土人佐無於勢津登來見曰此地本土人所據有保聚繁育爲一大部落二年前疫疾流行死亡略盡土田荒蕪今貴國墾此地大爲可喜佐無麤解英語怪問之佐無曰前年有英人航至此者就學其語先是法人亦曾航來此土土人殺之奪其船隻貨物虜一人斬之其人憤激曰汝曹無道虐殺無幸神人共怒天將罰殛之土人嘲笑曰鬼神雖有靈安得罰强勇種族平既而疫疾流行死者相繼埋葬野外始知向所見墳冢者是也乃厚遇佐無遣歸酋長麻沙朱色士來謝英人加禮遇贈以飲食雜具數十品亦訪色士報之務結和好會色士臥病土人固不知醫藥有病者歌舞符呪祈神以祓英人敎之斥去此輩投以所齎之藥一服乃差色士大德之情交日厚而土人不悅贈英人百箭箭笴以響尾蛇皮纏之蓋土人啟爭端必先贈以此箭英人亦以彈藥投之樹柵築壘預爲兵備嚴不可侵土人大畏不來犯英人之糧饟土人閉糴英人欲捕魚充糧土人不給舟網會有英人來數力墾闢者待之以乾魚白水人人發憤講農務經三四年五穀大稔來者日衆崇禎三年人口三百蔚作邑里

自是玼理某日愈繁盛是年英人奉新教者共謀開拓玼理某北方移堅不列癡布士頓等地此地皆統屬麻邦糧儲窘乏志不少撓益務開拓數年後田土墾闢貨物匯聚作水車安置河上礱麫麥織絨氈凡百作業皆以水車代人力以其所得與諸邦貿易商旅輻湊布士頓遂爲大都會乾隆年間歸合眾國

洛愛倫邦　立國與徐志同

紐約邦　昔荷蘭人屢與東印度通商往來而未知美利堅西北二方直接冰海以爲舟自大西洋直航太平洋則道途甚近運輸甚便乃遣善航海者布的遜向西北檢海路不能得乃反舟更航新地自緬邦南下探覘賓邦海岸遂出紐折爾西長島之間得一海峽入之遂至紐約檢諾藐爾灣土人捕魚者見之大驚告鄰落土人麕至見遜舟或疑爲泛水之屋或疑爲一大海族一人曰安知非神駕舟惠顧我輩乎衆皆曰然設盛饌待之嚴如享神之禮遜被緋衣率衆上岸儀觀甚偉土人環視羅拜遜出酒一鑪手觴土酋土酋飲之大醉醒而大快土人自是嗜飲名其地曰滿巴但譯言醉宴也遜得土人心翌日贈日用什器若干品土人大喜而不知所以用之或挂頸爲飾或以伸縮布爲煙囊遜泝藐爾灣至亞爾馬紐與土人結好歸國告以此事翌年再航探覘北部得一大河名曰活得遜時嚴冬河冰舟不動遂死後荷人繼遜屢航此地以諸什器易獸皮獲利巨萬商旅續至築營壘防鈔掠與土人貿易愈至富饒築砦於滿巴但茅舍圍繞名曰紐安特提時明萬歷四十二年其地卽今紐約也荷人性柔和善遇土人不貪奇利嗜煙葉煙葉漸行買地必償其金此時歷巴但未開荷人唯以二十四元得其土自是以前來往者概皆烏合其挈妻奴來住此土

者實始於泰昌元年命其土曰新荷蘭英人亦時至其地順治年間英王命其弟約主之以兵力逐荷蘭盡有其地名曰紐約克乾隆四十年華盛頓畔英紐邦首附

紐折爾西邦　立國與徐志同

特爾拉華邦　明崇禎十一年瑞典人航特爾拉華邦灣檢其隄岸芟除荆棘建城寨開道路瑞人來遷者日多名曰新瑞典先是荷人居新荷蘭者來開特爾拉華遇土人無狀土人怨叛不能成功而去至是見瑞人來從日致繁殖豐美不已順治十二年以須占佛多爲將責瑞人曰此地我邦所開爾等不告我恣意移民不可不討產多爲人勇敢大小數百戰傷脛爲跛驍名愈著奮戰破瑞人奪其土遂棄新瑞典名復舊名荷王以產多爲特爾拉華總督英王聞特爾拉華土地肥美起大兵伐之軍至紐安特提贈書產多諭降產多大怒手裂其書示無降意裝大小礮曰敵至則斃之產多長攻戰而短綏撫人人有叛心皆曰君欲戰則戰如僕等不欲也產多無奈何遂降於是特邦近傍荷蘭部望風披靡不血刃而降遂併紐安特提及新荷蘭封王弟約名此地曰紐約時康熙三年英人得新地疆土日愈大沿海地方自緬邦至勿邦皆屬英紐折爾西兄弟者王弟故舊也王弟得新荷蘭分一部與紐折爾西兄弟政事一從其所爲遂以名其地由是日漸富庶物產亦蒸蒸日上云道光十年歸合衆國

馬理蘭邦　明崇禎十一年英人奉新敎者來新英開海港名曰新灣至十六年英人所管凡五十部落此時英與法荷爭地而土人亦屢來寇於是玭理某麻沙朱色士干捏底吉新灣新邦連盟約互相出兵救援名曰新英會盟國英人巴里底莫欲開新地南

部恐官吏掣肘不終其功乃說王后瑪理曰發號令開敎派各從其所好蠲征稅營生理凡百政令不自中制之預賜之誓書使人人長得有自主之權則開拓之業可奏一大功也功成而後使之臣事英國長守藩服不亦可乎瑪理然之遂名其地曰馬理蘭底莫至新地南部經紀庶務未竣功而卒其子須塞爾代任將大成其業崇禎七年率衆二百餘名泝波多麥河郎馬勿二邦分界一大河也買一地開聚落贈土人以刀斧器具土人大喜敎之蒸黍爲餅蓋報之也英人之徙馬邦也天氣淸和貲糧鱻足無復飢寒之憂勿邦土人亦爲之奔走經營故視諸他邦新徙者得無匱乏國人聞之陸續踵至先是西列慕爾者開商館於馬邦壟斷其利迨塞爾至不奉其法塞爾怒討滅之境內遂安名其首都以其父名曰安那布里士

勿爾吉呢亞邦　英人之徙勿邦者驅逐土人掠奪屋宅淩虐備至土人欲報怨乃饋獸肉務悅英人蓋欲弛其備以襲之也尅期將發土人與英人親善者夜至占士告其謀英人備嚴以族土人至爲其所追擊近傍土人聞之怖甚所在紛起放火英人所至剽掠田無耘者康熙三年克巴弟某代兄爲酋長爲人桀驁有機智年百餘歲志力不少衰襲勿邦殺英人數百英人大怒率兵伐之遂擒某檻送占士射殺之英王遣英人藐爾克列督勿邦克列始至飾情要譽物論不歸之及得志苛暴人不聊生英人欲討土人克列喜得貿易稅金不欲與之開釁土人愈陸梁時來侵掠而克列不敢較人皆咎之怨讟盈路英人巴剛者爲人勇敢有才略偶來勿邦衆推爲將以抗土人巴剛亦見土人跋扈心甚不平遂募兵伐土人克列以其不告己大怒誣以謀反康熙十五年遣兵攻巴剛巴剛固得人心每戰克捷克列不能支遂去占士占士之民恐克列再得志自火占士未幾巴剛死克列勢復振殺巴剛黨二十人殘暴益甚既而克列有罪歸英遂死獄中人人快之先是治勿邦者概無遠略徒貪財賄人受誅求皆不喜英人來營自占士羅兵燹以來不復經營屋宅散去田野播雜穀植煙葉僅給衣食勿邦草樹滿野蓬蒿陰翳河無橋梁陸無鐵路以木搆居不堊不斲且文學未開不復知新聞書籍爲何物其後生聚敎訓漸臻繁庶乾隆四十一年歸合衆國

南北喀爾勒那邦　順治十年勿邦人聞北方天時淸和土壤腴沃先至諾格阿利納墾闢甚力康熙九年英人至曳格阿利納經紀田里後二年闢查爾士頓其地道路四達貿易日盛法英之民聞之來者如歸英之守南邦者議增稅額皆曰南北二邦宜稅額均同而獨厚歛南邦不可也抗嶭不措守官知其不可奪遂寢而新徙人民皆無業之徒開草萊鋤荒蕪備極艱苦英王遣大臣督邦政而前後至者不通下情逼勒人民胺削膏血以富囊橐爲事人人不堪連黨爭訟官吏震懾不知所爲於是南北之民始有自主之權二邦所產米穀煙葉輸出歐土得利巨萬人民末知其土宜棉花至是始行廣種其利稍次煙葉乾隆五十五年二邦同時歸合衆國

田納西邦　立國與徐志同

美國自乾隆五十四年推華盛頓爲大統領後踰年計戶口計四百萬又九年華盛頓卒年六十七國人建華盛頓府嘉慶十六年國人焚華盛頓府兵亂疊乘蹂躪不已益連兵三年矣事定後生聚訓練國漸富庶而上下意見齟齬遂成南北黨始僅口角相爭

繼乃干戈相擾同治三年十一月初三日南北花旗大戰於田納西邦南將穆拉哭率南軍陣於路克澳脫山窩學那利立知山加他奴我谷北將羅施蘭率北軍在平野鏖戰終日南軍勢不能支師遂敗績北軍奪其大礮四十尊被虜者四千人南軍約七萬爲北軍所殺者二千六百七十三人受傷者萬六千二百七十四人被虜並逃遁者二萬三人北軍約五萬五千人死者千六百八十七人受傷者九千三百九十四人遁逃者五千二百五十五人兵連不解四年五月總統阿不拉亨林工爲刺客所殺南北和議遂成今人入其境者皆感華盛頓開國之功而於南北戰事則又未嘗不歎其將能用兵兵能劾命焉

緬邦　宋宏治十三年歐人初至明萬歷三十五年英殖民來經年歸去四十一年法敎師蒙多笛若得至明年英船主容四米來至海岸與土人通貿易英主熱姆司第一告薩法第難讀個入司以此地送不令毋司公司崇禎八年公司仍以地歸英英主復與薩法第難讀個入司公分其地嘉慶十七年英美交戰戰事旋定二十五年始自立邦領十六郡南北花旗戰時出兵七萬百七人步兵三十一立治門得馬兵三隊

邦在美國東北境接英屬地新不艮司會古省界地面凸凹不一內地山岡起伏綿亙不絕北境尤多客打田山在中央及北境邦中第一高山也高五千尺海岸長二百里港灣甚多近岸羣島碁布大者爲忙的沙奪島海內有十三高峰最高者二千尺內地湖河均多皆南流入大西洋地脈宜農然氣候寒冷冬令久長物產以木料致富冬日在山伐木至明春由河上送到海岸故海岸多鋸木廠販運外邦獲利無算造船之業冠於美國美國船之噸數此邦占三分之一製造及漁

業皆旺民多英裔住中央及南境北方麻達窪司可地方民多法
裔北你一作呢夫司古脫一作不拿部祠各得一作丕拿婆祠顧搭河及怕沙麻可的灣
地方有土人居住不多都城奧格士打在給呢北可一作閞內巴古一作克呢
拈排古河濱距河口五十英里官署軍器局濟貧院監獄房屋皆壯麗
波奪艮埠在可司可灣旁與外國貿易生意頗旺其餘列維司屯
沙司鼻的法突等處皆以工作爲業盤谷在北你夫司可脫河濱
距河口六十里爲木料薈萃之區每歲出口之數約長二億萬尺
又拔司及羅可艮地方均以造船得名司馬司屯以販賣石料有
名海軍碇泊場在幾濟里師範學堂在法明屯我打比里學堂在
我打比里波田學堂在夫艮司會古比都學堂在列維司屯　境
內腹地山岡聳峻至高之山名哈哈楷他擎高五千三百八十五
尺鑾特迪若得島一作夢篤苗苕得占地六萬也克○島　薄愛司流拜
多　勃令司冬　彭特　彭特可羅　殼羅司　殼羅几　大米
司古婆　笛阿　達雅　以個路　個來毒達過　個林　哈力
根　呼得　熟部司　拉煞里　立里　立得而殿而　弄　弄
媽矢而　媽之呢革司　媽之玉　米司得過　夢黑硬　夢
罵笛若得　買司路里其　買四空矮司　南蘇司　比古　比
几多梅難　立治夢　西靳　司歸而　劃司　排　篤黑讀
五鼎薄而　育古　本邦水澤占十五分之一本司烹讀湖一作旃斷
蘁長三十五里不拿部司各得河通舟可至朋古離海岸計程五
十六里開內巴古湖通舟可至拔司屋夾司達計程五十里鉛敗
藍讀屋克司福讀渠長五十里○河　壓拉丏司　櫻度羅司古
勒　而羅司託古　皮個媽下司　靑卡沙彭突古　潑路固特
卻布煞布搭古　達媽里司古搭　突讀　丕拿婆司顧搭

非恕　克呢拔軋　克呢拔失司　克呢排古　立得路馬嚇司
立得路馬達威司加　馬嚇司　麥丏路威　麥達王几　莫
藍恰司　木司　納辣我衙司　派薩單几　配拿個司葛篤
披司恰搭几　潑里常得　潑來司久　煞古　煞讀羅拔古
三迪　恕敗司　西婆司各得　先得重　尤儂　先得掛來
先得弗藍昔司　先得重　配拿個司各得　○湖　壓拉丏恕
阿丁　敗司嘉獻昂　別阿　別個　薄挨　勃拉煞　花古穢
我麻古　強排令　接三過過　卻乙雷　固里勃藍得　固里
福特　殼羅福得　以掰羅　恩特累司　非書里排　個拉十
阿　個藍特　個藍特　希弄搭熟礎連　熟牛　克呢別古
而里多而麻四腊古　六婆司搭　弄　弄　莫搭阿夢　莫搭
汪皮古　墨其朋布　密里拿克脫　麻四黑度　麻四烹度
麻四託古媽蘁氣古　麻里蘁開孟古　麻的生讀古　麥度
呢家多是　派密笛過　派媽治內　潑里常得　蝦的遲
蝦的遲　潑里勃羅　藍入連　立揩度松　六幾　薩而夢
四願奇固　四願奇固　又布排古　希排固　希婆以司　失
婆失司　失度以古　煞路　四本煞　四碑達　四各末　先
得絨　垂反勃來革司　度云　櫻拔古　阿拜　四而寶　云
昔亦甫○列郡　般特六司哥近　嵌敗蘭　弗藍不林　二羅
司託古　喊殼古　開內別古　諾古司　令殼羅　惡占司福
突　不拿婆司各得　披四卻搭幾四　三丏達火古　蘇媽
昔得　外而杜　華盛頓　育古　光緒六年民數六十四萬八
干九百四十五人　礦產鐵鉛銅亞鉛石灰雲母石石版　物產
稻松棉花皮鐵條　工作呢布紙磚石自來火樂器材料銅錫器

陸軍步兵二立治門得礮
兵一隊　鐵路千十二里
紐罕什爾邦紐罕布什下紐喊杭賽紐罕布什亞明天啟三年歐人在圖霸巴子
帽司二處開墾乾隆四十六年豫備行政章程會議政事道光十
年章程定咸豐二年廢光緒二年又立美立國時邦人有戰功乾
隆五十四年立邦領十郡　邦在緬邦西南北境白山透迤屈曲
處處有湖風景清淑如入畫圖人比之歐州之瑞士華盛頓峰爲
白山中最高之嶺高六千二百八十八尺諸邦中之冠也海岸十
八英里波奪麻司港風景最佳安拔可湖一作拔鶴櫻干捏底吉湖在
北維呢比可湖窪西比湖一作大比屋在中央諸湖風景清曠鼓櫂其
間合人有出塵之想干捏底吉河貫注此邦及洼滿的邦勝境皆
在河上物產豐阜牧養蕃息氣候似緬邦寒冽稍過之木料頗多
造船亦夥邦多可拉內奪石或稱爲可拉內奪石邦民多英裔都
城庸曷成在美里麻可河右岸官署整潔彼突麻司港在比司可
打可河岸距河口三里爲大船避風浪地與緬邦之幾濟里港相
對滿替司打那沙在美里麻可河濱土拔爲此邦最古之城在可
治可河濱俱以製造繁盛得名打突麻司學堂昌土拉學衛院在
哈諾拔教書學院在坤可突官學堂之制完備學者稱便　回脫
山譯言白山也千二百七十方里山脈向北走最高處六千二百
八十八尺名華盛頓峰此外層巒聳秀風景絕佳南境有可艮土
莫那土諾可山幾而沙里山亦皆高峻○河　空內固溪恰脫
空多過過　丹陽夢　穢度　拔薄迪　希里布司　所以夫得
○湖　定內固溪恰脫　丹陽夢　個司　弄恩　屋失比　昔
公　司觀　煞度　櫻拔鶴　沃而夾　元呢波司里○列郡

必而固捈玻　卻羅羅　乞失雅　果司　古拉夫冬　歐而司
薄羅　梅利麥古　六金亨　司督拉夫　煞里樊　光緒六年
民數三十四萬七千七百八十四人　礦產磁石鐵鉛亞鉛金少
錫白石腠子石可拉內奪石　物產棉花稻蘋果桃櫻桃麥印度
米　工作靴鞋器械紙傢貝　陸軍○兵一白里蓋得步兵三十
隊○兵四昔克申礮兵○隊馬兵二隊共一千七百二十四名候
補兵四萬三千六百九十
八名　鐵路千十九里
洼滿的邦佛翎皈之夢蘋明萬歷三十七年歐人強不林剡至此地雍
正二年殖民集於勃那得路勃路九年強不林湖之南法國殖民
踵至不久郎返乾隆二十五年紐罕什爾邦官署送殖民至本境
時屬紐罕什爾後屬紐約三十六年會議政事於回司得明司達
立邦四十一年邦人欲附入十三邦爲十四邦紐約邦不許四十
二年仍自立時屬英時屬美無定五十五年邦人以三萬銀與美
國紐約邦始和是爲十三邦外之第一邦明年立邦領十四郡
邦在紐罕什爾邦之西干捏底吉河貫注東境有可一作個林山自
北至南譯言靑山也曼司費而奪峰高四千三百八十九尺加美
路司漢布山阿司可突呢山及幾林屯山皆高峰也邦無海岸昌
不連湖郎蹈不林在邦西北風景絕佳湖水流爲立治劉河入先得路
令司河遂注大西洋又別以渠及哈突送河下流及紐約地脈兩
面靑山林立山腹可資牧畜氣候不甚寒冽較緬紐罕什爾二邦
更覺溫和且淸爽鮮潮溼民多英裔間有法裔都城滿必里阿在
維奴幾河之右岸拉奪艮埠在我打河濱爲是邦最大市塵拔林
屯在昌不連湖上距維奴幾河口不遠繁盛次於位奪艮而風景

絕佳北偲屯在邦西南乾隆四十二年統兵官司打可與拔絨軍
之屬兵黑想隊青山隊大戰大捷地因得名奴司費奪及密奪　而
拔里俱有大學院拔林屯大學堂規模甚整其餘官學堂甚多
個林山山脈從北向南有峰高四千五百尺至其輕各峰始分山脈
爲二中間爲兩河之源一曰排冬河一曰白拉可河流入波里嫣
古湖　強不林湖長百二十六里寬四十里極深處三百尺可通
大舟嘉慶十九年英美交戰戰艦曾至此湖○河　定內古溪恰
脫　獨個　麻司　禨特　紐哈聞　呼多呢　同得　同吾司
幾○湖　沃司令　彭八人　柏分　卻司低櫻　強不林　可
里司塔羅　堂麻　歐羅麻　梅毒司冬　門夫里　里嫣個
密須司婦　呢而司　煞令　先麻而　微羅別○列郡　挨其
松　勃迎冬　恰立度呢雅　吃點點　愛昔克司　弗藍百令
勃藍特愛斯　辣麻伊力　屋倫治　呼里恩司　辣篤監
華盛頓　五印得亨　五印得蘇　光緒六年民數三十三萬二
千二百八十六人　礦產雲母石石版腴子石綠鐵錳銅鉛錫
物產柏松檜樅稻麥淡巴菰蔗馬魚印度米羊毛　工作白糖牛
乳黃油　陸軍步兵十隊礮
兵一隊　鐵路九百九里
麻沙朱色士邦壘賈守蘿楚之色昔蛀子明萬曆三十年歐洲殖民初至勃
聞讀灣一作鄙特蒲及愛里沙別司島一作致別璦而英人擺司落紐個司
諾勒度攜三十二人至是年即棄之而去四十二年容司密司採
地至此得丕乃婁司果得及可讀岬崇禎三年立波斯頓後又立
加力司丕城度幾司塔城六葛司拔立城蘇納司城華得當等城
康熙十四年煙顛人內亂境內頗遭蹂躪二十三年英人熟入夫

達盧來督此地二十九年後英法交戰是邦作戰場水師提督同
令非普司本邦人也擄掠矮那波里司地方民人苦之乾隆三十
二年英人虐待邦人關稅煩重邦人不與貿易三十五年英遣將
戳如智到波斯頓殺人無算後屢戰不已四十年華盛頓在朋家
岡一作朋格與英大戰挫之四十五年立行政章程五十三年立邦領
十四郡英美戰時邦人充兵船水手有功南北花旗戰時出兵十
四萬六千七百三十人費軍餉三千萬元　邦在紐罕什爾洼滿
二邦之南中央地低窪西境山高二千尺東南地窪有沙漠東北
多高山海岸繚曲港灣眾多夫沙突呢可河一作他泥蠍沙源出邦之
西境南流干捏底吉河由西境山嶺中發源橫貫邦中美里麻可
河一作利買古壘在東北入大西洋諸河之濱製造場借用水力甚多爲
此邦致富之源製造爲業之人數爲美國最人煙稠密民之先人
多英國比里堂教會中人邦都布士頓臨麻沙朱色士灣論人數
爲美國第五論商業爲美國第二文學之盛名達他州官署音樂
房工商會議所圖書館博物院制度皆壯麗盤可岡鄉郎冊上立石
碑記乾隆四十年英美戰事高二百二十尺羅維而羅連司兩地
以製造氈布得名紐別奪法奪可羅西司打兩地以漁業及工作
有名沙連以貿易外國有名哈拔大學堂在昌夫里治美國最舊
整之學堂也　個令山分兩脈從北而南一塔古呢古山一霍薩
古山西境薩多羅山高三千六百尺本邦東境與北東有岡東南
地低有沙本邦有隧道長四里四分之三通波斯頓修二十年始
成計費一千六百萬元○島　矮不路　排特勃里特　勃羅
達達　卻司路　卻敗古非毒入古　福羅昔司　笛阿
煞別司　軋六浦司　軋芝那司　個來勿里　軋來而司

夫麻姆　霍個　霍司　弄　馬煞司還音雅度　密而古　馬
拿木愛　馬姆　嗎斯閑亐脫　南邱客得　拿沙同那　拿松
奴那米昔得　品斯福特　哈司久　匹讀古司　軍五　潑
郎　令　昔乃古　司必古退古盧　司脫累脫　雙柏淞　邱
卡捺古　同司得　五獨別立治別○岡　別壓　別里別烏
朋格　潑羅司得必葛　橫那得○河　阿哥哥昔得　而里得
羅　阿加許不得　芒亨　敗昔羅　墨利買古　四司得非而
特　排阿　里排　勃腊葛司冬　米那司　米羅　彭沙脫
密司吉古　加力司　拿耍　乙古比　拿司　拿司　可而讀
空古讀　魄芒昔讀　空內古溪恰脫　怕家　空阿非而特
潑郎　華近冬　君業巴　花得　弗林凝　騷司　騷司
弗林　弗林　司多呢藍勃處　所以無得　呼古勃藍處　拖
冬　蝦煞拖泥古　執利　哈排度　同而　一必四外古　同
同司得　而非爾特　入避暑　四司得巴得　熟呢司　同同
執執○灣　阿波那頌昔得　阿沙乃得　蒲閒特　開不古特
讀吉司達　突古司勃留　哈打嫣　累示司　嫣煞一作貝斷之
昔子　禨翁得　呼波　捺漢冬　不利常得　騷司　滑貴篤
同而里弗○列郡　彭司低部路　達古失雅　勃里司得而
受葛司　愛昔克司　弗藍不林　亨不停　亨不耍　米杜
而昔克司　難久客脫　拿福古　不利毛司　煞福古　華昔
司達　光緒六年民數百七十八萬三千八十六人　礦產鐵鉛
煤少石多銀雲母石　物產穀稻蘋果印度米麥番薯淡巴菰麻
工作皮靴鞋寶石紙傢具牛黃油牛乳油呢布絨機器　陸軍
步兵六十隊馬兵三隊礮兵三隊大礮四門武官三百十二名兵

三千八百五十四名光緒六年俸餉十
三萬五千元　鐵路千九百十三里
洛愛倫邦陸陸特讀論倫明崇禎九年歐人六額爲艮送殖民至境莘
於潑路皮定司乾隆十五年至二十八年英法戰時邦人水戰得
功道光二十一年在潑路皮定司議行政章程未定至二十二年
始定南北花旗戰時出兵二萬三千二百三十六人乾隆五十五
年立邦領五郡　邦在麻沙朱色士之南西界干捏底吉東南距
大西洋幅員如中國之一中縣在合眾國爲最小明崇禎九年麻
沙朱色士人羅查威廉議居於此鳩眾開墾遂成小部康熙二年
歸英吉利後歸合眾國會城曰波羅威士頓城外有海港日新灣
港內有小島名愛倫譯言島洛愛倫譯言島部也島上建樓高十
餘丈樓頂作小屋圓以棉花尤艮地平坦無水磨海濱多建樓高
六七丈借風激輪爲磨以屑穀麥○島　薄六固　希拜奴葛昔
得　花四達哈部　空內呢恰多　笛司拜阿　達癡　達亐司
以司得　個特　個司勃立　果特　佛里得　佛林司　福
克司　蝦個　蝦布　笛生司　潑里胡定司　蘭　路司　司
拜路　司塔別固得　入部路達　同波脫○灣　個林同之
司得孟花　捺來戇昔得　捺來戇昔得○列郡　伯里司得而
肯多　牛八多　撲羅皮定司　華盛頓　光緒六年民數二
十七萬六千五百二十八人　礦產鐵煤銷不石灰雲母石銅
物產稻　工作紡織呢布　陸軍候補兵四萬二千四百七十七
名武官及兵二千零四十二名步兵二十三隊馬兵三隊礮兵二
隊大礮八名　鐵
路一千三百六里

干捏底吉邦（[illegible]）昔荷蘭人初採得此地明崇禎六年在
哈富地方移民耕種後以二百五十萬元建造官房嘉慶二十三
年入美立邦領八郡　邦在麻沙朱色士邦南青山在西北境然
高峯逶迤直至紐哈文西石山東石山均在此邦地面高窪不一
沃壤踵接干捏底吉河貫流邦腹由此入海河濱物產甚多邦之
西北及東境宜牧畜西境產五穀氣候冬天嚴寒然較麻沙朱色
士邦少溫和石料販至外國頗得利息製造繁盛借河水之力居
多民多英裔都城哈富在干捏底吉河右岸距長島灘五十英里
可通輪船官署市廛教堂房屋皆壯麗盲啞學堂在紐哈文灣上
距長島灘四英里四圍岡陵鼎峙西可林方圜旁有也而大學堂
城中榆樹暢茂故紐哈文又名榆城學館極盛諾爲可在西莫司
河濱距河口十六里可通船紐倫敦在西莫司河濱有大書院四
奪里呢的學堂在哈奪法脫維西連大學堂在密脫而唐　不令
山脈最高處一千尺其餘山谷層疊島嶼繽紛風景頗佳○島
法而家那司　勿克特卻不聽　婆司　歆六　立得立卻不聽
奴窪固　隆我　埋松　密士的固　河多望東北流境內共
有三大河曰干捏底吉曰呼薩（一作[illegible]）多呢古曰昔姆司入海處日
洛愛倫灘干捏底吉河可通舟上流達哈富離海岸五十里昔姆
司河可達那維之呼薩多呢古河可用小船至達避○河　阿西
八塔固　皮葛羅　空內古溪哈脫　愛多埋羅　法民洞　哈
木那昔脫　命煞多呢古　密羅　木牛言子固　奴阿搭固
牛櫻吃固　奴蛙固　薄美六　君薄　羅令勃羅固　四打其
固　昔波　昔姆司　囘司冬　楊吉固○湖　棚打　家杜那
隆我　撲家搭布　煞羅冬司多　昔呢布希古　素雲　滑

理木　華農　蘇八搽固○列郡　非阿非而育　哈得呼度
立吉非而度　米特而昔克司　紐哈蓬　拖藍度　雲特亨
牛倫度　光緒六年民數六十二萬八　礦產鐵銅鉛石灰雲
母石石板火石灰紅沙石　物產五穀淡巴菰松蘋果櫻桃梅
葡萄梨魚牛印度米麥番薯　工作鐘錶縫衣器農具機器靴馬
車皮鐵塊呢布鐵器木器鞋　陸軍步兵六立治門得礟兵一昔
克申武官一百八十三名兵二千七
百三十一名　鐵路九百五十六里
紐約克邦明萬歷三十七年英人亨利霍讀松初採得紐約灣天
啟六年英人買煙顛人孟赫打島價洋銀二十四元康熙三年邦
人與煙顛戰擄掠紐阿馬司的爾欖地方改今名乾隆十九年英
法戰時此地爲戰場法人在强不林湖客龍伯音脫納羊壓拉修
礟臺英人在愛度窪度烏司囘古修礟臺乾隆二十八年戰事定
在法都議約以加拿他歸英此地歸美乾隆四十二年立邦領六
十郡五十至五十五年以此地爲美都商務漸興繼仍政爲邦都
後遭寇亂二次旋平今則市廛繁盛歐洲及本國各貨每歲之進
口出口者日益增加誠美國第一大都會也　邦在注滿的麻沙
朱色士干捏底吉之西司的天島（一作司的丁）長島在東南皆屬此邦
人口富盛冠美國阿治倫打可山加脫幾而山打古你可山海涙
在邦之東境此諸山相連阿爲列可呢山之支脈阿治倫打可山
中有瑪西峯高五千四百三尺邦中第一高山也邦之西境高而
平昌夫連湖（一作長不林）在此邦及注滿之間湖上小島星羅棊布風
景可悅目嘉慶十九年美將瑪可土那與英之水師戰於湖上大
勝熱治湖（擬卽熱克司）亦以風景勝洪塔里湖（一作洪達里亞）窪衣釐兩湖（一作

愛里）在北界我你打湖（一作窪呢達）司可你的而斯河（一作司家呢鐵力司）加南的
可湖（一作給蘭地牙）可由窪湖（一作給尤外）西呢可河（一作錫林）可六給土河（一作恰你
四度）角土可河（一作殼爾度）等皆在內地大河霍讀松注大西洋通舟百
五十里北有先得羅令司河又有拿可拉河連給依釐洪塔里窪
二湖河中有南央阿拉瀑布五大洲第一瀑布也高百五十八尺
大湖之水過此入海瀑聲如雷又別有突連屯瀑布風景亦佳夏
日遊人絡繹到此避暑拿可拉鐵線橋長八百尺此邦製鐵之業
次賓夕爾勒呢安邦製造呢布亦盛民多荷蘭國及英國之裔邦
都阿巴呢而在霍讀松河右岸距河口百四十五里紐約城在河
口美國第一大城貿易盛大繁華與巴黎倫敦埒中央園洋語名
干土拉而放可面積八百也克四時有花隔東河有勃而可林論
人口爲美國第三繁盛地依釐湖岸有拔費路府亦大城也以麥
子販買得名羅替司打以製造麥粉有名西打可司以產鹽有名
脫果在霍讀松河上船到此地不能再進紐拔波幾夫西費司幾
而霍讀松新新皆在霍讀松河濱亦以製造得名窪司維瓦在洪
塔里窪河岸湖上貿易要地也由治可在莫厚可河岸阿而拔呢
之西八十里華麗之地也沙拉奪窪及波而司屯俱以礦泉有名
邦之大學堂名可倫比安其外曼哈堂學堂夫里學堂俱在紐約
城中司治呢可打的學堂可林屯學堂日呢拔學堂羅替司打學
堂法突漢學堂師範學堂規模皆整維司突波因脫（一作維司奪波因奪）有
美國武備學堂（堂規第一步兵學大礟學騎馬學射槍學軍監軍律用刀法裝劍術體操第二數學第三英語第四
法語第五西班牙語第六書畫學第七化學化學物理礦學地質學第八天然理學及經驗理學第九礟術及軍役第十史地理道德
第十一國法萬國公法第十二軍技學第十三土木學兵法四年畢業）文物粲然人才頗多境
內山脈曰夫薩固曰個林曰勃留離奇曰海藍特曰客篤司几勒

曰海兒大部曰阿几隆達古司（高峯[illegible]）又有三島曰隆愛藍特曰
馬蝦到愛藍特曰司跌丁（卽司的丁）愛藍特（在紐約灣）○島　拔哂四篤
卡而夫　殼呢　殼羅衣羅司　發平　非書阿　福克司
軋羅巴　軋笛那　個司乃固　搿藍特　物力那治阿　物林
物司冬　希而　窪固　窪勒　瀫泿　落平　昔爾達　司的
丁　司多呢　囘而司　霍讀松河源出自矮其龍達古司（[illegible]）山南流三百里至紐約灣入海先得里入司河洪塔里河木
蝦古河皆霍讀松河之大支流也從以里湖（[illegible]）至霍讀松河
河道於道光五年修竣河渠在紐約共長九百七里六百萬噸重
之貨可挽其中以里渠至光緒元年修竣共費四千九百十六萬
九百八十八元南央阿拉瀑布爲地球第一大瀑布流入南央阿
拉湖湖長三十三里在衣釐湖洪塔里湖中間[illegible]
○河　五雖勃盧　琵琶　白辣客　白辣客　恰你四度　希
達　恰徐　豈衣立　霍霍古冬　殼爾度　電阿　突而辣華
衣司度白來處　熱呢　四衣　搿辣司　霍讀松　英迪烹定
司　英及櫻　英及櫻　密突羅白藍處　麻司　乃罰姓古
乃額拉　烏四囘額處　烏四囘箇　波多呢　辣格多　煞公
達　煞而蒙　煞而蒙　拉煞捺古　希內格　先得羅令司
陸貴的　辣五魚讀　辣五魚讀　辣五魚讀　二福度　煞辣
讀外　四姑龍希內家　希外度　希羅敗　四家呢鐵力司
錫林　錫拉司四密司　騷司　司波林　先得里入司　司多
呢　託羅得　託羅得　塔八　塔八司　囘特　阿伯卻低呢

阿伯三喇捺古　五英特福而　五度別立○湖　歐羅巴呢
櫻排　五雖勃羅　敝巳可　別個固里雅　別個馬斯　別
個烏羅夫　別司皮　白臘克　白羅芒丁　薄克　薄里雅司
白藍處　白藍得　扒那敗的彭得　卻那大　恰蘭地牙
卻多林　恰尤外　西大　吃音　長不林　卻俱呆　卻在
卻基　弗里阿　弗里阿　殼羅皮　坑內煞司　克藍別里
克羅故冬　克羅司　達呢突而　愛而古　愛隆　愛林　愛
里　霍倫司皮　霍倫司皮　豐大　福克多　夫爐冬　壽惡
治　個合五度　斛羅　亨陸顧　亨特松　呼司收　音田
音田　音我辣禨　仁京司　若錫非而　熟克司　熟騰　里
特　里回　里得而　葛藍別里　立平司冬　龍　龍　羅姆
羅姆　六阿加帝葛　六阿煞達捺古　禨古華力　禨煞回比
米帳　麻自　禨特　禨特　牛空婆　窪古里　窪呢達
窪夢達外　洪達里亞　屋幾司古　屋毒背古　屋回司古
必昔古　潑辣司特　不里常得　潑來達　潑蓋得　潑戢得
倫罷　立執　陸固　陸令司○列郡　矮而敗呢　矮里外
呢　白羅姆　恰搭羅軋司　恰永外　抽屋度瓜　抽孟　抽
南古　潑林洞　克隆皮雅　可多蘭　特辣回阿　達幾　愛
利　愛昔克司　弗郎可林　夫爐冬　熱你司　個合　哈迷
而冬　哈吉馬　愛發松　京司　利未司　立云司東　買及
松　木隆　蒙得　饔未利　紐約　南洋　矮拉　惡你達　惡農
達阿　饔達里亞　烏林樹　烏里恩司　烏司回古　烏多歲
古魄多那　君司　合昔拉　立執蒙　鹿古藍　生得羅合
司　煞拉篤額　昔幾奈古塔其　四姑哈利　四姑拉　希內

家　四幾平　煞福古　煞里彭　曲外　通不京司　壓羅司
打　劃林　華盛頓　回恩　回司牽司笪　回屋明　也迪司
光緒六年民數五百八萬三千八百十八人　礦產鐵鉛銅雲母
石石板沙石石灰個力乃度　物產米麥糖淡巴菰羊毛蘋果葡
萄樅松櫸番薯牛黃油牛乳油鹽　工作鐵皮農具機器紙
酒鹽木器靴鞋漿白糖棉花鐵塊　鐵路六千五十六里
紐折爾西邦（紐維紐賈若席西）明泰昌元年荷蘭人率殖民至扒成康熙
七年荷蘭人許英人會議政事英美戰時境內兵戈擾攘民不得
安居乾隆四十二年華盛頓過特爾拉華河襲英兵於脫倫屯擄
千八越九日敗英人於百令司冬定行政章程五十二年立邦領
二十一郡光緒十年定新章程　邦在紐約之南臨大西洋邦之
北境岡多阿列我呢山山脈數條自紐約至賓夕爾勒呢安中間
過此邦高峯名青山司可列山邦之中央及南境平坦海岸頗長
之良港特爾拉華河流入此邦及賓夕爾勒呢安邦間霍讀松河
帕西可河哈更沙可河拉里當河在北境莫里司湖大魯港河在
南境皆大河也北境及中央適耕作農產皆販至紐約及費城民
多係荷蘭瑞典及英人裔都名地林屯在特爾拉華河左岸乾隆
四十一年華盛頓擄黑人於此地故有名都城房屋壯麗鐵及磁
器製造甚盛呢窪可在帕西可河上以工作有名北打送亦在此
河上有瀑布名帕西可此地製造亦盛給不梅倫不艮治阿奪鄉
治可西治以水利有名紐折爾西大學堂在不林司屯其外拉奪
可學堂拔林屯學堂皆授上等學術地林屯有大學堂義學之制
亦備　勃盧山分支名惡安戇古山在西北境高千七百五十尺
愛蘭讀山脈高千四百尺兩山中間有欺塔執呢谷寬十里東北

霍讀松河旁愛讀蘭山脈紆回盤曲高六百尺○島　克溟　隆
別處○河　阿篤松（讀鄉松霍）　拔司　拔篤司篤　兒得　突拉回
而　個來得愛個哈婆　來捺司江　木利司　梅兒兒工古
密羅司冬　禨司空內多工　拿敗新古　奴司拉里打　蛙司
回古　泊西古　皮桂司得　羅回　拉媽布　拉里打　夏古
騷司　騷司拉里打　動　塔甲火　回定　華而幾路○湖
白度　揩羅排司　個令　個林烏特　霍巴多工　個林烏
特　霍巴多工　莫利司　隆恩煞家　沙得華得　華華央
達○列郡　阿篤藍之古　扒排　扒林冬　強定　開破梅
強排溟　搿羅昔司達　霍讀松　亨塔同　麥煞　米度羅昔
克司　夢毛司　木利司　窪申　泊西古　煞林　沙貫昔得
煞昔古司　尤濃　華合　搿羅昔司達　亨達松　光緒六
年民數百十三萬八百九十三人　礦產鐵亞鉛玻璃沙磁器土
石灰沙石石板　物產五穀草料稻麻蘋果櫻桃李柏松麥印度
米番薯棉花羊毛　工作絲磁器器械機軸鐵條　陸軍步兵四
十七隊礮兵一隊武官及兵三千五十八名豫備兵二十四萬八
千四百五
十一名
賓夕爾勒呢安邦（奔紐濟尼亞完錫路之呢亞）明崇禎十一年瑞典人送殖
民至者司達地方後荷人在境者據孟亨達以與瑞人戰康熙三
年屬英十一年屬荷蘭六月棄之二十年英主加力司頓以特爾
拉華西地與回艮冰（一作艮彭維）時官署初置又向煙顛人買地乾隆
十一年至二十五年英法在本邦勃臘奪古非而突地方及福篤
達格司地方兩次大戰爲著名戰事美立國時在費拉地爾費亞

會議政事戰地在若們當勃蘭地云乏來個時邦人戰功甚偉五
十五年定行政章程道光十八年修改同治十三年又改乾隆五
十九年西境人反旋平嘉慶四年移會城於蘭甲司笪十七年又
移至乞里司北南北花旗戰時助北人出兵甚衆二軍兩次至此
交鋒同治三年大戰於葛及司排而大離會城不遠時北軍戰歿
二千八百三十四人傷萬三千七百九人南軍戰歿五百人傷二
萬一千人四年南軍毀強排司排地形東南平坦中多山岡乾隆
五十二年立邦領六十七郡　邦在紐約南紐折爾西西阿列我
呢山之山脈數條自東北至西南貫走此邦南山青山阿列我呢
本山替司那土山羅列而山皆高峯也替司那土山及羅列而山
高三千尺爲此邦最高山諸山中沃壤綿延或二十里或三十里
野里河（一作愛野）沿此邦長四十五里野里爲艮港舟楫通大湖特爾
拉華河沙司給哈那河（一作煞司該聽捺一作薩呵葛哈那）在東方特爾拉華河自
紐約邦來經此邦入特爾拉華灣累（一作來）河司治而治而河（一作哥斃
爾該一作四幾爾該爾一作司葛爾該）可通舟至費城等處此二河皆入特爾拉華
河沙司給哈那河發源紐約邦入賓夕爾勒呢安邦合諸水入馬
理蘭邦之治沙比可灣西方有阿列我呢河（一作阿里剛二）莫濃可黑拉
河（一作夢農阿希拉）二流俱通船六十里於比土拔相合爲倭海阿河（一作
青華海）山間可耕山上可牧氣候處處不一然甚爽快西境冬日比
東境少和邦之東北有煤地大而厚稱五洲第一或曰此邦煤無
盡藏近探煤之業大盛西又有石油土人大開油井至數千之
多此邦工作爲美國第三美國所製之鐵半出此邦製造棉花羊
毛鐵條鐵釘紙亦物產之大者也始移此邦者瑞典英德人多民
俗或用德語都名乞里土北在沙司給哈那河東岸風景絕佳鐵

路如蛛網費城爲是邦第一大城人口美國第二在特爾拉華河
右岸及司治而治而河之兩岸距海岸九十六里昔有維艮彭者
剏立此地獨立戰爭之時此地有名又於此地爲獨立之徵調重
地街市民房華麗治拉學堂本太古希臘國造房之式外國貿易
甚盛西南爲鐵路中樞比土拔莫濃可黑拉河阿列我呢河相會
處也貿易鍊鐵有名過橋阿列我宜城拔明漢城也司可艮屯以
煤有名里由以鍊鐵有名由蘭茶司打昔爲美國內地第一城市
維艮司波阿而奪那波奪維而維路可司拔里加彭打里皆以煤
有名北土法有礦泉學堂之最大者名賓夕爾勒呢安大學堂治
拉大學堂波里的可呢可大學堂上等童學院醫學堂此邦各地
方大學堂尚多　境內二山東山曰維塔幾疑西山曰阿里阿二
最高處二千五百尺二山中有數山几峙　東有特爾拉華河河
隄直立長千六百尺風景絕佳又有回沙希貢河（疑即冋司鏺倫鄒）西有
葛藍提懷姆河（疑即司鏺墨紐）四已而該而河皆在斷崖絕壁之旁薩司
葛哈那河占本邦水利之半白盧山在其旁風景亦佳此省河分
二種一由突辣回而河（一作突拉剛醱）過乞薩比古灣而入大西洋一徐
入華海育河薩司葛哈那河紆回曲折而入大西洋境內渠二百
九十二里後增至七百八十一里運煤甚便並可運送鐵玻璃等
董物於境外司葛而該河水長二十五里舟行甚捷○河　阿里
阿二　非之卻因路礦　空內模　哈外內司苟　突辣回而
可辣里紅　可辣里紅愛而可　哈里司入呢阿笪昔
司葛呢米連司　辣甲滑葛心來　夢農阿希拉　霍多媽古
華海育　熱呢鴨搭古幾而該而　恕難古　煞司該瞎捺
煞司該瞎捺　皆俄　塔爾　必霍根　油叔米利○湖扒

而司　皮癡　皮個　皮個勃林過　皮個希谷里　皮個今古
空呢得　空呢幾　不路克特潑里司得而　個辣希　亨
笪　愛藹　熊　諾婆　來回司　六個塔溫　隆　隆　隆
隆　隆　隆　孰必士　六阿　六阿烏度　馬希　達古哈婆
以　癡　愛而古　愛而古　愛而古　愛里　藍特　米拉
莫昔司烏度　礦讀　牛冬　巴拔古　巴癡　巴癡　殼甲
六幾黑而　魯子　山讀　山其涉幾而　竹夫司　昔而
排　昔來　休額　禮求索隱　土愛而呼美路　阿拜烏　回
司幾倫　回司脫　回得華古　來塔○列郡　阿達木斯　阿
里阿宜　阿木司督隆吾　維排　別得福特　排葛司　勃來
阿　勃來特福特　拔葛司　拔督拉　強勃里阿　強乃龍
卻蓬　先搭　者司達　弗拉里紅　弗里愛非爾　弗林登
霍龍皮亞　各羅福特　強排藍特　大分　特拉回　鴨　愛而
可　伊里　非底　福來司脫　佛郎格林　夫而登　個林
亨今冬　英几阿捺　入發松　入呢阿笪　入革握捺　蘭甲
司笪　盧林司　里排農　來　盧闊冷　立各明　礦今礦
煞　米夫林　夢路　夢得翁末利　夢篤　奴三得　奴三排
倫　卑利　費拉特而費亞　丕古　福搭　昔几而該而　西
達　松馬昔得　煞里彭　煞司該哈那　豈蛙牙　尤濃　費
難古　礦林　華盛頓　爲因　爲勢得模倫　爲屋明　育古
光緒六年民數四十六萬二千七百八十六人　礦產煤鐵石
油　物產麥印度米草果子淡巴菰羊毛　工作呢布鐵條鐵釘
紙　陸軍武官八百十一名兵八
千六百四十二名（據光緒三年年報譯出）

特爾拉華邦（特爾勒華特拉罔而）（特勒灣特辣罔而）明萬歷三十八年英人特爾
拉華初至此特爾拉華灣因以名名其地崇禎十一年十二年歐
人接踵而來乾隆五十二年立邦領三郡乾隆五十七年立行政
章程南北花旗戰時出步兵七立治門得馬兵一立治門得礦兵
一立治門得通共萬二千二百八十四人　邦在賓夕爾勒呢安
之南馬理蘭之東美國第二小邦也海岸艮港多特爾勒華河及
特爾勒華灣俱在東輪船往來不絕灣岸並灣北之地豐腴南境
沙多澤亦不少北境冬天嚴寒南境面海氣候溫和民多係瑞典
及英人裔雜人亦多農業爲民人主業邦都在多化峙熱呢司河
濱房屋美麗維明屯在可里司加呢牙河及不艮的文河之間以
製造火藥呢布機器紙得名造船亦多新城西莫拉要地也里維
司在特爾勒華灣上明崇禎三年立是邦最舊之地也特爾拉華
學堂在呢窪可先得瑪理學堂在維明屯其外學堂尚多○島
蓬皮夫古　克里司　昔篤　立篤而　蓬皮呼　批魄几　立
離○岬　烹六冰　地波　愛達北　音篤○河　特爾拉華
英笛揚○灣　蘆花薄　吉　煞比古　突辣回鴨○列郡　昔
篤　紐卻絲路　煞雪克司　光緒六年民數十四萬六千六百
五十四人　礦產鐵　物產稻麥穀桃印度米野菜果子　工作
火藥機械筆醃魚紙呢布
陸軍兵百二十四名
馬理蘭邦（美立倫麥累藍麥累蘭）明崇禎四年船主回艮可里扒姆到此
以英王名名此地雍正八年立馬而基木阿鎮乾隆十年立福來
臺里古世葛鎮乾隆十六年立熱司塔姆鎮乾隆四十二年定本
邦行政章程乾隆四十六年在安那布里士會議政事嘉慶二十

五年立邦領二十三郡咸豐元年立新法十一年南北花旗初次
啟戰在馬而基木阿交兵後章稍稍改變同治六年立今法　邦
在賓夕爾勒呢安之南特爾拉華之西南山及阿列我呢山之山
脈數條自賓夕爾勒呢安邦過此邦入勿爾吉呢阿邦治沙比可
灣自南境延綿於北界分邦爲二灣長二百里到處可通船邦都
安那布里士邦邑在灣東名東岸邦內諸河皆入此灣其大者沙
司給哈那河怕打司不可河怕治仁奪河波奪麻可河也東岸地
不沃腴然多用人工亦適耕種淡巴菰物產之大者也內地山間
及北境地膏腴氣候和暖爽快至窪地則氣候不齊矣民人係羅
土波治母之所移居多安那布里士邦都內有先得緘司學堂及
美國水師學堂波治母在怕打河司不可河支流之上是邦第一
大城也人口占美國第七有華盛頓紀功石碑高一百八十尺又
有嘉慶十九年於諾司波因奪之戰剪除英兵之紀功碑或名此
城爲石碑城內外貿易甚盛淡巴菰之貿易亦大振此地係西北
南鐵路之要地民房美麗教堂巍然入雲又有花圜昌拔艮在波
奪麻可河上以煤之貿易有名野而可屯昌不立治以司屯皆在
東岸夫立的立可黑可司屯在內地波治母有三大學堂野美土
拔有先得美理學堂替司打堂有華盛頓學堂此外義學尚多○
山　白羅吏治　達呢四　以個羅　愛魯固離奇　恰多克今
犿來目拔古　扒恩　白林吏治　夏司登　夫布巴羅　克
煞里幾　買盡司　迷社　必生阿　呢吾羅　呢吾辣司　奴
司　霍里世　淢讀託布　淢讀託布　個來得煞比樹　巨讀
林希羅　通奴奴司　希羅　塔穩希羅　罰立霞　魂近里治
○島　阿塔木司　拔林　犽里司　薄讀今　勃來特福克司

霍個　霍藍特　霍來特　肯得　拜松　破羅　撲不辣
新得熟治　下波　四米四　騷司馬司　吉薩比古灣方二手
八百三十五里受霍多買古河哈打古生多河派打布司古河薩
司改哈那河之水本邦西境有水日西海蛙入呢亦巨流也○灣
白里冬　衣司丹　衣司得福古藍特福古　非身　黑林
同特　藍福讀　木你古　牛巴得　五而讀六讀　辣恩讀
水呪彪呉葛生多　生固得力門多　佻　回司脫福古藍固福
讀○列郡　矮利矮呢　矮呢矮藍突而　白羅治木矮　卻羅
扒得　卻羅林　穀羅而　昔失而　加而司　度吉四笪　弗
力突力古　軋力多　哈福度　呼挨度　肯多　夢得各末利
不失司熟治　君阿宜　生得易剎　送馬昔得　退而薄得
華盛頓　末各愛古　末各　米古　華昔司得　光緒六年
民數九十三萬四千九百三十二人　礦產鐵銅雲母石白彝煤
物產淡巴菰麥印度米棉花羊毛鐵皮粉　工作皮家具粉器
械紡織呢布鐵器牙器玻璃紙料　陸單兵一立治門得步兵六
隊馬兵五隊武官及兵一千二百五十八名　鐵路一千七里
勿爾吉呢阿邦阜(其呢亞之實呢亞)明萬歷三十四年英主熱姆司第一
送三船至此境後殖民漸集與土人奪地天啟三年土人襲熱姆
司河一(作日姆司作壽姆司)英人殺三百五十人土人勢衰天啟四年地歸
英後歸美乾隆四十六年定行政章程乾隆四十四年立利之文
會城乾隆五十三年立邦領一百郡　邦在馬理蘭之西南阿列
我呢山山脈三條自北貫此邦走西南在最東者名青嶺西南打
山阿列我呢本山俱高山也青嶺之東山岡多東南水澤多最大
者名治司麻而澤延綿於北喀羅里那邦長約三十里寬十二里

澤之中央有一湖名奪拉費(一作夢突棘夢讀)面積六方里有治沙比可
灣於邦之東南開通大西洋北遙連馬理蘭邦大河有波奪麻可
河(一作波突麻可一作撲多媽古一作撲冬媽古)拉怕哈那可河(一作拉拜喻拿拈一作辣八哈那古)約可
河(一作育古)日母司河皆入治沙比可灣波奪麻可河可通舟至華盛
頓青嶺之東沙多河岸稍有沃地多種淡巴菰西南地方膏腴占
邦中第一氣候窪地熱餘皆溫和適養生石橋郡內有天然橋為
世界奇觀河名松河橋距河面二百十五尺寬九十尺維牙同美
治送洞在於阿可司打郡不路文洞在於拔司郡皆為旅人必遊
之地方煤礦鐵礦不少銅鉛金大理石多民多係英裔黑人亦多
邦都里是滿在日母司河之左岸距河口百里有大圖面積八也
克府驪在中央民房華麗日母司瀑布之水勢頗強大故以水利
製造麥粉棉花極為得力沿岸製造淡巴菰廠約五十個邦境亦
係四方鐵道往來要衝野里沙別司河(一作優闢別司里)上有諾法有艮
港商務大旺海關及市塵俱壯麗比打司拔距里是滿南二十二
里以輸出淡巴菰麥粉有名阿列基三士里牙波突馬不列的立
可斯拔林治拔菰堂頓皆要地也距華盛頓府十五里波突麻可
河上有夢奪窪司邑故總統華盛頓之鄉里也今存墳墓鄉人燒
香日日不絕此濃礦泉頗多夏時浴客如雲勿爾吉呢阿大學校
在茶路的司維邦此外學校尚多　希難特矮山阿勒牙二山鉛
扒藍特山脈由里勿爾呢阿界來本邦形如三角尖地分六部隨
地勢為之曰退西華得(韓嗑潮木也)萬一千方里曰米突羅(韓嗑巾也)平地
高處東邊百五十尺西邊五百尺曰比特夢特六千方里曰白羅
吏治日乏力兩地多山最高處四千尺曰壓拜喇薩地窄而長○
島　阿煞幾個　新各低個　各部司　福古司　司米司　單

入　蛙篤　撲多媽古河通舟百二十里拉拜哈拿古河通舟百
里喇皮當河育古河愛里闊別司河熱姆司河三處皆舟楫往來
不絕河流縈紆都入大西洋○河　阿普媽脫古司　拔你司達
白喇古屋達　白羅藍　昔革哄米呢　親幾　兵　個里個
路　堂　霍魯司冬　壽姆司　壽姆司　壽姆司　立得羅
微煞福古　襪達八呢　梅育　梅海林　紐古里古　奴四鴨
捺　奴四福古霍魚日司冬　拿篤回　白茫幾　別個　撲冬
媽古　撲回而　辣必登　辣八哈那古　辣敗那　羅拿古
四米司　騷四福　古昔那度阿　騷四胡古霍而　司冬　司
湯冬　司多呢　育古○湖　突辣　夢讀○列郡　阿固媽固
阿固便買里　阿里幾常突里雅　阿里阿二　阿美里雅
混哈司得　阿蜂媽得固司　和額司笪　拔司　排得福得
跛來特　薄的多多　白藍司衣古　杯腳那　拔金亨　長勃
而　卻魯令　卻路路　卻里司先地　卻六的　七四搭非二
特　克拉古　克來個　恰密百　康日來特　入金松　林月
地　曷力闖別司先的　愛昔割司　非阿法革司　花去阿
一六一度　富辣拔那　弗來革林　弗來笛力古　幾力司
勃羅昔司達　個革浪　個來松　個令　個令回而　哈里法
克司　哈農擺　亨力谷　亨力　海藍　愛司六夫回　入夢
司失的　今愛納君　今熱入　今達艮　藍客四搭　里　六
堂　羅衣飾　羅近敗　埋其松　埋收司　梅桂林薄　密突
二音克司　夢突工密里　難昔夢　乃而松　牛耕多　拿福
古　拿三布冬　拿三拔來特　拿篤回　屋林治　派治　拔
篤里古　屁多昔而罰呢雅　扒瞎登　潑令司愛度蛙度　潑

令司熟治　潑令昔司阿二　潑令司回艮　潑辣司幾　拉拜
哈那古　產夢讀　六諾古　六古別立治　六竟亨　辣昔而
司可得　希拿讀阿　司呢司　騷三不動　四巴古多失而
拔呢亞　回搭愛度　薩里　薩昔克司　塔譯回而　華令
華未古　華盛頓　回而篤麻藍　回自　固悉[illegible]育古　光緒
六年民數百五十一萬二千二百三人　礦產金錫硫黃鉛亞鉛
煤雲母石鐵　物產五穀淡巴菰稻麥棉花大麻果子
印度米　工作皮家具鹽靴　鐵路千八百七十九里

賜進士出身　特賞內閣學士銜前國子監祭酒翰林院編修加三級臣　王先謙謹撰

合衆國二上

中部東北諸邦先謙案徐志根特機倭海呵密執安爲東路音的阿那伊里內韋司康沁爲西路無西勿吉尼
謝志作中央東北部云在米西西比東岸凡六部無西勿吉尼土地
肥美礦產豐盛農業牧畜製造開礦無不興盛產珠粟小麥雀
麥皆數萬萬斗馬牛各數百萬煤四千萬噸鐵一百萬噸根德
基省產煤二萬萬磅居全國產額之半大城三十七製造廠二
百餘

西勿吉尼國

西勿吉尼雷志云面積二萬四千七百八十英方里人七十六萬
二千七百九十四口　**灰林**會城人三萬四千五百二十二口
亨汀敦人萬一百八口先謙案雷志西勿吉尼徐志無其勿吉尼下云西北界賓夕爾勒尼安倭海呵倭海
呵下云南界阡的伊勿爾吉尼阿證以此地四至知自勿吉尼分
出者列國學會二圖作西勿爾吉尼阿矢志作西佛勤那周志作

亞及尼課程作西非眞伊尼阿面積萬七千八百九十英方里人
百九十五萬八千九百口灌溉地甚富饒有石炭鐵礦石油井鹽
井據二圖東南界勿爾吉尼阿東北界馬里蘭賓夕爾法尼亞西
北界倭海阿西南界阡的伊田納西東北隅有城曰威林郎雷之
灰林陳記作威靈云緯北三十七度十分至四十度二十
分順天偏西七十七度四十七分至八十二度三十二分

根特機國

根特機雷志云面積四萬四百英方里人百八十五萬八千六百
三十五口　**法蘭富**會城人七千八百九十二口　**魯意維耳**人
十六萬千一百二十九口　**庫因敦**人三萬七千三百七十一口
牛坡人二萬四千九百十八口徐志阡的伊一作建德基又作建大基又作根特機又作根都機云在勿爾吉尼阿之西
北界倭海阿英釐安納西界奕倫諾爾南界田納西幅員如中國
之浙江省地居二十六國之中寒暑平均河道縱橫穿貫田土膏
腴五穀百果不可勝食東境連押罷拉既俺大山有風穴上半年
風從外入下半年風從內出嘗有土人於上半年用窗掩穴口秉
炬而入行五十里不能盡懼而返次日出穴竟莫知其淺深舊屬
勿爾吉尼阿乾隆三十三年有單耶利蓬者徙居於此至三十八
年來者漸衆立一邑曰暇律士四十四年別爲一部四十六年歸
合衆國土產禾麻菽麥煙葉麥之多甲於諸國兼產鐵鉛煤水道
不通海貨難出運惟用火輪船貿遷於本國會城曰法蘭富耳有
大學堂官制略同諸國員數頗多居民八十七萬九千餘別有大
市鎮二曰累士日歷星頓兵最强推爲諸國勁旅先謙案郎雷志
之根特機也列國學會二圖與徐同世界圖作根塔機樋志作根
德基陳記作堅德基矢志作肯太幾孫志作根特基課程作肯特
基云郎千的基據二圖中境有累士維里郎雷之魯意維耳徐之
累士世界圖作那司威耳謝志作魯伊非利矢志作魯意斯佛來
云在奧蟹奧郎倭海呵河左岸其東南爲歷星頓徐所云二大鎮也講
義云阡的伊以產煙牧馬有名累士頓里世界采辦煙草最大之
地累士之東北二圖有法蘭富爾郎雷之法蘭富陳記作附蘭福
世界圖作法蘭克旃法誤拔陳記云緯北三十六度三十分至三
十九度六分順天偏西八十二度二分至八十九度四十分

倭海呵國

倭海呵雷志云面積四萬千六十英方里人三百六十七萬二千
三百十六口　**科侖伯司**會城人八萬八千百五十口　**新新那
替**人二十九萬六千九百八口　**克里爭蘭**人二十六萬千三百
五十三口　**多里多**人八萬千四百三十四口　**兒頓**人六萬千
二百二十口徐志倭海阿一作呵海呵又作呵希呵又作呵喜呵又作呵宜納云在賓夕爾勒尼安之西北距伊爾釐湖西北界密執安西界英

釐安納南界阡的伊勿爾吉尼阿幅員與賓夕爾勒尼安相埒地
多岡阜無大山河渠交絡土壤膏腴乾隆三十五年歐人從西北
方來密執安誤開墾荒地嘉慶五年告成英始設官七年郎歸合衆
國土產鐵煤鹽粟稻煙葉苧麻棉花玻璃有河道可達港口有鐵
路通鄰封會城曰戈攬模士設官如諸國居民百五十六萬餘先
謙案郎雷之倭海呵也列國學會二圖樋志與徐同世界圖作淤
拜淤又作呵海呵李記作倭海爾新大陸記作阿海阿和矢志作奧
蟹奧謝志作俄亥俄周志作啞哈亞課程作呵海爾云歐亥歐亦
作痾喜痾據二圖東北隅濱伊爾釐湖有克里夫蘭郎雷之克里
孚蘭世界圖作克利夫蘭迀志云克利夫蘭人二十六萬一千口
謝志作克利非蘭云在伊利湖南鐵業最盛矢志作格利佛蘭陳
記作其理夫蘭其西北二圖有陀勒多列國圖誤繪入密執安郎
雷之多里多陳記作多里世界圖作特烈得西境有抱頓郎雷
之兒頓西南有星拿的郎雷之新新那替陳記新新那地新
大陸記作先絲拿打世界圖與雷同迀志云新新那替人二十九
萬七千口謝志云辛辛那第居鐵路要衝矢志作新新那的其中
境二圖有科隆布士世界圖作可侖波士郎雷之科侖伯司會城
陳記作古倫巴士云緯北三十八度二十四分至四十二度順天
偏西八十度三十四分
至八十四度四十二分

音的阿那國

音的阿那雷志云面積三萬六千三百五十英方里人二百十九

萬二千四百四口　音的阿那波里會城人十萬五千四百三十六口　衣文斯維耳人五萬七百五十六口　覆韋痕人三萬五千三百九十三口　鍛霍德人三萬二百十七口徐志英藩安納一作引底安納又作因地阿那又作音的亞那云北界密執安西北距密執安湖西界奕倫諾爾南界阡的伊東界倭海呵幅員與密執安相埒土壤膏沃山巔亦堪播種樹木尤叢茂康熙三十九年法人始開其地乾隆二十八年爲英所奪後歸合衆國土產煤鹽鐵粟米苧麻煙葉洋參蜜蠟有鐵道通鄰封會城曰英藩安納波里官制同諸國居民六十七萬五千餘先謙案郎雷志之音的阿那也列國學會二圖講義作音的安納世界圖作印底亞那周志作印甸奈矢志作印提安那謝志作印第阿那樋志作印地阿那李記作因的愛納課程作音的愛納云一作印地安拿據二圖會城在中境爲英的安納波里世界圖亦作印底亞那郎雷之音的阿那波里也西南境二圖有宛士惟里郎雷之衣文斯維耳陳記云保里士係衝衢爲十四路火車總匯緯北三十七度五十一分至四十一度四十六分順天偏西八十四度四十九分至八十八度二分

伊里內國

伊里內雷志云面積五萬六千六百五十英方里人三百八十二

萬六千三百五十一口　司潑林飛耳會城人二萬四千九百六十三口　其加哥人百九萬九千八百五十口　庇阿里亞人四萬千二十四口　坤西人三萬千四百九十四口　勞克富人二萬三千五百八十四口　約雷脫人二萬三千二百六十四口　卜路明敦人二萬四百八十四口徐志奕倫諾爾一作伊里奈士又作依里內士又作黎那意云在英藩安納之西北界衣阿華新部西界密蘇爾藩南界田納西幅員與魯西安納相埒地平坦多豐林茂草宜牧畜初與英藩安納爲一部皆法人所墾後爲英奪嘉慶十四年分爲奕倫諾爾部後歸合衆國土產與英藩安納同會城曰灣達里阿居民四十七萬六千餘先謙案郎雷志之伊里內也列國學會二圖與徐同世界圖作伊里乃伊斯樋志作伊理奈士陳記作伊鄰奴士李記作伊林奈司新大陸記作伊里女士周志作衣里諾斯謝志作伊利挪斯矢志作伊利諾斯課程作衣林奈司云亦作依林奈士據二圖北界威士干遜東南界阡的伊東界英的安納西界密蘇爾藩中境有斯勃林菲爾德世界圖作司仳令非耳得平方圖作斯勃林非爾郎雷之司潑林飛耳陳記作士布林非耳又北二圖有波里亞郎雷之庇阿里亞又東北隅有支克哥李記作志克哥新大陸記作芝加高世界圖作西加口郎雷之其加哥迖志云西加口府在中央平原北部爲外國通商市場講義云支克哥臨密執安湖千八百九十三年開哥倫布世界大博覽會於此謝志作施嘎哥云在米西干湖西南岸爲全國第二大都會千八百三十二年其地僅一村落以天產富盛交通扼要數十年間勃然振興今占地千八百里長六十里廣三十里街衢整齊有大學堂藏書室天文臺各種善堂商業極盛以穀類家畜木料爲主居民百七十萬多德人哀耳蘭人陳記作詩加古有比阿利阿郎雷之庇阿里亞新大陸記云有新立之西賢雪地市人二萬別一宗教陳記云緯北三十七度至四十二度三十分順天偏西八十七度四十九分至九十一度二十八分

密執安國

密執安雷志云面積五萬八千九百十五英方里人二百九萬三千八百八十九口　蘭新會城人萬三千一百三口　低特律人二十萬五千八百七十八口　格倫蘭匹支人六萬二百七十八口　稅治拿人四萬六千三百二十二口　海灣城人二萬七千八百三十九口徐志密執安一作米詩干又作彌治顏又作逝詩安云東北距休侖湖東南距伊爾藩湖西距密執安湖南界倭海阿倭海呵幅員略遜於倭海呵三面包湖沙土疏衍隨處可耕康熙三十九年法人始墾其地乾隆二十八年爲英所奪道光十五

年歸合衆國物產未詳有鐵路通鄰封會城曰底特律設官如諸國居民二十一萬二千餘先謙案列國學會二圖與雷徐同世界圖作密西幹謝志作米西干矢志作米幾汗樋志作密其干周志作密且更課程作密世幹據二圖北距休侖湖濱有普達斯圭世界圖曰抹幾納東南有底特律與徐合郎雷之低特律陳記作低地來世界圖作底特盧以特迖志云底特盧以特人二十萬五千口講義云此州低地半島有牧場及稠密之森林高地礦銅最富底特律與加拿大接壤往來商業極盛西境有格蘭拉律得斯郎雷之格倫蘭匹支中境有蘭森郎雷之蘭新陳記與雷合世界圖作爛星陳記云緯北四十一度四十分至四十三度四十六分順天偏西八十二度二十五分至九十度三十四分

韋司康沁部

韋司康沁雷志云面積五萬六千四十英方里人百六十九萬四千七百九十五口　馬蒂孫會城人萬三千四百二十六口　迷耳華坎人二十萬四千四百六十八口　拉壳勞司人二萬五千九十口　亞虛考虛人二萬二千八百三十四口　雷沁人二萬千十四口徐志威士干遜一作威斯[illegible]申達多里云威士干遜部衣呵華部在蘇必力湖之南密執安湖之西奕倫諾爾之北跨密

士失必河左右地界遼闊約如諸大國之四倍多岡阜無大山土沃易於墾種本因底阿土番所居道光十年始有密執安白人遷居漸成聚落錯雜於土番之中皆建礮臺以資保衛近年人戶漸多分爲兩部北曰威士干遜居民三萬餘南曰衣阿華居民四萬三千餘經營方始未設統領等官故不成爲國先謙案郎雷志之韋司康沁也列國學會二圖講義與徐同世界圖作威斯棍森孫志作威士干心謝志作偉斯根辛矢志作惠斯康新課程作危司堪辛云郎威士干星亦作維士孔新周志作囘斯康勝據二圖東南隅瀕密執安湖有息尼郎雷之雷沁迤而東有密爾窪基郎雷之迷耳華坎世界圖作密爾烏奧幾矢志作彌勒握幾平方圖作密爾宜基辻志作密爾烏奧機人二十萬四千一口陳記作美注基講義云密爾窪基爲小麥木材市場號世界第一謝志作米勒瓦基云在米西干湖西岸商業殷盛密爾窪基之西有買的生郎雷之馬蒂孫世界圖作抹底孫陳記作馬里臣又極西濱密士失必河有剌克羅司郎雷之拉亮勞司衣呵華見下陳記云緯北四十二度三十分至四十六度五十八分順天偏西八十七度八分至九十二度五十四分

中部西北諸邦

先謙案徐志密蘇爾釐在西路餘未爲國謝志作中央西北部多印第安地歐喀盾瑪地見二亞地駮拉呵下云凡七部二新疆地在米西西比阿西岸農工業與東北略同

明耐梭塔部

明耐梭塔雷志云面積八萬三千三百六十英方里人百三十萬八千八十九口　聖保爾會城人十三萬三千百五十六口　明尼阿波里人十六萬四千七百三十八口　大路司人三萬三千百十五口先謙案明耐梭塔徐志無列國學會二圖作明尼蘇達世界圖作米泥鎖塔新大陸記作米尼梭達矢志作明內沙太課程作民尼搜他云郎米尼所達亦作民尼蘇塔謝志作珉尼梭達陳記作閩尼疏大孫志作民尼梭大周志作密乃砂得據二圖東界里比阿湖西界南北大哥他北界英屬地南界衣呵華東境有森波爾聖保羅郎雷志之聖保爾世界圖作聖保羅中境有伊大喀湖世界圖作伊爾克湖講義云明尼蘇達產木材及鐵森波爾臨密士失必河將來工業必旺謝志云散保勒城居米西西比河右岸以製造麥粉著名大北鐵路公司亦在此邑故爲十道鐵路之中樞居民在五十年前僅五百人今已十七萬散保勒亦郎聖保爾新大陸記云大北鐵路橫貫南北自聖保羅至太平洋岸之舍路市占士比兒倡議所成陳記云市鎮以閩尼阿保利士爲大郎雷之明尼阿波里也云緯北四十二度三十分至四十九度順天偏西八十九度三十分至九十七度四分

羅華部

羅華雷志云面積五萬六千二十五英方里人百九十一萬二千二百九十三口　戴蒙司會城人五萬九十三口　西阿克司城人三萬七千八百六十口　都勃克人三萬三百十一口　旦文坡人二萬六千八百七十二口先謙案羅華徐志作衣呵華見上坰威列國學會二圖同世界圖作埃淤和平方圖孫志作衣阿華矢志作埃奧瓦樋志作埃痾瓦周志作亞啞懷課程作哀倭窪云郎哀歐洼亦作要華謝志作哀我瓦據二圖東北界威士干遜東南界奕倫諾爾南界密蘇爾釐北界明尼蘇達西界達科大內布拉斯加據二圖東境有羅瓦當郎羅華會城陳記會城曰地士毛煙與雷異疑戴蒙司亦異名又東南有克林敦李記云自勞店起行過密士失必河鐵橋其處曰客連登克林敦郎客連登也迤而東北曰都布圭郎雷之都勃克羅瓦之西有德斯摩伊內斯世界圖作底莫英又西境與都布圭相距有西俄格斯郎雷之西阿克司講義云地產小麥又陳記云市鎮以地雲砵埠爲大郎雷之旦文坡矣緯北四十二度二十分至四十三度三十分順天偏西九十度二十分至九十六度五十三分

彌梭里國

彌梭里雷志云面積六萬九千四百十五英方里人二百六十七萬九千百八十四口　皆覆孫會城人六千七百四十二口　聖

魯意士人四十五萬千七百七十口　千塞司城人十三萬二千七百十六口　聖約瑟人五萬二千三百二十四口　潑林飛耳人二萬千八百五十口徐志密蘇爾釐一作密蘇里又作彌梭里又作迷蘇利云在阿甘色之北東與奕倫諾爾隔密士失必河爲界西北界土番幅員與阿甘色相埒境內無大山多茂林土宜粟麥稻有大河曰密蘇爾釐因以爲國名康熙三十九年法人初墾此土與阿甘色爲一部嘉慶二十四年分兩部道光二年歸合衆國土產白黑鉛砒石煤鐵鹽棉花牛皮會城曰渣法句官制略同諸國居民二十三萬三千餘分兩種一格臘色士郎法人後裔一牙模士乃法人與因底阿土番婚配所生介乎紫白之間人睬先謙案郎雷志之彌梭里也列國學會二圖與徐同世界圖作密蘇利矢志作密沙利課程作密蘇里周志作墨砂利據二圖北界衣呵華南界阿甘色東界奕倫諾爾西界內布拉斯加干薩斯東南有森盧伊斯郎雷之聖魯意士世界圖作聖路易矢志作聖魯意斯陳記作聖來辻志作聖路以講義云此邦以鐵鑛著名森盧伊斯稱密士失必流域之女王鐵道河流交通大便謝志作散路伊斯云在米蘇利河入米西西比江之下游六十里有二大橋跨之爲十八道鐵路之中心商業興盛製煙葉爲天下冠居民五十八萬其西有渣法句與徐合郎雷之皆覆孫陳記作皆非臣世界圖作遮弗爾遜又西曰干薩斯世界圖作嵌紗絲郎雷之干塞司陳記作干沙士以上三地皆鐵道必經之處又西北曰約色非郎雷之聖約瑟陳記作聖色約其西南有司孛林絡菲爾特郎雷

之滸林飛耳陳記云緯北三十六度三十三分至四十度三十分順天偏西八十八度五十五分至九十五度三十八分

北帶科太部

北帶科太雷志云面積七萬七百九十五英方里人十九萬五百三十一口　畢士麥克會城人二千百八十六口先謙案北帶科太徐志無列國學會二圖總爲達科大不分南北孫志總爲大可大陳記總爲打哥大云緯北四十二度二十分至四十九度順天偏西九十六度二十分至百四度世界圖作北大哥他矢志作北達各搭講義作北達科大謝志作北達課程作北大叩他云卽北代科搭亦作北達戈塔周志作北達哥德據世界圖北抵英屬地南界南大哥他東界米泥鎖塔西界門他奈東北曰貴比那二圖爲偏畢那中境曰比斯麥克二圖爲必斯馬克卽雷志之畢士麥克在米西西皮河右岸

南帶科太部

南帶科太雷志云面積七萬七千六百五十英方里人三十四萬七千八百七十六口　丕爾會城人三千二百三十五口　陽敦人三千六百七十二口　西阿司覆耳司人萬一百七十七口先謙

五洲地理志略卷二十一上　七

案南帶科太徐志無列國學會二圖見上世界圖作南大哥他矢志作南達各搭講義作南達科大謝志作南達哥達課程作南大叩他云卽南代科搭亦作南達戈塔周志作南達哥德據世界圖北界北大哥他南界尼白剌斯喀東界米泥鎖塔埃淤和西界維淤民具南境曰皮亞耳卽雷志之丕爾二圖作蘭達爾東南隅曰揚克頓卽雷之揚敦陳記作煙頓二圖作燕克敦

尼勃拉斯加部

尼勃拉斯加雷志云面積七萬七千五百十英方里人百六萬二千六百六十一口　林肯會城人五萬五千百五十四口　痾馬哈人十四萬四百五十二口先謙案尼勃拉斯加徐志無列國學會二圖作內布拉斯加世界圖作尼白剌斯喀矢志作內孛拉斯加講義作內布拉斯加謝志作尼伯拉斯嘎樋志作尼勃剌士喀周志作納勃拉斯克孫志作尼巴斯加陳記作尼不拉士格課程作奈撥拉司加云卽尼巴司喀一曰拿布拉斯格據二圖北界達科大南界干薩斯東界衣呵華密蘇爾鼇西界窩民西南界科羅拉多內普拉斯克河東西橫貫國中東境河濱有城曰俄馬哈卽雷志之痾馬哈世界圖作俄嗎哈乎方圖作奧馬哈李記作阿馬哈陳記作阿麻蝦講義云此邦產小麥玉蜀黍俄馬哈臨密蘇爾鼇之滸也迤南有林哥卽雷之林肯世界圖與雷合陳記作林堅云緯北四十度至四十三度順天偏西九十四度三十四分至百四度零

干塞司部

干塞司雷志云面積八萬二千八十英方里人百四十二萬八千百十二口　多比加會城人三萬千七口　韋欠太人二萬三千八百五十三口　里文丸司人萬九千七百六十八口先謙案干塞司徐志無列國學會二圖講義作干薩斯世界圖作嵌紗絲謝志作干撒斯矢志作剛薩斯課程作堪撒司云卽剛散司亦作坎撒士樋志作甘色周志作墾失斯孫志作甘薩斯陳記作甘色士據二圖北界內布拉斯加南界英的安及公地東界密蘇爾鼇西界科羅拉多講義云此邦爲農業及畜牧地東北境有城曰拖丕喀亦作多卽雷志之多比加世界圖作拖丕喀陳記作都基加又東北隅有里溫窩次卽雷志之里文丸司陳記作利分佳士南境有瑞痕世界圖作干尼撥陳記云緯北三十七度至四十度順天偏西九十四度四十分至百二度零

中部東南諸邦先謙案此三國徐志爲西南路謝志作中央南部合魯西阿那得撒阿干薩三地云凡六邦地濱美希哥海股天氣和暖土地肥美植甘蔗棉花白米最盛得撒爲全國產棉最盛處產額居總數三分之一阿拉巴瑪邦之本比利爲輸出棉花之第二大埠又運出木料甚多

五洲地理志略卷二十一上　八

汀耐西國

汀耐西雷志云面積四萬二千五十英方里人百七十六萬七千五百十八口　那虛維耳會城人七萬六千百六十八口　美飛斯人六萬四千四百九十五口　采太奴隔人二萬九千百口　腦克司維耳人二萬二千五百三十五口徐志田納西一作典捏西又作地尼西又作德內酘西云在阡的伊之南東北界勿爾吉尼阿東界北喀爾勒那南界若耳治阿拉巴麻密士失必西與阿甘色隔河爲界幅員如中國之浙江省東界有峻嶺自北而南綿亘數百里與押罷拉既俺大山相連節序和平土脈膏腴河渠交貫百果五穀皆宜合阡的伊爲美利堅中原如中華之河雒其地初爲勿爾吉尼阿北喀爾勒那人所墾嘉慶元年立爲國歸合衆國土產鐵器棉布夏布會城曰那實官制同諸國居民八十二萬九千餘工農併力家給人足先謙案卽雷志之汀耐西也列國學會二圖與徐同世界圖作典捏西謝志作田內西課程作田納細云亦作田尼西周志作吞諾衰矢志作登能西孫志作典足西據二圖中境有那實惟里世界圖曰那司威耳卽雷之那虛維耳徐之那實也陳記作那司威兒西南隅有明菲司卽雷之美飛斯陳記作面非士東南隅有查大拿加卽雷之采太奴隔陳記作察丹奴化迤而東北有諾格司維里卽雷之腦克司維耳自明菲司以下皆距鐵道最近之地陳記云緯北三十五

度至三十六度三十五分順天偏西八十一度三十七分至九十度二十八分

阿拉巴馬國

阿拉巴馬雷志云面積五萬二千二百五十英方里人百五十一萬三千十七口　**蒙哥滿里**會城人二萬千八百八十三口　**摩比耳**人三萬千七十六口　**般明哈**人二萬六千百二十八口　徐志阿拉巴麻一作阿喇巴麻又作巴里特摩又作阿那麻馬又作亞喇罷麻云在若耳治之西北界田納西西界密士失必西西南隅距海南界佛勒爾勒釐幅員差遜於若耳治押罷拉既俺山在東北境高百餘丈境內之水以阿拉巴麻為最大因以為國名南方夏苦熱土人多入山避暑北方稍見霜雪亦不甚寒近山近海之土多腴沃地曠人稀獸蹄鳥跡交於野其地舊半屬若耳治半屬佛勒爾勒釐道光元年別為一部歸合衆國土產金鐵稻穀果實甘蔗煙葉棉花洋藍棉花尤盛會城曰磨庇理灣建於海口為南方大埔頭出運棉花麥粉貿易最盛有大書院正副統領各一議處官數十居民五十九萬餘經商者多能窮險遠所造快船行駛極速內地鐵路亦四達先謙案即雷志之阿拉巴馬也列國學會二圖講義樋志與徐同世界圖謝志作亞拉巴瑪課程作阿剌巴罵孫志作阿拉把馬矢志作亞拉罷馬平方圖許考作亞拉巴麻據二圖東境有蒙特哥美里世界圖作蒙特痾麥里即雷之蒙哥滿里陳記作文甘布里西南隅有磨庇里世界圖作麻比耳即雷之摩比耳徐之磨庇理陳記作摩

美兒南瀕海有班薩科拉世界圖作邊撒可剌皆近鐵道陳記云緯北三十一度十分至三十五度順天偏西八十四度五十三分至八十八度三十分

密士失必國

密士失必雷志云面積四萬六千八百十英方里人百二十八萬九千六百口　**皆克孫**會城人五千九百二十口　**未克士堡**人萬三千三百七十三口　**滿里丁**人萬六百二十四口　**那采士**人萬一百一口　徐志密士失必一作米西細比又作彌斯栖北又作美士細比又作米西西比云在阿拉巴麻之西北界田納西西北隔河界阿甘色西南隔河界魯西安納東南隅距海幅員與阿拉巴麻相埒密士失必者美利堅大河來源甚遠大如中國之黃河其河由此土西界入海故以為國名押罷拉既俺大山至此而盡地氣與阿拉巴麻同有瘴氣夏令人多染疫土田腴沃推南邦上壤惟西界未立隄防頗受水患康熙五十四年法人初至寄居西班牙人續至爭之以為公地乾隆二十七年英取之嘉慶二年歸合衆國二十二年立為一國舊產煙葉洋藍近年以棉花為盛會城曰查基遜官制與諸國同居民十三萬六千八百餘密士失必河口外通海港有城曰那吉士又名新阿爾蘭矢志作紐亞連洋艘所聚為西南大埔頭先謙案列國學會二圖與雷徐同世界圖作米西西皮謝志作米西西比矢志作密息息畢課程作密西息比周志作墨西斯配孫志作彌士西比據二圖西南隅有那吉格斯即徐之那吉士雷之那采士陳記作那則士中境有查基遜世界圖作查克孫即雷之皆克孫陳記作則臣其西有維克波斯格即雷之米克士堡陳記作威士巴查基遜之東有墨里的安即雷之滿里丁陳記作阿巴天此三地皆近鐵道講義云多森林地宜棉花陳記云緯北三十度七分至三十五度順天偏西八十八度十二分至九十一度三十六分

中部西南諸邦

先謙案徐志魯西阿那阿干薩在西路餘未爲國謝志併入中央南部無亞克拉阿馬及上人地

魯西阿那國

魯西阿那雷志云面積四萬八千七百二十英方里人百十一萬八千五百八十七口　**牛痾連**會城人二十四萬二千三十九口　**什連夫坡**人萬一千九百七十九口　**巴敦羅日**人萬七百四十八口　徐志魯西安納一作累西安納又作雷栖阿那又作盧宜西安又作累斯安云在密士失必之西南隔河為界北界阿甘色西界得撒南距海幅員如中國之直隸省西北有小山東南平坦地氣炎熱多疫癘土膏腴有水患地為法人所墾乾隆二十八年西班牙奪之嘉慶五

年法又奪回八年合衆國以番銀千五百萬圓買之二十三年立為一國土產甘蔗棉花甲於諸國種蔗十五畝得糖五千斤有風櫃彈棉花一櫃可敵數百人之工會城曰紐哈連官制同諸國居民二十一萬五千五百餘貿易之盛在密士失必河口上游諸國之貨皆萃於此內地有鐵路先謙案即雷志之魯西阿那也列國學會二圖講義與徐同世界圖作累西亞那矢志作魯意商那課程作路伊西阿那云一作魯易西安拿周志作魯細納陳記作魯安西納新大陸記作路易安拿據二圖東南境有波登魯治世界圖作拔頓洛日即雷之巴敦羅日陳記作巴頓魯治云舊會城後遷紐阿連又東有港口曰紐俄爾連斯即雷之牛痾連徐之紐哈連新大陸記作紐柯連世界圖作紐奧連斯平方圖作新俄爾連斯謝志作牛俄林斯云建於米西西比河口三角洲為世界第一棉花市場講義云地宜甘蔗陳記云緯北二十七度五十五分至三十三度順天偏西八十八度四十分至九十二度二十三分

得撒國

得撒雷志云面積二十六萬五千七百八十英方里人二百二十三萬五千五百二十三口　**奧斯丁**會城人萬四千五百七十五口　**達拉斯**人三萬八千六十七口　**恩多尼痾**人三萬七千六百七十三口　**格爾佛斯敦**人二萬九千八十四口　**呵斯敦**人

二萬七千五百五十七口徐志得撒又一作德撒沙云又名費勒多尼亞在墨西哥之東米利堅之西南南面距海長廣皆約千里地平如砥田土極腴草木暢茂穀果皆宜巴拉窩河由此入海地氣溫和可居惟煙戶尙稀奧草叢林中有瘴氣本墨西哥曠土康熙二十六年法人欲闢其地未果三十二年西班牙人據之米利堅游民麕至後墨西哥畔西班牙得撒亦效之附於墨西哥之卓哈同拉部道光九年叛墨西哥墨西哥征之六年不能服乃聽其自立爲國無國王推擇官司理事分爲二十七小部曰阿拉巴麻曰巴剌塞里亞曰哥羅拉多曰古曼治曰哥里牙曰公薩勒曰阿黎斯不里曰厚斯敦曰倭斯卑爾曰日非勒孫曰剌巴加曰黎卑爾的曰麻的痾爾達曰迷郎曰迷蘭曰米那曰那哥多士曰勒黎委爾曰勒夫曰約曰薩比那曰三達古斯的音曰三當多尼亞曰桑非里卑曰桑巴的黎西約曰達那哈曰達拉委曰瓦盛敦都城曰奧斯的音建於巴拉索河濱貿易頗盛土產以木料爲主先謙案徐志作時得撒尙未附入北美故列之南境諸國列國學會二圖與雷徐同陳記作得撒士世界圖作的斯謝志作德撒斯矢志作退克薩斯課程作特克司云亦作提薩士周志作推克舍斯據二圖東界魯西安納東北界阿甘色西界新墨西哥北界英的安公地西南界墨西哥東南距海東境有三奧古士廷卽徐之三達古斯的音中境有哥羅拉多與徐合其東南有奧斯的英世界圖作奧斯丁與雷志合卽徐之奧斯的音陳記作奧士天又南有三安多尼俄世界圖作撒業頓土卽雷之恩多尼痾又東有厚斯敦與徐合世界圖作喝斯頓卽雷之呵斯敦陳記作厚士頓又東有黎卑爾的與徐合東距海有哥爾惟斯敦卽

雷之格爾佛斯敦陳記作加威士頓其西有布亞礎尼亞卽徐之巴拉塞尼亞餘部無可攷講義云此合衆國最大之州宜於家畜及牧羊業陳記云緯北二十五度四十五分至三十六度三十分順天偏西九十三度三十分至百六度四十五分

亞克拉呵馬部

亞克拉呵馬雷志云面積三萬九千三十英方里人六萬七千五百十七口　隔日連會城人二千七百八十八口　亞克拉呵馬人四千百五十一口

先謙案亞克拉呵馬徐志無世界圖作痾古拉和馬矢志作奧克拉霍邁戴略作歐克拉后瑪東界阿瑠嵌紗絲西界新墨西哥北界嵌紗絲南界的撒斯據世界圖東境有城曰塔利瓦其東南曰噶斯里卽雷志之隔日連也又東有土人地方隗謝志中央西北部下云印第安地面積六萬千七百四十英方里歐喀盾瑪地面積二千九百五十英方里人六萬三千三十三口印第安講義作英的安云卽印甸此爲印度人所成歐喀盾瑪講義作亞克拉呵馬云近年由白種人開爲殖民地列國學會二圖作英的安及公地而無亞克拉呵馬曹典球云亞克拉呵馬爲英的安西方及公地合成之一地方其與英的安西方界綫南自勒得河起循西經九十八度中國陳十五經白四度而北至南喀拿的安河處再循此河東走至西經九十六度四十五分處再北至北喀拿的安河處稍東迤又北走至北緯三十六度十五分處又東迤至西經九十六度處北走至干薩斯界止故此綫以西合從前之公地是曰亞克拉呵馬面積三十八萬八千八百三十方里學會圖倂此作英的安乃千八百九十年以前舊本非是先謙案印第安因印度人所居得名印第卽印度之音轉也美洲旣闢印度人先至者多故南北美皆有居人印斷不可作英致與英國相混近來圖志家務取音近之字相率變易炫爲新譯而不自知其謬也湖北經心書院課程云因顚土番卽因底又卽因田卽印第安則其謬更不止千里矣

阿干薩國

阿干薩雷志云面積五萬三千八百五十英方里人百十二萬八千百七十九口　力特勞會城人二萬五千八百七十四口　覆司密人萬一千三百十一口　派勃拉夫人九千九百五十二口

徐志阿甘色一作阿干薩士又作阿爾干薩云在魯西安納之北東距密士失必大河與密士失必田納西隔河爲界西界因底阿土番北界密蘇爾釐幅員大於魯西安納西界有阿薩麻薩尼大山餘皆平土舊與密蘇爾釐爲一部皆法人所墾嘉慶二十四年始別爲一部道光十六年歸合衆國土俗物產與魯西安納略同會城曰力特爾洛官制同諸國居民九萬七千餘先謙案卽雷志之阿干薩也列國學會二圖與徐同世界圖作阿嵌紗絲乃亞爾干薩斯之音變字陳記作阿干沙士謝志作阿干撒矢志作亞爾剛薩斯課程

作阿堪撒云亦作阿坎撒士周志作亞墾斯據二圖中境有城曰力特爾洛克卽雷之力特勞徐之力特爾洛陳記作地低兒落世界圖作栗特爾洛克又東南有丕尼布魯佛卽雷之派勃拉夫矣陳記云緯北三十三度至三十六度三十分順天偏西八十九度四十分至九十六度四十二分

土人地

土人地雷志云面積三萬一千四百英方里人十八萬六千四百九十口

先謙案土人地徐志列國學會二圖等皆無惟孫志數北美四十九部其一爲土人居地世界圖有土人地方東界阿瑠嵌紗絲西北界痾古拉和馬南界的撒斯案自阿甘色密蘇爾釐西北諸地土番總名因的阿皆土人也獨此聚居一地陳記云野番部緯北三十三度三十五分至三十七度零順天偏西九十四度二十八分至百度東界米蘇里西南界得撒士北界甘色士東西三百二十六邁南北二十二邁合六萬八千九百九十九方邁皆野番所居亦有稍通人性者卽此土人地也又李記云踰落機山而東歷奇恩呢及細呢諸地奇恩尼以上屬威阿明省細呢有野狗小僅如鼠本山所產有紅皮土番散居山內披髮赤皮族類約九十餘萬口洋人呼曰因顚據此似亦指土人惟未言何方何地不敢據證因的因底因顚一聲之轉新大陸記謂之紅印度人

西部落機山諸邦 先謙案諸邦皆在落機山內徐志無謝志與下部西高原諸邦總爲西方高平原云凡六邦二新疆地居高平原天氣清涼雨水稀少山谷多草宜牧牛羊山多金銀煤礦務日興所產之銀占天下全額三分之一李記云落機山雪盛夏不消火車必經之處搭蓋木架若深巷然有長四五里者車行巷內雪積架上山絕高則鑿洞而過他處炎熱至此無不身衣重棉山最高之地名曰色闊

望大那部

望大那雷志云面積十四萬六千八十英方里人十四萬二千四百九十五口 **厄里那**會城人萬三千八百三十四口 **巴德城**人萬七百二十三口 先謙案望大那徐志無列國學會二圖講義作蒙大拿世界圖作門他奈新大陸記作汶天拿陳記作滿單拏謝志作門達那矢志作蒙太那周志作夢德奈課程作曼他那云亦作蒙坦拿樋志作蒙他那據二圖北抵英屬地南抵窩民東抵達科大西傍落機大山密蘇爾釐河出山東谷經其國北屈而東南入密士失必河西境有赫勒拿世界圖作黑勒那郎雷志之厄里那也南境世界圖有葉螺斯屯二圖無之而有葉螺斯屯河疑葉螺斯屯因河而得名也講義云產金銀新大陸記有比令士笠榮士頓表雪地三市省會名氣連拿葢厄里那之異名陳記云緯北四十四度二十四分至四十九度零順天

偏西百四度至百十六度零

外痾明部

外痾明雷志云面積九萬七千八百九十英方里人六萬二千五百六口 **釆盈**會城人萬一千六百九十口 **拉雷美**人六千三百八十八口 先謙案外痾明徐志無列國學會二圖講義作窩民世界圖作維淤民具樋志謝志作歪俄明孫志作外痾民陳記作懷阿名矢志作堯明周志作會明課程作威阿明云郎歪幼命亦作未奧明亦作歪痾明據二圖北抵蒙大拿南抵哥羅拉多東界達科大內布拉斯加西界伊達荷西南界烏台東境有刺拉美郎雷志之拉雷美東南隅有徹烏內世界圖作施畑尼陳記作賽煙又西有會曼世界圖作夏滿又西世界圖有綠林利巴二圖無又西北世界圖有黃石園謝志云黃石林公園徑二百餘里內有清流溫泉珍禽異獸爲國人公共遊觀之地私行樵采者有禁新大陸記云有噴泉多處定期不差獸皆馴擾禁射獵半歲可遊餘日積雪陳記云緯北四十一度至四十五度零順天偏西百四度至百十一度

可羅拉多部

可羅拉多雷志云面積十六萬三千九百二十五英方里人四十一萬三千百八十三口 **登發**會城人十萬六千七百十三口 **普勃拉**人二萬四千五百五十六口 **可羅拉多司潑林司**人萬一千百四十口 **里奪維耳**人萬三百八十四口 先謙案可羅拉多徐志無列國學會二圖講義作科羅拉多世界圖作哥羅拉士矢志作各陸拉度陳記作哥羅拉度謝志作革羅拉多課程作喀羅拉多云郎哥羅拉道樋志作義羅剌杜周志作克來獨據二圖北界窩民南界新墨西哥東界千薩斯西界烏台中境有丹佛郎雷志之登發世界圖作典發陳記作顛化又南曰科羅拉多與雷合世界圖作哥羅拉士又南曰朴卜洛郎雷之普勃拉皆太平洋鐵路所經講義云多銀礦陳記云緯北三十七度至四十一度順天偏西百二度至百九度零

新墨西哥屬地

新墨西哥雷志云面積十二萬二千五百八十英方里人十八萬二千三百九十二口 **聖太非**會城人六千百八十五口 **愛耳勃款克**人五千五百十八口 先謙案徐志墨西哥下云大部十九曰新墨西哥會城名三達非矢志云新墨西哥及加拉方尼亞案卽加里佛尼亞千八百四十五年與墨西哥戰勝割得之列國學會二圖世界圖亦作新墨西哥謝志作牛美

希哥戴略作新默西革據世界圖北界哥羅拉士南界墨西哥東界痾古拉和馬東南界的撒斯西界亞里蘇那北境有地曰生答夫二圖作三達非與徐合郎雷志之聖太非也陳記作仙大非西南境曰鄰榥二圖無三達非西南有亞爾布開圭郎雷之愛耳勃款克陳記云緯北三十一度三十分至三十七度順天偏西百三度二分至百九度二分又徐志云合衆國之西抵大洋海尚有荒地數千里北界英國屬地南界墨西哥中有落機大山諸大河多從此發源其土番總稱因底阿種類甚多長大多力五官停正似中華面色紫赤髮與睛皆黑色不解耕織炊汲茹毛飲血或啖果菜瓜以草木爲棚寮夏月裸上體腰圍獸皮冬寒則上體亦披皮又有面塗五色頭插鳥翎以示武者業惟漁獵不知文字病無方藥惟求持呪者呪解之其人明信知敬老受侮必報湯火不辭無錢幣以樹皮珠石相交易有頭目以約番衆方英米兵爭英欲誘土番擾西邊以分米勢言語不通土番不爲用而米西鄙之民多與土番狎熟因募爲一軍授以兵械教成隊伍土番踴躍用命屨破英軍故合衆國之勝英土番與有力焉近年米人日漸西徙與土番雜居教以耕作風氣漸開密執安湖之西已立威士干遜衣呵華兩部兩部之西仍係土番米人約其地形分爲三部曰威斯頓達多里曰威斯頓底特力曰阿里顏達多里其威斯頓達多里在阿甘色密蘇爾釐之西南界得撒墨西哥西抵落機大山北界威斯頓底特力地界遼闊土肥磽不齊肥者可耕牧瘠者多不毛米人以其地與土番爲牧獵之場又立書館給工作器具冀日漸化導之土番種類甚多有土著者有外來者道光十六年米人察其戶口分十九種曰作島斯曰格力士曰支羅機士曰阿些治士

曰瓜包士曰沙注尼士曰干薩士曰地那注士曰機加布士曰包尼士曰呵麻哈曰呵多士曰西尼加士曰委士曰比晏機搔士曰比呵里阿士曰加士機阿士曰阿島士曰波達注彌士以上各種已解耕牧居廬舍學商賈間有通文字者餘種類尚多榛狉如故先謙案以三圖覈之阿甘色密蘇爾韃之西得撒墨西哥之北落機山之東今爲嵌紗絲（卽干薩斯）痾古拉和馬（卽英公地及的安）哥羅拉卜（卽多羅拉）新墨西哥四國干薩斯疑卽干薩士之故地也又徐志云威斯頓底特力在威斯頓達多里之北東界威士干遜衣呵華兩新部北界英屬地西抵落機大山地界遼闊山路崎嶇美人罕至其地故未得其詳其種人有曼丹士敏尼達里士墨獵弗底頓士然頓士西阿士等名道光十五年嘗與美人戰鬬地產山羊鹿皮先謙案以三圖覈之威士干遜之西英屬地之南落機大山之東今爲米羅鎖塔（卽明尼蘇達）南北大哥他（卽達科他）尼白拉斯喀（卽內布拉斯加）門他奈（卽蒙大拿）窩民（卽惟民具彬）諸國

西部高原諸邦

先謙案諸邦徐志無泣志云太平洋高原在落機山脈及加斯開伊得尼窪達兩山脈之間徐志云阿里顏達多里又名戈攬彌阿達多里在落機大山之西北界英屬地南界墨西哥西距大洋海地界遼邈里數未詳西界近海有山嶺數疊而東境之落機山爲大產木料皮毛有擺樹高二三十丈圍四五丈亭直無枝至杪始分枝葉遙望如纖又有一種樹其脂如糖秋收其子作餅甚美土番不解耕作非漁卽獵鑿木爲舟可載四五十人運獸皮至戈攬彌阿河口（卽案多哥羅彌拉）易白人壞㽞鐵鍋白珠藍珠煙葉鐵刀等物其俗生男女卽以物東頭俾其頂鼻挺直並塗脂膩爲美觀間有佩熊爪銅鐲藍珠白珠者交易多以女任人調姍不以爲意又一種番生子卽以物壓頭欲其扁經年始除去之故亦稱扁頭人戈攬彌阿河之北岸卽彎戈注島土番食海魚衣獸皮歐人彌里士曾至其地見其頭目之屋可容八百人有飲食者有坐臥者儀軀粗莽以人骨爲飾五官亦平正惟以赤土和黑沙塗面令人望而駭惡食惟魚亦有以人爲食者故市上有人手足先謙案以三圖覈之落機山之西英屬地之南墨西哥之北今爲埃太甫（卽伊達荷）有塔（卽烏）亞里蘇那（卽亞利桑拿）甯巴他（卽內華達）華盛頓阿勒棍（卽俄勒岡）加里佛尼亞諸國（下俱詳）蕃生齒日繁已無不闢之土矣謝志見上

阿利素那部

阿利素那雷志云屬地面積十一萬三千二十英方里人七萬五千三十四口　**非尼克司**會城人三千百五十二口　**塔孫**人五千百五十口先謙案阿利素那徐志無列國學會二圖作亞利桑利棱那陳記作亞里孫拏課程作阿利棱那云卽奧里所那亦作阿利松拏樋志作阿利蘇拏周志作亞來叢奈據二圖北界烏台南界墨西哥東界新墨西哥西界加利佛尼亞中境有朴里斯高特世界圖作珀勒斯確特南境有杜克桑世界圖作禿克孫卽雷志之塔孫陳記作德臣西南隅有亞利桑拿與杜克桑皆近鐵道世界圖作亞里蘇那格林河自烏台國來過北境會哥羅拉多河南入海陳記云緯北三十一度三十分至三十七度零順天偏西百九度至百十七度十五分

有大部

有大雷志云面積八萬四千九百七十英方里人二十萬九千七百五十九口　**鹽湖城**會城人四萬四千八百四十三口　**亞登**人萬四千八百八十九口先謙案有大徐志無列國學會二圖講義作烏台世界圖作有塔謝志作猶達矢志作烏太樋志作由塔周志作又達陳記作烏大課程作由達云卽猶他亦作佑塔據世界圖北界維淤民具埃太甫南界亞里蘇那東界哥羅拉士西界甯巴他有大鹹湖在西北境湖東有鹹湖城卽雷志之鹽湖城也鹽湖城之北曰亞克典二圖作俄克登卽雷志之亞登有綠林河（二圖作格林）出維淤民具之綠林利巴西南流過東境下入阿里蘇那講義云多農牧業謝志云大鹹湖面積萬九千方里深八尺水較大洋爲鹹東南有鹹湖城爲本邦首區產銀又爲冒門教之中樞李記云鹽湖長二百六十四里闊百六十五里湖水煮鹽四桶得鹽一桶環而居者衆約二三萬來自英瑞二國爲多獨以一夫數妻與耶穌教反美國由東土擯之於此呼其人與教皆曰毛夢毛夢冒門一聲之轉亞登李記作惡敦云居人四千一作屋敦陳記作屋倫云緯北三十七度至四十二度順天偏西百九度三分至百十五度三分

尼佛大部

尼佛大雷志云面積十一萬七百英方里人四萬七千三百十二口　**喀孫城**會城人三千九百五十口　**勿吉尼城**人八千五百十一口先謙案尼佛大徐志無列國學會二圖講義作內華達世界圖作甯巴他謝志作內法達矢志作奈伐達課程作宜發達云亦作尼瓦達孫志作尼法大陳記作尼華大據二圖東界烏台西南界加里佛尼亞北界伊達荷俄勒岡西境有喀桑世界圖作喀爾孫西提卽雷之喀孫城也陳記作加臣其北有維爾吉納卽雷之勿吉尼東境有歐勒加世界圖作歐斯晴（疑譯）講義云合衆國產銀額此地占五分之四鉛占三分之一陳記云緯北三十七度至四十二度零順天偏西百十五度至百二十度零

依大和部

依大和雷志云面積八萬四千八百英方里人八萬八千二十五口　**巴斯城**會城人二千三百十一口先謙案依大和徐志無列國學會二圖講義作伊達荷世界圖作埃太甫陳記作衣打賀矢志作埃達霍謝志作門達那吳志作哀達賀周志作亞達霍樋志作意達和課程作依大奧孫志作依大河新大陸記作埃的荷有博奇梯拉片利頓碧架雪地具市雪地諸市據二圖北界英屬地南界烏台內革達東界蒙

六拿窩民西界俄勒岡西境有波伊西世界圖作倍士卽雷之巴斯陳記作杯士西云緯北四十二度至四十九度順天偏西百十一度一分至百十七度四分

西部太平洋諸邦

先謙案諸邦在加斯開伊得尼窪達兩山脈之西徐志無謝志作太平洋部云凡三邦與上部同爲產金類最富之區樹木參天樵薪極盛天氣溫和土地肥美五穀百果莫不繁殖

華盛頓部

華盛頓雷志云面積六萬九千百八十英方里人三十六萬七千三百二十八口　痾里庇亞會城人四千六百九十八口　西脫爾人四萬二千八百三十七口　泰科馬人三萬六千六口

先謙案華盛頓徐志無列國學會二圖講義謝志矢志與雷志同樋志作瓦升盾課程作洼性呑據二圖北界英屬哥倫比亞有加斯開伊得山脈自哥倫比亞南行直貫國中南界俄勒岡東界伊達荷西臨太平洋西北有西特里世界圖作西亞特耳卽雷志之西脫爾矢志作西得爾又南有大科馬世界圖作他古麼卽雷之泰科馬矢志作太谷邁謝志作塔哥買云爲初發萌之邑居民四萬亦有郵船開往中國日本商務漸興鑛業亦盛講義云州之東半部爲牧場西半部森林密生出口貨木材魚小麥石炭塔哥買在比西多灣西特里在其北爲大北鐵道之極端新大陸記云舍路爲太平洋重要港口大北鐵路以此爲終點是舍路卽西特里異名也又西隔港有奧林比亞卽雷之痾里庇亞世界圖作痾林庇亞新大陸記作抓李抓鑄陳記作阿林比阿自西特里北行直出爲給俄爾甲灣或轉西出爲敷喀灣此二灣隔斷蕃古洼島世界圖蕃古洼作晚古坡陳記云緯北四十五度四十分至四十九度零順天偏西百十四度四分至百二十四度三十二分

痾里剛部

痾里剛雷志云面積九萬六千三十英方里人三十一萬七千四百七十五口　塞雷會城人千八百口　坡蘭人四萬六千三百八十七口　東坡蘭人萬五百三十二口

先謙案痾里剛徐志無列國學會二圖講義作俄勒岡世界圖作阿勒棍課程作阿利干云亦作痾利刊亦作奧利康孫志作阿利根陳記作阿利堅謝志作俄利干據二圖北界華盛頓南界內華達加利佛尼亞東界伊達荷西臨太平洋西北有撒蘭世界圖作撒冷卽雷志之塞雷陳記作沙泵平方圖作撒倫其北曰俄勒岡世界圖作阿勒棍又西北曰巴爾蘭世界圖作庖特蘭卽雷之坡蘭陳記新大陸記作砵崙講義云巴爾蘭北太平洋鐵道極端之港也謝志作彼德蘭云南距舊金山二千四百里爲後起之商埠居民十萬有哥倫比亞河由此入海陳記云緯北四十二度零至四十六度十八分順天偏西百十六度四十四分至百二十四度二十八分

加利福尼部

加利福尼雷志云面積十五萬八千三百六十英方里人百二十一萬三千百五十口　桑方西斯哥會城人二十九萬八千九百九十七口　勞斯恩支爾斯人五萬三百九十五口　痾克蘭人四萬八千六百八十二口　薩克滿多人二萬六千三百八十六口

先謙案加利福尼徐志無列國學會二圖講義作加利佛尼亞新大陸記作加鏄寬尼世界圖作加里佛尼亞謝志樋志作嘎利佛尼亞平方圖作加利佛爾尼亞周志作克利支尼亞課程作李記作卡釐方利亞云卽喀利佛尼亞亦作加釐福尼阿矢志云千八百四十五年美與墨西哥戰勝割得之據二圖東界內華達亞利桑拿西臨太平洋北界俄勒岡南界下加里佛尼亞半島世界圖南境濱海有聖醍爾二圖作三的哥西北境有闕克蘭卽雷志之痾克蘭也辻志云痾克蘭在桑港對岸有歐克蘭府爲橫斷鐵路之起點橫斷鐵路或曰大中鐵路西岸北端曰桑港日本人通譯如此辻志云或曰金門港在國西端臨太平洋現爲通商口岸貿易甚盛二圖作三佛蘭西斯哥標曰舊金山卽雷志之桑方西斯哥也其東岸學會圖有哥爾丁門標曰金門然則桑港爲此港

之總名而舊金山與金門有東西岸之別耳桑方西斯哥戴略作散凡西斯叩課程作三藩謝司戈陳記作珊瑚蘭昔士哥新大陸記作三藩蘭斯士哥謝志作散凡西斯哥云太平洋岸第一要埠有官織局大鐵道至此而止郵船每十日一次開行遠東諸國東南洋貿易盡萃於此輸出金銀五穀木料甚多居民三十一萬城中有中國村皆華人居之數約十萬陳記云華人居處土人呼爲唐人街其貴屋皆租賃非華人置造也各國流寓者聯言語嗜好與華人縣尚無不叶惟埃利士工人會審肆意斯淩其人由英國愛爾蘭島源源而來入美國籍且得與於舉官之列從前諸務草據市肆衝黨器具艙敵凡百需人又周圍數萬里興造火車鐵路各食其力羣可祖安自鑛金滿竭輸路告成羈寄日多工僱日減遂蓄意把持妒工肆虐各國皆有頌事保蔓兵船遊遛不敢逞志故專皦華人媢則歐辱尋執近且優及室廬藉行荽掠始傳華儒被虐逝且逼覩雇主不准容滙而又設誓聯盟斂貲諸焄欲使通國附租盡逐華人其黨魁復聲氣廣通誠謀百出現在未結之案駁百起監押杳數百人所設新法如寄葬之不得還運告狀之不許華人作謚及劃辮罰保等側皆於華人不便檍甲戌响華纏此停輪數日不料轉瞬變局至於此極也哥爾丁門之東北二圖有薩克蘭緬多世界圖作撒克剌門拖卽雷之薩克滿多也陳記作沙格民多矢志作薩克蘭孟都其西北二圖有拉克世界圖作克塔陳記作加科尼亞緯北三十二度二十分至四十二度零順天偏西百十四度二十分至百二十四度二十五分○又徐志云北米二十六國內地各國大小不甚懸殊惟東北濱海數國壤地甚褊如紐罕什爾洼滿的麻沙朱色士干捏底吉紐折爾西馬理蘭已不及諸大國三分之一而洛哀倫特爾拉華二國週皆不過百餘里乃不及諸大國十分之一此非其分地之不均也當歐人之初闢此土也人戶先棲託於海壖各成聚落後乃漸拓而西日益墾闢其國之三大埠頭摩士登紐約爾非勒特爾非爾又皆萃於東北富商大賈之所聚地雖褊小氣象固殊內地各國皆資耕作幅員易廣而財力不如海濱之盛其勢然也迨華盛頓倡義拒英各部之豪

皆起兵相應功成之後舉事者凡十餘部因即分爲十餘國其後有續附者有新分者遂成二十六國皆仍其舊而安之非裂地而定封也洛哀倫人戶止十餘萬特爾拉華止八萬餘不能因其彈丸黑子併歸大國齊魯之不兼郕莒亦初制則然耳東方通商諸國紐約爾最富厚麻沙朱色士賓夕爾勒尼安次之緬與勿爾吉尼阿又次之倭海阿士沃人般阡的伊田納西地處中原沃野千里南方諸國濱海西方諸國傍河地利之產運行較便故國多富饒計兩湖之南密士失必大河之東已無不闢之土河西止魯西安納阿甘色密蘇爾釐三國近益以威士干遜衣呵華二部其迤西數千里密林奧草野番所宅開墾不易然生齒日繁何虞土滿數百年後當亦阡陌雲連直抵西海之濱矣數千萬里稼穡之土剖判歷數千萬年閟而不發地不愛寶固如是乎然至今日而肇路啟疆固亦莫能終祕矣又云米利堅各國天時和正迤北似燕晉迤南似江浙水土平良無沙磧鮮瘴癘南方微有瘴氣亦不甚毒其土平衍膏腴五穀皆宜棉花最良亦最多英法諸國咸取給焉蔬菜果實皆備煙葉極佳通行甚遠山內所出者石炭鹽鐵白鉛境內小河甚多米人處處疏鑿以通運道又造火輪車以石鋪路鎔鐵汁灌之以利火輪車之行一日可三百餘里火輪船尤多往來江海如梭織因地產石炭故也火輪船必須然石炭木炭力弱不能用也英吉利火輪石炭皆自蘇格蘭帶來又云美利堅政最簡易權稅亦輕戶口十年一編每二年於四萬七千七百人之中選才識出眾者一人居於京城參議國政總統領所居京城眾國設有公會各選賢士二人居於公會參決大政如會盟戰守通商稅餉之類以六年爲秩滿每國設刑官六人主讞獄亦以推選充補有偏私不公者羣議廢之合眾國稅入約四千

萬圓文職俸祿四百七十六萬圓陸路官兵俸餉四百三十萬圓水師官兵俸餉四百五十七萬圓雜費三百八十萬圓開墾土費千三百萬圓統領雖總財賦而額俸萬圓之外不得私用分毫眾國舊亦有欠項道光十七年一概清還不復丐貸於民然緣此公私銀號多歇業而國家或有不虞之費無從取給亦頗受其累云又云米利堅合眾國額兵不過一萬分隸各礮臺關隘其餘除儒士醫士天文生外農工商賈自二十歲以上四十歲以下一概聽官徵選給牌效用爲民兵餱糧器械概由自備無事各操本業有事同入行伍又設隊長領軍等官皆有職無俸每歲農隙集眾操演其民丁約一百七十餘萬丁與古人寓兵於農之法蓋暗合焉又云米利堅合眾國白人皆流寓歐洲各國人皆有之而英荷法爲多三國之中英又居大半故語言文字與英同其制土番各畫地授田不准遷徙貿遷工作皆白人其人馴美溫厚無鷙悍之氣謀生最篤商船通行四海眾國皆奉耶穌教好講學業處處設書院其士類分三等曰學問研究天文地理暨耶穌教曰醫藥主治病曰刑名主訟獄陳記云美國各邦凡商民匯集至盛之所設總督或巡撫皆有上下議院即市鎮稍大有咩亞衙署者咩亞官名秩如知府亦各有會堂故一切政治律例不能畫一惟征收關稅水陸兵柄外交立約諸大事歸京朝主政其設官一外部筦各國交涉遣接使臣一內部筦國內輿圖戶口糧戶學校發給准照凡創設一器藝必給准照不准他人遽行仿造一兵部筦陸師一水師部筦水師一庫部筦出入帑項鑄造金銀行用鈔票一刑部有正副按察諸官筦詞訟其衙署即附議院一農部筦製造農具分別耔種別有律政衙門增刪條例歸其議奏有驛務衙門電報文札歸其稽核各設大臣其副大臣

及司員則視部務繁簡故多寡不一而事權統歸議院上議院每邦二人共七十六人下議院多少視其邦大小現計二百九十四員皆各邦民間公舉赴京辦事凡舉措須詢謀僉同間有異議則用其簽名之多者伯理璽天德總其成而已政要云美之錢糧一關稅二內地各捐其國用一水陸兵餉二國債利銀關稅抵官俸兵餉內地各捐除還債利餘還債本及雜費千八百七十三年入三百三十三兆七十三萬八千二百四元出二百九十兆三十四萬五千二百四十五元是年贏餘四十三兆三十九萬二千九百五十九元合英銀八兆六十七萬八千五百九十一磅向來美國案國用以制賦稅不使過贏議院以歷屆度支贏餘每減捐薄賦千八百七十二年裁銀票捐止存酒捐煙課復有贏餘則以奇羨之數償民債本美國國債本少千八百六十二年以南北戰爭始借民債二千七百八十三兆四十二萬五千八百七十九元千八百七十三年償還後尚有二千二百三十四兆四十八萬二千九百九十三元合英銀四百四十六兆八十九萬六千五百九十八磅繳錚

阿拉斯喀

阿拉斯喀雷志云美國屬地在英屬北美洲與白令峽之間千八百六十七年美向俄國購得之面積五十三萬千四百英方里人三萬千七百九十五口沿太平洋山嶺崇峻聖愛里阿司山高萬

八千二十英尺樹林叢密土人畜牧之處往往積雪終歲不消有火山數座氣候溫和潮溼　**雪卡**熱度中數四十三度正月三十度七月五十四度雨水百三英寸通計每歲有二百三十三日內地平坦乾燥有曰肯河灌溉之礦產煤金銅石腦油捕海豹亦爲其地首要之業徐志美洲冰疆下云極西北之一隅名監札加帖查與亞洲之極東北隅僅隔海港五十餘里俄人從彼地跨而有之獵野獸之皮以供販鬻貂鼠海虎爲多其人皆居地窟中岡記云美洲西北有屬地其民短而肥頭大面闊穴地而居每穴至百餘人千八百二十五年俄人略而併之先謹案即雷志之阿拉斯喀也列國學會二圖世界圖講義作亞拉斯加陳記作阿拉士格北臨北冰洋南抵太平洋西直白令海峽東南界英屬地據二圖東北有育空山綿亘北境及英屬西北土有育空河世界圖作遊空即雷之曰肯河也合英屬地諸水自南西北入境有地曰育空坡苦珀因河自英屬地西流注之育空河又西北流逕奴克魯開義特有大那那河西北流注之又西北流逕亞丹斯又西北流逕奴剌塔世界圖作努剌掩又西流逕喀洛格又西流逕安維克又北流逕湯可格木特又西北流逕安得里拗斯奇世界圖作特咧布斯幾育空河又西北入白令海在諸爾頓門之左門左斗出有角西向曰羅曼索夫角世界圖作勒滿錯夫角角東有地曰波斯多里克在安得里拗斯奇之東北角西南有島

曰奴尼伐克島世界圖作奴呢伐克門右斗出有地西北向曰威爾士太子半島世界圖作魄鄰斯威爾士角與亞洲邱苦氣半島東角相直謂之柏林戛峽即雷之白令峽也威爾士太子半島之北曰確亥虒門門右有地曰色蘇亞林英蘭河出育空山北會諸水西流逕其北注之世界圖作奴那塔克河其西北斗出有角北向曰和魄角又有角相並北向曰力斯鉢恩角迻而東北有愛西角迻東有地曰奴納里亞其東有角曰勿蘭克林角又迻東有角曰拔羅角世界圖作拔罭角又東南有坦庚特角又有海爾怯得角又有地曰尼格愛勒克世界圖作呢嘎黎其西北有珀里山有科克河出其西而北流至奴納里亞入海世界圖作確稱微爾而入海方位不同又迻東南有角曰曼甯角當東境盡處過此即英屬矣其南境有阿拉斯加山脈綿亘達於阿倫比亞庫斯可苦音河出山西北會諸水西南流入海其左有角西北出曰內溫汗角又南有地西出爲亞拉斯加半島半島之北世界圖有不力斯禿灣灣直西有魄力必洛父諸島二圖無由半島直西出二圖有佛智羣島有安得勒惹瑙斯奇羣島有拉登羣島有奈累羣島總爲阿畱地安羣島又曰阿畱資怯伊世界圖半島西南出有島呢林克島更西南曰鶏郡料拖嚓島更西南曰烏母納克島更西南曰哥點賓火山更西曰厭特哈更西曰過吐總爲亞律森羣島與此不同亞拉斯加半島之東有克賴半島世界圖作給捏兩半島之間曰科克門門之西有可氏亞克島世界圖作阿底阿克島世界圖尚有阿納克島二圖無爲門西南有可尼亞治羣島世界圖作舒馬斤羣島其克賴半島之左回入處曰威門威門之外有曼塔圭島威門之右曰亞拉甲尼克世界圖作麽兒克黎布又東南有森厄里亞士山峰世界圖作聖伊利亞斯火山脈也其南爲貝甯灣又南有亥林奇欠羣島又南有鈒洛特羣島以接於

五洲地理志略　卷二十一上　三

蕃古洼世界圖南有委特嗒島更南曰新阿利結耳更南有曉謝鄰斯威爾士島更南有古引鐵洛特羣島與此不同志作阿拉斯嘎云地在北美洲西北自干阿達突出海中成一土股隔比令海腰卽白令海峽而與西比利亞相對面積五百六十萬方里山多林密獨根河卽育空橫流其間東西長六千里入比令海岸綫多曲折南有嘎第阿革島西有河魯申羣島爲火山所成與日本千島脈相通有日本暖海潮經由西岸故天氣尚不沍寒西南兩水甚多南方可種菜蔬礦產金銀鐵輸出品以皮貨魚介著名海中多海狗其皮珍貴居民三萬二千多印第安人及哀斯基摩人美國人於夏秋之交往彼遊獵地本屬俄美人以七百四十萬圓購得之首府曰西德嘎建海島上講義云有羣島二曰阿畱地安羣島曰可尼亞治諸島沿岸森林甚多內地多未探見又苦倫大克金田在此地之東境距加拿大不遠人多注目於此案西德嘎卽雷志之雪卡也陳記云緯北四十四度四十分至七十一度二十四分順天偏西百三十度二十一分至百六十六度十三分

五洲地理志略二十一下　美洲三下

賜進士出身特賞內閣學士銜前國子監祭酒翰林院編修加三級臣王先謙謹撰

合衆國二下

顧略云西勿爾呢阿邦回司之賓呢亞西之賓呢亞同治元年立行政章程二年以威靈爲會城立邦領五十四郡九年至光緒元年以加力司冬爲會城元年至十年仍以威靈爲會城邦在賓夕爾勒呢安之南勿爾吉呢阿之西昔歸勿爾吉呢阿同治元年分出踰年自立西北及北境近賓夕爾勒呢安倭海阿邦地如鍋柄因形得名阿列我呢山在東東境山岡林立西境多平原倭海阿河大沙河在西界大沙河可那窪河一作坑那蛙一作攢拿蛙可楊奪的河一作箇羊毒的各通船五十里北流入倭海阿河地質宜耕種牧畜俱旺氣候和暖爽快此邦產煤鐵甚多亦有鹽泉石油民多係英裔亦有雜人邦都威靈在倭海阿河左岸後枕山前拱河地勢頗美河上貿易及製造均盛且爲鐵路要衝此處有鐵濃橋架倭海阿河麻金哥拔怕可司拔加列司頓忙土司維而可拉可司拔皆繁華其外有羅呢比里怕加列司頓拔可哈濃北怕黑哈怕司擺渡大學堂在於不而可郡北沙呢鎮各地方大小學堂之規模甚完美　阿科阿呢山脈綿亘境內本邦東南諸山皆其脊脈也○河　別葛哥而　別葛山迪　不里達而巴司　拜非羅　卻卻璋　卻多獨來福古　愛而哥　愛而哥　非書　箇來　箇來得坑那蛙物林別里雅箇羊毒的　立得而坑那蛙　米毒　米突而

五洲地理志略　卷二十一下　一

愛來特　木能挨希拉　牛潑里古古牛里敗　奴司福古樸多買古　華海育　派搭松　轟特花藍　屋多買古古三提　收之[illegible]　騷司休入司　騷司白白　幾屋多買　　四不畱司[illegible]回司冬○列郡　瀑布　　格力　蒲恩　　白辣克司冬[illegible]固　卻別而　卻而花恩　弗來　讀讀吏治　非迪[illegible]　佛來特　佛林皮里雅　方不失雅　瞎拿古公哈迪[illegible]松　熱克松　入發松　指拿蛙　畱一司煞林米羅[illegible]古突回而　襪里宏　買失而拉梅宋　買育　烹呢而[illegible]軋里耶　夢六　木硬　熱各登司　華海　之重讀羅[illegible]失盛篤　樸各昏笪　不來司　阿　多難　　矮藍[illegible]　立癡　隆姆　三媽　退羅　搭夾　幾拉　　不恩[illegible]　回婆司笪　回賊而　華得　五毒　回屋明　光緒六年民數六十一萬八千四百四十三人　礦產鐵煤雲母石沙坡璃[illegible]磁器土石油銅鉛亞鉛蜜蓋而白礬硝石灰鹽泉　物產五穀稻麥羊毛鹽印度米淡巴菰　工作鐵條　陸軍步軍十[illegible]礮兵一隊大礮四門馬兵一隊　鐵路七百四里[illegible]記蹤得膳搭蠟措得　明嘉靖二十二年前西境屬西班牙阡[illegible]年英人霍六內而烏讀探地至此後來者多頗爲土人所[illegible]有爭鬬乾隆四十年以來漸相安無事四十五年城回司未而四十八年城哈路突司扒五十五年立阡的伊屬入美五十七年立邦領百十七郡嘉慶五年立行政章程道光三十年定現行法律後興土人戰旋平　邦在田納西之北昌拔良阿列我呢山爲邦東南界昌拔良山之支脈綿延行邦中地形中央及東方多山西方平坦倭海阿河流北界入密士失必河密士失必河

爲西界諸河連絡紐阿連河上貿易之利多田納西河昌拔艮河
白（一作𨐍揩）可林河（一作箇爾伯阿）阡的伊河比可三的河（一作皮箇爾山三特）
西北流而入倭海阿河皆通船此邦曼莫司洞大而奇五大洲所
罕覯昔人入洞深至十里尚不知其止處巖石爲四壁有如房屋
形者洞內有泉流水中之魚皆盲地質頗沃農業大盛氣候温暖
民多由東邦移住勿爾吉呢阿人居多黑人亦多邦都名附蘭福
在阡的伊河上距河口六十里官署壯麗貿易要地也路以司維
里大城也在倭海阿河左岸河於此地爲瀑布地距河面高六十
尺白壁映水甚適觀瞻附近有數渠通船水陸販運皆甚便可文
通在倭海阿河上利金河（一作立𤯔）入倭海阿河之處也與新西那治
相對在倭治新屯邦中舊城也有大學堂此外小學堂尚多本邦
地勢奇怪有蔑夢司洞在愛同夢松郡距辨合河不遠天然由石
灰石壘成不由人力寬九里深二百里內有石屋深邃可小憩懸
崖林立洞內有愛古河長一里寬二百尺最深處三丨七里洞內
四季平均五十九度咸豐九年初探得此境倭海阿河密士失
必河皮箇三特河強敗來特河（一作白𤬪揩）立今河阡的伊河辨合沙
脫河皮箇勃合河（一作回非紃）田納西河皆通舟四幾克河立悉湖
皆通辨合河倭海阿河密士失必河中輪舟絡繹運送貨物交易
稱盛強敗來特河通舟至那恕未而阡的河通舟六丨五里辨合
河通舟二百里○河　別箇排令　別固山特　揩白郎　里揩白
藍特　箇令　肯搭幾　立今　密士失必　奴令　肯搭　幾
華海育　琫度　沙得　田納西○列郡　阿笛壓　阿林　櫻
達松　白拉杜　白林　白司　培而　扒呉　蓬　扒曷
扒愛而　勃拉今　勃里失得　勃來肯里治　勃里多　白篤

拉　花杜回而　卻魯回　強別而　揩六而　揩篤　蓋矢
弗里矢眞　弗拉古　古來　弗林冬　可里田田　強敗蘭
兌別司　愛同夢松　愛育得　愛司幾而　非低　弗立明
福羅衣　弗藍克林　夫而冬　軋來令　軋拉度　辨藍多
箇來部司　箇來松　箇令　箇里那布　亨谷布　哈勤　哈
蘭　哈里松　哈多　亨達松　亨利　希古孟　霍布今司
入克松　入法松　入　煞明　仲　松肯冬　諾古司　拉羅
路來路　路倫司　里　來司里　來卻　來會司　林角龍
立云司冬　羅戲　立客　末其松　孟鶴非宜　埋　立洪　埋
失而　埋今　買松　穠古拉肯　穠古令　米杜　買呢非
埋薩　買杜卻路非　夢路　夢得茄密里　麻戲　麥蘭敗
乃魯松　呢谷拉司　華海育　蛙而特亨　亨穩　蛙斯利
烹突里冬　匹里　丕古　巴回而　派拉司幾　六扒得松
六果卻司　羅紈　拉昔而　司古得　西而皮　新不松　司
本沙　梯路　託杜　脫里箇　脫合勃而　尤濃　滑令　華
盛頓　回恩　回勃司得　威得利　五而夫　五特福特　光
緒六年民數百六十四萬八千七百八人　礦產煤鐵鉛　物產
稻麥麻棉花牧畜草料樹木黑樹栗核桃柏萍果梨淡巴菸印度
米羊毛鹽　工作鐵條　陸軍武官四十九人步兵十三隊馬
兵二隊礮兵一隊兵七百二十一名　鐵路千六百四十二里
倭海阿邦（一作華海鶴育）　康熙十八年法人薩里舟行至伊里湖
衣（一作釐）南岸探地後在巴黎立約時以此地歸英乾隆四十九年入
美嘉慶七年立邦領八十八郡　邦在賓夕爾勒呢安西勿吉呢
阿之西地平坦無山中央岡形如蚓高一千尺北有衣釐湖東南

有倭海阿河地勢向南北傾斜湖岸百五十里艮港多湖岸小島
不多此湖通紐約又達霍讀松河入大西洋商賈之便利甚大倭
海阿河爲南岸麻司金昆河（一作今）（外穢）司西我奪河（疑卽鄭）密河
（一作米米）皆大河均入倭海阿河入衣釐河之大河有莫密河（一作縣）
三打司基河（一作達）（一作三䜷）費倫河加哈可河地脈豐腴河畔尤勝氣（一作駁）候
南方温和爽快北方冬寒因有衣釐湖也倭海阿河上及衣釐湖
岸有造船場湖岸諸城與英屬加拿他貿易繁盛爲此邦之最民
多係東邦人移住邦都名古偏巴士在邦之中央司西我奪河上
以房屋華麗著名官署尤勝建造極精美新西那治邦中人口最
多地也在倭海阿河右岸距河口五百里地勢分二層高而曠北
方有小岡高四百尺景色絕佳此地以鐵路及舟楫之便與西方
諸邦貿易頗盛就中賣豬之業有名可里拔艮在衣釐湖上占邦
中第二等之地據岡空湖景色亦美此地有水師提督比路里之
石碑豎方園之中麻里野的以舊城有名係乾隆五十三年所刱
立大學校九所專門學校三十三所此外學校尚多學生百萬人
以上○島　拔拉司得　西大　愛必得箇林　軋而、開而
來司　米特而扒司　回司麻　拿司拔司　拔特而　司內古　騷
司拔司　林拿　回司得昔恕達○伊里湖　離海面高五百六十
五尺倭海阿河在新西捺幾地高四百三十尺　拉勃里河在東南
界長四百三十里○河　沃箇來自白拉古　卻箇令　空紐
脫　曲霍外達而皮　箇藍特　藍特米阿米　而　古霍今
休弄　而里特霍古霍　今　四叔得先得密　而令　先得空孰
入夫　脫云之而密路　骨拔矢回得司冬　立得而米阿
米　立得而穠司今亨　穠度　穠哈近　馬米　米阿米　穠

司今外　華海育　巴的如　六幾　三達司幾○列郡　阿蕩
司　阿林　阿矢蘭　阿矢笪哀拉　阿靜司　沃箇來自　培
而夢得　白拉洪　拔多拉　卻路路　強冰　克拉古　可拉
夢得　可林登　克龍皮鴨捺　可叔古冬　穀羅福特　瞿阿
呼額　達古　笛反音司　笛拉回　而衣　非阿非而　非
幾　弗涙葛林　夫而冬　輙而里亞　愛仇外　箇林　戇而
哈米而冬　亨谷固　哈勒　海里松　亨里　海藍　沃今路林
霍而密司　休弄　若克松　日法松　諾克司　來革　路林
司　立今　路戲　林　路　軋司　梅其松　埋花迎　埋而
洪　梅其拿　梅箇司路　麥薩　米阿米　夢羅　夢得笛密利
麻戲　路　穠司今　戇　拿白盧　屋笪握　花定　丕利
拔家回　丕古　過的時　弗克白盧　法多難　立的蘭
路司　三達司幾　司叔得　西呢甲　希而皮　司笪古　三
米篤　脫涙扒而　他司家而握司　尤濃　旺扒脫　云冬
滑令　華盛頓　回音　回艮司　鳥度　其獨得　光緒六年
民數三百十九萬八千二百三十九人　礦產鐵石灰火石灰石
膏泥石油鹽　物產稻白糖糖汁蜜羊毛樹木櫸栗樅柏核桃蘋
果桃梨梅櫻桃葡萄　工作葡萄酒　陸軍武官及兵共八千七
百三十七人分爲十八立治門得步兵九隊礮兵十
隊馬兵三隊歲用五萬元　鐵路六千二十一里
英釐安納邦（應英地幾杭阿那捺）乾隆二十八年前屬法五十三至五
十六年煙顚戰時殖民散亂嘉慶五年倭海阿從本境中分出嘉
慶十年密執安地又從本境中分出十四年亦倫諾爾地又從本
境中分出十六年遭戰事旋定二十一年入美立邦領九十二郡

墨西哥戰時助美國出兵五立治門得南北花旗戰時出兵三萬人　邦在阡的伊之北倭海阿之西地平無山西南小岡起伏但邦中大概平坦向倭海阿河作傾斜勢密執安湖在西北湖岸四十里倭海阿河爲南界窪拔西河一作滑慇滑爲西界入倭海阿河治北可諾河書可河白河皆入窪拔西河地脈頗腴河岸之地尤佳東北多樹木氣候溫和此邦多洞窟一名揚土的深三里昔時民多由法國移住今則漸由東邦諸地移住維里地方之民多由瑞典移住多以造酒爲業都名英釐安納保里士邦之中境也街衢寬廣清潔占白河之西匯野王司維而邦內第二地也在倭海阿河上以煤礦得名且此邦西南商業要地也的里法奪在窪拔司河上窪拔司河野里渠之船雲集此地帆檣林立紐阿而拔呢在倭海阿河上與阡的伊邦之路以司維里相對以造船著名夫路明屯有大學堂的里法奪有師範學堂公立學堂約九十所　本邦水向西南入倭海阿北境及西北河左右都有澤密執安河長四十里四十里中爲指拉密低河入海處外敗梳河通輪船外敗梳伊利渠長三百七十四里在一彭四未而起至託來讀倭海阿又有回脫華得從盧令司扒至黑軋司通長七十五里○河　皮

乏　恕達　英力水　入姆水　襪呢達　襪幾申　固幾　密
羅蜂　襪讀　熱必腳拿　他幾　滑滑恕○湖　阿立孟　平
昔　皮乏　皮固勃路　皮箇　皮箇　皮箇美拉夢龍　皮固
辣固姆　皮固昔羅　勃腊克　勃羅　勃羅　拔古　拔昔農
卻冰搭　昔昔羅　闊里阿　可路　笛阿　笛阿　達可
以箇　以司得霍古回脫　以路　以路　愛而斷脫　福路
法司　箇腊方呼浦　哈乃　英笛羊　英笛羊　愛六貴司

五洲地理志略　卷二十一下　四

坑恰幾　盧令　別古　立可　音得而婆羅　立得而木濃
立得路皮蟲　六司登　路軋　買進田而　木彌　密羅　密
西西呢雅　莫族司　襪讀　襪弟　襪司卡搭搭固　拿司福
古　拿司福古沙得　華海育　派多卡　匹來鳴古　匹入翁
攀音　攀音　攀古　潑來林　潑來林　六古　六古　煞
拉木呢　沙得　山讀　四米色司　四不林　先得熱入　先
得熱入　先得買利司　靴与　乞必卡拿　他忙司　肥二司
罰夢呼吉　滑拔司　回司得福古回脫　回脫　回奪華得
愛路○列郡　阿達木司　阿林　白色祿謀　弄冬　勃腊
克福奪　罷姆　勃老恩　卻六路　恰司　克腊浦　克來
克林冬　克羅福奪　達別司　待鴨扒　待軋笪　突姑部
突辣回阿　尤排司　卑而夾得　非的　福羅得　方典　弗
藍克林　夫爐冬　竭勃松　佛蘭得　佛林　孩而冬　亨各
古　哈利松　亨特力古　亨利　呼乏特　亨青冬　若克松
若司拜　壽　入法松　入迎　熊松　諾克司　各守司古
辣箇藍敘　來古　腊八得　羅倫司　埋其松　麥裏紅
麥失而　埋今　米阿米　夢六　夢得我末利　麻藝　牛冬
拿箇　華海育　呼倫治　屋回　巴坻　派利　派古　浦
塔　呼歲　破腊司幾　不多南　藍特羅　立不累　辣世
司可得　昔而皮　司本生　昔搭古　司底明　新得熟入夫
煞里朋　虛特藍　吃必加拿　乞不冬　有濃　橫達波
佛米里字　末箇　滑拔司　滑令　滑里箇　華盛頓　回音
回而司　回得　回林　光緒六年民數百九十七萬八千三百六十二人　礦產煤石鐵石灰沙石磁器土磨石蜜蠟　物產

鹽番薯麥稻大麥蘋果梨蜂蜜羊毛印度米洋薹麻淡巴菰　工作白糖糖汁靴鞋　鐵路五千四百二十一里

亦倫諾爾邦衣鄰奴士一帝奴斯伊里拿翰一帝奴士　康熙十二年法人祕路馬幾得初至此地二十二年入司得教師立客司客司幾何城時法人欲圖密士失必河以西地五十六年從阿里阿二山至落機山中間拓地名累恕壓那乾隆三十年在巴犁立約後地歸英嘉慶三十三年立行政章程立邦領百二郡道光二十八年修土人曩頗猛悍與歐人交兵道光十二年又戰旋平地三分之一最高峻約五百尺西北境更高千五百五十尺　邦在密執安湖英釐安納邦及阡的伊之西境內無山地面高而平距海面高出三百尺至五百尺不等漸次傾斜至西南及南方西北之地沿密士失必河及亦倫諾爾河小岡甚多密執安湖在東北湖岸六十里貿易甚便比我里亐湖一作比我里押及比可打司湖一作別齊拉司箇均在內地商販便利邦之西界密士失必河也倭海阿河在南界窪拔西河爲東界之一隅亦倫諾爾河石河可司可司基亐河一作喀斯喀駢鱗曠倭海阿河皆經此邦入密士失必河諸水可通舟楫然石河可司可司基亐河不能行遠土地之豐沃冠美國地脈可耕林地不少氣候頗和河岸及南方之窪地次之冬季有西北風故寒夏時有西南風故稍熱此邦產印度米冠美邦始移民於此邦者法國也康熙二十二年拉沙里來此邦建可司可司基亐等地現在之民多由東方移住都名士布林非耳在邦之中央街市美麗民房適觀有大學堂此地係鐵路要衙四通八達便利無窮密執安湖上有西可窪府邦中第一大城也木料及五穀之貿易稱五大洲第一官署壯大商家富盛距今四十年前此地尚未開闢其繁盛之速

五洲地理志略　卷二十一下　五

可知也道光十七年人數不過四千現在約五十萬三千比我里亐第二繁華地也在亦倫諾爾河上金西在密士失必河上論人口占本邦第三據岡控河地勢可據以用兵在岡高百二十五尺可列那以鉛礦名布羅明屯有大學堂澳羅拉羅可法可列司拔日可迭維而阿而頓比里維里阿打窪石島林根夫禮波奪皆都會之小城也此邦學制極備西可窪府士布林非耳日可迭維而上阿而屯里拔濃費莫司可列司拔皆有學堂其他各種學堂頗多約萬二千所　滑拔恕河倭海阿河密士失必河爲本邦東南界通舟渠最大道光十六年開澮二十八年工竣共費六百四十萬九千五百九十元長九十六里○河　密悉悉比　伊里那伊斯

喀斯喀斯幾阿　窪拔斯　澳海約　羅可　皮可馬的　皮可
印田　阿布路　也奪窪奪　煙拔拉斯　法可斯　可蘭奪比
阿　可林　改奪　美利　美迭　呢怕新可　比喀奪呢可
布蘭○湖　別箇　別箇蔣拉司　揩辣籛得　待松　法克司
蔣拉而司　蝦收　蝦收　沙脫　利馬　三讀　自立處○
列郡　阿堂母斯　阿利幾三打　滂奪　勃安　勃拉安　拔
林　喀路漢　喀路兒　喀斯　昌本　可里斯昌　可拉可
可累　可林屯　喀路斯　可可　可羅法奪　昆拔蘭　的喀
路布　的維奪　土拉斯　土比時　也我　也土窪土　也品
昆　費治　法土　夫蘭可林　夫路奪　我拉金　喀林　喀
蘭的　哈密屯　漢古可　哈田　狠打迭　狠里　伊呂幾奪
日可迭　日斯怕　日法迭　日西　日的比西　絨迭　更
乾喀幾　更打路　那可斯　列可　拉沙利　羅連斯　李
里文斯頓　羅昆　美昆　麻古品　美治迭　美里安　麻

夏路 美送 麻沙可 麻可士拿 麻可狠里 麻可林 密
那土 麻沙 夢羅 夢奪喀美里 麻民 莫路土里 我可
里 比我里押 背利 比阿奪 背可 波布 怕拉斯幾
怕奪南 蘭土夫 里治蘭 羅可愛蘭 沙材 三喀夢 斯
幾拉 斯克土 西路皮 斯打可 聖奪可利阿 斯的狠送
打希維路 由呢恩 窪米利恩 窪拔斯 窪連 華盛頓
維音 懷奪 懷奪才土 維路 維兩送 維呢怕喀 吳
土法土 光緒六年民數三百七萬八千七百六十九人 礦產
煙煤石灰雲母石 物產麥五穀麻白糖蘋果黎櫻桃梅核桃松
杉白薯棉花印度米 工作農具鐵條 陸軍武官五
百三十九名兵七千百九十名 鐵路七千九百里
密執安邦[illegible] 康熙七年法闇買幾多送殖民來閱三年
法人城買恕拿四十年城陸讀倫乾隆二十八年後歸英英法曾
經交戰後平道光十六年立行政章程三十年又修訂章程南北
花旗戰時出兵三萬七千三百六十八人 邦在倭海阿英釐安
納威士干遜之北邦土分為二半島密執安湖之水麻治那峽及
費倫湖之水分此二島南島之地形平坦中央特高故此島之水
一半東流一半西流中央距河面高三百尺有奇北島則起伏不
一諸峯林立此邦北有司比里我湖中間有密執安湖東有費倫
湖勝特可列另湖及衣釐湖故此邦之貿易甚便南島大河東流
而入費倫及衣釐二湖者有我西布里河沙之那河費倫河列新
河又西流而入密執安湖者有麻呢司治河麻司知根河可艮土
河可拉麻司河先奪約西夫河北島內之大河名美那莫呢入青
灣此邦屬島頗多大者名王島大島在司比里我湖上又在麻治

五洲地理志略　卷二十一下　六

那峽近傍者名先奪日母司島比拔島麻治那島波以司夫艮可
島司一勃作藍薄古[illegible]土拉門土島距司比里我湖內地十英里有釐山沙
色各異高或三百尺或二百尺不一此邦天然奇觀也蓋依風及
潮汐之勢作此畫山南島內中央及南方獨豐沃氣候亦好北島
地質稍遜氣候寒沍或言北島之銅冠天下王島內亦有銅鹽亦
多民多由東邦移住邦都名蘭新在可艮土河上官署壯麗貿易
亦盛的拿累在的奪累河右岸距衣釐湖十八英里港深可泊大
船又與加拿他往來貿易極盛康熙九年法國人梆造此鎮可艮
士拉比土鎮在可艮土河上巨鎮之一也日可送亦在河上以水
利著名東沙治那以鹽及木料著名可拉麻司以工作著名此地
有貧院安阿而勃有大學堂的奪累有先奪約西夫學堂各拉麻
司有各拉麻學堂 本邦境係兩半島一在上一在下上半島有
平原有高而平者林木蔥蘢地勢開展南北二百七十七里東西
二百五十九里下半島多石凹凸壘見最高處二千尺礦產極多
○島 阿米箇大路愛 蛙古司軋里子 皮固皮扒 勃拉古
里扒 勃拉古六古 薄愛司勃藍古 卻里扒 卻彪 乞而
低 輕沃捺甲 夫路開讀 讀拉夢讀 福司潑來司幾 斛
定 箇藍特 箇羅司愛而先得麥敬 軋而 哈心 海 霍
古 霍古 休弄 恰低矗阿 拉煞利 立的而加里低 立
的而三馬 礦幾捺古 梅松 孟呢多 買 責幾 密特而
密特而 呢別司 拿司 拿司福古 拿司礦幾登 魄雖
如 扒之低 拉五毒 拉五毒 陸鴨魯 司家穀羅 昔司
古未得 騷司福古 騷司買呢多 先得歐力那 先得買丁
先得維達而 司瓜 司篤隆逆司 休外 休外 薩而發

薩馬 搭甲米農 脫林 脫拉 乏司 脫老脫 華摳司
亨司 回矢幾 五讀○河 矮那 拔特 白拉古 揩波
西大 箇特 箇藍特 休弄 密失骱米 密壽里 沃昔白
盧 必入紅 丕音 拉比度 沙得 三特 司笪仲 司彎
洪搭那共 回得○湖 阿回里皮古 櫻脫音 比扒 比
扒 別箇 別箇可藍 別箇薄對如 別箇雖勃路 勃拉可
勃里復得 勃路路 敗此 卻波 西大 乞薄愛贛 乞
甲共 乞不摳 克拉古 弗來阿 可路得華得 弗魯克得
弗魯克得 可里司得而 笛愛 笛愛 笛別路 以司得
別的恕 愛而古 法愛夫 熟入 箇林 箇藍特 箇藍特
碎白盧 箇拉司 箇拉角得 戳 希近司 蝦昔赫特 蝦
司收 蝦冬 哈排杜 英笛烹空司 英笛央 英塔密求脫
愛別司 熟騰 來過會利 立的而 立泊而克藍 立的
而昔白盧 弄俄 弄俄 孟呢司豈幾 買白盧 密欺骱米
密拉可氣矮 密里可軍司 夢捺司豈幾 麻司基督 麻
司 孟丁 礦度 馬力子 馬疏拉特 馬司幾共 馬呢司
幾督 沃多希箇 沃笪 巴巴 他吉 別阿馬吉地 丕音
丕音 丕音 布拉低 普的入 普的入 來司 路司
郎特 郎特 拉矢 司革法 希而伐 昔司古來得 阿木
丕音 孟呢司豈幾 司拜 司布來特 㺯路 道摳司 多
幾 多幾來特 他多而 他多而 滑龍 回司得別得矢
回脫○列郡 矮而谷捺 矮里贛 矮而皮那 矮特令 巴
拉歹 巴里 皮 本時 勃令 勃藍之 恰路化姆 恰司
卻里扒克司 豈扒愛戇 豈卑蛙 弗里杏 可林登 穀

五洲地理志略　卷二十一下　七

羅福特 特而達 以冬 愛妹篤 入呢司 箇腊特云 箇
藍特脫藍乏司 箇辣曲脫 歐路司兌羅 呼冬 休龍 英
昂 愛育呢阿 愛蛙司古 一煞別癩 洛約盧 若克松
克拉媽自 恰路恰四家 肯多 乞衣奴 來過 拉皮阿
里林奴 里拉曾 立溫司冬 礦幾捺古 礦工婆 孟呢司
幾 孟呢多 買貴多 梅宋 滅古司笪 梅拿米呢 密讀
藍 密沙幾 夢路 夢得揩麻 夢得麻令司 買司布共
紐會古 蛙古蘭 蛙希拿 蛙入麻 混他那共 混說拉
蛙司谷達 蛙多先谷 蛙打坏 魄來司區 路司香夢 三
呢奴 先得古里雅 先得熟入夫 薩呢拉古 恕古羅古拉
大 夏坏恕 他司古拉 橫拔林 滑恕而錢拿 回恆 回
格司福奪 光緒六年民數百六十三萬六千三百三十一人
礦產鐵銅煙煤礦石石灰雲母石玻璃沙鹽 物產麥印度米番
薯草羊毛 工作鐵條牛黃油牛乳油 陸軍武官[illegible]
兵三十隊分三立治門得 鐵路三千九百二十八里
威士干遜邦[illegible]牡甘[illegible] 道光二十八年入美立邦領六
十三郡邦都馬理臣○島 拔司烏度 培阿 昌敗 卻家米
共 突得來 突別路 里箇路 別拉別而 軋而 軋而
瞎董 愛央烏讀 買笛令 孟呢多 密欺贛恩 奴司度云
蛙古 屋搭 奧笪 匹路得 佛淚 六幾 三讀 騷司
潑林 四卑達 先得馬今司 四多克冬司 四多路勃來
華盛頓 由而松 育古○河 阿那比 阿木呢工 阿波路
拔特 拔拉菩 皮箇 勃拉古 回司白盧 回司白盧
拔非路 拔乃得 豈比窪 弗淚 穀不 由潑里阿 由潑

里阿 由潑令 因拔拉司 非失阿 弗拉箇 弗藍搭 福
古司 瞎多 海 喊令 愛央蛙里 常波 希腳布 來古
誇得 立夫笪亨特 牛烏度 立得而潑令 立得而配司幾
箇 立得而立菩 立得而沙米古 立得而烏而夫 立得而
愛拔 羅藍 買藍回音 密拿米呢 密特而 密特而櫻拔
拉司 密士失必 夢得利而 南美恰共 奴司因拔拉煞
奴司丕古 啞工得 烹別你別夢 烹沙幾 丕失幾箇 丕
音 丕音 丕音 潑路阿 撲的多 潑來里 來特 來特
西達 六古 三特 叔古冬 沙木 騷司屋工多 失必里
得 先得潑來勒 可司 收骱 沙捺浦路 沙穢花古 度
啞硬溪古 脫拉波 脫林比畱 華沙幾 回思得恩拔拉西
回司得比收幾箇 回司路威而夫 回脫 回路 回司康
身 鳥而夫 烏度 愛路 愛路 麻司○湖 阿篤今司
白羅三 培阿 皮扒 皮扒但 皮箇 皮箇三特 排之
白拉達 扒吳 豈塔布 古浪 殺得惡里累司 可拉菩
殺六布 笛茶得 以箇路 霍古立阿 分司 非矢 非失
矮 弗郎倍 弗拉得多福阿買路藍福固 入呢伐 佛林
箇林特司登 哈排而 海 愛俄特 司阿路 幾司 霍
矢霍農 里里 立得 敗阿 弄 六康 眼獨笪 米乃
申 穢讀 穢司豈我 拿米揩共 呢拜特門 拿古回別
拿司披里鏗 披卻屋 二作披曲 披里挨 披米 披古來
而 沛音 潑郎 撲笪 撲愛戇 拉篤坑別執司 拉溫讀
山讀 山讀 叔阿拿 昔司可未得 司古來特以箇路
司冬 收外令 煞米篤 酸布 託媽呼古 託路得 多音

五洲地理志略　卷二十一下　八

阿拜先拜殺來司 回菩司 回得非矢 未呢白箇 皮扒
但○列郡 阿達幕司 敗龍 林工 六古 敗非而 開流
蔑得 密而華幾 胎路 克藍皮亞 堂 別今 華克 讀
古拉司 尤古立矮 來申 勃老洪 箇林 愛窪摳 耍蛙
拿 克拉古 入呢寓 豈蛙呢 回華司 讀阿 冷葛來特
孟呢多蛙古 雲呢巴古 葛藍得 買歸低 夢路 排非
而特 入法松 屋茶幾 披矮司 欺祕摳 拉非低 潑來
司 立執六讀 讀其 買利乃低 沙古 昔培硬 風特求
拉古 屋塔阿米 乏農 華盛頓 若克松 花體時 華夏
拉 伍特 拉骿羅司 先得可來客四阿叔涙 但恩 買拉
松 託林披里 敗乃得 葛林來古 屋工得 華披甲 福
羅福特 開奴耍 花古 光緒六年民數百三十一萬五千四
百八十人 礦產煤沙石灰沙石 物產麥稻麻薯烏麥稞麥
陸軍兵三十二隊歲費萬元 鐵路三千一百二十一里
閩呢疏大邦（麥綸索德密呢蘇達）康熙十九年法閒歇業冰辣薩里至
密士失必河看先得阿所呢瀑布乾隆四十八年入美密士失必
河西地向歸法嘉慶八年入美二十四年城福得司呢林咸豐元
年土人地亦入美地勢開拓日漸興旺咸豐七年會議邦政於先
得扒羅商定行政章程咸豐八年立邦領七十八郡邦都勝保盧
密士失必河源自以達斯甲湖來入此省流八百里閩呢疏大
湖在福得司業林入密士失必河北來特（一作笛得扒）河源自愛扒湖
（一作盧扒愛）來入維呢丕古湖先得來司河自東北來入失必利亞湖
來特湖河中輪舟往來甚多旁多鹽泉最宜沐浴密士失必河通
舟至先得搏里每年可行二百三十日○河 拔布幾曾 扒笛

得 別阿 自拉可 卻濃 希而 麻司 丕音 來特 司
冬 疏彎 來司 回路○湖 別阿 部恩 希達 殼羅司
以箇盧 愛盧扒 龍梧 麻司 穢度 來司 疏彎○列
郡 愛得今 阿拿甲 佩甲 佩羅得拉米 朋冬 皮箇司
冬 白盧挨司 白老吳 卻羅冬 卻扒卻失 氣秘蛙 昔
三我 可來 古古 各冬五度 殼羅云 達郭達 毒其
毒拉司 法力扒得 非羅麻阿 弗里扒吳 箇特休 箇藍
得 海業冰 蝦司冬 愛三幾 亨達司夾 若克松 措那
別古 坑其育喜 豈多松 拉幾扒羅 來古 立失 林工
來紅 穢古洛特 麥失而 麥丁 米揩 密里拉葛司
麻力松 麻阿 買力 蓮古來得 拿勃羅 沃路麻司對特
沃笪的羅 丕音 丕音司冬 怕古 怕布 藍西 來得
烏度 林回里 來司 洛古 先得來司 司古得 夏麗
西部里 息當司 司底而 司底文司 司未夫得 託特
託拉伐司 滑敗耍 滑狄那 滑失甲 華盛頓 滑冬彎
回而今 維拿那 來得 愛羅密其申 光緒六年民數七十
八萬八百六人 礦產銅鐵石灰鹽玻璃磁器泥
鹽泉 物產麥稻 鐵路三千三百九十三里
衣呵華邦（阿挨阿華愛窪僱愛鶴）昔屬法爲魯西安納之一部法人壽
羊達扒久於康熙五十七年初送殖民至境嘉慶八年入美咸豐
七年立行政章程咸豐六年立邦領九十九郡入美以來財用日
足戶口日增 邦在亦倫諾爾威士干遜邦之西密蘇爾鑾之北
邦內無山地形平而曠斜傾向東南河多東南流大河爲密士失
必河密蘇爾鑾密士失必河爲東界上衣呵華河麻可知多河窪

五洲地理志略　卷二十一下　九

布西比呢昆河衣呵華河司庚可河的司莫以呢司河皆入密士
失必河西打河入衣呵華河密蘇爾鑾河及其支流比可司河爲
西界夫羅以土河里土而司河勃歹而河諾打維河皆入河蘇爾
鑾河邦內急流瀑布不少故水利多土地豐沃北方稍遜冬寒夏
清涼有西風東北有鉛礦地接亦倫諾爾邦及威士干遜邦煤鐵
甚多民多由東部諸邦移住及歐洲轉徙邦都地士毛煙在地土
毛煙河右岸打文波奪在密士失必河上與亦倫諾爾邦之右島
相對風景甚佳此地有忙奪愛打女學堂奪布基在密士失必河
右岸以販鉛著名衣呵華西治在衣呵華河之左岸有大學堂拔
林屯舊都也在密士失必河上有拔林屯大學堂 司必里得湖
在境西北高干六百五十尺○湖 拔杜軋 彭各六福得 勃
羅 開羅 可里雅 可里雅 可里司笪而 以箇羅 以司
篤惡固拉實 愛路古 愛路麻 箇司 英田央 愛蛙摳
溪角古 拉度 六司得愛涙 末其央 米煞啞 惡固扒實
蛙而 披里共 皮路得 來恕 老恩讀 拉恕 三讀希
路 希路扒 希路扒 司里必得 司多木 使橫 使橫
使橫 使橫 紫家煞 託郎勃羅 託愛而夫麥以路 橋音
橋音 橋音 滑蓬西 華而 華而 滑哈蓬西○列郡
矮笛啞 阿達木司 阿拉木司 阿不吾司 蛙達蓬 聞冬
勃拉古花古 扒姆 勃立媽 不吉媽 彪拿回司達 扒
脫拉 揩羅蝦姆 揩羅羅 哈恕 西達 卻羅箇得 卻六
幾 吉甲蘇 闊拉古 弗來 闊來冬 可林冬 殼羅福得
拔拉司 達別司 脫恰笪 突拉回而 突司妹司 呢根
松 尤扒幾 愛美得 非幾 福羅得 弗藍葛林 弗立夢

讀　佛林　勃藍提　家昔里　哈密而冬　亨六古　哈近
哈里松　亨里　亨薄而得而　愛達　愛蛙摳若克松　若
司伯　入法松　仲松　若乃司　豈谷古可煞司　里林
未煞　羅甲司　立紅　磯其松　磯哈司羊　磯容　磯失
而　密而司　密執而　夢拿那　夢路　夢得歈末利　麥司
羊敬　蛙白林　蛙說拉　剖樹　巴路二多　潑里毛司　撲
哈烘達司　巴古　巴笪沃笪米　巴喜古　林古而度　煞古
司古得　西白利　叔克司　昔多里　他馬　太羅　尤濃
王白林　劃秘六　劃令　華盛頓　囘恩　囘白司達　維
呢巴古　呢恕古　烏讀勃里　華司　來得　光緒六年民數
百六十二萬四千六百二十人　礦產有煙煤石灰鐵少物產
麥子大麥五穀稞麥烏麥白薯麻淡巴菰木果子櫻桃蘋果葡萄
桃印度米草豬羊毛　工作農具瓦麥粉鋸木器牛黃油牛乳油
陸軍武官三百二十五名步兵六立治門得中隊二立治門得
馬兵九立治門得礦兵五隊兵三千九
百十五名鐵路五千二百三十五里
密蘇爾釐邦（米蘇理密錫律密槎里）向歸法國爲魯西安納境內地嘉
慶九年美人買魯西安納地本邦始經美人分出時先得來司有
城道光元年立邦領百十四郡咸豐十年以前戶口漸增貿易繁
盛駸駸有富庶之象　邦在亦倫諾爾阡的伊田納西之西阿甘
色之北密蘇爾釐河濱地勢平坦其南方及密士失必河岸凹凸
不一或至三百尺之高此邦諸水半入密士失必河地最高處二
千尺東南湖澤多密士失必河爲東界密蘇爾釐河爲西北界長
約百五十里密蘇爾釐河自河口通舟約二千里可到石山之下

五洲地理志略　卷二十一下　十

北有可良奪河（一作連奪客）加里頓河（一作里地加）南有我息治河（一作蘇治我）
可司可那的河俱入密蘇爾釐河入密士失必河者有蘇奪河一作
鞹的司母以呢司河密蘇爾釐河麻拉美可河（一作拉美咲）此邦二大
河之右岸土地頗沃又林地多夏熱冬寒民係法人移住現在東
邦移住之民亦多者非臣邦都也在密蘇爾釐河右岸距河口百
二十八里民房壯麗先奪路以司大城也在密士失必河右岸距
密蘇爾釐河口南二十里官署華美密蘇爾釐河密士失必河倭
海阿河上之商船集此地帆檣林立水面不餘立錐之地庚沙司
西治在密蘇爾釐河右岸距康沙司河口甚近先奪約西附在密
蘇爾釐河右岸亦繁華地也官學堂甚多約七千五百所○河
皮可　皮可　皮可勃劉　勃拉可　勃蘭土法　加斯奪　加
里屯　可羅可奪　可羅可突法可　幾拔　客連奪　以客路
法可　以斯土客蘭土　以司土勃羅可　以司土法可　也列
文波因土　也路可法可　賀新　夫里的里可　客蘭土立客
蘭土　日可土法可　日莫士法可　里奪路　里奪路勃士可
里突路勃劉　立可法可　里奪路法可　里奪路法可法
里突路釀喀　羅打　美拉美可　米奪耳法可　米突耳諾可
喀蘭　密士失必　密槎里　你喀羅　釀客　諾打維　窪士
諾士法比士　諾士法可沙奪　諾士法可懷奪　諾士　打
我施治　我施法可　比你　布羅的○小河　布羅的　波
美的打里　路茶怕司　沙可　所奪　沙士法比士　沙士法
河坐　沙士法可懷奪　士希林　聖士夫蘭西　沙母送　維
斯奪　法可勃拉可　維司突法可幾拔　維司突法可沙奪
懷奪　維懷奪可喀蘭○湖　呢哥　米○列郡　阿的阿　安

奪劉　阿治送　我奪連　拔列　拔屯路背的士便屯　勃林
我　勃安　勃茶滿　拔奪列　哥奪維詩　加拉維　昌田
給布喀拉的　加羅路　茶打　喀斯　打　加里屯　可里
士昌　可拉可　可累　可林屯　喀耳　可怕　可羅法　的
奪　打拉士　打比士　的喀布　田奪　土我拉斯　堂可林
扶蘭可林　喀士哥你奪　連奪里　喀林　喀蘭的　哈里
送　狠利　希古里　合耳土　合窪奪　合維耳　愛安　日
可送　日斯怕　日法送　絨送　諾可士　拉可里的　拉貴
治　羅連斯　累維士里林昆　林　林文士屯　麻可奪那耳
美昆　麻治送　麻里恩　麻沙　米里　密士失必　莫呢
治　夢羅　夢奪我美　麻昆　紐馬奪里奪　紐奪　諾打
維　阿里昆　阿施治　阿沙可　背米斯可奪　背里　比治
士　費耳布士　白可　布拉的　波可　怕拉士幾　怕奪南
拉耳士　蘭土耳夫　累　累諾耳土　里布列　沙林　士
幾列　士哥奪蘭　斯古奪　夏濃　西路皮　勝奪茶列士
勝奪夫蘭詩士　勝奪日你比布　勝奪路易奪　勝士路詩的
奪士打奪　奪屯　沙里王　打呢　的幾沙士　窪夢　窪
連　華盛頓　維因　維布奪打　我士　來脫　光緒六年民
數二百十六萬八千八百四人　礦產煤鉛亞鉛銅石灰雲母石
物產麥稻核桃櫸蘋果棃桃蒲桃印度米淡巴菰麻羊毛木料
工作鐵條　陸軍兵三十五隊共千九百
三十名武官在內　鐵路四千五十二里
哳哥大屬（得國塔達郭達）咸豐九年殖民聚於失幾亞司城及羊谷
磴十一年立屬領九十三郡會城央古冬最高山勃辣克七千

五洲地理志略　卷二十一下　十一

尺最高地二千五百尺○島　拔羅別里　箇拉亨司　派司卻
羅　潑泿　密蘇爾釐河自西北注東南通舟愛路司冬河會之
呢沃步拉拉河（一作而駢黠立得）哳哥大河發源於台皮而司（一作皮路韜）流
爲湖水黑色長四十里寬十二里下流四百里成河來特河入英
屬地爲東界長二百五十里乏密里紅河（一作密縣之）皮箇叔脫司河
（一作收古破箇）皆長百五十里東北多湖○河之度　佩里福幾
皮箇豈也呢　皮箇乃夫　皮箇收古司　薄挨　司收古司　薄
揞司　卻農扒而　達郭達　箇司拉古　愛路　愛路　箇
藍特　箇藍特可里　古司　赫特　哈得　以孟福箇密入姆
司　豈挨八哈　立的而豈呢　立的而乃夫　立的而密槎里
立得而馬笛　梅勃盧　密槎里　馬甾　馬司　芸的林
囘塔司　囘司得乏密里洪　劃古拔司甲　乏密絨　他多
通俄　騷司囘得　騷司箇藍特　騷司嵌儂扒而　騷司幾你
沙力司　西你　沙脫　來特　搥甲　拜古　凹而　奴而
固藍脫　奴而嵌　儂扒而○湖　而羅扒得　櫻笛生　櫻笛
路布　阿羅五度　皮箇司冬　抽其　笛皮路司　讀來　亨
特里古　入矢　靳　仲松　坑必司駕　六幾司　弄恩　蠻
音華庚　樸音昔得　潑呢矢得　來特　拉矢　沙得昔六
三特白里　四卻塔烏度　司必里多烏度　四多呢　常幾恰
達　通波宋　拖拉乏司　脫云　輝得　輝得　輝得烏度○
士人部落　箇來得收古司　箇羅司問笪司　孟但　里　矢
昔燈　未呢巴古○列郡　阿蒙司督龍　蛙羅拉　拔呢司
皮特而　別令司　蓬霍密　拔忙　不溪鈕　白樂令司　勃
泿恩　勃羅而　拔非龍　拔來　強勃而　恰矢　恰拔里

恰力司密克司 堅內 克拉古 可來 殼靳冬 恰司笪
突削松 待 突拉拿 兒司末託 㴑囘而 達笛拉司 愛
度盂度 愛蒙司 福古 福昔司 福司達 靳笛拉司 箇
藍特福古 箇藍度 箇里而箇里 亨林 亨讀 亨松 花
揠讀 休如司 瞎今松 溪達 輕司勃力 來古 拉麻阿
路令司利林工 羅硬 羅入皮羅 來忙 孟但 梅古古
禯克亨冬 梅那 禯古法松 禯煞 梅雅 米你哈哈
木遞 木 夢篤來利 烹別那 潑迎冬 撲笪 勃腊得
潑里松 藍西 藍松 連別里 立執藍 六里低 六司
古 商農 昔里騰 四賓古 四倘力 四塔古 四的溫司
四塔四孟 煞里 託讀 託里夢 託里浦 他那 尤儂
滑里低 滑而華司 國脫里排 末里恩司 羊各冬 入
拔溪 光緒六年民數十三萬五千百八十人 礦產煤
鐵鉛鹽石油金 物產麥牧畜 鐵路千百二十三里
呢不拉士格邦(緬孛拉斯葛耐波拉蘇甲奈波森蘇甲)咸豐四年本境自密蘇
爾薹河至落機山共三十五萬方里後十年殖民漸至土人兇惡
時與爭鬪久之始定咸豐十一年以萬六千方里立哥羅拉度屬
同治五年立行政章程六年入美立邦領七十一郡邦都林堅
不臘得河(一作拉得)自據本邦中境從西至東入密蘇爾薹河河南土
地最沃○河 阿失(小) 拔讀米利身(小) 皮扒(小) 皮扒(小)
皮扒(小) 皮箇白盧(大) 白拉古扒特(小) 白盧(大) 扒笛古司
(小) 薄古司(小) 扒登(小) 卻吉(小) 卻拉麻司(小) 西大(小)
西大(小) 可來(小) 潑里阿(小) 卡特(小) 康失而(小) 特特呼
司(小) 其司買而(大) 愛盧葛花姆(大) 忘姆(小) 福阿梅路(小)

豈阿人赫(大) 而阿(小) 立的而白盧(大) 立的而美麻哈(大)
羅戳(小) 弄拜(小) 羅布(大) 梅布而(小) 梅其身(小) 皮箇
白盧(大) 密特而羅布(大) 密槎里(大) 禯讀(小) 禯地(小) 奈
媽哈(大) 紐屋白拉拉(大) 奴司白來幾愛路古(大) 皮箇白盧
(小) 白拉得(大) 拿司路布(大) 丕音(小) 潑拉得(大) 潑涙(小)
巴路(小) 潑來里(小) 潘不今(小) 拉比杜(大) 來特維路(小)
六八部里江(大) 雷濃(小) 拉迎華得(大) 拉矢(小) 司古而
(小) 昔而 司乃古(大) 司不令(小) 司不令(小) 愛路古花姆
(大) 路布(大) 司精今 得比(小) 精扒(小) 脫涙古雷的(小)
他幾(小) 乏其古里司(小) 立古白盧(大) 囘冬蠻司(大) 囘而
度(小) 烏特(大)○湖 弗里阿 讀得 弗來矢華得 拔里坑
來夢讀 薩林 薩路 司 揠 阿波的 疏彎○列郡
阿達木司 阿低六布 勃拉低扒特 扒恩 拔非盧 扒得
白篤拉 揩怨 希達 堅古 開音 可來 恩非發古司
恰名 恰司笪 達郭達 司松 立克松 讀其 讀箇拉
司 談地 愛羅古花恩 非讀麻阿 弗藍葛林 弗弄其雖
哈捺司 戳如 葛四擺 羅里里 花羅 瞎彌羅冬 哈
涙 海司 汲吉閣古 花而葛 花阿杜 入法松 仲松
揩你 該司 諾古司 藍恰冬笪 林工 梅其松 梅里古
南司 呢媽哈 捺古而司司沃得 波呢 非而別司 拔
雖司 潑拉低 花古 來得 盧 力加讀松 煞林 煞比
騷五達司 收阿度 蝦忙未叔克司 司丹冬 低盧 煞
刕 乏里 華盛頓 囘音 囘部司笪 或衣拉 古育 無
官地 無官地 光緒六年民數四十五萬二千四百三十三人

礦產煙煤鐵陶器泥磁器泥石灰石沙石鹽 物產麥稞麥大
麥烏麥稻麻大麻淡巴菰白薯蘋果梅葡萄桃 陸軍步兵十二
隊礦兵一隊武官及兵兩共五百九十八名 鐵路二千十一里
甘色士邦(鈆魁出藍斯司) 昔爲魯西安納地後爲野番部地咸豐四
年立屬十一年立邦領百四郡最高處三千八百尺邦都都基加
甘色士河口高七百五十尺平均二千三百七十五尺流入阿甘
色河密蘇爾薹河爲東界長百五十里司馬幾希而河(一作司幾歌莿馬)
發源哥羅拉度境內之落機山入甘色士河立八步里庚河(一作里柎
步星嶔)發源哥羅拉度邦流入甘色士河阿甘色河亦發源於哥羅
拉度之落機山長五百里沃碎治河(一作庚煞弼)從東來流入境內百
三十里入密蘇爾薹河沙令河(一作懿詐)蘇勒夢河(一作路薪蘇)皆長二百
里○河 阿康煞司 別阿 皮扒 皮箇勃羅 皮箇山特
皮特恕軋 勃拉夫 卻盧拔里 卻呢 卻圖路六古 强不
忙 溪家司假 希木弄 殼冬烏 指烏 殼羅革讀 突拉
囘而 台路 愛路古 路木 福路 復路司 赫固勃來
康煞司 殼 拉皮低愛拉達 立的而可恩 立客司 立
的而亞西如 木木搭路 麥里司笛司新和呢司 末其新亦
其 迷路 密槎里 梅路別里 梅媽哈 內媽叔 米乃蘇
甲 奴思開呢 奴思米乃蘇甲 奴思沙路夢 六西如 魄
拉搭以司 波呢 潑衣從 潑來里突古 潑呢恕讀烏門
白篤六司內固 里柏歲里嵌 煞令 沙得 沙得阿康煞司
煞不 司來得 司馬幾歇而 蘇而其亞 蘇路夢 騷司
蘇路夢 他該 脫云雷的 乏禯絨 乏其箇里司 華羅捺
得 華羅捺得 囘得華得 烏路○列郡 阿林 櫻達松

阿拉不貨 阿氣松 拔菩 扒登 扒蓬 白拉五 拔篤
拉 者司 捉多怪 氣路幾 氣呢 克拉古 克來 可拉
烏度 殼非 空孟幾 可來 殼羅福特 達避司 兒甲笪
立 松 度呢反 度箇拉司 愛度華得 愛而古 愛利
司 今羅司華司 福得 弗藍克林 擱菩 瑚拉亨 瑚藍
得 愛里 箇來里 箇林烏度 哈彌而冬 哈拜 霍其孟
哈箇 若克松 日法松 日囘而 仲松 康煞司 揩呢
今排 拉皮低 來恩 問華司 林工 林 立紅 禯
古法孟 禯立純 禯失而 米笛 米阿米 密執 夢得
蚧密松 木利司 呢媽哈 牛蛙失 乃司 拿冬 屋雖如
屋利扒恩 屋刀阿 巴呢 非里布 撲刀阿度米 潑拉
得 司令司 里拿 里敗古里古 來司 來里 六古 拉
羅昔而 沙林 司古得 矢度未古 矢古鴨 沙得
叔呢拉昔里達 沙孟 四米四 四笪福特 四打冬 四低
問司 先得絨 三買 松媽司 託里箇 滑傍西 滑力司
華盛頓 未幾達 囘而松 烏讀松 央讀的 光緒六年
民數九十九萬五千九百六十六人 礦產煤石灰亞鉛石油鹽
物產五穀麥麻大麥稞麥蘋果稻梨酒 工作
農具瓦麥粉鋸木廠 鐵路三千四百六十六里
田納西邦(特畊柚佈酒總) 乾隆十九年歐洲殖民至田納西河上立
福多羅登鎮距今之奴客司囘里三十里二十五年土人圍呼度
鹿洞歐人勢蹙請降都被殺歐人收囘北喀爾勒那不允後援兵
至又敗乃勒兵立和議後劃搭刕霍路司登一(佛林霸靜略詞純)兩河
上殖民踵至歲歲增益至美自立後始止嘉慶元年立邦領十四

郡英美戰時熱客松率邦兵二千助戰勝英　邦在若耳治阿拉
巴麻密士失必之北西方有昌拔良山二條並行自東北至西南
二條山之閒地質甚優昌良山之西地勢傾斜達西界西界即密
士失比河也昌拔良河流入阡的伊邦田納西河自北至南入阿
拉巴麻邦遂北流而入阡的伊邦此諸河水利之大運輪尤便厚
路司屯河可林治河一作箇命灕俱入田納西河邦極中央並四境物
產多然山間不適耕作氣候爽快溫和民之生業以農爲最此邦
分爲三境一在昌那良山之東名東田納西一在田納西河之西
名西田納西一在二境之間名中田納西是邦爲西方諸邦中最
舊邦民多由中南諸邦移住都名那士威兒在昌拔良河左岸距
河口二百里人口最多之地也官署壯麗此地爲輪車要衝貿易
工作皆盛緬費司占邦內第二等地在密士失必河上地高三十
尺風景如畫民房櫛比織棉之業大振諾可司維兒舊都地也在
厚路司屯河上人煙今猶不衰　壓那指司山乂花鴨不拉三山
是山之脈爲本邦東界最高處五千尺山西聳秀可觀最高處一
千尺山西九千二百方里險要在強排藍度高處二千尺地寬而
平九千方里○河　別箇哈幾　別箇必入紅　別箇山特　白
非羅　箇合治　坑白痕　達古　侯而古　弗合治白羅　瞎
幾　希蛙司　霍而司冬　別得羅天你恕　密士失必　鈕
奴司福古提阿　屋排特　屋排　屋皮紅　屋古一　濕古幾
　騷司福古　騷司福古提阿　騷司福古皮翁　司冬姆　鐵
里古　天你恕　滑笪額　烏而夫○列郡　櫻達松　別得福
特　彭冬　勃來特蘇　扒羅得　勃藍地　張白羅　恰農
卻六路　卻大　幾三　笛加婆　弗里扒恩　潑來　殼古

殼非　過羅葛得　康排藍特　得皮得風　特夾搭　入克松
　淡壓　非得　分得來司　藍葛林　入勃松　已來司　弗
林斲　弗林　藍特　亨林　瞎米而冬　亨各昔　哈笛去
　哈空　蝦今　黑烏　亨達松　亨里　豈古孟　好司冬
亨不利　入克松　入姆司　入法松　仲松　六克司　來古
　六達笛而　羅林司　來未司　林各龍　倫敦　礮古名
礮古乃力　梅公　麥其松　麥禮翁　麥失而　麻來　梅革
司　夢六　夢得古末利　麻阿　麻譩　蛙皮翁　惡排冬
潑來　巴孤　博得男　禮　六恩　六扒得松　六煞福特
司各得　昔歸幾　覆鴨　失而皮　四米司　司底劃杜　煞
立房　煞買　七不冬　託路司提而　尤你固伊　鈕濃　王
皮人　滑令　華盛頓　回音　回克令　回脫　回良松　回
而松　光緒六年民數百五十四萬二千四百六十三人　礦產
鐵石油雲母石石灰沙石石板煤銅硝石　物產稻麥棉花麻
大麻花生豬淡巴孤印度米番薯鹽　鐵路千七百三十二里
阿拉巴麻邦[illegible]　明嘉靖二十年西班另人始來康熙三十
年法人城莫比里乾隆二十八年密士失必河東邊地歸法此邦
亦屬焉後在巴黎立約地歸英轄四十八年將北緯三十一度南
邊地歸西班另嘉慶三年以前本邦隸若耳治是年歸美二十四
年立邦領六十六郡同治七年定行政章程現行章程則光緒元
年所修　邦在若耳治之西佛勒爾勒釐及墨西哥灣之北土語
以阿拉巴麻爲平安歐人因以名其地阿列我呢山暹逶邦之北
境處而爲平岡海岸五十里莫比里灣寬大爲墨西哥海灣內第
一大埠田納西河自東北方流入邦境蜿蜒西北行而出邦境入

田納西邦東北可比河阿拉巴麻河合流爲莫比里河一作莫別里入
莫比里灣加打夫治河一作卻笪夫幾一作哈笪華幾爲東界流注佛勒爾勒釐
邦諸水寬廣輪船往來不絕邦地膏腴海岸及河濱夏時不爽快
內地及山中氣候溫和南境林木暢茂民多由法國移住雜人亦
不少都城交甘布里在阿拉巴麻河濱爲美國大邦都之一房屋
壯麗河上輪舶飛馳莫比里城峙莫比里灣上爲是邦第一大城
美國第二呢布工作之區大學堂在打司加路沙他處學堂亦多
○島　大分　匹幾扒愛司　夢來司　他得而拔古　墨西哥
灣長三百三十里寬百五十四里方五萬千七百二十二里灣內
港汊極好木別里灣通莫比里河入阿拉巴麻河同皮箇皮河卻
笪夫幾河固沙河一作古灕田納西河均流注境內同皮箇皮河通火
舟至縠龍排司計程三百里勃拉古壞里河一作勃臘古之里通文舟可至
他司卻路沙計程二百八十五里阿拉巴麻河通舟至文甘布里
離木別里三百二十里○河　勃臘乏里古　白笪哈幾　卻多
另　曲古他華幾　曲古他華幾　曲古他　幾　空呢古　哈
呼排　哈笪華幾　古煞　非恕　愛而古華愛司強別耶　弗
林得　弗林得　立的而　立的而卻多排　立的而塔拉浦煞
　立的而同皮箇皮得扒里　路過闊八里拉　莫別里　匿入
而另　奴司　非恕　烹格六　派多里另　比　派其讀　昔
不恕　他拉普少　天你恕　天疏　同皮箇皮○列郡　蛙多
另　扒羅英　敗婆　別箇　勃龍得　白六古　拔多辣　闊
而烘　強排司　乞路幾　幾而冬　谷多　佛拉古　潑里
潑里排恩　加非　殼羅排得　空內揩　可沙　谷林冬　恰
而忙　兒路　達拉司　突甲路箇　愛羅馬阿　愛司強別耶

入愛多阿　非的　入呢伐　箇林　海而　亨利　入克松
恩法松　拉媽　路達笛而　路林司　里　來莫司冬恩　龍
里笛司　美工　埋其松　埋令箇　埋而洪　埋失而　莫別
突　夢路　夢得吾末里　莫根　丕里　必根司　丕古　藍
　而呼　腊昔而　失而皮　生得不里雅　三塔　塔拉提另
　塔拉布沙　塔司卻路沙　媽家　華盛頓　回而薄克司
雲司冬　固林失　弗郎克林　光緒六年民數百二十六萬二
千七百九十四人　礦產煤鐵石灰沙石石板腴子石白雲母石
　物產稻棉花麥果子栗木料印度米番薯馬羊豬　陸
軍兵約千人礮臺一在莫比里　鐵路千八百五十四里
密士失必邦美密壽土壽希比比　明嘉靖二十一年臺蘇得初游此地
閱四十年拉沙里來觀河下流康熙三十八年以後殖民踵至法
人在六幾恕立寨四十一年殖民聚於藥自後來者益眾雍正六
年與士人戰白人盡黴乾隆二十八年河東地歸英閱二三年河
西地歸西班另後盡入美嘉慶二十二年立行政章程立邦領七
十四郡　邦在阿拉巴麻邦之西河岸地平坦多豬澤自維可拔
至邦之南境小岡起伏至高二百尺至低二百尺東境高聳成原
南境窪平此邦沿墨西哥灣九十里無良港距灣岸數里有低島
如屏障松樹林立又有船鳥內可泊船故有此名密士失必河及
比另而河爲邦西界有揚突一作另脅比可夫拉可一作比可勃拉可二大河
入密士失必河比另而一作几路怕司可我拉二河南入墨西哥灣大土
地豐沃蓋密士失必河岸之膏腴五大洲不多得也南北境氣候
溫和民多英裔先至者爲法人都城則臣在比另而河右岸邦之
中土也廛市壯麗係東西鐵路要衝維可拔邦中第一大城在密

士失必河左岸距紐阿連四百里呢布生業頗旺那治土民數占
邦之第二亦在密士失必河左岸據小岡之上地勢險要據此可
以禦敵阿可司法奪在北境有大學堂此外學堂千餘所分布各
郡　境內中南有岡最高處二百尺又有加奪島希布島皆在海
岸○島　加奪　的阿　我蘭奪　我拉希　紅　比治勃以斯
　希布　密士失必河發源於合衆國北方密乃利太境伊太斯
康湖南流過挨伊由挨境至密蘇爾羶邦勝路易郡之南會合密
蘇爾羶河成洪流又百五六十英里會合倭海阿河更增其勢又
南流千二百四十英里過紐阿連郡下注墨西哥海總長三千六
百十英里為天下第二大河南美亞馬孫河爲第一合此流之本流支派其
兩岸受水地有百二十四萬方英里其地積之物產皆賴此河而
運輪河之廣狹不一今漕船所通處闊自二千二百尺至五千尺
深自七十尺至千七百尺其極深所有五千尺處　此河貫合衆
國之中腹為國中著名大河其上流倍靈動邑之東界處河幅已
至千八百尺此處架以長鐵橋上設火車路此橋工程浩大高廣
絕倫其鐵路直達詩家古　自加以呂至河口之問分四區第一
區自加以呂至第四十號島之麓約二百二十里此間當修之地
有二一曰紐麻脫里脫里知自第八號島顛至第十四號島下長
約六十里一曰不蘭波因奪里知自第二十六號島顛至第三十
三島下長約四十里紐麻脫里脫里知之顛在加以呂下四十二
里不蘭波因奪里知之顛去同處百四十七里第二區自第四十
島下至回脫河口約百八十里此間有緬比斯里地及黑列拿里
地緬比斯里地自第四十號之下去加以呂二百二十里至斯昌
良斯島長約二十七里黑列拿河地自昆麻斯加士阿夫去加以

五洲地理志略　卷二十一下　十六

呂二百七十里至夫列歹斯波因奪長約五十五里緬比斯里地
之內有緬比斯港修此港數年間歸美國兵部工程局管理然光
緒八年屬密士失必河官管理吳而夫河之隄壁於光緒九年二
月修完同年有洪水此地獨不蒙害第三區自回脫河口至密士
失必省窪仁屯長約二百二十里有角可脫里治及列可不羅比
田斯乞地二處一自亞昆沙斯省可可斯波因脫去加以呂四百
二十二里至同邦之阿甘色郡長約三十二里一自路士失必邦
加路里奈良田去加以呂五百三十里至第九十五號島下長約
三十五里此埋維可斯拔港須修也此港至光緒八年八月歸密
士失必河官管理第四區自窪仁屯至河口長約四百八十四里
此區頗緊要奈給斯港列突河口阿脫茶法拉歹河口不拉基明
江口紐阿連港五處皆在此區內上密士失必河先得路以司上
密士失必河之鎮市也去先得安蘇呢瀑布八百四得八里去倭
海阿河口北百八十二里乾隆二十九年拉可里的定此地為鎮
五十四年此地每年所聚之皮貨值三十萬三千七百五十元人
口千五百餘至道光二十年人口萬六千四百六十九此地之興
旺頗捷蓋美國內地要鎮也密士失必河官員亦設在此地嘉慶
二十三年火輪船一艘始來此地名安的羅不此船因看窗蘇爾羶
河經此道光十一年也羅此屯火輪亦來看密蘇爾羶河泝流達
秘里寨十三年也阿西呢波因火輪又來此地或看河或經商近
年人皆知密士失必河有大益於美國故修河之功日益研究○
河　阿米的　比可勃拉可　比羅其西　治喀沙窪　哥路我
奪打　也斯加奪拔　法士　哈葵知土　里夫　路可沙怕里
拉　密士希比　麻可喀斯　比路　斯奪論　三夫拉窪　打

拉哈治　奪可拉　屯比可比　吳路傳　歹拉而布夏　歹奪
　約那怕打哈○湖　拔羅斯　才布列斯勃列　夜里斯　我
斯○列郡　阿打母斯　阿路昆　阿密的　阿打拉　便屯
勃里拔　哥路紅　加羅耳　知喀所　角可多　可累紅　可
拉可　可列　哥哈麻　古比阿　古韮屹　的所奪　夫蘭可
林　喀林　喀利那他　漢哥可　哈利送　希奴奪　合路美
斯　以沙幾那　以打王拔　日可送　日斯怕　日法送　約
呢斯　狠怕　拉費治　羅打的里　羅連斯　里可　李　里
夫羅阿　林昆　羅運的斯　麻治送　麻里恩　麻夏路　夢
羅　夢奪喀迷里　你學拔　紐屯　那可斯皮　我可知別哈
　怕那拉　比里　背過　本奪奪可　布連治　　金奪忙
蘭金　斯古奪　夏幾斯布送　斯米斯　三麻斯三夫拉窪
打拉哈治　的奪　治怕　治學民我　酒治客　由你金　窪
連　華盛頓　維因　維耳金送　文斯屯　押拉不沙　押奪
　光緒六年民數百十三萬千五百九十二　物產米糖果子稻
麥松樹栗核桃欅無花果葡萄梅桃蘋果橘芭蕉棉花印度米
陸軍步兵十隊礮兵一隊十八歲至四
十五歲者任之　鐵路千一百四十里
魯西安納邦羅衣西阿那羅衣西阿孫羅西阿那　康熙五十七年法八在紐阿
連小住經營四年將木別里之官署移至密士失必河西地勢寬
大似一小國郎今會城也乾隆二十七年以此地與西班歹嘉慶
五年又歸法八年美與法主拿破崙千五百萬元買此地入美十
七年立邦領五十八郡　邦在密士失必之西墨西哥灣之北地
勢平坦小岡最高者僅二百尺此邦南境四分之一高距海面不

五洲地理志略　卷二十一下　十七

過十尺每歲春日水漲中央及北境地平往時常受河患西岸最
甚近年築隄籌備水得宣洩侵以無患灣岸屈曲無良港密士失
必河為本邦東境之半入此邦東南流而入墨西哥海灣此邦入
密士失必河之大河名列特河一作來墨紅河之義也窪西打河一作華鄉
笛入列特河沙冰河一作華平在西界入海灣比歹而河一作拔西在東南
界諸河皆通舟貿易稱便地極膏腴餘地樹木多冬天氣候和暖
而長夏天炎熱水鄉多黃熱病民人向係法國及西班歹國人移
住今則多從北方諸邦來住者多黑人亦不少都名拔堂路在密
士失必河上南距紐阿連百三十里地勢占小岡橘林多市街民
房整潔紐阿連在密士失必河畔南方諸邦中第一大城也距河
口約百里或呼此地曰新月城房屋堂塔皆美麗海關房屋頗大
除華盛頓議院外已為美國第一大房棉花貿易甚盛嘉慶二十
年春大將日可送大敗英兵於此故有名土那而土送維里在密
士失必河上布拉治明我比路沙司在彭家奪連湖岸大學堂在
拔堂路日可送華盛頓兩地俱有大學堂近年此邦之學業大振
○島　亞勃來登　啞比特　拔篤里特　扒特　開罶　強特
罶矮　古巴　達呢而司　以司得今扒里雅　箇藍特　箇藍
特脫里　愛司路蛙部里登　愛司路蛙比特　愛路笛呢雅
梅工司　買矢　潑羅非篤　拉皮篤　先勃羅　希而　先得
蟲司　今扒里雅　回特而　回音　密士失必河流貫境內八
百里邐迦入墨西哥海灣支流甚多舟楫運送貨物貿易至盛夏
月水常溢出隄工緊要○河　阿美的　阿加法拉雅　阿加法
拉雅　勃拉古　勃拉古培育　勃拉古來古培育　勃羅培育
　六求培育　裒夫　裒五夫培育　恰路恰恕　開恩　乞反

古幾　讀失幾培育　突拉溪培育　突司阿里夢突培育　達
及麻捺　勃藍特開路培育　箇羅昔的的培育　拉割心培育
拉夫幾培育　拉那古古培育　立的而　梅工培育　麥門
冬　密士失必　逆司比培育　披而　必幾多開路培育　法
里雖培育　來特　羅培育　雖平　雖林培育　吞呢拔化
脫幾培育　吞煞司培育　脫拉扒吳培育　乞古福　乏密濃
華恕笪○湖　沃蘇　培尤此而　別司低牛　勃拉苦　勃
拉苦　扒求　扒吳　恰杜　閒而路沃　強而司呢雅　恰達
呼拉　卻力司　豈可得　㲉羅司　笙古笛　雷司矮來蠻特
非而度　箇藍特　箇藍特　箇拉司　若得　來里　立的
而　弄　摹利伯司　梅江多　密而　摹雷　穢度　穢度
拿去司　拿去司　沃司幾未　比而　比呢雅　烹加脫林
矢多麥司　拉路利　涙恩杜　西令　煞令　三箇笙　沙突
四拜呢恕　退司　滑來得　滑央　囘得○列郡　阿新升
阿三必升　阿薄愛里司　平囘利　薄失　哈度　揩羅揩
矢　殼羅囘而　強密隆　卻達夫拉　潑里扒吳　空古其雅
笛蘇得　以司得培登路　以司得卻路而　以司得非里謔
那　弗涙不林　箇藍特　以皮里亞　以拔維里　沙可送
日法送　拉費治　拉法治　林混　里文司屯　美知送　擠
哈司　那治奪治　澳里安司　澳治打　布拉幾米你士　波
因士古比　拉比的士　㓝利拔　利治蘭　西比　聖土拔那
勝士荼里士　勝士黑列那　勝土日母士　勝絨拔布治土
先得藍特里　先得麥進　先得買里　先得他買呢　坦呢
白布壓　天煞司　的里邃　尤濃　乏密而客　乏夢　華盛

五洲地理志略　卷二十一下　八

頓　囘勃司得　囘司得敗登路　囘司得揩羅　囘司得非里

矢矮那　雲　光緒六年民數九十四萬百三人礦產煤鐵石灰硫黃鹽石　物產棉花白糖白米稻蔗木料果子蘋果桃梨梅橘無花果白薯　陸軍武官百七十一名兵二千二百九十七名　鐵路六千六百八十里

得撒士邦（得撒斯　得煞土脫鬧司　脫丕必脫鬧匹）康熙二十四年法人拉辣里初送殖民至此後法與西班牙爭此地而戰乾隆二十八年歸西班牙嘉慶二十四年定地界以碎平河（一作沙冰一作昔平）以東歸美碎平河以西歸西班牙後爲自主之國九年道光二十五年入美立邦領二百二十九郡　邦在甘色土魯西安納墨西哥灣之西美國中第一大邦也無高山可打路比山起伏綿延在里我可良的河（一作里蛙箇藍特）比可司河（一作拔古司）之間又別有與此山並走者橫亘比可司河之東側峯高三千尺諸山皆落基山支脈也西北及北境高而平自二千尺至三千尺不等向東南則漸次斜傾至海岸海岸平而低北方有名拉諾野司加拉打之地平而高高二千五百尺無草無木連接紐墨西哥部無人煙灣岸三白六十里多淺沙乏良港列特河（一作來紐）爲北界沙冰河在東里我可艮的河在西南此二河皆通輪舶土地不一大都豐沃氣候清和因有墨西哥灣之涼風也民多墨西哥人法國人他種亦多西方猶有土人部落名可滿治印度邦都名奧士天在加羅拉度河（一作播血羅拉度）上距河口二百里可而別司堂在可而別司堂島（一作亭別土屺）西此島在河口別司堂灣邦內第一大城也貿易頗緊要散安奪紐在散安奪紐河（一作二殷篤你屋）支流之上舊城也此地有阿拉毋寨此邦獨立戰爭之時邦人一百五十名據此寨墨西哥兵四千人圍之十一日邦

人盡斃不良司維利在里我可良的河上與墨西哥之麻打母拉司相對大學堂在印的片田司此外大學堂不少○島　穆拉沙
斯　我而別士屯　麻打我打　麻土　麻斯堂　怕土利　比
里昆先奪　日費士　西境有里蛙箇藍特河通舟四百里過河
郎墨西哥境○河　顏日里那　阿蘭沙士　比可維治那　不
讓過　波士幾　穆拉沙斯　加那治安　可利歹福可　刻羅
拉土　昆角　比的而士　土來　我打而夫　拉窪哥　里恩
里阿那　利土而　利土而維知太　拉諾　美治那　米土
而昆可米聲　那拔士打　那皮達　呢幾司　拿蘭　拿司比
拿司烘古　拿司來特　呢甲司　披古司　怕達涙司　揩
羅拉杜　而里窪箇拉屋特而　里蛙箇藍特　里蛙箇藍特
昔平　沙得勃拉茶　沙得可路拉杜　沙得來特　三殿篤篤
你屋　三比圖路　騷司福古　騷司而來特　先得媽古司
脫里低　四司得脫里低　來特○湖　加土　西打　西打
古里漫士　也士潘土沙　費里　法吉土　我拉士士美歹西
我林　哈以沙可　米聲　澳以斯打　西文○列郡　櫻達
松　攖特留　攖入里拿　阿郎煞司　阿卻　阿木司叔口龍
阿笪司谷煞　司敬　倍里　彭笛拉　白司拖羅布　培羅
皮　培而　培古閒　勃藍古　扒定　扒司幾　扒未　勃
拉茶里亞　勃拉茶司　丕里司古　勃拉翁　敗里松　敗乃
得　可度囘而　開羅化姆　恰拉亨　強密弄　強布　揩松
恰矢　卻司託六　強排司　郎路梯　催而突來司　潑來
殼古倫　殼里孟　殼林　殼林司華司　恰羅藍特　殼媽
而　殼蠻處　空菊　殼古　殼益而　殼得而　殼羅羊得

五洲地理志略　卷二十一下　九

殼羅司皮　踏涙　踏拉司　度松　地夫四密司　笛而遠
騰冬　特未得　立更司　特米得　同笛　尤勃而　以司督
藍　愛度窪　愛而水　愛羅巴沙　英夫那而　以拉司　福
而司　法佞　非低　非失而　福羅　福多彭得　弗涙潑林
弗里司冬　夫里屋　戳因司　軋而別同登　軋閒　其來
司比　箇來特　共閒來西　箇來　箇來松　箇里而　物來
箇　華達得比　海而　化而　吟米而冬　亨欺福特　哈地
孟　哈定　哈皮司　哈里松　哈得利　哈欺該　海司　亨
波希而　亨達松　希外路箇　希而　霍古里　夫特　霍波
今　耗司東　化乏特　亨得　瞎今松　若可　若克松　若
司擺　入法松　仲松　仲司　揩呢司　古福門　肯達而
肯督　該而　輕扒兒　輕　克呢　諾克司　拉　冷菩
冷柏煞司　拉煞里　拉乏家　里　立紅　立扒媽　來恩司
東　立不司工菩　立扒古　拉拿　拉扒古　林的礎夾六古
礎古里拿　礎古慕令　未其松　買立紅　買　梅松
買笪箇達　買培里古　美其那　米那度　米藍丁密執而
夢塔求　夢得齡密利　麻阿　麻利司　夢多利　捺可多幾
司　捺敗羅　牛動　拿藍　牛昔司　屋凡而脫里　華而達
阿令其　怕六賓得　怕如拉　怕家　怕媽　匹古司　撲
古　八笪　潑里司其啞　潑里司其啞　來因司　藍特而
而來特里敗　而立非胡茶　六培子　六敗得松　藍蓮爾司
拉矢　昔平　三沃外司今　三若新得　三八多利叔　三
煞排　司加力　薩幾而福特　收勃里　耍忙　四密四　速
媽未里　司打　司低分司　司冬華而　司未矢雅　塔藍得

雖 劃 特治古河蘭而落在右人窪之貽高在十部五五舟阿物擺如 也力奴 ○那其甘八野麥信數 維多
不非司沙 而河地西入機西岸向西地害二田四越年洲行甘產阿 可呢司司立河其箇色鎮番樹石百央處利託梯
來婆笪林麻 至方司密山北距多打皆皆白田千納郡數地地至色棉庚怕里攖 福的 央力邦會部木石五吾笪利里羅
司 密立阿多河士過高河法河沃大河野尺西立年歸理密邦花煞呢古特劃古而阿河司境城 梨膏十 亞呢
今囘司里治甘澤囘失哥二口人畔物河密邦密新密西志士稻司 阿司來 庚河河塔桃磁九若維 低梯
雖吾得不 而色霍得必羅千三移有產或士之十章蘇班略失 麥 怕庚拉笪特米煞道里蘋器萬不羅華 里
不○ 林煞 河篤河河拉尺百住溫多南失中失程爾牙必大未到煞拜 讀司未挂果泥二塔扒康退
來湖阿 林立岸司誇阿度 里此泉中流必央必同釐後卷河麥之搵司虎烏來扒 源濬 葡雲干 軋 拉司
司 甘先 治旁不幾甘阿境民外約央或阿河起之治立三二以 白達笪 衣特如薄自不阿蔔母五若 華 六
皮色得密而多林達色甘內房尚數稍東甘為伏西十邦年十達薯 米邱氣華 羅新呢常甘無石百不國拉阿固
福箇 弗士 煤河河河色有壯有八荒南色東不魯三定歸一於果烘 蛙家甲來乃 墨沃通色花鹽七拉艮 波慕
辣 自來失立礦水可經士數麗雜百蕪流司界一西年章法下阿 子甲煞安蘇○特司薄西叔舟河 果井十 松華失動
得皮臘西必得○性通過河河貿人夏氣入河先東安又程旋 甘康水 箇達 部福卡入哥河有昔橘鹽四無 盛阿
箇古司 而河至火本又通易都時候密窪奪方納修道歸 色熙牛在攖空矗落古坦 來亦時為 泉人官囘頓 氣
骱馬 莫密 溫舟邦過舟極名浴山士西夫窪之定光美 河十羆怕突孟古鎮阿大恰司倫轉魯鐵 地而 尤笪
松失為司而槎拉熱阿長野最盛地客上失打艮而北東十本 口二鹿呢福幾多 庚 那馬諾運自西路物礦 松囘扒司
得督別里箇百甘五番寬學低如淸必河西水比地六邦 乾年 古 氣煞奴其弄爾可北安三產產物 步而
箇婆 路里 盧四色百部大規兒雲爽河一一司澤山低年原亍隆埋鐵礦司逆空路司司央河河達下納千蔗有林囘 低通
而福愛勃 立 十河里境者甚落此低諸河多布平本屬 二基路產 自買幾 福 源均福注地二棉煙司如花 箇
定特立里可的路度先來至阿好昔邦地水一有士西邦密 十督二煤昔屏處 沙古突自入得向現百花煤 頓望林
彭 斯而攖從得特拿甘 在油熱可時頓多始蘇 八熟百鐵米昔攖氣得坑來甘阿其東為四五鐵光烏 橙
佛克蒙太笪來軋立法河波色屋阿石而通此在高自爾 年里七有拿司讀路 那 色甘勃南一十穀銅緒特囘得託
拉利八龍 特而的蘭先里河柴甘甚不舟列澤西岡立釐 至督十煙里 矮幾劃笛豈士色松流部四牧鉛六 衣 拉
希鴨音閘來 而西得溫發布色好爽有奪溢北 領之 嘉二五煤 啞拜 其央米河河境入管里畜銀年霞拉維皮
脫 特囘立落司法地源山河民快河河出境邦七一 慶人里 阿雖幾氣箇 矢來措乏阿十 稻錳民庚 克司

阿司立來河分懷產九櫻州得得先誇密里化弗旁得花皮乃五阿郡滿煤民 而土七白四得夏 里 里 特 顯克彭開
柏魄得菩○出阿麥千讀 里軋得今槎披姆拉古 羅扒身洲光十單煤數三法人名薯人 布藍波夢排入 福顯 冬來
愛拉巴而河此名稞百克揩得拉立額拉阿 得 勃 赫那地緒二拿 百米古部戰蘋 烏 突 路而法薄而 可
羅低達 地屬麥十拉司 今司司 立赫笛羅皮特而理元年屬物十藕司落時果礦特先而丕 松得葛殼來扒美
司 入培立烏七古笪箇 扒 密襪得特阿 箇 扒志年從產八而 七 產拉得呼古夢路 司那路 恩松
冬巴呢外阿屬麥入 里囘及來茶其而 扒克花皮古略移麥萬 度萬陸硫夫弗 得囍仲不 司霍
巴蛙脫 領柏 襪讀是司阿特里松勃弗姆拉姆箇來至哥稻四三拿三軍黃 來煞巴共 松林夫 龍勃臺
烏愛白 別七 松礦其松里冬○華 臘拉 克 勃弗卷黑大 稞千笪阿千武鐵愛西林音未六 而達皮臘龍
印如拉仲而郡楊產松 培 山得買梅古得讀司皮拉拉二勒分 麥三非捺名官亞路司 昔利拿拉呼冬拉雅突閘
度 拉箇里會 棉金 田阿愛 昔潑夫赫箇福箇古西十拿出昔烏百 八鉛 司得 古非矮 司 來
○新 里氣城 花銀彌阿 羅特薄而羅冬特 古潑夫突一 二為麥四四 鐵百鉛光司可 乃 低特 公 羊
湖今奴司福溪成羊銅外六來司冬愛失 以 力冬湖下最千倭果人古藍路五錳緒冬得巴乏襪 藍笛位揩吾
華司 煙豐毛鉛 幾特冬 林而馬立海司克古 長 高方海子 六得八名鹽六恩 古達其盧因特失 爾○
勃得氣拉別呢七 煤密 六○山勃 里得而今拉里皮三 山里阿葡礦 千兵泉年 夏 宋林笛 阿可烘列
里 呢拉箇 年鐵有槎軋合湖松藍派雅而戮軋克披箇十 二入邦蔔產刀林 六萬石民尤西巴紐 司烹骱 來 郡
軋騷 米烘波從路煙臘拉○ 之古司密得拉司阿扒里 千本地 金司工○百三 數濃 布冬埋 騰藍度黑卻
司奴 達吋八煤 今列阿淡 槎 今福 達寬 尺屬同鐵銅 列九千物八 湮 里里司得西特路矮
古幾司立薄河哥千石光 郡水巴羅怕梅里肉 古密 十王 初治路銀劃木郡十五產十橫扒不蛙松 路司
巴呢內得矢北大三灰緒入 力菰士達其 谷以霍塔皮里 愛會三六亞林拉 里十棉萬旁司來幾 令以箇突可 里
司 白而 注鳥百石六法皮 勃 申立 司龍羅箇○ 路城年百鉛商 排 花二 香里達米各若令畱六溪
碎拉巴箇入大五鹽年松扒脫通突潑 得立得皮特突河 司在立五錳 畱那 稻千華 臘而杜 福各拔
哈得司巴來愛哥十泉民 里來梧 里密而得潑亞 來 冬勿屬十汞光蛙里 淡五盛西派丕 亨弗特得葛
多華甲愛恩羅羅里 數畱特 羅外路潑而來 潑 拔 河爾領八鐵緒阿路 巴百頓皮拉里密立若布藍 司
得 如 司拉 物三未 弗囘皮司戈來皮里恰里皮達 源吉十里有六里 菰六 雅司 夷得克司葛可克笪
墨 奴 箇冬度 萬司蜀拉司 古箇 得司箇 自呢一 煙年拔措 麥十囘 幾非必而松低林里拉

其松　歐魯司冬○列郡　而排呢　御蓬　可路古　拉拉米
乃叔那路　巴拉里石別申　比司　司未得華得　因達
光緒六年民數二萬七百八十八入　礦產煤鐵銅鉛石油銀金
沙達硫黃沙達　物產麥大麥烏麥稞麥　鐵路四百七十二里
哥羅拉度邦考搭陸羅拉搭從度　咸豐九年殖民漸集趨淘金之利光
緒二年入美國為三十八邦中最新之附屬初為甘色土呢不拉
士格烏犬新墨西哥等邦屬境後於同治元年分出後魯西安納
邦亦稍分其地以益之南北花旗戰時出兵四千九百三人光緒
二年立邦領三十一郡邦都敦佛耳　本邦地分三種一山一山
坡一平原落機山由北至南在本邦境內有三條山脈並走最高
處萬三千尺三條山之中境似園林草木明瑟頗足娛情　騷司
勃腊河有瀑布在夢得俄末里田復交界處阿甘色河有洞深二
干五百尺蛙葛蘭得特路拿河發源薩危溪山○湖　搿藍特
山葛里司達勃羅　山里司　山搭末里雅　特辣擺　度雲⊙
列郡　阿拉排呼　片得　扒特　卻非　潑里阿潑里　空內
熟司　霍司幾拉　恰司笪　讀拉司　特法松　來可　腊波
腊達　腊里媽　腊　司阿二買司　蛙來　八古　飛得今　久
勃羅　離蛙勃藍特　陸得　三瓦幾　山上　煞迷多　回而
特　光緒六年民數十九萬四千六百四十九人　礦產銅亞鉛
煤鹽泉礦泉金金沙銀　物產麥米羊豬羊毛　陸軍步兵二隊
馬兵二隊另一隊駐林扒二百二
十三名　鐵路千五百五十五里
新墨西哥屬[illegible]　明嘉靖十六年西班牙人初至此地後漸從
墨西哥移民至此萬歷二十三年至二十七年殖民日集成兵亦

五洲地理志略　卷二十一下　圭

至城山達非道光二十八年入美蹤年土人叛旋討平之三十年
立屬領十二郡會城三塔非　境內落機山脈二一東行至山達
非而盡一在石拉美讀邇迤入墨西哥境　里沃筒藍特臺路拿
特河源自哥羅拉度來必古司河會焉境東北加拿其央河入阿
甘色河西南伊洛河入加里福呢亞灣○河　阿古阿恰林幾
阿古入突拉披搭　阿羅衣阿拉麻司　阿羅衣殼羅拉特　勃
藍夫啞夫入里白　阿羅衣畱希羅　阿羅欲撲拉司笪　阿羅
育三明逆路　阿羅育西古　勃藍氣啞夫梯邦白　卡那大攖
甲　卡那大笛路溪路　卡那其央　西扒拉　希古阿拉育
豈里里阿拉育　希馬龍　揩羅拉杜　空蠻幾　以司得福古
入美司　其拉　入美司　入美司　慕拉　南皮　司不林
來特　勃你多　揩媽　可司幾拉　拉士　阿你媽司　空甲
司　披拿司　拉農　派若里多　非里克司　夫里執羅司披
歃里那司　笛藍特　筒藍特笛而奴的　烘達　烘達　拉披
拉達　拉豈阿　朋敗司　你我拉　披古司　披那司古　剖
阿古　西剖阿古　來特司　煞必羅　山熟司　山然　派羅
媽司　九拉　九拉羅庫　三的佛浪謝司戈　餞司久　戳得
阿拜坑那　其央　肉你○湖　勃拉古　扒持　豈古　突
來藍拿　華司　藍拿　藍拿　藍拿可路拉讀　藍拿呢我拉
來古　兄古司　沙造來古司　秘
路　巴達　新今司潑林篠闕此奴下當
亞里孫拿屬阿阿拉亞娖查那捺　明嘉靖四十五年西班人初至此地
看出銀礦同治二年立屬領七郡會城塔古松　中央及東北地
平而高八干尺本屬山脈自西北而東南其自北至東之山名夢

硬龍又三佛浪謝司戈山高萬一千尺　勃令河脇一䬤作勃搿藍河
爾一揃作合流成哥羅拉度河羅一揃作䲭南注在西界入加里福呢亞灣
通舟六百十二里○河　皮扒但　皮筒山特　別路回良　勃
腊克　薄呢笪　恰羅拉杜　達羊蒙　以司得福古　搿拉
其拉扒你笪　筒藍得劃矢　赫突華得立的而克　羅拉杜
恰捺菩劃矢　立羅克司　立得而恰羅拉杜　奴司福古　派
里亞　立沃恰你士　立沃派古　立沃派特　拉迎華得　煞
葛拉孟得劃矢　三得殼羅司　沙得　沙得　三揩羅　三佛
浪謝司戈　三披度羅　三笪襪里　失里洪司福古　失里洪
司福古　之忍　回革布劃矢　回得孟丁　回得孟丁　入呢
○土人部落　揩羅拉杜　郡拔入　派瓜筒　披媽　披媽攖
讀買利古拉　回得孟丁　拉牛那　拉牛那　拉牛那　拉牛
那　拉牛那　拉牛那　拉牛那愛司披藍古　沃若里彌笪
來特○列郡　阿拜西　買里古巴　水海菩　比媽　比那而
牙排比　尤媽　光緒六年民數四萬四百四十一人　礦產
銀硫黃銀銅硫銅金錫鐵石灰石膏煤　物產
稻五穀白薯葡萄橋果子　鐵路三百八十里
烏大屬油鵃達　道光二十八年與墨西哥立約入美咸豐八年
定行政章程立屬領二十三郡會城沙得來哥　滑達幾山自東
北望西南高萬三千尺○山　阿但木司赫突　非矢來古　矢
達　薄古亨里　愛央　米呢拉羅　呢罷　三比之　三佛郎
西戈　臺扒而六古　拿排蜀○島　出而處　卻林冬　達勒
分　弗里夢篤　軋呢松　瞎篤　買特　司當司勃來　司督
隆吾六菩　阿而恰里　別阿○河　阿失來司　培阿　勃拉

五洲地理志略　卷二十一下　圭

古　揩羅拉杜　達得笛別盧　立路來司　尤喫司呢　以司
特別而　以司特昔別而　愛司　御藍特　夫里夢冬、筒藍
特　筒林　海騰　孰騰　來古　來古　六戳　襪拉地　奴
司因達　奴司潑來司　奴司西班牙　蛙定　巴里而　潑來
司　泊盧菩　來特福古　豈里　乏順　三善　三拉非而
三笪可拉拉　西皮雅　司米司　沙爾求　騷司潑來司　騷
司維敗　西班牙　因達　維扒　維扒　回司得別而　回司
得別拉古　回司得潑來司　回脫　回脫○湖　阿而恰里
別阿　山古　笛來特沙脫　霍篤司不林　立的而沙脫　彭
幾之　拉矢　拉矢　西皮而　尤達○土人部落　花姆克里
古因定　地波克里古因定　三比低因定　西班牙福古因定
因達因定○列郡　里扒　班割司愛而達　御幾　達別司
愛末利　愛固　孰菩　揩宜　米拉度　麻戳　披尤低
別處　蘇得來古　付善　三比低　西地阿　煞米多　多利
因達　由達　滑薩幾　華盛頓　未排　光緒六年民數百
四十萬三千九百六人　境西北搿藍得蘇得果筒湖長七十五
里寬三十里水淺有數河會入此湖有鹽水河流入此湖其水百
分中二十二分比重一零一七烏大湖水淡長百三十里風景頗
佳　礦產金銀銅鉛鐵煤有煙煤鹽沙石　物產麥稞麥
烏麥白薯棉花蘋果梨桃石櫨無花果　鐵路七百五里
呢華大邦乏綿達伐阿奈達乏達耐　咸豐十一年從烏大屬分出同治三
年立邦領十五郡行政章程已定邦都加臣　境內平而高最高
處四千五百尺有山脈二條自北至南蜿蜒並走最高處八千尺
失腊呢拔達山在西界高萬三千尺○山　沃來司笪　阿別

路因孟卻奪剖司拉　兩倫地華產你霍壓　突司司四　五麥　古令古內一機格衣陸亞丕林　長薄空笛拔
幾　司龍入　而里條米屬盛金　達羅阿別內內羅魄洲蒙磯　雄山邦打軍鉛音工愛非皮可拔阿二六呢里沙
可阿揩拉　多隆克治境阿英頓煤華古　姆林阿古古令古地煞拉仲以皮　圖脈及賀兵錫　而矢筒來而媽十讀甲亞得
里多何波回　俄申　內　咸蟀　盛的阿　理拉特努司阿源過華屬九煤光來古　拉阿淚谷一源而忙比
幾阿立托而三　勃拉卻豐　興物頓呢而磯突回騷騷羅魄志蒙　司得　從本盛　愛隊鐵緒恩　福　薩里自　得古
笡　之路奪善六愛藍呢司三　產　久度拉煞司司多羅略　磯　福培愛境頓鑾武泥六　愛而扒揩拔　寬東本
勃　來　比而克亞卻年道麥光林拉　希　回梅呢司　奴來勒古司路別叻蘢官石年內司低拉羅闊阿十北邦卻拔
來來但西○司是度里峯笛入光烏緒希司磯　烏煞愛　卷司特未焦　司笡哥　及灰民　密奈　拉度恕里來河必得
回矢徐達河比　高山阿二麥六　容亨讀　司煞派二梅　司拉勃冬羅大　兵雲數蛙拉　卻杜　深長不多路
司　逆　騰拉非強萬從利十大年納培篤里　先　拉低十愛米內慕留扒讀二同六母六夢而佛而○開薄一三通羅忙
笛司豈阿　明達媽四英堅五麥民自阿　司尤得騷夢　一司突古　牛古山屬治百石萬司達淚生湖恩而千百舟忙得
立林　淚笡塔　而奴千屬邦年稞數巴而烹　排執司　扒下　羅　弗　來聳地二四沙二波　筒　幾五里哥得
得　讀　難多磯笛　五地後殖麥三昔里讀若　入可煞得　奴薄立拉克爲峻至年十石千　尤林先而卻　百流羅　勃
而亨阿可　矢固　雖百入乃民米萬司古啞克奴夫里拉半　司挨的得拉西皆是立一硼二羅力○多六農別尺入拉卻拉
司箕米拉別　米福不尺阿自集　二　松司　華夢夫　可司而扒古界在年屬名砂百布家列路恰　叔高亨度路古
巴利司克阿文而克累○利立於鐵千啞扒里　司的得福　里　煞　司通下始領　鹽六　郡　里卻波六薄河路忙
坑波　司　克　司司島堅屬笛路六呢愛里仲內冬　而窘　愛米拉五　舟雪分十鐵泉十昔項　穀　松　千六在　得
司以　勃勃蛙　境領司二百達司　固古　騷司司舌　華突慕穀古二幾出三路鹽五多薄皆羅而　薄尺讀東西
來　呼霍拉而恰葛臺攖從二卻百十　司力○沙司　得羅　勤里百以會郡百石入里而吉乏六卻地○湖南大勃
天哈孟龍古　司拜甲達北十的二一啞恰溫司湖磯煞四拉　可羅司愛里上城昔二鹽　得而　恰四　河太界　拉
拉　皮　劃　門笡松望五河十人未矢讀　司拉米夫　奴里羅　華○　薄爲十冰礦滑　達里路薄　和最卻古
麻媽愛亞強申魄得　東郡二里　希阿○恰培　夢四脫　司挨　亨得河司愛呢七鹽產矢藍杜古　達安湖長力忙
呼　路　梅　多　笛來至會十　礦　列你阿塔　倍　五華羅利　乃司不里　銀　特搿　而西　氣在之司得
開坏揩魯蛙司回司因此城六　熱愛郡固　里騷阿來　未得司司恧拔葛　拉　鉛回而拉達拉大薄羅山河冬
密多　何　而　拜潑勃分哥年　松達　司要國司　得　希　通內持那河落士　銅得　司古幾一達布中亨　強

六麻昔龍希奴排　拉四定奴　一豈流行舟四高五地五　後從告阿魚人劃　松愛郡煞蘇拉　派拉司　而耶捺沙
年姑分皮而　得回布米　司美孟拉司幾經百楫千八尺利洲揩又陸波利五　多司　藍　磯　古回約　幾司蒙拉甲
民　雅○羅　得甲四六央之哈今　吉此六不尺萬日不地司增路士堅穀礦工波魄特其呢弗　得幾豈而乃　波九密
數阿來　列彌華　求希司　末笛　邦十多東五法同理卻道來頓邦粉產　甲失　哈矢里乞煞媽而怪古煞　司
十媽古可郡得笛物司四　而　埋尤藍穀者五可部千送山志突數採官　瓦牧金回呢非入里　藍藍拉　冬米　磯揩阿誇
七幾　司　而立波內三　美音得特龍三里倫薄七山最略山公地署砬畜銅得　古法司煞　蒙華　司司呢子里來
萬拉藍　別哈　阿拉古江奴哈巴　倫皮百各比盧尺高高　從司嘉極　羊鉛孟司　松　米梅讀　叔豈　拿矢　達
四　揩家呢潑密求　福司倫特來特亞里河亞山海萬處卷北於慶陳　皮煤　的披　夫矢松拉英額那司額　非育那
千尤令而　里得　騷古隆　回　○多河自岸二萬二望內十此　麥有約溫而敬拉　司米蒙而派督路三利司吉
七濃　里明阿司　弗司　特美馬司一可河入自東有百尺十南地六地乾　煙幾司司　藍湯　矢　那闌米扒呢　司
百　磯　冬扒媽國拉福三　家而恩啼司　可落北山尺四一距咸年之隆鐵煤孟　豈　握華　回華波者　拉讀樸
六華里度　古司艮克古江奴司哈讀奴　二倫機至與三時下海豐在佳五路　煞三多克古瞎以矢往　司司　拉奈
十司紅笛可拉　司司　福司　克依穀矢比山西海笛戴　岸九阿後十二物光司善煞拉司波笡家之多　拿煞乞古色
七古　拉拉　希　騷古攖乃磯拉司吉　亞來南岸姊雪　百年司英七百產緒冬　波古　司　入收蝦得拿司而
人　毛司揩媽而回豈司　波司今克　利扒河通最並妹夫　二立督官年七黎六　司　回區　維回司谷米速而
華而　媽司扒而羅福雷适託入　仲　恩可輪高走山讀　十邦里又英十果年霍家豈霍拿拿海奴捺　米矢波　拔夫
礦盛冬佛司　松讀古羅　額　林提弗　倫船處距及山　五領雅令船六子民幾買里龍司脫司溪司多司　拉司古
產頓農藍　啞但　古笛未惡　木古　里希比百七岸達高丟里二立弗主里木數櫻呢豈皮日　多　蘇恧夫古煞
金　媽特可得央藥司司司未紐拉　執克篤亞十千二央萬　分十太拉軋　七肯雅搭亞本煞以約回而湯甲立煞　幾
煤央　拉　夢家　軋　幾　里隆但得古河五尺十夢一　此三平可來　萬　里篩幾拿　握　得　拔
緣歇巴都篤華　子尤的弗　奴亞冬　長里　五突千　邦郡洋勒初　五劃司來揩劃司皮媽卻搭谷司　多四奴
鐵而古克沙丹桑○　司拉礅司　開笛希千小西里峯二　東邦獸回至　千拉拿未何得　癩○邦家司巴司而古司
水　松布白埋湖媽　司達巴拿六而司蛙三輪境最四百　西都皮司此　百劃蝦司里工沙　湖　農　恰革蒙司
銀光執　豈騷羅　達握司希揩坑百船河高山二　二沙公二地　二拉米　此○脫揩　回　鐵呢其　屋
鹽緒拉內穀麻怪阿拉司　波　与多司的　里可多處皆十　山泵司人歸　十　司梅　列　幾勃脫阿古　多煞剖幾

泉硼砂泉錳硫泉　物產魚麥烏麥白米麥粉蘋果葡萄
麻大麻牧畜羊毛無花果黎櫻桃　鐵路五百二十里
加利福呢亞邦加利呢亞克勒方呢阿　康熙三十九年前西班牙人可退
自始看出其地後有人名三藩謝司戈一作三佛郎昔司戈來至海岸地因
得名道光三十年九月立邦領五十三郡版圖之大爲三十八邦
中之第二大邦　境內有二山一名昔臘奈拔達一名海岸山山
脈均由北西往東南始並走後又走昔臘奈拔達山長四百五十
里寬八十里有峯名輝德呢高萬五千尺又有一峯名三拔捺羅
奇奴高萬二千尺北峯爲火山名卸司打高萬四千四百尺又有
五峯曰金達路曰達捺曰白里回而曰拉新曰卸司羅高萬四千
至萬一千尺不等海岸山最高處七千尺寬四十里欲雪梅多乏
力訖加譯欲迪在昔臘奈拔達山中間買里八薩內距舊金山東百五
十里有一峽深六里寬半里至一里最高處四干尺有一瀑布長
二千六百尺咸豐元年攬勝者始探得其境昔臘奈拔達山下雷
多雪少海岸受太平洋涼風夏爽冬暖邦都沙格民多○島　阿
那卻八　箇藍特　羅敗得　三過立門得　二米呆而　三呢
箇辣司　三得拔浿　三得恰達里那　三塔可拉士　三塔六
煞　蝦茫　煞過辣門得　四低今煞過辣門得　尤濃　薩古
拉名多河下流入舊金山灣可行輪船百二十里源出自卸司打
山流入三熟品河三熟品河從九拉湖來可行輪船百五十里入
海之地爲斯山灣及舊金山灣斯山灣與三百部落灣相通哥拉
馬司河由阿利堅邦來至舊金山灣西入海哥羅拉度河亦至舊
金山灣入海可行輪船六百十二里舊金山灣長四十里寬九里
九拉湖長三十三里寬二十里水淺䃃拿湖長十四里寬九里水

五洲地理志略　卷二十一下　三十六

黑無魚人稱爲司海○湖　矮呢　敝固辣　薄辣克司　皮五
捺四司搭　卻司搭古　潑里阿　潑里阿　潑里阿　箇令
讀捺　以箇羅　鐵里拿　鐵里闢刖司　福而　福弄里夫
福里那　弗令之　箇而特　箇司　箇司　箇達流波　箇藍
得　軋而　哈呢　措恩　可藍木司　辣生　羅恩　突里薩
六阿　迷度　迷度魯　木讀古　木諾　呢那　或音字
布魯白　酸　的火　狄呢阿　託辣幾　九拉　九路　九路
壓八　來得　海藍　希魯白○列郡　阿拉密笪　兒兵
阿馬度　白的　開辣刖辣司　霍辣煞　空篤辣固四笪　突
羅拿得　愛羅突辣度　弗來因諾　亨薄六讀　音欲　坑
來固　辣生　六煞攖及二司　埋令　脈里八煞○文度四拿
買四杜　木讀古　夢得利　捺八　奈罰達　潑里煞　潑
蘭木四　煞固辣門得　三彌呢得　三拔捺其奴　三地古
三佛郎昔司戈　三熟令　三熟呢司惡其水古　三買的蛙
三搭白白浿　三搭箇辣達　三搭箇辣士　下司達　希拉
昔司久惡　蘇拉奴　蘇拿媽　四搭呢四魯司　煞打　錢方
媽　脫里呢地　九拉　九浿　又氣拉　育路　尤敗　光緒
六年民數八十六萬四千六百八十六人　礦產產金最旺道光
二十八年至同治十一年所掘價值十萬萬元峴尚歲得二千萬
至二千五百萬不等又產銀鉛亞鉛錫銅鐵錮硫黃安質母呢鍬
硼砂鹽石灰　物產蘋果黎無花果橘葡萄槭欖白拉那及各種
水果梐木米薯麥　陸軍步兵二十四隊每隊月餉五十元小槍
八隊馬兵三隊每隊月餉五十元大礮兵一隊
每人月餉二十五元　鐵路二千二百十一里

阿拉士格新地阿拉斯加阿拉斯格　乾隆六年俄人未笪司不林初看
出此境四十一年英人往看時俄人在西度恰販獸皮四十四年
立公司咸豐六年美人以七百二十萬元銀錢與俄人易此地地
遂歸美地大如得撒士加里福呢亞哥羅拉度三邦合而爲一海
岸四千里迤南港灣舟行甚利會城矢多格　先得以里約司山
高萬七千尺　優工河源自英屬地來普恰冰河會焉下流千八
百里入那登灘夏日通舟　礦產煤金銀銅鐵　物產
木松黃松烏麥稞麥狐海獅皮貨羊皮獺鯨魚鱘鮭麥
美國鐵路長十五萬六百里總共造費九萬萬萬圓管路官工在
百萬人以上速力最早者每九十三分走九十二里費城列鐵田
路是
也

五洲地理志略　卷二十一下　三十七

賜進士出身　特賞內閣學士銜前國子監祭酒翰林院編修加三級　臣　王先謙謹撰

墨西哥合眾國

墨西哥　徐志墨西哥（一作美詩哥又作墨是可又作墨西科又作墨西果又作麥悉哥又作默西可）云北美之西南境也北界美國荒地東界得撒距大西洋海西距大洋海南界危地馬拉地形漸南漸削由西北而掉於東南長約萬里極北廣約三千里極南不過四五百里煙山自西北來（此山在美利堅西界稱落機大山在墨西哥稱煙山因火峯最多故也自危地馬拉以南至南美之極南境皆稱安達斯大山實則一脈相連長約二萬餘里）貫國中如脊火峰甚多大者有四煙燄常灼霄漢地震最烈陵谷時時易形北境平漫有草無木居民牧牛以百萬億計衣食皆取給於牛秋高草枯或投炬曠野中延燒輒數十百里南境在山東者多沙磧山西水土肥沃百卉繁生西國果實皆備河之長者曰巴拉窩曰哥羅拉多曰索諾拉曰薩比那遞北頗寒遞南濱海一帶炎熱異常內地漸高熱漸減高至四五百丈則和適如中原物產無多惟烏木紅木牙蘭米香料而大利則在於銀其山產礦最王攻礦之廠三千餘所各國行用番銀出於墨西哥者益三分之二云初北美一土自美利堅以北皆野番雜處不成部落惟墨西哥早建爲國有城邑有壇廟有王有官肖物形而作字有律例地有廢城極大云是千餘年前古跡不知何代何名也明宏治初西班牙遣可倫探尋新地知墨西哥爲金穴又稔其國無備正德十四年遣其將哥爾德斯率兵攻之震以礮火墨西哥潰

敗國遂爲西班牙所據西人連艅西來入山掘礦流布雜居戶口日益繁盛每歲得番銀千數百萬圓西班牙以此驟富乾隆末年華盛頓畔英自立爲美利堅國墨西哥羨之嘉慶十五年畔西班牙西班牙征之九年方克復甫一歲又畔立部人義都爾比達爲王道光三年廢國王分爲十五部各推擇官司理事近年又分爲二十三部其制大略倣美利堅而疆界未定法制不立諸部不免內訌與美利堅有治亂之分焉又云墨西哥本西班牙所政建故語言文字與西班牙同其人分三種一曰西人皆西班牙流寓實爲地主戶多殷富俗尚奢靡錦衣駿馬遨遊都市一曰土人面紫色匾鼻大骨以耕田爲業資蔬菜以餬口家多貧乏不飲酒者恆壽考西人徵其口率之賦而不與之往來一曰雜人白黑人嫁娶所生居民共計八百萬丁皆奉天主教慕志云緯綫自赤道北十六度至三十二度經綫自順天偏東百二十六度至百五十三度東界墨西哥海灣西距太平洋東南界瓜地馬拉西北連合眾部謝志云當北緯十五度四十五分至三十二度四十五分西經八十七度至一百十七度**雷志云二十七邦兩屬地一邑聯盟共和國**講義云與合眾國界定於千八百四十八年千八百五十三年之條約南與危地馬拉相接其界定於千八百九十五年之條約岡記云先屬西班牙千八百六年國人美蘭達叛拒戰九年班人征服之千八百十三年諸部又叛公告獨立千八百二十二年推大將奧古斯丁依多畢德爲王明年廢之爲共和政治以威多利亞爲大統領後又廢之歇德拉撒代立未幾廢基爾列羅代之數月國人廢而殺之千八百二十九年皮斯骨門立時有二黨一欲立聯合共和政體一欲立合一共和政體爭權相軋合一黨魁三達安那得志遂代立千八百三十八年國人爭亂逐三達安那五年復任北部得撒州叛與美合墨與美戰不勝講和國勢陵夷兇徒橫行沿海諸州擅定海關稅則迫外人奪貨財千八百五十五年國人分爲五黨三達安那出奔自是屢易大統領全國騷亂千八百六十年蘇亞勒士藉兵力執政淩轢外人殊甚（政要云其國鏤礶出關稅居多國開以兵餉爲鋸入不數出院內鄉民債外外地國債餘俱不承認職利外未繳是以諸國興師問罪）千八百六十二年英法班三國興師問罪蘇亞勒士請和納償金英班退師法欲乘機立威明年五月拔虎不拉進陷都城蘇亞勒士遁法人立奧地亞王族馬西密憐爲王明年五月抵墨即位後三年共和黨叛攻王王走給勒達羅千八百六十七年法戍兵歸國王勢孤墨將斯哥伯託陷給勒達羅執王銃殺之蘇亞勒士復得志變君主政爲共和政自爲大統領內亂未息千八百七十二年蘇亞勒士卒鐵實耶闔代立國內少康王達云咸豐十一年南北美戰事起法乘間窺墨責償前失墨屢戰敗同治二年法據墨都議爲選君於外邦立之墨人不得已從之法人集歐洲列國議於法京擇日耳曼公爵威利一名馬加士米安同治三年七月至墨時亂黨自號義兵揭旗大書驅法滅王與法戍兵及王御士戰日肆劫掠威利先許割地酬法同治四年春割墨邊境數省餽法王法慮招與國之忌竟不敢受亂黨求援於合眾國許以助逐新王威利而立舊君法以轉餉靡費議改置戍爲屯田威利從之頒諭遠邇招集別國人往墾法王時在埃及募非洲回部亂民遣赴墨境合眾國聞之懼其遺種於美洲爲宅日禍本固止之法持不可合眾國人曰是非爲墨累直欲殘躪我全洲也請以兵從事法乃寢議同治五年聯邦統領號

於眾曰自今南北二洲之事治亂興衰廢立繼減我美洲主之歐人不得與聞歐洲之事美人亦不干預惟美洲境內爲歐屬地者一切政事仍由歐人主之不在此例各邦皆曰願如約適威利遣公使至聯邦聯邦人嚴詞絕之又遣書法王請撤其戍兵法王約以六閱月撤師歸時丙寅冬十二月也同治七年六月法戍兵行歸國法王遣書威利促其隨行威利不從亂黨羣起遂殺威利**法之權在總統立法之權在上下二議院**（政要云千八百六十七年二月議定國例伯理）璽與其副由二議院公舉四年爲期上院議員每邦舉二人年三十以上下院議員每八萬人舉一人年及二十五或入籍八年以上者在院二年爲期議院聚議歲以正月一日起至四月十五日止平日副伯理璽與上院議員留半住院千八百七十二年舉行政分義部戶部內部兵海部外部工部**地大半高原與中美洲加蒂拉刺斯相隔爲德昏底北地頸**曹云加蒂拉刺斯高原之名先謙案雷云與加蒂拉刺斯相隔爲德昏底北舉其大概言之實則德昏底北東北尚有墨西哥國之濟阿巴達巴斯哥于加敦一帶地方也德昏底北列國學會二圖作特赫安得伯克世界圖作特換特珀克矢志作退橫脫配克謝志作第歡達伯（互見美洲中）**可分爲三區替歐拉坎里恩太沿墨西哥灣及太平洋爲一區替歐拉推摩拉打高三千英尺至六千五百英尺熱度中數六十八度爲一區替歐拉弗里亞或謂之冷**

地山之高者曰亞摩石巴峰高萬七千八百八十英尺墨西哥高
於海面七千四百英尺爲一區面積七十五萬千五百七十英方
里政要云百三十萬四百四十二英方里辻志云約四百六十萬二千方里人千二百六十二萬口文
學日見退步謝志云千二百五萬白人十之二印第拉人十之四餘爲混合人種猶太人九千民鮮富厚之家多半不
識文字矢志云其敎育雖有初等高等之學校然皆有名無實其國內俱不學之徒植物產珍珠米小麥加
非椰樹煙葉棉花西塞耳麻糖謝志云高原產珠粟小麥棉花麻豆煙葉果品珠粟尤多居民恃爲
日用低地炎熱產椰子甘蔗樹膠靛青加非又有蘆葦取汁製酒
土人嗜之又有蘇木文木紅木烏木等販運各處其政府培植農
業凡植葡萄橄欖者奬之需種子者官給之且因地廣人稀招中
國日本民往耕草地廣闊家畜亦盛多馬驘驢牛羊豕牧場三萬
餘所產紅染料曰呀蘭米爲一種小蟲生於仙人掌草上土人採
之輸出外國工業素不興盛今力加整頓較前生色製酒棉花貨
煙捲最多矢志云玉蜀黍歲穫價額在一億千二百萬弗以上麻
歲產額至七百萬弗低地又產有敗那那傺巴即那肥那拉鄲拉酷黠志椽皮
等神仙掌草蟲名谷的尼爾製酒之蘆薈名亞曷巫講義有無花
果桃花心木橙鳳梨柘榴貘虎豹猿鱷魚鸚鵡蜂雀有駒鳥眞似
鳥礦產三千百六十七處千八百九十六年出金八十七萬四千

磅銀五百十二萬三千磅並有煤鉛鐵銅等謝志云鑛產金銀銅鉛鐵水銀錫鈷銻硫
煤煤油等鑛山千七百處銀鑛居四百每歲所產值六千萬圓設
鑄幣局三鼓鑄銀圓流通各國中國尤多用之矢志云銀鑛所測
定者長千二百英里闊三百五十英里最近產額在四千八百五
十萬弗以上造幣局數十處其統計表自殖民以來至今金銀產
類已值六十三億六千五百萬圓政要云前開銀礦已停千八百
六十四年復設英墨公司開掘至今其極美礦地有二曰黎阿特
綱曰法祖格距都城六十英里千八百七十二年礦銀值二萬六千五百四十三磅入口貨值四百六萬五
千五百磅出口貨值千九十六萬三千磅多與美英貿易政要云銀錢用
秘瑣中國見用之鷹洋銀值英銀四喜林有奇鐵路七千七百英里辻志云萬二千一百里講義云商業交通
據最近調查輸出額歲一億五千萬弗輸入額歲至六千萬弗輸
出品重者銀銀貨銀鑛金加非家畜獸皮等輸入品重者織物鞣
皮鐵道枕木機械鐵等近來鐵道延長九千英里與合衆國都府
聯絡電綫四萬二千英里電話綫萬七千六百英里謝志云道途
敗壞海賊充斥鐵路約長三萬里電綫九萬里商船二百六十內汽船四十七公入款一
千二萬三千磅國債三十七萬七千磅各國私入款二百五十四
萬八千磅　墨西哥熱度中數六十度正月五十四度五月六十

七度雨水二十四英寸人三十四萬四千五百七十七口　維拉
克拉士熱度中數七十八度正月二十二度五月八十二度雨水
五十八英寸　加大拉雅拉人八萬三千八百七十口　普勃拉
人九萬千九百七十三口　魯意坡拖西人六萬九千六百七十
六口　加那雅多人三萬九千三百三十七口　亘人四萬九百
七十八口　蒙德里人五萬六千八百五十五口以上要區徐志云大
部十九首曰墨西哥在南境跨大山之東西都城在其中曰達拉
爾般傑構雲連殿堂整肅居民十二萬其地山川秀發花樹繁茂
風景清絕惟地形低窪湖豬漲溢時受水患次曰給勒打羅曰瓜
那叔阿多會城皆同名曰迷刷干會城名瓦拉多黎曰沙黎斯哥
會城名瓜達拉沙喇曰薩加德架會城同名曰索諾拉會城名維
拉德佛爾的曰濟華花曰都郎額會城皆同名曰卓哈同拉會城
名蒙哥羅瓦曰新艮會城名蒙德勒曰達毛黎巴會城名阿瓜約
曰桑盧意斯波多塞曰委拉古盧斯曰布委巴拉曰華沙加會城
皆同名曰濟阿巴會城名盧達勒阿爾曰達巴斯哥蘇講雕作起巴攻達
正會城名三的阿各曰于加敦又一作作軒輅囀會城名美里達小部
四曰加里佛爾尼亞會城名桑加爾蒙德雷曰新墨西哥蘇入二合部
國會城名三達非曰達拉斯加拉曰哥黎麻會城皆同名瓜達拉

沙喇城附近銀山礦徒所萃居民七萬英法諸國富商多出資開
礦厰然費用浩繁獲利無幾亞加補羅可西地之大海口昔時西
班牙每歲有商船來此貿易取道於南亞美利加鐵耳聶離之南
風濤極險自西班牙棄地之後帆檣絕蹟生意微矣眞十字架東
地之大埔頭建於沙灘敞闊無港澳海船停泊往往遭風擱淺然
貿易極繁盛先謙案列國學會二圖世界圖亦作墨西哥與雷徐
同謝志作美希哥據二圖東抵墨西哥灣西南臨太平洋北界北
美東南界危地馬拉墨西哥省城在國南境謝志云建山谷間高
出海面七千五百尺山河環繞距城不遠有二火山講義云退士
科科湖在其近傍風景絕佳有博物館陳列美洲重要古物世界
圖波波加底比特兒火山在其西辻志同矢志作破破恰退配脫
爾云高萬八千尺噴火口在山頂徑一英里深千尺謝志作波波
嘎達備德吳志作波波堪鐵兵異名記云達拉爾般徐志稱其低
窪受水患案今都城外國地理作呷其西箇在高原上郎美希哥
轉音達拉爾般葢昔日都城也其東爲布委巴拉部郎雷志之普
勃拉世界圖作浦伊布拉平方圖作普白拉圓球圖作拉漂愛白
拉許考作布尾巴拉云與瓜那寂阿多爲腹地二大埠者也謝志
作伯偉伯拉云其國第二大城由布委巴拉蹤山而東北有達拉
斯加拉爲其國二小部之一與布委巴拉夾山而居慕志云與哥
黎麻皆土人居處政由酋出由墨西哥首城迤而西北曰給勒打
羅部圓球圖作開來塔羅慕志作給利羅許考云乾隆二十四年
有火峰名苦羅海突起平原石礫火沙飛颺天際三百里外給勒
達羅城滿葢灰塵轉瞬閒平原爲高山沃區作磽瘠郎此城也又
西北曰瓜那寂阿多諸圖志作寂惟徐作叔葢徐誤也郎雷之加

那瑪多矣許考以爲腹地大埠之二多市鎮首城之西曰迷刷干部許考作米沙干云多銀鑛圓球圖作米綽刊地理志略作俄利刊會城曰摩勒里亞卽徐之瓦拉多黎圓球圖作摩重力阿平方圖作瓦牙多里又西曰哥黎麻瀕太平洋爲其國小部之二漢文圖作科里麻哥黎麻之東北曰瓜達拉沙剌爲沙黎斯哥部會城卽雷之加大拉雅拉世界圖作瓦達拉甲剌矢志作瓦達拉柴勒許考作瓜特拉沙拉謝志作瓜達拉哈拉云其國第三大城在都城西北以鏤刻金銀及羽毛裝飾品著銀鑛最多又北爲薩加得架部世界圖作撒加特喀斯圓球圖作薩喀臺喀斯許考作散加德加又西北曰都郎額部圓球圖作杜蘭果又西北曰濟華花部世界圖作次烏華萬國圖作蛋華花圓球圖作乞瓦瓦慕志作濟那羅亞有城曰波爾麽世界圖作頗爾羅斯其西爲塞拉馬得山世界圖作細意剌馬特勒謝志作些拉瑪德雷矢志作西拉邁特來云落機山脈通入國內高六千尺至八千尺不等其脈沿東南行成廣闊之高原曰亞那霍克全部人口五分之二皆在此高原其高原之東西部則峰巒甚密火山甚多徐志所稱安達斯火山又曰煙山者也山西北爲索諾拉部圓球圖作梭奴拉有索諾拉河西流入加利佛尼亞灣瀕海有地曰乖馬司爲鐵路所達之處世界圖作乖馬斯海灣之西則下加里佛尼亞半島也地與加里佛尼亞相接島西有角斗出曰歐治尼亞角世界圖作撒考哉呢歐角島南端有城學會圖曰桑盧喀斯列國圖作三魯喀斯世界圖作羅拔斯其西南有勒維剌吉基多羣島異名記作來斐拉希海朵自濟華花部東南爲科亞赫拉部會城曰蒙克羅瓦與徐之蒙哥羅瓦合是科亞赫拉卽卓哈回拉矣慕志蒙哥羅瓦作撒的羅蒙克羅瓦

之東南曰蒙德勒卽雷之蒙德里曹云徐志新艮二圖作諾佛勒汪野志云諾佛勒江州首府蒙德勒與徐合其雷志之艮坂本健一辭典云在瓜那寂阿多市西北三十六英里富於轂物乃瓜那寂阿多州都邑之一也其東南爲達毛黎巴部圓球圖作塔毛里帕斯許考作達麻里巴瀕墨西哥灣有城曰馬大摩洛斯世界圖作馬塔麽剌斯古蘭德河徑其界北而東入海達毛黎巴之西南爲桑盧意斯波多塞部列國圖誤上衍一字卽雷之魯意坡拖西圓球圖作聖魯乙斯平方圖作斯波多塞慕志作桑盧波多塞許考作桑泊意波多西其南則瓜那寂阿多部也自達毛黎巴沿海灣而南爲委拉古盧斯卽雷之維拉克拉士謝志作斐革魯斯矢志作惠拉革勒士吳志作耶蘭庫爾士周志作維魯克才漢文圖作緋拉克魯斯萬國圖作委拉克魯士世界圖作委拉窟盧斯其東與于加敦遙對中爲干伯撒海灣世界圖依圖作堪批齒慕志作堪比支許考作干北支現勢圖作堪批喜講義平方圖分圖作干比徹謝志作干備支是音字之作干無疑二圖誤作于伯徹今特正之沿海灣北行本部有地曰坦比哥有港可泊船世界圖作採批可講義云委拉古盧斯以不能遮斷北風故近日坦比哥日趨繁盛卽謂此也委拉古盧斯南爲華沙加部漢文圖作瓦蔡喀有特赫安得伯克在其境南瀕海雷志所稱德昏底北地頸也度地頸而東爲濟阿巴部圓球圖作乞阿巴漢文圖作乏阿巴慕志作濟阿北許考作希阿巴又東北爲達巴斯哥部北直干伯徹灣圓球圖作塔巴斯科又東北爲于加敦部世界圖迂志作袖加丹依圖作郁加丹問荅作猶嘎旦外國地理作腰加吞漢文圖作堯該屯慕志云今自立爲主案慕作志有年諸圖志不載于加敦自立國則慕

言不塙以上諸部並與徐合自索諾拉之乖馬司沿海灣東南下有城學會圖曰庫里亞根列國圖亞誤羅世界圖作庫力亞刊又東南曰馬薩代蘭世界圖作馬撒特藍又東南下爲思耳薩止河西入海處河出火山之西下流爲喀浦剌湖世界圖作察吧剌湖自湖出西北流逕瓜達拉沙剌之左又西流入太平洋墨西哥之南瀕海有亞加普爾科卽徐之亞加補羅可世界圖作亞加浦爾口矢志作亞加潑爾科謝志作阿嘎布勒哥吳志作阿加布爾科薜記云比國人錫伯乃麟曾爲墨國海濱領事官僑居彼國三世九十七年稱墨幅員大於歐洲德奧法意四國之地止以戶口不繁大半未經墾闢而原隰肥衍天氣溫和可稱樂土

中美洲

慕志云在南北相連之處緯綫自赤道北七度至二十二度經綫自中國順天偏東百五十度至百六十四度長三千里闊或千五十里或三百里總計六十五萬方里河之大者曰烏薩馬曰三加俺騋鄉山湖之大者曰尼加拉瓜

雷志云自德昏底北地頸起至帶令灣止矢志云中美處退橫脫配克與巴奈馬兩地峽之間謝志云介第歡達伯及巴那馬二土腰之間當北緯八度至十八度三十分西經八十二度至九十度東界嘎利比海西界太平洋長三千里廣百里至千里不等約共百八十萬方里先謙案德昏底北說見墨西哥帶令卽達連之音變字列國學會二圖近哥倫比亞之地名曰達連向北有灣曰達連灣卽帶令灣也

面積約三十一萬英方里

人四百五十萬口巴拿馬地頸極狹處止四十英里徐志云危地馬拉之

東南爲南北美連界之地名巴拿馬屬可倫比亞以一綫界隔兩海闊僅六十里西人謂能將此土開爲海道則東西南洋混爲一水挂帆而西直抵中國東界便捷甚矣然地梗山脊疏鑿不易西人亦僅存其說未能與此大役也又云歐羅巴至中國爲阻於非洲紅海地中海之間隔蘇彝士旱路百七十里若疏爲海道則水程減二萬里美利堅至中國阻於巴拿馬片土若疏爲海道則西行而抵中國之東水程當減三萬餘里兩土之人謀疏鑿者非一日矣然此所以界畫東西今欲以人力通之不亦難乎先謙案列國學會二圖亦作巴拿馬與雷同向南有灣曰巴拿馬灣灣西地形成半島曰亞疏伊羅半島中開向北地名亞斯奔威爾世界圖作亞斯平窪兒巴拿馬世界圖作伯那瑪或作巴奈馬或作巴那馬埧吳志作拔拏馬問荅云前開綏斯河案郎蘇彝士之法人勒塞拍斯於千八百八十四年督工萬五千人醫生七十人開巴拿馬河日用工人八千皆墨人開工三月死者五千人本限八年工竣因山嶺隔斷開山工鉅其地多兩大兩後水挾沙石衝入新河枉費工力又爲人侵用鉅款其工遂停互詳非洲埃及下謝志云美人近擬開尼嘎拉瓜運河自大西洋濱之散歡城沿散歡河西三百里循尼嘎拉瓜湖百六十里西向開新河四十八里出太平洋使東西二大洋相通矢志云運河自大西洋岸之格來黨港爲始沿山久安河一帶通入尼加拉瓦湖至出太平洋之孛立德港爲止長百七十里並將已開通之航路短縮里程貨物嚬數列爲預算二表可與下尼加拉瓜條下互證散歡河山久安河郎山周安河也樋志作三呼昂河

加蒂拉剌火山甚多最高者

爲富哥高八萬三千九百八十英尺講義云十六世紀時中美洲及榎本郡既爲西班牙之殖民地後榎本郡併於墨西哥于加敦沿岸之殖民地千七百九十八年建設英領闕都拉斯以外其諸地於十九世紀之始脫西班牙而獨立成中美洲聯合國千八百五十三年五國分裂成獨立共和國後屢圖聯合卒不能成地介太平洋與加勒比海之間兩岸多灣曲在加勒比沿岸有闕都拉斯灣在太平洋沿岸有方西加灣尼科維灣都爾西灣火山最高者多的馬爾哥高萬三千八百十四英尺案雷志加蒂拉剌高原之名富哥蓋卽多的馬爾哥八萬當是一萬之誤

瓜地馬拉國

瓜地馬拉雷志云面積四萬八千三百英方里人百五十三萬五千六百三十二口耕種地三十五萬千七百二十六英畝產珍珠米加非糖礦產金銀鉛錫皆甚微入口貨值百九十八萬五千磅出口貨值百八十五萬一千磅加非居百分之八十四多與德英美貿易鐵路二百五十英里入款九十二萬五千二百磅國債三百二十二萬三千磅　瓜地馬拉會城人七萬一千口徐志危地馬拉國云

在墨西哥之東南地形愈狹亘隔於兩海之間自西北而東南長約三千六百里廣處約千里地形中高外坦安達斯山通貫如脊火峰甚多有晝夜不熄者有忽吐忽息者西境炎熱人多患瘧東境溫平可居惟地震頻仍時虞覆壓地本屬西班牙及墨西哥叛西班牙危地馬拉附墨西哥後墨西哥廢國王危地馬拉於道光四年自立爲國不屬於墨西哥近年分爲五國各推官司理事不立國王曰危地馬拉國長約千里廣約四百里會城曰新危地馬拉餘分見於下先謙案卽雷志之瓜地馬拉也列國學會二圖與雷同世界圖迂志作氐底瑪拉政要作告提抹辣矢志作氐地馬拉吳志作夸帖馬拉謝志作瓜第瑪拉周志作求德瑪拉樋志作瓜地麻剌分圖作瓜的麻拉據二圖西北界墨西哥東北界英領闕都拉斯東南界闕都拉斯薩瓦多西南臨太平洋危地馬拉會城在南境講義云地勢可分爲三一北方小巨地方二中央危地馬拉山脈三南方危地馬拉山彙山彙之南有無數火山其國合二十二區所成世界年鑑云行政權在大統領任期六年有元老院議員十三人國會有代議士五萬人選一任期四年官制分外務司法士木文部軍務內務六省各置長官一政要云千八百五十九年十月自立爲國置議會上下院上院二十四人下院五十二人議員四年爲期下院皆百姓公舉上院卽於下院議員中揀選立伯理璽四年爲期置三部官以襄國政舊都民六萬餘千八百七十三年火山迸裂地震坍陷止存二萬餘人新遷之都曰新告提抹辣與英美通商土產靛青喀吃尼拉蟲名紅色可染物加非五穀銀錢用秘瑣値四先令三本士又大拉値四喜林案謝志云立法權在國會止一院矢志同與年鑑政要互異或由聞見不同或係先後政易也

薩瓦多國

薩瓦多雷志云面積八千百四十英方里人七十八萬四百二十六口產加非洋藍糖煙葉礦產未顯入口貨值五十七萬七千磅出口貨值百九十一萬七千磅多與美英貿易鐵路七十二英里入款百五十萬七千磅國債百四十三萬九千磅　三薩瓦多會城人二萬口徐志桑薩爾瓦多耳國云地形曲折難計里數會城與國同名先謙案卽雷志之薩瓦多也列國學會二圖與徐同世界圖迂志作撒爾窪兜政要作山薩佛道許考作聖撒懷道慕志作三薩瓦多謝志作散散勒法多矢志作山撒爾伐度吳志作散薩巴多周志作生失維度亞據二圖東北界闕都拉斯北界瓜地馬拉西南濱海桑薩爾瓦多耳會城在西南境講義云爲太平洋沿岸之平原甚狹臨背後大山峭立國合十四區而成世界年鑑云大統領握行政權任期四年國人握立法權議員七十人任期一年有外務司法宗教教育省海陸軍省內務省大藏省凡四長官各一慕志云有城曰三迷給爾每年設市各部商賈至此貿易薈萃案三迷給爾列國圖作山彌圭爾在東南境學會圖爾誤小政要云本與杭度辣合爲一國千八百五十三年始分治千八百六十四年定例國常有亂屢修改之議會上院十二人下院倍之立伯理璽六年爲期後改四年千八百七十三年置

部官二一掌內兵部一掌外文教是年與杭度辣搆兵國債增如會城山薩佛道千八百二十八年築多火山常地震千八百五十四年大震城坍地坼改築他處曰新山薩佛道千八百七十三年又因火山震坍銀錢用秘瑣出墨西哥値四先令三本士卽鷹洋又大拉出西班牙或美利堅値四喜林卽本洋銀色較差於秘瑣故値較少也案一喜林較四開洋銀略輕以不足二角五分也四先令加銅錢五十二文卽可換一秘瑣

闕都拉斯國

闕都拉斯雷志云面積四萬六千二百六十英方里人三十三萬千九百十七口政要云七十五萬礦產金銀煤甚富入口貨值四十七萬二千磅出口貨值五十九萬四千磅多與美國貿易鐵路六十英里入款三十九萬一千磅國債千八百萬磅　德古西格耳巴會城人萬二千口徐志闕都拉斯國云長約千二百餘里廣約五百里會城名哥麻牙瓜先謙案列國學會二圖與雷徐同世界圖迂志作紅底由拉斯漢文圖作椗杜辣圓球圖作翰督拉樋志作闕都拉斯許考作闕都拉矢志作洪舊拉斯吳志作洪鳩蘭士謝志作很度拉斯周志作泥地拉政要作杭度辣據二圖北臨加勒比海西西界瓜地馬拉薩爾多東南界尼加拉瓜中境有哥麻牙瓜世界圖作可麻牙瓜慕志作哥麻牙卦云新會城也曰特古西哥爾波卽雷之德古西格耳巴矢志作退狐雪嘎爾拔

講義云南爲岩石之山嶽俯臨谿谷北有山嶺縱橫無火山國合十五區而成重要港在太平洋岸者曰亞馬巴拉在大西洋岸者曰科伯羅斯曰持魯克息洛世界年鑑云立法權在國會議員萬人選一大統領在期四年分內務省土木農務省軍務省大藏省教育司法省凡五長官各一政要云千八百三十九年自立爲國千八百六十五年定國例置議會上院七人歲換三人下院十四人歲換七人伯理璽四年爲期部官三其二伯理璽派委一上下院公選又有掌律例大員錢糧無定額千八百七十年約九萬七千磅內地酒課關稅各居三之一國用缺則借債補之初借銀英法建造鐵路自大西洋縞得斯海口至太平洋方息迦灣長二百二十五里期千八百七十二年竣工至期得六十二里而銀罄遂停工是年又與山薩佛道搆兵續借英債無應者土產曼好格麗木牛皮煙葉靛靑牛羊沙沙配乃拉礫銀錢用秘瑣搥龍䣷嘉慕志云海口曰疴慕阿

尼加拉瓜國

尼加拉瓜雷志云面積四萬七千八百六十英方里人三十一萬口產加非甘蔗礦產金銀入口貨值五十二萬八千三百八十磅出口貨值六十一萬千五百三十磅多與美英德貿易鐵路九十三英里現方開濬運河入款三十七萬五千磅國債八十九萬磅

馬那瓜會城人萬八千口　良舊會城人二萬五千口徐志尼加拉瓜國云長廣皆百八十里會城曰良先謙案列國學會二圖與雷徐同漢文圖作逆喀拉夸世界圖矢志迂志作尼加拉瓦政要作麥尼加拉乖許考作尼加拉圭謝志作尼嘎拉瓜吳志作尼加蘭夸周志作尼克拉求據二圖西北界閎都拉斯東臨加勒比海東南界哥斯德里加西南臨太平洋有尼加拉瓦湖有運河會城曰馬拉告在西南隅臨馬拉告灣卽雷志之馬那瓜世界圖作馬那嘎政要作麥那乖矢志作馬奈瓦萬國圖作滿拿瓜杜宗預云滿拿瓜湖西北有城萬國圖作利安漢文圖作里昂一作利央音與良尤近或徐志不以滿拿瓜爲會城所稱之良卽里昂與東境瀕海有莫斯給多慕志作莫斯及多云土酋自立爲王賴英保護曹典球云尼加拉瓜東部莫斯給多地方本印的安人所居前幾成獨立之勢千八百九十四年十一月二十日合併於尼加拉瓜講義云在太平洋沿岸一帶地勢成波復之形沙地也內地乃高原其北有方西加灣南有馬來安湖尼加拉瓜湖之低地近合眾國有利用山周安河經尼加拉瓜湖通兩大洋開鑿運河之舉國合十三區而成開達逞卽山周安在山周安河口運河成後此其重要地也案此議已罷世界年鑑云國會議員四十名任期三年大統領任期四年分外務教育省大藏省內務司法警察省軍事省土木省凡五各置長官政要云千八百五十八年置議院上院十人下院十一人皆百姓公舉四年爲期伯理璽期同千八百七十一年立行政分戶部外部工部兵部海部錢糧十二萬八千八百磅公費十二萬九千四百磅兵萬人八百七十年內地債約二十萬磅舊都距太平洋口十里四圍火山五座烈焰飛灰城民盡沒新都曰麥那乖亦偪近火山慮亦未能久居貿易寥寥錢幣與杭度辣同慕志云亦有加拉那大爲通商地二圖作格列拿達在湖之南

哥斯德里加國

哥斯德里加雷志云面積二萬八百八十英方里人二十四萬六千口入口貨值八十八萬千一百磅出口貨值百十三萬四千磅多與英美貿易鐵路百六十一英里入款六十七萬四千磅國債二百九十八萬磅　**三若西會城人萬九千三百二十六口**徐志哥斯德爾黎加國云東西約六百里南北約四百里會城名桑若塞五國土皆膏腴穀果豐碩產金銀珍珠琥珀雲母木料顏料香料藥材牛皮先謙案哥斯德爾黎加卽雷志之哥斯德里加也列國學會二圖作哥斯德耳黎加萬國圖作科士他力喀世界圖作加斯他里加政要作考斯搭里噶許考作高斯大里克謝志作革斯達利嘎矢志作各司大利加吳志作科士達利加周志作考斯脫里克樋志作哥斯答立嘎據二圖西北界尼加拉瓜東西南臨海東南一隅接巴拿馬峽會城在中境曰桑約塞卽雷之三若西世界圖作撒頗塞講義云二幷行山脈貫通之其間有低地國合七區而成世界年鑑云國會議員八千人選一任期四年大統領任期

四年內務外務兼教育司法宗教大藏商業及陸海軍四省長官各一政要云千八百四十二年自立爲國千八百四十九年置議會分上下院上院二十人下院二十九人皆百姓公舉立伯理璽正副各一四年爲期部官二一掌戶義外等務一掌內兵海工等務伯理璽派委千八百七十二年錢糧三十三萬三千七百七十五磅國用同國債內地借百二十萬磅借英國銀與築輪路瀕太平洋口曰奔打阿里那商船所萃銀錢用秘瑣三又本四土喜林又用大拉䄷鉏量法近依法國制

英屬閎都拉斯

閎都拉斯雷志云英屬面積八千二百九十二英方里人三萬千四百七十一口入口貨值二十九萬八千磅出口貨桃花心木蘇木等值二十七萬九千磅　**百里斯會城人五千七百六十七口**徐志云危地馬拉濱海諸山產材木極堅緻價甚昂英人結隊入山搜采業此者四千餘人先謙案徐所云危地馬拉瀕海諸山卽雷志之英屬閎都拉斯也英志作亨都拉列國學會二圖作英閎都拉斯世界圖作英領紅底由拉斯問答謝志作英屬巴利斯據二圖西北界墨西哥之于加敦西南界危地馬拉東臨加勒比海世界圖有百黎士卽雷之百里斯會城也許考作白利士講義云原屬牙買加千八百八十四年析置以閎都河與墨西哥接界西南臨危地馬拉沿岸島嶼無數皆珊瑚礁所成航海者不便陸地

南多小邱北多沼澤全面積蔽以森林產桃花心木羅克威德等木材又產鳳梨巴拉拉輸入美洲各市場慕志云花卉鮮豔藍靛極多周志云千八百五十三年英許本國爲自治體

西印度羣島雷志云自**日加敦**先謙案郎墨西哥之于加敦**佛落里達**案屬北美**起至亞林拿哥河口止大半山嶺重疊林木茂盛熱帶物產繁殖氣候暑熱有貿易風及海風來解之**徐志云亞墨利加海灣羣島北米之南南米之北細峽相連自西北而東南作灣環外向之勢其東北有大小數百島星羅碁布西北起北米佛勒爾勒釐之東南隅東南訖可侖比亞之東北隅作灣環內向之勢兩灣中閒之海名曰加勒前明中葉西班牙遣可侖駕船覓新地地無主名風聞海外有五印度國郎云欲到五印度西行數月忽覩羣島譁然以爲抵印度矣遂稱之曰西印度而不知印度在東方與羣島無涉也西船初到擇羣島腴壤開設埔頭誘交土番謀墾闢後察知土番昏懵又强不可使遂以兵力剿之無孑遺别買非洲黑奴墾田播穀農務漸興其後復得墨西哥祕魯諸大國歲致金銀數十百萬視羣島如敝屣不屑經營久之爲海盜所據出沒剽掠商旅患之已而歐人接踵西來紛紛爭據羣島各有所屬西班牙外曰英曰法曰嗹曰瑞曰荷蘭羣島氣候極溫與亞洲南海諸島相似島之大者多有火峰火漿時時迸流地震頻仍每秋冬暴風驟起沙石俱飛所產者棉花糖酒加非可可子講

義云諸島散布於北緯二十七度與北緯十度之閒爲加勒比海與墨西哥灣口之天然障蔽自千四百九十二年哥倫布發見西印度後土人喀利普族次第減少今僅森遲特有混血喀利普族而已黑人年有增加白人自放奴後除古巴波爾多黎各外大爲減少蓋西印度諸島宜殖熱帶種族不適於白人也諸島屢起班荷英法爭鬭之原究之將來不過以爲栽培甘蔗之地決不重視之矣交通有海底電綫與南北美洲相聯絡有定期航船與歐洲相通慕志云緯綫自赤道北七度至二十二度經綫自中國順天偏東百五十度至百六十四度謝志云南北美洲之閒北抵弗羅利達土股南至俄利挪哥河口鉄志稱苦當北緯十度至二十七度西經五十五度半至八十五度有大小島千餘連綿如一弧綫北爲墨西哥灣南爲加勒比海其島形勢分三羣北曰巴哈馬中曰大安第勒東南曰小安第勒許考作安地三羣島諸圖謂之大安的列斯羣島問荅云西印度四大島曰古巴曰波多黎各曰海地日牙賣加皆有火山因此每年地震

古巴

古巴徐志云西班牙屬島曰古巴在佛勒爾勒釐之南地形狹長東西二千七百里南北約五百里羣島之最大者岡陵重疊土厚物豐班人昔時不甚措意後來藩國皆叛僅餘此島乃珍重培護倚爲外府居民七十萬內黑奴二十八萬產加非煙酒糖金銀銅鐵水晶吸鐵石每年運出之貨值二千萬圓譚記云千四百九十二年明宏治意人高林卑覓得此地北緯二十三度十分至南緯十九度五十分東經七十四度七分至西經八十四度五十七分周志古巴作扣勃外國地理作僑巴雷志云美**領**譚記云東西七百五十英里南北闊者百二十七英里狹者二十八英里合計四萬四千英里方里都城爲法國海賊攻破二次一在千五百三十八年一在千五百五十四年至千六百六十五年康熙二年建城千七百六十二年乾隆二十七年爲英奪據賂以乎羅列打之地乃退城毀至今未復講義云古巴最北端距基維司島在佛羅里達海峽西北百英里最南端距牙買加島百英里長七百三十英里廣二十五英里或百英里面積三萬五千九百九十四英方里分東方山脈中央平原西方山脈三部先屬西班牙苦其壓制千八百九十八年島民將謀獨立合眾國干涉西班牙之惡政用兵以保護之是年七月攻略三的牙額得勝明年一月一日屬合眾國保護今有軍務總督駐之曹典球云千九百二年立共和國選舉大統領美國派民政知事駐哈瓦那又法人勃利德著西美戰史云古巴多江流弱而狹最大者曰考脫江江上有城曰考脫其流適達馬斯特拉山脈之北匯南北諸山中溪流注芒撒僩羅城灣浮重艦可至考脫城許考云光緒二十一年古巴人叛班歸美光緒二十八年美許自立譚記云班人稅課太重人物事藝皆有徵徵人在行街紙徵物在出口稅徵事在劵單徵藝在領牌新聞紙云每歲物產所值止五十兆圓官稅五十一兆圓稅項浮於物值雖新聞紙不足爲據亦可想徵稅之酷矣古巴之深恨班人職是故也**面積四萬五千八百八十英方里人百六十三萬千六百八十七口十年增百分之七產糖煙葉**講義云出

桃花心木羅開威得木護謨等有森林千三百萬耶苦爾未曾採伐動物有短耳兎鱷魚鸚鵡產甘蔗世界第一歲出糖三百二十萬噸煙葉加非巴拉拉玉蜀黍等鑛產多鐵最良譚記有金銀錫紅鉛水銀碧玉煤炭陽起石膽礬磁石鹽松香等而銅雲石蜜臘實木爲佳種植粟蔗加非椰子果品最美**入口貨值八百三萬七千九百二磅出口貨值千二百八十萬七千五百二磅鐵路千英里入款三百四十九萬千五百三十八磅國債三千七百二十萬磅　哈瓦那熱度中數七十八度正月七十二度八月八十二度雨水四十六英寸人二十萬四百四十八口**講義云自五月至十月東斜面降雨特多大颶風屢襲島嶼甚爲可懼**三西阿科人五萬九千六百十五口　馬脫若斯人五萬六千三百七十九口**徐又云地分三部曰西部會城曰哈瓦那居民十萬所產之煙最香烈諸國爭講之曰中部會城曰三達馬里亞曰東部會城曰三的牙額先謙案列國學會二圖作古巴與雷徐同其地勢彎環南向西有安多尼俄角對墨西哥之于加敦中爲于加敦海峽東對海地島中爲牙賣加海峽西境北瀕海曰哈瓦那與雷徐合世界圖作哈窪那迤而東其北瀕海有馬坦薩斯郎雷之馬脫若斯又東其南瀕海有森佛哥斯郎雷之三西阿科又東中境北向有馬里亞島疑郎徐之三達馬里亞又東南隅有三的牙額與徐

合世界圖作撒剔亞果許考作桑的雅各一作散地牙崁譚記云古巴分六省自西至東一曰便拿彌窯據光緒三年冊籍人十八萬九千餘口二曰夏灣拿人四十二萬三千餘口三曰馬丹薩人二十五萬餘口四曰山得嘉拉人三十一萬二千餘口五曰波都篇斯皮人五萬五千餘口六曰山地亞的姑巴人二十萬三千餘口內華人共四萬七千餘口省設巡撫一首都增總督一水師提督一案夏灣拿卽哈瓦那馬丹薩卽馬脫若斯山地亞的古巴卽三西阿科也

般拖連科

般拖連科雷志云美領面積三千五百九十六英方里人七十九萬八千五百六十六口十年增百分之九入口貨值百七十一萬六千磅出口貨加非糖煙葉值四百三十三萬磅多與西班牙貿易　桑若安會城人二萬六千三百八十七口　邦司人四萬二千三百八十八口徐志云又一島曰波尒多黎各又名貴港口在海地島之東長約五百里廣約百五十里地不在廣而物產尤豐力作皆白人黑奴甚少每歲運出之貨值銀二百四十萬兩先謙案卽雷志之般拖連科也列國學會二圖與徐同世界圖作庖特黎扣慕志作波德黎各許考作保爾到里谷周志作泡拖利苛謝志問荅作波多利哥矢志作朴德利哥吳志作波

五洲地理志略　卷二十二　十三

脫利科據二圖東北境瀕海有森周安卽雷之桑若安南境瀕海有朋西卽雷之邦司講義云長九十五英里此島山脈貫於中央蔽以森林海岸有平地宜灌溉適農業舊爲西班牙流謫罪囚地千八百九十八年割與合衆國今置軍務官治其內地森周安乃商業要地鐵道長百三十七英里電綫四百七十英里許考云明宏治六年哥侖布初置此島十七年班人往居之督土人掘金貢獻疲於奔命今金鑛已虛土仍膏沃

西印度自主國

海地國

海地雷志云黑人共和國王達云大地誌此國人口九分爲黑人餘爲雜種白人甚少白人在此國無土地所有權在海地島之西半部面積萬一千七十英方里人九十六萬口入口貨值百二十七萬九千磅出口貨加非蘇木椰樹棉花等值二百三十八萬七千磅公入款百五十二萬四千磅國債四百七十八萬七千磅　波德比鄰會城人六萬口徐志云海地島在古巴之東東西約千五百里南北約五百里明宏治四年西班牙遣可侖探尋新地初抵此島名曰義斯巴尼約拉講義作希斯巴尼剌云哥侖葬島中以彼繫鐵鎖纏墓子孫世襲木師提督兼知州後西班牙據其東偏法據其西偏多買阿非黑奴力作年久繁衍黑奴四十餘萬口法人僅萬餘法人待黑奴寡恩黑人怨之乾隆五十六年法有內難黑奴黠者約期同發各殺其主法人萬餘殲戮無遺班人居西偏者亦逃竄別土黑人遂推雄者爲酋法以其窵遠亦未暇西討也地分六部曰波爾德比其都城也曰加也斯曰亞爾的波尼的曰加不挨顛曰三的亞額曰三多明各斯道光二十二年都城地震壓斃數千人其地物產豐厚農作不力每歲運出貨價值二百七十萬兩許考云明宏治八年班人築城島東南曰聖多敏我崇禎末流民自鄰島來占奪民居投誠於法於是法據島之西偏二國買非洲黑奴供驅使視若草芥黑人怨焉乾隆五十六年法國內訌黑奴盡殺其主班人相繼逃竄拿破侖興問罪之師黑人抵死抗拒道光五年賠法人六十兆佛郎以和卒自立爲民主國分東西二國東曰聖多明我西曰海以地都城名波爾多追棱斯國制立總統設上下議院理國事所記法人問罪與徐異政要云千八百六十七年六月自立爲國置議會分上下院下院百姓公舉三年爲期上院議員卽於下院揀選二年爲期立伯理璽主國政四年爲期限年三十五以上期滿不得留辦越四年可再舉千八百七十年立行政有四部錢糧歲約五十萬磅國用倍之國多莠民常叛亂通商美英爲多土產加非棉花曼好格麗木械謂卽紅最佳者蘇木千八百六十八年加非出五兆九萬磅千八百七十一年止四萬三千三百六十磅蓋經理失宜歲減少也通用之銀錢曰哥而特僅三本土稱量從法國制先謙案列國學會二圖與雷徐同世界圖作海知問荅作亥第政要作海帶吳志作海其周志作哈求依圖作海提據二圖中境西向凹入

五洲地理志略　卷二十二　十四

成大灣曰哥奈佛斯海灣東境瀕海有城曰波德爾奧普林西世界圖作波安佌鄰斯卽雷志之波德比鄰徐志之波爾德比也東北隅瀕海曰加不挨登卽徐之加不挨顛西南濱海曰加也斯與徐合講義云此島與古巴隔溫得瓦得海峽與波爾多黎各隔摩拿海峽由兩峽可入加勒比海大與愛爾蘭相伯仲四山脈並走於東西最高峰曰羅馬基拉高萬三百英尺昔爲西班牙殖民地後西部海地併於法千八百二十一年三多明各與海地合爲獨立國繼分爲兩共和國而國勢漸衰慕志云今二部時有戰爭

都民尼加國

都民尼加雷志云黑人共和國在海地島之東半部面積萬八千七百六十英方里人四十一萬七千口入口貨值三十七萬五千磅出口貨加非椰樹糖值五十五萬七千磅先謙案徐志無以分國在作志後也據雷志云在海地島之東半部列國學會二圖作多明各在海地島東偏是多明各卽都民尼加也南瀕海曰三宅多明各北境曰三的亞額與徐合世界圖作聖多明答分圖平方圖作三多明各斯許考作聖多明我又作聖多敏我問荅作明多伊加又作散多明哥政要作山度明哥吳志作脫明哥周志作聖拖猖密喝餘互詳上政要云千八百四十四年十一月議定國例置議院上院五人下院十五人六年爲期議院兼出號施令興兵講和赦罪之權國置五屬五屬有小議會近年立伯理璽主國政四年爲期千八百七

十三年公舉有戶義兵外四部官伯理璽派委由議院核准乃就職錢糧二十四萬磅費用每過之關稅極重每貨百磅納稅四十磅通商甚少因稅重也山度明哥都城築於千四百九十四年距其科倫布尋地至美洲時僅二年耳是為西半球各國築城之始其東北角有薩墨那海灣長三十英里闊十里泊海船之最佳處天下無與比者千八百七十三年讓歸美國筦轄美與立約其口岸四圍六百見方英里皆由美公司管理而山度明哥不置問焉

英屬西印度總計面積萬三千二百八十八英方里人百三十五萬七千百三十四口入口貨值六百四十二萬二百八十八磅出口貨值六百二十八萬三百六十四磅糖加非椰樹糖水酒藕粉波羅蜜菩提樹果之汁為大宗多與英美貿易入款共計百八十八萬一千磅國債共計三百七十二萬四千磅

巴哈馬國

巴哈馬羣島雷志云珊瑚羣島面積四千四百六十六英方里人四萬七千五百六十五口工藝之要者取海絨種波羅蜜與西塞

耳麻　**那沙會城**人萬一千口徐志云英屬北方有巴哈麻羣島又迤東有百爾慕他羣島大小凡數百島氣候溫晴而物產殊少故英人不甚重之先謙案卽雷志之巴哈馬也世界圖與雷志同在海地之北列國學會二圖作巴哈麻矢志作孛哈馬周志作白哈嘛云近海多生海綿民競曬海水以製鹽謂之天火製鹽其氣候炎熱可以推知講義云在西印度羣島最北為三千平坦珊瑚島之總稱內有二十島有人之地此諸島中瓦特林克島卽三薩爾瓦多爾曹典球云瓦特林克卽學會圖之瓦特斯學會圖之薩耳瓦多爾非是一島哥倫布發見新世界第一地方昔為海賊所據自英國開為殖民地日趨繁榮首府在新普羅維丹西島曰拿騷慕志云最要曰新不路威敦英有大臣駐之首邑曰那埽天氣清和物產稀少案拿騷那埽卽那沙新普羅維丹西卽新不路威敦也矢志作潑洛維敦斯瓦特林作滑鐵林吳志作瓦多磷慕志云百爾慕大羣島在巴哈馬東北百五十里人民萬四千大小凡數百島中有散若爾島為英所轄有大臣副員鄉官駐紮土達云英領百爾慕他在巴哈麻羣島東北北緯三十二度西經六十五度處共三百六十小島係珊瑚礁所成面積二十方英里人萬六千口因暖氣過其近旁故氣候最佳每年病人入島養疴者絡繹於道產玉蔥馬鈴薯紐約市所售之蔬果花卉產於本島者居多又有良港為英國海軍在北美洲及西印度之艦隊根據地學會圖北美總圖中有此名惟未注明其中之散若島而分圖無之

阿德克司羣島

阿德克司羣島雷志云面積百六十六英方里人四千七百四十四口多以煮鹽為業先謙案徐志無列國學會二圖作安得羅斯羣島列國圖標英字世界圖作阿得唎士在巴哈馬之西古巴之北北美國夫勞利達之東南雷志列阿德克司於巴哈馬之後必是相近之島知阿德克司卽安德羅斯阿得唎士也

牙賣加島

牙賣加島雷志云面積四千百九十三英方里人六十三萬九千四百九十一口耕種地千三十七英方里入口貨值百七十六萬三千磅出口貨值百四十五萬九千磅以蘇木加非糖為大宗多與英美貿易鐵路百八十五英里　**京斯敦會城**人四萬六千五百四十二口徐志云英屬島牙賣加較大在古巴之南島有山山下溪澗縱橫足資灌溉土又膏腴故其地農功最盛舊會城遭地震風災而毀新立會城曰京敦先謙案列國學會二圖亦作牙賣加與雷徐同京敦與徐同海地西北古巴東南相對成海峽標云溫得瓦得牙賣加海道謝志問荅牙賣加作美嘎矢志作常梅加周志作健昧克世界圖作英領駕眉加京斯敦作

慶斯頓慕志作西班牙敦問荅作景斯盾矢志作金斯通云產海龜油可點燈肉可供食甲可製器謝志云全島分三省十四縣英設巡撫治之每縣舉議士一共議政治講義云此英領最大島北岸風景最美內地氣候宜人昔栽甘蔗甚多近日頗減出口貨有糖加非椰子拉母酒等千五百九年西班牙人發見後千六百五十五年歸英王達云大地誌本島各處有堅固之礮臺為英國在北美及西印度艦隊之一根據地

坎曼司島

坎曼司雷志云牙賣加之屬面積二百二十五英方里人四千三百二十二口出口貨椰子鼈先謙案徐志無列國學會二圖古巴之南牙賣加之西北有布拉克開瑞小開瑞大開瑞諸島開瑞坎曼一聲之轉

里華羣島

里華羣島雷志云面積七百英方里人十二萬七千六百三口入口貨值三十七萬九百磅出口貨值三十三萬五千七百磅諸島勿勤羣島面積五十七英方里人四千六百三十九口　**恩千**

拉面積三十五英方里人三千六百九十九口　聖克刀司多弗面積六十五英方里人三萬八百七十六口　尼維司面積五十英方里人一萬三千八十七口　安地卦與巴布帶面積百七十英方里人三萬六千六百九十九口　蒙撒拉面積三十二英方里人萬一千七百六十二口　多米尼加面積二百九十一英方里人二萬六千八百四十一口　聖約翰會城在安地卦人九千七百三十八口徐志云東方之島總名安的列斯羣島曰安地禺亞曰吉英人舊所據守曰多米尼加曰多巴峩英人新掷先謙案講義有英領利瓦得諸島利瓦得卽雷志之里華也利里瓦華一音之轉列國學會二圖波爾多黎各之遠東有安圭拉標英字謝志恩干拉作安吉拉卽安圭拉也安圭拉之南有內維斯標英字卽尼維司也謝志作尼惟內維斯之南有安的窩亞標英字卽安地卦也旁綴散約翰卽聖約翰會城內維斯之東北有巴布達標英字卽巴布帶也安的窩亞之西南有莽的塞拉特標英字莽塞拉卽蒙撒拉也內維斯之東南有多米尼加標英字與雷同謝志作多明尼加內維斯之西南有森吉特斯杜宗預云卽聖克刀斯多弗也萬國圖作聖克利士妥法士圖球圖作聖克刀斯透浮勿勤島卽維爾京島講義云利瓦得諸島包多米尼

加以北及維爾京諸島總面積四千二百英方里人六十四萬口聯合於千八百七十一年共一知事諸島重要都會在搭多利島之羅達敦就離維爾產沙糖加非諸島最要者曰安的窩亞曰巴布達曰多米尼加曰山黛克里斯陀浮爾等在內維斯酺北此西印度諸島中英國最古之殖民地也案此利瓦得在小安的列斯羣島中別有利瓦得羣島在南與委內瑞拉相近慕志云散吉方二百五十里邑名巴斯的多米尼加方九百里邑名綠索安地卦方四百里邑名散約翰蒙撒拉尼歸安地卦大臣轄兼有鄉官治理曰威森小島統歸散吉案蒙撒拉尼卽蒙撒拉散吉威森再考謝志亦有散吉疑卽徐志之吉

文華羣島

文華羣島雷志云面積六百七十英方里人三十一萬九千三百五十口入口貨值百四十七萬七千磅出口貨值百十萬九千磅

諸島聖魯西亞面積二百三十八英方里人四萬二千二百二十口　聖聞森面積百三十三英方里人四萬千五十四口　加拉拿大面積百三十三英方里人五萬三千二百九口先謙案列國學會二圖森盧開在法領馬的尼加之南森芬暹特在森盧開之南伯基亞干那安干尼汪喀拉哥格林拿達在森芬暹特之南俱標英字案森盧開卽聖魯西亞森芬暹特卽聖聞森格林拿達卽加拉拿大也講義云文華諸島合聖魯西亞島森芬暹特島格林拿丁斯島格林拿達諸島之總稱聖魯西亞風光明媚加斯特里港在西印度諸島備極華美諸島由法人經營建置千八百三年歸英黑人甚多產棉花加非曹典球云格林拿丁斯島卽干那安喀拉哥諸島慕志聖魯西亞作盧西亞方八百里加拉拿大方五百里聖聞森作雙聞森方四百五十里謝志聖魯西亞作散魯西亞聖聞森作散文森

巴巴多面積百六十六英方里人十八萬二千八百六十七口　辟里治統會城在巴巴多人二萬一千口徐志云牙賣加迤西有巴巴突島白人所居其上磽瘠先謙案卽雷志巴巴多也列國學會二圖亦作巴巴突標英字在多米尼加之東南下綴布里得吉敦𨞓𨞓喆卽辟里治統也講義云巴巴突在西印度諸島最東千八百八十五年與文華羣島分離自爲一殖民地住民有一分爲白人案文華羣島相次在西偏獨巴巴突在東偏與諸島分離之故蓋以此徐云牙賣加迤西誤

剔離尼旦

剔離尼旦雷志云面積千七百五十七英方里人二十萬二千八口耕種地三百三英方里產糖椰樹加非椰子漆灰煤等案灰字疑誤

入口貨值二百三十一萬二千磅出口貨值二百六萬磅多與英美貿易熱度中數七十九度二月七十六度五月七十九度雨水六十七英寸　波德西班牙會城人三萬四千三百十七口徐志云安的列斯羣島中特尼荅島較大附近可侖比亞東北隅此外附近各小島尚多英人擇要戍守各島物產饒裕居民多有餘貲競起樓閣時時宴飲先謙案卽雷志之剔離尼旦也列國學會二圖亦作特尼荅標英字在拔里亞海灣之東徐云可侖比亞東北隅微誤世界圖作特利尼達得亦剔離尼旦之音變字南美巴西國之東亦有特利呢達島方位懸遠講義云面積百三十三英方里千四百九十八年哥侖布始發見人四萬八千口多黑人產沙糖加非其面積人口與雷志懸遠但英領附近南美者實卽此島慕志云特尼荅首邑名波德西班牙則剔離尼旦之卽特尼荅無可疑矣謝志云小安的列斯英屬島二十二最大者曰德林伊達德位在極南近南美分額兒拉隙卽委瑞拉長百五十里廣九十里面積萬七千方里首城曰西班牙港德伊達卽特尼荅樋志南美洲委內瑞辣後附剔林尼達云此島密邇委內瑞辣海岸人多統入西印度諸島中然入南美爲當英國殖民地首府波妥奧夫西班牙周志作脫利尼特

多巴峩

多巴峨雷志云面積百十四英方里人萬八千三百五十三口入口貨值萬二千七百九十磅出口貨值七千七百磅徐志云多巴峨英人新郴郼覷哩華先謙案列國學會二圖亦作多巴峨標英字在特尼答之東北與雷合慕志云方千里戶口二萬五千

法屬西印度

瓜達鹿比

瓜達鹿比雷志云法屬面積六百八十七英方里人十六萬五千八百九十九口入口貨值八十六萬九千磅出口貨糖值七十五萬二千磅徐志云法國屬島在安的列斯羣島之中曰馬耳的尼加日瓜他鹿兩島最大此外尚有八島物產豐饒貿易最盛每年出入貨價約二百餘萬兩其地山青水瀲多名花異鳥風景之佳爲海西羣島之冠先謙案瓜他鹿卽瓜達鹿比也列國學會二圖有瓜他鹿標法字在多米尼加之西北

馬的尼

馬的尼雷志云法屬面積三百八十二英方里人十七萬五千八百六十三口入口貨值九十一萬五千五百磅出口貨糖值八十五萬七千二百磅鐵路百二十一英里先謙案徐志見上馬耳的尼加卽馬的尼也列國學會二圖有馬耳的尼加在多米尼加之東南講義云法領諸島在小安的列斯諸島中其重者惟此及瓜他鹿產沙糖拉母酒提科勒得鳳梨等人口稠密自千九百二年五月始馬的尼加之火山爆發辟爾里市附近最遭慘害

丹屬西印度

聖古盧斯與聖約翰

聖古盧斯與聖約翰雷志云丹屬面積百二十九英方里人三萬二千七百八十六口徐志云嗹國屬島在安的列斯者有三近年效英美以釋放黑奴爲德政先謙案卽雷志丹屬西印度也嗹國又稱丹麥列國學會二圖有山黛格魯斯標丹字卽聖古盧斯謝志作散古魯斯慕志作三古盧斯在英領維爾京之南又有散約翰標丹字卽聖約翰也在山黛格魯斯之北講義云丹領諸島在小安的列斯諸島中一多馬斯曾以自由港著名近大衰微居民萬五千一散約翰在多馬斯之東一山黛格魯斯有七十四平方英里合衆國屢謀以金購之案多馬斯列國學會二圖標德字謝志云千八百九十六年售諸德國首城曰加落德馬里居歐美航路之要津

荷屬西印度

維尼若倫羣島與聖馬丁等

維尼若倫與聖馬丁等雷志云荷屬面積四百三十六英方里人四萬七千二百七十四口徐志云荷蘭屬島在安的列斯者有七地褊狹無大權每遇諸國兵爭不息不暇権稅各島乘機販鬻恆獲倍蓰之利先謙案卽雷志荷屬西印度列國學會二圖有森馬丁標荷字卽聖馬丁也在英領安圭拉之南又有薩巴及森優斯大丟斯二島俱標荷字而無維尼若倫謝志有散馬丁撒巴卽薩巴及有司特提亦無維尼若倫徐志又云嗹國有小島在安的列斯羣島中曰桑巴爾多羅美地褊狹貿易甚微案二圖有桑巴多羅美在英領內維斯之西北標法字不屬瑞蓋已爲法奪講義云荷領有薩巴島案在森馬丁之蘇鶓有森馬丁諸島又有利瓦得諸島中之庫拉索島森馬丁千六百四十八年後與法國分領合諸島曰庫拉索殖民地面積四百英方里人五萬餘口產玉蜀黍及豆類案利瓦得羣島之庫拉索南近委內瑞拉此外尚有三島俱標荷字

五洲地理志略二十三　　美洲五

賜進士出身　特賞內閣學士銜前國子監祭酒翰林院編修加三級　臣　王先謙謹撰

南亞美利加洲

南亞美利加洲雷志云南美爲新世界之南半部地如三角形謝志云本洲與北洲地形其相似者如同爲大三角形同爲尖端向下同爲西方有海灣而不同者其海岸少曲折南北四千五百五十英里東西三千二百英里海岸不如北美之曲折附近之島亦不多海岸綫長萬五千七百英里通計每四百三十一萬里有海岸綫一里謝志云海岸綫共長四萬九千五百里以面積較之每千四百方里中有一里而已其北加利比海有達連與委內瑞拉二海股東南沿海至散羅革角中間諸大河口頗深廣過土角折而西南岸綫率直幾無出入但一二小港皆有商埠過拉巴拉他河口之南乃有散瑪第亞與散卓支二灣東有發克蘭島喬治亞島洲之南端有德斐德拉哥島與大陸夾瑪遮蘭海腰西出太平洋向北沿岸多附陸之島以偉令盾支羅偉最著德勒斯門德小土股橫衝海內西方洋內有散斐利斯歡斐南德二羣島自此迤北海岸又爲直綫至伯郎哥角北有拐阿基勒海股再北

郎巴那馬海股而海岸綫盡面積六百八十一萬七千三百九十英方里过志云四千二百萬方里內包島五萬千三百二十一英方里其高地安的士山先謙案諸圖志或作安第斯或作安達斯或作安的斯貼近太平洋岸自洲之極南起至加釐賓海止案諸圖志或作加勒比或作安地海或作嘎利比偏支向東入委內瑞拉諸山兩兩平行包有數高原以玻里非亞之高原爲最廣大謝志云安達斯連山北自巴拿馬地峽沿本洲西海岸蜿蜒而南止於合恩岬長四千一百餘英里平均高度萬一千餘尺其山巔成二平行綫中包一帶高原中最高廣處爲玻利非亞國土高於海面一千尺至一萬一千尺山之高者愛康喀瓜案在智利或作阿孔喀瓜或作阿公加瓜或作亞坤加瓦高二萬三千八十英尺梭拉他峯案在玻利非亞或作沙拉泰高二萬千五百二十英尺欠摩波拉若案在尼瓜多或作眞波拉梭或作侵波拉索或作孫卜林索高二萬六百英尺其孤山爲尼佛大山在加釐賓海岸高萬六千七百英尺瓜阿那高地內之羅雷馬案在英領地或作羅拉馬高八千五百英尺巴西高地內之意推西亞高八千九百英尺其低野居全面積百分之七十郎在於諸山之間向大西洋其勢漸寬亞林拿哥河之野亞馬孫河之樹林巴拉他河之野洲高中數二千四百九十英尺案亞林拿哥或作俄利那哥或作奧利諾哥或作痾勒諾哥巴拉他郎拉巴拉他也北部爲亞林拿哥流域皆草原不生樹木當雨節時青草滿野牛馬千百爲羣至乾節則草悉枯死牛馬皆入山麓蟲蛇之屬亦皆蟄伏地名曰拉諾斯中部爲亞馬孫河流域天氣鬱暑雨水甚多喬木蔽天蔓草沒地藤蘿繚繞陰翳空際數百里間禽獸蟲蛇居之殆無人迹惟河上可行舟楫耳地名曰色雷代斯或作賽爾瓦斯南部爲巴拉他流域亦係草原間有廣大沙磧近南氣候適中乾節青草不死牛馬數百萬生息此土其民多以捕獵爲業地名曰班斯參謝矢變諸志巴洲內諸河幾盡流入大西洋大河三亞林拿哥河領地三十二萬八千英方里亞馬孫河領地二百七十萬英方里巴拉他河領地百二十四萬英方里謝志云俄利那哥河案即亞林拿哥出基阿那高地及安達斯山東流分爲二一南入內革羅河一東流過分額兒拉行四千五百里而入大西洋河口有大三角洲支河無算中流多灘不利舟楫阿瑪森河案即亞馬孫世界第一巨川也流域二千四百萬方里不啻與歐洲相埒出安達斯山距太平洋止百五

十里東流萬二千里北受嘎革達河內革羅河南匯烏該亞雷河布勒斯河瑪德拉河達巴柔斯河申古河多干典斯河入河皆行三千餘里入大西洋河口廣五百里深二百尺其流直激海水於四百里外近口有若安內斯島面積千七百方里分河爲二北曰亞馬孫南曰巴拉由河口上溯三千里可通巨舟若小輪舟可直抵安達斯山足潮汐逆入千餘里拉伯拉達河出巴西高地名巴拉那河合烏魯圭巴拉圭二河南流入大西洋餘互見亞爾然丁下此外哥倫比亞有瑪革達雷那河北入加勒比海基阿那有哀色基波河北入大西洋巴西有巴奈巴河散凡西斯哥河並東入大西洋又云亞馬孫河北支之內革羅河與俄利那哥之支流通亞馬孫南支之瑪德拉河又與拉巴拉他河之支流比勒哥邁約河通故遇盛漲時可自俄利那哥河航舟過中央平原以達拉伯拉達河口運輸之利莫過於此安的士山爲分寒暑之一大界山東雨水充足沿太平洋自緯度赤道南四度至三十度雨水稀少或終年無雨人三千九百十五萬三千口

巴西國

巴西徐志巴西一作巴悉又作伯爾西又作巴拉西利又作布拉熱爾云南墨大國也地居南墨一洲之半北東兩面距大西洋西北界可侖比亞西界秘魯玻利非亞西南界巴拉圭烏拉乖縱橫皆約九千里地勢平曠間有山嶺不高江河多而長最大者曰亞馬孫自西而東口門

似海曰凡悉自南而北曰烏路愚愛自北而南兩河亞於亞馬孫皆入大西洋小河不可勝數明宏治十三年葡萄牙人伯得祿阿爾瓦利斯探得其地徙國人墾闢之後葡萄牙爲西班牙所併巴西亦爲荷蘭所奪五十餘年葡萄牙復國後悉鋭渡海逐荷蘭人益買斐洲黑奴助耕作生聚二百餘年遂爲海西大部產棉花糖煙葉加非可可仁二綠餘可紅木牛皮藥材金沙金剛鑽寶石地力甚厚百穀皆宜已墾者十之二三餘則蓬蒿雜遝林莽陰翳奇形之獸不知名之鳥恢譎之蟲蛇飛走出沒於其間雖有珍異之產掩於穢墟無由自獻西人惜之嘉慶間葡王爲拿破侖所逼逃至巴西後歸國死其子伯德祿留王巴西遣女歸王葡王不諳巴俗巴人迫王歸葡立其世子爲王國之貴人相助爲理由是別爲海西大國不屬於葡道光中戶口約四百萬葡人八十萬雜類四十萬白黑人娶所生者黑民十五萬黑奴子孫贖爲民者黑奴百餘萬土人及遠方各國之人七十餘萬葡人多遊宴自娛力作皆黑人爲之養之甚厚故無叛逃慕志云緯綫自赤道北四度至赤道南三十度經綫自順天偏西百五十一度至偏東百七十二度謝志云當南緯三十三度四十五分至北緯四度三十分西經三十四度四十五分至七十二度三十分世界第五大國巴西譯言紅炭以該處產此故葡人即以名其地

雷志云二十邦一邑聯盟共和國案詳後引王書立法之權在總統及上下二議院講義云千八百二十二年立巴西帝國千八百八十九年效北美合衆爲聯邦共和國迂志云大統領統治分財政司法內務及教育軍務海事外務實業交通及公共事業六省各有長官有國會莞立法分十二州州有

五洲地理志略　卷二十三　三

知事治之薛記云巴西向爲君主國其國水陸軍及民人議設立暫秉國政公會國民公舉秉政大臣向前皇啤度路聲言請其偕眷離國前皇亦卽允從遂頒詔國中此後巴西政爲合衆民國秉政大臣於千八百八十九年十一月十五日傳諭所有前皇與各國互立和約及各項合同並國債均仍舊辦理現暫秉國政公會首領郎將軍馮式嘉至外政事務郎歸本大臣管理深願貴國認本巴西國爲合衆民國是爲厚望案君主政爲民主泰西原有此例惟各自主之大國若不明認未爲定局巴西改爲民主係出兵部海部二人之私謀欲擅權以劫脅君民前皇亦並無失德遜位已將一年而未將此事交議院公議惟法美二國已認二國皆民主巴西又許以分界利益也英俄德意皆未認允英於巴西公使雖仍以客禮相待惟不使與朝會亦不受其書今聞英德二國亦有將認之意矣志云千八百八十九年國人逐其君主千八百九十年遂立爲共和國立法權屬國會有二議院行政權屬大統領許考云光緒七年巴西與中國立約通商顧考云行政分七部一閣部兼教部二文部三戶部四外部五兵部六海軍部七農工商部

地分三區高地在東南部沿海山嶺崇峻最高者八千二百英尺顧考云高山有中東西北四嶺中嶺最高由海面測算高二千九百九十四法尺每尺約伸英尺三尺三寸或云三千百四十尺向西斜坡樹林茂盛至中部坎摩拍司爲一區阿馬孫河之樹林在西北部爲一區上巴拉圭河之低原及馬多格勞梭之高地在西部爲一區迂志云其地勢東南有巴西山脈連亙西北平原廣闊河之大者曰阿馬孫河一作阿瑪森一作亞墨揀一作嘎麻森出祕魯之澇利哥加湖東北流合諸大水入大西洋行九千二百十八里水利頗大爲世界第二巨流曰桑港河案即散凡西斯哥河出巴西山中北流合諸谿水入大西洋行三千六百八十七里水勢迅激不便舟行土地概屬熱帶惟山間溫和講義云其國爲巴西山地及索拏斯二地方所成巴西山地恰如一島東北及東大西洋繞之西北及北有亞馬孫河得伊拉河西南及南以巴拉圭河巴拉那河爲界顧考云巴蘭那河左右有瀑布名斯地勢奇拓高十尺橫二千二百尺由三窄港逼英水勢而成土寬比十尺聲闊三十三法里許法里三十三伸英里七五里仲中國約五十里巴蘭那即巴拉那也最高山地接於大西洋沿岸至里約熱內盧港附近極隆起因之分高地爲三一沿岸山脈成大高地東南部沿大西洋而成斜面二由烏拉乖至森佛蘭西斯科之水源三分水嶺多干定與森佛蘭西斯科之河領地分爲南北由此高地所發諸大河在東北者爲多干定河阿拉怪河在西北者亞馬孫河支流在南方者巴拉圭河烏拉乖河等亞馬孫河出安達斯山中爲烏開亞利河馬拉甯河之上流東流左受尼格羅河巴蘭可河諸水又合馬得依拉及巴西山水入大西洋索拉斯者亞馬孫河流域也面積百九十萬英方里森林茂密

面積三百十九萬英方里謝志云面積約三千二百方里占全洲之半

人約千六百五十萬口迂志云千四百三十萬口謝志云白人六百餘萬中多葡人且每年遞增餘則黑人爲多印第安人次之多居於內地

有強逼入學之制農爲首業產加非每年四十八萬磅糖椰樹煙葉

五洲地理志略　卷二十三　四

棉花磨沙巴西果等謝志有瑪德樹葉可可皮胡桃巴西木及各種木材森林不通人跡植物著者二千餘種加非歲八萬萬斤居天下全額之大半南部多業畜牧礦產金鋼鑽金鐵甚富

惟尚未發達製造亦不盛矢志有石腦油云棉花足與合衆國相抗甘蔗足與西印度相抗樋志有蘇木馬和嘎尼等謝志有鉛鋅云有金鑛五所歲采金十五萬英兩工業紡織最盛工廠百五十五所工役二十餘萬名絨紗粗布織成者甚多顧考云在迷拏日來斯部巴義亞部別部間亦有之但所出不逮兩部之美

入口貨值二千百五十六萬八千磅出口貨值二千六百七十五萬二千磅以加非爲大宗多與美英貿易政要云通用之銀錢曰密勒值英金二錢二吉林近一紙幣所行者無非庫用紙幣銘稱量之具悉照法國制

鐵路萬三千六百二十五英里迂志云二萬三千百六十里謝志云已成二萬五千餘里電綫六萬五千里商船五百七十三公入款千百十六萬七千磅國債九千六百八十八萬磅謝志云歲入三千萬圓公債八萬九千萬圓兵額萬八千人戰艦四十二內鐵甲十

來約墊內盧熱度中數七十四度正月八十度七月六十九度雨水四十五英寸八四十二萬二千七百五十六

口　巴西亞人二十萬口　潘內布科人十九萬口　沙保盧高於海面二千四百英尺熱度中數六十四度正月七十一度七月五十七度雨水五十五英寸人十萬口　巴拉人六萬五千口

波多亞耳支人五萬五千口以上要區徐又云地分十八部曰里約熱內盧匯一作羅引都城建於海濱與部名同廷廟峻麗學館醫院皆備人戶百五十萬商船蟻集海門廣闊風物清美曰勝寶盧會城同名曰三達加達里納會城名德斯德羅曰勝伯德祿會城名伯爾達勒給勒曰馬的噶羅索曰痾阿斯會城皆同名曰迷那日來斯會城名額羅不雷多曰斯不黎多三多會城名維多里亞曰巴義亞會城同名亦大埔頭居民好賭成俗盜賊肆行時殺人於昏夜曰塞爾日貝會城名勝基利斯多望曰阿拉痾瓦斯會城同名曰伯爾能不各會城名勒西非居民七萬地平坦其民騎馬獵野牛爲生與拉巴拉他同俗曰巴來罷會城同名曰北里約哥蘭的會城名達那里曰西阿拉會城同名曰標意會城名痾滅辣斯曰馬拉娘會城名勝盧義斯曰加郎巴拉會城名伯零巴國腹地產金沙鋼鑽寶石其民陟巘沒河搜尋寶藏不務農功往往絕糧餓死土人悍獷近獸戶口甚稀先謙案列國學會二圖作巴西與雷徐同黎叢作伯雷齊爾周志作勃來加爾矢志作白來齊爾謝鑑作巴西勒王書云本國分二十州一區在東部者曰馬蘭哈俄曰比亞海爾曰西阿拉曰北里約哥蘭的曰巴來罷曰伯爾能不各曰亞拉哥亞斯曰塞爾

日貝曰巴義亞曰痾阿斯曰迷羅日來斯曰厄斯丕里多三多日里約熱內盧曰聯合地區在南部者曰勝寶羅曰巴拉那曰三達加達里納曰里約哥蘭的在西部者曰馬的噶羅索曰亞馬索拿斯曰伯拉與徐不同後所增攺据二圖東北臨大西洋南界烏拉乖西北界歐屬圭亞那委內瑞拉西界可倫比亞厄瓜多爾秘魯西南界波利非亞巴拉圭其森佛蘭西斯科河北有亞拉哥亞斯郎徐之阿拉痾瓦斯也瀕海有會城同名顧考云阿拉痾瓦斯部東南至海西南至塞爾日貝西北至塞爾日貝伯爾能不各其北伯爾能布各郎雷之潘內布科也世界圖作伯能布各濱海有伯爾能布各會城一名勒西非顧考云伯爾能不各部東至海南至阿拉痾瓦斯及巴義亞西至標意北至巴來罷过志云鐵路通巴西亞繁華爲國中第三其北有巴來罷會城同名顧考云巴來罷部東至海南至伯爾能不各西至西阿拉北至北里約哥蘭的其北有北里約哥蘭的會城曰那達里世界圖作那塔耳顧考云北里約哥蘭的部東北至海南至巴來罷西至西阿拉又北曰西阿拉會城瀕海顧考云西阿拉部東至北里約哥蘭的及巴來罷南至伯爾能不各西至標意北至海以上並與徐合又西有比亞海爾以顧說推之郎徐之標意也顧考云標意部東至西阿拉伯爾能不各南至巴義亞西至馬拉釀北至西阿拉及馬拉釀有鄂伊拉斯郎痾滅辣斯會城也世界圖作俄挨刺斯又西瀕海有巴拉那呼巴郎巴蘭亞義巴世界圖作巴刺那以巴其西南有亞馬蘭哈俄以顧說推之郎徐之馬拉娘也世界圖作馬蘭范北瀕海有勝盧義斯會城顧考作馬拉釀部云北至海東至西阿拉南至標意及痾阿斯西至加郎巴拉及痾阿斯又西曰伯拉世界圖作怕

拉郎雷之巴拉徐之加郎巴拉有河北入海爲伯拉河口入海處河東有城曰伯靈郎伯零會城也王書云貿易未盛以輪出米椰子抹紙膠著名顧考云加郎巴拉部東至馬拉釀及痾阿斯南至馬的噶羅索西至亞馬孫北至海及歪阿那界又西北爲亞馬孫河口世界圖作阿馬孫又西北與法領圭亞那相接又西統爲亞馬孫河流域曰亞馬索拿斯雷云阿馬孫河之樹林在西北部爲一區者也亞馬索拿斯郎雷之阿馬孫那司矣雷志阿馬孫那司屢見顧考云亞馬孫部東至加郎巴拉南至馬的噶羅索及玻利非亞界西至厄瓜多及祕魯界北至委內瑞拉界其西南有馬的噶羅索與徐合列國圖噶作咼會城同名與玻利非亞國境相接世界圖作馬底以拉索顧考云馬的噶羅索部東至痾阿斯西南至玻利非亞界北至加郎巴拉亞馬孫迤而東南下有巴拉拿世界圖作巴拉那顧考作巴蘭拿有巴拉那河東有城曰庫里的巴世界圖作庫里提巴曰巴拉那瓜世界圖作吧剌那瓜顧考云巴蘭拿部東至海南至勝伯德祿西至馬的噶羅索及玻利非亞界北至勝寶盧其南有三達加達里納列國圖脫二字其會城德斯德羅瀕海與徐合顧考云三達加達里納部東至海南至勝伯德祿西至玻利非亞界北至巴蘭拿案玻利非亞當是巴拉圭又南瀕海有伯爾多亞勒給勒郎雷之波多亞爾支徐之伯爾達勒給勒世界圖作坡拖亞勒格勒乃徐之勝伯得祿會城曹云伯爾達勒給勒今南里約哥蘭的州首府然則勝伯得祿其舊名與顧考云勝伯德祿部東至海南至巴拉圭界西至玻利非亞界北至三達加達里納案玻利非亞當作阿根廷巴拉圭當作烏拉乖又南與烏拉乖之國接境由斯德羅沿海而東北有勝寶羅郎勝寶羅之會城雷之沙保盧徐

之勝寶盧也王書云在首府西南爲采辦加非中心對此府之要港曰山多斯世界圖作聖保羅顧考云勝寶盧部東至海南至巴蘭拿西至馬的噶羅索北至迷拿日來斯又東有里約熱內盧郎雷之來約蟄內盧諸圖志多作熱雷蟄字當是誤文过志云首府在國東南岸人約五十二萬口見爲通商口岸加非出口最多南美第二都會王書云汽船往來如織惟黃熱流行氣候稍劣顧考云里約熱內盧部東南至海西至勝寶盧北至迷拿日來斯又北有額羅不來多郎徐之迷羅日來斯會城王書云在首府之北高於海面四千英尺爲產金地中心世界圖作歐多布列得其大名作美那斯西來斯顧考作迷拿日來斯云東至斯不黎多三多南至里約熱內盧勝寶盧西至痾阿斯北至巴義亞額羅不來多之東有厄斯丕里多三多郎徐之斯不黎多三多瀕海有維克多利亞斯郎維多利亞會城也顧考云斯不黎多三多部東至海南至里約熱內盧西至迷那日來斯北至巴義亞迷羅日來斯西北有痾阿斯世界圖作吳耶斯顧考云痾阿斯部東至迷拿日來斯巴義亞西南至馬的噶羅索北至馬拉釀加郎巴拉東有多干定河西有阿刺怪河世界圖作拖刊廷斯河阿那怪河於部境合而北流會伯拉河北入海痾阿斯之東爲巴義亞郎雷之巴西亞也世界圖作巴希亞樋志作巴衣阿會城瀕海一名薩爾法達过志云在國東端人約十七萬口海水成彎貿易旺盛有磤臺防禦王書云前殖民地首府在此顧考云巴義亞部東至海南至斯不黎多三多迷拿日來斯西至痾阿斯北至伯爾能不各標意又東北瀕海有塞爾日貝在森佛蘭西斯科河口顧考云塞爾日貝部東至海西南至巴義亞北至阿拉痾瓦斯及巴義亞河之北郎阿拉痾瓦斯矣顧考較

徐志增多阿馬孫巴拉那二部以地形歷史推之阿馬孫割自瓜阿那巴拉那取之巴拉圭者也

瓜阿那

瓜阿那雷志云自亞林拿哥河起至亞馬孫那司止沿海低平內地崎嶇樹林茂盛通國分屬委內瑞拉巴西及英法荷三國徐志丕阿那云巴西北境濱海地名丕阿那一作古牙聯三國所關新地先謙案郎雷志之瓜阿那也列國學會二圖作圭亞那講義平方圖剛謝志作雷阿那云一作瓜阿那當北緯脫文度四十分至九度西經五十一度至六十一度辻志世界圖作貴亞那現勢圖作迷亞那世界地理作古阿那吳志作幾阿拏周志作扼亞奈樋志作古亞那矢志作環那許考作及英云一作及央在南美洲東北環同皆水東北界大西洋西北痾勒諾哥河西南加西澗里與黑河東南亞馬孫大河地分爲五一屬委內瑞拉郎痾勒諾哥河南地一屬巴西郎亞馬孫河北境其餘土地入英法荷三國版圖三國屬地之南有巴利末山岡阜盤紆高峯止七百丈境內河港紛歧皆自南而北入大西洋沙礫中間有金片河之長者英屬地中厄斯幾白約千一百三十里地方酷熱林密如織瘴癘流毒歐人濱海而居土人好安逸鮮經營居處無常編箣爲蓬削竹爲棟有故則棄而他往面繪五色喜歌舞有酒輒聚飲時有醉死者生衅便相殘殺戶口日稀平原多菜蔬瓜果山林多良材巨木有加哥樹脂膏爲食物中佳品歐人酷嗜之野木棉幹圍數尺甚堅硬宜作舟楫法欄蠆樹芬芳觸鼻利用甚多西蔑辣樹紅色鮮明哇椅樹葉大無倫作荳禦風雨數年不敗矢志云海岸一帶低地較水面更低故多築隄禦水樋志云特著物產有汁樹取汁於幹狀如牛乳可以供飲郎許考之加哥樹電鰻魚土人欲捕之以馬投河其魚乃怒而發電觸馬俟電氣散盡乃捕之沮洳之地有大螢一螢之光觀書有餘其大可想

英領瓜阿那雷志云包有德米拉拉愛塞坎波般比司諸府面積九萬五千百七十英方里辻志云六千五萬四千方里人二十七萬八千三百二十八口產糖金每年四十六萬磅入口貨值百三十五萬六千磅出口貨值百八十一萬八千磅多與英國貿易**喬治統**會城熱度中數八十度正月七十八度十月八十一度雨水九十六英寸人五萬三千百七十六口徐又云英新地在西與可侖比亞連界長約千里廣約三百八十里本荷蘭所闢地英人奪而有之分三部曰特默拉拉曰義斯給波曰北爾彼塞土雖沃而半屬泥塗英募黑人來此修田工費太鉅獲利無幾亦產加非糖先謙案列國學會二圖英屬圭亞那北臨大西洋南界巴西東抵荷屬西抵委內瑞拉徐云可侖比亞誤也濱海有三城東曰新安斯特丹中曰吉鄂爾吉敦西曰巴的加格羅佛厄塞基博河自南而北出中西二

部之間入海講義云南美大陸中央英國領土僅此一處橫於荷領圭亞那與委內瑞拉之間有海岸綫二百五十英里內地有厄塞基波河之上流凡六百英里又有標彼西河山最高者曰羅拉馬高八千七百四十英尺氣候酷熱降雨甚多然無暴風地震內地蔽以森林住民多爲印甸人亦有黑人中國人其白人多葡人英人千八百十五年歸英領近派知事一人駐守產業耕作種蔗製糖及造糖蜜首府吉俄爾吉敦在德墨拉拉之右岸新安斯特丹在其東樋志云愛賽幾波河出南方巴西高山案郎阿嘎林山一作上倭克呼馬克山合境內之水入大西洋首府在河口之東曰佐治當英國殖民分地爲三區而居許考云康熙六年荷人取之迨法王拿破侖侵荷英乘機略取既而復歸於荷嘉慶十三年議以哥侖定河爲界河東屬荷西屬英居民多黑人分東西二部西曰特美拉利會城名日奧爾是到東曰白爾比斯會城名新安特爾富城俱築河口地多花卉鬬豔爭妍案厄塞基博厄塞基波愛賽幾波一河也一作哀色基波亦作厄斯幾白徐之義斯給波部郎雷之愛塞坎波府取此河爲名徐之特默拉拉部郎雷之德米拉拉府許考之特美拉利也徐之北爾比塞部郎雷之般比司府許考之白爾比斯也新安斯特丹郎許考之新安特爾富也吉鄂爾吉敦吉俄爾吉敦郎許考之日奧爾是到雷之喬治統也樋作佐治當謝志作卓支盾矢志作日爾治世界圖作若爾日惟樋志言英民分三區而居與雷徐合而許考止有東西二部不可解曹云英文圖馬薩魯尼河口之北有格達羅波南有巴的加本二地二圖誤合爲一作巴的加格羅佛非是

荷領瓜阿那雷志云一名酸里內面積四萬九千八百五十英方里辻志云二十七萬六千三百六十方里許考云西至哥侖定河東至馬羅尼河共三十三萬九千方里人七萬五千口產金每年九萬七千磅糖椰樹人口貨值四十五萬七千二百磅出口貨值四十萬千四百磅**巴拉馬里波**會城人二萬九千百三十一口徐又云荷蘭新地在中曰蘇利南長約七百五十里廣約六百五十里會城曰巴拉馬利波地多水澤產加非糖貿易頗盛黑奴多逃入山林誘土番爲盜劫先謙案蘇利南郎雷志之酸里內也列國學會二圖荷屬圭亞那北臨大西洋南界巴西東抵法領西抵英領濱海有城曰巴拉馬利波與徐合郎雷之巴拉馬里波也講義云以科連定河與英領圭亞那爲界以馬羅尼河與法領圭亞那相接地勢氣候與英領同白人多荷人千六百五十年爲英人所發見千六百六十七年以紐約克與英交換今有知事管轄物產之重者甘蔗提科勒得加非

法領瓜阿那雷志云一名開盈爲竄謫罪人之地面積三萬四百六十英方里辻志云二十八萬八百方里人三萬口千八百九十六年出金三十九萬三千磅入口貨值四十三萬六千八百四十磅出

口貨值十八萬九千四百二十磅　**開盈會城八萬口** 徐又云法新地在東日加夜那長約千六百里廣約千一百里產丁香番木其地叢林密帀瘴氣最毒到者輒染病死法國免死罪人流徙於此先謙案列國學會二圖法屬圭亞那東北臨大西洋西抵荷領東南抵巴西標曰加亞那即徐志之加夜那也會城在東北隅世界圖曰開廷即雷志之開盈矢志作該廷樋志作開永並開盈之音變字講義云沿岸有高地及多數島嶼散在海中千六百六十四年取爲殖民地然無繁盛之望首府加亞那在加亞那島上此島以二河之分流與本土分離開盈蓋異名許考云萬歷三十二年始有法人往居順治十一年爲英占據康熙十五年又爲荷人兼併嘉慶十四年葡人奪之後八年復歸於法會城名加言納案即加亞那也矢志作加行內周志作客因納樋志云地產花椒赤色英國貴之稱曰開胡椒

巴拉圭國

巴拉圭 慕志云緯綫自赤道南二十度至七度半經綫自順天偏西百七十一度至百七十五度講義云巴拉圭者查勒斯五世時班領南美洲之號蓋今祕魯巴西玻利非亞巴他峩拿之總稱也今面積不過十五萬七千英方里千八百十一年離西班牙獨立千八百六十五年與巴西亞爾然丁烏拉乖聯軍戰敗千八百七十餘年乃僅保現在領土 **雷志云共和國** 謝鑑云自巴拉圭自立後千八百十四年國人公舉法蘭西亞爲總領在任三年及任滿又使人舉其永爲總領遂定國制不與鄰

國交往致貿易不通百姓困窮至八十二歲始卒千八百四十四年百姓公舉派配斯安頭泥歐爲國主更改舊制與鄰國往來自桑撒斯失位後怕拉納河怕拉圭河水道安靜各國舟船來往自若國內事業漸興政要云巴來剌南美東偏之小部也本西班牙所闢千八百十一年始叛而自立置監國二人千八百十五年有咈蘭西牙草澤特起奪二監國之權而自立國人慴服千八百四十年咈蘭西牙卒國遂亂千八百四十二年始興議會公舉咈蘭西牙之姪二人爲王一名皮阿郎蜀陸貝斯一名唐噶陸貝斯千八百四十四年國例成唐噶獨主國政千八百五十七年仍留辦千八百六十年唐噶卒遺命傳子唐福蘭昔斯哥陸貝斯嗣立千八百六十四年以爭界與巴西搆兵巴西卒阿根廷烏拉乖與戰五年之久千八百七十年巴來剌大敗唐福蘭昔斯哥戰死疆土剏去幾半本有十萬三千百四十五方英里僅存五萬七千三百三方英里是年議會改定新例照阿根廷國章程分上下院千八百七十一年立伯理璽六年爲期置副伯理璽主議會行政有內部戶部文敎部兵海部外部錢糧七萬八千磅公費十五萬磅缺七萬二千磅又以興造鐵路議會議賣國地得值五百十二萬磅巴來剌初無國債千八百七十年始借民錢千八百七十一年始借外國銀二百萬磅扣付八十磅爲百磅歲息八釐以值十九兆三十八萬磅之公地爲抵押先與巴西戰時有六萬兵內馬兵萬人磩兵五千人磩四百尊餘皆步兵後大加裁汰存兵二千八今國中戶口約百二十萬人住省中三之一餘皆散居國多荒地茂林水草所在多有故遊牧者眾近復令民租種畜養牛馬土產麥堆如中國黃芽葉將葉曬乾磨粉西人用以代茶謂之巴來剌茶八百七十年麥堆計有四百八十萬磅值銀二十九萬磅此外煙葉牛羊皮進口棉花布麻布英貨居多次法次德銀錢用祕瑣先謙案孫志不知巴來剌即巴拉圭別爲一國大誤 **沿巴拉圭河及巴拉那馬河並格倫超科之北部皆爲沃壤最高之處二千二百八十英尺面積九萬七千七百二十英方里** 辻志云五十八萬八千方里 **人四十八萬口入口貨值四十五萬三千磅出口貨煙茶葉革等值四十萬二千五百磅內巴拉圭茶居百分之四十二入款十七萬三百磅國債三百六十萬磅兵額千四百二十八　阿孫訓會城人二萬四千八百三十八口** 徐志巴拉圭又或作巴拉乖愛云南墨小國也間於巴西拉巴拉他之間長約千七八百里廣約八百里地形斗絕內拓平原湖河淤灌土多腴沃明嘉靖五年意大利人塞巴斯德央加波冊開其地越九年爲西班牙所奪畀天主教師管不設官乾隆三十二年逐天主教師隸於拉巴拉他迨拉巴拉他叛西班牙巴拉圭亦自立爲國時有歐羅巴文士紳許云法人法郎濟亞生於巴拉圭者居巴拉圭巴拉圭人推爲酋長其人陰鷙有權略詰暴除奸土人畏服國雖小而張甚鄰不敢侵地分二十小部部名未詳產与蘭米甘蔗棉花藍靛煙葉蜂蜜大黃血竭桂皮又產土茶啜之能醉人先謙案列國學會二圖與雷徐同世界圖作怕拉圭吳志作巴拉乖矢志作巴拉葵周志作怕來求亞政要作

巴來剌据二圖東界巴西北界巴西玻利非亞西南界阿根廷南境有城曰亞松森世界圖作阿松筍即雷之阿孫訓也謝志云國分七十小部阿都城曰阿孫西安近比勒哥邁約河入巴拉那河處世界地理作阿薩雄吳志作阿孫興樋志作阿松荀矢志作亞生興許考作阿生西翁講義云有巴西山脈貫通南北別有小山脈與之交通西北蔽以森林南部地勢低平高地而南外屢被水患巴拉圭河距海千二百英里可航行謝志云地不濱海北部多山江河向東南流巴拉圭河自巴西來貫中央與東界巴拉維河西界比勒哥邁約河合爲巴拉那大河即拉伯拉達之上流也鑛產南部多鐵北部多文石未採者多物產首推瑪德樹葉居民取汁飲之名巴拉圭茶歲產八百萬斤鐵路五百里電綫千八百里貿易總額四百二十萬圓歲入九百萬圓公債五千六百萬圓小學四百中學百所大學一所矢志云所出茶一名佛拜邁退案法郎濟亞法蘭西亞咈蘭西牙郎一人

南美洲西北部

委內瑞拉國

委內瑞拉 慕志云緯綫自赤道北二度至十二度經綫自順天偏東百七十一度至偏西百七十四度長二千三百里廣二千一百里總計方百四十四萬里八百八十萬口其地迤東南西北海濱三方山嶺錯雜餘皆曠野低淤潦時泛濫游牧紛繁樹林罕見有牛乳樹刺之流汁如乳民便於飲旱時一帶荒沙土產五金藥材木料靛膠糖煙葉棉花牲畜海牛鱷魚大蛇電氣鱔先

謙案牛乳樹電氣鱔蓋與貴亞那所產同類謝志云在北緯一度十分至十二度十分西經六十度至七十二度縱橫二千里面積約四百萬方里**雷志云聯盟共和國**政要云千八百三十年自立爲合衆國定國例自是諸部落各思分治兵爭數年至六十四年四月內修國例悉循美國章程分十三省各省自有政權置律例官自開銀鑛有伯理璽七十三年四月立例於議會條陳不能批駁阻止有副伯理璽主議席皆民間公舉也四年爲期又公舉部員六人議會各員亦民間公舉貴賤皆得預選七十四年來國常亂有欲伯理璽總攬大權者有欲一分國政自主省政者國無一尊故衅易起也講義云大統領二年一任國會則采用兩院制陸軍常備兵三千六百人海軍有汽船三小礮船數隻鐵道五百三十英里電綫三千八百八十英里謝志云初屬西班牙千八百十一年國中豪傑波利乏率衆叛班血戰九年自立爲民主國行政權在總統六部大臣及同盟議會佐之同盟議員由國會合選國會任立法權上院二十四員下院五十二員分二十一邦平時兵額七千戰時可得民兵六萬大學二中學六十小學一千六百所鐵道千五百里電綫萬二千里貿易總額八千萬圓公債五千三百萬圓許考波利乏作波里瓦爾云游學西班牙復至法意美國閩部民叛班歸里治軍逐班人出境嘉慶十六至二十四年事也樋志云國中數十年來爭亂相踵財賦缺乏之舉一國歲入不足充國債息金**地分三區北部多山宜耕種內滿里打山高萬五千四百英尺爲一區亞林拿哥河之野宜畜牧爲一區南部拍拉**

米佛爾樹林爲一區講義云地勢大別爲三郎圭亞那高地大平原及哥爾列拉山地是也痾勒諾哥河繞圭亞那高地之西成橢圓形徐注於海其河口有大三角洲哥之流域卽利亞諾斯平原生長雜草謝志云俄利那哥河貫其中河口七百里以上尚闊十餘里支流四百里**面積三十七萬二千二百八十英方里**过志云面積三百五十五萬八千方里**人二百三十二萬三千五百二十七口十年增百分之十四**許考云痾勒諾哥河西南有野番攫獸捕魚挖草掬泥爲食泥出美黎達等河濱性膠膩青黃色土人溲而團之如饅頭烘以微火裏藏之荒寒時以爲糧平日雖飫魚肉將徹亦必略啖此物若不可一日無者習尚然也**農牧爲最要之業牛八百四十七萬六千三百綿羊五百七十二萬七千五百礦產每歲金出二十萬三千磅並有銀銅煤**講義云產物沙糖加非家畜鹽硫礦靛膠護謨及可得染料之植物礦產多石油尚未吸取蘭圭瓦蘭產椰子最良許考云多堅木有木蘭樹出油甚佳**入口貨值三百二十九萬九千七百二十磅出口貨值四百三十八萬磅**講義云以牛爲要政要云銀錢用祕瑣值英銀四喜林**加非居百分之七十八公入款百三十四萬二千磅國債九百八十三萬八千磅　加拉架會城高於海面三千四十英尺熱度中數七十一度正月六十九度五月七十四度雨水三十一英寸人七萬二千四百二十九口　佛林西亞人二萬八千六百五十四口　馬拉坎波人三萬四千二百八十四口以上要區**徐志委內瑞辣云在新加拉那大厄瓜爾多之東南界巴西長約三千五百里廣約二千五百里大河橫帶國中河北多平原炎熱殊甚河南多山溫和可居土田膴厚物產極豐地分十二部曰加拉架都城建山谷中與部同名曰加拉波波會城名瓦棱西亞曰馬拉該波曰哥羅曰都盧詩羅曰美黎達曰瓦黎那會城皆同名曰亞不勒會城名亞沙瓜曰瓜牙那會城名昂哥斯都拉曰古麻那曰巴爾塞羅那會城皆同名曰馬爾加黎大會城名亞松桑先謙案卽雷志之委內瑞拉也列國學會二圖與徐同世界圖與雷同謝志全圖作分額兒拉矢志作佛內自拉周志作維尼助拉旲志作別捏茲微拉世界地理作委尼瑞拉据二圖西界哥侖比亞南界巴西北臨大西洋東界英領圭亞那矢志云有巴略灣英領之德律尼達在其灣口近年以界事與英紛爭有痾勒諾哥河自西而東北入海徐志所謂大河橫帶國中也世界圖作奧林耦口河東境河南有城曰昂哥斯都拉世界圖作昂果斯都拉爲瓜牙那會城卽所分圭亞那地也河之北有巴爾塞羅那又北濱海有古麻那會城皆在海口古麻之北有馬爾加黎大島在海中許考作馬爾加里大云譯言珠昔時產珠甚夥故名今珠盡而魚族盛多其西濱海有加拉架

與雷合又曰佛德拉爾廣異名也講義作加拉加斯謝志作嘎拉嘎斯云地近海濱建於山上常患地震城屢崩陷許考作加拉加云都城在國北境土人建於元順帝末年又西濱海有加拉波波會城爲瓦棱西亞卽雷之佛林西亞又西北有哥羅哥羅向西有海灣曰哥羅灣其北有角西向與哥倫比亞之加里拉斯角相對中爲委內瑞拉灣灣西爲國境盡處瀕灣西有城曰馬拉該波郞雷之馬拉坎波也兩岸偪狹其南瀦爲馬拉該波湖講義云實小海灣也民植椿水心建屋其上而居焉矢志云班人名此曰佛內自拉因以名國樋志云此湖及痾勒諾哥河岸有印第安人村落於水中立柱以造家室狀似意大利之維納斯府班人見之稱曰小維納斯此委內瑞拉國名所由起委內卽維納之轉音湖東南有都盧詩羅又西南有美黎達又東南有亞不勒會城曰亞沙瓜以上並與徐合

哥倫比亞國 巴拿馬國附

哥倫比亞徐志可侖比亞一作可侖巴作金加西臘又云南墨極北境也西北至巴拿馬與危地馬拉接壤北距大西洋海西距大洋海東界英新地東南界巴西西南界祕魯縱橫皆約五千里西境安達斯大山疊峙有高峰二百餘丈又有火峰時吐煙燄東境平原廣坦河道縱橫以阿利諾馬加他爲最大海濱酷熱水土不馴內地漸高溫平可居明宏治十五年西班牙遣其臣可侖尋新地先取此土建三部曰新加拉那大或訛爲金加西臘曰加拉架曰基多各置大酋領之嘉慶十五年部人波里瓦爾率衆逐西班牙三部守

臣擕兵八年西班牙不能克後遂自立爲可倫比亞國道光十一年仍舊三部分爲三國曰新加拉那大曰厄瓜爾多曰委內瑞辣各有酋長不相統攝戶口不繁半皆西班牙流寓俗偷惰好賭博田產蕩盡弗悔男女皆衣素伉儷最篤婦女不許人面或鬬觀挾刃相仇土人別爲種族性悍獷而陰很產加非糖煙葉靛餅銀銅銀有四坑取之不竭河產金沙珍珠寶石慕志云緯綫自赤道南二度至赤道北十二度經綫自中國順天偏東百六十三度至百七十三度東至委內瑞辣西枕太平洋南界厄瓜多北連加里比海長三千三百里廣千八百里總計方百八十萬里民二百九十萬謝志云當南緯三十六分至北緯十二度二十五分西經六十九度十四分至八十三度境多山嶽安達斯山入境分三支中夾二谷東方有草原谷內有瑪革達雷那河北入嘎利比海東有俄利那哥河發源其地東流入委內瑞拉境東南諸川俱入阿馬森河講義云巴拿馬地峽與哥斯德耳黎加爲鄰此及委內瑞拉之界千八百九十一年始議定巴西界綫尙未確定矢志作哥崙布一作紐格蘭那達周志作紐犄拉納特樋志作紐克來乃荅世界地理作科倫波

雷志云共和國

講義云千八百十九年離西班牙獨立千八百二十九年與委內瑞拉分離千八百三十年與尼瓜多分離自成一獨立國所謂新瓜拉蘭達聯邦國是也千八百六十一年改名可倫比亞千八百八十六年大改革爲共和國分九州由大統領派知事國會有二議院上院議員每州選三人下院議員人口五萬選一人由國民選舉數有六十八人

自加釐賓海起至太平洋止包有巴拿馬地頸及其未成之運

河

講義云千八百八十一年由勒塞布監開運河以資金缺乏至千八百八十九年停止千八百九十四年新會社限期竣功自千九百十年起期以十年曹典球云千九百三年十一月四日巴拿馬宣言獨立十一月十三日合衆國公認巴拿馬獨立即以十八日成巴拿馬運河條約以運河一帶地主權歸合衆國合衆國以償金一千萬弗付巴拿馬政府政府以此項償金之一部付可倫比亞因巴拿馬實擔任可倫比亞之國債也此運河定爲萬國中立地全國面積三萬千五百七十一方英里今稱巴拉馬共和國政要云開辦後期以十五年一律深通既通之後歲收商船利銀科倫比亞得十分之一俟美國收足工本後科倫比亞歲得利銀十分之二分五也平時商船往來由美國保護遇軍事則不仕敵船亂行先謙案與前說微異此事互詳中美洲新大陸記云巴美結約美以金三百萬磅爲報酬且每年以金五萬磅給巴新政府約遂定可倫比亞有責言美國大臣復牒云若可倫比亞必欲破此條約則或至破兩國之國交恐我議會不復能附於可倫比亞相爲親友可倫比亞懼而止譚義云巴拿馬者南北美兩洲毘連之地頸也北濱大西洋加勒海南臨太平洋而以亞疏伊羅半島東與南美大陸成弓狀之巴拿馬灣全地東西徑約四百八十英里南北徑最廣處百十英里最狹處三十七英里面積三萬三千英方里舊爲南美哥倫比亞國之一州北有科倫市（或作可倫或作哥倫一名亞新奔威爾）位梨洪灣內小島上南有巴拿馬市（巴拿馬北與科倫有鐵道相連）位巴拿馬灣岸中央巴拿馬灣北部之水甚淺凡往來巴拿馬市船皆停泊於市南十一英里之帕里哥島千八百七十九年（光緒五年）[illegible]法人里息勃斯設計自帕里哥島向西北開鑿一河接於內地之啟格里河（或作吉克雷斯或作札克列斯）復沿啟格里河左右向西北開濬以達梨洪灣之科倫開巴拿馬運河萬國會議於巴黎豫計運河長四十六英里（深二十七至二十九英尺底部寬七十二至七十八英尺）工費八億四千三百萬佛郎（每佛郎約合我國銀圓二角）設巴拿馬運河會社於一千八百八十一年（光緒七年辛巳）二月始事以八年爲期所開之河屢爲啟格里河泥沙淤塞（啟格里河當乾季無水一遇雨期則水量陡增驟退滔滔泥沙下流運河因隨開隨塞）竣成期至而工事僅成三分之一豫算之全額巳告罄而完成之費用尚在二倍以上千八百八十九年（光緒十五年己丑）三月解散會社中止其工（此事一敗法國受累最深遂將里息勃斯終之牢獄）千八百九十四年（光緒二十年甲午）又更立新會社欲承此大事業之志竣成期豫算十年繼而詳加體察並無觀成之望一千九百三年一月（光緒二十九年癸卯）欲以其資產及各種特權悉售諸美國索價二億佛郎美國允之而哥倫比亞政府拒絕不許巴拿馬之人民大憤遂於千九百三年十一月四日離哥倫比亞而宣布獨立越三日而美國首先公認之即於是月十九日成巴拿馬運河條約以運河一帶所有特權讓於美國美國以金二百萬磅爲報酬且每年以金五萬磅給巴拿馬新政府現在此河巳興工期於千九百十四年（甲寅）藏事此工若成則自紐約至舊金山可減水程九千五百英里當巴拿馬未議開鑿時英美兩國曾設計自尼加拉瓜國東南加勒海之馬地拿灣向西開鑿一河接於山周安河以達尼加拉瓜湖復自湖西岸開鑿長十英里之河以達太平洋岸之白里它市全長百七十英里實際須開鑿者止三十英里及巴拿馬之工興此舉遂作罷論此外英有自安惕釐阿湖通伊爾釐湖之威蘭得運河美有自伊爾釐湖通呼得桑河之伊爾釐運河又有自呼得桑河通占勃連湖（[illegible]湖水北流入[illegible]羅稜[illegible]河）之占勃連運河

西部爲加蒂拉剌及南尼佛大孤山東部爲大野斜向亞林拿哥河及亞馬孫那司

講義云其地勢分安達斯地方及東部大平原二部安達斯地方有四山脈一沿岸山脈即哥得列拉迭爾基科二西方哥爾列拉山脈最高峰曰巴蘭米倫萬一千英尺三中部哥爾列拉南有火山曰加母比爾高萬六千英尺布蘭開及多利馬高萬八千英尺四東方哥爾利拉東部大平原分痾勒諾哥亞馬孫二流域痾勒諾哥河畔草野連綿亞馬孫河上流蔽以森林

面積四十八萬八千五百英方里

謝志云田產棉花甘蔗樹膠加非雜那煙葉山地種珠栗大麥歲穫四次牛乳樹刺之流汁甘白可飲樋志云地勢俱高惟東方一部屬痾勒諾哥河領之草原多沮洳國中多產椰子土人用以充食又有類椰子之樹木取其纖維以製帽世稱巴拿馬帽甚貴重

人三百八十七萬八千六百口

謝志云白人居五分之一餘爲印第安人及內革羅人講義云千五百三十六年及千五百五十六年間在西班牙戰勝以前此地實印度人跋扈之地後漸衰微今猶住於東西兩部今居民有大半爲西班牙印度黑人混合之種

礦產煤金銀銅鉛鐵

謝志云采掘不盛有綠寶石最佳

入口貨值三百十萬二千磅出口貨加非及貴金類爲大宗值二百六十九萬八千磅多與英美貿易

謝志云貿易總額五千六百萬圓出口貨多雜那樹皮（案一作幾那）棉花銅貿易諸事專恃外邦人經理政要云通

用銀錢即祕瑣合英銀四先令貿易則用法國福蘭格五福蘭格爲一祕瑣其銀錢非本國打造稱量之具悉照法國制量地用英國碼**鐵路四百英里**謝志云全國鐵路長千里電線二萬五千餘里**商船七公入款二百七十四萬二千磅國債五百七十七萬二千磅**謝志云海軍小兵艦三艘兵額五萬五千歲入五千萬圓公債三千七百萬圓度支日亟內亂頻聞**波哥大會城高於海面八千七百英尺熱度中數五十七度八月五十六度三月五十九度雨水七十四英尺人十二萬口迷特林人四萬口要區**徐又云新加拉那大國在西北境由巴拿馬一綫與北墨相連長約三千里廣約二千五百里地氣溼熱北方爲甚田土腴沃物產豐饒地分十八部曰波哥大都城建於平原與部名同曰安的育基亞會城名墨德零曰內巴會城同名曰馬黎濟大會城名紅大曰波巴焉曰巴斯多會城皆同名曰不哀那溫都拉會城名義斯官德曰說各會城名基波多曰巴拿馬會城同名曰委拉瓜會城名三的亞哥委拉瓜曰加爾達日那曰蒙波士曰三達麻爾大曰里約合拉曰冬日曰邦不羅那曰索各羅會城皆同名曰加薩那勒會城名波勒先謙案千八百六十一年始改國名雷志哥侖比亞据其後名稱之列國學會二圖作可侖比亞與徐同世界圖與雷同据二圖東北界委內瑞拉北臨加勒比海西北接巴拿馬西臨太平洋南界厄瓜多爾東北界巴西東南境大半無名區中境有城曰波哥大與雷徐合世界

圖作薄疴他世界地理作葛柏他謝志作波哥達矢志作薄哥大迋志云在國中央安達斯山中有鐵道通紅達府講義云人口十二萬在海面六千六百英尺之高地故氣候溫和許考云明嘉靖十六年班人建都名三他灰在國中央近波哥大河故一名波哥大其南有內瓦即徐之內巴內瓦之西南有波巴焉世界圖作玻吧揚許考作波巴羊云亦班人所築爲行商要埠形勢風景俱佳兵燹後寥落波巴焉之南有巴斯多在國極南境波巴焉之西有義斯官德爲不哀那溫都拉會城近大西洋海迤而北即不哀那溫都拉也波哥大之北有冬日許考云多出呢絨布疋冬日之東北有索各羅以上並與徐合索各羅之東有加薩拿勒即徐之加薩那勒索各羅之東北有邦不羅那又西北有蒙波士又極北臨加勒比海有三達麻爾大其右東北出有角北向爲加里拉斯角世界圖作嘎里拉斯角其左有海灣灣之左爲巴蘭給拉世界圖作巴蘭機拉沿海而西南有加爾達日那樋志作卡他基那謝志作嘎達亥那云適當瑪革達雷那河下游爲大海口講義云加爾達日那北海岸之貿易港今盛況爲巴蘭給拉所奪者也波哥大之西北有紅大世界圖作紅達紅大之西北有墨德零世界圖作眉底林即雷之迷特林其大名爲安的育基亞以上皆與徐合由安的育基亞向西北斜出爲巴拿馬地峽其南有達連灣即雷志中美洲所謂帶令灣也巴拿馬世界圖作怕那瑪怕那瑪之北有亞斯奔威爾世界圖作亞斯平窪兒謝志作阿斯濱瓦勒矢志作亞斯賓惠爾吳志作阿士賓瓦北與大西洋中西印度羣島相對中爲加里濱海南爲怕那瑪灣灣西與太平洋中噶剌巴各斯羣島相對其地一名科侖講義云巴拿馬地峽在太平洋岸有巴拿馬在加勒比海岸有科倫此兩港以鐵道四五英里相連絡許考云今分九省曰安地育基亞曰波里瓦爾曰波亞加曰高加曰公的拿瑪爾加曰馬達肭納曰巴拿瑪曰桑當特爾曰到里馬

厄瓜多國

厄瓜多慕志云緯綫自赤道南五度至赤道北一度經綫自順天偏東百六十二度至北七十四度長千里廣二千三百里總計九十萬方里其西岡嶺絡繹大山紛羅餘則高原曠野林稠草茂氣候溫和惟狂風迅烈霜霧迷濛過客經臨口遇之即斃昔有大國名音加斯明時爲西班牙所敗古跡尚多如山谷高原行路可通軍馬磐石鑿臺河上飛橋橫架山岩砍梯以登深壑滿塞堅石皆天下巨工土產五金鹽煤木香藥料等謝志云哀瓜多正在赤道下蓋西語哀瓜德赤道也當北緯一度十五分至南緯四度五十分西經七十四度至八十一度**雷志云共和國**講義云千五百三十四年始爲西班牙殖民地後屬班千八百二十二年五月爲可倫比亞大共和國越八年分爲厄瓜多爾共和國行政權大統領掌之立法權屬上下二院國會許考云古爲祕魯地班人據之叛班後合可倫比亞道光十一年自立爲國政要云千八百四十三年三月議定國例立伯理璽四年爲期置議會上院十八人下院三十人皆公舉歲於九月十五日會議不候伯理璽之論其舉伯理璽也先由百姓公舉九百人九百人復相推擇第一伯理璽第二爲副千八百六十九年八月公舉行政置二部官伯理璽不預議院事而於部員則責成之政務不愜

輿情議院可詰問伯理璽有不合副伯理璽可以接辦自上下悉爲平等無尊卑貴賤之分近年國頻叛亂蓋無天澤之分限故也**中部及多居民之部河流衆多間有山嶺高於海面自六千九百英尺至九千五百英尺此數處高地之氣候常若春間**許考云安達斯山縱貫全地第三峯曰孫卜拉索矢志作慶婁拉叔樋志作波拉索周志作且姆薄來蛇講義作琛波拉索謝志作賦波拉梭高千八百二十丈計十餘里山頂冰雪暑夏不融曰哥到巴西講義作哥拖亂西亞謝志作哥多巴希矢志作哥多葛事樋志作可多巴克西高千六百五十三丈噴火出峰巔二百餘丈聲聞數百里外曰安地撒納[illegible]高千六百三十五丈曰比申沙[illegible]高千三百九十九丈噴火俱烈國內河港紛紜安達斯山右之河曰厄斯美拉道曰瓜亞基爾山左之河曰牙波拉行二千二百里曰多馬育行千六百里內多金沙曰拿波行千八百里曰虎曰馬拉嚨皆注亞馬孫入大西洋講義云太平洋沿岸北部風景秀麗南部荒蕪僅生矮小植物樋志云可分三部曰安達斯山高原曰亞馬河源之斜原曰太平洋岸之平原**面積十一萬八千六百三十英方里**迋志云七十二萬方里謝志云百十五萬方里政要云二十一萬八千九百八十四英方里**人百四十萬口入口貨值百八十萬磅出口貨椰樹等值二百六十四萬四千磅多與法英貿易**講義云安達斯地方種小麥稞大麥飼家畜提科勒得加非木棉獸皮巴拿馬帽彈性護謨砂糖皆大宗出口貨謝志有橡皮胡桃草帽綆印花

布云與巴西陸路商務頗盛貿易現額四千萬圓礦產金沙銀銅鐵鉛煤煤油開採未盡合法矢志云有科科幾那皮又植物象牙取自椰子殼中可製紐扣政要云銀錢用大拉値四先令又有彼阿斯得大都用英法美銀錢居多千八百五十八年起稱量之具悉用法國制**鐵路六十三英里**謝志云鐵路百八十里電綫三千六百里**入款九十萬九千磅國債百四十四萬八千磅**謝志云歲入七百二十萬圓公債九百萬圓通國中學四十四小學千餘京都大學一**兵額三千三百四十人戰艦二**講義云陸軍合士官現役兵三千三百餘國民兵三萬餘海軍一水雷艇一運送船而已**基多高於海面九千四百五十英尺熱度中數五十六度正月五十六度七月五十五度雨水四十三英寸人八萬口　貴雖貴爾人五萬一千口以上要區**徐志厄瓜爾多云在新加拉那大之南南界祕魯東接巴西縱橫皆約三千里西界有連山餘多平壤地氣溫平土田腴沃貿易繁盛地分八部曰比晉乍都城建山谷中名基多曰井波拉索會城名約里邦巴曰英巴不拉會城名義巴拉曰瓜亞基爾會城同名曰馬那比會城名波爾多維也若曰官加曰羅沙曰倭音會城皆同名先謙案卽雷之厄瓜多也列國學會二圖作厄瓜多爾講義过志世界圖作伊奎兜謝志作哀瓜多政要作唵蒯道周志作伊扣獨亞吳志作葉夸達矢志作愛快度慕志作瓜阿那通鑑作哀誇多耳据二圖地形南北狹東西長

五洲地理志略卷二十三　七

東南北三方無名區惟西南西北爲諸部所聚西南境有羅沙許考云出佳果金雞嫻最富其大名爲羅遮蓋亦羅沙之音變字其北有官加西近太平洋又西北有瓜亞基爾城在海灣曰瓜亞基爾灣世界圖作卦亞基耳卽雷之貴亞貴爾也謝志作拐阿基勒云民屋多用竹以避地震之害許考云有炮臺二兵船廠軍器局貿易以加非紅木煙葉加蒔樹爲大宗又北有波爾多維也若大名爲馬那比瓜亞基爾之東有里約邦巴世界圖作里俄邦巴樋志云千七百九十七年地震一市全陷矢志作遼彭蒲大名爲井波拉索其北有基多與雷合許考云築於山麓舊爲祕魯京都出海面八丈風景淑美因多地震屋宇不高然整肅清潔商市饒呢絨布疋多售於秘魯大名爲比晉乍以上並與徐合又極北有義巴拉大名爲英巴都拉卽徐之巴不拉列國圖誤繪入哥倫比亞謝志云全國分六部許考云十七省除比申沙案卽比晉乍瓜亞斯案卽瓜亞基爾孫卜拉索案卽耕波拉索官加徐同馬那比徐同英巴不拉徐同維沙徐同外曰厄斯美拉道曰洛斯里育曰東哥拉瓜曰利央曰亞索哀曰龜島曰波里瓦爾曰甘那爾曰阿里安德曰奧羅

秘魯國

秘魯徐志秘魯或作伯路一作孛露又作伯魯又作北盧云南墨名國也舊與玻利非亞合爲一國今分北界可倫比亞東界巴西南界玻利非亞西距大洋海長約五千三百里廣約二千六百餘里安達斯大山自西北來環國之西界如帶山以西浮沙浸海斥磧不毛山以東橫嶺錯出拓爲平原或高於平地百餘丈故山下炎蒸而嶺上恆積冰雪其間膏腴之土蔬穀皆宜因地產金銀國人以攻礦爲業

農事全荒恆苦饑饉其地自古爲土番建國風俗與墨西哥可倫比亞同西班牙既得可倫比亞聞秘魯銀礦尤王嘉靖三年命比薩羅亞爾馬哥羅等懸軍深入軍士或顛墜層崖或失路餓死顧以大利所在堅不肯舍已而抵其國都番王不識戰鬬懾於礟火竄伏不敢與爭國遂爲西班牙所據西人羣來攻鑛生聚日繁鎮以大酋歲收金銀益國用所得多於墨西哥嘉慶十三年西班牙爲法人所困屬藩多畔秘魯欲畔而畏西兵多猶豫不決道光元年與智利合兵逐西班牙守者遂自立爲國推擇長官理事不立國王居民皆西人苗裔善待遠客溫藹可親惟好逸好賭與可倫比亞同俗貿易諸事倚他國人爲之土人爲西人所制艱於衣食能釀酒終日沉醉物產金銀外兼產銅鉛水銀胡椒甘蔗棉花藥材樹膠顏料香料慕志云緯綫自赤道南四度至三十二度經綫自順天偏東百六十二度至北七十六度謝志云在南緯三度三十分至十八度三十分西經六十八度至八十三度許考云秘魯古爲南美大國玻里未亞厄瓜多爾可倫比亞委內瑞拉巴西皆其屬境宋高宗初年音加斯統馭諸邦敬太陽神爲鼻祖開國之君有曼高加巴克都於古斯各先謙案音加卽應加也謝志云古斯哥城建於山頂高萬一千尺[illegible]昔時應加國都城[illegible]大太[illegible]王宮後北至今[illegible]有極明嘉靖中西班牙據之分爲三省三百年中開鑛生殖虐待土人道光初其國逐班牙自立爲國後又分上下秘魯上秘魯卽玻利未亞也**雷志云共和國**政要云千八百十年秘魯叛班爭戰幾十餘年至千八百二十一年班國內訌遂棄其地秘魯推桀黠者爲雄長千八百六十七年始定國例置議會上下院伯理璽正副二人五年爲期千八百七十二年立行政有外部內部義文部戶部商部兵海部皆伯理

五洲地理志略卷二十三　六

璽委派一切依民主國例**包有沿海不毛之地普那司草野加蒂拉剌環繞之加蒂拉剌之西坡有金雞納樹林**过志云東部平坦無山岳西部安的斯山脈綿亘南北許考云土壤肥瘠不同分東中西三境南境安達斯山西麓與太平洋岸江沙磧礫煙戶蕭條中境在安達斯重嶺間有曠地一區平沙無垠廣四百里物產豐饒城市碁布人民萃集其間均足自給東境在安達斯山左荒僻少居民其地川澤瀰漫瘴氣流傳易致疾病又云生息以金雞嫻爲最案幾那雞嫻皆雞納之音變字吳志作桂拏皮**最高曰梭拉太峯二萬千五百二十英尺河之大者曰馬拉能在亞馬孫那司面積四十三萬九千英方里**过志云約四百十七萬五千方里**人二百九十七萬二千口**謝志云約共三百萬大半印第安人餘爲白人黑人及混合種近有華人數萬至彼工作**地多種棉花糖等礦產金銀銅鉛煤石腦油**矢志云農產有山芋加非小麥玉蜀黍幾那皮等山芋尤著名各國所殖之種皆從此輸出幾那皮亦多至名曰秘魯皮無峰駝產安達斯山中以運輸貨物羊駝其毛甚美鳥糞硝石二種爲海岸無雨地方之特產近年與智利交戰被奪去頗傷元氣且海軍從此大衰迄今未能恢復案無峰駝謝志所謂拉馬羊駝謝所謂阿伯加羊毛可織布者也鳥糞謂之瓜挪土一作瓜諾一作古阿那山芋一作馬鈴薯許考云瓜諾產海濱小島用以糞田易發生英美德比諸國爭購之講義云丁瓞

諸島鳥糞爲一富源今產北方諸島而已曹典球云丁取諸島在辟斯科灣口政要云秘魯國用多出自古阿那海鳥糞也或謂其灰土肥沃足培各種植物之用其實不盡鳥糞明化學者分辨其質可用以他物質配製故西人有造古阿那者取以滋培田土其肥澤千八百七十二年錢糧計銀錢五兆二十九萬四千六十元古阿那直四十四兆九十一萬五千四百五十一元雜稅八兆七十七萬三千八百元共銀錢五十八兆九十八萬二千八百五十一元又云古阿那約歲值銀三百萬磅千八百六十四年至千八百七十二年售十數萬至二十餘萬噸不等軋奈江存三百萬噸至千八百七十九年可埽數出售火硝亦出數愈多千八百七十二年硝售至英者百三十六萬五千百九十五擔碩十二磅騙一擔 入口貨值百七十七萬五千磅出口貨值二百七十七萬五千磅多與英德貿易謝志云貿易總額約五十六百萬圓政要云銀錢曰沙而勒值三先令九本士又曰祕瑣值四先令秤量之具照法國制 商船百三十二鐵路九百三十一英里迁志云二千四百六十里海底電綫由東方口岸通海外諸國講義云千九百九十八年有鐵道千三十五英里電綫二千英里電話二千三百英里謝志云鐵路長三千里電綫六千里政要云最要之路都城至話路邯海口百二十二英里孥律記巴至普孥之鐵路中隔雁題詩山開通長百八十七里 入款七十五萬千九百十五磅國債三千四百七十三萬二千磅謝志云歲入千五百萬圓公債七千萬圓 兵額三

千百六十人戰艦十講義云陸軍兵士二千皆受訓練海軍軍艦一艘而已 里馬人十萬四千口 坎勞人三萬五千口 亞里基波人三萬口 喀土科人二萬二千口以上要區徐又云地分七部曰利馬都城建於利馬河濱與部名同曰阿勒基巴曰不諾曰古斯各會城皆同名曰阿圬古說會城名瓜忙加曰入凝會城名華奴哥曰利卑爾達會城名都盧詩羅先謙案秘魯列國學會二圖與雷徐同世界圖作秘露謝鑑作皮魯現勢圖作秘達魯孫志作孛露据二圖東界巴西玻利非亞北界厄瓜多爾西南臨太平洋東南界智利東境有烏開利亞河下流爲亞馬孫河即雷志之馬拉能河講義作馬拉甯又以馬拉甯河烏開亞利河爲六大河之二乃自其未合流時言之東南有城曰勃諾即徐志之不諾平方圖作不諾仍不諾之西爲阿勒基巴與徐合即雷之亞里基波世界圖作亞列奎怕講義云南部大都會也其西南濱海有伊斯來世界圖作以斯賴其北爲古斯各即雷之喀士科其西爲阿圬古說並與徐合阿圬古說之西南濱海爲伊加伊加之西北濱海爲辟斯科世界圖作辟斯哥其西世界圖海中有島曰秦氣亞島迁志云此島有鳥窠居累累成堆頗有名案曹說丁取諸島在辟斯科灣口引見二圖不載秦氣即丁取也迁志即指鳥糞而敘述不明必有奪文阿圬古說之西北爲入凝又北爲華奴哥華奴哥之西南曰利馬即雷之里馬世界圖作理媽迁志云首府在國西端有大學堂爲美洲最古之大學對岸即加爾拉阿貿易最盛講義云人口十萬餘有科蘭阿艮港也二圖作科羅亦作考老樋志云利馬府距海岸七英里經卡勞港爲本國貿易市場街屋低平無造樓者避地震災也其屋瓦用日光曬乾者現勢圖作加勞瀛寰圖作嘎勞科蘭科羅考老嘎勞加勞卡勞字殊音一即雷之坎勞利馬之南曰查利洛斯即加爾拉阿矣樋志云秘魯鐵道自卡勞港至亞馬孫河源鐵路今方起工若於亞馬孫河接續汽船則行旅一日可通大洲東西此鐵道橫斷安達斯山嶺處鑿隧道貫山腹又有雲橋懸渡深淵爲絕難之工作利馬之西北濱海曰琛波特世界圖作珍玻多又西北曰利卑爾達濱海會城爲都盧詩羅與徐合世界圖作特魯希羅許考云今分十九郡自利馬阿勒基巴不諾古斯各阿圬古說入凝入作斷利卑爾達卑作倍外曰安加時曰加洛曰加圬買爾加曰比胡拉曰亞補利馬曰汪加畏利曰郎罷言克曰羅勒多曰意加曰亞馬孫拿曰莫格加曰華奴哥本入凝會城蓋自入凝分出者迁志云十九州政要云十八省無名氏秘魯形勢錄云國中水道分爲三西入太平洋東入大西洋惟南流之水不入海而入鹽水湖湖名鐵梯喀卡案即啼啼加加湖部落二十一中分九十七府再分百八十一縣

玻利非亞國

玻里非亞徐志玻利非亞一作摩里威那又作玻里維亞云在秘魯之東南東北界巴西東南隅界巴拉圭南界拉巴拉他西西南隅界智利西距大洋海縱橫約皆三千里安達斯山大幹走西界別支分岐入東界在西者火峯不熄在東者峭削參天常積冰雪地西瘠東腴風俗物產與秘魯同舊本一國俗名高秘魯而呼秘魯爲下秘魯道光五年別爲玻利非亞國自推擇長官不立國王慕志云

緯綫自赤道南九度至三十六度經綫自順天偏東百七十四度至偏西百七十三度長二千五百里廣千七百里總計方三百萬里謝志云在南緯八度至二十二度西經五十八度至七十二度國名由波利之將軍而得許考云舊與秘魯爲一國道光四年內亂迭起時委內瑞拉將軍波里瓦爾先謙案即波里瓦力任保護明年四月與郡縣者老會議於波多西以上秘魯別爲一國名玻里未亞志波里功也以其副將之號名都城曰需克耳謝鑑云駐秘魯之督將退至波利斐亞與班戰數年千八百二十四年戰於哀阿庫叩班兵大敗從此波利斐亞亦脫班之羈絆 雷志云共和國政要云波力万案即[illegible]波起兵屢勝千八百二十六年自立爲民主國波力万自定國例頒示國中後稍增損之伯理四年爲期國會分上下院議員由民公舉伯理璽更置副與內義部戶部兵部文教部相助爲理閒有統兵大將篡奪亂例者 千八百八十四年近海之地爲智利國所奪講義云千八百八十三年沿岸地方割讓智利限於內陸與秘魯定界而東方巴西之界尚屢起爭端 現包有高原低野俱在加蒂拉剌之東半爲樹林半爲草場面積五十一萬五千百五十英方里迁志云約二百四十萬二千方里 人二百二十七萬口內有白人十萬謝志云三百萬樋志云國民二分之一爲印第安人餘皆混合種族 業耕種採礦礦產銀每歲千四百萬恩司 在波多西並有金銅錫等物產貴重者爲哥加

草金雞納霜过志云重要產物幾那加非糖最上橡皮及科甲樹食其樹皮遠行不饑登山不喘案科甲即哥加也是草是樹未知其審謝志云有羊如馬可以運物其毛甚澤可織爲衣肉亦可食問荅云有公佗兒大鳥巢安達斯山爲天下最大之鳥

入口貨值二百十二萬八千磅出口貨值二百一萬一千磅謝志云貿易總額二千五百萬圓政要云通用銀錢即祕瑣值三喜林向來玻國祕瑣十二分中攙一分銅值四喜林二本土今銅攙四分之一故所值較少稱物之具曰賴孛拉合英國十六兩磅之一磅又零一四又曰進得合英磅一百零一磅又四四又有阿羅拔合英磅二十五磅又三六量油酒之具曰軋倫比英亞倫止及四七之數量地之度曰法而拉合英瑪上及九二七之數

入款四十五萬二千磅國債四十一萬五千磅謝志云歲入五百萬圓公債約八百三十萬圓

兵額千二百五十八人过志云二千人**多半職官**

蘇克都城人二萬五千口　拉巴士人五萬六千口　科朶不巴人二萬七千口以上要區徐又云分六部曰朱基薩加都城建於平原名乍爾加斯曰巴斯會城名巴斯達牙古叔曰疴魯羅曰波多西曰科沙邦巴曰杌巴諸書作據改曰三達古盧斯會城皆同名波多西銀礦最王自西人初開至今得銀七萬二千萬有奇先謙案徐志玻利非亞即雷志之玻里非亞也列國學會二圖與徐同世界圖作玻利委亞矢志作波作薄立維亞許考作波里未亞謝志謝鑑作波利斐亞吳志作波

利比亞据二圖其西北全爲安達斯山脈所跨的的喀喀湖在山中世界圖作啼啼加加講義云在海面上萬二千五百餘英尺之高地長八十英里寬四十英里許考作低低街街云音加斯國王建日神廟於湖中島上極富麗湖之南有薩遮馬山世界圖作薩哈馬講義云高二萬一千英尺其東北有伊里馬尼山世界圖作利馬尼又有索拉塔等山皆在湖東東西兩山脈之間爲高原平均高度萬二千英尺許考云安達斯山分支入國中首峯名少拉他案即索拉塔高千九百六十三丈計十一里有奇峯名林里馬尼案即以利馬尼高千九百十三丈矢志少拉他作沙拉泰云南美第一高峯馬摩里河出伊里馬尼山北下流爲巴西國之馬得伊拉河世界圖作馬底以拉河山南有北里可馬約河世界圖作辟爾哥買約河下流入巴拉圭國的的喀喀湖之東有城曰拉巴斯郎雷志之拉巴士徐志之巴斯許考作巴拉斯樋志作利巴士講義云人口四萬爲其國第一大都拉巴斯之南有疴魯羅疴魯羅之南有波多西亦與徐合世界圖作波拖西矢志作朴督西云在極高原上行者數步必少憩世界地理作泊多西又南曰土辟薩世界圖作禿比薩與阿根廷接界波多西之東有朱基薩加與徐合慕志作失基沙加許考作失基散加都城名蘇克里世界圖作蘇克兒需蘇一音之轉蘇克兒即需克耳許考所謂以副將之號名之即雷之蘇克也矢志作斯恪來謝志作蘇革雷吳志作士庫列世界地理作休克过志云在國中央有學堂講義云蘇克里雖爲首府不甚見重曹云矢津高等地理云蘇克里一稱的起薩加一稱拉不拉他又稱乍爾加斯與徐合朱基薩加之東北曰三達古盧斯與徐合世界圖作撒哈克路斯三達古盧斯之西有哥沙邦巴與徐合郎雷之科朶不巴矣許考云分八部除上六部外曰達里沙曰白泥

南美洲南部

智利國

智利徐志智利又一作作齝讀黜云在玻利非亞西南東阻安達斯大山鄰拉巴拉他西距大洋海東南接巴他我拿地形狹長如帶南北約四千五百里東西四百餘里東面峻嶺高處常積冰雪有火峯數處多地震海岸高下時時易形產金銀銅礦山歲得銀八十餘萬兩得金值銀五十餘萬兩紅銅尤多山西沿海一帶土田肥沃穀菜果實皆宜其民雖多攻礦而以農功爲重異於秘魯之荒本逐末初西班牙既獲秘魯嘉靖十五年命亞爾馬哥羅攻智利土人拒戰不降越四年復命瓦爾的維亞進攻得地無幾嘉靖三十年瓦爾的維亞爲阿老干人所殺西班牙以其所得地附秘魯阿老干者智利別部之最強者也乾隆三十八年西班牙始滅智利得其全土而阿老干一部始終未附智利地小非秘魯諸國比然土沃礦王西班牙獨珍視之嘉慶十五年西班牙爲法人所困美國諸藩部皆叛智利亦閉境自專後西班牙大舉伐之智利兵敗求援於拉巴拉他拉巴拉他出兵西軍始退其民俗溫和好客女有姿容善音樂慕志云緯綫自赤道南二十五度至四十二度經綫自順天偏東百七十二度至百七十四度長三千五百里闊四百里總計四十五萬方里謝志云南緯十八度三十分至五十六度西經六十八度四十分至七十六度北界秘魯東北接波

利非亞東以安達斯山與阿很第那爲界西臨太平洋地形窄長長七千餘里廣四百里面積三百萬方里許考云初音加斯王來侵智人力拒之西班牙取秘魯明嘉靖十五年進攻智利不克越四年遣瓦爾的未亞攻破之建散地牙我公塞不西翁氏爾的未亞三城以智利爲藩服嘉靖二十九年瓦爾的未亞爲智利別部亞洛哥人所殺班遂以三城地附秘魯智利財豐土沃班人極意經營已有起色及班爲法人所困美洲藩屬皆叛智利亦閉關自守嘉慶十九年班大舉伐之智人敗乞援於銀國銀遣將軍桑馬爾定馳救敗班人於馬伊波河於是智利得自立爲國講義云近來國運日盛千八百七十九年與秘魯玻利非亞戰併有安多法哥斯大及大拉巴加之地今面積二十九萬三千英方里西盡太平洋南至南大洋矢志云極南地方爲亨卜爾德寒流所滌蕩而被其寒風且有冰山寒氣凜冽

雷志云共和國許考云國制以民爲主總統五年滿任設上下二議院上院三十二年人下院無定額三百人中舉一人任三年曰內務部曰外務部曰戶部曰兵部曰刑部與教務部政要云千八百十年自立爲國推擇有名望者爲伯理璽千八百三十年定國例上院二十員九年爲期無定員二萬人舉一以三年爲期部四內外部戶部義教部兵海部

包有加蒂拉剌向太平洋之斜坡沿太平洋岸長二千七百五十英里最高山曰愛康喀瓜二萬三千八十英尺曰肯勃萬二千八百英尺鐵路經此○講義云千八百九十九年鐵路二千八百四十一英里電綫萬三千七百英里電話綫萬一

千三百英里北部乾燥不毛南部雨水充足林木茂盛面積二十七萬八千六百二十英方里辻志云面積約百七十四萬方里內地山嶽聳峙邱陵起伏又多大山屢有地震河流惟比奧比阿河長四百九十里其氣候北則炎熱如燬中部溫和多雨南則寒威凜冽與中國適相反講義云自秘魯南境至大陸之南端土地狹長全面積自安達斯山脈急向太平洋傾斜由北至南徐徐低下但北部平均高三千英尺沿岸有無數島嶼及海峽南緯四十一度以北之海岸控以淵深之海灣而天然之良港卻少其國受南冰洋之寒流故與北半球同緯度之地相比而溫度較低南緯三十度以南之地降雨極多四十一度邊亦多雨自南緯三十二度至三十六度之沿岸地方非中央溪谷氣候最宜人人三百三十六萬五千口內有白人五十萬辻志云約二百七十一萬矣志云印第安人居大半植物產小麥礦產硝酸鹽煤銀銅講義云智利硝石最有名歲輸出額至百四十七萬五千噸次則銅鐵金硼砂石炭農業穀物煙草蔬菜葡萄等專飼家畜製造業盛行麪粉葡萄酒乾酪又有原料石灰天然硫礦石膏國中到處黏土宜煉瓦製陶器硝石謝志云產銅額居世界第一出大小麥棉花甘蔗珠栗橄欖又荷蘭薯爲此地特產今偏行天下樋志云已開銅礦千六百八十八所銀礦二百六十八所入口貨值千四十四萬磅出口貨值千六十萬二千磅多與英國貿易謝志云貿易額約三萬三千萬圓與德法英比美交

易最盛政要云通用銀錢曰秘瑣合英銀四喜林稱量照法國制商船百六十講義云船舶之數有百四十二艘於歐洲航行路有二綫經麥哲倫海峽至英德一綫航程須二週日又有至巴拿馬一綫須一週日可達入款七百三萬九千磅國債千九百七十四萬一千磅謝志云歲入萬五十萬圓公債二萬五千萬圓大學二中學十小學千四百所兵額九千人戰艦四十四內鐵甲五講義云陸軍有常備軍六千五百海軍有鐵甲艦五巡洋艦四礮艦十一小雷艇十數隻南美第一海軍國也謝志云陸兵九千民兵五萬海軍艦十八水雷艇九水師千三百人三的歹痾都城高於海面千七百英尺熱度中數五十六度正月七十四度七月四十九度雨水十三英寸人三十萬二千口佛爾派雷梭人十三萬九千口康塞訓人四萬九千六百口脫兒喀人四萬口徐又云地分八部曰散地歹嵗都城建於多波加爾馬河岸深林之中與部名同曰阿公加瓜會城名桑非里卑曰哥固英波會城同名曰哥爾乍瓜會城名古黎各曰卯勒會城名高給尼斯曰公塞桑曰瓦爾的維亞會城皆同名曰濟盧哀會城名桑加爾盧斯又云西洋諸國行用番銀成色高者歐羅巴印度所鑄其常行者曰墨西哥曰秘魯曰玻利非亞曰智利成色高下不同廣東人能辨之閩人不能辨也但稱曰呂宋番又稱鷹仔番先謙案智利列國學會

二圖與雷徐同謝志作支利謝鑑作赤利据二圖北界秘魯西距大西洋東界玻利非亞南盡大南海北境有大拉巴加世界圖作他剌巴加其西濱海相距曰伊基圭世界圖作以啟剌講義云北方硝石之輸出港迤而南濱海曰科比迺世界圖作可比哈又南濱海曰開爾得拉世界圖作喀耳兒辣又南曰科丕亞波世界圖作可辟頗自開爾得拉以北爲亞大加馬荒地矢志云亞大加馬沙漠其中絕無一樹者也又北爲安多法哥斯大其西瀕海城名亦同講義云與秘魯玻里非亞戰併有大拉巴加及安多法哥斯大之地郎此是也又南則智利舊部有哥固英波又南有阿公加瓜並與徐合世界圖作亞根加瓜有火山亦曰亞根加瓜火山郎雷之愛康喀瓜也許考作阿公加瓜云高千九百二十丈地屢震民苦之矢志作亞紳加瓦講義作阿空喀瓜謝志作阿很嘎瓜山西有桑非里卑會城又西濱海有法爾巴來索世界圖作窪兒巴來叟郎雷之佛爾派雷梭樋志作瓦巴賴素謝志作法巴來梭矢志作伐爾拜拉沙辻志云在三的歹痾府鐵路通首府輪船貿易甚盛講義作法爾巴來索云南美西岸第一要港行歐洲及巴拿馬航路之汽船輻轃於此又東南有散地歹哥郎徐之散地歹嵗也謝志云在安達斯山麓設有大學矢志作山田哥云有地震居屋甚低辻志云在國中央鐵路起此貫安達斯山脈至亞爾然丁之面得沙長六千八百八十三里世界圖曰三的歹痾與雷合又西南有哥爾乍瓜會城爲古黎各皆在安達斯山麓又西濱海有印勒會城爲高給尼斯並與徐合又南濱海爲公塞爾郎徐之公塞桑雷之康塞訓世界圖作孔變筍講義云此南方商務之中心又南濱海有瓦爾的維亞與徐合世界圖作瓦地維亞又南有布

多蒙特世界圖作坡拖蒙特又西南濱海有濟盧島郎徐之濟盧哀會城曰桑加爾盧斯與徐合又南有撇挐斯灣世界圖作匹那土灣又南有韋令頓島又東南學會圖爲馬幾蘭列國圖作馬借拉內斯地世界圖爲馬荅蘭海峽世界地理作麥哀辣吳志作麻善蘭矢志云凡輪船經由南美欲避南洋怒濤者皆由此路案由峽南入西麥哲倫港而橫出東麥哲倫港也又南有得索來中島世界圖作德索來申轉而東有火地島曰德爾佛伊戈羣島亦名鐵爾聶離伊休勾世界圖作替拉底兒非痾矢志作退拉台爾弗哥謝志作德拉德斐哥云在南美極南隅與大陸夾瑪遮倫蘇鄉倫海腰大島十一小島二十共二十八萬方里有高山大半積雪居民萬五千皆印第安人卑陋無禮樋志作鐵剌德爾非哥依圖作鐵剌德爾府依果吳志作鐵拉的果世界地理作代辣的魯飛哀葛又東南有合恩角世界圖作痾倫岬謝志作赫倫角云在極南之赫來德島嶮巖突出海中高六白尺風雨頻年衝擊樋志作合恩岬辻志云智利二十三州許考云二十三省除阿公加瓜散地歹嵗名嵗墅作雖莪各云一哥爾乍瓜泝作作卬勒瓦爾底維亞棘維作外曰亞達加馬曰安到法加斯大曰哥今波曰瓦爾巴來索曰哥里各曰哥登曰達爾加曰達克那曰達拉巴加曰里那勒斯曰奴白勒曰瑪勒哥曰公塞不西翁曰奧希成曰標標曰亞洛哥郎徐之阿老干部曰郎其威曰希羅愛皆壞地褊小僅比中國州縣又有一部曰麥折倫在巴他俄尼南境去海西約千里更有數島大者曰斐爾曩特斯屬智利少居民土肥沃多產桃櫻等果智利北境與希羅愛等島民俗溫良善待賓客亞洛哥與南方諸省土人桀鷙難馴嗜酒好鬭肆行劫奪鄰境患之王達云斐爾曩特斯郎學會

圖之專匪難得士也大地誌云千七百零四年亞力山德失加克氏獨居此島四年英國文士丹福因著一書曰魯平生苦海漂流記甚有名

亞爾然丁國

亞爾然丁徐志拉巴拉他一作孛臘達又作巴拉大河又作由乃的朴拉文士士云在智利之東隔以安達斯山北界玻利非亞東界巴拉圭烏拉乖東南距大西洋海西南界巴他峩拿長約四千五百里廣約三千里境內有大江與國同名北里可馬若佰默若二河匯之東南入大西洋海口闊九十里西北有山嶺餘皆蕩平如砥舊本野番部落明正德四年西班牙命索利斯攻取之鎮以大酋其地荒草無垠雜以荆棘叢林西人初至以牝牡牛數十縱之於野豢十擬千之誤歲久孳息不知幾千萬億四境之內皆野牛牛居民七十萬耕作者少但以捕牛爲業食肉寢皮製骨爲器亦有馬騎馬馳草莽中以逐牛海口通商甚廣出入貨値歲以數千萬圓計皆牛皮所交易也嘉慶十三年部人逐西班牙守者自立爲國效北米推擇統領稱兼攝亞墨利加國然法制不立規模草草亦終於蠻荒而已慕志云緯綫自赤道南二十二度至四十一度經綫自順天偏東百七十四度至偏西百六十九度長四千五百里廣約千七百里總計之四百三十萬方里謝志云當南緯二十二度至五十六度西經五十四度至七十二度北界玻利斐亞東北與巴拉圭巴西烏魯圭接壤東南界大西洋西以安達斯山與智利爲界面積約千七十七萬方里土人數千**雷志云十四省一**

邑九屬地爲聯盟共和國許考云嘉慶十五年土人謀自立與班戰明年大敗班人逐其官後國人大會於都古曼議以民爲主推一總統領國事然外患內訌無寗日咸豐三年重加整頓國爲一治謝志云千八百十六年自立爲民主國憲法與美國相同上院三十人下院八十六人政要云千八百五十二年頒行國例立伯理璽六年爲期國分十四屬每屬舉九人合百三十三人以標選政上院議員每屬二人共舉二十八人下院五十人有副伯理璽居上議院主持衆議行政有部官分內部外部戶部兵海部文教部每屬置總督專主民事期限三年有不便於民者可上院控告**西部多山東部有大平原卽格倫超科地自熱帶起至南冰洋止故氣候甚不齊**謝志云西北山多林茂安達斯山南北羅列天然屏障東地多平坦向大西洋而坡斜有數河俱東流內革羅河分國爲南北二部北爲巴拉那河之流域皆草原宜牧畜無樹木天氣溫和南部大平原爲巴達哥宜亞土質磽瘠嚴寒多風雨过志云有賴波拉他河出巴西西南山中南流過烏拉乖南至布諾士愛勒斯入大西洋又**面積百八萬九千十英方里**过志云約千六十二英方里**人四百五十萬口有外國人六十萬**过志云四百八十萬政要云戶口本少近年外國客民入籍者無歲無之意人最多班次之法又次之皮湖那司愛爾司有意人萬五千樋志云歐人移來者歲約十萬矢志云歐洲人口日增生計日艱勢必盡驅而外徙如亞爾然丁近日每年來往者約十九萬人巴西每年約十五六萬故南美大平原不久將爲人口稠密之地可無疑也**耕種地二萬八百六十英方里大半爲麥牛二千二百萬綿羊八千萬馬五百二十萬礦產金銀銅鋅鎳煤**謝志云安達斯山產金銀銅煤煤油採掘未盛農產麥麻珠粟葡萄甘蔗地多未墾牧畜最盛歲宰牛羊三四十萬頭價極廉或因欲食牛舌卽殺一牛輸出羊毛牛皮牛羊肉甚多講義云動物有猿及查客鸕普馬鸕慕志云亦有茶葉飲之者醉而不醒**入口貨値二千四萬磅出口貨値二千三百十萬七千磅多與英法德貿易**謝志云貿易總額約四萬萬圓政要云通用銀錢曰伯的工合百伯的工爲洋銀一圓値英銀四喜林又有祕瑣百二十二箇半爲英銀一磅一祕瑣約二本土之數稱物之具曰根得一百一磅又四分爲一根得又有阿羅拔二十五磅又三五爲一阿羅拔量麥之具曰法逆茄一法逆茄爲英一婆式爾一婆式合中國三十二升**鐵路九千二百七十英里**过志云二萬五千五百七十里謝志云鐵路四萬五千里電綫十六萬里**商船二百四十三入款千四百十七萬五千磅國債一億二千六百三十二萬磅兵額萬三千人戰艦六十一內鐵甲九**政要云水陸兵萬七百護衞團兵萬九千八百六十七兵輪七夾板船十皆運兵所需謝志云兵額二萬海軍艦十八艘水雷艇二十二艘水師八千人**布腦司愛爾司都城熱**

度中數六十二度正月七十六度七月五十一度雨水三十七英寸人七十五萬三千口　拉巴拉他人四萬五千口　加多巴人四萬八千口　羅塞遼人九萬四千口　土苦曼元本苦誤若今據譯音正**人三萬四千口**徐又云地分十四部曰不宜諾塞利一作攝諾愛勒斯都城建於巴拉大河濱與部名同曰音德勒里約斯會城名巴沙大曰哥連德曰三達非曰哥爾多瓦曰三的牙哥尼斯德羅曰都古曼曰薩爾達曰如鋭曰加達馬爾架曰里約倭曰桑若漢曰桑盧意斯曰門多薩會城皆同名先謙案徐志拉巴拉他卽雷志之亞爾然丁也列國學會二圖作阿根廷世界圖與雷同許考作銀國謝志作阿很第那政要作拉不拉塔樋志作阿貞提尼云阿貞提有銀之意故或謂銀國周志作亞健呑据二圖東北境介巴西巴拉圭二國之間有哥連德與徐合世界圖作可連特斯許考云地多桃李芭蕉梨橙橘等果其南有音德勒里俄斯卽徐之音德勒里約斯在巴拉那河之東渡河而西有三達非世界圖作撒塔菲又西有哥爾多瓦並與徐合世界圖作哥耳多瓦卽雷之加多巴講義云此高地出海面千四百四十英尺內地農商畜牧之中心許考云哥爾多瓦與班巴斯不諾塞等處青草成茵千里一色牛羊散牧其間天然圖畫卽其地也又西有桑約翰卽徐之桑若漢世界圖作撒呼安桑約翰之北有利俄約卽徐之里約倭又北有加達馬爾架與徐合世界圖作喀塔麻喀許考云地多穀麥棉花又東北有三的牙疴厄斯德羅徐厄作尼未知孰是其地

當格林查科平原之西雷所謂東部有大平原即格倫超科地格倫超科即格林查科也又北有都古曼與徐合即雷之土苦曼許考云盛產煙草又北有薩爾達世界圖作薩耳塔又北有如銳並與徐合又北與玻利委亞接界桑約翰之南有門多薩與徐合世界圖作面得沙許考作門多散云產穀最豐其東有森盧意斯即徐之桑盧意斯世界圖作撒路易斯又東有羅薩利俄世界圖作盧散賚即雷之羅塞邃又東南有不宜諾斯艾利斯即雷之布腦斯愛爾斯徐之不宜諾塞利也世界圖作布諾士愛勒斯樋志作卜諾塞力斯謝志作伯偉那哀勒政要作皮湖那司愛爾斯可辻志云首府有大學堂繁華爲南美冠許考云城建銀河濱風景辻人居民約八十萬講義云在拉巴拉他河口右岸最宜貿易大港鐵道起此地連結各市其東南有拉巴拉他與雷合有拉巴拉他河口世界圖作賴波拉他講義云拉巴拉他與首府相距不遠農務物出口最盛之港謝志作拉拉伯拉達云拉伯拉達河出巴西高地名巴拉那河合烏魯圭巴拉圭二河南流入大西洋更合西來之比勒哥邁約河斐美賀河撒勒多河水勢益壯近海六百里間成大港灣寬自八十里至二百四十里內多風濤又南有多羅列斯當是不宜諾斯艾列斯之屬地其南東出有角曰安多尼俄嵩世界圖作聖安拖呢俄角斜迆而西爲布蘭喀灣又南爲布希亞法爾薩灣其西內地即班巴也許考十四省外有米西翁班巴斯克蘭沙哥三部樋志云平原北部之大半曰邦怕斯草原而淆以沙地野生牛馬甚多依圖作般吧矢志云北部爲格蘭甲哥平原係草原東北部巴拉那河流域曰攀撥斯亦草原無樹木而間以沙漠邦怕攀撥即班巴音變字格蘭甲哥亦即許考之克蘭沙哥其

五洲地理志略　卷二十三

部與班巴斯相距密邇又南爲可羅拉多河又南爲內格羅河二河皆出安達斯山東流入大西洋謝志云內革羅河入散瑪第亞灣河之南即巴他峩拏矣世界圖作巴他峩尼亞岸圖作巴達哥尼亞樋志云科羅剌杜即可羅拉多河以南即巴他峩尼海岸一帶地與北部同爲草原性質地味稍沃餘皆不毛之沙原因此地西來海風爲安達斯山障蔽奪其水分不能爲雨澤也河之南有桑亞提亞斯灣世界圖作聖馬提亞斯灣灣左瀕海有城曰巴大哥內世界圖作巴他峩內斯灣右有諾爾特角世界圖作諾爾的岬其西南爲奴伊華灣又南爲喀馬羅內斯灣又南爲索辣洛灣又南爲桑若爾日灣世界圖作聖若爾日灣灣右爲白蘭可角講義云南緯三十八度以南之東岸出入極多有巴西亞布蘭加灣桑馬提亞斯灣桑若爾日灣等重要港灣是也徐志巴他峩拿一作巴他哥尼阿又作智加又作巴羅彌那云南墨之極南境即世所傳長人國地形如襪北界拉巴拉他智利東距大西洋海南距南海南北約三千餘里東西半之其地草木荒穢人皆野番肢體長大如常人一身有半偏體生毛攫食野獸不成部落亦不與他國往來地氣嚴寒如北米北境又別無物產故歐人括地至此未嘗過問極南臨海之地冰雪常凝對峙一島曰鐵耳聶離依休勾中隔一港曰麥哲論昔時商船往智利祕魯者由麥哲論港西行因港內多礁近年率取道於鐵耳聶離之南狂風迅烈昏霧迷漫濤瀧之猛惡倍於大浪山舟過人人額手喜若更生慕志云巴他峩尼緯綫自赤道南三十九度至四十四度經綫自順天偏西百七十八度至偏東百六十八度長三千五百里廣八百里總計百二十萬方里案二圖白蘭可角之南有低賽爾港又南有司辟林灣又南有森殊里安澳又

南有三太克魯斯港又南有科東灣又南有麥哲倫港即徐之麥哲論港也爲大西太平兩洋相通之道其南即鐵耳聶離依休勾島與徐合辻志云此島東半屬亞爾然丁西半屬智利其外則巨倫岬也亞許智那下樋志云巴他峩尼居民皆印第安人非古所稱人種也皆居草原捕獲野生牛馬其技甚巧慕志云地無城鎮亦無物產居民無衣褐冠履畋獵爲食居無常處近有英國威里斯人徙至務農事

烏拉圭

烏拉圭 徐志烏拉乖云在巴拉圭之南東界巴西南距大西洋海西北兩面界拉巴拉他長千二百五十里廣千三百里南方山阜紆蟠北方平原坦闊內哥羅塞波拉的巴拉大烏拉乖諸河交貫田土肥沃物產極豐舊本拉巴拉他地後爲巴西所奪名曰昔斯巴拉的那道光十八年部人叛巴西自立爲國推擇官司理事慕志云緯綫自赤道南三十度至三十五度經綫自順天偏西百六十九度至百七十四度長約千一百五里總計二十五萬方里謝志云當南緯三十度至三十五度西經五十三度二十分至五十七度四十二分面積七十三萬方里講義云烏拉乖河長千英里爲國名所由起辻志云本西班牙領土之一後屬巴西考云舊附銀國不諾塞力斯省嘉慶末巴西奪據之**雷志云共和國**政要云本巴西之一省後叛而自立爭戰多年千八百二十八年八月巴西與立和約許其分治千八百三十一年七月頒國例置上下議院立伯理璽及副俱四年爲期副者主

五洲地理志略　卷二十三

上院議席有四部員襄理政務謝志云上院十九人下院六十九人**沿海低平內部崎嶇面積六萬九千英方里**辻志云四十三萬二千百里矢志云地勢皆低夷平原然內部邱陵透迤有草原宜於牧畜烏魯葵河流其四境交通頗便**人約八十四萬口**辻志云九十萬口講義云外國人居其大半西班牙人最多意大利巴西人次之矢志云有大學一小學千餘**內有歐人十萬耕種畜牧爲首業礦產金鉛煤多未發達耕種地九十一萬英畝多產麥珍珠米千八百九十六年有牛五百八十八萬千四百綿羊千六百三十九萬七千四百八十入口貨值四百八十三萬一千磅出口貨值六百三十萬七千磅羊毛獸皮牛肉脯牛肉汁等居百分之八十六多與英法德貿易**講義云農業未發達飼養家畜爲要業乾肉輸出巴西鹹牛肉輸出歐洲謝志云貿易總額一萬二千萬元氣候和暖土脲肥美草原最廣近畜牛最多歲殺數十萬頭輸出牛油毛皮骨等礦產亦有金銀銅鉛政要云錢幣用銀錢值四喜林**鐵路千二十六英里**謝志云鐵路三千五百里電綫萬二千里**商船六十四入款二百九十三萬四千磅國債二千七百十四萬一千磅**謝志云歲入三千二百萬元公債二萬五

千萬兵額三千三百四十人講義云陸軍三千五百海軍有三礮艦**蒙維的都城人**

二十四萬九千口徐又云分九部曰蒙德維羅其都城也曰馬爾多那多曰加內羅內斯曰桑若塞曰哥羅尼亞

曰索黎亞奴曰白三都曰都拉各奴曰塞盧拉爾疴先謙案徐志烏拉乖即雷志之烏拉圭也列國學會二圖世界圖與徐同矢志作烏魯葵許考作烏路圭謝志作烏魯圭据二圖北界巴西東南臨大西洋海西界阿根廷中境有塞盧拉爾疴其東南有加內羅內斯又東南濱海有馬爾多那多並與徐合世界圖作媽爾得拿特又南濱海有蒙格維得亞世界圖作蒙特維的俄即雷之蒙維的徐之蒙德維羅也謝志作門德斐丟政要作麥得肥地亞講義作蒙得維得亞云瀕拉巴拉他河若善築隄防將爲南美東岸重要之港又西南有桑若塞又西南瀕海有哥羅尼亞世界圖作可羅呢亞轉而西有索黎亞奴索黎亞奴之東有都拉斯奴索黎亞奴之北有白三都以上並與徐合惟黎作黎各作斯爲異謝志云十九小部許考云十九郡除蒙德味道即蒙德維羅瑪爾道那多多作道加內羅內斯桑若塞哥羅尼亞索里亞諾即索黎亞奴拜三都白作即塞羅拉爾哥即塞盧拉爾疴外曰亞的加斯曰勿羅來斯曰弗羅利他曰里奧奈額路曰利物拉曰羅沙曰撒爾多曰未那斯曰達瓜侖波曰忒倫帶忒來斯較前有增析云

英領覆克蘭羣島

覆克蘭羣島雷志云英領在南大西洋面積四千八百四十英方里迖志云三萬九千方里人千七百八十九口迖志云人二千五十口牧羊爲要業入

五洲地理志略卷二十三　兲

口貨值六萬八千四百磅出口貨值十二萬六千八百磅**司旦里**會城人六百九十四口先謙案雷志覆克蘭島列國學會二圖作福爾克蘭標英字有東西二島在巴他崴拿尼之東與麥哲倫港相距世界圖迖志作發克蘭周志作佛克倫矢志作福格蘭云在火地島東北面積六萬五千英方里要產羊鵝海豹甚夥謝志作法格蘭云碼遮蘭海腰東九百里有海狗野牛居民二千專事牧畜首府曰史旦利樋志云居民多自阿眞提尼國卜諾塞力斯移來止千八百口囘航合恩岬者多寄船此港資其糧食水炭島內不生樹木多雜草爲優等牧場案史旦利即雷之司旦里碼遮蘭即麥哲倫也

英領南喬治亞島

南喬治亞雷志云覆克蘭之屬地面積千五百七十三英方里無居民先謙案雷志南喬治亞島列國學會二圖作南吉俄爾給亞標英字在福爾克蘭島之東南世界圖迖志作南焦兒吉亞矢志作南日爾治亞謝志作南卓支亞

五洲地理志略二十四　　歐洲一

賜進士出身　特賞內閣學士銜前國子監祭酒翰林院編修加三級　臣　王先謙謹撰

俄羅斯國　一

俄羅斯徐志峩羅斯俄羅斯魯思鄂羅斯魯思厄羅斯羅剎羅車阿羅斯葛勒斯幹續魯西亞羅苔莫哥斯沒壽赫亞兀云據歐亞二洲之北境長約二萬餘里四裔第一大國也其西土西界瑞典普魯士墺地利亞南界土耳其波斯東界西域回部其東土南界哈薩克回部喀爾喀蒙古黑龍江綜其全土在亞細亞者十之六在歐羅巴者十之四然其新舊兩都城皆在歐羅巴其富盛之部落雄麗之城邑萃於西偏邇東之地雖廣莫乃荒寒不毛之土其會盟戰伐亦皆與歐羅巴諸國爲緣國勢在西而不在東故隸之歐羅巴其國古稱薩爾馬西亞備乘云案地理備考薩爾馬西亞乃斯加拉臥尼所屬地此未詳考自唐以前爲西北散部受役屬於匈奴備乘云案唐時突厥可薩部即今俄國薩拉德夫部此當云唐時受役屬於突厥不得概目爲匈奴也唐懿宗咸通年間有酋長祿利哥者備乘云案瑪吉士云祿利哥乃斯下的那威亞國人非本國酋長也招引族類肇造邦土備乘云俄本烏孫部落西徙此未詳考傳至烏拉的米爾訏羅斯訏兩世立國始有規模周世宗顯德年間有王后理國政始從希臘天主教其嗣位之王有十二子分國爲十二部由是兄弟閱牆互相攻伐日就衰亂宋理宗年間備乘云案元太祖親征錄戊寅年大太子領兵涉謙河水招降克兒爲思憲哈思帖良兀克失的迷火因亦而干諸部此俄東部地時宋寧宗嘉定十一年也己卯征西域爲嘉定十二年庚辰秋至韓脫羅思城即韓羅思也爲嘉定十三年此征俄西部事甲申嘉定十七年旋師來年爲宋理宗寶慶元年是元祖西伐非理宗時也此誤元太祖西伐滅阿羅思阿速欽察三部皆今俄羅斯地立

五洲地理志略卷二十四　一

長子朮赤爲汗由是爲蒙古別部元衰裂其羅斯故王後裔乃稍振起明嘉靖初借瑞典兵力驅逐蒙古復其土宇四洲志云明宏治中有諸戈落部人起兵恢復俄羅斯盡逐蒙古奪回故疆備乘云諾戈落即那窩俄落部亦曰窩羅疴達亦曰倭羅克達總記云諾戈落人名伊挽瓦爾西後有國王號以萬者一作伊挽又作宜萬有雄略闢地日廣達於東海之隅備乘云案四洲志云有諾戈落部人伊挽瓦爾西者起兵恢復俄羅斯西北隅是以萬乃首先恢復之人諾書所稱依番汗借瑞典兵力者即其人也此以爲別是一人誤性殘忍好殺戮臣民數萬人由是羣下離心傳至波利思後國勢寖弱內訌四起時波蘭方強日見侵削國人恂懼思得賢主以靖國康熙四十年立彼得羅爲國王一作伯多羅又作彼達壬即別書所云察罕汗備乘云案異域錄康熙五十二年喝喝林曰我汗今年四十一歲歷事二十八年以此推之察罕汗於康熙二十五年坐牀平定羅剎方略亦相符此誤也彼得羅幼時其姊貪權欲據王位彼得羅避禍隱寺內爲僧既爲眾所推立卑禮招致英賢與圖國事躬教士卒騎射兼習火器備乘云康熙二十一年羅剎犯雅克薩時已有火器是火器不始於彼得羅悉爲勁旅由是政令更新國俗爲之一變境內既平乃巡行邊界開通海口嘗以戎人不善駛船變姓名走荷蘭投舟師爲弟子盡得其術乃歸治舟師與瑞典戰勝之瑞典割芬蘭以講遂建新都於海濱曰彼得羅堡一作必特爾土木爾又作比特革又作桑比斯德爾不爾拖備乘云案異域錄載噶噶林曰三皮提里普兒城原係西費耶斯科國地方我汗征取修葺城池薩莪汗名字呼爲三皮提里普兒此城修葺勝於莫斯科窪城莪汗現在此城居住即此事也疏通波羅的海道水陸皆操形勢戰勝攻取疆土愈闢俄羅斯近世之強大實自彼得羅始也彼得羅歿其后嗣位備乘云案據四洲志比得額列王已逝其女加特臘因嗣位比達額列王即彼得羅以女嗣位非其后也此誤敏慧有權謀所任大將名震鄰國疆土益廣乾隆二十年王后加他鄰一作加達利納即他書所云抑肯汗備乘云俄凡男王皆稱察罕汗王女嗣位皆稱抑肯汗士妻嗣位皆稱哈屯汗此專指彼得羅爲察罕汗加他鄰爲抑肯汗非也嗣位才略過人而精於理事招致他國百工厚給廩餼教國人以藝事廣延文學兼修武備南鄰之土耳其回部大

國與峩搆兵數十年西域聞見錄云峩羅斯本控噶爾屬國峩羅斯缺其朝貢又興兵擾其邊控噶爾以大兵臨之峩羅斯恐懼乞降增其歲貢控噶爾乃舍之當峩羅斯與控噶爾連兵屬國土爾扈特不堪徵調之苦其汗烏巴錫叛峩羅斯率其人戶度戈壁內附正乾隆年間撤定西域之時也今考歐羅巴諸國并無控噶爾之名百年以來諸大國與峩羅斯搆兵者止有土爾其佛郎西波斯三國佛郎西之侵峩係嘉慶十六年峩人焚舊都以避之其碣屆烈事在土爾扈特投誠之後波斯之役亦係近年惟土耳其與峩羅斯連兵前後近百年道光朝年猶交兵未已聞見錄所云交兵事其為土耳其無疑土耳其都城名君士但丁一作康思坦貽諾格爾噶爾即格爾上五字之譌為控或由於轉音省文舊本羅馬東都後來猶冒羅馬之名故聞見錄稱控噶爾都城名務魯木魯木即羅馬之轉音也土耳其本回部大國所據者西土形勝之地恃其驃悍敢於侵擾強鄰峩羅斯與之搆兵至數十年之久徵發及於屬藩蓋非得已烏巴錫素不知兵出輒屢敗多所亡失又為舍楞所愚欲恢復伊犂舊牧傾國東徙為哈薩克所掠逼入沙漠種類幾至覆滅乃決計內附賜牧於喀拉沙爾峩羅斯與控噶爾連兵之事即土爾扈特人所傳雖然土耳其雖稱強大比權量力究非峩敵疆場之役峩屢勝而土屢北未聞峩之挫於土也烏巴錫怨峩羅斯徵調之煩致己狼狽失國故盛誇敵人之強大以輕蔑之七椿園於大西洋國土形勢懵乎故有罔遠信其夸誕之說杜撰一莫大之控噶爾比諸懸圃瑤池同一荒唐究或云控噶爾乃圖理雅國王之名曾與峩羅斯爭地相戰烏巴錫傳述此事誤以汗名為國名今考泰西人紀載圖理雅即普魯士國勢遠遜於峩乾隆年間並無與峩交兵之事后累挫其鋒割其北境又分割波蘭三分之二后死嗣王即位見弑子亞勒山德黎繼立與佛蘭西連兵數年講和而罷弟尼歌拉士嗣立一作尼哥勢伐土耳其大捷波斯來侵擊退之割其日爾日等屬部備乘云尼歌拉士於道光五年嗣汗位日爾日部於嘉慶十八年割派此所記有誤當云割波斯之亞爾美尼亞部即確覈矣威聲甚著即今在位之王也其國大略分四部在歐羅巴境內者曰波羅的海東部曰波蘭部在亞細亞境內者曰高加索新藩部曰西伯利部備乘北徵事蹟表云

國朝天命元年先是俄國自以萬王中興後傳至波利斯王於萬歷三十二年卒其國遂衰波蘭諸國侵奪其地覘備天聰二年時土爾扈特與準噶爾交惡由雅爾西徙居於俄之額濟勒河崇德四年有端戈薩斯之彌特鼇者直至東洋荷葛斯海岸偵探道路復增兵往菴雅臘河即昂噶拉河以至麥加湖即白哈兒湖遠近之地無

不征服之地見總記據此知俄人此時方得白哈兒附近地必未能即至雅克薩梁城崇德六年俄始吞併尼布楚之地近布拉忒烏梁海本明安諸部地順治四年羅刹始侵擾雅克薩等處康熙二十五年俄察罕汗阿列克席米汗羅為池卒新汗坐牀時年十四即彼羅也康熙三十八年察罕汗向西費耶斯科國索取那爾瓦城不與遂相仇敵日尋干戈三十九年俄取甘查甲地又得美洲一小隅地及附近海島報國都比達額列王已逝女加特臘因嗣見總記彼得至康熙五十四年尚存終言之取美洲一隅在五十四年後此康熙四十四年借土爾扈特兵一萬與西費耶戰四十五年西費耶戰敗失城數處王逃往鄂車科付居住康熙五十四年與西費耶戰獲船二十一將軍一兵八百人與土耳其請和乾隆二十年俄王后加他鄰坐牀一作加達利納即諸書所云扣肯汗亦云哈屯汗二十六年加他鄰后殺夫自立見全志與諸書皆異三十五年土爾扈特汗渥巴錫聽舍楞言率數萬眾趨伊犂破俄板興數處俄遣將追之不及明年遂內附五十四年與土耳其戰大捷割所屬諸城後大舉伐土法救之乃免五十五年悉畢鼇阿部刱書館儲史書設梨園五十七年俄與普三國合兵攻波蘭俄取明斯克等八部是為西俄八部又奪回波蘭侵地幾付戈蘭二部六十年又得加底里部是年波爾王始設部落招商賈今為俄國中等埠嘉慶十六年法主拏破侖伐俄大敗十八年俄與波斯戰勝割其日爾日等部日爾日即慧鹿慈也本自為一國為波斯所併俄又取之十九年俄始併波蘭地分為八部二十一年是年俄官之奴僕六百三十五萬三千人民之奴僕九百七十五萬七千人見總記道光三年希臘與土戰賴俄英法助之復國見全志五年俄主亞勒山德黎卒弟尼哥勞坐牀六年土侵俄南境敗績俄圍土都英法為講和乃罷八年俄之烏拉嶺阿爾泰山沙漠三處產金五十三覺銀

三十二萬四千棒又併波斯屬之亞爾美尼亞九年彼得堡海水溢溺幾萬人見總記十二年波蘭遺臣據地起兵戰潰敗逃見總記十九年俄欲攻機窪忽值天寒人畜凍斃乃罷兵歸又謀約波斯攻阿富汗繆編俄羅斯源流攷云漢時西域城郭諸國半役屬於匈奴今俄以西域而并漠北古所未有也前人云即漢之北丁零堅昆奄蔡或云即康居大宛大月氏烏孫或云即條支或云即元魏之烏洛侯唐之黠戛斯骨利幹其稱烏洛侯者謂侯為侯之譌以國名音轉為據似頗近之茲細審彼音稱其國曰嚕西牙人曰嚕斯格其崛起歐洲之酋名祿利格中國之言俄羅斯自荷蘭英吉利人遞譯詎免譌舛嘉慶十一年吳熊光等奏查明嚕咟國來廣貿易情形嚕咟國即俄羅斯國禮部則例亦有嚕咟之號此皆就其本國語音譯之蓋嚕斯格三字急呼之即成嚕咟也竊攷載籍驗以聞見斷為吐蕃之遺而實兼有以上諸地徐志於歐洲西北各種皆稱土蕃未[illegible]於溯樊尼逾積石以開國蠶食鄰番以恢土宇地方萬里歷周及隋猶隔諸羌未通中夏所謂萬里者實在玉門陽關蔥嶺之外近人謂俄崛起於唐季又云多吐蕃宏土種類又稱為西底阿士蕃說出西人當必有據蓋其贊普貪嗜貨寶日親華夏全境人民不能相率而至溢出散處部落分析遂蔓延歐洲東北荒僻之土舊唐書吐蕃者禿髮也樊尼乃禿髮利鹿孤之子後改姓為窣勃野嚕西牙與禿髮嚕斯格祿利格與窣勃野音實相諧又按後漢書西羌氏族無定或以父母姓為種號今俄制國中人名載時憲書凡人家生子擇吉日所繫之名命之貴為王子賤為奴隸胥同此稱先代察爾之名任其蹈襲無所忌諱投人名刺系其父名以識別焉此亦一證也譯其國八百六十二年暨千五十四年之

圖唐懿宗咸通二年宋仁宗至和元年逮時大食最熾亦未能介黑海而接希臘綏林雖萌尚難奄有窮髮其居波羅的海之東以迄於烏拉山者為可列納族唯屑族蔑獵族撫烈靡斯族除緝族撤栗翊族其在波羅的海之南者黎脫哇族烏拉西族即阿蘭西之音轉古奄蔡也其在黑海裏海之東北者驢耳基族別掣族聶幾族喀襪勒族郭索稽族雅斯族包爾嘉勒族俄追處此七族之西初止思拉完一族邊境沿黑海之西北包烏拉西人族服之拓境至波羅的海之南收黎脫哇人招芬蘭人乃始立國泰西人記載謂勃爾噶利人本亞細亞民族遷歐東境以牧為業五百五十九年與斯拉完人合兵濟大腦河略馬幾頓德賴斯進入東羅馬攷其時即唐之中葉東羅馬屬地實暨黑海而思拉完族與勃爾噶利俱由亞細亞遷往固無疑矣若夫拓跋者古赤狄初號狄歷北方名為勅勒諸夏以為高車丁零實北方匈奴之別裔唐時党項羌有拓跋氏即元魏之後在古析支地臣屬吐谷渾吐蕃盛漸偪內徙烏洛侯即烏羅渾又名烏羅護亦北狄也在今尼布楚南境其自稱有魏氏先代石室是拓跋出於烏洛之證不得以近代之俄羅斯當之魏太延三年西域疏勒龜茲烏孫悅般渴槃陀鄯善焉耆車師粟特即奄蔡九國入貢魏主方目為絕遠不欲遣使往報令疏勒龜茲鄯善烏孫焉耆車師悅般皆入我新疆而渴槃陀在縛芻河之左月氏在暗木河之右暗木一名阿母即水經之媯水唐之烏滸河其上流即唐之縛芻河入鹹海案元憲宗紀作阿母河又作阿杜河郭寶玉傳作暗木河元祕史作阿梅條支城臨黑海三面環水嘗入安息又為大秦大食所并後又淪於西突厥稱克雷木汗至彼國千七百七十三年即乾隆三十二年始歸於俄康居本國在今之霍罕初亦跨有歐洲地厥後漸衰在唐稱康國與石國皆臣屬大食時大食東西萬

里與突厥施相接貞元中與吐蕃爲勍敵蕃軍大半西禦大食故鮮爲邊患其人固不免爲大食所降虜洎大食既衰遺孽崛起已在懿宗之際矣大宛至康居卑闐城千五百十里西南至大月氏六百九十里其地當在今庫爾干薩馬干之東南俄人近十數年始得者也至若吳兆騫謂邏察一名老羌烏孫種也何秋濤引漢時大月氏由燉煌遷嬀水與今之土爾扈特由雅爾遷額濟勒河謂行國轉移無常據元人王惲之說斷其爲烏孫之後不知烏孫至唐已極衰微縱復遷徙豈能逾裏海而西況遼史尚載烏孫入貢時俄已自立國何爲冒烏孫之名以入貢先謙案洪鈞西域補傳云塞而桂克烏古斯之部長也居錫爾河及鹹海裏海間注云烏古斯亦作烏斯又作古斯西人疑卽烏孫案裏海東濱有城曰烏孫哈達哈達謂城猶言烏孫城西人所疑未嘗無見但烏孫烏斯兩音可通又蒙古稱水曰烏蘇亦與烏孫音近遼史會同元年烏孫來貢又屬國軍有烏古有烏孫強合爲一究無確據但可存疑謂俄人自稱老羌訪無此語卽有之亦不定爲烏孫若以深目碧瞳黃虬髯爲確證則歐洲之人大半皆然而俄之種類不齊嘗詳觀其圖繪先代汗像又不皆深目隆準黃虬髯也元史太祖十七年進取阿速斡羅思康里古高車國欽察太宗九年破欽察幷拔斡羅思也列贊城列贊卽列贊在莫斯克窪之東南斡羅思卽俄羅斯然譯音亦殊未塙今蒙古語言與俄異未可據以爲準且唐時西域有怛羅斯與康居俱在今哈薩克右部中案準噶爾姓綽羅斯當卽怛羅斯之譌元開莫府阿母河地實相鄰或因音近目其北皆此類而以怛羅斯該之怛斡一聲而兀魯斯阿羅斯鄂羅斯皆其譯音之遞轉也羅刹出佛書非俄羅斯其得此稱者乃嚕西牙之音譌諸書多以悉畢爾之人爲羅刹謂爲俄羅斯屬部已不考矣俞正燮傳會佛書謂羅刹種人素與佛不合自立天主教當佛時羅刹王名阿修羅欺陵佛國佛國深畏之遇惡人惡物以羅刹名之皆假

五洲地理志略　卷二十四　四

名而與眞羅刹無與羅刹至今俄羅斯而極大其言尤誤佛國卽五印度當日距俄甚遠前明晚季俄始圖悉畢爾得頭曼冒頓之王庭堅昆丁零烏洛侯黠戛斯骨利幹靺鞨室韋之故墟再東則渤海靺鞨俄稱中國人爲契丹蓋東海之夷但知契丹徙中土故謂華人皆契丹又西遼河中府近鹹海聲氣早通於康里欽察亦如泰西人稱東土爲亞細亞洲實以古亞西里亞國概之俄之知有中國或由康里欽察或在得悉畢爾之後故亦稱爲契丹矣自來國名族類日久沿譌大率如是當乾隆時俄與土耳其爭得黑海裏海北境又攻取高加索諸部浸假隸東南漢之條支安息康居大月氏大宛唐之怛羅斯吐火羅千泉石國石國今安集延明史稱俺的干西域記之赭時在漢爲大宛之北鄙東曹中曹西曹米國捐毒休循無雷盤陀難兜護密烏耗安國東安何國[illegible]史國小史諸地俱入其版籍近時之厄魯特布魯特土爾扈特哈薩克皆甘心帖服受其鞭笞矣蓋蕞爾小邦久淪荒[illegible]

酸曰他勿利治司克曰葉喀帖離諾斯納甫曰哈爾果甫曰窩囉涅曰曰端斯喀邪其裏海部爲省二十一曰莫斯克窪曰特威爾曰葉洛斯訥甫曰科斯得羅馬曰尼日里諾甫果倮特曰喀簪曰星比爾斯克曰薩拉奪甫曰薩馬拉曰阿思達拉汗曰阿略勿曰喀嚕嘎曰圖拉曰列簪曰貪博甫曰務拉的密爾曰偏襪曰唯亞特喀曰撒爾穆曰烏發曰倭連布爾克其白海部爲省二曰阿爾寒節黎司克曰窩倮格達其喀復喀斯部爲省十三曰司塔勿羅波力曰枯班曰節爾斯喀耶曰達咭思丹曰梯富麗斯曰耶哩薩唯託波力曰八枯曰挨裏灣曰枯楊伊斯曰拔圖模曰喀兒斯曰蘇烘木曰車兒喏嘆斯克其悉畢爾部爲省八曰拖波爾司克曰託穆司克曰埜尼塞司克曰雅古特慈克曰伊爾古特慈克曰襪拜噶爾司克曰阿穆爾司克曰卜里摸爾司克其中亞細亞部爲省十曰阿爾摸林司克曰烏拉爾斯克曰土爾該司克曰仙米拉停司克曰仙米列屢司克曰希爾達利亞曰阿母達利耶曰襪拉夫山曰費爾干曰襪喀思拔斯洪鈞元史西北地附錄釋地阿羅思考云今官私文書定稱爲俄羅斯詳審西音似云遏而羅斯遏而二字滾於舌尖一氣噴薄而出幾於有聲無詞自來章奏紀載曰斡羅思鄂羅斯厄羅斯兀魯斯直無定字又曰羅刹邏察羅車羅沙則沒其啟口之音促讀斯字變爲刹察奇異百出有由來也其族類曰可拉弗哀[illegible]既非烏孫亦非羌種佛書羅刹尤爲僞不於倫其國名最晚著而族類之名則早見西書中[illegible]可卽無怪俄謂不承他圖西人亦書非是俄史釋司拉弗哀義謂榮耀歐洲他國則釋爲傭奴瀛環志略謂唐以前爲西北散部受役屬於匈奴此說

五洲地理志略　卷二十四　五

[illegible]

洛克小阿昧尼亞王海屯皆道出其地皆稱庫滿惟波斯地人稱奇卜察克與蒙古同相傳有二解一謂突厥族派凡五一爲奇卜察克與蒙古同屬烏古斯汗之後烏古斯汗與亦脫巴阿部戰敗退至兩河間（未詳何河）有陣亡將弁婦懷孕臨蓐軍行倉猝無產所就空樹中生子烏古斯汗收育之名以奇卜察克義謂空樹十七年烏古斯戰勝亦脫巴阿人遂降其部未久復叛乃令奇卜察克往牙愛克河（卽烏拉河）亦脫巴阿居中以鎮撫之因以名部此拉施特哀丁與阿卜而嘎錫之言也一謂荒野平地之民亦云戴世脫奇卜察克義同語出波斯俄之波羅物次同解此近世西人之說也就二者衡之拉施特哀丁生於元代仕宗藩之朝與蒙古老成人討論掌故撰爲國史阿卜而嘎錫爲朮赤裔孫身當明季去元猶近說當可信然所謂烏古斯汗者不知何時人何國主鋪敘戰功且蹤波斯而至埃及中西古籍咸無可徵故近世西人非不知其說而解爲荒野平地之民者無徵故也西人涉獵華史元魏之時烏孫西徙葱嶺自是厥後杳不知其所之而唐初突厥所屬之可薩部直裏海北卽在奇卜察克之地西書稱曰哈薩兒亦云役於突厥在唐中葉又有部族自東而西哈薩兒部被逼西徙舊時游牧地悉屬別姓謂此部族卽是烏孫俄稱奇卜察克爲波羅物次物次當是烏斯轉音今俄南境帖尼駁河古名焉蘇河帖尼駁河入黑海之地曰烏速立姆那猶言烏速海灣當由烏孫居此故有烏斯烏速蘇之稱不惟筆之於書且繪爲圖以明種族遷變蹤跡俄羅斯考古輿圖亦於蒙古未來之先列烏孫部於奇卜察克北境以實元人王倜之說而明己之並非烏孫益嘗偏求西書考尋其說究屬揣摩擬合初無實據烏孫西徙而爲奇卜察克於理

有之於傳亦仍無徵焉耳又吉利吉思撼合納謙州益蘭州等處考云吉利吉思亦作乞力吉思又作乞兒吉思卽今之哈薩克今俄羅斯稱哈薩克曰乞兒吉思（案哈薩克分三部必不止一族稱吉思爲是哈薩克始起部族吉）謂乞兒義爲四十吉思爲女語出回紇古時匈奴以漢地女四十人嫁夫居此故蒙是稱與元史說合又卽唐之黠戛斯唐書曰黠戛斯古堅昆國也地當伊吾之西焉耆北白山之旁或曰居勿曰結骨其種雜丁零乃匈奴西鄙也匈奴封李陵爲右賢王衞律爲丁零王其後郅支單于破堅昆郅支畱都之故後世得其地者訛爲結骨稍號紇骨亦曰紇扢斯直回紇西北三千里南依貪漫山地夏沮洳冬積雪人皆長大赤髮皙面綠瞳以黑髮爲不祥黑瞳者必曰陵苗裔也以十二物紀年如歲在寅則曰虎年氣多寒雖大河亦半冰其君曰阿熱遂姓阿熱氏駐牙青山周栅代垣聯氊爲帳其文字言語與回鶻同青山之東有水曰劍河偶艇以度水悉東北流經其國合而北入於海堅昆本強國地與突厥等其酋長三人曰訖悉輩曰居沙波輩曰阿米輩共治其國（[illegible]）貞觀二十二年聞鐵勒等已入臣卽來朝以其地爲堅昆府高宗世再來朝景龍中獻方物中宗勞之曰而國與我同宗非他蕃比屬以酒乾元中爲回紇所破自是不能通中國後狄語訛爲黠戛斯蓋回紇謂之若曰黃赤面云又訛爲戛戛斯回鶻稍衰阿熱卽自稱可汗回鶻伐之不勝拏鬬二十年不解回鶻將句錄莫賀道阿熱破殺回鶻可汗阿熱遂徙牙牢山之南牢山亦曰睹滿距回鶻舊牙馬行十五日會昌中阿熱遣注五合素上書武宗大悅命太僕卿趙蕃持節臨慰其國使譯官考山川國風又詔阿熱著宗正屬籍遼史太宗六年穆宗應歷二年景宗保甯八

年皆來貢案黠戛斯與乞兒吉斯音合貪漫睹滿音同字異皆當卽今之唐努山元史之唐麓嶺雖異稱而對音同鶻舊牙在元和林徙居山南卜五日行程不相上下（案一統志引斯漠圖云自和林北行三千里至昂吉爾海子自此以行五百餘里至謙州及吉利吉思今考昂古爾當卽拜哈爾湖由昂可剌河先入於穆故以此稱之昂古爾卽昂可剌也自和林北行當東轉至今庫倫乃直北至今烏克圖再西北行至拜哈爾湖之西南隅約程達二千餘里若和林直北別自捷徑則不過千餘里卽至拜哈爾之西南矣復西行千數百里乃達謙州則漠圖之說不能吻合豈昂吉爾海子別有所指與然謙州吉利吉思皆在和林西北非正北也）劍河卽元史之謙河在唐努山烏梁海境內俄地圖曰烏魯克姆河烏魯譯義爲大姆字當如吳下俗音閉口讀之出以鼻音宋張文潛明道雜志曰經傳無嬸妗二字蓋嬸爲世母之合音妗爲舅母之合音今如字讀之未必合音疑其說不雖及以讀姆字之法讀母字便切合矣克姆合音如肯亦如侃變音爲謙華字無姆音不得已而以穆木等字代之故水道提綱作華克穆河別作克木亦作客木烏魯克姆河西南行將及二百里轉而西北行七百餘里貝克姆河自東北來會提綱作貝克穆河兩河合而西北行四百餘里西南之克姆池克河曲折流東北六百餘里而來會提綱作克穆齊克二河會流處地名克姆克姆池克提綱作克穆克穆齊克上克姆指東之克姆河下爲西河之名克字爲語尾助詞可不讀合音讀之音似肯肯池元西域史備載其地音似肯肯助卽謙謙州之所由來也俄羅斯既稱哈薩克爲乞兒吉思又稱爲肯助特猶言謙州特一則部名一則水名特爲眾之統詞元史或省文但曰謙州以河爲名史言至當此三大源皆在中國界上自此全河正北行入俄羅斯界不三百里而河流加廣爲俄之葉尼賽河遂無克姆之稱曲折而北先西北繼東北千數百里昂可剌河東來合流西北入北海昂可剌河入於拜哈爾湖

而復出與葉尼賽河東西相並北行後折而東入於葉尼賽元史謂謙河注於昂可剌河未合當云繼合昂可剌河入海唐書言劍河偶艇以度水悉東北流似指克姆池克河或指葉尼賽河元史云吉利吉思境長千四百里廣半之謙河經其中西北流所謂指南北而言則爲葉尼賽河且知元時但有謙河之稱而無葉尼賽之名又言西南有水曰阿浦東北有水曰玉須皆巨浸案俄圖葉尼賽河旁支甚多核其名稱介在疑似未可強附烏魯克姆起於多特淖爾華言陶托泊泊之正東不及二百里有闊索果勒水泊華言庫蘇古爾西出一支入陶托泊所謂古爾果勒皆湖泊之別稱與淖爾同義玉須或卽庫蘇闊索然元史言東北又言會於謙而注於昂可剌河似在葉尼賽下游則亦未可強附（案徐松誤以昂可剌河卽謙河又誤以尼爾庫爲阿浦伊里穆爲玉須溯源以謙河卽昂可剌河上游玉須卽伊里穆阿浦卽葉尼賽其誤相等何秋濤之考水道爲確然以貝克穆河當東北之玉須與非蓋何但見西圖輿地全圖水道不備未及見俄之細圖也）然則今之唐努山烏梁海正漢之堅昆唐之點戛斯元之乞兒吉思故地乾隆二十年烏梁海賊郭勒卓輝博博等謁傳準酋阿睦爾撒納煽哈薩克阿布賚汗入寇二十一年三月以阿睦爾撒納煽烏梁海梗哈薩克道　詔札哈沁公札木禪從哈達哈勦烏梁海叛賊有固爾班和卓者奇爾吉斯宰桑也擒千餘戶潛赴烏梁海車布登札布及車登三丕勒等遜擒之因進兵哈薩克界（備乘備載其事）　國朝西北部族久無奇爾吉斯之稱其卽爲哈薩克卽元之乞兒吉思無疑俄人之稱因名徵義尤足闡明元史唐書解點戛斯爲黃赤面自與晳面之說矛盾固知其未是也乞而吉思何時西徙改爲哈薩克於傳無徵元史劉哈剌拔都魯傳世祖論曰自此而北乃顏故地曰阿八剌忽者素產魚吾今立城而以兀連（當卽兀良哈今作烏梁海）

（史省哈字速不台傳兀良人卽省哈字之諮是爲唐努山北之烏梁海非蒙古之烏梁海別見部族考備乘謂兀連當足兀速卽地理志附錄之烏斯何氏蓋未知元時乞兒吉思東圖有烏梁海部族不必改史文以附會烏斯）之憨哈納思（當卽地理志之撼合納元祕史有哈卜哈納思疑同）乞里吉里（下里字當是思字訛卽吉利吉思也）之三部人居之名其城曰肇州汝往爲宣慰使（博明西齋偶得阿勒楚哈乃元肇州地今阿爾楚哈有廢城卽肇州故城也蓋卽阿勒楚喀近松花江故云素產魚）蓋其時海都叛亂漠北民避兵而南者七十餘萬乞兒吉思東西分徙或在此時俄圖葉尼賽河上游有烏斯河東來入之河濱有二村鎮曰上烏薩下烏薩皆爲烏斯轉音元史謂烏斯因水爲名在謙河之北說合元史賈塔剌海傳謙謙州卽古烏孫國也烏孫何時居此漢書無徵豈因烏斯而誤會歟抑烏斯之水因烏孫而得名歟元史又言撼合納在烏斯東謙河源所從出專言烏斯東則當是貝克姆河之源直多特淖爾正北三萬餘里若烏魯克姆河之源則當言東南此地名俄圖亦無考謙州沃衍宜稼閭諸俄羅斯人地利實然元史言吉利吉思遇雪則跨木馬逐獵唐書點戞斯傳結骨東有木馬突厥三部落俗乘木馬馳冰上以板藉足屈木支腋蹴輒百步今考元西域史得木馬之狀刻木如小舟長二三尺寬半尺底平而前後仰人著二足舟中繫繩舟首如馬有彎削木爲篙刺地蹴行冰滑勢疾用逐野羊野馬鮮得脫者以執彎故謂之木馬若論行狀當曰腳舟佯色揣稱不越二名昂可刺去大都道里倍於古利吉思又言炙羊肋熟東方已曙則已在赤道北六十度左右考俄圖昂可刺河入葉尼賽河在五十八九度中葉尼賽河西有葉尼賽斯科城圖理琛異域錄伊聶謝去北海大洋一月程夏至前後夜不甚暗不數刻東方日出卽其地矣益蘭州地無考此與謙謙州皆非州邑之州蒙古崛起沙漠未循漢制而邱長春西遊記已見欠欠州其爲譯

五洲地理志略　卷二十四　八

音之字而非州郡之稱審矣（案海國圖志元代北方疆域上下二考其談不可勝納惟以吉利吉思卽唐書點戞斯圖之吉轉確論也）又謙河考云多特淖爾在赤道北五十一度二十六七分（卽爾托泊）西北一支溢出爲烏魯克姆河猶言大謙河（此與提綱語點）淖爾東二百里有闊索果勒大湖華言庫蘇古爾南北縱三百里東西百里西出一支曰阿喇賽河通於多特淖爾淖爾東北有霍端河札喇河烏累河三河相合河匯淖爾東南有士什奇特河呼克河合入阿喇賽河以匯淖爾南有哈爾瑪河北有罕古爾蓋河皆匯淖爾淖爾東北又有小淖爾相聯綴烏魯克姆河西行烏魯河東南來入又西有三河無名北有騰吉茲河合圖魯克塔哈河來入又西南行哈爾瑪河罕薩林河自北來入布斯河合哈色勒河自東南來入又西南行哈克姆河南出於帖里淖爾北流入之（帖里卽特野迪）又西行轉北達得齊穆河自北來入（疑卽嚴綱之多鄂鄂河）又西北行哈爾戞河合森戞勒河自西南來入塔爾巴哈台河亦自西南來入又西北行烏魯斯治貝河色金河畢里貝河布連河南來注之河轉北卽折西北霍布托河東匯於淖爾復出淖爾西行轉而南流注之拜斜特河東北來注之北岸有數小河來注皆無名而貝克姆河自東北合諸水來會（何謂華克穆河北流四百里而貝克穆河考之俄圖當云西北會）貝克姆河起於多特淖爾正北三百里兩源並發合而南行東來一支與合南遷哈喇布魯克淖爾（俄屬與河不過）行益西斜爾魯克河自東南來會轉西北行巴什河自東北來會東南東北並有小河來會無名轉而北阿薩斯河自東來會伊蘇克東源三支中源出克得穆車泊北出那雅泊南出瑪那泊合而西南流來會庫克爾姆河自南來會貝克姆河又西北哈姆薩喇河東出於圖吉淖爾而西流其北一支合克爾雷海河齊什克姆河索羅克河皆西南行

而相合（克爾雷海河齊什克姆河皆在正北其地爲托羅斯塔班中俄第十九界牌）又合北之鄂爾雷霍爾泊水東北之哈塔爾蘇克水以入貝克姆河貝克姆之分源惟斯爲大貝克姆河又西北斜斯達克姆河合烏古特河自東北來會貝克姆河又西行士畢河自北來會其西一水無名歡果爾河自東南來會貝克姆河西南行音斯提克姆河自北來會又東合達布蘇河西合斜斯帖爾里克河而匯於烏魯克姆河（案貝克河形曲折凡行七八百里而合於烏魯克姆河中途所入之水與何紊訊異同處甚多可以參考至於譯音微異卽爲同矣鄂）兩河旣合乃西南流北有伊爾別克河與西一水合而注之南有圖而雅河挾數小水又挾善干河葉克列斯河合而注之（圖而雅當卽圖蘭何謂益蘭州當在圖蘭旁望文生義不可爲據）烏魯克姆河又西行巴彥果勒河帖滅爾蘇克河葉列克姆河北來注之巴喇克河莫霍爾阿喇勒河巴延古勒河佳果勒河東南來注之又西北行不數十里而克姆池克河自西南來會合流處之南是爲克姆克姆池克蓋合東西河名以爲地名也克姆池克河發源唐努山之西麓（何云北麓未是乃唐努西峰之盡處）始東流有小楚雅河大楚雅河巴爾魯克河等河與合繼北流有阿拉什河自西北挾諸水與合繼東流吉爾戞庫河自東南與合又東北流阿克河雅雷克姆河先後自西北與合札達克河合昆得爾蓋河自東南與合凡行四百餘里而東北會烏魯克姆河自是全河北行出華界入俄界曰塔爾闊克山界牌在焉緯綫五十一度五十七分罕騰格爾河西來入之罕騰格爾河與雅雷克姆河南北二源相望皆出罕騰格爾山克姆河又東北烏斯河發源華境葉爾吉克塔爾哈克台戞山（卽何斯云塔爾噶克）西南流至烏斯第二十界牌而入俄境未出境時有索斯費爾河東來注之既出境後有闊雅爾特河沙哈什河東南合而注之烏斯河西南行遷上烏薩

五洲地理志略　卷二十四　九

下烏薩又西行入克姆大河凡行二百餘里（何所言方向里數恐誤）克姆河轉向西北庫魯米斯特帖普斜里河喀則爾蘇克河先後自東來入克姆河至是寬廣是爲葉尼賽河河南河西並有數河來入轉東北又轉西北而阿巴堪河自東南喀爾雷罕嶺發源中途挾諸水最北一支曰威巴特河行五百里而入葉尼賽又鹹海裏海黑海考云蔥嶺西北三大澤最東者曰鹹海泰西稱阿拉爾海略謂西域人稱達里岡阿泊南北三四百里東西二三百里三水中爲最小其西爲裏海泰西稱喀斯比安（義謂亞細亞歐羅巴兩地中間之海華言裏海[illegible]此）南北縱千數百里北頭廣五六百里南頭廣四五百里裏海西爲黑海與地中海鄰廣二千數百里縱千餘里此三海者皆今名志西域者必以三海爲綱以納林阿母等河爲目而後可以釋地案水經注曰一水遷休循國南又遷難兜國北又西遷罽賓國北又西遷月氏國南又西遷安息國南城臨嫣水最大國也（安息圖詳姟息考嫣水卽阿母河）河水與蜆羅跂諦水同注雷翥海唐書西突厥傳西界雷翥海志略謂西洋地圖蔥嶺以西惟印度河南流入大海其餘南北諸小河匯爲兩大支北爲納林南爲阿母皆以鹹海爲歸宿是卽雷翥海無疑世人多以裏海爲雷翥海誤矣鈞案徐氏之辨但知西人今圖而不知古圖明季以前阿母河實入裏海嗣後沙磧壅塞乃北入鹹海（河故道見地圖中）近時俄羅斯人挪議疏河故道可以利舟楫溉田野工艱費鉅未舉行也雷翥海之爲裏海斷無他惑（魏源亦主裏海滿乘辨正其誤何氏誤魏氏不誤）新唐書波斯傳滅後有陀拔斯單者或曰陀拔薩憚其國三面阻山北瀕小海居婆里城所謂三面阻山蓋卽波斯馬三德蘭部地形勢宛合北瀕小海卽裏海此皆唐書言裏海之證隋書鐵勒傳得嶷海東西有蘇路羯三索咽蔑促隆忽

等諸姓聞波斯駐俄使臣云古時突厥人稱裏海為荅剌汗海以其容納眾流不通外海有自主一方氣象故蒙是稱裏海北阿斯塔拉干為互市大埠塔拉干即答剌汗地名由荅剌汗海而來今考元代有荅剌罕封爵譯為自由自在蓋承突厥非始蒙古隋書得疑為荅剌轉音當即裏海徐以西域人稱鹹海曰達里岡阿今案達里岡即荅剌汗之異譯恐又誤以裏海當鹹海而益徵波斯使臣之言為不誤也元史郭寶玉傳太祖封大鹽池為惠濟王西人考驗裏海水味之鹹過於鹹海兩海相形如小巫見大巫則大鹽池必是裏海元史速不台傳繞寬田吉思海展轉至太和嶺（[illegible]）寬田吉思當作衮騰吉斯衮謂深騰吉思謂海黑海水深色黑似可當之然速不台自西域北征欽察實循裏海西濱以往速不台傳又言乙未西征虜八赤蠻妻子於寬田吉思海八赤蠻之役載於西書乃在裏海元史所謂寬田吉思蓋皆言裏海也漢書康居西北可二千里有奄蔡國臨大澤無涯蓋北海云此誤以黑海為北海實為漢時言黑海之始（詳鹹海釋地）魏書董琬等使西域還具言所見分其地為四域兩海之間水澤以南為一域所謂兩海必是裏海黑海是為元魏時言裏海黑海之始歷考載籍惟鹹海無徵泰西古書亦從未言及鹹海近時德國人考紀行之書謂前五六百年西人往東者稽其程途方向皆似遷從鹹海中策騎以過而不言繞道海濱又鹹海之南有東西流故水道當錫爾阿母兩河之中因疑昔時阿母河固入裏海即錫爾河亦合於阿母以入裏海而鹹海巨浸為近數百年渟蓄而成雖證佐無書其論要非無見耳又西域古地康居奄蔡考云漢書康居國王冬治樂越匿地到卑闐城去長安萬二千三百里不屬都護至越匿地馬行

七日至王夏所居蕃內九千一百四里戶十二萬口六十萬勝兵十二萬人東至都護治所五千五百五十里又云其康居西北可二千里有奄蔡國控弦者十餘萬人與康居同俗臨大澤無涯蓋北海云案史記大宛傳張騫告天子謂康居在大宛西北可二千里國小南羈事月支東羈事匈奴若其冬夏所居相距九千餘里則必提封萬里而止十二萬戶等於烏孫月氏與博望侯國小之言不合且一歲之中驅馳一萬八千餘里以避寒暑不將為道長耶此必無之事也烏孫傳言西至康居蕃內地五千里烏孫治赤谷城在今伊犁之南康居在烏孫西北二傳相較便不能合九千里數疑有訛字或有奪文（徐松漢書西域傳補注[illegible]之）何氏備乘恢張漢業引近俄疆謂康居蕃內為俄國之莫斯科舊都地而以奄蔡列俄北境以實班氏北海之說噫過矣案漢書大宛傳北與康居接大宛為今浩罕安集延等地今之塔什干為其極北邊界硯亦當為西界魏書康國康居之後也遷徙無常不恆故地自漢以來相承不絕其王本姓溫月支人也舊居祁連山北昭武城因被匈奴所破（唐書謂為突厥所破似誤）西踰蔥嶺遂有其國枝庶分王並以昭武為姓示不忘本舊唐書亦謂康國即漢康居新唐書康者一曰薩末韃亦曰颯秣建元魏謂悉萬斤蒸即今之撒馬爾干唐高宗永徽時以其地為康居都督府此皆康居故土之可徵者也新唐書石或曰柘支曰柘折曰赭時漢大宛北鄙去京師九千里東北距西突厥西北波臘南二百里所抵俱戰提西南五百里康也圓千餘里右涯素葉河王姓石治柘折城故康居小王窳匿城地所謂柘支柘折赭時即元史西北地之察赤今之塔什干（詳察赤釋地）西南至撒馬爾干道里適合此康居小王地可徵者一康南距史百五十里史或

曰佉沙或曰羯霜那居獨莫水南康居小王蘇薙城故地西百五十里距那色波硯（[illegible]）北二百里屬米南西百里[illegible]鐵門山左右巉峭石色如鐵為關以限二國以金鋼[illegible]記之碣石鐵門西域記亦謂羯霜那國東南山行三[illegible]門兩旁石壁其色如鐵既設門扉又以鐵鋦多有鐵[illegible]因其險固遂以為名明史渴石在撒馬兒罕西南六[illegible]百里大山屹立中有石峽行二三里出峽口有石門[illegible]號為鐵門關似非眞門詢之西人昔誠有門今則無[illegible]佉沙羯霜皆一音之轉此康居小王地可徵者二安[illegible]又曰捕喝元魏謂忸密西瀕烏滸河治阿濫謠城康[illegible]王故地案烏滸河即阿母河布豁捕喝正布哈爾之[illegible]忸密在悉萬斤西今布哈爾固在撒馬爾干西惟魏[illegible]代一萬二千七百二十里忸密去代二萬二千八百[illegible]能相合意二萬為一萬之訛（魏書阿弗太汗國[illegible]西諸色波羅國在怛密[illegible]）（二萬三千餘里則二萬非誤字然魏書所言諸國道[illegible]亦不甚可懸康居五王城道里當以漢書為準許下[illegible]）王地可徵者三何或曰屈霜你迦曰貴霜匿即康居[illegible]故地鄰國四至唐書未言西域記言自屈霜你迦國[illegible]至喝捍國又西四百里至捕喝國則當在布哈爾之[illegible]王地可徵者四火尋或曰貨利習彌曰過利居烏滸[illegible]六百里距戊地西南與波斯接西北抵突厥曷薩乃[illegible]韃城故地案貨利習彌即元史西北地之花剌子模[illegible]國號至今名猶未泯也元初花剌子模之都城曰烏[illegible]韃音叶火尋亦當即輿韃變音元史訛為玉龍傑赤[illegible]突厥之可薩部居裏海北烏滸水即阿母河古時阿[illegible]

海自布哈爾之南轉而北行距鹹海數百里折而西南行以入裏海奧韃城當西流處之南故曰居水之陽（[illegible]）考此康居小王地可徵者五（徐松漢書西域傳補注[illegible]惜未能實徵今地東西[illegible]跡亦多）更以漢書道里考之最近者為窳匿王治窳匿城去都護五千二百六十六里去陽關七千五百二十五里塔什干城固最東也次近者附墨王治附墨城去都護五千七百六十七里去陽關八千二十五里其近相等者蘇䪥王治蘇䪥城去都護五千七百七十六里去陽關八千二十五里以是推之唐之何國史[illegible]殆必鄰近其遠者罽王治罽城去都護六千二百九十六里去陽關八千五百五十五里布哈爾在西里數之多誠宜最遠者奧韃王治奧韃城去都護六千九百六里去陽關八千三百五十五里[illegible]（數不應反少於韃城恐誤）此在五王中最西北境以今圖方位考之大段不爽至欲規規里數求其吻合病未能也然則康居全境起今伊犁以西歷大宛月氏安息北界而西訖於裏海其北境不可知大約及於鹹海綜厥土宇橫亘西陲不待附以北荒已非復小晉書康居在大宛西北可二千里與粟弋伊列鄰接（[illegible]鄂今伊犁）其王治蘇薩城地和暖饒桐柳蒲陶多牛羊出好馬泰始中其王那鼻遣使上封事獻善馬曰治蘇薩城當是昭武之分王非康居之統主蘇薩在大宛西不及二千里晉書但引用史記而不知與已說刺謬也（通考引漢書康居傳與大宛同俗[illegible]和暖饒桐柳蒲陶多牛羊出好馬[illegible]補注因疑漢書有奪文今案此乃晉書非漢書）漢書之紀奄蔡全本史記大宛傳中張騫語騫身所至者大宛月氏大夏康居而傳聞其旁大國五六蓋北海云明是揣度傳言疑而不斷案後漢書奄蔡改名阿蘭聊國居地城屬康居土氣溫和多植松白草民俗衣服與康居同裴松之

注三國志引魚豢魏略奄蔡國一名阿蘭西與大秦東與康居接故時羈屬康居今不屬也後魏書粟特國在葱嶺之西古之奄蔡一名温那沙居於大澤杜佑通典奄蔡漢時通焉西接大秦東南二千里與康居接去陽關八千餘里控弦十餘萬土氣温和臨大澤無涯岸多楨松白草及貂畜牧逐水草蓋近北海至後漢改名阿蘭聊國後魏時曰粟特周保定四年來貢方物今以地望道里徵之自康居西境貨利習彌之地西北行出裏海北濱再西行二千里乃臨黑海所謂大澤蓋黑海也漢時黑海爲羅馬東鄙故云西接大秦若俄莫斯科舊都與羅馬版章渺不相屬何論更北隋書鐵勒傳拂菻東則有恩屈阿蘭北褥九離伏嗢昏等拂菻即東羅馬其都城臨地中海峽在黑海西而黑海南境悉入版圖故云阿蘭在拂菻東更以西書徵之戰國時裏海黑海之北粟特族居之後有耶仈亦族部（亦給俄讀）自東方來服屬於粟特居裏海西高喀斯山北傳國多歷年所後稱阿蘭亦曰阿蘭尼又稱阿思亦曰阿蘭阿思覼杔今考耶仈亦爲奄蔡轉音曰阿蘭爲阿蘭聊轉音阿思爲阿速轉音阿蘭阿思則見元史西北地附錄然則漢奄蔡即元阿速明史阿速城背山面川川南流入海大澤之即黑海復奚疑焉魏書謂粟特去代一萬六千里又云粟特商人多詣涼土販貨則非甚遠可知備乘謂當是二萬六千里改古史以伸己說未爲是也通典謂奄蔡土氣温和又曰粟弋後魏通焉一名粟特出名馬牛羊珍果葡萄酒其土地水美故也大禾高丈餘子如胡豆附庸小國四百餘城魏太武帝時遣使朝貢史記正義引括地志曰奄蔡酒國也黑海之濱氣候暄和故能廣植葡萄多釀美醞若北海之濱雪窖冰天漢魏時窮荒未闢安得有酒國於此哉（黑海之境）

（葡萄味美甲於天下鈞在饑都賓觀嘗之儻通國之酒酤此處所出酒酒國也）後漢書嚴國在奄蔡北屬康居出鼠皮以輸之若奄蔡已臨北海則此國將在海外後書無北海一語蓋已知張騫說不可爲憑志略謂此大澤即鹹海一侈張之一狹小之楚則失矣齊亦未爲得也耶律鑄雙溪醉隱集行帳八珍詩駝蹄羹注康居南鄙伊麗迤西沙磧斥鹵地往往產野駝麈沆注麈沆馬捫也麈沆奄蔡語也國朝因之又注奄蔡兩漢西域傳無音大宛傳宛王昧蔡師古曰蔡千葛切書二百里蔡毛晃韻蔡桑葛切廣韻亦然奄蔡蔡千葛切爲是今有其種率皆從事捫馬據此則康居奄蔡元人猶知其故地奄蔡不見元史蓋即阿速也又云魏書以粟特即奄蔡後漢書分粟弋奄蔡爲二曰粟弋國屬康居出名馬牛羊葡萄眾果其水土美故葡萄酒特有名通典以粟弋即粟特而亦與奄蔡分爲二國且曰粟弋附庸小國四百餘城似非一國元史類編西域傳引十三州志云奄蔡粟特各有君長而魏收以爲一國誤矣漢書陳湯傳郅支單于遣使責闔蘇大宛諸國歲遣師古曰胡廣云康居北可一千里有國名奄蔡一名闔蘇然則闔蘇即奄蔡也史記正義引漢書解詁曰奄蔡即闔蘇也名稱互歧諸說不一折衷考異爰采西書當商周時古希臘國人已至黑海（古希臘文稱彭特亥斯譯義即爲黑海）行舟互市築室建城（周定王時黑海北濱有希臘城名奧略威最著稱）秦漢之時羅馬繼之故亞細亞洲西境部族播遷於歐羅巴洲者惟希臘羅馬古史具載梗概今譯其書謂裏海以西黑海以北先有辛卑爾族居之（距今二千六百餘年）蓋東方種類城郭而兼游牧者（黑海北境有辛卑爾古城黑海峽和翻名辛卑爾峽今俄人名烏拉嶺一帶曰西刱畢爾始由於此中國漢後鮮卑部名尚係後見）厥後有粟特族越裏海北濱自東而西奪辛卑爾地辛卑爾人四散大半竄於今之德法丹日等地有眾入羅馬

爲羅馬擊殺無遺東漢時有郭特族人亦自東來其王曰亥耳曼粟特族人敗潰不復振晉時匈奴西徙（西書音如昏尼爲匈奴之變音）其王曰阿提拉用兵如神所向無敵亥耳曼自殺（據云時正百歲）其子威尼達爾率郭特人西竄召集流亡別立基業阿提拉復引而西戰勝攻取威震歐洲羅馬亦憚之立國於今馬加之地希臘羅馬郭特之人多爲其所撫用與西國使命往來壇坫稱盛有詩詞歌詠皆古時匈奴文字（羅馬有通匈奴文者匈奴亦有通臘丁文者惜後世無傳焉）羅馬史稱阿提拉仁民愛物信賞必罰在軍中與士卒同甘苦子女玉帛一不自私鄰國貢物分頒其下筵宴使臣以金器皿而自奉儉約樽簋以木將士被服飾金而已則惟衣皮革是以遐邇咸服人樂爲用宋文帝元嘉二十八年（西歷四百五十一年）阿提拉西侵佛郎克部（郎今法國時爲羅馬屬地）羅馬大將嵬都思率郭特佛郎克等眾禦之戰於沙隆之野（在今巴黎東四百里）兩軍死者五十萬人阿提拉敗歸南侵羅馬毀數城而去尋卒諸子爭立國內亂遂爲羅馬所滅（志略謂東漢順帝時匈奴犯羅馬羅馬王安敦窮追至北海犁其庭幕伏尸百萬問諸西人羅馬是時並無其事不知志略何由致誤今譯羅馬書乃知必是沙隆之戰阿提拉國之滅特年代不合而追至北海之說則全無形響也）當郭特之未侵粟特也有部落曰耶仈亦居裏海西高喀斯山北亦東來族類而屬於粟特厥後郭特匈奴相繼擾逐獨耶仈亦部河山四塞特險久存後稱阿蘭亦曰阿蘭尼又曰阿思亦曰阿蘭阿思皆見東羅馬書今案耶仈亦即漢奄蔡元阿速昔時俄羅斯人稱阿速曰耶細爲耶仈亦變音阿速於明後始爲俄羅斯所併享國之久可謂罕見奄蔡一國粟特一國一爲大部一爲附庸後漢書通典十三州志說合其曰粟弋者僅一粟字嫌切音未足因增弋字當作粟弋特而刪特字也其曰闔蘇者闔字爲啟口時語助之音西方文字往往而有戰國時希臘人海洛檟

特之書其言粟特音如闔蘇特故知是也郭特之名華書無徵魏書粟特傳匈奴殺其王而有其國傳至王忽倪已三世稽其時序似即郭特王亥耳曼自戕之事而不合者多難於論定郭特西徙因其故王之名遂有日耳曼之稱臘丁文作日耳馬尼法稱阿耳馬尼俄稱該耳曼於原音爲近羅馬撫用其眾資其勇力既滅匈奴而羅馬亦爲郭特所滅（志略作峩特）今德意志列邦皆郭特之後故亦稱日耳曼泰西諸國青目赤髮之人大率爲其苗裔（西人云郭特西徙分爲二部西郭特據有日斯巴尼亞等地東部則羅馬收撫之）志略云西土以日耳曼爲貴種佛郎西英吉利立國之祖皆日耳曼人諸國每遭喪亂輒招致日耳曼列侯或世子爲王大國如英吉利小國如希臘是也今德人固自承郭特之後來自東方法人則不承郭特豈以兵衅有意見存乎其閒歟復問諸德人德意志爲土語之解得名已久昔時日耳曼人別有方言因即以爲國號非始自今也然則歐洲種族溯源鼻祖大率震方竊笑近世諸儒強以烏孫加諸俄羅斯而彼堅不承在中土則惟元人王惲一言在西土則諸國載藉皆無可據豈知俄羅斯而外固有自東來者而亦爲彼所自承者耶（嘗遇俄人久居北京識華文者詢以烏孫之說彼曰顏師古謂青眼赤鬚狀類獼猴此或即今之德人爲烏孫一族若我俄人自是司拉佛衣之族並不如是始詢其言擬不於倫遍考西事久之乃悟俄人之語出郭特來也）又阿蘭阿思考云部族名即元史之阿速備乘以今俄南境近臨黑海之阿索富城當元之阿速見解甚是惜未賅備（或以今哈薩克爲阿速大誤）阿速部西域人稱爲阿蘭又曰阿蘭你又曰阿思則爲阿速之轉音地理志稱阿蘭阿思蓋二名並舉或彼土自有此稱俄羅斯書稱爲耶西亦阿思阿速音轉其部族居高喀斯山北西濱阿索富海阿索富城以阿索富海得名在阿索富海黑海南北分界陸地間城建何時不可考阿索

富海先名速噶忒後改阿索富或云阿思人自以部名名之說與何氏合然謂海非謂城明史阿速傳背山面川南流入海所背之山即高喀斯山所面之川即端河入阿索富海西域人云阿思都城曰麻斯案即太宗之阿蘇蔑怯思西書或作蔑克思兒拔都補傳注立國已多歷年所先從天主教後從天方教元史列傳阿連人甚多今西人考之謂內多天主教人名如口兒吉即角兒尺之轉音英國古王有角兒尺第一角兒尺第二之名口兒吉之子曰迷的兒即狄米忒里之轉音捏古刺傳無氏籍惟云在憲宗朝與也里牙阿速三十人來歸子為左阿速衛千戶則當是阿速人捏古刺即尼古老之轉音今俄君之祖名尼古老第一俄君太子名尼古老第二狄米忒里俄先代名此者亦多也里牙阿速郎曷里耶斯之轉音案魯申繻曰名有五有信有義有象有假有類以名生為信以德命為義以類命為象取于物為假取于父為類蒙古命名有義有象有假而取物為多泰西尚類其類也不以父以古人故同名最多天方教人亦然但聞其名即知其國元世諸色目人皆得入仕西人之說或不誣也元世祖時費尼斯國人今為義大利屬地謨克波羅入仕於元著書云阿速人多入軍籍從天主教伯顏平江南師至常州城將乞降阿速軍入城中蓄良醞甚多酗飲醉臥兵民盡殺之而拒守招降不從乃攻破其城悉屠其眾與元史伯顏傳說異而屠城不異史書紀述有時不及私家著錄之眞採之可以補常州府志元阿速郎漢奄蔡詳奄蔡考**雷志云專制君主世襲國**辻志云立法行政司法俄皇掌之分參事院元老院教務院及內閣參事院掌考察法律財政元老院掌發布法律教務院監督國教權力頗大由君主為教長內閣專掌行政分宮內外務內務司法陸軍海軍大藏文部農務工務諸省各有大臣統

率地方分五總督府六十八州本部五十州波蘭十州芬蘭八州六百餘郡莫士科幾富維爾那波蘭芬蘭各駐總督統轄政務此外州有知事郡有郡司各掌事務王書云近亦從輿論改行立憲並設立民議院**其面積八百六十萬三千八百二十英方里人一億三千二百三十三萬三千口在歐洲者**連芬蘭高加索等處計算與下不同**面積二百八萬千一百二十英方里人一億六百十九萬二千口**講義云北臨北冰洋東以烏拉山脈及烏拉河為界南隔馬尼的河之流域及裏海與亞細亞為界又瀕黑海西接那威瑞典及波羅的海又接德意志墺大利匈牙利羅馬尼亞面積凡二百九萬五千六百十五英方里據千八百九十七年調查略占全歐之六分當中國之半日本之十二倍合亞俄面積凡八百六十六萬三百九十五英方里占全球陸地七分之一然其人口不過全球人類十五分之一**在亞洲者六百五十二萬三千七百英方里人二千六百十四萬一千口入口貨值八千八百十五萬磅出口貨值一億七百六十二萬九千磅**王書云貿易近年輸出入總額達十三億羅布每羅布約當中國五錢**穀米羊毛木料為大宗全國商務在歐洲居百分之八十六在亞洲居百分之十四**徐又云峩羅斯雖分四大部而大勢則東西兩土西伯利其東土也海東波蘭二部其西土也高加索新

藩部地雖在亞細亞而與海東部牙錯亦西土也東土曠邈無垠雪窖冰天自古為不毛之土境內有勒拿備乘云即殊訥葉尼賽備乘云即伊訥謝阿比備乘云即額爾齊斯等大河大半發源漠北流入北冰海湖之大者曰蘇米曰排半土人戶口稀疏雜以流寓亦甚寥落種族難稽土俗亦無可言物產則東皮西礦皆獲無窮之利亦外壤之一奇也西土三部周回萬餘里半皆平土立國雖在北境沃府則多屬南方河流之最長者曰窩瓦備乘云即異域錄佛爾格府圖倭爾噶艾圖窩爾加內東南流七千餘里而入裏海地尼伯河南流入黑海頓河西南流入亞速即阿速海灣備乘云阿速海灣即元時阿速國地元祖滅之以封其長子者而志云元封長子止及東峩大峩兩部地殊為失實土味拿河西北流入波羅的海隅阿尼牙河北流入白海西北多大湖曰刺多牙曰阿尼牙曰西峩其海口之可通舟楫者北方則白海之隅澤加牙之灣西北則芬蘭利牙之灣西南則亞速之灣港汊四通舟行似便惟因地氣嚴寒海水之不冰者歲不過六七月或四五月船不能以時往來其南界之黑海由他大尼里海峽與地中海一綫相連海道不如他國之通利是以遠涉為難其民各分種族一曰薩刺瓦族居齊民之大半曰力丁族居波羅的沿海曰芬族即芬蘭土人居西北方曰韃韃里族游牧於南方奉回教即西域回部種類曰甲才族亦游牧奉佛教蒙古種類曰日耳曼人墾種新地曰猶太散民務百工備乘云萬國地理全圖集言俄國薩刺瓦族四千四百萬丁力登族三百萬丁分族三百萬丁韃韃里二百萬丁此本蒙古部族居西域久故奉回教甲才族六十萬丁日耳曼人四百五十萬丁猶人散民五十八萬三千丁地之所產者五穀之外麻與皮為多麻織帆布售於各國皮轉售於中國其木多橡檢松由海道運於各國南方多馬北方多牛牛之油與皮運出無窮東界之山產金銀銅鐵金鋼石其民衣長衫冬著羊皮食物最粗以大麥粉為湯粉水為飲人多嗜酒身體不

浴冬月嚴寒臥爐上以取溫其俗重希臘教門亦天主教別派京師有總教主大有權勢其各教師散居各部有廟七十萬間僧十六萬人男寺四百八十所女寺百五十六所又云峩羅斯有宰相筦政事有大事王召貴者百二十人議於公會其部有八略如中國之六部益以宗人理藩每年關稅田賦襍稅共銀七千八百萬兩陸路額兵六十一萬長於馬隊火器亦精水師大兵船四十隻戰船三十五隻兵船二十八隻小船三百隻水手四萬丁軍法嚴每排陣軍士屹立如磐石無敢移步者用刑最酷榜掠之刑慘於死俗尚畜奴僕貴官富商每人所畜以數十百計通國奴僕凡百餘萬浮於兵額又云峩羅斯舊國在秦漢為渾庾屈射堅昆丁零諸部受役屬於匈奴在唐為黠戛斯骨利幹等國宋末元太祖起北方拓地西域以阿羅思等即峩羅斯轉音二部封其長子乃東峩大峩兩部地非今日峩羅斯之全土也備乘云元祖長子所封包阿羅思欽察阿速三國阿速海灣見上阿尼牙瀚附近即欽察地盍已倂有今俄國全土俄志非也元世既衰峩羅斯故王後裔再然餘燼假鄰國西費耶忒兵力今瑞典國驅逐蒙古恢復疆土迨後日益強盛沿北海漸拓而東繞出西域回部外蒙古諸部之北直達黑龍江東北徼外名曰西伯利部我 朝順治年間築城於雅克薩侵擾索倫諸部稱為羅剎屢遣兵毀其城輒復據之康熙年間兩致國書復由荷蘭附書諭其國王其王乃遣使上書乞撤雅克薩之圍分定疆界立碑為志通貿易於車臣汗部之恰克圖備乘云恰克圖交易始於雍正五年敘於康熙年間非是此并遣人來京師學習漢文每十年更易沿為常例其西境自彼得羅崛起日益恢拓西割瑞典之芬蘭南兼高加索迤北諸部西取白峩諸部又割波蘭三分之二土耳其波斯北境亦多被侵割於是峩羅斯境土北環北冰海西據波羅的

海東距大洋海（郎東海）又跨海據北亞墨利加之一隅長約二萬餘
里其南北之勢則西土較闊約六七千里東土較狹約四五千里
外國疆土之恢闊無過峩羅斯者宜其強大莫與京矣然在歐羅
巴諸國中亦不過比肩英佛而未能定霸於一方者何也嘗以詢
之雅稗理曰彼所有者多北裔窮荒之土其東部層冰積雪草不
繁牲不育不可遊牧故漠北諸部棄而不居峩人得之收其皮鑛
之利所謂人棄我取非力能驅除而據爲己有也迺西入歐羅巴
界戶口稍盛再西至大峩東峩之南不乏名都大邑然較之英佛
諸國總覺土滿人稀舟楫之利火器之精心計之密又遠遜於諸
國逐鹿海隅往往瞠乎其後特因其疆土之廣究係海內大國故
諸國亦未敢輕視之比權量力不過齊秦晉楚相爲匹敵已耳又
云峩羅斯都城臨海亦有巨艦數十然水戰究非所長故不能在
大海中與諸國角勝其貨船亦止往來西洋諸國未嘗涉大洋而
至粵東蓋其國物產之最多者曰銅鐵曰麻布曰木料曰牛馬鄰
境諸國皆仰給焉不必求售遠方最珍貴者皮貨如狐貂海龍橐
駝羢洋灰鼠之類專以供中國之用入海船而載至炎方計無不
朽敗者通市之在陸
而不在海職是故也
多與德英法奧美意中國貿易
政要云通用
之錢日銀羅
般（般音鉢）每一銀羅般合二喜林七本士合七銀羅般爲英銀一磅
又一百銀夸般當一銀羅般案俄國圖法雖以銀羅般爲本而民
間便於行者率多紙羅般如寶鈔然以百紙羅般止易銀羅般入
十及九十蓋百分中如有十分至二十分矣量木植之尺曰藍納
斯一百零三英尺郎爲一百藍納斯此量木植所用也其量他物
皆從英尺千八百三十一年以來郎然計里之稱曰阜斯得一阜

五洲地理志略　卷二十四　十六

斯得合英尺三千五百尺以英里計之約半里餘稱物之具曰波
特六十三波特爲一噸一波特爲俄四十磅郎英國三十六磅波
蘭一部權度
今與俄同
千八百九十八年鐵路二萬七千六百十四英里西
比里亞鐵路二千五百英里
王書云鐵道今合俄領亞洲長三萬
六千五百英里（內亞洲四千五百餘英里）其最要
之綫以彼得羅堡爲中心一西北至烏里波格一西至勒佛爾一
西南至瓦薩一東南至墨斯科又以墨斯科爲中心一西南通敖
得薩（由此綫分岐至克里米亞半島）一東南經羅斯多佛達高加索一東北達尼
什尼諾甫哥羅得一東經薩麻拉至車里雅賓斯克連西伯利亞
鐵路講義云電綫千八百九十八年一月凡九萬三百八十三英
里綫條長二十五萬三千六百四十八英里電話綫綫條千百九
十七年長二萬五千九百六英里又明年開通
聖彼得堡至墨斯哥之電話其間相距甚長
千八百九十七年入款一億三千九百八十一萬七千磅千八百九十八年國債六
億六千六十一萬二千磅兵額平時八十六萬九千人戰時三百
五十萬人戰艦二百三十九內鐵甲四十二
辻志云陸軍分二十
四軍團更分爲七十
二師團平時兵士百一十萬戰時四百六十萬海軍艦隊四曰波
羅的海艦隊據克倫斯他德口岸曰黑海艦隊據西巴斯篤波爾
口岸曰太平洋艦隊據海參崴曰裏海艦隊水軍三萬餘王書云
日俄之戰太平洋波羅的兩艦隊殲滅殆盡近方急謀整頓有與

英國訂造最
新戰艦之約

歐羅巴俄羅斯

歐羅巴俄羅斯雷志云自波羅的海至烏拉嶺從北冰洋至黑海
裏海其間成一大平原
課程云國內山川東有烏拉嶺南有高加
索斯山河之大者東曰烏拉曰縛勒嘎南
曰第聶珀爾曰多諾北曰土味拿曰北酌拉曰阿尼牙曰美森西
曰第菲那曰尼瓦曰維士都啦湖之大者西北有拉多牙湖痾尼
牙湖賽瑪湖北不斯湖○烏拉嶺一曰烏拉爾圖阿烏林以界別
亞歐二洲北起北冰海南至白爾摩長約四千里郎蔥嶺之西北
一支自南斜行至於北海（[illegible]）分三大起伏一至赤道
北四十九度再至五十五度再至六十度長二千一百俄里（[illegible]）
（[illegible]）其在赤道北四十九度又分三大脈左二支由烏拉河東繞
出右一支由倭嘎河向北經倭連布境名曰倭連該其廣袤南一
百七十五俄里旁出所隈河者四十九里轉北百有五里或曲或
直經數名區連山干霄方八千密律（[illegible]）
最高者萬六千尺漸下千五百尺其北荒涼磽瘠中數百里有曰
槎顆弗山曰迭聶日肯山曰喀赤喀納爾山曰帕付林山叙名大
四山左右多歧高三千四百餘尺山饒鐵兼產玉白金黃金銅石
炭等多密林老籌傍烏拉爾山六城俄皆設礦廠○高加索山一
曰喀復喀斯山由西北橫截向東南行自枯班河起至裏海濱之
阿蒲奈鑾止縱一千俄里橫二百俄里其山積雪封樹有嶺高萬

五洲地理志略　卷二十四　十七

尺居中三峯曰哎里布兒斯高萬八千六百尺曰得令檣高萬六
千九百尺曰喀斯伯克高萬六千五百尺南曰小喀復喀斯[illegible]
古火山累碧點黛叢叢插天其盡處介俄土波斯三國境又喀爾
巴特境西與普魯士奧地利爲界其祖山由奧地利入俄西南爲
波蘭境之森多迷爾及濇卑林之間高二千五百尺形特秀異經
南在布格普魯特二河之間環俄界土白色曰阿利拉停司克又
產鐵鉛○芬蘭山西北與瑞典爲界以石爲山骨瀑布飛梁懸河
注壑下多平潭石沼沿芬蘭之東連環如鎖練曰曼多哩克山由
是而南分二支一倭羅涅茨山沿俄涅日澌之東入俄羅涅茨境
一曰挨思帖爾波特尼山向西南分數小支散漫趨波羅的海近
海者名石克爾山巔如削平望之如砥皆高三千尺產銅鐵多青
石○他勿利山在黑海北羣峯奔赴矗立海中水三面環之曰克
雷木亦名巖臘橫長百五十里（[illegible]）其峻者
曰槎推爾達克高五千尺○自烏拉嶺以西之水正北曰北海曰
白海西北曰波羅的海西南曰黑海東南曰裏海曰鹹海欲知俄
國各大川所在當先明海之所在而後各水始知所入波羅的海
在彼得堡西爲西北方之渤海海水由西北環注入大地分兩汉
約三四千里此郎黃海康熙中大彼得疏通此海水陸乃皆操形
勝其海灣三曰波的尼曰芬蘭曰利牙○黑海者地中海分支當
俄都正南於境內則南而偏西也水自地中海分小汉溢東北成
巨浸泰西呼勒必西海內府圖曰薩哈連墨得此郎史所謂秦海
南北袤千三四百里至千餘里不等東西廣千七百里南則大腹
皤然北則兩螯竦峙亞速海灣當其東北端河一（[illegible]）涅博爾
河（[illegible]）皆地面巨川各入一螯西面所納之水惟多臘河最大

而遠黑海之東舊屬土耳其自康熙以來俄人侵據其地高加索諸尼阿諸部咸爲所有由是自黑海以東直抵裏海據爲回教屬城今爲俄國別部○裏海係大地中央巨澤自葱嶺以西水皆西流最大者北如納林南如阿母皆注鹹海（志略備乘謂即雷翥海）鹹海西數百里有巨澤曰裏海西人稱曰咯爾士畢安（蒙古語謂之騰吉斯鄂模）廣大數倍於鹹海南北約三千餘里東西約千里汪洋似海不通大海故以裏海名之所受爲西北各國水近年俄拓境日廣其國之南境已盡裏海之西北兩岸即裏海東南之布哈爾亦脅而降之此皆俄全據北海白海並控黑海裏海各要地情形也○入波羅的海之水芬蘭灣北有集們河東有納瓦河納瓦（一作尼瓦一作尼注亦作瓦薩也）首受拉日多湖分二支西流貫彼得堡以入芬蘭行六十俄里（一俄哩合中二里）西北之波的尼灣有瓦湖水入之東南之利牙灣有土味拿河維士都拉河入之（維士都拉普魯士界粕）白海所受水以美森灣之美森河爲最餘則爲北土味拿河阿尼加河北海則有丕楚剌河皆不及裏海黑海諸川之巨黑海西北隅所受之水有名者曰涅博爾河正西曰多惱河東北隅曰敦河多惱河爲歐洲第二大河自德國東行經奧地利而來凡長四千數百里涅博爾河（亦作聶辟瀰河亦作尼伯河又作地）出斯摩棱斯科（一作連士壯塵）之東北窩集中屈曲南行受鄂爾噶河科納河德斯納河諸水德斯納長千一百餘里涅博爾河由此經歷俄初起膏腴之地計由斯科以入黑海是爲歐洲第三大河以俄里計之長千八百五十里華里則三千七百餘里矣敦河出澤爾納城之西凡受鄂羅尼斯西河鄂羅尼斯東河集壘多納特河謨都瓦擦河多納特斯河諸水由亞速灣入黑海長三千四百里裏海所受之川曰烏拉河出烏拉嶺由境南歷阿拉薩

搭干入裏海曰窩瓦河（一作佛爾格河亦作倭爾噶河亦作窩爾牙河亦作窩斯加河亦作額得勒河）出倭斯瑪城之西北四百里外窩集中距彼得都城不遠屈曲南流凡受納勒爾河格勒斯瑪河鄂噶河喀穆河諸大川又南至揚噶拉城東後遂分數派以入裏海行七千餘里爲歐洲第一大川他如庫墨河得爾集河古爾河阿拉斯河皆自鄙以下矣○其湖泊曰拉多牙湖（一作拉多日亦作拉努加）西南隅有洲洲上有城曰色布湑斯博布魯克城納瓦河首受此水繞彼得城以入芬蘭海灣拉多牙爲近彼得堡第一大澤南北裒七百餘里東西廣四百餘里其所納水有肆威爾河導源於倭羅涅慈湖有倭爾霍弗河導源伊利民湖（民一作明）二湖又在拉多牙湖上游倭羅涅慈湖縱二百二十俄里橫八十俄里水入肆威爾河時有石如門檻旁有白湖亦然風浪奇險俄人別開引水河伊利民湖縱四十俄里橫三十俄里流爲倭爾霍弗河可達彼得城此拉多牙湖先後呑納諸水之情形也賽馬湖（一作賽瑪作賽美斯）亦在芬蘭界內係聚列小泊二十餘縱四百俄里橫百三十俄里風景絕佳瀑布懸流高五丈其水由倭格薩河亦入拉多日湖布思果甫河（一作北不斯亦作卑不斯）湖口亦有瀑布舟楫避之水入納羅穢河亦由訥瓦入芬蘭灣又阿尼牙湖（一作阿納加亦作額內噶[illegible]）在俄西北境周千餘里中有大山數處郎古寬田吉斯海東西南三面各有小水入之支津東北流由阿尼牙灣入白海

北部皆冰澤中部多大樹林南部爲草野其中部南部膏腴黑土面積三十六萬七千英方里氣候冬寒夏暑面積百九十三萬六千八百七十英方里人一億三百六十七萬千三百五十八口文學日見退步兵士能書者止百分之二十大學校十所人民多以耕牧爲業全面積百分之二十六爲耕種地百分之十六爲牧場百分之三十九爲樹林有馬二千八十三萬八千牛二千七百六十二萬三千綿羊四千八百二十二萬猪千七十四萬二千麥煙葉葡萄爲農業出產大宗礦產每歲金五百二萬三千二百磅銅五千四百噸鋅四千九百噸鐵塊百四十五萬噸煤九百六萬噸鹽百四十萬噸千八百九十三年製造用工人百三十七萬六千蒸餾處釀酒所製糖廠不在內機錠三百八十枚大織機十九萬千二百九十座

謝志云烏拉山金產居世界第三歲采値四千萬圓銀白金次之銅鐵多運出國外烏拉山鐵鑛用工人五萬餘南省近盾河多煤煤油產旺歲可五百萬噸石鹽鑛與鹵泉九多歲產鹽百五十萬噸兼產寶玉全國非穀田即牧場餘皆叢林南部盛產小麥迤北植大麥稞麥等造黑麵包爲居民常食西部多苧蔴又荷蘭薯甜菜煙葉霍布花（作啤酒用之）等產皆著名南方多葡萄采以製酒林木幾占全面積三分之一歲輸出額八千萬

圓牧業最盛家畜亦多北方專恃馴鹿東南方多畜駝以供轉運野獸多熊鹿狐羚羊野猪豺狼北部有白熊海狗其銀鼠黑貂最珍貴

聖彼得堡熱度中數三十八度正月十五度七月六十四度雨水十九英寸人百二十六萬七千二十三口　**木斯科**熱度中數三十九度正月十二度七月六十六度雨水二十一英寸人六十八萬六千六百十四口　**懷沙**人六十三萬八千二百九十口　**亞德沙**熱度中數四十九度正月二十六度七月七十三度雨水十四英寸人四十萬五千四十一口　**喀考夫**人十七萬四千八百四十一口　**坎夫**人二十四萬七千四百三十二口　**立格**人二十八萬二千九百四十三口　**勞支**人三十一萬五千二百九口　**坎認**人十三萬千五百八口　**塞拉滔夫**人十三萬七千一百九口　**訖興耐夫**人十萬八千七百九十六口　**維爾那**人十五萬九千五百六十八口　**沙馬拉**人九萬千六百七十二口

般蔣朵夫人五萬三千七百二十八口　愛司脫拉肯人十一萬
三千口以上要區
徐又云波羅的海東部西抵波羅的海東至烏
拉嶺烏拉嶺北起北冰海南至白爾摩長約四千里歐羅巴亞細亞兩土以此嶺爲界備
乘云案輿圖有烏拉爾阿林在北哈薩克之北卽烏拉嶺也以此言之烏拉嶺當起於痾倫木爾厄卽阿林墨部不僅南至自爾摩
矣北距北冰海南盡黑海南北約七千餘里東西約五千餘里崴
羅斯本國之全土也地形平坦東方始見山嶺大勢分五域曰東
崴曰大崴曰加匽崴曰小崴曰南崴○又云東崴在國之西北境
因據波羅的海東岸故稱東崴地分五部首一曰彼得羅堡其故
王彼得羅建新都於此因以爲名者也沿海一帶平野蒼茫松檜
茂密間有狹田地氣寒甚冬氣居六月之久都城在尼瓦河口備乘
云尼瓦河作訥瓦河一近偪海港西風起則水湧入城街衢泛溢城內多廣
廈傑構王廷長四十五丈闊三十八丈金彩耀目宏麗爲西國之
最秦西人造屋皆層樓壘架梳以迴廊外無牆垣院落雕王宮亦如此居民四十二萬五千內水陸
兵五萬五千客民二萬五千別有藏軍器之城曰立晃彼得羅堡
之西南曰斯多尼亞部再西南曰里窩尼亞部備乘云案錄作論爾瓦異蝝一所言
科國之那爾瓦城卽此俄羅斯汗割輿西賁耶斯兩部內港有大埔頭曰利牙每年出入
商艘千餘再南曰孤爾蘭的亞部彼得羅堡之北曰芬蘭部本瑞
典東北境崴戰勝割得之地極廣莫而氣候寒冽人口貧乏芬瀰又讕
下○大崴崴之中原毘連北地幅員遼闊故稱大崴地分十九部
首曰墨斯科部木一詐在四境適中之地崴之舊都也規制鉅麗百
官之居皆飾以金銀嘉慶十六年佛郎西拿破侖新得國勢方張
欲混一西土以大兵伐崴圍墨斯科城將陷崴人恐其據之也燒
之而走火旬日不息佛師退乃次第修復王殿廣七十七丈長二

五洲地理志略　卷二十四　二十

百一十丈西方宮闕之高大殆無與比墨斯科之左曰氏拉的迷
爾部曰尼內諾烏痾羅部舊爲國之大市今已衰廢曰赫阿匽部
墨斯科之右曰加婁牙部百工萃集之地曰斯摩棱斯科部墨斯
科之南曰都拉部其民冶鐵鑄造各器曰當波弗部曰痾勒爾部
曰窩羅尼日部曰古爾斯克部墨斯科之北曰哥斯德羅罵部曰
曰羅斯拉部曰的威爾部曰北斯哥弗部再北曰痾勒內部曰窩
羅痾達部曰諾弗哥羅部三部地氣皆寒冽極北臨北冰海曰亞
爾干日爾部廣莫倍芬蘭而荒寒不可耕人戶甚稀多以捕魚爲
業加匽諸部之粟時由內河往羅極北濱海之民皆短小以大爲
馬以鹿爲牛有天使頭城在白海內港之濱冰消之時商船可以
出入○加匽崴在大崴之東本回部地明嘉靖間崴攻得之分爲
五部地腴坦宜稼產穀甚豐又產木材銅鐵番鹼其民善於硝皮
首部曰加匽加匽之南曰新比耳斯克部新比耳斯克之西曰奔
薩部加匽之北曰維亞德加部再東北曰白爾摩部○小崴在大
崴之西南舊本崴地爲波蘭回部所侵割尋復奪還其地氣候温
和川原清曠綠柳垂楊相望葡萄柑橘皆蘩生其民耕田熟皮造
番鹼各勤本業分三部曰究部曰厄加德黎諾斯拉部曰者爾厄
痾弗部○南崴在大崴小崴之南土脈膏腴產穀最多分羅諸國
地分五部曰加的勾巴爾的哥部曰給爾孫部曰比薩拉比亞部
在黑海中者曰擣里達部小山壘秀地氣温煦稱樂土加的勾巴
爾的哥之東曰薩拉德夫部其種人曰可薩悍勇善戰馳騎如飛
崴人每用以破敵稱爲勁旅其開拓西伯利廣土皆此部兵力也
西伯利部成守之兵亦皆此部人○波蘭部一作破蘭又作波羅尼亞又作慈鹿慈也在海東諸部之
西南先是有查遮爾倫國者與波蘭鄰其王贅於波蘭女主遂與

波蘭合後爲崴羅斯所取稱爲西崴其人白晳又稱白崴迨後波
蘭衰亂崴羅斯與奧地利亞普魯士瓜分其國崴得三分之二道
光十二年波蘭遺臣據地起兵與崴軍戰潰敗而逃其地卒歸於
崴合前所得白崴地統稱波蘭部白崴地廣闊平坦草茂土肥宜
耕宜牧其民修潔屋宇整峻分六部曰威德比斯科部曰摩宜勒
威部曰明斯克部曰維里納部曰哥羅德諾部曰窩黎尼亞部曰
波多里亞部波蘭地蕩平如礁林茂草芳穀果俱豐兼產材木煤
炭蠶蜜分八部曰馬索維亞曰加拉哥維亞曰三多迷爾曰加利
斯曰魯伯林曰波羅咯曰波達拉給亞曰亞烏斯多窩八部載界原圖未分
畫備乘云艾儒略職方外紀言莫哥斯未亞境內分十六道不言
所分何部以南懷仁坤輿圖考之十六道乃今大俄加匽二部地
艾南皆以明萬曆中至中國所齋當是嘉靖間圖籍異域錄載康
熙五十三年噶噶林告我使臣圖理琛言俄國十三代汗始攻服
喀山托波爾阿斯塔爾汗等處已一百六十年矣溯查正係嘉靖
年間是十六道者明嘉靖間之制也一統志　皇朝四裔考皆云
分爲八道蓋本異域錄之說圖理琛於康熙五十一年奉使是八
道者康熙年間之制也乾隆初年內府輿圖紀俄地甚詳而未及
分部之說總記所載分爲八區其中有西俄七部乃乾隆五十七
年所取則八區之分乾隆末年之事也雖裨理所譯瀛環志略分
爲九區中有波蘭八部係嘉慶十八年所取則九區之分嘉慶年
間之事也至瑪吉士地理備考亦分九區當是道光初年所定而
分併不同近刻有地理全志分爲十路則道光末年所置也故具
其分合之大綱列以爲表而其瓜剖芋分之細目詳爲之說焉
明嘉靖間十六道　南圖所載之莫斯哥未亞卽俄羅斯圖中如

五洲地理志略　卷二十四　二十一

里度瓦你亞卽里都尼阿波羅尼亞卽波蘭非納卽芬蘭未機卽異域錄所云別爾馬編
人種都閼卽木多皆別自爲國不屬俄其細密里地一區尚爲蒙古頭
目耶爾麻所據雖爲俄十三代汗攻服稱藩不入本境十六道之
內其東數千里更不屬俄惟自北海以南至於裏海凡十六道具
列於左　一莫斯哥未亞卽墨斯科卽圖二俄羅定卽使佛斯羅科尼塞斯三達斯
達利亞羅哥罵斯加四木耳度瓦俄斯作異薩域錄之亦西作穆新必麥爾蠟亦科作內新府
此隸拉之德國千加耳俄本匽斯卽德克路城併之郭五七撒納郭卽之喀國山郭卽併科之本城瑪拉六亞私大亞甘斯卽達阿
亞加十哥一馬九白爾米納加賀爾達白之阿圖郭俄堡併本之城併白八未爾屬德加維卽
耳木樓康在亞卽爾爾以白摩米後部克亞不窩達圖北圖千細也十著納爾墨勿利各人爾白摩泥摩境蓋諾卽
十三所爾熙白大拉羅明南白卽必爾蓋加併賀人爾二達北十十二墨泥閻辣東
弗羅北爾卽納嗎必千當城查曰卽二卽納爾亞北河後入統海於處亞內府爾卽里在當有日密爾必卽白窩爾爾米那亞西日道六必莫勿爾利各
提里普斯科羅卽堡波得部卽八羅多阿木喀斯棱卽特科摩曰○乾隆
末八區爾東俄三皮提里普郭斯科統五部曰科西羅哥統宏蘭曰
里圭尼卽亞多斯曰利窩尼亞尼卽爾窩曰戈蘭爾卽蘭孤比曰革羅七部分
屬二大部一里都阿尼部屬亞里部曰威爾那里卽納維摩俄一儺羅卽德哥
諸曰威底塞比卽斯威科德曰敏塞五克明曰目希里南勒卽威俄大屋列尼
部屬二部曰窩爾希尼尼卽亞窩黎斯卽曰波羅里阿里卽阿波多宜羅內俄統十
九部曰莫斯科曰那窩俄落痾卽達窩羅曰尼斯諾科烏卽痾尼加諾曰阿
那里麻的卽迷瓦爾拉曰底窪威卽爾的曰都臘拉卽都曰加魯牙婁卽牙曰阿臘
爾勒卽爾痾曰窩羅義斯之卽佛窩羅羅尼尼使曰斯康科熙間曰旦摩甫波卽弗當曰斯摩

速即司馬逹斯科曰伯斯果甫即北斯哥弗曰耶羅斯羅即日羅斯拉曰寫祿那即疴勒內曰阿羅義斯即諾弗哥羅曰阿占牙爾即亞爾干日爾曰赫阿匽即至牙三曰果斯多羅麻即哥斯德羅馬曰戈塞即古爾斯克小俄統三部曰幾富即究部曰查尼俄甫即者爾尼疴弗曰布爾多洼即巴爾的哥南俄統五部曰加底里即加的勺曰卡循即給爾孫曰擣利達即擣里逹曰密沙那彌即比薩拉比亞曰端戈沙司即薩拉德夫加匽俄統五部曰加匽即加三曰未壓加即維亞德加曰新麥塞即新比耳斯克曰冰耶即奔薩曰巴母即白爾摩南新藩統五部魏書稱西域之地兩海之間水澤以南爲一域水澤以南即大俄小俄南俄諸部地兩海之間則南新藩地也曰薩加社即西爾加西亞曰諾尼阿即亞爾美尼亞案南圖亞爾墨泥亞本一部土耳其得尼北境波斯得其南境皆爾亞爾美尼亞土屬早爲俄取即此諾尼阿足也波屬至道光八年亦爲俄取曰阿薩塔干即阿斯逹拉干曰阿林墨即疴倫不爾尼曰納希斯丹即逹日斯丹東新藩統四部此即悉畢薹阿國康熙間所稱西畢爾斯科也曰都莫斯即德波爾斯科曰雅古薩即雅古薩斯科曰科利弗即疴斯科幕曰甘查甲即國德加札○嘉慶間九區東俄五部曰彼得羅堡曰斯多尼亞曰里窩尼亞曰孤爾蘭的亞曰芬蘭大俄十九部曰墨斯科曰瓦拉的迷亞曰尼內諾烏疴羅曰赫阿匽曰加婁牙曰斯摩稜斯科曰都拉曰當波弗曰疴勒爾曰窩羅尼日曰古爾斯克曰哥斯德羅罵曰日羅斯拉曰的威爾曰北斯哥弗曰疴勒內曰窩羅疴達曰諾弗哥羅曰亞爾干日爾加匽俄五部曰加匽曰新比耳斯克曰奔薩曰維亞德加曰白爾摩小俄三部曰究曰厄加德黎諾斯拉此部即加底里誤其原有布爾多誤一部即巴阿的哥也改隸南俄曰者爾厄疴弗南俄五部曰加的勾巴爾的哥前後皆分二部此寓合爲部誤南俄所韃當爲六部一曰給爾孫曰比薩拉比亞曰擣里達曰薩拉德夫西俄七部曰威德比斯科曰摩宜勒威曰明斯克曰維里納曰哥羅德諾曰窩

黎尼亞曰波多里亞波蘭八部曰羅索維亞曰加拉哥維亞曰三多迷爾曰加利斯曰魯伯林曰波羅咯曰波達拉給亞曰亞烏斯多窩高加索五部曰疴倫不爾厄曰阿斯達拉干曰薩加社曰諾尼阿曰日爾日西伯利八部即東新藩曰德波爾斯科曰多木斯科二部益都莫斯分置曰也尼塞斯科曰疴慕斯科二部益科利弗分置曰義爾古德斯科曰多木斯科曰亞古德斯科曰疴哥德斯科三部益維占薩分置曰岡札德加即甘查甲○道光初九區北方之鎮十二曰桑比德爾斯不爾厄即被得羅曰非蘭的亞即芬蘭曰斯多尼亞曰里多尼亞四部自東俄來屬曰亞爾干日耳曰疴勒內曰北斯哥弗曰諾弗哥羅曰窩羅疴達曰的威爾曰日羅斯拉曰哥斯德羅罵八部自大俄來屬南方之鎮四曰究曰厄加德黎諾斯拉二部自小俄來屬曰給爾孫曰道里達即擣里逹二部自南俄隸屬又會城二曰敦在敦河濟曰比薩拉比亞以南俄之部改誤西方之鎮八曰孤爾蘭的亞自東俄來屬曰威德比斯哥曰摩宜勒威曰明斯克曰維里納曰哥羅德諾曰窩黎尼亞曰波多里亞七部自西俄來屬又會城一曰比牙黎斯德新置東方之鎮八曰薩拉德夫自南俄來屬曰疴倫不爾厄曰亞斯達拉干二部自高加索來屬曰加三即加匽曰白爾摩曰維牙德加曰新比爾斯克曰奔薩五部自加匽俄來屬中央之鎮十四曰墨斯溝即莫斯科窪曰斯摩稜斯哥曰瓦拉的迷爾曰尼內諾烏疴羅曰加婁架曰斗拉即都拉曰里牙三即赫阿匽曰當波弗曰疴勒爾曰古爾斯克曰窩羅尼日十一部自大俄來屬曰者爾厄疴弗自小俄來屬曰加爾勾曰巴爾的哥二部自南俄來屬海中之鎮三波羅的海中島曰達疴曰厄塞爾曰亞蘭亦作阿蘭波蘭部之會城八曰馬索維亞曰加拉哥維亞曰三多迷爾曰加利斯曰魯伯林曰波羅咯曰波達拉給亞曰亞烏斯窩高加索部會城一曰高加索在高加索山北屬部八曰日爾曰

亞即日爾日曰是爾彎曰亞爾美尼亞即諾尼阿曰義米勒多曰明哥勒里亞曰達爾斯丹曰西爾加西亞即薩加社曰亞巴西亞西卑里亞部鎮四曰德波爾斯各斯路即斯科默文曰多木斯各曰也尼塞斯各曰義爾古德斯各又改設會城二曰疴慕斯各曰亞古德斯各又改設郡二曰疴哥德斯各曰岡札德加○道光末十路波羅的路五部曰彼得堡曰斯多尼曰里窩尼曰孤蘭即孤爾蘭的亞曰芬蘭大俄路十九部曰墨斯科曰拉的迷曰尼內諾弗哥曰利森即赫阿匽曰加婁牙曰斯摩稜科曰都拉曰當波弗曰疴勒曰窩羅尼曰古爾宜克即古爾斯克曰哥斯羅罵曰日羅斯拉曰的威爾曰北斯哥曰疴勒內曰窩羅達曰諾弗哥曰亞干日小俄路四部曰幾富曰查尼俄曰布多洼曰色羅伯斯新增南俄路五部曰加底里諾曰給爾孫曰擣里達曰比沙拉比即比薩拉比亞曰端可沙即端戈沙司東俄路二部曰阿斯達干曰疴倫堡即疴倫不爾尼加森路五部曰加森即加匽曰新比斯克曰奔薩曰維得加曰白爾摩西俄路八部曰威那即維即細曰威得比斯科曰哥德諾曰明斯克曰目希里即摩宜勒威曰北亞里新增曰窩希尼即窩黎尼亞曰波多里即波多里亞波蘭路八部曰馬索維曰三多迷曰加利斯曰魯伯林曰波羅咯曰波達拉給曰亞烏斯多曰加拉哥高加索九部曰曰爾日曰義米勒多曰明哥里即明哥勒里亞曰是爾彎曰亞爾美尼即諾尼阿白達其但即達爾斯丹曰古里利即亞巴西亞曰西爾加西即薩加社曰高加索錫伯利路八部西三部曰德波斯科曰多木斯科曰疴慕斯科東五部曰也尼斯科曰義古斯科曰亞古斯科曰疴哥斯科曰堪察加繆編疆域表云俄肇基於祿利格晚唐始建國諾甫果傈特數傳後迭經篡亂遷畿耶甫遷務拉的密爾又遷莫斯克窪值有元兵威脅攘據名都封建親

藩垂二百餘載僅存一小部落明中葉以還兵力漸雄克收舊服狙伺鄰交彼德羅徙都森比得堡擅黃海之利與英法德奧通商敬敎勸學舍己從人日臻強大改其措置時復更革或一省而離析或數城而歸併或雖小城而改省治或增敵土而寶地名多懸年所糾紛錯雜就今所定撮其大勢則跨歐亞二洲烏拉嶺左洲右亞洲歐縱四千二百唯爾斯特俄里名中國之分寸尺丈皆以十進一八十丈駟一里尺卿英尺以八分爲拓乾尺丈鷓丈一五里橫一萬二千六百唯爾斯特經度自三十七度起至二百九度止緯度自赤道北三十六度起至七十八度止占地球二十五分之一陸地六分之一焉全國疆域方四十萬有四千密律法呷略點十哩七俄歐洲方十萬亞洲方三十萬四千北盡北海東盡東海巨浸如玦環西南多陸界在歐洲者與腦威瑞典普魯土輿斯馬加魯梅宜布爾噶爲鄰西則上耳其波斯阿富汗包希洼布哈爾二國東南與中國邊界及朝鮮接壤歐洲凡四部西波羅的海部西南黑海部東南裏海部西北白海部亞洲凡三部西喀復喀斯部東北悉畢爾部南中亞細亞部合之得大省七十七小省十九國都而外名城五不隸於省者二又其女主葉喀帖離第一時舟人白令尋得北亞美利加地日監札加已易與美國得五十萬盧布茲不載波羅的海部繆編云康熙四十一年俄取瑞典東瀕海地建新都桄泥瓦江爲治與強鄰倡處所置諸城皆屹然成重鎮招集英荷才能之士講求製造火器布勒兵法勤練水陸軍乘瑞典查爾之亡脅割海口大郡嗣值波蘭內閩與德奧聯兵乘敝蹈瑕遂滅其國而有其二竟以強武聾服分建十省數襲瑞典割其芬蘭特建八省以犖西

北歐洲諸國歎其形勢莫敢輕忽都城近畿前稱東峩今準地望芬蘭海灣斜入東南其城近東者三近南者三近西南者四不得以東概之也先謙案波羅的世界圖作波羅的克謝志作保勒第列國學會二圖與徐同波羅的海東部謝志作保勒第沿海省二圖西北境標波羅的三字○繆又云森比得堡總記云東界那阿俄落西界里主爾界伯斯波付北界宏蘭俄新都建於千七百年卽康熙三十六年跨尼瓦江爲治謝志尼瓦作尼泥無城郭有諸宮有博物院萬生院海族院公家花圓有內部外部海部兵部戶部刑部管理國家產業管理學院管理水陸道路總司會計管馬廠藏書庫鑄錢局稅關諸官署有大學塾一百五十區有觀象臺礮廠軍械廠火藥廠船廠大礮廠有涅佛寺比得建都時遷其祖瘞於此上造寺有禮拜堂登其樓見全堡西芬蘭灣西南初特湖南布思果甫東諾甫果偎特北威波爾在經度四十七度五十八分緯度赤道北五十九度五十七分方八百九密律一密律合俄里七中國里十四有柯特琳島葛和南島別略作緋島芬蘭灣內蒲理包爾提斯克格獵達山芬蘭海灣拉多日湖屬三分之一初特湖屬三分之一倭爾霍甫河泥瓦江水西流注入芬蘭灣城中分二大支並南爲大尼瓦北爲小尼瓦又北一支分爲涅佛喀小涅佛喀斜肆河嚧嘎河巴沙河納羅礮河屬東岸駐馬步隊親兵二營共三千二百人步隊善鎗親兵一營千六百人馬隊親兵二營三千二百人步隊守兵三隊二千六百二十五人巡界稽稅馬兵一營六百人工兵六隊每隊八百七十五人然達爾穆司柯耶巡兵一隊埃斯可得侖巡兵一隊每隊二百四十人提督官稱格聶拉爾兼轄倭羅涅慈諾甫果偎特布思果甫埃斯特蘭阿爾塞五省礮臺四駐步隊戰兵一營步隊守兵一隊屬城八俄總記云轄部落六曰擦爾斯柯耶寫洛在都南二十一里前代俄主有避暑離宮曰撒特兒霍甫在都西八里俄主避暑處曰撒得羅把勿絡甫斯克在都西南二十五里俄主之叔寬思坦丁駐此曰噶敕訥在都西南十三里有俄主離宮歲恆居此駐枯班喀撒克馬隊一營烏拉爾喀薩克一營各百人專護離宮礮隊戰兵一營曰噓嘎在都西南百二十九里曰央布爾格在都西南百二十九里駐步隊戰兵一營曰阿霍塔倭拉嚴保在都西北三十九里駐步隊戰兵一營曰格拉斯諾耶寫洛郎紅村在都西南二十五里駐專護紅村礮隊戰兵一營先謙案本波羅的路今隸波羅的海部兩漢奄蔡國西境北魏西域水澤以南地金欽察國寬田吉思海以南地元太祖長子朮赤封地明瑞典國地　國朝康熙四十餘年隸俄　欽定諸書作三皮提里普爾斯科郎彼得羅之名字也內府圖作散博德爾布魯克異域錄作三柯弍撒弍爾斯科亦作三皮提里普兒斯科地理備考作桑比德爾斯不爾厄俄羅斯事輯作散丕特里普爾進呈書籍記作丕葉弍爾布爾噶俄羅國總記作比特革瞰以耒十兒課程作彼得布革謝志作散備德伯漢文圖作散丕透斯杯克平方圖作彼得羅堡郎徐之比得羅堡雷之聖彼得堡列國學會二圖作彼得堡謝志云千七百三年彼得自摩斯瓜遷此地勢窪下貿易甚盛居民夏有八十五萬冬有百二十七萬其要隘曰叩倫司他建尼法河口爲保勒第海軍駐所異名記作庫倫士坦得外國地理作籠龍士德周志作殼垻斯塔世界圖作克倫斯他德二圖作喀垻斯塔得其南有薩爾斯科熱塞洛卽繆之擦爾斯柯耶寫洛其西有倍特爾和夫郎繆之撒特兒霍甫謝志云海口曰司佛堡礮臺建於七島之上布置周密二圖司佛堡作勒佛爾迖志云都城街頭有彼得帝銅像○繆又云挨斯

特蘭大省北芬蘭灣西波羅的海南利弗蘭初特湖東比得堡在經度四十二度二十七分緯度赤道北五十九度二十五分方四百六十七密律距比得堡三百四十七里有烏拉爾波羅的支山達郭島窩爾穆思島芬蘭灣納羅礮河屬酭初特河東岸三分之一法普諸貨所萃駐步隊守兵一隊巡邊察稅馬兵一營礮臺一會城曰烈威力在芬蘭海口爲通商行軍之要道有倭來大禮拜堂高四百三十尺總記作里圭備乘以爲斯多尼亞非也屬城五曰波羅提司剖爾特在省西四十七里海口曰塔蒲斯在省東南八十一里曰唯層畢爾克在省東九十七里曰噶普薩里在省西南九十八里濱海內有圍海水大浴池曰唯森石特茵在省東南百七十九里先謙案本波羅的路今隸波羅的海部二漢奄蔡西境北魏粟特國西境元瑞典地日爾曼取之明日爾曼地　國朝康熙間隸俄內府圖作郭羅穆斯多托北微考作斯多尼俄羅斯總記作里圭云界在宏窩蘭昆海阿港西之北南界練界轄此小特部葦蕃南三地理備考作斯多尼亞與徐同備以利上乘兒萬國圖作伊士吐匿阿俄史作犂突阿尼亞又作額斯安尼亞圓球圖作愛斯佐尼阿列國學會二圖作挨斯特蘭與繆同卽雷之愛斯脫拉肯考案方位斯多尼亞之爲挨斯特蘭無疑繆說謨○繆又云麗馥蘭大省北挨斯特蘭西波羅的海南庫爾蘭東南威帖布斯克東布斯果甫初特湖在經度四十一度四十六分緯度赤道北五十六度五十七分方八百二十六密律距比得堡五百六十八里有烏拉爾波羅的支山奴儒島莫勒島哎接黎島鳩羅島黎嘎灣初特湖屬西岸三分之一微爾訾湖恩拔河挨阿河會城曰黎嘎在維納河上昔布國舊域通商大埠產哈喇絲綫毛織蹋禱各種布匹帆纜各種糖貨皆有作廠俄腹地所產貨物薈萃於此分運各國駐步隊戰兵二營步隊守兵二隊巡邊察稅馬兵一營礮隊戰兵一營礮臺一在黎嘎海灣維納河入海處屬城九曰吉納冥特在省北五十二里維納河入海處曰迭爾鋪特在省東北二百四十五里瀕海有大學塾曰撤爾諾甫在省北二百四十一里黎嘎海灣有哈喇作廠曰阿蓮斯布爾克在省西北四百三里哎接黎島有大浴池駐巡邊察稅馬兵一營曰倭里馬曰在省東北百十三里挨阿河上曰淵顯在省東北八十三里挨阿河上曰日爾羅在省東北二百四十四里曰注爾克在省東北百六十二里曰茀林在省東北二百二十二里先謙案本波羅的路今隸波羅的海部二漢奄蔡西境北魏粟特西境元朮赤所封阿羅斯屬地明俄羅斯地割屬瑞典　國朝康熙間歸俄　欽定諸書作那耳瓦內府圖作訥爾瓦南圖作里福尼亞總記作利窩尼阿云蕃赤南在界宏戈蘭蘭海西港界之海南北東界里界圭比特備考諸書作里窩尼亞與徐合備以上乘兒萬國圖作里窩匿阿泰西新史作麗芬芽俄史作黎縛尼亞圓球圖作里佛尼唵近史作利波尼亞列國學會二圖與徐同利牙二圖同課程作利嘎云一作里葛近利嘎海股當杜味納卽土味納河入海處人十七萬口二漢奄蔡西境北魏粟特西境明屬瑞典與那爾瓦同隸俄北微考作比牙黎斯德部備考作比牙黎斯德會城其爲部名及會城時代無可孜矣南圖作利加以切靚備世界圖作理牙其東北世界圖有特爾怕託無二圖卽繆之迭爾鋪特其西北二圖有亞棱斯波格卽繆之阿蓮斯布爾克○繆又云庫爾蘭大省北黎嘎灣西北波羅的海南闊勿諾東威帖布司克東北麗馥蘭在經度四十一度二十四分緯度赤道北五十六度三十九分方四百九十密律距比得堡六百一十四里有烏

拉爾波羅的支山梨嘎海灣挨阿河輿麗薩蘭所屬圖名而別一水韞他注河西維納河屬其碼斯會城日迷他注在挨阿河上駐步隊一營步隊守兵一隊屬城八日韞他注在省西北百八十九里小海口在量他注河上日里巴注在省西百七十六里瀕海商埠冬不封河駐步隊戰兵一營馬隊戰兵一營治地工兵一隊日葛理金堅在省西北百三十二里日噶尖波特在省西北百四十一里駐造橋工兵一隊日弗厲得利施他特在省東南百十九里六百年前屬布國駐造橋工兵一隊日土昆在省西北五十四里日包司克在省東南四十三里挨阿河上日雅可卜司揖得在省東南百七十一里先謙案本波羅的路今隸波羅的海部二漢奄蔡西境元魏栗特西境明爲古爾蘭的亞本瑞典地耶麻尼取之後隸波蘭　國朝乾隆五十七年隸俄內府圖作倭勒爾北徼考作戈蘭南圖作古爾蘭的亞總記作戈爾蘭亦作哥爾蘭云亦在宏蘭港南東界利高尼阿南界威爾那西北界瀜備考作孤爾郎的亞全志作孤蘭以上備乘見圓球圖作科爾蘭異名記作顧阿蘭列國學會二圖與繆同迷他注世界圖作米叨二圖作彌坦其西北有杜昂郎繆之土昆又西北有文島郎繆之韞他注其西有里播郎繆之里巴注世界圖作利噶其東南有弗黎得里什斯大得郎繆之弗厲得利施他特

芬蘭先謙案芬蘭一部今畫八省本波羅的路今隸波羅的海部

芬蘭雷志云服屬於俄如上公因其地之所宜舊時法律今仍保守勿墜其地亦多湖之高原也各湖之面積幾占全省百分之十一面積十四萬四千二百五十一英方里人二百五十二萬五百口國人以農及植樹林爲業者居百分之八十全面積百分之三爲耕種地百分之十爲草地百分之五十六爲樹林礦產無足道惟鐵稍多入口貨值七百八萬八千磅出口貨值六百二十七萬三千磅多與俄德英貿易入款二百六十二萬四千磅千八百九十八年國債三百二十九萬六百磅軍額六千二百五十六人鐵路千五百三十五英里

漢爾沁覆人七萬五千四百十四口

亞波人三萬四千九百六十四口以上要區徐志云芬蘭見上又瑞典下云波羅的海東岸有廣土日芬蘭與臘巴蘭肥引墨相連本瑞典東境康熙年間割歸峩羅斯瑞典有西費那之稱費耶合詘爲芬郎指芬蘭也○繆編云暱幽蘭大省西南芬蘭灣東威波爾西北阿波北塔礅斯特姑司特森米叶烈在經度四十二度三十七分緯度赤道北六十度十分方百九十一密律距比得堡三百九十五里有芬蘭枝山珂特喀山芬蘭海灣內港會城日節力新弗爾斯昔芬蘭酋所駐有芬蘭內務衙門千八百九年歸俄因風俗殊異俄主阿烈克山德予民以自主之權爲設此署由境內自舉一長主持大小政令俄官不能侵其權民

得自鑄錢大者名馬爾克小者名撤尼皆仿佛瑞典制有阿烈克山得大學館產鹹鐵水駐步隊戰兵一營步隊善鎗手一隊礮隊戰兵一營提督官兼轄芬蘭全境礮臺三內港屬城四日博爾郭在省東五十五里瀕芬蘭灣日挨喀皋斯在省東百六里日于革在省西百九十四里自威波爾來鐵路止此日偲唯襪在省東九十九里先謙案今隸波羅的海部兩漢奄蔡西北境北魏栗特西北境元欽察國西北境明非納屬瑞典　國朝隸俄　欽定諸書作西費耶斯科南圖作非納總記作宏蘭[illegible]占牙爾南界比特革西北界海藉小部落三十三備考作非的亞書籍記作費陽梁地球說作肥蘭以上備乘見列國學會二圖不載暱幽蘭省名有赫爾森法斯王書[illegible]南瀕芬蘭灣郎雷之漢爾沁覆繆之節力新弗爾斯世界圖作海爾信弗爾斯謝志作黑帝弗○繆又云威波爾克大省南芬蘭灣西暱幽蘭東南比得堡拉多日湖北柯批倭森米叶烈在經度四十六度二十六分緯度赤道北六十度四十三分方五百四十七密律距比得堡百二十里有芬蘭支山礅拉阿木島補大苛皋唯茨島芬蘭引水河曲濱湖彌嗎拉多日湖屬三分之一賽馬湖[illegible]角倭克薩河役賓馬至拉多其河瀑日倚驗得拉會城同省名近海口駐步隊戰兵一營步兵善鎗手一隊步隊守兵一隊礮臺一屬城六日嚧斯切邪在省東北百七十里產黑玉日畢特喀蘭在省東北百八十里產銅日拂厲得利斯岡模在省西百六里瀕芬蘭灣有武備學堂有璧倦拉石塘產大石可作柱礎駐步隊戰兵一營司切思郭黎睦在省東北八十八里拉多日湖上日微爾瞞斯特蘭在省西北五十里日旰爾多波立在省東北百六十五里先謙案今隸波羅的海部世界圖作維波格圓球圖作斐保格俄史作未婆克亦作

未薄克俄船曾聚此海灣攻瑞典列國學會二圖作威波格其西南有弗勒得里克郎繆之拂厲得利斯岡模○繆又云柯批倭大省南森米叶烈威波爾東北倭羅涅慈北烏烈阿波爾西瓦襪在經度四十五度十一分緯度赤道北六十二度五十三分方六百十八密律距比得堡四百三十九里有芬蘭山賽馬湖通北二分之一會城同省名駐步隊善鎗手一隊屬城五日幽煙蘇在省東南二百里日攸喀在省東百七十里日伊顛薩理密在省北百二十里日喀爾圖拉在省西北四十五里日勞榻拉節在省西南五十五里先謙案今隸波羅的海部柯批倭異名記作過比俄圓球圖作庫俄丕俄列國學會二圖作庫俄比我其東南有約延素郎繆之幽煙蘇其西北有伊典薩美郎繆之伊顛薩理密其北有喀者那郎繆之喀爾圖拉○繆又云森米叶烈大省南暱幽蘭威波爾東北柯批倭西北瓦襪西塔礅斯特姑司特在經度四十四度五十分緯度赤道北六十一度四十二分方二百六十五密律距比得堡二百八十六里有芬蘭山賽馬湖三分之一會城同省名駐步隊善鎗手一隊屬城六日內什果倮特在省東八十五里日格諾拉在省西南七十五里日丕邪克斜芊喀在省北六十五里日堪噶司聶棵在省西北六十里曰佛爾司在省東北五十五里日核聶唯希在省東北二百十里先謙案今隸波羅的海部萬國圖作密處耳平方圖作密撤爾列國學會二圖不著有非爾斯郎繆之佛爾司○繆又云塔礅斯特姑斯特大省南暱幽蘭東森米叶列北瓦襪西阿波在經度四十一度五十八分緯度赤道北六十一度方三百二十一密律距比得堡三百六十八里有芬蘭山塔礅斯特湖會城同省名產小麥菽麥豐歲一粒五穗歉一穗駐步隊戰兵一

營步隊善鎗手一隊屬城四曰塔蔑爾復而思在省西北百八十里曰離西馬齊在省南三十五里曰拖身拉在省西北四十里曰鴉木斜在省東北百二十里先謙案今隸波羅的海部萬國圖作塔瓦士迪壺斯俄史作好星福司云自此進攻瑞典列國學會二圖作特瓦斯特胡司其西北有坦麥爾法斯郎繆之塔蔑爾復而思其南有利支馬克郎繆之離西馬齊○繆又云阿波大省東南暱幽蘭西南芬蘭灣西伯特泥港東塔襍斯特姑斯特北瓦襍在經度三十九度五十七分緯度赤道北六十度二十七分方三百七十六密律距比得堡五百二十里有芬蘭山阿蘭羣島芬蘭灣小泊一小河一會城同省名昔爲芬蘭都會瀨海通商巨埠有船廠駐步隊善鎗手一隊屬城五曰別爾聶鄱爾克在省北二百三十七里濱海曰泥依斯他特在省西北百二十里瀨海曰諾登達理在省西北十六里濱海曰馬理野航在省西二百里濱海曰拉烏穆在省西北百八十里瀨海先謙案今隸波羅的海部郎雷之亞波列國學會二圖與雷同○繆又云瓦襍大省南阿波塔礮斯特姑斯特東柯批倭北烏烈阿波西伯特泥港在經度三十九度十九分緯度赤道北六十三度四分方六百八十二密律距比得堡七百十一里木質薪柴之賈所聚其埠在波特泥海港狹處有芬蘭山洼里葛龍島噶木拉喀爾泐畢河會城曰尼闊賴司捐得瀕海口駐步隊善鎗手一隊屬城六曰雅苛朴斯達特在省東北百七十一里瀕海曰噶木拉喀爾泐畢在省東北二百二十里瀕海曰幽洼斯秋拉在省東南三百十五里曰牛喀爾烈虎在省東北百三十里瀕海曰克黎斯梯聶斯他特在省西南百五十四里瀕海曰喀司迎在省西南百里先謙案今隸波羅的海部列國學

會二圖作尼科來斯大得不著瓦襍之名世界圖作尼口來斯多得其北有者哥不斯大得郎繆之雅苛襆斯達特又東北曰干拉喀里壁郎繆之噶木拉喀爾泐畢其西南曰卡斯科郎繆之喀司迎又西南曰支利斯地內斯大得郎繆之克黎斯梯聶斯他特○繆又云烏列阿波爾克大省南瓦襆柯披倭倭羅涅慈東阿爾寒北那威西瑞典國伯特泥港在經度四十三度四分緯度赤道北六十五度二分方二千八百三十八密律距比得堡六百二十二里嘉慶十三年俄瑞立約將芬蘭伯特泥亞二省讓於俄當郎以上二省餘（伯轄泥亞列國學二圖作波的尼亞）有芬蘭山滿色烈迦大嶺哎訥獵湖烏繆湖烏繆河茄密約奇河拖爾鴦河（與瑞典爲界）堨訥河（與那威爲界）會城同省名在伯特泥港有船料埠駐步隊善鎗手一隊屬城五曰小拉赫斯他特在省西八十五里曰拖爾鴦在省西二百三十里接瑞典界曰喀亞納在省東南二百五十一里曰泥洼拉在省西南百二十里曰喀拉約喀在省西南百四十八里先謙案今隸波羅的海部世界圖作烏列亞堡列國學會二圖作烏里波格其西有不拉黑斯大得郎繆之卜拉赫斯他得又西曰多爾尼亞郎繆之挖爾寫（以上芬蘭全境八省）○繆又云倭羅涅慈大省西北芬蘭西南拉多曰湖比得堡南諾甫果倮特東南倭倮格達北阿爾寒在經度五十二度三分緯度赤道北六十一度四十七分方二千三百二十一密律距比得堡四百五十一里有倭羅涅慈山嶇倭涅曰湖拉多曰湖（屬三分之一）謝格湖韋格湖拉嘎湖倭涅嘎河威餠格拉河肆威爾河麻林引水河梯烏的司克產白玉駐防守兵一隊會城曰撒特羅薩倭在倭涅曰湖上有鐵廠砲廠屬城四曰威接格拉在省東南三百八十六里麻林引水河口威接格拉河上曰喀爾

[illegible]離在省東六百八里產熟鼠兔皮及布曰波曰涅茨在省北百八十五里產布曰鋪多曰在省東四百八十六里先謙案本大俄路今隸波羅的海部二漢三國奄蔡東境北魏粟特國東境金欽察國東境元朮赤封地　國朝屬俄內府圖作索魯歪特集岳克達總記作窩祿那（云東亞洲俄羅斯南部北阿占牙爾西芾弋落母）亦作阿鹿那備考諸書作宥勒內與徐合（以上見備乘）萬國圖作俄洛捏士圓球圖作俄羅乃資俄史作俄羅納次一作倭羅涅茨世界圖作義鹿列國學會二圖與徐同其阿尼牙湖西瀕有佩特羅剎佛德斯克郎繆之撒特羅薩倭阿尼牙郎繆之倭涅曰湖也其東南有威特格拉郎繆之威接格拉其東有埔多石郎繆之鋪多曰又東有卡各坡耳郎繆之喀爾果波離○繆又云諾甫果倮特大省西北比得堡西南布思果甫南特威爾葉洛思納甫東倭羅格達北倭羅涅慈在經度四十八度五十六分緯度赤道北五十七度三十一分方二千百五十二密律距比得堡百七十九里有礮爾臺山（阿爾溫所分郎烏拉爾波羅的之支）伊利明湖白湖倭熱湖佘鸞儀河柯勿熱河羅哇吉河佘克司訥河穆思他河莫羅嘎河槎郎奪什河倭爾霍甫河替合沄引水河替合沄喀河會城同省名爲祿利格開基之地五百年前與西方各國通商甚富庶後爲莫斯克窪之主所擊破有率非亞天主堂有千年前古碑駐步隊戰兵一營步隊守兵一隊屬城十一曰斯他亞盧薩在省南九十一里產鹽及鹹鐵水駐步隊戰兵一營曰礮爾台在省東南百三十二里產粗麻布船纜有廠鑄大鐘口替合沄在省東北二百里有通海小港曰撤列簇曰茨在省東五百八里產鐵器曰烏思挈曰納在省東三百八十五里產鐵器曰別洛接爾司克在省東六百四十一里產鐵器曰改拉克扯

曰郭魯吉諾俱在省東北九十里各駐步隊戰兵一營曰木拉惟約甫駐礮隊守兵一營曰密得惟齊在省西南三十五里駐工兵三隊一隊親兵一隊治地一隊造橋曰寫理什誠司克駐礮隊守兵一營先謙案本大俄路今隸波羅的海部二漢三國奄蔡地北魏粟特地金欽察地元朮赤封地明爲泥闊辣屬俄內府圖作訥倭郭羅特北徽考諸書作諾弗哥南圖作泥闊辣總記作阿羅義斯（云東北阿占牙爾南諾科落西宏爾以上見備乘）西洋史要作諾維哥洛脫萬國圖作諾夫戈洛特圖球圖作淖夫果老得俄史作懦味各六近史作那烏哥洛萬國興亡史作羅孚果羅特云爲俄國祖族列國學會二圖作諾弗哥羅與徐合其南有斯特拉熱郎繆之斯他亞盧薩其東南有瓦爾戴郎繆之礮爾台其東有烏斯求什納郎繆之烏思擊曰納又東有別羅肖斯克郎繆之別洛接爾斯司克○繆又云布思果甫大省西北初特湖西利弗蘭南威帖布思克東南嘶馬連司克東威特爾東北諾甫果倮特北比得堡在經度四十五度五十九分緯度赤道北五十七度四十九分方七百八十四密律距比得堡二百五十七里有礮爾臺山（阿拉嗣鮎）戲布思果甫湖唯利喀邪河洛礮吉河佘鸞儀河會城同省名有大禮拜堂駐步隊戰兵一營步隊守兵一隊屬城七曰倭波赤喀在省南百二十二里產麻曰倭斯特羅甫在省南五十二里產麻曰挐黎嘍在省東南百四十五里產麻曰唯利嘰邪盧吉在省東南二百六十五里產熟皮張曰託羅別茨在省東南三百五十七里產熟皮張曰霍爾木在省東南二百七十二里產熟皮張曰坡爾霍甫在省東七十四里先謙案本大俄路今隸波羅的海部二漢三國康居地北魏西域水澤以南地金阿羅思地元朮赤封地　國朝隸俄內府圖

作博勒斯古北徼考諸書作北斯哥總記作伯斯果甫(云東底窪西南委底
基北北特華)一作伯斯果付全球說作白斯果甫備考作北斯哥弗與
徐合(以上見備乘)世界圖作魄斯科列國學會二圖與徐同其南有鄂
拔集卡卽繆之倭波赤喀其東南有可耳木卽繆之霍爾木又東
南有它羅北斯卽繆之託羅別茨○繆又云闊勿諾大省東北庫
爾蘭西普國南蘇礮爾𠸄唯里納在經度四十一度三十三分緯
度赤道北五十四度五十四分方七百二十五密律距比得堡六
百九十四里有涅們河(屬其)挨阿河(發源)韞他洼河(發源)維里邪河(赴外
流)會城同省名在涅們河上千八百十二年法主拿破崙攻俄師
六十五萬兵大戰於此喪十之八九有船埠駐馬隊戰兵一營步
隊戰兵二營步隊守兵一隊礮隊礮臺一屬城十二日章利科密爾在
省東北六十四里產麻駐礮隊戰兵一營日桃落根在省西北百
七十三里有稅關駐巡邊稽稅馬兵一營日攸耳布爾克在省西
百里有稅關日曬西偃儀在省西北八十四里駐馬隊戰兵一營
日迭離施在省西北百八十六里日薩勿離在省北百七十一里
駐步隊戰兵一營日城涅日爾日在省北百四十五里駐步隊戰
兵一營日諾倭阿烈克山德羅甫司克在省東北百七十一里日
開達來在省東八十二里日莫惹其阿拉齊惟利實幾在省西北
二百二十三里日倭爾黎在省西北百六十五里駐馬隊戰兵一
營日格伊丹理在省北六十八里駐平原馬礮兵二隊先謙案本
大俄路今隸波羅的海部異名記作科夫諾圖球圖作考夫奴俄
史作哥特儒云瑞兵曾守此險亦作科那云拿破崙由此入俄世
界圖作廓弗諾列國學會二圖作科佛那其北有坡紐折什郎繆
之城涅日爾日又北有沙佛里郎繆之薩勿離○繆又云瓦爾沙

五洲地理志略　卷二十四　卅

洼大省北布羅茨克羅摸熱西普國南茄勒茨徽特羅闊甫拉多
穆東哆奪列茨在經度三十八度四十一分緯度赤道北五十二
度十四分方二百六十三密律距比得堡若干里會城同省名在
維思納河之左波蘭國之舊都城中蕃庶百貨皆充駐步隊親兵
一營馬隊親兵一營步隊戰兵三營枯班喀撒克馬隊一營礮隊
戰兵一營礮城備戰兵一隊步隊守兵二隊然達拉馬兵一營工
兵四隊安修電綫三隊開造鐵路一隊其提督轄波蘭全境惟蘇
礮爾𠸄歸維里訥礮臺一屬城十二日枯特諾在省西北百十八
里駐步隊善鎗手一隊產糖有作廠日倮威飭在省西七十五里
駐步隊戰兵一營礮隊戰兵一營日思切爾涅韋茨在省西六十
一里駐步隊善鎗手一隊日阿烈克山德洛倭在省西北二百二
十里德俄界上駐步隊善鎗手一隊守臺兵一隊日復諾茨拉弗
司克在省西北百六十九里駐馬隊戰兵一營步隊戰兵一營步
隊善鎗手一隊巡邊稽稅喀理士馬兵一營日拉底明在省東北
二十五里駐平原馬礮兵一隊日民司克在省東南六十五里日
拉迭葉拂在省西北三百里日格來嘍在省南七十五里駐步隊
戰兵一營日過拉喀黎喀立亞在省南三十五里駐步隊戰兵一
隊日果司推凝在省西北百三十九里駐礮隊戰兵一營日婁哈
掣甫在省西北五十里先謙案本波蘭路今隸波羅的海部總記
作洼肖云波蘭卽古之麻底阿其人則斯可臘奐種類語音龎襍
風俗强悍當意大里盛時征討各國惟波蘭未失寸土九百九十
年(宋太宗淳化元年)有摩尼斯老士始立國稱王建都洼肖千四百年(明建
文四年)協稔女主卽位與里都阿那酋長查遮爾倫婚配合爲一國
仍曰波蘭後國中士豪聚黨數十萬擅權自恣國王稍不合如意動

輒廢立政自下出王不能制千七百七十餘年(乾隆三十餘年)俄普奧三
國說其王頗助兵誅鉏頑梗約割地酬勞議未決千七百九十二
年(乾隆五十七年)三國合兵來攻俄奪其敏塞幾付波羅里窩爾希尼俄
羅儺威爾那哥爾蘭威的塞目希里付北亞里十部普奪東普魯
社西普魯社波新三部奧奪雅爾西阿一部波蘭僅存洼肖與格
那耦二部格那耦又不服統轄惟洼肖設有總領小部落遇會議
稍不合輒爭鬭王亦置若罔聞惟視其强弱而左右之嘉慶十九
年俄滅波蘭盡倂其地於是分洼肖一區爲八部道光十二年波
蘭遺臣據地起兵與俄戰敗逃地卒歸俄歲派噶噶林林一員駐劄
節制全部事務今又分爲十省馬索維以下至濇卑林是也北徼
考諸書作馬索維南圖作瑪所未亞備考作馬索維亞與徐合(以上
見備乘)世界圖作窪梢課程作洼撒云一作瓦爾索維亦作瓦沙洼
亦作瓦梢謝志作瓦沙法西洋史要作哇沙俄史作華沙郎雷之
懷沙列國學會二圖作瓦薩其西北有索卡休郎繆之𡶒哈掣甫
又西北有可洛郎繆之枯特諾其西有士吉爾士郎繆之思切爾
涅韋茨○繆又云喀理士大省西北西南普國西卜洛士納河東
南撒特羅闊甫東北瓦爾沙洼在經度三十五度四十六分緯度
赤道北五十一度四十六分方二百五密律距比得堡千二百八
十一里有洼爾達河(入卜諾士納河)卜諾士納河(左岸屬德右岸屬俄)會城同省名
在卜訥河上與德接界爲通商大埠產毛織各貨哈喇爲大宗駐
馬隊戰兵一營巡邊稽稅木省馬兵一營屬城九日顆羅在省東
北六十二里洼爾達河上日蓮池軋在省東百三十五里駐步隊
戰兵一營日寫拉慈在省東南七十五里洼爾達河上日酉恩
在省南九十一里駐端河喀薩克馬隊戰兵一營日岢甯在省東

五洲地理志略　卷二十四　卅一

北五十里洼爾達河上駐端河喀薩克馬隊戰兵一營日肆魯薄
仄在省北七十七里與普爲界日都烈克在省東北三十八里日
洼爾達在省東南六十二里洼爾達河上日自敦斯喀雅倭烈在
省東南百十五里駐平原馬礮兵一隊先謙案本波蘭路今隸波
羅的海部北徼考諸書作加利斯與徐合全球說作加里西亞(以上
見備乘)萬國圖作喀里什漢文圖作喀耳施列國學會二圖亦作加
利斯○繆又云普羅茨克大省西北普國南瓦爾沙洼東羅模熱
在經度三十七度二十一分緯度赤道五十二度三十三分方九
十七密律距比得堡千百六十七里有維思納河(右岸)復可挈河會
城同省名在維思納(一作訥)河上駐步隊戰兵三營礮臺一屬城六
日利卜諾在省西北五十五里駐馬隊戰兵一營日穆拉洼在省
東北八十三里駐步隊戰兵一營日卜拉思理什在省東北百十
八里駐步隊戰兵一營日石蓮司克駐端河喀薩克馬隊一營日
博唯馬斯奪駐造橋工兵二隊日褋果倮飭木駐看守官物工兵
一隊先謙案本波蘭路今隸波羅的海部北徼考諸書作波羅咯
與徐合備考作波羅各(以上見備乘)俄史作波的喇克平方圖作布羅
姆波格萬國圖作普羅士克列國學會二圖作埔耳士斯克其北
有木剌瓦郎繆之穆拉洼○繆又云羅摸熱大省北普國西普羅
茨克南瓦爾沙洼哆得列茨東格倮得倮(案卽哥羅德諾)在經度三十九
度四十五分緯度赤道北五十三度十一分方二百十九密律距
比得堡九百八十六里有拉列甫河博卜爾河(入拉列甫河)會城同省
名在拉列甫河上駐步隊戰兵一營馬隊戰兵一營巡邊稽稅喊
爾日波羅倭馬兵一營屬城七日倭思得羅連嘎在省西三十三
里拉列甫河上千八百三十一年勝波蘭叛黨處駐步隊戰兵一

營平原馬礮兵一隊曰鋪勒堵司克在省南八十五里拉列甫河上駐步隊戰兵一營曰馬勒廷在省南八十五里駐步隊戰兵一營曰倭斯特羅甫在省西南七十二里駐礮隊戰兵一營曰岢里諾在省北二十七里曰石楚成在省東北四十三里駐馬隊戰兵一營曰馬作唯茨在省東南五十里先謙案本波蘭路今隸波羅的海部異名記作羅摩尼列國學會二圖有埧沙葢其異名○繆又云蘇禨爾嘰大省北闊勿諾南格羅得諾西普國東唯里納在經度四十度三十六分緯度赤道北三十三度四十分方二百二十三密律距比得堡九百十里有涅們河(屬其左岸屬維里納右)阿烏顧思拖倭引水河(通維思納涅們二水與)會城同省名駐馬隊戰兵一營平原馬礮兵二隊屬城七曰嘁爾日波羅倭在省北百七十七里與德接界有稅關曰阿烏顧思拖倭在省南二十八里大集鎮每期諸貨並集如中國之趁墟駐端河喀薩克馬隊一營曰阿列克所得在省北七十里有稅關曰馬利牙穆波黎在省東北五十六里曰喀理瓦里耶在省東北四十里駐礮隊戰兵一營曰袞伊內在省東三十里曰烏拉的思拉倭在省北九十六里先謙案本波蘭路今隸波羅的海部全志作亞烏斯多備考作亞烏斯多窩與徐合云係會城其所屬首部名蘇瓦爾給是蘇瓦爾給郎蘇禨爾嘰也萬國圖作蘇瓦耳其平方圖作蘇瓦爾溪列國學會二圖同○繆又云撒特羅闊甫大省西北喀理士西德奧二國東茄勒茨拉多穆東北瓦爾沙注在經度三十七度二十二分緯度赤道北五十一度十九分方二百二十二密律距比得堡千百八十五里有灊卑林嶺(由奧國分支)森多密爾嶺(由奧國分支)注爾達河(發源)陂裏軋河(轄其左岸)會城同省名此與比得堡所屬撒特兒霍甫名同葢未得波蘭時故

其名僑置之以志必取如薩馬干在回部而泥瓦江上亦有村名薩馬干至士爾其之君士但丁或以名人或以名地葢尤不能忘者也駐步隊戰兵一營巡邊稽稅喀里士馬兵一營屬城十一曰羅吉在省北六十二里產吉貝花各種棉綫有作廠駐步隊戰兵一營礮隊戰兵一營平原馬礮兵一隊曰卜列金在省東北七十五里曰可雷什幾在省東北六十里曰脫馬灼甫(一作甫)在省東北五十里駐步隊善鎗手一鎗隊曰阿拉奪穆司克在省西南七十五里駐步隊善鎗手一隊曰成思奪霍甫在省西南四十二里大集鎮有大廟一區駐馬隊戰兵一營步隊善鎗手一隊曰編金在省西南百四十六里近奧國界曰瑣斯諾唯茨在省西南百五十八里曰格拉尼擦在省西南百五十二里與奧爲界曰拉司克在省西北四十九里曰拉注在省東北九十九里駐步隊戰兵一營先謙案本波蘭路今隸波羅的海部異名記作丕特羅爾科甫列國學會二圖作比俄特爾哥佛○繆又云迦勒茨大省西撒特羅闊甫南奧國東北拉多穆在經度三十六度十六分緯度赤道北五十度五十二分方百八十三密律距比得堡千二百十八里有灊卑林嶺森多密爾嶺比利𥜥河(其西北特羅闊甫界)維思納河(在南奧界)會城同省名駐步隊戰兵一營平原馬礮兵一隊屬城七曰庵德列葉甫在省西南三十三里曰蔑霍甫在省西南七十四里駐端河喀撒克馬隊戰兵一營曰哦理古什在省西南百十二里曰品擢甫在省西南五十里駐馬隊戰兵一營曰斯拖布擬札在省南六十三里曰吳諾升擢甫在省西北五十里駐礮隊戰兵一營曰比里擦在省西南二百六十七里先謙案本波蘭路今隸波羅的海部北徼考諸書作加拉哥總記作格那耦亦作格臘耦備考作加拉哥

維亞與徐合(以上備乘)見列國學會二圖作若威馬斯它葢異名也徐又云波蘭故地尚有加拉哥維亞國袤延百餘里乃波蘭遺民所立自推鄉長理事不立君長地在峩屬波蘭部之西南備乘北徼事蹟表嘉慶十二年下云先是波蘭屬地有加拉哥維亞一區俄奧二國交爭各欲爲己屬是年各國會議於維也納以加拉哥維亞別爲一國備考云密爾侯加拉哥維亞之首部備乘云密爾侯郎格那耦之音轉又於疆域考加拉哥部外附載加拉哥維亞國仍志略備考之舊總記云波蘭末減時加拉哥維亞部已自爲國會城在維世都拉河岸貿易甚盛其加拉辣多慕拉哥爾塞索維斯二處溫泉甚多赴浴如市據此即奧之加里細亞二圖所稱克拉哥者也加拉哥加拉哥維亞不得分而爲二今已歸入奧國參之繆編南奧國東北拉多穆(郎三迦爾多)之地惟若威馬斯它足以當之因與克拉哥切近以致錯誤今特正之餘詳奧國加里細亞下○繆又云拉多穆大省北瓦爾沙注西撒特羅闊甫西南奧國東灊卑林東北吆奪列茨在經度三十八度十六分緯度赤道北五十一度二十四分方二百二十四密律距比得堡千百四十六里有森多密爾嶺灊卑林嶺維思納河(由西至北包)比利襍河(由南至東北包)會城同省名駐步隊戰兵一營礮隊戰兵一營屬城八曰倭波飭納在省西北百十五里曰寬司克在省西八十里駐步隊戰兵一營曰卜勒在省西南五十里曰伊里熱在省南二十九里曰倭巴奪甫在省南七十九里曰森多密爾在省南百八里駐巡邊稽稅阿拉幾威傈甫馬兵一營曰顆多泥訾在省東北三十六里駐步隊戰兵一營曰士達脫灼弗在省西南百十四里駐馬隊戰兵一營先謙案本波蘭路今隸波羅的海部北徼考作三多迷備考作三

多迷爾與徐合南圖作羅桑加(以上備乘)見備考又云所屬首部名拉冬萬國圖作拉耽圓球圖作拉道母世界圖作羅都列國學會二圖作拉當皆拉冬音轉也○繆又云哆奪列茨大省北囉摸熱西瓦爾沙注西南拉多穆南灊卑林東格羅得諾在經度三十九度五十七分緯度赤道北五十二度十分方二百六十密律距比得堡千二十八里有維思納河()西布嘎河()會城同省名駐步隊守兵一隊屬城十曰璐顆甫在省南二十六里曰淵革羅甫在省西北四十四里曰瑣顆綹甫在省北二十八里駐步隊守兵一隊曰別拉(一作別拉爾)在省東南六十六里駐礮隊戰兵一營駐礮隊戰兵一隊曰拉金在省南百三十四里曰喀爾倭琳在省西南百二十五里曰熱列霍甫在省西南九十五里駐步隊守兵一隊曰勿洛撻注在省西南百五十四里駐馬隊戰兵一營曰囉西爪在省東二十九里駐平原馬礮兵一隊曰鴉諾甫在省東八十五里先謙案本波蘭路今隸波羅的海部異名記作西得勒斯列國學會二圖作西德爾細其東南有汗洛打瓦郎繆之勿洛撻注○繆又云灊卑林大省北吆奪列茨西拉多穆南奧國東倭棱斯克在經度四十四度十四分緯度赤道北五十一度十五分方三百五密律距比得堡千百四十四里有灊卑林嶺森多密爾嶺維思納河(屬其轄岸)唯卜爾日河(發源)西布嘎河(屬其西岸)會城同省名駐步隊戰兵一營礮隊戰兵一營礮臺三屬城十一曰諾威阿列克山德邪在省西北六十五里曰灊巴爾脫甫在省東北百七十二里唯卜爾日河上曰霍爾木在省東南九十六里駐端河喀薩克馬兵一營曰刻拉斯諾斯達甫在省東南四十九里唯卜爾日河上駐步隊戰兵一營曰牙諾甫在省西南八十三里駐端河喀薩克馬隊

戰兵一營曰禚莫思期邪在省東南八十五里駐步隊戰兵一營端河喀撒克礮隊馬隊戰兵各一隊礮城備戰兵一隊曰別爾勒果乃在省南百三十三里駐端河喀薩克馬兵一營曰革嚕別杓甫（一作數）在省東南百八里駐馬隊戰兵一營曰倭波烈在省西七十里駐步隊戰兵一營曰駝馬說弗（一作馬[illegible]）在省南百四十里駐端河喀薩克馬隊戰兵一營曰什車卜惹深在省南百三十五里駐端河喀薩克礮兵一隊先謙案本波蘭路今隸波羅的海部北徼考諸書作魯伯林與徐合南圖作各北林全球說作魯白林（以上見備乘）萬國圖作魯布林圓球圖作魯白凌俄史作魯白連亦作魯林晒列國學會二圖作魯柏林其東南有格魯貝埽郎繆之革嚕別杓甫其南有比爾各來郎繆之別爾勒果乃許考云析波蘭地爲十省悉瀓小如縣邑多置官守以密鈐東波蘭之困於俄政莫如今日之甚○繆又云威帖布斯克大省其民白俄稱曰別羅嚧斯格西北麗馥蘭西南庫爾蘭唯里納南明司克摩譏略甫東嘶馬連司克北布思果甫在經度四十七度五十二分緯度赤道北五十五度十分方七百九十八密律距比得堡五百八十一里有阿拉文斯克山西維納河喀斯卜獵河烏臘河（出阿拉文）哆別日湖（小泊）獵撒離湖聶曰利湖（其餘小泊凡九百餘）會城同省名在西維納河上大商埠產麻及麻子淡巴菰湖泊饒魚駐步隊戰兵二營步隊守兵一隊礮臺一屬城十曰的拏布爾克在省西北二百四十四里西維納河上有鐵路五條駐步隊戰兵三營步隊守兵二隊礮隊戰兵一營曰波羅慈克在省西北百四里西維納河上古城也曾與法主拿破崙第一戰於此其地爲泊船埠曰日利日在省東北八十一里西維納河上曰烈日禚在省西北二百八十二里曰畱青在

省西北二百七十里曰聶曰立在省北九十七里曰特裏薩在省西北百五十八里西維納河上曰哆多日在省西北百九十七里哆別日湖上曰獵撒離在省西北百十三里烏獵河上曰郭羅多克在省北三十七里先謙案本西俄路今隸波羅的海部元蒙古諸王封地明波蘭里都阿尼五大部之一里都阿尼本查遮爾倫國合於波蘭爲屬地　國朝乾隆五十七年隸俄北徼考諸書作威得比斯科總記作威底塞亦作委底塞又作威尼塞（云東界斯摩連西界威爾納南界敏塞北界伯斯果甫）全球說作威底色備考作威德比斯哥（以上見備乘）列國學會二圖作威德比斯科與徐合其西北有波羅慈克與繆合又西北有塞貝什郎繆之哆多日又西北世界圖有丟那堡（二圖無）郎繆之的拏布爾克其東北有威里什郎繆之日利日○繆又云唯里納大省其民白俄北闊勿諾西蘇礒爾曦湼們河南格囉得諾明斯克東北威帖布思克維納河在經度四十二度五十七分緯度赤道北五十四度四十一分方七百六十一密律距比得堡六百六十三里有唯里邪河西維納河（支流）湼們河（屬其石岸）會城同省名在唯里邪河上俄西重鎮駐步隊戰兵四營步隊善鎗手三隊步隊守兵二隊然達拉馬兵一營礮隊戰兵一營開造鐵路工兵一隊提督官兼轄庫爾蘭麗馥蘭闊勿諾格囉得諾蘇礒爾曦威帖布司克明斯克摩譏略甫屬城六曰的思納在省東北二百九十六里西維納河上曰式韞淺在省東北八十四里駐步隊善鎗手一隊曰唯烈萬喀在省東南百三十里曰倭實勉在省東南七十四里曰李達在省南八十九里駐端河喀撒克馬隊戰兵一營曰特倮奇在省西二十六里先謙案本西俄路今隸波羅的海部金里都阿尼地元蒙古諸王封地明波蘭里都阿尼五大部之二　國朝乾隆五十七年隸俄北徼考諸書作威那南圖作未爾納總記作威爾那（云東界敏塞南界俄羅斯西界普魯社北界戈爾蘭）備考作維里納與徐繆合（以上見備乘）圓球圖作斐耳那俄史作代理喇云瑞俄曾於此議和罷兵列國學會二圖與徐繆同其東南有俄什馬納郎繆之倭實勉又東南有威利卡郎繆之唯烈萬喀其南有里達郎繆之李達○繆又云格囉得諾大省（總記云其民黑俄）北蘇礒爾曦唯里納西囉模熱哆得列茨南倭棱司克東明司克在經度四十一度三十分緯度赤道北五十三度四十一分方七百密律距比得堡八百十一里有湼們河沙拉河西布嘎河（東岸屬其）波布爾河得湼卜爾布嘎二河之引水河皆經此境內多泊淖地窪下蓄潦難洩會城同省名在湼們河上昔駐重兵千七百九十三年俄與德奧分波蘭地兵始漸撤駐步隊戰兵三營步隊守兵一隊礮隊戰兵一營礮臺二屬城九曰卜烈司特里拕勿司克在省西南二百三里西布嘎河上駐步隊戰兵二營步隊守兵二隊礮隊戰兵一營平原馬礮兵二隊曰別絡司脫克在省西南八十里產哈喇毛罽及猞猁猻熊獐野豕狼距城不遠有密林名別洛唯爾斯喀雅普施槎方二百五十俄里中有獸首類獅身似牛歐洲諸國所未有也其主甚重之因將此林封禁民不得往芻牧及傷此獸駐馬隊戰兵一營曰別李司克在省西南百二十五里駐步隊戰兵一營曰蒲魯惹泥在省南百八十三里曰倭爾柯唯司克在省南九十三里駐步隊戰兵一營礮隊戰兵一隊曰思羅尼木在省東南百六十七里沙拉河上駐馬隊戰兵一營建修鐵路工兵一隊曰珂璞林在省南二百三十五里駐步隊戰兵一營曰拏柯爾噶在省西南四十三里曰惹頻喀在省南百五里先謙案本大俄路今隸波羅的海

部元蒙古諸王封地明爲波蘭里都阿尼五大部之三（其二隸黑海部）國朝乾隆五十七年隸俄北徼考作哥德諾總記作俄羅儺（云東界敏塞南界窩爾尼阿西界波蘭北界威爾那本查遮爾倫故都今廢宇僅存基址）備考作哥羅德諾與徐合（以上見備乘）圓球圖作格老得奴泰西新史作波羅的諾云俄主與拏破崙戰處世界圖作格落得諾列國學會二圖作哥羅德諾其西南有索可爾卡郎繆之拏柯爾噶又西南有比亞利斯多克郎繆之別絡斯多克又西南有別耳斯克郎繆之別李司克其南有痾可威斯克郎繆之倭爾柯唯司克又南有埔魯沙尼郎繆之蒲魯惹尼其東南有斯洛窪木郎繆之思羅尼木

五洲地理志略二十五

賜進士出身　特賞內閣學士銜前國子監祭酒翰林院編修加三級　臣　王先謙謹撰

俄羅斯國二

歐洲三

黑海部

繆編云俄之涅志東南實因女主葉喀帖林第二時與土耳其稱兵獲勝收黑海之殷富又剗諸小國弱肉強食括其糧粟鹽鐵以佐軍儲長驅遠騖開地萬里顧近海商埠其民錯集天方猶太暨英法德奧巨商五方輻輳風氣浮動南鄰土之東部西接魯奧疆埸之事馭防匪易赫爾酸他勿利二省所轄諸城其最繁要者也可汗離宮左賢別業暇資游豫亦用填撫其民春秋佳日憑眺其間欲訪驢分苦國澤散之存亡而遺聞邈焉[illegible]征蕿里擣阿速兵勢之強摧枯拉朽惜無豐碑紀述徒想像熊虎軍容而已綜大省十五小省一大城三兼白峩小峩新峩即峩南大峩地○繆又云嘶馬連司克大省北特威爾西布思果甫威帖布司克西南摩纖略甫南車爾泥果甫阿略勿東莫斯克注在經度四十九度四十三分緯度赤道北五十四度四十七分方千十七密律距比得堡六百九十九里有阿拉文山涅卜爾河發源倭步薩河由麓熱河流入再入西維納河喀斯卜斂河發源入西維納河葛蕿齊河發源入薩狙札再入倭爾

五洲地理志略卷二十五　一

薄河烏格拉河發源節斯拉河發源南入織耶甫境再入倭爾喀河會城同省名據山極雄峻千六百十二年分波蘭時曾爲戰場千八百十二年與法主拏破崙大戰於此有大浮圖高六十丈駐步隊戰兵二營步隊守兵一隊砲隊守兵一營屬城十一曰唯爾吉麻在省東北六十五里劇邑也產餅餌名卜斂宜克俄人嗜之各省取給駐砲隊戰兵一營曰葛蕿次克在省東北二百二十三里葛蕿齊河上大商埠產鐵器多鐵作廠駐馬隊戰兵一營步隊守兵一隊曰別播在省東北百四十六里倭步薩河上曰薄列飭耶在省西北七十四里喀斯朴斂河上曰克拉斯累在省南四十六里涅卜爾河上曰四託羅步日在省東九十二里涅卜爾河上曰葉儀訥在省東南百十里曰由和諾甫在省東南二百七十八里烏格拉河上曰囉思拉甫在省南百二十里曰都霍佛掣拉在省東北五十三里曰西掣弗喀在省東北二百三十四里先謙案本大俄路今隸黑海部北魏西域水澤以南地 國朝康熙間隸俄欽定諸書作司馬連斯科內府圖作索謨冷斯郭總記作斯摩連云陳穀斯科南阿鑑黠西蕿的塞北的羅備考作斯摩棱斯哥全志作斯摩棱科全球說作斯摩事輯作思瑪廉斯科以上備乘見俄史作斯摩倫斯克萬國圖作士摩連士克圓球圖作斯毛凌斯克世界圖作斯摩棱斯克列國學會二圖作斯摩棱斯科與徐同其東北有薄蕿斯馬郎繆之葛蕿次克其南有羅斯蘭郎繆之囉斯拉甫○繆又云摩纖略甫大省其民白峩北威帖布斯克東南車爾泥果甫東嘶馬連司克在經度四十八度緯度赤道北五十三度五十四分方八百七十密律距比得堡七百二十九里有阿拉文山涅卜爾河朔日河巴西河二河河涅卜爾入會城同省名在涅卜爾河上貿遷多猶太人其西境之俗每禮拜六停

市駐步隊守兵一隊步隊戰兵二營屬城十一曰石顆洛甫在省北三十五里涅卜爾河上曰倭爾沙在省北七十里涅卜爾河上泊舟埠曰郭蕿黎一多耶孛在省南百七十一里朔日河上劇邑駐砲隊戰兵一營曰囉格擢甫在省南百八十里涅卜爾河上泊舟埠曰卑霍甫在省南六十一里涅卜爾河上曰穆思梯斯他勿立在省東百四十里朔日河上曰撤立果爾在省東南八十七里朔日河上曰客里莫維池在省東南百三十三里曰果耳期在省東北八十一里曰察勿斯在省東南四十八里巴西河上曰哆羅在省西北百四十八里先謙案本西俄路今隸黑海部遼金波蘭地元蒙古諸王封地明波蘭里都阿尼五大部之四　國朝乾隆五十七年隸俄北徼考諸書作目希里總記作目希里甫亦作目希里付云棟界斯摩逮西界敝華南界查尼俄甫北界威尼塞備考作摩宜勒威與徐合以上備乘見圖球圖作摩栖來夫世界圖作歷希勒夫列國學會二圖作摩宜勒威其北有什克老郎繆之石顆洛甫又北有俄爾沙郎繆之倭爾沙其南有比科弗郎繆之卑霍甫又南有羅加就郎繆之嘁格擢甫又南有哥默爾郎繆之郭蕿黎其東有未斯地索老耳郎繆之穆思梯斯他勿立其東南有車里科弗郎繆之撤立果爾○繆又云明斯克大省其民白俄北唯里納西格囉得諸南倭林斯克織耶甫東摩纖略甫東北威帖布斯克在經度四十五度十三分緯度赤道北五十三度五十四分方千六百五十六密律距比得堡八百四十八里有肆維斯羅飭河別列齊拉河叹引木河通洛爾至西維維卜里別齊河郭林河涅捫河發源茨訥河何魯斥河鄙納河亞些爾達河唯里亞河發源沙拉河發源涅捫入倭金引水河弨沙拉至些爾達會城同省名在肆唯斯羅飭河上地卑涇其半多水駐步隊戰兵二隊每隊

五洲地理志略卷二十五　二

八百人馬隊戰兵二營每營九百四十人步隊守兵一隊砲隊戰兵一隊屬城十曰薄里索甫在省東北七十五里別列齊拉河上曰司徒顛喀在省東六十八里別烈齊拉河上曰波布魯彝司克在省東南一百三十九里駐步隊戰兵二隊步隊守兵一隊有砲臺一曰頻司克在省西南二百五十四里產熟皮張有作廠十區駐步隊守兵一隊曰額烈遲擦在省東南百七十八里曰斯魯茨克在省南百八十五里曰末慈兒在省東南三百六里卜里別齊河上曰諾倭格魯朵克在省西百五十三里涅捫河上駐建修鐵路工兵一隊曰伊古綿格在省東南九十八里曰聶士唯日在省西南百五里駐馬隊戰兵一營先謙案本西俄路今隸黑海部遼金波蘭地元蒙古諸王封地明波蘭里都阿尼五大部之一　國朝乾隆三十七年隸俄北徼考諸書作明斯克與徐繆合總記作敏塞云蘇界日希理甫西界讚魯趾南界竄東希尼北界威底塞以上見備乘世界圖作敏斯克圓球圖作明齒列國學會二圖作明斯克其東北有波里索弗郎繆之薄里索甫其東南有波不律世郎繆之波布魯彝司克其南有斯魯士克郎繆之斯魯茨克其西南有內斯威什郎繆之聶士唯日又備乘云北亞里亦西俄八部之一全志載此部他書多遺之本屬波蘭乾隆五十七年俄取之幅員戶口全境八到未詳○繆又云倭棱司克大省其民大峩北格羅得諾明斯克南波多立司克西滬卑林哆奪列茨西南奧國東幾耶甫在經度四十六度二十分緯度赤道北五十度十五分方千三百二密律距比得堡千二百三十二里有喀綿納耶格獵達在南牲境驅奴赤河發源郭林河發源肆推爾河發源帖帖烈甫河發源西布格河右岸會城曰日拖迷爾臨帖帖烈甫河駐步隊戰兵一營步隊守兵一隊屬城十四曰克烈勉涅

茨在省西二百七十三里地極蕃庶駐步隊戰兵一營馬隊戰兵一營端河喀撒克砲隊馬兵一隊曰拉極威羅甫在省西北二百三十五里與奧國接界有稅關駐步隊戰兵一營巡邊稽稅本城馬兵一營曰倭斯特羅郭在省西北二百十三里產哈喇駐步隊守兵一隊曰務拉的密爾倭棱司克在省西北三百十六里駐端河喀薩克馬隊一營曰囉勿諾在省西北百七十四里駐砲隊戰兵一營曰岢威黎在省西北二百九十九里駐步隊守兵一隊曰都卜諾在省西北二百三十一里駐步隊戰兵一營馬隊戰兵一營曰穱司拉甫（一作[illegible]）在省西百八十二里駐步隊戰兵一營曰魯慈克在省西北二百五十里駐步隊戰兵一營馬隊戰兵一營曰喏倭格拉特倭棱司克在省西北八十二里曰倭勿嚕斥在省東北二百二十六里曰斯他囉寬思坦汀在省西南百二十九里驅鶩赤河上曰士拉烏達在省西百二十五里駐平原馬砲兵一隊曰克黎涿在省西北百五十五里先謙案本西俄路今隸黑海部遼金波蘭地元蒙古諸王封地明波蘭屋列尼二大部之一屋列尼部東布爾多瓦查尼俄甫南卡湄西歹里西阿查肖北窩爾希尼域內有柰已河河東屬俄河西屬波案二部包窩爾希尼在內北界似誤　國朝乾隆五十七年隸俄北徼考諸書作窩希尼總記作窩爾希尼亦作阿爾希尼阿（云東界[illegible]）備考作窩黎尼亞與徐合（以上見備乘）萬國圖作窩林士克列國學會二圖作窩黎尼亞會城曰什陀彌爾即繆之日拖迷爾其西北有瑙格拉得疴林斯克即繆之喏倭格拉特倭棱司克又西西北有老若即繆之囉勿諾又西北有都不若即繆之都卜諾又西北有盧斯克即繆之魯慈克又西北有可威耳即繆之岢威黎其東北有拗弗魯

五洲地理志略　卷二十五　三

斯即繆之倭勿嚕斥其西南有斯塔羅肯斯坦狄瑙即繆之斯他囉寬思坦汀○繆又云波多立斯克大省其民小巽北倭林司克西奧國西南別薩拉南協爾酸東畿耶甫在經度四十四度十四分緯度赤道北四十八度四十分方八百六密律距比得堡千四百九十里有喀爾巴特支山（[illegible]）在涅斯特爾河南布格河菈思末得里赤河會城曰喀乜涅茨在思末得里赤河上依山爲城駐馬隊戰兵二營步隊守兵一隊屬城十五曰莫躋烈甫在省東南百三十二里涅思特河上產桑釀桑落酒又產糖食蜜漬曰包爾榍在省東南三百十九里有買賣城駐步隊守兵一隊曰布拉次納甫在省東南二百三十九里曰卜羅斯庫羅佛在省北八十八里曰唯尼穱在省東北二百六里以上三城在南布格河上駐步隊戰兵二營步隊守兵一隊曰改星在省東二百七十二里曰獵蹟赤甫在省東北百三十九里駐步隊戰兵一營曰理經在省東北百七十六里駐砲隊戰兵一營曰司他勿尼札在省東北百二十里駐平原馬砲兵一隊曰羅倭烏什擦在省東六十六里曰倭里柯駿利在省東南二百八十六里曰楊蒲黎在省東南百八十六里涅思特河上曰圖理成在省東二百里駐步隊善鎗手四千人曰果傈司可倭在省東南二百二十里駐端河喀撒克砲隊馬兵一隊曰拉堆任（一作仍）在省西南二百十五里駐步隊善鎗手八百人先謙案本西俄路今隸黑海部二漢三國安息國海北地元蒙古諸王封地明爲波多里亞後隸波蘭爲屋列尼二大部之二國朝乾隆五十七年隸俄北徼考諸書作波多里備考諸書作波多里亞與徐合總記作波羅里亞（云東界纖付北界窩爾希尼西界歹里西阿南界瀉臘獮阿以衛上）覲圓球圖作波亞里喹俄史作波陀利亞列國學會二圖作波

多里亞會城曰干彌內斯即繆之喀乜涅茨其東南有巴爾塔即繆之色爾堨其東有不拉士老即繆之布拉次納甫其東北有溫尼剎即繆之唯尼雜又東北有貝的徹甫即繆之獵蹟赤甫（學會圖誤）（繪入基輔徹誤撒）○繆又云畿耶甫大省即徐之究部雷之坎夫其民小巽北明斯克南赫爾酸西倭棱斯克多立斯克東北坡爾塔襪東車爾泥果甫在經度四十八度十一分緯度赤道北五十度二十七分方九百二十九密律距比得堡千百四十一里有喀綿納耶格獵達涅卜爾河（屬其右岸有[illegible]）大帖帖烈甫河（[illegible]）囉西河（[illegible]）會城同省名在涅卜爾河上九百八十八年至千二百四十年舊都有禮拜堂古城郭基址有故宮室今爲俄主離宮齊葉倭別撒爾廟內有窟室深廣昔之奉教者沒後咸送入有率非邪教堂八百年前所造葉洛斯訥甫酉在此定制度有大學館大集場歲出入五百萬盧布產糖大巽諸省皆賴之每歲約出五百萬一鋪特駐步隊戰兵一營步隊守兵二隊倭連布喀薩克馬隊戰兵一營砲隊戰兵二營山內散隊砲步兵三隊每隊砲八尊然達拉馬兵一營工兵十隊治地三隊看管官物一隊造橋二隊安修電綫發電報三隊開造鐵路一隊屬城十五曰別爾蹐（一作幾）遲甫在省西百五十里多猶太人有阿盧復里大集場出入千萬盧布合每歲各業所入約五千萬盧布駐步隊戰兵一營砲隊戰兵一營曰別拉邪且爾顆甫（一作別拉且黎料輔耶）在省西南八十一里囉西河上劇邑駐馬隊戰兵一營曰車爾喀斯在省東南二百九十三里涅卜爾河上昔多雜頗傈曰測游牧之民穰處其間往往生事駐步隊戰兵一營砲隊戰兵一營曰齒機陵在省東南三百五十里曰瓦西理果甫在省西南三十七里曰自曰宜果傈特喀在省南百八十

五洲地理志略　卷二十五　四

八里曰喀涅弗在省東南二百十四里曰喀綿喀在省東南百九十五里曰麗博唯茨在省西南百九十五里曰拉奪美斯在省西九十八里曰帖帖烈甫河上曰肆克威拉在省西南百二十五里曰拉什槎在省南百二十里囉西河上曰烏蠻在省西南二百六十一里駐步隊守兵一隊提督兼轄倭林司克波多立思克曰髮思奪甫在省西南六十五里曰喀撒經在省西南百五十五里先謙案本小俄路今隸黑海部二漢三國康居地魏西域水澤以南地金阿羅思地元朮赤封地明隸俄地在黑海之北濱濕博爾河昔俄人被元太祖攻伐避居於此猶齊人之保即墨也嗣仍爲元定宗等所取後數百年俄種人復盛建爲部落因所統地狹故稱小俄異域錄言俄向無汗號僻處於西北近海之計由地方而地界甚狹即指此也所云近海指黑海或作海北即指黑海之北諸家援引誤爲北海非也　國朝波蘭取之乾隆五十七年復歸俄欽定諸書作計由斯科內府圖作覺傅總記諸書作幾富（[illegible]多練注布）（西列爾西阿南卡循北阿爾希尼阿[illegible]部舊城[illegible]守荒甄毅城壯麗俗尚潔勤見工作嗇屋皆飾以白人多好勝）又作幾付備考作究與徐合（以上見備乘）異名記作刻衣夫全志作結弗俄史作器弗列國學會二圖作基輔其西南有瓦夕口即繆之瓦西理果甫又西南有里坡威士即繆之麗博唯茨又南有烏瑞即繆之烏蠻其南有斯徹尼哥羅得喀即繆之自曰宜果傈特喀其西有拉多米斯耳即繆之拉奪美斯○繆又云車爾泥果甫大省即徐志之者爾厄痾弗其民小俄稱曰馬絡嚕西歹北嘶馬連司克西北摩纖略甫西民斯克畿耶甫南坡爾塔襪東南古爾司克東阿略勿在經度四十九度緯度赤道北五十一度二十九分方九百五十一密律距比得堡千八里有阿拉文山節斯拉河（林水涵[illegible]）伊卜

奇河（在涅卜爾之左）會城同省名在節斯拉河上駐步隊戰兵三營步隊守兵一隊馬隊戰兵一營屬城十五曰諾甫果倮哆唯立斯克在省東北二百二十三里駐步隊戰兵一隊由本城分出曰斯他羅堵卜在省東北百七十六里產麻及椵木皮曰格盧霍甫在省東二百七十里其土可作甕產甕器有火藥局駐步隊戰兵一隊由本城分出曰克囉列唯茨在省東二百四十里大集場曰拔圖陵在省南百九十六里昔小戕建都之地駐步隊戰兵一隊由本城分出曰聶祁在省東南七十五里產淡巴菰昔多希臘人有大學塾駐步隊守兵一隊砲隊戰兵一營曰睦格陵在省東北二百三十五里曰郭羅得拈在省東北五十六里曰課節列茨在省南六十三里駐步隊戰兵一隊由本城分出曰薄爾茨拏在省東南百三十四里駐步隊戰兵一隊由本城分出曰可諾脫卜在省南百六十九里曰諾倭吉卜果甫在省東北百五十四里曰倭斯帖兒在省南八十一里節斯拉河上曰鎖司泥擦在省東南百三十五里曰蘇拉日在省東北二百七十里先謙案本小俄路今隸黑海部二漢三國康居地北魏西域水澤以南地金阿羅思地元朮赤封地明隸俄北徼考諸書作查尼俄總記作查尼俄甫（云康塞韃）械（爾哆雖西敏塞北阿廬爾）亦作查尼俄付備考作者爾厄痾弗與徐合列國學會二圖作查爾尼俄弗其東北有哥羅得拉卽繆之郭羅得拈其東有可羅埔卽繆之可諾脫卜其南有俄斯豆卽繆之倭斯帖兒○繆又云波爾塔礸大省其民小俄北車爾泥果甫西南畿耶甫南協爾酸葉克接離思納甫東哈爾果甫在經度五十二度十四分緯度赤道北四十九度三十五分方九百六密律距比得堡千三百六里有蘇拉河卜屑爾河倭爾思柯拉河（二水入涅卜爾）涅卜爾河

五洲地理志略　卷二十五　五

（蕭東）荷羅里河葛魯涅河別烈思脫甫河烏台河倮合唯擦河會城同省名在倭爾斯克拉河上其地曠野平衍無山千七百九年大比德敗瑞典兵於此依里迎大集歲一次期十四日約出入二千五百萬盧布駐步隊戰兵三營砲隊戰兵一營步隊守兵一隊屬城十七曰克列（一作烈）明初在省西南百十二里與克甯果甫鄰涅卜爾河上水陸大埠由北來者皆麥由南來者皆鹽駐步隊戰兵一營本城所分曰倮牟尼在省西北百六十八里蘇拉河上有集場二當期出入五百萬盧布駐馬隊戰兵一營曰魯卜尼在省西北百三十四里蘇拉河上有大園圃昔比德羅所建皆種藥材至今官藥俱取給於此其餘私家園圃極多駐馬隊戰兵一營曰別烈（一作列）丏斯訥甫在省西北二百六十四里昔小俄主博葛丹霍薐離泥淬格於千六百五十四年在此立約降俄主阿烈克西米海諾威飭駐馬隊守兵二隊曰噶嘉飭在省北百十一里葛魯涅河上曰堅穎甫在省北七十五里曰作洛脫諾薩（一作縣）在省西二百四十四里駐馬隊守兵一隊曰穎別獵齊在省西南七十一里倭爾斯克拉河上曰寬斯坦汀（一作幾）諾隔拉特在省東南七十四里別列恩脫甫河上駐步隊戰兵一營本城所分曰倮合唯茨在省西北百八十九里倮合唯擦河上駐烏拉爾馬隊一營曰密爾果倮特在省西北百三十七里霍羅里河上曰皮獵汀在省西北百七十七里曰樸（一作弗）理盧幾在省西北二百十八里烏台河上駐馬隊戰兵一營曰荷羅里在省西北百里霍羅里河上曰波果睹霍甫（一作弗）在省西北百六十五里駐馬隊守兵一隊曰扯爾奴哈在省西北百五十里駐馬隊守兵一隊曰雅果勤在省西北二百五十里駐馬隊守兵一隊先謙案本小俄路今隸黑海部二

漢三國康居地北魏西域水澤以南地金阿羅思地元朮赤封地明隸俄內府圖作博羅傳北徼考諸書作布多注總記作布爾多注（云東阿羅匿斯西幾付備斯底里加那甫北查尼俄甫）亦作布爾多瓦備考作巴爾的哥與加爾勾分爲二部總記同是也徐志非（斷剝斗上）見世界圖作波耳塔列國學會二圖作布多窪其西南有可貝刺奇卽繆之顆列獵齊又西南有克里明秋卽繆之克列明初其西北有可羅耳卽繆之倮牟尼又西北有洛克威薩卽繆之倮合唯茨又西北有普里六奇卽繆之朴理盧幾其北有仙口卽繆之堅顆甫其東南有康思坦的若格拉卽繆之寬斯坦汀諾隔拉特又備乘云色羅伯斯小俄所屬四部之一全志所載同此名內府圖有舍勤特斯城郎其地也幅員戶口未詳道光末年自爲一部隸小俄路○繆又云古爾斯克大省其民大戕北阿略勿東倭倮涅日南哈爾果甫西車爾泥果甫在經度五十三度五十一分緯度赤道北五十一度四十四分方八百四十三密律距比得堡千百六里有烏拉爾喀綿訥耶格獵達（在南境格獵達卽唯也益山脈凸起之形）哆模河（發源）蒲屑洛河（發源）端涅茨河（一作支）倭思顆爾河倭爾斯格拉河（發源）會城同省名在些模河上距城二十七里有哥連拉耶大集場貿易出入歲約千萬盧布產晝眉烏駐步隊戰兵一營步隊守兵二隊砲隊守兵一營屬城十二曰累爾司克在省西百三十七里些模河上駐平原馬砲兵一隊端河喀撒克砲隊馬兵一隊曰朴梯勿利在省西南二百十四里古城在哆模河上曰別勒果倮特在省南百三十三里端涅茨河上劇邑民多[illegible]藝事駐步隊守兵一隊砲隊戰兵一營曰蘇札在省西北百四十七里民多善製銅鐵刀斧鎖鑰等器曰格來倭倮勒在省西南二百八里倭爾思格拉河上曰得米得利耶甫

五洲地理志略　卷二十五　六

在省西北百三十六里曰顆羅擦在省西八十一里些模河上曰懦威倭思柯立在省東南二百四十三里倭思顆爾河上曰斯他立倭思柯立在省東南百六十一里倭思顆爾河上曰倭波偃宜在省南百二十一里蒲屑洛河上駐步隊戰兵一營曰機模在省東九十里曰法切日在省西北四十四里曰什期葛纍在省東五十七里先謙案本大俄路今隸黑海部北魏西域水澤以南地金阿羅思地元朮赤封地　國朝隸俄內府圖作古傳噶總記作戈塞（云東南阿羅匿斯西查尼俄付北阿臘爾以上見備乘）異名記作庫阿士克圓球圖作庫耳斯克列國學會二圖作古爾斯克與徐繆同其南有不勒爾哥羅得郎繆之別勒果倮特其西南有俄斯科爾郎繆之懦威倭思柯立及斯他立倭思柯立其西北有法特什郎繆之法切日○繆又云哈爾果甫大省其民大俄北古爾斯克倭羅涅日南葉克接離斯納甫西南坡爾塔礸東端斯喀耶在經度五十三度五十四分緯度赤道北五十度方九百六密律距比得堡千三百三十五里有端涅茨山（一角）哈爾果甫河北端涅茨河倭爾思克拉河倭斯果爾河卜學爾河蘇拉河會城同省名在哈爾果甫河上有大學塾一區其城商務甚大大集場四日克列（一作烈）士成斯克歲開一月曰烏斯騈思克耶歲開二十日曰頗可羅甫司克耶歲開一日假臘曰圖類益司克耶歲開一月計一歲出入四千萬盧布克烈最大歲約二千萬產毛織各物淡巴菰大小麥油麥駐步隊戰兵一營步隊守兵二隊倭連布喀薩克馬隊戰兵一營提督官兼轄阿略勿車爾泥果甫坡爾塔礸窩羅涅日古爾斯克端斯喀耶屬城十三曰蘇梅在省西北百八十七里卜學兒河上產馬有大集場市馬者最多開十四日駐步隊戰兵一營馬隊戰兵一營曰亦

孳穆在省東南百二十三里北端涅茨河上產牛羊麥石多運往塔干洛出口駐平原馬砲兵一隊端河喀撒克砲隊馬兵一隊曰司拉完在省東南百六十里曰阿赫堆爾喀在省西北百八里倭爾司克拉河上駐馬隊戰兵一營曰播郭獨霍數在省西北六十一里曰洼爾嘰在省西南五十二里曰倭傈昌司克在省東北六十四里駐步隊戰兵一營曰宇彌邪甫在省南三十七里曰枯偏司克在省東南百七十七里倭思果爾河上曰躐別玎司克在省西北百七十五里卜學兒河上曰思他羅別栗司克在省東南二百十四里曰楮古葉甫在省東南三十六里駐馬隊戰兵一營曰阿合的爾克先謙案本大俄路今隸黑海部萬國圖作卡科夫圓球圖作喀考夫與雷合列國學會二圖作哈科佛其西北有亞克的爾卡郎繆之阿赫堆爾喀其東南有庫偏斯克郎繆之枯偏司克又東南有史大羅貝爾斯克郎繆之思他羅別栗司克○繆又云窩羅涅日大省其民大嶺北阿略勿貪博甫南哈爾果甫西古爾斯克東南端斯喀邪東薩拉奪甫在經度五十六度五十二分緯度赤道北五十一度三十九分有端涅茨山窩囉涅日河碧秋格河霍撒爾河（三水皆入端河）端河（域曰皷河有三支流所經地甚廣其兼端字者皆是）之倭思果爾河會城同省名在窩囉涅日河上穀麥牛羊油所聚駐步隊守兵一隊屬城十九曰波布羅甫在省東南百二十九里碧秋格河上產馬壯健能負重赫連諾勿官馬廠其馬善走專備騎布圖理諾甫加村其民多精於藝事產羊皮熟牛皮靴曰碧琉赤在省西南百六十八里城中有阿烈克些耶甫噶村產向日葵油駐馬隊守兵二隊每隊百五十人曰波姑槎爾在省東南二百七十二里駐馬隊守兵一隊曰瓦雷在省西南二百二十九里曰薩端勒在

省北八十曰里端河上駐馬隊守兵一隊曰節末連司克在省西北四十四里曰岢囉槖雅克在省南八十八里曰尼日里壘尾茨克在省西六十七里曰諾倭霍撒爾在省東南二百七十六里霍撒爾河上曰倭思得傈郭曰司克在省東南百八十五里駐馬隊守兵一隊曰把勿羅弗司克曰喀拉朵雅克俱在省東南二百二十里各駐馬隊守兵一隊曰倭闊左扶喀（一作克）在省西南二百二里駐馬隊守兵一隊曰別羅果爾邪在省西南百五十一里駐馬隊守兵一隊曰別特羅甫克曰尼稽奪甫克曰理淵司克俱在省西南百九十里各駐馬隊守兵一隊曰烏接若倭喀喇池曰蔑洛瓦耶播打博甫俱在省東南二百里各駐馬隊守兵一隊先謙案本大俄路今隸黑海部二漢三國康居地北魏西域水澤以南地唐突厥可羅部地金阿速地元朮赤封地　國朝康熙間隸俄　欽定諸書作佛羅尼使斯科內府圖作鄂羅尼南圖作俄羅定總記作窩羅義斯（云東南端戈沙斯西戈塞北且摩甫）亦作阿羅匿斯備考作窩羅尼日與徐合全志作窩羅尼（以上見備乘）萬國圖作窩羅尼士圓球圖作佛羅乃止列國學會二圖作窩羅尼斯其東南有波不老郎繆之波布羅甫其西南有表朱集郎繆之碧琉赤又西南有瓦盧亦奇郎繆之瓦雷○繆又云別薩拉必亞大省其民新嶺（即南嶺）千八百十年俄土立約土將多腦河西北一省讓俄郎此地也東北倭林司克東協爾酸東南黑海南魯梅尼（案即羅馬尼）多腦河西魯梅普魯士國在經度四十六度三十分緯度赤道北四十七度二分方二百八密律距比得堡千七百二十九里有喀爾巴特支山涅斯特爾河（西岸）普魯特河（入多腦河口東屬俄西屬魯梅宜）多腦河卑克河（入涅斯特爾河）會城曰嘰深虐甫在卑格河上大集場產酒麻各種果末勒達李最

多駐步隊戰兵二營步隊守兵一隊平原馬砲兵一隊屬城十一曰阿克爾腦在省東南百六十三里涅斯特爾河上劇邑產鹽酒淡巴菰其民半業此三者駐步隊戰兵一營曰霍壥在省西北二百六十九里涅斯特爾河上與奧接界曰邊迭爾在省東南五十四里涅斯得兒河上駐步隊戰兵一營曰諾倭寫利幾在省西北二百七十三里有稅關駐巡邊稽稅本地馬兵一營端河喀撒克砲隊馬兵一隊曰士顆斂宜在省西北百七十五里與魯梅宜接界有稅關駐巡邊稽稅本地馬兵一營曰伊自馬以勒在省西南三百五里駐馬隊戰兵一營曰齊里亞在省南三百六十五里多腦河上曰別理嘍在省西北百二十一里曰倭爾接耶弗在省北四十一里曰鎖羅幾在省北百七十六里涅斯得兒河上駐馬隊戰兵一營曰雅思在省西北百十里與魯梅宜接界今其城屬魯俄以易多腦河者先謙案本南俄路今屬黑海部二漢三國安息國海北地北魏西域水澤以南地唐西突厥地金阿速地元朮赤封地明阿速地後隸士耳其　國朝隸俄北徼考作比沙拉比總記作密沙那彌（云東卜循西普音南裏海北波那魯社）亦作密沙那米備考作比薩拉比亞與徐合（以上見備乘）俄史作白薩拉避亞萬國圖作伯士阿拉比阿圓球圖作拜薩來比阿列國學會二圖作比薩拉比亞其會城曰基什紐郎繆之嘰深虐甫其東南有本德里郎繆之邊迭爾又東南有亞克爾曼郎繆之阿克爾瞞世界圖作阿給爾滿其西北有貝西郎繆之雅思又西北有別爾西郎繆之別理嘍又西北有科丁郎繆之霍壥○繆又云赫爾酸（諸譯互異詳審其音作赫爾酸三字爲確）大省其民新嶺北畿耶甫坡多立斯克南黑海西別薩拉必亞涅斯特爾河東葉克接離司納甫東南他勿利制司克涅卜爾河在經度

五十度十七分緯度赤道北四十六度三十八分方千二百八十五密律距比得堡千七百三十三里有布格河（入黑海）鶚姑爾河涅卜爾河（舊西岸木入黑海）鶚姑別茨河（入涅卜爾）涅斯特爾河（東岸）會城同省名在涅卜爾河上有大船廠俄西南所產木料聚集於此再發往各埠駐砲隊戰兵一營步隊守兵二隊屬城十一曰倭壘薩大城在省西百八十三里黑海大埠為比得堡之亞產荔瞞湖鹽歲出五百萬鋪特多高門大厦富室巨商萃焉商舟停泊約千餘艘英法德意之人皆至其人多操法語有管理地方衙門有大學館稅關每歲出入貨直九千萬盧布有查驗人口關防瘟疫也通海馬頭有長梯寬三十馬如大橋有平砲台海口水雷極多有鐵閘阻敵舟駐步隊戰兵二營端河喀薩克馬隊一營然達拉馬兵一營巡界稽稅馬兵一營步隊善鎗手一隊治地工兵三隊安修雷綫工兵三隊曰尼可來耶復南圖作尼闊辣在省西北六十二里布格河鶚姑爾河合流處海口船埠黑海水師提督駐此兼轄葉克接離司納甫別薩拉必亞他勿利制司克有船廠有觀星臺駐步隊戰兵一營步隊守兵一隊端河喀薩克馬隊一營看守官物工兵一隊曰倭茲涅旋司克在省西北百四十五里布格河上有大集場駐砲隊戰兵一營曰野黎薩唯特格拉特在省北三百三十三里鶚姑爾河上有大集場以上二城爲牛羊羣所萃生理以戴甬獸爲大宗駐馬隊戰兵一營曰阿烈克三得理亞在省東北三百二十六里鶚姑列茨河上駐平原馬砲兵二隊曰阿拉凝耶甫曰諾倭密爾果傈特在省北三百九十四里各駐馬隊戰兵一營曰擠拉斯波立在省西北二百九十一里曰自拉綿嘎在省北二百二十五里曰克留顆甫在省北二百六十五里曰畢爾鋤拏在省

西北二百七十五里先謙案本南俄路今隸黑海部二漢三國安息國海北地北魏西域水澤以南地唐西突厥地金阿速地元朮赤封地明阿速地後隸土耳其　國朝乾隆間隸俄內府圖作格里博根北徼考諸書作給爾孫與徐合總記作卡循云東加底里那斯拉付南擣利達西密沙拉東北幾付以上見備乘萬國圖作卡孫圓球圖作叙耳孫俄史作格而生稱其地通土耳其俄曾立王鎮之列國學會二圖作給爾孫其西有敖得薩郎繆之倭壘薩雷之亞德沙異名記作俄德撒漢文圖作奧代薩世界圖作歐鐵殺其西北有尼科來葉佛郎繆之尼可來耶復又西北有痾斯內森斯克郎繆之倭茲涅旋司克又西北有地拉斯波爾郎繆之擠拉斯波爾其北有熱里薩威格拉郎繆之野黎薩唯特格拉特○繆又云他勿利治一作制司克大省其民新巖北葉克接離斯納甫西北赫爾酸西南黑海東亞速海在經度五十一度四十六分緯度赤道北四十四度五十七分方千九十六密律距比得堡千九百五十五里有克雷木半島駐馬隊轄兵一營轄全島逕槎特爾達格山高五千尺亞依拉崖他勿利山薩勒幾爾河涅卜爾河東岸西洼溼海會城曰星飛洛波立在克雷木半島薩勒幾爾河上酒料木料所聚克雷木產果木葡萄黎李櫻桃蘋婆果取油橄欖爲最多駐步隊戰兵一營步隊守兵一隊馬隊散兵二隊三百人屬城十五曰些洼斯拖坡離在省西南七十二里海口昔與英法土意大戰於此有船廠駐步隊戰兵二營步隊守兵一隊巡邊稽稅馬兵一營砲隊戰兵一營李光廷漢西域圖考云條支國今俄國南俄五部高加薩新藩五部地今案後漢書條支國城在山上周回四十餘里臨西海海水曲環其南及東北三面路絕惟西北隅通陸自當在克雷木島之些洼斯拕波立屬地或至

五洲地理志略　卷二十五　九

高加薩未必盡有今南巖五部也先謙案條支國不在此課程已紋其誤曰巴拉赫拉洼在省西南八十二里海口曲港敵舟不能深入居多猶太人曰巴赫赤薩來在省西南三十里昔克雷木汗之都故宮園亭猶存壓間多就地列市一切仍其舊俗婦女出外多以白布冪面極避男女之嫌孩童多赤體走市間其民皆奉天方敎曰初敷特喀列在省西南七十里多猶太人皆上等者性頗慧點曰鴉爾塔在省東南八十九里黑海埠有浴池能除疾在亞伊拉崖畔曰黎洼皆在省東南七十八里近鴉爾塔有俄主離宮曰倭爾焉達在省東南八十里近鴉爾塔有俄主弟寬思坦丁之別業曰阿陸卜戛在省西南七十六里近些洼斯拖坡離有花園曰匪倭朵西亞大城在省東百里海口蘇達克斯山谷駐步隊戰兵一營曰切爾赤大城在省東百九十里亞速海黑海之口爲行軍通商之劇要駐步隊戰兵一營步隊守兵一隊巡邊稽稅馬兵一營曰挨尼喀獵在省東二百三里二城屬一城長曰別爾顛司克在省東三百五十八里阿速海口舟埠出黑海口者五穀入阿速海口者魚鱻駐喀薩克馬兵一營曰芈黎拕波立在省東南二百二十五里產羊多布國人居此講穡事甚勤曰耶勿拔多立亞在省西北六十三里地多沙灘以沙泥浴可除疾曰撇烈類甫在省北百三十三里黑海亞速海之間先謙案本南俄路今隸黑海部二漢三國安息國海北地北魏西域水澤以南地唐西突厥地金阿速地元朮赤封地明前隸耶麻尼後隸蒙古　國朝乾隆間隸俄內府圖作澤爾訥北徼考諸書作擣里達與徐合總記作擣利達赤作格里彌阿云北卡循東西南至裏海備考作道里達以上見備乘圓球圖作叨里達萬國圖作道力達列國學會二圖作禱里達克雷木半島二圖作克里米

世界圖作苦李祕其會城曰森佛羅波爾郎繆之星飛洛波立其西南有塞佛斯拕波立郎繆之些洼斯拕波離世界圖作西巴斯篤波爾其東有奇爾則郎繆之別爾顛司克世界圖作怯爾士其西北有歐巴托里亞郎繆之耶勿拔多立亞其北有倍勒科埔郎繆之撇列類甫○繆又云葉喀帖離諾斯納甫大省其民新巖北坡爾塔襪哈爾果甫南他勿利山西協爾酸東端斯喀耶在經度五十二度四十四分緯度赤道北四十八度二十八分方千二百二十九密律距比得堡二千四十四里有端涅茨山山內有石炭鑛端涅茨河涅卜爾河有鐵石喀爾密無思河會城同省名在涅卜爾河上大集場產各牲畜脂民販毛角爲生俱運往阿曡薩產淡巴菰駐步隊戰兵二營步隊守兵一隊屬城八曰巴赫摸特在省東二百五十一里有大石炭鑛駐砲隊守兵一營曰斯納唯諾屑兒卜司克在省東三百三十三里端涅茨河上有盧干作廠曰馬理伍駿離在省東南三百六十三里亞速海口多希臘人出貨以三麥爲大宗曰阿烈克三德奪曜甫在省南八十里涅卜爾河上曰唯爾克聶波卜爾司克在省西北六十六里曰羅作洼耶在省東北百二十五里曰諾倭莫斯果甫司克在省東北二百九十里駐步隊戰兵一營步隊守兵一隊曰拔無諾格拉特在省東八十三里駐步隊戰兵一營先謙案本南俄路今隸黑海部二漢三國安息國海北地北魏西域水澤以南地唐西突厥地金阿速地元朮赤封地明阿速地後隸土耳其　國朝乾隆間隸俄北徼考諸書作加底里諾總記作加底里絃東端科薩斯西卡循南擣利達就跡爾陸郎倫之加的外與巴爾的評二部徐誤合爲一亦作斯底里加那甫備考作厄加德黎諾斯拉與徐合以上見備乘萬國圖作厄卡塔林諾士賴夫圓球圖作愛喀臺里奴斯辣

五洲地理志略　卷二十五　十

夫列國學會二圖作厄加德黎諾斯拉其東有倮羅格拉得郎繆之拔無諾格拉特又東有巴克摸特郎繆之巴赫模特又東有史大羅貝爾斯克郎繆之斯納唯諾屑兒卜司克其南有亞歷克山得老斯克郎繆之阿烈克三德奪羅甫其東北有諾倭莫斯口斯克郎繆之諾倭莫斯果甫司克○繆又云端斯克耶小省有喀薩克提督駐此其民三年充兵三年耕作北窩羅涅日薩拉奪甫南枯班司塔勿羅波立西哈爾果甫葉克接離斯納甫東阿思達勒汗在經度五十七度四十六分緯度赤道北四十七度二十五分方二千九百九密律距比得堡千七百十六里有端涅茨山薩𡭐石大端河阿克賽河入齒大霍撇爾河入齒大蔑曡唯吉襪河伊洛無斂河薩爾河馬泥赤河端涅茨河挨丐河入亞速海會城曰諾倭飭爾喀斯克在阿克賽河上駐端河喀撒克馬隊一營屬城十一曰囉思奪甫在省西南三十八里端河上有大集場二百貨所萃駐步隊守兵一營曰阿克賽一作薩在省西南二十五里端河上有魚鮮市曰拉思多爾在省東百六十一里端河上葡萄園二千區方二十俄里產葡萄白酒曰次穆一作木蓮在省東北二百十五里產紅酒黃酒黃者似香冰曰烏瑠屏在省東北六百三十四里產牛馬有大集場市諸牲畜曰喀槎舶在省北三百十五里端河上泊舟埠曰喀拉尺在省東北三百二十里端河上倭爾噶河來貨由此入車棧曰塔干洛在省西百五里阿速海口麥石生理最盛曰葛盧設弗喀在省北三十七里產石油石炭其奄特拉棲特廠石炭不引火他國廠不敢帶引火物此廠不忌曰阿速古城在省西南八十五里阿速海口比得羅以舟師勝土耳其得之曰那西遲彎有阿爾綿人又云總記稱端戈沙斯地理全志同喀薩克郎突厥可

薩部之遺在端河近阿速諸地徐志謂在薩拉德夫案薩拉德夫頗倭爾噶河與端河相距遠至千餘里備乘又謂羅剎即可薩當年爲患於黑龍江雅克薩諸城即此種人蓋因總記稱崇德四年端戈薩司之彌特釐者至東洋荷葛斯海岸偵探道路之說不知羅剎乃譯音之誤而是時俄人亦未收服喀薩克也先謙案今隸黑海部列國學會二圖不著端斯克邪之名其會城諾倭飭爾喀斯克二圖作諾倭支爾喀斯克其西南有亞埽郎繆之阿克賽又西北有羅斯多佛郎繆之囉思奪甫其北有拉斯多爾斯喀邪郎繆之拉思多爾紜竦其東北有卡拉斯郎繆之喀拉尺其西有納質車溫郎繆之那西遲彎又西有大干洛格郎繆之塔干洛

裏海部

繆編云此部包大戕舊基其近倭爾噶河之五省俄人稱曰泥作威郎志略所謂加厦俄總記以爲韃韃里之地明世宗嘉靖三十九年始歸俄原云千五百五十年今考其國沿革圖實千四百五十年乃明代宗景泰元年皆翦滅蒙回之境也其東至烏拉山所建撒爾穆省倭連布省烏發省又行國衰替之餘所侵欽也其開國初在西北鄰邦陵侮漸移之東又漸移之南既乃兼山澤之富駸駸昌熾如倭爾噶河喀麻河凡歐東亞西之貨由是轉輸烏拉大嶺產金銀度支所賴故至今以爲根本重地居民雜匈奴突厥種類或未改游牧之習然久施銜勒悉就馴服其性情亦大半樸僿育六畜勤百工殖二麥菽粟紅麻白苧業魚鹽蚤蛤五金玉石取不盡而用不竭今復有增設省治於葉喀帖林布爾克之議府海官山其風泱泱矣顧海道不通於大洋山產亦挽運維艱民食頗豐商利較薄惟以鐵軌濟其窮而已凡二十一省○繆又云莫斯克窪一作莫斯孤大省其民大俄北特威爾南喀嚕嘎圖拉列簪西嘶馬連司克東烏拉的密爾方六百四密律距比得堡六百四里有倭羅畢約山近倭城阿拉文山邀閘河莫斯克窪河發源克斂吉麻河倭嘎河北岸小汊當即元史阿里吉河寫斯得拉河拉河譯日妹河妹涅克陵河會城同省名俄之南京在邀閘河涅克陵河莫斯克窪河合流處二百七十五年前其主都此城方六十四俄里內城曰克烈門中爲宮室凡其主坐牀加冕必至此有行宮有博物院內有古鎗械及比得手製器皿宜萬大鐘樓王鐘大十餘圍高丈餘重三萬鎊特總記云六十七忽八十爲忽重二萬二千嗊約值鍛十萬棒五員爲棒謝志作重二百嗊及誕日以三十人搖而鳴之有大砲曰王砲長丈六尺一發藥二石可容一人入內埽除艾儒略言三丈七尺可容二人誇也總說云砲內竟容一人從未施放以上俱在內城其東曰中國城元時所建皆廛市有客館售各服物用物有瓦西里大天主堂宜萬第四收復喀簪紀功碑千六百十二年波蘭襲米凝破札爾司克禦敵大捷紀功碑餘曰白城其街四出而衢旋回旁通有肆拔西帖爾禮拜堂大浮圖內貯自來水於其顛分注全城有鐵路六作廠千六百區工人十二萬出貨值一萬二千萬盧布外來貨經稅關者值三千二百萬盧布產哈喇及毛織各貨麻綫棉綫繡貨片金錦段駐步隊戰兵二營步隊守兵二隊喀薩克馬兵三營馬隊戰兵一營端河喀薩克一營提督官兼轄特威爾嘶馬連司克喀嚕嘎圖拉列簪省博甫務拉的密爾尼日里諾甫果倮特葉洛斯納甫科思得羅馬倭羅格達𪻐臺一屬城十四曰顆倮木訥在省東南百七里莫斯克窪河上與倭嘎河相近埠頭販絲綫棉花紬段縐紗之類駐馬隊戰兵一營曰烏或作爾布和甫在省西北六十六里產棉花

砲隊守兵一營曰薄葛倮慈克在省東北七十九里克斂吉麻河上其民織絲綫貨曰的米致一作奪羅甫在省北六十五里駐平原馬砲兵二隊曰寫利幾耶甫在省北六十五里有託羅益自科大廟民善製小戲具曰噶葸里司克在省東九十一里民善製粗漆器惟爾必力茨村民善製細漆器擦烈倭村民多業印花布廠曰莫葸伊斯克在省西南八十里莫斯克窪河上千八百十二年與法主拿破侖大戰於薄羅郎諾之地蓋此城所屬有大碑曰卜羅尼紫在省東南五十三里莫斯克窪河上曰唯獵邪司克在省西南百七里曰倭羅郭拏木司克在省西北百二十八里曰自唯尼果倮特在省西五十五里莫斯克窪河上曰克林在省西北八十二里寫斯得拉河上曰坡多爾斯克在省南四十里曰盧牟在省西百二里謝志云人口百萬邑中央曰克勒母陵有禮拜堂四百所其金色尖塔林立空際爲天下奇觀先謙案本大俄路今隸裏海部漢康居國王夏所居地三國康居地北魏西域大澤以南地唐阿羅思酋祿利哥始立國元阿羅思國朮赤封地明依番汗國都　欽定諸書作莫斯科窪斯科內府圖作謨斯夸北徼考作莫斯科窪職方外紀作莫哥斯未亞南圖作沒箇斯未亞備考作墨斯溝進呈記作莫斯廓瓦南都綏服紀略作莫斯克瓦總記作莫斯科云東界阿那里麻南界都臘西界斯摩速北界底瓦以上見備乘漢文圖作毛斯科萬國圖作麽士科泰西新史作木司寇世界圖作莫士科謝志作摩斯瓜亦作瑪斯扣郎徐之墨斯科雷之木斯科列國學會二圖與徐同其東南有可藍拿郎繆之穎保木訥其南有坡多耳斯克郎繆之坡多爾斯克其西南有摩舍斯克郎繆之莫葸伊斯克其北有得米特老郎繆之的米奪羅甫据西史法兵將至俄預空其城法兵無所得食俄人夜燒而走之遂獲大勝徐志殆失實○繆又云特威爾大省其民大俄北諾甫果倮特南莫斯克窪嘶馬連斯克西布思果甫東葉洛斯訥甫務拉的密爾在經度五十三度三十五分緯度赤道北五十六度二十二分方千二百九密律距比得堡四百四十七里有阿拉文山巘高倭爾噶河發源特威爾禨河抹洛噶河芨拉河維什擬倭那擢克引水河寫利幾爾湖會城同省名特威爾禨河倭爾噶河合流處產麻綫棉綫布匹駐馬隊戰兵一營喀撒克馬兵一隊步隊守兵一隊平原馬砲兵二隊屬城十三曰倭斯他什果甫在省西北二百三十八里寫利幾湖上有買賣城棉布廠熟皮廠治鐵作廠產熟皮張棉布刀斧鐮鑿之屬駐馬隊守兵一營六百人曰熱甫在省西南百六十八里曰足布窄甫在省西南百八十六里倭爾噶河上泊舟埠穀石所聚曰維識擬倭羅擢克在省北百十一里芨拉河上有舟廠造蓬船小舸民工藝事產洋琴牛角刀其製極巧曰拕爾若克在省西北七十二里特威爾禨河上有皮廠產香牛皮熟牛皮駐馬隊守兵一營曰幾木拉在省東百里市多造皮鞾鞵者一曰熱芨克在省東北二百三十三里抹洛噶河上駐馬隊守兵一營曰唯西邪觀在省西三十一里抹洛噶河上曰喀斂金在省東北百七十五里曰喀審在省東北百五十五里曰斯他離札在省西南百三十九里倭爾噶河上駐平原馬砲兵一曰克拉斯涅霍爾木在省東北二百七十四里先謙案本大俄路今隸裏海部二漢三國康居地北魏西域水澤以南地金阿羅思地元朮赤封地　國朝屬俄內府圖作多倭爾噶珊總記諸書作底窪亦作底瓦云東耶羅斯羅南莫斯私西伯斯果甫北諾科落以上見備乘萬國圖作雅羅士賴夫圓球圖作亞羅斯拉夫列國學會

二圖作的威爾與徐合其西北有俄斯大石口即繆之倭斯他什果甫其北有威什奴俄洛昨克即繆之維識擬倭羅擢克其西南有斯大里士即繆之斯他離札○繆又云葉洛斯訥甫大省其民大俄北諾甫果倮特窩羅格達南烏拉的密爾西特威爾東科思得羅馬在經度五十七度三十四分緯度赤道北五十八度三十七分方六百四十五密律距比得堡六百五十六里有阿拉文山高處倭爾噶河岢脫落斯立河入倭爾噶河色克斯那河蘇霍訥河發源那斯奪甫湖索郭日河入蘇洛噶河產棉布麻布為俄境最佳者駐步隊戰兵二營步隊守兵一隊會城同省名在倭爾噶河岢脫洛斯立河合流處有大買賣城織機廠大學塾地密人稠極慧善經商多石工屬城十一日唯利碕邪村民以績麻織布為生日布獵什車耶倭村民以印書造紙為生以上二村皆負郭日纍頓司克在省西北八十一里倭爾噶河上有薄羅郭耶火車棧又為倭爾噶河弟二大船埠沿河約四五俄里分九段每年貨物來往約七千萬鋪特舟楫萬餘夏日約聚工商十萬人其出入盧布一萬萬駐步隊戰兵一營日那斯奪甫在省西南五十二里那斯奪甫湖上大集場民嫻藝事善治製小鐵器最精日烏格里斥在省西百五十里倭爾噶河上日莫洛嘎在省西北百十里倭爾噶河上民俗與那斯奪甫同日達宜洛甫在省北六十二里日留賓未在省東北九十二里日麥什金在省西百二十四里倭爾噶河上日薄什渾在省西北二百六十五里索郭日河上日囉馬諾薄黎索格烈卜在省北三十六里倭爾克河上先謙案本大俄路今隸裏海部二漢三國康居地北魏西域水澤以南地金阿羅思地元术赤封地

國朝隸俄內府圖作惹勒斯拉薄總記作耶羅斯羅云東果斯多羅麻西

底窪南窩拉里麻北窩高鹿那北徵考諸書作日羅斯拉與徐合以上備乘見列國學會二圖同其西北有利斧斯克即繆之纍并斯克又西北有摩洛加即繆之莫洛嘎其北有達尼套即繆之達尼洛甫○繆又云科斯一作思得羅馬大省其民大俄北倭倮格達南烏拉的密爾義日里諾甫果倮特西葉羅斯納甫東唯亞特喀在經度五十八度三十六分緯度赤道北五十七度四十六分方千三十密律距比得堡七百五十二里有阿拉文山烏拉爾波羅的山倭爾噶河科斯得羅馬河唯特嚧嘎河聶叼河入溫蕊河入倭爾噶河喀里尺河會城同省名在科斯得羅馬河入倭爾噶河處有機器廠水龍吸筒廠化學館其益爬齊廟千六百十三年其主米海伊爾費多洛唯特阿羅馬諾天在此稱汗俗春夏耕耘冬習藝事屬城皆然多石工產麻布生鐵器金銀首飾工緻絕倫駐步隊戰兵一營步隊守兵一隊屬城十三日齊業石馬在省東南八十六里倭爾噶河上產粗布粗哈喇日喀里尺在省東北百二十里喀里尺河上產羊皮香牛皮日索里喀里尺在省東北二百二十三里科斯得羅馬河上多鹽泉日卜烈斯在省東南百三十九里倭爾噶河上產粗布鐵斧木工所用各器日唯脫盧嘎在省東三百二十九里唯脫盧嘎河上多深林老箐產木器椴樹皮藤草及草鞋涼席筐筬漆器樺皮松脂日唯杵嘎在省東南百十一里產細麻布日依在省北百七十二里科斯得羅馬河上產刀剪鎖鑰日襪爾納沄在省東南三百八十四里日顆倮隔埋弗在省東北百六十二里溫蕊河上日麻喀裏邪甫在省東百八十五里日聶烈合達在省西南四十二里日出和絡嗎在省北七十五里日游黎耶日茨在省東南百四十四里先謙案本大俄路今隸裏海部二漢三國康居地北魏

西域水澤以南地金阿羅思地元术赤封地　國朝屬俄　欽定諸書作郭羅多阿木喀斯科南圖作達斯達利亞異域錄作郭羅多阿爾哈連總記作果斯多羅麻云東林壓加西耶羅斯多尼斯諾科北窩羅那麻亦作果士多羅麻以上備乘見萬國圖作科士特洛馬圓球圖作考斯特羅麻世界圖作廊斯特落瑪列國學會二圖作哥斯德羅馬其東南有奇內什馬即繆之齊業石馬其東北有加里集即繆之喀里尺又東北有索里加里集即繆之索里喀里尺又東北有可羅格流汗即繆之顆倮隔理弗○繆又云尼日里諾甫果倮特尼一作蟻黑一惟義大省其民大俄北科斯得羅馬南偏雜貢博甫西務拉的密爾東喀普星比爾斯克在經度六十一度四十分緯度赤道北五十六度二十分方九百三十密律距比得堡千十四里異域錄作黑林諾甫元史曷思麥里傳由阿速烈克斡羅斯先招下黑林城疑即其地也有倭爾噶河倭嘎河蘇拉河唯特盧嘎河會城同省名在倭爾噶河倭嘎河合流處城據山頂有古雉堞砲壘產細麻布駐砲隊戰兵二營步隊守兵二隊砲隊戰兵一營馬隊戰兵二營倭遮布喀薩克馬隊一營有砲城舊基麻噶里耶甫大集場為歐俄境各城之冠出入貨物約值三萬萬盧布每歲七月中開市期五十日約聚二十萬人肆或仿中國式日中國街有六十家巨室貿易者二千五百戶圜集場有引水河一河外有四千戶其室木質百工百貨悉萃以哈喇大呢回絨花絨鐵皮張吉貝茶為大宗蘇草紙張珠寶木器糧石酒罎屬皆以數百萬計有機器造船廠屬城十一日巴納黑一作林拿在省西北三十三里倭爾噶河上造瓜皮艇蓬船日瓦西理蘇魯司克在省東百七十二里蘇拉河上有糧石埔日麻噶理耶甫在省東百八里古集場千八百十六年被

火遷省城對岸日擂司可倭在省東百五里倭爾噶河上所有子粒皆運至此磨粉磨房三百家有水磨風磨日阿爾札麻思在省南百十二里有大皮廠產麻油細花罎其倭伊洛碴工極良日郭爾巴奪甫在省西七十四里產刀剪鎖匙凡製器工皆分類一器必經數手而成有三大村一日壹字碑里仄有船纜作廠一日倭爾司馬一日爬勿羅倭日阿爾達奪甫在省西南百六十二里有韋克松鐵廠日克斂稽凝在省東北百二十九里日盧課奄在省南百六十八里日哆芋諾甫在省北六十八里日寫爾噶飭在省東南百七十八里先謙案本大俄路今隸裏海部二漢三國康居地北魏西域水澤以南地金阿羅思地元术赤封地明屬俄內府圖作尼斯納北徵考作諾弗哥總記作尼斯諾科黙窩撈勳驅酗糶㭊郯羅北㮣界全志作尼內諾弗哥以上備乘見漢文圖作逆止尼綽夫果老得世界圖作耦夫疴羅達即徐之尼內諾烏疴羅列國圖作尼社哥羅得學會圖作尼社哥羅得奔會城日尼什尼諾甫哥羅得即繆之尼日爾諾甫果倮特其西北有巴拉支那即繆之巴納黑拿其西有哥爾巴套即繆之郭爾巴奪甫其西南有阿達套即繆之阿爾達奪甫○繆又云阿略勿大省其民大俄北嘶馬連司克客嚕嘎圖拉南車爾尼果甫南古爾司克東南窩羅涅日東貧博甫在經度五十三度四十四分緯度赤道北五十二度五十八分方八百四十密律距比得堡九百六十二里有阿拉文山陊紵上帖斯納河倭嘎河發源足薩河所思納河發源入會城同省名在倭嘎河上大埠出口貨穀粒油質麻約値百萬盧布產麥民勤農而地磽瘠半之四方逐末謀食阿非尼人設作廠造用物運往他境撲拉索維人專販牛羊往西北各城出售駐步隊戰兵一營步

隊守兵一隊屬城十一曰布連司克在省西北百二十五里帖斯納河上大埠出貨糧石麻牲畜油為大宗有官礮廠軍器局戛擊果萬司克有金銀銅鐵作廠水晶玻璃作廠駐步隊戰兵一營曰穆層司克在省東北四十八里足薩河上糧石麻埠駐礮隊戰兵一營曰薄爾霍甫在省北五十四里有船纜廠皮廠曰野烈芬在省東南百八十二里所思納河上麥石埠來貨每日約一萬小車磨房最多駐步隊戰兵一營曰吉米奪羅甫在省西南八十八里曰哈拉扯甫在省西北八十四里駐步隊守兵一隊曰克倮牟在省西南三十八里曰黎無餞在省東南百四十三里所思納河上曰馬絡阿爾汗在省南七十九里曰寫勿思克在省西南百五十里曰圖嚕布扯勿司克在省西二百十五里帖思納河上先謙案本大俄路今隸裏海部二漢三國康居地北魏西域水澤以南地金阿羅思地元為阿蘭阿思朮赤封地明隸俄內府圖作阿多岳傳北徹考諸書作痾勒總記作阿臘里亦作阿里爾一作阿葛爾又作阿臘爾尼云俄棘甫鶴北羅都義臘斯䏲甫比戈兒塞鯔西麵查萬國圖作鄂里耳圓球圖作奧老夫列國學會二圖作痾勒爾與徐同其西北有喀拉就郎繆之哈拉扯甫又西北有不爾然斯克郎繆之布司克其東北有不森斯克郎繆之穆層司克其東有熱列士郎繆之野烈芬其東南有畱污尼郎繆之黎無餞○繆又云圖拉大省其民大俄北莫斯克窪南阿略勿西喀嚕嘎東列簪在經度五十五度十七分緯度赤道北五十四度十一分方五百六十二密律距比得堡九百六十二里有阿拉文山烏拔河僂發嚶源入端河灤發足薩河僂發嚶源入倭嘎河倫婧一會城同省名在烏拔河上有軍械廠皮毛作廠麻作廠鎖作廠大生業在冶五金製器皿民勤農事產鎗械銅茶鑪

各種銅器駐喀薩克馬兵一營步隊守兵二隊屬城十二曰別烈弗在省西南百二十五里倭嘎河上曰葉畢泛在省東南百三里曰古里可倭在省南九十二里千三百八十年的米特粟王曾在此敗韃靼兵的米特粟像至今印於五盧布鈔上其十盧布鈔上乃米海洛匪倭德羅維池之像一百盧布乃葉喀帖離納之像郎千六百七百年之主在今主前十二三代案古里可倭當郎元史速不台傳之禿里思歌城史稱討兀魯思部圍禿里思歌城不克遣速不台往一戰獲其王俄書言曾敗韃靼兵蓋耀其前之小勝而隱其後之被擒也拉備愳乘歌云鯢禿斯哩糊郇都曰阿列克新在省北五十里倭嘎河上曰駁郭羅吉紫克在省東南八十里倭嘎河上曰唯涅拂在省東北四十八里曰葉弗列沫甫在省南百五十四里駐步隊守兵一隊曰喀隰拉在省東北百六里倭嘎河上曰刻拉比吳納在省西南五十里曰諾倭西黎在省南百四十八里足薩河上曰倭多葉弗在省西南八十五里烏拔河上曰掣林在省西南八十九里先謙案本大俄路今隸裏海部二漢三國康居地北魏西域水澤以南地金阿羅思地元朮赤封地明隸俄總記作都臘尼云加棟錦阿驪北南莫阿斯里利爾備考作斗拉傲以乘卦上見萬國圖作吐剌列國學會二圖作都拉與徐同其南有折弗勒毛郎繆之葉弗列沫甫其東北有喀什拉郎繆之喀隰拉○繆又云喀嚕嘎大省其民大俄北莫斯克窪西北嘶馬連司克南阿略勿東圖拉在經度五十三度五十五分緯度赤道北五十四度三十一分方五百六十一密律距比得堡七百八十二里有阿拉文山倭嘎河熱思得納河不陵河烏可納河會城同省名在倭嘎河上產麻製各物哈喇紙張麥粉和發麪最佳俄之發麪皆稱喀嚕嘎駐喀薩克馬兵一營步

隊守兵一隊礮隊步兵一營屬城十一曰熱斯得納在省西南百五十八里熱斯得納河上卜諾希羅村曰科窄里司克在省西南六十六里熱斯得納河上有船蓬廠其製任通國尚之曰蘇嬉擬癡在省西南九十一里不陵河上牲畜油麻油聚處日約到一萬小車其各棧可儲三千萬盧布之貨其貨運至西維納河再分運西北各城曰馬絡耶囉斯納唯芬在省北五十八里千八百十二年與法戰於此曰薄羅甫斯克耶在省西九十四里曰黎合沄在省南四十一里倭嘎河上曰蔑玎在省西北七十四里曰蔑思渥南司克在省西南七十八里曰摸撒爾斯克在省西百六里曰別烈牟什在省南二十七里倭嘎河上曰達盧司克在省東北七十一里先謙案本大俄路今隸裏海部二漢三國康居地北魏西域木澤以南地金阿羅思地元朮赤封地明隸俄北徹考諸書作加婁歹與徐同總記作加魯歹舡云阿東里都爾拉北西莫斯斯摩科速備考作加婁架斷卦見萬國圖作喀魯葛世界圖作喀魯噶俄史作喀酌葛又作介路葛云土晉至此韉俄列國學會二圖亦作加婁歹其西南有素赤尼節郎繆之蘇嬉凝癡又西南有什斯得拉郎繆之熱斯得拉其西有美丁郎繆之蔑玎又西有莫剎耳司克郎繆之摸撒爾斯克○繆又云列簪大省其民大俄北烏拉的密爾西莫斯克窪圖拉東南貪博南在經度五十七度二十六分緯度赤道北五十四度三十八分方七百六十一密律距比得堡七百八十九里有阿拉文山倭嘎河土魯別日河卜倮涅河入二僂水蠶踏端河礮駐馬喀兵薩一克隊倭羅涅日河灤發會城同省名在土魯列日河倭嘎河會流處產牛羊哈喇布紙民販牲畜糧石為生駐喀薩克馬兵一營步隊守兵一隊格爾拏覺礮隊步兵一隊屬城十一曰禊來司克在省八

十四里民以牢割牲畜為業販其肉於四方出售駐平原馬礮兵一隊曰肆拔司克在省東南五十二里肆拔司克湖上近倭嘎河有哈喇廠紙作廠印花布廠駐馬隊守兵一隊曰喀犀莫甫在省東北百三十二里倭嘎河上有熟皮廠曰丹顆甫在省西南二百三十二里端河上曰葉過理邲甫司克在省西北百三十里駐馬隊守兵一隊曰米海洛夫司克在省西南六十二里端河上駐馬隊守兵一隊曰蒲輪司克在省西南九十三里卜倮涅河上曰拉嚴布爾克在省南百六十五里曰咧日司克在省南百二里駐馬隊守兵一隊曰撒波若克在省東南百五十六里曰肆果賓在省南百九十八里駐馬隊守兵一隊先謙案本大俄路今隸裏海部二漢三國康居地北魏西域水澤以南地金阿羅思地元朮赤封地明隸俄內府圖作羅散北徹考諸書作利森備考作里歹三總記作赫阿屡與徐同備以乘卦上見列國學會二圖亦作利森其西有薩來斯克郎繆之雜來司克其南有利失斯克郎繆之咧日司克又南有斯科平郎繆之肆果賓○繆又云貪博甫大省其民大俄北務拉的密爾尼日里諾甫果倮特南倭羅涅日西列簪圖拉阿略勿東偏禊薩拉奪甫在經度五十九度七分緯度赤道北五十二度四十四分方千二百九密律距比得堡千五十四里有次訥河薩發再灤入入倭磨賓古戈九霍撒爾河倭羅涅日河端河碧秋河倭羅那河𦁐譯鄅河會城同省名在次訥河上民講求農事產駿馬類亞剌伯鹹腊醃餧盛行於比得堡駐喀薩克馬兵一營步隊守兵一隊屬城十一曰科自羅甫在省西六十七里倭羅涅日河上貿易甚大曰磨爾山司克在省北二百七十八里芬訥河上埔頭駐喀薩克馬兵一營曰列別兼在省西百七十五里端河上馬集場凡快馬皆聚

於此曰利別芖克在省西百六十一里倭羅涅日河上曰薄利索格烈布司克在省東南三百二十三里倭那拏河上各村落土產聚此曰肆拔司克與列簪所屬名同在省東北三百九十九里產羔皮歲出百萬張曰葉拉集嗎在省北四百二十三里倭嘎河上曰幾爾三鄂甫在省東八十九里駐馬隊守兵一營曰切牟尼果甫在省東北五百二十七里磨克薩河上曰烏私蠻在省西百七十六里曰薩慈克在省北三百四十九里先謙案本大俄路今隸裏海部二漢三國康居地北魏西域水澤以南地金阿羅思地元尣赤封地明隸俄內府圖作德班北徵考諸書作當波弗與徐同總記作旦摩甫亦作單摩甫觚赴見世界圖作採博夫列國學會二圖作當波佛赫作其北有摩爾禪斯克即繆之磨爾山司克又北有山斯克即繆之薩慈克叉北有折拉特馬即繆之葉拉集嗎其西有烏斯曼即繆之烏私鑾○繆叉云務拉的密爾大省其民大俄半農半工多適他省謀生者北葉洛斯納甫科斯得羅馬南列簪貪博甫西特威爾西南莫斯克洼東尼日里諾甫果倮特在經度五十八度五分緯度赤道北五十五度八分方八百八十五密律距比得堡七百八十一里有阿拉文山倭嘎河克斂齊麻河馭倭帖雜河馭倭特魯別日河會城同省名在克斂齊麻河上俄于年以前之舊京市多作廠與莫克斯窪相做而繁華遜之產吉貝櫻桃其布疋驟於他省販運者多倭匪尼族數萬歲出貨值五千萬盧布駐步隊戰兵一營步隊守兵一隊屬城十八曰書另在省東北百三里帖札雜一作河上有棉花作廠俄境各城半由此運販駐步隊戰兵一隊曰阿烈克三德羅甫在省西北百四十六里有印花布廠大紅布廠回回絨廠染坊凡喀復喀斯運來布疋皆

於此下染以大紅為最有退可倭村得尼羅倭村宜萬羅倭村以上三地多棉花作廠曰倭自涅旋司克在省東北百六十四里曰自泥基在省東百二十二里多繪神像者曰列賓可倭村有棉花作厰銅鐵工曰蘇自達理在省北三十四里古城也有皮作廠棉花厰曰加臥黎羅倭村民善工藝曰芈蓮幾在省東南百六十五里有馬利撮水晶廠及棉花廠曰穆樂磨在省東南百二十七里倭嘎河上埠頭有香牛皮廠織布機廠船蓬機布麻駐馬隊戰兵一營曰郭洛霍唯慈在省東百六十九里克斂齊麻河上曰穎勿略窩在省東北七十五里曰列烈邪思訥夫在省西六十二里特嚕列日河上曰波可羅夫在省西北六十里曰蘇朵嘎在省東南三十七里曰攸理耶甫在省西北八十九里先謙案本大俄路今隸裏海部二漢三國康居地北魏西域水澤以南地金阿羅思地元尣赤封地明隸俄內府圖作倭羅威謨爾北徵考諸書作拉的迷總記作阿那里麻私云蘇柬岡尼匽斯北諾聊科羅西斯莫羅斯亦作窩拉里麻備考作瓦拉的迷爾觚乘上見世界圖作之剌底迷爾列國學會二圖作瓦拉的米爾即徐之瓦拉的迷爾其東北曰伊瓦若俄即繆之穎勿略窩叉東北有守加即繆之書另其西北有亞歷克山得老即繆之阿烈克三德羅甫其北有蘇斯達耳即繆之蘇自達理○繆叉云喀簪大省其民泥作威即加匽俄叉曰加森善藝事蓄艮馬北唯亞特喀南星比爾司克薩馬拉西尼日里諾甫果倮特東烏發在經度六十六度四十七分緯度赤道北五十五度四十七分方千百五十六密律距比得堡千四百三十里有倭爾噶河喀馬河蘇拉河唯亞特喀河駅河嗒肆威亞嘎河扯獵木山河瀨發會城司省名在喀簪河上其水入倭爾噶昔為喀簪酉都城千五百五十

二年俄取其地商務通中亞細亞烏拉爾悉畢爾多回敎禮拜堂所祀竿上作月另形產馬及大紅布膩朠駐步隊戰兵二營步隊戰兵三隊稜隊戰兵一營計三隊提督官兼轄唯亞特喀撒爾木烏發倭連布星比爾斯克薩馬拉薩拉奪甫阿思達勒汗烏拉爾斯克土爾該屬城十一曰飭思拕波立在省東南百三十六里喀馬河上其博郭羅芡克村有大皮廠曰科自的米顏司克在省西北二百二十里倭爾噶河上曰拉騎奈甫在省南五十九里喀馬河上曰嗎嗎兜什在省東北九十五里唯亞特喀河上曰肆威亞在省西六十三里肆威亞嘎河入倭爾噶河處曰駟拔斯嘰雜端在省南百二十三里倭爾噶河上有河汊為冬日船塢曰撫就付在省南百六十八里倭爾噶河上曰札烈倭郭克篩斯克在省西北百三十三里曰次威立斯克在省西百三十五里曰撒博克薩爾在省西北百四十六里曰鴉得林在省西二百四十七里蘇拉河上先謙案本喀山路今隸裏海部二漢三國康居地北魏西域水澤以南地金之康里麟赫雜元為柯散尣赤封地明為蒙古之喀山國俄取之　欽定諸書作喀山斯科內府圖作噶贊元史作阿散南圖作加撒蚋總記作加匽朏云北東翰阿鑾塞歟脯林讙功加齡西倪北斯糕褫勃鞢與徐合備考作加三全志作加森觚以赴見萬國圖作喀散世界圖作可然列國學會二圖亦作喀山其東南有側斯託波爾即繆之飭思拕波立其東有馬爾密什即繆之嗎嗎兜什其西北有車波克索里即繆之撒博克薩爾○繆叉云星比爾斯克大省其民泥作威北喀簪南薩拉奪甫西尼日里諾甫戈倮特偏蓧東薩馬那在經度六十六度四分緯度赤道北五十四度十九分方八百九十八密律距比得堡千四百七十三里有熱古略席山骼

嘴驗醆爾倭爾噶河蘇拉河肆威亞嘎河發會城同省名在倭爾噶河上糧石埠產二麥駐步隊戰兵一營步隊守兵半隊曰悉字蘭在省南百五十三里倭爾噶河上糧石埠駐馬隊守兵半隊曰穎爾孫在省西九十五里有尼嘰齊諾村柯別獵嘰村產瓊可作帽韡禯曰阿拉堆爾在省西北百九十一里有蒲羅木齊諾村在蘇拉河上埠頭曰阿爾撻奪甫在省西北百六十九里曰步瑩斯克在省北七十五里曰古爾彌什在省北三百十九里曰顯基烈在省東南六十五里倭爾噶河上先謙案本喀山路今隸裏海部二漢三國康居地北魏西域水澤以南地元尣赤封地明喀山屬地俄取之北徽考諸書作新比斯克南圖作木耳度瓦異域錄作西穆必爾斯科總記作新麥塞北云腆蹻紬羅西淋郷一作新麻塞備考作新比爾斯克觚以乘上見即徐之新比耳斯克世界圖與繆同例國學會二圖作森比爾斯克其南有賽斯蘭即繆之悉字蘭其西北有阿達套即繆之阿爾撻奪甫○繆叉云薩馬拉大省其民泥作威北喀簪烏發南阿思達勒汗西星比爾司克薩拉奪甫東倭連布爾克東南烏拉爾在經度六十七度四十五分緯度赤道北五十三度十一分方二千七百四十三密律距比得堡千七百二十四里有烏連該山古別琳山倭爾噶河薩馬拉河岫入鳥餒拉甌爾數河稽乃立河拉拉入瀧薩駟伊爾幾子河入出鶻驪驗河山大烏靜河小烏靜河駿發陽源㕮鴻步谷爾明嘎河葉嚕司蘭河駅入驊摭烈木山河嘴醬勦入倭會城同省名在薩馬拉河入倭爾噶河處產麥歲出五百萬扯帖唯爾積田疇沃美惜民不講溝涵一遇旱潦便成荒歎產馬牛羊牲畜油駐步隊戰兵一營步隊守兵二隊屬城七曰布穀魯思蘭在省東北二百六十九里稽乃立河上曰寫利稽在布穀

魯思蘭境內產硫磺水鐵水曰尼可來耶復司克在省西南百六十五里伊爾嘰子河上曰把納崙倭曰葉克接林什他得產大麥淡巴菰二村在尼可來境內曰步谷爾在省東北三百七十七里步谷爾明嘎河上曰布足魯克在省東百六十六里薩馬拉河上曰諾倭烏靜在省西南三百六十八里大烏靜河上曰思塔勿羅波立在省西北百四十五里倭爾噶河上先謙案本喀山路今隸裏海部內府圖作薩瑪拉與星比爾司克接壤備乘以為即新比爾斯克非也漢文圖作撒摩羅平方圖作薩麻剌列國學會二圖作薩麻拉其西南有尼科剌柔斯克即繆之尼可來耶復司克其東北有不古爾馬即繆之步谷爾其東有不蘇盧克即繆之布足魯克其西北有史套洛破即繆之思他勿羅波立。繆又云偏襪大省其民大俄北尼日里諾甫果倮特南薩拉奪甫貪博甫東星比爾司克在經度六十八度四十二分緯度赤道北五十三度十一分方七百五密律距比得堡千二百七十八里有偏襪河（發源入蘇拉）蘇拉河慕克薩河（發源）殷薩兒河（發源）霍撒爾河（發源）倭倮那河（發源）會城同省名在偏襪河蘇拉河合流處蘇拉河之大埠產果實大銅鐘有官果園官果木學塾專究種植駐步隊守兵一隊屬城十曰慕克山在省西北四十里慕克薩河上運麥石埠曰果倮底石在省東四十八里曰殷薩兒在省西北九十六里殷薩河上曰茄連諾克在省西南百四十八里曰刻拉司諾斯羅波辭克在省西北百八十五里慕克薩河上曰拏羅甫槎特在省西北白三十八里曰尼日里倮抹甫在省西北百一里曰悅爾赫宜倮抹甫在省北百五里曰薩南司克在省北百三十里殷薩兒河止曰成巴爾在省西南百三十八里先謙案本喀山路今隸裏海部二漢三國康

居國地北魏西域水澤以南地元朮赤封地明喀山國屬地俄取之總記作冰耶（[illegible]）內府圖作畢都克（以上見備乘）世界圖作賓撒列國學會二圖作奔薩與徐合其西北有摩爾禪斯克即繆之慕克山其東有哥羅的車即繆之果倮底石其北有薩蘭克即繆之薩南司克又繆云大地全球說以奔薩音近欽察疑即元之欽察是也備乘謂欽察在斡羅思之北奔薩在莫斯科之南方隅不合今案元史速不台傳討欽察引兵繞寬田吉思海轉至太和嶺鑿石開道至則遇其部長玉里吉及塔塔哈兒方聚於不租河縱兵奮擊眾潰走又至阿里吉河與斡羅思部大小密赤思老遇一戰降之大掠阿速部而還所謂寬田吉思海即裏海不租河即貪博南之碧秋河其時亦屬欽察元人由金山和林進兵必先至裏海太和嶺當是烏拉山之支蓋由南而轉至北適當其地是時俄尚都烏拉的密爾所謂阿里吉河即阿嘎河也由此南循端河而下遂至阿速偏襪之為欽察固無疑矣先謙案欽察元祕史又作乞卜察元史太宗紀云乙末太宗命諸王拔都及皇子貴由皇姪蒙哥征西域討兀魯思部圍禿里思哥城不克遣速不台往一戰獲其圭也烈班諸城皆下盡取所部而還憲宗紀云與諸王拔都征斡羅思部至也贊城弱自搏戰破之地理志云歲丁酉師至寬田吉思海旁欽察酋長八赤蠻逃避海島中適大風吹海水去而乾生禽八赤蠻又憲宗紀云嘗攻欽察部其酋八赤蠻逃於海島帝聞亟進師適大風刮海水去其淺可渡帝喜曰天開我也遂擒八赤蠻李文田元祕史注引俄國志略云宋嘉定時蒙古拖雷率兵至俄國西鹹海旁地後又帶兵至裏海繼又至尼泊河俄國率眾小邦戰於卡爾戛河之上（此河入阿速夫海）亦為所敗迨

十三年後有蒙古王名拔都成吉思之孫將兵伐俄大勝所有人民盡殺之老幼婦女被掠殆盡其時無人主國由蒙古封敕該處人為王遷於馬司孤作都其人勇謀兼備鄰邦小國皆附馬蒙古王馬賣知其情形謀設法以制之諭將應交課稅加倍輸納該王不允屯兵敦河以守之固壯兵心果得大勝自是蒙古不敢輕視數年蒙古復起大隊兵來戰圍馬司孤城該王請盟於城下至明洪武年間王卒據俄人自言則寬田吉思海即今裏海而鹹海裏海並有騰吉斯湖之目騰吉斯三字即田吉思之對音又裏海較大故有大騰吉斯海子之稱此寬田吉思海所由名也尼泊河即烏拉河卡爾戛河即佛兒格河兩河皆注裏海是裏海之為寬田吉思海援古證今確乎不拔備乘欲以額納噶泊當寬田吉思海殊非事實又奪阿速之名而專昇之阿索富不許其兼有哈薩克而不知其偏也元人所撰庚申外史云元朝廷聞紅軍起命樞密院同知赫斯禿赤領阿速軍六千並各支漢軍討潁上紅軍阿速者綠睛回回也云云既曰阿速又曰綠睛非歐洲無此種類然則哈薩克以西彼得羅以東皆阿速也（徐松西域水道記云元史海諭阿剌與欽察為鄰疑阿遜即哈薩克阿速在欽察之南與哈薩克音亦相近）不然安有綠睛回回平太和嶺當即烏拉嶺此欽察之地額爾齊斯西岸是康里從此漸西為阿速而阿速自西抱南直襟裏海此又疆域之大略可指者以之貫窮元史祕史庶平有條不紊耳。繆又云唯亞特喀大省其民大俄北窩羅格達南喀簪烏發西科斯得羅馬東撒爾木在經度六十七度二十一分緯度赤道北五十八度三十六分方二千七百八十密律距比得堡千三百八十八里有烏拉爾支山唯亞特喀河喀馬河（發源東北流）末洛馬河會城同省名在唯亞特喀河上大埠頭境內

四分之三皆茂林深箐產健馬小而有力色乾革黃名倭布伝格所屬格拉作甫多產油麥茨麥苧麻牛羊哈喇紙狐皮灰鼠埽雪鼠木器樂器箱筒其木器樂器箱筒發中亞細亞皮張麻牲畜油等發比得堡阿爾寒莫斯孤駐步隊守兵一隊屬城十曰格拉作南在省東二百十里曰驅絡博奪斯科耶在省北三十一里唯亞特喀河上埠頭有鑄鐘廠曰薩拉布在省東南五百八十五里喀馬河上有軍械廠距泊舟埠郭里堰三十里有機器鐵廠曰葉納布嘎在省東南四百二十里喀馬河上曰邊切黎尼慈在省西南九十六里唯亞特喀河上曰馬勒罕日在省東南二百八十里唯亞特喀河上曰諾陵司克在省南百三十三里曰倭兒洛敷在省西五十一里唯亞特喀河上曰烏爾辱木在省南百九十八里曰雅蘭司克在省西南二百二十一里先謙案本喀山路今隸裏海部二漢三國康居地元朮赤封地明喀山國地俄取之北徽考作維得加南圖作未壓得加總記作未壓加（[illegible]）備考作維丂得加（以上見備乘）世界圖作維亞特喀與繆合列國學會二圖作維亞得加即徐之維亞德加其北有索羅博達斯克即繆之驅絡博奪斯科耶。繆又云撒爾穆（一作木）大省其名昔稱烏拉爾部北窩羅格達南烏發倭連布爾克西唯亞特喀東拕波爾司克在經度七十三度五十六分緯度赤道北五十八度一分方五千九百九十七密律距比得堡千八百七十二里有烏拉爾山喀馬河出所限耶河思羅注河（出烏拉爾入出斯隈再入喀馬）烏發河（出烏拉河）顆[illegible]河（出烏拉爾山入喀馬）撒擢拉河（出烏拉爾入北海以上烏拉爾山西）土拉河（[illegible]）益設提河（[illegible]）米亞斯河（出倭連布經撒穆入益設提河）[illegible]羅吉注河（[illegible]）（勿達河再入伊爾推什河）伊爾比切河（出烏拉爾入泥市河再入土拉河）卑日馬河（[illegible]）

軸產五金金鋼石子母綠孔雀石青水晶墨晶紅藍寶石采石歲出黃金四百餘鋪特白金一百鋪特生鐵二千萬鋪特熟鐵千四百萬鋪特銅二十萬鋪特石灰一千萬鋪特鐵鵝之拉會城同省名在出所隈耶河喀馬河合流處大埠由烏拉山來貨集此再由倭爾噶運出有哈喇廠皮廠生鋼生鐵作廠專造大砲炸彈船艦鐵板機輪駐鐵路工兵一隊屬城十一曰葉喀帖離布爾克大比得所建之邑其長轄烏拉嶺經理礦產民業治多五金礦廠近年該國政府議欲將此城分建省治以民富庶而礦甚旺也在省東南三百六十五里烏拉嶺脊有金廠銅錢局琢廠有金礦有冶作二曰伊爾比切在省東南六百六里伊爾比切河上有大集廠歐亞二洲互萃分運期一月聚七萬餘人每次出入三千六百萬盧布曰唯爾合都利耶在省東六百六十三里土拉河上即異域錄之費耶爾和斯科也有諸鐵廠專造鐵路火車各器曰犁黎喀穆司克在省北二百六里喀麻河上產井鹽石鹽民以煮鹽為業有桔厶歆村連洼村烏簑笠葉村曰喀梅石羅甫在省東南四百九十五里皁曰馬河上曰克拉司諾烏飛木司克在省南二百四里烏發河上曰琨姑爾在省東南六十一里思羅洼河上曰窩薩在省南百三十九里近喀馬河曰倭罕司克在省西南六十八里喀馬河上曰車爾玎在省東北二百九十六里曰沙得琳司克在省東南五百七十八里益設提河上先謙案本喀山路今隸裏海部二漢康居地元朮赤封地明喀山國地俄取之內府圖作巴達雅噶珊南圖作白爾米亞又作白爾墨勿利各北徼考諸書作白爾摩與徐合總記作巴毋云棟亞洲俄羅斯西未壓加楠衙林墾北阿鹿耶以上見勦乘世界圖作珀爾穆列國學會二圖亦作白爾摩其東南有控噶爾即繆之現姑爾又東南有熱喀特林不爾尼即繆之葉喀帖離布爾克又東南有郭拉林斯克即繆之沙得林司克又東南有伊爾畢特即繆之伊爾比切其東有費爾和土爾即繆之唯爾合都利耶其北有索里喀木斯克即繆之犁黎喀穆司克其南有俄薩即繆之窩薩又南有克拉斯瑙分斯克即繆之克拉司諾烏飛木司克世界圖作克拉斯諾賓斯克其西南有俄占斯克即繆之倭罕斯克○繆又云烏發大省其民昔稱倭連布部北撒爾穆東南倭連布西南薩馬拉西喀彗在經度六十八度三十六分緯度赤道北五十四度四十三分方二千二百十五窣律距比得堡千九百六十一里有烏拉爾山烏發河出烏拉山別拉牙河入嘜河出入烏發烏拉山游獵簪河出烏拉岫入驛發隱節兒河出烏拉山別拉牙河入喀馬河棟岸小汊一會城同省名在烏發河別拉邪河會流處其土黑壤宜麥產沙金牲畜禽鳥屬城五曰自拉拖烏絲克在省東北四百六里有軍械廠鋼鐵廠睞亞斯河上產金沙即名睞亞斯曰別獵俾在省西南百六十八里曰比爾斯克在省西北別拉玎河上曰琨茄玲司克在省西北二百七十一里曰斯得爾里達馬克在省南百二十三里刑拉玎河上先謙案今隸裏海部世界圖作烏華圓球圖作奧法俄史作窩瓦列國學會二圖與繆合其西南有貝列比即繆之別獵俾其西北有比爾斯克與繆合又西北有面水林斯克即繆之琨茄玲司克其南有斯特爾里塔馬克即繆之斯得爾里達馬克○繆又云薩拉奪甫大省其民泥作威北偏䄂星比爾司克南端斯喀邪阿斯達勒汗西貪博甫倭羅涅日東薩馬拉在經度六十三度四十四分緯度赤道北五十一度三十二分方千五百三十四密律距比得堡千四百七里有日古喀甫山沿倭爾噶河右岸倭爾噶河蘇拉河出出嚟和右薩

五洲地理志略　卷二十五　圭

撒爾河蕿的唯積䄂河發伊洛勿斂河出岫舶古會城同省名在倭爾噶河上糧石埠產麻向日葵肥牛大尾羊良馬其地尋常收穫八成熟則收至十五成歲除本省民食外餘五穀六百萬扯帖唯爾積每一扯帖唯一爾積約中國一石園圃千五百區每區約方二十五三十疊斜畦一疊斜畦合中國方二千丈每園一歲收約值七千盧布駐馬隊戰兵七千步隊守兵二隊砲隊戰兵一營屬城十曰赫佳陵司克在省東北二百十七里倭爾噶河上曰倭爾司克在省東北百九十七里倭爾噶河上曰喀梅深在省南百七十九里倭爾噶河上挨爾敦湖所產鹽聚處曰擦利勤在省南三百六十二里倭爾噶河上曰薩列卜達在擦利勤之南產芥末淡巴菰及婦女所用巾絹手套多德國人在此耕種製芥末為業曰阿特喀爾在省西八十四里曰巴拉灼弗在省西二百五十里霍撒爾河上曰枯字聶慈克在省北四百二十二里曰撒特羅甫司克在省西北百四十五里蕿的唯積䄂河上曰袞爾多布司克在省西北二百十七里先謙案本南俄路今隸裏海部二漢三國安息國海北地北魏西域兩海之間地唐突厥可薩部地金阿速北境元朮赤封地明可薩部　國朝隸俄內府圖作薩拉多傳北徼考作端可薩何秋濤云端可薩奧薩拉多傳聲不相近然以地形考之實即一地端以水名可薩以部族名薩拉即可薩多即端也斯字傳字語助可有可無蓋地有二名故記載各異耳異域錄作薩拉托付備乘又云錄言薩拉托付賓佛爾格河端可薩賓端河是端可薩在西薩拉托付在東本為二地道光硎以端可薩統全部屬南俄九年以後移治於薩拉托付氐又以敦為南方二會城之一道光未仍名端可薩總記作端戈沙司又作端科薩又作端苛薩斯云東南歐色特里西高羅匿斯北冰耶新麥塞全志作端可沙備考作敦會城上以見備乘何云端河又名敦河馬知敦即端也可薩部族之名哉可省耳萬國圖作薩刺託夫圓球圖作薩拉叨夫世界圖作撒拉頭列國學會二圖作薩拉德夫與徐合即雷之塞拉滔夫其東北有窩耳斯克即繆之倭爾司克又東北有喀瓦林司克即繆之赫佳陵司克其南有克木勝即繆之喀梅深又南有察里勝即繆之擦利勤又南有薩勒普夫即繆之薩烈卜達其西有亞特卡斯克即繆之阿特喀爾其北有庫茲捏斯克即繆之枯字聶慈克其西北有倍特老斯克即繆之撒特羅甫斯克○繆又云阿思達拉汗大省其民泥作威北薩馬拉司塔勿羅波立東南裏海東烏拉爾西薩拉奪甫端斯克耶在經度六十五度四十二分緯度赤道北四十六度二十一分方四千二百又十二密律距比得堡二千十八里案蒙古回部王公表傳云準噶爾稱北厄魯特系出厄墨特達爾汗諾顏始謂此也喀爾梅幾即北厄魯特又查列甫當即馬努託海土爾扈特卓幌處昔所譯音皆由蒙古出故與俄語不能脗合有倭爾噶河阿赫圖巴河薩爾巴河挨爾敦湖巴斯琨察克湖有鐵路至黑鴉兒會城同省名在倭爾噶河上距裏海九十俄里多布茄耶勿斯克游牧哈薩克善服馬畜牛羊肥腯即以為生喀爾梅幾類十一萬九千五百餘人布茄耶勿類十三萬四千人凡䄂喀復喀斯䄂喀斯丕思波斯諸貨皆聚於此產魚鱻所出紅魚每夏季可百二十五萬鋪特蘇達克魚四十萬條一年魚價可七百萬盧布產各種果實蘋婆梨柿桃李葡萄西瓜木瓜大白瓜山藥豆春菜駐步隊守兵一營喀薩克馬兵一隊屬城五曰查烈甫在省西北四百八十一里昔羅塔耶酉建都處俗稱金回回其城曰薩來境內有二大湖產鹽歲銷一千萬鋪特一名挨爾敦一名巴斯堤察克曰汗斯喀耶斯撻夫喀在省西北百四十二里即舊日汗營也曰葉諾塔咽弗司克在省東北三十五里曰克拉司壘鴉兒即紅鴉兒在省西北二百五

五洲地理志略　卷二十五　圭

十七里阿赫圖巴河上曰車爾尼鴉兒卽黑鴉兒在倭爾噶河上先謙案本東俄路今隸裏海部二漢三國康居地北魏西域兩海之間地隋鐵勒得嶷海西部唐突厥西部地明爲亞斯大蠟甘國後隸俄內府圖作阿斯達拉罕北徼考諸書作阿斯達拉干與徐合利瑪竇圖作亞斯大蠟甘南圖作亞私大蠟甘職方外紀作亞斯德辣罕異域錄作阿斯塔爾漢一作阿斯塔兒汗亦作歐色特特里總記作阿薩塔干墨云地東多界海瀛西崇薩山加鎮社小南部端西河十薩一斯首北部阿瀕林瀛寰海可書土鹽盛格亦廉富敏善鶻頎蠲晴貧首者部捕今魚雖爲趣生廢東居南民陽尚存七阿萬喇亦作阿斯斯特臘贊海國圖作亞沙塔干備考作亞斯達拉干亦作迈大罕全志作阿斯達干事輯作阿斯坦拉汗以上備乘見俄史作阿思忒拉堪世界圖作阿士特拉刊異名記作阿思他干列國學會二圖作阿斯拉干其西北有熱諾大柔斯克卽繆之葉諾塔咽弗司克作東北設疑又西北有偁爾尼伊雅卽繆之車爾尼鴉兒又西北有撒柳卽繆之薩來其東有克拉斯若雅爾卽繆之克拉司壘鴉兒作西北疑誤○繆又云倭連布爾克大省其民昔稱倭連布部北撒爾穆南烏拉爾斯克西烏發薩馬拏東拕波爾司克十爾該司克在經度七十二度四十六分緯度赤道北五十一度四十五分方三千四百四十五里距比得堡二千一百四里有烏拉爾山倭連該山伊獵縣宜山烏拉爾河烏伊河拕出倭發連克該河入薩克馬拉河入爾河烏拉別拉牙河乜牙思河鹽出設倭提連河該入隱節爾河發源薩馬拉河烏河拉伊列克河入烏拉爾產吉貝河內產草名克拉披襪類麻其民有拔什嘰爾族取以織布甚密如番布會城同省名在烏拉爾河上有稅關駐步隊戰兵一營本省喀薩克砲隊馬兵一隊砲臺八屬城五曰特羅繫慈克在省東北七百五十一里烏伊河上有稅關其地

五洲地理志略　卷二十五　卅三

用橐駝負貨往布哈爾等處曰唯爾赫黏烏拉爾斯司克在省東北五百七十五里烏拉爾河上曰倭爾司克在省東二百六十五里倭爾河烏拉爾河合流處曰扯斂平司克在省東北八百三十二里乜牙斯河上曰米雅斯齊在省東北七百二十四里駐本省喀薩克砲隊馬兵一隊以先謙案本東俄路今隸裏海部二漢三國康居地北魏西域水澤以南地隋鐵勒得嶷海東地唐突厥西部地明納加賀爾達地後隸俄北徼考作阿鄰堡南圖作納加賀爾達總記作阿林墨云東界亞洲俄羅斯西加廈南阿薩塔干北帕尼地多草墉東藉有河出烏臘嶺曰烏拉領河由境內南歷阿薩塔干而草裏海藉臘部落二十三河林墨本有綿落也綠近邊界改移總注官於鳥故近以烏蠲爲首部上番販馬至者萬計羊納六萬歲酉使今瀕人化疑疑里人領亦作荷林墨又作阿臨默又作阿林墨薩備考作痾倫不爾厄與徐合以上備乘見萬國圖作俄連堡圖球圖作奧倫杯克俄史作倭倫堡全志作阿仁布勒列國學會二圖作痾倫不爾厄其東北有威爾折烏拉斯克卽繆之唯爾嚇黏烏拉爾斯司克又東北有米雅斯科卽繆之米雅斯齊又東北有別特洛爾熱斯克卽繆之特羅繫慈克又東北有車里賓斯克卽繆之扯斂平司克其東有鄂爾斯克卽繆之倭爾司克

白海部

繆編云白海乃北冰海之一角俄人於其港汊輒以脣名之卽古所謂海濱也極目寒慮村墟寥落叢木灌莽獸蹏鳥跡徧於四郊自緯度六十五以南地始宜麥具實甘白水程則繞出大西洋與北亞美利加通能逕達於瑞典英法三百三十年前其主伊萬弟四時英人成斯獵爾探路至此始立埠市出入諸貨無征但許英通商洎比得羅時乃釐定稅則並聽歐洲諸國賈舶入口由是風氣稍開匭悶頗化生民有賴林總日滋然帆檣往來歲僅數旬載

出者惟木惟魚是爲巨產值嚴冬民多驅鹿車南徙謀食故地方二萬餘里止建二省焉其曠弃不足墾治者蓋十之六七矣○繆又云阿爾寒節黎司克大省北白海北海南倭羅湼慈窩羅格達西芬蘭東悉畢爾之拕波爾司克在經度五十六度三十三分緯度赤道北六十四度五十七分方萬五千三百一密律距比得堡千百五里卽徐志之亞爾千日爾部千疑干之誤其東兼烏拉爾支山西兼芬蘭支山東北拜恢山有白海北唯納河入海處倭聶嘎河入海處剛達納克海汊也鯖河入海處扯司喀海汊烏薩河出烏拉爾山入別擢爾夷日馬河出山入烏拉別擢爾爾波河羅的處入皮聶嘎河入北唯納哇嘎河入北唯納且穆河入海北可納河亦入北海帕臥節拉湖拕波接洛湖枯特諾湖會城同省名在北唯納河上卽徐志天使頭城也距北海五十二里爲國境北方重鎮海口衝要產鹿皮鼠皮海狗長鯨魚黃花魚寫利幾魚野鶩駐本省喀薩克馬兵一營巡邊稽稅馬兵一營各國來船歲約五百艘英法美最多食用皆仰給他境入口貨歲值六十六萬盧布本國貨至此運出者木料牲畜油紅麻二麥歲值七百萬布往瑞美英法諸境街衢純鋪木質有船纜廠木廠皮廠民熟皮爲業兼多獵戶其林莽寬廣斫伐不護惜有濯濯者近頒禁令有限制民養鹿多以挽車用其皮角食其肉乳屬城七曰索倫班離與省隔河有船廠曰倭聶嘎在省西南二百三十一里倭爾嘎河上船埠產畫眉鳥娑羅唯慈鳥上有廟其神靈異如中國南海補陀多往朝之曰霍洛木各雷在省東南七十一里北唯納河上昔有人名洛末諾索甫負壯志至莫斯孤學諸藝歸以授人榛狉漸啟產長角大牛名霍洛末各耶又水畜曰摸爾日形如海犬口有二長牙彎如鉤一名海馬而與南洋之海馬小大懸殊形亦不類

五洲地理志略　卷二十五　卅四

曰且穆在省西四百八十六里且穆河上曰乜鯖在省東北五百七十里曰皮聶嘎在省東二百十一里皮聶嘎河上曰深姑爾司克在省南三百七十四里哇嘎河上先謙案本大俄路今隸白海部二漢三國奄蔡地北魏粟特地金欽察地元朮赤封地明隸俄內府圖作阿爾甘慈爾北徼考諸書作亞干日備考作亞爾干日耳以上備乘見俄史作阿爾懇隔埒世界圖作阿尼刊結耳斯克列國學會二圖作亞爾干日耳與徐合其西南有阿尼牙卽繆之倭聶嘎世界圖作歐內牙總記作阿占牙一作阿占牙爾斯云醵艇亞劂州南依窩羅水源海那北內府圖作噶爾噶噶博爾占噶爾斯歸備乘云此地在亞干日之西益當日移治也案疑卽阿尼牙矣其西有克木卽繆之且穆其東北有密森卽繆之也鯖世界圖作黑森其東有皮捏戛卽繆之皮聶嘎其南有善薩爾斯克卽繆之深姑爾斯克○繆又云窩倮格達大省北阿爾寒節黎司克南葉洛斯納甫科斯得羅馬唯亞特喀撒爾木西諾甫果倮特東拕波爾斯克在經度五十七度三十三分緯度赤道北五十八度十三分方七千三百二密律距比得堡七百八里有烏拉爾波羅的山離烏拉山輪蘇合拉河徽出格占達類名斯北克維嗎納會委窩倮格達河入蘇合拉盧襍河入幽嘎委撒格達河駟所拉河入委撒格達威栥河入委撒格達別擢納河皮聶河發源哇嘎河發源溫慈河發源入倭爾噶產熊狐獺銀鼠埽雪鼠野鳧鷚鴉白鵃馬尾松會城同省名在窩倮格達河上民善績細麻織巾布網絡務耕作駐步隊守兵一隊屬城八曰唯利克烏斯鳩格在省東北四百五十四里蘇合拉河幽嘎河合流處洛舒理埠在盧襍河上百貨萃此曰朵吉麻在省東北二百三里蘇合拉河上民煮鹽爲業曰雅連司克在省東北七百二十里曰烏私奇駟索力司克在省東北

八百七十七里民以吉斂尼族最多有生鐵廠曰索里委撒果慈克在省東北五百四十二里委撒格達河上產鏤花銀器兼鐵器民多鐵工製鎖鑰鐵螺絲其俗稱物每百四十作洛特尼克合俄一斤曰尼顆立司克在省東六百十六里幽嘎河上曰喀得尼科甫在省北四十二里曰唯立司克在省北二百六十七里先謙案本大俄路今隸白海部二漢三國奄蔡國北魏粟特國金欽察國元朮赤封地明俄羅斯種人依番瓦什里魚赤自此起兵驅逐蒙古據大俄地稱汗郎所稱以萬王也欽定諸書及通鑑輯覽作奇卜察克內府圖作倭羅克達南圖作所爾剌大總記作那寓俄落云東寓庭那南底瓦西北特諱北阿羅義斯地處北隅並轄麻爾庭頗海各地爲最蠻悍之區不受約束後爲蒙古韃鄂塹土所奪寂伊攬王始征服之其地戶九十一萬五千五百口一作諾戈落亦作諾科落備考作寓羅痾達與徐合耶律楚材西遊錄作可弗又以儼東土見漢文圖作俄老格達萬國圖作倭洛達世界圖作倭洛格答列國學會二圖作倭羅格達其東北有宅特馬郎繆之朵吉麻又東北有威里奇烏斯求吉郎繆之唯利克烏斯鳩格又東北有索耳徵車格斯克郎繆之索里委撒果慈克又東北有者林斯克郎繆之雅連司克又東北有烏斯特塞索里斯克郎繆之烏私奇驪索力司克其東有尼科里斯克郎繆之尼顆立司克其北有乞里洛弗郎繆之喀得尼科甫又北有威耳斯克郎繆之唯立司克

俄領高加索斯

高加索斯 辻志云介在裏海黑海之間現亦爲俄所領北因瑪尼氣河以接歐洲俄羅斯南界波斯及亞細亞土耳其東

五洲地理志略　卷二十五　丟

臨裏海西濱黑海北部曰北高加索南部曰後高加索先謙案謝志作高嘎西亞云一名卓支亞在嘎斯卡與黑海之間高嘎色斯山東西橫列分南北二部曰北高嘎西亞南高嘎西亞 **雷志云高加索斯山兩邊皆是也** 辻志云大高加索山橫亘中央小高加索山綿亘南境最高峯曰亞剌特山萬六千九百十六尺中間及北方則土地不甚高峻案繆編高加索山作喀復喀斯山小高加索山作小喀復喀斯山講義云俄國東南境雖不甚明然以頓河支流馬尼的之谷爲境可謂切當常例以高加索山脈之分水綫爲東南境然俄領高加索州既跨山嶺南北以政治區畫言之究不應以爲歐亞之境且以地勢論高加索山脈郎屬亞細亞亦無不可至於馬尼的河之低地在地質學時代合阿拉爾海裏海等同爲海底之一部以之作歐亞之境實合於地勢也 **內愛耳勃拉士** 謝志作愛爾盤辻志作以爾伯爾士 **高萬八千五百三十英尺面積十八萬二千四百六十英里** 辻志云千八十萬方里 **人九百二十四萬八千六百九十七口** 辻志云八百三十六萬其地大川甚少惟南部二水流入裏海湖水惟荀克細亞湖最大其氣候因山野形勢各地不一北方乾燥而寒冷南部帶溼而溫和東境寒暑皆烈山中樹木暢茂平地穀果尤多謝志云大河曰庫爾河曰阿拉斯河皆入嘎斯卡海地多火山遺跡常有震動 **礦產有揮發油石腦油** 年產六百萬噸○辻志云巴庫有洋油坑尤有名一日約產萬一千噸爲世界二大油坑之一一在北美合衆國 **煤銀銅千八百九**

十一年製造廠用工人四萬二三百八十四 辻志云鐵路北接歐洲俄境支綫達黑海及裏海南起黑海沿岸經替夫利斯府至巴庫 **替勿里斯人十六萬六百四十五口　巴沽人十一萬二千二百五十二口　意喀德林那大人六萬五千六百九十七口　弗蘭狄喀夫喀士人四萬三千八百四十三口**

以上要區 徐志云高加索新藩部一作吉甲係在海東諸部之東南亞洲極西之土也南有高加索山西壓黑海東抵裏海綿亘蜿蜒千峰矗起其北境環抱裏海地勢平闊達於加匽部之白爾摩舊本游牧回部俄以兵力取之迤南在高加索山南北者皆土番種類獷悍異常舊屬土耳其波斯者近年俱爲俄所轄置新藩五大部極北者曰痾倫不爾厄部一作阿鄰堡地接西域回部蒙回各部互市於此以馬牛羊易布匹痾倫不爾厄之西南曰阿斯達拉于部一作迓大罕爲五藩部之都會寓瓦河從西北來由此入裏海備乘云寓瓦河郎佛爾格河一統志異域錄俱以爲入滕紀斯湖是滕紀斯湖郎裏海而志言滕紀斯周圖僅七八百里非也兩岸草場豐美牧畜蕃庶郎土爾扈特寄居遊牧之地西域聞見錄諤烏巴錫因河冰未合幸河南西戶口內附而遺其河北今考寓瓦河自西北而東南烏巴錫之東徒蓋牆其河東戶山而遺其河西也備乘云案異域錄言土爾扈特阿王奇汗游牧地方西北爾面有佛爾格郎厄濟爾河擐流是此河本在土爾扈特之北又折而繞其西言河南戶口亦未爲不可也其地通衢四達西域游牧各部互市者絡繹於途故富饒爲五部之最女子絕美各部爭買爲婢妾價極貴有才能者或爲后妃裏海產鱣魚龍土人長於釣捕販行甚遠阿斯達之南曰薩加社一作西爾加西亞一作色爾各設又作類勒阿西在高加索山之陰種人居巖谷不事耕作貧

五洲地理志略　卷二十五　丟

甚而性特悍猛習於剽劫鄉皆土堡自練丁壯爲兵俄人伐之往往挫衄僅羈縻之不能使馴擾也薩加社之南曰諾尼阿部一作頟墅在高加索山之陽本屬土耳其後稱兵叛土俄征服之收爲藩部其地山嶺崎嶇戶口多而貧販男女爲奴婢民俗獷悍甚於薩加社諾尼阿之東曰日爾日部一作熱阿義備乘云一作日爾日亞郎海國聞見錄所稱惹鹿惹也地東距裏海跨高加索山之南北本屬波斯嘉慶十八年俄戰勝攻取之民俗與諾尼阿同男女多美姿容會城曰得勒甚陋俄人修飾之漸改觀矣薩加社諾尼阿日爾日三部近年又分爲八部日爾日日是爾灣日亞爾美尼亞日義米勒多日多日明哥勒里亞日達日斯丹日西爾加西亞日亞巴酉亞八部之外又設立高加索省原圖皆未分畫總記云俄國南新藩五部曰薩加社曰納希斯丹曰諾尼阿曰阿沙塔干曰阿鄰默同屬一區內有高加薩斯大山外臨黑海裏海壤地崎嶇不與各國往來人皆化外恃其險僻謂無人敢侵其境未幾諾尼阿爲巴社即波斯所奪尚有濱海數小部亦爲都魯機即土耳其所奪薩加社等部又爲俄有嗣諾尼阿叛巴社俄征服之得都魯機屬數小部土番皆習馬哈墨回教不諳文學技藝劫掠爲生俄設兵設官極力撫導惟阿林墨部已歸化同於內地次則薩加社亦皆馴服阿薩搭干平地多韃韃里流寓之人設勘舘管東稅其牛羊尚遵法度若諾尼阿納希斯丹則轟蠻如舊因其地與巴社附近欲藉其力以捍拒雖有官彈壓羈縻而已又云薩加社部東高加薩斯丹南諾尼阿西黑海北阿薩搭干境內多山嶺最高曰高加薩斯山千三百三十丈終年積雪土不饒而宜麥首部曰摩斯諾設有礮臺地極崎嶇俄闢山路造橋梁五年始藏設總領一人及王士領千五百名玉士領武官也所蓄奴僕分二等一備戰陣一司耕作備戰之奴僕多至萬人其女多姸麗出以布蒙面躡木屐童女

以皮束下體釘以銀扣俟嫁時夫親釋之生兒女三四歲親朋卽抱去撫育教習無異親生男至堪臨陣女至可婚配始還其父毋謂親自鞠養恐其溺愛也機士臘小部落頗氏力河市埠萬家而鄂魯機之阿敏尼阿人十居七八產絲髮及酒先謙案二漢三國安息地北魏西域兩海之間地唐波斯地後倂於大食五代遼金波斯地元報達國地後爲蒙古諸王封地明波斯地　國朝嘉慶間俄取之北徼考諸書作薩加社備考作西爾加西亞皆與徐合全志作西爾加西以上見備乘又云諸尼阿部東納希斯丹南都魯機西黑海北薩加社巖巒盤互萬木參天山深多曠本巴社之地因巴社與俄交兵徵兵中年不及壯之兵盡入營伍憤怒背叛不意復爲俄得領小部落土番壯勇而女多美戶三十餘萬口其俗權貴之家御僕殘刻無論田之磽沃倍額收租不計耕奴凍餒故赤貧甚衆劫掠四出雖良農負耒而耕亦必手械自衛特付里斯首部落也俗舊湻樸今漸華靡有習武館軍裝庫互市蓄盛先謙案二漢三國安息地北魏西域兩海之間地唐波斯地後倂於大食五代遼金波斯地元報達地後爲蒙古諸王封地明波斯地後屬土耳其旋復爲波斯地　國朝道光八年俄取之內府圖作額里旺北徼考諸書作諸里阿與徐合南圖作亞兒墨泥亞備考作亞爾美尼亞全志作亞爾美尼以上見備乘

喀復喀斯部

繆編云有大山介黑海裏海間由西北斜下迄於東南約三千里卽魏書西域傳所謂兩海之間水澤以南爲一域也俄人稱爲喀復喀斯舊譯高加索高架所高加薩又曰喀卜喀山卽唐書西域

傳之波悉山番族撓鄙獷悍諸小渠長薟數十歐洲諸國自古視爲域外考西人記載謂亞細亞北方有匈奴三百七十年間徙西方與亞蘭人爭其居亞蘭人住寓爾噶河敦河之間料匈奴難敵遂合爲一診其地當卽此部亞蘭卽阿爾綿宜也俄人經營數十年局勢大定千八百四十年於都城設喀復喀斯科彌階特署專理其事俄主阿烈克三德第二之弟海米勒分藩於喀境今因民俗漸化其署已裁凡分十六省山南自拔圖穆以次又別曰雜喀復喀斯雜者後也自其國視之在山後也總記志略備乘於此部多未詳核所謂高加索九部曰日爾日曰諾尼阿曰義米勒多曰明哥里曰是爾灣曰納希斯丹曰亞巴西亞曰薩加社皆其地也而譯音訛轉不可究詰其族曰喀撒克者卽隋唐時突厥之可薩部所謂近西海與波斯大食鄰者實此境也勇敢善闖七八歲便馳馬如飛用爲騎卒每戰克捷遂衣以紅甲裳俾殊其式而威鄰敵他族之欲爲騎卒者得入其籍而端河之喀薩克亦頗著焉俄王歲或一幸以撫咻之使王子遙領提督以矜龍而鼓舞之凡有大事俄主長子尼闊來謀程云卽尼歌老異文必服喀撒克之衣凡國之邊要皆駐喀薩克隊亦如中國之用錫伯索倫也先謙案据下文實止十三省十六當爲十三考案地形並無遺漏徐志總記併疴倫不爾厄阿斯達拉干亦列爲高加索新藩部乃舊時疆域如此○繆又云司塔勿羅波力大省北端斯喀耶阿斯達勒汗東南烏拉的喀復喀斯西枯班在經度五十九度三十九分緯度赤道北四十五度三分方千二百三十八密律距比得堡二千五十四里有麻熟嗄山鮑鞹枯馬河出喀復喀斯山入裏海馬耒飭河屬南岸卽以爲界其水入裏海會城冋省名有大山極雄峙產牛羊其民喀薩克族諾該族喀爾梅

幾族家有一萬牲畜爲巨富凡游牧共八萬三千七百四十二人駐步隊守兵一隊提督管轄喀復喀斯全境兼轄雜喀斯丕思屬城二曰諾倭格利郭里耶復司克在省東南百八十四里駐步隊守兵一隊曰別諾恪林斯克耶在省東百三里駐本境馬隊守兵一營隸喀復喀斯部先謙案司塔勿羅波力講義作斯達佛羅波爾云人三萬七千口自俄國至外高加索此其舊道列國學會二圖同世界圖作斯塔夫羅朴北阿斯達拉干西庫班東南倭拉的喀復喀斯會城同省名○繆又云枯班小省北端斯喀耶南蘇烘木東司塔勿羅波力節爾斯喀耶西亞速海西南車爾諾莫耶司克在經度五十六度三十八分緯度赤道北四十五度一分方千六百八十密律距比得堡二千四十四里卽備乘所稱亞巴西亞全志作古里利有喀復喀斯山亞速海枯班河出麥復喀山一入黔一刻入鼓速中明備儺鄔他烏魯卜河拉巴河別拉耶河二林出喀復海斯山入協班喀會城曰葉喀接離諾達爾在枯班河上有官果園案種植之法設官經理以爲民法其民別一類充馬兵者曰枯班馬兵與喀撒克均別編一籍著紅甲裳統計約二十七萬人其健者揀至比得堡日加練習以成勁旅產葡萄石炭每年二十萬鋪特駐本城喀撒克馬隊一營砲隊一營砲臺一屬城十曰唉斯克在省北二百五十八里亞速東岸海口大埠所出之貨以二麥牲畜油皮張爲大宗曰榻們在省西百七十三里黑海亞速之間家瀟乘云元阿速國鄉令碟海以北之地其海至衛名醛速海又有藪河出俄之都拉部南曲拆流至阿索富威之亞北入亞速海阿索富富卽古阿素富都城也教河卽端河曰且抹留克儲一作𦅸在省西北百三十五里業瞞湖上近亞速產鹽曰邁果樸在省東百三十九里傍黑海在喀復喀斯山極西產石油駐喀復喀斯馬隊守兵一營步隊戰兵一營喀撒克砲隊馬兵一營

曰湼沄諾梅司喀邪在省東南二百七十四里駐步隊戰兵一營曰烏私奇拉頻司喀邪在省東北六十四里駐步隊戰兵一營曰諾倭博格倮甫斯喀邪在省東北百五十里駐喀復喀馬隊守兵一營曰烏自扁斯喀耶駐喀復喀斯馬隊守兵一營曰伊利迎司喀耶駐喀復喀斯馬隊守兵一營曰阿勒馬尾爾駐砲隊戰兵一營隸喀復喀斯部先謙案列國學會二圖作庫班西北同南蘇克亨東斯達佛羅波爾倭拉的喀甫喀斯會城曰貝喀特里那苔卽雷之意喀德林那大繆之葉喀接離諾達爾其西北曰田留克卽繆之且抹留克其西曰他曼卽繆之榻們其東南曰買料埔卽繆之邁果樸○繆又云節爾斯喀耶小省北司塔勿羅波立南枯塔伊思梯富麗斯達咕思丹西枯班東裏海在經度六十二度二十一分緯度赤道北四十三度二分方千百五密律距比得堡二千三百五十七里此訃几濱裏海者皆前人中臏編薩加社部有喀復喀斯山唉裏布盧斯山得合擣山喀思伯克山安迭斯克嶺秋連宜鳥在裏海茄獵芠克河出喀復喀斯山入裏海松熱河人茄𡫊芠會城曰務拉的喀復喀斯在茄獵克河上產葡萄西瓜山桑絲駐步隊戰兵一營本省喀撒克馬隊戰兵一營砲隊戰兵一營砲臺九屬城十三曰抹自奪克在省北八十七里駐步隊戰兵一營曰畿自獵爾在省東北二百四十里茄獵克河上民嫺種果種桑養蠶纏絲其絲名灼爾克販往各城造葡萄酒極甘美卽名幾自獵爾曰撇黍果爾斯克在省西北二百三十九里駐步隊守兵一隊曰格倮芠納耶在省東百里駐步隊戰兵一營本省喀撒克馬隊一營步隊守兵一營曰隔倭爾幾耶甫斯克在省西北百六十五里駐步隊守兵一隊曰惟玎在省東南百五十七里曰阿爾胘在省東百七十九里曰哈薩夫幽爾

特在省東百八十九里駐步隊戰兵一營曰阿爾敦斯喀耶駐本省喀撒克馬隊一營曰米海洛夫斯喀耶駐本省喀撒克砲隊馬兵一隊曰布保池拉耶駐本省喀撒克馬隊一營曰葉喀圖幾在省西北二百十四里駐本省喀撒克砲隊馬兵一隊曰倭自在省東百二十四里駐步隊戰兵一營隸喀復喀斯部先謙案節爾斯喀耶列國學會二圖作德勒克其務拉的喀復喀斯二圖作倭拉的喀甫喀斯（講義云踞高加索山脈北麓當軍道鐵道之交錯點）卽雷之弗蘭狄喀夫喀士北斯達佛波爾南庫台伊斯第佛利斯達格斯敦西庫班東裏海其北有摩斯多克卽繆之抹自奪克東北有奇斯里雅爾卽繆之幾自獵爾西北有吉痾爾久斯克卽繆之隔倭爾幾耶甫斯克又西北有頁西亞土奇卽繆之葉喀圖幾世界圖有彼得魯夫斯克卽繆之米海洛夫斯喀耶○繆又云達咕思丹小省北節爾斯喀南耶哩薩唯託波力八枯西梯富麗斯東裏海在經度六十四度四十七分緯度赤道北四十二度五十分方五百三十八密律帖密爾距比得堡二千六百十五里顛爾邊距比得堡二千七百五十八里有喀復喀斯山（脈）安迭斯克嶺蘇拉克河（南岸）薩木耳河（出喀復喀斯山入裏海）省城曰帖密爾寒暑拉大城在裏海西岸駐步隊戰兵一營砲隊戰兵一營砲臺九屬城八曰顛爾邊大城在省東南百四十二里別立城長不屬於達吉思丹之固必爾臘托海口商埠駐步隊戰兵一營曰奴哈口別特洛府司克在省東北四十三里海口商埠南北築堅石墒捍波濤阻敵船曰古尼布在省南百二十一里曰古薩尼曰軋喀他立疊什拉噶爾在省東南六十九里駐步隊戰兵一營曰赤金悠爾特在省西北四十七里駐步隊戰兵一營先謙案二漢三國安息地北魏西域兩海之間地唐波斯

地後併於大食五代遼金波斯地元爲的希斯丹明波斯地後隸土耳其旋復爲波斯地明隸俄北徵考諸書作納希斯丹（總記云東裏海甫巴社西諾尼阿北麓加社）元史作的希斯丹備考作達爾斯丹全志作達其但（以上見儀乘）列國學會二圖作達格斯敦卽徐之達日斯丹繆之達咕斯丹會城同省名東北同西第佛利斯南熱利薩貝特波爾其東北有迫得老斯蓋卽繆之奴哈別特洛府司克東南有德奔特世界圖作的爾辨託卽繆之顛爾邊（以下雜路復喀斯部見亞洲）

五洲地理志略二十六　　歐洲三

賜進士出身特賞內閣學士銜前國子監祭酒翰林院編修加三級臣王先謙謹撰

朔方備乘十三圖

中國與俄羅斯交界圖

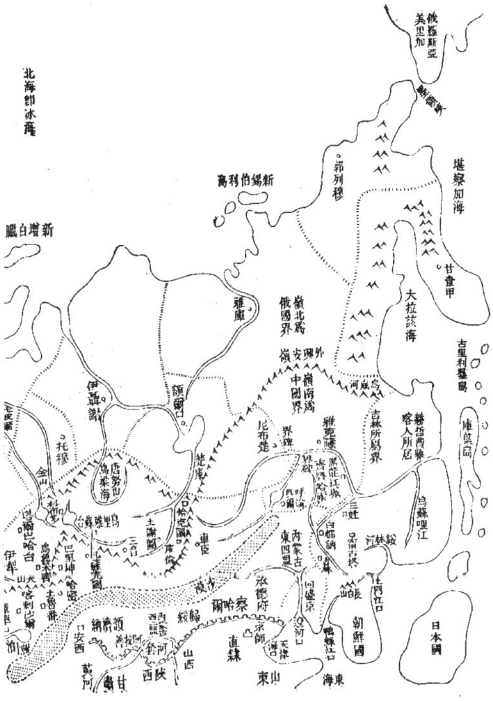

何秋濤云中國與俄羅斯國接壤之地幾萬餘里最東濱東北海曰吉林所屬地即三姓所屬海以內地也北曰烏底河爲甌脫地又北與俄國雅庫斯科所屬地接其西曰黑龍江省將軍治焉北踰雅克薩城抵大興安嶺爲界嶺之北與俄國雅庫斯科所屬地接又西以格爾必齊河爲界沿河而南界碑在焉河之西與俄國尼布楚城接又南渡黑龍江得額爾古納河口界碑在焉溯河而西河之南皆中國卡倫河之北與俄國尼布楚所屬地接又西南曰呼倫貝爾城副都統治焉西北與俄國尼布楚城所屬地接又西曰喀爾喀車臣汗部北踰肯特山抵楚庫河河之南爲中國卡倫河之北與俄國義爾古德斯科所屬地接又西循卡倫至恰克圖爲互市地其封畛則土謝圖汗所轄庫倫辦事大臣治焉又西北循卡倫至托羅斯嶺塔爾噶克山山之南爲中國所屬烏梁海界三音諾顏及札薩克圖汗部分轄卡倫皆烏里雅蘇臺將軍所治也北與俄國伊聶謝斯科所屬地接又西至阿爾泰諾爾烏梁海界又西南至阿爾泰山烏梁海界皆屬於科布多參贊大臣治之北與俄國托穆斯科所屬地接又西南至和尼邁拉虎卡倫爲塔爾巴哈臺新設互市地參贊大臣治之北與俄國托穆斯科所屬地接又西南曰伊犂將軍治焉北以哈薩克爲屏蔽其北即俄國多木斯科境也今備繪俄羅斯全境而於交界之地詳考形勢繪成全圖庶萬里疆圻瞭如指掌已

前漢北徼圖

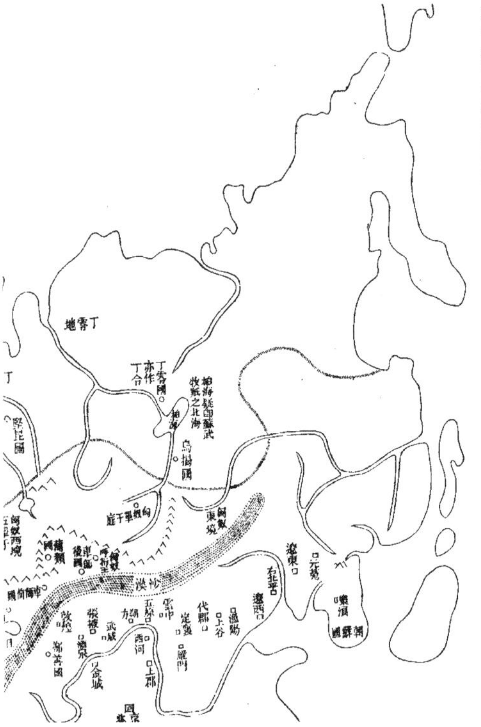

何秋濤云前漢之時以匈奴爲百蠻大國北境直抵北海舉凡烏揭丁零堅昆諸國皆爲所吞併其西北之康居雖地域廣大而兵不如匈奴之强故服屬焉史稱康居東羈事匈奴而奄蔡國又羈屬康居則知前漢北徼惟匈奴獨雄矣康居南與安息接即今俄國南俄高加索諸部地又與大宛接即今北哈薩克諸部地自昔論者止知康居爲今北哈薩克地而不知其王夏所居蕃內地距冬所居九千餘里以方隅道里計之應兼有今俄國大俄諸部全境今詳繪成圖考校班書無不吻合其丁零附近尚有渾庾屈射薪犁諸國皆在錫伯利部境內以未能確知所在故圖中不具列云

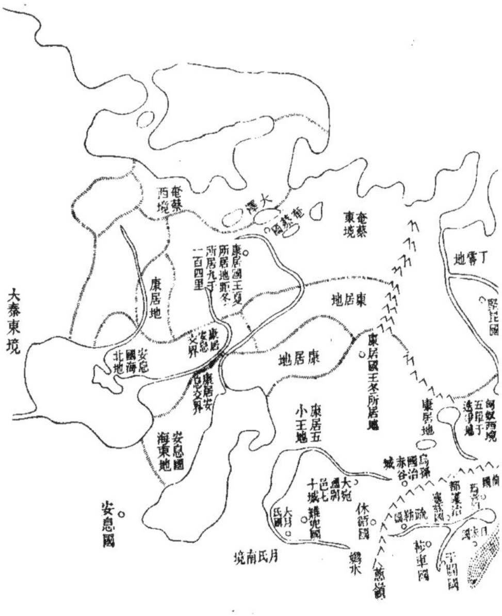

後漢北徼圖

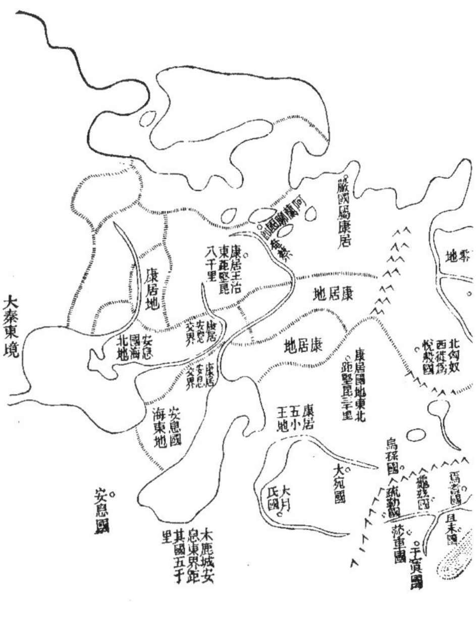

何秋濤云後漢之時匈奴衰弱分爲南北部南匈奴入臣於漢處於西河之地已無預北徼之事惟北匈奴尚居漠北故地其北爲丁零國卽今俄國錫伯利部地也明帝永平十六年丁零攻北匈奴之北是北匈奴已不能服屬丁零矣和帝時竇憲擊破北匈奴其地遂空旣而鮮卑烏桓據之屢爲邊患桓帝時鮮卑檀石槐者盡有匈奴盛時故地東西萬四千餘里南北七千餘里是時錫伯利部又爲鮮卑屬地矣錫伯卽鮮卑之音轉至今其名未改也北匈奴之破范蔚宗書不言其餘衆何往考北史云北匈奴爲竇憲所逐單于度金微山西走康居其不能去者住龜茲北地方數千里爲悅般國此可補范書之闕略至奄蔡國改名阿蘭聊國屬康居嚴國在奄蔡北亦屬康居則是時康居之强迥異於前漢時也合考而爲是圖庶可備一時之紀載云

三國北徼圖

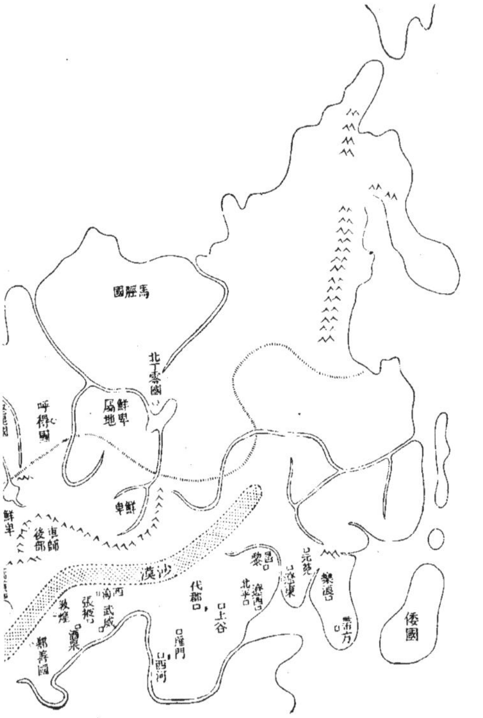

何秋濤云三國時蜀漢與吳距北徼絕遠惟曹魏疆域鄰近陳壽三國志於四裔之事所載頗略裴松之注引魚豢魏略較爲詳悉足備參稽魏略有云康居北有北烏伊別國又有柳國巖國又云奄蔡國一名阿蘭西與大秦東南與康居接故時羈屬康居今不屬也據此知奄蔡與康居遞爲强弱是時奄蔡拓地西邊故與大秦密邇也魏略又云呼得國在康居東北丁令國在康居北堅昆東去單于庭七千里南去車師五千里西南去康居界三千里西去康居王治八千里據此知堅昆確在俄國托波爾境而康居王治卽俄國之莫斯科洼亦灼然無疑也至丁零本一種其東西部相去甚遠魚豢疑爲二國非是魏略又云安息國周迴繞海乃到大秦所謂海卽指黑海而言海北地卽俄國南境也

參考諸說以繪斯圖於讀史者不無涓埃之補云

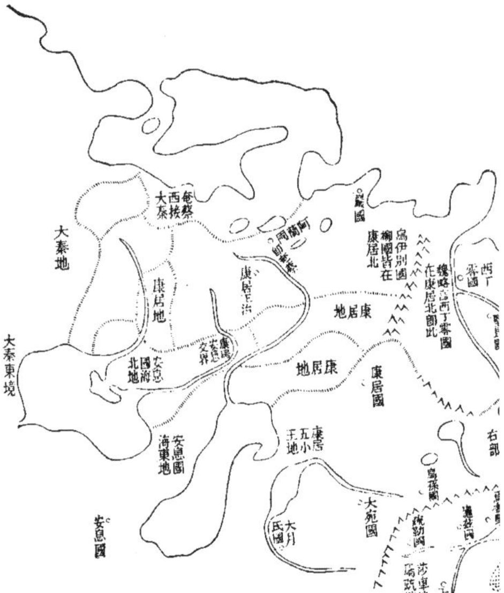

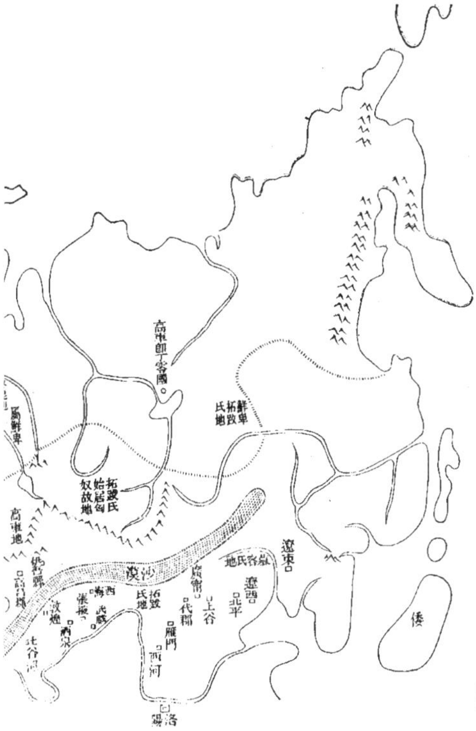

晉北徼地圖

何秋濤云晉室立國未久十六國遞起兵爭中原多故無暇問邊裔之事又晉書修於唐時距典午之初已三百餘年故其所纂四裔傳簡略尤甚蓋代遠年湮事多失考也晉初鮮卑拓跋氏始居匈奴故地其北有高車國高車之先即丁零亦名敕勒亦名鐵勒即唐時薛延陀回紇諸部所自始至康居國於晉武帝時入貢稱與粟弋伊列接壤伊列國在今伊犁地蓋取伊列水爲名粟弋即粟特乃奄蔡改名也據此知晉時康居國南北疆域與漢時不異惟國王居蘇薤城乃漢時康居五小王地蓋南徙也厥後九姓昭武諸國皆近納林河北岸其沿革之故亦約略可見已至若高昌伊吾之置郡縣晉書失載而北史著之摭以入圖藉補史闕云爾

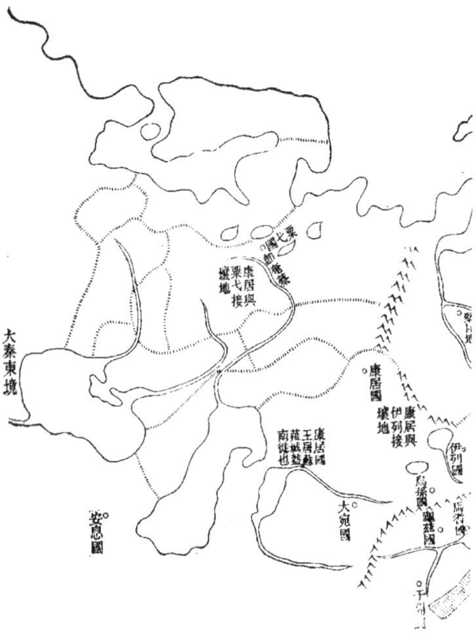

元魏北徼圖

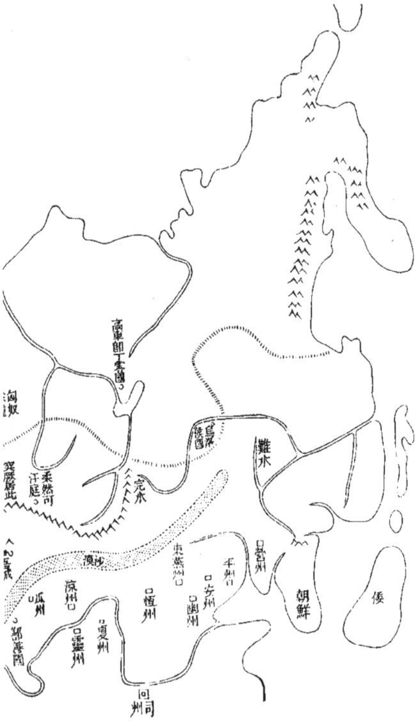

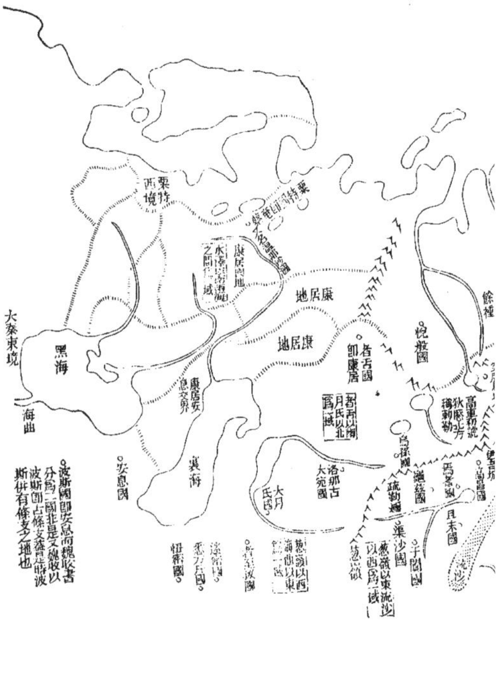

何秋濤云元魏始都恆代地近北邊又通使西域備知阨塞故魏收書所載邊外山川形勢較各史尤爲明晳世祖時董琬等使西域還具言所見分其地爲四域自葱嶺以東流沙以西爲一域葱嶺以西海曲以東爲一域者舌以南月氏以北爲一域兩海之間水澤以南爲一域以今稽之則兩海之間指裏海之西黑海之東水澤以南指阿尼牙等大湖之南正與今俄國大俄小俄南俄東俄喀山諸部全境形勢相合茲據以入圖焉至粟特國卽古奄蔡一名温那沙在康居西北去代當爲二萬六千里魏書作一萬六千里字之誤也先是匈奴殺粟特王而有其國至王忽倪已經三世泰西人言俄羅斯未立國時皆匈奴别部亦與魏書所記相合若烏洛侯卽尼布楚城南境之地柔然之北侵高車卽由喀爾喀北伐之路皆北徼掌故灼然可據者也波斯之名始見於魏書其地則古安息而兼有條支之境故魏收指爲條支非參稽諸史詳爲校覈未易明也合而圖之或亦考訂之一助歟

隋北徼地圖

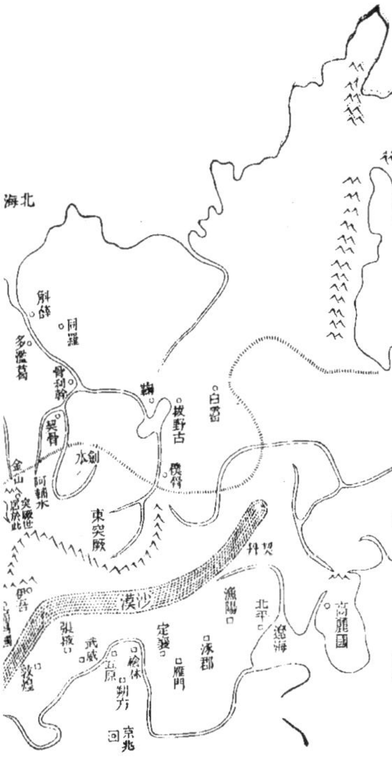

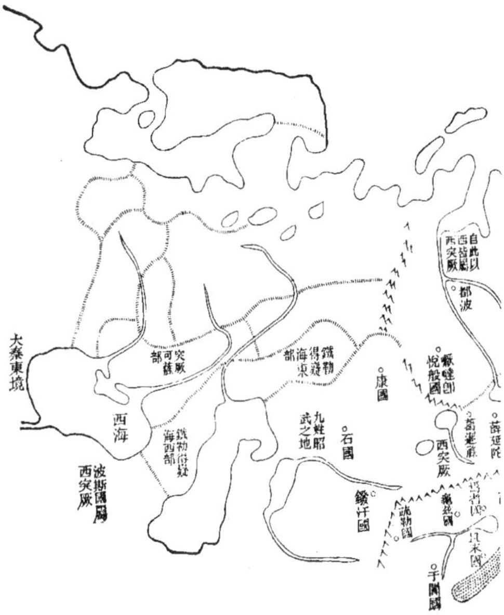

何秋濤云隋之北徼突厥最强溯其始盛自木杆可汗北并契骨即古堅昆也嗣後拓境日廣自遼海至西海東西萬里自漠北至北海五六千里全有今俄羅斯地周齊皆畏憚之至隋時分東西兩部今俄羅斯東境錫伯利部地皆屬東突厥其西境各部地皆屬西突厥又有可薩部與波斯接界即今俄國所屬端可薩部落也康國爲康居之後與石國安國諸地皆爲西突厥所役屬又鐵勒諸部種類最多有薛延陀韋紇僕骨同羅拔野古等部又北海南有都波等得嶷海東西有蘇路羯等皆在今俄國境内突厥盛時藉其力以戰爭大業元年處羅可汗忌鐵勒諸部恐爲變遂集其魁帥數百人盡殺之由是諸部離心同拒處羅並遣使入貢於隋此北徼諸小國專達中國之始蓋隋與突厥皆皆以暴虐失眾心覩於斯圖得失之故較然矣

唐北徼地圖

何秋濤云唐時北徼有突厥及西突厥二部後西突厥又分爲二皆爲唐所滅鐵勒諸部早通貢於唐及薛延陀據突厥故地唐又滅之回紇繼居其地遂服屬於唐於是唐置單于都護府領狼山雲中桑乾等三都督蘇農等二十四州瀚海都護府領金微等七都督仙萼等八州卽擢領酋爲都督刺史凡錫伯利路諸國如骨利幹都播僕骨同羅拔野古多濫葛斛薛阿跌大漢白霫鞠國諸地自漠北至北海皆爲羈縻郡縣其遠者如流鬼駮馬之屬亦莫不奔走來賓西突厥故地別置安西北庭二都護迨賀魯既平則西居波斯亦莫不統屬於唐可謂盛矣中葉以後回鶻盛於北而單于瀚海淪焉吐蕃盛於西而安西北庭陷焉唐室又通黠戛斯以制回鶻交大食以制吐蕃黠戛斯大食亦皆俄國境內之地合而論之足知北徼形勢未可忽也至若大俄及波羅的諸部地其始無聞迨懿宗咸通年間俄羅斯酋長祿利哥始建國焉此又泰西圖籍可補新舊唐書所未及者也謹參考諸書爲圖而挈其綱要於此

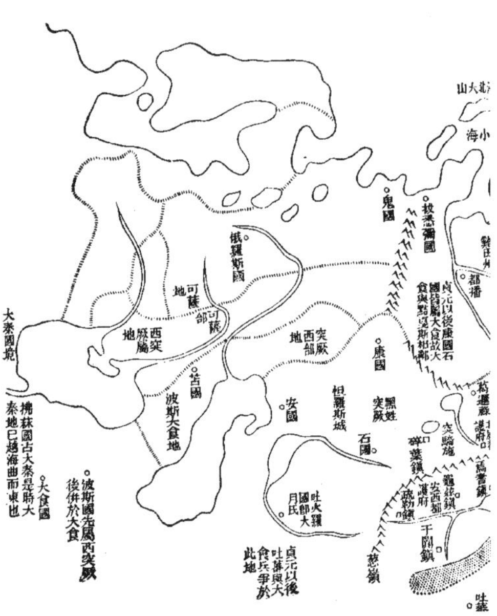

五代北徼圖

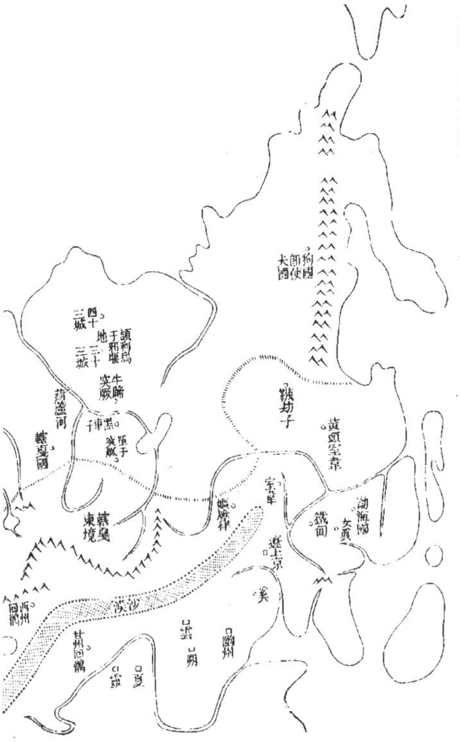

何秋濤云歐陽修五代史四夷附錄載胡嶠所記北徼事頗詳嶠所至契丹國都即今熱河北境蒙古地其東曰鐵甸曰女眞東南曰渤海皆今東三省地南曰奚在今熱河境西南至儒州故漢地今宣化府屬也西曰突厥曰回紇考突厥久爲唐滅此蓋其部落之僅存者回紇已西從甘州等處此所云回紇當亦指歸化城以西部落而言也東北至嫗厥律水出大魚契丹仰食又多黑白黃貂鼠皮其人最勇鄰國不敢侵蓋今呼倫貝爾城之地又其西曰轄戛即唐黠戛斯也呼倫湖即唐俱倫水其西即漠北匈奴故地唐初屬薛延陀後爲回紇所據即旋改名回鶻及黠戛斯攻回鶻鶻多西徙者史不言黠戛斯拓地所至據此知回鶻故庭悉入黠戛斯矣又其北曰單于突厥當亦突厥遺種居北方者在今楚庫河以北屬俄羅斯地又北黑車子善作車帳其人知孝義地貧無所產契丹之先常役回紇後背之走黑車子始學作車帳當即今俄國額爾口地又北牛蹏突厥人身牛足水曰葫蘆河夏秋冰厚二尺春冬冰徹底常燒器銷冰乃得飲按其地當在俄國伊聶謝河一帶其人蓋以牛蹏爲飾譌傳爲人身牛足也嶠所記又曰東北方有襪劫子者尤善射遇人輒殺而生食其肉契丹等國皆畏之其國三面皆室韋當在今大興安嶺以北俄國雅庫部屬地也又北狗國當在俄國郭列穆部境蓋其人役犬譌傳爲人身狗首也又曰契丹常遣人北行窮其所見其人自黑車子歷牛蹏國以北行一年經四十三城人多以木皮爲屋無譯者不知其國地山川部族名號至三十三城得一人語可解云地名頡利烏于邪堰自此以北龍蛇猛獸魑魅羣行不可往矣

今依嶠所記爲五代北徼圖以備考證

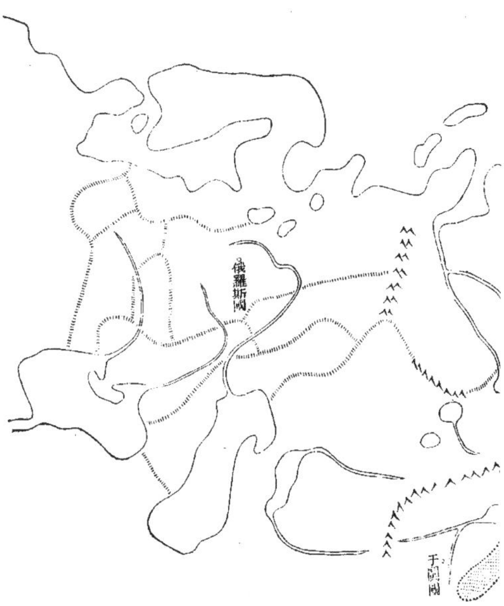

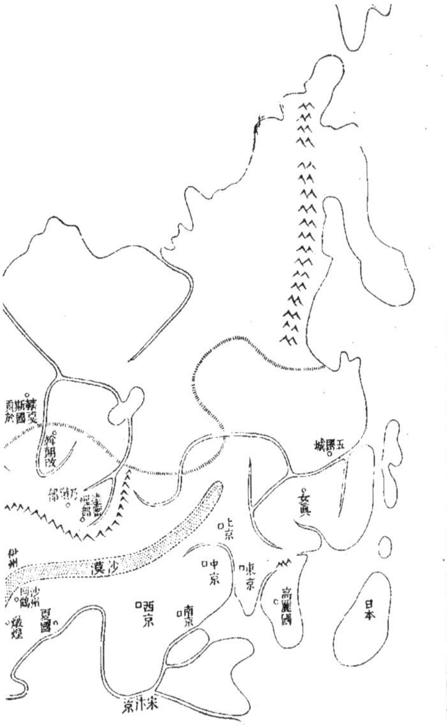

遼北徼地圖

何秋濤云遼史外紀惟高麗西夏二國其他朝貢征伐之國皆不立傳僅載其名號事蹟於屬國部族表中至兵衞志載屬國軍地理志載邊防城大略可相印證考其形勢東至於海西至金山暨於流沙北至臚朐河南至白溝幅員萬里臚朐河即今克魯倫河遼之北境極於此即今車臣汗部南境也又有皮被河城地控北邊置兵五百防守皮被河出回紇北東南經羽厥入臚朐河沿河董城北東流合沱漉河入於海南至上京一千五百里按河董城即可敦城沱漉河即他瀰河以此推之皮被河當即黑龍江別名羽厥即突厥遺種也史又言靜邊城北鄰羽厥每入為盜鎮州建安軍節度專捍禦室韋羽厥等國則遼北境防戍所重可知矣他如轄戛烏孫波斯大食皆嘗朝貢烏孫即俄羅斯也大食自唐中葉以後并吞諸國直抵葱嶺之西境壤最廣及耶律大石西奔過達密哩乃蠻等部擊降西域諸國破大食之兵遂取尋思干起兒漫諸地都於河中府是曰西遼建國將及百年後爲乃蠻王屈出律襲據其國元太祖進兵滅之蓋蒙古所併西域諸國多西遼屬部惜其事不盡可考謹摭其國土山川之大略具於圖所未詳者則不載亦闕疑之義也

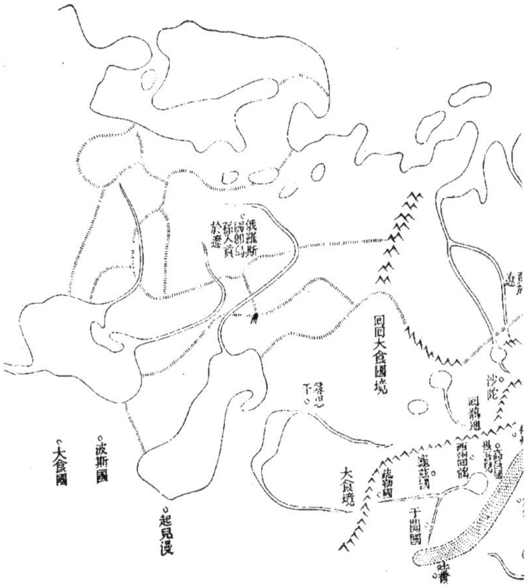

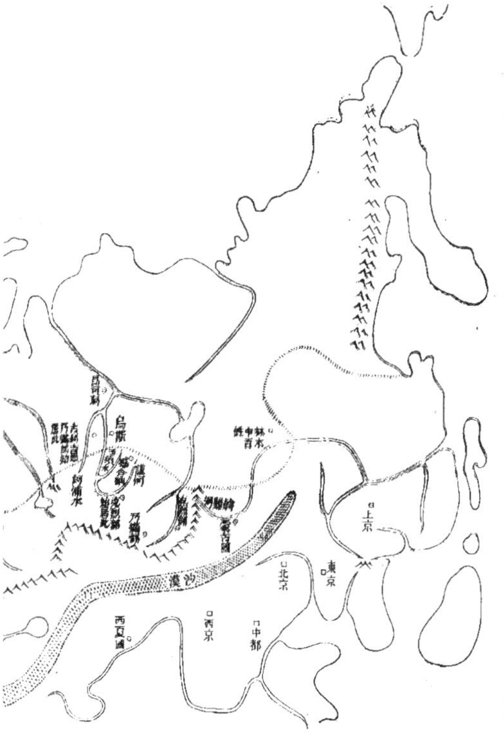

金北徼地圖

何秋濤云金史於外國亦僅紀高麗西夏其他皆闕不著蓋金史修於元時其西北國名部族屢經吞併改易不復可考故也今按元太祖蒙古本國在斡難河即今敖嫩河其所滅之克烈乃滿等部皆在漠北今喀爾喀地他如吉利吉思撼合納諸部在今俄國之東偏阿羅思阿速欽察康里諸部在今俄國之西偏是皆自金時建國至奇渥温氏始臣屬之者也諸國在金時盛衰事蹟固難詳考而方隅形勢尚有可稽謹合而繪之以備金源一代之掌故

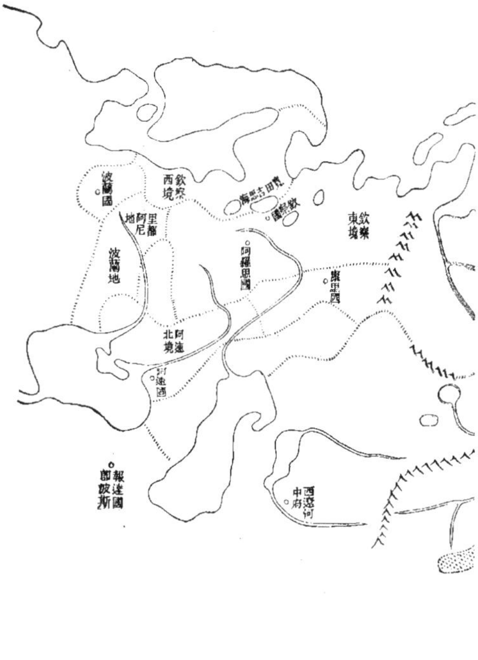

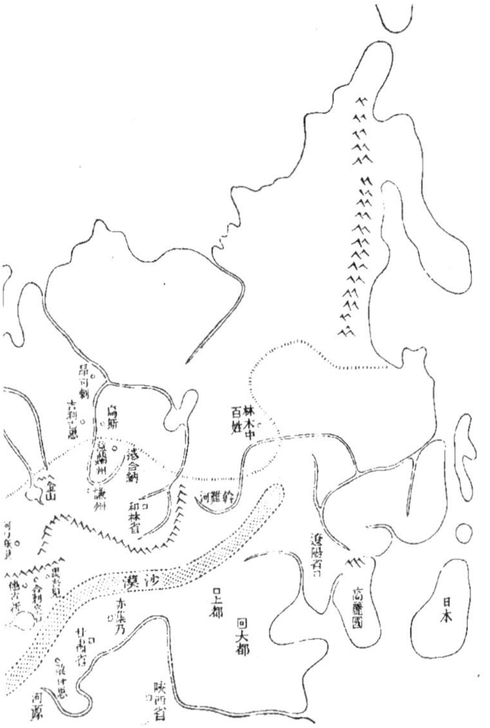

元北徼地圖

何秋濤云自古能征北徼者罕矣至胷北徼之地而全有之則更罕胷北徼之地至有之而盡設藩封郡邑焉則尤罕也惟元太祖盡取俄羅斯東西偏之地悉主悉臣厥後太宗憲宗累世經營尤赤海都等之封拓地日廣又設謙州益蘭州隸於嶺北行省駸駸乎欲以中原之治治北徼矣惜乎處置失宜尾大不掉遂未能竟其陶冶漸摩之功蓋亦運會使然耳元史地理志僅附錄西北地名而不載其方隅里至永樂大典中有元代西北地圖僅存國名無山川城邑其沿革何代今為何地皆不可考今採集羣籍詳悉鉤覈亦僅得其十之二三而已當日宋濂輩纂修元史疏舛如是後人訾之有以也僅圖其可知者如右庶便於蒐討云

明北徼地圖

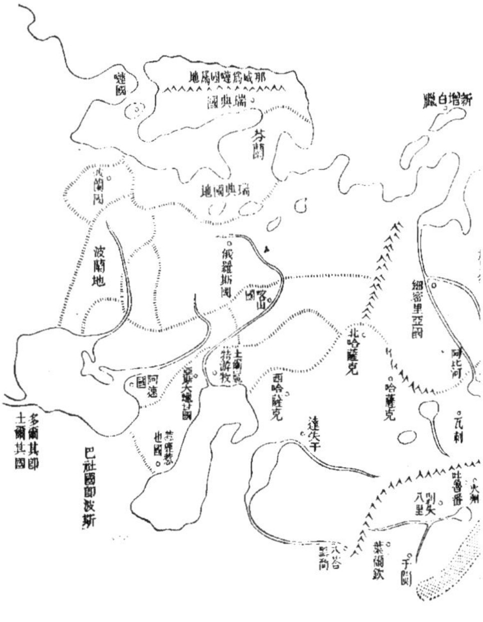

何秋濤云明代蒙古之裔處漠南北猶漢唐時之匈奴突厥也然匈奴之北有丁零堅昆諸國見於班史突厥之北有骨利幹黠戛斯諸國見於唐書而明史紀北方邊塞惟韃靼一傳他無聞焉推原其故蓋有二端一則部族之强弱異也匈奴突厥盛時兵威直抵北海故錫伯利境諸小國咸服屬之因得以達於漢唐明時則不然韃靼力弱楚庫河以北弗能有也部族不附於蒙兀何怪乎庭幕不傳於紀載哉一則聲教之流通殊也呼韓稽顙於漢而康居等國亦送侍子頡利入臣於唐而僕骨等部咸設州郡明時則不然聲教阻於朔漠惟阿速一國自嘉峪關入貢而波羅的錫伯利諸部中國未能詳焉旁稽典籍繪爲茲圖如把兒獲加里勿亞尼比登都國墨賴爾意的撒加大閣辣等地則取諸坤輿圖黑龍江地面可木野人則取諸明一統志至俄羅斯波蘭喀山亞斯大蠟甘以及瑞典那威諸境則取諸泰西人所紀載合而訂之形勢沿革胥可得其大略已

五洲地理志略二十七　歐洲四

賜進士出身 賞內閣學士銜前國子監祭酒翰林院編修加三級臣王先謙謹撰

朔方備乘九圖

俄游彙編一圖

俄羅斯初起時地圖

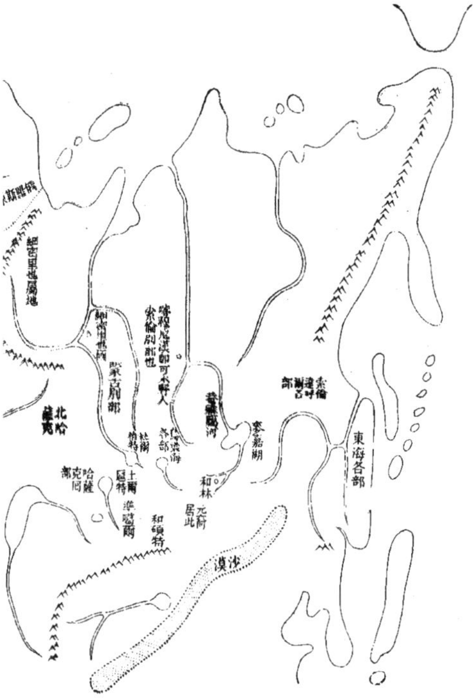

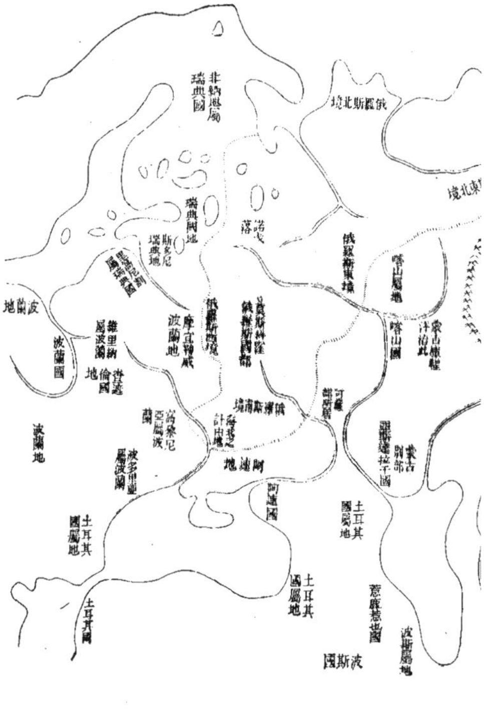

何秋濤云稼利哥建國於唐時朮赤受封於元代雖皆以俄羅斯
爲號而族姓不同地域亦異譬齊之前有爽鳩晉之前有實沈世
遠年湮不得其詳迨朮赤之裔既衰依番始借瑞典兵力征收其
族類而自立爲汗此卽現在俄羅斯國之始祖也考異域錄言依
番爲第一世汗傳至十三世汗始取得喀山等地則自依番汗初
起至十二世汗疆域皆甚狹小謹鈎稽羣籍繪爲斯圖並繫以說
依番初起在諾戈落郎倭羅克達乃古欽察國地是時僅有今大
俄一路地耳其東南有喀山國有亞斯大蠟甘國其東有細密里
也國皆蒙古別部其西北有那威國有西費耶國其西及西南有
波蘭國皆奉天主教其南有阿速國有波斯國有土耳其國有惹
鹿惹也國皆奉回教俄羅斯處諸國之中勢均力敵無所著見康
輶紀行載夷酋顯林地圖有羅沙國卽俄羅斯其北有士祿國羅
委國東有什卑鬘國南有北力思國西有布路沙國所述國名按
之他書多有異同然其言俄國本境則甚褊小蓋顚林所見地圖
實俄國初起之圖正可
與此圖互相印證也

明俄羅斯分十六道圖

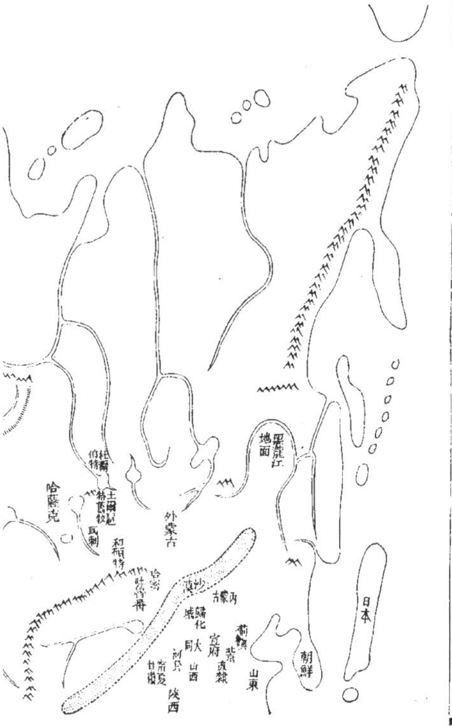

何秋濤云艾儒略職方外紀南懷仁坤輿圖說皆言莫斯哥未亞國中分十六道莫斯哥未亞亦作沒斯箇未亞卽莫斯科窪之譯異蓋以都城爲國名也異域錄言俄羅斯十三世汗始攻取喀山托波兒阿斯塔爾汗等處距康熙五十三年已一百六十年溯查當是明世宗嘉靖年間之事艾儒略南懷仁等皆於萬歷以後陸續來中國其紀莫斯哥未亞當是據嘉靖年間圖籍謹就坤輿圖中分別詳考繪爲此圖按俄國大川以佛爾格河爲最鉅環繞國都流入喀山境凡白爾摩部維亞德加部諸川無不匯會東南流至亞私大蠟甘部入裏海源流七千餘里俄羅斯之拓地蓋由佛爾格河順流而下故先取喀山次取阿斯塔爾汗阿斯塔爾汗卽亞私大蠟甘也蒙古朮赤之裔既爲依番汗所逐仍據喀山等部相持百數十年至是始爲俄國所併其東走者據托波兒俄國亦攻取之由是國勢漸盛遂爲歐羅巴著名之國云

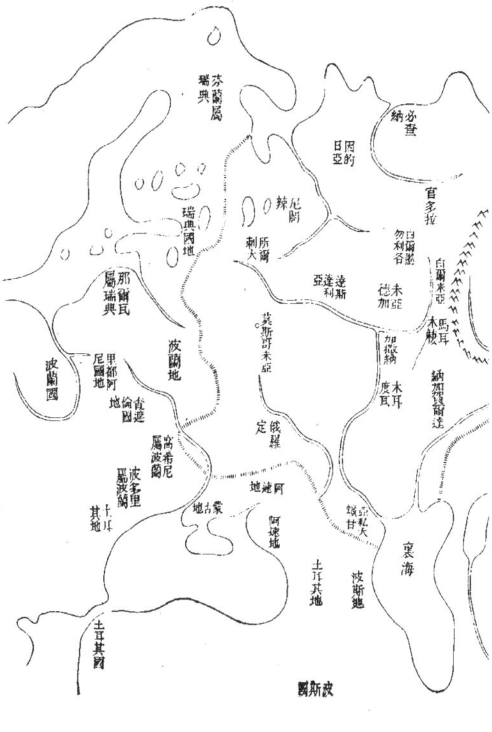

異域錄俄羅斯圖

何秋濤云康熙五十一年使臣圖理琛等假道俄羅斯前往土爾扈特阿玉奇汗處宣示　詔命歸而撰異域錄並繪俄羅斯地圖進於　朝今刻本異域錄前載有此圖蓋即圖理琛等原進之圖當日馳驅道途之間無暇詳繪是以祇載朱爾克河昂噶拉河額爾齊斯河各大川並土爾扈特國哈拉哈爾叭國策妄阿拉布坦國各交界處其圖甚略然方隅形勢尚屬明晰且係當時經進之本謹摹繪於此以資考證再查滕紀思湖即裏海東西廣八百餘里南北長一千數百里是此湖南北較長東西較狹圖中東西長而南北狹徼於地形不合又伊里河即今伊犁河布冷紀兒即今布降吉爾川圖中畫此二水源流皆未明晰蓋當時伊犁未入版圖安西未設州縣僅依傳聞摹繪故未能確指水道情形要當分別觀之也金山錢熙祚編指海叢書刻異域錄而失載此圖亦屬疏漏附糾其失如此

康熙年間俄羅斯圖

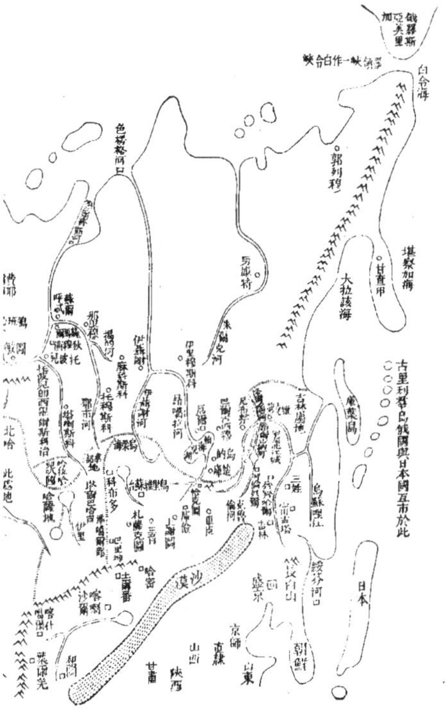

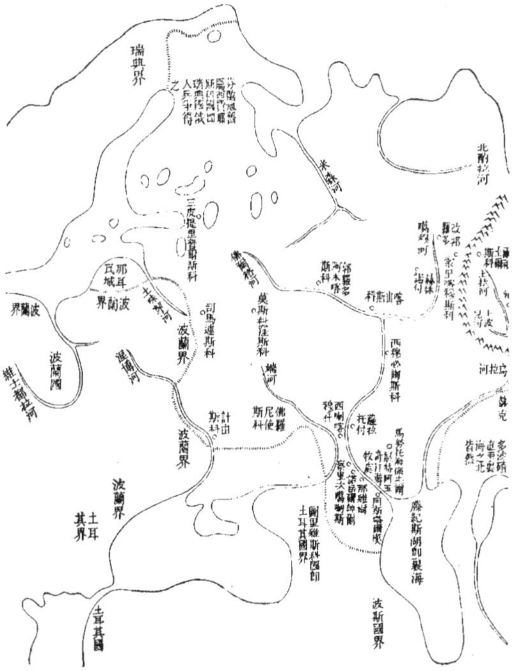

何秋濤云康熙年間俄國地分八道異域錄具載八斯科之名而圖理琛等所身歷者惟喀山斯科及西畢爾斯科兩部其圖中則止繪莫斯科以及西畢爾斯科所治之托波兒地他皆闗焉謹案地形考之除窪上三斯科外尚有五道在西北境者一曰三皮提里普爾斯科乃攻取西費耶國之地後建爲新都者也在西境者一曰司馬連斯科在西南境者一曰計由斯科皆與波蘭國接壤之地是時波蘭方强俄人設重成於二斯科所以防波蘭之侵軼也在南境者一曰佛羅尼使斯科與阿速圖里雅等國接壤南面之屏蔽也在北境者一曰郭羅多阿木喀斯科所以控制闊之北乃諸部也至圖理琛所經歷之各斯科柏與諸家未悉其地謹依内府圖詳細新求方隅可考形勢瞭然謹繪爲圖用資稽覈又俄國自得托波兒之後略地東方據有伊聶謝額爾口尼布楚等城嗣復侵至雅克薩等地經　聖朝　命將出師勦撫兼施始定界立碑於格爾必齊額爾古納二河之地又甘查甲部俄國於康熙三十八年始取得之其東北跨海而得亞美里加一隅之地亦康熙五十四年以後事也謹備列於圖以見俄國之强實始於康熙年間云

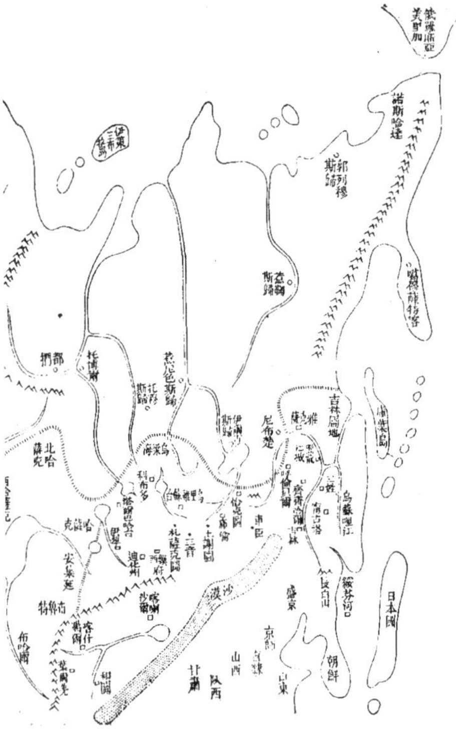

乾隆初年俄羅斯圖

何秋濤云原任榆林府知府徐松藏有內府輿圖秋濤嘗借閱摹繪考是圖係乾隆初年所修自中國與俄國交界地起直抵北海中之伊第三布拉島止山川城邑一一詳載惟譯字多與欽定一統志四裔考及圖理琛異域錄互異以校近時續出之四洲志海國圖志等書地名亦皆迥不相同謹稽其聲音按其方隅診驗山脈水道乃知謨斯夸即莫斯科窪散博德爾布魯克即三皮提里普爾托溥爾即托波兒惹尼色斯歸即伊聶謝柏興以此類推知圖中某地即某書之某地互相考訂形勢瞭然計是時俄羅斯闢地日廣西至波羅的海南至黑海及裏海北跨冰海東跨大洋海所患者惟波蘭一國居肘腋間侵佔俄國之計由等地以故自戈蘭以南摩宜勒威以西內府圖皆不具載緣是時非俄國所有故也原圖依經緯度數繪畫廣至盈丈不易繙閱謹縮繪爲尺幅小圖庶荒徼情形毫髮畢見已

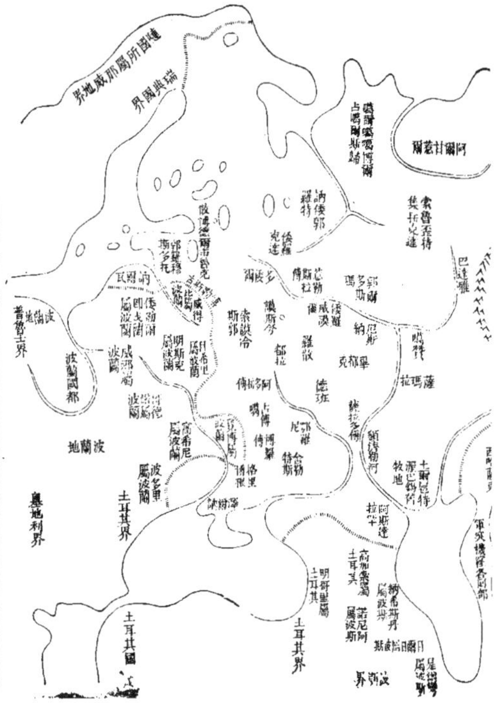

乾隆末年俄羅斯圖

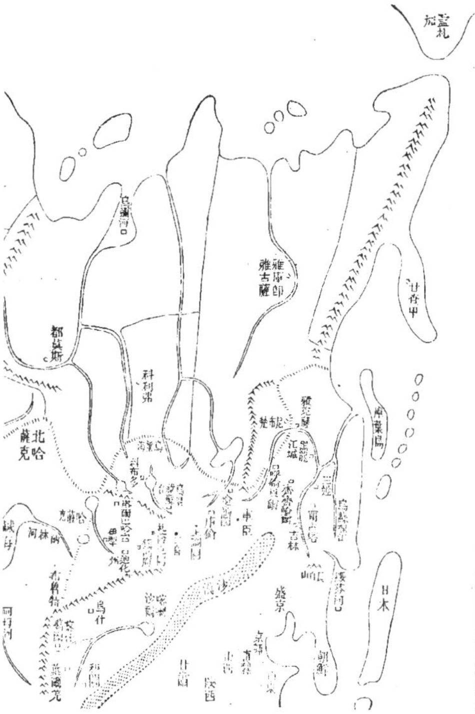

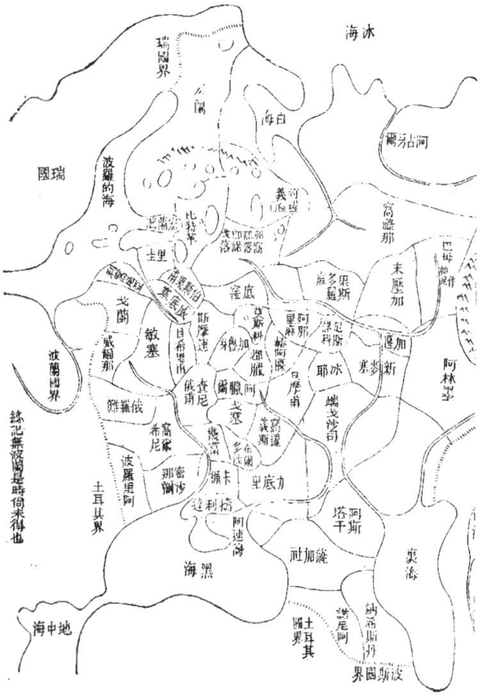

何秋濤云乾隆五十七年俄羅斯國與墺地利國普魯士國合兵攻波蘭時波蘭衰弱割地講和由是三國各分其壤墺地利國所得者曰加里細亞部普魯士所得者曰東普魯士部曰西普魯士部曰波森部俄國所得者曰威爾那部曰俄羅斯部曰威底塞部曰敏塞部曰目希里甫部曰窩爾希尼部曰波羅里阿部以上統名西俄路曰北亞里部後亦附西俄路曰戈蘭部附波羅的路曰幾富部即計由斯科先屬俄國後爲波蘭所取茲俄國仍割之曰是爲小俄路俄國自得此十部西境益擴而波蘭國惟注肯一區僅存而已考西人所作四洲記中有俄羅斯國總記述俄國地土分爲八區內有西俄各部而無波蘭是其爲乾隆末年之制無可疑者謹依以繪圖其詳見考訂俄羅斯國總記卷內

嘉慶年間俄羅斯圖

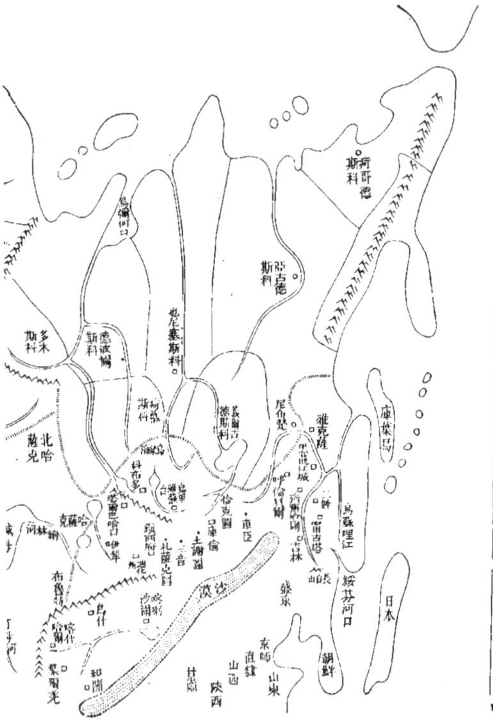

何秋濤云俄國既割西俄諸部波蘭謹守洼肖蕞爾之地至嘉慶十八年俄國復攻取波蘭滅其國分其地爲波蘭八部當是時俄國已破佛郎西拏破侖之兵威振西土乘勢南攻裏海黑海之間凡土耳其波斯兩部同部屬境無不望風披靡於是國境分爲九區曰波羅的海東五部其新都也曰大俄十九部其舊都及司馬連佛羅尼使各道地也曰小俄三部郎計由斯科國之腴壤也曰南俄五部黑海直北地也曰加匽俄五部郎喀山也曰西伯利八部東與中國接界處也曰西俄七部曰波蘭八部前後取諸波蘭者也曰高加索五部內惟痾倫不爾厄及阿斯達拉干二部爲舊壞而諾尼阿薩加社日爾日三部亦以漸蠶食者也西人雅禪理得俄國地圖譯入瀛環志略書中茲詳細考覈知爲嘉慶年間之事謹繪爲嘉慶年間俄羅斯圖其詳見辨正瀛環志略卷內

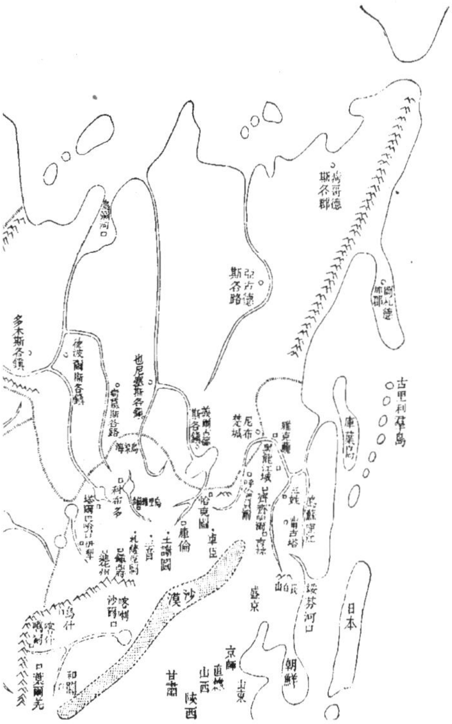

五洲地理志略　卷二十七　圭

道光初年俄羅斯圖

五洲地理志略　卷二十七　夫

何秋濤云近刻有地理備考一書乃大西洋人瑪吉士所撰其中述俄羅斯國分部與四洲志及瀛環志略迥異大略分爲九區曰北方之鎮凡十有二部曰南方之鎮凡四部又會城二部曰西方之鎮凡八部又會城一部曰東方之鎮凡八部曰中央之鎮凡十四部曰海中之鎮凡三部曰波蘭路凡會城八部曰高加索路凡八部又會城一部曰西卑里亞部凡鎮四部會城二部郡二部諸部大略與雅禪理所譯字異音通而分屬改隸大有巡庭考志略載薩加社諾尼阿日爾日三部近時又分爲八部曰日爾日曰是爾彎曰亞爾美尼亞曰義米勒多曰明哥勒里亞曰達日斯丹曰西爾加西亞曰亞巴西亞八部之外又別立高加索省嚴其所言是分薩加社等三部乃嘉慶年間舊制至道光初年分設八部一省則與備考所載全同可知分設鎮郡皆道光初年事也謹繪爲一道光初年俄羅斯圖云

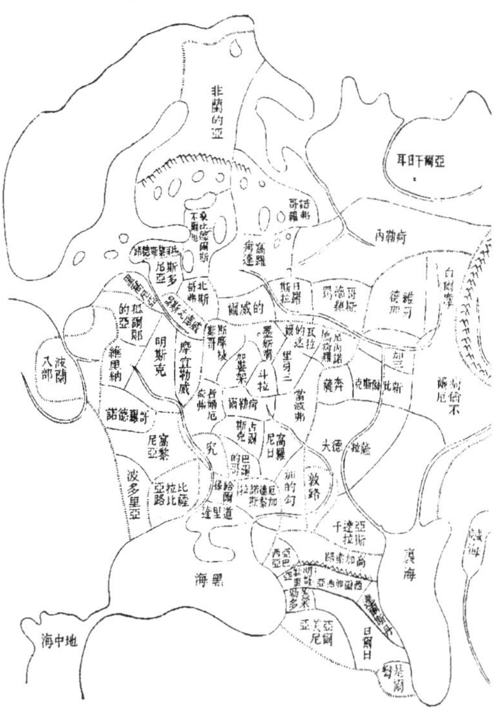

道光末年俄羅斯圖

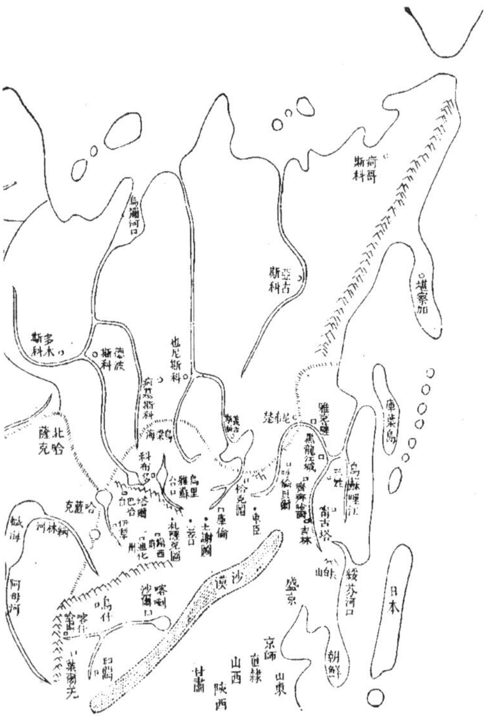

何秋濤云近刻有地理全志一書亦泰西人所著其書刻於上海據其敘蓋嘗見瀛環志略地理備考二書而其所述俄羅斯國地名分部又與各書互異大略分俄國爲十路曰波羅的路五部曰大俄路十九部曰小俄路四部曰南俄路五部曰加森路五部曰東俄路二部曰西俄路八部曰波蘭路八部以上均隸歐羅巴州曰錫伯利路八部內分西三部東五部曰高加索路九部以上均隸亞西亞州曰監札加路九部隸亞墨利加州是書刻於咸豐三年癸丑歲蓋所記卽道光末年事也志略誤以也尼塞在痾慕西據此書知痾慕在西也尼塞在東正與內府圖所繪托穆伊聶謝地形相合志略誤以俄國設大酉於多木總理東方據此書知訛圖將軍仍駐德波斯科不駐多木凡此數條皆資考訂是繪爲道光末年俄羅斯圖云先謙案中俄交界情形今與道光末異見卷一吉林黑龍江兩省志向來西北地形無圖列朝沿革者故全宋備乘諸圖惟康居起伊犁訖裏海非俄國莫斯科奄蔡自康居西貨利息彌之地西北出裏海西臨黑海黑海卽漢書所稱大澤奄蔡不得爲俄北境元史之寬田吉思海亦卽裏海皆宜從洪氏元史證補爲備乘訂誤詳見以上諸卷至近日俄國疆域與何氏著備乘時又異故復宋繆氏俄游彙編三圖坿後以資參考焉

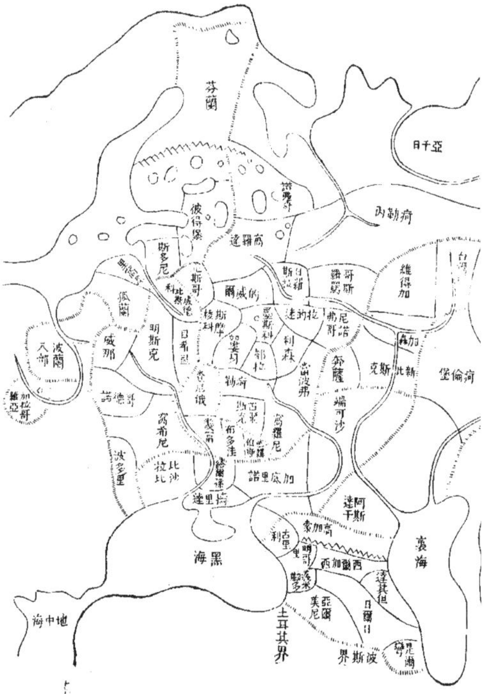

繆編俄羅斯歐洲圖

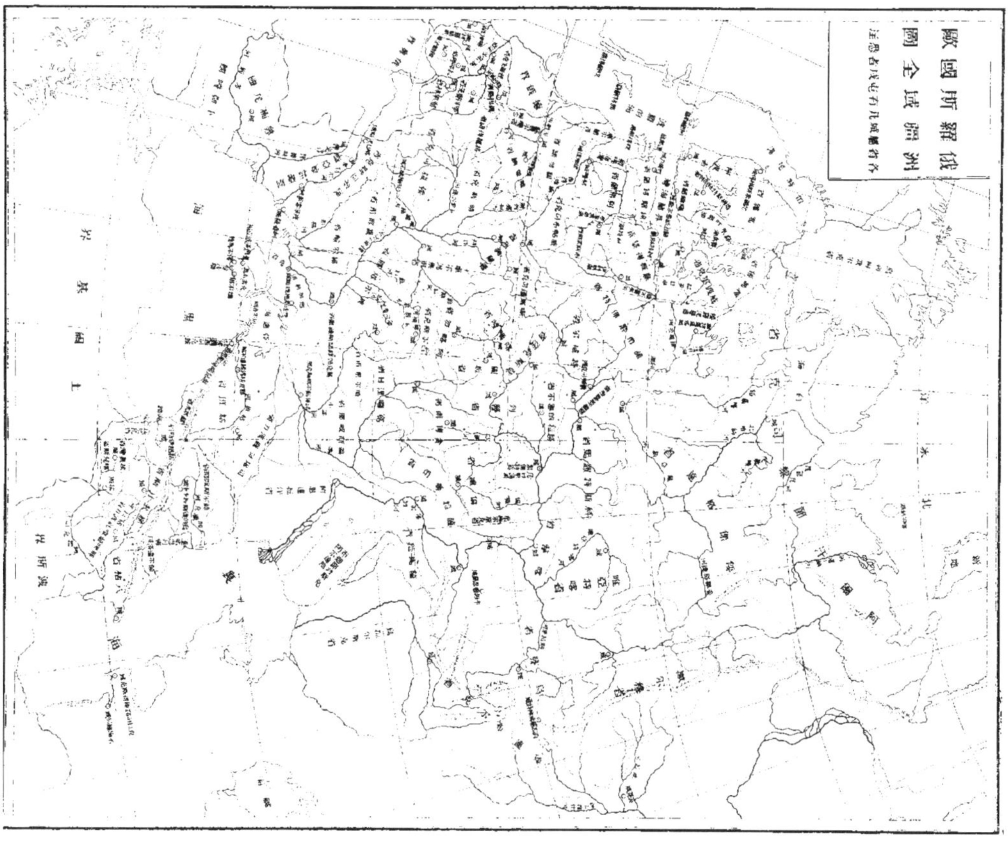

繆編中亞細亞圖

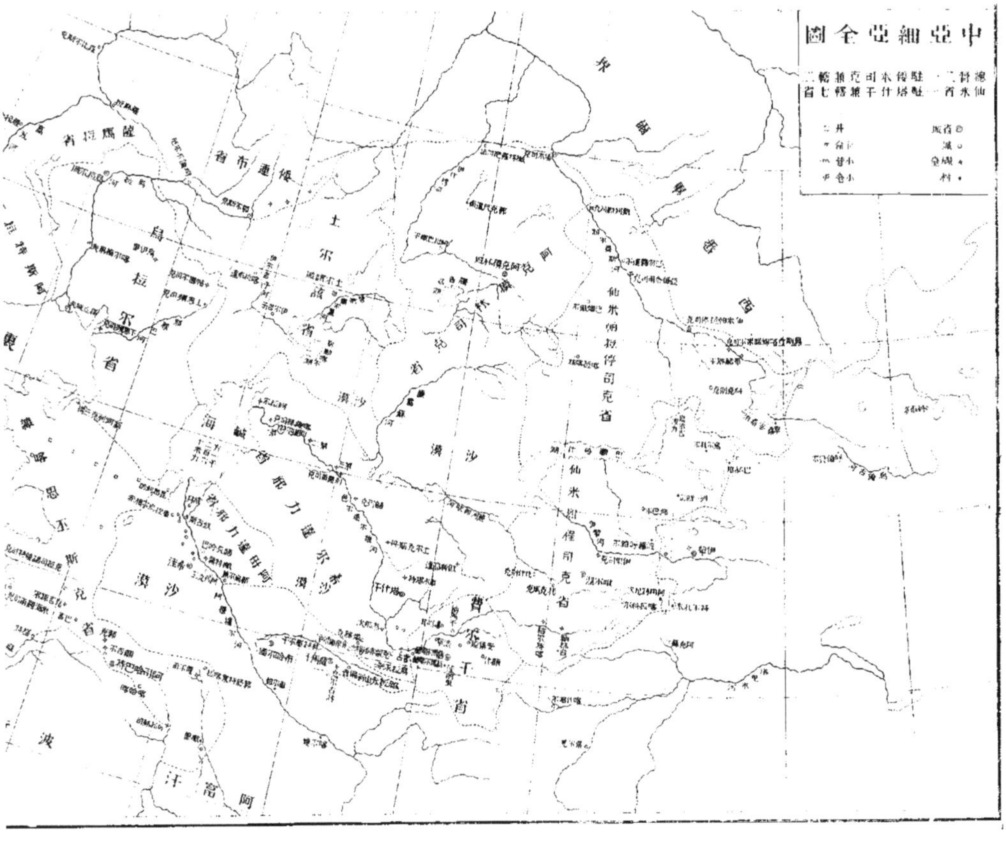

繆編悉畢爾圖

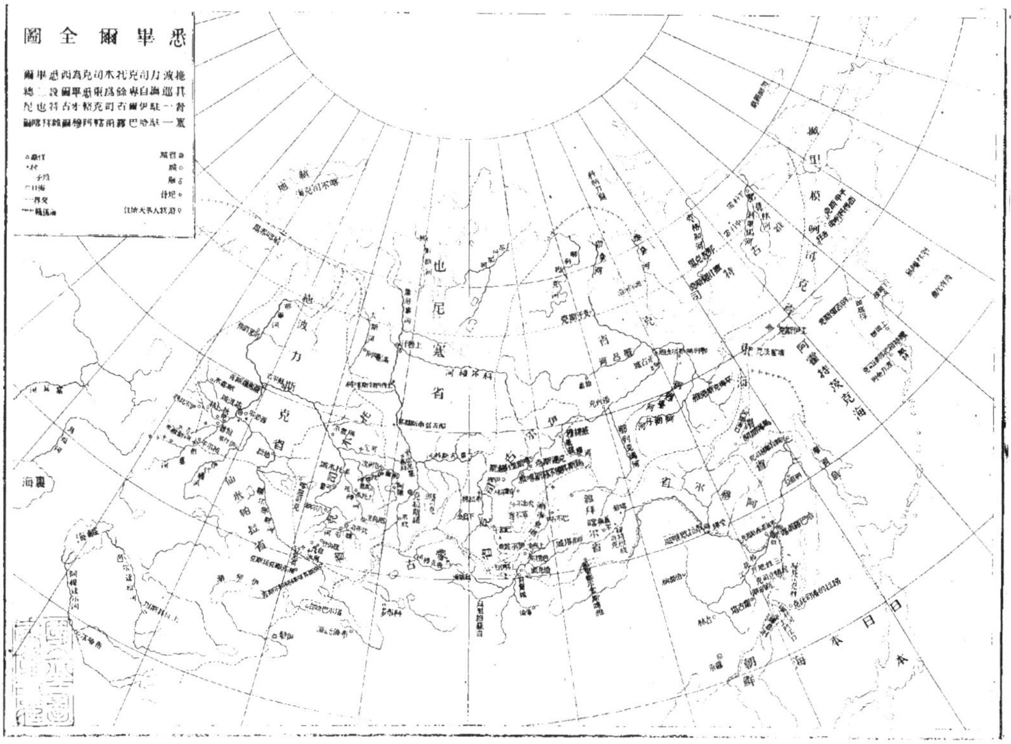

五洲地理志略二十八　　歐洲五

賜進士出身 特賞內閣學士銜前國子監祭酒翰林院編修加三級 臣 王先謙謹撰

巴爾肯半島 雷志云巴爾肯乃地中海最東之一半島因巴爾肯山以名（課程云橫者曰巴爾干一作巴爾坎山勢當蒲加利之南迤東行至黑海而盡縱者曰干大維連脊廣袤不甚高峻巴爾干首峯高六百五十二丈四尺不滿中國四里干大維首峯曰奧靈伯高七百七十九丈巴爾干山麓居民概植玫瑰樹可釀花露遠售域外先謙案又作巴爾幹亦稱巴幹矢志云巴幹半島者由東土耳其至罷司怕拉司及他騰納司兩海峽貫歐洲東部諸國之總稱樋志作巴爾堪講義云因橫斷此半島有巴爾堪山脈故即以此命名也土耳其言樹山地中海內三大半島此半島海岸綫最多屈曲）巴爾肯山間隔意斤海與多惱河之流域其地多山最高峯曰什達在西部高一萬十英尺麥司愛拉山在羅陀不高九千五百七十英尺河之大者曰多惱河（矢志云發源奧境巨浸洋洋東至羅馬尼婁礙料境下流趨北再折而東成三棱洲二所遂入黑海自發源至此行二千一百餘英里）馬利社河（矢志作麥里撒云發源巴幹山經羅曼科由土耳其入多島海講義作馬里作）窩德河（講義云馬

里作之西有瓦荅河發西爾山入塞羅尼加灣窩德河即瓦荅河也）其氣候巴爾肯山之北冬時甚寒沿意斤海岸則不常遇雪君士坦丁（見下土耳其）熱度中數六十一度正月四十二度七月七十四度雨水二十九英寸菩楷來司脫（見下羅美尼亞）熱度中數五十一度正月二十七度七月七十三度雨水二十九英寸地土腴沃然農事日見退步小麥珍珠米煙葉亞麻苧麻等爲其所常種南部有棉花五穀橄欖葡萄無花果棗等工藝甚劣

土耳其國

土耳其 徐志土耳其云回部大國也地分西中東三土西土在歐羅巴界內中土東土在亞細亞界內三土合計縱橫約四五千里古時皆羅馬東境（即大秦國）後羅馬分東西三土爲東羅馬地唐初阿剌伯回部方强取東中兩土建爲藩部土耳其者本韃靼種舊遊牧蔥嶺之東（即今伊犂一帶）奉回回教展轉西徙入買諾（即中土耳其）居於加拉馬尼亞爲亞剌伯回部所驅逃避山穴其後種族漸繁元成宗五年頭人阿多曼（一作痾多馬諾）招集種人攻奪買諾回國即名其國曰阿多曼至孫默拉德（先謙案即土志之摩拉德）日益强盛東土之猶太敘里諸部（即東土耳其）以次蠶食疆土愈廣佛郎西日耳曼嘗以兵六萬來攻皆失利去元順帝至元年間土王渡海峽伐東羅馬與敵戰而勝敵有將創甚臥戰場請王親加刃死無憾王就之敵將忽躍起以短刀剚王中心死（[illegible]）其子巴牙屑（[illegible]）渡海復仇虜一萬人盡殺之會蒙古來侵（[illegible]）巴牙屑禦之兵敗被虜後有摩拉多者復奮起侵削東羅馬境土過半子馬何美德嗣尤梟雄明景泰三年滅東羅馬取君士但丁城爲國都（[illegible]）土遂全歸統轄紅海地中海南岸諸國舊屬阿剌伯者或納土或稱藩阿剌伯亦納款爲屬國復東取波斯建爲大藩幅員之廣幾比盛於東羅馬全國其用兵居戮最慘每戰斬首以萬級計治法尚刑威賦斂尤煩苛嘉靖以後嗣王多昏庸醉飽殘殺骨肉以此篡弒頻仍稱爲亂國後宮常五六百人初生子者爲后回回教主持國柄作威福諸大酋守地者朘膏血以自肥橐滿則王賜帛自絞而簿錄其家蓋西國之昏虐無政未有如土耳其之甚者也初土耳其既得三土之地各分部落領以大酋名曰巴札地廣權重漸成尾大東土尤窵遠難制康熙中其王達哈荷麻孱弱不綱諸巴札專制一方名雖爲臣徵調多不應命東偏之亞爾美尼亞古爾的斯丹皆衣租食稅不供王室巴必羅尼亞部（[illegible]）巴札阿墨嘗據地以叛土王那達沙征之累年不能取至塞黎慕嗣位始於嘉慶八年戰勝收復甫二載新立之巴札又叛塞黎慕親征中流矢死如德亞（即猶太）之巴札亦跋扈不共命土無如之何也中土買諾諸部爲土興基之地部民多韃靼種尙勉供賦役而西土諸部近接王都弄兵者接踵而起南境之希臘已裂土爲敵國近

年自立爲小國者又有三部此外藩國波斯早易姓天方（[illegible]）亦隔絕在阿非利加北境者阿爾及耳已爲佛郎西所滅惟突尼斯的黎波里尙通朝貢麥西爲海南上壤舊設巴札近年其巴札叛土攻取東土諸部勢將內犯英吉利佛郎西勒兵勸和乃分土稱外藩其王自塞黎慕東征不復國人立慕斯德未一載而廢之嘉慶十三年立馬痾美德在位年久勢益奄奄蓋其國中衰已百餘年今則岌岌乎有亡徵焉徒以世臣夾輔又與英佛諸大國合縱故尙得苟延歲月耳北鄰之峩羅斯大國也與土耳其中隔黑海東西壤地相接乾隆中土耳其與之搆兵（[illegible]）前後數十年始猶勝負相當繼則累戰累北乾隆五十四年土王塞黎慕爲峩羅斯所敗割地以講後峩羅斯大舉來伐佛郎西救之乃免自是多惱河一帶烽燧頻警奔命不遑道光六年土人侵峩南境戰而敗績峩以大兵圍其都城國幾亡英佛爲之講和峩兵乃罷近出土耳其國志云當十三世紀初有土耳其人一族被蒙古兵所迫不獲容身於土耳其斯坦乃經波斯而入亞美尼亞其酋曰色婁曼沙卒後子厄爾土國羅耳率其士卒遊於亞美尼亞一日遇兩軍大戰其一將敗乃以所部援之轉獲全勝後知敗者蒙古人勝者小亞細亞索丹（即王）阿拉倭特定也嘉厄爾土國羅耳功封以近東羅馬國地曰色格德曰愛司基希黑爾其最著之二城也有子阿斯曼其幼時攻取東羅馬喀拉希撒爾城及他地索丹重之封以王號賜用馬尾纛旗紀元千三百年色耳淑克帝國爲蒙古所滅蒙古人旋他往於是諸土耳其人同時並起喀拉西王國於密西亞沙羅汗及愛定兩王國於列地亞門德沙王國於加里亞德加王國於立西亞及潘非利亞哈密德王國於

辟西地亞及伊埽利亞喀拉曼王國於立考尼亞克爾密陽王國於弗利其亞後皆爲倭斯曼利人所併（其族以倭斯曼著稱）自是稱爲阿土曼國（倭斯曼之音變歐人稱之）方色耳淑克國滅時東羅馬領土在亞西亞者僅辟西地亞及屈利刖宋兩部其亞美尼亞一部爲行蹤無定之韃靼人土耳其人所竊宅越六七十年始有小國皆不久即滅○千三百一年倭斯曼都於葉尼希黑爾令通國鑄錢幣大敗東羅馬兵於庫雲希刹利又敗其六將得地甚廣蒙古汗噶山與東羅馬修好致書倭斯曼令勿爲其邊患語甚傲慢倭斯曼不答率眾至尼西亞及博斯破魯斯奪其城邑降東羅馬大將馬吉耳後馬吉耳效忠於倭斯曼與奧爾汗合擊侵邊蒙古兵有大功又與其大將合力取白魯撒城時千三百二十六年也馬吉耳子孫世爲倭土曼將領立功倭斯曼卒年七十葬白魯撒子奧爾汗嗣仍與東羅馬戰取尼考米地亞尼西亞二城及東羅馬它城之在亞西亞者時喀拉西國因爭嗣內亂奧爾汗乘機取之其子色要曼夜渡希拉斯崩德海峽率從兵攻加里波立取數城倭土曼得地歐境自此始色要曼因獵墮馬死未幾奧爾汗亦死千三百五十九年也子摩拉德第一嗣土耳其諸國合從以喀拉曼王爲長其擊倭土曼摩拉德敗之取安高拉城渡海入歐洲盡取羅馬尼亞（句）亞得里那浦（句）菲利玻利諸地歐洲諸國大懼波斯尼亞（句）匈牙利塞爾維亞之國君皆率大兵入亞得里那浦夜爲一小隊土耳其兵所襲大潰而奔摩拉德亦渡海歸國爲子貝葉西德婚於克爾米易國王女克爾米易王割屬土以賸明年摩拉德出巡路遇哈密德王偪令將國土售與己國喀拉曼王聞而嫉之合從犯邊摩拉德逆破其兵割其阿克希黑爾之地波斯尼亞布耳噶利亞合

兵來犯駐歐守將敗之遂擊滅布耳噶利亞國軍入波斯尼亞之哥蘇夫平原遇塞爾維亞阿而巴尼亞匈牙利波斯尼亞瓦拉察五國合從之兵擊大勝之戰後摩拉德立馬積屍中忽塞爾維亞一兵受傷未死躍起力刺摩拉德摩拉德中傷死塞爾維亞國遂爲所併千三百八十九年也貝葉西德第一嗣素以勇著軍中號曰霹靂悉下羅馬尼亞城邑併土耳其諸小國拓地至西薩里亞（句）西伐司時匈牙利王親率兵入其境圍尼古普烈城貝葉西德歸又大敗之適韃靼酋鐵木耳侵亞洲入西伐司貝葉西德與戰兵敗被擒明年死千四百三年也鐵木耳兵橫行其國中居白魯撒尼西亞等城盡復倭土曼前滅之土耳其諸小國而去貝葉西德四子漸復國土越十年其子摩哈默德第一被舉爲索丹土耳其諸小國時見侵陵喀拉曼國尤甚摩哈默德擒其王而釋之其患始已千四百二十一年卒年三十三摩拉德第二嗣時東羅馬帝欲以私人爲倭土曼國嗣摩拉德第二與戰勝擒而經之率兵圍君士但丁其弟倡亂攘位歸定內訌復吞併土耳其諸小邦惟吉西耳阿默特里（句）喀拉曼二國未下匈牙利國王昔極司門之子亨雅迭合波蘭諸國及法蘭西十字軍大舉入歐洲土境大敗倭土曼軍陷蘇菲亞城偪摩拉德第二立約以塞爾維亞瓦拉察二國讓歸匈牙利摩拉德第二讓國於子摩哈默德第二自退隱於馬格尼西亞城十字軍長主教猶里恩慫恿亨雅迭復伐之陷保加利亞部中數城摩拉德聞警自爲索丹率兵禦敵取亨雅迭所立和約懸大纛上戰於伐爾那城下亨雅迭兵大敗波蘭王拉迭斯老司及猶里恩陣歿千四百四十四年也事定摩拉德復退隱因國人有反抗者於是復親國事千四百五十一年卒摩哈默

德第二三次嗣位與東羅馬帝君士但丁派里倭魯格斯搆衅千四百五十三年春率兵圍君士但丁其城三面臨水一面臨陸土兵由陸攻城堅不可下易而水攻敵埋鐵鍊海口以阻兵艦土軍造木壩長五英里使人縴舟渡壩渡竟攻城羅馬移防兵禦之五月二十九日土軍由陸撲城羅馬帝陣歿君士但丁遂陷摩哈默德入城謁蘇菲亞大禮拜寺遂定都焉又戰勝塞爾維亞波斯尼亞取亞洲之達拉布松部及土耳其族拉喀拉曼小國降克來米亞占領希臘羣島之大半及幾奴亞（句）微臬斯二國之領土後圍塞爾維亞之伯爾格來德城爲亨雅迭（句）約翰喀必斯忒蘭所敗喪師二萬五千身負巨創而逃分兵征羅（句）得島爲十字軍聖約翰軍所敗旋戰勝意大利亞進攻奧德蘭土克之千四百八十一年卒貝葉西德第二嗣土兵戍奧德蘭土者爲意大利亞所圍援師久不至遂降於敵貝葉西德第二之弟日密倡亂討之日密敗亡奔羅德島之聖十字軍拘之使人說貝葉西德第二歲納四萬五千德加爲償拘十三年教皇亞歷山大第六遣客刺殺日密乃以三十萬德加酬教皇貝葉西德第二不務遠略僅戰取摩利亞數城其水軍大破微臬斯水師於撒冰薩二事而已諸衞士不喜之千五百十二年迫令讓位於幼子色連第一貝葉西德第二憂忿交集退居不三日卒色連才兼文武性復殘忍即位後殺其二兄知波斯容留某小回邦君遷怒波斯提兵入境大肆殺戮死者數萬又戰於卻而迭蘭波斯兵大敗長驅入其塔白立斯都城駐兵八日取古爾迭斯丹（句）地亞倍格爾二部而歸又大破埃及之馬默路克人取其所轄埃及西里亞黑夾斯三地千五百十七年色羅入埃及之開羅城時阿拉伯阿拔普德朝凱立夫當國

駐開羅色連迫令以所享權利歸土其世傳教主大纛及遺物貢已今尚存君士但丁色連蒞國八年版圖幾增其倍千五百二十年卒色要曼第一嗣未幾與匈牙利戰奪其數地置重戍於伯爾格來得城治水師伐羅德島島眾議款而降十字軍整隊出島不加害島民奉基督教者不加偪迫千五百二十二年羅德島遂爲土有自君士但丁至埃及必經此島道路無梗矣後四年復伐匈牙利戰於摩哈克斯匈王魯意陣歿馬牙軍全覆色要曼沿但紐白河而上至菩達迫斯德城（即今匈國之布達佩斯都城）城人開門迎之色要曼休兵而歸有薩普利亞者欲嗣匈王位奧地利王福迭南不允薩普利亞求援於色要曼色要曼允爲助復以兵至菩達逐去福迭南之眾尾之行進圍維也納城人力禦敗之遂退兵千五百二十九年九月也移兵伐波斯取亞美尼亞部伊拉克（句）巴格達二城千五百四十二年薩普利亞卒其妻欲擁幼子嗣位因福迭南不允復乞援於色要曼色要曼再至匈牙利允幼子及歲始令嗣父暫將匈牙利爲己國之一部分其地爲數兵屯以重兵戍菩達越六年福迭南行成於色要曼讓匈牙利及忒蘭昔而法尼亞並歲貢三萬德加土國水師將喀葉爾厄定者歐人稱紅鬍子據非洲北岸之阿爾及耳（句）討爾格德者據的黎波里辟阿拉者大敗幾奴亞（句）佛老倫斯（句）拿破里斯毛而太諸國聯合之水師於日爾巴島海次俱有名先是聖約翰軍在羅德島既爲土國所逐西班牙王卻而司第五命以毛而太島爲其駐地色要曼侵之聖約翰軍力禦大敗其兵死者二萬五千人千五百六十六年色要曼年七十六復至匈牙利圍其昔極德城守將不降困以長圍色要曼指揮攻城卒於馬上移時而城亦破色連第二嗣其相

蘇古里欲於東河窩瓦河間濬一運河俾軍艦可達裏海必得阿斯忒拉干城而後工可成千五百六十九年土兵出俄主伊梵救之擊退土兵是爲俄土戰事之始土國移兵取塞普洛司島屬微臬司方與土睦諸國咸不直土教皇拍乙司第五聯合西班牙微臬司毛而太諸國公舉奥地利東約翰爲聯軍水師司令官千五百七十一年與土國水師戰於利邦土海灣土軍大敗戰艦盡沒千五百七十四年取非洲北岸之突尼斯是年色連第二卒摩拉德第三嗣大權歸數倖臣政事日壞索丹享賣官之利武臣漸懷不臣之心衞士時反側每以巨事要索丹得請乃已時波斯之敗壞更甚於土土人伐之取其阿實爾必姜句喬其亞二部千五百九十三年土奥不和內部忒蘭昔而法尼亞句摩答微亞句瓦拉吉亞皆叛千五百九十六年摩拉德第二卒摩哈默德第三嗣時土與奥戰不利其臣請新主自將強而後允相遇於克勒司德斯馬克昔密蘭將奥軍昔極司門將匈牙利軍大戰三日摩哈默德第三見軍不利欲逃其臣薩持厄德定力止之竟獲全勝摩哈默德第三遽歸國人惜之千六百三年摩哈默德第三卒阿默德第一嗣前此索丹太子未嗣位於分封之邑治事然莅位則殺其兄弟自摩哈默德第三後索丹子皆居密室中防相殺之禍也千六百六年土奥行成名曰昔塔夫魯克之約二國土地無更易然前此立約索丹自高位置而卑他國之君今則平等相待歲貢土金三萬德加至此停止前土國使奥皆賤臣今則大員矣千六百十七年阿默德卒方嗣位時有謀刺者其弟默司塔法救之而免故特以弟嗣然默司塔法性懦弱在位三月廢阿默德長子倭斯曼第二嗣時年十四與波斯議和以色連第二以來所侵得土地

五洲地理志略　卷二十八　五

歸之欲去衞士肆橫之弊僞云往阿拉伯麥加覲祠教主預約客兵誅衞士事覺被殺千六百二十二年也仍奉默司塔法嗣位十五月復被廢倭斯曼弟摩拉德第四嗣年十三性聰警幼時信任其相哈非時拍沙衞士不悅迫令廢斥不得已而從之一日乘衞士集議掩殺首惡數人餘皆悚息聽命革除弊政擊波斯取伊里梵部千六百三十八年再入波斯取巴格達城大殺居民尋議和土歸伊里梵留巴格達至今爲屬千六百四十年卒弟伊伯拉心嗣深居湛樂鬻官濫費八年民不堪命偪令遜位以其子摩哈默德第四嗣年七歲時兵據阿叔夫海本屬可薩克及干地亞島島先屬微臬司圍二十年得之千六百五十六年科百利里爲相年已七十要索丹授以大權方受事盡革諸弊職官不善者悉殺之土國不亡實賴此人千六百六十一年科百利里臨歿自請以子阿默德繼相一師其父所行未幾與奥國戰取紐好色而之地千六百六十四年爲奥所敗於是復和移兵圍干地亞三年而降千六百六十九年也時烏克侖之可薩克人以波蘭利其土地求土保護土兵取波蘭之喀門乃此句侖不耳格波蘭王馬吉而求和割普度利亞句烏克侖二地歲貢二十二萬德加既而悔約阿默德討之爲波蘭將蘇皮斯基所敗再戰至千六百七十六年波蘭割地如前約定約後三日阿默德卒喀拉默司塔法繼相欲滅日耳曼千六百八十三年以兵五十萬至維也納交戰大敗索丹殺之時微臬司俄羅斯來侵土兵連戰皆敗喪失城邑無算匈牙利幾盡爲奥所得摩利亞爲意大利所得後土兵又大敗於摩哈克斯[illegible]之地色婁曼大土軍怒甚以爲咎在索丹乃廢摩哈默德第四千六百八十七年也弟色婁曼第二嗣時衞士作亂都中愚民附之劫掠

大員宅第籍沒宰相某勞倫王卻而司巴登王魯意以奥兵攻土北境取愛爾老句伯爾格來得句司得而威生堡諸城但紐白河北領土喪失幾盡微臬司盡得摩利亞之地索丹見事急集議解救之策僉請以相事授故相科百利里之子科百利里默司塔法索丹從之默司塔法幼從父兄練習政務受事後盡出私藏金銀器鑄貨幣供軍需拔能者爲水陸軍將令國中奉基督教者同教徒不許加惡遇於是願爲兵者眾默司塔法自將與奥戰不數月盡逐奥兵之在塞耳維亞句伯爾格來得者置土戍焉千六百九十一年色婁曼第二卒弟阿默德第二嗣是歲默司塔法自伯爾格來得出兵與奥戰奥將爲巴登王魯意兩軍會於司蘭噶門默司塔法欲自出陣迎敵左右勸阻勿聽躍馬出中飛彈死土軍戰極力然主將陣亡士卒喪膽遂大敗是役後土地見奪於鄰邦者甚多內亂迭起瘟疫盛行國步之艱莫此時若矣千六百九十五年阿默德第二卒摩哈默德第四之子默司塔法第二嗣初卽位痛國勢岌岌親將與奥戰初得勝克復數城明年歸親理財政訓練士卒又明年出與奥戰敗其將撒克斯取太麥司法爾城千六百九十七年與奥親王尤勁戰於戴斯河畔土軍大敗索丹擇科百利里之姪霍心爲相霍心既任事以爲國敝民勞非休息不可千六百九十九年因英荷兩國介紹與俄奥波蘭微臬司四國講和名曰卡羅維支之約諸國已得之地永爲諸國領土於是奥有忒蘭昔而法尼亞斯拉夫尼亞及匈牙利大半微臬司有摩里亞達而馬替亞波蘭有普度里亞俄王彼得有阿叔夫海三年前得自土[illegible]霍心力匡內政然積弊已深多仰弊以資生者故霍心變法仇之者眾久之一無所成霍心於是灰心和議後三年卽告退未幾遂歿

五洲地理志略　卷二十八　六

千七百三年默司塔法第二讓位於弟阿默德第三時瑞典王卻而司第七在波而土瓦爲俄彼得敗後居土廷避亂力勸與俄開戰阿默德第三不聽千七百十一年包而塔日摩哈默德爲相率兵至摩答維亞時彼得方營大隧於迫魯斯河右岸之和什村土兵圍之血戰兩日彼得以全軍降俄土旋卽言和彼得允割沿阿叔夫海城寨並允瑞典王假道歸國俄人待以殊禮然土廷以爲彼得全軍已在掌握可置死地不當擅與言和黜包而塔日代以附馬阿黎千七百十五年阿黎伐微臬司一戰而復摩里亞部明年與奥戰彼得瓦爾登土軍大敗阿黎陣歿又明年奥親王尤勁圍伯爾格來德戍卒降援兵亦敗千七百十八年土奥再行成名曰巴撒魯威支之約匈牙利領土全屬之奥且益以塞爾維亞瓦拉吉亞二部地時土相爲駙馬伊伯拉心自此至千七百三十年國無內亂然阿默德第三性奢華不理國政民咸怨之是歲羣起偪其退位默司塔法第二之子麻默德第一嗣○千七百三十六年俄將繆皋克攻破披里壳普之壘劫奪克來米亞土兵攻之俄將不支而退喪師甚眾俄將拉守復奪阿叔夫海明年繆皋克攻破倭卻壳夫再奪克來米亞奥國亦與俄合土既戰黑海又用兵塞爾維亞波斯尼亞諸地惟俄軍屢勝已占摩答維亞中心奥軍屢敗退歸但紐白河岸千七百三十九年土大敗奥軍於克魯忒斯噶奥人求成九月爲伯爾格來德之約奥以伯爾格來德奥爾蘇法塞爾維亞波斯尼亞瓦拉吉亞歸土巴撒魯威支之約割與奥者俄見奥與土和知土將以戰奥之師來會不得已亦與土和俄仍領阿叔夫海允夷沿海礮臺俄艦不得駛行黑海及阿叔夫海此次無他國調停而土占勢獨優自是土無兵革之禍者三十年千七百

五十四年麻默德第一卒弟倭斯曼第三嗣在位四年卒阿默德第三之子默司塔法第三嗣○俄女主加德林之世與土挑衅庇土罪人土與波蘭交涉俄强干預且以兵力相要千七百六十八年土與俄宣戰千七百六十九年俄兵入摩答維亞瓦拉吉亞其波羅的海艦隊駛入希臘羣島於摩里亞登陸摩里亞之希臘居民叛土土兵適至鎮服之俄兵亦退土水軍大敗於近吉倭島之海次尋又爲俄水軍困於吉司密海灣縱火焚之時俄水軍主謀者大半英人也俄知阿黎貝在埃及擁兵叛土以兵助之土屬埃克爾酉叛土俄又以兵援之千七百七十一年俄盡奪克來米亞半島奧懼俄勢增思籍制之陰與土聯盟備俄後俄普奧同謀瓜分波蘭二國之隙乃解千七百七十三年默司塔法第三卒弟阿白度而哈密德嗣俄兵渡但紐白河南下其攻昔立斯忒利亞句法爾納二城之支兵爲土擊退而正兵頗獲大勝明年俄土再議和克來米亞半島之韃靼種人領土與庫防及附近地皆許自立不受土廷管束俄以阿叔夫句克爾支句金本爲領土摩答維亞瓦拉吉亞歸土土廷若以不平舉動加其地居民駐土京之俄使有代居民伸愬之權土允俄人建基督教禮拜寺於土京土廷任保護之責寺中教士遇有虐待之事俄使可向土廷詰問土廷須公平代爲申理自是以後俄人屢藉保護教士侵土廷之權且藉口保護者不獨俄特設之禮拜寺即他土屬之基督教士亦由俄使攬其保護之責前俄土和約俄水師不得入黑海及阿叔夫海一條聲明作廢且俄商船有駛行土國內地河港之權又有土國各港埠設俄領事之權二事關繫至鉅蓋俄國所派領事皆希臘商人而希臘商船又往往升俄旗以行於土國河港自是希臘商務大興○方俄之要

五洲地理志略卷二十八　七

土廷准克來米亞自立也俄實有利克來米亞之意不過以前言掩飾耳目千七百八十三年加德林遂認克來米亞爲俄領土其意欲盡得歐洲土屬領土而令其孫名君士但丁者爲希臘王幼時即授以希臘文字國土民情時奧主約瑟第二亦有瓜分土國之意故千七百八十八年俄土再戰時奧即與俄聯盟攻土俄兵圍倭卻各夫奧兵入波斯尼亞與土軍戰不利退歸匈牙利明年俄人大敗土軍於摩答維亞奧人亦敗土軍於但紐白河之南時土有朝不保暮之勢幸奧民以約瑟專橫眾心思亂約瑟不能盡力攻土而英普荷三國恐俄奧得利乃互相同盟以維持歐洲諸國平均勢力土廷賴以苟延殘喘是歲阿白度而哈密德卒默司塔法第三之子色連第三嗣千七百九十年約瑟卒子李倭波兒第二嗣遂與土盟明年八月和約成於昔司土法城奧以所得侵地反土獨俄不言和其大將秀瓦羅夫方攻取乙什美而且督兵渡但紐白河南下英相辟德以三國同盟之力勸俄與土和並反土侵地加德林不允英普二國乃備戰而英國輿論不願戰辟德不得行其志已而加德林以波蘭事機急迫自願與土和又明年約守之盟成以倭卻各夫及沿黑海濱至特尼泊河口之地屬俄又認地弗利斯及加塔里尼亞爲俄保護國○俄女主加德林卒子保羅嗣不以伐土爲然土患稍紓時法主拿破侖方伐埃及英水師將乃利孫殲法水師乃約土合從攻法土允之法主銜土攻愛克爾英水師將斯密昔德尼助土守城力卻法軍法主退歸埃及土發大軍自羅德赴埃及爲法所敗全軍盡覆即千七百九十九年阿蒲克爾之役也後法主回國留大將克來伯鎭埃及爲土所困約退兵讓出埃及英水師將凱斯不肯認約克來伯乃再與

土戰千八百年三月大敗土軍於黑利倭波立司後英將阿白康比敗法兵奪埃及乃以歸土先是法於康布福米倭之和得微臬司所領之挨倭甯諸島至是俄土兩水軍取之建一民主國公認保護後保護權盡歸俄而以微臬司港埠之在愛辟勒斯句阿而巴尼亞者歸土土又要土以簡瓦拉吉亞句摩答維亞地方官必請命俄廷禁土人非經商者不得入此兩地時法與各國言和法土仍爲友邦○自千七百八十九年至千八百七年國中久困兵革各屬酋長咸懷叛志阿剌伯有瓦哈比新教徒起踞土領之麥加基督教人時思自立希臘尤甚土廷先解散之衛士有居留塞爾維亞之伯爾格來德者作亂千八百四年大掠塞爾維亞村鎭塞爾維亞乃奉喀拉喬治爲首領且與波斯尼亞之土節度合剿衛士大敗之逐餘眾出境迨衛士之亂平而塞爾維亞思並不奉索丹之命俄人又慫恿之遣使土京要索丹自後塞爾維亞諸城塞即以塞爾維亞兵戍之○法主拿破侖深得土國信用其使臣勸土黜罷瓦拉吉亞摩答維亞地方官不必請命俄京土廷從之俄遂以背約爲言發兵入土時英俄聯盟英遣水師提督特克渥斯以水師進大達尼里海峽以危君士但丁土懼行成兩國方集議法使潛令土備沿岸礮臺拒敵特克渥斯知之急退出海峽中途爲土軍所擊頗有喪失俄土兩軍之戰於但紐白河者未有勝負以俄主亞歷山大方與法軍相拒於微司秋拉河不暇顧及土戰也色連第三鑒於衛士兵律之腐敗欲使習新式兵法衛士大怒迫令讓位於阿白度而哈密德之子默司塔法第四時千八百七年也默本庸才且爲衛士擁戴所請無不曲從時歐洲兵制悉從新式土國仍守舊法可用以臨陣奮殺或堅守城邑然不能方

五洲地理志略卷二十八　八

圓如意進退中式色連第三頗具英幹欲訓練衛士不料以此喪其位也後月餘俄法盟於鐵耳昔德俄土亦立約停戰其明年土將貝拉克塔爾率兵至君士但丁勒令衛士奉色連第三復辟衛士殺色連時可繼位者惟默司塔法第四及其弟麻默德第二麻默德第二於兵亂時匿浴室鑪中貝拉克塔爾入宮後始出貝拉克塔爾奉以爲君己爲首相然處事粗疏立將所部遣散衛士攻之貝拉克塔爾據宮中高塔以守衛士傾其塔貝拉克塔爾死之其部餘眾及衛士巷戰默司塔法死於亂軍中已而衛士勝迫敗兵出麻默德第二奉爲索丹而號令一歸衛士矣○俄法之盟於鐵而昔德也兩君嘗議瓜分土國奧主偵知乃遣使遊說各國欲合從以阻之越數年合從不成俄法亦似將復戰俄土停兵期滿兩國仍用兵於但紐白河塞爾維亞之民亦揭竿以抗土俄軍深入保加利亞奪據西里司忒利亞時英土已尋盟英欲俄土言和俾俄得悉力攻法俄土允英所請千八百十二年盟於白喀勒斯忒土割倍司阿拉比亞與俄兩國遂以迫魯斯河爲界土允塞爾維亞有自主之權歲徵薄稅猶不肯從千八百十七年塞爾維亞始獨立○麻默德第二在位時各屬酋長咸有貳心麻默德第二次第戡定有阿黎者據阿而巴尼亞及希臘之一部千八百二十竿麻默德自將討之希臘各部皆作亂又希伯昔朗替其祖爲摩答維亞節度前爲土廷所殺亦倡亂於摩答維亞且告所部謂俄國允保護土籍之基督教人於是摩里亞之基督教民殺境內之土耳其民殆盡未幾希伯昔朗替敗麻默德第二亦取境內大城中之希臘人悉殺之君士但丁城中有希臘愛國會之首領格里各雷亦被誅戮俄廷詰問且責背約土廷不復千八百二十一年

七月俄使下旗歸國然英奧堅不令俄與土宣戰希臘竟不得俄庇時國中經制之兵方討阿黎希臘之亂惟以民兵禦之千八百二十二年阿黎誅始以大兵平希臘之亂時分全國之師爲東西二軍擬平定考林斯海灣以北諸地然後合力圖摩里亞西軍主將曰倭麥爾白里倭尼斯先敗於秀里倭替斯人後伐密素龍基城亦敗東軍主將曰特拉馬里入摩里亞而敗退軍又爲希臘所乘死亡甚衆水師大將坐艦爲希臘火攻大將死餘退入大達尼里海峽索丹求援於駐埃及之節度摩哈默德阿黎阿黎自法兵逐出埃及後權力驟增聞索丹召大喜千八百二十四年令其子伊伯拉心渡海取干地亞與薩摩斯島人戰不利乃伐摩里亞所至有功惟腦迫里亞海口不下千八百二十六年圍密素龍基三月下之漸東向拓地明年雅典城亦降初英俄欲于預土事兩國已訂約矣千八百二十七年法國亦與焉一希臘仍認土爲上國惟地方官由希臘民自行選舉且得自行商務不受土制一旅居希臘之土民遷出境外一土民產業在希臘者無論大陸或島中令希臘人備價贖歸約定照會土廷停戰土不允於是三國同盟之水師趨那法利奴以伊伯拉心在此預備軍艦欲往哈特拉島也（島在希臘羣島中）同盟軍艦至再申前說不允十月戰於那法利奴土埃聯合軍艦敗績時英相坎甯卒繼任者以爲何事勞師遂廢約不與土事惟俄堅守前議再宣戰先是麻默德第二盡裁反抗之衞士欲以國中經制兵依歐洲新式訓練苦額兵少更招衞士充之衞土又作亂久之乃平新式軍四萬人千八百二十八年與俄戰土占勝著自俄據法爾那外昔立斯忒里亞句蘇木拉兩城固守俄兵死傷甚多至冬解圍退至但紐白河岸明年俄兵再出敗

土兵於庫勒徵察句昔立斯忒里亞亦降俄俄將地別欺至保而干土股雅得里亞那浦降地別欺乃虛張聲勢分兵黑海愛琴海而自將至君士但丁索丹不知俄兵實數聞卡司句死耳實龍兩地已爲俄得衞士餘黨尚思構亂大懼求成是年九月議定土以黑海東岸安納巴句普的二城界俄但紐白河一帶小國歸俄保護其國內土人奉回教者不得於其地蓄產業河左岸土國不得建礮臺各屬地節度前以七年爲滿任者今改終身任期其行事土廷不得干預之他大尼里句博斯破普斯二海峽作萬國商船出入自由之地認賠俄兵費削土爲希臘上國之號任希臘獨立○土以禦俄故召阿黎事敗後阿黎仍求償土割與干地亞島阿黎心未釁使伊伯拉心至巴勒士丁奪取西里亞土廷大怒斥爲叛臣討之兩軍遇於倭龍替斯山谷中土兵敗潰退至昔立西亞伊伯拉心追之再敗之於貝蘭山中及蹤討勒司山三敗之於庫尼千八百三十二年十二月也明年麻默德第二乞援於歐洲諸國俄首應之以水軍至君士但丁法國嫉俄之勢力驟增其公使勸土廷勿納俄助至以歸國相爭土廷不能決尋由法人介紹俾土廷與伊伯拉心盟於庫太埃割西里亞及地中海討勒司山中之亞達那省與阿黎其禍始殺○和約方成俄土又立密約於土之恩克阿爾宮云兩國如有外患須互爲救援卽內亂之足害國內和平者彼此亦得互爲撲滅俄國於和約中雖經索有賠款然念土國物力艱難俄國願不受現金惟土國於俄國與他國交戰之際則當封鎖他大尼亞海峽不令各國軍艦出入如是他大尼里海峽直爲俄有而黑海之口爲俄藩籬土不啻俄附屬矣此約旣定俄自謂得計不知張皇太甚英法兩國大生嫉忌照會俄國

不認此約且合兵抵制俄在東方之勢力時法以英之水師勢力强大欲收埃及爲抵制之地百計聯絡阿黎英以助土之故誓與阿黎爲仇故二國拒俄之心同而於東方政策勢成水火也麻默德第二因他國干預强與阿黎言和心實不甘思以重兵討之乃請普魯士將軍毛奇等訓練其兵成旅後適古耳迭斯丹民叛土廷卽以新軍平之然後知新軍可用千八百三十九年以新軍屯聚阿付拉底上游攻伊伯拉心兩軍旣接土將不聽普人忠告之言六月土兵大敗於尼西伯土水師總司令官盡以其艦駛往亞立桑得里亞降於阿黎土國之望遂絕敗耗未達君士但丁麻默德第二先卒子阿白度而麥日德嗣○時土國危在旦夕不料因此轉獲自保前此俄土之約旣爲英法所不認二國兵艦赴他大尼里海峽俄國見機遂認廢棄前約然知英法於東方內情不洽乃乘機離問二國爲報復之計時法國左袒阿黎堅持埃及與西里亞永遠爲阿黎及其後人之國土惟定歲貢額金外土國不能有他事干涉之權俄奧土國與英公立約章阿黎在巴勒士丁處土節度之位在埃及則有世傳子孫之權利並不照會法國偪令阿黎照英國判斷此約一經宣布法相地亞時卽預備開戰法王魯意第十八不以爲然解地亞時職格索德繼相知王意不在戰遂認四國公定約章然阿黎仍不肯屈下英奧水師乃趣西里亞海濱與土水師合攻伊伯拉心聯軍旋取愛克城內地山民亦起而與伊伯拉心爲難伊伯拉心知難久踞西里亞遁歸埃及時英水師將卻而司納披亞已領隊駛入亞立桑得里亞海港阿黎懼乃允奉土爲上國而於埃及則爲世傳之主事定俄又會各國公同宣布一令曰土耳其他大尼里海峽自古不准各國兵艦出入

令各國當永遠遵守此令兵艦不得出入此海峽此令爲歐洲諸國所承認○阿白度而麥日德卽位年幼名爲自主實歐洲列强之公共保護國其相勒歇德深爲列强所推信又知本國政體不能不從事改革因頒新令於國諭以後土國百姓之生命財產俱由國家擔其保護之責稅則亦全國一律又立徵兵之法定其執役年限奸黨不容設計逐之尋黎巴嫩山回民有殘殺基督教徒之事因之又起諸國干預千八百四十八年匈牙利義士噶蘇士被難匿土國俄奧責令交出土廷不允俄奧恨之千八百四十九年俄主尼古拉司平匈牙利之亂欲速滅土以爲己利于八百五十三年俄廷與英公使言曰東方病夫奄奄一息我二國盍瓜分之議未決時俄法爭耶路撒冷耶穌墓之保護權土以其地禮拜堂之筦鑰允交法掌俄忿己之落後也乃要土廷凡在土國之基督教徒俄有保護之權土拒其請俄卽日發兵至但紐白河諸小國土與議和不決干八百五十三年十月土與俄宣戰土水師艦泊西奴伯者俄擊滅之於是英法合從助土明年春二國兵東渡於法爾那登陸土堅守西立斯忒里亞城俄攻之不下但紐白河各小邦爲奧所據英法兵變守爲攻入克來米亞圍寒佛斯拖波爾干八百五十五年九月陷之時俄土相持於亞洲卡司圍久降俄去塞佛斯拖波爾之陷兩閱月耳尋俄土訂和約於巴黎俄割近但紐白河口之倍司阿拉比亞與土以黑海爲永遠中立地俄土皆不得於黑海屯兵艦建軍械廠銷俄爲但紐白河諸小邦保護國之名任諸小邦獨立塞爾維亞亦爲獨立國土立甘結認自後永除異視他國他教之習一律相待不少軒輊回耶二教永立平等土廷得入萬國公會遇與諸國交涉時各國允爲依律調處

土廷對於本國民之施爲宅國政府不得以勢力干預之○千八百六十年黎巴嫩山民又有戕殺基督教人之事法國即發兵於西里亞登陸鎮壓時瓦拉吉亞摩答維亞兩小邦併爲一國名曰羅馬尼亞其波斯尼亞句門的內哥魯勒作之民以土欲干預其內政揭竿拒之塞爾維亞之民已將土國戍兵逐出境外千地亞島民爲爭自由之故與土血戰數年後諸國幾有認爲希臘一部分之意然不久即無此念千地亞仍爲土屬明年阿白度而麥日德卒阿白度而阿西時嗣至千八百七十年法兵敗績後英國孤掌難鳴俄乘機宣言曰巴黎之盟不令我兵艦屯於黑海非理也今不認此約矣英此時允俄所請則與前約背不允懼勢不足懾俄乃曰俄不認巴黎之約當立萬國公會以決准駁及萬國公會立則又允俄所請各國政府默無一語○數年後東歐情形又變俄人陰謀各國皆知郎巴而干土股中之基督教各國即歐洲土領之各國亦爲風潮所激動千八百七十五年黑塞哥維那句波斯尼亞二國民叛土時土國借外債甚多將致傾覆大臣思竭力更張者駐土俄使伊格那替夫輒阻索丹不允土相麻默德俄使之私人聲名狠藉權位甚固土民忿甚千八百七十六年五月遂索丹而殺之摩拉德第五嗣闇弱無能三月被廢阿白度而哈密德第二嗣時波斯尼亞叛兵已蔓延保加利亞恣行殺戮土遂殺其基督教人以報之塞爾維亞門的內格魯民亦叛千八百七十七年俄藉土殺基督教民之名與土再宣戰土恐奧與俄合預與奧約若俄國勢力伸張於巴而干土股者土必以波斯尼亞黑塞哥維納兩地贈奧奧遂不出助俄英本忌俄欲助土拒之而國民以爲土殺基督教人斷不可助英相皮根司非而止得勉守局外六月俄師

至保加利亞圍勒司乞克先鋒將哥爾苦長驅越巴而干土股時土節度使司曼自其鎮地威定以師來助知俄兵必經迫來扶納嚴備其地哥爾苦至敗退歇百加山峽得羅馬尼亞人之助進陷迫來扶納據亞德里亞那浦土軍皆散俄兵至君士但丁外城土廷震懼千八百七十八年盟於敢司的番奴時俄已得亞洲之卡司圍攻歐句實龍而和約已成土以倍司阿拉比亞反之俄且益以度白魯加句卡司巴土密句巴土密鄰邑之地又認塞爾維亞門的內格魯羅馬尼亞三國獨立且允塞爾維亞門的內格魯二國之地增大於前許保加利亞自治其版圖南至愛琴海在巴而干山及濱海句間之地亦隸保加利亞惟須認土爲其上國意辟勒司句塞殺里句千地亞將以歐人駐其地施行種種必需之改革約定英國拒不認可且備戰以拒俄奧又聯英俄始懼允交萬國公會判斷然英俄二國於和約未交公會之先已訂私約迨交柏靈公會協議約中諸款略有更改其最要者保加利亞不得加增版圖且劃分二國巴而干山北爲保加利亞小國山南爲東羅馬里亞自治國波斯尼亞黑塞哥維納與奧塞殺里雅尼納二部與希臘塞爾維亞門的內格魯加增版圖從減割讓俄地亦從減又令土廷力改國內幣制其後英土復立私約英認保護亞洲土境土以塞普洛斯島讓英然土雖依公會決判歷久未能如約英以水師恫喝之土始以都爾西格諾之地增入門的內格魯其割讓希臘者惟塞殺里而雅尼納弗與千八百八十五年東羅馬里亞保加利亞兩國民公同挪議併爲一國○土國自昔爲君與大臣爭執政柄之局民則常左右袒之哈密德之爲索丹也其臣密達德定憲法立議院開報館凡此改革皆出衆大臣所請既而國民公

舉代表人事事與大臣反對衆大臣失望復請索丹以君權解散議院尙恐不足竄密達德於邊遠哈密德從之索丹遂爲專制之主信任其參謀塞德先是國政由大臣決定始請索丹畫諾塞德則悉舉大臣之權以與索丹宰相具文而已兵權亦索丹親掌民有暴舉則騈執數人戮之餘衆惕息故議院之影響皆絶時土俄交戰國民無暇議及內政哈密德亦知專制過甚必拂民心懼爲人刺廣置間諜刺取謗者嚴禁大臣私交又縱間以離之千八百八十五年塞德罷奇亞米爾繼相小心謹愼重視外交此十年中安靖無事時亞美尼亞革命黨立會於倫敦巴黎及瑞士之幾尼瓦其總會曰少年土耳其會亦在幾尼瓦千八百九十年八月亞美尼亞人偶有抗拒政府之事索丹緣此奪其應享權利奇亞米爾辭位幾瓦德繼相准德國公司有築小亞西亞鐵路之權先是自君士但丁至乙斯密德鐵道已由英公司敷築土如約贖歸又以轉售於德且陸續允其展築至波斯海灣哈密德又務欲翦滅異教人之權利千八百九十三年希臘教禮拜寺俱閉門停講索丹恐釀亂央俄使緩頰教堂始重開亞美尼亞人屢請地方官力爭於土廷千地亞島民亦以壓制異教將備兵相抗千八百九十四年君士但丁地大震土君民皆恤近禍而忘前事矣○哈密德又募古爾迭斯丹人編入土國騎兵爲五十四聯隊號哈密德騎隊意仿俄編高加索人入伍籍以衛邊界也然其人往往劫掠行旅其地名撒孫者在亞美尼亞樊湖之西界於摩什及地亞爾倍格爾之間爲山部高原河流縱橫邱壑深邃其民或耕或牧古爾迭斯丹及亞美尼亞人分東西而居亞美尼亞人認古爾迭斯丹人爲地主以所獲餘利貢什一與古爾迭斯丹而不納賦於索丹

土廷知兩地人相善遣教士往勸古爾迭司丹人凡同種同教之人當結團體以制異教勿助亞美尼亞人尋土官令亞美尼亞人納貢其人以不能重稅爲辭摩什土官遣游牧族引羊羣就牧其地古爾迭斯丹不爲保護亞美尼亞人牧業大喪於是怨古爾迭斯丹人明年游牧族又至其人乃羣逐去之土官即以亞美尼亞人作亂聞於朝索丹立遣軍往剿軍中古爾迭斯丹兵甚多其地古爾迭斯丹人亦相與助力於是亞美尼亞人羣被奪廬燼民屠土人於格利兒古珊深掘土坑驅亞美尼亞人埋之千八百九十四年七八月也歐人咸大震駭六大國致書駐土公使詢問應如何改良法律千八百九十五年使臣會議章程呈其國政府皆以爲然致函土廷請其照辦索丹知不允改良必激怒各國思換相臣以弭亂於是罷幾瓦德而相塞德塞德欲革弊政以對外交而權在索丹久議不決已而英國聲明如再不決者當用強硬手段惟俄國云如各國有礙土索丹主權者吾俄決不與聞英國遂罷前議而改良無日矣倫敦馬塞地名之土耳其革命會勸亞美尼亞人往求塞德是年九月亞美尼亞人大集於孔加坡趣君士但丁途次警察拒之致相械鬬見殺者五百餘人餘多逃入教堂得公使保護後數日達拉布松之亞美尼亞人見戕者又七百餘索丹歸咎塞德罷之奇亞米爾復相首請俯從各國改良待亞美尼亞人政策惟請公使刪各國派人監視舉行新政一條各國政府許之索丹乃降諭通飭全國力事維新奇亞米爾選舉才德並備者七人任以新政請諸索丹遷延不決時別立斯地方戕亞美尼亞人七百餘馬拉什句貝魯德句厄爾法句厄爾新揚句厄爾實龍皆有戕亞美尼亞人之事有匿名書云將遣人刺索丹偵知近

支宗室所爲寘十數人奇亞米爾知事不可爲屢乞退不允十一月忽罷其職代以喀利而利法德又欲改用塞德力辭不就且避於英公使署索丹嚴旨召之不奉命越五日索丹致書英公使請轉告塞德若肯出爲相者其生命及自由必加保護塞德始出○亞美尼亞宗長乙司密爾林者以戇直見惡於索丹乞退索丹以巴索羅米倭斯代之方乙司密爾林爲亞美尼亞宗長權力足以制服其民不令作亂既去其民復欲以暴舉要求變法千八百九十六年八月有愛國會黨擲炸彈於倭土曼銀行街市紛亂兵隊聞風而至大殺亞美尼亞人以數千計緹騎四出被獲者至四萬人或流黑海或竄非洲各國公使致書土政府及索丹責其悖理九月中聞少年土耳其會將以兵力要求變法土廷懼索丹乃重頒亞美尼亞所居六省變法之諭十一月命亞美尼亞人自選宗長十二月又下大赦之文將被逮者盡行釋放時土大臣阿爾丁具一調和民教之法勸索丹行之以安衆心而索丹未盡行亞美尼亞人大噪千八百九十七年二月土廷又命逮捕亂黨而依佛利克旬土噶德爾處復有殘殺亞美尼亞人之舉各國使臣嚴辭詰責索丹乃取阿爾丁條陳略加更改頒發施行然究未見之實事八月中亞美尼亞人有路屬之事索丹宮中忽有炸彈轟發復於亞美尼亞人家中得炸彈極夥於是逮捕亞美尼亞人之事又大見十二月亞美尼亞議會上書索丹歷訴枉屈及阿爾丁條陳未見實行土廷虛允改良仍不實行千八百九十九年將亞美尼亞人自由權愈加限制其宗長奧爾曼甯上書乞退索丹不許且命立一會細察其被屈實情至今未見效驗自千八百九十五年至千八百九十七年中亞美尼亞人遷居俄境之高加索者四萬

餘人千八百九十八年俄公使請土政府招令歸國土政府以巽言辭之千八百九十九年俄使屢請索丹面告俄使招民歸國當從緩辦千九百年俄使再催索丹意不謂然俄使遂不復言○方奇亞米爾爲相時各省亂象已萌阿馬西亞旬馬爾素梵旬恩塔白允亟安的討勒斯山中實呑鎮居民萬人向不納稅土廷當千八百七十八年土立稅關於山中後鎮人聞土殘殺亞美尼亞人事大憤恨攻稅關逐戍兵窒山道土兵屢至皆敗各國公使請土廷任山民自治千八百九十六年議結矣土廷遲疑不決公使責其無信又三月而後見明文索丹又欲居西里亞部好蘭之特魯斯人服從納稅西里亞土節度勒令其人繳出軍械延其父老數人至大馬士革督署議事許不加害至則拘而刑之千八百九十六年六月特魯斯人大亂殺土國步兵四隊土廷派重兵彈壓好蘭之亂始平○千八百九十年五月干地亞島民倡亂土派大兵以大將阿白度拉統制之招安島民各國公使請土廷再降明詔干地亞節度必令奉基督教人任之許島民集議自由重訂盟約索丹從之然亂民蔓延已廣閱兩月各領事始令島民承認土廷所允各款迨民已承認索丹並未照行島民卒未安復故業○千八百九十六年民亂益劇土遣大員至島設立警察明年二月希臘游兵至島中土節度歸國土政府書告各國希臘蔑視我國將與干戈相見遂遣愛特娟督兵至馬基頓三月六國公使致書土政府言我國欲請貴國允干地亞自治希臘之水陸軍當令即離其地旋又請撤島中戍兵土政府答書允干地亞自治可以遵命撤兵竊以爲太驟已而兩國增兵公使又告土政府言兩國果欲戰首創戰之國當任其責無論何國得勝將來必無利益土又

命其使臣告各國政府以希臘干預我國內政不能不戰之故四月土廷諭愛特娟進兵塞利里各國咸知希臘非土敵請兩國暫行停戰調停和議議四閱月而後定各國公議不准土國再派新兵戍干地亞島舊戍兵即日撤歸俄使且欲以希臘親王佐治爲干地亞政府之首土堅不允又明年會議屢次土廷知德皇將來遊於土不能有益不得已撤島中戍兵十一月諸國照會已舉佐治爲干地亞總代理人土廷止能認可島事始定○索丹又有威脅也門全部之意自千八百九十五年以新式槍發其地戍兵土節度阿默德弗西以重法束縛其民千八百九十八年也門部民倡亂六月索丹以阿白度拉代阿默德時亂民首領伊曼實德立中軍於薩特自稱曰眞凱立夫且麥加之教長業已認可索丹大驚命阿白度拉師萬五千人行後土國公文中皆言也門肅清實則阿白度拉與科白勒德厄而愛新族人交戰已受大創利比德收稅之土官被逐出境自貨地大旬薩那以北諸地悉奉伊曼實德爲主不復有土官蹤跡矣此消息十月始達君士但丁索丹分也門爲四省各省派一節度然事未見實行也○先是土廷於阿爾巴尼亞之回教徒縱容太過以致目無法紀塞爾維亞保加利亞門的內格魯人之居其地者往往加以虐待各國使臣亦常詰問土廷土廷舍遣兵彈壓外更無他法阿爾巴尼亞人毫不斂迹每言瓦荅河及亞得利亞海中間地乃無主之國也奇亞西木爲司庫塔里師團司令官時阿爾巴尼亞人尙有微權千九百一年奇亞西木告退阿爾巴尼亞民復大肆擾因此而生馬基頓之問題各國對於此問題欲土廷允瓦荅河遞西地爲自治國庶責任有所歸屬案此事未見下文○千八百九十八年日耳曼帝及后赴耶路

撒冷便謁索丹稽留四日索丹築特殿處之是行也土國以敷設鐵道之權准德國貲本家享之又以德國母財築埠口於海達爾拍沙又許德皇以自庫尼厄至巴格達及巴斯拉之鐵道敷設權千八百九十九年十一月發給准照與德公司俄政府見日耳曼得此優待遂要土廷以在德國路綫北之鐵道敷設權然德商承辦庫尼厄至巴斯拉鐵道至千九百一年尙未議妥緣德公司於原准路綫外復加入數支綫且欲土廷擔保其每一基路米德之鐵道每年必有萬三千佛郞以上之入款索丹於德公司擅自增加路綫漠然不以爲意惟不肯任擔保之責耳○千九百年四月索丹議自築鐵路由大馬士革通黑夾斯宣布之後郎命臣下籌款自捐土金五萬以爲之倡於八月興工○千九百一年十一月土相加里而卒爲相六年綱紀隳敗商業削弱索丹遂再徵塞德爲相千九百二年土與各國和好如故而內部秩序淆亂財政尤亟小亞細亞東方數省及巴爾干股西方數省皆有無君現象索丹亦自知艱危故有再召塞德之舉迖志云土耳其在歐洲南部占巴爾幹半島之北部北接布爾加利亞及塞爾維亞西北界墺太利匈牙利及蒙的尼東臨黑海東南隔瑪默拉海與亞洲土耳其相對南濱多島海又與希臘接壤西濱阿得賴的克海面積約三十九萬四千五百方里其沿岸北海阿得賴的克海二面平直乏彎曲多島海沿岸頗多出入大小島嶼散布海中幹的亞島爲最大其地勢巴爾幹山脈綿亘於東北戴那利克亞爾普斯山脈蜿蜒於西南惟沿海一帶平野相望河流湖水無可舉者其氣候温暖往往有寒暑劇變之患雷志三十一章云專制君主國迖志云其君主據回教經典以治國事有大宰

相大敎長佐理政務內閣分宮內內務外務陸軍海軍司法大藏文部宗務農商工務諸省各有大臣統率國中回敎最盛僧權最張其敎育概係回敎僧官所掌握學堂附屬於寺院是以學術不振人材不出近漸悟其弊故設大學堂及各種學堂以敎育子弟全國分二十州各有總督掌之總面積百五十萬六千百五十英方里人三千五百三十五萬四千口（皆現今所有者波斯尼亞及居此路島不在內）在歐洲者面積百九萬五千四百七十英方里人二千二百十八萬口又（二十七章）云千八百七十八年伯靈約後土耳其在歐洲之地較前大減（土志云自柏靈公議以後土屬之羅馬尼亞塞爾維亞門的內格魯悉改爲獨立國版圖各有加增保加利亞與東羅馬里亞合爲一國土與希臘界綫亦有移改奧國取波斯尼亞及黑塞哥維那兩部地又占諾威巴薩形勝地故土國在歐洲者止餘一狹長之地東起博斯普魯斯海峽西迄亞得里亞海自英天文臺東經二十九度十分至十九度二十分止至緯度則東部位於北緯四十度至四十二度之間西部句位於北緯三十九度及四十三度之間此地適爲古來塞來斯句馬其頓尼亞句凱而雪地司句意辟勒司句及意立呂亞之一大部至今日政治上之分配則爲斯丹波爾省〔包君士但丁及在亞洲一狹長之地〕愛迭爾尼〔卽亞得里亞挪漓〕薩羅尼加〔講義作塞羅尼加云在多島海西北隅塞羅尼加灣頭人十萬口〕科索窩〔卽馬其頓尼亞〕雅尼納〔包塞薩里一部及意碎勒司一部〕伊什科的拉〔包什科太里及阿爾巴尼亞〕等省此外尚有在愛琴海之察索斯島撤母塞來斯島音不洛斯島干地亞島）今面積止六萬七千九百十英方里人五百七十五萬口在亞洲者見前在非洲者的黎波利面積三十三萬八千四百七十英方里人百萬口國內大半爲沙漠及草地六萬八千七百五十英方里爲耕種地三千二百八十一英方里爲樹林土產穀棉花煙葉橄欖加非葡萄銀鉛煤人多養蠶爲業地中海產海絨紅海產貝母波斯灣產珠地氈及銅器爲國中最精美之器鐵路二千五百四十二英里內在歐洲者千四百十六英里（辻志云貫通君士但丁堡沙羅尼加及茂那斯特兒全長三千五十里與歐洲諸綫聯絡電信局六百六十七土志云千八百八十五年電綫長萬六百二十英里）商船千四百三十四入口貨值四千三百三十八萬磅出口貨值二千四百三十二萬磅穀乾葡萄絲鴉片爲大宗多與英法奧貿易（政要云通用之銀錢曰賴而拉以金爲之每一賴而拉合十八喜林餘又曰畢阿斯得有二種合一百畢阿斯得爲一賴而拉或有一百零五畢阿斯得爲一賴而拉更有銅畢阿斯得每一百十換一賴而拉稱物之具曰瓦格合英磅八三零

二六其大者曰進得郎四十四瓦格之數計一百二十五磅郎土國一擔首肥亞三十九瓦格四分四爲一擔再大者曰喫格每喫格爲一百八十瓦格計五百十一磅又三八量物之尺曰杭達寶長二十七英尺量地之具曰阿根長三十三英尺其大者曰喫能計四十見方步每步三英尺量麥之具曰格羅較英國量具得九分一二）國債一億五千六百九十九萬四千磅（土志云土耳其當千八百八十年以前咸測其必有財政極困難之一日然此後乃更有起色其度支雖未宣布於眾莫能揣測但千八百八十四年支出款約千六百二十二萬三千磅收入款爲千六百三十一萬三千磅則眾所共悉者也此中支出之款有四百萬磅爲國債之利息千八百八十二年土耳其國債爲一萬零六百四十三萬七千磅聞索丹一家有五千餘口之多每歲家用之費總在一二百萬磅可謂鉅矣）兵額平時十八萬人戰時七十萬人戰艦五十內古式鐵甲十八（辻志云陸軍有七軍團水軍三萬以牙利波利口岸爲艦隊根據地然兵力不振非復昔比土志云千八百八十六年以前土國男丁在十八歲以上者國家以強迫手段令其從軍且每歲必增新兵四萬五千練爲後備是年十一月索丹下通國徵兵之詔凡國中男丁咸得盡軍人義務土國原有兵十六萬至是則備戰及預備之軍共湊足百萬其中備戰之兵爲四十五萬或五十萬預備兵分二種曰前備曰後備馬兵之額亦極推廣定例凡徵兵中能自備馬及一切馬兵所應用之物者皆可爲馬兵全國分爲七鎮君士但丁亞得里那堡句摩納斯的爾句厄耳新金句巴格達句大馬士

革句薩那爲七鎮中軍之地除薩那爲永遠戍卒外餘每鎮各分一師團爲備戰兵二師團爲前備兵水師當千八百八十七年有大鐵甲十五小鐵甲數艘中有毛尼討數艘〔毛尼討出水不高用撞敵艦〕破艦數艘尚有舊式汽船若干魚雷船十四共有水軍三萬海軍萬人其人或爲徵兵或爲義勇兵充之入軍年限備戰及預備並計之合十二年）朝貢之國曰勃耳格里亞（先謙案見下）曰埃及（案見非洲）曰賽冒司（案見亞洲）君士但丁都城（辻志云在國東端臨薄斯否拉斯海峽有宮城有大學堂樓閣參差風景頗佳然街衢汙穢地扼黑海咽喉最爲形勝內外船艦出入頗多〇徐志云土耳其西土古希臘十二國之地〔詳希臘圖說〕北界峩羅斯奧地利亞南抵地中海地形入海之處界希臘國東界黑海東南與買諾隔一海峽〔峽名達大尼里後漢書大秦傳所云有飛橋數百里可度海北諸國卽指此峽地寬止數里黑海地中海由此相通春秋時波斯王澤耳土伐希臘當造浮橋以渡軍相傳古時有石橋地廢久矣〕西抵亞得亞海隅縱橫各二千餘里南北高嶺橫亘多惱河縈帶其間地多山少平土南界海灣凹凸島嶼紛羅地爲歐羅巴初闢之土土耳其以兵力強取之其民本習天主敎不樂回敎又不堪土之苛斂近年已成四分五裂之勢所產者棉花煙草葡萄多南果羊毛之類地分八部〇建都之部曰羅美里亞〔一作默刺路〕其民多土耳其種族性強悍樂於戰鬬輕死生重然諾不禁鴉片人多嬴瘠都城曰君士但丁建於黑海峽口之西岸本羅馬東都土耳其滅東王遷都於此更名曰士但不城極大內有王宮殿宇崇閎城外海港深廣商舶輻輳市岸萬厦雲連各國使館在焉多瘟疫火患所轄亞得安城周十五里內有古殿閭閣凋敝加利城在馬海灣居民萬七千商賈互市之地

也先謙案樋志云君士但丁形勢之勝爲歐洲第一人九十萬口王宮臨罷司怕拉司海峽風景美麗首府西北曰埃毒科府爲第二都會列國學會二圖作亞德里雅那堡謝志作河德利挪○伯樋志又云嘎利波利人五萬口即徐之加利二圖作加利波里○西里斯的黎亞（一作不雅）在首部羅美里亞之北其北阻多惱河風俗語音近峩羅斯其民勤苦力作奉希臘教會城曰所非居民五萬陸路通商地也所轄順剌城形扼山險一夫可以當關爲土國北門鎖鑰特此以禦峩軍多惱河一帶城堡甚多皆爲備峩而設先謙案即土耳其北之其耳格里亞國其首城曰棱非亞即此會城之所非矣今西里斯的黎亞及順剌城二圖皆繪入保加利亞下○波斯尼亞（一作不尼）在極西北北距多惱河草場豐廣內有山產鐵甚艮居民鑄爲刀劍不堪土之苛政揭竿而起屢矣先謙案據土志千八百八年波斯尼亞與黑塞哥維那併割與奧國○日薩壹爾（一作剌蕭亞）在海濱居民以獵爲生剛猛善戰勇於赴敵稱西土精兵會城曰藥翰尼拿昔有大酋據地以叛土王連年攻之不能克○黑坐義地形入海與希臘隣偏地皆山民居巖谷顚愚而悍猛睚眦必報遠客來則待之甚厚先謙案樋志云歐洲土國直轄州五曰阿得力阿奴蒲爾曰撒羅尼克曰摩那士提阿曰雅尼納曰師壳他利其阿得力阿奴蒲爾州在羅美里亞西部撒羅尼克州爲古之馬基頓又摩那士提阿雅尼納師壳他利三州合稱阿爾巴尼亞五州首府皆與其州同名阿得力阿奴蒲爾人十萬口在瑪利查河上流製造業頗盛撒羅尼克人六萬口在伊直安海岸爲貿易都會即謝志云撒羅尼迦古曰帖撒羅尼迦者也謝又云阿勤巴尼亞濱阿德利亞海先謙案日薩壹爾黑坐義地名無可考

證而皆濱海樋志所列五州惟撒羅尼克阿爾巴尼亞與海爲近是否即日薩壹爾黑坐義舊地不可得知附記於此○塞爾維亞（一作息味）在西里斯的黎亞之西波斯尼亞之東北距多惱河會城曰占盧德師亞（一作別睢）極堅固其民強武好鬬奉希臘教不樂回教鈐轄別推酋長起兵拒土土不能征服與之議和近已自立爲國納貢於土先謙案即下之塞維阿國○磯拉幾亞（一作瓦拉斯）在西里斯的黎亞之北北阻大山南距多惱河縱千八百里橫四百五十里地形平坦河流交貫土沃多麥草場豐茂牧畜蕃孳其民奉耶穌敎勤苦力作而土政苛虐掊克百端其地有大酋如列國小侯都城曰不加勤斯多（一作加旃布）居民八萬峩羅斯時擁護之近已立國納貢於土先謙案羅美尼亞首邑曰菩楷來司脫即不加勒斯多也薛記云羅美尼亞國本土耳其邊省瓦拉蝦（即徐之磯拉幾）及穆爾達費亞之地即萬國公法中第三卷所稱屬國半主之國瓦喇加馬喇達二邦舊境案穆爾達費亞即摩爾達維亞也餘詳羅美尼亞下○摩爾達維亞（一作大味木）在磯拉幾亞之北西有山嶺界隔地極廣莫居民五十萬產五穀南果葡萄煙蜜蠟硝鹽馬牛猪每歲售馬隣封可萬四其地亦有大酋如列侯都城曰鬢西（一作牙酥）藉庇於峩羅斯逃土政之酷虐近亦立國納貢於土先謙案羅美尼亞之耶西即此牙西也亦見下○干地亞洲在海中周圍千五百里中峻外坦近海多艮田又產橄欖油極佳其民奉希臘教不樂土政據地以畔土王征之二十餘年不能服也其島山水極秀海口近爲沙淤舟行多阻先謙案謝志云革哩底島今名干第亞在希利尼海之南長四百五十里最廣處百里共三十萬方里居民三十萬產油酒果實首府曰干地亞在北部屬土國治多虐政即徐之

干地亞也洪鈞元史西域古地拂菻考云拂菻之名唐時始見舊唐書云拂菻國一名大秦在西海之上元史愛薛西域弗菻人是元時猶有此稱漢大秦爲古之羅馬今之義大利劉宋時哥特族人滅羅馬瀛環志略作峩特今德意志合衆國皆哥特種人也東晉時羅馬分王居黑海西今土耳其都城之地轄治東境別之曰東羅馬羅馬國亡而東羅馬獨存明時始爲土耳其所滅其都城名康思灘丁諾潑里斯康思灘丁王名蓋始建城者潑里斯猶言城諾爲連屬字猶華文之字今亦省文稱諾潑爾東羅馬本國之書則稱康思灘丁諾潑凝其地土人省文惟稱潑凝急讀之音如潑菻阿剌比人稱之爲拂菻本屬城名假爲國號唐時阿剌比人滅波斯侵印度環葱嶺地悉歸役屬方言流播遂入中華此唐書拂菻所由來也（志略以西里亞之耶路撒冷當唐書之拂菻係誤其地爲古猶太國雖曾併於羅馬然未建國於此[illegible]撒冷之說爲拂菻[illegible]出廳度初無徵考）舊唐書云拂菻東南與波斯接新唐書拂菻古大秦也居西海上一曰海西國去京師四萬里在苫西北直突厥可薩部西東南接波斯東羅馬國都在地中海東濱故曰居西海上其屬境之通波斯者在地中海東黑海南南之西濱地中海南之中入西里亞南之中接阿剌比其東南則達波斯故曰與波斯接其地古稱富庶後漢書所謂從安息陸路繞海北行西至大秦人庶連屬十里一亭三十里一置從無盜賊寇警其地似之宋神宗元豐三年東方之天方教國塞而杜克朝人來據之遂不屬東羅馬而仍羅馬之名稱曰羅姆（[illegible]）誤訴此俗元兵西伐役爲外藩（見西域傳下）元史之愛薛或即其產故謂爲茀菻人明初土耳其國肇興地爲所奪屢經兵燹土曠人稀闊市蕭條非復曩日矣又突厥回紇考云匈奴之後突厥最盛突厥

既滅回紇乃興今日者玉闕以西天山南北悉爲回部（[illegible]）（[illegible]）所謂突厥也而突厥之稱乃獨流傳於西土曰突而克亟讀之即突厥曰突克蠻猶言突厥同類法人稱土而其國音如突而克月合二許稱其人類曰突而克英人稱其國曰突而克以合二許皆爲突厥轉音稱土耳其亦突厥一類人也始聞是說疑其不確徐而思之蓋自有故北史謂突厥爲匈奴之別種唐書謂回紇爲匈奴之後裔回紇在後魏時號鐵勒部落依託高車臣屬突厥自突厥有國東西征討皆資其用隋大業間始叛突厥後稱回紇是回紇亦突厥中一種耳唐開元時回紇始盛然惟十一部落西至葛邏祿而止度其斥境不越金山以東突厥盛時西破嚈噠東走契丹北并契骨威服塞外諸國其地東自遼海以西至西海萬里南自沙漠以北至北海五六千里靚譜大小廣狹迴平不侔突厥極西之部爲可薩部亦曰曷薩西國古籍載此部名曰哈薩克即曷薩轉音亦曰喀薩克即可薩轉音裏海黑海之北皆其種落屯集中國唐時又有他族東來哈薩克地漸爲所攘引而益西宋時兩海之北奇卜察克號爲大部而哈薩克族類渙散湮沒不可復考又東羅馬古書載與突厥通使東羅馬即唐書之拂菻國也種落繁多幅幀遼闊匈奴而後實爲突厥而散居西土亦惟突厥舊部爲多開成年回紇爲點戛斯殘破其相驅職擁外甥龐特勒等一十五部西奔葛邏祿一支投土蕃一支投安西其近可汗牙十三部南來附唐會昌中三萬衆降於幽州三部降於振武而烏介可汗部衆十萬大中年間漂流凍餓祇存三千其後復爲點戛斯掠歸塞北安西龐特

勒居於甘州無復昔時之盛宋之高昌元之畏吾兒爲回紇衰後分國唐書敘回紇部落起訖分明其盛也威令未行於鹹海裏海之間其衰也播遷未越於葱嶺金山以外而突厥傳則言頡利之敗也其部落或走西域咄陸可汗之敗也西走吐火羅秦西載籍俱言突厥西來而不言回紇西徙稽之華史歷歷可徵今中國人於葱嶺西北西南諸部統稱之曰回部誠不敢謂己是而人非也嘗遇土耳其駐俄使臣詢其來歷彼自謂是突而屈（合讀之即突厥史書詳音謂合）今本國猶藏古書謂有三千人入中國爲兵餘眾展轉西徙後倫賽而朱吉特建國（見西域傳稱）授地以居遂入謨罕默德教迨蒙古西來避而之黑海南境（亦見西域傳注中）其西徙之時在千載前蓋唐代也然則土耳其實是突而屈或稱突而克皆西人變音突克蠻之語則出於阿刺比人土耳其使臣復謂本國古語與蒙古相類者甚多因此而考回紇稱謂亦多本於突厥可汗可敦特勒之名固無論矣突厥別部將兵者皆謂之設默啜可汗立其子弟爲左廂察右廂察毗伽可汗本蕃號爲小殺而回紇亦有左殺右殺分管諸部曰設曰察曰殺皆譯音之異今波斯王稱沙猶是突厥遺稱骨咄祿可汗及葉護之稱達干之名回紇並同突厥以突厥統之誠不爲過度其言語或亦多同至於突厥文字不復可考回紇文字至今猶存所謂托忒字體是也與西里亞文字相仿故泰西人謂唐時天主教人自西里亞東來傳教唐人稱爲景教陝西之景敎碑碑旁字兩行即西里亞字此其確證回紇之有文字實由天主敎人授以西里亞文字之故此一說也回紇人自元以後大率盡入天方教而天方文字本於西里亞故信教之回人謂蒙古文出於回紇回紇文出於天方以歸功於謨罕默德此又一說也（咸豐二年長沙府人藍煦著天方正學一書即持此論）

各私其教傳會所由皆屬妄說竊疑回紇文字亦本突厥特無左證以折異議六合之外存而不論惜哉古人此言爲誤不淺也又馬札兒（即者鶻融）考云元史速不台傳拔都諸王五道並進馬札兒部元祕史蒙古文康鄰等十一部有馬札兒案馬札兒即今之馬加其國今併入奧故中國公牘稱奧曰奧斯馬加而泰西諸國仍其舊稱曰鴻噶爾土人自稱仍曰馬加志略作匈牙利乾隆年間椿園氏著新疆外藩紀略酌謂俄羅斯西（有其書係乾隆時舊本但云新疆外藩紀略又但云人稱此書椿園氏著備乘謂七十一所著乃誤以其年駁其紜城聞貽錄細）北鄰控噶爾俄本控噶爾屬國稱臣納貢由來已久又曰控噶爾爲西北方回子最大之國建都之城名務魯木極廣大南北經過馬行九十餘日東西亦然城門二千四百城內大江三山河藪澤不可勝計宮室綿亙數十百里皆以金玉珠貝爲飾地產金銀多於石子魏源謂此皆誤聽土爾扈特妄誕之談有同西游演義小說備乘之亦謂椿園氏所述控噶爾事多係傳聞之謠俞正燮松筠皆嘗辨之然控噶爾之說實不始於椿園氏圖理琛異域錄謂俄羅斯汗與西費耶斯科國王戰勝西費耶王逃往圖里耶斯科國王拱喀爾汗所屬鄂車科付之小城又俄官噶噶林云我觀天下諸國沙障汗空科爾汗空科爾即控噶爾又云曩時俄國曾與圖里耶斯科國王控噶爾汗搆兵取其阿藻城趙翼詹曝雜記亦謂兆惠西征時聞西北有冀國者其城周五百里皆銅鑄成冀即控字之音兆惠西征在土爾扈特歸誠之前故知語雖無稽而傳述已久非始於椿園氏也魏氏謂圖里雅即普里社控噶爾是汗名非國名徐氏謂百年以來歐羅巴諸國與俄羅斯搆兵者惟土耳其與俄連兵前後近百年椿園氏所云交兵事爲土耳其無疑土

耳其都城名君士但丁一作康思坦胎諾格爾噶爾即格爾上五字之訛爲控或由於轉音省文舊本羅馬東都後來猶冒羅馬之名控噶爾都城名務魯木即羅馬之轉音也或云控噶爾乃圖里雅圖王之名曾與俄羅斯爭地相戰土耳扈特酉烏巴錫傳述此事誤以汗名爲國名今考泰西人紀載圖里雅即普魯士國勢遠遜於俄乾隆年間並無與俄交兵之事姚氏瑩紀俄羅斯方域亦謂控噶爾即普魯社備乘則謂徐以控噶爾爲土耳其都城之名說與魏異當以徐爲是然仍以圖里雅爲普魯士則非也圖里雅即土耳其譯語偶異爾按諸儒聚訟已久而折衷定論自惟徐氏何氏其誤以圖里雅爲普里社則椿園氏俄西北鄰一語誤之其以康思但丁諸格爾爲控噶爾則以意附會未可憑也今內府輿圖俄羅斯西南黑海通地中海之峽內有紅噶爾國廣東通志作紅孩兒是皆以土耳其爲鴻噶爾聞諸俄人謂中國呼土耳其爲鴻噶爾不審何由又聞諸土耳其國使臣謂彼國從無鴻噶爾之稱惟百數十年前奧國之鴻噶爾屬國曾入彼國版圖嘗考英吉利國兼并印度後崇上女主尊號曰英吉利君主兼印度后帝布魯斯國本日耳曼合眾國中之一自戰勝奧國合眾國推戴稱尊號曰布魯斯君主兼德意志合眾國皇帝以此例推則異域錄所云圖里雅國王拱喀爾汗王汗兼稱蓋以其兼轄鴻噶爾之地也西人紀載土耳其之侵割鴻噶爾始於千五百十二年至千五百六十六年爲中國明武宗正德七年至世宗嘉靖四十五年復自千五百六十七年至千六百九十九年爲康熙三十九年此百三十三年中亦曾侵割而屢得屢失其後尚用兵於鴻噶爾圖理琛之奉使在康熙五十一年是時土耳其國勢尚強馬加或歸管屬

（先耳案馬加即匈牙利隸逝出土聯其志歸鄉土屬不兼也）控噶爾汗之稱沿而未改理當然也魏志引職方外紀所言翁牙里附於土耳其國之後謂翁牙里今並入都魯機蓋亦襲舊聞而不知翁牙里即鴻噶爾亦即控噶爾魏志又於奧地里亞國之下繫以寒牙里匈牙利翁給里亞又曰雲音有異名無異地也俄史載比德王第一奪土耳其之阿索甫城土與兵伐俄比德王輕敵孤軍深入爲土軍所困出賂行成解圍返地乃得還是爲康熙五十年事阿藻城即阿索甫城噶噶林所言諱敗爲勝未足爲據而圖里雅國王控噶爾汗之稱則實出諸其口證以西例渙然無疑奧王之稱曰奧斯大里亞皇帝兼馬加君主是亦圖里雅國王控噶爾汗之一證至土耳其都城本羅馬東都建於地中海濱三面環海一面通陸形勢鞏固金城湯池實不是過松筠綏服紀略詩注謂相傳空喀爾國最大以銅爲城東西門相距若干路程詢諸英國使臣瑪噶爾呢乃知空喀爾本居海島特水似有銅城之固說固是已然謂其居於海島猶爲未盡事實志略又謂奧地利之匈牙利地在國之東界古時匈奴有別部轉徙至此攻獲那盧彌地於趙宋咸平年間立國稱雄一時久而寢衰今案西書當晉簡文帝時匈奴王阿提拉自黑海北轉徙至此立國於其地撫有哥特族人（志略作峩特即今日耳曼族類）與羅馬戰北闊境甚廣今義大利之北境德意志之南境盡入版圖既而事敗哥特人亦叛之復爲羅馬所伐宋武帝永初年後浸就衰滅趙宋初馬加人自東而西循北海之南而至復立爲國鴻噶爾之稱鴻即匈字變音馬加立國匈奴已久滅而仍曰鴻噶爾者沿舊稱也志略之言考之未盡近世西人或疑鴻噶爾即匈奴雖見於東羅馬書未可爲據案俞正燮俄羅斯長編稿跋引佛書言此闊浮提

內有三大國以崑崙爲中崑崙東及東南東北者中國爲一大國崑崙南及西南者天竺爲一大國崑崙北及西北者洪豁爾爲一大國俞氏所謂佛書不知何名以意揣之當非漢晉以後之書崑崙之北從無洪豁爾之國名蓋卽匈奴卽鴻噶爾也是可以援釋氏之言以廣西人之意張穆蒙古游牧記乾隆四十年定塔爾巴哈台之東霍博克薩里爲舊土爾扈特部北路以策伯克多爾濟領之授盟長注云初策伯克多爾濟來歸獻金削刀及色爾克斯馬色爾克斯者洪豁爾屬部也是亦以土耳其爲洪豁爾與佛書音合色爾克斯卽元史之撒耳柯思詳西北地附錄釋地鄰近土耳其故爲所屬馬加人髮膚皆黑自言是東方部族其詞言頗有與蒙古同者如稱土爲把阿禿兒之類薛記云土國所屬歐洲之地原有九千四百六十七德方里自割地以畀各國所存之地僅有二千八百二十七德方里且往往與土京隔絕不相毘連案每德國一方里約中國一百八十方里因德國每一里等於中國十三里有奇也土國餘地僅存三處一爲魯米利亞省一爲薩羅尼啟郡一爲阿耳巴尼亞並巴斯尼亞南北二處又割波森利牙及黑次戈偉納二省歸奧又割徐卜羅斯島一一作賽薄路歸英此島在地中海極東長五百里廣百六十里居民二十餘萬距新開河不遠俄如有事於蘇彝士水陸必經此島故讓英屯兵守之又割土屬特薩耳及矮皮魯斯兩地支利脫一島歸希臘又割巴統一作罷遜及阿達亨卡爾斯共三地歸俄德法非接壤無所割義國亦欲割土屬地羅馬敎主力爲排解乃止始知衰弱之國一啟兵端非特仇敵也卽名爲相助之國亦不得利益不止識者於是歎公法之不足恃也

亞細亞土耳其

亞細亞土耳其詳亞洲

勃耳格里亞國

勃耳格里亞謝志云國在巴勒干山脈東偏居北緯四十二度八分至四十五度二十分東經二十度十五分至二十九度三十五分東界黑海西界賽維阿南界土耳其北以多腦河與羅馬尼亞分界巴勒干踞國中央橫亘東西最高峯九千五百尺多腦河自西北來至東北境又折向北國內小河多入之雷志云侯國服屬於土千八百八十六年勃侯兼管羅美里亞今所稱南勃耳格里亞者是也世界地理作南部伯爾加利亞樋志云南布加利亞卽東羅美里亞州謝志云本土耳其一省千八百七十八年伯林條約定爲自主侯國納貢於土千八百八十五年益以羅美里亞一省定例國主由人民選擧設國民兵有議院二行政權屬內閣官土志云東羅馬里亞郁議保加利亞東羅馬里亞爲一國歐洲各國咸認可矢志作東羅曼料云在巴幹山南面積六萬八千三百三十一英方里謝志云連羅美尼亞合計面積約三十七萬方里辻志云二十三萬六千八百方里千八百九十三年人三百三十萬九千八百十六口全國百分之三十二爲耕種地百分之四爲牧場百分之十八爲樹林入口貨值三百三十五萬磅出口貨值二百三十九萬二千磅穀居百分之七十五謝志云物產小麥爲大宗餘則果實煙葉牛及毛皮多與奧英土法貿易鐵路八百七十英里入款三百三十七萬八千磅國債約四百萬磅兵額三萬八千人多惱河有小艦十三　棱非亞　腓立波波里斯　窩那以上要區先謙案勃耳格里亞土志作保加利亞矢志作波凝料世界圖作布爾加利亞世界地理作伯爾加利亞周志作培爾喝利亞云自塞爾維亞之東境亘於地中海岸橫白根山與達牛勃河之間割土耳其地新建此侯國東境有城曰控爾那卽雷志之窩那對法爾那濱黑海口西境曰索斐亞卽雷之棱非亞岸圖作所非阿謝志作棱斐亞矢志作沙弗云卽土昔日首府多腦河畔曰尼夸罷利其南曰潑雷扶納卽俄土古戰場也樋志云侯國首府曰索斐阿人三萬口南布加利亞首府曰斐里波波利斯人口相若案卽雷之腓立波波里斯也陳炳煥云又作腓立比王書作菲利波利云在馬里乍河上游香油製造有名人四萬口瓦那東臨黑海有砲臺人四萬口瓦那卽窩那也薛記云俄立布加利亞爲半主之國境內之事俄皆得與聞

賽維阿國

賽維阿謝志云國介奧土之間居北緯四十二度四十分至四十五度東經十九度至二十三度東界羅馬尼亞勃耳格里亞二國西北界奧南界土面積約十八萬方里地高下不平而無大山南界山高七千英尺西界亦帶山北界多腦河有摩拉法河過境北流入之當十四世紀時賽維阿已立國後爲土所併千八百十五年復得自治之權然仍納貢於土千八百七十八年伯林之約定爲自主立國王定憲法國會有二院行政權歸王及內閣雷志云有限君主國面積萬八千七百六十英方里人二百三十一萬二千四百口以農爲業全國百分之五十爲耕種地百分之十二爲樹林礦產稀少艾略云多山地少平原境內有巨嶺數道山下勢甚狹山上多樹木謝志云物產珠粟小麥大麻煙葉豚牛羊乾李葡萄酒礦產水銀鐵鋅鉛鐵煤開採未合法周志云山林深廣良材椎樫最多礦物有鐵巖鹽委之不顧入口貨值百五十七萬五千磅出口貨值二百十八萬六千磅多與奧國貿易鐵路三百五十四英里謝志云千五百里入款二百七十五萬三千磅國債千六百七十八萬一千磅兵額二萬四千四百四十八人戰時三十五萬二千人　板爾格雷奪　尼虛以上要區先謙案賽維阿二圖作塞爾濱矢志作塞爾維謝志作色

斐亞孫志作瑣爾非亞艾略作瑣爾非雅世界圖作塞爾維亞北界奧地利南界土耳其東界羅馬尼亞布爾加利亞西界波斯尼亞北境有城曰必耳格拉得卽雷志之板爾格雷奪樋志作拜爾格拉特依圖作必耳格利特王書作伯爾格來得二圖同周志作埼爾喝來特矢志作埼而格蘭云與奧境相連河道便利貿易頗盛謝志作比革拉德云當撒弗河多惱河正流處爲自古著名爭戰地土志云柏靈公議以尼些及勒斯庫伐此兩地增入塞爾維亞版圖尼些卽雷志之尼虛也王書作尼薩云在南境當交通要路二圖同辻志云面積十一萬五千二百方里薛記云塞爾非亞舊地七百八十三方里新得一百五十四德方里居民二十一萬六千徐志塞爾維亞已見上

蒙尼各羅國

蒙尼各羅 謝志云介奧土二國間居北緯四十一度四十分至四十三度二十分東經十八度二十分至二十度十分面積三萬方里地當哀勒伯山之餘支一望皆山然分東西二帶中央爲一大谷山頂高者至八千英尺積雪常數月不消小溪南北分流南界有蘇克他里湖一作蘇谷也稍跨入土界附近略有平地昔爲土屬千八百七十八年伯林條約認爲獨立侯國制定憲法君位世及長男行政之權君主之立法之權在議會兵無定額有事則國民皆兵鐵路三百里電綫千二百里 **雷志云面積三千五百英方里人二十萬口** 謝志云地瘠民勤物產珠粟雀麥荷蘭薯煙葉葡萄桑葉魚類牛皮

革奶餅貿易歲額約二百萬圓周志云民業畜牧耕漁產玉蜀黍馬鈴薯煙草輸出品牛羊獸皮乾酪乾炙鰮及蘇馬克樹葉等此物研細粉宜於柔皮術之染工 **青汀義都城** 先謙案蒙尼各羅世界圖作蒙的尼矢志作莽推尼格落樋周志作門的內哥依圖作門的內格羅東北界土耳其南臨阿得賴的克海西界波斯尼亞土志作門的內格魯云柏靈公議版圖亦有加增前此無口岸今爲濱海之國西南沿亞得里亞海有都爾西格諾及安的法里二海口辻志云蒙的尼面積二萬一千六百方里人二十二萬八千口東境有城曰葡特崴利加西境曰色丁也卽雷之青汀義青字譯音不合疑文有誤周志作塞替矢志作滋哀鐵尼樋志作賽補納王書作塞的格內二圖同謝志作色典基云地居谷內高度二千尺居民僅二千爲世界京城之至小者其餘諸邑不過若干村市而已王書又云有城得哥利薩在首府之東爲國內第一大市薛記云門的內哥壤地褊小雖稱自主然不能遺使各國其舊地七十八德方里新得九十八德方里居民四萬五千

羅美尼亞國

羅美尼亞 薛記云自西羅馬亡而羅馬之故家遺族相率遷多惱河上占地而居生齒漸蕃盛屬於東羅馬閱千餘年而東羅馬又亡常爲土耳其人所陵虐心滋不服三十年前協力起兵叛土後仍服屬於土爲附庸國號羅馬尼亞然猶未脫土人之羈軛也光緒初年俄土交兵迫立約議和俄人勒令土人立羅馬尼亞爲自主國並割數地以附益之今羅馬尼亞遣使分駐各國儼然自立地較丹馬比利時爲大其土俗則古羅馬之遺風也羅馬之氣脈亦長矣又云羅馬尼亞舊地二千二百德方里新得多布魯卡一省加二百四十德方里割去貝沙拉比亞一百五十四方里止多得八十六方里多布魯卡之地在多惱河南居民十九萬四千係土割與俄者俄轉畀羅馬尼亞咸豐六年英法助土攻俄之約在巴黎立約以俄屬貝沙拉比亞南界濱多惱河之地割歸羅馬尼亞益防俄人有事於多惱河上也俄欲廢巴黎之約而此地未復根蒂猶存故以新得之多布魯卡易之謝志云十六世紀時服屬於土後屬俄又屬土千八百六十一年得俄國聲援始有自主之權八十一年爲立憲王國王權有限國會分上下二院議員共三百人由民公舉居多惱河下流在北緯四十度至四十八度三十分東經二十三度至二十九度四十分東界黑海西界賽維亞南界勃耳格里亞東北界俄西北界奧面積約五十萬方里分二省南曰堆拉乞亞北曰馬勒達班亞樋志云北隔勃勒斯河與俄爲鄰西據卡批提安連山與奧分界 **雷志云自脫倫西耳窩尼亞之阿耳魄土** 矢志作挨爾潑司見下 **山起至多惱河及普拉脫河止包有獨勃魯雅與多惱河入海之口** 謝志云西北有嘎巴典山脈中央一帶皆平原西部有阿魯達河東部有色勒德河經其地俱入多惱河 **面積十三萬千二十英方里人約五百二十五萬口** 辻志云面積二十八萬方里人五百八十萬口 **國人業農者居百分之七十全**

國百分之二十九爲耕種地百分之二十一爲草地百分之十七爲樹林入口貨值千三百十一萬磅出口貨穀爲大宗值千八十四萬四千磅 謝志云煙葉麻胡麻果品木料牛羊蜂蜜礦產火油石鹽煤 **多與德英奧貿易鐵路千八百英里** 謝志云鐵路六千里 **入款九百十三萬五千磅千八百九十八年國債四千八百九十九萬四千磅兵額平時六萬人戰時十四萬九千戰艦二十　菩指來司脫　耶西　格綮支　勃雷拉以上要區** 先謙案矢志作羅馬尼云國於多惱河下流之北岸挨而潑司山橫系聳其北樹木豐茂中央皆平原農產尤盛首邑曰孛加雷司脫在多惱河平原之中與匈牙利貿易頗盛人二十三萬口孛加雷司脫卽雷志之菩指來司脫也謝志作魯瑪尼亞云都城曰布嘎勒斯爲南北鐵路中心亞西在北省近伯魯德河有大學布嘎勒斯卽菩指來司亞西卽雷之耶西也樋志云此國由賽勒斯河邊之摩爾達維亞侯國與多惱河邊之穢拉幾亞侯國合併而成千八百七十八年柏林條約加入多惱河東之德勃羅提亞地土志作伯細白河及黑海間之度白魯加部其名羅馬尼亞者因其居民爲昔時羅馬帝脫剌然所殖民之後裔故云多惱河畔之嘎拉茲及摩爾達維亞之舊都雅西俱爲國內緊要貿易市案雅西亦卽耶西嘎拉茲卽雷之格綮支王書云頁西近普魯斯河爲國

內緊要貿易市人八萬口哥拉斯在塞勒斯河入多惱河之口人六萬口與其西南之布來拉穀物輸出均盛案頁西郎耶西哥拉斯郎格累支布來拉郎雷之勃雷拉也又云有普洛熱什地在不加勒斯多之北爲內地商業都會人四萬口二圖苦揩來司脫作不加勒斯多

希臘國

希臘徐志云希臘古名國也今爲新造土耳其西土之南界地形如臂入地中海其盡處槎牙似人掌是爲希臘國縱約五百里橫約七百五十里疆土褊小海灣繚曲汊港四通洲嶼星列產棉花南果羊毛葡萄乾橄欖油五穀煙草當上古時歐羅巴人草衣木食昏濛未啟有夏中葉東方列國已向化義納孤栫從迦南抵希臘嫡始教土人以構屋營居耕田播穀有商中葉灑哥落從厄日多來郇酈麥立國於雅典始織羊毳爲衣釀葡萄爲酒取橄欖爲油鑄金鍛鐵作刀刃耒耜又以文字傳其土人歐羅巴之開渞閎通文學實自希臘始希臘當商周時分十二國結爲同盟周敬王年間波斯以大兵攻希臘希臘各國合縱禦之波斯敗績遁去後希臘有馬基頓王亞勒散得者合列國之兵伐波斯乘勝直抵印度王卒於軍部將分其所得之土各自王由是希臘之語言文字布於西土西漢時意大里亞之羅馬方强征服四方希臘各國亦歸版圖後羅馬分東西希臘故地屬東王爲亞剌伯回部所侵日就衰弱土耳其既興滅羅馬東王以兵力取希臘全土地屬土耳其者四百年近年土政苛虐雅典之民不能堪嘉慶二

十五年逐去土酋土人以兵攻之雅典堅守不下英吉利佛郎西峩羅斯三國壯希民各以兵擁護之土耳其無奈何乃聽其自立爲國郎今之希臘國也其地關山迴隔九曲盤繞羣峯競秀望若列屏名勝甲於西土士女儀容多秀美男好華冠麗服女子美髮髻樣巧幻多式藏書之富甲於西土人多博覽各操鉛槧述事立言其宮殿古蹟爲泰西剏造棟宇之初式國王名阿多本日耳曼列侯世子希民推擇立之王賢明勤於政事國雖小荅方興未艾云辻志云在歐洲南端爲巴爾幹半島之南端北接土耳其西南臨地中海東濱多島海樋志云國地占巴爾堪半島三分之二自北緯三十六度半至三十九度東經二十一度至二十四度 雷志云立憲國惟議院止一所務辻志云國王總攬政要國分內務外省各有大臣統率又有國會爲一大藏司法海軍陸軍文部宗務諸院掌立法諸州有知事管州務 自千八百八十年後始包有今地馬里亞半島形如四指與大地相連者爲科林司地頸樋志云哥林斯灣一名勒頒多深入國之中部與伊直安海中間僅隔一哥林斯地峽耳自地峽以南往時稱比羅哀尼蘇個國今呼摩利亞半島先謙案哥林斯郎科林斯摩利亞郎馬利亞也 並有羣島多處如歐波亞樋志作憂卑亞司坡雷奪辻志作尼古羅庖特賽克雷支腰尼痕辻志作愛要年等國內山嶺重疊樋志云全國概爲山地如求肥田沃土僅山脈圍繞中偶現圓形之平地耳北部有貪度斯山脈縱橫連亘地勢殊峻又德摩比

利峽路沿東北隅海岸長五英里其最狹處五十碼自北境入希臘行軍之要路二千餘年前來俄尼達斯以兵三百禦波斯大軍之故地也賓陀司山高八千二百四十英尺謝志作賓德斯云自土耳其南來勢高峻爲土殷之脊平原之大者惟淡塞雷一處可行船之河惟愛司朴羅波推摸司辻志云賓達斯山脈縱貫半島邱陵起伏無平野大河多急湍激流不便舟楫面積二萬三千百四十三英方里辻志云十五萬千二百方里樋志云二萬五千英方里人二百四十三萬三千八百口樋志云人三百二十萬口氣候温和宜人間有雪低野甚稀辻志云夏熱甚烈卑溼地有瘴氣國民業農者居百分之六十一全國百分之二十六爲耕種地百分之三十七爲草場百分之十四爲樹林百分之二十三爲荒地小麥小乾葡萄橄欖煙葉爲植物出產大宗礦產鋅鉛鐵辻志有棉花羊馬養蠶飼蜂織布紙玻璃葡萄酒入口貨值四百五十一萬七千七百二十磅出口貨值二百八十九萬三千二百磅多與英土法奧貿易樋志云山地富於堅材谿間適於牧羊物產贍給故黑海及雷凡脫海岬郵棘地殆爲希臘人所專有焉鐵路五百九十

一英里辻志云千四百五十三里科林司運河二萬八百十英尺聯科林司灣與意斤灣辻志云近年開鑿哥林斯地峽航通甚便國債三千七百萬磅自千八百九十三年六月後可不給息兵額平時二萬五千三百三十三人戰時八萬二千此外尚有後備軍戰艦四十六內鐵甲五水雷艇二十講義云千九百年時平時戰員有二萬五千餘戰時可出八萬二千人海軍有裝甲艦五隻水雷艇七隻戰艦數隻雅典熱度中數六十五度正月四十七度七月八十度雨水十六英寸 庇里阿司 配脫拉司 剔里卡拉 歐木波里司 科富以上要區徐志云希臘新分十部首部曰雅典的一雜作亞都城在海灣曰亞德納斯自昔爲聲名文物之地今則市井寥落景象蕭條○亞爾哥黎大破一毀作城在海口拿一作腦比里亞通商之大埔頭也○亞加亞城在海口曰巴達辣斯巴一答作亦通商埔頭街衢汙穢商旅惡之○美塞尼亞亞所一離作首邑曰亞的加的亞希之堅城土人屢攻之不能下○亞亞爾加的亞首邑曰的黎波里薩作戮亦希堅城昔爲土耳其攻破居三千人希人收復之後盡戮土人之居守者○拉哥尼亞海中大嶼也首邑曰迷斯達拉希一雜作居民六萬土磽瘠而農作甚勤兼務工商故恆足以自給○亞加爾拿尼亞加一地作爾首邑曰瓦拉說黎在西界海灣○羅哥黎大首

邑曰薩羅大一作薩羅尼加撒居民六萬勤苦力作產棉花煙○憂卑亞西界一洲首邑曰哥羅奔多一作鄂雜豵○昔加拉大首邑曰黑爾摩波利斯一作加雖摩中有山嶺牧人所聚素稱盜藪一作鬪梯分地畫界原○屬島曰八斯摩昔耶穌弟子約翰流徙於此以此著名○海灣甚多東方曰君得撒曰撒羅尼加南方曰益義拿曰拿破里曰可倫西方曰爾加地曰勒頒多○希臘之西有羣島曰各府曰散他曰蘋剌曰地亞其曰客花羅尼曰息利峩曰散地總名曰以阿尼島居民共計十九萬產橄欖油葡萄乾酒蜜南果島各有渠掌政令屬於英吉利先謙案希臘都城雅典據列國學會二圖在其國之東南多島海濱與雷、徐合雅典古為名國名人拔格拉底、柏拉圖、迭摩斯迭尼斯、梭佛格爾俱生於此地講義云人尚十一萬口有大學校迂志云臨以吉那灣鐵路南通祕類亞斯北至拉利薩府以吉那二圖作挨吉納其西為比里猶斯講義云入雅典之要港與雅典隔鐵道五英里半人四萬二千餘口案卽雷之庇里阿司迂志云庇里阿司在以吉那灣頭為雅典門戶者也徐之臘比里亞亦卽庇里阿司所謂通商大埔頭捨此無以當之惟二圖不載亞爾哥黎大及拿破里之名耳又西為科林斯灣古之哥林都國自地頸開鑿運河東西直達更西卽巴辣斯灣因南境之巴辣斯而名巴辣斯卽徐之巴達辣斯雷之配脫拉司也講義云巴辣斯在科林斯灣之南岸人三萬八千口以上兩地據伯羅邦內蘇之北境伯羅邦內蘇見上伯羅邦內蘇之西南境曰美塞尼亞其首城曰亞爾加的亞其西有灣曰亞爾加的亞灣美塞尼亞之東曰亞爾加的亞部首邑曰的黎波里薩與徐合卽雷之剔里卡拉亞爾加的亞部之南曰拉哥尼亞地形雙挺南出東為馬剌角西為馬塔

班角其中凹入謂之拉哥尼亞灣徐以為海中大嶼誤巴辣斯灣之北曰亞加爾拿尼亞與徐合亞加爾拿尼亞之東曰羅哥黎斯卽徐之羅哥黎大也國之東界有優卑亞島卽徐之憂卑亞而以為西界又以為洲誤也講義云優卑亞大島一名尼古羅奔得長百英里以與大陸相接甚近故架橋使之連絡憂卑亞之極東南諸島曰昔加拉大與徐合有島曰黑爾摩波利卽徐所云首邑之黑爾摩波利斯亦卽雷之歐木波里司西有島曰各府與徐合卽雷之科富樋志作科爾夫云與散地島同為地中海貿易要地又喀花羅尼徐喀作客息利莪徐莪作峩統為伊奧尼亞羣島伊奧尼卽以阿尼也

克里脫島

克里脫雷志云千八百九十七年為自治省仍屬於土以希臘之哲而治侯為其統領先謙案干地亞經歐洲各國議決自治詳土耳其志面積三千三百二十六英方里人二十九萬四千口**坎尼亞**都城徐志干地亞洲見土耳其下先謙案克里脫乃干地亞之異名岸圖干地亞島標名克列德講義作克林得學會圖作干地亞或克利地島克列德克林得克利地與雷志之克里脫同也其西有城岸圖作加尼亞學會圖作干尼亞卽雷之坎尼亞矣

賜進士出身　特賞內閣學士銜前國子監祭酒翰林院編修加三級　臣　王先謙謹撰

英吉利國　一

英吉利徐志英吉利英機黎厄利英圭黎英倫的及膺吃黎列的不列顛諸云歐羅巴强大之國也地本三島孤懸大西洋海中迤東兩島相連南曰英倫一作英蘭北曰蘇格蘭一作斯哥西亞一作師古泰兩島南北約二千餘里東西闊處五六百里狹處三四百里迤西別一島曰阿爾蘭一作耳蘭又作壹爾蘭大南北約七八百里東西約五六百里英倫東境與荷蘭佛郎西皆相近舟行半日可達距佛尤近海港狹處止六七十里兩岸可以相望也其地古時為塞爾達土番部落後為北狄峩特族所據漢宣帝五鳳三年羅馬大將愷撒一作塞薩爾入略定西北諸番渡海平英倫建為別部屬意大里者數百年至今猶有羅馬城闕遺址前五代時羅馬衰亂峩特族卑勤敦入據英倫後為據蘇格蘭之斯各多比德斯兩部所攻孤弱不能自立求援於安各羅安各羅者亦峩特種寄居撒遜比利時界內兵素强而偪仄無立國地既為卑勤敦人所邀則大喜悉眾渡海破走蘇格蘭兩部因脅降卑勤敦人陳後主元年據英倫立國後分為七部如列國小侯時相攻伐有厄伯德者娶佛郎西王之女女奉天主敎招敎師來其國為制禮儀由是其國漸强唐德宗貞元十六年滅六部歸於一是時大尼國卽嗹國方刦掠海上突以兵船入英倫據都城英人以厚賂綏兵尋以計焚其船自是大尼寇抄不已居民逃竄田

野荒蕪王子有亞腓烈者智略過人幼時嘗兩赴羅馬與文士遊方嗣王位而大尼以大眾來攻王乃僞為樂工抱琴造敵營請奏伎侑酒因得縱觀虛實進兵決戰破其連營是時佛郎西已陷北地大尼迭侵擾王枕戈寢甲五十餘戰而外患平乃墾田勸農招徠商旅開學堂以譯異書立保約以弭盜賊境內大治王卒於唐昭宗年間嗣王孱弱大業遂衰先是英倫以尚天主興久之敎師擅大權王娶后敎師禁不令同室王不聽敎師刦后以鐵烙毀其容尋斃之王噤不能仇由是王僅守府國勢不振大尼復來侵擾許以歲賂始給銀壹萬七千斤後增至二萬四千斤而兵不止宋眞宗十九年大尼大舉來伐破倫敦都城遂兼英其王曰駕奴特立治粗有條理英人安之其子嗣位苛斂好兵先是英北族英倫北部有酋曰威廉一作紛列剛美常仕佛郎西守西北大郡大尼既滅英威廉欲圖興復請於羅馬敎王敎王以英土封之宋英宗治平年閒威廉率舟師伐英大尼王禦之兵敗被殺威廉進攻據倫敦遂王英北族淩英民英民多反側王怒驅英民十萬眾於林中皆凍餓僵死以其田宅賜北族既而悔恨卒王顯理第一嗣宋高宗二十七年王顯理第二立有智謀時天主敎魁參預國事王有所拔擢敎魁輒阻擾之羣臣怒殺敎魁王懼敎王之加罪也自守齋拜其墓乃已附近有伊琳大洲卽阿爾蘭王征服之其世子剛猛好戰欲伐諸猶太之回回族先往聘修好歸途為他國所擄以金贖回後戰死其弟約翰嗣位性强狡好田獵百姓疾之又侮天主敎師羅馬敎王怒棄絕英民息禮拜閉殿堂廢其婚葬禁飲酒食肉薙鬚民皆怨恫咎王王不得已納貢敎王由是權遂下移民自擇薦紳議政不復關白王憤甚欲誅諸紳諸紳欲招佛郎西世子為王會王歿

華義都第三（一作義都亞爾多）嗣立有權略平內難與佛郎西搆兵累年互有勝負其子嗣位權復爲紳民所侵英有別部之酋忽起兵攻王奪其位明建文帝元年國人立顯理第四募兵恢復滅僭位者國乃定顯理第五立伐佛郎西勝之顯理第六立年尙幼大臣攝政時王宗分二派一曰紅玫瑰派一曰白玫瑰派（因初分之第宅植此兩種花因以得名）兩宗爭欲據王位自相屠攻國大亂者數十年藩屬皆叛明憲宗成化年間顯理第七嗣位削平內亂四境乂安王性機敏長於吏治稱爲賢主顯理第八立性強傲尙豪華喜怒不常娶西班牙王女爲后因助西班牙伐佛郎西后無子出之再娶少艾已而失寵殺之再娶又殺之王有佞臣委以大權偶迕意立賜死忠言至計如充耳四國皆稱之爲無道主先是日耳曼人路得著書譯解耶穌敎旨人多信之王不謂然手著一書駁詰之王歿嗣王崇信耶穌敎寬惠愛民敎士有法擧國喁喁望治立未幾卒其姊馬利（一作馬理）嗣位贅西班牙王子爲壻禁耶穌敎國人不悅明嘉靖三十六年女主以利撒畢卽位賢明知大體勤於政治英民頌之是時荷蘭不肯從天主敎爲西班牙所攻英女主以兵助荷蘭西班牙因移兵伐英師船泊英港忽大風激浪船觸礁石半沈壞英人以小舟圍而殲之片帆無返者國勢益振先是斯哥西亞別爲一國（一作[illegible]古秦卽蘇格蘭地）元初英人取之明中葉斯哥西亞人布魯斯復自立爲國有女曰馬理姿絕世初嫁佛郎西王爲后佛王早卒馬理歸母家父卒嗣王位選羣臣美丈夫爲夫夫有別寵馬理妬之貢夜遣客殺夫焚宮以滅其迹而贅殺夫者爲夫時國人已競尙耶穌敎而馬理仍執天主敎又殺夫有邪行國人圍馬理將囚之越城而逃募兵決戰兵敗降於英英女主謂馬理犯倫肇亂下之獄馬理在獄十八年復與獄吏姦因逃去英人捕得之斬於市萬歷三十一年英女主卒無子斯哥西亞王熱給斯者（一作占米士）女主之姻也英人奉以嗣王位斯哥西亞復與英合爲一國熱給斯辯給有才好講禮制時天主敎之徒結黨謀反窖公會殿下藏火藥候王至將轟殺之會發覺悉誅死萬歷四十二年查理第一立性拗僻好戲狎不恤民隱由是士民怨畔公會皆散稅餉無所出王將與佛郎西戰授甲無應者師船未戰而退順治四年王募兵誅梗命者國人與王戰虜王弑之時有大紳負才望攝王政以定國自稱保護主申明法制參以變通英人稱便與西班牙荷蘭戰皆勝之攝政數年倉庫充實乃致位於先王世子曰查理第二爲人淫侈多內寵惰於聽政常與荷蘭戰帥師者國之名將入荷蘭內港燬其戰船王由此愈汰忽倫敦大火焚宮室民居始盡已而瘟疫盛行死者相枕藉國勢頓衰其弟嗣位素習天主敎強民相從民習耶穌敎久不肯變王之相難也渡海招荷蘭王爲主荷蘭號王率兵至王奔佛郎西康熙二十七年荷蘭王入倫敦卽王位號曰威廉第三雄武有大略法度嚴明百司任職積粟如邱山蒐討軍實悉成勁旅由是威聲大振方欲席卷西土會嬰疾歿無子時日耳曼之漢挪瓦王若耳治第一有賢聲康熙五十二年國人招若耳治第一來英奉以爲王王初蒞英不諳其俗后爲英故王之女習於英事相助爲理民大和前王兩宗苗裔尙存起兵欲圖恢復王夷滅之是時英商船通行四海日益富強與佛郎西交兵屢戰勝王卒子若耳治第二立修法度別等威定親疎平訟獄國稱大治伐西班牙獲全勝又伐佛郎西割其藩屬之在亞墨利加者乾隆二十三年若耳治第三立擧動好循禮法亦稱賢主先是前明

中葉英人泛海覓新地得北亞墨利加腴土徙國人實其地日漸墾闢遂成沃壤英人倚爲外府後英國軍興連年徵稅餉於亞墨利加倍其常額亞墨利加人不能堪有華盛頓者（一作[illegible]）據地起兵英人以大眾攻之八年不克佛郎西與英世仇舉傾國之兵助華盛頓英不能支乾隆四十七年與華盛頓和聽其自立爲米利堅國沃土盡爲米利堅所割僅餘北境荒寒之土英國由是虛耗已而五印度貿易日盛英富厚過於昔時五印度者一名溫都斯坦乾隆中年東印度之孟加拉四虐英商英以大兵攻之滅孟加拉乘勝脅降東中南印度諸部設四大部（孟加拉麻打拉薩孟買亞加拉）麻喇甲息力諸番族皆歸統轄英人徧設埔頭帆檣雲集百貨流通富饒遂爲西國之最嘉慶年閒佛郎西拿破侖得國侵伐四鄰廢西班牙王而以其弟王西班牙故王求援於英英起兵伐佛郎西血戰累年嘉慶二十一年破佛郎西舟師於海峽以九萬人登陸進攻拿破侖率十萬眾禦之於窩德爾祿約期大戰自昧爽至日暮鎗礮之聲振天地數十里烟氣迷漫佛師大潰英人乘勢逐北斬首二萬級禽拿破侖以歸流之荒島西班牙王復其故國由是英國威振西土王晚年得狂疾世子攝政王卒世子嗣立有賢聲早卒道光九年其弟嗣立曰威廉第四初爲水師總統以厚德御下不沽名譽及卽位安民和眾不喜兵爭論者謂才能不越眾而德量有餘道光十八年四月卒無子有女不慧遺命立兄女維多里亞爲王立時年十八贅日耳曼撒丁堡侯世子博雅那爲壻又云英吉利三島物產石炭之外兼產銅鐵錫鉛窩宅硝砂馬牛羊最多土宜三麥收穫甚豐然人滿食不足資運羅於他國織布者四十九萬餘人其機以鐵爲之激以火輪關捩自能運動是以工省而價廉每年用棉花四十餘萬擔皆從五印度米利堅運入織造大呢羽緞嗶嘰最多又能織絲緞亞於佛郎西絲由中國意大里運買鎗礮刀劍鐘表以及日用各項器皿之工約三十萬人每年各項貨價約值一萬萬餘兩街市之中衽帷汗雨晝夜往來如織其商船四海之中無處不到大利歸於商賈而工則貧又云英國之制相二人一專司國內之政一專司外國之務此外大臣一管帑藏一管出納一管貿易一管訟獄一管璽印一管印度事務一管水師事務各有佐屬襄助都城有公會所內分兩所一曰爵房一曰鄉紳房爵房者有爵位貴人及耶穌教員處之鄉紳房者由庶民推擇有才識學術者處之國有大事王諭相相告爵房眾公議參以條例決其可否復轉告鄉紳房必鄉紳大眾允諾而後行否則寢其事勿論其民間有利病欲興除者先陳說於鄉紳房鄉紳酌眾上之爵房爵房酌議可行則上之相而聞於王否則報罷民間有控訴者亦赴鄉紳房具狀鄉紳斟酌擬批上之爵房核定鄉紳有罪令眾鄉紳議治之不與庶民同囚禁大約刑賞征伐條例諸事有爵者主議增減課稅籌辦帑餉則全由鄉紳主議此制歐羅巴諸國皆從同不獨英吉利也又英國聽訟之制有證據則拿解到官將訊先於齊民中選派有聲望者六人又令犯罪者自選六人此十二人會同訊問辦其曲直然後聞之於官官乃審訊而行法焉又云英吉利本國境土止三大島其藩屬埔頭皆在數千萬里之外北亞墨利加一土英人於前明萬歷年間採得之生聚墾闢經營二百餘年後南境爲華盛頓所割據僅餘北境六部乾隆初年復得五印度數千里膏腴之土由印度海之東岸漸拓而南在緬甸之西界有阿喀喇等埔頭邇南爲麻喇甲再東

南爲息力又由緬甸之西北闢阿薩密部南洋之極東南有大島曰澳大利亞別有大島曰掰曰倫敦皆英人新開之土此外則阿非利加之西界有獅山諸地南亞墨利加有特墨拉拉諸地其餘所屬小島不可勝數謝志云以大庇探或曰大不列哀爾蘭二大島及小島合成曰大英羣島與印度等屬地合稱曰大英帝國位在北緯四十九度五十八分至五十八度四十分東經一度四十五分至西經十度三十分許考云今王名厄德畢爾第七雷志云英國爲世襲有限君主之國立法之權國君與上下議院共操之講義云行政權屬王然實際在內閣內閣以占多數於衆議院之政黨者組織而成議會分衆議院及貴族院衆議院議員六百七十名七年爲一任貴族院以王族大僧正僧正貴族等充之凡五百八十名內閣大臣中總理大臣中常兼大藏大臣英國三島貼近歐洲大陸之西岸樋志云當北海之西大西洋之海面有大小二島其大者曰大比利敦位於東小者曰愛爾蘭位於西大比利敦島劃分三部曰英倫曰威爾士曰蘇格蘭此三部合愛爾蘭及附屬小島總稱不列梯希羣島其地自北緯五十度至六十度自東經一度出入於西經十度其相隔之窄海最狹處僅二十英里樋志云其瀕英吉利海峽者與法蘭西相對水程最近之多發海峽僅二十一英里案多發列國學會二圖作多維爾謝志作多弗又三島適在最多陸地之半球之中心其地高下不一最高處爲倍耐未斯高四千四百六

英尺氣候甚温和冬時有暖灣流來調和之在低處熱度中數自四十五度至五十二度正月自三十五度至四十五度七月自五十二度至六十七度雨水中數三十英寸而以西岸爲多自注案正月七月皆西正月七月也下倣此謝志云攷其緯度五十六度之間與西比利亞之南方同位其天氣和暖五穀豐登者因西風自美西哥將温海溜吹至所受感化較歐西諸國最多耳面積英倫與蘇格蘭八萬三千七百八英方里阿爾蘭三萬二千三百六十五英方里其餘諸小島四千八百三十一英方里共計十二萬九百四英方里王書云合領地計之近千二百萬方英里殆領有世界陸地五分之一世界第一大國也人三千七百七十八萬八千五百三十口自千八百五十三年至千八百九十八年英人遷居外國者有八百五十四萬九千五百五十五人由外遷入之人已足補此缺數講義云現今人口凡四千萬又移住海外者亦年年增加以移住於北美合衆國者爲最多英領加拿他澳洲次之全國之地百分之三十六爲耕種地百分之五十八爲草場百分之

六爲樹林謝志云樹有橡榆櫸等果則蘋果梨李櫻桃覆盆子楊梅等英革蘭全部殆不見一樹林常種者爲雀麥蘿蔔小麥謝志云小麥居農產總數之半稻則不能成熟近來種穀之地漸變爲草場矣千八百九十八年有牛千一百十萬九千綿羊三千百三萬猪三百七十萬五千業漁者十二萬人魚歲值約二百萬磅謝志云畜牧最盛以草地多也昔有熊狼今已絕跡惟狐狸大鹿而已各處漁業以青魚鯉魚爲最斯革蘭之北有鯨魚鱵魚歲產煤及金類約值七千八萬八千磅內有煤一億九千五百七十二萬噸鐵塊八百三十八萬七千噸講義云英國爲工商業國農業不振前世紀來漸次衰退故國人之食料多自外國輸入前年中自英國領地輸入者小麥之額約千萬酬多勒得自外國輸入者約五千八百萬酬多勒得酬多勒得合日本十三貫五百四十七匁林產亦少水產額歲至九百餘萬磅究不及商業工業之盛其產鐵與石炭之地互相接近故爲工業發達之源千八百九十年採掘鐵鑛之額約千四百五十萬噸石炭約二億二千萬噸餘如銅鉛錫銀金等皆有英國三島製造廠幾如蜂窩各國無能敵者千八百九十年止織布局一項用工人百八萬四千六百三十一人機錠五千

四百萬枚大織機八十二萬二千四百八十九具謝志云製造首推棉花共有工廠二千五百所紡績錘數四千五百萬歲產額十萬萬圓雖用機織仍須工人二百萬名此業以滿遮斯德城爲中心所用棉花自美國印度經利斐布勒海口運入織成布疋又由此埠運銷次爲織毛之業工廠共千八百所工人十五萬產額五萬萬圓又次爲織麻布業哀爾蘭爲盛全國工廠四百所工人十四萬又次爲織絹綢業止在英革蘭一部工廠六百所工人四萬名千八百九十八年鐵路二萬一千四百三十三英里謝志云鐵道共長六萬三千里電綫長六十六萬里運河三千八百十二英里王書云運河全長三千九百英里最大者爲曼徹斯特運河長三十五英里深二十六英尺費一億五千四百餘萬圓鐵道長約二萬二千英里商船二萬六百二艘計載重八百九十五萬三千一百七十一噸王書云世界交通要處必有英國屯煤場現計船舶約二萬艘內汽帆船共九百十六萬四千噸內汽船七百九十二萬噸乘載人員逾二十四萬其中從事外國貿易者汽船近三千七百艘舫三十四萬餘噸帆船逾千二百艘百七十萬噸全世界商埠無處不見此國船舶入口貨值四億五千五百萬磅內九千四百萬磅由各屬地而來出口貨英國所產者值二億三千六百萬磅內八千三百萬磅消於各屬地他國及各屬地所產

者值五千九百萬磅歲入一億七百萬磅王書云商業最近輸出入總額逾八億萬磅占世界貿易全額五分之一出口多棉布毛布鐵器石炭入口多食料品棉花羊毛貿易國以本國領地及美國爲第一法德次之與中國貿易額光緒三十一年達一億四百五十四萬兩由中國運來者多絹類麻橐織物毛皮運往中國者多棉布棉絲毛織物器械類其值較中國運來者約多五倍謝志云英國工業盛煤鐵饒若無此善於經商之手段則國勢不能振興或且有乏食之慮今英乘交通之便輸出本國物產以交易各邦之物國民日用不匱又獲厚利計莫善焉內有八千九百五十六萬一千磅爲稅餉地方辦事之稅四千五十萬磅通計每人出稅四磅三先令十一便士軍額二十二萬一千人內有十二萬二千人在國外後備軍及輔助軍四十四萬人戰艦四百五十六艘王書云兵備有常備兵二十一萬二千內埃及五千五百諸殖民地四萬印度七萬四千在國內者逾十萬不戰時八十五萬八千在國內者四十二萬九千海軍稱世界第一有世界海王之目總計戰鬭艦七十艘防禦及驅逐艦二百七十二艘巡洋艦二百二十六艘水雷艇二百六十七艘分置地中海紅海北美洲西印度東印度中國喜望峰及西非洲太平洲澳洲美洲之東南海岸各處英倫及韋而司爲不列顛之南部居不列顛之大半因地成之異逐生種種之高下彼

甯山案彼甯樋志作偏年王書作偏尼矢志作烹甯爲英倫北部之脊骨內壳勞司翻爾峰高二千八百九十八英尺案壳勞司翻爾樋志作斯苛非耳謝志作克考司勿兒自楷末阿山起至司答覆府之三韋物爾山止此山之西有喀摩彌靈叢山起焉內司堪翻爾派克山高三千二百十六英尺案喀摩彌靈樋志作康布連謝志作根伯連司堪翻爾派克吳志作斯夸翻謝志作司哥非耳喀摩彌靈叢山內司那登山高三千五百七十英尺案司那登樋志作斯拿敦又作斯耨盾充塞於韋而司半島而按格司木耳山案在特逢府及他山均叢置於拷尼虛半島今之崇山古之沙石所成也因知英倫東南部及東部諸山皆爲寒水石與白土所成自杜雷脫哈脫至約克木耳一帶皆寒水石所成白土所成者采爾鍛山唐山與約克華爾山其重要之河爲汀河哈勃爾河奧司河及脫倫河皆其支流案哈勃爾樋志作漢姆巴矢志作赫孛王書作恆比爾奧司王書作烏勒樋志作烏士脫倫王書作德林特樋志作德倫得達迷斯河許考作達迷塞樋志作太模斯矢志作推姆斯謝志作典斯美會河塞文河王書作栖汝樋志作巴分蒂河王書作代尼美爾塞河王書作麥爾西樋志作買爾西矢志作麥散雨水最多者在噶般蘭韋而司特逢拷華兒之山最少者在東岸勞司滔富脫二十四英寸巴羅對爾百四十四英寸面積英倫五萬八百六十七英方里韋而司七千四百四十二英方里大學校三所矢志云英倫之大學曰哇克斯弗曰康孛立奇名重全球高等學校十四所小學校學生通計四百四十九萬人產煤之所五曰段哈與拏達般蘭曰約克與段比曰蘭克府曰司答覆府曰南韋而司產鐵最多之處四曰南韋而司曰司答覆府曰克米孛蘭曰勿耳耐司其餘重要鑛物爲錫鉛銅鋅石鹽千八百九十年織布用工八八十五萬八千二百五十二英倫及韋而司分爲六十一府六十四自治府九百三十七縣各分治其府之事徐又云英吉利三島以英倫爲主其立國本境也南北約千里東西廣狹不齊西界稍見山嶺而平地爲多河道十餘皆不甚長田土膏腴爲歐羅巴之上壤地分五十二部○東方之部六首曰迷德勒塞斯建都於達迷塞河濱名曰倫敦一作蘭墪東西南北皆七十里無城郭居民百四十餘萬殿闕巍峩規

模閎鉅離宮別苑綿亘相屬文武百官之署各有方位街衢縱橫穿貫百貨山積景象之繁華人戶之湊密爲西國第一大都會都中有保羅殿堂耶穌弟子又有西殿祀耶穌教名師兩殿營構最奇嶇有大書院曰屋度文儒所萃有大肆曰北明翰鐵工聚焉城外內港通海口埔頭最大每歲別國商船來者千餘本國出入者三千餘次曰諾耳佛爾克曰素佛爾克曰黑爾德佛爾曰厄塞斯曰岡比黎曰諾耳克佛爾爲織造呢布之地岡比黎曰有大書院○南方地氣較暖岡阜紆蟠帶以淸流蔭以茂樹每春夏林花嫣然風景極淸分十部曰根德曰薩塞斯曰蘇勒曰北爾克曰蘇當波敦曰烏義爾德曰索美爾塞曰多爾塞曰的彎曰哥爾奴瓦里斯根德爲大教師所駐殿堂甚鉅別有邑曰綠威養軍士水手之受傷而年邁者又有邑曰風素耳有別館極幽雅居王族之隱逸而習靜者南界有港口甚寬大兵船商船皆於此修造檣立如林○北方地形漸狹別一區宇分六部其大部曰約爾克有屬邑曰曼識特爲洋布總聚之地外通港口曰里味池居民二十萬米利堅販棉花之船皆收此港在英國埔頭爲第二西北列五部曰蘭加斯德爾曰威斯德謀爾蘭曰岡比爾蘭曰達爾威曰諾爾東北爾蘭北境有邑曰新堡係石炭即中國之煤聚集之處○中央之部十八多半衍膏腴之土曰支斯德爾曰德爾比曰諾定昂曰林哥爾內曰捨羅波曰斯達佛爾曰雷塞斯德爾曰魯德蘭曰氣耳佛爾曰窩耳塞斯德爾曰窩爾維克曰諾爾桑波敦曰恆丁敦曰瞞冒曰哥羅塞斯德爾曰痾哥斯佛爾曰巴京咸曰比德佛爾先謙案迷德勒塞斯爲英國東方首部郎雷之迷特爾塞克斯括地略作米德拉塞斯倫敦問苔作倫盾列國學會二圖與徐同謝志云著名之

所凡五曰倫敦塔王書作森多波爾寺圖塔藏古今戰器無算曰偉斯德民斯德堂王書作耶斯威明斯坦寺建於宋英宗年間內有歷代賢君功臣墓紀功像頌德牌國王登位必於此行加冕禮曰議院王書作國會議事堂占地四十英畝屋千一百間建造費四十兆圓曰聖保羅堂爲耶穌教堂巨擘曰大英博物院動植金石無所不備另有書室一所書不下二兆部每禮拜三日准人入觀不取貲東六里爲革耳尼天文臺西七十里有溫特沙離宮濱典斯河英王常居之對岸有極大學校曰伊盾案聖保羅堂與徐所稱合二圖東濱海有洛威斯宅佛德杜宗預云郎徐之諾耳佛爾克大英國志作諾佛素佛爾克英志作索佛黑爾德佛爾英志作黑德佛厄塞斯英志作厄塞案二圖素佛爾克不載倫敦北有黑爾德佛爾郎雷之黑兒覆也雷有愛塞克斯二圖不載據英文圖在倫敦之東達迷塞河北岸與烏里池相對郎徐之厄塞斯也黑爾德佛爾之北有岡比黎日英志作堪比日平方圖作岡比黎耳萬國圖作甘勃勒治問荅作根伯利支郎雷之坎辟里治也南方諸部根德爲首許考云岡德比利城爲根德部省會中有殿堂甚鉅至今七百餘年依然鞏固案殿堂與徐說合初疑郎雷之肯德府然肯德無岡德比利城再考倫敦西南二圖有蘇當波敦郎雷哈摩府之沙散敦西南有海港威地島當其前北方諸部二圖有約爾克與徐合許考云里味池東北有城名約爾克昔爲王者居今英廷設官分職目爲通國第二城郎雷之約克府也約爾克之西南曰曼徹斯特郎雷蘭克府之曼采司德徐之曼識特謝志作滿遮斯德云部內第二大城其西南九十三里曰麗佛普爾郎徐之里味池讀典味云英人稱池爲普爾言積水之處也衞作理味池池雜乃譯義謝志作利斐布勒云部內第三大城所志情形與徐合許考云里味池距京師約四百五十里計每年出入之貨較京師多半兆噸船廠亦較大緣鄰近如曼識特等皆由此埠取材也曼徹斯德之西北曰蘭加斯德爾與徐合西臨阿什爾海與明島相對郎雷蘭克府之蘭克斯德許考云里味池興盛後蘭加斯德爾城日漸蕭條殊非昔比約爾克之西北曰達爾威郎雷蘭克府之達爾文有鐵路直達貝威克中央諸部據二圖西境有支斯德爾與徐合郎雷之采斯德成與韋而司之摩爾德相近支斯德爾之東南有德爾伯郎徐之德爾比雷之段比德爾伯之東有諾定昂與徐合郎雷之腦丁哈萬國圖作諾丁威英志作諾定恆德爾比之西南曰斯達佛爾與徐合英志作斯達弗諾定昂之南曰雷塞斯德郎徐之雷塞斯德爾雷塞爾德之東南曰諾爾桑波敦與徐合郎雷之那淡登諾爾桑波敦之東曰恆丁敦與徐合郎雷之亨河敦諾爾桑波敦之西曰窩爾維克與徐合郎雷之懷韋克諾爾桑波敦之南偏西曰巴京汗郎徐之巴京咸雷之柏金哈窩爾維克之西南曰窩爾塞斯德郎徐之窩耳塞斯德爾雷之丸塞斯得窩爾塞斯德之南偏西曰哥羅塞斯德爾與徐合郎雷之格羅采司德哥羅塞斯德爾之東南曰痾哥斯佛爾與徐合郎雷之惡克司覆許考作痾克斯佛爾云在京師西北約百三十里有大書院二十餘所生徒數千人痾哥斯佛爾之東北曰比德佛爾與徐合郎雷之彼覆哥羅塞斯德爾之西稍南曰瞞旨與徐合郎雷之蒙摩司其西北曰希爾佛爾郎徐之气爾佛爾餘未詳○徐又云西方地形入海別一區宇總名曰威爾勒士一作瓦勒其地山嶺重疊爲英倫之後戶居民皆古時土番遺種與英倫言語不同多以牧羊爲業人皆散處城邑甚少地產石炭分十二部曰非林德曰敦

比各曰該拿爾彎曰安哥勒塞曰美略內曰蒙德痾美里曰拉德諾爾曰加爾的安曰奔不羅各曰該爾馬爾敦曰北勒各諾克曰加拉摩爾安○又云英國附近海島甚多迤南最大者曰威地風景極清近佛蘭西海中兩島曰額西曰額耳西在西方者曰萌島附近蘇格蘭曰撒多島地氣寒甚穀麥不登迤北羣島尤寒洲積冰雪者歲居其半其民捕魚爲食○先謙案徐之威爾勒士郎雷之韋而司謝志作偉勒斯西洋史要作威爾斯圓球圖作外耳斯萬國圖作威耳士據二圖本部東北隅有摩爾德郎雷之摩爾奪其北十餘里河口南岸英文圖有勿林脫與雷合郎徐之非林德摩爾德之西稍南曰敦比各與徐合郎雷之敦巴英志作敦比敦比各之西稍南曰該拿爾彎郎徐之該拿爾彎雷之喀那逢英志作加拿文萬國圖作卡那汪該拿爾灣之西北有安哥勒塞島與徐合郎雷之恩格耳西全志作昂格西云有二橋連大陸英志作安勒塞萬國圖作安格耳西摩爾德直南曰蒙德痾美里與徐合郎雷之蒙過滿里英志作蒙痾麥里蒙德痾美里直南有新刺德諾爾郎徐之拉德諾爾英志作拉德諾新刺德諾爾之南曰比勒各諾克郎徐之北諾各勒克雷之勃雷克腦克英志作北勒諾比勒各諾克直南曰默瑟第佛爾郎雷之滿社剔非耳王書云產鐵炭以製鐵業著名人十萬口本部東南隅向東曰加的福郎徐之加拉摩爾安雷之喀狄夫其西南隅偏西有加爾的安地向北凹入成大灣曰加爾的安灣郎雷之喀第根萬國圖作卡的幹吳志作加的干其南角曰奔不羅各與徐合郎雷之配薄羅克萬國圖作偏不祿克英志作木不羅面南處凹入成灣曰該馬爾敦灣乃徐志該馬爾敦所在郎雷之喀馬倫英志作加馬敦威地島在英國南海中郎雷之寒懷脫島額西二圖作浙西郎雷之聖哈廉爾額耳西二圖作古爾尼西郎雷之聖彼得士坡萌島二圖作明島郎雷之曼島撒多島郎二圖之設得蘭島迤北諸島則發俄爾羣島也餘未詳

英倫諸府

彼覆府雷又云內地農府面積四百六十六英方里人十七萬七百四十口民以編草帽織繡帶爲常業 **彼覆**府中歲設裁判所二次於此案下同者但注裁判所二字人二萬八千二十三口曹典球云彼覆學會圖作比德佛爾以英文圖對照方位而定之先謙案列國圖同徐中央十八部之一 **盧登**人一萬六口案二圖作盧墩在比德佛爾之南 **鄧司推不二**人四千五百十三口曹云在盧登之西以下云在某地之某方者皆準英文圖 **雷登勃柴**人六千七百四口曹云在鄧司推不二西北 **畢各爾司草**人四千九百四十三口曹云在比德佛爾之東南

般克府雷又云內地農府面積七百二十一英方里人二十三萬六千百六十三口 **里丁**裁判所自治府有麵包鋪及鐵廠人六萬五十

四口先謙案二圖同在倫敦之西　牛勃雷人萬一千口曹云在里丁之西　華靈覆
人二千九百八十九口曹云在里丁之北達迷塞河畔　亞賓敦人六千五百五
十七口曹云在華靈覆之北達迷塞河畔當痾哥斯佛爾之南　美敦海特人萬六百七口
曹云在里丁之東達迷塞河畔　文賽人萬二千三百二十七口曹云學會圖作溫則案列國同
在里丁之東　丸金哈人三千二百五十四口曹云在里丁之東南
柏金哈府雷又云內地農府產鴨及乳油面積七百四十三英方
里人十六萬七百四口多以造木器編草帽爲業　柏金哈人三
千三百六十四口曹云學會圖作巴京汗案列國同在里丁之北徐十八部之一　安里司勃雷
裁判所人八千六百八十口曹云學會圖作亞勒司布里案列國同在巴京汗之南少西　韋科
人萬三千四百三十五口曹云在亞勒司布里之南　依敦人二千四百九十
四口曹云在溫則之北中隔達迷塞河
坎辟里治府雷又云內地農府面積四百八十五英方里　坎辟

里治裁判所有大學校人三萬六千九百八十三口曹云學會圖作岡比黎日在烏　楷士鍛敦裁判所人七千五
西河東岸案列國同徐東六部之一樋志作岡布里治或作根伯利支
百二十六口曹云在岡比黎日對岸烏西河西岸
桼府雷又云面積千二十三英方里人七十四萬三千八百六十
九口地多平原突出於丸賽爾半島在蒂河與美爾塞河之間人
多以農爲業惟東部產煤中部產鹽東北部有造棉絲布絹布廠
桼司德成裁判所自治府人三萬七千百五口曹云學會圖作支斯德爾案列國同在英國之
西與威爾勒士接壤徐十八部之一　般肯海特自治府人九萬九千八百五十七口
以製船名曹云學會圖作貝肯赫德案列國同在支斯德爾之西北　司托克坡自治府人七萬
二百六十三口曹云地與曼徹斯特中隔麥爾西河　克流人三萬二千七百八十
三口曹云在支斯德爾之東南　拿威治人七千四百十二口曹云在馬克勒斯菲爾得之西
約五十里　哈特人三萬七百七十口曹云在司它克波爾特之東北麥爾西河東岸　司推

里辟里治人二萬六千七百八十三口曹云在哈特之北麥爾西河西岸　曼克
來司飛耳人三萬六千九口以絲名曹云學會圖作馬克勒斯菲爾德案列國同在支斯德爾
之東　康格耳敦人萬七百四十四口曹云在克流之東北馬克勒斯菲爾德之西南
拷華兒府雷又云沿海府面積千三百五十七英方里人三十二
萬二千五百七十一口府內多山薄郎韋廉山高千三百六十八
英尺產錫銅花岡石與支那陶土極多古時惟植菜捕魚爲業
配愼司熱度中數五十二度正月四十三度七月六十二度人萬
二千四百三十二口曹云學會圖作扁散西案列國同在英國西南角接斯西雷羣島　厄耳斯
敦人三千百九十八口曹云在阜爾穆司之西南臨海　覆爾摩司人四千七百
三十七口曹云學會圖作阜爾穆司案列國同在扁散西之東　配靈人三千二百五十六
口曹云在阜爾穆司之北數里許　托盧羅人萬一千百三十一口曹云學會圖作特魯羅案
列國同在阜爾穆司之北少東　沙爾太虛人二千七百四十五口曹云在普里穆司之西北

塔茂河口之西岸　聖衣物司人六千九十四口曹云在扁散西之北海口　里獨盧
人萬三百二十四口曹云在阜爾穆司之西北　保德明裁判所人五千百五十
一口曹云學會圖作玻德瑞案列國同在特魯羅之東北　力司克人三千九百八十七口
曹云在玻德瑞之東　隆塞司敦人四千三百四十三口曹云學會圖作琅西斯敦案列國同
在玻德瑞之東北塔茂河東岸
噶般蘭府雷又云面積千四十七英方里人二十六萬六千五百
四十九口湖山之景最著名司堪翻爾山高三千二百十英尺地
多耕種間有煤鐵礦　卡列塞耳熱度中數四十八度正月三十
八度七月五十九度著名之邊鎮內有大敎堂裁判所人三萬九千
百七十六口曹云學會圖作加利斯勒案列國同在本部西北隅臨索兒歪海股　配里治人八千
九百八十一口曹云在加利斯勒之南六七十里　坎司韋克在斷魂水之邊人
三千九百六口曹云在昆布梁山畔　華脫漢墳或白埠人萬八千三十八

口曹云學會圖作惠得海芬案列國同在英格蘭西臨海近森俾士角　丸金敦人二萬三千四百九十口曹云在惠得海芬之北四十餘里斷魂水南岸　馬利坡人八千七百八十四口曹云在丸金敦之北約四十里以上三處煤礦鐵廠甚多

段比府雷又云內地有景之府面積千二十七英方里人五十二萬九百十四口產鐵煤鉛等甚富人多製棉布與襪爲業　段比裁判所自治府產煤最多以絲著名人九萬四千百四十六口曹云學會圖作德爾伯案列國同在諾定昂之西徐十八部之一　益克司敦人萬九千七百四十四口曹云在德爾伯之東北　曼勞克人五千二百八十五口曹云在德爾伯北四十餘里　勃克司敦人七千五百四十口曹云在斯宅克玻爾得之東南　格勞少撲人二萬二千四百十六口曹云在斯宅克玻爾得之東南交界處　采司德飛耳人二萬二千九口曹云在設佛爾德之東南

特逢府雷又云沿海多樹林之府面積二千六百五英方里人六

十三萬千八百八口大鐵木耳山在府中央高二千七十七英尺果園牧場市圃均著名產花岡石陶土石板甚富　朴里摩司自治府人八萬四千二百四十九口案二圖作普里穆斯樋志作朴特士謀斯云南海岸般盛商市　特逢坡人五萬四千八百三口曹云在普里穆斯之西數里許　安格司德城裁判所自治府人三萬七千四百四口曹云學會圖作挨格斯特案列國同南臨挨格斯河入海處　大鐵摩司人六千二十五口曹云學會圖作達特冒斯案在西南隅左角普里穆斯之東列國圖漏載　托開人二萬五千五百三十四口曹云在達特冒斯之北濱海　倒耐司人四千十六口曹云在達特冒斯之西北河口　火尼敦人三千二百十六口曹云在挨格斯特之東北　安格司明司德人二千八百九口曹云在火尼敦之東　剔物敦人萬八百九十二口曹云學會圖作地維爾屯案列國同在挨格斯特之北稍西　痾坎哈敦人千八百七十九口曹云在塔茂河之中部東岸　南毛爾敦人三千百二十六口曹云南字譯義在班斯塔普里之東南　大托靈敦人三千四百三十六口曹云在班斯塔普里之西南　擺特覆人七千八百三十一口曹云在託靈敦之北班斯塔普巴之南海口　彭司推薄爾人萬三千五十八口曹云學會圖作班斯塔普里案列國同在地維爾屯之西北　義勿雷科摩人七千六百九十二口曹云學會圖作日爾佛拉康比案列國同在班斯塔普里之西北臨海

杜塞脫府雷又云沿海府面積九百八十八英方里人十九萬四千五百十七口沿岸隆起皆白土所成芻牧場與白灰石礦最著名　普爾人萬五千四百三十八口曹云學會圖作浦里案列國同在南方臨浦里灣　司黃耐治　半彼島人二千六百七十四口曹云郎抱浦里灣之半島　韋摩司及曼耳枯來基司人萬三千八百六十六口曹云韋摩司學會圖作威毛斯曼耳枯來基司在威毛斯之北相距不過數里案列國同在浦里之西南　坡蘭人九千四百四十三口曹云學會圖作罷特蘭案列國同　辟廉坡人六千六百十一口曹云在利美灣沿岸　拉摩萊基司人二千三百六十三口曹云在利美灣沿岸與特逢州交界　韋爾哈人

二千百四十一口曹云在浦里灣西岸　獨采司德裁判所人七千九百四十六口曹云學會圖作達徹斯特案列國同在威毛坡之北　勃蘭覆覆拉人三千九百七十四口曹云在斯土爾河畔東岸　甫德司勃雷人二千百二十二口曹云在薩利斯布里之西稍南

段哈府雷又云沿海府面積千十一英方里人百一萬六千五百五十九口其地自汀河與帝士河之間起至祓盧山之野止內壳勞司翻爾山高二千八百九十八英尺產煤鐵鉛甚富　格趣海特自治府人八萬五千六百九十二口曹云在代尼河南岸與細喀斯特勒對岸　茄羅人三萬三千六百七十五口曹云在格趣海特之東近代尼河口　南希耳司自治府人七萬八千三百九十一口曹云南字譯義在茄羅之東濱海地方　以上皆爲汀河之流域以玻器名　聖特蘭爲韋爾河之流域自治府人十三萬千十五口曹云學會圖作斯德爾林案列國同在本部東北臨海　哈脫爾普爾人二萬千二

百七十一口曹云學會圖作巴特勒普爾此譯作哈一是案列國同在斯德爾林之東南臨海西哈脫普爾人四萬二千七百十口曹云在巴特勒普爾之西數里許司托克敦人四萬九千七百八口曹云在第斯河下流北岸以上三地皆帝士河之流域段哈城裁判所產煤最多有大學校人萬四千八百六十三口曹云學會圖作達爾咸案列國同在斯德爾林之西南帶林敦鋼鐵廠製造廠絨氈廠及他工藝局林立人三萬八千六十口曹云學會圖作達林敦案列國同在達爾咸之南

依廉府雷又云內地農府面積三百七十四英方里人六萬三千八百六十一口依廉城人八千十七口曹云學會圖作厄里案列國同在岡比黎日之東北韋司培治人九千三百九十五口曹云在窰河下流東岸遙與京斯林相對馬治人六千九百八十八口曹云在韋司培治之東窰河北岸

愛塞克司府案即厄塞司徐東六部之一雷又云沿海農府面積千五百四十英方里人七十八萬四千二百五十八口府在達迷斯河之北沿

海商務極盛製造有限公司林立西哈自治府人二十萬四千九百三口曹云在倫敦之東達迷塞河北岸與烏里池相對廉敦人六萬三千五十六口曹云在巴京北數十里巴京人萬四千三百一口曹云在西哈北數十里愛賓人二萬六千百三十七口曹云在徹爾慕斯佛德之西數十里少林人萬二千三百三十三口曹云在達迷塞河口北岸采爾摩司覆裁判所人萬一千三百八口曹云學會圖作徹爾慕斯佛德案列國同在倫敦東北麻爾敦人五千三百九十七口曹云在達迷塞河口向北之海汊勃倫脫離人五千三百三口曹云在徹爾莫斯佛德東北哈威治人八千二百二口曹云學會圖作哈威池案列國同在徹爾慕斯佛德之東北臨海考爾采司德人三萬四千五百五十九口曹云學會圖作科徹斯德案列國同在哈威池之西少南賽勿倫華爾敦人六千百四口曹云在岡比黎日東南三十五里

格羅采司德府雷又云面積千二百四十五英方里人六十四萬五千五百七十四口內有塞文之沃野在考司華爾山內克里夫克勞山高千一百三十四英尺與亭林之間煤鐵甚富辟廉司滔爾裁判所自治府及克力夫敦人二十一萬千五百七十八口曹云學會圖作布里斯拖克力夫敦在其西數里許案列國同在本部之西栖汝河上格羅采司德城裁判所自治府人三萬九千四百四十四口曹云學會圖作哥羅塞斯德案列國同在布里斯德之北徐十八部之一士克士勃雷人五千二百六十九口曹云在哥羅塞斯德之北栖汝河東岸采耳敦哈人四萬二千九百十四口曹云學會圖作徹爾坦亭案列國同在哥羅塞斯德之東般坎里村人八百九十口曹云在斯特老得之西南栖汝河入海處司托勞奪出闊布有名人九千八百十八口曹云學會圖作斯特老得案列國同在徹爾坦亭之西南賽倫三司德人七千四百七十一口曹云在斯特老得之東數十里

哈摩府雷又云沿海農府面積千四百七十六英方里人六十一萬千四百二十五口地多樹林雲采司德城裁判所人萬九千七十三口曹云學會圖作溫徹斯特案列國同在蘇當波敦之北少東勞西人四千二百七十

六口曹云在蘇當波敦之北沙散敦自治府人六萬五千三百二十五口曹云學會圖作蘇當波敦案列國同臨本部正南海港徐南十部之一坡治摩司自治府有海軍軍器廠人十五萬九千二百五十一口曹云學會圖作抱斯穆斯案列國同本部正南臨海高士坡人二萬四千四百三十二口曹云在抱斯穆斯之西遙對威地島克拉司脫鳩區人三千九百九十四口曹云在斯土爾河下流河口東岸般摩司人三萬七千七百八十一口曹云在浦里之東十餘里恩獨孚爾人五千八百五十二口曹云在彼沁司托克之西彼沁司托克人八千二百十三口曹云在里丁之南數十里愛爾特紹人二萬五千五百九十五口曹云在彼沁司託克之東

希兒覆府雷又云內地農府面積八百四十英方里人十一萬五千九百四十九口有懷河經其中希兒覆裁判所人二萬二百六十七口曹云學會圖作希耳佛爾案列國同在本部之西瞞冒之北遼明司德人五千六百七十五口曹云在希耳佛爾之北勞司人三千五百七十五口曹云在希耳佛爾之

（東南懷河東岸）

黑兒覆府雷又云內地農府面積六百三十六英方里人二十二萬四千五百五十口有綫廠紗廠編草帽廠　黑兒覆（裁判所）人九千二十三口（曹云學會圖作黑爾德弗爾案列國同在倫敦之北少東徐東六部之一）　韋兒人五千二百四十六口（曹云在黑爾德佛爾之北二三里）　皮師司托覆人六千五百九十五口（曹云在黑爾德佛爾之東北）　聖亞爾奔司人萬二千八百九十八口（曹云在黑爾德佛爾西南倫敦之北）　歇磬人八千八百六十口（曹云在黑爾德佛爾之西北數十里）　擺耐人五千四百九十六口（曹云在倫敦之西北）　瓦覆人萬六千八百二十四口（曹云在倫敦西北）

亨汀敦府雷又云內地農府面積三百六十五英方里人五萬四千九百六十九口　亨汀敦（裁判所）人四千三百四十六口（案二圖作恆丁敦與徐合在比德佛爾之東北）　高曼采司德人二千九十五口（曹云在恆丁敦之南烏斯河岸）

五洲地理志略　卷二十九　十六

聖益物司人二千三十七口（曹云在恆丁敦之東十餘里烏西河北岸）

肯德府雷又云沿海有景之府面積千五百二十四英方里人八十萬八千七百三十六口槐園果園綿羊魚介甚多（案郎根德徐南十部之一）　格雷孚生人二萬三千八百七十六口（曹云學會圖作格來維森得案列國同在倫敦之東少南）　勞采司德城人二萬六千二百九十口（曹云學會圖作洛徹斯特案列國同在倫敦東北）　采蘭摩人三萬千六百五十七口（曹云學會圖作茶坦姆案列國同在洛徹斯特東南）　希兒耐司人萬四千四百九十二口（曹云在茶坦姆東濱海）　坤般羅人千五十口（曹云在希兒耐司西南數里）　灰處推薄兒產牡蠣人四千八百二十八口（曹云在坎特布里西北海岸）　馬益脫人萬八千四百十七口（曹云在北角之西海岸）　蘭摩司益脫人二萬四千七百三十三口（曹云在北角之南海岸）　三威治人二千七百九十六口（曹云學會圖作三德威池案列國同在茶坦姆之東臨海）　帝耳人八千八百九十一口（曹云在三德威池之南海岸）　達物耳人三萬三千三百口（曹云學會圖作多汶案列國同在三德威池之南臨海）　覆克司敦人二萬三千九百五口（曹云學會圖作佛克斯墩案列國同在多汶之西南）　哈司人四千三百四十七口（曹云在佛克斯墩之西海岸）　牛勞尼人千三百六十六口（曹云學會圖作紐羅木涅案列國同在佛克斯墩之西南臨海）　力特人二千五十一口（曹云在紐羅木涅之西南數里許）　以上沿達迷斯河及海岸要區　肯段勃雷城（自治府）人二萬三千六百十二口（曹云學會圖作坎特布里案列國同在三德威池之西許考作剛德比利）　阿虛覆人萬七百二十八口（曹云在坎特布里西南）　吞鍛頓人三千四百二十九口（曹云在阿虛覆之西南）　美司敦（裁判所）人三萬二千百四十五口（曹云學會圖作昧德斯脫尼案列國同在茶坦姆之南）　飛復塞人萬七百四十八口（曹云在坎特布里西北）　勃羅摩雷人二萬千六百八十四口（曹云在格林威池之東南十餘里）　塞文那克司人七千六百十口（曹云在昧德斯尼之西）　敦辟里治韋而司人二萬七千八百九十五口（曹云學會圖作同布里得幾案列國同在佛克斯敦之西）　以上內地要區

五洲地理志略　卷二十九　十七

蘭克府雷又云面積千八百七十九英方里人三百九十萬六千七百二十一口地勢自阿爾蘭海至彼寧山之巔漸進漸高與亨特廉亞覆耐司以麻兒坎灣相隔棉最有名勿耳耐司產煤鐵甚富故全府工廠繁盛甲於全球其中以織布廠爲最餘次之　廉物浦（裁判所自治府）英國第二商埠人五十一萬七千九百八十口（案二圖作麗佛普爾王書云麗佛普爾在麥爾西河口合對岸之貝肯赫德府人口超七十四萬與曼徹斯特有運河鐵道相連距紐約克三千四十七海里與美國之貿易遠過於倫敦海岸多宏大之船渠講義作科佛普爾云屬蘭卡斯坦州蘭卡郎蘭克也樋志作立伐浦矢志作黎佛浦吳志作利窪普爾）・補脫耳（自治府）人四萬九千二百十七口（曹云在麗佛普爾之西北數里）　曼采司德（裁判所自治府）通美爾塞河之運河已成人五十萬五千三百六十八口（樋志作曼尺斯德王書作曼徹斯特二圖同王書云在麗佛普爾東鐵道三十英里有木棉府之稱矢志作曼棄司塔吳志作曼邱斯塔）　沙耳覆（自治府）人十九萬八千百三十九口（曹云在曼徹斯特之西北比鄰也）　保爾敦（自治府）以機器名人十一萬五千

二口曹云學會圖作波爾敦案列國同在曼徹斯特之北偏西勃雷府自治　以紙名人五萬七千二百十二口曹云在勞克對爾之南數里亞爾哈府自治　以機器名人十三萬千四百六十三口曹云在曼徹斯特之東北勞克對爾府自治　以呢絨名人七萬千四百一口曹云在班里之南聖希倫府自治　以玻璃名人七萬千二百八十八口曹云在普里西敦之東北韋根府自治　以鑄鐵名人五萬五千十三口曹云學會圖作威根案列國同在波爾敦西南不雷司敦府自治　人十萬七千五百七十三口曹云學會圖作普里西敦案列國同在波爾敦之西北勃蘭克般府自治　人十二萬六十四口曹云在普里西敦之東南盆里府自治　以呢絨名人八萬七千十六口曹云學會圖作班里案列國同在普里西敦之東罷羅因覆耐司府自治　以船艦名人五萬千七百十二口曹云在巴羅之北數里許亞克里敦邑自治　人三萬八千六百三口曹云在勃蘭克般之東十餘里阿虛敦恩段倫邑自治　人四萬四百六十三口曹云在曼徹斯特之南數里培喀邑自治　人二萬三千四百九十

八口曹云在亞爾哈之北數十里勃蘭克浦邑自治　人二萬三千八百四十六口曹云在普里西敦之東三十餘里科雷邑自治　人二萬三千八十七口曹云在普里西敦東南波爾敦西北克里善羅邑自治　人萬八百十五口曹云在普里西敦之東北達爾文邑自治　人三萬四千百九十二口曹云在勃蘭克浦之南中隔黑司林旦徐十八部之一安克耳司邑自治　人二萬九千六百三十三口曹云爲曼徹斯特之比鄰在其正西黑司林旦邑自治　人萬八千二百二十五口曹云爲勃蘭克浦之比鄰在其南漢胡邑自治　人二萬三千百八十五口曹云在迷特爾敦之北蘭克司德裁判所自治邑以油布名人三萬千八十八口曹云學會圖作蘭加斯德爾案列國同在普里西敦之北徐十八部之一迷特爾敦邑自治　人二萬二千百六十二口曹云爲曼徹斯特之比鄰在其北毛司里邑自治　人萬四千百六十二口曹云在曼徹斯特之東亞爾哈之南頗利孫邑自治　人二萬二千七百口曹云在班里之東北勞敦司滔爾邑自治　人二萬九千五百七口曹云在勞克對爾之北沙坡邑自治　人四萬千四百

六口曹云在利布里河口南岸華靈敦邑自治　人五萬二千七百四十三口曹云在麥爾西河下流北岸韋耐司邑自治　以鎔鍊名人三萬十一口曹云在威根之西南麗佛普爾之東麥爾西河下流

雷西司德府案雷西又作累塞　雷又云內地府面積八百二十六英方里人三十七萬五千九百二口工廠林立牧場煤礦靴襪廠俱佳以襪與繡帶名司忝爾敦之乳餅頗著名　雷西司德裁判所　人十七萬四千六百二十四口案二圖作雷塞司德在諾定昂之南勞般羅人萬八千百九十六口曹云在雷塞司德之北數十里曼爾敦毛勃雷人六千三百九十二口曹云在雷塞司德之東北數十里阿虛比對雷紹治人四千五百三十五口曹云在雷塞司德之西北

林肯府雷又云農府面積二千六百四十八英方里人四十七萬三千九百十二口地勢平衍斜向華虛與哈勃爾河源之低澤然

有華爾之白土山高五百四十九尺與寒水石所成之高地經其中此府包有林特西府之地千五百十二英方里人二十九萬二千四百八十口內有牧師教堂之林肯城裁判所　人四萬千四百九十一口魚埠曹云學會圖作林哥耳內案列國同在諾定昂東北徐十八部之一格里摩司邊人五萬千九百三十四口曹云學會圖作格林斯必案列國同在林哥耳內之東北坎斯推文府之地七百三十七英方里人十萬五千九百十口曹云蔚珊河南之地即坎斯推文府案與波斯敦相近　內有格蘭三摩人萬六千七百四十六口曹云在諾定昂之東司旦覆人八千三百五十八口曹云在阿喀姆之東荷蘭府之地三百九十九英方里人七萬五千五百二十二口內有波士敦即千六百三十三年勿惹爾起程之處人萬四千五百九十三口案二圖作波斯敦在林哥耳內東南司頒爾丁人九千十四口曹云在波斯敦西南

倫敦府許考云一名郎特勒　雷又云面積百十八英方里人四百二十三萬

二千百十八口爲英國都城其商務財富人口推爲世界第一以製船技藝名今包有舊屬**迷特爾塞克斯府**（見下）**酸里府**（見下）與**肯特府**人民最多之處治地方之事者爲府會一本城公立會一（六百七十一英畝人口於夜靜時計算三萬七千七百五）學部一地方衛生局三十三內務府署一（內務府不受都城警察之管轄）自千八百八十一年至千八百九十一年人口增百分之十統計都城警察所轄之地六百九十三英方里人五百六十三萬三千八百六口（講義云倫敦建達迷塞河兩岸府長十五英里寬十英里合其外廓達六百萬府之面積猶年年擴張於四方併吞其附近村落小市人口約日增三百許內多宏大之建築內有王宮及森多波爾之寺院國會議事堂耶斯託明斯坦寺院最爲有名王書云此府附近格林威池爲本初子午綫通過之處）

迷特爾塞克斯府（案即徐之迷德勒塞斯）雷又云面積二百三十三英方里人五十六萬十二口其地半附於倫敦之郊如**托遐哈**人七萬千三百四十三口（曹云在倫敦之東北角）**霍痕西**人四萬四千二百五口（曹云在倫敦之正北比鄰也）**章呆司敦**人六萬千二百六十五口（曹云在倫敦之西北角）其離倫敦較遠者如**勃倫覆**人萬三千七百三十八口（曹云在倫敦之西）**阿克斯辟里治**人萬四千四百三十九口（曹云在勃倫覆西北）**哈羅**人八千七百二十五口（曹云在勃倫覆之北）**恩飛耳**人三萬千五百三十六口（曹云在黑爾德佛爾之西南）

蒙摩司府雷又云沿海府面積五百四十二英方里人二十五萬八千五十四口其地自海岸至內地高原漸進漸高產煤鐵錫鉛甚富　**牛坡**（府自治）人五萬四千七百七口（曹云學會圖作紐巴特案列國同在本部之西與布里斯拖隔栖汶河相對）**呆潑司拖**人三千三百七十八口（曹云在紐巴特之東歪河下流西岸）**蒙摩司**（裁判所）人五千四百七十口（曹云學會圖作瞞目案列國同在紐巴特之東北徐十八部之一）**脫蘭帝噶**產煤鐵之區人萬七千三百四十一口（曹云在威爾勒士默翠第佛爾之東北三十里）**愛爾波飛耳**人萬七千三十四口（曹云在脫蘭帝噶之東約三十里）**磅德普**人五千八百七十二口（曹云在紐色特之西北）**勃雷耐文**人萬一千四百五十二口（曹云在愛爾波飛耳之東）

那覆克府雷又云沿海農府面積二千五十五英方里人四十六萬八千二百八十七口民多捕魚爲業工廠稀少　**那威治**（裁判所自治）人十萬九百七十口（曹云學會圖作瑙威池案列國同在本部之東哈威池之極北）**大野摩司**（自治府）人四萬九千三百三十四口（曹云大字譯義學會圖作雅穆斯案列國同在瑙威池之東臨海）**金司林**人萬八千三百六十口（曹云學會圖作京斯林案列國同在雅穆斯之西）**偉而司**人二千五百五十五口（曹云在克羅苗爾之西濱海）**克勞滿**人二千百九十七口（曹云學會圖作克羅苗爾案列國同在瑙威池之北臨海）**射答覆**人四千二百四十七口（曹云在不里斯德挨德模子之北小烏西河南岸）

拿淡敦府雷又云內地農府面積九百九十九英方里人二十九萬九千五百八口內包**彼得邑**八十二英方里人三萬五千二百

四十九口府有鐵礦製靴廠　**那淡登**（裁判所自治府）人六萬千七十二口（曹云學會圖作諾爾桑波敦案列國同在恆丁敦之西少南徐十八部之一）**彼得波羅城**（府自治）人二萬五千百七十一口（曹云學會圖作佩德波羅案列國同在諾爾桑波敦東北）**坎脫林**人萬九千四百五十四口（曹云在諾爾桑波敦之東北）**韋林邑**人萬五千六十八口（曹云在諾爾桑波敦之東北）**旦文脫廉**人三千九百三十七口（曹云在諾爾桑波敦西北三十里）

拿達般蘭府雷又云面積二千十五英方里人五十萬六千三十口爲英倫極北之府地在汀河與土以狄河之間向西漸高揩未阿山高二千六百二十六英尺其東南部產煤甚富鉛則產於山間　**牛坎索耳**（裁判所自治府）人十八萬六千三百口機器廠甚多（案二圖作紐喀斯特勒王書同樋志作紐卡士耳云在太因河畔爲英倫最大石炭市場以製鐵造船等業顯人口十九萬太因河郎代尼河也吳志作紐加士爾）**汀摩司及南希耳奪**人四萬六千五百八十八口（曹云

汀摩司在北什爾特斯之東濱海南希耳奪在北什爾特斯之南代尼河南岸麻北司人五千二百十
七口曹云在紐喀斯特勒之北約三十餘里韋般克人萬三千三百七十七口為
有名之邊鎮曹云韋般克當作般韋克刊本誤倒學會圖作貝威克案列國同在本部極北與蘇格蘭接界
腦汀哈府雷又云農府面積八百四十三英方里人四十四萬五
千七百五十三口煤繡帶襪均有名腦汀哈裁判所自治府人二十一
萬三千八百七口曹云學會圖作諾定昂案列國同在本部中央雷塞斯德之北徐十八部之一牛亞
克人萬四千四百五十七口曹云在諾定昂之東北德林特河東岸來覆人萬六
百三口曹云在曼斯菲爾德東北曼司飛耳人萬五千九百二十五口曹云學會
圖作曼斯菲爾德案列國同在諾定昂之北丸克沙潑人萬二千七百三十四口曹云
在曼斯菲爾德之北來覆之西
惡克司覆府雷又云內地農府面積七百五十八英方里人十九
萬千一百九十一口惡克司覆裁判所自治府有大學校人四萬五千

五洲地理志略《卷二十九　三三

七百四十二口曹云學會圖作痾哥斯佛爾案列國同在本部之南里丁西北樋志作屋克斯福特或作俄斯弗德
徐十八部之一胡司托克有手套製造廠人千六百二十八口曹云在痾哥斯
佛爾之西北約十餘里韋脫尼出牀氈人三千百十六口曹云在痾哥斯佛爾之西約三
十里達迷斯之亭廉人五千二百八十八口曹云在里丁之東北十餘里達迷塞河西
岸班勃雷人萬二千七百六十八口曹云學會圖作班不里案列國同在痾哥斯佛爾之
北謙賓拿敦人四千二百二十二口曹云在胡司託克之西北約三十里
拉蘭府雷又云內地府面積百五十二英方里人二萬六百五十
九口亞克哈裁判所人三千五百四十二口曹云學會圖作阿喀姆案列國同在雷塞
司德之東北阿賓哈人三千五百五十九口曹云在阿克姆之南約二十里
什勞府雷又云面積千三百四十三英方里人二十二萬六千三
百三十九口地界韋而司有塞文河經其中南部多山產煤鐵鉛
什路士勃雷裁判所人二萬六千九百六十七口曹云學會圖作什雷斯布里案

列國同在本部之西與威耳勒士接界惡司韋司脫雷人八千四百九十六口曹云
在什雷斯布里西北約四十餘里辟力拿司人五千八百六十五口曹云在什雷斯普里
東南約六十里文勞克之南文勞克人二千百八十口曹云在什雷斯布里東約四十里
拉羅人四千四百六十口曹云在什雷斯布里之南約七十里牧師堡人千五百
八十六口曹云在什雷斯布里西南約七十里
沙滿塞脫府雷又云沿海府瀕辟里司托耳峽面積千六百二十
九英方里人四十三萬八千七百十口地面高下不齊有果園牧
場朵帶曹云在威耳斯之西北乳餅著名產煤及他礦陶器擺司自治府人
五萬千八百四十四口曹云學會圖作巴斯案列國同在布里斯拖東稍南韋司敦蘇拚
梅爾人萬五千八百七十四口曹云在布里斯拖西南海濱棲汶河口與布里斯拖海峽之間格蘭斯敦勃
勿羅摩人九千六百十三口曹云在得老布里得幾西南約三十餘里韋而司城裁判所人四千八
雷人四千百十九口曹云在威耳斯之南十餘里

五洲地理志略《卷二十九　三三

百二十二口曹云學會圖作威耳斯案列國同在布里斯拖南辟廉華透人萬二千四
百三十六口曹云學會圖作布里得幾氏豆爾案列國同在威耳斯之南湯敦裁判所人萬八
千二十六口曹云學會圖作丹墩案列國同在布里得幾氏豆爾之南少西曰未耳與湯敦皆
以呢絨皮手套名人九千六百四十八口曹云在威耳斯正南約五十餘里車
奪人二千五百七十五口曹云在丹墩東南四十餘里
司答覆府雷又云內地府面積千百七十一英方里人百八萬七
千百六十一口以陶器名煤鐵甚富司答覆裁判所人二萬二百
七十口曹云學會圖作斯達佛爾案列國同在本部中央偏西什雷斯布里之東北力區飛耳城人
六千八百六十四口曹云學會圖作利池菲爾案列國同在斯達佛爾東南担丸司人六
千六百十四口曹云在利池菲爾東南十餘里般敦阿磅脫倫脫有釀酒所人
四萬六千四十七口曹云卽學會圖之布爾墩案列國同在利池菲爾之東北在保短雷之亭
廉自治府人五萬四千九百四十六口曹云亭廉卽學會圖之威勒案列國同在斯達佛爾之北

司托克阿磅脫倫脫人二萬七千二十七口曹云在咸勒之南比鄰也般司來摩人三萬九百九十九口曹云在咸勒之北比鄰也牛坎索耳恩段林人萬八千四百五十二口曹云學會圖作紐喀斯特勒遺恩段林音未釋案列國同在咸勒之南偏西耶敦人三萬四千三百二十七口曹云在司托克阿磅脫倫脫之東南距咸勒甚近

在勃蘭鏗脫雷之華兒復哈敦自治府人八萬二千六十二口曹云學會圖作鄂爾汶亨普敦案列國同在利池菲爾之西南華兒沙爾自治府人七萬千七百八十九口曹云在不朗威池之北威棱剌耳之南韋耐士勃雷人二萬五千三百四十二口曹云在不朗威池之西北比鄰西勃勞威治人五萬九千四百七十四口曹云學會圖作不朗威池案列國同在鄂爾汶亨普敦東南

殺覆克府雷又云沿海農府面積千四百八十一英方里人三十六萬千七百九十口民多製農具捕魚爲業

東殺覆克府面積八百七十二英方里人二十四萬八百三十

八口　益潑司威治裁判所自治府人五萬三千三百六十一口　愛爾對般人二千百五十九口曹云在伊浦斯威池之東北濱海沙司胡爾人二千三百十一口曹云在愛爾對般之北約四十里濱海勞槐托夫脫人二萬三千三百四十七口曹云學會圖作洛威斯它佛德案列國圖同在瑙威池之東南濱海板格爾司人六千六百六十九口曹云在洛威斯它佛德之西約三十里小烏西河南岸挨塞人二千七十四口曹云在板格爾斯之西約六十里小烏西河南支流西岸司多馬開人四千三百三十九口曹云在不里斯德挨特模子之東約六十里

西殺覆克府內地裏府面積六百九英方里人十二萬九百五十二口　勃雷聖愛誌盟治裁判所人萬六千六百二十口曹云學會圖作不里斯特挨德模子案列國同在不里斯威池之西北殺奪勃雷人七千五十九口曹云在不里斯特挨德模子之南約六十里牛馬開人六千二百十二口曹云在不里斯特挨德模子之西約五六十里

酸里府雷又云內地有景之府面積七百二十一英方里人五十二萬千五百五十一口雷司山高九百六十五英尺地產蔬果以供倫敦人衆之餘　克勞塞敦自治府人十萬二千六百九十五口曹云學會圖作克羅敦案列國同在倫敦之南雷益脫人二萬二千六百四十六口曹云在克羅敦之西南約三十里金司敦人二萬七千五十九口曹云在倫敦之西南達迷塞河南岸里區蒙人二萬二千六百四十八口曹云在金司敦之東北倫敦之西南達迷塞河南岸鳩胡人二千七十六口曹云在里區蒙之北達迷塞河南岸愛潑沙摩人八千四百十七口曹云在金司敦之南十餘里朵金人七千百三十二口曹云在克爾的佛德之東三十里幾爾覆裁判所人萬四千二十口曹云學會圖作克刻的佛德案列國同在克羅敦之西南高戴爾明人二千七百九十七口曹云在克爾的佛德西南十餘里

殺塞克司府雷又云沿海農府面積千四百五十八英方里人五十四萬八千九百七十九口海水浴場與綿羊甚有名綿羊俱牧

於南山

東殺塞克司面積八百二十九英方里人四十萬八千三百六十口　勃賴敦自治府人十一萬五千八百七十三口曹云學會圖作布來屯案列國同在本部之南偏東臨海漢司汀司自治府人五萬二千二百二十三口曹云學會圖作海斯頂司案列國圖同在布來屯之東臨海依司脫盤人三萬四千九百六十九口曹云在布來屯之東約四十里濱海流司裁判所人三千八百七十一口曹云學會圖作勒威士案列國同在海斯頂司之西少北牛海文人四千九百五十五口曹云在布來屯之東約十二里濱海拉塞人三千八百七十一口曹云在海斯頂司之東約三十餘里濱海

西殺塞克司面積六百二十九英方里人十四萬六百十九口　謙朵司德城人七千八百三十口曹云學會圖作查徹斯特案列國同在布來屯之西少北臨海阿倫戴爾人二千六百四十四口曹云在查徹斯特之東二十餘里

丸晴人萬六千六百六口 曹云在布來屯之西約三十里濱海

懷韋克府雷又云內地府面積九百四英方里人八十三萬八十三十口出煤及鐵器 般明哈裁判所自治府人四十七萬八千百十三口有極大之玩具店鐵器最有名 案二圖作北明翰講義云北明翰在英格蘭之中央屬俄文克州人口殆五十萬製出大小一切金屬器具其盛況爲世界第一俄文克卽懷韋克也樋志作伯明罕云人口四十三萬以製造機械及鐵器著謝志作伯明恩 考文脫連府自治人五萬二千七百二十四口絲最有名 曹云學會圖作科芬德里案列國同在北明翰之東少南 懷韋克所裁判人萬一千九百二口 曹云學會圖作窩爾維克案列國同在科芬德里之南少西徐中央十八部之一 里明敦人二萬六千九百三十口 曹云在窩爾維克之東比鄰也 司脫蘭覆翁阿逢人八千三百十八口 曹云在窩爾維克之東約三十里 拉卑人萬一千二百六十二口 曹云在科芬德里之東三十里 殺敦科爾飛耳人八千六百八十五口 曹云在北明翰之東十餘里

韋司麻蘭府雷又云面積七百八十二英方里人六萬六千九十八口府多湖景牧場 愛卜爾比裁判所人千七百七十六口 曹云在肯達爾之東北約六十餘里 肯特爾人萬四千四百三十口出呢絨 曹云學會圖作吉里必肯達爾案列國同在昆布梁山東南 恩薄爾沙的人二千三百六十口 曹云在肯特爾西北約二十餘里 有別館在文段迷爾 曹云文段迷爾在肯特爾正西約三十里，

懷寒脫島府雷又云面積百四十六英方里人七萬八千六百七十二口 曹云學會圖作威地案列國同島在本部南英吉利什海峽許云威地風景清平可稱樂土 牛坡人萬二百十六口 曹云在科威司之南約十餘里 科司人萬五百六十二口 曹云學會圖作科威司案列國同在威地島之北 拉奪人萬九百五十二口 曹云在威地島東北海濱遙對抱斯穆斯 文拿人五千八百十七口 案二圖作文特那在島東南隅

韋爾得府雷又云面積千三百七十五英方里人二十六萬四千九百九十七口府多白土山牧場及牛乳業最有名 沙力士勃雷城裁判所人萬五千五百三十三口 曹云學會圖作薩利斯布里案列國同在本部南蘇當波敦西北 韋爾敦人二千百二十口出地氈 曹云韋爾敦在薩利斯布里之西數里 脫羅辟里治人萬一千七百十七口出闊布 曹云脫羅辟里治學會圖作特老布里得幾案列國同在薩利斯布里之西北 阿逢河之勃蘭覆人四千九百四十三口出闊布 曹云勃蘭覆在特老布里得幾之北中隔阿丰河 謙賓哈人四千八百十六口 曹云謙賓哈在特老布里得幾東北三十餘里 加痕人三千四百九十五口 曹云加痕在謙賓哈之東十五里 狄維士所裁判人六千四百二十六口 曹云狄維士在特老布里得幾東迤北三十餘里 馬般羅人三千十二口 曹云馬般羅在薩利斯布里之北七十餘里 馬摩士勃雷人二千九百六十四口 曹云在特老布里得幾之北約六十里 瑞敦人三萬二千八百四十口出火車機器 曹云在得老布里得幾東北約八十餘里

丸塞司得府雷又云內地多樹林之府面積七百五十一英方里人三十八萬五千三百九口有煤鐵鑛出鐵器及別種製造貨

丸塞司得裁判所自治府人四萬二千九百八口 曹云學會圖作窩爾塞司德案列國同在本部中央北明翰之南徐十八部之一 衣夫司哈人五千八百二十六口 曹云在窩爾塞斯德東南四十餘里棲汶河支流北岸 馬耳文人六千一百七口 曹云在窩爾塞斯德西南二十餘里 獨勞威治人四千二百一口產鹽 曹云在窩爾塞斯德東北約十六里棲汶河支流東岸 賴狄治出鍼人萬一千二百九十五口 曹云在窩爾塞斯德之東三十餘里 克段明司德出地氈人二萬四千八百三口 曹云學會圖作吉得民斯豆爾案列國同在阿爾塞斯德少之北少西 達雷府自治人四萬五千七百四十口 曹云學會圖作都德里案列國同在北明翰之西少北 司托辟里治人九千三百八十六口 曹云在吉得民斯豆爾東北十餘里都德里西南十餘里 菩特雷出鐵器人二千八百七十六口 曹云在吉得民斯豆爾正西十餘里

約克府雷又云面積六千七十六英六里人三百二十一萬三千八百六十四口呢最有名地可分爲三區西爲麻蘭有彼盧山經

其中大奐沙狄山高三千二百十英尺中爲約克之沃野有粤司河灌溉之東爲米耳士之瘠壤及胡爾士白土山

一北部面積六千七十六英方里人四十二萬七千三百七十三口內有著名古城　約克裁判所自治府人六萬七千七口曹云學會圖作約爾克案列國同在本部中央東北敖西河上徐六部之一　迷狄耳司薄羅自治府人七萬五千五百三十二口此處之富盛由於諸鄰地之鐵礦曹云學會圖作米特列斯波羅案列國同在東北隅臨海斯德爾林之東南　如克利孚蘭利一作來產鐵最多曹云米特列斯波羅之南四十餘里山中　利區蒙人四千二百十六口曹云在米特列斯波羅西南七十里斯洼洛河上與酸里府之利區蒙同名　司喀般羅人三萬三千七百七十六口曹云學會圖作斯喀波羅案列國同在惠特必之東南臨海　灰的比人萬三千七十五口曹云學會圖作惠特必案列國同在米得列斯波羅東南臨海　拿達劣敦裁判所人三千八百二口曹云郎學會圖之北亞略爾敦拿達英文訓北義案列國同在斯喀波羅之西少北

西部面積二千七百七十二英方里人二百四十四萬四千九百三十一口產煤甚富世界工藝繁盛之區此其一也　梨司自治府人三十六萬七千五百五口以麻布名案即二圖之里子講義同樋志云利夾以出精巧之布著利夾即梨司也謝志云即利德斯矢志作黎茲　勃蘭覆自治府人二十一萬六千三百六十一口出布以絲名曹云學會圖作布剌德佛德案列國同在北部中央偏西普里西敦之東　黑梨泛克司自治府人八萬九千八百三十二口出布曹云學會圖作海利法克斯案列國同在布利德佛德之南少西　赫特司飛耳自治府人九萬五千四百二十口出布曹云學會圖作呼德斯菲爾德案列國同在海利法克斯之東南　日飛耳自治府人三十二萬四千二百四十三口出利器及鍍金器有名案二圖作設佛爾德講義同云在里子之南人口三十四萬製造刃物之業甚盛樋志作失非爾特云人口三十二萬以製鋼鐵鏤及刃屬著謝志作希斐德矢志作希翻爾吳志作設夫耶德　彭司雷自治邑人三萬五千三百二十七口以麻布名曹云在呼德斯菲爾德東南四十餘里　板脫雷自治邑人二萬八千七百十九口曹云在海利法克斯之東二十餘里　丟司勃雷自治邑人二萬九千八百四十七口曹云在板脫雷之南爲其比鄰　堂克斯德自治邑人二萬五千九百三十三口曹云學會圖作堂喀斯豆爾案列國同在約爾克之正南　赫羅益脫自治邑人萬三千九百十七口曹云在布剌德佛德之東北四十餘里　開雷自治邑人三萬八百十口曹云在布剌德佛德西北約三十里　麻雷自治邑人二萬千六十八口曹云在布剌德佛德之東約二十里里子之南約十里　亞塞脫自治邑人萬九百八十四口曹云在麻雷之南約二十里　磅脫勿蘭脫自治邑人九千七百二口曹云在里子之東南約四十里　力本自治邑人七千五百十一口曹云學會圖作渠平案列國同在約爾克之西北　勞什哈自治邑人四萬二千六十一口曹云在設佛爾德東北二十餘里　韋克飛耳裁判所自治邑人三萬三千百四十六口以氈名曹云學會圖作瓦克菲爾德案列國同在里子之南少東　而古耳自治邑首要之區人萬五千四百十六口曹云在瓦爾菲爾德之東六十餘里

東部面積千一百七十二英方里人三十四萬千五百六十口內有胡爾士山及伙爾段耐司之平原民多以畜牧耕種爲業

赫爾在哈勃爾河濱爲約克府大埠人二十萬四十四口案二圖同王書云赫爾在恆比爾河北岸爲英國第三貿易港與荷比丹德瑞挪俄美及印度之間汽船定期航行　比佛雷諸邑人萬二千五百三十九口曹云在赫爾之北約二十餘里　希敦人九百七十九口曹云在赫爾之東約十八里

韋而司

韋而司雷又云千二百八十三年始與英倫合併國內山嶺重疊司那登山高三千五百七十英尺惟格蘭馬根爲平原瀕辟里司托耳峽蒂河塞文河懷河皆發源於韋而司湖之最大者爲巴拉面積七千四百四十二英方里人百二十九萬四千百三十三口國內多山故宜爲牧場牲畜繁殖全面積耕種之地

不過百分之十八礦產甚富有綿羊三百萬牛七十二萬有煤鐵錫鉛銅金石𥓓等

恩格耳西府雷又云面積二百七十五英方里人五萬九十八口曹云學會圖作安哥勒塞案列國同島在韋而司之西北隅謝志作昂革西徐十二部之一　菩馬利司所裁判人二千二百九口曹云學會圖作貝馬利司案列國同在島東　呵雷海特人八千七百四十五口曹云學會圖作荷里赫德案列國同在島西

勃里肯府雷又云面積七百四十三英方里人五萬千三百九十三口曹云學會圖作布康案列國圖作布列康在本部東與英之希耳佛爾接壤　勃雷克腦克所裁判人五千六百四十六口曹云學會圖作比勒各勒克案列國同在布康之南徐十二部之一　勃林麻兒人六千四百十三口曹云在比勒各諾克東南約四十里

喀第根府雷又云面積六百九十二英方里人六萬三千四百六十七口　亞般里司威司人六千七百二十五口曹云學會圖作亞貝利斯威斯

案列國同在本部之西臨海　喀第根人三千四百四十九口曹云學會圖作加爾的安案列國同在亞貝利斯威斯之西南臨海徐十二部之一　蘭彼得所裁判人千五百六十九口曹云在亞貝利斯威斯之南約六十里提菲河上流北岸

喀馬倫府雷又云面積九百十九英方里人十三萬五百六十六口　喀馬倫所裁判人萬三百口曹云在土圖河下流西岸距河口約十三里案河入海處名該馬爾敦灣該馬爾敦卽喀馬倫也徐十二部之一　坎的韋里人二千七百三十二口曹云在喀馬倫之南約四十里　倫獨佛雷人千七百二十八口曹云在比勒各諾克之西約五十里土圖河東岸　倫耐雷人二萬三千九百三十七口曹云學會圖作剌內耳里案列國同在本部之南臨海

喀那逢府雷又云面積五百六十三英方里人十一萬七千二百三十三口　板哥人九千八百九十二口曹云學會圖作班哥案列國同在本部西北隅臨海　喀那逢所裁判人九千八百七口曹云學會圖作該拏爾灣案列國同在班哥西南臨梅奈海峽徐十二部之一　康韋人三千四百四十二口曹云在班哥之東北約四十餘里　韋而厄里人三千二百三十一口曹云在該拏爾灣之西南五十餘里半島南岸　倫達那人七千三百四十九口曹云在康韋之北十餘里濱海

敦巴府雷又云面積六千六十四英方里人十一萬八千八百四十三口　敦巴出煤鐵人六千四百十二口曹云學會圖作敦比各案列國同在本部北距海不遠徐十二部之一　路靈所裁判人二千七百六十口曹云學會圖作魯清案列國同在敦比各之東南　蘭克司哈人萬二千五百五十二口曹云在魯清之東約五十里

勿林脫府雷又云面積二百五十六英方里人七萬七千二百七十七口　勿林脫出煤鐵人五千二百四十七口曹云在摩爾德之北十餘里河口南岸案卽非林德徐十二部之一　摩爾鶩所裁判人四千四百五十七口曹云學會圖作摩爾德案列國同在魯清之南距海不遠　呵里韋而人三千十八口曹云在勿林脫之西十五里　力爾人六千四百九十一口曹云在敦比各之北迤西海濱相距約三十里

格蘭馬根府雷又云出煤鐵以銅鐵錫鉛之工作爲工藝廠叢集之區人四十六萬七千九百五十四口　喀狄夫自治府所裁判英國第三埠頭人十二萬八千九百十三口曹云學會圖作加的福案列國同在本部東南隅與英之紐巴特接壤　司黃西自治府所裁判人九萬三百四十九口曹云學會圖作斯溫西案列國同在加的福之西有斯溫西海灣　亞般雷文人六千三百口曹云在斯溫西之東二十餘里海濱　尼司人萬一千百十三口曹云在斯溫西之東北約十餘里　科辟里治人千三百七十七口曹云在加的福正西約四十餘里　滿祉剔非耳人五萬八千五十口曹云學會圖作默瑟第佛爾案列國同在加的福之北少西　倫達夫人四千三百七十三口曹云在加的福德之西十餘里

迷良司府雷又云面積六百六十八英方里人四萬九千三百十二口　道爾治雷所裁判人二千四百六十七口曹云學會圖作多爾吉里案列國同在本部之西距海不遠　巴摩司人二千四百四十五口曹云在多爾吉里之東約二十餘里　巴

拉八千六百二十二口曹云在多爾吉里之東北約五十餘里巴拉湖東岸

蒙過滿里府雷又云面積七百九十七英方里人五萬八千三口

蒙過滿里八千九十八口曹云學會圖作蒙德痾美里案列國同在本部之東與英之什畱斯布里接壤徐十二部之一　韋而虛普耳所裁判八六千五百一口曹云在蒙德痾美里之北約二十餘里　倫尼特羅司八二千五百七十四口曹云在蒙德痾美里西南約五十四里　倫非林八千七百五十八口曹云在韋而虛普耳西北約三十里

配薄羅克府雷又云面積六百一十三英方里人八萬八千二百九十六口

配薄羅克八萬四千九百七十八口曹云學會圖作奔不羅各案列國同在本部西南隅臨海徐十二部之一　海浮覆韋司脫所裁判八六千百七十九口曹云在奔不羅各之北約二十餘里　聽比八四千五百四十二口曹云在奔不羅各之東約三十里濱海　迷耳覆八四千七十口曹云學會圖作彌爾福德案列國同在奔不羅各之北隅濱海

蘭拿府雷又云面積四百七十一英方里人三萬千七百九十一

口

潑蘭斯敦所裁判八千三百六十口曹云學會圖作普列斯廷案列國同在本部之東蒙德痾美里東南

曼島

曼島曹云學會圖作明島案列國同在阿爾什海中雷又云在阿爾蘭海面積二百二十七英方里人五萬五千六百八口民以耕牧爲業產鉛鋅銅許考云萌島多岡阜中蘊銅錫鉛石之礦　司耐翻爾高二千三十三英尺曹云在島之東北　克索爾統八二千三百口曹云學會圖作喀斯特列敦案列國同在島東南隅臨海　多格拉斯八萬九千五百十五口曹云學會圖作刀格剌斯案列國同在島東臨海　蘭西八四千八百六十六口曹云在力格剌斯之北海岸　扁爾八三千六百三十口曹云在島之西岸中部　以上要區

英峽羣島

英峽羣島雷又云沿法國之海岸得勝威廉所有之土地惟此獨存面積七十五英方里人九萬二千二百三十四口出口貨以市貨爲大宗其中魚尤多朝政仍依舊制以法語爲官語　聖哈廉爾在日西島曹云日西郇學會圖之浙西案列國同許考作日耳西　聖彼得士坡在官西島曹云官西郇學會圖之古爾尼西案列國同許考作額爾內西　以上要區許考云二島在法國西北海中距岸僅一葦之路初隸法之諾爾滿的省宋徽宗時英人奪而有之日耳西寬廣得七十里戶口約六萬人地多高巖巖石錯出海濱船隻艱於近泊額爾內西島偪近日耳西煙戶較稀僅得日耳西之半

賜進士出身　特賞內閣學士銜前國子監祭酒翰林院編修加三級臣王先謙謹撰

英吉利國二

蘇格蘭

蘇格蘭徐志蘇格蘭一作斯哥西亞又作師古泰云在英倫之北南北約八百餘里東西廣狹不齊古時別為一國明萬歷三十一年合於英為一國迤南土田肥沃迤北磽瘠多鹵斥其民習勤耐苦善於謀生俗儉嗇不妄費經商徧四海積貲多在數萬里外故地雖寒瘠而多素封產石炭最多每歲收炭稅百餘萬地分三十三部樋志云英倫北境僃維澳德連岡以北為蘇格蘭其地東臨北海北及西北皆瀕大西洋西南隔愛爾蘭海岔與愛爾蘭相對海岸皆奇石峭立絕壁如屏然如佛耳斯一作弗特克來特勞恩在木勒島東北台一作摩雷一作末霤索勒維一作拉厄撒等灣自東西深入內地大裨益於運輸交通為完備良港雷志云千七百七年與英倫合併矢志云英蘇戰爭數年至是年始相合併然法律宗教仍多不同居不列顛之北部山嶺重疊其海岸深長而多海口格倫木耳以界北高原與喀摩弼靈內有耐未司山高四千六百四英尺司脫蘭木耳

以界喀摩弼靈與南高原內滿力克高二千七百六十七英尺其平野自覆司河起至克拉奪河止樋志云全國多突兀山地北半高南半低高地林木眾多耕地極少居民總數僅三十五萬自古別為乾坤不受教化從事畜牧低地之內北部為稍平坦之沃土園圃相連富於鐵炭故製造業盛宛然英倫南部石質山地概為牧場其地勢最奇者自摩雷灣至勞恩灣一帶山間谿谷邃橫斷國中人工疏鑿成大運道曰開闌得尼安運河以汽船行此運河可自大西洋至北海岸上諸山有本柰維斯峯為比利敦島第一峯高於海面四千三百六十八尺下臨運河眺望奇絕其餘運河尚多交通甚便陳炳煥云此運河卽經納斯等河者案本柰維斯卽雷之耐未司也矢志作朋納維斯陳炳煥云卽便尼斐峯其大河為土以狄河異名記作退德河矢志作特威得河覆司河樋志作佛爾斯河矢志作佛佛斯河推河樋志作台河一作頹河矢志作塔伊河蒂河異名記作第河配河矢志作斯配河克拉奪河謝志作克來多矢志作克歷特吳志作庫賴得紀程作克來德樋志作克來特周志作克來度除克拉奪河外餘皆流入北海湖極多總計六百三十三英方里矢志云凡高地山間有多數湖水散在各處其最有名者為羅蒙德及卡脫林等湖謝志云最大者曰婁門風景絕佳婁門卽羅蒙德也周志作露蒙特卡脫林作喝得林氣候在低野每歲熱度中數法氏表四十六度至四十七度正月三十七度七月五十六度至五十九度雨水耐未司山百二十八英寸面積二萬九千八百十九英方里內大陸二萬六千三十三英方里諸島三千八百八十六英方里人四百二萬五千六百四十六口大學校四所學生六千一百人小學校學生通計六十萬五千人全面積百分之十八為耕種地百分之七為草場百分之四。八為小亞灌木可飼牛馬百分之五為樹林鹿林所占之地四千二十英方里其牲畜牛百二十萬千五百六綿羊七百二十七萬二千八百六十四猪十四萬八千五百三十五業漁者過五萬人每歲通計得魚三十一萬噸值二百萬磅鄧帝捕鯨之人案鄧帝屬覆翻爾府常往南北冰洋等處羅特山產鉛近勞區推產銅土以狄河兩岸為呢絨聚集之所克拉奪河機器製造局及船廠最繁盛千八百九十年織布局用工人十五萬四千五百

九十一鐵路三千四百四十七英里運河百五十三英里區畫三十三府徐又云南方十三部曰壹丁不爾厄一作以丁堡蘇格蘭舊都也今為會城在內海南岸街衢整潔萬厦雲連為北方大都會曰林利德厄曰合丁敦曰北爾維克曰棱非律曰哀爾曰烏宜痾敦曰拉拿爾克曰比波勒斯曰塞爾給爾克曰羅哥斯不爾厄曰當非利斯曰給爾加德比里至○中央十四部曰亞爾曰勒曰比千德曰內壹爾那曰慕來曰邦弗曰亞北爾顛曰迷牙爾曰安孤斯曰白爾斯曰發壹夫曰見羅斯曰加拉克馬南曰斯德爾零曰當巴爾敦加拉克馬南為洋布總聚之地出運別國每歲得價千餘萬○北方六部曰爾哥內曰該內斯曰蘇塞爾蘭曰羅斯曰哥羅馬爾的曰音威爾內斯○先謙案蘇格蘭問答作斯格蘭謝志作斯革蘭矢志云舊名加蘭納後蘇格蘭人由愛爾蘭移住其地因改今名又云以棄伏脫連岡為英倫之界岡由東北橫亘西南最高不過二千七百尺徐之壹丁不爾厄為南方十三部之首二圖同紀程作埃丁貝萬國圖作衣丁鉢羅壹丁不爾厄之東為合丁敦二圖與徐合卽雷之黑丁敦皆在佛斯海口內出海口轉南曰貝威克卽徐之北爾維克雷之般韋克英志作北威克壹丁不爾厄之西為林利德厄與徐合卽雷之林里司哥異名記云依地望林利德厄卽格拉士哥非也據二圖林利德厄尚在格拉斯哥之東北格拉斯哥之西曰棱非律與徐合卽雷之倫勿盧棱非律之西南臨海與阿蘭島相值曰埃爾卽徐之哀爾雷之歐埃爾之南臨海與明島相對曰烏宜痾敦與徐合東有烏宜痾敦灣卽雷之韋統棱非律之東南曰拉拏爾克卽徐之拉拿爾克雷之

蘭那克英志作拉拏格拉拏爾克之東稍南曰比波勒斯即雷之比薄爾司英志作比八爾斯比波勒斯之東南曰塞爾給爾克與徐合塞爾給爾克之東北即貝威克矣塞爾給爾克之西南曰當非利斯與徐合即雷之達勿萊司其南出海口曰安南口當非利斯之西南臨海曰給爾加德比里至與徐合即雷之款喀勃拉脫其西即烏宜痾敦灣中央十四部據二圖中央西南隅有內壹爾那與徐合即雷之耐痕其所臨海灣曰摩來灣摩來疑即徐之慕來而圖不著迤東有邦佛北臨海即徐之邦弗雷之板夫轉而東有亞比爾顛臨海即徐之亞北爾顛雷之亞般丁東南有台伊海灣灣口東向有白爾斯當其口與徐合即雷之般司白爾斯之南曰見羅斯與徐合即雷之金勞司見羅斯之西南曰加拉克馬南與徐合即雷之克蘭克曼難加拉克馬之西曰斯德爾林即徐之斯德爾零雷之斯德林斯德爾零之西南曰當巴爾敦與徐合即雷之達擺敦北方六部音威爾內斯在俄爾給海門之內與徐合即雷之因佛耐司哥羅馬爾的在海門角左側與徐合即雷之克羅馬替餘未詳

亞般丁府雷又云沿海府面積千九百五十五英方里人二十八萬四千三十六口有蒂河灌溉之近蒂河之源有曼峨山高四千二百九十六英尺產石礦民多漁牧爲業有紙廠　**亞般丁**人十二萬四千九百四十三口曹云學會圖作亞比爾顛先謙案列國圖同在中部東瀕海謝志作阿伯典徐

中央十四部之一　**彼得海特**人萬二千二百二十六口曹云學會圖作白特海德案列國同在亞爾比顛之北東瀕海　**勿雷司般**人七千四百六十六口曹云學會圖作佛拉西波格案列國同在中部東北隅白特海德之北北濱海

亞其耳府雷又云面積三千二百十三英方里人七萬四千八十口有牧羊場板石礦蒸餾所　**因佛雷里**人八百七十口曹云學會圖作英佛納里案列國同在南部西北　**杜農**人五千二百八十三口曹云在格利那克對岸海濱案此就英文譯之二圖無下同　**坎板爾統**人八千二百九十一口曹云在罕大里半島之東南岸　**阿板**人四千五十口曹云學會圖作鄂濱案列國同在南部西北端

歐府雷又云沿海府面積千一百二十八案脫英方里三字人二十二萬六千三百八十六口煤鐵最富有牛乳場綿布呢布製造廠　**歐**人二萬五千二百十三口曹云學會圖作埃爾案列國同在南部之西濱海即徐之哀爾南十三部之一

坎耳馬瑙克人二萬八千四百七十七口曹云學會圖作克爾馬那克案列國同在挨爾之北那克之西濱海　**亞獨羅三**人五千二百九十四口曹云學會圖作亞德洛宣案列國同在克爾馬　**沙爾哥司**人五千八百九十五口曹云亞德洛宣之南比鄰也　**歐文**人九千十六口曹云在克爾馬那克之東十八里　**美波爾**人五千四百七十口曹云在挨爾之南二十餘里

板夫府雷又云沿海府面積六百四十一英方里人六萬千六百八十四口有草場　**板夫**人七千九百九十八口曹云學會圖作邦佛案列國同在中部佛拉西波格之西北濱海徐十四部之一　**白格耳**人五千八百四十九口曹云在邦佛之西五十餘里濱海

般韋克府雷又云沿海府面積四百六十一英方里人三萬二千二百九十口有牧羊場魚塢紙廠案二圖作貝威克徐十三部之一在南部之東濱海又案以上文例之廠下當再有般韋克及人口傳寫奪之　**格林勞**人七百五十口曹云學會圖作格藍羅案列國同在南部之東貝威克之西南

補脫府雷又云補脫島合亞倫島在內面積二百十八英方里人萬八千四百四口曹云補脫爲全島之名亞倫爲南部之名學會圖作阿蘭島案列國同在南部之西罕大里之東　**勞司塞**人九千百八口曹云學會圖作羅德塞案列國同亦小島在阿蘭島之北

開司耐司府雷又云沿海府面積六百八十五英方里人三萬七千百七十七口人以捕魚鑿石礦爲業　**韋克**人八千五百十三口曹云學會圖作威克案列國同在北部之東北隅瀕海　**善棱**人四千七十口曹云學會圖作助爾索案列國同在威克爾之西北濱海

克蘭克曼難府雷又云面積四十八英方里人三萬三千百四十口有煤礦製呢局曹云學會圖作加拉克馬南案列國同在中部東南隅南濱佛斯海口徐十四部之一

亞羅亞人萬二千六百四十三口曹云在加拉克馬南之西約九里

克羅馬替府雷又云見勞司條下

達擺敦府雷又云面積二百四十一英方里人九萬八千十四口

有漂白布與染布廠造船廠　達擺敦人萬七千六百二十六口曹云學會圖作當巴爾敦案列國同在中部近南徐十四部之一　亞歷山德利亞人萬一千六百三十九口曹云在當巴爾敦之北約十二里　款金的勞人萬二百十二口曹云在當巴爾敦之東五十餘里　希倫士堡人八千四百九口曹云在當巴爾敦之西北二十餘里濱海　克拉奪板克人萬五百八十九口曹云在格拉斯哥之西十八里

達勿萊司府雷又云沿海府面積千六十三英方里人七萬四千二百四十五口有牧羊場織呢局　達勿萊司人萬七千八百二十一口曹云學會圖作當非利司案列國同在南部東南隅濒安南口其外卽索爾歪海股徐十三部之一

衣丁堡府雷又云雨水二十七英寸面積三百六十二英方里人四十三萬四千二百七十六口有市園製牛乳所紙廠印書局魚塢等　衣丁堡衣亦作依及雷司人三十三萬二百六十八口案二圖作壹丁不爾厄與徐合十三部之一爲蘇格蘭舊都許考云壹丁堡建於三邱上龍蟠虎伏曲折萬狀論者謂形勢雄壯屋宇高華實駕倫

敦之上爲英國第一美城矢志作愛定堡云臨福斯海峽之上據山而營風景絕佳山北爲英蘇古戰場今稱繁庶樋志云文學甚盛有近世雅典之名王志云印書釀酒之業甚盛大學尤有名北有里嗣港汽船定期航行倫敦紐約及大陸諸港吳志作葉丁巴蘭又作夜琴巴蒲周志作衣通排剌謝志作哀典伯曹云雷司卽學會圖之里嗣案列國同　獨開司人七千三十五口曹云在壹丁不爾厄之東十八里　坡拖板羅人八千六百八十四口曹云在里嗣之東十二里海濱　麥塞耳堡人八千八百八十八口曹云在坡拖板羅之東約十里

愛耳勤府雷又云面積四百七十六英方里人四萬三千四百七十一口民以農漁爲業　愛耳勤人七千八百九十四口曹云學會圖作挨爾京案外國同在中部近北居邦佛之西

法塞府雷又云面積四百九十二英方里人十九萬三百六十五口有煤礦麻布局魚塢　古派人四千九百八十口曹云學會圖作庫巴案列國同在中部東南近海　款坎耳第人二萬七千百五十五口曹云學會圖作克科爾的

案列國同在庫巴之南濒佛斯海口　鄧覆林人萬九千六百四十七口曹云學會圖作敦芬侖案列國同在克科爾的之西亦濒佛斯海口　聖恩特流司人六千八百五十三口曹云學會圖作森安得留斯案列國同在庫巴之東右卽法伊甫士角

覆翻爾府雷又云面積八百七十五英方里人二十七萬七千七百三十五口爲粗麻及麻布製造廠之中心點　覆翻爾人萬二千五十七口曹云學會圖作阜法案列國同在中部台伊灣之北　鄧帝粗麻麻布聚集於此人十五萬三千五百八十七口案二圖作董低在亞布拉特西南王志同云臨台伊灣工業頗盛矢志作呑提云在福斯海峽之北人口十六萬謝志作盾第　亞勃羅司人二萬二千八百二十一口曹云學會圖作亞布拉特案列國同在阜法東南臨海　蒙脫羅司人萬三千七十九口曹云學會圖作蒙德羅斯案列國同在阜法東北臨海　勃里輕人八千九百五十五口曹云學會圖作不列仍案列國同在蒙德羅斯西北　勃勞推覆雷人九千二百五十六口曹云在董低之東十二里海濱

黑丁敦府雷又云面積二百七十一英方里人三萬七千三百七十七口民多以耕種採煤爲業　黑丁敦人四千百五十口曹云學會圖作合丁敦案列國同在壹丁不爾厄之東徐十三部之一

因佛耐司府雷又云面積四千八十九英方里人九萬百二十一口有開爾多釀運河經其中民大半以養鹿羊及打獵爲業　因佛耐司爲高地之會城人二萬八百五十五口曹云學會圖作音威爾內斯案列國同在中部西北隅吉俄爾給海門內徐北六部之一

金揩丁府雷又云面積三百八十三英方里人三萬五千四百九十二口民以農漁獵爲業　司敦漢文人三千九百五十二口曹云學會圖作斯多內海芬案列國同在中部之東臨海亞爾比顚之南

金勞司府雷又云面積七十三英方里人六千六百七十三口出麻布產煤　金勞司人千九百七十口曹云學會圖作見羅斯案列國同在中部庫巴之西

偏南徐十四部之一
款喀勃拉脫府雷又云面積八百九十八英方里人三萬九千九百八十五口人以畜羊捕魚製呢爲業　款喀勃拉脫人二千六百口曹云學會圖作給爾加德比里至案列國同在南部之南臨海位安南口右烏宜痾敦灣徐十三部之一
蘭那克府雷又云面積八百八十二英方里人百十萬五千八百九十九口有名製造之府產煤鉛鐵民以製呢棉布造船爲業
蘭那克人四千九百口曹云學會圖作拉拏爾克案列國同在南部中央壹丁不爾厄西南徐十三部之一
韋沙人萬五千二百五十二口曹云在哈墨爾墩之東十五里　黑迷爾敦人二萬四千八百五十九口曹云學會圖作哈墨爾墩案列國同在拉拏爾克西北　馬善韋耳人萬八千七百二十六口曹云在哈墨爾墩之東北六里　科辟里治人三萬三十四口曹云在馬善韋耳之北十五里　歐特雷人萬九千百三十三口曹云在科辟里治之東六里　盧潄格倫人萬三千八十五口曹云在格拉斯哥之南九里

格拉斯哥雨水四十英寸棉布局聚集之所人六十五萬八千百九十八口案二圖同王書云跨格拉德河爲蘇格蘭工業中心附近多鐵炭造船業之盛爲英國第一設有大學矢志作克拉斯夸府云港口下二十餘英里爲造船所輪船之制至千八百十二年始爲其地所發明謝志云造汽機名人瓦德之故里吳志作格蘭斯科云跨庫賴得河盛工業許考作加辣斯科吳志作固蘭斯科周志作喝來斯戇辻志作哥拉斯搆
林里司哥府雷又云面積百二十英方里人五萬二千八百八口出煤鐵及各種製造　林里司哥人三千九百口曹云學會圖作林利德厄案列國同在南部之北臨佛斯海口壹丁不爾厄之西徐十三部之一　擺司蓋脫人五千三百三十一口曹云林利德厄之西南十八里　巴羅司敦耐司人五千八百六十六口曹云在林利德厄之北七里餘海濱　格倫治摩司人六千三百五十四口曹云英文圖在司德林府此作林里司哥府未知孰是其地在巴羅司敦耐司之西
耐痕府雷又云面積百九十五英方里人九千百五十五口民以農漁爲業　耐痕人四千六百七十口曹云卽學會圖之內壹爾那案列國同在中部西北

臨吉俄爾給海門徐十四部之一
亞克尼島府雷又云面積三百七十六英方里人三萬四百五十三口民以捕魚編羊毛爲業曹云學會圖作俄爾哥內羣島案列國同在北部之北矢志作奥克納樋志作痾克尼亦作俄克尼　款華爾人三千九百二十六口曹云學會圖作克鄂爾案列國同
比薄爾司府雷又云面積三百五十五英方里人萬四千七百五十口有牧羊場織呢局　比薄爾司人三千五百口曹云學會圖作比波勒司案列國同在南部塞爾給爾克西北徐十三部之一
般司府雷又云面積二千五百二十八英方里人十二萬千百八十五口民多以農爲業有牧羊場鹿林織布局　般司人二萬九千九百十九口曹云學會圖作白爾斯案列國同在中部庫巴爾西北徐十四部之一　克里夫人四千五百口曹云學會圖作克里甫案列國同在白爾斯之西少南
倫勿盧府雷又云面積二百四十五英方里人二十三萬八百十

三口產煤鐵有棉布局造船廠煉糖廠　倫勿盧人六千七百七十七口曹云學會圖作棱非律案列國同在南部當巴爾敦之南少東徐十三部之一　格拉斯哥埠人萬四千六百八十四口曹云在當巴爾敦之西中隔一河口與拉拏爾克府地同名　格林腦克人六萬三千四百二十三口曹云學會圖作格利那克案列國同在當巴爾敦之西臨海汊　保勞克沙司人萬四百五口曹云在拉拏爾克府之格拉斯哥西南數里　配斯雷棉布局聚集之所人六萬六千四百二十五口曹云學會圖作巴伊斯里案列國同在棱非律之南　仲司敦人九千六百六十八口曹云在巴伊斯里之西約十里　巴海特人八千二百十五口曹云在巴伊斯里東南十二里許
勞司府雷又云勞司與克羅馬替包有奥德希勃拉司之一部分面積三千七十八英方里人七萬八千七百二十七口有牧場曹云澳德布勃拉司卽二圖之喜布黎特斯羣島島之大者分二部北列威斯屬克羅馬替府南哈里斯克屬因佛耐司府現就英文圖譯之因佛耐司實兼轄斯克夷島巴拉島南北烏義斯德島扁貝庫拉島哈里斯島等地也案喜布黎特斯矢志作海孛立待斯勞

司樋志作魯易士一作魯伊斯許考云蘇格蘭之西有羣島三百餘區八十餘島有居人氣候溫煦養生之物粗具餘則寥廓荒涼寒風殺草有平沙無垠夏不見人之概 登人二千二百五十口曹云學會圖作坦尼案列國同在北部之東臨道羅池海門 丁華爾人千九百五十口曹云學會圖作敦鄂爾案列國同在坦尼之西南 在酉意士之司托拿威人三千三百八十六口曹云酉意士郎學會圖之列威斯島司託拿威郎斯道那隈案列國同在北部之西 克羅馬替人千三百五十口曹云學會圖作哥羅馬爾的案列國同在敦鄂爾之東北臨海徐北六部之一

勞克司般府雷又云面積六百六十五英方里人五萬三千五百口有織呢局 呵韋克人萬九千二百四口曹云學會圖作哈威克案列國同在南部中央塞爾給爾克之南偏東

塞爾款府雷又云面積二百五十七英方里人二萬七千七百十一口有草場織呢局 塞爾款人六千三百九十七口曹云學會圖作克耳索案列國同在南部之東格藍羅之南 喝拉希爾司人萬七千三百六十七口曹云

在克耳索之北數里

舌特蘭島府雷又云面積五百五十一英方里人二萬八千七百十一口先謙案二圖作設得蘭羣島在北部之東北矢志作歇脫倫樋志作舍德蘭許考作塞弍郎云節氣寒冷雨雪過多穀麥不登民生寥落以捕魚爲食計彼方九十一島惟五十餘島有人寄寓餘則鳥跡獸蹤尚爲僻野 劣韋克人五千九百三十口曹云學會圖作略爾威克案列國同

司德林府雷又云面積四百四十七英方里人十一萬八千二十一口產煤鐵有呢局棉布局 司德林人萬六千七百八十一口曹云學會圖作斯德爾林案列國同在南部之東臨佛斯海口徐十四部之一 亞爾乏人五千二百二十五口曹云在斯德爾林之東北十五里 覆爾款人萬九千七百六十九口曹云在斯德爾林東南三十里 坎爾錫司人六千七十二口曹云在覆爾款之西三十里

殺善蘭府雷又云面積二千二十八英方里人二萬千八百九十六口有牧羊場鹿林 獨腦人四百九十口曹云學會圖作達挪池案列國圖作道羅池在北部之東臨道羅池海門

韋統府雷又云面積四百八十六英方里人三萬六千六十二口民以漁農牧羊爲業 韋統人千七百九十口曹云學會圖作烏宜疴敦案列國同在南部之南臨烏宜疴敦灣徐十三部之一其西卽巴特里克 司脫倫雷爾人六千百九十三口曹云在巴特里克之東北十五里

阿爾蘭

阿爾蘭徐志阿爾蘭一作詐爾蘭又云在英倫蘇格蘭之西海港隔斷別爲一島南北約七八百里東西約四五百里古時爲土番部落英人於南宋時收服之地多豬澤河源甚短土亦磽瘠產石炭甚富又產鉛錫銅鐵其民粗豪闊爽飲酒歡會無遠圖英人募以爲兵臨陣敢於衝突以退縮爲恥故英人水陸將領半皆阿爾蘭人俗尙天主教不肯從耶穌教英人惡之而不能使之改革也地分三十二部樋志云愛爾蘭在大比利敦之西其愛爾蘭海岔最接近之處海面徑直僅十二英里其海岸屈曲岬灣頗多如西南端克里阿岬爲歐洲至美航客屬目之地其名最著屬島皆小著名者惟西南方海底電綫起首之瓦棱薩島而已中央地率低原高於海面僅二三百尺處處有窪下之沼澤至海邊四周之地則峯巒有高二千尺者 雷志云全島平原

幾過四分之三上有無數孤立之山其中較高者爲蒙山高二千八百四英尺韋羅山樋志作威克羅在都勃林之南陳炳煥云卽危克婁高三千四十七英尺款連山內曼克幾廉喀底里克司高三千四百二十二英尺如海水漲高六百英尺則阿爾蘭變爲一叢羣島河之至大者爲塞能河謝志作珊嫩河云六百七十二里入大西洋中多狗吐魚王志作善農河云長二百五十英里巴老河歐尼河班尼河次之譚志云一作沙嫩周志作新農矢志作獻能樋志云次於此者有博羅河福以兒河波因河皆長一百英里 湖亦衆多以羅尼爲最大百五十七英方里樋志云景色秀美者有克倫尼湖卽羅尼也 氣候較英倫溫和而溼凡倫西亞每歲熱度中數五十一度正月四十五度七月五十九度雨水約三十六英寸面積三萬二千五百八十三英方里內大陸三萬二千三百六十五英方里人四百七十萬四千七百五十口大學校二一剔里尼替大學一舊教教會所立大學又有英后所立學校三而官立大學但爲考試之會所小學

校學生通計五十二萬一千人全面積百分之十九爲耕種地百
分之五十四爲草場百分之一•五爲樹林百分之二十三爲泥
澤及童山千八百九十八年有馬五十一萬三千七百八十八牛
四百四十八萬六千二百四十二緜羊四百二十八萬七千二百
七十四猪百二十五萬三千六百八十二業漁者二萬五千人每
年魚值五十六萬磅礦產有煤鹽銅麻布局與小織布局製繡帶
用工人七萬二千鐵路三千百六十八英里運河六百九英里區
畫四省三十二府徐又云東方十二部曰都伯林北一柞土其會城
也建於但士江濱下接海口水深便於泊船城
內外居民十萬餘貿易繁盛景象極豪華曰勞斯曰壹斯德迷曰
烏宜哥婁曰威哥斯佛爾曰幾爾給尼曰加爾婁曰幾爾德壹耳
曰固音斯高翁的曰京斯高翁的曰威斯德迷曰郎佛爾○西方
五部曰勒德靈曰斯黎各曰羅斯哥滿曰馬約曰加爾威○南方
六部曰哥雷宜爾曰里摩黎克曰給黎曰哥爾克曰窩德爾佛耳
曰的卑拉黎○北方九部曰安德靈曰刀尼曰亞爾罵疴曰的倫
曰倫敦德黎曰德內加爾曰非爾馬那疴曰加彎曰摩那安先謙
案阿爾蘭謝志問荅作哀爾蘭萬國圖作埃爾蘭西洋史要作愛

爾蘭矢志云舊名喜蟠納後用愛意路之義西國因改今名又云
千百七十三年爲英所征服千八百一年後分而自立終相合併
許考云與英倫蘇格蘭中隔窄海縱七百三十里橫四百五十餘
里東方諸部據二圖臨海有都伯倫即徐之都伯林雷之都勃林
都伯倫之西南有奈斯即徐之勞司奈斯之東南濱海曰烏宜哥
婁又南曰威哥斯佛爾即雷之韋克司覆臨海東有口門東向曰威
哥斯佛爾灣並與徐合威哥斯佛爾之西北有吉爾景尼即徐之
幾爾給尼雷之訖爾肯尼萬國圖作其耳肯尼英志作幾耳格尼
吉爾景尼之東北曰加爾婁隔河相望與徐合即雷之喀羅加爾
婁之北曰幾爾德壹耳與徐合西方諸部有徐勒德靈異名記云泰
西新史作克德林較其地望即萬國圖之恩匿士其連二圖作英
尼斯基連英尼斯基連之西曰斯黎各即雷之司里哥隔河相望
與徐合西臨海爲斯黎各灣斯黎各之南曰羅斯哥瑞即徐之羅
斯哥滿英志作羅斯哥門萬國圖作羅士科門羅斯哥瑞之西南
日加爾威臨海有加爾威灣與徐合即雷之加耳韋南方諸部據
二圖有里摩黎克與徐合即雷之力滿力克西南海港深入內地
直南少東有哥爾克南臨海爲哥爾克灣即雷之加克迤而東爲
窩德爾佛即徐之窩德爾佛耳雷之華德覆向南有窩高德爾佛港
窩德爾佛之西北有的卑拉黎與徐合即雷之鐵不雷廉北方諸
部據二圖有貝爾法斯德異名記以爲即安德靈是也貝爾法斯
德之西有俄瑪即徐之亞爾罵疴雷之亞馬英志作亞爾馬萬國
圖作鄂瑪俄瑪之北曰倫敦德黎與徐合即雷之倫敦段廉俄瑪
之東南曰摩那安
與徐合餘未詳

倫司德省雷又云面積七千六百二十二英方里人百十八萬七
千七百六十口先謙案二圖作林司德都勃林雨水三十英寸每年熱度
中數五十度正月四十二度七月六十度人三十一萬千二百九
口案二圖作都伯倫阿爾蘭會城王書云在利非河口爲阿爾蘭事務大臣駐所矢志作特孛林云在島東部臨愛爾士海之特
孛林灣爲全島衝要之地周志作陀武林謝志作德伯林吳志作達布林徐東十二部之一金士統人萬七
千三百二十二口曹云學會圖作京斯墩案列國同在都伯倫東南臨海鄧獨克人萬二
千四百四十九口曹云學會圖作董多爾克案列國同在都伯倫之北臨海有董多爾克灣獨勞希
德人萬一千八百七十三口曹云學會圖作德羅赫達案列國同在董多爾克之南韋克
司覆人萬一千五百四十五口曹云學會圖作威哥斯佛爾案列國同在都伯倫之南臨海有威哥
斯佛爾灣徐十二部之一訖爾肯尼人萬一千四百四十八口曹云學會圖作吉爾景宜案列國同
在省中央威哥斯佛爾之西北徐十二部之一勃蘭克勞克人八千四百一口曹云在都伯倫
之南十八里海濱勃雷人六千八百八十八口曹云學會圖作布來案列國同在京斯墩之南

臨海阿司隆人六千七百四十二口曹云學會圖作亞斯羅內案列國同在省中央都伯倫之
西喀羅人六千六百十九口曹云學會圖作加爾婁案列國同在吉爾景宜之東北徐十二部之
一牛勞司人五千八百四十七口曹云學會圖作紐羅斯案列國同在加爾婁之南
恩尼司加西人五千六百四十八口曹云學會圖作安尼斯科的案列國同在紐羅斯之東北
木林加人五千三百二十三口曹云學會圖作謀爾林加案列國同在都伯倫之西北
克郎太夫人五千百四口曹云在都伯倫之東海濱脫雷木耳人四千五百
二十二口曹云學會圖作叨爾蘭摩里案列國同在都伯倫之西
門司德省雷又云面積九千四百八十一英方里人百十七萬二
千四百二口先謙案二圖作蒙司德加克雨水四十六英寸人七萬五千
三百四十五口曹云學會圖作哥爾克案列國同或作哥革在省南臨哥爾克海灣徐南六部之一力滿
力克人三萬七千百五十五口曹云學會圖作里摩黎克案列國同在哥爾克之北西對善農河口
徐六部之一華德覆人二萬八百五十二口曹云學會圖作窩德爾佛案列國同在省偏東

臨窩德爾佛港徐六部之一

脫雷廉人九千三百十八口曹云學會圖作特洛里案列國同在省西臨特洛里灣

坤司統人九千八十二口曹云學會圖作昆斯墩案列國同在哥爾克之東南海口

克郎曼爾人八千四百八十口曹云學會圖作克琅墨爾案列國同在窩德爾佛西北維爾河左岸

覆毛塞人六千四百六十九口曹云學會圖作非爾莫伊案列國同在哥爾克之北偏東

鐵不雷廉人六千三百九十一口曹云學會圖作的卑拉黎案列國同在非爾莫伊之北少東徐六部之一

酸河岸之喀立克人五千六百八口曹云喀立克郎學會圖之加利克案列國同在克琅墨爾之東

記拉尼人五千五百十口曹云學會圖作基拉尼案列國同在省西近丁格里海灣

恩尼司人五千四百六十口曹云學會圖作英尼司案列國同在里摩黎克之西北

鄧葛文人五千二百六十三口曹云學會圖作董加芬案列國同在省南偏東臨海

學埃人四千三百十七口曹云學會圖作約和爾案列國同在省南臨約和爾海灣

康諾德省雷又云面積六千八百六十七英方里人七十二萬四千七百七十四口先謙案二圖同

加耳韋人萬三千八百口曹云學會圖作加爾威案列國同在省西南臨加爾威灣徐西五部之一

司里哥人萬二百七十四口曹云學會圖作斯黎各案列國同在省北臨斯黎各灣徐五部之一

巴里那人四千八百四十六口曹云學會圖作波里吶案列國同在省西南對加爾威灣

阿爾司德省先謙案二圖作什爾司德雷又云面積八千六百十三英方里人百六十一萬九千八百十四口

板爾法司脫人二十五萬五千九百五十口案二圖作貝爾法斯德王書同云臨北海峽工業貿易之盛爲本島第一矢志云孛爾法與蘇格蘭相對爲製造麻布之處南有夸五港爲愛爾蘭貿易要地吳志作比爾發特樋志作伯耳法士特謝志作伯勒法斯

倫敦段廉人三萬三千二百口案二圖作倫敦德黎徐北九部之一

牛廉人萬二千九百六十一口曹云學會圖作紐里案列國同在省東南隅近卡倫佛爾德灣

力士般人萬二千二百五十口曹云學會圖作利斯本案列國同地近貝耳法斯德灣

劣根人萬一千四百二十九口曹云拉根在拔大敦東北十五里尼格湖東南拉根河南岸

牛統那司人九千百九十七口曹云在貝耳法斯德之東三十里

喀立克覆葛司人八千九百二十三口曹云學會圖作喀里克佛沽斯案列國同在貝耳法斯德灣之左

巴里迷那人八千六百五十五口曹云學會圖作波里彌那案列國同在省東北隅喀里克佛法斯之西北

坡推堂人八千四百三十口曹云學會圖作拔大敦案列國同在貝耳法斯德之西南

亞馬人七千四百三十八口曹云學會圖作亞爾馬案列國同在拔大敦之西南徐九部之一

科劣倫人六千八百四十五口曹云學會圖作科列拉英案列國同在省北臨海法里灣右岸

恩尼司坎倫人五千六百七十口曹云學會圖作英尼斯基連案列國同在省西南歐尼河右岸

司脫雷本人五千十三口曹云學會圖作斯特拉巴內案列國同在倫敦德黎之南

本辟里治人四千九百一口曹云在拔大敦之東南三十里

賜進士出身　特賞內閣學士銜前國子監祭酒翰林院編修加三級　臣　王先謙謹撰

法蘭西國

法蘭西徐志佛郎西佛蘭西佛郎機法蘭西拂朗察佛郎機荷蘭西云歐羅巴强大之國也東北界比利時西北與英吉利隔海港相對東界日耳曼瑞士東南界意大里亞暨地中海西抵大西洋海西南界西班牙縱約二千二百五十里橫約二千六十里其地古名高盧又名牙里亞爲塞爾達野番部落漢孝元元初年間羅馬大將愷撒征服之命大臣鎮守墾田播穀漸化其俗由是爲意大里亞西境後羅馬衰亂南境爲北狄維西哥多人卽哥特族所據西境爲北狄不爾給農人所據東北境爲日耳曼之佛郎哥人所據齊高帝建元三年佛郎哥酋長哥羅味有雄略始驅除北狄據其全土改國號曰佛郎西是爲佛人立國之始傳三百餘年至給爾北里哥爲國人所廢唐天寶十一年立國相北比諾爲王北比諾聰敏好學奮起修政佛國以康其孫甲利泰甫一作加爾[illegible]有文武才於唐德宗六年嗣位時東方日耳曼之撒遜部屢犯邊泰甫征之禽其王斬四千五百人因略定日耳曼諸部幷兼羅馬羅馬教王爲加冠[illegible]羅馬東王約爲上交泰甫乃開館第招致文學之士城邑宮室道路刱造宏整規模極一時之盛泰甫傳數世後宗支爭權各部亦擅兵相攻國又衰亂宋太宗雍熙四年國人立大酋武額加頌多爲王傳數世嗣絕更立瓦羅義斯爲王

宋理宗二年王路易一作盧義斯嗣位長於吏術尤精名法嘗帥師伐麥西戰已勝矣而三軍染疫不能起乃納賂全軍歸而增修國政簡任賢能號爲中興國與英隔一海港世爲姻婭嘗佛王嗣絕英王義都亞爾多自以故佛王之甥當得分地佛人不與英遂起兵相攻兩國從此搆衅隔數年或數十年輒交鬨稱爲勍敵元順帝年間國爲英所滅有幼女年十六號召餘燼擊退英軍恢復境土明萬歷二十五年王顯理被弒一作[illegible]顯理第四由旁支嗣位一作[illegible]發憤自修廣布仁惠百姓歸之時有天主教之魁欲誅鉏異己王不聽魁恨之謀弒王萬歷三十七年王中刺客死百姓哀哭如喪父嗣子愚孱用小人國政亂傳至路易第十四一作盧義斯十四好武佳兵諸國來朝者偃蹇凌侮之由是皆怨畔乾隆三十八年王路易第十六嗣立一作盧義斯十六時華盛頓據亞墨利加起兵英攻之不克佛人以全軍助華盛頓英不能支而佛亦由是虛耗王好漁色內寵擅權擾民民不能堪乾隆五十四年國大亂尋廢王弒之立領事官三人攝王政以拿破侖爲首拿破侖者佛夙將用兵如神征麥西有大功王忌之置散地國人旣弒王拿破侖乘勢鼓眾得大權嘉慶八年國人推戴卽王位特其武略欲混合土宇繼羅馬之蹟滅荷蘭廢西班牙取葡萄牙兼并意大利瑞士日耳曼諸小部割普魯士之半奪墺地利亞屬藩侵嗹國圍其都城戰勝攻取所向無敵諸國畏之如虎嘉慶十六年以大兵伐峩羅斯圍其舊都墨斯科峩人燒之而走佛方旋師而天驟寒軍士凍死者十七八諸國乘其敝也合力攻之佛師大潰故所得土全失嘉慶二十年各國遣公使會議於維也納奧地利亞都城凡拿破侖所侵地各歸故主其間有分析有合併立盟約不相吞噬拿破侖旣敗喪漸而遜位復立故王之裔路易一作盧義斯仍握兵柄嘉慶二十一年與英戰於北境兵敗被擒英人流之荒島道光二年死路易卽位數年卒第查理立一作加爾祿斯愚戇不任事在位九年國人廢之擇立支屬賢者路易非立一作盧義斯非里道光九年嗣位性寬仁好納諫有賢聲又云佛在歐洲諸國中傳世最久自哥羅味開基至今千餘年中間雖迭遭變故代立者皆其宗黨未滋他族未立女主較他國之奕棋置君者固有間矣立法駁雜賢君復六七作危而不亡蓋有由也又云郡國利病書言佛郎機古無可考不通中國正德十二年駕大舶突至廣州灣口銃聲如雷以進貢請封爲名撫按查無會典舊例不允退泊東莞南頭蓋房樹柵恃火銃以自固有至部者不行跪禮朝見欲位先諸夷御史邱道隆何鼇言其先年潛遣火者亞三假充滿刺加國使臣風飄到澳往來窺伺略賣小兒烹而食之近日滿刺加國王奏其奪國仇殺等情宜卽驅逐嚴禁私通將所造房屋城寨盡行拆毀詔皆從之誅火者亞三海道汪鋐以兵逐其餘黨反用銃擊敗我兵或獻計使善泅者入水鑿沈其舟盡擒之餘遁去汪鋐得佛郎機銃式請頒於邊鎭三邊實賴其用又云佛郎機人好食小兒其國王得食之臣僚皆不能得至是潛市十餘歲小兒食之每一小兒市金錢百文廣之惡少競掠小兒往賣居二三年兒被掠益眾遠近患之云云案鑿舟之役事殊杳茫至烹食小兒非人類所爲我　朝通市二百年佛人每歲來粵何以不聞有此似當時傳聞未必盡確也鑿舟之說嘗詢寶提軍振彪云少嘗學之知其梗概人入海必閉目否則爲鹹水所侵目且盲必閉氣否則流隨吸入轉瞬而腹彭亨其能不浮不沈恃手足之運動運動少停則隨波湧出水面斷無在水中尚能施力

運斧之理世俗所傳大半得之耳食資談柄則奇聞可喜竟欲施之實事則愚矣慕志云法國緯綫自赤道北四十三度二十分起至五十一度五分止經綫自順天偏西百有八度起至百三十一度止又云道光二十八年國人廢路易非立遁於英不數年而崩庶民立拿破侖之姪路易拿破侖爲首期以四年咸豐二年已屆期不肯避位召兵助之復期以十年事乃定同治元年法與撒丁攻奧大勝奪奧數區歸撒撒以其國二部償法光緒元年普大勝法虜其君和約後釋放歸英迨後而死紀程云同治九年西班牙無王國人議迎普魯士王族拿破侖第三阻之普法交鬨於是有師丹之戰[illegible]普人擒拿破侖第三入巴黎法人爲虜者七十萬戰歿者十五萬全國三分之一爲普所蹂躪亡財貨不可勝計旣而議和法割西北萊尼河西二部歸普復償普兵費五千兆佛郎[illegible]又法人乃定制爲民主國矣志云法國舊名塞爾塔或稱夸爾或稱加料後爲法蘭克司所專領因改今名

雷志云千八百七十年後爲共和國立法權由國會操之

國會分上下二院大總統七年一任由國民公選紀程云同治九年法爲普敗乃定制爲民主國公舉首領治事七年一易國之政事經二議院議定首領畫諾交政府施行其異於常人者以其能受各國書問接各國使者閱營兵察刑政而已歲俸不及妻子退任則與齊民等上議院三百人其七十五人專議國律終身不易二百二十五人舉由國之縉紳九年一易下院議紳五百三十四人舉由齊民四年一易凡民十萬舉一人過十萬不滿十萬亦舉一人應舉

之人必年過二十居籍未犯法者在官者不舉凡國政事政府條其說交下議院曰可復交上議院上議院亦曰可然後行自政改革以來國之黨凡三一君黨志復君權一民黨志保民主一中黨中主無成見二院中三黨俱備遇事不無齟齬以可否之多少定之可多則行否多則止議員所議政府不以爲然者例得遣散議員令民再舉然議員之卓異者必爲民望雖遣散而民復舉之政府卒莫如何甚至有相率罷去者故政府卽數十易而議員未嘗一動但政府諸臣惟兵部海部官由專門出身他部官多自議員遷擢者若果同黨則政府與議院尚不至相抗首領有罪下院陳其罪上院得執而察之 **法國之地自大西洋起至地中海止有比里尼斯山界於其南** 樋志云平均高八千尺最高點一萬八千一百尺 **阿耳魄士山** 勃倫山高萬五千七百八十英尺案紀程作亞爾伯吳志作阿爾布辻志作亞爾普斯矢志作埃而潑司云又於孫尼斯山腹開邃道七英里與伊大利相通樋志云阿爾比斯最高峯曰蒙不郎克高萬五千尺而時冠白雪郎勃倫山也辻志作孟布蘭周志作勃林 **嶋拉河與伏斯資司河界其東德國聯邦界其東北國中高原有坎脫爾山高六千九十英尺** 紀程云其疆域南之東距地中海南之西倚比里牛斯山山南爲西班牙西盡大西洋北之西臨英倫海海北爲英吉利北之東界比利時及荷蘭所屬之盧森不爾厄東與德意志瑞士意大利爲鄰其鄰意大利者爲亞爾伯山鄰瑞士者爲白山爲周拉山鄰德意志者昔守萊尼河今則退守阜斯

吉士山瓦摩塞勒河東西南三面皆環山海惟東北界爲平壤地勢東南多山而高西北近水而低 **河之大者爲沁河** 案沁河卽塞納河講義云塞納河出蘭克爾高原向西北流合馬爾內河約內河及各支流至勒哈佛爾入海長四百八十餘英里其內自河口迄德羅雅有三百四十英里可通舟楫下流過巴黎矢志作遜河云出東部山地西北流中合濛河經巴黎城下由哈佛謝志作哈費耳港入英吉利海岔行四百七十英里一國遊記作先河樋志作賽納謝志作色因譚義作賽恩一作賽耶吳志作設奴周志作衰諾 **勞爾河** 案勞爾講義云出西溫尼斯山中之米精克山合亞列爾河及各支流西流六百英里至森那晒里入海有四百五十英里適於航行矢志作落埃河云西流貫國之中部灌埃林司及託爾斯繁盛之地又經納推斯港郎能德入別司開灣亦作比鄮繇行五百三十英里許考作羅亞爾云出腹地峻嶺行千五百八十里入大西洋惟張沙甚多遷移無定爲行舟患潮汎盛發衝突隄塘迄難一防制辻志作盧爾云出斯晚奴山謝志作勒瓦耳譚義作羅洼耳一作洛洼吳志作路阿周志作魯挨 **格郎河** 案格郎講義作加羅內云出比利牛斯山脈中西班牙領部合亞列日及各支流流至西北名日倫大河成大河口而入於海長六百餘英里內自河口至都羅塞凡二百七十英里通舟航矢志作加隆河云出比蘭尼斯山灌凡產葡萄地經孛爾特府辻志作薄兒得案郎波爾多至奇隆特灣入海許考作加羅納云過波爾多城名日倫大河吳志作加倫云下流名幾倫周志作噶弄樋志作葛弄謝志作嘎倫 **隆河** 案隆河卽羅尼講義云羅尼出瑞士之山果多爾入給尼發湖再自西南隅出至里昂併薩鄂內河

正南流入地中海合薩鄂內河長六百三十七英里以流急水淸著名自里昂與馬塞之間開通鐵道後其關係利害者漸少許考云出亞耳伯山成日尼窪湖爲瑞士南界行千三百十餘里矢志云至里昂府合沙河樋志作弄河合順河謝志作倫河合孫河周志作魯河譚義作龍河一作羅納又作羅那 **面積二十萬七千百十二英方里** 王韜志略云全地廣袤北自丹噶克亦譜之克海吃東相對迄其極南之境約長千八百里其極廣處自巴黎京城核之約千七百四十六里其極狹處自吉鑾特河至意大利界寬不過千八十里濱海諸處在英國海岔及比利時峽一帶綿亘千六百八十里在大西洋徑千五百三十里在地中海徑八百五十二里附山諸處比里牛斯山峙其西南徑七百八十里亞爾卑斯山峙其東隅徑千二十里又萊尼山一帶約徑三百九里東北隅境約徑八百七十里統計四境之地截長補短不下七千二百里合哥爾塞牙計之全地之廣約六十三萬三千四百七十方里又云近今分設特拔綑如中國之府八十九亞鑾達士綑如中國之州二百七十三甘敎如中國之縣二千九百二十八甘門如中國之市鎭三萬七千五百一十 **人三千八百五十一萬七千九百七十五口** 十一國遊記云法人口三千八百四十萬當百年前法人口二千七百萬英僅千五百萬據西曆八百一年嘉慶六年也今則英人四千餘萬遠過於法德在道光中亦遠不若法今且六千餘萬過法以倍各國人口皆驟進推法不進聞法婦女皆尙自由不樂有子故以墮胎爲事政府設法獎勵育子者然卒不能救正此非細故也 **文業學校六十四工藝學校甚多** 紀程云有大書

院十六總國之學校十六院長歲一巡行通國考察學校之勤惰男女及年均入學習藝業不成者使粗通文字年逾十二始出學聽其自由及年不入學者罰其父母故藝學漸進綜歐洲藝學德爲上法次之英又次之 **業農者居國人百分之四十八業工與鑛者居百分之二十五全面積百分之五十四爲耕種地百分之十一爲草地百分之十九爲樹林地主約五百六十七萬二千其所掌之地過一百英畝者居全面積百分之四十五所產者爲甜菜** 可以製糖 **煙葉橄欖桑實** 可以飼蠶案矢志云產穀之地居全國生產地之半麥類山芋甜菜平原所在多有煙麻隨處皆是惟供國人日用所需運往他國者少 **葡萄酒每年六億三百萬格倫** 案一格倫容二百七十七●二七二英立方寸先謙案矢志云種葡萄之法隨處皆宜以加隆河畔爲最歲產約値四萬七千萬圓釀酒至一億三千萬石或一億八千萬石不等孛爾特府及香烹州爲世界第一香烹酒每歲不下二千一百萬罈謝志香烹作香賓 **牲畜牛千三百四十八萬六千五百十九綿羊二千百四十四萬五千百十三山羊百四十九萬五千七百五十六豬六百二十六萬二千七百六十四** 矢志云畜牧爲平原至要之業然所畜不足供日用所需但仰

給進口之費蓋各地俱爲務它業者所占有矣礦產每年出煤二千九百萬噸鐵塊二百十二萬二千噸鹽八十萬千五十八噸餘如鋅鉛銅等矢志云歲出煤二千六百萬噸然不足供全國所需約不敷三千六百萬噸出鐵三百五十萬鉛銀鹽所產亦盛業漁者十一萬五千百二十五人有漁船二萬七千六十二隻以鰵魚青魚撒丁魚爲大宗矢志云魚多產鮪鯡鰵鯨所產之數亦歲入一大宗製造繁盛可行船之河五千五百十六英里講義云河流宜舟航者有八千八百三十二基羅米突運河二千四百八十八英里千八百九十七年鐵路二萬五千七百七十七英里紀程云鐵路約五萬五千一百里電綫約四十六萬四千里講義云大部皆私設其國有者不過千七百英里商船萬五千五百六十四隻入口貨值一億五千二百九十八萬磅出口貨值一億三千八百三十萬磅紀程云入口貨值約英金錢萬六千九百三十七萬四千五百二十磅出口貨值減於入口貨值三千七百三十六萬五千三百三十磅與英比德美及本國諸屬地貿易政要云通用之銀錢曰福蘭格計詳銀一角九分之數可分爲百勝丁裝載之噸每噸計重二千二二磅量長短之尺曰米特合中國尺三尺一寸加十倍曰特喀米特合中國尺三十一尺

加百倍曰合得米特合中國尺三百十尺加千倍曰結羅米特合中國三千一百尺減小米特十倍曰特斯米特合中尺三寸一分又減十倍曰生得米特合中尺三分三釐再減十倍曰謀勒米特合中尺三釐三毫量地之度曰阿爾計二三畝零八分四四加十倍曰合塔兒計三百八十四畝四分減十倍曰生塔爾計二分八釐四毫四絲稱物之秤曰喀羅格郎合英二磅二分五毫大者曰浸篤合英二百二十磅入款一億四千萬磅千八百九十九年國債十一億九千七百九十三萬三千磅紀程云國債英金錢八萬五千八百萬磅每年國用五千二十四萬磅紀程云自師丹敗後償兵費補傷殘國債因之累增後又用兵於阿非利加之馬達加斯加爾島及越南之東西京國用愈多議院議節經費政府每以不足爭之議院不允政府去位者數矣軍額平時六十三萬六千人戰時有十九隊共七十五萬四千六百人礮二千八百二尊後備軍七十三萬四千六百人礮六千八十四尊總計四百五十五萬人海軍有戰船三百八十五隻內鐵甲五十二隻水雷艇二百九十二隻船上共四萬四千人紀程云國制民盡爲兵分四等朝夕入伍操練礮仗隨身者謂之營兵歲僅入營操練一閱月者謂之餘兵居家隨時習武事者謂之團兵居家僅備有事時調遣者謂之備兵職在守禦非警不臨陣男子三十一隸軍籍惟廢疾及寡婦獨子乃免凡民充營兵五年退爲餘兵充餘兵

四年退爲團兵充團兵六年退爲備兵充備兵六年脫軍籍計民隸軍籍二十年入伍之兵共五十萬二千七百八十七人若四等齊集共二百四十二萬三千百二十四人養兵歲費約英金錢二千六百萬磅大鐵甲二十艘馬力四千四至八千匹中鐵甲十二艘馬力二千匹至四千匹護衛礮船二十七艘快船五十七艘大小雷艇及報信運兵之船二百三十五艘共兵船四百五十一艘水師七萬人養船歲費約英金錢七百萬磅講義云軍艦分地中海及北海英國海峽以上兩艦隊又分大西洋太平洋極東交趾支那及印度洋五艦隊最有力者地中海艦隊也法國海岸分爲五海軍區一召爾布格謝志作布耳靳舍二布拉斯的謝志作伯勒斯三羅爾英特四羅捨縛五土倫謝志作度龍以上各軍港均有鎮守府管之各港均有造船所極壯大王韶志云自法敗於普議以普兵之強無民非兵在籍者朝調夕至在營者技藝嫺熟法騎半列後隊普則騎爲前驅法軍鎗多虛發普則鎗皆命中遂仿其制籍民爲兵在營訓練較普三年之限更廣二年年及二十者揀練五年在籍備補四年充守兵五年備補守兵六年屆六月考驗一次如技已練熟兼明書算者郎放歸不能者畱一年二次考驗後逐年考驗一次至第五次倘技尚未成亦放歸備補之兵每歲調營訓練二月有文職者在營限一年衣具自備考試武法不通曉者再畱一年倘學尚未成亦撥入眾兵五年又查普人出征者國養其家人樂爲用法軍則但有行糧普民四十餘兆入軍者約百之一法民三十五兆抽兵者反欲加多於普丁壯幾何恐妨耕織加以歲餉增至五百十四兆福郎較千八百七十年戰時兵餉多百四十兆較普現在兵餉多百七十四兆且建置礮臺增築營房廣購礮位更需佛郎千

八百兆議院以國用艱難新定捐款除常稅外核國人歲獲之利自千五百至三千佛郎抽百之一三千以上抽百之二法廷預定千八百七十五年軍數步兵二十六萬五千人騎兵五萬四千四百四十三人礮兵四萬二千五百五十八人礮二千尊營匠二千二百二十五人營御三千八百七十人駕浮橋兵千八百七十七人掘地道兵九千人司行李兵八千人水師船數出洋者九十二號其七爲鐵甲船備調者七十八號其三十一爲鐵甲船水手共二萬九千四百七十七人兵丁萬六千人礮兵四千五百人冊查寄民亦入軍籍並議通國中分步兵爲百七十二羣騎兵礮兵十八羣工兵十八營御兵十八營步兵每羣分三營每營分六隊每隊約百五十人騎兵每羣分三隊每隊八十人計一步兵四羣騎兵一羣礮隊二行工兵半營並隨丁營御數十人爲一分軍新定兵制民二十至四十歲二十年中皆挂名軍籍民多苦之有以石折臂自訴殘廢冀倖免者有司訶其多人按驗之知其情律以詭避論成非洲雷西治屬地充守兵二十年文士充兵者先考其所學果優於武略免任營然例繳千五百佛郎貧者多不便之法兵歲行大閱亦仿普制所用民車所過民田給費屝屨糗糧悉償以資執政以各礮兵嫺新法而在籍備調者未知擬調營訓練習成而後遺之國中諸製造廠主及大匠工師獻議云十戰九勝不敵一敗之失爭勝之道不貴用兵準乎理可矣此後各國交涉倘因事齟齬請隣國秉公判斷盍惜無益之費節有用之財或斥之曰此迂腐之談也武備廢弛外侮將至欲憑公議以息爭端雖上帝降言謂必肯從吾不信也於是法軍政遂定

巴黎熱度中數五十一度正月三十六度

七月六十五度雨水二十二英寸人二百五十三萬六千八百三十四口又蒙拜里爾（案見郎給德厄羅爾德下）熱度中數五十八度正月四十二度七月七十六度雨水三十英寸 連恩以絲名人四十六萬六千二十八口 馬塞來人四十四萬二千二百三十九口 巴督人二十五萬六千九百六十口 里累以棉布麻布名人二十一萬六千二百七十六口 土勞司人十四萬九千九百六十三口 聖安汀以鐵器名人十三萬六千三十口 能德人十二萬三千九百二口 里漢復人十一萬九千四百七十口 路卑以呢絨名人十二萬四千六百六十一口 路恩人十一萬三千二百十九口 雷摩人十萬七千九百六十三口 尼西人九萬三千七百六十口 能西人九萬六千三百六口 亞明人八萬八千七百三十一口 土龍人九萬五千二百七十六口 勒來司脫

人七萬四千五百三十八口以上要區餘尚有過於五萬居民之處十七區

徐又云佛郞西地形平衍東境與諸國接壤之處有連山斷續南界與西班牙隔比里牛斯大山餘皆平土境內河道縱橫著名者二十有二最大者曰羅尼自北而南入地中海曰塞納曰羅亞爾曰日倫大皆自東而西入大西洋海佛人多開支河爲運道處處可通舟楫又多開溝洫資蓄洩以故壤地之腴甲於西土田畝得六園林得二牧場得一人授田不過數畝而農功最力故戶口多而食常足西北氣候頗寒土卑溼宜稼穡果實東南溫燥多草木宜葡萄物產之最豐者惟葡萄酒南方之民多以釀酒爲業味極醇（色淡黃微赤極清味似中國北方黍米所釀斟之起沫）一瓶有值洋銀數十圓者西土艮醪皆取給於佛歲得價銀六千餘萬圓又造熱酒歲得價銀三百萬圓產橄欖油極多種萊菔造糖味同於蔗所織大呢羽緞皆精緻又能織花文絲緞本國歲產蠶絲十萬餘擔不足供機杼仍由意大里販運益之其人心思精敏工於製器自來火之鎗火輪之車船大半皆其所刱都城有鐘表匠二千人每歲造時辰表四萬件自鳴鐘一萬八千架其法時時變易奇幻出人意表他國亦有仿造者而終遜於佛山產石炭鐵鉛白礬僅供國用其民俗豪俠自喜氣高亢終日歌舞無寂容貴賤皆衣裳都麗不惜費喜交遊善遇遠人每年收各項稅銀約一萬二千九百萬兩國舊分三十三部因其廣狹不均近年改爲八十六府○壹里亞德佛蘭薩部（王韜志略第一部一名壹里佛蘭西此下注一名者皆見王志不復出）在北境東西適中之地今分五府首曰塞納都城在其中曰巴勒（一作吧爾勒士作巴黎斯）又建於塞納河兩岸城垣方廣居民九十餘萬王居殿闕巍峩層樓複閣相望文彩精麗西土殆無其比城外離宮別苑歷代陸續修建凡數十處其街衢盤繞環市列肆密如蜂房往來者轂擊肩摩晝夜不絕每歲京都所收稅銀計九百萬兩歐羅巴都會之盛推爲第一城內有大書院藏印本書三十六萬冊鈔本書七萬冊游學之士許住院借讀又設醫院十四所選名醫居之每歲收療病者萬四千人各國學醫者皆裹糧赴巴勒三年或五年學成然後歸又有繁術院居各項藝術之師如學兵法開河道造器物之類學者各就所願羣居講肄焉次曰疴瓦斯（一名依時荷）在塞納之北首邑名波威曰哀斯尼（一名援時英尼摩）在疴瓦斯之東首邑名拉安（一名華爾拉）曰塞納疴瓦斯（一名柳荷依時英）在塞納之南首邑名威爾塞列斯（一名華西一名黎瓦）曰塞納馬爾內（一名柳荷馬尼時英）在塞納之東首邑美倫（一名米光）先謙案壹爾亞德佛蘭薩部二圖與徐合北加爾的亞南疴爾里亞內斯東賞巴尼亞西諾爾滿的亞所改府首塞納曹典球譯野口保興內外地志云面積四百八十方籵（曹云法國算地積云殿羅邁當一邁當華尺三尺一敞羅邁當郎一千邁當故日人作籵廒言千米突地邁當文作米突敞羅邁當合中國二千餘尺中國每里計千八百尺敞羅邁當當中國二里餘）次疴瓦斯野誌云五千八百八十七方籵次哀斯尼野志作烏爾云六千三十七方籵次塞納疴瓦斯野志云五千六百五十方籵次塞納馬爾內野志云五千九百三十一方籵二圖府邑並與徐合巴勒一統志作把里斯謝志問答作巴利世界地學作巴里郎雷之巴黎也講義云巴黎建塞納河下流跨兩岸與河洲之上四方來遊者甚多稱世界遊園其中我斯式之寺塔曰諾託爾達母者在府中央與旁近之俄鐵爾多維爾市廳皆爲建築上奇觀又有羅維爾之宮殿陳列各種美術品千八百九十六年人二百五十三萬六千餘口巴黎自塞納河通勒哈佛港又

自塞納河上流馬爾內河疴瓦斯河通國東方又由羅亞爾河通南方加以運河鐵道互通貿易殷繁製造亦盛附近名蹟甚多威爾塞（[illegible]）有路易十四世所建宮殿山日爾鑾亦曾爲法王居城今有博物館在焉又塞納爾陶器產地甚有名又云理姆斯在疴瓦河上流人十萬八千十二世紀以後歷代法王俱即位於此王書云在巴黎之東南偏理姆郎雷之雷摩十一國遊記云巴黎博物院之宏偉繁夥鐵塔之高壯雄大實甲天下自埃及華表至鐵塔中數里臨先河皆故賽會地一必地宮一邑連宮最壯麗長橋皆偉觀亞力山大橋尤當孔道鐵塔築於光緒十五年全塔體方鐵枝分三層搆成下層四腳斜撐於地嵌空玲瓏高三百尺四腳相距數百尺立於四隅每隅四柱上矗成四大室方廣十餘丈成一座落由四腳插地處望塔之最下層巍峩雲表蓋已在三百尺上四隅皆有上下機亭可引机漸升每至一層而歇又待人而上下焉下層中戲院酒樓茶館毬房樂室無數上層至中層亦四隅各有四柱共十六柱斜插而上又二百尺至中層四周廊賃於婦女陳設售物中酒樓廣十餘丈四方四大柱中層有十字交柱此層去地五百尺俯視城郭人民如蛭如蟻此層以上柱皆直上四周四大柱合凡十二柱中皆有十字鐵板斜交貫之每十字斜架約二丈直上二十一架凡四十餘丈將至上層漸狹改六柱作六角以至於顛中央一大柱置上下機於柱中有小層置机器有房但不設酒樓雜肆矣一大柱外夾以二小柱又一柱作旋梯人可步行至頂此中央柱自二層起也登上層高九百尺廣百尺八角式回廊四望頂作平臺有一八角亭再上一大柱上有寶相高二三十尺以驗風候覘雲氣憑虛御風巴黎全城如縮型之泥木室矣

鐵塔前度橋有圓殿萬戶圓周上下左右聳二小塔乃故賽會地正堂今爲博物院據圖營構前斜坡皆植花木下爲學堂上置古物皆各國殿塔柱礎殘石或整室自印度埃及波斯突厥希臘羅馬古物莫不備蓋非拿破侖不能得此歐土各博物院皆有莫如此院之多故法國七博物院以擴華博物院爲最乃故王宮爲之有欵規味博物院千七百年路易十四所開乾那花利博物院千八百七十九年開恪順伯博物院千六百八十五年開又有基遼賦博物院法人古墳拿破侖紀功坊及其陵墓蠟人院奴利故王宮那打攎泵古廟杯倫園摩蘇園國家戲園威賖利宮徵賖利宮賖華磁廠大學議院滿梯乜地利祆祠煙弗列武庫皆可遊覽

○徐又云法蘭德勒部第二部一名法郎得在極北與比利時接壤二改一府曰諾爾一名納又日那汝首邑曰列黎一名立野先謙案法蘭德勒部二圖與徐合東北比國西英吉利海峽南亞爾多亞所改府諾爾曹譯野志云五千七百七十四方籽二圖此府有老拜克斯呢絨貿易極盛曹云郎雷之路卑講義云列黎爲古代佛蘭迭爾之首府今織物業亦盛郎雷之里累过志作利油二圖首邑與徐合

○徐又云亞爾多亞部第三部在諾爾西南改一府曰巴的加雷一名巴士黎士特首邑名亞拉斯一名亞拉士先謙案亞爾多亞部二圖與徐合北法蘭德勒東諾爾西大西洋南比加爾的亞所改府巴的加雷曹譯野志云六千七百五十二方籽二圖府邑與徐合

○徐又云比加爾的亞部第四部一名比加的在巴的加雷府西南西界臨海與英吉利南境相望改一府曰索美一名檢遫首邑名亞眠一名棉士亞先謙案比加爾的亞部二圖與徐合北亞爾多亞東諾爾西大西洋海南壹里亞德佛蘭薩所改府索美曹譯野志云六千二百七

十七方籽二圖府邑與徐合講義云亞眠臨索美河口拿破侖時代千八百二年英法締和處人八萬餘口郎雷之亞明

○徐又云諾爾滿的亞部第五部一名諾滿的在北境臨海與英國南境相對改五府曰下塞納一名時英恩非里西語下爲恩非里北面臨海首邑名盧昂一名羅因罷恩曰加爾瓦多斯一名加爾哇多北面臨海首邑名加英一名加恩曰滿砂一名支曼又西北兩面臨海首邑名森的羅一名亞聖羅曰痾爾內一名爾尼在加爾瓦多斯之南首邑名亞靈孫一名零千曰與勒一名柔黎在下塞納之南首邑名厄危律一名吻錄依以上六府與英吉利僅隔內海滿砂內海名遠者百餘里近者乃五六十里值晴明兩岸可以相望有海口曰補羅義曰加來又有大口曰東末佛人歷年伐英皆出此港三口據形勝之地礮臺周密防守極嚴敵船不能近也先謙案諾爾滿的亞部二圖與徐合西北大西洋海南賁內東壹里亞德佛蘭薩所改府首下塞納曹譯野志云六千三百四十二方籽次加爾瓦多斯野志云五千六百九十三方籽次滿砂野志云六千四百十二方籽次痾爾內野志云六千一百四十四方籽次與勒野志云七千四百二十八方籽二圖府邑與徐合惟加英不載海口曰加來斯郎加來曰補羅義皆在比加爾的亞境內東末存考王書云加來斯臨多維爾峽與英國多汶相對爲渡英第一要津補羅義與英國佛克斯敦相對亦有汽船往來講義云盧昂臨塞納河下流在巴里與勒哈佛爾間製造棉布甚盛又河水甚深巨船得達千四百三十一年日丹克被英人焚殺於此人十一萬餘曹云郎雷之路恩王書云勒哈佛爾在塞納河入海口本國貿易第二港由法通美之海電起點於此人十二萬曹云郎雷之里漢復

○徐又云賞巴尼亞部第六部在壹黎亞德佛郎薩東改四府曰亞爾德內斯一名德尼亞士爾北界比國首邑名美西也爾一名此三亞里述曰馬爾內一名麻尼首邑名砂龍一名查鑾曰痾卑一名莳此首邑名德羅業一名來意奪曰高馬爾內一名麻尼賀特西語高駬賀特首邑名說蒙一名遭道先謙案賞巴尼亞部二圖與徐合北比國西壹里亞德佛蘭薩東羅勒內南不爾痾尼亞所改府首亞爾德內斯在極北曹譯野志云五千二百五十三方籽次馬爾內在亞爾德內斯之南野志云八千二百零五方籽次痾卑在馬爾內之南野志云六千零二十六方籽次高馬爾內在痾卑之東南野志高作上云六千二百五十七方籽二圖府邑與徐合砂龍作沙竜

○徐又云羅勒內部第七部一名羅來內在賞巴尼亞東改四府曰米干塞[illegible]首邑名巴爾勒都[illegible]北界日耳曼首邑名美的[illegible]曰窩斯日士[illegible]首邑名厄比納爾[illegible]先謙案羅勒內部二圖與徐合北比國西賞巴尼亞東德國南法郎師官德所改府首米于塞干作于曹譯野志同云六千二百四十一方籽次木塞勒次木爾德總爲木爾德末塞勒野志同云五千二百八十方籽在米于塞之東南據王志法爲德敗以羅勒內半部割與德國引見德志郎木塞勒府也故併其名於木爾德府次窩斯日在木爾德之南野志云五千九百零三方籽首邑與徐合巴爾勒都作巴勒都囊西作南錫郎雷之能西

○徐又云賁內部第八部在諾爾滿的亞部南改二府曰馬也內一名貽首邑名拉瓦爾一名拉溫曰薩爾多一名沙體首邑名勒忙一名滿士里先謙

案賁內部二圖與徐合北諾爾滿的亞南安如西比勒達尼亞東痾爾里亞內斯所改府首買延內即馬也內之變字曹譯野志同云五千二百十二方籽次薩爾多在買延內之東野志云六千二百四十五方籽勒忙作里曼餘與徐合

○徐又云安如部第九部在賁內部南改一府曰賁內羅亞爾一名萠挪羅亞首邑名安惹爾一名格士安先謙案安如部二圖與徐合北賁內西比勒達尼亞南波亞都東都勒大所改府賁內羅亞爾曹譯野志云七千二百十八方籽二圖府與徐合首邑作安給斯與一名安格士合

○徐又云北勒達尼亞部第十部一名比利達尼在賁內部西地形如臂伸入大西洋海改五府曰壹列維勒內[illegible]北半距海首邑名勒內[illegible]曰哥的都諾爾[illegible]北面距海首邑名森德比勒與各[illegible]曰非尼斯德拉[illegible]河首邑名固英卑爾[illegible]曰摩爾比罕[illegible]斯[illegible]先謙案北勒達尼亞部二圖與徐合[illegible]賁內安如所改府首壹里維勒內[illegible]六千九百十二方籽次哥的都諾爾在壹里維勒內西北野志云七千二百十八方籽次非尼斯德拉在哥的都諾爾西南野志云七千二十九方籽次摩爾比罕在哥的都諾爾南野志云七千九十三方籽次羅亞爾在壹里維勒內南野志云四千七百九十九方籽二圖府邑餘與徐合北面並不距海徐志誤講義云難得斯距羅亞爾河口三十五英里貿易雖盛然水淺巨船難行不及

河口森那晒里繁盛千五百九十八年佛王亨利四世在此發[illegible]得之赦許信教自由有名於歷史人十一萬餘口即雷之能德吳志作南佗又云布拉斯的在比勒達尼亞半島之盡頭法國海軍根據地也人七萬四千餘二圖同曹云即雷之勃來司脫

○徐又云波亞都部第十一部一作波亞多在北勒達尼亞東南改三府曰杜德一名文特又作溫的西面距大西洋海首邑名不爾奔杜德一名波爾奔維文特曰二塞威勒一名塞汶黎讀首邑名虐爾一名尼過曰維也內一名延尼首邑名波亞疊一名特亞杯先謙案波亞都部二圖與徐合北安如都勒大東北利西大西洋南昂姑木亞痾尼所改府首杜德曹譯野志云七千零十六方籽次二塞威勒在杜德東野志二作兩云六千零五十四方籽次維也內在二塞威勒東野志云七千零四十四方籽二圖府邑與徐合不爾奔杜德未載

○徐又云痾尼部第十二部一名好痾美在二塞威勒府南改一府曰下砂蘭德一名查蘭特因非里南境有海口內通大河首邑名羅捨勒一名羅遮拉先謙案痾尼部二圖與徐合所改府曰下設卡今正砂蘭德曹譯野志云七千二百三十二方籽二圖邑有剌羅捨勒有羅捨縛皆不與徐合存疑

○徐又云森當日昂姑木亞部第十三部一名森當在下砂蘭德府東改一府曰砂蘭德一名查蘭特查蘭轄首邑名昂姑勒美一名安哥[illegible]先謙案森當日昂姑木亞部二圖無上三字北痾亞都西大西洋東昂姑木亞南圭也納所改府曰砂蘭德曹譯野志云五千九百七十七方籽二圖府邑與徐合

○徐又云耳里亞內斯部第十四部一名痾里安在壹里亞德佛郎薩西南改三府曰與勒羅亞爾一名[illegible]首邑名砂爾德勒一名[illegible]曰羅亞勒首邑名痾爾艮一名[illegible]曰羅亞爾捨耳一名[illegible]首邑名波羅瓦一名布挌先謙案耳里亞內斯部二圖耳上有痾字王志亦作痾里安徐益奪痾字北壹里亞德佛蘭薩西賣內東不爾痾尼亞南都勒內所改府首與勒羅亞爾在極北曹譯野志云五千九百四十方籽次羅亞勒在與勒羅亞爾東南野志云六千八百十二方籽次羅亞爾捨斯野志斯仍作耳云六千四百二十二方籽首邑痾爾艮作痾爾棱斯波羅氏作波羅斯餘與徐合

○徐又云都勒內部第十五部一名都來內在羅亞爾捨耳府西南改一府曰音德勒羅亞爾一名恩德里挪羅爾首邑名都爾一名吻亞先謙案都勒內部二圖與徐合南波亞都東北利西安如北痾耳里亞內斯學會內讀誤大列譯不所改府音德勒羅亞爾曹譯野志云六千一百五十八方籽二圖府邑與徐合

○徐又云北利部第十六部在耳里亞內斯部南改二府曰捨耳一名沙爾首邑名不爾日一名若士波曰音德勒一名德里晃首邑名砂多盧一名查都魯以上三部六府在佛腹地戶口殷繁閭閻富實皆佛國股肱郡先謙案北利部二圖與徐合北痾爾里亞內斯西都勒內東尼威爾內南馬爾也所改府首捨爾曹譯野志同云七千三百四方籽次音德勒在捨爾之西南野志云六千九百六方籽二圖不爾日作布爾給斯餘與徐合

○徐又云威尼爾內部第十七部在捨耳府東改一府曰聶維勒一名乃些邵[illegible]首邑名內維爾一名瓦士尼先謙案威尼爾內部二圖威尼字倒東北不爾痾尼亞西北利南不爾波內所改府聶維勒曹譯野志云六千八百八十八方籽二圖府邑與徐合

○徐又云不爾波內部第十八部在聶維勒府南改一府曰亞列爾一名亞利爾亞列爾首邑名木靈一名摩[illegible]先謙案不爾波內部二圖與徐合北威尼爾內南痾威爾內西馬爾也東不爾痾尼亞所改府亞列爾野志云七千三百八十二方籽二圖府邑與徐合

○徐又云馬爾世部第十九部一名馬使在北利部南改一府曰哥留斯一名哥勒侍哥勒侍首邑名痾勒一名都里先謙案馬爾世部二圖世作也未知孰是西南黎木性北北利東痾威爾內所改府哥留斯曹譯野志云五千六百零六方籽二圖府邑與徐合痾勒未載

○徐又云黎木性部第二十部在哥留斯府西南改二府曰高維也內一名維延尼貫特首邑名里摩日一名黎摩遮士曰哥勒塞一名咕魯些首邑名的與勒一名佛勒先謙案黎木性部二圖與徐合東北馬爾也西昂姑木亞南痾威爾內所改府首高維也納內厨納曹譯野志高作上云五千五百五十五方籽次哥勒塞在高維也內之南少東野志云五千八百八十八方籽的與勒未載餘與徐合

○徐又云痾威爾內部第二十一部在亞列爾府南改二府曰不壹德多美一名北多美日貝狄多迷又首邑名哥勒爾蒙一名[illegible]曰敢達爾一名干[illegible]爾首邑名痾里拉一名黎挌荷先謙案痾威爾內部二圖與徐合北不爾波內西馬爾也黎木性東里痾內南圭也內所改府首不壹德多美曹譯野志德作得云八千十六方籽次敢達爾野志云五千七百七十九方籽首邑與徐合勒作羅

○徐又云亞爾撒斯亞部第二十二部一名亞撒西案亞撒西斯與德圖德志所謂變爾賽司在不壹德多美府東改二府曰下勒怒一名來尼[illegible]首邑名義斯達拉斯不爾厄一名[illegible]曰高勒怒一名來尼[illegible]首邑名哥爾馬耳一名哥爾麻先謙案據二圖在不壹德多美東者為亞里痾內部非亞爾撒斯亞也徐志誤王韜志亞撒西部下云在萊尼河之西二圖萊尼河西有高勒怒此特存其故迹耳有比爾佛德曹譯野志云比爾佛得九百八方籽紀程云比爾佛德在赤道北四十七度三十九分順天偏西九度三十三分屯藏軍械守禦嚴密是亞撒西歸普後郎以比爾佛德為守險禦敵之地也

○徐又云法郎師官德部第二十三部一名佛隔德在東界窩斯日府南改三府曰高索內一名索尼賀特首邑名威蘇爾一名棱爾威曰都伯一名吻勿東界瑞士首邑名北三孫一名山千嗶曰女拉一名乳拉東南隅界瑞士首邑名龍勒索爾耳聶一名鑾黎棱耳尼亞先謙案法郎師官德部二圖與徐合北賞巴尼亞西不爾痾尼亞南撒歪東瑞西國所改府首高索內曹譯野志高作上云五千三百七十五方籽次都伯在高索內東南野志云五千二百六十方籽次汝拉在高索內南野志云五千五十五方籽二圖府邑與徐合三作山龍作竜無爾字

○徐又云不爾痾尼亞部第二十四部一名不千亞的在法郎師官德之西改四府曰約內一名約尼首邑名痾捨勒一名塞黎曰哥德多爾一名哥特的首邑名的仍一名特薄曰索內羅亞爾一名索黎抑羅亞首邑名痾敦一名麻千曰厄英一名恩首邑名不爾厄一名朴先謙案不爾痾尼亞二圖與徐合北賞巴尼亞東法郎師官德西威尼爾內南里痾內所改府首約內曹譯野志云七千四百六十一方籽次哥德多爾在約內東南野志

云八千七百八十七方粁次索內羅亞爾在哥德多爾西南野志云八千六百二十七方粁雷志云克路部以鐵器名曹云郎二圖之列克棱索屬此府野志云列克棱索爲産鐵器之地法文字典亦云列克棱索以鐵器工業著名法文列字係冠詞有時可省洋文慣有此例次厄英在索內羅亞爾東南野志云五千八百二十六方粁二圖府邑與徐合捨作色

○徐又云里痾內部（第二十五部）在極東北與日耳曼接壤改二府曰羅內（一名羅尼）首邑名里昂（一名來昂法人多昭曰雷昂）曰羅亞爾首邑名蒙比里孫（一名蒙布黎孫）先謙案據二圖里痾內部西痾威爾內北不爾痾尼亞東撒歪南郎吉德不與日耳曼接壤徐志誤所改府首羅內曹譯野志云二千八百五十九方粁次羅亞爾在羅內西野志云六千九百八十方粁北勒達尼亞部亦有羅亞爾野志作下羅亞爾此或當爲上羅亞爾也存考二圖府邑與徐合王志云森伊坦尼在里昂西南人口十三萬附近多産石炭製鐵業甚盛有槍砲製造廠曹云郎雷之聖安汀

○徐又云德爾非內部（第二十六部一名道非內）在厄英府東南與意大里薩爾的尼亞接壤改三府曰義塞勒（一名依些野）首邑名哥肋諾伯勒（一名格黎那布爾）曰多羅美（一名奪羅美）首邑名瓦棱薩（一名些零土）曰高亞爾卑斯（一名亞爾卑斯賀特）首邑名甲（一名給布）先謙案德爾非內二圖與徐合南不羅溫薩東意國西郎吉德北不爾痾尼亞所改府首義塞勒曹譯野志云八千二百三十七方粁次多羅美在義塞勒南野志云六千五百六十一方粁次高亞爾卑斯在義塞勒東南野志作上阿爾卑云五千六百四十三方粁二圖甲作甲朴餘與徐合

○徐又云不羅溫薩部（第二十七部）東接薩爾的尼亞南距地中海改四府曰窩哥律斯（一名咕魯土）首邑名亞威農（一名城南）曰下亞爾卑斯（一名亞爾卑斯巴些）首邑名的聶曰不世德羅內（一名坂都羅尼）南境距海首邑名馬耳塞里亞（紀一名馬塞云口外有佛禮尼爾爲泊船之處秋尼島北島名拉多內奧優島名波彌歸斯北島東西長四里南島自東北至西南長四五里二島於皆不邇一里南島之東北頭約里詩與北島中閘爲半行島之東僅十分里之六七法人於平行處之西南砌石爲隄以聯數十巨東面接北島山背砌長半里之石隄西南伸人海中對南之東與北頭爲口門隄之西南端置燈塔口門廣約半里口內容癘備約艦北島東頭之東南有小島曰查特奧當佛里優爾口門及醫院北島附洧夾亦可下椗自佛里優爾東至馬塞南之英都甚甘老六里東北奎馬塞口內約十里二島無居民但有竈報局向廣約島皆白石無林木閘生小草結黃花鋪地如散金有泉味山麓有嶇守之投錢方可拘飲馬塞地勢爲向西海澳口門西北西長約三分里之一東岸背有砲臺曰森占入口轉而東向南岸南北巨大砲臺曰森尾科來斯踞地顛高砲力可以及遠澳內東六干餘二里廣約二分里之二口門遞北距岸約里許碣石爲隄林濃蔭約六七里隄以東皆第塢澳之南則倚山麓民二十七萬馬塞在口駐有部長及兵官土皆自沙不似肥饒者然沿海多叢法船停數十里蓋西人講汞樵牧學盡其人力樹藝亦能茂密耳依不泊赤道北四十八度十七分嶼天備西百十一度一分不特一名德泊錦各國行船亦迂道泊此以截中歐之人貨推德與法拉格難馬塞則泊於意國之熱那亞）曰瓦爾東南境距海首邑名達拉給娘先謙案不羅溫薩二圖與徐合北德爾非內南地中海東尼西西郎吉德所改府首窩哥律斯郎徐之窩哥律斯南曹譯野志云三千五百七十八方粁次下亞爾卑斯在窩哥律斯東北野志作下阿爾卑云六千九百八十八方粁次不世德羅內在窩哥律斯南野志云五千二百四十八方粁次瓦爾在不世德羅內東野志云六千三十八方粁二圖與徐合

○徐又云郎給德部（第二十八部）在不羅溫薩西幅員甚廣改八府曰高羅亞爾首邑名漫德曰亞爾德世首邑名比里瓦曰加爾首邑名尼美斯曰厄羅爾德首邑名蒙德不列爾（一名比野購）曰痾德（一名荷格）東境距地中海首邑名加爾加索內曰達爾尼首邑名亞爾比曰高加羅內（一名賀特格羅尼）首邑名都羅塞（一名斗羅土）以上二部扼地中海北岸馬爾塞里亞爲南境第一大埔頭又有海口曰土崙修造戰艦之地也先謙案郎給德二圖給作吉北里痾內東德非爾內不羅溫薩西圭也納南地中海及盧西隆所改府首高羅亞爾南境不距地中海徐志誤曹譯野志云五千一方粁次羅塞勒在高羅亞爾南少西野志云五千百八十方粁次亞爾德世在高羅亞爾南少東野志云五千五百五十六方粁次加爾在亞爾德世南野志云五千八百八十一方粁次厄羅爾德在加爾西南野志云六千二百二十四方粁次痾德在加爾西南野志云六千三百四十二方粁次達爾尼在厄爾羅德之西野志云五千七百八十方粁次号特加羅內郎徐之高加羅內野志高作上云六千三百六十七方粁二圖不壹作列不壹蒙德不列爾作曼德迫列爾曹云曼得迫列爾郎雷之蒙拜里爾餘與徐合南境埔頭馬爾塞里亞土崙海口作土倫皆在不羅溫薩之不世德羅內境內徐馬至也二十七字誤文應移彼下講義云馬爾塞里亞在地中海沿岸之東部爲國內最大之港與意大利之布林的西澳大利之的里雅斯德俱爲東洋重要泊船處人四十餘萬郎雷之馬塞來（謝志作瑪色勒）土倫郎雷之土龍紀程云土侖屬瓦爾部砲臺守口甚堅固分三等一爲常練之臺日夜防守者也一爲有砲無兵之臺臨事方置兵者也一爲有基無礙之臺臨事方囊沙爲壘設砲者也臺三十餘座由海口環上山巔遠擊敵船近攻鐵路首尾相接破之甚難講義又云都羅塞臨加羅內河之上流自此通南運河至地中海乃大西洋地中海中間商

業要地人口十五萬郎雷之土勞司

○徐又云佛亞部（第二十九部一名圖的佛亞）在西界下砂蘭德府西臨海改一府曰亞列日（一名亞黎嶷亞黎嶷）首邑名佛亞（一名荷易）先謙案佛亞二圖與徐合東北郎吉德南安道耳國西西班牙國所改府亞列日曹譯野志云四千九百三方粁二圖府邑與徐合

○徐又云盧西隆部（第三十部）在南界東距地中海南負比里牛斯山與西班牙接壤改一府曰東比里牛斯（一名比里牛斯阿黎圖德爾）首邑名北爾比娘（一名巴必難）先謙案盧西隆二圖與徐合北郎吉德東地中海西安道耳南接西班牙所改府東比里牛斯曹譯野志云四千百四十五方粁二圖府邑與徐合

○徐又云馬也納部（第三十一部一名哥也納）在南界郎給德部西幅員尤廣改九府曰日倫大（一名希鑾也亦曰及倫特）西距大西洋海首邑名波耳多（一名波爾特荷）海港深通上接內河葡萄酒由此出運爲西境第一大埠曰多爾多尼亞（一名多耳冬亦曰多多尼）首邑名卑里句（一名別勒諾）曰羅加羅內（一名揆脫揆格羅尼又羅的加倫）首邑名亞仁（一名亞然）曰羅（一名揆脫又曰羅的）首邑名加爾（一名格土賀）曰亞維倫首邑名羅德斯（一名羅土）曰達爾尼加羅內（一名旦抑加羅尼又曰尼加倫達）首邑名蒙德邦（一名爹多班曼）曰惹爾（王志別爲一部云第二十二部加斯哥尼在哥也納部之西南南界比里牛斯山而西臨七西洋海今改三府首曰格土一名及爾斯又曰苍爾先謙案哥也納郎土也納令二圖圭也納之西南有加斯可內郎加斯哥尼也是王志與二圖同）首邑名痾世（一名物取）曰蘭德（一名蘭題西）距大西洋海首邑名蒙德馬爾三（一名牖特瑪瑪）曰高比里牛斯（一名比里牛斯賀特）南界西班牙首邑名達爾卑（一名達列）先謙案馬也納二圖馬作圭北昂姑木亞痾尼東郎吉德南佛亞伯爾內西大西洋所改府首

日倫大曹譯野志云萬七百二十六方粁次多爾多尼亞在日倫大東野志云九千二百二十四方粁次羅加羅內在多爾多尼亞南野志云五千三百八十五方粁次羅在羅加羅內東北野志云五千二百二十六方粁次亞維倫在羅東南野志云八千七百七十一方粁次達爾尼羅加內在羅南東野志云五千七百三十一方粁次惹爾在羅加羅內南野志云六千二百九十一方粁次蘭德在日倫大南少東野志云九千三百六十四方粁次高比里牛斯野志高作上云四千五百三十四方粁二圖卑里句作卑爾勾加爾作加和爾餘與徐合講義云波爾多在加羅內河之海口葡萄酒輸出港也製糖陶器各工場頗多人二十五萬餘口曹云郎雷之巴督

○徐又云伯爾內部（第三十二部）在西南隅西距大海南界西班牙改一府曰下比里牛斯（一名先里牛斯巴此二）首邑名波（一名鮑）先謙案伯爾內二圖與徐合北馬也納東佛亞西南西班牙所改府下比里牛斯曹譯野志云七千七百二十一方粁二圖府邑與徐合

○徐又云哥爾塞牙部（一作可耳西加又作爾西阿又作郭士喀嘶）在國東南乃地中海大島在薩爾的尼亞島之北舊本屬意大里佛人取之今改爲一府廢王拿破侖即此島人（首邑亞乙酉荷）先謙案哥爾塞牙島二圖與徐合所改府曹譯野志云八千七百二十二方粁紀程云島舊屬意乾隆元年自立爲國附於法三十九年法人以島歸撒丁五十八年法民亂共和黨興政革兵與各國交戰時島人拿破侖入共和黨爲兵謀合島兵與法兵合以防英不果島遂降英嘉慶元年拿破侖爲大將始復其地後法定新制島爲八十七部之一南北

三百三十里東西百三十里計二萬八千三百三十四方里人二十七萬八千餘中有山南北亘最高峯曰羅當多高於海面九千六百英尺科爾索即山之北巔望山麓屋宇鱗次山上有數華表柱蓋拿破侖故里也自此島至北岸熱那亞約二百七八十里科爾索二圖作科爾西角

○王韜志云法新置三府東接意大利北鄰瑞士南臨地中海此三府之地本意大利舊壤前撒丁與奧地里戰法助撒獲勝議和後撒丁王以倫孛多地酬法法人以其在意境中難越地兼攝遂與意易此三府取其境土毗連也在東方者曰沙武亞賀特府（一名上沙懷）首邑曰亞尼西稍南曰沙武亞府（一名沙懷）首邑曰匿沙（一名尼士）在極東南隅盡境者曰亞爾卑斯麻黎點（點是墨之讓）又紀程云尼西爲法國亞爾卑斯馬利特墨斯部首城舊本撒丁地咸豐九年撒丁王以法師之力取倫巴多乃割撒歪尼西二部與法法人分置三部改尼西部爲亞爾卑斯馬利特墨斯而首城仍舊名法人以尼西爲避暑勝地故游者麕集先謙案撒二圖與瑞意相鄰者有撒歪部在東方者曰上撒歪即上沙懷也稍南者曰撒歪即沙懷也東南隅盡境曰亞爾卑斯馬利特墨斯即亞爾卑斯麻黎墨亦郎當日之尼西部也野志云上撒歪四千五百九十八方粁撒歪六千百六十八方粁沿海阿爾卑三千七百三十六方粁沿海阿爾卑郎亞爾卑斯馬利特墨斯因在地中海濱故受此名矣

屬地　雷志云連保護之國計算面積四百十二萬三千百四十一英方里人約五千四百九十三萬四千口在非洲者三百八十萬九千七百七十二英方里人三千三百二十七萬四千口在亞洲者七萬二千三百九十六英方里人二千百十八萬七千口在美洲者三萬一千六百二十二英方里人三十七萬六千口在太平洋及南冰洋者九千三百五十一英方里人九萬三千口

安道耳國　附

安道耳講義云共和國在法蘭西與西班牙之境界上比利牛斯山中面積百七十五英方里人六千口法蘭西與西班牙之烏耳吉爾僧正共保護之（曹典球云烏耳吉爾乃西班牙新析之斯黎達州中一都會）有議會議員二十四人四年爲一期紀元八百五年法王敬虔路易所剙建也彈丸小記云安道耳不過八十方里縱橫析計之各得二十里有奇

摩納哥國　附

摩納哥講義云獨立侯國在法蘭西與意大利交界處亞爾卑士山脈至此成爲嶂壁而落於海在馬耳塞東方百四十九英里面積八方英里人萬三千餘口工商業無可見者首府摩納哥人三千三百口紀程云摩納哥地長廣不過數里無租賦之入以地居海濱遊人甚多乃廣置園林亭館設博具招遊人集博藉以取資爲歲入款彈丸小記云面積三十五方里縱橫約六里

瑞士國

瑞士雷志云瑞士者湖山之國也（徐志瑞士（瑞子綏沙蘭）東（巴勝蘇益薩）云）在日耳曼之南墨地利亞之西佛蘭西之東意大里亞之北東西約五六百里南北約三四百里萬山疊峙中峰高接霄漢常積冰雪歐洲大河多由此發源其地山水清奇甲於西土西境有官斯巴薩大湖圍以密林縈以清澗豐草芳縟麋鹿羣遊尤爲幽勝地產五穀藥材所造奶餅極甘香居民大半以牧畜爲生夏月驅牛羊入山秋冬乃返國無苛政風俗儉樸湻良數百年不見兵革稱爲西土樂郊古時地屬羅馬羅馬衰亂北狄不爾給農人據之旋爲佛郎西所有後爲日耳曼所奪其人戇勇日耳曼選爲親軍臨陣皆效死力戰有元大德年間日耳曼王亞里伯爾多苛斂無藝濟以酷刑瑞士人不能堪逐日耳曼守土吏各推頭人據險畫疆告絕於日耳曼其地斗絕人健鬭日耳曼不能收復亦遂聽之初分三部後分爲十三部皆推擇鄉官理事不立王侯如是者五百餘年地無鳴吠之擾西土人皆羨之嘉慶三年佛攝王拿破侖（時未即位）以兵力強取入版圖以爲十九小部拿破侖既敗各國公使會議於維也納十九部之外益以可錯之日內巴拉牛弗砂德爾（本屬普魯士）瓦來斯（本屬奧地利亞）三部共二十二部爲瑞士國復其舊俗自推鄉官理事酌地勢按戶口拔壯丁禦侮諸大國不得鈐制慕志云瑞士在歐羅巴之中緯綫自赤道四十六度至四十八度經綫自順天偏西百十六度至百二十一

度長六百里廣四百二十里薛記云由意大利北境果穆入瑞士境先抵阿爾魄士山之麓積雪皚然一白無際山路由漸而高鐵軌斜上俛視絕壑深杳無底側道褊狹車行亦緩至柳街諾一作羅排諾郎瑞士之迭山省萬山之中忽開空曠晴湖如鏡倒影澄碧濱湖萬家閭閻相連遊人多僦居於此車行益北路益高雪益深景益奇麗火車出入山洞中忽窅黑忽開朗霎時間明滅百態凡穿數十洞有行五六秒鐘者有行四五分鐘者惟山果得捺爾洞最長行至二十餘鐘此處山高二千百十四邁當洞當山心其南口爲愛羅羅屬瑞士之德散省郎迭山省出北口過盎堆而買特又經小洞數十至果斯雪囊屬瑞士之越利省始穿阿爾魄士山之背矣地勢漸下又經山洞二十餘濱祖指湖一作蘇克湖及指脫爾缸東湖而行其行十點鐘時度越勒嶺山中吐納萬景變幻不可名狀湖光飲渌青靄迎人西人羨瑞士爲洞天佛地也至巴勒爲四國交衢過客如織凡赴法赴德赴瑞赴比利時者於此分道焉矢志云瑞士者山國之義舊名蘭囂奧人以其地多山呼爲瑞士云謝志作稅貣云舊名勒嘎辻志作瑞西**其政治爲合眾共和國分二十五邦**案講義作二十二部與諸志同說見下**於千八百十五年聯合**政要云建國之初在於千三百八年僅有三剛登合成小國一曰烏理一曰瑞士一曰恩德華而特千三百五十三年轄境漸拓合有八剛登千五百三年合有十三剛登其近邊屬地亦包在內千七百九十八年合眾剛登改爲民主國曰赫皮西亞後四年法王拿破侖又附以六剛登爲合眾民主國千八百十五年復附益三剛登共二十二剛登計地萬五千二百三十三英方里矢志烏理作烏利瑞士作什威士恩

五洲地理志略　卷三十一　七

德華而特作恩達瓦爾頓曹典球云野志云瑞士爲二十五邦所成之合眾共和國而剛登則爲二十有二益亞奔塞爾亞塞爾羅丁與亞奔塞爾英那羅丁本一剛登而中分二邦巴西爾與巴西耳市亦一剛登而分二邦翁德爾瓦里的亦以一剛登而析爲二邦也又案矢津昌永高等地理云巴西爾亞奔塞爾翁德爾瓦里的三州每州各分二處共和政治共成六處共和政治據此則二十二州有三州析而成六適與二十五邦之數合**解散議會之權由國民公操之**政要云瑞士爲眞民主國其先皆小邦分治如日耳曼然有事則舉行國會各小邦皆派人入會議辦而不立邦主千八百四十八年各邦乃合爲一議會有二十一邦會各邦自行聚議一國會各邦合成一會邦會四十四人二十二邦每邦派二人入國會共一百三十五人皆由百姓公舉每二萬人例舉一人議員以三年爲期逐歲交替民年二十郎可與選惟教師不與國之全權所在行政派七人亦三年爲期其主議大員與副主議之權無異國王期限一年不能留辦果孚眾望一年後始得再舉凡出令征戰講和立約皆合眾會主之此外更有十一員循行各邦稽察調處十一員分三班地方訴狀由首班三人核轉次班三人主訊鞫如按察然又次三班三人幫同審訊餘二人爲正副主事又武職七人俱由合眾會舉派合眾會聚集之地曰盤呕郎以爲都會官無常祿惟行政七人歲得薪水四百八十磅主事歲得六百磅主議大員歲得六百磅副主議歲得四百八十磅蓋國以民爲主自昔列國分爭獨瑞士得瓦全者以其眾志成城也**牧場廣衍間有積雪不化之荒野**謝志云山巔積雪永存遇暖半融漸流而下是爲冰川下流平地又爲冰田有時大雪球滾下山坡愈滾愈巨重不可當所過木倒石裂全村居宅竟可傾壓爲病甚烈**其地之高自六百六十三英尺**如蘭哥曼喬**至萬五千二百十七英尺**如勞賽山**居民最多之處在鳩拉與阿耳魄士之間一高原**案鳩拉一作吉拉講義云阿爾魄士山脈蟠踞國之南部吉拉山脈當國之西境而連亘於法蘭西境鳩拉王志作久拉阿耳魄士矢志作埃而潑司**從認尼窩湖起至康司旦士湖止**案講義云瑞士湖凡十五其十一在阿爾河之盂地最大者在國之西南隅名給尼發湖一名勒蒙在東北隅名君士坦湖兩兩相對次曰紐砂德爾湖曰盧薩爾湖曰蘇黎世湖又有馬基烈湖半屬意大利半屬瑞士鏈志云建尼法長五十五英里孔士頓斯長四十五英里奴什阿迭耳長二十五英里建尼發卽給尼發孔士頓斯卽君士坦奴什阿迭耳卽紐砂德爾也矢志作設涅窩昆士坦士紐卡鐵爾謝志作若內弗皆設涅窩之訛變根士旦斯皆康司旦士之訛變牛恰代爾皆紐砂德爾之訛變**通計其高之中數略過千三百英尺與意國所通之路常行爲三大般那高八千百十英尺雪潑郎高六千六百英尺三高達**案講義作山果多爾**高六千八百九十英尺司撲盧認高六千九百四十六英尺曼羅扎高五千九百四十英尺**王書云南與意大利相接處有阿爾卑斯連山峯巒大半

五洲地理志略　卷三十一　十六

在雪綫以上最高峯曰聖郭沙特高萬四千九百英尺歐洲諸河多發源境內聖郭沙特峯爲分水界東北流者爲萊尼河講義云發源名來因至瑞士東境黎千臘府以下始名萊尼此源流異名非異譯也入君士坦丁湖又西合阿爾河至巴西爾府北入德境西南流者爲羅尼河入給尼發湖又西南入法境南流者爲梯西諾河經馬給阿烈湖郎馬鄭烈入意境波河之一支流也最東一隅爲音尼河東北入奧境多腦河之一支流也其上流皆由冰河發源長或至二三十英里下流又多激湍可通舟者惟阿爾河而已**氣候與所產植物隨地高下而異常盤樹與橄欖木盛於意大利斜坡每年換葉之樹林及葡萄五穀等罕能植於高二千六百英尺以上之地者**王書云土地甚高地面又北向故以緯度論較爲寒冷然各處高低不同溫度亦因而差異雪綫之高凡九千英尺生長穀物之界限則限以四千英尺雨量較歐洲諸國爲多**面積萬五千九百六十四英方里千八百九十七年人三百八萬二千九百八十口每年遷居他國者七千餘人**政要云民有三種一曰耳曼種十六剛登一法蘭西種四剛登一意大利種二剛登土田悉歸百姓其無田產者不過五十萬人每方百里中二十分游牧十七分樹林十一分耕種二十分青草地一分葡萄樹三十分山川**有大學校七學生三千三百餘人**王書云其中千五百人係外國畱學者模範取之德意志徵兵壯丁中不能識字者不過百分之一

全國面積百分之十三爲耕種地百分之十三爲果木百分之二十五爲草場百分之二十爲樹林百分之二十八爲荒地牛百三十萬六千六百九十六慕志云土產木料葡萄熊羆撥鼠䑕鷹羚羊鹿謝志有麅云木多橡榆櫸栗等矣吳志云多山羊有羊毛輸出謝志云馬牛羊豕驢俱極繁盛然則牧畜不止牛矣礦產無多有鹽煤鐵鍊石灰製造甚盛以布表機器爲稱首謝志云礦產惟石油類尚多可作塞門汀泥亦微有鐵錫煤則全無以草煤代之有鹵井可製鹽講義云全國多山耕地不過全面積之一分六故麥類等產不足供全國消額之半牧畜甚盛輸出牛酪乾酪甚多葡萄酒產額亦大善保護山林故林產額亦大礦產甚少幾無石灰然工業之原料雖仰給外國而國人善於利用河流及瀑布之水力以供製造西北部工業尤盛絹布棉布時計及寶石細工等產物爲大宗矢志云鐘表名著天下歲成三百萬件約値四千萬圓鐵路二千三百五十一英里內過三高達隧道九英里講義云國有者四千三百八十英里綫條萬三千三百七十八英里餘皆私有謝志云電綫四萬里入口貨値四千二百六萬八千磅出口貨値二千九百二十萬五千五百三十二磅絲棉布表乳餅等製造貨居出口貨百分之七十九居入口貨

百分之二十六食物居出口貨百分之九居入口貨百分之二十六與德法意英美貿易講義云日本於明治二十九年初約貿易政要云錢幣權度與法國同聯邦公入款三百八十三萬七千磅千八百九十八年國債三百三十五萬五千六百七十磅各邦入款三百十六萬六千磅國債千三十八萬磅政要云借債之時指公地爲質各剛登地方官自治章程出入財用亦有逋債指公地爲質與國債同戰兵十四萬七千百九十一人國內戍兵八萬三千二百八十三人樋志云此國永久中立局外不置常備兵若一朝有事則舉全國壯丁從事軍旅鄉團二十七萬千七百八十八人

蘇力克熱度中數四十九度正月三十度七月六十六度雨水四十英寸人十七萬五千九百九十四口有著名多學科學校一所　**認尼窩**人八萬六千五百三十五口　**彼塞爾**人八萬九千六百八十七口　**伯爾尼**爲聯邦都會人四萬九千三十口　**勞聖**人四萬六百七十一口　**聖格棱**人三萬四千二十五口　**拉加克對芬支**人三萬一千百五十七口　**路善痕**人二萬三千六十口　**比愛耳**人萬九千二百三十七口　**牛朵德耳**人萬九千二十二口　**温德達**人萬八千二百口人口照千八百九十四年之數

以上要區徐又云給里孫在東方長三百五十里廣百八十里戶口八萬八千應出壯丁千六百地分三邑曰給里孫曰加德曰森給里至各領以鄉官頭人先謙案給里孫二圖無慕志與徐同云首邑名住爾曹云給里孫二十世紀圖同野志云地積七千一百三十三方粁人口十萬四千五百二十住爾二圖同

○徐又云伯爾瓦一作北耳尼在腹地北境抵北方長三百里廣二百里戶口三十五萬應出壯丁五千六百二十巨室殷戶半居於此鄉官二百九十人先謙案伯爾尼二圖與雷徐同講義云爲首府居國之中央臨阿爾河千九百年人口六萬四千慕志云首邑同爲眾部都會又云遇國之內外大政部使鄉官集議於公處在伯爾尼蘇利克盧撒爾拿每年挨次曹云伯爾尼二十世紀圖作百倫野志云伯爾尼六千八百八十六方粁人口五十八萬九千四百三十三又云二十世紀圖伯爾尼屬地有碧泥郎雷之比愛耳

○徐又云瓦來斯在西南本屬墺地利割附於瑞長三百餘里廣百餘里戶口七萬應出壯丁二百八十鄉官七十六人先謙案二圖無慕志作法累斯首邑名西按曹云瓦來斯二十世紀圖作佛勒斯野志云地積五千二百四十八方粁人口十一萬四千四百

三十八西按二圖作西汪一作西田按之英文圖皆合

○徐又云瓦烏的一作熱尼瓦在極西長百八十里廣百五十里南界臨官斯丹薩湖風景幽絕城建湖濱居民造時辰表每歲得價銀數百萬洋舶販至中國者大半瓦烏的人所造也戶口十七萬應出壯丁千二百八十鄉官百八十人先謙案二圖作給尼發即熱尼瓦音變字講義同云在國西南隅給尼發湖畔人口十萬四千餘當中部德意志及法國南部交通之衝製造懷中時計之業甚盛湖畔風光明媚外人來游者多即雷之認尼窩也樋志作建尼法亦作若內弗过志作節尼窪吳志作設涅窩矢志作勒納佛周志作及內維王書云在給尼發湖西南岸有大學文學家盧騷生地又云羅參內人口五萬在給尼亞湖北岸四圍風光最佳即雷之勞聖慕志云縛的首邑名羅參建於河濱風景極麗羅參即羅參內河濱即給尼發湖縛的又瓦烏的之音變字也亦與二圖合曹云熱尼瓦二十世紀圖作日內瓦野志云日內瓦爲英吉利音給尼發爲德意志音地積二百七十九方粁人口十三萬二千六百零九又云縛的二十世紀圖作福達別爲一邦野志云縛的地積三千二百二十三方粁人口二十八萬二千三百七十九羅參內英文圖在湖北岸小河東畔

○徐又云德西怒在南方長百三十里廣百二十里戶口十三萬二千出壯丁七千八百鄉官七十八人先謙案二圖無慕志作德信云首邑名比鄰梭那曹云德西怒二十世紀圖作體基努野志云地積二千八百十八方粁人口十六萬八千六百三十八

○徐又云桑牙祿在東方長百五十里廣百十里戶口十四萬四千應出壯丁二千六百三十鄉官百五十人先謙案二圖作桑牙棱在亞奔塞爾之北郎雷之聖格棱慕志作桑高錄云首邑同名曹云桑牙祿二十世紀圖作聖加爾野志云桑牙祿地積二千零十九方粁人二十五萬零二百八十五

○徐又云蘇黎世在北方長百二十里廣百十里戶口二十一萬應出壯丁三千七百鄉官二百十二人先謙案二圖同講義云居國北部蘇黎世湖畔人口合郭外共十五萬餘與德奧交通最便都會也與意大利由山果多爾隧道亦可交通有全國中最有名之大學與工業學校據此郎雷之蘇力克慕志作蘇利克云首邑同名明時耶穌之徒傳福音英字聖經先印於此樋志作蘇立克又作租利革曹云蘇黎世二十世紀圖同野志云地積一千七百二十五方粁人口四十三萬一千零三十六又云蘇黎世之北二圖有溫德徒爾郎雷之溫德達十二世紀圖作威儀突耳

○徐又云盧撒爾拿在腹地長百一十里廣百里戶口十一萬六千應出壯丁千七百三十鄉官百人先謙案盧撒爾拿慕志同云附近同名曹云郎雷之路善痕二圖作盧薩爾拿講義同云在盧薩爾拿湖畔王書云附近有冰河公園隔湖有里吉山均稱壯觀東南有英德剌珍阝圖風景甚美曹云盧撒爾拿二十世紀圖作盧撒拿野志云盧撒爾拿地積一千五百零一方粁人口十四萬六千五百十九

五洲地理志略卷三十一　三二

○徐又云亞爾痾維亞在北方長百二十里廣八十里戶口十五萬應出壯丁二千四百一十大鄉官百五十人小鄉官十三人先謙案二圖無慕志作亞爾高云首邑同名曹云亞爾痾維亞二十世紀圖作亞爾庚野志云地積一千四百零四方粁人口二十萬零六千四百九十八

○徐又云弗里不爾厄在腹地長百二十里廣七十里戶口八萬四千應出壯丁二百五十鄉官百四十四人先謙案弗里不爾厄二圖同在伯爾尼之西南慕志作弗里堡云首邑同名曹云弗里不爾厄二十世紀圖作法里堡野志云地積一千六百六十九方粁人口十二萬七千六百五十一

○徐又云烏黎在腹地長百三十里廣六十里戶口萬三千應出壯丁二百三十鄉官十三人別有副先謙案二圖無慕志同云首邑名亞多弗曹云烏黎二十世紀圖同野志云地積一千零七十六方粁人口萬九千七百亞多弗郎學會圖之亞爾塔佛

○徐又云孰義的斯在腹地長九十里廣六十里戶口萬二千應出壯丁六百鄉官三百三十人先謙案二圖同在蘇黎世之南慕志作瑞的斯曹云孰義的斯二十世紀圖作瑞石野志云地積九百零八方粁人口四萬一千五百十四

○徐又云加拉利斯在西方長九十里廣五十里戶口二萬八千應出壯丁四百八十鄉官八十人先謙案加拉利斯二圖同在東方徐作西方誤慕志作加拉魯云首邑同名曹云加拉利斯二十世紀圖作格蘭魯斯在東方桑牙祿之西南野志云地積六百九十一方粁人口三萬二千三百四十九

○徐又云牛弗砂德爾在西方本屬普魯士割附於瑞長九十里廣五十里戶口五萬一千應出壯丁九百六十普魯士官四十五員鄉官三十人會同議事先謙案二圖作紐砂德爾與法國法郎師官德部之都伯相接郎雷之牛采德爾慕志作牛砂德云首邑同名曹云牛弗砂德爾二十世紀圖作牛砂德的野志云牛弗砂德爾地積八百零八方粁人口十二萬六千二百七十九又云二圖有查克斯的芳得斯郎雷之加拉克對芬野志云在牛采德耳西北以製造時計著名

○徐又云獨爾痾維亞在東北長百里廣八十里戶口八萬一千應出壯丁千五百二十鄉官百人先謙案二圖無慕志作圖爾高云首邑名弗雷尼曹云獨爾痾維亞二十世紀圖作都耳加野志云地積九百八十八方粁人口十一萬三千二百二十一弗雷尼二圖作勿雷英非爾得

○徐又云亞奔塞爾在東北包桑牙祿界內長八十里廣六十里戶口五萬五千應出壯丁九百七十分內外兩邑各推鄉官理事先謙案亞奔塞爾二圖同在加拉利斯之東北慕志作亞奔塞云首邑同名曹云亞奔塞爾二十世紀圖作亞匹然爾野志云亞奔塞爾亞塞爾羅丁地積二百四十二方粁人口五萬五千二百八十一又云亞奔塞爾英那羅丁爲半剛登地積一百七十八方粁人口一萬三千四百九十九英文圖亞奔塞爾英那羅丁在亞奔塞爾南部

五洲地理志略卷三十一　三三

○徐又云棱律勒在北方地形槎枒半在伯爾尼界內長百二十里廣八十里戶口五萬三千應出壯丁九百自推鄉官理事先謙案棱律勒二圖同在巴勒之西南慕志作棱婁爾云首邑同名曹云棱律勒二十世紀圖作索羅斯堡野志云地積七百九十二方粁人口十萬零七百六十二

○徐又云巴勒巴一作悉在北方長八十里廣五十五里戶口五萬四千應出壯丁九百八十鄉官百五十人有大書院名最著文儒所萃能宣布耶穌教旨先謙案二圖同作巴西爾慕志作巴勒云首邑同名講義作巴西爾云在國之北境來因將入德意志之處人口十一萬二千八百餘有大學又製造綢布等業甚盛郎雷之比塞爾薛記作伯勒亦作排而樋志作伯耳謝志作伯諾吳志作畢溛周志作培爾曹云巴勒二十世紀圖作白塞耳野志云白塞耳爲半剛登地積四百二十二方粁人口六萬八千四百九十七又云白塞耳市爲半剛登地積三十六方粁人口十一萬二千二百二十七

○徐又云翁德爾瓦里的在腹地長八十里廣六十里戶口二萬四千應出壯丁三百八十地分上下二邑各推鄉官理事先謙案二圖無慕志作翁德瓦丁云首邑名斯丹曹云翁德爾瓦里的二十世紀圖作翁德瓦丁野志云翁德爾瓦里的尼德的母瓦里得地積二百九十方粁人口一萬三千零七十翁德爾瓦里的阿普的母瓦德地積四百七十五方粁人口一萬五千二百六十英文圖前在部東北後在部西南益一部析爲二剛登也

○徐又云砂佛塞在極北方㸦錯日耳曼界內長七十里廣四十里戶口三萬應出壯丁四百六十鄉官七十四人先謙案二圖作沙佛塞慕志作砂弗毫先云首邑同名曹云砂佛塞二十世紀圖作史楷菲哈孫野志云地積二百九十四方粁人口四萬一千五百十四

○徐又云日內巴拉在西方本屬普魯士割附於瑞長七十里廣約三四十里戶口五萬二千五百應出壯丁八百八十鄉官二百七十八人先謙案日內巴拉二圖無慕志作日尼法云首邑同名

○徐又云蘇克在腹地長五十里廣三十里戶口萬四千應出壯丁二百五十自推鄉官理事先謙案蘇克慕志同云首邑同名二圖作蘇格在盧薩爾拿之東北曹云蘇克二十世紀圖同野志云地積二百三十九方粁人口二萬五千零九十三

雷區丁斯敦國

雷區丁斯敦雷志云爲奧國替羅爾與瑞士之間一侯國面積六十一英方里人九千三百口講義作列支敦士敦云在的羅爾西北佛拉爾波格與瑞士之間一侯國也面積六十五英方里人九千四百三十四口一千䡊鄙酋十此國於條約上雖未嘗合併於奧國而實際則爲奧國勢力所左右全國山地沿來因河之流域亦有平地少許有世襲之君主有議會人民奉舊教無納稅充兵之義務王書云首府曰瓦都斯先謙案

替羅爾卽的羅爾

五洲地理志略三十二

賜進士出身　特賞內閣學士銜前國子監祭酒翰林院編修加三級臣王先謙謹撰

德意志國

德意志徐志普魯士普魯社破魯斯蒲魯士破魯西部魯西亞圖理雅不魯西亞比阿爾齊亞鷲亞國單云亦歐羅巴大國亞於奧地利亞粵東稱爲單鷹國亦因其商舶所畫之旗而得名也北距波羅的海東界俄羅斯南界墺地利亞西雜日耳曼列國界荷蘭比利時東西約二千一百餘里南北約一千一百餘里其地古時爲北狄所據南宋時日耳曼人征服之立爲別部後爲波蘭所兼幷明萬歷間日耳曼之巴郎德不爾厄部復取其地立國奉職忠謹日主悅之屢益以地康熙三十九年乃自王其國其王長於韜略節衣嗇食帑藏豐盈子菲哩特第二嗣雄武有大志屢勝強敵拓地愈廣王卒姪嗣淫泆無度沈湎於酒國勢驟衰時佛郎西拿破侖得國嘉慶十一年以大兵伐普王啡哩特威廉第三初嗣位力不能禦佛人割其境土之半普遂削弱後六年普民不悅佛政思故主王因民之怨佛也與諸國合縱攻之佛師潰而棄地普遂復其故土王乃增修國政勸農工設學館惠商旅由是百姓親附鄰國之民皆喁喁慕義遂爲西土顯國其國大勢分東西兩土共八部有在日耳曼界內者有侵割他國得之者其制民及歲者工入肆秀入學否則罰其父母年二十以上男丁皆入伍學藝三年放歸每秋操閱賞罰之故其國兵多而強額兵計十六萬五千內宿衛一歲萬八千騎兵

一萬九千炮手萬五千七百步兵十萬四千別有民壯三十五萬九千二百講義云北面波羅的海丹麥及北海東接波希米及俄國南界瑞士奧大利及波希米西界荷蘭比利時法蘭西爲歐洲第三強國謝志云合三十六邦而成當北緯四十七度十八分至五十四度五十二分東經五度五十分至二十二度五十分自交際言之可謂各國之中心自競爭言之又爲兵略之衝要吳志作獨逸

雷志云德意志聯邦以普君爲世襲共主卽德意志皇帝也謝志云千八百七十一年四月始立聯邦憲法議定各邦永遠聯合以保和平之福樋志云普魯士古爲班丁堡大公國開搠後次第兼併擴張國土千七百一年進爲普魯士王千七百四十一年斐迭禮王在位奪細勒西亞於奧地利千七百七十二年九十三年九十五年三次與奧俄二國合從瓜分波蘭國地千八百十五年因議和而獲維士德發里亞千八百六十六年與奧戰捷拓領土於南方先是日耳曼帝國肇基於羅馬帝國搠建之時自中世以降奧地利公世踐其位沿以爲例然因國內諸侯權力強盛與自由都市之勃興故帝國舊日專制之威權浸以廢墜名存實去十九世紀初爲拿破侖所擊破法蘭西斯二世乃棄日耳曼帝位專稱奧地利皇帝日耳曼帝統中絕千八百十五年柏靈會議欲合爲日耳曼聯邦因奧普二國爭競聯合之事不成千八百六十六年普與俄戰四十餘日而敗之收梅固河北之地擯奧國於聯邦外糾合日耳曼北界諸邦而爲其主盟其先普國聯合關稅以謀商業一致聯邦強半與之訂盟其餘諸邦亦有協和之意千八百七十年鬭拿破侖三世與普開戰之布告向者關稅聯合諸邦及他

諸邦皆合從以禦法軍明年日耳曼軍大捷破法京由是日耳曼諸邦知統一之足禦外患願皆聯合爲一以保版圖其兵馬大權帝國庶政與外交之權統一於普魯士普魯士兼稱德意志皇帝薛記云法人稱爲阿里曼英人稱爲日耳曼土人自稱德意志魏志作耶馬尼蓋日耳曼音轉也咸豐十一年尚未合眾爲一其與中國通商約章云大布路斯國及德意志通商稅務公會各國至同治十一年使臣奉其國命來告德意志變更情形自是改稱德意志合眾國云蓋布路斯者昔爲德意志公會中之一國後以國勢漸強推爲領袖自戰勝法國各國戴爲共主近者各國王侯之權日削月朘而德意志之全勢將歸於布路斯一國徐志作普魯士魏志作普魯社考德意志三字非地名乃種人族類之總稱歐人三種曰羅馬人種曰希臘人種曰德意志人種德意志別羅馬希臘兩種人言之不限以地也歐洲中部北部人皆此一族故奧大利荷蘭比利時瑞士皆在德意志列邦之內奧普兩國最大故先後爲盟主至德意志南北之分因普初強時惟北方諸邦附之是爲北德意志聯邦公會後南方近來因河之四部亦入公會遂去南北之畛域稱德意志合眾國云又云日耳曼各國兵餉用人之權近年已被普君相設法收盡各國兵政皆由德派武員經理關稅則由普設統關始名爲總收分給今則用以支給兵餉吏俸亦由普爲經理用人則由議院議之而普廷核定之各國舊王不過在柏林議院爲議員食王俸而已惟巴華里向稱強大尚未盡削其權許自派公使往駐各國各國亦可派公使往駐其都兵政雖由普代爲經理而統關代征之稅向給還巴王使自發兵餉吏俸立法之權聯邦議會與代議院

操之聯邦議會之議員由聯邦共選五十八人各爲其邦之代表代議院之議員則國民公選三百九十七人以充之謝志云行政權在宰相各省大臣受其指揮上議院亦有參與行政之權其議員分十一部分稽陸軍海軍財政司法商務等但各委員須選四王國以上之議員爲之惟外交一部限用布路斯巴斐利亞倭盾伯撒梭尼四王國之議員耳各邦內政悉自治故另有君主憲法議院內閣辦事大臣大率與諸立憲之國相若各城則有城長面積二十萬八千八百十四英方里慕志云緯綫自赤道北四十五度至五十七度經綫順天偏西九十六度至百十六度長二千里闊千八百里總計七十五萬方英里謝志云東西長二千里南北千一百里面積二百十萬方里千八百九十五年人五千二百二十七萬九千九百一口十年增百分之十二曹典球譯野口保興內外地志云普魯士面積三十四萬八千六百五十八方籵人口三千七百二十九萬三千三百二十四地自北海與波羅的海起至阿爾魄山麓止北部多低野南部多高原謝志云德國在歐洲大平原故其北方大半廣野向北而斜概爲布路斯境平野間巨陵起伏大河數道橫流其間田畝相望皆農產要地雖東北多沙地低溼淺水大澤西南又稍有山無礙其爲平原也國之中部地勢漸高林箐叢密山嶺相錯是爲哈爾士山在哈挪弗城之南自撒梭尼與奧斯馬加

之間山彙益深有哀耳士與利遜嘎必嘎二帶山哀勒伯河郎穿二山以趨北國之南部在五十度以南郎巴斐利亞倭盾伯等高原地山陵相望南界稅貲有黑林山爲大河發源之所東界奧國有希米亞山林西界法國有伐呵入山林又云海岸綫爲全國界綫三分之一北海岸約九百里保勒第海岸約三千里共三千九百里北海岸多淺水無泊舟港近岸有東西佛利羣島與荷蘭毗連其北海立哥蘭小石島向歸英屬今德以非洲屬地易之保勒第海岸中央有呂根大島東有旦劑革海股諸大河口多佳港可容巨舶矢志哈爾士作海是哀爾士作哀是蟠奇利遜嘎必嘎作里贈蟠奇大河有五徐又云日耳曼界內江河最長者爲來因河由南而北轉西至嚏國界入海河濱土脈腴潤產葡萄最良沿河多名山古蹟風景清美時有遠客來遊多惱河亦大水在日界內橫流如帶北方則易北河其名水也維士土拉河講義作維斯杜拉云出甸亐利之北部過波蘭入普魯士謝志作斐斯度拉河云由俄國來穿國之東境入旦劑革海股樋志作維斯圖賴矢志作肥司偸拉吳志作微士邱拉德河講義作阿得云亦出於甸亐利入國東南部細勒西亞注波羅的海謝志作俄德云出奧國之摩雷斐亞北入布境行千六百里入保勒第海其支流之大者曰瓦耳達河矢志俄德作屋談亦作畦談樋志作俄豆周志作蛙但愛爾不河講義作易北云發於奧國之波希米入薩克索尼亞北流而注於北海謝志作哀勒伯云出奧國之摩雷斐亞山合波希米亞諸水穿山帶而出至布路斯境西北經平原再合支流而入北海行二千[illegible]百里便於通航者千五百里兩岸皆通都大邑都城亦在其支流

斯伯雷河側樋志作厄耳白泟志作伊爾碑慕志作易爾北周志作合爾培矢志斯伯雷作司潑里來因河講義來因出阿爾卑士山彙附近三哥他爾託北流而入北海謝志云出稅貲諸湖灌巴典王國美因河自東來摩色勒自西來會之水勢益大下流緩而多曲以入荷蘭矢志作蘭因美因作曼陰樋志作梅因摩色勒作麼斯耳皆北流多惱河東流講義云出於國內者有達牛勃河顯源河名多東流入奧國出國內而注本國之海者惟威悉河而已謝志云南部黑林山中有多惱河出其間東流入奧偉色河出巴罕利亞北深林中西北流千二百里而入北海所灌溉多繁盛都邑偉色郎威悉也樋志作威薩矢志作會酸慕志作威塞爾周志作會鱃其教育有強迫入學之制募兵不識字者不過百分之一二而已全國大學校二十一國人百分之四十四業農百分之三十七業礦工及他工地百分之四十八爲耕種地謝志云收穫最豐者爲稞麥雀麥大麥小麥荷蘭薯來因河岸多種葡萄餘則煙草豆子大麻蘋果等百分之二十爲草地百分之二十六爲樹林謝志云林木森茂歸政府監督培養者占地三千五百萬英畝止以官林論歲入四千萬圓其利之大可知千八百九十七年有馬四百三萬八千四百八十五牛千八百四十九萬七百七十二綿羊千八十六萬六千七

百七十二豬千四百二十七萬四千五百五十七謝志云野獸惟狐狼鹿兔羚羊等而已烏各種俱備魚多而種類少惟鮭鯉等數種而已南部多養蜜蜂嘗種桑養蠶竟不能成歲出糖百三十五萬噸礦產歲值四千二百九十萬磅歲出煤八千五百三十萬噸木煤二千七百萬噸鐵千四百萬噸並有鋅鉛銅銀金石鹽等謝志云礦產甚富布路斯境爲最煤產額近年已至一萬萬噸惟亞於英美居世界第三鐵產千八百萬噸鋅十六萬噸鉛十四萬噸銅七十三萬噸石鹽八十六萬噸哀爾士山產銀爲歐洲各國之冠又產金鈷石料國中徧處多含金石之泉保勒第海濱多琥珀製造繁盛謝志云工廠至大者首推製鐵織業絨呢爲主綢絹棉花次之其餘木器紙張機械玻璃陶器皮革細磁首飾等業亦皆興盛製玩物他國無匹者各國新貨出卽仿造之而值特廉釀麥酒之盛爲世界第一每歲產額約三千萬石葡萄酒歲出百四十萬石印字業爲德人哥丁布所夥製時辰表亦始於德國千八百九十七年有鐵路二萬九千四百六十一英里講義云鐵路開通者三萬千六百五十英里電信綫路長七萬六千四百十八英里綫條長二十七萬八千四百十一英里運河八千六百五十四英里講義云諸大河皆以運河相連絡交通甚便梅尼士河與達牛勃河達牛勃河與羅亞爾河來因河與易北河易北河與阿得河阿得河與維斯杜拉河等皆

互相連絡近來乃開鑿奇厄爾運河使波羅的海與北海相連絡千八百九十八年有商船三千五百九十三內河行船二萬二千五百六十四入口貨值二億三萬八百六萬二千磅出口貨值一億八千八百五十萬一千鎊內製造貨居百分之六十五重要者爲布呢等值四千六百八十九萬四千磅金類及金類器具值二千八百七十七萬五千鎊化學鍊製之物值千七百六十三萬八千磅糖值千百六十五萬六千二百磅多與英奧美俄荷蘭法貿易政要云銀以福鹿林計每約四角之數十二福鹿林爲一磅千八百九十八九二年國入款七千六百四萬三百磅國債一億千三百六萬二千磅謝志云財政六萬萬圓公債九萬萬圓兵費二千四百二十三萬七百磅陸軍平時五十八萬五千四百五十三人戰時有三百萬人海軍戰艦百九十七內鐵甲三十二水雷艇一百二十二謝志云國處列强之間分十要區每區建城寨設地底電綫通機關海岸各處亦築砲臺布路斯之陸軍省兼掌全國陸軍事務巴

斐利亞撒梭尼倭盾伯三國亦各有陸軍省國民滿十七歲卽應服兵至四十五歲而止二十一至二十七歲編入常備軍二年現役四年備役常備旣終則爲預備兵國民兵千九百年全國兵額約六十萬馬十萬匹分十九隊遇戰事可增至三百萬大砲三千餘尊馬四十四萬匹常年兵費約二萬四千萬圓海軍將校士卒共二萬二千人一等戰艦十七一等巡船十合其餘大小兵船共二百二十餘艘分保勒第海北海二大隊又有東洋艦隊兵費二千八百萬圓普魯士王國面積十三萬四千四百九十七英方里人三千百三十五萬五千百二十三口國之入餉純計六千四十二萬三千鎊千八百九十八年國債三億二千四百十六萬千一百磅　伯靈人百六十七萬七千三百四口　勃來司勞人三十七萬三千百六十九口　考隆人三十二萬千五百六十四口　曼帝堡人二十一萬四千四百二十四口　在枚河之發蘭覆人二十二萬九千二百七十九口　漢諾佛人二十萬九千五百三十五口　苦尼士般人十七萬二千七百九十六口　達塞耳獨甫人十七萬五千九百八十五口

亞耳拖那人十四萬八千九百四十四口　愛爾般翻爾人十三萬九千三百三十七口　鄧席人十二萬五千六百五十口　司担汀人十四萬七百二十四口　巴曼人十二萬六千九百九十二口　克里翻爾人十萬七千二百四十五口　愛克司拉采撲爾人十一萬五百五十一口　漢爾人十一萬六千三百四口以上要區過五萬居民之區尚有十七處徐又云普魯士之東部首曰巴郎的不爾厄丁一作堡坿境內阿得河縱橫交流沿河沮洳草場豐茂便於牧畜餘地平坦多沙磧故田不足於耕松橡處處成林材木無缺都城曰百爾靈伯一作靈[illegible]一作柵木周三十六里有十五門二十二市居民二十二萬皆奉耶穌教城內有孤子院收養惸獨有醫院居旅客貧民之染疾者有武藝院教擊刺有文學院肄業者千六百餘人有軍器局貯大砲王殿長四十六丈闊二十七丈高十丈規模極宏壯百官之居亦整潔百工諸術各有學院鐵器最精工細若金銀所造磁器尤良堅緻不亞華產而價甚廉大呢羽緞布帛山積遠客咸來貿易故稱西土大都會所屬曰谷丁堅城也曰蘇邑曰稟土老皆屬邑之豐美者先謙案曹譯野志云巴郎的不爾厄州分二縣面積三萬九千八百三十八方籽人口三百五十三萬千九百六首府伯林又伯林州面積三十六方籽人口二百四萬百四十八二圖巴郎

的不爾厄與野徐同東波森北波美拉尼亞梅格林不爾厄西薩克索尼亞南薩克索尼亞國首都柏靈郎野之伯林徐之百爾靈雷之伯靈謝志作柏林云跨中央平原斯伯雷河之兩岸水陸俱便世界第三大城有王宮藏書樓畫院博物院動物植物囿大小書院貿易以五穀牛羊酒羊毛爲大宗製造以呢絨機械古銅器麻布啤酒爲最著其克虜伯砲廠地基寬廣丙設鐵路輪船工匠萬餘柏靈西南有波的斯坦謝志作波的斯旦云距柏林五十里居民五萬四千爲巴郎丁堡首府陸軍重鎮德皇每駐蹕於此有離宮許考作堡斯丹柏靈東南有法瑱佛德謝志作弗郎富德云距柏林百五十里居民五萬六千製造機械藥料紙張按期聚集商賈如雲

○徐又云波美拉尼亞（一作墨隣破）在巴郎的不爾厄之北臨波羅的海其南土田肥沃其北近海窪下多沙阜出琥珀土人得之用以嵌飾寶器產木料麻五穀會城曰斯德丁（一作土得丁）在阿得河濱河流深廣海船可以出入以此估帆雲集貿易繁盛郊外長大之海口稱爲瑞隱口所屬曰率他港城在波羅的海濱居民萬五千麥與綿羊毛由此出運城最堅敵屢攻不下其將誓曰懸此城於天堂我亦必取之已而竟不能破曰額林城有書院招進四方之游學者曰吉林城在海濱有通衢廣廈文士所居曰薩另居民七千廈屋雲連稱爲大邑曰北勒居民四千城外有池初入耶穌教者往受洗禮以此名著西土地腴甚穀麥有餘出糶遠方曰罕比近海有小河可通城內居民多以琥珀造奇器先謙案曹譯野志云波美拉尼州分三縣面積三萬百二十一方籽人口百六十八萬

四千三百二十六首府斯德丁謝志作坡美拉尼二圖波美拉尼亞與徐同首城斯德丁即雷之司担汀謝志作斯德典云跨俄德河兩岸距河口九十里製造船隻塞門汀泥糖酒等物二圖有倭林疑徐之額林有北勒疑徐之伯勒有罕民疑徐之罕比

○徐又云細勒西亞（一作治雖）在巴郎的不爾厄東南山嶺橫亘西南阿得河由此發源其土大半膏腴可耕之田六萬九千頃然常患人滿穀不足資接糶於他部產絲最細足供機杼八千綿羊毛甚豐售於英吉利山產鐵每年得十五萬石銀二千六百七十斤會城曰北勒斯勞（一作伯雖）居民八十萬六千百工畢集文儒萃焉河濱列城五曰瑞匿曰勒匿曰額剌曰峩告曰匿士皆有金湯之勢先謙案曹譯野志云細勒西亞州分三縣面積四萬三百十九方籽人口四百九十四萬二千六百十一首府比勒斯勞謝志作細累細亞矢志作希來曉周志作西利瀉二圖細勒西亞與徐同東俄國南奧國北波森西巴郎的不爾厄薩克索厄亞國比勒斯勞與野同即徐之北勒斯勞雷之勃來司勞周志作婆利斯露迂志作布列斯老矢志作勃來司落王書云普國第二都會歐洲大陸第二產羊毛地毛布製造甚盛又又爲穀物大市場

○徐又云薩克索尼亞（一作薩普）在巴郎的不爾厄之西與日耳曼各部另錯曰耳曼小部有包括於境內者地產五穀羊毛其民溫和好禮會城曰馬得不爾厄（一作得堡）壘高池深屢捍大敵居民三萬二千所屬哈勒有大書院肄業者千餘人別有廣廈收養孤獨吉令堡昔爲天主教女尼所掌今居民奉耶穌教毀其祠宇先謙案曹譯野志云薩克索尼亞州分三縣面積二萬五千二百五十五方籽人口二百九十七萬九千二百二十一首府馬德不爾厄王書作薩織索尼二圖薩克索尼亞與野徐同北梅格林不爾厄東巴郎的不爾厄南薩克梅凝認國西哈諾威馬德不爾厄與野同講義云當易北河畔三十年戰爭時（[illegible]）大將提別居此市有名於史慕志作瑪提堡即雷之曼帝堡有哈勒與徐合曹云郎雷之漢爾野志云地瀕雜亞勒河產石炭石鹽有大學著名

○徐又云普魯士部在國之極東北境臨波羅的海與峩連界其國以此部之名爲國名地分東西二部夷坦無山產五穀堪出糶松橡高大材中舟楫半售英國會城曰哥尼斯北爾（一作玉此）居民六萬三千城周二十七里空闊難守所屬但澤城在但澤河相連之海口居民六萬貿易甚繁每歲入口之船千餘運糶於他國其城嘗爲敵所圍亡失甚多北境有城曰墨麥與西國通商曰得寶城極廣大嘉慶十一年與佛議和於此曰益平城係大海口每歲入口之船千四百先謙案曹譯野志云東普魯士州分三縣面積三萬六千九百九十四方籽人口二百三萬百七十六首府哥尼斯不爾厄西普魯士州分二縣面積二萬五千五百三十五方籽人口百六十四萬千七百四十六首府但澤二圖東西普魯士與野徐同北波羅的海東南俄國西波森哥尼斯不爾厄與野同即徐之哥尼斯北爾雷之苦尼士般慕志作哥甯斯堡謝志作革尼斯伯云濱旦剌革海股爲往昔京師有大書院德國大儒岡德之故里王書云近普勒愷河口舊例普王於此府行戴冠式但澤與野徐同即雷之鄧席謝志作旦剌革云當斐斯度拉河入旦剌革海股處距口十二里爲第一大埠上流皆產穀之地載木筏順流而下於此出口德國海軍屯此王書云本自由港近但澤灣爲外國

貿易大市場東北隅有默麥即徐之墨麥王書云在庫里舍湖口重要海港之一謝志作麥未爾云在東北境濱保勒第海居民二萬運出木料甚多

○徐又云波森（一作波新）在巴郎的不爾厄之東本波蘭地普與峩奧兩國瓜分得之地出五穀無別產會城曰波森街市寬廣居民二萬四千當普人初據其地民懷故國多怨思普治以惠政民乃胥悅先謙案曹譯野志云波森州分二縣面積二萬八千九百七十一方籽人口百九十八萬六千六百三十七首府波森二圖波森與野徐同北波美拉尼亞及西普魯士東俄國西巴郎的不爾厄南細勒西亞會城同州名王書云人口七萬在瓦翠河左岸當鐵道中心

○徐又云普魯士之西部（案此謂區土之在西者）與東部不相通中隔日耳曼數小國地分二部南曰維士德發里亞（一作西法野）多大澤叢林居民以漂麻織布爲業善造火腿銷售偏於西土會城曰閔士得先謙案曹譯野志云威斯德發里亞州分三縣面積二萬二百十一方籽人口三百六十一萬八千九十首府閔斯德慕志作惟斯發利亞二圖威斯特發里亞即徐之維士德發里亞野之威斯德發里亞北哈諾威東不倫瑞克國西南萊尼普魯士西荷國閔斯德與野同即徐之閔士得王書云近延姆斯河上游

○徐又云北曰勒那（一作如勒）分兩部曰上萊尼曰下萊尼上萊尼沿河傍山會城曰哥羅尼亞（一作可倫）在萊尼河濱居民五萬善造鐵器織繡緞布疋所製香水最佳河內販運之舟往來如織所屬曰木城有大書院曰益百田戶口繁密百工萃處曰突鄉在萊尼

河濱城內街衢闊朗多廣厦名園又云下萊尼在上萊尼之西南與維士德發里亞毘連案此諸有誤山水清麗時有遠客來游出葡萄酒五穀缺乏會城曰谷隣亦在萊尼河濱所屬曰得味居民萬二千其城最古曰亞金居民三萬二千勤於紡績普魯士東西八部除普魯士波森兩部外餘六部皆入日耳曼同盟公會應出兵七萬九千二百先謙案曹譯野志云萊尼普魯士州分五縣面積二萬六千九百九十五方粁人口六百四十三萬六千三百三十七首府哥羅尼亞二圖萊尼普魯士與野同郎徐之上下萊尼北威斯特發里亞東黑森拿騷西荷比二國南萊尼巴威也拉据圖萊尼普魯士在威斯德發里亞之西南不在其北徐志南北疑誤倒哥羅尼亞與野徐同講義作科羅尼亞云為來因地方最大都會立來因河左岸人三十一萬口有大寺高八十五間半為世界寺塔之最高者謝志作哥倫云來因布路斯之首府為往來比荷二國之通衢貿易極盛製香水有名與徐云製香水合謝志又云哥倫附近之城有杜奢爾多甫人十四萬口巴爾門人十二萬口皆以製造著名波痕城居民四萬有大學校案杜奢爾多甫郎雷之達塞耳獨甫二圖作都西爾德樋志作都悉耳鐸矢志作是散爾壽夫巴爾門郎雷之巴曼二圖作巴門矢志作排門周志作排明辻志作布列門波痕城疑郎徐之木城二圖無王書云厄爾北佛爾在哥羅尼亞東北為棉布製造地人十四萬口埃森在厄爾北佛爾西北饒煤鐵礦有名之克虜伯砲製造於此案厄爾北佛爾二圖同曹云郎雷之愛爾般翻爾埃森二圖同其西南為克里佛爾德曹云郎雷之克里翻爾坂本健一外國地名人名詞典云克里佛爾德為普魯士萊尼州之都會工業甚盛谷隣二圖作都棱

矢志作夸隆云通比利時之要道所產葡萄酒為主與徐合郎雷之考隆樋志作葛弄辻志作克伊龍周志作殺龍亞金二圖作亞森王書云亞森近比利時境為繁盛製造都會曹云郎雷之愛克司拉采撲爾亦作亞琛野志云亞琛亦稱愛克司拉采撲爾地產石炭矢津昌永高等地理亦以愛克司拉采撲爾為亞琛之二名講義云亞琛為德國最古市府之一加爾大帝所都立也其後三十七代皇帝俱行戴冠式於此

○普魯士疆後來增益有為徐志所無者先謙案王書分十三州其一曰黑森拿騷曹譯野志云黑森拿騷州分二縣面積萬五千六百九十九方粁人口二百七萬五十二首府佛琅克弗爾二圖並同西北萊尼普魯士東南黑森國案此黑森與拿騷兩地合為一州也徐志日耳曼列國埃塞加塞爾加塞爾一作黑西云與挨塞毘連長四百里廣三百五十里爵如上公戶口五十九萬二千公會應出兵五千六百七十都城曰加塞爾其制幼主不得治事母后或至戚居攝侯年十八乃反政地多山產銀銅鐵鑛今二圖黑森國之西北郎黑森拿騷州有黑森又有加塞爾其為黑西加塞爾無疑第不知何時為普所兼併耳佛琅克弗爾慕志作佛郎佛忒云在美因河邊矢志作夫倫克弗云在曼陰河畔人口十八萬以工商為世所稱案郎雷志在枝河之發蘭覆也萊尼來因字隨音變源出阿魄士山經巴丁入荷蘭而注北海美因河自東來注之枝美曼一聲之轉故一作枝河發蘭覆郎夫倫克弗辻志作夫蘭克佛兒特周志作弗倫克否脫王書云在梅尼士河北岸世界大銀行都府之一德國議院在此人二十三萬口

○一曰哈諾威曹譯野志云哈諾威州分六縣面積三萬八千五百十一方粁人口二百七十五萬九千五百四十四首府哈諾威二圖並同北疴爾斯德音及北海西荷國東薩克索尼亞南威斯特發里亞王書云哈諾威人口二十一萬西臨雷內河故哈諾國王之首府又北海口有英姆敦云在延姆斯河口為哈諾威重要之港慕志云哈諾威本自立之國康熙中有王名若耳治值英國臣民招奉為王子孫承繼及道光十七年嗣位無子英立維多利亞為君主哈諾威自立為國同治五年普奧啟衅哈諾威辭不助普普勝奧後奪其王位降為部落隸於普國產銅鐵網絲布磁器穀木又慕志普國十四部其一曰查德第士都城維亨沙分曹云北海濱有威黑耳木沙文與維亨沙分譯音相合此地今為哈諾威州海軍港非查德第士都城蓋後來省併徐志云亞諾威爾那二作漢那耳又作華又作漢那瓦漢在日耳曼之西北境與嗹國接壤南北七百八十里東西五百四十里爵稱王戶口百五十五萬公會應出兵萬三千五十境內平坦沙磧居半惟沿河有沃田草場兼產蜂蜜康熙五十二年亞諾威爾有王若耳治稱賢德值英王威廉第三卒無子英臣民招若耳治奉以為王亞諾威爾別立支子故亞諾威爾為英宗國百餘年來依為脣齒道光十七年亞諾威爾內亂他姓代立都城同國名有大書院曰可宁延收教幼學聲名最著案亞諾威爾郎哈諾威本日耳曼列國之一為普所滅附著之於此

○一曰何痕索勒爾曹譯野志云何痕勒索爾州面積千一百四十二方粁人口六萬八千二百八十二首府侯琛堅二圖同東北

瓦爾敦巴爾西巴敦南瑞士國首府疾琛堅王書云疾琛堅在多惱河上游高地侯疾不同蓋形近致誤慕志普國十四部其一曰和恨所倫都城黑眞恩和恨所倫郎何承索勒爾黑眞恩郎侯琛堅也侯黑雙聲據此是侯非疾其地得自何國再考

○一曰石勒蘇益格疴爾斯德音曹譯野志云石勒蘇益格疴爾斯德音面積萬九千四方粁人口百五十萬四千二百四十八首府亞爾多納二圖並同北丹國東波羅的海西北海南勞英不爾厄再南哈諾威薩克索尼亞王書云亞爾多納人口十五萬在易北河上為昂不爾厄之外郭商業亦與匹敵奇厄爾人口九萬東濱波羅的海當通北海運河之入口二圖同亞爾多納郎雷之亞爾拖那慕志普國十四部無此部云一曰勞因堡都城同名一曰斯勒斯維革昊斯敦本屬丹國為布奧所攻而隸於普都城亞多那海口名幾爾亞多那郎亞爾多納幾爾郎奇厄爾也石勒蘇益格等三部本丹麥入德蘭半島地脖蘇普先得勞英不爾厄立為一部勞因堡郎勞英不爾厄也後得二部地又立為一部斯勒斯維革郎石勒蘇益格昊斯敦郎疴爾斯德音也後乃省併為一

日耳曼列國

徐志日耳曼阿勒曼阿理曼亞里曼占曼尼耶馬尼熱爾麻尼亞勒墨尼亞云歐羅巴古大國也其地縱橫皆數千里北扼波羅的海南踐地中海為歐羅巴之中原上古時五方之民雜處分數十小部羅馬盛時征服之尚未盡入版圖佛郎西既興其王甲利泰甫一作加爾斯馬哥奴爾攻滅日耳曼諸部地隸佛版百餘年梁乾化元年部人畔佛復推佛郎哥尼亞酋長官拉多為王王不世及惟眾所推薩克索尼亞佛郎哥尼亞蘇亞維亞三部之酋先後據王位元和墨地利亞酋長羅爾德福為王能服眾由此繼序不復推至

明初日益強盛聲威四播幾與羅馬代興康熙三十九年各部皆自王其國不相臣屬奧地利既并兼坐大普魯士亦拓地稱雄兩國皆自有名不復稱日耳曼所餘迤西一片土分三十六部稱王者四餘以次遞降如中國之公侯伯大者千餘里小者乃數十里東界奧地利亞普魯士西界荷蘭普魯士佛郎西北界嗹國暨波羅的海南界瑞士意大里南北約二千四百里東西約二千二百里嘉慶十一年佛郎西拿破侖以兵脅日耳曼列國皆降之部落多所更易後八年拿破侖敗日耳曼列侯各復爵土嘉慶二十年各國公使會議於維也納奧都城地利以奧地利普魯士本日耳曼所分而嗹國荷蘭與日耳曼互錯合四國於日耳曼列國稱同盟四十國以奧地利爲盟長各按戶口多寡定兵數每百人應出額兵一名每二百人出援兵一名共三十萬四千餘各國公使皆駐佛郎渡佛郎佛爾有大事則會議防兵分十二隊畫地立營總帥一人各國公舉然爲帥者多奧地利人他國不敢當此任也各國語音皆同地氣北寒南暖多腴壤五穀百果皆宜花卉亦繁產金銀銅鐵錫鉛寶石玉石花石赭石滑石磁石陽起石黑礬白礬硝磺硼砂磁粉又云其民居北方者多強健性涫良好學術南方民風奢侈日惟醉飽無遠圖西南一帶民多勤苦謀生力作不倦界內列侯壤地雖小而與諸大國婚媾往來用敵體禮其同盟公會條約雖甚堅明然分土既眾不免蠻觸之爭遇大敵則心力不齊難於制勝幸維也納歃盟之後佛郎西止戈保境未發難端或亦慮眾怒之難犯耳

巴窩里亞王國面積二萬九千二百九十二英方里人五百八十

一萬八千五百四十四口國之入餉純計千四十三萬一千磅國債七千七十六萬一千磅　**木尼克**人四十萬七千三百七口　**暖般**人十六萬二千三百八十六口　**亞士堡**人八萬一千八百九十六口　**綏士堡**人六萬八千七百四十七口以上要區徐志日耳曼列國巴威也拉又作佛耶肆里云在日耳曼東南方南北千一百餘里東西八百餘里在列國中幅員最大爵稱王戶口四百七萬餘公會應出兵三萬五千六百昔嘗與法結盟以攻日主都城曰慕尼克門許街市華潔其民善造細皮清玻璃時辰表工力巧捷名播四方各國皆與通市其制於七千人中選明通有識者一人赴京辦事謂之事主有大事則國王會眾事主商決之初造時辰表之城曰尼林山又有二城曰雨山曰澳堡今雖蕭索造器之工尚夥先謙案曹譯野志云巴維也拉面積七萬五千八百七十方粁人口六百五十二萬四千三百七十二郎徐之巴威也拉雷之巴窩里亞矢志作巴威里樋志作巴瓦里阿王紀作巴華釐亞政要作玻非利亞亦作伯咈利亞二圖與野志同東南奧國西瓦爾敦巴爾黑森北薩索梅凝認首城慕尼克郎雷之木尼克迂志作慕邏講義云慕尼克在多腦河支流伊薩河畔富於建築繪畫全市若一大陳列場有大學甚著名亞於伯林有努尼不爾厄郎雷之暖般王書云努尼不爾厄臨梅尼士河一小支流爲本國第一製造都會人十六萬有奧格斯不爾厄郎雷之亞士堡王又云奧格斯不爾厄瀕列治河商業繁盛又爲大銀行地八八萬講義云近傍有不林敦里摩爲西班牙王位繼承戰事時英將馬爾波羅得大捷之處謝志云巴斐利亞地分大小二部大部在東近奧國小部在來因河西曰來因巴斐利亞地多山林土質肥沃農產既盛尤多製葡萄酒京城曰門很爲德國第二大城製造器械之名區南部學藝之淵藪也藏名畫石像無算中央有奴連伯城爲始造時辰表處居民十四萬案來因巴斐利亞二圖作萊尼巴維也拉東黑森南亞爾薩斯西萊尼普魯士北黑森拿騷許考云列日耳曼盟會中其驛傳電報事務與人民出入國境事宜統權在國王盟主不得干涉日耳曼行軍巴國兵別成營伍國王攝調遣制馭之事盟主惟居元帥之名此二事列盟會約中爲巴國特別章程他國不能援以爲例

撒遜尼王國面積五千七百八十九英方里人三百七十八萬七千六百八十八口國之入餉純計六百八十萬九千磅國債三千七百六十二萬三千三百磅　**來潑席**人三十九萬九千六百六十三口　**德勒斯停**人三十三萬六千四百四十口　**呆尼處**人十六萬一千十七口以上要區徐志日耳曼列國薩克索尼亞一作撒遜撒遜敘云在巴威也拉之北爲日耳曼適中之地東西五百里南北三百里爵稱王戶口百四十萬公會應出兵萬二千國之南界有大山綿亘與奧地利巴威也拉

毗連山產銀鑛最王開掘已五百年尚未匱竭昔時西國之銀多出於此地之五穀居民夏則攻鑛冬挾餘貲遊四方飲食宴樂貲盡而反都城曰德勒斯達德一作王宮與耶穌堂極宏麗民多養綿羊毛毳細軟用織大呢又造磁器甚精不亞華產前明時撒有名人曰路得能解譯耶穌意旨別立耶穌教名以別異於天主教由是耶穌教盛行而天主教之權衰國有大邑曰來責每歲設市二次地出書籍鐫印甚精各國之文字百家衆術之著作無不畢備歲售數萬億冊價值數百萬圓先謙案曹譯野志云薩克索尼亞面積萬四千九百九十三方粁人口四百五十萬八千五百三十三謝志作撒梭尼二圖與野徐同郎雷之撒遜尼亞東細勒西亞西奧國北巴郎的不爾厄西普國之薩克索尼亞都城德勒西登郎徐之德勒斯達雷之德勒斯停謝志作德勒斯迂志作得列斯顛吳志作德爾斯丁周志作特來斯滕講義云薩克索尼亞之首府立易北河南岸博物館甚多可供游覽稱德意志之佛羅棱薩意大利都會謝志云製啤酒麻布羊毛等物有勤不士格郎徐之來責雷之來潑席謝志作來伯劑革云在北境每年集市三次該城書籍最盛有大學校以格致著名樋志云此王國爲日耳曼最舊之邦勢力頗盛千八百十五年附從拿破侖擾亂千八百六十年又左袒奧國兩次舉動不合公義遂爲普所侵削全國地勢高起如波希米附近地尤坂峻有薩克索瑞士之稱西北隅有立披塞人三十萬口大學校最完具考案方隅即來潑席也迂志作來浦吉格慕志作來比細克講義云勒不士格人四十萬口在國西北隅當南北德意志交通之衝古來屢爲戰場千八百十三年拿破侖戰敗於此市多販賣書籍皮革勒不士格之南黑木尼都製造業

最盛世稱薩克索尼亞之曼徽斯特英國大工業地案黑木尼都二圖作徽姆尼斯即雷之采尼處有徐森附近來責小邑謝志作美參云所製磁器不亞中國有佛賴波格謝志作弗連堡云在國西南爲鐵鑛中樞昔路得生於此汁志作弗雷堡

瓦敦堡王國面積七千五百三十英方里人二百八萬千一百五十一口國之入餉純計三百七十四萬四千九百磅國債二千三百五十八萬一千二百磅　**司塔脫加**人十五萬八千三百二十一口　**曷爾摩**人三萬九千三百四口以上要區徐志曰耳曼列國瓦爾敦巴爾一作威丁山又作味耳典白云在巴威也拉西南北五百里東西三百六十里爵稱王戶口百五十二萬公會應出兵萬三千九百五十四境多山出葡萄酒與各果實都城曰斯都德牙爾一作茣雅先謙案曹譯野志云瓦爾敦巴爾面積萬五千九百十四方籽人口三百三十萬三百三十周志作烏爾丁堡矢志作烏墩堡樋志作華添堡許考作味爾敦巴爾王紀作荷殿畢政要作會敦倍克謝志作倭盾伯二圖與野徐同東巴維也拉西北巴敦南何痕索勒爾都城與徐同即雷之司塔脫加謝志作斯士德加德云書籍銷售最盛樋志作士篤嘎矢志作士達脫慕志作斯都德丐周志作斯太脫斑脫王書云近內喀河左岸四面掩以葡萄樹二圖有烏爾穆即雷之曷爾摩疑曷烏二字形近致誤王書云烏爾穆臨多惱河上舊都府設有堅固堡塞

巴丁上公國面積五千八百二十三英方里人百七十二萬五千四百六十四口　**加斯盧**都城人八萬四千三百三十口　**曼海摩**人九萬七千七百八十口　**勿雷堡**人五萬三千百十八口以上要區徐志曰耳曼列國巴敦巴一作云在瓦爾敦巴爾之西南北七百里東西三百四十里侯國之最大者山嶺盤迴峯巒秀出風景清華爲日國之最爵如上公戶口百十三萬公會應出兵一萬都城曰加爾斯盧合利一辨甲地產麻豆葡萄酒先謙案曹譯野志云巴敦面積千五百八十方籽人口二百萬九千三百二十謝志作巴典汁志王紀作巴顛二圖與野徐同即雷之巴丁都城與徐同即雷之加斯盧謝志作加勒斯路云近來因河爲鐵路中樞城形如扇大街三十二道由大公宮中而外達有曼尼亨姆謨輪入萊尼巴維也拉內即雷之曼海摩王書云人口九萬在內喀河與萊尼河合流處樋志作曼海姆云梅因河匯來因河處繁盛勝於首府有佛里波格即雷之勿雷堡近瑞士國

黑西上公國面積二千九百六十六英方里人百三萬九千二十口　**達摩斯達**都城人六萬三千七百四十五口　**梅士**人七萬六千九百四十六口要區徐志曰耳曼列國挨塞一作黑西云在亞諾威爾之西南長三百二十里廣二百里爵如上公戶口七十萬公會應出兵六千一百九十都城曰達拉摩斯達騶一雕崇墉屹立炮門環繞外濬深池敵不能攻產麻煙葡萄酒先謙案曹譯野志云黑森面積七千六百八十一方籽人口百二十一萬一百四政要周志作海斯矢志作海散王紀作塞達煎甯亦作塞西鈹領土又作埃塞美塞內英講義作黑森二圖同即徐之挨塞雷之黑西東巴維也拉西北黑森拿騷南巴敦王云包南北隔離二地方其南依萊尼河以灌溉北則在梅尼士河之北有達拿摩斯達即徐之達拉摩斯達雷之達摩斯達王書云在萊尼河東十一英里人口四萬有梅尼士即雷之梅士

梅克棱堡司瓦林上公國面積五千八十三英方里人五十九萬六千八百五十七口　**司瓦林**都城人三萬六千三百八十八口　**勞司托克**人四萬九千九百十二口要區徐志曰耳曼列國梅咯棱不爾厄林一作堡云有二國在北方一曰斯乖零長四百里廣二百八十里爵如上公戶口四十三萬一千公會應出兵三千五百八十都城與國名同徐見下先謙案曹譯野志云梅格林不爾厄斯乖零面積萬三百二十七方籽人口六十二萬五千四十五講義作梅格林不爾厄斯乖零謝志作梅格棱堡施徽林矢志作梅克倫堡希會林樋志作墨林堡斯維林周志作梅克林堡肖畏倫王紀作麥連畢斯乖零政要作邁格林倍綏林二圖與野志同即雷之梅克棱堡司瓦林東波美拉尼亞及紐斯德勒利也斯北波羅的海西勞英

爾厄南巴郎的不爾厄薩克索尼亞都城斯乖零即雷之司瓦林有羅斯多克即雷之勞司托克

梅克棱堡司德勒支上公國面積千二百八英方里人十萬千五百四十口　**牛司德勒支**都城人十萬三百四十三口徐又云一曰斯德勒利也斯長百八十里廣百里爵如上公戶口七萬七千公會應出兵七百十七都城曰疴爾敦不爾兩國地平坦饒牲畜先謙案曹譯野志云梅格林不爾厄斯德拉德面積二千九百三十方籽人口十萬三千四百五十一謝志作梅格棱堡斯德勒支講義作梅格林不爾厄斯德勒利斯矢志作曼克倫保司推利是周志作梅克林堡斯得利來才王紀作麥連畢士特勒士政要作謀格椤倍綏而利子二圖作梅格林不爾厄斯德勒利也斯即徐之梅喀棱不爾厄斯德勒利也斯雷之梅克棱堡司德勒支東北波美拉尼亞西斯乖零南巴郎的不爾厄都城紐斯德勒利也斯即雷之牛司德勒支疴爾敦不爾蓋異名講義作紐斯德勒利地斯許考兩梅棱蒲爾同一根宗子孫析分遂有區別政治與列國同惟君主下設一議政院衙門無上下院之分土多沙磧豬澤甚多物產寠寥民多貧乏又地形低下海水泛溢隄防甚難

阿敦堡上公國面積二千四百八十英方里人三十七萬三千七百三十九口　**阿敦堡**都城人二萬五千四百七十二口先謙案徐志無

亞諾威爾下云西境有亞爾敦不爾厄幅員頗廣列國中薩克撒亞爾敦不爾厄乃合三邑為國合計袤延僅百餘里與此土廣挾不侔此土或別有所屬抑即薩克撒地存俟再考案亞爾敦不爾厄即此阿敦堡地徐獻疑不可曉曹譯野志云鄂爾敦波格面積六千四百二十七方粁人口四十三萬八千八百五十六謝志作瓦敦堡矢志作屋騰堡樋志作俄耳登堡周志作阿爾定堡政要作奧倫倍克一作奧登杯二圖鄂爾敦波格與野同即雷之阿敦堡東西南皆哈諾威地北北海會城同許考作痾爾敦蒲爾云有二屬地在盧卑克城北多寶石土人磨琢最精運售得善價盧卑克二圖作盧貝克在哈諾威境內

不倫瑞克公國面積千四百十八英方里人四十三萬四千二百十三口 不倫瑞克都城人十一萬五千百三十八口徐志曰耳曼列國不倫瑞克一作保林鄃云地不相連有包於普魯士境內者有括於亞諾威爾境內者約計袤延二三百里爵如公戶口二十四萬二千公會應出兵二千九十都城與國同名先謙案曹譯野志云不倫瑞克面積三千六百七十二方粁人口四十八萬五千六百五十五矢志作婆倫司會周志作勃倫斯同克王紀作布倫士克政要作布倫斯威一作布倫帥額二圖與雷野徐同北哈勒威東薩克索尼亞西德的摩爾南黑森加塞爾王書云國都同名人口十二萬

安哈忒公國面積八百八十六英方里人二十九萬三千二百九

十八口 臺沙都城人四萬二千三百七十五口徐志曰耳曼列國安拿爾一作安合云分三國一曰德搔地錯雜列國之中約計百餘里爵如公戶口五萬六千公會應出兵五百二十都城同國名一曰伯爾尼不爾地錯雜普魯士境內分上下二處約計百餘里爵如公戶口三萬八千公會應出兵三百七十都城同國名一曰哈敦地分四處在[illegible]哩巴河之左者二在河右者二約計百餘里爵如公戶口三萬四千公會應出兵三百二十都城同國名三國地雖褊小而民居密市城邑相望山水最佳足供遊賞都城各有園亭極幽雅先謙案曹譯野志云安哈忒面積二千二百九十九方粁人口三十二萬八千二十九講義作安哈爾特矢志作痕海脫周志作恨哈爾得王紀作宴和又作安合又名菴洽爾政要作杭好德亦作安腦得二圖未出國名一德騷即徐之德搔雷之臺沙一伯爾尼不爾厄一安咯敦東北巴郎的不爾厄西南薩索克尼亞王書云易北河貫流國中國都在摩的河上

瓦爾德侯國面積四百三十三英方里人五萬七千七百六十六口 亞羅森都城人二千七百六十八口徐志曰耳曼列國襪爾德咯一作瓦鄘云長百二十里廣八十里爵如侯戶口五萬四千公會應出兵五百十八都城曰哥爾巴士先謙案曹譯野志云襪爾德各面積千一百二十一方粁人口五萬九千百廿七里謝志作瓦爾德克講義作襪爾得各矢志作滑待克周志作會爾特克王紀作寫德政要作華特二圖作襪爾德各即雷之瓦爾德徐之襪爾德咯北不倫瑞克西威斯特發里亞東南黑森加塞爾都城講義作亞羅爾森與雷合與徐異據圖亞羅耳森哥爾巴士並列明是二地或國都先在哥爾巴士後移亞羅森也

司草摩堡里卑侯國面積百三十一英方里人四萬千二百二十四口 菩克堡都城人五千六百二十口徐志曰耳曼列國里卑一作立北云分二國在亞諾威爾之南一曰燒問不爾厄長八十里廣三十里爵如侯戶口二萬六千公會應出兵二百四十都城曰不給不爾厄一作隙見先謙案曹譯野志云司草摩堡里卑面積三百四十方粁人口四萬四千九百九十二首府不給不爾厄燒問不爾厄即雷之司草摩堡講義作西威馬不爾厄慕志作燒問堡王書作咸堡里卑謝志作韶堡里卑矢志作欺姆堡里配周志作肖毋堡立拍王紀作梭晤卜勒卑政要作桑坏力魄二圖未出國名都城不給不爾厄與野徐同即雷之菩克堡東西北哈諾威南里卑國慕志作不給堡

里卑侯國面積四百七十英方里人十三萬四千八百五十四口 德摸爾都城人萬一千二百三十七口徐又云一曰德的摩爾長百二十里廣百里爵如侯戶口七萬六千公會應出兵六百九十都城同國名先謙案曹譯野志云里卑面積千二百十五方粁人口十四萬五千五百七十七矢志作里配周志作立拍二圖未出國名都城德的摩爾與徐同即雷之德摸爾政要作力魄德模東不倫瑞克北不給不

爾厄西南威斯特發里亞

薩克威密上公國面積千三百八十八英方里人三十三萬九千二百十七口 威密都城人二萬六千六百七十口徐志曰耳曼列國威馬爾一作威密云薩克索尼亞所分國昔有薩克索王裂國之西界以封五子故五子各守封地不屬於薩克索威馬爾地錯雜於鄰國之中不相聯絡約袤延三四百里爵如上公戶口二十一萬二千公會應出兵二千一百民多穎慧其君好招納文士故學業稱盛都城與國名同先謙案曹譯野志云薩克索威馬爾面積三千六百十七方粁人口三十八萬八千九十五講義作薩克索威馬矢志作殺克司會麥周志作失克斯會瑪爾王紀作塞士威麻一作色西威麻政要作薩斯威瑪二圖威馬爾與野徐同即雷之威密國分三地一在額達之西一在額達之東一在盧德爾斯達之東

薩克梅凝認公國面積九百五十三英方里人二十三萬四千五口 梅凝認都城人萬二千八百六十九口徐又云薩克撒梅凝認一作貫鄰撒亦薩克索所分長五百里廣百二十里爵如公戶口十三萬公會應出兵千二百六十都城曰梅凝認其地產鹽先謙案曹譯野志云薩克索梅凝認面積二千四百六十八方粁人口二十六萬八千百九十六謝志作薩克斯梅凝根矢志作殺克司梅林勤樋志作薩克撒

麥甯根周志作失克斯罵銀勤政要作撒斯美甯恩二圖梅凝認與野雷徐合都城同東喀勒斯西威馬爾南北各不爾厄額達

薩克亞敦堡公國面積五百十一英方里人十八萬三百十二口

亞敦堡都城人三萬三千四百二十口徐又云薩克撒亞爾敦不爾厄一作撒黑堡屋亦薩克索所分合亞爾敦不爾厄羅內不爾厄挨森比爾各三邑為國約計袤延百餘里爵如公戶口十萬七千公會應出兵千二十都城曰亞爾敦不爾厄先謙案曹譯野志云薩克索亞爾敦不爾厄面積千三百二十四方秆人口二十萬六千五百八講義作薩克索亞爾敦謝志作薩克斯阿敦堡矢志作殺克司挨天堡周志作失爾斯阿爾吞堡王紀作塞士亞北典卜政要作撒斯奧登倍二圖亞爾敦不爾厄與野雷徐合東南北薩克索尼亞國西薩克索尼亞

薩克各堡額達公國面積七百五十六英方里人二十一萬六千六百三口　**各堡**都城人萬八千六百八十九口　**額達**人三萬千六百七十一口徐又云薩克撒各不爾厄額達一作撒可堡亦薩克索所分地錯雜於列國之中不相聯絡約計袤延三四百里爵如公戶口十四萬五千公會應出兵千九百三十地有牧場山出金鑛英吉利女主之夫博雅那即此國之世子也都城曰各不爾厄先謙案曹譯野志云薩克索各不爾厄額達面積千九百七十七方秆人口二十四萬二千四百三十二政要作

撒斯庫白哥塔王紀作塞士哥畢哥周志作失克斯苛堡角德矢志作撒克司夸堡加殺二圖各不爾厄在南額達在北與徐合中間梅凝認地也東西南巴維也拉東西威馬爾北孫得爾砂森

斯瓜斯堡孫德厚森侯國面積三百三十三英方里人七萬八千七十四口　**孫德厚森**都城人七千十三口徐志曰耳曼列國斯瓜爾斯不爾云分二國俱包普魯士境內一曰孫德耳砂森長百二十里廣六十里爵如侯戶口四萬八千公會應出兵九百六十都城同國名餘見下先謙案曹譯野志云斯瓜斯堡孫得爾沙森面積八百六十二方秆人口八萬五千百五十二矢志作希滑是堡桑段司喝生周志作肖畏森悚旦斯海王紀作斯瓜森德砂森政要作實瓦宇部生特好勝二圖孫得爾砂森與徐野合郎雷之孫德厚森南威馬爾額達東北薩克索尼亞西黑森加塞爾

斯瓜斯堡盧德斯達侯國面積三百六十三英方里人八萬八千六百八十五口　**盧德斯達**都城人萬一千九百七口徐又云一曰盧德耳斯達長九十里廣七十里爵如侯戶口五萬七千公會應出兵五百三十都城同國名先謙案曹譯野志云斯瓜斯堡盧德爾斯達得面積九百四十一方秆人口九萬六千八百三十五講義作盧德爾斯達得矢志作希滑是堡路毒司他脫周志作肖畏才堡羅度爾斯得特王紀作斯瓜魯多士達政要作實瓦陸駝斯搭二圖盧德爾斯達與野徐同郎雷之盧德斯達與孫得爾砂森南北分離北威馬爾東南喀勒斯西梅凝認

大畱士侯國面積百二十二英方里人六萬七千四百六十八口

喀勒斯都城人二萬二千二百九十六口徐志曰耳曼列國畱斯一作策排云分三國一曰喀勒斯長七十里廣五十里爵如侯戶口二萬五千公會應出兵二百都城同國名餘見先謙案曹譯野志云畱士兄派面積二百十七方秆人口七萬六百三首府喀勒斯講義作勒斯那爾達巴郎的謝志作畱士格勒斯矢志作路司苦里是周志作魯斯兄統王紀作魯士格釐士政要作羅斯格來斯畱斯郎畱士兄派郎雷之大畱士二圖喀勒斯與野雷徐同都城同北威馬爾東薩克索尼亞國西梅凝認南巴威也拉

小畱士侯國面積三百十九英方里人十三萬二千百三十口

給拉都城人四萬三千五百四十四口徐又云一曰意士給利斯袤延約數十里爵如侯戶口三萬公會應出兵二百八十都城同國名一曰羅奔斯的音本與意士給利斯為一國後析為二袤延約數十里爵如侯戶口二萬七千五百公會應出兵二百六十都城同國名先謙案曹譯野志云畱士弟派面積八百二十七方秆人口十四萬四千五百八

十四講義作勒斯威科巴郎的矢志作路司希來是周志作魯斯弟統王紀作魯士色力司政要作羅斯庶類斯二圖畱斯吉拉郎雷之給拉徐之意士給利斯弟派郎雷之小畱士也北薩克索尼亞國東亞爾敦不爾厄西南威馬爾羅奔斯的音二圖作羅奔斯的已併入喀勒斯

市府附

旱堡面積百六十英方里人六十八萬千六百三十二口居城鎮者六十二萬五千五百十五人徐志曰耳曼列國云此外北境尚有小國五皆商賈萃集之地自推殷戶為官司理事不隸王侯一曰昂不爾厄一作漢堡地間隔不相聯約計袤延四五十里戶口十四萬八千公會應出兵二百九十會城在易北河口為各國互市之地其船時至粵東餘見先謙案曹譯野志云哈不爾厄面積四百十五方秆人口八十七萬四千九百七十八矢周志作漢堡王紀作合卜政要作罕倍克北痾爾斯德音東勞英不爾厄西亞爾多納南哈勒威二圖昂不爾哈不爾厄並見蓋其一為首城即雷之旱堡也講義云哈不爾厄人六十二萬五千餘口距易北河口六十英里昔為酣札市之一今為自由港歐洲第一貿易港也謝志作罕伯云濱哀勒伯河在北海東二百十里有大藏書樓貯書四十萬卷製造以煙捲蒸酒提糖為盛王書云扼北歐洲貿易咽喉商業極盛亞於柏靈之大都會也河口有喀克斯哈文為此府附屬港

不利曼面積九十九英方里人二十萬二千四百六十五口居城者十四萬千八百九十四人徐又云一曰不來梅北一譯作包亞諾威爾境內袤延約三十里戶口五萬公會應出兵四百八十通商在威悉河濱其船亦時至粵東一曰佛郎克佛爾郵一譯作佛地不相聯袤延約三四十里戶口五萬四千公會應出兵四百七十其城臨河古時所築各國公使防兵皆駐此城每年開大市二次遠方商賈輻輳者數千帆隊見先謙案曹譯野志云不來梅面積二百五十六方粁人口二十六萬三千四百四十謝志作伯勒門又作伯雷門云德國第二商埠距偉色河口百十五里製造織貨煙捲紙張爲盛矢周志作勃來門慕志作不利緬王紀作孛釐棉二圖不來梅與野徐同郎雷之不利曼東南北哈諾威西鄂爾敦波格佛琅克佛爾今爲黑森拿騷州之首府王書云在威悉河畔往各洲者多於此發航

路卑克面積百十五萬英方里案萬字誤人八萬三千三百二十四口居城鎮者六萬九千八百十二人徐又云一曰盧卑咯利一北作地不相聯袤延約三四十里戶口四萬六千公會應出兵四百一曰尼發深周回僅數里戶口二千八百九十公會應出兵二十八人先謙案曹譯野志云盧卑格面積二百九十八方粁人口十萬五千八百五十七謝志作魯伯革云在罕伯東北百二十里距保勒第海三十里海上貿易其數頗鉅矢志作路培克慕志作路伯克周志作魯勃克王紀作魯北政要作呂倍克二圖盧卑格與野合郎徐之盧卑咯雷之路卑克也尼發深未詳以上三府皆商人自治不屬於王侯

愛爾賽司一名亞撒西與**勞來因**德皇派一總督轄之面積五千六百一英方里人百六十四萬九百八十六口　**司脫來司堡**人十三萬五千六百八口　**木耳厚森**人八萬二千九百八十六口　**曼支**人五萬九千七百九十四口以上要區先謙案徐志無二圖作亞爾薩斯羅測林根首城斯得拉斯不爾厄郎雷之司脫來司堡講義同謝志作亞撒西勞來因云在來因河西千八百七十年得之法國首府斯德拉斯布革形勢險要砲臺鞏固有大禮拜堂置奇巧自鳴鐘能指天象又有王宮大學校製造以麥酒皮革利器首飾爲要居民十三萬末德斯在西界有極堅城堡輸出貨多糖果皮革酒類居民六萬案斯德拉斯布革亦郎司脫來司堡末德斯郎雷之木耳厚森矢志愛爾賽司作挨散勞來因作落倫吳志作阿爾薩士及路林周志作阿爾赦斯羅亞倫世界地理作愛爾薩斯洛倫十一國游記作奧斯鹿林樞志作阿爾賽斯鹿林首城曰士德拉士堡慕志作斯特拉斯堡郎司脫來司堡也王書云斯德拉斯不爾厄在萊尼河西岸爲亞爾薩斯首府寺塔甚高摸爾叔森在南境爲棉布及他製造業中心美的在摩塞爾河上爲羅測林根都會摸爾叔森亦郎木耳厚森美的郎雷之曼支也王韜法志云法敗後以亞魯西土羅連兩部割畀於普後又云割地行成以亞撒西全部羅來內半部歸於普注云兩省居民約計百五十萬今按二圖亞爾薩斯有斯德拉斯不爾厄郎法志之下勒怒首邑義斯達拉斯不爾厄也有哥爾馬耳郎法志之高勒怒首邑是亞撒西全部入普爲愛爾薩斯甚明羅來內郎羅勒內云半部者二圖羅測林根有美的乃法志之木塞勒首邑此府北鄰日耳曼故被割所謂羅來內半部也今法國以木塞勒之名併入木爾德呼爲木爾德未塞勒是勞來因實止得木塞勒一府矣曹譯野志云亞爾薩斯羅測林根面積萬四千五百十八方粁人口百八十一萬四千五百四十六

屬地在非洲者多哥蘭喀麥隆西南達馬拉東部桑給巴爾等面積共九十三萬方英里在澳洲者巴布亞東北部畢思馬克羣島撒羅蒙羣島麻紹耳羣島面積共九萬九千百五十方英里

摩爾奈附

彈丸小記云歐洲國極小者計其方里約得一一九之數析縱橫各得三里東鄰日耳曼西連比利時地產錫鑛一苗旺利厚農人百餘家茅屋數十椽務農之餘兼事開鑛千八百十五年歐亂方平普荷比諸國畫疆爭各遣人巡邊勘至摩爾奈見土沃鑛佳民俗醇厚各思占據久不定議時普國度支未足兵力未强聽其自立各國不得私行侵擾摩爾奈遂爲一國公舉總統一人統理境內一切事宜迄今七十餘年屢有更舉現任職者爲施密德其副爲醫生總統下有議事官十員歸總統選擇有要事則召詢之無則終歲不召也每年公費稅項小民每口捐六佛郎以別款捐項

及錫鑛所出併計之歲得公費例銀萬八千佛郎充俸餉及諸費不憂匱乏昔日茅椽已成大廈其總統心猶有憾一以地方湫隘不出溫泉一以未設驛傳公局致其像不能如他國君主刻於驛局憑票之上其設想亦奇矣曹云野志有摩勒奈云郎德意志之亞爾敦波格在亞琛西南八粁介比利時普魯士之間爲中立地面積三萬粁住民三千三十八人產亞鉛鑛此郎彈丸小記之摩爾奈英文圖亦有此地在亞琛西南與法志摩納哥爲二國

賜進士出身　特賞內閣學士銜前國子監祭酒翰林院編修加三級臣王先謙謹撰

意大利國

意大利徐志意大里亞（以他里利羅問　以他利羅孜　伊達那嗎）云歐羅巴古一統之國漢書所謂大秦國也東北界墺地利亞北界瑞士西北界佛蘭西其餘全土斜伸於地中海似人股之著屐者中有大山綿亘如脊其地天時和正土脈膏腴穀麥昌茂花木馨芳幽谷名園相屬西土羨爲福地自周以前爲土番散部周幽王時羅馬崛起國勢漸强其後武備日精疆土四闢至西漢時北拓日耳曼諸部至波羅的海南服阿非利加北境各國西闢佛郎西西班牙葡萄牙至大西洋海又跨海建英吉利三島東併希臘諸部括買諾西里亞縱橫一十萬里跨歐亞非三土邊外弱小諸部皆修貢職爲臣妾居然大一統之勢建都城於羅馬諸國仰之如周京東晉時又建東都於黑海之峽稱爲君士但丁（一作公膽廷又作康思坦胎諾格爾）其後傳世既久嗣王多淫辟敗度內亂迭生廢立屢見西北諸部皆擁土自王不復爲臣東晉孝武帝二十二年國分爲二以羅馬爲西王君士但丁爲東王東王至明景泰間始爲土耳其所滅西王居意大里故地以劉宋時爲北狄峩特族所滅峩特族立國三百餘年佛郎西取之以羅馬都城奉教王後復分裂有伯棱日爾者嘗并兼諸部爲一旋以苛暴爲國人所廢墺地利亞征服之劃北境之米蘭威內薩兩部自是之後諸部時合時分日尋干戈雲擾尤

甚嘉慶十年佛王拿破侖略定其地爲佛藩部拿破侖敗諸國公使會議於維也納分其地爲九大國四曰羅馬曰多斯加納曰薩爾的尼亞曰那不勒斯小國五曰巴爾馬曰摩德拿曰盧加曰摩納哥曰勝馬里虐猶總稱意大里亞其地物產豐饒兼有蠶桑之利每歲所產絲綿價値三千餘萬葡萄酒撖欖油橙柑檬栗諸果亦皆繁碩其民身體織弱外寬柔而內陰賊往往昏夜剌殺仇人好談論游戲喜謳歌有稷下之風名國皆宗天主教而羅馬最盛又云西國自剖判以來惟意大里爲一統之朝據泰西人所紀載其創業之主曰羅慕路（一作羅母洛）於周幽王年問始建城於羅馬別五土之宜教民以耕稼造戟努以習戰子努馬（一作又駢）嗣位初設律例愛育黎元分等威別貴賤境內大治至七世達爾癸虐蘇比爾伯淫虐無人理民廢王選賢者二人居高爵立公會以治事高爵每年一易由是國無王而勢日强盛意大里諸部皆歸版圖阿非利加北境有大國曰加爾達額（一作迦大其）舊名非尼西亞立國最早由希臘遷於地中海之南岸其國善於商賈擅地中海之利權又兼并西班牙富强無與埒羅馬初興時加爾達額屢侵軼之又奪其屬島西治里後羅馬漸强始稱勍敵搆兵數百年迭爲勝負西漢初加爾達額命其大將漢尼巴合西班牙之兵大舉伐羅馬連戰皆克陷南境諸城羅馬大將發比約馬西摩堅壁以老其師而遺別將馬爾塞羅伏奇兵邀其歸路又遺西比揚潛師渡海襲其都城漢尼巴聞警還救遇伏大潰比渡海將至西比揚回兵邀擊於海中全軍盡覆漢尼巴乘漁舟奔西里亞求援時漢高祖六年也是時希臘分數部馬基頓最强諸部爲所淩侮求庇於羅馬羅馬以兵護諸部因脅降爲屬國諸部悔之密約西里亞爲援西里

亞者（一作敘里亞）亞細亞大部在猶太之北舊本巴庇倫地波斯滅巴庇倫地歸波斯後馬基頓王亞勒散得伐波斯盡取其地亞勒散得卒於軍諸將裂土自王分爲數國後幷入西里亞爲一國勢頽强大故希臘諸部欲倚之以拒羅馬而漢尼巴又盛稱羅馬師疲易敗漢惠帝五年西里亞王安的約哥帥兵赴希臘羅馬迎擊之西里亞兵大敗奔回羅馬軍乘勝逐北圍其都城安的約哥納土降漢尼巴自殺因移兵征馬基頓馬基頓亦降希臘諸部皆獻土漢景帝十年羅馬以大兵伐加爾達額圍其都城城將陷加爾達額闔城自焚羅馬毀其城因略定其屬部復征服西班牙置爲別部（時葡萄牙爲西班牙西境尙未立國）是時地中海南岸尙有兩强國一曰奔多一曰入占爾達奔多有高哥斯大山爲屏蔽其王覓的里達隄强武好戰特天險不肯賓服羅馬命大將西拉盧占祿征之連兵二十六年屢破其軍覓的里達隄扼險不肯降漢景帝後元年羅馬大將奔彪以奇兵破奔多殺覓的里達隄入占爾達尤險遠漢武帝元封五年羅馬大將馬黎約征服之由是地中海南岸諸部盡入版圖猶太麥西亦納款北境拓地至日耳曼復西闢佛郎西渡海征英吉利土番建爲大部西土數萬里無復抗顏行者初羅馬廢國王立公會高爵由衆推選原議一年一易後因兵事不得易漸有久於位者高爵子孫名曰巴的黎西痾推舉高爵半由巴的黎西痾黎庶雖有奇傑多阻遏不得進而高爵子孫席富貴以勢淩人黎庶積不能平時諸將四征不庭各擁强兵兵皆百戰悍不馴至是四方略定諸將各凱旋屯纖甸適有夷族自東北來侵亞細亞諸部多翻城應之大將纓縹（一作潘淅）往鄭方戰勝收復境土而內變作先是馬黎約之兵與西拉之兵訴詐交鬪黎庶之黠者乘機

倡亂殺高爵子孫民與紳闘兵與兵訌既而兵民紳分黨相攻數句之內反者如蝟毛而起屠戮凡數萬人綳縹聞變急回兵大將愷撒（一作人略塞薩爾）方西征亦旋師共平內難盡戮反者前後死者凡十餘萬人國乃定是時大權歸兩帥綳縹爲羅馬病將征服麥西猶太重定亞細亞建功最早貪權位漸驕恣而愷撒負英略學術過人平佛郎西英吉利建爲大部勳業尤著兩人積不相能愷撒素得民心綳縹度不能抗託故之東部起兵攻愷撒愷撒率衆禦之戰於希臘之法爾薩里亞綳標兵滇單舸奔麥西麥西王斬其頭獻羅馬由是愷撒總大綱立法制羅馬大治時高爵有不盧多加西約者忌愷撒之得大權將帝制遣客剌殺之高爵馬爾各安多尼約因擅權專制將自王愷撒猶子唯大屋（一作塞薩爾額達維納）起兵攻之戰於黑細約河馬爾各安多尼約大敗擕其拏而逃不盧多加西約皆自到死漢成帝建始二年唯大屋踐王位是爲羅馬復立國王之始當是時羅馬東境至亞細亞（部土耳其中東爾土）西境至西班牙英吉利北境括日耳曼諸部南境包阿非利加之北境地兼三土（亞細亞阿非利加歐羅巴）周回數萬里盡入版圖波斯遣使乞和天竺亦遣使通好徵外諸夷部皆入貢建始三年唯大屋更名曰奧古士都（一作奧烏士多）銷兵罷戰親閉仍納廟門（仍納兵主之神兵興則啓門兵罷則關門）性寬大厚待功臣親愛士民爲羅馬極隆平之世其後篤里古喇尼囉相繼立皆苛暴荒淫比於幽厲大將菲士巴山素得名譽衆推戴爲國王時猶太叛亂命其子第度伐之攻破猶太都城屠之已而第度嗣立慈惠愛民稱爲賢主未幾卒其弟嗣立煩刑苛斂國人不堪其虐弑之東漢和帝九年王大喇壤嗣位時匈奴侵北鄙命將擊走之王性寬惠矜庶獄有仁聲晚歲好土木比頑童論者惜其不

終繼立之王好武屢伐匈奴勝之順帝十二年王安敦嗣立博物好古明於治體修律度振綱紀號為中興時匈奴逐水草屢犯邊王親率大兵渡河深入不解甲者數年窮追至北海犂其庭幕伏尸百萬由是烽燧銷息數十年無嗚吠之警東漢之末昏庸在位骨肉相殘國大亂蜀漢後帝年間稱王者三十人日相屠攻有奧哩都者削平僭逆光復舊物羅馬再康後因東方多邊患恆屯重兵以備之晉懷帝永嘉元年王君士但丁（或作臘廷公）嗣位性謙柔有遠略建大城於他大尼里海峽之北岸以控制東方卽名曰君士但丁城（一作康思胆貽諾格爾又作士丹的諾伯拉又稱控噶爾官）是為羅馬東都君士但丁卒三子爭立國又幾亂嗣立之王好佛仇耶穌敎伐波斯中流矢卒王約菲安嗣位溫恭好禮修好四鄰稱為太平先是東北有崴特族者（一倂尼都又作哥度）為匈奴所攻降於羅馬羅馬處之北境恣其游牧生聚年久日漸強盛羅馬既立東都悉以勁兵防東邊西都守備單弱崴特突以兵犯羅馬羅馬王禦之殞於陣國大震乃與之和王弟阿多西嗣位潔白自修稱為令辟東晉孝武帝二十二年分國為兩以羅馬為西都稱君士但丁為東都立二王分治之其後西都屢為崴特所侵日就衰弱王和挪流嗣立貪饕喜淫刑崴特屢來攻肆行殺掠城邑蕭然宋蒼梧王元徽三年崴特圍羅馬都城王出降崴特囚之軍中憂懼死羅馬民私葬之由是西都遂為崴特所據而東都仍稱羅馬國梁武帝二十五年東王如地尼安嗣位精於吏治因舊例煩苛令羣臣刪訂之歸於寬簡臣民稱便時國人有航海至中國者攜蠶桑之種以歸試植之與土性宜由是蠶絲之利興焉（秦西興蠶桑之利記一千數百年而中國之人不知以為皆從粵東販往）唐初回回教之摩哈默興於阿剌伯新兼波斯勢張甚欲強羅馬入回教

羅馬不從由是為阿剌伯所怒數數破兵是時崴羅斯興於北土以兵侵羅馬羅馬與之和以女嫁之從此崴羅斯崇天主教已而阿剌伯攻羅馬之東境西里亞猶太買諾諸部皆陷峽東地全成敵境僅餘故希臘片土（卽土耳其西土）勢益孤弱元末土耳其起於買諾兼弁峽東諸部數渡峽（卽他大尼里峽已詳土耳其圖說）攻羅馬侵削其邊邑殆盡明景泰三年攻陷君士但丁都城羅馬遂亡又云後漢書大秦國一名犂鞬以在海西（此海指地中海）亦云海西國所居城邑周圍百餘里置三十六將皆會議國事其王無有常人皆簡立賢者其人民皆長大平正有類中國故謂之大秦與安息（卽波斯）天竺（卽印度）交市於海中其王常欲通使於漢為安息遮遏不得自達至桓帝延熹九年大秦王安敦遣使自日南徼外獻象牙犀角瑇瑁始乃一通焉云云考之秦西人所紀載羅馬都城最大與漢書周圍百餘里之說相合又羅馬自努馬七世後不立國王選賢者居高爵立公會以治事與漢書王無常人簡立賢者之說相合漢成帝二年唯大屋踐王位仍世及漢書所云乃其往事又漢順帝十二年王安敦嗣位號為中興與漢書延熹九年大秦王安敦遣使入貢之說年代名氏均相合則意大里之為大秦無可疑矣意大里在兩漢時歐羅巴一土隸幅員者十七八故大秦之外別無海西部落之名見於范書惟安敦之入貢由日南徼外其為航海東來可想而知然則謂歐羅巴諸國明以前未通中國者殆不其然惟市舶之聚於粵東則自前明始耳（唐宋以來皆以拂菻為大秦不知拂菻乃大秦東鄙屬部猶之稱浩罕為安集延也然自宋以後拂菻為回部所據並不屬大秦中國不知其原委故因仍不改耳）泰西人所刻耶穌之書甚多其敘述謂上古之世有至人摩西者受神天敎於西奈山阿（剌伯西北境）垂十誡以敎世人其先有哲人曰亞伯拉罕十四世而生

大辟兩人皆西土名賢能敎化人大辟十四世為巴別倫巴別倫又十四世而生耶穌基督（基督如中國之云神靈）耶穌之父曰約色弗母曰馬利亞馬利亞感神而孕漢哀帝五年生耶穌於猶太國之伯利恆邑有異人從東方來云有星降於猶太為國王其王希羅得潛使人物色殺之約色弗夢神人告使避難抱兒逃於麥西希羅得死乃回以色列地又遷於加利利之拿撒勒耶穌既長神異特甚時有先耶穌聞道者曰約翰耶穌就而領洗禮（洗禮謂澡身蓋受業之領號）約翰知耶穌為至人不敢自居先輩偏告人使師耶穌由是耶穌宣傳教法戒殺戒淫戒盜戒誣證謂天為父己為上天之獨子降生以拯濟世人謂人之生也靈魂為重軀殼為輕軀殼時至而毀靈魂歷劫不磨修道之人升靈魂於天國與天無極受業者十二弟子最著者為西門彼得羅為耶哥伯為馬太耶穌能以神術醫人疾痢者瘧者癱者瞽者魔者以手撫摩之立愈所至男女數千人隨之喧傳耶穌為猶太之王有祭司元魁（主持禮之人）該亞法與眾謀欲擒而殺之耶穌預知數不可逃語門人以後事門人有猶大士者受賄賣其師密導人往執之送於大吏彼拉多彼拉多審其無罪欲釋之眾怒噪謂彼拉多縱叛民堅請釘之十字架彼拉多不得已從之耶穌遂被釘死葬之明日失其屍其後門人數數見形云耶穌死後彼得羅與諸弟子往來各國傳布其敎有士提反者聞而篤信以傳道自任猶太人以石擊斃之有保羅者初與耶穌之徒為仇攻之甚力後悔悟入敎進道最勇所著之書亦最多云余嘗翻閱其書文義詰曲而俚蓋彼土學漢文者所譯其中有帶機鋒似禪語者而義則粗淺其所謂洗禮七日安息禮拜之類自摩西以來卽有之非始於耶穌也奉耶穌之敎者不祀別神不

供祖先以耶穌為救世主而以身命倚之謂可獲福祐有得禍者則謂靈魂已升天國勝於生人世揆其大致亦佛氏之支流別派歐羅巴遠在荒裔周孔之教所不及耶穌生於其間戒淫戒殺忘身救世彼土崇而信之原無所謂非耐必欲傳其教於中土則未免多事矣又云按耶穌生於猶太其教之盛行則起於羅馬自教王擅權之後諸國王侯聽其頤指有不從者國輒被兵主輒被弑數百年無敢違異其教稱為天主教天主者以耶穌為上天之主宰也明初有日耳曼人路得者起而攻其說謂天主教解耶穌之書皆謬誤以刑戮強人入教乃異端邪說非耶穌本旨於是取耶穌之書重加譯解別立教規稱耶穌為救世主名其教為耶穌教諸國之奉天主教者多翻然從之教王大怒令諸王捕殺耶穌教人然其教已盛行不可遏止由是君與民因分教相殺國與國因分教相攻數百年來西土之民肆市朝膏原野者不知幾百萬皆因爭教而起也今歐羅巴從天主教者曰意大里亞曰佛郎西曰比利時曰西班牙曰葡萄牙從耶穌教者曰英吉利曰荷蘭曰嗹國曰瑞國曰普魯士曰米利堅此外兩教參雜者曰墨地利曰日耳曼列國天主教規立十字架作銅人肖耶穌被釘受難之刑旁有女人像肖耶穌之母馬利亞耶穌教不設十字架不肖像其餘七日禮拜安息之類皆從同又別有希臘教者亦天主教別派額里士崴羅斯尙之與兩教教規又不同近泰西人稱天主教為公教稱路得等教為修教樞志云千八百十五年維也納會議意大利分為王國二公國三為教皇及奧大利屬地千八百五十九年薩爾的尼亞國王維克脫愛馬奴爾得拿破侖第三之援擊敗奧兵據倫巴多之地其明年多斯加納摩德拿巴爾馬三公國來屬

其大將加利巴地戰勝兼併兩西西利王國與教皇屬地大半又併意大利各州乃掤立憲國維克脫愛馬奴爾遂踐王位其羅馬府附近教皇領地及奧屬之威內薩未入版圖干八百七十年乘普法戰事取二地意大利始歸統一紀程云自梁承聖三年東羅馬帝遣將入意大里遂莪特於是意大里無主紹泰初國人立攝王陳太建二年北意大里人始立倫巴多國漸南侵攝王地唐天寶中倫巴多遂攝王而羅馬教皇之權始大教皇初僅結盧羅馬郭外東晉建元初各國教士尊為教皇教士悉聽命馬攝王亡教皇遂理羅馬事至德初法蘭西復以攝王地併歸教皇大麻八年法王沙立曼助教皇擊滅倫巴多以其子為意大里王意遂併於法宋建隆三年日耳曼伐意大里併其地自是日耳曼世世兼王意大里教皇常與日耳曼爭權數百年不已熙甯中意大里分為三北部歸日東部教皇據之號羅馬國南部為西治里國西治里本意大里一島後為回教人蠶食法人討平之合南部之亞浦里亞拿破里二地立為國常甯中北部之倫巴多又自立為民主國然日王仍兼意大里王號如故以政令尚能破於南北二部也咸渻四年教皇嫉日之有意也割南部之西治里國與法法王遣其弟沙爾王西治里日王爭之不勝為法軍所殺沙爾虐用其民民叛之沙爾走還法元大德中亞拉岡（在西班牙東北）人彼得將兵入西治里王其地遷都於拿破里於是又稱拿破里王明宏治十四年西班牙逐拿破里王併其地法先屢爭倫巴多之米蘭至是復與西班牙爭地　國朝康熙五十二年法西所得意地盡入於奧乾隆十一年奧人盡逐法西二國人之在倫巴多者嘉慶初拿破侖略意地立為民主國拿破侖敗法人復失意地仍為列國在北部者

曰撒丁曰倫巴多曰威尼斯曰巴馬在中部者曰多加納曰摩德拿曰羅馬在南部者曰拿破里（西治里屬焉）道光二十八年奧取威尼斯倫巴多北部諸邦亦受其制咸豐九年北部皆欲叛奧撒丁王維多爾以馬努利有英略諸邦畏服遂西聯法兵與奧戰於低西西那河奧軍大敗撒人復倫巴多方進規威尼斯而奧法議和撒師遂旋時意中部多加納摩德拿皆逐其君羅馬亦逐教皇同應撒丁拿破里不能治其民民多叛撒丁將戛利巴底歸自非洲過西治里助叛民逐守者渡海入拿破里降其王拿破里亦為撒丁有咸豐十一年撒丁王稱意大利王同治五年奧普交兵意人出兵助普攻威尼斯意軍不利而三國講和卒以威尼斯還意當教皇之出奔也令法人將兵守國意王即位遣使告法撒兵法人期以二年迨九年法敗於普召回駐羅馬兵法王復為普擒意人使告教皇曰羅馬國事皆意大里政府措置教皇懼乞援於普不應意人進都羅馬（初立國都佛羅棱薩）教皇轄地悉歸意政府僅予教皇故宮人使守府自西羅馬亡後干四百餘年始復立國統全土王韜戰紀云加釐波地羅馬人素通兵略以英武稱千八百四十九年意人競起以逐君自立為詞羅馬亦乘機逐教皇據城堅守為首者加釐波地（即戛利巴底十一國遊記作嘉富洱）也時那不勒方強法與合兵進攻羅馬未三旬加釐波地獻城納款得不誅後薩與法合兵勝奧割其郎巴地一部入版圖意民皆願奉薩為君干八百六十年加釐波地復出糾眾先攻西治里後圍那不勒兩城皆降於是意大利兼併諸國成為一統加釐波地固元功也維多爾以馬努利十一國遊記作伊費奴核第二薛記云道光間義地尚為奧轄撒丁王阿爾勃脫（一作甲利亞繼多）修政練兵會諸小國起兵拒奧為奧所敗而懼

傳位其子伊曼奴核第二（一作以馬努利第二）用賢相加弗爾除弊修教皇財惠工又得法助敗奧稍復舊地迨國勢日强進圍羅馬教王出走又盡併拿破利王之地咸豐十一年始稱義大利王同治九年法敗於普調護衞教王兵回國義王進據羅馬盡奪教王轄地及所有產業僅令主持教務而已光緒四年伊奴曼核第二卒子漢恩培德第一（一作亨督恆）即位已十四年矣慕志作以大利云在歐洲之南緯綫自赤道三十七度至四十七度經綫自順天偏西九十八度至百一度東距亞得利亞海北界奧地利瑞士西南斜跨地中海總海島而計之共四十萬八千里戶口二千八百萬謝志云義大利為歐南一大土股突出地中海北緯三十六度四十分東經六度四十分至十八度三十分全地形似長靴突出海中約二千里最寬處約三百五十里上端附於大陸內廣二千一百里矣志作伊大利云舊名海路料昔有王曰伊大拉斯因名其國曰伊大利辻志作意大利謝志又作意大利亞

雷志云立憲國立法之權皇與上下議院共操之講義云立法權在王及議會議會分元老院及代議院元老院以王族及敕選終身之議員理之代議院以五百八名民選之議員理之行政權國王有之責任內閣行之

地形包有地中海中心之半島北以阿耳魄士山為界阿配甯山貫其中內格倫三棱山高九千五百八十英尺謝志云阿笨年山南北縱列乃哀勒伯山之支脈中部最高處可一萬尺至南端分二土股中凹為達蘭多海股其西趨之支沒為美西那海腰再起海中為西西利大島中央山

脈之兩旁皆為平地東窄而西寬土皆肥厚西方平原自北至南沿海多瘴氣北段曰德斯嘎那平原南段曰羅馬平原皆古來繁盛之區北部大陸內總稱倫巴第平原波河灌之案阿配甯即阿笨年二圖作亞平甯矢志作挨烹甯樋志作阿徧年辻志作亞佩那印紀程作亞卑尼奴周志作亞奔嫩吳志作阿比零格倫三棱山紀程作科爾那即謝志所云可一萬尺者也

外附以細細利與薩甸尼亞二島其大河則有波河領地極廣並灌阿耳魄士山麓之諸湖講義云波河出法境之溫索山東流合阿爾魄士山之雪水與亞布魯因山之雨水至威內薩灣而注於海支流最大者為起西諾河便於灌溉及通行舟船北部意大利之繁盛實因此河也湖之大者曰加達湖馬日湖科摩湖其水皆入波河許考云巨澤數不滿十較廣者馬巢嘉德二湖皆在北境馬巢長九十餘里闊處約十里深二百二十四丈嘉德長七十一里餘闊南北不等迤北六里有奇迤南約二十六里嘉德即嘉達馬巢即馬日也講義作嘉達馬日勒周志作茄爾達麥其羅科摩作夸木

挨那河矢志云經流佛羅棱薩之阿諾河阿諾即挨那也一作阿耳挪

替勃耳河講義作第表爾河云出中部亞布魯因山中南流入地中海因羅馬建於河畔故歷史頗有名紀程作低白云出亞卑尼奴山西流行三百三十里入海樋志作泰罷矢志作佗伊孛謝志作德斐拉

氣候溫和宜於養生講義云阿爾卑士山限於其北大陸性為之隔斷又地中海之溫水洗其三面故寒暑調和大陸部稍遜半島部為最佳部分空氣清徹惟夏有馬來利熱流行全

國六十九州中惟六州無之羅此而死者歲及萬四千人面積十一萬六百五十五英方里人三千百六十六萬八千口大學校二十一所全面積百分之三十七爲耕種地百分之六爲種葡萄地百分之三爲種橄欖樹地百分之二十五爲牧場百分之十六爲樹林業漁者六萬五千人捕魚外有取海絨與珊瑚者礦產硫黃每年三十九萬四千四百四十八噸煤二十七萬六千噸並有鋅鉛汞鐵銀等每年總值百八十一萬四千磅製造廠如織布造機器製玻璃日漸繁盛講義云鑛產硫黃爲一大宗出西西利島亞鉛次之又產鐵然其額不大石炭甚少故工業不振辟門倫巴爾多利高里亞等地方紡績生絲者約二十萬人以外紡績羊毛及麻等業亦有可觀又米蘭有製陶業然規模不大鐵路九千五百九十二英里講義云千八百九十八年鐵道延長有九千七百四十七英里其後益長千八百九十七年商船六千三百五十三入口貨連銀計算值四千四百二萬磅出口貨值三千七百六十一萬一千磅絲橄欖油葡萄酒爲大宗與法英德奧瑞

士貿易講義云以突出地中海之中央故海上交通甚大北方雖限以阿爾魄士山然由蒙塞尼山果多爾西母普倫三隧道可與法德瑞諸國直接交通故都靈米蘭等邑大邁繁盛蘇彝士運河開通地中海商業漸恢復意亦蒙其餘澤熱那亞港至與法國馬耳塞港相敵自千八百六十年以來修築港灣布設鐵道開通道路商業雖日盛一日然以用費太鉅使國債增多亦可慮也政要云通用之銀錢曰賴兒合一百勝丁爲一賴兒合二十五賴兒爲英銀一磅計里之名曰結羅米特每米特有一千九十三模每模合英三尺即英里八分之五入款六千二百八十四萬四千磅千八百九十七年國債四億九千二百萬磅軍額二十五萬二千人戰時可增至百二十九萬五千人戰艦二百四十五內鐵甲二十六水雷艇二百三船人共二萬二千六百講義云海軍頗強大有有力之戰鬭艦十四隻巡洋艦二十二隻水雷礮艦十七隻水雷艇百八十三隻自一千九百一年至千九百十二年擬支出三億八千九百萬里拉一里拉凡日本四十錢一分三期支出擴張海軍紀程云光緒六年意造大船名意大里八年又造大船一名雷盤陀皆長四百英尺闊九十四英尺入水深二十八英尺壓水力萬六千六百八十噸實馬力萬八千匹每小時能行十八海里露臺旋砲臺甲厚十九寸各置十七寸口徑後膛砲四尊六寸口徑後膛砲八尊二船之大實爲歐洲鐵甲船冠拿坡耳司人五十三萬六千七十三

口　羅馬國都熱度中數五十九度正月四十四度七月七十六度雨水三十一英寸人四十八萬七千六十六口　米倫熱度中數五十四度正月三十三度七月七十四度雨水三十六英寸人四十七萬五百八十八口　土林人三十五萬千八百五十五口扳劣摩寒熱均勻與力佛拉一帶同熱度中數六十四度正月五十二度七月七十八度雨水二十四英寸人二十八萬七千九百七十二口　鐖拿亞人二十二萬八千八百六十二口　勿勞靈司人二十萬九千五百四十口　維尼司人十五萬五千八百九十九口　曼西那人十五萬二千六百四十八口　波勞那人十五萬三千二百六口　坎推尼亞人十二萬九千六百五十口雷霍痕人十萬四千五百三十七口徐又云羅馬一稱教宗國古羅馬舊都也當全盛時文物聲名爲西洋第一大都會至劉宋時爲北狄戕特族所據故王宮闕大半殘毀書冊舊典亦埽蕩無遺由是民變夷俗非其舊矣天

主教自東漢時傳播西土羅馬人崇信尤篤故國既爲狄所據天主教之徒乘機招誘黨羽日繁大權歸其掌握佛郎西既滅戕特族遂以其地歸天主教師號曰教王教王沒則大會各教主僉議推老成者一人嗣位略如前後藏喇嘛坐牀之俗其教傳布各國有不遵者輒挑釁搆兵夷滅之或教其民叛主佛郎西之擲霸也教王爲之加冕英吉利北族之起兵也請於教王教王封以英土其權如此至前明時日耳曼人路得別立耶穌教稱爲正教斥天主教爲異端邪說於是諸國半歸耶穌教而教王之權頓衰所據羅馬都城古跡最多天主教堂極崇宏光采射目入教之徒如蟻各食教王俸糈別國之祭司遠方之信士焚香禮拜者踵相接也天主之外所崇奉者耶穌之母馬氏稱爲天后籲禱尤虔其民惰於農事野多曠土山內多藏兇盜捕急則逃入天主堂無復過問者○多爾加納一作奕加拏在羅馬之西東北界羅馬西南臨海土地膏腴物產豐厚都城曰佛羅棱薩街衢整潔萬厦翬飛所屬有古城曰北撒昔稱繁會今已凋敝海口有城曰里窩那市舶所萃貿易甚繁○薩爾的尼亞一作沙力尼阿又作撒地尼又作撒丁本意大里島其國由此島而割意大里西北境遂以島名爲國名地在多爾加納之西北與瑞士佛郎西接壤國分四部曰辟門曰熱那亞曰撒歪蘇此部已割歸法國曰撒丁島都城在撒歪曰都靈一作土林殿堂宏麗西人豔之辟門多山田不足畊其民多走別國謀生熱那亞在海隅昔爲地中海公市萬艘鱗集稱大都會意大里戰船皆屯泊於此今衰廢已久僅存各官之衙署而已撒丁島地甚廣莫而林莽居半居民披羊皮挾利刃遊牧林薄中性悍獷難於鈐束○那不勒斯一作拿破利又作拿破里又作那不勒士在羅馬之南東西南三面皆海正地形似鞾展之

處意大里之南境也西南有大島曰西治里（或作什計動叙作西基利又作西西里亞）與那不勒斯合為一國都城同國名屋宇高大殿廟整肅郭外萬峰環繞高插雲表內多幽壑古洞別有火峰峰頂常出煙雲有時火石飛空墜數十里外或飛灰如霜霰積數尺壓田畝廬舍又火漿迸流如水所至草木皆燼近山有二古城灰埋已千餘年忽土人掘出城堞依然傳為異事地震甚烈居民頻年被災惟土田肥沃物產豐饒故戶口繁密無肯避而去者西治里島縱橫皆四五百里土尤肥沃多五穀良釀島中亦有火峰鄉邑屢遭焚毀吏多苛政教主擅權故夙稱沃土而民恆貧乏其會城曰巴勒摩埔頭曰墨西拿○巴爾馬（一作巴馬）在薩爾的尼亞之東摩德拿之西北抵波河縱橫皆二百里戶口四十餘萬昔為壘地利王女封地佛郎西王拿破侖之后也拿破侖既敗其后別醮仍據此地○摩德拿東連羅馬西連巴爾馬長三百里廣百四十里戶口三十八萬○盧加東連多爾加納西至地中海長九十里廣五十里戶口十四萬餘○摩納哥在薩爾的尼亞境內長三十五里廣二十里戶口六千五百○又徐志壘地利亞下云壘地利之意大里地總名倫巴爾多威尼西亞奴分兩部○米蘭在的羅爾之南東南際亞得亞海幅員較廣其地山水佳勝有天主廟肖像最鉅闊二十七丈高三十三丈西土以為異觀會城居民十五萬所轄百義城居民三萬領摩拿城居民二萬六千曼土亞堅城也嘗為他國所攻久圍不能下罷味亞城居民二萬一千羅地城居民一萬八千皆意大里名邑也○威內薩（一作非斷）臨亞得亞海幅員甚狹而戶口極繁古時為地中海最大之海口萬艘鱗集握全海之利權者千有餘年今已衰廢貿易無多居民尚十萬一千城建水中街衢皆小河

飛橋橫跨不凝舟行所屬巴土亞居民五萬內有書院肄業者三百人味羅拿居民五萬五千味晉撒居民三萬蕪地拿居民萬八千先謙案矢津昌永高等地理云意大利古分十六州今分六十九州其州名皆以本州重要都會之名名之古州名雖不為官府所行用然人恆喜稱之紀程云分國為六十九部部有長皆命於王所謂十六州者郎下十一部三州二大島伊東祐穀世界年鑑備載今六十九州之名曹典球有譯本

今錄於下而稽合雷徐附以眾說焉

辟門部先謙案徐志辟門為薩爾的尼亞舊所分部据列國學會二圖在國西北隅北瑞士國西法國東倫巴爾多南利高里亞謝志作別度門薛記作丕厄蒙納慕志作辟們○亞歷山德州曹云面積千九百六十四方英里人八十一萬千八百三十三口（千八百一年所調查以下同）二圖在部東偏南講義云傍近有八百科千八百年拿破侖大破奧軍於此○庫尼俄州曹云面積二千八百六十八方英里人六十三萬八千二百三十五口二圖在部西南隅○諾瓦拉州曹云面積二千五百五十三方英里人七十四萬三千百十五口二圖在部東亞歷山德之北○都靈州曹云面積三千九百五十一方英里人百十二萬四千二百十八口二圖在部中央据徐云都靈先屬撒歪為薩爾的尼亞都城郎雷之土林紀程云在赤道北四十五度四分順天偏西百八度十分以產絲最多西史言梁陳之間有意人航海至中國得蠶桑之種以歸故至今有繭絲之利講義云在波河上流人三十五萬九千餘口西部歐洲諸國貿易在此謝志作度利挪地臨波河有大學通法國鐵道窮過此城距色尼斯山隧道不遠矢志作偷林周志作偷琳薛記作丟

來慕志作多靈

利高里亞部先謙案二圖西北辟門南高里設斯海東伊彌利亞多斯加納薛記作里沽力阿○熱那亞州曹云面積千五百八十二方英里人九十三萬四千六百二十七口二圖在部南濱海有熱那亞灣紀程云赤道北四十四度二十五分順天偏西百七度三十二分講義云人二十三萬七千餘口與都靈米蘭羅馬及法之馬耳塞有汽車相聯絡近改築碼頭日趨繁盛以哥侖布生地著名謝志熱那亞作遮挪法云南臨遮挪法海殷有砲臺游歐洲者多自此登陸製造絲絹絲緘最著斯拔薩在其東南意國海軍根據地也紀程云斯披薩在赤道北四十四度八分順天偏西百六度三十四分二圖斯披薩在部東端矢志作勤拿挨郎雷之織拿亞許考作熱納又作熱尼斯薛記作然恩又作賤諾伐又作折努阿慕志作熱挪阿○波爾得毛里肖州曹云面積四百五十五方英里人十四萬二千八百四十六口二圖在部西端濱海作毛里肖無波爾得三字

倫巴爾多部先謙案二圖北瑞士國西辟門東威尼西亞南伊彌利亞謝志作倫巴第云一稱歐洲之花園介哀勒伯山與波河之問面積九萬方里（案圖積有誤）謝鑑作蘭巴第薛記作郎拜而底慕志作倫巴地矢志作洛孛隄○貝加摩州曹云面積千六十五方英里人四十五萬九千五百九十四口二圖在部中央紀程云產絲最多郎徐志之百義城○布里西亞州曹云面積千八百六方英里人五十三萬八千四百二十七口二圖在部東偏南○科摩州

曹云面積千一百四方英里人五十八萬二百十四口紀程云產絲最多二圖在貝加摩西○克勒馬州曹云面積六百七十八方英里人三十二萬七千八百三十八口二圖在貝加摩南○曼士亞州曹云面積九百三方英里人三十一萬千九百四十二口二圖在部東南隅與徐合講義云此州與米蘭之間有索爾非里若及馬日他千八百五十九年法軍大破奧軍於此○米蘭州曹云面積千二百二十一方英里人百四十四萬二千百七十九口二圖在部西與徐合紀程云產絲最多出磁器講義云在倫巴多平原中央北經山果他爾隧道通瑞士之鐵道西經蒙塞尼通法國之鐵道南經熱那亞通踰亞布魯因山之鐵道盡集此府故商務特盛人四十九萬餘口有白文石寺院著名謝志作米拉挪云近波河風景淸幽街市壯麗為絲業中樞有大天主堂矢志作彌倫云有小巴黎之名人口四十三萬周志作密倫郎雷之米倫薛記作密藺茁一作迷郎○罷味亞州曹云面積千二百八十八英方里人四十九萬六千九百六十九口二圖在米蘭南與徐合○桑得里俄州曹云面積千二百三十二方英里人十二萬五千五百六十五口二圖在部北

威尼西亞部先謙案二圖在國東北北東奧國南亞得利亞海西南倫巴多伊彌利亞紀程云在赤道北四十五度二十六分順天偏西百四度六分有砲臺船塢部人善織草為笠西方婦女常冠之其草郎麥苗織為廣半寸之辮然後編之為笠有隆起峩峩者殆如詩所謂臺笠此草辮山東人常織之西人購者甚夥歲為登萊出口貨一大宗聞近日所製多粗惡輒以精美者裹其外西人

厭之又將仰給於意大里矣是在有商務之責者加以整頓謝志作分伊西亞云南鄰阿德利亞海城建小島上有百島城之名曰分伊劑又曰費尼斯昔盛今衰然猶為要港矣志作文尼斯○貝爾盧拿州曹云面積千二百九十三方英里人十九萬二千八百口二圖在部西北隅○巴土亞州曹云面積八百二十六英方里人四十四萬三千二百二十七口謝志作巴多阿云在分伊劑西六十里有大學居民五萬二圖在部南與徐合○羅威哥州曹云面積六百八十五方英里人二十二萬千九百四口二圖在巴土亞西南○特里威索州曹云面積九百五十五方英里人四十一萬二千二百六十七口二圖在巴土亞東北○蕪地拿州曹云面積二千五百四十一方英里人五十九萬二千五百九十二口二圖在部東隅近北與徐合○威內薩州曹云面積九百三十四方英里人四十萬千二百四十一口講義云在阿多里亞海之奧威內薩灣中人十五萬七千餘口建海中七十二島之上以運河為市街用船（舟名宮多拉）相交通故有全市浮於海上之觀與大陸用二千英尺之長橋聯結之此地嘗掌握地中海商業勢甚隆盛自迴航非洲之途開漸就衰頹蘇彝士河開通又將恢復矣樋志作維納斯參證謝志威內薩乃部首城也二圖在部南臨海有威爾薩灣與徐合郎雷之維尼司○味羅那州曹云面積千一百八十五方英里人四十二萬二千四百三十七口二圖在部西端郎徐之味羅拿○味晉薩州曹云面積千五十六方英里人四十四萬七千九百九十九口二圖在味羅那東偏北郎徐之味晉撒伊彌利亞部先謙案二圖東臨亞得里亞海灣西利高里亞南多斯加納慕志作以米利亞謝志作衣米利亞云在倫巴第分伊西

亞二部之南古為大公國以產乳餅及上品白玉著名○波羅格那州曹云面積千四百四十八方英里人五十二萬七千三百六十七口講義作波羅格羅云有大學已立八百餘年人十五萬八千餘口自米蘭至布林的西自威內薩至勒哥之鐵道交叉於此謝志作波倫亞二圖在部中央偏東○佛拉拉州曹云面積千十二方英里人二十七萬千七百七十六口二圖在部北偏東○法利州曹云面積七百二十五方英里人二十七萬千七百七十六口二圖在部東南隅○摩德拿州曹云面積千二方英里人三十一萬五千八百四口二圖在波羅拉那西北徐九部之一○巴爾馬州曹云面積千二百五十方英里人二十九萬四千百五十九口周志作排拉瑪二圖在勒哥之西少北徐九部之一○比森薩州曹云面積九百五十四方英里人二十四萬五千百二十六口二圖在部西北隅○拉温那州曹云面積七百十五方英里人二十三萬五千四百八十五口二圖在法利東南○勒哥州曹云面積八百八十四方英里人二十七萬四千四百九十五口二圖在摩勒拿之西少北多斯加納部先謙案二圖東北伊彌利亞東瑪徹斯西高里設斯海南猶木布里亞來穆謝志作德斯嘎那云在哀米利亞南阿爾挪河流域土地肥沃古為自立小國海濱一帶地溼多瘴氣矣志作脫斯加尼吳志作脫士加尼薛記作土斯街尼又作拖士卞納徐九部之一○亞勒索州曹云面積千二百七十三方英里人二十七萬千六百七十七口二圖在部東○佛羅棱薩州曹云面積二千二百六十五方英里人二十七萬千六百七十六口案徐志舊為都城紀程云意初立國時都此出磁器講義云在阿若河

畔人二十一萬六千餘嘗為美術家淵藪今遺跡頗多詩人丹鐵及別多拉克美術家米開安濟羅天文學者架利勒俄皆出此地謝志作斐連色（或稱美城）曰在阿耳挪河畔有禮拜堂大學校著名書院藏名人遺跡不少居民十四萬矣志作佛洛倫斯周志作弗落倫斯許考作福羅棱薩云王居宏敞凡九百餘間郎雷之勞靈司薛記作勿羅郎斯慕志作啡囉棱斯二圖在部中央近北○格羅塞托州曹云面積千七百三十八方英里人十四萬四千七百二十二口二圖在部西近南臨海○里窩那州曹云面積百三十三方英里人十二萬三千八百七十七口紀程云赤道北四十三度三十三分順天偏西百六度六分謝志作利弗郎云港口極佳多製草纏居民八萬二圖在部西近北臨海○盧加州曹云面積五百五十八方英里人三十一萬九千五百二十三口二圖在比薩之東北臨海徐九部之一○馬薩喀拉拉州曹云面積六百八十七方英里人十九萬五千六百三十一口二圖在部西北隅喀拉拉馬薩盍爾地合為一州○比薩州（在辟汪北納之北）曹云面積千百七十九方英里人三十二萬八百二十九口謝志作畢撒云名人嘎利利漚（即架利勒俄）生地有奇塔上層較底斜出十五尺登而俯觀令人驚駭數百年來堅固不圮許考作比撒云離塔不遠有墓道一相傳為御葬處有二十四迴廊人物古像四十一精妙絕倫墓門多至六百以花紋寶石砌成古氣鬱然薛記作波賽又作帔薩二圖在里窩那東北臨海○西那州曹云面積千四百七十一方英里人二十三萬三千八百三十口二圖在佛羅棱薩南瑪撒斯部先謙案二圖北三馬力諾國東亞得里亞海灣南亞布魯索及摩里西西猶木布里亞○安科吶州曹云面積七百四十

八方英里人三十萬二千百七十二口紀程云在赤道北四十二度七分順天偏西百二度五十四分有砲臺船塢講義云在阿多里亞海岸乃威內薩貿易港也人六萬餘口二圖在本部東臨海○亞斯科利州曹云面積七百九十六方英里人二十四萬五千百七十二口二圖在正南接界處○馬塞拉台州曹云面積千八十七方英里人二十五萬九千四百二十九口二圖在亞斯列北○比薩羅州曹云面積千一百十八方英里人二十五萬三千九百八十二口二圖在部東北端臨海猶木布里亞州（自為一州舊屬前部）先謙案二圖東瑪徹斯西北多斯加納東南亞布魯索及摩里西西南來士穆曹云面積三千七百四十八方英里人六十六萬七千二百一十口羅馬州（自為一州舊屬前部）先謙案二圖羅馬大名即來士穆也東北猶木布里亞西北多斯加納東南亞布魯索及摩里西干巴尼亞西南第勒尼安海徐九部之一曹云面積四千六百六十三方英里人百十九萬六千九百九口紀程云羅馬城跨低白河上東南距海六十餘里在赤道北四十一度五十四分順天偏西百三度五十六分自教皇據羅馬以來日耳曼極與教皇爭權法蘭西則助教皇為虐法恃其兵力雄視歐洲尊奉教皇縱庇教士教士倚其聲勢結黨布天下強與人家國事少不如意輒游說他國以啟爭端西士受教士之害者指不勝屈同治九年法王為普所禽普相畢斯馬克首下令逐教士普之禮曹復條陳新法以排斥之各國從而效之屏除教士意王割其土地據其城郭教皇雖有法助其勢亦不能振論者謂普之勝法實歐洲大局之幸講義云千八百七

十一年爲意國首府今猶仍之人五十一萬餘口千八百九十九年以下同富有繪畫彫刻建築物及各種美術品爲世界第一博物館甚多古代羅馬之演武場科利些母之遺址森多辟地寺院及法王所住維的坎等皆最有名之建築亞布魯索及摩里西部先謙案二圖東亞得里亞海灣北瑪徽斯西北猶木布里亞來土穆南千比尼亞亞浦里亞○亞基拉州曹云面積二千四百八十四方英里人三十九萬六千六百二十九口二圖在本部中央西北○甘波巴索州曹云面積千六百九十一方英里人三十六萬六千五百七十一口二圖在本部正南○直的州曹云面積千一百三十八方英里人三十七萬九百七口二圖在部東臨海○特拉摩州曹云面積千六十七方英里人三十萬七千四百四十四口二圖在部東北端近海

千巴尼亞部先謙案二圖北亞布魯索及摩里西東南亞浦里亞波西利加大西南第勒尼安海慕志作堪板尼亞○亞維里諾州曹云面積千一百七十二方英里人四十萬二千四百二十五口二圖在本部中央○貝尼溫陀州曹云面積八百十八方英里人二十五萬六千五百四口二圖在亞維里諾西南○加塞大州曹云面積二千三十三方英里人七十八萬千三百五十七口二圖在亞維里諾西北○那不勒斯州曹云面積三百五十一方英里人百十五萬千八百三十四口二圖在部西臨海講義云在羅馬東南那不勒斯灣人五十四萬四千餘口土地豐沃以生活容易故爲第一大都會四近風光佳絕有火山日維蘇威聾於其東坡母披遺圵在其南矢志作納潑爾吳志作涅布爾周志作納柏爾斯卽雷之拿坡爾司徐九部之一一作拿破里紀程云赤道北四十度五十二分順天偏西百二度十三分十一國游記作奈波里紀程又云漢建初中維蘇威山噴火灰石灰漿迸出環山麓之黑九桎賴[矢志作海若拉尼十一國游記作哈喬拉念郎在奈波里本城南]邦貝[王書作邦淖矢志作亮海]斯達庇三城[諸書皆二城云三城蓋誤]均爲灰石湮沒國朝嘉慶中土人掘出雉堞儼然城內宮室人物均存其形貌西人爭取以爲古玩游記又云邦滓距此二十餘里七十九年爲火山所壓死三千人餘僅走免千七百四十八年有窮井者發掘古物甚多後七年奈波里王查爾斯三世時發出大戲園後至全城顯露近匈牙利發掘六百年一古城希臘亦發一古城皆不如邦淖之大○索勒那州曹云面積千九百十六方英里人五十六萬四千三百二十八口二圖在部西南臨海有索勒那灣

亞浦里亞部先謙案二圖東南北臨海西千巴尼亞波西利加大勒西之北有布林的西紀程云赤道北四十度三十九分順天偏西九十八度二十七分謝志作伯林第西爾在東南隅臨阿德利亞灣古爲大埠今已就衰居民二萬講義云近半島東端一港今雖不大然當地中海交通要路將來必漸振興○巴里州曹云面積二千六十五方英里人八十二萬七千六百九十八口二圖在部東臨海○佛加州曹云面積二千六百八十八方英里人四十二萬五千四百五十口二圖在部中央○勒西州曹云面積二千六百二十三方英里人七十萬六千五百二十口二圖在本部南端

玻坦薩州[自爲一州不屬前部]先謙案二圖玻坦薩作波坦薩大名卽波西利加大也東北亞浦里亞西北千巴尼亞南加拉布里亞東南伊

斯尼亞海爲大蘭多灣西南第勒尼安海曹云面積三千八百四十五方英里人四十九萬七百五口

加拉布里亞部先謙案二圖北波西利加大東西南三面臨海其南端有墨西拿峽與西西里相對○加坦薩羅州曹云面積二千三十方英里人四十七萬六千二百二十七口二圖在部東南臨海斯基拉西灣內○科森薩州曹云面積二千五百六十八方英里人四十六萬五千二百六十七口二圖在部中央偏西○勒格俄州曹云面積千二百二十一方英里人四十二萬八千七百十四口二圖在南端西向對墨西拿

西西里部先謙案矢志作希雪蘭周志作西治里謝志作西西利云地中海最大島地土腴美古稱義大利穀倉與大陸隔美西那蕬[卽拿墨]海腰東西長六百五十里南北廣三百五十里共十一萬方里分七省東方有哀德那火山二圖西北皆臨第勒尼安海北有利巴黎舍羣島西有亞加的舍羣島斯大格若內羣島西南與非洲突尼斯國相對爲西西里峽南爲西西里海東爲伊奧尼安海卽雷突之細細利薛記作昔昔利又作細細來慕志云島北有里伯利島有火山二吐酸不息里伯利二圖作利巴黎矢志云有利波里羣島斯湯罷黎島則全島皆係火山案利波里卽利巴黎舍斯湯罷黎二圖作斯特蘭玻里○加爾大尼塞台州曹云面積千二百六十三方英里人三十二萬七千九百七十七口二圖在島部中央○喀大尼亞州曹云面積千九百十七方英里人七十萬五千四百十二口二圖在島正東臨海有喀大尼亞灣○格根的州曹云面積千一百七十二方英里人三十七萬千六百三十八口二圖島部西南臨海○墨西拿州曹云面積千二百四十五方英里人五十四萬三千八百九口二圖在島東北隅與半島相對爲墨西拿峽紀程云在赤道北三十八度十一分順天偏西百度五十四分吳志作米西拿矢志作曼雪納樋志作美西納謝志作美西那周志作妹西納薛記作梅息那慕志作默細那云有挨德納火山焚毀鄉邑歐土最著矢志挨德納作愛脫納云古稱地中海之燈臺高萬八百七十四英尺○巴勒摩州曹云面積千九百四十八方英里人七十八萬五千三百五十七口二圖在島北偏西臨海紀程云赤道北三十八度八分順天偏西百三度六分有砲臺船鴨講義云爲此島首府人三十九萬餘口有大學貿易甚盛樋志作巴剌摩矢志作魄蘭瑪○塞拉庫西州曹云面積千四百四十二方英里人四十二萬七千五百七口二圖在喀大尼亞灣之南臨海○特拉巴尼州曹云面積九百四十八方英里人三十六萬八千九十九口二圖在島西北隅臨海又据二圖西南有三若薩島班特利黎亞島俱屬西西里

薩的尼亞部[卽撒丁島]先謙案東第勒尼安海西撒丁海南隔地中海遙對非洲北隔玻尼法西俄峽與法屬哥爾塞牙島相對徐志九部之一卽雷之薩甸尼亞十一國游記作薩諦尼矢志作撒隄尼○加格拉里州曹云面積五千百八十四方英里人四十八萬三千五百四十八口二圖在島東南隅臨海有加格拉里灣○薩撒里州曹云面積四千百二十二方英里人三十萬八千二百六口二圖在島北偏西近海

屬地　雷志云歐里脫里亞與梭曼利蘭面積十三萬五千英方里人四十三萬先謙案見非洲

三馬里那國

三馬里那雷志云小共和國面積二十八英方里人八千二百口立國於十一世紀至千八百六十二年歸意皇保護徐志云勝馬里虐在羅馬境內袤延約五十里戶口四千餘自推酋長理事不屬教王先謙案即雷之三馬里那也二圖作三馬力諾東北臨亞得里亞海南界瑪撒斯西界伊彌利亞屬地講義作山馬力諾云面積僅二十三方英里千八百九十六年時人口約九千五百稱歐洲最古之獨立國行政權在元老院有議員六十八人謝志作散瑪利那云紀元後四百年來即已獨立面積四百方里人九千五百都城亦曰散瑪利那人千五百及村落若干散處阿笨年山東坡民業耕牧有司政者二人議員二十人議會十二人將校三十八人兵士九百五十歲入約十一萬圓出口貨酒牲畜石料

英領馬耳撻島

馬耳撻雷志云英屬地面積百十七英方里千八百九十七年人

十八萬六千八百口內九千五十八人爲戍兵　佛劣太會城徐志云意大里西南有馬里他島地多磐石居民積土爲田以耕其俗儉嗇勤苦戶口極繁昔耶蘇之徒保羅浮海閣淺泗登此島爲人療病著神異之迹故此島名傳西土當回部方强以兵力脅此島島酋率驍卒拒之回部竟不能取嘉慶年間佛郎西誘降其酋旋爲英吉利所奪守以重兵爲地中海停泊戰艦之處先謙案即雷之馬耳撻也矢志作瑪爾塔薛記作麻爾太云其北一島中有火山恆騰煙霧据二圖在西西里島之南中爲馬耳他海峽北有二島左曰葛索右曰斗米諾會城名瓦列塔即雷之佛劣太也講義云在西西利亞西南五十八英里當地中海之中央千八百十四年以來屬英設强固軍港置守備兵萬餘馬耳他面積九十五英里合近傍葛索島克米諾島謝哥蘇知此上作僥扦誤作面積百十七方英里人口十八萬餘政治有英國政府派遣之知事兼轄軍政民政有行政會議議員十九名以輔之教育甚盛謝志作米利大利一大日瑪云米利大羣島曰米利大北緯三十五度五十四分東經十四度三十一分共三島曰米利大面積八百方里曰哥梭三百方里曰哥米拿二十方里居民共十七萬英設大官治之戍兵萬人大學一所小學百十所亦有郵政鐵路電綫王書云鐵道長七英里

賜進士出身特賞內閣學士銜前國子監祭酒翰林院編修加三級臣王先謙謹撰

奧大利與匈加利國

奧大利與匈加利徐志墺地利亞阿士得盧亞阿士氐拉歐墺斯的里亞塞特里阿莫爾大未亞國雙鷹國東云歐羅巴大國也其商船初抵粵東時旗畫雙鷹遂訛稱爲雙鷹國北界普魯士峩羅斯南界土耳其抵亞得亞海隅意大里亞各國西界瑞士暨日耳曼各國東西三千一百餘里南北千八百餘里其地古時爲勒西亞諾力加巴訥尼亞等國羅馬征服之後爲北狄所據唐貞元間佛郎西取其地立爲別部元初日耳曼有酋羅爾德福者號聰敏攻獲墺地日耳曼各部推立爲王稱爲東國然疆土褊狹無大權傳至阿彌麥配匈牙利女王匈牙利因合於奧驟益疆土數千里遂爲大國明正德十四年國內亂時西班牙王查理第五能得民譽日耳曼諸部招之來墨奉以爲日耳曼王王治軍行法聲威大著佛郎西來攻王與戰破之禽佛王從之西班牙佛人以金贖之乃放還嘉靖四年復得伯閔地即遮亞不威疆土愈廣查理第五殁其弟嗣位明於法律簡任賢能國大治時意大里衰亂帥師伐之割其北境圍羅馬一年城幾陷意大里諸部皆臣服由是日耳曼稱霸西土萬歷四十六年王匪耳地難闌位先是查理第五尙天主教禁耶穌教至是臣民復有從耶穌教者王禁之甚力違者加以刑臣民合黨攻王王誅滅之遂舉國奉天主教無敢異康熙三十九年日耳

曼各部皆自立爲王從此東國稱墺地利亞不復稱日耳曼時西班牙王殁無子墺王以爲其宗國也欲立其子而佛郎西王欲立其孫兩國搆兵十餘年佛王卒立其孫爲西班牙王康熙四十九年王查理第六嗣位委政臣下尋殁無子傳位於女女聰明能持國柄治軍嚴整鄰不敢侵女主殁王約色弗第二嗣時波蘭衰亂王與峩羅斯普魯士瓜分其國由是王幅員之大遂洸洋於西土王好耶穌教廢天主教天主教之黨欲爲亂王悖殁嘉慶年間佛郎西拿破侖得國恃兵力征伐四鄰日耳曼各國皆納款墨屬比利時亦被侵割而不爲之下佛無如之何也拿破侖既敗喪嘉慶二十年歐羅巴諸國各遣公使赴維也納都墨會議凡佛郎西所摧破諸國皆申畫疆圻重定盟約以日耳曼列國雖各復故土而散弱不能自立乃議立公會聯結爲與國以墨爲會盟之長日耳曼列國之主時來朝議國事墨嘗與土耳其搆兵三十年講和而罷其國大勢分四部曰日耳曼地曰墺之故土也曰意大里地曰匈牙利地曰波蘭地後來之所割據也慕志作墺地喇云緯綫自赤道北四十三度至五十度經綫自順天偏西九十二度至百八度長三千里闊千五百里總計方八十五萬里戶口三千八百萬謝志作奧斯馬加云奧大利亞與馬加一名亨加利二國合成之帝國占地之廣爲本洲第三大國北緯四十二度十分至五十一度東經九度三十五分至二十六度三十分面積二百六十萬方里奧大利亞譯言東國講義作墺大利匈牙利云墺斯大利亞德人稱耶斯鐵爾來喜東方王國之義也匈牙利之名九世紀有匈奴人從黑海濱侵入西方故名許考匈牙利作宏噶利一作宏加利亞云道光二十八年奧國內訌宏噶利叛將帥勤力民漸安靜然宏噶利之政治由是更

張王韜志略云亨格利叛奥人征之反爲所敗後得俄助亨勢蹙力窮乃請降遂爲奥屬不敢貳雷志云兩國同奉一主其商務諸事由兩國議院派人定之講義云千八百六十七年協定二國各爲獨立國各有憲法立法行政之事權爲獨立然二國同君聯合奥國皇帝即爲匈國皇帝外交海陸軍財政二國共同辦理貨幣度量之制亦爲一律立法事務設聯邦議會行之議會分兩院議員數各六十名兩國上院各選二十名下院各選四十名任期一年皇帝在兩國首府更番召集各議員以議政事聯邦議會所不轄屬之事兩國各有議會定之謝志云行政之事內閣任之有內務部文部農商兵刑各部大臣地方政治各郡邑皆有議會行自治之制許考云奥匈向以土地兩分治體亦別頒律之權操自國王各設上下議院以副之其故土上議院得二百四十二中親王十八巨紳世職六十七天主教中總主教十一本主教六位等王公另選終身充職大臣百四十下議院得二百四十五以巨富鄉紳及商賈等充之匈之上議院素無定額皆王世爵十及天主教總主教及本主教充之約三百餘下議院大員四百五十三人奥部院衙門八吏部商務部教諭部刑部戶部護國部農務部鐵廠部也軍機樞密事務部以八部尚書並另選數大員充之匈部院衙門七鐵政軍務庫務外國務四部另立統轄兩地事務衙門三千八百七十八年立稅則同盟會波斯尼亞亦與焉全面積連波斯尼亞計算二十六萬千二百六十七英方里奥十一萬五千九百二十二英方里匈十

二萬五千六百十一英方里千八百九十五年人九千六百七萬三千口奥二千三百八十九萬五千四百十三口匈千七百四十六萬三千七百九十一口案總分數不合疑有誤奥國內有前日耳曼聯邦之格里西亞與獨耳曼西亞二省多惱河灌其中曹典球云格里西亞即加里西亞獨耳曼西亞即達爾馬提亞二省皆非多惱河流域疑多惱誤文或多惱上有奪文也愛爾不河灌波希米亞省愛蒂治河及他河注阿耳魄士之南坡內亞脫劣山高萬二千八百十英尺曹典球云愛爾不河即易北河由波希米入德國愛蒂治河學會圖作挨節寺河[illegible]韄由的羅爾邏意國入海亞脫劣山爲奥國最高之山在的羅爾西與瑞士交界處以英文圖對勘其準望正在毛耳斯之南加達湖之北克勒斯之西匈國包有多惱河之流域卡配艮之內坡脫倫西耳寫尼亞之山系克羅安西亞與斯拉逢尼亞二國有地方會議與飛互摩無稅港曹典球云卡配艮即學會圖之喀耳巴阡山內坡者山南麓也脫倫西耳寫尼亞山系即達郎西里瓦尼亞山脈克羅安西亞即哥羅地亞斯拉逢尼亞即斯拉窩尼亞因有地方議會故以國稱之譯義究屬未當飛互摩無稅港即夫美自由港也奥大學校七匈大學校三謝志云奥大學八中學三百所小學二萬所馬加國大學三中學四百五十所小學萬六千所奥國人業農者居百分之四十五全面積百分之三十七爲耕種地百分之二十四爲草地百分之三十三爲樹林有馬百五十四萬八千百九十七牛八百六十四萬三千九百三十六綿羊三百十八萬六千七百八十七猪三百五十四萬九千七百礦產煤二千六百萬噸鐵百四十五萬噸有金銀鹽等每年總值千三十六萬磅謝志云奥國礦產之富在歐洲諸國亦居首列煤歲出千八百萬噸鐵六十萬噸金亞於俄居第二可四千磅馬加產銀波希米產錫銅鉛白鉛銻錳水銀隨處有之產鹽盛於英國革雷哥弗有大石鹽礦馬加產猫兒眼寶石講義云鑛產石炭第一多在波希米細勒西亞加里細亞諸地鐵鑛亦在其地都蘭西爾威尼亞產金歐洲中此爲最豐銀鉛出厄爾士之波希米方面水銀產於喀尼鄂拉巖鹽出克拉科近傍之維勒茲克有鹽坑最大坑道長過五十英里薩爾斯波格之左近全山皆巖鹽所成製造有織布造玻璃及各種奇色異樣製造品講義云製造奥國最盛匈國近亦發達波希米多產織物又以製鏡子器著名匈多釀麥酒謝志云織業首棉布次麻布絨呢絲綢其餘鋼鐵銅器玻器算學格致器具皮革紙張亦盛釀酒製胡蘿葡糖日漸興旺種煙製捲爲政府獨擅之利鐵路萬四百三十八

方里講義云鐵道官民各半二國各萬餘英里電信綫路之長奥國三萬二千三百六十三英里綫條九萬六千五百八十英里匈國萬三千六百七十五英里綫條六萬六千六百八十九英里千八百九十八年時運河四千九十英里講義云多腦河貫流國內支流又繁故適於舟航水運甚便能通舟楫之河及運河奥國長四千八十五英里通汽船者八百十八英里匈國三千百八十九英里能通汽船者千九百二十一英里匈國人業農者居百分之六十一全面積百分之四十二爲耕種地百分之二十四爲草場百分之二十八爲樹林謝志云全地十分之九適於耕種民務農者三人而二故農產物最盛穀類多小麥粗麥雀麥珠粟又植麻煙霍布花胡蘿葡甚盛馬加之麥粉著名於各市南部盛植果類釀葡萄酒歲不下五百萬石第羅勒出蘋果馬加出西瓜達勒美西亞出無花果橄欖石榴國中森林甚廣占地約六十餘萬里嘎巴典山一帶尤甚多松杉橡楡櫸等有馬二百三十萬八千四百五十七牛六百七十三萬八千三百六十五綿羊八百十二萬二千六百八十七猪七百三十三萬三百四十三謝志云畜牧業未爲盛大然哀勒伯山中及馬加之牧場皆甚廣大馬驢贏種艮而多牛羊次之養蜂極盛育蠶者惟南方有之推第羅勒省爲最食肉之獸以熊狼爲主要南海岸漁業亦財源之一隰地中多螞蝗昔日醫方中用以吮血故亦運銷外國

礦產有煤鐵銀等每年值百九十八萬六千磅千八百九十九年兩國公入款千三百九十三萬一千磅大半由於賦稅奧居百分之七十匈居百分之三十公國債二億四千五百一萬磅又云奧入款純計六千三百三十九萬六千磅千八百九十八年國債一億二千二百五十六萬六千磅匈入款千八百九十七年純計四千一百九十四萬二千磅國債輞二億六百四十九萬五千磅此外尚須負擔奧大利及公國債八千四百萬磅鐵路資本值二億二千二百八十七萬磅案總計亦未甚合存疑謝志云兩國一公同之事務其費用兩國同任由各省均派合兩國歲入共約十一萬萬圓公債七十萬萬圓入口貨值六千三十二萬二千磅出口貨值六千三百三十八萬九千磅重要者糖值五百五十四萬二千磅穀值三百七萬四千磅木料值五百七十九萬五千磅多與德英意貿易政要云銀錢通用有四等最小曰紐扣而哲大者曰福鹿林金錢曰金喀郎一喀郎約值十五喜林可易福鹿林八枚一福鹿林可易一百紐扣而哲此平價也間有時價上下又銀行發行銀票自千福鹿林至一福鹿林皆可開票一出入約扣利息以爲行用稱物之秤曰勝得南計一百二十三磅半即英秤十六兩合一百福衡得爲一勝得南量酒之具曰愛滿一愛滿爲十四加隆九分四量地之

碼曰約以英碼計一畝四分三量米麥之具曰碼蚩英爲一石七量長闊厚三面之尺曰扣拉夫德郎立方尺照英尺每尺六十七尺計里之名呼曰買耳計長二萬四千奧尺爲英四買汗四分三合英里四里七分半郎中國十四里二分半謝志云買易總額可十五萬萬圓輸出輸入人相抵人口貨以棉花鐵羊毛等生料爲大宗輸出以米絲綢磁器漆器爲大宗軍額平時三十五萬八千二百十一人戰時百八十七萬二千百七十人戰艦百十五內鐵甲十八水雷艇七十一謝志云全國海陸軍爲兩國公有軍務大臣及兩國兵部監督之國人皆有服兵之責平時兵額三十六萬馬六萬匹戰時可得兵百八十三萬馬二十八萬匹外更有義勇兵可四百萬餘歲費共約一萬四千萬圓海軍非所重以海岸少也多瑙河約駐有艦隊共兵船五十餘艘水雷船百餘水師八千戰時可增至萬七千人歲費千四百萬圓**維也納**熱度中數四十九度正月二十九度七月六十九度雨水三十三英寸人百三十六萬四千五百四十八口**不雷格**人三十一萬四百八十三口**剔利司脫**人十四萬五千七十三口**雷摩堡**人十二萬七千九百四十三口**格蘭士**人十一萬二千六十九口**勃倫**人九萬四千四百六十二口

克雷科人九萬四千六百九十六口**善腦章支**人五萬四千百七十一口**比耳森**人五萬二百二十一口以上要區徐又云奧地利之日耳曼故土在日耳曼列國之東南山嶺重疊產水銀硃砂鐵草場豐廣每歲所產牛馬羊以萬億計有多惱大河可通舟楫地分五部墺地利亞內分兩部南曰上墺地利亞北曰下墺地利亞都城在下墺地利亞曰維也納一作尾阿納又作味隱居民三十萬王宮閎麗自奉甚約不尚體統與百姓往來如家人其民以此親附俗重紡績產布帛最多女子美姿容淫佚無閨敎附近有其耳城居民三萬六千有書院藏書七萬冊先謙案曹典球譯野口保興內外地志云奧地利亞分十八部下奧地利亞面積萬九千八百五十四方粁人口三百十一萬四百九十三王書云大公國據列國學會二圖下奧地利亞北摩拉維亞南士的里亞西上奧地利亞東匈牙利都城曰維也納與徐雷合政要作下奧斯地利亞謝志云維也納或曰偉恩建於多瑙河右岸平原人民約百三十萬歐洲第四都會也高樓傑閣每五六層有大學及書樓地踞歐洲中央距海雖遠然以多瑙河貫注輸運均極便利故商務製造特盛各國大事屢會議於此千八百十五年拿破崙敗後各國使臣於此定界約城西南有離宮據山水之盛講義云臨多腦河之中流人口百三十六萬四千餘千八百九十年木目以下尉當與波希米細勒西亞及亞多里亞海岸交通之衝又阿爾魄士山在其近傍亦開有自維也納經其西南塞米林克曹云塞米林克在下奧大利細斯大德特之南與士的里亞交界處至意國之鐵道多腦河在府左近舟航便利府內宮園病院學校等俱甚

著名如僧多斯的溫斯寺之塔高四百五十三英尺實壯觀也此府又爲國內工業之中心又曹譯野志云上奧地利亞面積萬一千九百九十四方粁人八十萬二百四十六口王書云大公國據二圖上奧地利亞北波希米南士的里亞薩爾斯波格東下奧地利亞西德國首城曰林嗣許考作靈斯云爲通國最大闊津百貨騈羅庫稅藉以充裕政要作上奧斯地利亞○徐又云的羅爾一作羅野地在兩墺地利之西偏地皆山會城曰音斯不羅各一作隱不其民以獵爲生或擔負傭趁四方性戇直而多力當佛郎西來侵此土之民奮力擊退稱爲義勇先謙案曹譯野志云的羅爾面積二萬六千六百九十方粁人口八十五萬二千七百十二據二圖的羅爾東克侖地亞西佛拉波爾格東北薩爾斯波格北德國南界海對意國謝志作第羅勒政要作泰羅爾慕志作地曬里會城曰音斯不曬克二圖作音斯不羅各許考云會城爲文墨薈萃之區氣候寒冽土地瘠薄產銀錢鉛煤等礦居人健捷義勇秉性貞樸土人善養黃鳥清音悅耳售得善價出運甚繁射獵樂歌之技尤爲世重

○先謙又案曹譯野志云佛拉爾波格面積二千五百七十方粁人口十二萬九千二百三十七王書云此及的摩爾同爲一伯爵領據二圖佛拉波爾格北德國西南瑞士國東的羅爾政要作玻辣爾倍克

○先謙又案曹譯野志云薩爾斯波格面積七千百六十三方粁人口十九萬二千七百六十三王書云公國據二圖薩爾斯波格北上奧地利亞及德國南克侖地亞的羅爾東士的里亞南的羅爾謝志作薩爾斯堡許考作撒爾斯蒲爾

○徐又云義士的里亞（一作利亞）以在上墨地利之西南會城曰加拉德斯（一作來八）居民一萬一千餘其山洞穴玲瓏巖岫重複民以造磁器織綢緞爲業先謙案曹譯野志云士的里亞（[illegible]）面積二萬二千四百四十九方籵人口一百三十五萬六千四百九十四口王書云公國據二圖士的里亞北上下奧地利亞南克侖地亞西薩爾斯波格東匈牙利卽徐之義士的里亞政要作義士得拉許考作斯的里樋志作士德利亞慕志云士的里亞會城曰加拉德斯與徐合二圖同曹云卽雷之格蘭士講義云在維也納及的里雅斯德中間爲阿爾魄士山間第一都會設有大學人口十一萬三千五百餘許考作加拉斯云岩洞玲瓏一洞最深掘得古獸骨殖饒礦產鐵礦尤富

○先謙又案曹譯野志云克侖地亞面積一萬三百三十三方籵人口三十六萬七千三百二十四王書云公國據二圖克侖地亞北士的里亞南喀尼鄂拉西的羅爾東匈牙利許考作加靈的云會城曰克蘭甫爾以製鋼鐵名山林峻密中有湖澤有洞甚幽難測其底時而廢垣坍屋時而直柱橫楹不知爲何代物亦大觀也

○先謙又案曹譯野志云喀尼鄂拉面積九千九百六十五方籵人口五十萬八千百五十王書云公國據二圖北克侖地亞東南哥羅地亞西南卡斯特謝志作加宜阿拉許考作加爾尼阿爾政要作加里瓦拉慕志作加宜疴拉會城曰來八二圖作來巴克案據此來八與加拉德斯係二城徐志云加拉德斯一作來八非也

○徐又云壹黎里亞在義士的里亞之東南會城曰的里也斯德（一作得利益）在亞得亞海隅爲地中海大埔頭居民四萬每歲出入之船八千隻先謙案曹譯野志云的里雅斯德及屬地面積九十五萬方籵人口十七萬八千五百九十九據二圖的里雅斯德在亞得里亞海講義云與意國威內薩相對貿易額遠駕其上人口十五萬八千餘國內第一貿易港政要作得里厄斯特慕志作的里斯德卽雷之剔利司脫謝志作德利斯德云有新舊二城造船製繩等業頗盛地有山洞千餘幽深邃遠景象奇麗內多鍾乳石懸垂空際有一洞可行二十里爲潭所阻未能盡探其奇南有波拉埠爲海軍重鎮二圖作皮拉諾案舊屬喀尼鄂拉今自爲一部的里雅斯德卽徐之的里也斯德亦卽徐之壹黎里亞矣講義所稱第一貿易海港與徐所云地中海大埔頭合不得在士的里亞之東南東當爲西之誤樋志作剔力厄士特云有水銀坑矢志作出立哀斯脫吳志作次里耶多周志作得離依斯脫

○先謙又案曹譯野志云哥嗣及格拉的斯加面積二千九百二十七方籵人口二十三萬二千八百九十七王書云伯爵領據二圖哥嗣在的里雅斯德之北格拉的斯加在哥嗣之西臨海又曹譯野志云伊斯的里亞面積四千九百五十一方籵人口三十四萬五千五十案哥嗣以下三處總名卡斯特王志云此及的里雅斯得府同爲一侯領統名曰海岸地方先謙案伊斯的里亞在的里雅斯德東南政要作斯地里亞許考作意斯德里又作意斯德云與克侖地喀尼鄂拉三省爲古意黎里國地卡斯特與二圖合

○徐又云不威迷亞（一作伯閔又作波希米）又在下墨地利之北舊本日耳曼列國爲墨所滅地形如釜其外山嶺界隔其中川谷深邃土田之

沃爲墨上壤會城曰巴拉加產五穀牲畜銅鐵麻居民善造玻璃器運行四方獲利無算地有書院習文藝者八百餘人先謙案曹譯野志云波希米面積五萬千九百六十七方籵人口六百三十一萬八千六百九十七王書云王國矢志作罷海苗周志作薄海米亞政要作薄基靡亞許考作波厄迷亞云四面環山今火山已熄地形凹凸多出沸泉殆其遺迹五金玉石礦產富有氣候凜寒平陸和暖天時中正無疫癘居民節儉廉愼風俗醇厚惜耕稼未精菽麥僅能自給據二圖波希米南上奧地利亞東摩拉維亞西北德國會城曰巴拉加與徐合卽雷之不雷格樋志作勃勒格矢志作玻雷苦吳志作布列固周志作坡來其許考作伯拉加昔爲本國京城煙戶稠密三倍於摩拉維省會伯倫納城中有敵壘甚古半已頹廢全地富有礦苗民興於藝慕志云奧之上壞有泉水靈異可以療疾民善造玻璃器織麻呢細布巴啦加設書院藏書籍萬冊習文藝者千餘人講義云首府在易北河支流摩耳刀河畔人口十八萬四千餘工業中心商業亦盛謝志云伯拉革耳府扼哀勒伯河上流城內高塔七十風景絕佳有王宮畫院及大學校生徒四千藏書數萬多與德國貿易製造機械皮革藥料織貨居民三十一萬其西有比爾森卽雷之比耳森講義云本部科尼格剌斯附近之薩宅維千八百六十六年普軍大破奧軍於此

○徐又云摩拉維亞（一作默鄰）在不威迷亞之東壤地僻小所產麻呢布甚多會城曰阿里木極堅固以上各部皆入日耳曼同盟公會應出兵九萬四千八百（詳日耳曼列國圖說案此公會舊制也自諸國歸普後已不如前）先謙案曹譯野志云摩拉維亞面積二萬二千二百二十一方籵人口二

百四十三萬七千七百六王書云侯領慕志作摩啦維亞謝志作摩雷斐亞許考作摩拉維二圖作摩拉維亞與徐合東北細勒西亞東南匈牙利南下奧地利亞西波希米會城曰布隆卽雷之勃倫慕志作布倫樋志作勃崙謝志作布倫多云製絨呢居民十萬講義云製造羊毛甚盛人口九萬五千本部奧斯亞爾利子千八百五年拿破侖大破俄奧聯合軍於此

○先謙又案曹譯野志云細勒西亞面積五千百五十三方籵人口六十八萬四百二十二王書云公國據二圖北德國西南摩拉維亞東加里細亞有阿里木與徐合慕志作細累細亞謝志作西累細亞許考作西勒細政要作賽里西亞樋志云細勒西亞州之大半當奧女帝馬利阿梯累沙之世爲普王斐迭禮所掠奪今存者不過古者細勒西亞之一小部許考云古屬波蘭慕志云會城曰特勞堡再考

○徐又云墨地利亞之波蘭地曰加里細亞（一作野亞牙）地平坦有砂磧多林薄熊狼所宅獵者殺之獻其皮官爲給價其土鹵可以煎鹽民惟務農不解紡績衣食皆粗糲會城曰棱卑爾各（一作都[illegible]）內有書院先謙案曹譯野志云加里西亞面積七萬八千五百三十三方籵人口七百三十一萬五千九百三十九王書云王國據二圖作東加里細亞西加里細亞東俄國西細勒西亞東南布哥維亞南匈牙利北俄德二國謝志作嘎利西亞矢志作加里嘵許考作加里細東加里細亞會城曰棱卑爾各與徐合慕志作棱卑各曹云卽雷之雷摩堡樋志作廉堡謝志作連伯云穀產薈萃有大學校居民十三萬猶太人四萬許考云加利細古屬波蘭本名紅俄

羅斯爲奧所據易今名地頗平坦惟東境山陵重疊南以加爾巴德山爲界是山多鹽井深者百丈餘寬者不止千丈商人自黑海運貨至日耳曼必由棱卑爾各貨財興盛境內有加爾巴德山人與鄰民屢起衅端奧國百計措施此風稍戢別有羅德尼人雜處野蠻異俗與他族情誼不通矢志作雷姆蟠云米穀集合之所講義云棱卑爾各爲加里細亞第一都會臨維斯杜拉河支流之布格河人口十二萬八千四百餘此市建於得尼斯特爾河與維斯杜拉河之間又位於黑海俄鐵薩港與波羅的海岸但澤港之中間商業繁盛慕志云奧地利之波蘭地舊分二部聑綝一曰加里細樹林叢雜民惟務農西加里細亞會城曰克拉科維一郎雷之克雷科謝志作革拉哥弗云波蘭舊都有前代陵寢居民七萬七千多猶太人附近有大鹽鑛製造布疋皮革講義云千三百二十七年至千五百八十七年爲波蘭德首府千八百十五年至千八百四十六年爲克拉科共和國首府今爲奧國加勒西亞之一部置有要寨薛記云嘉慶十九年俄普奧三國分波蘭地畱克喇各末一城爲局外之國約鄰國不得攻之道光二十一年奧國以此城爲波蘭民之逋逃藪乘法亂攻取此城波蘭遂亡俄普幸波蘭之不復生亂也俱各無辭案克喇各末卽克拉科也

○徐又云布哥維納本土耳其地奧割得之因與加里細亞毗連故附波蘭部境土數百里會城曰達爾奴波羅居民九萬三千城內多廟宇僧尼甚眾其民長於貿易雖隸於奧自有酋長之國政先謙案曹譯野志云布哥維亞面積萬四百五十六方粁人口七十三萬百九十五王書云公國據二圖布哥維亞北東加里細亞東南羅馬尼西匈牙利許考作補哥維納政要作布哥云納慕志作布哥維納與徐同以爲波蘭地舊分二部之一云本土耳其地奧割得之會城曰撒倻維支以上二部合加理綸訕之後歸一國名加里細圖蓋郡之謨土產穀木鹽案野志別爲一部則又由合而分撒倻維支二圖作塞那維嗣曹云卽雷之善腦韋支

○徐又云達爾馬西亞一作塔馬在亞得亞海濱與壹黎里亞相接地形狹長土磽瘠不足於耕民多捕魚或爲海盜會城曰撒喇戶口甚稀山產藥材巖間出野蜂蜜所屬加他羅城壁堅池深號爲險固原在匈牙利哥羅瓦酉亞後今稱此先謙案曹譯野志云達爾馬提亞面積萬二千八百六十二方粁人口五十九萬三千七百八十四王書云王國據二圖達爾馬提亞在國西南亞得里亞海濱北隔維里賓山與哥羅地亞相接東北波斯尼亞黑塞哥維羅西南臨海謝志作達勒美西亞政要作達爾美西亞二圖撒刺作撒拉在本部西北端加他羅在東南端與門的內哥羅相接

菩墜配司德人四十九萬千九百三十八口　**社畿丁**人八萬五千五百六十九口　**馬利亞善肖泡爾**人七萬二千七百三十七口　**蒂勃雷靜**人五萬六千九百四十口　**呵爾曼鋤乏賽里**人五萬四百七十五口　**潑來司堡**人五萬二千四百十一口以上要區徐又云奧地利之意大里地案今歸意大利詳意大利下

○徐又云奧地利之匈牙利地一作翁給里亞又作塞牙里又作博厄美亞又作班那野阿國之東界古時有匈奴別部轉徙至此攻獲那盧彌地於趙宋咸平

年間立國稱雄一時久而寖衰明建文年間女主伊利薩麻嗣位配墺王阿爾麥爲夫婦時匈牙利爲波蘭所攻土耳其屢侵南境皆賴墺地利兵力退敵保疆遂挈國合於墺其地幅員倍於墺本國半山半土多惱河橫流其間山出金銀銅鑛每歲得金一千餘斤銀四萬餘斤土得穀田五萬頃草場七萬五千頃林九萬頃產五穀牲畜葡萄酒麻丹參蜜俗不剪髮編辮戴小圓帽外加闊邊帽服色尚藍與歐羅巴諸國迥異地分五部○匈牙利內分兩部曰下那盧彌曰上那盧彌會城在下那盧彌曰伯堡匈之舊都也建於多惱河濱居民四萬一千所轄曰伯息居民六萬一千牲畜互市之地也附近有補地城居民三萬四千伸匿居民一萬七千半以攻鑛爲業產銅尤多阿丁堡居民以釀酒養猪爲業每歲售猪八萬刺固城地當衙要土耳其數來攻五廟邑爲自古文儒聚會之區得伯新邑互市之地也士額丁居民三萬勤於耕作產煙草先謙案曹譯野志云匈牙利區分三部匈牙利面積二十八萬二千八百二十四方粁人口一千六百八十三萬八千二百五十五據二圖匈牙利首城曰布達佩斯卽雷之菩墜配司德樞志作布鐸披什特周志作般特丕斯脫謝志云中央曰馬加大部鄭稃馬加之首府曰布達與備斯德矢志作婆達與配司吳志作扶達與卑士講義云臨多腦河布達在右岸佩斯在左岸此地爲多腦河後路最狹處兩市以鐵索橋聯絡之甚壯麗居民五十萬五千七百餘有大學及博物館等許考云地分四大府各因其方位而名曰多腦河西曰多腦河東曰德意斯河南曰德意斯河北肥田廣漠一望無垠物產富饒寶藏極旺惟氣候潮溼瘴癘頻仍近多惱河尤甚都會曰補地亦名阿芬在多惱河西河東有城名伯息雉堞相望通以浮橋兩城合爲一城名補地伯息與徐志合據此說乃悟布達佩斯卽補地伯息也布達佩斯之東南曰士額丁卽雷之社畿丁講義士誤云多腦河支流推斯河畔人口八萬七千在推斯河中間商業之中心也布達佩斯之東曰得布勒森卽雷之蒂勃雷靜布達佩斯之西北曰普勒斯波格卽雷之潑來司堡謝志作伯勒司怕云馬加之舊都士額丁之東北曰發薩爾希立卽雷之呵爾曼鋤乏賽里士額丁之西南曰馬里亞卽雷之馬利亞善肖泡爾樋志作馬利阿鐵里士丹劂酟鄙講義云馬里亞匈名薩巴託加人口七萬三千五百餘販賣家畜甚盛

○徐又云達郎西里瓦尼亞又名七山在匈牙利之東南山嶺高際霄漢出金鐵鑛會城曰黑曼居民七萬所屬晃城居民三萬與土耳其互市極繁盛有書院肄業者一千二百人先謙案曹云達郎西里氏尼亞野志不著蓋歸入匈牙利本部計算矢津昌永高等地理言匈牙利本部係合達郎西瓦尼亞及夫美市之稱是其明證二十世紀圖謂之七山地方據二圖會城作黑曼與徐合西北匈牙利本部東南羅馬尼以達郎西里氏尼亞山爲二國界據徐志此地一名七山山南當更有七山或達郎西里瓦尼亞地名爲合二圖疏漏謝志作德蘭西斐尼亞許考作達爾馬西夫美市二圖在亞得里亞海濱喀尼鄂拉之南哥羅地亞之西南王書云本部內含薩珍溫加尼及夫美自南市

○徐又云歌羅氏西亞一作可耕在匈牙利之南七山之西會城曰亞哥郎其民勤於農作悍勇過人墺人募爲游兵能破强敵產五穀

煙草○徐又云斯加拉窩尼亞在哥羅瓦西亞之西會城曰挨塞各土俗與哥羅氏西亞同以上三部南界皆臨土耳其各練農民爲鄉勇土人來侵則合力禦之○徐又云日耳曼全國時以壘地利爲共主諸部如畿內之侯當查理第五代興虜佛王服羅馬兼荷蘭聲靈赫濯幾於霸矣惜乎力崇天主敎而仇視耶穌敎啟累代之兵端開殘殺之刼運則貽謀之不善也其後日耳曼列侯皆自王其國無復臣主之分奧地利疆土之闊雖數倍昔時而聲威則遠遜矣今西土論國勢者英利吉第一佛郎西第二俄羅斯第三奧地利第四先謙案曹譯野志云哥羅地亞及斯拉窩尼亞面積共四萬二千五百一方粁人口二百四十一萬六千三百四此二部行政與匈牙利本部徵有不同英文圖別爲一色不與匈牙利相蒙學會圖繪與奧同色非是日本人譯美國人域魯威爾遜政治汎論云匈牙利爲行地方自治分其國爲郡與自治都府及鄉村三大區域制度大略相同非如奧大利之有州也故惟哥羅地亞斯拉窩尼亞有地方議會可得以州稱之據此則匈牙利本國亦分有種種區畫據二圖哥羅地亞北士的里亞西南喀尼鄂拉東南斯窩尼亞東北匈牙利本部郎徐之哥羅瓦西亞會城亞哥郎與徐志合慕志作哥囉亞西云都城曰布大存考二圖斯拉窩尼亞東北匈牙利本部南波斯尼亞西哥羅地亞郎徐之斯加拉窩尼亞會城曰挨塞各與徐志合慕志作斯拉縛尼王書云此二州別置政府執行本州內之政務

○徐又云波的尼亞一作不尼在極西北北距多惱河草場豐廣內有山產鐵甚良居民鑄刀劍不堪土之苛政揭竿而起者屢矣牡雄

駐阺先謙案曹譯野志外有波斯尼亞及黑塞哥維那二州名義上屬土耳其實則千八百七十八年伯林條約已約定將統治權委之奧匈君主國矣波斯尼亞面積四萬千九百八方粁人口百三十一萬五千五百三十七黑塞哥維那面積九千百十九方粁人口二十一萬九千五百十一案波斯尼亞謝志作波斯那周志作籌社納許考作波斯尼黑塞哥維那謝志作侯斯各維那樋志作蔴些哥維納許考作厄爾日各味納周志作海爾起殺維納曹又云高等地理言二州面積約二萬方英里人口百五十萬塞拉熱窩爲波斯尼亞之首府摩斯塔爲黑塞哥維那之首府案二圖皆合近出土耳基志云千八百七十五年波斯尼亞及黑塞哥維那二國之民起兵叛土又云土恐奧國助俄攻己乃預與奧約若俄國勢力將伸張於巴而干土股者土必以波斯尼亞及黑塞哥維納兩地賠與奧國奧於是不爲俄助又云柏靈公會協議將保加利亞劃爲二國巴而干山北爲保加利亞小國巴而干山南爲東羅馬里亞自治國波斯尼亞及黑塞哥維納則割爲奧國據此則波斯尼亞及黑塞哥維納本係二部王志云山多樹林谿谷肥沃蓋波斯尼亞依騷河及其支流灌漑黑塞哥維那依納棱大河灌漑歲入足供地方用費奧國守備隊約萬二千人其經費歸奧政府擔任都會曰波斯拿塞來一名塞拉熱窩人口一萬又諾威巴薩府及其同名之州人口一萬五千

光石國

光石許考云在奧國西境褊小不及中國下邑其君駐節奧京於奧國亦有食邑數處彈丸小記云日耳曼之光石因奧大利曾爲日耳曼共主故云

賜進士出身　特賞內閣學士銜前國子監祭酒翰林院編修加三級臣王先謙謹撰

荷蘭國

荷蘭雷志云荷蘭今名耐達蘭因首省名荷蘭故人遂稱其國爲荷蘭講義云此國正名奈渣蘭得本國名奈鐵爾蘭得均低地之義諸國亦稱荷蘭得訓窪地又曰俄蘭得訓沼池謝志作和蘭云亦稱約薩蘭矢志云荷蘭舊名孛搭維後以低窪改今名或稱納酸倫居日耳曼大野之一部有隄坡等以阻海水之溢入其地高之中數止三十七英尺最高處七百八十七英尺全國面積有百分之二十五在海平面之下徐志荷蘭一名法蘭得斯賀蘭云歐羅巴小國也東界日耳曼南界比利時西北距大西洋海縱約六百五十里橫約三百五十里壤地褊小夷坦無山歐羅巴地形此最低陷海潮衝齧劃爲洲渚港道縱橫交貫其地沮洳卑溼而土脈最腴民習水利善築隄防開溝洫又善於操舟能行遠故歐羅巴海市之通行自荷蘭始其地古時爲土番部落種人名曰巴達卧漢時意大利擴地至佛郎西荷蘭土番悍不聽命意大利兵阻水不能進因置爲荒服不復爭後爲日耳曼之弗郎哥所據蕭齊時佛郎西取之置酋長分領其眾佛有內

亂諸酋擁地自擅分爲十七小國後有不爾痾尼亞酋長復併諸部爲一自立爲侯國北宋時海潮決隄數百里居民皆沒都城幾昭潮退之後積水匯爲巨浸曰亞爾零海經營數十年戶口繁滋商賈通行完富過於曩時明初侯查理使佛郎西圍其都城耀兵而還時荷蘭富民多恃財犯科律侯以峻法繩之刑戮過當眾怒有叛志佛蘭西乘勢伐之侯震恐納賂請盟佛兵乃還荷蘭舊分南北部侯政苛虐南部卽比利時畫疆不聽命侯與戰敗績墮溝中死正德季年西班亏王查理第五新爲日耳曼所推立詳奧地利亞圖說有大權擊佛郎西擄其王西土諸國無敢逆顏行者遂下令兼王荷蘭荷蘭不敢抗時荷蘭富甚王滅稅以悅其民而悉令入天主敎有遵耶穌敎者積薪燔之巳而查理第五令其子西班亏王非立第二兼王荷蘭禁耶穌敎尤急南部本習天主敎無梗令者而北部夙崇耶穌敎堅不肯改非立第二以峻法繩之凡戮數千人荷蘭人憤甚有阿蘭治者智勇過人眾推爲主起兵距西班亏西班亏以大眾攻之荷蘭人人死戰屢敗而氣不衰佛英嘗引兵救之巳而退去阿蘭治激其眾曰西人以我供力狙當塗肝腦決死戰幸而勝國之福也不濟則決海隄挈妻子爲波臣不死者乘舟逃萬里外誓不爲之氓眾皆曰諾遂引軍獨進與西班亏鏖戰數十年屢挫西軍西班亏遣客刺殺之其子繼統其眾雄武過父奮擊西軍大破之西班亏乃斂兵議和由是荷蘭復立爲國安富承平者二百餘年當前明中葉荷蘭航海東來至中國之東南洋據瓜哇海口卽噶羅巴迤東迤北各島國皆建設埔頭通東西七萬里之海市故國雖小而富饒甲於西土明季嘗以兵船擾閩浙墾臺灣而據之後爲鄭氏所逐小西洋各埔頭亦頗爲英佛諸國所侵削

而南洋數大島仍爲荷蘭有康熙二十七年王威廉第三有雄略英人招之渡洋奉以爲王幾霸西土嘉慶初佛王拿破侖侵伐四國兵及荷蘭荷蘭王走死荒野地歸佛國英乘荷蘭之亂奪其瓜哇埔頭拿破侖敗荷蘭復立故王之裔英乃還其埔頭先是荷蘭南部與北部相仇當北部與西班牙搆兵南部附西班牙不相助嘉慶十九年南部與荷蘭合道光十一年南部復絕荷蘭立他族爲王稱比利時國荷蘭地形平衍有水無山東偏僅有邱阜亦甚寥落北境出燕麥中國稱油麥又出胡麻形似荳風紫黑色可以搾油山西省北有之非脂麻也西北境出大麥中土出麻與顏料南境出小麥俗喜吸絲煙種煙草者多草場豐廣便於牧牛所製奶餅極佳又善造火酒二者通行各國所織羽毛緞最良中國貴之其民俗樸實耐勞節衣齊食治生最爲勤苦無游民無盜賊利之所在不遠數千萬里性喜潔房屋時時埽滌街衢有汙穢必洗刷淨盡稅餉頗重聽紳士籌辦王不得專地分十一部又云荷蘭爲歐洲澤國受水患最甚享水利亦最優剡木爲舟而通行於數萬里之外則習於水之明效也勝國末年閩浙兩洋時見侵軼嘗踞舟山舵海道頭地方向紅毛瑪頭之名燬普陀普陀巖有萬歷年閒宮塑佛像荷蘭以巨艘擄之收其寶藏而去鼓棹月港即定海縣從前灣港深通大船可直抵城下荷蘭舊時來遊奕後港漸淤淺乃移市船於海門海門又淤乃移於厦門寄迹彭湖崇禎三年荷蘭據澎湖閩撫南居益以樓船航海擊之荷蘭遁去卒乃據臺灣而有之彼時概稱爲紅毛即荷蘭也鄭成功長江之敗金厦不能守適荷蘭通事何斌負逋稅逃內地獻謀取臺灣成功悉銳渡海奪鹿耳據安平相持一年荷蘭大困成功乃縱之去由此絕意中國不敢復覬片土先是鄭芝龍以小舟焚荷蘭三艘後成功拖之於臺灣幾片帆不返又云歐洲諸國好航海立埔頭遠者或數萬里蓋以商賈爲本計得埔頭則

擅其利權荷蘭東來亞非利加印度麻喇甲蘇門荅臘巳偏設埔頭又以詭謀據噶羅巴海口建設城邑流通百貨由是迤東迤北諸島國如婆羅洲西里百摩鹿加巴布亞之類大小凡數十處有租賃其地者有侵脅得之者大約小西洋諸島國以英吉利爲主東南洋諸島國除呂宋屬西班牙餘皆以荷蘭爲主地本彈丸而圖國計於七萬里之外歷數百年無改亦可謂善於運籌者與又云閩人著臺灣外紀書雖小說事多實錄言荷蘭夾板擾閩浙鄭芝龍已受撫爲裨將奉令往勸荷蘭船堅炮猛不能勝募死士善泗者以小船堆薪澆油中藏火藥前置引綫船首施短鐵練綴利錐死士一人持斧坐船頭數人從旁乘風潮急棹傍夾船以斧釘錐於船舷然藥綫投水鳧回藥然風猛荷蘭夾板被焚三艘餘悉遁去出奇制勝理或有之講義云全國占歐洲大平原之一部低平向西北傾斜其內多海面以下之地故民多築隄防規模頗大高三十英尺厚三百五十英尺延長千五百五十英里其無隄防之處有天然砂邱以防海水侵入政府水路部常注意修理保全猶時有潰決十三世紀時潰決最甚今須德大灣須德訓大海即此時所成河出外國至此者來因爲大入國分二派南名威耳有馬斯河自比利時來合而西流入海北仍名來因近海處出支流數派些耳德河出法國西北貫流比國入國南部河口與馬斯來因連絡口列島嶼甚多土沙隨流堆積使河隆起高於平地故荷蘭又築隄防河謝志云北有大海灣日賽德因海水淹入而成村落被沒者七十二處民遭水劫者十萬人故國民專講水利海岸以大石爲隄寬七十尺時時修理先謙案賽德須德即徐之亞德零內海也謝志馬斯作末斯樋志云此國大小都府屋瓦咸用赤色亦一奇觀

立憲國

講義云行政權專屬君主由內閣大臣行使之立法權爲君主與議會所共有上下兩院上院議員五十名在地方議會選出下院議員百名有人民直接選舉今王爲維爾赫爾米拉女王謝志云千八百四十八年以來定爲君民共主立憲政體立法權在國會上院議員由納稅高額之民選舉共三十九人下院議員以投票法選舉共八十六人

面積萬二千七百四十英方里

謝志云在北緯五十度四十六分至五十三度三十四分東經三度二十二分至七度十四分長七百里廣四百三十里面積十二萬七千方里

千八白九十七年有居民五百萬四千二百

講義云普通教育皆普及千八百六十九年徵兵及年者不知文字之人百人中不過二人中學校高等學校各種專門學校甚多有商船學校十一處大學四處學生數三千餘

全國面積百分之二十八爲耕種地百分之三十四爲牧場百分之七爲樹林

講義云農業之重者爲麥類甘蔗等產業雖以農爲主其宜者不過十分有四但國民勤勉排去沼澤之水又壅塞海面以成肥沃此等新地稱波爾達圍以隄防防外水之侵入內水則用風車水車及蒸滊機械以唧筒排出之名波爾達中以壅塞哈爾麥爾海之功爲最大得新耕地七十萬英方里近時須德海壅塞之策若得成功則國之面積可加十分之一云矢志云牛之運往英國者歲不十五萬頭謝志云全國產大麥小麥蕎麥荷蘭薯煙麻等然不足供本國日用凡下隰汙地皆設法洩水故草野廣闊牧牛羊甚多產牛酪乳油乳餅爲數甚夥

多售諸英國民精園圃之藝栽培花卉巧奪天工尤以山茨姑及風信花爲最著菜蔬廣植果品有梨蘋果櫻桃等水田多蛙鴉鳥最繁

漁業以青魚牡蠣爲大宗

謝志云漁業甚繁以青魚一項爲最西人稱爲荷蘭之金鑛歲值可六百萬圓講義云從事漁業者凡萬九千人獲鯡鱈等類甚多水產價額凡值五百六十餘萬基爾達一基爾達合日本八十錢

製造漸盛惟產煤鐵甚微

謝志云製棉布麻布頗有名甎紙煙粗蓺燒酒等類亦盛與盛造船業昔日極旺船廠有六百五十所講義云以人口比之則棉布輸入之數亞於英國而爲世界冠

入口貨值一億三千四百萬磅出口貨值一億百二萬五千磅

講義云十七世紀西葡國勢漸低荷蘭起而代之爲世界第一商業國迨後諸國隆興運漕業漸衰爲英國等所奪今采自由貿易主義關稅甚低廉千八百九十九年貿易額約值二十五億基爾達

與德英比貿易

謝志云出口貨牛羊乳油乳餅爲大宗入口貨英國之棉花絨貨東方之加非香料爲大宗貿易總額歲可二十一萬萬圓政要云通用之銀錢曰結利特又曰福鹿林每一結利特爲一喜林八本士之數合十二結利特爲英金一磅稱量之制與法國同

全國有鐵路千六百九十九英里

講義云千八百九十九年長千七百二十五英里官設私設各居其半電信綫路之長爲國有者三千六百八十九英里綫條萬三千五百十一英里外有私設綫電若干里謝志云全國鐵路五千里電綫官設者四萬里

運河千九百七英里商船六百十二謝志

云巾商業第一今亦止次英國而已舟楫之數自古已多國內大河二運河無數皆便舟楫冬令處處凝冰或乘冰車或履冰鞋疾行如飛千八百九十七年入款千百六十萬五千七百磅國債九千六百七十七萬九千一百磅謝志云全國歲入約一萬一千萬圓公債約九萬萬圓常備軍二萬九千八百五人講義云陸軍甚微然戰時破壞隄防使汎濫國內以防敵人侵入甚爲便利前與西班牙戰卽用此法陸軍及徵兵及志願兵編成兵役年限名爲五年其實服役一年之後卽可歸休後四年每年訓練六周平時之兵員二萬五千餘戰時則出兵六萬八千戰艦百四十一內鐵甲二十九講義云防禦本國沿岸水路與保護東印度領地之海軍三千噸以上之戰艦不過十二隻外有水雷艇及諸小艦海軍雖微弱而其實力頗強俺斯特坦熱度中數五十度正月三十五度七月六十六度雨水二十八英寸人五十萬三千二百八十五口勞德坦人二十九萬八千四百三十三口漢葛人十九萬六千三百二十五口阿脫來脫人九萬八千四百三十四口各盧凝認人六萬三千八百六十三口哈來摩人六萬二千六十六口恩海人五萬五千

二百四十八口雷嗔人五萬八千七百三口徐又云北荷蘭西距大西洋海東環亞爾零內海都城曰亞摩斯德爾登一作俺莫士特爾坦又作安特隄建於義河之濱架木水中上起樓閣以河道爲街衢居民二十萬貿易之盛爲歐土大都會又有別都曰合其在海濱國王所居殿庭制頗卑狹而民居極整潔來丁烏特兩城有大書院文儒所萃先謙案曹典球譯伊東祜穀世界年鑑云北荷蘭州面積千一百六十六方英里人口百十九萬四千四百六十三列國學會二圖北荷蘭與伊徐同東須德海西北北海南南荷蘭都城曰亞摩斯德爾登與徐合卽雷之俺斯特坦與徐一作合周志作亞摩斯德滕辻志作亞母斯特兒達母謝志云西方濱海三州之一講義云立來因河支流阿衣河口九十島嶼之上人口四十九萬國王例於此府舉行卽位式常時住海牙此府與北海之間通以運河凡二時可到謝志作安斯德旦云建於九十小島之上橋梁三百跨之屋宇之基乃以木樁插入地中工藝興盛尤以刮磨金剛石著名稱全國第一都會許考云分作九十渚島建二百八十橋以連續之王書云有北方威內薩之稱矢志作安特隄英志作安特岱安斯德坦之南少西曰烏特烏特之西少北臨海曰來丁並與徐合卽雷之雷嗔講義云來丁在古來因河畔距河口六英里千五百七十六年鄂蘭吉設立大學於此其博物館以富於博物學之標本有名人口五萬三千慕志作來甸云書院制度瓌瑋凡名儒碩彥萃於此蓋人文之藪也來丁之北少東曰哈連姆講義云在亞摩斯德爾登之西人口六萬以製麻有名此府亦有宏大之花園供給飾花曹云哈連姆卽雷之哈來摩哈連姆之直北曰赫爾德王書云人口三萬在北荷蘭運河之北端有堅固炮臺

○徐又云南荷蘭在北荷蘭之南西面大海南界內港隔斷成兩洲會城曰海牙所屬鹿特隄城內通舟楫般商所萃街市華潔先謙案曹譯年鑑云南荷蘭州面積千七十方英里人口百萬一千七百九十九二圖與伊徐同北北荷蘭東烏德勒支西北海南北巴拉班的會城曰海牙與徐合卽雷之漢葛講義云海牙在本國名廷哈佛正名曰斯格拉文海基伯藩之義也前爲荷蘭伯田獵之地故有此名在南荷蘭州西北部距北海岸四英里王宮及中央政府在焉雖稱爲首府而工商業無可見者其繁盛遠在亞摩斯德爾登之下人口十九萬許考作海辣樋志作黑克慕志作海革謝志作亥革云距北海六里街市廣闊清雅宮室壯麗河道縱橫橋梁密織有大書院藏書樓貯二十萬卷又有古王宮古禮拜堂所製造者多印書鑄砲銅鉛諸器居民十七萬附近有代爾夫德城以陶器著名案二圖代爾夫德作德佛特在海牙東南又東南有鹿特隄卽徐之鹿特隄也講義云鹿特隄在來因河下流勞特河買土河合流處人口二十八萬六千國內第二要都世界各殖民地之貨物集散於此名人耶拉斯母斯生於此地謝志作勒德旦云第二大城居民三十二萬在安斯德旦西南百三十里醽鶇城內河渠縱橫貿易特盛有博物院動物囿工業以造船蒸酒提糖製煙爲要樞志作羅德爾登吳志作鹿特岱門志作魯推特姆辻志作盧特兒達母

○徐又云斯蘭德亞在南荷蘭之南西面大海內港縱橫界隔成六洲會城曰米德爾不爾厄先謙案曹譯年鑑云斯蘭德州面積

六百九十方英里人口二十一萬九千八百三十二二圖斯蘭德與伊同卽徐之斯蘭德亞東北巴拉班的東南比國北南荷蘭西北北海謝志作西和蘭云西方濱海三州之一慕志作西蘭云有東西些耳德二河入海王書云維里心根人口一萬三千在西些耳德河口爲渡英吉利要津

○徐又云北巴拉班的在斯蘭德亞之東幅員頗廣南與比利時接壤會城曰不亞勒獨各先謙案曹譯年鑑云北巴拉班的州面積千九百八十方英里人口五十六萬六千五百五十一二圖北巴拉班的與伊徐同北烏勒德支南比國西斯蘭德東靈不爾厄謝志作北巴拉班云東方五州之一慕志作北巴啦班

○徐又云烏德勒支在兩荷蘭之東會城同部名先謙案曹譯年鑑云烏德勒支州面積五百三十四方英里人口二十五萬九千八百三十四二圖烏德勒支與伊徐同北須德海南北巴拉班的東給爾德蘭西南荷蘭謝志作烏特立云北中央一州講義云會城在來因河支流古來因河畔人口九萬六千十八世紀中葉西班王繼承戰爭告終以此爲訂約要地曹云卽雷之阿脫來脫

○徐又云給爾德勒在烏支德勒與上異蓋譌之東北西界亞爾零內海東界日耳曼會城曰亞爾凝先謙案曹譯年鑑云給爾德蘭州面積千九百六十五方英里人口五十八萬六百九十一二圖給爾德蘭與伊同卽徐之給爾德勒北痾威爾義塞爾南靈不爾厄西烏德勒支東德國謝志作給德蘭云東方五州之二

○徐又云德倫得在給爾德勒之北西界內海東界日耳曼會城日亞森先謙案曹譯年鑑云德倫得州面積千三十英方里人口十五萬三千二百八十一二圖德倫得與伊徐同北哥羅凝加非里薩南痾威爾美塞爾西須德海東德國謝志作德倫云東方五州之三

○徐又云痾威爾義塞耳在德倫得之北東界日耳曼會城日索爾先謙案曹譯年鑑云痾威爾義塞耳州面積千二百九十一方英里人口三十四萬三千九百二十四二圖痾威爾義塞爾與伊徐同耳作爾北德倫得南給爾德蘭西須德海東德國謝志作阿威立塞云東方五州之四慕志作痾威立塞

○徐又云非里薩在痾威爾義塞耳之西三面距內海會城曰留瓦爾敦先謙案曹譯年鑑云非里薩州面積千二百八十二方英里人口三十四萬五千四二圖非里薩與伊徐同北北海東哥羅凝加南德倫得西須德海謝志作斐里斯蘭云北方二州之一

○徐又云哥羅凝加在痾威爾義塞耳之北爲荷蘭極北境東界日耳曼會城同部名先謙案曹譯年鑑云哥羅尼亞州面積七百九十方英里人口三十萬五千七百八十一二圖哥羅尼亞與伊同即徐之哥羅凝加雷之各盧凝認東德國北北海西非里薩南德倫得會城同州名謝志作哥羅凝俺云北方二州之二慕志作哥羅凝俺

○徐又云靈不爾厄在北巴拉班的之東南隅與日耳曼接壤會城曰賣士的里亞先謙案曹譯年鑑云靈不爾厄州面積八百五

十方英里人口二十九萬二千七十二二圖靈不爾厄與伊徐同東德國西北巴拉班的及比國南比國北給爾德蘭謝志作靈堡云東方五州之五許考作荷屬靈蒲爾西北隅有亞爾凝曹云即雷之恩海案諸志不載

○徐又云十一部之外別一部曰盧森不爾厄在日耳曼界內長二百五十里廣二百里會城同部名戶口二十九萬入日耳曼公會應出兵二千五百五十先謙案盧森不爾厄附比利時後

比利時國

比利時徐志比利時（比勒治爾百齡惟理儀密爾閒北義彌爾尼土北爾比日利加閒比）云歐羅巴小國也北界荷蘭西北距大西洋海西南及正南俱界佛郎西東接普魯士西部縱約五百里橫約三百里古時本荷蘭南部荷蘭多水而比利時多平陸明初荷蘭王查理好用兵徵調煩苦比利時不聽命查理引兵突入其境掩殺八百人比利時結大隊復仇查理敗死後西班牙非立第二兼王荷蘭兩部荷蘭人阿蘭治起兵拒戰相持數十年比利時隸西班牙未敢貳康熙五十三年西班牙以比利時歸墺地利亞由是爲墺藩屬者七十餘年嘉慶初佛國王拿破侖兼併諸國比利時次滅荷蘭拿破侖敗荷蘭再立國嘉慶十九年比利時復與荷蘭合先是荷蘭崇耶穌教因此與西班牙搆兵數十年卒獲勝復國而比利時毘近佛郎西顧獨從佛俗尙天主教又夙隸西班牙墺地利皆天主教國既與荷蘭合不肯從荷俗兩部之民不相能時時搆衅而荷蘭以比利時夙附仇國不與恢復之師素薄其人不令居顯秩又不肯收教其幼學比利時人積不能平道光十一年逐荷蘭守土吏荷蘭代之比利時諸部合兵拒戰相持數月伏屍徧野佛舉兵助比荷蘭乃退比利時人遂招日耳曼之薩克撒各不爾厄小侯留波爾多來國奉以爲王自立爲國比利時境內大河有二曰義斯加爾達日米千塞下游皆在荷蘭境貨船由此出運既絕荷蘭荷蘭遏其港口使不得通乃造鐵轆轤路以火輪車由陸轉運以達於海比利時平原坦闊南界僅見岡陵氣候溫平土膏腴潤宜穀果煙葉多草場便牧畜兼產煤鐵地分九部又云比利時於國初時曾來粵貿易絕迹多年佛蘭西其姻鄰也近復爲之代請通市朝議許之謝志云比利時一曰自耳義當北洋四十九度三十分至五十一度三十分東經三度二十二分至七度十四分長七百里廣三百九十里王韜戰紀云千八百三十一年十一月十五日英俄奧法普五國同立一約共保比國不得爲它國所侵陵此約立於英京約中第二十五款曾言及此矢志作比利士孫志作彌尼亞士

雷志云立憲國謝志云千八百三十一年始離和蘭而獨立刱定憲法爲君民共主政體王位世及嫡長立法權在王與國會國會上下二院議員俱由人民公舉下院百三十八人上院員額居其半行政權內閣七省主之

北部在日耳曼大野惟沿苗士河之亞丁耐士山高二千二百英尺謝志云地形三角而多平坦惟東南方邱陵起伏森林廣大河流由此向西北入海其最大者自東來之末斯河西方之司開德河也末斯河出法國經比荷二國而注於來因河口長千六百里司開德河亦出法國北流經安兒伯城入北海長七百四十里

且運河甚多故全國交通便利海岸多沙邱潮汐不停入內地海岸綫長百二十里講義云在國之東南部有亞類斯高原連普國來因河之高地其間有在海面三千尺以上者從此至西北漸次低下故河向北流低部即歐洲大平原之一部處處在海面以下海岸高四五十尺有沙丘可遮海波河無發源國內者以米茲河些耳特河爲大米茲河出法國蘭姑爾高原入比國走東南高地百英里入荷國爲賣士河些耳得河出法國北部入比國流西北平地合各支流入荷國苗士郎末斯米茲矢志作彌烏斯迁志作麻斯吳志作馬士周志作眸斯樋志作苗斯阿開德郎些耳得矢志作斯開爾迁志作謝爾得吳志作西克爾多周志作袁爾特樋志作士刻耳德又云通國無可稱之山岳東南部稍見岡陵起伏亞丁耐士蓋郎亞類斯也

面積萬一千三百七十英方里謝志云面積十一萬方里政要云幅員萬一千二百六十七方英里

千八百九十七年人六百五十八萬六千五百九十三口講義云千八百九十年有六百七十四萬四千五百三十二人計一方英里人五百九十二口歐洲中人最密之國也每歲增百分之一有大學四又有各專門學校

全國面積百分之四十一爲耕種地百分之三十六爲牧場百分之十七爲樹林謝志云土窄人稠農田所入不足供民食故於耕植一事加意講求民四分之一務農耕者男女參半雀麥植地最廣此外薯煙麻胡蘿蔔爲多牧畜稍遜荷蘭而牛馬羊豚爲數尙多馬尤調良國之東南多森林薛記云亞洲北近冰海地有使犬

使鹿之邦比國人常驅三犬拉一車或駕一犬於小車下使挽車一人在後推之亦使犬意與馬有重至千五百斤者高大倍於常馬惟比國有之售與各國爲種高者可驚至一萬數千佛郎各埠購得與牝馬交所生子皆肥碩而膔色弗如三傳之後則復其常相矣故各國必來購種大抵用之耕田者爲多

礦產歲出煤二千一百萬噸鐵塊九十四萬八千噸餘爲鉡銀等謝志云鑛產爲比國第一財源出煤之鑛占全國二十分之一歲產額二千萬噸特掘煤爲業者十一萬人煤質堅良可製煤氣總數約四分之一運往法國鐵之產額亦八十萬噸鉛白鉛石料等皆產之**各種製造極盛**謝志云工業以製麻布爲首歲輸出值額可六千萬圓次則棉布羊毛所織之絨氈亦與英法爭衡計織工總數不下二十五萬其中伯呂色勒之花邊世無其匹次爲鐵業皆用汽機製造大砲路軌鋼刀鐵板鐵釘歲額可值一萬六千萬圓工人五六萬名餘若製造玻璃紙張陶器皮革糖鹽甎瓦酒絲帶等皆有名

入口貨值七千三十三萬五千磅出口貨值五千八百九十六萬磅與法德英貿易謝志云比國海洋綫雖短而內河交通水利極便道途齊整往來無阻入口貨以羊毛棉花金類加非爲大宗出口貨以紬緞玻璃麻鐵爲大宗政要云通用之銀錢曰福蘭格匯票銀行定章以二十五福蘭格可換銀一磅是平時價值也稱物之秤曰結羅格蘭又曰黎佛耳照英秤二磅二十分噸曰呑拏計二千二百磅比英噸少四十磅量地之碼曰赫得照英地二畝零四十七分量米麥之具曰赫得來

特照英官斛約二斛七分五量酒油之具亦曰赫得來特照英國官加隆有二十二加隆之數量長短之尺曰米特照英尺三尺二分八量長闊厚三面之尺曰立方米特照英尺三十五尺三分一計里之稱曰結羅米特每一結羅米特爲英步一千九十三步每步三尺約半英里有奇中國爲一里半有奇

鐵路二千八百五十一英里謝志云鐵路共長八千五百里電綫共長八萬里**商船六十一入款千七百四十萬一千五百磅千八百九十八年國債一億二百六十六萬四千磅**謝志云全國歲入一萬四千萬圓公債八萬八千萬圓商務總額可二十萬萬圓**兵額平時五萬一千人戰時十三萬九千人成兵九萬人**謝志云軍制國民十九歲以上有從軍之責以八年爲限平時兵額五萬人馬七千匹戰時可至十七萬人馬萬四千匹歲費二千萬圓

布路塞熱度中數五十度正月三十六度七月六十五度雨水二十九英寸及其四郊人五十五萬一千一十口　恩丸潑人二十七萬千二百八十四口　里治人十六萬七千三百五口　根德人十六萬千一百二十五口　梅克靈人五萬四千八百四十八口　佛惟爾斯人五萬二千七百二十六口

布路支斯人五萬九百九十口徐又云南巴拉班的在八部適中之地都城曰不魯捨拉斯作一木蘭洛士爾（又作北律悉）士建於塞內河濱宮廷高大潔而不華其民工於紡績所織呢布皆精良城內外多植嘉樹爲園囿供士民遊賞先謙案曹典球譯伊東祐穀世界年鑑云南巴拉班的州面積千二百六十八方英里人口百二十六萬三千五百三十五謝志作南巴達班云在司開德河流域列國學會二圖與伊徐同東北靈不爾厄西北東發蘭德斯南那慕爾都城不魯捨拉郎徐之不魯捨拉斯雷之布路塞矢志作孛拉塞爾迂志作伯喇斯吳志作布蘭設爾周志作布魯色勒樋志作勃勒悉耳斯許考作蒲魯塞勒謝志作伯呂色勒云在國中央有新舊二城舊城街市窄小多曲折其市會廳頗宏麗新城夙稱美觀多公園大場有博物院藏書樓大學校俗呼爲小巴利製造花邊細麻布絲帶紙張貿易興盛居民四十八萬距伯呂色勒二十七里有大戰場曰瓦德魯法主拿破侖戰敗於此講義云不魯捨拉又名不柳塞爾臨宣尼河人口五十七萬餘府分平原與上下山側與下町二處下町爲舊市有哥司式之建築甚壯麗府南十英里有古戰場曰俄達羅俄達羅郎瓦達魯也矢志作華人貝落其北有摩里內斯講義云一名梅克靈人口五萬五千餘舊教之本山大僧正居此其東有盧汶一名羅文講義云人口四萬二千餘昔時爲商業中心今已衰矣

○徐又云安都厄爾比亞在南巴拉班的之北壤接荷蘭會城同部名向爲水運大埔頭近年港口爲荷蘭所封舟楫不行先謙案曹譯年鑑云安都厄爾比亞州面積千九十三方英里人口八十一萬九千百五十九二圖與伊徐同北荷國東南靈不爾厄南東

發蘭德斯會城同州名曹云郎雷之恩丸潑許考作安物爾樋志作安都維爾比周志作痕得畏拍吳志作安比若士迂志作安得臥兒浦謝志作安兒伯云在司開德河流域爲比國第一大城在伯呂色勒北七十里十六世紀時富庶冠歐洲距海百五十里四周砲臺鞏固有大禮拜堂其塔頂高四百三尺大畫院內藏名畫無算人民二十四萬講義云又名安徽爾人口二十八萬二千餘近些爾德河海口貿易最盛稱爲歐洲大陸之麗佛普爾每年入港之船舶至四百萬噸

○徐又云東發蘭德斯在南巴拉班的之西會城曰干的織工所聚呢布由此出運先謙案曹譯年鑑云東發蘭德州面積千一百五十八方英里人口百二萬九千九百七十一謝志作東弗蘭特司云在司開德河流域二圖與伊徐同北荷蘭東安都厄爾比亞及南巴拉班的西西發蘭德斯南海腦得會城干的與徐合講義云又名干在州中立士河入些耳德處郎雷之根的爲國中第一工業地棉布紡績業甚盛周志作額恨得樋志作古特許考作干德慕志作根式

○徐又云西發蘭德斯在東發蘭德斯之西西距大海南界佛蘭西會城曰不魯日係水運海口先謙案曹譯年鑑云西發蘭德州面積千二百四十九方英里人口八十萬五千二百三十六謝志作西弗蘭特司云在司開德河流域二圖與伊徐同西北界海南法國東東發蘭德斯會城不魯日與徐向郎雷之布路支斯樋志作勃魯治斯慕志作布路遮斯講義云在州北部人口五萬三千十三世紀時爲酣札同盟市之一人口二十萬安都厄爾比亞與起以後漸次衰頹其西有俄斯坦德（列國圖與講義合學會圖世誤恆）講義云在

北海岸爲渡英國之要津

○徐又云海腦德在南巴拉班的之西南與佛蘭西接壤會城曰蒙肆係內地埔頭先謙案曹譯年鑑云海腦得州面積千四百三十七方英里人口百十四萬二千九百五十四謝志作海腦云兼在司開德末斯二河流域二圖與年鑑同卽徐之海腦德西南法國北東發蘭德斯東南巴拉班的那慕爾會城蒙肆在部南與徐合慕志作蒙斯

○徐又云那慕爾在海腦德之東南界佛郎西會城同部名曹譯年鑑云那慕爾州面積千四百四十一方英里人口三十四萬六千五百十二謝志云那慕爾在末斯河流域二圖與伊徐同北南巴拉班的東盧森不爾厄西南法國會城同部名在部南與徐合講義云那慕爾亦要害之地玻璃及刃物產馬周志作納眎亞

○徐又云列日在那慕爾之東與日耳曼接壤會城同部名先謙案曹譯年鑑云列日州面積千一百十七英方里人口八十二萬六千百七十五謝志云列日在末斯河流域二圖與伊徐同東德國北荷國及靈不爾厄西南巴拉班的南那慕爾盧森不爾厄會城在部中央與徐合卽雷之里治周志作利基講義云建米茲河之兩岸人口十七萬餘市傍石炭甚多市中製造鐵器兵器甚盛有比利時北明翰之稱會城南有色來尼格講義云色來人口二萬九千餘有大鐵工場其東有隈威爾斯卽雷之佛惟爾斯講義作威畏爾斯云人口五萬二千餘係近世所興起以製造羅紗名除供給陸軍被服外且多輸出

○徐又云靈不爾厄在列日之北東界普魯士北界荷蘭會城曰貢士的里至此與荷蘭之靈不爾厄相連會城鎮稍同蓋一城分爲兩地也先謙案曹譯年鑑云靈不爾厄州面積九百三十一方英里人口二十四萬七百九十六許考作比屬靈蒲爾謝志作林堡云兼在司開德末斯二河流域二圖與伊徐同東北荷國西北安都厄爾比亞南列日會城貢爾的里至在部東與徐合慕志作黑失

○徐又云盧森不爾厄在列日之南東界普魯士南界佛郎西會城曰亞爾倫此與荷蘭所轄之盧森不爾厄同名而鎮城名不同蓋地界亦相近也先謙案曹譯年鑑云盧森不爾厄州面積千七百六方英里人口二十一萬九千二百一十許考作比屬盧森蒲爾云蓋西北部仍服比王而東南一帶今已自立爲國謝志作勒克澤堡云在末斯河流域二圖與伊徐同東盧森不爾厄國西南法國北列日那慕爾會城亞爾倫在部東與徐合慕志作亞靈

拉克塞摩堡國 附

拉克塞摩堡雷云上公國面積九百九十九英方里人二十七萬七千五百八十三口千八百六十六年附入德國聯邦並入德國商務同盟會自注商務同盟會者德國聯邦互相約結各用公定畫一之稅則抽稅也先謙案卽盧森不爾厄也講義云盧森不爾厄介比德法三國間爲獨立大侯國面積九百九十八英方里千八百九十五年人二十一萬七千五百八十三口此國千八百十五年至千八百六十六年曾入德國聯邦千八百六十七年以倫敦條約宣言爲中立地產業以采礦冶金爲主鐵尤多首府盧森不爾厄在國南部人口凡三萬鐵道長二百十四英里電信綫路五百九十六英里綫條千百八十七英里商業上加入德國之關稅同盟政治有代議院議員四十五人輔相侯吳志作若克孫布哥大公國樋志作盧森堡公國云普國來因普魯州之西南今大半入比國版圖惟盧森堡府與其四周地爲中立自由之都市

瑞典國

瑞典徐志瑞國古瑞典西費耶斯科蘇以天瑞丁里都瑞西亞亞尼亞綏林匪烏訥爾作一諾作諾魯波斯亞藍磧云歐羅巴極西北境舊分瑞典挪耳瓦二國今併爲一國東南距波羅的海西北距大西洋海南北三千餘里東西約一千餘里地形如葵扇下垂中有連山脊起[illegible]國在山之東西則挪瓦耳故地也地極廣莫而荒寒特甚土磽瘠故民食鮮薄戶口稀蔬古時爲野番部落兩漢時流入日[illegible]界內散處各國趙宋初有大酋厄里哥招集部人建造城邑爲瑞典立國之始時挪耳瓦亦推大酋合羅爾德爲王數傳後[illegible]瓦爲嚏國所兼弁明洪武年間嚏王后馬里加爾達有權略[illegible]招瑞民隸爲一國再傳至后孫殘忍好殺瑞民多怨畔瑞有[illegible]日撒瓦一作古斯迪瓦英果不羣隱圖恢復嚏人繫之獄易服逃回[illegible]嚏使吏逐捕撒瓦走北地匿僧舍乃免因涕泣募土人誓以[illegible]復仇引兵伐嚏累戰皆捷故土全復嘉靖二年撒瓦卽王位[illegible]並行瑞國大治土卒世子嗣位荒淫無政爲國人所因仰藥死

萬歷三十八年王俄世答嗣位時日耳曼王卽奧地利尙天主教[illegible]遵耶穌教者咸被攻伐瑞素崇耶穌教王救諸國之同教者師伐日耳曼中砲殞於陣其大將卒戰勝乃班師後有女主基[illegible]的那癖好文學厭苦兵事遜位於外戚加爾祿斯之羅馬游不復反加爾祿斯以康熙三十八年嗣位第十二一作查理年十八血[illegible]剛銳於戰伐以兵侵波蘭割其境土之半波蘭大尼卽嚏國崴[illegible]連兵來伐王擊敗之威聲一震時後再攻波蘭之烏哥來納全軍盡覆親赴土耳其求援五年不得請乃歸復引兵攻挪耳[illegible]非德黎沙爾戰死城下峩羅斯因以大衆麼之嗣王累戰皆北東境之芬蘭以講峩兵乃罷當峩兵之方急也諸酋各懷去[illegible]專擅自恣王銜之事定之後王與諸大部聯盟將討諸酋之[illegible]者諸酋懼謀弑王禮拜日伏客以火槍擊殺之王子嗣位性急好用兵師屢撓敗括餉愈急國人噪變逐王嘉慶十四年國加爾祿斯攝王位其養子伯爾拿多的佛郎西人曾爲大將智過人攝王委以政柄修武備結會盟用兵謀定而後戰所向克捷王因傳以位亦更名加爾祿斯郎今在位之王也西境之挪威本屬嚏國嘉慶二十年各國公使會議維也納以瑞地之附於嚏者歸嚏而以挪耳氏歸瑞慕志作瑞顛謝志云與挪威同[illegible]千地那維亞土股在北緯五十五度二十分至七十一度十分東經五度至三十一度北界北冰洋東界俄國之拉伯蘭兼波德尼亞海股與保勒第海隔二海岔與丹國相望

雷志云立憲國謝志云國會上下院議員皆由民公舉百四十二員下院三百十四員行政權國王司之內閣八部[illegible]承行之王位世及許考云國制君民參治國王下設議政院[illegible]

稅頒律之權議政大員以貴官及教師爲之紳士平民亦預選有宰臣二一理本國事一理外國事部臣八曰外務曹曰吏曹曰水師曹曰戶曹曰教務曹曰陸軍曹曰刑曹曰農務曹外知府二十四分理民事贊助國政

居司堪蒂那維亞半島之東半部案即司千地那維亞矢志作司肯笛乃文樋志作斯千的挪氐吳志作士甘加比阿講義作司根底那毗亞辻志作斯看的那非亞周志作斯根騰諾維亞國內平原爲多惟與腦威交界之處始有邐迤不絕之山內開勃耐開司山高六千八百九十英尺謝志云中央自極北之北角至極南那色角有一帶山曰基額倫山爲二國分界最高峯曰嘎特阿必克高八千五百英尺頂永積雪有冰川自巔下移山東坡爲瑞典地幅員較廣勢稍斜至波德尼亞海股及保勒第海間有平地南方愈廣大西坡爲挪威地甚窄湖河衆多謝志云江河頗多內皆有灘不便利涉南方二大湖曰偉納歐洲第三大湖長二百七十里廣五十里高度百四十七尺由各大運河名運河水入保勒第海曰偉德在偉納湖東南七十里長三百里廣三十里水由麻塔拉河入保勒第海餘小湖尚多俱有風景樋志云南端與蘇格蘭同緯度然寒氣加厲北方自九月至次年六月之交皆爲冰雪所覆湖河凝結如小麥在斯德哥爾摩以北之地不能生長王志云入波的尼亞灣之水有名者如多爾尼亞河魯勒河碧的河烏彌亞河達耳厄爾夫河入喀德加特峽者有歌德河中羅耳哈得瀑布高百餘丈開運河以避之其全面積百分之四十四爲樹林所

占面積十七萬三千九百七十英方里講義云面積十七萬二千八百七十六方英里辻志云面積一百　四萬四千方里千八百九十七年人五百萬九千六百三十二口謝志云極北拉伯蘭人約二萬爲蒙古利亞族身體短小四肢粗壯恃漁獵爲生畜麋鹿成羣講義拉伯蘭作拉不蘭達有強迫入學之制謝志云教育強迫普及不就學者有刑小學萬二千所大學三全國百分之八爲耕種地矢志云平沃之地爲海氣所融氣候溫煖故至北緯纔七十度下皆可耕作產有各種麥類煙麻亦盛百分之四爲草地百分之四十四爲樹林歲出鐵二百萬噸煤二十二萬六千噸講義云石炭雖不少但采掘未盛又有鋅銅鉛等民亦從事漁業鐵路六千三百五十英里許考云鐵路長萬六千里電綫長三萬七千里講義云電信綫路長八千五百九十六英里綫條長二萬六千二十六英里鐵道大抵在國南部北部惟自斯德哥爾摩至基力氐拉蔴路鐵一綫而已此綫爲世界最北之鐵道千八百九十七年有商船二千七百六十九入口貨值千九百五十一萬五千磅出口貨值千七百六十萬磅木料居百分之三十三多與英德貿易講義云出入額合計七億六千六百五十二萬餘庫羅尼一庫羅尼合日本五十六錢輸出品

以材木家畜鐵爲主輸入品以織物石炭爲主入款六百八十五萬五千一百磅國債千五百九十七萬一千磅謝志云瑞典歲入可五千七百萬圓公債一萬六千萬圓常備軍三萬九千百二十一人民兵四十五萬人戰艦七十內鐵甲十八謝志云瑞典軍制用召募法平時兵額三萬八千人馬七千匹歲費千八百萬圓海軍艦三十七艘水雷船十七艘水師四千人歲費七百七十萬圓講義云千八百九十年海軍擴張有甲裝海防艦二十三外有新造諸艦未成司托克呵爾晤斯熱度中數四十五度正月二十五度七月六十二度雨水十六英寸人二十八萬八千六百二口　古德堡人十二萬五百五十二口　麥摩人五萬五千五百口以上要區徐又云瑞典本國氣候極寒迤北沙磧低窪皆不毛之土南界土稍沃而濱海多淖泥農作甚艱恆苦乏食富者啗餅薯貧者屑樹皮雜醃魚噉之所產者木料銅鐵舉國以此爲生計亦產銀鉛礬磺獸皮境內小河甚多皆自西而東入波羅的海其流湍急而短舊分四大部建都之部曰綏林波羅都城曰斯德哥爾摩一作士宊講建於美拉爾湖濱廟堂華炫樓閣重疊外通海口爲通國之大埔頭南曰曷蘭三面界海北曰那蘭再北曰臘巴蘭一作必蘭勒後又分爲二十四部曰斯德哥爾摩先謙案曹典球譯野口保與內外地誌云斯德哥爾摩面積七千八百十二方粁人

口十九萬二千三百二十九又斯德哥爾摩市面積三十三方粁人口三十二萬四千四百八十八列國學會二圖斯德哥爾摩與野徐同東南波羅的海西北烏布薩拉會城同部名即雷之司託呵爾晤斯講義云國王駐焉又云斯德哥爾摩人口二十九萬五千七百八十九城濱波羅的海建民蘭爾湖之海口九島嶼之上建築甚美巨陵起伏海水縈曲此府之風景也有北方威內薩之稱謝志作斯德賀倫云都城建美拉湖濱直達保勒第海北跨九島橋梁高大兼多渡船島上林木陰翳山石巉巖城中心爲城島王宮貴邸在焉公議院衙署等多在爵島那曼島上則有格致大學博物院美術學校公園等城中製造鐵器蔗糖紙煙綢緞麻布出口貨多鋼鐵粗麥柏油其港口每年有三四月爲水所封周志作斯篤克化姆矢志作斯託夸姆吳志作士多庫痕○徐又云曰烏布薩拉先謙案曹譯野志云烏布薩拉面積五千三百十三方粁人口十二萬五千六百一十二圖烏布薩拉與野雷徐同東南斯德哥爾摩西威斯德瑞蘭北波羅的海南尼哥兵會城同部名講義云烏布薩拉布人口二萬二千七百有大學枷建於十五世紀時著名之大植物學家林尼烏斯嘗敎授此處謝志作烏破撒云在京城西北六十里爲古代京都有大書院學生二千人藏書二十五萬卷城中禮拜堂爲全國之冠城北有大鐵鑛矢志作曷潑散拉○徐又云曰威士德來斯先謙案曹譯野志云威斯德瑞蘭面積六千七百四十方粁人口十四萬九千五十案郎徐之威士德來斯二圖威斯德瑞蘭與野同會城與徐同士作斯東烏布薩拉西疴勒波羅南尼哥兵北曰非勒波爾

○徐又云曰尼哥兵先謙案曹譯野志云塞德爾瑞蘭面積六千
八百一十方粁人口十六萬九千五百七十六郎徐之尼哥兵二
圖尼哥兵與徐同西痾勒波羅東波羅的海北威斯德瑞蘭南靈
哥兵會城同部名其南有諾爾哥兵講義云人口二萬九千六百
五十四在波羅的海沿岸為斯根底那毗亞之曼徹斯
德有急流走貫其府資水力以營製造棉絲羊毛之業
○徐又云曰痾勒波羅先謙案曹譯野志云痾勒波羅面積九千
百二十四方粁人口二十萬八十七二圖痾勒波羅與徐同東威
斯德瑞蘭尼哥兵西加爾羅斯達北科巴
波格南靈哥兵斯加拉波爾會城同部名
○徐又云曰加爾羅斯達先謙案曹譯野志云維爾木蘭面積萬
九千三百二十四方粁人口二十五萬五千百四十二郎徐之加
爾羅斯達二圖加爾羅斯達與徐同東痾勒波羅西
那威國北科巴波格南哥德波爾會城同徐部名
○徐又云曰斯德拉哥巴爾卑先謙案曹譯野志云科巴波格面
積二萬九千八百四十九方粁人口三十二萬三千八百九十三
案郎徐之斯德拉哥巴爾卑二圖科巴波格與野
同東北日非勒波爾西那威國南加爾羅斯達
○徐又云曰非勒波爾先謙案曹譯野志云日非勒波爾面積萬
九千七百二十四方粁人口二十四萬六千百五十三二圖日非
勒波爾與野徐同東波羅的海西科巴波格南烏
爾薩拉北仍德蘭會城臨海作日非勒岸圖同
○徐又云曰靈哥兵先謙案曹譯野志云痾斯德爾蘭面
積萬一千四十六方粁人口二十八萬七千四百二十一郎徐之

五洲地理志略　卷三十五　十四

靈哥兵二圖與徐同北尼哥兵南
波羅的海西斯加拉波爾會城同徐部名
○徐又云曰加爾馬耳先謙案曹譯野志云加爾馬爾面積萬一
千五百四十三方粁人口二十二萬六千八百七十六案郎徐之
加爾馬耳二圖與徐同東臨波羅的海與曷南島相對為加爾馬
耳峽西仍哥兵哥羅諾波格波勒金日北尼哥兵東南波羅的海
會城臨海同部名講義云在波羅的海沿岸有喀爾斯羅那人口
二萬三千五百千六百八十年為提爾斯十一世所删立有海軍
武庫又東有痾得蘭島講義作痾得羅云有威斯
貝市為古酣札同盟市之一當時遺物猶有存者
○徐又云曰仍哥兵先謙案曹譯野志云仍哥兵面積萬一千五
百二十方粁人口二十萬六千七十七二圖仍哥兵與野徐同東
加爾馬耳北靈哥兵南哥羅諾波
格西厄爾佛斯波格會城同部名
○徐又云曰哥羅諾卑爾先謙案曹譯野志云哥羅諾波格面積
九千九百十方粁人口十五萬五千七百五十五案郎徐之哥羅
諾卑爾二圖與野同北仍哥兵南
波勒金日東加爾馬耳西哥爾蘭
○徐又云曰波勒金日先謙案曹譯野志云波勒金日面積三千
十五方粁人口十四萬八千七百五十二圖波勒金日與野徐
同北哥羅諾波格東加爾馬耳南
波羅的海西基利斯的安斯達
○徐又云曰斯加拉波爾先謙案曹譯野志云斯加拉波爾面積
八千四百八十方粁人口二十三萬九千三百二十二圖斯拉加

波爾與野徐同東靈哥兵西哥德波爾
厄北加爾羅斯達西南厄爾佛斯波格
○徐又云曰厄爾佛斯波耳先謙案曹譯野志云厄爾佛斯波格
面積萬二千七百二十五方粁人口二十八萬三百六十案郎徐
之厄爾弗斯波耳二圖與野同東斯加拉波
爾仍哥兵北哥德波爾西北海南亞爾蘭
○徐又云曰痾德波耳先謙案曹譯野志云哥得波爾面積五千
四十七方粁人口三十五萬七千百二十四案郎徐之痾德波耳
雷之古德堡二圖作哥德波爾西北北海南厄爾佛斯波格東斯
加拉波爾會城同部名講義作哥德波爾云人口十二萬三千百
五瑞典大部分住田舍故都會人口甚少人口十萬以上之都會
惟此及斯德哥爾摩以外人口二萬以上之都會凡七處哥德波
爾城在哥德河口為有名之克斯地哇斯阿多爾非斯所删建現
為瑞典西南部貿易中心輸出材木漸趨隆盛謝志作嘎呑布章
云在國之西南海濱為全國第二大城居民十一萬港口頗佳有
船塢鐵器提淨蔗糖等大廠其植物園為歐洲巨擘辻志作痾點
堡周志作哥德勃琦矢志作哥生堡
樋志作哥塔堡許考作痾德波爾
○徐又云曰亞爾慕斯達先謙案曹譯野志云亞爾蘭面積四千
九百二十一方粁人口十四萬三千四百四十八案郎徐之亞爾
慕斯達二圖部名與野同會城與徐同東哥羅諾波格北厄
爾佛斯波格南馬耳摩呼斯西喀德加特海峽與丹麥相對
○徐又云曰基利斯的安斯達先謙案曹譯野志云基利斯的安
斯達面積六千四百四十五方粁人口二十二萬一百四二圖基

五洲地理志略　卷三十五　十五

利斯的安斯達與野徐同東波勒金日北哥羅諾
波格西馬耳摩呼斯南波羅的海會城同部名
○徐又云曰馬爾摩呼斯先謙案曹譯野志云馬耳摩呼斯面積
四千八百二十九方粁人口四十三萬九百五十五案郎徐之馬
耳摩呼斯雷之麥摩二圖馬耳摩呼斯與野同北亞爾蘭東基利
斯的安斯達西南臨海講義作馬爾摩云人口五萬七千八百三
十六為瑞典最南部之都會臨松德海峽與丹麥之哥平哈經相
對自瑞典渡丹麥及德意志此其要港也又云附近有龍德人口
一萬六千大學在
焉二圖作竜德
○徐又云曰痾德羅先謙案曹譯野志云痾德蘭面積三千百六
十方粁人口五萬三千三百九十九案郎徐之痾德羅二圖作痾
特蘭岸圖作痾德蘭與野合許考云波羅的海中有瑞典屬島數
處較廣者曰厄蘭迫近海岸中隔海峽縱二百四十餘里橫十里
有奇居人四萬牧野無垠曰鄂式蘭在厄蘭東北縱百八十餘里
橫百餘里為前瑞典王發迹之地土壤膏沃居人五萬六千漁者
居多案厄蘭二圖作局
蘭鄂式蘭郎痾德蘭
○徐又云曰諾爾波敦先謙案曹譯野志云諾爾波敦面積十萬
五千八百八十二方粁人口十萬二百二十二圖諾爾波敦與野
徐同東俄國西北挪威國南諾爾蘭此郎徐所云再北曰臘巴蘭
者也許考云瑞典臘巴尼地氣候冰雪非五月不消六月初絲野
青蔥僅七八日所植麥木生蘗綻苞又七八日萬樹花開再
七八日果熟未幾垂實纍纍漸將隕落一月之間播種收成亦皆

竣事至七月則雨雪霏霏萬物萎敗矣

○徐又云曰威斯德爾波敦先謙案曹譯野志云西波敦面積五萬八千九百九十三方籵人口十五萬二千七百四十六案即徐之威斯德爾波敦曹云威斯德爾西語謂西徐譯音野譯義据二圖西波敦與野同東波的尼亞海灣北諾爾波敦西北諾爾蘭南西諾爾蘭

○徐又云曰威斯德爾諾耳蘭先謙案曹譯野志云西諾爾蘭面積二萬五千五百三十二方籵人口二十四萬八百七十三案即徐之威斯德爾諾耳蘭据二圖西諾爾蘭與野同北西波敦西北諾爾蘭南仍德蘭東波的尼亞海灣

○徐又云曰仍德蘭先謙案曹譯野志云仍德蘭面積五萬九百七十二方籵人口十一萬三千二百二十九二圖仍德蘭與野徐同北諾爾蘭東西諾爾蘭南日非勒波爾西挪威國

腦威國

腦威雷志云立憲國 先謙案矢志云瑞典挪威二國久爲丹麥所統轄千五百二十三年瑞典先起而獨立千八百十四年丹麥王以挪威之地讓爲瑞典所屬國人不服迎丹麥之王族爲自立之國後與瑞典相合爲立憲王國奉瑞典王名爲二國一君主然所立之憲法不同講義云瑞典國王駐斯德哥爾摩據憲法一年中必有若干日往諾威視其政事謝志云每年駐那

威京城革利斯第亞那半載國會上下二院上院二十八人下院八十六人內閣另遣二員常駐瑞典都城司二國交涉之事此舊制也王達云伊東祐穀世界年鑑言千八百十四年一月十四日基爾條約丹麥王讓那威於瑞典王那威人民不肯承認宣言獨立開立憲議會於佛勒德里克斯大得五月十七日制定憲法選定丹麥之格里士的親王爲那威王復得瑞典攻之及諸強國不承認新立之王王於是那威人民於八月十四日莫斯會議決定瑞二國聯合且召集臨時議會改正憲法定瑞典王加爾第十三世爲那威國王此千八百十四年十一月四日事也翌年發布憲章二國各有政府憲法及法律永遠維持二國聯合旋於千九百五年十月二十六日分離未及五閱月協議結果終選定丹麥加羅親王爲那威王自成一國國王歲費七十萬啟羅郎三萬八千五百四十六磅也講義作諾威謝志作挪威迋志作瑙威慕志作那爾威徐志作挪耳瓦 **居司堪蒂那維亞半島之西半部國內山嶺重疊高之中數千三百八十英尺最高者爲羅登飛耳高八千六十英尺國內冰河占面積二千七百英方里** 謝志云無大河水流俱激湍講義云諸湖以茂先湖爲最大冬季約有百日或二百日結冰王書云在基阿連山之西其南部分水綫全在本國境高峯甚多最高者爲意美非爾得山凡八千五百四十一英尺冰河最多如攸斯塔爾山之冰河列歐洲第二長三十五英里闊或至十英共面積七十三萬英方里此國雖貧瘠然山岳之雄溪谷之邃雪崩冰河之奇觀實爲歐洲最懸於馬尼河之瀑布曰利馬加甫高二千英尺 **海岸巉澳甚多** 謝志云海岸峭壁屹立出入如鋸齒西北有羣島曰勒佛盾許考云那威西境諸島碁布星羅或分爲三羣最南曰卑爾仁羣島稍北曰德倫的英羣島最北曰羅福定[illegible]羣島總名那威亞爾居伯亞爾居伯者島嶼叢聚之地也 **沿西海岸氣候較溫和雨水多至七十二英寸** 謝志云夏令短而暖冬令長而寒近海一帶天氣和適西岸尤佳雖嚴冬海面亦不結冰樋志云那威與瑞典海岸寒氣差異蓋波羅的海至冬冰結大西洋則否如北坤雖在北極圈內亦無海水冰結之憂蓋因墨西哥灣暖流經此海岸與西南方所來之風能驅寒威故也瑞典直接大陸內地氣候常乾那威濱海故氣候常溼王書云全年平均雨量自七十至八十英寸爲歐洲中最溼潤地 **面積十二萬四千四百四十五英方里** 迋志云面積七十五萬六千方里 **人百九十八萬八千六百七十四** 謝志云挪威小學八十所大學一又云極北拉伯蘭人數約二萬身體矮小四肢粗壯爲蒙古利亞族恃漁獵爲生畜㹳鹿成羣王書云習俗質樸有膽多以船爲家頗有君子國民風尙惟嗜酒過甚有患白癡者 **全國耕種之地止百分之三百分之二十三爲樹林** 王書云除不毛之地占十分之七外餘皆爲森林地松柏爲多可耕地僅百分之三多馬鈴薯時有旅鼠爲害 **漁業以靑魚鱥魚爲大宗歲值百二十三萬七千磅** 謝志云西海岸漁業最盛爲世界三大漁場之一所產以鱥鯖爲主鱥魚產勒

佛盾羣島附近海中每春令漁人集此者九萬漁獲之額可四五千萬尾製魚肝油輸出各地捕鯖魚宜於冬令業此者三萬人沿海內河無不多魚國民恃爲食物要品餘運外國 **礦產有銀銅鎳等歲值十六萬一千磅** 謝志云多產銅鐵不毛之土占十分之七中部南部產小麥粗大麥等寒處可植荷蘭薯北方野地多石苔爲㹳鹿食料森林占地面五分之一大抵係松柏長成不速而體質堅緻運往奧英法德等國爲數甚夥 **鐵路千二百十三英里千八百九十八年有商船七千一百四十七** 講義云鐵道限於國之南部自首府克里斯地亞尼亞至大西洋岸德倫的英港爲其幹綫千八百九十七年電信綫路八千六百六十五英里綫條長萬九千七百九十三英里 **入口貨值千三百四十四萬九千磅出口貨值八百三十八萬四千二百磅以動物木料爲大宗多與英德瑞典貿易入款三百八十三萬六千磅千八百九十八年國債千七萬四千磅** 謝志云挪威歲入約三千四百萬圓公債約九千萬圓 **常備軍萬九千七百人後備軍二萬人戰艦七十內鐵甲六** 謝志云挪威平時兵額三萬人歲費約五百萬圓軍艦大小共二十一艘專主防海水師將弁約千人歲費約百七十萬 **畿司低安牙熱度中數四十一度正月二十三度七**

月五十七度雨水二十三英寸人二十萬三千三百三十七口
般根人五萬三千六百八十四口　脫郞皆摩人二萬九千百六
十二口以上要區徐志挪耳氏一作納爲作諾魯威暇云在瑞國大山之背地形狹長如帶北抵冰海西面大西洋海山腳
槎牙入海如蟹爪波濤蕩激礁石嶙峋海舟誤觸立糜南界有腴
壤稼穡四旬即熟迤北多沙磧且寒凍不毛民多以魚爲穀舊分
六部極南曰幾力底斯安山迤北東曰沃牙哈斯西曰麻銀哈斯
再北曰特倫林再北曰那蘭斯極東北負北冰海曰肥引墨後又
分爲十七部曰亞日胡斯先謙案曹典球譯野保興內外地志
云阿吉爾斯非斯面積五千二百二十四方粁人口十一萬六千
二百二十八阿吉爾斯非斯郞格里士特阿拏等地全縣之名案
郞徐之亞日胡斯曹說是也又云格里士特阿拏面積十七方粁
人口二十二萬七千六百二十六列國學會二圖無阿吉爾斯非
斯有格里士特阿拏東瑞國南斯馬勒蘭北希德馬爾克西與仍
爾盧斯非爾東北之德蘭瑞隔港相望郞徐之幾力底斯安山雷
之幾司低安牙謝志作革利斯第亞那云都城在國東南濱一海
灣與城同名居民十五萬工商業頗盛港口每年冰封者四月講
義作克里斯地亞尼亞云人口十五萬千二百三十九卄八佰九九年二
尌蘇二在司喀基爾海峽之北隅克里斯地亞尼亞峽灣頭爲諾威
之首府有王宮大學等爲諾威貿易港之主材木由此輸出又云
人口十萬以上之都會惟克里斯地亞尼亞一處此外二萬人以
上之都會凡有四處合觀諸志益明辻志作苦里斯鮮尼周志作

克來斯剔亞尼矢志作克力斯慶樋志作克力士提
阿尼阿斯吳志作庫利恰尼河許考作基利斯的亞納
〇徐又云曰斯馬勒難先謙案曹譯野志云斯馬勒蘭面積四千
百四十四方粁人口十三萬六千八百八十四案郞徐之斯馬勒
難二圖斯馬勒蘭與野同東南瑞國
北格里士特阿拏西仍爾盧斯卑爾
〇徐又云曰里德馬爾根先謙案曹譯野志云希德馬爾克面積
二萬七千四百五十二方粁人口十二萬六千百八十二案郞徐
之里德馬爾根二圖希德馬爾克與野同北南德
倫的英東瑞國西幾利斯的安南格里士特阿拏
〇徐又云曰基利斯的安先謙案曹譯野志云幾利斯的安面積
二萬五千三百四十二方粁人口十一萬六千二百八十案郞徐
之基利斯的安二圖幾利斯的安與野同東希德
馬耳克西北卑爾仁南不斯給盧北羅幕斯達爾
〇徐又云曰不斯給盧先謙案曹譯野志云不斯給盧面積萬四
千八百十七方粁人口十一萬二千六百七十六據二圖不斯給
盧與野徐同北巴拉德斯仍爾盧斯
卑爾西南卑爾仁北幾利斯的安
〇徐又云曰巴拉德斯北爾先謙案曹譯野志云巴拉德斯北爾
面積萬五千百八十九方粁人口九萬九千五十二案二圖巴拉
德斯北爾與野徐同北不斯給盧西南
卑爾仁南內德尼斯東仍爾盧斯卑爾
〇徐又云曰內德尼斯先謙案曹譯野志云內德尼斯面積九千
三百四十八方粁人口七萬九千九百三十五二圖內德尼斯與

野徐同南巴拉德斯北
爾西南瑞達爾東北海
〇徐又云曰滿達爾先謙案曹譯野志云瑞達爾面積七千二百
六十四方粁人口八萬千五百六十七案郞徐之滿達爾二圖瑞
達爾與野同北內德尼斯西斯
達完格東南北海會城同部名
〇徐又云斯達完白爾先謙案曹譯野志云斯達完格面積九千
百四十七方粁人口十二萬七千五百九十二案郞徐之斯達完
白爾二圖斯達完格與野同北南卑爾
仁東瑞達爾西南北海會城同部名
〇徐又云曰仍爾盧斯卑爾先謙案曹譯野志云仍爾盧斯卑爾
及賴爾威格面積二千三百二十方粁人口十萬四千五百五十
四二圖仍爾盧斯卑爾與野徐同賴爾威格在其南端東斯馬勒
蘭西巴拉德斯北爾西北不斯給盧又仍爾盧斯非爾之東北有
德蘭瑞與斯馬勒蘭隔港相望講義云德蘭瑞在東海岸人口
二萬六百八十七材木及鑛物由此輸出案郞雷之脫郞皆摩
〇徐又云曰南卑爾仁先謙案曹譯野志云南卑爾仁面積萬五
千六百六方粁人口十三萬五千七百五十二二圖南卑爾仁與
野徐同南斯達完格北北卑
爾仁東不斯給盧西北海
〇徐又云曰北卑爾仁先謙案曹譯野志云北卑爾仁面積萬八
千四百八十一方粁人口八萬九千四十一二圖北卑爾仁與野
徐同東北幾利斯的安
南南卑爾仁西北海

〇徐又云曰羅慕斯達爾先謙案曹譯野志云羅慕斯達爾面積
萬四千九百九十方粁人口十三萬六千百三十七二圖羅慕斯
達爾與野徐同南幾利斯的安東南
德倫的英西北斯堪的約維安海
〇徐又云曰南德倫的音先謙案曹譯野志云南德倫的英面積
萬八千六百九方粁人口十三萬五千三百八十二案郞徐之南
德倫的音二圖南德倫的英與野同北北德倫的英南希德馬爾
克東瑞國西羅慕斯達爾講義云人口二萬九千百六十二在中
部西岸爲宗敎中心王書云鐵路二百三十英里爲國舊都
今尙爲第三都會許考云雖屋宇剏木爲之而精潔可觀
〇徐又云曰北德倫的音先謙案曹譯野志云北德倫的英面積
二萬二千五百二十二方粁人口八萬三千四百三十三案郞徐
之北德倫的音二圖北德倫的英與野同北諾爾蘭南瑞國及南
德倫的英東瑞國西斯堪的納維安海此部南至羅慕斯達爾二
圖標曰持倫折穆荅郞徐
所稱再北曰特倫林也
〇徐又云曰諾爾蘭先謙案曹譯野志云諾爾蘭面積三萬八千
三百四十方粁人口十五萬二千百四十四二圖諾爾蘭與野徐
同東南瑞國南北德倫
的英西北大西洋海
〇徐又云曰分馬爾根土產五金銀爲多又產花紋石民情樸厚
善待商旅瑞典之臘巴蘭挪耳瓦之那蘭斯肥引墨背負冰海非
人所居稍南夏日長九時冬夜長九時極北冬有夜無晝不見日
者七十五日夏有書無夜不見月者七十五日五六兩月暴暖蚊

蝻密如塵沙過此雪霰飛集皆寒凍之日矣居民身不逾四尺有野獸形似鹿繫之以當牛馬乘騎馱載皆用之斃則食其肉剔其筋以爲弓先謙案曹譯野志云分馬爾根面積四萬六千四百五方紆人口三萬二千九百五十二二圖分馬爾根與野徐同東北北冰洋南俄國西德瑻索郎徐所云極東北負北冰海曰肥引墨者也部北有亨墨菲斯講義云在北緯七十度二十二分爲世界最北之都會夏有三月半日不沒冬有三月半爲暗夜王書云爲歐北最知名都會人口二萬謝志作哈梅弗司云歐洲最北之城邑已在北圖綫內有魚類木料輸出彼處栽大麥閱六星期卽可收刈矣志作哈滿番斯樋志作威馬菲士特

○先謙又案不見徐志者二府曹譯野志云貝爾仁面積十四方紆人口七萬二千二百五十二圖作卑爾仁在南卑爾仁之西臨海別爲一府其地大名亦作貝爾根卽雷之般根講義云卑爾仁人口五萬三千六百八十四在諾威之西岸輸出魚類甚盛又爲世界中最多雨地之一王書云爲國內第二都會又爲漫遊者曳枝墟謝志作貝爾肯云在西岸海口爲輸出魚乾魚肝油要埠居民五萬矣志作柏勤樋志作伯根吳志作別爾根又曹譯野志云德瑻索面積二萬六千二百四十六方紆人口七萬四千三百六十二圖德瑻索與野同東分馬爾根南瑞國西北北大西洋海此部與諾爾蘭葢卽徐所稱再北曰那蘭斯者也

丹馬國

丹馬徐志嗹國嗹馬爾領墨各因丁林大尼丹麻爾大馬爾胥雪際亞蘇尼祭盈黎馬麻加加低納蔫馬嚥爾云歐羅巴小國也其商船嘗挂黃旗故粵東稱爲

黃旗國地形從日耳曼北出如人之握拳伸臂於海中者與瑞典南境相對作凹凸之形北東西三面皆海南界日耳曼列國南北約千里東西闊處四五百里古時爲土番部落性波羅非內塞各種居之後爲峩特族所據與瑞典挪耳瓦合稱斯干的挪瓦國地瘠食不足沿海之民皆捕魚爲糧因操舟學泛海漸劫掠爲海盜諸國患之趙宋初有大酋哥爾摩者眾推爲王突以兵船攻英吉利英人倉皇避之遂據國都英以厚賂緩兵尋以計殲其眾嗹舉兵復仇連年侵擾不已英許歲賂與之和時諸國以海寇目之不齒數於列國也後其王有駕奴特者一作加奴廢能修國政賞罰嚴明北伐挪耳瓦滅之伐英吉利破倫敦遂兼王英土駕倫特死其子繼立爲英北族威廉所殺嗹國幾危後復有賢主嗣位四境乃安明洪武十年女主馬里加爾達嗣位號賢明內修政事外聯與國於是瑞典亦納土爲北藩威權大振嗣王能守其法擴疆土栅科條四鄰威服其子嗣立性酷虐多內寵戮酋長九十人復欲盡滅諸酋之家諸酋乃集議廢王立大酋基利斯的亞奴爲王時瑞典已立故王之裔兩國構兵數十年乃罷嘉慶二年英師船至波羅的海嗹欲耀威列巨艦陳大炮扼之於港口英人以師船攻之英師勝而船多損乃講和而退嘉慶九年佛王拿破侖以大兵伐嗹嗹與之和拿破侖密約嗹以舟師襲英英人偵知先以大隊攻嗹圖都城燔郭外四百椽城垂陷乃乞盟復搆兵六年國虛耗不可支近年貿易頗盛元氣漸復嗹舉國奉耶穌教迤北語音近瑞典迤南近日耳曼所產惟五穀牲畜每歲賣馬萬餘匹牛七千穀有餘羅於英吉利矢志作丹麥云位於歐洲之北合半島及羣島爲一國半島曰及脫倫由普西突出海中西有日耳曼洋東有波羅

的海北隔加惟加海與瑞典相對羣島俱在波羅的海中著名之島凡三錫蘭最大富能講義作佛爾樋志作富尼次之拉倫又次之地勢低平海水浸入湖澤又多沿海俱築隄防全國無山脈內地諸河皆細流土沃產繁首府在錫蘭島中謝志作丹國一稱町赫亦日蟳國云嘎德蘭土股與西蘭案卽錫蘭內斐恩案卽富能諸島合成在北緯五十四度三十分至五十七度四十四分東經八度五分至十二度三十七分

雷志云立憲國講義云千八百六十六年制定憲法行政權國王責任內閣立法權在國王及議會上院議員六十六名有敕授終身議員有人民復選八年一任之議員下院議員百二十名以人民直接選舉三年一任包扎德蘭半島矢志作及脫倫謝志作嘎德蘭过志作架特蘭講義作入德蘭樋志作求德蘭吳志作加多蘭得波羅的海口之羣島巴呵唔斯島與法盧爾國中最高之處高於海面五百六十五英尺講義云空氣溼潤有西風曰斯加夷吹沙塵及於內地又往往有濃霧起日那維克塞使人覺不爽快然氣候則甚宜人年中平均溫度爲八度西方諸島最溫暖入德蘭之北部最寒雨量均平有六十生的米突矢志云丹麥爲島嶼之國受洋海溫度故地頗和暖冬在零下一度夏在十一度之間然流緩霧深航海者苦之惟樹木繁殖所產皆堅實之材面積萬五千二百九十五英方里人二百二十九萬四千口謝志云京城有大學一中學六十七所小學二千所共學生二十三萬名國人百分之四十一業農百分之二十

四業他工講義云乏石炭及鐵故製造業不振人多從事農業入德蘭之西部地味瘠磽僅業畜牧其東部及諸島多出麥類樋志云農產物之主要惟稞麥燕麥小麥等入口貨值二千百五十七萬磅出口貨以牛乳油牛穀爲大宗值千六百三十一萬三千磅多與英德貿易講義云重要輸出品爲牛酪豚肉家畜等輸入品爲織物金屬類每年貿易額凡七億庫羅內近年有漸增加之勢謝志云貿易與英德瑞典挪威爲盛入口貨多煤鐵棉花蔗糖出口貨多乳油牛羊毛政要云通國之銀錢曰列斯大拉每一元換九十六吉林合九列斯大拉爲英銀一磅又兩喜林兩本士合爲一列斯大拉之數稱物之秤曰鎊每鎊合英一鎊又十分鎊之百零三分按每英十六兩合中國十二兩裝載之噸位曰雷布來斯得每噸合英二噸量物之桶曰吞特每吞特合英三王斛又十分斛之八並合英煤斛四斛又十分斛之七量長短之尺曰福得每福得合英一尺又百分尺之三量酒油之具曰否得利每否得利合英一王加隆又十分加隆之七鐵路千五百三十二英里謝志云鐵路共長四千里電線二萬五千里講義云電信綫路之長三千餘英里綫條之長達八千七百餘英里千八百九十七年商船三千六百九十六每歲入款三百八十一萬磅千八百九十八年國債千百五十五萬六千磅謝志云國家歲入約三千五百萬圓公債約一萬一千萬圓兵額平時萬三

千九百三十人戰時六萬三千人講義云陸軍平時士官八百二十四人下士卒八千九百四十五人戰時士官千四百四十八人下士卒六萬百三十八人肝朳軒九用徵兵法徵用二十二歲之壯丁全國分東西二陸師營以配置之戰艦五十六內鐵甲九講義云合巡洋艦砲艦水雷艇凡五十餘艘專以防禦海岸哥本哈根熱度中數四十五度正月三十一度七月六十二度雨水二十二英寸人三十七萬五千七百十九口　挨哈斯人三萬三千三百六十口　亞丁斯人三萬二百六十八口以上要區徐志云嗹國分五部西四部與日耳曼相連爲波羅的海之門戶橫亘如根西面沿海窪下築長隄以捍海潮大風起則飛沙覆田壠畝全沒故多種樺以堅其沙極北曰人德蘭先隸案人當爲人字之誤地極廣莫多沙磧有大湖七遮南曰勞英不爾厄再南曰埼爾斯德音再南曰石勒蘇益克後兩部地連日耳曼公會應出防兵三千六百名職詳日南界有大埔頭曰亞爾多納與日耳曼之昂不爾厄相近時有衅爭又有大書院曰基里東北有大島曰低納馬爾加又名日倫都城建於此島之東北隅曰哥卑納給一作品哈訶爲國之大埔頭城內街衢繩直屋宇軒敞居民十萬諸國貨船出入波羅的海必經由此港峽口名加的牙閼僅數里嗹設關權稅不則搤之使不得過諸國無如之何亦遂安之其國之富强以此日倫之南有兩島相連人德蘭之東南有大島曰非俄尼亞西界海中多小島民乏生計

五洲地理志略　卷三十五　三十二

以魚爲糧○西北大海中有大島曰義斯蘭地亞一作西哀爾蘭嗹所屬也地在英吉利三島之北數千里氣候寒冽同於瑞典之北境有火山曰挨哥辣時迸流火漿焚廬舍地震最烈往往山陵陷爲坎窅其民善捕長鯨取其油獵海犬剝其皮以爲衣王書云國內今分七州三州在島嶼曰日倫州曰佛甯州曰拉蘭州四州在入德蘭半島曰亞爾汲格州曰威波格州曰亞胡斯州曰利伯州先謙案列國學會二圖與瑞典馬爾摩相對者曰日倫島亦曰西倫卽徐之低納馬爾加王之日倫州也講義云日倫島之東岸爲松德海峽峽中有小島三北曰維尼南曰薩爾坐爾姆曰安馬給日倫謝志作西蘭矢志作錫蘭樋志作塞蘭吳志作特蘭得周志作基倫特島北東岸丹國都城在焉曰哥平哈經卽徐之哥卑納給雷之哥本哈根吳志作哥賓赫根周志作叩本哈僅迂志作哥賁黑堅講義云哥平哈經本義名開平哈溫取義爲商人之港國中第一大都會千八百九十年時人口三十七萬五千大學建於此自英德瑞那至波羅的海之旅客貨物皆經此府故般盛過於他處矢志作夸烹海勤云海口深廣可容巨舶千艘又有堅固砲臺扼波羅的海之咽喉誠用武地也謝志作哥笨哈根云地勢低平爲商旅麕集之區街市中多穿河道製造局有名都城北六十里有港埠曰亞西諾居民萬人其地爲孫德案卽蘇德海腰最窄處舟楫過之須納闕稅案卽徐之加的牙慕志岸圖與徐同王書云哥卑納給有北方君士坦丁之稱其北約二十英里曰赫爾森疴爲孫德海峽北門要區也二圖同東南隅有摩英島亦本島之屬志日倫島之南曰拉蘭島會城曰馬利波卽王之拉蘭州樋志作羅蘭迂志作吉蘭矢志作拉倫拉蘭之東爲法斯得島

拉蘭之西爲蘭給蘭島蘭給蘭之西爲亞羅島蘭給蘭之西北爲塔森基島皆小島也塔森基之西北曰佛甯島卽王之佛甯州矢志作富能迂志作富年周志作分能樋志作富尼謝志作內斐恩其北岸有鄂丹斯講義云鄂丹斯爲佛甯島第一都會人口三萬餘案卽雷之亞丁斯徐所云日倫之南有兩島相連卽拉蘭與福甯也福甯在日倫之西少南徐言南爲非矣二圖佛甯島之西北爲入德蘭半島與徐合徐志四部之名勞英不爾厄疴爾斯德音石勒蘇益格皆入德國慕志云南有荷兒斯丁其城名畿力中有斯勒瑞東南有勞英不城皆同名且附近島嶼羅列此三地有普奧二國與本國攻戰近時皆爲所得歸於普屬先謙案慕志敘述未晰蓋荷兒斯丁卽疴爾斯德音斯勒瑞卽石勒蘇益格勞英不爾厄也徑卽勞英不爾厄三地皆不爲丹有故就入德蘭別立四州耳又王韶戰紀云丹國向有藩屬兩部在日耳曼邦域之中慕徐云三四志作兩部非丹王欲割其地入版圖輒爲日所敗時墺爲盟長普則強國因以其地歸之普墺千八百六十六年普墺爭地以戰遂屬普則其情事益明据二圖極北曰亞爾波格東西北臨海南威波格此王之入德蘭第一州又南曰威波格北亞爾波格東臨海南亞胡斯此王之入德蘭第二州又南曰亞胡斯北威波格東臨海會城同名講義云亞胡斯人口三萬島東岸貿易港也卽雷之挨哈斯此王之入德蘭第三州又南曰利伯東西臨海南德國會城同名此王之入德蘭第四州其在威波格之西者曰的斯特在亞胡斯之西者曰林克約濱在利伯之北者曰威列皆有會城同名或係後來增置侯續考

五洲地理志略　卷三十五　三十三

○二圖大西洋中有發俄爾羣島卽徐之非俄尼亞也講義云當英國設得蘭羣島與冰洲之間合二十五島內十七島有居民面積合五百十四萬方英里人口萬三千島爲火山所成輸出品惟羽毛一物矢志作方落島云昔丹麥海權盛大海外得屬地頗廣方落島冰洲綠洲皆是也方落島在丹麥正北二百英里爲二十五島總匯之區巖石峻峭地勢峻惡人以漁業爲生謝志作非羅羣譯卽鄙在含德蘭島西北約六百里那威殖民地今歸丹國農業不興土人多漁牧輸出貨羊毛鴨絨及魚居民路德會友地方政事自治舉代議士入丹都國會岸圖作發祿矢志作決提周志作富魯

○二圖有冰洲卽挨斯蘭島徐之義斯蘭地亞一作西哀爾蘭者也謝志云伊斯蘭島譯卽冰洲在北大西洋內近北圓綫面積四十萬方里較哀爾蘭爲大過丹國本部二倍餘山積冰雪大山三十座最著者曰亥革拉高五千一百尺又多沸泉天氣最寒冬令晝僅四小時夏夕亦短至四小時五穀不生惟荷蘭薯與椰菜可殖樹稀而矮多石苔可供食品藥材居民七萬二千性情善良敎育普及輸出貨綿羊小馬漁業最要海中有鱗鯨海狗礦產硫磺首府曰來加斐革居民三千餘城皆小村矢志云冰洲在方落島西北洲北與北極圈相接島內火山至今出火者凡七所海克拉山在島西南高五千九十五尺大噴泉三所皆溫泉有噴至百五十尺者講義云冰洲在大西洋當諾威與格陵蘭之間距丹麥本國西北千六百英里面積三萬九千七百五十六方英里火山最高者爲阿里法約庫爾高六千四百十一英尺赫庫納山次之六千英尺溫泉甚多又有間歇泉其稱巨人間歇泉者噴騰熱湯高

及六十英尺(曹典球云溫泉中定時噴出水蒸氣並沸湯者名間歇泉)河多急流無交通之便屬大洋氣候以緯度論頗爲溫暖蓋由於灣流之感化也空氣頗溼潤常流動無樹木又不適於耕作多生草故牧畜最要穀產仰他方輸入水產甚豐多輸出者千八百七十四年以來有立法議會首府雷克雅未克([illegible]加)在島之西南人口三千案挨斯蘭樋志作愛士蘭周志作愛士倫亥革拉海克拉赫庫拉皆即徐之挨哥辣慕志作黑克拉又二圖有格陵蘭矢志作綠洲云在北美之北洲北在北極內西南海岸少暖有居人講義作格陵蘭得云丹麥殖民地惟在南部沿岸面積四萬六千七百四十方英里居民萬餘又云西印度羣島丹麥屬地山黛格魯斯島山宅馬斯島桑約翰島此三島面積合百三十八方英里人口三萬餘

賜進士出身　特賞內閣學士銜前國子監祭酒翰林院編修加三級臣　王先謙謹撰

埃比艮半島雷志云以比里尼斯山(沈志作僻列尼斯吳志作比列尼士講義作比里牛斯)與中歐相隔地勢甚高岡嶺縱橫相接間有無樹之廣野最高者爲麥耳漢森(樋志作瑪勒哈生)在西厄拉尼窩帶高一萬一千四百二十英尺其低野止在葡萄牙之意薄羅恩大露西亞下替竺可行船之河爲杜羅河替竺河開蒂亞那河均在葡萄牙開蒂爾圭復河在西班牙西部及西北部溼內地燥燥溼得中宜人者惟地中海岸(挨比艮講義矢志作伊比利樋志作伊伯利安周志作挨被倫半島建國即西班牙葡萄牙也謝志云日斯巴尼亞除沿海外概爲高平原高度約二千英尺高山數帶東西橫列北近比斯嘎(樋志作北斯開周志作皮斯凱)海灣者曰干達伯連山([illegible])與法界之比勒尼斯山相連向西直抵斐尼斯壘雷角(樋志作非匿士提阿剌岬)中間曰嘎斯第勒山([illegible])爲全國之分水界其南有土雷度些拉嗎雷那([illegible])些拉內法達(樋志作塞拉奈瓦他)三帶山尤

推些拉內法達最高爲全歐第二高山高臺斜坡向西南者廣向東南者窄故大河俱西南流計帶山五夾成西流四大河之灌域度羅河([illegible])出干達伯連山西流入葡萄牙境注大西洋長千五百里達貿河([illegible])出分水界之南坡西入葡萄牙而注大西洋長千六百里瓜第亞那河([illegible])出土雷度山西南流入葡萄牙再沿二國之界而入嘎第斯海灣長千六百里瓜達勒基斐河([illegible])西班牙南部大川也西流入嘎第斯灣長千一百里東北部大河曰哀伯羅([illegible])亦出干達伯連山東南流千二百里入地中海諸河大都水淺多礁夏令水小幾不可通巨舟葡萄牙當高平原之西坡斜向大西洋帶山數條穿國境分度羅達賀瓜第亞那諸河之流域下流深廣便於交通達賀河汽船通行無阻航路四百里都城即建於河口餘諸河灌域土地亦皆肥美)

西班牙國

西班牙(徐志西班牙[illegible])云亦歐羅巴大國東北與佛蘭西接壤東南距地中海西界葡萄牙北距大西洋海西南北約二千四百五十里東南至西北約二千八十里國有大山數疊皆自東而西橫亙如垣劃分三土北土山嶺錯雜溪澗交流中多腴壤便於農作中土高廣天時炎燥雨水難得民多以牧羊爲業南土山川秀發風景清美產各項果實羊馬驢贏皆良勝於他國之產其地方名意卑里亞五方之人雜處非尼西亞人艮人居多[illegible]後爲加爾達額人所據

（亦非尼西亞所立國在地中海南岸）漢初意大里大將奔彪帥師征服之遂爲羅馬西境越六百餘年羅馬衰西境爲汪德羅隋窩亞拉奴（北狄種類）三部人所據東晉安帝十三年峩特酋長留維郎的約率大隊自東方來攻羅馬守臣不能禦棄地而逃東地遂爲峩特族所據尋翦滅西境諸部以隋文帝開皇季年立國傳一百餘年至羅德黎哥性苛暴其臣有人艮者爲羅德黎哥所摧辱時亞刺伯囘部據非洲北境（[illegible]）兵力方强唐睿宗大極元年人艮引囘部入寇西班牙望風奔潰王奔北鄙國爲囘部所奪僅餘亞斯都里亞斯比斯加亞納瓦拉三部降爲侯國歷七百餘年亞刺伯哀弱守土囘酋各裂地自擅日尋干戈亞斯都里亞斯侯伯拉納誓眾興師攻囘部大捷眾推立爲王尋攻獲加斯德辣地稱加斯德辣王令峩特人自戰其地得卽封之囘部或降或竄故土全復而國已數分然姻姬相聯無衅爭加斯德辣傳至女主依撒伯爾贅亞拉岡侯非爾難多明成化十五年諸部仍合爲一是爲西班牙復建之始依撒伯爾聰敏過人能修國政疑大海之西有廣土宏治初年遣其臣可崙（一作閣龍又作哥隆波）駕巨艦裹糧探之果得亞墨利加之可俞比亞驅逐土番徙國人實其地漸拓而南北墨西哥秘魯智利拉巴拉他等部皆聽役屬諸部產銀鑛極王每歲得數百萬斤西班牙以此致富西土稱爲金穴嘉靖年間復遣其臣米牙蘭航海東來至亞細亞東南洋之呂宋據其海口建設埔頭帆檣湊集百貨流通由此愈益富饒先是正德十四年日耳曼內亂時西班牙王查理第五有賢聲日耳曼各部迎以爲王西班牙立其世子非立第二（西人所編綱鑑敘述如此近見西人所著地理備考云奧地利公爵非里卑郎非立第二娶先王之女若亞納延立君位二說不同然綱鑑紀各國興亡世緒傳詳核必有依據故仍從彼說）兩國聯爲脣齒傳子加爾羅斯國益富强西鄰葡萄牙本西班牙西部趙宋時驅逐囘部別立爲國萬歷中葡萄牙王禦敵殞無子西班牙遂收復其地越六十載復分裂方西班牙之恢復舊土也囘民之未逃者皆降附爲編氓歲久復繁衍逾數十萬戶西班牙以其族類殊異終爲後患勒兵驅逐之囘民皆破家攜挈狼狽渡海轉徙入非洲北境（[illegible]部）失業者因剽掠翩口地中海從此多盜而西班牙戶口驟減貿易漸微日益貧寡論者頗譏其失計康熙三十九年西班牙王查理殁無子奧地利王（[illegible]日耳曼[illegible]）欲立其子佛蘭西王欲立其孫搆兵累年卒立佛王之孫非立第五爲西班牙王王英果能立政休養生息西國再康乾隆末年佛內亂西班牙始攻佛後與佛約結攻英吉利戰船遭風大半沈失已而拿破侖爲佛王時西班牙加爾羅斯與其世子不睦嘉慶十二年拿破侖約其父子爲好會於馬也納云爲調協至則數其罪而兩囚之自立其弟爲西班牙王西民不服招英合兵攻之交戰五年逐拿破侖之弟復立故王世子非爾難多自是內訌四起日就衰亂王殁無子立幼女依撒伯爾母后擅權王弟擅囘部遺民爲亂蓋岌岌乎危亡之勢焉亞墨利加諸藩國皆畔僅存古巴片土（[illegible]）與呂宋埔頭而已又云西班牙北境負比里牛斯大山地氣頗寒南境臨地中海夏令酷熱賴海風滌暑氣中土距海面百四十四丈爲歐洲極高之地四時多風隆冬不煬火河道之大者十二尤著者曰米虐曰斗羅曰德人曰瓜達爾幾維爾皆入大西洋海曰厄波羅入地中海土多膏腴五穀之種皆備木多橡果多葡萄山產各鑛金銀近已空竭銅錫鉛尚有之惟煤鐵採之不竭又產鑽石寶石五色玉瑪瑙水晶其民俗膽氣粗豪專務報復好逸憚勞惰於農作早餐後

必午寢以此鄉戶多貧瘠半居棚寮俗儉嗇杯酒一果之外無他求男女並好彈琴跳舞爲樂又好爲鬭牛之戲聚觀者如堵牆縱狂牛於場勇者挾刃搏而刺之獲勝則千萬人歡呼迎賀舉國奉天主敎敎師有大權違異者以火焚之貿易之繁盛在海濱各埔頭稅餉歲入千八百萬兩養兵太多軍興用不足恆貸於富民償其息近年主計者多失信不償富民鬨不肯借每敵兵壓境輒因缺餉撓敗國舊分十三部近年改爲四十九部（[illegible]二島[illegible]）分上中下三等謝志作日斯巴尼亞云自法郎西之西南突出大西洋內南方遙對亞非利加隔地中海其窄處曰支伯拉德海腰北緯三十六度至北緯四十三度東經三度二十分至西經九度二十分比斯嘎海與法郎西東南界地中海西包葡萄牙而濱大西洋長二千里廣千六百里昔年於海上貿易冠絕一時近世國運不振商務日衰陸地道路不修盜賊充斥南美洲除巴西國外皆本國屬地計三百年近皆自立爲國千八百九十九年西印度之古巴波多利哥二島脫羈縻而屬美太平洋中斐利賓羣島亦爲美所奪拉德倫島售歸德國除亞非利加外屬地盡矣矢志云西班牙舊名希斯烹尼兔眾之義也昔非尼亞人占有其地之時見產兔甚多因以名之講義云古代羅馬人呼此半島爲伊斯巴尼亞乃自胐尼西語之沙班或西班而出沙班與西班者因其地多黃鼬及兔也故今人呼其國曰西班牙孫志作大呂宋國云其國書自稱日斯巴尼亞惟售彩票則稱呂宋國票

雷志云有限君主國

謝志云千八百七十六年始定憲法爲立憲國行政權在王與內閣九省立法權在國會分上下二院上議院三百六十員下議院四百三十一員各省有自治權立省會邑會中央政府不得越限攬權蔡記云日國之例宰相及各部尚書三年一易亦有一二年卽易者相臣遷位引尚書一同解職由議院公舉君主不能獨操其柄也尚書八部戶部吏部外部兵部刑部工部藩部海部爲尚書及充使臣必曾任議院或爲正副首領者爵紳有三等公侯伯也其中有世爵功爵捐爵之分公爵最貴納資所不能得侯伯皆可捐侯二千五百元伯二千元然亦僅有虛銜國人輕之有大事不得預焉世爵功爵遇朝必至君主升殿坐右君后坐左君姊妹以次坐殿旁爵紳命婦立後此朝儀大概也君主君后出一車兩馬但稍高大二騎前導而已簡略如此

面積十九萬千九百九十一英方里

謝志云面積百九十二萬方里樋志云面積十九萬七千七百方英里

千八百八十七年人千六百九十四萬五千七百八十五口每年遷居國外者七萬餘人

謝志云民俗專信天主敎中世代有異端裁判所卽剙於此國專以苛刻虐待不從天主敎者耶穌敎徒被害以數千萬計讀史者醜之近年始淮民信別敎然國人三百萬從耶穌敎者不過七千人耳講義云基督新敎私許奉之公言則不許也

國民文學退步大學校十學生萬六千人

謝志云敎育向不措意國中老人不識字者十之八近年用强迫獎勵之法然未普及通國大學十所小學合公私三萬所生徒百八十四萬人

全國百分之三十四爲耕種地百分之五爲種葡萄及橄欖地百分之二十爲草場百分之二

十一爲樹林業礦者六萬三千人每年值四百三十二萬九千鎊
以鉛銅鐵水銀爲大宗謝志云礦產古多銀今罕見銅鐵水銀頗多些拉瑪雷那山中有大水銀鑛一曰阿頗
而買屯爲天下第一產鉛亦盛足供歐洲用數之半沿海一帶土
地肥美中央高地間有沙磧農業不甚講求境內多荒蕪爲牧場
田產小麥珠粟白米頗多東南部多植橄欖橘橙桑橣檬林檎等名
西部產葡萄每年製葡萄酒三千餘石葡萄乾無算[illegible]
南部栽棉花甘蔗林有輭木栗實輭木爲輪出要貨栗供民日糧
馬驢羸皆駿美有棉羊種曰美利拿毛細潔運出者多牧羊者夏
在高地冬在平原蠶業頗盛多生絲出售許考云綿羊在墨里諾
斯䊷鐵多畜於加斯底地秋中遠求芻牧往往一二牧童領羊千
餘頭所經之地靑草一空歷冬春至夏初率羣返山別類
毛第其上下一棧之大容五六萬頭生息之多於此爲最鐵路
八千二百英里商船千五百八十一謝志云鐵路長二萬五千里電綫十三萬里講義云千八里
百九十九年鐵道有八千六十八英里同年擬設者百十英里電
信綫路萬九千八百六十八英里綫條四萬五千七百九十英里
鐵道俱私有受
政府之補助
入口貨值二千七百六十萬三千磅出口貨葡萄
酒鉛鑛苗等爲大宗值三千六百七十八萬五千磅與法英貿易
謝志云出口貨以葡萄酒葡萄乾爲主果品輭木鉛羊毛造紙草
水銀花布磁器呢羽緞地氊次之入口貨以棉花布匹煙葉煤鐵

五洲地理志略卷三十六　四

製造之具爲多政要云通用之銀錢曰愛斯固度曰祕西筸曰而
列啊一而列啊卽四開洋銀合一百而列啊爲一鎊祕西筸卽洋
錢一元之數合二十五祕西筸爲一磅合十愛
斯固度亦爲一磅稱量之具悉照法國制度
千八百九十七年
三千四百六十三萬三千磅千八百九十七年國債四億二千二
百八十九萬四千磅謝志云歲入可三萬萬公債二十三萬萬兵額平時八萬百四十
四人戰時十八萬四千人戰艦百十一鐵甲七謝志云逾十九歲之壯丁皆入軍伍
平時陸軍十萬人馬萬五千匹兵費六千萬圓海軍爲美國所殲
後新造大小軍艦水雷船共一百二艘內戰艦二艘水師萬四千
人兵費一千萬圓講義云壯丁充兵但納千五百拔塞打斯本人知
貼可得免役千八百九十八年與北美戰爭海軍大爲摧破今有
戰鬭艦一海防艦二巡洋艦十三
礮艦六十水雷艇二十七而已
馬得里高二千百五十英尺
熱度中數五十六度正月四十一度七月七十六度雨水十五英
寸人四十七萬二百八十三口　巴西羅那製造廠聚集之所內
以機器局織布局爲首要人二十七萬二千四百八十一口　佛
倫西亞人十七萬七百六十三口　西維耳人十四萬三千百八

十二口　馬拉甲人十三萬四千十六口　滿西亞人九萬八千
五百三十八口　寨拉哥社人九萬二千四百七口　卡推支那
人八萬四千二百三十口　格倫那達人七萬三千六口　坎帝
士人六萬二千五百三十一口　佛雷道力奪人六萬三千十二
口以上要區徐又云新加斯德辣在中土爲四境適中之地縱約六百里橫約七百五十里地高燥多沙磧草木不繁
現改五部曰馬得里地得一作又作馬特斯列上等都城同部名建於
滿薩那勒斯河左王廷極宏麗土木之費計千萬金內有學著醫
院觀星臺軍功廠古玩庫藥草圃療畜館居民約二十萬人產呢
羽綢緞地氊印花洋布磁器曰瓜達拉沙辣列下等古時多名人
所產呢羽綢緞頗著名曰多勒多列中等昔人據西班牙以此
爲都城宮殿猶有存者夏日苦熱乏水泉土人多飲坎中積雨曰
固盈加列下等產蜜蠟牲畜曰虛達里亞耳列下等產水銀先謙
案新加斯德辣部列國學會二圖與徐同謝志作新加斯德云濱
達賀河與瓜第亞那河許考作新加斯底政要作新加斯替爲府
五曹典球譯伊東祜穀世界年鑑云馬德里地州三千八十四英
方里人口七十七萬五千三十四二圖與伊徐同卽雷之馬德里
東德魯厄爾東北瓜達拉砂辣東南固盈加西亞維拉北塞額維
拉西南多勒多會城與徐同講義云在國中央濱濛沙拉勒斯河
人口五十一萬二千餘千八百九十七年戶口下同府建海面二千英尺以上

五洲地理志略卷三十六　五

四邊高原廣漠氣候不良有三月在冰屋中九月在竈中之諺府
西北有雕立二世所建王宮濛沙拉勒郎徐之滿薩那勒謝志作
瑪德利德云濱達賀河之支流寒暑俱盛不宜攝生王城公署磁
器店鬭牛場皆極壯麗有大學畫院各善堂製造所以印書織挂
氈製煙爲最盛樋志作馬德力特云有世界第一大美術館慕志
作瑪德里案慕志分部頗有歧異稚年鑑最近之書與徐志兩合自屬可據故部分異同祗復[illegible]○曹譯年
鑑云瓜達拉沙辣州四千六百七十六方英里人口二十萬百八
十六二圖與徐同東德魯厄爾北索里亞西塞額維拉西南馬德
里地南固盈加會城同州名○曹譯年鑑云多勒多州五千九百
十九方英里人口三十七萬六千八百十四二圖與徐同東北馬
德里地北亞維拉南虛達里亞耳西達塞勒斯會城同州名許考
云府在馬勒里地西南百里許有古都建於德人河濱今惟存宮
殿陳迹數處與徐志同人都城合○曹譯年鑑云固盈加州六千
六百三十六方英里人口二十四萬九千六百九十六二圖與徐
同東北厄魯格爾東瓦棱薩西北馬德里地西南虛達里亞耳南
亞爾巴西特會城同州名○曹譯年鑑云虛達里亞耳州七千六
百二十方英里人口三十二萬五千百八十二圖與徐同東亞爾
巴西特西巴達熱斯北多勒多南哥爾多巴會城同州名慕志作
丸達
嘿
○徐又云舊加斯德辣在新加斯德辣之北縱約四百六十里橫
約七百七十里山間與平原相間現分六部曰不爾厄斯列下等
田土肥沃氣候和平產五穀百果曰羅哥羅虐列下等地頗清勝
產穀果商賈輻輳曰三當德爾列下等會城建於比斯加亞海口

估帆雲集爲北境大埔頭地產穀果黃麻牲畜煤窯極多曰索里亞列下等城建山谷中產羊毛曰塞額維亞列下等地氣寒產呢羽玻璃紙劄曰亞維拉列下等地有書院產洋布先謙案舊加斯德辣部二圖與徐同政要作舊加斯替謝志作舊加斯德云濱度羅河許考作舊加斯底爲州六○曹譯年鑑云不爾厄斯州五千四百八十方英里人口三十三萬二千百六十四二圖與徐同東羅哥羅虐北三當德爾西巴棱巴西亞東南索里亞西南瓦里亞多黎會城同州名許考作不爾各斯慕志作不哥斯○曹譯年鑑云羅哥羅虐州千九百四十六方英里人口十八萬九千三百七十六二圖與徐同北亞拉襪西不爾厄斯西南索里亞東南納瓦拉會城同州名慕志作羅歌羅挪○曹譯年鑑云三當德爾州二千百八方英里人口二十七萬八千五百六十一二圖與徐同北大西洋海東維斯喀雅南不爾厄斯巴棱西亞西痾維亞多會城臨海灣同州名慕志作三當德○曹譯年鑑云索里亞州三千九百八十三方英里人口十五萬四百六十二二圖與徐同西北不爾厄斯東北羅哥羅虐東薩拉厄撒南瓜達拉砂辣西南塞額維拉會城同州名○曹譯年鑑云塞厄維拉州千六百三十五方英里人口十五萬九千二百四十三案即徐之塞額維亞二圖與年鑑同東北索里亞西北瓦里亞多黎西南亞維拉南馬德里地東瓜達拉砂辣會城同州名慕志作塞額維○曹譯年鑑云亞維拉州州三千四十二方英里人口二十萬四百五十七二圖與徐同北瓦里亞多黎東北塞額維拉東馬德里地西薩拉蒙加南多勒多會城同州名

○徐又云艮在舊加斯德辣之西縱約七百里橫約四百五十里地氣平善物產豐饒現政五部曰艮列下等會城屋宇高大郊外風景清幽產白玉曰巴棱西亞列下等產穀果甚豐曰瓦里亞多黎列中等土田最腴產穀果數倍他部又產材木極堅船料仰給於此兼產呢羽綿紗磁器曰薩拉蒙加列下等昔爲西國大都會代有聞人兵火之後凋敝已甚曰薩摩拉列下等產葡萄黃麻羊毛先謙案艮謝志作雷昂二圖與徐同爲州五○曹譯年鑑云艮州五千九百二十六方英里人口三十八萬六千八十三二圖與徐同東巴棱西亞北痾維亞多西痾棱塞盧額南薩摩拉會城同州名○曹譯年鑑云巴棱西亞州三千五百五十六方英里人口十九萬二千四百七十三二圖與徐同北三當德爾東不爾厄斯西艮南瓦里亞多黎會城同州名慕志作巴棱西○曹譯年鑑云瓦里亞多黎州二千九百二十一方英里人口二十七萬八千五百六十一二圖與徐同北巴棱西亞東南塞額維拉南亞維拉西薩摩拉會城同州名慕志作法拉多利曹云即雷之佛雷道力奪○曹譯年鑑云薩拉蒙加州四千八百二十九方英里人口三十二萬七百六十五二圖與徐同北薩摩拉東亞維拉西葡國南達塞勒斯會城同州名慕志作薩拉慢加○曹譯年鑑云薩摩拉州四千九十七方英里人口二十七萬五千五百四十五二圖與徐同北艮東瓦里亞多黎南薩拉蒙加西葡國會城同州名

○徐又云加黎薩在艮西北南界葡萄牙西北距大西洋海居米虐河上游縱約五百里橫約四百五十里近海卑溼草場豐茂宜牧畜現分四部曰哥魯尼亞列上等城建海隅泊船最穩商賈輻轅爲西北境大埔頭港口有大礮臺極堅固曰顱額列下等地有羅馬舊城產麻布曰痾棱塞列下等產火腿葡萄酒曰奔德威達拉列下等產翦絨銅器先謙案加黎薩部政要作格利瀉謝志慕志作加黎西許考作加黎斯云有城名桑的亞谷爲耶穌教徒長雅各伯墓信士雲集歲以萬計因此有名二圖與徐同爲州四○曹譯年鑑云科爾路那州三千五十一方英里人口六十五萬三千五百五十六案即徐之哥魯尼亞二圖與年鑑同西北大西洋東盧額南奔德威達拉會城臨海同州名慕志作哥魯那○曹譯年鑑云盧額州三千八百十四方英里人口四十六萬五千三百八十案即徐之顱額二圖與年鑑同北大西洋海西科爾路那奔德威達拉東艮南痾棱塞會城同州名慕志與徐同○曹譯年鑑云痾棱塞州二千六百九十四方英里人四十萬四千三百十一二圖與徐同北盧額西奔德威達拉東艮南葡國會城同州名○曹譯年鑑云奔德威達拉州千六百九十五方英里人口四十五萬七千二百六十二北科爾路那西大西洋海東盧額南葡國慕志作奔得菲得啦

○徐又云加拉拿大在極南境臨地中海縱約二百餘里橫約八百餘里地近赤道天時炎熱而水土平艮現分三部曰加拉拿大列上等會城舊爲回部王都戶口八萬物產甚豐稱南方大都會曰亞爾美里亞列下等有海口極深闊可泊舟山產玉石瑪瑙曰馬拉牙列上等城建海濱泊船最穩貿易極盛爲南境大埔頭先謙案加拉拿大部謝志作加拉那連連薟達之誤許考作克勒拿大政要作加臘那特二圖與徐同爲州三○曹譯年鑑云加拉拿大州四千九百二十八英方里人口四十九萬二千四百六十二

圖與徐同西北熱音東南亞爾美里亞西南馬拉牙會城同州名郎雷之格倫那達慕志作加拉那達講義與徐同云人口七萬五千餘曾爲摩諾亞王國之都在內華達山麓近傍阿爾哈布拉有舊王宮址使人懷往時薩拉孫之文明許考云後五代時得人口四十萬○曹譯年鑑云亞爾美里亞州三千三百六十方英里人口三十五萬九千十三二圖與徐同東北木爾西亞東南地中海西加拉拿大會城臨海同州名慕志作亞美剌亞○曹譯年鑑云馬拉牙州二千八百十二方英里人口五十一萬千九百八十九二圖與徐同東加拉拿大西加的斯南地中海北哥爾多巴會城臨海同州名慕志作馬拉加郎雷之馬拉甲講義云馬拉牙在南海岸人口十二萬五千餘出乾果及葡萄酒甚多爲國內第二貿易港氣候最良

○徐又云瓦棱薩在東南隅臨地中海縱約七百里橫約二百里地氣極暖罕見冰淩現分三部曰瓦棱薩列上等會城建於平原居民六萬萬廈整潔貿易極盛產穀果油酒綢緞大呢曰亞利干的列中等城建海濱街衢闊直港道寬穩爲東南境大埔頭出口之貨窩宅鉼鉼黑鉛白礬銀硃藍靛百果葡萄酒葡萄乾曰加斯德倫得拉不辣納列下等城建海濱物產貿易與亞利干的略同而富盛遠遙之先謙案瓦棱薩部二圖與徐同爲州三○曹譯年鑑云瓦棱薩州四千百五十方英里人口八十萬六千五百五十六二圖與徐同北德魯厄爾東地中海南亞爾巴西特西固盈加會城臨海同州名有瓦棱薩海灣講義云瓦棱薩人口二十萬四千餘爲國內貿易絹之中心又威爾他果物園有名迂志作窪速西亞謝志作法倫第亞郎雷之佛倫西亞矢志作佛倫曉○曹譯

年鑑云亞利干的州二千百八十五方英里人口四十七萬百四千十九二圖與徐同北瓦棱薩東南地中海西南木爾西亞西亞爾巴西特會城臨海同州名慕志作亞利刊謝志作阿利干德○曹譯年鑑云加斯德倫州二千四百九十五方英里人口三十一萬八百二十八案卽徐之加斯德倫得拉不辣納二圖與年鑑同東北達拉哥納東南地中海西德魯厄爾會城臨海同州名慕志作加斯得倫

○徐又云木爾西亞在瓦棱薩西南東南境臨地中海縱約二百餘里橫約三百餘里現分二部曰木爾西亞列中等城建山谷中戶口三十六萬地氣溫厚物產懫盈穀果麻酒皆豐又產銅錫硫磺白礬有鹽池產鹽極王曰亞爾巴塞爾列下等產布疋牲畜鐵器先謙案木爾西亞部謝志作木耳西亞許考作木爾西二圖與徐同爲州二○曹譯年鑑云木爾西亞州四千五百五十三方英里人口五十七萬七千九百八十七二圖與徐同北亞爾巴西特東北亞利干的東南地中海西熱音會城臨海同州名卽雷之非西亞講義作木爾西牙云在塞古拉阿下流人口十萬八千餘二圖本境東南臨海有喀大吉吶講義云西班牙有喀大赫拉人口八萬六千餘昔時加塞基人所建之都會也卽雷之卡推支那○曹譯年鑑云亞爾巴西特州五十七百三十七方英里人口二十三萬七千八百七十七卽徐之亞爾巴塞爾二圖與年鑑同南木爾西亞東亞利干的東北瓦棱薩北固盈加西虛達里亞耳會城近海同州名慕志作亞巴西的

○徐又云亞拉岡在舊加斯辣之東縱約七百二十里橫約四百八十里山嶺重疊寒燠懸殊產麥麻百果酒油蜜蠟牲畜兼產銅鐵錫礬不灰木現分三部曰薩拉厄撒列下等舊本繁盛遭兵燹而殘毀曰烏厄斯加列下等土膏腴少歉歲曰德魯厄爾列下等地氣甚寒人之疾病產烏煤先謙云亞拉岡部謝志作阿拉岡政要作阿拉剛二圖與徐同爲州三○曹譯年鑑云薩拉厄撒州六千七百二十六方英里人口四十二萬千八百四十三二圖與徐同東薩拉哥納東北烏厄斯加南烏魯厄爾西索里亞會城同州名曹云卽雷之塞拉哥杜慕志作撒拉歌撒講義與徐同云人口九萬八千餘在厄波羅河畔千八百八十九年以被圍於法國軍有名○曹譯年鑑云烏厄斯加州五千八百四十八方英里人口二十四萬四千八百六十七二圖與徐同北法國東勒黎達南薩拉厄撒西納瓦拉會城同州名慕志作血斯加○曹譯年鑑云德魯厄爾州五千七百二十方英里人口二十四萬六千一二圖與徐同北薩拉厄撒東加斯德倫南瓦棱薩西馬德里地會城同州名慕志作德魯

○徐又云納瓦拉在亞拉岡之西北與佛郎西接壤縱約三百里橫約二百餘里產黍稷大麥油麥豆粟山產木料及五金之礦現仍爲一部列下等先謙案納瓦拉部仍爲一州謝志作那法耳曹譯年鑑云納瓦拉州四千五十五方英里人口三十萬七千六百六十九二圖與徐同北法國東烏厄斯加南羅哥羅虐西亞拉禨慕志作納瓦

○徐又云亞斯都里亞斯在舊加斯德辣良兩部之北北境距大西洋海縱約百五十里橫約四百六十里南境負大山民居巖谷

農作甚勤產栗子佛手山產銅鐵錫鉛白礬水晶又產駿馬現仍爲一部曰痾維夜多列中等先謙案亞斯都里亞斯部二圖與徐同慕志作亞斯都里謝志作阿斯貞利亞仍爲一州曰痾維亞多曹譯年鑑云痾維亞多州四千二百五方英里二圖與徐同東三當德爾北大西洋海西南良會城同州名慕志作痾維多

○徐又云加達魯尼亞在亞拉岡之東東南臨地中海北負比里牛斯大山與佛郎西接壤縱約五百里橫約七百里依山傍海物產懫盈地氣平善戶口最繁織造呢羽皆精良貿易之盛甲於通國山產材木五金晶白玉藍寶石白黑礬硇砂現分四部曰巴爾塞羅內列上等城連海濱居民十二萬葡萄酒燒酒橄欖油南果由此出運爲東境第一大埔頭曰達拉瓦納列下等地多烈風穀果豐碩曰勒黎達列下等物產亦豐曰日羅納列下等城建山麓有金湯之勢國變時屢被兵日形凋敝先謙案加達魯尼亞部慕志作加達羅尼謝志作加達羅尼亞許考作加達魯尼政要作加到陸爾尼亞二圖與徐同爲州四○曹譯年鑑云巴爾塞羅內千九百三十五方英里人口百五十萬四千五百四十一二圖與徐同北法國東吉羅內南地中海西勒黎達會城臨海同州名講義云人口五十九萬九千餘製造業及外國貿易甚盛居國內第一稱西班牙之曼徹斯特慕志作巴爾塞羅那矣志作孛塞洛納辻志作巴塞勒那周志作派衰弄諾謝志作巴色羅那云沿地中海第一大埠形勢勝於京都製造棉貨極盛有大學運政局修道院禮拜堂演劇館皆華麗居民二十八萬卽雷之巴西羅那○曹譯年鑑云達拉哥納州二千五百五十方英里人口三十三萬七千九百六十四卽徐之達拉瓦納二圖與年鑑同北勒黎達東北巴爾塞羅內西薩拉厄撒南地中海會城臨海同州名慕志作達啦歌那○曹譯年鑑云勒黎達州四千六百九十方英里人口二十七萬四千五百九十二圖與徐同東巴爾塞羅內西烏厄斯加北法國南達拉哥納會城同州名○曹譯年鑑云吉羅內州二千二百六十四方英里人口二十九萬九千二百八十七案卽徐之日羅納二圖與年鑑同北法國西巴爾塞羅內東南地中海會城同州名慕志作其羅納

○徐又云比斯加亞介納瓦拉亞斯都里亞斯之間北距大西洋海縱橫皆二百餘里產木材甚富船廠皆取給焉現分三部曰比斯加亞列下等會城頗繁盛爲羊毛總聚之地曰給不斯孤列下等城建山麓爲北境鎖鑰嘉慶十八年佛郎西來侵屋宇磤臺俱成灰燼事定之後修復如初曰亞拉禨列下等先謙案比斯加亞部慕志作比斯加謝志作比斯嘎二圖作瓦斯岡加達斯爲州三○曹譯年鑑云瓦斯岡州八百三十六方英里人口三十一萬千三百六十一二圖作維斯喀雅北大西洋東給不斯哥南亞拉禨西三當德爾慕志作比斯加○曹譯年鑑云給不斯哥州七百二十八英方里人口十九萬五千八百五十案卽徐之給不斯孤二圖與年鑑同東南納瓦拉北大西洋海西維斯喀雅慕志與徐同○曹譯年鑑云亞拉禨州千百七十五方英里人口九萬六千三百八十五二圖與徐同北給不斯哥維斯喀雅東納瓦拉西不爾厄斯南羅哥羅虐慕志作亞拉縛

○徐又云義斯德勒馬都拉在新加斯德辣之西西境與葡萄牙接壤縱約六百六十里橫約四百六十里土肥沃而氣候極炎現

分二部曰巴達闊熱斯列下等城建瓜的牙納河右極堅固有石橋長一千八百步闊二百步橋孔二十有八產穀果菽酒牲畜曰達塞勒斯列下等產牛羊先謙案義斯德勒馬都拉部謝志慕志作頤斯德瑪多二圖與徐同爲州二○曹譯年鑑云巴達熱斯州八千四百五十一方英里人口五十二萬二百四十六二圖與徐同北達塞勒斯南烏厄爾礦東虛達里亞耳西葡國會城同州名慕志作巴達若許考云城建瓜的牙納河上造大石橋以渡長百七十三丈闊約二丈橋門二十八爲一方勝迹之最○曹譯年鑑云達塞勒斯州七千六百六十七方英里人口三十六萬二千百六十四案徐達作達未知孰是二圖與年鑑同北薩拉蒙加南巴達熱斯東多勒多西葡國會城同州名慕志作加塞勒斯

○徐又云安達盧西亞在新加斯德辣之西南西界葡萄牙西南臨海縱約五百里橫約千百五十里山皁與平原相間其山有毛有童產穀果絲綿蜜酒油鹽甘蔗牲畜又產銅鐵窩宅水銀硇砂長夏酷熱土人多夜作晝輟現分五部曰塞維里亞列上等城建平原居民九萬豐饒爲南土之最曰馬厄爾礦列下等民多以綱魚爲業曰加的斯列上等城建海角大而堅著名西土居民五萬三千貿易昔稱極盛今漸蕭索曰哥爾多瓦列中等城建達爾幾維爾河之右傑構雲連樓臺重疊街衢狹而穢居民五萬七千曰熱音列下等土甚沃而農作不勤先謙案安達盧西亞部謝志作安達魯西亞許考作安德盧西慕志作安達羅西爲州五○曹譯年鑑云塞維里亞州五千四百二十八方英里人口五十五萬五千二百五十六二圖與徐同東北哥爾多巴西烏厄爾礦南加約

斯會城同州名慕志作塞菲里講義云近瓜到基維爾河之海口人口十四萬六千餘輸出果物甚盛又爲西班牙鬪牛戲之地國人稱此府爲安達盧西亞之女王又有王宮摩亞人遺物甚多矢志作塞維拉云爲輸出葡蔔之地樋志作塞維里云有廣大之製造煙草場謝志作色斐勒亞濱瓜達勒基斐河有木耳王古宮大博物院大學製造雪茄煙磁器機械等物產水銀鉛酒橄欖油果品輸出不少○曹譯年鑑云烏厄爾礦州三千九百十三方英里人口二十六萬八百八十二圖與徐同東塞維里亞北巴達熱斯南大西洋海西葡國會城近海同州名慕志作烏厄礦○曹譯年鑑云加的斯州二千八百三十四方英里人口四十五萬六百五十九二圖與徐同北塞維里亞南直布羅陀海峽相對東地中海西大西洋海會城西臨海同州名講義云人口七萬餘乃西歐最古都會之一昔爲西班牙第一要港謝志作嘎第斯云古爲腓尼其人所立貿易頗盛昔哥崙布探新地於此起行四周礮臺堅固矢志作加紫曹云卽雷之坎帝士○曹譯年鑑云哥爾多巴州五千二百九十九方英里人口四十五萬五千八百五十九案卽徐之哥爾多瓦二圖與年鑑同東北虛達里亞耳西北巴達熱斯東南熱音西南塞維里亞會城同州名慕志作哥多法○曹譯年鑑云熱音州五千二百三方英里人口四十七萬四千百九十二圖與徐同北虛達里亞耳南加拉拿大東木爾西亞西北哥爾多巴會城同州名

○徐又云巴里亞利斯在西班牙東南地中海內合五島爲一部列下等曰馬惹爾架曰米諾爾架兩島較大戶口約二十萬產南果極多曰壹維薩曰佛爾門德辣曰加卑勒謙案巴里亞利斯部慕志作巴利亞里謝志作巴利阿那今仍爲一州曹譯年鑑云巴里亞利斯州千九百三十五方英里人口三十一萬千六百四十九二圖與徐同五島馬惹爾架作馬拉爾架壹維薩作壹畢薩餘同慕志馬惹爾架作瑪惹架米爾架作米諾架佛爾門德辣作咈爾們德加卑勒拉作加卑勒餘同

○徐又云加拿列斯在阿非利加之西大西洋海中合大小二十島爲一部以德內黎非島爲首列下等先謙案二圖加那列斯部今仍爲一州卽徐之加拿列斯曹譯年鑑云加那列斯州阿非利加西大西洋中轄島二千八百七十方英里人口三十五萬八千五百六十四先謙案互詳非洲年鑑又云外附一阿非利加西北海岸卽林達婆野赫等總十三方英里人口一萬四百十二

屬地　雷志云面積十五萬三千八百三十四英方里人四十四萬三千口如修太及坎耐廉羣島均在內講義云非洲屬地僅大陸西海岸之利俄迭俄羅及安多拉二地與大西洋中之加那列羣島共二十四萬四千方英里人口約十三萬六千加那列羣島行政直隸本國

直布羅陀　先謙案雷志在葡萄牙後今移置於此

直布羅陀　雷志云在地中海口英國設城堡置戍兵焉面積二英方里人二萬六千二百三口內有戍兵五千五百零五人徐又云安達盧

西亞南境與阿非利加之北境相對成海峽曰日巴拉爾大一作直布羅陀長約八十里闊約五十里狹處止十餘里爲地中海之門戶英吉利於北岸磐石之上築堅城曰義人答答里環以礮臺守以重兵已歷百餘年佛郎西西班牙屢攻之不能取也先謙案講義云直布羅陀爲西班牙最南端一小半島扼地中海之門戶面積不過一方英里十分之九人口二萬四千七百一千八百九十九年時英國直轄殖民地也英置兵五千四百五十人以供守備礮臺甚堅英最重要之海軍根據地目下築港新塡之地二百六十攸加又爲設備船渠新於海岸塡成五十攸加之地千七百四年英艦隊占領迄今謝志作支伯拉德云與非洲之摩勒哥相對扼地中海咽喉峻品壁立高十四百三十英尺突出海中約十里誠天險也面積二十方里北方一沙頸與大陸相連南面海腰窄處僅四十五里天氣酷暑無從得水英就山石鑿成礮臺西南爲支伯拉德邑居民二萬五千頗與非洲貿易設官治之吳志作計布蘭塔矢志作奇勃拉貪案卽徐之日巴拉爾大支伯拉德邑卽徐之義人答答二圖作直布羅陀峽

葡萄牙國

葡萄牙　徐志葡萄牙葡萄鴐耳都敷葡萄庫耳博爾部鬱亞布路亞大西洋波云歐羅巴小國也地形狹長縱約千三百里橫約五百里東北兩面界西班牙西南兩面距大西洋海其地古名虛西達尼亞本西班牙西境自唐以前沿革與西班牙同當西班牙恢復舊土有臣曰英黎給佛郎西之王孫也善將兵戰功最多加斯德辣王亞豐蘇妻以女以所克盧西達尼亞數城封之爵如伯其子亞豐蘇英

黎給襲位伐同部大破之擴地漸廣宋哲宗紹聖元年國人奉以爲王是爲葡萄牙立國之祖其後嗣征服同部盡有盧西達尼亞之地遂與西班牙並立明嘉靖間有賢王曰以馬努以利能立制防國稱極治子約翰第三嗣位聯婚於西班牙四境乂安倉庫充實子英黎吉嗣位亞非利加同部來侵出戰敗沒無子西班牙乘勝併其國由是隸西班牙者六十年西政貪殘葡人患倒懸崇禎十三年起兵逐西班牙守者復立故王支屬約翰第四西班牙屢來侵稱兵二十餘年葡王修好於英吉利英助以兵力時擁護之乃免於亡先是歐羅巴諸國自開闢至元時自相往來鮮通別土蒲人精於算數習天文用儀器測量日出入並星躔度數知水陸之方向遠近明初其王遣善操舟者駕巨艦南行由非洲西境轉而東歷非洲東境抵五印度之西境復轉而東至麻喇甲又從蘇門答臘噶羅巴之海峽通歷東南洋諸島國所至輒留國人營立埔頭隆慶初抵粵東香山縣之港鏡（一作澳門）請隙地建屋歲納租銀五百兩疆臣林富代請許之葡人遂立埔頭於澳門是爲歐洲諸國通市粵東之始其後西班牙荷蘭接踵東來佛英繼之葡人所立小西洋東南洋埔頭咸被侵奪僅餘澳門一壥爲諸國東道之逆旅嘉慶初佛王拿破侖侵葡葡不能禦王棄國航海逃於巴西巴西者南亞墨利加廣土葡人於明中葉探得之建爲藩部者也已而拿破侖爲英所禽王乃歸國尋卒其世子留王巴西兼王葡巴西民謂王貪王兩地不肯服王不得已自王巴西而遣幼女歸王葡時王弟已自立不肯避位王在巴西不習其俗國人迫王致位王狼狽歸國與女合兵攻弟英助以兵滅王弟王女乃定位尋贅日耳曼世子爲壻夫卒再贅女慈惠愛民國人安之又云葡

萄牙壤地褊小外臨大西洋海境內萬山盤帀平原甚少大河三曰來虐曰斗羅曰德人皆發源西班牙由蒲西境入海西北氣候頗寒東南則夏苦炎熱穀以小麥莜黍爲主大麥油麥高粱粟米秔稻蠶豆豌豆亦皆有之土田最沃而農功疏惰木多松柏栗橡槐楊楓椴果有梨橘桃梅櫻桃核桃杏仁波羅佛手檸檬無花果阿利襪（卽橄欖其仁可爲油）最多者爲葡萄用以釀酒極甘（色赤味甜內有緋櫻桃都）販行徧於西土亦解種桑養蠶山產紅藍寶石水晶五金各礦黑礬硫磺磁石鹽田則沿海皆是取之不竭舉國崇天生教財貨半歸教師民恆貧乏之國舊分六部後分爲八部各有所領小部（謝志云葡萄牙在土股之西當北緯三十六度五十五分至四十二度七分西經六度十五分至九度三十分東北爲西班牙環抱西南臨大西洋長千二百里廣三百六十里境內昔有二城曰波多曰該爾合之曰波多該爾譯音曰葡萄牙也講義云自十五世紀末至十六世紀嘗掌握海上權開拓新地與西班牙爭雄十七世紀國勢漸傾今爲歐洲之貧弱國矣矢志云葡萄牙舊與西班牙相雷合曰伊比利後以葡萄府及牙府二都會之名合稱爲葡萄牙）志云有限君主國（謝志云千八百二十六年始立憲法定爲君民共主立憲政體王位世襲不論男女行政權在王與內閣七部立法權在國會上下二院上院以王族貴爵主教合成下院百二十員皆民舉）面積三萬五千五百七英方里人四百三十萬千九百八十口連曼對拉與阿斜斯羣島計之面積三萬六千七百四十四英方里（謝志云面積三十四萬方里）人

四百六十九萬二千百二十三口國人大半不識字（講義云教育執強迫主義然未能實行近年漸有進步大學惟固英巴拉一處）全國百分之二十五爲耕種地百分之二十七爲草地百分之三爲樹林礦產有鐵銅鋅與少許之煤（謝志云產葡萄最盛歲製酒二百二三十萬石色紅者曰波打最有名餘則橄欖無花果橘橙檸檬等南方盛產之所出穀米麥珠粟等不過供民食牧畜多山羊綿羊豚江海多魚礦產銅鉛硫磺煤錳砒金銀錫鐵等石鹽輸出甚多講義云國內荒蕪之地居其大半產業不盛惟養葡萄各國所用波爾多葡萄酒卽此國斗羅河畔所產自波爾多港輸出者礦物雖富以石炭缺乏然料不足轉運價昂故採掘未盛）鐵路千四百六十七英里千八百九十八年有商船二百四十八（謝志云鐵路長四千里沿海船舶甚多地勢扼地中海大西洋之要中古貿易極盛今則大衰講義云千八百九十七年末電信綫路四千五百八十四英里綫路條九千四百七十五英里）入口貨值八百十五萬磅出口貨值四百九十五萬磅以酒與木塞爲大宗多與英德法貿易（謝志云出口貨多葡萄酒水銀牛果品食鹽入口貨棉煤金類食品爲多工藝不精器用多仰他國本地製造貨惟麻布棉布烟陶器而已講義云輸出大宗葡萄酒科爾克棉系銅馬匹衣之輸入綿類穀物鐵石炭等廿志云出口貨以葡萄酒塞子銅家畜

爲宗塞子周志同蓋卽木塞不知何物再考政要云通用之銀錢曰密勒合千縷爲一密勒合四密勒半爲英銀一磅稱量之具與法國同）入款八百四十五萬二千磅國債一億二千七百二萬六千磅（謝志云歲入一萬萬圓公債十五萬萬圓）軍額平時三萬五千三百三十七人戰時十六萬人戰艦八十二內鐵甲六（謝志云陸軍平時三萬五千馬五千匹兵費千一百萬圓海軍大小兵船三十一艘多小礮船水師五千人歲費八百五十萬圓講義云兵取於徵兵及應募二法陸軍平時兵員約三萬戰時可十五萬人此外殖民地有兵一萬多以土人編成海軍甚微不過甲裝艦一隻而已外有巡洋艦礮艦水雷艇合共八十餘艘）力士本熱度中數六十度正月五十一度七月七十一度雨水三十英寸人二十四萬二千二百九十七口　阿巴拖人十萬五千八百三十八口（徐又云義斯德勒馬都拉在南北適中之地西距大西洋海縱約六百里橫約二百五十里領十一小部曰里斯玻亞一作勒士門又作勒門葡萄牙之都城也建於德人河右跨山臨水樓臺疊起內有學署書庫觀星臺軍功廠規模極爲鉅麗郊外內港寬深下接海口泊舟平穩貿易極繁河岸礮臺周帀守衞嚴密乾隆二十年遭地震王廷民舍不遺一椽死傷山積歷年修建乃復其故曰德黎威德辣產葡萄有行宮甚麗曰加斯德內辣其海口可泊舟曰亞零給爾有溫泉能療病曰勒黎亞物產

甚豐有玻璃廠足供通國之用曰亞爾哥巴薩產棉布曰多麻爾產油酒穀果甚多貿易頗盛曰歐靈曰商的勾西兩部地處高陵土田甚瘠曰三達零在德人河右土腴產豐繁華爲通國之最有行宮備冬獵曰塞獨巴爾在薩都河右巨舟可泊產鹽極王先謙案葡萄牙今分六州十七郡又合阿索勒斯諸島三郡及馬得拉島一郡而爲王國見伊東祐穀世界年鑑較徐志有省併其大部仍脈絡可尋今依徐志次第之義斯德勒馬都拉部今爲一州領三郡曹典球譯年鑑云里斯玻亞郡面積二千八百八十二方英里人口七十萬八千七百五十據列國學會二圖里斯玻亞與徐同北勒黎亞東三達零西南大西洋海會城里斯玻亞郎雷之力士本講義云爲國首府在德克斯河口人口三十萬一千餘河口大開爲自然之艮港其廣可容歐洲諸國軍艦猶有餘地可想見也矢志云在塔格斯河口昔有白蠟石王宮樋志云國都曰立斯奔在太賀河口謝志云都城曰利斯波阿斯一本日里在達賀河北岸距河口二十七里宮室華美多學院善堂有白石水渠古爲繁盛大埠今海上貿易既不如前加以千七百五十五年地震大半傾圮民死四萬元氣大傷迄今猶未全復周志作利司本又徐志加斯德納辣二圖作加斯但黑辣及德黎威德辣塞獨巴爾皆在境內有塞獨巴爾灣講義作塞搜巴爾云在里斯玻亞之東南出鹽甚盛○曹譯年鑑云勒黎亞郡面積千三百四十三方英里人口二十四萬百六十七據二圖勒黎亞與徐同北固英巴拉東三達零南里斯玻亞西大西洋海會城同郡名又徐志亞爾哥巴薩多麻爾歐靈據二圖皆在境內○曹譯年鑑云三達零郡面積二千六百五十一方英里人口二十八萬三千六百七十六案二圖三

達零與徐同東玻爾達黎給劣北加斯德羅巴郎古西勒黎亞里斯玻亞南卑蕙會城同郡名○徐又云卑辣在義斯德勒馬都辣之北東界西班牙西臨大西洋海縱約六百里橫約三百里近分二部曰卑拉亞爾達曰卑拉拜砂共領十一小部曰固英巴拉舊爲卑拉會城有大書院葡國名人皆由此出土產磁器麻布曰亞爾加尼耳地幽闇煙戶甚稀曰亞威羅在窩烏身河口埠頭甚大而水土頗劣產魚鹽磁器紅橘曰非辣田甚沃其河多魚曰維修卑拉亞爾達之會城也有大市產棉布善造金銀器皿曰拉美厄產煙葉多畜豚曰比聶爾與西班牙接壤城極堅曰達郎哥索城有七門十五墖礮臺周密曰瓜爾達地氣嚴寒產棉布洋絨鮮果曰黎尼亞利斯地荒僻少戶口曰加斯德羅巴郎古卑拉拜砂之會城也城坦整峻街衢敞潔物產亦裕先謙案列國圖卑拉部郎徐之卑辣學會圖諜阜辣慕志作卑啦今爲一州領五郡曹譯年鑑云固英巴拉郡面積千五百方英里人口三十三萬三千五百五案二圖固英巴拉與徐同北亞威羅東南加斯德羅巴郎古南三達零西大西洋海會城同府名講義云臨蒙鐵科河有大學千二百九十二年所剏立又徐志亞爾加尼耳據二圖在境內○曹譯年鑑云亞威羅郡面積千一百二十四方英里人口三十萬百八十一案二圖亞威羅與徐同北伯爾多東維修南固英加拉西大西洋海會城同府名又徐志非辣據二圖在境內○曹譯年鑑云維修郡面積千九百二十方英里人口四十萬二千七百九十九案二圖維修與徐同北威拉里亞爾伯爾多東瓜爾達南固英巴拉西亞威羅會城同府名又徐志拉美厄据二圖在境內○曹譯年鑑云瓜爾達郡面積二

千百四十六方英里人口二十六萬三千六百九十二案二圖瓜爾達與徐同北巴拉安薩南加斯德羅巴郎古西維修東班國會城同府名又徐志達郎哥索据二圖作特琅科索黎尼亞利斯作力尼亞力斯及比聶爾皆在境內○曹譯年鑑云加斯德羅巴郎古郡面積二千五百五十八方英里人口二十一萬六千六百二十九案二圖加斯德羅巴郎古與徐同北瓜爾達固英巴拉南玻爾達黎給劣三達零西勒黎亞東班國會城同府名○徐又云亞零德人在義斯德勒馬都拉之東卑辣之南東界西班牙西南隅臨大西洋海縱約五百里橫約二百九十里富庶甲於諸部產穀果羊毛奶餅油酒蜜臘領小部八會城曰厄窩拉城市華潔產磁器陶器曰卑蕙土腴氣清民物康阜城外有墖四十又有方砲臺甚高可遠眺數百里曰窩黎給昔亞豐蘇英黎給大破回部於此其後人建坊廟以志武功曰維拉威索薩城有大宅極巨麗高爵居之又有大囿周迴四十里內多嘉樹清泉鏖兔充物曰呢里禨斯爲葡第一堅城戶口繁密商賈輻輳曰玻爾達勒給劣物產豐富人多素封曰加拉多戶口寥落曰亞維斯有行宮先謙案亞零德人部今爲一州領三郡曹譯年鑑云厄窩拉郡面積二千七百三十八方英里人口十二萬七千二百三十二案二圖尼窩拉與徐同北坡爾達黎給劣南卑蕙西里斯玻亞東班國列國圖會城同郡名學會圖厄誤瓜○曹譯年鑑云卑蕙郡面積四千二百九方英里人口十六萬千六百二案二圖卑蕙與徐同北厄窩拉南發羅西大西洋海東班國會城同郡名又徐志窩黎給二圖作痾黎給在境內曹譯年鑑云坡爾達黎給劣郡面積二

千四百八十四方英里人口十二萬四千六百九十七案二圖玻爾達黎給劣與徐同西北三達零北加斯德羅巴郎古東班國會城同郡名又徐志亞維斯二圖作亞禾士在境內○徐又云亞利牙爾威西南臨海北界亞零德人東界西班牙縱約一百里橫約三百四十里其民雄健好武多以捕魚爲業尤善駛船舊本小國葡滅回部并兼其地領小部三會城曰發羅平原饒沃烟戶湊密人多習漁曰達維拉葡萄徧野網罟蔽河山產銀銅曰拉各斯城建海隅港口深闊可泊大船屬邑薩給勒斯有書院故王亞豐蘇英黎給所建也先謙案亞利牙爾威部今爲一州領一郡曹譯年鑑云發羅郡面積千八百七十三方英里人口二十五萬四千八百五十一案二圖發羅與徐同北卑蕙西南大西洋海東班國會城同郡名又徐志達維拉拉各斯据二圖皆在境內○徐又云斗羅米虐東北界西班牙南界卑拉西臨大西洋海縱約二百五十里橫約一百五十里其地樹木成林牲畜繁衍近分二部曰斗羅曰米虐共領小部七曰巴拉加米虐之會城也人烟湊密多峻宇產軍器鐵器麻布金銀器皿價甚廉曰伯爾多斗羅之會城也物產之豐貿易之盛亞於里斯玻亞[illegible]曰北那非野爾人戶甚稀曰幾馬拉英斯昔開國之王亞豐蘇英黎給誕生於此宮殿遺址猶存產鐵器牛皮曰維牙納城建黎罵河口泊舟甚穩土產極豐曰巴爾塞羅斯地亦豐富產火腿曰瓦連薩城極堅固先謙案彌諾部郎徐之斗羅米虐今爲一州領三部曹譯年鑑云巴拉加郡面積千五十八方英里人口三十五萬六千八百十

九案二圖巴拉加與徐同北維牙納南伯爾多東威納里亞爾西大西洋海會城同郡名講義云為國內宗教上之首府又徐志幾馬拉英斯二圖作幾馬拉馬斯在境內○曹譯年鑑云伯爾多郡面積八百八十二方英里人口六十萬千六百八十八案二圖作伯爾多與徐同北巴拉加南亞威羅東威拉里亞爾西大西洋海會城同郡名講義作波爾多云在斗羅河口為國內第二大都為葡萄酒輸出之中心製造業亦盛謝志作俄波多云據度羅河口所出以波打酒布匹綢緞陶器皮革烟帽等著名又有牛銅輭木果品城內有畫品禮拜堂藏書室倶古麗樋志云有名之巴德温酒自此港輸出矢志作哇巴託云在毒洛河畔卽葡萄牙舊都慕志作疴玻多云西洋黑酒大埠吳志作窩坡爾特周志作阿泡拖辻志作歐庖兒透卽雷之阿把拖又徐志北那非野爾二圖作比那非野爾在境內○曹譯年鑑云維牙納部面積八百六十七方英里人口二十一萬四千五百九十九案二圖維牙納與徐同東威拉里亞爾南巴拉加西大西洋海北班國會城同郡名又徐志巴爾塞羅斯据二圖在境內

○徐又云達拉斯德斯蒙德世東北界西班牙西界斗羅米虐縱約二百二十里橫約三百三十里巖谷迴環牲畜繁富葡萄桑樹市野彌山領小部四會城曰巴拉安薩建於山陵之上戶口不繁土雖沃而水泉鹹劣產綢緞絲貨曰迷蘭達昔之名城久已隳毀人戶尤稀曰蒙哥爾窩有織造絲貨機房貿易極盛產葡萄美酒曰威拉里亞爾地極豐富戶口最繁屬邑北蘇的勒瓜釀葡萄酒最良商販絡繹每歲得酒價約五六百萬金先謙案達拉索斯蒙德世部今為一州領二郡曹譯年鑑云巴拉安薩郡面積二千五

百七十五方英里人口十八萬五千五百八十六案二圖巴拉安薩與徐同北東南班國南瓜爾達西威拉里亞爾會城同郡名又徐志蒙哥爾窩二圖作蒙加到羅迷蘭達作彌蘭達皆在境內○曹譯年鑑云威拉里亞爾郡面積千七百十八方英里人口二十四萬三千五百八十四案二圖威拉里亞爾與徐同東巴拉安薩西維里納巴拉加伯爾多南瓜爾達維修北班國會城同郡名○

○徐又云葡萄牙之西大西洋海中有羣島距葡境約二千餘里葡採得之墾為外部總名曰亞索利亞譯言鷹島也島之大者有九南方二曰三達馬利亞曰三迷給爾中央五曰德爾塞辣曰三惹爾日曰加拉西約薩曰發牙爾曰北哥北方二曰佛羅利斯曰哥爾窩各島天氣晴和水土平善產五穀南果極多中稔之年猶堪出售五十舟近刻有地理備考大西洋人馬吉士所譯於西班牙葡萄牙兩國紀載獨詳葡萄牙其本國西班牙其鄰國也茲節採之先謙案阿索勒斯諸島卽徐之亞索利亞今領三郡曹譯年鑑云諸島面積一千五方英里人口二十五萬六千四百七十四講義云當本國之西九百里凡九島面積九百九十六英里森米圭爾島最大特爾塞拉次之輸出橙賓甚多此島之安格拉為羣島首府然商業最盛者惟森米圭爾島之達大得爾加達云謝志作亞梭耳云一名好克羣島九島自成一省大酋治之地多山徧植樹林火山所成常恚地震○先謙人案馬得拉島今為一郡曹譯年鑑云馬得拉島面積五百五方英里人口十五萬五百二十八講義云在非洲西北之衢自英國至南阿此其中途也全島多山果物亦夥氣候和煦最宜養疴謝志作瑪德拉云去摩勒哥千二百里產穀類荷蘭薯橘橙檣檬無花果葡萄慕志作馬德辣

○徐又云粵東居夷自葡萄牙之居澳門始維時尚方珍玩皆取辦於粵或不時給輒為中涓所嬲適葡人有濠鏡之請當事利其居積貨寶便於供辦又所謂歐羅巴者爾時不知為何地以為不過南洋諸夷之類一枝暫借無足重輕非必貪其五百金之利也葡萄牙本西洋小國得此粵宅如登天上以其餘資廣築樓館綿亘萬廈歐羅巴諸國來粵者倚為東道主人其蛋粵收逋欠者皆租其房屋久居不去諸夷之侵淫狎熟於粵東則由澳門為之權輿也林富一代名臣而謀國之疏若此語云涓涓不絕將成江河可不愼哉又云葡萄牙初至澳門其本國商船來者甚多極為饒裕迨後印度南洋各埔頭多為諸大國所侵奪本國估帆遂致絕迹生計日益貧窘僅以屋租為養命之源其居澳門者長子孫已數百年粵人謂之土生仔生齒既繁戞貧特甚又云澳門之夷俗呼為大西洋又稱為意大里亞當其初來中土不詳其部落之名彼謂從大西洋來則稱為大西洋而不知葡萄牙之在大西洋不過滕薛之類也至稱意大里亞則以意大里為彼土一統之朝猶之稱中國為漢人唐人耳又利瑪竇南懷仁之屬以歷學名中土皆意大里之羅馬人而其來也皆居澳門訛誤相仍有自來矣

中國沿海地誌不分卷（一）

廉泉等纂

《中國沿海地誌》不分卷，廉泉等纂。原書不題撰人，檢書末所附四紙，録孫道毅（號寒厓）詩七首，後有題記，署「廉南湖記於《順天時報》」。案廉南湖即近人廉泉，江蘇金匱（今無錫）人，曾與「公車上書」事。光緒二十八年（一九〇二）與人合設文明書局於上海，編印新式教科書。此稿中多見修改痕迹，筆迹與廉氏題記如出一轍，蓋即其主纂者。書首有緒言。正文分二篇。首篇題爲「沿海總論」，分中國海岸之概觀、海岸之區分、沿海之海流及潮汐、沿岸之氣象、沿岸警戒之設備五章，較爲簡略。次篇題爲「沿海分論」，分奉天省沿岸、直隸省沿岸、山東省沿岸、江蘇省沿岸、浙江省沿岸、福建省沿岸、廣東省沿岸七章，每章下設港灣、島嶼、商埠三節。其第七章廣東省沿岸第二節島嶼涉及南海諸島，配有地圖，徵引西人諸説亦甚詳備。全書條分縷析，體例較爲精密。據中國國家圖書館藏稿本影印。

中國沿海地誌

緒言

我國閉關時代所謂交通事業者惟求域內陸地無甚阻塞於水運僅求便於帆船航行以利漕運於海上權利及海運初未嘗注意也自清道光鴉片戰爭後海禁初開與西洋各國互市於是外國經濟商業之勢力遂侵入中國人民漸知一國之富強全賴工商業之發達而工商業非有海上之勢力海軍之保護不能發展於域外於是漸有航業海軍之建設然幼稚殊甚與歐美各先進國較誠不可以道里計也

英人之言曰「吾輩歐人之占海上勢力者獲益莫大海上勢力我英人財產之大宗也」又曰「海洋者得獨擅貿易之利獨擅貿易之利者得專握世界之富源夫富源既為所握則統御世界必矣」又曰「不列顛為波濤之主人翁波濤之主人翁者世界之主人翁也」德人之

言曰「海洋者世界之康莊也萬國民人活動之原野萬國人民所以發展其實力而逞其野心之場也民權以之為搖籃國財以之為乳母國民之有海艦猶鳥之有翼魚之有鰭獸之有爪牙軍人之有武器故國民而無海艦者是自甘為他國之奴隸也」又曰「吾人之前途惟在海上德人乎盍速赴于海也」又曰「自發明海洋為國民活動之舞台遂使國民生活與海洋有密切之關係自有擴張版圖于海上之說遂使國民陸上之生活一轉移而為海上之生活其不能為海上事業者則必無飛躍于世界之日也」觀此諸論可知西人之視海權及海上勢力尤重一國富強之所以肇國命脈之所維繫戰爭皆係競爭此事發生證諸近史比比皆是如一八七七年之俄土戰爭其爆發之主因即俄國欲滅土耳其發展其勢力於地中海而爭黑海海權（因克里米戰役巴黎和約黑海為中立區域俄土

兩國不得設海軍及海軍工廠於其沿岸）以為根據地一九〇四年之日俄戰爭其戰最大原因亦以二國互爭太平洋勢力而起最近之歐洲大戰其主因雖為巴爾幹半島問題而英國之所以極力反對德國者亦因德皇威廉第二曾發出「將來德國在海上之宣言也觀其宣言可見德國與英競爭海權即務求達其海陸軍冠於全世界之目的故英國深恐以惟我獨尊之海上勢力為德所分此種皇之宣言愈使英其起反抗之心又如近來日美二國惡感亦種於深亦無非太平洋上之勢力衝突也

我國沿海七省海岸線長約萬里占太平洋西部之大半太平洋本為我國競爭角逐之場我國實居主人之地位惜乎往昔國人思想狹隘航海遠行拓地殖民者政府既不能獎勵扶持復謚之曰游民名之曰海盜嚴刑以禁之約外人以殘之於至今日航權海

權悉操縱於日美二國匪特無隻船片帆樹國旗於海外即本國域內之航權亦為各國所侵佔可恥孰甚且沿海之良港灣如旅順大連威海衛大鵬灣廣州灣等外人俱强佔取我國之膏液每歲流入外洋者不知凡幾且門戶洞開一旦有事以我之矛刺之盾禍伏肘腋欲避不及隱憂未有甚於此者雖然東隅已失桑榆非晚租借者非割讓也如期而收還之在國民之自奮與否而已

我國欲振興航業擴充海權其唯一之先決問題即我國海岸是也所謂海岸之狀態港灣島嶼之形勢何者宜闢為商港何者宜闢為海軍根據地其餘如商埠之現狀水道之流域航路之遠近運輸之便否以及地理上經濟上軍事上之問題皆為國人所當知悉而尤為地學家航海家所不可不研究者此海岸誌之作即以上主旨使國人瀏覽之餘知今後中國之事業將在海上也

第十篇　沿海總論

第一章　中國海岸之概觀

(一)海岸線之長度　我國內地海岸線長約六千四百五十里加以港
灣岬角半島等出入統計之實達一萬三千五百里至一萬五千里
(四)以海岸線與面積比較則面積每二千二百五十四方里得海岸線一里故海岸線
不得謂之彎曲而深長也

(二)海岸線之形狀　我國沿岸形狀就全部言之為半圓形浙江
省東部島嶼則半圓之頂點也位於東經百二十三度左右此半圓形兩端
北為渤海灣南為東京灣而渤海灣則有山東半島之突出
東京灣則有雷州半島及海南島之突出二者適成遙遙相對之勢

(三)海岸線之分類　我國海岸分類以沿岸生成之狀態分之大
別有二一為沙岸線一為巖岸線

(甲)沙岸線　即沖積層之沿岸大概為直線或規則的彎曲沿邊

之地平坦富饒沿海水淺附近多沙堆故少良港非淺水船舶不得通行其間惟於大河河口河流水勢衝泥沙僅得駛行大船而已然亦常有門洲橫亘河口為航行之障礙物如上所述沖積層之地直隸岸全山東北部江蘇沿岸全部浙江省北部海岸皆屬之

（二）巖岸線　即花崗岩質之沿岸富於灣澳岬角之出入沿邊山嶽聳峙海水深附近沙灘且島嶼繽紛環為內海其間多成良港其商港之位置或沿海灣或據島嶼或瀕河口皆便於碇泊更細別沿岸為二種一山脈平行於海岸其瀕海島嶼羅列多成良港然通其間之海水流急而險海底較淺如廣東省沿岸是二山岳對海岸而成直角海岸半島岬角突出海上多成長大之海灣島嶼常縱列於海面海水深適

於碇泊如山東省（東南部）浙江省（東南部）沿[redacted]海岸是也[redacted]至福建省之
沿岸則兼二者而有之

（四）中國海之特徵　我國沿海雖皆屬太平洋然有種種特異性質今
舉其主要之點如下

（甲）海水含鹽分較少

（乙）海水甚淺雖在海南島與斐律濱群島中間為沿岸之最深處亦
無逾八千尺以上者

（丙）潮汐之高低各處不同在直隸灣與香港附近處甚高低之差
僅六尺半而廈門及閩江口附近甚高低之差甚大通常達十五尺以
上錢塘江潮汐之差達十四尺

（丁）海水之溫度與內地之水大異海水[redacted]在二月[redacted]間海南島附近為華
氏七十八度香港附近為六十八度[redacted]至五十九度浙江省附近為五十

度山東省附近為三十二度[redacted]至四十一度[redacted]在八月同[redacted]海南島附近為華氏八十六度[redacted]至八十二度自香港至山東角之間為七十七度[redacted]至六十六度更由是而北為六十九度[redacted]至五十九度由此觀之冬夏二季海水之溫度其差異之點實較內部為少因此[redacted]知內部氣候其寒暑均甚烈而瀕海[redacted]地其氣候較為平均[redacted]也

（三）海底之深度　海底之有高下與陸地之山川原隰無異我國海底內部向東南傾斜然自琉球群島以內斜度甚緩台灣海峽以[redacted]內則斜度甚峻峽北與峽西相較幾如一與六之比例茲列表於左沿岸各地海水[redacted]深度列表如左

區域	地段	六十尺至一百五十尺	一百五十尺至三百尺	三百尺至六百尺	六百尺至三千尺	三千尺至六千尺
渤海	遼東灣	四百里尚				
	直隸灣	二百五十里尚				

區	山東灣	四百里以內				
	直隸海峽	北七十里以內 南九十里以內				
黃海區	高麗灣	一百六十里以內	一百六十里以外			
	山東半島東北	一百二十里以內	一百二十里以外			
	山東半島東南	二百里至三百五十里以內	二百里至三百五十里以外			
	江蘇江北海岸	四百里至八百里以內	四百里至八百里以外			
東海區	杭州灣	一百四十里以內	九百里以內	一千二百里以內	琉球群島以內	
	浙閩海岸	三里至一百里以內	三百里至四百里以內	自台灣島北端向北距岸五百里至一千里以內	琉球群島以內	琉球群島東岸二百里以外
	台灣海峽	二十里至七十里以內	二百里以內			
南海區	韓江口	一百里至三百里以內	三百五十里以內	四百里以內	五百里以內	六百里以內
	廣東海岸	一百里至一百五十里以內	二百里至二百五十里以內	三百里至四百里以內	六百里以內	六百五十里以內
	台灣島南端	沿岸及五里以內	二十里以內	七十里以內	一百里以內	一百二十里以內

試觀上表以渤海之海底為最淺即其中央深處亦不過一百十二尺因此淺灘介殼光色易向天空折射而成海市蜃樓之幻影在昔科學未明遂多怪誕之說

黃海北部以二百三十一尺為最深南部以二百七十九尺為最深又有三百十二尺與三百十八尺之深潭兩處西部近江蘇多淺灘則昔年黃河所沖積也

自此入東海則成一半圓階級狀長江口外泥沙沈澱海底最淺逐向東南漸遠漸深以琉球群島為界群島以西最深不過三千尺以東則六千尺以外之大洋矣以其傾斜之處故地學家有日本琉球諸島為亞洲舊時東岸之說焉

南海深度則綫與台灣島南端相平行綫五六百里外即達六千餘尺故其近岸海之水已呈海洋深黑色此因海底之斜度既峻且南帶

諸省山地多而泥沙無可沖積也

海岸線與文明之關係　一國文化之發達與否與海岸之長短為正比例希臘意大利在歐洲大陸中發達最早與歐洲獨先他大陸進於開明之域為學者所認之原則也至何文化程度與海岸線距離有關尚無明確解說唯者暗合有為所默認者海岸線為交通機關交通便利與文化有關所說明而半島因海岸線重要部分所包圍其影響於文化明確半島之為文明起源實有其希臘Greece意大利Italy一在巴爾干Balkan半島一在意大利半島而基督教起於阿拉伯Arabia半島佛教起於印度India半島我國孔教起於山東半島此偶然合就其可思議一致

者[redacted]觀察之[redacted]不得謂其[redacted]無何等之共通原因也

第二章　海岸之區分

我國[redacted]土廣大[redacted]然面積海岸線雖甚短然東南兩岸多臨大海海岸如半圓形自北方朝鮮灣之鴨綠江口起至南方東京灣之北崙河口止合大小海灣出入[redacted]海岸線計之[redacted]一萬二百六十里(或作二千一百浬茲分渤海黃海東海南海四區略述其概要如左

渤海沿岸　渤海為遼東山東二半島環抱而成[redacted]北以旅順口外老鐵山嘴為界南以登州土角[redacted]廟島列島為界直隸海峽為其門戶兩半島南北對峙形如蟹[redacted]老鐵山嘴及登州土角[redacted]蟹[redacted]突出處[redacted]以內為渤海分二大灣[redacted]入[redacted]東北者曰遼東灣遼東半島[redacted]灣入[redacted]西南者曰直隸灣山東半島[redacted]東直隸海峽有小島十五[redacted]廟島列島為兩半島間[redacted]接點以聯絡兩角之地

體畢此諸島為陰山山脈（至奉天之遼東半島曰千山山脈）入渤海
之諸高峯迤邐西南可至山東半島為勞山山脈北嶺又極也且重要者
北則城隍廟南則長山島列島之間各有通行之水道蓬萊縣與長山
島間曰廟島水道長山島與猴磯島間曰長山水道城隍島之北曰老鐵
山水道形勢險要且便碇泊中日與日俄兩役日人曾據長山列島與
海洋島為根據地其他會灣錦州澳菊花島灣灤河口等為遼東灣
之要地老河口新黃河口龍口灣膠萊新河為元時通海運故道直隸灣
之名區也
（十）黃海沿岸　出直隸海峽即入黃海黃海之界北起鴨綠江口南
南至揚子江口北岸凡奉天山東二省及江蘇北部一帶之海岸皆屬之
以水色黃故名往者黃河由江蘇北部奪淮入海因其挾多量之黃色泥
沙以下故海水帶黃色而稱黃海今自黃河改道後山東江蘇東沿海

[redacted]水色雖不若當日之黃[redacted]然仍沿用舊名也北部自鴨綠江口以西老鐵山嘴以東多良港灣如旅順港[redacted]狹而內寬為無上[redacted]軍港大連灣水深而不凍[redacted]極[redacted]商港[redacted]他大東溝大孤山等港埠[redacted]便於碇泊大連東北之貔子窩即[redacted]毛文龍駐兵處（即皮島）旅順[redacted]西之雙島即毛文龍被殺處皆[redacted]清時[redacted]事上之要地[redacted]南部山東省沿岸亦多良港西北有芝罘港[redacted]東北有威海衛[redacted]港成山角之南有榮城灣[redacted]灣西南有靖海勞山諸灣又西南有膠州灣[redacted]我國[redacted][redacted]灣[redacted]惟一良港（膠澳於民國十一年十一月十日日本正式移交中國）自此[redacted]南至江蘇境海岸多岩石又南至揚子江口[redacted]多沙[redacted]頗[redacted]良港惟[redacted]崇明島橫[redacted]江口而已

東海沿岸　北起揚子江口南至福建思明縣止凡江蘇南部浙江全省福建北部海岸皆屬之沿岸參差出入良港不少自揚子江口

南下浙境有杭州灣為中國第一大江灣内浙江以海嘯有名灣口舟山群島羅列其前有普陀山岱山島岳山島大衡山島馬鞍島等形勢頗佳英法聯軍之役曾為英人所據旋去之自此以南有甬江灣象山港三門灣台州灣温州灣又南入福建境有南関灣沙埕港福寧港三沙灣又南為福州灣福清灣又西南有興化灣泉州灣圍頭灣厦門灣自舟山列島以南沿岸小島頗多而以海壇島金門嶼為最著海壇島在興化灣東清咸豐十年英法聯軍亦曾據此金門嶼在厦門島東西人通稱厦門島島之周圍約四百四十七里

南海沿岸　南海一稱粤海西人稱為支那海亦稱為中國海東北起恩明縣南西南至東京灣北崙河口止凡福建南部廣東全部海岸屬之沿岸屈曲多灣港島嶼羅布自厦門西南如

鎮海澳將軍澳詔安灣等皆重要者（其南澳島西北為澄海（其西
南為汕頭商港又南為海門灣自此歷靖海神泉等港而西
為碣石灣灣南為遮浪角又西有紅海灣平海灣白耶士灣
大鵬灣至英領香港（出此為廣東灣（即珠江灣）島嶼錯雜又西過
海陵島有博賀港限門港廣州灣等廣州灣之西有雷州半島
與瓊州島相對成瓊州海峽過此入東京灣矣瓊州島之東南有西沙群
島其東北有東沙島

茲將以上所述海岸舉其重要之港灣及有名海峽半島島嶼列表如左

（沿海重要港灣島嶼及地角海峽半島表）

渤海沿岸

遼東灣：鳩灣　金州灣　會灣　亞當灣（司港）　葫蘆……；山灣　雙島灣　復州灣　蓋州灣　遼河口；黑偏澳　馬勒澳　渝河口　混河口　洋河口　蒲河口（以上皆在直隸境）；錦州灣　連山灣　釣魚台（以上諸港皆在奉天境）；大凌河口　小凌河口（以上皆在直隸境）

直隸灣：老黃河口　馬頰河口　徒駭河口　新……；灤河口　青河口　蔡……口　長蘆口　黃河口　遼河口

港灣

大沽口　北塘口　岐口

黃海沿岸

黃河口　萊州灣　龍口灣（以上皆在山東境）

（小清河口　淄河口　弥河口　白狼河口　濰河口　膠河口）

鴨綠江口　大東溝　深灣　大孤山港　貔子窩

洋河口　大莊河口　碧流河口　登州灣

大連灣　克爾灣　鹽大澳　旅順口　芝罘港　龍口港

金山寨口　郝家口　鯉島灣（以上皆在奉天境）

威海衛港　榮城灣　石島灣　靖海港　五壘

王家灣

浪暖口　南泓口　乳山口

養魚灣　桑溝灣　董家灣　[illegible]島澳

島港　[illegible]港　勞山灣　膠州灣　鄉鄉台灣

草島嘴口　海陽澳　羊角盤口　丁字港口　靈山[illegible]　[illegible]龍灣

王家台灣　臨洪口　灌河口　射陽

大嵩口　濰口　北洋口

老倉口　張灘口（以上皆在山東境）　琊口　米崖口　青口

河口　新洋港　鬥龍港　東川港　崇明北沙

渠溝灣（以上皆在江蘇境）

東海沿岸

長江口（以上在江蘇境）　港　爵溪港

杭州灣　甬江灣　象山灣　石浦港　三門灣

乍浦港　樂清港口　飛雲江口　鰲江口　大漁口（以上在浙江境）

台州灣　溫州灣　南關灣　沙埕港　福寧港

松崎港　[illegible]　晴川澳

三沙灣　福州灣（馬尾港）　福清灣　興化灣　平海灣

深滬灣　將軍澳　海壇灣

湄州灣　泉州灣　圍頭灣　廈門灣　[illegible]港

（以上皆在福建境）

十八

南海沿岸

鎮海澳　將軍澳　虎頭澳　銅山[illegible]灣　詔安灣（以上皆在福建境）

柘林澳　銅[illegible]灣　汕頭灣　海門灣　靖海港

赤山澳　[illegible]港　[illegible]港　澉頭港

神泉港　碣石灣　平海灣　[illegible]耶士灣　大鵬灣　[illegible]港

九龍　甲子港　陽江港　汲水港　錦囊港　海安港　青銅

深港澳　珠江灣　拱北灣　廣州灣　暗鋪灣港

北海灣　[illegible]港　東京港

汲

三讙港　北海港　大觀港　急水門　防城港

白龍尾港（以上在廣東境）榆林港　博鰲港　[illegible]海港　清瀾港　南山港（以上在瓊島境）

鋪前港　海口港　新英港　三亞港　籐橋港　[illegible]港

（三）地角

渤海沿岸

老鐵山高角　連山角　砲台角　蓋州角　獵

人角　瓦倫角　沙角　峨嵋島角（以上在山東境）

（以上皆在奉天境）

黃海沿岸

尾角　標角　低角　斜角　芝罘角　涸得角　三[illegible]島角

（以上皆在奉天境）

鳥嘴頭　海陽角　靈山角

峯角　成山角　馬他角　平岩角　南角　遊泥山角

（以上皆在山東境）

東海沿岸……鷄骨角　有殷角　黑角　鎮海角（以上皆在福建境）

揚子角（以上在江蘇境）　岐頭角　獺庐角

蓼角嘴（以上在江蘇境）（以上在浙江境）

南海沿岸……伊子角　遮浪角　天堂角　[illegible]（以上皆在廣東境）

大僑角（以上在福建境）　[illegible]角　長[illegible]角　[illegible]野角

（四）海峽

直隸海峽……廟島海峽（如定角　大花角　凌水角　破海角　鸚鵡島　哥嘴　觀音角（以上皆在[illegible]島境））

台灣海峽

瓊州海峽

（五）半島

遼東半島

山東半島

雷州半島

海貓島、雞[illegible]島、鐵島

長興島、花椒島、蓮花島（即西中島）　桃花島

交流島　鳳鳴（南關）島　葫蘆山島

葫蘆島（[illegible]）（以上皆在直隸境）　媽[illegible]島（以上皆在奉天境）

菊花島　廟島列島（……北城隍島　南城隍島　小

渤海沿岸

欽島　大欽島　砣磯島　[illegible]島　高山島　猴

磯島　大黑山島　沙山島　廟島　長山島　大

小竹島　桑島（以上皆在山東境）

大鹿島　小鹿島　石城島　五馬島　海洋島

皮[illegible]、[illegible]島、石城島、王家島

(二) 島嶼

黃海沿岸

外長山列島（裏長山列島）　光祿島（三山島 以上皆在奉天島）　崆峒島　劉公島（王家島）　養[illegible]

馬島（雞鳴島 海牛島 龍鬚島 鏌[illegible]島 蘇山島 [illegible]海島 五星島）　海驢島（大[illegible]島）　石島　田橫島　唐島　靈[illegible]

琵[illegible]島 東西連島　開[illegible]島（古[illegible]島）　[illegible]島　女島 獅子島 陰島

山島　雲臺島　崇明島　蒙古島 福島 大公島　朝連島

瑯琊島（以上皆在魯境）　大洋山 泗礁 黃龍山 枸杞山 嵊山 大戢山（以上皆在蘇境）

馬鞍島（西[illegible]島）　舟山列島……（泗礁島）（中衢山群）　大衢山島

長塗島　普陀島　岱山島　金塘島　六橫島（[illegible]山）

朱家島（桃花島 小佛[illegible] 小佛[illegible]島 [illegible]島）　大榭山島　衢山群島　中衢山群島

西山列島　嵊山群島　霍山群島等（舟山島）（非山列島）

東海沿岸

象山灣諸島　三門灣諸島　玉環島（南田島 徐島 羅漢山 大佛島）　寶門[illegible]島　東磯嶼

甌江口群島　靈崑島（大[illegible]山 [illegible]山 [illegible]山 北麂山 上[illegible] 小[illegible]島 [illegible]）　黃大嶴島　霓嶼等（[illegible]山群島 [illegible]島 南[illegible]島）

（以上皆在浙境）　（以南計之）　（以[illegible]）

南田島　北箕山群島　南箕山群島　半[illegible]都島

北[illegible]島 飛龍島 大[illegible]竹島 蝴蝶島 雙峯島 [illegible]島 瑯嶼島 三都島 青山島（以上皆在浙境）

東坑島 長[illegible]　五虎島　海壇島　南日島　湄洲　金門島　[illegible]島

天山 白[illegible]山 [illegible]山 米箕島 靈[illegible]山 北竿塘 南竿塘 東大島 [illegible]群島 海壇島

大練島 鏡島　廈門島　鼓浪嶼　列嶼　大登島　圭嶼（以上皆在福建境）

吉兆島 草嶼 沙島 東[illegible]島

南海沿岸

銅山島　南澳島　柘林島　媽嶼　香港島

太青針島　大嶼山　南了島　老萬山　橫琴島

銅古洲　上川山島　海陵島　硇州島　湛川

島　海南島　圍洲　西火諸島　東沙島　大

蓬萊島　小蓬萊島（以上皆在廣東境）

第三章　沿海之海流及潮汐

一海流　海流者兩半球之海水以赤道為界各自環行於赤道兩極之間流路有一定之方向蓋地球之轉動海底之凸起風向之速度皆能使海流易其進路而要以日熱蒸發為主因赤道下之海水受太陽熱力多因膨脹而上昇各向兩極流動是為赤道流亦曰暖流兩極之海水受太陽斜射之光熱力較少其質重而下沈必各由其底部潛流向於赤道以補其

虛是為極流亦曰寒流茲就兩流之進路分別言之

（甲）、暖流之進路　在赤道南者其一起於非洲西岸西向流抵南美洲分為二派一派東向入墨西哥灣一派南向至南美之南角東轉復至非洲之南角其二起於南美洲西岸經太平洋南部抵澳洲之東南星也在赤道北者其一起於墨西哥灣與非洲西來之流相會成一大圓圈形中流平穩多產藻類世稱藻海北過古巴群島東北至紐芬蘭海灣又東行掠冰島而摩歐洲之西岸北又過那威沿岸而止其二起於太平洋之西南亦西流抵斐律濱群島北行至中國之東南即所謂黑潮之復由日本之南轉向東北直抵北美洲西岸又環行為一大圓圈印度洋之暖流則起於孟加拉灣向西南行為非洲大陸所阻分二流一北流入阿剌伯海一入紅海之流

浹門南流馬達加斯加島至非洲南角東折西與澳洲之西

流合故非洲南角波濤起伏風浪險惡世稱為大浪山也

(乙)寒流之進路 從北冰洋流出者因逼近大陸為海峽所阻故皆趨於西南一由太平洋北端入白令海峽後西南流至日本之北海道與暖流相遇其二由大西洋北端經格林蘭東後西南流至森羅連士灣而與暖流遇又從南冰洋流出者則起自南美洲南端後因無陸地阻隔故逕向東北流復至南美洲之西岸

(丙)中國海之海流 中國沿海主要之海流大別為二

(甲)暖流 亦曰黑潮暖流其溫良較高鹽分濃厚海水作深藍色故有此名自馬來半島及印度支那半島東岸而來循南海岸向東北經至台灣島之南端分為二派一東派向東行台灣

島東部經琉球至日本群島一派循東海岸黃海岸入朝鮮海峽與日本海之寒流合

（乙）皮流　皮流者海上表面之潮流也隨季候風而轉移其南海方面自十月至翌年四月向西南流略與海岸並行每日速度自五十餘里至一百六十餘里翌年四月以後轉向東北流每日速度自七十餘里至一百六十餘里其速率均視風之大小為準黃海方面則在冬季南流時一則至台灣海峽一則至日本之九洲與暖流合而使其溫度略降焉

（附註）海流與人生之關係　世界文明益進空間時間俱形短縮邦國之障壁以撤渾圓球面皆為吾人供給需要之所如今日者海洋皆固為其中至便之道唯一之路且以一定海流而大增其利益故其方向與速度影響於交通殊非淺鮮也

今自日本赴美者以北緯四十度近邊為其最近距離因得利用黑潮之海流而自美趨日之帆船往往駛於北緯二十度近邊以利用東北貿易風與赤道大海流是皆可證明海流與交通有至大之關係也且海流之影響於氣候者亦甚巨海流之溫度因其種類而較其附近之海水或高或低暖流所接之空氣為暖而送多含水分之暖風寒流所接之空氣為寒而頻送寒風以是沿岸地方之氣候皆有直接之影響焉歐洲西北部之所以溫暖亞洲東北角之所以寒冷者即此故也

(四)潮汐　潮汐者為海水一種之流動漲於日間者謂之潮漲於夜間者謂之汐其主因由於月球太陽引力之作用而月球距地甚近故較太陽為強約與三之比例地球向

月面之部分受引力最强水面隆起是曰滿潮又曰高潮而距月最遠之處因地球自轉而生遠心力月之引力不足勝之海水因之仍膨脹為滿潮兩滿潮之間海水低落者曰干潮曰低潮

太陽引潮之力雖較月球為小然新月滿月之時太陽月球地球共為一直線則引力倍强潮漲亦倍高是曰朔望滿潮又上弦下弦之時太陽月球地球三體互為直角則引力分而潮勢低是曰弦月低潮

潮長之限等於地球半周相對之水面均宜受引力而生潮流然不與海洋相通雖大如裏海及蘇必利爾湖其水較之潮流皆見甚微故揚子江之潮溯三角洲而上五百四十里間至江西之小孤山其勢已殺漢黃之間微見漲落痕已

中國海岸之潮汐　中國東海岸由香港近傍至舟山列島潮漲其間大抵為同時大潮約七時三十分至八時三十分其漲落係由南而北次第增加南澳七英尺福州灣十七英尺廈門十七英尺至錢塘江口則為兩岸之山所激驚濤怒湧遂有白馬銀山之稱其東北海岸在朝鮮諸島與山東半島之間者潮漲亦係同時大潮約八時三十分至十時二十分經過山東半島四時間五時乃達渤海之深澳其漲落係則由北而南次第增加山東高角六英尺膠州灣十二英尺至揚子江口則十四英尺當山東高角昇降六英尺時而對岸之朝鮮其昇降乃差至三十英尺云

潮汐之奇象於法領東京沿岸有一日一回者潮汐英國之掃桑波敦(Southampton)普爾(Poole)維馬斯(Weymouth)等地有十二時間見二回者潮汐之現象此皆中國海岸所無者也(僅於香港附

近有一日一日之潮汐與東京同

潮汐於航海上所關係甚要河流淤淺當漲潮時巨船得以溯航沙灘門洲亦航行之障礙當大潮時亦易於航行故我國若無潮汐則長江白河西江閩江等處皆損其航海價值矣

各地潮汐漲落表　錄白月恒之民國地誌

地名	高水時點分	漲度	海別
榆林港	九、〇五	二尺	海南島
海口所	七〇〇	八尺	瓊州海峽
北海	五、一〇	十三尺	東京灣
廣州灣	四、三〇	二十尺	南海
海陵山	八、三〇	七尺或八尺	南海

下川山	一〇、〇〇	七尺	南海
龍穴島	一一、二〇	六尺半	珠江口
黄浦	一、〇〇至二、三〇	六尺半至九尺	珠江口
番禺	一、四〇至二、四〇	四尺半至五尺半	珠江口
大鵬灣	九、〇〇	五尺半	以下南海
墩頭灣	八、〇〇		
平海灣	一〇、〇〇		
紅海灣	一〇、〇〇	六尺半	
遮浪灣	八、〇〇	五尺	
碣石灣	八、〇〇	四尺半	
神泉港	一〇、〇〇	八尺	
企望角	九、〇〇	六尺半	

汕頭灣	三、〇〇	六尺半至九尺	韓江口
南澳島	一、一一五	七尺	以下南海
詔安灣	一、一〇〇	六尺半	
銅山港	一、一三〇	十二尺	
虎頭澳	一、一三〇	十二尺	
料羅灣	一、二〇〇	十七尺	
廈門港	一、二〇〇	十六尺半	以下台灣海峽
圍頭澳	一、二一五	十六尺	
深滬灣	一、〇二〇	十六尺	
泉州灣	一、二二五	十七尺	
湄州灣	一、二三〇	十七尺	
海壇島	一、二一五	二十尺	

唐島	一〇、二二	十六尺	
閩江口	一〇、二七	十六尺	以下福州灣
五虎門	一〇、三二	十六尺	
馬尾	一一、五〇	十五尺	
三沙灣	一〇、〇〇	十七尺	以下東海
福寧灣	一〇、一五	十六尺	
南關灣	一〇、〇〇	十七尺	
北岐島	八、三〇	十七尺	
甌江口	九、五三至十、一五	十九尺	
樂清灣	九、二〇	十三尺	
台州群島	九、〇〇	十四尺	
三門灣	一〇、二〇	十五尺	

	韮山群島	八、三〇	十三尺六寸	
	象山港	一〇、〇三至一〇、〇三	十二尺至二十尺	
	舟山東岸	一〇、二〇	三尺六寸至十三尺二寸	
	大謝山	一〇、二〇	十三尺	
	長塗島	一〇、一四	八尺十二寸	
	八格群島	一〇、三八	十尺	
	甬江口	一〇、一四	八尺	
	杭州灣	一、二七	二十五尺至三十四尺	
	余山	一一、二二	九尺	
	吴松口	一二、四〇	十尺	揚子江口
	膠州灣	五、〇〇	十尺	以下黄海
	勞山灣	四、五三	十尺	

桑溝澳	一二、五五	六尺	
蘇門島	一、三〇	七尺	
成山岬	四、〇〇	六尺	
威海衛	九、三〇	七尺	
芝罘港	一〇、三四	七尺	
直珠門	一〇、二四	六尺	直隸海峽
長山群島	九、三〇	十尺	以下黃海
光祿島	九、五五	十尺	
大連灣	一〇、四七	九尺	
旅順口	一〇、四五	九尺	
會灣	一二、一五	八尺	以下渤海
灤河口	一、三〇	五尺	

北塘口	三、〇〇	八尺
大沽口	三、三〇	九尺
歧口	四、一〇	九尺
遼河口	四、〇〇	十尺
營口	五、〇〇	十尺

第四章　沿岸之氣象

(一)氣候風　我國海岸有著名之風曰氣候風又曰信風風向有一定時期冬季以東北風為主夏季以西南風為主然因緯度之高低地勢之隆降各地方之風向微有差異風勢強大於航海貿易所關非細其移轉期適在冬夏兩季中間若春夏及秋冬中間非不變動而常無一定之方向

冬季季候風在東海北部者常起於九月其在南

部者則起於十一月以前[redacted]甚罕[redacted]初起之時[redacted]旬日或二週間內驟起暴風最後乃生冬季季候風此風最盛之期為十二月正月二月[redacted]之三個月至三月其勢稍弱[redacted]四月愈弱[redacted]北部沿岸最和煦之時[redacted]也五月為[redacted]變動之過渡期時[redacted]為西南[redacted]時[redacted]為東北風風向恒不一定[redacted]夏季季候風其發動[redacted]期[redacted]間南方沿岸較北方稍早通[redacted]於四月中旬或下旬先起於南海海岸漸及於北方[redacted]時期南方較長於北方故在新嘉坡方面自四月起[redacted]至十月始止若[redacted]揚子江口至九月初旬已無此風矣在六七八三個月內此風最著往往天陰而多雨

夏季季候風[redacted]於冬季[redacted]續無常風力亦弱故雖逆其風向航行[redacted]障礙尚少冬季季候風則不然風力強猛[redacted]不絕逆其風勢航[redacted]頗難又夏季季候風方向在南海有南風或南

東風在台灣海峽往往於七八九三個月間時起東北暴風

冬季季候風卽東北風其起因全與夏季季候風反對蓋我國內部冬季空氣寒冷氣壓增高而海上則較為溫暖氣壓亦低故內部空氣進行海上為發生東北季候風之原因此風方向以西北為原則然亦因地球自轉稍偏於右旋轉方向與時計針同故在山東者沿岸為北風在台灣海峽為東北風在香港為東風冬季季候風視夏季季候風力强猛台灣海峽此種現象最顯著東北强風週年皆有澎湖島附近其不見此風者僅短期耳

旋風　我國沿海常起旋風頗為災害此風之起實因空氣之一部忽生不規則之低氣壓周圍高氣壓空氣向之衝入故勢力雖不無微弱者然概强烈風之方向與時鐘之針成正反對自

右轉左向低氣壓之中心作漩渦狀動方向及速
力變化無常面積亦大小不一時有擴張甚廣者如
光緒二十七年（陽歷八月三日）之旋風起自日本長崎至中
國南方之澳門實亘三千三百里之地旋風有二種一為大陸暴
風北部沿岸往往見之一為颱風多在南方沿岸分述於左

（甲）大陸暴風　起於西伯利亞及我國西部經大陸而東至海
上其進路多彎曲向東北經中國沿岸後風力愈增至日本及
日本海則達於最強度此風發生時期常在冬季在我國北
沿岸與一般強度北風或西北風同時而起在南方常東北
季候風風勢強大速力不定時間行百八十里以至
二十四里平均每時為七十五里以至九十里

（乙）颱風　起於北緯二十度以南太平洋上初向西北或經南海

而向印度支那或東京灣或轉東北而向我國及日本沿岸此風
在我國沿岸夏季殊為可慮蓋其起時與東北風混而為一
晴雨表因之大降而其方向旋風作環狀其移動之速度則
中國沿岸後最強惟上海附近地甚罕惟有七月至九月間
其速度平均一時約百五十里

颶風　常作於五六七八等月專在北緯十四度附近海南島與
東京灣之間風勢向灣外者尤烈轉入東浦寨等處則甚
其時天氣昏暗海水溢大風如香港當一月時常有西南颶風
其聲號萬竅悍厲約四小時之久而香港之北至北緯三十度間
六月亦時有颶風挾雨而來惟此風力不甚猛颶風與颶風
之別颶風之發作旋狀直徑鮮有過數百碼者
約數分鐘颶風則延長至四五日而勁剛過之常

以濃雲急雨中怒捲狂翻莫尋方向其急切之狀如旋渦激湍亂滿倒懸一往莫能禦其強弱久暫之不同如此

霧

霧為附近地面之水蒸氣伴以細微之塵埃浮游於大氣中者蓋空氣之冷卻過於露點以下而濕度又過於飽和點不能上昇與上空氣相接遂以其過剩之部分離而為霧霧之害尤在陸地尚不甚顯若在海中能使汽船迷途或觸暗礁兩船相撞之危險故為航海者所最懼揚子江口以南台灣海峽以北春季為多秋季罕見其北方海岸七月間多濃霧自八月至十一月間極少香港之濃霧最強者在三四兩月間

氣候

沿海各省水氣濃厚每遇起東南風時海濱多雨且能遠送水氣於內地因之腹地諸省雨量充足即西北諸省亦有雨澤風性溫暖適於生理故沿海受海洋氣候之賜者頗為偉

大黄海偏北位於滿韓山東諸大陸之間其海洋性之傳達大陸者尚小若由東海以迄南海比連亞熱帶洋面其溫度俱濃故江浙閩粵諸省得海洋性獨厚且北部沙漠風大因之直隸山東奉天等省冬春間水氣延入極少常苦旱乾雖南部冬日亦係乾季常晴實無乾旱之虞也

第五章　沿岸警戒之設備

燈塔浮標立標等標識於對航海者因避濃霧暗礁及黑夜諸危險而設種種之標識也清咸豐四年以前此種設備全付缺如僅於要地置小燈或植竹桿於泥中或濃霧時鳴警鐘而已後因總稅務司赫德（Robert Hart）之經營始設燈塔科以專司其事於是燈塔浮標立標等項漸次增加航海上大覺便利至光緒三十一年計燈塔多至一百零二座燈船多至二十五隻浮標多至一百十三處立標多至百零九處且不特海岸要地

有之即重要河流亦建設焉其中有燈塔與電報局聯絡每遇颶風將至則上海徐家匯氣象台電告之當濃霧警鐘霧笛空礮等傳警於各船舶使知之

我國沿岸燈塔以設於山東烟台港之崆峒島為嚆矢時清同治六年也自此以前於咸豐五年曾於揚子江之銅沙（即東沙）地方建一燈塔未足云完備今日沿岸燈塔亦尚在幼稚時代純用油燈不用電燈所用之油南北不同南部多用菜油北多用煤油北方不用菜油者蓋天氣嚴寒菜油易凍結也茲將沿岸各地燈塔之位置及數目述之如左

（四）山東省沿岸　山東省沿岸除廟島列島老鐵山燈塔（是塔高出海面三百十六呎光力及於七十五里）外共有七燈塔（一）為烟台燈塔在崆峒島上高出海面百四十二尺光力及於六十六里清光緒二十

一年移置於舊峰台(二)(三)為威海衛燈塔(四)在東北高角(五)在東南

高角高出海面九十六尺光力及於四十八里(六)在朝連島(七)在

膠州灣口

(十)(7)長江口附近　長江口附近之燈塔設於南北二水道及黃浦江口

茲列舉如下

(1)北水道北側有二燈塔一曰欽水角燈塔又名崇明島東角燈

塔二曰沙尾山燈塔

(2)南水道北側有二燈塔一曰橫沙燈塔在橫沙島上九段燈

船之附近二曰銅沙燈塔在銅沙上

(3)南水道之南有一燈塔曰大赤山又名大戢山燈塔高出海

面二百八十三呎光力達於六十七里

以上五塔之外黃浦江口即吳松江附近尚有五燈塔因不甚著名

今略之

(六)(5)杭州灣沿岸　杭州灣沿岸及以南之燈塔著名者如左

〃 (1)馬鞍島燈塔　屬江蘇省一名花鳥山

〃 (2)白積山燈塔　屬江蘇省

〃 (3)佘山燈塔　屬江蘇省亦稱茶山蛇山

〃 (4)小龜山燈塔　一名小板山

〃 (5)洛伽山燈塔

〃 (6)虎蹲山燈塔　在甬江之入口

〃 (7)北魚山燈塔　一名白魚山在黑山列島之沙阿島（即北

〃 魚山又名白魚山）高出水面三百四十五呎（浙江海島表作二十

〃 九丈四尺）光力達於七十八里

(四)閩江口附近　閩江口附近有四燈塔

〈

(1)東引島燈塔　又名東湧島或東永島燈塔

(2)東犬山燈塔　高出海面二百五十七呎光力達七十里

(3)牛山島燈塔　高出海面二百五十七呎光力達七十里

(4)烏龜嶼燈塔　高出海面二百八十六呎光力達七十二里

(五)廈門灣附近　廈門灣之口亦有四燈塔

〈

(1)北挺燈塔　一作北椗燈塔

(2)大膽燈塔　一作大擔燈塔

(3)青嶼燈塔

(4)東挺燈塔　一曰東椗燈塔在浯嶼之南

以上四燈塔外更有一燈塔在南澳東南之南澎嶼上

(六)汕頭灣附近　有燈塔四

〈

(1)東澎島燈塔　高出海面四十一呎光力達六十六里

(2)德州燈塔　高出海面二百呎光力達二十四里

(3)表角燈塔　高出海面百六十一呎光力達四十五里

〈以上三以上燈塔皆在小島上

〈(4)石碑山燈塔　高出海面百五十三呎光力達五十七里

(七)珠江口附近　有主要之燈塔三

〈(1)横欄島燈塔　高出水面二百二十五呎光力達六十六里

(2)馬尾州燈塔　高出水面百三十呎光力達五十四里

(3)瓜亞燈塔　在澳門高出水面三百三十二呎光力達六十里

(八)海南海峽　有燈塔四

〈(1)海口灣燈塔　高出水面九十三呎光力達三十里

(2)關澤口燈塔　高出水面六十七呎光力達四十二里

(3)臨高燈塔　在高潮之水面上六十三呎半光力達四十八里

(4)海口灣東岸燈塔　在高潮水面上四十三呎光力達二十九里

第二篇　沿海分論

我國沿海之概況前篇亦言之矣然海岸線延長一萬數千里沿海港灣島嶼交錯如鋸齒繁如散星欲列舉之使眉目朗然惟可以按省區為界分為章庶幾綱舉目張清楚而便於查閱我國沿海各省港灣島嶼之多不勝枚舉而港灣尤多佳者倡提創無人開拓無期天然要港棄之如廢物致使人疾首而痛心我既不自取而用之加諸列強時代我取之虎視眈眈蠢蠢欲動於是測量規畫有以國民長此不能猛醒以絕外人之慾望恐數十年內即中等之港灣亦將斷送外人之手隱憂即迫於眉睫也故本篇於港灣島嶼不厭繁瑣凡稍衝要者莫不臚列以供航海家地學家之借鑑而促國民之猛省至本篇所述之範圍則港灣島嶼之位置形勢沿革及水道之利否經濟上

於軍事上衝要與否之地位是也而屬之西商埠為亦工商業集中之

與港島均有密切關係故本篇亦及之焉

第一章　奉天省沿岸

奉天省之海岸線東自鴨綠江口起於海岸亦分言之可分為二節沿黄海海岸者為沿渤海口外之海灣西南向西北其

(一)沿黄海海岸多高山可避北風其西岸為大東溝商埠西自江口以西岸皆平

埣計一百三十餘里至為大洋河口口內三十里之西岸為有大孤山又名大

孤山港大洋河口之西為小洋河口又西南為沙河口又西南為狗

兒河口又西南為大莊河口又西南為畢利河口又西南為大沙河

口而畢利河口及大沙河口之間有港曰貔子窩甲午之

役日人犯我旅順其陸軍擬由此登岸以傍岸水淺多不便乃

東向畢利河口東石嘴子南之所謂花園口登岸者又大沙口以西南之尾角

即營頭澳而自大洋河口至營頭澳共計二百四五十里尾角之東島

嶼如星羅棋布裏長山群島外長山群島光祿島玉馬島海洋島其大者曰尾角一名城山頭乃山地伸出之東嘴也尾角之西南為標角尾角標角之間成一澳澳內甚淺東南無障風處故水常涌漲標角之西南為溪澳溪澳南嘴為鮎魚尾大連灣口之北岸也大連灣為遼東半島第一大澳東西長八海里南北畧等其分三小澳南曰得勝澳西曰船澳北曰手澳其北岸復有一口門西向之小澳曰阿丁澳此四澳得勝大連灣之南岸曰大鵬嘴自大鵬嘴以西海岸曲折西南岸皆低山或石崖多成小澳傍岸有數小島環島四周皆石高低不一非相距甚近不易識別又西則為旅順口矣旅順口南向港門二山交抱其蟹螯港口廣僅三百餘尺澳內東西長凡三海里水深浪靜四山環繞為泊兵輪便於扼守之良港其西南即老鐵山嘴也以上為奉天省沿黃海之海岸

大沿渤海海岸以地質之不同可分為二大段遼河口其天然之分界處自遼河口迤東西南至老鐵山嘴岸沿海山勢崇峭傍岸時見島嶼故多著名灣澳遼河口之東南蓋州灣州灣之西南復州灣口南角即長興島之西角島南為葫蘆山澳又東南為董家口會灣北之佳港會灣在金縣西有二小澳南曰金州澳北曰亞當司港會灣之南即老鐵山嘴數灣便碇泊而會灣內佳處尤多自遼河口迤西而南至山海關止沿岸多低平淺沙遼河口之西廣大平原沙灘入海幾二十里西經南沙河東沙河西沙河諸口至大凌河口外亦淺沙綿亘與遼河口西之沙灘接大凌河口之西南為錦州澳其南有半島斗入海中即葫蘆島是也近已着手闢為商埠錦州澳之西南有桃花島桃花島之西南菊花島南距瓦倫角海岸約七八

里島西為淺澳帆船可避風乞倫角之西南為沙角沙角之西南為大淺灘泥沙直入海中幾三十里又西南為山海關長城臨海處入關即為直隸境矣

大東溝（詳第三節）

第一節　港灣

（一）旅順口

（甲）旅順口之沿革　旅順口位於遼東半島之南端從前由山東人由廟島列島至遼東者皆經此口以其適當其旅程之安順而得名也昔時不甚著至光緒六年始認為軍港設要塞於此以其為北洋艦隊之至光緒八年始築砲台建船塢規模漸備至光緒二十年有砲台十三大砲三百三十門於是此港遂為東洋一重鎮是年中日戰爭為日所據次年馬關條約成遼東半島割于日本而旅順遂非我有後以俄德法三國干涉復以三千萬兩贖回然俄人覬覦旅順之心甚切遂于光緒二十二年與我訂喀布尼條約許

俄海陸軍有集中旅大之權至光緒二十三年德佔膠州灣俄
亦以防禦他國侵犯滿州為辭率海參威艦隊闖入旅順口向清
政府要求租借遂於次年三月締結旅大租借條約如左

(一)中國允將旅順口大連灣租借於俄國

(二)旅順口作為俄國海軍港大連灣開為商港

(三)租借年限以二十五年為期但期滿後得由兩國商酌續借

(四)俄國於旅順大連二處得建築砲台營塞中國軍隊不准在界內居住

(五)自哈爾濱至旅順大連之鐵道與自牛莊沿海濱至鴨綠江之
鐵道皆由俄國築造

俄人既租旅大遂於光緒二十五年八月以此地改建關東省又依西比利
亞制度以旅順為首府置總督以治之租借之地儼同領土
其後又因日俄之戰俄敗而旅大轉租於日本其租期如舊民國四年中日新約成

旅大之租期後展為九十九年於預定民國十二年收回之地又延至八十六年矣

（甲）旅順口之形勢　旅順口之口門南向東角黃金山西角老虎尾左右環抱如兩臂之二口狹窄僅三百伍尺港內水寬分為二澳因西角長而東角短故亦西澳大而東澳小東澳長四百米達寬二百七十米達水深三十六英尺至四十二英尺面積既小不能泊大艦至七艘以上西澳面積三倍於東澳而水至深處不過二十四英尺亦不便泊大艦

港之四周圍以重山曰黃金曰北斗曰盤龍曰案子曰鷄冠皆形勢險固宜於防守者據老鐵山嘴之砲台以護軍艦而外扼敵軍真有一夫當關之勢也

（丙）旅順口軍事上之利弊　旅順口門黃金山及虎尾半島環抱成兩半島相距不過三百米達岸山勢陡峻陡不易攀登故敵人非由口門不能入而口門又甚窄不能以多數敵艦並進故兵艦雖多

須陸續以入港以為守軍之利蓋敵不時分破口內甚至守軍可由港內出
艦隊則在港內以為攢擊則多數砲火輻集敵雖有堅艦利礮至
此未有不立時殲滅者港之東北西三面皆係以高山坡度甚峭攻者
難攀并有精兵利器固守其地無論何國勢難攻以而中日之戰我
軍失守日俄之戰俄軍失守皆防禦不周之故二役日軍皆由他處潛
行登岸繞出旅順背後以攻之乃防者不及防以奏大功也俄人守備之計畫
缺點甚多最大者以二百零三尺之高地置之本防禦線而不設永久溝壘
故日軍驟臨即為陷落我國計畫之疎更非足論入謀之不臧豈
其地勢之不利哉惟口門甚狹雖利於守而不利於出攻者如出而
攻敵亦須陸續而出敵艦環攻出守者亦受攢擊之害若艦隊雖多
且為敵所分破前後殲滅與攻者之冒險入口受創相同此其弊也

旅順口要塞之沿革

旅順要塞之沿革計分三時期第一期為中

國建築要塞時代第二期為俄國經營時代第三期為日本佔領時代茲分述之如左

（一）第一期要塞形勢

以清光緒六年首築旅順黃金山礮台為始十一年中法和議成造大船塢於旅順口內為海軍分泊修理之所於旅順設海軍提督此後繼續建築礮台凡口東口西後路共有二十餘座其當口門東岸者即黃金山礮台迤東曰摸珠礁礮台再東曰老蠣嘴礮台再東曰老蠣嘴後台是為口東海岸礮台其當口門西岸者曰威遠礮台與黃金山夾口而峙有如鎖鑰威遠台之西迤南曰蠻子營礮台再西迤南曰饅頭山礮台（此台最當衝要）再西迤北曰城頭山礮台而威遠砲台之北循沙石至盡處曰老虎尾礮台是為口西海岸礮台統計海岸東西礮台凡九座共設大小礮位四十八尊經始於光緒庚辰

成於丙戌及甲午兵事後於口西威遠老虎尾兩台相近處增築新台二於城頭山礮台[redacted]西增築新台一[redacted]於口東老蠣嘴礮台[redacted]東增築新台一[redacted]增[redacted]礮位數十尊海岸之防綦密矣其後路礮台則有椅子山迤[redacted]東又南[redacted]至老蠣嘴後台環旅順後路作半月形椅子山[redacted]礮台三[redacted]曰椅子山礮台曰案子山礮台曰測望台礮台此三台居高臨下為旅順後路全防[redacted]椅子山之東曰松樹山礮台再東迤南曰二龍山大坡山礮台統計礮台凡九座共設大小礮位三十尊是為旅順後路礮台[redacted]建築則[redacted]光緒己丑以後甲午[redacted]軍興臨時增築者

第[redacted]二期要塞形勢

甲午[redacted]後俄人租借旅順用為經營遠東之海軍根據地就原有要塞大加擴充計當時[redacted]東海岸摸珠礁礮台[redacted]東[redacted]北則有北斗山礮台[redacted]東[redacted]北則有東雞冠山礮台[redacted]西

岸饅頭山礮台西南增設雞冠山礮台又南增設老鐵山礮台鴨湖嘴礮台在後路則循鴨湖嘴東北至太陽溝一帶增設一號及三十一號礮台而與椅子山大小案子山相對增設二百零三高阜礮台而以白玉山礮台之增設遥列其後其與松樹山礮台犄角者則增設克魯巴金及斯他斯爾二礮台此二台尤稱堅固以上各台已為吾人所築而俄人後以新式改築者有為俄人特築者經營十年工程始備及日俄戰起俄人於海岸防禦中央防禦外側防禦背面防禦佈置更為嚴密統計各台所設大小礮位約四百尊其形勢又險固較之甲午前為更進矣

第(3)三期要塞形勢

日俄戰後既日本依據和約佔有旅順於戰時擊壞之砲台間加補築惟後路之二龍山松樹山及二百零三高阜礮台則皆任其頹毀并事工作近歲後將

西澳繼續濬深（俄人開濬西澳工未畢而戰事起）於岸側建設碼頭復仿俄人預定計劃將西澳之白蘭子鑿通俾東西兩澳口大船均可分道自由出入並擬以東澳為軍港西澳為商港焉此又旅順形勢之一大變局也

五 大連灣

(甲)大連灣之沿革　大連灣在旅順口之東北其昔本一漁村中東戰役日本初據其地光緒二十四年租借於俄以二十五年為期俄人改名為格爾尼光緒三十年日俄戰起又為日據波的冒斯條約成大連灣遂轉租於日並經中國承認其商埠作及租借地均自由港民國四年中日新約復將租期延為九十九年以民國八十六年為收回之期

(乙)大連灣之形勢　大連為奉天沿海第一大灣扼關東半島之咽喉當水陸之衝(東西長八海里南北亦相等周圍約二十四海里

灣內寬大船艦出入甚便水深而穩無冰期潮落時凡吃水二十餘尺之大船尚能附泊碼頭完善之良港惟口門弛大不易防守西為大鵬嘴東為鮎魚尾如兩手相環形勢甚勝口外有數小島南北並列南曰南三山中曰中三山北曰北三山南中二島相距甚近有石頸相連故二島實為一島因又名兩三山島兩三山與大鵬嘴之間為南水道兩三山與北三山之間為中水道北三山與鮎魚尾之間為北水道南水道口門南向水道最寬中北二水道兩口均東向亦皆可行舟港內分為五澳彼此相連即大連灣之名可由起此五澳者青泥窪潮水套紅涯套大笛口河套是也其中以大笛口水最深穩以青泥窪市最繁盛自俄人經營之後不獨為良港亦極佳之軍港也茲將五澳分述如左

(1)青泥窪　在灣之西南水深十八英尺至二十四英尺俄國佔領時開挖海底架設棧橋並建鐵路以通西伯利亞遂為東俄之

出口地

(2)潮水套　在灣之西端其北西南三面俱繞高地水深十二英尺至二十七英尺中等以下之軍艦可以停泊且海底堅泥便於投錨

(3)河套　在灣之北面其東北西三岸亦有高地環繞水深十八英尺至二十四英尺能泊中等以下之軍艦中日之戰日軍由此登岸岸東之柳樹屯即其兵站之主地也

(4)紅涯套　在灣之東北其北面有大和尚山能蔽北風其內雖稍寬然水深不能六英尺至十八英尺不能停泊大船惟其口附近水深二十四英尺至三十英尺當北風大作時中等汽船為停泊極穩之地

(5)大窩口　在灣之東端口門西向其北東南三面亦有高地圍繞各面烈風均能遮阻水深二十四英尺至三十六英尺供中等汽船停

四

惟面積甚小，祇容四五艘，陸地陡峻，而登降殊不易也

大連灣之要塞

大連灣要塞之建築始於光緒戊子，竣於癸巳，在中國海疆礮台中其式最新，礮亦快利。灣之右岬曰黃山，迤左曰老龍頭，左岬曰和尚島，計共有礮台五座，曰黃山礮台，曰老龍頭礮台，曰和尚山西礮台，曰和尚山中礮台，曰和尚山東礮台。此為海岸礮台，其陸路有礮台曰徐家山礮台。此台經營布置凡歷六載，最稱鞏固。甲午以後大連□俄，所有海岸陸路各礮台悉被廢置，另別於北三山島中三山島各建礮台一座，蓋各島橫列口外為防禦線之要點，於此建設要塞取勢較遠，大為惟南三山地雖大而高山頂峭不便設施防禦，故俄人要塞計畫未之及焉。北三山中三山之礮台均係獨立堡，每堡備礮數尊，皆係俄製，迨日俄戰後復輾轉入於日人之手矣

四　貔子窩（附莊河）

（三）

（甲）貔子窩　在於大連灣之東西南距金縣二百餘里港口東南向潮滿時海水可直入街市潮落時則距水四海里常現汐灣礙於船舶入港故船大皆泊在六海里外港之前有島嶼羅列距港口二海里有馬鞍島六海里有裏長山列島十二海里有光祿島波濤阻遠望之殆如一岬角突出直亘海面港內有街市沿海岸東西約三里許西北接山麓人口約萬餘貨物輻輳商業繁盛地也日俄戰役以後此港亦為日本所租借於街北岡上設有民政支署並有警兵六十名守衛隊二百名駐焉

（三）莊河口

（乙）莊河口　在於貔子窩東北相距一百八十里亦臨海泊船之小埠頭也河源出西北之雞冠山迤邐南流入海河口為泥沙淤塞輪船不能進入多泊於海外口內十餘里右岸岡阜其上有街市居民五百

（三）

（三）[redacted]大孤山港

餘戶大小商舖百餘家清光緒三十二年曾設撫民同知治之

（甲）大孤山港之形勢　大孤山港距莊河口東北一百四十里在大洋河之口內由河口上溯六海里其右岸雙峯突兀曰大孤山因以名為此港之名山之南麓有市街東南枕大洋河二十年前河流深廣船舶往來如織其後泥沙淤塞未經疏濬而河中沙洲甚多頗礙大舟入港之即小汽船往來該埠者亦皆以口外香爐島為停泊點（距口六海里）惟小舟尚可通行該埠河中帆檣林立商舖櫛比人口約萬餘貿易頗為發達其出口貨以木材為大宗而大豆高粱燒酒藍靛棉花鹽魚等類次之日俄之役日人由市街至河岸建輕便鐵路於光緒三十四年由該埠商會以一萬元各贖回改為運利公司而口外有小島二一名大鹿島一名小鹿島中成一小灣即鹿島灣是也

静

（七）

（甲）大孤山港背山臨河形勢自勝山勢巉巖峻坡度極峭步兵縱
可攀援而登但不於大洋河流豫備船筏則亦如天塹之不可踰
矣天后宮山腹及魁星樓高阜皆可建築要塞以固海防但須於山
麓修築盤道以通山之側背交通始便西山西小山緜亘坡度傾
斜此處適當赴莊河之孔道亦扼要之地也中日之役日軍佔大孤
山港與鳳凰城之軍隊夾攻岫巖致岫巖則日以不守日俄之役川村
中將率獨立第十師團潛由大孤山登陸協同第二軍合攻遼陽卒
獲勝利蓋大孤山港實本省南疆之門戶海防之重地也

（乙）會灣

會灣在旅大之背金縣之西灣口闊二十六里東西長二十里為
渤海第一大灣中有鹿島（一作路島）大小螞蟻島等分灣為二澳
北曰亞當司港南曰金州灣

（甲）金州灣　灣東與大連之西相隔陸地僅寬六里灣內多泥沙淺灘其非沙灘處水深十三尺至十六尺灣北有二峰突起一曰鑰匙峯一曰河司班峯西峯之高計拔海五百尺至七百尺駢列南向頗佔形勝灣南亦有山如峰腰俗稱南山俄人呼為扇子山西山之東麓為赴旅順之要道其西麓為赴大連之要道日俄之役俄人於山上修盤道築戰壕與旅順大連相犄角日本軍艦曾於此仰攻不利嗣乘潮落涉海登西山直搗南山之背俄軍始潰此亦軍事上之要地也

（乙）亞當司港　在金州灣之北金州灣之西北口即亞當司港之南角也近南角正西有門島此島海面石崖成為二峯西港之北岸有細沙灘其向南入海十二海里於港口沙之水深約七尺至九尺此外十二尺至十三尺惟非石波恩島之西北其水深十六尺長約一海里計全港

（八）（九）（十四）

長十八海里內有水道闊千二百尺至四千八百尺潮滿之時大船體吃水二十尺至二十一尺者皆可通行港內有兔島長島大云島皆可避風

（八）復州灣

復州灣　在復縣之西南復州河入海處也長興島扼其門戶

（九）蓋州灣

蓋州灣　在蓋平縣西蓋州河入海處也

（十四）連山灣（即葫蘆島）

在京奉路連山車站（東距錦縣城九十五里）之南三十里因其為葫蘆島環抱故亦以葫蘆島名焉島名始見於全遼志明天啟中鹿忠節繼善參孫文正承宗軍巡視邊海各隘嘗至是島蓋明季用武之地也島長六里由西北向東南微作磬折而北端為

銳角南端稍廣中間彎折稍狹有若葫蘆腰島之得名蓋以此
也全島斜峙海中四面皆山環繞最高處約四百英尺其距海岸
北部內斂西南部外侈有沙岡一道由大陸直入海而接於島之北
部（距北端約二里）若綫若帶若葫蘆之蒂也此岡隔斷海潮
故因名斷岡斷岡北接連島之北部向內環抱與天橋灣
成一大海澳澳中水淺灘多潮落盡時儼成陸地故無開港之價
值也島南端有葫蘆嘴由葫蘆嘴循島西南岸迤邐而北至獅子頭
獅子頭者島西南山角向西南突出處也由獅子頭向北繞一山角
迤西北轉接於斷岡作彎環之狀是為葫蘆套斷岡之西部向南
作彎折形接連一山突出海中是曰半拉山半拉山之南有海中湧起一石
是曰高梁垛半拉山高梁垛與獅子頭東西遙對作環抱狀其內
即是挨開港處也

乙 葫蘆島之測勘

此港位於營口秦皇島之間且附近京奉鐵路闢為商埠必能與大連頡頏以輔營口之不足前清光緒三十四年東省大吏特聘英國工程師秀思巡視榆關一帶海岸測勘要港據稱商港地點惟此港最為適宜計當時勘得要點如左

(1) 水量　葫蘆島附近水量極深計高梁堞迤東一段潮落盡時水深二丈六尺九寸獅子頭迤南一段潮落盡時水深二丈八尺二寸若潮漲時水深約四丈內外雖極大之汽船可以自由出入

(2) 水期　葫蘆島之氣候較秦皇島略為和暖冬間極冷之候水深地段只有冰塊隨波起落雖有凍封處僅在近岸淺水若用碎冰機船隨時排刷則冬季寄椗汽船毫無阻礙

(3) 地點　此港位置之地點比他處為優由此東赴瀋陽較大連灣近六十英里較秦皇島近一百英里若由錦縣修一鐵路

北達洮齊以至璦琿（即前擬築之錦璦鐵路）則北滿貨物皆由此出口於交通運輸上佔莫大之勝利

丙 開港之計畫

就以上三要點觀之欲於遼東灣闢一通商口岸無有逾於此港者矣惟開港之計畫須籌備者約有二事

(1) 築水隄　港口南向而寬闊入夏西南風起波濤洶湧船舶寄椗頗感不便須於港口建築水隄一道為船舶避風之所工程師秀思相度形勢曾為兩度計劃其初擬由高梁垜起向正南築堤出二千尺轉向正東築堤出一千七百尺為一假東由獅子頭起向南築堤出一千八百尺為一假西隄交錯廻護以禦海風嗣更擬由斷岡起繞半拉山高梁垜東至獅子頭對面築曲隄一道長五千英尺預計泊船四十艘若冬日隄內結冰仍可泊於隄外惟預算修築經費約需四十萬鎊竣工時期當展至五六年此當時最後規定之辦法也

(2)修鐵路　港距連山車站三十里須修支路一條以聯絡京奉綫經秀
思勘定路綫自斷岡起循海岸迤邐西南至望海寺此一帶海岸
雖多山麓然陂陀斜緩間有土質經過海灣應須填築者亦無多
處由望海寺折向西北過山城子長帳房等處雖有山岡起伏均
不甚高由此直接連山站則逐漸平坦路綫既短兼無重大工程較
隄工則便易多矣

綜觀葫蘆島之情形開港關係之重要既如此而工費之浩繁又如彼
是以經營十餘年至今尚在籌備進行中也

(十)營口（詳第三節）

(十一)大麥河口

(十二)大麥河口在錦縣城東南四十里著名海口也口門原向
正南嗣因沙灘橫阻改道而西沙灘在口外東南向西伸入海名曰蓋州
沙灘灘南有沙石一道亘東南直接遼河西岸長四十八里此灘中

（十二）

（十三）

腰站因…之誤

則有水道帆船可以通行又河口東岸地名狼坨（即狼窖口）西岸地名鴛鴦

淸前明曾於此建築城塞今河口淤積形勢已變更矣

（十二）（十一）小凌河口

小凌河口　小凌河口俗名東海口在錦縣城西南三十里大凌河口迤其河口距錦縣南而在西三十餘里口門偏向東南口外亦有沙灘然帆船亦可任便出入口之東岸有小凌河驛西岸有高家屯口外西南十五里有海首山均係扼險之地前明曾於此築防城一座今城雖圯而形勢未變依然也

（十三）（十四）釣魚台

釣魚台　位於寧遠城東南十五里著名之小海口也雖口狹水淺輪舶不能駛入然海口迤東十五里有地名東腰站者實輪船停泊佳處口外西南有菊花島亦海舟駁椗處也（詳後）海岸[illegible]地形尖長斜伸入海曰瓦倫角（距南沙角十四海里）角上高阜高百七十尺東北半面為陡

岸上有明代建築之砲台遺址土人因以砲台嘴呼之口岸迤北十里有首山京奉鐵路通過其北麓為路扼要之所也

第二節　島嶼

(一) 大小鹿島

大小鹿島均在鳳莊以南大洋河口外孤懸海中周圍約三十里土著百餘戶多仰漁業為生距莊一百四十里距大孤山二十五里大鹿在南

(四) 王馬島在海洋島西北約十四里

(五) 外長山列島

外長山列島為長子大小鶴子塔連多沙五島之總稱

小鶴子島在海洋島之西十六里為列島之最東者南半有山峯高六百尺東北角有高石崖西北角有長斜坡角外有凸石此處潮流最疾島西有二石澳大鶴子島距小鶴子島西南二十里二島間水道安便水深八十五尺至百尺除大鶴子島東角餘皆陡岸南角有陡山高

六百尺山麓有高石斷崖南角之南有方錐石高一百二十尺

其有尖石其頂分為二其北向者高五十尺大鶴子島西北

為搭連多沙二島此二島為外長山列島之最北向者二島東西駢

列相距甚近其間有小島數石船不可航行距多沙島西

南九里為長子島（距大連灣口約四十五海里）一名伊家島列島中之最

大者內有二峰高八百尺二峰間為低谷東北低岸之間為二澳近南處

為陡壁西島北有露石數列入於水道石附近復有

暗礁頗險此則外山列島水深九十尺至百尺無危險處也

（三）海洋島

海洋島在遼東半島東之黃海中南北約五里東西與相

等漸峭島之巔高海面一千二百二十尺島南為破碎峭石崖

北角有沙頸相連之小島曰家地訥島海洋島內群巖叢複

港口之北角名陡山只供停泊艇於南角又名石灰角
入於海船常至港內水深十七尺至二十尺處碇泊

迷西有大港曰遜塘灣（一作象登港）灣環深入港長六里口其西向　艦甚灣之東南有二小溪可取淡水溪傍有小村皆
華人居之雞豚蔬果略備夏季常有內地牛羊運至島中牧放也

（三）皮希爾邪爾列島

皮希爾邪爾島 Bourchier Group 有西人所命之名即胡圖之王家石城等島大小約七八至大者方二海里羅列於大莊河狗兒河口外最大者為無產島有峰高千尺其頂分為兩峯南角有尖石無

（六）裏長山列島

裏長山列島 Elliot Group 為三大島與數小島之總稱貔子窩港東南約海里東距海洋島約十六為往來貔子窩船舶寄椗處東至西長約五里最東者曰八岔島南距塔連島里二島間水深八十五尺至百二十尺東角為陡石斷崖

[redacted]最高處約六百尺其西有諸小嶼小嶼西又有一大島以此各島
嶼而成大澳澳口有黑石高七十尺黑石西北有蕩石[redacted]大島南有林島
高二百尺至[redacted]尺距林島西角三海里有石[redacted]高大島之上有平原
可[redacted]耕[redacted]居民四五百户[redacted]以捕魚為業

（七）

[redacted]光祿島

[redacted]光祿島一名廣鹿島當裏長山列島之西[redacted]東北至西
南長[redacted][redacted]里距長子島西北[redacted][redacted]里[redacted]南角角上有[redacted]峯高
九百尺形如圓塔[redacted]有陡崖距[redacted]峯南三[redacted]里處多石山[redacted]此島[redacted]
[redacted]有九疊石[redacted]東南岸[redacted]澳内有數石[redacted]南角東北五[redacted]里有圓島高
二百尺近圓島又有狹長石島由東南至西北長[redacted]里[redacted]間有石行
連二島為一[redacted]圓島西北[redacted]里處為光祿島之東北角此角向東五
[redacted]里至裏長山列島由此以北[redacted]小嶼[redacted]露石登光祿島巔可一望指

定者有二十四五島光祿島西北面平原其西北角曰沙嘴與倫拍

島東倫拍島高二百尺距陸岸約四十里日俄戰役後光祿島

及長山列島皆劃入租界内日本於其上設官治之

九　小　長興島

長興島長興島一名景杭島在復州河口外其東北至西南

長二十五里寬約十五里其南西有三島其偏東者曰花椒島偏西

者曰蓮花島亦曰西中島偏東南曰鳳鳴島花椒蓮花二島與長興

島之西南角相對中成一灣曰葫蘆山澳輪船往來於大連營口間

者恒於此寄椗其島之北面為復州灣亦商船出入之所其北岸

有東西二角伸入海中是為東崖西崖西崖地勢較高足資控守

島中居民頗衆復縣西南海岸有娘娘宮自赴島必經之所也

十　小　桃花島

桃花島在寧遠海岸東南約二十里島之南有數小島寧遠海岸為淤泥淺灘船不能近岸有甬者多泊桃花島小島間桃花島之西南為菊花島即明末祖大壽所駐之覺華島南距瓦倫角海岸約七八里其西為淺澳帆船可以避風

菊花島

即明末祖大壽所駐之覺華島也南距瓦倫角海岸約七八里

菊花島者菊花島在寧遠縣迤南海中距岸約十五里由東北向西南長九十里最狹處不及三四里其四周有山環繞其迤南處約高六百五十尺東北盡處高七百二十五尺中間谷底東山為斷截山谷之間有平原泉甘而土肥居民千二三百人散處村落

環為城居民千二三百人皆散居村落從事耕作

從事耕作島之東北隔為一狹角相連處為狹長之土岡岡盡處為石崖島與陸地相距廿八里皆為淺灘每當風起武潮落時灘水恒乾涸中有一二里稍深處潮落時約深六英

尺帆船尚可通行又距島之西南有二小島甚近分峙海中曰小張山大張山距島尤近作環抱形此處水深四十英尺至五十英尺潮水每逢冬日漲落冰來不至凍結凡南北來往船舶及本地小艇每遇颶風恒避於此前清光緒三十四年經工程師秀思勘報告謂小張山與菊花島環抱處可作軍港分舉其所擬之辦法摘要如左次

(一)擬由小張山東南盡處築一水隄長約二千五百英尺或三千英尺作伸臂狀再由菊花島之西南端築一略小之隄與大隄相對中間相距五百英尺以作口門兩隄環抱處長三千五百英尺寬三千英尺其面積計二百四十一英畝零四分即一千四百四十六中畝應照現在之水量再挖深七八英尺此項工程尚覺較易蓋此處海底全係沙土質也

(二)應由外港起繞島之西開挖一溝通至小池池長一千五百英尺

寬一千英尺以備建築船澳修理小船隻出入之口門又可作屯煤之總區其他房舍製造廠應設於內部免被敵人由海攻擊

（三）應於島上擇要隘建築礮台以防敵人之侵略

第三節　商埠

（五）營口

（甲）位置

營口為遼河下游之口岸即奉省沿海一大商埠也遼河口偏向東南口外有攔港沙一道口門寬闊約等大沽之入口上溯十三海里其右岸即營口商埠有中外輪船碼頭自前清咸豐十年中英天津條約開為通商港

（乙）沿革

營口沿革有足供歷史研究者即昔日開闢時其地僻處海濱極目荒曠有一種游牧之人往於此張幕而居所居窩棚相連狀如軍營因以名此地有潮水滿潮落則涸滿

則海地全沒於水然潮之漲落無損於土人居處故又以沒溝
營稱之其後間有移家居此者生聚日繁漸成村落迨道
光庚子以還沿海設防其地始重至天津訂約以為商埠
各國設互市場於此乃愈趨繁盛同治五年曾設營口海防同
知宣統元年後分海城蓋平二縣地屬之光緒十一年曾於下游左
岸建築礮台一座設大小礮位四十八尊甲午之役營口失守砲台被
燬民國於此設營口縣治（宣統元年後分海城蓋平二縣之地屬之）
遼河港口舊在營口上游三十海里地曰白華溝以逐年淤塞巨
舟不能入乃移向下游右岸之田莊台（距營口上游二十海里
距今田莊台車站八里）而未及數年其地又淤移向下游左岸
之興隆台（距營口上游十五里）後又淤塞乃三遷而至今
之營口滄海桑田蓋幾度變遷矣（清道光初年西營子之天

后廟內有碑記此事蓋遼河上源行經蒙古沙地故水中多挾泥沙易致淤塞清末宣統間遼陽州以下曾經開濬此後營口之沿岸何如變遷則未可知也

(丙)市埠

營口市可分為東西二部東曰東營子係外國租界有英日美瑞法荷諸國領事駐之西曰西營子係中國商民舊萃地也

距營口東北九十里有地曰牛莊者昔為百貨叢集之所咸豐十年條約所稱開港之地本在於此後以停泊不便乃改營設商場以條約文字既已確定未能修改故國際沿稱營口為牛莊

(丁)商業

營口物產為豆豆油豆餅魚鹽蘆葦等而輸出品則凡東三省之出產豆油豆餅豆粕大豆獸皮柞蠶絲人參鹿角鹽魚及各種藥材皆是輸入品則英美之棉紗棉布美俄及蘇門答臘之石油日本及歐州之各種雜貨香港之糖日本之

火柴及石炭美國之麥粉海參威之昆布等

（戊）交通　水路交通則由河自通江口以下八百里達於營口其間帆檣如織而淺水汽船且可上至遼陽海外則往來天津大連龍口煙台蓬萊威海[illegible]上海等處故招商怡和太古紹興各公司於此均設有碼頭至陸路交通則京奉鐵路支線自溝帮子南行南滿鐵路之支線自大石橋西行皆直達營口水陸縱橫轉輸靈捷故貿易極盛惟夏盛而冬衰以冬季有三個月冰期也又[illegible]為一大缺點自日本經營大連灣十年以來日益發達營口商業稍形減色矣

（己）貿易之時期　營口貿易之旺盛時約計之惟春期至秋期數月而細繹之則暖冰消大商雲集市上頓形繁盛迨夏令之五六七月則已入梅雨[illegible]此間大都陰雨連綿動輒匝月故市況因之而淡冷迨秋末冬初封河之期迫近則商情又較踴躍以明年

之貨物皆須於此時備置也

四　大連

(甲) 沿革

大連市在大連灣之南岸本名青泥窪三四十年前為一小漁村俄人租借後鑿山通道經營街市更名曰達爾利(Darly)後隸日人復闢為自由港力加經營遂成巨埠全市分為一二三區區又分為

(乙) 日本領有後之經營

町繁盛市街有監部通奧町浪速町大山通伊勢町信濃町逢阪町小岡子近江町等處市鋪建設皆日本式頗有東京橫濱之風此外名勝有日本橋精忠坊皆日本歷史上之遺跡也海岸有碼頭四即第一二三四波止場皆通南滿支線第一波止場即大棧橋大輪船泊此小輪泊第四波止場市中心有隙地一處曰大廣場大連民政署在焉市內有正金銀行正隆銀行朝鮮銀行郵便局電信局大連商業學校滿鐵工業學校等皆日

人創辦者出口貨以豆類野蠶絲煤為大宗對外貿易日本居十之九對内貿易以番禺汕頭厦門為鉅進口貨以棉布麵粉菸米雜貨等為大宗多由日本輸入清光緒三十三年我國始設大連關辦事者皆日人歲入約二百餘萬兩

（而大連較營口之優點）東三省貨物出入之途舊以營口一埠為最盛日俄戰役以前出口土貨歲達三千餘萬滬商經營各貨恃東三省為一大銷場故營口與上海有密切之關係自日人經營大連以後獎勵商人轉運由彼國直達内地輸出入物品絡繹於途充斥於市三省銷場之利遂為所奪即美國運銷三省之紗布麵粉向歸華商經理者日人恃其海道之便利逕向美商承運由橫濱而至大連不獨上海營口商人受莫大之影響而旅寓橫濱神户之華商亦日漸衰落矣蓋以大連與營口較大連之優勝之點實有不可掩者試舉數端於次一曰無冰

期營口自十一月下旬即有結冰之患至次年二月以後始能開河
其封河期內市面即形蕭條大連則終歲不凍此其優勝之點一
二曰富水量營口當潮漲時其入口處僅能容吃水十六尺以至十
八尺之船舶大連則當潮落時即吃水二十餘尺之大船尚能横附
碼頭則水量之相去甚遠也此其優勝之點二三曰在運貨甚便
營口碼頭僅附近稅關之河岸僅能碇泊船隻於貨物之上落
又無種種之設備水陸連絡極感不便故如千噸之大豆積載須費三日之
久大連則分建三碼頭敷設鐵路建築倉庫兼設起重之機積卸
貨物時迅而費省也此其優勝之點三四曰離車站甚近營口之關外
鐵路之車站尚隔一河而離南滿鐵路之車站則在三英里以外運
送貨物不能得非常之便利大連則南滿車站近附碼頭市街運送極
為便捷也此其優勝之點四據此四點觀之則大連商業宜其蒸蒸日上矣

(二)[illegible]安東

(甲)沿革　安東縣[illegible]明時鎮江堡[illegible]清初為岫巖城守官[illegible]轄境順治元年(置)岫巖城城守官(後改理事通判)乾隆三十七年設岫巖城理事通判道光七年改為岫巖鳳凰城海防通判光緒二年正月設鳳凰直隸廳改岫巖為州分州境大東溝以東地設安東縣光緒三十二年依中美中日通商條約開安東縣大東溝為商埠縣治瀕於鴨綠江岸原名沙河鎮今東邊道尹駐焉

(乙)形勢　安東東倚九連城西撫大東溝北跨邊牆南阻鴨綠江與朝鮮新義州隔江相望形勢險要舟車四達奉南第一門户也縣治前臨大江西北[illegible]岡巒起伏[illegible]中元寶山尤佔形勝山之西北兩面坡度極陡惟東南有盤道可達絕頂俯視江[illegible]如在足下頂之平坦[illegible]礮[illegible]置安奉鐵路由山下經過日人派守備隊駐焉[illegible]有天

險適以資敵重可慨也(山頂現已開作公園)
九連城距縣東二十五里東枕靉河南瀕鴨綠河之西岸有船塢山為義州鳳凰城間孔道渡河而東有山如蹲虎曰虎山陽江與朝鮮諸山相時最為險要也

丙商業　安東一埠以有水路交通之便得與沿海各埠相往還故商業向稱繁盛輸出之主要品為木材大豆豆餅山繭玉蜀黍等每年輸出額木材約百萬兩大豆約七十萬擔豆餅約三十五萬擔山繭約十萬擔內外輸至天津芝罘日本及其他各地輸入之主要品為棉布麵粉火柴砂糖煤油及其他雜貨等價額約六七百萬兩

中國舊市場前臨江岸往年商業盛時江中船舶輻輳常達數千隻滿潮之時能使吃水五百噸之汽船停泊其處自前

清宣統二年日本於鴨綠江上架設鐵橋其橋之中孔雖機關
可以啟閉然每日開放三次有一定時間不能與潮之漲落相
應故帆船之大者進口已多困難至千噸内外之汽船則須停
泊於距橋千尺以下因此舊市場之商務遂全為日本新市場所
奪
日本新市場在中國市場之西南方佔地二千八九百畝（僅指市街面
言此外租借地面積甚大）臨江貫山西沙河安東兩驛之線路成一
弓形環繞其地而東北接中國街均鑿三面溝渠以便排水並築隄
以保護之市街之區劃井井有條行政教育及其他設備
頗為完善
自鴨綠江鐵橋成立中國商埠碼頭已不便船舶之停泊日本
乃於六七道溝間修築沿江碼頭整理道路以便商船之停留

及貨物且起卸又以滿鐵會社名義向我政府取得疏濬五道溝江渚權利六道溝之商務遂大盛蓋輪船往來可以直泊江岸則上下貨物自較駁船為便故發達日速也

(11)交通　安東往在日俄戰役以前其交通範圍以東邊一帶為主要(即通化桓仁輯安鳳城等處)其與他方之交通尚不甚廣自日俄戰役以後乃一變而為南滿洲之衝衢且茲就各方面分述如左

(1)鐵路　安奉之有鐵路自日俄戰役始初為狹軌其後改建廣軌復於鴨綠江上架設鐵橋以與朝鮮之京義鐵路銜接其北端則與南滿本線銜接於是由安東南則穿過朝鮮半島渡對馬峽以至日本北則達奉天西北則達吉林黑龍江以通西伯利亞由瀋陽西則入山海關以至北京交通之便利可謂備至矣惟此種交通其僅為日本經營南滿之機關於吾

國主權方面損失甚鉅即交通方面窒礙也

(3)航路　安東瀕鴨綠江之巨流有水運之利惟江流甚淺中多礁石淺水汽船僅能駛至九連城虎山之間自此以東木船尚可上下然上游礁石較多水流湍急臨江以上舟楫不易達矣冬令封江後冰結水面可行扒犁十月以往則江上為通衢日人經營商埠於下游近江岸建築碼頭開濬江道故海上交通日形推廣也

(2)陸路　由安東赴瀋陽除鐵路外有陸路兩條一由安東經湯山城八鳳凰邊門過鳳城遼陽以至瀋陽一由九連城渡靉河經虎山側而北循老邊牆過興京以至瀋陽此二路皆軍略上樞要地也

(四)物產　安東縣之農產有大豆及雜穀等而縣境礦產蘊藏尤富湯池及大沙河子等地之金鑛如銅鑛嶺及接梨樹等地之銅鑛

鑛銅溝太河峪等地之鉛鑛其有名者也

（三）大東溝

（甲）位置　大東溝在安東縣南四十里當鴨綠江口之西岸距芝罘約九十三里其人口五萬餘內有四萬人係自山東移來者

（乙）商業　本埠為木材之集散地其木材多積于陸上遠望之殆如家屋其種類如建築材則為杉松紅松油松白松杜松黃花松等器具材則為榔楸乂栢松崩松等產地在鴨綠江之中流如通化懷仁十三里道溝十八里道溝等處材木長及三丈而通常稱為大桴子者以二丈六尺為極度每年五月水期結筏順流而下多向旅順口天津芝罘威海衛膠州灣蓬萊等處又對外之重要產物則為豆類麻繩人參麥粉高粱海參赤米水產等均輸往芝罘其輸入品自芝罘來者如棉布棉紗石油洋

火陶器洋傘洋燈及其他雜貨是也

（丙）交通　陸路交通可上至安東以安奉鐵路達瀋陽武渡鴨綠江鐵橋與義州至漢城之鐵路相連絡與航路與天津芝罘及朝鮮相通有英日二國汽船航行其間汽船投錨於在鴨綠江口大和島前三里潮汐盈虛甚有差等起至十八尺者河底深淺變易頗危險

（三）鳳凰城　鳳城縣清鳳凰廳治明東寧衛之鳳凰城堡地城建於明成化時濱靉河支流金家河西南岸通安奉鐵路人口約二十五萬昔為對於朝鮮之要地縣境多鑛除店南溝鉛鑛業經開採外有弟兄山白水等之金李家堡子于家溝等之鉛荒溝龍王廟等之石炭草河嶺之銅等光緒三十一年中日新約開為商埠

（八）小鐵ー嶺

鐵嶺縣挹婁國渤海富州遼銀州富國軍金新興縣明鐵嶺衛在瀋陽之北以一小河與遼河聯絡且因沿南滿鐵路故為交通貿易之要地口約二十八萬榨油釀酒器具鐵器等工業頗盛附近多產鐵故製鐵業甚盛金石炭等鑛亦不少商業亦可觀大豆雜穀等多集散於此往昔大豆等運至城西遼河畔之馬峯口（馬風口）由水路輸出於營口今則由南滿鐵路運載此地於日俄戰役時為日本所佔據後依中日條約開為外國貿易場

（七）小遼ー陽

遼陽縣漢遼東郡襄平縣就遼陽三縣地魏晉遼東郡唐都護府遼東京遼陽府金東京路遼陽府時為京縣（今

遺跡尚存元為遼陽路遼陽行省[redacted]明定遼衛遼東都司治
歷史上著名之地[redacted]日俄遼陽之役俄兵死傷[redacted]三萬一千為古[redacted]
大戰場[redacted]人口約七十一萬商肆櫛比商業頗盛光
緒三十一年中日條約開為商埠[redacted]西門外有車站其附近為外
國租界[redacted]東北八里有東京城建於清初天命十年
青初舊都[redacted]城北五十里有煙台石炭鑛[redacted]日人所經營有鐵路
支線連絡南滿路城南有首山堡鞍山站等地皆為日俄戰役之戰
場縣境鑛產極多除尾明山大楡溝八合洞張家溝等之石炭康
家東溝之金已開採外有雞頭峪缸窯村等之石炭齊寡婦溝
黑山等之金小河口蜂窩碰子等之銅等

（七）瀋陽

瀋陽縣清奉天府治承德縣也漢晉迄唐屬挹婁國遼金為瀋

州治元為瀋陽路明為瀋陽衛前清發祥長白建都於此稱為盛
京清世祖定鼎燕京遂以盛京為陪都地勢崇高長白東峙醫
閭西拱滄溟黑水前後縈回城闕周圍九里街道為井字形市廛稠
密商賈輻輳人口約六十六萬城西有南滿鐵路車站其附近為外人
租界有日英美德等國領事署外國僑民日本最多其數約萬
餘茲述其商業情形如左

（乙）商業　瀋陽適位於奉天省之中央有京奉鐵路安奉鐵路南滿
鐵路中東鐵路之總匯交通運輸最稱便利且能綰轂東三省貨物之
聚散與吉林愛琿黑龍江長春等地所有貿易悉操縱於該縣商
人而滿洲中央部所出之物其欲輸出營口大連者必先聚集於此
然後分發故瀋陽與營口大連於商業上關係極為密切若東三省內
部一旦完全開發則瀋陽發達之度必能倍加於今日也貿易之盛時

有二期一為春月營口開河之後一為秋末封河之前此時凡奉天隣近之商賈皆齎集其市交易然如猶不及春夏天氣和暖凡貨物之赴營口者悉藉水利以轉運……遼河封凍貨物以騾馬運輸或藉鐵路以運轉而陸路一途也

(1)輸入品

輸入品為洋布綿紗石油鐵類海味烟捲粗磁器及其他雜貨等……為棉花綢緞及雜貨等

其……細布……外國品……至東三省者尤以洋布為最因其地民風尚儉樸其綢……惟素封之家用之其他……寒……然土布不敵洋布洋布之由營口者十之二以銷於瀋陽以其隣近各縣其餘十之八銷於北滿吉林黑龍江諸地而棉紗亦與洋布同……奉省以中部如小黑山站遼陽海城等皆需

此品其銷量且比綿布為優以數處有織造之家林立轉生貨為熟貨然後出售於吉林黑龍江諸地也屬鐵工業頗盛而供給其原料者則日本製之鐵條其轉輸之地亦由營口也

海產如魚翅鮑魚鱿魚等貨品亦頗上市銷場終不海帶帶絲粗賤之貨海帶帶絲輸入亦有時候大都冬白菜盡際乃海帶機時帶絲則夏期

(乙)輸出品

輸出品為豆餅豆油穀米獸皮等而以豆為大宗蓋瀋陽向為豆聚集之一大鎮但自通江航路弛禁以來陸運貨殊稀市況頗衰蓋通江口踞遼河上流營口殊便故次減數也

現時由瀋陽輸出之豆約三十萬石多冬期各地車

運路奉天者

十一　新民

新民縣清新民府治在遼為遼州始平軍地金遼濱縣清嘉慶十八年設新民廳後昇府民國二年改為縣距遼河約五里□在北緯四十三度四十分東經百二十二度四十五分東至瀋陽百二十里西至錦縣三百七十里北至法庫百六十里人口約三十二萬

城內市街繁盛較錦縣雖有遜色然其規模大有錦縣之上比地百貨豐饒足為法庫之繼由自蒙古來者為羊豚毛毛皮乾酪自龍江來者為毛皮砂金自嫩江流域來者為乾魚白□于此而棉絲石油洋傘及其他貨物亦由此散布蒙古各地此有京奉鐵路而遼運輸頗便人口約三十二萬為繁盛商業地清光緒三十一年中日北京條約開為商埠也

(卅)法庫門

法庫縣清法庫門廳[redacted]在北緯四十三度四十分東經百二十三度七分西北有法庫山東西邱陵斷續不絕而達於遼河岸人口約二十四萬

法庫門為柳條邊十一門中之一而對於蒙古為最[redacted]衝要之區光緒三十一年中日北京條約與新民同時開為商埠

[redacted]附近[redacted]地味雖不甚肥沃然商業所以盛者蓋[redacted]自蒙古來之牛馬羊豚毛皮乾酪等[redacted]自龍江來之毛皮烟草砂金等[redacted]自嫩江流域來之乾魚等皆[redacted]此[redacted]至新民而[redacted]物自新民來[redacted]為棉絲石油洋傘玻璃器等亦[redacted]龍江內外蒙古[redacted]

[redacted]地[redacted]不肥沃而商業得興盛也

(卅一)通江子

通江子之位置北緯四十二度四十一分東經百二十三度四十分在遼河之左岸

東三省貨物出入之樞紐也合併計之約三萬五千餘

遼河[illegible]水運[illegible]十數年前僅至鐵嶺[illegible]以北[illegible]多以車馬輸送然

自營口貿易[illegible]盛遼河水運[illegible]擴張遂逾鐵路而達于通江子

[illegible]江岸一漁村[illegible]水運四通船[illegible]雲集[illegible]十年[illegible]

[illegible]有都會氣象[illegible]水運商業之[illegible]影響[illegible]城市[illegible]

通江子附近邱陵起伏街衢未見整潔然經營成一良[illegible]市[illegible]未

不可[illegible]商品[illegible]甚多庭宅所在廣闊蓋由營口溯遼河而來[illegible]

[illegible]鹽及大小豆類[illegible]于此故[illegible]

[illegible]計之約三萬五千餘

十二[illegible]錦縣

錦縣[illegible]在漢徒河縣地遼金[illegible]錦州臨海軍明廣寧中

衛城瀕小淩河北岸[illegible]城外設壕以防溢水沿河築堤

城勢若盤俗謂之盤城北為京奉路關外線之中樞日人多僑居於此貿易稱盛輸出品為高梁小米玉米豆子豆餅豆油麻油皮貨猪毛輸入品有雜貨稻米麵粉煤油紙烟布疋等

第二章　直隸省沿岸

我國沿海之省以直隸之海岸線為最短東瀕渤海北以山海關與奉界南以[illegible]與山東為界其山海關西為渝河入海之口口西為淺角再西為溪角有[illegible]溪角上有秦皇島為直隸北部著名商港溪角與淺角相距約二十五里其間水深廣最便停泊且隆冬不冰自此迤西南有洋河口有浦河口又西南則為灤河口較深亦可泊巨艦為遼東直隸兩灣分界處自此迤西為新開口灤河支港大船河口蠶桑口西為長間口其南偏東有小島曰沙壘田島海岸自北微向西北為素河口陵河口陡河口又西南為北塘河口又南為大沽口白河入海處也自大沽口西南至岐口其沿岸有淺沙灘鋪入海約三四里質堅硬可勝人跡

岐口上承運河通滄縣南皮口內水味仍鹹蓋□□源□□刷海潮□

岐口之南偏東為老黃河口直隸山東海岸交界處也

□之直隸□海岸大部皆由沙土構成□低濕不適農耕住民極少□者

□皆為貧□惟北□□長城附近沿岸稍高□□稍深□良□港□

特就其沿岸□渤海及直隸海峽分言之

(一) 第一節 渤海

(甲)渤海之□□及沿海而流 論其地位蓋占

渤海□渤澥又□北海□奉天直隸山東三省以山東遼東二半島

環抱而成廟島海峽其門戶□出峽則為黃海□我國沿岸最深之

灣自東北至西南長徑凡三百五十浬短徑約二百浬深度□常二十四

尋□□最深處在□□以內沿岸□淺距陸□十浬始有十八尋

至二十□□者□惟當大河流入□處因流□作用□□泥沙中衝成深

廣水道故不得謂絕無□深□處也

北有奉天之遼河西有直隸之白河西南有山東之黃

河等如大凌河小凌河灤河馬頰河徒駭河灘河彌河之皆以此為

尾閭也諸河多挾泥沙流入於海故渤海沿岸水量因而益淺甚至

隨舟張成長大之沙洲如曹妃甸或曹妃殿沙流甸或沙壘棧又孤

其最著者也位於白河口東北三十里之沿岸長六十里以至七十五里其

上建有燈塔此泥沙之流下日積月盛故海面漸變為陸而渤海面積

日[redacted]小矣

(乙)不凍港地及冰期風信

[redacted]渤海分二大灣北者曰遼東灣南者曰直隸灣灤河口附近之突

出地海水之溫度因冬夏而不同冬季十一月間河流及沿岸先結冰漸

及於全部至翌年三月始消融惟白河在一月即通航其在結冰期

內凡天津營口則須停航而唯秦皇島山海關附近不結冰故終歲

通航曹妃殿附近亦不結冰為冰期中之安全避難所為渤海之要

於低潮時結冰沙洲上當昇潮時浮流而至於沿岸地方如是反覆

遂□□成厚冰□結冰□□浮標撤去□□□□□達
三尺之□塊□□□航海者所當注意也結冰期間北部較長
如遼東灣則自十一月下旬至翌年四月中旬約□□半月
□□風□自十一月至翌年三月為北風自四月至九月□為南風又常起
西風風力頗強與直隸省內地相似捲挾塵沙□□達□距海岸十
五里之海中
□直隸海峽□直隸海之東部北自老鐵山南至蓬萊縣約百八十里之間□為直隸海
峽其間□□□水路最安全者為猴磯島南之一線至大沽之汽船多由
此經過在長山列島之北□亦有安全□水路□□島□□□與老鐵
山□□老鐵山設有燈塔高出海面三百十六尺光力及七十五里□島中
可碇泊處□□□□長山島南方□最安全錨地也

第十節 □□□□

第一節　港灣

（一）淺澳洋河口渝河口蒲河口

淺澳一作淺濟沿岸自劉沙關岸轉東南東四里半至石角再由石角向東北十八里為淺澳角（秦皇島之角）淺澳即在此二角之中深入三里無礁石近岸稍峭民船小艇數十艘停泊距岸一里許深二拓六里之間深四拓半距石角一里半有石行慎激浪

渝河口在山海關之西南渝河一名石河出長城外一由城子峪口西南流入一西北自義院口東口東南流入徑石門寨東北合而東南流至山海關城西南注於渤海

洋河口在淺澳之西南洋河出邊墻外二源其東北源南流入箭桿其西源南流入井連口東合而西南流至指頭營之南西北有一水自青山口東流南經馬家營遂合而南經撫寧城西折而

東流至洋河口入海。河口甚淺，民船常乘高水（潮）以入，所行亦不遠

而卸貨。於進口內者尤衆，其入內地則貨車載之。亘上之深僅一

尺，以兩堤為港。其潮漲落凡六尺，其深則河泥所成。距河口十二里

深四拓半，四里半則深二拓。

蒲河口在昌黎縣治東南，源出遷安縣西北山，南流入海。河口（沿岸）全係

沙。蒲河淺，亦不甚長。民船高水（潮）行之，至進口內約三里北岸以

上卸貨。其亘低水則洄潮之漲落約六尺。停泊處深四拓。

（二）灤河口　青河口　蒲河口　陵河口

灤河口在樂亭縣南（為渤海之直隸灣東方之界處也），其河口凡三。一自樂亭之北東南流入海；二

自樂亭西分東支之老米溝、西支之新開口入海，而新開口較為

深闊，所泊中小汽船。老米溝進口之東南五里許深四拓，四里（如）深三拓

半。其停泊處不甚避風，進口且有一帶沙石，低水過之三尺，過亘

至河口之西角水深十尺至十二尺上有一村水深十尺居民繁多老米
溝之西南六里為仙夏口（一作先沙口）乃一淺[illegible]溪也有時天氣
濃晦民船恒走入以避風溪旁之地與老米溝相接者皆卑濕
其西南則一片平原沙土堅硬
青河口即大船河入海之口在新開口西十餘里青河出齊縣西
北境南流經黃城之東又東經高谷莊及馬頭營西又南入
海河口之東南七里深四拓半而東三里則深二拓河口附近沿岸
皆係沙灘入海者十餘里進口處亦有橫亘依水僅深二尺半
亘之內是為眾小船停泊之所
蟒蛇口在青河口西南二十里為蟒蛇口又西四十里為長閘口
姜河口在長閘口西四十餘里姜河下名古沽河出古琯之西二源
合而南流至李八趙鎮西南入海

陡河口一作澗河口在泰河口西三十五里陡河兩源出遷縣榛子
鎮之東北山西北流有一小水自北來會經古冶南平稻地之西南
入豐潤縣境至神堂之東入海海岸係乾泥灘沙塩含鹼碱為
荒瘠惟民船而能上達豐潤

(三)北塘口

北塘口者北塘河入海之口也南與大沽口成犄角之勢為海防
之重地自白河口至北塘口濱岸之嵩有一坨依沙相阻平廣向北
約二十四里北塘口得入內約十三四里即北塘鎮在進口處之南岸南
北兩岸進口處皆有砲台故址砲台之下十五里有淺亘一百一二丈內
外以木樁誌之皆泥質一旁如沙灘一旁與進口之水相接依潮如
乾涸而出十四里之外北向之水以為硬沙亘上之水至多不過十
二尺故非入水十二尺以下之船不能進口即淺船亦僅限於

高潮時始得航行故北塘非良港也

（四）大沽口

大沽口即沽河入海之口一稱白河口河口闊九十五丈地勢低平沽河上游流下之泥沙逐年淤積其口故水頗淺入水二十四尺以上之汽船須碇泊距口二十五里之地又河口有開洲長六里凡入水十尺以上之大船均不便通航潮落時水深僅二尺餘潮高時其可行之水道亦甚狹且隨處有淤洲航行尤須注意往來天津之汽船吃水尺左右者必候潮以行也至大沽之形勢扼天津之咽喉為京師第一重門戶故往時雖係一村落然海防視為要地南北二岸皆設有堅固之砲台自庚子戰役與天津城同被聯軍拆毀且立約不得再建矣

（五）歧口又名老黄河口

岐口在大沽口南約百里為石碑河減河毋豬河三水入海之口上承運河直達滄縣南皮岐口南之老黃河口之南河岸最高高潮時其濱特峭惟其低潮時則有乾涸而出三里者岐口村居在近口之南角上所居皆漁人窮苦節隨漁船載五艘至二十艘為常由天津運穀來此易魚其周圍之地因皆鹽質不堪耕種故荒涼似無人居岐口之外有一亘低水內乾涸上覆九里至岐口村則闊六七碼從口向內之水深十五尺之闊一碼大略至此約深九尺次七尺岐口外係泥淺甚淺深二拓者則距口二十一里也老黃河口在岐口東南八十里即老黃河入海之口上通鹽山慶雲吳橋諸縣為直隸與山東之交界處也河口有一似島其南角上有村莊水道則均沙灘（甚淺僅通小艇）之北是處海濱一帶當烟霧晦冥時常有倒影之奇景焉

第二節　島嶼

直隸沿岸海中島嶼甚少，可言者衹沙壘田島之一，次第述如次。

沙壘田島有沙流甸、沙壘樓、曹妃甸、曹妃殿之諸稱，距大沽口東九十里，係一片泥沙灘，惟島南為巖岸，島長六千餘里，北距大陸則三十六里，此灘有數節乾露於低水，近之宜防。島上叢生蘆草。諸島灘之南有水道，惟民船可行，而僅上漁網無數。其西與陸岸相接，島又為無障可入，甚且民船入之者，雖高水耳。島西有停泊善地，水平如鏡，適在北緯三十九度二分，避東北風甚便。凡大沽口之船遇有東風或東北風，戧時則舉錨而走，移泊於此處。常年燈塔設立於島之南向，出於高水上五十尺，天氣清爽，三十里能見之。

第三節　商埠

(二)天津

(甲)沿革　天津於禹貢屬冀州，周屬幽州，戰國時屬燕，漢時屬漁陽、渤海二郡，唐屬滄、瀛二州，宋金屬清、滄二州，元屬靜海縣，於其地置海濱鎮，至明永樂始築城，置天津衛。清雍正三年改為天津州，旋升為天津府，並設天津縣。咸豐十年依通商條約闢為商埠。庚子役後，拆毀城垣，展修馬路，而繁盛倍於曩昔。民國成立，廢府留縣，即今天津縣也。

(2)區域

縣境東瀕渤海南界靜海西北鄰京兆面積東西廣七十餘里南北長一百二十里位於北京東南距大沽海口約百餘里居白河之下游京兆北直各河流均此匯出海輪船交通商貨薈萃為北方最要商港也城區除租界外華界轄地因行政上之便利分為五區如左

(1)東區　東沿白河西岸西至城內鼓樓南北大街南起日本租界北至獅子林本區以南市大街為商務最盛之地次為南北二馬路

(2)南區　南至南關外北至北馬路東自鼓樓大街西至雙廟區本區南北西三面馬路最稱繁盛

(3)中區　東起大胡同隨白河南岸至道橋西至趙家場南至雙廟街東北馬路為標準與東南兩區本區有南運河直貫其中

(5)北區　由金鐘橋以東經水梯子浮橋與舊奧界及義俄租界相接復由京奉線以東折回直至新開河沿岸至第一橋經宇緯路至大經路是北區

(4)西區　由天津公園前門起沿金鐘河岸至金鋼橋西折沿白河北岸至津浦西站又北折回新開河與北區相接

以東區為商業中心最稱繁盛中南西區居戶櫛比人烟稠[illegible]北區漸形寥落西區尤爲僻[illegible]

(丙)租界　天津租界〔在歐戰前〕有英法義俄德奧美比日等國

(1)日界　東起海河沿岸西至城南之海光寺南接法界北[illegible]東南城隅〔為限〕佔地二千餘畝

(2)英界　東起海河西至華界南至德界北鄰法界佔地六千三百餘畝

(3)法界　在日界之南英界之北東起海河[illegible]西連華地佔地一千七百畝

(4)德界　在英界之南佔地約千餘畝

(5)比界　在德界之南大直沽村間佔地千四百餘畝

(6)美界　在英界西南隅佔地百四十餘畝

(7)奧界　在白河東岸之首東至京奉路線南接義界北至三岔河口佔地千畝

(8)義界　在奧界之南西濱海河東至鐵路北接俄界佔地千餘畝

(9)俄界　在義界之南其東西以海河鐵路為界佔地六千畝

英法兩界開闢最先商務最盛日界經營較晚而地在華界之租界之上游稱為繁華佔優勝其餘則距城窎遠僅為足自國人居留之所無商業足稱也中國自歐戰發勝德奧俄三國租界均已收回設立特別區市政局以管理之改稱為特別區而以一二三為別

魚盐為海產大宗豆麥梁粟農產亦豐試種美
其棉成積　棉佳工廠如紡紗廠硝皮廠織呢廠鐵工廠造胰廠織襪廠年畫花
竹器籐器柳條器　等品亦各完成　其適用輸出品為細皮張猪毛羊毛地毯
綢緞布疋棉紗　棉花地毯粗細皮張猪羊毛　牛羊骨猪羊腸雞蛋藥材花生核桃杏仁紅棗
水梨鮮果雜糧麵粉口磨果脯　盐　油漆豆油花生油煤油木料燒酒等輸
入品為粗細皮張　綢緞　布疋棉紗棉花　各種家畜水
產青白灰煤炭蘇席稻米雜糧麥子麵粉花生鮮果茶菸　盐鐵等　桐油漆木料
五金器械藥材　等

(丁)

交通

天津為通商巨埠水陸通達　水路　之大輪　有定期
　船由此南航　上海　廣東南洋群島等處　有直
達　航於　大連旅順營口煙台間　及　輪船　直
達　日本　而每年　直達歐洲之公司輪船　亦有數

惟非定期有駛也內河小輪船可由至安次縣之勝芳鎮及楊柳
青惟夏令水漲發時可以通行秋冬水涸則停駛矣海河小火輪航
行於天津大沽之間者則每日二次除冬季冰凍之外餘時皆能行駛帆
船則下至海口上至通縣西抵保定南達河南均能通航每歲以運
鹽為大宗糧食次之雜貨又次之旅行乘者甚鮮水路交通亦
稱情形也陸路則京奉路津浦路最要京奉路雖起點於北京而天津
之中點而京漢路起於北京西直門京綏路起於北京京綏西路均在豐台連軌是南達漢口北至察綏均得與天津
津浦路起於天津由津浦路分行至南滿路東清路
村通迨至總站與津浦路聯合南行至濟南轉膠濟路可達青
島南下至江寧轉滬寧可至上海再經滬杭甬路而抵浙江東
杭甬路上海而至內地及全國水運衢樞
遼奉天經南滿路接西伯利亞鐵路而至歐洲並經安東線可至日本
朝鮮交通如是便利宜其商業發達而蒸蒸日上也

（10）商業
外港之外來貨物皆由上海轉致其經外國者尚

最多之貨且
見世末因中國北部今日工業尚在幼稚時代故其出口貨物類皆生貨物
而熟貨祇有粗笨之工作而已故由來該港之輸出者重在羊毛駝毛
皮革麥稈藥材燒酒花生杏仁乾棗等類今略述其來源如次
羊毛及山羊毛北方無地不產其運至天津者以西路（甘肅寧夏皐蘭等
處皆是）口北（山西北部綏遠張家口熱河等處皆是）路為最多品質
亦最佳駝毛產地分四區即西路山西東河口北是也以甘肅寧夏蒙及
綏遠附近出產最多皮革則近年輸出額亦有進步其產地以綏
遠張家口二處為最每歲由天津者約有四五百萬張
入口
外來貨物之集於天津者京兆所銷約占四分之一而山西占四分之一有
半張家口直隷內外蒙古及轉輸於俄領西比利亞近年京綏鐵路
已築至綏遠包頭故銷售亦有增無減總之天津為綰轂數省貨物
出入散聚之地而張家口則為其第一樞紐

天津貿易最盛時期為春秋二季蓋適當開河以後與封河以前也而開河後尤盛何以故因冬間蒙古察綏所產之羊毛駝毛及各種皮革等為有餘而求售者悉於此時輦致張家口待春回而輸赴天津沽此慣例也又日照風和之時天津之棉紗棉布雜貨紛至沓來矣而入棧而後則出棧以下艙極一時之盛

（一）秦皇島

秦皇島相傳秦始皇嘗駐蹕於此故名秦皇又稱青風島本島自西南而東北突出渤海灣中如人伸臂環抱渤海之水成一小灣長二千米突碧波蕩漾鷗鳧群浴其間但見天光水色置身其間圖畫灣內水深氣候溫和冬季無結冰之患故四季皆便碇泊而吃水十七尺之船舶亦可入港其接連陸地處有小河注流灣內西南相距二千數百米突即湯河入海之口兩河之間有市街島中央建有運動場島上有公園逆旅民居環列四周海

岸一帶築有碼頭十三所成乙字形均置起重機於其上向東南

而行有堤突出長約里餘與防波隄遙遙相對是隄自湯河口伸

長凡二里特建以為船舶下椗之地每年自河遼河結冰期內凡

往來天津營口之船舶皆改至秦皇島自以京奉鐵路以聯絡於內地

秦皇島因位置適宜氣候之和煦天時地利交占其宜

本島與灤河密邇灤河發源於察哈爾

之多倫縣向東流下經喇嘛廟與熱河會又南經灤縣而注於渤海其下流

皆可行舟又喇嘛廟者為內蒙古都會之一與張家口並著為有名之貨物散

場地遼闊物產充盈如羊毛駝毛山羊皮貨等類皆可由舟順

而下經承德盧龍亦為貨物出入必經之地而灤河繞越之經灤河出口與

本島僅隔十八里故貨物之出於以上各地者皆以灤河為導線而集中於秦皇島

也至開灤煤礦及石門寨煤礦將來發達未可限量也要皆與本島相關

第三章　山東省沿岸

山東省海岸西北自老黃河口南為馬頰河口徒駭河口至大清河口

北渤海海岸及沿萊州海岸之一部

（即黃河口）其間有淺沙傍岸九十餘里名攔門沙黃河口外

船須在外卸貨不能駛行西人謂黃河為

用之水足為中國之患耳黃河口東南約二百里至萊州灣在平度

昌邑二縣之北此二百里中有小清河口濰河口于河口白狼河口濰河口膠河口

而膠河口萊州灣之東嘴為淺灘淺灘西南有小島曰芙蓉島萊州東嘴與黃

縣西之姆磯島相對中成海灣即龍口灣姆磯島之東為桑島桑島之

東即登州此東沿渤海之海岸

東瀕黃海之海岸自登州起迤東南多低沙岸岸形凸凹多成地角

角斜角其最著者約百餘里至福山縣境為芝罘山東北入海

地嘴也東端名芝罘東角南對烟台為口門口內即芝罘港港

東有崆峒群島又東南約十里為紅角一名訥角又東南為低沙

岸即二十餘為龍門港養馬島與陸地相向而成又龍門港也其東沿

海皆低平岸間有窟出入不甚□約百二三十里至威海衛有港

劉公島距大地岸相峙劉公島迤東有雞鳴島又東為山東角即

成山角也自成山角折而西南至榮城縣為榮城灣其南為裏島灣又小澳裏島

灣東南為馬他角角石質成叉形近角潮信最急航海者不可

近馬他角之南為樹林頭樹林頭南為平角角相距七海里而內為

桑溝灣之大澳崖角迤西南至石島灣又西南為王家灣又其西為望海

島島北陸地即為靖海衛明設衛也自石島灣至此鏌鋣島海岸皆叢山連接

靖海衛之西北為靖海灣又其西為五壘島灣即山口口外皆沙灘灘外有

紅島琵琶島島西為浪暖口其西南有鳥嘴頭之西北

為乳山口其西南有□□小□□□□□□角亦稱老龍頭

西對草島嘴成一灣低石岸大澳名海陽澳草島嘴亦稱海陽角其西南
島丁字港港外群島林立其有名者為門閂島古蘆島外島
長島島南為額金司嶗山南盡山嘴之西即勞山灣也
勞山灣勞山港之西為琴頭澳勞山南出之支蜿蜒於勞山膠州
灣之間其南盡處即琴頭膠濟鐵路終點青島在此岬
地岬島向無青島名蓋青島琴音轉耳琴頭澳
有浮山所浮山所西南地嘴有草島曰遊內山南靈山衛東北
地嘴口門廣一海里又四分之三口內成大灣即膠州灣舊名麻
灣海岸自靈山衛轉西南海岸較平海中有唐島靈山島
約百里至瑯琊台東海之山東海中有瑯琊島
瑯西南有名瑯琊台灣西為家家口南為夾
倉口夾倉之南為張口再南入江蘇境此為山東沿黃海之海岸

（甲）渤海沿岸之要點

山東省西北部沿岸東自廟島西至老黃河沿岸其間略為弧形頗不適於航行惟底部扁平之帆船可近海岸處此岸為微沙土距岸三十里及三十六里以外各處時有小邱其餘皆突出

（乙）黃海

東南部沿岸（亦稱山東角沿岸）大抵為片麻岩花崗岩之岩岸而蓬萊縣附近之沿岸有火山性之層故沿岸多為邱陵其陸地間以低陸其邱陵有嶄然高聳者亦有在海之沙礫地者有突出海中之為危險之暗礁者為航海者所宜戒之故船舶其附近常迂迴以避暗礁從來船舶至此而遭難者不少其尤著者清光緒三十二年德國礮艦伊爾别斯（Iltis）號觸礁於東南高燈台之北觸礁沈沒士卒不可勝紀也

第一節　港灣

第一節 港灣

（一）黄河口萊州灣龍口灣濟灣登州港

黄河口一名大清河口又名利津口即黄河自歷城由齊東青城蒲台利津諸縣境東北流至鐵門關東北入海之口也在北緯三十七度五十三分東經一百十八度四十六分之間距河口九里有亘淺水過其上僅深二三尺其水道向西南穿入泥灘此亘內外之界約二里半漸至南向之水道深七尺八寸之外低水深二三杆可為停泊船天津之常等處來之大船至此不能渡亘而止停泊以候較數船轉運船之較小者可由南水道進入由河口上溯四十五里至鐵門關一名鐵柵門之貨物為出入黄河口之船貨皆在此裝卸貨物出口貨以鹽為大宗棉布等次之入口貨以紙木料海菜豆類為多由此至鐵門關深二杆半至六杆河幅則濶至二百二十五碼

民船可上溯至歷城以上惜其流稍急耳

萊州灣在濰縣昌邑平度諸縣之北渤海南岸最大之灣也為一半圓形狀口向北闊約百四十里東部向芙蓉島處較深西部甚淺距岸十里僅一丈萊州東角西南曰太平灣底較淺近芙蓉島處較深島之西南距岸十二里深約三拓半南岸又有膠河濰河白狼河彌河諸川皆甚淺僅能通行民船萊州沙灘乃一長條之沙洲也其處有數處乾涸而出由沙角西北伸出二十五里其近岸處闊十二里外向則三里四里半而已西向甚峭北端東處分岐為兩角餘則層疊而下如階級此灘橫列萊州灣東部之外頗為險要焉

龍口灣一名蘭口澳在黃縣之西西姆峨島角斜障其北中成一大澳為民國三年日本之登陸中等之汽船皆可停泊近年築港已

成蔭遠近未可限量也（詳第二節）

登州港在蓬萊縣之東北，面臨海而登州頭特起於其西，常有民船麕集其中，以避南面之風，進出處任宜船舨及小號之船可駛入內，其中甚淺，常有海浪激之處。登州淺灘伸展於登州頭西北二十一里，水過其上深二拓至四拓，皆係石雜質含砂於內，有難強隆起於淺水之中，殊為險阻。

（二）之罘港　龍口港

之罘港（舊名煙台港）在福山縣東北之罘山地頭沿岸凹入而成港，列島相接而成海灣，最好之港也。之罘山者（在福山縣東北三十五里，秦皇漢武所登之之罘即此）東北伸入海中之地嘴也，與大地相接處為沙質地頸，山據嘴之東北頭，自西北至東南長十五六里，勢頗嵯峨，高於海面近千尺，頸低而小，遠望如海中孤島，其斜延入海之狀畧如靈芝。

形山之東頭名芝罘角，角南對煙台（內外諸洲），西北口，即芝罘港也。港南面為
鎮，澳內便停泊，惟不能避東北風。芝罘港外東面有崆峒群島，僅
數小島，與散布海面約二十餘里。群島中以崆峒為最大，故以名崆峒
島。之西南有低沙角伸出，長約三里，名東頭嘴。崆峒島之西有島名
小山島，島南北距芝罘角六里。於是汽船入煙台者，凡二口：小山島對
芝罘角為西口，東北向東頭嘴，西南對伊角，一名納角，有島山在煙台
東南約十里，為一口，東南向芝罘角之東向，水深五七拓，可泊戰艦（吃水二十二尺之）。其
他兵艦商船之停泊所，則在塔角之東，或東北二向，距岸二里，無論
（水）深，一年四季皆可停泊。據錨能牢之地，則港中僅有也。較小之船則
泊於港之西向村澳中，若離煙台澳處，亦可是處，深十七尺至二十尺，然（冬之界封）封
澳較佳。蓋煙台澳處，惟夏季妥穩而已，北風大勁時，停泊於煙台
處滿沙灘，大甚不相宜。春季北風尤多，而海中濤浪浮蕩，船舶出入（避）

(丁)威圍難島

龍口港在芝罘港之東南為清水河辛安河諸水並行入海之港口其外有養馬島橫蔽之若天然屏障其島與內地相接之間沙泥平灘伸展而出低水時則乾涸潮時則成一水道為此水道長二十餘里能通至寧海縣其進口處在養馬島之南有一自由大山角（養馬島之西南角）之西南伸出三綫直上水深不等自此內三里為水道之上口闊約一綫深二十尺至二十六尺凡船泊之者依其次之壁遮諸向之風也

(三)威海衛港

(甲)沿革　威海衛在文登縣之北明洪武三十一年始於此設衛以防海寇前此地甚荒涼至光緒八年築砲台修船塢乃以為北洋海軍之根據地當時與旅順並重甲午之役日陷旅大

進攻威海戰十五日沈我靖遠威遠諸艦提督丁汝昌死之威海遂
占領自光緒二十四年俄租旅大後英政府援均勢之例要
求租借威海清政府許之是年五月中英締結條約如次
以威海衛之水面全部灣內劉公島及諸島嶼並沿岸達
十英里之地皆為租借區域
以俄租借旅大之期間（二十五年）為期間
以租借地域歸英國管轄但限於防禦租地之兵備中
國官員仍可在城分司其事灣內水面中國兵艦仍可通航
以海寧州以東至營城角之北海岸劃為中立地歸中國官
轄但英國得於該域內擇地戍兵築砲台
英既租借威海衛並改名為 Port Edward 並設行政
委員會治之

中國於未租威海衛時，曾欲為北洋第二海軍軍港，擬備以為重。然英人視之初不然，蓋英人勢力原在長江一帶，通商之利益亦以南方為多，英既得香港，所以復借威海者，實係抵制俄國於威海。租借條約有「以俄租旅大之期為期」之一語，一若視俄租借旅大為轉移者。所惜旅大轉租日本時，我國失去收回之機會，而英國無心於此。迄今舉例證之，當英租借之初，對於中日戰時毀壞之砲台、營房不加以修補，亦存雖多數軍隊，而中英人之田宅契約多不訂長久年月，擬俟旦暮即將遷移。此可推知英所以然者，殆有二因：一因港口太闊，又無一鐵道與他處相連，欲以為要塞，極難保衛之，海軍亦可直營此要塞，須五千萬磅，即耗費太多，一也；二因旅大既為同盟之日本所有，英於威海國同在田既無利益，又不足依制，二也。故

國人如同心協力作政府之後援則不難對日略同而山東之海權無可望恢復矣

（四）形勢　威海衛與旅順南北對峙為渤海之門户而南岸膠州灣亦有輔車之勢於中國自衛保之重要可知其港係靜子頭（嶅角）皂埠頭（灣口角）相抱而成在（文）登縣東其北南西三面環山而劉公島控扼其東分水道為二島北曰西水道口向東北難守於東水道然水深廣可行吃水十八尺之汽船口門北有數小島以圍島為甚南曰東水道口向東水淺多礁輪船不便出入（口門中）有小島名衣島（一名水道島高四十尺）港內停泊所約以劉公島西角之西南為最佳名曰西澳澳內可得淡水島下建有船塢十港內水之深度平均為八九拓冬不結冰又以劉公島為之掩護形勢益固

威海衛有燈塔二　一在趙北嘴（東北邑濱之）高出海上九十四尺　光白　天氣晴明四十五里當能見之　一在劉公島（西北邑濱之）（與劉公島之西僅一里）高出海面六十一尺　天氣清爽　白色者十八里見之　紅色十二里見之

西面積人口及出產　威海衛埠在灣之西岸小山之旁　面積二千五百六十五方里　人口約十五萬　附近之地有多種植物及果實　而礦產亦頗著　其向港船與煙台未經只絕而至上海亦有定期汽船

四　榮城灣（成山角）

榮城灣在成山角之南與馬山角之間　闊十三四里　足避東北風　深四拓至八拓　底泥質　有一十石角在灣之中央　沙質低岸上一水窪則向尾南海在馬山角之北　惟此灣形如仰盂　拋錨較難

成山角一名成山頭　又名山東山嘴　峯巒起伏　綿亘如練　廣約六七里　至

十里起於灣城東向沙質平原上經澤南東約長一千里一為登萊半島極東北處之角東端位於北緯三十七度二十分東經一百二十二度四十二分自西北東南二方初望之其狀如數十島實則五峯並峙最高者其西峯九百十尺曰大成山其名名嵎陵北面斜坡垂下外緣皆大峭有夫峰高六百八十九尺在盡處足為標誌西旁皆深谷山嘴盡處有一突光尖頂之岩高二百七十五尺有一岡如肩伸展海濱皆破裂粗岩夫峰之東南又有山岡二座其外者即在濱海之成為山嘴南部累石之角名曰龍鬚島距岸三里皆陡潮流甚急其東向四里深五十拓成山角東北之沿濱有石質稜稜如鋸齒長七里餘其西北角甚粗峭曰狙角在小成山島之南四里沿岸山甚多礁石成山角上燈塔自基至頂高六十四尺峯出海面二百二十尺天氣清爽於距六十六里外能見之汽船循山以望燈塔使之而行

愛倫澳一作倭島口亦作尼林澳樹拼頭嶼馬他角相距十四里半 北口門長

進口而入北微淺深五拓至八拓底泥質沿北岸之半路曰中島嶺岸

崛起高百尺距角一二纜有諸礁北角之澳爲二分深三四拓當東北

風時停泊甚善角之上係沙泥 馬他角或謂之海鼻頭係低

平石質之角分爲雙角中有一小澳離南角離處皆有礁自北向西出

之角曰長礁

愛溝港門在愛倫澳之南其港口北角曰樹拼頭南角曰平岸角

兩角相距二十五里其西岸南岸有二山皆獨峙而陡峭在西岸者曰破

澳山高五百三尺在南岸者曰老馬山高三百九十五尺係麻題 Boulder 石

之巨大石一群大亂石高四十尺外面甚峭深三拓有一礁其西南伸出

一里半此礁之北距岸三里又有一礁南北長五里向有數石高水不及

澳之北岸爲低崖與之接壤諸礁伸展一纜至二纜自山西南繞破港

十八

山皆沙質低岸其北有一自溪水灣處流出水灣前為沙灘　樹林頭

一哥倫島餘於西面長三里向岸搖壞處有斷續石岩參差交接焉

頭下諸石埂散布如隱礁伸出八九里有一獅子狀之石高二十五尺頭之

北角黑岩島山嶺之消高二百四十尺並有一長坡直趨南角及

平島高百尺　平崖角一名保家頭低平東西伸展約三里許上之如島

而多沙質窄地頸以連陸地長三里上為樹山角南二山泥角東一

俱皆石碓

石島灣在桑題山 Mount Otter 與低島之間低島為陸地迴

由沙質中間以相連橫廣四里半溪之北岸高八百四十尺者之山溪之西岸上一有大

鎮埠溪距岸一里半處小船盡可停泊在溪之右鎮埠之東水深

二十一二尺及其外角相距於五六拓之間底為皆堅泥惟淺岸處

則有散石此溪當北風盛時最停泊甚善並可供修成山角待潮之

所欲泊於灣之拓至十拓之處則在澳外向之西距岸二里至十二里
王家澳一名朱家圈在鐵槎山（Sha Shan）與琵琶山之向一小圓澳
也但近口之二島橫列有礁相連於西角二島曰敵澳之南向皆峭崖
角之岩石特琵琶山之南角也是山平頂高一千二百五十五尺其
北有一峯狀如鞍岩高一千二百四十尺實無於海灣可泊之處澳之
西部皆可防而從停泊處在三拓半至四拓半即其外向之島與
相對高岸之向或在內向之島之北十三尺以內

靖海灣渡暖口

靖海灣在文登縣東南登萊半島南岸第一灣也靖海衛半
島環抱其東西口之南向長約二十里但近之西角濱海皆山
皆低角有紅島以護及沙灘於岸相連灣內水深傍
通民船近東岸處水深三拓為東風東南風時之舟可以暫泊

諸海灣之西有一大澳，橫闊十六里，長十五里，然係水淺，入皆乾
涸，即五壘島灣是也
浪暖若島嘴頭東北之一澳也，雖[illegible]淺，尚能暫泊，其底深の
抵近岸之巖，斜斷減澳東北，有[illegible]小島，曰五里島，高三十五尺，狀
如筲又有一峯，在東南[illegible]島嘴頭，[illegible]高二百六十七尺，有低頸，此
連陸地，海陽東北富海之南，群山崇聳起，海崖島嘴頭，其
最南盡處也，航海者恆視此為登萊半島南岸各澳東西之界焉
六和口海陽澳丁字灣嶗山灣嶗山港
乳山口，在海陽縣東，為島嘴頭西畔之一港，港北受乳山河，河出臺
海縣南之分水嶺，南注乳山寨，水口外有澳，海[illegible]數小島，小島北有
舟泊乳山河，為羣山所束，水流甚急，能為海潮拗激，由澳岸有群
峯聳立，有高至千一百六十六尺者，乳山口之西南，有河岸，小澳名紫山

口進深九里在低角（一名老龍頭）與亞靈頭之間亞靈頭其形似
一島少平灘於低水時與地相連焉其南岸甚陡其頂
尖圓高四百十六尺澳之中央有數小島中間沙灘連之其外向
界高四百四十五尺諸島沿濱岸相接處不宜近此澳其岸不
寬船惟兩角相距之處則深四托
海陽澳在海陽縣治之東以低角西對草島嘴為口門長約
二十六里成一低平岸之大澳海陽縣城踞草島嘴上故草島嘴又
名海陽角海陽角下多石或露水上或伏水中綿亘一百里至
九里而近低角處有淺礁羅列故無一寄椗者
丁字港枝海陽澳之西有大港東西横列澳口東向約九里澳
北岸之中此受五龍河水五龍河上通棲霞萊陽澳形東西五
龍水自北而南形略似丁字故名丁字港青島（一作青頭）為是港通

惟有沙南十餘行水道闊僅里許

口之南角汐灣在其北濱岸圍繞之山巖石澳東有大山所
行村寨南岸有雄崖所皆明代戍守處也山港水淺惟澳口迤北岸
田家小島西名汀小島其南深可抵至六拓可停泊避風自暴風
烟台未開埠時南北貿易者恆於此為總馬頭今港外居峯島羅列
其外名者為門閂島古芒島迤南有外島長島
嶗山灣在即墨縣之東敘金司角灣口是灣之東北角西南對
丑島角（即鴨頭角）為口門長五十里灣內小島甚多灣西岸有山
嘴東伸入海高五百四十二尺為澳之西界其上有市埠即鰲山衛
明故衛也灣內多石行船殊險不便不旋船敘金司角之西南
有女島女島之西可停泊以避東北風丑島角望之若島實為嶼
山東南有支東向直處也其角高聳高於海面三百尺西有低頸與
岸山相接丑島角不可停泊以避北風

嶗山港在即墨縣南，青島東四十餘里。港口南向，長約二三十里。港北有一岡突出，高三百五十八尺。口中有小港名澳，皆由沙泥淤積而成澳。尤足福島在港東北角之外，相距甚近，海灣四六拓，航行之礼近。磁石角為港之西角，高一百九十九尺，其東南里許有暗礁一，水淺則乾涸。

也膠州灣　即邾鄉之灣

膠州灣在膠縣東南，以嶗山角為靈山角，西首曰符林角，四面之環抱而成。口之西名槐子口，一名淮子口也。廣約五里餘，水深自十六拓至二十四拓，故雖大軍艦亦暢行無阻。灣內之水距東西南北各十有二里，水深自三十二尺至六十尺。陰島、脊伯山、黃島成列其中。大沽河、膠萊河、南河、白河、洋河、日白、女姑口、洋河等注於是。灣底為硬泥，受錨最牢。口外琴頭澳、沙子口灣、山灣皆大公小公竹岔山黿子薛家諸島列布口首是為膠澳第一重障蔽青島扼灣之口岸公島峙于山太平相錯是為膠澳第二重障蔽而此港復四季不凍且無蕩舟之風於灣口設有燈塔高出海面百零八尺光力及三十里灣內有棧橋長十六百尺又有修船塢足容萬六千噸之大兵船他若砲台船塢均極完備甚扼山東之樞紐而據黃海之中心為東亞良港也（劉洋第三節）

瑯琊台灣一名王家台灣在日照縣東北諸城縣東南西瑯琊台之西南瑯琊台者郭璞謂瑯琊山特起如高台故名又越絕書謂句踐滅吳徙都瑯琊嘗立觀台於山上以望東海其山三面皆浸於海惟西南面通陸為是灣之停泊所長而寬水甚淺濱岸勢低且不便貿易有淺灘甚長不宜近泊此灣之避北風及東北風於深二三尋處拋錨既竣而南風則只宜避此外港

二振處爲民船聚泊之地是處天氣甚佳故船泊之舟輒數十艘之瀕海有市鎮商貨皆轉至上海寧波而以鹽豬棉花白菜蘿蔔爲多

第二節　島嶼

一)芙蓉島姆磯島桑島

芙蓉島西圖亦作鴝吻島位於萊州灣之東方海中距沙角西南約九里之遠高二百尺狀似砲架其西罘有一小石是島與南東角濱海之間水深僅七尺芙蓉島與馬鞍皆為濱岸突出之標的沙角高百尺其下多磨次為沙嘴角沙徑等伸出六里有一小沙延以繞角西入附近處之南向低水時僅深六尺民船多泊焉

姆磯島西圖作赤馬島山嘴名為龍口灣北陸出海中之半島長約十三四里其西端曰姆磯島角高三百五十尺面海處諸岩林立離其西角方礁石狀如半環其頂稜之水不能沒附近深十至十一拓山嘴之南角甚低有一村在山村處地點之北濱地特峭

桑島在登州頭之西四里除黃角之北四里半黃角乃濱岸沙

灘作曲如肱上有一小沙山焉其島東西長六里南北寬四里其東南角上有村落及廟島之周圍有礁而潜島乾涸而出者二三處其外向之地亦深淺無常一數礁一在島東北角之東南六處相距之間深不及二拓因島西北二里又有一大礁名曰沙门島其附近深淺不齊宜謹防之

廟島群島

廟島群島一名長山列島又名黑山列島適當直隸海峽之門除數小石外大小共十五座廣至登州頭北百里距老鐵山嘴约六十六里為黃海渤海之分界處也其南部為長山島廟島小黑山島大黑山島等又稱南列島其中部為猴磯島高山島砣磯島等又稱為中列島其北部為大欽島小欽島南城隍島北城隍島等又稱北列島其最北大峯在北緯三十八度

*所二三處最好者則在廟島北向之西是港足避諸風周長山在其東黑山大黑山在其北廟島之屏障極好也此港夏季停泊最為穩固至冬季北風盛時則不好而以嵯毋利伯的士港為妥焉

二十二分三十七秒東經一百二十度五十五分諸島之間有數水道（廟島水道一作廟島海峽）在群島南向與陸地之間若非拋泊於蓬萊或群島之南者宜取道長山島邊此諸水道較佳長山水道一名寶塔水道在長山與猴磯島之間最爲佳好高山水道在猴磯與高山島之間須從小竹山之南而入凡輪船之入大沽口者多取程於此惟霧天黑夜宜慎（南北城隍島之向東向而入有一窄路（真珠門）砣磯島與大竹島南與紗帽島之間之水道）迴成口戶回真珠門至老鐵山水道則在群島之北闊六十六里無甚險阻當可通行也企望澳在廟島南列島之中有停泊*

(甲)廟島　西人稱作測量島南北長三哩闊一哩半高二百八十尺其南角有一沙嘴伸展截向有二哩半島東北向有數石出水上停泊之地則在諸淺之間地勢較深則三拓至七拓底係泥頗微硬

較深之水則在港之北。向廟島東與長山島相距之間為柴毋利伯
的士港 Charybdis Harbour，南北長三里，闊四浬，東方有茂
垂岳。此港南北皆可進入，四季皆可停泊，甚穩適。周圍有島
石等以衛之也。北風之季此港則較微稍有涌漲，似不及容大船，
然諸船乘潮入泊，鮮有因風顛簸者焉。
(乙)大竹山　是島為廟島群島之最東者，高四百八十尺，山勢高聳，
童然瘦瘠，島形甚險，東南部有一村，島南有水石旋向，不
宜近行。向島之旋流有危時。
(丙)長山島　一名長島，為廟島群島之最大者，西北至東南
長二十五里，中有峽頸長三里，分島之兩部，其北部之東有
峯，嶙峭口腔山（一作鋸山），為北向最高處，拔海五百七十尺，拔海島之南部
山峯有高至四百九十尺者，長島之南嘴（長山尾，一作長山角）

(丙)沙嘴南橫入海中甚遠，為長島之北角，水深二拓處約近其角四里。山尾之於低水時潮在其上，勢甚洶湧，為南向之浪。

(丁)大黑山 小黑山 二島在長山之西，小黑山居東，大黑山居西。大黑山西角有一岩高六百尺。大黑山北角之東北四里有一石，高二十五尺，周圍有淺水可近。

(戊)砣磯島 一作陀磯島，在長山之北三十里，有尖峰高六百十二尺。其南部與東北部皆以村落及田疇。島之南向之灣曰前澳(Chief bay)，中有停泊所，深六拓至九拓，足衛西北向之風。離島之西南盡處有一小島，曰摩程石，須距甚遠而行。

(己)高山島 一名犢島，在砣磯西南十五里，高六百十五尺，最高處在南方。

(庚)猴磯島 一作猴雞島，在高山島之南十二里，高三百十

人其南向有一礁伸出離其東盡處若干之燈塔設在猴磯
島之巔周圍皆可見舉出高潮上三百二十八尺天氣晴明時
七十二里外能見之
（三）崆峒列島　養馬島　刘公島　雞鳴島
崆峒列島群數島與數石高中等散布二十方里由芝罘東南果
伸展於西北向其入芝罘港者宜避之崆峒島乃群島中之最大者
山其頂尖也崆峒島之西南角小而微高然島之中部則沙質而低
東沙嘴水低則露由崆峒西南角伸出三里（盡處甚峭陡四拓）至東北風時停泊處
可避島崆峒之巔設有燈高出海面二百四十二尺天晴六十六里
●外能望之
養馬島在龍口港口島狹而長自東北迤西南約長二十二
三里而廣處不過四里障避龍口港（究）好避風時是島之南

書處曰廟角甚崎有一大村在焉
劉公島在威海衛港口周圍三十里高五百餘尺北岸懸崖
峭壁不可攀登英人住宅多在南岸島西角水深五七拓落
足資搖錨甚穩島山在東北足以避風測景之島距其西角
僅里許中向水深自五拓至十七拓測景之島之燈塔高出海
面六十一尺天氣清爽白光者十八里外見之紅光者約十二里外
見之
雞鳴島距石角三里岸濱陡起高三百七十五尺頂平其
前三向皆有礁石與岸相接處有一石平鋪海底不過三四拓
用水窪或謂鹽堤也南屋向海在角之南
四海驢島龍髭鬚島石島璞耶島蘇山島　柯拉愛士特島
海驢島一名小成山西南作　八八六五七　二八二五　在雞鳴島東北二

十五里（此岸約四里）頂平周圍皆岩石其東角北向有礁一群伸出如殘牙向

者潛隱於水餘皆累高

龍鬚島爲成山角西南伸入海中之地嘴西行榮城灣之東北角

即係半島也甲午之役日軍由此上陸進破威海

石島在石島灣（一作耳石 Carc……）東北距馬加特尺角 Cape Maccarthy 東北

九里高六十尺有數石視之狀如驢耳周圍皆石質其南北各二里

皆有礁石蜿蜒而出其西北五里係外之有一乾涸之礁距石島三

里深十揚十一揚處行之甚穩

瑛耶島西南作東南歟島實一低島也由東北至西南長約九里

闊一里半乃山東半島東南盡處有一夾孩之石高七十尺在南

角之西一里燈塔設於東南山嘴上高出海面九十六尺天氣

晴明四十八里外能見之

蘇山島一作蘇山島西名息都塘島 Stannton Island 在
成山角東南角之西南四十五里島長約三里闊半里離其西北
角處有一低島島北有一漁村中央之山最高向者拔海三百二十
三尺

劉門閂島外島雞島長貝島

閂閂島 Barr Island 在丁字港口外之北高九十九尺廣二浬浜边有石
散出島東有石礁有灘長十五尺出水過其上四尺島之東下有島
之東南三里有一石礁之地深十尺至十五尺島之東北有凡礁兒
險還隱於低水處島一里半至三里

外島在丁字港口外之南形窄而長滑有草最高之部
在中央拔海一百十六尺其南北兩角有低崖突出於海面離
其西北角有礁水下伸出二浬沿於高水線外不在外島之南一里

此處中腰微窄，分為兩部，南部較高，拔海二百九十七尺。春季此島常為霧所迷，蓋在處海霧較盛也。

半高二十四尺，長二纜。

雞島 Reef Island 一作石行島（外島），在西北偏西九里，高二十餘尺。

餘則伸展於低水近二里。雞島與外島之間深三四拓處可得停泊之所，以避西南風。然自錦金司角東北沿岸百里內，當南風東北風時，無地足以避之。

橫島西南偏……長島在嶼山之東，崎嶇不平，西面之山最高，拔海百八十尺，離其[illegible]（相傳因橫之走此島，因而得名。島上到林叢生[illegible]）

南角有礁突出一二纜，離其北面之澳十里半，有一孤礁[illegible]

國則沒於下水中之石，頗隱，遙接於島之東部，島之東北

四里半有一水口，伸出水深二拓半。壽島一作王屋島，在長島之東角，

相隔又於接於低水之高六十八尺，之伸出之礁皆露而水深

三拓五尺拓

測量島 黑得揚島傳也得島福島

測量島 Surveyor's Island 一作千里島，離岸六十六里，在於北緯三

十一度十六分三十秒，東經一百二十一度三十九分十五秒，[illegible]起[illegible]深四十七拓

~~墨得孫島博地得島福島~~

墨得孫島 Matterson Island 在琵島角~~東~~東北二十二里半島長六鏈闊二鏈其嶺高二百尺斜坡皆峭南北諸嶺狀如獸脊離北盡處外一小礁錢皆屹立無隱現圍深六拓

博地得島 Bobbit Island 在墨得孫島之西六里島南北長三里半有峯高二百八十尺~~遠~~遠望之狀如雙峯其北盡處寬而低又有礁露種於南水在南角之南三鏈凡船至博地得島墨得孫之間宜取六七拓之水而行以避此石焉

福島一作水道島一作圓頭島在嶗山港口東南高二百六十尺其西北面又有小圓島高五十五尺福島其內北之山嘴[illegible]海岸二者之間成一水道闊一鏈半深六拓陸島高百十四尺在福島之東四里半有礁內有數石離岸雖稍近而高水

陰島齊伯山圓島大公島小公島

陰島在膠州灣內此向一作虜島又名宝頭東西長十二里又南北如之中央高峯拔海二百尺其東南部有一丁些山山嘴高一百七十六尺

齊伯山島在靈山角西北九里長七里半闊近三里上有數村其北又山坡拔海一百七十七尺其南陰島相距向約二十餘里其向北近處深及多礁泥沙沿極稱便利

圓島在膠州灣口內南角之西距岸六里之高出一百七十尺其外形如半月其西一里有淺水相連之一島高百尺頂平有民居距圓島其北九里為險石高水以覆之周圍皆深北圓島東北十二里有暗灘以[illegible]大低水過其上二十六尺伸展西一百里半

大公島在靈山角東二十里即膠州灣進口之南向之外圍

光滑諸角稜稜，如雞冠，其西北不遠有一小島，高一百零三尺

小公島在大公島東北十四里，狀平坦，有一方石堆，高出海面七十八尺

沿邊特起，相距三纜處，深十五拓

(四)朝連島　靈山島　琅琊島

朝連島一作炸連山，又作塔連山，位於北緯三十五度五十三分十五秒

東經一百二十度五十三分，距亞島角東南四十八里，山島東北臺南

長三里，其頂有一平原，中山高一百八十二尺，其東盡處有一烟石

靈山島南北長七里半，在琅琊島東北四十五里，山多岡巒，南部

聳起一千七百尺，巔峯銳突，無斜坡，直向於北角，離角約有一小低島

琅琊島在琅琊台東南，勢低而巖岸淺海，有兩山，一高六百尺，一高

四百尺，四百尺者在東南，其巔如乳頭，故名乳山，[illegible]南方低闊

數座重疊而下，是島與陸岸相距僅三里，內有水道，望之甚闊

島北有水以通至內地島南者一岩高自二百尺

第三節　商埠

(四)煙台

(甲)沿革　今山東福山縣治之西北距省一千零五十里海岸有之罘半島者為古狼烟台係防海寇而舉烽火以為信號之所海寇者倭寇也故稱烟台又稱之罘之稱起於之罘山漢為之罘秦始皇曾登此山立石祀八神之陽主於此漢武帝嘗登之其附近有之罘村昔係瀕海漁村今則人口達八萬二千為一大商埠清咸豐十年之天津條約開為商埠其後光緒二年為英國借之罘條約即此地也

(乙)地位　烟台之山上市肆環列馬路寬平各國領事署在島南兩群山海岸形如半環坡陀下垂隨處皆成洞谷亭台別墅鱗列其

間北以芝罘半島橫障海面以沙頭接陸相傳為秦始皇輦道東南有崆峒島其埠[redacted]外人僑居甚多因氣候溫和避暑避寒均極佳良也[redacted]外國人甚多沿岸築有礮台與[redacted]崆峒島礮台相峙有稅關電報局觀象台等地當直隸咽喉北控滿洲東北近朝鮮占商業上重要位置且以地為本省勞動者出入衝途並來往於滿洲海參威勞動者年達數萬人就中赴安東大連灣[redacted]歐[redacted]戰時以赴法之華工由此招往[redacted]以其民習操作而耐勞苦也

兩實業[redacted]輸出外國之貨物為野蠶絲繭綢麥稈梧桐豆類豆油雞卵等而山繭之來源皆以棲霞寧海即墨海陽萊陽文登諸縣為最多亦有來自安東懷仁者[redacted]集而運輸於外省外國故本埠之紡績工廠櫛比皆是又豆油豆餅亦係重要輸出品其豆多來自滿洲至由加工以製造變成熟貨然後運銷也其輸入品則綿紗棉布石油石炭

鐵器麥粉糖火柴及各種雜貨為大宗張裕釀酒公司出品暢銷全國其精良不亞於舶來品也

(丁)交通　烟台之水路交通頗稱便利貨物之運輸旅客之往來皆賴汽船

中國省政記招商二輪船公司皆設大碼頭於此由此北航行至天津

秦皇島營口大連東行及朝鮮之安東仁川朝鮮南行青島威海衛海參崴上海(距烟台

五一〇浬)日本之長崎(距烟台五五〇浬)等埠而陸路交通有大道經蓬萊

縣掖縣益都縣而至濟南省城曾擬築烟濰鐵路由通濰縣計畫西與濟南膠濟鐵路連接尚

未實行也

(子)濰縣

(乙)位置　北緯三十六度四十七分偏東二度五十三分在濟南之距省城東四百二十里東西八十五里南北一百二十里東界昌邑

西南界昌樂北至渤海東南界安邱西北界壽光接壤

(甲)沿革　古濰水[illegible]夏為寒斟鄩斟灌等國殷為[illegible]

二十[illegible]春秋[illegible]

秋分齊紀萊杞戰國營邱北漢北海郡國隋濰州治北海縣改濰[illegible]

(乙)地位一段入此

其城市鄉鎮一段入此

明濰州洪武始改州為縣自清至今仍之今又為膠濟路……

其……濰河在縣東……自安邱縣北流入境東北經昌邑縣入海白狼

河……在城東自昌樂流入亦東北流……海縣東南東丹河即溉水……西北流……

……流合壽光……丹河後入境……東北注於海……方山小于河出……

……泉浮糠河出湧泉寒促河出東清……

(丙)實業

農產於草為最豐又有雙子葉類高脚青蘿蔔雞卵亦出

品……他濰水之鯉白狼河之鮒北窪之蟹均……特產

……沿海……固堤場盐……鐵路……坊子之煤……盐……

……礦……已中輟工藝……以礦物為原料者如……首飾農……具

學校粉筆皆暢銷……銀文具仿古銅器尤美植物……布……桑皮

紙動物……貨豬鬃……而亦暢銷

其……城市鄉……縣城在白狼河西東關在河東……門內金店尚十七家之……

東關自為一城與縣治等

(戊)鄉鎮

村落別有一千零八十二舊分四隅六關五鄉七十二社清末自治分十六區(一)城區(二)大廟頭(三)寒亭(四)流飯(五)高里(六)固堤(七)道口(八)望留(九)辛冬(十)二十里堡(十一)水坡(十二)南流(十三)牛埠(十四)蔡家集(十五)富部(十六)小沿今已改小沿為鄧村

(丁)交通

由濰縣日早坊子有慢車通濟南[redacted]往返二十里堡[redacted]有英美煙公司收買菸草處規模甚大而大圩河車站則運摘郭莊一帶[redacted]女工之編織品及機織美術[redacted]甚多水路則濰河泉河于河等海口皆在北渤海濱處也

[redacted]

(五)青島[redacted]

(甲)沿革

青島自光緒二十四年二月租借於德至民國十一年十一月收回國權論入德日二國者共二十四年前清十三年民國十一年茲述其[redacted]

權痛史及交涉情形如左

(1)德人租借前之膠州灣

膠州灣帆船貿易古已盛清乾隆間曾設膠州稅關光緒中始築砲台建棧橋置兵四營駐守蓋已視為沿海防禦之重鎮嗣因

(二)德人租借膠灣之緣起及其條約

人先是德國東洋艦隊總司令鐵畢子以避風雨至此始發見為東亞稀有之良港後又幾次來視察經濟上及軍事上之價值並偕同專門技師研究築港問題於光緒二十三年時詳加調查益知盡善盡美欲坐備佔領矣

(2)德人租借膠州灣之條約

甲午戰後日人欲據我遼東半島以俄德法三國干涉未如償然德因俄國與我結喀希尼密約括我滿洲權利乃去德不世結德俄密約以俄佔旅大德佔膠灣為交換條件又因

德教士二人在曹州鉅野為暴徒所殺遂藉口遣軍艦四艘佔領膠州灣中國不得已於光緒二十四年二月十四日結膠澳租借條約其重要條件如次

(a)灣內各島嶼及灣口與口外海面之羣島東北岸自陰島東北起劃一線至勞山灣止西南岸自齊伯山對岸劃一線至笛羅山止皆為租借區域

(b)租借期限以九十九年為期

(c)自膠州灣水面潮平點起周圍一百華里之陸地為中立地

(d)中國准德國建築膠濟鐵路

(e)鐵道附近三十里內之礦產德國有開採權

(f)山東省一切事項德人有儘先之權

(3)[redacted]德人治理[redacted]及經營[redacted]路礦 德人既得膠[redacted]遂稱之曰膠州

灣[redacted]護領即以之隸於歸帝國海軍部[redacted]轄行政[redacted]復分軍政民政[redacted]為二先行強買[redacted]地[redacted]房

[redacted]遂我國[redacted]民出境其治理之概略如[redacted]次

(甲)治理青島租借地

(a)[redacted]區畫 分租地為青島大寶埠頭三區

(b)[redacted]修[redacted]道路 以青島市和李村為中心點

(c)[redacted]衛生 [redacted]設貯水台織水[redacted]道病院海水浴場屠獸場等

(d)[redacted]築港[redacted] [redacted]有大小二港於大港[redacted]設防波堤以禦西北風並[redacted]能容

六千噸汽船十二隻小港亦[redacted]設防波堤

(e)[redacted]獎業 農[redacted]地擴至五千一百十畝森林[redacted]增至十五萬株漁

業每年[redacted]四百二十六萬六千餘斤塩業輸出量每年[redacted]五七·三二〇噸

[redacted]經營山東路礦則[redacted]於光緒二十五年[redacted]曾組[redacted]德華合股公司[redacted]

[redacted]濟路通車於二十七八年後德人又續開採坊子（濰縣南）淄川（長山縣南）等處煤礦及金嶺鎮（長山縣東）鐵礦

（十）[redacted]日人[redacted]佔領青島　民國三年八月歐洲戰事既開我國於八月六日[redacted]宣告[redacted]中立[redacted]向[redacted]德使提議[redacted]膠澳[redacted]還中國日人[redacted]乘我未發[redacted]於八月十五日致最後通牒於德[redacted]要求[redacted]將膠灣全部交還中國限[redacted]八[redacted]日[redacted]答覆[redacted]德[redacted]不答日本遂向德國宣戰[redacted]十一月七日[redacted]日人占有膠州灣所有[redacted]日人接收德人權利[redacted]其擴張均歸日本[redacted]

[redacted]日人既陷青島建設官署始設守備軍司令部[redacted]民國[redacted]七年十月又[redacted]青島守備軍民政部條例[redacted]年設民政署[redacted]而[redacted]坊子張店濟南三處

日人於青島戰爭同時佔據鐵路全線及鐵採淄川黌山濰縣坊子之煤礦又益都金嶺鎮之鐵礦又日人於接收青島鹽灘外復在即墨縣南及膠縣東南之陰島均設造鹽場凡可開灘之海濱地悉數開闢每年所產值四百五十萬以上而德人租借時沿海漁業尚屬我國自日本佔據後後布青島水產組合規則於是漁業大半入日人之手此外日人之行動尤多古者則日人破壞中立範圍逕由龍口登岸徵收人工物料蹂躪居民不堪回首一也日以要求充當海關職員未成時其神尾總司令遽將青島海關之文件財產押收二也日人於坊子張店濟南設民政分署三處皆在青島百里環

界以外其在坊子更有對華人理訟收稅之舉三也

五因青島戰事而發生之條約

甲青島戰爭之明年一月十八日日人向我提出二十一條之要求凡分五項第一項中又分四小款專屬於山東權利者也同年五月二十五日我國有承認換文茲錄於下

(甲)日後日本向德國協定取得山東省之權利時中國須承認之

(乙)德國如拋棄烟濰鐵路借款時可向日本商借

(丙)中國速開山東省合宜地方之商埠

(丁)山東省內或沿海之地或島嶼概不租讓他國又於同日承認

(戊)交還膠澳以換文(民國四年五月二十五日)中國外交總長照覆日本公使其文云

為照覆事接准本日照會貴國聲明日本政府於現下戰役終

結後膠州灣租借地全然歸日本國自由處分之時於左開條件之下將租借地交還中國等語業已閱悉

(四)以膠州灣全部開放為商港

(8)在日本政府指定之地區設置日本專管租界

(c)如列國希望共同租界可另行設置

(d)此外關於德國之營造及財產處分并其他條件手續等於實行交還之先日本國、政府與中國政府應行協定（此日本實佔青島以空名歸我之開幕條文也）

(丙)定濟順高徐路權

(5)中國收回膠州灣之始末

巴黎和會失敗之經過

民國七年十一月十一日世界大戰告終遂於巴黎附近之威爾塞故宮舉行和會中國派外交總長陸徵祥為領袖委員駐英公使顧維鈞駐美公使施肇基駐比公使魏宸組及前參

樞院副議長王正廷為委員為山東問題出席於和會預備會會議
共三次第一次為一月二十七日第二次為一月二十八日第三次為四月二
十二日星第一次会议
一月二十七日午前美國知照中國委員謂日本將有提案屬作准備
是日出席議場者有美總統威爾遜外交總長藍辛及英法意總理
外務大臣日本則為牧野男爵松井大使中國為王正廷顧維鈞魏
宸組首由牧野朗誦宣言大意謂德國權利應讓日本因由日
本金錢血肉換來我國預備僅由顧使起言俟聽中國意見後再
行決定
一月二十八日第二次會議出席代表同昨首由我代表提出關於青島
之詳細說帖美總統要求發表前此中日國間之密約我代表極願
宣佈日代表阻之並密約一露日人即失其利器也

二月十一日[redacted]宣佈於和會該密約中[redacted]後斷送山東者[redacted]濟順高徐二路[redacted]合同時[redacted]德向美乞和之時[redacted]民國七年九月二十四日借款為日金二千萬元此約一露我國遂完全失敗[redacted]蓋二十一條固可謂因威脅而承認此[redacted]濟順高[redacted]合同乃訂於[redacted]人大敗之際[redacted]休戰期[redacted]不到西月是[redacted]自願喪失利權[redacted]助於[redacted]威爾遜態度消極[redacted]中國[redacted]足輔助是[redacted]時日人遂以人種平等鉗制英國意大利[redacted]與英美決裂[redacted]欲退出和會[redacted]亦以膠澳問題[redacted]滿意[redacted]藉口將步意國後塵於是全局譁然[redacted]國反束手無策[redacted]四月二十二日[redacted]威總統私邸開會[redacted]席者法總理克理孟英首相喬[redacted]我國陸徵祥顧維鈞威總統[redacted]中日密約至濟順高徐中國欣然承諾一語更反覆[redacted]誦[redacted]并謂英法與日均有成約美國無能為力[redacted]五月七日由協約國和會提出和約要旨關於我國之山東

者　摘錄如次

(1)中國〈德國對華放棄由一九〇一年拳亂條約所得之各種特別權利與賠款及天津漢口德國租界并其他中國境內除膠州外所有房屋碼頭營房砲台軍火船隻無線電台及其他產業俱使署領署不在內并允將一九〇〇年一九〇一年所奪之天文儀器一律歸還中國中國未得署名拳亂條約之各國同意不得施行處分北京使館界內德人之產業之計劃德國承認讓棄漢口與天津之租界中國允將兩處租界闢為萬國公用德國對於中國或對於任何國之政府不得因在華德人被禁或遣回及因德人利益於一九一七年八月十四日後被徵收被清理之故而有要求德國放棄其在廣州英租界之國有產讓與英國并放棄上海租界內德人學校之產業讓與

另行比前低格寫

中法兩國

(2)山東之德國以膠州各項權利所有權與因一八九八年三月六日與中國立約及其他關於山東條約而得之鐵路礦產海底電線讓與日本屬於青島及濟南鐵路之德國各項權利一併讓與日本自青島至滬至煙台之海底電線讓與日本又膠州德國國有之一切動產不動產亦讓與日本

之拒絕簽字及拒絕直接交涉青島權利斷送日本無可諱言

至民國八年六月二十八日為和約簽押之日中國代表屢向和會要求保留咸被拒絕國中團體電信紛來再接再厲如山東問題不達到目的千勿簽押我國代表得民意為後盾乃嚴詞拒絕簽字日本復運動我補簽於是國中輿論羣起反對社會運動繼踵而起美國共產黨首領羅治氏極力為我辯護與民主黨大起爭論羅氏議案

辛完全通過復主山東三條內之「日本」字樣皆改成民國將德人在山
東一切權利直接交還於我後又通過山東保留案九年一月十日日
人向我政府通牒主張直接交涉全國一致反對政府遂將通牒駁回
八太平洋會議之解決 民國十年六月我國之最好機會至矣美國
哈丁總統發起太平洋會議主要者為解決我國山東問題不啻會審
日人之公堂於十一月十二日開幕而我國人優柔寡斷之特性復現我國
代表遲不提議至十六日始有十條原則日提出當時我國各團體代
表及旅美華人莫不謂山東問題當繼續提出及早討論而我國代
表所租團定之目次六條竟將(1)關稅自主問題(2)領事裁判問題(3)勢力範圍
撤廢問題(4)租借地退還問題(5)外國駐兵鐵路警察警崗撤退
(6)外國郵局電報及無線電台撤銷問題(6)二十一條及山東問題一條置於
第六且
(7)山東問題列於最後遲至十一月三十日始行提出至十二月一日經第

一次會議卒歸直接交涉交涉結果定中日山東條約計正約十一條附約八條會議紀錄三項繁瑣不能列舉茲僅述其名稱如次

（甲）正約十一條

第一條　膠澳德國舊租借地之交還

第二條　公產之處置

第三條　日本軍隊限訂約後一月撤退

第四條　海關歸還中國

第五條　膠濟鐵路歸還中國

第六條　膠濟鐵路延長線之讓與權

第七條　礦山由中日開採

第八條　開放舊租借地

第九條　鹽場由中國購回

第十條　海底電線

第十一條　無線電台

（甲）附約

第一條　優先權

第二條　公共營業

第三條　電話

第四條　公共工程

第五條　海關

第六條　膠濟鐵路

第七條　烟濰鐵路

第八條　開放舊租借地

（乙）會議紀錄　即關於移交問題現在及以後之詳細辦法

九中國接收青島之前後情形

民國十年六月末日日本委員與中國委員討論接收青島細目十一年十一月一日[illegible]案協定同年十二月八日王正廷熊炳琦率武裝軍隊赴青島青島政權即於十日正午正式移交我國接收前十餘日日人凡素封之家皆於青島遍置產地房屋而公使館房屋尤多我與日人約凡公使館財產及膠濟路線之公產皆須永久保留膠濟路之贖回則於民國十年十二月發國庫券四千萬元所有利息五年後收回及贖鹽場國庫券一千六百萬元所有測候所日本以我無測候人才俟有人才時得以五萬元贖回

(四)青島地位在中國沿海諸省山東適當中樞據南北交通要衝為黃渤二海之鎖鑰京師之門戶山東之前衛中國命運之所由決也而膠澳扼山東之咽喉而青島一失不特山東瓦解即京

黃渤二海之鎖鑰

師京師亦必動搖此青島對於我島地勢上之重要也旅順口為
我國唯一軍港然其灣口狹小僅能容軍艦一艘之出入且港內面積
亦小不便碇泊多數汽船威海衛為昔日我國軍港然其
港口太寬且易於攻擊又無鐵道與他處交通不便故二港皆有
缺點皆非完美之軍港若膠州灣則口門廣約四里同時可容
軍艦二三艘出入灣內水深自三十二尺至六十尺雖一萬六千噸之大
汽船亦可收容且形勢之險要較旅順威海衛過之也膠濟鐵路
發軔於此自青島而下歷城自歷城而至京師指顧間耳北出
威海衛而渤海已在掌握燕豫吉奉望風可下南攻蘇皖浙閩亦
復有高屋建瓴之勢此青島對於我國軍事上之重要也膠濟
自日本[redacted]佔領後蘇魯燕豫貨物多由此[redacted]出而坊子淄川之煤博
山之玻璃[redacted]及山東綢草帽[redacted]緶尤專恃膠濟鐵路輸出以達天津芝

罘之貿易[redacted]均受其影響[redacted]青島對於我國商業上之重要也總之山東為全國之中心而青島又為山東之中心青島失山東亡山東失中國為今青島於全國[redacted]民氣[redacted]收回[redacted]亦可[redacted]幸矣

(1)[redacted]山脈河流及地質之青島

一山脈則青島市內有鶴神尾八幡（日本[redacted]改名[redacted]）等山[redacted]隆起[redacted]東北者為勞山蜿蜒數十里構成勞半島市境內者山[redacted]以勞山為中[redacted]分[redacted]走[redacted]四方勞山最高峯為勞頂海拔三千八百尺自此東行陸入海中成為山東半島自勞[redacted]頂西[redacted]至柳樹台北向五里許[redacted]為石門山[redacted]西[redacted]行[redacted]至滄口入海折而西南分為二支一為張村河[redacted]李村河之分山嶺一則趨[redacted]張村河之西南[redacted]為牛山浮山直至青島之旭山

二河流則勞山半島境內主要之河流咸發源於勞山曰李村河

㈠白沙河㈡登窯河

李村河[redacted]石門山合多數支流西[redacted]入膠州灣張村河[redacted]

[redacted]石門山南[redacted]經[redacted]午山合午山之水轉[redacted]西南流[redacted]三十五里至閻家山與李村河[redacted]合而入[redacted]膠州灣白沙河[redacted]長五十餘里[redacted]源於勞頂北鹿之蔚兒鋪西入膠州灣[redacted]最大之河流

㈣[redacted]水深五尺至六尺[redacted]春季[redacted]解凍或夏季大雨時[redacted]深廣

㈢地質[redacted]概由花崗岩風化而成山地[redacted]多含小石礫及砂質土平原[redacted]土質緻密成粘質壤土

丙[redacted]氣候

㈠氣溫[redacted]每年平均[redacted]內部約攝氏十四度[redacted]向海減[redacted]島近[redacted]十二度[redacted]月[redacted]計之[redacted]島近[redacted]最[redacted]在八月[redacted]

下仿此約二十度內部及內部皆在七月大約二十七度以至二十九度之
間每年最高氣温內部常在六月中部七月青島近旁則在八月其最低温
度各處皆在正月青島近旁約在冰點以下二度中部與內部皆在冰點
十四度餘又每年最高氣温青島近旁為三十三度餘中部約三
十七八度內部則約四十度之譜每年最低温度青島近旁在冰點下約
十三度餘內部則在冰點下十七八度之譜至
[redacted]雨量大約減少平均計算每年僅五百粍
左右較之德人觀測時代約少一百餘粍至中部及內部之降雨量大
約相等中部約六百五十粍為最多內部則約五百五十粍為最多每
年自六月至九月為雨期而七八月中雨最多且多屬驟降未
有陰霖及數日者自十月至次年四月之中雨量極少而冬
季尤甚降雪亦鮮

[redacted]速度海岸地最大一年平均計之每秒鐘[redacted]六密

達[redacted]然向陸[redacted]則[redacted]減小至內部每秒鐘不過二密達[redacted]

暴風[redacted]秒速在千密達以上之日[redacted]島近[redacted]多一年約一百九

十餘日內部不滿八十日風[redacted]大速度海岸地[redacted]平均約二十五密

達中部[redacted]十五六密達[redacted]之方向亦隨季節截然劃分十一月[redacted]至

翌年二月偏北風最甚[redacted]偏南風常起[redacted]五月至八月[redacted]間若三四月及

九十月則北風南風各[redacted]半[redacted]

(乙)[redacted]市街道路

青島市[redacted]區[redacted]分為青島區大鮑島區臺頭區別莊區

日人佔[redacted]後又[redacted]現在之新町市場一帶新造[redacted]市各[redacted]新市街

區[redacted]

青島區[redacted]東南[redacted]後背神尾山萬年山前臨青

島灣德人時代此區均以德文命名如華士馬克街威廉街是類日人時代又悉倣日本式改為濱松町靜岡町等是

大鮑島區在本區接青島之北為我國人商業薈萃之地如山東街為最繁盛之一日人佔據後街名雖改然昔之街字仍為町

埠頭區在本區在青島之北大港之南所謂青島進出口貿易之所地且為青島市街現在之中心如膠海關大港車站埠頭事務所等皆在此區也

別莊區在本區當青島區之東背臨旭山海水浴場跑馬場旭公園等皆在此區而為避暑別莊之勝地

新市場區在本區夾於大鮑島埠頭兩區之間原為德人煉瓦工廠日人佔據後將該工場折毀新建市街如新町市場町等是也

五　道路

日軍[redacted]據青島後極力擴張兩街道路亦隨[redacted]增築查現在道路[redacted]長[redacted]三[redacted]七[redacted]八[redacted]五[redacted]密達其中德人原築者八[redacted]六[redacted]五[redacted]密達日人新築者五[redacted]七[redacted]二[redacted]密達[redacted]最寬者九丈以上其次約六七丈窄者亦[redacted]三四丈[redacted]建築[redacted]砂石者[redacted]為「馬加打式」[redacted]要街道於[redacted]砂石之上更塗[redacted]柏油(Coal tar)者[redacted]為「達爾式」此式用費雖較多而[redacted]平滑[redacted]耐久[redacted]路之兩旁安置石條[redacted]輪道[redacted]為築重[redacted]車行走又於大道兩側或一側[redacted]數設人道間植樹木街角或交通頻繁[redacted]則設緩衝[redacted]地[redacted]傾斜坡路在十五分之一以上[redacted]全面敷石以防[redacted]雨[redacted]失崩[redacted]市[redacted]道路以馬加打式[redacted]多人道[redacted]水門汀建築為主

市外道路全長二[redacted]三[redacted]七[redacted]三[redacted]六[redacted]密達[redacted]中德人原築者二[redacted]二[redacted]六[redacted]八[redacted]密達日人新築者二[redacted]四[redacted]六[redacted]八[redacted]密達[redacted]

全部為馬加打式而無人道車道之區別寬約一丈二三尺至二丈

(3) 港灣及碼頭

港灣者使船舶安全停泊以人工設建可避風濤之處也馬頭者為謀船舶出入及旅客貨物上下之便利而於港內特設之停泊處

又青島港灣均為德人修成日本來後繼續經營初將修築港灣及港務行政事務歸海軍管轄至碼頭則就原有碼頭局改為埠頭事務所隸屬鐵道部下管理之嗣於民國四年設立港務所隸屬民政部一切港灣事務歸由該所辦理惟因貿易日見發達民國八年計算進出口船舶已達二千四百餘隻（德時每年至最多不過一千七百餘隻）將來碼頭設備實不足敷用於民國十年二月特設港灣事務所與港務所分別處理事務如船舶之檢疫及海上標燈浮標並氣象之信號領港之

監督及燈塔[illegible]事項由港務所管理如建築修理浚
渫及修造浮標信號及其他機械等之工程歸港灣事務所
辦理而埠頭事務所則為管理船舶之進出及處理貨物之執行
機關也
一港灣之範圍及內外港界　青島港灣[illegible]岬點至象嘴
點一直線由黃山嘴點至顯浪嘴點一直線及由黃山嘴點至孤山
岬點一直線以內之海面為青島港其內外[illegible]由游內山點至腳子
石嘴點一直線以東為外港檢疫之危險物品在此[illegible]起貨
游內山點至腳子石嘴點一直線以西北之海面為內港
一港灣及碼頭之建築　一[illegible]八[illegible]九[illegible]九年在青島市街之西北建築
大港同時並在大港建造第一第二第三第四碼頭繼於大港之旁
南約一里之地建築小港[illegible]於一九〇六年竣工大港

者弧形之大防波堤圍輪船之停泊處小港者為舢板民船之停
泊之所船渠港為保管修造碼頭及築港必要之用具而汽船撥船
浚渫船亦均停泊於此其建築大港之防波堤利用岩礁島嶼
相連之地而沉石塊於其背然後用木阯汀及坊石數設成之計分
南北兩堤南堤長約四千六百密達北堤長約一千一百密達高約五尺
兩堤上有鐵路與膠濟鐵路通達堤端又將北堤之尖端
填築以為[illegible]其後並設造船所并附一萬六千噸之浮
船渠其長約一百二十五密達外廓寬三十九密達內廓寬三十密達深
十三密達闢此船渠日軍遣富士艦移歸該國矣
小港亦有二防波堤兩端相距約一百密達入港水路深約五密
達西南及東北岸由岩石而成濟南町一帶水雖淺而便於民船停
泊建設以來膠縣大沽口塔埠頭之民船貿易悉移於此矣

（三）海上之設備

人防波堤與碼頭

防波堤與碼頭均為德人舊建碼頭在港面之南者稱為第一第二第三碼頭在北部防波堤之終點者稱為第四碼頭第一碼頭供繫留普通商船之用長二千一百二十六尺寬三百八尺有ABCD四倉庫第二碼頭長三千六百六十六尺寬三百三十尺德人時專供海軍停泊現則與第一碼頭同供商船之用有ABH三倉庫第三碼頭供裝卸鹽煤洋油第四碼頭在德人時專供造船廠及堆積軍用煤炭之用備有一百五十噸之起重機現因其位置不適於起載貨物只供裝卸煤及鹽用

繫船岸壁為大港碼頭繫船岸壁之一長約[illegible]同時可繫六千噸船十二隻各碼頭繫船區共七處小港繫船岸壁長一千七百五十尺浮棧橋一座長二百尺大港內水深

兩条俟移此

最高潮時約三三尺干滿潮之差平均十二尺

小蒸汽船及撥船為拖船及船舶到埠離埠之使用共三隻最

大者噸數為一三四噸最小者噸數為五四噸雜用船二隻各五噸鐵

製撥船二隻一隻積載量一百二十二噸一隻九十二噸為主用於裝載

船舶石炭之用

（丁）人口

膠州灣舊時荒落沿岸六小村總計人口不過七八萬自德

人租借後銳意經營來者日衆民國肇建前清遺老多以此為世外

桃源以託外人庇護於是人口繁殖租借地內共約二十萬至青島

市內人民國二年德人調查

中國　五三、三一二人

德國　一、八五五人

其他外國　二、四二一人

欧戰發生日人攻取青島時我國人一時去者甚衆但戰後仍逐漸恢復時日人消復如舊而日人據民國八年統計在借地内人口數若

國名	居在地	人
中國 共一七七、三〇八人	青島市及附近者因較多次為（其三八二九三人）	三八、二九七
	海西半島陰島及次為其島山竹岔山島	
	膠州灣沿岸竹岔及其他各地	六〇七
	海西半島	一三、八六六
	竹岔	二五二
	黃島	一、六六五
	陰島	一二、二九五
	水靈山島	一、五七五
	其他各地	八、六五四

日本	計	一七七、二〇八
	青島市內	二七、〇〇〇
	青島市外租借地內	二、〇〇〇
	膠濟路沿幹支綫	四、〇〇〇
	濟南各地	二、四〇〇
	計	二五、四〇〇
高麗台灣	青島市內外	六七人
美國	青島市內	四五人
英國	同	五〇人
俄國	同	三九人
德國	同	三二七人
總計		[illegible]

又據九年統計中國[illegible]二一、六〇三日本[illegible]二八、三六〇其他[illegible]外國[illegible]四〇四總計二四〇、三六七人

德國租[illegible]青島[illegible]後商業發展之經過可分三期[illegible]清光緒二十五年七月一日設立海關[illegible]來至光緒三十一年[illegible]第一期[illegible]三十二年至日德戰前[illegible]第二期民國三年十一月七日日本占[illegible]青島[illegible]後[illegible]第三期青島[illegible]之繁盛[illegible]第一期為準備時代如築造港灣敷設膠濟鐵路青島繁盛之要素大略已備[illegible]第二期[illegible]將舊日自由貿易區域縮小[illegible]將租[illegible]地內舊有之境界稅關撤廢[illegible]除去山東各地關於貿易上之不便及各種障礙此時貿易狀態[illegible]然一新[illegible]第三期[illegible]日本占領青島之時[illegible]第一期初年貿易[illegible]總額僅達[illegible]三[illegible]四[illegible]六[illegible]九[illegible]二[illegible]元[illegible]末年則增至[illegible]三[illegible]九[illegible]四[illegible]五[illegible]

第二期之進步尤著清宣統二年篤烟台港之上貿易額
至六千九百四十萬元民國元年更大發達貿易額已達九
千四百七十六萬元第三期為日本占領以後當民國四年因戰
後秩序尚未恢復兼之關於山東及滿蒙問題中日兩國交涉之
際發生排斥日貨之舉因波及青島市場貿易大受影響自民國
六年始漸恢復七年遂及一億三千八百六十八萬元九年一億
二千六百三十一萬元今茲民國九年貿易額各品及輸出
輸出品分段表示銀十五萬元以上者列舉於下向日本輸出者落花
生油五百三十七萬元為第一位落花生米五百十九萬元為第二位
以下牛皮一百五十二萬元牛脂一百三十七萬元牛肉一百十三萬元石
炭七十四萬元桐材六十八萬元生牛五十九萬元鹽五十三萬元棉花二
十四萬元煙葉十九萬元又向朝鮮者煙葉八十一萬元向大連者

落花生油八十三萬元為第一位烟葉五十七萬元棉絲十八萬元次之向天津者綿絲三十五萬元向上海者煙葉六百三十五萬元落花生油一百二十三萬元石炭一百零一萬元落花生米七十八萬元其向香港者落花生米二百三十六萬元落花生油三十五萬元向海參崴者牛肉十九萬元向馬尼刺者牛肉三十六萬元至於貨物由日本輸入者綿織物三百九十二萬元為第一位棉絲三百八萬元木材一百十八萬元由上海者煙葉三百零六萬元綿絲二百三十二萬元中國紙一百二十八萬元紙煙一百十一萬元綿絲織物五十萬元棉花三十七萬元由美國者石油六百十七萬元其

再就民國九年對外貿易之情況以考察之如對於日本上海美國香港大連朝鮮天津台灣俄國烟台德國法國等處順序列下比較之日本居總額百分之三十三美國居百分之七香港居百分之五大連居百分之三朝鮮及英國各百分之一云

工業

德據青島後雖有各種豐富原料然工場則寥寥無幾及日人佔領後乃極力開發實業調查諸種工業原料公布週知於是日本內地資本家相率來青島創辦各種工業乃劃出台東鎮一地域定為工場地以獎勵設立工場者由是工場漸次勃興日臻興盛惟因戰後經濟恐慌青地亦未能波及而機運乃大受頓挫雖竭力維持而大勢所趨至今仍未能完全恢復原狀茲將青島主要工業舉其梗概言之

(一)製絲業　膠濟沿綫盛產之製絲為居民副業時以架繰紡周村有華人經營備有新式五十釜之工場一處當民國五年由青島絲場發於山東之蠶絲繭之豐富籌劃在青島設立絲廠旋於六年六月十日開辦當時生產額僅四百斤歐戰後日益事擴張現在一日生產額已達三千餘斤其出品均運上海銷售

日本國在歐洲銷售者

(二)紡織等紡紗廠有內外棉株式會社在市外四方地方民國

五年在此設立六年十二月六千錠[illegible]元旋即開始營業其

後漸擴充至今有紡織機二萬錠年製二萬捆運銷於青濟及

沿綫各地按青島地方經營紡織因工貲之低廉原料之豐富故也

該業大見發達日人之欲營該業者亦逐見增加邇來有大日本紡績

會社設立紡機二萬五千錠其他漸設立者亦有數家紡織一業幾

全為日人所壟斷矣

(三)蛋粉業 山東農民種可以養雞為專門之營業者戶戶養少數

家禽殆成風習戶戶如此故省內產蛋數不能確實計算蛋分合各種

調查則年額不下二億二千萬元左右產額如此之多其價格自然

低廉是以在青島營蛋粉業者頗易得利德人時代有蛋粉工廠

二處日本佔領後無人注意及之民國六年始有大倉組與大星
公司注意此事皆於七年後築成工場開始製造而後輸出漸增一九
二〇年輸出雞蛋一億零四百七十萬噸後美國需要減少大受頓挫
大不如昔日之盛
(四)榨油業山東省所產落花生以後故落花生油有惠錦芝麻
日人佔領後來經營此業者漸多現有三井油房峰村洋行東和公司
湯淺洋行東洋製油山東製油各公司或由膠濟沿綫收買粗油再行
精製或自己製油輸出海外又有山東化學工藝所專造花生及其他
動植物之硬化油脂此外如豆油雖未能大量發達然逐年增加可
有可觀
(五)製麵粉業青島現有青島製粉公司專製麵粉於民國七
年開始運轉機械其原料小麥多為山東所產亦有由安徽河

移後

南海外乃再運來現一日能製每五十磅麵粉一千二百袋銷路以青島
及沿鐵為主
(六)釀造業　專釀造啤酒者有台東鎮大日本麥酒株式會社資本金四
十萬元　其先係德人所辦　開始資公司於一千九百零四年十月創設其總店設在香港
開辦時極力擴充股東多為僑住中國各地英法德美諸國人氏　而
以德人經營居多自開辦後極力擴張銷路結果得良好之成績
據一九〇六年之調查每年之釀造額達一百二三十萬里脫至民國五
年八月大日本麥酒會社以銀五十萬元收買之自是年十二月開始釀
造現在每年之釀造額製為四打箱十四萬箱每箱容四打云
(七)火柴肥皂　火柴肥皂島現有製造火柴者四處總生產額一日一百五十噸
給青島及沿鐵路消費其軸木原料由日本輸入
鹽業

青齊之漁塩之利著稱於歷史自幾三千年以前當日之遺跡舊規未由詳述而現行煎熬之法當猶是煮海之遺即今日王官壽雜西繇石河富國永利各場産塩之豐可想見當日三筴裕國之盛然山東沿海適於製塩之地固廣尤以膠州灣其淺潮高海濱廣斥土質沙少泥多毫無滲漏雨量稀少空氣乾燥故近二十年來中外商人之來青島經營塩業者前踵相接至今已達數百家每年産額約達五百萬担就場計價每担不過洋銀二角即此可見膠州灣為晒塩最善地矣膠州灣灣內沿海約二百里其沿海約二百里其濱海之地面殆全部成自緻密之粘土各處均有通於塩田之地段其産塩地可自地勢上大別為南部塩場北部塩場北部自白沙河河口右岸經陰島之西北端至太沽河口之左岸南部自薛家島北迤經黃島灣以至塔埠頭茲將二部之産塩地略揭如左

屬北部者

南萬鹽場　五家、女姑、白沙、海西、南萬河東、南萬河西

崖河東、下崖河西　七家

陰島東鹽場　黑哥莊、後韓家　二家

陰島西鹽場　萬家、張哥莊、莊子、趙家嶺　四家

潮海鹽場　潮海、綠哥莊　二家

滄口鹽場　侯家、李哥莊　二家

屬南部者

海莊鹽場

紅石崖鹽場　龍泉孫家　一家

小石頭鹽場　石臼灘　一家

薛家島鹽場　歷年產鹽統歸合中日人計劃年度產鹽

五五、八六〇

近年產鹽額對照表　噸十年度產鹽一一三、四八二噸

年度／人別	六年度斗子數	六年度產額	七年度斗子數	七年度產額	八年度斗子數	八年度產額	九年度斗子數	九年度產額	十年度斗子數	十年度產額
中國人	七〇〇、三	五五、四四〇噸	八六七、三	九二、〇二〇噸	九八二、〇	一七三、四四〇噸	一、〇五七、二	一二八、九二噸	一、〇七二、	七七、三八一噸
日本人	八〇	四二〇	四三、二	二、六〇〇	二八六、一	四三、三六〇	九八二	九、九四〇	一、三七七、二	三六、一〇一
合計	七〇八、三	五五、八六〇	九二一	九四、六二〇	一、二六八、一	二一六、八〇〇	二、〇三九、二	二、〇三九、二	二、四四八、二	一一三、四八二

(3) 漁業

膠州灣陸地面積雖不廣大而海岸綫則出入曲折甚多延長約一百六十餘英里且包有內灣外海內灣因適於魚介之蕃殖而外海十數島嶼間亦復漁場羅列其從事漁業者所蒙天然之恩惠誠匪淺鮮蓋沿海水面既甚而淺距岸雖有五十英里而水深不出二十五尋進而至於黃海中央亦不過界五十尋耳故在冬季本灣雖不適於溫帶

於旋之棲息然則春秋二季則為産卵或為求餌来游之魚類頗

且其来也成群而至

本灣水既不深且又遠又暖潮流域故如鮪鰹等類之魚殊不多覯

最多者大概屬於近海魚族如加級魚春魚青魚鰣魚黑大頭魚鱶

帶魚之類海藻類如不花菜鹿角菜恵胡等雖不多然每年産額約

計八九十萬元

山東自古以漁業最盛為水産有以著名之地如利津芝罘威海

衛所産之黄華魚龍鬚島之蝦海陽膠州灣之帶魚春魚鰣魚為

最歆羨之龍口之加級魚等各種漁業尤占重要者膠州灣漁業

在德人時代官廳全然放任德人舊慣並未加以何等保護獎勵

及日德戰爭結果膠澳之權歸於日日人以青島為根據地

而沿海漁業頗為不振

漁場再則僅限於灣內靈山島大公島小公島塔連島等處此載
大小區域再連年漸次擴張至民國五年又在海州近岸發見加級
日人大漁場八年有日官加以獎勵日人漁業發達補助金新造一丈型漁船
七隻以謀大發展同時鮮魚繩釣漁船亦在石島及山東高角間
海上出漁故自海外州以至山東角三百五十英里之海域全歸日人
漁業者之活動範圍矣
中國人以漁為專業者甚少大都為半漁半農蓋每年春夏之
間趁農事餘閑以為漁業之期僅三四月而已然日漁業仍不失為該
地之產業之一故其盛衰影響於沿岸各漁村之消長頗巨惟其所
用漁具類皆構造簡單而其漁法又極幼稚且此輩漁夫只知墨守
舊規毫無改良思想反欲與日人競爭殊無此種能力但將來
若能加以改革獲漁額之可作增亦非難事

(十)農林之農業

膠州灣區域內中國之漁船漁筏約[redacted]二千隻漁夫約八千餘人獲漁額[redacted]年豐出雖多寡不[redacted]然每年總在六十萬元以上其重要漁業為圓網掛子網眼子網流網拉網雜魚繩[redacted]等[redacted]

[redacted]則

膠州[redacted]土地素[redacted]瘠農民又復愚陋無識對於耕種[redacted]守舊[redacted][redacted]改良[redacted]農業殊無進步[redacted]自歸德[redacted]管[redacted]後於李村河南設[redacted]農業場調查土質試驗耕作始稍[redacted]發展[redacted]日[redacted][redacted]原有農場設[redacted]農事試驗場又將[redacted]種畜場併入辦理[redacted]今[redacted]重要農產物[redacted]如[redacted]

(1)落花生[redacted]山東[redacted]

[redacted]於砂礫地[redacted]收穫額畝[redacted]三四擔豐年可[redacted]至五石落花生及[redacted]油在歐洲

用途頗廣如蔗過之落花生米可作珈琲之代用品其粉末可
調製饅麵之類且如咖啡之餅乾之補充品
(2)大麥小麥豆甘藷玉蜀黍米藍等
(3)水果白砂河之夾谷及沙子口一帶均產之張村及李村
北方所產者亦頗不少
(4)柞蠶德人調查青島謂保護領之造林區域內有適於栽植
柞樹之地將來飼育山蠶極為有望
(5)馬鈴薯德人特由德國移植數年成績甚佳
子百斤可收六百斤以至一千四百斤等
十三　林業(附
青島從前本一荒僻漁村原無森林自德人強據膠澳後
即將青島附近各山急造森林延及李村沿嶗山日人佔據

後繼續經營前後二十四年間遂使濯濯童山頓呈蒼鬱景象凡禿嶺陡現蓊蘢林以官有林言之面積[illegible]已達二千三百[illegible]十三町步（每町步合中國十四畝七分）[illegible]而林相整齊反為吾國造林模範反觀內地各山童禿如故荒廢猶昔彼此相較不能不羨德日兩國之於青島林業認真經營而慨吾國之於林政毫不講求也

青島及勞山附近之樹木種類甚多茲擇其主要者略舉如下

(1)黑松　屬松柏科青島附近及山林多栽此種樹

(2)扁柏　屬松柏科為勞山境內之主要樹林

(3)淡竹　屬禾本科勞山麓海岸太清宮境內有極美茂之竹林德人移植於青島樹木園內生長頗佳

(4)柳　屬楊柳科栽植於溪河岸及低濕之鄉村

周圍或有栽植於道旁者

(5) 赤楊 屬楊柳科栽植於河岸及[illegible]低濕之地生長甚速

(6) 櫟 屬殼斗科自生於山野可為薪炭良材其葉可飼柞蠶果實可飼豬者

(7) 榆 屬榆科自生於山野或栽植於家屋周圍

(8) 黃楝樹 屬漆樹科生長於勞山附近及山東各地其材可製造器具如車輛及船艦等

(9) 槐 屬荳科青島及李村附近栽植頗多

(10) 胡桃 屬胡桃科其果實可供食用或榨油等

[illegible]皆非青島及勞山附近主要林木故不贅述

歷城

北緯三十六度四十分東經百十七度[illegible]分

(甲) 沿革

歷城縣為山東省會禹貢為青州之域春秋戰國為齊

地秦為齊郡漢初為濟南國景帝時分郡為四後魏曰齊州唐曰臨淄宋曰興德元改濟南路明清皆為濟南府民國廢府留縣歷城設縣於漢景帝之二年至元魏時列為首縣至今仍之昔人有歷下山水甲齊魯泉甲天下二語[illegible]風土清和人物英[illegible]遊其地者咸推為北省之最

城周十二里共四門建自魏晉至明時屢加修葺頗為完固津浦車站在城西約五里與新開之商埠相接商埠東起普利門西迄大槐樹

面積　省會附郭東西一百[illegible]里南北一百五十里東界章邱西界長清南界泰安北界濟陽西北界齊河縣屬人口六十萬以上省城人口約二十五萬左右

水系　黃河自齊河經濼口下達濟陽計在境者七十五里小清

河發源趵突泉合諸水下達章邱境七十二泉歸焉

物產 農產六穀外花生地瓜為大宗山楂核桃柿子亦輸出藥芰白芥菜為嘉蔬森林新種四萬餘株桑田四百八十八畝牧畜有美利奴羊龍科山青銅山有礦

實業 雲錦織布廠福裕織染工廠皆民國元年成立大東草帽公司尤著軍銷公司亦發達麵粉公司四處新發明者有魯酒造紙廠亦用機器成績首推振華公司仿造火柴趵突泉市場所陳列者國貨為多電燈公司成益增光耀馬路整齊為上海所不及

鄉鎮 村落號九百七十六重鎮首推龍山當膠濟之要站東北濼口為津浦之要站舊名堰頭鎮市面繁殷黃大橋為小清河之船頭轉運貨物最扼要五里溝昔本鄉村今為商埠新莊

有小規模之兵工廠東平陵在城東七十五里

輸出品及輸入品

輸出品為花生黑棗棉花雜糧菜蔬鮮果

輸入品為煤棉布棉紗洋布洋貨棉花紅白糖米雜糧等

交通

陸路東通章邱縣為赴蓬萊掖縣益都濰縣福山烟台大路若由膠濟鐵路直通青島僅一日程南經肥城泰安蒙陰等縣為通淮陰王家營大路又經長清寧陽等縣為赴滋陽濟寧開封銅山大路西經禹城平原等縣為赴京津保大路北經濟陽等縣為赴惠民大路水路有大清小清二河大清河距歷城十里即古之濟水如濟南濟寧濟陽皆以此得名自清咸豐五年黃河北徙奪濟經荷澤濮縣范縣陽穀壽張東阿平陰長清齊河歷城濟陽惠民蒲臺利津等縣黃河之名既著而濟水之名遂掩黃河中船舶往來絡繹不絕下行多糧船上行多鹽船小清河

直通省城西門距車站約三里下流亦入東海來舟多載蓆葦紫草亦有鹽船在黃臺橋卸貨後多由津浦路車運間有仍歸船運者乃因其引地之所宜耳

龍口

(甲)位置　龍口屬黃縣在縣治西四十里西南距招遠縣治陸路七十里東北至蓬萊縣百里至芝罘二百四十里西南面海區域週圍約三里餘

(乙)氣候　龍口夏多東南風秋冬多西北風春日雨少夏秋雨多冬令則多風雪每年交小雪後沿海一帶即凝結成冰船舶不能行駛

(丙)物產　龍口土產以粉干為大宗麵子粗布水果次之鐵貨沙參又次之

（丁）交通　龍口向為海濱一小村落往昔僅有民船往來自近年闢為商埠有小汽船由龍口至大連計程四百三里至營口七百二十六里至煙台三百二十里至掖縣頭虎嘴至虎頭崖至壽光之羊角溝均二百里此皆通小輪之地如大輪由烟至津繞道龍口約海程六七十里

（戊）商務　自龍口自開埠後商務漸盛輪舶交通南有青島北有大連營口陸路運輸有蓬萊黃縣萊陽招遠棲霞等處水路自輪舶外尚有安東大連營口錦縣秦皇島天津及掖縣昌邑博興壽光樂安蒲台利津霑化海豐等處民船往來絡繹不絕進口貨為東三省之豆餅雜糧及洋廣雜貨出口貨以粉干為大宗運銷寧波香港等處其餘水果麵子粗布等件時運銷營口大連等處

本埠其街市在本埠東南舊有南市之名然沿海多淺

灘水深僅數尺帆船尚難泊岸惟迤西有北大圍荒沙一大片南
北約千餘丈自海岸起至北暑莊止東西長約二百七十八丈佔地
約四千餘畝堪以劃作商埠其地荒沙居多僅有民房數處并無
寬壕大澗各方交通均感便利與海岸碼頭直接無間玉
碼頭
龍沿海水量南段不如北段之深迤北洋海水深約
五尺距岸半里許深約一丈四五尺直通海口以外並無礁磯間
隔如擇一要地建築碼頭輪船即能依靠裝卸也

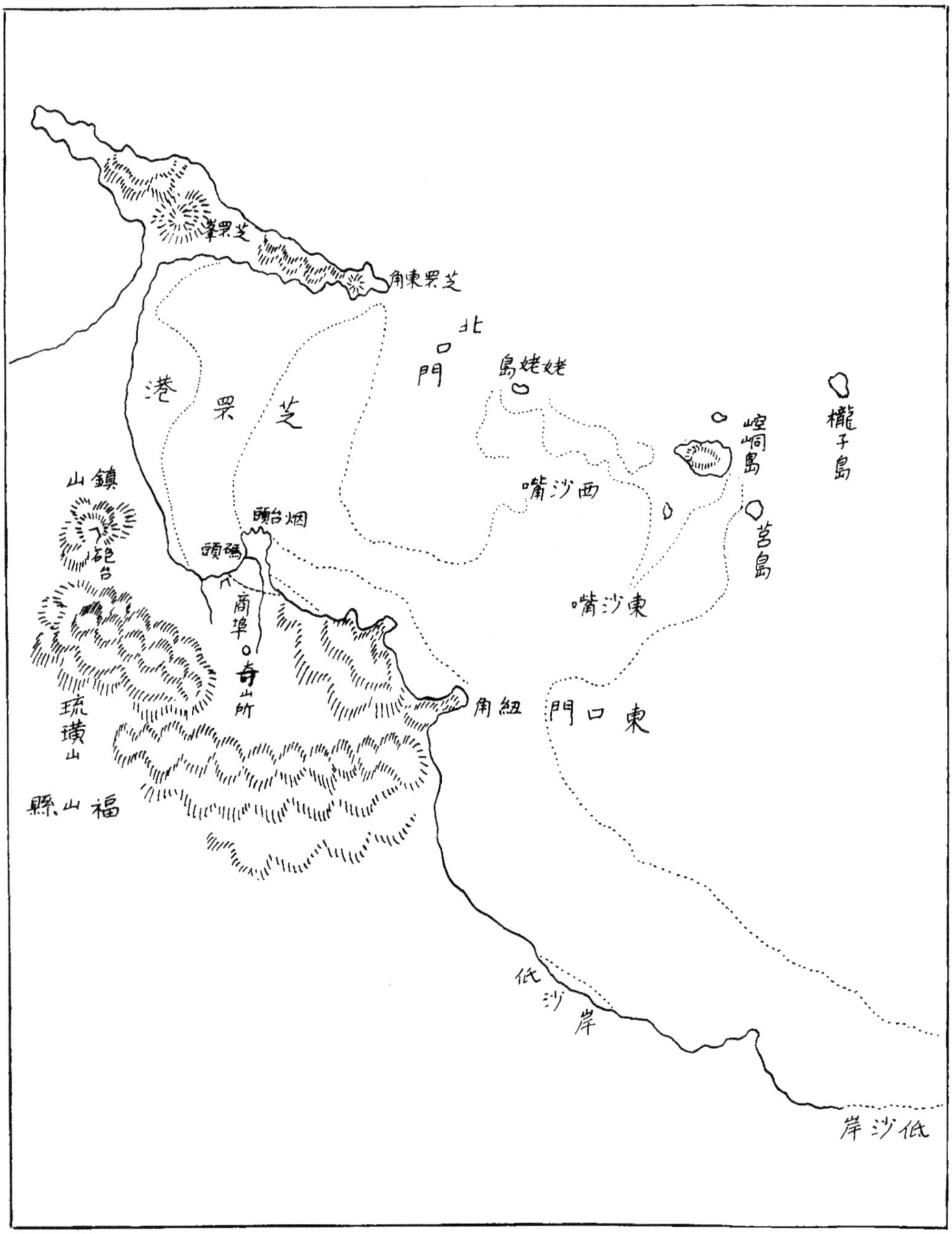
芝罘峯
芝罘東角
北口門
姥姥島
芝罘港
崆峒島
櫳子島
鎮山
西沙嘴
烟台頭
碼頭
砲台
莒島
商埠
奇山所
東沙嘴
琉璜山
紐角
東口門
福山縣
低沙岸
低沙岸

一迷當　一拓

一迷當　即一英里　約等中國三里

一纜　等八分英里之一等　六六〇英尺　六二九中尺

一拓　等六英尺等　五尺七寸

国家出版基金项目
NATIONAL PUBLICATION FOUNDATION

海上絲綢之路文獻集成

總主編 陳支平 陳春聲

歷代史籍編 29

主編 范金民

海峽出版發行集團
THE STRAITS PUBLISHING & DISTRIBUTING GROUP
福建人民出版社

本册目次

中國沿海地誌不分卷（二）

廉泉等纂

第四章　江蘇省沿岸

江蘇省海岸北部瀕黃海南部瀕東海沿岸之地係由沙土所成之低濕地極目平原不見山峯邱陵亦少惟於近海之時有廣大沙洲橫亘於各處除揚子江口以外適於航行汽船外其餘各地僅得通行小帆船今以揚子江口為中心而分為江北沿岸江南沿岸二部述其沿岸線之形狀如次

江北之海岸即瀕於黃海者其北自荻水口（一作滴水口）東南海中有小島曰虞游山又其次之南約九十餘里為朱蓬口（即朱家口）又南約三十餘里為青口（在贛榆之東南口寬二丈餘）小沙河入海口也又南約三十餘里為臨洪口（在東海縣東北口寬六七十丈）大沙河入海之口也自此岸至此轉而東又繞雲台山北部又東南為門山口（即鷹游門口寬約二十丈）又東南約六十里為

埒子口(口寬二三十丈)又東南約六十里為灌河口(口寬約百二三十丈)水勢寬深汽船可駛閘口(如拳[illegible])南有沙一條距岸十餘里潮涸時頗碍舟行又東南五十餘里為喻家套口(口寬約十二三丈)水勢頗寬泊舟良便又東南約三十五六里為二洨口(口寬約三丈)小舟遇風者每藉此以下碇又東南十六七里即至淤黃河口(本淮水入海之口自明以來黃河屢南決奪淮入海至咸豐五年河決銅瓦廂黃河改由大清河而淮水亦自洪澤湖出注運河自運河以東分為無數支港入海不復循故道而此口遂淤)淤黃出海之口淺灘最險舟人呼為閻王鼻南北帆船往來道經不識灘道遇風落灘無不敗者

由淤黃口南行約八十里為雙洋口又南行約八十里為射陽河口水略寬深可行小輪又南行約四十里為新陽港口又南約三十里為鬬

(乙)江南海岸

龍口閘龍口以南為東川港口其西通東台縣東口之南為呂四場口水西通海門南通二縣又南則為江口為黃海之岸盡矣

江南之海岸　自揚子江口南經川沙南滙奉賢諸縣至金山衛與浙江海岸接壤海岸線短而直而少港灣其狀態全與揚子江以北沿岸相類為由沙土所成之低濕地海濱亦築堤以防海潮之侵入現時沿揚子江海之益之沙洲亦有成沖積層之新土壤其土地肥沃適於耕作崇明島海門縣等人口過多故漸移住於此者年年增加漸至成村落矣

此沿岸之交通以帆船為主因海底甚淺故不能航行汽船又其邊雖多島嶼然皆為蕞爾小島無一著名者

(二)沿岸第一節　沿岸之變遷

江蘇之海岸全屬沙岸其沿海之地皆由淮水長江之沖積

層二十丈上游多量泥沙以下日積月累遂成今日之海岸故千百
年來蘇省海岸之上昇及淤積為最甚
其變遷如左（本節大部採自李長傅君著之江浙海岸變遷
研究見地學雜誌）

(甲)雲台山之上陸

雲台山在東海縣東分為前後兩山後山一
名北山屹立海濱最高峯曰後頂高達千尺北海中有竹島秦
山東北海中有鷹遊山一名西連島清光緒三十一年德人曾
樹德旗於此幾經交涉始得撤回今隴海鐵路之終點決
議設此前山一名南山在後山南峰巒重疊廟宇棊布每年
春季淮海人民多至此朝拜最高峯曰前頂南十八里為板浦
鎮今灌雲縣治其北西二十里為海州今東海縣治

南依朐山孔望山城北十二里為新浦鎮即臨洪口也

雲台山上陸之說舊志雲台古名鬱州亦作郁州山海經曰都州在海中一名郁州郭璞注曰在今東海朐縣界世傳此山自蒼梧從南徙來上皆南方物也故三代前雲台即屬海島南齊書州郡志青州宋泰始六年始治鬱州鬱州在海中周迴數百里是中古時代猶依然島嶼明一統志朐山東北海中有大洲謂之鬱州又名郁州一名郁鬱山一名蒼梧山昔從蒼梧飛來水道提綱曰自荻水口西南經贛榆縣東有小水口四又南海州城東有小水口五隔海巨島即古鬱州懸居海中據此則清初雲台猶在海中至其上陸當在清乾隆以後故同治間江蘇方畜所載雲台已在陸上海州土人云雲台升陸不過百年間事其言諒不誣也

（四）裏下河海岸及沙灘

裏下河者江北運河以東諸縣之總稱其沿海之縣曰阜寧鹽城東台如皋縣治各距海岸百餘里有串場河自阜寧經鹽城迄東台以其貫串諸鹽場故名其東之地沙港交錯鹽墾其入海之有舊黃河口自然港口北洋港口射陽河口新華港口鬭龍港口東川港口等皆淺沙淤塞無一良港其中沙灘羅列其著者沙（一作五指沙）大沙陰沙（一作暗沙）腰沙（一作蜂腰沙）拖子蒜沙（一作得自然沙）蠻子沙埧子沙（一作黃子沙）椿家沙（一作莊家沙）五南沙（一作湖南沙）等或隱或現間有居民

裏下河海岸諸沙堆積者

范公堤者裏下河[illegible]之藩捍也北起阜寧南沿串場河至東台折而東南經如皋

縣東境至南通之呂四場止此堤初築於唐李承式名曰捍海
塘宋范仲淹重修始名范公堤擄江南通志大曆初淮南節
度判官監沙使李承式築捍海塘自楚州鹽城南抵海陵
綿亘百里障蔽潮汐用衛民田者也其堤初築時自鹽城北至鹽城唐宋時之范堤
陽南抵通宋天聖初張綸與范仲淹後時范仲淹監西溪鹽倉力
南通泰至和中海門知縣沈興宗築捍海堤袤七十里
遂與堤下勢成
自沈堤也南是以當宋代以前今日海門以北范堤以東
後加修葺明嘉靖中重修
海海岸直接黃沈二堤自明弘治六年黃海南陸以後因
清代中葉折山陽鹽城二縣
黃沈二堤淤成陸堤東百里地復入海而漲出海中諸沙
堤外皆沙洲印田以作鹽場也
縣有一堤東諸縣皆清季所設縣雍正九年設者東台
乾隆三十三年設者二五條沙為黃河口於沙所沈實者海國見
聞錄曰海州而下廟灣而上則黃河出海之口河濁海清沙泥入
海則沉實支條縷結東向竹長潮滿則沒潮汐或淺或沉名

所以條沙出則其餘諸沙亦爲黃河所沉澱可無疑意也

（丙）長江口南洲之涌出

長江口南洲之現狀

今崇明縣城所在地內沙一名前沙又稱

南沙亦一般地理家所稱之崇明島東西長一百四十里南北闊約二十六里人口四十餘萬沙上河流縱橫四周多淺灘巨艦不能近

物產東部多稻西南多棉外沙一名北沙又稱後沙即一般地理家所稱之崇明北島東西長[illegible]百里南北闊[illegible]十餘里面積亞於內沙人口三十餘萬南隔江與內沙北與海門境相連

縣分設縣治於此寶沙鴨窠沙橫沙東沙一名銅沙北在此分長江爲南北二枝

之內沙之涌出西沙於唐武德中始出東西初涌爲二洲謂之東西二沙（此東沙即今內沙東部）漸積高廣漁樵者依之遂成

田廬五代時謂之顧俊沙宋天聖中又續涌一沙與東沙接居民多
徙居之姚劉二姓為盛因名姚劉沙靖國又涌一沙於西北以
三次疊涌故又謂之三沙據紀錄代鈔西征紀程自明以來諸沙
積漲相連乃然今日之內沙
外沙之涌出皆沙在明清之間為東二沙營前沙半洋沙福
德沙三角沙日照沙諸沙見海國見聞錄及清內府一統志清
季為南北連陞沙永豐沙青魚沙永興沙班沙陽漲沙諸沙
見清會典圖及鄒氏輿圖近數十年乃淤合成一大沙
有久隆北新南清河東倉諸鎮皆近數十年新興市集也
外沙等之涌出東沙一名銅沙明季始出近數十年
西出積沙圓圓沙鴨窠沙諸沙海道圖說崇明
南圍圖說
外有東沙二淺灘積長甚速同治元年間又見二新島

年積長更大即指此沙也[illegible]東復有[illegible]大淺灘直達[illegible]山南則他日諸沙淤合[illegible]與內沙外沙鼎足為三亦意中事

以上諸沙皆江口泥沙所[illegible]澱[illegible]今尚歲增不已據西人[illegible]實測[illegible]澱積之量每小時有四萬立方尺每年有一百七十五億二千萬立方尺[illegible]見其堆積量之宏富矣

浦東半島之淤漲

浦東半島者黃浦[illegible]江東川沙南滙奉賢[illegible][illegible]山[illegible]之總稱[illegible]北達江口南抵錢塘灣一正三角形[illegible]角[illegible]曰滙嘴西圖名大揚子角[illegible]島[illegible]河流縱横人口繁密沿海多沙灘水量甚淺河流為海塘所阻皆折西流回其獨流入海者僅川沙[illegible]白龍港一口[illegible]故沿海無一良港

新場與海岸變遷之關係

南滙之新場鎮為元之盐場可知

其地當時瀕海今則距海已七十餘里曷嘗出鹽乎夫新場已[illegible]
海東至二十四里且南滙縣城亦在海灘也可知新場者新鹽
場[illegible]舊場尚在新場之西則元以前之海灘在今新場可知
南滙猶在海中更可知新場舊名石筍里因[illegible]唐宋時
曰石筍灘[illegible]石筍灘者有石如筍植立沙際[illegible]者蓋即海灘
夫海灘尚在新場之西則南滙必在海中矣古時石筍[illegible]在捍海
塘外三十餘里潮汐至此[illegible]流[illegible]志乘[illegible]言之[illegible]捍海
唐有[illegible]唐開元元年所築[illegible]黃浦之[illegible]石筍在海唐東三十餘
里非海灘而何石筍為[illegible]非海灘而石筍既是[illegible]
灘南滙必在海中根據上列諸說可斷[illegible]南滙縣治為唐以後
[illegible]漲唐以前非陸地也據姚明輝說
乃海塘建築與洊漲之證唐開元元年始築捍海塘起杭州

抵吳淞江長一百三十里今之黃浦當時猶係海灘浦東半島猶
海中也宋元以來浦東半島升為陸地乃築裏護塘（一作內護塘）
南起海鹽北經乎金山衛南奉賢舊城（奉賢縣治也）設南橋鎮
南滙城川沙城又抵上海乃內塘外之地當時尚為不毛之地厥
後沙灘益外漲而外護塘外築室治田漸聚成故萬歷十年
更於南滙東境築外護塘至清乾隆三年又外護塘之東又有[illegible]
田之築內圩塘至光緒七年又內圩塘之東又有田廬築外圩
塘至光緒三十三年外圩塘東又有村落田畝復築塘以禦之此
皆浦東半島日益外漲之確證[illegible]
[illegible]其地質上之證明上海西南鄉有沙積地其西岸濱河之所掘
地數尺即有沙泥至數尺厚至丈餘乃達東岸則有之不多有
[illegible]其質為粗沙與小蛤螺殼之混合物[illegible]為江流帶

海碎石及小蛤螺殼惟海中有之沙港東距海七十里何
以有此沙殼之混合物蓋此地昔時為海濱經潮汐反覆自他處
衝刷將海中含有蛤螺之沙擁至此處成一帶後又北移
江之濁流日漸游積遂成平陸今南匯境海灘外有大
沙帶環抱江流至此為沙帶所束水流緩而淤漲易
以較同治間舊圖已漲出數里千百年後沙帶兩旁盡為陸
地與沙港兩岸之沙磧無少異也據張國維說
以上所述乃江蘇海岸變遷之大概詳述已往測將來知
理變遷與人生關係頗鉅不僅考証已也試略言之崇明於唐初
始出水西今則巍然巨島人口繁密物產富饒為農業要地大沙五
條諸沙出水不過數百年現正從事開墾南通沿岸多新漲
之沙經張季直著手經營設墾牧公司新建市鎮成績斐然

下接(三)

南滙沿海沙田多富户者以墾種起家者有沙老爺之稱也此等沙岸外漲之利益

上海當百年前固中國之良好港而近年因江口淤積至吃水二十尺以上之輪艦不能入吳松口此則又為沙岸外漲之害

此之江蘇海岸上升與吾人之關係在利之方面為耕種土地多屬農田在害之方面為淤塞河口阻碍交通等若夫開墾新沙以增農産開浚水道以便航行支配天然不為天然所支配是則吾人之責任所願也

(三)沿岸第四節海底暗沙之名称

長江南北沿岸多暗沙忽隱忽現爲航行障礙及南岸亦有之將來變或成陸地未可知

茲自南而北依次列之

(五)南滙嘴沙一又名揚子角乃揚子江淤沙漸積而成每年漲成平地廣半里

(四)崇寶沙在吳淞口外上有燈塔

(三)石頭沙一在崇寶沙之東海潮大時即掩為汪洋

(二)鶯嘴沙一西端有燈塔北有鼎與沙聯於石頭沙

(一)銅沙在房洲東北作長狹形有燈塔橫沙島亦有燈塔

(乙)江南各沙(十)以上爲揚子江口近南岸

(一)洋漲沙一或作陽漲沙

(一)蓼角嘴一唐順之以為大江第一門户與崇明前沙對峙(十四)

湖南沙—俗作勿南洋為南沙或作淤南沙面積最大內有呂
四港水道（十三）
冷家沙—或作郎家沙一作欄家沙水道深八九尺土著之船
可通（十二）
金家沙—或作程家沙新加沙北洋航路經東端（十一）
莊家沙—為九大沙之首相傳山東人曾作莊稼於此（十）
黃子沙—或作灣子沙或作環齊沙（九）
暗沙—或作東暗沙以別其西之暗沙（八）
得自羔沙—亦名得自高沙（七）
滿子沙—在東西兩暗沙之間其東至長沙[illegible]水道深闊可行
輪船（六）
磲沙暗沙畢沙—三沙相連（五）

此行列第一行

（三）長沙—自西而東橫絕大海或名卧龍沙（四）

（九）當於黃河口民船恒擱淺於此由東則入海愈深航路

亦經其東焉

（申）江北各沙（二）

五條沙—在大沙之北如五指平列（三）大河

以上為揚子江口北沙灘

諸灘忽隱忽現為航海界之障礙物有害而無利惟數十百年後沙

積於塞愈多可成為沖積層之陸地匪特擴張新土且又利於耕種也

東北面水道頗深大輪亦可停泊青口埒子口同為海州之門户肆江蘇省北海岸之最

第一節　港灣

朱門口一名朱門口西距贛榆縣西南至青口各二三十里口內已淤塞水深不過二三尺口外二里餘即係深水近秦山東北面可泊大輪

口外異有淺沙其跡頗堅可勝人跡潮漲行六點半鐘

青口一名清口在朱門口南三十里口內水深一二尺或三四尺口外潮退一望淺灘沙船任其擱置沙間秦山西南面水深十餘尺水道頗勝大輪亦可停泊

臨洪口在東海縣東北口寬六七十丈海州河入海之口也低潮時僅六寸至十二寸左右是以不適為隴海路之終點但臨洪口雖不宜為大幹線之吞吐口若為東海縣工業發達於此築一小港亦甚有效也

門山口即嶼游門口外有沙鶴子島島北面水深六尺至十丈

至西連島之龜山頭深三四十尺不等鷹游山與紅石嘴間曰鷹
游門深約六尺東連島北面深四十餘尺西墅西北十帶山深十尺
左右竹島北面深約二十尺竹島之北面有鷄子島西北有竹島東有
鷹游山鷹游山有東西兩峯西峯為西連島東連島西連島
隴海鐵路之終點現已決定設於西連島西連島之間為商港
欲當今之急務其理由如下民國元年農商部曾特派
南洋僑商張振勳親赴該地察看情形謂鷹游門之地形即
西連島與陸地相間之海峽為優於各省所罕有關於商
港國家利賴無窮此在當時尚未有鐵路終點限定於該處
之說發生而詳其價值業已如是今則形勢更異於前其價值
之優皆可想見此就地理言也關於該島之商業者東灌兩縣北
距青島僅有水程四百里現已有輪船往來運輸貨物其南距

嘤游门水深六尺東西連島之北水深四十餘尺西連島之鷹山頭水深三四十尺又北錨子島水深六尺至十二尺西北竹島水深二十尺

朔望日潮漲 大點一刻大潮高一丈四尺

清江西距徐州[illegible]各有三百餘里當此鐵路未通之際[illegible]鹽
魚雜糧[illegible]輸出已復[illegible]源源[illegible]鐵路若成[illegible]西起蘭州
今皋蘭縣經潁皖而入蘇境陸路轉運既通商業必益[illegible]發展
且[illegible]水陸[illegible]北接天津南連上海更可[illegible]百物之精[illegible]互通中外
[illegible]貿易[illegible]商場形勢未必不[illegible]轉移此就商業言宜闢該島
為商埠者[illegible]其他復有一事[illegible]應[illegible]注意者[illegible]外人之覬覦是
[illegible]德佔青島已屢思伸勢力於[illegible]而西連[illegible]島[illegible]為彼往
[illegible]光緒三十四年登岸樹旗之事[illegible]國人猶未能忘
而日[illegible]覬覦之[illegible]乃[illegible]甚[illegible]商小輪[illegible]已[illegible]數年
[illegible]潛駕漁舟游行[illegible]調查[illegible]經[illegible]多次我
[illegible]闢[illegible]商埠則彼侵略之野心自[illegible]無由而生[illegible]就
[illegible]統觀以上四端則西連島闢為商埠[illegible]

以中國國際貿易之發展其利一鐵路尚未築成諸如土地用物價
值不昂勞動工資亦復甚賤着手經營費少益多其利二迨及鐵路
通軌而商埠已成運貨日多益便其利三此外若增國家之收入寬裕
人民之生計則為船着之利益可以無庸贅陳矣

朔望日潮漲於五點一刻大潮高一丈四尺

灌河口口寬約百二三十丈水勢寬深汽船可以航行開山橫蔽口外
尤為險要槽口外南向有沙一條距岸十餘里潮涸時頗碍舟行
淤黃河口在灌河口東南本黃河奪淮入海之口近年河身
節節淤塞兩岸多成平陸惟近口十餘里尚通水道潮漲寬約十
丈潮退寬四五丈深四五尺惟淮運二河盛漲時以此為尾閭

朔望日潮漲於三點三刻大潮高一丈餘

射陽河口在淤黃河口南百六十里近口有攔門沙海中有大沙
五條沙口潮漲寬三里潮退寬二里深約十餘尺口內漸淺口外淺
沙遷徙無定口內自鮑家墩以東潮至一片汪洋非熟諳水道者

帆船不敢輕進

(三)新洋港　即新陽港為海門以北之一大口外有大沙五條沙廣袤數百里輪帆往來南北皆遥為趨避新洋港口門潮退尚闊三十餘丈惟水道極曲且多淺沙大商船亦須乘潮方能出入大汽船必須繞過五條沙由西北而至然亦止能於距口數十里外停泊而民船可由新洋口西行過鹽城北門外天后閘小港過鹽城東門外石碶閘而通淮陰江都等縣新洋港南有鬬龍港於沙節阻僅通小船

(四)揚子江口　揚子江口之北岸為海門縣東南之蓼角嘴南岸為浦東北之九團墩江口廣約百八十里其間各處有島嶼有沙洲妨害船之航行因之江口為三大道而南水道航行最便其沙洲之位置時有變動設港務局調查之以燈塔立標等示其位置

[redacted]動故航[redacted]行者得避[redacted]險而溯江以上
[redacted]江口之三水道其[redacted]北曰上分流位於崇明島與海門縣[redacted]間水
淺加以泥沙[redacted]積深處僅十餘尺不適航行大船僅[redacted]通小帆船
而已且其間有散[redacted]列諸島[redacted]及現[redacted]有現時正[redacted]形成之島[redacted]或將[redacted]
[redacted]橫[redacted]斷[redacted]水路[redacted]而連絡崇明島與海門縣之高角其[redacted]中曰北水道又稱
沙尾山水道位於崇明島之南橫沙銅沙之北其東[redacted]闊約六
里水深約四十六尺其西[redacted]闊僅三里餘水深亦僅十六尺以至二十
尺故[redacted]西部日[redacted]見積淺其[redacted]南曰南水道在[redacted]子江口右岸之[redacted]橫
沙諸島之南今為揚子江[redacted]最良[redacted]水道汽船[redacted]通[redacted]行[redacted]其深[redacted]及大潮
時之低潮為十七尺[redacted]至二十尺[redacted]即其西[redacted]之黃浦江口亦達十三尺[redacted]
至十九尺

第二節　島嶼

(一)崇明島　揚子江口最大[redacted]島嶼為崇明[redacted]長百二十里闊十五里[redacted]至二十四里面積約二千四百三十方里人口在百萬以上[redacted]密度平均每方里[redacted]四百十餘人實全國人口最稠密[redacted]地唐時不過一沙洲絕無居民其後泥沙愈積愈多[redacted]人民移[redacted]宋以來設官治之清時為屬於太倉州之一縣[redacted][redacted]長江流下泥沙[redacted]沈澱[redacted]容積[redacted]漸廣[redacted]而西北方已漸[redacted]侵蝕[redacted]茲[redacted]崇明[redacted]分[redacted]述之如[redacted]

[redacted]位置[redacted]長江之東[redacted]扼[redacted]中流分[redacted]北[redacted]海門[redacted]望寶山[redacted]完全為一島縣不與他縣毘連[redacted]內沙[redacted]外沙各嶼已接江北大陸

[redacted]唐武德初由海中湧出沙洲[redacted]楊溥[redacted]改顧

[redacted]為崇明鎮[redacted]為天賜場[redacted]置崇明州明洪武初[redacted]為縣[redacted]

[redacted]外沙十鄉請分設縣治經省會議決[redacted]本年

[redacted]水系[redacted]內部低濕沿岸斜淺未有良港東南海中有揚子大沙

[redacted]距四十五英里縣治距吳淞海程五十里因[redacted]佛壽崇寶諸

沙[redacted]輪須紆[redacted]八九十里河道[redacted]新開河較為重要又濬中心河以

[redacted]海門通

丙[redacted]物產食料以稻[redacted]為大宗衣料以棉[redacted]為大宗甘蔗亦[redacted]

盛野生之蘆葦至多而樹木尚未成材蘆[redacted]鹽[redacted]為財賦大源漁

具[redacted]多西洋菜及普陀紅山藥移植繁[redacted]茂今[redacted]

丁實業大生棉紗分廠在外沙久隆鎮南以壽星為牌諸沙[redacted]揚

子江[redacted]岸[redacted]本係淡水[redacted]可墾[redacted]東端[redacted]海[redacted]居民多[redacted]營[redacted]

鹽[redacted]二十二鹽竈皆移於外沙矣

(丁)城市及鄉鎮　縣城因海岸逐年崩坍西南陸地僅四五十丈故三面危逼經基隆設立鄉鎮則有久隆鎮蜘港(在東三沙市島舍普陀丹析出)西島東方堡鎮西北有朝鎮東北有[redacted](洽)鎮及朝陽鎮

(戊)交通　崇海與揚子江航路皆由吳淞至本島南部之堡鎮又由堡鎮每日至縣治駛至本島之鴉鵲港繞六十里至宋季港又每經青龍港新港川港港等處若陸行則通北新鎮久隆鎮也

(己)[redacted]茶山[redacted]及牛皮礁等地(鋼大國[redacted]所附)

沙尾山[redacted]孫[redacted]茶山西(赤礁除之)[redacted]南夏國[redacted](係崇明西東之島嶼小而圍邊)(最近)(皆由羊山陳錢山等均為禦敵防堵地)(上方燈塔)

峭高一百九十六尺[redacted]其嶼名為[redacted]在東西自西至之如一尖嶼西

北望之又以勘島其此即崇明北境之北水道其南至東海沙灘[redacted](本中)水

道[redacted]水為最深東海沙洲者一作銅沙淺洲又淺沙洲一作為蟲若峽第激

很[redacted]至杉南北道西南水道之南[redacted]有九團[redacted]（在川沙此山壹頭南匯對岸）

[redacted]其間海中有中島小島團屋島（一作暗沙）草島

（一作洲）等[redacted]係由南水道至上海船行所必經（錯東海中有系洲洲一係東寨止有民居停泊之停泊避風）

[redacted]西分島坳

牛皮礁[redacted]爲揚子江近口一大險

（發）其水圍圍深四拓餘蓋在其[redacted]北六[redacted]即新為礁西新為礁（東　海里）

可由此見之牛皮礁則當時不可見也石係為自鶯停錨以（之南端）

紅里色棋盤紋油之新為礁[redacted]

[redacted]係海中最石其最高者出水二十六尺在沙尾山島東南（島木舊一端止一里在）

相距六[redacted]半其圍圍附近之處第有漁艇眾多為係險處（海里）

也

(三) 大戢山小戢山

大戢山 小戢山一 均在楊子角

東南海中大戢山峒峪周圍最高了石三十五尺 上有燈塔電 但在島上顛

小戢山 在大戢山西南 僅小島而 晴時能照 六十里 並有霧砲 除燈塔外

嶽嶽特高多一萬三十二尺其北角數石高各三十尺

(四) 羊山群島 即洋山群島

羊山 大洋小洋山

羣島在小戢山之南四海里 其小羊山一名三角 上有二尖峰 島長約五里闊三里

高四百五十九尺 居民百餘戶 中為燈島 極為佳 多高十四尺 以居漁人 南為

大洋山 大羊山一名大用山 山東西長六海里 半 闊五西海里

峰特峙 高六百七十八尺

南港中有村落可以泊船

(五) 四礁等島

招寶泊船最穩 南風須移泊西北面

并居民以北西青沙菜園西澳為最盛其北有大麥烘山大麥烘山西北約一里有有雨擔嶼

稱小樯麥島

一[redacted]計二十五島又七小島礁石等無數其有名者[redacted]曰泗礁（名馬蹟）

島曰黃龍山（名黑頭島）曰金雞山（名金雞山亦稱黃龍山）

曰[redacted]星列山（名鵲山）曰茶素島　白鵲山（名鵲山）

曰横母山　徐公山　曰大湖列島　曰打郎北士尖刃佔刀月遠在……

(甲) 泗礁　土稱四洲山一作毂子島為列島中最大者東西長[redacted]十九半海里又四分海里之三闊一二海里又分海里之一最闊處在西端峰嶺概多最高者

高在西面高至七百十五尺東北麓處有一白沙斜坡東向[redacted]觀者明

該印霧中尚可見島有居民居泊船處擇其中等深處泊可米

(乙) 黃龍山　土稱圓龍山（又稱大黃龍）在泗礁東南全島長六海里半闊三里　黃龍小有南北兩港南港同東南形如葫通西北風中小輪

又四分海里之三闊由半海里至一海里又四分海里之三高七百二十三尺上有東濱夹面通風停泊甚佳帆船泊此最穩

居民約二百戶皆係漁人大盘（三百户）島西小黃龍[redacted]島長

嘩沙滩在其十字島者除北風外均不大相通而島之东北有泗礁之與細往來至那半邊小黃龍

又四分海里之一半約三里[redacted]上有三尖峰而西面者最高高四千五尺島西端居民

旧見文後

島仔等尾小黄蜑之西南有稱擔虞支島者，西距黃蜑山二海
里半，長一海里，峰高三百七十五尺，上有居民。

（丙）金錢山　一稱錦霓山，與四礁西北角相隔成一水瀨，
水道長四海里，闊三里，峰高四百三十七尺，上有居民，其東角有小島，高
一百二十六尺，內可為小艇停泊。

（丁）星列山（北鼎新列島，西書作）　又稱鎮心山，一羣兩島，較大二島，餘小如
最大者（北鼎新島）在四礁西北角五海里餘，高四百七十一尺，西有居民，東
則巍然特起，而與四礁相距，向海水深四拓至八拓，可得停泊美好之
南端一島名姊妹岩（南鼎新島），距島一里，高四十四尺。

（戊）奔寶島（白礦山，西書作）　一稱蟒蛇母列島，三島較大，餘則小島礁石等，長東
縱闊一里餘，最高三百八十八尺，島南有燈塔，高出海面三十七尺，晴明時
可見六海里，燈塔東南有停泊美地，深六拓至九拓，足避西北風。（且設有霧砲，由東南及西南出港之大輪往來於此海道者，必取道於此）

又西南至鄉北風及東北蒙島東二海里有裴母萊島高二百十六尺女

間爲蟒蛸母海峽中央深十二至三十六拓寬無險阻島西南爲蟒

蛸母石在水中甚險相距六鏈半

徐公山一西嵩作

（己）横母利西列島　一作馬利目列島一羣四島最高大者長四海里

間五五鏈有兩尖峰高（西向者）四百八十七尺（其一高）四百三十九尺村島

西方溪上有一村島北有母利諾西石（係暗礁）石巖而尖鋭

（庚）打非士島母厄仙石皮匠石（上川湖列島）（以上川島前下川島較大上川島在群島中）（西嵩作打非士島）一羣五島大數少島與礁

五島之高者在極西長五鏈闊四鏈其高四百九十一尺母厄仙石爲一（三里）（一里）（下川島在其東長十里闊四里）

尖礁在打非士西南角皮匠石周圍深十八至二十尺在打非士東北

相距五鏈其傍水處深九拓至十二拓底係泥沙在大風下西半圍

中不能抛泊到橋子以外者可泊此船下錨須避母厄仙石至

白馬鞍羣島

花島島漁汛在冬季十一十二兩月所獲者均為目魚

共[redacted]二十五島[redacted]及小島礁石等無數其有名者曰北馬鞍山（花島山）[redacted]

曰旁馬鞍島（即扇華）曰似馬鞍島曰南馬鞍島（即壁下）曰東馬鞍島山（即陸鐘）[redacted]又附舊於山[redacted]於舊云

二　花島山

（甲）北馬鞍島　島在四礁島之東偏北（西）北距沙尾山二十五海里

周圍約十四海里又四分海里之一上有峙石數作双峯狀如馬鞍易高

者七百八十二尺上多居民（二三百戶）並設有燈塔（長約七里）高出二百七十三呎時明

時暗七十二海里能見之島之北澳南澳西澳水深皆中等可為停泊者

則在北澳秋春時及秋末諸月北風動時為攀戒之所須移避

至其西澳宜（西）二石二石於低水時能露五尺（西）島東南有新島一

稱花島山北島嶺高出海隆高一百八十三尺自此至北馬鞍演地

無船放入[redacted]

（乙）旁島鞍山　土稱落華（或錄華）與之相距無與花山計時（東西）島在北馬鞍西

牛嵊山漁汛在春夏冬三四五三個月，在該山之北嵐嶼所產者為帶魚，南風澳所產者為黃花魚，西漁船之乘汛來

南一海里又四分海里之三有石一行相連，潮高时小艇可通二島之

東西者按高有四百七十二尺，皆有居民，停泊處在西島南北兩

岸及東島之西澳中，東島南岸有二石，露於水上十尺至十二尺

凡船入泊时即此為界。西島南澳[redacted]停泊處，風轉北至南时（凡）

泊此最穩。西旁馬鞍島之西又有屏島，礁石上稱馬蹄山，黢山

[redacted]名称北帶最高者一百六十四尺

兩條馬鞍島　條兩島中有一道，在北馬鞍島東南四海里，低水

时水深有行，北島最高大，上有双峰，一高五百二十一尺，一高五百十七

尺，此島與馬鞍兩島各有居民，其北島西岸之澳，可停泊船，甚佳

由西折至六點，夜便泥質，泊此避西北風及正北正東之風均可避

之西北有蟹島，與兩馬鞍相隔成海峽，（闊半浬）其三島最大者在極南

高四百十尺，極北兩蟹（島係蟹地）小艇等故過者，又西北偏南有女人馬鞍島高

漁者以閩籍為
户居多實為帆
船出入必經之孔
道有乃閩海
匯聚之要區
故在全閩海岸
巡防處建無
線電台於此收
電通報氣候
警之要指示航行
路線誠屬必要之
舉

嵊山高出海面
六十餘丈地在經
度東一百二十二度
四十九分緯度北
三十度四十三分
四面人居約計
二三百户沿海多
捕魚船隻附近
居民大都以[illegible]

二百零二尺南岸爰有高為一光塔如釘頭島之東南有瞭馬
一行淺礁中有石礁高八十四尺此石與東馬鞍島相隔
閩海峽隔二海里潮流時湖較為湍猛也
(丁)南馬鞍島　一稱楠杞山　望下長六海里半闊六海里上有尖
峰數處共一峯雙巔高六百五十一尺島有居民周圍水深三拓
至十拓底泥質隨處可停泊惟島東澳中有一石水出其上二
十尺稍掩過馬島之西角相隔四浬有小馬鞍島土稱大泥
越稍大耳珠上有双峯狀若馬鞍其西礁高出海二百二十四尺
島之東角有馬蹄礁[illegible]小島礁高者出海一百五十六尺大
者周一浬
(戊)東馬鞍島　一稱陳錢長七海里闊[illegible]
岸石嶙峋東面者尤甚最高之峯六百九十二尺[illegible]居

島為玉環澳錨地，極穩，漁船停泊者常數百號，亦有多至千餘號者。西北箱子澳兩山拱抱，中間一澳深至五拓，中小輪泊此，儼同内港，惜近年已淺二拓矣。

民居零落，有一大村及一小艇港，道外與南馬嶼分隔處闊三纜半，潮流入峽甚急，非不得已時不敢道於峽，惟過峽須[redacted]依南馬嶼近岸也。過北面西北風東北風時，有一停泊處，在島南底係須南而西南，南首對潮多[redacted]動，疾。距島南偏東五海里又四分海里之一，有無草石一堆，叢叢為峙，長六十尺，闊十二尺，南西東皆峭，北向有石行相連，水過其上十二尺，相距一纜，其旁水深二十二拓。

黃島者，一孤生島，一作海礁山，係三小島，約在東馬嶼島之東二十餘海里，其東小島之東南二纜，有一淺礁

第三節　商埠

一　上海

北緯三十一度十五分偏東五度一分地係

（一）位置　在黃浦江及吳淞江交會之所為長江下游太平洋海岸最優良之港口東界川沙北接寶山南界南滙西界青浦西南界松江距松江九十里吳縣二百四十里

（二）沿革　本江蘇華亭縣東北五鄉之地昔係戰國時楚春申君黃歇所封故曰申江或曰春江當時不過一村落近於海面厥後東方土地漸成為內地宋時設上海鎮當時通商甚盛設市舶提舉司及榷貨場征稅商船元至元二十九年始設上海縣明嘉靖三十二年因海寇築城清仍為縣所在地道光二十二年阿片戰爭時曾被英軍所占領尋因南京條約以之為五口通商之一二十三年開為通商市場是年至克勒貝爾福（Cap. Balfour）為英

一段接下二段

國駐滬領事始定英國租界之境界當時之租地約距上海縣城北一里南自洋涇浜北至蘇州河東自黃浦江西至泥城河其後漸次擴張至清光緒二十七年遂成今廣大之區域法國租界於道光二十九年設於英國租界與上海縣城之中間咸豐十年稍擴展至南方光緒三十年更擴張至西方美國租界於同治元年設於蘇州河北之虹口翌年與英國租界合併而為公共租界民國十三年江浙戰爭告終改上海為特別區域

二租界之管理英國於咸豐五年設立工部局管理租界內之行政事務法國租界之設工部局則在同治元年居上海之外國皆屬其國領事之管轄住租界內之市民皆受工部局之支配而有納稅之義務住於租界之外國人奉工部局之命令並遵本國之法律而關於民事刑事之問題則受會審衙門（同治三年所設）之裁

判會審衙門有二一在公共租界一在法國租界其組織法以我國人為首席推事各領事則選出陪審員以監視之此所謂外國領事裁判權也

公共租界工部局以行政委員九人組織之法國租界工部局則設委員八人公共租界各委員所決定之事項不必受其國領事之認可法國租界則須受認可兩工部皆分防禦財政土木諸部使各部員分擔所管之事務

人口　城內租界約一百五十萬[illegible]外人[illegible][illegible]二三萬日英為多葡美俄法德次之

實業　上海造船廠及船塢大者有五六處多在浦東上海之製岸武楊樹浦[illegible][illegible]政府直轄之上海兵工廠設在高昌廟製[illegible]槍礮及彈藥[illegible]現已[illegible]改建為商場上海為全國工商業之

中心點自光緒二十一年以來漸次發達目下絲廠六十餘家紗廠二十餘家布廠三十餘家機器廠則以求新廠為最著麵粉碾米榨油製革造製以及肥皂洋燭牙粉罐頭食物煙捲莫不日新月異極為發達銀行保險書業各商總公司多設於上海握全國之商權

丁城市則城周九里有十門今折改馬路自中華路十六鋪北曰北市其南曰南市近於西鄉者為西區

戊其鄉鎮則西有高昌廟有兵工廠船塢龍華孤兒院火藥局日暉港有呢廠紙廠徐家匯有南洋大學天文臺浦東白蓮涇至楊樹浦沿岸碼頭廠棧林立閘北昔本荒地今闢馬路至寶山縣界有滬華新涇華漕南鄉閔行有敘航輪船

丙實業　上海為揚子江口之貨物大集散地不惟為中區之

商港且[redacted]於南[redacted]北[redacted]亦有密接貿易關係輸出品以生絲棉花茶（有黑綠磚粉四種）為主此外[redacted]棉布大豆豆粕落花生芝麻桐油米小麥麵粉麥稈帽各種粗帽蓆牛皮山羊皮豬鬃羊毛毛氈雞卵等輸入品以棉布棉紗為主此外[redacted]毛織物機械類機械油硬木軟木石油椶櫚團扇帽[redacted]（毛織及麥稈製者）亞尼林染料肥料塞門汀土照相器械鐘錶鏡類紙類化粧品洋燈石炭鐵器釘銅牛肉酒類燕窩糖煙草乳油牛奶肥皂火柴等

[redacted]（丁）交通　上海港之位置[redacted]距海[redacted]百三十里距吳淞口三十六里自吳淞至上海間清光緒二十四年以來有鐵路可通而交通之重要者（實為黃浦江以船舶之往來最盛也茲就黃浦江之水路敘述[redacted]

上海吳松間之水與濬浦局 上海為亘於黃浦江沿岸二十四里之大市埠其沿岸棧橋埠頭貨棧林立殆無隙地對岸之浦東亦有棧橋埠頭堆棧等之設備江面幅員自租界對岸間前減水時為千八百尺今則縮為千二百尺以河底深通常入水十六尺之大汽船得停泊埠頭內外二洲妨礙從前大軍艦及大汽船不得駛入海港內祗泊於吳淞口惟中號汽船及巡洋艦始得進港及清光緒二十七年因列國之要求設濬浦局疏濬宣統三年工事告竣時有英國軍艦亞斯托利亞於年五月五日經過新濬水道安全無事後遂名為亞斯托利亞水道此水道大潮降潮時水深十八尺其最狹之部分為七百五十尺故大中汽船得暢行其間

(2)船舶之出入與內地航路〈外海[redacted]航路〉主要者有三(一)由上海[redacted]北經青島[redacted]以天津等處稱北洋航路由[redacted]東至仁川[redacted]通朝鮮[redacted](二)由上海[redacted]南經鄞縣[redacted]香港[redacted]等處稱南洋航路由廈門東至安平[redacted]通臺灣[redacted]由香港[redacted]南通南洋群島[redacted]歐洲各國[redacted](三)由上海[redacted]東經長崎橫濱[redacted]航太平洋[redacted]通日本及美洲[redacted]此三[redacted]幾皆有定期[redacted]湖江[redacted]通[redacted]九江漢口等處大汽船暢行[redacted]小汽船[redacted]可上[redacted]重慶[redacted]故上海者既當外海航路之衝又為江[redacted]航路[redacted]交點我國萬數千里之海岸[redacted]聲息相通而於世界情形復有相聯[redacted]關係宜乎全國工商業[redacted]以此為總滙之區也

上海之航業中國雖有招商局寧紹公司等然汽船噸數[redacted]小

（一）海[illegible]之（見本章第一節港灣[illegible]門出下）

僅能[illegible]航[illegible]長江內河及沿海各省[illegible]與怡和太古日清等汽

船[illegible]歐美日本南洋各航[illegible]悉[illegible]英美日法各郵船

公司中國幾無片帆航行其間[illegible]業之紡[illegible]知[illegible]

[illegible]航行內河之小汽船或[illegible]

[illegible]或往來海門[illegible]或往來[illegible]皆為內地航[illegible]

指

[illegible]繁盛收益[illegible]非輕微自[illegible]鐵路開[illegible]通貨

物[illegible]乘客多[illegible]陸[illegible]不及從前[illegible]也

（六）蘇州

位置　北緯三十一度十八分偏東四度一分

西南臨太湖界浙江[illegible]北[illegible]無錫常[illegible]

[illegible]東接崑山[illegible]湖[illegible]東西洞庭山[illegible]

[illegible]之

（甲）沿革　春秋吳所都秦會稽郡[illegible]為吳郡[illegible]

故蘇州昔析吳為長洲縣清析元和縣三縣同城
明清為蘇州府民國裁府併縣併合為吳縣

水系則運河與蘇州河交會處為商港在太湖之東運
河繞城自浙北來湖蕩觸目皆是陽城湖廣新陽江
白蜆江諸港交絡其間水利冠全省若胥塘光福塘元和塘界
牌塘致和塘及湖湖澹臺湖黃天蕩收灌溉交通
之利

物產以蠶業盛產稻米亦豐昔年織造漕糧
用以供北京衣食則有刺繡幾扇枇杷楊梅
虎邱斑竹器滸墅席靈巖

實業有第二工廠各色花羅緞義豐和絲呢廠兄
弟織布廠並佳同順昌工廠專造門帘梯布地毯被套軟箱

紅氈兼織甌綢被面知足機工所出各種絲襪線襪[illegible]
[illegible]源盛延昌恒兩[illegible]蘇經紡織廠所出[illegible]王義和裕
泰豐[illegible]電光月華[illegible]物尚均行銷
[illegible]城市[illegible]街衢木流昔日繁華雖京師不逮道衢[illegible]
[illegible]城周二十餘里[illegible]閶胥盤婁齊葑六門以閶門內外為最
[illegible]盛城外寒山寺楓橋京[illegible]居民五十萬[illegible]
[illegible]有振興電燈公司租界在青陽地各國領事駐焉
[illegible]鄉鎮則大唯亭王家圩有[illegible]滸墅[illegible]在縣西北[illegible]
[illegible]木瀆鎮橫金鎮[illegible]光福鎮[illegible]在鄧尉山下[illegible]甫
里鎮陳墓鎮尹山市[illegible]陸墓鎮
[illegible]交通水程東經高店車坊三江口陸家濱黃渡鎮可達上海
南有運河通吳江及浙之杭嘉湖西北達無錫武進丹陽丹徒

滬寧鐵路設站城北交通尤便[illegible]

有小輪經開往上海杭縣吳興[illegible]江陰常熟諸邑

[illegible]等處

無錫　北緯三十一度三十三分偏東三度五十分

位置[illegible]太湖[illegible]

[illegible]廣一百二十里縱一百廿里居江蘇腹地最[illegible]

[illegible]

沿革　泰伯始[illegible]句吳[illegible]漢置無錫縣屬會稽郡吳

晉[illegible]清[illegible]析置金匱

縣民國初始合併[illegible]

[illegible]自武進來過五牧洛社會

江陰[illegible]河東繞縣城[illegible]新安[illegible]望亭入吳縣界江陰[illegible]

河自大江入由江陰[illegible]石[illegible]至高橋合[illegible]梁溪源出慧
山[illegible]太湖[illegible]
[illegible]物[illegible]艾米業分鮮龍糙粳糙洋秈杜秈客秈及粳稻秈稻
客秈稻糯稻[illegible]絲尤為大宗黃夏布尤精細雪浪茶葉
慧山泥人[illegible]猪血草骨牌草[illegible]
丙實業
以農產[illegible]為大宗有茂新泰隆大豐立大復新九
豐惠元保新各麵粉公司棉紗[illegible]有業勤振新廣勤機器紡
織有限公司布[illegible]有勤二惠二裕豐厚亨吉利華成瑞成等
[illegible]絲[illegible]有乾甡源康振藝永康鴻盛協昌錦記餘記公
益等廠
[illegible]城市居民二十萬[illegible]絲市[illegible]全省[illegible]時米市亦[illegible]
[illegible]不種棉而出布[illegible]俗[illegible]布碼頭光復門外二[illegible]場

林立有耀明電燈公司

鄉　鎮有泰伯市泰伯墓

鎮　潘葑鎮　東北有張涇東湖塘嚴家橋　新安

交通　北通江陰南達宜興溧陽帆船小輪日

有滬寧鐵路

開原鄉有路工局馬路足為全國模範

北緯三十二度十分偏東三度

位置　在江寧東水程百四十五里距吳淞四百九十里東

界丹陽西界句容北至大江與江都相對一百三十里

甲 沿革：春秋吳[illegible]慶封於朱[illegible]漢[illegible]吳[illegible]武[illegible]
晉[illegible]隋置潤州[illegible]唐復名[illegible]宋置鎮
江府元[illegible]路明[illegible]仍[illegible]鎮江[illegible]
乙 系長江面寬三里中深十餘拓象山前輪船[illegible]行[illegible]路深
三四拓至五六拓[illegible]北雖有水道可通三江口[illegible]遠[illegible]
[illegible]行駛內河由瓜洲至淮陰即清江浦可行小輪
關水道南淺北深北岸三江口內河亦通淮揚
[illegible]棉花[illegible]各縣所集[illegible]綢[illegible]
為大宗金銀首飾與南京埒雜糧花生油牛皮山羊皮輸
出亦盛漆器細緻[illegible]醋亦著名
丙 實業：絲廠有餘記富成兩家絲車皆[illegible]二百部以上
[illegible]綢莊大者十七家顏料巨商凌敏成[illegible]

購常鎮道署建敏成工廠農產有貽成麵粉公司大港聯益公司劉達尺亦精貿易額歲計二千五百萬兩

以上

城市則商埠在江岸外國租界江城外城城外三區人口近十七萬大照電燈公司孫攜始創號鐵甕城

鄉鎮則丹徒鎮東十五里為諫壁鎮東南新豐鎮城鎮高資鎮炭渚鎮北有頭鎮四鄉市集十二村百有一鄉有鐵礦等館

交通江水深闊海可於此起卸當南運河相交繁盛

上海南京輪船鐵路所經而上下客貨漸少矣

（三）江寧

北緯三十二度四分東經二度二十一分

（乙）位置　大江之南為江南大都會西北以江為縣界東界句容南界溧水西界安徽之當塗其水亦有

（甲）沿革　春秋　地吳楚之交　置金陵邑秦改秣陵漢屬丹陽郡孫吳徙都改建業晉改建康隋改江寧縣唐改　為一劉宋南齊梁陳先後都此　明太祖建文二帝亦都此明應天府清季粵匪之亂洪秀全據此十餘年民國後改稱江寧縣　臨時政府曾設於此

長江　呼吸千里　入江之水秦淮最著要湖迎擔湖　不利　運瀆班瀆　見　疏鑿之　江寧浦　當塗經故江寧縣入江秣陵浦　葛家湖　皆小水也

以上礦產以秣陵關鐵為最重銀鉛銅礦亦經發見自省城
至丹陽以南有煤田百餘里農圃穀蔬為大宗家畜以牛為多動物
其食物以板鴨為著其用品以竹扇為多

（丙）實業　省立第一工廠利民綢廠振興紗廠第一造林場義農
會作綢工廠善後工廠藝規模略具其他有製造局造幣廠
在縣實業以手工匠為大宗產以緞自浙江省織機風行稍受影
響今緞業公所照浙省傳習頗能獲利

（丁）城市　城瀕江岸周七十六里有奇門十四秦淮中貫鍾山外
峙城北開埠之地名曰下關即金陵稅關居民四十萬疊經兵
燹鼓樓以北仍荒涼若村落城中正街有鐵路可通至下
關下關鎮有碼頭

（戊）鄉鎮　以東有東流湯水東北有章橋棲霞東南有上方淳化索

墅解溪湖熟南有土山閘龍橋都西有下關上新河西南有板橋

江寧牧龍亭銅井元山秣陵關祿口小丹陽

交通　東距吳淞六百三十里長江輪船上下視風濤知[redacted]席今

滬寧鐵路交通視水程尤捷且聯絡滬杭甬[illegible]又北岸浦

口有津浦鐵路經蚌埠徐州濟南而達天津又京漢[illegible]浦[redacted]

鐵路並寧湘路[illegible]中原咫尺西南聯合[illegible]也

浦口

浦口屬江浦縣治南濱大江北接浦鎮俗稱江口狄港蘆汀[illegible]

[illegible]是津浦車站附近人煙稠密浦鎮城即舊時縣城明洪武四年

康熙十四年浦口形勢優勝與南京僅隔一[illegible]實[illegible]

[illegible]鐵水路故其名頗著比年開建商埠造端宏大[illegible]

路站規模逐漸展[illegible]月台雨棚渡輪碼頭[redacted]及貨棧堆房

等所以利[redacted]貨物運輸者無不設備[redacted]焉

丙交通　陸路交通[redacted]有津浦[redacted]路[illegible]皖[illegible]諸[illegible]從前驛路南臨江浦北趨東葛驛以低滁州東[redacted]六合[illegible]西面[illegible]與和縣含山縣接壤浦[redacted]商埠[redacted]依此路修築馬路及電車路[redacted]水路交通[redacted]江而上[redacted]蕪湖[redacted]百八十里沿江而下[redacted]鎮江[redacted][redacted]亦[redacted]百八十里皆有大汽船航行其間又有二水道浦[illegible]四泉河[redacted]入[redacted]江北通汊河[redacted]支流三道一達滁州來安一入全椒一通六合[illegible]浦鎮前後左右有珍珠泉碧泉虎跑泉卓錫泉天旱時田畝恃以灌溉

[illegible]硬煤[redacted]礦苗甚旺若開採[redacted]足敷津浦全路行車之用山之北面[illegible]竹木森林[redacted]以果樹為多[redacted][redacted]党參柴胡丹參何首烏桔梗沙參銀花等藥材[illegible]五

穀雜糧及水產隨有

險要　浦子山上有韓台韓世忠據此以破金兵於黃天蕩

江北第一險要地點可與東北之金臺岩山各礮要塞成犄角之勢

商貨　津浦鐵路往來商貨由北運南者多係豆麥芝蔴花生

山芋及各種雜糧數在二百萬左右價值五六百萬以上由南運北者

以米為大宗綢緞茶葉棉布洋貨次之價值三百萬以上至如物等

第五章　浙江省沿岸

浙江省沿岸有自沙土而成低濕之部與自岩石而成高燥之部低濕之部為杭州灣沿岸北連今江蘇省南部東於甬江南至於福建省海岸較出入甚多其狀如犬牙相錯沿海多灘其中有降潮時露出而為長七里至九里之大島各處良港頗多茲述全省海岸之概略如次

（一）浙江以北海岸

東北自平湖東之白沙灣始自白沙西為乍浦西南為海鹽縣城海鹽之南為澉浦鎮自白沙灣至澉浦鎮為杭州灣之北岸南岸自海所始迤東上虞餘姚慈谿海岸皆海塘外泥灘海塘西起瀝海東聯龍山君新塘明成化中所築新塘泥灘東南為

龍山城又北東南四十里為鎮海之甬江口東北海中舟山群如星羅棋布隔三數里即一島大小凡二百四十餘其主要者為舟山島大衢山島長塗島岱山島秀山島等自甬江口東六十里有地角矗出曰岐頭角西南為象山港之北岸又經鄞縣之大嵩所西南入奉化縣境塔山城又西至河陻灣轉西南為浮溪水口浮溪折而東為象山港之南岸又東為象山縣又西周村岑莊珠溪前倉所自前倉所又南皆倚山為岸港汊頗多至爵溪又南為岩岸出入多成小澳岸皆淺沙經昌石營至石浦城自石浦西入寧海縣境有大湖口茶院港白嶠港皆海水北匯白嶠港西南東阜實又東一地嘴即健跳所東北距石浦城約五六十里成為海灣即所謂三門灣自

健跳所又南為坡壩江口又南為有澱角南[illegible]角為桃渚港

又南[illegible]沙岸至白沙山為台州灣北岸南岸自海門東南[illegible]

淺沙[illegible]約五十里至浪機山北對白沙山成為台州灣[illegible]自[illegible]

灣[illegible]南迤至松門山折西南約七十里至木杓山西對玖門成一深澳

樂清灣[illegible]大者為玉環山[illegible]灣南即温州

灣甌江入海[illegible]海岸自甌江南[illegible]頭城海安所[illegible]

飛雲江[illegible]南[illegible]至鰲江口又南[illegible]為

琵琶山[illegible]又南為大漁口係海水灣入內地成澳

澳口東向[illegible]有官山島[illegible]大漁口又南為鎮下關[illegible]南[illegible]地嘴

南伸入海[illegible]三面環水之地[illegible]沿浦港小水

口浙江福建分界處也

第一節　港灣

(一)杭州灣　即爲錢塘江之河灣一名錢塘灣又名乍浦灣水面廣大與揚子江河灣同灣口有舟山群島恰如牆壁之形勢灣形似漏斗狀外面廣百八十里內面廣三十六里爲全國港灣中最大之一然因潮汐高低頗甚流勢險急且水底甚淺故無航海上之大價值每當昇潮之際海水突進於灣內其力甚强與錢塘江流下之水相衝遂奔激而澎湃汪溢於兩岸最高之時達二十六尺以至三十尺速力之迅速每小時達六浬因此之故雖大船舶亦多避之常碇泊於距河口之乍浦沿岸(在平湖縣東南約三十六里沿岸之附近水深二十二尺頗便碇泊)俟潮平始敢溯航至於潮流平穩之時灣內水又甚淺惟入水三尺之小艇能溯航至杭縣城又欲自杭州灣出航於外海須利用落潮之數時間內行之否則與來

潮相逆甚為危險云

杭州灣沿岸因潮汐甚高亦築有堅固之隄防以防禦海水之浸入又沿岸之新土壤已漸形成上虞餘姚慈谿諸縣沿海灣之地沙岸漸成沖積層之平野其間已見有人民居住矣

杭州灣南岸亦三四百年來錢塘江泥沙所淤積者其證有三(一)小島之上陸也龕子門海王山伏龍山昔皆在海中今已上陸(二)沿海鎮集形勢之變遷也餘姚縣北之三山鎮廟山鎮慈谿縣北之觀音衛明季皆雄峙海濱置防海戍所今已漸入內地距海數十里也(三)海塘皆明季所築者也紹興府志曰「永樂初海潮衝卻沙壖墳起因於舊海塘北增築新塘以衛斥地而沙壖廣十餘里成化中稍為風波盪決復於海口築塘曰新禦塘」鄒代鈞曰「今餘姚縣北之海塘西自瀝海東連龍山名曰新圩塘即新禦塘之轉音也」今新圩塘之北復有陸地沿海沙灘遠

鋪入海尚歲增不已然堆之量較之江口相差遠矣

(甲)乍浦　在杭州灣口門北岸西南距海鹽縣陸路二十里西距杭縣二百二十里為浙江省塘海防第一重門戶乍浦城距海岸半里南門外天后宮前沙灘逐年淤積潮退均露出水面東南自觀山至益山及再東之獨山均深二三拓至四五拓近裏蒲山更深南西彩旗門則深至二十餘拓海底均係軟沙泥惟此間潮力甚猛風浪尤大故船難久泊其附近大孟與小孟二島間深四五拓在此泊船略有障礙惟須防西面各礁朔望日潮漲於十一點三刻鐘大潮高二丈五尺

(乙)澉浦　在杭州灣北岸東北距乍浦六十里西距杭縣一百六十里為浙江省防第二重門戶澉浦城東南兩門離海均不過及里許南門外黃道關已為民船停泊之所外有淺沙遙護出入必經東面之丕子門(長牆山與丕子山間為丕子門)水深數十拓然急流成漩偶不經意往往船

隨水轉、北面之青山及西北之秦駐山脚均深二三拓至六七拓不等西面之夫山一帶漸為沙漲船路日遠再西則沙綫瀠洄無敢進者東面之海塩城前二里外方有深水内係鐵板沙澉浦之朔望日潮漲於半点鐘大潮高三丈二尺杭州灣自澉浦以上潮力愈猛而速漲亦愈高焉

鋼入海尚歲增不已然堆積之量較之江口相差遠甚

(二)甬江口

甬江口在鎮海城東北甬江(即大浹江)入海口也有虎蹲山(距鎮海縣東北五里形如巨虎故名其狀嶔崟一石墳突中徑一百五十碼高一百十呎上有燈塔高三十呎出於海上一百四十呎五海里外能見之上設有霧砲)屹扼中流與甬江口東岸之望海山遙對(望海山一名望外山上有望雲砲台山之東為長圖角角北有一小嶼曰七里長三百碼闊四碼周圍甚峭高九十尺其東北盡處設立燈塔高三十三呎光及二十七海里亦有霧號)為第一重門戶而虎蹲之東北又有大游山小游山勢成犄角尤擅形勢小游與虎蹲相距之水道凡船吃水深十二尺以上者皆可駛行江內招寶(此山在鎮海縣東北二里本名候濤山以諸番入貢停泊於此始改今名

南臨海港屹然從耳峙最為要害上設砲台數座）金雞（此山在江東岸距鎮海縣八里高於海上三百二十尺亦置砲台）兩山隔江對峙為第二重門戶亦皆海防之重地也江自鎮海上溯三十五里抵鄞縣商埠貿易頗盛故甬江口兼占軍事及商業上之重要位置也江口有淺亘長四里半為泥質位於虎蹲山之東南其旁有一較深之水道可容吃水十三尺之船行凡汽船吃水深至二十尺者能乘高潮進至離鎮海處下泊而吃水深十五尺者則半潮可行鎮海北面淺灘入海遠至七里潮退露水面者亦寬二里此淺東與游山相連輪船出口須在虎蹲游山以內行駛欲向北行既過游山東面之夏老太婆礁乃可折向東北由七里嶼與瀝表嘴間而行若向南行則東經中門或大門金塘洋橫水洋貓港旗頭洋由雙嶼港或汀子港或米魚洋出海朔望日潮漲於十一點二十分大潮高一丈二尺半

(三)象山港

象山港在象山縣之北西圖名寧冉母拉特港灣入於內陸約八十里闊約十二里最狹處則僅七里港源無大水道係海水所成東面蔽以長山嘴灣口有六橫佛肚諸島中扼分水道為二北曰佛肚水道佛肚水道共有三焉在六橫與佛肚間者曰得而得水道在佛肚與中列島間者曰高夫水道在中列島與梅山間者曰華船水道三者之中以高夫為最深有深至五十三拓者兩岸特峭而無險阻南曰牛自昇水道因水道中有牛鼻山故名長牟（即東柱山長四里寬二里半其西為西柱山即西圖之耕夫島也）海里闊五海里半深四拓至六拓泥質吃水二十尺以下之汽船可以行駛灣內雖有獵戶列島（凡六小島最大者在東北長二纜闊一纜半高一百九十五尺皆無居民）無產島（一名童島）帕克島（在港之中西圖作帕克島）部與南岸相距僅四分海里之三長四海里餘水深而潮勁島東盡

縣水道甚淺吃水六七尺之船亦僅停泊於十餘里外距羊背山與陸岸間其間水道雖深二三拓惟有青礁碗盤礁燕礁礁(礁)當口門舟行宜慎

處為險石)三倍島(凡三島故又名三島曰白石山中央山曰鷄屎山)諸島然皆不妨航行水深自二十一尺至一百十五尺兩岸高山屹立隨處可以避風碇泊港內港西南盡處有支港由北城港可通寧海縣港西端之支港向南別有支港曰西湖港其口曰鷄鵠嘴(亦曰蛇地嘴)閘鎖甚緊可作船塢(港獅子口距岸三四里均係沙灘不便上陸)北岸之大嵩港小輪可乘潮而入自大嵩一帶陸路通奉化鄞縣聲勢連絡誠海軍之一良根據地也

(四)爵溪港(爵溪港在象山縣之東有城西北負山東臨海澳澳口東向頗寬而澳內均係淺沙)澳外有喬木山(長約二里寬一里)喬木之東南有青門山(長約四里寬一里)二島雖可障東風及東北風而二島間之水道均極淺輪船不便駛行青門之南有大目山一名熊島長三海里自東至西闊四巑巍山嶔於海濱色暗其巔高約五百尺凡船吃水深十七尺者不可附近泊岸大目之東約二十七里有韭山列島小島礁石不能數計稍大者凡九

馬

五　三門灣　三門灣在北緯二十九至三十度東經百二十一度至百二十二度之間東南臨東海北隔一大山嘴與象山港為鄰西接寧海縣城全灣面積甚廣分屬浙江之象山南田寧海臨海各縣灣內島嶼棊布多為花崗岩組成之山島但班岩石灰岩凝灰岩沙岩等亦散見各處入灣之水路有三故名三門灣一名沙門灣亦曰南田港以灣口有南田島也北方一道名石浦水道深凡百尺至百七八十尺但各處往往有淺灘存焉南水道較寬而深度較小最深處約七八十尺更進灣內深度雖漸減然亦在三四十尺之間大舟航行巨舶且灣內到處有山屏蔽無虞東北恒風灣口接近太平洋重要航線水陸之交通至便灣內之小港北有岳井港胡陳港茶院港西有白嶠港旗門港南有健跳港而尤以胡陳港為最佳農墾商港成為合宜灣內沖積地多甚大低為沙質土壤間亦有黏質土壤種植五穀雜

糧無不適宜灣口之南田島東西長四十里南北長六十里自明初封
禁清初民人屢請開墾督撫履勘輒謂利多害少未允准道光
緒初年開禁設治以來經營五十年一百八𡶶之居民已有四五萬戶
足見農墾之成效矣光緒二十四年意大利以英法德俄群向我國
索租某港援例要求三門灣為其海軍根據地政府堅拒之其事
始寢清季曾有開三門灣為商埠之議亦未見施行民國以來時倡
招徠華僑之策浙省行政長官議以僑民習慣與內地懸殊雜居多
所不便非另闢一地俾其居住營謀斷不能安土重遷三門灣居
港滬之中又近甬埠氣候溫暖物產豐富最為相宜爰於九年四
月十四呈奉政府明令准定為試辦模範農墾區域
南昌埠港位於三門灣之北三門灣之南即坡壩江入海之口有白
岱山島扼其口門坡壩江西出臨海縣東北觀斗山南麓小溪也坡壩口之南

為洄淋驛驛東南有小水入海口又南為有殿角南對白梳角為桃
渚港入海口門桃渚港一名橫河靈江之分支也靈江流至家子之北前
所城之西分支東北流經前所城北桃渚城南故名桃渚港又東流入海
桃渚港口門之東有數小島羅列其著者為金門島在東北高島
在東南九壘島在西金門與高島間為無底港可以停泊避風金門北
向約六里為落島（一作繩島）落島之西北十三里半為鍊島此二島
為昌埠桃渚二港之前衛自桃渚港口迤南為平沙岸至白沙山（一
名泥島）即台州灣之口北岸也

(七)台州灣

台州灣即靈江口門外之海灣也靈江一名椒江又名澄江通稱台州
河源出縉雲縣境之東畢山凡天台山以南括蒼山以北之水皆滙入此
江海岸自白沙山迤西仍為淺沙岸約四十里至前所城南渡江為
海門城兩城南北相對為靈江口門自海門東南迤仍為淺沙岸

約五十里為台州灣口南岸北對白沙山約十[illegible]海里

(甲)海門之水道　海門口外水道雖寬深僅十尺近口處水受兩山約束流急而勁水道遂深凡船吃水深十二尺者非乘大潮不能過此幸其潮之高由十八尺至二十尺諸船進口上溯甚便自城垣前上至葭芷鎮水道深二十尺至三十尺不等自葭芷以上分為二支一向臨海(即台州)一向黄巖小輪隨潮可入北有前所城地方荒涼無異村落口外金清門北岸白岱門均係民船水道無關要害焉

(乙)海門之形勢　海門為台海之門口門牛頭頸與小圓山隔岸對峙天然關鍵今於南岸之外沙牛頭頸北岸之外沙小圓山分建礮台四所有聯珠礮以備海警足以自固惟海盜最盛行旅戒焉

(八)樂清灣　在大平縣西南溫州灣之北木杓山為其東端鏵鍬埠

至於沙礁則南起岐頭山北至蒲岐所城淺沙入海頗遠自甌江至此欲於岐頭山外折向北行此雖吃水六七尺之船亦須候潮且岐頭山正東六里有暗礁名半洋礁半潮即隱尤須注意

為其西端中間構成一大海灣以鏵鍬埠為最深玉環蔽其東其北有福安堡大荆山小荆山地屬樂清距縣城三十里蒲岐所八里黃華閼五十里沿海有大橫牀（大烏小烏江巖毛埏毛埤）小橫牀諸島潮時此埠水深二十四尺以上大汽船可由玉環島西北達鏵鍬水道深穩地方幽靜形勢險要北面之鶴頭埠水道亦深玉環島東北端與陸地旦楚門所之間構成一窄水道曰楚門渡其附近亦為停泊之佳地（餘詳第二節玉環島條）

（九）溫州灣　在永嘉之東甌江入海之口也靈崑島扼塞中流分江口為二水道水道甚淺雖小汽船必待潮漲始可入且沙線變遷無常不適於航行黃華閼為頭重門戶磐石與龍灣為第二重門戶楊府山以內則堂奧矣今於磐石龍灣等處建築礮台足資扼守口東有黃大嶴小門鹿棲諸島東南有重山狀元嶴霓

嶼小瞿中瞿大瞿南策東策北策北箕諸島南有銅盤南龍北
龍南箕諸島汽船之出入多航行於黃大嶴之南狀元嶴及霓
嶼之北南北策島與大小瞿山間曰牛港三面環山最利泊舟避風
焉（甌江口沙灘亦時有變遷自永嘉東門外至楊府山一帶有沙灘兩處潮退均露水面縣城對岸亦有淺沙遠鋪入江）（餘詳第二節甌江口附近諸島條）

（十）飛雲江口大漁口　飛雲江口在瑞安縣東南飛雲江（一名瑞安江）
入海口也口門廣三四里（口外泥灘入海甚寬）有沙洲橫亘江口水深六七尺中小輪船可乘
潮至瑞安城西門外自飛雲江口迤南入平陽縣境至鰲魚江口又南迤偏
東為琵琶山有直泱河小水入海口又南經金鄉衛之東又南為大
漁口（距飛雲江口海程八十里）係海水灣入內地所成之澳澳口東向口門有官山島中塞分
南北二水道均深十餘尺澳內水深七八尺汽船可停泊避風（大漁口外）口有
筊杯礁自南北視之中有大裂縫最易識別筊杯之東北約十七里有百
畝田礁潮漲隱沒澳口門闊廣舟時官山地勢頗佳惟水道不深山鄉
窮瘠僅為民船收泊之所

第二節　島嶼

(一)西山列島

西山列島在江浙海岸分界處金山衛南之海中一群三島遙相隔東西山居群島之最東在東霍島北向十五海里為一大島高四百尺周圍共六小島中西山之東西山西北十八海里為群島中分散之最大者附隸八小島極南有一石盪漾於水上約距中西山最大之東南十二海里其西小島曰屋島(一作房島)乃一危巖此兩群中雖足以避風然停泊之差地則在西西山鄰近之三小島處西北距中西山約三十海里焉

(二)舟山群島

舟山群島北起小衢山南迄六橫島西起西霍山東迄四姊妹山中間島嶼繽紛岩石崎嶇大小約二百四十餘今自西霍始述其梗概如下

慈谿縣龍山城之東北海中有島曰西霍山西霍之東偏南十餘海里為南霍

山南霍之東北偏東不及三海里為東霍山東霍之東偏北約十六海里
為嶼山群島大小共十二島而以大魚山為大居群島之東大魚山之東
約廿海里為岱山群島而以岱山島為大島南北皆有灣缺入甚深當
岱山之東北四海里半有大衢山亦大島也大衢之西北約六海里為小衢
山大衢之北約五海里半為黃澤山大衢之北黃澤之南為停泊汽船最妥之
處黃澤之南與大衢之北嘴相近處有上海山下海山上海下海之東南大衢
東嘴之東有大小鼠狼湖山共六小島大鼠狼湖山之東北為三星山三星山之
東平海里有浪岡列島自岱山島以東約六海里為長塗島長塗分為二島
西曰小長塗東曰大長塗自長塗以東群小島相望總名曰中街山其著者為
西寨山西寨之東為東寨山再東有小板山小板以東小島綿亘如練至西
福山名曰漁人群島西福山之東約五海里有四石謂之四姊妹山此皆岱山
之東海中之小群島也鎮海口外島嶼極多而以舟山島為最大群島四

面環之亦即舟山群島中之最大者也島上設定海縣治之島內有港水深浪闊澳外群島排列可避四方之風為東海極好船埠澳之西為洋螺角東為竟留角兩角東西對為口門洋螺角之西南有大榭山大榭山之西北有金塘山金塘山北段之西有太平山太平山與金塘間名瀝港水道水淺僅能通民船金塘山北段之東有蟹山一名冊子島冊子島與金塘間名冊子水道汽船往來甬滬之要道也蟹山之東即舟山西岸之岑港舟山自西北角馬目山轉而東迤有大沙澳澳外有長白島島與大沙澳間為長白水道亦為停泊佳處長白之周東有龜山島龜山之東南為蘭秀山其與舟山間曰龜山水道所以通舟山北面之東西者也此水道中有青山小島橫塞名曰灌門頗為航路之險土人有老大（指舟子）好作灌門難過之諺蘭秀山之東南為蘭秀灣蘭秀灣南有菜島島西對舟山之東北角島之東南有普陀山普陀之東南有洛伽山洛伽與普陀間為

静

最深通之水道普陀以西舟山之東其間名蓮花洋有淺灘鋪入海中輪
船不能通行普陀之南為朱家島其西為金河島金河之西偏北為陸家
島陸家島北距舟山岸僅九百尺即沈家門也自沈家門西至頭澳約廿十
里惟小輪船可行金河島之南為登步島登步之南為桃花島島東
南為佛能島佛能之南為比克島比克之西為六橫山舟山南群島中
之最大者也六橫之西為佛肚山佛肚之西北為梅山則與峽頭角南岸
接矣此由舟山北面而東而南之群島也
舟山南面群島中大水道凡四朱家島與桃花島間為撤拉格里
水道所謂烏沙門也桃花與登步間潮流甚疾便駛行行此水道
者務出登步之東又轉登步之北始達舟山桃花與佛能島間為
佛能水道佛能與比克島間為比克水道二水道無危險往來舟山
者多由之六橫山西南對象山縣前倉所嘴為牛鼻水道此水道西

達象山縣港東北通舟山西水道中以牛鼻為最大能鼓行巨輪焉

茲將舟山群島中之諸小群島分述如左

(1)霍山群島　位於錢塘灣南岸附近海中凡三島曰西霍山(一作西鷄山)曰南霍山曰東霍山勢成鼎足以東霍山為大有居民南霍山或謂之南島頂平高出海面二百十六尺東西展拓四分海里之一有種植地此島附近有深水處由二十六至三十二拓其近雖足避風拋錨甚固而不能停泊也其西北五海里又四分海里之三為西霍山二島相距間深八九拓

(2)嶼山群島　西圖作火山列島或作福爾該奴列島大小凡十二島以大魚山崔芝山西火山三島為最著大魚山在列島之最東部土人名大芝山南北長約五海里東西廣約三海里其上有山數座巔有定界最高者四百九十二尺中有居民(三百餘戶多在西澳)其海濱之東有泥灘伸出五海里水過其上四尺至十三尺魚山之西與崔芝山相連者

有泥灘乾涸於低水而最深之處祇僅及七尺崔芝山一名五齊山長八纜闊一纜半至五纜中僅一山巔有定界高出海上四百十一尺西火山島雖不大然惟在航海上頗有價值設有燈塔霧號等警備是島乃一黑石長寬僅及一纜內有二水口其北部位極小高六十三尺附近石礁頗多燈塔高出海面九十三呎天氣清爽時距四十五海里處能見之朔望高水西火山島處在十二點之後十九分鐘大潮十二尺次八尺六寸又次五尺六寸最高之潮在於朔望後兩日

(3)岱山群島

岱山群島以岱山島為最大東西廣二十六海里南北長十八海里山質折開為兩部低水則相連最高之峯約近於東南盡處高八百二十二尺地勢則偏廣於東濱南北皆有灣缺入甚深而泥灘頗多島上田地約數千畝鹽田倍之蓋居民多煮海為鹽島

北有市埠曰東沙角島南有市埠曰高定均頗繁盛四五月間漁極
船集者以萬計離岱山之東南角有二小島曰蒲曰大蒲馬曰耶西首
蒲馬此三小島石質磊落上覆以草其相距處有水道僅容
小艇駛行榛嶼及馬士毋厄爾島皆在岱山之東在小長塗之西亦
北角榛嶼較高出於海上二百十二尺砲台石離在岱山北角共六小島最
高者出於海面二百三十五尺岱山水道在岱山與長塗之間長四海十二三
里闊約一海里左右中央之深不等由十四拓至三十三拓底為泥質三四
潮流穿入則走五訥漲走北而退走南其水道之北盡處窄至七纜
因有榛嶼及馬士毋厄爾島並其北向之泥灘在於一邊而密棲
爾石又在於一邊宜順島勢由南以轉東航時離小長塗之西南角
有備力士石水道亦窄七纜半故駛行此水道須謹慎然於
輪船大有用因可繞入長塗以避風是為揚子江口鄰近處

岱山附近朔望日潮漲於十點一刻大潮高一丈二尺小潮高九尺

岱山洋面皆深四五拓至七八拓不等惟近蓬山深十餘拓南面官山一帶尤深中小輪船東沙角亦可停泊鵝西北風移泊兩頭洞則

大衢附近
朔望日潮漲
於十點一刻鐘
大潮高一丈二尺
小潮高九尺

存避最善之區也
（廿）衢山群島　衢山群島　以大衢山、島為最大長約九海里廣處至五海里　西南距岱山東沙嘴海程三十八里島　二十七　十
餘
半東段多高山西段多平壤有田數千畝種植繁盛居民櫛比
島西村落尤多其著者名倒斗澳大衢山周圍多澳澳內皆
泥灘不能為泊船之港然離岸稍遠之處隨地可停泊避風
大衢之西北約六海里為小衢山西圖作道遜列島長約二海里又　七　半
四分之一潤則由數碼至三鏈巔高一百九十二尺大衢之北約五海里　里　居民百餘户　七
半為黃澤山西圖作宛路島長五海里潤則由十鏈至一海里　皮而　半　至四
半高五百二十四尺小衢黃澤之島均有居民百餘户大衢之北　山北面為黃澤港
黃澤之南為椗泊汽船最妥之處西人名為督粮路黃澤之東　其西　與小衢山間　可障四面風力
南與大衢之北嘴相近處有上海山下海山上海下海之東南大衢
東嘴之東有大小鼠狼湖山共六島西圖作婆爾和爾列島以大

鼠狼湖島為最大長五里半闊五里高四百五十八尺居民滿二百戶島之東南西南均為停泊佳處南澳有大村漁時小艇聚泊至千二百餘艘小鼠狼湖之東南亦可停泊大小鼠狼湖群島與衢山之間凡船無論吃水多寡經之皆安適因此路之深由七拓至二十四拓也大鼠狼湖山之東北為三星山名上三星中三星下三星西圖名刻日荷必遜列島三星與大小鼠狼之間輪船甚便行駛凡船之赴上海者必由此繞轉西行三星山之東六十海里有浪岡列島西圖名蘆岡列島凡三島以極南者為最高出於海面三百十三尺諸島皆係童山為群島極東之界無居民略有漁人茅屋蓋漁時休聚之所也

(ㄅ)長塗島　長塗分為二島西曰小長塗東曰大長塗大長塗東西長二十二海里半其濶不等由二纜至九海里其最高之峯則在西部出於海

上九百四十尺離其北岸有小島曰黃蜂東西長九纜半濶一纜至
二纜半亦有險石甚衆離長塗南向諸島之最大者曰草島中
徑一里餘高三百四十九尺緊近於長塗頗似一島長塗之西南海中
有數小島與礁石深僅中等亦能停泊足衛諸風小長塗東西長
九海里餘廣處至六海里山勢鬱葱頂界甚佳高九百七十六尺居
民繁庶島之南岸村落甚多長塗港（其港北南兩口俱港南口與黃大洋均深七八拓）在大小長塗兩島之間形
成海峽兩口微狹勢頗收束港長七里濶由一里至二里半
深由三拓至五六拓港之中央停泊（深約六七拓）尤佳可容輪船二三十艘聚泊
吃水二十四尺之船尚能駛入（行惟必就近岱山水道而）若吃水僅深十六尺而船身又不甚
長者則隨口皆可進入焉朔望高水之時當岱山港西向進口
處在十點十四分鐘大潮十二尺次八尺十一寸又次四尺四寸而最高之
潮常在朔望後二日

乙中街山群島
中街山群島乃岱山島以東諸小島之總稱也其著者為西
寨山西圖名堂島長約六里中央處濶二里半其巔兩峯兩高
約似馬鞍出於海面六百二十八尺島之西南濱海有澳以衛北風與東
風甚善深十拓距岸約二海里漸淺至近岸僅及一拓底為軟泥質西
寨之東為東寨山（島長實約二里）東寨之東（十三里）為小板山西圖作峭島其南向之斜坡
高聳而奇其巔立一燈塔出於海面二百四十三呎光力及六海里當能
見之並有霧號小板山之東有島曰峭門長六海里濶四海里半
其東界為漁人群島凡汽船多轉舵穿入約在水道中央處而
行是處水深二十至四十三拓底為泥質漁人群島位於小板山與
東福山之間共四島曰東漁人（一名黃星山長六里半闊二里半）曰西漁人（即青浜山長約五里闊一里餘）曰中漁人（西福山長約三里闊二里餘）曰南漁人（即廟子湖長六里半闊二里半西南面暫泊居民百餘戶）又有山外尚
數小島西漁人為群島中之最高者約出於海面六百九十三尺
群島皆係石質峭突兀除南漁人外皆有居民西漁人與中漁人

中間有甚深路徑其中央深由三十至三十八拓東福山西圖作東
霍山長約五海里半闊三海里上有紅白斑石無數稜稜高聳其巔
在島之中央高一千零七十六尺島之東角有崖高四五百尺是島
皆漁人所居植頗艱僅足以給其食島之西北角有一小澳僅容小
艇以登岸岸有小村島之北向深十一至十四拓無論輪船吃水多
寡皆可泊底為泥與壳砂質足衛南風西南風其西南濱海岸
處深十三至十八拓停泊避風尤妥東福東北五海里有四石謂
之四姊妹島約三十尺東福東北二十七海里有二石曰雙兄弟測其
鄰近皆深過三十拓有一拋錨之地焉
(7)舟山島　舟山島即春秋時之甬東唐開元中始於島上置
翁山縣宋熙寧中改置昌國縣高宗為金人所迫曾航海至
此元升為州明復為縣旋改縣為昌國衛後又改名定海衛

清為定海縣嘉慶後改為直隸廳民國仍為定海縣是島周圍約一百五十海里乃
舟山群島中之最大者也長六十六海里闊三十海里其上多山最高者
距東北岸約四海里高拔出海一千六百七十尺其餘岡巒亦
夥種植甚富除米以外尚有棉薯芋甘蔗水果等魚類亦為產業
大宗舟山附近各島每歲漁利合計不下數百萬居民共計七八萬距
島西南盡處之內十二海里距南岸一二海里為定海縣城舟山島之南
相距一海里至九海里海中有群島及小島礁石林立大小不一最大者曰田螺
頭島或謂之塔山南北長六海里闊四海里半種植畦畛之痕直
達其巔巔為尖峯高拔出海一千零七十三尺此島西北有一泥灘
山頭島周圍之地皆峭潮流旋轉疾速螺頭之北有小島名鐘
島鐘島與舟山間為鐘島水道鐘島之東有為邦芝島一作盤芝相
距之間有停泊處甚善近邦芝處深十一二拓底為泥質潮

流水不激烈定海之海澳曰定海港澳之西為洋螺角東為竟留角兩角東西對為口門深四拓至九拓底為泥質諸船泊此惟退潮之流勢特急沈家門為舟山島東南角與陸家島相成之港澗一纜半深四五拓直達於鎮埠相並處港之西南面進口處係在陸家與帽子島之間低水時深不及三拓又四分拓之一陸家之西有泥灘伸出四拓舟山南向之前有群島由東起曰帽子曰少交（一名鹿島有峯三最高者六百八三尺）曰門圖曰曾芝少交與帽子之間低水時深不及六尺門圖與曾芝之間深亦如之而曾芝與少交之間有一深水道然兩岸逼於泥灘並有礁石以阻之舟山東水道曰蓮花洋有黃頭（一作黃島）為舟山之東角內有低地脈與舟山相連接外有普陀遙相對由此繞濱海四海里又有一角為舟山之東南角普陀島之西面與西北皆淺此淺之外皆與黃頭相距

成水道闊三海里此水道北向部位僅深四拓雖可航入而黃頭以南不足轉船故舟山近岸有淺沙也

(8)大謝山群島　中有二大島曰大謝山及六小島並數名大謝山群島之狀參差不一南北長十一海里半東西如之中為高原產米甚富周圍有海塘岡巒錯起所佔之地甚大有雙峯插天高一千零八十九尺山巔層疊皆種植之畦畛也村落散聚多居民七八百戶多以耕種為業島南與內地間相距成海峽名曰黃岐港一稱大謝山港港之南即穿山所也是港最窄之處僅闊二纜足障各向之風最善之停泊所係在八拓至十五拓處中小輪船之欲進甬江口赴寧波者恒泊此候潮島之東北濱甚峭近岸四纜內可得深五十拓之處惟潮流洶湧不便椗泊焉小謝山西圖作穿鼻山長約二海里闊四分海里之一上有尖峯高五百八十尺是

島亦便耕種其與大謝山間之海峽濶約四纜

(9)金塘山群島

金塘山為舟山鎮海間一大島南北長七海里東西廣五海里四面皆山中有沃壤為可耕之地居民多至六七千戶頗多諳水性熟海道者山之最高者金塘雙峯一千四百八十八尺又有馬鞍峯高一千四百十六尺金塘與陸地及大謝山間之金塘水道金塘之西有大澳子港足蔽大風大澳子島在港西向而太平島則在港北向也是處可容吃水十六尺以上之船多艘惟駛行須繞入大澳子島之南角乘潮距岸一纜餘而進太平島當金塘之西北角長約二海里最廣處約二海里高五百三十二尺是島與金塘間名瀝港水道水淺僅能行民船金塘山北段之東有蟹山一名冊子島西圖作黑墻距舟山之西五海里半島長五海里闊五海里半高九百零三尺上有數村此島與舟山之間有較小之島數座並

一航行水道甚佳謂之克子門其最窄之部位濶三纜其水勢
尚不如册子水道之疾也蟹山與金塘間為册子水道亦即黑
墻門是也長二十餘海里濶一海里為輪船往來甬滬之要道然
其底極不齊中有礁石數座有二石合成一險適當行船之道
潮過其上皆成漩渦北風之時退潮反向西漲流勢更亂其流
之力由三拓至八拓依潮期與月痕次第而定大潮鮮有弱水者也
(10)馬目山長白島龜山凱山蘭秀山普陀山洛伽山等島皆在舟山島之西北面
馬目山距舟山西北角十八海里下有一片平坦沙灘低水時則相
連馬此島南北長七海里半東西濶六海里巔高九百八十七尺
馬目山之東為長白島長約九海里濶約六海里其中山巒叢
雜最高之峯拔海八百十二尺上有居民數百户島與舟山間
為長白水道停泊佳處也長白之四周均有下椗處長白之

東有龜山島龜山之東南為蘭秀山一名壽山島蘭山秀山本係二
島其島間港甚淺土人築堤捍水遂連二島為一故名蘭秀南
北長約四海里濶二海里半其上山巒重疊最高之峰六百七十
六尺蘭秀山與舟山間為龜山水道所以通舟山北面之東西者
水道中有青山小島橫塞水既急而礁石多頗為航路之險焉
蘭秀山以北四海里有虯山島其間水道曰虯山門與是島北之
柯鎮門相通為上等之水道輪船可以航駛虯山由西北至東南長
四海里半濶亦如之其巔拔於海五六百二十八尺
普陀島在舟山之東盡處六海里半其與舟山相
隔之水道謂之蓮花洋南北長約四海里廣半之唐時日本高
麗新羅諸國皆由此取道以候風信島之東向突有一突角
伸出成為南向之沙澳離角有一小島（一作順母漆島）普陀之

西甚淺離岸三纜測之僅深二拓普陀之西甚淺離岸三纜測
以東岸有石板路一道皆香客遊人登岸之處島上寺廟八十餘
普陀長約……
以前後兩寺為領袖前寺名普濟後寺名法雨曲徑通幽種植花木之勝
所僧人數千山麓有潮音梵音諸洞潮湧激盪琮琮有聲
登岸處曰短姑道頭循東崖而北初極坦以漸而峭老樹怪石新篁幽鳥相屬於道
四圍小島林立樹木蒼秀風景幽絕為避暑勝地普陀之
東南為洛伽山島其之間為最深通之水道洛伽北角上有燈
長二里闊……里……島
塔高出海面一百二十八呎光及十五海里
登步島　桃花島　蝦峙山……島　……島
(12)朱家島西圖作東星南北長約二十五海里廣十海里在北曰北朱
朱家島一名朱家尖
家島在南曰南朱家島其西多缺處有數處則有海塘障焉
其南盡處有四奇峯特高約在道中央者高一千二百五十七尺
謂之朱家尖附近皆可見足為標的島東岸南段有狼灣
當東北風時足供停泊且饒淡水北岸三月澳亦可下椗狼灣
之北為淘河角角南有都利孫島島中居民數千戶稻田居

西面有一小山曰糯米粡兩山間近年新漲灘地甚廣盡成蘆蕩

全境三分之一皆普陀山僧產也北朱家島之西為金河島金

河之西偏北為陸家島陸家島北距舟山岸僅九百尺即沈家

門也自沈家門至定海港約十七（三　餘）各海里惟小輪可行南朱家島

長廿一里半闊六里其南北兩面皆山中係沃野居民六百餘戶耕漁各半

之西有（為）登步島登步之南為桃花島桃花島西北至東南長約廿（二十）海

里廣約五（九餘　一）海里島西（南）多高山（峻）東北低（以小）平多稻田居民約（近）三千戶

桃花與（島）朱家島間為撒拉格里水道所謂烏沙門是也桃

島長十八里闊六里島西面有石硼村居民約千餘戶多萃於此

花之東南為（又名）佛能島蝦岐山亦名盛（拔）即島之東北向有一澗

有山高而險出海面一千八百九十尺

澳內有二小島其深四五拓處凡船皆可停泊島上泉水甚多可得

淡水佛能與桃花島間曰蝦岐門亦曰佛能水道（及）盛郎水道是門

之東進口處闊六（四）海里半其內深五（十）海里其間有高山屏蔽避風

極善水深有至六十拓者惟潮流甚勁耳佛能之南為比克島

一名羅鼓山又名尖峯島二島之間謂之斗筲門亦曰比克水道其

東之口門潤九里乃比克島之鑼鼓頭與佛能島之佛能角相距之處也比克與六橫亦有一港足供停泊候潮之用

(13)六橫島　乃舟山六橫島山以外最大之島也自西北至東南長約三十里里闊不等在北部則約二十里中為狹地僅及三里有奇稻田連畛村落彌望居民近萬戶其北盡處最高之峯拔出於海面九百八十二尺而東南盡處亦有一峯及九百零二尺六橫島之南瀕海處海岸彎入而歧缺中有三島曰礁島曰北礁島曰花佬島皆為石質上覆以草無居民其前二者低水時則連成一島與花佬相距處則深三拓花佬島之西北為沙灘由海岸乾涸而出約二纜六橫西與佛肚間曰得非而得水道甚崎不足供停泊

(14)佛肚島　佛肚島在六橫之西三里由東北至西南長八里半闊四里岡巒層疊其最高大者約在島北之

盡處巔昇高六百零四尺佛肚之西北有中列島凡四島長　佛肚之南二纜低水時則泥灘相連處有島曰佛肚頭
三海里闊二纜最高大者曰𡽪頭山居列島之南長四纜寬　汀子　汀子列島西面作
半之巔高一九十尺高夫門為佛肚及中列島間之水道僅闊　百　汀子灣（一名青龍西面名）　汀子
半海里中有深五十三拓者此為肚最好之水道兩岸雖峭然無危險也　二　惟　及　佛　良
內梅山　梅山　或謂之梅子島從前本係一大島及十二小島今則　昔
以石築海塘互相連合海塘之內平原則種稻及棉花居民稠
密是鎮內合成為一大島矣由東北至西南長約四海里闊五　約二千餘戶　如　十二
海里半島之西南部位為最高形圓約高四百九十尺華島
船水道在梅山與陸地之間長四海里半深則由四拓至六拓惟　北面與霸郭衢防陸地間為　卷　二十一
西南盡處則淺僅深二拓窄至一纜又四分纜之三故雖小汽船　餘
亦無用及此也　東與佛肚間之水道則大輪可行

(三)韭山群島

韭山群島在象山縣東八十四餘里海中小島礁石不能數計稍大之島凡九（曰南韭山曰官船澳曰雙山曰[illegible]山曰上竹山曰中竹山曰下竹山曰大青山曰蜂巢山曰積穀山）皆青蔥崒嵂覆以青色其最大島名韭山一名大目約近群島之中央方輿紀要言韭山在象山縣東南百里海中上多韭形勢巍峩島嶼深遠是也是島東北至西南長九里半其闊不等由一纜至三分海里之島之西約近盡處有峰高五百十一尺中央島之西北岸有村落所居皆漁人中有地脈相連分島為兩部其南與東南可泊巨艦漁船則聚泊於西北島中淡水極佳

(四)三門灣附近群島

三門灣之中群島東西列最西者為田灣島（西圖名天禳島）田灣之東為滿山（西圖名牛依治島）滿山之東為大佛山大佛之東北為魚塘山（西圖作大湃島）魚塘之東為小魚山一名大南田山西圖名牛頭山地面頗廣現設南田縣治之此數島分海灣口門為二島北為石浦港島南為三門灣而石浦港口有

東門島（作南擇山）徐島（西圖名與島）橫塞徐島與小魚山間為
下灣港東門與徐島間為東門港東門港島之西北即石浦城石浦
城之東有山南伸入海西南與東門島對峙如門然其間水道即銅
瓦門也東門下灣二港均狹而多礁輪船無敢試行銅瓦門雖可
行大船然水道曲折流漩而勁必待潮平方便出入惟石浦城西南
面港中甚便停泊故石浦商業稱繁盛焉三門灣因灣口有三門
列島而名其島北與大佛島相值灣內水深浪闊停泊處頗多如滿
山之南為停泊最佳處大佛島之東北與朱門島之間名珠門港水
深至六七十尺甚便停泊遇東北風則在南田島之西南停泊亦妥大
南田一南有一島名南山（西圖作黎民島）停泊處在其西南角島北與
大南田島間曰金七閘門水淺不便航行南山島西南二海里半有三岐
山其間水深十拓至十二拓行舟極便大南田島之東北有哥爾島一名

[illegible]大佛島魚塘山南田島

(甲)田灣山　島長四里闊二里半平時居民僅四五十戶四五月客漁群集結（位於三門灣中之群島中東西列最西者）茅其上幾無隙地

(乙)滿山　西圖作生佐治島（在滿山之東）長二里半闊一里島之附近可障西北南三面風力南面海底係泥質泊船亦穩大輪可泊於再南水深七八拓處

(丙)大佛島　一名花嶴（又名大佛頭山）長約十里闊九里半島之北面有一孤峯曰大佛頭頗得形似北與魚塘山間曰珠門港（名門港）深六七拓至十餘拓不等在此泊船可避四面風力

(丁)魚塘山　西圖作金洋島（在大佛之東北）長十一里半闊六里半居民三百餘戶西南面之珠門港頗便椗泊

(戊)南田島　一名小魚山島西圖名牛頭山（在魚塘之東）長二十八里闊十九里南田之南有一島名南山西圖作黎民島停泊處在其西南角島北與南田島中隔七门水淺不便航行

(己)南輝山　西圖作東門島長五里闊二里餘居民六百之戶南面有東門城久頹其南即名東門港港口有礁東门島之西北即石浦城石浦城之東有山南伸入海西南與東門島對峙如門其間水道即銅瓦門也銅瓦门雖可行大船惜水道曲折流漩而勁必待潮平方便出入惟石浦城西南面港中甚便停泊故石浦商業稱繁盛焉

南山島西南七里半有三岐山其向水深十拓至十二拓行舟極便

(庚)檀頭山　西圖作哥爾島　長十二里闊六里居民二百户檀頭之北面因有泥灘相連故統以檀頭山稱之此島與陸地間之水道闊八九里不等中有礁石壅塞不可駛行島之西南向為石浦門差可停泊其底為泥質然浪湧大而流勢勁也此島高七百三十二尺附近處分為二段有一低地脈連焉

(辛)三門列島　即達道山雞籠山青嶼頭根山龍堂山後空山之總名也諸島面積頗小均長寬皆在一里左右

(壬)徐島　一名對面山西圖作大門島以男島長七里闊五里居民二百餘户徐島與大南田間為下灣港深二十餘拓惟港口多礁東南口門之金塘礁及飯甑礁其大者也

檀頭山在黑山群島西北十九海里此島與陸地分開成水道闊二三海里不等中有礁石壅塞不可駛行島之西南向為石浦門差可停泊其底為泥質然浪湧大而流勢勁也此島高七百三十二尺附近處分為二段有一低地脈連焉

北魚山西名汀阿島長二里又三分里之一闊一里半西北面可暫泊北魚山燈塔高出海面二十九丈四尺晴時能照七十八里

(四)黑山群島

在女南島東南約二十海里有人居者三島並八石自北至（黑山群島）（四）（南魚山北魚山白碓三島是也）

南佔地五海里自東至西佔地六海里然小而零落不相連足供避（十）（七）

風其最南者曰馬鞍島高出海面三百二十尺亦最大以其形似故名其（南魚山嵩島長約四里闊約二里許）（馬鞍二島）

居民皆福建人多業撈漁嘉魚可得諸石皆削而奇巖最北一小（共計約六十戶）（居群島之南）

島為海浪衝激甚多名曰香蘭

(六)台州灣附近諸群島

台州灣口外群島羅列其最著者為竇門山島上有圓峯圓峯

下淡水甚佳汽船四周均可暫泊竇門山之東北約二三海里即有

東廊山長一里
不毛山里闊一
里

田螺山
高島島東南澳可停泊高島之北有金門九壘諸島其東南約二
海里為東磯箕嶼島南可暫避風此諸島均在台州灣北岸其南岸
外自浪機外山南行距岸不遠有群小島綿亘如練直接松門衛
低水之時則與岸相連屬諸島中之東北外向者曰北前島其西曰
琅璣山　黄礁山　東廊山
大陳山大陳山之南曰欄機山又南曰金星門又南曰盤馬砦島其東為
沙鑊山　白果山
駝背島再東穀積島盤馬砦與金星門相距之間曰淺水灣其中
龍王堂山
尚有小島數座盤馬砦之南松門山島與陸地成一水道曰松門港
船舶往來頗盛松門山之東為石塘島塘之東為蘇丹島而限此
牛山　吞牛山　洛嶼
諸之外則為台州列島其大而著為上台山在北下台山在南上台下
台中間相距二海里為最良投錨處下台之南島石頗多以下竹
小島及指石為要

(甲)高島、金門島、九壘島　高島即田嶴山，在竇門山東北海中，其北與金門島間曰無座湾，其東北進口處濶約七里。金門島即大鵝冠山，長十里，闊五里半，居民七八十戶。金門之西南相距有一深水道，橫闊里許。九壘島即奇人門，長六里，闊一里半。高島與九壘之間深三拓至六拓，處避風頗佳，而較深之水則近於九壘。高島亦名高頭，長七里，闊四里，居民四五十戶，上有四峰，高而童。其東北山嘴地勢低而中斷，高水時又成一島。高島之西有淺沙，是以船隻由南入無座者必傍九壘、金門以行，所以避之也。

(乙)東箕嶼　一或作東機嶼，在高島東南九里，距竇門山東十五里，長六里，闊三里，高七百尺，乃群島中之最東者。其西南六里餘有兩礁石，當東北風時欲求避所，則東箕南向之處可泊，惟浪涌恒大，不能安穩，若停泊於無座湾內或竇門山下則較勝。

(丙)竇門山　一名頭門山又名珠山西圖作竹嶼在高島東南形
如新月長七里闊三里高出(拔)海面六百七十尺居民七八十户上有
一圓峰圓峰之西南下水深六拓為停泊善處即其四面亦均
可暫泊

(丁)一江山　西圖作風暴島係二島北曰北江山長三里又半分里(有奇)
又闊一里半南曰南江山長二里餘闊一里二島(之間)闊僅里許可泊
民船北江山之東北與西北兩角有列石南江山之東南盡處有
一礁伸出當東北風甚烈時民船常避於南江山西角之下

(戊)上台山下台山　上台山一名上大陳山長八里闊約五里半其東北(上台下台二山諸山總名台州列島)
海中有一礁曰上石其間為穩妥水道島上有淡水居民約三
百餘户北面為錨地下台山一名(下)大陳山在上台南六七里中間水
道深而且穩為椗泊佳地是島長約十一里闊三里高七百五十

此島龍王堂山亦黃焦山之西曰淺水灣可通民船其中尚有數小島

尺上有居民約千户市肆頗盛

(己)東廓山　琅璣山　東廓山長一里又半分里之一闊一里琅璣山

長約八里闊四里半居民七百餘户西面有沙田屋宇亦整

(庚)白果山　黃焦山　白果山長約五里闊四里居民一百二十餘户

黃焦山長六里闊三里居民七百餘户西面可泊民船

(辛)沙鑊山　龍王堂山　積穀島　沙鑊山長四里餘闊二里餘居

民二三十户西面可泊民船龍王堂山長十二里半闊三里居民數十

户東面可泊小輪積穀島長約二里闊一里略似圓錐形上有廟

(壬)松門山　一名石塘山西嚮作頭坪島在松門衛東南海中

南北長二十五里闊約五里居民千户是島與松門衛間成一港

曰松門港民船可以往來松門山之東南有三蒜島長三里闊一

里半居民二三十户三蒜之東北九里為牛山(一作石塘島)長四

里闊二里半牛山與松門島間水䧟深三托餘航行尚便牛山之
東爲洛嶼西嵛作蘇丹島長一里餘闊四分里之三

（四）玉環島

玉環島位於樂清灣之口南北約十三海里東西約十六海里居民萬餘户
今設玉環縣治之並轄左近之諸島島西面為西清渡西對鏵鍬埠
約十二海里東南隅為坎門東嘴曰基忙角東北對木杓山之南嘴亦
十二海里東北隅為楚門渡東對楚門城僅百步為玉環與大地相
距最狹處玉環全島之形勢南北兩面均係峻嶺東西兩面多低
平然停岸均有淺沙大船不能近岸惟東南之坎門山勢環抱水道
深穩除南風浪大不能停泊外其餘各方風均有障避玉環之東
小島頗夥其大者為小鹿大鹿雞冠鎮島披山諸島相距之遠近
由九海里至四十餘海里大鹿在群島之中央為最高者拔海面七百七
十尺大鹿之西為雞冠山一作金雞山地勢低平上有一大村落人烟
稠密有鹽局及市肆大鹿雞冠二島之間為停泊所水深三四拓

望高水時在九點二十分大隗十三尺雞冠東北八纜為鎮島鎮島十分羊嶼長約四里闊一里居民百戶
與雞冠相距成水道深四拓其中央有沉石雞冠之北角亦有一沙伸出
殊甚廣船行不便鎮島與大鹿北向盡處之石成一水道門戶闊三海里
小鹿乃三島也所成分列南北在大鹿之南三海里披山為群島之最東者東西長七海里
闊約二里居民二三百戶南北兩面均可暫泊

(八)甌江口附近諸島

甌江口外群島林立其要者如口門中塞之靈崑島島北為深水道
島南僅行帆船靈崑之東為黃大嶴島黃大嶴之東為東山黃大
嶴之南為霓嶼自靈崑島西南接霓嶼中間平泥灘幾相屬
霓嶼之東北為狀元嶴島於是黃大嶴之南霓嶼與狀元嶴之
北為最深之大水道大汽船出入甌江必經此水道黃大嶴之南澳尤
便停泊且駐此候潮以進江口狀元嶴之南為三盤山三盤山之南
為洞頭山三盤之北及洞頭之西均為下椗佳處各島之居民以

溫州灣之諸島黃大嶴與洞頭山為最大焉

(甲)靈崑島 西圖作溫州島 長八海英里又四分英里之一闊五海英里又四分英里

(乙)地低而平坦高者為種植之區周以海塘有衆村落在其上離（津水鎮北東之水道為七北方深水道南僅行帆船）

其西角盡處有一小山岡高一百零八尺是島之東南有一軟泥灘

平展而出三英里離此灘之東南盡處又有一沙灘長四分英里之三（約三海里）

靈崑與南向陸地相距處有民船水道並有沙灘伸出低水時乾（北向陸地向為汽船水道）

涸十六尺

(丙)黃大嶴島（一名大門山）西圖作虎頭山島長約十海九半英里闊九海半英里上多大山在西者高一

千二百三十八尺在中部者高一千二百五十五尺諸山之旁高原重疊上有居

民種植其間畫為層層畦畛之勢由東角至石角沿濱皆巖石突起

其北路間石角之東有一灣小艇可為避風之所黃大嶴東盡處及

南岸之二灣皆足避風碇泊

(丁)南面水道即名大門為進出甌江必由之路近青菱嶼深四五拓與六七拓處為極穩錨地輪船進口多由山侯潮焉

島

東山一名鹿棲山在黃大奧東向六英里其西濱之水突然陡淺島南（東）與嚴石成一水道又北與玉環島成一水道然離東山之東北向有小島雄石甚多航行宜注意（島長十二里半闊五里居民四百戶土壤頗佳種植甚宜小松尤多為近處諸山之冠）

霓嶼西名茵島（圖作）或名崐岐山長四英里（十二海）闊四英里半巔高一千零八十二尺距黃大奧角之南四英里（十三海）又四分英里之霓嶼山巔之西向約二英里有奇有一山雄峙足以為標誌高八百五十五尺霓嶼之西南又有二小島無南至要

重山西圖作河建島是為航行標的之島也在黃大奧與大三盤之間崛起拔海七百二十六尺其北西東三面（即為陡峻）皆陡峭累累之石筍高長仰插約及其巔之半其巔則險峻過之其南則漸高而以南方之頂有雙尖峰其高約過中峰焉（長約四里闊約一里半居民頗少山峰）（狀元奧……西圖作……）

寬大三盤山長五英里（十二里半）闊約五英里居民數百戶在霓嶼之東北其西南盡處之地勢甚低漸高攀西起至七百七十一尺謂之雙乳峯因其形似也是島與霓嶼間可通民船大盤山與洞頭山間之一隘水道曰三盤門凡船吃水十三尺者可乘低水潮流以入凡吃水至十六尺

者則乘潮亦可入

（辛）三盤山　位於大三盤與洞頭山之間巔高二百八十六尺長約二海里闊約四分英里之一其北與西角皆有層礁而西角之礁則露出十六尺狀特峭當西南風時在其北方可得停泊之地此島與洞頭山相距成一狹水道可行民船

（壬）洞頭山　一名鳳凰山巔高七百三十尺長二十海里闊約七海里其東之嶺險而高與其南之半邊島相距成一民船水道半邊島之南有策列島凡三曰北策曰南策曰東策策列島與北面之半邊島之間成一駛行水道

（癸）大瞿島　在洞頭山之東南高七百七十一尺其北面及東南面皆係石質大瞿與策列島間有一澳曰牛港為停泊佳處水深四拓至十拓除南風與西南風有大涌外其餘諸向之風皆可避之停泊之所乃離半邊島之西盡處深五拓半尚有一避風停泊處即三盤門進口之南向也

島西面有一小山作三圓峯若盤然因名三盤而此島亦由是名居民數百戶均在南澳結茅而居

長約六里闊一里

北面

在三盤山之南

為甌江口外最大之島

七里半居民千戶有街市

長四里又三分里之一 [illegible] 闊約三里半

瞿山有三曰大瞿曰中瞿曰小[illegible]瞿

(九)溫州灣以南諸島

自甌江口南至閩浙分界之鎮下關一段海岸之東島嶼礁石不能數計其著者飛雲江口之東約二十五海里有北岐山(一作北計山)群小島也其間雖有灣港停泊惟礁險甚多無敢寄椗者北岐山之西南約九海里為南岐山(一作南計山)群島環立其東南有佳港頗多南岐港停泊甚妥且饒淡水鎮下關之東南海中有島曰南關山即鎮關島其北約二海里為北關山而北關與南關間名北關港此港闊一海里半深約三拓可泊大汽船以避東北風北關山有淡水有一峯奇兀而高足為航路之標的

(甲)北岐列島　在距南策島之南二十四海里(飛雲江口東七十五海里)其最大者謂之北岐山(古名北計山)(或曰北箕山長約五里半闊約二里半)高三百五十尺其東南面有四小島比連以衛南向東風之漲成停泊之所然礁險不少故船舶罕有椗泊者也

(乙)南岐列島　距北岐山南二十七海里其最大者為南岐山一名南计山或曰南箕山高出海上七百四十尺是處其東南有一佳港謂之南岐灣可泊甚安且饒淡水其西南群小島間因礁石參差不宜闖入當東北風與東南風時皆捲漲入南岐灣惟南岐之西角北向有一澳可以椗泊焉

(丙)北閔島　西圖作屏峯島長約七里闊約三里半居民二三十戶
島上一峯秃兀而高足為航路之標的

(丁)南閔島　西圖作鎮閔島長五里半闊一里半南閔山及陸岸之虎頭自昔為閩浙之界也
南閔與北閔二島相距十里之名北閔港澤約三拓可泊大汽船

文

(舊杭州) 第三節　商埠

一、杭縣　杭縣在北緯三十度十七分東經三度三十九分

(一)沿岸　禹貢揚州之域春秋時越國之西境後屬楚秦漢為會稽郡 … 吳越 … 錢唐 … 隋日杭州唐改唐為塘 … 吳

宋因吳越納土嘗稱仁和南宋都此號臨安清為杭州府治仁和

錢塘二縣民國併仁錢廢府為杭縣

(二)疆界(地位)　襟江帶海擁湖負山靈秀甲天下其縣境東盡於錢塘江

干西界餘杭北接崇德南毗富春南北百四十里東西百有餘里距京師

杭城東河即運河俗呼菜市河中河與小河通西河舊為

清湖河皆通舟西湖灌溉海寧錢塘江築塘捍海故支渠皆北

向運河分溉嘉湖

(四)物產　杭縣有杭線茶有龍井棉有自製愛國布杭菊

主要之河流有三曰運河在城北其源有三一自城西北三百里西湖之水一自城東北三里德勝壩上承上塘河之水俱會於城北六里之江漲橋又館杭塘河西出之承田江漲橋西出之會於運河上塘河在城東自永昌門外北里艮山門接城內運河及城外沙河又東北經臨平鎮東達海寧之長安壩下塘河一名官塘河在北新關外分運河之水西北流經城西北二十里之板橋閘又西北為奉口河合苕溪水入德清縣界

〇飲白菊尤良杭芍可入藥杭扇最精雅餘若西湖蒓菜藕粉塘棲枇杷半山桃楊梅臨平麻甘蔗生薑筧橋黃麻橫里芡實三橋紅菱留下邊筍東門瓜北墅藕並佳

〇實業　田賦額徵十四萬兩以上杭嚴衛屯田額徵二千兩以上工廠日增各公司資本多至數十萬元以上尤能提倡國貨仿造洋貨

本地之出產以絲綢爲最

〇城市　杭縣公署在新市場臨湖濱湧金門至錢塘門城已拆湖濱市況日盛但大商家仍在上城一帶城北湖墅至拱宸橋城南南星橋至閘口皆爲中外商業繁華之所

〇鄉鎮　筧橋產藥材多至十八種麥冬爲全國之冠臨平因設有車站地方發達塘棲爲運河要道商務亦繁盛瓶窯爲西北水陸重地其他如東鄉之喬司西鄉之留下北鄉之三墩良渚均爲

農民交易之鎮市而通郵遞者也

八交通　東出艮山門為滬杭鐵路近通嘉興嘉善遠達松江上海可購南京北京聯絡之車票北拱宸橋小輪船自運河通吳興吳縣上海西有民船通餘杭南由閘口江干湖江小輪直桐廬渡江小輪可由西興達紹興

二鄞縣　北緯二十九度四十五分東經四度五十七分

(一)沿革　秦漢會稽郡地唐武德四年置鄞州治句章旋廢開元改明州治鄮縣梁開平二年更名鄞縣宋為慶元府治元為路治明清寧波府治民國會稽道治

(二)疆界　東界鎮海東河南界奉化傅河壩西界慈谿潘㠗嶺北界鎮海磚橋舖東西六十五里南北六十六里距杭縣西南四百八十里

(四)水系　甬江經流自慈谿九里浦入界經縣治北郭楔至張家堰

入鎮海界支流南塘出四明經密巖櫟社石碶包南門西門入甬江
裏弄港新塘河西塘河各支稍小鄞江自奉化啄[illegible]前塘河銅盆
浦鄞奉橋後塘河至大石碶入甬江惟東錢湖不入甬
（四）物產如植物樓樹可為樓帽樓鞋鄞山蔗田可製糖[illegible]稻麥稷朮叔
苧麻並盛山藥尤多海產有鯗鱸鯽鱙鯔蟹鮚蛤蟛蜞螺螄江搖
柱淡菜獺吹沙石首等魚昆布近年絲繭業尤盛靛有山藍鄞奉
藺損扇並理奉化藺市龍山小南門有茶揚扇
（五）實業　水產講習會頗盛鴻興公司就內地鐵錳鎢養發明
染料和豐紗廠有新正大興火柴公司規模閎壯農田額徵八萬三
千兩以上寧波衛屯田尚存
（六）城市　城臨甬江有老江橋跨奉化江聯合百大街西塢輪船
碼頭在焉有新江橋跨餘姚江口餘姚輪船碼頭在焉下游為

永寧鎮海海門各碼頭又下為江天北京碼頭英國領事在焉

洋關以西老馬路新馬路皆通商之重地也

鄉鎮外大嵩所為東錢湖入海之口鹽場街最盛其他東

鄉寶幢市定橋市雲龍碶市四港市莫枝堰市韓嶺鎮石碶

市櫟社市章村街密岩街高橋鎮布金市亦繁盛

(八)交通

輪船直達上海有招商太古老公茂寧紹四公司

海海門皆定海輪為浙海之總匯滬杭甬南段自此起点以達曹

娥江鎮海餘姚西塢俱通內河小輪山東福建沿海帆船運貨

此港船為廣東所裝貨物較多

三、永嘉　北緯二十八度東經四度二十一分

(一)沿革　漢初為東甌國後為會稽郡地後漢置永寧縣吳屬臨

海郡晉置永嘉郡治永寧隋改名永嘉縣唐溫州治宋瑞安府

治元温州路治明清温州府治今甌海道治清光緒二年芝罘條約開為通商口岸者也

(二)疆界　東南濱海西界青田安溪南界瑞安麗塘北界仙居枏溪箬嶺東北界樂清館頭東西一百六十九里南北三百二十里

(三)水系　甌江一名蜃江慎江亦名永嘉江自青田流入境曰大峙門北會韓埠港又南會上戍港鐵場水東南流經金堡村東流至縣北枏溪港合南溪莊嶺北溪張溪明鏡溪蓬溪正溪諸水入大來會北岸過烏牛村入樂清界南岸經狀元橋東流入海

(四)物産　白穀出種玉畦陶隱居所遺歲兩熟豆麥脂麻菌蕈笋立秋時生松樟檜杉檟欏洞柏森林並茂温柑則有朱欒密橰金豆運美國今禁阻染料則紅花靛青二種

(五)實業　農田額徵四萬二千兩以上温州衛原有屯田額徵一萬五千兩以上工作品以皮箱為最甌綢亦成大莊茶葉棧四所貿易額頗鉅水產講習會合舊府屬辦理

(六)商業　此港介於閩侯鄞縣之間其貿易區域較為狹小其範圍僅限於甌海一道之中木材木炭蜜柑牛皮薪竹等類皆出產中之主要者也至絲綢山繭茶葉藥材麻及硫黃鐵產於樂清縣鐵器烟草產於瑞安鐵麻藥材產於泰順然貨物皆由此集合而輸於上海廈門額數頗屬不少至入口貨之主要者為棉布石油砂糖染料鐵等大半皆來自上海鄞縣因此貿易甚少每僅三百六七十萬兩云

(七)城市　晉太寧太郡城東西附山南環會昌湖北臨甌江郭璞所定諸山如北斗城時有白鹿啣花又名鹿城又曰方形橫四里

闢四門中有溝渠可與城外之壕接仙門河口有太史碼頭

鄉鎮則甌江口有狀元橋鎮毛竹橋鎮相距二里並為埠水深六丈尤便停泊輪船韓埠在韓埠港口原為汎地塘下鎮臨塘河商業並臻繁盛如上蒲街下蒲街新橋街碧蓮市寺前街倉河街錦春坊亦為商店所集

（九）交通　由上海直放温州招商局有輪船一隻茶市最盛時二隻由上海循寧波海門內海在海門換船至温州者三艘由塘河至瑞安小輪二隻民船可上溯至青田麗水灘淺流急易下而難上

第六章 福建省沿岸

福建省沿岸較之浙江雖無若杭州灣之大港及舟山群島之大島然岬角灣澳之出入甚多狀如鋸齒頗多適於船舶避風之處及有良好之投錨地而繁盛之商港沿岸之狀態大岩石隆起構成高峻之巖岸亦間有為低濕砂土之沙岸其沿邊海中有灘石暗礁所在皆有且海流湍急非熟知水路者則航行甚危險故汽船深入灣內須有引港之人全省海岸瀕東南二海茲述之如左

閩江口以北海岸

海岸北自福鼎縣東南之沙埕港始港口窄而深迤西南至黃岐山有小港口曰晴川澳又南為烏崎港楊家溪入海口也又西南迤為三沙鎮福寧港北岸又西為赤岸溪入海口又西北迤近霞浦城始轉南至漁洋驛北又東南迤至武岐山嘴為福寧灣口南岸自武岐迤南為大金山羅浮山是為三沙灣口門外之北岸西迤至葉

山之西南地狹如頸至東沖口為又灣又口門東沖口之西成大海港即三沙四灣是也東沖口南對鑑江堡為是灣南北二門戶海岸自鑑江堡迤南至濂澳海水復西北匯成一港即松崎港也濂澳南對帽山為港口門自帽山東迤為東伸入海中之狹地其東頭名北茭嘴東北遙對羅浮山嘴為口門是即三沙灣口門外之南岸也自北茭嘴西迤約八十里至澳頭南對東岱鎮為岱江入海口門自東岱西南迤為福州灣北岸南對長樂縣東北之黑角為外口門口門中有熨斗尖峰二島橫列二島之西南復有一島曰自黑角迤南為一帶高山岸傍岸皆淺沙南經御國山入福清縣境轉西迤至城東西折而東南迤約百里至蓮盤鎮自御國山至此為海壇夾海岸（即海壇灣）海壇夾者海壇島與陸地間之海也自蓮盤鎮西北迤經大馬山及東園之南又為興

化灣自東園西南迤至三江口爲木蘭溪入海口東迤
爲海道灣（一作海盜灣）又東南過青山鎮又東爲五虎嶼西之地
嘴東北與蓮盤鎮遥對爲與化灣口門自嘴迤西南至赤岐鎮
海水北匯爲港名平海灣灣之西岸爲芹山之西又成一港名湄州
灣峯奇港爲是灣西部之小澳自峯奇港迤東南至小岞市北
對莆禧所爲湄州灣口門自小岞之西南海水西匯成小澳名
岞澳隔一狹頸爲泉州灣晉江入海之灣南岸之口門爲東
埔鎮自東埔西南迤至永寧角南對深滬角二角環拱成一澳曰
深滬灣自深滬角迤西南至圍頭鎮西南對鎮海角二角相距
約百里構成一深廣之大灣港汊分岐總稱曰廈門灣其最大之
支港北有晉江分支入海口又有尋港西有九龍江入海口灣內又
有金門廈門二大島自鎮海角稍西爲鎮海澳又西南迤至井

尾鎮東為井尾港又東為㴋軍澳澳之西南角為虎頭山

西海水又北滙為浮頭港浮頭西岸迤南至古雷城其南即銅

山港漳江入海口也古雷南望銅山城為銅山港口門自銅山至宮

前鎮西對懸鐘城為詔安灣口門懸鐘之西為徐坑溪入海口

曰東澳東澳之西為三甀鎮福建海岸至此盡矣

第一節 港灣

沙埕港（沙埕港長約七十里）在福鼎縣之東南為一深而狹之港灣港寬自一里至四五里不等深自四五尺至五十尺（餘拓）不等亦有深至百數十尺者

（直東沙埕以上四十餘里之鐵門洋內深七八拓由鐵門洋折而北有通福鼎縣水道水道盡處曰精坪距福鼎縣僅數里惟小道淺民船亦須候潮由鐵門洋內行未入）

口外有東台西台七星冬瓜諸小島口內有蓮花嶼金嶼長嶼青嶼楊家嶼上嶼下嶼鐵門諸島沙埕鎮在港之北岸商業頗盛

沙埕港水既深廣可泊大輪數十艘且兩岸尚可擇地開築船塢口門兩山拱峙關隘天然若再守以堅台利礮實為閩北唯一之海軍根據地也

晴川澳（福寧府）在沙埕港之南（西北灣入約二十里）兩山環拱內成一澳略作圓形秦嶼（港首有大姥山各溪水）適居其中潮漲三面臨水後有平原相連頗擅形勢惟水道甚淺民船亦須乘潮出入近口處水深十尺左右（外北部有觀音）

嶼口外有大崙曰小崙鴛鴦七星諸島秦嶼朔望日潮漲於十点一刻大潮高十丈七八

福寧灣在霞浦縣東飛龍島與烽火列島南北對峙為其
門口門遼闊中峙松山遂分為東西兩澳形勢亦佳惟口內外一
片淺灘大船難近尚非衝要之地
三沙灣在霞浦縣東南為閩省第一大灣東沖口南對鑑江為
是灣之口門寬僅五里西岐轆島當其中岐轆東水道曰大門西
水道曰水門岐轆北曰官井洋東北曰古井洋西曰覆鼎洋
港灣紛岐有杯溪長溪南門溪龍際溪入海之港口外有
蜘蛛島東洛西洛諸島口內有白[illegible]東[illegible]青山三都諸島灣
水自百二十尺至二百尺無論何等船隻隨處可以停泊論其形
勢口門東沖古路西嘴隔岸相望最易扼守又得虎尾山為
犄角西岐轆島兀峙中流尤有當關之勢實為海軍至大至穩之
港也

松崎港即在三沙灣之南港形窄而進深口門寬四里灣東西長約五十里餘羅源縣城在其西有章溪注入港中濂澳南對帽山為是港之門戶焉

福州灣即閩江入海之口也北以連江之東岱南對長樂縣東北之黑角為外口門港外山岳四周天然障壁港內水深無礙停泊而港中之羅星塔東西兩面尤便巨艦之下椗有熨斗尖峯二島橫亘口外二島西南復有一島曰五虎島故江口亦稱五虎門為航船出入之孔道如長門金牌門對勢同鎖鑰曰為第一重門戶上至閩安城江勢一束並扼梅花江來路曰為第二重門戶閩安上十餘里兩山夾峙水道頗窄然後至羅星塔馬尾港凡門戶兩重與上游險要處莫不布設礮台以資控守我國興復海軍此為完全軍港也

見下條

(五)馬尾港

(甲)形勢

馬尾軍港為閩省之咽喉而東南之要港也地當台灣海峽為出入海峽所必經之地近則可以截敵艦之北上及南下遠則可以襲擊台灣琉球菲律濱諸島進可以戰退可以守昔施琅有云台灣者東南之屏蔽也今台灣已割讓與日本則所謂東南屏蔽者舍馬尾軍港將誰歸乎且外則島嶼羅列若隱若現內則峰巒矗立並峙南北盤桓屈曲者港之口門也忽現忽沒者江之暗礁也時則山勢約束儼然天塹時江形開擴為天然之軍港

(乙)位置

馬尾軍港位於閩省東部閩江下游省城之東南約六十里之處以經緯度定之則在北緯廿四度東經百廿九度界介於連江長樂閩侯三縣之間論其形勢則

(乙)(四)廣狹形狀及深處

馬尾軍港周約六七里，然南半部多沙亘，故泊船之處在港北部，其狀如菱形，青州島居其中，近於北岸處能泊吃水深二十餘尺之戰艦，而港口亦能容吃水深二十尺左右之戰艦，且須俟升潮時方能駛入，若吃水稍深之船舶宜循五虎島水道及梅花水道，蕪假水道則僅足供帆船之出入而已。

(五)周圍山脈

軍港之北岸有鼓山、重雲山、紅山諸峰，南有珠山、大象山、浮峰山諸峰，形勢鞏固，障蔽緊密，尤可稱者即閩江關與長門二險，兩岸山勢壁立，時成而閩海關尤險，兩岸山高自一千五百尺至二千尺，其形勢之雄可想見矣，兼以升潮降潮之際水激成湍，司機者苟一不慎則船艘立碎，故船駛至此每減少其速度以避危險焉。

(六)島嶼及水道

中節以外口門內口門為界分述之，比連江之東岱南對長樂東北之黑角為外口門口外淺沙橫亘口中有熨斗尖峯二島橫列熨斗與尖峯之間又有一島曰五虎水道傍五虎島之南而行曰五虎水道中間頗深傍有淺沙大淺船須候潮而入而燕假島與陸地之間曰燕假水道尖峯島與琅嶠島之間曰北水道二水道較五虎水道為淺不易駛行五虎門之西有大島曰琅嶠島北有地嘴曰金牌島亦稱金牌門北對岸之長門為閩江內口門其間水潮流湍急自海口上溯凡七十餘始抵羅星塔塔係江心一小島在青州之西南上有塔立於島西南盡處塔尖高聳足為標的故稱羅漢塔凡船其下停泊為羅星塔北西對岸為馬尾嘴船政局在嘴之對岸船塢在局之南自馬尾又西北溯三十六七里始抵福州商埠閩江口外各島在北者為馬祖島北唐島中唐

島南唐島在南者為東沙島北犬島南犬島下島總名為白犬列島白犬與南唐南北相距約十三里為閩江門戶自南唐以北之諸島皆勢相聯屬而高唐與北茭角亦關鍵天然故此各島實福州港閩江及馬尾港之外蔽也（詳見下條）

南口要塞之建築　甲申之役法襲我馬尾炮台半皆被毀其所存之炮台口俱外向不能還射嗣後以次修復並相度地勢於划鰍港福斗山金牌瀕梅花港等處添築明暗各礮台如敵艦入五虎水道駛入則北岸之福斗划鰍射馬長門琅琦島北之獅石金牌諸砲台節節扼守聲氣聯絡或迎頭截擊或兩岸夾攻如敵艦由梅花港駛進則有龍山菴石滬嶼諸砲台再進至港之東部亦有南岸北岸馬尾諸砲台可以要擊就現有之礮力可以穿鐵甲艦又於射馬長門二炮台間之電光

山築極大明炮台一座安配二十八生的大銅炮二尊凡敵由芭蕉尾駛進即可迎擊自長門以上不宜設過大之砲因兩岸皆山江勢曲屈砲路阻塞不能施放自如計自福斗山起至馬尾礮台止共築明暗礮台三十餘座新舊砲九十餘尊重門疊户鎖蔽綦嚴洵天險也

（丙）潮汐及風向

朔望高潮時港内之潮較外口門外之潮遲一小時餘大潮高十七八尺低潮高十四尺常潮高十二尺港内水面最高時常值東北風、最低時常值西南風、南台一帶平地水深三尺、而南台升潮又較此港、約遲一小時之久

（丁）風向以陽曆九月初至次年五月閩多東北風此時期内亦有他方向之風然多由太平洋吹入而十二月及正月間風信尤烈六月至八月間南方特甚迅雷暴雨尤為常見此港中大風絕鮮或係

台灣高山所障蔽焉

海壇灣（下稱海壇航門）亦曰海壇夾（即海壇島與大陸之中間之海灣也海壇之東面水道深十餘拓至二十餘拓亦可暗礁惟風浪較大海壇西面水道深七八拓至二三拓不等內有淺沙水道潮退竟不及一拓）中間有良錨地水深三十尺至五十尺入水二十一尺之大船得出入於此港惟潮流甚急其速力當昇大潮之高潮時一小時達五浬船舶出入頗有戒心大船進此水道有三路由南面入者曰萬安洋（塘嶼與萬安城間曰萬安洋）寬七八里深自四丈至百丈不等除近塘嶼有鷺鷥礁外別無隱險由東南入者曰草嶼門（草嶼與海壇間曰草嶼門）寬五六里深達二十丈舟行須畧近草嶼惟行至金蟳金盞兩礁間必視白礁島西角與倒笠角東角參成直線方免誤觸由北面入者曰鼓嶼門（長嶼與鼓嶼間曰鼓嶼門）寬二里深約四十丈惟須防俾礁流牛九娘三礁其餘如鐘門（大練與海壇間曰鐘門為民船常行之路）大

練門（大練與小練間曰大練門）水道雖深而多礁，汽船罕有航行其間者。灣中島嶼密如星羅碁布，如草嶼、沙島、洋嶼、鍾島、大練、小練、東洛、西洛，其著者也。

興化灣（興化海）　在莆田縣之東，以福清縣東南突出之蓮盤鎮地嘴、西南對平海角為口門，寬約五十里。灣內層山環立，巖壑參差，海岸線出入頗多，故港汊不一，而以三江口、海道灣（一作海盜灣）為最著。灣之西岸有荻蘆溪、木蘭溪、涵江諸水來注。灣內小島沙礁不可勝數，以南日嶼為最要。南日西與平海角間為南日水道，南日東與蓮盤鎮為興化水道。興化水道之南近南日嶼處有小島錯峙，名十八列島。南日嶼之東澳及南日水道中均為停泊佳處。興化灣內近北岸處亦可下椗。

三江口　三江口為木蘭溪入海口，水深有達二十六七尺者，口外近塔子山處水道頗淺吃水十二尺之船必乘大潮方能過此東面江口一片淺沙遠鋪入海大船難近三江口附近平衍沃野民勤耕耘實為濱海富饒之區

平海灣在莆田縣之東南其北岸與興化灣之海道灣南岸相距僅里許其西面為三面環水之狹地狹地北端為芹山也與其南鎮相交其東南端為莆禧所（在莆田南九十里）東北與平海相望為平海灣口門灣之南面距岸約三四里水深約十八尺距岸十里深至三四丈大遇西北風時泊船亦隱此停泊處

湄州灣位於惠安縣之東平海灣西之一港也黄奇莆禧二鎮為是灣南北二門港口頗窄灣之西又成一小港曰奇峯港洛陽港注焉湄州灣口門有湄州嶼南北亘塞口門中門上有田園居民湄洲嶼之南及黄奇鎮北均可停泊

泉州灣〡在晉江縣之東為晉江入海之口灣以崇武東埔二鎮為界灣之口門寬近三十里不便扼守有龜嶼大墜小墜諸島矗立港口往昔頗為良港後因晉江流下之泥沙沉積致灣低曰淺大船不便出入然港口之南面距岸二三里即深達四五尋有良錨地可避風澳口有白起礁西南六里有一暗礁潮退尚沒水下大船深畏其險西面晉江洛陽江口礁石尤多商船苦之故有船起卸貨物多在港口北岸之崇武鎮由陸路分運惠安縣治等處是以商業較盛

深滬灣〡在泉州灣之南灣口北角為永寧角南角為深滬角灣內約深三四拓右惟山角有礁石排列入海故凡船隻欲入深滬停泊者須繞五嶼以外行駛以免礁險

廈門灣　灣口北角曰圍頭角南角曰鎮海角兩角相隔約百

里為又深又闊之港灣之北面有石尋港（晉江分支入海口）同安港西面有九龍江入海口是灣大半水深利於椗泊廈門島鼓浪嶼烈嶼餘亘其中央金門嶼圭嶼草嶼鎮島牡礪島翼嶼其東北頗擅形勢廈門島鼓浪嶼之間有一海峽長約六里廣約一里中門深自六十尺至百尺大小汽船均便停泊兵艦之尤大者即泊於鼓浪嶼西北是小港即所謂廈門內灣是也外港在廈門鼓浪嶼兩島之南水深適度亦不須引港便可碇泊云

浮頭港　位於漳浦縣東南李澳川入海口也虎頭山灣之東勢如障壁頗適於避風虎頭山斗入海中凡三十餘其南端曰大偶角西對古雷城是為是港門戶口外有橫屿（西圖曰丹斯抱克島）西赤屿（西圖

銅山港　在漳浦縣之南漳江入海之口也以銅山鎮古雷城為南北二門戶銅山東南西面均深四丈餘其北面與漸山相望

銅山東北面有大嶼小嶼五嶼塔嶼諸島東南面有龍嶼虎嶼獅嶼象嶼大柑小柑諸島西面有畬洲布袋澳諸島

中間之港曰八尺門本係沙頸相連惟潮漲則海水東西通小船可由銅山港達詔安灣論形勢則古雷銅山隔海對峙又皆雲霄門戶亦閩省南路形勝之區也

（十四）詔安灣 在銅山城之西灣頭遼闊詔安縣在其正北岸有懸鐘城伸入海中成一長二十餘里之半島遂分詔安灣為前後二港懸鐘之西名前港係往詔安縣必由之路港口水深三四五拓入內三四里潮退則涸懸鐘之東名後港又名營前港港口有島曰畬洲其西即名畬洲門深約五六拓大船可由此直抵距詔安縣二十餘里之處停泊前港內有獅頭嶼蛇洲淞洲諸島 近口有內嶼外嶼東面有布袋澳畬洲兩島由外海入詔安者凡東西二道東港即後港水道雖深而淺西港即前港大小船隻不難須候潮出入而後路程則較捷焉故論形勢者以前港為詔安一邑之咽喉

第二節　島嶼

大嵛山　小嵛山　烽火山

(一)晴川澳附近諸島

(甲)大嵛山——一名大瑶山西圖作福瑶島長十三里闊七里半高一千七百尺居民約二百戶春間較多島之西面有澳可泊民船島與陸地之間為最好之般錨地曰裏山澳此澳可避西向及南向之風是島明初居民極盛後因孤懸海中官吏不易治理遂徙其民於內地清初亦曾屬禁不許漁樵清末始弛禁有漁戶營居是地其後遂漸增多散處四周而以西面之蘆竹東西之東甲為盛島上產山芋及稻焉

(乙)小嵛山——西圖作竹排島長八里半闊二里島之北可泊中輪其東北面有小澳口窄而內寬名曰布袋澳遇大風時泊民船最穩島南有銀嶼島北之島嶼皆甚少

(丙)烽火山——西圖作角度島長五里半闊一里半居民約五六十戶

西面作泊中小輪東面可泊民船島上山皆低平惟西北有一高峰
(二)福寧灣附近諸島（大筠竹群島飛龍）北礌列島必登島
(四)大筠竹群島—西圖作烽火列島當福寧灣口門之北面長四里寬
二里山形低平居民二三十戶（計）皆住於北面（島）三沙灣之船隻朝來暮
（去）還其附近小島尚多以小筠竹島為大長一里半闊半里
(五)飛龍島—一名長表島位於福寧灣口門之南面長約四里闊
一里居民頗少其南有短表島長三里闊一里
(六)北礌列島—西圖作北桑列島距福寧灣松山口東南六十餘
里海中島嶼礁石為數甚多其大者為北礌南礌東礌紅礌白
礌坑頭六島而尤以北礌為最大居群島之北面一名鎮島長
五里闊二里半居民二百戶（計）春季（增）較多千人有三澳曰南澳曰北澳
曰可門皆可泊小舟北礌東北盡處有一淺伸出東北常激浪南

礵一名鄉島長三里又三分里之一闊半之居民三十餘人冬季較多東礵長三里又三分里之二寬約半里冬季居民四五百人島西能泊民船紅礵長一里半闊半里白礵長一里闊三分里之一坑頭長約二里闊約一里坑頭凡二島此係指北面較大者而言居民種山芋為生多長樂縣籍春來冬去向南者荒島

（六）必登島——在拓洋堡東海中其附近有粗石數座故吃水過深之船不可近於海濱且深六拓以上是島周十二里其與陸地拓洋堡（一作長村堡）相距處濶約三里亦如之而小船於各向之風皆可泊於其間深三拓半處此島西北向有沙質一灣可得清水焉

（三）雙峰島蜘蛛諸島東洛島東湧島橫山

（甲）雙峰島——一名芙蓉山或作浮瀛距三沙灣東沖口東北五十一

里長十里半闊四里居民計一百餘户東西兩面均可暫泊島之北盡
處有雙峰聳立最高者拔於海一千一百九十尺此島東南九
里即蜘蛛島除蜘蛛島之北盡處之隱石外其餘兩島之間
之水道無甚險也雙峰島與兎島之間亦有尖形小島
二其間之水道甚窄然過此兩小島之南則甚善矣雙峰
平島北五里有或譯西圖作樸島亦名草嶼距東沖口東北五十三里雙峰島
之南盡處約低平而小島長二里闊約一里其南角處有一
沈石此島與陸地拓洋堡相距處不宜行船雙峰之南為
蜘蛛島一名大西洋山距東沖口約三十餘里長九里闊三里半
其最高之部拔於海六百二十尺有一大村落在南向灣上居
民近三百餘户有小店多家各物粗備島上產山芋及稻其南北二澳
可泊小輪西洋山上有銀礦光緒末年經袁某集資試開嗣以得

不償失乃罷是島之東北有橫山草嶼皆甚小島之西北與陸地東樹之東角相距約十八里其間小島之大者有三自東南而東西北曰半潮石曰小西洋山曰鳥嶼半潮石距島最邇小西洋山位於二島之中西圖名作地脈島或頸島亦名黃宮山距東沖口東北十八里島長四里闊半里其西有一沙脊岸灘伸出其與半潮石間之水道頗清潔蜘蛛島之西西洋山之南有四嶼西圖作蝴蝶石一作小蜘蛛島其間有水道上有石露出兩對四嶼與小西洋山相距之水道甚窄約三里礁石甚多皆由四嶼之北伸出島嶼西圖作內島距東沖口東北七十五里島長一里半闊半里島嶼與小西洋山相距約四里有一淺沙阻之又有數石潮退過半則露出島嶼與東樹之東角相成之水道闊三里深四拓至六拓

(丙)東洛島西洛島芷洛島一此三島西圖總稱破列島當三沙灣

口門之南面距北茭口嘴（西圖作破壞角）西北約十二里距蜘蛛島西南約二十一里東洛在三島之東為最大島長三里半闊約一里居民凡數十戶島上崖山其北有必登石高水則隱西洛居三島之西長二里闊半里芷洛居二島之間長一里闊約半里居民凡十餘戶此三島之潮流勢甚猛當東北風時走入三沙灣作旋流甚長惟西洛之西向尚可停泊避風耳

（戊）尖島一名魁山兩島（一作兔島）距蜘蛛島十里東沖口外十里里島長二里闊一里其狀尖圓離東北角處有一礁伸長三纜與尖島相隔成水道約闊四里其北向停泊甚安穩尖島之東三里有一石盪滌於低水又有一石則在尖島東南五里

（己）東湧島一名東永山又名東引山乃閩省濱海極東之島也距東沖角一百二十二里島長五里闊三里半其巔高出海面八百五

十五尺狀微平山麓巖石甚峭西向有大村落一居民計四五百餘户春
月較多皆從事於漁業者島之西南有一小深澳水平如鏡深自四
拓至六拓東北風時為大輪停泊最佳之所東涌之西北又有一小
島遠望頗似一島此小島之東北角相離處有一礁突出一里餘

（寅）橫山　西圖作蘭島距東沖角八十里長二里半闊約一里高
出海上三百五十六尺由南至北皆石淺伸出島上巨巖獨聳山
之半有屋冬春兩季漁人多在此張網惟無澳避風每日
漁舟趁潮汐群聚得魚即去不能留也居民二三户拾介類為生
橫山南十七里海中有一石曰蘭石

（四）三沙灣口內諸島　都島　青山　岐嵊山　雷冬嶼　東坎島　長大山　白匏山

（甲）三都島　位於三沙灣之中央外距東沖口水路三十五里西
距寧德縣治二十里島長約十餘里南北闊五六里周圍長約

五十五里即三都澳之商港也三都島南面深六七拓至十餘拓不等西面深三四拓東面深四五拓至十餘拓不等北面最淺僅深一二拓二盤礁西面深六七拓處為中外兵艦常泊之所尋常商輪即泊馬頭前近馬頭東南有白礁潮退則見東面即二盤礁（是礁潮退尚沒水下五尺）朔望日潮漲於十點半鐘大潮高一丈餘居民約萬餘多從事農業與漁業光緒二十三年意人要求租借拒之遂於次年闢為商埠其後貿易漸次發達輸出之茶樟腦磁器等其額年達二三百萬兩就中茶之輸出最多光緒二十六年建築隄防長四百七十四尺此港貿易今雖無甚可觀然自開港以來日漸發達將來可望愈臻繁盛也

（丑）青山島　在三都島之東南七里半島長十里闊四里居民

約千戶其北面山勢峻峭居民多在南面而錨地則在西面水較深廣可泊大輪馬島之東南有小島曰斗姍長二里闊一里居民凡二三十戶島之西北面泊民船最穩漁船因其地僻藏風來[多]此寄泊也此外青山島附近尚有圓嶼羅嶼覆鼎擔嶼麒麟嶼三寶嶼皆甚小者也

（五）岐嶁山—在三都島東南二十里長二里半闊一里半居民約[計]二三十戶俗作角鹿嶼西圖則稱為圓錐島岐嶁之東北有三嶼擔[嶼]岐嶁之東有尾姑嶼亦小者也

（六）雷冬嶼—在三都島東二十七里長約三里闊半里居民約[計]三十戶雷冬日東微偏南小島中之大者為大嶼長一里半闊一里及白嶼長二里闊一里餘二島之居民則皆[均]在二三十戶左右

（七）東坎島—俗呼東安島距三都東二十六里長九里闊四里居

民約千戶其附近尚有羊心油菜元寶月牙諸小嶼

(四)長天山一在三都島東北七里長五里闊二里居民不及百戶

島之東南西地勢甚低均已墾種西北山勢高峻遍植小松

兼有小獸其左近有金嶼羊嶼鐵嶼牛寶嶼小石嶼

(六)白匏山一西圖作糖塔山在三都島東北三里長三里闊約

一里半居民四五十戶島之西南有橄欖嶼距三都約二里半

居民亦種山芋三都開商埠此嶼近在咫尺光緒二十七年經

英人以六百五十元向民間租去

(五)閩江口附近諸島五虎島浮江山羅星島黃岐島白犬列島唐嶼群島（尉斗島突峰）

(甲)尉斗島一一名荻蘆島距閩江口北岸長門三里（島長十三里闊六里）居民千

數百戶尉斗與西面陸岸間為鳥猪港（亦稱划鰍港）泊民船最穩鳥閩

有村名荻蘆嶼（是港又名）亦田荻蘆港又西划鰍港是島長十五里

間六里土產有山芋及稻島間有電線桿川石報局借道以達南台者也

(七)尖峰島一名川石山在熨斗東南距長門之東十二里島長五里半闊二里半高約六百尺居民計二百餘户多居於西面並有教堂且及有洋房蓋西人常在此避暑之所也大東大北海電線局及中國之電局皆設其上島之東北西二面皆為沙亘至於燕假水道(即熨斗門)頗不利於航行惟民船尚可用之島南面有一山嘴甚長名芭蕉尾輪船進出均經其下故是島亦名為芭蕉島

(八)五虎島位於熨斗尖峯二島之間五峯並峙小而勢雄其水道即傍五虎島之南而行稱為五虎水道又曰五虎門中間有淺沙橫亘大輪須候潮出入

(九)浮江山一名壺江山位於黄岐島(即琅琦島)與尖峯熨斗二島之

閘距長門東南八里島長二里闊一里半山勢低平同治間北岸曾築有砲台因地勢孤遠光緒初年裁撤今台址猶存也居民約五百戶多以製船為業是島大半平原民居皆在南面與黃岐島隔岸相望儼同內港北岸臨江多老樹槎枒風景頗佳亦島嶼中所僅見者

浮江山之西北有兄弟列石即四東兄弟西兄弟之總稱西兄弟與浮江山之間甚窄水道尚足航行馬江之役法艦由此而遁西兄弟南向十五碼有一孤層石約長二十四碼兩頭之露於低水者二尺其南水深三拓然吃水深至十八尺之船除非高水航駛不甚安穩並須引水方可駛望高水時西兄弟島之潮在十點三十二分大潮十九尺半再次十尺半

羅星島即羅星塔一名羅漢塔在馬尾角之東南閩江之中流是島人烟稠密四周可供種植其間有小溪足資灌溉此島除西南之小山高九

十三尺餘皆平坦小山之巔立一塔故停泊處即以塔名為名塔高
九十二尺故塔頂出水面一百八十五尺當海潮漫溢時此島能沒
於水惟山上人家及塔則露出可見羅星塔與陸地間隔處有一
淺水道可行小艇距江之西岸闊一纜一橋通焉
(乙)琅琦島一名黃岐島為閩江口附近一大島位於熨斗尖峰二島之
西南橫亘閩江之口門島似半月形其南部海岸成一弦形長約
二十里其東西北三面則成弧形最闊處約十一二里島上居民
稠密西北二部尤為繁盛島北面有地嘴曰金牌角亦稱金牌門
北對陸岸之長門為閩江內口門（金牌長門均建設砲台以資
防禦）其間水道名金牌水道為汽船航行之道惟潮流迅急
亦有淺亘耳島南與陸地間曰梅花江水道雖寬然僅能適用
於民船

(四)白犬列島乃一群三島及數小島礁石等組成其極東最大者曰東犬其極西最高者曰西犬分述之如次

(甲)東犬島　距長門東南七十七里島長六里半闊二里巖石峭立高三百八十四尺居民約百戶其與西犬相隔之水道甚為妥凡船可從西犬之旁繞入東犬之燈塔設在島之東北部高出海面二百五十七尺晴時能照六十九里並有霧礮

(乙)西犬島　距長門東南六十八里長四里餘闊約三里徑東犬之西約四里半中央一峯獨峙周圍列以三岡拔海高五百九十四尺西南向沙坡層石皆斜峭天時較他島尚易居民約計七八十戶東西犬之西諸石與沙嘴皆連屬為避東北風之處島之南面最妙碇泊深約二十二尺底係沙質大中汽船常泊之以候潮渡過閩江口之淺亘也胡

望高水時西犬之潮在十點二十二分大潮二十尺半次十六尺再次十尺半滿月與新月時日潮尤高

(四)林頭山 在東犬之南盡處相隔淺水僅一里及一巉巖石亦峭島長一里半闊半里其巔高出海面二百十一尺

(五)唐島群島即南唐島中唐島(因有媽祖廟得名)北唐島高唐島之總稱茲述如左

甲 南唐島一即南竿塘西圖作媽祖島鐵板山亦其別名也距長門東微偏北五十八里白犬之北三十里島長十一里半闊四里半其西南濱海岸高七百九十三尺是島為閩江口最穩錨地兵船商民船之由津滬來者多在此候潮東風泊媽祖澳外(在島之西凡船吃水十八尺者能泊其內)西南西北二面之風泊清水澳(西圖作巴毋利澳在島之北面水深五拓底係軟泥質)若轉北風可北泊長岐澳民船則鐵板等澳亦皆可泊而以牛角澳為最穩可障東西南三面風力也居民約計六七百戶冬季較多以南面鐵板北面福澳牛角

三澳為鹹並有小店遍山石多泥沙種植則僅在低凹之處餘均任其蕪廢因山高風勁易遭摧殘也朔望高水時媽祖澳之潮在十點二十二分大潮二十尺半次則十六尺再次則十尺半滿月及新月時日潮尤高

(五)中唐島即北竿塘一名長岐山西圖作唐岐島在南唐東北四里半距長門六十九里島長十一里闊三里島上村落六七皆種植之區居民計約五百戶冬季較多有二峰最著尤高者拔於海面九百四十七尺島之東北有沙灘與陸地相連是島略似初月形缺處向南故避北風最宜泊船處曰長岐澳水深四五拓底為泥質漁舍亦多聚於此惟大率冬聚春散故平時較他澳落寞中唐與南唐之間為媽祖海峽中有礁石麻克壁石及長禧島諸礁最窄處約寬三里

(六)北唐島高登島　北唐島（西圖作程嗬島）在中唐之北相隔僅數纜高二百

九十五尺二島間水道雖可航行然多險阻高唐島一作高登島即
下目是也在中唐北七里半距長門約七十六里島長四里闊二里
居民約五十餘戶島東北伸出之沙泥洲長約三里高唐與中唐
間水道航行不甚利

(六)海壇島大練附近島嶼頭山長嶼吉兆島草嶼壙嶼牛山東庠島東洛山

海壇島一亦名東嵐山在福清縣東南七十里海中
適當海壇灣口門唐時為牧馬地宋初置牧監尋罷皇祐中許
民耕種淳熙中有三千餘戶元時民戶增至四萬皆以漁為業明初
徙民墟其地隆慶初復設海壇遊兵萬曆中增置水寨清初置
平潭海防同知駐島上（民國設平潭縣並轄附近諸島是）島長約五十里闊處約三十里其北有江山孤
峰直立拔海一千四百四十八尺東西二面則低下缺處成深沙澳其
狹地僅長十餘里四岸多淺沙無深港大澳惟東南之海壇澳（在

海壇角北）尚可避風海壇角乃島之南盡處係沙質陸地之亂山也有數石高自十五尺至三十五尺海壇附近島嶼林立西有大練小練長嶼鼓嶼嶼頭吉兆北山東壁可門大嶼諸島南有草嶼塘嶼諸島嶼東有牛山大嶼小嶼東庠小庠諸島北有東洛西洛笠嶼諸小島且其西面之礁亦不勝枚舉北面之俾礁流牛礁九娘礁南面之金蓋礁金蟳礁皆適當航路尤宜注意是島幅員雖廣濱海一帶均有飛沙逐風擁積數十年前東海濱田舍相望今則一片平沙人烟稀少島竹山一帶沙色潔白望似積雪頗爽心目島中樹木極少偶或見之高僅齊簷過此即易為颶風所摧折也全島禾田亦甚少居民皆資山芋雜糧為生間有以捕魚為業者惟船小難涉重洋得魚無多故生計常絀耳

○大練島｜位於海壇島西北二里島長十里闊五里居民計三百

餘戶大練與海壇間有鐘嶼遂名其水道曰鐘門係民船常行之路

(丙)小練島在大練壇之西北島長四里闊三里居民計百餘戶

(丁)嶼頭山圖中作島一作鐘島距海壇西北十八里島長約十里寬三里居民計六百餘戶山形低平厥土黃壤種植絕佳是以民頗溫飽其西南兩小島與嶼頭有沙灘相連故通名嶼頭也

(戊)長嶼西面圖作興安島位於海壇島西北十五里半島長四里闊一里居民計四五十戶長嶼之西北六里有名鼓嶼島長一里半闊一里居民約三十戶二嶼間水道曰鼓嶼門凡大輪之行經海壇西面者率由此出入鼓嶼上有三角形之白色木牌標桿以為舟行準的

(己)吉兆島一名吉釣又名吉刁亦名吉跳皆音相同者也有三島曰內吉兆中吉兆外吉兆在海壇島西南北二十三里半島長四里闊一里居民計八九十戶北面可泊中輪其

西尚有黄官山及嵤砄小陳二嶼外吉兆外在海壇西一里餘長五里闊約二里半居民約百三十户全島計十一村東面南港内泊中小民船最穩惟水道不深須候潮出入南面倒笈尾之東遇東北兩面之風泊中小民船亦穩若轉西南風浪稍大外吉兆倒笈尾（西圖作船帆島）西北三里為大嶼（西圖作門島）或名老鼠嶼長一里闊半里其高一百二十八尺

其西北有層石嶼與小門島相連其南向伸出沙灘之淺水深約三拓與倒笈間相隔僅五纜光緒二十三年就頂峯建白色球架以為舟行準繩又大嶼東北三分里之二有金蟳礁上立黑色球桿礁之東面名金蟳門春夏時風靜浪平惟多霧冬季外洋風浪較勁大輪皆由此出入惟礁石林立過之者頗有戒心又近金蟳金蓋兩礁有漩流民船誤近每致遇險光緒三十年外國

商輪因迷霧觸金盞礁而沉（按金盞礁在金蟳礁北微偏東約一
里又六分里之一）
草嶼 西圖作程毋島距海壇島西南七里適當海壇灣進
口之南為該地最高之島兩峯斜聳高者拔海七百六十九尺有
三煙墩在其上島長六里闊三里居民約二百七八十戶凡
七鄉曰蓮澳曰西樓曰陳厝曰吟兜曰後坑曰江尾曰浮枚下中有一大山
曰獅頂嶺上建石墩三座係六七十年前西人所築以為舟行準望草
嶼與海壇間水道曰草嶼門為大輪常行之路
塘嶼 西圖作沙島 在海壇島西南十五里草嶼南三里島長七里
半闊約二里居民近四百三十餘戶島間多白石望之濯濯而峯巒疊
映迥異他島許有杉島民分居三村曰南寮居民三百戶曰北寮
一百戶曰中寮三十餘戶民俗勤儉大半往大岙等處捕魚或採紫菜

是以居民皆溫飽積資數萬者亦不鮮焉塘小嶼東南海中有大峇

島距海壇南十九里長二里餘闊一里餘其西東一里半又有小峇島

二島皆塘嶼人採紫菜捕魚之地近塘小嶼之南為橫山距海壇南二

十四里島長二里半闊約一里西圖作巡守島橫山係二島合成曰南橫

東橫中有石行相連東橫有大王廟及茅屋亦塘嶼人來此採紫菜者所居也

牛山西圖作轉灣島距海壇東南十六里島長約二里闊不及

一里拔海高計二百十八尺居民十餘戶皆採海藻為業牛山燈塔乃白

色定光高約五十四呎設於島之巔四圍皆可望見高

晴時能照六十九里亦有霧砲

東庠島

東庠島一名葫蘆島西圖作觀音島或譯作昆島

距海壇東北三里半島長六里闊三里東南盡處有尖峰拔海四百四

十六尺居民計五百餘戶東庠北面有澳口窄而內寬形若葫蘆因名

葫蘆澳潮退尚深三拓為民船極穩錨地民居亦築室村澳內兩旁東
庠與海壇相距成水道礁淺棱棱潮漲倒捲入海壇濱岸航行頗
危東庠西二里半為小庠島島長約二里半闊一里有奇居民
約五六十戶即西圖之泳來島也

(五)東洛山（一名鶴嶼）距海壇西北二十六里島長約二里半闊一里半居民約計
二十戶其西三里為西洛山其西北三里為石跡山(西圖作赭色石島高
九十尺)十三里半為南王母山十七里半為北王母山

(七)南日嶼十八列嶼鳥坵列島

(甲)南日嶼 舊名南匿山位於興化灣口門之南西北距莆田三江口
水路六十餘里東北距海壇島平潭縣治水路九十里為十八列
嶼南向之最大島長約二十里闊約五六里其最高之東峰圓
西高出於海拔五百六十五尺其南日之南角為一平原全島居

民不及萬户小嶼(俗名大嶼仔)與草帽嶼(俗名頭茅嶼)間名嶼
仔門又雞嶼與南日間名后埕頭水道均甚深可行中小汽船南
日南面之南港口西面之西寨澳西南之蠻壳澳大小輪船均可停泊
西北之官澳泊民船最穩惟水道甚淺潮退後一片泥灘朔望日
潮漲於十一點二刻十五分大潮高二十三尺南日東北兩面礁石頗多
西南略少東有大麥小麥東沙大赤小赤大柄小柄横沙諸島北
有小日(西面作亂形島在南日北十四里半長四里半闊四里居民約二三十户是島為海盗出沒之所)野馬東目西目(一名大食嶼在南日北九里半長約十里闊約一里)大藝小藝東盤西羅盤烏嶼花嶼蠻(在南日西北十三里半長十三里半闊約十里居民百五十户)
嶼諸島西有大嶼小嶼牛嶼黄瓜嶼清嶼(在南日西北二十里長約四里闊約一里半)清境嶼諸島南有
烏嶼(一名雞婆嶼西北面作錠子島距南日西北二十里島長一里闊半里)下嶼諸島其四圍小島叢雜多係海盗之窟穴劫案時有
所聞雖為往來福廈必經之路然商旅咸視之如畏途焉(鷺鷥嶼略偏西南距南日約二十里島長二里半闊二里居民計四五十户其西北十八里有令箭礁)
四十八列嶼一名十八日乃一群散布之小島也(皆散布於)在南日島之東
及東北(二面)廣延約三十里有奇諸嶼之中頗難駛行

常□□舉其大者略述如左

(甲)小南日嶼　西圖作紅日島距南日北七里島長約三里半闊三里高三百二十三尺東南面山中多礁石居民約一百三四十戶

(乙)大□嶅山　大嶅山距南日東北十里半島長二里闊□□□里西面之退流澳可泊民船居民約五十餘戶其西南約一里為小嶅山

(丙)東西羅盤山　東羅山在南日東北七里長約二里闊一里居民十餘戶西面可泊舟南日群□盜常在此伺劫操舟者視為畏途西羅盤山在南日東北七里半長約二里半闊約二里半島之西南有石行與光明嶼相連接焉

(丁)大□□麥島　大麥島西圖作三角島距南日□里又三八分里之□島長約二里闊一里上有佛祖廟居民七八戶係南日人來此採紫菜者小麥島距南日東北四里長闊約一里亦有南日人在此採紫菜

(戊)東沙山　一名東青山西圖作帽嶼距南日東北十三里長一里
又五分里之三闊五分里之四高僅六尺上有大漢廟散嶼為三依
石所成其南常露於水上三尺在帽嶼之東南四里半有四圍水皆深

(己)雙嶼　即東月嶼小月山之總名也在東沙山東北五里半為興化水
道之南界雙嶼與橫山(即巡守島)相距九里闊

(庚)大赤島　西圖作長嶼在南日東北十四里雙嶼西四里半島
長二里闊約一里高一百七十三尺居民約計二十餘戶其西南五分
里之三為小赤島

(丙)鷺鷥嶼　距南日西南二十里長約二里半闊二里居民四五
十戶其西偏北十八里有令箭嶼

(甲)烏坵列島　西圖作阿克嶼列島共二小島在西北者曰烏坵島
西圖名龜嶼距南日南三十五里半長約三里半闊約一里半高出海

上二百三十七尺頂圓而旁滑東北風時常有船舶停泊於島之南向西及
向居民計百餘人冬春兩季多至千餘人燈塔設在山巔乃白色旋
轉之燈高出水面二百六十八尺晴時能照七十二里並有霧砲在東者
曰下嶼長二里闊一里拔海一百五十尺周圍皆係沙石質上有大漁村
夏秋二季約千餘人

(戊)黃瓜嶼清嶼　黃瓜嶼在南日西北二十二里半長三里半
闊約二里居民一百四五十戶清嶼在南日西北二十一里長約四里闊
約一里半

(己)清境嶼野馬山水道島　清境嶼一名雞蛋嶼西圖作鈕子
島距南日西北二十里島長一里闊半里野馬山西圖作亂形島
在南日北十四里半長四里半闊四里居民約二三十戶是島為
海盜出沒之所水道島共三島中有西日嶼一名大食嶼在南

（七）北九里半長約二里闊約一里

島、獺窟島、大陽山島、小陽山島及永寧附近諸小島

（八）湄州灣及其附近諸島

（甲）湄州島——湄州島東距南日島六十里，西南距崇武城五十里，屏

蔽湄州灣之口門。島南北長約十里餘，闊約三四里。全島居民多至千數

百戶，惟無市集，西面繞以石垣，略作城堡形，聊資捍衛。湄州東西南

三面水道約深六七拓至十餘拓不等，惟不可行近島旁；其北面水道

亦可行中輪，惟須有引導者。湄州灣之西面水道亦頗深，曾有中

輪至蕭厝以內十餘里處椗泊，朔望日潮漲於十二點，大潮高

十九尺。島北有大嶼、小嶼，西有盤嶼、竹嶼、鏡台、黃官諸島，沙礁

四面均多，西北隅尤甚。島中土產爲豆麥山芋禾田，甚少，尚不敷

民食焉也。湄洲附近頗少有島，北有

（長二里闊約一里。西南面一峯突起，曰青峯山，上有青峯寺，僧つ五人。是島距岸約一里，有石橋以通行人，惟歲久向有地傾，渡橋而北，有村落，居民耕織。）

（長一里半闊約半里）

（西圖作馬鞍島，長約一里半，闊一里）

（西圖作尖石島，長約二里半，闊一里）

（長三里半，闊一里）

（丙）「擷寶島」在崇武西南十六里長三里餘闊二里南部拔海二百尺北部拔海一百五十尺島民計千戶分居於東西北三澳西南面有小石城及砲臺一座其內亦有居民西澳有市肆及盤石地方尚屬繁盛是島潮退有沙灘與老岸相連潮漲小舟在此待渡春季商漁各船多泊西澳冬季則泊東澳以避風

（丁）「大墜小墜」二島一在東北一在西南皆相距於晉江口小墜西南約二里有旋紋石Howem Rocks露出水面與小墜相距之水道即航門進口處小墜長約一里半闊半里低而瘠大墜長二里半闊一里高三百五十八尺上有天后廟小墜之東伸出六里有小墜沙灘水過其上二拓餘小墜之西有沙洲橫亘晉江口即靴沙是也

「永寧附近諸島」皆位於深滬灣口門面積皆甚小小塔嶼金嶼五嶼之外皆不著者也

（甲）小塔嶼　西面名作鐘島在永寧角東北十九里四面沙灘近年以來漸淤平可

通行人島上有塔

(乙)金嶼　一名大嶼西首作塔島在永寧角南七里餘上有小塔

四面多礁幾與老岸首尾相連故由外海入深滬澳者必由五嶼

外行駛然須防東西兩半洋礁之金嶼西北面有大嶼小嶼及黑山島邊嶼

保皆小礁也

(丙)五嶼　西圖作峻島在永寧角南偏西六里其偏西者又名

砠嶼五嶼西北有深滬石二互距六七鏈之遠水低則露出

(丁)金門島大嶝島（列嶼）小嶝島角嶼北椗島

金門島一名浯州島當廈門灣口門廣袤五十餘里地勢如平原（北距同安縣治約四十里西距廈門約五十里）

為漳廈之門戶屏藩形勢甚為險要今設金縣治於島上南面料羅（舊轄附近有廿島）

灣（亦名陳坑澳）深四五拓段無暗礁水道又穩惟外接重洋風

浪較猛耳東北兩面深淺不一且有暗石西面與烈嶼間水道深五六拓（潮望水高之時料羅灣則在正午九潮廿七尺）

至十餘拓不等為輪帆常行之路登岸處曰同安碼頭由此至後浦鎮陸路不過二三里料羅頭高五十七尺在料羅灣東南進口處乃一尖島以淺灘與金門島相接者也金龜尾為島之西角與料羅頭東西遙對為料羅灣之口門金龜尾有沙向南遠鋪入海長約十里至闊處約五里名為海坵線（或名海翁汕）東西兩面礁石隱伏舟行宜慎北面尤多惟南面較少至城鎮則舊有金門城久頹西部之後浦鎮為往來同安廈門船隻停泊之所遂成市埠今官署亦在焉

烈嶼又名小金門在金門西三里半其間之水道名金門港為停泊佳地水深九拓用避諸方之風皆穩凡船吃水不及十五尺者即旁烈嶼岸亦可停行烈嶼長十二里闊七里凡三十六鄉居民約計一千三百餘戶所產不敷民食漁業亦未能發達故居民多往南洋及新嘉坡各地經商焉

大登島在金門北十里半島長十里闊五里凡十鄉居民約千戶
有小店數家其西面一帶全屬塩田南面雙后村設有塩局歸金
門場兼管平時闃寂鮮人烟居民亦有往南洋各島謀生者是
島潮退四面盡係泥灘東與小嶝西與陸岸之澳頭連成一片
小嶝島西圖作鎮島在金門北七里長約三里闊一里半北面可泊漁
船凡二鄉除耕漁外亦有往南洋群島及上海謀生者
角嶼西圖作石島在金門北四里島長二里半闊半里居民頗少
島種山芋山多亂石南面近島一帶碓石尤多石島之名所自起也
北碇島在金門東面六里半與金門島之北碇頭間成一水道其深
參差自四拓至八拓不等大約南深而北淺輪船可以駛入惟不
可近北碇頭蓋北碇頭亂石崛起成其周圍岸以外小島淺碓
亂石甚眾航行頗險也北碇上設燈塔係透鏡紅白二光作明作滅

距水面十二丈五尺晴時能照五十四里並有霧砲北旋東北五分里
之三有小旋雖潮退則減自小旋正東三里半曰旋繞潮退尚沒水
下二招大四招餘

(十)廈門島古浪峿海門島浯峿青峿大擔島東旋島

廈門島一名嘉禾嶼又名鷺島嶼今思明縣治在鎮海與圍頭內
角相距之北東距金門島後浦鎮五十里北距同安縣治六十里西距
海澄縣治八十餘里廈門當漳郡之首衝地形如田園西有古浪
嶼為屏障遂成泊船穩港今於胡里山白石頭等處與隔岸
嶼仔尾龍角尾分建礮台頗足扼外海之來路蓋亦海防之要
地也是島周圍約六十六里西有古浪嶼海門火燒嶼猴嶼各島南
有浯嶼浯垵青嶼大擔小擔各島東有烈嶼檳榔嶼各島北有
白嶼大離浦小離浦各島至其附近水道則青嶼與小擔間水

道深十拓至十餘拓為大輪出入必由之路惟須行近青嶼以避小礁附近各礁廈門與古浪嶼間水道由廈門內港寬一里半中間深十拓至十餘拓不等兩旁深約三四拓大小船舶均便停泊軍艦之尤大者多泊於古浪嶼西北廈門四面水道如得土人引道大約至淺處亦尚深三四拓廈門內港礁石極多均經海關或植標竿或建小塔易於躲避進港處有礁曰內門限外門限亦置有浮標惟環廈一周近岸處礁石幾難悉數東北兩面各礁及烈嶼北岸之礁石亦多西圖均未及詳舟行宜慎廈門朔望日潮漲於十二點大潮高一丈六尺

古浪嶼一作鼓浪嶼在廈門之西南其間水道即廈門內港也古浪嶼見圖自南亘北長三里半闊如之上有邱陵其最高者拔海三百零二尺自外港進口即見之狀若覆盆此島巖崖交錯木石清奇為各國所艷稱廈門通商埠凡領事公署洋商住宅以及旅館

學校醫院皆分建於此適山洋樓華人則僻處西北一隅喧賓奪主蓋於光緒二十七年闢為租界者也

海門島在廈門西南十七里長四里濶一里居民二百餘戶西面之沙尾歲久漸成水田故兼産山芋及稻焉

浯嶼在廈門外港進口處之西距廈門南十六里半山島南北長四里半濶一里半高三百尺東北與東南兩面危巖壁立其西則有沙灣三東亦有澳一其北澳之西岸有一大村落居民約三百戶山島與浯嶼相距其西岸略遠處礁石甚夥是船不宜行入浯嶼之西也

青嶼在浯嶼西北五里是為廈門外港進口之門戶也危巖直矗頂有礮台在其巔高出水面二百五十尺青嶼之西隈礁甚夥故此島與陸地相距雖成水道亦不穩便燈塔設在青嶼之北斜坡上係

透鏡紅白二光常明燈光點距水面一百三十呎晴時白光應照四十五里紅光應照二十四里

大擔島小擔島

大擔島在廈門南七里半為廈門內港群島之最高者長三里餘闊一里中有淺沙地脈以黏之其最高者拔海三百尺其西盡處為尖圓峰有小圓式礮台在其上燈塔係透鏡白光乍明乍滅燈光點出於海面四百呎晴時應照三十里

小擔島在廈門南九里高二百尺東西長二里餘闊約一里上有煙墩三北有沙澳一與王瓜島相距成水道闊三[illegible]然兩島之南有隱礁由而小擔之西角亦有淺灘伸出二纜凡重載之船及生手之舵工宜走青嶼與赤嶼間之水道為佳

東椗島西圖作測伯爾島譯言小教堂以其形似也在浯嶼南 Chapel island

偏東二十四里高一百八十尺狀亦尖突頂峭而多草甚岌有燈塔係透鏡山巔亦有
白光常明燈光占距水面十九丈三尺晴時應照六十六里並有霧砲
虎嶼頭內外烟墩
古雷頭附近諸島紅嶼塔島大柑嶼
虎嶼頭在古雷頭西北五里長二里餘濶半里居民十餘戶南面
可泊民船虎嶼頭南面與其相連者曰相連嶼
烟墩島
沙洲西圖作烟墩島在古雷頭東北二十里長三里餘濶一里其與
西面陸岸間水道甚深為大汽船常行之路西路沙洲門亦曰聖
杯門西圖名禮是門
紅嶼西圖作東南島在烟沙洲之東南島長三里餘闊約二里
半條一荒島草長没膝蛇蝎蟠伏採紫菜者時或見之紅嶼東
南角有石回連匯潮漲即隱十餘年前一大輪經此迷霧觸沈紅
嶼與菜嶼間名紅嶼門

塔島在銅山東北一里半長約三里濶約一里東西三峯並峙西
峯最高上有小石塔北面有沙灘與北澳尾相連
大柑嶼小柑嶼二島西圖作兄弟島（總名）大柑島在銅山港東南
約四十四里（大柑高百五十尺長寬均一里）小柑高八十尺在大柑西北五里半二島相距所成之水道深
十九至二十一拓頗便航行[illegible]

第三節　商埠

閩侯

位置　北緯二十六度三分東經二度五十八分

外控閩海內引閩江東界連江長樂南界福清永泰西界閩清西北界古田東北界羅源

沿革　周禮七閩漢閩越王國晉析建安郡置晉安郡陳兼置閩州唐改福州五代王氏據之升長樂府號南都宋福安府元福州路明設府轄閩縣侯官民國廢府并縣

水系　以省城舟運可至通津門閩江在城南水道深曲出福州灣

閩江口曰五虎門設礮台長門亦設礮台城外西湖

泉可療皮膚病

物產以榕樹[illegible]故[illegible]榕城[illegible]茶爲最歲值三百萬木材及紙次之果物煙筍又次之漆器及竹製器皆精妙絕倫籐器木

器皆適用肥皂火柴玻璃皆能與洋貨無異

實業　水部門工藝傳習所貧民工廠藝及福建八旗貧民工藝廠福建工廠皆維持及民生計邁羅罐頭公司出品行銷尚遠

城市　省會閩江下游北岸距海口尚百里居民二十五萬市廛湫隘工廠十五處市場在南臺南臺與城內交通有二石橋一江南橋一萬壽橋萬壽橋通於中洲（小島）由中洲北岸以江南橋（俗名倉前橋）通於兩岸二橋皆交通之衝要行人不絕萬壽橋長約百四十丈江南橋次之俱極壯大

商業　於清道光二十二年南京條約開為通商市場五口通商之一與外國貿易甚盛貿易額次於廈門年達千七八百萬兩左右主要之輸出品為茶生絲樟腦竹紙柑橘類甘蔗筍木材雨傘等輸入品為綿紗綿布毛織物石油糖麵粉火柴雜貨等

鄉鎮　昔閩縣有營前縣丞侯官縣有大湖縣丞皆分徵地丁今仍分設縣佐閩安鎮昔駐湘兵設閩今已裁改竹岐為上游大中洪山橋有製造局萬壽橋上流北岸有造幣局金門長門勢同鎖鑰田螺灣亦有礮台洋南港洋岐北嶺湖前皆設茶卡

交通　閩侯之交通水陸俱便茲分列五幹路如左

閩侯上海間幹路　此路純為水程自閩侯之南台起乘小汽船六十里至馬尾換乘海輪出五虎口經東海至滬約需四十小時可達自五虎口至馬尾一段港寬而水淺外潮不行輪船出入例必候潮生始克啟椗

閩侯浙贛間幹路

陸路　自閩侯至南平縣四百餘里為行旅中樞或水或陸均不能逾此陸路乘竹肩輿沿閩江左岸上行山石牢确時虞顛躓

自南平再上又分兩途(1)東北行經建甌建陽浦城等縣抵仙霞嶺嶺上即仙霞關出關則入浙江境是為入浙通衢長約五百餘里(2)西北行經順昌邵武光澤等縣度杉關至江西境是為入贛通衢長約四百餘里

水路則行於閩江正流及支流自閩侯上溯二百里至古田縣水口鎮江面寬廣水流平穩小汽船可以暢駛其間自水口以上中流多灘險水淺流急輪船不能通航至南平縣又分兩途(1)東北溯建溪一百二十里至建甌縣止春水漲發仍可舟行至建陽縣(約八九十里)再改陸行入浙(2)西北溯富屯溪三百六十里至邵武縣易陸程入贛水盛時亦至可光澤縣又往各縣支路記其要者自尤溪口(在尤口上游約百里)溯尤溪至尤溪縣自沙溪口(在南平縣西北數十里)溯沙溪至沙縣自順昌縣(在南平西北一百五十里)溯將溪至將樂縣

自水口以上各溪均有石灘不易行也
自閩侯至水口小汽船一晝夜可達帆船須三日水口以上上溯時日不能預定大約自水口至南平至延亦須三日若大舟者至七八日自南平至建甌須二日至邵武須五六日遲者亦至十日其下行乃至速邵武至南平可兩日自建甌至南平僅大半日耳自南平至閩侯行尤速清晨起程日未落已至水口水口以下無灘石可夜行薄暮即開翌日午已抵南台矣
閩侯廈門汕頭間幹綫　此路水程為最便大汽船自閩侯開直抵廈門每週一二次再由廈門開抵汕頭亦有由廈門逕往來上海台灣等處而不寄碇於閩侯者有西行南行往來於香港新加坡爪哇小呂宋及南洋各埠者若小汽船之航路則甚短自閩侯開駛者可抵長樂莆田晉江自廈門開駛者可抵金門[illegible]同安晉江嵩嶼及

附近諸小港海運極稱發達

閩侯三都間幹路　自閩侯前往有小汽船一晝夜可達如赴霞浦寧德諸縣仍須俟潮半日乃可行入口昔年汽船未通旅行運輸亦大半航海緣陸路崎嶇不便也

閩侯長汀間幹路　長汀縣既無河路相通又距海濱甚遠交通往來極稱不便自閩侯前往取道永春漳平連城等縣行於山中非二十餘日不能達而途中險阻備至自海運既開旅行者多乘汽船至汕頭再乘民船溯汀江前往雖稍紆遠然時間尚少亦較穩安適也

（二）思明　北緯二十四度二十九分東經一度五十分

位置　四圍環海近附大陸海道深闊北近同安西近海澄東以金門為外蔽廣袤不及七十里

沿革　宋以前隸同安曰嘉禾嶼明始城廈門設中左所鄭氏於此立思明縣清收臺灣始移興泉永道泉防同知駐此旋正名廈門廳民國改縣復名思明

山脈　佛嶺南支逾海突起最高者為洪濟山一名嘉禾山有留雲洞絕頂有觀石臺迤為金榜五老文公諸山西南為火成巖東北為片巖

水系　九龍江口在廈門灣內灣外曰圍頭澳金門列嶼梧嶼諸島環其外廈門位置最內港深水靜便於停泊對岸嶼尾仔礮臺與海澄接其北有筼簹港又帶溪霞溪古樓溪諸小溪皆入海

商業　廈門汀漳二道之物產多集於此而與外國貿易輸出品以茶煙草甘蔗砂糖磚瓦麻袋雨傘為主輸入品以棉紗棉布毛織物石油米麥火柴等為主又此地之水仙花最著名每歲運往

美國者約二百數十萬元厦門每年貿易額約達二千萬兩左右龍眼歲出三萬箱值七十五萬元荔枝四千箱值十萬元此外輸出者以塩為大宗土布砂糖竹紙魚貨木材產額亦巨

城南滄浪亭水清可飲壁上刊范文正公詩城內西北拱極台下臨海子池宜於登眺城東得勝湖宋武功大夫敗金人處至

鄉鎮[illegible]涵江前臨海口商賈雲集[illegible]貿易勝於郡城[illegible]

輸入豆餅為[illegible]布疋[illegible]歲以百萬計三江口為輪船所泊須換小船始可至南門外是以商市亦盛東之黃石笏石南之瀨溪花亭北之江口均為要鎮

(子)交通

[illegible]海[illegible]公司有建安快輪泊浦東寶隆碼頭行駛與化泉州[illegible]陸路入省至涵江二十里至江口四十里至漁溪八十里至扈嶼百七十里即改[illegible]小汽船至閩侯惟閩涵厦涵間仍

有小輪往來
廈門如劉五店（屬名鐺江在廈門東北）溪頭（在廈門東北）石潯（在廈門北屬同安縣治）石碼（在漳江口）白水營（係漳江南面支河亦曰南江）等處皆通內河小輪船營業尚頗稱發達焉

福清口
興化湾
南日嶼
海壇
平潭
娘宮
牛山

第七章　廣東省沿岸

廣東省沿岸瀕於南海及東京灣其大部分與福建沿岸頗似邱陵崛起於海岸頗多岬角灣澳故不乏良港全國第一大島之海南島屏蔽其南形勢殊勝海岸線之複雜及長度甲於沿岸七省茲述海岸之概況如左

廣東大陸海岸

海岸東自柘林澳起澳北有黃岡溪入海口澳之西岸有韓江支港口澳口東面又有南澳島跨潮漳海界自柘林澳迤西為韓江正流入海口海岸自韓江又西為汕頭汕頭南臨馬嶼港港南有達濠島達濠之西為海門島西達濠之東南角與海門之南角東西相對為澳名曰企望澳海門角西對大地為澳名曰海門灣二澳之北即潮州內港是也潮州內港西岸迤南為練江口又南曰靖海港轉西迤為赤山澳赤山

澳之西有神泉港為龍江入海口自港口西南迤為甲子角甲子角西
為甲子港自港口甲子門西南行為淺澳角西對白沙角約三十餘里
為碣石灣口門灣之北岸即陸豐城有內河水熱水入海口自白沙角
迤南為遮浪角轉西為捷勝角西南對大星角為紅海灣口門闊約
百里灣之中央有江牡嶼嶼北有東北灣入之港港東北承姜水
即長沙港是也自大星角迤西北為平海灣（琴阮港）灣之西北為
墩頭港其東北隅海水復匯成一港名範和港即宋文信國軍之涌
船澳之港之西岸為大鵬所迤西南為東涌鎮東涌鎮東南臨
海之角曰躋蹊角東北對平海角為墩頭港口門東涌鎮西南臨
海之角曰大鵬角角之西北為大鵬角之西北為大鵬海灣西南岸
為九龍灣灣內四山環繞水深岸峭為停泊勝地西岸又有溵源港
九龍南對香港為九龍港港西即沙尖嘴西北迤為急水門屯門與

大嶼山間之水道也自急水門迤西為廣東灣口北迤為內零丁洋又北經新安縣城西又北為永平河口又西北為虎門又北經東莞縣西又西渡西江口經沙灣東轉西南經順德縣東此處多支港沙嘴蓋海灘也又南經香山縣東又南即為澳門廣東灣口外島嶼甚多以老萬山為著老萬山以南為外洋北為內洋西香港澳門東西對峙實為廣東灣門戶惜乎一割於英一讓於葡門戶洞開海防不能穩固矣澳門西黑水洋西江入海之支港也港口島嶼頗多又西為黃梁都與大地相離之島也黃梁都之西為洲子門亦西江入海支港洲子門之西北為厓山島島西為厓門港自厓門港口南迤至銅鼓鎮西對上川鎮成一海灣灣內有上川下川雞籠山三島上川之西海水匯為長港自港口迤經大澳鎮南為大澳嘴自大澳嘴迤西至坡尾口成一海澳名曰深港港北岸有西港口為那龍河與漠

陽江入海口深港澳口東有大小鑊群小島澳口西有海陵島自陂尾河口迤南至雙魚所之東為閘坡港即海陵島西對大地間之夾也自雙魚所西南迤為儒峒河口自河口迤西南為電白縣南之西畧[illegible]本由電白城東向西南伸入海中之沙嘴[illegible]西對南海角為淺澳澳内有長沙横亘長沙與西畧間為電白港自南海角西南迤約八十餘里至吴川縣城城西南為利劍門利劍門之南有數沙洲排列最東之洲名麻練沙沙南對海中湛川島（一名東海島）之東北角為廣州灣口門自廣州灣西南迤有城月水入海口轉南迤經海康縣東南為淡水港又東南自斯禮嶺迤南為錦囊港又轉西南為瓊州海峽北岸經徐聞縣城南又西為雷州角至此離海峽北轉為青銅澳又曲折北行約百八十里至遂溪西境為晴鋪港稍北為石角水入海口自吴川縣至此為雷州半島海岸西迤海水北匯為

一澳　澳西岸為調埠自調埠西行為北海通商埠其北曰三汊港廉江入海口也三汊港之西為大觀港即平銀江入海口又西為急水門欽江入海之口也急水門之西角名天堂角又西名石龜頭其西為阿成河入海口即所謂白龍尾港也又西為洪河口又西至東興鎮有北崙河入海口為中越之界中國海岸止於此矣

二瓊島之海岸

海南島之海岸自瓊山縣北之海口港始即南渡江入海之口也自海口港東南迤為三江水口海水東南匯成港港東為鋪前鎮故名鋪前港自鋪前迤東折東南為加定角又南為淇水港轉西為南山港至清瀾港（一作青籃港）口平昌溪白石溪白芒溪合流入海口也自此迤南經會同縣之東小水口頗多又南至樂會縣東為博鰲港萬全河入海口也自博鰲港南迤至大花角轉西南有踢寮容河石龜河入海口又西南至陵水角其西成一海港名桐棲

港又西迤至永寧鎮南又南迤轉西至榆林港港北承多銀小水為海南島惟一良港自榆林港口迤西北約七八十里至崖縣南有寧遠水分流入海二口東口名大蛋港西口名保平港自保平港迤西北峻梅角又西北至鶯哥嘴轉北迤至感恩縣城北為感恩水入海口又北為南龍江入海口又北至昌化縣西南為昌江入海口又東北迤經安海江口又東北至觀音角角東為沙溝江口沙溝江口東北為新英港（一作洋鋪港）係海水東北匯成港為新昌江北門江入海之口港口北有小石島曰大墶自大墶東北迤經兵馬山又東經小水口至臨高縣東為文瀾水入海口又東迤還石䃮港口至海口所此海南島海岸線之大概也

構成大雀角及石龜頭形勢險要港内水深大船可出入實廣東與
越南分界之要塞也

海南島之港灣

海南島沿岸港灣中最有望者厥為榆林清瀾二港一南一北為將
來全島交通之中樞次則海口新英二港雖不如榆林清瀾之重要
然因大陸各地交通之關係終可保其一部分之勢力此外各港唯
三亞籐橋二港較為重要因榆林港雖為最良之港灣然前
此曾有將該港作為軍港之議歷經政府派員調查在案將
來此港若作為軍港則商港不得不另擇地點三亞港處環島
正南與榆林港鄰近籐橋港附近物產豐富以之作為南部港灣
尚屬相宜耳其餘如鋪前博鰲新村海頭北藜鶯哥海保平
等港或地點偏僻或流沙淤積僅可為補助之港灣不足為主
要之港灣也

第一節　港灣

(一)柘林澳海門灣諸海港

柘林澳在饒平縣之東南一百四十里澳口南向澳北有黃岡溪入海之口澳内有諸小島以柘林島中島進口島為著進口島中島在澳之中央其相距處水深三拓至六拓不等可資停泊澳中水木清秀四圍皆村落鮮魚野禽尤為最盛澳口東南有南澳島分柘林澳為兩口一為南澳夾東口一為南澳夾西口

海門灣為靖海所之東來角東北對海門角二十餘里其中相距之灣也平均灣内水深六七拓海門江進口處之淺且低水僅深十尺進入港口三里許有鎮城在右岸海門江繞鎮城之北西折其北地勢轉低與潮州内港通焉海門

角之背諸山起伏狀如雙髻高五百九十尺上築圓堆又有三塔其一在灣之北向平地上其二皆在山上天氣清明能自南澳島濱及他處低地望見之足為航行之目標焉

（甲）赭海港赤澳

赭海港在惠來縣之東為一小海港北以東來角南以浪激角為其口門長約十二里東來之西向進口三里有鎮埠曰赭海所其進口之東向有尖圓塔為停泊之所然不甚穩僅吃水深在十二尺以下之船可以旋泊

赤山澳一作赤沙澳在惠來縣之西南浪激角為是灣之東壁中英小澳神泉甲子港

浪激角一名猛浪角又名蓮花峰角上置精緻燈塔易於識別山高一百十一尺浪激角之西六里有一小島高五十二尺又有一平石在浪激角東南三里許浪激角燈塔高出海面一百五十

二尺天氣清爽五十七里當可望見
（甲）神泉港（甲子港）
神泉港一名東澳在惠來縣之南因澳之東有神泉鎮故名
（日本港）
為龍江入海口龍江源出普寧縣西南陽山東南流至惠來縣
南會數小水入海江口附近有二塔一在江口東向俗塔一在其南六
里塔江口有淺亘在鎮之西水低則浪大亘之外又有數淺便泊
善處在南塔西北向處水深五拓餘足避東北風如在南向
則常有重浪滴漲焉
甲子港在神泉港之西港西岸為甲子所（在進口內五里許）港東岸為甲子角是角
高二百十尺山勢峻嶒近海處有一廢砲台港口有大石壁至名甲子
門石上下各有六十甲子字故名甲子門亦名石帆港低水僅深六尺
甚危險龜石高出水上十五尺在甲子角之南四里其內向又有兩小島
與雞當龜石與甲子角相距之處諸船不宜闖入

碣石灣　紅海灣　墩頭港

碣石灣在陸豐縣之南田尾角（即茂澳角）遮浪角東西對峙成為天然之門戶灣北岸有石山兩簇其在東北者雙峰插雲高者拔海一千四百三十九尺次者為圓山其次則乳頭山高九百四十九尺灣之西岸亦有高山西圖名曰琴伯避山六〇〇〇拔海一千七百七十三尺灣北岸金廟角之西有內河水勢水入海之港故其鄰近之地低而濕〔村落甚多乃船舶收泊水深十八尺者可停泊於山角西北一里半之處〕碣石灣兩岸居民稠密碣石鎮在灣東岸為一大鎮市天氣稍佳則附近處漁船結隊而出此灣停泊只避南風當東西兩向之風亦可惟東北風則灣中皆涌漲

紅海灣在海豐縣之南雖為大灣但水底甚淺且灣口廣闊不適避風惟灣內東北之汕尾港及北岸之淺澳口門收縮便於避風〔長三里闊三鏈高二百四十尺其北可避南風〕紅海灣中有島最大者為江牡嶼（一作紅海山）適在灣之中央此中行船可東西掖（二島在江牡嶼西南二十里）

之西南不可入灣之西北部因灣內風浪大於灣外也是處乃積漸漲涌之地故以不宜名停於紅牡嶼更遠為是

汕尾港一作爲涌湖在江牡嶼東北二十九里口門西向闊僅里許深二拓半港口之北岸尤淺大汕尾山在東南山巔高出海面九百七十尺港之南界沙岸即在大汕尾山下其北盡處為南山頭（西圖作進口處）

淺灣距江牡嶼北十二里口門闊六里灣內深約二拓其東南角有長沙港深僅六尺通入碣石灣惟小艇可行焉

墩頭港一名霞段涌灣西圖作伯亞士灣 Bias Bay 在紅海灣之西平海角大鵰嘴為是港之東西二門戶其中央部位多漁梁木樁罾網繩索之屬夜向航行殊覺不便其向水深不在六拓以下灣之東向則有淺一段東北隅海水復匯成一港名範和港即安文信因駐軍之涌船澳遂口處闊四里半其中水深四拓

静

港之口內向有淺伸出長六里範和村在港北岸當霞涌
內大風之時入此港避之甚妥墩頭港之西向為諸島脈絡
缺處成二大灣以南之大鵬澳為最著大鵬澳因北岸有大
鵬所而名雖屬逼仄而中號之船在此避風南面穩善
是澳北岸有大鵬山岸之下有一淺沙伸入海里半南岸之勢
亦甚猛故近之者宜尤慎凡船吃水十五尺以上者不過進入澳
西及南岸之半三角也

四 大鵬灣

（甲）沿革　道光二十二年香港割讓於英咸豐十年九龍又割
於英於是英人東方之勢力遂如旭日東昇至光緒二十四年
法人要求租借廣州灣以危香港英人懼香港之防不周亦要
求於以前割讓地域外推廣三百七十六英方里租借九龍半

島全部以予抵制清政府不能抗遂於光緒二十四年五月結九龍租借條約如下此約定後大鵬灣遂入英國租借地域矣

(一)自大鵬灣之西角起沿大鵬灣北岸以一直線橫貫九龍半島沿深州灣北岸由西方小半島西外海以一直線南下至南大澳島西南海面南海面東折橫過香港南端而東由大鵬灣南下直線相會會乃線內九龍半島全部香港附近大小四十餘島嶼又大鵬深州二灣香港附近水面悉為租借地域

(二)租借期限為九十九年

(三)大鵬深州二灣中國兵艦仍可通航

(乙)形勢　大鵬灣在寶安縣東北大鵬嶺與鳳頭角東西對峙成為口門約五海里口門有文島南文島橫列有如鎖鑰灣

内西部小島尤多草島北交島左島双僊島新月島曲島其較著者也灣內水深自五拓至十拓寬闊平穩可泊巨大之軍艦是灣西北部位及曲島以北其西向之水漸淺停泊亦佳若東南風時則灣之東平洲之南約距東岸處亦可停泊水深八九拓若西南風時則泊南交島之西水深亦八九拓大鵬灣西多山港汊紛岐西之汲羅港（其近之處乃左島於黃竹角之兩澗約四里港內北岸水深六拓是為港又分三小澳潮澳在西南汊羅澳在西北河澳在東北潮澳深十里半近白頭處水深五拓漸入則漸淺澳濱有小徑通至九龍河澳以避大風甚穩善）南之瀝源港口門甚狹港中水深至十三拓廣闊能容巨艦）閉鎖尤緊以之營建軍港當不亞於青島象山也且其地位又當衝要居廣東海岸之中心西連深州灣扼珠江之門户足制廣東之死

命西南曰香港僅二十五海里一旦有事緩急可濟故英人得此一灣不啻為香港鑄造鐵甲堡壘東方之利器又增一具矣

(五)廣東灣

廣東灣為粵江入海之口以虎門伶仃為內戶雞頸老萬山為外戶香港九龍為東門澳門橫琴為西門而大濠島橫亘口門適當其衝由西方以入粵江者謂之大西水道由東方入粵江者謂之大擡尾水道又有利馬大濠虎門等水道諸水道概無沙礁航路之穩便為亞洲所罕有實廣東全省之門戶也

四大西水道在老萬山之西當西南風動常取道於此以入番禺倘是向之風將盡當從東向而行或由東向轉入北

静

其船宜順擔杆羣島之東、北頭進入擔杆大濠兩水道

因大西水道之外水淺而向西常有意外之險故繞此以避之此

亦可乘北風直入粵江停泊

(四)大擔尾水道在雞頭擔杆之間由此北行繞三門島轉至外

伶仃以北即至大濠水道或由三門列島西轉洲之間直入大

濠水道及過青洲以後姑由取道於內伶仃達番禺

六　澳門港陽江港電白港

澳門港在澳門半島之東南半島長約六里其闊約三里其西南與島相連者有一條窄沙脈橫通之形如牆壁以分內地城建於山坡之上約高二三百尺其下則築基以衛如海塘焉內港在澳門半島西抱而成外港在小橫嶺之北外港之深大於內港內港多沙灘吃水深至十尺者方易進入港內其內港西由內地接連處有鐵稜山即對面山也在其西向內有小河可行內河輪船燈塔設在炮台處高峰三百三十二尺天氣清爽六十里外可望見也

陽江港電白港

陽江港位於陽江縣之南以大澳雙魚所為東西二門港口長約百里其門雖廣然有海陵山及大小鑊群小島峙立口門天然

七(四)

障避是灣又分為二小港自大澳嘴迤西至坡尾河口成一海澳名曰深灣港西名大澳嘴灣大澳嘴下水深四拓餘泊此可避東風港北岸有水口曰西港為那龍河水溪陽江入海口自坡尾河口迤南至雙魚所之東名白鬧坡港即海陵山西對大地鬧之交也夾內水深自七拓至十拓可以泊船（中等輪）

電白港位於電白縣之東南西累（西名小海角）為是港之東壁西累傍內電白城東向西南伸入海中之沙嘴也西對南澳砲台角為是港之口澳內有長沙橫亘沙上有挑衣洗長沙與西累間為電白港水深三拓餘為塩船聚集之所電白為我國南部最富之區（產鹽）常集數百艘載塩運赴省會大汽船遇風亦可於港內暫泊口外有大小放雞山等小島

廣州灣

(甲)沿革　廣州灣位於海康之東遂溪之南在昔不甚著名自光緒二十年後歐西各國咸覓商港軍港於中國以為經營遠東之根據地並漸有注意之者光緒二十四年正月十八日我國與英結揚子江不得割讓他國之約二月十四日與德結租借膠澳條約三月三日與俄訂租借旅大條約三月四日與日訂福建省不得割讓他國之約法國遂以均勢為詞亦於是年向清政府要求租借廣州灣清政府遲久未決明年忽有法國士官二人教師一人被害於遂溪法國遂以剿匪為名率軍艦直入廣州灣清政府乃表示讓步卒於光緒二十五年與法訂租借廣州條約如左

(1)陸地南自遂溪縣所屬通明港沿官道北至志滿墟東北轉至次坎更東進調神島北部復東至吳川

縣所屬西砲台後面之向水面自吳川縣之海口外三海里之水面起沿岸西進至南通明港口外三海里向又東海島碙州島之全部皆為租借區域

(2)租借期限為九十九年

(3)租借地域歸法國管轄得為軍事上之設備

(4)赤坎至安鋪之間法國得設鐵道電線

(5)中國船舶往來按照中國者商船一律看待

自此約成廣州灣遂租於法闢為自由貿易港後設行政廳以治理之於是此港香港及東京灣之汽船亦時相往來遂一变曩昔荒凉之狀而為法國東方勢力之根據地東京防衛賴之以固而廣利益因之以保且與香港對峙足與英成均勢之局觀此廣澳之關於法國者固亦重且大矣

八

(乙)形勢　廣州灣位於雷州半島之東、北三面依陸東臨
南海東海島橫亘灣內因分灣為二狹隘之水道南水道
淺沙甚多輪船不能通行北水道較深尚可通航北水道
之北有水伸入內地止於化縣之永安鎮西者為海頭港口港內
水深岸闊為停泊最佳之地灣長五十四里至六十六里闊六
里至二十一里水深自三拓至十一拓若再加以疏濬亦良港也

海安港　閩溪澳　東場港

海安港在海安西北三十九里距閩溪尾(西人稱為作加迷角Cape Kami)之東五十一里山澳之東向有一紅沙徑相距十餘里南
(此小島南稱擱角為東西兩門均可為港)
盡處有一尖圓山高八十二尺(近有炮台)澳西南村上山澳頗淺三拓之
南錢田距岸四里半島(西人稱作加迷澳)
閩溪澳在閩溪尾之東闊三十三里深九里甚淺其三拓之淺

列距岸九里無甚利益其東有莧鬱山稍衍迤而東向列嶼
低平近閩灣尾處列章然閩灣尾乃沙質一低角也
高約四十八尺上有燈塔天氣晴時相距四十里能見之是處可
得停泊著地以避西風或東北風
東場港一作博張港或謂之安澳在閩灣尾西北二十一里為港
闊十五里冬時東北風沿濱無險近岸雖有漸高處而
底質惟澳中絕無天然之港以為巨舶東場港與閩灣
尾之間地平坦皆種植田疇距岸三里或一里半
為五拓之綫自東場港以北為青銅澳東受一小水即西潭浪
水也
北海港三汊港大觀港急水門白龍尾港
北海港在合浦縣東南北距三汊港南臨大海港南岸冠

頭嶺一帶諸山巒々皆童山最高之峯拔海三百七十四尺有
礮台正當汽船之來路最為要衝惟山麓沿海平坦無阻扼
守較難北海雖為通商海港僅中等輪船可以入埠而大輪船
碇泊十餘里外海中焉

三汊港廣江入海處廣江上游為南流江出廣西容縣西
南山中西南流入合浦縣境名合浦江又名羅城江會數
小水至合浦城北分為二支入海

大觀港在三汊港之西平銀江丹竹江會流入海之處也二水
出欽縣東北山中港口為合浦欽縣分界處

龍門港在大觀港之西欽江入海之處也欽江出靈山縣東北
洪牙山西南流經靈山城南欽縣城東南會魚洪江大道江
等水東入海港口小島頗多大輪船可泊焉

白龍尾港西圖作鶯歌澳Canh Huan bay在防城之西南為阿成河入海之口山綠麓突入海中構成天堂角及石龜頸形勢險要港內水深五六拓底為沙質大輪船可出入實廣東與越南分界之要塞也

安及海灣道里將各港情形列述於左

榆林港　榆林港處崖縣鐵炉三亞二港之間距崖縣治東一百三十里旱路至加積市四百五十里至清瀾港五百六十五里至海口市七百四十五里與安南之陀林灣遥遥相對分為内外港外港向南港口開敞兩岸皆係三五百尺之山相距約三英里半水深三丈至九丈不等將來可泊萬噸以上之船惟築港經費浩大須俟之將来耳内港亦南向港身則偏於東方口門左有樂道嶺右有独田嶺兩相對峙港内峯巒環繞海岸平鋪脱有風濤無虞激蕩上貨上岸均可自如是為商埠有自然之基址無穿鑿之艱難惟内港港口附近兩旁暗礁如帶互相插抱此處較窄水深處寛僅六七丈深三丈左右航海者對面山腰竪石標為誌稍偏未能入口但此項礁石均係蚌巢疊成之珊瑚礁

質地鬆脆開鑿極其容易目前情形二千噸左右之輪舶可以自由出入港內東西長約十二里南北寬約五里水深處三丈五尺淺處一丈數尺至二丈不等可泊千噸以上之輪船十餘艘較小之船數十艘將來稍事疏濬尚可多容若干艘岸地多平坦南北各二三里東約四五十里西少短村落凡三十餘處冬春漁業頗旺傍岸有大鹽田二區小鹽田十餘區北岸穿行五里即達三亞港多鹹水由東北注入港中附近水味清潔故輪船飲料不虞缺乏夏季出洋帆船由南洋各埠北返者均寄泊此港焉

清瀾港　清瀾港處文昌縣治之東南距城約二十五里陸路距海口市一百七八十里距南渡江沿岸之舊州市一百里距瓊東縣又加積市一百二十五里港由東南前臨大洋口門寬約一里港身

長約十五里灣內狹處約一里半寬處約四里可容千噸以上之輪船十餘艘較小之輪船數十艘水深處三十尺淺處十八尺惟港口積有珊瑚暗礁寬廣約二三里礁面水深九尺至十二尺非從事開濬五百噸以上之輪船不能駛入但礁質甚鬆工程不致困難平昌江由東北注入小船可通文教市文昌江由西北注入小船可通文昌縣城其赴海口舊州加積各處之道路亦多平坦吸收力頗為偉大苟能開築商埠成效必有可觀也

海口港　海口港在瓊島北部距瓊山縣城約十里港內沙灘水淺而路窄大小輪船均不能駛入須停泊於六英里外之海貨物旅客全用民船轉駁民船達岸順風之時需一小時之久逆風則需三四小時稍遇風浪輪船不能下梯旅客須用繩索吊下風浪稍大則貨物絕對不能裝卸若遇颶風危險極大港惡

如此而能為現時瓊崖商業之中心者徒以接近雷州半島便於大陸之交通並曾經開為通商口岸也夫海口港之在瓊崖地點既較偏僻而航線復須經過木蘭頭急水門等種種險隘五六千噸以上之船不能行駛將來清瀾開港鉄道告成集散於海口之貨物大部分將為清瀾所吸收表面上海口一港必完全趨於衰頹實則不然蓋海口與对岸雷州半島之徐聞相隔僅八十里彼此往來甚為便捷且香港海防線一二千噸之輪船條由海峽經過灣泊不甚費時本島又有南渡江為之補助縱海運中心移往清瀾終必保有其相當之地位也

（十三）新英港

新英港居儋縣之西北距儋縣縣治十五里陸路距海口約四百七十里距清瀾港六百四五十里港口向西港中面積甚廣古來航海事業頗為發達雖積沙多而水不甚深然四五百

噸之輪船以出入將來稍事疏濬可成良港北門新昌二江自東南二路來注淡水無虞缺乏地點固不免偏僻而接通大陸為其特長且將來欽榆鐵道築成即為本島與大陸聯絡之要地不可輕視之也

三亞港　三亞港在崖縣東一百二十里港內因河流之形勢流沙沖積成為龍古三亞二坡間寬處約十餘丈窄處約一二丈龍古坡與東岸之間寬處約五六丈窄處約一二丈三亞坡之端距南岸潮漲時約三十餘丈潮落時約二十丈港內流沙淤積水不甚深千餘擔之帆船可以入口港灣雖不佳良然因秋冬漁業甚旺為產鹽豐富之地內港長細又適於避風故北海陽江安浦文昌樂會之漁船及運鹽之船恒以時來集又因人貨多需駁載蜑家小船為數甚多自僑豐源興各公司來

營鹽業後間有雇輪運鹽者該港遂漸次發達此港之缺点因輪船不能入口僅能停泊於口門距市二十五里鹿回頭嶺左近小島白石排之外故將來如欲此港發達須自鹿回頭嶺尖端向西北方築一灣形長堤然後碇泊可以安全起落無虞然此係大規模之計畫非目前所能辦理唯有俟將來耳

籐橋港

籐橋港在崖縣東陵水之交界陸路距崖縣治二百一十里距陵水九十里距加積三百六十五里距清瀾港四百九十里海口港六百十五里籐橋市為崖屬最大之市鎮春夏漁業旺盛漁船最多附近有新式樹膠椰子公司多家數年後出產豐盛現時住户約二百餘户大小商舖四五十家數年之後大有發達之望所惜該港口窄小三帆船不能進口然牛琪洲峙立港口港西山脈折向南方茵能自西部海

岸築一長堤接連該島則堤島與港口之間成一良好外港數千噸之輪船不难安全停泊此港也與瓊崖東部繁富之區較為密邇前有鐵炉港近之物產後有十二弓半之外來通左接陵水右近三亞前途發達未可限量惟築港工程浩大一時恐難觀島事实耳

第二節 島嶼

(一)南澳島 達濠島 海山島

南澳島跨閩粵海界島長三十六里東部廣西部狹廣處近二十里其東北角距陸地約十五六里為南澳夾東口西角距陸地約三十餘里為南澳夾西口南澳夾水道深三拓至六拓不等是島周圍約百餘里有三澳在北岸者東曰南澳灣(其上有鎮垣凡船吃水深不及十八尺者可入此澳)西曰龍門澳(西圖作淺澳中有兩小島及數礁石)在南岸者曰後隄澳南澳後隄澳均可停泊惟龍門澳淺沙較多耳島西之北嘴名長山尾其北小澳亦可下椗島上多山中有數峰高達九百尺以至千六百尺居民繁多但因土地較瘠故多以漁業

(二)田島

馬嶼一名媽嶼為汕頭東南之小島自東方觀之宛如二島故西名雙
倍島有蘇房屋以白色塗垣海上望之頗易識別島上有
海關附近華人居住頗多最高之峯拔海一百二十六尺其頂
方形有砲台故址其南與糖塔島相距之間有水道不宜用
糖塔島或謂之塔嶼一作德州鹿嶼皆其別名也南與達濠
島間曰糖塔水道闊離僅二纜兩岸甚峭水道尚深為汽船
帆船常行之航路糖塔島有燈塔高出水面二百呎天
氣清爽二十四里外能見之
達濠島在汕頭港之南西與海門島僅隔一狹港島作長形
西北至東南長約三十里東南角西名作好望角與馬嶼遥對
為汕頭灣之門戶此角高一百六十三尺上設有燈塔光力達四十
五里東椰頭東南山脈盡處曰馬耳角西名作高角拔海四百

（二）

三十三尺其頂平整坟墳鋪焉

海門島在達濠島之西島其南角有海門舊城東與達濠之馬耳角相對中成企望澳西海門角西對陸地又成一灣名海門灣企望澳與海門灣向北承港口其均北與潮州內港（舊記曰牛田洋）通焉

金嶼龜齡島猫多薩島塔德島六充島中列島菴列島

金嶼在碣石灣西嘴遮浪角之東北係二小島合成其最大者距遮浪角東北約十一里有危峯削立於島北盡處高八十七尺

龜齡島一作山羊島在捷勝角東南九里為紅海灣東向群島之最大而最南者也高一百七十五尺當東北風最烈時為船舶寄碇之所在是島之西北面外有小島環峙足以遮避大浪船舶寄碇其間

海牀而深是島東南九里為菜嶼係一群列石諸石由南至東長

一纜龜嶼與葉嶼間之水道須防隱礁

猛多薩島在福記角西南十餘里海中高四百八十尺周圍十一里有奇北西可以泊舟以避西南風西島西北二里為聖箸嶼高一百六十七尺中央狀如裂開二島相距間水深十一拓

培德島譯言減少也在墩頭港口門之東向西北長約三里闊約一里半島之東南東北二面均有礁石淺盪於高水處島北七里有三倍島其間可避東北風

六克島伴於墩頭港口墩頭港中央處自南而北羣島零星層起伏若斷若續即所謂西向諸島脈絡也六克島即在此脈絡之西群石磊落狀若方椎長約六里腰窄如分為二島最高之部在南向拔海三百三十尺其旁皆可泊船惟視風向而為用六克周圍凡六小島最大者在北曰柱島

中列島者墩頭港中央群島也柱島北三里計六小島綠
島為群島之最南高二百五十四尺其北約一里為平屋島皆其中列
島之較大者也
港列島在中列島之北不及三里大小共九島最南者為田島巒子島
(一作双生島)其東北二纜為淺島礁石纍纍由西北伸長三纜中有數
處水深三尺巒子島西向為樹島再西一里半為糖塔島淺島北與
窄島分開處成一港闊三纜半亦為通窄島南北長約三里闊
里許窄島之北二纜有壽為圓島(譯音未圓也)二島相隔處水深五六拓圓島
西北六纜為康島周圍有淺尖長石西面可泊舟
(三)沈潭島未島山平洲島草島九桂群島
沈潭島在大鵬灣口門外之東向有峰崛起如竹筍拔海九百
六十尺其西有數島綱島最近狀如糖塔其與沈潭相距之間不
僅深尺餘尖石高約八十尺在綱島之西約一里此與綱島形難

為西有圮壞實相連沱濘與躝躝角相對成一港濶四里半兩

岸皆淺沱濘之南又有三小島由西北至東南形成三門路口（停泊之佳處也）

三門島距沱濘三里高二百六十八尺其北又與康島相接成港

濶不及二纜深至九拓當東北風時民船常泊於網島與夾

石之南在與沱濘砲台西是處水深九拓惟距砲台角二纜以內（宜）

也有隱礁最宜停泊在三門路約離康島西南角是處水深七

八拓當西南風大作時宜改泊於沱濘東北灣水深九拓至十拓之處

之處沱濘之潮當朔望高潮時在九點鐘大潮高五尺半

交島一作獨牛洲在大鵬灣進口處約六里巖石陡起高九十尺

交島西南六里為南交島高九十六尺

平洲島在大鵬灣內東南向距交島之北面十二三里其地質與

附近之陸岸不同島濱係沙石壅積而成此島與陸地相隔處停

泊甚妥島東陸地

草島在大鵬灣鳳頭之西北四里其外又有二小島過此之外則大鵬灣又折而西轉此島北出四里半開張三纜導成長港亦狹行之港道也深僅二拓潤一纜有淺沙連接兩岸左島一名海門島高二百四十尺距草島之北約六纜其島之東北甚狹伸出海中長三纜此島之北有

淺水

九柱群島一作荔枝嶼一作果洲在佛堂之東九里南北有較大之島二中成一港潤二纜其在南者為南九柱一作南荔枝嶼巖石嶔歁高三百三十尺其西南向又有一小島其在北者為北九柱一作北荔枝嶼高與南九柱相等其西南面有一小島東九柱一作東荔枝嶼高二百二十尺在北九柱之東三里九柱群島朔望潮高時在十點漲起五尺

蒲台一作浮苔在香港之東南數里形勢巉峻狀如擢二山谷中有

綠樹四圍水深五六拓無微風時頗不易行用是處於流派轄於也僱

東西兩岸可泊小船停泊避風

（四）香港島　東龍島　蒲台列島　螺洲島　擔欄洲

香港為珠江口外一小島，長二十二里，寬自六里以至十五里，面積約二十九方英里，昔名紅香炉山，僅有漁舍數椽錯落其間而已。道光二十一年鴉片之役為英軍占領，翌年南京條約成，將是島割讓於英。其對岸之九龍，於咸豐十年亦為英軍所據。及光緒二十四年定約租於英，故現在香港政廳所轄之地，包有香港、九龍及其附近之地，共達三千三百六十方英里。島在內地與南ア之間，隔一窄港曰鯉魚门關，僅田島上山峰林立，最高曰維多利亞，拔海一千八百零九尺。峰之西北隅即為維多利亞城市鎮，島上廣九里，中有馬路環於島者長六十六里，香港沿岸四凸凹一港汊甚多，最佳者

在於北方停泊之處即[illegible]山島與內地相距之港中所謂鯉魚門是也
是處水深五拓至九拓不等商船可泊碼頭惟此向東北風甚屬如遇
大風宜於港之北首停泊因東北面九龍陸地能遮蔽東北風也
東龍島在香港島之東西篇作連塘 Lawtong 高八百二十の尺周圍
九里其與陸地向為佛堂門水道兩岸岩石相望僅隔十二三里港
卅 水深三拓僅容民船通行東龍之西香港之東其向水道為大欽
門

蒲台螺洲

蒲台列島在香港之東南擔杆水道之北向蒲台即其群島之南
島也距擔杆之東北頭二十里高七百九十二尺其頂童頭惟山腰略
有矮樹其西有一小澳可容小艇內有人煙處
螺洲島西圖謂之標和得島 Beaufort Island 在蒲台之北中成一小

港山島高八百七十八尺其頂平四圍陡削惟西北山尖畧為突出其中否
免有隱礁蒲台之東北為
橫欄洲在蒲台之東北濯濯然小石島也島之東方水深十六七拓此島之
南向西北隅有浮錨三以為船隻停泊之所橫欄燈塔設在島南面
山崗上高出海面二百二十五尺當天氣清爽時相距六十三里處能望
之
（五）南丫島擔杆列島雞澎列島
南丫島一名拉馬島Lamma Island在香港之西南而與大澳島同
為香港政廳所屬島上多亂石南北長十二里闊六里其東向適
中之處有港汊曰旅澳西番作碧尼克Pienic島西向亦有一澳
兩澳相距之間陸地尚未及里許遊澳進深四里闊約百里水深三拓
至六拓民船可以停泊焉南丫與香港間為南丫東水道亦名東拉

馬水道約寬三里深十七至二十三拓南方之北角與佐治島相望之
間為泊船佳地水深七八拓為轆𩝐大濠島間為南方西水道亦名西
擔馬水道水深四五拓由南方東水道而入者測其水可增至六七拓
此水道之北口有綠島在香港之西角高三百尺其與香港相距處
曰琉璜水道上設有燈塔天氣清爽四十二里之遠可望見之為二
水道航入香港必由之路也

擔杆列島

擔杆列島一名利馬列島大小共五島自東北至西南長三十七里半
群島南向皆亂石隱伏並無合宜港灣以備小船避風諸島地瘠
苦瘠有少許人家採樹燒炭運至澳門發賣擔杆群島偏東
最大之島長十八里闊三里高八百五十二尺其與一洲相隔
者有當港曰一門一門本無甚險水深十二至十九拓不等惜不能得

擔杆北與蒲台向相距闊十八里為擔杆水道一名利馬水道行船甚穩若東北風盛則諸船皆擇西入香港珠江者皆可取道於此間擔杆島之東北頭足為西向屏障也

（六）

風之力也擔杆之東南有島曰二洲為擔杆列島之最高者潘汀與二洲（亦名十洲）

相隔一窄港濶九至三十拓山島高一千二百十尺其西之尖角突

出謂之一洲頭大擔尾島小而高在一洲頭之南向北與潘汀相接隔一窄港

西南為雞澎列島向曰大擔尾水道

雞澎列島

中澎島

雞澎列島為廣東海第一重門戶其最南處群島星散自

東北至西南長約三十里北尖島名雞澎中東北最大之島在老

萬山東四十八里其西盡處有二尖峰高而奇謂之耶耳即鉗嶼

尾均高九百四十尺甚易別識其西南之小島曰四石嶼高九十七尺

有燈塔高一百四十尺天氣清爽時四十四里以外如尖尾灣及亂形石

主頭皆列島中之小島也

大濠島於尚洲銅鼓島內作竹島

大濠島一名大嶼山西圖作蓮頭 Lantau 為香港以西之大島位於廣東海口門之東長三十九里闊十八里地勢高而多峯中央偏西有蓮三千五十尺之高峯大濠之北有雙峯峙立約里許其間謂之巴羅灣 Pa lo wang 上有村曰巴羅村此灣之東向又有一灣東涌村在島其東北盡處為紅夾即夾瀝角也如石礐之石工結伴鑿取石塊以供建築距大瀝角之東北約二里有島曰磨刀大濠燈塔以鉄河墩立於石上在大濠長洲(在大濠之東南)之向西立不動漆紅色之凡輪船之往香港澳門者常自此墩邊長洲東向由中港西行大濠島之南與外伶仃燈洲之北其間曰大濠水道輪船由香港至內伶仃澳中之航路惟風浪較猛耳

外伶仃 筲洲銅鼓島

筲洲在大濠北向九里高一百九十四尺長約三里其北盡處有尖峯

銅鼓島在筲洲北三里高二百七十六尺多岩石筲洲銅鼓二島

之東爲銅鼓港西圖作民母士磨水路 Wmstone Road 爲中等
避風之所其停泊最善之處深八九拓近於銅鼓者泊之甚穩
竹島在銅鼓港之西北向周圍十八里其巔有峯狀尖圓高一千一
百九十尺島之南有淺沙長約十五里西峭壁下精佳附近水深
十拓距竹淺沙西南四五里處爲泊船所之處水深十拓至十二拓
若近沙灘以至島處則水淺不及十拓矣東澳島
老萬山西澳島蒲台島由瀝島外伶仃島韮洲外伶仃島
老萬山一名大萬山西圖作大拉都郎 Great Ladrone 爲珠
江第一重門戶當西南風時南來之船非取道於此即駛入
香港其西擔杆西澳西北則有蒲台皆峙立於大西水道 Great
West Channel（在老萬山與大橫琴之間）向港門甚闊而水淺
尋常僅五七拓而已之東島西北角峯自起其形甚
圓拔海一千四百六十八尺最易識別附近各島未有高於此者

島西南盡處有山濟門曰深石門當東北風時漁船泊此以避
西澳島西圖作小拉都郎 Little Ladrone 在老萬山之西
高一千零八十三尺其狀針浮西起與老萬山對峙成一雙港港
深九拓至十八拓非有要事不宜通行
蒲台島一作浮台在西澳之西北十五六里此石針峭相距二十七里
之遠即可望見四圍之水深五六拓然微風之時船不宜行因
水流旋轉易遭漂沒也蒲台之東北又有黃茅兩黃茅二小島
東澳島距西澳北八里餘島長約五里高八百八十五尺其東
南有山濟門可避風約深二十七尺在大風時停泊甚穩
白瀝島在老萬山東北四里許高八百八十五尺其東北有大
圓山周西南西諸山皆係黑石其東北澳門 Hook 島相
對成一港民船常避風於此其北亦有山濟門可取淡水其東北

角有石如屋曰屋島上有漁舍數椽
竹灣島凡二島東名竹灣山西名竹洲皆在白瀝島之東
北竹灣山較大其東南有尖島其北有一小灣島
鞋洲在竹灣山之東其東島較大於西島中隔一海峽水深八尋
三門列島大小凡三座在鞋洲之東十一里洲
居列島之西北一名北洲有尖石數座蘿江洲在列島之東
南高四百九十二尺其形甚圓為列島中最高之巔高子島
位於二島之中央為一高聳之峯也
外伶仃島在擔杆東北四十五里之遙崎嶇削立尖峯屹起
中央有拔海一千一百八十一尺之高峯島東西長約五里餘島四圍水深十三拓
之東北及西南二方皆有礁石島
（八）大流島蒼洲蜘洲島石笋島
大流島當老萬山之北面積甚小高六百九十尺南有兩業

島相距成一港濶約八九里然往此港必須謹慎以防暗礁
有大碌島者在大流之北二里高三百九十五尺
三角島在大流北四里高四百六十尺勢甚崎嶇狀如方錐
與大碌遙接處有小島曰小碌其間水道水流旋急輪船不易
駛行三角島東北四里有島曰
青洲西首亦名西水島 West Water Island 在三角島東北
高四百十五尺
參洲即榕樹頭或謂連島又曰水島 Water Island 當大濠
島西南角之西南七里許島高四百九十尺山巔近於北角自西
北迤於東南長四里半其北無甚險阻處惟與大濠之南
角相接處水旋流急島北之淺門居客小船參洲之東南有
牛頭島高而小二島間構成之官港名曰牛頭門牛頭之南

與剌撒尾相接處水深三五拓
有剌撒尾島牛頭之南其西南隅可得淺水此島狀甚突兀其南
角東白有石島上有漁人廬列罩網
蝴洲島位於大濠水道之南距剌撒尾之東南約九里島高
八百二十尺洪藪圍西有奧岡又有小島峙於西謂之西蝴洲
東西連對西成窄港蝴洲東北有暗礁水深可四拓
石筆島一名石筆洲距大濠之南尖東南十二里其東北即大濠
水道之西島高五百二十五尺其西南為雅洲雅洲之北有一島名樟樹頭
三竈龜島
東西長三里中腰較窄其西面沙岸突出四里半許
橫琴島即大橫琴也西商作蒂禪下 Montanha 位於寬河
水道進口之東高一千九百五十尺其東北向九澳島
三竈島在寬河水道之西距西澳島西北二十六里其深度

則離岸愈近愈淺，距島東南九里處僅深十五尺而已。

皋蘭島在三龜島之西南十餘里，乃一高島也。島西南與鳩角島成一水道，闊六里，深五招至三招餘，此水道至大蟒島西北則漸淺。皋蘭之南面及東南面之甚陡，因深至四五招也。

鳩角島一名牛角島，在皋蘭島西南六里，頗高，東西長十二里。島西有山岡層層，皆峭，伸展於南北，下有停泊善地，在深六招處，可避西東風及東北風，皆可避之。島西南面水深六七招。大蟒島在鳩角之北，又有小島曰山角（一作三角），與其西南角相連，有數石，低水則見。三角西與大堅向深三招。鳩角北大蟒間四里半之水道深約一二招。

大西金洲島（西山圖作大西金島）在鳩角之西二里，石之北甚高，其色較他島為暗，天氣清爽則現出紅斑色。其南有一小灣，岸上沙山之後有一村落。

此島為銅鼓之向，及鳩角西以後皆淺水。

（十）

上川島 陸楚島 下川島 洲島 小鑊山 大鑊山 南彭島

上川島一作上川洲在廣海寨之南海中南北長四十五里島中部

狹如葫芦之腰東西形成二灣近島之東畔深七拓自九拓距島之東北

角三里有數石常露水面角南諸石之向深八九拓島之北面有

二小澳中有容地可隔之西澳曰三洲塘或謂之樹島澳澳內者深

二三拓澳中有一村上川西向之大澳最為好相對深入約十二里凡

載及吃水深之船隻不能進入因其水甚深十八至十二尺也上

川之四周皆無險阻水深在四五拓左右惟西北首岸處則漸減

上川之西北向為穩地當大風之際因船投錨於泥中頗為牢固也上川島之

西南向有石頭澳進口處深六七拓小船可以進入

陸楚島一作烏猪島在上川島之東南二島相隔成一安穩

水道闊七八里深十三拓至十五拓島周圍皆深水南向十六七

拓北向十三拓緊近巖石之外向則漸淺至十拓、

上下川皆產香木

下川島在上川島之西當北緯二十度三十五分東經百十二
度三十一分島東北至西南長約二十三里係一高島也下川西
南盡處與那母島之間謂之下川港或曰南船澳那母港泊此係
船安穩而便利避風尤善其南口約距下川西南角高崖之
東四里半凡船吃水十六尺以上者可以駛入其中深六拓至那母村
之前沙濱處則漸淺但無險其東口在那母島與下川東南角位
之向深四拓半丈內漸淺依水潮漲僅深三拓半兩旁雖狹小
船進入則有益也
蜂洲一作碉洲或蒂洲在下川之西官帽之東北三十四里半有一高島
也長七里半上作蒼碧色近巔有鎮惟東南向則齊地當
東風時小船皆可泊於水深三拓處母島西近南角處
岸上可得淡水北向盡處沙濱岸之向有一路依北僅深

（十）

一拓餘其與下川相距之向水道中深而些之外其底皆軟

大鑊山

小鑊山在蟒洲西四十餘里高中等長三里周圍水深八九拓大

鑊山在小鑊山西北四里半頗高由西南望之狀如馬鞍

十鑊之間水深八拓底軟泥質周圍深七拓

其上安數岩大鑊與海陵山東南之間相距二十一里深七八

拓東北與大阿角之向深五六拓

南彭島在小鑊山之東南島長四里半高地在西部周圍

岸皆深九拓十拓惟之淡水其北向有小澳分島為二部

海陵島即海陵山一名羅洲又曰羅島位於陽江縣南海

中東西長約四十里南北最廣處約二十里居民頗繁明末

張世傑既敗於崖山將西取占城復謀入廣同舟蟻此颶風

作取新辟香祝天赴海處也是島地勢高峻其北面陸岸成一
二小島嫡略呼為靈生又名帯洲
水道并有一灣澳伸展於東北而海陵港則在其西緊近西南
角有一礁與沙灘成為港之外綫名如一島崖角常西海陵之西
南角附近水深九十拓其與帯洲相距間之陸地皆為種植之
逗且成一澳崖角之東面有一澳
硇州島一作碙州西面作那州屬吳川縣在電白港西南一百三十里
島長十五里闊十三里土地較肥種植甚善鎮埠在島之西
部西附近有澳甚便停泊華船常前來交通商貨近面有
輪船通入內地硇州與湛川島之後海角中間之港名訓難
門面為航行孔道硇州島北角上有沙山高四十五尺甚易識別為此向進
口海門之東角砲台角硇州即黑島之西角其盡處有崖里起股
高又有叢皮樹排列甚長為南向進口海門之東角叢皮樹角乃

（硇洲）島之東南角即南向進口之西角也

東海島一名湛川島又名蔚律嶺橫亘於廣州灣口門東西長七十里南北廣四十里東部有雷山居民甚繁以漁鹽為業島北有東頭山島東南有硇州島

圍洲島一名潿州島（又名大蓬萊島）屬合浦縣在冠頭角之南七十二里周圍洲島長十二里半闊九里西面南向諸山突兀最高者拔海二百八十尺圍洲東北之小港門甚淺有定根漁梁甚多

南灣（或作南港）在圍洲之南長三里深四拓至六拓受錨畝年除東風南南西東南東之南向餘向諸風皆可避島上村落甚多人口近六千之焉

（十二）海南島

（甲）沿革　海南島一名瓊州島為禹貢揚州西徼（南徼外）地春秋戰國

時為揚越地秦末屬南越漢武帝元封元年開置珠崖儋耳二郡
初為郡縣吏卒国人多侵陵之故數歲輒一反昭帝始元五年廢儋
耳併珠崖元帝初元三年用賈捐之言以為獨居海中霧露
氣濕多毒草蟲蛇水土之害棄之不甚惜遂又將珠崖郡併入合浦
為都尉治東漢置珠崖縣屬合浦郡三国時吳赤烏五年復置珠
崖郡晉平吳郡廢入合浦後復立珠崖郡梁兼立崖州隋陳
因之唐貞觀元年置都督府五年析崖州立瓊州天寶初改崖
州曰珠崖郡瓊州曰瓊山郡乾元初復改崖州瓊州俱為屬嶺南
道貞元五年移都督府於瓊州五代時屬南漢宋熙寧四年移瓊
州治崖州故地仍曰瓊州瓊山郡屬廣南西路政和元年升為靖
海軍節度使元初名瓊州元十五年屬海北海南道天曆二年改曰
乾寧軍民安撫司明洪武時初為瓊州十四年升為府屬廣東

布政司清代因之稱為瓊州府屬廣東提督民国改為瓊崖道
領縣十三即瓊山澄邁定安文昌瓊東樂會臨高儋縣昌江萬
寧陵水崖縣感恩等是前年鄭本殿綱臨高儋縣昌江三
縣中添置一縣名曰南殿道尹駐瓊山是島黎山高地林木深邃
本黎民所居沿海平地則漢族所繁殖但屢為黎民所擾清光緒
十五六年時兩廣總督張之洞遣廣西提督馮子材隨山刊木深入
窮剿開大路十二道於是數千年未闢之地化為坦途黎民失險
不復為患且開設義學教以漢文漢語而黎民遂漸向化矣
(乙)地勢　此島本大陸山脈之分支因雷州半島南端餘脈低落陷為
瓊州海峽遂與雷州半島分離而孤立位於東經百零九度與百
十二度及北緯十度與二十度之間面積凡二萬八千四百二十方里人
口約二百萬為全国第一大島黎山聳峙中央係火山之遺跡支

脈四出盤據全島最高者為五指山（亦曰五指嶺又曰黎母山有大小五指山）五峯矗立如指故名高約四千九百尺山中之水披流四下北流為新安江（在瓊山縣東北入海）東流為萬全江（在樂會縣東博鰲港入海）南流曰寧遠水（在崖縣城東南入海）西流曰樂安水（一名昌江在昌江縣東入海）此外高山大川茲特將其最著者按縣名而分述之於後

(1)瓊山縣有瓊山靈山扶山東石山那射山蒼屹山雲霧山南渡江神應港東湖

(2)澄邁縣有邁山馬鞍山文商山石鼓嶺澄江澹渚江石礐港

(3)安定縣有五指山黎母江思河

(4)文昌縣有銅鼓山東猺山紫貝山禁山七星山抱虎嶺銅鼓嶺文昌江分水江鋪前港

(5)瓊東縣有叨甲山山峬嶺尖嶺歐村港
(6)樂會縣有雷撲山白石嶺油麻嶺高萬全山江(一作萬泉河)溫
泉河
(7)臨高縣有番豹山毗耶山東黎江縣前江博頓港火瀾水
(8)儋縣有黎彬山華架山掛榜山德義山龍頭嶺新昌江北門江沙
溝江頓積港日安港
(9)昌江縣有九峯山落膊嶺峨鵠嶺昌化大江北黎溪
(10)萬寧縣有東山牛角嶺六連嶺龍滾河太陽溪
(11)陵水縣有生鉄嶺白茅嶺独秀峯陵水溪桐棲港
(12)崖縣有黎峨山加合嶺薄沙嶺落岩山縣門溪寧源水臬安水
望樓溪龍棲港
(13)感恩縣有黎嶺空坡嶺息風山多簡山天馬山延昌江感恩溪

山猪籠溪

(1)氣候　海南島位於熱帶為半海洋氣候夏酷熱時温度在攝氏表二十八度或竟超過二十八度以上者但入夜則海風徐來頗覺涼爽入冬則温度略降最低至攝氏表十三度許沿海一帶多風春夏雨量最多日必數次農產足以豐饒惟行人則感不便焉

(2)實業　瓊島富源雄厚各種實業皆可舉辦惜国人多不注意開闢無方遺棄寶藏幾千百年矣民国八年西南護法軍政府嘗特派彭程萬殷汝驪二人為調查瓊崖實業專員賫時六月著有調查瓊崖實業報告書詳述利源之所在規劃開闢之良方誠為注意瓊崖實業者之寶鑑也

茲將本島最重要之實業別為四類略述於後

(1)森林　瓊島山嶺衆多氣候炎熱各種植物均易生長而森林

七

尤富以昌江感恩崖县陵水萬寧等處森林為最大木質堅硬強大耐久如指經石枳苦栢拔檔天料胴脂荔枝等木均有千年不朽之称指經過重搬運不易用者尚少餘如石枳等多供粤桂等省壽木之用天料等多作棟樑之材蓋取其耐久苟能運往外洋價值可增數倍又有青皮及各種雜木可作鐵道枕木者多種此外作建築器具之材料者如紫檀黑檀黄楊蘇木紅豆花梨烏木等皆不可勝数計也

(2)農業　島中雖多崇山峻嶺然其高度除五指山外大都海拔一二千尺以下且海濱之區多由沖積而成之平地介温熱二帶之間其氣候雨量皆適宜於農產其重要者有蔗糖樹膠椰子檳榔益智子艾粉咖啡波羅密等為吾国特產之區亦即是島交易中之重要物品也設使種植有方規劃週詳則其為一大利源可以想見此外

尚有烟葉棉花靛青花生茶葉蠶絲香蕉柑等物產

(3)礦產　瓊崖產礦甚富多為金屬蓋因山脈之關係使然果能由礦學家專切實調查研究探得良富礦苗從事開採則其發利必鉅其產礦之區有昌江金牛嶺之金銅礦昌江縣石碌山之銅礦崖县籐橋附近喃味三弓之鐵礦儋县那大烏翔附近西坋之錫礦五指山籐滿嶺之金銅礦儋县元門峒之金砂礦安定白馬鄉南牛嶺之鐵礦崖县山腳村黃金塘之黑白鉛礦等是也

(4)鹽田　瓊崖四面環海港灣甚多適於製鹽之地隨處皆是若能精求製晒之法建築規模宏大之鹽田亦是大利源之所在也近年鹽業最發達者為儋县之新英港白馬井北黎墩頭港陵水县之新村港與大崖县之三亞港榆林港等處是也

此外尚有各種海菜墨魚鹹魚鰌魚魚皮魚翅猪牛等物皆為瓊產

出產之大宗為談瓊島實業者所不可不知者也

(丙)交通　瓊島西望法領安南南控荷屬爪哇諸埠東聯香港北近高雷故交通頗為緊要而商務亦賴以興盛全島海運以海口為中心自此有定期汽船通行北海欽县海康香港番禺等處而香港至越南海防之航線亦以海口為碇泊之所並以香港為中点與南北洋航線及南洋群島航路銜接是故海運極称便利至島内江河之航運則全以帆船及小艇為主陸路交通則各县多用轎輿山兜牛車牛馬挑夫以為輸運者若夫汽車馬車人力車則僅有海口一埠與瓊山县城通行而已郵政海口有英法郵局各一所美国信件則由英国郵局代辦中国則有一等郵局一所統轄全部惟運輸轉艱難投遞甚遲耳

(十三)

(丁)東沙島　東沙島一名大東沙屬廣東碣石鎮北距甲子門一百二十海里

西北距香港一百七十哩當赤道北緯二十度四十二分三秒格林威治東
經一百十六度四十三分二十二秒自東偏南自西偏北長四哩半寬一哩半闊四十尺為
積沙所成形似馬蹄天氣晴朗時隔九哩至十哩即能望見自西
視之如兩島交亘以其中央稍凹也從南視之接近始能見其若連
是以島面積約一千七百餘畝[redacted]為潮之水面
為一體也島中富有燐礦採掘之可供肥料又產菓料居民
多從事於撈漁為閩粵漁户之大本營粵諺有云「欲發財趁
東沙」其漁利之溥概可想見島東向有大沙環繞西名蒲拉他
士Pratas淺灘形如圓環為珊瑚質狀微圓周約十二哩北向稍
平凹東南二向水低時乾涸出者約三分之二其東北角為帆船
停泊處其東南角為一千八百六十六年（同治五年）英人蒲拉他士
之船之觸壞處西向以東沙島分為南北水二道北水道闊約一
哩大潮退盡時僅深三拓南水道水深十拓少珊瑚礁東北恒風

時泊舟最穩

清光緒三十三年秋台灣日商西澤吉次率百二十餘人前往該島驅逐漁户易名西澤島自立木牌大書明治四十年八月立採取燐礦石百餘噸貝殼二千餘斤而以覓得無人島歸報本國復於島上數處建築屋舍立埠頭造煤廠移民居住意圖佔領經我國嚴重交涉示以種々確據始認為我領土惟索償經營該島之費十三萬遂於宣統元年九月間簽約結案領之被佔平至出資賠回

西沙群島

西沙群島在海南島東南當北緯十六七度附近為我國極南之境大小島嶼沙礁二十四座廣袤羅列海面約方二百里半為珊瑚組織而成大者約方數十里小者僅如拳石上生細草或叢樹間亦有

軍部命令全國海岸巡防處妥照再派員測勘決計設立無線電台及燈塔惟因經費關係已着手進行俟公安而重國防焉

寄從處

(一)萊塘島(或作特里屯島……)為我國極南之島

群島出產有鳥糞肥料氣候酷暑多瘴癘島西洋西華番十

州洋……颶風為帆船最遠……

西沙群島西圖作普拉西爾群島礁(Paracel Is & Rs)我國圖

籍向無其名鄒代鈞謂即海國見聞錄所謂千里石塘郭嵩燾

西使歐洲道經南海始言其隸屬中國向無居民清季東沙島

交涉起時國人始注目及之清宣統元年粵督張人駿曾建設議

開闢派員調查取其所產之鳥糞與珊瑚狀肥料與東沙島之燐

同陳列於南洋勸業會近年來日人見其產物豐饒頗垂涎及之

運動國人等出面創立西沙群島實業公司向官廳立案繼於

十一年正月間遣日艦南興丸前往測量採取鳥糞肥料等擬

着手經營事為粵省人士所聞群起而反對之風潮始得平息焉

茲就西圖所載之西沙二十四島礁[redacted]累述如[redacted]次以供參證

(1)土萊塘島(Triton I.)或譯作特里屯島當北緯十五度四十六

分東經一百十一度十四分間沙質長三哩闊[redacted]二哩[redacted]有奇[redacted]高二十呎

島常[illegible]島上

(正)誕生各種禽鳥為我國極南之點

(2)巴徐峙島(Pasu Keah)在土萊塘島東北[redacted]一百十[redacted]哩長十五哩闊九[redacted]哩

(3)覓出島(Discovery Rf)當北緯十六度九分至十六度十七分

東經一百十一度三十五分至一百十一度五十三分間淺礁橢圓形長

約[redacted]五十四[redacted]哩為群島中之最大者多盤石繞其旁產魚

(4)符勒多兒礁(Vuladdore Rf)當北緯十六度十九分至十六度

二十二分東經一百十一度五十七分至一百十二度四分間長[redacted]二十[redacted]哩闊[redacted]八

[redacted]哩[redacted]餘四分之[redacted]周圍有小盤石

(5)孟買礁(Bombay Rf)或譯作傍俾礁當北緯十六度一分

(6)蒲利孟灘(Bremen BK)當北緯十六度十九分至十六度二十六分為珊瑚灘

(7)則衡志兒灘(Ichangire BK)當北緯十六度十九分至十六度二十六分為珊瑚灘

(8)林康島(Lincoln I.)當北緯十六度四十分七秒東經一百十二度四十三分三十二秒間闊一哩高二十呎東北有矮樹中央有一椰樹但不甚大四圍珊瑚樹中央有井瓊州人以取鹹水者

(9)高尖石(Pyramid BK)在林康島西南係一大而尖圓之石高十七呎

(10)台圖灘(Dids BK)在林康島東北為珊瑚灘

(11)庫勒生特群島(Crescent Group)當北緯十六度二十六分至十六度三十七分東經一百十一度三十分至一百十一度四十八分

間係沙質低島凡之塵

(12)檀耕根島(Duncan I.)在庫勒生特群小島之西南淺礁間

二分哩之一長四哩又四分之三高十三呎叢生短樹南有一椰樹

高十呎中央有一椰樹高三十五尺可以寄泊

(13)都蘭莽島(Prummond I.)在庫勒生特列島南長五纜闊

二纜餘四分之三係淺礁叢生小草

(14)倍陶爾島(Pattle I)在都蘭莽島西北長五纜闊二纜

半高三十呎係淺礁覆生小樹中有檳榔一株為最精美者

(15)羅特爾德島(Rodert I)在倍陶爾島西南橢圓形長約

四纜又四分之三闊二纜半高二十六呎係淺礁叢生卉草

(16)錢財島(Money I)在羅特爾德島西南長六纜闊三纜

高二十呎係沙質可寄泊

(17) 羚羊礁(Antelope Rf)在羅特爾德島之南長九哩闊六哩係灘地

(18) 鶯非士萊特列島(Amphitrite Group)當北緯十六度四十六分至十七度東經一百十二度十二分至一百十二度二十二分間係淺礁由西北至東南長約十二哩可寄泊

(19) 林島(Woody I)在鶯非士萊特島南周九哩係白沙質因叢嵌生樹木故名可寄泊

(20) 石島(Rocky I)在鶯非士萊特島之南長二鏈有大小闊一鏈高四十五呎係沙質可寄泊

(21) 意爾剔斯灘(Iltis Bk)在石島之西南長九哩闊四哩半係灘地

(22) 樹島(Tree I)在鶯非士萊特島之西北係白沙質產榛栗草木等又產櫝椰樹有高至三十呎者

關係砂磧

(23) 北礁 (North Rf) 當北緯十七度一分至十七度四分東經一百十一度二十九分至一百十一度三十六分間長十八里高二十六

此處群島之極北

(24) 核子牌淺沙 (Hotspur Shoal) 當北緯十六度五十分東經一百十一度三十分間

△△△△第三節△商埠

(一)汕頭

汕頭位於澄海縣之西南韓江之下流距海約十五里以清咸豐八年天津條約闢為通商口岸有英美日本各國領事而無租界全市人口不下五六十萬潮梅各屬豐美之土產皆於是輸出故商業甚盛潮海關設於此地其為汕頭港埠

(乙)商業

物產及輸出入

汕頭附近及潮梅各縣之物產頗為豐饒其種類有農產有菜蔬豆類落花生番薯之屬果品有柑橘有洋桃(一名長楚)有甘蔗有荸薺有荔枝有香蕉有柚有龍眼有陳皮有羅蜜有香櫞等不下數十種其味甘而濃其香而烈蓋氣候與地質使然也水產有魚蝦蜃蛤之屬工藝品有布以供南洋華僑之需其他若麻布若苧蔴布皆產土法以蔗製糖村落間隨處皆是亦為出口貨之大宗其出口貨品多輸至南洋群島而以暹羅新嘉坡為尤夥人民之往南洋經商或作工者

子身而往滿載而歸自南洋華人私寄信局匯寄回之銀經汕頭一埠者歲達五千萬元民力之富厚冠於粵省焉外國輸入品以洋布棉紗石油毛織品為大宗而內國品則以豆餅豆米穀為最多云

港灣　即韓江入海口之汕頭灣也雖入水二十尺之大船得出入之惟錨地與媽嶼之中間多漁夫所樹之竹桿航行頗須注意夜間為甚錨地在市街前面深達三十尺至三十六尺甚便於碇泊

（丙）交通　本港與廈門閩侯香港上海諸港汽船往來不絕且與南洋群島暹羅英海峽殖民地（即新嘉坡）亦有汽船相通以便運送貨物至陸路交通則有自汕頭至潮安之潮汕鐵路係廣東富商張洪南等開辦（光緒三十年二月興工三十三年十月全路告成）長九十里營業未甚發達然貨物之運輸旅客之往來皆蒙其大利焉自汕頭至澄海三十里亦有輕便鐵路其車係轎式藤製可坐二人或四人以一夫自後推之猛推

若干步躍立車沿順勢自行其速如飛

(二)番禺(舊稱廣州)

(乙)位置　瀕珠江北岸南界順德西界三水北界花縣東界增城東莞

1.位置　在北京南五千四百九十四里

(甲)沿革　清廣州府治也漢番禺縣地趙佗據此稱南越國元鼎六年平之仍南海郡五代時南漢劉隱都此稱興王府此地與外國交通最早漢時已與南方諸國通商印度及南洋諸國來往甚頻且有羅馬人航海來此佛僧之來往尤多印度人稱之為小中國至唐時阿刺伯人來此營商且始輸入回教當時外人稱為(Koufu)(廣府)其後又稱(Cynkalan; Sinkalan; Chinkalan)等名屢見於外人之旅行記為繁盛都府世界所知名唐以後特置市舶提舉司以監督交通商並收商舶之征稅明代先來通商者為葡萄牙人時在正德十一年尋荷蘭

及英國來通商英國東印度公司於清康熙三十三年設製造所於此
後道光十四年其公司失貿易專有權英人通商於此地者益盛尋啟
道光二十年林則徐因禁鴉片焚英人運鴉片之船由英國開戰清廷
不善用兵道光二十二年割香港以和且開沿岸五港番禺其一也
番禺一名羊城人口號稱百六十萬一稱九十萬有新舊二城隔
珠江而南有河南街其西有沙地外國人居留地在城西河岸稱之為沙
面係自咸豐八年開埠以來英人出資此島費金三十二萬凡五分之四
出自英人餘則法人所出故兩國租界即以此為區分面積頗狹外國之
商鋪皆在此又有英法德美葡日及西班牙等國領事署市街道路
皆敷以石大廈列甍商業甚盛實為南部第一都會也
（丙）商業　此地自今約七十年前全國與外國貿易唯一之門戶自香港
割讓及北方各處開闢商岸以後貿易稍衰然尚有南方第一之

工商業地絲綿布綢緞刺繡及紙等之製造最盛其餘象牙寶石之細工家具紫檀黑檀之細工扇子等工藝品皆甚著名其精巧全國中無可倫比也其輸出品以生絲茶蓆等為主輸入品以綿布毛織物米糖豆類石油麵粉火柴刀類雜貨等為主貿易額年約九千萬兩以上有時達一億一千萬兩以上云

番禺　番禺瀕珠江之北岸故欲至番禺必自香港入珠江經虎門虎門者因在珠江之口虎山島故名虎山島在大角頭及阿娘鞋之中間過虎門則經新造水道而達於黃埔其間有二門洲頗妨害航行然自黃埔至番禺最良之水路入水二十二尺之大船可達至於黃埔自黃埔至番禺間為二十七里入水十尺之大船可得航行番禺最安全之錨地在沙面前濶約四百四十四尺

交通　本港與香港距離二百八十五里汽船往來不絕上海廈門南

洋諸島皆有定期航行且東江北江西江之內河航運亦皆以此港為中心小汽船往來如鯽且粵漢（番禺至曲江）廣九（番禺至九龍）廣三（番禺至三水）三鐵路皆在此衔接水陸交通極稱便利焉

（三）三水

三水县漢番禺四會二县地在番禺北二百里清光緒二十三年中英訂緬甸條約開放之埠之一貿易額年約五六百萬兩地居北江西江會流處由番禺之交通則有廣三鐵路并西江之水運往來頗利出口貨為麻袋團扇席紙爆竹等入口貨為石油棉花火柴等

（四）北海

北海在合浦县東南為通商口岸未開港以前為海賊之巢窟清光緒二年煙台條約闢為市埠港內水深且無暗礁港後有高四百尺之邑壁夏時可擋因西南風冬可隔斷東北風又因海運及廉江水利

得遂毋番禺及廣西雲南貴州各省貿易尤以清光緒十四年頃為最尋因西江沿岸頻開商埠廣州灣租借於法貿易範圍大為減縮僅行於欽廉附近而已其輸出品為靛汁紅糖落花生茴香油豚鵝毛牛皮其他皮革類輸入品為棉綿絲綿布石油鐵器洋燈米麥粉火柴等貿易額約三四百萬兩近擬北海與邕寧間建築鐵路若果實行則此港商業當大發達也

瓊山（舊稱瓊州）

瓊山县清瓊州府治也古雕題離耳三國之地漢朱崖郡治潭都县後改朱盧县屬合浦在番禺西南千七百五十里城在南渡江之西商埠在海口海口臨瓊州海峽清光緒二年天津條約開為通商口岸沿岸水淺大船出入甚不便故須碇泊於六里之外之海中潮汐變化無常又有颶風之虞要為不完全之一港然貿易頗盛與香港及東京番禺貿易最繁砂糖

皮革類落花生家畜萬麻等為輸出品之大宗米石油綿紗棉布毛織物豆麵粉阿尼林染料火柴等為輸入品之大宗貿易額輸入計四百數十萬兩輸出約三百萬兩交通與香港北海汕頭等有往來汽船

（六）香港

香港昔名紅香炉山為一小島僅有漁父茅舍而已今則成世界著名之大商港而為英国直轄殖民地位置在珠江灣口全島悉為山狀由花崗岩片玄武岩等所組成沿海岸間有沙土之平地最高之峯達千八百尺於此設信號臺故名信號峯本島長三十三里闊六里以至十四里茲分別誌其概況如右

（一）沿革　清道光二十一年中英阿片之役香港為英軍所佔領翌年南京條約成遂將香港割讓於英其時島中僅為寥寥之村落

住有漁夫二千人而已英人既得此地極力经營逐漸繁盛始呈今日之盛況咸豐十年英人又刧（作）據对岸之九龍又於光緒二十四年以九十九年期限租借附近之地今香港政廳所轄之全面積達三千三百六十方里（合光緒十年由北京協約所得之九龍半島）吾国及所称為香港者指香港島而言盖英人法律上所称為香港植民地者包含三部分香港島（面積二十九平方里）即阿片之役告終依南京條約所割讓者舊九龍即一八〇六年北京續約更以九龍半島南端之地歸諸英国九龍租借地即一八九八年所租借新安县之九龍半島及其附近屬島嶼是英人名之曰新領土（New Territories）香港面積二十九平方里（舊九龍面積四平方里）（九龍租借地面積三百九十六平方里）

人口　人口據清光緒三十二年之調查為三十萬五千四百人其中二十

萬四千四百二十六人為我国人外人除陸軍兵士外有一萬九百八十一人

市街設於山腹最大者為維多利亞街人口十八萬二千云

(四)農工業　蓋糖麵粉棉花檀木櫝椰象牙米茶生絲毛織物等

為貿易之主品輸出至英国者以生絲及麻為最多輸入品為

棉花金屬及毛織物等輸出入之總額年達五千萬鎊工業亦盛尤

以綿紗製糖之業為最香港為英国遠東海軍根據地且因保

護商業特設堅固之要塞又設有海軍造船所商船造船所及船

塢能建修大船所用職工約三萬人香港商業發達之原因有四

(1)香港位於粵江口為中国南部之門户

(2)港内水深浪闊最便碇泊為世界罕有之良港

(3)香港為英国遠東航路之終點亦為太平洋航路之起点

(4)香港為自由貿易港除特别貨物出入概不徵税

政治　英国設總督為行政最高長官其下輔之以行政會議由議員八人組成及立法會議由議員十四人組成內有華人二人對於九龍租借地設特别政治由英人華人會同管理焉

澳門　位於西江三角洲南端為葡萄牙之植民地古称濠地境其地有阿媽神廟故又称阿媽港或媽港自明嘉靖三十六年即租借於葡光緒十三年由中葡條約其主權全歸於葡然因境界不明屢起交涉附近之地被佔不少至今尚為懸案面積約一百方里人口與其附屬地合計約八萬其中葡萄牙人僅五千餘皆我国人

其地距番禺二百六十四里距香港百二十里其間皆有汽船往來不斷市街設於山麓因面積海風景甚佳氣候亦適好遊客不少然夏季常有流行病發生

西實業之

工商業頗不振貿易品以茶絹生絲油類烟草煉瓦塞門汀爆竹等為主商業因香港番禺所奪有漸次減少之勢近年每年總貿易額不過二百萬兩澳门政廳因財政支絀致許公開賭博從而徵收重税

港灣漸次被泥沙填塞交通不便現時入水九尺半以上之船舶不得入港惟西方一水道（在本港南拱北之中間）得通小船若稍大之船舶則須碇泊於十五年里以外海中且時有東北信風及颶風之虞其出入之船舶據清光緒三十一年之調查香港入口之帆船凡五百十八隻自此地赴香港者凡三百六十八隻其運輸貨物不過十一萬五千噸其商業之式微可知澳门政廳因財政支絀致許公開賭博從而徵收賭博税焉

澳门与番禺香港等埠皆有輪船往來惟

澳门割讓之因由

明嘉靖十四年開澳门為葡人通商地年課地租二萬金三十二年葡商船破以貢品被水為詞請於地方官乞地曝之自是展地益濶三十六年葡國公然以澳門為已有殖民地設行政長官治理之明政

府亦不之拒萬曆元年明政府於澳門附近築境壁為界默認界外為葡人自理自此葡人屢要求減少地租萬曆十年承認葡自每年只納地租五百兩及阿片戰爭後我国五口通商葡人甚惡之要求免納地租不許至道光二十九年以後葡人則不肯課我国不能訴之腕力以謀解決及光緒十三年三月兩国派員在葡国首都會訂立節略四條其第二條規定「中国政府承認葡萄牙国有永居管理澳門之權」第三條規定「葡国政府不得中国之認可永不得将澳门讓與他国」是為我国條約上承認葡国占領澳門之始同年十月二国在北京又會訂中葡條約五十四款再申明左之條也

「預立節略中之第二第三兩款彼此均無異議惟現経商定俟

「兩国派員妥為會劃界址再行特立專約其未経定界以前」

一切事宜俱照依現時情形勿動彼此均不得有增減改變之事
君約雖規定未定以前不得有增減改變之事然境界既不確定（旁改：未畫界合劃界地／二國俱照該時情形）
我国又不能為嚴密監察實令葡人有自由伸縮現狀之便宜近
二十年間葡人漸於壁外及附近諸島中移民建房修道（旁改：築路）我国當局
當毫不過問三十四年正月日本船辰丸號密運槍礮彈葯向中
国輸入假泊澳門附近過路環島東二海地為我国礮艦所捕日
本政府以該海面係葡国領海為詞責求我国謝罪（旁改：道歉）賠償而陰
嗾葡国政府乘機擴張澳門領地葡国政府果向中国声言辰丸
碇地係葡国領海於中（旁改：界）葡劃境問題彼此皆認必要宣统二年
葡政府派海軍提督瑪喀多我政府派雲南交涉使高而謙為劃
境全權專使（旁改：代表）以香港為會議地葡使初要求葡領地域約百二
十方哩最終讓步至六十方哩即最（旁改：先則）主張（旁改：以）澳門半島及拱北小横

琴大横琴譚仔過路環諸島與附近海面均為葡領次則主張譚仔過路環二島澳門半島及拱北大小横琴諸島之一部及附近海面為葡領也高而謙始則主張澳門壁外為葡領地壁内之数村為葡属地既讓步以譚仔過路環二島承認為葡属地至拱北大小横琴三島及澳門内港與附近領海權皆否認之談判経四閱月不決未幾葡國大革命起該問題遂中止至今尚為懸案

葫蘆山澳　復州灣　蓋州灣

葫蘆山澳在會灣之西北闊十八里水深四十五尺海底為沙泥質

極錨甚牢其西南有護風處其北半可避西北風澳之南有

一島分澳為二澳東北有大島曰長興島此島即隔葫蘆山澳

與復州灣者也自葫蘆山澳以北之陸岸甚高故距岸七十五里

間由海面望之可見長興島之西南角即葫蘆山澳之北角

此角西岸有石崖陡起距三十六里由海面可望長興島之此峰

此峰北有山高一千二十尺其東面為陡峭遠望之如島

復州灣在復縣之東長興島之北西司雷尼角與復州角之向

其闊約三十餘里距澳藪三十六里處深五拓十五里處深

三五拓西雷尼角為復州灣之南角角為圓石崖高四百尺西面有

石行向東北入海二十五里距西雷尼之東北二十餘里有撞角綠

州海岸右淺灘
由東北至西南長
十五里之其寬□
三□□沿海岸三
十里距蓋州角
三北陸岸二三尺為
最險□□□蓋州
面河□平□之
水道□淺又

州港內向之南角也二角向右石淺並多礁石復州角為□□之 是

北面在砲台頸西南十二里二款之向右一淺過砲台頸而復州港 復州港此指山

其形如□砲壘向西者為圓錐形高五百三十尺距此山東南 □砲台頸 星

者遠望之為二平頂山其岸嚴突出海岸為砲台頸南距此角 港

二千四百尺名小石島日復州角右砲台頸西南十二里曰復州角下後港 此角

民過二角之向稍至東□□則駛過形方島與掉角之向方島乃一 □船 陳蘇

平頂小島高百十尺二者相距七里深三拓在掉角之東三 在掉角至此

里方直深三七拓長一里半西之東又有較淺之地如舌伸入澳中 尺

約十二百里大上之水淺積地處二至三尺大船後駛者則過掉角至

修析東南由復州河上之道為

蓋州港□□□□蓋州角向西岸之總□港形半圓口門直徑 為 此北東□□

長四十里港岸皆淺且一□□可航海之□□蓋州角為蓋 □

港之南角角上有台角後有山高七百尺有尖峰高八百五十尺近於蓋 是

石島 Root I. 在臺邊東灣之東岸距盧以沙澳十二里之處高四百尺其南角有石行列入於海一千八百尺

鐵島 Iron I. 在老鐵山嘴西北角相距十八里一名西儀山高七百五十尺四周有石崖以此島為金灣之南界

木其生島 Murchison I. Milne 在金灣之西南高二百十尺距此島東北九里有密爾納島高一百八十尺二島外有數小島及露石於此向水道不便航行木其生島之西北一里半有小島及由小島向南有石行伸入於海此島與石行相連而為列島距密爾納島之東角一千二百尺有一石向列島之最東為危險處也

理本島 Ripon I. 在密爾納島之東北三十六里其東面有埃勿勒司島 Everest 而皆係山起伏恍如海浪高一百尺至二百五十尺近二島處有數小島並石行理本島與埃勿勒司島向之水道

澗三千六百尺內有二尖石
考分島 Cottis H 在穀勿勒司島東角北六里處平頂之小島
也高一百尺近此島之水道皆屬淺界
伽平島 Flat H 在矮本島西角東北十八里高二十尺自西面視之
為崖裂之狀近伽平島東北六里有僧石島曰拂蘭西島 Frog Is
小小高凡百尺上有小塔此島南北方陸岸相連處皆高沙隴
三角形島在金灣北岸圓錐頂山東南高一百八十尺金峯島
在華家之澳之南高九百尺以分隔數澳其南岸長十五里為
淺界惟有圓角名眷角諸無不行伸入於海及一千二百五十尺

遼河口在營口西南三十四里河口外之水道兩旁有泥灘伸入於海十二里至十八里河口東角向南亦有至十二里距東角西南迤二十五里為淺直之外界水深三十五尺至四十五尺水道中有指淺處長六里水深隨四時變遷河口之水道苟欲無誤非諳水道之人引之則甚難行也凡船吃水深十七尺者當夏季時可橫越遼河之口惟自陽歷十一月以後中旬北風大水較低宜載至十五尺為限

徐亞韓　北京崇文門外中三條胡同
袁炎閣　北京新開路貴安會館
徐嘯東　北京菜園廿香遠店轉交
姜際青　天津獨流鎮
何杰甫　安徽秋浦堯渡街益興和店轉交
江舍光　安慶望江濱口鎮
章楨三　安徽銅陵縣西門口
夏子青　安徽池州府城夏復泰店轉交
汪子寶　揚州教場廣益書局轉交
李少川　上海麥特赫司脫路三十六號
　　　　安徽合肥梁園鎮
廖星石　上海麥根路二十一號
胡樸安　上海新閘路永德里朱智記隔壁
陳少若　上海貴州路逢吉里一百五十一號
徐禹郭　上海馬立司老馬德里一千一百八十四號
陸古舍　太倉城內因果橋
王戰武　上海麥根路十七號
王雲五　常州城內椒花塘
管義華　蘇州城內古市巷八十二號

闖軍入都

戰門蕙故旅悽烽驚夜黃紬芳正禁霧南書
生德板提風流節度誤誰家樓似南北爭氣
馬天助東南起點我兵右興亡據陳色崛山隱隍
家家烽

吳氏下野

大廈安能一木支壹紫近家倒戈時將衣
越碧沿移幟日家秦棄可乞師錦南風碧紅衣
怨秦雄妻老淚空思秋緣誤死封侯夢殘絕雲空

題太湖　往帆無度木蘭（江西稻穴）舣風送鷗濤月滿江漾
島高深秋鴉鴉石鏡寒烟水深深中流萬頃從天下
一行旌旗望氣降商舸夢殘商女恨吹來玉笛總
新腔　五陵豪氣軟全（？段以軟改）殊風雨愁烘入空孫權舊
江湖三太息側身天地一胡塵亂緒未理鬢絲滿
今吾垂擲馬識途陸游人間真一大誤算來名利

西堤路　魯戈無復返（空餘出亡）錦帆晚景繞橋多事遠天

海鏡明圖未展霧靈蓝花層樓依烟黄畫邑

河魚控橋稻燈計絶飛海榭子規情也無窮之還

不歸一　云朋屬砂學霞聚爭存桂粒芙蓉乾

韶光百年都当死生無息竟日安燒殘燈燭灰

心易被折楊柳芬手難漏去三更暮莫笑傷情敢

是係煙塵　經々塵網滿人寰　欲把長眠萬古幽靠
有鳥啼同夜哭撐死化物墨還月逢圓候花然好
要到歸時幽有聞了卻此生廣積業不須回首淚
潸潸

務實堂先生去年雙十節傳誦以前所作詩七首錄由錢澤
民先生錄示者澤甚為了解乃先將楚元先生時間聚緊
意塵書燒光論公以得安目前燒光候歸道山矣三廿日
溯紀耐腴失時報

南洋各島國論一卷

〔清〕吴曾英撰

《南洋各島國論》一卷，清吴曾英撰。曾英(一八二八—一八七五)字會耆，號東軒，江蘇太倉人。廩貢生。是書撰於清咸、同間，係從曾英所撰《覆瓿叢談》中析出者，略述歐人殖民南洋島國經過，謂「中西關鍵，全在南洋。今欲嚴中國門户之防，絶外夷覬覦之漸，必自經理南洋始」。據《小方壺齋輿地叢鈔》本影印。

南洋各島國論

太倉吳曾英著

中西關鍵全在南洋今欲嚴中國門戶之防絕外夷覬覦之漸必自經理南洋始南洋之東西諸島環繞儼然海國長城殆天造地設之險以保我中夏者也漢以後職貢稱臣共球相屬南洋從無西夷患梁書天竺傳稱與安息大秦在海中交易不聞設埠也唐書訶陵傳稱大食畏悉莫之威不敢加兵不聞據土也是時嶺南海間珍寶山積中國權其賦稅以充斥天府號爲南庫島國之利抑亦中國之利也迨有明中葉葡萄牙西班牙荷蘭接踵西來葡萄牙據滿剌加池問漸及於內地之澳門西班牙襲取呂宋荷蘭則據奪瓜哇三佛齊蘇門答臘浡泥文萊馬神吉理問諸國地又從而鼓櫂月港盤踞臺灣肆擾舟山普陀雖逾時揚帆西遁然彼西夷巢穴已布滿南洋矣邇來英吉利法蘭西內侮之始又以南洋爲逆旅其故何哉地不與中國毗連密邇而口岸斜對西國船用夾板火輪遞相接應近者一二日遠者五六日徧歷諸島諸島之達中國亦復如之方今南洋濱海之國印度全境爲所有即越南暹羅緬甸素隸典屬者亦皆割地輸金大受挾制加以南洋中荒島如澳大利亞巴布亞西里百摩鹿加大小無慮數十彼皆墾闢招徠日漸富庶處心積慮可爲寒心履霜堅冰其來有自嘗慨有明之假以澳門及置呂宋瓜哇諸國於度外者實與棄大甯東勝河套哈密同一失策元代好尚武功史弼之征瓜哇亦不爲無見惜功未立耳至今日而盤踞有年欲如鄭氏之驅逐紅毛固萬不可得惟西夷迭相强弱頗有六國縱橫氣象近則稱雄西土盛推德奧幾與俄美並駕齊驅英法聞已稍遜至荷蘭葡萄牙於西夷中最爲弱小西班牙亦非其大其橫噬南洋將來大有變遷實可預料卽如亞墨利加本英吉利屬部自華盛頓起而立國至今與諸大國抗衡我未見南洋諸島中國民人立業者億萬必無華盛頓其人也且美之開國以英人殘虐故今中國商於南洋亦多畏苦若設官其地與之立約不准掊克聚斂虐我商民彼不奉約偕各國公使

執萬國公法與彼理論如商民中有雄傑出眾者授以領事等職俾審其山川之向背圖其幅員之廣狹測量其海道之淺深并偵探西夷動靜以閑西夷如有勾引東洋潛謀爲害於中國中國得而預備此師漢家隔絕羌胡之微意也況今器械精良仿模西法海疆有事命將出師參用夷夏漢鼂錯有言以蠻夷攻蠻夷中國之長技也於南洋乎何有

海外群島記一卷

〔清〕佚名撰

《海外群島記》一卷，撰者不詳。記太平洋嘉羅連群島之風土、民俗。大略謂有土著五千人，土地肥沃，草木茂盛，物産繁滋，居民衣食不外求，亦海外之樂土，爲西班牙所屬云云。僅見《小方壺齋輿地叢鈔》本，據以影印。

海外華島記　　闕名

東半球之太平洋有華島焉名曰嘉羅連乃西班牙所屬也島中有嶼名雅森𥂡地雖褊小然自小呂宋航海至此沿途所經以是嶼爲最嶼中地土肥美草木叢茂一嶼之廣無荒土焉嶼之濱積砂成灘怪石峻巖別饒古致地分五部落土著約五千人餘俱別國種類約五十名或因傳教而來或由通商而至亦有漁船失事留寓此間者耦居無猜渾渾噩噩猶有太古遺風島之四週地雖平坦漸入則岡陵重疊路曲山迴中有小溪可通來往野艇人來恰受兩三其卽古之桃源歟島中所產以椰子爲最盛餘如麪果檸檬等類漫山遍野如取如攜弗禁也島之人名曰嘉拏家土面貌淺黃形容古怪不知耕織半時剝椰皮爲衣編葉爲裳如上古衣毛茹血狀惟當陰雨連綿氣候寒凍則覓洋人舊衣禦寒亦可憐矣土人亦尙修飾而非衣服珍寶之類也法以利刃雕鏤其身爲花草樓臺人物諸狀入以顏色豔麗可觀色以黃藍爲上殆所謂文身之俗歟性喜穿耳惟所帶雙環而外或綴奇花或繫煙袋諸物他人見之甚以爲苦彼則怡然自得蓋習慣使然也婦人修飾與男子異男子雕刻多在上身婦人多在小腹及兩足其刀法之工顏色之美如錦簇花團雖寫生妙手無有出其右者奇觀哉又性喜穿鞾鞾色尙紅著後永不復脫直至破爛而後已所最異者男女身膚塗抹膏油汚穢不潔臭氣撲鼻令人聞之欲嘔海外有逐臭之夫此其是歟至其日用飲食以牛果禽卵雞羊野鹿爲大宗調以椰油土人甘之如飴謂八珍不啻也婚姻一事男子作主在室之女任自施爲無所拘束及嫁後則爲夫所制役如奴婢痛苦不堪矣島中刑罰甚重犯事者自十八歲至二十歲割其手足之半若自四十至五十歲犯事則盡斷去之慘刻極矣島中亦有酋目世及相傳外人不得攙越酋目以鮮花香草作冠所以示區別也島中水土甚佳故西班牙人屢至其地征勦亂匪未聞有患病者惟天時多雨雖不至暗無天日而狂風驟雨電轟雷鳴幾於無日無之

所幸地土肥美物產繁滋居民衣食不假外求誠海外之樂土也

北洋沿海島嶼志不分卷

〔清〕佚名撰

北洋沿海島嶼志　解題

《北洋沿海島嶼志》不分卷，撰者不詳。考書中内容及行政轄區稱謂，成書時間當在清末。所記山東威海、煙臺附近沿海島嶼六十餘處，兼記海洋貿易，尤重航海引航設施。據中國國家圖書館藏清抄本影印。

北洋沿海島嶼志

原稿

山東山嘴 由此處至三尖角止

此處東山嘴一帶界限

山東山嘴 Shantung Promontory 在榮成平原 Yung Ching Hsien 之東，經緯向東又六英里許，寬二三英里，多山之地也，在極東處，在緯線赤道北三十七度二十四分，經線由英京起算，偏東一百三十二度四十有三分。其山之在西北或東南者，狀畧同於一羣分之小島，五山並峙，大成山者 Ta Ching Shan（中國通稱之為山嘴全崙）位於西方，其峯最高，約九百一十尺，北向斜坡垂下，餘則皆尖脊，尖峯高六百八十九尺介於山嘴其山嘴尽處之間、两旁圍以深谷、為有名之峯也、　接近山嘴尽處有一尖聳光滑圓頂之山、高二百六十五尺、有一岡由此處向海伸展、而終止於一破裂之粗岩、岩上有一塔、山之南有一大廟、界於山之顛、尖峯 Hang Peak 之東南向有粗山岡二堆、岡之東南狀成山嘴南部突出之角、名曰龍頭山、Lung Tau Shan 其歸綫處在於西平石質之神龕角、上有一神龕、　距山嘴尽處一英里、地勢徒峭、潮流疾急、每四分之一英里有深二十五拓、其向東一英里又四分之一英里深五拓十拓、其深五十拓者乃在於一英里寬的深溝之南、由此又推廣至西北之四英里半、約三十七拓至五十拓之深過于水底之沙石泥土及哈売等、距山嘴五英里至十三英里之間一直綫深十七拓至十九拓、此外之水則漸深至四十拓、距山東山嘴三英里許、潮流滙合常致漲溢、

燈塔　燈塔狀圓光白、高六十四尺、在東山東山嘴之東、踞于高水面二百二十尺、其光亮十

三秒縮二秒，其白色之光則由南偏東六十二度至南偏東三十度，其紅色之光則由南偏東三十度至南偏東十七度，又其白光由南偏東十七度越正西及正北而至于北偏東二十一度，紅光由北偏東二十七度至北偏東四十九度，當天氣清爽時，其光能見之于二十二英里之遥。其光之在南偏東五十九度與南偏東十七度間，爲山峯所蔽者七次，其在南偏東二十三度與南偏東二十六度間，則其光爲西尔司士特島

所蔽、看守灯塔者之居及之圍墻皆成白色、

霧號　當濁霧天氣用一高低兩響之吹筒（一高音一低音）每二分鐘一吹、每吹之經二秒半鐘之久。倘吹筒無力不足以示霧號、則間一分鐘燃二炮、其若需進行時必須在霧號繼續相間知、則間十分鐘後此炮必須覆燃之、

潮流　在山東山嘴之潮、每早四鐘一至、四月高漲時水勢充滿、更易無常向、

海岸　在山東山嘴之東北、長二英里、係石質有數小澳錯互於其間礁石散佈或沈或浮、沿岸多低山、在其西北隅者甚粗角、Bluff Point 甚粗峭、

虎尾石

虎尾石 Tiger's Tail Rock 亦謂之路利石、Rodney Rock 中國土著者則名之為鋸羅、Ngo lam 距山東山嘴東北岸四纜、在燈塔之西北之二英里許、遥漾於水泉之間能於大浪中見之、

亞爾司士特島

亞爾斯士特島 Alceste Island 或謂之小咸山、Shian Ching Shan（一作海驢島）在粗角 Bluff Point 向東一英里又四分之一英里、頂平周圍皆岩石、有暗礁一羣、外部邊灘於水線皆略高、伸展四幾至東角之北向、在東角向南四分之一英里有一小尖石、附近小尖石之東南向有一小石邊灘伸于其間、在亞爾司士特島及山嘴間、潮流甚急、

提防 在此島及山嘴間之水島道不宜於用、

入港尤須慎防、

停泊處　離山嘴之東北面由五拓至八拓距岸二纜至四纜可以停泊小舟、在山嘴北面其燈塔附近處有一澳、亦可為停泊之所、澳中有些岩石、由東角之口伸展而出、但除却北向、餘皆妥為蔽藏、至底為泥沙、

方向　當春時揚帆北向、入直隸海灣路過山東山嘴、適值霧天、每致於方向莫辨、然據潮流之閱歷言之、當揚帆東向或西向二三日後、至方向約近於潮流之中心點、但

但當向東疾駛於巨流之中時、則揚帆二三日後約在于穆易島 Mu i Tau 與其凌蓮小澳 Kylen Bay 之間、此蓋由經歷驗而知也、常遇霧天潮流又甚急速、故行船之方向務須在在擇居相宜、當天氣重濁時、引港人必須素用引導之人、有時人猶必須停泊、

海岸在山東山嘴高原之北、低而多沙、為石角所斷、

鷄鳴島

鷄鳴島 Ki Ming Island 或謂之南鳴島、Nan Ming Tau 在北偏西八十五度距亞爾司士特島八英里半、離突出之石角一英里、高二百四十五尺頂平周三面皆懸以延長之礁石由多石之沙灘向與大地相連、越此向遥約深三拓至四拓、石角向東有一大鹽堤閘拓入海、

滎應山澳

滎應山澳 Yin Shan Bay 在一小灣之東居處、介於鷄鳴島與三尖角 Three Peaked

Conick之間，有一最良之停泊所，足以顧避。由西南至西北之大風、巨浪之奔騰，則須東北風向俱來。有一石暴露於水面二尺，在澳之東南隅，距澳之涯二纜半。有二口流入於澳，在南北之口進口處有一湖，當水勢高漲時，可以引進小沙船、華艇。

三尖角

三尖角 Three Peaked Point 或稱為三峯角，在雞鳴島向西十英里，因岩之腳有三尖石，遂以名之焉。是角粗而多石，距此角有一石，當水低落時則暴露于水面，形狀崎嶇不平，有數圓頂在其後。燈塔山 Beacon hill 高三百一十三尺，最高之山也，山上有一石質之燈塔，高二十尺。

海岸　海岸由三尖角起，呈崎嶇嶄峭之狀，因向由西北西一英里又四分之三英里至趙北礁。此處即為 Chao Pei Tsui 由東口之南角至威海衛。Wei Hai Wei 東口之南角也。

燈塔　在趙北礁粗峭角之頂，乃一圓白之燈塔也。高三十五尺，高過於高水面九十四尺。

係閃爍既白之光，每半分鐘一閃，當天氣清爽時，其光可見之於十五英里之遠，燈塔之光有數處為陸地所遮掩，看守者之居與其圍牆皆漆以白色。

威海衛港

威海衛港 Wei Hai Wei Harbour 在西爾司士特島向西二十三英里，狀成一小深灣，在趙北礁與北山角 Pei Shan Point 大陸地之間，劉公島 Liu Kung Tau 在其東北，為山東半島之北岸內之極東之港也，凡吃水不深之船進入

甚易且可以家船藏避之所但大船則不能停泊、進口有二、在東口則引近劉公島之西南

西口則越劉公島而西北

東口　寬二英里又十分之一英里為伊島所

Stan Island 所中分、可以行駛吃水十八尺深之船、但須越經伊島之北

西口　雖較東口窄甚而水最深可以行駛吃水十五尺或以上之船

山　威海衛附近之處有三条山脈、山之淮或荒石殺處、或種以矮短之松樹或尖小之崔

麥氏谷半島狹形之地，有深坑巨壑散布於谷之各處，水流甚急，山上之泥沙碎屑悉衝積閉塞於谷之中，每年九閱月河底時乾，山層多為岩石之變形，含有透光花剛石片石、結晶石及石灰石等石層，為火山石所橫斷。

馬當拉尔山

馬當拉尔山 Macdonald hill 由三尖角伸展至馬克利格谷 Macgregor Valley 之西，為荒山之低脈，長五英里，内回走向成

錬形此山脈之山之在岸上高自四百二十三尺至五百一十四尺不等、類多突出之項，其谷宜於耕種、

錫諜山脈

錫諜山脈 Seymour range 在旗杆角 Flagstaff Point 之後、威海衛之西、一高山脈也、斜走而成半鉤之形、呈一種裸露狀、山之旁為坑塹等所斷裂、高斯成 Mount Goschen 為高主要之山頂高一千三百四十三尺、

必士克拉爾山脈

必士克拉爾山脈 Fitz Gerald Range 在威海衛西北半島，呈岩石裸露之狀，李查斯峯 Mount Richards 乃最高之峯，高九百七十尺，其谷亦富於耕種。

谷山

谷山 Valley hill 乃一突出之絕頂，高四百尺，在威海衛有圍牆的城之後，由此處有如波浪形之斜坡伸展而東，成一低山脈脊，介於錫諾其必士克拉爾二山脈之間，在谷之各處有無數拔處

之鄉村、居民富於耕種

龍謀嶺礁

龍謀嶺礁 Lung Miao Lin 或謂之營角、Camp Point、在趙北礁西南距二英里又十分之一英里、以有古兵營在其地、遂因而名之、而此礁與趙北礁間有二小澳、介于此二澳間有一廢壞之古炮臺、

保護石

保護石 Hand Rock 為沈於水底之石礁、由龍謀礁向東三繞之地直走而北半英里許、

其外部之石為西平、恰爲滌於淺水之間、其北角則崎嶇嶄峭

楊家澳

楊家澳 Yang Kia bay 係一深澳、介於龍謀礁與白沙角 White Sandy Point 之間、為一片淨沙灘、距岸二纜以外、其水之深自十九尺至二十五尺、有數小流由西平肥沃之馬格列克谷流入於澳、又轉折而流入馬當拉爾與錫謀二山之間五英里許、其地宜於耕種、其附近之地有數鹽池

白沙角

白沙角 White Sandy point 由有白沙之角而突出、有一破裂之石層、伸展二纜許而周遭於其角、

旗杆角

旗杆角 Flagstaff point 或謂之祖島卡庫 Tsu Tan Kakeu、在白沙角向北二英里又十分之九英里、上至於高一百五十四尺之旗杆山、有旗杆在其上

燈塔　白色鐵質之塔、在旗杆角上、高二十

四尺。當水勢低落時，狀成一小島，高於高水面五十三尺。其光有亮八秒鐘、蝕二秒鐘者，有亮二秒鐘、蝕二秒鐘者。其白色之光，由南偏西四十四度至南偏西五十二度，而越路西口之航路，又由北偏西八十四度至北偏西七十五度，及北偏七十五度，越東口之航路。其餘各處除却為陸地所蔽者，皆為紅色之光。當天氣清爽時，白色之光能見之於十二英里之遠，紅色之光能見之於八英里之遠。在此光線近處，有一白色之住屋。

馬色士斯澳

馬色士斯澳 Masons Bay 介於旗杆角與王臺角 King Hall point 之間，在北向為一英里又十分之二英里，在水之普通深率約十八尺，常用以行駛小汽船，威海衛城在在北岸，馬托村 Mato Village 在，在西北、旗杆角向西四碼許，有一石造之碼頭，馬托村之附近處，亦有一石造之碼頭，在此碼頭內無論潮水漲落之時，小輪船均可以登岸，

威海衛城

威海衛城 Wei Hai Wei Town 係築以圍牆、情之內其城之中圍有無數之空地、以為耕種計。居民率皆耕田及業漁者、當春漁季伊始有無數大隊之山東華船由萊州府 Lai Chau Fu（在北直隸海灣之南岸）及居鄰近各處雲集於此、以捕魚為業、

海岸 由王堂角起沿東北向而至北山角、Pei Shan Point 有無數凸凹之狀綿亘一英里又十分之一英里介於王堂其角其北山角末進之間有一海灣曰衛加爾 Weigall

Cove 在此海灣內有一鐵造之碼頭，在其盡處之兩旁，各設有木屋，或船隻遂能由此登岸。

北山角，

北山角 Pei Shan Point 為巨威海衛西口之北角，有一羣小島及岩石，由此處伸展而至東北西，

圓島

圓島 Round Island 在北山角東北東四纜許，高八十尺，地形如眉月，地之上半鋪

以草、介於此島與北山角間有一小島、

外島

外島 Outer island 在圓島東北東四纜許、係石之外部、與北山角相距隔離、高三十九尺、多間斷破裂者、且崎嶇而不平、有數石尖突出於淺水之面、居島之西南七纜、在此石尖與圓島之間有一顯明之通路、

伊島

伊島 Hare 或謂之太陽島 Sun island 在東口內、北偏西六十度、距趙北礁二英里又

四分之一英里，其地小而多石，曾築有炮臺，現已頹塌。其北向與西向有一羣礁石，綿亘十四分之三纜。礁石之旁有十大石，蕩漾于低水間。大海石 Dang rock 在伊島東南向一纜又四分之三纜，乃多石所組織，而成蕩漾於低淺水泉間，頗難以窺見。

劉公島

劉公島 Lui Kung Tau 東南直徑長一英里又四分之一英里，其横最寬處之横徑約一英里。把總山 Centurion hill 高四百八十九尺，乃此島最高之角也。其山脊由此處直走向穿過島之中途，成為山之背脊。山上有草底，具旗杆。其島為荒瘠之地，樹木稀少，但各處斜坡皆宜於耕種。其主要之生產物則為糖類、番薯、黍粟豆及穀。其居民約四千。

高浦

高浦（[illegible]）為劉公島之北角，距其西北處八十碼，有一尖石，石之上水高十八尺。

削小島

削小島 Gannet islet 在南偏東六十七度距高浦八繞、距削角 Gannet Point 一百碼為劉公島之東北角、其地小而多石、高十五尺島之東北一繞、水勢頗深

武安羅石

武安羅石係 Hen an Lo lo Che 為二礁、距劉公島之東盡處、伸展四繞而東、介於二礁之間、有一水道、在礁崎嶇、從削礁之上有數大石、常浮泛於水面

霧號

霧號即霧天各式報警之聲號乃暫設之於劉公

島之東角，備有一炮，當船進行時，放使霧號相間，則一分鐘內燃炮二次，若放與霧號继續相間，則十分鐘後，此炮必屢燃之，

城市　在島之東南角，頗宜於水師人之需要，

皇后居　Queens house 乃、大一最大之屋，用之以為欽差及兵官之居住，城市內有水師及之公所及與酒肆，　與東向之村在島之南向中途，為中國人所居住，

碼頭　為鐵造之碼頭，長七百六十五尺，由劉公島南岸之西隅向東之繞行趙仲居而出

在外角之水深二十三尺，在內角有二架固鐵座、無論潮水漲落之時、船隻均能由此登岸、

燈塔　由鐵碼頭之角起、呈一種固定紅色之光、高於高水面二十尺、當天氣清爽時、在光能見之於五英里之遠、

天文臺島

天文臺島 Observatory island 距劉公島之西角、其一棧道相連、成為船泊之東北角、在船漿則半乾露於淺水之面、

修理　機器之小修理以及蒸鍋之修理、
均可於皇家製船廠 His Majesty
naval establishment 中舉行之
地位　天文臺場所在於劉公島西盡
處附近於觀兵場、在臺以石表示之
石之上刻以緯線赤道北三十七度三十
分一十秒、經線由英京起算偏東一百
二十二度零九度四分四十四秒又百分之
二十五秒、
供給　肉麪包菜蔬果食等皆有之但

無適宜於飲食之水、食蒸汽鍋所用之水、
乃取之於陸地者、　痢疾之盛行、皆因吃
菜蔬果食等之不加謹慎也、故之者必
須煮熟而後食、　輪船承辦人備有
皇家之船隻、供給品多取之於煙臺、而
裝載以小沙船、
交通　上海與煙臺間華助每星期的
輪船來往一次兩兼務有日小輪船裝載信件
馳往煙臺、食契約所定則上海與威
海衛間無星期內輪船來往一次、

海底電綫 海底電綫乃直安放之煙台各處、

煤炭 煤炭貯藏於鐵碼頭附近之處、专以供皇家船隻之用、

停泊所 吃水深之船停泊於囊之中、劉公島向東南之地、各處水勢頗深、囊之旁呈崎嶇之形、足於吃水十七尺深之船、則劉公島以南之地、隨處均可停泊、商船可以停泊於威海衛内海軍衙門之水、Admiralty Water 但必須經海

軍長官之允許，又必在所處之地勢最下所指陳者，為疾風由南或北向東而來，一大陣穿在東口，陂使在處停泊不能安穩，且一時波浪衝擊，輪船亦難以行駛。

禁止登岸船之停泊所　吃水深淺合宜之船之禁止登岸者，可停泊於海軍衙門之承，即伊島向西之地也，旗杆角之燈塔據在北偏西七十五度之北向，與海邊東村附近之神龕，乃據在正北之西向。

錨標　係大的紅色圓錐形之錨標乃繫泊於五拓深之內、在天文臺島向西三纜末、西水道之西尽處、Western Channel 係黑色杯形之錨標乃在於天文臺島向西一百三十碼、東水道 Eastern Channel 之東盡處、其係淡紅色杯形之錨標乃表示係西北、係二个小的黑色桶形之錨標乃表示係東南、係在停泊之囊之五拓線限內、則以表示係為天文臺島向南之地也、

破船　有一破舟船在南偏東西十四度距鐵碼頭之外角六纜又四分之一纜、石閘堡破壞壞之鋪標而指明之也、係他破船則在於南偏東七十度距碼頭十纜又四分之三纜、

潮　在威海衛之地、係一高潮、當每日每早十一鐘三十分時、水勢充滿、变易無常向、泉水高揚八尺、低潮縮至四尺至五尺、有一記號標之於石牆之頂下四寸在鐵碼頭之內角、距看守者房之西

角十四尺三寸、即測量深淺之歸復於平面者，乃在此記號下十尺八寸、

提防　當冬時每遇有意外之事、即海平面較之測量深淺所歸宿之點低二尺及四尺不等、蓋當疾動之西北風或北風之後、此等變動常或遇之、

潮流　潮流回時平均約在兩岸水勢高漲與水低落前二鐘、水東流之潮始於水勢高漲前二鐘、水西流之潮則始于水勢低落前二鐘、要而言之潮流之回實

視其風之力量與其方向、如遇疾動之東南風或東風、則東流之潮將終日繼續不絕、若遇疾動之西北風、則西流之潮將亦終日繼續不絕、總而言之、其潮流多沿岸之方向而流、至于威海衛停泊處之泉水間、其速度為二羅特 Knot（羅特係就海里而言、每羅特為六千零八十英尺、用以測知船行及潮流之速度、中國無此名詞、故特譯其音、）緩流之水、其水流常經一二鐘之久、西流之水在武安羅石 Idu an hole rock 處分開、在其處有所謂捲流之水、其漩流者之水者、其在北向者乃沿岸向行、其在南向者越劉公島向南、又屈曲旋轉而流入於北岸其西角口、Western entrance其南向北向之潮、至圓島 Round island 其外島 Outer island 附近之處相滙合而成捲流、其滙合潮流之水流速度約三羅特許、其峭角 Peaked Point 羅爾角帝角 ~~Raoul~~ Cape Raoul 帝角 Cape God 及捲流島 Eddy island 等相距離、其潮流距岸五英里水力甚微弱、東流之水至外島分爲二支流、一至一越劉公島而北、一至一越劉公島之西向其南向、此二支流至武安羅石處復行滙合、潮流在威海衛附近處、沿岸對流、而入於拒陸地數英里之處、在至處西流之潮發張於水水勢高漲後一鐘、至東流之潮則發張於水勢低落前一鐘、
方向由東向引導至水道之處越半英里又至於武安羅石之南、越又半英里至於伊

島ノ北、西面ヨリ此處ニ至リ停泊所、當ル通
伊島也、其測量深淺ノ點數、淺キ延長平
面減少十九尺或二十尺、但シ劉公島西隅
ヨリ附近處其深平ヲ為シ漸ク増加ス、若シ
船隻趣伊島向南則大海ニ在 Deep Sea
ノ處ヲ為ス停泊所ナリ、東口ノ開ク為總ベキ最
良ノ引路、其陸地相隔僅四分ノ三英里、在
其劉公島相隔僅三哩ノ程時劉公島
附近ノ地、截有白色規形西酌旗杆角燈塔
處毎時有無數船隻趣伊島向引ミ

停泊所者　西口常用之以引進吃水深之船

赴劉公島西北東要里距於島之西角約

二鏈許環繞天文臺島約三鏈之長赴共

此島相距離之紅色鋪標及黑色鋪標間

同而引至於停船之處以西口之界限而言之

於紅色之鋪標乃以表示於西南黑色之鋪

標乃以表示於西北入座時旗杆角色

規形之燈塔光自西面見出環繞天文臺

島附近處約二鏈許之長因而到西停泊所以

趙北嘴燈塔光之方向爲於準方向即引至停泊所者

威海衛之商務等　威海衛租界之地，約有三百三十鄉村，其居民約一十二萬三千七百五十。有四出貿須經小販，易于城。每五日即有一會期。本地工業不甚發達，僅有製繩者、造船、彈絲及雕石等小工作而已。中國人之居於此處者，多以捕魚或耕田為業。其主要之生產物，則為糖、番薯、珍珠米、黍、粟、小麥、蘿蔔、花生、果及豆等。中國人所食之物，則為穀食、菓蔬、魚、雞蛋等。其矮小之橡樹，乃生產之以為養蠶之用。所出產之生絲，多銷售於煙臺中國製絲廠。至於所種植之果食，頗少概見。所出口之貿易，除鹽魚外，無他貨物。此鹽魚乃裝載於華式船，而運至中國之南部。所進口之貿易，亦不甚發達，亦係裝載以小帆船，如木頭、薪柴、珍珠米，則多自滿洲；紙類、煙草、瓦器等，則至自中國之南部。所鹽魚每年出口之數，約值六萬元。平均每年珍珠米進口之數，約五萬石，值洋二十五萬元。嘗一千九百零二年時、除政府官辦之船隻以及郵船之馳往煙臺者不計外、尚有一百十五萬八千零九噸之火輪船往來一百四十六艘至其商埠、其地產金至於銀錫鉛鐵亦所在皆有、良美建築材之木頭以及木炭木等亦隨處散布、

天氣 當冬時天氣寒冷乾燥、足以補益人之体氣而使之生歡欣之情及天無過度之熱氣雨季每年約四月即六月至九月是也、但當雨之時勢能同於瀑布以其滾

濱而來也

半月澳

半月澳 Half Moon Bay 介於北山角 Pei Shan Point 與張興角 Chan Hing Point 之間、居仲居而北約六號許、居處水勢頗深、但此澳不足以預避東北風、故居民常栽揭于澳之中、此澳常用以紗馱捕魚小艇、船安處有業漁之鄉村二在澳之頭、

峭角

峭角 Peaked Point 在庫西（石）小島 Ku chi islet 之東長處、形狀崎嶇嶄峭、由（因）張興角西北三纜許之帶狹窄山路、向與內地相使此角與大地相隔斷、

劉朱澳

劉朱澳 Liu Chu bay 係一深灣、介於庫西（石）小島與羅爾角之間、長西北向約一英里又十分之一英里、長處水勢頗深、但不足以為停泊之所、

羅爾角

羅爾角 Cape Raoul 係勇猛多石之角也、形狀崎嶇徒峭、有一岩石高三尺、在西角之東南二邁許、

帝角

之帝角 Cape Ged 在羅爾角西北西一英里又十分之三英里、形狀勇猛而崎嶇、西海岸之介於此角與羅爾角之間者、粗峭破斷裂而成數小澳、

水女澳

水女澳 Waterwitch bay 介於之帝角

洪嶴裏嘴西 Yan Yuan Bay 並往流島 Eddy island 之間，有一通當之停泊所，因北風洪西北風陂使巨浪常為害，然最良之停泊所足以避北風及西北風者，則在於此澳東深灣之半遮澳之內，無適當之碼頭。

捧流島

捧流島 Eddy island 在其東角向西一英里又十分之六英里，高二百二十五尺，有嶄峭之高岩，懸於其處，有一岩石邊灘水面在於島之東北一纜許，在此石之東向二纜許內，二拓半長多石組織之地，石組織乾露於淺水之西，在此島向南二纜有於石組織與向東大地之間，其地頗不潔淨，南偏東九度距島之東南角四分之一英里有一片石組織，高十一尺。

若要襄嘴（淵）

若襄嘴（要淵）Yam Yuen Tau 乃一狹窄之半島，在水女澳之西隅，滔遜山 Dawson hill 乃一界限分明之尖頂，高六百八十五尺。

石屋角之內半英里來，至山嘴成為此半島之絕頂，

海岸由安淵嘴轉返而西南七英里至西小島 Western inlet 之口，西小島可以引進華沙船等，由西小島旋轉向西係一低淺沙灘之岸，原十六英里至白石角 White Rock Point，烟臺灣西東南東八英里之地，有數孤立不羣等高之山，距岸一英里至三英里，由內地四英里來至十二英里，起延至於崎嶇多山之地，有一山

嘴由此處靈而向海伸展，在白石角向東四英里，至終止處則位於西北山麓，高六百五十尺，距山嘴向東一英里有一湖，當水勢高漲時，小沙船可得向引進，西有一延長沙質之土股，由此西口至角仲展向出，揖防西小島以西之地，水之深至一重約距離地九拓至十拓不等，為引導之人於至于船行近岸之時，亦不覺其船之與岸相密迩也，

白石角

白石角 White Rock point 低而多山之

角，以石離處有白石，即名之焉，四百五十五尺，乃養馬島 Yang Ma Tau 之極東北處。養馬島者一狹窄之山島也，在南偏西五十六度，成爲海延長海港之東南隅，在西北爲煙臺港 Chefoo harbour。有二座高得下山，名高三百七十五尺，在在南向者有大山 Ta Shan，發源於島之西南，餘皆低山，在在南偏西十度，距白石角一英里，乃爲山嶂船水道之進口處，此水道由沙灘引寧於甯海州之城 The town of Ning Hai Chou

並龍门港 Lung Mun Harbour 之地、
在廣之內當水勢低落時、大華艇每易以
搁淺、白石角不可與誤為崆峒列島、(Kung Tung)
Kung Tung Island 在煙臺港之崆峒列島也
Kung Tung island 以廣頭分二地也、

龍门港

龍门港 Lung Mun Harbour 乃養
西面由近長沙灘而與內地相連之間、此
沙灘當潮水低落時、則乾露於面上有乙
水道、長七八尺、沿至甯海州之城城之西有乙壖、餘於海上見之、應進之處有一水欄、此水欄即在於大山角 Ta Shan Point 西南三縺許、養馬島之西南隅、此水欄以外之水無一定之深率、故船隻到此必先細加測量而後下錨、水欄四縺以內之地、底水之約寬半縺、含水勢之深則自十八尺至二十九尺、船以躲避危處所來之風、碼頭乃在於養西島、Temple Island 即養馬島極南之地、其處有四主要之鄉村、廟角之西南有十六深之水欄、因而使內水道與外水道中分、

海岸　係約在西二英里許之地有一高二百六十七尺之孤山外，在距龍門港西北六英里許皆低而多沙也。

訥羅柏角

羅訥柏角 Sarol Point 在北偏西五十度距大山女角七英里半為一狹小之土角，在該角十帳起之地，南偏西六十二度距該角一英里，又四分之四英里有一山，高一千三百尺，為一山脊角、柱了極顯出山脊又由此處又伸展向西四五英里。

崆峒列島

崆峒列島乃一羣等高之島其雜石也在羅枸角之東北島之東南隅伸展六英里半之在東北其西南又向島之南隅伸展四英里之在西北西其之在東南東　崆峒島者羣島中之最大之島也北向高二百尺中部低而多沙西南向則略高

燈塔　係一圓塔高四十五尺油以紅白二色交綫在崆峒島最高之處高出于高水面二百四十二尺出一種固定白色之光當天氣清

爽時、其光能見之於二十二英里之遠、

霧號　當天氣重濁時、其表示霧號爲之法、乃於五分鐘內燃炮二炮、若于船進行時必須其霧號繼續相聯、則八分鐘後此二炮必須屢燃之、

東沙嘴

東沙嘴 East Sandspit（一作東沙淺嘴）發見於淺水之面、大足以保護停泊船使其不受東來之風、其嘴乃由崆峒島之西南角伸展四分之三英里、其極處在南偏西三十七度距

灯塔一英里半，其處形狀崎嶇，水深四拓，

錨標　為一種實木所質之錨標，油以紅黑色之直線，有一小而黑之椰条籠在其上，繫泊于二十三尺深之地，距其嘴之大處約一百碼，又入潮後其籠必須更動，因時切需要時，則此錨標移置於他處，

雙石

雙石 Double Rock 在北偏東五十五度，距崆峒島之燈塔二英里又十分之二英里，其西向岸分為三部，其北部狀成楔形，其南部

為最高、有一山鑿有之山耶、高一百九十尺、有一岩石由西南角與西北角伸展而出、

北石

北石 North Rock 在北偏東五十五度、距雙石二英里半、為羣島中之東北小島、高八十二尺、其西北向呈圓狀、有光滑之頂向南斜下、其西南向與東南向則成圓楔形、有一小岩石為漲于高潮水位全部均能看見、在北偏東六十度、距北石二纜半、圍繞于由兩個成甚頂其西石之外部相通、暫緝九拱形狀、粗峭、

東南島

東南島 South-east island 在南偏東六十度、距燈塔一英里又四分之三英里、高約六十尺、介於東南島與崆峒島之間、有三高石、距島之西北向四纜許、又有一岩石、石之西小深水八尺、其處當水勢低落時尚處海浪所衝擊同於低水之間。

指石

指石 Finger rock 在崆峒島燈塔向北半英里內一高聳直柱形之石因與一屏之礁石面

相連，向西至於一小島，此小島高二百尺，在指石向東二纜。

此梃石

梃石 Stick up Rock 在北偏西六十二度，距燈塔二英里又十分之四英里，為一羣西小島中以北之地，其狀與指石相同。

坵小島

坵小島 Mound islet 乃西小島中之第十二小島，此小島在崆峒島之西北西，與礁石及淺水相接連。

崆峒沙灘

崆峒沙灘 Kung Tung Flat 在崆峒島與羅柏角之間、當上水深二十四尺至二十八尺、

煙臺港

煙臺港 Yentai Harbour 或謂之芝罘港、Chefoo Harbour 一商埠也、在濱海之小灣、羅柏角與芝罘角之間、崆峒島以內之地、有天然之水堤、足以使停泊所免受北來與東來之風、

航海、有停泊所足以停泊西煙臺各式之

船、任吃水深之船之停泊所不足以避北來之暴風、

中角

中角 Middle Point 在羅勒角西北一英里又十分之四英里、由小沙嘴之極處、由濱海突出之纔許、

塔角

塔角 Tower Point 在北偏西五十七度距中角一英里又十分之八英里、直趨露厓頭、即塔山 Tower Hill 之頭也、高一百七十尺、

此處有一炮臺、常爲船舶所要之場所也、

順路石

順路石 Fairway rock 離塔山之西北向約四百尺、係一石岩、石礁露於低淺水泉之上也、此處有一鐵竿、鐵竿之上特舉一黑色球形之籠以爲誌、

村落澳

村落澳 Village bay 在塔角與燈臺角 Chifu Cape 之間、燈臺角在北偏東三十三度、距塔澳三英里又四分之一英里、澳之要角週深率

十六尺、任有一陣之水由長西向伸展而出、
停泊所　燈臺小勢雖寬深足以容各種
之船、然適當西北及北向猝然暴風之衝、故
的冬時必避之、可驟找定地、雖適於停泊、當
冬（時）常至於無一船入而泊之者、船隻常泊於
崆峒列島之西南、或以塔角為長西南其西
南西兩面兩向之間、長（停泊所之）與塔角相距離之
點、則要視長船吃水之深淺、其大每年四季（所在詢）
之不同、而夏時有一停適當之停泊地羅
橫角及中角相近四拓之處、距塔角之東北

約半英里。小船常停泊於村澳及芝罘澳二處。此處水勢之深約十尺至十二尺。較但村澳較好。芝罘澳僅適於夏時停泊之用。入冬時亦有一適當之停泊處，即在於芝罘角內之村相離處也。北來之暴風、芝罘巨浪而俱來，遂與芝罘相離之停泊所頗不適於停泊者。入冬時北風猛烈，浪甚揚，裝貨卸貨之事全行阻止。入夏時則與芝罘相離處卻完全安穩，可供停泊處之用，故當夏季伊始，有數百華沙船

由南而來停留之處、向之東處、末盡閉一處之久、而中華船宜以此處為停泊所者、

禁止停泊處　由塔角至東南島以南一帶之地、禁止停泊、以其處有海底電線也、有二白色竹竿之標誌物、其頂為三角形、以表示海底電線所在之處也、其處距標北偏東四十八度、距海岸半英里、此電線由此處往素檳南偏東八十四度、其南偏東七十六度之間、

冰　一千八百七十八年正月有一船為冰凝結

於停泊所者數小時之久，上浮之冰厚四五尺，在海洋之西伸展數英里，輪船航行之路為所中阻。是年二月有一輪船為崆峒島以北之冰所凝結者四小時之久，後是船經航行上海，復受重傷，必須入塢修理。一千八百七十四年至七十八年之冬，天氣異常寒冷。由西曆十二月至三月之間，芝罘之商埠常閉，而當是時北河Pei Ho皆凍。

潮流　在煙台港每日早十鐘三十四分潮水高漲，充滿而交易無常向，大潮高八尺，次

則六尺半而洋面之潮流特壯，潮張時向南向東流，退時則向北向流，所餘則可參考至百三十六頁中所言者，

堤防　其水當冬時較之大夏後為低，有時低時則量歸宿之平面下五尺之濃多，即當嚴冬西北風勁烈之後也，

方向　有一山高一千三百尺，在南偏西六十二度，距納角一英里又十分之八英里，又向南偏西七十二度，引向東于崆峒列島之南約六號，紙其方向約東于東沙嘴，又距

於椗石、即邱小島西南處一帶之地也、其地為北偏西十六度、後又循此記號直至于指石、即崆峒島西角一帶之地、由其地至停泊所則甚便、至于停泊吃水深之船、則崆峒沙灘上水深之度、必須詳加較量焉、並深尖峯 Chifu Peak 其底由西北島向西南之地峨高聳之形、遠望之如同一島、底低淺沙質之土腰之與此半島相連而至于大地者、不能以窺見、船隻環繞者沙石把守石 Sentry rock 而後、停泊于崆峒島之下、從駛至於詣角直至於東南島、即向南偏東八十二度之處也、是時則越崆峒列島西島原間之沙質平灘此地即為至西向沙質土股之頭所謂諾獅也、後乃隱走此線向南、向任意停泊者、船航船舶開駛往芝罘或離開芝罘、須由芝罘角與崆峒島間之口、較之由於東口者為穩當、蓋以避芝罘崖與帝角間之危險也、即於地北風盛行、激成巨浪、因而停泊不穩、而開駛為難、

煙臺城

煙芝罘城或稱為煙臺城、Chifu or Yentai、Chefoo係外國人之租界、位於塔山以西一山與內沙質之地、其北之斜坡之南于港地處之山坡上有無數外國人之住居、其最高者為英國領事署、其處有中國之關稅局、居民約一百二十萬、芝罘將有海軍兩碼頭與其大兵營及海軍學校之設、

登岸處　塔山內海灣之東岸、圍以一帶約長二千一百四十四尺、此帶平均寬五

十尺、之處備有七架登岸之木橋、二個碼頭、一運貨與貨舟之窄路、一登舟之窄路、但當勁烈北風與東北風之後、登岸或尚見爲難也、小舟之近於登岸處者必於枝碇岸處設一寬大之灣泊所、以避最大的岩石之危險也、至舟之近于東海灣者、必須認明一个岩石、此岩石裸露于低淺水象上、距岸六十碼、依塘角之南一百五十碼、即塘山之東尽處也、

修船處　並眾不易得修船之處、除于

村澳村之東西南向別適于修船，以雖有勁烈之東北風，而其地不至于激成巨浪也。

報時號　塔山之上有一黑球，懸之于桅之上，定滴下日時西差界之時，即星期三與星期六零點零分零秒，或為克林惠地（威地）Greenwich之時，星期三與星期六由之十五分點五十四分二十秒，有一炮同時燃放。

風雨號（參後二十六頁）此誌號乃由塔山上表號之所所表以色，即有一黑球懸掛于之字旗之上，以表明暴風之號。

供給色辦伙食者供給精美之牛羊肉食

菜蔬果食則隨時豐盛野鴨及各種野

味盛於秋冬兩季、牡蠣與魚頗多、鱗魚

尤多、西歷三月末至五月鰣魚豐旺之際、食

時專本地及濱海一帶由華人之民以應行

由買易也　土著鋪戶供給食所需之

貨物售之於歐洲商人或售之於船上外

國鋪戶供給食進口各種之貨物但衣服

及奢侈必需之裝飾品則由上海Shang-

hai、與香港Hong Kong買辦者自供

給由內地所取來之水，但其水不適于食飲、

煤 其處常貯藏有惠爾許士 Welsh 其日本之煤一千五百噸、其本地所貯藏之煤亦等於此數、裝運煤炭係用數船、其工作頗繁、蓋當暴風之來自東北之其西北之間、其大向東而來時、巨浪氣揚、煤炭裝運頗覺不易、

商務 出口貨物之大宗為豆、豆餅、曰絲、牲口、魚、花生、花生油、索麵及草織之物、當

一千九百零二年、此出種貨物出口值一千六百二十九萬九千九百七十一金磅、進口貨之大宗為綿花、羊毛之編織物、五金類、鴉片、煤炭、麵粉、洋火、石腦油、及人參等、其值為三千一百七十八萬一千九百七十一金磅、查一千九百零二年時進港之船有能載一千九百十萬零二千五十九噸之火輪船二千九百一十一艘、能載二千一百四十八噸之帆船二艘、五年之內每年平均約三十五天天氣極為不佳、其時即為西曆十二月至正月之時也、

交通　奇伯遜 Gebson 係美國有名之技師，以建此路綫馳名之火輪船航路，每星期有六日有輪船由青島 Tsing Tau 駛往上海。沿海通信公社 Messageries Maritimes Cie 每四星期於芝罘與長崎間 Nagasaki 每二星期輪船來往一次[illegible]務。俄國之航船則每航星期三次至旅順口 Port Arthur，當其始則日至於香港處、中國招商局輪船航業公司 The China Merchants Steam Navigation Company 及香港各公司之船，則常來

往於旅順口、芝罘有電線之交通、又有
海底電線由芝罘區分于上海青島威海衛
大沽 Taku 以及旅順口各處、
天氣　芝罘天氣最有益於衛生、在中
國沿海一帶外國人居住之地所能比擬也、
予其人以乾燥之空氣、健壯精神之冬
令、其海中之空氣且具古利于沐浴、但書
夏之時、空極度約二月餘、其時寒暑表高八
九十五度至一百度、正二月極冷多雨雪、
四月常潮濕、五月有甚生之氣象、六月

天氣清爽溫和而多雨，七八月則天氣甚燠，且常有大雨挾暴風而俱來，九月天氣尚溫和，九月末至十月天氣乾燥晴和但稍涼爽，溫燠，十一二月天氣寒冷，十二月雨雪頗多，此就西曆年月日計算也，時寒暑表最低則跌四度至零二十度，其眾常為南方諸埠之人所聚會，以其為夏令避暑之勝地也，故其地實足以引人之注意，

風，其風之來常隨印度洋時令風之所來方向與時令，夏令之風則來自東南，冬令之

風則來自西北、勁烈而猛厲、雖時有間斷、
然竟爲不易之定[illegible]則居多也、　當冬令
暴風之時、其風之首振常由東北東轉
於而北巨其西北、且由北向還轉而成暴風、
此暴風有時隨巨浪而俱來、輕緩遲降
之風雨表變爲驟升、此即其報警之號也、
之夏時、當日中熱度高強、其風常來自
東北、夜間則來自南向、此風殊爲陸地及
海面上順序之微風也、」
「下列並果風向之表、爲一千八百七十八年英

兵船侯爾都拉克所測定者

芝罘角

芝罘角 Chefoo Cape 為多山半島之極東處，由低地頸而與大地相連。半島之東南東與西北西長五英里，沿狹窄之山脊平行綫而至於海濱，低地高而崎嶇。芝罘峯 Chefoo Peak 在山脊之中心點，高九百八十尺，為雙頂之峯。把守石在芝罘角之東南一纜，亦呈勇猛之形，雖距此石稍遠之處，低水標為變色，而低地均無沙灘。半島之北岸三纜内之地，有四个分立之岩石，皆浮于水面，英界崖 Cliffy Bluff 嵯峨偉矗，際接於英之界峯之下，西北石 North-west rock 甚高，在半島向北之處，與其半島之西盡處相密邇，

海濱〔岸〕在英界半島之西〔西〕向，介于英界半島與斜坡角 Sloping Point 之間，北偏西六十度，距〔距離〕長十一英里，受水轉流而南，成為沙嶼，

低角，Low Point 高二百五十尺，上[illegible]崎（為要出），乳頭狀，在北偏西五十三度，距斜坡角十一

英里、介于斜坡角間有二澳、登州頭 Teng Chau Tau 在低角西向八英里島約二百五十八、周圍皆粗峭之石岩、

登州府

登州府 Teng Chau Fu 在登州頭東南南一英里、由天津商約而商埠以開、但其地不適於貿易、故以芝罘代之、其城之周圍皆為壯麗之牆、向海西處為巨一小灣之口、嘗有一隊華船麕集其中、以避各向之風、其口甚為狹窄、故海底常為衝擊、其城之居民十三萬、

其地所供給之物頗少、
方向　介於低角與登州 Tang Chau 之間、
其東向漸遠之地、有一石礁、距岸僅長一英
里、在登州頭之東一英里又四分之三英里、（停泊者）
凡船之停泊於城之北向三拓至六拓處、故
避此石礁之險、直至于阡登州頭向南偏
西六十度處、不可取道於南偏東七十
度、低角上之亂頭狀處、其停泊所之北
向東西一岸暗如其岸蔽、西向東以登州淺
灘為其岸蔽、其北向無所岸蔽、故北風盛

猶恐巨浪奔騰，而停泊因之不便於安全，而沿岸之交通因以阻滯。

登州淺灘

登州淺灘 Teng Chau Bank 之地，沙石暴露，由登州頭伸展至西北西七英里，其上面之普通深率二拓至四拓，又有數礁隆起於淺水之中。其深二拓之外部石礁在北偏西六十七度，距登州頭七英里，其南向距大黑山 Ta Li Hill 西部之高崖六英里，此外部石礁其大距此石礁之南一英里又十分之三英里之深三拓的石組織乃為此沙灘外部之沙嘴，岸上由之深率由三拓半至四拓又四分之三拓，岸一序之沙組織由此處伸展約五英里至於登州頭，在此沙組織上有由一尺至六尺之石礁散佈列此處礁石散布、

北直隸海峽、Pe Chili Strait

北直隸海峽介于登州頭鄰近處與其老鐵山 Lau Ti Shan 之間，寬五十五英里、

廟島

廟島 Miau Tau 或謂之眉山列島、Mei

Shan island（一作黑山列島）除數小石外大小共十五座、由登州頭向北三英里半起伸展三十五英里、又由正南偏西三十度、又由老鐵山嘴西南極處伸展二十三英里、由北直隸海灣 The gulf of Pi Chili 向其黃海 Yellow Sea 分開。

廟島海峽

廟島海峽 Miau Tau Strait 介于南部群島與大地之間、可以行船之用、但長山島 Chang Shan Tau 向北之水道較為妥適

而平直、在海峽之船道之介於沙灘內者、約寬二英里半、

長山

長山 Chang Shan 或謂之長島、Long island 島之南角在北偏東十三度、離登州頭三英里又十分之六英里、乃廟島中各羣島之最大者、西北之與東南之長距離七英里、中有狹窄土腰、長一英里、分島為兩部、其東北部有岩巔峭曰腔山、Cairn hill 一作鉛山一作剎尔納山 為島之北部最高之山、高五百七十八

長山之北部亦多山，其南部與中部之山名高四百九十尺。長山尾 Chang Shan tail 一作長山角 乃沙嘴也，由山嘴角 Shih wei 向南伸展半英里以上，即島之南盡處，又有深一拓半之沙灘，由尾角相徃而南，約一英里又四分之一英里。其尾顯露於淺水之中，潮激其上，勢若洶湧，有如沸滾伸展而遠，踰海峽，至于沙灘之遠南處。

大黑山

大黑山 Ta hei Shan 或稱為大黑島，Great

Black island 在長山北邨向南二英里又四分之三英里、其西角為粗岩、高六百尺、有一犀腳礁、在上有數種岩石、在其島之東南向伸展一英里又四分之三英里、廟島或謂之寺島 Temple island 在長山南邨、其大黑山之間、高三百一十尺、島之內有一鄉村、觀察島 Observation island 伊力士島 Ellis island 及小黑山島 Lian ta Shan island 皆在於長山北邨與大黑山西間之間、有一種岩石高二十五尺、在北偏西十六度，離伊力士島約七纜，其周圍皆沙灘，其三纜以內地不可以接近。在北偏東十六度離其處四纜許有一石不甚伸之岩石，其上深三拓半。其水流之由來也，從東北東而蹤二十五尺高之岩石，其水流之退也，則向西而去，潮流衝擊於此岩石與伊力士島之間，故此間之道頗不適用。

荷皮測量處

荷皮測量處 Hope Sound 在廟島之西與西北向，其東向則以廟島及長山島為屏蔽，其西向

則以其西南向則以大黑山其向東南伸展之一羣暗礁為屏蔽、

南洋蠡測一卷

〔清〕顏斯綜撰

《南洋蠡測》一卷，清顏斯綜撰。斯綜，廣東南海人。是書記述英人開闢星忌利波（今新加坡）及華人聚居之情形。有關中國南海「萬里石塘」之記載，多爲魏源《海國圖志》等書徵引。據《小方壺齋輿地叢鈔》本影印。

南洋蠡測

顏斯綜著

南洋之間有萬里石塘俗名萬里長沙向無人居塘之南爲外大洋塘之東爲閩洋夷船由外大洋向東望見臺灣山轉而北入粵洋歷老萬山由澳門入虎門皆以此塘分華夷中外之界唐船單薄舵工不諳天文惟憑羅鍼驗海底泥色定爲何地故不能走外大洋塘之北爲七洲洋夷人知七洲多暗石雖小船亦不樂走塘之西爲白石口附近有一埠四面皆山一峽通進平原曠野頗有土人並無酋長產胡椒沙藤有唐人墳墓碑記梁朝年號及宋代咸淳或云此暹羅極東邊境十餘年前英吉利據此島名之曰星忌利坡召募開墾近聞已聚唐人羅番數萬閩粵之輕生往海外者冒風濤蹈覆溺而不顧良由生齒日衆地狹民稠故無室無家之人一往海外鮮回鄉者此島由外洋至粵十餘日由七洲洋至粵僅七八日近來英吉利甘心留粵一則恃南洋港腳諸番沿途俱有停泊二則恃星忌利坡離粵不遠彼國雖隔數萬里之遙今則無異鄰境此外海岸土瘠產稀如飛頭蠻等處雖常到不屑顧其志蓋欲扼此東西要津獨擅中華之利而制諸國之咽喉古今以兵力行商賈以割據爲壟斷未有如英夷之甚者

南清河王氏鑄版

使琉球録一卷

〔明〕陳侃撰

《使琉球録》一卷，明陳侃撰。侃（一四八九—一五三八）字應和，浙江鄞縣（今寧波市）人。嘉靖五年（一五二六）進士。嘉靖十一年，以吏科左給事中任册封正使，與副使行人司行人高澄出使琉球，歸朝後撰成此書。書前有序，敘出使目的、中琉宗藩關係及著書情形。序後爲出使任命之官方檔案，中含嘉靖帝册封琉球國王敕書及物品清單。正文分二部分，其一「使事紀略」，爲航行準備、使船建造、到達琉球及返航之艱難情形；其二「群書質異」，爲唐代至明初之琉球資料摘要。後附「夷語」，記當地居民語言及發音，分十五門，凡四百零七詞；又附「夷字」，共四十八符號，與日文平假名相似。書末摘録陳侃及副使高澄所呈題奏，記此次使團情況、沿途贈禮及官方答覆等。據《國立北平圖書館善本叢書》景明嘉靖間刻本影印。

使琉球錄

夷語夷字附

據明嘉靖刻本影印

國立北平圖書館
善本叢書第一集

使琉球録序

皇明德化誕敷際天所覆聲教咸暨琉球越在海表世奉正朔唯謹每易代航章乞封則遣近臣將事嘉靖壬辰世子尚清以嗣國請

皇上仁覆無外聿脩舊章時侃待罪左省俾充正使往而以行人高君副之銜

命南下歷詢往迹則自成化己亥清父真襲封時距今五十餘禩獻亡文逸悵悵莫知所之致一統志星槎勝覽等書登載互異罔可據依廼甲午仲夏解纜閩江賴

天子威靈海若效順冊旬達其國宣

詔勑錫章服如儀尚清率國人稽首踊躍歡呼稱職貢篚懈已事遄返十月朔還閩可以卜日齋沐而見

上矣惟前輩使外國率有紀録或賦咏非以炫詞華也窮荒絕裔亦造物者之所陶鎔而風聲曠邈

品藻弗及若道途之險易山川之恠奇風俗之媺惡人物之醜好以至昆虫草木之變安居和味宜服利用備器之不齊非特探奇好事者所欲知而使事之周爰咨諏自不可少也因與高君日紀聞見凡道途山川風俗人物之實起居日用飲食之細皆得諸耳目之所親究乃知舊存紀載殆郢書燕說之類志其略辨其異此録之所以不容已也君子之飽道腴者或寓目焉其大烹之筵薦以海錯庶幾一下筯乎不然言之無文行之不遠覆瓿之具尔若繼今使者取以爲擿埴索塗之助容可乎

嘉靖甲午陽月望日四明陳侃書于閩之長春堂

奉

天承運

皇帝詔曰朕恭膺

天命爲天下君凡推行乎庶政必斟酌夫古禮其於錫爵之典未嘗以海内外而有間焉爾琉球國遠在海濱久被聲教故國王尚真夙紹顯封已踰四紀茲聞薨逝屬國請封世子清德惟克類衆心所歸宜承國統朕篤念懷柔之義用嘉敬順之誠特遣正使吏科左給事中陳侃副使行人司行人高澄齎詔往封爾爲琉球國中山王仍賜以皮弁冠服等物王宜慎乃初服益

篤忠勤有光前烈凡國中耆俊臣
僚其同寅翼賛恊力匡扶尚殚事
上之心恪盡臣藩之節保守海邦
永底寧謐用弘我同仁之化共享
太平之休故茲詔示俾咸知悉

皇帝
之寶
嘉靖十一年八月　日

皇帝勑諭琉球國故中山王尚真世
子尚清惟爾世守海邦繼膺王爵
敬順
天道臣事
皇明爾父尚真自襲封以來恭勤匪
懈比者薨逝良用悼傷爾以冢嗣
國人歸心理宜承襲茲特遣正使
吏科左給事中陳侃副使行人司
行人高澄賫詔封爾爲琉球國中
山王并賜爾及妃冠服綵幣等物
爾宜祗承君命克紹先業修職承
化保境安土以稱朕柔遠之意欽
哉故諭
頒賜

國王
紗帽一頂 展角全
金廂犀束帶一條
常服羅一套
大紅織金胷背麒麟圓領一件
青褡檴一件
綠貼裏一件
皮弁冠服一副
七旒皂皺紗皮弁冠一頂 旒珠金事件全
玉圭一枝 袋全
五章絹地紗皮弁服一套
大紅素皮弁服一件
素白中單一件
纁色素前後裳一件

四

纁色素蔽膝一件 玉鈎全
纁色粧花錦綬一件 金鈎玉玎璫全
紅白素大帶一條
大紅素紵絲舄一雙 襪全
丹礬紅平羅銷金夾包袱四條
紵絲二疋
黑綠花一疋
深青素一疋
羅二疋
黑綠一疋
青素一疋
白氁絲布十疋

妃
紵絲二疋

五

黒緑花一疋
深青素一疋
羅二疋
黒緑一疋
青素一疋
白氁絲布十疋

六

廣運
嘉靖十一年八月十七日
之寶

諭祭文
維嘉靖十一年歲次壬辰　月
朔　日
皇帝遣正使吏科左給事中陳侃副
使行人司行人高澄
諭祭琉球國中山王尚真曰惟王嗣
守海邦四十餘載敬

七

天事上誠恪不渝宜永壽年爲朕藩
屏胡爲遘疾遽爾告終訃音來聞
良用悼惜遣官
諭祭特示殊恩靈其有知尚克歆服
祭品
牛一隻　猪一口
羊一羫　饅頭五分

粉湯五分　蜂糖糕一盤
象眼糕一盤　高頂茶食一盤
響糖五箇　酥餅酥餤各四箇
纏碗五箇　降真香一炷
燭一對重一斤　焚祝紙一百張
酒二瓶

八

使事紀畧
嘉靖丙戌冬琉球國中山王尚真薨越戊子世
子尚清表
請襲封下禮部議禮部恐其以奚齊奪申生也又
恐其以牛易馬也令琉球長史司復覈其實戒
毋誑越辛卯長史蔡瀚等覈諸輿民達于勳臧
同然一辭僉曰尚清乃先王真之冢嗣立為世
子有年昔先王厚徼福於
天朝願終惠於義嗣者具文申部宗伯趨之越壬辰
春禮部肇上其議
請差二使往封給事中為正行人為副侃與澄適
承乏焉
命下之日時夏五望也有為予等深憂者曰海外之
行險可知也
天朝之使遠冒乎險而小國之王坐享其封恐非以
華馭夷之道盍辭之以需其領乎等曰
君父之命無所逃於天地之間況我生各有命在天
豈必海外能死人哉領封之說出於他人之口
則為公議出於予等之口則為私情何以辭為
勿聽六月各

賜一品服一襲侃以麒麟澄以白澤俱大紅織金
羅爲表絹爲裏綠羅搭䕶青羅摺子裏亦用絹
使外國必加服者欲其稱國王位賓主也帶以
王則舊制又各
賜家人口粮四名憫玆遐役優以緝御
恩至渥也八月侃等始治裝戒行之若是徐徐者
因封琉球舊案禮部失於回録
請查頒賜儀物於
內府各監局彌月而后克明復分造於所司亦難卒
製故弗克行其敢乆稽
君命越癸巳五月侃至三山澄亦以六月至閩之三
司諸君承禮部咨文已將過海事宜會裁已定
造船之制訪於耆民得之大小廣狹惟其制價
計二千五百兩有奇予等初欲各具一艘見其
費之廣也而遂不敢無益於國而侈其費財之
蠹也惟舊制以鐵梨木爲舵桿取其堅固厚重
今以輕價索之而艱於得易以他木予等必欲
倍價以購后果得之財固當惜舵乃一船司命
其輕重有不難辨者七月二日定艕艕即船之
底木福州府備祭豕二羊二予等主祭三司諸

君率府縣官亦與陪焉重
王事也定艕之後方鳩舟人僝功矣侃等與衆官時
巡督之十一日遣承差齎本赴京謹
題爲求封事切照嘉靖十一年琉球國世子尚清
表請封
奉
欽差臣等充正副使齎捧
詔勑前往琉球封尚清爲中山王臣等隨即辭
朝前來福建造船船完之日過海行禮所有齎去
詔勑聞弘治正德年間脩撰倫文叙編脩沈燾等曾
差往安南國因彼國欲留
詔勑爲鎮國之寶俱曾題奉
欽依聽其請留臣等思得琉球國襲封事例遠年無
從查考萬一尚清亦如彼國請留
詔勑臣等堅執不從恐拂彼敬奉之心聽其請留又
非臣等所敢專擅如蒙乞
勑禮部查議應否聽其請留庶臣等有所遵守而臨
期不至錯誤矣爲此具本專差承差鄭珂齎捧
謹題請
旨九月承差至京赴通政司投進奉

聖旨禮部看了來說欽此隨該禮部覆題云看得
欽差吏科等衙門左給事中等官陳侃等題稱齎捧
詔勅前往琉球國封世子尚清為中山王惟恐請留
詔勅乞要查議一節既查有倫文叙等事例合無准
其所奏本部行令各官臨時斟酌如彼國王請
留之意果出誠懇亦宜俯順夷情聽其請留等
因奉
聖旨是欽此十一月承差齎儀制司手本至閩侃等
伏覩
睿旨馭夷以誠敢不祗若
明命是月琉球國進貢船至予等聞之喜閩人不諳
海道方切憂之喜其來得詢其詳翼日又報琉
球國船至乃世子遣長史蔡廷美來迓予等則
又喜其不必詢諸貢者而有為之前驅者矣長
史進見道世子遣問外又道世子亦慮閩人不
善操舟遣看針通事一員率夷梢善駕舟者三
十人代為之役則又喜其不必藉諸前驅而有
同舟共濟者矣大蹇朋來憂用以懌即此而觀
世子其賢矣乎敬使所以敬
君也敬

君所以保國也懷德畏威邦其永孚于休越甲午三
月舟始畢工其舟之形制與江河間座船不同
座船上下適均出入甚便坐其中者八窗玲瓏
開爽明霽真若浮屋然不覺其為舟也此則艙
口與船面平官艙亦止高二尺深入其中上下
以梯艱於出入面雖啓牖亦若穴之隙所以然
者海中風濤甚巨高則衝低則避也故前後艙
外猶護以遮波板高四尺許雖不雅於觀美而
實可以濟險因地異制造作之巧也長一十五
丈濶二丈六尺深一丈三尺分為二十三艙前
後豎以五桅大桅長七丈二尺圍六尺五寸餘
者以次而短舟後作黃屋二層上安
詔勅尊君命也中供天妃順民心也舟之器具舵用
四副用其一置其三防不虞也櫓用三十六枝
風微逆或求以人力勝備急用也大鐵貓四約
重五千斤大棕纜八每條圍尺許長百丈惟舟
大故運舟者不可得而小也小艓船二不用則
載以行用則藉以登岸也水十四櫃海中惟甘
泉為難得勺水不以惠人多備以防久泊也通
船以紅布為圍幔五色旗大小三十餘面刀鎗

弓箭之類多多益辦佛郎機亦設二架凡可以資戎事者靡不周具所以壯國威而寒外醜之膽也二十五日出塢塢即造舟之所亦設祭如定艤之時其間若竪桅若浮水若治繚皆有祭行祭禮皆如初靡神不舉靡愛斯牲者

王事孔艱利涉大川祈也四月十八日舟先發於南臺南臺距海百餘里大舟畏淺必潮平而后行日行數里故先之駕舟民稍用一百四十人有奇護送軍用一百人通事引禮醫生識字各色匠役亦一百餘人官三員千户一員百户二員

六

官各給銀十二兩爲衣裝費餘各給工食銀五兩三錢五分舊時用四百餘人今華其十分之一從約也舊例猶有金銀九十餘器金廂帶四條備二使過海之用福州府造冊開報回文與之云職等素守清約無事華侈茶鍾酒盞用銀飾者相應備辦銀酒素銀撒盞銀節盂金廂帶皆不必用雖舊有成案似宜遵奉但裁而行之存乎其人毋得妄斂妄費以汚職等名節造完之日令首領官一員齎領前去回還之日照數給領若此者貞行也非以要譽也二十六日予

等啓行三司諸君送至南臺息肉于几醴酒于尊爵三行予等起謝曰曩時海國之役必數年而始克竣事聞之舟不易成也今未及朞月而有航海之期誰之功也敢不再拜諸君皆歌烝民之詩以贈亦再拜遂別是晚宿于舟中翼日至長樂長史舟亦隨行中途爲淺所傷臭厥載具狀伏於堦下求爲之援予等欲籍其爲前驅即日將行事已亟不可辭判詞於提舉司令中海道假環海衛所禦冦之舟暫遣其歸此固爲越亦爲楚意也適分守海道都閫諸君繼至海道亦以

七

王事爲亟遂遣之五月朔予等至广石大舟亦始至二日祭海登舟守巡諸君設宴爲餞是日北風大作晝昏如夕舟人皆疑予等亦有懼心有變之者勸遲遲其行遲而得已於行姑少待焉可也終不能已遲之何益今人既集矣渙之恐難卒萃舟不速行器具易窳有司費已侈緩則更倍之遂別諸君慨然登舟連日風逆五日始發舟不越數舍而止海角尚淺至八日出海口方一望汪洋矣風順而微波濤亦不洶湧舟不動

而移與夷舟相爲先後出艙觀之四顧廓然茫無山際惟天光與水光相接耳雲物變幻無窮日月出沒可駭誠一奇觀也雖若可樂終不能釋然於懷九日隱隱見一小山乃小琉球也十日南風甚迅舟行如飛然順流而下亦不甚動過平嘉山過釣魚嶼過黃毛嶼過赤嶼目不暇接一晝夜兼三日之程夷舟帆小不能及相失在後十一日夕見古米山乃屬琉球者夷人鼓舞于舟喜達于家夜行徹曉風轉而東進寸退尺失其故處又竟一日始至其山有夷人駕小舠來問夷通事與之語而去十三日風少助順即抵其國奈何又轉而北逆不可行欲泊於山麓險石亂伏於下謹避之遠不敢近舟蕩不寧長年執舵甚堅與風爲敵不能進不能退上下於此山之側然風不甚厲浪亦未及於舟人尚未懼相持至十四日夕舟刺刺有聲若有分崩之勢大桅原非一木以五小木攢之束以鐵環孤高衝風搖撼不可當環斷其一衆恐其遂折也驚駭叫囂亟以釘鉗之聲少息原舟用釘不足艌麻不密板聯不固罅縫皆開以數十人轆

轤引水水不能止衆曰不可支矣齊呼天妃而號剪髮以設誓予等不能禁徹夜不寐坐以待旦忽一家人匍匐入艙抱予足口噤不能言良久方云速求神佑船已壞矣予等聞此心戰神怖無可柰何嘆曰各抱

詔勑以終吾事餘非所計也於此將焉求之而又將焉逃之是時惟長年數人色不少動但云風不足懼速求罅縫而塞之可保無虞衆亦知其然舟蕩甚足不能立心悸目眩何罅之求於是有倡議者曰風逆則蕩順則安曷回以從順人心少寧衣袽有備尚可圖也有一人執舵而云海以山爲路一失此山將無所歸漂於他國未可知也漂於落漈未可知也守此尚可以生失此恐無以救夷通事從旁贊之予等亦知其言有據但衆股慄啼號不止姑從衆以紓其懼彼亦勉強從之旋轉之后舟果不蕩執燭尋罅皆塞之固水不能入衆心遂定翼午風自南來舟不可往又從而北始悔不少待也計十六日旦當見古米山至期四望惟水杳無所見執舵者曰今將何歸衆始服其先見徬徨躑躅無如之何

予等亦憂之亟令人上桅以覘云遠見一山巔
微露若有小山伏於其旁詢之夷人乃曰此熟
壁山也亦本國所屬但過本國三百里至此可
以無憂若更從而東即日本矣申刻果至其地
泊焉十八日世子遣法司官一員來具牛羊酒
米瓜菜之物為從者犒亦有酒菓奉予等通事
致詞曰
天使遠臨世子不勝訢踊聞風伯為從者驚世子益
不自安欲躬自遠迓國事不能暫離謹遣小臣
具菜菓將問安之敬予等愛其詞雅受之時予

十

之舟已過王所之東欲得東風為順夏月誠不
易得世子復遣夷衆四千人駕小舟四十艘欲
以大纜引予之舟通事乃曰海中變出不測豈
宜久淹從者世子不遑寢食謹遣衆役挽舟以
行敢告船分左右各維一纜迤邐而行若常山
蛇勢亦一奇觀也一晝夜亦行百餘里十九日
風逆甚不可以人力勝遂泊於移山之㟭法司
官率夷衆環舟而宿未嘗敢離左右泊至五日
予衆苦之在舟日久鬱隆成疾求登岸以避之
而不可得泣訴於予予曰乗桴浮海子路喜之

未知浮海之險若此也人至四千力亦衆矣不
能挽一舟以行虎賁三千猶足以成武功孰謂
浮海為易耶二十三日世子復遣王親一員益
以數舟而來風亦微息始克行法司官左右巡
督鼓以作氣自夕達旦夷衆亦勇於用力無少
懈至二十四日猶未克到世子復遣長史來曰
世子聞至移山刻期拱俟六日不詹中心孔棘
恐為從者憂謹遣小臣奉慰予等謝之二十五
日方達泊舟之所名曰那霸港計六石登舟至
此幾一月矣予二人局於一艙不便出入暑氣

十一

薰蒸脾胃受疾寢食弗安兼以風濤之險日驚
予心得保殘喘以終
王事嗚呼艱哉是日登岸岸上巋然有亭扁曰迎恩
世子遣衆官大小百餘員隨
龍亭候於亭下予等捧
詔敕安於龍亭衆官行五拜三叩頭禮前行導引至
天使舘舘距港約五里不移時而至
龍亭安於中堂衆官復行禮如初進見予等亦行禮
而退予等呼長史問曰世子不迎
詔敕何也對曰洪武禮制凡

詔勅至國世子俟於國門之外數代相承不敢違制
以行予等曰守制國之經也臣之良也大以字
小惟信之懷敢惟一巳是便而裂信毁制乎聽
之然世子雖不至館館中皆官正涖事禮無不
肅用無不周下逮從人各有寢舍時給廪餼亦
使之安每三日遣大臣一員問安具酒二壺菓
合二架酌酒於斗跪而言曰世子念
天使舍崇麗而卑庳是就恐不能安朝夕令小臣問
候起居予受其酒乃曰賓至如歸不惟其物惟
其誠世子誠矣胡弗安之有飲畢復獻牛羊豕

十二

菓初皆麾之后見其意勤懇間亦或受每一饋
予等亦遍及於從人無弗均六月哉生明報長
史舟至北山又越五日始抵國較之予舟浹旬
之隔詢之乃知桅折帆傾非衆之熟於操舟
幾何而不飫魚腹也越既望行祭王禮王墓不
知所在有寢廟一所在國門外即於廟祭焉封
其生者而又祭其薨者厚也所以勸天下之忠
也祭先於封者尊也所以勸天下之孝也忠孝
之道行於四夷胡越其一家矣祭品皆
欽定之歉牲牷維腯酒醴維醹罔敢弗潔先迎至廟

俟設定后用
龍亭迎
諭祭文予等隨行將至廟世子素衣黑帶候於門外
感乎其容儼然若在憂服之中予等拱而入至
寢廟神主居東西向予等居西東向
龍亭居中南向世子居南北向宣
諭祭文畢世子出露臺北面謝
恩進與予等交拜揖至中堂予等南向坐定世子令
長史致詞曰清蝸處海角辱玉趾遠臨當匍匐
奔迓有制不敢遠越徒懷慚竦今又辱賁及先

十三

人幽明倍感敬具清酤二卣以獻左右聊用合
歡其敢曰休享予等曰
朝廷之制臣子所當共守而弗敢踰焉者也人敢爲善
誰不如我敢奪人之守乎賓主初覿良用合歡
玄堂在邇恐非其時敢辭世子又曰我有嘉賓
鼓瑟吹笙吹笙鼓簧承筐是將禮也斯可以燕
樂嘉賓之心今皆無之正以此耳幸毋辭予等
愛其言敬不踰制忠也樂不忘親孝也忠孝之
人可以言禮諾之酒數行皆親獻禮儀卒度罔
弗恭坐少頃别隨遣法司官同長史至館致世

予詞曰今日勞從者爲先人寵光小國無以爲
獻㦲具黄金拾兩爲壽予等訝曰世子知道而
亦以此凂我乎令持去不從作書與之曰君子
交際之間有禮焉有義焉禮以將敬義以揆物
賓主各欵自盡而已今日之舉
君命是將敬共
王事乃其職也欵我以華筵亦云厚矣而又惠我以
褱蹄不已過乎在賢世子行之固爲盡禮在侃
等受之則爲非義授受之間天理人欲判焉辨
之明而守之固敢自欺乎辭不更贄惠無再貽
世子果知禮義者得是書不復再饋祀事畢越
七月二日封王是日黎明世子令衆官候於館
門之外導引
詔勑之國國門距館路三十里介在山海之間險側
高卑不齊不能如砥如矢將至國五里外有牌
坊一座扁曰中山自此以往路皆平坦可容九
軌旁壘石牆亦若百雉之制世子候於此
龍亭至行五拜三叩頭禮導之國門門曰歡會門内
逶迤數步即王之宫宫門三層層有數級之堦
至正殿巍然在山之巔設

十四

龍亭于正中行大
封拜禮國王升降進退舞蹈祝呼肅然如式先期五
日長史已請儀注習之熟矣禮畢揖予等至別
殿復行見禮衆官亦拜見如初王暫退出臨群
臣是日維良受
天子新命與一國正始群臣但四拜爲賀臣之尊者
親者捧觴爲壽夷俗以此爲敬君臣之間亦行
之朝罷別殿設宴金鼓笙簫之樂翕然齊鳴王
奉酒勸坐酒清而烈來自暹羅者比之麴米春
醲人更不須一盞予等但嘗之而已籩豆之實
備水陸之珍膷臐膮炙之膳既旨且多然不能
自製也皆假予等所帶庖人爲之蓋夷俗席地
而坐無燕享醼會之事不知烹調和劑之味故
假以文其陋耳獻酬交錯至晡而止予等令儀
從迎
詔勑至館王再拜曰小國無以爲寶璽書以爲寶
先朝詔勑藏之金匱已八葉于玆矣今辱貴臨幸留
鎮國不爾予小子自底不類爲先人羞予等見
其詞意雖誠猶未信也令啓其金匱之藏以驗
其留否之實長史數臣各捧一道而來

十五

奎壁輝映絢采一堂遂許留之王喜甚重拜而别予
等至館王親一員同長史來饋禮物厲色麾之
長跪不起不得已姑取扇布二物以荅其誠餘
不之受復與一書曰士君子立身大節不過禮
義二者前書備布想已知之賢王亦知
朝廷之大法乎今
聖天子御極議禮制度萬物維新群工濟濟皆秉羔
羊之節晉如鼫鼠者愁如摧如而已侃等叨居
近侍萬里啣
命正欲播

十六

君德於無疆守臣節於不辱爲
天朝增重乃敢自冒非義以貽淵穼之譏耶與者受
者其戾一也欲馨清議茸罪不恭王見書令長
史來言曰
聖天子威德被海外清閒之常虩虩不自安唯恐不
道爲
聖朝棄况
天使之陟降
左右者乎敬君之心華夷無二昨聞高論敢犯
朝儀廿二日復設宴名曰拂塵使琉球與使他國不

同安南朝鮮之使開讀
詔勑之後使事畢矣陸路可行已事遄返不過信宿
琉球在海外候北風而後可歸非可以人力勝
者日久不免會多會多不無情褻勢所必至也
踽踽凉凉豈能一日安耶是宴之設邉宜尚楚
而方物不復陳矣但令四夷童歌夷曲爲夷舞
以侑其觴傴僂曲折亦足以觀舞罷令世子介
予執弟子禮奉酒三爵將行復躬捧玉盃乃
武宗所賜者引滿勸白辭以不善飲一酌而止越二
十五日之夕颶風暴雨倏忽而至茅舍皆席捲
予館亦兀兀不安寢不能寐起坐中堂門牖四

十七

壁蕩然無存因念港口之舟恐不及繫遣人視
之僉曰昏黑不辨牛馬而岐路安可分盍待之
風雨果惡亦不可強質明而往王已差法司官
率夷人數百守於舟側矣詢之舟人乃夜半時
至也法司亦夷官之尊者路且遥不避而來予
因嘆曰華夏之人風雨晦冥之夕塞向閉戶以
避之猶恐未安衝風冒雨而行者必其骨肉顛
沛而不容已孰能視他事如家事而艱險不辭
者乎夷之君臣其亦可感也夫八月中秋節夷

俗亦知爲美請賞之因得徧遊諸寺寺在王宫
左右不得輕易往來有曰天界寺有曰圓覺寺
此最鉅者餘小寺不暇記二寺山門殿宇弘敞
壯麗亞於王宫正殿五間中供佛像一座左右
皆藏經數千卷夷俗尚佛故致之多上覆以板
繪以五彩下用蓆數重清潔不可容履殿外亦
鑿小池甃以怪石池上雜植花卉有鳳尾蕉一
本樹似椶而葉似鳳尾四時不改柯易葉此諸
夏所無者徜徉良久塵慮豁然但僧皆鄙俗不
可與語亦不敢見然亦知烹茶之法設古鼎於
几上煎水將沸用茶末一匙於鍾以湯沃之以
竹刷瀹之少頃奉飲其味甚清是日王因神降
送迎無暇遣王親侍遊至未刻邀坐宴不甚豊
而情意則欵洽矣諸從人皆召至堦下令通事
勸飲旅進旅退各以班序至醉而止向夕回館
月明如晝海光映白松影飾青令輿人緩步徐
行縱目所適心曠神怡樂兹良遇忘其身之在
海外也二十三日王始至館相訪令長史致詞
曰清欲謁左右久矣因日本人寓兹狡焉不可
測其衷俟其出境而後行非敢慢也予等但應

十八

曰已知之矣海外之國唯彼獨尊深居簡出乃
其習也井底之蛙豈可與語天日之高明哉亦
具殽核留坐移時別去二十九日請餞行陳席
於水亭中觀龍舟之戲舟之制與運舟之法皆
效華人亦知奪標以爲樂但運舟者俱小吏與
大臣子弟也各簪金花具彩服雖濡於水而不
顧以示誇耀之意越九月七日復請餞予等訝
其煩也深拒之懇之再三而後行至則見其席
之所列皆非昔比山蔬海錯糗餌粉酏雜陳於
前者製造精潔味甚芳旨但止數品不能如昔
之豊詢之左右乃知前此之設皆假諸閩人此
則宫中妃嬪親製以表獻芹之敬耳臨行長史
捧黄金四十兩王乃言曰送贐之禮振古有之
非清敢自褻其母辭予等曰於義可受軻氏受
薛之餽不以爲嫌但予等以
君命來受此而歸是以
君命貨之也惡乎敢王愕然曰
天使言必稱
君動必比義清知過矣遂不敢強復手持泥金倭扇
二柄乃曰

十九

天使遠來賜請以弁服即請之師也此別不復再會揮此或可以繫一念耳予等憫其情受之各答以所持川扇彼喜不自勝再拜而別十二日登舟官民送者如蟻皆以漢官威儀不可復覩至有泣下而不忍去者亦足以見夷人天性之良莫不羡衣冠文物之美拘于法而不得入是可哀也泊舟之港出海僅一里中有九曲夾岸皆石惟滅風而後可行坐守六日王日使人侍於其側且致慰詞仍遣看針通事一員夷稍數人護送又遣王親長史等官駕昔日所假之舟進

表謝

恩十八日風少息挽舟而出亦斜倚於岸衆恐其傷于石大驚幸前月親督脩艌不爲所傷復止二十日始克開洋夷舟同行二十一日夜颶風陡作舟蕩不息大桅原以五木攢者竟折去須臾舵葉亦壞幸以鐵梨木爲柄得獨存舟之所恃以爲命者桅與舵也當此時舟人哭聲震天予輩亦自知決無生理相顧嘆曰天命果如此以計免者得之矣狐死尚正首丘嗚呼狐之不能若也舟人無所庸力但大呼天妃求救予等爲

軍民請命亦叩首無已果有紅光燭舟舟人相報曰天妃至矣吾輩可以生矣舟果少寧翼日風如故尚不敢易舵衆皆廢寢食以待斃不復肯入艙上水同行夷舟遂相失不知所往二十三日黑雲蔽天風又將作有欲易舵者曰舵無尾不能運舟風弱猶可以持烈則不可救有不欲易者曰當此風濤去其舊而不得安其新將奈何衆不能決請命於予等予等曰風濤中易舵靜則可以生動則可以死中心惶惑亦不能決令其請珓於天妃乃得吉兆衆遂躍然起舵舵柄甚重約有二千餘斤平時百人舉之而不足是時數十人舉之而有餘兼之風恬浪止倏忽而定定後風浪復厲神明之助不可誣也舵既易衆始有喜色二十六日忽有一蝶飛繞於舟僉曰山將近矣有疑者曰蝶質甚微在樊圃中飛不過百步安能遠涉滄溟此殆非蝶也神也或將有變速令舟人備之復有一黃雀立於桅上雀亦蝶之類也令以米飼之馴馴啄盡而去是夕果疾風迅發白浪拍天巨艦如山漂蕩僅如一葉稍後距水不下數丈而水竟過之長

年特舭者衣盡濕則艙中受水又可知也風聲如雷而水聲助之真不忍聞舟一斜側流汗如雨予等懼甚衣服冠而坐欲求速溺以紓其懼又相與歎曰

聖天子威德被海內外百神皆爲之效職天妃獨不救我輩乎當此風濤中而能保我數百民命真爲奇功矣當爲之立碑當爲之奏聞于

上言訖風若少緩舟行如飛徹曉已見閩之山矣舟人皆踊躍鼓舞以爲再生稽首於天妃之前者若崩厥角也二十八日至定海所十月初二日

廿二

入城痛定思痛不覺傷感凡接士大夫叙其所以無不爲之慶幸區區二人何德獲此實荷

聖天子威福以致神明之佑不偶然也今越旬日同行之舟尚未至或不免漂溺之患焉嗚呼危哉嗚呼危哉予因是而有所感浮海以舟駕舟以人二者濟險之要務也今官府造作什器官之尊者視爲末務而不屑於查理官之卑者視爲奇貨而惟巧於侵欺以故種種皆不如法不久即壞房舍器用之物壞則可脩猶未甚害惟舟之壞即有覆溺之患雖有般師在舟亦無及矣

前之所云古米山之險其明效也后之使海外者軍官不必三員隨行先擇有司賢者二員委其造舟舟完令其同行彼軀命所關督造必不苟且萬一藩臬不從以之請於

上命可也從予駕舟者閩縣河口之民約十之八因夷人駐泊於其地相與情稔欲往爲貿易耳然皆不知操舟之術上文所云長年數人乃漳州人也漳人以海爲生童而習之至老不休風濤之驚見慣渾閑事耳其次如福清如長樂如鎮東如定海如梅花所者亦皆可用人各有能有

廿三

不能唯用人者擇之果得其人猶可少省一二此貴精不貴多之意也一則可以節

國之費一則可以衛衆之生故不惜辭之煩爲后使者忠告

群書質異

大明一統志

琉球國在福建泉州之東海島中其
朝貢由福建以達于
京師國之沿革未詳漢魏以來不通中華隋大業中令羽騎尉朱寬訪求異俗始至其國語言不通掠一人以返後遣武賁郎將陳稜率兵至其國虜男女五百人還唐宋時未甞朝貢元遣使招諭之不從
本朝洪武中其國分為三曰中山王山南王山北王皆遣使
朝貢嗣是惟中山王來朝其二山盖為所併矣

風俗男子去髭鬚婦人以墨黥手為龍虎文皆紵繩纏髮從頂後盤至額男以鳥羽為冠裝以珠玉赤毛婦以羅紋白布為帽織閗鏤皮并雜毛為衣以螺為飾而下垂小貝其聲如佩無君臣上下之節拜伏之禮父子同床而寢婦人產乳必食子衣食用手無匙筯得異物先進尊者死者浴其屍以布帛纏之裹以葦草上不起墳無他奇貨尤好摽掠故商賈不通不駕舟楫惟

縛竹為筏急則群舁之泅水而逃俗事山海之神祭以殽酒戰鬬殺人即以所殺人祭其神王所居壁下多聚髑髏以為佳所居曰波羅檀洞塹柵三重環以流水樹棘為藩殿宇多刻禽獸無賦歛有事則均稅無文字不知節朔視月盈虧以知時視草榮枯以計歲

山川黿鼊嶼在國西水行一日高華嶼在國西水行三日彭湖島在國西水行五日落漈水至彭湖漸低近琉球謂之落漈漈者水趨下不回也凡西岸漁舟至彭湖遇颶風作漂流落漈回者百無一二

土產閗鏤樹硫黃胡椒熊羆豺狼

按琉球國在泉州之東自福州視之則在東北是以去必孟夏而來必季秋乘風便也國無典籍其沿革不能詳然隋兵刼之而不服元使招之而不從我
太祖之有天下也不加兵不遣使首効歸附其忠順之心無以異於越裳氏矣故特
賜以閩人之善操舟者三十有六姓焉使之便往來時朝貢亦作指南車之意焉耳在昔其國三

分今中山併而為一者得非沃強晋弱之故歟
風俗男子不去髭亦不羽冠但結髻於首之右
凡有職者簪一金簪漢人之裔髻則結於首之
中俱以色布纏其首黄者貴紅者次之青綠者
又次之白斯下矣王首亦纏錦帕衣則大袖寬
博製如道服然腰束大帶亦各如纏首之布之
色辨貴賤也足則無貴賤皆着草履入室宇則
脫之一則藉地而坐恐塵污一則以跣足為敬
故王見神臣見王及賓主相見皆若是也惟接
見余等則加冠具服履揖遜之間每見其疾首

廿六

蹙額蓋弗勝其束縛之勞矣婦人真以墨黥手
為花草鳥獸之形而首足反無飾髻如童子之
角總於後而簪珥不加不知足而為之屨男女
皆可用也第富室則以蘇藤藉屨底少加皮緣
即為美觀上衣之外更用幅如帷蒙之背上見
人則以手下之而蔽其面下裳如裙而倍其幅
褶細而制長覆其足也其貴家大族之妻出入
則戴箬笠坐於馬上女僕三四從之俱無布帽
毛衣螺佩之飾亦無產乳必食子衣之事也其
君臣之分雖非華夏之嚴而上下之節亦有等

級之辨王之下則王親尊而不與政也次法司
官次察度官司刑名也次那霸港官司錢穀也
次耳目之官司訪問也此皆土官而為武職者
也若大夫長史通事等官則專司朝貢之事設
有定員而為文職者也王并日而視朝自朝至
於日中昃凡三次陪臣見之皆搓手膜拜尊者
親者則延至殿內賜坐賜酒其卑疏者則移時
長跪于階下焉凡遇元旦
聖節長至日王率衆官具冠服設
龍亭行拜

廿七

祝禮蓋久漸文教非復曩者之陋矣父之於子少
雖同寢及長而有室則異居食亦用匙箸得異
味先進尊者及子為親喪數月不肉食亦其俗
之可嘉死者以中元前後日溪水浴其屍去其
腐肉收其骸骨以布帛纏之裹以葦草襯土而
殯上不起墳若王及陪臣之家則以骸匣藏於
山穴中仍以木板為小牖戶歲時祭掃則啓鑰
視之蓋恐木朽而骨暴露也地無貨殖是以商
賈不通若以為防摽掠則其國小法嚴凡有竊
物者即加以劓剕之刑人誰敢犯朝貢往來俱

乗大航海邊漁鹽亦泛小艇未嘗不駕舟楫而
縛竹為筏也俗畏神神皆以婦人為尸凡經二
夫者則不之尸矣王府有事則哨聚而來王率
世子及陪臣皆頓首百拜所以然者以國人凡
欲謀為不善神即夜以告王王就擒之聞昔倭
寇有欲謀害中山王者神即禁錮其舟易而水
為鹽易而米為沙尋就戮矣惟其守護斯土是
以國王敬之而國人畏之也尸婦名女君首從
動經三五百人各戴草圈攜樹枝有乗騎者有
徒行者入王宮中以遊戲一唱百和聲音哀慘

廿八

來去不時唯那覇港等處不至以此多不良者
家蕃有漢人故也閩人為王倩作宴者身親見
之且傳聞封王日必見天使是日不來此則真
有而殺人祭神則非也王之宮室建於山巔國
門扁曰歡會府門扁曰漏刻殿門扁曰奉神四
圍皆石壁無有波羅檀洞之名亦無聚髏為佳
之說也門外有石砌砌下有小池泉自石龍口
中噴出名曰瑞泉王府汲之供飲食取其甘潔
也道路坦夷曾不設塹樹棘以為險殿宇朴素
亦不雕禽刻獸以為奇至於賦歛則寓古人井

田之遺法但名義未詳備王及臣民各分土以
為禄食上下不交征有事如昨封王所用布帛
粟米力役之征則暫取諸民而不常也雖無經
生卜士之流然亦諳漢字奉正朔豈至視月盈
虧以知時視草榮枯以計歲哉

山川則南有太平山西有古米山馬齒山北有
硫黄山熱壁山灰堆山移山七島山蓋不止黿
鼉等嶼彭湖等島而已落漈不知所在殆遠去
琉球而非經過之處也昨見古米山水急礁多
聞舟有至此而敗者亦不亞於落漈之險矣

廿九

土產無鬪鏤樹亦無胡椒硫黄雖產自北山而
取之亦甚艱無熊羆豺狼虎豹等猛獸是以多
野馬牛豕價廉甚每一值銀二三錢而已牲雖
賤人有終歲不獲食者貧約故也凡殺牲不血
刃但以水溺之而火其毛不畜犬亦鮮鵞鴨鶯
燕鸛鵲之族俱無烏唯烏鴉麻雀而已有蛇蝎
蝎亦螫人蛇則不為害聞前使遭蛇怪之驚無
是事也穀則有稻秫稷麥菽蔬則有瓜茄薑蒜
葱韭等品果則有芭蕉甘蔗石榴橘柿之類人
言冬瓜可以解渴甘蔗巨如盌形皆非也至於

壁間有虫形如中國之蝎虎者聲嘌如雀則罕異焉

蠃虫録

琉球當建安之東水行五百里𡉏多山峒峒有小王各為部隊而不相救援

國朝進貢不時王子及陪臣之子皆入太學讀書禮待甚厚

按福州梅花所開洋順風七晝夜始可至琉球以水程計之殆將萬里矣若夫建安則建寧屬邑也又在福州之西北而云水行五百里不知自何洋以發舟而若是乎其近易耶琉球固多山而崆峒則少王之子弟雖出分各山而未嘗不聽徵調如祭王封王等日則各率所部戎服而列伍以防衛則其有事而相為救援可知矣

歸附

國家之初朝貢固無定期今毎二年而一舉至於今子姪入太學僅於洪武二十二年而創見之嗣是唯遣陪臣之子進監讀書大司成教以誦詩學禮處以觀光之館夏葛而冬裘朝饔而夕飧禮待不亦厚乎邇如蔡廷美鄭賦梁梓蔡瀚等皆俊秀可教曾北學中國授業名儒今皆補為長史都通事等官進見之時儀不忒而言有章未必不自讀書中來也其他則苦禮法之拘衣冠之縛矣

星槎勝覽

琉球國山形抱合而生一曰翠麗一曰大崎一曰斧頭一曰重曼高聳叢林田沃穀盛氣候常熱酋長遵理不科民下釀甘蔗為酒煮海為塩能習讀中國書好古畫銅器作詩効唐體地産沙金黃蠟

按琉球國之山形雖南北一帶而生不甚抱合亦無翠麗等四山之名且形勢卑小不高聳林木樸樕不茂密厥田沙礫不肥饒是以五穀雖生而不見其繁碩也氣候不常熱雨過即涼秋冬亦雨霜雪其地近北故也政令簡便各食分土故曰酋長遵理不科民下造酒則以水漬米越宿令婦人口嚼手槎取汁為之名曰米奇非甘蔗所釀亦非美姬含米所製其南番酒則出自暹羅醞釀如中國之露酒也陪臣子弟與凡民之俊秀者則令習讀，中國書以儲他日長史通事之用其餘但從倭僧學書番字而已古畫銅器非其所好其所好者唯鐵器綿布焉蓋其地不産鐵土不植綿故民間炊爨多用螺殼紅女織紝惟事麻縷如欲以釜甑爨以鐵耕者必易自王府而後敢用之否則犯禁而有罪焉至於作詩則弄文墨叅禪乗者間亦能之而未必唐體之効矣地不産金亦無黄蠟及玻璃等物通國貿易惟用日本所鑄銅錢薄小無文每十折一每貫折百殆如宋季之鵝眼綖貫錢也曾聞其國用海巴今弗用矣然與其用是錢孰若用海巴之

猶淡於貝哉

集事淵海

琉球與泉州之島曰彭湖者煙火相望其人驍徤以刀稍矢劔鼓爲兵器旁有毗舍那國語言不通袒裸盱睢殆非人類

按地之相去近則可望遠則視之而弗見也琉球去彭湖不下數千里山川出雲蜃氣作霧則光景且伏矣煙火可得而相望乎閩中士夫常曰霽日登皷山可望琉球蓋所望者小琉球也若大琉球則雖離婁之目亦豈能明見萬里之遠哉若曰其人驍徤則誠是也蓋生有膂力耐飢渴勞苦熱壁挽舟之時雖終日不食終夜不寢而亦未甞告病匪直賤者若是雖酋長之貴亦慣勤動大風暴雨雖夜必興相與徒行露立於港邉以防舟之漂蕩焉而寒濕不能使之疾也國無醫藥民亦不夭札或壯或老始生瘡瘺地雖卑濕而不見有疲癃殘疾之人是豈盡出於稟賦哉亦由其薄滋味寡嗜慾元氣固而腠理密也第人尚忿争有不平即以刃殺人度不免亦剖腹自斃所用兵器如刀劔弓矢之類亦

嚴利勁直弓稍長如握檐射則樹於地而兩手彎之矢可至二百步許盔甲製以皮革進退節以金皷鄰國目爲勍敵焉其國西南則暹羅東北則日本閩東隅有人鳥語鬼形不相往來豈即所謂毗舍那國耶

杜氏通典

琉球國王姓歡斯氏名渴剌兠土人呼之爲可老羊妻曰多拔茶居舍大十有六間王乗木獸令左右輿之凡宴會執酒者必得呼名而後飲上王酒者亦呼王名然後啣杯共酹歌呼蹋蹄

音頗哀怨扶女子上膊搖手而舞又曰民間門
户必安獸頭
按琉球國嗣王姓尚氏名清父名眞祖名圓自
上世以來皆命名以漢字妃皆選自民間女子
充之土人稱王曰敖那稱妃曰札喇無可老羊
弁多按茶之稱也至於陪臣則無姓氏但以先
世及已所轄之地爲姓名如王親孔加迷盃器
法司官寧佑安冊也皆地名也若大夫金良長
史蔡瀚蔡廷美都通事鄭賦梁梓林盛等九有
姓者皆出自
三十四
欽賜三十六姓者之後裔焉王之居舍向南者七間
向西者七間以南者舊制不利於風水反以西
者爲正殿閣二層上爲寢室中爲朝堂未與臣
下坐立九閣門俱五色土珠爲簾櫳中三間畧
加金碧傍有側樓亦有平屋皆以板代瓦縻不
遠地而階亦近除僅如中國公侯之宅無越制
也王出入乘肩輿非木獸以十六人扛之傘蓋
用五色從者數百人皷吹導前戈矛擁後仍以
土珠小團扇四柄貼金葫蘆一對爲儀衛不知
何所取義焉宴會不時禮亦簡朴陪臣遇吉每

稱觴以壽王王亦與之坐而共飲但不至於呼
名也樂用絃歌音頗哀怨掌譯其曲有人老不
少年之句亦及時爲樂之意如唐風之山有樞
也更以童子四人手擊柝而足婆娑以爲舞焉
所謂蹻蹄之歌女子之戲皆非也大抵琉球俗
朴而忠民貧而儉富室貴家僅有瓦屋二三間
其餘則茅茨土階不勝風雨飄搖之患人不善
陶雖王屋亦無獸頭況民間乎傳者訛矣

使職要務

洪武永樂時出使琉球等國者給事中行人各
三十五
一員假以王帶蟒衣極品服色預於臨海之處
經年造二鉅舟中有艙數區貯以器用若干又
藏棺二副棺前刻天朝使臣之柩上釘銀牌若
干兩倘有風波之惡知其不免則請使臣仰臥
其中以鐵釘錮之舟覆而任其漂泊也庶人見
之取其銀物而棄其柩于山崖俟後使者因便
載歸遡者鑒泊沒之禍奏
准待藩王繼立遣陪臣入貢丐封乃
命使臣齎
詔勑駐海濱以賜之此得華夷安危之道雖萬世守

之可也
按我
朝封錫藩王之制如安南朝鮮則遣編脩給事中等官爲使占城琉球則遣給事中行人等官爲使各給以麒麟白澤公侯伯駙馬之服
恩榮極矣故感激圖報之下往往有人且安南朝鮮固陸路可通矣若占城及琉球則海邦也必於廣東福建臨海之處經年造二鉅舟以涉大川余等以一舟所費已及二千五百兩有奇若人各一舟非唯倍其費抑亦不克共濟矣故止造一舟至於藏棺釘牌之事原無此例縱有之亦無益也故今有司不設備焉大抵航海之行亦危矣凡親愛者爲之慮靡不周有教之以舟傍設桴如羽翼者有教之以造水帶者有教之以多備小舠者殊不知滄溟萬里風波莫測凡此舉不足恃也所恃者唯
朝廷之威福與鬼神之陰隲焉耳乃若領封之説則肇自前使占城者正副畏難不肯航海以畢事曠日持久渠國不獲已而領自海濱非
俞旨也嘗稽古諸侯凡嗣立俱以士服入見

三十六

天子而後受封今之四夷即古荒服諸侯也雖不克
入覲
天王俾其於海濱領封亦無不可蓋中國尊而當安外夷賤而當危也豈直省不貲之費而已哉經國者爲之建白可也

大明會典

琉球自洪武年間其中山王山南王山北王皆遣使奉
表箋貢馬及方物洪武十六年
賜國王鍍金銀印并文綺等物山南王亦如之後
賜中山王山南王山北王紵絲紗羅冠服王妃紵絲紗羅王姪王相寨官絹公服永樂以來國王嗣立皆請
命冊封自是惟中山王來每二年
朝貢一次每船一百人多不過百五十人

貢物
馬　硫黄　蘇木　胡椒　螺殼
海巴　生紅銅　牛皮　摺子扇　刀
錫　瑪瑙　磨刀石　烏木　降香
木香

卅七

按琉球貢物唯馬及琉黃螺殼海巴牛皮磨刀
石乃其土產至於蘇木胡椒等物皆經歲易自
暹羅日本者所謂櫂子扇即倭扇也蓋任土作
貢宜其惟正之供而遠取諸物亦其獻琛之敬
則夫
符璽之
賜章服之
頒得非顯忠嘉善之典歟

天妃靈應記

神恠之事聖賢不語非忽之也懼民之惑於神
而遺人道也侃自蚤歲承父師之傳佩敬而遠
之之戒凡禱祠齋醮飛符噀水誦經禮佛之類
閭黨有從事者禁之不可則出避之或過其宮
則致恭效程子焉廼者琉球國請封
上命侃暨行人高君澄往將事飛航萬里風濤叵測
璽書鄭重一行數百人之生厥繫匪輕爰順輿情用
閩人故事禱于
天妃之神且官舫上方爲祠事之舟中人朝夕拜
禮必虔真若懸命於神者靈貺果昭將至其國
逆風蕩舟漏不可禦群譟乞神風定塞袽乃得
達及成禮還解纜越一日中夜風大作檣折舵
毀群譟如初須臾紅光若燭籠自空來舟皆喜
曰神降矣無恐頗風未已又明日黒雲四起議
易舵未決卜珓於神許之易之時風恬浪靜若
在沼沚舵舉甚便若插籌然人心舉安乞荷神
助俄有蝶戲舟及黃雀止檣或曰山近矣或曰
蝶與雀飛不百步山何在其神使報我以風乎
予以其近於載鳴鳶之義頌之曰謹備諸已而

颶夜作人力罔攸施衆謂胥及溺矣予二人朝服正冠坐祝曰我等貞臣恪共朝命神亦聰明正直而一者庶幾顯其靈語畢風漸柔黎明達閩神之精英烜赫能捍大患如此謂非皇上懷柔百神致兹效職哉然非身遇之安敢誣也按之祭法廟而事之允宜在宋元時已有封號廟額國朝洪武永樂中屢加崇焉予二人緘稟附造舟餘直新之广石望崎行祠則從行者斂錢以脩行當聞之朝用彰神貺因紀其槩高君讓伉接筆舉以告巡按侍御方君涯麓之又命福郡倅姚一和視勒諸石

夷語附

天文門

天 旬尼　日 非祿　月 都急

風 監濟　雲 姑木　雷 刊眉

雨 嗑乜　雪 由其　星 波世

霜 失母　雹 科立　霧 氣力

露 禿有　電 波得那　霞 甞嗑尼

起風 嗑濟福祿姑　天陰 旬尼奴姑木的　天晴 旬尼奴法立的

下雨 嗑乜福祿　下雪 由其福祿　明日 阿者

昨日 乞奴　風雹 嗑濟科立

地理門

地 只尼　土 足只　江 密乃度

河 嗑哇　海 吾乜　山 牙馬奴

水 民足　木 谷亦里　路 密集

石 依石　井 依嗑喇　墻 拿別

城 遶　泥 乜祿　沙 是那

灰 活各力　橋 松只　磚 牙及亦石

瓦 嗑哇喇　岸 倭嗑　遠 它加撒

近 即加撒　長 拿嗑失　短 密失拿失

前 馬乜　後 吾失祿　左 分達里

右 民急里　上 吾乜　下 世莫
東 加失　西 尼失　南 米南米
北 乞大

時令門

春 法禄　夏 拿都　秋 阿及
冬 由福　冷 碎牙撒　熱 嗑子撒
寒 碎角禄撒　暑 奴禄撒　陰 姑木的
陽 法立的　晝 皮禄　夜 由禄
早 速多　晚 約姑里的　時 吐急
氣 亦急　年 多失　節 此谷尼即
正月 燒哇的　二月 寧哇的　三月 撒哇的
四月 升哇的　五月 悪哇的　六月 禄谷哇的
七月 式的哇的　八月 法只哇的　九月 谷哇的
十月 柔哇的　十一月 失木稀及　十二月 失哇思

花木門

茶 札　花 法拿　米 谷米
樹 拿急　果 吾乜　松 馬足
栢 馬足那急　竹 達急　笋 達急
棗 那都乜　乾 谷撒　底 吾利
菜 菜　梅 吾乜　葉 尼

香 搞　蓮花 拿花孫奴法　龍眼 龍暗
荔枝 利是　甘蔗 翁急　胡椒 谷燒
蘇木 司哇

鳥獸門

龍 達都　虎 它喇　鹿 加目
馬 吾馬　獅 失失　牛 吾失
兎 吾撒急　熊 谷馬　象 糟
鷄 它立　鵝 吞嗑　猪 吾哇
驢 仝　騾 仝　狗 亦奴
皮 嗑哇　鼠 聶　鶯 打荅噎
魚 亦窩　羊 非都知　蛇 家家
猴 撒禄　龜 嗑乜　雀 孫思乜
鳳凰 失窩　麒麟 其粦　孔雀 公火
獅子 失失　獬豸 害宅　仙鶴 司禄
象牙 杳香華　玳瑁 嗑乜那各　牛角 吾失祖奴
喜雀 孔加杳思　鶴頂 它立奴谷只

宮室門

門 勤那　窗 慢多　房 亦兼
樓 塔嗑牙　井 依嗑喇　河 嗑哇
御路 家集　丹墀 家集　御橋 扑只

皇城 谷偕谷　館驛 館牙　毛房 當哇剌亦業

器用門

盔 不力千　甲 約羅衣　刀 荅知

箭 牙　弓 由迷　弦 禿奴

鎗 牙立　卓 代　盤 朳只

盆 大莿　瓶 諷　床 膸各

船 福尼　棉 花時　舵 看失

櫓 羅　蓬 賀　筋 朳只

帶 文必　畫 業　書 福蜜

筆 分帖　字 開的　墨 思墨

四十四

紙 嗑乜　硯 孫思利　鎖 沙含奴

碗 麻住里　屏峯 諷布　香爐 稿炉

花瓶 法拿諷　香盒 福法各　倭扇 昂季

箱子 凱　酒鍾 撒嗑子急　茶鍾 渟嗑子急

棊子 乞是　玉帶 衣石乞各必　金鍾 孔加尼麻加里

人物門

皇帝 倭的每　王妃 扎剌　國王 敖那

王子 敖那吾哇　朝廷 倭每奴　大夫 大福

長史 丈思　使者 使臣　通事 度日

正使 申司　副使 付司　唐人 默大刀那必

師父 失農包　和尚 鮑子　父親 阿含都

母親 阿乜　琉球人 倭急拿必周　日本人 亞馬衣必周

大明帝王 大苗倭的每　朝貢使臣 嗑得那使者

兄 先扎　非都只　妻 眠多木

子 吾哇　琉球國王 倭急拿敖那

人事門

跪 非撒慢都急　說 嗑達里　拜 排是

興 吾達里咬亦　走 乜姑　去 亦急

來 外亦利　你 吾剌哇　我 昂哇

有 阿力　無 乃　好 約達撒

四十五

反 哇禄撒　買 烏利　賣 高業

睡 俍不里　請來 子盖失　見朝 大立業亦急

入朝 大立業客達　鞠恭 烏遜皮　低頭 烏其利

立住 荅只歪立　叩頭 嗑藍子　謝恩 蜜温普古里

朝貢 嗑得那　平身 各失吾奴必約　慶賀 蜜由歪利

表章 彪烏　賞賜 非進的　起來 揭知

進貢 嗑得那　進表 漂那阿傑約　進本 盆那阿傑的

報名 包名　辭朝 慢多羅　回去 慢多羅

早起 速多蜜的　下程 林斤　筵宴 扎半失

勑書 着谷少　拿來 莫只个　好看 約達撒

不好 哇祿撒　放下 吾着刻　作揖 撒哇利是 礼
給賞 非近的　方物 木那哇　多少 亦如撒
言語 谷只　曉的 失達哇　不曉的 民納失達哇
聖旨 由奴奴失　御前謝恩 悪牙蜜温普谷里
且慢走 烏其利耐　上緊走 排姑亦急　上御路 悪牙蜜即約里
再叩頭 麻達嗑藍子其馬

衣服門

段 恕司　紗 撒　羅 羅
紬 柔　絹 活見　布 木綿
靴 谷足　韈 都谷也　鞋 三扒

四十六

帽 帽　紗帽 紗帽　帶 丈必
網巾 網巾　員領 急那　衣服 急那
彩段 法拿那恕司　綿布 奴奴木綿　夏布 拿都木綿
竹布 達急木綿　葛布 嗑布　官絹 活見
改機 盖乞　倭絹 活見　西洋布 尼失木綿

飲食門

酒 撒急　肉 失失　茶 札
飯 翁班尼　麵 以利蒙已　菓 吾也
菜 菜　水 民足　酒飯 撒急翁班尼
鮮魚 必沙莫知　喫茶 昂乞利札　喫飯 昂乞利翁班尼

喫肉 昂乞利失失

身體門

頭 嗑藍子　耳 眉　眉 馬由
目 乜　口 谷之　牙 華
鼻 花那　手 帖　脚 悉失
心 各各羅　身 度　髮 加藍
眉毛 不潔　鬍子 品其

珍寶門

金 孔加尼　銀 南者　銅 嗑加加尼
鐵 谷禄嗑尼　錫 失禄加尼　錢 熱尼

四十七

鈔 支尼　玉 衣石　珠 達馬
石 衣石　瑪瑙 吾馬那達馬　珊瑚 牙馬那達馬
珍珠 達馬　水晶 民足達馬　玉石 達馬衣石
琥珀 它喇　犀角 吾失祖奴　倭刀 荅知
硫黃 魚敖

數目門

壹 的子　貳 荅子　叁 蜜子
肆 由子　伍 亦子亦子　陸 木子
柒 拿拿子　捌 甲子　玖 姑姑奴子
拾 吐　拾壹 吐的子　拾貳 吐荅子

拾叁 吐蜜子　拾肆 吐由子　拾伍 吐亦子子
拾陸 吐木子　拾柒 吐拿拿子　拾捌 吐甲子
拾玖 吐姑奴子　貳拾 荅子吐　壹錢 亦止買每
貳錢 尼買每　叁錢 衫買每　肆錢 深買每
伍錢 吾買每　陸錢 禄谷買每　柒錢 式止買每
捌錢 法只買每　玖錢 姑買每　壹兩 就買每
拾兩 啤牙谷就每　壹百兩 啤牙姑　壹千箇 森那
壹萬箇 麻柰吐失　千歲 森那　萬萬歲 麻油吐失

通用門

買 吾利　賣 高藥　來 外亦利
去 亦急　說 嗑達力　看 蜜只
求討 荅毛里　起身 捐知亦急　起去 捐知亦急
起來 捐知　回去 慢多羅　說話 嗑達立
不敢 揚蜜撒　曉的 失達哇　知道 失知
付荅 仝　回賜 仝　好看 約達撒
不好 哇祿撒　買賣 亞及耐　有無 阿力乃
東西 加尼尼失　不知道 失監子　明早起身 阿者
速多蜜的捐知

夷字附

い 以　ろ 路　は 罷　に 尼　ほ 布
へ 比　と 度　ち 知　り 利　ぬ 奴
る 而　を 倚　わ 哇　か 加　よ 有
た 他　れ 呂　そ 甦　つ 了　ね 尼
な 那　ら 剌　む 武　う 烏　ゐ 倚
の 懇　お 窩　く 古　や 牙　ま 末
け 去　ふ 不　こ 孤　え 依　て 的
あ 亞　さ 沙　き 其　ゆ 又　め 末
み 美　し 實　ゑ 泄　ひ 庇　も 母
せ 世　す 是　京 敲

夷國上下文移往來書札止寫此數字凡音韻畧相類者即通用也

欽差吏科等衙門左給事中等官臣陳侃等謹
題為出使海外事切照嘉靖十一年五月內琉球
國世子尚清上
表請封
欽蒙差臣侃為正使臣澄為副使各
賜一品服一襲齎捧
詔書一道
勑書一道
諭祭文一道并
頒賜儀物等項前往琉球國祭中山王尚真封尚真
子尚清為中山王臣等隨即
陛辭先至福建造舡船大而費亦巨經始於嘉靖十
二年五月至嘉靖十三年四月始克造完舡完
之日遂至長樂縣广石地方登舡先期尚清已
遣長史蔡廷美等過海迎接令通事林盛帶夷
稍三十人為臣等駕舡在五月初八日解纜開
洋洋中偶值逆風舡不可往放回數百里后遇
順風復往因失針路漂過琉球國交界地方名
曰熱壁山遂泊于此尚清聞之差大臣一員帶
夫四千餘名駕小舡四十餘隻至熱壁將舡挽

回五月二十五日方到彼國尚清即遣儀從及
文武陪臣隨
龍亭迎
詔勑諭祭文至
天使館奉安擇日行禮六月十六日行祭
王禮七月初二日行封王禮是日尚清皆迎至
國門外一見
龍亭先行五拜三叩頭禮步行前導迎至正殿一如
儀注行禮
開讀已畢設宴款留禮意懇至臣等令儀從迎
詔勑回館尚清令通事致詞欲留為鎮國之寶臣等
猶未允後令長史捧
先朝詔勑來看臣等始知留
詔勑為
先朝故事况已奉有
明旨始許其留行禮既畢似應即回因海中風浪不
測惟順風而后可行非可以人力勝者琉球在
福建之北去以南風回以北風故至九月二十
日方可開舡計在彼國停泊一百十五日日有
廩餼之供旬有問安之禮月有筵宴之設隨行

人役皆給口糧使之安飽行時復具黃金四十
兩爲贐臣等在福建時例有金帶銀器等物送
用尚不敢妄受况外國之物乎故責以大義陳
以
國法彼亦知敬而不敢强仍遣通事林盛帶夷稍
十人爲臣等駕舡又遣王親寧古長史蔡瀚通
事梁梓等另駕一舡進
表謝
恩開船之後二十一日晚颶風陡作將臣等舡中大
桅吹折舵亦損壞舟人皆震恐無措荷

三

皇上威福以致神明默佑得保生還在十月初二日
入福建省城同行夷舡今尚不到或未免漂溺
之患矣除彼自行補謝外臣等切思自三代以
降聖王不作治化陵夷以文德被海内者尚不
多見况覃敷海外者乎若越裳氏之重譯而來
以中國之有聖人耳琉球國在海外無慮數千
里漢唐宋時皆未嘗内附至元時遣將伐之而
亦不從至我
太祖登極首先臣附率子弟來
朝此豈區區勢力所能服哉要必有所以感之者

耳我
太祖悅其至誠待亦甚厚
賜以符印寵以章服遣閩人三十六姓爲彼之役又
許其遣子弟入
國學讀書習禮彼亦感激久而匪懈迨今
皇上御極以來
制禮作樂聲教四敷彼知中國之
聖人復生故欲竊餘光以誇耀他國是以不避風濤
之險貢獻益勤
請封益篤今日之舉尤出誠懇聞

四

欽命奔迎於海曲見
龍亭俯匐於道周非但不敢如緬甸之倨傲無禮而
亦不敢如尉佗之較量勝負也臣等忝與使事
亦竊尊榮無任感荷慶幸之至緣係出使海外
事理備將使事顛末謹具題
知

琉球國中山尚清奏爲謝勞事伏念臣清僻居
海邦荷蒙
聖育封臣爲中山王不勝感戴除具
表謝
恩外今有差來使臣二員正使吏科左給事中陳侃
副使行人司行人高澄冒五月之炎署衝萬里
之波濤艱險驚惶莫勞於此臣等小國荒野無
以爲禮薄具黃金四十兩奉將謝意此敬
主及使乃分之宜酬德報功亦理之常二使懼
聖明在上堅不敢受徼臣情不能盡無以自安今陪

臣順齋
貢奉伏乞
天語叮嚀
賜彼二使庶下情盡而遠敬伸無任激切感仰之至
等因奉
聖旨覽奏謝足見敬慎金着陳侃等收了禮部知道

光祿寺等衙門少卿等官臣陳侃等謹
題爲謝勞事侃原任吏科左給事中高澄原任行
人司行人於嘉靖十一年蒙
欽命差往琉球國封世子尚清爲中山王往返三年
巳於今年五月二十四日復
命訖近中山王尚清差陪臣謝
恩順齋臣等所卻黃金四十兩具本
進呈欲
天語叮嚀下賜臣等節奉
聖旨金着陳侃等收了欽此欽遵切念臣等奉

皇上之命遠使琉球琉球乃素知禮義之國臣等至
彼正欲敭揚
聖德恪守臣節爲中華增重安敢受彼非禮之餽故
筵宴之設必陳方物具書固卻至再至三書備
於使琉球錄中已塵
御覽矣臨行以金四十兩爲贐堅不肯受彼心不自
安冒瀆
天聽蒙
皇上鑒彼敬慎之心特下收受之
命臣等聞

命自天措躬無地敢不拜受以為家寶但奉使奔走
乃臣等職分之常自揣無功曷敢受兼金之惠
伏乞
皇上將此金收儲
內帑或
命彼帶回庶遂臣等之初心而於
君命斯不辱矣無任感激敬懇之至等因奉
聖旨已有旨了不准辭該衙門知道

吏科等衙門左給事中等官臣陳侃等謹
奏為乞祠典以報神功事竊念臣等奉
命往琉球國封王琉球遠在海外無路可通往來皆
由於海海中四望惟水茫無畔岸深無底極大
風一來即白浪如山舟飃忽震蕩人無以庸其
力斯時也非神明為之默祐幾何而不顛覆也
耶臣等往來于海驚險數次皆藉神明之助得
保生還是豈臣等菲德致此皆由
皇上一念精誠感格
天地以致百神呵護非偶然者臣等不敢隱其功謹

七

歷數為
陛下陳之嘉靖十三年臣等初去時五月初八日開
洋至十二日將底其國忽逆風大作舟搖撼不
可當遂尒發漏數十人以轆轤引水不能止舟
蕩甚足不能立衆欲塞漏而不可得於是群呼
求救於神剪髮以設誓俄而風遂息舟少寧執
燭尋罅皆塞之固水不能入得保無虞使是風
更移時不息舟之沉必矣此其功一也回時九
月二十日在彼開洋二十一日夜即遇颶風將
大桅吹折須臾舵葉又壞舟之所恃以為命者
桅與舵也當此時舟人哭聲震天大呼神明求
救臣等亦知決無生理為軍民請命叩首無已
忽有紅光若燭籠然者自空來舟舟人驚喜曰
神已降矣吾輩可以生矣舟得無事當風雨晦
冥之時紅光何自而發謂非神之精靈不可也
此其功二也二十三日黑雲蔽天風又將作衆
皆知舵當易而不敢任蓋風濤中易舵一動即
覆矣於是請命於神得吉兆衆遂躍然起易舵柄
甚重約有二千餘斤平時百人舉之而不足是時
數十人舉之而有餘兼之風恬浪止倏忽而定之

八

後風浪復厲神明之助不可誣也此其功三也二十六日忽有一蝶飛繞於舟僉曰蝶質甚微在樊圃中飛不百步安能遠涉滄溟此殆非蝶也神也或將有變速令舟人備之後有一雀立於桅上雀亦蝶之類也令以米飼之馴馴啄盡而去是夜果疾風迅發白浪拍天巨艦如山飄蕩僅如一葦風聲如雷而水聲助之真不忍聞舟一斜側流汗如雨臣等懼甚衣服冠而坐相與嘆曰

聖天子威德被海內外百神皆為之效職海神獨不救我輩乎當此風濤中而能保我數百民命真為奇功矣當為之立碑當為之奏

聞于

上言訖風若少緩舟行如飛徹曉已見閩之山矣此其功四也有夷舟進

表謝

恩者與臣等同行遇二十一日之風漂回本國至今年三月方到福建臣等之舟止行八日直底閩江不至漂流失所者皆神之功也臣等感其功不敢不厚其報在福建時已嘗致齋設醮脩廟

九

立碑矣但奏

聞之言既出于口不敢有負于心謹攄顛末上瀆

聖聽詞若涉于荒唐心實本于誠懇伏望

聖慈憫念下之禮部詳議可否萬一其功當報令福建布政司與祭一壇庶

天恩浩蕩而幽冥有光矣臣等切思名山大川之神在舜時已有望秩之祭我

太宗文皇帝時遣太監鄭和下海嘗立祠於海濱時加致祭况禮云能禦大災則祀之能捍大患則祀之今一救援之功遂保數百人之命其為大災大患莫此是過伏惟

聖明詳察臣等無任戰慄恐懼之至為此具本親齎謹具奏

聞伏候

勅旨

十

禮部為乞祠典以報神功事祠祭清吏司案呈
奉本部送禮科抄出吏科等衙門左給事中等
官陳侃等題云云等因奉
聖旨禮部看了來說欽此欽遵抄出送司案呈到部
看得左給事中陳侃等奏稱奉
命琉球往來海中時遭風險幾致顛覆多藉神功救
援乞要
賜祭以報其應一節為照
國家嶽鎮海瀆類皆有祭祀法云能捍大患則祀
之在典禮則固然矣今左給事中陳侃等奏使
海外屢遭風濤之險卒獲保全實乃
皇上聖德默祐所致海神效職不可謂無是亦捍灾
禦患之意也
賜之以祭禮亦有據合無候
命下之日本部行移翰林院撰祭文一通行令福建
布政司備辦祭物香帛仍委本布政司堂上官
致祭一次以答神休不為常例緣係乞祠典以
報神功及奉
欽依禮部看了來說事理未敢擅便謹題請
旨奉

十一

聖旨是欽此

嘉靖十四年七月二十五日

吏科等衙門左給事中等官臣陳侃等謹
題為周咨訪以備採擇事切念臣等奉
命往琉球國封王行禮既畢因待風坐三閱月而後
行無所事事因得訪其山川風俗人物起居之
詳杜撰數言遂成一録録之意大畧有二臣等
初被
命時禮部查封琉球國舊案因曾遭回祿之變燒毀
無存其
須賜儀物等項請查於
內府各監局而後明福建布政司亦有年久卷案

十二

為風雨毀傷其造船并過海事宜皆訪於耆民之家得之至於往來之海道交際之禮儀皆無從詢問特令人至前使臣家詢其所以亦各凋喪而不之知后海道往來皆賴夷人為之用其禮儀曲折臣等臨事斟酌期於不辱而已因恐后之奉使者亦如今日著為此録使之有所徵而無懼此紀畧所以作也又嘗念

國家大一統之治必有信史以載內外之事如

大明一統誌者是已誌中所載琉球之事所云落漈者水趨下不回也舟漂落漈百無一回臣等嘗懼乎此經過不過是險自以為大幸至其國而詢之皆不知有其水則是無落漈可知矣又云王所居壁下多聚髑髏以為佳臣等嘗疑乎此意其國王兇悍而不可與言也至王宮時遍觀壁下亦皆累石國王則循循雅飭若儒生然在彼數月雖國人亦不見其相殺又何嘗以髑髏為佳哉是誌之所載者皆訛也不特誌書為然杜氏通典集事淵海蠃蟲録星槎勝覽等書凡載琉球事者詢之百無一實若此者何也蓋琉球不習漢字原無誌書華人未嘗親至其地胡

自而得其真也以訛傳訛遂以為誌何以信今而傳後故集群書而訂正之此質異之所以作也兼以夷語夷字恐人不知并附于後臣等學問麤疎言詞鄙俚勉成此録實不足以上塵

睿覽但念海外之事知之者寡一得之愚或可以備

史館之採擇是以不避譴責陡膽

進呈伏惟

陛下恕其狂僭下之禮部詳議施行臣等不勝幸甚緣係周咨訪以備採擇事理謹以使琉球録繕寫一冊隨本上

進以

聞伏候

勅旨

禮部一本為周咨訪以備採擇事該吏科等衙
門左給事中等官陳侃等題前事等因奉
聖旨禮部看了來說欽此欽遵抄出到部看得吏科
左給事中陳侃行人司行人高澄等題稱奉
命往琉球國封王禮畢訪其山川風俗人物起居撰
使琉球錄一冊上
進乞要詳議備行史館採擇一節爲照琉球國遠在
海濱華人鮮至其地是故國俗風土知之者寡
今按一統誌等書所記事本傳聞殊有訛載未
盡者據左給事中等官陳侃等親歷其地目擊

其事山川風俗之殊往來聞見悉出實錄因採
擇事蹟撰述成書既以正載籍之所未盡且俾
後之奉使者有所考足見各官留心使職誠可
嘉尚似應
俯從合候
命下之日本部將所進使琉球錄付之史館以備他
日史館採集伏乞
聖裁等因奉
聖旨是

使琉球錄後序

天下事履之而後知及之而後喻
未有不身試之而知其然者壬辰
歳陳給舍暨余被使琉球
命人皆曰航海之役危矣哉盍訪諸前
使而稽其所錄耶越旬獲覩
詔勑琉球舊草始知前爲給舍董君旻
司副張君祥于時二君已不祿矣
而鏝諸梓者復遺失而莫之可稽
良用憂懼乃取載琉球諸書而參
考之見其爲說頗異臆純夷或有
是也及今夏五月至其國立冬風
便始歸其間得於見聞之久詢訪
之真者似與諸所載少不同是非

獨疑訛之故，或者風以化移，俗因
時易，月異而歲不同耳。故因紀使
事而復質之諸書，以見
今日聲教之大同，而蠻夷之丕變也。雖
不足續王會之圖，成風土之記，然
於後之奉使者，則未必無小補云。
嘉靖甲午十月乙亥古燕高澄序

跋

右明嘉靖刊本使琉球錄，每半葉十行，每行二十字。千頃堂書
目著錄於史部地理類，四庫未見著錄。明刊紀載彙編及明抄
本秘册叢說，僅採其使事紀略一卷，凡是書所缺略，皆據秘册
叢說補入。所附夷語模糊之字尤多，以無書可校，姑亦仍之。明
史外國傳四琉球云「嘉靖五年尚眞卒，其世子尚淸以六年
來貢，因報訃。使者還至海溺死。九年遣他使來貢，並請封。命福
建守臣勘報。十一年世子以國中臣民狀來上，乃命給事中陳
侃、行人高澄持節往封。及還，却其贈。十四年貢使至，仍以所贈
黃金四十兩進於朝，乃敕侃等受之。」按琉球自古不通中國。

元世祖遣官招諭，不能達。洪武初，其國有三王，曰中山，曰山南，
曰山北，皆以尚爲姓，而中山爲強，山南、山北皆爲中山所併。成
祖以還，習向華風，朝貢不絕。侃等以嘉靖十二年五月奉命使
節琉球，先赴福建造舡船，翌年四月舡成。五月初八日解纜放
洋，五月二十五日到達彼國，七月初二日行封王禮。凡停泊一
百五十日，九月二十日開舡返國，十月初二抵福州。飄泊半歲，
屢經風濤，備嘗艱辛，始克返國。歸乃述其途中所遇山川風景、
民物土俗，撰爲使事紀略。又輯大明一統志、嬴虫錄、星槎勝覽、
集事淵海、使職要務等書，凡關於琉球事者，輯爲羣書質異。中
多未見之本，凡前書所記之妄，皆爲辨證。如琉球本無落漈之

水。趨下不回。前人謂中山王所居壁下。多聚髑髏。侃遍觀王宮。壁下皆累以石。國王循循雅飭。貌若儒生。實未有壁積髑髏之事。足以匡大明一統志之謬。至侃持節反璧。不失大國使臣之風。梯航浮海。於怒浪驚濤之中。心神俱怖。既其歸也。乃有得慶生還之感。蓋慨於琉球使臣漂溺之覆轍也。琉球介於中華日本兩國之間。事秦事楚。極感舉趾之艱。侃之使彼邦也。初則禮貌甚隆。中忽冷落。其行也。則又款接愈殷。如是記所云「二十三日。王始至館相訪。令長史致詞曰。清欲謁左右久矣。因日本人寓茲。狡焉不可測其衷。俟其出境而後行。非敢慢也。」蓋當嘉靖時。琉球已存兩屬之心。明史所稱外禦強鄰。內修貢不絕。此亦小國事大之一道也。安陽謝國楨

使琉球録二卷首一卷

〔明〕夏子陽　王士楨撰

《使琉球録》二卷首一卷，明夏子陽、王士楨撰。子陽（一五五二—一六一〇）字君甫，號鶴田，江西玉山人。萬曆十七年（一五八九）進士。萬曆三十四年以兵科右給事中奉使琉球册封中山王尚寧，時行人王士楨爲副使，歸後援據聞見並周咨所得，合撰此書。卷首有序、詔敕、諭祭文、諭祭祈海神文、歷朝使琉球姓氏考及琉球過海圖等。正文二卷，卷上載題奏、使事紀、禮儀、造舟、用人、敬神等，詳述遣使事宜及海陸之險；卷下爲群書質異，徵引輿地志書，考琉球國山川、風俗、物産及語言等，並附舊使録、夷語、夷字等。所考多採摭前人所紀，綜以時變，稍加修飾而成。據抄本影印。

使琉球録序

皇上御歷之二十八年琉球中山王世子尚寧奏請襲封時蓋
嗣位一紀矣初以關白侵擾海上戒嚴故乞封稍緩而會前閩
撫臣代稱世子奉正朔守封疆閩首不能齎　天子嘉其恭順
數下禮臣議所使題覆至再最後從世子請仍遣文臣二人往
如令甲於是子陽以兵科右給事中充正使而行人則王君士
楨副之癸卯三月　陛辭入閩治舟以行凡三年工始告竣逐
以丙午仲夏泛海抵中山諏吉册封畢事而旋報　命且有日
上
序一
乃採送使所紀綜以時變質以周咨稍修飾之以為録録成余
宜有序蓋余於是役而益仰我　皇上之明聖也先是予等在
閩苦使舟不獲就適有訛言倭將為使事梗者閩中二臺臣慮
損國威欲請更戒命予謂奉命而出海外具瞻奈何以不信示
之而使妄竊吾怯其損國威更甚疏上　天子主予議趣守臣
速為具舟毋淹　朝命已復飭邊内地不得陰通島夷生戎心
比使事往返卒恃無虞嗟乎向非　廟謨雄斷明見萬里則海
上之戒幾為道旁舍予等躑躅進退且貽秦越者嗤矣予又追

憶曩昔關酋圯順跳躪我朝鮮一時掖垣典戎之臣率馳驅視師
倥傯無寧晷琉球距日本咫尺爾朝鮮則琉球亦難獨存我東
南之地且與夷逼前所訛言將亦可為隱慮賴國家赫聲濯靈
倭奴遁跡平壤敉寧以故中山一彈丸區戴天所覆世世奉冠
帶稱為東海波臣即余承乏兵垣亦憑藉寵靈萬里作使不以
武飭而以文綏大異曩昔馳驅倥傯狀遭際　明盛何幸如之
頃予駐中山時倭舶卒至予為約束從役謹持　天朝大體倭
卒斂戢不敢肆至有避道竊觀嘖嘖漢官威儀已復從使館顧
上
序二
謁稽首而去予甚異焉夫琉球不大於朝鮮也中山世子未受
於義日也嗣位之初倭為擾受封之會倭為蠱此其故不在倭
不在琉球而在我國家耳夫惟　天子恩威並暢制馭得宜即
犬羊猶然帖服安知海外殊域漸被聲教而向慕文明不以中
山為前茅而予列交戟下且終藉國家無事之福以佇覲重譯
來王之盛則斯役也以照貽明主以表清時以徵歆化亦載筆
之一快也故諸具録中者不敘而敘予所快覩者歷歷如此語
有之天子有道守在四夷是惟今日哉

萬曆三十四年十二月
欽差兵科右給事中今陞工科都給事中王山夏子陽謹序

奉　天承運　皇帝詔曰朕恭承　天命誕受多方爰暨海隅
罔不率俾聲教所訖慶賚惟同爾琉球國僻處東南世修職貢
自我　皇祖稱為禮義之邦國王尚永祗襲王封恪遵侯度倏
焉殂逝良惻朕心其世子尚寧賢足長人才能馭眾開闕請命恭
悃宜加念其國統攸歸人心胥屬宜膺寵渥固我藩籬特遣正
使兵科右給事中夏子陽副使行人司行人王士楨齎詔往封
爾為琉球國中山王仍賜以皮弁冠服等物凡國中官僚耆舊尚
其殫忠輔導協力匡襄堅事上之小心篳承先之大業永綏海
邦共享昇平惟爾君臣亦世世永孚于休故茲詔示咸使聞知

皇　帝

萬曆三十一年三月初三日

之　寶

皇帝勅諭琉球國故中山王尚永世子尚寧惟爾上世以來建
邦海外代膺封爵長固藩維爾父永恪守王章小心祗畏
忠誠茂著稱我優嘉遽至長終良深悼惻爾為冢嗣無忝
象賢既允羣臣宜崇位號特遣正使兵科右給事中夏子
陽副使行人司行人王士禎齎勅諭封爾為琉球國中山
王并賜爾及妃冠服綵幣等物爾宜益虔侯度克紹先猷
保乂人民奠安境土庶幾恢朕有截之化抑亦貽爾無疆
之休欽哉故諭

頒賜國王冠服等物　紗帽一頂全　金廂犀束帶一條
常服羅一套　大紅織金胸背麒麟圓領一件青褡褸一
件綠貼裏一件　皮弁冠一副　七旒皂縐紗皮弁冠一
頂事件全珠金　玉圭一枝袋全　五章絹地紗皮弁服一套　大紅
素皮弁服一件素白中單一件纁色素前後裳一件纁色
素蔽膝一件玉鉤全　纁色粧花錦綬一件金鉤玉玎璫全　紅白素大
帶一條大紅素紵絲舄一雙襪全　丹礬紅平羅銷金夾包袱
四條　紵絲二疋　黑綠花一疋深青素一疋　羅二疋

黑紵一疋青素一疋　白毯絲布十疋

妃

紵絲二疋　黑綠花一疋深青素一疋　羅二疋　黑綠

一疋青素一疋　白毯絲布十疋

廣　運

萬曆三十一年三月初三日

之　寶

上

諭祭文

維萬曆三十四年歲次丙午　月　朔　日

皇帝遣正使兵科右給事中夏子陽副使行人司行人王士楨

諭祭于琉球國王尚永曰惟爾英服東陬作藩海國歸誠無貳

修貢以時爵土世膺忠勤夙著久聞逝世當軫朕懷爰爾

嗣之承襲宜師恩之遠賁特頒諭祭尚克歆承

祭品

牛一隻　豬一口　羊一羫　饅頭五分　粉湯五

分　蜂糖糕一盤　象眼糕一盤　高頂茶食一

盤　響糖五箇　酥餅酥飩各四箇　纏碗五箇

降真香一炷　燭一對重一斤　焚祝紙一百張　酒二

餅

諭祭祈海神文

皇帝遣正使兵科右給事中夏子陽副使行人司行人王士楨

諭祭广石廟海神曰茲者遣使琉球道經海上風濤呵護允賴

神庥爰當啟行虔申祀禱惟神鑒佑用俾無虞謹

告

諭祭報海神文

皇帝遣正使兵科右給事中夏子陽副使行人司行人王士楨

諭祭广石廟海神曰茲者遣使琉球往來海上式憑靈貺波濤

不驚今茲言旋用告成事虔申祭

謝神其鑒歆謹

告

歷封使琉球姓氏考

宣德三年

欽差內監柴山副使阮舊錄失查其名

勅封國王尚巴志請封自巴志始父思紹係追封

正統八年

欽差正使給事中俞忭副使行人劉遜

勅封國王尚忠

正統十三年

欽差正使給事中陳傅副使行人萬祥

勅封國王尚思達

景泰三年

欽差正使給事中陳謨副使行人董守宏

勅封國王尚金福

景泰七年

欽使差正使給事中李秉彝副使行人劉儉

勅封國王尚泰久

天順七年

欽差正使給事中潘榮漳州府龍溪縣人副使行人蔡哲

勅封國王尚德

成化八年

欽差正使給事中官榮副使行人韓文

勅封國王尚圓長子尚宣威傳位一年遜未及請封

成化十五年

欽差正使給事中董旻副使行人司副張祥

勅封國王尚真

嘉靖十三年甲午

欽差正使給事中陳侃浙江鄞縣人副使行人高澄順天府固安縣人

勅封國王尚清前此使錄俱無所考刻之自陳高二君始事具載於後

嘉靖四十年辛酉

欽差正使刑科左給事中郭汝霖江西永豐人籍副使行人李際春河南杞縣人

勅封國王尚元

萬曆七年己卯

欽差正使戶科左給事中蕭崇業雲南臨安衛籍應天府上元縣人副使行人謝杰福建長樂縣人

勅封國王尚永

萬曆三十四年丙午

欽差正使兵科右給事中夏子陽江西廣信府玉山縣人副使行人王士楨山東兗州府泗水縣人

勅封國王尚寧

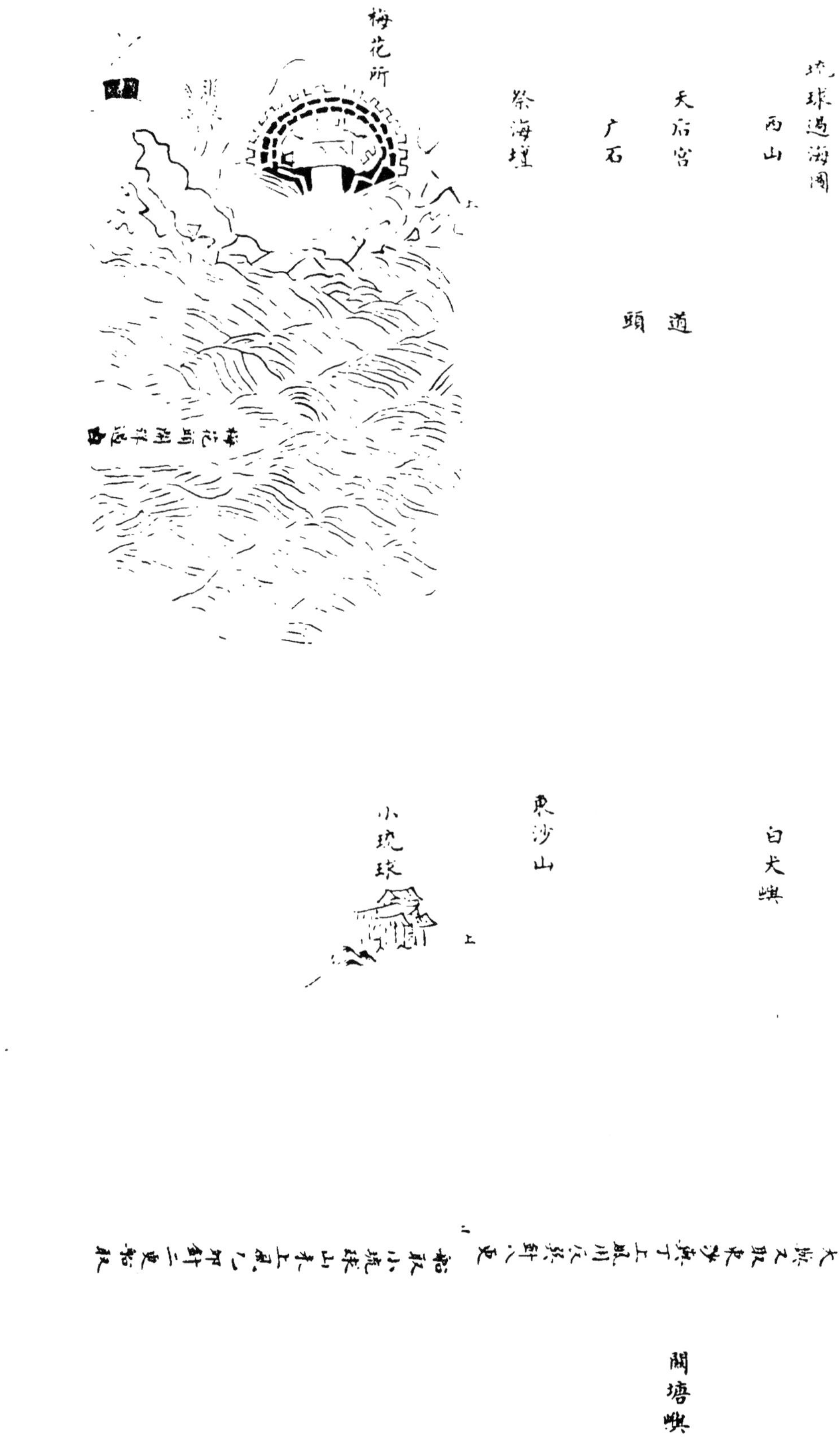
琉球過海圖
西山
天后宮
广石
祭海壇
道頭
梅花所
白犬嶼
東沙山
小琉球
閩塘嶼

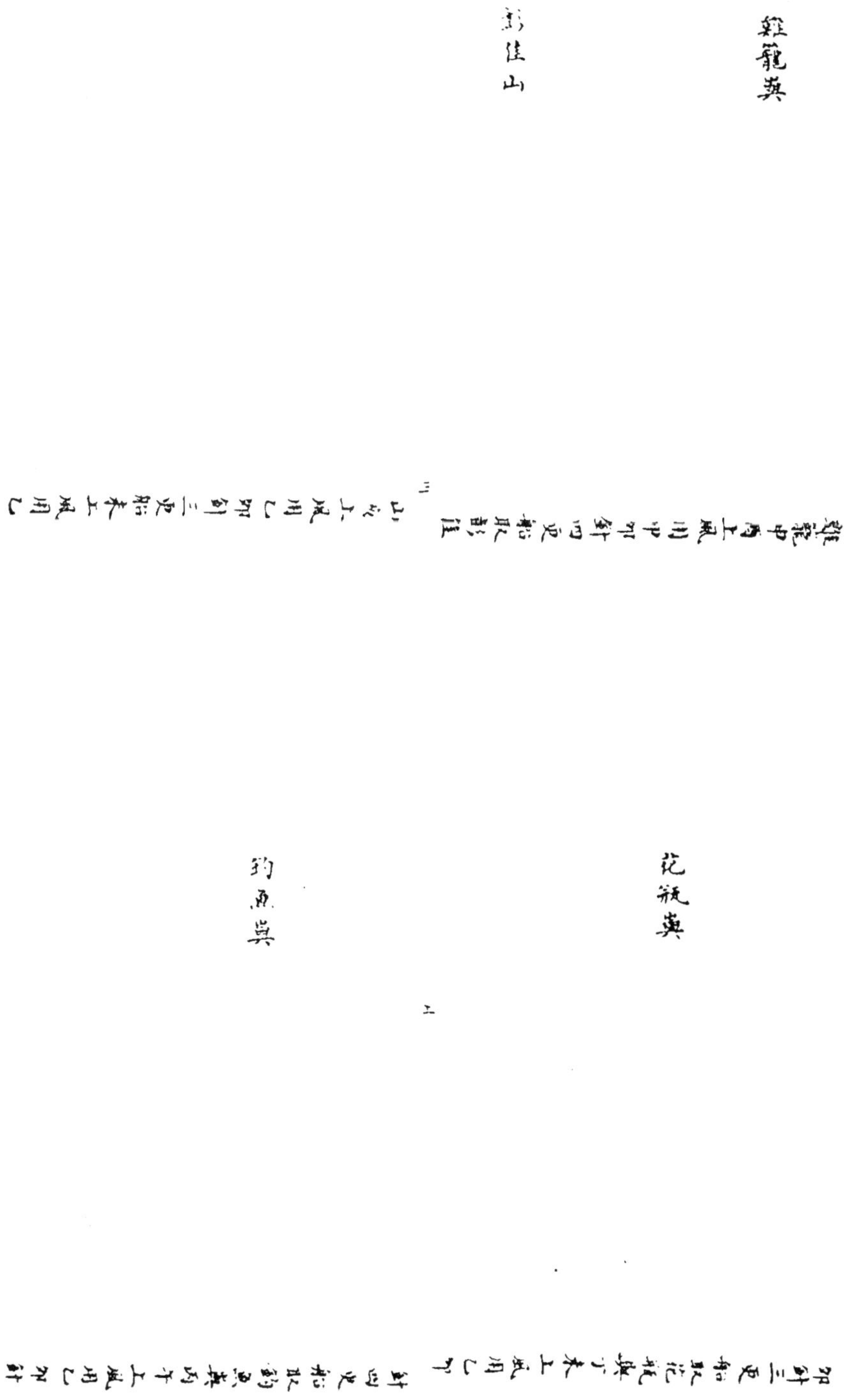
雞籠嶼
彭佳山
花瓶嶼
釣魚嶼

黄尾嶼

枯美山

四更船取黄尾嶼丙上風用乙卯針七更

赤[illegible]針[illegible]更船取枯美山又

□居山

馬齒山

辰巽針六更船取土那奇门后里山又辰

巽針一更取馬齒山直到琉球那霸港大吉

那霸港
天妃宫
天使館
迎恩亭
三十六姓营中
那霸里
今國王殿
琉球舊王殿
奉神門
天界寺
前王廟
土麻里
守禮之邦
漏刻門
瑞泉
歡會門
中山
圓覺寺

夏子陽曰海何以圖志道所錄也彼且為無涯吾亦與之為無涯而欲以尺幅盡之不幾蠡測乎姑以寫其似而已夫之琉球者獨異諸島晝夜森茫無可依泊屢屢恃一指南耳其取向于寸針與取證於尺幅二而一者也遠而望之而稍有蓬然蒼蒼然者曰是某嶼某山也或日一見或間日再見見則欣然喜不則戚然恐迷于所往也按圖而索計更而程乘長風破萬里浪忽忽焉舍筏而登岸矣夫不出戶知萬里則恃有斯圖也夫

使琉球錄卷上

兵科右給事中玉山夏子陽編
行人司行人泗水王士禎同編

題奏

禮部為循職効忠條陳奉使事宜以隆　大典事儀制清吏司案呈奉本部送禮科抄出兵科等衙門署科事給事中等官洪瞻祖等題前事等因奉　聖旨該部知道欽此欽遵抄出到部送司案呈到部看得兵科衙門給事中等官洪瞻祖等為領差琉球開款具疏大都謹慎將事之意內除採倭一節事關兵科已經議覆外其例應本部題覆者有四一請留　詔敕屬國之所以請封者惟藉此以為世寶使臣恭齎以往俟該國請留誠懇應照　累朝故事聽許其留示以　天朝褒錫殊恩堅其向化之志一祈報海神按昔年航海有報無祈今科臣議增祭一壇蓋身涉險遠禮可義起合無於臨行之日聽其請　敕二通一祈於起行之初一報於回還之後恐藉　天子寵靈百神効

船量増一倍於禮非過也一曰成造船人員夫萬里水道
非一葦可航則皆造者誠不可不慎科臣既經條議容臣
等移咨福建撫建按擇賢能有司監造其官屬工匠一併
選行同舟則同命而復有以疎畧塞責者必不然矣一議
處從行人員都司所撥指揮及醫卜人等選帶自有成規
其官兵四百名往例雖嘗減半今科臣思患豫防併應足
額選用壯丁習諳海道者防護若支銷錢糧布政司嚴行
稽覈回日使臣會同撫按題　知則冒破自杜矣蓋論
朝廷大一統固不忍拒小國之情而為使臣慮萬全亦當
思正大國之體所請諸事皆合允行伏乞　聖明裁定等
因　萬曆三十年三月十六日本部尚書兼翰林院學士
馮琦等具題十八日奉　聖旨依議行欽此

欽差兵科等衙門右給事中等官臣夏子陽等謹　題為循舊
典効愚忠敬陳奉使事宜以隆　君命以重國體事竊照琉球
國王介在東海之表世為荒服之臣嗣位已十五年請　封方
在前歲荷蒙　皇上俯念屬國之敬共率循　累朝之彝典乃
從禮官之請　命臣充補正使同臣士楨齎　詔勅以往臣拜
命知榮撫躬增媿竊念臣子陽僕以愚庸謬叨　侍從虛糜廩
祿曾無補　袞之功濫從遠益切負山之懼蓋歷覩使職主於
宣　上德而壯國威故或以言論風采而聳外國之聽聞或以
節義忠誠而起殊域之敬畏此其人皆夙抱真才確持勁節是
以使軺所至足以增國家於九鼎之重而益堅外夷慕義之誠
臣等何人獲與於斯故自聞　命以來夙夜凜凜何敢一日而
忘祇慎惟是事不避難人臣之義行己有恥使職之先臣等其
敢不益矢精白之心愈篤砥礪之節期於不辱　君命庶幾無
曠厥官至於過海事宜著之舊典者已經前使臣洪瞻祖照例
條陳奉有　成命地方諸臣必能同心體悉共以國體　王命
為重協謀宣力期於允濟臣無庸再贅但臣既膺　新命例得

條陳請除議留　詔勅俟其懇請處切應聽請留祈報海神應
准　勅二道同福建布政司官於广石海神廟舉祭二壇一祈
一報已經該部覆奉　欽依無容别議外有事體未盡應参酌
斟宜稍稍損益者謹開列上請伏乞　勅下該部再加詳議令
臣等得遵照施行庶事有持循而於使職亦可以少盡矣
一責成有司夫航海之役東衣風行萬里浪則一舟之所關
係誠非細矣故採木必須良材造作必須良工督造必須
良有司誠慎之也往時委官督造不肖者往往視為奇貨
而肆為侵漁其稍知飭勵者又或希節省之虚名而不究
利濟之實用冀速成以圖完事而不務堅固以慎萬全此
皆由於利害不相關以致督造不如法耳前後使臣目擊
心怵懲往事皆議欲精選賢能府佐一員有才畧志節者
或同知通判等委以監督造船之任而又副以廉幹指揮
二員使之朝夕協贊俟船成日官屬工匠一併同行則同
同命自當謀出萬全已經前使臣條列禮部覆奉　欽依
無容復議但臣等萬里啣　命固臣子奉職之常而効勞
員役與之同涉大海履此至險若不稍加優異以示酬勞
似非所以激勸人心而使之樂趨也合無請乞於府佐則
優以城事陞遷指揮則優以咨部叙用與夫船中一切總
理分管之流係往例所有者果能効有勞績聽臣广體併
叙酌量示酬則奉公趨事者均樂有　異數之恩庶人心
競勸而事可必其有濟矣然臣猶有說焉國家凡有差遣
如監兑恤刑典試之類未嘗不與之操柄所以重　王命
而肅人心也以故法可施行而事無齟齬今臣奉使海外
異國所以効勞王事非自為汗漫遊也節約謙慎臣等固
自有行己法度然在閩首尾跋事動經三四年之久始之
以採木繼之以造船終之以擇人與夫一切物用皆取辦
於有司而有司以事不相關漫不加意地方當事者或又
以膜外悠悠視之則如一體奉公之義何聞己卯之使甚
為當事者所齟齬雖中間賴有善調停者庶幾幸而獲濟
然其費唇吻而分秦越則亦甚矣合無請乞申飭地方撫
按官以王事國體為念同心共濟毋分彼此其郡邑有司

事相干涉採木造船取用工匠及夥長舵工人役之類經
其奉行者事竣之日聽臣分別賢否揭薦吏部其或闒茸
怠玩苟且塞責營私侵漁或至曠時悞事者聽臣徑行參
論重加降出以為有司不職之戒至於海中或有寇抄警
急沿海將吏有隱匿不報者併行究處庶幾法行而有聯
屬之勢事立而無怠悞之虞矣伏乞　聖裁
一議處人從夫遠涉異國閱歷年載其間氣候異宜風土異
尚故凡飲食物用弓矢器械之類與夫駕船執舵觀星占
風聽水察土以及醫卜技藝之流皆例得備帶蓋　王命
所關不得不慎重其事如此也查得往前項人從皆有日
供給用供給而供給所出皆取之編派錢粮其應備人數
固不得減少以致缺乏其或冗雜可已者亦不得多帶以
滋煩費此在閩中藩司皆有舊籍可按臣等宜查照省約
至於所用指揮官二員及護送軍四百名皆熟於海道者
先因海防寧靖減半用之方今浙直閩廣處處寇抄則似
不得不仍其舊數且得選鋒壯丁可資捍禦已經前使臣
條議禮部覆奉　欽依無容議矣但查船中最要莫如夥
長舵工阿班等役往例取之海澄縣而應募者率非慣熟
精練之人則以募資微而人不樂應或豪猾通海者私而
庇之所在有司亦視為故事而不加精求耳今後宜慎加
咨訪藉名孫報毋令通海豪猾得以藏匿至於給資名募
亦宜優給從厚使其樂趨選日并給冠帶榮之庶幾慣海
者可得為用而不至於臨時求索之艱矣他如熟於溫台
海道則宜選之梅花所定海所軍熟於漳泉海道則宜選
之鎮東萬安所軍醫卜各帶二名則取之所使天文生一
名往時取之南京近聞彼實不諳海上風候不若總就閩
中擇之可也此外或有題請所不及但係前途合用如名
色把總省祭官之流為舊時所有者容臣等從福建布政
司酌量取行大抵件物取其精堅人役取其熟練皆貴精
不貴多期於應用足備任使而已毋徒徇人皮面濫帶殘
貪殘冗雜不堪使令之輩以糜官帑以褻外藩總待還日
行令布政司將帶過人員用過錢粮造過器物等項逐一

覈實造冊臣等會同撫按題　知庶費用有所稽考錢粮
不至於冒濫矣伏乞　聖裁奉　聖旨禮部知道
禮部一本為循舊典効愚忠敬陳奉使事宜以隆　君命以重
國體事該本部題儀制清吏司案呈奉本部送禮科抄出兵科
等衙門右給事中等官夏子陽等題前事等因奉　聖旨該部
知道欽此欽遵抄出到部送司案呈到部看得　勅使渡海事
宜先經科臣洪瞻祖等具題本部覆奉　欽依通行去後今該
科臣夏子陽等復行條奏尤加詳慎俱於使事有裨相應如議
恭酌開列上請伏候　聖明裁定臣等通行各該衙門一體遵
奉施行
計開
一責成有司　前件臣等看得督造船隻既選委府佐一員
復副以指揮二員官屬工匠一併同行逮及竣事府佐優
以陞遷指揮優以叙用與夫船中總理分管之流果能効
有勞績一併酌叙示酬則人心樂趨誠得激勸之道若郡
邑有司奉行採木造船取用工匠舟師之類或有怠玩侵
漁以致曠時悞事者聽使臣參奏處治沿海將吏如遇海
洋警息重大一體報知不得隱匿至使臣斷　命將事撫
按司道正賴協心共濟豈宜秦越以悞使事俱當依擬申
飭再照萬曆四年止以造船指揮二員并充護送而府佐
覆免從行蓋府佐係臨民之官不惟職役難以擅離而雜
之各役則不堪更於使臣則非體第得廉能之吏用心督
造舟楫堅牢其同行與否仍聽使臣與撫按官臨時斟酌
伏乞　聖裁
一議處人役　前件臣等看得船中合用彩長舵工阿班等
役須令該縣選取慣熟諳練之人其等資宜從優厚回時
採其班頭有勞者量給冠帶如有豪猾私庇及有司濫不
如意者聽使臣會同撫按官查究又如熟於海道者或取
之梅花定海軍或取之鎮東萬安軍又或取之琉球夷梢
[illegible]卜各二名取之所便天文生一名不用南京取之於閩
名色把總省祭官之流以備委用強壯武藝之夫以資禦
侮俱從於該布政司精選應用啟行之日布政司將帶過

人員用過錢粮造過器械一面覈實造報撫按一面造册
報部俟候事竣會本題　知再照護送人役例四百名而
萬歷四年題覆止用其半今海氛未靖已經題　准全用
是在查照舊規臨時伸縮不得拘限名額以圖節省亦不
得徇情濫收以滋擾費使臣再議及此深得奉使絕域之
體俱當依擬申飭伏乞　聖裁奉　聖旨依擬行詔勅在
船着差去官用心安奉合行事宜該撫按悉心料理有違
玩的科臣參奏來欽此
欽差兵科等衙門右給事中等官臣夏子陽等謹題為屬國信
不可與使臣義當有終謹瀝悃誠懇乞　聖明允堅　成命以
慰遠夷以光　封典事竊惟帝王之馭夷也有不可携之大信
人臣之奉職也有不可辭之大義蓋事不避難固臣子職分當
為信以懷遠尤中國綏柔宏畧執此而論則知今日琉球之封
使臣之遣有不可輕議改者伏祈　皇上試垂聽焉先是琉球
國中山王世子尚寧請封襲位蒙　皇上不遺武臣照舊仍差
文官蓋念琉球之臣節不替　先朝之故典當循一以慰遠人
祈望之心一以崇四夷觀瞻之體德意蓋甚盛也時科臣當廣
命而往者為兵科給事中洪瞻祖比偶值浙江撫臣劉元霖海
上捕獲夷船審有琉夷倭夷並在獲中疑其陽順陰逆禮部題
奉　聖旨琉球册封着洪瞻祖王士楨去既盤夷船聲息未定
有關國體還着遵前旨待該國質審回奏海寇寧息無警方渡
海行禮欽此雖時之所憂者在海警故使臣洪瞻祖條議疏中
亦頗及之迨洪瞻祖以丁父憂去臣乃叨轉兵垣禮部題奉
欽依以臣補充正使臣感激　天恩惟恐不克稱任使是惟時
從倉場尚書謝杰講求使事要領蓋杰乃己卯使琉球者因知
此差之難非特海上風濤之患而且有地方玩視之苦維時臣
之所憂惟在地方之不以王事為重故臣具疏條議獨以責成
地方及撫按同心為惓惓而海警稀闊臣時固已畧之蒙下部
議覆欽奉　聖旨依擬行詔勅在船着差去官用心安奉合行
事宜該撫按悉心料理有違玩的科臣參奏來欽此臣於是仰
見　皇上綏懷屬國盛心又體念臣等遠使殊域至意臣欣戴
天恩益增感激誓圖報稱頂踵俱忘故自萬歷三十一年三月

陛辭八月柢家即於十月驅車入關臣謂封事皆有相沿成規具在地方自宜率循而行且蒙　天語嚴重如此所司必且奉行惟謹何意地方人情乖謬紀法陵夷用人者惟私暱是徇謀用者惟谿壑是饜恣睢者祇憑血氣用事比周者鮮知痛癢相關事事掣肘件件齟齬時值撫按缺人臣欲言無所欲行不得困頓抑鬱苦不可言臣又念寄命於人寧為含垢抑情忍受惟時時仰屋竊嘆而已及後半年按臣方元彥至臣往會之於郊武為言其概并移文知會之始為臣催理而狂逞者猶且變亂黑白顛倒是非以簧鼓其間迨後撫臣徐學聚陛許為臣擔認催督始稍稍事有次第然事既躭悞於前一時亦未能趣督於後多臣等躬自料理日夜拮据經營任勞任怨殫心力為之入今歲來木料漸集船始就緒工完七八但諸務猶未盡備大桅向未採得臣憂惶無計昨月移書撫臣懇其懸賞購募正自在恐切忽接按臣方元彥書并以移會撫臣疏稿見示謂濱海多警報頻仍欲申先年撫臣許孚遠之議仍請改遣武臣臣一面移會撫臣求其亟止前議一面遣人馳書按臣求其亟止前

疏不意按臣疏已從建寧先發追之不及矣此其心雖慮海外夷情叵測念　明旨國體攸關為是長慮卻顧弃為臣等及五百人私憂過計心非有他但念臣等身為使臣義不避難旣已奉　命而出豈可畏難而止且琉夷請封日久跂望甚殷前年遣正議大夫金仕歷及夷稍二十人具咨來迎去年六月彼國進貢長史蔡朝信等回臣已回咨的許以今年五月渡海行禮及至九月彼國又復遣都通事阮國等來迎是臣等断　命至此琉球國久已知之即海上各國亦莫不宣傳聞之若一旦改議武臣不但失信於屬國無以慰其仰望之心且恐示怯於外夷亦非堂堂中國所為尊崇之體也即或云琉球與倭密邇風傳稍有訛言然倭自關酋斃後未見狡焉啟疆風傳浪語或虛張者以惑聽視未可知也亦安足信而安足畏哉臣等願奉命而往完事而歸庶上以報　陛下任使之恩下以慰屬國雲霓之望遠以隆中國常尊之體近以全使臣不辱之義此則臣等當為職分亦是臣等自盡職業不然始受命之謂何終委棄而去之曠官之罪安所逃耶然事不避難臣之義也同心相濟

地方之責也今人心不古世態愈漓不但以卑凌尊且欲以客
事主不但視同秦越甚且釀成氷炭愉人簸弄為毒已非小矣
而且愛惜徇蕩無法紀如曾同大辟貪殘極惡指揮葉重光於
萬歷三十一年八月內鑽謀領銀三百五十兩採木又於延平
府領銀七十兩運木又先於本年四月內謀領銀一伯八十兩
為敝塲募夫諸費是先後共領封王錢粮銀六百餘兩不為不
多矣採木經年不為不久矣乃竟侵入私囊盡為乾沒地方官
竟不查問及至去年六月臣涓吉興工竟無木來應用惟臣設
法催運一松艘到耳又且隔年侵費廠塲諸銀臨期則又塲廠
未備採木無木募夫無夫至若臣等束手無策只得再易吉期
行令各官代為出銀整理設法遝募海軍代夫應用又不得已
行令權借河下商木應急而商人又多藏匿甚費區處彼且借
採木為奇貨所過索過山買休等銀至細詐寡婦白騙民木虎
噬鴟張無異兇攫曾經童華魏阿南等告證此非侵官剝民大
悞封事亟宜正法之尤者乎乃至今猶然寬縱上下推諉此非
有人焉為之彌縫捍蔽其間問官懷投鼠之忌畏含沙之毒何

以若此夫悞封事者無罪人人爭效尤矣凌使臣者見録人人
望風旨矣今日封事遲悞船工迄今未成物料迄今未備大桅
迄今未得總皆由此臣等孤臣耳苦心已極船不得成豈能飛
渡況大桅乃一船司命實臣等與四五伯人性命所關舊録所
載圍長尺寸一以官尺為準蓋恐人或以意短長之不知海上
安危所繫耳今空朽者既無當於用如式者地方又多縱奸民
鑿壞之然則大桅安得從天降從地出封船安得成而使事又
安得完局也嗟嗟使事至此良亦苦矣然苦在人情而風濤未
必若是之苦苦在中華而外國未必若是之苦臣等又何惟而
不往伏乞　勅下禮部覆議上請仍舊遣臣等將命渡海行禮
不必更議武臣以滋作舍仍乞　天語申飭地方撫按司道同
心共濟速採桅木造船堅固俾臣等速往速歸涉險無虞毋致
久延傳聞外國更生他釁庶幾國典使事兩有攸賴而臣等亦
可以無負厥職矣至背違　君命齮齕使臣致悞封事貪險文
武各官應當叅論者與夫忠勤任事不避艱難有功封事應當
叙録者總俟竣事尚當為陛下陳之伏乞　聖意照鑒剛斷主

特封事幸甚臣等幸甚干冒　天威臣曷勝激切屏營俟　命
之至
欽差兵科等衙門右給事中等官臣夏子陽等謹題爲封船已
備使事可完謹報渡海日期以隆大典事臣等猥以一介草茅
荷蒙　皇上任使遣臣等奉詔勅往封琉球國中山王世子尚
寧臣等離違闕廷蹤跡海濱拮据封事將及四載臣子陽荷蒙
皇上推臣轉左又蒙擢臣陞工科都給事中臣感激　天恩俱
已焚香望闕叩謝訖惟是臣身爲羈旅職在任使無能諷議
廟堂之上少效獻替之忠惟有馳驅王事不避艱難少畢使臣
分義而已先是因地方怠玩人情齟齬桅木未得致悞去年行
期議者又因風傳訛言欲議改遣武職臣等以屬國信不可與
使臣義當有終上疏請行并已勅地方速採桅木以完　盛典
臺省諸臣咸是臣言相繼疏請荷蒙　皇上明見萬里主持剛
斷奉　聖旨册命已頒使臣久出無中止之理禮部便行該省
撫按作速完造海艘令差去二員渡海竣事以彰大信仍轉諭
彼國以俟令其領封海上著爲定規欽此臣等仰見　皇上崇
重國體昭示大信至明斷至斷足以暢勵臣工風示四夷矣奉
旨之日臣等固手額稱慶深竊自幸而地方從此始徹共王事
留意採桅第前此官民兩樂其敗而惡其成堪用巨木砍壞畧
盡於是不得已議令取中空未甚者更易取一本帮成之以爲
大桅此亦甚委曲遷就其間矣而奈之何復有大田縣故縱而
鑿燬者則無法甚矣臣據該縣及督造官覆驗申文查果被其
連次鑿燬臣乃行手本移會撫按二臣中稱省得封船大桅乃
航海要具數百人司命也責在全材關係非細前經購募訪報
幸有數處堪用及移文知會差役勘驗如式已經封號乃有司
官故縱刁民阻抗一鑿毀於政和縣張孫鑑等而已倡其端再
砍鋸於安溪縣吳欽江等而益肆其毒遂致大桅無得耽悞今
年渡海地方豈得辭責近藩司行令建延泉邵四府訪報限以
過幸恭罰法非不善奈何人情翫玩如故僅取舊報空朽之木
[illegible]而已竟無有用心採報者項督造把總蘇道亨議取大田
縣領柄中空且鑿之木與彼所自訪後甲蕭于衙堅實之木帮
合作桅姑取備用此亦見事勢窮蹙不得已爲此遷就權宜之

計已非舊制與完葺矣何期地方勢豪復重加深鑿過半且用
火燒燬焦脆以致不堪取用看守謂何該縣責將誰諉且據該
縣所申砍代日期文內亦為隱蔽不報此明係縣官縱容誤害
陰設陽施不然豈不畏院司而畏勢豪者似此遷玩害將何
極有限之木豈能供其無窮之爨乎即今闔省府縣咸欲齟齬
封事容保刁奸以希合取憐誠為借資得藁但本科司欽奉使
命非自為汗漫遊也義難中止非船何濟況今日囷頗已極遲
悞已甚若更縱容阻悞欲為禁錮之計即使臣寡不敵衆勢莫
如何而明年又不得渡海此事如何結局近奉　新旨禮部便
行該省撫按作速完造海艘令差去二員渡海竣事以彰大信
赫赫　綸音中外傳播彼該縣寧獨不聞乎合行移會為此備
用手本前去貴院煩為查照提究上緊採取施行於是撫按始
行提究藩司并行提安溪縣豪民吳欽江等追究正法益吳欽
江等乃前年砍壞封號合式巨木最為害事而可恨者於是人
心稍稍知有王事而今所取用大桅則偶聞得之汀州府寧化
縣山中議者據該縣申文咸以為深阻艱難而必不可出矣時

逼歲暮撫臣又在杜門臣等憂惶無計亟懇求之幸而撫臣行
道勘驗而延平府推官徐久德還報得其不難之狀入今歲正
月盡得其實決計取用雖尾圍稍未盡如式幸有前蕭子衙一
木可以帮之次桅則得之侯官縣天仙廟木中空丈餘姑取截
用之然此雖云得之甚艱運之則又甚易據運官稱上下山坂
涉歷險灘運行如飛若有神助此皆仰藉　皇上威福山川百
神奉職故地效其靈天助其順若此耳從二月間桅木已即運
至三月已即安竖今船已完備汛期在邇臣等即擇於五月初
四日啟行由閩省至長樂縣祭海祀神事畢即登舟候汛從梅
花所開洋行矣臣等仰承　欽命宣布　皇上恩威詔勅經行
神實默相天威震耀島嶼讋服臣等固恃以無恐所慮者內
地或有奸人官屬暗生戎狄包藏禍心潛行勾引窺伺則不可
知耳如軍門聽用採倭把總許豫名為採倭實為通倭先年勾
引倭僧藏回經商大辟去年六月因桅木未得夷官請給咨文
回國馳報并求彩舵護送以便熟識山嶼臣等以事理可從許
之乃許豫潛將常販日本弟姪許美等及違禁貨物賄夷官王

立威搭船載去見在日本可據乃怪都通事阮國與之齟齬遂
投匿名詞於撫臣誣害國等并中傷臣已而又賄通海上把總
謝以忠等扶同申報以阮道以實其言臣察知其奸亟行福州
府海防館委官盤驗盡將彩舵各役發回并留阮國及船隻不
許出海始免中其毒計夫以此等一介小人近在軍門聽用猶
敢簸弄爲奸蠱毒使臣全無忌憚如此若孤處外國使弟姪俱
密通其間潛行通謀又安可測臣當移書撫臣發其奸狀求其
懲處撫臣答書亦謂許豫其人險不可測第其在閩久在倭亦
久彼此情實皆其掌中要機防閑當在封船渡海之日故臣昨
已具揭懇撫臣求其收禁勒取甘狀保結外而意外隱憂總不
可測伏乞　皇上勅諭撫按司道嚴禁奸人不許蠱謀陰害嚴
中海禁不許隻船出海交通倭國如有疎虞罪坐地方庶幾臣
可生還還可無憂耳伏祈　皇上留神一覽即賜批發非獨臣
等之幸亦國體之大幸也所有造過船隻器械與帶過人員用
過錢粮查之舊例皆有定數臣今次所帶人員通共三百九十
一名所支廩給口粮行粮通共銀二千三百五十八兩六錢與

所造器械通共銀一千三百六十四兩六錢八分雖中間稍有
更置損益然總之就中通融一如己卯舊數而已蓋備物備官
各事其事自是　天朝相沿之體而彩舵繚椗水梢各役又船
中之必不可減者臣等固不得浮慕節省而輕汰之也至於造
船查布政司舊冊及舊題稿上次共用銀三千五十三兩有奇
今次造船皆臣等躬自稽查撙節僅僅貳千零三十二兩而已
雖布政司給發尚不止此然稽其實用與追還實數總不出此
如指揮葉重光前後領木價銀及廠塢銀共六百兩爲其乾沒
侵用自是應追之數即使地方官欲姑息寬縱曲准開銷第恐
公道難掩憲法難私亦當追三四百兩還官耳總俟提問完日
尚當核實具聞惟是護送海軍查歷來取之三衛幾及百人已
卯之役以海防寧靜減用其半今次前差科臣洪瞻祖以海警
時聞仍題全用已奉　欽依但查海軍止堪貼駕不堪禦侮且
軍行又欲議給行粮殊難措處故臣等移會撫臣即議選營兵
量帶三十二名隨行則器與人習既可緩急備禦而兵有兵粮
即以發給又可不勞繁費此則一舉兩利之術而諸臣共以爲

然者也此外臣等駐劄支費往臣例待臣還日總行查覈會題
則又不必先為煩瀆耳伏乞　聖慈查照施行使事幸甚臣等
幸甚奉　聖旨據奏使船渡海知道了海上情形難測便行撫
按官申嚴禁例不許地方人交通島夷擅啟釁隙該部知道
欽差册封琉球兵科等衙門右給事中等官臣夏子陽等謹題
為渡海册封竣役復　命事照得萬歷二十九年十一月內該
禮部題據琉球國世子尚寧上表請乞襲封王爵欽奉　皇上
遣臣子陽臣士禎為正副使各　賜臣一品服一襲齎奉詔勅
二道及頒賜冠服等件前往琉球封世子尚寧為中山王仍
諭祭前中山王尚永臣隨於萬歷三十一年三月內　陛辭入
福建省城督造封舟乃緣地方人情乖謬百端齟齬幸再藉
天語叮嚀申飭於萬歷三十四年三月始克成舟遂以本年五
月初四日由福建南臺解纜至長樂縣十九日至广石　諭祭
海神次日登舟二十四日黎明從梅花所開洋時值順風凡七
晝夜衆行即抵其境次日彼國聞知遣官來迎及率夷舟導引
入港遂以六月初二日登岸世子尚寧遣文武陪臣具儀從拜

迎　詔勅至天使館安奉擇本月三十日行祭王禮七月二十
一日行封王禮是日尚寧俱躬率臣民跪拜遣周步行前導至
開讀一如儀注嵩呼舞蹈執禮彌恭已而請留　詔勅極其誠
懇臣等令恭捧其先世珍藏者來看則先後　宸章輝煌具在
因如　制許之大禮既畢似可遄歸但球琉居閩之東北必待
立冬後東北風發始可戒途因守候至十月十五日登舟計住
彼國凡一百三十餘日其間宴會餽遺之禮與人役供應之資
在彼國固皆有相沿舊規在臣等亦多為之節約浮費至於每
次宴金臣等皆却還之其後臨行仍致為贐往返再三臣等卒
以辭不受然亦見尚寧感戴　皇恩加禮使臣如此又臣等先
未渡海時傳聞倭警且恐內地奸謀叵測臨行疏請申嚴海禁
蓋誠慮國體所係宜切豫防比臣等在琉球果聞倭狂謀洶洶
幸而畏疑中寢及九月間有數船至稱為貿易臣等行令琉球
豫為陳兵備禦且嚴禁從役勿與交通倭知有備亦斂戢不敢
肆閧之琉人謂倭酋帖息之狀大異往昔此皆賴　皇上撻伐
餘威震乎殊域故臣等不煩指麾而自定耳臣等登舟之後至

二十日始得出港次日開洋返棹方爾安行忽二十三日午後
颶風大作連日濤湧如山繫舵大索為一船綱維者連斷其四
運舟巨舵為一船主宰者連折其二舟中所存僅一舵矣亟整
理易之又復爲巨浪擊去舵葉即合木巨椗亦緣振撼損裂拱
桅欲仆如此者又經三晝夜以一無舵之舟簸蕩於烈風狂濤
中顛危傾仄幾覆溺矣幸賴我　皇上威福以致神明默佑二
十九日三易舵後風伯助順始得安瀾以歸三十日抵福建定
海所十一月初一日入五虎門港口臣等與閩舟四百餘人方
私相慶幸喜逐生還乃沿海地方官秦越相視竟違臣等所行
之牌無一舟来引港遂至封舟迷礁閣破一番驚恐又幾沒溺
所幸此屬内地臣等亟覓小舟避去從行各員役皆扶掖登岸
僅以身免夫瀕危數四殆而復安此非仰藉　皇上寵靈其焉
能有今日哉竊惟環海之外鱗介之屬以國稱者何慮數百琉
球亦東海一夷國耳自昔不通中華爰自我明始慕義來王世
修職貢逐獲被　累朝錫封之典荷　皇上植立之恩　綸章
寵賁於遐荒　典禮聳聞於殊域　皇仁有腳立登儉歲為豐
年　帝德如春倏令窮陬為樂國遂使臣等忻逢盛際叨被鉛
榮封豕長蛇覩漢宮而威長感惕息馮夷海若欽　帝命而呵
護生還是臣等自今之年總皆　皇上再造之賜忻感無量圖
報難名琉球國王遣官護送臣等回還者已隨臣等同舟至閩
其所遣易舟齎謝表謝　恩王舅毛鳳儀等聞亦於去冬歲暮
已抵閩城除聽其自行具謝外臣等仰荷　天恩叩首　闕廷
曷勝忻躍感戴之至緣係渡海冊封竣役復　命事理備將使
事本末謹具題　知奉　聖旨知道了該部知道
琉球國中山王臣尚穆謹奏懇存舊禮以謝勞臣事臣穆僻居
海國荷蒙　聖育封臣為中山王不勝感戴除具奏謝　恩外
今有使臣二員正使兵科右給事中夏子陽副使行人司行人
王士楨奉　命遠使督覩督造舟三年勞瘁於閩中萬里間關
於海外勤勞辛苦倍踰昔日自從入境體恤節省禁令森嚴民
間胥戴舉國昕恩且當倭船之來風傳洶洶二使臣教臣以治
兵修器守險戒嚴倭至貿易亦懼天使先聲遵守約束不敢如
往年狂跳凡此使臣之德惠寄　聖恩之廣大也臣日夜興思

益懷感激臣小國荒野無物將敬宴款之際代物以金雖自知
于菲薄實世緣以為例茲蒙二使臣屢宴屢辭往返書諭堅持
大義不變至臨行復將各宴席金併代土儀諸金每員共計黃
金九十六兩遣法司長史等官馬良弼等官臣手書堅懇鑒納
二使臣仍答書返金固辭不受竊惟二使臣清白自勵為　聖
朝臣節之光外國使臣之表高風大節信超出尋常萬萬矣但
勞苦數年風濤萬里小國情禮絲縷未盡臣與通國誠不自安
謹將原金二封用印鈐記共計黃金一百九十二兩今差來王
上
二十六
舅毛鳳儀同正議大夫阮國等順齎獻奉伏乞　天語叮嚀勅
令二使臣收受庶臣舊禮無缺微敬獲伸臣無任激切踴躍之
至奉　聖旨覽奏具見該國誠款但夏子陽等卻餽能廉正得
使臣等之體其禮金還著來使齎回禮部知道

使事紀

萬曆二十有八年正月琉球國中山王世子尚寧遣長史等官
表請襲封距其故中山王尚永之薨已十二年矣所以遲遲者
恭惕於日本關白之亂也先是福建撫臣許公孚遠議以海警
欲令領封業有成命矣嗣以世子表請議改遣武臣往而世子
人援禮制及己卯例為請甚懇禮部上其議遂得　旨仍用文
臣二人往故事冊封琉球正使屬科臣而以行人副之大行王
君士楨序當行已報部矣而省中坐兵垣一時皆遷轉去虛無
人至十月洪君瞻祖以館選補兵垣命下遂舉以屬焉會浙江
艘獲夷船稱琉球人而譯辭頗異部議令琉球使者暫認且虞
海警未定欲俟查報以便遣使故諸君尚有待未行至次年八
月洪君丁外艱去正使且缺陽方承乏戶垣嗣徙叨轉兵垣右
選例補充正使之　命而與王君同事焉時事體迥更人情觀
望諸司辦造儀物既悉未備而序屬寒沍遽未可行因得從總
督倉儲大司徒謝緝菴訪求使事要領緝菴己卯使琉球者
余等乃悉此役所急在造船惟堅用人惟練督造有司惟良而

其敁喫緊者則尤在地方撫按同心協力以約東郡邑有司將事庶乃有濟耳洪君未丁憂前已遵循例條列具題請留詔勑祈報海神責成有司選帶人從而益以採報海警禮部覆疏俱一一如議奉　欽依惟謝繹翁所諱事體洪君疏中或有未及未盡者故予等獨摘二歟再請章　聖明在上渡海事宜責令地方撫按悉心料理而違玩者許令参奏則實為明見萬里焉癸卯二月余等始領　詔勑及頒賜儀物以行蒙各　賜大紅一品服一襲陽以麒麟楨以白澤帶以玉則自備云三月　陛辭由潞河南下陽抵家後即以十月驅車入閩楨亦以十二月至省閩中撫按相繼物故藩臬二司及郡邑長又皆入覲行署司事者為右伯徐公學聚署福州府事則推官阮自華也先是撫按及藩司承禮部咨文後凡編派錢粮措置船廠木料諸務區畫已周惟採木之役往例布政司發錢粮貯建延二府就委該府推官一員督之故功有責成而費可稽核左伯王公恩民已發銀千兩貯福州海防館移檄建南道劉公穀令其差官領發循往例也有指揮葉重光者新脫大辟娶而且黠意欲盜

穴其中利謀為造船總督即豫領廠坊銀一百七十八兩以去未幾也乘王方伯入覲閩篆缘推阮推官復挈去採木銀三百五十兩比劉公委官來則固已入重光槖蓋為結納胥矣重光藉此得計欲取償民間故所在猾詐甚至綑捉人婦女賣人房屋而所採木則盡強奪無分文給也民間騷然無異寇掠而市井無賴之徒從臾者復趾相錯民苦封事為厲甚怨聲載道矣予入境聞之大駭會重光來謁詰之卒皆誕謾支吾語而木主童華等突害蕆劇具詞泣訴予乃批行署延平府徐通判令其處分查給以彌民怨而阮推官者實翼重光且又恃有為巳冀者旋以禮節相抗而主者復嗾予不從遂多方掣肘百端齟齬予念王事靡盬姑謹持大體優容之而修隙者謀益工窘困且四面至吞半載間地方之精神智計不用之奉公而用之私鬭威令權力不用之集事而用之償事故人心觀玩事體益弛所報政和縣合式桅木遂為奸民張孫鎣鑿毀而壞之矣時悻悻者陽辭封事不與以抗余而陰實操阻壞之柄初牒赴海防郭同知矣旋即中使署福清篆去初以錢粮支應屬閩侯二縣矣

旋復紛紛議革厨皂柴米草余等鋪陳草答應驛馬即修理天
妃宮廟及柔遠驛皆先經藩司批允動用別項錢粮者至是亦
故爾增入封銀數內且借交際為名欲議額外加派蓋將為予
輩奢且使速謗也予以舊額具在裒益通融自不詘之固不必
減亦不必增下檄止之二司諸君咸是予言而悻悻者猶頗不
願瑣瑣見侵殊駭觀聽於是涖事各官人人自危咸欲棄去而
事乃益寢閣時維六月予所選七月十五興工之期逼矣而百
無一備皇皇萬目會值指方公元秀將至余喜甚而方公入境
後即馳檄邵武予不得已亦就邵武會焉而告之故且移文趣
之方公亦許其所為許以身任予還省姑以十五日興工
三司諸君亦循舊例舉酒陪於南臺然僅僅一艘
木在焉聊舉以應吉期而已余日望方公之檄庶可集事詗檄
下藩司主者乃故屬之阮推官則遂游辭舞文以黄鉞為戈矛
而主者又附和之予始不能堪欲上疏以　聞適徐公新得撫
閩之命慮予疏不利於彼乃盡委罪於阮推官而力許以身任
予念論奏祇為造舟計業已許矣其又何求疏遂止不上然事

既久悞於前亦難趣督於後一時所須船塢未備廠未成木未
至夫未募定艘吉期已再易而又迫矣諸項錢粮既盡為業重
光乾沒無從追取造船各官束手無策幸而予等前移書與方
公謀得市商木五十根應急塢廠則令督造各官代為捐貲日
夜經營夫役則令選募海軍代為應用於是稍稍就緒始得定
艘蓋八月二十二日也然物不素具或作或輟工匠又皆欲解
去余乃懇之於撫院求委一官再從商人市木時值起建軍門
新第土木方興人懼有他禍又避不應其一時備急得杉木八
十餘根應用實余所遣官自選擇之力也徂冬涉春木料漸集
如樟木材大數多次第齎至則福寧守洪君異聖福安尹金君
汝礪寧德尹區君日振實與有力焉余等夙夜拮据殫厥心力
船工粗就篡得巡往乃桅木不得往往懇之當事而竟無為之
督採者時聞安溪縣多材而吳欽江之木最鉅委官驗之合式
已移文撫院求取矣而竟為斫鋸作板且扞閘不出遂致拮据
會京師訛言島夷叵測將不利於使事直指方公會疏議欲止
予等行而改遣武臣時方公駐建寧予等亟馳書止之則前疏

已發予乃抗疏明不可止狀語具在疏中臺省諸公咸是予言相繼疏入得　旨仍舊且申飭地方令速具舟赫赫　宸斷度越千古矣而玩視者復悠悠如故會方伯范公涞至惘予筆株守屬意桄榔檄行泉建延邵四郡立限立罰以必得木為事而人心陰懷畏忌卒無應者僅取具文塞責而已時督造官計無復之議欲姑取前所報大田縣木圍長如式而中空未甚者更擇一木帮之予念此非舊制亦非完策但事勢至此無可奈何姑聽之而方得一帮木其大田之木又尋為豪家鑿燬予乃移會兩院語稍諷之於是始行追究而范公遂限比諸役至追原快事之害實由吳欽江遂嚴下檄拘治蓋撫臺經年所不能治之奸今始就吏正法閩中遠近翕然服范公之斷云向使早遇范公其人者將乙巳可以完事又何至多留一年糜費供應而復為此紛紛哉其後大桅得之汀州寧化縣復有以道路岌業為詞者賴延平推官徐君久德勸報言木可致狀甚悉追取道以出木翩然若馳似有神助焉其二桅則侯官縣天仙廟木雖中空文餘姑取截用之亦神之貺也由是丙午三月船工告竣

蓋距癸卯入閩已歷四載自昔奉使造舟未有若予等之艱若者也將行予等乃遣家人賫疏以渡海上　聞并請申嚴海禁蓋前有疑而後有伏予不得不戒心也遂卜以五月初四日起啟行撫院餞於南門城樓三司及鄉縉紳餞於南臺酒各數行別去封舟亦於是日從旺畸發予等暮抵長樂宿於舟中次日入城循故事舉熙於神宮十四日藩司吳君至十七日同抵广石封舟重大內河水淺兼值北風難行引港者戒於己卯之失故出港遲十八日夷大夫金仕歷請先往報以慰其國余等許之十九日行　諭祭海神禮吳君司與焉抵暮封舟始至先是有傳各員役帶貨多而船重者予等亟出示諭禁復行海防館盤驗至是余等親往驗之乃長年輩稱船輕尚欲載石予兩人坐小船親驗水痕果離水蛇一尺五寸蓋海船欲穩故以水平水蛇為準即出汛兵船亦必壓石令水蛇平乃能破浪耳次日別吳君登舟舟人各率厥職料理舟中器具已而抵梅花所取水復取石五船壓重仍行香天妃宮并散給照身印票逐名清理而一切影射帶貨者盡驅一空矣二十四日黎明

湃洋南風迅發一望汪洋渺渺連天海波起伏前激後擁澎湃有聲封舟初在內港安然若山至此隨波蕩漾飄如一葉舟中人暈者嘔者昏迷欲倒者紛如矣午過東沙山有漁船遣小艓獻魚余令給米賞之次日過雞籠嶼午後過小琉球相去甚遠望之如空青一點耳時風順帆輕水天一色余輩登船樓最高處覽之四顧迴廊茫無涯際波翻白浪風送濤聲鏜鞳噌吰乍遠乍近戲時浪拍船敧人皆欲仆或時濤湧船立人似登高波紋淀漩如織突兀如沸迭宕如奔驚怪如怒大魚揚鬐鼓鬣隱隱隆隆白魚橫飛水面數丈云為大魚所逐或見波底魚目如鏡晶光奕奕映日射人則殊可駭二十六日過平佳山花瓶嶼二十七日風忽微細舟不行而浪反顛急舟人以為怪事請作彩舟禳之而仍請予輩拜禱於神甫拜畢南風驟起人咸異焉午後過釣魚嶼次日過黃尾嶼是夜風急浪狂舵牙連折連日所過水皆深黑色宛如濁溝積水或又如靛色憶前使錄補遺稱去由滄水入黑水信哉言矣二十九日望見粘米山夷人喜甚以為漸達其家午後有小艓乘風忽忽而來問之為粘米山頭目望予舟而迎者獻海螺數枚予等令少賞之夷通事從予舟行者因令先駛入報是日舟人喜溢眉端其輩船嘔啘連日不能興者亦皆有起色矣三十日過土那奇山復有一小夷舟來迓即令導引前行午後望見琉球山殊為懽慰然彼國尚未及知比達官并引港船至時已夜矣舟人疑有礁不敢進即從其地泊焉蓋去那霸港四十里也次日為六月朔世子遣法司王舅等官具豬羊酒菓來勞從者并率夷舟十餘隻布左右以繩挽舟次日始達那霸港登岸詢之夷官金仕歷等船尚未至蓋漂在北山越二十日始得還國計隔封舟匝二旬矣越三十日行祭王禮七月二十二日行封王禮先是夷中連年荒旱至掘草根樹皮而食疫癘並作人多夭札南北山頭貢獻甫來者又屢屢飄溺至是年春米價稍平始不艱食及封舟入境雨暘時若百穀順成南北來船颶至鱗集莫知其所以然而然民間豐裕懽若更生益信　天朝之威德廣大而頌聲洋洋矣居使館數月王候問宴會一如舊禮而余輩唯其誠不惟其物每次所餽宴金余輩皆往復固卻語詳在禮儀中即從行各役供

應亦每稽察而節省之且嚴戒無得橫擾國中夷衆皆悅服九
月間忽夷屬有報倭將來犯者地方甚自危余輩召法司等官
問計惟云恃廠與神而已予等乃諭之曰若國雖小弱豈可無
備禦計幸吾等在此當為爾畫策共守因命其選兵礪器據守
要害更防吾衆東為增械設防夷國君臣乃令王舅毛維祖率
夷衆千餘守於國北之地曰米牙磯仁益倭船所經過處也無
何倭數船至則聞國王及來貿易者也予恐我衆潛通市易或
致生端台叢乃下令嚴禁絕勿與通吾衆凜凜奉法倭聞先聲
且知吾有備亦惴惴斂戢不敢動及聞余輩將返請願一見為
榮時左右皆曰倭佩刀性如犬羊請勿與見予曰倭素猖獗不
知禮今以吾　天朝之威求見若拒之是示怯也如堂堂之體
何令陳兵衛開門坐見之彼一見氣奪伏地稽顙再拜而出語
琉球人曰吾見吾國王未嘗懼今見天使吾膽落矣後二日余
輩出望見前驅即遠避伏覩不復如曩日之逼視恣睢矣是歲
十月初八日初冬風未定予輩已擇十一日還國王聞先遣官
奉留復躬自出餞令法官致懇詞欸欸蓋慮颶風欲作海中猶
可虞也予等感其意改期慰之遂以十五日祭海登舟王遣法
司等官率來跪送是夜初宿舟中見船隐景象忽憶來時誠感
萍迹蓬飄韶光隙過也次早風未定舟未即發法司王舅復來
見十七日風轉暴雲霾四塞與歸心相違十九日稍息二十日
舟送出港下碇泊焉廿一日向晚開洋三法司各駕舟追送至
數十里辭之歸迴望琉球若雲若霧而孤舟泛泛恍惚梃在星
河也予輩且喜使事畢可計日直抵三山矣廿二日早過粘米
山有二巨魚逐舟漳人截重鈎獲一重可二百餘觔予聞亟令
釋之時為衆蹂躪業已先仆遂入舟人釜中殊為快恨午後風
頗逆舟行倒退粘米山已過一日矣暮復遙見之二十三日四
面無山忽見一麻雀飛入船翎羽稍異衆方疑之復有斷虹見
於西北旋即北風大發舟蕩甚水激入後艙將晡繫舵大索忽
斷去一舟皆驚人來報余余未之動而舵工輩咸鳥鳥泣詢之
乃曰船主於舵而制舵惟索索斷則舵無制舵無制則擊撞衝
突觸撼金口而船尾分裂不可救矣予聞之竦然時夥長李美
輩以鐵鈎垂撈應手而得因即續焉衆喜若獲百朋是夜風狂

轉爲船欹欲傾坐卧東西顛越如蹶如槍余輩徹曉不能貼席至次日巳刻忽霹然一聲舵折去矣舉舟驚怖長年輩急使下遑告曰舵雖折副者尚有其二風定即可易無憂但冀神明之祐耳各呼天妃求救少頃風稍定衆遂扶舵易之然易未移時風復厲舵牙連折者二兩木所合成大梔亦爲震撼損裂至入夜如更霹然一聲新易之舵又折去矣時當昏黑莫無所施巨浪翻天風濤交激聲若奔雷船東側西欹剌剌然如棟宇將傾之狀人心胆皆號哭震天余輩乃爲致禱於神雨夜稍定次早長年輩告以今止一舵矣欲易之則虞風暴不易則虞船裂船攏裂則舵亦無濟矣乞請筊於天妃予等從之而神許以午時剖櫸整爲艱至酉時始得易風亦微轉東北舟稍稍順行而蕩猶未定也二十六日復有麻雀一群飛集船上頃即飛去衆異之疑爲貽徵次日風果驟劇倏而舵葉又爲巨濤擊去衆思船中止此一舵若此幹復折則必無歸亟下偏舵將舵幹拔起船從兹無主欹揭傾蕩倍甚於前怒濤山立湧過船頂勢如萬騎爭奔水建瓴而下作灘瀨聲轆轤運之不能止此時顛危將覆之狀莫若一髮之引千鈞也長年亦懼甚令將鍋竈什物之類盡棄海中舉舟哭聲騰沸有剪髮代禳者有東髮待斃者有徬徨求死者有氣息奄奄者僮仆狼藉不可爲狀所恃者蘇道亨及漳人數輩擔當維持耳余等思　朝廷之寵命在端必無憂乃勉慰衆人無爲洶洶趣令治舵以安人心遂於舟中治鐵爲釘削木爲板但風濤翻側人難立足一日之功僅成其半二十八日尚未就緒忽有報船裂入水者衆決必死放哭益哀余亦自思必無生理顧謂王君曰僕與君共使雖地抑鬱數年而於　君命已辛不辱則使事畢矣今日之遇者天也當與君慷慨受之言未訖李美至前曰艙雖入水船尚未裂小人已令人塞其處幸毋驚但船所以障水者恃兩般耳今土艘上灰釘顛脫勢必分裂宜速絞之乃集取各役所帶棉布數足於兩艘節節絞之而浪大風横人益恐懼余等乃爲檄告龍王詞用嚴切頃乃波濤稍定舟亦御風蕩行二十九日早隱隱望見一船衆喜謂有船則去中國不遠且水離黑入滄必是中國之界未刻舵成風亦稍定亟令安之而風復厲然此數日舟人望山之切

誠不啻飢者之於飲食嬰兒之於慕慈母也僉曰從粘米山至此七日矣奈何一山莫覩此一甑也不知將何所底止乎乃令人硯日入處天際猶未見黑影蓋謂日下有黑影則明日可見山也余等益屢憂乃復向神虔禱許之立廟并為奏　聞加封頃之風忽轉東浪亦隨平船行如飛人心始定二更餘忽見對面大光如炬光處彷彿見山舟師虞風迅夜昏迷疑莫辨恐遂衝礁復請筊於神神示以宜南向乃折而南一轉舵而火光遂滅矣人人驚異始知為神護也不則連日無山惟風是御黑夜觸礁必破沒矣次日黎明果見福寧州山由是入鷺嶼避官塘由大嶼舉舟懽呼雷動咸謂今日乃得生矣余輩於此始信神明之呵護非虛而要皆仰藉　朝廷之寵靈耳雖然危哉一至是乎回予以七晝夜抵中山意謂行路無難者直以坦途視之究不知人間世之有此危險事也更一事者長一識吾得之海上矣十一月朔日舟入五虎門愿定海所及該汎地撥船引港護送時皆玩視不前而吾舟中任事數中人連日困劇又莫能與舟忽觸於礁石雖以人力勝已而潮退船欹復罹一番驚險

予等各覓兵船避去封舟閣損水滿其中各員役扶救登岸僅以身免所帶回行李　盡損失無存矣予等以初三日進城當道諸公及諸縉紳皆來慰勞良苦予見之恍若夢中而諸君之聞予海上事者又莫不驚詫吐舌直以予等為更生云嗟夫人皆謂渡海難余則謂渡海非難難在於所以渡海耳夫往返可以夏冬計而採取不可以歲月程波濤可恃以忠信涉而蕃離不可以猜誠破沓冥可以　君命爭而冠裳不可以大義格嶼介可以　天威懾而鬼蜮不可以人理測此予等所以嘆息於時事與慨於世道人心以為倍難於昔人者也孰謂茲使也而非有天幸哉夏子陽記

禮儀

夫禮國之幹也使事既將國體斯植禮莫大焉天威不違顏咫尺寘其閒越於外以爲君命辱海邦雖夷漸於禮教矣古之人有行之者自始會以至終別秩秩乎其章有章也郁郁乎其有文也吾謹持而加宻焉宣上德操紀綱嚴取予而節省其繁縟此儀之所繇行予紀之以著使事之成云

封舟以六月初二日至那霸港世子遣衆官大小數十員迎候余二人捧　詔勑登岸行至迎恩亭置　詔勑於龍亭中衆官北向行五拜三叩頭禮前導入天使館龍亭設堂之正中衆官於甬道上行禮畢問其法司官曰世子不出迎　詔勑此係舊規乎對曰舊規也從父封以來凡有　詔勑至世子祇候國門外耳　天子守土之臣不敢越此步耳吾亦聽其從舊也世子遣各官祇候惟謹每五日問安遣法司一員大夫長史各一員持來餅二盒酒二缾及牛羊海味數物跪請曰天使辱臨世子以求拜　君命不敢先他走謁惟是候館庳隘惟無以安從者謹敬遣下臣躬問無恙具有不腆敢爲大庖獻又以牛二隻遍犒從人余等受之亦循舊例留夷官一飯久之覺其煩也改令十日一獻而牛羊間多卻之夷人欣然使馬凡從行指揮等官廩給并各役船梢人等口糧月糧俱比舊例從減夷官欲增之如例予等再三諭之以爲省一分即免一分之擾吾衆苟可以充用足矣各官鋪陳并爲裁節總計省什之二三夷人人欣然使之矣越六月三十日行祭王禮豫令戒事於其寢廟祭品皆欽定之數其紙馬等項悉准舊例先一日宿設焉是早世子率百官于廟門候迎遣衆官請龍亭　諭祭文出館予等隨行將至廟世子具素服衆官亦具素服跪于道左世子率衆官行五拜三叩頭禮進入廟中置龍亭於正中南向予二人立於亭之左右其神主居東西向世子於廟門外露臺上北向及衆官序定俱四拜宣　諭祭文畢世子及衆官五拜三叩頭謝　恩世子由廟門右入與予等相見行兩拜禮余二人亦答兩拜揖至中堂分賓主坐世子令法司跪言曰海島蝸區辱天使來臨尚未敢瞻謁以述下情今又辱禮於先人存沒不勝感矣謹奉杯酒聊惶暫依光於在左右余二人以世子入廟有棖桶几筵之

懇予且辭世子再懇乃坐酒數行欲起世子仍語法司官懇留
予等稍為歡洽始別次日世子遣法司官同衆官至館謝法司
官持折席金二封為獻代致世子悃予等辭而卻之貽之書曰
昨奉　諭祭得覩光儀兼承華宴情禮周至既已覘世子肅慎
之恭與歡洽之歡矣兼金之餽似於貨交其何敢承之謹遣官
璧上并謝幸為賜察使臣之節斷不以利污義其毋再勤使人
則厚幸矣諒諒世子得書嘖嘖嘆服又二日復遣法司齎書仍
以前金懇懇予二人復為書卻之遂不敢獻卜吉於七月二十
一日行封王禮是日黎明世子令衆官皆吉服候於館外余捧
詔勅置於龍亭中取頒賜國王及妃服物置於彩亭中如儀前
導之國路旁皆陳兵為衛肅隊而立國里許有坊匾曰中山進
之則首里坊矣今匾曰守禮之邦志我中國之聲教施及也自
館而東至此地勢漸平世子候于守禮坊下望龍亭至行五拜
三叩頭禮導之國門門曰歡會其故宮居南北向而其常御之
宮則居東西向別宮皆連楹左右而錮抱焉結彩為幔於宮之
前引龍亭入正中世子率百官於階下行四拜禮予等捧　詔

勅授官宣讀訖仍置龍亭中復取賜物一一傳授世子世子更
衣服賜服拜舞山呼由東階升問　聖躬萬福又復位四拜禮
畢王升降周折肅然如式益習之豫也復更衣揖予等至北宮
行交拜禮舊時以受命之初與國更新即出臨群臣受賀然後
宴賓王曰豈有賓至不陪且修君臣儀節乎其以異日即手捧
酒為壽洗爵交錯乃即席焉其肴核豐潔皆借我從行廚人為
之者王復令法司勸曰海陬不給於鮮不堪為從者獻第以寸
心為將爾鑒瓠葉兔首之意幸俯允須臾也予二人稱謝小間
即辭令指揮官整儀從迎　詔勅送王再拜曰幸藉　天子寵
靈以有今日得續世祚長東隅憑恃尺一之　恩詔在耳我君
臣翹企懸望十有餘年於茲今果不棄於覆幬照臨之外敢不
留鎮國中告廟而珍藏之又再拜請因出其歷代受封　詔勅
稱累朝及今　皇帝之恩章俱在願勿疑也余二人知其誠懇
又先奉有　俞旨遂許之留別後王遣法司長史送宴予等取
其肴猪肩羊牲果及刀布少許受之復函書曰竊聞交際有禮
而儀之近利者終蹈越禮之誚取予有義而取之傷廉者難免

非義之謩此國士君子居身之珍即平時且不敢少懈檢點況
今日遠將使命中外觀瞻其敢苟且冒昧以壞生平乎昨冊典
告成賓筵既洽已足為成禮矣席金及代扇布象牙木香諸金
果何為者謹并璧上惟賢王心諒而鑒止焉使不佞輩不愆於
禮義之閑以克完其清修之節其為惠大矣章甚王見書復令
法司遣報曰寡以僻壤窮陬僅循故典薄致席金亦曰少將賓
筵一縷之忱耳伏蒙鼎翰諭辭益增寡荒菲之媿矣夫臺下入
境以來即供給之費多荷節省其所以體邮卑國者甚周精忠
衷悃若揭日月寡即下愚亦安敢以貨交哉遣官再獻以慰鄙伏乞鑒納
情章甚余等示以斷然不受之意原金付回因為書以嚴郤之
乃止越八月初五日王親至館謝是日早即著　欽賜弁服衮
輿而出以彰君賜夷人觀者塞道先拜其寢廟更衣入館乃稱
觴稽首以謝見尊主及使意也余等亦具酌留焉即以問安供
給之物遍犒其從官日暮別去又數日王具啟請賞中秋時因
風雨辭之越二日復遣法司代請曰國王念天使愛之以德欲
時時受教而未敢頻覲也茲遇佳節正欲借以稟教言而為風

雨所阻願再懇一臨以少遂覲依焉余等以為過期矣又一番
擾費也復辭之王不敢復請乃具啟請於九月重陽日先是國
王欲邀飲水亭為捧龍舟之戲予等豫止之矣時於九日王仍
俟於水亭攜予等觀焉其亭翼然西向水滸泓央繞上下可逕
小舟傍岸松蕉雜植綠蔭引涼青蘋映水此中之一樂地也法
司官跪言遵命不敢捧舟其棹歌亦不堪聽但歌音亦已演矣
令人以旗招之逈邐而來俱官家子弟各簪花被彩搖旗跳躍
一唱衆和初歌有一朝表奏九重天之句大抵皆頌德　天朝
及祝願使臣語聽之亦若有柳楊節奏者由水亭逈邐北上則
圓覺寺也寺右有亭其旁為土山叢石王令人瀉水為瀑布之
狀時正午亭中具一飯令夷人為夷舞復為夷戲云日本曲調
也迨日少遠復邀入王宮坐間出其玉爐一枚云正德皇帝賜
也以見重我中國賜意是日盡歡而別越二十一日予等應吉
出行矣國王知之遣法司官具啟於二十五日請餞是日適值
雷雨辭之二十九日王以累次餽金一無受所受不能恝然於
臨行之際復致所卻前金余復為書固卻焉書曰不佞欽奉使

命至此承賢王宴歎綢繆情文兼至敬而有禮已醉心矣屢次宴金返璧非敢堅拂雅情誠謂義利之界限甚嚴辭受之關係匪細欲竊附於禮義之交且以全使臣不辱之節故寧蹈不恭焉耳茲承遣官復以前後宴金送至且道之書中意惓惓雖用情無已然斷不敢墮素節以背初心也謹以原金共二封差官璧上祈以申謝所祈成相相成以德相亮以心勿復更勤後命可勝幸甚幸甚王得書乃止越十月初四日余二人已戒行矣乃遣王城一別王具小酌坐移時復命法司官勸曰辱枉駕感不可勝量極知盤飧為褻但念指日長別願加爵少伸繾綣之私也少頃告別王持泥金倭扇二柄以贈予等各以手扇答焉王亦脈脈有不忍分袂之意其法司官并紫巾官各垂淚不能仰視予等睹者亦為之嘆息舊規別王之日王送之守禮坊遂別是日王命法司官言其戀戀之意欲親之那霸港送焉續於十一日王親詣館再拜仍祖餞於館之門外又再三懇留同法司等官酌酒致繾綣之意予等不得已許以少留王同百官若懽若悲至日暮而別至十五日遂登舟官民送者蝟集於道欲以十七日開洋以連日風未定又遲至二十日乃出港行國王遣大夫一員及夷梢數十人護送又遣法司等官馳餞康鼠而風濤不便令卻之回次日法司等官復追送於馬齒山而別其國王所遣王舅等官進表謝　恩則另駕一舟未同發也

夏子陽曰琉球我　太祖所稱守禮之邦也以彼累代弗賓似為尉佗不知漢大乃一旦歸命　真主畢獻方物有來雍雍禮可知矣奕葉相承其儀不忒且能愛人以禮也毋亦先世之教載在守府乎奉以周旋無敢失墜宜其長為東藩以光貽嗣服

造舟

水行資舟古志之矣第中國之水即險猶可依山泊岸不則易而陸焉舟猶長物也浩浩滄溟萬里一碧舍舟奚從焉夫奉天子之明命以撫柔遠人將國之威德於是乎布脫有不戒而委君貺於草莽毋亦惟是綜理之疎略以自貽伊感其何以稱任使德意故材有宜制有式工有所責有繇凡舉必書非猶也是有最重者也　按海船形制與江湖座船不同座船前後調停出入甚便中間艙戶玲瓏開明爽朗不異安宅也此則舵口似凹上覆平板為戰棚下為官艙僅高五六尺俛僂深入下上以梯面雖啟牖門然蓬桅當前外無所見蓋恐太高則衝風故稍卑之耳桅有三大者居中餘以次而臚列於前舵在船後之極艙居其底為船之主凡兩㮠交榛龍艕龍骨通樑叅錯鈐束皆附艙以起架龍棚之外有兜艙鞠鎖梁釘之外有未鎚鞠或鐵或木叅用之官艙之後為司鍼密室夥長居之又後為梢舵工在焉梢尾最高處為黃屋二層中安　詔勅上設香火奉海神也兩邊設敝自頭至尾如墻壁然所以障波濤也登舟之門左右各一高可容人舵備三用其一副其二甲午以四尤為有備焉櫓置三十六枝大鐵猫四約重五千斤大棕索八每條圍尺許長百丈小艇二以藉往來登岸或輸行李水具大櫃二載五六百石如大瓮者十數以海水鹹不可食故舟中僅二使盥漱餘止限給與飲食懼水盡也凡造船必先定艙舊例定艙日三司諸君率府縣官俱往南臺陪祭外若豎桅治纜浮水出塢亦皆有祭凡以王事所在誠重之也先是甲午陳高二公使船製不得式梢舵工謝敔齊臨時匿處始幸免患辛酉己卯二使鑒於前事造船皆躬親督之其制益周舊為一層板厚七寸故釘不入後易作二層每層厚三寸五分釘艙為密意下層或致損漏猶可恃內一層也原為二十四艙後改為二十八艙各艙通用樟木貼梁艙扶梁多尤為硬固原以藤箍匝船蓋亦一時權宜之計後易以鐵條二十座自艙底搭之兩舷則外勢束縛益嚴而又加以舵柱釘板等料及增重艙頭極叉拴等十二件以故涉險無虞大抵海船身太長則軟而不耽舵頭太大則尾偏而損舵尾太大則墜尾而不前故今次船式多依漳匠斟酌

損益而盡制曲防順極周密船身長六丈一尺頭艕長二丈七尺八寸尾艕二丈連頭尾虛梢共計十五丈船濶三丈一尺六寸深一丈三尺三寸艙數仍用二十八而附艙加增勾栓每層俗用龍骨及極板串板轉艙正艙之類皆多為之具而詳為之制至於曲般之內盡為眠離以棲執事各官艙為三層以安頓衆小艙安頓棚上不愁艙外以免濤浪撼擊上下金及桅座不用釘以防引水滲入更為得法以故歸舟舵數折風濤顛頓五六晝夜而船不致決裂則勾連堅固之力也此皆出於把總蕭

蘇道亨云

封舟所用木桅以杉取其理直而輕也舵以鐵力取其堅勁也艙以松取其沈實能久漬也其他頭尾艕桅座鹿耳馬口通梁之類宜須樟木為之取其翕釘而堅實也諸木皆取之閩惟鐵力木取之廣東先是藩司差官戴朝用往採經年未報予等慮其遲悞因令把總陳申再往採焉後督造官合選之共備三舵然舉非真鐵力木而陳申者猶彼善於此故舵工首取用焉而返日乃壞戴朝用者則一用輒敗折而其一猶令人惴惴懼不免則皆致惧事從委買者宜慎而選用者尤宜慎不可以司委而曲徇之或如甲午多備一門亦不為過也艙木採自業重兇乾沒多金僅僅得此然又不以時至余委指揮張継藩守趣之令其五日一報始得赴用惟大桅更多齟齬初報政和縣者為奸民張孫鑑鑿毀且毆報木公差地方竟寬之故人人聞風效尤繼而安溪又繼而大田皆攘臂動興而安溪者尤為可恨蓋此最稱良材地方官不中阻則早即可早竣事矣其次桅則侯官縣天仙廟木省祭謝景懷所報也地方官亦多方除阻且為危言聳余余令祭告於神伐之寂無他異惟中空丈餘不中大桅之程故取裁用焉三桅則從商人送買之河下賞醫官何應曉力也最後寧德之木有司妄申以為必不可出上下信其言亦以為必不可出矣幸而勘驗為延平推官徐君久德還報具言近水不難致狀始獲取用仍以蕭子衞一木幇合成之不則又幾誤開而丙午行期且當再悞矣大抵閩山多材桅木處處不乏惟不虧民價多與之值而當事者更以共濟真心求之民間方樂自獻而有司亦何敢推諉也茲行誠用合桅蓋地方大

材砍鋸略畫而督造官恐中陰禍不得已議用之亦出流倖計耳其後遭颶風搖撼僅如竹枝而稍裂有聲人皆危之至不敢進吁亦幸矣後之用者切宜鑒之其次如棕如鐵鬪省皆有精粗美惡不等解役多黠憑封事用者率以濫惡相欺廠官稍逐汰之輒抗不應甚且棄擲而去反誣廠官索勒盜皆有所恃而然此任事各官所以人人自危也棕產南平諸邑督催兩年不至亦賴徐節推之力始獲解用而民間每里僅出數斤不顧領價復遲之藩司尤稱節省鐵則王君承差許楠所選買亦多精良云

造船廠塢地在南臺江邊中有天妃舍人廟在馬黨舊為林尚書業歸十畝官府以雪峰寺田十畝五分易之為造舟之所其水已湖數封矣中深而下為塢以頓舟廟之左輿壇為廠以為科司院道駐臨地而塢之兩旁則以堆置木料諸物與工匠人等居之左有小港為界舊時織猶尚沒其處右則抵路為界前則臨江而後有牆腳界限甚明民居民故老皆能言之乃己卯封舟後值丈量初起有通事林鍾和者以舊管廠之故潛以地盜售之林仲恩開池而左旁地則陳鄉請佃於官亦開為池遂致材料無所安頓司廠者屢屢為言竟不問及余移文撫院督催中稍及之而狂妄者反變亂黑白謬指為借民間地後經閩縣尹尹君遂祈審勘明實始獲追所侵地而詳司立石焉吁以官地而指為民地以民佔而反稱為官奪則指鹿為馬何異乎予故詳著以告後人且以見齟齬者之悖謬類如此云

過海防船器械如大銃鏢鎗盔甲弓箭火藥等項舊規設有定額余初欲借用之軍庫以省此一費後海防許君中議謂庫中軍器火藥率皆久頓不堪而防備海外不測尤宜精製予等乃聽其另造後至夷國閒有他警亦藉此為有備云

造船舊派銀三千兩而今次所費僅二千三十二兩則實余輩躬自稽覈而節省者也去時經海防館許君册報止此數同時又據藩司與公移會手本亦止如許君之數而已廠中剩料樟杉諸木并桐油荒鐵皆檄令海防館變價還官即木屑棕邊督造官俱不敢入私橐故所省寬然有餘而指揮葉重光所侵沒銀數百兩至今尚未追還此則又在所剩之外者也

徑例使臣地方交際酒席皆取諸綱銀蓋院司道所通用也予第此行時異勢殊竊弄者方以衔舶人藉口加派故一切應酬酒席免如予初議即以其人之儀還答其人之禮如撫院稅監總司道諸公宴會每以原席原儀答之是也即郡邑諸君經會城謁諸當道有少致者程者亦莫不如是答之其或遇舊公祖舊上司而勢不免於那用者即令扣日用廩銀補還項藩司吳公以廩銀出指　上賜且封餘剩頗多差官將余二人所補廩銀一百九十餘兩送還并以渡海所用公銀酒器共二百三十餘兩追送諸境上予等皆固卻之蓋寧省費以儉於身毋寧衆用以累地方而速之請也

封事文移凡為封事者稱司二使皆得下檄於有司而有司隔屬雖行勢不得不檄於藩司經歷司令之呈堂轉行者則惟料使得以行之此皆相沿舊規予閱福州府己卯舊案有藩司印信劄付一紙乃轉奉料使之檄令其委官採木而劄行於福州府者是固一明徵也至於有司奉檄從事或有害事作奸應究擬而具詳者余以封使無罰贖之例檄令止免其或法難末減則令其徑申當道詳行此亦造船中文移一事故附記之

八月間颶風大作飄瓦折木夷人皆以大繩維屋恐為風所拔且陰霾四塞暴雨傾盆那霸港水漲浪橫封舟幾為蕩損余等亟令指揮把總率船衆守護而國王亦遣數百人至協力助守即淋漓風雨中不避也其後連次皆然相救如左右手乃獲無虞予等每令給牛酒勞之蓋舟雖在港安泊而所患之大又如此可不慎乎故列記於造舟

按舊錄載船之尺寸一以官尺為定蓋民尺一尺僅官尺八寸故也今次仍依辛酉己卯議俱用官尺為準總身長六丈一尺舵長三丈一尺大桅長七丈二尺圍七尺五寸二桅長六丈五尺圍六尺二寸然大桅舊式須足官尺八丈乃為中程今次如式者既屢為鑿燬而長不及數與尾圍尖小不滿四尺者又不堪用故臨期倉皇不得已取兩木綁為合桅外以鐵箍束之然回日遭颶風搖撼竟不免損裂之患乃知前人之必用全桅者良有以也

夏子陽曰夫封舟費之大者也然以終王事義實在焉市井之

徒何知好義以嚮其利者為有徳故賞在官則競為饕賞在民則朋為匿使臣者戴義而行者也義不能徇人以欲則任怨徇之不可而拮据卒瘏躬為經畫也則任勞經之而不得柄之必須以日矣積日不能無積費誰實為之而且以為口實也則任謗此三任者義之所不能辭也使臣所遇之不獲已也而要之以共王之心義則必有任其責者耳

用人

任事在人授事在擇人海艘之役其需人也多矣始而營之惟工師終而操之惟長年其間總理而分敚之則惟有司與諸執事是皆有事者也雖然是非直事也吾身以之者也聰聾不習之人而以使事戲一旦有急難欲悔吾其如人何夫慮其卒安得不慎其初是吾所以擇也實見得是何恤於人言吾求濟吾事而已濟吾事所以濟吾身也濟吾身所以濟君命也志用人按造船以用人為要故必擇有司之賢者而以指揮副之此已卯題准新例也行司屬之海防館初為同知郭君立言亦能効力往復計議而為上下所制不敢盡露其長後又去而署篆其事益弛郭尋殁而泉幕李官來署事處於兩難然猶知大義以王事為念後得同知許君在廷則毅然任事從中調停故事無掣肘功有成緒此其品最高而其勞最著時以人情乖異綱紀凌夷渠獨率幕屬丞簿令其朔望恭謁守禮不失謂外夷所觀安可不示天朝體統則所見尤得其大者至於遴報舟師名募衆役同心相濟期于得人則漳州海防館陶君拱聖海澄尹姚君之蘭督採樟木搜羅巨材孜孜奉公舳艫相望則福寧州守洪君翼聖福安尹金君汝礪寧德尹邑君日根查勘桅木馳驅山谷先之以大田繼之以孚化不辭勞瘁克秉公忠則延平節推徐君久德焉此數君者著績使事於法皆得不泯而大桅所得封事斯完徐節推之功尤為獨著云

封舟督理分任皆有員役余筆未至之前司府皆已派委但此事歷數十年間一舉行當道所不經見而議事者與出海者利害不相關又往往賄囑是徇故所用盡無賴子即顯犯大辟遣戍城旦舂之徒槩議用議允此輩盡為身謀谿壑是饜一切海上事因情如也余嘗見舊録言甲午用人多由府縣縣取具吏

書欲行者行欲免者免所以不能得人讀高公操舟記可爲寒心辛酉鑒於前弊遂躬選義民馬魁道陳孔成陳宗達等數人授以名色把總令之各舉所知而來以訪論皆事屬使臣而于其主事者每厚之以恩初時人猶疑之而卒賴其力己卯亦用此法時陳孔成馬魁道尚在遂仍用之所揀舟工皆出其手故拼倂人然是歲也增添指揮二員專理其事而謝輝翁閩人人與事又其習知故所選指揮單顧宗邢端兩人皆可託而都中爲余等言猶念之不置及抵閩詢其人則俱已物故無復有識途之馬矣故今次所苦其難先在用人訪之二司諸君又莫肯舉復訪一張雛藩復以齮齕委而去之時兩指揮俱虛余移會撫院另行取用而司府竟不報及後撫院蒞任始以雛藩補焉而綜理稽覈船務終始兢兢畏慎則亦不負所委者也把總蘇道亨精於造船熟於航海則曩在都中從太常博士陳君處偶聞之者及卑戴後工匠舟師迄無端緒始檄漳州海防館陶君取之道亨懼而他匿予爲陶君言其詳始强致之見其貌朴而言皆鑿鑿中窾遂令充把總以造舟擇人委焉凡指畫工匠選辨長年勤驗桅木與一切船務鉅細率皆賴之臨行撫院徐公檄海防館令其以指揮雅航行事止予等勿復選補指揮蓋亦念其勞耳後海洋連值風濤舟竟無恙雖神靈默相而舟堅人練不可謂非其功也第賈人習氣不免於貴防範則駕馭尤貴於得法云

簡工舵師舊錄皆用漳人蓋其涉險多而風濤慣其主事者能嚴能慎其趨事者能勞能苦若臂指相使然者但精能者往往爲海商私匿予因檄漳州海防館令其候洋船回日從海商查報籍名送至復使蘇道亨等辨認其真僞能否稍汰其老者及冒名者依原額取用夥長六名內惟李美柯鎮爲最真勤有膽智艱險時多賴焉亦危中之最得力者也舵工十六名皆稱所職而潘沂陳誠黃安賴友尤爲最此二役船中關係甚重誠不可不慎擇者惟是此輩多樂於商船而不樂於隨封蓋商船募資厚而獲利倍官府則僅僅工食銀六兩餘耳況一經籍名數年不得出海既苦守候之艱而官船帶貨有限且又禁其貿易不免折資之怨此精良者所以匿不肯應即官府嚴拘之亦徒

得其賢者耳其孰從而辨之故選擇之任不可無漳海之人而此輩既藉其力亦不可不䘏其私而體念之也然茲行失利大拂其情後雖欲招徠之恐精良者亦未易得矣

造船艙匠有二在河口者能知尺寸守成規而不能斟酌時宜在漳州者善用料務堅緻而不能妥曲細膩各有短長余仍舊兩用之而使其互相參酌以集其長至于扶舲捉木以幫助艙匠入廠中之最要者時此項工費已為乾沒者從廢無從指處予乃用中軍百戶林鳳鳴之議選鎮東衛及萬安梅花所定海所軍共六十二名代之以軍有原粮工食可免而他日出海貼駕即以所選者充之庶稱兩便而扶桅勞苦則日給鹽菜銀一分以少資之軍既樂趨而較之募夫尤省此最稱良便云至於催運桅木則指揮張維藩主簿劉文楷催採樟料則經歷李應霖趨運則主簿熊立李文熹典史孫朝遇張秉彝杜惟忠而把總鍾元和奔走廠務朝夕勤勞至洋中危險水湧入船乃廻視洞穴督軍戽水與把總王萬化俱連夜目不交睫則尤為得力云

通海人數指揮把總夥長舵工之外省祭三名林有源林一淇金廷楷在廠則收放木料至琉球則充為讀讚官引禮通事一名鄭瑆譯語通事三名鄭仲和陳仕順馮應隆民梢總甲哨官四名班手十四名水梢總甲八名護針總甲并管水火旗幟總甲共九名旋手共八名繚手共十四名檣共十六名車手共三十二名管小艓四名聽用水梢共四十七名共貼駕軍梢并總小甲四十七名即鎮東萬安梅花定海扶舲軍也此外醫畫書辦門皂行匠亦俱照舊其行粮惟夥長舵工則給以六兩餘班手亦稍優餘則概給以五兩三錢大抵此行人數悉如己卯之役而所給行粮較之己卯猶少省焉雖帶防禦牙兵三十四名亦惟自支營中本粮耳行粮不與給也至於萬安所軍仍量帶七名者則以謝緝翁言此不宜革故也語具在使錄補遺中茲不復贅然亦即在衛所軍四十七名內伸縮通融非額外增設也

夏子陽曰封舟之用人其良有司操其紀綱者也吾取其德且取其才其他皆以長試而已有長則不能無短舍其短所以集

其長也善哉乎于思之比於用木也杞梓連抱不棄於尺朽吾得之以用桅焉中梢空者截而用之末梢纖者裙而用之吾非不欲用其全無可奈何而姑取焉能使長為吾用而舟卒賴以濟其人也亦若是已則已矣故吾之所棄必雍腫不任繩墨與取為蠹者也嗚呼其長足以濟矣吾取其能渡海而已而又安能必以君子概責之小人哉

敬神

神無不在而於海最靈非神獨靈於海也人之神至海而靈也吾所大患謂吾有身有身而生死順逆夷險交乎前其外斷故其中馳神弗附也渡海則身直寄耳遺汝形斂汝精收視却聽而一其於固然吾之神凝而靈則通之神告我矣在海言海其為靈之昭昭也亦宜錄曰敬神志神所由通也采集往事并得以覽焉

嘉靖十三年使臣陳侃高澄行至粘米山舟剌剌發漏舜操呼天妃風定塞袽得免於溺歸國時值桅舵俱折舟人哭聲震天無不剪髮設誓求救於神已而紅光燭舟舟果少寧翼日風劇不能易舵乃請玫得吉兆遂然起躍然起舵舵柄甚重約二千餘斤平時百人舉之而不足是時數十人舉之而有餘舵既易兆始有喜色忽一蝴蝶繞於舟疑者曰蝶質甚微在洪圖中飛不越百步安能遠涉滄溟此殆非蝶也神也復一黃雀立於桅上令以米飼之馴馴啄盡而去是夕疾風迅發白浪拍天巨艦漂蕩如葦風聲雷吼而水聲助之真不忍聞船欲側流汗至踵矣二人乃遂冠服默禱天以五碑奏聞于　上言訖風若少殺微曉已見閩之三山矣神明之助詎偶然哉

嘉靖四十年使臣郭汝霖李際春行至赤嶼無風舟不能行當晝有大魚出躍如鉅舟旁有數小魚夾之至暮舟蕩甚皆謂無風而船如此事誠可怪乃施金光明佛經一部并作彩舟舁之船口而風忽南來得保無虞居無何開洋回國中見麻雀一雙宛宛來泊艙蓬須臾巨颶大發舵忽折去郭乃為文告曰霖等欽奉　上命冊封琉球仰荷神祐公事既完茲當歸國洋中折舵無任驚惶惟爾天妃海若皆國家廟祀正神今朝使危急華夷五百生靈所係豈可不施拯救若霖有疵身之行請即殛之於

床無為五百人之累若尚可改過而自新也神其大顯威靈俾風恬浪靜更置前舵庶幾可以圖全神其念之吉後風稍息遂易新舵嗟乎鬼神冥邈諱者未有不疑然四無邊岸之中完弱雙雀何從而來易舵之後又一鳥常據于桅尾孰謂世間事可盡以恒理臆決哉

萬歷七年使臣蕭崇業謝杰出洋東風相左舟鍼路舛誤舟很從莫知所之迷行七餘日而窺闊宵無山與但惟孤燕飛繞於前後一細蜻蜓入神舍不去衆咸異焉陳孔成等憑然悟熟乃令巡匠作彩舟模之又聽習於巫者謹金鼓降箕又俯伏神前求珓祈祝事一無所吝後二日得至葉壁山比歸舟將至台洋之前一夕舵葉失去舟渰蕩震撼卧者幾不能貼席時扶二使君登棚理之二把總問珓卜舵何時可易神許以已時及期風伍如故諸役恐起舵牙致危不敢任謝乃從神之許主令起之風隨息至易新舵抵水風乃厲如故然舵方易新雖風不妨矣次日即望見台洋之山益神標其奇如此

夏子陽曰余觀海神事有感焉夫天妃誕自莆陽五代至今歷著靈異載在祀典舊矣凡國崇祀以庇民也國以庇民報祀神以庇民食報神無日不爲民庇也特人心自爲有無耳頃者余從海上行初時人猶溧溧反過花瓶嶼無風而浪一湧安風起天未七晝夜即至其國人視涉滄溟猶涉江耳蓋不知其爲神之庇也歸舟且稍懈矣乃中洋斷舵索者四失舵者三合木大桅亦震撼損裂人始日夜呼救於天妃備極誠懇然而拮舵索則水面現燈示觀徵則異雀再集東風助順而一瞬千里昏夜迷山而火光燭之其應也如響神果在人心外哉嗚呼曷其奈何弗敬

使琉球録卷下

兵科右給事中玉山夏子陽編
行人司行人泗水王士禎同編

群書質異

大明一統志　琉球國在福建泉州之東海島中其朝貢由福建以達于京師國之沿革未詳漢魏以來不通中華隋大業中令羽騎尉朱寬訪求異俗始至其國語言不通掠一人以返後遣武賁郎將陳稜率兵至其國虜男女五百人還唐宋時未嘗朝貢元遣使招諭之不從本朝洪武中其國分為三曰中山王山南王山北王皆遣使朝貢嗣是惟中山王來朝其二山蓋為所併矣　風俗　男子去髭鬚婦人以墨黥手為龍虎文皆紵繩纏髮從頂後盤至額男以鳥羽為冠裝以珠玉赤毛婦以羅紋白布為帽織鬪鏤皮并雜毛為衣以螺為飾而下垂小貝其聲如佩無君臣上下之節拜伏之禮父子同床而寢婦人生兒必食子衣食用手無匙筯得異物先進尊者死者浴其屍以布帛纏之裹以葦草上不起墳無他奇貨尤好摽掠故商賈不通不駕舟楫惟縛竹為筏急則羣舁之泅水而逃俗事山海之神祭以殽酒戰鬪殺人即以所殺人祭其神王所居壁下多聚髑髏以為佳所居曰波羅檀洞塹柵三重環以流水樹棘為藩殿宇多刻禽獸無賦斂有事則均稅無文字不知節朔視月盈虧以知時視草榮枯以計歲　山川　黿鼊嶼在國西水行一日高華嶼在國西水行三日彭湖島在國西水行五日落漈水至彭湖漸低近琉球謂之落漈漈者水趨下不回也凡西岸漁舟至彭湖遇颶風作漂流落漈回者百無一二　土産　鬪鏤樹硫黄胡椒熊羆豺狼

按琉球以一統志圖視之則在東南以閩省視之則實在閩之東北故去必仲夏乘西南風也回必孟冬乘東北風也古無文字其詳不可考但隋兵劫之而不服元使招之而不應及我皇祖統一寰區慕義向風首先效款可謂超出諸夷而恭順足嘉也國昔三分今中山併而為一其人狀貌與華人狀不甚相遠但深目多鬚上紫髭剪與唇齊稍為異未嘗盡去也頗任賢而髻居右其東網而髻居中者則洪永間所賜閩人三十六姓

之裔也貴賤所別關居以尊公謁以手巾手巾者組首色布周
也紫黄為貴紅綠次之青為下尊則金為貴鍍金與銀次之銅
為下俗尚白男女衣俱純素間有男子服青者則以治事於公
者也內衣短狹袖僅容肘外衣寬博制類道士服卑下者則以
兩袖翻結背中貴人腰束之錦大帶價可三四金賤者惟束布
而已凡屋地多板舖上從席以厚席故無貴賤皆著草履入室
則脫去一則不欲塵污其席而一則以跣足為敬故不見神臣
見王及官大相見皆若是也惟謁予輩悉遵中國體襪制服冠
裳次第謁見跪拜唯諾惟謹然往往苦之若桎梏不堪狀一出
使館外輒亟去冠裳赤腳乘馬去亦以素所不習故也婦人至
今猶以墨黥手為花草文髻肖總角兒絕無簪珥粉黛飾足著
草履與男子無異衣亦似道服出見華人掣領覆頂至眉從引
襟為便面止露兩目下裳褶細而制長使可覆足名族之妻出
皆側坐馬上以數尺白布巾蒙其首隨以女僕三四人無羅紋
織皮毛衣螺貝之飾詢其俗產乳亦未嘗食子衣但為乳難之
長者十室而九蓋以男子多仰給於婦人也國王之下法司最

尊制立三人國事操縱皆出其手從來率以王親任之不用三
十六姓今用之則自鄭迥始亦彼國制之更新云察度非官名
惟俗呼公子為察度奴示舊錄謂司刑名誤矣司刑名者吡耶
官也那霸官惟司貢獻之船及管理使臣并從官各員役供給
通聞里官則王近侍之臣耳以官雖云備訪問亦泛之空名耳
此皆隨事任官非有文武之別惟大夫長史都通事等官則為
文職以其由秀才歷仕而專司貢獻及文移表章也秀才擇三
十六姓中識漢字漢音者為之土人不與焉王視朝群臣具冠
服拱手膜拜跪移不起時不起過聖節冬至元旦王統眾官肅
冠裳嵩呼就舞亦彬彬然有禮開元旦行禮後官各易常服而
天衣亦衣寬博錦衣戴五色錦帽坐間二層眾官跪階下唱大
平曲卑者拍和歌尊者舉觴為壽王亦等級賜之酒飲則奧
俯之禮也父子同寢亦以幼時長則異處食用匙筯削素木為
之舊錄件異物必先進尊者居親喪者數月不食肉亦未必盡
然人化者浴屍去腐然後收骨布裹置土穴中若王及陪臣之
家亦以椒匣藏之林谷栽木板為牖戶祭掃則啟鑰觀之至今

不改俗有待月之遇凡月二十三日夜修香案立以待月月出
則拜拜竟乃敢坐謂可益壽延禧朔望皆向竈拜中元亦請僧
誦經薦其先祖過前王廟輒下馬携手而行道遇尊者匍伏地
下不敢視對上官言事必具酒二壺至其家跪而酌之地無貨
殖一切所需皆於倭國遠來那霸市里二處亦聚女僧交易然
不過蔬穀魚鹽之類女子適市以貨頂戴於頭而行不用手扶
亦不墜也國法竊盜者死今法漸弛間有犯者惟加拷罰然剽
掠之事絕無舟舶制與中國頗同如小艇則刳木為之陷匠入

貢航海必刳以巨舟縛竹為筏未之見也國中敬神神有女王
者乃王宗姊妹之屬世由神選以相代選時神附之言送入女
王宮從倏然靈異雖適配者亦不再合焉惟國當播種先一日
王詣其宮拜竈女王以酒觴之餘亦不相見也五穀成時女王
必渡海至孔達佳山採成熟者數穗嚼之各山乃敢穫若女王
未嘗而先穫者食之立斃故盜採之奸不禁自息聞昔有倭來
犯神輒化其米為沙其水為鹽或時人忽為盲啞而舟倏為崩
裂倭反見鬪解去每宴請余輩之時女王夜命女君一二百人

各頂草圈携楊柳枝入宮遍視意恐物有訛毒所謂女君者皆
良家女女王欲命之即降與其身遂能去來不測當入宮時閤
役為王所倩作宴者親目擊之謂過脩隱隱若蚊蚋凡宮吏
人過之悉叩首拜如國有不良輒指名告王捕罪之如此類皆
於其國頗有功即不窮其妄誕而殺人以祭與之無是也國無
城池王宮建於山巔國門榜曰歡會府門榜曰漏刻殿門榜曰
奉神並無波羅檄洞之名園珠亦無聚積者殿墻二重矗矗石
壁望之頗似一城云入國門有石梯數層左下覽一小池水自

龍口中噴出上榜曰瑞泉水極清冷專給王宮之用後王聞余
輩嗜清水煮茶亦令差人日給焉國門外路皆斐甃可容軌設
墅樹林在民居近山者或然王所居殿宇朴素渾堅而樓閣與
門則間飾以金碧雕繪山頗多名亦未詳據其相近而稱名者
東則有孔達佳山南則有太平山俗呼苗蔴倪有粘米山即往
來經過處西則有馬齒山俗呼濵輔末北則有葉壁山狀如丫
髻從有土里臣馬山即産硫黃處也過則七島半屬日本矣凡
山皆星散海中雜出魚螺海菜之物其人俱種禾芋獨太平一

帶貢獻用米為多彭湖非其所屬且相距甚遠龜鼊落漈詢之
人人不知豈別國島耶土産關縷樹問之亦不知或言其國有
橘小橘可作醯者方言音頗相類意即此物然亦無足據也有
鳳尾蕉以葉踊蹺似鳳尾故名今閩中亦多有之野獸惟鹿其
餘則為牛羊豕雞犬類多而價亦廉甚但食之有腥氣犢畜之
不蕃故無書者絕無犬惟好長尾色猫有斑蛇色黑可愈瘋所
見鳥惟烏鵲麻雀至九月鷹至獨多云風颺從日本來人爭繳
而弋之穀則稻秫黍稷麥菽蔬則瓜茄薑蒜葱韭蘿芋更有波
菱山藥冬瓜薯蓏之屬皆閩中種而味實不逮菓則芭蕉甘蔗
石榴葡萄橘柚而已木有羅漢杉質堅而美宮室器用皆資之
松柏椶櫸竹箭楊柳列植岩園蕭寺間梢鬱葱可玩花亦少見
惟茉莉佛桑薇盛香艷亦遠過於閩中地不宜茶凡茶皆從日
本至也虫類不繁獨有壁間蝎虎而聲似麻雀則大異焉海錯
龍蝦蟳螺蛸大尔亦未見異種惟魚有綠鱗而紅章者實中國
所未觀也至於賦斂梢寓古人遺法上下各食其土無他誅求
惟遇世及請封則從其始日即派取穀米苧布於各山頭緣為
積貯數年以供宴犒事畢乃止視月知時視草計歲亦非無吾
正朔之從要之紀者採聽傳聞多失實或琉球漸濡文教今昔
異習亦自不可執一論耳但閩過來又漸有機械閩人亦往往
傳其術中風氣雖開渾朴已雕斲矣
見子陽曰琉球一卑弱國也去閩萬里懸立海東地無城池人
不習戰即所屬諸島浮影波末如浮萍錯落河漢其不能為常
山蛇好明矣日本素稱強狡與之為鄰數數窺伺眼中若無之
顧山海自若傳世永永豈非　聖神御極威德廣被為屬國者
世守帶礪安若覆盂耶
觚虫錄　琉球當建安之東水行五百里土多山峒峒有小王
各為部隊而不相救援國朝進貢不時王子及陪臣之子皆入
大學讀書禮待甚厚
按琉球必自福州梅花所開洋風順六七晝夜至否則飄蕩且
踰旬矣以水程計之相去殆將萬里乃謂當建安之東水行五
百里抑何謬戾耶況建安為建寧屬邑在福州西北與海原
不相通不知何據而云然耳山多峒不可知第無小王各為部

隊之說聞昔山南山北均有王號與中山鼎峙所謂小王多矣
指此分久併於中山各以王親轄之他所屬海外諸山亦分然
以貴于中官蓋均是世屬必非不相接也國初入貢洪定制分
定以二年一舉則率以為常其王子入太學佳制見於洪武二十
二年科是惟遣陪臣之子進監於業大司成處以觀光之昭教
以學種誦詩而各衣夏葛絲冬夕髮則加內地儒生一等標待
亦殊厚矣余每觀諸生官進謁中有科棍雍容禮度不亡者皆
當北學南雍者也乃知禮教之關係甚大即於此可知也

見于陽曰余聞諸琉球昔遣陪臣之子進監者率皆三十六姓
分諸姓凋謝僅存蔡鄭林程梁金六家而族不甚蕃故進監之
舉近亦缺蒙大夫長史昔以誦詩學禮者充之故多彬彬禮讓
今但取奔走盤船匪人則末流漸失矣三十六姓者昔所居地
曰營中今強半邱墟過之殊可慨焉
星槎勝覽　琉球國山形抱合而生一曰翠麗一曰大崎一曰
斧頭一曰重曼高聳叢林田沃穀盛氣候常熱酋長遵理不科
民下醸甘蔗為酒煮海為鹽能習讀中國書好古畫銅器作詩
效唐體地產沙金黃蠟
梅琉球諸山雖迤邐聯綿而形勢不甚抱合所謂翠麗等四山
之名俱無可考即國人咸不識也麗林峻谷間亦有之然田多
斥鹵穀亦常歉不齊俗傳受封之後必有大有年頃予駐節日
徐之米歲豐時和宗給人足而實之澤良不偽耳氣候常熱以
海東地濱而近於東然閩暨冬時亦間有霜雪焉又云酋長不科
民梢為篤論以國中令甲本簡而採楮者復不貴小文耳百姓
釀酒非甘蔗惟以米麴為末置水中仍用麵越宿狀如米汁食
之頗甜名曰米奇新穀登時家家釀此相餽然初釀時必婦人
將米先嚼數口而後雜之以麴米之末傳謂始自女神所製故
取類如此燒酒釀與中國同第氣烈則倍耳僧識番字亦識孔
氏書亦以其少時嘗往倭國習于倭僧陪臣子弟十三四歲皆從
之習字讀書如三十六姓者復從舊時通事習華語以備他日
長史通事之用作詩惟僧能之然亦曉音韻弄文墨已爾許以
效唐則過也古畫銅器貴家大族頗相尚然所同好者惟鐵器
棉布蓋地不產鐵炊爨多用螺殼土不植棉織紝惟事麻縷此

二者必資中國今進貢之使稍貿以往其用亦稱不乏焉國未
諳産金與否往見王府亦有金餅臺盞之類即匙筯亦然黄蠟
閩粘米山咯産而未知果否國中所用黑銅錢極輕小如宋季
之鵞眼綖環十不盈掬毎五貫折銀一錢女僧于市交易者日
從二貫則稱利有識有二三百貫則爲中産之家琉球稱貧信
然矣

夏子陽曰余聞琉球國王宮之右有寺曰圓覺制頗宏敞其中
所藏有國初所賜四書五經韻府通鑑唐賢三體詩諸書佛經
如華嚴法華楞嚴之類亦間有之但其僧所識誦則止一心經
而所以教陪臣子弟則一論語也要亦文字之關未廣耳圓覺
寺僧視法司尤貴大夫而下見之長跪稽顙則亦尊師意云

集事淵海　琉球與泉州之島曰彭湖者烟火相望其人驍健
以刀稍矢弩皷爲兵器旁有毗舍耶國語言不通袒裸盱睢殆
非人類

按琉球去彭湖不知幾千里無論海蜃作霧光景晦冥即雲淨
天空一碧萬頃而淼茫浩蕩亦莫可窮極詎有烟火相望而近
易若斯者聞中士大夫常曰霽日登鼓山可望琉球蓋所望者
小琉球也其去梅花所水程僅七更耳若夫琉球則去閩將萬
里雖離朱之明亦安能獨見於無涯之外耶云其人驍健亦未
然但能耐饑寒任勞苦且尚血氣不平則露眼裂眦相忿爭或
持刀剚人腹者亦間有之然自度不免輙引刀反自斃否則即
下於理決抵償而無繫獄如法司紫手巾等官極稱貴倨聞昔
有犯者亦祇法止令坐地而不綁縛輕則流徙太平山錮之終
身今國王仁厚自爲世子至今未嘗殺戮一人故刑罰亦甚簡
焉民間所用兵器惟盔甲與刀頗稱堅利餘諸矛戟皆脆弱徒
具文耳弓長如屋檐射則樹之于地以兩手彎之發矢不甚遠
是年九月間夷屬傳報有倭船若干艘將至聞之法司等官曰
此事傳有數年而未必確然國有靈神可恃以無虞余以倭懷
封豕長蛇之心不可無備因稍畫策令之選兵礪器以待之仍
命隨行鐵匠多備堅利器械以資防禦後倭來知吾有備亦竟
銷沮故夷人深德予輩爲從新也其國西南雖云暹羅然相去
極遠東北則日本頗相近閩東隅有人鳥語鬼形不相往來豈

即所謂毗舍耶國耶
夏子陽曰余觀載記及舊錄言人人殊皆稱琉球強悍其派立
海島必有所為強者比至觀之殊未然詢其所以守曰恃險與
神夫險安足恃神亦豈必能據我然則所恃為安毋亦效順
天朝而山川神靈實助其順歟
杜氏通典　琉球國王姓歡斯名渴剌兜土人呼之為可老羊
妻曰多拔茶居舍大十有六間王乘木獸令左右輿之凡宴會
執酒者必得呼名而後飲上王酒者亦呼王名然後啣杯共酌
歌呼蹋蹄音頗哀怨扶女子上膊搖手而舞又曰民間門戶必
安獸頭
按琉球國王姓尚氏其源委不可得而考惟冊封自尚巴志始
故著焉其命名則取漢字之美者為之如尚忠尚思達之類是
也妃選自貴族土人稱王曰敖那稱妃曰札喇乃云可老羊多
拔茶豈方言或以世異乎王之居舍入門向北者七間乃其前
王之殿以堪輿家不利乃稍折而東深數十丈許又西向者七
間則王所居正殿間二層上為安奉　詔勅并藏貯儀從之所
中為朝堂臣下傳言侍立閣下簷前凡間門以五色燒土珠為
簾櫳皂圍如之中三間畧加金碧承塵下覆以絲繒地鋪重席
寸餘行之綿軟無履聲左樓二皆貯錢穀之屬右有平屋七間
名曰北宮拜祝　聖壽筵宴使臣俱於此義取南向也大都廣
闊宏爽可擬寺觀之制而比中國王府則遠不逮矣王出入乘
肩輿狀類中國大神轎杠俱十六人非有木獸傘用五色亦有
青碧土珠傘從者千人皆執戈矛先後之輿前伶人鼓吹從官
乘馬執小團扇并鳥羽扇者各四人提貼金胡蘆二人復有武
士面蒙銅鬼貌身服漆甲而腰佩刀者數十輩蓋以備不虞耳
部臣遇吉每稱觴壽王王亦與之坐而酬之雖近似親狎亦必
搖手叩頭然後飲豈有上王酒者輙敢呼名耶樂器有金鼓三
絃等樂但多不善作嘗借吾隨從者教之亦有土戲聞皆王宮
小從者及貴家子弟習之登臺戴大笠加以色帕蒙面着彩色
竟服群以二十餘輩愔傒兜轉同聲而謳皆如出一人至所謂
蹋蹄歌呼扶女子膊上則所未覩也人居不甚聯比往往星散
於嚴谷中蹤若寥落而生聚亦盛聞曩時貴族大姓始得服瓦

至通來營室漸易椽宇斯與周邊石為墻以為防衛望之宛然一縣城堡也至云門戶必安獸頭則無是事矣

夏子陽曰嘗稽諸夷之俗雖不同然而其鄙陋朴野則無甚相遠如雕題鑿齒反踵貫胸裸袒沮類者可數也琉球亦一夷耳但能與之並異哉顧其超然面內歷世弗渝漸漬文教頗洗夷氣而鄙陋樸野之陋或亦浸浸為化所移矣寧可盡誣杜氏之說耶

使職要務　洪武永樂時出使琉球等國者給事中行人各一員數以玉帶蟒衣極品服色豫於臨海之處經年造二巨舟中有艙數區貯以器用若干又藏棺二副棺前刻天朝使臣之柩上釘銀牌若干兩倘有風波之惡知其不免則請使臣仰臥其中以鐵釘錮之舟覆而任其漂泊也庶人見之取其銀物而棄其柩於山崖俟後使者因便載歸遇者鑒汨沒之禍奏准待藩王嗣位遣臣入貢乞封乃命使臣齎詔敕駐海濱以賜之比保奉為安危之道雖萬世守之可也

按琉球遣文臣往封由來舊矣即議者謂鑒汨沒之禍欲令領封海上而必畢竟往封如故則以　祖制在焉故也余輩此行已抵閩二年矣使者乃因訛言議欲改遣武臣余輩念使臣銜命久出無難是難中止之理況　天朝不可失信於屬國中國不可示怯於外夷上疏請行而禮部則主領封之議　聖明在上遂兩用之予輩得以仍往頒封而以後則領封為定制云

夏子陽曰琉球之役以海為程以針為路出梅花所東湧山則冥渺汪洋茫無涯際一日二日或見絕島孤山亦惟一點空青半落天外夫幸而濟則濟矣苟不幸而遇不測風濤則我躬不恤遑恤我後而乃欲以藏棺懸牌冀萬之一予歸骨也亦迂矣從以前使者久矣去之要之此役只在造舟用人處最為喫緊其所恃則惟式憑國家寵靈與仗平生忠信兩者而已如曰設桴翼造水帶則又淺之乎其為見也

大明會典　琉球自洪武年間其中山王山南王山北王皆遣使奉表箋貢馬及方物洪武十六年賜國王鍍金銀印并文綺等物山南山北王亦如之永樂以來國王嗣立皆請命冊封自後惟中山王來每二年朝貢一次每船一百人多不過百五十

人其貢馬硫黃蘇木胡椒螺殼海巴生紅銅牛皮椎子扇刀錫瑪瑙磨刀石烏木降香木香

按琉球貢物惟馬及硫黄螺殼海巴牛皮磨刀石乃其土産至於蘇木胡椒等物皆經歲易自日本轉販於暹羅者所謂椎子扇即倭扇也夫任土作貢宜其惟正之供遠取諸物亦其獻琛之意不必求備焉可也二年一貢今以為常第人役過多亦不勝糜費倘每船能省其什之二三則庶幾無濫矣

夏子陽曰海島之國惟琉球最稱貧瘠磽地無物産人鮮精能商賈又復裹足不入其境故一切海上奇詭靡麗之珍詘之焉其貢獻方物寥寥固宜爾也然明王慎德不貴異物彼抵珠投璧卻駭焚裘者至今千載而下猶艷稱之誠以王者當有四海所重在此不在彼耳故我明於琉球入貢惟錄其效順之悃誠不責其方物之良窳毋亦惟是堅其向風慕義之心焉耳書曰不寶遠物則遠人格信哉言乎

附舊使錄

嘉靖甲午使事紀

嘉靖丙戌冬琉球國中山王尚真薨越戊子世子尚清表請襲封下禮部議禮部恐其以奚齊奪申生也又恐其以牛易馬也令琉球長史司復核其實戒毋誑越辛卯長史蔡瀚等疏諸輿民勳戚同然一辭僉曰尚清乃先王真之冢嗣立為世子有年矣具文申部宗伯題之越壬辰春禮部請差二使往封給事中為正行人為副侃與澄適承乏焉命下之日時夏五望也六月各賜一品服一襲侃以麒麟澄以白澤俱大紅織金羅為表絹為裏綠羅褡䙱青羅褶子裏亦用絹帶以玉則自備又各賜家人口糧四名八月侃等始治裝戒行越癸巳五月侃至三山澄亦以六月至閩三司諸君承禮部咨文已將過海事宜會議已定七月二日定艘修船十一月琉球國進貢船至予等憂閩人不諳海道喜來得詢其詳翼日又報琉球國船至乃世子遣長史蔡廷美來迓則又喜其不必詢諸貢者而有為之前驅者矣長史進見道世子遣問外又道世子亦慮閩人不善操舟遣看

紱通事一員率夷梢駕善駕舟者三十人代為之役則又喜其不必揞諸前驗而有同舟共濟者矣越甲午三月舟始畢工四月十八日舟先發於南臺二十六日余等啟行三司諸君送至南臺酒三行予等起謝曰曩時海國之役必數年始克竣事閒之舟不易成也今未及朞月而有航海之期誰之功也敢不再拜撫右皆歌烝民之詩以贈亦再拜遂別是晚宿於舟中翌日至長樂長史舟亦隨行五月朔予等至广石大舟亦始至二日祭海登舟守巡諸君設宴為餞是日遂別諸君慨然登舟連日風逆五日始發舟不越數舍而止海角尚淺至八日出海口方一望汪洋矣風順而微波濤亦不洶湧舟不動而移與夷舟相為先後出艙觀之四顧廓然茫無山際惟天光與水光相接耳雲物變幻無窮日月出沒可駭誠一奇觀也九日乃隱隱見一小土山乃小琉球也十日南風甚迅舟行如飛然順流而下亦不甚動過平嘉山釣魚嶼過黃尾嶼過赤嶼目不暇接一晝夜兼三日之程夷舟帆小不能及相失在後十一日夕見粘米山乃屬琉球者夷人鼓舞喜達于家夜行徹曉風轉而東進寸退尺失其故處又竟一日始至其山十三日風又轉而北逆不可行欲泊於山麓險石亂伏於下謹避之長舵執舵甚堅與風為敵遂上下於此山之側相持至十四日夕舟剌剌有聲若有分崩之勢大桅原非一木以五小木攢之束以鐵環詠為衝風摇撼不可當環斷其一眾恐其遂折也驚駭叫號取以釘鉗之緊少息原舟用釘不足艌麻不密板聯不固罅縫皆開以數十人戽水水不能止是時惟長年數人色不少動但云風不足懼速求罅縫而塞之可保無虞於是有倡議者曰風逆則蕩順則安盍回以從順有一人執舵而云海以山為路守此尚可以生失此恐無以救但眾股栗啼號不止姑從眾以紓其懼旋轉之後舟果不蕩執燭尋罅塞之水不能入眾心遂定計十六日丑當見古米山至期杳無所見執舵者曰今將何歸余等亦憂之忽遠見一山巔微露若有小山伏於其旁詢之夷人乃曰此葉壁山也亦本國所屬若更從而東即日本矣中刻米至其地泊焉十八日世子遣法司官一員具牛羊酒米瓜菜之物為從者犒通事致辭曰天使遠臨世子不勝忻踊聞風伯為從者驚

世子益不自安欲躬自遠送國事不能暫離謹遣小臣具菜菓將問安之敬予等受其詞雅受之時予之舟已過王所之東欲得西風為順夏月誠不易得世子復遣夷中衆四千人駕小舟四十艘欲以大纜引予之舟通事乃曰海中變出不測豈宜久奄從者世子不遑寢食謹遣衆役挽舟以行敢告船分左右各維一纜迤邐而行若常山蛇勢亦一奇觀也一晝夜亦行百餘里十九日風逆甚不可以人力勝遂泊於移山之奥法司官率夷衆環舟而宿未嘗敢離左右泊至五日余衆苦之在舟日久欝隆成疾求登岸以避之而不可得二十四日世子復遣長史來曰世子聞至移山刻期拱俟六日不齊中心孔棘恐為從者憂謹遣小臣奉慰予等謝之二十五日方達泊舟之所名曰那霸港計亡石登舟至此幾一月矣越既望行祭王禮七月二日封王九月十二日登舟而回泊舟之港出海僅一里中有九曲夾岸皆石惟滅風而後可行坐守六日王日使人侍於側至十八日風少息挽舟而出亦斜倚於岸衆恐其傷於石大驚幸前月親材修艌不為所傷復止二十日始克開洋夷舟同二十一日颶風陡作舟蕩不息桅柁俱折二十三日黑雲蔽天風又將作卜珓易舵二十六日風大作相與叩神風若少緩舟行如飛徹曉已見閩之山矣二十八日至定海所十月初二日入城痛定思痛不覺傷感凡接士大夫叙其所以無不為之慶幸陳侃記

嘉靖辛酉使事紀

嘉靖三十四年六月琉球國中山王尚清薨三十七年正月世子尚元差正議大夫長史等官到京請乞襲封王爵禮部以請貼俱係彼國官民乃不復行勘奏請如故事差正副使二員齎詔勅皮弁冠服等往時科中應行者吳君時來行人司則李君際春也命下二月十六日兵部咨翰林院撰文各衙門造誤用儀物延之三月終未行而吳君有戍事汝霖乃同李君承之焉四月初二日也部中監前畏避之嫌促日起程霖等亦以重命不可再緩遂請　詔書易名改賜品服初八日慨然解舟南下七月初抵江西地方霖意海警連年事須巧速因一面差人至福建布政司令作速委官伐木造船九月中親至閩省督刺次年春汛必行奈地方多事賊報交馳當事者已疑不能必往營

工完亦泄泄於是船自十一月起工至次年四月僅完其半賊報緊急不俟工完四月初四日出坞尹參將令百戶嚴繡先等援至鎮駕守十一日午刻方至鎮未刻賊已接踵相望數里不為所奪倖也是年倭奴軼集福州城外積數萬城門閉者三月余等亦日日上城同有司巡守先是戊午冬琉球世子差來迎送長史梁炫等住柔遠驛盡為所掠祭息轉閉琉球三十九年正月蔡廷會等來修貢傳其國有領封之情具文該司該司以時事艱難國體所係遂為轉奏本下部議以舊典難遽變俟海警稍寧必期渡海然事時勘合到遲將屆六月倭寇伺候海口者又比比予召漳州夥長舵工等役中途又為賊阻各役依山緣遲而來動經月餘至則又七月矣前船既有損傷久住內港為蛤業叢生烏蛤者生於淡水則墜於鹹水生於鹹水則墜於淡水內港淡水也一至海則重重而墜船板精華俱為所蝕油灰不能復住水從罅隙而入何可止也予時與諸司議但掀數十人從更舟往更舟頗小舉動敏捷既不為賊覬覦又可稍以濟事有司回執以堂堂　天朝為此舉動何以威臨四夷若

事不易濟寧修船俟時欲從權濟事亦須上聞不然他日誰任任其咎李君亦曰既不能行毋徒踈動不若專意修船事大非一手可掩他日當有人諒也余然之夥長舵工等因呈乞有司改造前船八月再定艙至十一月畢工出坞嘉靖四十年四月思值內地廣兵之變五月初六則有賊二百餘至閩安鎮之下江時各役告請行粮余亦牒有司漸次散給兵道楊君來言曰今事急且不論行即船將如何守既賊乃從下江口由長樂入福清而船始報安焉五月十九日船至長樂取水予與李君二十五日起行撫按三司餞于南臺府縣別於新港二十六日辰刻至長樂時自二十三日起連有南風遂決而行二十七日至广石二十八日祭海登舟別三司諸君二十九日至梅花所開洋幸西南風大旺瞬目千里長史梁炫舟在後不能及過東湧小琉球三十日過黃茅閏五月初一日過船釣魚嶼初三日至赤嶼焉赤嶼者界琉球地方山也再一日之風即可望粘米山矣奈何屏翳絕驅纖塵不動潮平浪靜海洋大觀真奇絕也舟不能行住三日初六日午刻得風乃行已見土納已山時東南

風旺用舵者欲力駕而東至申刻乃見小粘米山夷人望見船來即駕小艓來迎有二頭目熟知水路且曰既不能從大古米山入何時可傍土納巳山而入其中多礁予等聞之駭二頭目一面令夷船入報渠遂躬在予船適駕從小古米山而入且云得一日一夜之力即未遽登岸可保不下葉壁山矣予等厚賞賜之晝夜趕行初七日未刻望見王城那霸港焉然東風為多相隔僅五十里不能輒近世子遣法司官來迓夷船凡五十餘艘集封舟前後欲用先年挽入故事然竟弗能行至初八日午刻有衡風暴雨予曰可整舟挽而行初九日辰刻遂達岸焉既抵岸三日後有傳賊船從其境上過者蓋蓬力小大洋中自不相及擇六月初九日祭王二十九日封王禮畢守候風汛回國往者九月終交初冬則東風北風旺是年九月內風氣不定日東日南守之至十月初颶風大作夥長等皆以颶風既過可以遂行十月初九日登舟及登舟之後方圖舉帆而風雨驟至阻於那霸港口蓋港口險隘僅容一舟稍有偏側船輒不保船之泊港口也兩旁繫以大纜至十五夜右纜忽斷陳孔成忙吹號

舉砲急人二千餘來牽轉舟加新纜至十八夜天忽朗霽月光如晝四更時諸人與夷官夷稍乃導而出出港後東北風旺舟行如飛二十日午後忽有黑雲接日寘霧四塞舟人懼曰此颶徵也頃刻果颶風旋至舟人守之益慎至夜二鼓劈烈一聲舵已去矣余一家人跑入窓傳報舉舟哭聲振天時陳孔成傳將各艙所載重者一面丟拋一面令吳宗達等倡言舵雖折尚有邊舵次保無虞余諗之曰靜以禦變極是但舵何時不可換達等曰天明可換吾不舉大蓬但張二蓬三蓬任其漂流至後可補緘也陳大韶曾宏俱從陳高過洋者亦來大言曰往年亦如此然往年船不固今此船固往年船發漏今不發漏往年無邊舵今有邊舵往年折舵併折桅今雖折舵而桅尚存予聞其言心亦頗定然波蕩反側無頃刻寧風濤之勢與天上下舟亦濈濈如屋裂響呼吸存亡茫然不然知何所在也至次日風又不息予乃口為文令吏陳佩床然前書之以檄天妃適一晨刻風稍定始得換舵舵既定諸人頗有生望但牽舵大纜兜之自尾至船首者又忽中斷則海水鹹厲繩纜不能久舵工等又懼舵不

能穩梢梳動舵口船分兩片矣此尤危也乃用銀動重賞一覓人係其腰令下海接之竟不能接吳宗達來稟欲穿二艙三艙透縋繫舵而不能決予閱即慨然是之乃鑿而度繩舵始得安行之至二十六日許嚴等來報曰漸有漸清水中國山將可望矣二十七日果見寧波山歷溫歷台閩人未能盡曉浙中山嶼然遠莫測仍懷憂慮至二十九日忽至福寧見定海臺山心始安焉從五虎門入十一月初二日入省城追想前迹為之惻然凡士大夫相會真同再世郭汝霖記

萬曆己卯使事紀 紀中語多舛錯

今上萬曆改元之冬十二月琉球國中山王世子尚永表請襲封若曰先臣故中山王尚元於壬申夏溘先朝露臣不敢當嗣守外藩謹遣陪臣伏闕下冀　制詔遠賁為封疆重先是以有司行查例虛文亦恐規避者緣此得成其計故輒遣封乃是年復行查蓋疑之也舊規副使屬大行然猶差遣無常名而省中則坐次户垣人人知必余無疑矣咸恐之延至丙子秋國大夫長史等報曰世子永免衣袵祿而齒於嫡嗣久諸臣曷敢以不類奸　天王之大典乎於不使素遂叨正使命而副使則大行謝君杰焉如故事各則賜一品服即以九月十一日齎　詔敕出潞河俜遽入閩閩中比年求鉅木造戰舟餘復斬為高名之飛美材略盡而聞有中繩斧者往往產於崎巖邃壑之側致之甚艱一時閩撫按又新故相代未視事皆無其人以故採木經年迄丁丑秋七月始定艙乃艦匠弗恪適壞裂之於是馳介四出取復於十月再興工得艙者把總林天暗也至於桅之取尤難桅必杉木而後如式第杉之材故可為樑傍者以是民間率隱不以聞余先遣李應龍往壽寧伐三木一最鉅里豪利其可材遂於梢半潛鋸五六寸欲短之然嫌有小傷故置乃紛紛林藪中窮搜遐括務遴其全而冀大德報出閩清者又道路叢業力不可猝致畢竟呈皇垂成之時仍取壽寧之桅而用之採皆之使良亦苦矣而撫中丞龐惺菴氏代到故拉風裁乃矯矯好約縮出教不欲私役其民凡木之伐自山者輸及水者截為舟者綠忽皆公帑云費已不貲而綠忽又公帑出予心內弗自安時時與謝君商之舟從汰其什一軍器損其十五穴際儉其十

七先是諸具物率治之以官令令平賈而精點奸户故求多於有司諸具物往往以醜惡相欺售謝君為閩中人素曉暢其事乃一一揀擇其大小詔余不然者輒奉三尺隨其後於是舟之危也大都多謝君指畫焉舟完例趣治行而彼國貢船以汛則俟於境上乃戊寅年獨典不至長年三老僉謂海洋風濤巨測與陸路不同須候向導行之便予與謝君又念事關國體之重萬一取輕致僨為患非細於是輒具疏以改期請奏可久之正議大夫梁燦等至自琉球詢其故乃知船因風逆打入別港遂坐失汛非敢違玩有他意也於是卜以己卯年五月初六日封舟先發旺崎予等初十啟行撫按三司祖道南臺里王命也次日抵長樂十五日广石廟行　諭祭禮守巡亦在焉忽傳封舟出閩安鎮引港民船有司弗風戒乃迷道閣淺發漏人言嘖嘖甚危竹卄山酒云予二人望之亦舞于眉端萬水中高嶺獨出何止中流砥柱耶躊躇四顧輒見三龍並起于海其起處水乃粹湧旋騰滾滾上天有聲聽如獅吼如千乘車過又如殷雷軒豗森森徹地碧氣三道碟入雲霧内長百丈有餘峙猶鼎足然舟中人畏慄不敢迫仰率揭諸鞭燒毛羽穢物以厭勝之須臾而四面至矣傳云元龍迎夏則淩雲而奮鱗樂時也豈有據耶即是觀之則海上光怪可駭之事固人世所未覩哉六月初一日過葉壁山前有小船駕八九人破巨浪來遠眺封舟婆娑胡盧笑至則持二螺獻少賞之於是隨舟夷總管附去薄山下光騎款世子由此陸路入國猶兩日程也余二人倚艕而觀一萬工謂有魚數頭逐舟游走稍熟海者往來常具鉤餌行於是垂六物取之輒獲鮮鱗二頭下中數創尚跳躍不即僵顧其色青綠間爍有光耀中較中國恒魚異予欲生之遂閣僵不可救矣應人強烹之味果佳第終記不欲多食也初三日世子始遣法司官具牛酒以勞從者亦如例分左右維一綆以挽舟逶迤至初五日而從撫按風閣輒夜走使留督造宫争出長荻為處已而裂者復合僭稍稍修葺無大損壞故又毅然有行志二十二日從梅花所開洋海似鏡面漁舟數點可黑豆大自此睇望汪汪萬頃矣予于是而知江河之瑟沱也二十三日風少東舟折而南下二十四日東風益劇水與舟相吞搏有嘈啌鏜鞳之聲

而欲側欹揚舟中斜覔門椅皆仆人人惴恐於是有食而嘔者步而蹶者輩而卧者問之舌舉而不下者答之口呿而不合者顧獨漳人則夷夷弗爲動耳風既相左針路遂舛誤依依莫知所之迷行七餘日而窺澗宵無山嶼但惟孤燕飛繞於前後一細蛸蜓入神舍不去衆咸異焉陳孔成等憑然悒然乃令艘匠作彩船以禳人聽習于巫者謚金鼓降箕已又俯伏神前求珓窮祈祝事一無所吝當是時舟人望山之切真不啻朝飢之匄渴飲又如弱孺思慈姆而弗得親也三十日予令夷稍上桅以瞭瞰欣然白曰雲間隆隆起者非古米即葉壁也去此可五六百里許當無慮於是舟中人無不拍手大歡各排愁破慮舉觴相慰勞稱見泊那霸港口詢之國人梁燦等尚未寧家然波十八日先予舟開洋公何故從耶居有頃報舟深共山又小二日得抵湖觀封舟決一辰矣越二十九日行祭王禮七月十九日行封王禮余嘗念世子產於沈斥必一切疏簡不可人今觀其貌雖不盈五尺而言儀恂雅大與庸俗人相萬蓋庶幾鞠躬君子耳豈凡繞攝摩元者其體具固自不偶然哉余二人寓此久

王子館問噓餼每每不失禮而禮有道猷者歟却去不受語在儀注中旋國時卜以十月十三日因旬内雨頻風又東西忽易無可準守候至廿四日始出港口頃刻數里回盼琉球若有若無而葉壁馬齒等山杪猶霞孟時雖冬予然氣候闕爾都無纖翳望之霽宇澄澈塊噫浮嘘天吳遁跡陽侯屏怡彼一時也歎昔濟萬情悰甚悉此一時也凉飆蹁躚景況頓作上下已泛宛如圖畫中人第塊無河朔量少酬之耳且四〔匯〕洪碧水天一色瞰欲盡所指顧亦復渾浩荒邈渀無津涯時時出楼舫外眺目奇詭瑰異之覽應接不暇有平平者突突者鷗伊波者蹴蹙者鼓呼異者蜃作霧者蘆若嶺者纖若穀者濛滸若沸羨者綿邈若花練者蹲若伏虎者奔若飛鶻者步驟而來若喜者驚號而至怒吞者恢張點綴即神工鬼筆無可名狀然寧惟是哉乃至闌夕凄清之際月含參井闊空明虛白可別淄素露下天高尤非塵境星漢流光雲霞隱曜微風細浪交激成聲其鳴乍急乍徐乍大乍小居然有笙簧金石之韻正昔人所謂如天上坐也俊而游之曠襟與骨飄飄便欲仙去更不知人世復有娛心極

意之事矣海之壯觀一至是予二十六日風益助順令梓師五帆並張梯颺波沸獵獵不可禦益與歸心飛相送也但抵暮陰雲四塞乃大雨於是西風為梗終食弗進尋丈者一日夜鰍轉而北矣然北又多暴舟迅而蕩甚欹側簸揚時憂軌為裂帛響頫然若屋宇將傾之狀人如磨上行四方易位頭目眩迷顛躓嘔暈避匿艙內不出咄咄自嗟者前十人而五今十人而九已此皆緣夫不習水且漫不知降伏其心故稍涉驚危可愕之事神竟為所奪耳漳州長年極力挾舵堅與風為敵舵牙數數折傷舵葉亦為巨濤擊去獨柁幹以鐵力木得存更再易之人人益惴恐二十九日晚見台州山於是無不讙呼舞蹈開然色笑焉嘗是時即腥儒之取一第宦子之拾千金猶未足喻其喜也三十日由台歷溫過官灣望晴嶼十一月朔日經臺奎二山福寧在其北夜無風舟不能行初二日午薄黃崎進定海所顧其地漸近其境漸適而洋中奇詭瑰異之覽無復陳於前矣譬之適都邑者一旦返乎故廬雖其桑梓在念時時欣悅而轉憶舉色文物之盛又未始不縈結於懷也初五日入閩城撫按三司諸出勞於郊諱往道舊仿佛夢中凡向之縱險嘗艱歡奇適勝指星測水校雨量風者允矣木棠之飄塵好音之過聽浮雲之點空翔鳥之馳隙殆驀然倏然忘其然而然耳又何以知蹈海之足以定至危之說又何以知宇宙之足以窮至大之域乎嗚呼海哉海哉此固孔子之所欲桴而未能季路之所欲從而未許也彼有視為畏途乃僅僅取足於几席襟帶間而不以上下四方為度內者誠漆園吏所謂井蛙不可語於海耳若夫保生重己之說尤淺之乎其為丈夫者哉

高澄操舟記曰甲午歲四月朔海舟造完戒行有日鄉宦謝活水黃青崖高文溪李百竹林榕江龔雲崗諸公餞余烏石山詢及從行人數何余曰聞前使人各一舟舟各三百人計料值三千兩有奇募值亦三千兩有奇茲行欲共一舟不惟省費抑亦可以共濟也何如諸公以為善但曰二公以千金之軀奉九重之命百凡慎重庶可無虞盍審設諸役孰至琉球備知海道立之以司一舟之命可也余曰諾次日至舟偏詢無有應之者初意此輩必通番恐律有禁故諱之不言也孰知皆河口無賴徒

取募值而不知操舟之法者乎復問諸公諸公咸笑曰知之久矣第未為二公告宜速差人至漳州訪知海道者二三人乃可遂特檄至府時南風已便通番者俱開洋矣惟一舟姑待明日乃獲其持舵者三人咸驚惶無措持檄者曰適天使琉球封王募汝輩駕舟至則賞有賞無罰不必懼也遂來見予問其姓名曰謝敦齊曰張保曰李全曾至琉球否曰未予曰亦不濟事敦齊對曰僕雖未至其地然海外之國所到者不下數十操舟之法亦頗諳之海舶在吾掌中針路在吾目中較之河口全不知者遥庭矣但不知所造之船善否盍往觀之至則見其且哂且底曰幾敗乃事公事求其所以曰此舟不善者三蓋海舶之底板不貲厚而層必用雙每層計木三寸五分各鋦以鐵釘艙以麻灰不幸而遇礁石一層敗而一層存也今板雖七寸而釘止尺餘恐不能鈎連而巨濤搜衝撼之則釘豁板裂雖班師弗能救矣此一不善也聞前使二舟則艙濶人稀可免疫痢之患今共一舟則艙止二十有四除官府飲食器用所占計三十人共處一艙炎蒸抑鬱則疫痢者多雖盧醫弗能療矣此二不善也海濤巨而有力舵桿雖勁木為之然未免不壞亦不免不換也今舵室孔狹隘移易必難倉卒之際誰能下海開鑿以易之舵不得易則舟不得行雖神人亦弗能支矣此三不善也三者未善何以利涉大川乎聞者懼之於是思齋怨詈不已若曰是孰阿諛權奸殘我輩性命也一時藩臬府縣董舟諸君心咸弗安先是巡按方公以封王重事也正月歲首即以五月舟完使臣過海行程之事題知至此雖欲別造一舟恐踰時違制亦弗敢也思齋愁甚諸公相顧無可奈何敦齋乃跪而言曰僕愚民也今既來此敢不盡心願公息愁待僕處之衆人憂少釋乃取藤竹各五千斤制製作巨箍舟首至尾凡七處束之艙之縫隙復釘以鐵鍋開其舵孔前各寸餘又於船面搭蓋涼棚使艙居者更番上坐以承風與物夫應用器物治之靡不精好五月八日遂開洋十三日至古米山夜半颶風作遮波板架及箍所不到處盡飄蕩無遺惟船身及艙底屹然不動使非謝　某則此船瓦解久矣踰旬不至天氣頗炎船面雖可乘風艙口亦多受濕染疫痢者十之三四竟不起者七人使非謝　某則此輩物故必多

矣海水颶風勁不可敵鐵力木之舵葉累蕩而不存矣遂以椮木者易之亦幸其孔之有容也使非謝杰則舊者不能出新者不能入未免覆厥載矣謝非天授而何哉然其功之可取者不特此耳如觀海物而知風暴之來辨波紋而識島嶼之近按羅經而定趨向之方持柁柄而無避避之意處同役而存愛敬之心其所可取者亦多矣及舟回柁折之日衆方驚仆彼獨餐飯自如問之曰無恙也余等懼甚慰之曰無恙也嗚呼微斯人則微斯四五百人矣謝非天授而何哉至閩泊岸日反痛哭流涕向予等曰公之不死者天幸也僕之慰公者勉强也詎知琉球之行若是其險哉蓋西南諸國行不二三日即有小港以避風豈若琉球去閩萬里殊無止宿之地惡能保其行不遇風風不爲害也哉一舟之人不死者真天幸也真公庇也言訖若有苦狀詢之乃持舵時身爲鹹水所拍北風裂之故痛不可忍也遂命醫人吳念三療之用蜜半斤淡酒三十斤防風當歸等藥末半斤煎湯浴之一夕而愈矣察院三司諸公以渠有勞厚賞之得金十餘兩語人曰我每歲爲人暮而通番可獲千金今所得幾何緣諸國皆富而琉球獨貧故也盡出所有與同役者飲酒惟求一冠帶倩閩人以鼓樂送之自誓再不通番以延殘喘也叔齊約年三十餘膂力驍勇識見超絕彼二人則屑瑣無足道也嗚呼天下之事惟在得人而已苟得其人則危可使安險可使平苟非其人則安亦危也平亦險也予於操舟之術而悟任賢之理故附爲之記

琉球録撮要補遺 琉言附

長樂謝杰著

琉球録爲使琉球作也業已備矣然就中有定而煩者有闕而略者余爲撮其要而補其遺蓋期於簡要工拙非所論云

原委

琉球於古爲流虬地介萬濤間遠而望之蟠旋蜿蜒若虬浮水中故因以名後更名曰琉球所轄有粘米太平馬齒七島諸山並隔海外不相聯屬合而計之亦不當倭什之一自古不與中國通隋煬帝時嘗命將一再至其國俘百十人以還不能臣

服以其憑險難武無所用之也明興慕義來貢　高皇帝嘉其歎誠封為中山王以其國有三王曰山南王山北王從為所併故循稱中山封之仍其舊號也錫以麒麟袍犀帶眎二品秩若嫌其與宗藩並者永樂間命使為蓋宮殿制頗閎敞然以板代瓦亦若嫌其與宗藩之宮殿並者洪永二次各遣卜八姓為其紀綱之役多閩之河口人合之凡三十六姓並居彼國之營中子孫之秀者得請書南雍俟文理稍通即遣歸為通事得累陞長史大夫今所存者僅七姓緣所居地俠族類不能蕃故也每科司出使必以河口土著人充通事謂之土通事七姓充者謂之夷通事土通事能夷語夷通事能華語七姓言語衣服與夷無別但以椎髻別之髻居中者七姓居偏者夷種也七姓男雖賢不為國婿女雖美不為王妃蓋其祖訓然爾國之政事分委於職官其最尊者曰三法司即國相率王之母舅妻父任之其次有察度官以司刑名有耳目官以資訪問有哪嗎官以理錢穀其法似以親親兼賢賢云大夫長史則專主封貢不與其政事尊嚴以手巾別之手巾裹首帛也紫手巾最貴即國相大夫之類黃手巾次之紅綠等手巾又次之青者為下王手巾則兼用五色我使往封彼皆易華服來見不復用彼服色洪永時使者多用內豎不時往使有至二三者次者宣德間改用科司始定世一封至今因之關白之亂閩撫臺曾請停封予有疏從史已比得允閩皆人皆向予賀予曰未也關白存執不遣封彼亦不敢請關白若平政須別議耳今果然予同知夷之必請又知為朝廷之必不欲廢此典也

使禮

二使之往也衣則科賜麒麟司賜白澤玉帶則俱自備己卯之使科使玉帶贈自六科約六十餘金時省垣官全用玉價未甚高也予玉帶本署力不能備留多方轉借絕無應者不得已私市保定石帶以行然温潤去玉遠甚觀者咸以為不雅後本署先輩有任臺省者累累為余嘆息其同差張中貴號中山者聞之慨然曰謝使君所封中山王偶與吾別號同得非有前緣乎遂解所束帶借予同寅德之群然造謝渠復盛筵相款益勞且贊云予歸仍禮而還之入閩科司之禮稍異以予父母之國不

滸不異也入夷而從科司之禮同封舟抵滸國相以下跪迎王時為世子不迎以倭船在近不免戒心故爾至往祭往封世子始出郊迎然迎封拜迎祭不拜詔之敕以舊典為解予二人諭之曰禮可義起拜封不拜祭是重己不重親此自關世子忠孝義常使者何與焉世子聞言亟拜因志為例其賢有足多者甲午辛酉二使凡六七赴王城王酒行僅一遣謝科使語予曰封祭　上命也不敢不往茲事竣矣宜謝却諸宴高臥館中以待風汛予曰然王知余二人意遂往拜覲致請啟而後予二人如例應之重其款誠也然王來百官空國以從人役約以千計宴犒之需不貲非久積亦不能辦實則可一不可再也者王受封後遂玉帶以出詰之曰常賜犀而腰玉何也長史跽稟曰王之玉腰相延已久不然國相大夫束花金長史東光金王如腰犀下人驟見者似為王之服飾反出國相大夫之下願稍存國體以釋眾惑予輩始仍之宴之日拜位坐位俱分賓主王至使館亦然國相等拜二使則並四拜二使不還拜其體與待中國屬官稍畧王每宴國相每問安寒暄等語皆長史輩代致惟議事緊要語國相方自言然數十句譯者僅以數句了之以華音一字夷音皆三四字此不得不簡彼不得不煩也故始疑而終釋然若王跽問　聖躬萬福及呼萬歲萬歲萬萬歲則備極清朗益習之旬月而能雖操華音者不能過之矣餘則片語不通也

封舟

使夷航海必資於舟以余所憶舟帶虛艄長十七丈闊三丈有奇艙分二十八與錄所載異造時宜酌之詢之每艙多用龍骨欲實而密令堅緻可久底必須厚分為二層釘必須堅務擇精鐵其鐵須買之尤溪價必多給方得上好慎勿輕買輕收己卯之使嘗有下鐵到廠造船官不收買鐵者反訟之軍門謂彼索賄乃蹤之軍門恚甚欲以軍法細打不得已親往白之曰每鐵百斤上鐵僅若干中鐵下鐵僅若干今給上價不翅而反得下鐵宜造船者之不收乃具二釘以進上鐵釘鑿斷如銀紋銀下釘鑿斷如蜂窩以蜂窩之釘釘板不大半折矣船安能堅軍門悟乃釋造船者不治而改委官易買後船被傷而渡海猶得保全者則以堅厚故也船之材取諸近山處所而建寧為多船之

役拾諸近海處所兩漳清爲多艌木必用松桅木必用杉舵木必用鐵力餘若樟木雜木亦隨宜而用但材既大非數百年之木不中程木既巨非數萬人之力不能運如木過一鄉即以一鄉之夫挽之隔一程有夫來換前夫即遣歸二程三程以後皆然衆輕易舉原不甚勞但驟覧其名則一鄉用夫三四百名十鄉即三四千名沿途所經府縣似有十萬之數實則片時數刻而已近門騒閙不勝大怒盡數裁革撥兵六百人代之每日厚給以工食即舖夫亦代以機兵此革初往甚喜一日二日運甚捷三日五日稍遅十日以後俱懲告退其言曰從今以往雖三錢一日亦不願領蓋數十萬之衆於數百里間借其朝旦之力則人樂於易集雖不給且不怨也萃十萬衆之事於數百人責以旬月之久則人若苦於難繼雖給以厚直不堪也此事之理無異兄者又不得已往白之軍門幸悟而得稍仍舊蓋從容和緩婉以道之未有不入者也予後序中所云功雖遅不失爲君子正使録中所云舟之厄大都多謝君指畫者並以此

用人

航海以船爲命故舟人急爲造船所急在船近行船所急在船梢船匠有二漳匠善製造凡船之堅緻賴之福匠善守成凡船之格式賴之船稍有三夥長司針者舵工司舵者阿班司蓬縩鬖標及諸執事者司針密室在柁前其室穴一孔與柁相對針左則舵左針右則舵右舵工聽命於夥長焉去時向東北針用單卯甲卯乙卯四時向西南鍼用單酉庚酉辛酉吾輩急在擇人夥長得人針隨所用可也舵工用舵亦然舵工名數倍於夥長者以把舵勞而主針逸也人必足數乃可行己卯軍門欲裁其半予懇請得免及後台洋失舵時舵工八人俱癱不起向非次班者代之幾危矣密室看針即白晝亦然燈總名之曰十更船晝五更夜五更也然福漳二匠雖兼用而漳匠可量多數名夥長諸役雖多用漳人而福人亦不可盡棄以其各有所用也如萬安梅花定海各所軍當事者初欲概革余爭之力乃得存梅花定海而獨革萬安後歸至台洋阿班等輩曰過洋事畢矣此後礁之有無水之淺深某皆不知吾輩愕然忽梅花定海諸軍躍出曰某等幼隨父兄釣魚於此其夷險備知之從此抵家

萬萬可保無虞余歎曰悮矣悮矣設使當時不換此二軍以行今將安歸乎比南行不數程予忽心悟因召梅花軍一人詰之曰假使我舟飄入南由閩入廣之海路汝知之乎曰不知此萬安軍知之予又憮然嘆曰誤矣誤矣萬安軍可盡革乎我舟之不飄而南天幸也大都海爲危道鄉導各有其人看鍼把舵過洋須用漳人由閩以北熟其道者梅花定海人由閩以南熟其其道者鎮東南安人至夷熟其道者又須用夷人夷王遣夷梢三十人來正爲此也南路雖非正途天風不測似不可不豫防者初使夷時曾因南風勁而飄入北則又安知歸時不因北風勁而飄入南乎彼萬安軍之熟於南路者安可去也雖然兵不貴多貴精船中擇漳人須試其諳於過洋者擇梅花定海人須試其諳於閩浙海道者擇萬安人須試其諳於閩廣海道者又不可徒徇其名而浪收也

啟行

啟行由南臺渡馬江入長樂至广石下船至花梅花開船離梅花三十里用鉛墜測水繩長百二十丈猶不及底其深可知焉江中流闊四十里餘亦十里五里不等足稱巨浸封舟行其中日不能數十里歷一百八十里程五日方至初甚訝其遲且疑舟之太巨及泛大洋瞬息數百里時而遇風簸弄如一葉方訖其遲而猶恨其小也故事引港用閩縣縣丞或簿尉一員引至北樂界上樂丞來接閩丞方歸以爲常時疏新添造船指揮二員當事者即以指揮代之而縣丞不行予以爲言不見聽比舟入港偶閣淺渚傷其四舵余正愁苦待命間一父老皤然進曰今次封王縣佐貳何不來予告以故父老答曰指揮但能造船豈知行船所以用縣佐貳者以其便起鄉夫也所以起鄉夫者以其善知水性也且問此船入水幾何余曰一丈八尺其人遽呼曰幸潮未退此地潮退僅深一丈四五尺舟傷如此何堪再傷乎余懼亟勅舟人移避深處始得免葺完將發議者不一或謂海洋天險舟傷宜再造或謂封船材料倍蓰戰船盟船以此易彼實爲兩利予頗難初議頗主末議欲易盟船以行以盟船無胄破堅於戰船也適又一父老進曰某習知船事希借一觀予許之比引入艙其人善曰不須易也此船堅甚所傷不多稍

加粘補虚其四艙即可徑渡若易船無論莪船即鹽船亦不可凡船行海中雖若汪洋無際實由南而北或北而南率循涯不遠惟封船自西徂東自東還西乃衡橫浪萬餘里去由滄水入黑水歸由黑水入滄水此豈鹽船力量所能勝乎於是決意不易覓得恙無恙時見且悴不及詢二父老姓名歸而訪之不知所在果父老乎抑神祇之相予也舊録所不紀舊役所不知何二父老立談片言歷歷中款也夫縣丞之引港單牢之衆用皆係故事但載其事而不明其故以致不知者輕有更張予因詳悉其始末以告來者庶後人知前事之可循不敢輕於變易也

敬神

航海以神天妃最著天妃者莆陽人生於五代封於永樂間以女子得道以丙午斷蹟莆人泛海者輒呼為姑娘蓋親之也使舟往還每值風發必有先徵或為蜻蜓蛺蝶或為黃雀紅燈籠令人得藉為之計然亦頗標其奇信之不篤者往往受其驚恐己卯之使衆役初狀事神頗虔因得晏然抵浙歸日稍有易心不復如前之敬信於是將至台洋之前一夕舵葉失去舟飄蕩震撼卧者幾不能貼席黎明陳孔成馬魁道二把總詣予曰舵去矣餘人見之必憂悸周章幸其尚卧未起禁令毋出惟率漳人扶二使君登棚理之予如其言二把總問珓卜舵何時可易神許以巳時及期風猛如故諸役曰船雖欹而無虞者恃有舵牙抑水也今欲易舵必并起牙艙危之時誰敢任此責乎久之予應曰吉凶在此一舉宜如神所命君子素位而行又將誰怨二把總曰唯唯亟起舵牙風亦隨息如坐密室中從巳至未舵易方完一抵水而風厲如故然舵方易新雖風不妨矣次日卯即見台洋之山向使神不標其奇歸日必各矜其能不復歸功於神予是以知神之當敬又不必待標其奇而後敬也處中之神其靈異亦率類此方舟之將至處也忽海波頓裂深黑不可測役之老成者曰此龍神迎詔也須臾涎湧如白塔高可數十丈延蔓突起白虹直至天表且不翅千餘丈如是者三有頃焉見然虹盡處結成黑雲大可盈畝須臾蔽廣衆請發牌止之正使以為幻人心洶洶懼甚嘖有煩言予以安衆心為請始勉為書　詔勅在船龍神免朝八字牌一發即雲散於天涯歸

於海其去來若可呼而應者蓋皆　朝廷之寵靈使然也咸虔殊俗皆神訶護古語不信然乎哉

國俗

琉球雖夷俗然漸染於中華亦稍知禮義有子居喪數月不食肉者有寡婦不嫁守其二子者每誇詡對華人道之風尚似勝北虜遠甚其人儉而不勤貧而不盜渾樸而有等職官之家有循前茹蔬素者女力織作男子反坐而食之耕不用糞衣不用染宮見衆役砌墻十餘丈歷四五旬不完其懶緩可笑民犯剽掠無輕重輒加開腹之刑民房蓋用草官房則用瓦王宮外閭閻脫邑八千為群皆縞素可厭土無木棉隆冬亦衣苧苧絞閭加密者用以禦寒故也富且貴者或衣綿絲貧子衣苧五六重即過一冬我衆十月而歸身猶衣葛由氣候之煖也天無霜雪或數而年而一見屢無鵝鴨即雞豚亦不堪所產硫黃能多道且甚賤從人多竊販以歸然性善傳火臨行不可不嚴禁每宴會或雜用夷樂童子按節而歌柳楊高下咸中度可聽中有人老不得長少年之句可譯而知亦及時為樂之意餘不審為何語居常所演戲文則閩子弟為多其宮眷喜閩華音每作輒從簾中窺之長史恒跽請典雅題目如拜月西廂買臙脂之類皆不演即岳武穆破金班定遠破虜亦嫌不使見惟姜詩王祥荆釵之屬則所常演夷詢知咸嘖嘖羨華人之節孝云山多蛇無毒前使從人曾擊殺蛇後衆多傷於蛇余初至夜有蛇蟠鼓上鼓人以聞余戒勿擊以後竟無至者若有知然山形迴曲亦多似蛇夾中怪異事甚衆姑紀其可述者書籍有四書無五經以杜律虞注為經其善吟者絕句僅可通律與古風以上俱闕筆矣教書教武藝師皆倭人聰警雄俊則不逮倭器械亦鈍朽具數而已苟非恃險與中朝之神靈為倭所國久矣彼國未封之前歲多凶船多壞封後則常豐常寧所以外侮既除之後必知其必請封不已也

御倭

夷與倭為鄰而民貧國小有所不足輒假貸於倭每過封使遠臨在他國或至或不至倭無不至者名稱往買賣則索通於其國也所居舍館去天使館不二里而近夷慮我衆之不善於倭

又慮倭衆之不利於我每為危言以相恐欲遣我衆於營中料使問予予曰此非故事但須嚴禁諸役勿擅與通自可無虞若無故而亟還是避倭也豈有堂堂中國而避外夷乎料使如予言不遠久之颶風大作我衆與倭各衛其舟致有爭競倭傷首從一人血流淋漓衆遂大怖扶歸哀懇狀頗倉皇余驗其傷乃刀背非刀口喜曰此急而自捄非亂而相戕也宜收衆役入館徐約彼之館伴往諭倭衆必不為禍料使然之少頃王亦遣彼衆二千餘人馳來護舟舟各獲完倭亦隨息蓋其時之天幸如此

先是辛酉之使前導驅倭不退以鞭鞭之倭怒操利刃削其鞭立斷然亦未嘗傷人己卯繼往戒諸役曰我使儀衛入城倭夾道而來者樂觀其盛耳勢不必驅亦不待驅皁輩咸唯唯比往還竟無他嘗蔭倭號倭奴其曰奴者有主之者也時無主者故不為亂後之過此當思所以馭之嚴於自治而勿與校可也餘詳日東交市記以上八條多前錄所遺予懷之二十餘年不以告人今乃復諄諄者亦舊政告新之意也覽者亮之

附日東交市記 錄未刻故補之

使節抵夷適倭舶通市者先期至倭故嘗入寇為中國患夷知輒舉以相恐仍請遣群役入營避之營去署甚遠且非故事予策公出倭或夾道縱觀又輒斥曰疾去毋令華人驚益其意欲錮我衆以便己私姑假倭為詞然往來節既徒示弱耳余答其有巧口於諫議諫議曰足下世海上居宜洞倭情予曰倭性悍而遂無他腸然上下山阪風雨疲勞疾鬬操利兵中國之人弗能與也困則盜敵則殺非困與敵固弗盜弗殺也瀕海諸島少耆欲思用其力亟奇貨居倭身為之咽喉與華人敵倭業已鷹犬於人遂肆剪戮無少忌是直倭罪哉世目倭為奴倭誠奴也四有主之者也比倭大創去又舶通西南夷利更什倍倭患遂弭斯其故可知已今吾以封臨倭偶以市至期與事會無所懲德非敵也又孰為之困者可無恐第境外無私交制也宜葺群下勿與通足矣諫議然予言召長史過諭之曰甲午之使倭亦嘗至衆弗還遠衆非便其勿聽且胡越一家倭人吾人耳各事乃事其勿拒從號於衆曰倭者國家所棄外禁弗與通諸有輒通倭者罪無赦划夷伺隙甚周若屬宜自愛毋貽僇為使君羞

今下衆奉法凜凜近倭去無敢與交一詖倭弗為害居亦卒衍弗違云謝生曰噫使難哉方夷之以倭挈我也詞甚張義亦近正直其心私耳於時少為動即墜夷術中乃吾嚴為禁條為之周不急倭勞不中夷巧不違衆情靜重而周悉於使事足稱不辱則正大夫之略衆庶之共也不倭有餘艷焉敢漫為之記

瑣言二則

瑣言本不欲言勢有不容不言者故仍言之

事權

大凡事假之以權則易集權不在手則難成況使夷航海大事之事乎甲午之使閩未設撫臺事皆藩司主之府縣任之而統之於按臺按臺多巡歷且於科使情密分均權益不待假而專者辛酉則又專於甲午矣以其時倭方內訌破城破所無日無之軍門自救不暇且慮為人所齮齕乃更假以便宜之權其示於民間曰封船戰船事同一體諸有違悞作弊者並以軍法從事故其時事皆不令而行不期而集者以下之有所畏而奉命也己卯則異於是世值昇平官多節省一木一料一夫一役皆軍門操之不使科司獨專其柄其所在告回示曰採木雖係封事不無騷擾民間科司人役不許代人墓樹不許代人風水樹不許拆人籬舍不許傷人田禾有一于此并以軍法從事夫此一軍法也昔以治乎不事事者今以治乎事事者則其利害難易之相懸豈但天淵哉於是民間刁頑之徒但有木為有司所號者並累土其旁爭以墓樹風水樹為解而傷田禾拆籬舍之訟于有司者無日無之論曲直則直常在辭姦而航海者為曲論功罪則功常在捕緝而劬勞者為罪以故役之在官者日就驚危使之在事者日就局促厰中人役得不概坐株連即為天幸自有使事以來未有掣肘如當日者亦其遭之陽九使然也此甯奉使計不至己卯亦不必如辛酉得如甲午足矣蓋己卯有所為而為不念遠使之苦失之太過辛酉有所畏而憊亦非實體之宜失之不及惟甲午使事官藏而得其中而無失真令人敬且慕焉今之搢紳大夫所存所行宜殊甲午必能各去成心各存厚道則於共濟王事不至矯矯為名高則前使所苦者其免矣乎其免矣乎

卹役

利者君子所不道故曰天子不言有無諸侯不言多寡然所不言者已之有無多寡也若其爲下爲民則周官周禮所載甚詳詳乎言之矣航海危役吾役即吾民也吾鄙迫於大義分當致身彼役何知焉苟非利以驅之何以結其心而得其力洪武間許通海五百人行李各百斤與夷貿易者以利啖之亦以五萬斤皆所載也蓄爲累令故甲午之使国之得萬金總計五百人人各二十金上下多者至三四十金少者亦得十金八金於時莫不洋洋得意辛酉諸役冀仍如前其往者率皆工巧精技二使之驚於倭而獲免者未必非得人之効也比所獲利僅六千金以五百人計之人各十二金耳多者可二十金少者或五六金不無稍缺所望是以己卯招募僅得中才應役不能如前之精工然猶冀其如辛酉也不意值夷貧甚所獲僅三千餘金雖時所帶止四百人亦人各八金耳多者可十五六金少者或三四金或一金亦無不免大失所望吾輩至捐廪助之而後得全師以歸蓋甲午之使番舶轉販于夷者無慮十餘國夷利四倍故我衆之利亦倍辛酉之使番舶轉販于夷者僅三四國夷利稍減故我衆之利亦減己卯之使通番禁弛漳人自往販番一舶不至夷利頓絕故我衆之利亦絕勢使然也今次所招衆役精者未必可致以應稍優其直量加其賞且夷王之立已過十年其所蓄積必已稍充不至如前之貧甚宜示以此意招之庶巧者能者前次効勞者咸樂於趨赴而後可竣厥事也不然群諸海滑惡少年而聚之曰是可爲彩長是可爲舵工是可爲阿班軍牢而陳于針法舵法拙于操舟憒于海道則亦將焉用彼哉此事人所難言諸録不載而今敢于直言而弗隱者時勢至此有不得不言者也

欽差吏科等衙門左給事中等官臣陳侃等謹題為出使海外
事切照嘉靖十一年五月內琉球國世子尚清上表請封欽蒙
差侃臣侃為正使臣澄為副使各賜一品服一襲齎捧　詔書
一道　敕書一道　諭祭文一道并頒賜儀物等項前往琉球
國祭中山王尚真封尚真子尚清為中山王臣等隨即　陛辭
先至福建造船船大而費亦巨經始於嘉靖十二年五月至嘉
靖十三年四月始克造完船完之日遂至長樂縣廣石地方登
船先期尚清已遣長史蔡廷美等過海迎接令通事林盛帶夷
稍三十人為臣等駕船在五月初八日解纜開洋洋中偶值逆
風船不可往放回數百運後遇順風復往因失鍼路漂過琉球
國交界地方名曰葉壁山遂泊於此尚清聞之差大臣一員帶
夫四千餘名駕小船四十餘隻至葉壁將船挽回五月二十五
日方到彼國尚清即遣儀從及文武陪臣隨龍亭迎　詔敕諭
祭文至天使館安奉擇日行禮六月十六日行祭王禮七月初
二日行封王禮是日尚清皆迎至國門外一見龍亭先行五拜
三叩頭禮步行前導迎至正殿一如儀注行禮開讀已畢設宴

款留禮意懇至臣等令儀從迎　詔敕回館尚清令通事致詞
欲留為鎮國之寶臣等猶未允復令長史捧　先朝詔敕來看
臣等始知留　詔敕為　先朝故事況已奉有　明旨始許其
留行禮既畢似應即回因海中風浪不測惟順風而後可行非
可以人力勝者琉球在福建之北去以南風回以北風故至九
月二十日方可開洋船在彼國停泊一百十五日日有廩餼之
供司有問安之禮月有筵宴之設隨行人役皆給口糧使之安
飽行時復具黃金四十兩為贐臣等在福建時例有金帶銀器
等物送用尚不敢妄受況外國之物乎故責以大義陳以國法
彼亦知敬而不敢強仍遣通事林盛帶夷稍十人為臣等駕船
又遣王親寧古長史蔡瀚通事梁梓等另駕一船進表謝　恩
開船之後二十一日晚颶風陡作將臣等船中大桅吹折舵亦
損壞舟人皆震恐無措荷　皇上洪福以致神明默祐得保生
還在十月初二日入福建省城同行夷船今尚不到或未免漂
溺之患矣除彼自行補謝外臣等切思三代以後聖王不作治
化陵夷以文德被海內者尚不多見況覃敷海外者乎若越裳

民之重譯而來以中國之有聖人耳琉球國在海外無慮數千
里漢唐宋時皆未嘗內附至元時遣將伐之而亦不從至我
太祖登極首先臣附率子弟來朝此豈區區勢力所能服哉要
必有所以感之者耳我　太祖既其至誠待亦甚厚賜以符印
寵以章服遣閩人三十六姓為彼之役又許其遣子弟入國學
讀書習禮彼亦感激久而匪懈迨今　皇上御極以來制禮作
樂聲教四數彼知國中國之聖人復生故欲竊餘光以誇耀他
國是以不避風濤之險貢獻益勤請封益篤今日之舉尤出誠
明一統志者是已誌中所載琉球之事所云落漈者水趨下不
回也舟漂落漈百無一回臣等嘗懼乎此經過不遇是險自以
為大幸至其國而詢之皆不知有其水則是無落漈可知矣又
云王所居壁下多聚髑髏以為佳臣等嘗疑乎此意其國王必
兇悍而不可與也言也至王宮時遍觀壁下亦皆累石國王則
循循雅飭若儒生然在彼數月雖國人亦不見其相殺又何嘗
以髑髏為佳哉是誌之所載皆訛也不特誌書為然杜氏通典
集事淵海贏蟲錄星槎勝覽等書凡載琉球者事者詢之百無
一實若此者何也蓋琉球不習漢字原非無誌書華人未嘗親
至其地胡自而得其真也以訛傳訛遂以為誌何以信今而傳
後故集羣書而訂正之此質異之所以作也兼以夷語夷字恐
人不知并附於後臣等學問粗疎言詞鄙俚勉成此錄實不足
以上塵　睿覽但念海外之事知之者寡一得之愚或可以備
史館之採擇是以不避譴責陡瞻進呈伏惟　陛下恕其狂僭
下之禮部詳議施行等因奉　聖旨禮部看了來說欽此欽遵
抄出到部看得吏科左給事中陳侃等題稱奉　命往琉球國
使處下情盡而遠敬伸無任激切感仰之至等因奉　聖旨覽
奏謝足見敬慎金着陳侃等收了禮部知道
光祿寺等衙門少卿等官臣陳侃等謹題為謝勞事侃原任吏
科左給事中高澄原任行人司行人於嘉靖十一年蒙　欽命
差往琉球國封世子尚清為中山王往返三年已於今年五月
二十四日復　命訖迎中山王差陪臣謝　恩順賚臣等所却
黃金四十兩具本進呈欽　天語叮嚀下賜臣等節奉　聖旨
金着陳侃等收了欽此欽遵切念臣等奉　皇上之命遠使琉

球琉球乃素知禮義之邦臣等至彼正欲敷揚　聖德恪守臣
爲中華增重安敢受彼非禮之餽故筵宴之設必陳方物具書
固却至再至三等備於使琉球錄中已歷　御覽矣臨行以金
口十兩爲臨堅不肯受彼心不自安冒瀆　天聽蒙　皇上鑒
彼敬慎之心特下收受之　命臣等開　命自天指躬無地敢
不拜受以爲家寶但奉使奔走乃臣等職分之常自揣無功焉
敢受饋金之惠伏乞　皇上將此金收儲内帑或　命彼帶回
庶遂臣等之初心而於君命斯不辱矣無任感激敬懇之至等
九日始得開洋二十一日在於洋中折舵荷賴　聖靈得保生
全十一月初二日歸至福建省城其琉球國王尚元遣王親原
德長史蔡朝器等另駕一舟隨同臣等上表謝　恩亦以初十
日到於福建海口除彼自行具謝外臣惟唐虞三代之盛四夷
來王漢唐以下雖有屬國叛服不常琉球在海島中乃能永堅
一心歸化無渝臣等到彼供應廪餼趨走承順如郡縣然非
聖朝文德漸被之極何以致此哉　皇上十三年既冊其父茲
爰又封其子　聖壽萬齡　聖威萬里視　祖宗有光而軼唐

虞三代不二矣臣等雖當海警風波之險猶得周旋使事之榮
臣無任感荷欣忭之至緣係渡海冊封事理謹具本題知
户科等衙門左給事中等官臣蕭崇業等謹題爲出使海邦竣
役復　命以紓　宸慮事照得琉球國世子尚永於萬歷四年
七月内請乞襲封王爵欽蒙　皇上命臣崇業臣杰充正副使往
封世子尚永爲中山王復蒙賜臣崇業麒麟衣一襲臣杰白澤衣
一襲　詔勅二道并王妃衣服表裏等物隨即　陛辭赴福建
督造封舟業於萬歷六年已完頃緣該國接封夷船未至臣等
竊惟寰海之外封界寥闊以國稱者萬數琉球固上仁之所不
能而強武之所不襲者乃獨於　皇馭之祖統馭之初裒誠奔
附被服裳繼繼今茲畏秉忠不墮臣節陳書奏表有華士之風
覆絕嶠規爲夷王之冠翼翼然恭而有禮郁郁乎文而不慙膺
赤帝之章三錫有光於殊俗棒　綵綸之重一字何止于百朋
驚覩漢官欣逢周典允矣海國中千載一時也臣等又惟在昔
使臣渡海靡罹艱危譚及往事令人不寒而慄今二臣無折桅
拔舵之虞而安流利涉得以竟使事之榮豈惟非中國有　聖

人使海若効靈馮夷助順則亦何能徼厚如是耶此尤見　帝德之顯宜真足以軼越前徽馳騁哲蹤而隨軌近世於不居矣臣等罔勝歡欣仰戴之至緣係出使海邦竣役後　命以紓宸慮事理備將使事本末謹具題　知
光祿寺衙門少卿等官臣蕭崇業等謹題為謝勞事業原任戶科左給事中謝杰原任行人司行人於萬曆四年蒙　欽命差往琉球國封世子尚永為中山王往返四載已於本年五月十九日復　命訖近中山王尚永差陪臣馮良弼謝　恩順賫二

原缺

夷語附

天文門

天 刊尼　日 眦陸　月 都急　風 嗑濟　雲 姑木　雷 刊阿

雨 嗑也　雪 由旗　星 波世　霜 失甘　雹 科立　霧 氣力

露 先賀　電 泥伊耶　霞 阿嗑尼　起風 嗑乃福沫姑　天陰 阿尼奴姑木的

天晴 阿尼奴法丑的　下雨 嗑也福禄　下雪 由旗福禄　明日 阿者

昨日 乞奴　風霾 嗑濟科立

地理門

原缺

原缺

菜 衣　梅 吾乜　葉 尼　香 禍　蓮花 他淤出今　龍眼 龍睛

茘枝 利足　甘蔗 冇急　胡椒 魯交　蘇木 刁生

鳥獸門

龍 達斯　虎 乞剌　鹿 加目　馬 吾馬　獅 夫夫　牛 吾夫

兔 各撒急　熊 谷馬　象 嗟　雞 上地　鷲 哈那　豬 生

驢 川　騾 同　狗 赤奴　皮 塩哇　鼠 鼎　鷺 打荅嘟

魚 術　羊 匹扎喧　蛇 宓害　猴 撒禄　龜 嗑乜　雀 由門都里

豚足 叶苟　麒麟 其麟　孔雀 枯雀枯　獬豸 害乜　仙鶴 司禄　象牙 嘆冷其

琥珀 嗑乜那文　牛角 吾夫祖奴　喜雀 孔加魚息　鶴頂 它立奴谷只

宮室門

門 都　窗 牙　房 亦桑　樓 塔嗑牙　御路 宗良　丹墀 宗爪

御橋 扒只　皇城 宓宿枯　館驛 館牙　瓦 嗑剌亦桑牙

器用門

盔 嗑塢吐　甲 加羅衣　刀 嗑答今　箭 牙　弓 由乜　弦 乎奴

鉋 牙立　卓 代　盤 扒只一石榴盤　盆 大莉　瓶 匹乎平　床 宗各

船 翁尼　桿 花蝶　舵 看夾　檣 雅　蓬 哲　筯 春匙

原缺

好 切達撒　歹 生祿撒　買 朴的　賣 屋的
睡 眠不思　請來 子姜失之　見朝 大立業亦急　入朝 大立業密達
鞠躬 由尸麻平的　底頭 嗑蘭伯之　立住 谷止至　叩頭 嗑籃自之
謝恩 溫卜姑里　朝貢 密加妳吸之　平身 度達思吾　慶賀 密由烏普
表章 眊烏　賞賜 吾一加尋叔　起來 梢知　進貢 嗑得那
進表 漂那阿傑的　報名 包名　辭朝 畏之提歸　回去 問都里一其
早起 達都密的　下程 司眉回尸　筵宴 扎半失　勅書 使眉脚都司墨
拿來 嗑个密的姑　好看 那達撒　不好 生祿撒　放下 由六尸

原缺

作揖 利十之　給賞 烏脱沒谷吉里　方物 木耶吐　多少 亦加撒
言語 空奴嗑答里　曉得 識達哇　不曉得 失藍　聖旨 由奴夫
御前謝恩 惡爭密溫卜奴里　且慢走 慢的　上紫走 排姑木急
上御路 急爭密那約里　再叩頭 麻達嗑藍子其

衣服門

段 翁党里　紗 撒　羅 厮　綢 吳
絹 包　布 木綿　棉布 奴奴木綿　夏布 今都木綿
紵布 達急木綿　葛布 生布　彩段 丸爭谷党里　段機 盖乙

原缺

原缺

錫 石味嗑尼
錢 思
鈔 良尼
玉 依石
珠 什尚
石 一寶
瑪瑙 吾馬那達馬
珊瑚 吾馬那達馬
珍珠 撻馬
水晶 血手撻馬
玉石 撻馬一寶
琥珀 它喇
犀角 吾夫州伙
硫黃 油哇

數目門

一 俗卜
二 谷子
三 賦子
四 卓子
五 手伲
六 敘子
七 今納子
八 鴨卜
九 唳子
十 吐
十一 吐俞子
十二 吐谷子
十三 吐窟子
十四 吐由子
十五 吐一子孜
十六 吐孤子
十七 吐今納子
十八 吐鵝子
十九 吐赭肖錄子
二十 谷子吐
一錢 一止買每
二錢 尼買每
三錢 山買每
四錢 中賞每
五錢 吾買每
六錢 六谷買每
七錢 武止買每
八錢 法止買每
九錢 姑賞每
一兩 款賞每
十兩 撒姑每
一百兩 撒卜姑
一萬箇 麻就吐失
千歲 森
萬萬歲 麻由吐失

通用門

齊 密只
求討 谷毛里
說話 歷奴嗑達里
知道 識之
不知道 失藍子
不敢 揚密撒
東西 加尼尼失
鬧 浸周押里
不鬧 浸箇奈
說謊 由沽辣谷
實話 麻訟沽冕
不見 達欄
快活 扰其
辛苦 南及之
笑 瓦喇的
啼 卯其
叫 𠰻的
痛 一借沙
癢 課少
明早起身 阿者達奇抗枚稍支

夷字附

い以ろ路は罷に尼ほ布へ比と度ち知り利ぬ奴る而

を倭わ哇か加よ有た他れ呂そ魁つ子ね尼な那ら剌

む武う烏ゐ倚の怒お窩く古や牙ま末け去ふ不こ孤

え依て的あ悪さ沙き其ゆ又め未み美し寔ゑ泄ひ庇

も毋せ世す是京敲

夷國上下文移往來書札止寫此數字凡音韻略相類者即

通用也

圖書在版編目（CIP）數據

海上絲綢之路文獻集成．歷代史籍編．第一輯．第三卷／范金民主編．--福州：福建人民出版社，2023.8
ISBN 978-7-211-09080-8

Ⅰ．①海…　Ⅱ．①范…　Ⅲ．①海上運輸-絲綢之路-史料-彙編　Ⅳ．①K203

中國國家版本館CIP數據核字（2023）第072944號

審圖號　GS（2023）93號
本書有關内容和地圖僅代表作者個人觀點，不代表官方立場。

海上絲綢之路文獻集成・歷代史籍編（第一輯　第三卷）

主　　編　范金民
責任編輯　莫清洋
美術編輯　白　玫
出版發行　福建人民出版社
電　　話　0591-87533169（發行部）
電子郵箱　fjpph7221@126.com
地　　址　福建省福州市東水路 76 號
經　　銷　福建新華發行（集團）有限責任公司
印刷裝訂　上海盛通時代印刷有限公司
地　　址　上海市金山區廣業路 568 號
電　　話　021-37910000
開　　本　787 毫米 ×1092 毫米　1/16
印　　張　345.25
版　　次　2023 年 8 月第 1 版第 1 次印刷
書　　號　ISBN 978-7-211-09080-8
定　　價　4400.00 元（共 11 册）